Duden Die deutsche Sprache

Duden

Die deutsche Sprache

Wörterbuch in drei Bänden
Herausgegeben von der Dudenredaktion

Band 2: GELU–PYXI

Dudenverlag
Berlin · Mannheim · Zürich

Redaktionelle Bearbeitung Dr. Werner Scholze-Stubenrecht
Grammatik Prof. Dr. Rudolf Hoberg und Dr. Ursula Hoberg
Sprachgeschichte Jürgen Folz, Bearbeitung: Prof. Dr. Jörg Riecke

Die **Duden-Sprachberatung** beantwortet Ihre Fragen
zu Rechtschreibung, Zeichensetzung, Grammatik u. Ä.
montags bis freitags zwischen 09:00 und 17:00 Uhr.

Aus Deutschland: **0900 1870098** (1,86 € pro Minute aus dem Festnetz)
Aus Österreich: **0900 844144** (1,80 € pro Minute aus dem Festnetz)
Aus der Schweiz: **0900 383360** (3,13 CHF pro Minute aus dem Festnetz)

Die Tarife für Anrufe aus den Mobilfunknetzen können davon abweichen.
Den kostenlosen Newsletter der Duden-Sprachberatung können Sie unter
www.duden.de/newsletter abonnieren.

Bibliografische Information der Deutschen Nationalbibliothek
Die Deutsche Nationalbibliothek verzeichnet diese Publikation
in der Deutschen Nationalbibliografie; detaillierte bibliografische
Daten sind im Internet über http://dnb.d-nb.de abrufbar.

Das Wort Duden ist für den Verlag Bibliographisches Institut GmbH
als Marke geschützt.

Alle Rechte vorbehalten.
Nachdruck, auch auszugsweise, verboten.
© Duden 2014
Bibliographisches Institut GmbH
Mecklenburgische Straße 53, 14197 Berlin

Typografisches Konzept Iris Farnschläder, Hamburg
Herstellung Monique Markus
Umschlaggestaltung Büroecco, Augsburg
Satz Dörr + Schiller GmbH, Stuttgart
Sigrid Hecker, Mannheim
Druck und Bindung C.H. Beck, Nördlingen

Printed in Germany
ISBN 978-3-411-70666-2
www.duden.de

Ge|lüb|de, das; -s, - [mhd. gelüb(e)de, ahd. gilubida, zu ↑ geloben] (geh.): *feierliches [vor Gott abgelegtes] Versprechen:* ein stilles, heiliges G.; das G. der Armut, der Keuschheit; sein G. erfüllen, halten, verletzen, brechen; die ewigen G. (kath. Kirche; *die Ordensgelübde*) ablegen; an, durch ein G. gebunden sein; die Nonne wurde von ihrem G. befreit; Jener Geist war vor hundert Jahren eine Dame des Hofes und soll, obwohl ein religiöses G. es ihr verbot, einen Tenor geliebt haben (H. Mann, Stadt 78).

Ge|lump, das; -[e]s, **Ge|lum|pe**, das; -s [Kollektivbildung zu ↑ Lump, Lumpen]: **1.** (ugs. abwertend) *[herumliegende od. -stehende] wertlose, alte, überflüssige Sachen;* Plunder. **2.** (abwertend) *bestimmte Gruppe von Menschen, die abgelehnt od. verachtet wird;* ²*Pack, Gesindel.*

¹**ge|lun|gen** ⟨Adj.⟩: **1.** *erfolgreich* (b), *positiv:* ein -er Abend; eine -e Überraschung; die Aufführung war sehr g. **2.** (landsch.) *durch eine komische, originelle Art belustigend; ulkig, drollig, zum Lachen:* du siehst in deinem Kostüm einfach g. aus.

²**ge|lun|gen:** ↑ gelingen.

◆ **Ge|lust**, der; -[e]s, -e u. Gelüste: *Gelüst[e]:* ... er kann mit dem Talisman seiner Größe jeden G. meines Herzens... aus der Erde rufen (Schiller, Kabale II, 1).

Ge|lüst, das; -[e]s, -e, **Ge|lüs|te**, das; -s, - [mhd. gelüste, geluste, ahd. gilusti, zu ↑ gelüsten] (geh.): *sich plötzlich in jmdm. regendes Verlangen nach bestimmten sinnlichen, bes. leiblichen Genüssen:* ein seltsames G.; sexuelle Gelüste; Gelüste spüren; ein G. auf/nach etw. haben.

ge|lüs|ten ⟨sw. V.; hat; unpers.⟩ [mhd. gelüsten, ahd. gilusten, zu ↑ Lust] (geh.): *jmdm. ein Gelüst, Lust verspüren lassen:* mich gelüstet [es] nach frischem Obst; es gelüstete ihn, heftig zu widersprechen; Geht eine Frau über den Markt und sieht einen Jüngling, nach dem es sie gelüstet, so legt sie sich zu ihm (Th. Mann, Joseph 97).

Ge|lüs|ten, das; -s (veraltet): Gelüst: ◆ Es kommt mir wahrlich das G., ... mich als Dozent noch einmal zu erbrüsten (Goethe, Faust II, 6586 ff.).

GEMA, die; -: *G*esellschaft für *m*usikalische *A*ufführungs- und mechanische Vervielfältigungsrechte.

ge|mach ⟨Adv.⟩ [mhd. gemach = bequem, ruhig, langsam, ahd. gimah = passend, geeignet, bequem, zu ↑ machen] (altertümelnd): *langsam, nichts überstürzen!* (als Ausruf): nur g.!; g., g.!

Ge|mach, das; -[e]s, Gemächer, veraltet: -e [mhd. gemach, ahd. gimah, urspr. = Bequemlichkeit]: **1.** (geh.) *Zimmer, [vornehmer] Wohnraum:* ein fürstliches G.; die Gemächer der Königin; sich in seine Gemächer zurückziehen (scherzh.); *[schlafen gehen u.] nicht mehr zu sprechen sein*); Die Augen der Mutter starrten groß und dunkel über ihn hinweg in das dürftige G. und auf die alte geblümte Tapete (Thieß, Legende 36). ◆ **2.** *Bequemlichkeit; Ruhe u. Pflege:* Wir geben den Wanderer Rast... Wer er auch sei..., drei Tage hat er G. (Freytag, Ahnen 8).

ge|mäch|lich [auch: ... ˈmɛç...] ⟨Adj.⟩ [mhd. gemechlich, ahd. gimahlīh]: **a)** *sich Zeit lassend; langsam u. ohne Hast:* -en Schrittes daherkommen; sein Tempo war g.; **b)** *durch ruhige Behaglichkeit gekennzeichnet:* ein -es Leben führen.

Ge|mäch|lich|keit, die; -: *gemächliche Art.*

ge|macht: ↑ machen.

¹**Ge|mächt**, das; -[e]s, -e (scherzh., sonst veraltet): ¹Gemächte, das; -s, - (scherzh., veraltet) [mhd. gemaht (Pl. gemehte), ahd. gimaht(i), zu ↑ Macht in der veralteten Bed. »Zeugungskraft (des Mannes)«]: *männliche Geschlechtsteile.*

²**Ge|mächt**, das; -[e]s, -e, ²Gemächte, das; -s, - [mhd. gemeht(e), gemachede, ahd. gimhhida, zu ↑ machen] (veraltet): **a)** *Geschöpf:* der Mensch ist ein hinfälliges G.; **b)** (abwertend) *Gemachtes, Machwerk:* ein miserables G.

Ge|mäch|te: ↑ ¹Gemächt, ²Gemächt.

¹**Ge|mahl**, der; -[e]s, -e ⟨Pl. selten⟩ [mhd. gemahel(e), ahd. gimahalo, urspr. = Bräutigam, zu mhd. gemahelen, ahd. gimahalen = zusammensprechen, verloben, zu mhd. mahel, ahd. mahal = Versammlung(sort), Gericht(sstätte), (Ehe)vertrag] (geh.): *Ehemann, Gatte* (wird gewöhnlich auf den Ehemann einer anderen Frau bezogen und schließt einen höheren gesellschaftlichen Status ein): der G. der Herzogin; (wird im Gespräch aus Höflichkeit oft in Verbindung mit vorangestelltem Herr gebraucht:) bitte grüßen Sie Ihren Herrn G.!

²**Ge|mahl**, das; -[e]s, -e ⟨Pl. selten⟩ (veraltet, dichter.): *Braut, Ehefrau.*

ge|mah|len: ↑ mahlen.

Ge|mah|lin, die; -, -nen [im 15. Jh. für mhd. gemahele, ahd. gimahila = Braut; Ehefrau] (geh.): *Ehefrau, Gattin* (wird gewöhnlich auf die Ehefrau eines anderen Mannes bezogen und schließt einen höheren sozialen Status ein): die G. des Erzherzogs; (wird im Gespräch aus Höflichkeit oft mit vorangestelltem »Frau« gebraucht:) empfehlen Sie mich bitte Ihrer Frau G.

ge|mah|nen ⟨sw. V.; hat⟩ [mhd. gemanen, ahd. gimanōn, zu ↑ mahnen] (geh.): **a)** *jmdm. jmdn., etw. eindringlich ins Gedächtnis rufen:* der Ehrenfriedhof gemahnt [uns] an die Opfer des Krieges; **b)** *aufgrund seines Aussehens o. Ä. an einen bestimmten Gegenstand, eine bestimmte Person o. Ä. denken lassen; erinnern:* die Raumkapsel gemahnt an ein seltsames Meerestier.

Ge|mäl|de, das; -s, - [mhd. gemælde, ahd. gimālidi, eigtl. = Ge- od. Bemaltes, zu ↑ malen]: *in Öl, Tempera o. Ä. gemaltes Bild:* ein altes, meisterhaftes, gut erhaltenes, zeitgenössisches G.; ein G. von Rubens.

Ge|mäl|de|aus|stel|lung, die: *Ausstellung von Gemälden eines Malers, einer bestimmten Epoche od. Thematik.*

Ge|mäl|de|ga|le|rie, die: **a)** *[öffentliche] Räumlichkeit, in der Gemälde ausgestellt werden;* **b)** *[private] Sammlung von Gemälden.*

Ge|mär|chen ⟨Pl.⟩ [zu ↑ March] (schweiz.): *Gemarkung.*

Ge|mar|chung, die; -, -en (schweiz.): **1.** *Grenze.* **2.** *abgegrenztes Gebiet.*

Ge|mar|kung, die; -, -en [zu ↑ ²Mark]: *Gebiet, gesamte Fläche einer Gemeinde; Gemeindeflur:* dieses Waldstück gehört zur G. Neustadt.

ge|ma|sert: ↑ masern.

²**ge|mäß** ⟨Adj.⟩ [zu: ↑ ¹gemäß]: in der Verbindung *jmdm., einer Sache g. sein* (*jmdm., einer Sache angemessen sein; der Art o. Ä., einer Person, Sache entsprechend:* das ist ihrem Geschmack g.; das unstete Leben war ihm nicht mehr g.; ⟨auch attr.:⟩ in seinen Fähigkeiten -e Stellung).

-**ge|mäß: 1.** drückt in Bildungen mit Substantiven aus, dass einer Sache entsprechend, zufolge gehandelt o. Ä. wird; so etw. vorsieht: abmachungs-, titelgemäß. **2.** drückt in Bildungen mit Substantiven aus, dass die beschriebene Sache jmdm., einer Sache angemessen ist, jmdm., einer Sache zukommt: anlass-, jugend-, systemgemäß.

¹**ge|mäß** ⟨Präp. mit Dativ⟩ [mhd. gemæʒe, ahd. gimāʒi, eigtl. = was sich messen lässt, angemessen; zu ↑ messen]: *nach, entsprechend, zufolge:* g. Artikel 1 des Grundgesetzes; seinem Wunsch g.; g. internationalem Recht.

Ge|mäß|heit, die; - (selten): *das Gemäßsein.*

ge|mä|ßigt ⟨Adj.⟩: **a)** *in seiner Art nicht so streng, extrem, radikal [wie die anderen vorgehend, denkend]:* die -en Kräfte; der -e Flügel der Partei; **b)** *nicht ins Übertriebene gehend [und daher im Ausmaß reduziert]:* -er Optimismus; -ere Zonen Europas.

Ge|mäu|er, das; -s, - [mhd. gemiure, Kollektivbildung zu ↑ Mauer] (geh.): *altes [verfallenes] Mauerwerk; aus alten Mauern bestehendes Bauwerk:* ein fensterloses G.; Das Haus in Berzona, das wir auf eine Durchreise besichtigen bei strömendem Regen: ein Bauernhaus, das G. ziemlich verlottert, das Gebälk zum Teil morsch (Frisch, Montauk 190).

Ge|mau|le, das; -s (ugs. abwertend): *[dauerndes] Maulen:* hör endlich mit dem G. auf!

Ge|mau|schel, das; -s (ugs. abwertend): *das Mauscheln* (1 a).

Ge|me|cker, (seltener:) **Ge|me|cke|re**, das; -s: **1.** *das Meckern* (1). **2.** (abwertend) *meckerndes Lachen:* albernes G. **3.** (ugs. abwertend) *fortwährendes, kleinlich-unzufriedenes Beanstanden von etw.:* hör mit dem G. auf!

ge|mein ⟨Adj.⟩ [mhd. gemein(e), ahd. gimeini, urspr. = mehreren abwechselnd zukommend; den abwertenden Nebensinn erhielt das Wort aus der Vorstellung, dass das, was vielen gemeinsam ist, nicht wertvoll sein kann; **2.** Bestandteil zu dem unter ↑ Meineid genannten Adj.]: **1. a)** *abstoßend roh:* -e Gesichtszüge; -es Lachen; **b)** (*in Bezug auf jmds. Verhalten o. Ä.*) *in empörender Weise moralisch schlecht; niederträchtig:* eine -e Gesinnung; sie war so g., mich gleich anzuzeigen; **c)** *in empörender Weise frech, unverschämt:* eine -e Lüge, Behauptung; **d)** *unfein u. unanständig; ordinär, unflätig:* -e Witze, Wörter. **2.** (ugs.) **a)** *unerfreulich, ärgerlich, als eine Unfreundlichkeit des Schicksals erscheinend:* ich gewinne nie im Lotto, das ist einfach g.; dass mir die Bahn vor der Nase weggefahren ist, war ganz schön g.; das finde ich aber g.!; **b)** ⟨intensivierend bei Adjektiven u. Verben⟩ *sehr:* draußen ist es g. kalt. **3.** (Bot., Zool., sonst veraltend) *keine besonderen Merkmale habend, durch nichts herausragend:* der -e Mann (*der Durchschnittsbürger*); er ist -er Soldat (*Soldat ohne militärischen Dienstgrad*); die Gemeine Stubenfliege. **4.** (veraltend) *auf die Allgemeinheit bezogen:* -es Recht; -e Figuren (Heraldik; *Bilder im Wappenschild, z. B. Tiere, Pflanzen*); * *etw. mit jmdm., etw. g. haben* (*mit jmdm., etw. etwas Gemeinsames, eine gemeinsame Eigenschaft haben, in bestimmter Weise zusammengehören:* mit dem Vorgängermodell hatte die neue Küche nur noch die ursprüngliche Form g.); *jmdm., einer Sache g. sein* (geh.; *mehreren Personen od. Sachen gemeinsam sein od. gehören:* ⟨subst.:⟩ allen, die hier zusammengekommen waren, war die Liebe zur Musik g.); ◆ *etw. Gemeines mit jmdm. haben* (*etw. mit jmdm. gemein haben:* So ist mein Tod der Welt das sicherste Zeichen, dass ich nichts Gemeines mit dem Hunden gehabt habe [Goethe, Götz V]). ◆ **5. a)** *allgemein verbreitet, bei vielen Menschen bekannt:* In Alten Zeiten sei sie (= die Kunst der Dichtung) weit -er gewesen (Novalis, Heinrich 25); **b)** *die Gemeinde* (1 a), *das Gemeinwesen betreffend, dazu gehörend; öffentlich* (3): Denn wo er (= der Regent) wankt, wanket das -e Wesen (*das Gemeinwesen*; Goethe, Die natürliche Tochter I, 5); ... der Esel aber mit seinem Schatten, als dem Objekt des Rechtshandels, wurde bis zum Austrag der Sache in den Marstall -er Stadt (*der Stadtgemeinde*) Abdera abgeführt (Wieland, Abderiten IV, 3).

Ge|mein|be|sitz, der ⟨o. Pl.⟩: *gemeinschaftliches Eigentum.*

Ge|mein|de, die; -, -n [mhd. gemeinde, ahd.

Gemeindeabgaben – gemeinsam

gimeinida, zu ↑ gemein]: **1. a)** *unterste Verwaltungseinheit des Staates:* eine ärmere, reichere, kleine, große, ländliche G.; die G. hat 5 000 Einwohner; **b)** *unterste Verwaltungseinheit einer Religionsgemeinschaft; Seelsorgebezirk, [Gebiet einer] Pfarrei:* eine christliche, freireligiöse, jüdische G.; die evangelische G. des Ortes zählt 2 000 Seelen. **2. a)** *Gesamtheit der Bewohner einer Gemeinde* (1 a): die G. wählt einen neuen Bürgermeister; **b)** *Gesamtheit der Mitglieder, Angehörigen einer Gemeinde* (1 b): die G. hat die Orgel durch Spenden mitfinanziert. **3. a)** *Gesamtheit der Teilnehmer an einem Gottesdienst:* die G. sang einen Choral; **b)** *[zu einer bestimmten Gelegenheit zusammengekommene] Gruppe von Menschen mit gleichen geistigen Interessen; Anhängerschaft:* bei der Dichterlesung war eine stattliche G. versammelt. **4.** (schweiz.) *Versammlung der Stimmfähigen; Gemeindeversammlung* (a).
Ge|mein|de|ab|ga|ben ⟨Pl.⟩: *von den Gemeinden erhobene Gebühren, Beiträge, Steuern usw.*
Ge|mein|de|am|mann, der (schweiz.): **a)** *Gemeindevorsteher;* **b)** *Betreibungs- u. Vollstreckungsbeamter.*
Ge|mein|de|amt, das: *untere Verwaltungsbehörde.*
Ge|mein|de|bau, der ⟨Pl. -ten⟩ (österr., bes. wiener.): *gemeindeeigenes Wohnhaus.*
Ge|mein|de|be|am|ter ⟨vgl. Beamter⟩: *Kommunalbeamter.*
Ge|mein|de|be|am|tin, die: w. Form zu ↑ Gemeindebeamter.
Ge|mein|de|be|hör|de, die: *Verwaltungsbehörde einer Gemeinde.*
Ge|mein|de|be|zirk, der: **a)** *gesamtes zu einer Gemeinde gehörendes Gebiet;* **b)** (österr.) *Teilgebiet, Bezirk innerhalb Wiens.*
Ge|mein|de|di|a|kon, der (ev. Kirche): *Diakon* (1).
Ge|mein|de|di|a|ko|nin, die: w. Form zu ↑ Gemeindediakon.
Ge|mein|de|di|rek|tor, der: *Leiter der Gemeindeverwaltung in einigen Bundesländern* (Amtsbez.).
Ge|mein|de|di|rek|to|rin, die: w. Form zu ↑ Gemeindedirektor.
ge|mein|de|ei|gen ⟨Adj.⟩: *der Gemeinde gehörend:* ein -es Grundstück; die -en Krankenhäuser; die Wiese war schon immer g.
Ge|mein|de|ei|gen|tum, das: *Eigentum der Gemeinde.*
Ge|mein|de|fest, das: *Fest, das von einer Kirchengemeinde begangen wird.*
Ge|mein|de|flur, die: *Wald- od. Weideland, das einer Gemeinde gehört u. von allen genutzt werden kann; Allmende.*
Ge|mein|de|glied, das ⟨meist Pl.⟩: *Mitglied einer [Kirchen]gemeinde.*
Ge|mein|de|gut, das: *Gemeindeflur.*
Ge|mein|de|haus, das: *Gebäude[teil] mit kirchlichen Amts- u. Versammlungsräumen sowie sozialen Einrichtungen.*
Ge|mein|de|hel|fer, der (ev. Kirche): *Diakon* (1).
Ge|mein|de|hel|fe|rin, die: w. Form zu ↑ Gemeindehelfer.
◆ **Ge|mein|de|hirt,** der: *Hirt, der im Dienste einer Gemeinde Vieh hütet:* Er ... hat seine Kinder beim -en in Kost gegeben (Ebner-Eschenbach, Gemeindekind 7).
Ge|mein|de|kin|der|gar|ten, der: **a)** *von einer Kommune getragener, öffentlicher Kindergarten;* **b)** *von einer Pfarrgemeinde eingerichteter u. konfessionell gebundener Kindergarten.*
Ge|mein|de|kir|chen|rat, der: *Kirchenvorstand.*
Ge|mein|de|mit|glied, das: *Gemeindeglied.*

Ge|mein|de|ord|nung, die: *Gesetz, das die Rechte u. Pflichten in einer Gemeinde[verwaltung] u. die verschiedenen Zuständigkeiten regelt.*
Ge|mein|de|pfle|ge, die (ev. Kirche): *sozialer Dienst der Gemeinde [am Ort] bes. an Alten, Kranken, Kindern u. Jugendlichen.*
Ge|mein|de|prä|si|dent, der (schweiz.): (in einigen Kantonen) *Bürgermeister.*
Ge|mein|de|prä|si|den|tin, die: w. Form zu ↑ Gemeindepräsident.
Ge|mein|de|rat, der: **1.** *Gremium der gewählten Vertreter einer Gemeinde* (1 a): im G. wurde die Sanierung beschlossen. **2.** *einzelnes Mitglied eines Gemeinderates* (1): er wurde zum G. gewählt.
Ge|mein|de|rä|tin, die: w. Form zu ↑ Gemeinderat (2).
Ge|mein|de|rats|sit|zung, die: *Sitzung* (1 a) *des Gemeinderats* (1).
Ge|mein|de|rats|wahl, die: *Wahl zum Gemeinderat* (1).
Ge|mein|de|saal, der: *Saal für Veranstaltungen einer [Kirchen]gemeinde.*
Ge|mein|de|schwes|ter, die: *von einer Gemeinde* (1) *in der häuslichen Alten- und Krankenpflege eingesetzte Krankenschwester.*
Ge|mein|de|se|kre|tär, der (bes. österr.): *Leiter der Gemeindeverwaltung.*
Ge|mein|de|se|kre|tä|rin, die: w. Form zu ↑ Gemeindesekretär.
Ge|mein|de|steu|er, die ⟨meist Pl.⟩: *von einer Gemeinde erhobene Steuer* (z. B. Grundsteuer, Gewerbesteuer).
Ge|mein|de|um|la|ge, die ⟨meist Pl.⟩: *von der Gemeinde erhobene Gebühr, Steuer usw.*
ge|mein|deutsch ⟨Adj.⟩: *allgemein deutsch:* -e und landschaftlich gebräuchliche Wörter.
Ge|mein|de|ver|band, der: *verwaltungsmäßiger Zusammenschluss mehrerer kleiner Gemeinden.*
Ge|mein|de|ver|samm|lung, die: **a)** (in kleineren Gemeinden, bes. in der Schweiz) *Versammlung aller Stimmberechtigten zur Beschlussfassung über wichtige Angelegenheiten der Gemeinde;* **b)** *[einmal jährlich abzuhaltende] Versammlung aller Mitglieder einer Kirchengemeinde.*
Ge|mein|de|ver|tre|tung, die: *Gemeinderat* (1).
Ge|mein|de|ver|wal|tung, die: *Verwaltung einer Gemeinde* (1 a).
Ge|mein|de|vor|stand, der: **1.** *Verwaltungsausschuss zur Ausführung von Beschlüssen der Gemeindevertretung; Vorstand der Gemeinde.* **2.** *vorsitzender Verwaltungsbeamter; Bürgermeister.*
Ge|mein|de|vor|ste|her, der: *Gemeindevorstand* (2).
Ge|mein|de|vor|ste|he|rin, die: w. Form zu ↑ Gemeindevorsteher.
Ge|mein|de|wahl, die: *Kommunalwahl.*
Ge|mein|de|zen|t|rum, das: *einer kirchlichen Gemeinde od. einer Kommune gehörender Komplex von Gebäuden u. Anlagen für soziale u. Verwaltungsaufgaben sowie für Veranstaltungen.*
ge|meind|lich ⟨Adj.⟩: *zu einer Gemeinde* (1) *gehörend, sie betreffend:* auf -er Ebene.
¹**Ge|mei|ne,** die; -, -n [mhd. gemeine, ahd. gimeinī, zu ↑ gemein] (veraltet, noch landsch.): *Gemeinde:* ◆ ... aus der kleinen Kirche erscholl der Orgelklang und das Singen der G. (der Gemeinde (2 b); Tieck, Runenberg 35).
²**Ge|mei|ne,** der; -n, -n: **1.** (Druckw.) *Minuskel.* **2.** (im deutschen Heer bis 1918) *unterster Dienstgrad der Landstreitkräfte; einfacher Soldat.*
Ge|mein|ei|gen|tum, das (Politik, Wirtsch.): *etw., was nicht nur einem, sondern einer ganzen Gemeinschaft gehört u. zur Bearbeitung od. Nutzung zur Verfügung steht.*
Ge|mein|ge|brauch, der ⟨o. Pl.⟩ (Rechtsspr.): *jedem zustehendes Recht, öffentliche Sachen wie Straßen, Wege, Grünanlagen, Gewässer ihrer Bestimmung entsprechend zu benutzen.*
ge|mein|ge|fähr|lich ⟨Adj.⟩: *eine Gefahr für die Allgemeinheit darstellend.*
Ge|mein|geist, der ⟨o. Pl.⟩ [LÜ von engl. public spirit]: *Sinn für das allgemeine Wohl:* sie hat G. gezeigt, bewiesen.
ge|mein|gül|tig ⟨Adj.⟩: *allgemeingültig.*
Ge|mein|gut, das (geh.): *etw., was jeder Einzelne einer größeren Gemeinschaft als seinen Besitz bezeichnen kann:* diese Anlage ist G. aller Bewohner der Siedlung; Ü dieser Schlager ist längst zum G. geworden.
Ge|mein|heit, die; -, -en: **a)** ⟨o. Pl.⟩ *gemeine* (1 b) *Art:* etwas aus G. tun, sagen; diese Tat zeugt von seiner G.; **b)** *gemeine* (1 b) *Handlung, Ausdrucksweise:* eine bodenlose G.; eine G. begehen, verüben; man traut ihm jede G. zu; willst du dir diese -en gefallen lassen?; **c)** (ugs.) *etw. Unerfreuliches, Ärgerliches, was als eine Unfreundlichkeit des Schicksals erscheint:* so eine G.! Fährt mir doch die Straßenbahn vor der Nase weg; ◆ **d)** *Gemeinschaft:* ... und brichst, wie der Wolf in der Wüste, in die friedliche G. (Kleist, Kohlhaas 44).
ge|mein|hin ⟨Adv.⟩: *im Allgemeinen; für gewöhnlich:* schneller, als g. angenommen wird.
ge|mei|nig|lich ⟨Adv.⟩ [mhd. gemeinecliche = auf gemeinsame Weise, insgesamt] (geh. veraltend): *im Allgemeinen, gewöhnlich; gemeinhin.*
Ge|mein|kos|ten ⟨Pl.⟩ (Wirtsch.): *Kosten, die nicht im Einzelnen erfassbar sind; indirekte Kosten.*
ge|mein|ma|chen, sich ⟨sw. V.; hat⟩: *sich mit jmdm., der als sozial od. moralisch tiefer stehend angesehen wird, in freundschaftlicher Verbindung auf die gleiche Stufe stellen:* willst du dich etwa mit einem Exterroristen g.?
Ge|mein|nutz, der; -es, **Ge|mein|nut|zen,** der; -s: *Nutzen, der einer Gemeinschaft zugutekommt:* R Gemeinnutz [geht] vor Eigennutz (private Interessen sollten hinter denen der Gemeinschaft zurückstehen; nach frz. le bien particulier doit céder au bien public = das Wohl der Einzelnen muss dem öffentlichen Wohl weichen, einer Maxime des frz. Schriftstellers u. Staatstheoretikers Montesquieu [1689–1755]).
ge|mein|nüt|zig ⟨Adj.⟩: **a)** *dem allgemeinen Wohl dienend:* -e Arbeit; **b)** (Steuerw.) *nicht auf Gewinn ausgerichtet, sondern sozialen Aufgaben dienend:* Spenden für diesen Zweck werden als g. anerkannt.
Ge|mein|nüt|zig|keit, die; -: *gemeinnützige Art u. Weise, gemeinnützige Beschaffenheit.*
Ge|mein|platz, der [LÜ von engl. commonplace, LÜ von lat. locus communis] (abwertend): *abgegriffene, nichtssagende Redensart:* seine Rede bewegte sich nur in Gemeinplätzen.
ge|mein|sam ⟨Adj.⟩ [mhd. gemeinsam, ahd. gimeinsam, verdeutlichende Bildung aus mhd. gemein, ahd. gimeini (↑ gemein) u. mhd., ahd. -sam, ↑ sam]: **1.** *mehreren Personen od. Dingen in gleicher Weise gehörend, eigen:* die -e Wohnung; -e Interessen; das Grundstück gehörte ihnen g.; größter -er Teiler und kleinstes -es Vielfaches (Math.; höchste Zahl, die in allen gegebenen Zahlen als Faktor enthalten ist, u. niedrigste Zahl, in der alle gegebenen Zahlen als Faktoren enthalten sind); * *etw. mit jmdm., etw. g. haben* (*etw. mit jmd. anderem, mit einer anderen Sache in gleicher Weise, übereinstimmend haben*); *jmdm., einer Sache g. sein* (*jmdm., einer Sache in gleicher Weise eigen sein:* die Liebe zur Musik war ihnen g.). **2.** *in*

Gemeinschaft [unternommen, zu bewältigen]; zusammen, miteinander: -e Wanderungen, Aufgaben; wir wollen das g. besprechen.

Ge|mein|sam|keit, die; -, -en: **1.** *gemeinsames* (1) *Merkmal, gemeinsame* (1) *Eigenschaft:* zwischen diesen beiden Völkern gibt es viele -en. **2.** ⟨o. Pl.⟩ *Zustand gegenseitiger Verbundenheit:* in trauter G. handeln; es entstand eine neue G. zwischen ihnen.

Ge|mein|schaft, die; -, -en [mhd. gemeinschaft, ahd. gimeinscaf]: **1.** ⟨o. Pl.⟩ *das Zusammensein, -leben in gegenseitiger Verbundenheit:* die eheliche G.; die freie, friedliche G. der Völker; * **in G. mit jmdm., etw.** *(gemeinsam, zusammen, in Zusammenarbeit mit:* die Festspiele werden von der Stadt in G. mit dem Rundfunk veranstaltet). **2.** *Gruppe von Personen, die durch gemeinsame Anschauungen o. Ä. untereinander verbunden sind:* eine verschworene G.; die G. der Heiligen *(die heilige Kirche, die Einheit der durch die Gnade des Heiligen Geistes Gläubigen;* LÜ von kirchenlat. communio sanctorum); jmdn. in eine G. aufnehmen; aus der G. ausgeschlossen werden. **3.** *Bündnis zusammengeschlossener Staaten, die ein gemeinsames wirtschaftliches u. politisches Ziel verfolgen:* die atlantische, westliche G.

ge|mein|schaft|lich ⟨Adj.⟩: **1.** *die Gemeinschaft* (1, 2) *betreffend, darauf bezogen.* **2.** *von mehreren zusammen im Hinblick auf ein gemeinsames Ziel durchgeführt; gemeinsam:* -e Anstrengungen; sie wurden wegen -en schweren Diebstahls angezeigt.

Ge|mein|schafts|an|schluss, der: *Verbindung mehrerer Fernsprechanschlüsse in einem Hauptanschluss.*

Ge|mein|schafts|an|ten|ne, die: *Antenne, an die mehrere Rundfunk- u. Fernsehgeräte angeschlossen sind.*

Ge|mein|schafts|ar|beit, die: **a)** ⟨o. Pl.⟩ *gemeinschaftliche Arbeit an einer gemeinsamen Aufgabe:* diese Aufgabe wurde in G. erledigt; **b)** *etw. in Gemeinschaftsarbeit* (a) *Hergestelltes, Gefertigtes:* den ersten Preis bekam eine G. zweier Architekten.

Ge|mein|schafts|auf|ga|be, die: **a)** *Aufgabe, die einer Gemeinschaft gestellt ist, von ihr zu bewältigen ist;* **b)** *(Bundesrepublik Deutschland) für die Gesamtheit bedeutungsvolle Aufgabe, die ein Bundesland gemeinsam mit dem Bund bewältigt.*

Ge|mein|schafts|be|sitz, der ⟨o. Pl.⟩: *gemeinsamer Besitz.*

Ge|mein|schafts|ge|fühl, das ⟨Pl. selten⟩: *Gefühl der Verbundenheit mit den Menschen in einer Gemeinschaft.*

Ge|mein|schafts|geist, der ⟨o. Pl.⟩: *Bereitschaft, sich für eine Gemeinschaft einzusetzen u. Eigeninteressen zurückzustellen:* G. zeigen, beweisen; er hat keinen G.

Ge|mein|schafts|haus, das: **1.** *Haus, in dem verschiedene Gruppen (Vereine, Gemeinden, Nachbarschaften o. Ä.) Veranstaltungen durchführen können.* **2.** *Männerhaus.*

Ge|mein|schafts|kü|che, die: *Küche, in der Gemeinschaftsverpflegung zubereitet wird;* **b)** *Küche (in einem Lager, Wohnheim o. Ä.), in der mehrere Parteien gleichzeitig kochen können.*

Ge|mein|schafts|kun|de, die ⟨o. Pl.⟩: *Sozialkunde.*

Ge|mein|schafts|le|ben, das ⟨o. Pl.⟩: *Leben in einer [größeren] Gemeinschaft.*

Ge|mein|schafts|pra|xis, die: *Praxis* (3 b), *die von zwei od. mehreren Ärzten od. Ärztinnen gemeinsam unterhalten wird.*

Ge|mein|schafts|pro|duk|ti|on, die ⟨o. Pl.⟩: vgl. Gemeinschaftsarbeit (a): das Flugzeug wurde in britisch-französischer G. hergestellt; **b)** vgl. Gemeinschaftsarbeit (b): der Film ist eine deutsch-italienische G.

Ge|mein|schafts|pro|jekt, das: *in Gemeinschaftsarbeit* (a) *durchgeführtes Projekt:* ein europäisches G.; ein G. von Autoren und Künstlern.

Ge|mein|schafts|raum, der: *als Aufenthaltsraum u. für Veranstaltungen genutzter Raum (in Heimen, Betrieben, Wohnblocks u. dgl.).*

Ge|mein|schafts|recht, das: *für die Mitglieder der Europäischen Union gültiges Recht.*

Ge|mein|schafts|schu|le, die: *für alle gemeinsame, nicht nach bestimmten Konfessionen getrennte Schule.*

Ge|mein|schafts|sinn, der ⟨o. Pl.⟩: *Gemeinschaftsgeist.*

Ge|mein|schafts|un|ter|kunft, die: *Unterkunft* (1), *in der mehrere Personen untergebracht sind:* die Flüchtlinge werden in städtischen Gemeinschaftsunterkünften untergebracht.

Ge|mein|schafts|un|ter|neh|men, das: *gemeinschaftliches Unternehmen.*

Ge|mein|schafts|ver|pfle|gung, die: *gemeinsame Verpflegung für eine größere Personengruppe.*

Ge|mein|schafts|wäh|rung, die: *gemeinsame Währung verschiedener Staaten.*

Ge|mein|schafts|werk, das: **a)** ⟨o. Pl.⟩ vgl. Gemeinschaftsarbeit (a); **b)** vgl. Gemeinschaftsarbeit (b): ein G. zweier Künstler.

Ge|mein|schafts|zen|t|rum, das: vgl. Gemeinschaftshaus (1): der Stadtteil hat ein eigenes G.

Ge|mein|schuld|ner, der (Rechtsspr.): *Schuldner, über dessen Vermögen ein Konkurs stattfindet, durch den alle Gläubiger anteilmäßig befriedigt werden sollen.*

Ge|mein|schuld|ne|rin, die: w. Form zu ↑Gemeinschuldner.

Ge|mein|sinn, der ⟨o. Pl.⟩ [LÜ von lat. sensus communis]: *Verständnis u. Einsatzbereitschaft für die Allgemeinheit.*

Ge|mein|spra|che, die: **a)** *allgemein verwendete u. allen Mitgliedern einer Sprachgemeinschaft verständliche Sprache (ohne Mundarten od. Fachsprachen);* **b)** (Sprachwiss.) *Standardsprache.*

ge|mein|sprach|lich ⟨Adj.⟩: *die Gemeinsprache betreffend, zu ihr gehörend.*

◆ **Ge|mein|spruch,** der: *Gemeinplatz:* ...denn kein Argument bringt mich so aus der Fassung, als wenn einer mit einem unbedeutenden G. angezogen kommt, wenn ich aus ganzem Herzen rede (Goethe, Werther I, 12. August).

ge|mein|ver|ständ|lich ⟨Adj.⟩: *so abgefasst, dass jeder es verstehen kann:* ein -es Buch; die Rednerin hat sich g. ausgedrückt. Dazu: **Ge|mein|ver|ständ|lich|keit,** die ⟨o. Pl.⟩.

ge|mein|ver|träg|lich ⟨Adj.⟩: *mit den Interessen der Allgemeinheit vereinbar:* Dazu: **Ge|mein|ver|träg|lich|keit,** die ⟨o. Pl.⟩.

Ge|mein|werk, das (schweiz.): *unbezahlte gemeinschaftliche Arbeit für die Gemeinde, eine Genossenschaft o. Ä.:* G. leisten.

Ge|mein|we|sen, das: *Gemeinde[verband], Staat als öffentlich-rechtliches Gebilde.*

Ge|mein|wirt|schaft, die: *der Gesamtheit dienende, nicht auf Gewinn ausgerichtete Wirtschaftsform:* Dazu: **ge|mein|wirt|schaft|lich** ⟨Adj.⟩.

Ge|mein|wohl, das [LÜ von engl. commonwealth]: *das Wohl[ergehen] aller Mitglieder einer Gemeinschaft:* dem G. dienen; im Dienst des -s der Menschheit.

Ge|men|ge, das; -s, - [mhd. gemenge = Vermischung, zu ↑mengen]: **1.** *Gemisch, dessen Bestandteile meist grob verteilt sind und mit dem Auge unterschieden werden können:* ein G. aus den verschiedensten Zutaten; ein G. aus Klee und Gerste. **2.** *[buntes] Durcheinander:* ein G. von Sprachen, Düften; er mischte sich in das G. (Gewühl) des Jahrmarkts. **3.** (Landwirtsch.) *mehrere auf demselben Acker gleichzeitig angebaute Nutzpflanzen.* **4.** (veraltet) *Handgemenge, Kampf:* mit jmdm. ins G. kommen/geraten (selten: *mit jmdm. handgreiflich einen Streit austragen).*

Ge|men|ge|la|ge, die: **1.** (Landwirtsch.) *verstreut liegende Feld- u. Waldstücke eines Grundbesitzes, die infolgedessen nur mit Schwierigkeiten zu bewirtschaften sind, wobei es zwangsläufig zu gegenseitigen Abhängigkeiten der Anrainer kommt.* **2.** (bildungsspr.) *[zu einem bestimmten Zeitpunkt vorliegendes] Zusammentreffen von sonst eher unzusammenhängenden Zuständen, Gegebenheiten:* Ü eine gefährliche G. aus Angst und Überheblichkeit.

Ge|meng|sel, das; -s, - (emotional): *etw., was [nicht mehr unterschieden] vermischt, vermengt ist:* ein G. von Äpfeln und Rosinen.

¹ge|mes|sen ⟨Adj.⟩ [urspr. = genau abgemessen, knapp]: **a)** *ruhig u. würdevoll, sodass die Bewegungen, Äußerungen genau bemessen wirken:* g. sprechen, schreiten, wirken; **b)** *würdevoll u. zurückhaltend;* **c)** (veraltend) *exakt, knapp u. genau:* -e Befehle; ♦ **Auch ist unsere -e Order, ihn in die Enge zu treiben** (Goethe, Götz III); **d)** *angemessen:* jmdm. in -em Abstand folgen; g. klingen; Nun bauen aber die Nachkommen dieser alten vornehmen Handelsfamilien auch heute noch in einem -en Stil (R. Walser, Gehülfe 44).

²ge|mes|sen: ↑messen.

Ge|mes|sen|heit, die; -: *gemessene Art; gemessenes Auftreten.*

Ge|met|zel, das; -s, - [zu ↑metzeln] (abwertend): *grausames Morden; mörderischer Kampf, bei dem viele [Wehrlose] getötet werden; Blutbad:* es war ein fürchterliches G.; ein G. veranstalten.

ge|mie|den: ↑meiden.

Ge|mi|na|ta, die; -, ...ten [zu lat. geminatus = verdoppelt] (Sprachwiss.): *Doppelkonsonant, dessen Bestandteile auf zwei Sprechsilben verteilt werden (z. B. in ital. freddo, gesprochen fred-do; im Deutschen nur noch orthografisches Mittel).*

Ge|misch, das; -[e]s, -e: **1.** *aus zwei oder mehr verschiedenen Stoffen bestehende Mischung, deren Bestandteile meist sehr fein verteilt sind:* ein G. aus Gips, Sand und Kalk; ein hochexplosives G.; Ü ein G. aus Angst und Hoffnung; Ihr tolles Geschwätz erfüllte die Luft, das unsinnige G. verwickelter Ratschläge und blanker Ratlosigkeit (Seghers, Transit 125). **2.** (Kfz-Technik) **a)** *zünd- u. verbrennungsfähige Mischung aus Kraftstoff u. Luft;* **b)** *Mischung aus Benzin u. Öl, bes. für Zweitaktmotoren.*

ge|mischt ⟨Adj.⟩: **a)** *aus verschiedenen Bestandteilen bestehend od. zusammengesetzt:* -e Kost; -er Wald; -e *(aus Mitgliedern aus verschiedenen Institutionen, Ländern o. Ä. bestehende)* Kommission; das Publikum war [bunt] g. *(bestand aus Vertretern verschiedener gesellschaftlicher Schichten, war bunt zusammengewürfelt);* Ü mit -en Gefühlen; **b)** (abwertend) *nicht auf dem erwarteten Niveau; wenig gesittet; gewöhnlich:* auf dem Fest ging es ziemlich g. zu.

ge|mischt|ge|schlecht|lich ⟨Adj.⟩: *aus Personen beiderlei Geschlechts bestehend:* eine -e Gruppe; eine Sauna nur für -e Paare.

ge|mischt|spra|chig ⟨Adj.⟩: *verschiedene Sprachen (als jeweilige Muttersprache) sprechend:* die Bevölkerung in diesem Grenzland ist g.

Ge|mischt|wa|ren|hand|lung, die (veraltend), **Ge|mischt|wa|ren|la|den,** der ⟨Pl. ...läden⟩:

gemittelt – genau

Laden [in einer kleineren Ortschaft], in dem neben Lebensmitteln Gegenstände des täglichen Bedarfs angeboten werden: Ü *die Konzeptionslosigkeit der Ausstellung machte sie zu einem Gemischtwarenladen zeitgenössischer Kunst.*

ge|mit|telt: ↑ mitteln.

Gem|me, die; -, -n [ital. gemma < lat. gemma, urspr. = Auge od. Knospe am Weinstock]: **1.** *[Halb]edelstein mit vertieft od. erhaben eingeschnittenen Figuren (bes. zahlreich in der Antike).* **2.** ⟨meist Pl.⟩ (Biol.) *bei der ungeschlechtlichen Fortpflanzung von Pilzen gebildete dauerhafte Zelle.*

Gem|mo|lo|gie, die; - [↑ -logie]: *Lehre, Wissenschaft von den Edelsteinen.*

ge|mocht: ↑ mögen.

ge|mol|ken: ↑ melken.

ge|mop|pelt: ↑ doppelt (1).

Ge|mot|ze, das; -s [zu ↑ motzen] (ugs. abwertend): *vorwurfsvolles Kritisieren; Nörgeln: was soll denn das ständige G.?*

Gems|bart, Gems|bock, Gem|se: frühere Schreibungen für ↑ Gämsbart, ↑ Gämsbock, ↑ Gämse.

Ge|muf|fel, das; -s (ugs. abwertend): *[dauerndes] ¹Muffeln.*

Ge|mun|kel, das; -s (ugs.): *[dauerndes] Munkeln, [heimliches] Gerede.*

ge|münzt: münzen (2).

Ge|mur|mel, das; -s: *[dauerndes] Murmeln: ein undeutliches G.*

Ge|mur|re, das; -s (abwertend): *[dauerndes] Murren.*

Ge|mü|se, das; -s, - [mhd. gemüese, urspr. = Brei, Speise (aus gekochten Nutzpflanzen), Kollektivbildung zu ↑ Mus]: *Pflanzen, deren verschiedene Teile in rohem od. gekochtem Zustand gegessen werden: grünes, junges G.; G. anbauen, putzen; Fleisch mit Kartoffeln und G.; Ü junges G.* (ugs. scherzh., auch abwertend): *[unerfahrene] Jugendliche; Jugend).*

Ge|mü|se|an|bau, der ⟨o. Pl.⟩: *gärtnerische od. landwirtschaftliche Nutzung einer Bodenfläche für Gemüse.*

Ge|mü|se|art, die: *Art (4 a) von Gemüse.*

Ge|mü|se|bau, der ⟨o. Pl.⟩: *Gemüseanbau.*

Ge|mü|se|beet, das: *Beet mit Gemüse.*

Ge|mü|se|brü|he, die: *aus Gemüse u. Kräutern zubereitete kräftige Brühe* (1 a).

Ge|mü|se|ein|topf, der: *Eintopf aus verschiedenen Gemüsen.*

Ge|mü|se|gar|ten, der: *Garten[teil], in dem Gemüse angebaut wird:* * *quer durch den G.* (ugs.: *bunt durcheinander, von allem etwas).*

Ge|mü|se|ge|schäft, das: *Gemüseladen.*

Ge|mü|se|händ|ler, der: *jmd., der mit Gemüse handelt, einen Gemüseladen besitzt.*

Ge|mü|se|händ|le|rin, die: w. Form zu ↑ Gemüsehändler.

Ge|mü|se|hand|lung, die, **Ge|mü|se|la|den,** der ⟨Pl. ...läden⟩: *Ladengeschäft, in dem bes. Gemüse verkauft wird.*

Ge|mü|se|pflan|ze, die: *als Gemüse dienende Pflanze.*

Ge|mü|se|saft, der: *aus Gemüse (z. B. Möhren) ausgepresster Saft.*

Ge|mü|se|sor|te, die: *Gemüseart.*

Ge|mü|se|sup|pe, die: *Suppe mit verschiedenen Gemüsen.*

ge|müßigt (veraltet): in der Wendung *sich g. sehen/fühlen/finden* (vgl. bemüßigen).

ge|musst: ↑ müssen.

ge|mus|tert: ↑ mustern (3).

Ge|müt, das; -[e]s, -er [mhd. gemüete = Gesamtheit der seelischen Empfindungen u. Gedanken; Gemütszustand; Kollektivbildung zu ↑ Mut]: **1.** *Gesamtheit der psychischen u. geistigen Kräfte eines Menschen: ein sanftes,* zartes, tiefes, trauriges G.; *das G. eines Künstlers, eines Politikers; ihr kleiner Sohn hat ein sonniges G.; du hast vielleicht ein sonniges, kindliches G.!* (iron.; *du bist wirklich recht naiv!);* * *ein G. haben wie ein Fleischerhund* (ugs.; *gefühllos sein, überhaupt kein Gemüt haben); ein G. haben wie ein Veilchen/Schaukelpferd* (salopp; *naiv sein; jmdm. etw. zumuten, ohne sich darüber Gedanken zu machen).* **2.** *geistig-seelisches Empfindungsvermögen; Empfänglichkeit für gefühlserregende Eindrücke: diese Frau hat viel G.; das rührt ans, ist etwas fürs G.;* * *jmdm. aufs G. schlagen (deprimierend auf jmdn. wirken); jmdm. nach dem -e sprechen (so sprechen, reden, dass der andere voll u. ganz damit übereinstimmt); sich* ⟨Dativ⟩ *etw. zu -e führen* (1. *etw. beherzigen.* 2. *[etw. Gutes] mit Genuss essen od. trinken).* **3.** *Mensch (in Bezug auf seine geistig-seelischen Regungen): einfachere -er; er ist ein heiteres, offenes G.; Inzwischen haben sich die -er beruhigt, aber es ist möglich, dass ihr noch davon reden hört* (Nossack, Begegnung 390). ♦ **4.** *Sinn* (3 a): *Was habt Ihr im G.? Entdeckt mir's frei* (Schiller, Tell IV, 1).

ge|müt|haft ⟨Adj.⟩: *vom Gemüt* (2) *her bestimmt: stimmungsvolle u. -e Bilder.*

ge|müt|lich ⟨Adj.⟩ [mhd. gemüetlich, gemuotlich = angenehm; dem Sinn, der (freudigen) Stimmung entsprechend, zu: gemuete, ↑ Gemüt; vgl. ahd. gimuati = angenehm; wohlwollend; die heutigen Bed. seit dem 18. Jh.]: **a)** *eine angenehme, behagliche Atmosphäre schaffend: eine -e Wohnung; hier finde ich es recht g.; ein g. eingerichtetes Lokal; in der Küche war es g. warm; mach es dir g.!* (*schaffe dir Gemütlichkeit!);* **b)** *zwanglos gesellig, ungezwungen: jetzt beginnt der -e Teil der Veranstaltung; jmdn. zu -em Beisammensein einladen; nun wird es endlich g. hier; sich g. unterhalten;* **c)** *umgänglich, freundlich: ein -er alter Herr;* **d)** *in aller Ruhe, gemächlich: ein -es Tempo; g. spazieren gehen; Während dieses Gedankenganges hatte er sich scheinbar aufs Gemütlichste eine Sammlung Ansichtspostkarten angeschaut* (R. Walser, Gehülfe 96); ♦ **e)** *das Gemüt ansprechend, gemütvoll: Blick und Händedruck, und Küsse, -e Worte* (Goethe, Elegien I, XIII).

Ge|müt|lich|keit, die; -, -en: **1.** ⟨o. Pl.⟩ *[das Gefühl der] Behaglichkeit auslösende Atmosphäre: die G. der Wohnung;* **b)** *zwanglose Geselligkeit; Ungezwungenheit: ein Prosit der G.!;* **c)** *Ruhe, Gemächlichkeit: er trank in aller G. sein Bier aus;* R *da hört [sich] doch die G. auf!* (ugs.; *das ist unerhört, das kann man sich wirklich nicht bieten lassen).* **2.** *etw. gemütlich Wirkendes.*

ge|müts|arm ⟨Adj.⟩: *wenig Gemüt* (2) *besitzend; gefühlskalt.*

Ge|müts|art, die: *Art des Gemüts* (1): *eine weiche, herrschsüchtige G.; ein Mensch von stiller G.*

Ge|müts|be|we|gung, die: *seelische Erregung als [sichtbare] Reaktion auf etw.: sie zeigte keine G.*

ge|müts|krank ⟨Adj.⟩: *krank in Bezug auf das Gemüt* (1); *an Depressionen leidend.*

Ge|müts|kran|ke ⟨vgl. Kranke⟩: *weibliche Person, die gemütskrank ist.*

Ge|müts|kran|ker ⟨vgl. Kranker⟩: *jmd., der gemütskrank ist.*

Ge|müts|krank|heit, die: *als psychisch bedingt eingestufte Krankheit.*

Ge|müts|la|ge, die: *augenblickliche Verfassung des Gemüts* (1).

Ge|müts|lei|den, das: *Gemütskrankheit.*

Ge|müts|mensch, der (ugs.): **a)** *jmd., der sich durch nichts aus der Ruhe bringen lässt; gutmütiger, aber etwas langsamer Mensch;* **b)** (iron.): *jmd., der, ohne über die Schwierigkeiten nachzudenken, anderen fast Unmögliches zumutet: die Arbeit soll ich in einer Stunde schaffen? Du bist ein G.!*

Ge|müts|re|gung, die: *Gemütsbewegung.*

Ge|müts|ru|he, die: *innere Ruhe; Freisein von Aufregung u. Hast: sie bewahrt immer ihre G.; er trank noch in aller G. ([fast aufreizend] gemächlich) sein Bier aus.*

Ge|müts|schwan|kung, die ⟨meist Pl.⟩: *unstabile Veränderung der Gemütslage (oft als Zeichen seelischer Unausgeglichenheit): ich litt unter Depressionen u. heftigen -en.*

Ge|müts|ver|fas|sung, die: *Gemütslage: sich in einer heiteren G. befinden.*

Ge|müts|zu|stand, der: *Gemütslage: ein unbestimmter G.*

ge|müt|voll ⟨Adj.⟩: *Gemüt* (2) *besitzend, offenbarend: Verse g. vortragen.*

gen ⟨Präp. mit Akk.⟩ [mhd. gein, zusgez. aus ↑ ¹gegen] (veraltend): *in Richtung; nach;* ¹gegen (1 a): *ihr Blick ging g. Westen.*

gen. = genannt.

Gen, das; -s, -e [gepr. von dem dän. Botaniker W. Johannsen (1857–1927), zu griech. génos, ↑ -gen] (Biol.): *Abschnitt der DNA als lokalisierter Träger einer Erbanlage, eines Erbfaktors, der die Ausbildung eines bestimmten Merkmals bestimmt, beeinflusst.*

Gen. = Genitiv; Genossenschaft.

-gen [griech. -genḗs = hervorbringend, verursachend; hervorgebracht, verursacht, zu: génos = Geschlecht, Abstammung, Gattung, zu: gígnesthai = geboren werden, entstehen]: **1.** kennzeichnet in Bildungen mit Substantiven od. deren Ableitungen eine Zugehörigkeit od. Angemessenheit: *betreffend, angemessen:* telegen, fotogen. **2.** (bes. Med.) **a)** drückt in Bildungen mit Substantiven meist griech. Ursprungs od. deren Ableitungen aus, dass etw. gebildet, hervorgerufen wird: kanzerogen; **b)** drückt in Bildungen mit Substantiven meist griech. Ursprungs od. deren Ableitungen aus, dass etw. der Auslöser, der Ausgangspunkt ist: neurogen.

Gen|ab|schnitt, der (Biol.): *[zur Analyse od. gentechnischen Bearbeitung festgelegter] Teil eines Gens.*

Gen|ana|ly|se, die: *Analyse* (2) *eines Gens, von Genen zur Ermittlung der vorhandenen Erbanlagen.*

ge|nannt: ↑ nennen (Abk.: gen.).

ge|nant [ʒɛˈnant] ⟨Adj.⟩ [frz. gênant, adj. 1. Part. von: gêner, ↑ genieren]: **a)** (veraltend) *unangenehm, peinlich: das war [ihm] etwas g.;* **b)** *sich leicht, unangebrachterweise genierend: ein -es Kind; sei nicht so g.!*

ge|nas: ↑ genesen.

ge|nä|se: ↑ genesen.

¹ge|nau ⟨Adj.⟩ [mhd. genou = knapp, eng; sorgfältig, gleichend, zu mhd. nou, zu ahd. hniuwan = zerreiben, zerstoßen u. eigtl. = drückend, kratzend]: **a)** *mit einem Muster, Vorbild, einer Vergleichsgröße [bis in die Einzelheiten] übereinstimmend; einwandfrei stimmend; exakt: eine -e Waage; die -e Uhrzeit; den -en Wortlaut einer Rede wiedergeben; es ist jetzt g. acht Uhr; das ist g. das Gleiche; er konnte sich g. daran erinnern; die Länge stimmte auf den Millimeter g.; die Schuhe passen g. (sind nicht zu groß u. nicht zu klein);* ⟨subst.:⟩ *Genaues, Genaueres weiß ich nicht* (die einzelnen Zusammenhänge, Hintergründe kenne ich nicht); **b)** *gründlich, gewissenhaft ins Einzelne gehend; sorgfältig: -e Kenntnis; er ist in allem* sehr g.; er arbeitet ihm nicht g. genug; etw. ist g. durchdacht; ich kenne ihn ganz g.; etw. g., genau[e]stens unterscheiden; die Vorschriften müssen aufs Genau[e]ste beachtet werden; g. genommen *(wenn man es gründlich betrachtet; eigentlich, im Grunde);* * **es mit etw. [nicht so] g. nehmen** *(auf die Einhaltung, Erfüllung von etw. [nicht] sehr bedacht sein:* er nimmt es mit der Wahrheit, mit den Vorschriften nicht so g.); **c)** (landsch.) *sparsam; haushälterisch;* ◆ **d)** *eng, vertraut:* Duschels in Prag, unsre -sten Freunde dort (Mörike, Mozart 265).

²**ge|nau** 〈Adv.〉 [zu: ↑ ¹genau]: **a)** betont die Exaktheit einer Angabe; drückt bestätigend aus, dass etwas gerade richtig, passend für etwas ist; ⁴*gerade,* ³*eben:* das kommt g. zur rechten Zeit; er ist g. der Mann für diese Aufgabe; **b)** dient als Ausdruck der Hervorhebung, der reinen Verstärkung einer Aussage: g. das wollte ich sagen; g. das Gegenteil ist der Fall; **c)** dient als Ausdruck bestätigender Zustimmung: [g.,] g.! *(so ist es!)*

ge|nau|es|tens, genaustens 〈Adv.〉: **a)** *äußerst* ¹*genau* (a): der Text muss g. übersetzt werden; **b)** *äußerst* ¹*genau* (b): alle Vorwürfe werden wir g. überprüfen.

ge|nau ge|nom|men; vgl. ¹genau (b).

Ge|nau|ig|keit, die; -: **a)** *das* ¹*Genausein* (a): die G. einer Waage; es geschah mit mathematischer G.; **b)** *das* ¹*Genausein* (b): etw. mit pedantischer G. befolgen.

ge|nau|so 〈Adv.〉: *in derselben Weise, in demselben Maße:* sie macht alles [ganz] g. wie er; das Wetter ist heute g. schlecht wie gestern; das schmeckt g. wie Sahne; dies gilt g. für dich, wie es für mich gilt; du kannst g. gut die Bahn nehmen; er hat g. häufig, g. oft gefehlt; das dauert g. lange; sie hat g. viel bekommen; sie ist g. weit gelaufen; das stört mich g. wenig.

ge|nau|so gut, ge|nau|so häu|fig, ge|nau|so lan|ge: ↑ genauso.

ge|naus|tens: ↑ genauestens.

Gen|bank, die 〈Pl. -en〉 (Bot., Landwirtsch.): *Einrichtung zur Sammlung, Erhaltung u. Nutzung des Genmaterials bestimmter Pflanzenarten:* eine G. für traditionelle Kräuter.

Gen|darm [ʒan'darm, auch: ʒã...], der; -en, -en [frz. gendarme = Polizeisoldat, urspr. = bewaffneter Reiter, zuspr. aus: gens d'armes = bewaffnete Männer, zu: gens = Leute u. armes = Waffen]: **1.** (österr. [bis 2005], sonst veraltet) *(bes. auf dem Land eingesetzter) Polizist; Angehöriger einer Gendarmerie.* ◆ **2.** *bewaffneter Reiter:* Ein Wütender auf einem Berberross... sprengt vor mit den -en (Schiller, Jungfrau V, 11).

Gen|dar|me|rie [ʒandarmə'riː, auch: ʒãd...], die; -, -n [frz. gendarmerie] (österr. [bis 2005], sonst veraltet): *Einheit der staatlichen Polizei in Landbezirken; Gesamtheit der Gendarmen.*

Gen|dar|me|rie|sta|ti|on, die (österr. [bis 2005], sonst veraltet): *Station, Dienststelle der Gendarmerie.*

Gen|dar|min, die; -, -nen: w. Form zu ↑ Gendarm (1).

Gen|da|tei, die; -, -en [zu ↑ Gen u. ↑ Datei], **Gen|da|ten|bank,** die 〈Pl. ...banken〉: *Datenbank, in der genetische Daten von Individuen gespeichert werden.*

Gen|de|fekt, der: *Defekt, Störung in der Struktur eines Gens.*

Gen|der ['dʒɛndɐ], das; -s [engl. gender = Geschlecht]: *Geschlechtsidentität des Menschen als soziale Kategorie (z. B. im Hinblick auf seine Selbstwahrnehmung, sein Selbstwertgefühl oder sein Rollenverhalten).*

Gen|der-Main|strea|ming ['dʒɛndɐmeɪnstriːmɪŋ], das; -s [engl. gender mainstreaming, aus: gender = Geschlecht u. mainstreaming, zu: to mainstream = zur vorherrschenden Richtung machen]: *Verwirklichung der Gleichstellung von Mann und Frau unter Berücksichtigung der geschlechtsspezifischen Lebensbedingungen und Interessen.*

gen|dern ['dʒɛndɐn] 〈sw. V.; hat〉 (Politikjargon): *das Gender-Mainstreaming (auf etw.) anwenden:* die Behörde wurde gegendert.

Gen|der|stu|dies ['dʒɛndɐstʌdiːz] 〈Pl.〉 [engl. gender studies = Geschlechterforschung, aus: gender = Geschlecht u. studies, Pl. von: study = Studie, Forschungsbericht]: *Forschungsrichtung, die die Beziehungen zwischen den beiden Geschlechtern unter soziokulturellen Aspekten untersucht.*

Gen|di|ag|nos|tik, die (Med.): *Untersuchung des menschlichen Erbguts in Bezug auf genetische Veränderungen, die mit Krankheiten in Verbindung stehen können.*

Gen|do|ping, das; -s: *genetische Eingriffe zur Leistungssteigerung im Sport.*

Ge|nea|lo|gie, die; -, -n: **1.** 〈o. Pl.〉 *Forschungsgebiet, das sich mit der Herkunft u. den Verwandtschaftsverhältnissen bestimmter Personen, Familien, Sippen, mit Ursprung, Folge u. Verwandtschaft der Geschlechter befasst; Geschlechterkunde.* **2.** [lat. genealogia < griech. genealogía, zu: geneá = Geburt, Abstammung u. ↑-logie] *[Darstellung der] Abstammung einer Person, Geschlechterfolge einer Familie, Sippe.*

ge|nea|lo|gisch 〈Adj.〉: *die Genealogie betreffend:* -e Daten; die Verwandtschaftsverhältnisse g. untersuchen.

ge|nehm 〈Adj.〉 [mhd. genæme, eigtl. = was gern genommen wird, zu ↑ nehmen] (geh.): **a)** *angenehm, willkommen, erwünscht:* ist das ein Ihnen -er Termin?; politisch nicht -e Kandidaten; diese Lösung war ihm sehr g.; sie war ihm als Mitarbeiterin nicht g.; ◆ **b)** in der Verbindung **g. halten** *(billigen).*

◆ **Ge|nehm|hal|ten,** das; -s: *(in der Kanzleisprache) Genehmigung:* ...noch länger bei der Armee zu verbleiben und ohne unser G. sich nicht von uns zu trennen (Schiller, Piccolomini IV, 1).

ge|neh|mi|gen 〈sw. V.; hat〉: **1.** *(besonders amtlich, offiziell) die Ausführung, Verwirklichung einer Absicht, die jmd. als Antrag, Gesuch o. Ä. vorgebracht hat, gestatten:* die Baubehörde hat den Anbau genehmigt. **2.** 〈g. + sich〉 (ugs. scherzh.) *sich den Genuss* (1) *von etw. gestatten:* sich ein Gläschen Wein g.; ... und soll ich mir noch ein Paar Würstchen g., ich nehme aber zu sehr zu (Döblin, Alexanderplatz 93); * **sich** 〈Dativ〉 **einen g.** (ugs. scherzh.; *einen Schnaps o. Ä. trinken).*

Ge|neh|mi|gung, die; -, -en: **a)** *das Genehmigen* (1): die G. zur Ausreise erteilen; eine G. einholen, erhalten; mit polizeilicher G.; **b)** *Schriftstück, Papier, auf dem etw. (amtlich) genehmigt wird:* eine G. vorlegen.

ge|neh|mi|gungs|fä|hig 〈Adj.〉: *so beschaffen, dass eine Genehmigung dafür erteilt werden kann.*

Ge|neh|mi|gungs|pflicht, die 〈Pl. selten〉 (Amtsspr.): *gesetzliche Verpflichtung, für etw. von offizieller Stelle die Genehmigung einzuholen:* G. für Anlagen zur Abfallbeseitigung. Dazu: **ge|neh|mi|gungs|pflich|tig** 〈Adj.〉.

Ge|neh|mi|gungs|pra|xis, die: *Art u. Weise, Praxis* (1 b), *eine Genehmigung* (a) *zu erteilen:* eine restriktive, lockere, undurchsichtige G.

Ge|neh|mi|gungs|ver|fah|ren, das: *Ablauf, Verfahren einer behördlichen Genehmigung.*

ge|neigt [eigtl. = aus Ausdruck des Wohlwollens zu jemandem Bittenden (hinunter)geneigt]: **a)** in der Wendung **g. sein, etw. zu tun** (geh.; *die Neigung haben, bereit sein, etw. zu tun:* sie war g., das Angebot anzunehmen); **b)** (veraltend, noch scherzh.) *wohlwollend, wohlgesinnt:* der -e Leser; das -e Publikum; Seine Frau, die schwanger und deshalb der Mythologie -er *(für sie aufgeschlossener)* war, fand die früchteverheißende Scheuche hübsch und zum Kichern: Wochen später kam sie mit Zwillingen nieder (Grass, Hundejahre 69).

Ge|neigt|heit, die; -: **1.** (geh.) *das Geneigtsein; Bereitschaft.* **2.** (veraltend) *das Zugetansein, Wohlwollen.*

Ge|ne|ra [auch: 'geː...]: Pl. von ↑ Genus.

Ge|ne|ral, der; -s, -e u. ...räle: **1.** [frz. (capitaine, lieutenant) général] (Militär) **a)** 〈o. Pl.〉 *[höchster] Dienstgrad der höchsten Rangordnung der Offiziere (bei Heer u. Luftwaffe);* **b)** *Offizier dieses Dienstgrades:* die -e haben sich ergeben; die Pläne des kommandierenden -s Meier; in der Absicht G. Meiers. **2. a)** [mhd. general = Oberhaupt eines Mönchsordens < kirchenlat. generalis (abbas), zu lat. generalis = allgemein, zu: genus, ↑ Genus] *oberster Vorsteher einer kath. Ordensgemeinschaft;* **b)** *oberster Vorsteher der Heilsarmee.* **3.** (bes. Politikjargon) *Generalsekretär.*

Ge|ne|ral-: 1. drückt in Bildungen mit Substantiven aus, dass etw. alles umfasst, alles und alle betrifft: Generalaussperrung, -debatte, -überholung. **2.** kennzeichnet in Bildungen mit Substantiven jmdn. als Leiter[in], als Inhaber[in] der höchsten Stellung oder etw. als höchste Institution; *Haupt-, oberste[r]:* Generaldirektor, -intendant, -konsulat.

Ge|ne|ral|am|nes|tie, die (Rechtsspr.): *Amnestie für eine größere Anzahl von Personen.*

Ge|ne|ral|an|griff, der: *groß angelegter Angriff; Hauptangriff:* den G. des Gegners abwehren.

Ge|ne|ral|an|walt, der: *Anwalt am Europäischen Gerichtshof, der dem Gericht einen begründeten Vorschlag für das zu fällende Urteil vorlegt.*

Ge|ne|ral|an|wäl|tin, die: w. Form zu ↑ Generalanwalt.

Ge|ne|ral|bass, der [ital. basso generale] (Musik): *(bes. im 17. u. 18. Jh.) einer Komposition durchlaufend zugrunde liegende Bassstimme, meist mit den vom Komponisten zugefügten Ziffern u. Zeichen, nach denen auf einem Tasteninstrument eine mehrstimmige Begleitung zu spielen ist; Basso continuo.*

Ge|ne|ral|be|voll|mäch|tig|te (vgl. Bevollmächtigte) (Rechtsspr., Wirtsch., Politik): *weibliche Person, die eine Generalvollmacht hat.*

Ge|ne|ral|be|voll|mäch|tig|ter (vgl. Bevollmächtigter) (Rechtsspr., Wirtsch., Politik): *jmd., der eine Generalvollmacht hat.*

Ge|ne|ral|bun|des|an|walt, der: *Leiter der Staatsanwaltschaft beim Bundesgerichtshof.*

Ge|ne|ral|bun|des|an|wäl|tin, die: w. Form zu ↑ Generalbundesanwalt.

Ge|ne|ral|de|bat|te, die: *umfassende Debatte über etw. in seiner Gesamtheit.*

Ge|ne|ral|di|rek|ti|on, die: *Hauptdirektion, übergeordnete Direktion* (2 a).

Ge|ne|ral|di|rek|tor, der: *Leiter eines größeren Unternehmens od. einer größeren Institution.*

Ge|ne|ral|di|rek|to|rin, die: w. Form zu ↑ Generaldirektor.

Ge|ne|ral|feld|mar|schall, der (früher): **a)** 〈o. Pl.〉 *höchster militärischer Dienstgrad;* **b)** *Offizier des höchsten militärischen Dienstgrads.*

Ge|ne|ral|feld|mar|schal|lin, die (selten): w. Form zu ↑ Generalfeldmarschall.

◆ **Ge|ne|ral|ge|wal|ti|ger,** der Generalgewaltige/ein Generalgewaltiger; des/eines Generalgewaltigen, die Generalgewaltigen/zwei Generalgewaltige: *Profos:* Heimreitend hielt er vor dem Zelt des Generalgewaltigen, hieß ihn seinen roten Mantel umwerfen und... folgen (C. F. Meyer, Page 153).

Ge|ne|ral|gou|ver|ne|ment, das: **1.** *größeres Gouvernement.* **2.** *Statthalterschaft.*

Ge|ne|ral|gou|ver|neur, der: *Leiter eines Generalgouvernements; Statthalter, oberster Beamter (bes. in Kolonien).*

Ge|ne|ral|gou|ver|neu|rin, die: w. Form zu ↑ Generalgouverneur.

Ge|ne|ra|lin, die; -, -nen: **1.** w. Form zu ↑ General (1b, 2b, 3). **2.** (veraltet) *Frau eines Generals:* ◆ »Sie... sind bei den Mozarts gewesen?« – »Zehn himmlische Tage!« – »O liebe süße, einzige G., erzählen Sie...!« (Mörike, Mozart 225).

Ge|ne|ral|in|s|pek|teur, der: *unmittelbar dem Verteidigungsminister unterstehender ranghöchster Soldat u. höchster Repräsentant der Bundeswehr.*

Ge|ne|ral|in|s|pek|teu|rin, die: w. Form zu ↑ Generalinspekteur.

Ge|ne|ral|in|s|pek|to|rat, das (österr.): *oberste Behörde, die mit der Prüfung od. Beaufsichtigung bestimmter Sachverhalte od. Vorgänge beauftragt ist.*

Ge|ne|ral|in|ten|dant, der: *für die künstlerische Gestaltung u. die Verwaltung verantwortlicher Leiter eines größeren Theaters mit mehreren Gattungen der darstellenden Kunst.*

Ge|ne|ral|in|ten|dan|tin, die: w. Form zu ↑ Generalintendant.

ge|ne|ra|li|sie|ren ⟨sw. V.; hat⟩ [frz. généraliser] (bildungsspr.): *verallgemeinern:* man sollte solche Einzelfälle nicht g.

ge|ne|ra|li|siert ⟨Adj.⟩ (Med.): *(bes. von Hautkrankheiten) über den ganzen Körper verbreitet.*

Ge|ne|ra|li|sie|rung, die; -, -en (bildungsspr.): *das Generalisieren; Verallgemeinerung:* vor -en sollte man sich hüten.

Ge|ne|ra|lis|si|mus, der; -, ...mi u. ...musse [ital. generalissimo] (Militär): *oberster Befehlshaber, Kommandierender.*

Ge|ne|ra|list, der; -en, -en: *jmd., der in seinen Interessen nicht auf ein bestimmtes Gebiet festgelegt ist:* -en und Spezialisten.

Ge|ne|ra|lis|tin, die; -, -nen: w. Form zu ↑ Generalist.

Ge|ne|ra|li|tät, die; -, -en ⟨Pl. selten⟩ [zu ↑ General (1 Militär)]: *Gesamtheit der Generale (eines Staates).*

Ge|ne|ral|klau|sel, die: **1.** (Rechtswiss.) *sehr allgemein formulierte Rechtsvorschrift, die von der Rechtsprechung konkretisiert werden muss.* **2.** *Vereinbarung, Vorschrift o. Ä., die allen Einzelregelungen übergeordnet ist.*

Ge|ne|ral|kom|man|do, das: *oberste Kommandostelle u. Verwaltungsbehörde eines Armeekorps.*

Ge|ne|ral|kon|sul, der: *der höchsten Rangklasse angehörender Konsul (2), der Leiter eines meist zu einem größeren Bezirk gehörenden Konsulats ist.*

Ge|ne|ral|kon|su|lat, das: **a)** *Amt eines Generalkonsuls;* **b)** *Amtssitz, -gebäude eines Generalkonsuls.*

Ge|ne|ral|kon|su|lin, die: w. Form zu ↑ Generalkonsul.

Ge|ne|ral|leut|nant, der (Militär): **a)** ⟨o. Pl.⟩ *zweithöchster Dienstgrad in der Rangordnung der Generale (bei Heer u. Luftwaffe);* **b)** *Offizier dieses Dienstgrades.*

Ge|ne|ral|li|nie, die: *für einen bestimmten Bereich allgemein geltende, für alle verpflichtende Richtlinie mit oft programmatischem Charakter.*

Ge|ne|ral|ma|jor, der (Militär): **a)** ⟨o. Pl.⟩ *zweitniedrigster Dienstgrad in der Rangordnung der Generale (bei Heer u. Luftwaffe);* **b)** *Offizier dieses Dienstgrades; Divisionär* (1).

Ge|ne|ral|ma|jo|rin, die: w. Form zu ↑ Generalmajor (b).

Ge|ne|ral|mu|sik|di|rek|tor, der: **a)** ⟨o. Pl.⟩ *Titel des obersten musikalischen Leiters eines städtischen Opernhauses, Orchesters* (Abk.: GMD); **b)** *Dirigent mit dem Titel Generalmusikdirektor* (a) (Abk.: GMD).

Ge|ne|ral|mu|sik|di|rek|to|rin, die: w. Form zu ↑ Generalmusikdirektor (b).

Ge|ne|ral|nen|ner, der: **1.** (Math.) *Hauptnenner.* **2.** *[gemeinsamer] grundlegender Begriff; grundlegende Idee:* die verschiedenen Heilslehren ließen sich nicht auf einen G. bringen.

Ge|ne|ral|obe|rin, die; -, -nen: *Frau, die in bestimmten Ordensgemeinschaften von Frauen das höchste Amt innehat.*

Ge|ne|ral|oberst, der: **a)** ⟨o. Pl.⟩ *hoher militärischer Dienstgrad, in der deutschen Wehrmacht erste Hauptstufe über dem General;* **b)** *Offizier des Dienstgrads Generaloberst* (a).

Ge|ne|ral|par|don, der: **a)** (veraltet) *Generalamnestie;* ◆ Leset selbst, hier ist der G. unterschrieben (Schiller, Räuber II, 3); **b)** *pauschale Vergebung von jmds. Verfehlungen.*

Ge|ne|ral|prä|ven|ti|on, die (Rechtsspr.): *allgemeine abschreckende od. schützende Maßnahme zur Verhinderung od. Verringerung der Häufigkeit u. Schwere von Straftaten;* Dazu: **ge|ne|ral|prä|ven|tiv** ⟨Adj.⟩.

Ge|ne|ral|pro|be, die: *meist ohne Unterbrechung ablaufende letzte Probe vor der Premiere im Theater, vor der ersten Aufführung eines Bühnenstücks, Konzerts o. Ä.:* erst auf der G. würde man sie zu sehen bekommen.

◆ **Ge|ne|ral|re|gle|ment,** das: *Hauptregel:* Ausdrücke, die weder im Handel und Wandel noch... in -s... gang und gäbe wären (Jean Paul, Siebenkäs 11).

Ge|ne|ral|sa|nie|rung, die: *gründliche u. umfassende Sanierung aller Bereiche:* das Gebäude bedarf einer G.

Ge|ne|ral|schlüs|sel, der: *Hauptschlüssel.*

Ge|ne|ral|se|kre|tär, der: *oberster Geschäftsführer einer Partei, eines wirtschaftlichen, wissenschaftlichen o. ä. Verbandes od. einer internationalen Organisation.*

Ge|ne|ral|se|kre|ta|ri|at, das: **a)** ⟨o. Pl.⟩ *Amt eines Generalsekretärs;* **b)** *Sitz eines Generalsekretärs.*

Ge|ne|ral|se|kre|tä|rin, die: w. Form zu ↑ Generalsekretär.

Ge|ne|ral|staa|ten ⟨Pl.⟩: **1.** *niederländisches Parlament.* **2.** (Geschichte) *im 15. Jh. vereinigter Landtag der niederländischen Provinzen.* **3.** (Geschichte) *(zwischen 1593 u. 1796) Abgeordnetenversammlung der sieben niederländischen Nordprovinzen.*

Ge|ne|ral|staats|an|walt, der: *oberster Staatsanwalt beim Oberlandesgericht.*

Ge|ne|ral|staats|an|wäl|tin, die: w. Form zu ↑ Generalstaatsanwalt.

Ge|ne|ral|staats|an|walt|schaft, die: *Staatsanwaltschaft beim Oberlandesgericht.*

Ge|ne|ral|stab, der: *Kreis von ausgewählten, besonders ausgebildeten Offizieren, der den obersten Befehlshaber u. Heerführer beratend unterstützt;* Dazu: **Ge|ne|ral|stabs|chef,** der; **Ge|ne|ral|stabs|che|fin,** die; **Ge|ne|ral|stabs|of|fi|zier,** der; **Ge|ne|ral|stabs|of|fi|zie|rin,** die.

ge|ne|ral|stabs|mä|ßig ⟨Adj.⟩: *mit militärischer Umsicht u. Präzision:* ein g. geplanter Banküberfall.

Ge|ne|ral|streik, der: *[politischen Zielen dienender] allgemeiner Streik der Arbeitnehmer eines Landes.*

Ge|ne|ral|sy|n|o|de, die: **1.** *oberste Synode der ev. Kirche.* **2.** (veraltet) *allgemeines Konzil der römisch-katholischen Kirche.*

ge|ne|ral|über|ho|len ⟨sw. V.; nur im Inf. u. 2. Part. gebr.⟩ (bes. Technik): *im Ganzen auf sämtliche möglicherweise vorhandenen Fehler hin überprüfen u. alle Mängel beseitigen:* seinen Wagen g. lassen. Dazu: **Ge|ne|ral|über|ho|lung,** die.

Ge|ne|ral|un|ter|neh|mer, der (Wirtsch.): *Firma, die bei einem größeren Projekt die Hauptverantwortung für die Ausführung der Arbeiten übernimmt [u. mit deren Ausführung auch andere Firmen beauftragt].*

Ge|ne|ral|un|ter|neh|me|rin, die: *Generalunternehmer:* der Bau wurde von dieser Firma als G. erstellt.

Ge|ne|ral|ver|dacht, der ⟨o. Pl.⟩: *schon ohne konkrete Anhaltspunkte generell gehegter Verdacht:* alle Künstler standen bei ihm unter dem G. der Sittenlosigkeit.

Ge|ne|ral|ver|samm|lung, die: *Versammlung sämtlicher Mitglieder einer Gesellschaft, Genossenschaft, eines Vereins o. Ä.; Hauptversammlung.*

Ge|ne|ral|ver|tre|tung, die: *Alleinvertretung.*

Ge|ne|ral|vi|kar, der (kath. Kirche): *ständiger Vertreter des Bischofs beim Diözese für den Bereich der Verwaltung.*

Ge|ne|ral|voll|macht, die (Rechtsspr., Wirtsch., Politik): *unbeschränkte Vollmacht für alle Absprachen, Abschlüsse, Geschäfte, Verträge o. Ä.*

Ge|ne|ra|ti|on, die; -, -en [lat. generatio = Zeugung(sfähigkeit); Gen., zu: generatum, ↑ generativ]: **1. a)** *einzelnes Glied des Geschlechterfolge, bei der Großeltern, Eltern, Kinder, Enkel unterschieden werden:* der Ring wurde von G. zu G. weitergegeben; in diesem Haus wohnen drei -en (*Vertreter dreier Generationen*); **b)** (Biol.) *Gesamtheit der in der Entwicklung einer Tier-, Pflanzenart zum Prozess der Fortpflanzung gehörenden Tiere, Pflanzen:* die Merkmale lassen sich bei vier -en feststellen. **2.** (bes. Soziol.) *Gesamtheit der Menschen ungefähr gleicher Altersstufe [mit ähnlicher sozialer Orientierung u. Lebensauffassung]* (vgl. auch Generation @, Generation Golf, Generation X): die junge, ältere G.; die G. nach dem Krieg. **3.** *ungefähr die Lebenszeit eines Menschen umfassender Zeitraum; Menschenalter:* es wird noch -en dauern. **4.** *in der technischen Entwicklung auf einer bestimmten Stufe stehende, durch eine bestimmte Art der Konzeption u. Konstruktion gekennzeichnete Gesamtheit von Geräten o. Ä.:* die neue G. nuklearer Waffen; ein Computer der dritten G.

Ge|ne|ra|ti|on @ [... ˈɛt], die; -, --: *Altersgruppe der mit dem Internet aufgewachsenen u. damit heute gut vertrauten Menschen.*

Ge|ne|ra|ti|o|nen|ge|rech|tig|keit, die ⟨o. Pl.⟩ (bes. Politik): *gerechter Ausgleich der zu tragenden gesellschaftlichen Lasten (z. B. Rentenbeiträge, Staatsverschuldung) zwischen den Generationen* (2).

Ge|ne|ra|ti|o|nen|kon|flikt, der: *Konflikt zwischen Angehörigen verschiedener Generationen, bes. zwischen Jugendlichen u. Erwachsenen, der aus den unterschiedlichen Auffassungen in bestimmten Lebensfragen erwächst.*

ge|ne|ra|ti|o|nen|über|grei|fend, generationsübergreifend ⟨Adj.⟩: *mehrere Generationen (2) umfassend:* eine -e Faszination; -es Wohnen; die Serie wird g. gern gesehen.

Ge|ne|ra|ti|o|nen|ver|trag, der: *in der umlagefinanzierten Rentenversicherung geltender Grundsatz, dass die im Arbeitsleben stehende*

Generation die Renten für die Generation der Rentner erarbeitet.
Ge|ne|ra|ti|o|nen|wech|sel, der (seltener): *Generationswechsel* (1).
Ge|ne|ra|ti|on Golf, die; - - [nach dem gleichnamigen Roman des dt. Journalisten F. Illies (geb. 1971); »Golf« ist eine Marke des Autokonzerns VW]: *Altersgruppe der etwa 1965 bis 1975 geborenen Westdeutschen, deren Lebensgefühl durch eine egoistische Grundhaltung und eine weitgehende Entpolitisierung charakterisiert ist.*
Ge|ne|ra|ti|ons|kon|flikt, der (seltener): *Generationenkonflikt.*
ge|ne|ra|ti|ons|mä|ßig ⟨Adj.⟩: *eine Generation bzw. verschiedene Generationen betreffend; durch den Wechsel der verschiedenen Generationen bedingt, darauf beruhend:* die allein schon g. sich ergebenden Probleme.
ge|ne|ra|ti|ons|über|grei|fend: ↑ generationenübergreifend.
Ge|ne|ra|ti|ons|un|ter|schied, der: *Unterschied in der Denk- u. Lebensweise von Angehörigen verschiedener Generationen.*
Ge|ne|ra|ti|ons|wech|sel, der: **1.** *Ablösung von Angehörigen der älteren durch Angehörige der jüngeren Generation.* **2.** (Biol.) *Wechsel zwischen geschlechtlicher u. ungeschlechtlicher Fortpflanzung bei bestimmten Pflanzen u. wirbellosen Tieren:* der G. der Farne.
Ge|ne|ra|ti|on X [auch: dʒɛnəˈreɪʃn ˈɛks], die; - - [nach dem gleichnamigen Roman des kanadischen Autors Douglas Coupland von 1991]: *Altersgruppe der etwa 1965 bis 1975 Geborenen, die durch Orientierungslosigkeit, Desinteresse am Allgemeinwohl u. a. charakterisiert ist.*
ge|ne|ra|tiv ⟨Adj.⟩: **1.** *spätlat. generativus, zu lat. generatum,* 2. Part. von: generare, ↑ generieren] (Biol.) *die Zeugung, geschlechtliche Fortpflanzung betreffend.* **2.** [engl. generative] (Sprachwiss.) *die Erzeugung von Sätzen betreffend:* -e [Transformations]grammatik *(die Sprache mit Mitteln der mathematischen Logik u. der Psychologie beschreibende Grammatiktheorie, die zu erklären sucht, wie es einem Sprecher möglich ist, aufgrund der unbewussten Beherrschung einer endlichen Menge von Regeln seiner Muttersprache eine unendliche Menge von Sätzen in dieser Sprache zu erzeugen u. zu verstehen).*
Ge|ne|ra|tor, der; -s, ...oren [lat. generator = Erzeuger]: **1.** *Maschine, in der mechanische in elektrische Energie umgewandelt, elektrische Spannung od. elektrischer Strom erzeugt wird.* **2.** *ein Schachtofen ähnlicher Apparat zur Erzeugung von Gas aus festen Brennstoffen wie Kohle u. Koks.*
ge|ne|rell ⟨Adj.⟩ [französierende Bildung für veraltet general = allgemein]: *für die meisten od. alle Fälle derselben Art geltend, zutreffend:* das ist ein -es Problem; die Missstände müssen g. beseitigt werden.
ge|ne|rie|ren ⟨sw. V.; hat⟩ [lat. generare = (er)zeugen, hervorbringen, zu: genus, ↑ Genus]: **1.** (bildungsspr., Fachspr.) *hervorbringen, erzeugen:* Daten, Adressen g.; das System generiert immer noch Fehler. **2.** (Sprachwiss.) *in Übereinstimmung mit einem grammatischen Regelsystem (im Sinne der generativen Grammatik) hervorbringen, bilden:* Sätze g.
Ge|ne|rie|rung, die; -, -en: *das Generieren, Generiertwerden.*
Ge|ne|ri|kum, das; -s, ...ka [zu engl. generic name = nicht geschützte Kurzbez. einer chem. Verbindung, eigtl. = Gattungsname, aus: generic = Gattungs- (< frz. générique, zu lat. genus, ↑ Genus) u. name = Name] (Pharm.): *Arzneimittel, das unter dem Namen auf dem Markt befindliche ...*

als Markenzeichen eingetragenen Präparat in der Zusammensetzung gleicht, in der Regel aber billiger angeboten wird als dieses.
ge|ne|risch ⟨Adj.⟩: **1.** (Sprachwiss.) *in allgemeingültigem Sinne [gebraucht]:* -es *(nicht spezifisches, beide Geschlechter umfassendes)* Maskulinum. **2.** (Biol.) *das Geschlecht od. die Gattung betreffend.*
ge|ne|rös ⟨Adj.⟩ [frz. généreux < lat. generosus, eigtl. = von (guter) Art] (bildungsspr.): *großmütig; großzügig, nicht kleinlich im Geben, im Gewähren von etw.:* eine -e Geste; -es Verhalten; er war, zeigte sich sehr g.
Ge|ne|ro|si|tät, die; -, -en ⟨Pl. selten⟩ [frz. générosité < lat. generositas, eigtl. = edle Art] (bildungsspr.): *generöse Art.*
ge|nervt ⟨Adj.⟩ [zu ↑ nerven (b)] (ugs.): *nervlich strapaziert; durch lästiges, störendes o. ä. Verhalten anderer zermürbt:* durch kilometerlange Staus -e Autofahrer; von Lärm u. Stress g., brüllte sie ihre Kinder an; ich war g. u., um ruhig antworten zu können.
Ge|ne|se, die; -, -n [lat. genesis < griech. génesis = Zeugung, Schöpfung] (bildungsspr., Fachspr.): *Entstehung, Entwicklung:* die G. einer Krankheit, eines Kunstwerks, einer Gesteinsbildung.
ge|ne|sen ⟨st. V.; ist⟩ [mhd. genesen, ahd. ginesan, urspr. = überleben, errettet werden]: **1.** (geh.) *gesund werden:* nach, von langer Krankheit g.; Nun bin ich genesen. Das gibt es: genesener als je (Frisch, Cruz 32). **2.** (dichter.) *(ein Kind) zur Welt bringen, gebären:* sie genas eines gesunden Kindes.
Ge|ne|sen|de, der/die (eine Genesende; der/einer Genesenden, die Genesenden/zwei Genesende): *weibliche Person, die im Begriff ist zu genesen.*
Ge|ne|sen|der, der/ein Genesender; des/eines Genesenden, die Genesenden/zwei Genesende: *jmd., der im Begriff ist zu genesen.*
Ge|ne|sis [auch: ˈgeːn...], die; - [Genese]: **1.** *Schöpfungsgeschichte.* **2.** *1. Buch Mose.*
Ge|ne|sung, die; -, -en ⟨Pl. selten⟩ (geh.): *das Genesen, Gesundwerden:* er befindet sich auf dem Wege der G. Dazu: **Ge|ne|sungs|pro|zess,** der.
Ge|ne|sungs|wunsch, der, ⟨meist Pl.⟩: *einem Kranken gegenüber geäußerter Wunsch (1), dass er genesen möge:* selbst der Staatspräsident sandte seine Genesungswünsche.
Ge|ne|tik, die; - [zu griech. génesis, ↑ Genese] (Biol.): *Wissenschaft, die sich mit den Gesetzmäßigkeiten der Vererbung von Merkmalen u. mit den grundlegenden Phänomenen der Vererbung im Bereich der Moleküle befasst; Vererbungslehre.*
Ge|ne|ti|ker, der; -s, -: *Wissenschaftler auf dem Gebiet der Genetik; Genforscher.*
Ge|ne|ti|ke|rin, die; -, -nen: w. Form zu ↑ Genetiker.
ge|ne|tisch ⟨Adj.⟩ (Biol.): **a)** *die Entstehung, Entwicklung des Lebewesen (im Sinne der Genetik) betreffend; entwicklungsgeschichtlich, erblich bedingt:* die -e Verwandtschaft von Lebewesen; -e Zusammenhänge, Faktoren; -er Fingerabdruck (↑ Fingerabdruck); **b)** *auf der Genetik beruhend, dazu gehörend:* -e Experimente.
Ge|ne|ver [ʒeˈneːvɐ, ʒaˈn..., auch: geˈn...], der; -s, - [älter niederl. genever < afrz. gene(i)vre = Wacholder < lat. iuniperus]: *niederländischer Wacholderbranntwein.*
Gen|ex|pres|si|on, die [zu ↑ Gen u. lat. expressio = Ausdruck (↑ Expressionismus)] (Biol.): *die Aktivierung der genetischen Substanz zur Ausbildung von Strukturen u. Funktionen der Zelle.*
Ge|ne|za|reth, (ökum.:) Gennesaret: ↑ See Genezareth.
Genf: *Schweizer Kanton u. Stadt.*

¹Gen|fer, der; -s, -: Ew.
²Gen|fer ⟨indekl. Adj.⟩: G. See; G. Konvention.
Gen|fe|rin, die; -, -nen: w. Form zu ↑ ¹Genfer.
gen|fe|risch ⟨Adj.⟩: *Genf, die Genfer betreffend; aus Genf stammend.*
Gen|fer See, der; - -, **Gen|fer|see,** der; -s: *See zwischen Westalpen u. Jura.*
Gen|food [...fuːd], das; -s, -s [engl. genfood, Kurzwort aus genetically modified food = genetisch veränderte Nahrungsmittel]: *durch Genmanipulation veränderte Lebensmittel (bes. Obst u. Gemüse).*
Gen|for|scher, der: *Genetiker.*
Gen|for|sche|rin, die: w. Form zu ↑ Genforscher.
Gen|for|schung, die: *Forschung im Bereich der Gentechnologie.*
ge|ni|al ⟨Adj.⟩ [gek. aus älterem ↑ genialisch]: ¹Genie (1) *besitzend, erkennen lassend; überragend, großartig:* eine -e Idee, Künstlerin; seine Musik ist geradezu g.; das Problem ist g. gelöst.
ge|ni|a|lisch ⟨Adj.⟩ [zu ↑ ¹Genie] (bildungsspr.): **a)** *in Art u. Leistung zum Genialen tendierend:* ein -es Talent; **b)** *in oft exaltierter Weise in seinem Auftreten das Konventionelle, Durchschnittliche missachtend:* sich g. gebärden.
Ge|ni|a|li|tät, die; - **a)** *überragende schöpferische Veranlagung:* die G. eines Erfinders; **b)** *von Genialität (a) zeugende, dort die entstandene Beschaffenheit:* die G. ihrer Erfindung.
Ge|nick, das;⸗-[e]s, -e [mhd. genic(ke), Kollektivbildung zu: necke, nacke, ↑ Nacken]: *von den ersten beiden Halswirbeln gebildetes Gelenk, das die Beweglichkeit des Kopfes gegen den Rumpf ermöglicht:* du wirst dir noch das G. brechen!; ein steifes G. haben (ugs.; *als Folge von Muskelverspannungen im Nacken den Kopf nicht richtig bewegen können*); * jmdm., einer Sache das G. brechen (ugs.; *jmdn., etw. scheitern lassen, zugrunde richten*); jmdm. im G. sitzen (ugs.; *jmdn. bedrängen, dass er eine bestimmte Arbeit schnell erledigt*).
Ge|nick|fang, der [zu ↑ Fang (3)] (Jägerspr.): *Stich mit dem Jagdmesser in das Genick eines verwundeten Tieres, um es zu töten.*
Ge|nick|schuss, der: *Schuss aus der allernächster Nähe ins Genick eines Wehrlosen:* jmdn. durch G. umbringen.
Ge|nick|star|re, die: **1.** *Nackenstarre.* **2.** (Med. veraltet) *Meningitis.*
¹Ge|nie [ʒeˈniː], das; -s, -s [frz. génie < lat. genius, ↑ Genius]: **1.** ⟨o. Pl.⟩ *überragende schöpferische Begabung, Geisteskraft:* die G. eines Künstlers; ein Regisseur von G. **2.** *Mensch mit überragender schöpferischer Begabung, Geisteskraft:* sie ist ein [großes, mathematisches] G.; er ist nicht gerade ein/ist kein G. auf diesem Gebiet (iron.; *er versteht davon nicht viel*); ein verkanntes G. (scherzh.; *jmd., von dessen besonderer Begabung nichts bekannt ist*).
²Ge|nie, der; - od. das; -s ⟨meist in Zus.⟩ [frz. génie = militärisches Ingenieurwesen] (schweiz.): *Pioniertruppe.*
◆ **Ge|nie|korps,** das: *Pioniertruppe:* Ein jeder ungrische Schnurrbart vom G. ist willkommen (Mörike, Mozart 219).
Ge|nie|kult, der ⟨o. Pl.⟩: *übertriebene, fast göttliche Verehrung eines ¹Genies (2).*
Ge|ni|en: Pl. von ↑ Genius.
Ge|nie|of|fi|zier, der (schweiz.): *Offizier der Genietruppe.*
ge|nie|ren [ʒeˈ...] ⟨sw. V.; hat⟩ [frz. (se) gêner, zu: gêne, veraltet auch: Folter < afrz. gehine = das durch Folter erpresste Geständnis]: **1.** (g. + sich) *eine Situation als unangenehm u. peinlich empfinden u. sich entsprechend gehemmt u. verschämt zeigen; Scham empfinden:* du brauchst dich deswegen, vor ihr nicht zu g.; ich genierte mich nicht *(hatte keinerlei Hemmungen),* ihr die Wahrheit zu

sagen; ...da zeigte sich, dass es mit der Sexualität so eine Sache ist. Die Männer standen herum und genierten sich voreinander (Tucholsky, Werke II, 56). **2.** (veraltend) *belästigen, stören; jmdm. hinderlich sein:* der gestärkte Kragen scheuerte u. genierte mich; »Nicht wahr«, sagte er, »meine Gegenwart geniert Sie nicht beim Essen? ...« (Th. Mann, Krull 269).

ge|nieß|bar ⟨Adj.⟩: *ohne Bedenken zu verzehren, zu sich zu nehmen:* das Fleisch ist nicht mehr g.; Ü der Chef ist heute wieder mal nicht g. (ugs.; *ist unausstehlich, schlechter Laune*).

Ge|nieß|bar|keit, die; -: *das Genießbarsein.*

ge|nie|ßen ⟨st. V.; hat⟩ [mhd. (ge)nieȝ(ȝ)en, ahd. (gi)nioȝan = innehaben, gebrauchen, urspr. = ergreifen, fangen]: **1.** *von einer Speise, einem Getränk etw. zu sich nehmen:* er konnte nur wenig von den angebotenen Leckerbissen g.; sie hat den ganzen Tag noch nichts genossen; Ü er ist heute nicht, nur mit Vorsicht zu g. (ugs.; *ist unausstehlich, schlechter Laune*). **2.** *mit Freude, Genuss, Wohlbehagen auf sich wirken lassen:* die Natur, seinen Urlaub g.; das Leben in vollen Zügen g.; er genoss es sichtlich, so gefeiert zu werden; ⟨mit Gen.-Obj.:⟩ ...genoss ich all der Ehre und Achtung, die meinem Golde zukam (Chamisso, Schlemihl 32). **3.** *[zu seinem Nutzen, Vorteil] erhalten, erfahren:* eine gute Erziehung g.; ⟨häufig verblasst:⟩ jmds. Vertrauen g. *(haben);* jmds. Achtung g. *(von jmdm. geachtet werden);* bei jmdm. hohes Ansehen g. *(hoch angesehen sein);* sie genießt seinen ganz besonderen Schutz *(ihr wird sein ganz besonderer Schutz zuteil).* ♦ **4.** *den Nutzen (von etw.) haben, in den Besitz od. Genuss (von etw.) gelangen:* Den ersten Taler ..., der gehört meinem Enkel, der soll ihn g. (Cl. Brentano, Kasperl 350).

Ge|nie|ßer, der; -s, - [mhd. genieȝer = der Genusssüchtige]: *jmd., dem es auf den Genuss ankommt u. der es versteht, etw. [bewusst] zu genießen:* er ist ein wahrer G.; ein stiller G. sein *(etw. still für sich genießen 2).*

Ge|nie|ße|rin, die; -, -nen: w. Form zu ↑ Genießer.

ge|nie|ße|risch ⟨Adj.⟩: *nach der Art eines Genießers:* er lehnte sich g. zurück; Rudolf lehnte sich g. zurück und trank seine Tasse leer (Hildesheimer, Legenden 55).

Ge|nie|streich, der: *originelles, großartig gelungenes, Bewunderung hervorrufendes [künstlerisches] Werk:* seine neue Oper war ein G.

Ge|nie|trup|pe, die [zu ↑ ²Genie] (schweiz. Militär, österr. veraltet): *Pioniertruppe.*

Ge|nie|zeit, die ⟨o. Pl.⟩ (Literaturwiss.): *Zeitabschnitt der deutschen Literaturgeschichte von 1767 bis 1785; Sturm-und-Drang-Zeit.*

Ge|ni|sa, Geniza [...za], die; -, -s [hebr. gĕnizạh = Versteck, Aufbewahrungsort]: *Raum in der Synagoge zur Aufbewahrung schadhaft gewordener Handschriften u. Kultgegenstände.*

Ge|nist, das; -[e]s, -e [mhd. genist(e), eigtl. = Nest(er), Kollektivbildung zu ↑ Nest] (veraltend): **1.** *dichte Verflechtung, Verfilzung, Zusammenballung von Stroh, Laub, Reisig o. Ä.* **2.** (veraltet) *Nest:* ♦ Wer kann der Flamme befehlen, dass sie nicht auch durch die gesegneten Saaten wüte, wenn sie das G. der Hornisse zerstören soll? (Schiller, Räuber II, 3).

♦ **Ge|nis|te,** das; -s, -: *Genist* (1, 2): ...das G., das den dürren Sandhügel hinunterwächst (Goethe, Werther I, 18. August).

ge|ni|tal ⟨Adj.⟩ [lat. genitalis, zu: genus, ↑ Genus] (bes. Med.): *die Geschlechtsorgane betreffend, zu ihnen gehörend, von ihnen ausgehend:* -e Phase (Psychoanalyse; *mit der Pubertät beginnende Phase der sexuellen Entwicklung, in der die für den Erwachsenen endgültige Ausprägung der Sexualität erreicht wird*).

Ge|ni|tal: ↑ Genitale.

Ge|ni|tal|be|reich, der: *Bereich der Genitalien:* Erkrankungen im G.

Ge|ni|ta|le, das; -s, ...lien ⟨meist Pl.⟩, (auch:) Genital, das; -s, -e ⟨meist Pl.⟩ [lat. (membrum) genitale] (bes. Med.): *Geschlechtsorgan.*

Ge|ni|tal|ver|stüm|me|lung, die: *[rituelles] Beschneiden von Klitoris u. Schamlippen:* G. ist als schwere Körperverletzung anzusehen.

Ge|ni|tiv, der; -s, -e [lat. (casus) genitivus = die Herkunft, Zugehörigkeit bezeichnend(er Fall), zu: gignere, ↑ Genus] (Sprachwiss.). **1.** *Kasus, in dem das Objekt bestimmter intransitiver Verben, bestimmte substantivische Attribute u. bestimmte adverbiale Fügungen stehen; Wesfall, zweiter Fall* (Abk.: Gen.): *die Präposition »jenseits« regiert den G.;* das Substantiv steht hier im G. **2.** *Wort, das im Genitiv (1) steht:* der Satz enthält mehrere -e.

Ge|ni|tiv|at|tri|but, das (Sprachwiss.): *Substantiv im Genitiv, das einem anderen Substantiv als nähere Bestimmung zugeordnet ist* (z. B. der Hut meines Vaters).

Ge|ni|tiv|ob|jekt, das (Sprachwiss.): *Ergänzung eines (intransitiven) Verbs im Genitiv; im Genitiv stehendes Objekt* (z. B. ich bedarf nicht seines Rates).

Ge|ni|us, der; -, ...ien [lat. genius = Schutzgeist; spätlat. = Schöpfergeist, natürliche Begabung]: **1.** (bes. im römischen Altertum) *beschützender, vor Unheil bewahrender Geist eines Menschen, einer Gemeinschaft, eines Ortes:* sein G. hat ihm geholfen. **2.** ⟨meist Pl.⟩ (Kunstwiss.) *geflügelt dargestellte Gottheit der römischen Mythologie.* **3.** (geh.) **a)** ⟨o. Pl.⟩ *[höchste] schöpferische Geisteskraft eines Menschen:* der G. Goethes; **b)** *Mensch mit höchster schöpferischer Geisteskraft:* Bach, der große musikalische G. des Barocks.

Ge|ni|us Lo|ci [- ...tsi], der; - - [lat., zu locus = Ort] (bildungsspr.): *[Schutz]geist, geistiges Klima eines Ortes.*

Ge|ni|za: ↑ Genisa.

Gen|kar|tof|fel, die: vgl. Genmais.

Gen|la|bor, das: *Labor, in dem Genforschung u. gentechnologische Anwendungen betrieben werden.*

Gen|mais, der [Kurzwort aus **gen**technisch veränderter **Mais**]: *durch Genmanipulation veränderter Mais.*

Gen|ma|ni|pu|la|ti|on, die (Biol.): *Manipulation am genetischen Material von Lebewesen in der Absicht, gezielte Veränderungen herbeizuführen od. neue Kombinationen von Erbanlagen zu entwickeln.*

gen|ma|ni|pu|liert ⟨Adj.⟩: *gentechnisch verändert:* -es Saatgut.

Gen|mu|ta|ti|on, die (Biol.): *erbliche Veränderung eines Gens.*

Gen|ne|sa|ret: ↑ See Genezareth.

Ge|nom, das; -s, -e [zu griech. génos, ↑ -gen] (Genetik): *einfacher Chromosomensatz einer Zelle, der deren Erbmasse darstellt.*

Ge|nom|for|schung, die: *Forschung im Bereich der Genome.*

ge|nom|men: ↑ nehmen.

Ge|nör|gel, das; -s (ugs. abwertend): *[dauerndes] Nörgeln; Nörgelei.*

ge|nor|mt: ↑ normen.

ge|noss: ↑ genießen.

Ge|nos|se, der; -n, -n: **1.** [mhd. genoȝ(e), ahd. ginōȝ(o), eigtl. = jmd., der mit einem andern die Nutznießung von etw. gemeinsam hat, verw. mit ↑ genießen] (veraltend) *Kamerad; Begleiter, Gefährte:* sie suchten noch einen -n für die Reise. **2.** *Anhänger der gleichen linksgerichteten politischen Weltanschauung;* (bes. als Anrede für einen Parteifreund): der Antrag des -n [Müller] wurde angenommen; wir bedauern Genosse[n] Meiers Austritt aus der Partei.

ge|nọs|se, ge|nọs|sen: ↑ genießen.

Ge|nos|sen|schaft, die; -, -en: *Vereinigung, Zusammenschluss mehrerer Personen mit dem Ziel, durch gemeinschaftlichen Geschäftsbetrieb den Einzelnen wirtschaftlich zu fördern* (Abk.: Gen.): sie gehörten verschiedenen ländlichen -en an.

Ge|nos|sen|schaf|ter, der; -s, - (seltener): *Mitglied einer Genossenschaft.*

Ge|nos|sen|schaf|te|rin, die; -, -nen: w. Form zu ↑ Genossenschafter.

Ge|nos|sen|schaft|ler, der; -s, -: ↑ Genossenschafter.

Ge|nos|sen|schaft|le|rin, die; -, -nen: w. Form zu ↑ Genossenschaftler.

ge|nos|sen|schaft|lich ⟨Adj.⟩: *zu einer Genossenschaft gehörend, ihren Prinzipien entsprechend:* ein -er Betrieb; etw. g. verwalten.

Ge|nos|sen|schafts|bank, die ⟨Pl. ...banken⟩: *Bank in der rechtlichen Form einer Genossenschaft.*

Ge|nos|sen|schafts|bau|er, der; -n (selten: -s), -n (bes. DDR): *einer landwirtschaftlichen Produktionsgenossenschaft angehörender Bauer.*

Ge|nos|sen|schafts|bäu|e|rin, die: w. Form zu ↑ Genossenschaftsbauer.

Ge|nos|sen|schafts|ver|band, der: *Dachorganisation genossenschaftlicher Betriebe, Banken o. Ä.*

Ge|nọs|sin, die; -, -nen: w. Form zu ↑ Genosse.

Ge|no|typ, Ge|no|ty|pus [zu griech. génos (↑ -gen) u. Typ] (Genetik): *Gesamtheit der Erbfaktoren eines Lebewesens:* Dazu: **ge|no|ty|pisch** ⟨Adj.⟩.

Ge|no|ty|pus: ↑ Genotyp.

Ge|no|zid, der, auch: das; -[e]s, -e u. -ien [engl. genocide, zu griech. génos (↑ -gen) u. lat. -cidere = töten] (bildungsspr.): *Völkermord.*

Gen|pa|tent, das: *Patent für die Entschlüsselung u. wirtschaftliche Nutzung eines bestimmten Teils eines Erbguts.*

Gen|pool [...pu:l], der; -s, -s [zu ↑ Gen u. ↑ ²Pool] (Genetik): *Gesamtheit der genetischen Information [in einer Gruppe von gleichartigen Lebewesen].*

Gen|re ['ʒãːrə], das; -s, -s [frz. genre < lat. genus, ↑ Genus]: *Gattung, Art* (besonders in der Kunst): das literarische G. der Erzählung.

Gen|re|bild, das: *Bild im Stil der Genremalerei.*

Gen|re|ki|no, das ⟨o. Pl.⟩ (Fachspr.): *auf ein breites Publikum zielendes Kino (3), das sich in bekannte, klar abgegrenzte Sparten wie Western, Kriminalfilm usw. gliedert.*

Gen|re|ma|le|rei, die [LÜ von frz. peinture de genre]: *Malerei, in der typische Handlungen u. Begebenheiten aus dem täglichen Leben einer bestimmten Berufsgruppe od. sozialen Klasse dargestellt werden.*

Gen|se|quenz, die (Genetik): *charakteristische Abfolge der genetischen Bausteine einer Erbanlage.*

Gen|so|ja, die od. das: vgl. Genmais.

Gent: *Stadt in Belgien.*

Gen|tech|nik, die ⟨Pl. selten⟩: *Technik der Erforschung u. Manipulation der Gene:* Dazu: **Gen|tech|ni|ker,** der; **Gen|tech|ni|ke|rin,** die; **gen|tech|nisch** ⟨Adj.⟩.

gen|tech|nik|frei ⟨Adj.⟩: **a)** *nicht durch Genmanipulation verändert:* -e Lebensmittel; **b)** *ohne Genmanipulation arbeitend:* -e Landwirtschaft.

Gen|tech|no|lo|gie, die (Biol.): *mit der Erforschung u. der Manipulation von Genen befasstes Teilgebiet der Molekularbiologie:* Dazu: **gen|tech|no|lo|gisch** ⟨Adj.⟩.

Gen|test, der: *Analyse der DNA, aus der Informa-*

tionen über bestimmte Eigenschaften eines Individuums gewonnen werden können.

Gen|the|ra|pie, die (Med.): Therapieform, bei der körpereigenen Zellen ein fremdes Gen übertragen wird, das diese aufgrund eines Gendefekts nicht selbst herstellen können.

gen|til [ʒɛnˈtiːl, ʒaˈtiːl] ⟨Adj.⟩ [frz. gentil = nett, freundlich, veraltet auch: adelig < lat. gentilis = aus demselben Geschlecht, zu: gens (Gen.: gentis) = Familienverband, zu: gignere = hervorbringen, erzeugen] (veraltet): *nett, liebenswürdig.*

Gen|til|homme [ʒãtiˈjɔm], der; -s, -s [frz. gentilhomme, eigtl. = Edelmann]: frz. Bez. für: *Mann von vornehmer Gesinnung, Gentleman.*

Gen|t|le|man [ˈdʒɛntlmən, ...men], der; -s, ...men [...mən] [engl. gentleman, LÜ von frz. gentilhomme, eigtl. = Edelmann]: *Mann von Anstand, Lebensart u. Charakter.*

gen|t|le|man|like [...laɪk] ⟨Adj.⟩ [engl.]: *nach Art eines Gentlemans:* er benahm sich nicht gerade g.

Gen|t|le|man's Ag|ree|ment, Gen|t|le|men's Ag|ree|ment [ˈdʒɛntlmənz əˈgriːmənt, ...ment], das; - -, - -s [engl.]: *im Vertrauen auf die Redlichkeit des Partners getroffene Übereinkunft, Abmachung ohne formalen Vertrag; Vereinbarung auf Treu u. Glauben.*

Gen|t|le|to|mate, die: vgl. Genmais.

Gen|trans|fer, der (Genetik): *Übertragung fremder Erbanlagen in die befruchtete Eizelle.*

gen|t|ri|fi|zie|ren ⟨sw. V.; hat; meist im Passiv⟩ [engl. to gentrify = aufwerten, zu: gentry (↑ Gentry)] (Soziol.): *(bes. einen Stadtteil) durch Sanierung, Umbau o. Ä. daraus resultierende Änderung der Bevölkerungsstruktur aufwerten, verbessern:* Dazu: **Gen|t|ri|fi|zie|rung,** die; -, -en.

Gen|t|ry [ˈdʒɛntri], die; - [engl. gentry < afrz. genterise, gentelise, zu lat. gentilis, ↑ gentil]: *niederer englischer Adel.*

¹Ge|nua: *Stadt in Norditalien.*

²Ge|nua, die; -, - [nach dem erstmaligen Auftauchen dieses Segels 1927 bei einer Regatta in ¹Genua] (Seemannsspr.): *großes, den Mast u. das Großsegel stark überlappendes Vorsegel.*

Ge|nu|e|se, der; -n, -n: Ew.

Ge|nu|e|ser ⟨indekl. Adj.⟩

Ge|nu|e|sin, die; -, -nen: w. Form zu ↑ Genuese.

ge|nu|e|sisch ⟨Adj.⟩: *Genua, die Genuesen betreffend; aus Genua stammend.*

¹ge|nug ⟨Indefinitpron.⟩ [mhd. genuoc, ahd. ginuoc, urspr. Adjektiv zu einem Verb mit der Bed. »reichen, (er)langen«]: *in zufriedenstellendem Maß; ausreichend; genügend:* wir haben g. Arbeit/Arbeit g.; hast du g. Geld eingesteckt, mit[genommen]?; das ist g. für mich; nicht g. damit, dass er seine Aufgaben erledigte (*obwohl er eigentlich mit seinen Aufgaben genügend zu tun hatte*), half er auch noch anderen; die Leute können nicht g. bekommen, kriegen *(sie sind raffgierig u. wollen immer noch mehr);* jetzt habe ich g. *(jetzt habe ich ihrer überdrüssig);* jetzt habe ich aber g.! *(jetzt ist meine Geduld zu Ende);* g. der [vielen] Worte, wir müssen jetzt etwas unternehmen; * *sich* ⟨Dativ⟩ *selbst g. sein (auf den Umgang mit andern verzichten, ihn nicht benötigen).*

²ge|nug ⟨Partikel⟩ [↑ ¹genug]: *nachgestellt bei Adjektiven einen bestimmten Grad o. Ä. kennzeichnend; genügend, ausreichend:* der Schrank ist groß g.; dazu ist er jetzt alt g. (*hat er das entsprechende Alter*); es ist ihr alles nicht gut g. (*sie hat an allem etwas auszusetzen*); das alles ist schlimm g. (*sehr schlimm*).

Ge|nü|ge [mhd. genüege, ahd. ginuogī]: besonders in den Wendungen **jmdm., einer Sache G. tun/leisten** (geh.: *jmdn. zufriedenstellen; eine Sache gebührend berücksichtigen; einer Forderung o. Ä. entsprechen:* ihren Forderungen muss G. getan werden); **zur G.** (oft abwertend; *in genügendem, ausreichendem Maß:* diese Zustände kenne ich zur G.).

ge|nü|gen ⟨sw. V.; hat⟩ [mhd. genüegen, ahd. ginuogen]: **1.** *in einem Maß, einer Menge vorhanden sein, dass es für etw. reicht; genug sein, ausreichen:* das genügt [mir] fürs Erste; zwei Meter Stoff genügen nicht; habt ihr genug eingesteckt? (als Schulnote veraltet:) ihre Leistungen wurden mit »genügend« beurteilt; Das Haus verfiel immer mehr, obwohl genügend Geld da war (Böll, Haus 82). **2.** *einer Forderung o. Ä. nachkommen; in befriedigender Weise erfüllen:* den gesellschaftlichen Pflichten, Anforderungen g.

◆ **Ge|nu|gen,** das; -s: *Genugtuung* (2): Nennt mir meine Schuld, ich will euch völliges G. leisten (Schiller, Maria Stuart III, 4).

ge|nug|sam ⟨Adj.⟩ [mhd. genuocsam]: **a)** (geh.) *zur Genüge, hinreichend;* ◆ **b)** *ausreichend, zufriedenstellend:* Die Frauen ... fanden ... -e Unterhaltung (Goethe, Wahlverwandtschaften I, 10); ... und der Wirt, um ihm Zeit zu lassen, die Speisen g. (*lange genug*) stehen ließ (Keller, Kleider 10).

ge|nüg|sam ⟨Adj.⟩: *mit wenigem zufrieden:* ein -er Mensch; im Essen und Trinken ist sie sehr g.; g. leben. Dazu: **Ge|nüg|sam|keit,** die; -.

ge|nug|tun ⟨unr. V.; hat⟩ [mhd. genuoc tun, LÜ von lat. satisfacere] (veraltend): *in der Wendung* **sich** ⟨Dativ⟩ **nicht g. können, etw. zu tun** (*nicht mit etw. aufhören; bei etw. in seinem Überschwang kein Ende finden:* sie kann sich nicht g., ihn zu loben).

Ge|nug|tu|ung, die; -, -en (Pl. selten) [15. Jh.; LÜ von lat. satisfactio]: **1.** *innere Befriedigung:* das ist mir eine große G.; die G. haben, dass endlich etwas geschieht; G. über etw. empfinden; er vernahm die Nachricht mit G. **2.** (geh.) *Entschädigung für ein zugefügtes Unrecht; Wiedergutmachung:* die Beleidigte verlangte, erhielt G.

ge|nu|in ⟨Adj.⟩ [lat. genuinus, eigtl. = angeboren, natürlich, zu: ↑ Genus]: **1.** (bildungsspr.) *echt:* ein -es Kunstwerk; die Versorgung der Leser ist die -e Aufgabe der Büchereien. **2.** (Med.) *nicht als Folge anderer Krankheiten auftretend; angeboren, erblich:* -e Krankheiten.

Ge|nus [auch: ˈgeːnʊs], das; -, Genera [lat. genus (Gen.: generis) = Geschlecht, Art, Gattung, zu: gignere = hervorbringen, erzeugen]: **1.** (bildungsspr. veraltend) *Art, Gattung.* **2.** (Sprachwiss.) *eine der verschiedenen Klassen (männlich, weiblich, sächlich), in die Substantive (danach Adjektive u. Pronomen) eingeteilt sind; grammatikalische Kategorie beim Nomen; grammatisches Geschlecht.*

Ge|nus pro|xi|mum, das; - -, - -, Genera proxima [zu lat. proximus = der Nächste] (Philos., Sprachwiss.): *nächsthöherer Gattungsbegriff.*

Ge|nuss, der; -es, Genüsse [zu ↑ genießen]: **1.** ⟨o. Pl.⟩ *das Genießen* (1): *übermäßiger G. von Alkohol ist schädlich; jmdn. vom G. einer Speise abraten.* **2.** *Freude, Annehmlichkeit, die jmd. beim Genießen (2) von etw. empfindet:* der Kaffee ist ein G. (*ist köstlich*); * **in den G. von etw. kommen** (*eine Vergünstigung od. etw., was einem zusteht, erhalten:* sie kam nicht in den G. eines Stipendiums).

ge|nuss|lich ⟨Adj.⟩: *einen Genuss voll auskostend; bewusst genießend:* sie gab uns eine -e Schilderung ihres Triumphes; sich g. im Sessel zurücklehnen.

Ge|nuss|mensch, der: *jmd., der sich gern allen möglichen Genüssen, Vergnügungen hingibt.*

Ge|nuss|mit|tel, das: *etw., was nicht wegen seines etwa vorhandenen Nährwertes, sondern wegen seines guten Geschmacks, seiner anregenden Wirkung o. Ä. genossen wird.*

Ge|nuss|schein, Ge|nuss-Schein, der (Börsenw.): *Wertpapier, das dem Inhaber bzw. der Inhaberin verschiedenartige vermögensrechtliche Ansprüche gegenüber einem Unternehmen – unabhängig von dessen Rechtsform – gewährt, z. B. Beteiligung am Reingewinn, an bestimmten Erträgen.*

Ge|nuss|sucht, die ⟨o. Pl.⟩: *unmäßiges Verlangen, Streben nach Genüssen:* Dazu: **ge|nuss|süch|tig** ⟨Adj.⟩.

ge|nuss|voll ⟨Adj.⟩: **a)** *großen Genuss bereitend, verschaffend:* ein -er Urlaub; **b)** *einen Genuss auskostend; mit Genuss:* etw. g. auf der Zunge zergehen lassen.

Ge|nus Ver|bi, das; - -, Genera - [zu ↑ Genus (2) u. ↑ Verb] (Sprachwiss.): *Verhaltensrichtung des Verbs als Aktiv od. Passiv.*

gen|ver|än|dert ⟨Adj.⟩: *genetisch verändert.*

Geo, das; -[s] ⟨meist o. Art.⟩ (Schülerspr.): *kurz für* ↑ Geografieunterricht.

geo-, Geo- [griech. geō-, zu: gē = Erde]: *Best. in Zus. mit der Bed.* erd-, Erd-, Land- (z. B. geografisch, Geografie).

Geo|bo|ta|nik, die; -: *Wissenschaft von der geografischen Verbreitung der Pflanzen.*

Geo|ca|ching [...keʃɪŋ], das; -s [engl. geocaching, zu: geo- (↑ geo-, Geo-) u. cache (↑ Cache)]: *Spiel, bei dem in freiem Gelände versteckte Behälter mithilfe von GPS gesucht u. anschließend am selben Ort wieder versteckt werden.*

Geo|che|mie, die; -: *Wissenschaft von der chemischen Zusammensetzung der Erde:* Dazu: **geo|che|misch** ⟨Adj.⟩.

Geo|dä|sie, die; - [griech. geōdaisía = Erd-, Landverteilung]: *Wissenschaft von der Vermessung der Erde u. Technik ihrer Vermessung.*

Geo|dät, der; -en, -en [griech. geōdaítēs = Landvermesser]: *Fachmann, Wissenschaftler auf dem Gebiet der Geodäsie; Geometer.*

Geo|dä|tin, die; -, -nen: w. Form zu ↑ Geodät.

geo|dä|tisch ⟨Adj.⟩: *die Geodäsie betreffend:* -e Forschung, Technik.

Geo|drei|eck®, das [Kunstwort aus **Geo**metrie u. **Dreieck**]: *mathematisches Hilfsmittel in Form eines (transparenten) Dreieckes zum Ausmessen u. Zeichnen von Winkeln, Parallelen o. Ä.*

geo|gen ⟨Adj.⟩ [↑ -gen] (Geol.): *[auf natürliche Weise] in der Erde entstanden.*

Geo|graf, Geograph, der; -en, -en [lat. geographus = Erdbeschreiber < griech. geōgráphos]: *Wissenschaftler auf dem Gebiet der Geografie.*

Geo|gra|fie, Geographie, die; -, -n [lat. geographia < griech. geōgraphía]: **1.** ⟨o. Pl.⟩ *Wissenschaft von der Erde u. ihrem Aufbau, der Verteilung u. Verknüpfung der verschiedensten Erscheinungen u. Sachverhalte der Erdoberfläche, bes. hinsichtlich der Wechselwirkung zwischen der Natur u. dem Mensch; Erdkunde:* sie studiert G.; in G. (*im Schulfach Geografie*) hat er eine Zwei. **2.** *geografisch bestimmter Raum:* die das Leben der Nomaden bestimmenden -n.

Geo|gra|fie|un|ter|richt, Geographieunterricht, der: *Unterricht im Schulfach Geografie.*

Geo|gra|fin, Geographin, die; -, -nen: w. Formen zu ↑ Geograf, Geograph.

geo|gra|fisch, geographisch ⟨Adj.⟩: **a)** *die Geografie betreffend:* eine -e Expedition nach Afrika; -e Forschungen treiben; **b)** *die Lage, das Klima usw. eines Ortes, Gebietes betreffend:* eine g. sehr günstig gelegene Stadt; **c)** *sich auf einen bestimmten Punkt o. Ä. der Erdoberfläche beziehend:* -e Namen.

Geo|graph, Geo|gra|phie usw.: ↑ Geograf, Geografie usw.

Geologe – Gepräge

Geo|lo|ge, der; -n, -n [↑-loge]: *Wissenschaftler auf dem Gebiet der Geologie.*

Geo|lo|gie, die; - [↑-logie]: *Wissenschaft von der Entstehung, Entwicklung u. Veränderung der Erde u. der sie bewohnenden Lebewesen in erdgeschichtlicher Zeit.*

Geo|lo|gin, die; -, -nen: w. Form zu ↑ Geologe.

geo|lo|gisch ⟨Adj.⟩: *die Geologie betreffend:* die -e Untersuchung eines Geländes.

Geo|ma|tik [österr. auch: ...'mat...], die; - [engl. geomatics (Pl.), zusgez. aus: **geography** = Geografie u. **informatics** = Informatik]: *Wissenschaft von der Erfassung, Analyse und Verwaltung raumbezogener Daten und Prozesse:* Studiengang Vermessung und G.

Geo|ma|ti|ker, der; -s, -: *Wissenschaftler auf dem Gebiet der Geomatik.*

Geo|ma|ti|ke|rin, die; -, -nen: w. Form zu ↑ Geomatiker.

Geo|me|ter, der; -s, - [lat. geometres < griech. geōmétrēs]: *Geodät.*

Geo|me|t|rie, die; -, -n [lat. geometria < griech. geōmetría]: *Teilgebiet der Mathematik, das sich mit räumlichen u. nicht räumlichen (ebenen) Gebilden befasst.*

geo|me|t|risch ⟨Adj.⟩ [lat. geometricus < griech. geōmetrikós]: **a)** *die Geometrie betreffend:* -e Grundbegriffe, Berechnungen; **b)** *Figuren der Geometrie (Dreiecke, Kreise, Punkte o. Ä.) aufweisend:* ein -es Muster; -e Formen; etw. streng g. anordnen.

Geo|mor|pho|lo|ge [auch: ˈgeːo...], der; -n, -n: *Wissenschaftler auf dem Gebiet der Geomorphologie.*

Geo|mor|pho|lo|gie [auch: ˈgeːo...], die; -: *Wissenschaft von den Formen der Erdoberfläche u. den sie beeinflussenden Kräften u. Prozessen.*

Geo|mor|pho|lo|gin [auch: ˈgeːo...], die; -, -nen: w. Form zu ↑ Geomorphologe.

geo|mor|pho|lo|gisch [auch: ˈgeːo...] ⟨Adj.⟩: *die Geomorphologie betreffend, zu ihr gehörend, auf ihr beruhend.*

Geo|phy|sik [auch: ˈgeːo..., auch, österr. nur: ...zɪk], die; -: *Teilgebiet der Physik, das sich mit den natürlichen Erscheinungen u. Vorgängen auf der Erde, in ihrem Inneren u. ihrer Umgebung befasst.*

geo|phy|si|ka|lisch [auch: ˈgeːo...] ⟨Adj.⟩: *die Geophysik betreffend, zu ihr gehörend, auf ihr beruhend.*

Geo|phy|si|ker [auch: ˈgeːo...], der; -s, -: *Wissenschaftler auf dem Gebiet der Geophysik.*

Geo|phy|si|ke|rin [auch: ˈgeːo...], die; -, -nen: w. Form zu ↑ Geophysiker.

Geo|po|li|tik [auch: ˈgeːo..., auch, österr. nur: ...tɪk], die; -, -en: **1.** ⟨o. Pl.⟩ *Wissenschaft von der Einwirkung geografischer Faktoren auf politische Vorgänge u. Kräfte.* **2.** ⟨Pl. selten⟩ *Politik, die in Bezug auf geografische Begebenheiten steht.*

geo|po|li|tisch [auch: ˈgeːo..., ...(ˈ)lɪ...] ⟨Adj.⟩: **a)** *die Geopolitik betreffend;* **b)** *durch die geografische Lage bedingt politisch; raumgebunden politisch.*

George|town [ˈdʒɔːdʒtaʊn]: *Hauptstadt von Guyana.*

Geor|gette [ʒɔrˈʒɛt], der; -, -s: Kurzf. von ↑ Crêpe Georgette.

Geor|gia [ˈdʒɔːdʒə]; -s: *Bundesstaat der USA* (Abk.: Ga.).

Ge|or|gi|en; -s: *Staat in Transkaukasien.* Dazu: **Ge|or|gi|er,** der; -s, -; **Ge|or|gi|e|rin,** die; -, -nen; **ge|or|gisch** ⟨Adj.⟩.

Ge|or|gisch, das; -[s], (nur mit best. Art.:) **Ge|or|gi|sche,** das; -n: *die georgische Sprache.*

geo|sta|ti|o|när [auch: ˈgeːo...] ⟨Adj.⟩ (Fachspr.): *(von bestimmten Satelliten od. Synchronsatelliten) immer über dem gleichen Punkt des Erdäquators stehend u. dabei über dem Äquator mit der Erdrotation mitlaufend:* Großsatelliten g. parken.

geo|stra|te|gisch [auch: ˈgeːo...] ⟨Adj.⟩: vgl. geopolitisch (b).

Geo|ther|mie [geb. zu ↑ geothermisch mit dem Suffix -ie zur Bez. eines Fachgebiets], **Geo|ther|mik,** die; -: *Lehre, Wissenschaft von der Wärme, der Verteilung der Temperatur im Erdkörper.*

geo|ther|misch ⟨Adj.⟩: *die Wärmeverhältnisse im Erdkörper betreffend.*

Geo|top, der od. das; -s, -e [zu griech. tópos = Ort, Gegend]: *erdgeschichtlich interessantes Gebilde in der unbelebten Natur (z. B. Tropfsteinhöhle, Felsformation, Fundstätte von Fossilien):* die schutzwürdigen -e Bayerns.

Geo|wis|sen|schaft, die; -, -en ⟨meist Pl.⟩: *eine der Wissenschaften, die sich mit der Erforschung der Erde befassen.* Dazu: **Geo|wis|sen|schaft|ler,** der; **Geo|wis|sen|schaft|le|rin,** die; **geo|wis|sen|schaft|lich** ⟨Adj.⟩.

geo|zen|t|risch ⟨Adj.⟩ (Astron.): **1.** *die Erde als Mittelpunkt betrachtend, von der Erde als Mittelpunkt ausgehend:* das -e Weltsystem des Aristoteles. **2.** *auf den Erdmittelpunkt bezogen, vom Erdmittelpunkt aus gerechnet:* der -e Ort eines Gestirns.

Ge|päck, das; -[e]s [Kollektivbildung zu ↑ ¹Pack]: **a)** *Gesamtheit der für eine Reise, Wanderung o. Ä. in verschiedenen Behältnissen (Koffer, Reisetasche o. Ä.) zusammengepackten [Ausrüstungs]gegenstände:* [nicht] viel G. haben; das G. aufgeben, verstauen, kontrollieren; Ü der Minister hatte keine neuen Vorschläge im G. *(brachte keine neuen Vorschläge mit);* **b)** (Militär) *feldmarschmäßige Ausrüstung:* G. aufnehmen!; ein Marsch mit leichtem G.

Ge|päck|ab|fer|ti|gung, die; **1.** ⟨o. Pl.⟩ *das Abfertigen des Reisegepäcks:* die G. im Flughafen dauerte nicht lange. **2.** *Schalter, Stelle, wo das Reisegepäck abgefertigt wird:* wo ist hier die G.?

Ge|päck|auf|be|wah|rung, die; **1.** ⟨o. Pl.⟩ *das Aufbewahren des Reisegepäcks:* die Gebühr für die G. **2.** *Schalter, Stelle, wo das Reisegepäck zur Aufbewahrung aufgegeben wird:* die Koffer bei der G. abgeben.

Ge|päck|auf|ga|be, die; **1.** ⟨o. Pl.⟩ *das Aufgeben (1), Abgeben des Reisegepäcks zur Weiterbeförderung:* die G. ging schnell vonstatten. **2.** *Schalter, Stelle, wo das Reisegepäck zur Weiterbeförderung abgegeben wird:* an der G. stand eine Schlange von Reisenden.

Ge|päck|aus|ga|be, die; **1.** ⟨o. Pl.⟩ *das Ausgeben von aufbewahrtem od. weiterbefördertem Gepäck.* **2.** *Schalter, Stelle, wo aufbewahrtes od. weiterbefördertes Gepäck ausgegeben wird:* die G. ist geschlossen.

Ge|päck|band, das ⟨Pl. ...bänder⟩: *Laufband, auf dem [an Flughäfen] das Reisegepäck ausgegeben wird.*

Ge|päck|be|för|de|rung, die: *Beförderung von Reisegepäck.*

Ge|päck|kon|t|rol|le, die: *Kontrolle des Reisegepäcks [durch Beamte od. Beamtinnen der Zollabfertigung].*

Ge|päck|netz, das: *meist über den Sitzplätzen in Verkehrsmitteln angebrachte, aus dicken Schnüren geknüpfte, netzartige Ablage zum Unterbringen von Gepäck:* die Reisetasche im G. verstauen.

Ge|päck|raum, der: **1.** *Raum zum Abstellen von Gepäck.* **2.** *Frachtraum eines Kombiwagens.*

Ge|päck|ab|fer|ti|gung usw. (österr.): ↑ Gepäckabfertigung usw.

Ge|päck|schal|ter, der: *Schalter, an dem die Gebühren für Gepäck zur Aufbewahrung od. Weiterbeförderung entrichtet werden, Gepäck angenommen od. ausgegeben wird.*

Ge|päck|schein, der: *als Beleg dienender Schein für Gepäck, das zur Beförderung mit der Bahn aufgegeben wird.*

Ge|päck|stück, das: *einzelner Gegenstand (Koffer, Tasche, Paket o. Ä.), der als Gepäck mitgeführt, weiterbefördert wird.*

Ge|päck|trä|ger, der: **1.** *jmd., der Reisenden gegen Bezahlung (meist nur innerhalb des Bahnhofsgeländes od. des Flughafenbereichs) Gepäckstücke transportiert.* **2.** *meist über dem Hinterrad eines Zweirades angebrachter Halter, Träger für kleinere Gepäckstücke:* auf dem G. mitfahren.

Ge|päck|wa|gen, der: *Eisenbahnwagen, der nur für die Beförderung von Reisegepäck, Expressgut o. Ä. vorgesehen ist; Packwagen.*

Ge|pard [auch: geˈpart], der; -s (auch: -en), -e (auch: -en) [frz. guépard, älter: gapard < ital. gattopardo = Leopard < mlat. cattus pardus = Pantherkater, kleiner Leopard]: *(vor allem in den Steppen u. Savannen Afrikas heimisches) schlankes, hochbeiniges, katzenartiges Raubtier mit schwarz gefleckrem gelblichem Fell.*

ge|pfef|fert ⟨Adj.⟩ [eigtl. = mit Pfeffer gewürzt, scharf] (ugs.): **1.** *(bezogen auf eine für etw. geforderte Geldsumme) übertrieben, unverschämt hoch:* -e Mieten; seine Preise sind ganz schön g. **2. a)** *streng, schonungslos:* eine -e Kritik; **b)** *derb, anzüglich, zweideutig:* -e Witze.

Ge|pfei|fe, das; -s (ugs., meist abwertend): *[dauerndes] Pfeifen:* lass doch endlich das G.!

ge|pfif|fen: ↑ pfeifen.

ge|pflegt ⟨Adj.⟩: **a)** *dank aufmerksamer Pflege, sorgsamer Behandlung gut erhalten, in einem erfreulichen Zustand [u. daher angenehm wirkend]:* ein -es Äußeres; der Park wirkt sehr g.; **b)** *von bestimmter Güte, qualitätsvoll [u. daher angenehme Empfindungen, Wohlbehagen auslösend]:* -e Weine und Biere; ein -es Restaurant; dort kann man sehr g. *(gut u. in angenehmer Umgebung)* essen; **c)** *einem gewissen Anspruch auf Niveau u. Kultiviertheit genügend:* eine sehr -e *(kultivierte, gewählte)* Ausdrucksweise.

Ge|pflegt|heit, die; -: *gepflegte Art.*

ge|pflo|gen: ↑ pflegen (2).

Ge|pflo|gen|heit, die; -, -en (geh.): *durch häufige Wiederholung zur Gewohnheit gewordene, oft bewusst gepflegte u. kultivierte Handlung od. Handlungsweise.*

Ge|plän|kel, das; -s, - [zu ↑ plänkeln]: **1.** (Militär veraltend) *leichtes Gefecht, unbedeutende militärische Auseinandersetzung (vor od. nach der Schlacht).* **2.** *in Rede u. Gegenrede vor sich gehende, harmlose Auseinandersetzung; [scherzhaftes] Wortgefecht.*

ge|plant: ↑ planen.

Ge|plap|per, das; -s (ugs., oft abwertend): *[dauerndes] Plappern; naives, nichtssagendes Gerede:* das G. des Kindes.

Ge|plärr, das; -[e]s, **Ge|plär|re,** das; -s (ugs. abwertend): *[dauerndes] Plärren.*

Ge|plät|scher, das; -s: *[dauerndes] Plätschern:* Ü das G. ihrer Unterhaltung *(ihre sich an der Oberfläche bewegende Unterhaltung)* langweilte mich.

Ge|plau|der, der; -s: *das Plaudern; Plauderei.*

Ge|pol|ter, das; -s: **1.** *[dauerndes] Poltern; polternder Lärm:* sie rannten mit G. die Treppe hinunter. **2.** *lautes [gutmütiges] Schimpfen:* die Kinder fürchteten sich etwas vor dem G. des Großvaters.

Ge|prä|ge, das; -s, - [mhd. gepræche, ahd. gabrācha = erhabenes Bildwerk, zu ↑ prägen]: **1.** (Münzkunde) *gesamte Prägung von Bild u. Schrift auf Münzen u. Medaillen:* das unversehrte G. einer alten Münze. **2.** ⟨o. Pl.⟩ (geh.)

kennzeichnendes Aussehen; charakteristische Eigenart: das äußere G. einer Stadt; diese Epoche trägt sein G.

ge|prägt: ↑ prägen.

Ge|prän|ge, das; -s [zu ↑ prangen] (geh.): Prachtentfaltung, Prunk.

ge|prie|sen: ↑ preisen.

ge|punk|tet ⟨Adj.⟩: **a)** *mit vielen Punkten versehen:* ein -es Kleid; **b)** *aus Punkten bestehend:* eine -e Linie.

Ge|quas|sel, das; -s (ugs. abwertend): *[dauerndes] Quasseln.*

Ge|quat|sche, das; -s (ugs. abwertend): *[dauerndes] Quatschen:* sein G. ging ihr auf die Nerven.

ge|quol|len: ↑ ¹quellen.

Ger, der; -[e]s, -e [mhd., ahd. gēr, H. u.]: *germanischer Wurfspieß.*

¹ge|ra|de ⟨Adj.⟩ [mhd. gerat, ahd. girat = gleich zählend, gerade, verw. mit ↑ Rede] (Math.): *(von Zahlen) durch zwei ohne Rest teilbar.*

²ge|ra|de, (ugs.:) ¹**grade** ⟨Adj.⟩ [mhd. gerade, gerat = schlank aufgewachsen, lang; gleich(artig), ahd. rado (Adv.) = schnell, verw. mit ↑ ²Rad]: **1. a)** *in unveränderter Richtung fortlaufend, nicht krumm, gekrümmt; unverbogen:* eine g. Linie; der Weg ist g. *(ändert die Richtung nicht; ist eben, steigt nicht an);* den Draht wieder g. biegen, klopfen, machen; der Rock ist g. geschnitten *(nicht eng u. nicht ausgestellt);* **b)** *in natürlicher Richtung [fortlaufend], nicht schief; aufrecht:* ein -r Baumstamm; er hat eine g. *(aufrechte)* Haltung, ist g. gewachsen; den Kopf, die Schultern, sich selbst g. halten; sitz, steh g.!; die Bücher im Regal g. stellen *(so stellen, dass sie aufrecht stehen);* c) *nicht schief; waagerecht, horizontal:* das Bild hängt nicht g.; die Kerze g. halten. **2.** *aufrichtig, offen seine Meinung äußernd, ohne sich durch Rücksichtnahme auf andere beirren zu lassen:* ein -r Mensch; Immer sehr direkt, der Herr Pfarrer. Der Pfaffe. Ein Pfaffe mit einem geraden Maul (Andersch, Sansibar 29). **3.** *genau, auch im Kleinsten übereinstimmend:* sie behauptet das g. Gegenteil.

³ge|ra|de, (ugs.:) ²**grade** ⟨Adv.⟩ [vgl. ²gerade]: **a)** ⟨zeitlich⟩ *in diesem Augenblick, soeben, momentan:* er telefoniert g.; ich komme g. [erst] zurück; wir waren g. beim Essen, als es passierte; als er ankam, war sie g. *(kurz vorher) gegangen;* ... der Politiker hat da zu stehn, wo grade der Erfolg ist (Tucholsky, Werke II, 484); **b)** (ugs.) *rasch, geschwind, für [ganz] kurze Zeit:* bring doch g. [mal] das Buch herüber!; **c)** *unmittelbar,* ¹*direkt* (1): er wohnt g. um die Ecke; **d)** *mit Mühe u. Not, knapp:* wir kamen g. [noch] rechtzeitig an; Sie sind alle ziemlich schwach, denn sie erhalten gerade so viel, dass sie nicht verhungern (Remarque, Westen 136); **e)** (ugs.) *erst recht:* jetzt [tue ich es] g. [nicht]!

⁴ge|ra|de, (ugs.:) ³**grade** ⟨Partikel; unbetont⟩ [zu ↑ ²gerade]: **1.** drückt eine Verstärkung aus, weist mit Nachdruck auf etw. hin: g. das wollte ich ja; g. er sollte ruhig sein; g. Kinder brauchen viel Zuneigung. **2.** drückt Ärger, Verstimmung o. Ä. aus; *ausgerechnet:* warum muss g. ich das tun?; g. jetzt wird sie krank; »Was lachst du«, schreit Eduard wütend. »Gerade du hast keinen Grund dazu« (Remarque, Obelisk 151). **3.** (ugs.) schwächt eine Verneinung ab, mildert einen Tadel o. Ä.: ich verdiene nicht g. viel; sie ist nicht g. fleißig.

Ge|ra|de, die/eine Gerade; der/einer Geraden od. Gerade, die Geraden/zwei Gerade od. Geraden: **1.** (Geom.) *als kürzeste Verbindung zweier Punkte denkbare, gerade Linie, die nach beiden Richtungen nicht durch Endpunkte begrenzt ist.* **2.** (Leichtathletik) *gerade verlaufender Teil einer Rennstrecke (Aschen-, Kunststoffbahn):*

das Feld bog in die G. ein. **3.** (Boxen) *durch das Stoßen der Faust in gerader Richtung nach vorn ausgeführter Boxschlag:* eine linke G.

ge|ra|de|aus ⟨Adv.⟩: *in gerader Richtung weiter, ohne die Richtung zu ändern:* g. blicken; »Wo geht es zum Bahnhof?« – »Immer g.!«; Ü sie ist immer sehr g. *(aufrichtig u. offen).*

Ge|ra|de|aus|fahrt, die: *nicht durch Kurven behindertes Fahren auf gerader Strecke.*

¹ge|ra|de|bie|gen ⟨st. V.; hat⟩ (ugs.): *in Ordnung bringen:* wir werden diese Geschichte schon g.

ge|ra|de bie|gen, ²**ge|ra|de|bie|gen** ⟨st. V.; hat⟩: *durch Biegen gerade machen.*

ge|ra|de|her|aus ⟨Adv.⟩ (ugs.): *offen, freimütig, direkt:* sie ist unkompliziert und g.

ge|ra|de klop|fen, ge|ra|de|klop|fen ⟨sw. V.; hat⟩: *durch Klopfen gerade machen.*

ge|ra|de ma|chen, ge|ra|de|ma|chen ⟨sw. V.; hat⟩: *in eine gerade Form bringen.*

ge|ra|den|wegs ⟨Adv.⟩ (veraltend): *geradewegs.*

ge|rä|dert ⟨Adj.⟩ [2. Part. von ↑ rädern] (ugs.): *erschöpft, abgespannt, zerschlagen:* nach der anstrengenden Arbeit fühle ich mich abends [wie] g.

ge|ra|de|so ⟨Adv.⟩: *ebenso, genauso:* er meint es g. [wie/(schweiz. auch:) als ich]; das kann sie g. gut; er hat g. viel Angst wie ich.

ge|ra|de|so gut, ge|ra|de|so viel: s. geradeso.

ge|ra|de|ste|hen ⟨unr. V.; hat; südd., österr., schweiz. auch: ist⟩: *für etw., jmdn. die Verantwortung übernehmen, einstehen:* für das, was du angestellt hast, musst du g.

ge|ra|de stel|len, ge|ra|de|stel|len ⟨sw. V.; hat⟩: *gerade hinstellen.*

ge|ra|de|wegs ⟨Adv.⟩: **a)** *ohne Umweg, direkt:* wir fuhren g. ins Stadtzentrum; **b)** *ohne Umschweife, unmittelbar:* er kam g. darauf zu sprechen.

ge|ra|de|zu [auch: ...ˈtsuː] ⟨Adv.⟩: **1.** [gəˈraː...] (verstärkend) *direkt, sogar; man kann sogar, fast sagen ...:* ein g. ideales Beispiel; g. in/in g. infamer Weise; ich habe ihn g. angefleht. **2.** [...ˈtsuː] (landsch.) *geradeheraus, offen, unverblümt:* er ist immer sehr g.

Ge|rad|heit, die: *Aufrichtigkeit, Offenheit.*

ge|rad|li|nig ⟨Adj.⟩: *in gerader Richtung verlaufend:* eine -e Häuserfront; die Strecke verläuft g.; Ü ein g. *(aufrichtig)* denkender Mensch.

Ge|rad|li|nig|keit, die; -: *das Geradlinigsein; geradliniger Verlauf:* die G. der Strecke; Ü die G. seines Denkens.

Ge|raf|fel, Graffel, das; -s [zu ↑ raffeln] (bayr., österr. ugs.): *Gerümpel.*

ge|ram|melt: in der Wendung **g. voll** (ugs.): *bis zur Grenze des Fassungsvermögens voll [von Menschen];* analog zu: gerüttelt voll; ↑ gerüttelt): alle Züge waren g. voll).

Ge|ran|gel, das; -s (ugs.): **a)** *[dauerndes] Rangeln; Balgerei, Rauferei:* das G. der Kinder auf dem Schulhof; **b)** (abwertend) *mehr od. weniger ernsthafter, aber zäher Kampf um bestimmte Positionen, Einflussbereiche o. Ä.:* das ständige G. um Vorstandsposten.

Ge|ra|nie, die; -, -n [↑ Geranium]: **1.** *aufrecht wachsende od. hängende Pflanze mit runden, gekerbten Blättern u. in großen, meist kugeligen Dolden wachsenden Blüten in verschiedenen leuchtenden Farben; Pelargonie.* **2.** *Storchschnabel* (2).

Ge|ra|ni|um, das; -s, ...ien [lat. geranion < griech. gerānion = Name einer Pflanze mit »kranichschnabelförmigen« Früchten, zu: géranos = Kranich]: *Storchschnabel* (2).

ge|rannt: ↑ rennen.

Ge|rät, das; -[e]s, -e [mhd. geræte, ahd. girāti, Kollektivbildung zu ↑ Rat = Ausrüstung; Vorrat; Hausrat, Werkzeuge; Rat, Beratung]: **1. a)** *[beweglicher] Gegenstand, mit dessen Hilfe etw.*

bearbeitet, bewirkt od. hergestellt wird: elektrische, landwirtschaftliche -e; das G. ist leicht zu bedienen; Und wenn Priester und Ministrant mit den heiligen -en vorübergehen, beugen sie das Knie (Thieß, Legende 104); **b)** *zum Turnen u. a. dienende Vorrichtung:* an den -en turnen. **2.** ⟨o. Pl.⟩ *Gesamtheit von Geräten* (1 a), *Ausrüstung:* sein G. überprüfen.

Ge|rä|te|haus, das: *Teil des Feuerwehrhauses, in dem die Löschgeräte aufbewahrt werden.*

Ge|rä|te|her|stel|ler, der: *Firma, die [Haushalts]geräte produziert:* der G. gewährt eine zweijährige Garantie.

¹ge|ra|ten ⟨st. V.; ist⟩ [mhd. gerāten, ahd. girātan, urspr. = Rat erteilen]: **1. a)** *ohne Absicht, zufällig an eine bestimmte Stelle, irgendwohin gelangen [u. dadurch Nachteile erfahren, Schaden erleiden]:* in eine unbekannte Gegend, in ein Gewitter g.; das Auto geriet auf die Gegenfahrbahn; Ü (ugs.:) wie bist du denn an diesen Kerl geraten?; **b)** *in einen bestimmten Zustand, eine bestimmte Lage kommen:* in Schulden, in eine gefährliche Situation, in eine Krise, in Misskredit, in Not, in Verruf, in Schwierigkeiten, in schlechte Gesellschaft, unter schlechten Einfluss g.; in Vergessenheit g. *(häufig verblasst; vergessen werden);* in Gefangenschaft g. *(gefangen genommen werden);* in Wut g. *(wütend werden);* in Erstaunen g. *(erstaunen);* ins Stocken g. *(zu stocken anfangen);* in Verlegenheit g. *(verlegen werden);* in Brand g. *(Feuer fangen u. zu brennen anfangen);* in Streit g. *(zu streiten anfangen);* * außer sich g. (↑ außer 2). **2.** *am Ende einer Herstellung bestimmte Eigenschaften aufweisen, ausfallen:* das Essen ist [ihr] gut, schlecht geraten. **3.** *(einem Eltern- od. Großelternteil) ähnlich werden:* sie gerät nach dem Vater.

²ge|ra|ten ⟨Adj.⟩: *ratsam, empfehlenswert:* es schien [mir] g., zunächst einmal zu warten.

³ge|ra|ten: ↑ ¹raten.

Ge|rä|te|schup|pen, der: *Schuppen, in dem Arbeitsgeräte aufbewahrt werden.*

Ge|rä|te|ste|cker, der: *Stecker für elektrische Geräte.*

Ge|rä|te|trei|ber, der (EDV): *Treiber* (5).

Ge|rä|te|tur|nen, (fachspr.) **Gerätturnen,** das: *das Turnen an Geräten* (1 b).

Ge|rä|te|übung, (fachspr.) *Gerätübung,* die: *Übung an einem Gerät* (1 b).

Ge|ra|te|wohl [auch: ...ˈraː...], das: in der Verbindung **aufs G.** (ugs.: *ohne zu wissen, was sich daraus ergibt; auf gut Glück;* frühnhd., zum subst. Imperativ von ↑ ¹geraten: aufs G. losmarschieren).

Ge|rät|schaft, die; -, -en ⟨meist Pl.⟩: **1.** *Ausrüstungsgegenstand, Gerät:* seine -en zusammenpacken. **2.** *Gesamtheit von Ausrüstungsgegenständen.*

Ge|rät|tur|nen: ↑ Geräteturnen.

Ge|rät|übung: ↑ Geräteübung.

Ge|räu|cher|tes, das Geräucherte/ein Geräuchertes; des/eines Geräucherten: *geräuchertes Fleisch.*

ge|raum ⟨Adj.⟩ [mhd. gerūm(e), ahd. (adv.) girūmo, zu: rūmi, ↑ Raum]: *(zeitlich) länger, beträchtlich:* vor -er Zeit.

ge|räu|mig ⟨Adj.⟩ [zu ↑ geraum]: *viel Raum, Platz (für etw.) bietend:* ein -es Arbeitszimmer; der Schrank ist sehr g. Dazu: **Ge|räu|mig|keit,** die; -.

Ge|rau|ne, das; -s: *[dauerndes] Raunen:* das G. im Saal verstummte, als sie zu reden anfing.

Ge|räusch, das; -[e]s, -e [mhd. gerūsche, zu ↑ rauschen]: *etw., was akustisch mehr od. weniger stark wahrgenommen wird (u. was ohne bewusste Absicht durch etw. in Bewegung Befindliches od. Gesetztes entstanden ist):* ein leises, dumpfes, verdächtiges G.; -e machen, verursachen; er vernahm ein seltsames G.; ein G. drang an ihr Ohr; Ü mit viel G. (abwertend; in aufsehenerregender Art u. Weise).

ge|räusch|arm ⟨Adj.⟩: wenig Geräusch machend.

ge|räusch|emp|find|lich ⟨Adj.⟩: empfindlich gegen Geräusche: er ist sehr g.

Ge|räusch|ent|wick|lung, die: [allmähliche] Entstehung u. Veränderung eines Geräuschs, von Geräuschen: die G. bei höheren Drehzahlen eines Motors messen.

Ge|räusch|ku|lis|se, die: 1. Gesamtheit der ständig im Hintergrund vorhandenen, nicht bewusst, deutlich als solche wahrgenommenen Geräusche. 2. akustische Untermalung in Theater, Film, Funk u. Fernsehen, durch die ein Geschehen realistisch gestaltet wird.

ge|räusch|los ⟨Adj.⟩: a) kein Geräusch machend, lautlos: ein -er Mechanismus; sie öffnete g. den Schrank; b) (ugs.) kein Aufsehen erregend: g. verschwinden.

Ge|räusch|pe|gel, der: gemessene Stärke eines Geräusches: den G. senken.

ge|räusch|voll ⟨Adj.⟩: mit viel Geräusch verbunden, laut: ein -er Auftritt; die Schüler erhoben sich g. von ihren Stühlen.

ger|ben ⟨sw. V.; hat⟩ [mhd. gerwen, ahd. garawen, urspr. = fertig machen, zubereiten, machen, zu ↑¹gar]: (Häute u. Felle) mit Gerbmitteln zu Leder verarbeiten: Häute u.; ein gegerbtes Fell; Ü ihr Gesicht war von Wind und Sonne gegerbt.

Ger|ber, der; -s, - [mhd. gerwer, ahd. (leder)gerwere]: Handwerker, der Häute u. Felle gerbt (Berufsbez.).

Ger|be|rei, die; -, -en: 1. Handwerksbetrieb, in dem Häute u. Felle gegerbt werden. 2. ⟨o. Pl.⟩ das handwerkliche Gerben von Häuten.

Ger|be|rin, die; -, -nen: w. Form zu ↑ Gerber.

Ger|ber|lo|he, die: ²Lohe.

Gerb|mit|tel, das: Gerbstoffe enthaltendes, zum Gerben verwendetes Mittel.

Gerb|säu|re, die: pflanzlicher Gerbstoff.

Gerb|stoff, der: [natürlicher] Stoff, der zum Gerben verwendet wird.

Ger|bung, die; -, -en: das Gerben; das Gegerbtwerden.

ge|recht ⟨Adj.⟩ [mhd. gereht = gerade; recht...; richtig, ahd. gireht = gerad(linig), zu ↑ recht]: 1. dem geltenden Recht entsprechend, gemäß; nach bestehenden Gesetzen handelnd, urteilend: ein -er Richter; ein -er Anspruch; das Urteil ist g.; er war g. gegen alle; g. handeln, urteilen. 2. dem [allgemeinen] Empfinden von Gerechtigkeit, Wertmaßstäben entsprechend, gemäß; begründet, gerechtfertigt: eine -e Verteilung, Sache; ein -er Zorn; Eminenz, gestatten, die Russen sind doch ohne Frage moralisch im Recht: sie kämpfen einen guten, -en Kampf! (Hochhuth, Stellvertreter 49); *jmdm., einer Sache g. werden (jmdn., etw. angemessen beurteilen: der Kritiker, die Kritik wird dem Autor nicht g.). 3. bestimmten Ansprüchen, Gegebenheiten angepasst, genügend, entsprechend: *einer Sache g. werden (eine Aufgabe bewältigen, erfüllen, einem Anspruch genügen: er ist den Anforderungen seines Berufs nicht g. geworden). 4. (bibl.) a) (von Menschen) Gott gehorsam, fromm; trotz Sünden von Gott akzeptiert: ⟨subst.:⟩ ... ein (= euer Vater im Himmel) lässt seine Sonne aufgehen über die Bösen und über die Guten und lässt regnen über Gerechte und Ungerechte (Matth. 5, 45); R ⟨subst.:⟩ der Gerechte muss viel leiden (Ps. 34, 20); b) (von Gott) die Menschen trotz Sünde akzeptierend, gnädig, barmherzig: der -e Gott. ◆ 5. a) richtig, angebracht: ...und zur vorgängigen Vernehmung des Knechts, wie es ihm klug und g. schien, nach Kohlhaasenbrück einbog (Kleist,

Kohlhaas 11); b) recht (1 d): Was euch genehm ist, das ist mir g. (Schiller, Braut v. Messina 437).

-ge|recht: 1. drückt in Bildungen mit Substantiven aus, dass der beschriebene Sache jmdm., einer Sache angemessen ist, jmdm., einer Sache zukommt, den Ansprüchen von jmdm., etw. genügt: behinderten-, computer-, markt-, menschengerecht. 2. drückt in Bildungen mit Substantiven aus, dass einer Sache entsprechend, zufolge gehandelt o. Ä. wird: wie es etw. vorsieht: drehbuch-, regelgerecht.

ge|rech|ter|wei|se ⟨Adv.⟩: um jmdm., einer Sache gerecht zu werden: g. muss man einräumen, dass sie damals krank war.

ge|recht|fer|tigt ⟨Adj.⟩ [eigtl. 2. Part. von ↑ rechtfertigen]: zu Recht bestehend, richtig: diese Maßnahme erweist sich als/ist g.

Ge|rech|tig|keit, die; -, -en ⟨Pl. selten⟩ [mhd. gerehtikeit]: 1. a) das Gerechtsein; Prinzip eines staatlichen od. gesellschaftlichen Verhaltens, das jedem gleichermaßen sein Recht gewährt: die soziale G.; die G. des Richters, eines Urteils; G. fordern, (geh.:) üben; G. verschaffen, (geh.:) widerfahren lassen; um der G. willen; b) etw., was als gerecht (2) angesehen wird: *ausgleichende G. (etw., was eine als Ungerechtigkeit empfundene Entscheidung o. Ä. wieder wettmacht): er betrachtet seinen Sieg als ausgleichende G. für die knappe Niederlage beim letzten Mal). 2. (geh.) Justiz: die strafende G.; einen Verbrecher den Händen der G. übergeben. 3. ⟨o. Pl.⟩ (christl. Rel.) das Gerechtsein Gottes. 4. ⟨o. Pl.⟩ (veraltet) Berechtigung, Legitimität: die G. einer Forderung. 5. (veraltet) Gerechtsame: ◆ Ich hatte einen alten Patron, der besaß Pergamente und Briefe, von uralten Stiftungen, Kontrakten und -en (Goethe, Egmont II).

Ge|rech|tig|keits|emp|fin|den, das; ⟨geh.⟩: Gerechtigkeitsgefühl.

Ge|rech|tig|keits|ge|fühl, das: Gefühl für Gerechtigkeit: kein G. besitzen.

Ge|rech|tig|keits|lie|be, die: ausgeprägtes Gerechtigkeitsgefühl.

Ge|rech|tig|keits|lü|cke, die (Politikjargon): fehlende Gerechtigkeit; unterlassene Gleichbehandlung gesellschaftlicher Gruppen o. Ä. bei einer [von der Regierung] angeordneten Maßnahme, bei einem Gesetzesvorhaben o. Ä.

Ge|rech|tig|keits|sinn, der: Gerechtigkeitsgefühl: einen ausgeprägten, unbeirrbaren G. besitzen.

Ge|recht|sa|me, die; -, -n [15. Jh.; 2. Bestandteil zu mhd. samen, ↑ zusammen]: 1. (Rechtsspr. veraltet) [Vor]recht, Privileg: ◆ Sollen wir uns und dem Kaiser die G. vergeben? (unsere u. des Kaisers Vorrechte aufgeben?; Goethe, Götz IV). 2. (schweiz.) Gerichtsbezirk.

Ge|re|de, das; -s: 1. (ugs.) unnötiges, sinnloses Reden, Geschwätz: leeres, dummes G.; was soll das ewige G. von Überfremdung; sie konnte das G. nicht mehr anhören. 2. abfälliges Reden über jmdn., der nicht anwesend ist; Klatsch: es hat viel G. gegeben; sich der G. dem Ende aussetzen; *ins G. kommen/geraten (Gegenstand des Klatsches, eines Gerüchtes werden: das Institut kam wegen der Unterschlagung ins G.). 3. (landsch.) Gespräch.

ge|re|gelt ⟨Adj.⟩: regelmäßig; geordnet: einer -en Arbeit nachgehen.

ge|rei|chen ⟨sw. V.; hat⟩ [mhd. gereichen, zu ↑ reichen] (geh.): einbringen (nur in Verbindung mit »zu« u. bestimmten Substantiven): diese Tat gereicht ihm zur Ehre; dies gereicht uns zum Vorteil, Nachteil, Nutzen.

ge|reift ⟨Adj.⟩: aufgrund von Lebenserfahrung

charakterlich gefestigt [u. geistig in hohem Grade entwickelt]: eine -e Persönlichkeit.

Ge|rei|me, das; -s (abwertend): a) das Reimen; b) Anzahl schlecht gereimter Verse.

ge|reizt ⟨Adj.⟩: sich in einem Zustand befindend, in dem man auf etw., was einem nicht passt, sogleich nervös-empfindlich, böse u. ärgerlich reagiert; überempfindlich: in -er Stimmung sein; in -em Ton sprechen; g. sein, antworten. Dazu: Ge|reizt|heit, die; -.

ge|reu|en ⟨sw. V.; hat⟩ (geh. veraltend): reuen (a).

Ge|ri|a|t|rie, die; - [zu griech. gérōn = Greis u. iatreía = das Heilen] (Med.): Altersheilkunde. Dazu: ge|ri|a|t|risch ⟨Adj.⟩.

Ge|ri|a|t|rie|zen|t|rum, das: Zentrum (2 b) für geriatrische Versorgung.

¹Ge|richt, das; -[e]s, -e [mhd. gerihte, ahd. girihti, unter Einfluss von ↑ richten zu ↑ recht]: 1. a) öffentliche Institution, die vom Staat mit der Rechtsprechung betraut ist, Verstöße gegen Gesetze bestraft u. Streitigkeiten schlichtet: das zuständige G.; das G. tagte, sprach den Angeklagten frei; dieser Fall wird noch die -e beschäftigen; jmdn. dem G. übergeben, den -en ausliefern; jmdn. vor G. laden; vor G. erscheinen, aussagen; ein ordentliches G. (Gericht, das für Zivil- u. Strafsachen zuständig ist); das G. anrufen (Klage erheben); einen Angeklagten dem G. vorführen (ihm den Prozess machen); vor G. stehen (angeklagt sein); mit einem Streitfall vor G. gehen (in einem Streitfall eine gerichtliche Entscheidung herbeiführen); b) Richterkollegium: das G. zieht sich zur Beratung zurück; (Anredeformel) Hohes G.!; c) Gerichtsgebäude: das G. war von Polizisten umstellt. ⟨o. Pl.⟩ das Richten, Urteilen, Rechtsprechen: *das Jüngste/Letzte G. (bes. christl. Rel.): göttliches Gericht über die Menschheit am Tag des Weltuntergangs; jüngst... = allerletzt...: der Tag des Jüngsten -s); mit jmdm. [hart, scharf] ins G. gehen (1. sich mit jmdm. hart auseinandersetzen u. ihn scharf kritisieren, zurechtweisen. jmdn. hart bestrafen); über jmdn., etw. G. halten/zu G. sitzen (geh.: 1. über eine[n] Angeklagte[n] bei Gericht verhandeln. jmds. Haltung, Tun, Ansichten verurteilen mit dem Ziel, bestimmte Maßnahmen dagegen zu ergreifen). ◆ 3. Gerichtsverhandlung: Was heißt Kriminalprozess? – G. um Leben und Tod (Schiller, Kabale III,6).

²Ge|richt, das; -[e]s, -e [mhd. gerihte, ahd. zu ↑ richten = anrichten]: als Mahlzeit zubereitete Speise: ein G. aus Fleisch und Gemüse; ein G. [Krebse] auftragen.

ge|rich|tet ⟨Adj.⟩: auf ein bestimmtes Ziel ausgerichtet, gelenkt, gesteuert: -es Licht.

ge|richt|lich ⟨Adj.⟩: 1. das ¹Gericht betreffend, zu ihm gehörend: -e Zuständigkeit; -e (forensische) Psychologie; -e Polizei (österr.: Behörden, die sich ausschließlich mit der Strafverfolgung befassen). 2. vom ¹Gericht (1 a), mithilfe des ¹Gerichts (1 a) [durch-, herbeigeführt]: ein -es Verfahren, Nachspiel; -e Untersuchungen, Entscheidungen; jmdn. g. verfolgen, belangen; gegen jmdn. g. vorgehen; jmdn. g. (durch Gerichtsbeschluss) für tot erklären lassen.

Ge|richts|akt, der ⟨Pl. -en⟩ (bes. südd., österr.), Ge|richts|ak|te, die ⟨meist Pl.⟩: zu einem Gerichtsverfahren gehörende Akte.

Ge|richts|arzt, der: Arzt, der dem ¹Gericht (1 a) für gerichtsmedizinische Untersuchungen zur Verfügung steht; Gerichtsmediziner.

Ge|richts|ärz|tin, die: w. Form zu ↑ Gerichtsarzt.

ge|richts|ärzt|lich ⟨Adj.⟩: a) den Gerichtsarzt od. die Gerichtsärztin betreffend, zu ihm od. ihr gehörend; b) vom Gerichtsarzt, von der Gerichtsärztin [durchgeführt]: eine -e Untersuchung.

Ge|richts|bar|keit, die; -, -en: **1.** ⟨o. Pl.⟩ *Befugnis zur Rechtsprechung:* die G. des Europäischen Gerichtshofs. **2.** *Ausübung der Recht sprechenden Gewalt.*
Ge|richts|be|scheid, der: *von einem ¹Gericht* (1 a) *ergehender Bescheid.*
Ge|richts|be|schluss, der: *Beschluss eines ¹Gerichts* (1 a).
Ge|richts|be|zirk, der: *Bezirk, räumlicher Bereich, für den ein ¹Gericht* (1 a) *örtlich zuständig ist.*
Ge|richts|bo|te, der (veraltet): *jmd., der bei einem ¹Gericht* (1 a) *als Bote angestellt ist.*
Ge|richts|die|ner, der (veraltet): vgl. Gerichtsbote.
Ge|richts|ent|scheid, der, **Ge|richts|ent|schei|dung**, die: *Entscheid[ung] eines ¹Gerichts* (1 a).
ge|richts|fest ⟨Adj.⟩: *gerichtlich verwendbar, vor ¹Gericht* (1 a) *standhaltend:* -e Beweise, Dokumente, Regelungen.
Ge|richts|ge|bäu|de, das: *Gebäude, in dem ein ¹Gericht* (1 a) *untergebracht ist.*
Ge|richts|ge|büh|ren ⟨Pl.⟩: *Gerichtskosten.*
♦ **Ge|richts|hal|ter**, der: *vom Gerichtsherrn mit der Gerichtsbarkeit* (2) *beauftragter Jurist:* ... *der Ulan trennte sich von ihm, um nach seinem Dorfe zu eilen, wo auch ein G. der umliegenden Edelleute wohnt, bei dem er die Sache berichten wollte* (Cl. Brentano, Kasperl 359).
Ge|richts|herr, der (Geschichte): *Inhaber der Gerichtsbarkeit.*
Ge|richts|hof, der: *¹Gericht* (1 a) *höherer Instanz:* der Europäische G.
Ge|richts|ho|heit, die: *Befugnis, Gerichtsbarkeit auszuüben:* die G. des Staates.
Ge|richts|kos|ten ⟨Pl.⟩: *in einem Gerichtsverfahren anfallende Kosten.*
Ge|richts|me|di|zin, die ⟨o. Pl.⟩: *Zweig der Medizin, der sich mit medizinisch-naturwissenschaftlichen Fragen befasst, die für die Rechtspflege von Bedeutung sind:* Dazu: **Ge|richts|me|di|zi|ner**, der; **Ge|richts|me|di|zi|ne|rin**, die.
ge|richts|me|di|zi|nisch ⟨Adj.⟩: **a)** *gerichtsärztlich:* eine -e Untersuchung; **b)** *die Gerichtsmedizin betreffend:* -e Methoden.
ge|richts|no|to|risch ⟨Adj.⟩ (Rechtsspr.): *vom ¹Gericht amtlich zur Kenntnis genommen:* seine Straftaten sind g.
Ge|richts|ort, der ⟨Pl. -e⟩: **1.** *Ort, Stadt usw. mit einem ¹Gericht* (1 a). **2.** *Gerichtsstand.*
Ge|richts|prä|si|dent, der: *Präsident eines ¹Gerichts* (1 a).
Ge|richts|prä|si|den|tin, die: w. Form zu ↑ Gerichtspräsident.
Ge|richts|pra|xis, die ⟨Pl. selten⟩: *Praxis* (1 b) *der Rechtsprechung.*
Ge|richts|pro|zess, der: *Gerichtsverfahren.*
Ge|richts|saal, der: *großer Raum, in dem die Gerichtsverhandlungen stattfinden.*
Ge|richts|schrei|ber, der: *(im schweizerischen Recht) Angehöriger der Justizbehörde mit juristischer Ausbildung, der u. a. das Führen des Protokolls bei Gerichtsverhandlungen obliegt.*
Ge|richts|schrei|be|rin, die: w. Form zu ↑ Gerichtsschreiber.
Ge|richts|show, die (Fernsehen): *Fernsehsendung, in der eine fiktive od. nachgestellte Gerichtsverhandlung gezeigt wird.*
Ge|richts|spre|cher, der: *Sprecher* (1 b) *eines ¹Gerichts* (1 a).
Ge|richts|spre|che|rin, die: w. Form zu ↑ Gerichtssprecher.
Ge|richts|stand, der (Rechtsspr.): *Sitz des zuständigen (Zivil-, Straf)gerichts:* der G. einer Person ist in der Regel ihr Wohnort; ein vertraglich vereinbarter G.
Ge|richts|streit, der: *Auseinandersetzung vor ¹Gericht* (1 a).

Ge|richts|ter|min, der: *Termin für eine Gerichtsverhandlung.*
Ge|richts|ur|teil, das: *gerichtliches Urteil.*
Ge|richts|ver|fah|ren, das: *gerichtliches Verfahren:* ein G. einleiten; er wurde ohne G. zum Tode verurteilt.
Ge|richts|ver|fas|sung, die: *externe u. interne Organisation sowie Zuständigkeit der ¹Gerichte* (1 a).
Ge|richts|ver|fas|sungs|ge|setz, das: *Gesetz, das die Gerichtsverfassung festlegt.*
Ge|richts|ver|hand|lung, die: *Verhandlung über einen Rechtsstreit, ein Strafverfahren o. Ä. vor Gericht:* an einer G. teilnehmen.
Ge|richts|voll|zie|her, der; -s, -: *Angehöriger der Justizbehörde, der mit der Durchführung von Zwangsvollstreckungen betraut ist* (Abk.: GV): der G. hat die Möbel gepfändet; die Schulden mithilfe des -s eintreiben.
Ge|richts|voll|zie|he|rin, die; -, -nen: w. Form zu ↑ Gerichtsvollzieher (Abk.: GV).
¹**ge|rie|ben** ⟨Adj.⟩ [eigtl. = geglättet] (ugs.): *durchtrieben, gerissen.*
²**ge|rie|ben**: ↑ reiben.
ge|rie|be|ner: ↑²reihen.
ge|rie|ren, sich ⟨sw. V.; hat⟩ [lat. se gerere, zu: gerere, ↑ Geste] (bildungsspr.): *sich aufführen; auftreten, sich als jmd., etw. zeigen:* die Terroristen gerierten sich als Kämpfer für soziale Gerechtigkeit.
Ge|rie|sel, das; -s: *[dauerndes] Rieseln.*
ge|rif|felt: ↑ riffeln.
♦ **Ge|rill**, das; -[e]s, -e [für: Geröll, Nebenf. von ↑ Geröll]: *Geröll:* ... *dass ... Gießbäche ... /aus Erde, Grus, G., Geschieben/Dir Diamanten ausgespült* (Goethe, Diwan [Suleika]).
ge|rillt: ↑ rillen.
ge|ring ⟨Adj.⟩ [mhd. (ge)ringe, ahd. (nur verneint) ungiringi = gewichtig, H. u.]: **1. a)** *als wenig erachtet (in Bezug auf Menge, Umfang, Anzahl u. Ä.); nicht sehr groß; unbeträchtlich klein:* eine -e Menge; der Abstand wird immer -er; die Zahl der Ausfälle war, blieb g.; **b)** *(in Bezug auf den Grad, das Maß, Ausmaß von etw.) minimal, niedrig, unbedeutend:* das spielt eine -e Rolle; er befand sich in nicht -er *(ziemlich großer)* Verlegenheit; das ist meine -ste Sorge *(kümmert mich wenig);* sie hatte nicht die -ste *(nicht die mindeste, überhaupt keine)* Lust; die Sache ist von -em Wert *(hat kaum einen Wert);* er bekam nur ein -es *(bescheidenes)* Entgelt; eine Gefahr g. achten, schätzen *(sie missachten, gar nicht od. wenig auf sie achten);* sie achtete, schätzte ihn g. *(hielt ihn für verachtenswert);* g. *(nur wenig)* qualifizierte Arbeitskräfte; die Aussichten g. veranschlagen; ⟨subst.:⟩ das Geringste *(Mindeste),* was er tun müsste, wäre ...; * nicht das Geringste *(überhaupt nichts);* nicht im Geringsten *(nicht im Mindesten, überhaupt nicht).* **2.** (geh.) *einer niedrigen sozialen Schicht angehörend, entsprechend:* das -e Volk; * kein Geringerer als ... *(immerhin ..., sogar ...)* **3.** (geh., selten) *mindere Qualität aufweisend:* -er Boden.
ge|ring ach|ten, ge|ring|ach|ten ⟨sw. V.; hat⟩ (seltener): *gering schätzen.*
ge|rin|gelt ⟨Adj.⟩: **a)** *zu Ringeln geformt:* ein -es Schwänzchen; **b)** *mit ringsherum laufenden Querstreifen:* -e Söckchen.
ge|rin|ger|wer|tig: Komp. von ↑ geringwertig.
ge|ring|fü|gig ⟨Adj.⟩ [erweitert aus älter geringfüge, 2. Bestandteil mhd. -füege (in: kleinvüege = klein, gering[füegig]; zu ↑ fügen): *unbedeutend, nicht ins Gewicht fallend, belanglos:* -e Verletzungen; der Text wurde g. abgeändert.
Ge|ring|fü|gig|keit, die: **1.** ⟨o. Pl.⟩ *Unbedeutendheit, Belanglosigkeit:* die G. eines Vergehens. **2.** *unwichtige, nebensächliche Sache, Klei-*

nigkeit: solche -en kann man außer Betracht lassen.
Ge|ring|fü|gig|keits|gren|ze, die (Sozialvers.): *Einkommenshöhe, unterhalb deren keine Sozialversicherungsbeiträge erhoben werden.*
ge|ring schät|zen, ge|ring|schät|zen ⟨sw. V.; hat⟩: *wenig schätzen, als unbedeutend od. minderwertig ansehen.*
ge|ring|schät|zig ⟨Adj.⟩: *abschätzig, verächtlich:* eine -e Handbewegung; g. lächeln.
Ge|ring|schät|zig|keit, die; -: *geringschätzige Art, Einstellung:* die G., mit der sie sprach, war nicht zu überhören.
Ge|ring|schät|zung, die ⟨o. Pl.⟩: *das Geringschätzen; das Geringgeschätztwerden.*
ge|rings|ten|falls ⟨Adv.⟩ (geh.): *im geringsten Fall; zumindest:* sie bekommt g. die Hälfte der Summe ersetzt.
ge|ringst|mög|lich ⟨Adj.⟩: *so gering wie möglich.*
Ge|ring|ver|die|ner: *jmd., der wenig Geld verdient, der nur ein geringes [Arbeits]einkommen hat.*
Ge|ring|ver|die|ne|rin, die: w. Form zu ↑ Geringverdiener.
ge|ring|wer|tig ⟨Adj.⟩: *einen geringen Wert aufweisend:* -e Wirtschaftsgüter; eine -ere/geringerwertige Ausstattung.
Ge|rinn|bar ⟨Adj.⟩: *gerinnungsfähig.*
Ge|rinn|ne, das; -s, -: *kleiner [künstlich angelegter] Wasserlauf.*
ge|rin|nen ⟨st. V.; ist⟩ [mhd. gerinnen, ahd. girinnen = zusammenfließen (von Flüssigkeiten), zu ↑ rinnen]: **a)** *(von Milch, Blut o. Ä.) feine Klümpchen, Flocken bilden u. dadurch dickflüssig, fest, klumpig, flockig werden; stocken:* geronnenes Blut; Ü bei diesem Anblick gerann mir das Blut in den Adern *(erstarrte ich vor Schreck);*
♦ **b)** *rinnen* (1), *[zusammen]fließen:* ... so mögen die Enden von Tugend und Laster ineinanderfließen und Himmel und Hölle in eine Wetterdammnis g. (Schiller, Fiesco II, 3).
Ge|rinn|sel, das; -s, -: **1.** (veraltend) *Rinnsal.* **2.** *kleiner Klumpen von geronnenem Blut in der Blutbahn; Embolus.*
Ge|rin|nung, die; -, -en ⟨Pl. selten⟩: *das Gerinnen.*
ge|rin|nungs|fä|hig ⟨Adj.⟩ (Med.): *die Eigenschaft besitzend, gerinnen zu können:* Dazu: **Ge|rin|nungs|fä|hig|keit**, die ⟨o. Pl.⟩.
ge|rin|nungs|fak|tor, der (Med.): *an der Blutgerinnung beteiligter [Eiweiß]stoff.*
ge|rin|nungs|hem|mend ⟨Adj.⟩ (Med.): *die Gerinnung des Blutes hemmend.*
Ge|rip|pe, das; -s, - [Kollektivbildung zu ↑ Rippe]: *Knochengerüst des Körpers; Skelett:* sie ist fast bis zum G. abgemagert; Ü das G. *(Gerüst)* eines Schiffs, eines Flugzeugs, eines Blatts; er ist ein wandelndes G., nur noch ein G. (ugs.; *ist stark abgemagert u. sieht krank aus).*
ge|rippt ⟨Adj.⟩: **1.** *mit Rippen* (2) *[versehen]:* ein -er Pullover. **2.** *mit Rippen* (3) *[versehen]:* -e Blätter.
¹**ge|ris|sen** ⟨Adj.⟩ [viell. aus der Jägerspr., nach einem Tier, das angefallen u. gerissen wurde, aber entkommen konnte (vgl. reißen)] (ugs.): *sich in allen Schlichen auskennend, sodass man von anderen nicht mehr überlistet werden kann; in unangenehmer Weise schlau u. auf seinen Vorteil bedacht:* ein -er Geschäftsmann; sie hält sich für sehr g.
²**ge|ris|sen**: ↑ reißen.
Ge|ris|sen|heit, die; -: *das ¹Gerissensein.*
ge|ritzt: *in der Verbindung* **[die Sache] ist g.** (salopp; *etw. ist abgemacht, wird so erledigt, wie es besprochen worden ist; man kann sich darauf verlassen).*
Germ, der; -[e]s od. die; - [zusgez. aus spätmhd. gerben, mhd. gerwe, zu: gern = gären] (südd., österr.): *Hefe.*

Ger|ma|ne, der; -n, -n [spätmhd. German < lat. Germanus, wohl aus dem Kelt.]: Angehöriger einer der zur indogermanischen Sprach- u. Völkerfamilie gehörenden Gruppe untereinander sprachverwandter Völkerschaften in Nord- u. Mitteleuropa: die alten -n; sein Freund war ein blonder G. (scherzh.; *ein großer, blonder, blauäugiger Mensch*).
Ger|ma|nen|tum, das; -s: *Wesen u. Kultur der Germanen.*
Ger|ma|nia, die; -: *Frauengestalt, die das ehemalige Deutsche Reich symbolisiert.*
Ger|ma|ni|en; -s: *(zur Römerzeit) Gesamtheit der von Germanen besiedelten Gebiete.*
Ger|ma|nin, die; -, -nen: w. Form zu ↑ Germane.
ger|ma|nisch ⟨Adj.⟩: *die Germanen betreffend, zu ihnen gehörend, von ihnen stammend:* die -en Völker, Sprachen.
ger|ma|ni|sie|ren ⟨sw. V.; hat⟩: **1. a)** *eindeutschen* (a); **b)** *eindeutschen* (b). **2.** (Geschichte) **a)** *zu Germanen machen;* **b)** *der Sprache u. Kultur der Germanen angleichen.*
Ger|ma|ni|sie|rung, die; -: *das Germanisieren; das Germanisiertwerden.*
Ger|ma|nis|mus, der; -, ...men (Sprachwiss.): **1.** *sprachliche Besonderheit des Deutschen.* **2.** *Entlehnung aus dem Deutschen [in eine andere Sprache].*
Ger|ma|nist, der; -en, -en: *Wissenschaftler auf dem Gebiet der Germanistik; jmd., der sich wissenschaftlich mit der deutschen Sprache u. Literatur befasst.*
Ger|ma|nis|tik, die; -: *deutsche od. germanische Sprach- u. Literaturwissenschaft, Deutschkunde im weiteren Sinn (unter Einschluss der deutschen Volks- u. Altertumskunde).*
Ger|ma|nis|tin, die; -, -nen: w. Form zu ↑ Germanist.
ger|ma|nis|tisch ⟨Adj.⟩: *die Germanistik betreffend:* eine -e Fachzeitschrift.
Ger|ma|ni|um, das; -s [zu lat. Germania = Germanien, Deutschland, dem Vaterland seines Entdeckers C. Winkler (1838–1904)]: *sprödes, grauweißes glänzendes Halbmetall (chemisches Element; Zeichen: Ge).*
gern, ger|ne ⟨Adv.; lieber, am liebsten⟩ [mhd. gerne, ahd. gerno, Adv. zu: gern = eifrig, urspr. = begehrend, verlangend; vgl. Gier]: **1.** *mit freudiger Bereitwilligkeit, Vergnügen:* sie spielt g. Klavier; er ist immer g. gesehen; ein g. gesehener *(stets willkommener)* Gast; »Danke schön!« – »Gern geschehen!«; »Kommst du mit?« – »[Ja,] g.!«; sie hat, sieht es [nicht, sehr] g., wenn ... *(sie mag, liebt es [nicht, sehr], wenn ...);* das gefällt, passt mir ganz u. gar nicht!; sie hatten sich [sehr] g. *(empfanden [große] Sympathie, Zuneigung füreinander);* sie hat es bestimmt nicht g. (ugs.; *nicht mit Absicht*) getan; ♦ ⟨gerner, am gernsten:⟩ ... hab' Euch immer am gernsten gehabt (Schiller, Räuber IV, 3); * **du kannst, er kann** usw. **mich gern haben!** (ugs. iron.; *mit dir, dem usw. will ich nichts [mehr] zu tun haben).* **2. a)** drückt eine Bestätigung, Billigung aus; *ohne Weiteres:* das glaube ich dir g.; du kannst g. mitkommen; **b)** drückt einen Wunsch aus; *nach Möglichkeit, wenn es geht, möglich ist:* er wäre am liebsten allein geblieben; ich wüsste [nur zu, ganz] g., was daraus geworden ist; **c)** dient der höflichen Äußerung eines Wunsches: ich hätte g. ein Kilo Trauben; ich möchte mir nur noch g. die Hände waschen. **3.** (bes. ugs.) *leicht[er], (verhältnismäßig) schnell:* Stellen, an denen sich g. Pilze ansiedeln.
Ger|ne|groß, der; -, -e (ugs. scherzh.): *jmd., der mehr gelten möchte, als er ist; Angeber[in].*
gern ge|se|hen, gẹrn|ge|se|hen ⟨Adj.⟩: *so gear-*
tet, dass man die Anwesenheit der betreffenden Person, Sache gernhat: *ein gern gesehener Gast.*
gern|ha|ben ⟨unr. V.; hat⟩: **a)** *Sympathie, Zuneigung, Liebe empfinden:* er hat sie gern; * **du kannst, er kann** usw. **mich g.!** (ugs. iron.; *mit dir, dem usw. will ich nichts [mehr] zu tun haben);* **b)** *mögen, für etw. eine Neigung, Vorliebe haben:* da sie es gernhatte, wenn er ihr die Füße massierte ...; so etwas habe ich gern! (ugs. iron.; *das gefällt, passt mir ganz u. gar nicht!*)
ge|ro|chen: 1. ↑ riechen. **2.** ↑ rächen.
Ge|röll, das; -[e]s, -e [zu ↑ rollen]: *sich an Halden (1) u. in Bach- u. Flussbetten ablagernde, große Masse von Steinen; lockeres Gestein.*
Ge|röll|hal|de, die: *Halde (1) mit Geröll.*
Ge|röll|mas|se, die: *große Menge von Geröll.*
ge|ron|nen: ↑ rinnen.
Ge|ront, der; -en, -en [griech. gérōn (Gen.: gérontos) = Greis, eigtl. = der Geehrte]: *Mitglied der Gerusia.*
Ge|ron|to|lo|gie, die; - [zu griech. gérōn (↑ Geront) u. ↑ -logie]: *Fachgebiet, auf dem die Alterungsvorgänge im Menschen unter biologischem, medizinischem, psychologischem, sozialem Aspekt erforscht werden; Altersforschung:* Dazu: **ge|ron|to|lo|gisch** ⟨Adj.⟩.
Ge|ron|to|tech|nik, die ⟨o. Pl.⟩: *Technik, die es älteren Menschen ermöglichen soll, trotz körperlicher Beeinträchtigungen (ohne fremde Hilfe) ihr gewohntes Leben zu führen.*
ge|rö|tet: röten (2).
Gers|te, die; -, (Sorten:) -n [mhd. gerste, ahd. gersta, H. u.]: **a)** *Getreideart mit kurzem Halm, langen Grannen u. kantigen Körnern, deren Frucht vor allem zum Brauen von Bier u. als Tierfutter verwendet wird;* **b)** *Frucht der Gerste:* Kaffeeersatz aus G.
Gers|ten|kalt|scha|le, die [zu ↑ Gerste (Grundlage für das zum Brauen benötigte Malz) u. ↑ Kaltschale (Anspielung auf Bier als kalt getrunkene Flüssigkeit)] (scherzh.): *Bier.*
Gers|ten|korn, das ⟨Pl. ...körner⟩: **1.** *Frucht der Gerste.* **2.** *mit einer gerstenkornähnlichen Schwellung einhergehende eitrige Entzündung einer Hautdrüse am Lid.*
Gers|ten|saft, der (scherzh.): *Bier:* im Festzelt fließt der G. in Strömen.
Ger|te, die; -, -n [mhd. gerte, ahd. gerta, zu mhd., ahd. gart = Stachel; Stock]: *dünner, sehr biegsamer Stock:* sich eine G. schneiden.
ger|ten|schlank ⟨Adj.⟩: *sehr schlank:* ein -es Mädchen.
Ge|ruch ⟨auch, österr. nur: ...'ru:x⟩, der; -[e]s, Gerüche; [mhd. geruch, zu: ruch = Duft; Dampf, zu ↑ riechen] **a)** *Ausdünstung, Ausströmung, die durch das Geruchsorgan wahrgenommen wird; die Art, wie etw. riecht:* ein süßlicher, stechender, beißender, leichter, angenehmer, unangenehmer, nach Verbranntem, von schwelendem Holz durchzog das ganze Haus, verbreitete sich, hing in der Luft; ...und auch den betrunken machender G. von gegorenem Fallobst hatte ich jetzt in der Nase (Schnurre, Vater 104); **b)** ⟨o. Pl.⟩ *Fähigkeit zu riechen, Geruchssinn:* der Hund hat einen feinen G.; Ich weiß wohl, dass er blind ist, aber er hat dann auch den G. verloren (H. Mann, Stadt 204). **2.** ⟨o. Pl.⟩ [eigtl. zu ↑ Gerücht, volksetym. an »riechen« angeschlossen] (geh.) *allgemeine, weitverbreitete, meist schlechte Meinung von jmdm.:* er kam in den G. *(Ruf)* der Geschichtsfeindlichkeit; * **im G. stehen** *(betrachtet, angesehen werden als ..., im Ruf stehen):* im G. eines Heiligen, radikalen Kreisen anzugehören).
ge|ruch|frei: ↑ geruchsfrei.
ge|ruch|los ⟨Adj.⟩: *keinen Geruch (1 a) ausströmend; ohne Geruch (1 a).*
Ge|ruchs|be|läs|ti|gung, die: *Belästigung durch schlechten, starken o. ä. Geruch (1 a).*
ge|ruchs|emp|find|lich ⟨Adj.⟩: *empfindlich gegen Geruch.*
ge|ruchs|frei, geruchfrei ⟨Adj.⟩: *geruchlos, frei von Gerüchen.*
Ge|ruchs|nerv, der: *Riechnerv.*
ge|ruchs|neu|tral ⟨Adj.⟩: *keinen spezifischen Geruch (1 a) aufweisend.*
Ge|ruchs|or|gan, das: *Organ, dessen Sinneszellen Gerüche wahrnehmen.*
Ge|ruchs|sinn, der ⟨o. Pl.⟩: *Fähigkeit von Lebewesen, mithilfe bestimmter Organe Gerüche wahrzunehmen.*
Ge|ruchs|stoff, der ⟨meist Pl.⟩: *meist dampf- od. gasförmiger chemischer Stoff, auf den die Sinneszellen des Geruchsorgans ansprechen.*
Ge|ruchs|ver|schluss, der: *mehrfach gekrümmtes Rohr in Abwasserleitungen, das ständig mit Wasser gefüllt ist u. dadurch das Ausströmen von Gerüchen aus der Kanalisation verhindert; Trap.*
Ge|rücht, das; -[e]s, -e [aus dem Niederd. < mniederd. geruchte, urspr. = Gerufe, Geschrei, zu ↑ rufen]: *etw., was allgemein gesagt, weitererzählt wird, ohne dass bekannt ist, ob es auch wirklich zutrifft:* ein hartnäckiges G.; die -e verstärken sich, bereits ist uns, finden sich bestätigt; ein G. in die Welt, in Umlauf setzen; das halte ich für ein G. *(glaube ich nicht);* -en zufolge soll sie alles gestanden haben.
Ge|rüch|te|kü|che, die (ugs.): *[imaginärer] Ort, an dem viele Gerüchte entstehen:* die G. brodelte *(es entstanden vielerlei Gerüchte).*
ge|rüch|te|wei|se, (seltener:) **ge|rücht|wei|se** ⟨Adv.⟩: *als Gerücht:* etw. g. vernehmen, hören.
ge|ru|fen: ↑ rufen.
ge|ru|hen ⟨sw. V.; hat⟩ [mhd. geruochen, ahd. (gi)ruohhen] (geh. veraltend, sonst iron.): *sich gnädig herablassen, belieben, etw. zu tun:* Seine Majestät haben geruht zuzustimmen.
ge|rührt: ↑ rühren (3).
ge|ruh|sam ⟨Adj.⟩: *ruhig u. behaglich:* einen -en Abend verbringen; ich wünsche eine -e (*ungestörte, friedliche*) Nacht; g. frühstücken. Dazu: **Ge|ruh|sam|keit,** die; -.
Ge|rum|pel, das; -s (auch abwertend): *[dauerndes] Rumpeln:* das G. des Wagens auf dem Straßenpflaster.
Ge|rüm|pel, das; -s [mhd. gerümpel = Gepolter, Lärm; später = rumpelnd wackelnder, zusammenbrechender Hausrat, zu ↑ rumpeln] (abwertend): *Gesamtheit alter, unbrauchbar u. wertlos gewordener Gegenstände:* altes G.; der Dachboden steht voller G., ist mit G. angefüllt.
Ge|run|di|um, das; -s, ...ien [spätlat. gerundium, zu lat. gerere = was ausgeführt werden muss, zu: gerere, ↑ Geste] (Sprachwiss.): *(in einigen Sprachen, bes. dem Lateinischen, vorkommende) Verbform mit substantivischen Eigenschaften, der im Deutschen etwa der substantivierte Infinitiv entspricht (z. B. in lat. ars* amandi = die Kunst des Liebens).
Ge|run|div, das; -s, -e, **Ge|run|di|vum,** das; -s, ...va [spätlat. modus gerundivus] (Sprachwiss.): *(im Lateinischen) als Adjektiv fungierende Verbform mit passivischer Bedeutung, die eine Notwendigkeit ausdrückt (z. B. in* puer laudandus *= ein Junge, der gelobt werden muss).*
ge|run|gen: ↑ ¹ringen, ²ringen.
Ge|ru|sia, Ge|ru|sie, die; - [griech. gerousía, zu: geroúsios = den Alten zukommend, zu: gérōn, ↑ Geront]: *Ältestenrat altgriechischer Staaten.*
Ge|rüst, das; -[e]s, -e [mhd. gerüste, ahd. gi(h)rusti, urspr. = Ausrüstung, zu ↑ rüsten]: **a)** *(aus Stangen od. Metallrohren, Brettern o. Ä. errichtete) Konstruktion bes. für Bau-, Reparatur- u. Montagearbeiten:* ein tragfähiges G.; -e

aus Leichtmetall; ein G. aufbauen, aufschlagen; auf das G. klettern; vom G. fallen, stürzen; Ü das logische G. *(die grundlegenden Gedanken) einer Lehre;* das G. *(der Grundplan)* eines *Dramas;* ◆ **b)** *Schafott, Blutgerüst:* Der gleiche Priester, der vorher mit der Verurteilten gebetet hatte, musste nun ... die Trauung auf dem -e vornehmen (Keller, Dietegen 141).

Ge|rüst|bau, der ⟨o. Pl.⟩: *das Errichten von [Bau]gerüsten:* Dazu: **Ge|rüst|bau|er,** der; -s, -; **Ge|rüst|bau|e|rin,** die.

ge|rüt|telt: in den Fügungen g. voll (veraltend; *randvoll:* der Sack ist g. voll); **ein g. Maß** (↑¹Maß 1b).

ges, Ges, das; -, - (Musik): *um einen halben Ton erniedrigtes g, G* (2).

ge|sägt ⟨Adj.⟩ (Biol.): *(bes. bei Laubblättern) einen dem Sägeblatt ähnlichen, gezähnten Rand aufweisend.*

Ge|salb|te, die/eine Gesalbte; der/einer Gesalbten, die Gesalbten/zwei Gesalbte (Rel., Geschichte): *weibliche Person, die durch eine zeremonielle Salbung geweiht od. gekrönt worden ist.*

Ge|salb|ter, der Gesalbte/ein Gesalbter; des/eines Gesalbten, die Gesalbten/zwei Gesalbte (Rel., Geschichte): *jmd., der durch eine zeremonielle Salbung geweiht od. gekrönt worden ist.*

ge|sal|zen ⟨Adj.⟩ [eigtl. = mit Salz gewürzt, scharf] (salopp): **a)** *(von Preisen, Rechnungen u. Ä.) sehr hoch:* -e Preise; eine -e Rechnung; **b)** *derb:* ein -er Witz; **c)** *unfreundlich, grob:* ein -er Brief.

ge|sam|melt ⟨Adj.⟩: *konzentriert* (2).

ge|samt ⟨Adj.⟩ [mhd. gesam(en)t, ahd. gisamanōt, 2. Part. von mhd. samenen, ahd. samanōn, ↑ sammeln]: *alle Teile od. Bestandteile eines zusammenhängenden Ganzen zusammengenommen, zusammengefasst; ganz, vollständig:* die -e Bevölkerung; er hat sein -es Vermögen verloren.

Ge|samt|an|sicht, die: *vollständige, alles umfassende Ansicht:* eine G. des Schlosses.

Ge|samt|ar|beits|ver|trag, der (schweiz.): *Tarifvertrag* (Abk.: GAV).

Ge|samt|auf|la|ge, die (Druckw.): *Gesamtheit der Auflagen eines Buches.*

Ge|samt|aus|ga|be, die (Druckw.): *Ausgabe, die alle Werke eines Dichters od. einer Dichterin, eines Schriftstellers od. einer Schriftstellerin, eines Komponisten od. einer Komponistin umfasst:* eine G. der Dramen von Shakespeare.

Ge|samt|be|trag, der: *gesamter Betrag; Summe der Teilbeträge.*

Ge|samt|be|völ|ke|rung, die: *gesamte Bevölkerung.*

Ge|samt|bi|lanz, die: *Bilanz, die aus veschiedenen Einzel- od. Teilbilanzen errechnet ist.*

Ge|samt|bild, das: *Bild, das etw. im Ganzen zeigt.*

Ge|samt|dar|stel|lung, die: *vollständige, umfassende Darstellung:* die G. eines Problems.

ge|samt|deutsch ⟨Adj.⟩: **a)** (Geschichte) *Deutschland mit allen seinen Fürstentümern, Ländern betreffend, umfassend;* **b)** (Geschichte) *Deutschland mit seinen beiden Staaten nach dem 2. Weltkrieg betreffend, umfassend;* **c)** *ganz Deutschland betreffend, umfassend.*

Ge|samt|deutsch|land; -[s]: **a)** (Geschichte) *Deutschland mit allen seinen Fürstentümern, Ländern;* **b)** (Geschichte) *Deutschland mit seinen beiden Staaten nach dem 2. Weltkrieg;* **c)** *ganz Deutschland.*

Ge|samt|ein|druck, der: *Eindruck, der sich aus einzelnen Eindrücken, Beobachtungen ergibt.*

Ge|samt|ein|kom|men, das: *gesamtes Einkommen.*

Ge|samt|ein|nah|me, die ⟨meist Pl.⟩: *gesamte Einnahme* (1).

Ge|samt|er|geb|nis, das: *Ergebnis, das aus verschiedenen Einzel- od. Teilergebnissen errechnet wird.*

Ge|samt|er|schei|nung, die: *Gesamteindruck, den jmds. Erscheinung vermittelt.*

Ge|samt|er|trag, der: *gesamter Ertrag; Summe der Teilerträge.*

ge|samt|eu|ro|pä|isch ⟨Adj.⟩: *Europa mit allen seinen Ländern betreffend, umfassend:* eine -e Friedenslösung.

Ge|samt|flä|che, die: *gesamte Fläche:* Griechenland hat eine G. von etwa 132 000 km².

ge|samt|ge|sell|schaft|lich ⟨Adj.⟩: *die gesamte Gesellschaft betreffend.*

Ge|samt|ge|wicht, das: *gesamtes Gewicht von etw.:* das zulässige G. (Kfz-Wesen; *Gewicht eines Fahrzeugs, das sich aus seinem Leergewicht u. dem Gewicht der beförderten Last zusammensetzt).*

Ge|samt|ge|winn, der: *gesamter Gewinn.*

¹ge|samt|haft ⟨Adj.⟩ (bes. schweiz. seltener): *gesamt, ganz, gänzlich:* die -e Einsatz.

²ge|samt|haft ⟨Adv.⟩ (bes. schweiz.): *insgesamt.*

Ge|samt|heit, die; -: **1.** *Menge aller Personen, Dinge, Vorgänge, Erscheinungen, die aufgrund von bestimmten übereinstimmenden Eigenschaften, Merkmalen, Bedingungen u. Ä. zusammengehören; alle ... zusammen:* die G. der Kenntnisse; das Volk in seiner G. (*insgesamt).* **2.** *Allgemeinheit* (1).

Ge|samt|hoch|schu|le, die (Hochschulw.): *Hochschule, die eine inhaltliche u. organisatorische Verbindung einer wissenschaftlichen u. einer pädagogischen Hochschule sowie unterschiedlicher Fachhochschulen darstellt.*

Ge|samt|hö|he, die: *gesamte Höhe.*

Ge|samt|jahr, das (Pl. selten) (bes. Wirtsch.): *gesamtes Jahr.*

Ge|samt|kon|zept, das: *alle Bereiche umfassendes Konzept.*

Ge|samt|kon|zep|ti|on, die: *alle Bereiche umfassende Konzeption:* der G. der Reihe entsprechend.

Ge|samt|kos|ten ⟨Pl.⟩: *gesamte Kosten.*

Ge|samt|kunst|werk, das: **1.** *Kunstwerk (Musikdrama, Oper), in dem Dichtung, Musik, Tanz- u. bildende Kunst vereinigt sind.* **2.** *Kunstwerk, in dem verschiedene bildende Künste, künstlerische Mittel vereinigt sind.*

Ge|samt|la|ge, die: *im Ganzen zusammengefasst betrachtete Lage* (3 a): die wirtschaftliche G. des Landes.

Ge|samt|län|ge, die: *gesamte Länge:* Staus mit einer G. von 20 km.

Ge|samt|leis|tung, die: *Leistung insgesamt.*

Ge|samt|men|ge, die: *gesamte Menge.*

Ge|samt|no|te, die: *Note, die sich aus einzelnen Bewertungen ergibt.*

Ge|samt|pa|ket, das: *[umfassendes] gesamtes Paket* (4).

Ge|samt|pro|duk|ti|on, die: *gesamte Produktion:* die G. von Mobiltelefonen soll weiter klettern.

Ge|samt|scha|den, der: *gesamter Schaden:* der bei dem Autounfall entstandene G. belief sich auf etwa 7 000 Euro.

Ge|samt|schau, die: *Zusammenfassung, vergleichende Übersicht, Synopse.*

Ge|samt|schuld, die: *gesamte Schuld:* diese Posten summieren sich zu einer G. von etwa 500 Millionen Euro. Dazu: **Ge|samt|schuld|ner,** der; **Ge|samt|schuld|ne|rin,** die; **ge|samt|schuld|ne|risch** ⟨Adj.⟩.

Ge|samt|schu|le, die: *Schule, bei der Haupt- u. Realschule sowie Gymnasium eine organisatorische Einheit bilden:* die integrierte G. (*Schulform, bei der an die Stelle der drei traditionellen Schultypen ein Kurssystem tritt).*

Ge|samt|sieg, der (Sport): *Sieg in einem Wettkampf, der aus mehreren Konkurrenzen besteht od. mehrere Disziplinen umfasst:* Dazu: **Ge|samt|sie|ger,** der; **Ge|samt|sie|ge|rin,** die.

Ge|samt|si|tu|a|ti|on, die: vgl. *Gesamtlage:* mit der G. unzufrieden sein.

Ge|samt|stra|fe, die (Rechtsspr.): *Strafmaß, das sich aus den einzelnen Strafen für verschiedene Straftaten ergibt.*

Ge|samt|sum|me, die: *Gesamtbetrag.*

Ge|samt|um|satz, der: *gesamter Umsatz.*

Ge|samt|ver|band, der (bes. Wirtsch.): *Verband, in dem mehrere gleichartige Verbände, Organisationen od. Firmen zusammengeschlossen sind.*

Ge|samt|vo|lu|men, das (Wirtsch.): *gesamter Umfang; gesamtes Volumen.*

Ge|samt|werk, das: *gesamtes Schaffen eines Künstlers, einer Künstlerin:* das musikalische G. Beethovens.

Ge|samt|wert, der: *gesamter Wert:* Schmuck im G. von 1 Million Franken.

Ge|samt|wer|tung, die: *Wertung insgesamt:* in der G. führt diese Reiterin.

Ge|samt|wir|kung, die: vgl. *Gesamteindruck.*

Ge|samt|wirt|schaft, die: *gesamte Wirtschaft eines Landes:* Dazu: **ge|samt|wirt|schaft|lich** ⟨Adj.⟩.

Ge|samt|zahl, die: *Zahl, die alles umfasst; endgültige Zahl.*

ge|sandt: ↑ senden.

Ge|sand|te, die/eine Gesandte; der/einer Gesandten, die Gesandten/zwei Gesandte: *bei einem Staat akkreditierte diplomatische Vertreterin eines anderen Staates, die im Rang unter dem Botschafter steht.*

Ge|sand|ter, der Gesandte/ein Gesandter; des/eines Gesandten, die Gesandten/zwei Gesandte: *bei einem Staat akkreditierte diplomatische Vertreter eines anderen Staates, der im Rang unter dem Botschafter steht:* der päpstliche Gesandte (*Nuntius).*

Ge|sandt|tin, die; -, -nen: w. Form zu ↑ Gesandter.

Ge|sandt|schaft, die; -, -en: **1.** *von einem/einer Gesandten geleitete diplomatische Vertretung eines Staates im Ausland.* **2.** *Gebäude, in dem eine Gesandtschaft* (1) *untergebracht ist.*

Ge|sang, der; -[e]s, Gesänge [mhd. gesanc, ahd. gisang, zu ↑ Sang]: **1. a)** ⟨o. Pl.⟩ *das Singen des Menschen:* jmds. G. [auf dem Klavier] begleiten; sie zogen mit/(veraltend:) unter G. durch die Straßen; sie will G. (*Singen als künstlerisches Unterrichtsfach)* studieren; Ü (dichter.:) der G. des Windes; **b)** ⟨Pl. selten⟩ *Gesamtheit der klingenden od. rhythmischen Lautäußerungen bestimmter Tiere:* der G. der Vögel, Zikaden. **2.** *das Gesungene in seiner charakteristischen Form; etw. zum Singen Bestimmtes; Lied:* geistliche, weltliche Gesänge (*Lieder);* Und sie fuhren fort in den trunkenen Gesängen des Mysterienspiels (Th. Mann, Tod 89); * **gregorianischer G.** (*einstimmiger, rhythmisch freier, unbegleiteter liturgischer Gesang der katholischen Kirche; gregorianischer Choral;* benannt nach Papst Gregor I., um 540–604). **3. a)** ⟨o. Pl.⟩ (dichter. veraltet) *das Dichten; Dichtkunst;* **b)** (Literaturwiss.) *Abschnitt einer Versdichtung; Unterteilung des Epos.*

ge|sang|ar|tig ⟨Adj.⟩: *einem Gesang ähnlich.*

Ge|sang|buch, das: *[zum Gebrauch im Gottesdienst bestimmtes] Buch, in dem eine Sammlung von Kirchenliedern u. geistlichen Gesängen enthalten ist:* * **das falsche/nicht das richtige G. haben** (ugs. scherzh.; *eine der Mehrheit nicht genehme, dem Fortkommen schadende Religionszugehörigkeit, inopportune politische Einstellung o. Ä. haben).*

Ge|sang|leh|rer, der: *jmd., der Gesangunterricht erteilt* (Berufsbez.).

Gesanglehrerin – Geschäftskunde

Ge|sang|leh|re|rin, die: w. Form zu ↑ Gesanglehrer.

ge|sang|lich ⟨Adj.⟩: **1.** *den Gesang betreffend, mit Gesang verbunden:* -e Fähigkeiten. **2.** *in einer für den Gesang typischen, die Töne gut bindenden Art, durch melodischen Fluss gekennzeichnet:* sie spielten sehr g.

Ge|sangs|buch (österr.): ↑ Gesangbuch.

Ge|sangs|dar|bie|tung, die: *gesangliche* (1) *Darbietung* (2).

Ge|sangs|kunst, die: *künstlerische Ausübung des Gesangs.*

Ge|sangs|leh|rer usw.: ↑ Gesanglehrer usw.

Ge|sangs|num|mer, die: *Gesangsdarbietung.*

Ge|sangs|so|list, der: *als Solist eingesetzter Sänger (in Gegenüberstellung zu Orchester, Chor u. Ä.); Vokalsolist.*

Ge|sangs|so|lis|tin, die: w. Form zu ↑ Gesangssolist.

Ge|sangs|stim|me, die: *Singstimme* (b).

Ge|sangs|stück, das: *Vokalkomposition.*

Ge|sang|stim|me: ↑ Gesangsstimme.

Ge|sang|stück: ↑ Gesangsstück.

Ge|sangs|un|ter|richt, der: *Unterricht zur Ausbildung in künstlerischem Gesang.*

Ge|sang|ver|ein: ↑ Gesangverein.

Ge|sang|un|ter|richt: ↑ Gesangsunterricht.

Ge|sang|ver|ein, der: *Verein, in dem meist volkstümlicher Chorgesang gepflegt wird:* * mein lieber Herr G.! (salopp; Ausruf der Bewunderung, Überraschung, Verärgerung od. Bekräftigung).

Ge|säß, das; -es, -e [mhd. gesæze = (Wohn)sitz; Ruheplatz, dann: Gesäß, ahd. gisāzi = Ruheplatz; (Wohn)sitz, Siedlung, eigtl. = das, worauf man sitzt, zu ↑ sitzen]: *Teil des Körpers, auf dem man sitzt.*

Ge|säß|ba|cke, die: *rundliche Hälfte des Gesäßes:* die -n zusammenkneifen.

Ge|säß|fal|te, die: *Querfalte zwischen Gesäß u. Oberschenkel.*

Ge|säß|spal|te, die: *senkrechte Spalte zwischen den Gesäßbacken.*

Ge|säß|ta|sche, die: *Hosentasche über dem Gesäß:* das Portemonnaie in die G. stecken.

gesch. = geschieden (Zeichen: ∞).

Ge|schä|dig|te, die/eine Geschädigte; der/einer Geschädigten, die Geschädigten/zwei Geschädigte: **1.** *weibliche Person, die geschädigt wurde, der ein Schaden zugefügt wurde.* **2.** (Rechtsspr.) *weibliche od. juristische Person, die einen Schaden* (2 b, 3) *[an einem Rechtsgut] erlitten hat.*

Ge|schä|dig|ter, der Geschädigte/ein Geschädigter; des/eines Geschädigten; die Geschädigten/zwei Geschädigte: **1.** *männliche Person, der ein Schaden zugefügt wurde, die geschädigt wurde.* **2.** (Rechtsspr.) *männliche od. juristische Person, die einen Schaden* (2 b, 3) *[an einem Rechtsgut] erlitten hat.*

ge|schaf|fen: ↑ schaffen.

Ge|schäft, das; -[e]s, -e [mhd. gescheft(e) = Beschäftigung, Angelegenheit; Vertrag, zu ↑ schaffen]: **1. a)** *auf Gewinn abzielende [kaufmännische] Unternehmung, [kaufmännische] Transaktion; Handel:* die -e gehen gut; das G. kommt zustande, ist perfekt; mit jmdm. ein G. abschließen; mit jmdm. -e machen; dunkle -e treiben, abwickeln, tätigen; aus einem G. aussteigen (ugs.; *sich nicht mehr daran beteiligen*); in -en (*geschäftlich*) unterwegs sein; mit jmdm. im G. sein, ins G. kommen (*jmdn. als Geschäftspartner[in] haben, gewinnen*); Ü das G. mit der Angst (*Verbreitung von Angst, um in dem so geschaffenen geistigen Klima besser seine eigenen Ziele erreichen zu können*); R G. ist G. (*wenn es um Geld geht, kann man auf Gefühle o. Ä. keine Rücksicht nehmen*); **b)** ⟨o. Pl.⟩ *Gesamtheit kaufmännischer Transaktionen; Verkauf, Absatz:* das G. belebt sich, blüht, ist rege; **c)** ⟨o. Pl.⟩ *Gewinn [aus einer kaufmännischen Unternehmung], Profit:* diese Unternehmung war für uns [k]ein G. ([k]ein finanzieller Erfolg); ein G. wittern; ein G. von zehn Prozent; sie haben damit ein [glänzendes] G. gemacht (*[sehr] viel daran verdient*). **2. a)** *gewerbliches od. kaufmännisches Unternehmen, Handelsunternehmen, Firma:* ein renommiertes G.; ein G. führen, leiten; als Teilhaber in ein G. einsteigen (ugs.; *sich an einem Unternehmen beteiligen*); morgen gehe ich nicht ins G. (landsch.; *zum Arbeiten in die Firma, ins Büro*); **b)** *Räumlichkeit, in der ein Handelsunternehmen, ein gewerbliches Unternehmen Waren ausstellt u. zum Verkauf anbietet; Laden* (1): die -e schließen um 20 Uhr; ein teures (*hohe Preise verlangendes*) G. **3.** *Aufgabe; Angelegenheit, die zu erledigen ist:* ein undankbares G.; er versteht sein G. (*er ist tüchtig in seinem Beruf*); * sein [großes od. kleines] G. erledigen/verrichten/machen (ugs. verhüll.; *seine Notdurft verrichten; den Darm entleeren od. Wasser lassen*).

Ge|schäft|chen: in den Wendungen **sein G. erledigen/machen/verrichten** (fam. verhüll.; *seine Notdurft verrichten*).

ge|schäf|te|hal|ber ⟨Adv.⟩: *wegen Geschäften* (1 a): er ist g. nach Rom geflogen.

Ge|schäf|te|ma|cher, der (abwertend): *jmd., der um des Gewinnes willen aus allem ein Geschäft* (1 a) *zu machen sucht:* ein übler G.

Ge|schäf|te|ma|che|rei, die; -, -en (abwertend): *Bestreben, um des Gewinnes willen aus allem ein Geschäft zu machen.*

Ge|schäf|te|ma|che|rin, die: w. Form zu ↑ Geschäftemacher.

ge|schäf|tig ⟨Adj.⟩ [mhd. (md.) geschëftig]: *unentwegt tätig, sich (mit viel Aufwand an Bewegung) unausgesetzt mit etw. beschäftigend:* -es Treiben; g. tun.

Ge|schäf|tig|keit, die; -, -en ⟨Pl. selten⟩: *das Geschäftigsein; geschäftiges Wesen.*

Ge|schäftl|hu|ber, Ge|schäftl|hu|be|rin: ↑ Gschaftlhuber, Gschaftlhuberin.

ge|schäft|lich ⟨Adj.⟩: **a)** *die Geschäfte* (1, 2) *betreffend; nicht privat:* eine -e Verabredung; ich bin g. verhindert, nach London unterwegs; ⟨subst.:⟩ Der Geschäftliche erledigen wir später; Der junge Mann ist g. so tüchtig (Brecht, Mensch 126); **b)** *unpersönlich, formell:* etwas in -em Ton sagen; nach dieser Unterbrechung wurde er wieder g.

Ge|schäfts|ab|lauf, der: *Ablauf der Geschäfte* (1 a): ein geordneter G.

Ge|schäfts|ab|schluss, der: *Abschluss eines Geschäftes* (1 a): einen G. tätigen.

Ge|schäfts|ad|res|se, die: *geschäftliche* (a), *nicht private Adresse.*

Ge|schäfts|an|teil, der: *finanzieller Anteil an einem Geschäft* (2 a).

Ge|schäfts|auf|ga|be, Ge|schäfts|auf|lö|sung, die: *Auflösung eines Geschäfts* (2 a): wegen G. stark reduzierte Preise.

Ge|schäfts|bank, die ⟨Pl. -en⟩ (Bankw.): *Bank, die Kreditgeschäfte betreibt.*

Ge|schäfts|be|din|gung ⟨meist Pl.⟩ (Wirtsch.): *für das Geschäfte führen* (1 a) *bindenden, im Voraus festgelegter Inhalt von Verträgen:* allgemeine -en (Abk.: AGB).

Ge|schäfts|be|ginn, der: *vgl. Geschäftsschluss.*

Ge|schäfts|be|reich, der: **a)** *Amtsbereich, Ressort:* Minister ohne G. (Portefeuille); **b)** *Geschäftsfeld.*

Ge|schäfts|be|richt, der: *zum Jahresabschluss gehörender schriftlicher Bericht über den Verlauf eines Geschäftsjahrs.*

Ge|schäfts|be|trieb, der: **1.** *Geschäft* (2 a). **2.** ⟨o. Pl.⟩ *Gesamtheit geschäftlicher* (a) *Aktivitäten:* ein reger G.

Ge|schäfts|be|zie|hung, die: *geschäftliche* (a) *Beziehung:* in mit jmdm. stehen.

Ge|schäfts|brief, der: *geschäftlicher* (a) *Brief eines Unternehmens.*

Ge|schäfts|buch, das: *Buch, in das Kaufleute ihre Geschäfte* (1 a) *u. den Stand ihres Vermögens einzutragen verpflichtet sind:* Einsicht in die Geschäftsbücher nehmen, erhalten.

Ge|schäfts|er|öff|nung, die: *Eröffnung eines Geschäfts* (2).

ge|schäfts|fä|hig ⟨Adj.⟩ (Rechtsspr.): *fähig, Rechtsgeschäfte selbstständig u. verbindlich zu erledigen; dispositionsfähig:* Minderjährige im Jugendalter sind nur bedingt g.

Ge|schäfts|fä|hig|keit, die (Rechtsspr.): *das Geschäftsfähigsein.*

Ge|schäfts|feld, das: *Feld* (6), *in dem, Sparte* (1), *in der sich ein Unternehmen* (2) *betätigt:* der Aufbau neuer -er.

Ge|schäfts|frau, die: *Frau, die Geschäfte* (1 a) *tätigt, die Geschäfte* (2 a) *führt:* eine tüchtige G.

Ge|schäfts|freund, der: *jmd., mit dem man enge geschäftliche* (a) *Beziehungen hat.*

Ge|schäfts|freun|din, die: w. Form zu ↑ Geschäftsfreund.

ge|schäfts|füh|rend ⟨Adj.⟩: **a)** *zur Geschäftsführung berechtigt; leitend:* der -e Angestellte; **b)** *verantwortlich; amtierend:* der -e Vorsitzende; die -e Regierung (*zurückgetretene Regierung, die die Regierungsgeschäfte wahrnimmt, bis eine neue Regierung eingesetzt ist*).

Ge|schäfts|füh|rer, der: **1.** *Geschäftsleiter* (1), *bes. einer GmbH.* **2.** *jmd., der damit beauftragt ist, für jmdn., einen Verein, Verband, eine Organisation o. Ä. die rechtsgeschäftlichen Interessen wahrzunehmen:* parlamentarischer G. (Politik; *Angehöriger einer parlamentarischen Fraktion, der für die organisatorischen u. taktischen Probleme seiner Fraktion zuständig ist*).

Ge|schäfts|füh|re|rin, die: w. Form zu ↑ Geschäftsführer.

Ge|schäfts|füh|rung, die: **1.** ⟨o. Pl.⟩ *Leitung eines Unternehmens.* **2.** *Gesamtheit der mit der Leitung eines Unternehmens betrauten Personen.*

Ge|schäfts|ge|ba|ren, das: *Vorgehen beim Abwickeln von Geschäften* (1 a): ein solides G.

Ge|schäfts|ge|heim|nis, das: *Betriebsgeheimnis.*

Ge|schäfts|grün|dung, die: *Gründung eines Geschäfts* (2).

Ge|schäfts|haus, das: **1.** *Handelshaus, Firma.* **2.** *Haus, dessen Räume für gewerbliche Zwecke genutzt werden.*

Ge|schäfts|idee, die: *Idee zu einem Geschäft* (1 a, 2 a) *[das eine Marktlücke schließen, eine Marktnische eröffnen würde].*

Ge|schäfts|in|ha|ber, der: *Inhaber eines Geschäfts* (2).

Ge|schäfts|in|ha|be|rin, die: w. Form zu ↑ Geschäftsinhaber.

Ge|schäfts|in|te|res|se, das: *Gesamtheit der geschäftlichen* (a) *Interessen, Belange:* das G. ist vorrangig.

Ge|schäfts|jahr, das: *Zeitraum, an dessen Ende eine Jahresbilanz aufgestellt wird; Wirtschaftsjahr.*

Ge|schäfts|ket|te, die: *Ladenkette.*

Ge|schäfts|kor|res|pon|denz, die: *geschäftliche* (a) *Korrespondenz.*

Ge|schäfts|kos|ten ⟨Pl.⟩: in der Fügung **auf G.** (*zulasten des Unternehmens, der Firma:* auf G. reisen; der Wagen geht auf G.).

Ge|schäfts|krei|se ⟨Pl.⟩: *geschäftliche Kreise:* in -n wird die Wirtschaftslage negativ beurteilt.

Ge|schäfts|kun|de, der: *als ¹Kunde* (1) *auftretende Firma:* die Bank hat überwiegend -n; die

Telefongesellschaft, der Provider bietet attraktive Sondertarife für -n.

Ge|schäfts|kun|din, die: w. Form zu ↑ Geschäftskunde.

Ge|schäfts|la|ge, die: **1.** *wirtschaftliche Situation eines Unternehmens.* **2.** *Lage eines Geschäfts* (2b): *ein Haus in günstiger G.*

Ge|schäfts|le|ben, das: *geschäftliches Leben:* im G. stehen.

Ge|schäfts|lei|ter, der: **1.** *Angestellter, der ein Unternehmen* (2) *od. den Teil eines Unternehmens verantwortlich leitet:* der technische, kaufmännische G. **2.** *Geschäftsführer* (2).

Ge|schäfts|lei|te|rin, die: w. Form zu ↑ Geschäftsleiter.

Ge|schäfts|lei|tung, die: *Geschäftsführung.*

Ge|schäfts|leu|te ⟨Pl.⟩: **1.** Pl. von ↑ Geschäftsmann. **2.** *Gesamtheit der Geschäftsfrauen u. Geschäftsmänner.*

Ge|schäfts|lis|te, die (schweiz.): *Tagesordnung.*

Ge|schäfts|mann, der ⟨Pl. ...leute, selten: ...männer⟩ [LÜ von frz. homme d'affaires, zu: homme = Mann u. affaire, ↑ Affäre]: *jmd., der Geschäfte* (1a) *tätigt, der ein Geschäft* (2a) *führt:* ein versierter, seriöser G.

ge|schäfts|mä|ßig ⟨Adj.⟩: **a)** *im Rahmen von Geschäften; geschäftlich* (a): *-es Handeln;* **b)** *im Rahmen des Geschäftlichen bleibend; sachlich, objektiv:* eine -e Unterredung; **c)** *unpersönlich, kühl:* in -em Ton sprechen.

Ge|schäfts|me|tho|de, die ⟨meist Pl.⟩: *Methode bei der Abwicklung von Geschäften:* anrüchige, üble -n.

Ge|schäfts|mo|dell, das (Wirtsch.): *Konzept unternehmerischen Handelns, das den Nutzen u. den Ertrag eines Geschäfts* (1a, 2a) *beschreibt.*

Ge|schäfts|ord|nung, die: *Gesamtheit der Bestimmungen, die das Funktionieren eines Parlaments, einer Behörde, einer Partei, eines Vereins u. Ä. regeln:* sich an die G. halten.

Ge|schäfts|part|ner, der: **1.** *jmd., der an einem Geschäft* (2a) *beteiligt ist:* jmdn. als G. gewinnen. **2.** *jmd., der mit einem anderen ein Geschäft* (1a) *macht.*

Ge|schäfts|part|ne|rin, die: w. Form zu ↑ Geschäftspartner.

Ge|schäfts|po|li|tik, die: *Gesamtheit der geschäftlichen* (a) *Aktivitäten mit bestimmter Zielsetzung.*

ge|schäfts|po|li|tisch ⟨Adj.⟩: *die Geschäftspolitik betreffend, dazu gehörend:* eine wichtige -e Entscheidung.

Ge|schäfts|prak|tik, die ⟨meist Pl.⟩: *im Geschäftsleben angewandte Praktik* (1).

Ge|schäfts|raum, der ⟨meist Pl.⟩: *gewerblich genutzter Raum:* die Wohnung wird in Geschäftsräume umgewandelt.

Ge|schäfts|rei|se, die: *Reise in geschäftlichen* (a) *Angelegenheiten:* eine G. machen; er ist auf G.

Ge|schäfts|re|kla|me, die: *Reklame, die ein Geschäft macht.*

Ge|schäfts|rück|gang, der: *Rückgang des Umsatzes.*

ge|schäfts|schä|di|gend ⟨Adj.⟩: *durch sein Verhalten dem Erfolg od. Ansehen eines Geschäfts* (2a) *Schaden zufügend.*

Ge|schäfts|schä|di|gung, die: *Schädigung des Erfolgs od. Ansehens eines Geschäfts* (2a).

Ge|schäfts|schluss, der: *Laden-, Büro-, Dienstschluss.*

Ge|schäfts|sinn, der ⟨o. Pl.⟩: *Sinn, Aufgeschlossenheit für geschäftliche* (a) *Unternehmungen:* sein guter, ausgeprägter G. hat ihm rasch zu einem ansehnlichen Vermögen verholfen.

Ge|schäfts|sitz, der: *Ort, an dem sich ein Geschäft* (2a) *befindet.*

Ge|schäfts|stel|le, die: **a)** *Stelle, Büro einer Institution, wo die laufenden Geschäfte* (1a) *erledigt [u. Kunden bedient] werden:* die G. von Amnesty International in Bonn; **b)** (Rechtsspr.) *bei Gericht eingerichtete Stelle, durch die Beurkundungen, Ausfertigungen von Urteilen, Zustellungen u. Ä. erledigt werden.*

Ge|schäfts|stra|ße, die: *Straße, in der sich besonders viele Geschäfte* (2b) *befinden:* eine belebte G.

Ge|schäfts|stun|den ⟨Pl.⟩: *Geschäftszeit:* während, außerhalb der G.

Ge|schäfts|tä|tig|keit, die: *geschäftliche* (a) *Tätigkeit:* eine rege G.

Ge|schäfts|trä|ger, der [für frz. chargé d'affaires]: *dem niedrigsten Rang angehörender diplomatischer Vertreter eines Staates im Ausland.*

Ge|schäfts|trä|ge|rin, die: w. Form zu ↑ Geschäftsträger.

ge|schäfts|tüch|tig ⟨Adj.⟩: **a)** *kaufmännisch geschickt,* **b)** (abwertend) *äußerst findig, [mit nicht ganz einwandfreien Methoden] aus bestimmten Umständen Vorteile zu ziehen.*

Ge|schäfts|tüch|tig|keit, die: *das Geschäftstüchtigsein.*

ge|schäfts|un|fä|hig ⟨Adj.⟩ (Rechtsspr.): *nicht geschäftsfähig.*

Ge|schäfts|un|fä|hig|keit, die ⟨o. Pl.⟩ (Rechtsspr.): *das Geschäftsunfähigsein.*

Ge|schäfts|ver|bin|dung, die: *geschäftliche* (a) *Verbindung:* -en [mit jmdm.] aufnehmen.

Ge|schäfts|ver|kehr, der: *Gesamtheit der geschäftlichen* (a) *Wechselbeziehungen.*

Ge|schäfts|vier|tel, das: *Stadtteil, in dem sich bes. viele Geschäfte* (2b) *befinden; Geschäfts-, Einkaufszentrum.*

Ge|schäfts|vor|fall, der ⟨meist Pl.⟩ (Kaufmannsspr.): *Geschäft* (1a), *Geschäftsabschluss.*

Ge|schäfts|vor|gang, der: *in ein Geschäftsbuch eingetragenes Geschäft* (1a).

Ge|schäfts|wa|gen, der: *von einer Firma gehaltener, gewerblichen Zwecken dienender Wagen.*

Ge|schäfts|welt, die ⟨Pl. selten⟩: **1.** *Gesamtheit der Geschäftsleute.* **2.** *Geschäftsleben.*

Ge|schäfts|wert, der (Wirtsch.): *über den substanziellen Wert hinausgehender [Mehr]wert eines Unternehmens o. Ä., der auf Verhältnissen wie Lage, Kundenstamm, Ruf, Erfolgsaussichten beruht.*

Ge|schäfts|zahl, die: **1.** ⟨Pl.⟩ *Daten, die etw. über die wirtschaftliche Lage eines Unternehmens aussagen:* die -en des Konzerns sind besser als erwartet ausgefallen. **2.** (österr.) *Aktenzeichen.*

Ge|schäfts|zei|chen, das: vgl. Aktenzeichen.

Ge|schäfts|zeit, die: *Zeit, in der die Geschäfte* (2b) *geöffnet sind; Öffnungszeit.*

Ge|schäfts|zen|t|rum, das: *Geschäftsviertel.*

Ge|schäfts|zim|mer, das: *Zimmer, in dem Verwaltungsarbeiten getätigt werden; Büro.*

Ge|schäfts|zweig, der: *Wirtschaftszweig, Branche.*

ge|schah: ↑ geschehen.

Ge|schä|ker, das; -s (gelegtl. abwertend): *[dauerndes] Schäkern:* Schluss jetzt mit dem G.!

Ge|schar|re, das; -s (ugs. gelegtl. abwertend): *[dauerndes] Scharren.*

Ge|schau|kel, das; -s ⟨ugs. gelegtl. abwertend⟩: *[dauerndes] Schaukeln:* das G. der Straßenbahn.

ge|scheckt ⟨Adj.⟩ [mhd. geschecket, 2. Part. von: schecken, ↑ scheckig]: *scheckig, gefleckt:* ein -es Fell.

ge|sche|hen ⟨st. V.; ist⟩ [mhd. geschehen, ahd. giskehan, zu: skehan = eilen, rennen, die heutigen Bed. aus »schnell von statten gehen, plötzlich vorkommen«]: **1. a)** *(von etw. Auffallendem, Bemerkenswertem) in eine bestimmte Situation eintreten, eine entsprechende Zeitspanne durchlaufen; zum Abschluss kommen; sich ereignen, sich zutragen, sich abspielen, vorgehen, passieren:* ein Unglück, ein Wunder ist geschehen; es geschah, dass ...; so tun, als wäre nichts geschehen; ich dachte schon, es sei Wunder was geschehen, weil du nicht kamst; wenn du nicht aufpasst, wird noch etwas g. *(wird noch etw. Unangenehmes, Schlimmes passieren);* so geschehen *(so hat es sich ereignet)* am 12. Juni 1866; ⟨subst. 2. Part.:⟩ das Geschehene geschehen sein lassen *(Vergangenes ruhen lassen);* R geschehen ist geschehen *(was geschehen ist, lässt sich nicht mehr rückgängig machen);* **b)** *ausgeführt, getan, unternommen werden:* es wird alles nach Wunsch, in größter Heimlichkeit g.; in dieser Sache muss etwas g.!; was geschieht mit den alten Zeitungen?; das Verbrechen geschah aus Eifersucht; »Danke schön!« – »Gern geschehen!«; sie ließen es g. *(duldeten es, ließen es zu, unternahmen nichts dagegen),* dass der Angeklagte schuldlos verurteilt wurde; **c)** *widerfahren, zustoßen, passieren:* jmdm. geschieht ein Unrecht, Leid; bei dem Unfall ist ihr nichts [Schlimmes] geschehen; das geschieht ihm ganz recht *(er hat es nicht besser verdient);* ich wusste nicht, wie mir geschah *(so schnell ging es).* **2. * ist mit jmdm. geschehen** (1. jmd. ist verloren, [gesundheitlich, finanziell] ruiniert, hat keine Chancen mehr. jmd. hat sich rettungslos verliebt); **es ist um etw. geschehen** *(etw. ist dahin, besteht nicht mehr:* als er das hörte, war es um seine Ruhe geschehen).

Ge|sche|hen, das; -s, - ⟨Pl. selten⟩ (geh.): **1.** *etw., was geschieht; Gesamtheit besonderer, auffallender Vorgänge, Ereignisse in dramatisches G.* **2.** *Ablauf von Vorfällen, Ereignissen:* das weltpolitische, sportliche G.; einem G. folgen; ... ohne freilich die Zuschauer von dem G. auf der Bühne abzulenken (Handke, Kaspar 7).

Ge|scheh|nis, das; -ses, -se (geh.): *Ereignis, Vorgang:* über die -se während der Revolution berichten; sie rekonstruierte die -se des Tages.

ge|scheit ⟨Adj.⟩ [mhd. geschīde, eigtl. = (unter)scheidend, scharf (vom Verstand u. von den Sinnen), zu: schīden, ↑ scheiden]: **a)** *einen guten, praktischen Verstand besitzend; gutes Urteilsvermögen erkennen lassend; klug, intelligent:* ein -es Mädchen; sich für g. halten; * **aus einer Sache nicht g. werden** (↑ klug b); **b)** *kluge Gedanken enthaltend, von Verstand zeugend:* eine -e Äußerung; **c)** (ugs.) *vernünftig:* es wäre -er, wenn wir gleich anfangen würden; ⟨subst.:⟩ nichts Gescheites *(Sinnvolles)* zustande bringen; R du bist wohl nicht ganz/nicht recht g. *(bei Verstand, bei Trost);* **d)** (südd., österr., schweiz.) *ordentlich, gut, richtig:* er kann nicht g. singen.

Ge|scheit|heit, die; -, -en ⟨Pl. selten⟩: *das Gescheitsein; Klugheit, Intelligenz.*

Ge|schenk, das; -[e]s, -e [mhd. geschenke, urspr. = Eingeschenktes, zu ↑ schenken]: *etw., was man jmdm. schenkt bzw. von jmdm. geschenkt bekommt; Gabe:* ein großzügiges G.; das ist ein G. [von] ihrer Mutter, für ihre Mutter; jmdm. ein G. machen; -e verteilen; ein G. aussuchen, erhalten, annehmen; er überhäufte ihn mit -en; sie machte ihm den Ring zum G.; Spr kleine -e erhalten die Freundschaft; * **ein G. des Himmels** *(eine unerwartet günstige Fügung).*

Ge|schenk|ar|ti|kel, der: *etw., was sich bes. zum Schenken eignet, eigens zum Verschenken hergestellt wird.*

Ge|schenk|pa|ckung, die: *hübsch aufgemachte Verpackung, in der eine Ware verkauft wird.*

Ge|schenk|pa|ket, das: *Paket, das ein Geschenk od. Geschenke enthält:* die -e unter den Weihnachtsbaum legen.

Ge|schenk|pa|pier, das: *dekoratives Papier zum Verpacken von Geschenken:* Bücher in G. einwickeln.

Geschenkzwecke – Geschiedene

Ge|schenk|zwe|cke ⟨Pl.⟩ (Papierdt.): meist in der Wendung **zu -n/für G.** (als Geschenk: diese Gegenstände sind besonders zu -n geeignet).

Ge|schep|per, das; -s (ugs., oft abwertend): [dauerndes] Scheppern.

ge|schert, gschert ⟨Adj.⟩ [mundartl. 2. Part. von ↑¹scheren, wohl nach dem geschorenen Kopf der Leibeigenen] (südd., österr. salopp): *dumm u. keine feine Umgangsformen habend:* ein -er Lackel.

Ge|schi, die; - ⟨meist o. Art.⟩ (Schülerspr.): *Geschichte als Unterrichtsfach:* Dazu: **Ge|schi|leh|rer,** der; **Ge|schi|leh|re|rin,** die; **Ge|schi|un|ter|richt,** der.

Ge|schịch|te, die; -, -n [mhd. geschiht, ahd. gisciht = Geschehnis, Ereignis, zu ↑ geschehen]: **1.** ⟨o. Pl.⟩ **a)** *politischer, kultureller u. gesellschaftlicher Werdegang, Entwicklungsprozess eines bestimmten geografischen, kulturellen o. ä. Bereichs:* die deutsche G.; die G. der Menschheit; die G. der antifaschistischen Widerstandsbewegungen; ihre Taten gingen in die G. ein (geh.; *waren historisch bedeutsam*); Ereignisse, die längst der G. *(Vergangenheit)* angehören; * **G. machen** (*für die Entwicklung der Menschheit etw. Entscheidendes leisten od. bedeuten*); **b)** *Geschichtswissenschaft:* sie ist Professorin für G.; eine Zwei in G. (*im Schulfach Geschichte*); morgen haben wir keine G. (Schülerspr.; *keinen Geschichtsunterricht*); hast du schon G. (Schülerspr.; *die Hausaufgaben o. Ä. für den Geschichtsunterricht*) gemacht?; * **Alte, Mittlere, Neue G.** *(Geschichte des Altertums, des Mittelalters, der Neuzeit);* **c)** *wissenschaftliche Darstellung einer historischen Entwicklung:* eine G. des Dreißigjährigen Krieges schreiben. **2.** *mündliche od. schriftliche, in einen logischen Handlungsablauf gebrachte Schilderung eines tatsächlichen od. erdachten Geschehens, Ereignisses; Erzählung:* eine spannende, wahre G.; die G. vom Räuber Hotzenplotz; eine G. vorlesen, erzählen, aufschreiben, zum Besten geben; * **die/eine unendliche G.** (ugs.; *etw. nicht enden Wollendes, sich sehr in die Länge Ziehendes;* nach dem 1979 erschienenen Roman »Die unendliche Geschichte« von Michael Ende). **3.** (ugs.) *[unangenehme] Sache, Angelegenheit:* eine dumme, verzwickte G.; das ist wieder die alte G. *(das ist nichts Neues)*; das sind ja schöne -n *(Affären, Dummheiten)*; mach keine -n!; mach keine langen -n! *(mach keine Umstände!)*; du brauchst mir die ganze G. *(das alles)* nicht noch mal zu erzählen; die ganze G. *(alles zusammen)* kostet 50 Euro.

Ge|schịch|ten|buch, das: *Buch mit Geschichten* (2).

Ge|schịch|ten|er|zäh|ler, der: *jmd., der Geschichten* (2) *erzählt.*

Ge|schịch|ten|er|zäh|le|rin, die: w. Form zu ↑ Geschichtenerzähler.

ge|schịcht|lich ⟨Adj.⟩: **a)** *die Geschichte* (1) *betreffend, auf sie bezüglich, der Geschichte gemäß, historisch:* eine -e Darstellung; den -en Hintergrund klären; ein Ereignis g. betrachten, einordnen; zu -er Zeit *(nicht prähistorisch)*; **b)** *aufgrund von Überlieferung od. Quellen als wahr od. existent erwiesen; historisch:* -e Ereignisse; diese Gestalten sind g.; **c)** *historisch bedeutsam, von -er Bedeutung:* diese Stadt war g. nie bedeutend.

Ge|schịcht|lich|keit, die; -: **a)** *das Geschichtlichsein* (b); **b)** (Philos.) *Zeitlichkeit* (1).

Ge|schịchts|at|las, der: *Atlas, auf dessen Karten historische Zustände od. Abläufe dargestellt werden.*

Ge|schịchts|auf|fas|sung, die: *Grundauffassung von Geschichte* (1): die materialistische G.

Ge|schịchts|be|trach|tung, die: *Überlegung zur, Auseinandersetzung mit Geschichte* (1 a).

Ge|schịchts|be|wusst|sein, das: *Bewusstsein von der geschichtlichen Bedingtheit der menschlichen Existenz.*

Ge|schịchts|bild, das: **1.** *Bild* (3), *das sich jmd. von Geschichte* (1 a) *macht; Vorstellung von Geschichte.* **2.** *Historienbild.*

Ge|schịchts|buch, das: **a)** *Lehrbuch für das Schulfach Geschichte* (1 b); **b)** *Buch über Geschichte* (1 a, b).

Ge|schịchts|dar|stel|lung, die: *Darstellung geschichtlicher Ereignisse.*

Ge|schịchts|deu|tung, die: *Deutung geschichtlicher Ereignisse.*

Ge|schịchts|dra|ma, das: *Drama, das historische Stoffe gestaltet.*

Ge|schịchts|epo|che, die: *Epoche der Geschichte* (1).

Ge|schịchts|fäl|schung, die: *verfälschende, bewusst falsche Darstellung eines geschichtlichen Ereignisses:* jmdm. G. vorwerfen.

Ge|schịchts|for|scher, der: *jmd., der Geschichte [wissenschaftlich] erforscht; Historiker.*

Ge|schịchts|for|sche|rin, die: w. Form zu ↑ Geschichtsforscher.

Ge|schịchts|for|schung, die: *wissenschaftliche Erforschung der Geschichte* (1).

Ge|schịchts|ken|ner, der: *Kenner der Geschichte.*

Ge|schịchts|ken|ne|rin, die: w. Form zu ↑ Geschichtskenner.

Ge|schịchts|kli|te|rung, die [aus dem Titel eines 1582 erschienenen Buches von J. Fischart; zu ↑ klittern]: *aus einer bestimmten Absicht heraus verfälschende Darstellung od. Deutung geschichtlicher Ereignisse od. Zusammenhänge:* G. betreiben.

Ge|schịchts|leh|rer, der: *Lehrer im Schulfach Geschichte.*

Ge|schịchts|leh|re|rin, die: w. Form zu ↑ Geschichtslehrer.

ge|schịchts|los ⟨Adj.⟩: *ohne Beziehung zur [eigenen] Geschichte* (1); *der [eigenen] geschichtlichen Vergangenheit nicht bewusst.*

Ge|schịchts|lo|sig|keit, die; -: *das Geschichtslossein; das Nichtvorhandensein eines Geschichtsbewusstseins.*

Ge|schịchts|lü|ge, die: *Unwahrheit über geschichtliche Ereignisse.*

Ge|schịchts|ma|le|rei, die: *Historienmalerei.*

Ge|schịchts|phi|lo|so|phie, die: *philosophische Deutung der Geschichte* (1) *auf ihren Sinn hin.*

ge|schịchts|phi|lo|so|phisch ⟨Adj.⟩: *die Geschichtsphilosophie betreffend, darauf beruhend.*

Ge|schịchts|pro|fes|sor, der: *jmd.,* (bes. bayr., österr.) *Lehrer für das Schulfach Geschichte mit dem Titel »Professor«;* **b)** (ugs.) *Hochschullehrer für Geschichtswissenschaft.*

Ge|schịchts|pro|fes|so|rin, die: w. Form zu ↑ Geschichtsprofessor.

Ge|schịchts|schrei|ber, der (veraltet): *jmd., der vergangene Ereignisse in ihrem geschichtlichen Ablauf beschreibt; Historiker.*

Ge|schịchts|schrei|be|rin, die: w. Form zu ↑ Geschichtsschreiber.

Ge|schịchts|schrei|bung, die: *schriftliche Darstellung der Geschichte* (1).

Ge|schịchts|stu|di|um, das ⟨o. Pl.⟩: *Studium* (1) *der Geschichte.*

Ge|schịchts|stun|de, die: *Unterrichtsstunde im Schulfach Geschichte.*

ge|schịchts|träch|tig ⟨Adj.⟩ (emotional): *als Ort o. Ä. historisch bedeutsam, von Geschichte erfüllt:* auf -em Boden.

Ge|schịchts|un|ter|richt, der: *Unterricht im Schulfach Geschichte.*

Ge|schịchts|werk, das: *größere geschichtliche Darstellung.*

Ge|schịchts|wis|sen|schaft, die: *Wissenschaft von der Geschichte* (1) *u. ihrer Erforschung; Historie.*

Ge|schịchts|wis|sen|schaft|ler, der: *jmd., der Geschichtswissenschaft betreibt.*

Ge|schịchts|wis|sen|schaft|le|rin, die: w. Form zu ↑ Geschichtswissenschaftler.

Ge|schịchts|zahl, die: *Jahreszahl eines geschichtlich bedeutenden Ereignisses:* -en pauken; ein gutes Gedächtnis für -en haben.

¹Ge|schịck, das; -[e]s, -e [mhd. geschicke = Begebenheit; Verfügung, zu ↑ schicken]: **a)** (geh.) *Schicksal:* ein glückliches G.; ihn traf ein schweres G.; sein G. beklagen, hinnehmen; sich in sein G. ergeben; **b)** ⟨meist Pl.⟩ *politische u. wirtschaftliche Situation, Entwicklung; Lebensumstände:* die G. des Landes, des Unternehmens.

²Ge|schịck, das; -[e]s [in Anlehnung an ↑ geschickt]: **a)** *das Geschicktsein; Geschicktheit:* diplomatisches G.; er hat G. zu/für Handarbeiten; sie haben G., mit Kindern umzugehen; **b)** (landsch.) *Ordnung:* das hat kein G., wieder ins G. bringen; ◆ **c)** (in der Bergmannsspr.) *zur Bildung von Erz führenden Adern geeignete Bodenschicht:* ... gerade hier brechen die edelsten -e ein (Novalis, Heinrich 69).

Ge|schịck|lich|keit, die; -: *Fähigkeit, eine Sache rasch, auf zweckmäßige Weise u. mit positivem Resultat auszuführen, wobei vorhandene Begabung mit Erlerntem u. Erfahrung zusammenwirkt:* handwerkliche G.; etw. mit großer G. anpacken, ausführen; Ü ◆ ⟨Pl. -en:⟩ ... wenn sie ... die treuen Gefährten, die Hunde, zu ihren -en abrichtete (Tieck, Runenberg 30).

Ge|schịck|lich|keits|fah|ren, das; -s (Motor- u. Pferdesport): *Wettbewerb, bei dem es darauf ankommt, Hindernisse in begrenzter Zeit zu überwinden.*

Ge|schịck|lich|keits|prü|fung, die (Motorsport): *Wettbewerb, bei dem geprüft wird, ob der Fahrer od. die Fahrerin das Fahrzeug in allen möglichen Situationen beherrscht.*

Ge|schịck|lich|keits|spiel, das: *Spiel, bei dem es vor allem auf Geschicklichkeit ankommt.*

Ge|schịck|lich|keits|test, der: *Test, bei dem jmds. Geschicklichkeit geprüft wird.*

Ge|schịck|lich|keits|übung, die: *Übung zur Steigerung der Geschicklichkeit.*

Ge|schịck|lich|keits|wett|be|werb, der: vgl. Geschicklichkeitsspiel.

ge|schịckt ⟨Adj.⟩ [mhd. geschicket, eigtl. 2. Part. von: schicken = vorbereitet sein, geeignet sein]: **1. a)** *[körperlich] wendig, gewandt; bestimmte praktische Fertigkeiten beherrschend:* ein -er Handwerker; -e Hände; sie ist [sehr] g. in praktischen Dingen; g. anstellen; die Blumen g. arrangieren; **b)** *gewandt im Umgang mit Menschen, im Erfassen u. Beherrschen komplizierter Situationen; klug; diplomatisch:* ein -er Diplomat; -e *(wohlüberlegte)* Fragen stellen; sich g. verteidigen. **2.** (südd.) **a)** *praktisch, tauglich, geeignet:* -es Schuhwerk; **b)** *passend, angebracht:* in -er Zeitpunkt.

Ge|schịckt|heit, die; -: *das Geschicktsein.*

Ge|schie|be, das; -s, -: **1.** ⟨o. Pl.⟩ (ugs.) *[dauerndes] Schieben:* auf dem Fest herrschte ein einziges G. und Gedränge. **2.** (Geol.) *von Gletschern transportierte u. in Moränen abgelagerte Gesteinsbrocken.* **3.** (Zahnmed.) *aus zwei ineinandergeführten Teilen bestehende Befestigung zwischen noch vorhandenen Zähnen u. Brücke od. Prothese.*

ge|schie|den: **1.** ↑ scheiden. **2.** ⟨Adj.⟩ *im Zustand nach einer Ehescheidung lebend* (Abk.: gesch.): sie hat viele -e Freundinnen; er ist schon drei Mal g.

Ge|schie|de|ne, die/eine Geschiedene; der/einer Geschiedenen; die Geschiedenen/zwei Geschie-

dene: *weibliche Person, deren Ehe geschieden ist.*
Ge|schie|de|ner, *der/ein Geschiedener; des/eines Geschiedenen, die Geschiedenen/zwei Geschiedene: Person, deren Ehe geschieden ist.*
ge|schie|nen: ↑ scheinen.
Ge|schie|ße, das; -s (ugs. abwertend): *[dauerndes] Schießen.*
Ge|schimp|fe, das; -s (ugs. abwertend): *[dauerndes] Schimpfen.*
Ge|schirr, das; -[e]s, -e [mhd. geschirre, ahd. giscirri, zu ↑¹ scheren, eigtl. = das (Zurecht)geschnittene]: **1. a)** *Gesamtheit der [zusammengehörenden] Gefäße aus Porzellan, Steingut o. Ä., die man zum Essen u. Trinken benutzt: unzerbrechliches, feuerfestes, spülmaschinenfestes G.; G. aus Porzellan; eine Sammlung kostbarer -e;* **b)** ⟨o. Pl.⟩ *Gesamtheit der Gefäße u. Geräte, die man zum Kochen u. Essen benutzt: das gebrauchte G. abwaschen; mit dem G. klappern;* **c)** (veraltet) *Gefäß.* **2.** *Riemenzeug, mit dem Zugtiere vor den Wagen gespannt werden: dem Pferd das G. anlegen; im G. gehen (eingespannt sein);* * *sich ins G. legen* (**1.** *kräftig zu ziehen beginnen: die Pferde legten sich kräftig ins G.* **2.** *sich sehr anstrengen, hart arbeiten: für dein Abitur musst du dich noch tüchtig ins G. legen).*
Ge|schirr|auf|zug, der: *Aufzug für Geschirr (1 a, b).*
Ge|schirr|schrank, der: *Schrank, in dem das Geschirr (1 a, b) aufbewahrt wird; Büfett (1).*
Ge|schirr|spü|len, das; -s: *das Spülen von Geschirr (1 a, b); beim G. helfen.*
Ge|schirr|spü|ler, der (ugs.): *Geschirrspülmaschine.*
Ge|schirr|spül|ma|schi|ne, die: *Maschine zum Reinigen von schmutzigem Geschirr (1 a, b) mithilfe von heißem Wasser u. einem darin gelösten Reinigungsmittel.*
Ge|schirr|spül|mit|tel, das: *Spülmittel.*
Ge|schirr|tuch, das ⟨Pl. ...tücher⟩: *Handtuch zum Abtrocknen des Geschirrs (1 a, b).*
Ge|schirr|wasch|ma|schi|ne, die (schweiz.): *Geschirrspülmaschine.*
Ge|schiss, das; -es [zu ↑ scheißen] (salopp): *Getue, [unnötiges] Aufheben um etw.: um jede Kleinigkeit [ein] großes G. machen.*
ge|schis|sen: ↑ scheißen.
Ge|schlab|ber, das; -s (ugs.): **a)** (meist abwertend) *[dauerndes] Schlabbern (1): das G. der Katze;* **b)** *weiche, schlabbrige Masse: das G. am Fleisch abschneiden;* **c)** *dünnes Getränk; wässriges Essen;* **d)** *das Schlabbern (3): das G. des langen Rocks stört beim Gehen.*
ge|schla|fen: ↑ schlafen.
♦ **Ge|schlä|ge,** das; -s, -: *Schlag (6 b): ... er ging über das G. und abwärts durch den Wald* (Rosegger, Waldbauernbub 10).
ge|schla|gen: ↑ schlagen.
Ge|schlecht, das; -[e]s, -er [mhd. geslehte, ahd. gislahti, zu ↑ schlagen (14), eigtl. = das, was in dieselbe Richtung schlägt]: **1. a)** *(von Lebewesen, bes. dem Menschen u. höheren Tieren) Gesamtheit der Merkmale, wonach ein Lebewesen in Bezug auf seine Funktion bei der Fortpflanzung u. seine Nachkommenschaft als männlich od. weiblich zu bestimmen ist: ein Kind weiblichen -s; das biologische G.;* **b)** *Gesamtheit der Lebewesen, die entweder männliches od. weibliches Geschlecht (1 a) haben: das weibliche G. (die Frauen); das männliche G. (die Männer); der Kampf der -er; das gleiche G.; das andere G. (auch für: die Frauen);* * *das starke G.* (ugs. scherzh.: *die Männer);* *das schwache/zarte/schöne G.* (ugs. scherzh.: *die Frauen);* **das dritte G.** (Jargon; *Gesamtheit der Homosexuellen [u. Bisexuellen, Transsexuellen, Transvestiten, Hermaphroditen]).* **2.** ⟨o. Pl.⟩ Kurzf. von ↑ Geschlechtsorgan. **3. a)** *Gattung,*

Art: das menschliche G.; **b)** *Generation: das vererbt sich von G. zu G.;* **c)** *Familie, Sippe: ein altes, vornehmes G.* **4.** (Sprachwiss.) *Genus.*
Ge|schlech|ter|buch, das: *genealogisches Handbuch bürgerlicher Familien.*
Ge|schlech|ter|fol|ge, die: *Folge der Generationen.*
Ge|schlech|ter|kun|de, die ⟨o. Pl.⟩: *Genealogie (1).*
♦ **Ge|schlech|ter|tanz,** der; -es, ...tänze [zu: Geschlechter = Angehöriger eines Patriziergeschlechts; Patrizier (2)]: *Tanz (3) der Patrizier: ... es ist nicht bloß G. Auch die Zünfte kommen* (Hebbel, Agnes Bernauer I, 13).
Ge|schlech|ter|tren|nung, die: *Trennung nach dem Geschlecht (1): die G. bei der Erziehung ist weitgehend aufgehoben.*
Ge|schlech|ter|ver|hält|nis, das: **1.** *quantitatives Verhältnis (1) zwischen den beiden Geschlechtern.* **2.** (seltener) *Verhältnis (2) zwischen den beiden Geschlechtern.*
ge|schlecht|lich ⟨Adj.⟩: **a)** *das Geschlecht (1) betreffend: -e Fortpflanzung;* **b)** *die Geschlechtlichkeit betreffend; sexuell: eine -e Beziehung; mit jmdm. g. verkehren (Geschlechtsverkehr mit jmdm. haben).*
Ge|schlecht|lich|keit, die; -: *gesamtes Empfinden u. Verhalten im Bereich der Liebe u. Sexualität.*
ge|schlechts|los: ↑ geschlechtslos.
Ge|schlechts|akt, der: *Koitus.*
Ge|schlechts|ap|pa|rat, der (Fachspr.): *Gesamtheit der Geschlechtsorgane.*
Ge|schlechts|be|stim|mung, die: *Bestimmung des Geschlechts (1 a): pränatale G.*
Ge|schlechts|chro|mo|som, das (Biol.): *Chromosom, das für die Ausbildung des Geschlechts (1 a) entscheidend ist; Heterosom.*
Ge|schlechts|drü|se, die: *Keimdrüse.*
Ge|schlechts|er|zie|hung, die: *Sexualerziehung.*
ge|schlechts|ge|bun|den ⟨Adj.⟩: *an das eine od. andere Geschlecht (1 a) gebunden: -e Merkmale.*
Ge|schlechts|ge|nos|se, der (Fachspr.): *Individuum gleichen Geschlechts (1 a).*
Ge|schlechts|ge|nos|sin, die: w. Form zu ↑ Geschlechtsgenosse.
Ge|schlechts|hor|mon, das: *Hormon, das die Fortpflanzung u. die Ausbildung von Geschlechtsmerkmalen steuert.*
ge|schlechts|krank ⟨Adj.⟩: *an einer Geschlechtskrankheit leidend.*
Ge|schlechts|krank|heit, die: *Infektionskrankheit, die vorwiegend durch den Geschlechtsverkehr übertragen wird u. deren Erscheinungen vor allem an den Geschlechtsorganen sichtbar werden.*
Ge|schlechts|le|ben, das ⟨o. Pl.⟩: *sexuelles Verhalten (im Ganzen).*
ge|schlechts|los ⟨Adj.⟩: *kein bestimmtes Geschlecht (1 a) aufweisend: -e Organismen;* Ü *man betrachtete sie als -e Wesen (sprach ihnen Sexualität ab od. gestand sie ihnen nicht zu).*
Ge|schlechts|merk|mal, das: *Merkmal, das männliche u. weibliche Individuen voneinander unterscheidet: primäre -e (Geschlechtsorgane); sekundäre -e (Gestalt, Behaarung u. a.).*
ge|schlechts|neu|t|ral ⟨Adj.⟩: **a)** *keines der beiden Geschlechter (1 b) betreffend: -es Verhalten;* **b)** *beide Geschlechter (1 b) unterschiedslos betreffend: g. formulierte Stellenanzeigen.*
Ge|schlechts|or|gan, das: *Organ, das unmittelbar der geschlechtlichen [Befriedigung u.] Fortpflanzung dient; Fortpflanzungsorgan: innere -e (Eierstöcke, Gebärmutter, Hoden u. a.), äußere -e (Penis, Klitoris u. a.).*
Ge|schlechts|part|ner, der: *Sexualpartner.*
Ge|schlechts|part|ne|rin, die: w. Form zu ↑ Geschlechtspartner.

ge|schlechts|reif ⟨Adj.⟩: *das Alter, die Reife erreicht habend, um sich fortpflanzen zu können: -e Jungtiere.*
Ge|schlechts|rei|fe, die: *das Geschlechtsreifsein.*
ge|schlechts|spe|zi|fisch ⟨Adj.⟩: *für ein Geschlecht (1 b) spezifisch: -e Merkmale.*
Ge|schlechts|teil, das, auch: der [LÜ von lat. pars genitalis]: *äußeres Geschlechtsorgan.*
Ge|schlechts|trieb, der ⟨Pl. selten⟩: *Trieb, der alle Verhaltensweisen auslöst u. steuert, die darauf abzielen, einen Geschlechtspartner, eine Geschlechtspartnerin zu suchen u. sich mit ihm, ihr [zum Zweck der Fortpflanzung] zu vereinigen.*
Ge|schlechts|um|wand|lung, die: *natürliche od. durch äußere Einwirkungen bewirkte Umwandlung des Geschlechts (1 a) bei einem Individuum.*
Ge|schlechts|un|ter|schied, der: *auf den Geschlechtsmerkmalen beruhender Unterschied zwischen männlichen u. weiblichen Individuen.*
Ge|schlechts|ver|kehr, der ⟨o. Pl.⟩: *sexueller, bes. genitaler Kontakt mit einer Partnerin, einem Partner; Koitus (Abk.: GV): G. [mit jmdm.] haben; häufig wechselnder G.; kam es zum G.?*
Ge|schlechts|we|sen, das: *geschlechtliches Wesen (3 b).*
Ge|schlechts|wort, das ⟨Pl. ...wörter⟩ (Sprachwiss. veraltend): *Artikel (4).*
Ge|schlechts|zel|le, die: *Gamet.*
ge|schli|chen: ↑ schleichen.
¹ge|schlif|fen ⟨Adj.⟩: [eigtl. = abgeschliffen, geglättet]: **a)** *vollendet, tadellos in Bezug auf die äußere Form, überzeugend kultiviert wirkend: ein -er Dialog;* **b)** *(in der Formulierung) scharf: sie hat eine -e Zunge.*
²ge|schlif|fen: ↑ ¹ schleifen.
ge|schlis|sen: ↑ schleißen.
ge|schlof|fen: ↑ schliefen.
¹ge|schlos|sen ⟨Adj.⟩: **1. a)** *gemeinsam, ohne Ausnahme, einheitlich: der -e Abmarsch der Einheiten; g. gegen den Änderungsantrag stimmen;* **b)** *in sich zusammenhängend: eine -e Ortschaft; die Wolkendecke ist g.;* **c)** *abgerundet, in sich eine Einheit bildend: eine -e Persönlichkeit.* **2.** (Sprachwiss.) **a)** *(von Vokalen) mit wenig geöffnetem Mund gesprochen: in -es E;* **b)** *(von Silben) mit einem Konsonanten endend.*
²ge|schlos|sen: ↑ schließen.
Ge|schlos|sen|heit, die; -: *das Geschlossensein.*
ge|schlun|gen: ↑ ¹ schlingen, ² schlingen.
Ge|schmack, der; -[e]s, Geschmäcke u. (ugs. scherzh.:) Geschmäcker. **1.** [mhd. gesmac, zu ↑ schmecken] *etw., was man mit dem Geschmackssinn wahrnimmt; charakteristische Art, in der ein Stoff schmeckt, wenn man ihn isst od. trinkt: ein süßer, angenehmer G.; einen schlechten G. im Munde haben;* Ü *der fade G. der Enttäuschung.* **2.** ⟨o. Pl.⟩ [mhd. gesmac, zu ↑ schmecken] *Fähigkeit zu schmecken; Geschmackssinn: wegen eines Schnupfens keinen G. haben.* **3.** [nach frz. (bon) goût od. ital. (buon) gusto] **a)** *Fähigkeit zu ästhetischem Werturteil: ein feiner, sicherer G.; er hat keinen [guten] G.; seine Wohnung mit viel G. einrichten;* **b)** *einheitlicher ästhetischer Wertmaßstab einer bestimmten Zeit od. Epoche: im G. des Biedermeiers; nach neuestem G.;* **c)** *das an einem Gegenstand, Gebäude o. Ä. Sichtbarwerden bestimmter ästhetischer Prinzipien u. Wertmaßstäbe: International ist auch der G. der Reiseandenkengeschäfte* (Koeppen, Rußland 63). **4.** [nach frz. (bon) goût od. ital. (buon) gusto] *subjektives Werturteil über das, was für jmdn. schön od. angenehm ist, was jmdm. gefällt, wofür jmd. eine Vorliebe hat: nicht mein/nach meinem G.; sie hat mit dem Geschenk genau seinen G. getroffen;* R *über G.*

Geschmäckle – Geschwindigkeitskontrolle

lässt sich nicht streiten; (ugs. scherzh.:) die Geschmäcker sind verschieden; * **an etw. G. finden** (*etw. für sich entdecken u. gut finden:* ich finde G. an dem Spiel); **an etw. G. gewinnen/einer Sache G. abgewinnen/auf den G. kommen** (*die angenehmen Seiten einer Sache [allmählich] entdecken:* du wirst schon noch auf den G. kommen). **5.** [nach frz. (bon) goût od. ital. (buon) gusto] (geh.) *Anstand, Takt, guter Ton:* gegen den [guten] G. verstoßen. **6.** (schweiz.) *Geruch* (1).
Ge|schmäck|le, das; -s, - ⟨Pl. selten⟩ (bes. schwäb.): *Beigeschmack, leichte Anrüchigkeit.*
ge|schmäck|le|risch ⟨Adj.⟩ (abwertend): *übertriebene [ästhetische] Ansprüche stellend.*
ge|schmack|lich ⟨Adj.⟩: **a)** *den Geschmack* (1) *betreffend:* -e Verbesserung; **b)** *den Geschmack* (3) *betreffend:* eine -e Unmöglichkeit.
ge|schmack|los ⟨Adj.⟩: **a)** *keinen Geschmack* (1) *aufweisend:* ein -es Pulver; das Essen ist völlig g. (*fade*); **b)** *keinen guten Geschmack* (3) *zeigend, unschön, ästhetische Grundsätze verletzend:* ein -es Kleid; g. gekleidet sein; **c)** *die guten Sitten verletzend:* ein -er Witz.
Ge|schmack|lo|sig|keit, die; -, -en: **a)** ⟨o. Pl.⟩ *Eigenschaft, geschmacklos* (c) *zu sein:* seine Bemerkung zeugte von G.; **b)** *geschmacklose* (c) *Äußerung, Handlung.*
Ge|schmack|sa|che: ↑ Geschmackssache.
Ge|schmacks|emp|fin|dung, die: vgl. Geruchsempfindung.
Ge|schmacks|fra|ge, die: *Frage, die vom Geschmack* (3) *zu entscheiden ist.*
Ge|schmacks|sinn: ↑ Geschmackssinn.
ge|schmacks|in|ten|siv ⟨Adj.⟩: *reich an Geschmack, geschmacklich intensiv.*
Ge|schmacks|nerv, der (Med.): *Nerv, der eine Geschmacksempfindung von der Zunge zum Gehirn leitet.*
ge|schmacks|neu|t|ral ⟨Adj.⟩: *keinen spezifischen Geschmack* (1) *aufweisend:* der Konservierungsstoff ist g.
Ge|schmacks|or|gan, das: *Sinnesorgan, Geschmack* (1) *wahrnehmen kann* (z. B. Zunge).
Ge|schmacks|rich|tung, die: **a)** *Richtung des Geschmacks* (1): Pudding in drei -en; **b)** *Richtung des Geschmacks* (2): dieser Wein ist genau meine G.; **c)** *allgemeine Richtung des Geschmacks* (3 b): Möbel in der G. unserer Zeit.
Ge|schmacks|sa|che, Geschmacksache, die: in der Wendung **das/etw. ist G.** (*das, etw. ist eine Sache des Geschmacks* 3, 4).
Ge|schmacks|sinn, Geschmackssinn, der: *Fähigkeit von Lebewesen, mithilfe bestimmter Organe verschiedene lösliche (chemische) Stoffe wahrzunehmen.*
Ge|schmacks|sin|nes|or|gan, das: *Sinnesorgan zur Wahrnehmung des Geschmacks* (1).
Ge|schmacks|stoff, der: *Aroma* (2).
Ge|schmacks|ver|ir|rung, die (abwertend): *Wahl, Zusammenstellung von Gegenständen, die dem Geschmack* (3) *eines anderen und gar nicht entsprich:* dieser Architekt scheint an G. zu leiden.
Ge|schmacks|ver|stär|ker, der: *Substanz, die selbst keinen ausgeprägten Eigengeschmack besitzt, jedoch bei Zugabe zu Nahrungs- u. Genussmitteln deren Geschmack* (1) *verstärkt.*
ge|schmack|voll ⟨Adj.⟩: *Geschmack* (3 a) *zeigend; mit [künstlerischem] Geschmack:* eine -e Tapete; sich g. kleiden; das Zimmer war mit sehr viel Geld g. eingerichtet.
ge|schmälzt, (landsch. auch:) geschmälzt ⟨Adj.⟩: *mit geschmolzener Butter serviert:* -e Maultaschen.
Ge|schmei|de, das; -s, - [mhd. gesmīde, ahd. gi-smīdi, Kollektivbildung zu ahd. smīde, ahd.

smīda = Metall, zu ↑ Schmied] (geh.): *kostbarer Schmuck:* glitzerndes G.
ge|schmei|dig ⟨Adj.⟩ [mhd. gesmīdec, eigtl. = leicht zu schmieden, gut zu bearbeiten]: **1.** *biegsam, schmiegsam u. glatt; weich u. dabei voll Spannkraft:* -es Leder. **2.** *biegsame, gelenkige Glieder besitzend u. daher sehr gewandt; mit gleitenden, kraftvollen u. dabei anmutigen Bewegungen:* sie ist g. wie eine Katze; sich g. bewegen. **3.** (oft abwertend) *anpassungsfähig, wendig im Gespräch od. Verhalten:* ein -er Diplomat.
Ge|schmei|dig|keit, die; -: *das Geschmeidigsein.*
Ge|schmeiß, das; -es [mhd. gesmeize, zu ↑²schmeißen]: **1.** *ekelerregendes Ungeziefer u. dessen Brut:* es wimmelte von Würmern und anderem G. **2.** (emotional abwertend) *Gruppe von Menschen, die als widerlich, verabscheuenswürdig angesehen werden.*
ge|schmelzt: ↑ geschmälzt.
Ge|schmier, das; -[e]s, **Ge|schmie|re**, das; -s (ugs. abwertend): **a)** *Schmieriges;* **b)** *unleserliches (weil unsauber u. liederlich) Geschriebenes; Schmiererei:* dein G. kann ich nicht lesen; **c)** *schlecht (weil schnell u. unsorgfältig) Geschriebenes, Machwerk.*
ge|schmis|sen: ↑ ¹schmeißen.
ge|schmol|zen: ↑ schmelzen.
Ge|schmor|tes, das Geschmorte/ein Geschmortes; des/eines Geschmorten (ugs.): *Schmorbraten; geschmortes Fleisch.*
◆ **Ge|schmuck**, der; -[e]s [spätmhd. (md.) gesmuc]: *Schmuck:* ...der Kette Zier, der Krone G. (Goethe, Faust II, 8562).
Ge|schnat|ter, das; -s (ugs.): **a)** *[dauerndes] Schnattern* (1): das G. der Gänse; **b)** (meist abwertend) *[dauerndes] Schnattern* (2): das G. auf dem Schulhof.
Ge|schnet|zel|tes, das Geschnetzelte/ein Geschnetzeltes; des/eines Geschnetzelten [zu ↑²schnetzeln] (landsch.): *Gericht aus dünnen, kleinen Fleischscheibchen [in einer Soße].*
ge|schnie|gelt: ↑ schniegeln.
ge|schnit|ten: ↑ schneiden.
ge|schno|ben: ↑ schnauben.
ge|schol|ben: ↑ schieben.
ge|schol|len: ↑ schallen.
ge|schol|ten: ↑ schelten.
ge|schön: ↑ schönen.
Ge|schöpf, das; -[e]s, -e [Ende 15. Jh., zu ↑²schöpfen]: **1.** *Lebewesen:* -e Gottes. **2.** *Mensch, Person:* ein armes G.; sie ist ein reizendes G. (*Mädchen*). **3.** *künstlich erschaffene [literarische] Gestalt:* die -e seiner Fantasie.
ge|scho|ren: ↑ ¹scheren.
ge|schoss, (südd., österr.:) **Ge|schoß**, das; -es, -e: **1.** [mhd. geschōz, ahd. giscōz, zu ↑ schießen] *aus od. mithilfe einer [Feuer]waffe auf ein Ziel geschossener [meist stählerner] Körper:* das G. trifft ins Ziel; Ü *unhaltbares G.* (Fußball; *bes. scharf geschossener Ball*). **2.** [mhd. geschōz, zu schießen = aufschießen, in die Höhe ragen] *Gebäudeteil, der alle auf gleicher Höhe liegenden Räume umfasst; Stockwerk, Etage:* im obersten G. wohnen.
ge|schos|sen: ↑ schießen.
ge|schraubt ⟨Adj.⟩ [eigtl. = (künstlich) hochgedreht] (ugs. abwertend): *nicht natürlich u. schlicht; gekünstelt u. schwülstig wirkend:* ein -er Stil; sich g. ausdrücken.
Ge|schrei, **Ge|schreie**, das; -s [mhd. geschrei(e), ahd. giscreigi, Kollektivbildung zu ↑ Schrei]: **a)** (oft abwertend) *[dauerndes] Schreien* (1 a, 5): das G. der Kinder; das G. verstummte; **b)** (ugs.) *lautes, anhaltendes Jammern, Lamentieren um Geringfügigkeit:* mach doch kein solches G. [deswegen]!; **c)** (landsch.) *Klatsch, Gerede.*
ge|schrei|ben: ↑ schreiben.

ge|schrien [...ˈʃriːn, auch: ...ˈʃriːən]: ↑ schreien.
ge|schrit|ten: ↑ schreiten.
ge|schul|det: ↑ schulden.
ge|schult: ↑ ¹schulen.
ge|schun|den: ↑ schinden.
Ge|schütz, das; -es, -e [mhd. geschütze, Kollektivbildung zu ↑ Schuss, urspr. = Gesamtheit der Schusswaffen]: *fahrbare od. fest montierte [schwere] Feuerwaffe:* [schwere] -e auffahren, in Stellung bringen; * **grobes/schweres G. auffahren** (ugs.; *jmdm. [übertrieben] scharf entgegentreten*).
Ge|schütz|feu|er, das: *das Feuern der Geschütze.*
Ge|schütz|rohr, das: *Rohr am Geschütz, in dem das Geschoss seine Richtung auf das Ziel erhält.*
Ge|schütz|turm, der (Militär): *turmartiger Aufbau auf Panzern od. Schiffen, in dem Geschütze montiert sind.*
Ge|schwa|der, das; -s, - [Kollektivbildung zu spätmhd. swader = Reiterabteilung, Flottenverband < ital. squadra = in quadratischer Formation angeordnete (Reiter)truppe, zu lat. quadrus = viereckig]: *größerer Verband von Kriegsschiffen od. Kampfflugzeugen:* ein G. von Bombern flog über uns; Ü ein G. von Mücken.
Ge|schwa|fel, das; -s (ugs. abwertend): *[dauerndes] Schwafeln:* sein blödes G.; hör auf mit dem G.!
Ge|schwätz, das; -es [mhd. geswetze, zu ↑ schwätzen] (ugs. abwertend): **a)** *dummes, inhaltsloses Gerede:* leeres G.; ich kann das G. nicht mehr mit anhören; R was kümmert mich mein [dummes] G. von gestern (ugs.; *ich habe meine frühere Meinung o. Ä. nun einmal geändert*); **b)** *Klatsch, Tratsch, [verleumderisches] Gerede:* nichts auf der Leute geben; Was für ein empörendes G. musste ich gestern wieder von ihr über Amalia anhören (Kafka, Schloß 200).
Ge|schwat|ze, (landsch. auch:) **Ge|schwät|ze**, das; -s (ugs. abwertend): *[dauerndes] Schwatzen.*
ge|schwät|zig ⟨Adj.⟩ (abwertend): *viel u. in aufdringlicher Weise redend, redselig:* -e alte Leute; er ist sehr g.
Ge|schwät|zig|keit, die; - (abwertend): *das Geschwätzigsein.*
ge|schweift ⟨Adj.⟩: **1.** [zu ↑ Schweif] *mit einem Schweif [versehen]:* der -e Stern über Bethlehem. **2.** [zu ↑ schweifen] *gebogen, geschwungen [gearbeitet]:* -e Klammern.
ge|schwei|ge ⟨Konj.⟩ [eigtl. = ich schweige, zu veraltet geschweigen = stillschweigen, mhd. geswīgen, ahd. giswīgēn]: *schon gar nicht, noch viel weniger, ganz zu schweigen von* (nur nach einer verneinten od. einschränkenden Aussage, meist in Verbindung mit »denn«): sie haben nicht einmal Geld zum Leben, g. [denn] für ein Auto; ich glaube nicht, dass er anruft, g. [denn] dass er kommt.
ge|schwind ⟨Adj.⟩ [mhd. geswinde, zu: swinde, swint = heftig, ungestüm, urspr. = stark, kräftig, ablautend verw. mit ↑ gesund] (landsch.): *schnell, rasch:* g. *(kurz)* zum Bäcker gehen.
Ge|schwin|dig|keit, die; -, -en: **a)** (Physik) *Verhältnis von zurückgelegtem Weg zu aufgewendeter Zeit:* die G. messen; **b)** *Schnelligkeit, Tempo:* eine hohe G.; die G. beträgt 100 Stundenkilometer; die G. beschränken; er fuhr mit überhöhter G.
Ge|schwin|dig|keits|be|gren|zung, die: *Geschwindigkeitsbeschränkung.*
Ge|schwin|dig|keits|be|schrän|kung, die: *[durch Verordnungen o. Ä. festgelegte] Beschränkung der Geschwindigkeit für Fahrzeuge auf bestimmten Straßen; Tempolimit:* G. in geschlossenen Ortschaften, auf der Autobahn.
Ge|schwin|dig|keits|kon|t|rol|le, die: *Überprüfung, ob die auf einer Straße vorgeschriebene Höchstgeschwindigkeit eingehalten wird.*

Ge|schwin|dig|keits|mes|ser, der: *Tachometer* (1).

Ge|schwin|dig|keits|rausch, der: *Rausch* (2), *in den jmd. gerät, der mit hoher Geschwindigkeit (b) fährt.*

Ge|schwin|dig|keits|über|schrei|tung, die: *Überschreitung einer vorgeschriebenen Höchstgeschwindigkeit.*

◆ **Ge|schwind|schrei|ber,** der: *Tachygraf:* ... *so darf ich den Wunsch aussprechen, es möchte gleich ein G. diese Peroration aufgefasst und uns überliefert haben* (Goethe, Dichtung u. Wahrheit 18).

Ge|schwis|ter, das; -s, - [mhd. geswister, ahd. giswestar, eigtl. = Gesamtheit der Schwestern, zu ↑ Schwester]: **1.** ⟨Pl.⟩ *(männliche wie weibliche) Kinder gleicher Eltern:* die G. sehen sich alle ähnlich; ich habe drei G. *(wir sind vier Geschwister).* **2.** (Fachspr.; auch schweiz.) *einzelner Geschwisterteil:* das ältere G.

Ge|schwis|ter|kind, das: **1.** *Kind, das Bruder od. Schwester eines anderen Kindes ist:* Sonderermäßigungen für -er. **2.** (landsch., sonst veraltet) **a)** *Nichte, Neffe:* ich habe drei -er; **b)** *Cousin, Cousine:* wir sind -er.

ge|schwis|ter|lich ⟨Adj.⟩: *die Geschwister betreffend, Geschwistern gemäß:* etw. g. teilen.

Ge|schwis|ter|paar, das: *Paar von zwei Geschwistern.*

Ge|schwis|ter|teil, der: *eines der Geschwister.*

¹**ge|schwol|len** ⟨Adj.⟩ (abwertend): *hochtrabend u. wichtigtuerisch, schwülstig:* eine -e Ausdrucksweise; g. schreiben.

²**ge|schwol|len:** ↑ ¹schwellen.

ge|schwom|men: ↑ schwimmen.

¹**ge|schwo|ren:** ↑ schwören.

²**ge|schwo|ren** ⟨Adj.⟩: *entschieden, erklärt* (a): ein -er Feind, Gegner von etw. sein.

Ge|schwo|re|ne, die/eine Geschworene, der/einer Geschworenen, die Geschworenen/zwei Geschworene, (österr. amtl. auch:) Geschworne, die/eine Geschworne/der/einer Geschwornen, die Geschwornen/zwei Geschworne [↑ Geschworener]: **1.** (veraltet) *Schöffin an einem Schwurgericht.* **2. a)** *(in Österreich) Laienrichterin, die bei schweren Verbrechen u. politischen Straftaten allein über die Schuld u. zusammen mit dem Richter od. der Richterin über das Strafmaß entscheidet;* **b)** *(in angelsächsischen Ländern) Laienrichterin, die unabhängig vom Richter od. von der Richterin über die Schuld des Angeklagten od. der Angeklagten entscheidet.*

Ge|schwo|re|nen|ge|richt, das: **1.** (veraltet) *Schwurgericht.* **2.** *Gericht, das über schwere Verbrechen u. politische Straftaten zusammen mit Geschworenen (2 a) entscheidet.*

Ge|schwo|re|ner, der Geschworene/ein Geschworener; des/eines Geschworenen, die Geschworenen/zwei Geschworene, (österr. amtl. auch:) Geschworner, der/ein Geschworner; des/eines Geschwornen, die Geschwornen/zwei Geschworne [spätmhd. gesworne = derjenige, der geschworen hat u. damit eidlich verpflichtet ist]: **1.** (veraltet) *Schöffe an einem Schwurgericht.* **2. a)** *(in Österreich) Laienrichter, der bei schweren Verbrechen u. politischen Straftaten allein über die Schuld u. zusammen mit dem Richter über das Strafmaß entscheidet;* **b)** *(in angelsächsischen Ländern) Laienrichter, der unabhängig vom Richter od. von der Richterin über die Schuld des Angeklagten od. der Angeklagten entscheidet.*

Ge|schwor|ne usw.: ↑ Geschworene usw.

Ge|schwor|nen|ge|richt (österr.): ↑ Geschworenengericht (2).

Ge|schwulst, die; -, Geschwülste, auch: das; -[e]s, Geschwülste, seltener: Geschwulste [mhd. geswulst, ahd. giswulst, zu ↑ ¹schwellen]: **1.** *krankhafte Wucherung von Gewebe; Tumor:* eine gutartige, bösartige G. **2.** (Med.) *krankhafte Schwellung.*

ge|schwulst|ar|tig ⟨Adj.⟩: *wie eine Geschwulst geartet.*

ge|schwun|den: ↑ schwinden.

¹**ge|schwun|gen** ⟨Adj.⟩: *bogenförmig, gebogen:* -e Augenbrauen; eine sanft -e Treppe.

²**ge|schwun|gen:** ↑ schwingen.

Ge|schwür, das; -[e]s, -e [zu ↑ schwären, eigtl. = das, was schwärt, eitert]: *[mit einer Schwellung einhergehende, eiternde] Entzündung der [Schleim]haut; Ulkus:* ein eitriges G.; ein G. aufschneiden.

Ges-Dur [ˈɡɛsduːɐ̯, auch: ˈɡɛsˈduːɐ̯], das (Musik): *auf dem Grundton Ges beruhende Durtonart* (Zeichen: Ges).

◆ **ge|seg|nen** (sw. V.; hat) [mhd. gesegenen, ahd. gisegan(ôn)] (verstärkend): *segnen:* Der Herr wolle ... es dir g., was du an mir tust (Keller, Romeo 61); (scherzh. drohend:) Wart, ich will es dir g. *(ich werde dir das austreiben;* Goethe, Die ungleichen Hausgenossen 5).

ge|seg|net ⟨Adj.⟩ (geh.): *besonders schön, gut, erfreulich:* ein -es *(schönes, herrliches)* Fleckchen Erde; im -en *(hohen)* Alter von 88 Jahren; sie hat einen -en (ugs.; *gesunden, guten)* Schlaf, Appetit; -en Leibes (veraltet; *schwanger)* sein; * mit etw. g. *(mit etw. [Erstrebenswertem] ausgestattet, etw. [Erstrebenswertes] habend:* [nicht] mit irdischen Glücksgütern g. sein; die Ehe war mit Kindern g.).

ge|se|hen: ↑ sehen.

Ge|selch|tes, das Geselchte/ein Geselchtes; des/eines Geselchten [zu ↑ ²selchen] (südd., österr.): *geräuchertes Fleisch:* er isst gern G.

Ge|sell, der; -en, -en (veraltet): **1.** *Geselle* (1): ein fahrender G. **2.** (oft abwertend) *Geselle* (2): ein wilder G. **3.** *Geselle* (3): Christi G.

Ge|sel|le, der; -n, -n [mhd. geselle, ahd. gisell(i)o = Freund, Gefährte, Kollektivbildung zu ↑ Saal, eigtl. = mit jmd., der mit jmdm. denselben Saal (= Wohnraum) teilt]: **1.** [spätmhd.] *Handwerker, der nach einer Lehrzeit die Gesellenprüfung abgelegt hat:* bei jmdm. G. sein, als G. arbeiten. **2.** (oft abwertend) *Bursche, Kerl:* ein übler, lustiger G. **3.** (selten) *Gefährte, Kamerad:* ein guter, treuer G.

ge|sel|len ⟨sw. V.; hat⟩ [mhd. gesellen, ahd. gisellan = (sich) zum Gefährten machen]: **1.** *sich jmdm. anschließen:* auf dem Heimweg gesellte ich mich zu ihr. **2.** *zu einer Sache dazukommen:* zu den beruflichen Misserfolgen gesellten sich noch familiäre Schwierigkeiten.

Ge|sel|len|brief, der: *Zeugnis, das der Geselle bzw. die Gesellin nach bestandener Gesellenprüfung erhält.*

Ge|sel|len|prü|fung, die: *Prüfung, die ein Auszubildender od. eine Auszubildende am Ende der Ausbildung ablegt.*

Ge|sel|len|stück, das: *praktische Arbeit, die bei der Gesellenprüfung vorgelegt wird.*

ge|sel|lig ⟨Adj.⟩ [mhd. gesellec = zugesellt, verbunden, freundschaftlich, zu ↑ Geselle]: **1. a)** *mit der Fähigkeit u. Neigung ausgestattet, sich leicht anderen anzuschließen, den gesellschaftlichen Umgang zu pflegen:* ein -er Typ; **b)** (Biol.) *mit anderen Artgenossen zusammenlebend od. auf dieses Zusammenleben hindeutend:* -e Vögel; der Mensch ist ein -es Wesen; g. leben. **2.** *in zwangloser, anregender Gesellschaft stattfindend; unterhaltsam:* ein -er Abend; g. beisammensein.

Ge|sel|lig|keit, die; -, -en [mhd. gesellekeit]: **1.** ⟨o. Pl.⟩ *zwangloser Umgang, Verkehr mit anderen Menschen:* die G. lieben. **2.** *geselliger Abend, geselliges Beisammensein.*

Ge|sel|lin, die; -, -nen: w. Form zu ↑ Geselle.

Ge|sell|schaft, die; -, -en: **1.** *Gesamtheit der Menschen, die zusammen unter bestimmten politischen, wirtschaftlichen u. sozialen Verhältnissen leben:* die bürgerliche G.; die Stellung der Frauen in der G. **2.** [mhd. gesellschaft, ahd. gisellscaft = freundschaftliches Verbundensein, Freundschaft] **a)** ⟨o. Pl.⟩ *das Zusammensein; Begleitung; Umgang:* das ist keine G. für dich; jmds. G. fliehen, meiden; er sucht ihre G. *(möchte mit ihr zusammen sein);* in schlechte G. geraten; * **jmdm. G. leisten** *(bei jmdm. sein, sich jmdm. anschließen, damit er nicht allein ist);* **sich in guter/bester G. befinden** *(bei etw., was einem widerfährt, was man tut od. sagt, nicht der Einzige sein, sondern auf andere, bekannte Persönlichkeiten o. Ä. verweisen können [wodurch das Negative der Situation abgeschwächt bzw. das Positive verstärkt wird]);* **zur G.** *(nur aus einer der Geselligkeit fördernden Haltung heraus od. um jmdm. einen Gefallen zu tun):* zur G. ein Bier mittrinken; **b)** *größere gesellige Veranstaltung:* eine geschlossene G. *(nur einem bestimmten Kreis zugängliche Veranstaltung);* eine G. geben; **c)** *Kreis von Menschen, die gesellschaftlich vereint sind:* eine fröhliche, laute G.; ich will von der ganzen G. (ugs.; *von allen diesen Leuten)* nichts mehr wissen. **3.** *durch Vermögen, Stellung [u. Bildung] maßgebende obere Schicht der Bevölkerung; gesellschaftliche Oberschicht:* die Damen der G.; zur G. gehören. **4.** [mhd. = kaufmännische Genossenschaft, Handelsgesellschaft] **a)** *Vereinigung mehrerer Menschen, die ein bestimmtes Ziel od. gemeinsame Interessen haben:* eine literarische G. gründen; **b)** (Wirtsch.) *Vereinigung mehrerer Personen od. einzelner Firmen zu einem Handels- od. Industrieunternehmen:* eine bankrotte G.; G. mit beschränkter Haftung *(Kapitalgesellschaft, bei der die Gesellschafter 2 nur mit ihrer Einlage haften)* (Abk.: GmbH); eine G. gründen.

Ge|sell|schaf|ter, der; -s, -: **1.** *jmd., der eine Gesellschaft* (2c) *unterhält:* ein amüsanter, glänzender G. **2.** (Wirtsch.) *Teilhaber an einem Wirtschaftsunternehmen:* ein stiller G. *(allein am Gewinn beteiligter Gesellschafter, der keine sonstigen Rechte u. Pflichten hat).* **3.** (verhüll.) *männliche Person, die jmdm. für sexuelle Kontakte zur Verfügung steht.*

Ge|sell|schaf|te|rin, die; -, -nen: **a)** *weibliche Person, die zur Begleitung u. Unterhaltung bei jmdm. angestellt ist;* **b)** w. Form zu ↑ Gesellschafter.

ge|sell|schaft|lich ⟨Adj.⟩: **1.** *die politischen, wirtschaftlichen, sozialen Verhältnisse einer Gesellschaft* (1) *betreffend:* die -en Verhältnisse; g. bedingt sein. **2.** *in der Gesellschaft* (3) *üblich; die guten Umgangsformen betreffend:* -e Formen. **3. a)** (marx.) *gemeinschaftlich; die Gesamtheit der Beziehungen der Menschen in einer bestimmten Gesellschaft betreffend:* -es Eigentum an Produktionsmitteln; **b)** (DDR) *der Gesellschaft nützend, dienend:* -e Arbeit.

Ge|sell|schafts|an|zug, der: *Anzug für einen offiziellen, festlichen Anlass.*

Ge|sell|schafts|da|me, die (veraltet): *Gesellschafterin* (a).

ge|sell|schafts|fä|hig ⟨Adj.⟩: *den Normen der Gesellschaft* (3) *entsprechend, von ihr anerkannt; korrekt:* nach diesem Skandal ist sie nicht mehr g.

Ge|sell|schafts|form, die: **1.** *Form, Art u. Weise, in der eine Gesellschaft* (1) *aufgebaut ist; Sozialstruktur.* **2.** (Wirtsch.) *Form, in der eine Gesellschaft* (4b) *aufgebaut ist:* die GmbH als G.

Ge|sell|schafts|in|seln ⟨Pl.⟩: *Inselgruppe im südlichen Pazifischen Ozean.*

Ge|sell|schafts|klas|se, die: *Klasse* (2) *innerhalb einer Gesellschaft* (1).

Gesellschaftsklatsch – Gesicht

Ge|sell|schafts|klatsch, der: *Klatsch über die Gesellschaft (3) (bes. in Boulevardzeitungen).*

Ge|sell|schafts|kri|tik, die: *Kritik an einer bestehenden Gesellschaft (1).*

ge|sell|schafts|kri|tisch ⟨Adj.⟩: *Gesellschaftskritik übend; der bestehenden Gesellschaft (1) kritisch gegenüberstehend.*

Ge|sell|schafts|leh|re, die: **a)** *Schulfach, das Geschichte, Geografie u. Sozialkunde umfasst;* **b)** *Soziologie.*

Ge|sell|schafts|mo|dell, das: *gedanklich konzipiertes Modell der Funktion od. der Struktur einer Gesellschaft (1).*

Ge|sell|schafts|ord|nung, die: *Art u. Weise, wie eine Gesellschaft (1) wirtschaftlich, politisch u. sozial aufgebaut ist:* die kapitalistische, sozialistische G.

Ge|sell|schafts|po|li|tik, die: *Sozialpolitik:* eine gerechte G. betreiben.

ge|sell|schafts|po|li|tisch ⟨Adj.⟩: *die Gesellschaftspolitik betreffend, zu ihr gehörend.*

Ge|sell|schafts|raum, der: *Raum, in dem Gesellschaften (2 b) veranstaltet werden.*

Ge|sell|schafts|recht, das: *die Gesellschaften (4 b) betreffender Teil des Zivil- bzw. Handelsrechts.*

Ge|sell|schafts|rei|se, die: *organisierte Gruppenreise.*

Ge|sell|schafts|ro|man, der: *Roman, der das gesellschaftliche Leben einer Epoche schildert.*

Ge|sell|schafts|schicht, die: vgl. Gesellschaftsklasse.

Ge|sell|schafts|spiel, das: *unterhaltendes Spiel, das von mehreren Kindern od. Erwachsenen zusammen gespielt wird.*

Ge|sell|schafts|struk|tur, die: vgl. Gesellschaftsform (1).

Ge|sell|schafts|sys|tem, das: *System, nach dem eine Gesellschaft (1) politisch, wirtschaftlich u. sozial aufgebaut ist.*

Ge|sell|schafts|tanz, der: *nicht od. wenig improvisierter Paartanz, der bei geselligen Festen getanzt wird (im Unterschied zu Ballett, Volkstanz u. Discotanz).*

Ge|sell|schafts|ver|mö|gen, das: **a)** *(bei einer Bank in der Rechtsform der Personengesellschaft) gemeinschaftliches Vermögen der Gesellschafter (2);* **b)** *(bei einer Kapitalgesellschaft) Differenz zwischen Aktiva u. Verbindlichkeiten (2 c).*

Ge|sell|schafts|ver|trag, der: **1.** [LÜ von frz. Contrat social; nach der 1762 erschienenen gleichnamigen staatsphilosophischen Schrift des frz. Schriftstellers u. Kulturphilosophen J.-J. Rousseau (1712–1778)] (Staatsphilos.) *freiwillige, von der Vernunft bestimmte Übereinkunft, durch die der Wille des Einzelnen dem Willen der Allgemeinheit untergeordnet bzw. mit ihm in Einklang gebracht wird.* **2.** *Vertrag einer Gesellschaft (4) des bürgerlichen Rechts.*

Ge|sell|schafts|wis|sen|schaft, die: **1.** ⟨Pl.⟩ *Soziologie, politische Wissenschaften u. Volkswirtschaftslehre.* **2.** ⟨meist Pl.⟩ *Gesamtheit der Wissenschaften, die sich mit dem gesellschaftlichen Leben befassen.* **3.** (DDR) *Studienfach, das die philosophischen u. ideologischen Grundlagen des Sozialismus vermittelt.*

Ge|senk, das; -[e]s, -e [zu ↑ senken]: **1.** (Technik) *Hohlform zum Pressen von Werkstücken.* **2.** (Bergbau) *unter Tage von oben nach unten hergestellte Verbindung zweier Sohlen.*

ge|ses|sen: ↑ sitzen.

◆**ge|ses|sen** ⟨Adj.⟩ [zu sitzen]: *eingesessen:* ... wo jedes halbwegs gesessene Herrenknechtlein das Recht zu haben meint, -e Bauern verachten zu können (Gotthelf, Spinne 31).

Ge|setz, das; -es, -e [mhd. gesetze, gesetzede, ahd. gisezzida, eigtl. = Festsetzung, zu ↑ set-

zen]: **1.** *vom Staat festgesetzte, rechtlich bindende Vorschrift:* ein strenges G.; das G. zum Schutz von Minderjährigen; ein G. tritt in Kraft; ein G. beschließen, erlassen, verabschieden; die -e einhalten, brechen; gegen die -e verstoßen; eine Lücke im G. finden *(einen im Gesetz nicht berücksichtigten Fall ausnutzen);* vor dem G. sind alle gleich *(bei der Rechtsprechung sollen keine Unterschiede nach Klasse, Hautfarbe, Geschlecht, Religion o. Ä. gemacht werden);* mit dem G. in Konflikt geraten *(straffällig werden);* im G. *(Gesetzbuch)* nachschlagen. **2.** *einer Sache innewohnendes Ordnungsprinzip; unveränderlicher Zusammenhang zwischen bestimmten Dingen u. Erscheinungen in der Natur:* das G. des Marktes, der Schwerkraft; das G. der -e der Logik; * **das G. des Handelns** *(zwingende Notwendigkeit zu handeln);* **das G. des Dschungels** *(Gesetz- u. Rechtlosigkeit; Verhaltensweise, bei der jedes Mittel erlaubt scheint).* **3.** *feste Regel, Richtlinie, Richtschnur:* das ist ihm oberstes G.; * **im ungeschriebenen G.** *(etw., was sich eingebürgert hat u., ohne dass es schriftlich fixiert ist, als verbindlich, als Richtschnur gilt).*

Ge|setz|än|de|rung: ↑ Gesetzesänderung.

Ge|setz|blatt, das: *Amtsblatt zur Veröffentlichung von Gesetzen u. Verordnungen* (Abk.: GBl.).

Ge|setz|buch, das: *[großes] Buch, in dem alle Gesetze u. Verordnungen zu einem bestimmten Sachgebiet enthalten sind:* das Bürgerliche G. (Abk.: BGB).

Ge|setz|ent|wurf, Gesetzesentwurf, der: *dem Parlament vorgelegter Entwurf eines Gesetzes.*

Ge|set|zes|än|de|rung, Gesetzänderung, die: **a)** *Entwurf zur Änderung eines Gesetzes;* **b)** *vom Parlament beschlossene Änderung eines Gesetzes.*

Ge|set|zes|bre|cher, der: *jmd., der gegen die Gesetze verstoßen hat.*

Ge|set|zes|bre|che|rin, die; -, -nen: w. Form zu ↑ Gesetzesbrecher.

Ge|set|zes|ent|wurf: ↑ Gesetzentwurf.

Ge|set|zes|hü|ter, der: (scherzh.): *Polizist.*

Ge|set|zes|hü|te|rin, die: w. Form zu ↑ Gesetzeshüter.

Ge|set|zes|kraft, die ⟨o. Pl.⟩: *gesetzliche Gültigkeit:* der Entwurf hat G.

ge|set|zes|kun|dig ⟨Adj.⟩: *rechtskundig; sich in den Gesetzen auskennend.*

Ge|set|zes|lü|cke, die: *Nichtberücksichtigung, Nichterfasstsein eines bestimmten Falles, eines bestimmten Tatbestandes o. Ä. in einem Gesetz (1).*

Ge|set|zes|no|vel|le, die: *Abänderung, Ergänzung, Nachtrag zu einem Gesetz.*

Ge|set|zes|pa|ket, das: *Gesamtheit zusammengehöriger Gesetzentwürfe.*

Ge|set|zes|samm|lung, die: *Sammlung von Gesetzestexten.*

Ge|set|zes|ta|fel, die ⟨meist Pl.⟩: *steinerne Tafel, auf die Gebote od. Gesetze geschrieben sind.*

Ge|set|zes|text, der: *Text, Wortlaut eines Gesetzes.*

ge|set|zes|treu ⟨Adj.⟩: *die Gesetze befolgend.*

Ge|set|zes|vor|la|ge, die: *Gesetzentwurf.*

Ge|set|zes|werk, das: *Gesamtfassung aller in einem bestimmten Zusammenhang erlassenen Gesetze.*

ge|set|zes|wid|rig usw.: ↑ gesetzwidrig usw.

ge|setz|ge|bend ⟨Adj.⟩: *Gesetze beratend u. verabschiedend:* die -e Versammlung.

Ge|setz|ge|ber, der: *von der Verfassung bestimmtes Staatsorgan, das Gesetze erlässt:* das Parlament in seiner Funktion als G.

ge|setz|ge|be|risch ⟨Adj.⟩: *die Funktion des Gesetzgebers aufweisend; gesetzgebend:* -es Staatsorgan.

Ge|setz|ge|bung, die; -, -en: *das Schaffen, Erlassen von Gesetzen:* bei der G. mitwirken.

ge|setz|lich ⟨Adj.⟩: *einem Gesetz (1) entsprechend; durch Gesetze geregelt, festgelegt:* -e Bestimmungen; ein -er Feiertag; die -en Vertreter, Krankenversicherungen; (veraltend:) ... schlüge dem Herkommen ins Gesicht, und ich bin ein -er *(die Gesetze einhaltender)* Mann, ein Mann des Anstandes (Th. Mann, Joseph 313).

Ge|setz|lich|keit, die; -, -en: **1.** *Gesetzmäßigkeit, inneres Ordnungsprinzip.* **2.** *durch Gesetze geregelter Zustand.*

ge|setz|los ⟨Adj.⟩: *keinerlei Gesetze achtend:* ein -er Tyrann; -e Zustände *(Zustände, in denen keinerlei Gesetze mehr geachtet werden).*

Ge|setz|lo|sig|keit, die; -, -en: **a)** ⟨o. Pl.⟩ *das Fehlen von Gesetzen od. Vorschriften;* **b)** *Missachtung von Gesetzen.*

ge|setz|mä|ßig ⟨Adj.⟩: **1.** *einem inneren Gesetz folgend:* eine -e Entwicklung. **2.** *gesetzlich, rechtmäßig:* der -e Zustand.

Ge|setz|mä|ßig|keit, die: *das Gesetzmäßigsein (1).*

Ge|setz|samm|lung: ↑ Gesetzessammlung.

ge|setzt ⟨Adj.⟩: *[aufgrund des Alters od. der Erfahrung] ruhig u. besonnen, in sich gefestigt:* ein -er älterer Herr; sie ist in -erem Alter.

Ge|setzt|heit, die; -: *das Gesetztsein.*

ge|setz|wid|rig ⟨Adj.⟩, gesetzeswidrig ⟨Adj.⟩: *gegen das Gesetz verstoßend:* eine -e Handlung.

Ge|setz|wid|rig|keit, die: *das Gesetzwidrigsein.*

ges. gesch. = gesetzlich geschützt.

¹**Ge|sicht,** das; -[e]s, -er [mhd., ahd. gesiht = das Sehen, Anblicken; Erscheinung, Anblick, Aussehen; Gesicht, zu sehen]: **1. a)** *bes. durch Augen, Nase u. Mund geprägte Vorderseite des menschlichen Kopfes vom Kinn bis zum Haaransatz:* ein hübsches, zartes, volles, hässliches G.; sein G. strahlte; ihr G. lief vor Wut rot an, verzerrte sich; das G. abwenden, verbergen; sich jmds. G. einprägen; jmdm. ins G. sehen, starren; jmdm./ *(auch:)* jmdn. ins G. schlagen; sich eine [Zigarette] ins G. stecken (ugs.: *eine Zigarette rauchen);* er strahlte über das ganze G. (ugs.: *sein ganzes Gesicht drückte die Freude über etw. aus);* sie saß mit einer Zeitung vor dem G. auf der Bank; (auch von bestimmten [dem Menschen ähnlichen od. nahestehenden] Tieren:) die Katze hat ein niedliches G.; G. es waren lauter fremde, unbekannte -er *(Leute, Menschen);* * **sein wahres G. zeigen** *(seine eigentliche Gesinnung, seinen wirklichen Charakter offen durch etw. zutage treten lassen, sich nicht mehr verstellen);* **jmdm. wie aus dem G. geschnitten sein** *(jmdm. sehr ähnlich sehen);* **jmdm. ins G. lachen** *(jmdm. mit herausfordernden, höhnischem Lachen ansehen);* **jmdm. ins G. lügen** *(jmdn. frech anlügen);* **jmdm. etw. ins G. sagen** *(jmdm. offen u. rückhaltlos etw. [Unangenehmes] sagen);* **jmdm. nicht ins G. sehen/blicken können** *(jmdm. gegenüber ein schlechtes Gewissen haben, sich jmdm. gegenüber schämen u. deshalb seinen Blick nicht ertragen können);* **jmdm. ins G. springen** (ugs.; *mit großer Wut auf jmdn. losgehen, über jmdn. herfallen, jmdn. scharf zurechtweisen);* **den Tatsachen ins G. sehen** *(eine Situation realistisch einschätzen u. entsprechend handeln);* **mit dem G. in die Butter fallen** *(eine unangenehme Situation glimpflich übersehen; wenn man fällt, ist es besser, in etw. Weiches zu fallen);* **jmdm. zu Gesicht[e] stehen** *(zu jmdm. passen:* diese Äußerung steht dir schlecht zu G.); ◆ **jmdm. etw. unters G. sagen** *(jmdm. etw. ins Gesicht sagen):* ◆ Habt ihr gehört, was wir der Gräfin alles unters G. gesagt haben? [Goethe, Die Aufgeregten IV, 8]; ◆ ⟨auch die; -, -en:⟩ Seine G., nicht allein von Blattern entstellt, sondern auch

des einen Auges beraubt, sah man die erste Zeit nur mit Apprehension [Goethe, Dichtung u. Wahrheit 4]); **b)** *Mensch (im Hinblick darauf, ob man ihn schon kennt od. nicht kennt):* ein neues, bekanntes G.; lauter fremde, unbekannte -er; **c)** (selten) *Vorder- od. Oberseite eines Gegenstands:* das Butterbrot ist aufs G. *(auf die mit Butter bestrichene Seite) gefallen;* das Buch aufs G. *(geöffnet mit der Schrift nach unten) legen.* **2.** *Miene, Gesichtsausdruck:* ein freundliches, trauriges, neugieriges G.; ein böses, beleidigtes G. machen; jmdm. etw. vom G. ablesen; ** ein hippokratisches G.* (Med.; *Gesicht eines Schwerkranken, Sterbenden;* nach dem altgriech. Arzt Hippokrates, um 460 bis um 370); **das G. verlieren** *(den Anschein [enttäuschendes] Verhalten sein Ansehen verlieren, etw. von seiner Geltung einbüßen;* LÜ von engl. *to lose face);* **das G. wahren/retten** *(nichts von seiner Geltung, seinem Ansehen einbüßen; so tun, als ob alles in Ordnung sei;* LÜ von engl. *to save one's face);* **ein G. machen wie drei/sieben/acht/zehn/vierzehn Tage Regenwetter** *(besonders mürrisch, verdrießlich dreinblicken);* **ein anderes G. aufsetzen/machen** *(freundlicher, fröhlicher schauen;* meist als Aufforderung); **ein langes G./lange -er machen** *(enttäuscht dreinblicken);* **ein [schiefes] G. machen** *(missvergnügt dreinblicken, seinem Missfallen Ausdruck geben);* **jmdm. im/ins G. geschrieben stehen** *(in jmds. Gesichtszügen deutlich erkennbar sein);* **ein G. machen wie drei/sieben Tage Regenwetter** *(bes. mürrisch, verdrießlich dreinblicken).* **3.** *[charakteristisches] Aussehen, äußeres Erscheinungsbild:* das G. der Stadt hat sich verändert; das G. einer Epoche prägen; durch den neuen Umschlag bekam die Zeitschrift ein anderes G.; dieses Land hat viele -er *(kann sehr verschiedenartig erscheinen);* ** **ein G. haben** *(das richtige, erwartete Aussehen haben):* jetzt hat die Sache ein G.); **ein anderes G. bekommen** *(in einem anderen Licht erscheinen, anders aussehen:* durch diese Äußerung hat die Sache ein ganz anderes G. bekommen). **4.** ⟨o. Pl.⟩ (veraltet) *Sehvermögen, Gesichtssinn:* sein G. wird schwächer; sie hat ihr G. verloren *(ist erblindet);* ◆ ⟨Pl. -e:⟩ ... unsern -en erscheinen die lichten, die Sternlein im Tal (Goethe, Lila 2); ** **das Zweite/zweite G.** *(Fähigkeit, Zukünftiges vorauszuschauen;* nach engl. *second sight);* **aus dem G. sein** *(außer Sichtweite sein);* **jmdn., etw. aus dem G. verlieren** *(jmdn., etw. nicht mehr wahrnehmen, sehen; die Verbindung mit jmdm. verlieren);* ◆ **etw. fällt ins G.** *(etw. fällt auf, fällt ins Auge:* Ich neige mich, und ihr Trauring fiel mir ins G. [Goethe, Werther II, 4. Dezember]); **jmdn., etw. ins G. fassen** *(jmdn., etw. [an]sehen);* **zu G. bekommen** *(zu sehen bekommen:* ich habe den Brief nie zu G. bekommen); **jmdm. zu G. kommen** *(von jmdm. gesehen, bemerkt werden).*

²**Ge|sicht,** das; -[e]s, -e: *Vision:* -e haben.

Ge|sichts|aus|druck, der: *Miene.*

Ge|sichts|creme, die ⟨Ge|sichts|crème,⟩ die: *Hautcreme für das Gesicht.*

Ge|sichts|far|be, die: *Hautfarbe des Gesichts:* eine blasse G.

Ge|sichts|feld, das: **1.** *Teil eines Raumes, der mit unbewegtem Auge erfasst werden kann.* **2.** (Optik) *kreisförmiges Gebiet, das man durch optische Instrumente sehen kann.*

Ge|sichts|form, die: *Form des* ¹*Gesichts* (1 a): eine runde, ovale G.

Ge|sichts|hälf|te, die: *eine der beiden Hälften des Gesichts:* die rechte G.

Ge|sichts|haut, die: *Haut des Gesichts.*

Ge|sichts|kon|trol|le, die (ugs., oft scherzh.): *Auswahlverfahren für den Zutritt zu bestimmten Veranstaltungen, Lokalen o. Ä., bei dem jmd. erst nach Begutachtung seines Gesichts, seiner äußeren Erscheinung eingelassen wird.*

Ge|sichts|krebs, der (Med.): *Hautkrebs im Bereich des Gesichts.*

Ge|sichts|kreis, der: **1.** *überschaubarer Umkreis:* das Auto entfernte sich aus meinem G.; Ü ich habe ihn ganz aus dem G. verloren *(treffe ihn nicht mehr, weiß nichts mehr von ihm).* **2.** (veraltet) *Horizont.* **3.** *durch Erfahrung u. Kenntnisse gewonnener geistiger Horizont:* seinen G. durch Reisen erweitern.

ge|sichts|los ⟨Adj.⟩: *(vom Menschen) keine besonderen, charakteristischen Eigenschaften erkennen lassend:* er bahnte sich geduldig seinen Weg durch die -en Massen.

Ge|sichts|mas|ke, die: **1.** *vor dem Gesicht getragene Maske, Larve.* **2.** *kosmetisches Präparat, das aufs Gesicht aufgetragen wird.* **3.** ([Eis]hockey) *vom Torhüter getragene Schutzmaske für das Gesicht.* **4.** (Med.) **a)** *Atemmaske;* **b)** *Mundschutz.*

Ge|sichts|mas|sa|ge, die: *kosmetische Massage des Gesichts.*

Ge|sichts|milch, die: *milchiges kosmetisches Präparat für das Gesicht.*

Ge|sichts|mus|kel, der: *Muskel im Bereich des Gesichts.*

Ge|sichts|nerv, der (Anat.): vgl. *Gesichtsmuskel.*

Ge|sichts|par|tie, die: *Teil des Gesichts:* die obere G.

Ge|sichts|pfle|ge, die: *Pflege* (1 b) *des Gesichts.*

Ge|sichts|punkt, der [LÜ von lat. punctum visus]: *Art u. Weise, eine Sache anzusehen u. zu beurteilen; Aspekt, unter dem eine Sache betrachtet werden kann:* persönliche -e; etw. unter einem neuen G., von einem pädagogischen G. aus betrachten.

Ge|sichts|ro|se, die (Med.): *Wundrose im Bereich des Gesichts.*

Ge|sichts|schä|del, der (Anat.): *vorderer Teil des menschlichen Schädels ohne das Stirnbein.*

Ge|sichts|sinn, der ⟨o. Pl.⟩: *Fähigkeit von Lebewesen, mithilfe bestimmter Organe Lichtsinnesreize aufzunehmen.*

Ge|sichts|täu|schung, die: *optische Täuschung.*

Ge|sichts|ver|lust, der: *Verlust an Ansehen, Wertschätzung.*

Ge|sichts|wah|rung, die; -, -en: **a)** ⟨o. Pl.⟩ *Aufrechterhaltung des Ansehens, der Geltung, Wertschätzung;* **b)** *Verhalten, das der Gesichtswahrung* (a) *dienen soll.*

Ge|sichts|was|ser, das ⟨Pl. ...wässer⟩: *kosmetische Flüssigkeit zur Reinigung u. Pflege des Gesichts.*

Ge|sichts|win|kel, der: **a)** *Winkel, unter dem ein Gegenstand dem Betrachter von seinem Standpunkt aus erscheint;* **b)** *Gesichtspunkt.*

Ge|sichts|zug, der ⟨meist Pl.⟩: *Zug* (11): ihre Gesichtszüge waren streng und edel.

◆ **Ge|sie|del,** das; -s, - [mhd. gesidel(e), ahd. gisidili = Sitzgelegenheit(en), zu ↑siedeln]: *[Sitz]bank:* ... in der Stube wurden das Bett und die Winkel unter dem G. durchstöbert (Rosegger, Waldbauernbub 19).

Ge|sims, das; -es, -e [Kollektivbildung zu ↑Sims]: **a)** *waagerechtes an einer Mauer hervortretendes, fensterbrettartiges Bauteil zur Gliederung von Außenwänden;* **b)** *gesimsartiger Vorsprung im Fels.*

Ge|sin|de, das; -s, - [mhd. gesinde, ahd. gisindi] (veraltet): *Gesamtheit der Knechte u. Mägde.*

Ge|sin|del, das; -s [Vkl. zu ↑Gesinde, urspr. = kleine Gefolgschaft, kleine (Krieger)schar] (abwertend): *Gruppe von Menschen, die als asozial, verbrecherisch o. ä. verachtet, abgelehnt wird:* lichtscheues G.

Ge|sin|de|ord|nung, die (Geschichte): *Verordnung, die Lohn, Arbeitszeit o. Ä. des Gesindes regelt.*

ge|sinnt ⟨Adj.⟩ [mhd. gesinnet = mit Sinn u. Verstand begabt, zu ↑Sinn]: *eine bestimmte Gesinnung habend:* ein sozial -er Politiker; christlich g. sein; ** **jmdm./**(selten) **gegen jmdn. g. sein** *(gegenüber jmdm. in bestimmter Weise eingestellt sein):* jmdm. freundlich g. sein).

Ge|sin|nung, die; -, -en [zu veraltet gesinnen = an etw. denken]: *Haltung, die jmd. einem anderen od. einer Sache gegenüber grundsätzlich einnimmt; geistige u. sittliche Grundeinstellung eines Menschen:* eine fortschrittliche G.; seine G. wechseln.

Ge|sin|nungs|ethik, die: *Moralphilosophie, die die sittliche Qualität einer Handlung nach der ihr zugrunde liegenden Gesinnung, d. h. nach dem subjektiven Wissen u. Wollen des handelnden Individuums bemisst.*

Ge|sin|nungs|ge|nos|se, der: *jmd., dessen [politische] Gesinnung man teilt.*

Ge|sin|nungs|ge|nos|sin, die: w. Form zu ↑Gesinnungsgenosse.

ge|sin|nungs|los ⟨Adj.⟩ (abwertend): *keine sittlichen Grundsätze habend:* ein -er Lump.

Ge|sin|nungs|lump, der (abwertend): *jmd., der seine Gesinnung der jeweiligen Lage anpasst.*

Ge|sin|nungs|tä|ter, der: *jmd., der aus einer politischen o. ä. Überzeugung heraus [nach geltendem Recht strafbar] handelt.*

Ge|sin|nungs|tä|te|rin, die: w. Form zu ↑Gesinnungstäter.

ge|sin|nungs|treu ⟨Adj.⟩: *einer Gesinnung treu bleibend:* eine -e Haltung.

Ge|sin|nungs|treue, die: *gesinnungstreue Haltung:* G. zeigen.

Ge|sin|nungs|wan|del, der: *Wandel der [politischen] Einstellung.*

ge|sit|tet ⟨Adj.⟩ [mhd. gesitet = gesittet, geartet, ahd. gesit = geartet, eigtl. 2. Part. von (gi)siton = bewirken, tun, zu ↑Sitte]: *sich den guten Sitten entsprechend benehmend; kultiviert, wohlerzogen:* ein -es Benehmen; -e *(zivilisierte)* Völker; sich g. aufführen.

Ge|sit|tung, die; - (geh.): *gesittetes Wesen, zivilisiertes Verhalten; Kultiviertheit.*

Ge|socks, das; -[es] [H. u., viell. zu veraltet socken = [davon]laufen, also eigtl. = umherziehendes Volk] (salopp abwertend): *bestimmte Gruppe von Menschen, die als asozial, verbrecherisch o. ä. verachtet od. abgelehnt wird; Gesindel,* ²*Pack.*

Ge|söff, das; -[e]s, -e [zu veraltet Soff, zu ↑Suff] (salopp abwertend): *schlecht schmeckendes Getränk:* ein übles, süßes G.

ge|sof|fen: ↑saufen.

ge|so|gen: ↑saugen.

ge|son|dert ⟨Adj.⟩: *von etw. anderem getrennt, extra, für sich:* -e Abrechnungen; etw. g.

¹**ge|son|nen** ⟨Adj.⟩: **1.** (ugs.) *gesinnt.* **2.** [2. Part. zu veraltet gesinnen = streben, trachten < mhd. gesinnen, ahd. gesinnan, zu ↑Sinn] ** **g. sein, etw. zu tun** *(die Absicht haben, gewillt sein, etw. zu tun;* 2. Part. zu veraltet gesinnen = streben, trachten < mhd. gesinnen, ahd. gesinnan, zu ↑Sinn: ich bin nicht g., meinen Plan aufzugeben).

²**ge|son|nen:** ↑sinnen.

ge|sot|ten: ↑sieden.

Ge|sot|te|nes, das, das Gesottene/ein Gesottenes; des/eines Gesottenen (landsch.): *gekochtes Fleisch: Gebratenes und G.*

Ge|spann, das; -[e]s, -e [zu ↑spannen]: **1. a)** *Gruppe der von einem Wagen o. Ä. gespannten Zugtiere:* ein G. Pferde; **b)** *Wagen mit einem Gespann* (1 a): ein G. mit vier Pferden. **2.** *Paar von zwei auf bestimmte Weise zusammengehörenden Menschen:* diese beiden sind ja ein merkwürdiges G. **3.** (schweiz.) *Lattengerüst.* ♦ **4.** ⟨der; -[e]s, -e⟩ *Gespan:* In der Lebhaftigkeit meiner Vorstellung erzählte ich alles meinen -en (Goethe, Lehrjahre I, 7).

♦ **Ge|spann|schaft,** die; -, -en [zu ↑ Gespann (4)]: *Kameradschaft* (2): Die Zerstreuungen der Jugend, da meine G. sich zu vermehren anfing, taten dem einsamen stillen Vergnügen Eintrag (Goethe, Lehrjahre I, 7).

ge|spannt ⟨Adj.⟩ [zu ↑ spannen]: **1.** *voller Erwartung den Ablauf eines Geschehens verfolgend; aus Neugierde aufmerksam:* -e Erwartung; ich bin g., ob es ihr gelingt; sie verfolgten g. das Geschehen. **2.** *von einem latenten Konflikt, von Gereiztheit zeugend:* -e Beziehungen; die Lage wird immer -er; * ♦ **mit jmdm. g. sein** (*mit jmdm. Differenzen haben*): Wir sind ein wenig g.…. verschiedne Ansichten [Büchner, Dantons Tod II, 3]).

Ge|spannt|heit, die; -: **1.** *das Gespanntsein* (1); *erwartungsvolle Neugier, Aufmerksamkeit:* alle Gesichter waren mit einer schweigenden G. auf den Nikolaus gerichtet. **2.** *das Gespanntsein* (2); *Gereiztheit:* sie trennten sich bald und in deutlicher G.

♦ **Ge|sparr,** das; -[e]s, -e: *Gesamtheit der Dachsparren:* Das G. kracht (Goethe, Pandora 855).

Ge|spenst, das; -[e]s, -er [mhd. gespenst(e), ahd. gispensti = (Ver)lockung, (teuflisches) Trugbild, zu mhd. spanen, ahd. spanan = locken, reizen, eigtl. = anziehen, verw. mit ↑ spannen]: *furchterregendes spukendes Wesen* [*in Menschengestalt*]; ²*Geist* (3): in einem alten Schloss geht ein G. um; du siehst aus wie ein G. (*sehr schlecht, bleich*); [nicht] an -er glauben; * **-er sehen** (*Dinge sehen, die gar nicht da sind; unbegründet Angst haben, sich unnötige Sorgen machen*).

Ge|spens|ter|ge|schich|te, die: [*literarisch gestaltete*] *Darstellung unheimlicher Begebenheiten.*

ge|spens|ter|haft ⟨Adj.⟩: *wie von Gespenstern herrührend; unheimlich:* eine -e Erscheinung.

Ge|spens|ter|schiff, das: *Schiff, das der Sage nach mit einer Besatzung von Toten auf dem Meer treibt.*

Ge|spens|ter|stun|de, die: *Stunde zwischen Mitternacht u. ein Uhr.*

ge|spens|tig: ↑ gespenstisch.

ge|spens|tisch ⟨Adj.⟩ [mhd. gespenstec = verführerisch, zauberisch]: *unheimlich, düster drohend; furchterregend:* ein -er Friedhof; g. aussehen.

ge|spie|ben: ↑ speiben.

Ge|spie|le, der; -n, -n [mhd. gespil(e) = Spielgefährte, Gespielin] (veraltend): **1. a)** *jmd., der als Kind mit einem anderen Kind häufig zusammenkommt u. mit ihm gemeinsam spielt; Spielkamerad;* **b)** *Vertrauter; enger Freund.* **2.** (geh.) *Geliebter.*

Ge|spie|lin, die; -, -nen: w. Form zu ↑ Gespiele.

ge|spien […ˈʃpiːn, auch: …ˈʃpiːən]: ↑ speien.

Ge|spinst, das; -[e]s, -e [mhd. gespunst, zu ↑ spinnen]: **a)** *etw. Gesponnenes; zartes Gewebe, Netzwerk:* ein feines G.; **b)** (Textilind.) *endloser Faden.*

ge|splis|sen: ↑ spleißen.

ge|spon|nen: ↑ spinnen.

¹**Ge|spons,** der; -es, -e [mhd. gespons, gespunse = Bräutigam, Braut < lat. sponsus, sponsa] (scherzh., sonst veraltet): *Bräutigam, Ehemann.*

²**Ge|spons,** das; -es, -e (scherzh., sonst veraltet): *Braut, Ehefrau.*

ge|spon|sert: ↑ sponsern.

ge|spornt: 1. ↑ spornen. **2.** ↑ gestiefelt.

Ge|spött, das; -[e]s [mhd. gespötte, zu ↑ spotten]: *Spott, Hohn:* sein G. mit jmdm. treiben; * **jmdn. zum G. machen** (*bewirken, dass jmd. Gegenstand des Spottes wird*); **zum G. werden,** (selten:) **jmds. G. sein/werden** (*[sich lächerlich machen u.] von andern verspottet werden*).

Ge|spräch, das; -[e]s, -e [mhd. gespræche, ahd. gisprāchi = Rede, Unterredung, zu ↑ sprechen]: **1.** *mündlicher Gedankenaustausch in Rede u. Gegenrede über ein bestimmtes Thema:* ein offenes, vertrauliches G.; die -e drehten sich um die gegenwärtige politische Lage; etw. auf etw. bringen; ein G. mit jmdm., ein G. über etw.; die -e (*politischen Gespräche, Verhandlungen*) zwischen Washington und Moskau; ein G. führen; das G. beenden, unterbrechen; er konnte dem G. nicht folgen; Gegenstand unseres -s waren die Wahlen; sich an einem G. beteiligen; in ein G. vertieft sein; jmdn. in ein G. verwickeln; sich in ein G. einmischen; mit jmdm. ins G. kommen (*sich mit jmdm. unterhalten*); lass dich nicht auf/in ein G. mit ihm ein!; * **mit jmdm. im G. bleiben** (*mit jmdm. in Kontakt bleiben*); **im G. sein** (*Gegenstand von [öffentlich diskutierten] Verhandlungen sein:* sie ist als Nachfolgerin im G.). **2.** *Telefongespräch:* ein dienstliches, privates, dringendes G.; ein G. aus, mit Berlin; das G. kostet 90 Cent, wurde unterbrochen; ein G. mit London führen (*mit jmdm. telefonieren, der sich in London befindet*); legen Sie das G. auf mein Zimmer! **3.** (ugs.) *Gegenstand eines Gesprächs; besprochenes Ereignis:* die Affäre wurde zum G. der ganzen Stadt; das Ereignis war das G. (*der Gesprächsstoff*) des Tages, des ganzen Ortes.

ge|sprä|chig ⟨Adj.⟩ [spätmhd. gespræchec, zu mhd. gespræche < ahd. gisprāchi = beredt]: *zum Reden, Erzählen aufgelegt, gern bereit:* ein -er älterer Herr; du bist heute aber nicht sehr g.; Die beiden Männer, der schon bejahrte Kleriker und der junge Périgorde, haben viele weite -e Spaziergänge (*Spaziergänge, bei denen sie gesprächig waren*) die Isle entlang… gemacht (Fussenegger, Zeit 137).

Ge|sprä|chig|keit, die; -: *das Gesprächigsein; gesprächiges Wesen.*

Ge|sprächs|be|darf, der ⟨o. Pl.⟩: *Notwendigkeit, Wunsch, ein Gespräch* (1) *zu führen, über etw.* [*Streitiges, Ungeklärtes*] *zu diskutieren:* beim/ zum Thema Bebauungsplan besteht G.; hier gibt es noch viel G.; G. haben, sehen.

ge|sprächs|be|reit ⟨Adj.⟩: *Bereitschaft zu einem Gespräch* (1) *zeigend.*

Ge|sprächs|be|reit|schaft, die: *Bereitschaft zu einem Gespräch* (1): G. zeigen.

Ge|sprächs|fet|zen, der: *aus dem Zusammenhang gerissener Teil eines Gesprächs* (1).

Ge|sprächs|ge|gen|stand, der: *Gesprächsthema:* der bevorzugte G. sind Mädchen und Partys.

Ge|sprächs|kreis, der: *Gruppe von Personen, die gemeinsame Gespräche* (1) *führen.*

Ge|sprächs|lei|ter, der: *jmd., der ein Gespräch leitet u. für einen ordnungsgemäßen Ablauf sorgt.*

Ge|sprächs|lei|te|rin, die: w. Form zu ↑ Gesprächsleiter.

Ge|sprächs|par|ti|kel, die (Sprachwiss.): *Partikel ohne eigentliche Bedeutung, die in einem Gespräch benutzt wird, um Pausen zu überbrücken od. dem Gesprächspartner bzw. der Gesprächspartnerin eine Information darüber zu geben, ob u. wie eine Äußerung aufgenommen worden ist* (z. B. äh, aha).

Ge|sprächs|part|ner, der: *jmd., mit dem man ein Gespräch* (1) *führt:* ein interessanter G.

Ge|sprächs|part|ne|rin, die: w. Form zu ↑ Gesprächspartner.

Ge|sprächs|run|de, die: *Gruppe von Leuten, die miteinander ein Gespräch führen.*

Ge|sprächs|stoff, der: *Stoff* (4b) *eines Gesprächs:* sie hatten genügend G.

Ge|sprächs|teil|neh|mer, der: *jmd., der an einem Gespräch* (1) *teilnimmt.*

Ge|sprächs|teil|neh|me|rin, die: w. Form zu ↑ Gesprächsteilnehmer.

Ge|sprächs|the|ma, das: *Thema eines Gesprächs:* der Wahlkampf war kein G.; ein unerschöpfliches G.; die Flugzeugentführung war G. Nummer eins.

Ge|sprächs|the|ra|pie, die (Psychol.): *psychotherapeutische Methode, bei der der Patient bzw. die Patientin durch Gespräche* (1) *seine bzw. ihre Probleme selbst erkennen u. lösen soll.*

ge|sprächs|wei|se ⟨Adv.⟩: *durch ein Gespräch* (1); *während, im Laufe eines Gesprächs* (1).

ge|spreizt ⟨Adj.⟩ (abwertend): [*in der Ausdrucksweise*] *geziert u. unnatürlich:* -er Stil.

Ge|spreizt|heit, die; -: *das Gespreiztsein.*

ge|spren|kelt ⟨Adj.⟩ [zu ↑ Sprenkel]: *Sprenkel aufweisend:* -e Vogeleier; die Krawatte ist bunt g.

Ge|spritz|ter, der: *Gespritzte/ein Gespritzter; des/eines Gespritzten, die Gespritzten/zwei Gespritzte* (bes. südd., österr.): [*Apfel*]*wein mit Mineralwasser.*

ge|spro|chen: ↑ sprechen.

ge|spros|sen: ↑ ²sprießen.

ge|sprun|gen: ↑ springen.

Ge|spür, das; -s [mhd. gespür = Spur (1 a)]: *Fähigkeit, einen verborgenen, nicht deutlich sichtbaren Sachverhalt gefühlsmäßig zu erfassen; Gefühl* (3 b): ein feines, sicheres G. für etw. haben; ohne G. für die Zusammenhänge.

gest. = gestorben (Zeichen: †).

Ge|sta|de, das; -s, - [mhd. gestat, Kollektivbildung zu: stade, ahd. stad(o) = Ufer, zu ↑ stehen] (dichter.): *Teil des festen Landes, der an das Wasser grenzt; Küste, Ufer.*

ge|staf|felt: ↑ staffeln.

Ges|ta|gen, das; -s, -e [zu lat. gestatio = das Tragen u. ↑-gen] (Med.): *Hormon, das der Vorbereitung u. der Erhaltung der Schwangerschaft dient.*

Ge|stalt, die; -, -en [mhd. gestalt = Aussehen, Beschaffenheit; Person, Substantivierung von: gestalt, ahd. gistalt, 2. Part. von ↑ stellen]: **1.** ⟨Pl. selten⟩ *sichtbare äußere Erscheinung des Menschen im Hinblick auf die Art des Wuchses:* eine untersetzte, schmächtige G.; zierlich von G.; der Teufel in [der] G. der Schlange (*in der Schlange verkörpert*). **2.** *unbekannte od. nicht näher zu identifizierende Person:* vermummte, dunkle -en. **3. a)** *Persönlichkeit, wie sie sich im Bewusstsein anderer herausgebildet hat:* die großen -en der Geschichte; **b)** *von einem Dichter o. Ä. geschaffene Figur:* die zentrale G. eines Romans; … schaff die Armen, die gebeugt die Schiffe hinaufzogen, sind zu un russischer Romantik geworden (Koeppen, Rußland 117). **4.** ⟨Pl. selten⟩ *Form, die etw. hat, in der etw. erscheint; sichtbare Form eines Stoffes:* der Grundriss der Kirche hat die G. eines Achtecks; die G. ist eine voreilige Bekräftigung einer Absicht, deren G. erst ausreifen musste (Musil, Mann 549); * **G. annehmen/gewinnen** (*sich mit der Zeit deutlicher gestalten u. Wirklichkeit werden:* der Plan nimmt allmählich G. an); **einer Sache G. geben/ verleihen** (*etw. deutlich, wirklich werden lassen*); **in G. von/in G. einer Sache** (*das Aussehen, die Erscheinung, Form habend von; erscheinend, vorhanden seiend als:* Gas wurde in G. von reinlichen Bläschen sichtbar; [Papierdt.:] Unterstützung in G. von Nahrungsmitteln); **sich in seiner wahren G. zeigen** (*zeigen, wer man wirklich ist; sich entlarven*).

ge|stalt|bar ⟨Adj.⟩: *sich gestalten* (1) *lassend:* ein -er Raum.

ge|stal|ten ⟨sw. V.; hat⟩: **1.** *einer Sache eine bestimmte Form, ein bestimmtes Aussehen geben:* den Abend abwechslungsreich g.; eine

Gestalter – gestisch

Lage erträglich g. *(Schwierigkeiten o. Ä. in Grenzen halten).* **2.** ⟨g. + sich⟩ *sich in einer bestimmten Art entwickeln; werden:* der Aufstieg gestaltete sich schwieriger als gedacht.
Ge|stal|ter, der; -s, -: *jmd., der etw. gestaltet:* der G. eines Films, Kunstwerks.
Ge|stal|te|rin, die; -, -nen: w. Form zu ↑ Gestalter.
ge|stal|te|risch ⟨Adj.⟩: *die Gestaltung betreffend; künstlerisch:* ihre -en Fähigkeiten.
ge|stalt|los ⟨Adj.⟩: *keine klar umrissene Form aufweisend.*
Ge|stalt|lo|sig|keit, die; -: *das Gestaltlossein.*
Ge|stal|tung, die; -, -en: **1.** ⟨Pl. selten⟩ *das Gestalten* (1); *das Gestaltetsein:* die geschmackvolle G. einer Galerie; die G. des Unterrichts; die äußere G. einer Zeitschrift. **2.** (seltener) *etw. Gestaltetes, gestaltete Einheit.*
Ge|stal|tungs|ele|ment, das: *gestalterisches Element.*
Ge|stal|tungs|form, die: *Form der Gestaltung.*
Ge|stal|tungs|prin|zip, das: *Prinzip, nach dem etw. gestaltet ist.*
Ge|stam|mel, das; -s (ugs., oft abwertend): **a)** *[dauerndes] Stammeln;* **b)** *Gesamtheit gestammelter Worte, Sätze:* sein unverständliches G.
¹ge|stan|den ⟨Adj.⟩ [eigtl. = (seinem Gegner) standgehalten habend]: **1.** *[reiferen Alters u.] erfahren, erprobt, sich auf seinem Gebiet auskennend:* ein -er Mann, eine -e Parlamentarierin. **2.** in der Fügung **-e Milch** (landsch.; *Sauermilch, Dickmilch*).
²ge|stan|den: ↑ stehen.
³ge|standen: ↑ gestehen.
ge|stän|dig ⟨Adj.⟩ [mhd. gestendec = zustimmend, zu ↑ gestehen]: *ein Vergehen, Unrecht, seine Schuld [vor Gericht od. auf der Polizeibehörde] eingestehend:* ein -er Angeklagter; der Verhaftete war g.
Ge|ständ|nis, das; -ses, -se: *das Eingestehen einer Schuld, eines Vergehens [vor Gericht od. auf der Polizeibehörde]:* ein erzwungenes G.; ein [umfassendes] G. ablegen; sein G. widerrufen; ich muss dir ein G. machen *(etw. sagen, was ich bisher verschwiegen habe).*
Ge|stän|ge, das; -s, - [Kollektivbildung zu ↑ Stange]: **1.** *Gesamtheit miteinander verbundener Stangen, die etw. zusammenhalten, tragen, stützen:* das G. eines Bettes, eines Karussells. **2.** (Technik) *aus mehreren durch Gelenke verbundenen Stangen u. Hebeln zusammengesetzte Vorrichtung zur Übertragung von Schub- u. Zugkräften:* das G. einer Dampflokomotive. **3.** (Bergmannsspr.) *Gleis in einer Grube.*
Ge|stank, der; -[e]s [mhd. gestanc, Kollektivbildung zu mhd., ahd. stanc = (schlechter) Geruch] (abwertend): *übler Geruch:* ein scheußlicher, schwefliger G.; ein G. von faulen Eiern schlug ihnen entgegen.
Ge|stän|ker, das; -s [zu ↑ stänkern] (ugs. abwertend): *[dauerndes] Stänkern.*
Ge|sta|po [geˈsta:po, auch: gəˈʃta:po], der; - [Kurzwort von **Ge**heime **Sta**ats**po**lizei]: *politische Polizei des nationalsozialistischen Regimes:* er drohte mir mit G. und Konzentrationslager.
Ge|sta|po|me|tho|den ⟨Pl.⟩ (abwertend): *unmenschliche, den Methoden der Gestapo ähnliche Behandlung.*
Ges|ta|ti|on, die; -, -en [lat. gestatio = das Tragen, zu: gestare = tragen, Intensivbildung zu: gerere, ↑ Geste] (Med.): *Schwangerschaft (in ihrem physiologischen Verlauf).*
ge|stat|ten ⟨sw. V.; hat⟩ [mhd. gestaten, ahd. gistatōn, zu ahd. stata = rechter Ort]: **1.** *[in förmlicher Weise] einwilligen, dass jmd. etw. tut od. lässt; jmdm. den Aufenthalt in einem Raum g.; jmd. g., die Bibliothek zu benut-* zen; ich werde das Fenster öffnen, wenn Sie gestatten; (häufig als Höflichkeitsformel:) gestatten Sie [eine Frage]: Wann waren Sie zuletzt dort?; gestatten Sie, dass ich rauche?; gestatten Sie? *(darf ich?);* ◆ Er soll keine Macht oder eigenen Willen an uns beweisen, merken lassen, oder gedenken zu g. *(zuzulassen, dass sich anderer über uns herrscht),* auf keinerlei Weise (Goethe, Egmont II). **2.** ⟨g. + sich⟩ (geh.) *sich die Freiheit zu etw. nehmen:* ich möchte mir erst eine Zigarette g.; (als Höflichkeitsformel:) wenn ich mir eine Bemerkung g. darf ...; ich gestatte mir, Sie zum Essen einzuladen. **3.** *als Voraussetzung etw. zulassen, die Voraussetzung für etw. bieten; ermöglichen:* sein Einkommen gestattet ihm solche Reisen; wenn die Umstände, Verhältnisse es gestatten, werde ich kommen; wenn seine Gesundheit es gestattet, werde ich an der Sitzung teilnehmen; seine große Belesenheit gestattet es ihm, sich über die verschiedensten Probleme zu äußern.
Ge|stat|tung, die; -, -en: *das Gestatten; das Gestattetwerden.*
◆ **Ge|stäu|de,** das; -[e]s [mhd. gestiude, zu ↑ Staude]: *Geweih:* ... der Hirsch mit seinem wundersamen zackigen G. auf der Stirn (Mörike, Mozart 215).
Ges|te [auch: ˈge:...], die; -, -n [Ende des 15. Jh.s in der Wendung gesten machen, lat. gestus = Gebärdenspiel des Schauspielers od. Redners, zu: gerere (2. Part.: gestum) = tragen; zur Schau tragen; aus-, vollführen; (refl.:) sich benehmen]: **1.** *spontane od. bewusst eingesetzte Bewegung des Körpers, bes. der Hände u. des Kopfes, die jmds. Worte begleitet od. ersetzt* [u. *eine bestimmte innere Haltung ausdrückt]:* eine verlegene, herrische, typische G.; mit einer einladenden G. ins Haus bitten. **2.** *Handlung od. Mitteilung, die etw. indirekt ausdrücken soll:* das Angebot war nur eine G.; etw. als freundliche G. betrachten.
Ge|steck, das; -[e]s, -e [zu ↑ stecken (1 b)]: **1.** *[vom Floristen] in bestimmter Anordnung in einer Schale o. Ä. arrangiertes Blumenarrangement.* **2.** (bayr., österr.) *Hutschmuck [aus Federn od. einem Gamsbart].*
ge|steckt [2. Part. von ↑ stecken]: in der Wendung **g. voll** (ugs.; *so voll, dass niemand, nichts mehr Platz findet*).
ge|ste|hen ⟨unr. V.; hat⟩ [mhd. gestēn, ahd. gistān, eigtl. = zur Aussage vor Gericht treten, zu ↑ stehen]: **a)** *eine Tat, ein Unrecht, das man begangen hat, zugeben, bekennen:* die Tat, das Verbrechen g.; er hat alles gestanden; (auch ohne Akk.-Obj.:) keiner der Angeklagten hat gestanden; **b)** *(Gefühle, einen Sachverhalt) offen aussprechen:* die Wahrheit g.; jmdm. seine Liebe g.; ich muss zu meiner Schande g., dass ich vergessen habe, das Buch zurückzugeben; offen gestanden, ich habe keine rechte Lust dazu.
Ge|ste|hungs|kos|ten ⟨Pl.⟩ [zu mhd. gestēn = zu stehen kommen, kosten] (Wirtsch.): *Kosten der Herstellung; Selbstkosten.*
ge|stei|gert ⟨Adj.⟩: *groß* (5): er legt [keinen] -en Wert auf korrektes Deutsch.
Ge|stein, das; -[e]s, -e [mhd. gesteine, ahd. gisteini = Edelsteine, Schmuck, Kollektivbildung zu ↑ Stein]: **1.** *aus Mineralien bestehender, fester Teil der Erdkruste:* kristallines G. **2.** ¹*Fels:* brüchiges G.
Ge|steins|ader, die: *Ader* (3 d).
ge|steins|bil|dend ⟨Adj.⟩: *Gestein bildend:* -e Mineralien.
Ge|steins|bil|dung, die: *Bildung von Gestein.*
Ge|steins|block, der ⟨Pl. ...blöcke⟩: *große zusammenhängende Masse von Gestein.*
Ge|steins|bro|cken, der: *aus Gestein bestehender* ¹*Brocken* (1 a).
Ge|steins|hül|le, die ⟨o. Pl.⟩: *äußere Hülle der Erde aus Gestein.*
Ge|steins|kun|de, die ⟨o. Pl.⟩: *Petrologie: beschreibende G. (Petrografie).*
Ge|steins|mas|se, die: *Masse von Gestein.*
Ge|steins|schicht, die, (österr. auch:) **Ge|steins|schich|te,** die: *Schicht von Gestein* (1).
Ge|steins|schich|tung, die: *Schichtung eines Gesteins.*
Ge|steins|schol|le, die (Geol.): *Scholle* (3).
Ge|steins|stück, das: vgl. Gesteinsbrocken.
Ge|steins|trüm|mer ⟨Pl.⟩: vgl. Gesteinsbrocken.
Ge|stell, das; -[e]s, -e [mhd. gestelle = Gestell, Aufbau; Gestalt, ahd. gistelli = Gestell; Lage, Standort, eigtl. = Zusammengestelltes, zu ↑ Stall, heute auf ↑ stellen bezogen]: **1.** *Aufbau aus Stangen, Brettern o. Ä., auf den etw. gestellt od. gelegt werden kann:* die Flaschen liegen auf einem G. **2.** *Unterbau, fester Rahmen* (5. B. einer Maschine, eines Apparats): das G. des Bettes ist aus Messing; Ü zieh dein G. ein! (salopp; *nimm deine Beine weg!*) **3.** (salopp) *Person mit einem dürren Körper.* **4.** (Jägerspr.) *schneisenartig ausgehauenes Waldstück.* **5.** Kurzf. von ↑ Brillengestell.
ge|stellt: ↑ stelzen.
ges|tern ⟨Adv.⟩ [mhd. gester(n), ahd. gesteron, eigtl. = am anderen Tag]: **1.** *an dem Tag, der dem heutigen unmittelbar vorausgegangen ist:* g. Vormittag, um dieselbe Zeit; g. früh/ Früh; g. vor einer Woche; (landsch.:) in der Nacht auf, zu g.; er ist seit g. krank; die Zeitung ist von g. *(ist gestern erschienen).* **2.** *früher:* die Welt von g.; ⟨subst.:⟩ keinen Gedanken an das Gestern verschwenden; * **von g. sein** (ugs.; *altmodisch, unmodern, rückständig, dumm sein;* nach Hiob 8, 9; ihre Ideen, diese Leute sind einfach von g.).
ge|stie|felt ⟨Adj.⟩ [2. Part. von veraltet sich stiefeln = Stiefel anziehen]: *mit Stiefeln versehen, Stiefel tragend:* ein -er Bursche; das Märchen vom Gestiefelten Kater; * **g. und gespornt** (ugs. scherzh.: *fertig, bereit zum Aufbruch*).
ge|stie|gen: ↑ steigen.
ge|stielt ⟨Adj.⟩: *mit einem Stiel* (1 a, 2 b) *versehen.*
Ges|tik [auch: ˈge:...], die; - [lat. gestus, ↑ Geste]: *Gesamtheit der Gesten [als Ausdruck einer charakteristischen inneren Haltung]:* die G. eines Schauspielers; jmdn. an seiner G. erkennen; In der G. des Betens hebt er beide Hände hoch, höher, noch höher (Winkler, Kärnten 108).
Ges|ti|ku|la|ti|on, die; -, -en [lat. gesticulatio]: *das Gestikulieren.*
ges|ti|ku|lie|ren ⟨sw. V.; hat⟩ [lat. gesticulari, zu: gesticulus = pantomimische Bewegung, Vkl. von: gestus, ↑ Geste]: *heftige Bewegungen mit Armen u. Händen ausführen [um sich verständlich zu machen]:* aufgeregt [mit etw.] g.
ge|stimmt: ↑ stimmen.
Ge|stimmt|heit, die; -, -en (geh.): *Stimmung, in die jmd. versetzt worden ist.*
Ges|ti|on, die; -, -en [lat. gestio, zu: gerere, ↑ Geste] (österr. Amtsspr.): *(Amts)führung, Verwaltung.*
Ge|stirn, das; -[e]s, -e [mhd. gestirne, ahd. gistirni = Sterne, Kollektivbildung zu ↑ ²Stern]: **a)** *selbst leuchtender od. Licht von anderen Planeten reflektierender Himmelskörper:* den Gang der -e verfolgen; **b)** (selten) ²*Stern* (1 b): aus den -en das Schicksal lesen.
◆ **Ge|stir|nung,** die; -, -en: *Konstellation der Gestirne:* ... dass eine besondere G. dazugehört, wenn ein Dichter zur Welt kommen soll (Novalis, Heinrich 26).
ges|tisch [auch: ˈge:...] ⟨Adj.⟩: *die Gestik betreffend, mithilfe von Gesten erfolgend:* das mimi-

sche und **-e Ausdrucksvermögen einer Schauspielerin.**
ge|sto|ben: ↑ stieben.
¹ge|sto|chen ⟨Adj.⟩: *äußerst sorgfältig; genau:* eine -e Handschrift; in -em Deutsch schreiben; die Kamera liefert g. *(sehr) scharfe Bilder.*
²ge|sto|chen: ↑ stechen.
ge|stoh|len: ↑ stehlen.
Ge|stöhn, das; -[e]s, **Ge|stöh|ne,** das; -s (ugs. abwertend): *[anhaltendes] Stöhnen:* jmds. G. nicht mehr ertragen.
ge|stopft: ↑ stopfen.
ge|stor|ben: ↑ sterben (Abk.: gest.).
ge|stört ⟨Adj.⟩: *durch bestimmte Umstände, Ereignisse belastet u. beeinträchtigt:* Kinder aus -en Familienverhältnissen; * **geistig g.** *([zeitweise] nicht über seine [volle] geistige Kraft verfügend u. krankhaft wirr im Denken u. Handeln:* jmdn. für geistig g. halten.
ge|sto|ßen: ↑ stoßen.
Ge|stot|ter, das; -s (ugs., meist abwertend): *[dauerndes] Stottern:* hör auf mit deinem G.!
Ge|sträuch, das; -[e]s, -e [spätmhd. gestriuche, zu ↑ Strauch]: **a)** *Gesamtheit der [dicht] nebeneinanderwachsenden Sträucher mit vielen Zweigen:* dorniges G.; **b)** *Reisig, Strauchwerk:* dürres G. verbrennen.
ge|streckt: ↑ strecken (1 a).
ge|streift ⟨Adj.⟩: *(in regelmäßigen Abständen) Streifen aufweisend:* -e Tapeten; der Rock ist blau-weiß g.
ge|streng ⟨Adj.⟩ [mhd. gestrenge, eigtl. = stark, gewaltig] (veraltend): *streng u. furchtgebietend.*
ge|stresst: ↑ stressen.
ge|stri|chen: ↑ streichen.
Ge|strick, das; -[e]s, -e (Fachspr.): *etw. Gestricktes; Strickware:* Als Material für ... saloppe und bequeme Kleidung bieten sich Maschenstoffe und -e ... an (Herrenjournal 1, 1965, 65); Ü ♦ Emanuels kleines Haus stand am Ende des Dorfes in einem G. von Jelängerjelieber (Jean Paul, Kp. 210).
gest|rig ⟨Adj.⟩ [mhd. gesteric, ahd. gesterig, zu ↑ gestern]: **1.** *gestern gewesen, von gestern:* die -e Zeitung; unser -es Gespräch. **2.** *altmodisch, nicht fortschrittlich; rückständig:* jmdn. als g. abtun; in seinen Anschauungen, Methoden völlig g. sein.
♦ **Ge|stroh|de,** das; -s [md. Kollektivbildung zu ↑ Stroh] (landsch.): *[Menge] Stroh:* ... dass man fürchte, nach weggeschafftem misthaftem G. (= auf der Straße) werde erst deutlich zum Vorschein kommen, wie schlecht das Pflaster darunter beschaffen sei (Goethe, Italien. Reise 5. 4. 1787 [Sizilien]).
ge|stromt ⟨Adj.⟩ [zu veraltet Strom, Nebenf. von mhd. strām = Streifen]: *(von Hunden od. Katzen) im Fell einzelne ineinanderlaufende Querstreifen aufweisend.*
Ge|strüpp, das; -[e]s, -e [Kollektivbildung zu mhd. struppe = Buschwerk]: *wild wachsendes, fast undurchdringliches Gesträuch:* etw. ins G. werfen; Ü das G. der Barthaare; sich im G. der Paragrafen verfangen.
ge|stuft: ↑ stufen.
Ge|stühl, das; -[e]s, -e [mhd. gestüele, ahd. gistuoli, Kollektivbildung zu ↑ Stuhl]: *Gesamtheit aller Stühle, Sitzgelegenheiten, die in bestimmter Anordnung in einem größeren Raum aufgestellt sind:* das G. im Theater, in einer Kirche.
ge|stun|ken: ↑ stinken.
ge|stürzt ⟨Adj.⟩ (Heraldik): *nach unten zeigend; auf den Kopf gestellt:* eine -e Krone.
Ges|tus, der; - [↑ Geste]: **a)** *Gestik:* der G. einer Schauspielerin; **b)** *Ausdruck, Habitus.*
Ge|stüt, das; -[e]s, -e [Kollektivbildung zu ↑ Stute]: **1.** *Betrieb, der Pferde züchtet:* ein G. besitzen; Ferien auf einem G. **2.** *Gesamtheit aller Pferde eines Gestüts* (1). **3.** *Gesamtheit der Abstammungsmerkmale eines Pferdes.*
Ge|stüt|hengst, der: *Hengst eines Gestüts.*
Ge|stüts|brand, der: *Brandzeichen eines Gestüts* (1).
ge|stylt [gəˈstaɪlt]: ↑ stylen.
Ge|such, das; -[e]s, -e [zu ↑ suchen; mhd. gesuoh, ahd. gisuoh = Erwerb; Ertrag]: *Schreiben, die eine Privatperson an eine Behörde od. an jmdn. mit entsprechender Befugnis richtet, um in einem bestimmten Fall eine Bewilligung od. Genehmigung zu erhalten:* ein G. auf, um Erhöhung der Zuschüsse; ein G. einreichen, ablehnen, abschlägig bescheiden; einem G. entsprechen.
ge|sucht ⟨Adj.⟩: **a)** *unter größter Anstrengung zustande gekommen u. unecht wirkend, gekünstelt:* ein -er Briefstil; **b)** *begehrt:* -e Antiquitäten.
Ge|summ, das; -[e]s, **Ge|sum|me,** das; -s (oft abwertend): *[dauerndes] Summen.*
ge|sund ⟨Adj.; gesünder, seltener: gesunder, gesündeste, seltener: gesundeste⟩ [mhd. gesunt, ahd. gisunt, ablautend verw. mit ↑ geschwind]: **1. a)** *keine Störung im körperlichen, psychischen u. geistigen Wohlbefinden aufweisend; durch Krankheit nicht beeinträchtigt, keine Schäden durch Krankheit aufweisend:* ein -es Kind; -e Zähne; ein -er Magen; g. und munter sein; bleib schön g.!; einen Kranken g. pflegen, machen; jmdn. als g. entlassen; (auch von Pflanzen) ein -er Obstbaum; das Getreide ist nicht g.; Ü ein -er Mittelstand; die Firma, das Unternehmen ist [nicht] g. (*ist wirtschaftlich [nicht] gesichert*); **b)** *[durch sein Aussehen] von Gesundheit zeugend:* er, sein Gesicht sieht -er, frischer aus; einen -en (*starken*) Appetit. **2.** *die Gesundheit fördernd, ihr zuträglich:* eine -e Luft, Lebensweise; g. leben; Obst essen ist g.; Ü diese Strafe ist ganz g. für dich (*ist ganz heilsam für dich, wird dir eine Lehre sein*). **3.** *der allgemeinen menschlichen Beurteilung nach richtig, vernünftig, normal:* seinen -en Menschenverstand walten lassen; ein -er Ehrgeiz; R *aber sonst bist du g.?* (ugs.; *du bist wohl nicht ganz bei Verstand!*). **4.** (Jägerspr.) *nicht getroffen; nicht angeschossen u. daher kein Blut verlierend.*
ge|sund|be|ten ⟨sw. V.; hat⟩ (oft abwertend): *jmds. Krankheit durch das Sprechen von Gebeten, Sprüchen o. Ä. behandeln mit dem Anspruch, ihn auf diese Weise gesund zu machen:* Ü die öffentlichen Kassen g.
Ge|sun|de, die/eine Gesunde; der/einer Gesunden, die Gesunden/zwei Gesunde: *weibliche Person, die gesund, nicht krank ist.*
ge|sun|den ⟨sw. V.⟩ [mhd. gesunden = gesund machen, gesund bleiben] (geh.): **1.** ⟨ist⟩ *wieder gesund werden:* in diesem Klima gesunden die Patienten verhältnismäßig rasch. **2.** ⟨ist⟩ *sich wieder erholen, einen guten Zustand erreichen:* die Maßnahmen ließen das Land, die Finanzen g. **3.** ⟨hat⟩ *sich wieder erholen od. einen guten Zustand erreichen lassen:* ... da dieses hohe staatsmännische Genie mit gleicher Vollendung auf allen Gebieten der Verwaltung den Staat gesundet und Europa befriedet (St. Zweig, Fouché 107).
Ge|sun|der, der Gesunde/ein Gesunder; des/eines Gesunden, die Gesunden/zwei Gesunde: *jmd., der gesund, nicht krank ist:* Gesunde und Kranke.
Ge|sund|heit, die; - [mhd. gesundheit]: **a)** *Zustand od. bestimmtes Maß körperlichen, psychischen od. geistigen Wohlbefindens; Nichtbeeinträchtigung durch Krankheit:* eine robuste, schwache G.; seine G. ist sehr angegriffen; etw. schadet der G.; bester G. erfreuen; auf jmds. G. trinken (*jmdm. zutrinken*); bei guter G. sein; über seine G. (*über Störungen seines Wohlbefindens*) klagen; sie war immer von zarter G.; (in der Glückwunschformel:) G. und [ein] langes Leben!; (Ausruf, der den Wunsch ausdrückt, dass jmd., der gerade geniest hat, gesund bleiben möge) G.!; Ü eine finanzielle, moralische G.; die G. der Wirtschaft; ♦ **b)** *Trinkspruch:* ... mit jedem Gläserklingen, ... mit jeder neuen G., deren Worte er deutlich zu verstehen glaubte (Storm, Söhne 35); Die Männer spürten nach und nach den Wein, es wurden eine Menge -en getrunken (Mörike, Mozart 251); Mit seinen -en haben die Gäste einen dauernden Rausch (Goethe, Egmont I).
ge|sund|heit|lich ⟨Adj.⟩: **a)** *die Gesundheit betreffend:* g. nicht auf der Höhe sein; **b)** *der Gesundheit dienend.*
♦ **Ge|sund|heit|ma|chen,** das; -s (landsch.): *das Zutrinken, das Trinken auf jmds. Gesundheit:* ... wenn er das G. nicht besser verstehe, so kriege er keine Frau (Gotthelf, Spinne 22).
Ge|sund|heits|amt, das: *staatliche Behörde in einem Stadt- od. Landkreis für das Gesundheitswesen.*
Ge|sund|heits|be|hör|de, die: *Gesundheitsamt.*
ge|sund|heits|be|wusst ⟨Adj.⟩: *sorgsam auf die Gesundheit achtend u. sich entsprechend verhaltend:* sich g. ernähren; g. leben.
Ge|sund|heits|be|wusst|sein, das: *Bewusstsein für die Bedeutung, den Wert der Gesundheit u. die entsprechende Lebensweise.*
Ge|sund|heits|dienst, der: **1.** ⟨o. Pl.⟩ *Gesundheitswesen.* **2.** *Gesundheitsamt.* **3.** *Einrichtung, Organisation, Firma, die im Bereich des Gesundheitsdienstes* (1) *tätig ist.*
Ge|sund|heits|för|dernd ⟨Adj.⟩: *zur Erhaltung der Gesundheit beitragend.*
Ge|sund|heits|für|sor|ge, die: *[staatliche] Bemühung um die Erhaltung u. Förderung der Gesundheit.*
ge|sund|heits|ge|fähr|dend ⟨Adj.⟩: *die Gesundheit gefährdend, bedrohend:* übermäßiges Essen, das Rauchen ist g.
Ge|sund|heits|ge|fähr|dung, die: *Gefährdung der Gesundheit.*
Ge|sund|heits|leh|re, die: *Hygiene* (1).
Ge|sund|heits|mi|nis|ter, der: *Leiter des Gesundheitsministeriums.*
Ge|sund|heits|mi|nis|te|rin, die: w. Form zu ↑ Gesundheitsminister.
Ge|sund|heits|mi|nis|te|ri|um, das: *für das Gesundheitswesen zuständiges Ministerium.*
Ge|sund|heits|pfle|ge, die: *Bemühung um die Erhaltung u. Förderung der Gesundheit:* öffentliche G.
Ge|sund|heits|po|li|tik, die: *Gesamtheit der Bestrebungen auf dem Gebiet der öffentlichen Gesundheitspflege.*
ge|sund|heits|po|li|tisch ⟨Adj.⟩: *die Gesundheitspolitik betreffend.*
Ge|sund|heits|re|form, die (ugs.): *Reform des Gesundheitswesens.*
ge|sund|heits|schä|di|gend, ge|sund|heits|schäd|lich ⟨Adj.⟩: *der Gesundheit schadend:* diese Stoffe sind g.
Ge|sund|heits|schutz, der ⟨o. Pl.⟩: *[Reihe von Maßnahmen zum] Schutz der Gesundheit.*
Ge|sund|heits|sys|tem, das: *[öffentliches] System* (3), *nach dem die medizinische Versorgung der Bevölkerung politisch, sozial u. finanziell geregelt ist.*
Ge|sund|heits|ver|sor|gung, die ⟨Pl. selten⟩: *medizinische Versorgung* (1 c) *der Bevölkerung.*
Ge|sund|heits|we|sen, das ⟨o. Pl.⟩: *Gesamtheit der öffentlichen Einrichtungen zur Förderung u. Erhaltung der Gesundheit, zur Bekämpfung von Krankheiten od. Seuchen.*
Ge|sund|heits|zu|stand, der: *gesundheitliches Befinden.*

¹**ge|sund|ma|chen,** sich ⟨sw. V.; hat⟩ (ugs., oft abwertend): *gesundstoßen:* am Verkauf dieser Produkte haben sie sich gesundgemacht.
ge|sund ma|chen, ²**ge|sund|ma|chen** ⟨sw. V.; hat⟩: *jmdn. so behandeln, dass er bzw. sie wieder gesund ist.*
ge|sund pfle|gen, ge|sund|pfle|gen ⟨sw. V.; hat⟩: *jmdn. so pflegen, dass er wieder gesund ist.*
ge|sund|schrei|ben ⟨st. V.; hat⟩ (ugs.): *jmdm. seine Arbeitsfähigkeit schriftlich bescheinigen.*
ge|sund|schrump|fen ⟨sw. V.; hat⟩ (ugs.): *durch Verkleinerung wieder rentabel machen:* die Landwirtschaft, eine Firma g.
ge|sund|sto|ßen, sich ⟨st. V.; hat⟩ [aus der Börsensprache: vor dem Börsensturz Aktien abstoßen, wodurch man seine wirtschaftliche Lage verbessert] (ugs., oft abwertend): *durch geschicktes Vorgehen od. Manipulieren bei einem Geschäft o. Ä. seine wirtschaftliche Lage verbessern, sich bereichern:* sich durch überhöhte Rechnungen, sich an/mit einem Produkt g.
Ge|sun|dung, der; - ⟨geh.⟩: **1.** *das Gesunden* (1): seine G. macht langsam Fortschritte. **2. a)** *das Gesunden* (2): die erste Stufe der G.; **b)** *das Gesunden* (3): die G. der Finanzen.
ge|sun|gen: ↑ singen.
ge|sun|ken: ↑ sinken.
get. = getauft (Zeichen: ≈).
ge|tak|tet: ↑ takten.
ge|tan: ↑ tun.
Geth|se|ma|ne [...ne], **Geth|se|ma|ni,** (ökum.:) Getsemani: Garten am Ölberg bei Jerusalem, die Stätte der Gefangennahme Christi.
Ge|tier, das; -[e]s [mhd. getier, Kollektivbildung zu ↑ Tier (1)]: **a)** *Anzahl nicht näher charakterisierter Tiere:* das G. des Waldes; jagdbares G.; **b)** *nicht näher charakterisiertes einzelnes Tier* (bes. Insekt): was ist denn das für ein G. an der Wand?
ge|ti|gert ⟨Adj.⟩ [zu ↑ Tiger]: **a)** *ungleiche Flecke am ganzen Fell aufweisend:* -e Doggen; **b)** *dunkle Querstreifen aufweisend:* -e Katzen.
Ge|tön, das; -[e]s, -e [mhd. getoene, Kollektivbildung zu ↑ Tier (1)]: **a)** *[anhaltendes] Tönen:* das feine G. der Telegrafenstangen; **b)** (ugs. abwertend) *angeberisches Gerede.*
Ge|to|se, das; -s: *[anhaltendes] Tosen:* das G. des Sturms.
Ge|tö|se, das; -s [mhd. gedoeʒe, Kollektivbildung zu mhd., ahd. dōʒ = Geräusch] (oft abwertend): *tosendes Geräusch; Lärm:* das G. der Wellen; mach nicht solch ein G.!; mit lautem G.
¹**ge|tra|gen** ⟨Adj.⟩ [nach ital. portare la voce = die Stimme tragen, kunstgerecht singen]: *in gemessenem Tempo u. mit ruhigem Ernst erklingend, vorgetragen:* eine -e Melodie; etw. sehr g. spielen.
²**ge|tra|gen:** ↑ tragen.
Ge|tram|pel, das; -s (ugs., auch abwertend): *[dauerndes] Trampeln:* das laute G. und Gejohle der Fans.
Ge|tränk, das; -[e]s, -e [mhd. getrenke, Kollektivbildung zu ↑ Trank]: *zum Trinken zubereitete Flüssigkeit:* ein heißes, erfrischendes, alkoholisches, alkoholfreies G.; -e anbieten.
Ge|tränk|eau|to|mat, der: *Automat* (1 a) *für Getränke.*
Ge|tränk|e|do|se, die: *Konservendose für Getränke.*
Ge|tränk|e|markt, der: *Markt* (4), *in dem ausschließlich Getränke verkauft werden.*
Ge|tratsch, das; -[e]s, -e, **Ge|trat|sche,** das; -s (ugs. abwertend): *das Tratschen; Klatsch:* nicht in das allgemeine G. oder jmdm. einstimmen.
ge|trau|en, sich ⟨sw. V.; hat⟩ [mhd. getrouwen, ahd. gitrūwen = (sich) zutrauen, zu ↑ trauen]: *genug Mut besitzen, etw. zu tun:* ich getraue mich/(seltener) mir nicht, das zu tun; sich getraut er sich bestimmt nicht.

Ge|trei|de, das; -s, - [mhd. getreide, getregede = Bodenertrag; Körnerfrucht, eigtl. = das, was getragen wird, zu ↑ tragen]: *Gruppe von Pflanzen, die angebaut werden, um aus ihren in Ähren enthaltenen Körnern Mehl, Schrot o. Ä. zu gewinnen* (bes. Gerste, Hafer, Roggen, Weizen): das G. ist reif; das G. steht dieses Jahr gut; G. anbauen, mähen, ernten, dreschen; das G. *(die Körner)* lagern; ...und um die Zeit, wenn das G. blühte, so roch der Geruch der Felder zu ihnen herein (Gaiser, Schlußball 42).
Ge|trei|de|an|bau, der ⟨o. Pl.⟩: *Anbau von Getreide.*
Ge|trei|de|art, die: *Art von Getreide.*
Ge|trei|de|bau, der ⟨o. Pl.⟩: *Getreideanbau.*
Ge|trei|de|ern|te, die: **1.** *das Ernten des Getreides.* **2.** *Gesamtheit des geernteten Getreides:* die diesjährige G. war gut.
Ge|trei|de|feld, das: *mit Getreide bebautes Feld:* die -er sind abgeerntet; sich im G. verstecken.
Ge|trei|de|gar|be, die: ¹*Garbe* (1).
Ge|trei|de|halm, der: *Halm von Getreide.*
Ge|trei|de|han|del, der: *Handel mit Getreide.*
Ge|trei|de|korn, das: *Frucht u. Samen eines Getreides.*
Ge|trei|de|preis, der: *Preis für Getreide.*
Ge|trei|de|si|lo, der, auch das: *Silo für die Lagerung von Getreide.*
Ge|trei|de|sor|te, die: *Sorte von Getreide.*
Ge|trei|de|spei|cher, der: vgl. Getreidesilo.
ge|trennt: ↑ trennen.
ge|trennt|ge|schlech|tig ⟨Adj.⟩: **1.** (Bot.) *entweder nur männliche Staubblätter od. weibliche Fruchtblätter ausbildend:* -e Blüten. **2.** (Zool.) *männliche u. weibliche Gameten in verschiedenen Individuen einer Art ausbildend.*
Ge|trennt|ge|schlech|tig|keit, die; -: **1.** (Bot.) *Ausbildung entweder nur männlicher Staubblätter od. weiblicher Fruchtblätter.* **2.** (Zool.) *Ausbildung männlicher u. weiblicher Gameten in verschiedenen Individuen einer Art.*
ge|trennt|ge|schlecht|lich ⟨Adj.⟩: **1. a)** *nach dem Geschlecht* (1) *getrennt; nicht gleichgeschlechtlich* (2): -er Unterricht; -e Erziehung, Klassen, Schulen; **b)** *nicht gleichgeschlechtlich* (1); *heterosexuell:* -e Lebensgemeinschaften. **2.** *getrenntgeschlechtig.*
Ge|trennt|schrei|bung, die: *das Auseinanderschreiben; Schreibung in zwei od. mehr Wörtern.*
¹**ge|treu** ⟨Adj.⟩ [mhd. getriuwe, ahd. gitriuwi, älter für mhd. triuwe, ↑ treu]: **1. a)** (geh.) *mit Hingabe in einem Anerkennung verdienenden Maße treu:* ein -er Diener, Freund; g. zu jmdm. stehen; ... und wäre bloß der Hund mit seinem -en *(von Treue zeugenden)* Gewedel gekommen, hätte Rip nicht länger an den Traum gedacht (Frisch, Stiller 87). **2.** *einer vorgegebenen Sache genau entsprechend:* eine -e Wiedergabe; eine Anordnung g. befolgen.
²**ge|treu** ⟨Präp. mit Dativ⟩ [vgl. ¹getreu]: *genau entsprechend; nach, gemäß:* g. dem Modell, seinem Vorsatz, der Tradition des Hauses.

-**ge|treu:** drückt in Bildungen mit Substantiven aus, dass die beschriebene Sache mit etw. übereinstimmt, etw. genau wiedergibt, einer Sache genau entspricht: maßstabs-, original-, wortgetreu.

Ge|treue, die/eine Getreue; der/einer Getreuen, die Getreuen/zwei Getreue: *Anhängerin, Gefolgsfrau.*
Ge|treu|er, der Getreue/ein Getreuer; des/eines Getreuen, die Getreuen/zwei Getreue: *Anhänger, Gefolgsmann.*
ge|treu|lich ⟨Adv.⟩ (geh.): **1.** *in treuer, anhängli-*

cher Weise, beständig bei etw. ausharrend: der Hund lief ihm g. nach. **2.** *sich in zuverlässiger Weise genau an eine vorgegebene Sache haltend:* den Sinn seiner Worte habe ich g. wiedergegeben.
Ge|trie|be, das; -s, - [15. Jh.; zu ↑ treiben]: **1.** *Vorrichtung in Maschinen o. Ä., die Bewegungen überträgt u. die Maschine o. Ä. funktionstüchtig macht:* ein hydraulisches, automatisches G.; das G. des Autos ist synchronisiert; Ü im G. der Massengesellschaft. **2.** *lebhaftes Treiben; Betriebsamkeit:* in G. der Großstadt. **3.** (Bergbau) *Gesamtheit der Pfähle zur Sicherung des Schachtes.*
ge|trie|be|los ⟨Adj.⟩: *ohne Getriebe* (1): -e Turbinen, Motoren, Anlagen.
¹**ge|trie|ben** ⟨Adj.⟩ (Turnen): *mit starker Körperneigung, sehr flach u. schnell ausgeführt:* ein -er Überschlag.
²**ge|trie|ben:** ↑ treiben.
Ge|trie|be|öl, das: *Schmieröl (mit bes. hoher Druckfestigkeit u. guter Haftfähigkeit) für das Getriebe* (1).
Ge|trie|be|scha|den, der: *Schaden, Defekt am Getriebe* (1): mit einem G. liegen bleiben.
¹**ge|trof|fen:** ↑ treffen.
²**ge|trof|fen:** ↑ triefen.
ge|tro|gen: ↑ trügen.
Ge|trom|mel, das; -s (ugs., auch abwertend): *[dauerndes] Trommeln:* das wilde G. auf Bongos und Congas war die ganze Nacht zu hören; lass das G. mit den Fingern!
ge|trost ⟨Adj.⟩ [mhd. getröst, ahd. gitröst, zu ↑ Trost od. ↑ trösten]: **1.** *sich vertrauensvoll in etw. schickend od. schicken könnend; zuversichtlich:* du kannst ihm g. vertrauen. **2.** *bedenkenlos,* ²*ruhig* (c): g. mit etw. fortfahren; Auf die Frage, wo die deutsche Literatur denn eigentlich stehe, kann man zunächst einmal g. antworten: Sie steht. Sie sitzt fest (Rühmkorf, Fahrtwind 60).
ge|trös|ten ⟨sw. V.; hat⟩ [mhd. getroesten, ahd. gitröstan = trösten]: **1.** ⟨g. + sich⟩ (geh.) *auf etw. vertrauen:* sich der himmlischen Gnade und Barmherzigkeit g.; ich getröste mich ihrer Hilfe; ◆ So hat auch wahrlich mein Oheim Eurer Worte sich nicht zu g. (Goethe, Reineke Fuchs I, 93). **2.** (veraltet) *trösten.*
ge|trun|ken: ↑ trinken.
Get|se|ma|ni: ↑ Gethsemane.
Get|ter, der; -s, - [engl. getter, eigtl. = Fangstoff, zu: to get = (zu fassen) bekommen, kriegen] (Chemie): *Substanz zur Bindung von Gasen, die bes. in Elektronenröhren zur Aufrechterhaltung des Vakuums verwendet wird.*
Get|to, Ghetto, das; -s, -s [ital. ghetto, H. u.; viell. aus dem Hebr. od. aus ital. getto = Gießerei (wegen der Nachbarschaft des ersten in Venedig belegten Judenviertels zu einer Kanonengießerei, nach der dieser Stadtteil schon vorher geheißen haben könnte]: **a)** (früher) *abgeschlossenes Stadtviertel, in dem die jüdische Bevölkerung abgetrennt von der übrigen Bevölkerung leben muss:* die -s von Warschau; im G. leben; **b)** (meist abwertend) *Stadtviertel, in dem diskriminierte Minderheiten, Ausländer od. auch privilegierte Bevölkerungsschichten zusammenleben:* die -s der Schwarzen; die Ausländer wohnen, leben hier in -s; ein G. der Reichen, Alten, Homosexuellen; **c)** *bestimmter sozialer, wirtschaftlicher, geistiger o. Ä. Bezirk od. Rahmen, aus dem sich jmd. nicht entfernen kann.*
Get|to|blas|ter, Ghettoblaster [...bla:stɐ], der; -s, - [engl. ghetto blaster, zu ghetto (= Wohnviertel bes. der farbigen Minderheiten in Großstädten u. to blast = Krach, laute Musik machen]: *großer, bes. leistungsstarker tragbarer Radiorekorder.*

Get-to|ge|ther [ˈɡɛtuˈɡɛðɐ], das; -[s], -s [engl. get-together, subst. aus: to get together = zusammenkommen]: *geselliges Treffen im Zusammenhang mit Veranstaltungen wie z. B. Messen od. Tagungen:* das sogenannte G. der Medientage; am ersten Messeabend trifft sich die Branche bei einem G.

get|to|i|sie|ren, ghettoisieren ⟨sw. V.; hat⟩ (bildungsspr. abwertend): *isolieren* (1 a), *von sich fernhalten*.

Get|to|i|sie|rung, Ghettoisierung, die; -, -en (bildungsspr. abwertend): *das Gettoisieren; das Gettoisiertwerden*.

Ge|tu, das [vgl. Getue]: **a)** (selten) *Getue*; **b)** (landsch.) *etw., womit jmd. [angeblich] beschäftigt ist; [angeblich wichtige] Beschäftigung*.

Ge|tue, das; -s [zu ↑¹tun] (ugs. abwertend): *übertriebenes, unecht wirkendes Verhalten; Gehabe:* ein albernes, vornehmes, betriebsames G.; er macht ein G. *(macht sich wichtig, spielt sich auf).*

Ge|tüm|mel, das; -s, - ⟨Pl. selten⟩ [15. Jh., zu mhd. tumel = Lärm od. zu ↑tummeln]: *wildes Durcheinanderwogen bei Menschenansammlungen, im Verkehr, im Kampf o. Ä.:* das G. des Festes, der Schlacht; sich ins dickste G. stürzen.

ge|tüp|felt: ↑tüpfeln.

ge|tupft: ↑tupfen.

ge|türkt: ↑türken.

Ge|tu|schel, das; -s (ugs., oft abwertend): *[dauerndes] Tuscheln:* heimliches G.; unter dem G. der Nachbarn, der Umstehenden.

ge|übt ⟨Adj.⟩: *durch Übung etw. gut beherrschend u. darin erfahren:* ein -er Segler; ein -es Auge, Ohr erkennt das gleich; sie war im Reden nicht sehr g.

Ge|übt|heit, die; -, -en ⟨Pl. selten⟩: *das Geübtsein*.

Ge|vat|ter, der; -s, älter: -n, -n [mhd. gevater(e), ahd. gifatero, LÜ von kirchenlat. compater = Taufpate, eigtl. = »Mitvater«]: **1.** (veraltet) *Taufpate:* G. stehen *(das Amt des Taufpaten übernehmen);* jmdn. zu G. bitten *(jmdn. bitten, das Amt des Taufpaten zu übernehmen);* * **bei etw. G. stehen** (scherzh.; *bei etw. Pate stehen).* **2.** (veraltend, noch scherzh.) *jmd., mit dem man befreundet, verwandt od. bekannt ist:* (dichter. veraltet:) G. Tod; ♦ Lass sie gehen! Sind Tiefenbacher, G. Schneider und Handschuhmacher (Schiller, Wallensteins Lager 10).
♦ **Ge|vat|ter|brief**, der: *Brief, in dem der Vater eines Neugeborenen jmdn. bittet, die Patenschaft zu übernehmen:* Die Taufe sollte nicht lange hinausgeschoben werden ... Alle Meldungsschreiben und -e übernahm Mittler (Goethe, Wahlverwandtschaften II, 8).

Ge|vat|te|rin, die; -, -nen: w. Form zu ↑Gevatter: ♦ Eine G. *(Bekannte),* so auch mit ihrer Kunkel unter ihnen saß (Mörike, Hutzelmännlein 138).
♦ **Ge|vat|ter|leu|te** ⟨Pl.⟩: *Patinnen u. Paten:* Der Großvater würde meinen, es wäre nicht Kindstaufe, wenn man den -n nicht ein Weinwarm aufstellen würde (Gotthelf, Spinne 6).

Ge|vat|ter|schaft, die; -, -en [mhd. gevaterschaft] (veraltet): *Patenschaft*.
♦ **ge|viert** ⟨Adj.⟩: *viereckig, quadratisch:* ... ein geräumiger, -er Platz, durch steinerne Balustraden gegen den jähen Abhang geschützt (Keller, Das Sinngedicht 34).

Ge|viert, das; -[e]s, -e: **1.** *Viereck, Quadrat; durch etw. begrenzter viereckiger Platz, Raum:* das G. eines Gefängnishofes; ein G. von Baracken; ein Garten von ein paar Hundert Metern im G. **2.** (Druckerspr.) *Quadrat* (3).

ge|vier|teilt: ↑vierteilen.
♦ **Ge|voll|mäch|tig|ter**, der Gevollmächtigte/ein Gevollmächtigter; des/eines Gevollmächtigten; die Gevollmächtigten/zwei Gevollmächtigte: *Berater u. Helfer eines Deichgrafen:* ... als der verstorbene Tede Volkerts Deichgraf, da wurde ich G. und bin es nun schon vierzig Jahre (Storm, Schimmelreiter 62).

Ge|wächs, das; -es, -e [mhd. gewechse, zu ↑¹wachsen]: **1. a)** *(aus der Erde) Gewachsenes, nicht näher charakterisierte Pflanze:* seltene, tropische, unbekannte -e; **b)** *zu einer bestimmten Zeit, an einem bestimmten Ort angebaute Pflanzen, bes. Weinsorte:* dieser Wein ist ein G. aus dem Jahrgang 2007; der Tabak ist eigenes G. *(eigenes Erzeugnis, auf eigenem Boden gewachsen).* **2.** *unnatürlicher Auswuchs an einem Organ, Wucherung des Gewebes, Geschwulst:* ein gutartiges, bösartiges G.; ein G. im Unterleib; ein G. operieren. **3.** (salopp) *bestimmter Menschentyp; Mensch, wie er sich in einer bestimmten Art herausgebildet hat:* er ist ein echtes Berliner G.

ge|wach|sen: 1. ↑¹wachsen. **2.** * **jmdm., einer Sache g. sein** *(einem Überlegenen standhalten, eine Aufgabe bewältigen, jmdm., einer Sache Widerpart bieten können):* seinem Gegner, einem Redner, einem Problem, der Situation g. sein; einem solchen Ton bin ich nicht g.).

Ge|wächs|haus, das: *an allen Seiten u. am Dach mit Glas od. Folie abgedeckter, hausartiger Bau, in dem unter besonders günstigen klimatischen Bedingungen Pflanzen gezüchtet werden:* Alpenveilchen, Salat, Gurken im G. ziehen.

ge|wachst: ↑²wachsen.

Ge|wa|ckel, Ge|wa|cke|le, Ge|wa|ck|le, das; -s (ugs., oft abwertend): *[dauerndes] Wackeln:* das G. des Tisches macht mich nervös.

Ge|waff, das; -[e]s, -e [gek. aus ↑Gewaffen] (Jägerspr.): **1.** *Gruppe der aus den Kiefern seitlich der Schnauze hervortretenden Eckzähne des Keilers; Waffen* (2 a). **2.** *Fang* (2 c).

Ge|waf|fen, das; -s [mhd. gewæfen, Kollektivbildung zu ↑Waffe] (veraltet): *Anzahl nicht näher charakterisierter Waffen*.
♦ **ge|waff|net** ⟨Adj.⟩: *mit Gewaff* (1) *versehen:* Es würd' ein Eber, ein -er, Müh' mit den Fängern haben durchzubrechen (Kleist, Krug 1524).
♦ **Ge|waff|ne|ter**, der Gewaffnete/ein Gewaffneter; des/eines Gewaffneten; zwei Gewaffnete: *Bewaffneter; Soldat:* ... ich höre Gewaffnete sich nahen (Goethe, Iphigenie IV, 1).

¹**ge|wagt** ⟨Adj.⟩: **a)** *im Hinblick auf den zweifelhaften Erfolg äußerst kühn, von [ungerechtfertigtem] Wagemut zeugend:* ein -es Unternehmen; es erscheint mir noch g., dies zu behaupten; diese Farbe ist für mich wohl zu g. *(auffallend);* **b)** *im Hinblick auf die herrschenden Moralvorstellungen sehr od. allzu frei; [leicht] anstößig:* ein -er Witz; das Dekolleté ist sehr g.

²**ge|wagt:** ↑wagen.

Ge|wagt|heit, die; -, -en: **1.** ⟨o. Pl.⟩ *das Gewagtsein*. **2.** *gewagte Äußerung, Handlung*.

¹**ge|wählt** ⟨Adj.⟩: *nicht alltäglich; im Ausdruck abgewogen; mit Bedacht u. Geschmack ausgeführt:* ein -es Hochdeutsch sprechen; sich g. ausdrücken.

²**ge|wählt:** ↑wählen.

Ge|wählt|heit, die; -, -: *das Gewähltsein*.

ge|wahr [mhd. gewar, ahd. giwar = bemerkend; aufmerksam, zu ↑wahren]: in den Verbindungen **jmdn., etw./jmds., einer Sache g. werden** (geh.; *jmdn., etw. mit den Sinnen, bes. mit den Augen, wahrnehmen:* ein Geräusch, einen Geruch g. werden; in der Menge wurde ich ihn/seiner plötzlich g.), **etw./einer Sache g. werden** (geh.; *etw. nach gewisser Zeit in seiner Bedeutung erkennen:* er wurde seines Irrtums/seines G. werden).

Ge|währ, die; - [mhd. gewer, ahd. gaweri = Bürgschaft, zu ↑gewähren]: *Sicherheit, die jmdm., der sich auf etw. einlässt, von jmdm. od. durch etw. geboten wird:* es ist die G. gegeben, dass ...; alles tun, um für die Sicherheit G. zu leisten; keine G. für etw. übernehmen; die Angabe der Lottozahlen erfolgt ohne G.; Feiner Flanell ist dabei am meisten zu empfehlen, denn er bietet die beste G. gegen Erkältungen (Th. Mann, Krull 402).

ge|wah|ren ⟨sw. V.; hat⟩ [mhd. gewarn, zu ↑gewahr] (geh.): *[unvermutet] jmdn., etw., was sich aus etw. Ungeordnetem herauslöst, sehen:* in der Ferne eine Gestalt, die Stadt g.; die Wache hatte ihn nicht gewahrt.

ge|wäh|ren ⟨sw. V.; hat⟩ [mhd. (ge)wern, ahd. (gi)werien, wahrsch. zu ↑wahr]: **1. a)** *[jmdm. etw., was er erbittet od. wünscht, aus Machtvollkommenheit] großzügigerweise geben, zugestehen:* jmdm. eine Audienz, ein Interview g.; dem Angestellten Kredit, einen [Zahlungs]frist, einen Vorschuss g.; jmdm. eine Vergünstigung, in etw. Einblick g.; einem Flüchtling Schutz, Asyl, Unterkunft g.; jmdm. erhebliche Subventionen; **b)** *einer Bitte o. Ä. entsprechen, sie zulassen, erfüllen:* jmdm. einen Wunsch, ein Gesuch, Anliegen g.; **c)** *jmdm. durch sein Vorhandensein etw. zuteilwerden lassen:* die Musik gewährte ihm Trost; diese Einrichtung gewährt große Sicherheit, Ihnen manche Vorteile. **2.** * **jmdn. g. lassen** *(jmds. Tun geduldig od. gleichgültig zusehen u. ihn nicht hindern:* die Kinder g. lassen).

ge|währ|leis|ten ⟨sw. V.; hat⟩: *dafür sorgen, eine Gewähr dafür sein, dass etw. sichergestellt, nicht gefährdet ist:* alles tun, um die Einbringung der Ernte, die Sicherheit des Lebens, einen reibungslosen Übergang zu g.; das Gesetz gewährleistet den Gemeinden dieses Recht.

Ge|währ|leis|tung, die; -, -en: **1.** *das Gewährleisten*. **2.** *Mängelhaftung*.

¹**Ge|wahr|sam**, der; -[e]s [mhd. gewarsame, zu: gewarsam = sorgsam, zu: gewar, ↑gewahr]: **1.** *Obhut, Schutz:* etw. in [sicherem] G. bringen, geben, nehmen; etw. in [sicherem] G. [be]halten, haben. **2.** *Haft:* jmdn. in [polizeilichen] G. nehmen, bringen; in G. sein.

²**Ge|wahr|sam**, das; -s, -e (veraltet): *Gefängnis:* jmdn. in ein G. bringen.
♦ **Ge|währ|schaft**, die; -, -en [mhd. gewerschaft]: *Gewährleistung* (2); *Verantwortung:* In diesem Augenblick war der bisherige Rechnungsführer als Rentbeamter ... an eine andere Stelle befördert, und die beschwerliche Arbeit, die alte Rechnung abzuschließen, loszuwerden und einen neuen Etat ... aufzustellen, blieb bei mir (Goethe, Tag- u. Jahreshefte 1818).

Ge|währs|frau, die: vgl. Gewährsmann.

Ge|währs|mann, der ⟨Pl. ...leute, seltener: ...männer⟩: *jmd., auf dessen fundierte Aussage man sich stützt:* einen G. nennen; sich auf seine Gewährsleute berufen.

Ge|wäh|rung, die; -, -en ⟨Pl. selten⟩: *das Gewähren* (1); *das Gewährtwerden*.
♦ **Ge|wäl|de**, das; -s [mhd. gewelde = Waldung, Waldgegend, Kollektivbildung zu: walt = Wald]: *Wald:* Nicht schweifen in die Welt dürft mir in solcher Mann (Uhland, Schenk von Limburg).

Ge|walt, die; -, -en [mhd. gewalt, ahd. (gi)walt, zu ↑walten]: **1.** *Macht, Befugnis, das Recht u. die Mittel, über jmdn., etw. zu bestimmen, zu herrschen:* die staatliche, richterliche, elterliche, priesterliche, göttliche G.; die Teilung der -en in gesetzgebende, richterliche und ausführende G.; in seine G. bringen; jmdn. in seiner G. haben; sie stehen völlig in, unter seiner G. *(werden völlig von ihm beherrscht, unterdrückt, sind ganz von ihm abhängig);* Ü die G. über sein Fahrzeug verlieren *(beim Fahren *plötzlich nicht mehr in der Lage sein, sein Fahrzeug zu lenken);* * **sich, etw. in der G. haben** *(sich, etw. beherrschen u. die nötige Zurückhaltung üben):* sie hat ihre Zunge oft nicht in der G.). **2.** ⟨o. Pl.⟩ **a)** *unrechtmäßiges Vorgehen, wodurch jmd. zu etw. gezwungen wird:* in ihrem Staat geht G. vor Recht; ich weiche nur der G.; etw. mit G. zu erreichen suchen; G. leiden müssen; * **sich** ⟨Dativ⟩ **G. antun** [**müssen**] *(etw. nur lustlos, unter Selbstüberwindung tun);* **einer Sache g. antun** *(etw. den eigenen Ansichten, Wünschen entsprechend auslegen u. dafür passend machen:* der Wahrheit, den Tatsachen, der Geschichte G. antun); **mit [aller] G.** *(unbedingt, unter allen Umständen:* sie wollten mit [aller] G. reich werden, von hier fort); **b)** *[gegen jmdn., etw. rücksichtslos angewendete] physische od. psychische Kraft, mit der etw. erreicht wird:* G. in der Ehe; G. gegen Frauen; bei etw. G. anwenden; G. in den Händen haben (veraltend; *kräftig zupacken können*); G. verherrlichen; jmdn. mit G. am Eintreten hindern; man musste ihn mit [sanfter] G. hinausbefördern; die Tür ließ sich nur mit G. *(gewaltsam)* öffnen; * **jmdm. G. antun** (geh. verhüll.; *jmdn. vergewaltigen*). **3.** (geh.) *elementare Kraft von zwingender Wirkung:* die G. des Sturms, der Wellen; den -en des Unwetters trotzen; Ü die G. der Leidenschaft, ihrer Rede; * **höhere G.** *(etw. Unvorhergesehenes, auf das der Mensch keinen Einfluss hat:* Naturkatastrophen sind höhere G.).

Ge|walt|akt, der: *durch Gewaltanwendung gekennzeichnete Handlung:* politische -e.
Ge|walt|an|dro|hung, die: *Androhung von Gewalt* (2).
Ge|walt|an|wen|dung, die: *Anwendung von Gewalt* (2).
ge|walt|be|reit ⟨Adj.⟩: *bereit, Gewalt* (2 b) *anzuwenden, Gewalttaten zu begehen:* -e Demonstranten.
Ge|walt|be|reit|schaft, die: *das Gewaltbereitsein.*
Ge|walt|ein|wir|kung, die: *Einwirkung von Gewalt* (2 b).
Ge|walt|en|tei|lung, die ⟨o. Pl.⟩: *Trennung von gesetzgebender, ausführender u. richterlicher Staatsgewalt u. ihre Zuweisung an voneinander unabhängige Staatsorgane:* das demokratische Prinzip der G.
ge|walt|frei ⟨Adj.⟩: **a)** *gewaltlos;* **b)** (Politikjargon) *ohne Anwendung physischer Gewalt u. unter Verzicht auf Gegengewalt geschehend:* eine -e Blockade.
Ge|walt|frei|heit, die ⟨o. Pl.⟩: *gewaltfreie* (b) *Vorgehensweise.*
Ge|walt|herr|schaft, die: *unumschränkte Herrschaft eines Einzelnen, einer bestimmten Gruppe; Zwangsherrschaft.*
Ge|walt|herr|scher, der: *jmd., der eine Gewaltherrschaft ausübt.*
Ge|walt|herr|sche|rin, die: w. Form zu ↑ Gewaltherrscher.
ge|wal|tig ⟨Adj.⟩ [mhd. gewaltec, ahd. giwaltīg]: **1.** *über eindrucksvolle Machtfülle verfügend u. sie unumschränkt ausübend; mit Gewalt auf etw. einwirkend:* der -ste Mann Frankreichs; Angst und Neid als die -sten Triebkräfte. **2. a)** *eine außerordentliche Größe od. Stärke aufweisend; den Eindruck übergroßer Kraft od. Wucht erweckend:* ein -es Bauwerk; vor einer -en Naturkulisse; **b)** *das normale Maß weit übersteigend:* eine -e Last; -e Anstrengungen unternehmen; der Fortschritt der letzten Jahre ist g.; **c)** ⟨intensivierend bei Adjektiven u. Verben⟩ (ugs.) *sehr, überaus:* sich g. überschätzen; der Absatz ist g. gestiegen.

-ge|wal|tig: *drückt in Bildungen mit Substantiven aus, dass die beschriebene Person über etw. in hohem Maß verfügt od. etw. mit beeindruckender Kraft, Energie ausführen kann:* finanz-, schuss-, wort-, wurfgewaltig.

-ge|wal|ti|ge, die/eine -gewaltige; der/einer -gewaltigen, die -gewaltigen/zwei -gewaltige: *kennzeichnet in Verbindung mit Substantiven eine weibliche Person, die in einem bestimmten Bereich sehr großen Einfluss, große Macht hat:* Finanz-, Mediengewaltige.

ge|wäl|ti|gen ⟨sw. V.; hat⟩ [mhd. geweltigen = *etw. in seine Gewalt bringen, zwingen*]: **a)** (Bergbau) *wieder zugänglich machen:* einen Stollen, eine Zeche g.; ♦ **b)** *bewältigen:* … bis die Sonne mit herrlichem Blick heraufstieg und die frühsten Nebel gewältigte (Goethe, Wahlverwandtschaften I, 13).

-ge|wal|ti|ger, der -gewaltige/ein -gewaltiger; des/eines -gewaltigen, die -gewaltigen/zwei -gewaltige: *kennzeichnet in Verbindung mit Substantiven eine Person, die in einem bestimmten Bereich sehr großen Einfluss, große Macht hat:* Fernseh-, Touristikgewaltiger.

Ge|wal|tig|keit, die, -: *das Gewaltigsein:* die G. der Kathedrale.
Ge|walt|kur, die (ugs.): *radikale therapeutische Maßnahme zur Heilung od. Besserung:* eine G. auf sich nehmen.
ge|walt|los ⟨Adj.⟩: *ohne Anwendung von Gewalt vonstattengehend:* eine -e Änderung des politischen Systems.
Ge|walt|marsch, der: *anstrengender, schneller u. langer Marsch.*
Ge|walt|maß|nah|me, die: *Maßnahme, die rücksichtslos gegen jmdn. ergriffen wird:* politische -n.
Ge|walt|mensch, der: *grober Mensch, der rücksichtslos mit anderen verfährt.*
Ge|walt|mo|no|pol, das (Staatsrecht): *alleiniges Recht des Staates, auf seinem Hoheitsgebiet Gewalt* (2) *anzuwenden od. zuzulassen.*
Ge|walt|po|ten|zi|al, Ge|walt|po|ten|ti|al, das: *potenzielle, latente Gewalt* (2).
ge|walt|sam ⟨Adj.⟩: *unter Gewaltanwendung, durch Gewalteinwirkung [geschehend]:* eine -e Vertreibung; ein -es Ende nehmen *(keines natürlichen Todes sterben);* g. die Eingangstür öffnen.
Ge|walt|sam|keit, die; -, -en: **1.** ⟨o. Pl.⟩ *das Gewaltsamsein.* **2.** *gewaltsame Handlung, Verhaltensweise.*
Ge|walt|spi|ra|le, die: *ständig gesteigertes, sich ständig steigerndes Auftreten von Gewalt* (2 b).
Ge|walt|tat, die: *unter Anwendung von [körperlicher] Gewalt [an jmdm.] begangene unrechtmäßige od. kriminelle Tat:* er hat schon viele -en begangen.
Ge|walt|tä|ter, der: *jmd., der eine Gewalttat, ein Verbrechen verübt:* ein kaltblütiger G.
Ge|walt|tä|te|rin, die: w. Form zu ↑ Gewalttäter.
ge|walt|tä|tig ⟨Adj.⟩: *seinen Willen rücksichtslos u. mit roher Gewalt durchsetzend:* ein -er Mensch; er wird schnell g.
Ge|walt|tä|tig|keit, die; -, -en: **1.** ⟨o. Pl.⟩ *gewalttätige [Wesens]art.* **2.** *Gewalttat.*
Ge|walt|ver|bot, das: *(von internationalen Organisationen ihren Mitgliedstaaten auferlegtes) Verbot der Anwendung militärischer Mittel in zwischenstaatlichen Auseinandersetzungen.*
Ge|walt|ver|bre|chen, das: *unter Anwendung von [körperlicher] Gewalt [an jmdm.] begangenes Verbrechen:* die Ermittlung nazistischer G.
Ge|walt|ver|bre|cher, der: *Gewalttäter:* der Tätertyp des -s.
Ge|walt|ver|bre|che|rin, die: w. Form zu ↑ Gewaltverbrecher.
ge|walt|ver|herr|li|chend ⟨Adj.⟩: *die Gewalt* (2 b) *verherrlichend:* ein -er Kriegsfilm; seine Schriften sind pornografisch und g.
Ge|walt|ver|herr|li|chung, die: *das Verherrlichen der Gewalt* (2 b).
Ge|walt|ver|zicht, der: *Verzicht auf den Einsatz militärischer Mittel in zwischenstaatlichen Auseinandersetzungen.*
Ge|wand, das; -[e]s, Gewänder [mhd. gewant, ahd. giwant, urspr. = gewendetes (= gefaltetes) Tuch, zu ↑ wenden] (geh., sonst österr. u. südd.): *[bei bestimmten Anlässen getragenes, festliches, langes, weites] Kleidungsstück:* ein lang herabwallendes, indisches G.; liturgische Gewänder *(von den Liturgen der christlichen Kirchen beim Gottesdienst getragene besondere Kleidungsstücke);* ein G. an-, ablegen, tragen; Ü das Buch erscheint in neuem G. *(in neuer Aufmachung).*
Ge|wän|de, das; -s, - [Kollektivbildung zu ↑ Wand]: **1.** (Archit., Kunstwiss.) *durch schrägen Einschnitt in die Mauer entstehende [gestaffelte, mit Figuren, Säulen o. Ä. versehene] Fläche an Fenstern u. bes. Portalen.* **2.** (österr.) *Felswand.*
ge|wan|delt: ↑ wandeln (1 a, 2 a).
ge|wan|den ⟨sw. V.; hat⟩ [mhd. gewanden, zu ↑ Gewand] (geh. veraltet, noch scherzh.): *in bestimmter Weise kleiden:* ein Kind festlich g.; ⟨noch im 2. Part.:⟩ hellblau gewandet sein *(ein hellblaues Kleid tragen).*
Ge|wand|haus, das [eigtl. = Tuchhalle] (früher): *(im späten MA.) Lager- u. Verkaufshaus der Tuchmacherzunft, das auch Räume für gesellige Veranstaltungen enthält.*
Ge|wand|meis|ter, der: *(bei Theater, Film u. Fernsehen) Vorstand der Kostümschneiderei, der die Herstellung, Aufbewahrung u. Pflege der Kostüme überwacht (Berufsbez.).*
Ge|wand|meis|te|rin, die: w. Form zu ↑ Gewandmeister.
¹ge|wandt ⟨Adj.⟩ [eigtl. = in eine andere Richtung gewendet]: *in Bewegungen, Benehmen, Auftreten, Ausdrucksweise o. Ä. sicher u. geschickt; von dieser Sicherheit u. Geschicktheit zeugend:* ein -er Tänzer; eine -e Redeweise; sie ist sehr g. und weiß mit Menschen umzugehen.
²ge|wandt: ↑ wenden.
Ge|wandt|heit, die; -: *das Gewandtsein; gewandtes Wesen:* sich mit G. bewegen.
Ge|wan|dung, die; -, -en [zu ↑ gewanden]: **1.** (geh., sonst österr. u. südd.) *besondere Kleidung für einen bestimmten Zweck:* in festlicher G. erscheinen. **2.** (Kunstwiss.) *Darstellung des Gewandes od. Faltenwurfs.*
ge|wann: ↑ gewinnen.
Ge|wann, das; -[e]s, -e, (seltener:) **Ge|wan|ne,** das; -s, - [mhd. gewande, eigtl. = Ackergrenze, an der der Pflug gewendet wird] (bes. südd.): *in mehrere Streifen [mit gemeinsamer Grenzlinie] aufgeteiltes [Acker]gelände.*
ge|wapp|net: ↑ wappnen.
♦ **ge|war|ten** ⟨sw. V.; hat⟩ [mhd. gewarten, ahd. giwartēn] (geh. veraltet): **a)** *erwarten* (1): Von Stunde zu Stunde gewartet' er mit hoffender Seele der Wiederkehr (Schiller, Bürgschaft); **b)** *erwarten* (2 a): … wir haben einen schönen Tag zu g. (Goethe, Götz V).
ge|wär|tig [mhd. gewertec, zu: gewarten, ahd. giwartēn = *beobachten, erwarten*, zu ↑ warten]: **a)** in der Verbindung **einer Sache g. sein** *(etw. Neues od. Unangenehmes erwarten, sich darauf*

gewärtigen – gewerblich

eingestellt haben: des Äußersten g. sein; man musste jeden Augenblick [dessen] g. sein, von ihm hinausgeworfen zu werden); ♦ **b)** *dienstwillig: ... und treu und g. dem Könige bleiben* (Goethe, Reineke Fuchs 5, 161).

ge|wär|ti|gen ⟨sw. V.; hat⟩ (geh.): **1.** *die Erfüllung eines bestimmten Anspruchs o. Ä. erwarten: von jmdm. nichts, keine Hilfe zu g. haben;* ⟨auch g. + sich:⟩ *von dieser Arbeit darfst du dir kein besonderes Lob g. (erwarten, versprechen).* **2.** *sich auf etw. Unangenehmes einstellen:* eine Strafe, eine Anzeige, die Ausweisung zu g. haben. ♦ **3.** *warten* (1 a): *Als man nur gewärtigte, welcher Käufer den höchsten Preis dafür bieten würde* (Keller, Lachen 167).

Ge|wäsch, das; -[e]s [zu spätmhd. weschen, waschen = schwatzen, ↑ waschen] (ugs. abwertend): *leeres Gerede: das G. über Politik.*

ge|wa|schen: ↑ waschen.

Ge|was|ser, das; -s, - [spätmhd. gewᴣᴣere, Kollektivbildung zu ↑ Wasser]: *größere natürliche Ansammlung von Wasser:* ein stilles, dunkles, sumpfiges, stehendes G.; die fließenden G. Nordeuropas.

Ge|wäs|ser|bett, das: *durch die Ufer begrenzte, ständig od. zeitweise mit Wasser gefüllte Vertiefung in der Landoberfläche (z. B. Flussbett).*

Ge|wäs|ser|kun|de, die ⟨o. Pl.⟩: *Teilgebiet der Hydrologie, das sich mit den Gewässern im natürlichen Wasserkreislauf zwischen dem Niederschlag auf das Festland u. dem Rückfluss ins Meer befasst.*

Ge|wäs|ser|schutz, der ⟨o. Pl.⟩: *Gesamtheit der Maßnahmen zum Schutz der Gewässer vor Verunreinigung durch eingeleitete Abwässer o. Ä.*

Ge|we|be, das; -s, - [mhd. gewebe, ahd. giweb(i), zu ↑ weben]: **1.** *in bestimmter Weise gewebter, aus sich kreuzenden Fäden bestehender Stoff:* ein feines, grobes, festes, synthetisches G.; Ü sich im G. *(Netz)* seiner Lügen verstricken. **2.** (Biol., Med.) *Verband von Zellen annähernd gleicher Bauart u. gleicher Funktion:* pflanzliches, tierisches, gesundes G.; G. verpflanzen, untersuchen; krankes G. wegschneiden.

Ge|we|be|bank, die ⟨Pl. -en⟩: *Vorratsstelle für konserviertes menschliches Gewebe* (2), *das für Transplantationen bereitgehalten wird.*

Ge|we|be|brand, der (Med.): *Absterben des Gewebes* (2).

Ge|we|be|brei|te, die (Textilind.): *Breite von Stoffen.*

Ge|we|be|flüs|sig|keit: ↑ Gewebsflüssigkeit.

Ge|we|be|hor|mon: ↑ Gewebshormon.

Ge|we|be|kul|tur, die: *Züchtung von Zellen höherer Organismen im Reagenzglas.*

Ge|we|be|leh|re, die: *Histologie.*

Ge|we|be|pro|be, die: *einem Organ für eine histologische od. biochemische Untersuchung entnommenes Stück Gewebe* (2).

Ge|we|be|schicht, die (Biol., Med.): *Schicht des Gewebes* (2).

Ge|we|be|trans|plan|ta|ti|on, die: *Transplantation von Gewebe* (2).

Ge|we|be|züch|tung, die: *Gewebekultur.*

Ge|webs|bil|dung, die: *Bildung von Gewebe* (2).

Ge|webs|flüs|sig|keit, die: *farblose bis hellgelbe Flüssigkeit, die in den Lymphgefäßen verläuft; Lymphe.*

Ge|webs|hor|mon, das: *in verschiedenen Geweben* (2) *erzeugter, in seiner Art u. Wirkung einem Hormon ähnlicher Stoff.*

Ge|webs|lap|pen, der: *lappenartige Gewebsbildung.*

Ge|webs|trans|plan|ta|ti|on, Ge|webs|über|tra|gung, die (Med.): *Transplantation von Gewebe* (2).

Ge|webs|zel|le, die: *einzelne Zelle des Gewebes* (2).

ge|weckt ⟨Adj.⟩: *aufgeweckt.*

Ge|wehr, das; -[e]s, -e [mhd. gewer, ahd. giwer = Abwehr, Schutz, Kollektivbildung zu ↑ ¹Wehr]: **1.** *Schusswaffe mit langem Lauf u. Kolben, die im Allgemeinen an der Schulter in Anschlag gebracht wird:* ein großkalibriges G.; das G. laden, anlegen, in Anschlag bringen, abfeuern, [ent]sichern, schultern, abnehmen, zerlegen, reinigen; *bei Fuß (in militärischer Haltung, wobei das Gewehr mit dem Kolben nach unten neben den Fuß gestellt ist)* stehen; ins/unters G. treten *(mit dem Gewehr antreten)*; jmdn. mit vorgehaltenem G. zu etw. zwingen; er zielte mit dem G. auf ihn; *(in militär. Kommandos:)* G. ab!; das G. über!; präsentiert das G.!; R ran an die -e! (ugs.; *fangen wir also an!*); haben ein G. (ugs. scherzh. veraltend; *das ist leider nicht möglich; nach dem Anfang des Kinderliedes* »*Wer will unter die Soldaten, der muss haben ein Gewehr«* von F. Güll, 1812–79); *G. bei Fuß (aufmerksam wachend u. bereit, notfalls einzugreifen).* **2.** (Jägerspr.) *die Hauer* (2). ♦ **3.** ⟨o. Pl.⟩ *Waffen* (1 a): Ihr sollt achtet mit G., Pferden und Rüstung (Goethe, Götz III); ... denn alles wird G. in ihrer Hand (Schiller, Maria Stuart I, 1).

Ge|wehr|feu|er, das ⟨o. Pl.⟩: *Feuer* (4) *aus Gewehren* (1).

Ge|wehr|kol|ben, der: *verstärkter hinterer Teil des ¹Schaftes* (1 b) *eines Gewehrs* (1): *der Gefangene erhielt einen Schlag mit dem G.*

Ge|wehr|ku|gel, die: *Kugel, die aus einem Gewehr geschossen wird: von einer G. tödlich getroffen werden.*

Ge|wehr|lauf, der: *Lauf* (8) *eines Gewehrs* (1): *den G. reinigen; die Entführer hatten die Gewehrläufe auf ihn gerichtet.*

Ge|wehr|mün|dung, die: *Ende des Gewehrlaufs, wo die Kugel den Lauf verlässt.*

Ge|wehr|sal|ve, die: *Salve von Gewehrschüssen.*

Ge|wehr|schuss, der: *Schuss aus einem Gewehr* (1).

Ge|weih, das; -[e]s, -e [mhd. gewi[g]e, ursprünglich = Geäst, Kollektivbildung zu einem untergegangenen ahd. Subst. mit der Bed. »Ast, Zweig«]: *paarig ausgebildete, zackige u. verästelte Auswüchse aus Knochen auf dem Kopf von Hirsch, Rehbock o. Ä.*: ein starkes ausladendes, verzweigtes G.; das G. abwerfen; (Jägerspr.:) das G. fegen; * jmdm. ein G. aufsetzen (↑ Horn 1).

Ge|weih|en|de, das (Jägerspr.): *Spitze der Sprosse eines Geweihs.*

Ge|weih|schau|fel, die (Jägerspr.): *Abflachung u. Verbreiterung der Geweihstange.*

Ge|weih|spit|ze, die: *Geweihende.*

Ge|weih|stan|ge, die (Jägerspr.): *eines der beiden stangenähnlichen Gebilde, die mit ihren Abzweigungen das Geweih bilden.*

¹ge|weiht: ↑ weihen.

²ge|weiht [zu ↑ Geweih] (Jägerspr.): *(vom Hirsch) ein Geweih tragend.*

Ge|wei|ne, das; -s (ugs., meist abwertend): *[dauerndes] Weinen:* hör endlich auf mit dem G.!

ge|wellt: ↑ wellen.

Ge|werb, der u. das; -[e]s, -e: **1.** ⟨der⟩ (schweiz. mundartl. veraltend) *Gewerbe* (3). ♦ **2.** ⟨der u. das⟩ (landsch.) *Werbung* (3): ... hinter dem Rücken des Vaters muss er sein G. an die Tochter bestellen (Schiller, Kabale I, 2); Eins von beiden, Calcagno: gib dein G. oder dein Herz auf (Schiller, Fiesco I, 3).

Ge|wer|be, das; -s, - [mhd. gewerbe = Geschäft, Tätigkeit, zu ↑ werben]: **1.** *[selbstständige] dem Erwerb dienende berufliche Tätigkeit (nicht in Bezug auf freie Berufe u. Berufe in Land- u. Forstwirtschaft, Fischerei u. Bergbau): ein ehrliches, einträgliches, schmutziges G.; das G. des Bäckers; ein G. ausüben, betreiben; im verarbeitenden, produzierenden, grafischen G. tätig sein; * das horizontale/(selten:)* ambulante **G.** (ugs. scherzh.: 1. *die Prostitution.* 2. *die Gesamtheit der Prostituierten);* **das älteste G. der Welt** (verhüll. scherzh.; *die Prostitution).* **2.** ⟨o. Pl.⟩ *Gesamtheit der [produzierenden] kleinen u. mittleren Betriebe, [Handels]unternehmen; Bereich der gewerblichen Tätigkeit:* Handwerk und G. fördern. **3.** (schweiz.) *Gehöft u. dazugehörender Grundbesitz eines Bauern; landwirtschaftlicher Betrieb.*

Ge|wer|be|amt, das (ugs.): *Gewerbeaufsichtsamt.*

Ge|wer|be|arzt, der: *in Betrieben od. bei Gewerbeaufsichtsämtern zur Überwachung des Gesundheitsschutzes in Industrie u. Handel tätiger Arzt.*

Ge|wer|be|ärz|tin, die: w. Form zu ↑ Gewerbearzt.

Ge|wer|be|auf|sicht, die: *staatliche Überwachung der Einhaltung der Bestimmungen über den Arbeitsschutz in Gewerbebetrieben.*

Ge|wer|be|auf|sichts|amt, das: *staatliche Behörde, der die Gewerbeaufsicht obliegt.*

Ge|wer|be|be|trieb, der: *gewerblicher Betrieb.*

Ge|wer|be|flä|che, die: *für die Ansiedlung eines Gewerbebetriebes vorgesehenes Grundstück.*

Ge|wer|be|frei|heit, die [LÜ von engl. freedom of trade]: *Recht, ein Gewerbe zu betreiben, sofern nicht gesetzliche Ausnahmen od. Beschränkungen bestehen.*

Ge|wer|be|ge|biet, das: *für die Ansiedlung von Gewerbebetrieben bestimmtes Gebiet; Gebiet, in dem sich Gewerbebetriebe befinden.*

Ge|wer|be|in|s|pek|tor, der: *Beamter bei der Gewerbeaufsicht (Berufsbez.).*

Ge|wer|be|in|s|pek|to|rin, die: w. Form zu ↑ Gewerbeinspektor.

Ge|wer|be|leh|rer, der: *Lehrkraft an einer Gewerbeschule.*

Ge|wer|be|leh|re|rin, die: w. Form zu ↑ Gewerbelehrer.

Ge|wer|be|ord|nung, die: *Gesetz, das Regelungen zur Ausübung eines Gewerbes enthält* (Abk.: GewO).

Ge|wer|be|recht, das: **1.** ⟨o. Pl.⟩ *Gesamtheit der öffentlich-rechtlichen Vorschriften, die die Ausübung eines Gewerbes regeln.* **2.** *Rechtsanspruch aus dem Gewerberecht* (1).

Ge|wer|be|schein, der: *behördliche Bescheinigung, die dazu berechtigt, ein Gewerbe auszuüben.*

Ge|wer|be|schu|le, die: *Berufsfachschule für die Vermittlung des Grundwissens in einem gewerblich-technischen Beruf.*

Ge|wer|be|steu|er, die: *Steuer, die ein Gewerbebetrieb abführen muss.*

Ge|wer|be|tä|tig|keit, die: *selbstständige Tätigkeit in einem Gewerbe.*

ge|wer|be|trei|bend ⟨Adj.⟩: *ein Gewerbe betreibend.*

Ge|wer|be|trei|ben|de, die/eine Gewerbetreibende; der/einer Gewerbetreibenden/zwei Gewerbetreibende: *weibliche Person, die ein Gewerbe betreibt.*

Ge|wer|be|trei|ben|der, ein Gewerbetreibender; des/eines Gewerbetreibenden, die Gewerbetreibenden/zwei Gewerbetreibende: *jmd., der ein Gewerbe betreibt.*

Ge|wer|be|ver|ein, der: *freie gewerbliche [Handwerker]vereinigung zur Förderung des Gewerbes od. bestimmter Zweige im Vereinsbezirk.*

Ge|wer|be|zweig, der: *Teilbereich innerhalb des Gewerbes* (2).

Ge|werb|ler, der; -s, - (bes. schweiz.): *Gewerbetreibender.*

Ge|werb|le|rin, die; -, -nen: w. Form zu ↑ Gewerbler.

ge|werb|lich ⟨Adj.⟩: *das Gewerbe* (1, 2) *betreffend, zu ihm gehörend:* die -e Wirtschaft; -e

Berufsgenossenschaften; -e Einkünfte; Räume zu -er Nutzung.

◆ **ge|werb|sam** ⟨Adj.⟩: *geschäftig, betriebsam, rege:* Du bleibst halt immer ein -er Züricher, ihr seid als gleich und habt nie genug (Keller, Züricher Novellen 34 [Hadlaub]); ... das Dörfchen, jenes -e, das weit fahrende Schiffe beherbergt (Mörike, Idylle vom Bodensee 1).

◆ **Ge|werbs|mann**, der ⟨Pl. ...leute⟩: *Gewerbetreibender:* Der G., der den Hügeln mit der Fracht entgegenzeucht (Kleist, Germania an ihre Kinder); ... wie es sich für einen G. ziemt (Stifter, Bergkristall 15).

ge|werbs|mä|ßig ⟨Adj.⟩: *als Gewerbe* (1) *betreiben; auf regelmäßigen Erwerb ausgerichtet, bedacht:* ein -er Einbrecher; einen Handel g. betreiben.

Ge|werk, das; -[e]s, -e [mhd. gewerke = vollendete Arbeit, zu ↑Werk] (Fachspr., sonst veraltet): **1. a)** *Gewerbe, Handwerk; Zunft;* **b)** *[bes. beim Bau eines Gebäudes o. Ä. eingesetzte] Gruppe von Handwerkern einer bestimmten Fachrichtung.* **2.** (landsch.) *[Uhr-, Räder]werk.*

Ge|wer|ke, der; -n, -n [mhd. gewerke] (veraltet): **1.** *Inhaber von Anteilen* (1 b) *einer Gewerkschaft* (2). **2.** *Mitglied einer bergbaulichen Genossenschaft; Zunftgenosse.* ◆ **3.** *Bauhandwerker:* Drum Lob den Architekten, deren Sinn und Kraft, auch den -n, deren Hand es ausgeführt (Goethe, Was wir bringen 16).

◆ **ge|werk|sam** ⟨Adj.⟩: *geschäftig, betriebsam, rege:* ... diese Menge g. Tätiger, die hin und her in diesen Räumen wogt (Goethe, Die natürliche Tochter V, 7).

Ge|werk|schaft, die; -, -en [im 16. Jh. = Angehörige eines bestimmten Berufes; bergbauliche Genossenschaft, zu ↑ Gewerke (2)]: **1.** *Organisation der Arbeitnehmerinnen u. Arbeitnehmer [einer bestimmten Berufsgruppe] zur Durchsetzung ihrer [sozialen] Interessen:* freie, christliche -en; die G. der Eisenbahner; in eine G. eintreten. **2.** (veraltend) *bergbauliche Unternehmensform einer Genossenschaft.*

Ge|werk|schaf|ter, der; -s, -: *Mitglied od. Funktionär einer Gewerkschaft.*

Ge|werk|schaf|te|rin, die; -, -nen: w. Form zu ↑Gewerkschafter.

Ge|werk|schaft|ler: ↑Gewerkschafter.

Ge|werk|schaft|le|rin, die; -, -nen: w. Form zu ↑Gewerkschaftler.

ge|werk|schaft|lich ⟨Adj.⟩: *die Gewerkschaft betreffend, zu ihr gehörend:* -e Verbände; g. organisiert sein.

Ge|werk|schafts|ar|beit, die ⟨o. Pl.⟩: *Arbeit in der, für die Gewerkschaft.*

Ge|werk|schafts|be|we|gung, die: *auf Verbesserung der wirtschaftlichen u. sozialen Verhältnisse abzielende, von der Gewerkschaft organisierte Bewegung* (3 a) *der Arbeitnehmer[innen].*

Ge|werk|schafts|bund, der: *Vereinigung von verschiedenen Einzelgewerkschaften.*

Ge|werk|schafts|füh|rer, der: *jmd., der zum Führungsgremium einer od. mehrerer Gewerkschaften gehört.*

Ge|werk|schafts|füh|re|rin, die; -, -nen: w. Form zu ↑Gewerkschaftsführer.

Ge|werk|schafts|füh|rung, die: **1.** *Führungsausschuss einer od. mehrerer Gewerkschaften.* **2.** ⟨o. Pl.⟩ *Führung einer Gewerkschaft.*

Ge|werk|schafts|funk|ti|o|när, der: *Funktionär einer Gewerkschaft.*

Ge|werk|schafts|funk|ti|o|nä|rin, die: w. Form zu ↑ Gewerkschaftsfunktionär.

Ge|werk|schafts|haus, das: *Gebäude, in dem die Verwaltung der Gewerkschaften untergebracht ist.*

Ge|werk|schafts|mit|glied, das: *Mitglied einer Gewerkschaft.*

ge|werk|schafts|nah ⟨Adj.⟩: *den Gewerkschaften politisch nahestehend:* eine -e Stiftung, Partei.

Ge|werk|schafts|ver|band, der: *Gewerkschaftsbund.*

Ge|werk|schafts|ver|tre|ter, der: *Vertreter einer Gewerkschaft.*

Ge|werk|schafts|ver|tre|te|rin, die: w. Form zu ↑ Gewerkschaftsvertreter.

Ge|werk|schafts|vor|sit|zen|de ⟨vgl. Vorsitzende⟩: *Vorsitzende einer Gewerkschaft.*

Ge|werk|schafts|vor|sit|zen|der ⟨vgl. Vorsitzender⟩: *Vorsitzender einer Gewerkschaft.*

Ge|we|se, das; -s, - [aus dem Niederd., zu ↑wesen] (ugs., häufig abwertend): **1.** ⟨o. Pl.⟩ *auffallendes Verhalten, Gebaren:* *G. [von etw., sich] machen (Aufhebens [von etw., sich] machen):* er hatte weiter kein großes G. gemacht und sich sofort bereit erklärt. **2.** (landsch.) *Anwesen:* ◆ Oben in der Süderstraße, weit hinter Heinrichs früherem G. (Storm, Carsten Curator 167).

¹**ge|we|sen** ⟨Adj.⟩ (bes. österr.): *ehemalig:* die -e Sängerin N.

²**ge|we|sen:** ↑sein.

Ge|we|se|nes, das Gewesene/ein Gewesenes: *des/eines Gewesenen: Vergangenes:* G. vergessen.

ge|wi|chen: ↑²weichen.

¹**ge|wichst** ⟨Adj.⟩: **a)** (veraltet) *herausgeputzt;* **b)** [2. Part. von wichsen, eigtl. = blank geputzt, glatt gerieben] (ugs.) *klug, gewitzt.*

²**ge|wichst:** ↑wichsen.

¹**Ge|wicht**, das; -[e]s, -e [mhd. gewiht(e), zu ↑wägen]: **1.** ⟨o. Pl.⟩ **a)** *Schwere eines Körpers, die sich durch Wiegen ermitteln lässt; Last:* ein G. von 45 kg; ein geringes, großes G.; das spezifische G. (*das Gewicht der Volumeinheit eines Stoffes);* das G. vom rechten auf das linke Bein verlagern; sein G. halten *(nicht zu- od. abnehmen);* der Koffer hat sein G. *(ist ziemlich schwer);* Orangen nicht nach Stückzahl, sondern nach G. verkaufen; der Mann krümmte sich unter dem G. der Last; **b)** (Physik) *Größe der Kraft, mit der ein Körper auf seine Unterlage drückt od. nach unten zieht.* **2.** *Körper von bestimmter Schwere [der als Maßeinheit zum Wiegen dient]:* große, kleine -e; die -e *(an einer Kette hängende, als Triebkraft wirkende Metallstücke)* der Pendeluhr; die -e müssen geeicht sein; mehrere -e auf die Waage legen (Sport:) ein G. stemmen. **3.** ⟨o. Pl.⟩ *Bedeutung, die im Verhältnis zu anderen Fakten schwer wiegt u. den Charakter eines Zusammenhangs o. Sachverhalts beeinflusst:* in der Partei hat ihre Stimme großes, kein G.; dieses Land bekommt immer mehr G. in der Welt; und dem ganzen G. seiner Persönlichkeit; * **sein ganzes G. in die Waagschale werfen** *(alle Anstrengungen unternehmen, seinen ganzen Einfluss geltend machen, um etw. zu erreichen):* er versicherte uns, er werde sein ganzes G. in die Waagschale werfen, um den Beschluss durchzusetzen); **auf etw. G. legen** *(etw. für wichtig halten u. Wert darauf legen;* [nach der Waagschale, auf die man ein G. legt, damit die Zunge nach ihrer Seite ausschlägt]); **[nicht] ins G. fallen** (*[nicht] von ausschlaggebender Bedeutung in einem bestimmten Zusammenhang sein;* [nach der Sache, die schwer wiegt u. die Waagschale herunterdrückt]: da fällt eine einmalige lässige Großzügigkeit kaum ins G.). **4.** (Math.) *[Zahlen]faktor, durch den eine Größe gegenüber einer anderen bei der Berechnung von Mittelwerten stärker od. schwächer berücksichtigt wird.*

²**Ge|wicht**, das; -[e]s, -er [Nebenf. von ↑Geweih] (Jägerspr.): *Gehörn* (2).

ge|wich|ten ⟨sw. V.; hat⟩ [zu ↑¹Gewicht (3)]: **1.** (Statistik) *von etw. unter Berücksichtigung*

gewerbsam – Gewieftheit

der Häufigkeit des Auftretens einzelner Werte einen Durchschnittswert bilden u. damit den Wert, die Bedeutung der einzelnen Größen einer Reihe ermitteln. **2.** *die Bedeutung, Bedeutsamkeit, Wichtigkeit von etw. festhalten, festlegen; Schwerpunkte bei etw. setzen:* diese Pläne gilt es nun [neu, richtig] zu g.

Ge|wicht|he|ben, das; -s: *schwerathletische Sportart, bei der ein ¹Gewicht* (2) *durch Reißen od. Stoßen vom Boden hochgehoben, weiter bis über den Kopf geführt u. mit gestreckten Armen hochgehalten wird.*

Ge|wicht|he|ber, der: *Schwerathlet in der Disziplin des Gewichthebens.*

Ge|wicht|he|be|rin, die: w. Form zu ↑Gewichtheber.

ge|wich|tig ⟨Adj.⟩: **1.** (veraltend) *schwer u. massig:* ein -er Koffer; ein -er *(umfangreicher)* Band; sie sind ziemlich g. (scherzh.; *dick, korpulent*). **2.** *[in einem bestimmten Zusammenhang] bedeutungsvoll:* ein -er Satz, Grund; -er ist hier die Frage, ob ...; (iron.:) sich g. räuspern; Er machte -e Schritte im Zimmer auf und ab, rauchend natürlich (R. Walser, Gehülfe 27).

Ge|wich|tig|keit, die; -: *Bedeutung* (2), *Wichtigkeit:* die G. der Fragen.

Ge|wichts|ab|nah|me, die: *Abnahme des Körpergewichts.*

Ge|wichts|an|ga|be, die: *Angabe des ¹Gewichts* (1 a).

Ge|wichts|aus|gleich, der: *Ausgleich des ¹Gewichts* (1 a), *z. B. durch Aufnehmen od. Abwerfen von Ballast.*

Ge|wichts|be|stim|mung, die: *Bestimmung, Feststellung des ¹Gewichts* (1 a).

Ge|wichts|ein|heit, die: *Einheit zur Gewichtsbestimmung.*

Ge|wichts|klas|se, die (Sport): *international einheitlich abgegrenzte Klasse, der die Kämpfer in den Sportarten Boxen, Gewichtheben, Judo u. Ringen entsprechend ihrem die Leistung beeinflussenden Körpergewicht zugeordnet werden.*

Ge|wichts|kon|t|rol|le, die: *Kontrolle des Körpergewichts in bestimmten Zeitabständen.*

ge|wichts|los ⟨Adj.⟩: **1.** *keine körperliche Schwere aufweisend; schwerelos:* ein fast -er Körper. **2.** *kein ¹Gewicht* (3) *habend; bedeutungslos:* -e Argumente.

Ge|wichts|pro|b|lem, das (meist Pl.): *in meist zu großem (selten zu geringem) Körpergewicht bestehende Schwierigkeit.*

Ge|wichts|pro|zent, das: *Anteil eines Stoffes in einem Gemisch od. einer Lösung, der in Gramm je 100 g Mischung gemessen wird.*

Ge|wichts|satz, der: *zu einer Waage gehörender Satz von verschiedenen ¹Gewichten* (2).

Ge|wichts|stein, der: *¹Gewicht* (2).

Ge|wichts|sys|tem, das: *System, systematische Zusammenfassung der (für bestimmte Bereiche geltenden) Gewichtseinheiten.*

Ge|wicht|stein: ↑Gewichtsstein.

Ge|wichts|ver|la|ge|rung, die: **1.** *Verlagerung des Körpergewichts.* **2.** *Verlagerung des ¹Gewichts* (3): eine G. von links nach rechts.

Ge|wichts|ver|lust, der: *Verlust an ¹Gewicht* (1 a).

Ge|wichts|zu|nah|me, die: *Steigen, Zunahme des Körpergewichts.*

Ge|wich|tung, die; -, -en: **1.** (Statistik) *das Gewichten* (1); *das Gewichtetwerden:* eine G. von Daten vornehmen. **2.** *das Gewichten* (2); *Festlegung von Schwerpunkten.*

ge|wieft ⟨Adj.⟩ [wahrsch. 2. Part. von mhd. wifen = winden, schwingen, verw. mit ↑Wipfel] (ugs.): *sehr erfahren, schlau, gewitzt; jeden Vorteil sogleich erkennend u. sich nicht übervorteilen lassend:* ein -er Bursche, Wahlkampftaktiker; sie ist g. im Umgang mit den Medien.

Ge|wieft|heit, die; -: *das Gewieftsein.*

¹ge|wiegt [eigtl. = (in einer Wiege) geschaukelt; in etw. groß geworden] (ugs.): *durch Erfahrung geschickt u. mit allen Feinheiten vertraut:* ein -er Kommissar; der Bursche ist ganz schön g.

²ge|wiegt: ↑ ²wiegen.

Ge|wie|her, das; -s: **1.** *[dauerndes] Wiehern:* das G. der Pferde. **2.** (salopp) *wieherndes Gelächter:* in lautes G. ausbrechen.

ge|wie|sen: ↑ weisen.

ge|willt ⟨Adj.⟩ [mhd. gewillet, gewilt, 2. Part. von: willen ⟨refl.:⟩ = sich entschließen, ahd. will(e)ōn = zu Willen sein]: in der Verbindung **g. sein, etw. zu tun** (den festen Willen haben, entschlossen sein, etw. zu tun: er ist nicht g., ohne Weiteres nachzugeben).

Ge|wim|mel, das; -s [mhd. gewimmel, zu ↑ wimmeln]: *Durcheinander von vielen, sich schnell bewegenden Lebewesen; sich in lebhaftem Durcheinander bewegende Masse:* auf dem Platz entstand, herrschte ein G.; sie stürzt sich ins G.

Ge|wim|mer, das; -s: *[dauerndes] Wimmern:* das G. des Kranken, der alten Frau.

Ge|win|de, das; -s, - [zu ↑ ¹winden] **1.** *in Form einer Schraubenlinie in die Außenfläche eines zylindrischen Körpers (o. in die Innenfläche eines zylindrischen Hohlkörpers eingeschnittene Rille von bestimmtem Profil:* ein G. schneiden. **2.** (veraltend) *etw. aus Blumen, Laub o. Ä. Gewundenes.*

Ge|win|de|gang, der: *voller Umfang der Schraubenlinie eines Gewindes* (1).

ge|win|kelt ⟨Adj.⟩: *abgewinkelt konstruiert; in Winkeln abgeknickt.*

Ge|winn, der; -[e]s, -e [mhd. gewin, ahd. giwin = Erlangtes, Vorteil, zu ↑ gewinnen]: **1.** *materieller Nutzen, Ertrag [eines Unternehmens]; Überschuss über den Kostenaufwand:* ein beachtlicher, bescheidener G.; einen G. von fünf Prozent erzielen; aus etw. G. schlagen, ziehen; -e abschöpfen; etw. bringt G. ein; eine sicheren G. bringende Investition; etw. mit G. verkaufen. **2. a)** *Geld od. Sachwert, der als Preis bei einem Spiel o. Ä. gewonnen werden kann:* die -e einer Tombola; -e ausschütten, auszahlen; seinen G. bei der Lottostelle abholen; *Los, das gewinnt:* jedes dritte Los ist ein G. **3.** ⟨o. Pl.⟩ *praktischer Nutzen od. innere Bereicherung, die aus einer Tätigkeit od. dem Gebrauch von etw. kommt:* einen G. von etw. haben; ein Buch mit [großem] G. lesen. **4.** ⟨o. Pl.⟩ *das Gewinnen* (1,2 a).

Ge|winn|ab|füh|rung, die (Wirtsch.): *Abführung des Gewinns* (1).

Ge|winn|an|teil, der (Wirtsch.): *Anteil, auf den der Teilhaber, die Teilhaberin einer Gesellschaft* (4 b) *Anspruch hat.*

Ge|winn|aus|schüt|tung, die (Wirtsch.): *Auszahlung von Gewinnanteilen.*

ge|winn|bar ⟨Adj.⟩: **1.** *sich gewinnen* (1) *lassend:* ein Atomkrieg ist niemals g. **2.** *sich für etwas gewinnen* (3) *lassend:* für das Unternehmen -e Kunden. **3.** *sich gewinnen* (5), *erzeugen lassend:* leicht -e Substanzen.

Ge|winn|be|tei|li|gung, die: *Beteiligung auch der Arbeitnehmer[innen] am Gewinn* (1) *eines Unternehmens.*

ge|winn|brin|gend, Ge|winn brin|gend ⟨Adj.⟩: **1.** *hohen Gewinn erzielend:* ein sehr -es Geschäft; ein noch -eres Unternehmen. **2.** *in einer Art u. Weise gelungen, die für jmdn. einen Gewinn* (3) *bedeutet:* eine einigermaßen -e Gestaltung der Freizeit; sich g. unterhalten.

Ge|winn|chan|ce, die: *Chance, in einem Spiel o. Ä. zu gewinnen;* **b)** *Chance, einen Gewinn* (1) *zu erzielen.*

ge|win|nen ⟨st. V.; hat⟩: **1. a)** *einen Kampf, einen Wettstreit, eine Auseinandersetzung o. Ä. zu seinen Gunsten entscheiden:* den Krieg, eine Schlacht g.; einen Boxkampf g.; eine Wette g.; ein Rennen klar, eindeutig, überlegen g.; ein Fußballspiel [mit] 2 : 1 g.; der Tabellenletzte hat überzeugend gegen den Meisterschaftsfavoriten gewonnen; ich kann beim Tennis nicht gegen ihn g.; er hat den Prozess gewonnen; ◆ *Unter diesem unaufhörlichen Geschrei geht das Ausblasen und das Anzünden der Kerzen immer fort … überall sucht man über den anderen zu g. und ihm das Licht auszulöschen* (Goethe, Ital. Reise, Der römische Karneval [Moccoli]); * **es über sich g., etw. zu tun** (geh. veraltend; *sich überwinden, etw. zu tun:* er konnte es nicht über sich g., seinen Fehler einzugestehen); **b)** *in einem Kampf, Wettstreit o. Ä. Sieger[in] sein:* [bei, in einem Spiel] klar, haushoch, nur knapp, nach Punkten g. **2. a)** *beim Spiel o. Ä. Geld od. einen Sachwert als Preis erhalten:* einen Pokal g.; [5 000 Euro] in der Lotterie g.; bei der Tombola sind hauptsächlich Gebrauchsgegenstände zu g.; noch nie gewonnen haben; **b)** *einen Gewinn* (2 a) *bringen:* jedes vierte Los gewinnt. **3. a)** *durch eigene Anstrengung [u. günstige Umstände] etw. Wünschenswertes erhalten:* Zeit, einen Vorsprung g.; jmds. Liebe, Herz, Vertrauen g.; die Herrschaft über jmdn. g.; mit etw. keine Reichtümer g. können; seine entschlossene Haltung hat ihm viele Sympathien gewonnen *(eingebracht, verschafft);* (häufig verblasst:) Abstand von etw., Klarheit über etw., Einblick in die Verhältnisse g.; den Eindruck g., dass …; die Sache gewinnt dadurch eine besondere Bedeutung; es gewinnt den Anschein *(es scheint so),* als ob …; *Auch fing ich mit dem Manne … sogleich in vorbereiteten Wendungen zu parlieren an, wodurch ich ihm rasch für mich gewann* (Th. Mann, Krull 145); ◆ ⟨g. + sich:⟩ *So weit die Sonne leuchtet, ist die Hoffnung auch; nur von dem Tod gewinnt sich nichts!* (Schiller, Braut von Messina 2647 f.); ℝ *wie gewonnen, so zerronnen (etwas sehr leicht u. schnell Erworbenes wurde ebenso leicht u. schnell wieder verloren);* **b)** (geh.) *ein räumliches Ziel [mit Mühe] erreichen:* das Ufer zu g. versuchen; das Freie g. *(in freies Gelände kommen);* das Schiff gewann das offene Meer; **auf jmdn., etw. g.** (näher kommen; aufholen 1 b; nach gleichbed. frz. gagner sur quelqu'un; ◆ *… ich gewann sichtbarlich auf den Schatten, ich kam ihm nach und noch näher* (Chamisso, Schlemihl 52]); **c)** *dazu bringen, sich an etw. zu beteiligen od. sich für etw. einzusetzen; (jmdn.) für etw. einnehmen* (7 a): jmdn. für einen Plan, einen Künstler für ein Konzert g.; jmdn. als Kunden, zum Freund g.; ◆ **d)** *zustande, zuwege bringen; erreichen* (4): *Durch Klopstocks Oden war … nicht sowohl die nordische Mythologie als vielmehr die Nomenklatur ihrer Gottheiten eingeleitet; und ob ich gleich mich sonst gern alles dessen bediente, was mir gereicht ward, so konnte ich es doch nicht um mir g., mich derselben zu bedienen* (Goethe, Dichtung u. Wahrheit 12); *Frau Melina suchte über Wilhelmen zu g., dass er mit ihnen gehen sollte, wozu er sich nicht entschließen konnte* (Goethe, Theatralische Sendung IV, 15). **4. a)** *sich zu seinem Vorteil verändern:* sie hat in letzter Zeit gewonnen; der Saal hat durch die Renovierung gewonnen; **b)** *an etw. [Erstrebtem] zunehmen:* an Sicherheit g.; das Flugzeug gewann immer mehr an Höhe. **5. a)** *Bodenschätze, Naturvorkommen abbauen, fördern:* Kohle, Eisen g.; **b)** *aus einem Naturprodukt erzeugen, herstellen:* Zucker aus Rüben g.; der Saft wird aus reifen Früchten gewonnen.

ge|win|nend ⟨Adj.⟩: *von liebenswürdigem Wesen, solches Wesen erkennen lassend u. andere für sich einnehmend:* ein -es Wesen; seine Art war sehr g.; g. lächeln.

Ge|win|ner, der; -s, -: **1.** *jmd., der gewinnt* (1): der G. eines sportlichen Wettkampfs. **2.** *jmd., der gewinnt* (2 a): der G. der Bronzemedaille; in der Lotterie unter den -n sein.

Ge|win|ne|rin, die; -, -nen: w. Form zu ↑ Gewinner.

Ge|win|ner|sei|te, die ⟨Pl. selten⟩: *Position der Gewinner.*

Ge|win|ner|stra|ße, die: in Wendungen wie **auf der G. sein** (bes. Sport; *im Begriff sein zu gewinnen);* **jmdn., etw. auf die G. bringen** (1. bes. Sport; *jmdn., etw. zum Sieg führen.* bes. Wirtsch.; *jmdn., etw. in die Gewinnzone führen).*

Ge|win|ner|war|tung, die: *Erwartung* (2) *im Hinblick auf Gewinn* (1).

Ge|winn|klas|se, die: *Klasse, Kategorie bei Wettspielen o. Ä., zu der alle Gewinner[innen] mit dem gleichen Tipp, der gleichen Lösung gehören u. nach der sich die Gewinnquote richtet; Rang.*

Ge|winn|los, das: *Los, auf das ein Gewinn* (2 a) *fällt.*

Ge|winn|mar|ge, die (Wirtsch.): *Gewinnspanne.*

Ge|winn|ma|xi|mie|rung, die (Wirtsch.): *Streben nach größtmöglichem Gewinn* (1).

Ge|winn|mit|nah|me, die (Börsenw.): *Käuferverhalten in Bezug auf Wertpapiere, das darauf gerichtet ist, aus Kursanstiegen schnellen Gewinn* (1) *zu ziehen.*

ge|winn|ori|en|tiert ⟨Adj.⟩: *auf das Erzielen von Gewinn* (1) *ausgerichtet:* ein -es Unternehmen; g. arbeiten.

Ge|winn|quo|te, die: *Anteil am ausgeschütteten Gesamtgewinn, der auf die einzelnen Wettteilnehmer[innen] entsprechend der jeweiligen Gewinnklasse entfällt.*

Ge|winn|satz, der (Tennis, Tischtennis, Volleyball): *zum Gesamtgewinn erforderlicher gewonnener Satz* (11): das Einzel wurde über drei Gewinnsätze gespielt.

Ge|winn|schwel|le, die (Wirtsch.): *Stadium in der Entwicklung eines Unternehmens od. eines wirtschaftlichen Projekts, von dem an Gewinn* (1) *erwirtschaftet wird.*

Ge|winn|span|ne, die (Wirtsch.): *durch den Unterschied zwischen Selbstkosten u. Verkaufspreis erzielter Gewinn* (1).

Ge|winn|spiel, das: *Spiel, bei dem man durch richtige Beantwortung einer od. mehrerer Fragen gewinnt bzw. gewinnen kann:* dazu schrieb der Sender ein G. aus.

Ge|winn|sucht, die ⟨Pl. selten⟩: *Erwerbssinn von sittlich anstößigem Ausmaß; Habgier.*

ge|winn|süch|tig ⟨Adj.⟩: *von Gewinnsucht getrieben; habgierig.*

ge|winn|träch|tig ⟨Adj.⟩: *einen lohnenden Gewinn* (1) *erwarten lassend:* -e Unternehmungen.

Ge|winn-und-Ver|lust-Rech|nung, die (Wirtsch.): *in einer Aktiengesellschaft o. Ä. neben der Bilanz aufzustellende jährliche Rechnung, die Einblick in das Zustandekommen des Erfolgs gibt.*

Ge|win|nung, die; -, -en ⟨Pl. selten⟩: **a)** *das Gewinnen* (5 a): die G. von Kohle; **b)** *das Gewinnen* (5 b): die G. von Gummi aus Kautschuk.

Ge|winn|war|nung, die [wohl LÜ von engl. profit warning] (Börsenw.): *Ankündigung eines Unternehmens, dass zu einem bestimmten Zeitpunkt erwartete Gewinne voraussichtlich nicht erzielt werden können:* eine G. herausgeben; nach der G. fiel der Aktienkurs um 35 %.

Ge|winn|zahl, die: *Zahl, auf die [zusammen mit andern Zahlen] ein Gewinn* (2 a) *fällt:* die Bekanntgabe der -en im Fernsehen.

Ge|winn|zo|ne, die (Wirtsch.): *Stadium einer geschäftlichen Entwicklung, in dem ein Unternehmen Gewinn* (1) *erzielt:* in die G. gelangen;

[nicht mehr] in der G. sein; eine Firma in die G. bringen.
Ge|win|sel, das; -s (abwertend): **1.** *[dauerndes] Winseln:* das G. des Hundes. **2.** *unwürdiges Klagen, Bitten.*
Ge|winst, der; -[e]s, -e [aus dem Niederd. < mniederd. gewinst, Nebenf. von ↑ Gewinn] (veraltet): *Gewinn* (1, 2 a): die -e waren kümmerlich; ◆ Zerrt unnützeste Gespinste lange sie an Licht und Luft, Hoffnung herrlichster -e schleppt schneidend sie zu der Gruft (Goethe, Faust II, 5321 ff.)
Ge|wir|bel, das; -s: *[dauerndes] Durcheinanderwirbeln:* im G. der Schneeflocken, der Herbstblätter.
Ge|wirk, das; -[e]s, -e, **Ge|wir|ke,** das; -s, -: **1.** (Textilind.) *gewirkter Stoff:* G., das nicht verfilzt. **2.** (Biol.) *Gesamtheit der Waben bzw. der Zellen in einem Bienenstock od. Wespennest.*
Ge|wirr, das; -[e]s, (selten:) **Ge|wir|re,** das; -s [mhd. gewerre, zu verwirrt wirren, ↑ verwirren]: **1.** *wirres Knäuel; Bündel von Fäden o. Ä., die sich verwickelt haben:* ein dichtes G. von Drähten; das Garn war zu einem unauflösbaren G. verknäult. **2.** *wirre Ungeordnetheit [von optischen od. akustischen Sinneseindrücken], sodass die Dinge nicht zu unterscheiden sind u. unklar bleiben:* ein G. von Stimmen; Ein Gewirr enger Gassen fängt einen ein und umschlingt einen (Koeppen, Rußland 45).
Ge|wis|per, das; -s: *[dauerndes] Wispern:* er musste die G. der Umstehenden über sich ergehen lassen.
¹ge|wiss ⟨Adj.⟩ [mhd. gewis, ahd. giwis, eigtl. = das, was (sicher) gewusst wird, urspr. 2. Part. zu ↑ wissen zugrunde liegenden Verbs]: **1. a)** *nicht genau bestimmbar; nicht näher bezeichnet [aber doch dem andern bekannt]:* ein -er Herr Krause; ein -er Jemand; von einem -en Alter an; die Einstellung -er politischer Kreise; **b)** *kein sehr großes Ausmaß o. Ä. habend, aber doch ein Mindestmaß einhaltend; eine -e Ähnlichkeit; aus einer -en Distanz; bis zu einem -en Grade.* **2.** *ohne Zweifel bestehend, eintretend:* die -e Zuversicht, Hoffnung haben, dass dies eintritt; jmds. Unterstützung, seines Erfolges g. sein (*ganz bestimmt damit rechnen*) können; etw. für g. halten.
²ge|wiss ⟨Adv.⟩ [zu: ↑ ¹gewiss]: *nach jmds. Meinung ohne Zweifel, mit Sicherheit:* du hast dich g. darüber gefreut; das kannst du mir g. glauben; aber g. [doch]! (*es verhält sich tatsächlich so*); g. hat sie es gehört.
Ge|wis|sen, das; -s, - [mhd. gewiʒʒen(e), ahd. gewiʒʒenī = (inneres) Bewusstsein, LÜ von lat. conscientia, eigtl. = Mitwissen, LÜ von griech. syneídēsis]: *Bewusstsein von Gut u. Böse des eigenen Tuns; Bewusstsein der Verpflichtung einer bestimmten Instanz gegenüber:* das menschliche G.; sein ärztliches, künstlerisches G. lässt das nicht zu; dabei regte sich ihr G. (*kamen ihr Bedenken hinsichtlich der moralischen Vertretbarkeit*); ihn plagt sein G.; sein G. erleichtern, erforschen, zum Schweigen bringen; kein G. haben (*skrupellos sein*); ein reines G. haben (*sich nicht schuldig fühlen*); er hatte wegen des Ladendiebstahls ein schlechtes G. (*war wegen dieses schuldhaften Verhaltens bedrückt*); ich hatte schon ein schlechtes G., dir nicht geschrieben zu haben (*machte mir schon Vorwürfe wegen dieser Nachlässigkeit*); seinem G. folgen; ruhigen -s etw. tun; an jmds. G. appellieren; gegen sein G. handeln; etw. mit gutem G. tun; seine Angaben nach bestem Wissen und G. (*ohne etw. dabei zu verschweigen*) machen; etw. vor seinem G. nicht verantworten können;
Spr ein gutes G. ist ein sanftes Ruhekissen;
* *sich* ⟨Dativ⟩ **kein G. aus etw. machen** (*etw.* Übles tun, ohne sich durch sein Gewissen davon zurückhalten zu lassen; nach Römer 14, 22); **jmdn. auf dem G. haben** (*durch sein Verhalten an jmds. Tod od. Untergang schuld sein*); **etw. auf dem G. haben** (*etw. durch sein Verhalten verschuldet haben*); **jmdm. ins G. reden** (*ernst u. eindringlich mit jmdm. reden, um ihn zu einer Änderung seines missbilligten Verhaltens zu bewegen*).
◆ **ge|wis|sen|frei** ⟨Adj.⟩: *frei von Schuld:* Das Gefühl, in der bürgerlichen Welt nur in einer ganz ehrlichen und -en Ehe glücklich sein zu können (Keller, Romeo 79).
ge|wis|sen|haft ⟨Adj.⟩: *mit großer Genauigkeit u. Sorgfalt vorgehend:* eine -e Untersuchung; der Schüler ist sehr g.; etw. g. prüfen, erledigen.
Ge|wis|sen|haf|tig|keit, die; -: *das Gewissenhaftsein; gewissenhaftes Wesen:* sie nahm mit größter G. ihre Medizin.
ge|wis|sen|los ⟨Adj.⟩: *jedes Empfinden für Gut u. Böse seines Tuns vermissen lassend; kein moralisches Empfinden besitzend:* er ist ein -er Mensch; g. handeln; Beide sind so durch die Schule der Kirche und die hitzige Hochschule der Revolution gegangen, beide zeigen sie die gleiche -e Kaltblütigkeit in Dingen des Geldes und der Ehre (St. Zweig, Fouché 130).
Ge|wis|sen|lo|sig|keit, die; -, -en: **1.** ⟨o. Pl.⟩ *das Gewissenlossein; gewissenloses Wesen:* mit unglaublicher G. handeln. **2.** *gewissenlose Handlung.*
Ge|wis|sens|angst, die: *durch das Gewissen verursachte Angst im Hinblick auf die eigene Handlungsweise:* von G. gepeinigt sein.
Ge|wis|sens|biss, der ⟨meist Pl.⟩ [LÜ von lat. conscientiae morsus]: *quälendes Bewusstsein, unrecht gehandelt zu haben, an etw. schuld zu sein:* -e haben, spüren, empfinden; sich -e über etw. machen.
Ge|wis|sens|ent|schei|dung, die: *Entscheidung, die jmd. allein nach seinem Gewissen trifft, getroffen hat.*
Ge|wis|sens|er|for|schung, die ⟨Pl. selten⟩: *[Selbst]befragung [der katholischen Gläubigen vor der Beichte] über begangene Sünden, über das eigene Handeln hinsichtlich der moralischen Vertretbarkeit.*
Ge|wis|sens|fra|ge, die: *unabweisbare schwierige Frage, die [persönlich] entschieden werden muss.*
Ge|wis|sens|frei|heit, die ⟨Pl. selten⟩ [LÜ von lat. libertas conscientiae]: *Recht des Menschen, in seinen Äußerungen u. Handlungen nur seinem Gewissen zu folgen:* die G. respektieren.
Ge|wis|sens|grund, der ⟨meist Pl.⟩: *vom Gewissen vorgeschriebener Grund für jmds. Haltung:* den Kriegsdienst aus Gewissensgründen verweigern.
Ge|wis|sens|kon|flikt, der: *Konflikt, in den jmd. gerät, wenn er eine notwendige Entscheidung mit dem Gewissen nicht vereinbaren kann:* in einen G. geraten.
Ge|wis|sens|not, die: *Gewissenskonflikt.*
Ge|wis|sens|prü|fung, die: **a)** ⟨Pl. selten⟩ *Gewissenserforschung;* **b)** (ugs.) *Nachprüfung der Gewissensentscheidung eines Kriegsdienstverweigerers durch eine entsprechende Behörde.*
Ge|wis|sens|qual, die: *Qual, die jmdn. sein schlechtes Gewissen bereitet:* -en leiden.
Ge|wis|sens|wurm, der ⟨o. Pl.⟩ (ugs. scherzh.): *schlechtes Gewissen, das jmdn. plagt.*
ge|wis|ser|ma|ßen ⟨Adv.⟩: *in gewissem Sinne, Grade; sozusagen:* g. aus heiterem Himmel; er tat es zum Spaß; das tat ihrer Würde keinen Abbruch, sondern erhöhte sie noch g.
Ge|wiss|heit, die; -, -en [mhd. gewisheit, ahd. giwisheit]: **1.** ⟨o. Pl.⟩ *sicheres Wissen, Wissen in Bezug auf etw. [Geschehendes]:* die G., auf dem rechten Weg zu sein; G. über etw. erlangen; ich muss mir darüber G. verschaffen; was gibt dir die G.?; der Verdacht wurde zur G. **2.** *etw., was für jmdn. unanzweifelbar eintritt od. sich unanzweifelbar in bestimmter Weise verhält; unanzweifelbare Sache:* mindestens eine G. hat diese Begegnung gebracht; Vergeblich suchte er nach Zusammenhängen, -en, genauen Vorstellungen (Jahnn, Nacht 75).
ge|wiss|lich ⟨Adv.⟩ [mhd. gewislich, ahd. giwislīho] (veraltend): *ganz ²gewiss:* das ist g. wahr.
Ge|wit|ter, das; -s, - [mhd. gewiter(e), ahd. giwitiri, urspr. = Witterung, Wetter, Kollektivbildung zu ↑ ²Wetter]: *mit Blitzen, Donner [u. Regen o. Ä.] verbundenes Unwetter:* ein schweres, heftiges, nächtliches G.; ein G. zieht [her]auf, liegt in der Luft, ist im Anzug, braut sich zusammen, bricht los, entlädt sich, geht über der Stadt nieder, zieht vorüber; der Streit wirkte wie ein reinigendes G.; es gibt heute bestimmt noch ein G.; die Strandgäste flüchteten vor dem G.; Ü das häusliche G. (*der Streit*) hat sich ausgetobt.
Ge|wit|ter|front, die: *Front* (4), *deren Durchzug von Gewittern begleitet ist.*
ge|wit|te|rig: ↑ gewittrig.
Ge|wit|ter|luft, die: *schwüle Luft vor einem Gewitter.*
ge|wit|tern ⟨sw. V.; hat; unpers.⟩: *donnern u. blitzen; als Gewitter heraufziehen od. niedergehen:* es gewittert [schon länger].
Ge|wit|ter|nei|gung, die ⟨Pl. selten⟩: *mögliches Aufkommen von Gewittern.*
Ge|wit|ter|re|gen, der: *[kurzer] heftiger Regen während eines Gewitters.*
Ge|wit|ter|stim|mung, die: *Stimmung der Natur vor einem Gewitter.*
Ge|wit|ter|sturm, der: *Sturm vor einem losbrechenden Gewitter, während eines Gewitters.*
Ge|wit|ter|wand, die: *große, zusammenhängende Masse von Gewitterwolken.*
Ge|wit|ter|wol|ke, die: *dunkle, schwere Wolke, die ein Gewitter ankündigt.*
Ge|wit|ter|zie|ge, die (salopp abwertend): *böse [zänkische] Frau* (oft als Schimpfwort).
ge|witt|rig, gewitterig ⟨Adj.⟩: **a)** *ein Gewitter erwarten lassend:* eine -e Schwüle; **b)** *wie ein Gewitter geartet; durch ein Gewitter hervorgerufen:* -e Störungen, Niederschläge.
Ge|wit|zel, das; -s: *[dauerndes] Witzeln.*
ge|witzt ⟨Adj.⟩ [mhd. gewitzet, 2. Part. von: witzen = klug machen]: *mit praktischem Verstand begabt; geschickt u. schlau:* ein -er Junge, Geschäftsmann; mit der Zeit wurden wir allerdings auch -er.
Ge|witzt|heit, die; -: *das Gewitztsein.*
GewO = Gewerbeordnung.
ge|wo|ben: ↑ weben.
Ge|wo|ge, das; -s: *[dauerndes] Wogen:* das G. eines Getreidefeldes.
¹ge|wo|gen ⟨Adj.⟩ [eigtl. 2. Part. zu mhd. (ge)wegen = Gewicht od. Wert haben, angemessen sein] (geh.): *zugetan, freundlich gesinnt, wohlgesinnt:* er war, zeigte sich ihr stets g.; sie war meinem Plan g. (*billigte ihn*); bleiben Sie uns g. (*behalten Sie uns in guter Erinnerung*).
²ge|wo|gen: ↑ ¹wiegen.
Ge|wo|gen|heit, die; - (geh.): *das Gewogensein, Zugetansein.*
◆ **ge|woh|nen** ⟨sw. V.; hat⟩ [mhd. gewonen, ahd. giwonēn, ↑ gewohnt]: *mit jmdm., etw. vertraut werden:* ...fremde Kleider, die uns nicht recht passen, bis wir durch öfteres Tragen sie gewohnen (Schiller, Macbeth I, 6).
ge|wöh|nen ⟨sw. V.; hat⟩ [mhd. gewenen, ahd. giwennen, zu mhd., ahd. wenen = gewöhnen, verw. mit mhd. winnen, ahd. winnan, ↑ gewinnen (mit unterschiedlicher Bedeutungsentwick-

Gewohnheit – Gezeitenkraftwerk

lung)]: **a)** *durch Einübung, eingehende Beschäftigung, häufigen Umgang o. Ä. mit jmdm., etw. vertraut machen:* er musste den Hund erst an sich g.; du musst die Kinder an Ordnung g. *(sie ihnen zur Gewohnheit machen);* **b)** ⟨g. + sich⟩ *mit jmdm., etw. vertraut werden; sich auf jmdn., etw. einstellen:* ich habe mich langsam an ihn, an seine Eigenarten gewöhnt; die Augen müssen sich erst an die Dunkelheit g.; wir sind an Arbeit, an dieses Klima gewöhnt *(die Arbeit, dieses Klima ist uns nicht fremd, wir sind darauf eingestellt);* ◆ ⟨mit Gen.-Obj.:⟩...ein der Einsamkeit gewöhnter Mann (Stifter, Bergkristall 6).

Ge|wohn|heit, die; -, -en [mhd. gewon(e)heit, ahd. giwonaheit]: *durch häufige u. stete Wiederholung selbstverständlich gewordene Handlung, Haltung, Eigenheit; etw. oft nur noch mechanisch od. unbewusst Ausgeführtes:* eine liebe, gute, alte G.; eine üble, absonderliche, schlechte G. *(Angewohnheit);* seine -en ändern, beibehalten; etw. aus [reiner], entgegen aller G. tun; das ist ihm schon zur [festen] G. geworden *(er hat sich daran gewöhnt u. tut es immer wieder).*

ge|wohn|heits|ge|mäß ⟨Adj.⟩: *einer bestimmten Gewohnheit entsprechend:* er schloss g. die Haustür ab.

ge|wohn|heits|mä|ßig ⟨Adj.⟩: *[mechanisch, unbewusst] einer bestimmten Gewohnheit folgend; aus Gewohnheit:* -e Verrichtungen.

Ge|wohn|heits|mä|ßig|keit, die; -: *gewohnheitsmäßiger Ablauf o. Ä.*

Ge|wohn|heits|mensch, der: *Person, deren Lebensweise von bestimmten Gewohnheiten geprägt ist, die nach ihren Gewohnheiten handelt, nicht von ihnen abweicht.*

Ge|wohn|heits|recht, das ⟨Pl. selten⟩ (Rechtsspr.): *schriftlich nicht festgelegtes Recht, das durch fortwährende Praktizierung u. längere Tradition verbindlich ist.*

ge|wohn|heits|recht|lich ⟨Adj.⟩ (Rechtsspr.): *das Gewohnheitsrecht betreffend, auf ihm beruhend.*

Ge|wohn|heits|sa|che, die: *etw., was jmdm. zur Gewohnheit geworden ist.*

Ge|wohn|heits|tier, das: R der Mensch ist ein G. (scherzh.; *man kann sich von seinen Gewohnheiten nicht so leicht lösen, kann sich schließlich sogar an e. gewöhnen).*

Ge|wohn|heits|trin|ker, der: *jmd., der sich an den übermäßigen Genuss von Alkohol gewöhnt hat u. vom Trinken nicht mehr ohne Weiteres loskommt.*

Ge|wohn|heits|trin|ke|rin, die: w. Form zu ↑Gewohnheitstrinker.

Ge|wohn|heits|ver|bre|cher, der (Rechtsspr.): *jmd., der immer wieder Straftaten begeht u. bei dem dies Ausdruck einer Eigenart seiner Persönlichkeit ist.*

Ge|wohn|heits|ver|bre|che|rin, die: w. Form zu ↑Gewohnheitsverbrecher.

ge|wöhn|lich ⟨Adj.⟩ [mhd. gewonlich]: **1.** *durchschnittlichen, normalen Verhältnissen entsprechend; durch keine Besonderheit hervorgehoben od. auffallend; alltäglich, normal:* ein [ganz] -er Tag; ein -es Leben. **2.** *gewohnt, üblich:* zur -en Zeit; sie gehen wieder ihrer -en Beschäftigung nach; er steht [für] *e. (üblicherweise, in der Regel)* sehr früh auf; es endete wie g. *(wie meist, wie sonst auch immer).* **3.** *in Art, Erscheinung, Auftreten ein niedriges Niveau verratend; ordinär:* ein ziemlich -er Mensch; -e Ausdrücke; er war ihr zu g.; er benahm sich furchtbar g.

Ge|wöhn|lich|keit, die; -: *gewöhnliche (3) Art; das Gewöhnlichsein.*

ge|wohnt ⟨Adj.⟩ [spätmhd. gewon(l)icht, adj. 2. Part. von mhd. gewonen = gewohnt sein, werden, verweilen, ahd. giwonēn = gewohnt sein, bleiben,

durch Gewohnheit üblich geworden; vertraut; bekannt:* die -e Arbeit, Umgebung; etw. in -er Weise, zur -en Zeit erledigen; *etw. g. sein *(etw. als Selbstverständlichkeit empfinden; an etw. gewöhnt, mit etw. vertraut sein:* schwere Arbeit g. sein; er war [es] g., früh aufzustehen).

ge|wöhnt: ↑gewöhnen (b).

ge|wohn|ter|ma|ßen ⟨Adv.⟩: *wie gewohnt, wie üblich:* sie verließ g. um 8 Uhr das Haus.

Ge|wöh|nung, die; -: *das Sichgewöhnen, das Sicheinstellen auf jmdn., etw.; Anpassung:* die G. an Narkotika.

ge|wöh|nungs|be|dürf|tig ⟨Adj.⟩: *der Gewöhnung bedürfend; eine Zeit der [Ein]gewöhnung, Anpassung verlangend, erfordernd:* ein -er Führungsstil; die Schaltautomatik ist g.

Ge|wöl|be, das; -s, - [mhd. gewelbe, ahd. giwelbi, zu ↑wölben]: **1.** *aus Steinen zusammengefügte Baukonstruktion mit bogenförmigem Querschnitt, meist als gewölbte Decke eines Raumes:* das G. des Seitenschiffs; Ü Strahlend und leicht segelten Juniwölkchen über das flachsblaue, bezaubernde G. der Tage (A. Zweig, Grischa 180). **2.** *von massivem Mauerwerk umschlossener, oft niedriger, lichtloser Raum mit gewölbter Decke:* ein dunkles, finsteres, feuchtes G.

Ge|wöl|be|bo|gen, der: *Krümmung eines Gewölbes.*

Ge|wöl|be|flä|che, Ge|wöl|be|lai|bung, die: *untere, innere Seite eines Gewölbes.*

ge|wölbt: ↑wölben.

Ge|wölk, das; -[e]s ⟨Pl. selten⟩ [mhd. gewülke, Kollektivbildung zu ↑Wolke]: *größere Menge von [zusammenhängenden] Wolken:* schwarzes G.

Ge|wöl|le, das; -s, - [mhd. gewelle = Brechmittel für den Falken; Erbrochenes, zu: wellen, willen, ahd. willōn, wullōn = erbrechen] (Zool., Jägerspr.): *(bes. von Eulen u. Greifvögeln) herausgewürgter Klumpen von unverdaulichen Nahrungsresten (wie Haaren, Federn o. Ä.).*

¹ge|wollt ⟨Adj.⟩: *mit allzu leicht erkennbarer Absicht erfolgend; gekünstelt; unnatürlich:* seine Gesten, Reden sind, wirken [sehr] g.

²ge|wollt: ↑²wollen.

ge|won|ne, ge|won|nen: ↑gewinnen.

ge|wor|ben: ↑werben.

ge|wor|den: ↑¹werden.

ge|wor|fen: ↑werfen.

ge|wrun|gen: ↑wringen.

Ge|wühl, das; -[e]s: **1.** *(oft abwertend) [dauerndes] Wühlen, Herumsuchen:* mit deinem G. in den Schubladen bringst du alles durcheinander. **2.** *lebhaftes Durcheinander sich hin u. her bewegender u. sich drängender Menschen:* es herrschte ein fürchterliches g.; jmdn. im G. aus den Augen verlieren; sich ins G. stürzen; ...die Augen funkelten und lachten, es war, als hätte sie alles andere vergessen und nichts mehr im Sinn, als immer tiefer in das G. zwischen den Buden einzudringen (Zuckmayer, Fastnachtsbeichte 124).

ge|wun|den: ↑¹winden.

ge|wun|ken: ↑winken.

ge|wür|felt ⟨Adj.⟩ [zu ↑würfeln (2)]: *mit gleichartigen verschiedenfarbigen Karos schachbrettartig gemustert:* eine -e Decke; -e Bettbezüge.

Ge|wür|ge, das; -s: **1.** *länger anhaltendes, heftiges [Heraus]würgen:* nach qualvollem G. kam der Knopf wieder zum Vorschein. **2.** (landsch.) *umständliches, beschwerliches, oft planloses Vorgehen, Arbeiten:* das war kein Fußballspiel, sondern ein entsetzliches G.

Ge|würm, das; -[e]s, -e ⟨Pl. selten⟩ [mhd. gewürme, Kollektivbildung zu ↑¹Wurm] (oft abwertend): *größere Anzahl von Würmern: abscheuliches, sich windendes G.*

Ge|würz, das; -es, -e [15. Jh.; Kollektivbildung zu

↑Wurz, heute auf ↑würzen bezogen]: *aus bestimmten Teilen von Gewürzpflanzen bestehende od. aus ihnen hergestellte aromatische Substanz, die Speisen zugesetzt wird, um ihnen eine bestimmte Geschmacksrichtung zu verleihen:* ein scharfes, mildes G.

Ge|würz|gur|ke, die: *in Essig mit bestimmten Gewürzen eingelegte Gurke.*

Ge|würz|kraut, das: *Kraut, das wegen seines aromatischen Geschmacks zum Würzen von Speisen verwendet wird.*

Ge|würz|ku|chen, der: *unter Verwendung von bestimmten Gewürzen, Honig, Nüssen u. Rosinen hergestellter Kuchen.*

Ge|würz|mi|schung, die: *geschmacklich abgestimmte Mischung von verschiedenen Gewürzen.*

Ge|würz|müh|le, die: **a)** *Mühle (1 b) für Gewürze;* **b)** *Fabrik, in der Gewürze gereinigt, gemahlen od. in ähnlicher Weise verarbeitet werden.*

Ge|würz|nel|ke, die: *als Gewürz verwendete, getrocknete dunkelbraune, aromatische u. süßlich schmeckende Blütenknospe des Gewürznelkenbaums.*

Ge|würz|nel|ken|baum, der: *(zur Familie der Myrtengewächse gehörender) hoher Baum, der zur Gewinnung von Gewürznelken (bes. auf Madagaskar u. Sansibar) kultiviert wird.*

Ge|würz|pflan|ze, die: *Pflanze, von der bestimmte Teile (Blüten, Früchte, Samen, Rinde u. a.) als Gewürze verwendet werden.*

Ge|würz|stän|der, der: *kleines, regalähnliches Gestell zur Aufbewahrung der Gefäße mit den verschiedenen Gewürzen.*

Ge|würz|tra|mi|ner, der: **a)** ⟨o. Pl.⟩ *Rebsorte (Spielart des Traminers) mit rosafarbenen, spät reifenden Trauben;* **b)** *aus den Trauben des Gewürztraminers (a) hergestellter, alkoholreicher, würziger, säurearmer Weißwein.*

Ge|würz|wein, der: *Würzwein.*

Ge|wu|sel, das; -s [zu ↑wuseln] (landsch.): *rasches, geschäftiges Hin-und-her-Eilen; Gewimmel:* das G. auf einem Marktplatz.

ge|wusst: ↑wissen.

Gey|sir ['gaizir], der; -s, -e, Geiser, der; -s, - [isländ. geysir, zu: geysa = in heftige Bewegung bringen]: *heiße Quelle, die in bestimmten Abständen Wasser in Form einer Fontäne ausstößt.*

gez. = gezeichnet; vgl. zeichnen.

ge|zackt: ↑zacken.

ge|zählt ⟨Adj.⟩ [eigtl. 2. Partizip von ↑zählen] (österr.): *in einer erstaunlich großen od. kleinen Zahl vorkommend.*

ge|zahnt, ge|zähnt: ↑zähnen.

Ge|zänk, das; -[e]s, -e, (auch:) **Ge|zan|ke,** das; -s, (seltener:) **Ge|zän|ke,** das; -s, -: *[dauerndes] Zanken; zänkisches Streiten:* das G. geht mir auf die Nerven; hört endlich auf mit eurem ewigen G.!

Ge|zap|pel, das; -s (ugs., oft abwertend): *[dauerndes] Zappeln:* das G. der Kinder fiel ihr auf die Nerven.

ge|zeich|net: ↑zeichnen (2, 3 a) (Abk.: gez.).

Ge|zeit, die; -, -en [Anfang des 17. Jh.s verhochdeutscht für mniederd. getīde = Flutzeit, zu: tide = Zeit; mhd. gezīt = (festgesetzte) Zeit; Gebetsstunde; Begebenheit, ahd. gizīt = Zeit, Zeitlauf]: **a)** ⟨Pl.⟩ *(durch die Anziehungskraft des Mondes mitverursachte) Bewegung der Wassermassen des Meeres, die an den Küsten als periodisches Ansteigen u. Absinken des Meeresspiegels in Erscheinung tritt; Ebbe und Flut:* die Berechnung der -en; **b)** (Fachspr.) *Tide (a).*

Ge|zei|ten|kraft|werk, das: *Kraftwerk, bei dem die durch den unterschiedlichen Wasserstand der Gezeiten sich ergebende Energie zur Stromerzeugung ausgenutzt wird.*

Gezeitenstrom – gießen

Ge|zei|ten|strom, der ⟨Pl. selten⟩: *durch die Gezeiten verursachte Strömung im Meer.*
Ge|zei|ten|wech|sel, der: *Wechsel von Ebbe u. Flut.*
Ge|zelt, das; -[e]s, -e [mhd., ahd. gezelt] (dichter. veraltet): *Zelt:* ◆ *Herr Wilhelm steckte sein Banner aufs blutige Feld, inmitten der Toten spannt' er sein G.* (Uhland, Taillefer).
Ge|zer|re, das; -s ⟨abwertend⟩: *[dauerndes] Zerren, Hin-und-her-Zerren: das G. des Hundes; Ü das G. um die Erbschaft stieß ihn ab.*
Ge|ze|ter, das; -s ⟨abwertend⟩: *[dauerndes] Zetern.*
ge|zie|hen: ↑ zeihen.
ge|zielt ⟨Adj.⟩ [eigtl. 2. Part. von ↑ zielen]: *einen Zweck verfolgend; auf ein bestimmtes Ziel ausgerichtet: -e Fragen, Maßnahmen; wir müssen -er planen.*
ge|zie|men ⟨sw. V.; hat⟩ [mhd. gezemen, ahd. gizeman, zu ↑ ziemen] (veraltend): **1.** *gemäß sein; jmdm. aufgrund seiner Stellung, Eigenschaften o. Ä. gebühren: es geziemt dir nicht, danach zu fragen.* **2.** ⟨g. + sich⟩ *sich gehören, schicken: verhalte dich so, wie es sich ihr gegenüber geziemt.*
ge|zie|mend ⟨Adj.⟩ (geh.): *dem Takt, der Höflichkeit, der Rücksicht auf die Würde einer Person entsprechend: etw. in -er Weise, mit -en Worten sagen.*
Ge|zie|re, das; -s (oft abwertend): *[dauerndes] Sichzieren; geziertes Benehmen.*
ge|ziert ⟨Adj.⟩ [eigtl. 2. Part. von ↑ zieren] (abwertend): *sich nicht natürlich gebend; affektiert; gekünstelt, unecht wirkend: eine -e Sprechweise; -es Benehmen; sie gibt sich entsetzlich g.; ... und der kleine Uralte trippelte g. auf den Platz hinaus* (H. Mann, Stadt 442).
Ge|ziert|heit, die; -: *das Geziertsein.*
ge|zinkt: ↑ ¹zinken.
Ge|zirp, das; -[e]s, **Ge|zir|pe,** das; -s ⟨oft abwertend⟩: *[dauerndes] Zirpen: das G. der Grillen wollte nicht enden.*
Ge|zisch, das; -[e]s, **Ge|zi|sche,** das; -s ⟨oft abwertend⟩: *[dauerndes] Zischen: das Brodeln und G. des Wassers auf dem Herd.*
Ge|zi|schel, das; -s ⟨abwertend⟩: *[dauerndes] Zischeln: das G. der Nachbarinnen.*
ge|zo|gen: ↑ ziehen.
Ge|zün|gel, das; -s: *[dauerndes] Züngeln: das G. der Schlange;* Ü *das G. der Flammen.*
Ge|zweig, das; -[e]s, -e, **Ge|zwei|ge,** das; -s, - (geh.): *Gesamtheit von Zweigen: ein Baum mit starkem G.*
Ge|zwin|ker, das; -s: *[dauerndes] Zwinkern mit den Augen.*
Ge|zwit|scher, das; -s: *[dauerndes] Zwitschern: lautes G. erfüllte das Vogelhaus.*
ge|zwun|gen ⟨Adj.⟩ [eigtl. 2. Part. von ↑ zwingen]: *unfrei, unnatürlich wirkend; gekünstelt: ein -es Wesen, Benehmen; sie lachten etwas g.*
ge|zwun|ge|ner|ma|ßen ⟨Adv.⟩ [↑ -maßen]: *einem Zwang, einer Notwendigkeit, Verpflichtung, Forderung folgend: den Rest des Heimwegs legten sie g. zu Fuß zurück.*
Ge|zwun|gen|heit, die; -, -en: **1.** ⟨o. Pl.⟩ *Unnatürlichkeit, Gekünsteltheit: die G. seines Lachens, Benehmens.* **2.** *etw. gezwungen Wirkendes.*
GG = Grundgesetz.
ggf. = gegebenenfalls.
Gha|na; -s: *Staat in Afrika.*
Gha|na|er, der; -s, -: *Ew.*
Gha|na|e|rin, die; -, -nen: w. Form zu ↑ Ghanaer.
gha|na|isch [auch: gaˈnaːɪʃ] ⟨Adj.⟩: *Ghana, die Ghanaer betreffend; von den Ghanaern stammend, zu ihnen gehörend.*
Ghet|to usw.: ↑ Getto usw.
Ghost|town [ˈɡoʊsttaʊn], die; -, -s [engl. ghost town]: *Geisterstadt.*
Ghost|wri|ter [ˈɡoʊstraɪtɐ], der; -s, - [engl. ghostwriter, eigtl. = Geisterschreiber] (bildungsspr.): *Autor, der für eine andere Person, meist eine bekannte Persönlichkeit, schreibt u. nicht als Verfasser genannt wird.*
Ghost|wri|te|rin, die; -, -nen: w. Form zu ↑ Ghostwriter.
GHz = Gigahertz.
GI [ɡeˈliː], der; -, -: *glykämischer Index.*
G. I., GI [dʒiːˈlaɪ], der; -[s], -[s] [engl. G. I., GI, eigtl. Abk. für engl. government issue, etwa = Staatseigentum od. general issue = allg. Eigentum] (ugs.): *einfacher amerikanischer Soldat.*
gib: ↑ geben.
Gib|bon, der; -s, -s [frz. gibbon, H. u.]: *(in den Urwäldern Südostasiens heimischer) kleinwüchsiger, schwanzloser Affe mit rundlichem Kopf u. sehr langen Armen.*
Gi|b|ral|tar [auch: ...ˈtaːɐ̯, österr.: ˈɡiː...]; -s: *Halbinsel an der Südspitze Spaniens (britische Kronkolonie).*
Gi|b|ral|ta|rer, der; -s, -: *Ew.*
Gi|b|ral|ta|re|rin, die; -, -nen: w. Form zu ↑ Gibraltarer.
gi|b|ral|ta|risch ⟨Adj.⟩: *Gibraltar, die Gibraltarer betreffend; von den Gibraltarern stammend, zu ihnen gehörend.*
gibst, gibt: ↑ geben.
²Gicht, die; - [mhd. giht, ahd. firgiht(e), gigiht(e), identisch mit mhd. giht, ahd. jiht = Aussage, Geständnis, Bekenntnis, zu ahd. jehan = sagen, bekennen (↑ Beichte), also eigtl. = Zauberspruch, Beschwörung, nach der im alten Volksglauben vorherrschenden Vorstellung, dass Krankheiten durch Besprechen od. Beschreien angezaubert werden können]: **a)** *durch eine Störung des Stoffwechsels verursachte Krankheit, die sich bes. in schmerzhaften Entzündungen von Gelenken äußert: ... und während ich mechanisch die steifen Finger krümmte und wieder streckte, im Kampf mit der heimlich wühlenden G. ...* (Hesse, Steppenwolf 71); ◆ **b)** ⟨Pl. -e u. -er⟩ *Krampf* (1), *Zuckung: Ich weiß eine Zeit, wo du beim Anblick einer Krone -er bekommen hättest* (Schiller, Fiesco I, 7).
Gicht|an|fall, der: *Anfall von Gicht.*
Gicht|bee|re, die (landsch.): *Schwarze Johannisbeere.*
gicht|brü|chig ⟨Adj.⟩ (veraltet): *an Gicht erkrankt; durch Gicht stark behindert.*
◆ **gich|te|risch** ⟨Adj.⟩ [zu ↑ ²Gicht (b)]: *krampfhaft* (1): *Dein Leben sei das -e Wälzen des sterbenden Wurms* (Schiller, Fiesco I, 12).
gich|tig, gich|tisch ⟨Adj.⟩: *an Gicht erkrankt; von Gicht befallen: ein -er Greis; -e Hände.*
Gicht|kno|ten, der: *infolge chronischer Gicht entstandene knotenförmige Verdickung in der Umgebung von Gelenken.*
gicht|krank ⟨Adj.⟩: *gichtig, gichtisch.*
Gi|ckel, der; -s, - [lautm.] (landsch.): *Hahn.*
gi|ckeln, gi|ckern ⟨sw. V.; hat⟩ [lautm.] (landsch., bes. md.): *hell kichernd u. etwas unterdrückt (oft auch albern u. ohne ersichtlichen Grund) lachen.*
gicks: *in den Wendungen* **weder g. noch gacks wissen, sagen, verstehen** (ugs.: *überhaupt nichts wissen, sagen, verstehen*), **g. und gacks** (ugs.; *alle Welt; jeder: das weiß doch g. und gacks*).
gick|sen ⟨sw. V.; hat⟩ (landsch., bes. md.): **1.** [mhd. gichzen, gigzen, ahd. gicchaz(z)en, lautm.] *einen leichten, hohen Schrei ausstoßen; (von der Stimme) plötzlich in die Kopfstimme umschlagen u. zu hoch [u. schrill] erklingen: er, seine Stimme gickste manchmal beim Sprechen.* **2.** [zur der lautm. Interj. gick] *mit einem spitzen Gegenstand stechen, stoßen: er hat ihn/ihm in die Seite, hat ihn mit dem Stock gegickst.*

Gick|ser, der; -s, - (landsch., bes. md.): *hoher, halb unterdrückter Laut des Kicherns, des Überschlagens der Stimme.*
¹Gie|bel, der; -s, - [H. u.]: *zu den Karauschen gehörender kleinerer Fisch.*
²Gie|bel, der; -s, - [mhd. gibel, ahd. gibil, urspr. wohl = Astgabel u. Bez. für die Gabelung, in der der Balken, der den First eines Daches bildet, ruht]: **1.** *meist dreieckiger, oberer Teil der Wand an der Schmalseite eines Gebäudes, der zu beiden Seiten vom [schräg aufsteigenden] Dach begrenzt wird: ein spitzer, steiler G.* **2.** (Archit.) *meist dreieckiger, oft verzierter, schmückender Aufsatz als oberer Abschluss von Fenstern, Portalen o. Ä.* **3.** (ugs.) *Nase.*
Gie|bel|dach, das: *Satteldach, bes. eines Giebelhauses, dessen Giebelseite der Straße zugekehrt ist.*
Gie|bel|feld, das: *vom Dach, von Gesimsen eingegrenzte Fläche des ²Giebels.*
Gie|bel|fens|ter, das: *Fenster im ²Giebel eines Hauses.*
Gie|bel|haus, das: *Haus, dessen Giebelseite der Straße zugekehrt ist.*
Gie|bel|sei|te, die: *Seite eines Hauses, an der sich der ²Giebel befindet.*
Gie|bel|zim|mer, das: *Zimmer, das am ²Giebel eines Hauses liegt.*
Giek|se|gel, das; -s, - (veraltet): *Gaffelsegel.*
Gie|per, Jieper, der; -s [aus dem Niederd., rückgeb. aus ↑ giepern, jiepern] (landsch., bes. nordd.): *auf etw. Bestimmtes, bes. etw. Essbares gerichtete, plötzlich wach werdende Begierde; große Lust auf etw.: er hatte einen ungeheuren G. auf etwas Saures.*
gie|pern, jiepern ⟨sw. V.; hat⟩ [aus dem Niederd., zu: giepen = Luft schnappen, verw. mit ↑ Geifer] (landsch., bes. nordd.): *Gieper haben:* *die Kinder gieperten bereits nach Popcorn.*
giep|rig, jieprig ⟨Adj.⟩ (landsch., bes. nordd.): *heftiges Verlangen in sich verspürend, in den Genuss von etw. zu kommen; gierig: er griff g. nach dem Kuchen.*
Gier, die; - [mhd. gir(e), ahd. girī]: *auf Genuss u. Befriedigung, Besitz u. Aneignung von Wünschen gerichtetes, heftiges, maßloses Verlangen; ungezügelte Begierde: hemmungslose, blinde, wilde G.; die G. nach Macht und Geld; Die Erwachsenen jener Jahre waren von einer G. nach Besitz und nach Sicherheiten umgetrieben, die etwas Verzweifeltes an sich hatte* (Gaiser, Schlußball 141).
¹gie|ren ⟨sw. V.; hat⟩ [mhd. gir(e)n, wohl geb. zu dem ↑ gern(e) zugrunde liegenden Adj., heute als Abl. von ↑ Gier empfunden]: *heftig, übermäßig, voller Gier nach etw. verlangen, etw. begehren: nach Geld g.; gierende Hunde.*
²gie|ren ⟨sw. V.; hat⟩ [niederl. gieren, eigtl. = schief (ab)stehen] (Seemannsspr.): *infolge heftigen Seegangs hin u. her gehen, nicht den geraden Kurs halten: das Schiff, das Boot giert.*
gie|rig ⟨Adj.⟩ [mhd. giric, ahd. girig, zu mhd., ahd. ger, ↑ Gier]: *von einem heftigen, maßlosen Verlangen nach etw. erfüllt; voller Gier: -e Blicke, Augen; mit -en Händen nach etw. greifen; sie war ganz g. nach Obst; etw. g. verschlingen; Die Alte horchte g. herum nach all diesem Tratsch* (Brecht, Geschichten 102).
Gie|rig|keit, die; - (selten): *Gier.*
Gier|schlund, der (ugs.): *gieriger Mensch.*
Gieß|bach, der: *[Gebirgs]bach mit starkem Gefälle, der [infolge von Regen- od. Schneefällen] viel Wasser führt.*
gie|ßen ⟨st. V.; hat⟩ [mhd. gieʒen, ahd. gioʒan]: **1. a)** *(eine Flüssigkeit) aus einem Gefäß an eine bestimmte Stelle, in ein anderes Gefäß fließen lassen, über etw. rinnen, laufen lassen, schütten: Kaffee in die Tassen, Wasser an/auf/über den*

Braten g.; Ü (dichter.:) der Mond goss sein Licht über die Felder; **b)** *(eine Flüssigkeit) versehentlich über etw. ausgießen, verschütten:* er hat die Tinte auf die Tischdecke, übers Heft gegossen; du hast ihr den [ganzen] Wein aufs Kleid gegossen. **2.** *(mit einer Gießkanne) mit Wasser versorgen; begießen:* die Blumen g.; er muss fast jeden Abend [die Pflanzen, die Beete] g. **3.** ⟨unpers.⟩ (ugs.) *heftig regnen:* es goss in Strömen; Sie waren kaum da, als es schon zu g. begann. Das Wasser stürzte nur so herunter (Remarque, Triomphe 354). **4. a)** *durch Schmelzen flüssig gemachtes Metall in dafür vorgesehene Hohlformen gießen* (1 a) *u. darin erstarren lassen:* Silber, Kupfer g.; in diesem Werk wurde früher nur Eisen gegossen; **b)** *aus einer durch Schmelzen flüssig gemachten Masse dadurch herstellen, dass man diese in eine entsprechende Form fließen u. darin zu dem gewünschten Gegenstand erstarren lässt:* Lettern, Glocken g.; Kerzen g.; der Stuhl wurde aus einem neuartigen Kunststoff in einem Stück gegossen.
Gie|ßen: Stadt an der Lahn.
¹Gie|ße|ner, der; -s, -: Ew.
²Gie|ße|ner ⟨indekl. Adj.⟩.
Gie|ße|ne|rin, die; -, -nen: w. Form zu ↑¹Gießener.
Gie|ßer, der; -s, -: *jmd., der berufsmäßig mit einem der verschiedenartigen Verfahren des Gießens einer flüssig gemachten Masse, bes. Metall, beschäftigt ist.*
Gie|ße|rei, die; -, -en: **1.** ⟨o. Pl.⟩ **a)** *Herstellung bestimmter Gegenstände durch Gießen von flüssig gemachtem Metall;* **b)** *Zweig der Metallindustrie, der sich mit der Gießerei* (1 a) *befasst.* **2.** *Betrieb der Metallindustrie, in dem Metall gegossen wird, bzw. die entsprechende Anlage innerhalb eines solchen Betriebs.*
Gie|ße|rei|ar|bei|ter, der: *in einer Gießerei beschäftigter Arbeiter.*
Gie|ße|rei|ar|bei|te|rin, die: w. Form zu ↑Gießereiarbeiter.
Gie|ße|rei|tech|nik, die ⟨Pl. selten⟩: *Technik der Gießerei* (1 a).
Gie|ße|rin, die; -, -nen: w. Form zu ↑Gießer.
Gieß|form, die (Technik): *Form zum Gießen* (4).
Gieß|harz, das (Technik): *Kunststoff, der in seinem ursprünglich flüssigen Zustand gegossen werden kann u. der ohne Einwirkung von Druck hart wird.*
Gieß|kan|ne, die: **1.** *kannenförmiges Gefäß mit einem [siebartig durchlöcherten Aufsatz auf einem] Rohr zum Begießen von Pflanzen.* **2.** (ugs. scherzh.) *Penis.*
Gieß|kan|nen|prin|zip, das ⟨o. Pl.⟩: *für die Verteilung von etw. getroffene Regelung, nach der jeder Empfänger, jeder Bereich in gleicher Weise mit etw. bedacht wird ohne Berücksichtigung der unterschiedlichen Verhältnisse.*
Gieß|ofen, der (Gießerei): *Ofen einer Erzgießerei.*
Gieß|pfan|ne, die (Gießerei): *an einem Kran befestigter, feuerfest ausgekleideter Behälter, mit dem flüssiger Stahl aus dem Ofen aufgenommen, zu den Formen* (3) *transportiert u. in diese eingegossen wird.*
Gieß|ver|fah|ren, das (Gießerei): *Verfahren zum Gießen geschmolzener Metalle in bestimmte Formen* (3).
¹Gift, das; -[e]s, -e [mhd., ahd. gift, eigtl. = das Geben, Übergabe; Gabe, zu ↑geben]: *in der Natur vorkommender od. künstlich hergestellter Stoff, der nach Eindringen in den Organismus eines Lebewesens eine schädigende, zerstörende, tödliche Wirkung hat (wenn er in einer bestimmten Menge, einer bestimmten Bedingungen einwirkt):* ein gefährliches, chemisches G.; die Samen der Pflanze enthalten ein G.; G. nehmen *(in der Absicht, sich zu töten, Gift einnehmen);* er hat dem kranken Tier G. gegeben *(hat es vergiftet);* das Messer schneidet wie G. (ugs.: *ist sehr scharf);* Ü sie war, antwortete voller G. *(Gehässigkeit, Boshaftigkeit);* Wir haben ihm oft zugesehen, wenn er seinen Schlangen das G. abzapfte (Schnurre, Bart 136); * **blondes G.** (ugs. scherzh.; *erotisch attraktive Frau mit auffallend hellblonden Haaren);* G. für jmdn., etw. sein *(sehr schädlich für jmdn., etw. sein);* sein G. verspritzen (ugs.; *sich sehr boshaft, gehässig äußern);* G. und Galle speien/spucken *(sehr wütend sein, sehr heftig werden; sehr böse, gehässig [auf etw.] reagieren);* nach 5. Mos. 32, 33); auf etw. G. nehmen können (ugs.: *sich auf etw. völlig verlassen können; etw. als ganz sicher betrachten können;* H. u., viell. bezogen auf die ma. Gottesurteile, ursp. ausdrückend, dass etw. so sicher ist, dass sich jmd. ohne Sorge der Giftprobe unterziehen kann).
◆**²Gift,** die; -, -en: *Gabe, Geschenk:* Des Kaisers Wort ist groß und sicher jede G. (Goethe, Faust II, 10927); Du nimmst zuletzt doch auch für deine Schriften, so wie es ist der Brauch, reichliche -en (Goethe, Zahme Xenien VIII [Trauerreglement]).
Gift|am|pul|le, die: *ein tödlich wirkendes Gift enthaltende Ampulle.*
Gift|be|cher, der (früher): *mit einer ein tödliches Gift enthaltenden Flüssigkeit gefüllter Becher, den ein zu dieser Art des Todes Verurteilter austrinken muss:* er musste den G. trinken.
Gift|drü|se, die (Zool.): *bei bestimmten Tieren entwickelte Drüse, die einen für andere Lebewesen giftigen Stoff ausscheidet, der auf verschiedene Weise (z. B. durch Zähne, Stachel) verabfolgt wird.*
gif|teln ⟨sw. V.; hat⟩: **1.** (österr., schweiz.) *bösartige, gehässige Bemerkungen machen:* ich giftle nicht, ich sage nur die Wahrheit; ◆ »Ein Leubelfing!«, giftelte der alte Herr. »Muss denn jeder Nürnberger bei seinem einfachen Raufbold sein, wie der Rupert, dein Vater ...« (C. F. Meyer, Page 142). **2.** (österr.) **a)** *Drogen konsumieren;* **b)** *Pestizide verwenden.*
gift|frei ⟨Adj.⟩: *keine giftigen Stoffe enthaltend u. deshalb ungefährlich.*
Gift|gas, das: *Gas, das eine schädigende, zerstörende, tödliche Wirkung auf den Organismus von Lebewesen, bes. von Menschen, ausübt.*
Gift|gas|an|schlag, der: *[Mord]anschlag durch Giftgas.*
gift|grün ⟨Adj.⟩: *eine kräftige, grelle grüne Farbe aufweisend:* ein -es Kleid.
gift|hal|tig, (österr.:) **gift|häl|tig** ⟨Adj.⟩: *giftige Stoffe enthaltend.*
gif|tig ⟨Adj.⟩: **1.** [mhd. giftec] *Gift, einen Giftstoff enthaltend; der, das einen Giftstoff in sich habend, entwickelnd:* -e Pflanzen, Pilze, Chemikalien; ein -er Pfeil *(Giftpfeil);* das Medikament enthält eine -e Substanz *(ein Gift, einen Giftstoff);* die Dämpfe sind g. **2.** (ugs.) *bösartig [u. aggressiv]; von Boshaftigkeit, Gehässigkeit geprägt, zeugend:* eine -e Bemerkung; ein -er Blick; g. lächeln; jmdn. g. anfahren, anstarren. **3.** *(von bestimmten Farben) grell, schreiend:* ein -es Gelb. **4.** (Sportjargon) *verbissen, mit großem körperlichem Einsatz kämpfend u. deshalb für den Gegner gefährlich:* ein -er Mittelstürmer; er war, spielte sehr g.
Gif|tig|keit, die; -: *das Giftigsein.*
Gift|krö|te, die (ugs. abwertend): *sehr boshafter, gehässiger Mensch (oft als Schimpfwort).*
Gift|kü|che, die: **1.** (scherzh., auch abwertend) *Labor; Produktionsstätte für chemische Erzeugnisse.* **2.** (abwertend) *Ort, an dem boshafte, gehässige Gerüchte entstehen, von dem üble, unsaubere Machenschaften ausgehen.*
Gift|ler, der; -s, - (österr., schweiz. ugs.): *Drogensüchtiger.*
Gift|le|rin, die; -, -nen: w. Form zu ↑Giftler.
Gift|mi|scher, der: **1.** (ugs. abwertend) *jmd., der verbotenermaßen, in böser Absicht Gift zubereitet, etw. mit Gift präpariert.* **2.** (ugs. scherzh.) *jmd., der beruflich mit Chemikalien, Medikamenten, Giften zu tun hat, bes. Apotheker.*
Gift|mi|sche|rin, die: w. Form zu ↑Giftmischer.
Gift|mord, der: *mithilfe von Gift verübter Mord.*
Gift|mör|der, der: *jmd., der einen Giftmord begangen hat.*
Gift|mör|de|rin, die: w. Form zu ↑Giftmörder.
Gift|müll, der: *(aus Gewerbe- u. Industriebetrieben stammender) giftiger Müll, der die Umwelt schädigt u. verseucht.*
Gift|müll|de|po|nie, die: *Deponie für Giftmüll.*
Gift|nu|del, die (ugs. abwertend): *giftige* (2) *[weibliche] Person.*
Gift|pfeil, der: *Pfeil, dessen Spitze mit Gift präpariert ist:* Ü sie ließ sich auch durch die gefürchteten -e *(boshaften, gehässigen Bemerkungen)* der Vorsitzenden nicht aus der Ruhe bringen.
Gift|pflan|ze, die (Biol.): *Pflanze, die einen giftigen Stoff enthält, der im Menschen u. Tieren eine schädliche, zerstörende, tödliche Wirkung hat.*
Gift|pilz, der: *einen für Menschen und Tiere giftigen Stoff enthaltender Pilz.*
Gift|schlan|ge, die: *Schlange, die beim Biss ein giftiges Sekret in die Bisswunde gelangt.*
Gift|schrank, der: **1.** *verschließbarer Schrank (in Apotheken u. Krankenhäusern), in dem bes. gefährliche Medikamente, Gifte aufbewahrt werden.* **2.** *Schrank, in dem Bücher, Filme unter Verschluss gehalten werden, die aus bestimmten (politischen, moralischen o. ä.) Gründen nicht jedem zugänglich sein sollen.*
Gift|spin|ne, die: *bes. für den Menschen giftige Spinne.*
Gift|sprit|ze, die: **1.** (ugs.) *Injektionsspritze, mit der einem zum Tode Verurteilten bei der Hinrichtung das tödliche Gift injiziert wird.* **2.** (salopp abwertend) *Giftnudel.*
Gift|sta|chel, der (Zool.): *stachelartiges Organ bei bestimmten Tieren (z. B. bei Insekten, Fischen), mit dessen Hilfe das Sekret der Giftdrüse in die Einstichstelle geführt wird.*
Gift|stoff, der: *giftige Substanz; Gift.*
Gift|tier, das (Zool.): *Tier, das ein giftiges Sekret produziert, mit dessen Hilfe es Beute machen od. sich verteidigen kann.*
Gift|wol|ke, die: *Wolke aus giftigem Gas o. Ä.*
Gift|zahn, der (Zool.): *mit einem Kanal od. einer Rinne versehener Zahn bestimmter Schlangen, durch den das Sekret der Giftdrüse beim Biss weitergeleitet u. übertragen wird:* * **jmdm. die Giftzähne ausbrechen/ziehen** (ugs.; *jmdn. energisch daran hindern, gehässige, böse Reden zu führen, sich weiterhin abfällig, verleumderisch über jmdn., etw. zu äußern).*
Gift|zet|tel, der (Schülerspr. landsch.): *Schulzeugnis.*
Gift|zwerg, der (ugs. abwertend): *boshafter, gehässiger Mensch, bes. jmd., der seine körperliche Kleinheit durch Boshaftigkeit, Gehässigkeit kompensiert (oft als Schimpfwort).*
¹Gig, das; -s, -s [engl. gig, H. u.] (früher): *leichter, offener Wagen, Einspänner mit einer Gabeldeichsel.*

²Gig, die; -, -s, seltener: das; -s, -s [engl. gig, übertr. von ↑¹Gig]: **1.** (Seemannsspr.) *als Beiboot mitgeführtes leichtes, schnelles Ruderboot, bes. zur Benutzung für den Kapitän* (1). **2.** (Rudern) *zum Training u. für Wanderfahrten verwendetes leichtes Ruderboot.*

³Gig, der; -s, -s [engl. gig, H. u.] (Jargon): *Auftritt einer Band od. eines Einzelmusikers bei einem Pop-, Jazzkonzert, in einem [Nacht]lokal o. Ä.*

Gi|ga- [zu griech. gígas, ↑ Gigant]: **1.** bedeutet in Bildungen mit Substantiven das 10⁹-Fache einer [physikalischen] Einheit (Zeichen: G). **2.** kennzeichnet in Bildungen mit Substantiven jmdn. oder etw. als besonders groß, hervorragend, bedeutend (als Steigerung von *Super-*): Gigaevent, -projekt.

Gi|ga|byte [auch: ...'baıt], das; -[s], -[s] (EDV): *1024 Megabyte* (= 1 073 741 824 Byte; Zeichen: GByte).

Gi|ga|hertz [auch: ...'hertṣ], das; -, - (Physik): *eine Milliarde Hertz* (Zeichen: GHz).

Gi|ga|li|ner [...laı...], der; -s, - [zu ↑ Liner]: *bes. langer u. schwerer Lastkraftwagen.*

Gi|ga|me|ter [auch: ...'me:...], der, früher fachspr. auch: das; -s, - (Physik): *eine Milliarde Meter* (Zeichen: Gm).

Gi|gant, der; -en, -en: **1.** [lat. gigas (Gen.: gigantis) < griech. gígas] (geh.) *Riese.* **2.** *jmd., der durch außergewöhnlich große Leistungsfähigkeit, Machtfülle, Bedeutsamkeit o. Ä. beeindruckt; etw., was hinsichtlich einer Größe, Mächtigkeit, Wirksamkeit o. Ä. Vergleichbarem weit überlegen ist:* die -en des Skisports; der Konzern ist ein G. auf dem Weltmarkt.

-gi|gant, der; -en, -en: kennzeichnet in Verbindung mit Substantiven eine Person od. sehr große Firma, die in ihrem Bereich außergewöhnliche Macht besitzt, allen vergleichbaren Personen od. Firmen weit überlegen ist: Elektronik-, Fastfood-, Hollywood-, Medien-, Modegigant.

gi|gan|tesk ⟨Adj.⟩ [frz. gigantesque < ital. gigantesco, zu: gigante = Riese < lat. gigas, ↑ Gigant] (bildungsspr.): *ins Riesenhafte, Maßlose übersteigert; maßlos.*

Gi|gan|tin, die; -, -nen: w. Form zu ↑ Gigant.

-gi|gan|tin, die; -, -nen: kennzeichnet in Verbindung mit Substantiven eine weibliche Person, die in ihrem Bereich außergewöhnliche Fähigkeiten od. Macht besitzt, allen vergleichbaren Personen weit überlegen ist: Aufschlags-, Sangesgigantin.

gi|gan|tisch ⟨Adj.⟩ [griech. gigantikós] (emotional): **a)** *sehr, riesig groß; gewaltig, imposante Ausmaße aufweisend:* -e Bauwerke, Schiffe; ein -er Konzern; **b)** *ungeheuer, gewaltig, riesig, außerordentlich:* ein -er Erfolg, Machtkampf; -e Anstrengungen; ein -es Verbrechen; ihre Stimme ist g.; Der Skandal ist g. (Dürrenmatt, Meteor 60).

Gi|gan|tis|mus, der; -, ...men: **1.** (Med.) *krankhafter Riesenwuchs; übermäßiges Wachstum:* an G. leiden. **2.** (bildungsspr.) *Gesamtheit der Erscheinungsformen, in denen das Bestreben, die Sucht, alles ins Riesenhafte, Maßlose zu übersteigern, mit gewaltigen Ausmaßen zu gestalten, sichtbar, offenbar wird.*

Gi|gan|to|ma|nie, die; -, -n (bildungsspr. abwertend): *Sucht, alles ins Riesenhafte, Maßlose zu übersteigern, mit gewaltigen Ausmaßen zu gestalten.*

gi|gan|to|ma|nisch ⟨Adj.⟩ (bildungsspr. abwertend): *die Gigantomanie betreffend, auf ihr beruhend, von ihr zeugend:* in -en Dimensionen denken.

Gi|go|lo ['ʒi:golo, auch: 'ʒi...], der; -s, -s [frz. gigolo, wohl eigtl. = junger Mann, der häufig (zwielichtige) Tanzveranstaltungen besucht, H. u.]: **1.** *Eintänzer.* **2.** (ugs.) *jüngerer Mann, der sich von meist älteren Frauen aushalten lässt.*

Gi|got [ʒi'go:], das; -s, -s [frz. gigot = Schenkel, Keule, zu afrz. gigue = ein keulen-, schenkelförmiges Streichinstrument] (schweiz.): *Hammelkeule.*

Gigue [ʒi:g], die; -, - [ʒi:gṇ] u. -s [frz. gigue < engl. jig, wohl zu afrz. giguer = springen, tanzen]: **a)** *alter, aus England übernommener, lebhafter Schreittanz im Dreiertakt;* **b)** *bestimmter Satz einer Suite.*

gik|sen: ↑ gicksen (2).

Gilb, der; -s [urspr. Name einer in der Waschmittelwerbung der 60er-Jahre verwendeten Comicfigur, die Weißwäsche zum Vergilben bringt]: *durch Alter od. Verschmutzung hervorgerufene [gelbliche] Verfärbung.*

gil|ben ⟨sw. V.; hat⟩ [mhd. (sich) gilwen, zu ↑ gelb] (dichter.): *gelb, fahl werden.*

Gil|de, die; -, -n [aus dem Niederd. < mniederd. gilde = Innung; Trinkgelage, urspr. wahrsch. = gemeinsamer Trunk anlässlich eines abgeschlossenen Rechtsgeschäftes, zu ↑ Geld od. ↑ gelten]: **1.** *genossenschaftliche Vereinigung bes. von Kaufleuten u. Handwerkern zum Zusammenschluss von religiös Gleichgesinnten (bes. im MA.) zur Förderung gemeinsamer gewerblicher od. religiöser Interessen, auch zum gegenseitigen Schutz der Mitglieder.* **2.** *Gruppe von Leuten in gleichen Verhältnissen, mit gleichen Interessen, Absichten o. Ä.*

Gil|de|haus, das: *Haus für die Zusammenkünfte, Versammlungen einer Gilde* (1).

Gil|de|meis|ter, der: *Vorsteher einer Gilde* (1).

Gil|de|meis|te|rin, die: w. Form zu ↑ Gildemeister.

Gil|den|hal|le, die: *Haus, in dem Versammlungen einer Gilde abgehalten werden.*

Gil|den|schaft, die; -, -en: *Gesamtheit der Mitglieder einer Gilde* (1).

Gi|let [ʒi'le:], das; -s, -s [frz. gilet < älter span. gileco, jileco, aus dem Arab.] (österr., schweiz., sonst landsch. veraltend): *Weste.*

Gil|ga|mesch (sumer. Mythol.): *als Gott verehrte babylonische Heldengestalt.*

gil|tig (österr. veraltend, sonst veraltet): ↑ gültig.

Gim|mick, der, auch: das; -s, -s [engl. gimmick, eigtl. = verborgene Vorrichtung, H. u.] (Werbung): *etw. möglichst Ungewöhnliches, Auffallendes, was die Aufmerksamkeit auf ein bestimmtes Produkt, auf eine wichtige Aussage der Werbung für ein Produkt lenkt; Werbegag.*

Gim|pel, der; -s, -: **1.** [mhd. gümpel, zu: gumpen = hüpfen, springen (nach den ungeschickten Sprüngen so benannt Erde)] *(zu den Finken gehörender) Vogel mit kurzem, kräftigem Schnabel, grauschwarzem Gefieder u. (beim Männchen) roter Brust; Dompfaff.* **2.** [in Anspielung darauf, dass der Vogel leicht im Garn zu fangen ist] (ugs. abwertend) *einfältiger, unerfahrener, unbeholfener Mensch.*

Gin [dʒɪn], der; -s, -s (Sorten:) -s [engl. gin, Kurzf. von: geneva < älter niederl. genever, ↑ Genever]: *wasserklarer englischer Wacholderbranntwein:* einen G. (ein Glas Gin) pur trinken; bitte drei G. (drei Gläser mit Gin).

Gin|fizz, Gin-Fizz ['dʒɪnfɪs], der; - [↑ Fizz]: *Mixgetränk aus Gin, Mineralwasser, Zitrone u. Zucker:* er trinkt bereits den vierten G. (das vierte Glas Ginfizz).

ging: ↑ gehen.

Gin|ger ['dʒɪndʒɐ], der; -[s], - [engl. ginger < lat. gingiber, ↑ Ingwer]: *Ingwer.*

Gin|ger|ale, Gin|ger-Ale [...eɪl], das [engl. ginger ale, zu: ale, ↑ Ale]: *alkoholfreies Erfrischungsgetränk mit Ingwergeschmack.*

Gin|ger|beer, Gin|ger-Beer [...bi:ɐ̯], das; -s, -s [engl. ginger beer, zu: beer = Bier]: *Ingwerbier.*

Gink|go ['gɪŋko], **Gin|ko,** der; -s, -s [jap. ginkyo]: *in China u. Japan heimischer, den Nadelhölzern verwandter, sehr hoch wachsender Baum mit meist zweiteiligen fächerförmigen Blättern u. gelben, kirschenähnlichen Früchten, der oft in Parks u. Anlagen angepflanzt wird.*

Gin|seng [auch: 'ʒɪn...], der; -s, -s [chin.]: *in Ostasien beheimatete Pflanze mit gefingerten Blättern u. grünlich weißen Blüten, aus deren Wurzelstock ein Anregungsmittel gewonnen wird.*

Gins|ter, der; -s, - [mhd. ginster, genster, ahd. genster, geneste < lat. genista]: **a)** *(zu den Schmetterlingsblütlern gehörender) in vielen Arten bes. auf trockenen Böden vorkommender, vorwiegend gelb blühender Strauch mit grünen, elastischen, gelegentlich dornigen Zweigen u. kleinen, manchmal auch fehlenden Blättern;* **b)** *Besenginster.*

Gin To|nic [dʒɪn 'tɔnɪk], der; - -[s], - -s (aber: 2 - -) [aus engl. gin and tonic]: *Gin mit Tonic [u. Zitronensaft o. Ä.].*

¹Gip|fel, der; -s, -: **1.** [spätmhd. gipfel, güpfel, H. u.] **a)** *höchste Spitze eines [steil emporragenden, hohen] Berges:* steile, bewaldete, schneebedeckte G.; der G. lag im Nebel; einen G. besteigen, bezwingen; den G. erreichen; auf dem G. rasten; sie mussten unter dem G. aufgeben; **b)** (veraltend, noch landsch.) *Wipfel:* der Sturm hat die G. (mehrerer Bäume) geknickt. **2.** [spätmhd. gipfel, güpfel, H. u.] *höchstes denkbares, erreichbares Maß von etw.; das Äußerste; Höhepunkt:* der G. des Glücks; der Geschmacklosigkeit; die Ausgelassenheit erreichte ihren G. um Mitternacht; er war auf dem G. der Macht, des Ruhms angelangt; Sie dagegen, Zouzou, sind das Hübsche und Reizende in Perfektion und auf seinem G. (Th. Mann, Krull 415); R *das ist [doch] der G.!* (ugs.) *das ist unerhört, empörend).* **3.** [nach engl. summit] (Politikjargon) *Kurzf. von* ↑ Gipfeltreffen, ↑ Gipfelkonferenz.

²Gip|fel, der; -s, - [vgl. Kipfel] (schweiz.): **a)** *kleines, längliches Weißbrot;* **b)** *Hörnchen* (2), *Croissant.*

Gip|fel|buch, das (Alpinistik): *auf dem* ¹Gipfel *(1 a) eines hohen Berges an einem wettergeschützten Platz aufbewahrtes Buch [mit den Daten der Erstbesteigung des Gipfels], in das sich jeder, der den Gipfel bestiegen hat, eintragen kann.*

gip|fe|lig, gipflig ⟨Adj.⟩: *mit* ¹Gipfeln (1) *versehen.*

Gip|fel|kon|fe|renz, die [LÜ von engl. summit conference]: *Zusammenkunft, Konferenz hochrangiger Politikerinnen u. Politiker bes. aus führenden, einflussreichen Staaten; internationales Treffen auf höchster Ebene:* eine europäische, west-östliche G.

Gip|fel|kreuz, das (Alpinistik): *auf dem höchsten Punkt eines* ¹Gipfels (1 a) *errichtetes Kreuz.*

Gip|fel|leis|tung, die: *außergewöhnliche, Vergleichbares [weit] überragende Leistung:* eine G. moderner Forschung.

gip|feln ⟨sw. V.; hat⟩: *in, mit etw. Bestimmtem seinen Höhepunkt finden, erreichen:* seine Ansprache gipfelte in der Forderung nach mehr Demokratie.

Gip|fel|punkt, der: **1.** *höchster Punkt der Bahn eines Flugkörpers, eines Geschosses.* **2.** *höchste Stufe, höchstes erreichbares Maß von etw.; das Äußerste; Höhepunkt:* diese Oper stellt einen absoluten G. in seinem Schaffen dar.

Gip|fel|stür|mer, der: **1.** *jmd., der einen [schwie-*

rigen] ¹*Gipfel* (1 a) *zu bezwingen versucht, ihn erklettert.* **2.** *jmd., der sich etw. schwer zu Bewältigendes zum Ziel gesetzt hat u. es auch trotz aller entgegenstehenden Schwierigkeiten erreicht.*
Gip|fel|stür|me|rin, die: w. Form zu ↑ Gipfelstürmer.
Gip|fel|tref|fen, das: *Gipfelkonferenz.*
gipf|lig: ↑ gipfelig.
Gips, der; -es, (Arten:) -e [mhd., ahd. gips < lat. gypsum < griech. gýpsos, aus dem Semit.]: **1. a)** *in Gestalt farbloser od. weißer Kristalle vorkommendes gesteinsbildendes Mineral;* **b)** *(durch Erhitzen) aus Gips (1 a) gewonnene, graue od. weiße, mehlartige Substanz, die nach Aufnahme von Wasser schnell wieder erhärtet u. bes. als Bindemittel verwendet wird:* der G. bindet schnell ab; den G. anrühren; eine Büste aus G.; etw. in G. abgießen, formen; Löcher in der Wand mit G. ausfüllen, verschmieren. **2.** Kurzf. von ↑ Gipsverband: jmdm. einen G. anlegen; den G. abnehmen; den rechten Arm in G. haben.
Gips|ab|druck, der 〈Pl. ...drücke〉: *mithilfe von Gips gefertigter* ²*Abdruck* (2).
Gips|ab|guss, der: *mithilfe von Gips hergestellter Abguss (2) als Nachbildung eines Gegenstandes der Natur od. eines plastischen Kunstwerks od. als Vorstufe zum eigentlichen Guss des Kunstwerks in Metall.*
Gips|bein, das 〈ugs.〉: *wegen eines Bruches, einer Verstauchung o. Ä. in Gips gelegtes Bein.*
Gips|bett, das 〈Med.〉: *an den Körper eines Patienten modellierte Schale aus Gips zur Ruhigstellung bes. der Wirbelsäule im Liegen.*
Gips|bin|de, die 〈Med.〉: *in Gips getränkte, mit Gips bestrichene Mullbinde zum Anlegen eines Gipsverbandes.*
Gips|büs|te, die: *in Gips gegossene od. modellierte Büste.*
Gips|die|le, die 〈Bauw.〉: *tafelförmige, aus Gips u. Einlagen von Rohr o. Ä. gefertigte Platte für die Verkleidung von Decken u. Wänden, für leichte Trennwände o. Ä.*
gip|sen 〈sw. V.; hat〉: **1.** *mit Gips bearbeiten, ausbessern, reparieren, überziehen:* ein zerbrochenes Gefäß [wieder] g.; eine Decke g.; der Arzt hat den gebrochenen Arm sofort gegipst 〈ugs.; mit einem Gipsverband versehen〉. **2.** *Wein mit Gips (1 a) versetzen, um den gesamten Säuregrad zu erhalten u. Farbe u. Klarheit zu verbessern:* 〈subst.:〉 das Gipsen von Wein ist in Deutschland verboten.
Gip|ser, der; -s, -: *Facharbeiter, der Verputz-, Stuckarbeiten o. Ä. mit Gips ausführt.*
Gip|se|rin, die; -, -nen: w. Form zu ↑ Gipser.
gip|sern 〈Adj.〉: *aus Gips gefertigt, bestehend:* -e Figuren.
Gips|fi|gur, die: *in Gips gegossene od. modellierte Figur.*
Gips|form, die: *für das Gießen (4 b) bestimmter Gegenstand, Plastiken o. Ä. aus Gips hergestellte Form.*
Gips|kopf, der: **1.** (selten) *in Gips gegossener od. modellierter Kopf.* **2.** 〈ugs. abwertend〉 *einfältiger Mensch, Dummkopf* (oft als Schimpfwort).
Gips|kor|sett, das 〈Med.〉: *Gipsverband um den Rumpf zur Ruhigstellung der Wirbelsäule.*
Gips|mas|ke, die: *aus Gips geformte Maske eines Gesichts.*
Gips|plat|te, die 〈Bauw.〉: *Gipsdiele.*
Gips|sä|ge, die 〈Med.〉: *Instrument in Form einer Säge zum Durchtrennen, Öffnen von Gipsverbänden.*
Gips|ver|band, der 〈Med.〉: *aus Gipsbinden [u. einer Schiene o. Ä.] hergestellter, fester, dauerhafter Verband zur möglichst vollständigen Ruhigstellung von Körperpartien, Gliedmaßen,*

bes. Gelenken: jmdm. einen G. anlegen, den G. abnehmen.
Gi|raf|fe, die; -, -n [spätmhd. geraff (durch Vermittlung von ital. giraffa), mhd. schraffe < vulgärarab. ğrāfaʰ, arab. zurāfaʰ]: *(in den Savannen Afrikas in Herden lebendes) großes, pflanzenfressendes Säugetier mit sehr langem Hals, stark abfallendem Rücken u. kurzhaarigem, unregelmäßig braun geflecktem, sandfarbenem Fell.*
Gi|ral|geld [ʒi...], das; -[e]s, -er [zu ↑ Giro] 〈Bankw.〉: *Geld des bargeldlosen Zahlungsverkehrs der Banken; Guthaben bei einem Kreditinstitut, über das der Inhaber durch Überweisung od. Scheck verfügen kann.*
Gi|rant [ʒi...], der; -en, -en [ital. girante, zu: girare, ↑ girieren] 〈Bankw.〉: *jmd., der einen Wechsel, Scheck o. Ä. durch Giro (2) auf einen anderen überträgt; Indossant.*
Gi|ran|tin [ʒi...], die; -, -nen: w. Form zu ↑ Girant.
Gi|rat, der; -en, -en, **Gi|ra|tar,** der; -s, -e [ʒi...; ital. giratario, zu: girare, ↑ girieren] 〈Bankw.〉: *jmd., für den bei der Übertragung eines Wechsels od. eines sonstigen Orderpapiers ein Indossament erteilt wurde; Indossatar.*
Gi|ra|ta|rin [ʒi...], die; -, -nen: w. Form zu ↑ Giratar.
Gi|ra|tin [ʒi...], die; -, -nen: w. Form zu ↑ Girat.
Gi|ri [ˈʒiːri] 〈österr.〉: Pl. von ↑ Giro.
gi|rie|ren [ʒi...] 〈sw. V.; hat〉 [ital. girare < spätlat. gyrare = sich drehen, zu: gyrus, ↑ Giro] 〈Bankw.〉: *durch ein Giro (2) auf eine andere Person übertragen; in Umlauf setzen; indossieren:* einen Scheck, einen Wechsel g.
Girl [gœːl, gœrl], das; -s, -s [engl. girl, viell. verw. mit ↑ Gör]: **1.** 〈salopp, oft scherzh.〉 *Mädchen.* **2.** *einer Tanzgruppe, einer Revue (1 b) angehörende Tänzerin.*
Gir|lan|de, die; -, -n [frz. guirlande < ital. ghirlanda, wohl über das Aprovenz. aus dem Germ.]: *langes, meist durchhängendes Bogen angeordnetes Gebinde aus Blumen, Blättern, Tannengrün o. Ä. od. aus buntem Papier zur Dekoration von Straßen, Gebäuden od. Räumen:* -n winden; den Garten mit -n schmücken.
Girl|group [...gruːp], die; -, -s [zu: ↑ Girl (1)]: *Popgruppe aus jungen, attraktiven Frauen, deren Bühnenshow bes. durch tänzerische Elemente geprägt ist.*
Gir|lie [ˈɡœːli, ˈɡœrli], das; -s, -s [zu engl. girlie (meist: girly) = mädchenhaft]: *unkonventionelle junge Frau mit selbstbewusstem, manchmal frechem Auftreten.*
Gir|litz, der; -es, -e [lautm. (mit der urspr. slaw. Endung -itz, wie z. B. im ↑ Kiebitz) od. aus dem Slaw.]: *(zu den Finken gehörender) Singvogel mit gelbgrünem, dunkel gestreiftem Gefieder u. kurzem, stumpfem Schnabel, der vor allem an Waldrändern, in Parkanlagen u. Gärten lebt.*
Girl|po|w|er [...pauɐ], die 〈Jargon〉: *Kraft, Stärke u. bes. stark ausgeprägtes Selbstbewusstsein junger Frauen.*
Gi|ro [ˈʒiːro], das; -s, -s, österr. auch: Giri [ital. giro = Kreis, Umlauf (bes. von Geld od. Wechseln) < lat. gyrus < griech. gýros = Kreis] 〈Bankw.〉: **1.** *Überweisung von Geld u. Wertpapieren im bargeldlosen Zahlungsverkehr: der Betrag wird durch G. weitergeleitet.* **2.** *Vermerk, der auf dem Wechsel o. Ä. auf einen anderen übertragen wird; Indossament: das Papier ist auf der Rückseite mit dem Giro versehen.*
Gi|ro|bank, die 〈Pl. -en〉: *Bank, bei der vorwiegend Girogeschäfte abgewickelt werden.*
Gi|ro d'Ita|lia [ˈdʒiːro diˈtaːli̯a], der; - -, Giri d'Italia [ˈdʒ...; ital., zu: giro = Rundfahrt; Kreis (↑ Giro) u. Italia = Italien]: *alljährlich in Italien von berufsmäßigen Radfahrern ausgetragenes*

Straßenrennen, das über zahlreiche Etappen führt.
Gi|ro|ge|schäft, das: *Geschäft im Giroverkehr.*
Gi|ro|kas|se, die: *Girobank.*
Gi|ro|kon|to, das: *Konto, über das Girogeschäfte durch Scheck od. Überweisung abgewickelt werden.*
Gi|ron|dist [ʒirõˈdɪst], der; -en, -en 〈meist Pl.〉 [nach dem frz. Departement Gironde, aus dem mehrere der Führer kamen]: *Anhänger der Gironde, der Gruppe der gemäßigten Republikaner in der französischen Nationalversammlung (1791–93) zur Zeit der Französischen Revolution.*
Gi|ro|ver|kehr, der: *bargeldloser Zahlungsverkehr, der über Girokonten abgewickelt wird.*
gir|ren 〈sw. V.; hat〉 [lautm.]: **1.** *(von Vögeln, bes. von Tauben) einen rollenden, glucksenden, gurrenden Laut rhythmisch von sich geben; gurren:* der Tauber saß girrend auf dem Dachfirst. **2.** *schmeichelnd, verführerisch, kokettierend sprechen, lachen:* Das Fräulein begann sich girrend zu lagern. Der Graf drückte es mit sanften Bewegungen in das Gras (Strittmatter, Wundertäter 47). **3.** (veraltet, noch schweiz.) *knarren:* Man ging auf alten, girrenden Tannenbrettern (Frisch, Stiller 300).
gis, Gis, das; -, - 〈Musik〉: *um einen halben Ton erhöhtes g, G* (2).
gi|schen 〈sw. V.; hat〉 (veraltet): ↑ gischten:
♦ ...wie sich Feuer gegen Wasser im Kampfe wehrt und gischend seinen Feind zu tilgen sucht (Goethe, Iphigenie V, 3).
Gischt, die; -, -en, bes. fachspr. auch: der; -[e]s, -e 〈Pl. selten〉 [wohl mit lautm. -sch- aus mhd. jest = Schaum, Gischt, zu ↑ gären]: *wild aufsprühendes, spritzendes, schäumendes Wasser; Schaum heftig bewegter Wellen:* weiße, salzige G.
gisch|ten 〈sw. V.; hat〉 (geh.): *als Gischt aufschäumen, wild aufsprühen.*
Gis-Dur [ˈgɪsduːɐ̯, auch: ˈgɪsˈduːɐ̯], das 〈Musik〉: *auf dem Grundton Gis beruhende Durtonart* (Zeichen: Gis).
Gi|se (seltener), **Gi|seh,** die: *Stadt in Ägypten.*
gis-Moll [ˈgɪsmɔl, auch: ˈgɪsˈmɔl], das 〈Musik〉: *auf dem Grundton gis beruhende Molltonart* (Zeichen: gis).
gis|sen 〈sw. V.; hat〉 [aus dem Niederd., mniederd. gissen = schätzen, ursprüngl. wohl = erreichen, erlangen] (Seemannsspr., Fliegerspr.): *die Position eines Schiffes od. Flugzeuges ungefähr bestimmen.*
Gi|ta|na [xiˈtaːna], die; -, -s [span. gitana = Romni, w. Form zu gitano (↑ Gitano)]: **1.** w. Form zu ↑ Gitano. **2.** *feuriger Zigeunertanz mit Kastagnettenbegleitung.*
Gi|ta|no [xiˈtaːno], der; -[s], -s [span. gitano = ²Rom, eigtl. = Ägypter, zu: Egipto = Ägypten]: *spanischer* ²*Rom.*
Gi|tar|re, die; -, -n [span. guitarra < arab. qītārah < griech. kithára, ↑ Zither]: *Zupfinstrument mit flachem [einer Acht ähnlichem] Körper u. breitem Hals mit meist sechs Saiten:* er lernt G. spielen; einen Sänger auf der G. begleiten; zur G. singen.
Gi|tar|ren|riff, der od. das: *von Gitarren zu spielender* ²*Riff.*
Gi|tar|ren|spiel, das: *Spiel auf der Gitarre.*
Gi|tar|ren|spie|ler, der: *Gitarrist.*
Gi|tar|ren|spie|le|rin, die: w. Form zu ↑ Gitarrenspieler.
Gi|tar|rist, der; -en, -en: *jmd., der [berufsmäßig] Gitarre spielt.*
Gi|tar|ris|tin, die; -, -nen: w. Form zu ↑ Gitarrist.
gi|tar|ris|tisch 〈Adj.〉: *die Gitarre, das Gitarrenspiel betreffend.*
Git|ter, das; -s, -: **1.** [wahrsch. aus spätmhd. gegi-

ter, zu mhd. geter = Gitter, Gatter, verw. mit ↑Gatter] *aus parallel angeordneten od. gekreuzten Metall- od. Holzstäben od. aus grobem Drahtgeflecht gefertigte Absperrung (bes. als äußerer Abschluss von Fenster- od. Türöffnungen), Abdeckung (von Öffnungen, Schächten), Verkleidung (von Heizkörpern o. Ä.), Füllung (von Geländern), Einfriedung u. a.:* ein hölzernes, schmiedeeisernes G.; das G. vor einem Fenster, vor einem Heizungsschacht; das Gehege ist von einem G. umgeben; *hinter G./-n (ugs.; ins, im Gefängnis:* jmdn. hinter G. bringen; hinter -n sitzen). **2.** (Physik, Chemie) *periodische Anordnung von Punkten od. von Materieteilchen (Atomen, Ionen, Molekülen) z. B. in Kristallen.* **3. a)** (bes. Math.) *Netz aus sich kreuzenden, meist senkrecht aufeinanderstehenden Linien;* **b)** *Gitternetz.* **4.** (Elektronik) *in Elektronenröhren zwischen der Kathode u. der Anode angebrachte, gitterförmig angeordnete Elektroden, mit deren Hilfe der elektrische Strom in der Röhre beeinflusst wird.*
git|ter|ar|tig ⟨Adj.⟩: *einem Gitter* (1) *ähnlich; an ein Gitter erinnernd:* ein -es Gewebe.
Git|ter|bett, das: *Bett mit gitterartigem Gestell, bes. Kinderbett mit [hochklappbarem] Gitter* (1): Das Kind wälzte sich von der einen zur anderen Seite im G., unruhig (Krolow, Nacht-Leben 16).
Git|ter|fens|ter, das: *Fenster, das mit einem Gitter* (1) *versehen ist:* die G. des Gefängnisses.
Git|ter|lei|ter, die (Turnen): *der Sprossenleiter bzw. Sprossenwand ähnliches Turngerät mit kurzen, weit auseinanderstehenden Sprossen.*
git|tern ⟨sw. V.; hat⟩ (selten): *mit einem Gitter versehen; eingittern.*
Git|ter|netz, das (Kartografie): *auf Karten mit großem Maßstab eingetragenes, der geografischen Orts- u. Lagebeschreibung bestimmte Punkte dienendes Netz von senkrecht aufeinanderstehenden Geraden (das nicht mit dem Netz der Längen- u. Breitengrade übereinstimmt u. bes. bei der Navigation eine Rolle spielt).*
Git|ter|rost, der: *begehbare Abdeckung von Schächten, Kellerfenstern o. Ä. meist aus Metall in Form eines gitterartigen* ¹*Rostes.*
Git|ter|span|nung, die (Elektronik): *elektrische Spannung zwischen dem Gitter* (4) *u. der Kathode einer Elektronenröhre.*
Git|ter|stab, der: *einzelner Stab eines Gitters* (1).
Git|ter|stoff, der (Textilind.): *aus groben Fäden bestehendes, stark appretiertes, gitterartiges Gewebe aus Leinen, Baumwolle od. Chemiefasern bes. als Untergrund für Stickereien.*
Git|ter|struk|tur, die (Physik): *gesetzmäßiger, periodischer Aufbau der Kristalle aus Atomen, Ionen, Molekülen.*
Git|ter|tür, die: *aus einem Gitter* (1) *bestehende Tür:* die G. in einem Gartenzaun; der Eingang war durch eine zusätzliche G. gesichert.
Git|ter|werk, das: **a)** *Gefüge, Struktur, Gliederung eines meist kunstvollen Gitters* (1): die G. eines schmiedeeisernen Geländers; **b)** *Gesamtheit aller an einem Bauwerk, einer technischen Anlage o. Ä. vorhandenen Gitter* (1): das G. des gesamten Fabrikgeländes wird gestrichen.
Git|zi, das; -[s], -[s] (schweiz.): *Zicklein, junge Ziege.*
Give-away, Give|away ['gɪvəwer], das; -s, -s [engl. giveaway, zu: to give away = (ver)schenken] (Werbespr.): *[kleines] Werbegeschenk.*
G-Ju|gend ['ge:...], die [G nach der Reihenfolge im Alphabet] (Sport, bes. Fußball): *Altersgruppe der Kinder im Sport.*
Glace [frz. glace, eigtl. = Eis < vlat. glacia < lat. glacies] **1.** [gla(:)s], ⟨die;-⟩ (Kochkunst) *aus Zucker hergestellte Glasur.* **2.** [gla(:)s], ⟨die; -, -s gla(:)s⟩ (Kochkunst) *unge-* *salzener, geleeartig eingekochter, nach dem Erkalten schnittfester Fond* (4) *zum Verfeinern von Suppen u. Soßen.* **3.** ['glasə], ⟨die; -, -n⟩ (schweiz.) *Speiseeis, Gefrorenes.*
Gla|cé, Gla|cee [gla'se:], der; -[s], -s [frz. glacé = Glanz, urspr. 2. Part. von: glacer, ↑glacieren]: **1.** *schillerndes Gewebe aus Naturseide od. Reyon.* **2.** *Glacéleder.*
Gla|cé|hand|schuh, Gla|cee|hand|schuh, der: *Handschuh aus Glacéleder:* *jmdn. mit -en anfassen (ugs.; jmdn. bes. rücksichtsvoll, vorsichtig, überaus behutsam behandeln, damit er nicht empfindlich, negativ auf etw. reagiert).*
Gla|cé|le|der, Gla|cee|le|der, das: *feines, weiches, glänzendes Leder aus Fellen von jungen Schafen od. Ziegen.*
gla|cie|ren [gla'si:rən] ⟨sw. V.; hat⟩ [frz. glacer, eigtl. = zu Eis machen < lat. glaciare, zu: glacies, ↑Glace]: **1.** (veraltet) *zum Gefrieren bringen.* **2. a)** (Kochkunst) *mit geleeartigem Fleischsaft überziehen:* den Braten g.; **b)** *(Gemüse) mit Butter u. Zucker dünsten, sodass eine siruparige Glasur* (b) *entsteht.* **3.** (veraltet) *glasieren.*
Gla|cis [gla'si:], das; - [gla'si:(s)], - [gla'si:s] [frz. glacis, eigtl. = Abhang, zu afrz. glacier = gleiten < lat. glaciare, ↑glacieren] (Militär): **a)** *zum Feind hin flache, ins Vorfeld verlaufende Erdaufschüttung vor einem Festungsgraben, die keinen toten Winkel entstehen lässt;* **b)** *ungedecktes, [einer Festung] vorgelagertes Gelände;* **c)** *Abdachung der äußeren Brustwehr einer Festung.*
Gla|di|a|tor, der; -s, ...oren [lat. gladiator, zu: gladius = Schwert]: *(im alten Rom) Fechter, Schwertkämpfer, der in Zirkusspielen auf Leben u. Tod gegen andere Gladiatoren od. gegen wilde Tiere kämpft.*
Gla|di|a|to|ren|kampf, der: *(im alten Rom) Kampf von Gladiatoren.*
Gla|di|a|to|rin, die: w. Form zu ↑Gladiator.
Gla|di|o|le, die; -, -n [lat. gladiolus, eigtl. = kleines Schwert]: *(zu den Schwertliliengewächsen gehörende) hochwachsende Pflanze mit breiten, schwertförmigen Blättern u. großen trichterförmigen Blüten, die in einem dichten Blütenstand auf einer Seite ausgerichtet sind.*
Gla|mour ['glæmə], der, od. das; -s [engl. glamour, eigtl. = Glanz, aus dem Schott., urspr. = Magie, Zauberspruch]: *blendender, betörender Glanz [dem gelegentlich etwas Künstliches anhaftet]:* G. und Theatralik; Hollywoods G. bröckelt ab.
Gla|mour|girl, Gla|mour-Girl, das [engl. glamour girl]: *Glamour ausstrahlende junge weibliche Person [der Filmbranche].*
gla|mou|rös [glamu...] ⟨Adj.⟩ [engl. glamorous]: *Glamour ausstrahlend, davon umgeben.*
Gla|mour|welt, die: *von Glamour geprägte Welt* (4) *[der Stars]:* die G. von Hollywood.
Glan|du|la, die; -, ...lae [...le] [nlat., zu lat. glandulae (Pl.)] = ¹Mandeln (2), Drüsen, Vkl. von: glans (Gen.: glandis) = Eichel] (Med.): *Drüse.*
Glanz, der; -es [mhd. glanz, zu mhd.] ⟨Adj.⟩ *glanz* = glänzend, leuchtend, verw. mit ↑gelb]: **a)** *das Glänzen; glänzende Beschaffenheit von etw.:* heller, strahlender G.; der fiebrige G. der Augen; der seidige G. ihrer Haare; der matte, warme G. von Seide; seinen G. verlieren; Ü sich im G. des Ruhmes sonnen; In dem kleinen Speisesaal funkelte das Weiß der Tischtücher, und der Glanz der Gläser standen als weicher G. (Musil, Mann 1409); R welcher G. in meiner Hütte! (scherzhaft-ironische Äußerung zur Begrüßung eines überraschend od. selten erscheinenden Besuchers; nach Schillers »Jungfrau von Orleans«, Prolog, 2. Auftritt); **b)** *einer Sache innewohnender bewundernder Vorzug, der in entsprechender Weise nach außen hin in Erscheinung tritt:* ein trügerischer G.; seine Stimme hat an G. verlo- ren; ein Fest mit großem G. (Aufwand, Pomp) feiern; etw. kommt zu neuem G.; *mit G. (ugs.; sehr gut, hervorragend, ausgezeichnet):* sie hat die Prüfung mit G. bestanden, die Schwierigkeit mit G. gemeistert); **G. und Gloria** *(öffentliche Ehrung u. Anerkennung);* **mit G. und Gloria** *(ugs.: 1. hervorragend:* eine Prüfung mit G. und Gloria bestehen. iron.; *wie es schlimmer nicht geht:* er ist mit G. und Gloria durchgefallen, rausgeflogen).
Glanz|bürs|te, die: *Bürste zum Polieren der Schuhe.*
glän|zen ⟨sw. V.; hat⟩ [mhd. glenzen, ahd. glanzen]: **a)** *einen Lichtschein zurückwerfen, so blank od. glatt sein, auf der Oberfläche so beschaffen od. in einem solchen Zustand sein, dass auffallendes Licht [stark] reflektiert wird:* das Gold, Wasser, Metall glänzt in der Sonne; ihre Augen glänzen feucht; der Boden glänzt vor Sauberkeit; die Sterne glänzen [am Himmel]; der See glänzt im Mondschein; glänzendes Stanniol; glänzend schwarze Haare; seine Augen waren glänzend schwarz, Ü Freude glänzt in ihren Augen; Tobler glänzt vor Festnachtfreude (man sieht ihm die Freude an; R. Walser, Gehülfe 41); **b)** *in bestimmter Weise Bewunderung hervorrufen; sich hervortun, sich auszeichnen, auffallen:* durch Wissen, Virtuosität g.; er glänzte in der Rolle des Hamlet; bei jeder Gelegenheit versucht sie zu g.; *durch Abwesenheit glänzen (iron.; ↑Abwesenheit 1; durch Abwesenheit auffallen;* nach frz. briller par son absence, dies nach Tacitus, Annalen III, 76).
glän|zend ⟨Adj.⟩ (ugs.): *großartig; hervorragend; ausgezeichnet:* ein -er Einfall; sie kommen g. miteinander aus; es geht ihm g.
glanz|er|füllt ⟨Adj.⟩ (geh.): *bedeckt, ausgefüllt mit Glanz, mit Leuchten:* sein Gesicht war g.
Glanz|koh|le, die: *hochglänzende, spröde, aus Borke od. Holz entstandene Kohle.*
Glanz|le|der, das: *glänzend gemachtes Leder.*
Glanz|leis|tung, die: *bes. herausragende, auffallende Leistung.*
Glanz|licht, das ⟨Pl. -er⟩: **a)** *glänzendes* (a) *Licht;* **b)** (bild. Kunst) *tupfenartiger Lichteffekt:* *einer Sache -er aufsetzen (etw. [in einzelnen Punkten] bes. effektvoll gestalten):* sie setzte ihrem Artikel noch ein paar -er auf).
glanz|los ⟨Adj.⟩: *ohne Glanz, stumpf* (3), *matt:* ihr Haar war, wirkte g.; Ü eine -e Stimme haben.
Glanz|lo|sig|keit, die; -: *glanzlose Beschaffenheit.*
Glanz|num|mer, die: *bester, wirkungsvollster Teil einer Darbietung:* der indische Seiltrick ist eine seiner -n.
Glanz|pa|pier, das: *auf einer od. zwei Seiten mit metallartiger Folie beschichtetes Papier:* Christbaumschmuck aus G.
Glanz|pa|ra|de, die (Sport): *bes. gute Parade des Torwarts:* der Dortmunder Torwart zeigte einige -n.
Glanz|punkt, der: *Höhepunkt; Sensation:* gleich kommt der G. des Abends.
Glanz|rol|le, die: *Rolle, in der ein Darsteller seine künstlerischen Fähigkeiten bes. entfalten kann:* der Mephisto war eine von Gründgens' -n.
Glanz|stück, das: **a)** *Meisterwerk; Spitzenleistung;* **b)** *Kleinod, Juwel, wertvollstes Stück:* dieser seltene Stein ist das G. seiner Sammlung.
Glanz|tat, die: *Glanzleistung.*
glanz|voll ⟨Adj.⟩: **a)** *voller Glanz* (b); *ausgezeichnet:* eine -e Varieténummer; **b)** *festlich, prachtvoll:* der -e Einzug der Teilnehmer ins Olympiastadion.
Glanz|zeit, die: *inzwischen vergangene Periode der Glanzleistungen, glanzvolle Zeit:* sie hatten Maria Callas noch in ihrer G. auf der Bühne erlebt.
¹**Glar|ner,** der; -s, -: Ew. zu ↑Glarus.
²**Glar|ner** ⟨indekl. Adj.⟩.

Glar|ne|rin, die; -, -nen: w. Form zu ↑¹Glarner.
glar|ne|risch ⟨Adj.⟩: *aus Glarus stammend; die Glarner betreffend.*
Gla|rus: Schweizer Kanton u. Stadt.
¹Glas, das; -es, Gläser, (als Maß- u. Mengenangabe:) - [mhd., ahd. glas, urspr. = Bernstein; eigtl. = Schimmerndes, Glänzendes, verw. mit ↑ gelb]: **1.** ⟨Pl. selten⟩ *lichtdurchlässiger, meist durchsichtiger, leicht zerbrechlicher Stoff, der aus einem geschmolzenen Gemisch hergestellt wird u. als Werkstoff (z. B. für Scheiben, Gläser) dient:* [Vorsicht,] G.!; dünnes, feuerfestes, kugelsicheres, farbiges G.; G. [zer]bricht, zersplittert, springt leicht; G. pressen, blasen, schleifen, ätzen; ein Bild unter, hinter G. setzen [lassen]; Briefmarken, Juwelen unter G. legen; R du bist nicht aus G.! (ugs.; *du nimmst mir die Sicht!*) **2. a)** *Trinkgefäß aus ¹Glas* (1): ein leeres, bauchiges, grünes G.; ein G. [voll] Bier, Wasser; ein G. guter Wein/(geh.:) guten Weines; der Genuss eines G. Wein[e]s/eines -es Wein; (als Maßangabe) zwei G. Wein; sie nippte am G.; den Erfolg mit einem G. Wein begießen; ** **zu tief ins G. gegluckt/geschaut haben** (scherzh. verhüll.; *zu viel von einem alkoholischen Getränk getrunken haben*): *der hat wieder einmal zu tief ins G. geguckt;* **b)** *[Zier]gefäß od. Behälter aus ¹Glas* (1): venezianisches G. schmückt *(venezianische Ziergefäße aus ¹Glas 1 schmücken)* das Regal; **c)** Kurzf. von ↑ Brillenglas: das linke G. ist stärker als das rechte; er trägt dicke, dunkle Gläser; **d)** Kurzf. von ↑ Fernglas, ↑ Opernglas: er suchte mit dem G. das Gelände ab; Während des Spiels konnte er sie aus dem Dunkel durch sein G. betrachten, da das Licht von der Bühne auf sie fiel (Th. Mann, Hoheit 141).
²Glas, das; -es, -en [niederl. glas, eigtl. = Stundenglas] (Seemannsspr.): *Zeitraum einer halben Stunde:* die Wachzeit von vier Stunden ist in acht -en eingeteilt.
Glas|aal, der: *junger, noch durchsichtiger Aal.*
Glas|ar|beit, die: *Erzeugnis, Produkt, Kunstwerk aus ¹Glas* (1).
glas|ar|tig ⟨Adj.⟩: *die Eigenschaften des ¹Glases* (1) *besitzend; wie Glas aussehend.*
Glas|au|ge, das: *[aus ¹Glas 1 hergestelltes] künstliches Auge:* ein Mann mit einem G.
Glas|bau|stein, der: *lichtdurchlässiger Baustein aus ¹Glas* (1) *für Abschlüsse von Außen- od. Innenöffnungen, durch die Licht eindringen soll.*
Glas|be|häl|ter, der: *Behälter aus ¹Glas* (1).
Glas|bla|sen, das; -s: *Technik zur Formung von zähflüssigem ¹Glas* (1) *mithilfe einer Glasbläserpfeife.*
Glas|blä|ser, der: *jmd., der Gegenstände aus ¹Glas* (1) *mithilfe der Glasbläserpfeife herstellt* (Berufsbez.).
Glas|blä|se|rei, die; -, -en: **1.** ⟨o. Pl.⟩ *Gewerbe des Glasbläsers.* **2.** *Betrieb, in dem Gegenstände aus ¹Glas* (1) *mithilfe der Glasbläserpfeife hergestellt werden.*
Glas|blä|se|rin, die: w. Form zu ↑ Glasbläser.
Glas|blä|ser|pfei|fe, die: *langes Rohr mit Mundstück zum Glasblasen.*
Glas|boh|rer, der: *Spezialwerkzeug zum Durchbohren von ¹Glas* (1).
Gläs|chen, das; -s, -: Vkl. zu ↑ ¹Glas (2 a, b); etw. mit einem G. begießen (ugs.; *einen Erfolg o. Ä. mit alkoholischen Getränken feiern*).
Glas|con|tai|ner, der: *Altglascontainer.*
Glas|dach, das: *Dach aus ¹Glas* (1).
gla|sen ⟨sw. V.; hat⟩ [zu ↑ ²Glas] (Seemannsspr.): *durch halbstündliches Anschlagen an die Schiffsglocke bekannt geben, wie viel halbe Stunden einer vierstündigen Wache vergangen sind.*
Gla|ser, der; -s, - [mhd. glaser, ahd. glesere]: *Handwerker, der in Fenster ¹Glas* (1) *einsetzt u.*

Bilder rahmt (Berufsbez.): R ist/war dein Vater G.? (ugs. scherzh.; *meinst du, du wärst durchsichtig?; du nimmst mir die Sicht!*)
Gla|ser|di|a|mant, der: *spitzer, in einen Halter eingesetzter Diamant zum Ritzen od. Schneiden von ¹Glas* (1).
Gla|se|rei, die; -, -en: **a)** *Betrieb, Werkstatt des Glasers:* in einer G. arbeiten; **b)** ⟨o. Pl.⟩ *Glaserhandwerk:* die G. erlernen.
Gla|ser|hand|werk, das: *Handwerk des Glasers.*
Gla|se|rin, die; -, -nen: w. Form zu ↑ Glaser.
Glä|ser|klang, der ⟨o. Pl.⟩ (geh.): *Klang der ¹Gläser* (2 a) *beim Anstoßen.*
Gla|ser|meis|ter, der: *Glaser mit Meisterprüfung* (Berufsbez.).
Gla|ser|meis|te|rin, die: w. Form zu ↑ Glasermeister.
glä|sern ⟨Adj.⟩ [mhd. glesern]: **1.** *aus ¹Glas* (1) *bestehend, hergestellt:* -e Figuren; Ü der -e Abgeordnete *(Abgeordneter, der alle seine Einnahmequellen offenlegt).* **2.** *glasartig:* die Augen hatten einen Ausdruck -er Leere; Aber jetzt genoss ich die -e *(durchsichtig-klare)* Luft (Jahnn, Geschichten 68).
Glas|fa|b|ri|ka|ti|on, die: *Fabrikation von ¹Glas* (1).
Glas|fa|ser, die ⟨meist Pl.⟩: *aus ¹Glas* (1) *hergestellte Faser, die u. a. für Isolierungen verwendet wird.*
Glas|fa|ser|ka|bel, das: *¹Kabel* (1) *aus Glasfasern.*
Glas|fa|ser|lei|tung, die (EDV): *Leitung* (3 c) *aus Glasfasern zur Übertragung von Daten.*
Glas|fa|ser|netz, das (EDV): *Netz* (2 b) *aus Glasfaserleitungen zur Übertragung von Daten.*
Glas|fa|ser|pa|pier, das: *Folie aus feinen Glasfasern für Filtration o. Ä.*
Glas|fas|sa|de, die: *Fassade aus ¹Glas* (1).
Glas|fens|ter, das: *Fensterscheibe.*
Glas|fi|ber, die ⟨o. Pl.⟩: *Glasfaser.*
Glas|fi|ber|stab, der (Leichtathletik): *aus Glasfiber hergestellter Stab zum Stabhochsprung.*
Glas|flä|che, die: *Fläche* (2) *aus ¹Glas* (1): große -n geben den Blick auf den See frei.
Glas|fla|sche, die: *Flasche aus ¹Glas* (1).
Glas|fluss, der: *stark glänzendes, buntes, aus Bleiglas gewonnenes Material, das zur Imitation von Edelsteinen verwendet wird.*
Glas|front, die: *Front* (1 a) *aus ¹Glas* (1): das Haus hat eine breite G. zur Terrasse.
glas|ge|deckt ⟨Adj.⟩: *mit einem Glasdach versehen.*
Glas|ge|fäß, das: *Gefäß aus ¹Glas* (1).
Glas|ge|mäl|de, das: *künstlerische Darstellung (aus Schmelz- u. Emailfarben) auf ¹Glas* (1).
Glas|ge|schirr, das: *Geschirr aus ¹Glas* (1).
Glas|glo|cke, die: **a)** *Glocke aus ¹Glas* (1); **b)** *gläserne Schutzbedeckung in Form einer Glocke (meist für Lebensmittel, bes. Käse):* jmdn. in Watte packen und eine G. darüberstülpen (ugs. spött.; *jmdn. übertrieben behüten*).
Glasgow ['glɑːsɡoʊ]: Stadt in Schottland.
Glas|har|mo|ni|ka, die: *aus dem Glasspiel entwickeltes Musikinstrument mit zartem Klang, der durch in einem Resonanzboden fest stehende Glasglocken hervorgerufen wird, die so angeordnet sind, dass Dreiklänge mit einer Hand gespielt werden können.*
Glas|har|mo|ni|ka, die: *aus dem Glasspiel entwickeltes Musikinstrument mit flötenähnlichen Tönen, die durch verschieden große, ineinandergeschobene Glasglocken hervorgerufen werden, die auf einer horizontalen Achse lagern, in Umdrehung versetzt u. durch Berührung mit feuchten Fingerspitzen zum Klingen gebracht werden.*
glas|hart ⟨Adj.⟩: **a)** *hart, spröde;* **b)** (Sport) *hart* [u. wuchtig]: ein -er Schuss.

Glas|haus, das: *Gewächshaus, Treibhaus:* Spr wer [selbst] im G. sitzt, soll nicht mit Steinen werfen (*man soll anderen nicht Fehler vorwerfen, die man selbst macht od. hat*).
glas|hell ⟨Adj.⟩: *hell leuchtend, durchsichtig wie Glas:* der Tautropfen schimmerte g.
Glas|her|stel|lung, die: *Herstellung von [Gegenständen aus] ¹Glas* (1).
Glas|hüt|te, die: *industrielle Anlage, in der aus Rohstoffen ¹Glas* (1) *gewonnen u. teilweise weiterverarbeitet wird.*
gla|sie|ren ⟨sw. V.; hat⟩ [mit romanisierender Endung zu ↑ ¹Glas]: **a)** *mit einer Glasur überziehen u. dadurch glätten od. haltbar machen:* farbig glasierte Ziegel; **b)** (Kochkunst) *Speisen od. Gebäck durch eine Glasur ein schöneres Aussehen geben u. sie gleichzeitig schmackhafter machen.*
gla|sig ⟨Adj.⟩: **1.** *ausdruckslos, starr:* ein -er Blick. **2. a)** *eine matt glänzende Durchsichtigkeit aufweisend:* Speck mit Zwiebeln anbraten, bis alles g. ist; **b)** *kalt schimmernd:* g. nüchternes Tageslicht; ... und ging mit ihm an den etwa acht Häuschen des Ortes vorüber bis hinunter zur Spree, die schwarz und g. zwischen schwach belaubten Pappeln lag (Hauptmann, Thiel 14/15).
Glas|in|dus|t|rie, die: *Gesamtheit der Unternehmen, die ¹Glas* (1) *u. Produkte aus ¹Glas* (1) *herstellen.*
Glas|kas|ten, der: **a)** *kastenartiger Behälter aus ¹Glas* (1): tropisch bepflanzte Glaskästen; **b)** (ugs.) *[abgeteilter] Raum mit Glaswänden (in dem z. B. ein Pförtner sitzt).*
Glas|ke|ra|mik, die: *Werkstoff aus ¹Glas* (1), *der sich u. a. durch besondere Härte auszeichnet.*
Glas|kir|sche, die [nach dem glasigen Fruchtfleisch]: *Amarelle.*
glas|klar ⟨Adj.⟩: **1.** *so klar wie Glas, durchsichtig, hell:* -es Wasser; -e Gebirgsluft. **2.** *sehr klar u. deutlich:* -e Ansichten; sie vertritt ihre Meinung g.
Glas|kol|ben, der: *kolbenförmiges Glasgefäß.*
Glas|kon|ser|ve, die (Fachspr.): *in Glasgefäßen haltbar gemachtes Nahrungs- od. Genussmittel.*
Glas|kopf, der: *kugeliges, trauben- od. nierenförmiges Mineral mit glatter, glänzender Oberfläche.*
Glas|kör|per, der (Med.): *zwischen Linse, Ziliarkörper u. Netzhaut gelegener, gallertiger, in der Hauptsache aus Wasser bestehender Teil des Auges.*
Glas|ku|gel, die: *[farbige] Kugel aus ¹Glas* (1) *als Schmuck für den Weihnachtsbaum, als Ziergegenstand od. zum Murmelspielen.*
Glas|kup|pel, die: *Kuppel aus ¹Glas* (1).
Glas|ma|ler, der: *jmd., der ¹Glas* (1) *bedruckt, bemalt od. auf Glas etw. aufspritzt* (Berufsbez.).
Glas|ma|le|rei, die: **1.** ⟨o. Pl.⟩ *Herstellung farbiger Bilder auf ¹Glas* (1). **2.** *auf ¹Glas* (1) *hergestelltes farbiges Bild.*
Glas|ma|le|rin, die: w. Form zu ↑ Glasmaler.
Glas|mas|se, die: *Glasschmelze.*
Glas|nost, die; - [russ. glasnost' = Öffentlichkeit, zu: glasnyj = öffentlich, der Allgemeinheit zugänglich]: *das Offenlegen; Transparenz bes. in Bezug auf die Zielsetzungen der Regierung in der ehemaligen Sowjetunion.*
Glas|nu|del, die ⟨meist Pl.⟩: *[aus Reis hergestellte] dünne, glasige Nudel* (1).
Glas|pa|last, der (ugs.): *größeres Gebäude mit langen Fronten aus ¹Glas* (1) *od. vielen großen Fenstern.*
Glas|pa|pier, das: *vor allem zum Abschleifen u. Polieren von Holz dienendes Papier mit feiner Schicht aus Glaspulver.*
Glas|per|le, die: *Perle aus ¹Glas* (1).

Glasplatte – Glatze

Glas|plat|te, die: *Platte aus ¹Glas (1).*
Glas|pul|ver, das: *körnige bis pulver- od. staubartige Masse aus gemahlenem Glas (die z. B. bei der Herstellung von Glaspapier verwendet wird).*
Glas|rah|men, der: **1.** *Rahmen aus ¹Glas (1) mit geschliffenen od. geätzten Verzierungen.* **2.** *geschliffene Glasscheibe[n] u. dazugehörige Rückenplatte, die mit Klammern zusammengehalten werden u. zwischen die ein Bild o. Ä. gelegt werden kann.*
Glas|rei|ni|ger, der: **a)** *Mittel zum Reinigen von ¹Glas (1);* **b)** *jmd., der ¹Glas (1) reinigt (Berufsbez.).*
Glas|rei|ni|ge|rin, die: w. Form zu ↑ Glasreiniger (b).
Glas|rohr, das: *Rohr aus ¹Glas (1).*
Glas|röhr|chen, das: *Röhrchen aus ¹Glas (1), vorwiegend zur Aufbewahrung von Tabletten.*
Glas|röh|re, die: *Röhre aus ¹Glas (1).*
Glas|scha|le, die: *Schale (2) aus ¹Glas (1).*
Glas|schei|be, die: *dünne Platte aus ¹Glas (1) [in einem Rahmen, bes. bei Fenstern u. Bildern].*
Glas|scher|be, die: *Stück eines zerbrochenen Glasgefäßes od. einer zerbrochenen Glasscheibe.*
Glas|schlei|fer, der: **a)** *jmd., der ¹Gläser (2 a, b) durch eingeschliffene od. geätzte Ornamente verziert (Berufsbez.);* **b)** *jmd., der ¹Glas (1) für optische Zwecke bearbeitet (Berufsbez.).*
Glas|schlei|fe|rin, die: w. Form zu ↑ Glasschleifer.
Glas|schliff, der: **a)** *das Einschleifen von Gravuren u. Ä. in ¹Glas (1);* **b)** *durch Schleifen u. anschließendes Polieren entstehende glatte Oberfläche von Kristall- u. Spiegelglas.*
Glas|schmel|ze, die: *Rohstoff zur Verarbeitung von ¹Glas (1) in eingeschmolzenem Zustand.*
Glas|schmuck, der: *Modeschmuck aus ¹Glas (1).*
Glas|schnei|der, der: *Werkzeug zum Anritzen von Glas[scheiben], an dessen Griff ein Diamant od. ein gehärtetes Stahlrädchen angebracht ist, das unter Druck in das ¹Glas (1) eindringt.*
Glas|schrank, der: *Schrank mit Türen od. Wänden aus ¹Glas (1) (für Ausstellungsstücke o. Ä.).*
Glas|schüs|sel, die: *Schüssel aus ¹Glas (1).*
Glas|spiel, das (Musik): *Musikinstrument aus ¹Glas (1), das durch Reiben (seltener durch Anschlagen) zum Klingen gebracht wird.*
Glas|split|ter, der: *Splitter von zerbrochenem ¹Glas (1).*
Glas|stück, das: *[in der Glaskunst verwendetes] Stück aus ¹Glas (1).*
Glas|sturz, der (Pl. ...stürze) (südd., österr., schweiz.): *Glasglocke (b).*
Glast, der; -[e]s [mhd. glast, verw. mit ↑ gelb] (südd. u. dichter.): *Glanz.*
Glas|tisch, der: *Tisch aus ¹Glas (1) od. mit einer Glasplatte.*
Glas|tür, die: *Tür aus ¹Glas (1) od. mit Glasscheiben.*
Gla|sur, die; -, -en [frühnhd. Bildung unter Einfluss von ↑ Lasur aus ↑ ¹Glas u. der Endung -ur]: **a)** *dünne, glasartige Schicht auf keramischen Erzeugnissen;* **b)** (Kochkunst) *glänzender Überzug auf Speisen od. Gebäck.*
◆ **gla|su|ren** ⟨sw. V.; hat⟩ [zu ↑ Glasur]: *glasieren: ... die Wände waren mit glasurten Kacheln bekleidet (Storm, Schimmelreiter 26).*
Glas|ve|ran|da, die: *Veranda mit Glaswänden od. großen Fenstern.*
Glas|ver|si|che|rung, die: *Sachversicherung zur Deckung von Schäden, die an Scheiben od. anderen Gegenständen aus ¹Glas (1) durch Zerbrechen entstehen.*
Glas|vit|ri|ne, die: *Schrank mit Türen oder Wänden aus ¹Glas (1) (für Ausstellungsstücke).*

Glas|wand, die: *Wand aus einer od. mehreren Glasscheiben.*
Glas|wa|re, die ⟨meist Pl.⟩: *zum Verkauf hergestellter Gegenstand aus ¹Glas (1).*
glas|wei|se ⟨Adv.⟩: *in kleinen Mengen; jeweils so viel, wie in ein ¹Glas (2 a) passt.*
Glas|wer|ker, der: *jmd., der serienmäßig maschinell gepresste Produkte aus Glasmasse od. Rohglas herstellt (Berufsbez.).*
Glas|wer|ke|rin, die: w. Form zu ↑ Glaswerker.
Glas|wol|le, die: *zur Schalldämpfung, zur elektrischen Isolierung u. Wärmeisolierung verwendetes watteähnliches Material aus Glasfasern.*
glatt ⟨Adj.; -er, -este, ugs. seltener: glätter, glätteste⟩ [mhd. glat = glänzend, blank; eben; schlüpfrig, ahd. glat = glänzend]: **1. a)** *keine sichtbare, spürbare Unebenheiten aufweisend: eine -e Fläche; -e (nicht lockige) Haare; -e (nicht raue) Haut; sich im -en (wellenlosen, unbewegten, stehenden) Wasser spiegeln; das Tischtuch g. machen (ugs.); seine Haare g. kämmen; ein Brett g. hobeln, polieren, schleifen, schmirgeln; Kanten g. feilen; den Schotter g. walzen; einen Teig g. rühren; das Hemd war nicht richtig g. gebügelt; das Gesicht g. rasieren; das Blatt g. streichen; g. rechts (ohne Muster) stricken; sie muss noch das Laken g. ziehen;* Ü *ein -er (flüssiger, gewandter) Stil;* **b)** *eine Oberfläche aufweisend, die keinen Halt bietet; rutschig, glitschig: eine -e Straße, es ist heute g. draußen; die Fische waren so g., dass er sie nicht festhalten konnte.* **2.** *so beschaffen, dass keine Komplikationen, Schwierigkeiten, Hindernisse auftreten: eine -e Landung; ein -er Bruch (Med.; Bruch ohne Komplikationen); die Sache, die Arbeit geht g. vonstatten; die Rechnung ging g. (exakt) auf.* **3.** (ugs.) *so eindeutig od. rückhaltlos [geäußert], dass damit Beabsichtigte offensichtlich ist, dass kein Zweifel daran bestehen kann: eine -e Lüge, Irreführung, Provokation; das ist ja -er Wahnsinn; er schrieb eine -e Eins, Fünf; sie konnten ihren Gegner g. (mit großem Vorsprung) schlagen u. sagte es ihr g. ins Gesicht; das haut mich g. um (salopp; ich bin fassungslos; damit werde ich nicht fertig!)* **4.** *allzu gewandt, übermäßig höflich; einschmeichelnd [u. dabei unaufrichtig, heuchlerisch]: er ist so ein -er Typ.*
¹**glatt|bü|geln** ⟨sw. V.; hat⟩ (ugs.): *bereinigen, in Ordnung bringen: einen Fehler g.*
glatt bü|geln, ²**glatt|bü|geln** ⟨sw. V.; hat⟩: *etw. bügeln, bis es glatt ist: eine Bluse g. b.*
Glät|te, die; - [mhd. glete]: **1. a)** *glatte (1 a), ebene Beschaffenheit: die G. des Spiegels, der Wasserfläche;* **b)** *das Glattsein (1 b): die G. des Eises, der Straße.* **2.** (abwertend) *das Glattsein (4): die G. seines Auftretens, seiner Reden.*
Glatt|eis, das: *dünne, glatte Eisschicht, die sich durch Gefrieren von Feuchtigkeit [auf dem Boden] bildet: auf dem G. ausrutschen; bei G. sollte man vorsichtig fahren, gehen;* Ü *er hat sich auf das G. der Politik begeben; bei G. sich auf dem G. gesellschaftlicher Verpflichtungen einigermaßen aufzuführen (Böll, Adam 20);* * **jmdn. aufs G. führen** *(jmdn. durch bewusst irreführende Fragen u. Behauptungen auf die Probe stellen, überlisten, in Gefahr bringen);* **aufs G. geraten** *(unversehens in eine schwierige, heikle Lage geraten; sich unbeabsichtigt auf einem Gebiet bewegen, das man nicht sicher beherrscht).*
Glatt|eis|bil|dung, die: *Bildung von Glatteis.*
Glätt|ei|sen, das: **1.** (schweiz.) *Bügeleisen.* **2.** *elektrisches Gerät zum Glätten gelockter Haare.*
Glatt|eis|ge|fahr, die ⟨o. Pl.⟩: *Gefahr der Glatteisbildung: es besteht G.*
glät|ten ⟨sw. V.; hat⟩ [mhd. gleten]: **1. a)** *glatt machen, eben machen: einen zerknitterten Zet-*

tel, Geldschein g.; die Falten des Kleides g.; Ü *jmds. Zorn, Stimmung g.;* **b)** ⟨g. + sich⟩ *glatt werden: nach dem Sturm beginnt das Meer sich zu g.; ihre Stirn glättete sich wieder;* Ü *die Wogen der Erregung hatten sich geglättet.* **2.** (schweiz.) *bügeln, plätten.*
glat|ter|dings ⟨Adv.⟩: *durchaus; ganz und gar; schlechterdings: das ist g. unmöglich.*
glatt fei|len, glätt|fei|len ⟨sw. V.; hat⟩: *mit der Feile glätten, eben machen: die Nägel g. f.*
glatt|ge|hen ⟨unr. V.; ist⟩ (ugs.): *ohne Komplikationen ablaufen: ich freue mich, dass die Fahrt glattgegangen ist.*
glatt|haa|rig ⟨Adj.⟩: *glatte, nicht gelockte od. gekrauste Haare tragend.*
Glatt|heit, die; -: *Glätte.*
glatt ho|beln, glätt|ho|beln ⟨sw. V.; hat⟩: *mit dem Hobel glätten: ein Brett g. h.*
glatt käm|men, glätt|käm|men ⟨sw. V.; hat⟩: *durch Kämmen glätten: die Haare g. k.*
¹**glatt|ma|chen** ⟨sw. V.; hat⟩ (ugs.): *eine seit einiger Zeit bestehende finanzielle Forderung begleichen: eine Rechnung g.*
glatt ma|chen, ²**glätt|ma|chen** ⟨sw. V.; hat⟩ (ugs.): *ebnen, glätten: die Bettdecke g. m.*
glatt po|lie|ren, glätt|po|lie|ren ⟨sw. V.; hat⟩: *auf Hochglanz polieren: Marmor g. p.*
Glätt|pres|se, die (selten): *Kalander.*
glätt|ran|dig ⟨Adj.⟩: *einen glatten Rand besitzend.*
glatt ra|sie|ren, glätt|ra|sie|ren ⟨sw. V.; hat⟩: *so rasieren, dass sich die Haut glatt anfühlt: das Kinn g. r.*
glatt rüh|ren, glätt|rüh|ren ⟨sw. V.; hat⟩: *eine weiche Masse rühren, bis sie keine Klumpen mehr bildet: einen Teig g. r.*
glatt schlei|fen, glätt|schlei|fen ⟨st. V.; hat⟩: *durch Schleifen eine glatte Oberfläche bei etw. erzeugen: ein Brett g. s.*
glatt schmir|geln, glätt|schmir|geln ⟨sw. V.; hat⟩: *durch ¹Schmirgeln (a) eine glatte Oberfläche bei etw. erzeugen: ein Brett g. s.*
◆ **Glätt|stein,** der: *Stein zum Glätten von Wäsche: ... waren ihre seidenen Strümpfe so blank, als wären sie eben unter dem G. hervorgegangen (Goethe, Wanderjahre I, 5).*
glatt|stel|len ⟨sw. V.; hat⟩: **1.** (Kaufmannsspr., Bankw.) *(bei einem Konto o. Ä.) die Soll- u. Habenseite auf den gleichen Stand bringen, ausgleichen: die Buchung g.* **2.** *laufende Geschäfte abwickeln.*
glatt strei|chen, glätt|strei|chen ⟨st. V.; hat⟩: *durch Streichen glätten: zerknülltes Papier g. s.*
Glät|tung, die; -, -en: *das Glätten; das Geglättetwerden.*
glatt wal|zen, glätt|wal|zen ⟨sw. V.; hat⟩: *durch Walzen Unebenheiten glätten, eben machen: den Schotter g. w.*
glatt|wan|dig ⟨Adj.⟩: *mit glatten Wänden [ausgestattet].*
glatt|weg ⟨Adv.⟩ (ugs.): *ohne die Gegebenheiten zu berücksichtigen, auf sie einzugehen; einfach, ohne Bedenken; kurzerhand, rundheraus: eine Sache g. ablehnen; das ist g. erlogen; Als wir uns nicht einigen konnten ..., bin ich wohl ausfallend geworden, ich habe ihm g. (ohne Umschweife) unterstellt, dass aus seinen Worten nur die Furcht vor Unannehmlichkeiten spricht (Becker, Irreführung 13).*
glatt zie|hen, glätt|zie|hen ⟨st. V.; hat⟩: *durch Ziehen glätten: das Laken g. z.*
glatt|zün|gig ⟨Adj.⟩ (abwertend): *zu allzu gewandt, einschmeichelnden, übermäßig höflichen [u. dabei heuchlerischen, unaufrichtigen] Äußerungen neigend.*
Glatt|zün|gig|keit, die; - (abwertend): *glattzüngiges Wesen, Verhalten.*
Glat|ze, die; -, -n [mhd. gla(t)z, zu: glat, ↑ glatt]:

Glatzkopf – glaubwürdig

a) *größere, durch Haarausfall entstandene kahle Stelle auf dem Kopf:* eine G. haben, kriegen, bekommen; sich eine G. schneiden, scheren lassen (ugs.; *sich kahl scheren lassen*); er hatte schon sehr früh eine G.; ein Mann mit G.; **b)** (Jargon) *Skinhead.*

Glatz|kopf, der: **a)** *Kopf ohne Haar, mit wenig Haaren;* **b)** (ugs.) *jmd., der eine Glatze hat:* er ist ein G.; **c)** (Jargon) *Glatze* (b).

glatz|köp|fig ⟨Adj.⟩: *ohne Haare, kahlköpfig:* ein -er Mann; g. sein.

◆ **glau** ⟨Adj.⟩ [urspr. = glänzend, leuchtend, verw. mit ↑gluh] (nordd.): *von ansprechendem Äußeren, schmuck:* g. sind sie und gewaschen und haben so was wie Prinz und Prinzessin (Fontane, Quitt 177, in: Gesammelte Werke. Serie I, Bd. 6, Berlin 1905–1910).

Glau|be, der; -ns, (seltener:) Glauben, der; -s [mhd. g(e)laube, ahd. gilauba, zu ↑glauben]: **1.** *gefühlsmäßige, nicht von Beweisen, Fakten o. Ä. bestimmte unbedingte Gewissheit, Überzeugung:* ein blinder, unerschütterlicher, fanatischer Glaube; der Glaube an die Zukunft, an jmds. Zuverlässigkeit; den Glauben an jmdn., etw. verlieren; jmdm. Glauben schenken; [keinen] Glauben finden; man muss ihr den Glauben lassen; er gab sich dem törichten Glauben hin, ihm könne nichts geschehen; sich in dem Glauben wiegen *(fälschlicherweise der Meinung sein),* alles richtig gemacht zu haben; im guten/in gutem Glauben *(im Vertrauen auf die Richtigkeit);* guten Glaubens sein *(ganz überzeugt sein);* des [festen] Glaubens sein; jmdn. bei dem/in dem Glauben lassen, dass...; R der Glaube versetzt Berge/kann Berge versetzen *(wenn man fest von etw. überzeugt ist, kann man auch etw. schaffen, was sich normalerweise nicht verwirklichen lässt;* 1. Kor. 13, 2). **2. a)** *religiöse Überzeugung* (2): *ein fester Glaube bestimmte ihr Leben;* seinen Glauben [an Gott] verlieren; von echtem Glauben erfüllt sein; **b)** *Religion, Bekenntnis:* der christliche, jüdische, islamische Glaube; für seinen Glauben kämpfen, sterben; in Fragen des Glaubens tolerant sein; sich zum christlichen Glauben bekennen.

glau|ben ⟨sw. V.; hat⟩ [mhd. gelouben, ahd. gilouben, urspr. = für lieb halten; gutheißen, zu ↑lieb]: **1. a)** *für möglich u. wahrscheinlich halten, annehmen; meinen:* glaubst du, dass er kommt?; sie glaubte so erinnern; er glaubte[,] den Mann zu kennen; ich glaube, dass ich das nachweisen kann; ich glaube, du spinnst, du bist verrückt!; ich glaube gar! (ugs.; Ausdruck der Entrüstung, Ablehnung o. Ä.; *kommt nicht infrage!);* **b)** *fälschlich glauben, für jmdn. od. etw. halten; wähnen:* sich allein, unbeobachtet g.; ich glaubte mich im Recht; wir glaubten sie längst in Berlin. **2. a)** *für wahr, richtig, glaubwürdig halten; gefühlsmäßig von der Richtigkeit einer Sache od. einer Aussage überzeugt sein:* das glaubst du doch selbst nicht!; ich glaube schon, dass es sich so verhält; man muss nicht alles g., was in der Zeitung steht; sie glaubt jedes seiner Worte, glaubt ihm jedes Wort; wenn man seinen Worten g. will; er hat die Nachricht nicht g. wollen; man glaubt ihr ihre Tänzerin *(sieht aus ihren Bewegungen, dass sie wirklich Tänzerin ist);* du glaubst nicht, wie ich mich freue! *(ich freue mich sehr);* es ist so, ob du es glaubst oder nicht (ugs.; *es ist wirklich so);* R wers glaubt, wird selig [und wers nicht glaubt, kommt auch in den Himmel] (ugs. scherzh.; *ich glaube das niemals);* ich glaube dich kaum/nicht zu g. (ugs.; *das ist unerhört!);* **b)** *jmdm., einer Sache vertrauen, sich auf jmdn., etw. verlassen:* ich glaube an ihn, an seine Ehrlichkeit; an das Gute [im Menschen] g.; an sich selbst g. *(Selbstvertrauen haben);* * *jmdn. etw. g. machen wol-*

len (jmdm. etw. einzureden versuchen: sie wollte uns g. machen, sie habe das Geld gefunden). **3. a)** *vom Glauben* (2 a) *erfüllt sein, gläubig sein:* fest, unbeirrbar g.; zu g. beginnen; **b)** *in seinem Glauben* (2 a) *von der Existenz einer Person od. Sache überzeugt sein, etw. für wahr, wirklich halten:* an Gott, an die Auferstehung g.; an Gespenster, an Wunder g.; * **dran g. müssen** (1. salopp; *ums Leben kommen:* bei dem Flugzeugabsturz mussten über 100 Menschen dran g. ugs.; *von etw. Unangenehmem betroffen sein, an der Reihe sein:* heute muss sie dran g. und das Geschirr spülen).

Glau|ben: ↑Glaube.

Glau|bens|ar|ti|kel, der: *einzelner Abschnitt des Glaubensbekenntnisses* (b).

Glau|bens|be|kennt|nis, das: **a)** *Zugehörigkeit zu einer bestimmten Konfession;* **b)** ⟨o. Pl.⟩ *formelhafte Zusammenfassung der wesentlichen Aussagen der christlichen Glaubenslehre:* das G. sprechen; **c)** *Überzeugung, [leidenschaftlich vertretene] Weltanschauung:* ein politisches G.

Glau|bens|bru|der, der: *Angehöriger des gleichen Bekenntnisses:* für seine Glaubensbrüder eintreten.

Glau|bens|din|ge ⟨Pl.⟩: *Fragen des Glaubens* (2 a): in -n war er sehr doktrinär.

Glau|bens|ei|fer, der: *aktives Eintreten für den Glauben* (2 a) *[mit dem Willen, auch andere zu überzeugen].*

Glau|bens|fra|ge, die: *den Glauben* (2 a) *betreffende Frage:* -n erörtern; Ü die Entscheidung ist für die Partei eine G. *(eine ihre politische Überzeugung berührende Frage, Angelegenheit).*

Glau|bens|frei|heit, die ⟨Pl. selten⟩: *Recht, seinen religiösen Glauben frei zu wählen, sich zu einer Konfession zu bekennen.*

Glau|bens|ge|mein|schaft, die: *Gesamtheit der Angehörigen einer Konfession od. religiösen Gruppe.*

Glau|bens|ge|nos|se, der: **a)** *jmd., der sich zur gleichen Konfession bekennt;* **b)** *jmd., der sich zur gleichen politischen Überzeugung bekennt.*

Glau|bens|ge|nos|sin, die: w. Form zu ↑Glaubensgenosse.

Glau|bens|hü|ter, der: *jmd., der über die Wahrung des richtigen Glaubens* (2 b) *wacht.*

Glau|bens|hü|te|rin, die: w. Form zu ↑Glaubenshüter.

Glau|bens|in|halt, der ⟨meist Pl.⟩: *Inhalt, Gehalt eines religiösen Glaubens.*

Glau|bens|kon|gre|ga|ti|on, die: *leitende Behörde der römisch-katholischen Kirche mit der Aufgabe, Irrlehren zu bekämpfen u. den rechten katholischen Glauben zu wahren.*

Glau|bens|kraft, die ⟨o. Pl.⟩: *Stärke, Intensität des Glaubens* (2 a); **b)** *vom Glauben* (2 a) *u. einem Gläubigen ausgehende Kraft.*

Glau|bens|krieg, der: *um die Durchsetzung eines Glaubens* (2 b), *einer Konfession geführter Krieg; Religionskrieg.* Ü über diese Frage ist ein G. entstanden *(es wird grundsätzlich u. erbittert darüber gestritten).*

Glau|bens|krie|ger, der: *jmd., der einen Glaubenskrieg führt.*

Glau|bens|krie|ge|rin, die: w. Form zu ↑Glaubenskrieger.

Glau|bens|leh|re, die: *bestimmte ¹Lehre* (2 a) *eines Glaubens* (2 b).

Glau|bens|rich|tung, die: *Richtung* (2) *eines religiösen Glaubens.*

Glau|bens|sa|che, die (ugs.): *etwas, was nur auf Glauben* (1), *nicht auf Beweisen beruht.*

Glau|bens|satz, der: **a)** *mit dem Anspruch unbedingter Geltung vertretene religiöse These;* **b)** *starre Anschauung, [Lehr]meinung.*

Glau|bens|schwes|ter, die: *Angehörige der gleichen religiösen Glaubensrichtung.*

glau|bens|stark ⟨Adj.⟩: *stark, unbeirrbar im Glauben* (2 a).

Glau|bens|streit, der: *grundsätzliche Auseinandersetzung um grundlegende Fragen des Glaubens* (2), *der Religion.*

Glau|be|rit, das; -s, -e [nach dem dt. Chemiker J. R. Glauber (1604–1670)]: *bes. in ozeanischen Salzlagerstätten sowie in Binnenseen vorkommendes Doppelsalz (Natrium-Kalzium-Sulfat).*

Glau|ber|salz, das ⟨o. Pl.⟩ [↑Glauberit] (Chemie): *wasserhaltiges Natriumsulfat, das als Mineral (in Prismen kristallisiert) u. gelöst als Bestandteil vieler natürlicher Mineralwässer vorkommt u. industriell bes. in der Glasfabrikation, medizinisch als Abführmittel verwendet wird.*

glaub|haft ⟨Adj.⟩ [mhd. g(e)loubehaft]: *so [geartet, dargestellt], dass man es für wahr halten, glauben kann; einleuchtend, überzeugend:* ein -er Bericht; die Ausrede wird nicht -er; etwas g. machen; der Schauspieler hat seine Rolle g. verkörpert.

Glaub|haf|tig|keit, die; -: *das Glaubhaftsein:* ich bezweifle die G. dieser Aussage.

gläu|big ⟨Adj.⟩ [mhd. geloubec, ahd. giloubīg]: **a)** *vom Glauben* (2 a) *erfüllt:* ein -er Christ; zutiefst, tief g. sein; **b)** *vertrauend, vorbehaltlos (einem Menschen, einer Sache) ergeben:* er war ein -er Marxist; er hat -e Anhänger um sich gesammelt.

-gläu|big: drückt in Bildungen mit Substantiven aus, dass die beschriebene Person od. Sache fest dem Glauben verhaftet ist, dass (in Bezug auf eine bestimmte Sache) das Heil o. Ä. von dem im Bestimmungswort Genannten ausgeht, abhängt: jugend-, vernunftgläubig.

Gläu|bi|ge, die/eine Gläubige; der/einer Gläubigen, die Gläubigen/zwei Gläubige: *gläubige, religiöse weibliche Person.*

¹Gläu|bi|ger, der; -s, - [spätmhd. gleubiger, LÜ von lat. creditor]: *jmd., der durch ein Schuldverhältnis berechtigt ist, an einen anderen finanzielle Forderungen zu stellen, der einem Schuldner gegenüber anspruchsberechtigt ist:* von seinen -n bedrängt werden.

²Gläu|bi|ger, der; -s, -: *der Gläubige/ein Gläubiger; des/eines Gläubigen, die Gläubigen/zwei Gläubige: gläubiger, religiöser Mensch.*

Gläu|bi|ger|aus|schuss, der: *gewählte Vertretung der ¹Gläubiger in einem Konkursverfahren.*

Gläu|bi|ger|bank, die ⟨Pl. -en⟩: *²Bank* (1 a) *in der Rolle eines Gläubigers.*

Gläu|bi|ge|rin, die; -, -nen: w. Form zu ↑¹Gläubiger.

Gläu|bi|ger|land, das ⟨Pl. ...länder⟩: *Land* (5 a) *in der Rolle eines ¹Gläubigers.*

Gläu|bi|ger|schutz, der ⟨o. Pl.⟩: *gesetzlich geregelter Schutz des ¹Gläubigers vor dem Ausfall der Forderungen.*

Gläu|bi|ger|ver|samm|lung, die: *Zusammenkunft aller ¹Gläubiger in einem Konkursverfahren zur Wahrung ihrer Rechte.*

Gläu|big|keit, die; -, -en ⟨Pl. selten⟩: **a)** *das Gläubigsein* (a): eine tiefe G. beseelt sie; **b)** *das Gläubigsein* (b): in kritikloser G. halten sie alles Gedruckte für wahr.

-gläu|big|keit: Subst. zu ↑-gläubig.

glaub|lich ⟨Adj.⟩: in der Verbindung **es/das ist kaum g.** *(es/das ist unwahrscheinlich).*

glaub|wür|dig ⟨Adj.⟩: *als wahr, richtig, zuverlässig erscheinend u. so den Glauben daran rechtfertigend:* eine -e Schilderung des Vorgangs; ein -er Zeuge; der Angeklagte ist nicht g.; etw. g. versichern.

Glaub|wür|dig|keit, die; -: *das Glaubwürdigsein:* an G. verlieren.
Glaub|wür|dig|keits|pro|b|lem, das: *Problem, Schwierigkeit, glaubwürdig zu erscheinen.*
Glau|kom, das; -s, -e [griech. glaúkōma = bläuliche Haut über der Linse, zu: glaukós = bläulich glänzend] (Med.): *durch erhöhten Innendruck des Auges verursachte Augenkrankheit, die zur Erblindung führen kann; grüner Star.*
gla|zi|al ⟨Adj.⟩ [lat. glacialis = eisig, voll Eis] (Geol.): *eiszeitlich, während einer Eiszeit entstanden, mit einer Eiszeit im Zusammenhang stehend:* -e Ablagerungen.
Gla|zi|al, das; -s, -e (Geol.): *Eiszeit.*
Gla|zi|al|zeit, die: *Glazial.*
Gla|zio|lo|gie, die; - [zu lat. glacies = Eis u. ↑-logie]: *Wissenschaft von der Entstehung u. Wirkung des Eises u. der Gletscher; Gletscherkunde.*
gla|zio|lo|gisch ⟨Adj.⟩: *die Glaziologie betreffend.*
¹gleich ⟨Adj.⟩ [mhd. gelīch, ahd. galīh, Zus. mit dem ↑ Leiche zugrunde liegenden Wort u. urspr. = denselben Körper, dieselbe Gestalt habend]: **1. a)** *in allen Merkmalen, in jeder Hinsicht übereinstimmend:* sie sind g. an Anzahl; das -e Ziel haben; auf die -e Weise; in -em Maße; die -e Sprache sprechen; -er Lohn für -e Arbeit; -es Recht für alle fordern; die g. Gesinnten; g. gesinnte Freunde; g. gestimmte Seelen; g. denkende Schwestern; g. lautende Namen, Wörter; g. lautende Meldungen; die -en Gesichter *(dieselben Leute)* wie gestern; im -en Haus wohnen; am -en Tag; am -en Ort; zur -en Zeit; im -en Moment; -e (Math.; *kongruente*) Dreiecke; g. *(ebenso)* alt, schnell sein; zweimal zwei [ist] g. *(ist gleichbedeutend, identisch mit, ergibt)* vier; ⟨subst.:⟩ alle wollten das Gleiche; das Gleiche gilt *(dieselben Worte, Anordnungen gelten)* auch für dich; **b)** *miteinander od. mit einem Vergleichsobjekt in bestimmten Merkmalen, in der Art, im Typ übereinstimmend; sich gleichend; vergleichbar:* das -e Kleid tragen; sie hat die -e Figur wie ihre Schwester; die -en Schwierigkeiten haben; seinem Vorbild g. zu werden versuchen; g. geartete, g. beschaffene Verhältnisse; g. gerichtete Interessen; in g. gelagerten Fällen; Ⓡ alle Menschen sind g. [(iron.:) nur einige sind -er (nach einer satirischen Fabel von George Orwell)]; ⟨subst.:⟩ [man soll nicht] Gleiches mit Gleichem vergelten; Spr Gleich und Gleich gesellt sich gern *(Menschen mit gleicher Gesinnung, gleichen [schlechten] Absichten schließen sich gern zusammen).* **2.** *unverändert, sich nicht ändernd:* mit immer -er Freundlichkeit; der Preis ist seit einem Jahren g. geblieben; in g. bleibendem Abstand; du bist dir in deinem Wesen immer g. geblieben; das bleibt sich doch g. (ugs.; *kommt auf dasselbe hinaus*); ⟨subst.:⟩ das (immer, ewig] Gleiche; er ist immer der Gleiche geblieben *(unverändert in seinem Wesen u. in seinen Ansichten).* **3.** *jmdm. g. sein* (ugs.; *jmdm. gleichgültig sein:* es ist mir völlig g., was du dazu sagst); **von Gleich zu Gleich** *(auf einer Ebene, Stufe).*
²gleich ⟨Adv.⟩ [zu ↑ ¹gleich aus der Verwendung als Ausdruck räumlicher od. zeitlicher Übereinstimmung]: **1. a)** *in relativ kurzer Zeit, sofort, [sehr] bald:* ich komme g.; es muss nicht g. sein; g. nach dem Essen gingen sie weg; warum nicht g. so?; bis g.!; **b)** *unmittelbar daneben; dicht bei:* der Gemüsestand ist g. am Eingang; g. hinterm Haus beginnt der Wald. **2.** (meist in Verbindung mit einer Zahl) *erstaunlicherweise auf einmal, zugleich:* g. zwei Paar Schuhe kaufen.
³gleich ⟨Partikel⟩: **a)** ⟨unbetont⟩ drückt in Fragesätzen aus, dass der Sprecher od. die Sprecherin nach etwas eigentlich Bekanntem fragt, an das er od. sie sich im Moment nicht erinnert; *noch, doch:* was hat er g. gesagt?; wie heißt das g.?; **b)** ⟨betont⟩ drückt in Aussage- u. Aufforderungssätzen Unmut od. Resignation aus: dann lass es g. bleiben; wenn er nicht mitspielt, können wir g. zu Hause bleiben; **c)** ⟨unbetont⟩ mit Negation; *überhaupt:* Es ist gute Überlieferung aus Zeiten, wo der Mann von Adel nur anständig zu Pferde zu sitzen brauchte und sonst überhaupt nichts lernte, schon g. *(erst recht)* nicht Lesen und Schreiben (Th. Mann, Krull 272).
⁴gleich ⟨Präp. mit Dativ⟩ [zu: ↑¹gleich] (geh.): *einem anderen Menschen, einer anderen Sache gleichend; wie:* sie hüpfte g. einem Ball.
gleich|al|te|rig usw.: ↑ gleichaltrig usw.
gleich|alt|rig, gleichalterig (selten) ⟨Adj.⟩: *im gleichen Alter sich befindend:* -e Kinder; die beiden sind g.
Gleich|alt|rig|keit, Gleichalterigkeit, die; -: *das Gleichaltrigsein.*
gleich|ar|tig ⟨Adj.⟩: *von, in gleicher Art erfolgend; sehr ähnlich:* -e Probleme, Tiere; nicht alle Fälle sind g.
Gleich|ar|tig|keit, die ⟨o. Pl.⟩: *das Gleichartigsein; große Ähnlichkeit.*
gleich|auf [auch: ˈɡlaɪ̯ˈlaʊ̯f] ⟨Adv.⟩ (bes. Sport): *auf gleicher Höhe; wertungsgleich:* sie waren im Ziel g.; g. [mit jmdm.] liegen.
gleich|be|deu|tend ⟨Adj.⟩: *die gleiche Bedeutung habend:* ihr Schweigen war g. mit Ablehnung.
gleich|be|han|deln ⟨sw. V.; hat⟩: *in gleicher Weise, gleichartig behandeln:* das neue Gesetz soll dafür sorgen, dass Frauen und Männer gleichbehandelt werden; in diesem Land werden alle Religionen gleichbehandelt.
Gleich|be|hand|lung, die: *gleiche, gleichartige Behandlung:* die G. der Fälle gewährleisten.
Gleich|be|hand|lungs|ge|setz, das: *Gesetz, das die Gleichbehandlung gesellschaftlicher Gruppen gewährleisten u. Benachteiligung vermeiden soll.*
gleich|be|rech|tigt ⟨Adj.⟩: *mit gleichen Rechten ausgestattet; rechtlich gleichgestellt:* Frau und Mann als -e Partner.
Gleich|be|rech|ti|gung, die ⟨o. Pl.⟩: *gleiches Recht:* für die volle G. der Frauen kämpfen.
gleich be|schaf|fen, gleich|be|schaf|fen ⟨Adj.⟩: *gleiche Beschaffenheit aufweisend:* zwei gleich beschaffene Uhren.
gleich|blei|bend, gleich blei|bend ⟨Adj.⟩: *einen bestimmten Zustand, eine bestimmte Eigenschaft bewahrend:* in -em Abstand.
gleich|den|kend, gleich den|kend ⟨Adj.⟩: *die gleiche Meinung vertretend:* -e Politiker.
Glei|che, die; -, -n [mhd. geliche, ahd. gilîhî = Gleichheit] (österr.): *Richtfest.*
glei|chen ⟨st. V.; hat⟩ [mhd. gelīchen, ahd. gilīhhan]: *sehr ähnlich, vergleichbar sein:* er gleicht seinem Bruder; die Brüder gleichen sich/(geh.:) einander sehr; diese Dinge gleichen sich wie ein Ei dem andern; in seinen Eigenheiten gleicht er seinem Vater; In der griechischen Abteilung flüsterten sie vor der Venus von Milo einige Mädchen, die ihr in nichts glichen (Remarque, Triomphe 308).

-**glei|chen** [mhd. -gelīhen, erstarrte schwache Form des mhd. subst. Adjektivs gelīch]: *in Zusammenrückungen, z. B.* dergleichen, deinesgleichen, sondergleichen.

glei|chen|orts ⟨Adv.⟩ (schweiz.): *am gleichen Ort.*
glei|chen|tags ⟨Adv.⟩ (bes. schweiz.): *am gleichen Tage.*
gleich|er|big ⟨Adj.⟩ (Biol.): *[in Bezug auf bestimmte Merkmale] von beiden Eltern die gleiche Erbanlagen besitzend; reinerbig:* ein Stamm von g. roten Blüten wurde gezüchtet.
glei|cher|ma|ßen ⟨Adv.⟩: *in gleichem Maße; ebenso, genauso:* überall g. anerkannt sein.
glei|cher|wei|se ⟨Adv.⟩: *in derselben Weise, auf dieselbe Art; ebenso.*
gleich|falls ⟨Adv.⟩: *in gleicher Weise; auch, ebenfalls:* er hatte g. kein Glück; danke, g.!; Einmal verzögert Imbs den Schritt und pflückt im Gehen einen Zweig Rotdorn. Den steckt er Jenny an. Da bricht Tulla g. einen Rotdornzweig, steckt ihn sich aber nicht an (Grass, Hundejahre 274).
gleich|far|big ⟨Adj.⟩: *die gleiche Farbe aufweisend:* sie trägt ein grünes Kleid und -e Strümpfe; die Handschuhe sind g. mit den Schuhen.
gleich|för|mig ⟨Adj.⟩: *immer in gleicher Weise [verlaufend] [u. daher eintönig, langweilig]:* -e Bewegungen; sein Leben ist immer -er geworden; g. verlaufen.
Gleich|för|mig|keit, die; -: *gleichförmige Beschaffenheit.*
gleich|ge|ar|tet, gleich ge|ar|tet ⟨Adj.⟩: *in gleicher Art [verlaufend]; gleichartig:* -e Verhältnisse.
gleich ge|la|gert, gleich|ge|la|gert ⟨Adj.⟩: *(in Bezug auf die näheren Umstände) vergleichbar:* zwei gleich gelagerte Fälle.
gleich ge|rich|tet, gleich|ge|rich|tet ⟨Adj.⟩: *in gleicher Richtung verlaufend, die gleiche Richtung habend:* ein gleich gerichtetes Interesse haben.
gleich|ge|schlecht|lich ⟨Adj.⟩: **1.** *auf ein Wesen gleichen Geschlechts gerichtet; homosexuell:* -e Liebe; -e Paare, Partner; er ist g. veranlagt. **2.** *gleiches Geschlecht habend; von gleichem Geschlecht:* der -e Elternteil; -e Geschwister.
Gleich|ge|schlecht|lich|keit, die; -: *Homosexualität.*
gleich ge|sinnt, gleich|ge|sinnt ⟨Adj.⟩: *gleiche Anschauungen vertretend; von gleicher Gesinnung:* zwei gleich gesinnte Freunde.
Gleich|ge|sinn|te, die/eine Gleichgesinnte; der/einer Gleichgesinnten, die Gleichgesinnten/zwei Gleichgesinnte, **gleich Ge|sinn|te**, die/eine gleich Gesinnte; der/einer gleich Gesinnten, die gleich Gesinnten/zwei gleich Gesinnte: *weibliche Person mit gleicher Gesinnung.*
Gleich|ge|sinn|ter, der Gleichgesinnte/ein Gleichgesinnter; des/eines Gleichgesinnten, die Gleichgesinnten/zwei Gleichgesinnte, **gleich Ge|sinn|ter**, der gleich Gesinnte/ein gleich Gesinnter; des/eines gleich Gesinnten, die gleich Gesinnten/zwei gleich Gesinnte: *jmd. mit gleicher Gesinnung.*
gleich ge|stimmt, gleich|ge|stimmt ⟨Adj.⟩: *in der gleichen Stimmung, Gemütsverfassung befindlich:* gleich gestimmte Seelen.
Gleich|ge|wicht, das [LÜ von lat. aequilibrium, frz. équilibre]: **1. a)** *Zustand eines Körpers, in dem die entgegengesetzt wirkenden Kräfte einander aufheben:* stabiles G.; das G. halten; er verlor das G. und stürzte; aus dem G. kommen; die Waage ist im G.; **b)** *Ausgeglichenheit, Ausgewogenheit, Stabilität:* das europäische G.; das G. der Kräfte; Sicherung des ökologischen -s. **2.** *innere, seelische Ausgeglichenheit:* darunter leidet mein seelisches G.; sein G. bewahren, verlieren; aus dem G. geraten; sich nicht aus dem G. bringen lassen *(ruhig bleiben).*
gleich|ge|wich|tig ⟨Adj.⟩: *im Gleichgewicht, Gleichmaß befindlich:* zwischen Angebot und Nachfrage ein -es Verhältnis herstellen.
Gleich|ge|wichts|emp|fin|den, Gleich|ge|wichts|ge|fühl, das: *Fähigkeit, seinen Körper [aufrecht] im Gleichgewicht zu halten.*
Gleich|ge|wichts|la|ge, die: *Zustand der Ausgewogenheit:* die Volkswirtschaft in eine G. bringen.
Gleich|ge|wichts|or|gan, das (Biol., Med.): *Organ, das das Gleichgewichtsgefühl steuert.*

Gleich|ge|wichts|sinn, der: *Gleichgewichtsgefühl.*
Gleich|ge|wichts|stö|rung, die: *Störung der Fähigkeit, sich im Gleichgewicht zu halten.*
Gleich|ge|wichts|zu|stand, der: *Gleichgewichtslage:* ein G. zwischen Ost und West.
gleich|gül|tig ⟨Adj.⟩ [urspr. = gleichwertig, Bedeutungsentwicklung über »unterschiedslos; unbedeutend« zu »uninteressiert«]: **1.** *ohne Interesse od. [innere] Anteilnahme; weder Lust noch Unlust bei etw. empfindend od. erkennen lassend:* ein -es Gesicht machen; ihre Stimme klang g.; sich g. gegen jmdn./jmdm. gegenüber benehmen; Es muss große und kleine Schauspieler geben, aber es sollte an einer vorzüglichen Bühne keine -en Schauspieler geben, auch nicht einen einzigen. (Hofmannsthal, Komödie 53). **2.** ⟨nicht adv.⟩ *belanglos, unwichtig; nicht interessant [für jmdn.]:* über -e Dinge sprechen; das ist doch g.; das ist mir g.; sie ist ihm nicht g. (geh. verhüll.; *sie bedeutet ihm etwas, gefällt ihm*).
Gleich|gül|tig|keit, die: *Teilnahmslosigkeit, gleichgültiges Verhalten, Desinteresse, inneres Unbeteiligtsein:* ihre G. geht mir auf die Nerven; er antwortet mit gespielter G.
Gleich|heit, die; -, -en [mhd. gelīcheit, glīcheit = Gleichheit, auch: Gleichmäßigkeit]: **a)** *Übereinstimmung in bestimmten Merkmalen; große Ähnlichkeit:* die G. der Ansichten und Meinungen; **b)** ⟨o. Pl.⟩ *gleiche Stellung, gleiche Rechte:* soziale G.; die G. aller vor dem Gesetz; für die G. (*Gleichberechtigung*) von Mann und Frau eintreten.
Gleich|heits|grund|satz, der: *Gleichheitssatz.*
Gleich|heits|prin|zip, das, **Gleich|heits|satz,** der: *Grundrecht der Gleichheit u. Gleichbehandlung aller vor dem Gesetz.*
Gleich|heits|zei|chen, das: *Symbol für die Gleichheit der Werte auf beiden Seiten [einer Gleichung]* (=).
Gleich|klang, der: *Zusammenklang [von Tönen], Harmonie, Übereinstimmung:* im G.; Ü G. der Seelen.
gleich|kom|men ⟨st. V.; ist⟩: **a)** *gleichen, entsprechen:* eine Versetzung, die einer Beförderung gleichkam; **b)** *die gleiche Leistung wie eine bestimmte andere Person erreichen:* niemand kommt ihm an Schnelligkeit gleich.
Gleich|lauf, der ⟨o. Pl.⟩ (meist Technik): *ausgeglichener, gleichmäßiger Lauf [eines Gerätes od. mehrerer aufeinander abgestimmter Antriebe]; Synchronismus* (1): der G. muss präzise gesteuert werden; Uhren im G. halten.
gleich|lau|fend ⟨Adj.⟩: *in der gleichen Richtung, gleichartig od. gleichzeitig vorangehend; parallel:* -e Tendenzen.
gleich|läu|fig ⟨Adj.⟩ (Technik): *im gleichen Sinne laufend; synchron* (1): die Kolben bewegen sich g.
Gleich|läu|fig|keit, die (Technik): *synchroner Lauf.*
gleich|lau|tend, gleich lau|tend ⟨Adj.⟩: **a)** *im Klang, in der Lautung übereinstimmend:* die Wörter sind g.; **b)** *im Wortlaut übereinstimmend:* der Aufruf wurde g. überall verbreitet.
gleich|ma|chen ⟨sw. V.; hat⟩: *die Unterschiede, die zwischen etw. bestehen, beseitigen, angleichen, anpassen:* man kann nicht alle Menschen g., g. wollen.
Gleich|ma|che|rei, die; -, -en (abwertend): *(das Charakteristische, Besondere von einer Person, Sache negierende) Aufhebung objektiv vorhandener Unterschiede:* soziale, politische G.
gleich|ma|che|risch ⟨Adj.⟩ (abwertend): *die Gleichmacherei betreffend:* -e Theorien.
Gleich|maß, das ⟨o. Pl.⟩ [rückgeb. aus ↑ gleichmäßig]: **a)** *Ebenmaß, Harmonie:* das G. ihrer Züge; **b)** *Ausgeglichenheit, Einheitlichkeit (des Verlaufs od. der Bewegung).*
gleich|mä|ßig ⟨Adj.⟩: *in einem Gleichmaß* (b), *ohne [starke] Veränderungen vor sich gehend, ablaufend; ausgeglichen:* -e Schritte; in -em Tempo; eine g. gute Qualität; g. atmen.
Gleich|mä|ßig|keit, die: *gleichmäßige Beschaffenheit, gleichmäßiger Fortgang; Gleichmaß:* eine Bewegung von großer G.
Gleich|mut, der, veraltend landsch. auch: die; - [rückgeb. aus ↑ gleichmütig]: *ruhiger, leidenschaftsloser Gemütszustand:* unerschütterlicher G.; Mit mühsam gespielter G. häufte Maria den Rest des Waldmeisterbrausepulvers in ihrem gutgepolsterten, trotz der Hitze trockenen Handteller (Grass, Blechtrommel 335).
gleich|mü|tig ⟨Adj.⟩: *Gleichmut aufweisend, voller Gleichmut:* ein -es Gesicht; g. bleiben; sie wandte sich g. ab.
Gleich|mü|tig|keit, die; -: *gleichmütiges Wesen, gleichmütige Haltung.*
gleich|na|mig ⟨Adj.⟩: **a)** *den gleichen Namen tragend:* ein Film nach dem -en Roman von …; **b)** (Math.) *den gleichen Nenner aufweisend:* -e Brüche; um Brüche addieren zu können, muss man sie g. machen; **c)** (Physik) *gleich[artig]:* -e Ladungen, Pole.
Gleich|na|mig|keit, die; -: *gleichnamige Beschaffenheit.*
Gleich|nis, das; -ses, -se [mhd. gelīchnisse, ahd. gilīhnissa, eigtl. = das, was sich mit etwas anderem vergleichen lässt]: *kurze bildhafte Erzählung, die einen abstrakten Gedanken od. Vorgang durch Vergleich mit einer anschaulichen, konkreten Handlung [mit bildnerischer Qualität] verständlich machen will:* das G. vom verlorenen Sohn; etw. in einem G. ausdrücken, durch ein G. erläutern.
gleich|nis|haft ⟨Adj.⟩: *in der Art eines Gleichnisses [dargestellt]:* eine -e Umschreibung; das ist hier nur g. gesagt worden.
gleich|ran|gig ⟨Adj.⟩: *den gleichen Rang aufweisend, auf einer Stufe stehend:* -e Persönlichkeiten; -e Bewerber um einen Posten; -e Stellungen an verschiedenen Behörden; etw. g. behandeln; die beiden Straßen sind g. (*sind Straßen gleicher Ordnung*).
Gleich|ran|gig|keit, die; -, -en: *das Gleichrangigsein.*
gleich|rich|ten ⟨sw. V.; hat⟩ (Elektrot.): *von Wechselstrom in Gleichstrom umwandeln.*
Gleich|rich|ter, der (Elektrot.): *Gerät zum Gleichrichten.*
Gleich|rich|tung, die ⟨o. Pl.⟩ (Elektrot.): *Umwandlung von Wechselstrom in Gleichstrom.*
gleich|sam ⟨Adv.⟩ [mhd. dem gelīche sam = dem, was gleich ist, ähnlich; ↑ -sam] (geh.): *sozusagen, gewissermaßen, wie:* der Brief ist g. eine Anklage; er sah mit staunenden Augen an, g. als käme er aus einer anderen Welt.
gleich|schal|ten ⟨sw. V.; hat⟩ [urspr. Wort der Elektrotechnik, von den Nationalsozialisten 1933 zuerst für das »Gesetz zur Gleichschaltung der Länder mit dem Reich« übernommen]: **1. a)** (nationalsoz.) *(zur Zeit des nationalsozialistischen Herrschaft) Organisationsformen von Körperschaften u. Institutionen an die nationalsozialistische Weltanschauung anpassen:* Parteien und Vereine wurden gleichgeschaltet; **b)** (meist abwertend) *[mit Zwangsmaßnahmen] im Denken u. Handeln der Politik u. Weltanschauung der regierenden Machthaber unterwerfen.* **2.** (meist abwertend) *auf eine gleiche, einheitliche, [zentral bestimmte] Linie bringen.*
Gleich|schal|tung, die: **1. a)** (nationalsoz.) *das Gleichschalten* (1 a); *das Gleichgeschaltetwerden:* die G. der Verwaltung war den Nazis wichtig; **b)** (meist abwertend) *das Gleichschalten* (1 b); *das Gleichgeschaltetwerden.* **2.** (meist abwertend) *das Gleichschalten* (2); *das Gleichgeschaltetwerden.*
gleich|schen|ke|lig, gleich|schenk|lig ⟨Adj.⟩ (Math.): *(vom Dreieck) zwei gleich lange Seiten aufweisend:* dieses Dreieck ist g.
Gleich|schritt, der ⟨o. Pl.⟩: *gleiche Schrittlänge, mit der marschiert wird; gleichmäßige, in einem genauen Rhythmus verlaufende Beinbewegungen (bes. beim Marschieren in [militärischen] Gruppen):* G. halten; (militär. Kommando) im G., marsch!; Ü nicht im G. marschieren wollen.
gleich|se|hen ⟨st. V.; hat⟩: *gleichen; im Aussehen, in der Art jmdm., etw. sehr ähnlich sein:* sie sieht ihrer Mutter gleich; der Mantel sieht meinem zum Verwechseln gleich; * *jmdm. g.* (ugs.; *typisch für jmdn. sein, zu jmdm. passen:* er hat verschlafen und den Zug verpasst! Das sieht ihm mal wieder gleich!); *etw., nichts g.* (landsch., bes. südd.; *ansehnlich, passabel od. unansehnlich, unscheinbar sein:* ihre Kleidung sieht nichts g.).
gleich|sei|tig ⟨Adj.⟩ (Math.): *(von Flächen od. Körpern) gleich lange Seiten aufweisend:* ein -es Dreieck.
gleich|set|zen ⟨sw. V.; hat⟩: **a)** *vergleichbar machen; als gleich, als dasselbe ansehen:* er hat seine Arroganz mit Können gleichgesetzt; … denn sie waren gewohnt, vaterländische Gesinnung mit einem erhaltenden Ordnungssinn gleichzusetzen (Th. Mann, Zauberberg 215); **b)** *auf eine Stufe stellen, als [sozial] gleichwertig ansehen:* der Handarbeiter ist dem Kopfarbeiter gleichzusetzen.
Gleich|set|zung, die: **a)** *das Gleichsetzen* (a); *das Gleichgesetztwerden:* die G. von fortschrittlichen und sozialistischen Ideen; **b)** *das Auf-eine-Stufe-Stellen.*
Gleich|set|zungs|ak|ku|sa|tiv, der (Sprachwiss.): *Satzglied im Akkusativ, das in bes. enger Verbindung zum Akkusativobjekt steht (z. B. in* nennt ihn *einen Lügner*).
Gleich|set|zungs|glied, das (Sprachwiss.): *Satzglied, das im Gleichsetzungssatz dem Subjekt gegenübergestellt wird; Prädikativum.*
Gleich|set|zungs|no|mi|na|tiv, der (Sprachwiss.): *Satzglied im Nominativ, das in bes. enger Verbindung zum Subjekt steht (z. B.* er ist *ein Lügner*).
Gleich|set|zungs|satz, der (Sprachwiss.): *Satz, in dem ein Subjekt mit einem Wesen od. Ding gleichgesetzt wird.*
gleich|sin|nig ⟨Adj.⟩ (Fachspr.): *im gleichen Sinne [erfolgend], in gleicher Art u. Weise.*
Gleich|stand, der: **a)** (Sport) *gleicher Spielstand, gleiche Punktzahl:* den G. herstellen; G. erreichen; **b)** (Politik) *gleiches Kräfteverhältnis; Gleichgewicht:* der nukleare G. der beiden Weltmächte.
gleich|ste|hen ⟨unr. V.; hat; südd., österr., schweiz. auch: ist⟩: *mit jmdm., etw. gleichwertig sein; auf gleicher Stufe stehen:* er steht im Rang einem Oberstleutnant gleich.
gleich|stel|len ⟨sw. V.; hat⟩: *auf die gleiche [Rang]stufe stellen; die gleichen Rechte zugestehen:* man wollte die Arbeiter der verschiedenen Zweige gehaltlich [einander] g.; den Arbeiter dem Angestellten/mit dem Angestellten g.; gleichgestellte Partner.
Gleich|stel|lung, die: *das Gleichstellen, Gleichgestelltwerden:* die G. von Frau und Mann.
Gleich|stel|lungs|be|auf|trag|te ⟨subst. Adj.⟩: *von einer Behörde, einer Institution od. einem Unternehmen angestellte weibliche Person, die für die Durchsetzung der Gleichstellung von Männern u. Frauen zuständig ist; Frauenbeauftragte.*

Gleich|stel|lungs|ge|setz, das (Rechtsspr.): Gleichbehandlungsgesetz.
gleich|stim|mig ⟨Adj.⟩: *in gleicher Stimmung* (4), *auf gleicher Tonhöhe befindlich.*
Gleich|strom, der: *elektrischer Strom gleichbleibender Richtung.*
Gleich|takt, der ⟨o. Pl.⟩: *gleichmäßiger, gleichbleibender Rhythmus:* ein ruhiger G.; die Uhren schlagen im G.
gleich|tun ⟨unr. V.; hat⟩: in der Wendung **es jmdm. g.** (1. *jmdn. nachahmen; sich genauso benehmen wie ein anderer:* es jmdm. g. 2. *die gleiche [als vorbildlich angesehene] Leistung eines anderen anstreben u. erreichen:* sie hat es ihm an Schnelligkeit, im Trinken gleichgetan).
Glei|chung, die; -, -en [mhd. g(e)lîchunge = Vergleichung, Gleichartigkeit, Ähnlichkeit, zu ↑ gleichen]: ¹*Ausdruck* (5), *in dem zwei mathematische Größen gleichgesetzt werden:* eine G. mit einer Unbekannten; die G. geht auf; quadratische -en; -en dritten Grades; eine G. aufstellen; Ü er wollte seine Ideale in die Praxis umsetzen, aber die G. ging nicht auf.
gleich|viel [auch: ˈɡlaɪ̯çfiːl] ⟨Adv.⟩: *einerlei; wie dem auch sei; gleichgültig [ob]:* ich gehe weg, g. wohin; getan werden muss es, g. ob es leicht oder schwer geht.
gleich|wer|tig ⟨Adj.⟩: *den gleichen Wert aufweisend:* -e Gegner; die Konzessionen sind g.
Gleich|wer|tig|keit, die ⟨Pl. selten⟩: *gleichwertige Beschaffenheit.*
gleich|wie ⟨Konj.⟩ (geh.): a) *nicht anders als, ebenso wie:* er kehrte zurück, g. in ein fremdes Land; b) *wie.*
gleich|win|ke|lig, gleich|wink|lig ⟨Adj.⟩: *gleiche Winkel aufweisend, bildend:* die Lamellen sind g. angeordnet.
¹**gleich|wohl** [auch: ˈɡlaɪ̯ç...] ⟨Adv.⟩ [spätmhd. glich(e)wol, eigtl. = in gleicher Weise gut, wirksam]: *unbeschadet einer vorangegangenen gegenteiligen Feststellung; dennoch, trotzdem:* es wird g. nötig sein, die Angaben noch einmal zu überprüfen.
²**gleich|wohl** [auch: ˈɡlaɪ̯ç...] ⟨Konj.⟩ [zu: gleichwohl] (selten, noch landsch.): *obgleich, obwohl.*
gleich|zei|tig ⟨Adj.⟩: **1.** *zur gleichen Zeit [stattfindend]:* für den 1. April war die -e Uraufführung der neuen Oper in Hamburg und München angesetzt; sie redeten alle g.; so kann ich telefonieren u. g. die Straße überblicken. **2.** (selten) *zugleich erfolgend, auch noch:* das Rauchtischchen ist g. ein Schachbrett.
Gleich|zei|tig|keit, die; -, -en: *gleichzeitiges Eintreten, Vorsichgehen.*
gleich|zie|hen ⟨unr. V.; hat⟩ [zu gleich = gerade, eben, also eigtl. = gerade ziehen] (bes. Sport): *die gleiche Leistung erzielen; auf die gleiche Stufe, Höhe, auf der sich ein anderer bereits befindet, gelangen:* im Lebensstandard mit anderen Ländern g.
♦ **gleim** ⟨Adj.⟩ [eigtl. = fest, dicht, H. u.] (bayr., österr.): *nahe, eng, dicht:* Geh g. hinter mir (Roseggar, Waldbauernbub 79).
Gleis, das; -es, -e [↑ Geleise]: a) *aus zwei in gleichbleibendem Abstand voneinander laufenden [auf Schwellen verlegten] Metallschienen bestehende Fahrspur für Schienenfahrzeuge:* -e verlegen, erneuern; Überschreiten der -e verboten!; der Zug läuft auf G. 5 ein; der Zug fährt von, aus G. acht ab; die Räder sind aus dem G. gesprungen; ein totes G. *(Gleis, das nicht mehr benutzt wird);* Ü auf/in ein falsches G. geraten; *jmdn., etw. auf ein totes G. schieben (jmdn. seines Wirkungsbereichs, Einflusses berauben; einer Sache keine weitere Bedeutung beimessen, sie in Vergessenheit geraten lassen:* die Reformen dürfen nicht wieder auf ein totes G. geschoben werden); der Parteisekretär wurde mit diesem Posten auf ein totes G. geschoben); *etw. aufs G. setzen/stellen/bringen (etw. einführen, in die Wege leiten:* das neue Projekt wurde aufs G. gesetzt/gestellt/gebracht); [in den folgenden Wendungen bedeutet »Gleis« urspr. die eingefahrene Spur der Wagenräder auf Landstraßen, auf deren Einhalten der Fahrer zu achten hatte] **aus dem G. kommen/geraten** *(die gewohnte Ordnung u. Regelmäßigkeit verlieren);* **jmdn. aus dem G. bringen/werfen** *(jmdn. aus der gewohnten Ordnung reißen);* **im G. sein** *(in Ordnung sein);* **wieder ins [rechte] G. kommen** *(sich wieder richtig einspielen; die gewohnte Ordnung zurückgewinnen);* **etw. wieder ins [rechte] G. bringen** *(zurechtrücken, in Ordnung bringen);* **sich in ausgefahrenen -en bewegen** *(einfallslos handeln; nichts Neues bieten);* b) (selten) *einzelne Schiene des Gleises* (a): er lief zwischen den -en entlang; ♦ c) *eingefahrene Spur der Räder von Fuhrwerken auf der Landstraße:* ...aus der Mitte des Hochwegs irrte das knarrende Rad (Goethe, Hermann u. Dorothea 1, 137 f.)
Gleis|an|la|ge, die: *gesamte mit Eisenbahnschienen belegte Fläche.*
Gleis|an|schluss, der: *Gleis, auf dem die [Haupt]eisenbahnlinie erreicht werden kann.*
Gleis|ar|bei|ten ⟨Pl.⟩: *[Ausbesserungs]arbeiten an den Gleisen.*
Gleis|ar|bei|ter, der: *jmd., der Gleisarbeiten ausführt.*
Gleis|ar|bei|te|rin, die: w. Form zu ↑ Gleisarbeiter.
Gleis|bau, der ⟨o. Pl.⟩: *Herstellung des Bahnkörpers der Eisenbahn.*
Gleis|bau|er, der; -s, -: *Facharbeiter für das Verlegen von Schienen u. die Herstellung des Unterbaus* (Berufsbez.).
Gleis|bau|e|rin, die: w. Form zu ↑ Gleisbauer.
Gleis|bett, das: *feste Unterlage aus Schotter für Gleise* (a).
Gleis|drei|eck, das: *aus drei Weichen u. drei Schienensträngen bestehende Verbindung von Gleisen in Form eines Dreiecks, die Schienenfahrzeugen den unmittelbaren Übergang in eine andere Richtung od. das Wenden ohne Drehscheibe o. Ä. ermöglicht.*
Gleis|kör|per, der: *Gesamtheit von Gleis, Schwelle* (2) *u. Gleisbett:* Betreten des -s verboten!
gleis|los ⟨Adj.⟩: *ohne [Straßenbahn]gleise [erfolgend]:* für den -en Verkehr eintreten.
Gleis|ner, der; -s, - [mhd. glīsnære, gelīchs(e)nære, zu mhd. gelīchesen, ahd. gilīhhisōn = es jmdm. gleichtun, sich verstellen, heucheln, zu ↑ ¹gleich] (veraltet): *Heuchler.*
Gleis|ne|rei, die; -, -en (veraltet): *Heuchelei.*
Gleis|ne|rin, die; -, -nen: w. Form zu ↑ Gleisner: ♦ Doch überredete die Hoffnung mich, die G. (Goethe, Torquato Tasso III, 2).
gleis|ne|risch ⟨Adj.⟩ (veraltet): *heuchlerisch:* mit -er Freundlichkeit.
glei|ßen ⟨sw. V.; hat; landsch. auch stark: gliss, geglissen⟩: a) [mhd. glīʒen, ahd. glīʒ(ʒ)an, urspr. wohl = blank, glatt sein, verw. mit ↑ gelb] *(dichter.) stark u. spiegelnd [metallisch] glänzen* ⟨meist im 1. Part.⟩: gleißendes Licht; gleißend hell; ♦ b) [spätmhd. glīssen, vermischt aus mhd. gelīchesen (↑ Gleisner) u. glīʒen, ↑ gleißen (a)] *heucheln, sich verstellen:* Er sagte vorher mit gleißenden Worten:... (Goethe, Reineke Fuchs II, 147); Blandinen, dein gleißendes Töchterlein, schwächt zur Stunde jetzt schwächt sie ein schändlicher Knecht (Uhland, Lenardo u. Blandine).
Gleit|boot, das: *schnelles Motorboot, das sich durch seine Geschwindigkeit aus dem Wasser* hebt u. *[mit bes. ausgebildeten Tragflügeln] auf der Wasseroberfläche gleitet.*
Gleit|creme, Gleit|crème, die: *Creme* (1), *die beim Geschlechtsverkehr ein leichteres, gleitendes Einführen des Penis ermöglicht.*
glei|ten ⟨st. V.⟩ [mhd. glīten, ahd. glītan, wahrsch. eigtl. = blank, glatt sein u. dann viell. verw. mit ↑ gleißen, ↑ glimmen]: **1.** ⟨ist⟩ a) *schwebend fliegen:* durch die Luft g.; die Möwen gleiten im Wind; das Flugzeug glitt sanft zu Boden; b) *sich leicht u. gleichmäßig, fast schwebend über eine Fläche hinbewegen:* über das Eis g.; die Segelboote gleiten über das Wasser; die Tanzpaare gleiten über das Parkett; der Tanker glitt über die Helling ins Hafenbecken; die Tür glitt ins Schloss; Ü seine Blicke glitten über ihren Körper, in die Ferne; Von Naso und allen Generationen vor ihm und nach ihm wussten die Schluchten nichts; teilnahmslos gähnten sie die Wolken an, deren Schatten teilnahmslos über die Berghänge glitten (Ransmayr, Welt 189); c) *sich leicht u. gleichmäßig nach unten bewegen; herabgleiten:* aus dem Sattel g.; sie glitt ins Wasser; die Decke war von ihren Füßen geglitten; Ü das Geld gleitet ihm aus den Händen (er gibt es aus, fast ohne es zu bemerken, kann es nicht zusammenhalten); d) (selten) *ausrutschen, ausgleiten.* **2.** ⟨hat⟩ (ugs.) *Arbeitsbeginn u. -ende im Rahmen der gleitenden Arbeitszeit frei wählen:* ⟨1. Part.:⟩ gleitende Arbeitswoche (*[bei Fabriken, deren Arbeitsschichten an Wochenenden weiterlaufen] Arbeitswoche mit wechselnden freien Tagen);* gleitende Arbeitszeit *(Arbeitszeitregelung, bei der der Arbeitnehmer in einem bestimmten Rahmen Beginn u. Ende der Arbeitszeit frei wählen kann);* gleitende *(den steigenden Preisen sich anpassende) Lohnskala.*
♦ **3.** ⟨auch sw. V.:⟩ ... uns lockt' und zog ein süß Verlangen, wir gleiteten zur vollern Brust (Goethe, Lebendiges Andenken); Ist vom Pferd herab dem Rudolf Harras in den Arm gegleitet (Schiller, Wilhelm Tell IV, 3 [Bühnenanweisung]).
Glei|ter, der; -s, - [engl. glider] (Fliegerspr.): *Segelflugzeug.*
gleit|fä|hig ⟨Adj.⟩: *die Eigenschaft besitzend, gut zu gleiten* (1 b).
Gleit|fä|hig|keit, die: *das Gleitfähigsein.*
Gleit|flä|che, die: *glatte Fläche, über die etw. [entlang]gleiten kann.*
Gleit|flug, der: *schwebender, leicht abwärtsführender Flug ohne Flügelschlag (bei Vögeln) od. ohne Motorantrieb (bei Flugzeugen):* im G. niedergehen, landen.
Gleit|flug|zeug, das: *Segelflugzeug.*
Gleit|gel, das: *Gel* (2), *das beim Geschlechtsverkehr ein leichteres, gleitendes Einführen des Penis ermöglicht.*
Gleit|klau|sel, die: *Klausel in einem Vertrag, Vereinbarung, dass die Höhe einer Zahlung (wie z. B. Miets-, Gehaltszahlung) nach einer bestimmten Frist den veränderten [Lebenshaltungs]kosten angepasst wird.*
Gleit|mit|tel, das: **1. a)** (Med.) *Zusatzstoff bei Medikamenten, Kathetern u. Ä., der leichteres, gleitendes Eindringen ermöglicht;* **b)** (Med.) *Zusatzstoff bei Abführmitteln, durch den der Kot geschmeidiger werden soll;* **c)** (Kosmetik) *Zusatzstoff in kosmetischen Präparaten zur Verminderung der Reibung u. Erhöhung der Gleitfähigkeit (z. B. Paraffinöl in Massageölen).* **2.** (Technik) *Zusatzstoff, der bei Press- u. Spritzgussmassen das plastische Verformen erleichtert.*
Gleit|schie|ne, die: *Schiene* (2 a).
Gleit|schirm, der: *beim Paragliding verwendetes fallschirmähnliches Sportgerät mit rechteckigem Schirm;* Paragleiter.
Gleit|schirm|flie|gen, das; -s: *Paragliding.*
Gleit|schutz, der (Kfz-Technik): *Schutz[mittel]*

Gleitsegel – glitschig

gegen das Gleiten der Räder auf glatter Fahrbahn: Schneeketten sind der sicherste G.
Gleit|se|gel, das: *Gleitschirm.*
Gleit|se|geln, das; -s: *Paragliding.*
gleit|si|cher ⟨Adj.⟩: *gegen Ausgleiten, Rutschen gesichert:* -e Reifen; Gehwege g. streuen.
Gleit|sicht|glas, das (Augenoptik): *aus einem Stück geschliffenes Brillenglas, das einen stufenlosen Übergang vom Teil für die Ferne zum Teil für die Nähe ermöglicht.*
Gleit|wachs, das: *Wachs, das die Lauffläche der Skier besonders glatt macht u. das Festbacken von Schnee verhindert.*
Gleit|zeit, die: a) *(bei gleitender Arbeitszeit) Zeitspanne außerhalb der Fixzeit, in der der Arbeitnehmer Arbeitsbeginn bzw. -ende frei wählen kann;* b) *(in Stunden ausgedrückte) Summe der Zeit, die ein Arbeitnehmer gegenüber der insgesamt nötigen Stundenzahl zu viel od. zu wenig abgeleistet hat:* mir fehlen noch 3 Stunden G.; c) *gleitende Arbeitszeit.*
Glen|check [ˈglɛntʃɛk], der; -[s], -s [engl. glencheck, aus: glen = Tal (im schott. Hochland) u. check = Karomuster, eigtl. = Stoff mit Karomuster, wie er in Schottland getragen wird]: a) *aus hellen u. dunklen Fäden entstandenes großflächiges Karomuster:* der Stoff ist in G. gemustert; b) *Gewebe (Anzug- od. Mantelstoff), das in Glencheck* (a) *gemustert ist;* c) *Kleidungsstück aus Glencheck* (b).
Glet|scher, der; -s, - [walliserisch glaćer, über das Vlat. zu lat. glacies = Eis]: *großes Eisfeld, aus Firneis gebildete Eismasse, die sich in einem Strom langsam zu Tal bewegt:* der G. schmilzt, geht zurück; der G. kalbt *(Eismassen brechen von ihm ab).*
glet|scher|ar|tig ⟨Adj.⟩: *in der Art eines Gletschers, wie ein Gletscher geartet.*
Glet|scher|brand, der: *im Hochgebirge durch ultraviolette Strahlung u. deren Reflexion an Schnee u. Eis hervorgerufener starker Sonnenbrand.*
Glet|scher|bril|le, die: *Schutzbrille für Touren auf einem Gletscher.*
Glet|scher|eis, das: *Eis eines Gletschers.*
Glet|scher|feld, das: *[flache] zusammenhängende Oberfläche eines Gletschers.*
Glet|scher|kun|de, die: *Glaziologie.*
Glet|scher|spal|te, die: *Spalte im Gletschereis.*
Glet|scher|zun|ge, die (Geol.): *nach vorn schmaler werdendes u. zungenartig auslaufendes Ende eines Gletschers.*
glib|be|rig ⟨Adj.⟩ [mniederd. glibberich] (nordd.): *schlüpfrig, glitschig:* -e Quallen.
glib|bern ⟨sw. V.; hat⟩ [niederd. glibberen = gleiten, glitschen, viell. urspr. = glatt sein, glänzen u. verw. mit ↑ gelb] (nordd.): *sich schwankend bewegen, wackeln:* der Boden glibbert unter meinen Füßen.
Glib|ber|pud|ding, der (nordd. scherzh.): *mit Gelatine bereitete Nachspeise; Götterspeise.*
glich: ↑ gleichen.
Glied, das; -[e]s, -er [mhd. gelit, ahd. gilid; ge-Bildung zu gleichbed. mhd. lit, ahd. lid, eigtl. = Bewegliches, Biegsames (am Körper)]. **1.** a) *(bei Mensch u. Tier) beweglicher, durch ein Gelenk mit dem Rumpf verbundener Körperteil:* kräftige, schmale, bewegliche -er; ein künstliches G. *(Prothese);* die G. sind ihm steif vor Kälte; mir tun alle -er weh; sei froh, dass du noch gesunde -er hast; alle -er von sich strecken; [vor Kälte, Schrecken] kein G. rühren können *(sich nicht bewegen können, wie gelähmt sein);* an allen -ern zittern *(vor Angst od. Aufregung heftig, am ganzen Körper zittern);* die Angst, das Schwächegefühl, der Schrecken, die Krankheit steckte/saß ihm [noch] in die -ern *(hatte seinen ganzen Körper erfasst);* der Schreck fuhr ihm in die -er/durch alle -er *(erfasste ihn ganz, traf ihn schlagartig);* Da sah ich Pablo sich dehnen, sah ihn die Augen öffnen und die -er recken (Hesse, Steppenwolf 253); b) (Anat.) *Gliedteil zwischen zwei Gelenken:* ein Finger besteht aus drei -ern; ich habe mir ein G. am Mittelfuß verstaucht. **2.** [mhd. lit, ahd. lid, Übers. von lat. membrum (virile)] *äußeres männliches Geschlechtsorgan; Penis:* das männliche G. **3.** *eines der ineinandergreifenden Teilstücke, die zusammen eine Kette bilden:* eiserne -er; jede Kette ist so stark wie das schwächste ihrer -er; ein Armband aus goldenen -ern; Ü es fehlt noch ein G. in der Kette der Beweise. **4.** *Teil eines Ganzen:* die -er eines Satzes, einer Gleichung; Die Mutter würde sich freuen. Sie wünschte, dass er ein nützliches G. *(ein nützliches Mitglied)* der Gesellschaft würde (Erich Kästner, Fabian 182). **5.** a) *Reihe einer angetretenen Mannschaft:* das erste G. tritt einen Schritt vor; aus dem G. treten; ins G. zurücktreten; im G. stehen; der Mann im dritten G.; in Reihen zu drei -ern antreten!; b) (geh. veraltet) *Geschlechterfolge, Generation:* er konnte seine Vorfahren bis ins zehnte G. zurückverfolgen.
Glie|der|bau, der ⟨o. Pl.⟩: *Bau der Glieder* (1 a): ein Mann von kräftigem G.
Glie|der|fü|ßer, der (Zool.): *(in sehr vielen Arten vorkommendes) wirbelloses Tier mit einem in zahlreiche Segmente gegliederten, von einem Panzer aus Chitin umgebenen Körper.*
Glie|der|kak|tus, der: *Kaktus mit flachen, aus einzelnen Gliedern* (4) *zusammengesetzten Sprossen u. großen, rosa bis tiefroten Blüten.*
glie|der|lahm ⟨Adj.⟩: *(vor Müdigkeit, langem Verweilen in unveränderter Haltung o. Ä.) steif, unbeweglich in den Gliedern* (1 a).
glie|dern ⟨sw. V.; hat⟩ [zu ↑ Glied]: a) *etw. Zusammenhängendes [übersichtlich u. schwerpunktmäßig, nach bestimmten Gesichtspunkten] in einzelne Abschnitte einteilen, ordnen:* einen Aufsatz, Vortrag [klar, übersichtlich, gut, schlecht] g.; etw. nach bestimmten Gesichtspunkten g.; das Buch ist in einzelne Abschnitte gegliedert; eine hierarchisch gegliederte Organisation; b) ⟨g. + sich⟩ *in verschiedene, unterscheidbare, aber zusammenhängende Teile untergliedert sein:* die Lehre von der Politik gliedert sich in drei Gebiete; mein Referat gliedert sich wie folgt: ...
Glie|der|pup|pe, die: *Puppe mit beweglichen Gliedern* (1 a); *Gelenkpuppe.*
Glie|der|rei|ßen, das (ugs.): *Gliederschmerz.*
Glie|der|satz, der (Sprachwiss.): *Satz, der aus mehreren Gliedern* (4) *besteht; Satzgefüge, Periode.*
Glie|der|schmerz, der: *ziehender Schmerz in einem Glied* (1 a) *od. in allen Gliedern.*
Glie|der|schwe|re, die: *subjektives Gefühl, als hätten Arme u. Beine an Gewicht zugenommen u. wären nur mit Anstrengung zu bewegen; bleierne Müdigkeit.*
Glie|der|tier, die ⟨meist Pl.⟩ (Zool.): *Vertreter einer Gruppe unterschiedlicher Tierstämme, deren gemeinsames Merkmal die Aufgliederung des Körpers in zahlreiche Segmente ist.*
Glie|de|rung, die; -, -en: **1.** a) *das Gliedern, Aufteilen:* eine G. nach bestimmten Gesichtspunkten; sein oder anders gesagt b) *das Gegliedertsein; Aufbau, Einteilung:* die gesellschaftliche G. eines Volkes. **2.** (nationalsoz.) *Organisationseinheit der NSDAP:* die Partei und ihre -en.
Glie|der|zu|cken, das; -s: *unkontrollierte, krankhafte Bewegung der Glieder* (1 a).
Glied|ma|ße, die; -, -n ⟨meist Pl.⟩ [mhd. gelidemæze = Glied, Gliedmaßen, eigtl. = Maß, rechtes Verhältnis der Glieder]: *Glied* (1 a): die vor-

deren, hinteren -n des Hundes; gesunde, steife -n haben; sich die -n brechen; an den unteren -n gelähmt sein.
Glied|satz, der (Sprachwiss.): *abhängiger Satz in einem Satzgefüge; Nebensatz.*
Glied|staat, der: *einzelner Staat eines Bundesstaates od. Staatenbundes.*
glied|wei|se ⟨Adj.⟩: *Glied für Glied:* g. vortreten.
glim|men ⟨st., auch sw. V.; hat⟩ [mhd. glimmen, verw. mit ↑ gleißen]: *ohne Flamme schwach brennen; schwach glühen:* die Zigaretten glommen (geh.)/glimmten in der Dunkelheit; unter der Asche hat noch das Feuer geglommen (geh.)/geglimmt; Ü eine letzte Hoffnung glomm noch in ihr.
Glim|ment|la|dung, die (Elektrot.): *Gasentladung, bei der gleichzeitig an den Elektroden eine schwach glühende Lichterscheinung u. zwischen ihnen eine leuchtende Säule entsteht.*
Glim|mer, der; -s, - [zu ↑ glimmern]: **1.** *glänzendes Mineral, das in vielen Gesteinen in blättrig tafelartiger Form vorkommt.* **2.** a) (selten) *schwacher Glanz, Schimmer;* b) *glitzernde, glänzende Substanz.*
glim|me|rig, glimmrig ⟨Adj.⟩ (veraltend): **1.** *schimmernd, schwach glänzend.* **2.** *Glimmer* (1) *enthaltend:* -es Gestein.
glim|mern ⟨sw. V.; hat⟩ [mhd. glimmer(e)n = glänzen, leuchten, Iterativ-Intensiv-Bildung zu ↑ glimmen]: *schimmern, schwach glänzen:* ein Rotlicht glimmerte am Armaturenbrett; glimmernde Granite.
Glimm|lam|pe, die (Elektrot.): *meist als Signal- od. Kontrolllampe verwendete, überwiegend mit Neon gefüllte, kleine Lampe, die das bei der Glimmentladung entstehende rötlich glimmende Licht nutzt.*
glimm|rig: ↑ glimmerig.
Glimm|stän|gel, der [seit Anfang des 19. Jh.s zunächst als Ersatzwort für »Zigarre« verwendet] (ugs.): *Zigarette.*
¹**Glimpf,** der; -[e]s, -e [H. u., vielleicht identisch mit spätmhd. glimpf = herabhängendes Gürtelende als Zierrat] (schweiz.): *Nadel zum* ¹*Durchziehen* (1).
²**Glimpf,** der; -[e]s [mhd. g(e)limpf, ahd. gilimpf = angemessenes Benehmen, zu mhd. gelimpfen, ahd. gilimpfen = etw. angemessen tun, rücksichtsvoll sein, urspr. = schlaff, locker sein]: *in der Fügung* **mit G.** (geh. veraltet; *glimpflich:* wir sind mit G. davongekommen.)
glimpf|lich ⟨Adj.⟩ [mhd. gelimpflich, ahd. gilimpflīh, zu ↑ ²Glimpf od. zu mhd. gelimpf = angemessen, zu: gelimpfen (↑ ²Glimpf)]: **1.** *ohne größeren Schaden, ohne schlimme Folgen [abgehend]:* der -e Ausgang einer Sache; g. verlaufen; das lief gerade noch einmal g. ab; ◆ ⟨subst.:⟩ das Glimpflichste ist ..., dass man mich nur am wenigsten verletzt; Schiller, Räuber I, 1). **2.** *mild, schonend, nachsichtig:* ein -es Urteil; er behandelte ihn nicht gerade g. ◆ **3.** *rücksichtsvoll; mit der nötigen Behutsamkeit:* ... da das, was man für sie und ihren Liebsten tun würde, in der Stille, g. ... solle ausgerichtet werden (Mörike, Mozart 265).
Gli|om, das; -s, -e [zu griech. glía = Leim] (Med.): *Geschwulst im Gehirn, Rückenmark od. an der Netzhaut des Auges.*
glit|schen ⟨sw. V.⟩ [spätmhd. glitschen, glitzschen, Intensivbildung zu ↑ gleiten]: **1.** ⟨ist⟩ (ugs.) *rutschen, [aus]gleiten:* die Seife ist mir aus der Hand geglitscht. **2.** ⟨hat/ist⟩ (landsch.): *schlittern* (1 a): die Kinder sind über den gefrorenen See geglitscht.
glit|sche|rig, glitschrig ⟨Adj.⟩: *glitschig.*
glit|schig ⟨Adj.⟩ (ugs.): *schlüpfrig, glatt:* der Torwart konnte den -en Ball nicht festhalten; der

Rasen war g.; Die Latten unter den bloßen Füßen sind feucht, etwas g. (Frisch, Montauk 130).

glitsch|rig: ↑ glitscherig.

Glit|ter, der; -s [zu landsch. glittern = flimmern, glänzen, gleiten, wohl Iterativbildung zu ↑ gleiten]: *Flitter.*

Glit|zer, der; -s (veraltet): *Flitter.*

glit|ze|rig, glitzrig ⟨Adj.⟩ (ugs.): *glitzernd:* -e Regentropfen.

glit|zern ⟨sw. V.; hat⟩ [15. Jh.; Iterativbildung zu mhd. glitzen = glänzen, zu: glīzen, ↑ gleißen]: *im Licht immer wieder in kleinen, aber kräftigen silbrigen Funken vielfältig aufblitzen:* hell, bunt g.; das Eis glitzert in der Sonne; Pailletten glitzern auf ihrem Kleid; ein glitzernder Brillant; Ü ⟨subst.:⟩ in ihren Augen war ein Glitzern.

Glit|zer|welt, die: *durch Glamour, grelle Aufmachung, auffallende Effekte o. Ä. geprägte Welt* (4): die G. der Kasinos, der Werbung; der Film spielt in der G. von Las Vegas.

glitz|rig: ↑ glitzerig.

glo|bal ⟨Adj.⟩ [zu ↑ Globus]: **1.** *auf die ganze Erde bezüglich; weltumspannend:* ein -er Konflikt; -e Abrüstung; -es *(weltweit operierendes)* Unternehmen; -er Wettbewerb *(Wettbewerb der weltweit operierenden Unternehmen).* **2. a)** *umfassend:* ein -es Wissen haben; **b)** *nicht ins Detail gehend, allgemein:* nur eine -e Vorstellung von etw. haben.

Glo|bal Call [ˈɡloʊbl ˈkɔːl], der; - -s, - -s [engl. global call, aus: global (↑ global) u. call = Anruf]: *internationale Fernverbindung; Auslandsgespräch.*

glo|ba|li|sie|ren ⟨sw. V.; hat⟩: *auf die ganze Erde ausdehnen.*

Glo|ba|li|sie|rung, die; -, -en: **a)** *das Globalisieren; das Globalisiertwerden:* die G. einer Seuche, der Armut; **b)** ⟨meist o. Pl.⟩ *weltweite Verflechtung in den Bereichen Wirtschaft, Politik, Kultur u. a.:* die G. der Finanzmärkte, der Wirtschaft; das Zeitalter der G.

Glo|ba|li|sie|rungs|fal|le, die [nach dem gleichnamigen Buch (1996) von Hans-Peter Martin und Harald Schumann]: *unausweichliche negative Folgen der Globalisierung* (b).

Glo|ba|li|sie|rungs|geg|ner, der; *jmd., der die Globalisierung* (b) *ablehnt:* militante, friedliche, gewaltbereite G.; die G. demonstrierten, protestierten vor dem UN-Gebäude.

Glo|ba|li|sie|rungs|geg|ne|rin, die; w. Form zu ↑ Globalisierungsgegner.

Glo|ba|li|sie|rungs|kri|tik, die: *Kritik an der Globalisierung* (b).

Glo|ba|li|sie|rungs|kri|ti|ker, der; *jmd., der Globalisierungskritik übt.*

Glo|ba|li|sie|rungs|kri|ti|ke|rin, die; w. Form zu ↑ Globalisierungskritiker.

glo|ba|li|sie|rungs|kri|tisch ⟨Adj.⟩: *der Globalisierung* (b) *kritisch gegenüberstehend.*

Glo|ba|li|tät, die; -: *das Globalsein, globale Beschaffenheit:* die G. des Internets.

Glo|bal Play|er [ˈɡloʊbl ˈpleɪə], der; - -s, - -[s]: *Konzern, Unternehmen mit weltweitem Wirkungskreis, das sich an internationalen Produktions- u. Absatzmärkten ausrichtet.*

Glo|ben: Pl. von ↑ Globus.

Glo|be|trot|ter [ˈɡloːbɔtrɔtɐ, auch: ˈgloːp..., engl.: ˈɡloʊbtrɒtə], der; -s, - [engl. globe-trotter, zu: globe = Erdball (< lat. globus, ↑ Globus) u. to trot = traben]: *Weltenbummler.*

Glo|be|trot|te|rin, die; -, -nen: w. Form zu ↑ Globetrotter.

Glo|bin, das; -s, -e [zu lat. globus (↑ Globus), nach dem kugelförmigen Aussehen der roten Blutkörperchen, in denen es enthalten ist] (Biol., Med.): *Eiweißbestandteil des Hämoglobins.*

Glo|bu|li: Pl. von ↑ Globulus.

Glo|bu|lin, das; -s, -e [zu lat. globulus = Kügelchen, nach dem kugelförmigen Aufbau der Moleküle] (Biol., Med.): *wichtiger Eiweißkörper des menschlichen, tierischen u. pflanzlichen Organismus* (z. B. in Blutplasma, Milch, Eiern, Pflanzensamen u. a.).

Glo|bu|lus, der; -, ...li [zu lat. globulus, Vkl. von: globus, ↑ Globus] (Pharm.): *bes. in der Homöopathie verwendetes Arzneimittel in Form von kleinen Kügelchen.*

Glo|bus, der; -, u. -ses, ...ben u. -se [lat. globus = Kugel, eigtl. = Geballtes]: **1. a)** *Kugel mit dem Abbild der Erdoberfläche; kugelförmiges Modell der Erde; Erdkugel* (b): ein Land auf dem G. suchen, zeigen; **b)** *Himmels-, Mondglobus;* **c)** (geh.) *Erdball, Erde.* **2.** (salopp) *[dicker, runder] Kopf:* zieh mal deinen G. ein!; du kriegst gleich eins an den G.

Glöck|chen, das; -s, -: Vkl. zu ↑ Glocke (1, 2).

Glo|cke, die; -, -n [mhd. glocke, ahd. glocca, clocca < air. cloc(c), lautm.; im Rahmen der Missionstätigkeit ir. Mönche übernahmen die Germanen mit der Sache auch das kelt. Wort]: **1. a)** *aus Metall bestehender, in der Form einem umgekehrten Kelch ähnlichen, nach unten offener, hohler Gegenstand, der durch einen im Innern befestigten Klöppel* (1 a) *zum Klingen gebracht wird:* eine schwere, bronzene G.; die G. läutet, tönt; die G. schlägt acht [Uhr], läutet Sturm; die G. zur letzten Runde (Sport; *das mit einer Glocke gegebene Signal für den führenden Läufer, Radfahrer o. Ä.*) ertönte; er läutet die -n; eine g. gießen; der Guss einer G.; eine Schnur mit vielen kleinen -n, Glöckchen; * **an die große G. kommen** (ugs.; *überall herumerzählt werden, in aller Leute Munde sein*); nach dem Brauch, Bekanntmachungen, drohende Gefahr u. Ä. der Allgemeinheit mit einer Glocke [Kirchenglocke] anzukündigen; *etw.* **an die große G. hängen** (ugs.; *etw. [Privates, Vertrauliches] überall erzählen;* meist verneint gebr.; nach dem Brauch, die Teilnehmer einer Gerichtsversammlung durch das Läuten der großen Kirchenglocke zusammenzurufen); **wissen, was die G. geschlagen hat** (ugs.; *sich über den Ernst, die Bedrohlichkeit einer Situation im Klaren sein*); **die G. läuten hören, aber nicht wissen, wo sie hängt** (ugs.; *über etw. nicht genau Bescheid wissen [u. ohnehin darüber reden]*); **b)** (Fachspr., südd., österr., schweiz., sonst veraltend) *Klingel:* die G. schrillte; Er kam durch die Glastür, wo er vorher die G. gezogen hatte, herein (*wo er geläutet, geklingelt hatte;* Hesse, Steppenwolf 6). **2.** *etw., was einer Glocke* (1 a) *ähnlich ist:* die -n *(Blüten)* der Narzisse. **3. a)** *Bowler;* * **jmdm. eins auf die G. geben** (salopp; *jmdm. einen Schlag [auf den Kopf] versetzen; jmdn. verprügeln*); **eins auf die G. kriegen** (salopp; *einen Schlag [auf den Kopf] bekommen; verprügelt werden*); **b)** *runder Damenhut [aus Filz] mit [leicht gewellter] heruntergebogener Krempe.* **4.** *kreisrund geschnittener, vorn offener [mit einer Kapuze versehener] Umhang.* **5.** *glockenförmiger Gegenstand, den man über etw. stülpt* (z. B. Butter-, Käse-, Glocke): sie legt den Käse unter die G.; Ü eine G. von Nebel und Dunst hing über der Stadt. **6.** (Fechten) *halbkugelförmiger, aus Metall bestehender Schutz für die Hand oberhalb des Waffengriffs.*

Glo|cken|ap|fel, der [nach der Form]: *gelblich rötlicher Apfel mit säuerlichem Geschmack.*

Glo|cken|blu|me, die: *(in vielen Arten vorkommende) Pflanze mit glockenförmigen, meist blauen Blüten.*

Glo|cken|bron|ze, die: *aus Kupfer u. Zinn bestehende Legierung zum Gießen von Glocken.*

Glo|cken|form, die: *Form* (1 a) *einer Glocke.*

glo|cken|för|mig ⟨Adj.⟩: *einer Glocke ähnlich; in der Form einer Glocke.*

Glo|cken|ge|läut, Glo|cken|ge|läu|te, das: *das Läuten von einer od. mehreren Glocken.*

Glo|cken|gie|ßer, der: *jmd., der Glocken gießt u. Glockenstühle aufstellt* (Berufsbez.).

Glo|cken|gie|ße|rin, die; -, -nen: w. Form zu ↑ Glockengießer.

Glo|cken|hei|de, die [↑ ²Heide (2)]: *niedrige, immergrüne Pflanze mit nadelförmigen Blättern u. lebhaft gefärbten, oft glockenförmigen Blüten, die zu mehreren an den Enden der Ästchen stehen; Erika* (a).

glo|cken|hell ⟨Adj.⟩: *besonders hell u. klar [klingend]:* ein -es Lachen.

Glo|cken|klang, der: *Klang einer Glocke.*

Glo|cken|läu|ten, das; -s: *Glockengeläut.*

Glo|cken|re|be, die: *Kletterpflanze mit großen, glockenförmigen, blauvioletten od. weißen Blüten; Cobaea.*

Glo|cken|rock, der: *[aus mehreren Bahnen zusammengesetzter] glockig fallender Rock.*

Glo|cken|schlag, der: *Schlag einer Glocke zum Anzeigen der Zeit:* * **mit dem/auf den G.** (ugs.; *sehr pünktlich*): er betritt jeden Morgen mit dem G. das Büro.

Glo|cken|schwen|gel, der: *Klöppel* (1 a).

Glo|cken|spiel, das: **1.** *aus einer Reihung aufeinander abgestimmter Glocken bestehendes Werk, das, durch einen bestimmten Mechanismus angetrieben (meist mit Hämmern, die Glocken anschlagen), bestimmte Melodien hervorbringt, häufig in Kirch- od. Stadttürmen aufgestellt u. mit einer Uhr gekoppelt ist.* **2.** *Musikinstrument, das aus einer Reihung aufeinander abgestimmter Stäbe, Plättchen od. Röhren aus Metall besteht, die mit einem Hämmerchen angeschlagen werden:* das G. einer Feuerwehrkapelle.

Glo|cken|stuhl, der: *Gerüst [in einem Glockenturm], in dem die Glocke aufgehängt ist.*

Glo|cken|ton, der: *Ton, Klang einer Glocke.*

Glo|cken|turm, der: *eigens für eine Glocke, für die Glocken vorgesehener Turm einer Kirche, eines Rathauses o. Ä.*

Glo|cken|zei|chen, das: *mit einer kleineren Glocke od. Klingel gegebenes Zeichen:* auf ein G. hin nahmen die Theaterbesucher wieder ihre Plätze ein.

glo|ckig ⟨Adj.⟩: *in der Form einer Glocke ähnlich.*

Glöck|ner, der; -s, - [mhd. glockenære] (veraltet): *jmd., der [als Kirchendiener o. Ä.] für das Läuten der Glocken zu sorgen hat.*

glomm: ↑ glimmen.

¹Glo|ria, das; -s od. die; -, - [lat. gloria, H. u.] (meist iron.): *Ruhm, Glanz, Herrlichkeit:* Menschen, die sich an Preußens vergangener G. berauschen; ↑ Glanz.

²Glo|ria, das; -s [nach dem Anfangswort]: *Lobgesang in der christlichen Liturgie:* das G. singen.

³Glo|ria, das od. der; -s, -s [frz. gloria = ²Gloria], scherzh. oder. als Bez. für etw. Köstliches, Wohlschmeckendes] (Gastron.): *süßer, starker Kaffee, auf dem ein Löffel Kognak abgebrannt wird.*

Glo|rie, die; -, -n [mhd. glōrie < lat. gloria, ↑ ¹Gloria]: **1.** (geh.) *Ruhm, Glanz.* **2.** (geh.) *Heiligenschein; die Gestalt des Engels war von einer G. umgeben.* **3.** *Lichterscheinung aus hellen farbigen Ringen um den Schatten eines Körpers* (z. B. eines Flugzeugs od. Ballons) *auf einer von Sonne od. Mond beschienenen Nebelwand od. der Oberfläche einer Wolke.*

Glo|ri|en|schein, der: *Heiligenschein:* von einem G. umgeben sein.

Glo|ri|fi|ka|ti|on, die; -, -en [(kirchen)lat. glorificatio = Verherrlichung]: *Verherrlichung; Glorifizierung.*

glo|ri|fi|zie|ren ⟨sw. V.; hat⟩ [kirchenlat. glorifi-

Glorifizierung – glücklicherweise

care]: *verherrlichen*: er wurde als Held glorifiziert.
Glo|ri|fi|zie|rung, die; -, -en: *Glorifikation.*
◆ **glo|ri|ie|ren** ⟨sw. V.; hat⟩ [lat. gloriari]: *sich rühmen; prahlen*: ... und was der Fürsten in ihren Kram dient, da sind sie hinterher und gloriieren von Ruh' und Sicherheit des Reichs, bis sie die Kleinen unterm Fuß haben (Goethe, Götz I).
Glo|ri|o|le, die; -, -n [lat. gloriola] (bildungsspr.): *Heiligen-, Glorienschein*: die Gestalt der Heiligen ist von einer G. umgeben.
glo|ri|os ⟨Adj.⟩ [lat. gloriosus] (meist iron.): *glorreich*: er hatte einen -en Auftritt; ein -er Reinfall.
glor|reich ⟨Adj.⟩ (meist iron.): *großartig; glanzvoll*: eine -e Vergangenheit; das war eine -e Idee!
glo|sen ⟨sw. V.; hat⟩ [mhd. glosen] (landsch.): *schwach glühen, glimmen.*
Glos|sar, das; -s, -e [lat. glossarium < griech. glōssárion, eigtl. Vkl. von: glōssa, ↑ Glosse]: **1.** *Sammlung von Glossen* (2). **2.** *selbstständig od. als Anhang eines bestimmten Textes erscheinendes Wörterverzeichnis [mit Erklärungen]*: jeder Band enthält ein nützliches G. seiner Hauptbegriffe.
Glos|se [Fachspr. auch: ˈglɔːsə], die; -, -n [mhd. glōse < lat. glossa = erläuternde Bemerkung < griech. glōssa = Zunge, Sprache]: **1. a)** *[spöttische] Bemerkung, Randbemerkung*: er muss über alles, zu allem seine -n machen; **b)** *knapper [polemischer] Kommentar (in Presse, Rundfunk od. Fernsehen) zu aktuellen Ereignissen od. Problemen*: eine G. schreiben. **2.** (Sprachwiss., Literaturwiss.) *in alten Handschriften erscheinende Erläuterung bzw. Erklärung bedürftiger Ausdrücke*: die althochdeutschen, altfranzösischen -n; die G. steht am Rand, zwischen den Zeilen, im Text. **3.** [span. glosa < lat. glossa] (Literaturwiss.) *spanische Gedichtform, bei der jede Zeile eines vorangestellten vierzeiligen Themas als jeweiliger Schlussvers von vier Strophen wiederkehrt.* **4.** *(in germanischer u. frühmittelalterlicher Zeit) erläuternde Randbemerkung zu einem Gesetzestext, in der in der Volkssprache bestimmte rechtssprachliche Fachausdrücke erklärt werden.*
glos|sie|ren ⟨sw. V.; hat⟩ [mhd. glōsieren < spätlat. glossari]: **1. a)** *mit [spöttischen, polemischen] Bemerkungen versehen, begleiten*; **b)** *mit einer Glosse* (1 b) *kommentieren*: er glossiert in unserer Zeitung die Tagesereignisse. **2.** (Sprachwiss., Literaturwiss.) *mit Glossen* (2) *versehen*: ein reich glossierter mittelalterlicher Text.
glos|ten ⟨sw. V.; hat⟩ [mhd. glosten] (veraltet): *glosen*: ◆ Wenn noch ein Fünkchen Verstand in diesem Gehirne glostet (Schiller, Räuber II, 1).
Glot|tal, der; -s, -e [zu griech. glōtta = attische Form von: glōssa, ↑ Glosse (Sprachwiss.): *in od. mit Beteiligung der Glottis artikulierter Laut; Kehlkopflaut.*
Glot|tis, die; -, ...ides [...ideːs] [griech. glōttís, eigtl. = Mundstück der Flöte]: **a)** *aus den beiden Stimmbändern bestehendes Stimmorgan im Kehlkopf*; **b)** *Stimmritze zwischen den beiden Stimmbändern im Kehlkopf.*
Glot|ze, die; -, -n (salopp): *Fernsehgerät*: abends, stundenlang vor der G. sitzen.
glot|zen ⟨sw. V.; hat⟩ [mhd. glotzen, wahrsch. urspr. = glänzen, schimmern; blank sein u. verw. mit ↑ gelb; Bedeutungsentwicklung über »leuchten, anstrahlen«]: **1.** (ugs., auch abwertend) *mit weit aufgerissenen od. hervortretenden Augen [u. dummer Miene] starren*: glotz nicht so dämlich!; Geschrei, Gerenne, im Kreis steht die glotzende Menge (Süskind, Parfum 8). **2.** (salopp) *fernsehen.*
Glot|zer ⟨Pl.⟩ (ugs.): *[große] Augen.*
Glotz|kas|ten, der, **Glotz|kis|te,** die (ugs.): *Fernsehgerät.*
Glotz|kopf, der (salopp abwertend): *Mensch mit großen Augen u. [dummem] starrendem Blick.*
Glo|xi|nie, die; -, -n [nach dem elsässischen Arzt B. P. Gloxin (gest. 1784)]: *(aus Südbrasilien stammende) Pflanze mit ovalen, weich behaarten Blättern u. großen, glockenförmigen, leuchtend blauvioletten Blüten auf kurzen Stielen.*
Glubsch|au|ge: ↑ Glupschauge.
glubschen: ↑ glupschen.
gluck ⟨Interj.⟩: **1.** *lautm. für das Glucken der Henne.* **2.** *lautm. für das Gluckern einer Flüssigkeit*: * **g.**, **g. machen** (ugs. scherzh.: *Alkohol [aus der Flasche] trinken*).
Glück, das; -[e]s, -e ⟨Pl. selten⟩ [mhd. gelücke < mniederl. (ge)lucke < mniederd. (ge)lucke, H. u.]: **1.** ⟨o. Pl.⟩ *etw., was Ergebnis des Zusammentreffens besonders günstiger Umstände ist; besonders günstiger Zufall, günstige Fügung des Schicksals*: großes, unverdientes, unverschämtes G.; [es ist nur gut), dass dir das noch eingefallen ist; das ist dein G. (es ist nur gut, günstig für dich), dass du noch gekommen bist; wir haben G. nach (er hatte viel Glück); er hat G. gehabt, ihm nichts passiert ist; G. im Unglück haben; mit diesen Plänen wirst du mit ihm kein G. haben (keinen Erfolg haben, nichts erreichen); er hat kein G. (keinen Erfolg) bei Frauen; mit Zimmerpflanzen hat sie kein G., wenig G. (sie gedeihen nicht bei ihr); etw. bringt jmdm. G.; ein G. bringender Anhänger; ein G. verheißender Umstand; jmdm. viel G. für, zu etw. wünschen; [bei jmdm.] sein G. versuchen; er hat sein G. gemacht; noch nichts von seinem G. wissen (iron.: *noch nicht wissen, was einem an Unerfreulichem bevorsteht*); mit etwas G. kann man das schon schaffen; Währenddessen dauert es für beide Parteien (Kronauer, Bogenschütze 378); R G. muss der Mensch haben!; mehr G. als Verstand haben; noch nichts von seinem G. wissen (noch nicht wissen, was einem bevorsteht); * **sein G. versuchen/probieren** (etw. mit der Hoffnung auf Erfolg tun, unternehmen); **sein G. machen** (erfolgreich sein, es zu etw. bringen); **sein G. herausfordern** (eine riskante Sache, Unternehmung wagen); **auf gut G.** (ohne die Gewissheit eines Erfolges, aufs Geratewohl: wir werden es auf gut G. versuchen müssen); **von G. sagen/reden können** (etw. einem glücklichen Umstand verdanken); **zum G.**; **zu jmds. G.** (zu jmds. Vorteil, glücklicherweise: hat mich niemand gesehen); **G. ab!** (Fliegergruß; dem Bergmannsgruß »Glück auf!« nachgebildet); **G. auf!** (Bergmannsgruß, im 16. Jh. von den Bergleuten im Erzgebirge als ursprünglich bergmännischer Gruß zur Unterscheidung von dem allgemeinen Gruß »Glück zu!« gebildet); **G. zu!** (veraltet; Zuruf, Grußformel). **2.** ⟨o. Pl.⟩ *das personifiziert gedachte Glück* (1); *Fortuna*: das G. ist blind, launisch, wechselhaft; das G. ist mit jmdm., gegen jmdn.; ihm lächelt, winkt das G.; das G. ist ihm gewogen; sie ist sein Liebling, ein Stiefkind des -s. **3.** ⟨o. Pl.⟩ *angenehme u. freudige Gemütsverfassung, in der man sich befindet, wenn man in den Besitz od. Genuss von etw. kommt, was man sich gewünscht hat; Zustand der inneren Befriedigung u. Hochstimmung*: das wahre, höchste G.; ein zartes, kurzes, ungetrübtes, stilles G.; das G. der Liebe; etw., jmd. ist jmds. ganzes G.; sein G. mit Füßen treten; ich will deinem G. nicht im Wege stehen; manche Leute muss man zu ihrem G. zwingen; R du hast/das hat mir gerade noch zu meinem G. gefehlt (iron.: *du kommst/ das kommt mir jetzt sehr ungelegen*); Spr G. und Glas, wie leicht bricht das (das Glück kann überraschend, plötzlich zerstört werden); jeder ist seines -es Schmied (man hat sein Schicksal, Wohlergehen selbst in der Hand); * **das junge G.** (veraltend, noch scherzh.: *das junge Ehepaar*); **b)** *einzelne glückliche Situation; glückliches Ereignis, Erlebnis.*
Glück|ab, das; -s: *Fliegergruß.*
Glück|auf, das; -s: *Bergmannsgruß.*
Glück brin|gend, glück|brin|gend ⟨Adj.⟩: *Glück, Erfolg bewirkend, verursachend*: ein Glück bringendes Amulett.
Glu|cke, die; -, -n [mhd. klucke, zu ↑ glucken]: **1.** *Henne, die brütet od. ihre Küken führt*: die Küken verstecken sich unter den Flügeln der G. **2.** *Mutter, die ihre Kinder übermäßig umsorgt und behütet.* **3.** *Nachtfalter mit plumpem, dicht behaartem Körper u. braun, gelb od. grau gefärbten Flügeln.*
glu|cken ⟨sw. V.; hat⟩: **1.** [mhd. glucken, lautm. für die Laute mehrerer Vogelarten, bes. für die Laute der Henne beim Brüten od. Locken, u. die dunkel klingenden Laute von leicht bewegtem Wasser] **a)** *(von der Henne) brüten [wollen]*; **b)** *(von der Henne) tiefe Kehllaute hervorbringen u. damit die Küken locken.* **2.** (ugs.) **a)** *zusammenglucken*; **b)** [zu ↑ Glucke 2] *bemuttern, umsorgen*: Mutter gluckte auf/über ihren Kindern; **c)** [zu ↑ Glucke 1] *an ein und derselben Stelle sitzen, sich aufhalten u. keinen Antrieb haben, sich von dort wegzubewegen*: er gluckt den ganzen Tag zu Hause.
glü|cken ⟨sw. V.; ist⟩ [mhd. g(e)lücken = gelingen, zu ↑ Glück]: *[durch günstige Umstände] das erstrebte Ergebnis, den gewünschten Erfolg haben; gelingen*: die Flucht schien zu g.; der Plan ist geglückt; die Torte ist dir wieder gut geglückt (gut geraten); ein geglückter Versuch; Drei Leuten ist es doch geglückt, nachts durchzukommen und etwas Proviant zu holen (Remarque, Westen 81).
glu|ckern ⟨sw. V.⟩ [zu ↑ glucken]: **1.** ⟨hat⟩ *(von einer Flüssigkeit) durch leichte [Wellen]bewegung leise, dunkel klingende Laute hervorbringen*: der Bach gluckert; eine gluckernde Quelle; ...seine Wärmflasche (das Wasser in der Wärmflasche), die er an die Brust gepresst hatte, gluckerte leise (Schnurre, Bart 166). **2.** ⟨ist⟩ *(von einer Flüssigkeit) sich fließend fortbewegen u. dabei leise, dunkel klingende Laute hervorbringen*: der Wein gluckert in die Gläser.
glück|haft ⟨Adj.⟩ (geh.): **a)** *mit Glück* (1) *verbunden*: ein -er Fischzug; **b)** *Glück* (3) *enthaltend od. verheißend*: ein -er Tag.
Glück|hen|ne, die; -, -n: *Glucke* (1).
¹**glück|lich** ⟨Adj.⟩ [spätmhd. g(e)lück(e)lich = vom Zufall abhängig; günstig, zu ↑ Glück]: **1. a)** *vom Glück* (2) *begünstigt; erfolgreich*: der -e Gewinner; die Geschichte endete g.; die Mannschaft kam zu einem -en Sieg (eher durch Glück als durch Können errungenen) Sieg; **b)** *vorteilhaft, günstig*: es war eine -e Fügung; der Zeitpunkt war nicht gerade g. gewählt. **2.** *von froher Zufriedenheit, Freude, Glück* (3) *erfüllt*: ein -er Mensch, eine -e Familie; eine -e Ehe; er ist/hat eine g. Natur; (Glückwunschformel zum Jahreswechsel) ein -es neues Jahr!; wunschlos, grenzenlos, unsagbar g. sein; jmdn. g. machen; ich bin darüber sehr g.; g. verheiratet sein; Spr ⟨subst.⟩ den Glücklichen schlägt keine Stunde (wer glücklich ist, vergisst die Zeit).
²**glück|lich** ⟨Adv.⟩ [zu: ↑ ¹glücklich]: *endlich, schließlich, zu guter Letzt*: jetzt haben wir es g. doch noch geschafft; (iron.:) jetzt hast du die Vase g. kaputt gekriegt!
glück|li|cher|wei|se ⟨Adv.⟩: *zum Glück, erfreulicherweise*: g. gab es keine Verletzten.

glück|los ⟨Adj.⟩: *kein Glück habend, ohne Glück:* ein -er Politiker.
Glück|sa|che: ↑ Glückssache.
Glücks|bot|schaft, die: *glückliche Botschaft.*
Glücks|brin|ger, der: **1.** *etw., was Glück bringen soll:* das Hufeisen gilt als G. **2.** *männliche Person, die anderen Glück bringt.*
Glücks|brin|ge|rin, die; -, -nen: w. Form zu ↑ Glücksbringer (2).
Glücks|bu|de, die (ugs.): *Bude auf einem Jahrmarkt o. Ä., in der man bei Spielen od. durch den Kauf von Losen etw. gewinnen kann.*
glück|se|lig ⟨Adj.⟩: *überglücklich:* ein -es Lächeln; g. lächelnd sahen sie sich an.
Glück|se|lig|keit, die; -, -en: **1.** ⟨o. Pl.⟩ *glückseliger Zustand:* sie jubelte, tanzte vor G.; in G. schwelgen. **2.** *glückseliges Ereignis.*
gluck|sen ⟨sw. V.; hat⟩ [mhd. glucksen, zu ↑ glucken]: **1.** *gluckern* (1). **2.** *dunkel klingende, unterdrückte Laute von sich geben:* sie gluckste vor Vergnügen.
Gluck|ser, der; -s, - (südd.): **1.** *glucksendes Geräusch.* **2.** *Schluckauf.*
Glücks|fall, der: *als besonders glücklich, vorteilhaft, erfreulich empfundener Umstand, Zufall:* ein seltener G.; etw. einem G. verdanken.
Glücks|fee, die (scherzh.): *weibliche Person, die jmdm. Glück bringt, die als Glücksbringerin betrachtet wird:* die G. spielen; bei der Verlosung als G. auftreten.
Glücks|ge|fühl, das: *Gefühl des Glücklichseins:* ein unbeschreibliches G. durchströmte ihn.
Glücks|göt|tin, die: *Göttin des Glücks; Fortuna.*
Glücks|griff, der: *Person, Sache, Entscheidung o. Ä., die sich im Nachhinein als äußerst günstig, vorteilhaft erweist:* der neue Mitarbeiter ist ein echter G.; mit dem Hauptdarsteller hat der Regisseur einen G. getan; die Verpflichtung des neuen Stürmers erwies sich als wahrer G.
Glücks|hor|mon, das: *Neurotransmitter, dessen Ausschüttung im Körper Glücksgefühle auslöst:* beim Lachen werden -e ausgeschüttet.
Glücks|kä|fer, der (volkstüml.): *Marienkäfer.*
◆ **Glücks|kar|te,** die: *Glück bringende Spielkarte:* ... sahest zu der Betrügerin, wie sie mit dem Güntsling mit kleinen -n lockte (Schiller, Fiesco IV, 14).
Glücks|keks, der: *(bes. in chinesischen Restaurants gereichtes) knuspriges Kleingebäckstück, in dessen Innerem sich ein kleiner Zettel mit einem Sinnspruch oder einer Weissagung für die Zukunft befindet.*
Glücks|kind, das: *jmd., der immer Glück hat, dem alles zufällt.*
Glücks|klee, der: *Klee mit ausnahmsweise vierteiligem Blatt, der als Glücksbringer gilt.*
Glücks|mo|ment, der: *glücklicher Augenblick.*
Glücks|pfen|nig, der: *als Glück bringend geltender [gefundener] Pfennig, Cent.*
Glücks|pil|le, die ⟨meist Pl.⟩ (ugs.): *Antidepressivum.*
Glücks|pilz, der (ugs.): *jmd., der unvermutet od. oft Glück hat:* sie ist ein G.
Glücks|rad, das: **1.** *auf Jahrmärkten od. Volksfesten aufgestelltes Rad, das zu Verlosungen gedreht wird.* **2.** *Rad als Symbol für den Wechsel des Glücks.*
Glücks|rit|ter, der (abwertend): *Abenteurer, der sich blind auf sein Glück verlässt.*
Glücks|rit|te|rin, die: w. Form zu ↑ Glücksritter.
Glücks|sa|che, Glückssache, die: *Sache, Angelegenheit des Glücks; glücklicher Zufall, Umstand:* Tore zu schießen geriet zur G.; R Denken ist nicht Glückssache! *(das war falsch gedacht!);* * **[reine] G. sein** *(allein einem glücklichen Zufall, Umstand zu verdanken sein):* einen funktionierenden Automaten zu finden ist schon G.; [iron.:] Fremdwörter sind G.; Benehmen ist G.).

◆ **Glücks|sä|ckel,** das: *(nach altem Volksglauben) Geldbeutel, dessen Inhalt sich nie erschöpft:* ... überlasse ich ihm die Wahl unter allen Kleinodien, die ich in der Tasche bei mir führe: die echte Springwurzel, ... auch ein G. (Chamisso, Schlemihl 23).
Glücks|schwein|chen, das: *kleine Nachbildung eines als Glück bringend geltenden Schweines.*
Glücks|spiel, das: *(behördlicher Genehmigung bedürfendes) Spiel, bei dem der Erfolg, Gewinn od. Verlust fast nur vom Zufall abhängt:* das Hütchenspiel ist ein verbotenes G.
Glücks|spie|ler, der: *jmd., der ein verbotenes Glücksspiel betreibt.*
Glücks|spie|le|rin, die: w. Form zu ↑ Glücksspieler.
Glücks|stern, der: *als Glück bringend geltendes Gestirn:* unter einem G. geboren sein.
Glücks|sträh|ne, die: *vorübergehend für jmdn. nicht abreißende Reihe glücklicher Zufälle:* eine G. haben.
glück|strah|lend ⟨Adj.⟩: *sehr glücklich [aussehend]:* das -e Paar.
Glücks|tref|fer, der: *von einem glücklichen Zufall begünstigter Treffer:* dieser Lottogewinn war ein richtiger G.
Glücks|zahl, die: *für Glück bringend gehaltene Zahl:* die 13 ist meine G.
Glück ver|hei|ßend, glück|ver|hei|ßend ⟨Adj.⟩: *Glück, etwas Günstiges, Positives in Aussicht stellend, erwarten lassend:* ein Glück verheißendes Vorzeichen.
Glück|wunsch, der: *Wunsch für Glück u. Wohlergehen zu einem besonderen Fest od. Ausdruck der freudigen Anteilnahme an einem Erfolg, einer Leistung, einem freudigen Ereignis o. Ä.:* jmdm. die herzlichsten Glückwünsche aussprechen, übermitteln, senden; herzlichen G. zum Geburtstag; Glückwünsche entgegennehmen.
Glück|wunsch|adres|se, die: *Schreiben offiziellen Charakters, das Glückwünsche ausspricht:* eine G. an jmdn. richten.
Glück|wunsch|kar|te, die: *Karte mit einem [vorgedruckten] Glückwunsch.*
Glück|wunsch|te|le|gramm, das: *Telegramm, mit dem man jmdm. seine Glückwünsche übermittelt.*
Glu|co|se: ↑ Glukose.
◆ **gluh, glüh** ⟨Adj.⟩ [aus dem Md., Niederd., mniederd. glue, glo = glänzend, leuchtend, zu ↑ glühen]: *glühend, glühend heiß:* ... der Ofen ist gluh (Bürger, Neuseeländische Schlachtlieut); Am Strande des gelobten Lands im glühem Stich des Sonnenbrands (C. F. Meyer, Die Gaukler).
Glüh|bir|ne, die [für älteres Glasbirne]: *birnenförmige Glühlampe:* eine G. einschrauben, ausdrehen, auswechseln.
Glüh|draht, der: *Draht in Glühbirnen, elektrischen Heizgeräten o. Ä., der durch den hindurchfließenden elektrischen Strom zum Glühen gebracht wird.*
glü|hen ⟨sw. V.; hat⟩ [mhd. glüe(je)n, ahd. gluoen, urspr. = glänzen, schimmern, verw. mit ↑ gelb]: **1. a)** *[ohne helle Flamme] rot leuchtend brennen; rot vor Hitze leuchten:* das Feuer glüht nicht noch; die Zigaretten glühten in der Dunkelheit; die Herdplatte glüht; ⟨subst.:⟩ etw. zum Glühen bringen; Ü ihr Gesicht glühte [vor Begeisterung]; er hatte vor Eifer glühend rote Ohren; der Himmel glühte *(leuchtete rot)* von der untergehenden Sonne; heute ist es glühend *(sehr)* heiß. **b)** *etw. bis zum Glühen* (1 a) *erhitzen:* Eisen g.; das Eisen ist glühend heiß. **2.** (geh.) *von einer leidenschaftlichen Gemütsbewegung erfüllt, erregt, begeistert sein:* er glühte in Leidenschaft, vor Eifer, für seine Idee; er glühte danach, sich zu rächen; glühende Liebe, Begeisterung; glühender Hass; ein glühender Verehrer; sie schilderte den Vorgang mit glühenden Worten; jmdn. glühend bewundern; Ich springe auf, glühend *(von dem leidenschaftlichen Wunsch erfüllt),* ihm zu helfen (Remarque, Westen 201).
Glüh|fa|den, der: *dünner Wolframdraht in Glühbirnen.*
Glüh|ker|ze, die: *Vorrichtung, in der ein Draht od. Stift durch den hindurchfließenden elektrischen Strom zum Glühen gebracht wird u. die als Zündhilfe zum Anlassen von Dieselmotoren dient.*
Glüh|lam|pe, die (Fachspr.): *Lichtquelle, bei der in einem luftleeren od. mit Gas gefüllten Hohlkörper aus Glas ein elektrisch leitender Faden od. Stift durch den hindurchfließenden Strom zum Glühen gebracht wird.*
Glüh|ofen, der (Technik): *Ofen, in dem Metalle geglüht werden.*
Glüh|wein, der: *erhitzter Rotwein mit Zucker od. Honig u. Gewürzen.*
Glüh|würm|chen, das (ugs.): *Leuchtkäfer.*
Glu|ko|se, (fachspr.:) Glucose, die; - [zu griech. glykýs = süß] (Chemie): *Traubenzucker.*
glu|pen ⟨sw. V.; hat⟩ [eigtl. = (mit halb geöffneten Augen) tückisch blicken, urspr. = klaffen, gähnen] (nordd.): ↑ glupschen.
glupsch ⟨Adj.⟩ [zu ↑ glupen] (nordd.): *(von jmds. Gesichtsausdruck, Blick) finster-drohend, böse:* er hat ihn g. angesehen.
Glupsch|au|ge, das ⟨meist Pl.⟩ (nordd.): *stark hervortretendes Auge:* -n bekommen, machen *(neugierig, gierig gucken).*
glup|schen ⟨sw. V.; hat⟩ [zu ↑ glupsch] (nordd.): *mit glupschen Augen dreinblicken.*
◆ **glu|sam** ⟨Adj.⟩ [zu ↑ gluh] (landsch.): *mäßig warm:* ... kam in einen schönen Saal. Hier war es lieblich, g. mitten im Winter (Mörike, Hutzelmännlein 123).
Glut, die; -, -en [mhd., ahd. gluot, zu ↑ glühen]: **1.** *glühende Masse:* die G. im Ofen; die G. der brennenden Zigarette; die G. schüren, austreten; Ü die sengende G. *(Hitze)* der Sonne; die G. *(Röte)* ihrer Wangen; Die Erinnerungen sind da wie die G. unter der Asche (Bergengruen, Rittmeisterin 24). **2.** (geh.) *Leidenschaftlichkeit:* die G. seiner Blicke.
Glu|ta|mat, das; -[e]s, -e [zu ↑ Glutamin]: **1.** ⟨o. Pl.⟩ (Fachspr.) *Substanz von würzigem, fleischbrühartigem Geschmack, die Suppen od. Konserven zur Verfeinerung des Geschmacks zugesetzt u. auch in der Medizin als Mittel gegen mangelnde Konzentrationsfähigkeit verwendet wird.* **2.** ⟨meist Pl.⟩ (Chemie) *neutrales Salz der Glutaminsäure.*
Glu|ta|min, das; -s, -e [zu ↑ Gluten u. ↑ Amin] (Chemie): *Aminosäure, die im menschlichen u. tierischen Organismus aus Glutaminsäure u. Ammoniak (unter Energieverbrauch) entsteht.*
Glu|ta|min|säu|re, die (Chemie): *Aminosäure in vielen eiweißhaltigen Nahrungsmitteln, die im Stoffwechsel der Zellen, bes. im Hirn, eine wichtige Rolle spielt u. daher zu therapeutischen Zwecken, bes. zur Erhöhung der geistigen Leistungsfähigkeit, verwendet wird.*
glut|äu|gig ⟨Adj.⟩: *dunkle, feurige Augen aufweisend:* eine -e Schöne; -e Kinder.
Glu|ten, das; -s [lat. gluten = Leim]: *Kleber* (2).
glu|ten|frei ⟨Adj.⟩: *frei von Gluten, ohne Gluten:* sich g. ernähren.
glut|heiß ⟨Adj.⟩: *sehr, glühend heiß.*
Glut|hit|ze, die: *sehr große, sengende Hitze:* unter der G. leiden.
Glut|nest, das: *versteckte kleinere, eng zusammengeballte glühende Masse [als Ausgangspunkt für Brände].*
glut|rot ⟨Adj.⟩: *von dunklem, tiefem Rot:* sie wurde g. vor Scham.
Gly|ce|rin: ↑ Glyzerin.

Glykämie – Gnostizismus

Gly|k|ä|mie, die; - [zu griech. glykýs = süß (↑ Glykogen) u. haîma = Blut] (Med.): *normaler Zuckergehalt des Blutes.*

gly|k|ä|misch ⟨Adj.⟩ (Med.): *die Glykämie betreffend:* -er Index *(prozentuales Maß dafür, wie stark ein kohlenhydrathaltiges Lebensmittel den Blutzucker, verglichen mit Traubenzucker, ansteigen lässt;* Abk.: GI).

Gly|ko|gen, das; -s [zu griech. glykýs = süß u. ↑-gen] (Biol., Med.): *energiereiches, bes. in den Muskeln u. in der Leber gespeichertes, oft auch als tierische Stärke bezeichnetes Kohlenhydrat.*

Gly|kol, das; -s, -e [Kurzwort aus griech. glykýs = süß u. ↑ Alkohol]: *bes. als Frostschutz u. Desinfizierungsmittel verwendeter, zweiwertiger, giftiger Alkohol von süßem Geschmack.*

Gly|ko|ly|se, die; -, -n [↑ Lyse]: *Aufspaltung des Traubenzuckers in Milchsäure im Organismus.*

Gly|ko|se, die; - [zu griech. glykýs = süß]: *außerhalb der chemischen Fachsprache vorkommende, ältere Form für* ↑ Glucose.

Gly|ko|sid, das; -[e]s, -e ⟨meist Pl.⟩ (Chemie): *Pflanzenstoff, der in Zucker u. andere Stoffe, bes. Alkohole, gespalten werden kann.*

Glyp|te [auch: ˈglyː...], die; -, -n [griech. glyptós = in Stein, Erz, Holz geschnitzt, graviert, zu glýphein = ausmeißeln, einschneiden, schnitzen, gravieren]: *geschnittener Stein; Skulptur.*

Glyp|to|thek, die; -, -en [2. Bestandteil zu griech. thḗkē = Behältnis; vgl. Bibliothek]: *Sammlung von Glypten.*

Glyx®, der; -[es] ⟨meist ohne Art.⟩ [zusgez. aus: glykämischer Index] (ugs.): *glykämischer Index.*

Glyx-Di|ät, die: *Diät, nach der Lebensmittel mit hohem glykämischem Index vermieden werden sollen.*

Gly|ze|rin, Glycerin, das; -s, -e [frz. glycérine, geb. von den frz. Chemiker M. E. Chevreul (1786–1889) zu griech. glykerós = süß, zu: glykýs = süß]: *dreiwertiger, farbloser, sirupartiger Alkohol, der in allen natürlichen Fetten enthalten ist u. z. B. zur Herstellung von Sprengstoff, von Cremes u. Salben, von Farbstoffen u. a. verwendet wird.*

Gly|ze|rin|sal|be, die: *Glyzerin enthaltende Salbe.*

Gly|ze|rin|sei|fe, die: *Glyzerin enthaltende Seife.*

Gly|ze|rin|trä|ne, die (Film, Fernsehen): *künstliche Träne aus Glyzerin.*

Gly|zi|ne, Gly|zi|nie, die; -, -n [zu griech. glykýs = süß]: *als kletternder Strauch wachsende Pflanze mit großen, duftenden blauen, weißen od. lilafarbenen Blüten in langen, hängenden Trauben.*

Gm = Gigameter.

G-Man [ˈdʒiːmæn], der; -[s], G-Men [ˈdʒiːmɛn] [engl.-amerik. g-man, Kurzwort für: **g**overnment **man** = »Regierungsmann«]: *Sonderagent des FBI.*

GmbH [geːʔɛmbeˈhaː], die; -, -s: ↑ Gesellschaft (4 b) **mit b**eschränkter **H**aftung.

GMD = Generalmusikdirektor.

g-Moll [ˈgeːmɔl, auch: ˈgeːˈmɔl], das (Musik): *auf dem Grundton g beruhende Molltonart* (Zeichen: g).

g-Moll-Ton|lei|ter, die (Musik): *auf dem Grundton g beruhende Molltonleiter.*

Gna|de, die; -, -n ⟨Pl. selten⟩ [mhd. g(e)nāde, ahd. gināda = (göttliches) Erbarmen, eigtl. = Hilfe, Schutz, zu einem Verb mit der Bed. »unterstützen, helfen«]: **1. a)** *Gunst eines sozial, gesellschaftlich o. ä. Höherrangigen gegenüber einem sozial, gesellschaftlich o. ä. niedriger im Rang Stehenden:* die G. des Königs erlangen, verlieren; er wollte nicht von der G. seines Vaters abhängen, leben; Ein großer, ein echter Herr, der strafen kann und G. üben, ist durch ein einziges Wort böse zu machen, aber manchmal auch durch ein einziges Wort wieder gut (Roth, Beichte 60); * **die G. haben** (iron., veraltet; *sich herablassen, so gnädig sein:* er hatte nicht die G., uns eintreten zu lassen); **vor jmdm./vor jmds. Augen G. finden** *(vor jmdm. bestehen können, von ihm anerkannt, akzeptiert werden);* **auf G. und/oder Ungnade** *(bedingungslos, auf jede Bedingung hin:* sich jmdm. auf G. und Ungnade ergeben, ausliefern); **aus G. [und Barmherzigkeit]** *(aus bloßem Mitleid);* **in -n** *(mit Wohlwollen);* **bei jmdm. in [hohen] -n stehen, sein** (geh.; *von jmdm. [sehr] geschätzt werden);* **jmdn. wieder in -n aufnehmen** (geh.; *jmdm. etw. nachsehen u. ihn in einem Kreis wieder aufnehmen);* **von jmds. -n** *(durch jmds. Gunst, durch jmdn. [bewirkt, geworden, zustande gekommen]);* **b)** (Rel.) *verzeihende Güte Gottes:* die göttliche G.; das ist kein Verdienst, sondern eine G. Gottes; in den Besitz der G. gelangen. **2.** *Milde, Nachsicht in Bezug auf eine verdiente Strafe, Strafnachlass:* der Gefangene flehte um G.; * **G. vor/für Recht ergehen lassen** *(von einer Bestrafung absehen, nachsichtig sein).* **3.** * **Euer,** (auch:) **Ihro, Ihre -n** (veraltete Anrede an Personen von hohem Rang: Euer -n haben/⟨seltener:⟩ hat gefunden; Gut meinen und gut handeln, Euer -n, das ist zweierlei! [Frisch, Cruz 11]).

gna|den ⟨sw. V.; heute nur noch im Konjunktiv I gebräuchlich⟩ [mhd. genāden, ahd. ginādōn]: *meist in der Fügung* **gnade mir, dir** usw. **Gott!** *(wehe mir, dir usw.!:* wenn er jetzt nicht gleich kommt, dann gnade ihm Gott!)

Gna|den|akt, der: *Akt der Gnade* (2).

Gna|den|be|weis, der: *Beweis von Gnade* (1, 2).

Gna|den|bild, das (kath. Rel.): *an Wallfahrtsorten verehrtes, oft als wundertätig angesehenes Bild von Christus od. von Heiligen, bes. von Maria.*

Gna|den|brot, das ⟨o. Pl.⟩: *Versorgung [im Alter] trotz Arbeitsunfähigkeit aus Mitleid od. aus Dankbarkeit für früher geleistete Dienste:* einem Pferd das G. gewähren; er isst, bekommt bei ihnen das G.

Gna|den|er|lass, der: *Amnestie.*

Gna|den|frist, die: *letzter Aufschub, der jmdm. gewährt wird:* jmdm. eine G. geben, gewähren, bewilligen.

Gna|den|ge|such, das: *Gesuch um Begnadigung:* ein G. beim Präsidenten einreichen.

Gna|den|hoch|zeit, die (landsch.): *siebzigster Hochzeitstag.*

◆ **Gna|den|ket|te,** die: *als Gunstbeweis, Zeichen des Wohlwollens verliehene Kette:* ... die alte Perücke, die man seit gestern herumgehn sieht mit der guldenen G. (Schiller, Wallensteins Lager 2).

gna|den|los ⟨Adj.⟩: **a)** *ohne Gnade* (1 a), *mitleidlos:* ein -er Tyrann; Ü Die Sonne brannte g.; **b)** *ohne Gnade* (2), *ohne Milde, ungemildert:* ein -es Urteil; **c)** *hart, rücksichtslos, erbarmungslos:* ein -er Konkurrenzkampf; jmdn., etw. g. ausnutzen.

Gna|den|lo|sig|keit, die; -: *das Gnadenlossein.*

gna|den|reich ⟨Adj.⟩ (geh.): *voller Gnade* (1 b): eine -e Zeit.

Gna|den|schuss, der: *Schuss, mit dem man dem Leiden eines verletzten oder kranken Tiers ein Ende setzt.*

Gna|den|stoß, der [eigtl. = Stoß, den der Henker dem auf das Rad geflochtenen Verbrecher in das Herz oder Genick gibt, um ihm weitere Qualen zu ersparen]: *Stoß, Stich, mit dem man die Todesqualen eines Tieres beendet:* der Hirsch erhielt den G.

Gna|den|tod, der (geh.): *Tod durch Euthanasie.*

gna|den|voll ⟨Adj.⟩ (geh.): *voller Gnade* (1 b): eine -e Zeit.

Gna|den|weg, der ⟨o. Pl.⟩: **a)** *Begnadigung aufgrund eines Gnadengesuchs:* dem Häftling blieb nur noch der G. offen; **b)** *Verfahren der Begnadigung:* auf dem G., über den G. wurde ihm ein Teil der Strafe erlassen.

gnä|dig ⟨Adj.⟩ [mhd. g(e)nædec, ahd. g(i)nādīg = wohlwollend, barmherzig]: **1.** (oft iron.) *Gnade* (1 a) *zeigend, wohlwollend; nachsichtig:* sei doch so g., mir zu helfen!; sie nickte, lächelte g. *(herablassend);* (in höflicher Anrede:) sehr geehrte -e Frau; (veraltet:) -er Herr, die -e Herrin; ⟨subst.:⟩ ich danke Ihnen, meine Gnädige, Gnädigste (veraltet: *gnädige Frau*). **2.** *Gnade* (2), *Milde, Nachsicht zeigend; schonungsvoll:* ein -er Richter; unser Herr sei mir g. (auch mir scherzh.: *verfahren Sie nicht zu hart mit mir, schonen Sie mich).* **3.** (Rel.) *(von Gott, den Göttern) voller Gnade* (1 b); *barmherzig:* Gott ist [zu] den Sündern g.

Gnal|gi, das; -[s], -[s] [zu schweiz. Genage = Knochen, an dem noch Fleisch ist, zu ↑ nagen] (schweiz.): *gepökelte Teile von Kopf, Gliedmaßen u. Schwanz des Schweins.*

¹**Gnatz,** der; -es, -e [mhd. gnaz = Schorf, auch: Knauserei, eigtl. = Zernagtes, Zerkratztes] (ugs.): *Ausschlag, Grind, Schorf.*

²**Gnatz,** der; -es, -e [zu ↑ gnatzen] (ugs.): *mürrischer, übel gelaunter Mensch.*

gnat|zen ⟨sw. V.; hat⟩ [aus dem Niederd., urspr. lautm.] (ugs.): *mürrisch, übel gelaunt sein.*

gnat|zig ⟨Adj.⟩ (ugs.): *mürrisch, übel gelaunt, verdrossen:* g. sein.

Gneis, der; -es, -e [H. u., viell. zu mhd. g(a)neist = Funke, nach dem funkelnden Glanz]: *im Wesentlichen aus Quarz, Feldspat u. Glimmer bestehendes Gestein.*

◆ **gnid|der|schwarz** ⟨Adj.⟩ [zu niederd. Gnidder-, Gnittergold = Rauschgold; zu: gnittern, knittern = knistern] (nordd.): *glänzend schwarz:* g. und blank, wie frisch gebacken Brot (Storm, Schimmelreiter 14).

Gnit|ze, die; -, -n [mniederd. gnitte, eigtl. = stechendes Tier, zu dem auch ↑ ¹Gnatz zugrunde liegenden Verb mit der Bed. »zerreiben, (zer)kratzen«] (nordd.): *kleine Mücke*

Gnoc|chi [ˈnjɔki] ⟨Pl.⟩ [ital. gnocco (Pl. gnocchi) = Mehlklößchen, Knödel, aus dem Venez.] (Kochkunst): *Klößchen aus einem mit Kartoffeln und Mehl hergestellten Teig.*

Gnom, der; -en, (auch:) -s, -en, (auch:) -e [H. u.; gepr. im 16. Jh. von dem dt. Arzt u. Naturforscher Paracelsus (1493–1541)]: **a)** *Kobold, Zwerg:* er wirkte wie ein G.; (auch als Schimpfwort:) dieser G.!; **b)** (ugs.) *sehr kleiner Mensch.*

gno|men|haft ⟨Adj.⟩: *wie ein Gnom geartet.*

Gno|sis, die; - [griech. gnõsis = Erkenntnis, zu: gignṓskein = erkennen] (Rel.): **1.** *[Gottes]erkenntnis.* **2.** *in der Schau Gottes erfahrene Welt des Übersinnlichen; hellenistische, jüdische u. bes. christliche Versuche der Spätantike, die im Glauben verborgenen Geheimnisse durch philosophische Spekulation zu erkennen u. so zur Erlösung vorzudringen.*

Gnos|tik, die; - [zu griech. gnōstikós = das Erkennen betreffend] (veraltet): *Lehre der Gnosis.*

Gnos|ti|ker, der; -s, - (Rel.): *Vertreter der Gnosis* (2) *od. des Gnostizismus.*

Gnos|ti|ke|rin, die; -, -nen: w. Form zu ↑ Gnostiker.

gnos|tisch ⟨Adj.⟩ (Rel.): *die Gnosis od. den Gnostizismus betreffend.*

Gnos|ti|zis|mus, der; - (Rel.): **1.** *Gesamtheit aller religiösen Richtungen, die die Erlösung durch [philosophische] Erkenntnis Gottes u. der Welt suchen.* **2.** *Gesamtheit der synkretistischen religiösen Strömungen u. Glaubensgemeinschaften der späten Antike.*

Gnu, das; -s, -s [hottentott. ngu]: *(in den Steppen Süd- u. Ostafrikas heimische) Antilope mit großem, gebogene Hörner tragendem Kopf, kurzem, glattem Fell u. einer Mähne an Stirn, Nacken, Hals u. Brust.*

Go, das; - [jap. go]: *japanisches Brettspiel, bei dem mit Steinen auf den Schnittpunkten von waagerechten u. senkrechten Linien Ketten zu bilden u. die vom Gegner auf die Schnittpunkte gesetzten Steine durch Umschließen mit eigenen Steinen zu gewinnen sind.*

Goal [goːl], das; -s, -s [engl. goal = Tor, eigtl. = Ziel, Endpunkt, H. u.] (österr., schweiz., sonst veraltet): *Tor, Treffer (z. B. beim Fußballspiel).*

Goal|get|ter [ˈgoːl...], der; -s, - [engl., zu to get = bekommen, kriegen] (Sport, bes. österr. u. schweiz.): *Torjäger, Torschütze.*

Goal|get|te|rin, die: w. Form zu ↑ Goalgetter.

Goa|li [ˈgoːli]: ↑ Goalie.

Goa|lie, Goali [ˈgoːli], der; -s, -s [engl. goalie] (Sport schweiz.): *Torhüter.*

Goal|kee|per [...kiːpɐ], der [↑ Keeper] (Sport, bes. österr. u. schweiz.): *Torhüter.*

Goal|mann, der ⟨Pl. ...männer⟩ (Sport, bes. österr.): *Torhüter.*

Go|be|lin [gobaˈlɛ̃:, frz.: gɔˈblɛ̃] der; -s, -s [frz. gobelins (Pl.), wohl nach dem Eigenn. les Gobelins einer frz. Teppich- u. Kunsttapetenfabrik]: *Wandteppich mit eingewirkten Bildern:* Ü ...Schwalben umflogen die Dächer, die Sonne hing ihre ersten goldenen -s an die Häuserwände (Remarque, Triomphe 401).

Go|bi, die; -: Wüste in Innerasien.

Go|ckel, der; -s, - [wohl lautm.] (bes. südd., sonst ugs. scherzh.): **1.** *Hahn (1 a): ein prächtiger G.; er stolzierte wie ein G. über die Straße.* **2.** (ugs. scherzh.) *Mann, der sich bes. männlich gibt u. auf sexuelle Abenteuer aus ist: Vielleicht haben sie sich gestritten, ... oder sie will überhaupt von dem verliebten alten G. nichts wissen* (Fallada, Jeder 184).

Go|ckel|hahn, der (ugs. scherzh. od. Kinderspr.): *Gockel.*

God, der; -en, -en (bayr., österr.): *Pate.*

Go|de, der; -n, -n [anord. goði = Priester] (Geschichte): *Priester u. Gauvorsteher im alten Island u. in Skandinavien.*

Gode|mi|ché [goːtmiˈʃeː], der; -, -s [frz. godemiché, H. u.]: *Dildo.*

Go|der, der; -s, - [mhd. goder = Gurgel, Schlund] (österr. ugs.): *Doppelkinn.*

Go|derl [Vkl. von ↑ Goder]: nur in der Wendung *jmdm. das G. kratzen* (österr. ugs.; *jmdm. schöntun, schmeicheln*).

goe|thesch, goe|thisch ⟨Adj.⟩: *von Goethe stammend; nach Art Goethes:* -e, Goethe'sche Dramen; ihm gelangen Verse von -er, Goethe'scher Klarheit.

Go-go-Boy, der [engl. go-go boy, aus: go-go = aufreizend, begeisternd (von der Musik in Diskotheken u. Nachtklubs), auch: Tanz (in einer Diskothek), Verdoppelung von: go = los!, vorwärts!, zu: to go = gehen u. boy = Junge]: *Vortänzer in einer Diskothek o. Ä.*

Go-go-Girl, das [engl. go-go girl]: *Vortänzerin in einer Diskothek o. Ä.*

Goi, der; -[s], Gojim [ˈgoːjɪm, goˈjiːm] [hebr. gôy]: *jüdische Bez. für: Nichtjude.*

Go-in, das; -[s], -s [zu engl. to go in = hineingehen]: *unbefugtes [gewaltsames] Eindringen Demonstrierender in einen Raum od. ein Gebäude in den Diskussion zu erzwingen].*

Go|ing-pu|blic [ˈgoʊɪŋˈpʌblɪk], das; -[s] [zu engl. to go »(in einen anderen Zustand) übergehen« u. public »öffentlich«] (Wirtsch.): *Umwandlung einer Personengesellschaft in eine Aktiengesellschaft, die mit der Börsenzulassung für die Aktien verbunden ist.*

Goi|se|rer, der; -, - ⟨meist Pl.⟩ [nach der österr. Stadt Bad Goisern] (österr.): *schwerer, genagelter Bergschuh.*

Go|jim: Pl. von ↑ Goi.

Go|kart, der, auch: das; -[s], -s [engl. go-kart, geb. zu: go-cart = Handwagen, Sportwagen, älter: Kinderwagen]: **1.** (Sport) *niedriger, unverkleideter kleiner Rennwagen.* **2.** *einem Gokart (1) nachgebildetes Kettcar.*

Go|lan|hö|hen ⟨Pl.⟩: Hügellandschaft im Südteil Syriens, die von Arabern u. jüdischen Siedlern bewohnt wird.

Go|lat|sche: ↑ Kolatsche.

Gold, das; -[e]s [mhd. golt, ahd. gold, eigtl. = das Gelbliche od. Blanke, verw. mit ↑ gelb]: **1.** *rötlich gelb glänzendes, weiches Edelmetall* (chemisches Element; vgl. Aurum; Zeichen: Au): reines, 24-karätiges G.; etw. glänzt wie G.; G. graben, waschen, schürfen; ein G. führender Fluss: der Ring ist aus massivem G.; die Währung ist ans G. gebunden, in durch G. gedeckt; einen Edelstein in G. fassen; etw. mit G. überziehen; Spr *es ist nicht alles G., was glänzt* (*der Schein trügt oft*); * [noch] G. gegen etw./jmdn. sein (ugs.; *weit weniger negativ, weitaus erträglicher o. Ä. als etw., jmd. anderes sein*): mein Rad ist ja noch G. gegen deins); treu wie G. sein (*sehr treu u. zuverlässig sein;* Gold ist, bes. im MA., das Sinnbild der Treue, oft in Zusammenhang mit der Symbolik des goldenen Fingerringes); G. in der Kehle haben (*eine besonders schöne Singstimme haben;* eigtl. = eine so schöne Stimme haben, dass damit viel Geld zu verdienen ist); G. wert sein (*sehr wertvoll, nützlich, gewinnbringend sein;* solides Fachwissen ist G. wert). **2. a)** *Goldmünze:* etw. in G. bezahlen; * nicht mit G. zu bezahlen/aufzuwiegen sein (*überaus kostbar, unbezahlbar, unersetzbar sein*); **b)** *Gegenstand aus Gold:* er verwöhnte sie mit G. (*Schmuckstücken aus Gold*) und Edelsteinen; olympisches G. (*Goldmedaille*). **3. a)** *etw., was für jmdn. überaus wertvoll ist* (in bestimmten Fügungen): flüssiges G. (*Erdöl*); schwarzes/Schwarzes G. (*Kohle, Erdöl*); weißes G. (*Elfenbein; Porzellan; Salz;* Schnee in einem Wintersportgebiet); **b)** *goldene Farbe, goldener Glanz:* das G. der Sonne; das seidige G. ihres Haares.

Gold|ader, der: *goldhaltige Gesteinsader.*

gold|ähn|lich ⟨Adj.⟩: *dem Gold (1) ähnlich.*

Gold|am|mer, die; -, -n, Fachspr. auch: der; -s, -n: *großer Finkenvogel mit goldgelber Bauchseite.*

Gold|am|sel, die [nach der gelben Färbung]: *Pirol.*

Gold|auf|la|ge, die: *Auflage aus Gold (auf einem anderen Metall):* ein Armband mit 18-karätiger G.

Gold|bar|ren, der: *Block, Stange aus massivem Gold.*

Gold|barsch, der [nach der Farbe der Bauchseite]: *Rotbarsch.*

Gold|be|stand, der: *Bestand (2) an Gold:* der G. eines Landes.

gold|be|stickt ⟨Adj.⟩: *mit einer Stickerei aus Goldfäden versehen:* ein -es Kissen.

Gold|blätt|chen, das: *Blättchen von fein ausgewalztem Gold.*

gold|blond ⟨Adj.⟩: **a)** (vom Haar) *ein goldglänzendes Blond aufweisend:* -e Locken, Zöpfe; ⟨subst.:⟩ ihr Haar ist von seidigem Goldblond; **b)** *mit Haar von goldglänzendem Blond versehen:* ein -es kleines Mädchen.

gold|braun ⟨Adj.⟩: *ein leuchtendes, ins Gelbliche spielendes Braun aufweisend:* -e Augen.

Gold|broi|ler, der (regional): *goldbraun gegrilltes Hähnchen.*

Gold|bro|kat, der: *mit Goldfäden durchwirkter Brokat:* schwere Gardinen aus G.

Gold|de|ckung, die: *Deckung der im Umlauf befindlichen Banknoten in einer festen Relation durch Gold:* die G. dieser Währung ist gefährdet.

Gold|dou|b|lé, Gold|du|b|lee, das ⟨o. Pl.⟩: *mit Gold überzogenes minderwertiges Metall.*

gold|durch|wirkt ⟨Adj.⟩: *mit Goldfäden durchwirkt:* -es Gewebe.

gol|den ⟨Adj.⟩ [mhd., ahd. guldīn, zu ↑ Gold]: **1.** ⟨nur attr.⟩ *aus Gold bestehend:* eine -e Münze, Kette; ein goldener Ring, Löffel, Becher. **2.** (geh.) *von der Farbe des Goldes, goldfarben:* die -en Ähren; ihre Haare glänzten g.; Ü ein -er Oktober. **3.** *im höchsten Maß als gut, schön, glücklich empfunden; ideal, herausgehoben:* die -e Freiheit; die -e Jugendzeit; (iron.:) -en Zeiten entgegengehen; -e (*beherzigenswerte*) Worte, Lehren; er hat einen -en (*echten, vortrefflichen*) Humor.

Gol|den De|li|cious [ˈgoʊldn dɪˈlɪʃəs, auch: ˈgoːldn dɛˈliːtsi̯ʊs], der; -, - - [engl., eigtl. = der goldene Köstliche]: *mittelgroßer Apfel mit dünner, grüngoldgelber, bräunlich punktierter Schale u. gelblichem, süßem Fruchtfleisch.*

Gol|den Goal [ˈgoʊldn ˈgoʊl], das; - -s, - -s [engl.] (Fußball): **1.** *Spielentscheidung durch das erste gefallene Tor in einer Verlängerung (3).* **2.** *spielentscheidendes erstes Tor in einer Verlängerung (3):* der Stürmer erzielte, schoss das G. G.

Gol|den Re|t|rie|ver [ˈgoʊldn rɪˈtriːvɐ], der [engl., aus: golden = goldfarben u. retriever, ↑ Retriever]: *Retriever mit beige- bzw. goldfarbenem, leicht gewelltem Fell.*

Gol|den Twen|ties [ˈgoʊldn ˈtwɛntiːz] ⟨Pl.⟩ [engl.]: *die Zwanzigerjahre des 20. Jahrhunderts in den USA u. Westeuropa, die durch wirtschaftliche Prosperität gekennzeichnet waren.*

Gold|esel, der [nach dem Esel im grimmschen Märchen »Tischchen, deck dich!«, der auf Geheiß Goldstücke von sich gibt] (ugs.): *unerschöpfliche Geldquelle.*

Gold|fa|den, der: *gold[farb]ener Faden:* das Gewebe ist mit feinen Goldfäden durchwirkt.

gold|far|ben, gold|far|big ⟨Adj.⟩: *von der Farbe des Goldes.*

Gold|fa|san, der: **1.** (*in China heimischer) Fasan mit farbenprächtigem Gefieder u. goldgelbem Federschopf.* **2.** (nationalsoz. ugs. abwertend) *höherer Funktionär der Nationalsozialistischen Deutschen Arbeiterpartei.*

Gold|fe|der, die: *goldene Feder eines Füllfederhalters:* mit einer G. schreiben.

Gold|fie|ber, das: *Goldrausch.*

Gold|fin|ger, der (seltener): *Ringfinger:* ◆ ...während er den Ring auf den G. der schmalen Hand schob (Storm, Schimmelreiter 58).

Gold|fisch, der: **1.** *(aus China stammender) Fisch mit rotgolden bis golden glänzendem, gedrungenem Körper.* **2.** (ugs. scherzh.) *(bes. im Hinblick auf eine Heirat) jmd., der ein ansehnliches Vermögen hat.*

Gold|fo|lie, die: *goldfarbene* ¹*Folie (1):* Sterne, Christbaumschmuck aus G.

Gold|fuchs, der: **1.** *Fuchs mit hellerer, gelbroter Färbung.* **2.** *Pferd mit golden glänzendem Fell.* **3.** [nach dem rötlichen Farbschimmer der Goldmünze] (veraltet) *Gold-, Geldstück.*

Gold füh|rend, gold|füh|rend ⟨Adj.⟩: *goldhaltig:* ein Gold führender Fluss.

Gold|fül|lung, die: *aus Gold bestehende Füllung eines Zahnes.*

Gold|ge|halt, der: *Gehalt, Anteil an Gold:* der G. einer Münze.

gold|gelb ⟨Adj.⟩: *von kräftigem, leuchtendem Gelb:* -er Honig.

Gold|glanz, der: *Glanz [wie] von Gold:* der G. blendete sie.

gold|glän|zend ⟨Adj.⟩: *glänzend wie Gold:* -e Metallbeschläge.

Gold|grä|ber, der: *jmd., der nach goldhaltigem Gestein gräbt.*

Gold|grä|ber|fie|ber, das: *mit Besessenheit betriebene Suche nach Gold (in einem Gebiet, in dem Gold gefunden wird).*

Gold|grä|be|rin, die; -, -nen: w. Form zu ↑Goldgräber.

Gold|grä|ber|stim|mung, die ⟨o. Pl.⟩: *Stimmung, in die jmd. od. etw. (ein Unternehmen, eine Institution o. Ä.) bei Aussicht auf hohen Gewinn, Profit gerät: es herrscht G.*

Gold|gru|be, die: **1.** *Goldlagerstätte, Goldmine.* **2.** (ugs.) *sehr einträgliches Unternehmen, Lokal, Geschäft o. Ä.: das Lokal ist eine wahre G.; er hat aus dem kleinen Laden eine G. gemacht.*

gold|grün ⟨Adj.⟩: *grün mit einem goldenen Schimmer.*

Gold|haar, das: **1.** (geh.) *goldblondes Haar.* **2.** *Aster mit kleinen, dicht stehenden Blättern u. kleinen, goldgelben, haarigen Blütenköpfen.*

Gold|hähn|chen, das: *meist in kleinen Trupps auftretender Singvogel mit graugrünem Gefieder, am Kopf mit goldgelbem Scheitel.*

gold|hal|tig, (österr.:) **gold|häl|tig** ⟨Adj.⟩: *Gold enthaltend: -es Gestein.*

Gold|hams|ter, der: *Hamster mit goldbraunem, an der Bauchseite weißlichem Fell, der als Haustier [bei Kindern] sehr beliebt ist.*

Gold|han|del, der: *Handel mit Gold.*

gol|dig ⟨Adj.⟩: [frühnhd. guldig, zu ↑Gold]: **1.** (ugs.) **a)** *(in seiner äußeren Erscheinung) auf rührende Art reizend: ein -es kleines Mädchen; das Kleidchen ist ja g.!;* **b)** *in menschlicher Hinsicht rührend nett: dass du uns beim Umzug helfen willst, finde ich g.* **2.** (selten) *golden leuchtend: der -e Schimmer der Abendsonne.*

Gold|jun|ge, der (ugs.): **1.** (Kosew.) *männliche Person, die jmd. besonders gern mag: Mamas G.* **2.** (Sport) *Gewinner einer Goldmedaille.*

Gold|kä|fer, der: **1.** *goldgrüner, metallisch glänzender Käfer; Rosenkäfer;* Ü (Kosew.:) *mein kleiner G.* **2.** (ugs.) *reiches Mädchen.*

Gold|kehl|chen, das; -s, - (ugs. iron.): *junger Gesangsstar, dem das Singen viel Geld einbringt.*

Gold|kett|chen, das: *schmale Kette aus Gold.*

Gold|ket|te, die: *Kette aus Gold: sie trug eine schmale G. um den Hals.*

Gold|kind, das: **1.** (Schülerspr.) *Klassenbester.* **2.** (ugs. Kosew.) *Kind, für das man eine besondere Zuneigung hegt.*

Gold|klum|pen, der: *Klumpen unbearbeiteten Goldes.*

Gold|knopf, der: *Knopf aus goldfarbenem Metall: eine Livree mit Goldknöpfen.*

Gold|kro|ne, die: **1.** *goldene Krone: die G. der Königin.* **2.** (Zahnt.) *Zahnkrone aus Gold.* **3.** *Bez. für verschiedene Goldmünzen.*

Gold|küs|te, die; -: *Küstengebiet am Golf von Guinea.*

Gold|lack, der ⟨o. Pl.⟩: *kleiner Strauch mit stark duftenden, goldgelben, braunen od. dunkelroten Blüten.*

Gold|la|ger, das, **Gold|la|ger|stät|te,** die: *Lagerstätte von Gold.*

Gold|land, das ⟨Pl. ...länder⟩: *Land, in dem Gold zu finden ist.*

Gold|le|gie|rung, die: *Legierung von Gold mit einem anderen Metall, bes. mit Kupfer u. Silber.*

Gold|ma|cher, der: *Alchemist.*

Gold|ma|cher|kunst, die: *Alchemie.*

Gold|mäd|chen, das: **1.** (ugs. Kosew.) *weibliche Person, die man besonders gernhat.* **2.** (Sport) *Gewinnerin einer Goldmedaille.*

Gold|ma|kre|le, die: *Makrele mit metallisch glänzendem Körper, die als Speisefisch geschätzt wird.*

Gold|mark, die: *Rechnungseinheit während der Inflation (nach dem Ersten Weltkrieg).*

Gold|markt, der (Wirtsch.): *Markt für Gold.*

Gold|me|dail|le, die: *[sportliche] Auszeichnung in Form einer Medaille aus Gold od. einem vergoldeten Metall, die für den ersten Platz verliehen wird: eine G. [in einem Wettbewerb] erringen, gewinnen.*

Gold|me|dail|len|ge|win|ner, der: *Gewinner einer Goldmedaille.*

Gold|me|dail|len|ge|win|ne|rin, die: w. Form zu ↑Goldmedaillengewinner.

Gold|mi|ne, die: ¹*Mine (1a) mit goldhaltigem Gestein: -n ausbeuten.*

Gold|mull, der; -[e]s, -e [2. Bestandteil niederd. mull = Maulwurf < mniederd. mul = lockere Erde] (Zool.): *in Südafrika heimisches Tier mit maulwurfähnlichem Körper u. braun od. grünlich golden glänzendem Fell, das sich von Insekten ernährt.*

Gold|mün|ze, die: *Münze aus Gold od. einer Goldlegierung.*

Gold|nes|sel, die: *in feuchten Laubwäldern verbreitete Pflanze mit goldgelben Blüten, eiförmigen Blättern u. vierkantigem Stängel.*

Gold|pa|pier, das: *goldfarbenes Papier: Weihnachtssterne aus G. basteln.*

Gold|par|mä|ne, die: *aromatischer, mittelgroßer Tafelapfel von süßem Geschmack mit duftender, rötlich gelber, rot gestreifter Schale.*

gold|plat|tiert ⟨Adj.⟩ (Fachspr.): *mit Gold überzogen, plattiert* (1).

Gold|plom|be, die (Zahnt.): *goldene Plombe in einem Zahn.*

Gold|preis, der: *Preis des Goldes (im Handel an der Edelmetallbörse).*

Gold|rah|men, der: *vergoldeter Bilderrahmen.*

Gold|rand, der: *gold[farb]ener Rand: eine Brille, Tassen mit G.*

Gold|rausch, der: *rauschhafter, fieberhafter Drang, Gold zu finden.*

Gold|rau|te, die: *Goldrute.*

Gold|re|gen, der [2. Bestandteil wahrsch. nach den Blütentrauben, die vom Wind bewegt, einem Goldregen ähnlich sehen]: **1.** *Zierstrauch od. Baum mit langen, hängenden, goldgelben Blütentrauben.* **2. a)** *Funkenregen, der beim Abbrennen bestimmter Feuerwerkskörper entsteht;* **b)** *[unerwarteter] Wohlstand, Reichtum: die Funde von Bodenschätzen brachten dem Land einen wahren G.*

Gold|reich|tum, der: *Reichtum an Gold: der G. eines Landes.*

Gold|reif, der (geh.): *goldener Reif: sie trug einen schmalen G. am Finger, am Handgelenk, im Haar.*

Gold|re|net|te, die: *großer Tafelapfel mit süßsaurem Geschmack mit ledriger, rötlich gelber, rot gestreifter Schale.*

Gold|re|ser|ve, die ⟨meist Pl.⟩: *Reserve an Gold (bei einer Goldwährung): die -n eines Landes.*

gold|rich|tig ⟨Adj.⟩ (ugs.): *völlig, genau richtig: deine Entscheidung war g.; das hast du g. gemacht.*

Gold|ring, der: *goldener Ring: sie trug einen schmalen G. am Finger.*

Gold|röhr|ling, der: *Pilz mit goldgelbem, kuppelartig gewölbtem Hut u. rötlich gelbem, weiß beringtem Stiel, der als guter Speisepilz gilt.*

Gold|ru|te, die: *im Sommer blühende Staude mit goldgelben Blütenrispen.*

Gold|schatz, der: **1.** *Schatz von Gold[gegenständen]: ein sagenhafter G.* **2.** (Kosew.) *Liebling: komm her, mein G.*

◆ **Gold|schaum,** der: *zum Vergolden verwendetes, zu dünnen Plättchen geschlagenes Gold: Was dir dein Spiegel für massiv und ewig verkauft, ist nur dünner, angeflogener G.* (Schiller, Kabale IV, 7).

Gold|schlä|ger, der: *jmd., der Blattgold in Handarbeit herstellt* (Berufsbez.).

Gold|schlä|ge|rin, die: w. Form zu ↑Goldschläger.

Gold|schmied, der: *Handwerker, der Schmuck od. künstlerisch gestaltete Gebrauchsgegenstände aus Gold od. anderen Edelmetallen anfertigt* (Berufsbez.).

Gold|schmie|de|ar|beit, die: **1.** ⟨o. Pl.⟩ *Arbeit des Goldschmieds: für die G. begabt sein.* **2.** *künstlerischer Gegenstand aus der Hand eines Goldschmieds: eine Ausstellung von -en.*

Gold|schmie|de|hand|werk, das: *Handwerk des Goldschmieds.*

Gold|schmie|de|kunst, die ⟨o. Pl.⟩: *künstlerische Verarbeitung von Gold.*

Gold|schmie|din, die: w. Form zu ↑Goldschmied.

Gold|schmuck, der: *Schmuck aus Gold.*

Gold|schnitt, der: *Gesamtheit der mit Gold versehenen Schnittflächen eines Buches.*

Gold|schrift, die: *aus gold[farb]enen Buchstaben, Zeichen bestehende Schrift: der Name steht in G. über dem Eingang.*

Gold|staub, der: *staubfein verteiltes Gold.*

Gold|stern, der: *auf Äckern und Wiesen wachsende, im Frühling blühende Pflanze mit sternförmigen, schwefel- bis grünlich gelben Blüten.*

Gold|sti|cke|rei, die: *Stickerei mit Goldfäden.*

Gold|stück, das (früher): *als Zahlungsmittel geltende Goldmünze: ein Beutel mit -en;* Ü *meine Sekretärin ist ein wahres G.*

Gold|su|cher, der: *jmd., der nach goldhaltigem Gestein gräbt.*

Gold|su|che|rin, die: w. Form zu ↑Goldsucher.

Gold|ton, der: *goldener Farbton: in einem G. gehaltene Gardinen.*

Gold|tres|se, die: *von Goldfäden durchzogene Tresse: eine mit -n besetzte Livree.*

Gold|über|zug, der: *Überzug von Gold auf einem unedlen Metall: das Armband ist mit einem dünnen G. versehen.*

Gold|uhr, die: *goldene [Taschen]uhr.*

Gold|ver|kauf, der: *Verkauf von Gold od. Gegenständen aus Gold.*

Gold|vor|kom|men, das: *Vorkommen von Gold: ein Land mit reichen G.*

Gold|vor|rat, der: *Goldreserve: die Goldvorräte des Landes sind erschöpft.*

Gold|waa|ge, die: *Feinwaage für Edelmetall:* * **alles, jedes Wort auf die G. legen** (ugs.: 1. *alles wortwörtlich, übergenau nehmen: du darfst nicht alles, was in der Streit gesagt hat, auf die G. legen.* 2. *in seinen Äußerungen sehr vorsichtig sein: bei ihm muss man jedes Wort auf die G. legen*).

Gold|wäh|rung, die (Wirtsch.): *Währungssystem, bei dem das Geld in unterschiedlicher Weise an das Gold gebunden ist od. aus Gold besteht.*

Gold|wä|sche, die: *das Abschlämmen od. Auswaschen von Gold aus Sand od. Gestein.*

Gold|wä|sche|rei, die: *Gewinnung von Gold durch Goldwäsche.*

Gold|was|ser, das: *wasserheller Gewürzlikör mit Zusätzen von Blattgold: Danziger G.* (ein Likör).

gold|wert ⟨Adj.⟩ (Finanzw.): *mit einem Wert, der sich in Gold ausdrücken lässt: -e Devisen.*

Gold|wert, der: **1.** *Wert des Goldgehaltes in einem Gegenstand.* **2.** *Goldpreis.*

Gold|zahn, der: *Zahnkrone aus Gold.*

Go|lem, der; -[s] [hebr. gōlæm = formlose Masse; ungeschlachter Mensch]: *nach der jüdischen Sage aus Lehm od. Ton künstlich erschaffenes, stummes menschliches Wesen, das oft gewaltige Größe u. Kraft besitzt [u. als Retter der Juden in Zeiten der Verfolgung erscheint] (bekannt vor allem durch die Legende von Rabbi Löw, der um 1580 in Prag eine von ihm gknetete Tonfigur für einige Zeit belebt haben soll).*

¹**Golf,** der; -[e]s, -e [ital. golfo < vlat. colphus < griech. kólpos = Busen, Meerbusen, Bucht]: *größere Meeresbucht: der G. von Genua.*

²**Golf,** das; -s [engl. golf, aus dem Schott., H. u.] (Sport): Rasenspiel mit Hartgummiball u. Schlägern, bei dem es gilt, den Ball mit möglichst wenig Schlägen in die einzelnen Löcher zu spielen: G. spielen.

Golf|an|la|ge, die: *Anlage* (3), *auf der* ²*Golf gespielt wird.*

Golf|ball, der: ¹*Ball* (1), *mit dem* ²*Golf gespielt wird.*

Golf|club: ↑ Golfklub.

gol|fen ⟨sw. V.; hat⟩ (ugs.): ²*Golf spielen.*

Gol|fer, der; -s, - [engl. golfer]: *Golfspieler:* er wird nie ein guter G.

Gol|fe|rin, die; -, -nen: w. Form zu ↑ Golfer.

Golf|klub, Golfclub, der: **1.** *Klub* (1 a), *dessen Mitglieder* ²*Golf als [Freizeit]sport betreiben:* in einen G. eintreten. **2.** *Gesamtheit der Mitglieder eines Golfklubs* (1): der G. gratulierte ihm zum Geburtstag.

Golf|leh|rer, der: *jmd., der im Golfspiel unterrichtet.*

Golf|leh|re|rin, die: w. Form zu ↑ Golflehrer.

Golf|platz, der: *Platz, auf dem* ²*Golf gespielt wird.*

Golf|pro|fi, der: *Profi im Golfsport.*

Golf|re|gi|on, die ⟨o. Pl.⟩: *Region* (1) *um den Persischen Golf.*

Golf|schlä|ger, der: *Schläger, mit dem* ²*Golf gespielt wird.*

Golf|spiel, das: ²*Golf.*

Golf|spie|ler, der: *jmd., der das Golfspiel betreibt.*

Golf|spie|le|rin, die: w. Form zu ↑ Golfspieler.

Golf|sport, der: ²*Golf als sportliche Disziplin.*

Golf|staat, der ⟨meist Pl.⟩: *Anrainerstaat des Persischen Golfs.*

Golf|strom, der; -[e]s [nach dem Golf von Mexiko, der früher als Ursprungsgebiet angesehen wurde] (Geogr.): *Meeresströmung im Nordatlantik, die wärmeres Wasser aus den Subtropen in nördliche Breiten führt u. großen Einfluss auf Teile des europäischen Klimas hat.*

Golf|tur|nier, das: *Turnier beim* ²*Golf.*

Gol|ga|tha, Gol|go|ta [kirchenlat. golgotha < griech. golgothā < hebr. gulgolęt = Schädel, Kopf]: *Hügel bei Jerusalem als Kreuzigungsstätte Christi:* Ü er erlebte hier sein Golgatha (geh.; *er musste hier seinen tiefsten Schmerz erleiden*).

Go|li|ath, der; -s, -s [riesenhafter Krieger der Philister, der nach 1. Sam. 17 vom jungen David im Zweikampf mit einer Steinschleuder getötet wurde]: *sehr großer Mensch von kräftigem Körperbau; Mensch von riesenhafter Gestalt.*

◆ **Gol|ler,** das; -s, -: *Koller:* ... nimmt einen zweiten Pfeil heraus und steckt ihn in seinen G. (Schiller, Tell III, 3 [Bühnenanweisung]).

göl|te: ↑ gelten.

Göm|böc [ˈgœmbœts], der; -[es], -e [ung. gömböc, eigtl. = Dickerchen, zu: gömb = Kugel (1)] (Math.): *dreidimensionaler Körper mit einer stabilen und einer labilen Gleichgewichtslage, der sich wie ein Stehaufmännchen von allein aufrichten kann.*

Go|mor|rha, (ökum.:) **Go|mor|ra:** ↑ Sodom.

gon = Gon.

Gon, das; -s, -e ⟨aber: 5 Gon⟩ [griech. gōnía = Winkel] (Geodäsie): *Maßeinheit für ebene Winkel* (100. Teil eines rechten Winkels; Zeichen: gon).

Go|na|de, die; -, -n [zu griech. goné = Erzeugung] (Biol., Med.): *Keimdrüse.*

Gon|del, die; -, -n [ital. gondola = kleines Schiff, aus dem Venez., H. u.]: **1.** *langes, schmales [zu einem Teil überdachtes] venezianisches Boot mit steilem, verziertem Vorder- u. Achtersteven, das im Stehen auf einer Seite gerudert wird.* **2.** *an Ballon, Luftschiff, Seilbahn o. Ä. meist hängend befestigte Kabine, befestigter Korb o. Ä.*

zur Aufnahme von Personen, Lasten o. Ä. **3.** *Ampel* (3). **4.** (landsch.) *einem Hocker ähnlicher Stuhl mit niedrigen Armlehnen.* **5.** *längerer, von allen Seiten zugänglicher Verkaufsstand in einem Kaufhaus.*

Gon|del|bahn, die: *Seilbahn.*

Gon|del|fahrt, die: *Fahrt mit einer Gondel* (1): eine G. machen.

gon|deln ⟨sw. V.; ist⟩ (ugs.): *gemächlich [ohne festes Ziel] fahren, reisen:* mit dem Fahrrad durch die Stadt, mit dem Schiff über das Meer g.

Gon|do|li|e|re, der; -[s], ...ri [ital. gondoliere]: *jmd., der berufsmäßig eine Gondel* (1) *rudert.*

Gong, der, selten: das; -s, -s [engl. angloind.) gong < malai. (e)gung = Schallbecken aus Metall]: *[an Schnüren frei aufgehängte] runde Metallscheibe, die einen dumpf hallenden Ton hervorbringt, wenn jmd. sie mit einem Klöppel anschlägt:* der G. ertönt, schlägt [zur nächsten Runde], markiert Anfang und Ende des Boxkampfs; Ü Und weit draußen, im Osten, steigt der bronzene Mond empor, eine gehämmerte Scheibe, ein G., der schweigt... (Frisch, Stiller 374).

gon|gen ⟨sw. V.; hat⟩: *mit dem Gong ein Zeichen für etw. geben:* der Kellner hat in der Halle [zum Essen] gegongt; ⟨unpers.:⟩ bald darauf gongte es (*ertönte der Gong*) zum Abendessen.

Gong|schlag, der: *Schlag auf den Gong [als akustisches Zeichen für etw.]:* beim G. ist es acht Uhr (früher: Zeitansage im Rundfunk).

gön|nen ⟨sw. V.; hat⟩ [mhd. gunnen, ahd. giunnan, zu ahd. unnan = gönnen; gewähren, gestatten, H. u.]: **1.** *Glück u. Erfolg eines andern ohne Neid sehen, jmdm. etw. neidlos zugestehen:* jmdm. sein Glück, den Erfolg g.; das sei ihr gegönnt (*das neide ich dir nicht [weil es mich gar nicht reizt]);* die Freude, mich verlieren zu sehen, gönne ich denen nicht (*ich möchte verhindern, dass sie Grund zur Schadenfreude über meine Niederlage haben*); (iron.:) diese Blamage gönne ich ihr; Sie haben Manieren, wie ich sie manchem meiner Standesgenossen g. (*wünschen*) würde (Th. Mann, Krull 283). **2.** *jmdm., sich zuteilwerden, zukommen lassen; jmdm. etw. gewähren:* sich etwas [Gutes], einige Tage Ruhe, ein Glas Sekt g.; er gönnt ihr kein gutes Wort (*hat für sie kein freundliches, anerkennendes Wort übrig*); sie gönnte ihm keinen Blick (*sie würdigte ihn keines Blickes, beachtete ihn nicht*); Die eine, ihm vielleicht gegönnte Stunde hatte er sich nicht ausgemalt, aber sie war unweigerlich herangerückt (Kronauer, Bogenschütze 409); R man gönnt sich ja sonst nichts (scherzh.; *entschuldigend gebraucht, wenn man sich etwas Besonderes leistet).*

Gön|ner, der; -s, - [mhd. gunner, günner]: *einflussreiche, vermögende Persönlichkeit, die jmdn. in seinem Bestreben [finanziell] fördert:* einflussreiche G. besitzen.

gön|ner|haft ⟨Adj.⟩ (abwertend): *einem anderen mit deutlicher Herablassung, mit dem Vorkommen lassend; bei den Freundlichkeiten, die jmd. jmdm. erweist, zu sehr die eigene Überlegenheit durchblicken lassend:* mit -er Miene; er gab sich g.

Gön|ner|haf|tig|keit, die; -: *gönnerhafte Art.*

Gön|ne|rin, die; -, -nen: w. Form zu ↑ Gönner.

gön|ne|risch ⟨Adj.⟩ (seltener): *gönnerhaft.*

Gön|ner|mie|ne, die (abwertend): *Ausdruck freundlicher Herablassung:* jmdm. etw. mit G. überreichen.

Gön|ner|schaft, die; -: **1.** *Förderung durch einen Gönner:* jmds. G. genießen. **2.** *Gesamtheit der Gönner, die jmd. hat:* die ganze G. des Künstlers saß im Saal.

Go|no|kok|kus, der; -, ...kken [zu ↑ Kokke]: *Bakterie, die als Erreger des Trippers gilt.*

Go|nor|rhö, die; -, -en [griech. gónorrhoia = Samenfluss (für den der eitrige Ausfluss gehalten wurde)]: *Geschlechtskrankheit, die sich in einer Entzündung der Schleimhäute der Harnröhre u. Geschlechtsorgane äußert* [u. mit schmerzhaftem Brennen u. eitrigem Ausfluss einhergeht]; *Tripper.*

go|nor|rho|isch ⟨Adj.⟩: *die Gonorrhö betreffend, darauf beruhend.*

good|bye [ɡʊdˈbaɪ; engl. goodbye, zusgez. aus: God be with you = Gott sei mit dir!]: *leb[t], leben Sie wohl!; auf Wiedersehen!* (englischer Abschiedsgruß).

Goo|die, Goo|dy [ˈɡʊdi], das; -s, -s ⟨meist Pl.⟩ [engl. goody, goodie]: *attraktive kostenlose Zugabe, zusätzlicher Anreiz [beim Kauf eines Produktes].*

Good|will [ˈɡʊdˈwɪl, ˈɡʊdwɪl], der; -[s] [engl. goodwill = Wohlwollen]: **a)** (Wirtsch.) *Firmenwert, Geschäftswert;* **b)** *Ansehen, guter Ruf einer Institution o. Ä.;* **c)** *Wohlwollen, freundliche Gesinnung:* den G. der Mitarbeiter ausnutzen.

Good|will|rei|se, die [nach engl. goodwill mission od. tour]: *Reise eines Politikers, einer einflussreichen Persönlichkeit o. Ä., um freundschaftliche Beziehungen zu einem anderen Land herzustellen od. zu festigen.*

Good|will|tour, die: *Goodwillreise.*

goo|geln [ˈɡuːɡl̩n] ⟨sw. V.; hat⟩ [zu: ↑ Google®]: *mit Google im Internet suchen, recherchieren:* ich goog[e]le mal schnell; er hatte ihren Namen, nach Informationen gegoogelt.

Goo|gle® [ˈɡuːɡl̩] ⟨ohne Art.⟩ [nach dem engl. Wort googol für die Zahl 10^{100}, bezogen auf die Fülle von Informationen, die die Suchmaschine findet]: *eine Internetsuchmaschine.*

Gö|pel, der; -s, - [aus dem Ostmd., H. u.]: *durch im Kreis herumgehende Menschen od. Tiere bewegte große Drehvorrichtung zum Antrieb von Arbeitsmaschinen.*

gor: ↑ gären.

Gör, das; -[e]s, -en [aus dem Niederd., wahrsch. zu einem Adj. mit der Bed. »klein« (vgl. mhd. gōrec = klein, ahd. gōrag) u. urspr. = kleines hilfloses Wesen] (nordd., oft abwertend): **1.** ⟨meist Pl.⟩ *[schmutziges, unartiges] Kind.* **2.** *[vorwitziges, freches kleines] Mädchen.*

gor|disch: ↑ Knoten (1 a).

Gö|re, die; -, -n [vgl. Gör] (nordd., oft abwertend): **1.** *Gör* (1). **2.** *Gör* (2): eine echte Berliner G.

Gor|go|nen|haupt, das; -[e]s, ...häupter [nach dem in der griech. Sage vorkommenden weiblichen Ungeheuer Gorgo mit Schlangenhaaren u. versteinerndem Blick]: *bes. als Emblem auf Waffen u. Geräten der Antike erscheinender Kopf eines weiblichen Ungeheuers mit Schlangen anstelle der Haare:* das G. auf einem Harnisch; Ü (geh.:) das G. der Macht.

Gor|gon|zo|la, der; -[s], -s [nach dem gleichnamigen ital. Ort]: *mit Schimmelpilzen durchsetzter italienischer Weichkäse.*

Go|ril|la, der; -s, -s [engl. gorilla < griech. Gorillai, eigtl. = behaarte wilde Wesen in Afrika; westafrik. Wort]: **1.** (in den Wäldern Äquatorialafrikas lebender) *großer Menschenaffe mit stark vorspringender Schnauze, kleinen Augen, langen Armen u. dichtem, [braun]schwarzem Fell.* **2.** (ugs.) *Leibwächter.*

Gosch, der; -[e]s, -e, **Go|sche,** die; -, -n, **Go|schen,** die; -, - [H. u.] (landsch. salopp, meist abwertend): *Mund:* * eine große G. haben (↑ ¹Mund 1 a); die G. halten (↑ ¹Mund 1 a).

Go|scherl, das; -s, -[n]: **1.** (bayr., österr. fam.) *Gosch.* **2.** (österr.) Kurzf. von ↑ Froschgoscherl (b).

Go|se, die; -, -n [nach dem gleichnamigen Fluss durch Goslar]: *obergäriges, säuerlich-salziges, in offenen bauchigen Flaschen mit langem Hals*

gehaltenes Bier, das in der Gegend von Leipzig hergestellt wird.
Gos|lar, Stadt am Nordrand des Harzes.
Go-slow, der od. das; -s, -s [engl. go-slow, zu: go slow! = geh, mach langsam!]: *Bummelstreik, Dienst nach Vorschrift [im Flugwesen]:* ein G. machen, veranstalten.
¹Gos|pel, der; -s, -s [engl. gospel < aengl. gōdspell = gute Botschaft, Evangelium, zu: spell = Erzählung, Rede, vgl. Beispiel]: *Anfang des 20. Jh.s entstandene christliche afroamerikanische Musikrichtung, die Elemente des Spirituals, des Blues u. des Jazz enthält u. für die solistische od. chorische, einfach komponierte Lieder mit ekstatischem Ausdruck charakteristisch sind.*
²Gos|pel, das *od.* der; -s, -s: *Lied in der Art u. dem Stil des* ¹*Gospels.*
Gos|pel|chor, der: *auf* ²*Gospels spezialisierter Chor* (1 a).
Gos|pel|sän|ger, der: *Gospelsinger.*
Gos|pel|sän|ge|rin, die: w. Form zu ↑ Gospelsänger.
Gos|pel|sin|ger, der; -s, -[s] [engl. gospel singer]: *jmd., der Gospelsongs vorträgt.*
Gos|pel|sin|ge|rin, die; -, -nen: w. Form zu ↑ Gospelsinger.
Gos|pel|song, der [engl. gospel song, eigtl. = Evangelienlied]: ²*Gospel.*
goss: ↑ gießen.
Gos|se, die; -, -n [md. gosse, mniederd. gote, eigtl. = Stelle, wo etw. ausgegossen wird, zu ↑ gießen]: **1.** *an der Bordkante entlanglaufende Rinne in der Straße, durch die Regenwasser u. Straßenschmutz abfließen:* Mit Zorn, mit Hass, mit Abneigung sah ich auf diese gepflegte, vom Schlaf gerötete Frau in ihrem seidenen blauen Schlafrock, ich, der aussah, als hätte ich mich in der G. gewälzt, ich, der ich stank wie ein Wiedehopf (Fallada, Trinker 63). **2.** (abwertend) *Bereich sozialer, moralischer Verkommenheit:* jmdn. aus der G. auflesen, ziehen (ugs.; *aus den übelsten Verhältnissen herausholen*); in der G. aufwachsen, enden; du landest noch in der G.!
gös|se: ↑ gießen.
Gos|sen|jar|gon, der; -s, -s ⟨Pl. selten⟩: *Jargon der Gosse* (2); *ungepflegte, niedrige Ausdrucksweise.*
Gos|sen|spra|che, die ⟨Pl. selten⟩: *Gossenjargon.*
Got|cha [ˈgɔtʃɐ], das; -s [engl.-amerik. gotcha = (ich) hab dich (gekriegt, getroffen)!]: *Paintball.*
¹Go|te, der; -n, -n [mhd. göte, eigtl. = der zur ↑ ²Gote Gehörige] (landsch.): *Pate.*
²Go|te, die; -, -n [mhd. gote, göte, ahd. gota; vgl. gleichbed. aengl. godmōdor, aus: god = Gott u. mōdor = Mutter, eigtl. = Mutter in Gott, d. h. »geistliche Mutter«] (landsch.): *Patin.*
³Go|te, der; -n, -n: Angehöriger eines germanischen Volkes.
Go|tha, der; - [nach dem Verlagsort, der thüringischen Stadt Gotha]: *genealogisches Handbuch des europäischen Adels.*
Gothic No|vel [ˈgɔθɪk ˈnɔvl], die; --, --s [engl., eigtl. = gotischer Roman, aus: Gothic = düster, grauenerregend; mittelalterlich, = gotisch (vgl. gotisch 2) u. novel = Roman, über das Afrz. zu: lat. novellus, ↑ Novelle] (Literaturwiss.): *in der Frühromantik entstandene variante des Schauerromans, deren ausgeprägteste Stilzüge in der unheimlich-fantastischen Schauplatz die Geschehens sowie die künstlerische Gestaltung des Dämonischen, Irrationalen u. Grotesken sind.*
Go|tik, die; - [zu ↑ gotisch]: *europäische Stilepoche von der Mitte des 12. bis zum Ende des 15. Jahrhunderts in [Sakral]architektur (mit Rippengewölben, Spitzbogen, Strebewerk, Maß-*werk*), [Architektur]plastik sowie Tafel- u. Buchmalerei:* die Baukunst der G.
Go|tin, die; -, -nen: w. Form zu ↑ ³Gote.
go|tisch ⟨Adj.⟩: **1.** [nach mlat. gothicus] *den Volksstamm der Goten betreffend:* die -e Sprache, Bibel. **2.** [nach frz. gothique, engl. Gothic = barbarisch, roh, mit Bezug auf den im Italien der Renaissance als barbarisch empfundenen ma. Baustil, der auf die Goten (= Germanen) zurückgeführt wurde] **a)** *die Gotik betreffend, zu ihr gehörend:* -e Dome, Gewölbe, Fenster; die -e Schrift, Minuskel (*seit dem 12. Jh. aus der karolingischen Minuskel durch doppelte Brechung der Schäfte, Streckung der Schrift u. engeren Zusammenschluss der Buchstaben gebildete Schrift mit spitzbogigem Duktus als Vorform der Fraktur*); **b)** *für die Gotik typisch; in der Gotik erscheinend:* lange -e Finger, Hände.
¹Go|tisch, das; -[s]: *gotische* (1, 2 a) *Schrift.*
²Go|tisch, das; -[s], (nur mit best. Art.:) **Go|ti|sche,** das; -n: *gotische Sprache.*
Gott, der; -es (selten in festen Wendungen -s) des Götter [mhd., ahd. got, H. u.; viell. eigtl. = das (durch Zauberwort) angerufene Wesen od. = das (Wesen), dem (mit Trankopfer) geopfert wird]: **1.** ⟨o. Pl.⟩ (*im Monotheismus, bes. im Christentum*) *höchstes übernatürliches Wesen, das als Schöpfer Ursache allen Geschehens in der Natur ist, das Schicksal der Menschen lenkt, Richter über ihr sittliches Verhalten u. ihr Heilsbringer ist:* der allmächtige, dreieinige, gütige, gerechte G.; G. Vater, Sohn und Heiliger Geist; G., der Allmächtige; der liebe G.; G. der Herr; G. der G. der Juden, der Christen, der Muslime; G. ist barmherzig; das Reich -es, G. segne dich!; G. anbeten, [zum Zeugen] anrufen, lieben, loben, leugnen, lästern; (Wahlspruch der preußischen Könige) Mit uns!; so wahr mir G. helfe; wie es G. gefällt (*nach Gottes Willen*); G. sei Lob und Dank!; -es Segen, Wille; -es Wort (*Offenbarung Gottes im Text der Heiligen Schrift*); in -es Hand sein; mit Gottes Hilfe; der -es Sohn (*Jesus*); -es Angesicht, Thron; die Mutter -es (*Jesu als des Gottmenschen*); an G. glauben; auf G. vertrauen; bei G. schwören; den Toten sind bei G. (Inschrift auf einem Grabstein) »Hier ruht in Gott …«; zu G. beten, flehen; Spr was G. zusammengefügt hat, das soll der Mensch nicht scheiden (in Bezug auf die Ehe; Matth. 19, 6); hilf dir selbst, so hilft dir G.; wer G. vertraut, hat wohl gebaut/ hat nicht auf Sand gebaut; -es Mühlen mahlen langsam [mahlen aber trefflich fein] (*für sein unrechtes, böses Tun wird man schließlich doch von Gott gestraft*); * [**großer/allmächtiger/guter/mein**] **G.!** [**im Himmel!**, **oh/ach** [**du lieber/ mein**] **G.!** (Ausrufe der Verwunderung, Bestürzung, des Bedauerns o. Ä.); **[ach] G., …** (am Satzanfang als Ausdruck einer Überlegung; *nun, …*: [ach] G., ich kann nicht klagen); **grüß [dich, euch, Sie] G.!** (österr., sonst landsch. Grußformel); **behüt dich G.!** (südd., österr. Abschiedsgruß); **vergelts G.!** (südd., landsch. Dankesformel); **G. behüte/bewahre; da sei G. vor!** (Ausrufe des Erschreckens, der Abwehr); **das walte G.!** (1. ev. Rel.; *das möge Gott uns schenken!* ugs.; Bekräftigungsformel); **G. steh mir/uns bei!** (Ausruf des Erschreckens); **wollte/gebe G., dass …** (*hoffentlich ist es so, dass …*); **G. soll mich strafen, wenn** [nicht] **…** (*es ist bestimmt* [*nicht*] *wahr, dass …*); **gnade dir** usw. **G.!** (ugs. Drohung); **G. weiß** (ugs.; *keiner weiß, es ist ungewiss:* sie hat es G. weiß wem [alles] erzählt; G. weiß, was sich das ändert); **G. verdamm mich** (derber Fluch); **so G. will** (ugs.; *wenn nichts dazwischenkommt*); **jmdn. hat G. im Zorn erschaffen** (*jmd. ist hässlich, unsympathisch*); **wie G. jmdn. geschaffen hat** (scherzh.; *nackt*); **G. hab ihn,** sie usw. **selig** (*er, sie* usw. *ist nun auch schon gestorben*; als Einschub nach der Nennung einer verstorbenen Person: unser lieber Freund, G. hab ihn selig, hat davon nichts gewusst); **leben wie G. in Frankreich** (ugs.; *im Überfluss, sorglos leben*; viell. vermischt aus den älteren Wendungen »leben wie ein Gott« u. »leben wie ein Herr« [= ein Geistlicher] in Frankreich«, wobei Letztere auf das Wohlleben der frz. Geistlichkeit im MA. anspielt); **jmds. G. sein** (*von jmdm. als sein höchstes Gut betrachtet u. aus einem übersteigerten Empfinden heraus abgöttisch geliebt werden:* er, das Geld ist ihr G.); **helf G.!** (Zuruf an einen Niesenden; nach der Vorstellung, dass beim Niesen etw. Böses aus dem Menschen heraus- od. in ihn hineinfahre); **G. und die Welt** (*alles Mögliche, alle möglichen Leute:* sie kennt G. und die Welt); **den lieben G. einen guten Mann sein lassen** (ugs.; *unbekümmert seine Zeit verbringen;* d. h. also, sich Gott nicht als Rachegott vorstellen); **dass G. erbarm** (ugs.; *erbärmlich schlecht;* gelegentlich als Beurteilung einer Leistung: sie spielte, sang, dass G. erbarm); **G. sei Dank!** (ugs.; Ausruf der Erleichterung); **G. seis getrommelt und gepfiffen!** (ugs. scherzh.; freudiger Ausruf sichtlicher Erleichterung); **G. seis geklagt!** (ugs.; *leider!*); **G. befohlen!** (geh. veraltend; Abschiedsgruß); **dem lieben G. den Tag stehlen** (ugs.; *seine Zeit unnütz verbringen*); **um -es/**(bes. südd., österr., schweiz. selten:) **-s willen** (1. Ausruf des Schreckens, der Abwehr. 2. Ausdruck einer dringenden Bitte); **in -es/**(bes. südd., österr., schweiz. selten:) **-s Namen** (ugs.; *wie sehnlich gewünscht; meinetwegen:* soll sie sich doch in -es Namen eine eigene Wohnung nehmen); **leider** od./(bes. südd., österr. schweiz. selten:) **-s** (ugs.; *bedauerlicherweise*); **seinen Frieden mit G. machen** (*sich vor dem Sterben in Gottes Willen ergeben*); **jmd. ist** [**wohl**] **ganz und gar von G. verlassen!** (ugs.; Ausruf der Missbilligung); **von -es/**(bes. südd., österr., schweiz. selten:) **-s Gnaden** (Geschichte; *durch die besondere Güte Gottes;* Übers. von lat. gratia dei: ein Herrscher von -es Gnaden); **jmdn., etw. zu seinem G. machen** (*jmdn., etw. als sein höchstes Gut betrachten u. aus einem übersteigerten Empfinden heraus abgöttisch lieben*); **weiß G.** (wahrhaftig, wirklich, gewiss: *das wäre weiß G. nicht nötig gewesen*). **2.** (*im Polytheismus*) *kultisch verehrtes übermenschliches Wesen als personal gedachte Naturkraft, sittliche Macht:* heidnische Götter; die griechischen, germanischen Götter; der G. des Krieges; Schönheit ist ein Geschenk der Götter (*ein herrliches Geschenk, mit dem jmd. von der Natur bedacht werden, das jmd. aber nicht erwerben kann*); * **wie ein junger G.** (*strahlend, großartig*: wie ein junger G. spielen, tanzen); **das wissen die Götter** (ugs.; *das ist ganz ungewiss*); **Götter in Weiß** (ugs. iron.; ↑ Halbgott 2).
gott|ähn|lich ⟨Adj.⟩: *einem Gott ähnlich:* ein -es Wesen; eine -e Verehrung (*eine Verehrung wie für einen Gott*).
gott|be|gna|det ⟨Adj.⟩ (emotional): *mit außergewöhnlichen künstlerischen, geistigen Gaben bedacht:* ein -er Künstler.
gott|be|hü|te ⟨Adv.⟩ (österr.): *gottbewahre.*
gott|be|wah|re ⟨Adv.⟩: *abwehrende od. verneinende Beteuerung; auf keinen Fall, bestimmt nicht: g.,* so etwas lasse ich mir nicht gefallen.
Gott|chen, das; -s, - [Vkl. von Gott (1)]: * [**ach**] **G.!** (Ausruf des [gerührten] Erstaunens, des Erschreckens, der Verwunderung).
◆ **Göt|te|ne** ⟨Pl.⟩ [Pl. von schweiz. mundartl. Götte = Pate, Nebenf. von ¹Gote] (schweiz.): *Paten: …* die G. machen es kürzer und können immerhin nachlaufen (Gotthelf, Spinne 8).

Gott|er|bar|men, nur in der Wendung **zum G.** (ugs.: 1. *jämmerlich, mitleiderregend*: die Kinder weinten, froren zum G. 2. *jämmerlich schlecht in Bezug auf die Ausführung o. Ä. von etw.*: er spielte Geige zum G.).
gott|er|bärm|lich: ↑ gottserbärmlich.
Göt|ter|bild, das: **1.** *in den Kult einbezogene bildliche Darstellung eines Gottes* (2). **2.** *überaus schönes Bildnis.*
Göt|ter|bo|te, der (griech.-röm. Mythol.): *Mittler, durch den die Götter mit den Menschen in Beziehung treten* (z. B. Hermes, der Bote des Zeus).
Göt|ter|däm|me|rung, die [falsche LÜ von aisl. ragna rökkr = Götterverfinsterung, das mit aisl. ragna rök = Götterschicksal vermischt wurde] (germ. Mythol.): *Untergang der Götter u. Zustand der Welt vor Anbruch eines neuen Zeitalters.*
Göt|ter|gat|te, der [der Ausdruck fand ab 1904 Verbreitung durch die Operette »Der Göttergatte« von F. Lehár; H. u.] (ugs. scherzh.): *Ehemann.*
gott|er|ge|ben ⟨Adj.⟩ [spätmhd. gottergeben]: *mit allzu großer Selbstverständlichkeit untertänig u. willig jmdm. gegenüber, sich in sein Schicksal fügend*: g. nicken, warten; Ich seh sie ja noch vor mir, wie sie mir oft gegenübergessen ist am Abend, bei der Lampe, in dem Zimmer da, und hat mich so angeschaut mit ihrem stillen Lächeln, mit dem gewissen -en – als wollt sie mir noch für was danken (Schnitzler, Liebelei 44).
Gott|er|ge|ben|heit, die: *gottergebene Art.*
Göt|ter|ge|schlecht, das (Mythol.): *Geschlecht von Göttern.*
göt|ter|gleich ⟨Adj.⟩: *einem Gott, den Göttern gleich, ähnlich; wie ein Gott, die Götter*: ein -er Held; sich g. wähnen.
Göt|ter|sa|ge, die: **a)** ⟨Pl. selten⟩ *bestimmte Mythologie*: die griechische G.; **b)** *einzelne Sage von einem Gott od. von Göttern.*
Göt|ter|spei|se, die: **1. a)** ⟨o. Pl.⟩ *Ambrosia* (1); **b)** (scherzh.) *köstliche Speise.* **2.** *aus Gelatine mit Aromastoffen od. unter Verwendung von Fruchtsaft hergestellte Süßspeise.*
Göt|ter|trank, der: **a)** ⟨o. Pl.⟩ *Nektar* (1); **b)** (scherzh.) *köstliches Getränk.*
Göt|ter|va|ter, der (Mythol.): *höchster Gott*: Zeus als der G. der griechischen Mythologie.
Got|tes|acker, der [mhd. gotesacker, eigtl. = Gott geweihter Acker, urspr. Bez. für den in den Feldern liegenden Begräbnisplatz, im Unterschied zum Kirchhof] (geh., landsch.): *Friedhof.*
Got|tes|an|be|te|rin, die [nach der Haltung ihrer Fangbeine beim Lauern auf Beute]: *große, räuberisch lebende Heuschrecke von grüner, seltener graubrauner Farbe, deren Vorderbeine zu langen Greiforganen umgewandelt sind.*
Got|tes|be|griff, der: *Begriff, Vorstellung von Gott* (1): der christliche G.
Got|tes|be|weis, der: *Versuch, aus Vernunftgründen auf die Existenz Gottes zu schließen.*
Got|tes|dienst, der [mhd. gotsdienst]: *[in einer Kirche stattfindende] gemeinschaftliche religiöse Feier zur Verehrung Gottes*: ein evangelischer, katholischer, ökumenischer G.; einen G. abhalten, besuchen; G. halten.
Got|tes|dienst|be|su|cher, der: *Besucher eines Gottesdienstes.*
Got|tes|dienst|be|su|che|rin, die: w. Form zu ↑ Gottesdienstbesucher.
got|tes|dienst|lich ⟨Adj.⟩: *den Gottesdienst betreffend*: eine -e Versammlung.
Got|tes|dienst|ord|nung, die: *geregelte Einteilung der in einer Kirche innerhalb eines bestimmten Zeitabschnitts stattfindenden Gottesdienste.*

Got|tes|er|kennt|nis, die ⟨o. Pl.⟩: *Fähigkeit des Menschen zur Erkenntnis von Gottes Dasein u. Wesen.*
Got|tes|furcht, die [LÜ von lat. timor dei]: *Ehrfurcht vor Gott (u. daraus folgende fromme Lebensweise)*: keine G. besitzen.
got|tes|fürch|tig ⟨Adj.⟩: *in der Ehrfurcht vor Gott lebend u. danach trachtend, seine Gebote zu erfüllen*: ein -er Mensch; Theodor Kraftczek war Kohlenkumpel wie die meisten kleinen Leute in Oberschlesien, doch er war schlau und g. und hielt von der Jungfrau Maria mehr als von seiner Mutter (Strittmatter, Wundertäter 311).
Got|tes|ga|be, die: *wunderbare Gabe.*
Got|tes|gna|den|tum, das; -s [nach der Formel »von Gottes Gnaden«] (Geschichte): *göttliche Legitimität des abendländischen Herrschers, bes. im Absolutismus.*
Got|tes|haus, das [mhd. gotshūs, ahd. gotes hūs; LÜ von lat. templum dei bzw. domus od. casa dei] (oft geh.): *für den Gottesdienst bestimmtes Gebäude; Kirche* (mit dem Wort verbindet sich die Vorstellung von Weihe, Würde u. Feierlichkeit): ein evangelisches, christliches, jüdisches G.
Got|tes|kind|schaft, die; -: *enge, persönliche Bindung des Menschen an Gott.*
Got|tes|knecht, der (im A. T.): **1.** *Name für den rechtgläubigen Israeliten.* **2.** *Ehrenname für einen von Gott Jahve Erwählten.* **3.** *erwarteter Messias.*
Got|tes|krie|ger, der ⟨meist Pl.⟩ (emotional abwertend): *jmd., der kriegerische, terroristische Handlungen begeht, um religiöse, meist islamistische Ziele zu verfolgen, u. seinem Glauben nach dafür im Jenseits belohnt wird.*
Got|tes|krie|ge|rin, die: w. Form zu ↑ Gotteskrieger.
Got|tes|lamm, das ⟨o. Pl.⟩ [LÜ von lat. agnus dei]: *symbolische Bezeichnung Jesu.*
Got|tes|läs|te|rer, der: *jmd., der Gott lästert.*
Got|tes|läs|te|rin, die: w. Form zu ↑ Gotteslästerer.
got|tes|läs|ter|lich ⟨Adj.⟩: *Gott lästernd*: -e Flüche, Reden.
Got|tes|läs|te|rung, die: *[öffentliche] Beleidigung, Herabsetzung, Beschimpfung Gottes; Blasphemie.*
Got|tes|leug|nung, die: *das Leugnen der Existenz Gottes.*
Got|tes|lohn, der ⟨o. Pl.⟩: *Belohnung einer guten Tat durch Gott*: sich mit etw. einen G. verdienen; * **um/für [einen] G.** *(unentgeltlich, ohne etw. für eine Leistung zu erhalten).*
Got|tes|mann, der ⟨Pl. ...männer⟩ [spätmhd. gottesmann = Prophet, der Gesandte = Priester] (geh., oft scherzh.): *[sich seinem Beruf mit Eifer hingebender] Geistlicher*: ein katholischer G.
Got|tes|mut|ter, die ⟨o. Pl.⟩ (kath. Rel.): *Maria, die Mutter Jesu als des Gottmenschen.*
Got|tes|na|tur, die ⟨o. Pl.⟩: *Natur* (2).
◆ **Got|tes|pfen|nig,** der: *Geld[stück], das nach Abschluss eines Vertrages an die Kirche od. Armen gespendet wird*: Ü Einen Kuss han' ich euch zum G. erlaubt (Goethe, Götz I).
Got|tes|sohn, der ⟨o. Pl.⟩: *Jesus Christus, der Sohn Gottes.*
Got|tes|staat, der [nach lat. civitas dei = Stadt, Gemeinde Gottes]: **1.** ⟨o. Pl.⟩ *(in Augustinus' »De civitate Dei«) der Staat Gottes, der aus der in Liebe zu ihm verbundenen Menschheit im Himmel u. auf Erden besteht.* **2.** *Theokratie*: radikale Islamisten wollen einen G. errichten.
Got|tes|ur|teil, das (Geschichte): *(bes. im MA. beim Fehlen sicherer Beweismittel angewandtes) Verfahren zur Ermittlung eines Sachverhalts (z. B. Feuerprobe, Zweikampf), wobei der Ausgang des Verfahrens als richtig angesehene Urteil Gottes entnommen wird.*

Got|tes|ver|eh|rung, die ⟨Pl. selten⟩: *Verehrung [eines] Gottes.*
Got|tes|wort, das ⟨o. Pl.⟩: *Gottes Offenbarung im Text der Heiligen Schrift.*
gott|ge|fäl|lig ⟨Adj.⟩ (geh.): *wie Gott es haben will; auf Gottes Wohlgefallen gerichtet*: ein -es Leben.
Gott|ge|fäl|lig|keit, die ⟨o. Pl.⟩ (geh.): *das Gottgefälligsein.*
gott|ge|ge|ben ⟨Adj.⟩: **a)** *von Gott gegeben*: die -e Seele des Menschen; **b)** *unabwendbar wie von Gott gegeben*: etw. wird nicht mehr als g. hingenommen.
gott|ge|weiht ⟨Adj.⟩: *bestimmt, im Dienste Gottes zu stehen*: ein -es Leben.
gott|ge|wollt ⟨Adj.⟩: *in Gottes Willen beschlossen, seinen Ursprung habend; gottes Wille verstanden*: eine -e Ordnung; etw. als g. hinnehmen.
gott|gläu|big ⟨Adj.⟩ (nationalsoz.): *ohne Zugehörigkeit zu einer Religionsgemeinschaft an Gott glaubend.*
Gott|heit, die; -, -en [mhd., ahd. got(e)heit]: **1.** ⟨o. Pl.⟩ (geh.) *Gott* (1). **2.** *nicht eindeutig bezeichneter Gott* (2) *bzw. Göttin*: heidnische -en. **3.** ⟨o. Pl.⟩ (geh.) *das Gottsein; Göttlichkeit, göttliche Natur.*
Göt|tin, die; -, -nen: *weibliche Gottheit*: Minerva, die römische G. der Weisheit; Ihr bleiches, abgewandtes Gesicht kehrte sich Belfontaine langsam zu und glich nun dem einer keuschen G., die sich dem Flehenden hinzugeben nur um den Preis seines Lebens gewillt ist (Langgässer, Siegel 239).
Göt|tin|gen: *Stadt an der Leine.*
Gott|kö|nig|tum, das ⟨o. Pl.⟩: *Idee u. Institution eines sakralen Herrschertums (bei Naturvölkern, im Alten Orient, im Hellenismus u. in der römischen Kaiserzeit).*
gött|lich ⟨Adj.⟩ [mhd. gotelich, ahd. gotlīh]: **1.** *Gott eigen, zugehörend; von Gott ausgehend, stammend*: die -e Gnade, Weisheit; die -e Offenbarung im Wort, in Jesus Christus; ein -es Gebot. **2. a)** *einem Gott zugehörend*: die -en Attribute des Zeus; **b)** *einem Gott zukommend*: in diesem Land genießen bestimmte Tiere -e Verehrung. **3. a)** *einem Gott, einer Göttin ähnlich, gleich*: g. edle Gesichtszüge; **b)** (oft scherzh.) *herrlich [sodass jmd. nur staunen kann]*: die -e Marlene; g. singen, spielen.
Gött|lich|keit, die; -: *das Göttlichsein; göttliche Art.*
gott|lob ⟨Adv.⟩ [mhd. got(e)lob, ahd. got sī lob]: *zu jmds. Beruhigung, Erleichterung, Freude; Gott sei Lob u. Dank*: g. ist es nicht weit.
gott|los ⟨Adj.⟩ [mhd. gotlōs]: **a)** *verwerflich*: ein -es Leben führen; ein -es (ugs.: *freches, unverschämtes*) Mundwerk; **b)** *nicht an Gott glaubend; Gott leugnend*: -e Leute.
Gott|lo|se, die/eine Gottlose; der/einer Gottlosen/zwei Gottlose: *weibliche Person, die gottlos* (b) *ist.*
Gott|lo|ser, der/ein Gottlose/ein Gottloser; des/eines Gottlosen, die Gottlosen/zwei Gottlose: *jmd., der gottlos* (b) *ist.*
Gott|lo|sig|keit, die; -: **1.** *Nichtachtung Gottes; Verwerflichkeit.* **2.** *Unglaube, Gottesleugnung.*
Gott|mensch, der ⟨o. Pl.⟩: *Person, die Gott u. Mensch zugleich ist (in Bezug auf Jesus Christus).*
Gott|sei|bei|uns, der; - (verhüll.): *Teufel.*
gott|se|lig [auch: ˈɡɔt...] ⟨Adj.⟩ (veraltend): *in Gott selig, vom Glauben an Gott erfüllt*: ein -es Leben.
gotts|er|bärm|lich, gotterbärmlich ⟨Adj.⟩ (salopp): **1.** *ganz erbärmlich* (1 a): sie heulte g. **2. a)** *in unangenehmer Weise äußerst groß, stark*: eine -e Hitze; **b)** ⟨intensivierend bei

Adjektiven u. Verben) *sehr, außerordentlich:* es war g. kalt; Fritz wich nicht von der Schwiegermutter, einer Frau, die gottserbärmlich schielte (Kronauer, Bogenschütze 155).

Gott|su|che, die: *intensives Streben, in seinem Leben Gott zu finden, ihm nahezukommen.*

Gott|su|cher, der: *jmd., der von Gottsuche erfüllt ist.*

Gott|su|che|rin, die: w. Form zu ↑ Gottsucher.

Gott|va|ter, der ⟨o. Pl., meist o. Art.⟩: *Gott der Vater als Person des dreieinigen Gottes (als Vater Jesu Christi u. als Schöpfer).*

gott|ver|damm|mich ⟨Interj.⟩ [zusgez. aus »Gott verdamme mich«] (salopp): drückt Wut, Ärger, Schmerz o. Ä., seltener auch Anerkennung, Überraschung aus: g., tut das weh!

gott|ver|dammt ⟨Adj.⟩ (salopp): *jmdm. höchst zuwider od. hinderlich, von ihm als schlimm, übel, verabscheuenswert empfunden:* diese -en Spitzbuben!

gott|ver|las|sen ⟨Adj.⟩ **1.** (ugs.) *(in bedrückender, trostloser Weise) abseits von allem Verkehr, von allem städtischen Getriebe gelegen:* ein -es Kaff. **2.** *von Gott verlassen od. dieses Gefühl empfindend:* sich g. vorkommen; ...während das Kennzeichen des heutigen Menschen seine -e Einsamkeit und Langeweile ist (Kaschnitz, Wohin 87). **3.** *jmdm. wie von Gott verlassen, ohne Verstand erscheinend:* g. agieren.

Gott|ver|trau|en, das: *Vertrauen auf Gott:* kein G. haben; wenn sie das ernsthaft meint, besitzt sie aber G. *(ist sie naiv).*

gott|voll ⟨Adj.⟩ **1.** (ugs.) *übermäßig komisch wirkend:* eine -er Anblick; die hat g.! *(du kommst auf merkwürdige Ideen!)* **2.** (geh.) *in ergreifender Weise herrlich:* eine -e Landschaft; die junge Künstlerin spielte g.

♦ **Gott|will|chen**, das; -s, - [aus: in Gott willkommen!]: schweiz. Begrüßungsformel: Freudig tönten ihr die G. ... entgegen (Gotthelf, Spinne 9).

Götz: in der Fügung **G. von Berlichingen** (salopp verhüll.; *lass mich in Ruhe!;* nach dem ↑ Götzzitat).

Göt|ze, der; -n, -n [mhd. götz = Heiligenbild; bei Luther dann = falscher Gott; eigtl. = Kosef. von ↑ Gott]: **1.** *etw. [bildlich Dargestelltes] (Gegenstand, Wesen o. Ä.), was als Gott (2) verehrt wird:* heidnische; ein G. aus Gold; -n anbeten, verehren; einem -n opfern. **2.** (geh. abwertend) *Person od. Sache, die zu jmds. Lebensinhalt wird, von der sich jmd. sklavisch abhängig macht, obwohl sie es nicht wert ist:* Profit und Konsum sind die -n der modernen Gesellschaft.

Göt|zen|an|be|ter, der: *jmd., der einen Götzen (1) anbetet, verehrt.*

Göt|zen|an|be|te|rin, die: w. Form zu ↑ Götzenanbeter.

Göt|zen|bild, das: *in den Kult einbezogene bildliche Darstellung eines Götzen* (1): ein G. anbeten, verehren.

Göt|zen|die|ner, der: **1.** *jmd., der Götzen (1) anbetet, verehrt.* **2.** (geh. abwertend) *jmd., der etw. als seinen Götzen (2) verehrt.*

Göt|zen|die|ne|rin, die: w. Form zu ↑ Götzendiener.

göt|zen|die|ne|risch ⟨Adj.⟩: *in der Art eines Götzendieners handelnd, verfahrend.*

Göt|zen|dienst, das ⟨Pl. selten⟩: **1.** *Verehrung von Götzen* (1). **2.** (geh. abwertend) *Verehrung einer Person od. Sache als Götze* (2): viele treiben heute G. am Körper.

Göt|zi|tat, das; -[e]s [in Goethes Urfassung des »Götz von Berlichingen«, 3. Akt, die Worte: »er kann mich im Arsch lecken«]: *die Worte »leck mich am Arsch«:* er gebrauchte ständig das G.

Gou|ache [gŭa:)ʃ], die; -, -n (österr. u. fachspr. nur so), (eingedeutscht:) Guasch; die; -, -en [frz. gouache < ital. guazzo, eigtl. = Wasserlache < lat. aquatio = das Wasserholen]: **1.** ⟨o. Pl.⟩ *deckende Malerei mit Wasserfarben in Verbindung mit Bindemitteln u. Deckweiß, deren dicker Farbauftrag nach dem Trocknen eine dem Pastell ähnliche Wirkung ergibt.* **2.** *Bild in der Technik der Gouache* (1).

Gou|ache|ma|le|rei, die: **1.** *das Malen, die Kunst des Malens mit Gouachetechnik.* **2.** *mit Gouachetechnik gemaltes Bild.*

Gou|da [ˈgaʊda], der; -s, -s, **Gou|da|kä|se**, der [nach der niederl. Stadt Gouda]: *[niederländischer] brotlaibförmiger, hell- bis goldgelber Schnittkäse mit runden bis ovalen Löchern u. von mildem bis pikantem Geschmack entsprechend der Reifezeit.*

Gour|mand [gʊrˈmã:], der; -s, -s [frz. gourmand, H. u.]: *jmd., der gern gut u. zugleich viel isst; Schlemmer.*

Gour|met [...ˈmɛ, gʊrˈmeː], der; -s, -s [frz. gourmet, afrz. gormet = Gehilfe des Weinhändlers]: *jmd., der aufgrund seiner diesbezüglichen Kenntnisse in der Lage ist, über Speisen u. Getränke, bes. Wein, ein fachmännisches Urteil abzugeben, u. der gern ausgesuchte Delikatessen verzehrt, ohne dabei jedoch unmäßig zu sein; Feinschmecker:* ein Restaurant für -s.

Gour|met|lo|kal, das: *Feinschmeckerlokal.*

Gour|met|tem|pel, der (oft leicht abwertend): *von Feinschmeckern bes. geschätztes, renommiertes Feinschmeckerlokal.*

Gout [guː], der; -s, -s [frz. goût < lat. gustus = das Kosten] (bildungsspr. veraltend): *jmds. persönlicher Geschmack:* etw. ist nicht nach jmds. G.

gou|tie|ren [gʊˈtiːrən], ⟨sw. V.; hat⟩ [frz. goûter < lat. gustare = kosten] (bildungsspr.): *Geschmack an etw., Gefallen an etw.,* (selten:) *jmdm. finden:* man kann ihren Stil, sie durchaus g.

Gou|ver|nan|te [gʊvɛrˈnantə], die; -, -n [frz. gouvernante, subst. 1. Part. von: gouverner = lenken, leiten < lat. gubernare, ↑ Gouverneur]: **a)** (früher) *Erzieherin, Hauslehrerin;* **b)** *weibliche, ein wenig altjüngferlich wirkende Person, die dazu neigt, andere zu belehren u. zu bevormunden:* sie ist eine richtige G.

gou|ver|nan|ten|haft ⟨Adj.⟩: *in der Art einer Gouvernante* (b); *wie eine Gouvernante* (b) *handelnd, geartet:* ein -er Zug in ihrem Wesen; Immer wieder mahnte sie, nahm den Zwillingen Messer und Gabel aus der Hand, nach sich lächerlich, g. vor (Härtling, Frau 223).

Gou|ver|ne|ment [guvɛrnəˈmãː], das; -s, -s [frz. gouvernement]: **a)** *Regierung, Verwaltung durch einen Gouverneur;* **b)** *Verwaltungsbezirk einer militärischen od. zivilen Behörde.*

gou|ver|ne|men|tal ⟨Adj.⟩ (schweiz., sonst veraltet): *regierungsfreundlich; Regierungs...:* eine -e Vorlage.

Gou|ver|neur [gʊvɛrˈnøːɐ̯], der; -s, -e [frz. gouverneur < lat. gubernator = Steuermann (eines Schiffes): Lenker, Leiter, zu: gubernare = das Steuerruder führen; lenken, leiten < griech. kybernān]: **a)** *höchster Exekutivbeamter eines größeren Verwaltungsbezirks, einer Provinz;* **b)** *höchster Exekutivbeamter einer Kolonie:* der britische G.; **c)** *oberster Befehlshaber einer Festung, Garnison od. eines Standorts;* **d)** *höchster Exekutivbeamter eines Bundesstaates in den USA:* der G. von Idaho.

Gou|ver|neu|rin, die; -, -nen: w. Form zu ↑ Gouverneur.

Gou|ver|neurs|wahl, die: *Wahl eines Gouverneurs* (d) *od. einer Gouverneurin.*

GPS [dʒiːpiːˈlɛs, auch: geː...], das; - [Abk. von Global Positioning System = weltumspannendes Ortungssystem]: *auf Signalen von Satelliten beruhendes, weltweit funktionierendes Hilfsmittel zur exakten Navigation od. Ortsbestimmung:* das Fahrzeug verfügt über GPS, ist mit GPS ausgestattet.

GPU, die; -, -[s] [Abk. für engl. graphical processing unit = grafische Prozessoreneinheit] (EDV): *Grafikprozessor.*

G-Punkt [ˈgeː...], der; -[e]s, -e [nach dem dt. Gynäkologen Ernst Graefenberg (1881–1957)] (Med., Sexualkunde): *hinter dem Eingang der Vagina gelegene, äußerst druckempfindliche erogene Stelle; Graefenbergpunkt.*

Graaf-Fol|li|kel, Graaf|fol|li|kel, der; -s, - [nach dem niederl. Anatomen R. de Graaf (1641–1673)] (Biol., Med.): *das reife Ei enthaltendes Bläschen im Eierstock.*

Grab, das; -[e]s, Gräber [mhd. grap, ahd. grab, urspr. = in die Erde gegrabene Vertiefung, zu ↑ graben]: **a)** *für die Beerdigung eines Toten ausgehobene Grube:* ein offenes, leeres G.; ein G. ausschachten, zuschaufeln; jmdn. ins G. legen (geh.; *beerdigen*); R jmd. würde sich im Grab[e] herumdrehen (ugs.; *wäre entsetzt, sehr ärgerlich, sehr bekümmert*); * **verschwiegen wie ein/ das G. sein** (ugs.; *sehr verschwiegen, diskret sein*); **ein feuchtes/nasses G. finden; sein G. in den Wellen finden** (geh.; *ertrinken*); **ein frühes G. finden** (geh.; *früh sterben*); **sich** ⟨Dativ⟩ **selbst sein G. schaufeln/graben** (*selbst seinen Untergang herbeiführen*); **mit einem Fuß/Bein im -e,** (geh.:) **am Rande des -es [stehen]** (*dem Tod sehr nahe [sein]*); **jmdn. an den Rand des -es bringen** (*beinahe jmds. Tod verursachen*); **ins G. sinken** (geh.; *sterben*); **jmdn. ins G. bringen** (1. *an jmds. Tod schuld sein.* 2. *jmdn. zur Verzweiflung bringen, völlig entnerven*); **jmdm. ins G. folgen** (geh.; *[kurz] nach jmdm. sterben*); **etw. mit ins G. nehmen** (geh.; *ein Geheimnis niemals preisgeben*); **jmdm. zu -e tragen:** *jmdn. beerdigen*); **etw. zu -e tragen** (geh.; *etw. endgültig aufgeben:* seine Wünsche, Hoffnungen zu -e tragen); **b)** *oft durch einen kleinen [geschmückten] Erdhügel [mit einem Kreuz, mit Grabstein od. -platte] kenntlich gemachte Stelle, wo ein Toter beerdigt ist:* ein eingefallenes, frisches G.; ein G. bepflanzen, pflegen, einebnen; man hat sein G. geschändet; ein G. öffnen; im G. liegen (fam.; *gestorben sein*); * **das Heilige G.** (*das Grab Jesu Christi [oft als plastische Darstellung in Kircheninnern]*); **das G. des Unbekannten Soldaten** (Name von Gedenkstätten für gefallene Soldaten); **bis ins/ ans G.; bis über das G. hinaus** (geh.; *bis in den Tod; über den Tod hinaus; für immer; für alle Zeit*).

Grab|bei|ga|be, die (Archäol.): *einem Toten ins Grab mitgegebener Gegenstand:* eine G. aus der Bronzezeit.

Grab|bel|kis|te, die, (ugs.): *Kiste, in der sich eine ungeordnete Menge Waren befindet, die preisgünstig zum Verkauf angeboten werden.*

grab|beln ⟨sw. V.; hat⟩ [aus dem Niederd., Iterativbildung zu: grabben = raffen, schnell an sich reißen] (bes. nordd.): **a)** *mit den Fingern [herum]tasten:* in der Aktentasche [nach etw.] g.; **b)** *tastend, mit den Fingern herumwühlend [in die Hand] nehmen:* Kleingeld aus der Tasche g.

Grab|bel|sack, der; -[e]s, ...säcke (ugs.): *mit kleinen Geschenkpäckchen gefüllter Sack [des Nikolaus], aus dem sich jmd., ohne hineinzusehen, ein Päckchen nehmen kann.*

Grab|bel|tisch, der; -[e]s, -e (ugs.): *Verkaufstisch, auf dem eine ungeordnete Menge preisgünstiger Waren, meist Textilien, zum Verkauf angeboten wird.*

Grab|ber [ˈgræbɐ], der; -s, - [nach gleichbed. engl. grab, eigtl. = Greifer (1), zu: to grab = greifen, packen, verw. mit dt. mundartl. grappen, ↑ grap-

schen]: **1.** *Gerät, das Daten von einer Videokamera erfasst u. in einem Computervideospeicher anlegt.* **2.** *(EDV) Software, die durch Ablegen auf einem Zwischenspeicher den momentanen Bildschirminhalt festhält.*
Gräb|chen, das; -s, -: Vkl. zu ↑ Grab.
Grab|ein|fas|sung, die: *Umrandung eines Grabes* (b): *eine G. aus Stein.*
gra|ben ⟨st. V.; hat⟩ [mhd. graben, ahd. graban]: **1. a)** *mit dem Spaten o. Ä. Erde umwenden, ausheben:* im Garten g.; einen Meter tief g.; **b)** *durch Graben* (1 a) *schaffen, herstellen, anlegen:* ein Loch g.; einen Brunnen, Stollen [in die Erde] g.; *der Maulwurf hat sich einen Bau gegraben; der Fluss hat sich ein neues Bett gegraben; das Alter hat tiefe Furchen in ihr Gesicht gegraben.* **2. a)** *grabend nach etw. suchen, durch Graben* (1) *aus der Erde zu fördern suchen:* nach Kohle, Erz, Gold g.; Ü tief in den Akten g.; **b)** *durch Graben* (1) *aus der Erde gewinnen:* Torf g. **3.** (geh.) *durch Ritzen, Kratzen, Meißeln o. Ä. eingraben:* eine Inschrift [mit dem Meißel] in einen Gedenkstein g.; eine Inschrift in Kupfer g. (*gravieren*); Ü die Katastrophe hat wir ihnen Namen für immer ins Gedächtnis gegraben (*eingeprägt*). **4.** (geh.) **a)** *wie grabend in etw. eindringen lassen; etw. in etw. bohren:* sie grub ihre Zähne in den Apfel, ihre Fingernägel in die Handflächen; **b)** ⟨g. + sich⟩ *bohrend in etw. eindringen, sich in etw. bohren, wühlen, [hin]eingraben:* ihre Fingernägel gruben sich in seinen Arm; die Schaufeln des Baggers gruben sich ins Erdreich; Ü etw. gräbt sich in jmds. Gedächtnis (*prägt sich jmdm. ein*); Falten graben sich in jmds. Stirn (geh.; *entstehen auf jmds. Stirn, bilden Vertiefungen darauf*).
Gra|ben, der; -s, Gräben [mhd. grabe, ahd. grabo, zu ↑ graben]: **1.** *[für einen bestimmten Zweck ausgehobene] längere, schmale Vertiefung im Erdreich:* einen G. ausheben, ziehen; Gräben [zur Bewässerung] anlegen; seinen Wagen in den G. (*Straßengraben*) fahren; über einen G. springen; Ü die Gräben zwischen den streitenden Parteien haben sich vertieft; * *Gräben aufreißen* (*Feindschaften provozieren*). **2. a)** *Schützengraben;* **b)** *Festungsgraben.* **3.** (Geol.) *eingesunkenes, lang gestrecktes Stück der Erdkruste.* **4.** *Orchestergraben.*
Gra|ben|kampf, der (Militär): *Kampf im Schützengraben;* Ü es kam zu Grabenkämpfen innerhalb der Frauenbewegung.
Gra|ben|krieg, der: *überwiegend in Schützengräben geführter Krieg.*
Grä|ber: Pl. von ↑ Grab.
Grä|ber|feld, das: *Feld* (1) *mit vielen Gräbern.*
Grä|ber|fund, der ⟨meist Pl.⟩: *in einem alten Grab gefundener Gegenstand.*
Gra|bes|rand: in der Wendung **am G.** (geh.; *dem Tod nahe*).
Gra|bes|ru|he, die: **1.** *tiefe [ewige] Ruhe* (wie im Grab): in dem Dorf herrschte G. **2.** *das Ruhen* (1 a) *im Grab*: Passion, G. und Auferstehung Christi.
Gra|bes|stil|le, die: *tiefe Stille* (wie im Grab).
Gra|bes|stim|me, die ⟨o. Pl.⟩ (ugs.): *ernste, tiefe, wie von weit her kommende Stimme:* mit G. sprechen.
Grab|ge|sang, der: *Gesang bei der Bestattung; Totenlied;* Ü diese Ereignisse waren der G. (*der Beginn des Untergangs*) der Demokratie.
Grab|ge|wöl|be, das: *als Begräbnisstätte dienendes Gewölbe* (2).
Grab|hü|gel, der: *Grab* (b).
Grab|in|schrift, die: *Inschrift auf einem Grabstein.*
Grab|kam|mer, die: *als Begräbnisstätte dienende Kammer* (1 b).
Grab|kir|che, die: *Kirche, in der sich eine Grablege befindet.*

Grab|le|ge, die; -, -n: *für mehrere Gräber bzw. Grabmäler einer königlichen, fürstlichen od. adligen Familie bestimmte Anlage (insbesondere im Chor einer Kirche).*
Grab|le|gung, die; -, -en: **1.** (geh. selten) *Begräbnis.* **2.** (Kunstwiss.) *Darstellung des Begräbnisses Christi in der Kunst.*
Grab|licht, das ⟨Pl. -er⟩: *auf Gräbern brennende Kerze od. brennendes Öllämpchen.*
Grab|mal, das ⟨Pl. ...mäler, geh.: -e⟩: *Bauwerk, Monument od. größerer Gedenkstein als Erinnerungs- u. Gedenkzeichen für einen Toten, für eine Tote (mit einer Grabstätte verbunden od. selbst als Grabstätte dienend):* * **das G. des Unbekannten Soldaten** (↑ Grab b).
Grab|plat|te, die: **1.** *liegender Grabstein bes. in Form einer das Grab abschließenden großen Platte.* **2.** *an einer Außen- od. Innenwand der Kirche angebrachte od. darin eingelassene Gedenktafel für einen Toten (im Format einer Grabplatte 1).*
Grab|raub, der: *Ausplünderung eines Grabes u. Raub von Grabbeigaben.*
Grab|räu|ber: jmd., *der Grabraub begeht.*
Grab|räu|be|rin, die: w. Form zu ↑ Grabräuber.
Grab|re|de, die: *Rede bei der Beerdigung.*
grab|schän|de|risch ⟨Adj.⟩: *die Grabschändung betreffend.*
Grab|schän|dung, die: *Beschädigung, Verwüstung od. Beraubung eines Grabes.*
grab|schen: ↑ grapschen.
Grab|scher: ↑ Grapscher.
Grab|sche|rin: ↑ Grapscherin.
Grab|schmuck, der: *aus Blumen, Pflanzen o. Ä. bestehender Schmuck auf einem Grab.*
Grab|spruch, der: *Spruch auf einem Grabstein o. Ä.*
gräbst: ↑ graben.
Grab|stät|te, die: *Grab:* eine ehrwürdige G.
Grab|stein, der: *Gedenkstein auf dem Grab:* jmdm. einen G. setzen.
Grab|stel|le, die: *als Grabdenkmal dienende, frei stehende, mit Relief od. Inschrift versehene Platte od. Säule.*
Grab|stel|le, die: *Stelle für ein Grab:* eine G. kaufen.
Grab|sti|chel, der: *bes. beim Kupfer-, Stahl-, Holzstich gebrauchtes Werkzeug zum Gravieren u. Ziselieren.*
gräbt: ↑ graben.
◆ **Gräbt,** die; -, -e [mhd. (be)greb(e)de = Begräbnis(stätte)] (schweiz.): *Begräbnis mit kirchlicher Feier u. Leichenschmaus:* Damals säumte man sich nicht lange an der G. (Gotthelf, Spinne 117).
Grab|tuch, das ⟨Pl. ...tücher⟩: *Leichentuch.*
Gra|bung, die; -, -en (bes. Archäol.): *das Graben:* archäologische G.
Gracht, die; -, -en [niederl. gracht, eigtl. = Graben]: *schiffbarer Kanal in niederländischen Städten:* die -en von Amsterdam.
grad (ugs.): ↑²gerade.
Grad, der; -[e]s, -e ⟨aber: 30 Grad⟩ [lat. gradus, eigtl. = Schritt, zu: gradi = (einher)schreiten]: **1. a)** *[messbare] Stufe, Abstufung des mehr od. weniger starken Vorhandenseins einer Eigenschaft, eines Zustandes; Stärke, Maß:* der G. der Feuchtigkeit, Helligkeit, Härte, Reife; der höchsten G. der Reinheit, an Reinheit erreichen; einen hohen, geringen G. von Verschmutzung, Verwahrlosung aufweisen; (Chemie:) den G. der Konzentration einer Flüssigkeit feststellen; (Med.:) Verbrennungen ersten, vierten -es; ein Verwandter zweiten, dritten -es; das missfällt mir in hohem, in höchstem, im höchsten G. (*außerordentlich*); miteinander im dritten G. verwandt sein; (geh.:) ein Künstler von hohen

-en; diese Schrift ist um einen G. (Druckw.; *Schriftgrad*) größer als jene; bis zu einem gewissen -e (*in gewissem Maße*) übereinstimmen; diese Farbe ist [um] einen G. (*Ton*) dunkler; **b)** *Rang:* einen akademischen G., den akademischen G. eines Doktors der Philosophie erwerben; ein Offizier im G. eines Obersten; **c)** (Math.) *höchste Potenz, in der eine Unbestimmte (Variable od. Unbekannte) [in einer Gleichung] auftritt:* eine Gleichung zweiten, dritten -es. **2.** ⟨häufiger, fachsprachlich nur noch: das⟩ *Maßeinheit einer gleichmäßig eingeteilten Skala für das mehr od. weniger starke Vorhandensein bestimmter Eigenschaften (z. B. Wärme [der Luft]), bes. Einheit für die Temperaturmessung* (Zeichen: °): 20 G. Celsius (20° C, fachspr.: 20° C); 80 G. Fahrenheit; es waren 35 G. [Celsius] im Schatten; draußen herrschten 25 G. Wärme, Kälte; gestern war es [um] einige G., -e kälter; 40 G. Fieber haben; das Thermometer zeigt minus 5 G./5 G. minus/5 G. unter null; etw. auf 80 G. erhitzen; das Thermometer stieg auf 30 G., steht auf, bei 30 G. **3. a)** *Maßeinheit für ebene Winkel (neunzigster Teil eines rechten Winkels)* (Zeichen: °; vgl. Minute 2, Sekunde 3): der Winkel hat genau 30 G. (30°); ein Winkel von 32 G.; um 10 G. [mehr als etw. anderes] geneigt sein; sich um 180 G. drehen (*eine halbe Drehung machen*); * **sich um hundertachtzig G. drehen** (*zum entgegengesetzten Standpunkt übergehen*); **b)** (Geogr., auch Astron.) *Breiten- od. Längengrad* (Zeichen: °; vgl. Minute 2, Sekunde 3): der Ort liegt auf dem 51. G. nördlicher, südlicher Breite, auf dem 15. G. westlicher, östlicher Länge; der Ort liegt unter 51 G. (51°) nördlicher Breite und 15 G. (15°) westlicher Länge.
grad|aus usw.: ↑ geradeaus usw.
gra|de, Gra|de: ↑ ¹,²gerade, Gerade.
Grad|ein|heit, die: *in Grad* (2) *ausgedrückte Maßeinheit.*
Grad|ein|tei|lung, die: *Einteilung in Grade* (2, 3).
gra|den|wegs, gra|des|wegs, gra|de|wegs: ↑ geradenwegs.
Grad|heit: ↑ Geradheit.
Gra|di|ent, der; -en, -en [zu lat. gradiens (Gen.: gradientis), 1. Part. von: gradi, ↑ Grad] (Fachspr.): *Gefälle od. Anstieg einer Größe auf einer bestimmten Strecke.*
Gra|di|en|te, die; -, -n (Fachspr.): *von Gradienten gebildete Neigungslinie.*
gra|die|ren ⟨sw. V.; hat⟩ [mit französierender Endung zu ↑ Grad]: **1. a)** (bildungsspr.) *verstärken, auf einen höheren Grad bringen;* **b)** (bes. Solen in Gradierwerken) *allmählich konzentrieren.* **2.** *gradweise abstufen.* **3.** (Fachspr.) *in Grade* (bes. 2, 3) *einteilen.*
Gra|die|rung, die; -, -en: *das Gradieren.*
Gra|dier|werk, das: *hohes, mit Reisig belegtes Holzgerüst, über das Sole herabrieselt, die durch erhöhte Verdunstung konzentriert wird (früher zur Salzgewinnung, heute noch in Kurorten zur Erzeugung salzhaltiger u. heilkräftiger Luft).*

-gra|dig, (österr. u. schweiz. in Maßangaben:) **-grä|dig** in Zusb., z. B. dreigradig (mit Ziffer: 3-gradig), (österr., schweiz.:) dreigrädig (mit Ziffer: 3-grädig): *drei Grad aufweisend.*

grad|li|nig: ↑ geradlinig.
Grad|li|nig|keit: ↑ Geradlinigkeit.
grad|mä|ßig ⟨Adj.⟩: *den Grad* (1 a) *betreffend:* eine -e Veränderung; g. verschieden.
Grad|mes|ser, der: *Maßstab für den Grad* (1 a) *von etw.:* der Preis ist kein G. für die Qualität.
Grad|netz, das (bes. Geogr.): *Netz der Längen- u. Breitenkreise.*
Gra|du|a|le, das; -s, ...lien [mlat. graduale = Stu-

graduell – Gralsritter

fengebet, da dies meist auf den Stufen des Altars vorgetragen wurde] (kath. Kirche): **1.** *kurzer liturgischer Gesang in der ¹Messe (1) nach der Epistel.* **2.** *liturgisches Buch mit den Gesängen der ¹Messe (1).*

gra|du|ell ⟨Adj.⟩ [frz. graduel]: **1.** *dem Grad (1 a) nach [bestehend]:* -e Veränderungen; etw. unterscheidet sich nur g. **2.** *gradweise, allmählich:* -er Übergang.

gra|du|ie|ren ⟨sw. V.; hat⟩ [wohl unter Einfluss von frz. graduer < mlat. graduare]: **1.** (Hochschulw.) **a)** *einen akademischen Grad, Titel verleihen:* jmdn. [zum Ingenieur] g.; **b)** (selten) *einen akademischen Grad, Titel erwerben:* in einem Fach g. **2.** (Fachspr.) **a)** *gradweise abstufen;* **b)** *mit Gradeinteilung versehen.*

gra|du|iert ⟨Adj.⟩: **1.** *einen akademischen Grad, Titel besitzend* (Abk.: grad.) **2.** *das Abschlusszeugnis einer Fachhochschule besitzend* (Abk.: grad., z. B. Ingenieur (grad.).

Gra|du|ier|te, die/eine Graduierte; der/einer Graduierten, die Graduierten/zwei Graduierte: *weibliche Person, die graduiert ist.*

Gra|du|ier|ten|kol|leg, das (Hochschulw.): *Programm für ausgewählte Doktoranden, das mit einem Stipendium u. besonderer Förderung verbunden ist.*

Gra|du|ier|ter, der Graduierte/ein Graduierter; des/eines Graduierten, die Graduierten/zwei Graduierte: *jmd., der graduiert ist.*

Gra|du|ie|rung, die; -, -en: *das Graduieren (1 a, 2).*

Grad|un|ter|schied, der: *Unterschied im Grad (1 a).*

grad|wei|se ⟨Adv.⟩: *in Graden (1 a); Grad für Grad:* sich g. verändern; (mit Verbalsubstantiven auch attr.:) eine g. Veränderung.

Grae|cum, das; -s [zu lat. Graecum = griech. Sprache u. Literatur, zu: Graecus < griech. Graikós = griechisch; Grieche]: *bestimmte Kenntnisse der altgriechischen Sprache nachweisendes amtliches [Prüfungs]zeugnis:* das G. haben; das G. *(die Prüfung für das Graecum)* machen.

Grae|fen|berg-Punkt, Grae|fen|berg|punkt, der; -[e]s, -e: *G-Punkt.*

¹Graf: ↑ ¹Graph.
²Graf: ↑ ²Graph.
³Graf, der; -en, -en [mhd. grāve, ahd. grāvo, grāfio < mlat. graphio, urspr. = königlicher Beamter < (m)griech. grapheús (byzant. Hoftitel), eigtl. = Schreiber, zu griech. gráphein = schreiben]: **1.** (Geschichte) *königlicher Amtsträger (Beamter), der in seinem Amtsbezirk weitgehende administrative u. richterliche Befugnisse [sowie grundherrliche Rechte] hat.* **2. a)** ⟨o. Pl.⟩ *Adelstitel zwischen Fürst u. Freiherr:* Manfred G. [von] Senden; der Titel »Graf«; ***** *wie G. Koks [von der Gasanstalt]* (ugs. scherzh.; *übertrieben, stutzerhaft o. ä. herausgeputzt*); **b)** *Mann mit Grafentitel:* der Besitz des -en.

-**graf,** -graph, der; -en, -en [zu griech. gráphein = schreiben]: in Zusb., z. B. Autograf, Seismograf.

Gra|fem usw.: ↑ Graphem usw.
Gra|fen|ge|schlecht, das: *gräfliches Geschlecht.*
Gra|fen|stand, der: **1.** *Stand eines Grafen:* jmdn. in den G. erheben. **2.** *Gesamtheit der Grafen [eines Reichs].*
Gra|fen|ti|tel, der: *Titel eines Grafen.*
Gra|feo|lo|gie usw.: ↑ Grapheologie usw.
Graf|fel: ↑ Geraffel.
Graf|fi|ti, das; -[s], -s: *Graffito (3).*
Graf|fi|ti|spray|er, der: *jmd., der mit Spraydosen Graffiti herstellt.*
Graf|fi|ti|spray|e|rin, die: w. Form zu ↑ Graffitisprayer.

Graf|fi|to, der od. das; -[s], ...ti (Kunst): **1.** [ital. graffito, zu: graffiare = kratzen] *in eine Wand eingekratzte [kultur- u. sprachgeschichtliche bedeutsame] Inschrift.* **2.** [ital. graffito, zu: graffiare = kratzen] *in eine Marmorfliese eingeritzte, mehrfarbige ornamentale od. figurale Dekoration.* **3.** ⟨meist Pl.⟩ [nach engl. graffito] *auf Wände, Mauern, Fassaden usw. meist mit Spray gesprühte od. gemalte [künstlerisch gestaltete] Parole od. Figur.*

Gra|fie, Graphie, die; -, -n [zu griech. graphḗ = Schrift; Darstellung] (Sprachwiss.): *Schreibung, Schreibweise.*

-**gra|fie,** -graphie, die; -, -n [griech. -graphía, zu: gráphein = schreiben]: in Zusb., z. B. Geografie, Röntgenografie.

Gra|fik, Graphik, die; -, -en [griech. graphikḗ (téchnē) = Schreib-, Zeichenkunst, zu: graphikós = das Schreiben betreffend]: **1.** ⟨o. Pl.⟩ *künstlerische, bes. zeichnerische o. ä. Gestaltung von Flächen, vor allem mithilfe bestimmter Verfahren, die Abzüge, Vervielfältigungen ermöglichen:* eine Fachhochschule für G. **2.** ⟨o. Pl.⟩ *Gesamtheit von Erzeugnissen der Grafik (1), grafisches Schaffen:* der 1. Band des Kataloges umfasst die G. **3.** *Werk der künstlerischen Grafik (1):* eine farbige G. **4.** *Schaubild, Illustration:* eine G. verdeutlicht die Entwicklung.

Gra|fik|chip, Graphikchip, der (EDV): *Grafikprozessor.*

Gra|fik|de|sign, Graphikdesign [...dizain], das: **1.** ⟨o. Pl.⟩ *Bereich der Grafik, der mithilfe von Bild, Fotografie, Typografie u. Ä. bestimmte Informationsinhalte in eine Bildsprache bzw. in visuelle Zeichen umsetzt.* **2.** *einzelnes Werk des Grafikdesigns (1).*

Gra|fi|ker, Graphiker, der; -s, -: *Künstler, Techniker auf dem Gebiet der Grafik (1).*

Gra|fi|ke|rin, Graphikerin, die; -, -nen: w. Form zu ↑ Grafiker.

Gra|fik|kar|te, Graphikkarte, die (EDV): *spezielle Steckkarte zur Erstellung [farbiger] Grafiken (4) auf dem Monitor eines Computers.*

Gra|fik|pro|gramm, Graphikprogramm, das (EDV): *Programm (4) zur Erstellung u. Bearbeitung von Bildern.*

Gra|fik|pro|zes|sor, Graphikprozessor, der (EDV): *Chip, der die Daten der Bilder berechnet, die auf dem Bildschirm ausgegeben werden; GPU.*

-**gra|fin,** -graphin, die; -, -nen: w. Formen zu ↑ -graf, -graph.

Grä|fin, die; -, -nen [mhd. grævinne]: **1.** ⟨o. Pl.⟩ *Adelstitel zwischen Fürstin u. Freifrau:* Hilda G. [von] Senden. **2.** *Frau mit Grafentitel.* **3.** *Frau eines Grafen.*

Grä|fin|wit|we, die: *Witwe eines Grafen.*

gra|fisch, graphisch ⟨Adj.⟩: **1.** *zur Grafik (1) gehörend, der Grafik eigentümlich, gemäß:* das -e Schaffen eines Künstlers; sie ist -e Zeichnerin bei einem Verlag; -es Gewerbe (veraltend; *Druckindustrie*); etw. g. gestalten. **2.** *durch Zeichnung[en], Schaubilder veranschaulicht, schematisch dargestellt:* eine -e Darstellung; eine mathematische Funktion g. darstellen; wirtschaftliche Zusammenhänge g. veranschaulichen. **3.** (bes. Sprachwiss.) *die zeichnerische Gestalt der Schriftzeichen betreffend:* eine -e Variante.

Gra|fit, Graphit [auch: ...ˈfɪt], der; -s, (Arten:) -e [zu griech. gráphein = schreiben]: *schwarzgraues Mineral aus reinem Kohlenstoff.*

gra|fit|far|ben, graphitfarben ⟨Adj.⟩: *von der Farbe des Grafits; schwarzgrau.*

gra|fit|grau, graphitgrau ⟨Adj.⟩: *grafitfarben.*
gra|fit|hal|tig, graphithaltig ⟨Adj.⟩: *Grafit enthaltend.*
gra|fi|tisch, graphitisch [auch: ...ˈfɪtɪʃ] ⟨Adj.⟩ (Mineral.): **1.** *den Grafit betreffend; aus Grafit bestehend, Grafit enthaltend:* das -e Kristallgitter; -es Gestein. **2.** *dem Grafit ähnlich.*
Gra|fit|mi|ne, Graphitmine, die: *Bleistiftmine aus Grafit.*
Gra|fit|stab, Graphitstab, der (Technik): *aus Grafit bestehender Stab für bestimmte technische Anwendungsbereiche (z. B. bei Elektroden).*
Gra|fit|stift, Graphitstift, der: *Bleistift mit Grafitmine.*
Gra|fit|zeich|nung, Graphitzeichnung, die (Kunst): *mit dem Bleistift od. einem nur aus Grafit bestehenden Stift gefertigte Zeichnung.*
gräf|lich ⟨Adj.⟩ [mhd. grēflich]: **1.** *[zu] einem Grafen gehörend:* -er Besitz. **2.** *nach Art eines Grafen, wie ein Graf:* g. leben.
Gra|fo|lo|ge, Graphologe, der; -n, -n [↑ -loge]: *Fachmann auf dem Gebiet der Grafologie.*
Gra|fo|lo|gie, Graphologie, die; - [frz. graphologie, eingeführt zu Ende des 19. Jh.s von dem frz. Abt u. Schriftsteller J.-H. Michon, dem Begründer der modernen Grafologie; zu griech. gráphein = schreiben u. ↑ -logie]: *Wissenschaft von der Deutung der Handschrift bes. als Ausdruck des Charakters.*
Gra|fo|lo|gin, Graphologin, die; -, -nen: w. Form zu ↑ Grafologe.
gra|fo|lo|gisch, graphologisch ⟨Adj.⟩: *die Grafologie betreffend:* ein -es Gutachten.
Gra|fo|mo|to|rik, Graphomotorik [auch: ˈgra:...], die; - (Psychol., Päd.): *Bereich der Feinmotorik, der die Produktion grafischer Zeichen mit der Hand u. einem Schreibgerät umfasst.*
gra|fo|mo|to|risch, graphomotorisch ⟨Adj.⟩ (Psychol., Päd.): *die Grafomotorik betreffend:* -e Störungen.
Gra|fo|thek, Graphothek, die; -, -en [2. Bestandteil zu griech. thḗkē = Behältnis; vgl. Bibliothek]: *Kabinett (1 b), das grafische Originalblätter moderner Kunst ausleiht.*
Graf|schaft, die; -, -en [mhd. grāveschaft, ahd. grāsc(h)aft]: **1.** *Amts-, Herrschaftsbezirk des Grafen.* **2.** *Gerichts- u. Verwaltungsbezirk, bes. in Großbritannien (County).*
Graft, die; -, -en [mhd., ahd. graft, zu ↑ graben; vgl. Gracht] (Fachspr., sonst veraltet): *Wassergraben um ein Schloss o. Ä.; Wallgraben:* ♦ Zu Ende des Weges ... lag der »Staatshof« ...; die »Graft«, welche sich rings umherzog, war besonders breit und tief (Storm, Staatshof 254).
Gra|ham|brot, das; -[e]s, -e [nach dem amerik. Arzt S. Graham (1794–1851), dem Verfechter einer auf Diät abgestellten Ernährungsform]: *Weizenschrot-Vollkornbrot in Kastenform.*
grä|ko|la|tei|nisch ⟨Adj.⟩ [zu lat. Graecus, ↑ Graecum]: *griechisch-lateinisch.*
Grä|kum: ↑ Graecum.
Gral, der; -s [mhd. grāl < afrz. graal, eigtl. = Gefäß, H. u.]: *(in der mittelalterlichen Dichtung) geheimnisvoller, Wunder wirkender Stein; geheimnisvolle, Leben spendende Schale [in der Christi Blut aufgefangen wurde].*
Grals|burg, die: *(in der mittelalterlichen Dichtung) Burg, in der der Gral aufbewahrt wird.*
Grals|hü|ter, der: **1.** *(in der mittelalterlichen Dichtung) Angehöriger der auserwählten Schar keuscher Ritter u. Jungfrauen, die den Gral hüten.* **2.** *jmd., der über den Fortbestand einer als wertvoll und bedroht angesehenen Sache wacht:* Ü die G. der Verfassung, des guten Geschmacks.
Grals|hü|te|rin, die: w. Form zu ↑ Gralshüter (2).
Grals|rit|ter, der: *(in der mittelalterlichen Dichtung) Ritter der Gralsburg.*

Grals|su|che, die: *(in der mittelalterlichen Dichtung) Suche nach dem Gral, der nur von Auserwählten gefunden werden kann.*
gram ⟨indekl. Adj.⟩ [mhd., ahd. gram = zornig, wütend]: in der Verbindung **jmdm. g. sein** (geh.]: *jmdm. böse sein).*
Gram, der; -[e]s [subst. aus der spätmhd. Verbindung grame muot = erzürnter Sinn] (geh.): *nagender Kummer, dauernde tiefe Betrübnis über jmdn. od. etw.: großer, tiefer G.; von G. um jmdn. erfüllt sein; von G. gebeugt; sich vor G. verzehren; aus G., vor G. über einen Verlust sterben.*
grä|men ⟨sw. V.; hat⟩ [mhd., ahd. grem(m)en, urspr. = zornig, wütend machen, zu ↑gram] (geh.): **1.** *mit Gram erfüllen:* es grämte sie, dass man sie übergangen hatte; das grämt mich nicht *(ist mir gleichgültig).* **2.** ⟨g. + sich⟩ *sich wegen einer Person, Sache gramvolle Gedanken machen, darüber traurig werden:* sich über einen Verlust g.; sich jmds., einer Sache wegen g.; sie grämte sich um die alte Dame; Dieses Mädchen schien sich nicht im Geringsten über die Ungerechtigkeit, die ihr widerfuhr, zu g. (R. Walser, Gehülfe 57).
gram|er|füllt ⟨Adj.⟩: *von Gram erfüllt.*
Gram|fär|bung, Gram-Fär|bung, die; - [nach dem dänischen Bakteriologen H. C. J. Gram (1853–1938)] (Bakteriol.): *bestimmte Färbemethode od. Färbung, durch die sehr ähnlich aussehende Bakterien voneinander unterschieden werden können.*
gram|ge|beugt ⟨Adj.⟩: *von Gram gebeugt.*
gräm|lich ⟨Adj.⟩: *verdrießlich, [bekümmert u.] missmutig:* ein -er Mensch; ein -es Gesicht.
Gräm|lich|keit, die; -: *grämliche Art.*
Gramm, das; -s, -e ⟨aber: 2 Gramm⟩ [frz. gramme < lat. gramma, griech. grámma = Gewicht von ^{1}/$_{24}$ Unze, eigtl. = Geschriebenes, Aufgezeichnetes, zu: gráphein = schreiben]: *tausendster Teil eines Kilogramms* (Grundeinheit des metrischen Gewichtssystems; Zeichen: g): 1 Kilogramm hat 1000 G.; 1000 G. sind 1 Kilogramm; 100 G. gekochten Schinken kaufen; der Preis eines G. Heroins/eines -s Heroin.

-gramm, das; -s, -e [griech. grámma in der Bed. »Geschriebenes; Schrift(zeichen)«; ↑Gramm]: in Zusb., z. B. Autogramm, Kardiogramm.

Gramm|äqui|va|lent, das: *Menge eines chemischen Elements, die sich mit einem Grammatom Wasserstoff verbinden od. die entsprechende Menge Wasserstoff in einer Verbindung ersetzen kann.*
Gram|ma|tik, die; -, -en [lat. (ars) grammatica < griech. grammatiké (téchnē), zu: grammatikós = die Buchstaben, die Schrift betreffend]: **1.** *Teil der Sprachwissenschaft, der sich mit den sprachlichen Formen u. deren Funktion im Satz, mit den Gesetzmäßigkeiten, dem Bau einer Sprache beschäftigt; Sprachlehre:* die historische, deskriptive, traditionelle, generative G.; die G. der deutschen Sprache, die deutsche G.; die fehlerhafte G. *(grammatische Beschaffenheit)* einer Formulierung; Die lateinische G. ist mit Regeln gespickt wie ein Fisch mit Gräten (Thieß, Reich 405). **2.** *wissenschaftliche Darstellung, Lehrbuch der Grammatik* (1); *Sprachlehre:* eine französische G.; eine G. der chinesischen Sprache.
gram|ma|ti|ka|lisch ⟨Adj.⟩ [lat. grammaticalis] (Sprachwiss.): *grammatisch* (1): -e Fehler; g. korrekt schreiben, sprechen.
Gram|ma|ti|ker, der; -s, - [lat. : grammaticus = Sprachgelehrter < griech. grammatikós]: *Wissenschaftler auf dem Gebiet der Grammatik* (1).

Gram|ma|ti|ke|rin, die; -, -nen: w. Form zu ↑Grammatiker.
Gram|ma|tik|re|gel, die: *grammatische Regel.*
Gram|ma|tik|the|o|rie, die: *Theorie der Grammatik.*
gram|ma|tisch ⟨Adj.⟩ (Sprachwiss.): **1.** *die Grammatik betreffend, zur Grammatik gehörend:* die -e Struktur einer Sprache; ein -er Fehler; -es Geschlecht *(Genus);* g. einwandfrei, richtig schreiben. **2.** *der Grammatik gemäß, den Regeln der Grammatik entsprechend, danach korrekt gebildet:* die Äußerung ist nicht g.
Gramm|atom, das: *Menge eines chemischen Elements, die so viele Gramm enthält, wie das Atomgewicht angibt.*
Gram|mel, die; -, -n [viell. eigtl. = das harte Überbleibsel ausgelassenen Fetts, das beim Kauen zwischen den Zähnen knirscht] (bayr., österr.): *Griebe.*
Gramm|ge|wicht, das: *Gewicht in Gramm.*
Gramm|kal|lo|rie, die (veraltet): *Kalorie.*
Gramm|mol, Gramm-Mol, das: Kurzf. von ↑Grammmolekül.
Gramm|mo|le|kül, Gramm-Mo|le|kül, das (Physik, Chemie): *Menge einer chemischen Verbindung, die so viele Gramm enthält, wie das Molekulargewicht angibt.*
Gram|mo|fon, das; -s, -e [zu griech. grámma = Aufgezeichnetes (↑Gramm) u. phōnḗ = Stimme, Ton, Schall] (früher): *[mit einer Kurbel aufzuziehendes] Gerät [mit einem Schalltrichter] zum Abspielen von Schallplatten.*
Gram|mo|fon|na|del, die: *Nadel am Tonabnehmer zum Abtasten der rotierenden Schallplatte.*
Gram|mo|phon:® usw. ↑Grammofon usw.
gramm|wei|se ⟨Adv.⟩: *in Mengen von wenigen Gramm:* ein Gewürz g. verkaufen; ⟨auch attr.:⟩ -r Verkauf.
Gram|my [ˈɡræmi], der; -[s], -s, **Gram|my Award** [ˈɡræmi əˈwɔːd], der; - -, - -s [engl., aus: grammy, geb. zu: gram = ugs. Kurzf. von gramophone = Grammofon (od. geb. nach Emmy = amerik. Name einer Auszeichnung für TV-Sendungen) u. award = Preis/verleihung)]: *jährlich verliehener amerikanischer Schallplattenpreis.*
gram|ne|ga|tiv ⟨Adj.⟩: *bei der Gramfärbung den gebundenen Farbstoff rasch wieder abgebend u. auf Gegenfärbung (Rotfärbung) ansprechend.*
gram|po|si|tiv ⟨Adj.⟩: *bei der Gramfärbung den (blauen) Farbstoff festhaltend.*
gram|seln ⟨sw. V.; hat⟩ [urspr. wohl = sich winden, drehen u. verw. mit ↑Krampf, ↑Kringel] (schweiz.): *(von Insekten) krabbeln, wimmeln:* ♦ ... als ob glühende Kohlen geboren würden ..., ihr gramselten über das Gesicht weg (Gotthelf, Spinne 63).
gram|voll ⟨Adj.⟩: *voller Gram; mit tiefem Gram verbunden.*
Gran, das; -[e]s, -e ⟨aber: 20 Gran⟩ (früher): **1.** [lat. granum = Korn] *sehr kleines Apothekergewicht* (meist etwa 65 mg): ♦ er bewältigte die Aufgabe, ohne ein G. *(eine Spur, ein bisschen)* seiner Sicherheit zu verlieren; darin ist/liegt ein G. Wahrheit *(daran ist etwas Wahres).* **2.** [frz. grain < lat. granum] ↑Gran.
Grän, Gran, das; -[e]s, -e ⟨aber: 20 Grän, Gran⟩: *sehr kleines Edelmetall- od. Juwelengewicht* (z. B. bei Juwelen).
¹Gra|na|da: Stadt in Südspanien.
²Gra|na|da; -s: Provinz in Südspanien.
Gra|na|dil|le: ↑Grenadille.
¹Gra|nat, der; -[e]s, -e [aus dem Niederd. < fläm. grenat]: *in küstennahen Gewässern des Nordatlantiks u. seiner Nebenmeere vorkommende Garnele.*
²Gra|nat, der; -[e]s, -e, österr.: -en, -en: **1.** [mhd. gränät < mlat. granatus < lat. (lapis) granatus =

körniger, kornförmiger Edelstein, zu: granum = Korn] *hartes, stark glänzendes, meist braunrotes Mineral, das als Schmuckstein beliebt ist.* **2.** [wohl wegen des minderen Werts des ²Granats (1)] (österr. ugs.): *Falschspieler.*
Gra|nat|ap|fel, der [mhd. granätapfel, nach lat. malum granatum = kernreicher Apfel]: *einem Apfel ähnliche, wohlschmeckende, zunächst rote, dann gelb werdende Beerenfrucht des Granatapfelbaums.*
Gra|nat|ap|fel|baum, der: *(in den Subtropen heimischer) rot blühender Baum od. Strauch mit Granatäpfeln als Früchten.*
Gra|na|te, die; -, -n: **1.** [ital. granata, urspr. = von Grenadieren geschleudertes Wurfgeschoss, das mit Pulverkörnern gefüllt war, eigtl. = Granatapfel, nach Form u. Füllung] *mit Sprengstoff gefülltes [Artillerie]geschoss:* die G. schlägt ein, krepiert. **2.** (Sportjargon) *wuchtiger Schuss aufs Tor.*
Gra|na|ten|ha|gel, der: *große Zahl einschlagender Granaten.*
gra|na|ten|voll ⟨Adj.⟩ [eigtl. = zum Bersten voll] (ugs.): *völlig betrunken.*
gra|nat|far|ben ⟨Adj.⟩: *granatrot.*
Gra|nat|ha|gel, der: *Granatenhagel.*
gra|nat|rot ⟨Adj.⟩: a) *von der Farbe des ²Granats* (1); *braunrot;* b) *purpur-, korallenrot.*
Gra|nat|split|ter, der: *Splitter einer explodierten Granate.*
Gra|nat|wer|fer, der: *[aus Bodenplatte, Zweibein u. Rohr bestehendes] kleines Steilfeuergeschütz der Infanterie.*

Gran Ca|na|ria; - -s: zu den Kanarischen Inseln gehörende Insel.
Grand [ɡrãː, auch: ɡraŋ], der; -s, -s [gek. aus frz. grand jeu = großes Spiel, zu: grand, ↑Grandeur]: *höchstes Spiel im Skat, bei dem nur die Buben Trumpf sind:* [einen] G. mit vieren *(mit vier Buben)* spielen; *G. Hand (Grand aus der Hand, bei dem der Skat nicht aufgenommen werden darf).*
Gran|de, der; -n, -n [span. grande, eigtl. = der Große < lat. grandis = groß]: *Angehöriger des spanischen Hochadels.*
Grande Dame [ɡrãːˈdam], die; - -, - -s [ɡrãːˈdam] [frz., zu: grand = groß (↑Grandeur) u. dame, ↑Dame]: *Grand Old Lady:* die G. D. der österreichischen Literatur.
Grande Na|tion [ɡrãdaˈsjõː], die; - - [frz., zu: grand = groß (↑Grandeur) u. nation = Nation): *Selbstbezeichnung des französischen Volkes.*
Gran|deur [ɡrãˈdøːɐ̯], die; - [frz. grandeur, zu: grand < lat. grandis = groß] (bildungsspr.): *Großartigkeit, Größe:* Überreste einstiger G.
Gran|dez|za, die; - [ital. grandezza < span. grandeza, zu: grande, ↑Grande]: *(bes. von Männern) hoheitsvoll-würdevolle Eleganz der Bewegung, des Auftretens:* er verneigte sich mit [spanischer] G.; mit der G. eines Weltmannes.
Grand|ho|tel [ˈɡʁãː...], das [frz. grand hôtel]: *großes Luxushotel.*
gran|di|os ⟨Adj.⟩ [ital. grandioso, zu: grande = groß(artig)]: *großartig, überwältigend:* ein -er Anblick, Erfolg; das ist eine -e Idee; (auch spött.:) ein -er Blödsinn; etw. g. bewältigen.
gran|di|o|so ⟨Adv.⟩ [ital. grandioso, ↑grandios] (Musik): *großartig, erhaben.*
Grand Lit [ɡrãˈli:], das; - -s, -s - s [ɡrãˈli:(s)] [frz., eigtl. = großes Bett]: *breiteres Bett für zwei Personen.*
Grand Old La|dy [ˈɡrænd ˌoʊld ˈleɪdi], die; - - -, - - -...dies [engl., eigtl. = große alte Dame, aus: grand = groß (< afrz. grant < lat. grandis, ↑Grandeur), old = alt u. ↑Lady]: *älteste bedeutende weibliche Persönlichkeit in einem bestimmten Bereich.*
Grand Old Man [- - ˈmæn], der; - - -, - - Men

Grand ouvert – grasen

[--'mɛn] [engl., eigtl. = großer alter Mann]: älteste bedeutende männliche Persönlichkeit in einem bestimmten Bereich: der G. O. M. der amerikanischen Malerei.

Grand ou|vert ['grã:u'vɛːɐ̯], der; - -[s] [- u'vɛːɐ̯(s)], - -s [- u'vɛːɐ̯s] [zu ↑ Grand u. frz. ouvert = offen] (Skat): *Grand aus der Hand, bei dem der Spieler seine Karten offen hinlegen muss.*

Grand Prix ['grã 'priː], der; - - ['grã: 'priː], -s - ['grã: 'priː] [frz.]: frz. Bez. für: Großer Preis: *er ist der Sieger des G. P., im G. P.*

Grand|sei|g|neur [grãsɛn'jøːɐ̯], der; -s, -s u. -e [frz. grand seigneur = Standesherr] (bildungsspr.): *vornehmer, weltgewandter Mann.*

Grand Slam® ['grænd 'slæm], der; - -[s], - -s [engl. grand slam, übertr. vom Bridge u. eigtl. Bez. für den Gewinn von 13 Stichen, vgl. Schlemm] (Tennis): *Gewinn der internationalen Meisterschaften von Großbritannien, Frankreich, Australien und den USA innerhalb eines Jahres durch einen Spieler, durch eine Spielerin.*

Grand-Slam-Ti|tel, der: *in einem Grand Slam gewonnener Titel* (1 b).

Grand-Slam-Tur|nier, das (Tennis): *Tennisturnier, das zum Erreichen des Grand Slams gewonnen werden muss.*

Grand-Tou|ris|me-Ren|nen [grãtuˈrɪsmə...], das [zu frz. grand tourisme = Grand-Tourisme-Wagen (1), eigtl. = sportlicher Reisewagen]: *Rennen für Grand-Tourisme-Wagen (Kurzw.: GT-Rennen).*

Grand-Tou|ris|me-Wa|gen, der (Kfz-Wesen): **1.** *in kleinen Serien hergestellter Kraftwagen mit einem Höchstmaß an Leistung u. Komfort ohne Rücksicht auf Unterhaltungskosten.* **2.** *für Wettbewerbszwecke homologierter zweisitziger Kraftwagen od. Serientourenwagen [mit weitgehenden Veränderungen] (Kurzw.: GT-Wagen).*

Gra|nit [auch: ...ˈnɪt], der; -s, -(Arten:) -e [mhd. granīt < ital. granito, zu: granire = körnen, zu: grano < lat. granum = Korn]: *sehr hartes Gestein aus körnigen Teilen von Feldspat, Quarz u. Glimmer: ein Denkmal aus G.; hart wie G.;* ***bei jmdm. auf G. beißen** (bei jmdm. mit einem Bestreben, einer Forderung o. Ä. auf unüberwindlichen Widerstand stoßen: mit der Bitte um mehr Taschengeld biss sie bei ihrer Mutter auf G.).*

Gra|nit|block, der 〈Pl. ...blöcke〉: *Block* (1) *von Granit.*

gra|ni|ten [auch: ...ˈnɪtn̩] 〈Adj.〉: **1.** *aus Granit bestehend.* **2.** (geh.) *hart u. fest wie Granit:* ein Stoff von -er Härte; Ü ein -er *(unumstößlicher)* Grundsatz.

Gra|nit|fels, Gra|nit|fel|sen, der: *Fels, Felsen aus Granit.*

gra|ni|tisch [auch: ...ˈnɪtɪʃ] 〈Adj.〉 (Geol., Mineral.): *zum Granit gehörend, nach Art des Granits:* -er Gneis.

Gran|ne, die; -, -n [mhd. gran(e) = Barthaar; (Ähren)borste, ahd. grana = Barthaar; Gräte, eigtl. = die (Hervor)stehende; Spitze] (Bot.): *borstenartige Spitze an den Spelzen von Gräsern u. Getreide.*

Gran|ny Smith ['grɛni 'smɪθ], der; - -, - - [eigtl. = Oma Smith, nach Maria Ann »Granny« Smith (gest. 1870), die den Apfel in Australien züchtete]: *glänzend grüner, saftiger, säuerlich schmeckender Apfel.*

Grans, der; -es, Gränse, **Gran|sen**, der; -s, - [mhd. grans, ahd. granso = vorderer Teil des Schiffs, H. u.] (bes. alemann.): *vorderer od. hinterer Teil eines Schiffes:* ◆ *Mein Köcher aber mit der Armbrust lag am hintern Gransen (im Heck)* bei dem Steuerruder (Schiller, Tell IV, 1).

Grant, der; -s [wohl zu ↑ grantig] (bayr., österr. ugs.): *Übellaunigkeit, Unmut: einen G. wegen etw. haben.*

gran|teln 〈sw. V.; hat〉 [vgl. grantig] (südd., österr. ugs.): *grantig sein, sich grantig zeigen: sie grantelte und wollte kein Interview geben.*

gran|tig 〈Adj.〉 [H. u., viell. eigtl. = spitz, scharf] (südd., österr. ugs.): *übel gelaunt; ärgerlich, unmutig:* ein paar -e Sprüche; g. werden.

Gran|tig|keit, die; - (südd., österr. ugs.): *grantige Art.*

Grant|ler, der; -s, - (bayr., österr. ugs.): *jmd., der zum Granteln neigt.*

Grant|le|rin, die; -, -nen: w. Form zu ↑ Grantler.

Gra|nu|lat, das; -[e]s, -e [zu lat. granulum = Körnchen] (Fachspr.): *durch Granulieren in Körner zerkleinerte Substanz: ein linsenförmiges G.*

Gra|nu|la|ti|on, die; -, -en (Fachspr.): **1.** *Herstellung, Bildung einer körnigen [Oberflächen]struktur.* **2.** *körnige [Oberflächen]struktur.*

Gra|nu|la|ti|ons|ge|we|be, das (Med.): *sich neu bildendes Bindegewebe (bei Wunden, Entzündungen), das nach einiger Zeit in Narbengewebe übergeht.*

gra|nu|lie|ren 〈sw. V.〉: **1.** 〈hat〉 (Fachspr.) *[an der Oberfläche] körnig machen, in körnige, gekörnte Form bringen.* **2.** 〈hat/ist〉 (Med.) *Körnchen, Granulationsgewebe bilden.*

Gra|nu|lie|rung, die; -, -en: **1.** *das Granulieren; Granulation* (1). **2.** (selten) *Granulation* (2).

Gra|nu|lom, das; -s, -e (Med.): *Geschwulst od. geschwulstähnliche Bildung aus Granulationsgewebe.*

gra|nu|lös 〈Adj.〉 [frz. granuleux, zu lat. granulum = Körnchen] (Fachspr.): *körnig, gekörnt.*

Gra|nu|lum, das; -s, ...la [lat. granulum = Körnchen]: **1.** (Pharm.) *in Form von Körnchen od. Kügelchen vorliegendes Arzneimittel.* **2.** (Biol., Med.) *körnchenähnliche Einlagerung, körnchenartige Struktur im Plasma einer Zelle (z. B. in den Granulozyten).* **3.** (Med.) *Gewebeknötchen im Granulationsgewebe.*

Grape|fruit ['greːpfruːt, 'grɛɪp...], die; -, -s [engl. grapefruit, aus: grape = Traube u. fruit = Frucht, nach den traubenförmigen Blütenständen]: *große, runde Zitrusfrucht mit dicker, gelber Schale u. saftreichem, säuerlich-bitter schmeckendem Fruchtfleisch.*

Grape|fruit|saft, der: *Saft aus Grapefruits.*

¹Graph, ¹Graf, der; -en, -en [zu griech. gráphein = schreiben] (bes. Math., Naturwiss.): *grafische Darstellung (z. B. von Relationen) in Form von [markierten] Knoten[punkten] u. verbindenden Linien (Kanten).*

²Graph, ²Graf, das; -s, -e (Sprachwiss.): *Schriftzeichen als kleinste Einheit in Texten, die durch Segmentierung von Geschriebenem gewonnen, im Unterschied zum Graphem aber noch nicht klassifiziert ist.*

-graph: ↑ -graf.

Gra|phem, Grafem, das; -s, -e [engl. grapheme, zu griech. gráphēma = Schrift] (Sprachwiss.): *kleinste bedeutungsunterscheidende Einheit in einem Schriftsystem, die ein Phonem bzw. eine Phonemfolge repräsentiert.*

Gra|pheo|lo|gie, Grafeologie, die; - [zu griech. graphḗ = Schrift u. ↑ -logie]: *Wissenschaft von der Verschriftung von Sprache u. von den Schreibsystemen.*

gra|pheo|lo|gisch, grafeologisch 〈Adj.〉: *die Grapheologie betreffend.*

Gra|phie: ↑ Grafie.

-gra|phie: ↑ -grafie.

Gra|phik usw.: ↑ Grafik usw.

Gra|phit usw.: ↑ Grafit usw.

Gra|pho|lo|ge usw.: ↑ Grafologe usw.

Gra|pho|mo|to|rik usw.: ↑ Grafomotorik usw.

Gra|pho|thek: ↑ Grafothek.

Grap|pa, der; -s, -s, (auch:) die; -, -s [ital. grappa, zu älter: grappo = Traube]: *italienischer Tresterbranntwein: zwei G. (zwei Gläser mit Grappa).*

grap|schen [zu mundartl. grappen = raffen, hochd. Entsprechung von niederd. grabben, ↑ grabbeln], grabschen [zu mundartl. grappen = raffen, hochd. Entsprechung von niederd. grabben, ↑ grabbeln] 〈sw. V.; hat〉 (ugs.): **a)** *rasch ergreifen, an sich raffen:* etw. g.; ich grapschte mir, was ich gerade fand; [sich] jmdn. g. *(jmdn. fassen, packen, ihn ergreifen, festnehmen);* **b)** *schnell nach etw., irgendwohin greifen:* der Mitarbeiter hat sexuell nach der Kollegin an den Busen gegrapscht/gegrabscht; nach einer Tüte Milch, nach der Fernbedienung, nach den Kartoffelchips g.

Grap|scher, Grabscher, der; -s, - (salopp abwertend): *männliche Person, die eine Frau unsittlich berührt.*

Grap|sche|rin, Grabscherin, die; -, -nen (salopp, seltener): *weibliche Person, die einen Mann im Rahmen einer als Provokation zu verstehenden sexuellen Belästigung berührt.*

Gras, das; -es, Gräser [mhd., ahd. gras, eigtl. = das Keimende, Hervorstechende]: **1.** *(in vielen Gattungen u. Arten über die ganze Welt verbreitete) Pflanze mit einem durch Knoten* (2 a) *gegliederten Halm, langen, schmalen Blättern u. bes. als Ähren od. Rispen ausgebildeten Blütenständen mit unscheinbaren Blüten: Gräser sammeln.* **2.** 〈o. Pl.〉 *Gesamtheit von Gräsern* (1), *grasähnlichen Pflanzen als Pflanzendecke; Rasen:* hohes, saftiges, grünes, dürres G.; G. mähen, schneiden; die Kühe fressen G.; G. fressende Tiere; nach feuchtem G. riechen; der Weg ist mit G., von G. überwuchert; R wo der hinhaut/hintritt/hinfasst, da wächst kein G. mehr (ugs.; *er ist in seinem Tun ziemlich grob, hat eine ziemlich grobe Art*); * **das G. wachsen hören** (ugs. spött.: *an den kleinsten od. auch an eingebildeten Anzeichen zu erkennen glauben, wie die Lage ist od. sich entwickelt*); **das G. von unten besehen/betrachten/wachsen hören [können]** (salopp scherzh.; *tot sein, im Grab liegen*); **über etw. wächst G.** (ugs.; *eine unangenehme Sache wird mit der Zeit vergessen: darüber ist längst G. gewachsen*); **ins G. beißen** (salopp; *sterben;* vermutlich nach der antiken Vorstellung, dass der Kämpfer beim Todeskampf in Erde od. Gras beißt). **3.** (Jargon) *Haschisch; Marihuana: G. rauchen.*

Gras|af|fe, der [1. Bestandteil nach dem im Frühjahr noch frischen u. grünen Gras als Ausdruck der Unerfahrenheit u. Unreife] (salopp abwertend, veraltend): *unreifer, eitler Mensch.*

Gras|art, die: *bestimmte Art von Gras.*

gras|ar|tig 〈Adj.〉: *in der Art von Gras; wie Gras geartet.*

gras|be|wach|sen 〈Adj.〉: *mit Gras bewachsen.*

Gras|blü|te, die: **1.** 〈o. Pl.〉 *das Blühen des Grases; Zeit, in der das Gras blüht: die G. ist noch nicht vorüber.* **2.** *Blüte von Gras.*

Gras|bo|den, der: *grasbewachsener Boden.*

Gras|bü|schel, das: *Büschel Gras:* der Hund beschnupperte interessiert ein G. am Wegesrand; ... auf seinem Kopf wuchsen noch einige Haare wie verdorrte Grasbüschel (Eich, Hörspiele 132).

Gräs|chen, das; -s, - u. Gräserchen: Vkl. zu ↑ Gras.

Gras|dach, das: *mit Gras bewachsenes Dach.*

Gras|de|cke, die: *Pflanzendecke aus Gras.*

gra|sen 〈sw. V.; hat〉 [mhd. grasen = Gras schneiden; weiden, ahd. grasōn = Gras schneiden]: **1.** *Gras abfressen; weiden:* die Kühe grasen [auf der Weide]. **2.** (ugs.) *überall nach etw. suchen:* nach einem Zitat g.

Grä|ser: Pl. von ↑ Gras.
Grä|ser|chen: Pl. von ↑ Gräschen.
Gras|flä|che, die: *mit Rasen bewachsene Fläche* (1), *Wiese.*
Gras|fleck, der: **1.** *grasbewachsenes Stück Boden.* **2.** *durch zerquetschtes Gras verursachter grüner Fleck.*
Gras|fle|cken, der: *Grasfleck* (2).
gras|fres|send, Gras fres|send ⟨Adj.⟩: *sich von Gras ernährend:* -e Tiere.
Gras|fres|ser, der (Zool.): *grasfressendes Tier.*
Gras|frosch, der: *(meist im feuchten Wiesengelände lebender) gelb- bis dunkelbrauner, auf der Oberseite dunkel, auf der Unterseite weißlich gefleckter Frosch.*
Gras|fut|ter, das: *Gras als Futter für Tiere.*
gras|grün ⟨Adj.⟩: *leuchtend grün:* ein -er Pullover.
Gras|halm, der: *Halm des Grases.*
Gras|hüp|fer, der (ugs.): *Heuschrecke.*
gra|sig ⟨Adj.⟩: **1.** *grasartig.* **2.** [mhd. grasec, ahd. grasag] *mit Gras bewachsen.*
Gras|land, das ⟨o. Pl.⟩: *grasbewachsenes Land:* wie viel Hektar G. wurde verbrannt?
Gras|mü|cke, die [mhd., ahd. gras(e)muc(ke), eigtl. = Grasschlüpferin, 2. Bestandteil verw. mit ↑ schmiegen]: *(in vielen Arten weltweit verbreiteter) kleiner, meist unscheinbar gefärbter Singvogel mit feinem, spitzem Schnabel u. unauffälligem Gefieder.*
Gras|nar|be, die: *die oberste Bodenschicht dicht überziehende u. durchziehende Pflanzendecke, die sich durch die Verwachsung von Gräsern, Klee u. verschiedenen Kräuterarten bildet:* die G. abstechen, abheben.
Gras|nel|ke, die: *kleine Pflanze mit grasartigen Blättern u. trichterförmigen bis röhrenartigen weißen, rosa od. roten Blüten.*
Gras|pflan|ze, die: *Gras* (1).
Gras|platz, der: **1.** *grasbewachsener Platz.* **2.** *Tennisplatz auf Rasen.*
◆ **grass** ⟨Adj.⟩ [mhd. graʒ = zornig, wütend, ahd. graʒʒo (Adv.) = ernstlich, nachdrücklich, urspr. = spitz, scharf, verw. mit ↑ Gras]: *wild, schrecklich, Grauen erregend:* ... weg mit dir, schwarzes, rauchendes Blut! weg, hohler, -er, zuckender Todesblick (Schiller, Räuber IV, 1); So kalt, so g. liegt alles vor mir (Goethe, Stella V).
Grass, das; - [engl. grass, eigtl. = Gras, nach den getrockneten Pflanzenteilen] (Jargon): *Marihuana.*
Gras|sa|men, der: *Samen von Gräsern [für Rasen].*
¹Gras|schi: ↑ ¹Grasski.
²Gras|schi: ↑ ²Grasski.
Gras|schnitt, der: **a)** *das Abmähen von Gras;* **b)** *abgemähtes Gras.*
gras|sie|ren ⟨sw. V.; hat⟩ [zu lat. grassari = losgehen]: *(von Krankheiten, Missständen o. Ä.) um sich greifen; sich ausbreiten:* dort grassiert die Grippe; Nasebohren ist eine grassierende Unsitte.
¹Gras|ski, ¹Grasschi, der: *(zum Skifahren auf mit Gras bewachsenen Hängen konstruierter) kurzer Ski mit beweglichem Band unter der Lauffläche.*
²Gras|ski, ²Grasschi, das ⟨o. Pl.⟩: *Sportart, bei der man auf ¹Grasskiern über eine Piste aus Gras gleitet.*
gräss|lich ⟨Adj.⟩ [aus dem Niederd. < mniederd. greselik = schaudererregend, H. u.]: **1.** (emotional) *schauderndes Erschrecken hervorrufend:* ein -es Verbrechen; ein -er Anblick; sein Gesicht war g. entstellt. **2.** (ugs.) **a)** *äußerst unangenehme Gefühle hervorrufend:* -es Wetter; ein -er Kerl; **b)** *in unangenehmer Weise groß, stark:* -e Angst haben; **c)** (intensivierend bei Adjektiven u. Verben) *überaus; in höchstem Maße:* ich war g. aufgeregt; wir haben uns dort g. gelangweilt.

Gräss|lich|keit, die; -, -en (emotional): **1.** ⟨o. Pl.⟩ *grässliche Art, Beschaffenheit.* **2.** *grässliche Äußerung, Handlung; grässlicher Umstand:* die -en der Jagd.
Gras|stän|gel, der: *Grashalm.*
Gras|step|pe, die (Geogr.): *fruchtbare, von Gras u. Kräutern bewachsene Steppe.*
Gras|strei|fen, der: *mit Gras bewachsener Streifen des Bodens.*
Gras|tep|pich, der (geh.): *dichte, weiche Grasdecke.*
gras|über|wach|sen ⟨Adj.⟩: *von Gras überwachsen:* -e Pfade.
Grat, der; -[e]s, -e [mhd. grāt = Bergrücken, Rückgrat; Gräte, Spitze, Stachel, ahd. grāt = Rückgrat, eigtl. = Spitze(s), Hervorstechendes]: **1.** *oberste Kante eines Bergrückens; [scharfe] Kammlinie; ein schmaler G.;* den G. eines Berges entlangwandern; Ü auf einem schmalen G. der Demokratie wandern. **2.** (Bauw., Archit.) **a)** *schräg verlaufende Schnittlinie zweier Dachflächen;* **b)** *Schnittlinie zweier Gewölbeflächen.* **3.** (Fachspr.) *[beim Gießen, Stanzen usw. entstehende] scharfe, harte Kante; scharfkantiger Rand eines Werkstoffes; der G. eines gestanzten Teils.* **4.** (Textilind.) *aus der Gewebefläche heraustretende Bindungslinie mit schrägem Verlauf.*
Grä|te, die; -, -n [mhd. græte, urspr. Pl. von: grāt, ↑ Grat]: **1.** *Fischgräte:* die dünnen, feinen -n entfernen; ihr ist eine G. im Hals stecken geblieben. **2.** (salopp) *Knochen:* sich die -n brechen.
grä|ten|los ⟨Adj.⟩: *keine Gräten aufweisend.*
Grä|ten|schritt, der: *Schritt mit fischgrätenartiger Spur, den der Skiläufer beim Aufstieg anwendet, indem er die Innenkante der mit den Spitzen weit nach außen gerichteten Skier belastet:* eine Steigung im G. nehmen.
Gra|ti|al, das; -s, -e, **Gra|ti|a|le,** das; -s, ...lien [zu mlat. gratialis = Gunst erweisend; gefällig, zu lat. gratia, ↑ gratis] (veraltet): **a)** *Dankgebet;* **b)** *Geschenk, durch das man seine Dankbarkeit zum Ausdruck bringt:* ◆ Man erklärte ihn (= im Wechsel) für die Bestechung, für das Gratial der Stände (Lessing, Minna IV, 6).
Gra|ti|fi|ka|ti|on, die; -, -en [lat. gratificatio = Gefälligkeit, zu: gratificari, ↑ gratifizieren]: *zusätzliches [Arbeits]entgelt zu besonderen Anlässen (z. B. zu Weihnachten):* eine G. bekommen, zahlen.
gra|ti|fi|zie|ren ⟨sw. V.; hat⟩ [lat. gratificari = eine Gefälligkeit erweisen] (veraltet): *etw. als zusätzliches [Arbeits]entgelt zahlen.*
grä|tig ⟨Adj.⟩: **1.** *viele Gräten enthaltend* -e Fische. **2.** [eigtl. = schlecht gelaunt wie ein grätiger (1) Fisch] (ugs.) *übellaunig, reizbar.*
Gra|tin [graˈtɛ̃], das od. der; -s, -s [frz. gratin, zu: gratter, ↑ gratinieren] (Kochkunst): *überbackenes ²Gericht.*
Grä|ting, die; -, -e u. -s [engl. grating = Gitter(werk)] (Seemannsspr.): *Gitterrost [auf Schiffen].*
gra|ti|nie|ren ⟨sw. V.; hat⟩ [frz. gratiner = am Rand des Kochtopfs festbacken, zu: gratter = abkratzen] (Kochkunst): *überbacken, bis eine braune Kruste entsteht:* der Auflauf wird mit Käse bestreut und im Backofen gratiniert.
gra|tis ⟨Adv.⟩ [lat. gratis, urspr. Ablativ von: gratia = Dank; also eigtl. = um den bloßen Dank (und nicht um Belohnung)]: *ohne dass etw. dafür bezahlt werden muss; unentgeltlich, kostenlos:* der Katalog ist g.; Eintritt g.!; es gibt nichts g.; Und bei der Frau des Metzgers... durfte er sich alte stinkende Fleisch- und Knochenreste aussuchen und g. mitnehmen (Süskind, Parfum 233); * **g. und franko** (ugs.; *umsonst*).
Gra|tis|ak|tie, die: *Aktie, die der Aktionär bzw.*

die Aktionärin ohne direkte Gegenleistung erhält.
Gra|tis|blatt, das: *Gratiszeitung.*
Gra|tis|pro|be, die: *kostenlose Probe:* Sie erhalten auf Anfrage eine G. des neuen Produktes.
Gra|tis|vor|stel|lung, die: *kostenlose Vorstellung* (3): eine G. geben.
Gra|tis|zei|tung, die: *kostenlos verteilte Zeitung.*
grätsch|bei|nig ⟨Adj.⟩ (Turnen): *mit gegrätschten Beinen [ausgeführt].*
Grät|sche, die; -, -n [zu ↑ grätschen]: **1.** (Turnen) *[Stütz]sprung mit gegrätschten Beinen:* eine G. über das Pferd; mit G. [vom Reck] abgehen. **2.** (Turnen) *Stellung mit gegrätschten Beinen:* in die G. gehen. **3.** (Fußball) *das Grätschen* (3).
grät|schen ⟨sw. V.⟩ [Intensivbildung zu veraltet grätchen und hd. græten = die Beine spreizen, wohl urspr. lautm.]: **1.** ⟨hat⟩ (Turnen) *die gestreckten Beine [im Sprung, Schwung] seitwärts abspreizen:* die Beine g.; mit gegrätschten Beinen. **2.** ⟨ist⟩ (Turnen) *einen Grätschsprung ausführen:* über das Pferd g. **3.** ⟨ist⟩ (Fußball) *mit gestrecktem Bein auf den Ball gehen (u. die Füße des Gegenspielers, der Gegenspielerin) zurutschen:* in die Beine des Stürmers g.
Grätsch|schritt, der: *Schritt, mit dem eine Grätschstellung erreicht wird.*
Grätsch|sprung, der (Turnen): *Sprung mit gegrätschten Beinen.*
Grätsch|stel|lung, die (Turnen): *Stellung mit gegrätschten Beinen.*
Grat|tier, das (Jägerspr.): *sich meist vereinzelt in den obersten Alpenregionen aufhaltende Gämse,* bes. alter Gämsbock: ◆ ... ein im armselig G. zu erjagen (Schiller, Tell IV, 3).
◆ **Grätt|lein,** das; -s, - [Vkl. von: Gratten, Nebenf. von ↑ Kratten] (südd.): *kleiner Tragekorb:* Bald darauf kommt... ein Bürgermädchen... trug ein G. am Arm (Mörike, Hutzelmännlein 150).
Gra|tu|lant, der; -en, -en [lat. gratulans (Gen.: gratulantis), 1. Part. von: gratulari, ↑ gratulieren]: *jmd., der jmdm. gratuliert:* die -en empfangen.
Gra|tu|lan|tin, die; -, -nen: w. Form zu ↑ Gratulant.
Gra|tu|la|ti|on, die; -, -en [lat. gratulatio, zu: gratulari, ↑ gratulieren]: **1.** *das Gratulieren:* zur G. erscheinen. **2.** *Glückwunsch:* zahlreiche -en trafen ein.
Gra|tu|la|ti|ons|cour, die: *feierliche Beglückwünschung (bes. einer hochgestellten Persönlichkeit) durch eine Vielzahl von Gratulanten.*
gra|tu|lie|ren ⟨sw. V.; hat⟩ [lat. gratulari, zu: gratus = willkommen]: *seine Glückwünsche aussprechen, Glück wünschen, jmdn. beglückwünschen:* jmdm. [schriftlich, mündlich] g.; jmdm. [herzlich] zum Geburtstag g.; jmdm. zum bestandenen Examen g.; darf man [schon] g.?; ich gratuliere [Ihnen zu dieser Rede]; (ugs.:) gratuliere! zu solchen Töchtern kann man Ihnen [nur] g. (*auf solche Töchter können Sie stolz sein*); zu diesem Schwiegersohn kannst du dir g. (ugs.; *darüber kannst du froh sein*).
Grat|wan|de|rung, die: **1.** *Wanderung auf einem Grat* (1): eine G. machen. **2.** *Vorgehensweise, bei der schon ein kleiner Fehler großes Unheil auslösen kann:* die Tarifparteien befinden sich auf einer G.
Grät|zel, das; -s, -n [viell. zu mhd. gereiʒ = Umkreis] (ostösterr. ugs.): *Teil eines Wohnviertels, einer Straße in einem Wohnviertel; Häuserblock.*
grau ⟨Adj.⟩ [mhd. grā, ahd. grāo, eigtl. = schimmernd, strahlend]: **1.** *im Farbton zwischen Schwarz u. Weiß; von der Farbe der Asche, dunkler Wolken:* ein -er Anzug; sie hat schon -e Haare; eine -e (*fahle*) Gesichtsfarbe; sie hat -e Augen (*Augen mit grauer Iris*); -es Brot (*Graubrot*); die -e Substanz (Med.; *der an Nervenzel-*

Grau – grausenhaft

len reiche Teil des Gehirns u. des Rückenmarks); alt und g. werden; sie ist ganz g. geworden (hat graue Haare bekommen); der Himmel ist [heute] g.; der Himmel ist g. in g. (es ist sehr trübe); [ein Bild] g. in g. (in grauen Farbtönen) malen; ein g. behaarter Kopf; g. melierte Schläfen; ein g. melierter Stoff; eine g. getigerte Katze. **2.** (ugs.) *sich an der Grenze der Legalität bewegend, nicht ganz korrekt:* -e Händler; -er Technologietransfer. **3.** *trostlos, öde:* dem -en Alltag entfliehen; alles erschien ihr g. [und öde]; * *alles g. in g. sehen, malen (alles pessimistisch beurteilen, darstellen).* **4.** *[zeitlich weit entfernt u.] unbestimmt:* in der Vorzeit.

Grau, das; -[s], -[s]: **1.** *graue Farbe:* ein helles, dunkles G.; sie erschien ganz in G. (*in grauer Kleidung*). **2.** 〈das; -s〉 *Trostlosigkeit, Öde:* dem G. des Alltags entfliehen. **3.** 〈das; -s〉 *Unbestimmtes [zeitlicher Ferne]:* im G. der Vorzeit entschwunden sein.

grau|äu|gig 〈Adj.〉: *mit grauen Augen; graue Augen habend.*

Grau|bart, der: **1.** (selten) *grauer Bart.* **2.** (ugs.) *Mann mit ergrautem Bart.*

grau|bär|tig 〈Adj.〉: *einen grauen Bart habend, aufweisend.*

grau be|haart, grau|be|haart 〈Adj.〉: *mit grauen Haaren behaftet:* ein grau behaarter Kopf.

Grau|be|reich, der: *Grauzone:* ein Großteil der häuslichen Pflege spielt sich im rechtlichen G. ab.

grau|blau 〈Adj.〉: *blau mit grauem Einschlag.*

grau|braun 〈Adj.〉: *braun mit grauem Einschlag.*

Grau|brot, das (landsch.): *Mischbrot (aus Roggen u. Weizen).*

Grau|bün|den; -s: *Schweizer Kanton.*

¹Grau|bünd|ner, der; -s, -: Ew.

²Grau|bünd|ner 〈indekl. Adj.〉: G. Speck.

Grau|bünd|ne|rin, die; -, -nen: w. Form zu ↑¹Graubündner.

grau|bünd|ne|risch 〈Adj.〉: *Graubünden, die Graubündner betreffend; aus Graubünden stammend.*

Grau|bur|gun|der, der: *Ruländer.*

Gräu|el, der; -s, - 〈meist Pl.〉 [mhd. griu(we)l = Grauen, Schrecken, zu: grüwen, ↑²grauen] (geh.): *grauenhafte, [moralisch] abstoßende Gewalttat:* die G. des Krieges; G. begehen, verüben; * *jmdm. ein G. sein (von jmdm. als höchst widerwärtig angesehen werden:* mir ist der Kerl, die Gartenarbeit ein G.

Gräu|el|mär|chen, das: *[bewusst] auf Auslösung von Emotionen zielender, nicht den Tatsachen entsprechender Bericht von Gräueltaten:* G. verbreiten.

Gräu|el|pro|pa|gan|da, die [bes. nationalsoz.], nach ähnlichen Ausdrücken zur Zeit des 1. Weltkriegs]: *Diffamierung des politischen Gegners durch die Verbreitung von Gräuelmärchen o. Ä.*

Gräu|el|tat, die: *Schreckenstat, Gewalttat, Gräuel:* -en verüben, ausführen.

¹grau|en 〈sw. V.; hat〉 [mhd. grāwen, ahd. grāwēn = grau werden; dämmern]: **1.** (geh.) *dämmern:* der Abend graut; ein neuer Tag graut (bricht an); es beginnt gerade zu g.; Ich denke, es soll nicht langweilig werden, bis der Morgen graut (Frisch, Cruz 44). **2.** (selten) *grau werden; ergrauen:* ihre Haare beginnen zu g.

²grau|en 〈sw. V.; hat〉 [mhd. grūwen, ahd. (in)grūēn, H. u.] a) 〈unpers.〉 *jmdn. Grauen empfinden lassen:* mir/(seltener:) mich graut, wenn ich an morgen denke; es graut mir heute vor der Prüfung; b) 〈g. + sich〉 *Grauen empfinden:* sich vor einer Begegnung g.; ich graue mich nicht so leicht; Aber die Meikje wird komisch, wenn man Sargtischler ist. Grauen sich. Wollen nicht in die Werkstatt rein, wenn ein Sarg drinsteht (Remarque, Obelisk 115).

Grau|en, das; -s, -: **1.** 〈o. Pl.〉 *Furcht, Entsetzen vor etw. Unheimlichem, Drohendem:* ein G. erfasst, überläuft jmdn.; ein G. vor etw. empfinden; ein G. erregender Anblick; die Unfallstelle bot am späten Nachmittag ein Bild des -s. **2.** *grauenerregendes Ereignis:* das G., die G. des Atomkrieges schildern.

grau|en|er|re|gend, Grau|en er|re|gend 〈Adj.〉: *Grauen hervorrufend:* ein äußerst -er Anblick; die Fernsehbilder waren g.

grau|en|haft 〈Adj.〉: **1.** *Grauen hervorrufend:* ein -er Anblick; eine -e Entdeckung machen; die Verwüstungen waren g. **2.** (ugs.) **a)** *in besonders starkem Maße als unangenehm empfunden:* das ist ja eine -e Unordnung!; -e Angst haben; **b)** 〈intensivierend bei Adjektiven u. Verben〉 *sehr, arg; in schrecklicher Weise:* es war g. kalt; sie hat sich g. gefürchtet.

grau|en|voll 〈Adj.〉: **1.** *grauenhaft* (1): eine -e Entdeckung; was wir sahen, war g. **2.** (ugs.) *grauenhaft* (2).

grau|far|ben 〈Adj.〉: (seltener): *von grauer Farbe.*

Grau|fär|bung, die: *von grauer Färbung.*

Grau|fuchs, der: (bes. in Nordamerika vorkommender) *Fuchs von grauer Färbung mit schwarzem Rückenstreifen u. rostbrauner Unterseite.*

Grau|gans, die: *Wildgans (mit dunkelgrauer, meist weißlich oder gebänderter Oberseite, hellgrauer Unterseite und hellgrauem Kopf).*

grau ge|ti|gert, grau|ge|ti|gert 〈Adj.〉: *graue Querstreifen aufweisend:* eine grau getigerte Katze.

grau|grün 〈Adj.〉: *grün mit grauem Einschlag.*

grau|haa|rig 〈Adj.〉: *mit grauem Haar versehen:* ein -er Herr.

Grau|hörn|chen, das: *oberseits bräunlich graues od. schwarzes, unterseits weißliches Eichhörnchen (bes. in Nordamerika).*

Grau|kopf, der (ugs.): **1.** *Kopf mit grauem Haar.* **2.** *Mensch mit grauem Haar.*

grau|len 〈sw. V.; hat〉 [mhd. grüweln, griuweln = Furcht empfinden, zu ↑²grauen] (ugs.): **1. a)** 〈g. + sich〉 *[leichtes] Grauen empfinden:* sich vor der Dunkelheit g.; ich graule mich, wenn ich allein im Keller bin; **b)** 〈unpers.〉 *jmdn. [leichtes] Grauen empfinden lassen:* mir/mich grault bei diesem Gedanken; es grault mir vor der Prüfung. **2.** *durch unfreundliches, unangenehmes Verhalten vertreiben:* jmdn. aus dem Haus g.

¹grau|lich 〈Adj.〉 [unter Anlehnung an »grau(l)en« zu ↑Gräuel]: **a)** *Grauen verursachend:* eine -e Höhle; **b)** *sich graulend:* -e Leute.

²grau|lich, ¹gräu|lich 〈Adj.〉: *ins Graue spielend, mit grauem Einschlag:* ein -es Blau.

²gräu|lich 〈Adj.〉 [mhd. griu(we)lich, zu: griu(we)l, ↑Gräuel]: **1.** *mit Abscheu u. Widerwillen verbundene Furcht erregend; scheußlich:* ein -es Verbrechen. **2.** (ugs.) **a)** *überaus unangenehm, sehr übel, schlecht:* ein -er Gestank; hier riecht es g.; 〈subst.:〉 es war ihr etwas Gräuliches widerfahren; **b)** 〈intensivierend bei Adjektiven u. Verben〉 *in kaum erträglicher, besonders übler Weise; sehr:* g. schlecht; das tut g. weh.

Grau|markt, der (Börsenw.): *Markt (3 a), an dem Aktien vor ihrer Börsennotierung gehandelt werden.*

grau me|liert, grau|me|liert 〈Adj.〉: **1.** (vom Haar) *leicht ergraut:* grau melierte Schläfen. **2.** *in grauem Farbton meliert* (a): grau melierter Teppichboden.

Grau|pa|pa|gei, der: (in Zentral- u. Westafrika beheimateter) *grauer Papagei, der sehr sprechbegabt ist.*

Gräu|pchen, das; -s, -: Vkl. zu ↑Graupe.

Grau|pe, die; -, -n 〈meist Pl.〉 [wahrsch. aus dem Slaw., vgl. gleichbed. obersorb. krupa, poln. krupa]: *enthülstes u. gerundetes Gersten- od. Weizenkorn:* eine Suppe mit -n als Einlage; **b)** 〈Pl.〉 *[Brei aus] Graupen als Teil eines Gerichts:* -n mit Speck.

Grau|pel, die; -, -n 〈meist Pl.〉 [zu ↑graupeln]: *kleines [weiches] Hagelkorn:* Schnee mit -n.

grau|pel|ar|tig 〈Adj.〉: *in der Art von Graupeln; wie Graupeln geartet:* -e Niederschläge.

grau|pe|lig, grauplig 〈Adj.〉: *in Form von Graupeln; mit Graupeln versehen:* -er Regen.

grau|peln 〈sw. V.; hat; unpers.〉: *(von Niederschlag) in Form von Graupeln niedergehen:* es graupelte den ganzen Nachmittag.

Grau|pel|schau|er, der: *mit Graupeln vermischter Regenschauer.*

Grau|pen|sup|pe, die: *Suppe mit Graupen* (a).

graup|lig: ↑graupelig.

Grau|rei|her, der: *Fischreiher.*

graus 〈Adj.〉 [zu ↑Graus] (veraltet): *grauenerregend, grausig:* ein -es Schicksal.

Graus, der; -es [mhd. grūs(e), zu ↑grausen]: *Schrecken, Entsetzen; was für viele ein Gedanke ein in G.; die Sache war für viele ein G.; sie hat, oh G. (ugs. scherzh.; oh Schreck), alles falsch gemacht.

²Graus, der; -es [mhd. grūz = Korn (von Sand od. Getreide); (übertr.:) Geringstes, Winzigkeit, ahd. grūz = geschrotetes Getreidekorn, urspr. = Zerriebenes, verw. mit ↑groß] (veraltet): *Steinschutt, Geröll, grober Sand:* ◆ ... ist alles doch in Schutt und G. versunken (Goethe, Epimenides II, 6).

grau|sam 〈Adj.〉 [mhd. grū(we)sam = grauenerregend, zu ↑²grauen; die heutige Bed. seit dem 16. Jh.]: **1. a)** *unmenschlich, roh u. brutal:* ein -er Mensch, Herrscher; -e Verbrechen, Taten, Strafen, Kriege; sie wurde g. behandelt, gefoltert; **b)** *sehr schlimm, hart:* -e Kälte; eine -e Eintönigkeit; **c)** (ugs.) *sehr schwer zu ertragen:* eine -e Enttäuschung, Ernüchterung erfahren; es ist g. zu wissen, dass es keine Hilfe mehr gibt; **d)** *in besonders starkem Maße, wie eine Art Pein empfunden:* eine -e Verlegenheit, das ist ja g., wie unsere Mannschaft spielt. **2.** 〈intensivierend bei Verben u. Adjektiven〉 (ugs.) *sehr, überaus:* sich g. langweilen; eine g. lange Zeit warten müssen.

Grau|sam|keit, die; -, -en: **1.** 〈o. Pl.〉 *grausame Art:* seelische G.; jmdn. mit großer, unerbittlicher G. verfolgen, misshandeln. **2.** *grausame Handlung:* furchtbare -en begehen.

Grau|schim|mel, der: *[weiß]graues Pferd.*

Grau|schlei|er, der: *Einschlag ins Schmutziggraue:* die Wäsche hat einen G.

grau|schwarz 〈Adj.〉: *schwarz mit grauem Einschlag.*

grau|sen 〈sw. V.; hat〉 [mhd. grūsen, griusen, ahd. (ir)grū(wi)sōn, zu ↑²grauen]: **a)** 〈unpers.〉 *jmdn. Grausen empfinden lassen:* es grauste ihm/(auch:) ihn bei dem Anblick; vor diesem Menschen graust [es] mir; mir graust [es], wenn ich an die Prüfung denke; bei diesem Gedanken, vor diesem Augenblick hatte ihr/(auch:) sie oft gegraust; **b)** 〈g. + sich〉 *Grausen empfinden:* sie graust sich vor Spinnen; ich grause mich vor dem Zahnarzt; Ich konnte mich schon immer vor unangenehmen Terminen g. (Kronauer, Bogenschütze 314).

Grau|sen, das; -s: *Schauder u. Entsetzen; Grauen* (1): jmdn. befällt ein G., kommt ein G. [vor jmdm., an, sich mit G. abwenden; da kann man das große G. kriegen! (ugs.: *das ist abstoßend, entsetzlich, empörend!*); * *jmdm. packt/jmdm. kommt das kalte G.* (*jmd. ist entsetzt, entrüstet über etw. Bestimmtes:* wenn man die Zustände in diesem Pflegeheim sieht, dann packt einen das kalte G.).

grau|sen|haft 〈Adj.〉 (selten): *grauenhaft, grausig:* ◆ Welch ein widerwärtig Zittern, hässlich -es Wittern (Goethe, Faust II, 7523f.)

grau|sig ⟨Adj.⟩ [zu ↑ grausen]: **1.** *Grausen hervorrufend; grauenvoll, entsetzlich, fürchterlich:* ein -es Verbrechen; eine -e Bluttat; ein -er Anblick; eine -e Entdeckung, einen -en Fund machen; die Leiche war g. verstümmelt. **2.** (ugs.) **a)** *in besonders starkem Maße wie eine Art Pein empfunden; sich kaum ertragen lassend; sehr schlimm:* eine -e Kälte; ich habe -en Hunger; der Motor streikte immer wieder, es war g.; **b)** ⟨intensivierend bei Verben u. Adjektiven⟩ *in kaum erträglicher Weise; sehr, überaus:* g. lügen; der Vortrag war g. langweilig; ich habe mich g. erkältet.
Grau|sig|keit, die; -, -en [spätmhd. grausichkait]: **1.** ⟨o. Pl.⟩ *das Grausigsein.* **2.** *grausige Handlung, grausiges Geschehnis.*
graus|lich ⟨Adj.⟩ [mhd. grüslich, griuslich, zu ↑ Graus] (bes. bayr., österr. ugs.): *leichtes Schaudern hervorrufend; abscheulich, grässlich; hässlich:* ein Anblick von -er Hässlichkeit; das klingt ja g.!
Grau|specht, der: *Buntspecht mit einem schmalen schwarzen Haarbüschel am Schnabel, grauem Hals u. Kopf sowie (beim Männchen) leuchtend rotem Scheitel.*
Grau|stu|fe, die: *Stufe, Abstufung von Grau* (1): die Farben werden auf dem Bildschirm in unterschiedlichen -n wiedergegeben.
♦ **grau|taf|fent** ⟨Adj.⟩ [zu: Taffe(n)t, ältere Form von ↑ Taft]: *aus grauem Taft:* … steckte sogleich die Hand in die … Schoßtasche seines … -nen Rockes (Chamisso, Schlemihl 18).
Grau|tier, das (ugs. scherzh.): **a)** *Esel;* **b)** *Maultier.*
Grau|ton, der: *grauer Farbton.*
Grau|wal, der: *[schwarz]grauer, weißlich gefleckter Bartenwal im nördlichen Pazifischen Ozean.*
grau|weiß ⟨Adj.⟩: *weiß mit grauem Einschlag.*
Grau|wert, der: *Helligkeitswert, Abstufung von Grau.*
Grau|zo|ne, die [wohl nach engl. gray area]: *Übergangszone; Grenzbereich* (2 b); *zwielichtiger od. zweifelhafter Bereich, bes. zwischen Legalität u. Illegalität:* eine juristische G.; in den -n zwischen Wissenschaft und Scharlatanerie.
gra|ve ⟨Adv.⟩ [ital. grave < lat. gravis, ↑ gravierend] (Musik): *langsam, schwer u. feierlich, ernst.*
Gra|ve, das; -s, -s: *Musikstück mit der Tempobezeichnung »grave«.*
Gra|ven|stei|ner, der; -s, - [nach dem Namen des dän. Ortes Gråsten]: *Apfel mit glatter, duftender, hellgrüner bis gelber, leuchtend geflammter Schale u. süß-säuerlichem Geschmack.*
Gra|veur [graˈvøːɐ̯], der; -s, -e [frz. graveur, zu: graver, ↑ gravieren]: *Metall-, Steinschneider; Stecher* (Berufsbez.).
Gra|veur|ar|beit, die: *Gravierarbeit.*
Gra|veu|rin […ˈvøːrɪn], die; -, -nen: w. Form zu ↑ Graveur.
Gra|vi|di|tät, die; -, -en [lat. graviditas] (Med.): *Schwangerschaft.*
Gra|vier|ar|beit, die: **1.** *das Gravieren* (1), *Gravierung* (1). **2. a)** *Gravierung* (2); **b)** *mit Gravierungen verzierter Gegenstand.*
gra|vie|ren ⟨sw. V.; hat⟩ [frz. graver, urspr. = eine Furche, einen Scheitel ziehen < mniederl., mniederd. graven = graben]: **1.** *(eine Verzierung, Schrift o. Ä.) in hartes Material verschiedener Art [ein]schneiden, ritzen, stechen; etw. in etw. g.:* der Name war in den Gewehrlauf graviert. **2.** *mit einer Gravierung versehen:* Ringe, eine silberne Uhr g. lassen; die Bestecke waren graviert.
gra|vie|rend ⟨Adj.⟩ [1. Part. von mhd. gravieren = jmdm. etw. zur Last legen < lat. gravare = schwer machen, zu: gravis = schwer, gewichtig; drückend] (bildungsspr.): *schwer ins Gewicht fallend, schwerwiegend u. sich möglicherweise nachteilig auswirkend:* ein -er Unterschied, Fehler, Rückgang; -e Mängel; der Verlust, der Vorwurf war [ziemlich] g.; die Folgen ihres Leichtsinns sind g.; etw. als g. ansehen.

Gra|vier|kunst, die ⟨o. Pl.⟩: *Kunst des Gravierens.*
Gra|vier|ma|schi|ne, die: *Maschine, mit der Gravierungen verschiedener Art mechanisch ausgeführt werden können.*
Gra|vie|rung, die; -, -en: **1.** *das Gravieren.* **2.** *eingravierte Schrift, Verzierung:* die G. auf der Rückseite der Uhr.
Gra|vier|werk|zeug, das: *zum Gravieren verwendetes Werkzeug.*
Gra|vis, der; -, - [zu lat. gravis, ↑ gravierend] (Sprachwiss.): *[Betonungs]zeichen, Akzent* (`) *für den fallenden Ton (z. B. à).*
Gra|vi|tät, die; - [lat. gravitas, zu: gravis, ↑ gravierend] (bildungsspr.): *[steife] Würde; Gemessenheit im Gehaben.*
Gra|vi|ta|ti|on, die; - [zu lat. gravis, ↑ gravierend] (Physik, Astron.): *Anziehungskraft zwischen Massen, bes. die in Richtung auf den Erdmittelpunkt wirkende Anziehungskraft der Erde; Schwerkraft* (a): die G. der Erde, des Mondes, der Planeten; der G. unterliegen.
Gra|vi|ta|ti|ons|feld, das (Physik, Astron.): *Bereich in der Umgebung eines Körpers, in dem er auf andere Körper eine Anziehungskraft ausübt.*
Gra|vi|ta|ti|ons|ge|setz, das ⟨o. Pl.⟩: *(von Newton formuliertes) Naturgesetz der Gravitation.*
Gra|vi|ta|ti|ons|kraft, die (Physik, Astron.): *Gravitation.*
Gra|vi|ta|ti|ons|zen|t|rum, das: *Schwerpunkt, zentraler Bezugs- od. Anziehungspunkt.*
gra|vi|tä|tisch ⟨Adj.⟩ [zu ↑ Gravität]: *mit [steifer] Würde; würdevoll; ernst u. gemessen:* mit -er Miene; in -em Ernst; g. schreiten; der Hahn spazierte g. im Hühnerhof umher.
Gra|vur, die; -, -en [zu ↑ gravieren]: *eingravierte Verzierung, Schrift o. Ä.:* die Taschenuhr mit einer G. versehen.
Gray [ɡreɪ], das; -, - [nach dem brit. Physiker Louis Harold Gray (1905–1965)]: *Maßeinheit der Energiedosis* (Zeichen: Gy).
Graz: Landeshauptstadt der Steiermark.
¹**Gra|zer,** der; -s, -: Ew.
²**Gra|zer** ⟨indekl. Adj.⟩: *zahllose Touristen bevölkerten die G. Innenstadt.*
Gra|ze|rin, die; -, -nen: w. Form zu ↑ ¹Grazer.
Gra|zie, die; -, -n [lat. gratia = Anmut, Lieblichkeit]: **1.** ⟨meist Pl.⟩ (röm. Mythol.) *eine der drei Göttinnen der Anmut:* die drei -n; Ü da kommen die drei -n (scherzh. od. iron.; *drei zusammengehörende weibliche Personen*); R die -n haben nicht an seiner, ihrer Wiege gestanden (scherzh. verhüll.; *er, sie ist nicht hübsch*). **2.** ⟨o. Pl.⟩ *Anmut, voll Grazie; anmutig:* mit [natürlicher, tänzerischer, lässiger] G. bewegen; Ü sich mit G. (scherzh.; *Geschick*) aus der Affäre ziehen.
gra|zil ⟨Adj.⟩ [unter Einfluss von frz. gracile < lat. gracilis = schlank, schmal]: *fein gebildet, zartgliedrig, zierlich:* eine -e junge Frau; eine -e Figur haben; sie ist klein und g.; Da ihre Beine um eine Spur zu kurz geraten waren, nahm sich ihr Gang nicht besonders g. aus, sondern eher zuschreitend, fast ein wenig zu wacker (Strauß, Niemand 15).
Gra|zi|li|tät, die; - [frz. gracilité < lat. gracilitas]: *grazile Beschaffenheit, Gestalt, Form.*
gra|zi|ös ⟨Adj.⟩ [frz. gracieux < lat. gratiosus, zu: gratia, ↑ Grazie]: *mit, voll Grazie; anmutig:* eine -e Bewegung; g. sein; sich g. bewegen; Ü Er ging durch Zimmer und kleine Säle, über weiche Teppiche, an Möbelchen vorbei (Dürrenmatt, Grieche 96).
gra|zi|o|so ⟨Adv.⟩ [ital. grazioso < lat. gratiosus, ↑ graziös] (Musik): *anmutig, mit Grazie.*

Gra|zi|o|so, das; -s, -s u. …si (Musik): *Satz von anmutigem Charakter.*
Grä|zis|mus, der; -, …men: *altgriechische Spracheigentümlichkeit in einer anderen Sprache, bes. im Lateinischen.*
Grä|zist, der; -en, -en: *jmd., der sich wissenschaftlich mit dem Altgriechischen u. der altgriechischen Kultur befasst.*
Grä|zis|tik, die; -: *Wissenschaft von der altgriechischen Sprache u. Kultur.*
Grä|zis|tin, die; -, -nen: w. Form zu ↑ Gräzist.
♦ **Grec|bor|te** [ˈɡrɛk…], die; -, -n [aus frz. grec = griechisch u. ↑ Borte]: *Randverzierung mit mäanderartigem Muster:* …und… das Kaffeeservice rundweg einwandfrei.». …Wie reizend diese G.« (Fontane, Jenny Treibel 183).
Green [ɡriːn], das; -s, -s [engl. green] (Golf): *um das Loch herum kurz geschnittene Rasenfläche:* sich auf dem G. (*auf dem Golfplatz*) treffen.
Green|back [ˈɡriːnbɛk], der; -[s], -s [engl. greenback, aus: green = grün u. back = Rücken, Rückseite]: **a)** (Bankw.) *amerikanische Schatzanweisung mit dem Aussehen von Banknoten mit grünem Aufdruck auf der Rückseite;* **b)** (Jargon) *Dollar:* der Kurs des -s.
Green|card, die; -, -s, **Green Card,** die; - -, - -s [ˈɡriːnkaːɐ̯t; engl. green card = grüne Karte, nach dem amerikanischen Vorbild]: **a)** *Karte, die Ausländer in den USA benötigen, um legal eine Arbeitsstelle zu bekommen;* **b)** *Dokument, das Menschen aus Ländern außerhalb der Europäischen Union berechtigt, für eine begrenzte Zeit in Deutschland zu leben u. zu arbeiten.*
Green|horn [ˈɡriːnhɔːn], das; -s, -s [engl. greenhorn, eigtl. = Tier mit grünem (= noch nicht ausgewachsenem) Geweih]: *Anfänger, Neuling:* ein G. will mich belehren!
Green|kee|per, Green-Kee|per [ˈɡriːnkiːpɐ], der; -s, - [engl. greenkeeper, aus: green, ↑ Green u. keeper, ↑ Keeper]: *jmd., der eine Golfanlage pflegt u. in Ordnung hält sowie für Turniere vorbereitet u. Ä.*
Green|kee|pe|rin, Green-Kee|pe|rin, die: w. Form zu ↑ Greenkeeper.
Green|peace [ˈɡriːnpiːs; engl., eigtl. = grüner Frieden]: *internationale Umweltschutzorganisation.*
Green|peace-Ak|ti|vist, Green|peace|ak|ti|vist, der: *Person, die sich mit in der Öffentlichkeit wirksamen Aktionen für Greenpeace engagiert.*
Green|peace-Ak|ti|vis|tin, Green|peace|ak|ti|vis|tin, die: w. Formen zu ↑ Greenpeace-Aktivist, ↑ Greenpeaceaktivist.
Green|wich [ˈɡrɪnɪtʃ, …ɪdʒ]: *Stadtteil von London.*
Green|wi|cher [ˈɡrɪnɪtʃɐ, …ɪdʒɐ] ⟨indekl. Adj.⟩: *G. Zeit (westeuropäische Zeit, bezogen auf den Nullmeridian, der durch Greenwich geht).*
Green|wi|cher [ˈɡrɪnɪtʃɐ, …ɪdʒɐ].
Gre|go|ri|a|nik, die; - [nach Papst Gregor I. (um 540–604)]: **1.** *Kunstform des gregorianischen Gesangs.* **2.** *den gregorianischen Gesang betreffende Forschung.*
gre|go|ri|a|nisch: ↑ Gesang (2); ↑ Kalender (2).
Greif, der; -[e]s u. -en, -e[n]: **1.** [mhd. grîf(e) < ahd. grîf(a) < spätlat. gryphus < lat. grypus, gryps < griech. grýps, zu: grypós = gekrümmt (wie eine Habichtsnase), krummnasig] *(früher häufig als Wappentier verwendetes) geflügeltes Fabeltier mit dem Kopf [u. den Krallen] eines Adlers u. dem Körper eines Löwen.* **2.** *Greifvogel.*
Greif|arm, der (der Technik): *Geräte- od. Maschinenteil, mit dem etw. automatisch gegriffen o. Ä. wird.*
Greif|bag|ger, der: *Bagger mit sich zangenartig schließendem Greifer.*
greif|bar ⟨Adj.⟩: **1.** *sich in der nächsten Umgebung befindend, sich ohne große Mühe u.*

ohne größeren Zeitaufwand ergreifen lassend: die Unterlagen g. haben; alles, was g. war, nahm sie mit; Ü das Ziel ist in -e Nähe *(ganz nahe)* gerückt; die Berge sind g. *(ganz)* nahe. **2.** *verfügbar:* alle -en Veröffentlichungen des Forschers; das Geld ist erst im nächsten Jahr g.; die Ware ist im Moment nicht g. *(nicht auf Lager);* die Chefin war nicht g. (ugs.; *erreichbar, zu finden).* **3. a)** *konkret:* -e Ergebnisse; ⟨subst.:⟩ ich habe nichts Greifbares gegen sie in der Hand; **b)** *deutlich erkennbar; offenkundig:* -e Vorteile.

grei|fen, ⟨st. V.; hat⟩ [mhd. grīfen, ahd. grīfan, gemeingerm. Verb]: **1.** *ergreifen, [in die Hand] nehmen, packen:* einen Stein g.; etw. mit der Zange g.; ich griff *(nahm)* mir noch ein Stück Kuchen; * **zum Greifen nah[e]** *(nicht mehr in weiter Ferne, sondern ganz nah:* die Berge waren am Abend zum G. nah; der Erfolg schien zum G. nah[e]). **2.** *fangen, fassen; gefangen nehmen:* einen Dieb g.; Ü den werde ich mir mal g. (ugs.; *stellen, um ihn zu rügen).* **3.** (geh.) *in bestimmter Absicht, zu einem bestimmten Tun ergreifen:* die Sekretärin griff zum Block; zur Zigarette g. *(rauchen);* zur Feder g. *(zu schreiben anfangen, sich schriftstellerisch tätig werden);* abends greift sie gern zu einem Buch *(liest sie gern);* Ü zu einer fragwürdigen Methode, zu schärferen Mitteln, zum Äußersten g. *(Zuflucht nehmen);* zur Selbsthilfe g. **4. a)** *die Hand nach jmdm., etw. ausstrecken [um ihn, es zu ergreifen]:* nach dem Glas, nach seinem Hut g.; das Kind greift Hilfe suchend nach der Hand der Mutter; sie wollte sich festhalten, aber ihre Hand griff ins Leere *(sie fand keinen Halt);* der Betrunkene hatte ihr ins Steuer gegriffen und damit den Unfall verursacht; Ü nach der Macht, Krone g. *(die Macht, Königsherrschaft anstreben);* *** hinter sich g. müssen** (Ballspiele Jargon; *als Torwart ein Tor hinnehmen müssen);* **um sich g.** *(sich ausbreiten:* das Feuer, eine Unsitte greift um sich; die Epidemie griff rasch um sich); **b)** *die Hand nach etw. ausstrecken, um es zu berühren:* an seine Mütze g.; sie griff sich an die Stirn, an den Kopf; er griff ihr an den Busen, unter den Rock; Ü diese traurige Geschichte greift ihr ans Herz (geh.; *geht ihr nahe, rührt sie).* **5.** *(durch Bewegungen der Hand auf einem Musikinstrument) zum Erklingen bringen:* einen Akkord [auf der Gitarre, auf dem Klavier] g.; ihre Hand ist gerade groß genug, um eine Oktave zu g. *(zu umspannen).* **6.** (bes. Technik) *fest aufliegen, einrasten o. Ä., sodass ein bestimmter Vorgang richtig vonstattengeht; genügend Reibungswiderstand haben:* auf der vereisten Fahrbahn griffen die Reifen nicht; das Zahnrad greift nicht mehr richtig; ... bis ich kaum mehr die eigene Schrift erkannte, das auch wegen des Dämmerungslichts, wobei auf dem feuchten Papier die Bleistifte nicht mehr recht griffen (Handke, Niemandsbucht 817). **7.** *Wirkung zeigen:* diese Methoden greifen nicht mehr. **8.** (nur im 2. Part.) *schätzen, veranschlagen:* diese Zahl ist sehr hoch, zu niedrig gegriffen.

Grei|fer, der; -s, -: **1.** (Technik) *aus zwei schaufelartigen, in einem Gelenk beweglichen Schalen bestehende Vorrichtung an Kränen u. Baggern, mit der Sand, Steine, Kohle o. Ä. aufgenommen u. an eine andere Stelle gebracht werden können.* **2.** (salopp abwertend) *Polizist:* er ist den -n entkommen.

Greif|hö|he: in der Fügung **in G.** *(in einer Höhe angebracht o. Ä., die mit ausgestrecktem Arm zu erreichen ist:* das Messer hängt in G.).

◆ **greif|lich** ⟨Adj.⟩ [mhd. grīflich]: *greifbar:* Ihm fehlt es ... gar nicht an sehr g. Tüchtighaften (Goethe, Faust II, 8249 f.).

Greif|re|flex, der: *reflexbedingtes Schließen der Hände bei Berührung der Handflächen, bes. bei Säuglingen.*

Greifs|wald: Stadt in Vorpommern.

¹**Greifs|wal|der,** der; -s, -: Ew.

²**Greifs|wal|der** ⟨indekl. Adj.⟩: die G. Universität.

Greifs|wal|de|rin, die; -, -nen: w. Form zu ↑¹Greifswalder.

Greif|trupp, der (ugs.): *für die Verhaftung bestimmter Personengruppen zusammengestellte Gruppe von Polizisten o. Ä.*

Greif|vo|gel, der: *Vogel mit kräftigen Beinen, deren Zehen starke, gekrümmte, spitze Krallen aufweisen, die dem Greifen u. Töten der Beute dienen; Greif.*

Greif|zan|ge, die: *zangenähnliches Gerät zum Ergreifen von etw., was nicht mit den Händen ergriffen werden kann od. nicht angefasst werden soll.*

grei|nen ⟨sw. V.; hat⟩ [mhd. grīnen, ahd. grīnan = lachend od. weinend den Mund verziehen] (ugs. abwertend): **1.** *[schmerzlich den Mund verziehend] leise u. kläglich vor sich hin weinen:* das Kind greint. **2.** *weinerlich klagen, jammern:* die Stimme einer Frau greinte; Ü mögen die Kritiker doch g.!

greis ⟨Adj.⟩ [mhd. grīs < niederd. grīs, eigtl. = grau] (geh.): *alt, betagt (mit ergrautem, weißem Haar u. erkennbaren Zeichen des Alters, der Gebrechlichkeit):* sein -er Vater; Nun stand er bei ihm, der Alte ... und blickte mit seinen -en *(alten)*, aber eindringlichen Augen in die schönen, schwarzen des Jünglings (Th. Mann, Joseph 79).

Greis, der; -es, -e [mhd. grīse, Substantivierung von: grīs, ↑ greis]: *alter od. alt wirkender [körperlich hinfälliger] Mann:* ein rüstiger, würdiger G.; Kinder, Frauen und -e.

Grei|sen|al|ter, das ⟨o. Pl.⟩: *Altersstufe des alten, betagten Menschen:* an der Schwelle des -s; im hohen G.

grei|sen|haft ⟨Adj.⟩: *wie ein Greis, eine Greisin geartet, im der Art eines [alterschwachen] Greises:* sein -es Äußeres; Kinder mit -en Gesichtern. Dazu: **Grei|sen|haf|tig|keit,** die; -.

Grei|sin, die; -, -nen: w. Form zu ↑ Greis.

Greiß|ler, der; -s, - [urspr. Nebenf. von älterem Gräußler, Gräusler, zu Grauß, Graus = (Getreide)korn] (bes. ostösterr.): *kleiner Lebensmittelhändler.*

Greiß|le|rin, die; -, -nen: w. Form zu ↑ Greißler.

grell ⟨Adj.⟩ [mhd. grel = zornig, heftig, zu: grellen = laut schreien, lautm.]: **1. a)** *in unangenehmer Weise hell; blendend hell:* die Sonne; -es Licht; -e Scheinwerfer; eine g. beleuchtete Unfallstelle; Ü Ein -er *(blendend heller)* Mittag, ohne Sonnenbrille fast unerträglich (Frisch, Montauk 205); **b)** *(von Farben) in auffallender, dem Auge oft unangenehmer Weise hervorstechend; stark kontrastreich:* ein -es Rot; die Farbe ist mir zu g.; ein g. geschminkter Mund; Ü eine Begebenheit in -en Farben schildern; Ein Plakat flammte g. vor meinen Augen auf (Hesse, Steppenwolf 231). **2.** *schrill, durchdringend laut:* -e Schreie, Pfiffe; eine -e Stimme.

grell be|leuch|tet, grell|be|leuch|tet ⟨Adj.⟩: *mit greller Beleuchtung versehen:* der grell beleuchtete Grenzübergang.

grell|bunt ⟨Adj.⟩: *eine grelle Buntheit aufweisend:* ein -es Kleid.

Grel|le, die; -: **1. a)** *blendende, gleißende, als unangenehm empfundene Helligkeit von Licht:* die G. des Neonlichts; **b)** *besonders starke Leuchtkraft einer Farbe; oft als unangenehm empfundene leuchtende Buntheit:* die G. des Rots stach hervor. **2.** *durchdringende, schrille Schärfe von Tönen:* die G. der Pfiffe.

grel|len ⟨sw. V.; hat⟩: **1.** *grelles Licht verbreiten:* die Sonne grellt erbarmungslos. **2.** *grell klingen, ertönen:* das Martinshorn grellte.

grell|far|ben, grell|far|big ⟨Adj.⟩: *von einer grellen Farbe:* -e Plakate.

grell|gelb ⟨Adj.⟩: *von einem grellen Gelb.*

grell|grün ⟨Adj.⟩: *von einem grellen Grün.*

Grell|heit, die; -: Grelle.

grell|rot ⟨Adj.⟩: *von einem grellen Rot.*

grell|weiß ⟨Adj.⟩: *von einem grellen, blendenden Weiß.*

Gre|mi|al|vor|ste|her, der (österr.): *Vorsitzender eines Gremiums.*

Gre|mi|al|vor|ste|he|rin, die: w. Form zu ↑ Gremialvorsteher.

Gre|mi|en|ar|beit, die: *[Mit]arbeit in Gremien.*

Gre|mi|um, das; -s, ...ien [spätlat. gremium = ein Armvoll, Bündel (eigtl. = das, was man im Schoß fassen kann) < lat. gremium = Schoß]: *zur Erfüllung einer bestimmten Aufgabe gebildete Gruppe von Expert(inn)en; beschlussfassende Körperschaft; Ausschuss:* ein internationales G. von Fachleuten; ein G. bilden; einem G. angehören; in einem G. mitarbeiten.

Gre|na|da; -s: Inselstaat im Karibischen Meer.

Gre|na|dier, der; -s, -e [frz. grenadier = Handgranatenwerfer, zu: grenade = Granate, eigtl. = Granatapfel; vgl. Granate]: *Infanterist.*

Gre|na|die|rin, die; -, -nen: w. Form zu ↑ Grenadier.

Gre|na|dil|le, Granadille, die; -, -n [frz. grenadille = Passionsblume < span. granadilla = Blüte der Passionsblume, eigtl. Vkl. von: granada = Granatapfel]: *essbare Frucht verschiedener Arten von Passionsblumen.*

¹**Gre|na|di|ne,** die; - [frz. grenadine, zu: grenade, ↑ Grenadier]: *Saft, Sirup aus Granatäpfeln.*

²**Gre|na|di|ne,** die; - [frz. grenadine, eigtl. = genarbte Seide]: *leichtes, durchbrochenes Gewebe aus Naturseide.*

Grenz|ab|fer|ti|gung, die (Zollw.): *Abfertigung durch den Zoll an der Grenze.*

Grenz|ab|schnitt, der (bes. Militär): *Abschnitt einer Grenze (1 a).*

Grenz|aus|gleich, der: *Währungsausgleich (2).*

Grenz|bahn|hof, der: *an einer Grenze liegender Bahnhof.*

Grenz|baum, der: **1.** *Baum, der eine Grenze markiert:* Grenzbäume pflanzen. **2.** *Schlagbaum.*

Grenz|be|am|ter ⟨vgl. Beamter⟩: *Beamter, der an einer Grenze Dienst tut.*

Grenz|be|am|tin, die: w. Form zu ↑ Grenzbeamter.

Grenz|be|fes|ti|gung, die ⟨meist Pl.⟩: *Verteidigungsanlage zum Schutz einer Grenze.*

Grenz|be|ge|hung, die: *offizieller Gang entlang einer Grenze (1 a, b) zum Zweck der Überprüfung o. Ä.*

Grenz|be|reich, der: **1.** *Umkreis der Grenze.* **2. a)** *Bereich, in dem keine Steigerungen mehr möglich sind; äußerste Grenze für etw.:* die Geschwindigkeit von 180 km/h liegt bei diesem Wagen bereits im G.; **b)** *Bereich, in dem sich zwei Fachgebiete o. Ä. berühren, aneinandergrenzen:* im G. zwischen Entwicklung und Produktion.

Grenz|be|woh|ner, der: *jmd., der an einer Grenze, in einem Grenzbezirk wohnt.*

Grenz|be|woh|ne|rin, die: w. Form zu ↑ Grenzbewohner.

Grenz|be|zirk, der: **a)** *direkt an einer Landesgrenze befindlicher Bezirk;* **b)** *Zollgrenzbezirk.*

grenz|de|bil ⟨Adj.⟩: (salopp) *von schwacher, nicht zureichender Intelligenz [zeugend].*

Grenz|dorf, das: *an einer Grenze (1 a) liegendes Dorf.*

Gren|ze, die; -, -n [mhd. greniz(e), aus dem Westslaw., vgl. poln. granica, russ. granica, zu russ. gran' = Ecke; Grenze]: **1. a)** *(durch entsprechende Markierungen gekennzeichneter) Geländestreifen, der politische Gebilde (Länder,*

Staaten) voneinander trennt: die G. zwischen Spanien und Frankreich; die G. war gesperrt, war dicht *(konnte nicht passiert werden);* die G. verläuft quer durch den Ural; die G. sichern, bewachen, überschreiten, verletzen; die deutsch-französische G. passieren; der Fluss bildet die G. zu Polen; jenseits, diesseits der G.; an der G. nach Bayern; sie wohnen an der G. *(im Grenzgebiet);* jmdn. über die G. abschieben; einen Flüchtling über die G. bringen; er ist über die grüne G. gegangen (ugs.; *hat illegal, an einem unkontrollierten Abschnitt das Land verlassen);* **b)** *Trennungslinie zwischen Gebieten, die im Besitz verschiedener Eigentümer sind od. sich durch natürliche Eigenschaften voneinander abgrenzen:* die -n der Prärie; die G. zwischen Geest und Marsch; hier verläuft die G. des Grundstücks; eine G. ziehen, berichtigen; dieser Fluss, das Gebirge bildet eine natürliche G.; Die -n unserer kleinen Wirtschaften sind abgesteckt, alles ist ordentlich eingetragen, Besitzwechsel kommt kaum vor (Kafka, Schloß 62); **c)** *nur gedachte Trennungslinie unterschiedlicher, gegensätzlicher Bereiche u. Erscheinungen o. Ä.:* die G. zwischen Stadt und Dorf, Hell und Dunkel, Kindheit und Jugend; die -n zwischen Kunst und Kitsch sind fließend *(es gibt keine eindeutige Trennung);* das rührt schon an die G. des Lächerlichen *(das ist schon fast lächerlich).* **2.** ⟨meist Pl.⟩ *Begrenzung, Abschluss[linie], Schranke:* eine zeitliche G.; die Grenzen des Wachstums; jmdm., einer Entwicklung sind [enge] -n gesetzt; der Fantasie sind keine -n gesetzt; die -n des Erlaubten, Möglichen, der Belastbarkeit überschreiten; ihr Ehrgeiz kannte keine -n *(war grenzenlos, maßlos);* sie kennt ihre -n *(weiß, wie weit sie gehen kann, was sie leisten kann);* er ist an der [äußersten] G. des Machbaren angelangt; jmdn. in seine -n verweisen; deine Bemerkung war hart an der G. zur Beleidigung *(war fast schon eine Beleidigung);* die -n wahren, beachten *(nicht über ein bestimmtes Maß hinausgehen; maßhalten);* die Entwicklung stößt an technische, wissenschaftliche, verfassungsmäßige -n; etw. ist in -n *(in einem bestimmten Maß)* erlaubt; ihr Stolz war ohne -n *(war grenzenlos, sehr groß);* Ich glaube nicht an die -n des Fortschritts (Strauß, Niemand 69); * *sich in -n halten (nicht übermäßig groß, gut, nicht überragend sein:* meine Überraschung, ihre Begeisterung hielt sich in -n).
gren|zen ⟨sw. V.; hat; unpers.⟩ [mhd. grenizen = abgrenzen]: **1.** *eine gemeinsame Grenze mit etw. haben; benachbart sein:* die Felder grenzen an die Autobahn; Deutschland grenzt an Österreich. **2.** *einer Sache nahekommen, ihr sehr ähnlich, verwandt sein:* ♦ ...dass auf diesem großen Rund der Erde kein Elend an das meine grenze *(heranreiche),* (Fallada, Trinker 12).
gren|zen|los ⟨Adj.⟩: **1.** *unendlich; unüberschaubar ausgedehnt:* die -e Weite des Himmels. **2.** *uneingeschränkt, bedingungslos:* mit -em Gottvertrauen; ihre Liebe war g. **3. a)** *sehr groß; maßlos:* ein Gefühl -er Einsamkeit, Angst; das war eine -e Unverschämtheit!; ihre Verachtung für ihn war g.; (subst.:) die Kosten gehen ins Grenzenlose; **b)** ⟨intensivierend bei Adjektiven u. Verben⟩ *sehr, überaus:* ...ich habe nicht das eilige Glucksen der Bäche und die Trommelwirbel der Lerchen in der blaugoldenen Luft gehört: ich war g. allein mit mir und meinem Missgeschick (Fallada, Trinker 12).
Gren|zen|lo|sig|keit, die; -: **1.** *grenzenlose Weite; Unendlichkeit.* **2.** *Uneingeschränktheit.*
Gren|zer, der; -s, - (ugs.): **1.** *Grenzbewohner.* **2.** *Angehöriger einer Einheit, die zur Überwachung der Grenze (1 a) eingesetzt ist; Grenzposten.*

Grenz|er|fah|rung, die: *Erlebnis, bei dem Körper und Psyche extremen Belastungen ausgesetzt sind, bei dem jemand seine psychischen und physischen Grenzen erfährt:* eine G. machen.
Gren|ze|rin, die; -, -nen: w. Form zu ↑Grenzer.
Grenz|fall, der: **1.** *Fall, der zwischen zwei [od. mehreren] Möglichkeiten liegt u. sich daher nicht eindeutig bestimmen lässt:* ein G. zwischen Unterschlagung und Betrug. **2.** *Sonderfall:* wir können nur in Grenzfällen helfen.
Grenz|fluss, der: *Fluss, der eine Grenze bildet.*
Grenz|for|ma|li|tät, die ⟨meist Pl.⟩: *beim Grenzübertritt zu erledigende Formalität wie Pass- u. Zollkontrolle u. a.*
Grenz|fra|ge, die: *Grenzproblem.*
Grenz|gang, der (geh.): *Überschreiten einer [meist abstrakten] Grenze:* ein G. zwischen Jazz und Klassik, zwischen islamischer und westlicher Kultur, zwischen Leben und Tod.
Grenz|gän|ger, der; -s, -: *jmd., der regelmäßig eine Grenze passiert, um in dem Gebiet jenseits der Grenze zu arbeiten, in die Schule zu gehen o. Ä.:* Ü ein G. zwischen den verschiedenen Medien.
Grenz|gän|ge|rin, die; -, -nen: w. Form zu ↑Grenzgänger.
Grenz|ge|biet, das: **1.** *direkt an einer Grenze liegendes Gebiet:* die Kontrolle in den -en wurde verstärkt. **2.** *Sachgebiet, das zu mehreren benachbarten Disziplinen o. Ä. gerechnet werden kann.*
Grenz|kon|flikt, der: *[bewaffnete militärische] Auseinandersetzung zwischen zwei Staaten wegen des Verlaufs einer gemeinsamen Grenze.*
Grenz|kon|trol|le, die: **1.** *amtliche Kontrolle von Personen od. Sachen, die eine Grenze passieren.* **2.** *die Grenzkontrolle (1) ausübende Person od. Gruppe.*
Grenz|krieg, der: *(meist auf das Grenzgebiet beschränkter) Krieg wegen des strittigen Verlaufs der Grenze zwischen zwei Staaten.*
Grenz|land, das ⟨Pl. ...länder; Pl. selten⟩: *Grenzgebiet (1).*
Grenz|li|nie, die: *Linie, die eine Grenze darstellt.*
grenz|nah ⟨Adj.⟩: *in der Nähe einer Grenze gelegen:* -e Gebiete.
Grenz|ort, der ⟨Pl. -e⟩: *in der Nähe einer Grenze gelegener Ort.*
Grenz|po|li|zei, die: *Polizei mit der Aufgabe des Grenzschutzes:* Dazu: **Grenz|po|li|zist,** der; **Grenz|po|li|zis|tin,** die.
Grenz|pos|ten, der: *Wachtposten an der Grenze.*
Grenz|pro|blem, das: **1.** *Problem im Zusammenhang mit dem Verlauf einer Grenze:* das G. wird im Friedensvertrag geregelt. **2.** *Problem, das einen Grenzbereich (2 b) berührt.*
Grenz|punkt, der: *Punkt, der eine Grenze bezeichnet; äußerster Punkt; Grenze (2):* an einem G. angelangt sein *(nicht weiterkommen).*
Grenz|raum, der: *direkt an einer Grenze liegender Raum.*
Grenz|re|ge|lung, die: *Regelung, die eine gemeinsame Grenze betrifft:* eine für beide Staaten annehmbare G.
Grenz|re|gi|on, die: *Grenzgebiet (1):* eine autonome G.
♦ **Grenz|schei|de,** die: *Grenzlinie:* Er hatte vorher einen geraden Strich gezogen als G. (Keller, Romeo 16).
Grenz|schutz, der ⟨o. Pl.⟩: **1.** *Sicherung der Landesgrenze.* **2.** (ugs.) *Bundesgrenzschutz.*
Grenz|schüt|zer, der ⟨meist Pl.⟩ (ugs.): *Angehöriger des Bundesgrenzschutzes.*
Grenz|schüt|ze|rin, die: w. Form zu ↑Grenzschützer.
Grenz|si|che|rung, die: *Grenzschutz (1).*
Grenz|si|tu|a|ti|on, die: *ungewöhnliche Situation, in der nicht die üblichen Mittel, Maßnah-*

men zu ihrer Bewältigung Anwendung finden können: die -en menschlicher Existenz.
Grenz|sol|dat, der: *Soldat des Grenzschutzes (2).*
Grenz|sol|da|tin, die: w. Form zu ↑Grenzsoldat.
Grenz|stadt, die: *in der Nähe einer Grenze gelegene Stadt.*
Grenz|sta|ti|on, die: *Grenzbahnhof.*
Grenz|stein, der: *Stein, der eine Grenze markiert:* umgefallene, römische -e.
Grenz|strei|tig|keit, die ⟨meist Pl.⟩: *Streitigkeit, die eine gemeinsame Grenze der Streitenden betrifft:* -en austragen, beilegen.
Grenz|trup|pe, die ⟨meist Pl.⟩ (Militär): *Teil einer Armee, dessen Aufgabe die Grenzsicherung sowie die Gewährleistung von Sicherheit u. Ordnung im Grenzgebiet ist.*
Grenz|über|gang, der: **1.** *das Überschreiten, Passieren einer Grenze.* **2.** *mit bestimmten Anlagen versehene bewachte Stelle, an der eine Grenze offiziell überschritten werden kann.*
grenz|über|grei|fend ⟨Adj.⟩: *grenzüberschreitend:* eine -e Verbrechensbekämpfung.
grenz|über|schrei|tend ⟨Adj.⟩: *über [Staats]grenzen hinausgehend:* -er Handel, Verkehr; -e Umweltprobleme; g. zusammenarbeiten, kooperieren.
Grenz|über|schrei|tung, die: **1.** *Überschreitung einer [Staats]grenze.* **2.** *Missachtung, Überschreitung von Grenzen* (1 c,2).
Grenz|über|tritt, der: *Grenzübergang (1).*
Grenz|ver|kehr, der: *Verkehr über die Grenzen eines Staates hinweg:* kleiner G. *(erleichterter Grenzübergang für Grenzgänger od. für kurzfristige Grenzübertritte).*
Grenz|ver|lauf, der: *Verlauf einer Grenze:* den G. korrigieren.
Grenz|ver|let|zung, die: *das Verletzen einer Grenze* (1 a) *durch [bewaffneten] illegalen Grenzübertritt:* sich der wiederholten G. schuldig machen.
Grenz|ver|trag, der: *Vertrag über eine Grenzregelung.*
Grenz|wacht, die (schweiz.): *militärisch organisierte Polizei für die Überwachung der Grenze:* Dazu: **Grenz|wäch|ter,** der; **Grenz|wäch|te|rin,** die.
Grenz|wall, der: *dem Schutz einer Grenze dienender* ²Wall.
Grenz|wert, der: **1.** *äußerster Wert, der nicht überschritten werden darf:* -e festlegen, festsetzen; ein G. von 35 Mikrogramm Blei; die Herabsetzung der G. für Abgase. **2.** (Math.) *Zahlenwert, nach dem eine Folge reeller Zahlen hinstrebt; Limes.*
grenz|wer|tig ⟨Adj.⟩ ⟨meist Jargon⟩: *gerade noch im Bereich des Positiven, Erträglichen o. Ä. liegend:* eine -e Belastung; sein Humor ist echt g.
Grenz|wis|sen|schaft, die: **1.** *Wissenschaft, die sowohl zu dem einen als auch zu dem anderen von zwei benachbarten Wissenschaftsbereichen gehören kann.* **2.** ⟨meist Pl.⟩ *wissenschaftliche Beschäftigung mit Phänomenen (aus dem Bereich der Parapsychologie u. a.), die dem rationalen Denken nicht zugänglich sind; Esoterik* (3).
Grenz|zaun, der: *eine [Staats]grenze markierender Zaun:* Soldaten bewachten den G.
Grenz|zei|chen, das: *Zeichen (z. B. Stein od. Pfahl), mit dem eine Grenze markiert wird.*
Grenz|zie|hung, die: *das Ziehen einer Grenze:* eine vorläufige, endgültige G.
Grenz|zwi|schen|fall, der: *politischer od. militärischer Zwischenfall an einer Landesgrenze.*
Gret|chen|fra|ge die [nach der von Gretchen an Faust gerichteten Frage »Nun sag, wie hast du's mit der Religion?«, Goethe, Faust I, 3415]: *unangenehme, oft peinliche u. zugleich für eine bestimmte Entscheidung wesentliche Frage [die in einer schwierigen Situation gestellt wird].*

Greu|be, die; -, -n [mhd. griube, ahd. griubo, Nebenformen zu ↑ Griebe] (schweiz.): *Griebe.*
Greu|ben|wurst, die (schweiz.): *Griebenwurst.*
Greu|el usw.: frühere Schreibung für ↑ Gräuel usw.
greu|lich: frühere Schreibung für ↑ ²gräulich.
Grey|er|zer, der; -s, -, **Grey|er|zer Kä|se,** der; - -s, - -: *dem Emmentaler ähnlicher Schweizer Hartkäse aus dem Greyerzer Land* (vgl. Gruyère).
Grey|hound ['grεihaʊnd], der; -[s], -s [engl. greyhound < aengl. grīghund, 1. Bestandteil H. u.]: **1.** *in England bes. für Rennen gezüchteter Windhund.* **2.** Kurzf. von ↑ Greyhoundbus.
Grey|hound|bus, der [engl.-amerik. Greyhound (bus), nach dem Firmensymbol der Greyhound Corp., einem Windhund (= engl. greyhound, ↑ Greyhound), u. wohl auch mit Bezug auf die graue Farbe der Busse (engl. grey = grau)]: *Omnibus einer (amerikanischen) Busliniengesellschaft im Überlandverkehr.*
Grie|be, die; -, -n (meist Pl.) [mhd. griebe, ahd. griobo, eigtl. = Grobes, wohl verw. mit ↑ Griebs, ↑ grob]: **a)** *Rückstand von ausgelassenem Speck;* **b)** *würfelförmiges Stückchen Speck.*
Grie|ben|fett, das: *Fett mit Grieben* (1 a).
Grie|ben|schmalz, das: *Schmalz mit Grieben* (a).
Grie|ben|wurst, die: *Wurst mit Grieben* (1 b); *Blutwurst.*
Griebs, der; -es, -e [spätmhd. grubs, grobis, H. u., viell. verw. mit ↑ Griebe] (landsch.): *Kerngehäuse von Apfel od. Birne.*
Grie|che, der; -n, -n [mhd. u. ahd. Krieche]: *Ew.: er ist G.*
Grie|chen|land: -s: *Staat im Süden der Balkanhalbinsel.*
Grie|chen|tum, das; -s: **1.** *griechisches Wesen; griechische Eigenart.* **2.** *Hellenismus.*
Grie|chin, die; -, -nen: *w. Form zu ↑ Grieche.*
grie|chisch ⟨Adj.⟩ [mhd. kriechisch, ahd. chriehhisc < lat. Graecus < griech. Graikós]: **a)** *Griechenland, die Griechen betreffend:* die -e Geschichte, Kultur, Sprache; das -e Alphabet; ein -er Tempel; die -e Tragödie; die -e Antike; **b)** *in der Sprache der Griechen [verfasst]:* ein -er Text; eine -e Übersetzung.
Grie|chisch, das; -[s]: **a)** *die griechische Sprache;* **b)** *altgriechische Sprache u. Literatur als Lehrfach:* sie unterrichtet G.; in G. eine Zwei haben.
Grie|chi|sche, das; -n ⟨nur mit best. Art.⟩: *die griechische Sprache im Allgemeinen.*
grie|chisch-ka|tho|lisch ⟨Adj.⟩: *einer mit Rom vereinigten, in Lehre u. Verfassung den Papst anerkennenden orthodoxen Nationalkirche angehörend* (Abk.: gr.-kath.): -e Kirche *(mit Rom unierte, bei eigenen Gottesdienstformen in Lehre u. Verfassung den Papst anerkennende orthodoxe Nationalkirche).*
grie|chisch-or|tho|dox ⟨Adj.⟩: *der von Rom getrennten orthodoxen Ostkirche od. einer ihrer unabhängigen Nationalkirchen angehörend:* die Bevölkerung ist g.; die -e Kirche *(die unabhängige Nationalkirche Griechenlands).*
grie|chisch-rö|misch ⟨Adj.⟩: **1.** (Ringen) *nur Griffe oberhalb der Gürtellinie gestattend:* Ringen im -en Stil. **2.** *griechisch-katholisch.* **3.** *die zunächst griechische, dann römisch geprägte Epoche des Altertums betreffend:* die -e Antike.
grie|chisch-uniert ⟨Adj.⟩: *griechisch-katholisch.*
grie|nen ⟨sw. V.; hat⟩ [niederd. Form von ↑ greinen] (nordd.): *grinsen:* sie griente verlegen, dreckig.
Grie|sel, der; -s (Meteorol.): *Niederschlag in Form von kleinen Eiskörnchen.*
grie|seln ⟨sw. V.; hat⟩ [verw. mit ↑ grausen, gruseln] (nordd.): **1.** *[vor Kälte, Furcht, Ekel] erschauern.* **2.** *[von Bildschirmen, Filmen etc.] flimmern.* **3.** *[von Niederschlag] als Griesel zur Erde fallen.*
Gries|gram, der; -[e]s, -e [älter nhd. = mürrische Stimmung, Missmut < mhd. grisgram = Zähneknirschen, rückgeb. aus: grisgramen, ahd. grisgramōn = mit den Zähnen knirschen; murren, brummen] (abwertend): *griesgrämiger Mensch.*
gries|grä|mig ⟨Adj.⟩ [im 15. Jh. grisgramig]: *ohne ersichtlichen Grund schlecht gelaunt, unfreundlich, mürrisch u. dadurch eine Atmosphäre der Freudlosigkeit u. Unlust um sich verbreitend; verdrossen:* ein -er Mensch; g. sein, dreinschauen.
Grieß, der; -es, (Sorten:) -e [mhd. grieʒ, ahd. grioʒ = Sand, Kies; grob gemahlenes Mehl, eigtl. = Zerriebenes, Zerbröckeltes, verw. mit ↑ groß]: **1.** *körnig gemahlenes geschältes Getreide (bes. Weizen), das zum Kochen verwendet wird:* ein Brei aus G. **2.** (Med.) *körniges Konkrement:* Ablagerungen in den Nieren in Form von G.
Grieß|brei, der: *Brei aus Grieß* (1).
Grieß|klöß|chen, das: *Klößchen aus Grießbrei als Suppeneinlage.*
Grieß|pud|ding, der: *Pudding aus Grieß* (1).
Grieß|schmar|ren, der (österr.): *Süßspeise aus geröstetem Grieß* (1).
Grieß|sup|pe, die: *unter Verwendung von Grieß* (1) *hergestellte Suppe.*
griff: ↑ greifen.
Griff, der; -[e]s, -e [mhd., ahd. grif, zu ↑ greifen]: **1. a)** *das Greifen; Zugriff:* ein rascher, derber, eiserner, kräftiger G.; ein G. an die Heizung, in die Kiste, nach jmds. Zigarette; sich jmds. Griffen entwinden; * **der G. zu etw.** (verhüll.; Hinwendung in einer Art Sucht zu einem Genussmittel, einer Droge): der G. zur Tablette, Zigarette, Flasche); **ein G. ins Klo** (salopp; ein Missgriff: die Auswahl dieser Band war wohl ein G. ins Klo); **mit jmdm., etw. einen guten/glücklichen G. getan haben** *(mit jmdm., etw. eine gute Wahl getroffen haben);* **einen G. in die Kasse tun** (verhüll.; *Geld stehlen);* **b)** *Handgriff, Handhabung:* ein geübter, falscher G.; bei ihr sitzt jeder G. *(sie ist sehr geschickt);* die Soldaten übten ihre -e am Gewehr; sie beherrscht spielend selbst die schwierigsten -e *(Fingerstellungen, mit denen jeweils bestimmte Töne auf einem Musikinstrument erzeugt werden können);* der Ringer wendete einige verbotene -e *(mit Hand od. Arm ausgeführte greifende Bewegungen)* an; mit wenigen -en etw. rasch erledigen; das mache ich mit einem G., das ist mit einem G. *([mühelos] im Nu)* getan; * **etw. im G. haben** (1. *etw., was mit den Händen getan wird, routinemäßig beherrschen.* jmdn., etw. unter Kontrolle haben: die Lehrerin hat ihre Klasse fest im G.); **etw. in den G. bekommen/**(ugs.:)**kriegen** (*in der Lage sein, etw. Schwieriges o. Ä. zu bewältigen, damit fertigzuwerden:* eine Seuche, die wirtschaftlichen Probleme in den G. bekommen/kriegen). **2.** *Teil einer Sache in Form einer Klinke, eines Knaufs, eines Henkels, Bügels o. Ä., der ein Zupacken der Hand, ein In-die-Hand-Nehmen ermöglicht:* der G. ist lose, ist abgebrochen; der G. des Spazierstocks ist aus Holz, Bambus; den Koffer am G. packen. **3.** (Weberei) *durch Anfühlen feststellbare Beschaffenheit eines Gewebes:* dieser Seidenstoff hat einen besonders weichen G. **4.** (Fachspr.) ¹*Haftung.*
griff|be|reit ⟨Adj.⟩: *zum raschen Greifen, zum raschen In-die-Hand-Nehmen aufbewahrt, bereitgelegt:* Hut und Mantel sind g.; etw. g. haben; er legte den Revolver g. unter das Kissen.
Griff|brett, das: *am Hals von Saiteninstrumenten festgeleimtes schmales Brett, auf das die darübergespannten Saiten beim Greifen der Töne niedergedrückt werden.*
Grif|fel, der; -s, -: **1.** [mhd. griffel, ahd. griffil, unter Einfluss von: grīfan (↑ greifen) zu: graf < lat. graphium < griech. grapheîon = Schreibgerät] *Schreibstift für Schiefertafeln.* **2.** (Bot.) *stielartiger Fortsatz eines Fruchtknotens, der die Narbe trägt.* **3.** ⟨meist Pl.⟩ (salopp) *Finger:* G. weg von den Keksen!
grif|fel|för|mig ⟨Adj.⟩: *der Form eines Griffels* (1) *ähnlich.*
Grif|fel|kas|ten, der (früher): *kleiner Behälter zum Aufbewahren der Griffel* (1).
grif|fig ⟨Adj.⟩ [mhd. griffec]: **1.** *leicht, gut zu ergreifen, zu umfassen, zu handhaben; handlich:* ein -es Lenkrad; diese Bohrmaschine ist sehr g. **2. a)** *gut greifend* (6): die Reifen haben ein sehr -es Profil; **b)** *so beschaffen, dass etw. darauf gut greifen* (6) *kann:* eine -e Fahrbahn. **3.** *(von Textilien) fest gewebt:* ein -es Kammgarngewebe; schwerer, -er Seidenstoff. **4.** (bes. österr.) *(von Mehl) grobkörnig, locker:* -es Mehl. **5.** *wirkungsvoll; treffend; prägnant:* eine -e Formulierung.
Grif|fig|keit, die; -: *das Griffigsein.*
Griff|loch, das: *Öffnung in der Wandung des Rohrs von Blasinstrumenten, die mit den Fingerkuppen geschlossen wird, um die Tonhöhe zu verändern.*
griff|los ⟨Adj.⟩: *nicht mit einem Griff* (2) *versehen; ohne Griff:* -e Gefängnistüren.
Griff|nä|he, die: *greifbare Nähe:* etw. in G. unterbringen.
Griff|re|gis|ter, das (Fachspr.): *mit Ausbuchtungen versehenes Register* (1 b); *Daumenregister.*
Griff|ta|bel|le, die: *Vorlage, die die möglichen Fingergriffe auf einem Musikinstrument in Form eines Schemas erfasst.*
Griff|tech|nik, die: *Technik des Greifens, z. B. beim Spielen eines Musikinstruments.*
Griff|wei|te, die: *Griffnähe:* etw. liegt in G., außer G.; Sie hatte den Sieg in G.
Grill, der; -s, -s [engl. grill < frz. gril (neben: grille) < lat. craticulum (neben: craticula) = Flechtwerk, kleiner Rost]: **1. a)** *Gerät zum Rösten von Fleisch, Geflügel, Fisch o. Ä. auf einem* ¹*Rost* (a); **b)** *[zum Grillgerät gehörender] Bratrost:* die Steaks auf den G. legen; Fisch vom G. *(gegrillter Fisch).* **2.** Kurzf. von ↑ Kühlergrill.
Grill|abend, der: *mit [gemeinschaftlichem] Grillen verbrachter Abend:* die Nachbarn zum G. einladen.
Gril|la|de [gri'ja:də], die; -, -n [frz. grillade, zu: griller = grillen, rösten, zu: gril, ↑ Grill]: *gegrilltes Stück Fleisch, Fisch, Geflügel o. Ä.; Rostbratenstück.*
Gril|le, die; -, -n [mhd. grille, ahd. grillo < lat. grillus, lautm.]: **1.** *den Heuschrecken ähnliches, bes. in der Nacht aktives Insekt, bei dem die männlichen Tiere einen zirpenden Laut hervorbringen:* abends zirpten die -n. **2.** (veraltend) *sehr sonderbarer, schrulliger Gedanke, Einfall:* sie hat nichts als -n im Kopf.
¹**gril|len** ⟨sw. V.; hat⟩ [engl. to grill < frz. griller, zu: gril, ↑ Grill]: *auf dem Grill rösten:* Hähnchen g.; ⟨häufig im 2. Part.:⟩ gegrillte Steaks; Ü sich in der Sonne g.; sich [von der Sonne] g. lassen.
◆²**gril|len** ⟨sw. V.; hat⟩: **a)** *Grillen* (2) *haben, launenhaft sein:* Schmollt der Mann und grillt die Frau (Goethe, Faust I, 4247); **b)** *trübseligen Gedanken nachhängen:* Grille nicht bei Sommersonnenschein, dass es wieder werde Winter sein (Goethe, Der Narr epilogiert).
gril|len|haft ⟨Adj.⟩: *launenhaft, sonderbar, wunderlich:* Dazu: **Gril|len|haf|tig|keit,** die; -.
Grill|let|te [...'lɛtə], die; -, -n (regional): *gegrilltes Hacksteak.*
Grill|fest, das: *Fest, bei dem gegrillt wird.*
Grill|ge|rät, das: *Grill* (1 a).
Grill|ge|richt, das: *Gericht vom Grill* (1 a).
Grill|hach|se, (südd.:) Grillhaxe, die: *gegrillte Hachse* (a).

Grill|hähn|chen, das: *gegrilltes Hähnchen.*
Grill|ha|xe: ↑ Grillhachse.
Grill|hüt|te, die: *Hütte* (1 b), *in der gegrillt wird, in der Grillpartys veranstaltet werden.*
grill|lie|ren [grɪˈliːrən, auch: griˈjiːrən] ⟨sw. V.; hat⟩ (schweiz.): *grillen.*
Grill|par|ty, die: *Party, bei der gegrillt wird.*
Grill|platz, der: *im Freien eingerichteter Platz mit einer od. mehreren Feuerstellen zum Grillen.*
Grill|re|s|tau|rant, das: *Restaurant, in dem hauptsächlich Grillgerichte serviert werden.*
Grill|room [...ruːm], der; -s, -s [engl. grill-room, zu ↑ Grill u. room = Raum, Zimmer]: *Restaurant od. Speiseraum in einem Hotel, in dem hauptsächlich Grillgerichte serviert werden.*
Grill|rost, der: *Grill* (1 b).
Grill|steak, das: *gegrillte Fleischscheibe aus der Lende.*
Gri|mas|se, die; -, -n [frz. grimace, H. u., viell. aus dem Germ.]: *[bewusst] verzerrtes Gesicht, das etw. Bestimmtes, eine momentane Haltung o. Ä. zum Ausdruck bringt:* eine verächtliche G.; -n schneiden, machen, ziehen; sie verzog ihr Gesicht zu einer scheußlichen G., zu einer G. des Ekels; Die muskulösen Züge des Possenreißers fielen in eine G. komischer Ratlosigkeit (Th. Mann, Tod 67).
Gri|mas|sen|schnei|der, der: *jmd., der gern Grimassen schneidet.*
Gri|mas|sen|schnei|de|rin, die: w. Form zu ↑ Grimassenschneider.
gri|mas|sie|ren ⟨sw. V.; hat⟩ [frz. grimacer]: *Fratzen, Grimassen schneiden:* vor Anstrengung g.
grimm ⟨Adj.⟩ [mhd. grim(me), ahd. grimm, eigtl. = grollend, brummig, lautm.] (veraltet): *grimmig.*
Grimm, der; -[e]s [subst. Adj. aus der mhd. Fügung grimmer muot = zorniger Sinn] (geh.): *heftiger Zorn; verbissene Wut:* dumpfer, wilder G.; voller G. sein.
Grimm|darm, der [da hier der Sitz des »Bauchgrimmens« vermutet wurde, zu ↑² grimmen]: *zwischen Blinddarm u. Mastdarm verlaufender größter Teil des Dickdarms.*
¹grim|men ⟨sw. V.; hat⟩ [mhd. grimmen = toben] (veraltet): *ärgern, mit Grimm erfüllen:* die Niederlage grimmte ihn.
²grim|men ⟨sw. V.; hat; meist unpers.⟩ [in Anlehnung an ↑¹ grimmen zu mhd. krimmen = zwicken, kneifen, verw. mit ↑ krumm] (veraltet): *kolikartige Schmerzen haben:* es grimmt mir/ mich im Bauch; ⟨subst.:⟩ ich verspürte ein heftiges Grimmen *(Bauchweh, Leibschmerzen).*
gri|mig ⟨Adj.⟩ [mhd. grimmec, ahd. grimmīg, zu ↑ grimm]: **1.** *voller Grimm; sehr zornig, wütend:* ein -es Gesicht, Lachen; ein -er Blick; g. dreinblicken, aussehen; der Mann lachte g.; Ü Das Grauen der Front versinkt, wenn wir ihm den Rücken kehren, wir werden ihm mit gemeinen und -en Witzen zuleibe; wenn jemand stirbt, dann heißt es, dass er den Arsch zugekniffen hat, und so reden wir über alles (Remarque, Westen 102). **2.** *sehr groß, heftig; übermäßig:* eine -e Kälte; mit -em Hunger.
Grimm|ig|keit, die; -: *Grimm:* er blickte voller G.
◆ **grimm|kalt** ⟨Adj.⟩ (bes. südd.): *grimmig kalt:* Puh! Es ist g. (Schiller, Fiesco IV, 3).
Grind, der; -[e]s, -e [mhd., ahd. grint = Schorf, eigtl. = Zerriebenes, zu ↑ Grund]: **1. a)** *Hautausschlag, der sich zu einer Kruste verhärtet:* juckender G.; die Knie waren mit G. bedeckt; **b)** *Wundschorf:* auf die Wunde hatte sich G. gebildet. **2.** [mhd. grint, verächtlich für: Kopf, der Kopfgrind war früher eine weitverbreitete Krankheit] *(abwertend) Kopf.*
Grin|del, der; -s, - [mhd. grindel, grendel, ahd. grintil = Riegel, (Quer)balken, grentil, urspr. =

Gatter] (landsch.): **a)** *Pflugbaum;* **b)** *Schlagbaum.*
grin|dig ⟨Adj.⟩ [mhd. grintec]: *[schmutzig u.] mit Grind* (1 a) *bedeckt:* ein Bettler mit -em Kopf.
Grind|wal, der; -[e]s, -e [aus dem Skandinavischen]: *schwarzer Delfin mit [weißer Kehle u.] kugelförmig vorgewölbter Stirn.*
Grin|go, der; -s, -s [span. gringo, zu: griego = Grieche, nach der Wendung: hablar en griego = unverständlich reden, eigtl. = griechisch reden] (abwertend): *(in Südamerika) männliche Person, die nicht romanischer Herkunft ist.*
grin|sen ⟨sw. V.; hat⟩ [Intensivbildung zu veraltetem u. mhd. grinnen = weinerlich das Gesicht verziehen, weinen; vgl. greinen]: *böse, spöttisch od. auch dümmlich lächeln:* verächtlich, breit, unverschämt g.; bei dieser Vorstellung musste ich g.; ⟨subst.:⟩ ein schadenfrohes Grinsen; sie begrüßte ihn mit spöttischem, breitem Grinsen; Als sie die Tür aufmachte, schien da niemand zu sein. Dann senkte sie den Blick, und dort duckte sich der dicke Freund des Kindes und grinste schief (Handke, Frau 71); * **sich** ⟨Dativ⟩ **eins g.** (ugs.; *sich böse, spöttisch lächelnd lustig machen; sich in schadenfroher Weise amüsieren*).
Grip, der; -s [aus engl. grip »Griff«]: *Griffigkeit, Bodenhaftung von Fahrzeugreifen.*
grip|pal ⟨Adj.⟩ (Med.): *die Grippe betreffend; von einer Grippe herrührend:* ein -er Infekt.
Grip|pe, die; -, -n [frz. grippe, eigtl. = Grille, Laune, zu: gripper = nach etwas haschen, greifen (aus dem Germ., verw. mit ↑ greifen), nach der Vorstellung, dass diese Krankheit einen plötzlich u. launenhaft befällt]: **a)** (volkstüml.) *[mit Kopfschmerzen u. Fieber verbundene] Erkältungskrankheit:* die G. haben; sich eine G. einfangen; mit G. im Bett liegen; **b)** (Med.) *Virusgrippe:* asiatische G.; an einer G. erkrankt sein; **c)** *Grippeepidemie:* die G. wütet derzeit im Land.
grip|pe|ar|tig ⟨Adj.⟩: *einer Grippe ähnlich:* -e Erkrankungen, Symptome.
Grip|pe|epi|de|mie, die: *Epidemie, bei der unzählig Menschen an Grippe erkranken.*
Grip|pe|er|kran|kung, die: *Grippe* (a, b).
Grip|pe|imp|fung, die: *Schutzimpfung gegen Grippe* (b).
Grip|pe|kran|ke ⟨vgl. Kranke⟩: *an Grippe erkrankte w. Person.*
Grip|pe|kran|ker ⟨vgl. Kranker⟩: *an Grippe erkrankte männliche Person.*
Grip|pe|vi|rus, das, (außerhalb der Fachsprache auch:) der: *Grippe* (b) *verursachendes Virus.*
Grip|pe|wel|le, die: *Welle* (2 a) *von Grippeerkrankungen.*
Grip|pe|wet|ter, das (ugs.): *nasskaltes Wetter, das leicht zu Erkältungen führt.*
Grips, der; -es [eigtl. = Griff, Fassen, Subst. zu mundartl. gripsen = schnell fassen, raffen] (ugs.): *Verstand, Auffassungsgabe:* genügend G. für etw. haben; keinen G. im Kopf haben; streng mal deinen G. an!; jemand mit G.
Gris|li: ↑ Grizzly.
Gris|li|bär: ↑ Grizzlybär.
Grit, der; -s, ⟨Arten:⟩ -e [engl. grit, eigtl. = Grobes, Körniges] (Geol.): **a)** *grober Sand;* **b)** *grobkörniger Sandstein.*
Griw|na, die; -, Hrywni od. Hrywen ⟨aber: 50 Hrywnja⟩ [ukrain. hryvna, früher Bez. des Zehnkopekenstücks (russ. grivna), urspr. = Halsschmuck, Halsband, verw. mit ukrain. hryva, russ. griva = Mähne]: *ukrainische Währungseinheit* (1 Griwna/Hrywnja = 100 Kopeken; Währungscode: UAH).
Grizz|ly, Grisli [ˈgrɪsli], der; -s, -s: Kurzf. von ↑ Grizzlybär.

Grizz|ly|bär [ˈgrɪsli...], Grislibär, der; -en, -s [engl. grizzly (bear), eigtl. = Graubär, zu: grizzle, grizzly = grau < afrz. grisel, zu: gris = grau]: *großer nordamerikanischer Braunbär mit braungelbem bis schwarzem Fell.*
gr.-kath. = griechisch-katholisch.
grob ⟨Adj.; gröber, gröbste⟩ [mhd. grop, ahd. g(e)rob, wahrsch. verw. mit ↑ groß in dessen urspr. Bed. »grobkörnig«]: **1. a)** *in seiner Beschaffenheit derb, stark:* -es Leinen, Papier; -er Draht; g. *(zu einem groben Faden) gesponnenes Garn;* **b)** *nicht sehr, nicht so fein [zerkleinert o. Ä.]:* -er Sand, Kies; ein -es *(weitmaschiges)* Sieb; der Kaffee ist g. gemahlen; g. gestreifte *(mit breiten Streifen versehene)* Markisen; **c)** *(in Bezug auf Form, Aussehen) derb wirkend, ohne Feinheit:* -e Gesichtszüge, Hände; -e *(mit Schmutz verbundene)* Arbeit. **2.** *nur auf das Allerwichtigste beschränkt, nicht ins Einzelne gehend; ungefähr; unscharf:* etwas in -en Umrissen, Zügen wiedergeben; das kostet uns im -en Durchschnitt zweihundert Euro pro Jahr; das entspricht nur ganz g. unseren Vorstellungen; es waren, g. gerechnet, g. geschätzt, 200 Leute anwesend; g. gesagt, gesprochen. **3. a)** *schwerwiegend u. offensichtlich:* ein -er Fehler, Irrtum; -e Lügen; eine -e Irreführung; -er Unfug (Rechtsspr.; *ungebührliches Verhalten, das geeignet ist, die Allgemeinheit zu belästigen, u. das damit die öffentliche Ordnung stört*); g. fahrlässig handeln; sie hat die Vorschriften g. missachtet; ⟨subst.:⟩ das Gröbste haben wir wohl überstanden; * **jmd. fürs Grobe** [**sein**] (ugs.; *jmd. [sein], der die weniger angenehme o. ä. Arbeit übertragen bekommt:* Charlie ist der Mann fürs Grobe); **aus dem Gröbsten heraus sein** (ugs.; *das Schlimmste, die schwierigste Zeit [in einem bestimmten Ablauf] überstanden haben:* ihre Kinder sind inzwischen aus dem Gröbsten heraus); **b)** *heftig, stark:* -e Windstöße; -e See (Seemannsspr.; *Meer mit starkem Wellengang*). **4.** (abwertend) **a)** *im Umgangston mit anderen Menschen ohne Feingefühl, barsch u. unhöflich:* ein -er Mensch; -e Worte, Späße; eine -e Antwort; sie wurde g. [zu ihm]; jmdn. g. anfahren; jmd. g. kommen (ugs.; *in unhöflicher, zurechtweisender Weise etw. zu jmdm. sagen*); **b)** *nicht sanft, sondern derb:* jmdn. g. anfassen; sei doch nicht so g., du tust mir ja weh!
Grob|ein|stel|lung, die: *erste, ungefähre Einstellung eines Geräts.*
grö|ber: ↑ grob.
grob|fa|se|rig, grob|fas|rig ⟨Adj.⟩: *aus groben Fasern bestehend:* -es Holz, Fleisch.
grob ge|mah|len, grob|ge|mah|len ⟨Adj.⟩: *gröber, am gröbsten gemahlen:* *so gemahlen, dass eine grobe Körnung entstanden ist.*
grob ge|spon|nen, grob|ge|spon|nen ⟨Adj.⟩: *gröber, am gröbsten gesponnen:* *zu einem groben* (1 a) *Faden gesponnen:* ein Kleid aus grob gesponnener Seide.
Grob|heit, die; -, -en [mhd. gropheit]: **1.** ⟨o. Pl.⟩ *ungeschliffene, grobe Wesensart; Gefühllosigkeit:* er ist bekannt für seine G.; Wie die meisten Diener alter Schule war sie besonders empfindlich und unduldsam gegen die durch rasch erworbenen Reichtum verkleidete G. und Gewöhnlichkeit (Werfel, Himmel 167). **2.** *unhöfliche, grobe Äußerung od. Handlung:* jmdm. -en [ins Gesicht] sagen, an den Kopf werfen. **3.** (selten) *derbe, grobe Beschaffenheit:* die G. des Stoffes.
Gro|bi|an, der; -[e]s, -e [scherzh. Bildung aus ↑ grob u. der lat. Namensendung -ian wie in Cas-

sian, Damian] (abwertend): *ungehobelter, rücksichtsloser Mann:* dieser G. hat mir fast den Arm gebrochen.

grob|klot|zig ⟨Adj.⟩: *ohne Feingefühl, barsch u. unhöflich:* -es Benehmen; ein -er Kerl.

grob|kno|chig ⟨Adj.⟩: *einen starken, kräftigen Knochenbau aufweisend:* eine -e Gestalt; -e Frauen.

grob|kör|nig ⟨Adj.⟩: **1.** *aus groben* ¹*Körnern* (4 b) *bestehend; mit körniger Struktur:* -er Sand; -es Mehl. **2.** (Film, Fotogr.) *(von Filmen) mit einer Schicht [verhältnismäßig] grober, unterschiedlich verteilter* ¹*Körner* (4 a) *versehen.*

Grob|kör|nig|keit, die: *das Grobkörnigsein.*

gröb|lich ⟨Adj.⟩ (geh.): *in grober Weise [vorgenommen], auf schlimme Art:* ein -er Verstoß; eine -e *(schwere, schlimme)* Missachtung der Vorschriften; jmdn. g. beleidigen; etw. g. *(sehr)* vernachlässigen.

grob|ma|schig ⟨Adj.⟩: *mit weiten Maschen versehen:* ein -es Gitter, Netz; der Pulli ist sehr g. gestrickt. Dazu: **Grob|ma|schig|keit,** die; -.

grob|nar|big ⟨Adj.⟩: *(von Leder) mit groben Narben bedeckt:* -es Leder.

grob|po|rig ⟨Adj.⟩: *grobe Poren aufweisend:* -es Leder, Gestein.

Grob|rei|ni|gung, die: *erstes, grobes [Vor]reinigen.*

grob|schläch|tig ⟨Adj.⟩ (abwertend): *eine große, kräftige, aber derbe, plumpe Gestalt aufweisend:* ein -er Mann; Vielleicht würde er ja doch nur wieder auf einen jener abgerissenen, -en Schafhirten stoßen (Ransmayr, Welt 182).

Grob|schläch|tig|keit, die; - (abwertend): *Plumpheit, Derbheit:* er ist für seine G. bekannt.

Grob|schnitt, der: *grob geschnittener Rauchtabak.*

gröbs|te: ↑ grob.

grob|stol|lig ⟨Adj.⟩ [zu ↑ Stollen (3)]: *(von Gummireifen) mit grobem Profil versehen.*

Grob|struk|tur, die: **1.** *oft mit bloßem Auge erkennbarer geometrischer Aufbau von festen Stoffen.* **2.** *Größe, Anordnung u. Eigenschaften der Kristalle, aus denen sich ein kristalliner Körper zusammensetzt.*

Grog, der; -s, -s [engl. grog, wahrscheinlich nach dem Spitznamen des engl. Admirals Vernon (1684–1757), Old Grog, den dieser wegen seines Überrocks aus grobem Stoff (engl. grogram) erhalten hatte. Vernon hatte befohlen, seinen Matrosen nur mit Wasser verdünnten Rum auszugeben]: *heißes Getränk aus Rum o. Ä. mit Zucker u. Wasser.*

grog|gy ['grɔgi] ⟨indekl. Adj.⟩ [engl. groggy, eigtl. = vom Grog betrunken]: **1.** (Boxen) *schwer angeschlagen, nicht mehr kampf- und verteidigungsfähig:* der Boxer hing g. in den Seilen. **2.** (ugs.) *körperlich sehr erschöpft:* völlig g. sein, ins Bett fallen.

grö|len ⟨sw. V.; hat⟩ [aus dem Niederd. < mniederd. grālen = laut sein, lärmen, zu ↑ Gral, eigtl. = lärmendes Turnierfest im späteren MA. in niederd. Städten] (ugs. abwertend): **a)** *(bes. von Betrunkenen) laut u. misstönend singen od. schreien:* die Betrunkenen grölten vor dem Wirtshaus; die Zuschauer grölten vor Begeisterung; ⟨häufig im 1. Part.:⟩ eine grölende Menge; **b)** *laut in nicht sehr schöner Weise singend [od. schreiend] von sich geben:* die Menge grölte alte Trinklieder; ...wer das Jahr über im Keller des Branntweiners Abend für Abend Zoten gegrölt hatte, der schwieg jetzt betrunken und stimmlos (Ransmayr, Welt 88).

Grö|le|rei, die; -, -en (abwertend): *anhaltendes Grölen.*

Groll, der; -[e]s [mhd. grolle = Zorn, ablautende Bildung zu mhd. grel, ↑ grell] (geh.): *heimliche, eingewurzelte Feindschaft od. verborgener Hass, zurückgestauter Unwille, der durch innere od. äußere Widerstände daran gehindert ist, sich nach außen zu entladen, u. Verbitterung hervorruft:* heimlicher, tiefer G.; ihr G. richtete sich gegen die Freundin; einen leisen G. in sich aufsteigen fühlen; einen G. auf jmdn. haben, gegen jmdn. hegen; sie sagte das alles ohne G.

grol|len ⟨sw. V.; hat⟩ [mhd. grollen = zürnen; höhnen, spotten] (geh.): **1.** *Groll haben [u. ihn äußern]; zürnen; ärgerlich, verstimmt sein:* sie grollt seit Tagen; er grollt [mit] seinem Vater [wegen dieser Entscheidung]; Ü mit dem Schicksal, über eine Entwicklung g. **2.** *dumpf rollend dröhnen, donnern:* der Donner grollt; ⟨subst.:⟩ das Grollen der Geschütze; Das Wehen der Luft und die Stille, zu der auch das niagarafallhafte Grollen auf der fernen Autobahn von dem Plateau gehörte, erfüllten oder begeisterten mich mit Ruhe (Handke, Niemandsbucht 811/812).

Grön|land; -s: *(geografisch zum arktischen Nordamerika, verwaltungsmäßig zu Dänemark gehörende) große Insel im Nordatlantik.*

Grön|län|der, der; -s, -: Ew.

Grön|län|de|rin, die; -, -nen: w. Form zu ↑ Grönländer.

grön|län|disch ⟨Adj.⟩: *Grönland, die Grönländer betreffend; von den Grönländern stammend, zu ihnen gehörend.*

Groove [gru:v], der; -s, -s [engl. groove = Rinne, Furche, übertr.: Routine, eingefahrenes Gleis, eigtl. = Grube] (Musikjargon): **1.** *(in der modernen Unterhaltungsmusik) ständig wiederkehrendes, mitreißendes rhythmisch-melodisches Element:* das Stück ist geprägt von einem treibenden G. **2.** *Art und Weise, Musik mit richtigem Rhythmus u. Tempo darzubieten, wobei innere Begeisterung, Anteilnahme o. Ä. hörbar werden:* sie hat die G.

groo|ven ['gru:vn̩] ⟨sw. V.; hat⟩ [engl. to groove = Jazz-, Popmusik spielen od. dazu tanzen, (veraltet:) Jazz-, Popmusik professionell ausüben, im Sinne von »routinemäßig ablaufen«, routiniert arbeiten«, zu: groove = Routine, ↑ Groove]: **a)** *ein Instrument so spielen, dass man die innere Beteiligung erkennen kann, die sich auf das Publikum überträgt:* der Gitarrist groovt; **b)** *so rhythmisch-melodisch u. mitreißend sein, dass es sich auf das Publikum überträgt:* der Song groovt; es groovt und kracht heftig; **c)** *vom Grooven* (b) *mitgerissen sein:* die ganze Stadt swingt und groovt.

Grop|pe, die; -, -n [mhd. groppe, grope < ahd. groppo, wohl < mlat. corabus, eigtl. = Karpfen]: *räuberischer Süßwasserfisch von keulenförmiger Gestalt mit breitem Kopf, schuppenlosem Körper u. stacheligen Flossen.*

¹**Gros** [gro:], das; - [gro:(s)], - [gro:s] [frz. gros, zu: gros = groß, dick < lat. grossus]: *überwiegender Teil einer Gruppe od. Anzahl:* das G. der Truppen begann zu meutern; vom G. der Kundschaft wird wenigstens freundlicher Service erwartet; das G. *(der überwiegende Teil der Leute)* war dagegen; ...und Grenouille, obwohl nun erster und einziger Geselle, verrichtete das G. der anfallenden Arbeiten für unverändert kleinen Lohn (Süskind, Parfum 240).

²**Gros,** das; -ses, -se ⟨aber: 2 Gros⟩ [niederl. gros < frz. grosse (douzaine) = *groß[es Dutzend]): 12 Dutzend* (Abk.: Gr.): ein G. Schreibfedern lag/lagen auf dem Tisch.

Gro|schen, der; -s, - ⟨älter: grosch(e), mhd. grosse < mlat. (denarius) grossus = Dickpfennig, zu lat. grossus = dick]: **1.** *Untereinheit der Währungseinheit von Österreich vor Einführung von Euro und Cent* (100 Groschen = 1 Schilling; Zeichen: g). **2.** (ugs.) *Zehnpfennigstück in der Bundesrepublik Deutschland vor der Einführung von Euro u. Cent:* einen G. zum Telefonieren einwerfen; Ü die Vorstellung war keinen G. wert (ugs.; *war miserabel*); er hat nicht für 'n G. *(nicht den geringsten)* Verstand; * **der G. fällt [bei jmdm.]** (ugs.; *jmd. versteht, begreift endlich etw.*; bei einem Warenautomaten wird durch Herabfallen der eingeworfenen Münze der Mechanismus ausgelöst, der die Ware freigibt: jetzt ist auch bei ihr der G. gefallen!) **3.** (Geschichte) *alte europäische Silbermünze.*

Gro|schen|blatt, das (abwertend): *hauptsächlich über [vermeintliche] Sensationen berichtende, anspruchslose, billige Zeitung.*

Gro|schen|grab, das (scherzh. veraltend für): **a)** *Münzautomat, bes. Spielautomat, Parkuhr:* er steckte eine Münze in das G.; **b)** *etw., wofür [ständig] viel Geld vergeudet wird:* der Gebrauchtwagen, den er als vermeintliches Schnäppchen gekauft hatte, erwies sich bald als G.

Gro|schen|heft, das (abwertend): *billige, geistig anspruchslose Lektüre o. Ä. in Heftform; Heftchen* (2).

Gro|schen|ro|man, der (abwertend): *Roman in der Form u. von dem Niveau eines Groschenhefts.*

groß ⟨Adj.; größer, größte⟩ [mhd., ahd. grōʒ, urspr. = grobkörnig]: **1. a)** *in Ausdehnung [nach irgendeiner Richtung], im Umfang den Durchschnitt od. einen Vergleichswert übertreffend:* ein -es Format, Fenster, Auto; eine -e Stadt; ein -er Maßstab; mittlere bis -e Kleidergrößen; -e Hände, Augen; -e Eier, Kartoffeln; die Wohnung ist nicht g. genug; -e *(ausgedehnte)* Waldgebiete; auf -er Flamme *(mit starker Hitze)* kochen; der -e Zeiger *(Minutenzeiger)*; sie ist sehr g. *(hochgewachsen)* für ihr Alter; bist du aber g. geworden!; das Wort steht g. *(in großen Buchstaben)* an der Tafel; jmdn. g. *(mit großen Augen, verwundert)* ansehen; ein g. gewachsener Mann *(ein Mann von hohem Wuchs)*; ein g. gemusterter Kleiderstoff *(ein Stoff mit einem großen Muster)*; ein karierter Stoff *(ein Stoff mit großem Karomuster)*; g. machen (fam.; *Kot ausscheiden*); ein Icon g. klicken (EDV; *es anklicken, sodass es in größerer Form erscheint*); * **g. und breit** *(in aller Ausführlichkeit:* das habe ich dir doch schon g. und breit erzählt!); **b)** *eine bestimmte Länge, Höhe aufweisend, sich über einen bestimmten Bereich erstreckend:* ein 4 ha -es Grundstück; er ist mindestens 2 Meter g.; diese Bluse ist mir eine Nummer zu g. **2. a)** *eine höhere Anzahl von Lebensjahren habend, älter:* sein -er Bruder; wenn du größer bist, darfst du länger aufbleiben; ⟨subst.:⟩ unsere Große *(ältere Tochter)*; **b)** *erwachsen:* [schon] -e Kinder haben; in diesem Haus, mit diesen Grundsätzen bin ich g. geworden *(aufgewachsen)*; ⟨subst.:⟩ während die Kinder spielten, unterhielten sich die Großen; * **Groß und Klein** *(jedermann:* Groß und Klein hatte sich eingefunden). **3.** *verhältnismäßig viel Zeit beanspruchend, von verhältnismäßig langer Dauer:* ein -er Zeitraum; nach einer größeren Verzögerung; (Schule, Theater:) die -e Pause; die großen Ferien *(Sommerferien)*. **4.** *von verhältnismäßig beträchtlicher Menge, Anzahl; sich aus [vielen] einzelnen Bestandteilen od. Werten zusammensetzend:* eine -e Zuhörerschaft, Kundschaft haben; wir sind eine -e Familie, eine -e Mehrheit; -e Zahlen, Summen, Kosten; eine große Auswahl an Schuhen; der größere Teil des gestohlenen Geldes wurde gefunden; nur -es Geld *(nur [größere] Scheine, kein Kleingeld)* bei sich haben; eine Große/-e Koalition (Politik; *Koali-*

tion der [beiden] zahlenmäßig stärksten Parteien im Parlament); das -e (viel) Geld verdienen; ⟨subst.:⟩ im Großen (en gros) verkaufen, handeln. **5.** in hohem Grade, von starker Intensität: -er Lärm, Beifall; unter -em Hunger, -e Hitze leiden; -e Angst, -e Sorgen haben; mit -er Kraft, Geduld; mit dem größten Vergnügen; einen -en Fehler machen; -e Fortschritte machen; -e Schwierigkeiten; die Nachricht erregte -es Aufsehen; -en Wert auf etw. legen; in -er Eile sein; er ist ein -er Feigling, Esel; das ist -e Klasse; ihre Freude war g.; der Leistungsdruck wird immer größer; kein -er Esser sein (nicht viel zu essen pflegen); er ist ein -er (begeisterter, leidenschaftlicher) Bastler; er war ihre -e Liebe (der Mann, den sie am meisten geliebt hat); g. im Geschäft sein. **6. a)** eine besondere Bedeutung habend; [ge]wichtig, maßgeblich: die -in Öl fördernden Länder; -e Worte, Gesten, Gefühle; die -e Welt des Sports; Ereignisse aus der -en Politik; ein -er Augenblick ist gekommen; der größte Tag, die größte Chance ihres Lebens; er hat eine -e Rede gehalten; das spielt [k]eine -e Rolle; die -en (weitverbreiteten, überregionalen) Tageszeitungen; **b)** mit überdurchschnittlichem Aufwand, überdurchschnittlicher Wirkung verbunden; großartig, glanzvoll: ein -es Fest; ein -er Aufmachung erscheinen; die -e (iron.; vornehme, feine) Dame spielen; er spielt den -en Herrn (iron.; spielt sich auf, protzt); **c)** (ugs.) in besonderer Weise, mit viel Aufwand verbunden: eine Veranstaltung in -em Rahmen, Stil; g. ausgehen; das Jubiläum wurde g. gefeiert; der Artikel soll g. aufgemacht werden; ein g. angelegtes Forschungsprogramm; **d)** von besonderer Fähigkeit, Qualität; bedeutend; berühmt: der -e Goethe; eine -e Künstlerin; einen -en Namen, eine -e Vergangenheit haben; der -e größte Sohn unserer Stadt; Katharina die Große (Abk.: d. Gr.); ⟨subst.:⟩ sie war eine der ganz Großen ihres Fachs. **7.** wesentlich, hauptsächlich, Haupt-: die -e Linie verfolgen; den großen Zusammenhang erkennen; der -e Durchschnitt, die -e Masse der Bevölkerung; etw. in -en Umrissen, Zügen berichten; * **im Großen und Ganzen** (im Allgemeinen, alles in allem, aufs Ganze gesehen: sie war im Großen und Ganzen zufrieden). **8.** (geh.) großmütig, edel, selbstlos: ein -es Herz haben; sie ist eine -e Seele; g. denkend. **9.** (ugs.) **a)** großartig, bewundernswert: das finde ich, das ist ganz g.!; g. im Sprücheklopfen sein; er steht jetzt ganz g. da (ist in besonderem Maße erfolgreich gewesen); **b)** großspurig: -e Reden schwingen; er redet immer so g. daher. **10.** (ugs.) in hohem Grade, besonders, sehr: niemand freute sich g.; wir haben nicht g. darauf geachtet; ich habe zugestimmt ohne g. zu überlegen; soll ich mich g. darüber auslassen?; was ist schon g.?; »Was ist das schon g. (was ist das schon Besonderes): ein amputiertes Bein; hier werden ganz andere Sachen wieder zurechtgeflastert« (Remarque, Westen 36).

Groß|ab|neh|mer, der: jmd., der [als Zwischenhändler] eine Ware in größeren Mengen kauft.
Groß|ab|neh|me|rin, die: w. Form zu ↑ Großabnehmer.
Groß|ak|ti|on, die: groß angelegte Aktion: eine G. starten.
Groß|ak|ti|o|när, der (Wirtsch.): Aktionär, dem ein maßgeblicher Teil des Grundkapitals einer Aktiengesellschaft gehört.
Groß|ak|ti|o|nä|rin, die: w. Form zu ↑ Großaktionär.
Groß|alarm, der: umfassender Alarm: G. geben, auslösen.
Groß|an|bie|ter, der: jmd., der [als Zwischenhändler] eine Ware in größeren Mengen anbietet.

Groß|an|bie|te|rin, die: w. Form zu ↑ Großanbieter.
Groß|an|drang, der (schweiz.): Massenandrang.
groß an|ge|legt, groß|an|ge|legt ⟨Adj.⟩: großzügig, in großem Stil angelegt, geplant: ein groß angelegtes Forschungsprogramm.
Groß|an|griff, der (Militär): mit großem militärischem Aufwand ausgeführter Angriff: einen G. starten; Ü diese Musik bedeutet einen G. auf die Trommelfelle.
Groß|an|lass, der (schweiz.): Großveranstaltung.
Groß|an|le|ger, der: Firma, Bank o. Ä., die große Kapitalsummen anlegt.
groß|ar|tig ⟨Adj.⟩: **1. a)** durch seine ungewöhnliche, bedeutende Art beeindruckend: ein -es Bauwerk, Buch; eine -e Leistung, Erfindung; **b)** (ugs.) sehr gut, ausgezeichnet: eine -e Idee; g. hast du das gemacht; sich g. fühlen; **c)** (ugs.) groß (10): die Sache braucht keine -e Erklärung; ich will hier nicht g. diskutieren. **2.** (ugs. abwertend) großspurig: g. winken; er tritt immer so g. auf.
Groß|ar|tig|keit, die: großartige Art, Beschaffenheit.
Groß|auf|ge|bot, das: (zur Erledigung einer Aufgabe) aufgebotene große Anzahl: ein G. an Polizisten.
Groß|auf|marsch, der (bes. schweiz.): Aufmarsch einer großen Anzahl von Menschen.
Groß|auf|nah|me, die: **a)** (Fotogr.) Nahaufnahme; **b)** (Film) Einstellung, in der ein Objekt so gefilmt wird, dass es das ganze Bild beherrscht: jmdn., etw. in G. zeigen.
Groß|auf|trag, der (Wirtsch.): großer, bedeutender geschäftlicher Auftrag.
♦ **groß|äu|gicht:** ↑ großäugig. Ü ... hörte deine Despotenangst einen Mörder aus den Tapeten rauschen ... Ja, der -in Verdacht steckte zuletzt auch die häusliche Eintracht an (Schiller, Fiesco IV, 14).
groß|äu|gig ⟨Adj.⟩: große Augen aufweisend: jmdn. g. ansehen.
Groß|bä|cke|rei, die: auf industriellem Weg große Mengen von Backwaren herstellende Bäckerei.
Groß|bank, die ⟨Pl. ...banken⟩ (Bankw.): große Bank mit weitverzweigtem Filialnetz.
Groß|bau|er, der; -n ⟨selten: -s⟩, -n: Bauer, der viel Land [u. viel Vieh] besitzt.
Groß|bäu|e|rin, die: w. Form zu ↑ Großbauer.
Groß|bau|stel|le, die: große Baustelle.
Groß|be|trieb, der: **a)** großer Gewerbe- od. Industriebetrieb (mit einer bestimmten Mindestzahl von Beschäftigten); **b)** großer landwirtschaftlicher Betrieb.
Groß|be|zü|ger, der (schweiz.): Großabnehmer.
Groß|be|zü|ge|rin, die: w. Form zu ↑ Großbezüger.
Groß|bild|fern|se|her, der (ugs.): Fernsehgerät mit Großbildschirm.
Groß|bild|lein|wand, die: [an öffentlich zugänglichen Orten aufgestellte] großformatige Projektionswand für Filme, Fernsehsendungen etc.
Groß|bild|schirm, der: überdurchschnittlich großer Bildschirm; ein G. mit einer Bilddiagonale von 86 Zentimetern.
Groß|bour|geoi|sie, die (bes. marx.): einflussreichster Teil der Bourgeoisie, der im Besitz von wichtigen Produktionsmitteln, Monopolen u. Großbanken ist.
Groß|brand, der: Brand, der große Ausmaße hat.
Groß|bri|tan|ni|en; -s: kurz für ↑ Vereinigtes Königreich Großbritannien und Nordirland.
groß|bri|tan|nisch ⟨Adj.⟩: Großbritannien betreffend.
Groß|buch|sta|be, der: Buchstabe aus der Reihe der großen Buchstaben eines Alphabets: etw. in -n schreiben.

Groß|bür|ger, der: Bürger des oberen Mittelstandes.
Groß|bür|ge|rin, die: w. Form zu ↑ Großbürger.
groß|bür|ger|lich ⟨Adj.⟩: das Großbürgertum betreffend, zu ihm gehörend: eine -e Wohnung; -e Verhältnisse.
Groß|bür|ger|tum, das: Gesamtheit der Großbürger.
Groß|che|mie, die: Gesamtheit der großen Unternehmen der chemischen Industrie.
Groß|club: ↑ Großklub.
Groß|com|pu|ter, der: Großrechner.
Groß|con|tai|ner, der: großer Container bes. für Frachten.
Groß|cou|sin, der (landsch.): Cousin zweiten Grades.
Groß|cou|si|ne, Großkusine, die (landsch.): Cousine zweiten Grades.
Groß|de|mons|t|ra|ti|on, die: spektakuläre Demonstration (1) mit einem großen Aufgebot von Teilnehmenden.
groß|den|kend ⟨Adj.⟩ (geh.): selbstlos: eine -e Pfarrerin.
groß|deutsch ⟨Adj.⟩: **a)** im 19. Jh. ein deutsches Reich durch den Zusammenschluss der deutschen Staaten u. Österreichs anstrebend; **b)** (bes. nationalsoz.) den staatlichen Zusammenschluss möglichst aller geschlossen siedelnden Deutschen in Mitteleuropa unter Vorherrschaft des Deutschen Reiches anstrebend: ein -es Reich.
Groß|deutsch|land, -[s]: **1. a)** (nationalsoz.) (in der expansionistischen Vorstellung der Nationalsozialisten) durch den Zusammenschluss aller geschlossen siedelnden Deutschen zu schaffendes Deutschland; **b)** Deutschland nach dem sogenannten Anschluss Österreichs (im Jahre 1938). **2.** Deutschland als (bes. seit der Wiedervereinigung bedrohlich empfundene) wirtschaftliche Großmacht.
Groß|druck, der ⟨Pl. -e⟩ (Verlagsw.): großer, gut lesbarer Druck: Taschenbücher in G.
Grö|ße, die; -, -n [mhd. grœze, ahd. grōzī]: **1. a)** ⟨Pl. selten⟩ [Maß der] räumliche[n] Ausdehnung, Dimension; Umfang eines Körpers: die G. des Grundstücks beträgt 600 m²; Tische unterschiedlicher G.; Knöpfe in allen -n; etw. in natürlicher G. abbilden; die Hose hat eine Größe, fast von der G. eines Basketballspielers (Strauß, Niemand 125); **b)** ⟨Pl. selten⟩ zahlen-, mengenmäßiger Umfang: die G. eines Volkes, einer Schulklasse; **c)** ⟨Pl. selten⟩ [Maß der] Erstreckung eines Körpers in Länge od. Höhe; Körpergröße: die G. eines Kindes; im Mann von mittlerer G.; sich nach der G. aufstellen; er richtete sich zu seiner vollen G. auf; **d)** nach der Größe des menschlichen Körpers od. eines Körperteils genormtes Maß für Bekleidungsstücke: kleine -n; eine Unterhose G. 7; sie braucht Kleider, Schuhe in G. 38, 40; der Anzug ist in allen -n erhältlich. **2.** (Physik) quantitative u. qualitative Eigenschaft od. Merkmal einer physikalischen Erscheinung, das sich in einem zahlenmäßigen Wert ausdrücken lässt: eine gegebene, unbekannte G. **3.** ⟨Pl. selten⟩ besonderer, jmdm. od. einer Sache innewohnender Wert; Großartigkeit, besondere Bedeutsamkeit: die wahre, innere, menschliche, wirkliche G.; die G. des Augenblicks, der Stunde, der Katastrophe; Die Sage hat Attilas Persönlichkeit veredelt und diesen wilden Eroberer zu einem fürstlichen Manne und Helden von luziferischer G. erhoben (Thieß, Reich 180). **4.** bedeutende, berühmte Persönlichkeit, Kapazität: die geistigen -n einer Epoche; eine G. in der Wissenschaft; eine G. auf dem Gebiet der Medizin.
Groß|ein|kauf, der: über das normale Maß hinausgehender, großer Einkauf.

Großeinsatz–Großkopferter

Groß|ein|satz, der: *Einsatz vieler Menschen, Maschinen o. Ä.:* ein G. der Feuerwehr.
groß|el|ter|lich ⟨Adj.⟩: *die Großeltern betreffend, zu ihnen gehörend:* die -e Wohnung.
Groß|el|tern ⟨Pl.⟩: *Eltern des Vaters, der Mutter; Großvater u. Großmutter:* die G. besuchen.
Groß|el|tern|teil, der: *einer der beiden Großeltern.*
Groß|en|kel, der: *Urenkel* (a).
Groß|en|ke|lin, die: *Urenkelin.*
Grö|ßen|klas|se, die: **1.** *Klasse, in die etw. aufgrund ihrer Ausmaße einzustufen ist.* **2.** (Astron.) *Helligkeitsstufe eines Sterns.*
Grö|ßen|ord|nung, die: **1.** *[Zahlen]bereich, in dem die Höhe, der Umfang, das Ausmaß von etw. anzusiedeln ist; Dimension:* kosmische -en; ein Unternehmen dieser G. *(Größe);* Baukosten in der G. von 8 bis 9 Millionen Euro. **2.** (Physik, Math.) *meist durch aufeinanderfolgende Zehnerpotenzen begrenzter Zahlbereich, in dem die Messzahl einer Größe* (2), *einer Anzahl o. Ä. liegt.*
gro|ßen|teils ⟨Adv.⟩: *zum großen Teil:* die Ferien g. zu Hause verbringen; die g. zerstörte Stadt.
Grö|ßen|un|ter|schied, der: *Unterschied in der Größe* (1): ein geringer, auffälliger G. zwischen beiden.
Grö|ßen|ver|hält|nis, das: **1.** *Verhältnis in Bezug auf die Größe zwischen gleichartigen, aber verschieden großen Personen od. Gegenständen:* ein Modell im G. 1 zu 100; Ü das sind amerikanische -se *(Maßstäbe, Kriterien, Richtlinien).* **2.** *Verhältnis in Bezug auf die Größe zwischen den einzelnen Teilen eines Gegenstandes; Proportion:* das Bild entspricht nicht den tatsächlichen -sen.
Grö|ßen|vor|teil, der: *Vorteil, der in der eigenen Größe liegt:* durch die Fusion können die Unternehmen -e nutzen.
Grö|ßen|wahn, der, (ugs. abwertend): *[krankhaft] übersteigerter Geltungsdrang.*
Grö|ßen|wahn|sinn, der, (ugs. abwertend): *Größenwahn.*
grö|ßen|wahn|sin|nig ⟨Adj.⟩ (ugs. abwertend): **a)** *an Größenwahnsinn leidend;* **b)** *von Größenwahnsinn geprägt:* ein -er Despot.
grö|ßer: ↑ groß.
Groß|er|eig|nis, das: *Veranstaltung einer bestimmten Größenordnung, Ereignis von bestimmtem Rang:* ein sportliches, musikalisches G.
grö|ße|ren|teils, grö|ßern|teils ⟨Adv.⟩: *zum größeren Teil; vorwiegend:* das Publikum besteht g. aus Abonnentinnen.
Groß|fahn|dung, die: *mit großem Polizeieinsatz durchgeführte Fahndung:* G. der Polizei [nach Schleusern]; eine G. einleiten.
Groß|fa|mi|lie, die (Soziol.): *großer Familienverband [der aus Angehörigen von drei od. mehr Generationen besteht]:* die bäuerliche G.; die Auflösung der traditionellen G.
Groß|feu|er, das: *Großbrand:* das G. vernichtete riesige Waldflächen.
groß|flä|chig ⟨Adj.⟩: *sich über eine große Fläche erstreckend:* -e Waldschäden; -e Fenster; ein -es Gesicht *(Gesicht, das durch hohe Backenknochen o. Ä. ziemlich flach wirkt).*
Groß|flug|ha|fen, der: *Flughafen mit sehr großer Kapazität.*
Groß|for|mat, das: *großes Format* (1): Fotos, Anzeigen, Kalender in/im G.
groß|for|ma|tig ⟨Adj.⟩: *ein großes Format* (1) *aufweisend:* -e Bücher, Bilder, Anzeigen.
Groß|fürst, der (Geschichte): **1.** ⟨o. Pl.⟩ *russischer Ehren- u. Herrschertitel.* **2.** ⟨o. Pl.⟩ *Herrschertitel in Finnland, Litauen, Polen, Siebenbürgen.* **3.** *Träger des Titels Großfürst* (1, 2).
Groß|fürs|tin, die: w. Form zu ↑ Großfürst.

Groß|ga|ra|ge, die: *Garage für eine große Zahl von Autos.*
Groß|ge|mein|de, die: *durch Eingemeindungen entstandene größere Kommune.*
groß ge|mus|tert, groß|ge|mus|tert ⟨Adj.⟩: *ein großes Muster aufweisend.*
Groß|ge|rät, das: *großes Gerät* (1 a): im Straßenbau verwendete -e.
groß ge|wach|sen, groß|ge|wach|sen ⟨Adj.⟩: *von hohem Wuchs; hochgewachsen:* aus dem kleinen Jungen ist ein groß gewachsener Teenie geworden.
Groß|glock|ner, der; -s: *höchster Berg Österreichs.*
Groß|grund|be|sitz, der: **a)** *Grundbesitz von großer Ausdehnung;* **b)** ⟨o. Pl.⟩ *Gesamtheit der Großgrundbesitzerinnen u. Großgrundbesitzer.*
Groß|grund|be|sit|zer, der: *Eigentümer von Großgrundbesitz.*
Groß|grund|be|sit|ze|rin, die: w. Form zu ↑ Großgrundbesitzer.
Groß|han|del, der: *Wirtschaftszweig, der mit Waren in großen Mengen handelt.*
Groß|han|dels|kauf|frau, die: *Kauffrau im Großhandel.*
Groß|han|dels|kauf|mann, der: *Kaufmann im Großhandel.*
Groß|han|dels|preis, der: *Preis, zu dem der Großhandel die Waren [an die Wiederverkäufer] verkauft:* der G. für Benzin ist stark gestiegen; etw. zum G. kaufen, verkaufen.
Groß|han|dels|un|ter|neh|men, das: *Unternehmen* (2) *des Großhandels.*
Groß|händ|ler, der: *Kaufmann im Bereich des Großhandels.*
Groß|händ|le|rin, die: w. Form zu ↑ Großhändler.
Groß|hand|lung, die: *Geschäft, Unternehmen des Großhandels.*
◆ **Groß|heit,** die; -: *Größe* (3 b): Sophroniens G. und Olindens Not (Goethe, Torquato Tasso II, 1).
groß|her|zig ⟨Adj.⟩ (geh.): *von selbstloser, nicht kleinlicher Gesinnung [zeugend]; tolerant:* eine -e Tat; ein -er Mensch; jmdm. g. verzeihen.
Dazu: **Groß|her|zig|keit,** die; -.
Groß|her|zog, der [LÜ von ital. granduca, urspr. Bez. für den Herrscher von Florenz]: **a)** ⟨o. Pl.⟩ *Fürstentitel im Rang zwischen König u. Herzog;* **b)** *Träger des Titels Großherzog* (a).
Groß|her|zo|gin, die: w. Form zu ↑ Großherzog.
groß|her|zog|lich ⟨Adj.⟩: *den Großherzog, die Großherzogin, das Großherzogtum betreffend, zu ihm, ihr gehörend.*
Groß|her|zog|tum, das: *Herrschaftsbereich eines Großherzogs, einer Großherzogin.*
Groß|hirn, das (Anat.): *aus zwei Hälften bestehender vorderster Teil des menschlichen Gehirns, der den größten Teil der Schädelhöhle ausfüllt.*
Groß|hirn|rin|de, die: *mit zahlreichen Nervenzellen ausgestattete Partie an der Oberfläche des Großhirns.*
Groß|in|dus|t|rie, die: **a)** *in besonders großem Umfang produzierender Industriezweig:* die Autoindustrie gehört zu den -n; **b)** ⟨o. Pl.⟩ *Gesamtheit der Großindustrien* (a): die europäische G.
groß|in|dus|t|ri|ell ⟨Adj.⟩: *die Großindustrie betreffend, zu ihr gehörend:* die -e Massenproduktion.
Groß|in|dus|t|ri|el|le (vgl. Industrielle): *weibliche Person, die einen od. mehrere große Industriebetriebe besitzt od. leitet.*
Groß|in|dus|t|ri|el|ler (vgl. Industrieller): *jmd., der einen od. mehrere große Industriebetriebe besitzt od. leitet.*
Groß|in|qui|si|tor, der (Geschichte): *oberster Richter der spanischen Inquisition:* Ü ein G. der liberalen Demokratie.

Groß|in|ves|ti|ti|on, die: *Investition* (1) *in großem Umfang.*
Groß|in|ves|tor, der: *Großanleger.*
Gros|sist, der; -en, -en [zu frz. gros, ↑ ¹Gros] (Kaufmannsspr.): *Großhändler.*
Gros|sis|tin, die; -, -nen: w. Form zu ↑ Grossist.
groß|jäh|rig ⟨Adj.⟩ (veraltend): *volljährig, mündig:* Dazu: **Groß|jäh|rig|keit,** die; -.
Groß|ka|li|ber, das: *großes Kaliber:* Ü er ist ein G. innerhalb der Justiz.
groß|ka|li|be|rig, groß|ka|lib|rig ⟨Adj.⟩ [zu ↑ Kaliber]: *(von Geschützrohren od. Geschossen) einen großen Durchmesser habend:* eine -e Waffe; ein -es Geschütz.
Groß|kampf|tag, der (Militär): *Tag, an dem große Kämpfe stattfinden:* Vorbereitungen für den G.; Ü heute hatte ich einen G. (ugs.; bes. harten Arbeitstag); Glatteis – ein G. für den Streudienst.
Groß|ka|pi|tal, das (Jargon): **a)** *Gesamtheit der Großunternehmen;* **b)** *Gesamtheit der Großunternehmer und Großunternehmerinnen.*
Groß|ka|pi|ta|lis|mus, der: *Wirtschaftssystem, in dem das Großkapital bestimmend ist.*
Groß|ka|pi|ta|list, der: *Vertreter des Großkapitals* (b): Ü du bist ja ein G. (scherzh.; *hast ja viel Geld*).
Groß|ka|pi|ta|lis|tin, die: w. Form zu ↑ Großkapitalist.
groß|ka|pi|ta|lis|tisch ⟨Adj.⟩: *den Großkapitalismus betreffend, zu ihm gehörend, von ihm ausgehend:* die -en Interessen.
groß ka|riert, groß|ka|riert ⟨Adj.⟩: **1.** *mit großem Karomuster.* **2.** (ugs.) *anmaßend, überheblich:* er tritt ganz schön g. k. auf.
Groß|kat|ze, die (Zool.): *großes katzenartiges Raubtier (z. B. Tiger, Löwe).*
Groß|kauf|frau, die: **1.** *Grossistin, Großhändlerin.* **2.** *Kauffrau, die Geschäfte in großem Stil betreibt.*
Groß|kauf|mann, der: **1.** *Grossist.* **2.** *Kaufmann, der Geschäfte in großem Stil betreibt:* die Hamburger Großkaufleute.
Groß|kind, das (schweiz.): *Enkelkind.*
Groß|ki|no, das: *modernes Kino, das mehrere Säle umfasst.*
Groß|kir|che, die: *Kirche* (3) *mit vielen Mitgliedern.*
groß kli|cken, groß|kli|cken ⟨sw. V.; hat⟩ (EDV): *etwas anklicken, sodass es in großem Format erscheint.*
Groß|kli|ma, das (Meteorol.): *Klima größerer Gebiete, z. B. eines Landes, eines Kontinents; Makroklima.*
Groß|klub, der: *Großclub, der (Sport, bes. Fußball): Klub, der aufgrund seiner Mitgliederzahl u. bes. seiner Finanzkraft u. seines Renommees eine herausgehobene Stellung hat.*
Groß|ko|a|li|ti|o|när, der: *Koalitionspartei, Koalitionspartner in einer Großen Koalition.*
Groß|ko|a|li|ti|o|närin, die: w. Form zu ↑ Großkoalitionär.
Groß|kon|zern, der: *großer, wichtiger Konzern:* die Macht der -e.
Groß|kop|fer|te, die/eine Großkopferte; der/einer Großkopferten, die Großkopferte, **Groß|kop|fe|te,** die/eine Großkopfete; der/einer Großkopfeten, die Großkopfeten/zwei Großkopfete [zu ↑ Kopf] (bes. bayr., österr. ugs.): **a)** *einflussreiche, gesellschaftlich hochgestellte weibliche Person;* **b)** w. Person, die studiert [hat], Intellektuelle.
Groß|kop|fer|ter, der, Großkopferte; ein Großkopferter; des/eines Großkopferten, die Großkopferten/zwei Großkopferte, **Groß|kop|fe|ter,** der, Großkopfete; ein Großkopfeter; des/eines Großkopfeten, die Großkopfeten/zwei Großkopfete [zu ↑ Kopf] (bes. bayr., österr. ugs.):

a) *einflussreiche, gesellschaftlich hochgestellte Person;* b) *jmd., der studiert [hat], Intellektueller.*
Groß|kop|fe|te: ↑ Großkopferte.
Groß|kop|fe|ter: ↑ Großkopferter.
groß|köp|fig ⟨Adj.⟩: *mit großem Kopf versehen.*
Groß|kotz, der; -, -e [jidd. großkozen = schwerreicher Mann, auch: Wichtigtuer; viell. zu hebr. qāzîn = Vorsteher, Anführer, volksetym. an ↑ kotzen angeschlossen] (salopp abwertend): *Angeber.*
groß|kot|zig ⟨Adj.⟩ (salopp abwertend): *widerlich aufschneidend, protzig:* ein -er Mensch; g. daherreden.
Groß|kot|zig|keit, die; - (salopp abwertend): *das Großkotzigsein.*
Groß|kraft|werk, das: *Kraftwerk von großer Kapazität.*
Groß|kran|ken|haus, das: *Krankenhaus mit sehr großer Bettenzahl u. zahlreichen Abteilungen.*
Groß|kre|dit, der: *Kredit, der einen bestimmten Prozentsatz vom Eigenkapital des Kreditinstituts übersteigt.*
Groß|kreis, der (Geom.): *Kreis auf einer Kugeloberfläche, dessen Mittelpunkt mit dem Mittelpunkt der Kugel zusammenfällt.*
Groß|kreuz, das: *Exemplar der höchsten Klasse bei den meisten Orden:* das G. des Eisernen Kreuzes.
Groß|kü|che, die: **1.** *große Küche (eines Hotels, einer Kantine o. Ä.), in der Essen für eine große Zahl von Personen gekocht wird.* **2.** *Unternehmen, das für Großabnehmer Essen zubereitet u. liefert.*
Groß|kun|de, der: *(in wirtschaftlicher, strategischer o. ä. Hinsicht) besonders wichtiger Kunde:* Verbilligungen für -n.
Groß|kund|ge|bung, die: *Kundgebung, an der eine große Menschenmenge teilnimmt.*
Groß|kun|din, die: w. Form zu ↑ Großkunde.
Groß|la|ge, die: *größeres Anbaugebiet für Wein, das aus der Zusammenfassung einzelner kleinerer Weinlagen entstanden ist.*
Groß|lein|wand, die: *Großbildleinwand.*
Groß|lo|ge, die: *Verband, in dem mehrere Freimaurerlogen zusammengeschlossen sind.*
groß|ma|chen, sich ⟨sw. V.; hat⟩ (ugs.): *sich rühmen; prahlen; sich wichtigmachen:* er will sich nur g.
Groß|macht, die: *Staat, der so viel Macht besitzt, dass er einzeln od. im Bündnis mit anderen Staaten einen erheblichen Einfluss auf die internationale Politik ausübt:* zur G. aufsteigen, werden.
groß|mäch|tig ⟨Adj.⟩ (geh. veraltet): *sehr mächtig, einflussreich:* ein -er Herr, eine -e Königin.
Groß|macht|po|li|tik, die: *von einer Großmacht, von den Großmächten betriebene Politik.*
Groß|macht|stel|lung, die: *Stellung, Bedeutung einer Großmacht:* das Land hat seine G. verloren.
Groß|ma|ma, die (fam.): *Großmutter.*
Groß|manns|sucht, die ⟨o. Pl.⟩ (abwertend): *übersteigerter Geltungsdrang.*
groß|manns|süch|tig ⟨Adj.⟩ (abwertend): *von übersteigertem Geltungsdrang gekennzeichnet.*
Groß|markt, der: **1.** (Wirtsch.) *Markt, auf dem vorzugsweise Wiederverkäufer ihren Bedarf decken.* **2.** (ugs.) *großes Geschäft, in dem Lebensmittel, Bekleidung usw. meist günstig gekauft werden können.*
Groß|markt|hal|le, die: *Markthalle, in der vorzugsweise Wiederverkäufer ihren Bedarf decken.*
groß|ma|schig ⟨Adj.⟩: *mit weiten Maschen versehen:* ein -es Netz.
Groß|mast, der (Seemannsspr.): *zweiter Mast von vorn bei einem mehrmastigen Segelschiff.*

Groß|maul, das (ugs. abwertend): *jmd., der prahlt; Angeber, Angeberin:* er, sie ist ein schreckliches G.
groß|mäu|lig ⟨Adj.⟩ (ugs. abwertend): *prahlerisch, angeberisch:* die Ankündigung war zu g. gewesen.
Groß|mäu|lig|keit, die; -, -en (ugs. abwertend): **1.** ⟨o. Pl.⟩ *das Großmäuligsein.* **2.** *großmäulige Rede, Verhaltensweise.*
groß|mehr|heit|lich ⟨Adj.⟩ (schweiz.): *mit großer Mehrheit erfolgt:* ein -er Beschluss; dem Antrag g. zustimmen.
Groß|meis|ter, der: **1.** [mhd. grōȝmeister] *Oberer eines Ritterordens.* **2.** *in der Freimaurerei Vorsitzender einer Großloge.* **3.** *höchster im Schachsport [auf Lebenszeit] verliehener Titel.* **4.** (Jargon) *jmd., der in einem Fach, in seinem Beruf o. Ä. Großes leistet, ein Könner ist:* Erich Kästner, der G. dieses Genres.
Groß|meis|te|rin, die: w. Form zu ↑ Großmeister (4).
Groß|mo|gul, der (früher): **a)** ⟨o. Pl.⟩ *Titel nordindischer Herrscher;* **b)** *Träger des Titels Großmogul* (a).
Groß|muf|ti, der: *übergeordneter Mufti in den Hauptstädten der Provinzen des Osmanischen Reiches.*
Groß|mut, die; -: *edle Gesinnung; Großzügigkeit:* G. gegen den Besiegten zeigen; jmds. G. missbrauchen; Wer aus G. handelt, oder, wie man auch sagt, aus Größe, der fragt nicht nach Täuschung, noch nach Sicherheit (Musil, Mann 1177).
groß|mü|tig ⟨Adj.⟩ [mhd. grōȝmüetec = voll Selbstvertrauen]: *Großmut besitzend, zeigend:* eine -e Tat; gegen jmdn. g. sein, handeln; über etw. g. hinwegsehen.
Groß|mü|tig|keit: *Großmut.*
Groß|mut|ter, die [mhd. grōȝmuoter, LÜ von frz. grand-mère]: **1.** *Mutter des Vaters od. der Mutter:* meine G. väterlicherseits; Hausmitter aus -s Zeiten (von früher); sie ist zum dritten Mal G. geworden (sie hat ein drittes Enkelkind bekommen); R das kannst du deiner G. erzählen! (ugs.; *das glaube ich dir nicht!*) **2.** (ugs.) *alte Frau.*
groß|müt|ter|lich ⟨Adj.⟩: **a)** *die Großmutter betreffend, zu ihr gehörend:* das -e Erbe; auf -er Seite; **b)** *für die Großmutter charakteristisch:* sie verzog ihn mit -er Nachsicht.
Groß|nef|fe, der: *Enkel des Bruders od. der Schwester.*
Groß|nich|te, die: *Enkelin des Bruders od. der Schwester.*
Groß|of|fen|si|ve, die (Militär): *militärische Offensive von großen Ausmaßen:* eine G. starten.
Groß|on|kel, der: **1.** *Bruder eines Großelternteils.* **2.** *Ehemann einer Großtante.*
Groß|pa|ckung, die: *große Packung einer bestimmten Ware:* eine G. Waschmittel.
Groß|pa|pa, der (fam.): *Großvater.*
Groß|par|tei, die: *Partei (1 a) mit vielen Mitgliedern.*
groß|po|rig ⟨Adj.⟩: *große Poren aufweisend:* -e Haut.
Groß|pro|duk|ti|on, die: *Produktion in großem Stil.*
Groß|pro|jekt, das: *Projekt von großen Ausmaßen:* ein G. zur Erforschung des Weltraums.
Groß|putz, der ⟨o. Pl.⟩ (landsch.): *Hausputz:* G. machen.
Groß|rat, der (schweiz.): **a)** *schweizerisches Kantonsparlament;* **b)** *Mitglied des Großrats* (a).
Groß|rä|tin, die: w. Form zu ↑ Großrat.
groß|rät|lich ⟨Adj.⟩ (schweiz.): *den Großen Rat (das Kantonsparlament) betreffend, von ihm ausgehend.*

Groß|rats|prä|si|dent, der (schweiz.): *Präsident des schweizerischen Kantonsrats.*
Groß|rats|prä|si|den|tin, die: w. Form zu ↑ Großratspräsident.
Groß|raum, der: **1.** *Raum (6), der von größeren Gebieten gebildet wird:* ein wirtschaftlicher G.; im G. Stuttgart (*in Stuttgart u. seiner Umgebung*). **2.** *großer Raum.*
Groß|raum|bü|ro, das: *Büro, das aus mehreren in einem Raum zusammengefassten Büros besteht:* in einem G. arbeiten.
Groß|raum|flug|zeug, das: *Flugzeug mit besonders großem Laderaum zum Transport von Personen od. Fracht.*
groß|räu|mig ⟨Adj.⟩: **1.** *sich über einen größeren, großen Raum erstreckend; große Gebiete betreffend:* eine -e Umfahrung der Unfallstelle; der Verkehr wird g. umgeleitet. **2.** *viel Raum bietend od. beanspruchend:* eine -e Wohnung.
Groß|räu|mig|keit, die; -: *das Großräumigsein.*
Groß|raum|jet, der: *Düsenflugzeug mit besonders großem Laderaum zum Transport von Personen oder Fracht.*
Groß|raum|li|mou|si|ne, die: *größeres Auto mit mindestens 6 Sitzplätzen u. vergrößerbarer Ladefläche:* der Trend zur G.
Groß|raum|wa|gen, der: **1.** *Straßenbahnwagen, der aus zwei od. drei durch Gelenke miteinander verbundenen Wagen besteht.* **2. a)** *Wagen eines Reisezugs, bei dem die Sitze rechts u. links eines Mittelgangs angeordnet sind;* **b)** *gedeckter Güterwagen mit großer Ladefläche od. mit besonderer Tragfähigkeit.*
Groß|raz|zia, die: *mit großem Polizeiaufgebot verbundene Razzia.*
Groß|re|chen|an|la|ge, die, **Groß|rech|ner,** der: *Rechner (2), der über eine große Leistung u. Speicherkapazität verfügt.*
Groß|reich, das (Geschichte): *Reich von großer räumlicher Ausdehnung.*
Groß|rei|ne|ma|chen, Groß|rein|ma|chen, das; -s (ugs.): *gründlicher Hausputz:* ein G. veranstalten.
Groß|schan|ze, die (Skisport): *Sprungschanze für Weiten bis zu 120 m.*
groß|schnau|zig, groß|schnäu|zig ⟨Adj.⟩ (salopp): *großsprecherisch.*
groß|schrei|ben ⟨st. V.; hat⟩: **1.** *mit großem Anfangsbuchstaben schreiben:* Eigennamen werden großgeschrieben. **2.** (ugs.) *eine wichtige Rolle spielen, einen wichtigen Platz einnehmen:* Sicherheit wird bei uns großgeschrieben.
Groß|schrei|bung, die: *das Schreiben mit großen Anfangsbuchstaben.*
Groß|se|gel, das (Seemannsspr.): **a)** *am Großmast befestigtes Segel;* **b)** *Segel eines Bootes ohne Beisegel.*
Groß|spre|cher, der (abwertend): *jmd., der gerne, häufig prahlt; Angeber, Aufschneider.*
Groß|spre|che|rei, die; -, -en (abwertend): **1.** ⟨o. Pl.⟩ *Prahlerei, Angeberei, Aufschneiderei:* was er da sagt, ist ja alles nur G. **2.** *großsprecherische Äußerung:* ihre -en gehen mir auf die Nerven.
Groß|spre|che|rin, die: w. Form zu ↑ Großsprecher.
groß|spre|che|risch ⟨Adj.⟩ (abwertend): *in der Weise eines Großsprechers; prahlerisch, angeberisch:* -e Worte.
groß|spu|rig ⟨Adj.⟩: **1.** (abwertend) *im Auftreten u. Benehmen großtuerisch u. eingebildet, sich in dieser Weise aufspielend; anmaßend, überheblich, arrogant:* ein -er Mensch; -e Reden; ihr Auftreten wirkte g.; etw. g. versprechen. **2.** (selten) *eine große Spurweite aufweisend:* -e Geländewagen.
Groß|spu|rig|keit, die; - (abwertend): *anmaßende, überhebliche, arrogante Art.*

Großstadt – Groupie

Groß|stadt, die: *große, mit pulsierendem Leben erfüllte Stadt mit vielen Einwohnern (amtl.: Stadt mit mehr als 100 000 Einwohnern): durch die Eingemeindung einiger kleinerer Orte ist Neuburg jetzt G.; in der G. (in großstädtischer Umgebung) leben, aufgewachsen sein.*
Groß|stadt|dschun|gel, der (emotional): *als bedrohlich, geheimnisvoll, undurchdringlich od. vielfältig u. abwechslungsreich empfundene Atmosphäre der Großstadt: das Überleben im G.*
Groß|städ|ter, der: *jmd., der in der Großstadt lebt u. von ihr geprägt ist.*
Groß|städ|te|rin, die: w. Form zu ↑ Großstädter.
groß|städ|tisch ⟨Adj.⟩: *zu einer Großstadt gehörend; einer Großstadt, dem Leben in einer Großstadt entsprechend: -er Verkehr; -es Kulturangebot.*
Groß|stadt|kind, das: **1.** *in einer Großstadt aufwachsendes Kind.* **2.** *jmd., der in einer Großstadt aufgewachsen u. vom Leben in der Großstadt geprägt ist:* als G. fühlt sie sich unwohl auf dem Land.
Groß|stadt|lärm, der: *Lärm, bes. Verkehrslärm, der Großstadt.*
Groß|stadt|le|ben, das: *Leben (2 b) in der Großstadt; großstädtische Lebensweise.*
Groß|stadt|mensch, der: *jmd., der [in einer Großstadt aufgewachsen u.] vom Leben in der Großstadt geprägt ist.*
Groß|stadt|ver|kehr, der: *Straßenverkehr, wie er in einer Großstadt herrscht.*
größt...: ↑ groß.
Groß|tan|te, die: **1.** *Schwester der Großmutter oder des Großvaters.* **2.** *Ehefrau des Großonkels.*
Groß|tat, die: *bedeutende, hervorragende, oft mit persönlichen Risiken verbundene Leistung:* kulturelle, wissenschaftliche -en.
Groß|tech|nik, die: *Technik, die durch den Einsatz von großen Geräten charakterisiert ist.*
groß|tech|nisch ⟨Adj.⟩: *zur Großtechnik gehörend:* -e Anlagen.
Groß|tech|no|lo|gie, die: *zur Realisierung von Großprojekten nötige Technologie (2).*
Groß|teil, der: *größerer Teil, Hauptteil:* ein G. der Geschenke; er hat den G. seines Lebens in Berlin verbracht; das Schloss zum G. renovieren lassen.
groß|teils ⟨Adv.⟩: *zum großen Teil:* die Straßen sind g. mit Schnee bedeckt.
größ|ten|teils ⟨Adv.⟩: *zum größten Teil, fast ausnahmslos, in der Hauptsache:* die Bilder stammen g. aus Privatbesitz.
größt|mög|lich ⟨Adj.⟩: *so groß wie möglich:* -e Sicherheit, Vollständigkeit.
groß|tö|nend ⟨Adj.⟩ (geh. abwertend): *bedeutungsvoll [klingend]; hochtrabend:* -e Worte; er verkündete g., dass das für ihn kein Problem sei.
Groß|tu|er, der; -s, - (abwertend): *jmd., der sich wichtigmacht, der ständig prahlt; Angeber, Wichtigtuer.*
Groß|tu|e|rei, die (abwertend): **1.** ⟨o. Pl.⟩ *das [Sich]großtun.* **2.** *großtuerische Rede, Handlung.*
Groß|tu|e|rin, die; -, -nen: w. Form zu ↑ Großtuer.
groß|tu|e|risch ⟨Adj.⟩ (abwertend): *prahlerisch, angeberisch, wichtigtuerisch.*
groß|tun ⟨unr. V.; hat⟩ (abwertend): *sich einer Sache rühmen; prahlen, sich wichtigtun:* vor seinen Freunden mit etw. g. ⟨auch g. + sich:⟩ sie tut sich groß mit ihren Reisen; ⟨subst.:⟩ Als er aber einmal ein Strumpfband in seinem Koffer mitgebracht hatte...und nachträglich sich herausstellte, dass es von niemand anderem als seiner eigenen zwölfjährigen Schwester war, wurde er wegen dieses lächerlichen Großtuns viel verlacht (Musil, Törleß 53).
Groß|un|ter|neh|men, das (Wirtsch.): *sehr großes Unternehmen.*

Groß|un|ter|neh|mer, der: *jmd., der ein Großunternehmen leitet.*
Groß|un|ter|neh|me|rin, die: w. Form zu ↑ Großunternehmer.
Groß|va|ter, der [mhd. grōȝvater, LÜ von frz. grand-père]: **1.** *Vater des Vaters od. der Mutter:* ihr G. mütterlicherseits; Es wimmelte von sonntäglichen Spaziergängern, von feierlichen Großvätern mit herausgeputzten Enkeln (Dürrenmatt, Grieche 24). **2.** (ugs.) *alter Mann.*
groß|vä|ter|lich ⟨Adj.⟩: **a)** *den Großvater betreffend, von ihm ausgehend:* der -e Sessel; der -e Rat; **b)** *in der Art u. Weise eines Großvaters; für einen Großvater charakteristisch:* -e Gewohnheiten.
Groß|va|ter|ses|sel, der (ugs.): *bequemer Sessel mit hoher Lehne; Ohrensessel.*
Groß|ver|an|stal|tung, die: *Veranstaltung mit einer großen Zahl von Teilnehmenden.*
Groß|ver|band, der (Militär): *Zusammenfassung mehrerer Truppenteile verschiedener Truppengattungen.*
Groß|ver|brau|cher, der: *Stelle, Institution o. Ä., die Waren in größeren Mengen benötigt u. bezieht (z. B. eine Kantine): Rabatte für G.*
Groß|ver|brau|che|rin, die: w. Form zu ↑ Großverbraucher.
Groß|ver|die|ner, der: *jmd., der viel Geld verdient, der ein großes Einkommen hat.*
Groß|ver|die|ne|rin, die: w. Form zu ↑ Großverdiener.
Groß|ver|lag, der: *großer Verlag:* mit einem G. fusionieren.
Groß|ver|sand|haus, das: *großes Versandhaus:* eine Bestellagentur für ein G. betreiben.
Groß|ver|such, der: *groß angelegter Versuch (3):* einen G. starten; in einem G. werden Kläranlagen mit alternativen Energien betrieben.
Groß|ver|tei|ler, der (schweiz.): *Einzelhandelskette.*
Groß|vieh, das: *Gesamtheit der großen Nutztiere wie Pferde, Schweine u. Schafe.*
groß|vo|lu|mig ⟨Adj.⟩: *ein großes Volumen aufweisend:* -e Container, Lautsprecherboxen; -e Motoren (Motoren mit großem Hubraum).
Groß|vor|ha|ben, das: *Vorhaben, Projekt größeren Ausmaßes:* ein militärisches, kulturpolitisches, verkehrstechnisches G.
Groß|we|sir, der: *ehemals, nur dem Sultan unterstellter Amtsträger des Osmanischen Reiches, der die Regierungsgeschäfte führt.*
Groß|wet|ter|la|ge, die (Meteorol.): *Wetterlage über einem größeren Gebiet während des Zeitraums von mehreren Tagen:* Ü die politische G.
Groß|wild, das: *großes Wild (1), bes. Raubwild der Tropen.*
Groß|wild|jagd, die: *Jagd auf Großwild.*
Groß|wild|jä|ger, der: *jmd., der Großwild jagt.*
Groß|wild|jä|ge|rin, die: w. Form zu ↑ Großwildjäger.
groß|wüch|sig ⟨Adj.⟩: *durch großen Wuchs gekennzeichnet.*
groß|zie|hen ⟨unr. V.; hat⟩: *(ein Kind od. ein junges Tier) so lange ernähren u. umsorgen, bis es groß, selbstständig geworden ist:* sie hat fünf Kinder großgezogen; Jungtiere [mit der Flasche] g.
groß|zü|gig ⟨Adj.⟩ [eigtl. = einen Zug ins Große habend]: **1.** *sich über als unwichtig Empfundenes hinwegsetzend; Gesinnungen, Handlungen anderer gelten lassend; nicht kleinlich [denkend]; tolerant:* g. sah sie über den Fehler hinweg; ... stellen sie wieder fest, dass sich nicht der richtige Geschäftsführer für ihren Laden war, dass ich zu g. (nicht genau genug) Buch führte (Lenz, Brot 134). **2.** *in Geldangelegenheiten, im Geben und Schenken nicht kleinlich; spendabel:* in -er Weise eine Sache finanziell unterstüt-

zen; sie war wenigstens so g., mir das Essen zu bezahlen; Ü sie ging mit ihrer Zeit, mit dem Platz so g. (verschwenderisch) um; **b)** *von einer großzügigen (2 a) Haltung zeugend:* ein -es Trinkgeld. **3.** *große Ausmaße habend, weit[räumig], in großem Stil:* -e Gartenanlagen; eine -e Raumaufteilung.
Groß|zü|gig|keit, die; -: *großzügiges Wesen; großzügige Art.*
Grosz [grɔʃ], der; -, -e [poln. grosz < tschech. groš < spätmhd. grosche, ↑ Groschen]: *Untereinheit der Währung in Polen (= 0,01 Zloty).*
gro|tesk ⟨Adj.⟩ [frz. grotesque < ital. grottesco, urspr. in Fügungen wie grottesca pittura Bez. für die seltsam und fantastisch anmutenden antiken Malereien in Grotten, Kavernen o. Ä., zu: grotta, ↑ Grotte]: *durch eine starke Übersteigerung od. Verzerrung absonderlich übertrieben, lächerlich wirkend:* -e Verrenkungen; eine -e Situation; etw. nimmt immer -ere Formen an; ihre Behauptung ist einfach g.; die Aufmachung wirkte g.
Gro|tesk, die; - [H. u.] (Druck- u. Schriftwesen): *gleichmäßig starke Antiquaschrift ohne Serifen:* eine Überschrift in G.
Gro|tes|ke, die; -, -n: **1.** (Kunstwiss.) *fantastisch gestaltete Darstellung von Tier- u. Pflanzenmotiven in der Ornamentik der Renaissance u. der Antike.* **2.** (Kunstwissenschaft, Literaturwiss.) *Darstellung einer verzerrten Wirklichkeit, die auf paradox erscheinende Weise Grauenvolles, Missgestaltetes mit komischen Zügen verbindet:* eine G. schreiben; Ü der ganze Vorgang war eine G.
gro|tes|ker|wei|se ⟨Adv.⟩: *durch einen grotesken Umstand; in einer grotesken Weise.*
Grot|te, die; -, -n [ital. grotta < vlat. crupta < lat. crypta, ↑ Krypta]: *natürliche od. oft [in Renaissance- u. Barockgärten] künstlich angelegte Felsenhöhle von geringer Tiefe:* eine G. aus grauem Gestein.
grot|ten|doof ⟨Adj.⟩ [1. Bestandteil wohl aus südd. krotten- (zu mundartl. Krotte = Kröte) mit ähnl. Bed. wie ↑ hunde-, Hunde-] (salopp): *äußerst dumm:* ein -er Text.
grot|ten|falsch ⟨Adj.⟩ [vgl. grottendoof] (salopp): *vollkommen falsch:* etw. g. beurteilen.
grot|ten|häss|lich ⟨Adj.⟩ [vgl. grottendoof] (salopp): *äußerst hässlich.*
Grot|ten|olm, der [zu ↑ Grotte]: *lang gestreckter, blinder Schwanzlurch mit kleinen u. sehr dünnen Gliedmaßen.*
grot|ten|schlecht ⟨Adj.⟩ [vgl. grottendoof] (salopp): *äußerst schlecht.*
Ground|hos|tess [ˈɡraʊnt...], die; -, -en [engl. ground hostess, zu: ground u. ↑ Hostess]: *Angestellte einer Fluggesellschaft, der die Betreuung der Fluggäste auf dem Flughafen obliegt.*
Groun|ding [ˈɡraʊndɪŋ], das; -[s], -s [engl. grounding = das Am-Boden-Halten von Flugzeugen (wohl urspr. mit Bezug auf das Startverbot für Flugzeuge einer insolventen Fluggesellschaft), zu: ground (= Boden)] (Wirtsch.): *[unvorhergesehenes] vollständiges Einstellen der Leistungen eines Unternehmens, bes. einer Fluglinie:* die Unterstützung blieb aus, was zum G. der Fluggesellschaft führte.
Ground Ze|ro [ɡraʊnt ˈzɪərəʊ], der, auch: das; - -s ⟨meist o. Art.⟩ [engl. ground zero, eigtl. = [Boden]nullpunkt, aus: ground = Boden u. zero = Null; urspr. amerik. Bez. für den Punkt, über dem die erste Atombombe explodierte]: *nach dem Terroranschlag vom 11. September 2001 aufgekommene Bez. für das Gelände in New York, auf dem das zerstörte World Trade Center stand.*
Grou|pie [ˈɡruːpi], das; -s, -s [engl. groupie, zu:

group = (Musik)gruppe) (Jargon): *weiblicher Fan, der immer wieder versucht, in möglichst engen Kontakt mit der von ihm bewunderten Person od. Gruppe zu kommen.*

Group|ware ⟨'gruːpwɛːɐ̯⟩, die; -, -s [engl. groupware, Analogiebildung zu: software, ↑ Software, zu: group = Gruppe] (EDV): *Software für eine bestimmte Benutzergruppe, die in einem Netzwerk (z. B. Intranet) an einem gemeinsamen Projekt arbeitet.*

Gro|wi|an, der; -[e]s, -e, (auch:) die; -, -en [Kurzwort für **gro**ße **Wi**ndenergie**an**lage]: *größere Anlage zur Erzeugung von Elektrizität durch Windenergie.*

grub: ↑ graben.

Grub|ber, der; -s, - [engl. grubber, zu: to grub = graben]: *landwirtschaftliches Gerät mit in zwei od. mehr Reihen versetzt angeordneten starken Zinken zur Bearbeitung, bes. zur Lockerung, des Ackerbodens.*

Grüb|chen, das; -s, - [Vkl. von ↑ Grube, eigtl. = kleine Grube]: *kleine Vertiefung im Kinn u. (beim Lachen entstehend od. sich vertiefend) in den Wangen.*

Gru|be, die; -, -n [mhd. gruobe, ahd. gruoba, zu ↑ graben]: **1.** *[gegrabene, ausgebaggerte, künstlich angelegte] Vertiefung in der Erde:* eine tiefe G. ausheben; eine G. als Falle mit Zweigen abdecken; den Müll in die G. *(Abfallgrube)* werfen; **Spr** wer andern eine G. gräbt, fällt selbst hinein *(wer anderen schaden will, schadet sich dadurch oft nur selbst).* **2.** (veraltend) *[noch offenes] Grab:* den Sarg in die G. hinabsenken; * **in die, zur G. fahren** (geh. veraltend, auch noch salopp, iron.: *sterben:* die Falle mit Zweigen müssen wir doch alle auf die gleiche Weise in die G. [Chr. Wolf, Himmel 306]). **3.** (Bergbau) **a)** *technische Anlage bes. unter der Erde zum Abbau, zur Gewinnung, Förderung von mineralischen Rohstoffen, Bodenschätzen; Bergwerk, Zeche:* eine G. stilllegen; in die G. einfahren; er arbeitet in der G. *(ist Bergarbeiter);* **b)** *Gesamtheit der in einer Grube (3 a) beschäftigten Bergarbeiter.* **4.** (seltener) *[kleine] rundliche Vertiefung, Mulde:* die -n zwischen den Sehnen am Hals.

grü|be: ↑ graben.

Grü|be|lei, die; -, -en: *dauerndes, oft als quälend empfundenes Grübeln:* sie verfiel in unnütze -en.

grü|beln ⟨sw. V.; hat⟩ [mhd. grübelen, ahd. grubilōn = (wiederholt) graben, Intensivbildung zu ↑ graben]: *seinen oft quälenden, unnützen od. fruchtlosen Gedanken nachhängen; über etwas Sache nachsinnen, um zu einer Lösung od. Klärung zu kommen:* sie hat tagelang ergebnislos über dieses/über dieses Problem gegrübelt; ⟨subst.:⟩ Er war ... müde geworden, hatte eine Weile geschlafen, war wieder aufgewacht und ins Grübeln gekommen (Strittmatter, Wundertäter 426).

Gru|ben|bau, der ⟨Pl. -e⟩ (Bergbau): *planmäßig hergestellter, je nach Zweck verschieden gestalteter Hohlraum (wie Schacht, Stollen, Strecke u. a.) in einem Bergwerk.*

Gru|ben|gas, das: *in Steinkohlenbergwerken häufig sich entwickelndes farb- u. geruchloses, ungiftiges, aber leicht brennbares, explosives Gas.*

Gru|ben|lam|pe, die: *im Bergbau verwendete, tragbare Lampe; Sicherheitslampe des Bergmanns.*

Gru|ben|licht, das ⟨Pl. -er⟩ (Bergbau): *Grubenlampe.*

Gru|ben|un|glück, das: *in einem Bergwerk sich ereignendes Unglück.*

Gru|ben|was|ser, das: *Wasser, das sich in einem Grubenbau sammelt.*

Grüb|ler, der; -s, -: *jmd., der zum Grübeln neigt; grüblerischer Mensch.*

Grüb|le|rin, die; -, -nen: w. Form zu ↑ Grübler.

grüb|le|risch ⟨Adj.⟩: *zum Grübeln neigend; [häufig] in Grübeleien versunken:* ein -er Geist.

grüe|zi [gek. aus: (Gott) gruezi-i = (Gott) grüße euch]: schweiz. Grußformel.

Gruft, die; -, Grüfte [mhd., ahd. gruft, kruft, unter Einfluss von vlat. crupta (↑ Grotte) zu ahd. girophti = Graben) (geh.): **a)** *Gewölbe, bes. als Grabstätte; Krypta:* die Grüfte der Könige; in die G. *(Krypta)* des Domes hinabsteigen; **b)** *[offenes] Grab:* den Sarg in die G. hinablassen; Am Friedhof fesselte ihn zum ersten Mal an diesem Tag ein Anblick ... Er sah in einen gerade von ihm fortlaufenden Weg hinein, links, gleich zu Beginn, war eine alte G. um einen neuen Toten vervollständigt worden (Kronauer, Bogenschütze 191).

Gruf|ti, der; -s, -s (Jugendspr.): **1. a)** *Erwachsener, der in den Augen Jugendlicher bereits als alt angesehen wird:* für die Schüler sind selbst Junglehrer -s; **b)** *alter Mensch:* diese munteren Rentner wollen keine -s sein. **2.** *Jugendlicher, der schwarz gekleidet, mit schwarz gefärbtem Haar u. weiß geschminktem Gesicht auftritt u.* (zusammen mit Gleichgesinnten) *bes. Friedhöfe als Versammlungsort wählt.*

grum|meln ⟨sw. V.; hat⟩ [zu veraltet grummen, ablautende Bildung zu ↑ ¹grimmen] (landsch.): **1.** *ein rollendes, leise polterndes Geräusch verursachen:* den Donner g. hören. **2.** *leise u. undeutlich* [vor sich hin] *sprechen; murmeln, brummeln:* unverständliche Worte g.

Grum|met, das; -s, (österr. nur so:) **Grumt,** das; -[e]s [mhd. gruo(n)māt, zu: grüejen, ahd. gruoen = sprießen, grünen u. ↑ ¹Mahd]: *durch den zweiten* (od. *dritten*) *Schnitt innerhalb eines Jahres gewonnenes Heu:* das G. mähen, machen, wenden, einfahren.

grün ⟨Adj.⟩ [mhd. grüene, ahd. gruoni, zu mhd. grüejen, ahd. gruoen = wachsen, grünen, urspr. entw. = wachsend, sprießend od. = grasfarben, verw. mit ↑ Gras]: **1.** *von der Farbe frischen Grases, Laubes:* -e Wiesen, Wälder; -e Farbe; -e Weihnachten *(Weihnachten ohne Schnee);* -er Salat *(Blattsalat);* ihre Augen sind g.; die Ampel ist g. (ugs.; *zeigt grünes Licht);* die Bäume werden wieder g. *(beginnen auszuschlagen);* etw. g. färben, streichen; g. belaubte Bäume; ein g. gestreiftes, g. kariertes Handtuch; ⟨subst.:⟩ die Farbe des Mantels spielt ins Grüne; * **jmdn. g. und blau/g. und gelb schlagen** (ugs.; *jmdn. heftig verprügeln*); **sich g. und blau/g. und gelb ärgern** (ugs.; *sich sehr ärgern*); **-es Licht geben** (↑ Licht 2 a). **2. a)** *noch nicht ausgereift; unreif:* -e Äpfel, Tomaten; die Birnen sind noch zu g.; die Bananen werden g. geerntet; **b)** *frisch u. saftreich; noch nicht trocken, gedörrt:* -e Ware *(frisches Gemüse);* das Holz brennt schlecht, weil es noch zu g. ist; **c)** *frisch, roh, nicht durch Räuchern, Salzen, Trocknen o. Ä. konserviert:* -er Speck; -e *(ungesalzene)* Heringe. **3.** (oft abwertend) *noch wenig Erfahrung od. Reife besitzend:* ein -er Junge. **4. a)** (Politik) *zu einer Partei gehörend, sie betreffend, zu deren hauptsächlichen Anliegen die Ökologie gehört:* -e Abgeordnete; eine grüne Partei; -e Politik machen; g. wählen; **b)** *dem Umweltschutz verpflichtet, ihn fördernd:* -es Denken, -e Produkte kaufen. **5.** * **jmdm. nicht g. sein** (ugs.; *jmdm. nicht wohlgesinnt sein; jmdn. nicht leiden können;* grün verbindet sich hier über die urspr. Bed. »wachsend, sprossend, blühend« mit der Vorstellung des Gedeihlichen, Angenehmen, Günstigen: die beiden sind sich nicht g.).

Grün, das; -[s], -[s]: **1.** *grüne Farbe; grünes Aussehen:* ein helles, kräftiges G.; das satte G. der Wiese; die Ampel zeigt G. *(grünes Licht),* steht auf G.; ganz in G. *(in grüner Farbe);* * **[das ist]** dasselbe in G. (ugs.; *[das ist] so gut wie dasselbe, im Grunde nichts anderes).* **2.** ⟨das; -s⟩ *grünende Pflanzen[teile]* (*junge Triebe, frisches Laub o. Ä.):* das erste zarte G. des Frühlings; das Ufer ist mit üppigem G. bedeckt. **3.** ⟨das; -s, -s⟩ (Golf) *mit kurz geschnittenem Rasen bedeckter letzter Abschnitt jeder Spielbahn* (eines Golfplatzes): den Ball aufs dritte G. schlagen. **4.** ⟨meist o. Art.; o. Pl.⟩ (Kartenspiele) *Farbe in der deutschen Spielkarte* (die dem Pik der französischen Spielkarte entspricht): G. sticht; G. ausspielen.

Grün|al|ge, die ⟨meist Pl.⟩: *(in zahlreichen Arten vorkommende) Alge von grüner Farbe, die vor allem im Plankton des Süßwassers vorkommt.*

Grün|an|la|ge, die ⟨meist Pl.⟩: *parkähnliche Anlage, bes. innerhalb einer Ortschaft.*

grün|äu|gig ⟨Adj.⟩: *grüne Augen habend.*

grün be|laubt, grün|be|laubt ⟨Adj.⟩: *grünes Laub tragend:* grün belaubte Bäume, Wälder.

grün be|wach|sen, grün|be|wach|sen ⟨Adj.⟩: *mit Grün (2) bewachsen:* grün bewachsene Hügel.

grün|blau ⟨Adj.⟩: *einen blauen Farbton besitzend, der ins Grüne spielt.*

Grün|blind ⟨Adj.⟩: *nicht die Fähigkeit besitzend, grüne Farbtöne zu unterscheiden.*

Grün|blind|heit, die: *das Grünblindsein.*

Grün|buch, das (Politik): *Veröffentlichung mit grünem Einband od. Umschlag zu einem bestimmten Thema.*

Grund, der; -[e]s, Gründe [mhd., ahd. grunt, eigtl. = Zerriebenes, Gemahlenes]: **1. a)** ⟨o. Pl.⟩ *Erdboden als Untergrund; Erdoberfläche, Boden:* sumpfiger, fester G.; das Haus wurde bis auf den G. *(bis aufs Fundament)* abgerissen; ein Loch in den felsigen G. bohren; * **den G. zu etw. legen** *(die Grundlage, Voraussetzung für etw. schaffen u. damit beginnen:* sie hat den G. zu dieser Wissenschaft, Politik gelegt); **in G. und Boden** *(zutiefst; sehr; völlig):* sich in G. und Boden schämen; er hat sie in G. und Boden verdammt); **jmdn. in G. und Boden reden** (1. *so lange u. heftig auf jmdn. einreden, dass es diese[r] schließlich aufgibt, Gegenargumente vorzubringen. jmdn. nicht zu Wort kommen lassen);* **etw. in G. und Boden wirtschaften** *(etw. wirtschaftlich völlig ruinieren);* **von G. auf/aus** *(völlig, gänzlich, völlig gar: etw. von G. auf erneuern, ändern);* ◆ **aus dem G.** *(völlig, gänzlich; von Grund auf: ... die Musik bezähmt die wilde Leidenschaft, ... heilt die Milzsucht aus dem G.* [Wieland, Musarion 949 ff.]); **zu -e gehen** (↑ zugrunde); **zu -e richten** (↑ zugrunde); **b)** ⟨o. Pl.⟩ (veraltend, noch landsch.) *Erdreich; [Acker]krume:* lehmiger, sandiger G.; der G. ist zu schwer für die Pflanzen; an ihren Stiefeln klebt der nasse G.; **c)** (bes. österr.) *Grundbesitz; Grundstück:* sie wohnen, wirtschaften auf eigenem G.; * **G. und Boden** *(Land-, Grundbesitz;* seit dem frühen 15. Jh. bezeugter Ausdruck der Rechtsspr.: sie sitzt auf eigenem G. und Boden; der Wert meines G. und Bodens); ◆ **liegende G.** (↑ Liegenschaft a, Grundstück, Grundbesitz; im Ggs. zur fahrenden Habe [↑ Habe a]: Geld muss ich haben, also verkauft nur eine liegende Gründe, lieber Rentmeister [Immermann, Münchhausen 88]). **2.** (geh. veraltend) *kleines Tal, [Boden]senke:* ein waldiger, kühler, felsiger G.; die Gründe und Schluchten des Gebirges. **3.** ⟨o. Pl.⟩ **a)** *Boden eines Gewässers:* der moorige G. eines Tümpels; die Schwimmerin suchte G., fand keinen G., hatte endlich wieder G. unter den Füßen; der See war so klar, dass man bis auf den G. blicken konnte; auf dem tiefsten G. des Meeres; auf G. laufen, geraten *(sich festfahren);* ein feindliches Schiff in den G. bohren (geh.; *versenken).* Ü im -e seines Herzens (geh.; *im Innersten*) verabscheute er diese Tat;

* **einer Sache auf den G. gehen** *(einen Sachverhalt zu klären suchen);* **einer Sache auf den G. kommen** *(die wahren Ursachen, Motive für etw. herausfinden);* **im -e [genommen]** *(bei genauer Betrachtung; genau genommen; eigentlich:* im -e [genommen] hat er recht); **b)** *(geh.) unterste Fläche, Boden eines Gefäßes, Behälters:* auf dem G. des Fasses hat sich Zucker abgesetzt; die vermissten Sachen fanden sich schließlich auf dem G. des Koffers *(zuunterst im Koffer);* ein Glas bis auf den G. *(vollständig)* leeren. **4.** ⟨o. Pl.⟩ *einheitlich gestaltete od. wirkende Fläche, die den Hintergrund, den Untergrund für etw. bildet:* der G. der Tapete, des Stoffes ist gelb; weiße Ringe auf dem G. haben; weil er blauem G. von dem dunklen G. hebt sich das Muster nicht ab; ◆ Hier standen rings, im -e *(im Hintergrund),* Leibtrabanten (Kleist, Krug 7). **5.** *Umstand, Tatbestand o. Ä., durch den sich jmd. bewogen fühlt, etw. Bestimmtes zu tun, od. der ein Ereignis od. einen anderen Tatbestand erklärt; Motiv, Beweggrund:* ein einleuchtender, hinreichender, schwerwiegender, triftiger, vernünftiger G.; der wahre G. für ihr Handeln war ...; taktische, berufliche, politische Gründe sprachen dagegen; was hat er als G. angegeben?; Gründe für etw. vorbringen; die Gründe des andern achten; es gibt keinen, nicht den geringsten G. zur Aufregung; ich habe G., misstrauisch zu sein; dafür habe ich meine Gründe; keinen G. zum Klagen haben; es besteht kein G. zur Aufregung; aus praktischen Gründen; sie haben aus unerfindlichen, aus verständlichen Gründen abgesagt; aus Gründen, die wir nicht zu vertreten haben; aus gutem G.; sie tat es aus einem einfachen G. (ugs.; *einfach deshalb),* weil ...; ohne ersichtlichen G.; * **auf G.** (↑¹*aufgrund,* ↑²*aufgrund*); **aus diesem kühlen -e** (ugs. scherzh.): *ganz einfach aus diesem Grund; deshalb);* ◆ **auf den G.** *(auf Grund:* ... den Kohlhaas ... auf den G. neuer Vergehungen zu stürzen [Kleist, Kohlhaas 73]); **zu -e liegen** (↑*zugrunde);* **zu -e legen** (↑*zugrunde);* **zum -e liegen** *(zugrunde liegen).*

grund- *(emotional verstärkend):* drückt in Bildungen mit Adjektiven eine Verstärkung aus; *von Grund auf, durch und durch ...:* grundbrav, -gesund, -schlecht.

Grund-: bezeichnet in Bildungen mit Substantiven etw. als grundlegend, fundamental, die Grundlage darstellend: Grundbestandteil, Grundbetrag, Grundlehrgang.

Grund|ak|kord, der (Musik): *auf dem Grundton (der ersten Stufe) einer diatonischen Tonleiter, auch auf der Quarte od. der Quinte aufgebauter Akkord:* die Wirkung des einfachen -s.

Grund|an|nah|me, die: *grundlegende Annahme* (3), *Ansicht, Vermutung.*

Grund|an|schau|ung, die: *grundlegende Anschauung; grundsätzliche, entscheidende Meinung.*

grund|an|stän|dig ⟨Adj.⟩: *(in seinem Denken u. Handeln) ganz und gar, absolut anständig:* ein -er Mensch.

Grund|an|strich, der: *meist besonders haltbarer, vor Korrosion schützender erster Anstrich, auf den weitere Farben aufgetragen werden.*

Grund|aus|bil|dung, die ⟨Pl. selten⟩ (Militär): *erster, etwa drei Monate dauernder Abschnitt der Ausbildung eines Soldaten, einer Soldatin:* die militärische G. absolvieren.

Grund|aus|stat|tung, die: *Ausstattung mit den in einem bestimmten Zusammenhang unbedingt notwendigen Dingen:* eine G. mit Wäsche.

Grund|bau, der (Bauw.): **1.** ⟨o. Pl.⟩ *Gesamtheit aller Techniken u. Arbeiten, die bei einem Bauwerk die in den Boden eingelassenen od. ihm unmittelbar aufsitzenden Bauteile betreffen.* **2.** ⟨Pl. -ten⟩ *Teil eines Bauwerks, der in den Boden eingelassen ist od. ihm unmittelbar aufsitzt.*

Grund|bau|stein, der: **1.** *wichtiger, grundlegender Baustein* (3), *aus dem etw. besteht:* die -e des Lebens. **2.** *Elementarteilchen.*

Grund|be|deu|tung, die: **1.** *grundlegende, wesentlichste Bedeutung, Aussage:* die G. einer These erkennen. **2.** (Sprachwiss.) *einem Wort zugrunde liegende Bedeutung; ursprünglicher Wortsinn:* die G. des Wortes ist untergegangen.

Grund|be|din|gung, die: *wesentlichste Bedingung; unerlässliche Voraussetzung.*

Grund|be|dürf|nis, das: *einfaches, auch bei geringen Ansprüchen zum Leben notwendiges Bedürfnis.*

Grund|be|griff, der: **1.** *grundsätzlicher Begriff* (1); *grundlegender, fundamentaler Sinngehalt.* **2.** ⟨meist Pl.⟩ *einfache, wesentliche Vorstellung, Auffassung von etw., auf der weiter aufgebaut werden kann; elementare Voraussetzung:* die -e *(Anfangsgründe)* der lateinischen Sprache.

Grund|be|sitz, der: **a)** ⟨o. Pl.⟩ *Eigentum an Land, Boden;* **b)** *Land, das jmds. Eigentum darstellt; Boden, den jmd. besitzt;* **c)** ⟨selten⟩ *Gesamtheit von Grundbesitzerinnen u. Grundbesitzern.*

Grund|be|sit|zer, der: *jmd., der Grundbesitz hat.*

Grund|be|sit|ze|rin, die: w. Form zu ↑ Grundbesitzer.

Grund|be|stand|teil, der: *grundlegender, wesentlicher Bestandteil von etw.*

Grund|be|trag, der (Rentenvers.): *Teil der Rente, der als Mindestleistung gewährt wird, unabhängig davon, wie viel der od. die Versicherte selbst bezahlt hat.*

Grund|bil|dung, die: *aus grundlegenden Kenntnissen in einem Bereich bestehende Bildung* (1 b): *eine naturwissenschaftliche G. vermitteln, erwerben.*

Grund|blatt, das (Bot.): *Blatt einer Pflanze, das sich in der Nähe des Bodens befindet u. mit mehreren zusammen eine Rosette bildet.*

Grund|buch, das [mhd. gruntbuoch] (Amtsspr.): *von dem zuständigen Amt geführtes öffentliches Verzeichnis der Grundstücke eines Bezirks mit den Angaben über die jeweiligen rechtlichen Verhältnisse.*

Grund|buch|amt, das: *Abteilung eines Amtsgerichts (auch einer Gemeindebehörde), die das Grundbuch führt.*

grund|ehr|lich ⟨Adj.⟩: *absolut ehrlich:* ein -er Mensch.

Grund|ei|gen|tum, das: *Grundbesitz* (a); Dazu: **Grund|ei|gen|tü|mer,** der, **Grund|ei|gen|tü|me|rin,** die.

Grund|ein|heit, die: **1.** (Physik) *einem physikalischen (quantitativen Messung von Größen dienenden) Maßsystem zugrunde gelegte Einheit:* Sekunde, Meter, Kilogramm sind -en. **2.** *Grundorganisation.*

Grund|ein|kom|men, das: *Einkommen, das jedem Bürger in gleicher Höhe vom Staat ausgezahlt wird.*

Grund|ein|stel|lung, die: *grundlegende Einstellung* (2); *grundsätzliche, entscheidende Meinung.*

Grund|eis, das: *Eis, das sich am Boden von Binnengewässern bildet.*

Grün|del, ¹Grün|del, die; -, -n, auch: der; -s, - [mhd. grundel, ahd. grundila, zu ↑Grund]: *in vielen Arten vorkommender, meist kleiner, schlanker Fisch mit bunt gezeichnetem Körper, der gewöhnlich am Grund eines Gewässers lebt.*

◆**²Grün|del,** der; -s, - [mhd. grindel, ahd. grentil, ↑ Grindel] (landsch.): *Welle* (5), *Achse:* Das Wasserrad am halb verkohlten G. allein war stehen geblieben (Rosegger, Waldbauernbub 259).

Grund|ele|ment, das: *wesentlicher Bestandteil.*

grün|deln ⟨sw. V.; hat⟩: *(von bestimmten Wasservögeln) am Grund von flachen Gewässern nach Nahrung suchen u. dabei Kopf u. Vorderkörper ins Wasser tauchen:* Enten, Gänse gründelten auf dem See.

grün|den ⟨sw. V.; hat⟩ [mhd. gründen, ahd. grunden]: **1. a)** *ins Leben rufen, schaffen:* eine Partei, einen Orden, einen Verein, ein Unternehmen g.; eine Familie g. *(heiraten);* die Siedlung, die Stadt wurde um 1500 gegründet; **b)** ⟨g. + sich⟩ *sich formieren* (2 a): die Gruppe hat sich im vergangenen Jahr gegründet. **2. a)** *für etw. eine andere Sache als Grundlage, Voraussetzung, Stütze benutzen; auf etw. aufbauen, mit etw. untermauern:* er gründete seine Hoffnung auf ihre Aussage; die Ideen sind auf diese/(auch:) dieser Überzeugung gegründet; **b)** *in etw. seine Grundlage, seinen Grund, seine Stütze haben:* ... solche Parolen gründen auf der Scheinwahrheit, dass Geschichte von Einzelnen gemacht werde (Enzensberger, Einzelheiten I, 86); **c)** ⟨g. + sich⟩ *sich auf etw. stützen; auf etw. beruhen, aufbauen, fußen.* ◆ **3. a)** *(von Gewässern) einen Grund* (3 a) *von bestimmter Tiefe haben:* Stille Wasser gründen tief (Wieland, Don Sylvio 1, 9); **b)** ⟨g. + sich⟩ *(von einem weichen Boden o. Ä.) [wieder] fest werden:* Im Moor Jahrhunderts, in der während Boden sich (Droste-Hülshoff, Der Knabe im Moor).

Grün|der, der; -s, -: *jmd., der die Grundlage für das Entstehen von etw. schafft, etw. ins Leben ruft, gründet:* der G. eines Verlags, einer Stadt.

Grün|der|fah|rung, die: *wesentliche, für etw., für jmdn. entscheidende Erfahrung.*

Grün|de|rin, die; -, -nen: w. Form zu ↑ Gründer.

Grün|der|jah|re ⟨Pl.⟩ (Geschichte): *Zeit im letzten Drittel des 19. Jahrhunderts, in der während eines starken wirtschaftlichen Aufschwungs viele [industrielle] Unternehmen gegründet werden u. eine rege Bautätigkeit (mit einer vergangene Baustile imitierenden Bauweise) einsetzt:* ein Haus im Stil der G.

Grün|der|mut|ter, die ⟨Pl. ...mütter⟩ (emotional): *an der Gründung von etw. entscheidend beteiligte Frau:* die G. der grünen Partei.

grün|der|neu|ern ⟨sw. V.; nur im Inf. u. im 2. Part. gebr.⟩: *von Grund auf erneuern:* das Gebäude wurde grunderneuert.

Grün|der|va|ter, der ⟨meist Pl.⟩ (emotional): *an der Gründung von etw. entscheidend Beteiligter:* er war einer der Gründerväter der Universität.

Grund|er|werb, der (Rechtsspr.): *Erwerb von Grund und Boden.*

Grund|er|werbs|steu|er, die (Steuerw.): **Grund|erwerb|steu|er,** die: *auf den Erwerb von Grundstücken erhobene Steuer.*

Grün|der|zeit, die: **1.** ⟨o. Pl.⟩ *Gründerjahre.*

grün|der|zeit|lich ⟨Adj.⟩: *die Gründerzeit betreffend, aus der Gründerzeit stammend.*

Grün|der|zen|t|rum, das: *Zentrum für neu gegründete Unternehmen.*

grund|falsch ⟨Adj.⟩: *ganz und gar, völlig falsch:* das Verhalten, die Einstellung ist g.

Grund|far|be, die: **1.** (Malerei, Druckw.) *eine der drei Farben, aus denen andere Farben durch Mischung hergestellt werden können:* Rot, Blau und Gelb sind die -n. **2.** *Farbe, die der Untergrund von etw. hat od. die als erste Farbe aufgetragen wird u. auf die andere Farben aufgetragen werden.*

Grund|feh|ler, der: *hauptsächlicher Fehler:* hier liegt der G. bei ihrer Einschätzung der Lage.

Grund|fes|te, die ⟨meist Pl.⟩ [mhd. gruntveste,

ahd. gruntfestī = Unterbau, Fundament]: in festen Wendungen wie **an den -n von etw. rütteln** *(bei etw. eine grundsätzliche, entscheidende Änderung herbeiführen wollen);* **etw. in seinen -n/bis in seine -n erschüttern** *(etw. in seiner Gesamtheit infrage stellen, in Gefahr, ins Wanken bringen).*

Grund|flä|che, die: *untere, ebene Fläche eines Körpers, eines Raumes o. Ä.:* die runde G. eines Kegels; die G. eines Raumes ausmessen.

Grund|form, die: **1. a)** *Form, die etw. kennzeichnet, typisch für etw. ist; Hauptform:* die G. der Sonate; **b)** *ursprüngliche, elementare Form; Form, die anderen variierte, oft komplizierteren Formen zugrunde liegt:* alle diese Tänze haben sich aus drei -en entwickelt. **2.** (Sprachwiss.) *Infinitiv.*

Grund|fra|ge, die: *grundsätzliche, für etw. entscheidende Frage; grundlegendes, wesentliches Problem:* soziale, politische -n.

Grund|frei|be|trag, der (Steuerw.): *Teil des Einkommens, der nicht der Steuer unterliegt.*

Grund|frei|hei|ten ⟨Pl.⟩: *politische Freiheiten, auf die jeder Mensch aufgrund der Menschenrechte Anspruch hat.*

Grund|funk|ti|on, die: *grundlegende, hauptsächliche Funktion:* die G. eines Handys ist mobiles Telefonieren.

Grund|ge|bühr, die: *für das Recht der Inanspruchnahme bestimmter [öffentlicher] Einrichtungen als feststehender Mindestbetrag zu zahlende Gebühr:* eine monatliche G. für Strom u. Gas.

Grund|ge|dan|ke, der: *grundlegender Gedanke; einer Sache zugrunde liegende, sie bestimmende, für sie als Prinzip wirkende Idee.*

¹Grund|ge|halt, der: *wesentlicher ¹Gehalt:* der G. seiner Ausführungen.

²Grund|ge|halt, das: *festes monatliches ²Gehalt ohne die für bestimmte Leistungen gezahlten Zuschläge, Prämien o. Ä.*

Grund|ge|rüst, das: *Grundstruktur:* das G. eines Romans, einer Internetseite.

grund|ge|scheit ⟨Adj.⟩: *sehr klug:* sie ist ein -er Mensch.

Grund|ge|setz, das: **1.** *einer Sache zugrunde liegende, für sie entscheidende, sie bestimmende Gesetzmäßigkeit:* ein philosophisches, biologisches G.; ein G. der modernen Wirtschaft, der Natur. **2. a)** (früher) *verfassungsrechtlich besonders bedeutsames, für die Entwicklung einer Verfassung ausschlaggebendes Gesetz;* **b)** *für die Bundesrepublik Deutschland geltende Verfassung* (Abk.: GG): das G. wurde verkündet, trat in Kraft, sollte geändert werden; etw. verstößt gegen den Sinn des -es; etw. ist im G. geregelt, verankert.

Grund|ge|setz|än|de|rung, die: *Änderung des Grundgesetzes.*

grund|ge|setz|lich: *das Grundgesetz betreffend, darauf beruhend:* die g. geschützte Meinungsfreiheit.

grund|ge|setz|wid|rig ⟨Adj.⟩: *dem Grundgesetz* (2 b) *zuwiderlaufend:* das Gericht hält die unterschiedliche Besteuerung für g.

Grund|grö|ße, die (Math., Physik): *mathematische, physikalische Größe, die allen andern Größen in einem bestimmten Bereich zugrunde gelegt wird.*

grund|gü|tig ⟨Adj.⟩: *sehr gütig, von Herzen gut:* sie ist eine -e Frau.

Grund|hal|tung, die: **1.** *zuerst eingenommene Haltung, Stellung, Lage, aus der heraus andere Haltungen, Stellungen, Bewegungsabläufe entwickelt werden:* zwischen den einzelnen Übungsteilen immer wieder in die G. zurückkehren. **2.** *grundsätzliche innere Haltung, Einstellung:* jmds. geistige, seelische G.

Grund|herr, der [mhd. gruntherre]: *mit den durch die mittelalterliche Organisationsform der Grundherrschaft gegebenen Rechten u. Befugnissen ausgestatteter Grundbesitzer.*

Grund|herr|schaft, die: *(vom Mittelalter bis ins 19. Jh. geltende) Form der Herrschaft des Adels u. der Kirche über Land u. abhängige Bauern, die den Landbesitz bewirtschaften.*

grund|herr|schaft|lich ⟨Adj.⟩: *die Grundherrschaft betreffend:* -e Rechte.

Grund|idee, die: *Grundgedanke.*

grun|die|ren ⟨sw. V.; hat⟩: *auf etw. den ersten Anstrich, die erste Farb- od. Lackschicht als Untergrund auftragen:* die Wand muss man zuerst g.

Grun|die|rung, die; -, -en: **1.** *das Grundieren.* **2.** *erster Anstrich; unterste Farb- od. Lackschicht, mit der etw. versehen wird, ist:* die G. ist noch nicht getrocknet.

Grund|ka|pi|tal, das (Wirtsch.): *in Aktien angelegtes Kapital, das die finanzielle Grundlage einer Aktiengesellschaft bildet.*

Grund|kennt|nis, die ⟨meist Pl.⟩: *elementares Wissen als grundlegende Voraussetzung für die weiteren Kenntnisse auf einem bestimmten Gebiet:* -se in einem Fach besitzen; G. der Grammatik; sich mathematische -se aneignen.

Grund|kon|sens, der: *im Grundsätzlichen bestehender Konsens über etw.:* ein gewisser G. über die Sache, über das Vorgehen ist nötig, ist gegeben.

Grund|kon|zep|ti|on, die: *ursprüngliche, grundlegende, für die weitere Gestaltung, den Aufbau von etw. wesentliche Konzeption.*

Grund|kurs, der: **a)** (Schule) *Grundkenntnisse vermittelnder Unterricht in einem bestimmten Fach* (im Gegensatz zum jeweils angebotenen Leistungskurs); **b)** *Kurs* (3 a) *in dem Grundkenntnisse in etw. vermittelt:* ein G. in Maschinenschreiben.

Grund|la|ge, die: *etw., auf dem jmd. aufbauen, auf das sich jmd. stützen kann, das Ausgangspunkt, Basis für etw. ist:* die geistigen, theoretischen, gesellschaftlichen, gesetzlichen -n für etw. schaffen, erwerben, legen; die Behauptungen entbehren jeder G. (*sind frei erfunden; unwahr*); etw. zur G. seiner Arbeit machen; Ü iss etwas, damit du eine G. hast (ugs.; *damit du den Alkohol verträgst*); ... du machst deine Lehrzeit bei Knudsen und dann wirst du ja zwei Jahre zur Marine gehen. Ich will, dass du 'ne ordentliche G. hast (*eine Ausbildung, auf der sich aufbauen lässt;* Andersch, Sansibar 41).

Grund|la|gen|for|schung, die: *zweckfreie, nicht auf unmittelbare praktische Anwendung hin betriebene Forschung, die sich mit den Grundlagen einer Wissenschaft o. Ä. beschäftigt:* medizinische, G. betreiben.

Grund|last, die: **1.** ⟨Pl.⟩ *alle auf einem Grundstück ruhenden Lasten, die der Grundeigentümer zu tragen hat.* **2.** ⟨Pl.⟩ (Geschichte) *alle (zur Zeit der Grundherrschaft) dem Grundherrn zustehenden, von den abhängigen Bauern zu leistenden Abgaben u. Dienste.* **3.** (Fachspr.) *in einem Netz der Stromversorgung ständig zur Verfügung stehende Energiemenge.*

grund|le|gend ⟨Adj.⟩: **a)** *die Grundlage, die Voraussetzung für etw. bildend; wesentlich:* ein -er Unterschied; eine *(wichtige)* Arbeit zu einem Thema; sie hat sich zu diesem Problem g. geäußert (*hat dazu einen wesentlichen Beitrag geliefert*); **b)** ⟨intensivierend beim Adjektiv u. Verb⟩ *sehr; ganz und gar; von Grund auf:* g. wichtige Erfahrungen; die Verhältnisse haben sich inzwischen g. geändert.

Grund|le|gung, die: *Schaffung einer Grundlage für etw.; Gründung:* die G. einer demokratischen Ordnung.

gründ|lich ⟨Adj.⟩ [mhd. gründlich, ahd. gruntlīhho (Adv.), eigtl. = auf den Grund gehend]: **a)** *sehr genau u. sorgfältig; gewissenhaft:* -e Arbeit leisten; sie ist ein sehr -er Mensch; -e (*umfassende, solide*) Kenntnisse; er ist, arbeitet sehr g.; etw. g. sauber machen, putzen; **b)** ⟨intensivierend bei Verben⟩ (ugs.) *sehr:* da hast du dich aber g. getäuscht, blamiert.

Gründ|lich|keit, die; -: *das Gründlichsein; Gewissenhaftigkeit, Sorgfalt:* diese Tätigkeit verlangt G.

Gründ|ling, der; -s, -e [mhd. grundelinc]: *in vielen Arten vorkommender kleiner Fisch, der gewöhnlich in Schwärmen am Grund von Gewässern lebt.*

Grund|li|nie, die: **1.** (Math.) *unterste Linie, Gerade einer zweidimensionalen geometrischen Figur:* eine G. angeben; von der G. ausgehen. **2.** (Sport, bes. Tennis, Volleyball) *die hintere Begrenzung des Spielfeldes markierende Linie:* den Ball an die G. spielen. **3.** *Grundzug.*

Grund|li|ni|en|spiel, das ⟨o. Pl.⟩ (Tennis): *Spiel von der Grundlinie.*

Grund|lohn, der: *fester monatlicher Lohn* (1) *ohne die für bestimmte Leistungen gezahlten Zuschläge, Prämien o. Ä.*

grund|los ⟨Adj.⟩: **1.** [mhd. gruntlōs] (selten) *keinen festen Untergrund, Boden besitzend:* über -e (*aufgeweichte, schlammige*) Wege fahren; ... unser Leben gleicht einem Delirium, einem -en Wasser (Mayröcker, Herzzerreißende 163/164). **2.** *keine Ursache habend, ohne Grund; unbegründet:* -e Vorwürfe; dein Misstrauen war ganz g.

Grund|lo|sig|keit, die; -: *Unbegründetheit:* die G. eines Verdachtes.

Grund|mau|er, die: *unter der Erde liegender Teil der Mauer eines Bauwerks; Fundament:* das Haus ist bis auf die -n *(völlig)* abgebrannt.

Grund|mit|tel ⟨Pl.⟩ [LÜ von russ. osnovnye sredstva] (DDR Wirtsch.): *Anlagevermögen.*

Grund|mo|tiv, das: *für etw. bestimmendes Motiv:* das G. einer Erzählung, der Fremdenfeindlichkeit, von jmds. Handeln.

Grund|mus|ter, das: *Schema, das einer Sache, einem Verhalten o. Ä. zugrunde liegt:* das gleiche G. haben.

Grund|nah|rungs|mit|tel, das: *die Grundlage der lebensnotwendigen Ernährung bildendes Nahrungsmittel:* Brot, Kartoffeln, Reis als G.; die Preise für G. sind gestiegen.

Grund|netz, das (Fischereiw.): *Fangnetz, das (mit Stahlkugeln beschwert) über den Grund eines Gewässers gezogen wird:* in diesen Gewässern wird häufig mit -en gefischt.

Grün|don|ners|tag, der [mhd. grüene donerstac; H. u., wohl nach dem weitverbreiteten Brauch, an diesem Tag grünes Gemüse zu essen]: *Donnerstag vor Ostern (als Tag des letzten Abendmahls Christi begangen).*

Grund|ord|nung, die: *einer Sache zugrunde liegende, sie bestimmende, für sie als Prinzip wirkende Ordnung:* die politische G. eines Staates; sich zur freiheitlich-demokratischen G. bekennen.

Grund|or|ga|ni|sa|ti|on, die: *kleinste organisierte Einheit bei [kommunistischen] Parteien u. größeren Organisationen.*

Grund|pfand|recht, das (Rechtsspr., Bankw.): *in der Belastung eines Grundstücks (in Form von Hypothek, Grundschuld o. Ä.) bestehendes Recht.*

Grund|pfei|ler, der: *tragender Pfeiler:* der G. eines Gebäudes, einer Brücke; Ü die G. *(die wichtigsten, wesentlichen Elemente, Stützen)* eines Staatswesens.

Grund|po|si|ti|on, die: *durch eine grundsätzliche Stellungnahme, Einstellung gekennzeichnete*

Position; Standpunkt, der jmds. Handeln, sein Verhältnis zu anderen im Wesentlichen bestimmt: in den -en sind wir uns einig.

Grund|preis, der: *Preis (1), zu dem in der Regel noch bestimmte Aufschläge hinzukommen.*

Grund|prin|zip, das: *entscheidendes, eine Sache grundsätzlich bestimmendes Prinzip:* das G. einer Politik.

Grund|pro|blem, das: *Grundfrage.*

Grund|re|chen|art, Grund|rech|nungs|art, die: *mit Zahlen vorgenommene Rechenart (Zusammenzählen, Abziehen, Malnehmen, Teilen).*

Grund|recht, das ⟨meist Pl.⟩ [mhd. gruntreht = Abgabe an den Grundherrn, Grundzins]: *verfassungsmäßig gewährleistetes, unantastbares Recht eines Bürgers, einer Bürgerin gegenüber dem Staat:* ein G. auf Arbeit; die Wahrung der -e; -e garantieren, außer Kraft setzen.

grund|recht|lich ⟨Adj.⟩: *die Grundrechte betreffend, auf ihnen beruhend:* -e Garantien.

Grund|re|gel, die: *grundsätzlich geltende, wichtigste Regel; als unerlässliche Voraussetzung einer Sache zugrunde liegende Regel:* die -n eines Spiels lernen, beachten; sich etw. als G. einprägen.

Grund|ren|te, die: **1.** *aus dem Eigentum an Land, Boden bezogenes Einkommen.* **2.** *Mindestrente, die allen Rentner(inne)n gleichermaßen zukommen soll:* eine staatlich finanzierte, steuerfinanzierte G.

Grund|riss, der: **1.** (Math.) *senkrechte Projektion eines Gegenstandes auf einer waagerechten Ebene.* **2.** (Bauw.) *maßstabgerechte Zeichnung, Darstellung des waagerechten Schnittes eines Bauwerks:* der G. eines antiken Tempels. **3. a)** *vereinfachtes, nur die Grundzüge von etw. darstellendes Schema:* eine Literaturgeschichte im G.; **b)** *kurz gefasstes Lehrbuch; Leitfaden:* ein G. der deutschen Grammatik.

Grund|satz, der: **a)** *feste Regel, die jmd. zur Richtschnur seines Handelns macht:* strenge, moralische Grundsätze; seine Grundsätze aufgeben; an seinen Grundsätzen festhalten; das geht gegen seine Grundsätze; sie ist eine Frau mit/ von Grundsätzen; **b)** *allgemeingültiges Prinzip, das einer Sache zugrunde liegt, nach dem sie ausgerichtet ist, das sie kennzeichnet; Grundprinzip:* demokratische, rechtsstaatliche Grundsätze; Daher denn ein unveräußerbarer G. jedes Kulturstaates die Unabsetzbarkeit und Unbestechlichkeit des Richters ist (Thieß, Reich 638).

Grund|satz|be|schluss, der: *Grundsatzentscheidung.*

Grund|satz|de|bat|te, die: *Debatte, in der Grundsätzliches diskutiert, geklärt wird:* eine G. führen.

Grund|satz|dis|kus|si|on, die: *Grundsatzdebatte:* das Thema Taschengeld führt immer wieder zu familiären -en.

Grund|satz|ent|schei|dung, die: *Entscheidung, durch die etw. grundsätzlich, über den Einzelfall hinaus festgelegt wird:* eine G. treffen.

Grund|satz|er|klä|rung, die: *Stellungnahme zu prinzipiellen Fragen.*

Grund|satz|fra|ge, die: *einen Grundsatz betreffende Frage (2):* eine politische G.; sich an einer G. entzweien.

grund|sätz|lich ⟨Adj.⟩: **1.** *einen Grundsatz (b) betreffend [u. daher gewichtig]:* -e Fragen; ein -er Unterschied; Bedenken grundsätzlicher Art; er hat sich dazu g. geäußert. **2. a)** *einem Grundsatz (a) folgend, entsprechend; aus Prinzip, ohne Ausnahme:* etw. g. ablehnen; **b)** *eigentlich, im Grunde, im Prinzip, mit dem Vorbehalt bestimmter Ausnahmen; im Allgemeinen, in der Regel:* er erklärte seine -e Bereitschaft; g. bin ich dafür, aber nicht bei dieser Konstellation.

Grund|satz|pa|pier, das: *Papier (2), in dem bestimmte Grundsätze (z. B. einer Partei) niedergelegt sind:* ein G. vorlegen, erarbeiten.

Grund|satz|pro|gramm, das: *Plan, Programm, in dem Grundsätzliches festgelegt wird.*

Grund|satz|re|de, die: *Rede, in der Grundsätzliches vorgetragen wird:* eine G. halten.

Grund|satz|re|fe|rat, das: *Referat, in dem Grundsätzliches vorgetragen wird:* ein G. halten.

Grund|satz|ur|teil, das (Rechtsspr.): *höchstrichterliche Entscheidung [über ein vorher noch nicht grundsätzlich geklärtes u. daher häufig umstrittenes juristisches Problem].*

Grund|säu|le, die: *tragende Säule:* die -n eines Hauses, eines Tempels; Ü die -n einer effektiven Wirtschaftspolitik.

◆ **Grunds|bo|den:** in der Fügung **in G.** (landsch.; in Grund u. Boden).

Grund|schnel|lig|keit, die (Sport): *Fähigkeit, [kurze] Strecken ohne Temposchwankungen sehr schnell laufen zu können:* sie verfügt über eine enorme G.

Grund|schuld, die (Rechtsspr., Bankw.): *finanzielle Belastung eines Grundstücks, die meist als Sicherheit für eine Forderung besteht.*

Grund|schu|le, die: *die vier ersten Klassen umfassende, von allen schulpflichtigen Kindern zu besuchende Schule:* Dazu: **Grund|schü|ler,** der; **Grund|schü|le|rin,** die.

Grund|schul|leh|rer, der: *Lehrer an einer Grundschule.*

Grund|schul|leh|re|rin, die: w. Form zu ↑Grundschullehrer.

Grund|see, die (Seemannsspr.): *hohe, oft sich überschlagende Welle, die durch Auftreffen einer aus tiefem Wasser kommenden Welle auf Untiefen u. vor flachen Küsten entsteht.*

grund|so|lid, grund|so|li|de ⟨Adj.⟩: *absolut solide:* das Gerät ist grundsolide gebaut.

grund|stän|dig ⟨Adj.⟩: **1.** *bodenständig.* **2.** (Bot.) *(von Blättern, die dicht gedrängt u. in einer Rosette angeordnet stehen) unmittelbar über dem Boden, am Grund eines Pflanzensprosses wachsend:* die -en Blätter. **3.** (Schule) *auf der Grundschule aufbauend; weiterführend:* -e Schulen.

Grund|stein, der: *Stein, der in einer feierlichen Zeremonie symbolisch als erster Stein in der Grundmauer eines Gebäudes gesetzt wird:* den G. einmauern; * **der G. zu etw. sein** *(der entscheidende Anfang von etw. sein):* ihr erstes Konzert war der G. zu einer großen Karriere); **den G. zu etw. legen** (1. *mit der Grundsteinlegung symbolisch den Bau eines Gebäudes beginnen.* 2. *die Grundlage für die Entwicklung von etw. schaffen, die Entwicklung von etw. einleiten).*

Grund|stein|le|gung, die: *Feier zu Beginn der Bauarbeiten, bei der der Grundstein symbolisch als erster Stein gesetzt wird.*

Grund|stel|lung, die: **1.** (bes. Turnen) *aufrechte Ausgangsstellung für eine Übung mit parallel nebeneinanderstehenden Füßen:* nach dem Sprung wieder in die G. zurückkehren. **2.** (Musik) *Lage eines Akkordes mit dem untersten Ton als Grundton.* **3.** (Schach) *Stellung der Figuren beim Beginn einer Schachpartie vor dem ersten Zug.*

Grund|steu|er, die (Steuerw.): *von den Gemeinden auf Grundbesitz erhobene Steuer.*

Grund|stim|me, die (Musik): *Bass als Grundlage einer Komposition.*

Grund|stim|mung, die: *vorherrschende, etw. entscheidend beeinflussende, prägende Stimmung:* es herrschte eine fröhliche, optimistische G.

Grund|stock, der [zu ↑¹Stock = ausschlagender Wurzelstock, Haupttrieb einer Pflanze]: *anfänglicher Bestand, der erweitert werden kann:* diese Bücher waren der G., bildeten den G. für ihre Bibliothek.

Grund|stoff, der: *Rohstoff, Rohmaterial (als Ausgangsmaterial bes. für die weiterverarbeitende Industrie):* die -e Kohle und Erz; -e verarbeiten.

Grund|stoff|in|dus|t|rie, die: *Industrie, durch die Grundstoffe gewonnen u. umgewandelt werden für die weiterverarbeitende Industrie.*

Grund|struk|tur, die: *grundlegende Struktur von etw.*

Grund|stück, das: *abgegrenztes Stück Land, das jmds. Eigentum ist:* ein G. erben, bebauen; mit -en spekulieren.

Grund|stücks|be|sit|zer, der: *Besitzer eines od. mehrerer Grundstücke.*

Grund|stücks|be|sit|ze|rin, die: w. Form zu ↑Grundstücksbesitzer.

Grund|stücks|ei|gen|tü|mer, der: *Eigentümer eines Grundstücks.*

Grund|stücks|ei|gen|tü|me|rin, die: w. Form zu ↑Grundstückseigentümer.

Grund|stücks|mak|ler, der: *Makler, der Grundstücke vermittelt.*

Grund|stücks|mak|le|rin, die: w. Form zu ↑Grundstücksmakler.

Grund|stücks|nach|bar, der: *jmd., dessen Grundstück an jmds. Grundstück grenzt.*

Grund|stücks|nach|ba|rin, die: w. Form zu ↑Grundstücksnachbar.

Grund|stücks|preis, der: *Kaufpreis eines Grundstücks:* in dieser Gegend sind die -e sehr hoch.

Grund|stücks|spe|ku|la|ti|on, die: *Bodenspekulation.*

Grund|stücks|ver|zeich|nis, das: *Verzeichnis über Grundstücke.*

Grund|stu|di|um, das: *(in bestimmten Fachgebieten) erster, in sich abgeschlossener Teil eines Studiums:* sie befindet sich noch im G.

Grund|stu|fe, die: **1.** (Päd.) *auf der Eingangsstufe aufbauende, dem dritten u. vierten Schuljahr entsprechende zweite Stufe der Grundschule.* **2.** ¹*Positiv.*

grund|stür|zend ⟨Adj.⟩: *vollständig, gründlich:* -e Veränderungen, Reformen; ein -er Wandel.

Grund|sub|s|tanz, die: *Substanz, aus der durch Weiterverarbeitung andere Substanzen hergestellt werden:* Moschus, Zibet und Ambra sind -en für die Parfümherstellung.

◆ **Grund|sup|pe,** die [mhd. gruntsopfe]: *Bodensatz:* Ü Unsre Sinne sind nur die G. *(der Abschaum)* unsrer innern Republik (Schiller, Fiesco III, 10).

Grund|ta|rif, der: *für das Recht der Inanspruchnahme bestimmter [öffentlicher] Einrichtungen als feststehender Mindestbetrag zu zahlender Tarif (1 a).*

Grund|ten|denz, die: *wesentliche, eine Sache im Ganzen bestimmende Tendenz.*

Grund|te|nor, der: *für eine Sache wesentlicher, grundlegender Gehalt, Sinn (einer Äußerung o. Ä.).*

Grund|the|ma, das: *Hauptthema.*

Grund|the|se, die: *grundlegende These:* die gesamte Theorie baut auf dieser G. auf.

Grund|ton, der: **1.** (Musik) **a)** *Ton, auf dem ein aus Terzen bestehender Akkord aufgebaut ist;* **b)** *erster Ton einer Tonleiter (nach dieser benannt wird).* **2.** (Akustik) *tiefster Ton eines einen Klang bildenden Gemisches von Tönen.* **3.** *Farbton, den der Untergrund von etw. hat:* der dunkle, grünliche G. einer Tapete. **4.** *Grundstimmung:* es herrschte ein optimistischer G. in der Versammlung.

Grund|tu|gend, die: *Kardinaltugend.*

Grund|übel, das: *Übel, das meist die Ursache anderer Übel, Missstände o. Ä. ist:* das G. der Menschheit; das eigentliche G.

Grund|um|satz, der (Med.): *Energiemenge, die*

Gründung – grunzen

der Körper bei völliger Ruhe für die Aufrechterhaltung seiner Lebensvorgänge benötigt.
Grün|dung, die; -, -en: **1.** *das Gründen* (1); *das Gegründetwerden; Neuschaffung:* die G. einer Familie, einer Partei, eines Staates; die G. des Staates Israel. **2.** (Bauw.) *Grundbau* (1).
Grün|dungs|fei|er, die: *Feier anlässlich der Gründung eines Unternehmens, eines Vereins o. Ä.*
Grün|dungs|jahr, das: *Jahr der Gründung.*
Grün|dungs|ka|pi|tal, das (Wirtsch.): *zur Gründung eines Unternehmens notwendiges Kapital.*
Grün|dungs|mit|glied, das: *Mitglied, das an der Gründung* (1) *von etw. mitgewirkt hat.*
Grün|dungs|mut|ter, die; ⟨Pl. ...mütter⟩ (emotional): *Gründermutter.*
Grün|dungs|rek|tor, der: *[an der Gründung beteiligter] erster Rektor einer neuen Universität.*
Grün|dungs|rek|to|rin, die: w. Form zu ↑ Gründungsrektor.
Grün|dungs|tag, der: *Tag der Gründung* (1) *von etw.*
Grün|dungs|va|ter, der ⟨meist Pl.⟩ (emotional): *Gründervater.*
Grün|dungs|ver|samm|lung, die (Wirtsch.): *Versammlung, auf der die Gründung eines Unternehmens durch die beteiligten Kapitaleigner vorgenommen wird.*
Grün|dün|gung, die (Landwirtsch.): *(Art der) Düngung durch Unterpflügen von eigens zu diesem Zweck auf dem entsprechenden Boden angebauten Pflanzen.*
grund|ver|kehrt ⟨Adj.⟩: *völlig falsch:* es ist g., so zu handeln.
Grund|ver|mö|gen, das: *aus Grund u. Boden, Gebäuden, Wohnungseigentum o. Ä. bestehendes unbewegliches Vermögen.*
grund|ver|schie|den ⟨Adj.⟩: *ganz und gar verschieden:* -e Dinge; die Geschwister sind g.
Grund|ver|sor|gung, die: *Versorgung mit dem Notwendigsten:* die medizinische G.; die G. sicherstellen.
Grund|vo|raus|set|zung, die: *sehr wichtige, entscheidende Voraussetzung.*
Grund|was|ser, das ⟨Pl. ...wässer und ...wasser⟩: *Ansammlung von Wasser im Boden, das durch Versickern der Niederschläge od. aus Seen u. Flüssen in den Erdboden gelangt:* das G. steigt, sinkt ab; eine Verunreinigung des -s befürchten, verursachen.
Grund|was|ser|ab|sen|kung, die (Tiefbau): *das Absenken* (2) *des Grundwasserspiegels.*
Grund|was|ser|spie|gel, der: *Stand, Höhe des Grundwassers:* der G. sinkt, steigt.
Grund|wehr|dienst, der: *erster Wehrdienst, der von einem Wehrpflichtigen (nach Musterung u. Einberufung) geleistet werden muss:* den G. leisten; er ist Soldat im G.
Grund|wehr|dienst|leis|ten|de ⟨vgl. Dienstleistende⟩: *weibliche Person, die einen Grundwehrdienst leistet.*
Grund|wehr|dienst|leis|ten|der ⟨vgl. Dienstleistender⟩: *jmd., der einen Grundwehrdienst leistet.*
Grund|wert, der ⟨meist Pl.⟩: *(im Bereich der Ethik) unveräußerlicher Wert* (3): *bürgerliche, christliche, politische, zivilisatorische* -e; die -e menschlichen Zusammenlebens.
Grund|wis|sen, das: *Wissen als Grundlage für eine weitere Ausbildung.*
Grund|wis|sen|schaft, die: *Wissenschaft, die Grundlage einer anderen Wissenschaft ist.*
Grund|wort, das ⟨Pl. ...wörter⟩ (Sprachwiss.): *letzter Bestandteil einer Zusammensetzung, der durch das Bestimmungswort näher bestimmt wird (z. B. Tür in Haustür).*
Grund|wort|schatz, der (Sprachwiss.): *für die Verständigung notwendiger geringster Bestand an Wörtern in einer bestimmten Sprache.*
Grund|zahl, die: **1.** *Kardinalzahl.* **2.** *Basis* (3 c).
Grund|zins, der; -es, -en [mhd. gruntzins] (früher): *an den Grundherrn zu entrichtende Abgabe für die Nutzung eines Stück Bodens.*
Grund|zug, der: *wesentliches, bestimmendes Merkmal; hauptsächlicher, grundlegender Zug:* ein G. ihres Wesens ist Bescheidenheit.
Grund|zu|stand, der (Physik): *energieärmster Zustand eines atomaren Systems.*
¹**Grü|ne,** die; - [mhd. grüene, ahd. gruonī] (selten): *grüne Farbe, das Grün* (1): die G. der Wälder.
²**Grü|ne,** die/eine Grüne; der/einer Grünen, die Grünen/zwei Grüne: *Angehörige einer Partei, die bes. für ökologische Belange eintritt:* sie ist eine G. (gehört der Partei »Bündnis 90/Die Grünen« an); eine Abgeordnete der -n.
grü|nen ⟨sw. V.; hat⟩ [mhd. grüenen, ahd. gruonēn] (geh.): *grün werden, sein; sprießen:* grünende Felder, Wiesen; Ü die Liebe, Hoffnung begann wieder zu g. (dichter.; *zu erwachen, aufzuleben, lebendig zu werden*).
Grü|nen|ab|ge|ord|ne|te ⟨vgl. Abgeordnete⟩: *Abgeordnete der Partei »Bündnis 90/Die Grünen«.*
Grü|nen|ab|ge|ord|ne|ter ⟨vgl. Abgeordneter⟩: *Abgeordneter der Partei »Bündnis 90/Die Grünen«.*
Grü|nen|po|li|ti|ker, der: *Politiker der Partei »Bündnis 90/Die Grünen«.*
Grü|nen|po|li|ti|ke|rin, die: *Politikerin der Partei »Bündnis 90/Die Grünen«.*
Grü|ner, der Grüne/ein Grüner; des/eines Grünen; die Grünen/zwei Grüne: **1.** (ugs.) *Polizist.* **2.** *Angehöriger einer Partei, die bes. für ökologische Belange eintritt:* die Grünen sind in den Landtag eingezogen; die Partei der Grünen.
Grü|nes, das Grüne/eines Grünen; des/eines Grünen: **1.** ⟨meist o. Art.⟩ (ugs.) **a)** *grüne Pflanzen [als Schmuck]:* G. zu den Blumen binden; **b)** *Salat u. Gemüse (als Rohkost):* du musst mehr G. essen; **c)** *Kräuter zum Würzen;* **d)** *Grünfutter, bes. für Kleinvieh.* **3.** *im Grünen, ins Grüne *(in der freien Natur, in die freie Natur):* im Grünen wohnen.
Grün|fär|bung, die: *grüne Färbung von etw.:* die G. der Wälder im Frühling.
Grün|fil|ter, der, Fachspr. meist: das (Fotogr.): *beim Schwarz-Weiß-Fotografieren verwendetes grün gefärbtes Filter zur Dämpfung roter Farbtöne.*
Grün|fink, der: *zu den Finkenvögeln gehörender, olivgrüner, an Flügeln u. Schwanz gelb gezeichneter Singvogel, der vorwiegend in Gärten, Parkanlagen u. lichten Wäldern lebt.*
Grün|flä|che, die: **a)** *innerhalb einer Ortschaft angelegte, größere, mit Rasen [u. Zierpflanzen] bedeckte Fläche [mit einer Grünanlage]:* die -n des Parks sind mit Blumenbeeten gesäumt; **b)** ⟨oft im Plural⟩ *Gesamtheit der Erholungs- u. oft auch Sportmöglichkeiten bietenden Grünanlagen, Parks, Wälder o. Ä., die zu einer Ortschaft gehören:* viele -n machen die Stadt reizvoll.
Grün|flä|chen|amt, das: *mit dem Anlegen u. der Unterhaltung öffentlicher Grünflächen betraute kommunale Behörde.*
Grün|fut|ter, das (Landwirtsch.): *Gesamtheit der in frischem Zustand als Futter verwendeten Pflanzen:* im Sommer G. verfüttern; Ü bei uns gibt es viel Salat. (ugs. scherzh.; *gibt es viel Salat.* Gemüse zu essen).
Grunge [grandʒ], der; - [engl. grunge, zu engl.-amerik. grungy = schmutzig, mies]: **1. a)** *Stil der Rockmusik, für den harte Gitarrenklänge u. eine lässige Vortragsweise typisch sind;* **b)** *Rockmusik im Stil des Grunge* (1 a). **2. a)** *Moderichtung* (1 a), *die bewusst unansehnlich, schmuddelig aussieht;* **b)** *Kleidung im Stil des Grunge* (2 a).
grün|gelb ⟨Adj.⟩: *einen gelben Farbton besitzend, der ins Grüne spielt.*
grün ge|streift, grün|ge|streift ⟨Adj.⟩: *mit grünen Streifen versehen.*
grün|grau ⟨Adj.⟩: *einen grauen Farbton besitzend, der ins Grüne spielt.*
Grün|gür|tel, der: *ein Stadtgebiet umgebende Grünflächen* (b): der g. gelbe Farbtupfer.
grün ka|riert, grün|ka|riert ⟨Adj.⟩: *mit grünen Karos versehen:* er liebt sein grün kariertes Hemd.
Grün|kern, der ⟨Pl. selten⟩: *unreif geernteter, gedörrter u. gemahlener Dinkel, der bes. für Suppen u. Aufläufe verwendet wird.*
Grün|kohl, der: *Gemüsekohl mit stark gekräuselten Blättern, der erst im Winter geerntet wird.*
Grün|land, das ⟨o. Pl.⟩ (Landwirtsch.): *als Wiese, Weide o. Ä. genutzte landwirtschaftliche Bodenfläche.*
grün|lich ⟨Adj.⟩: *sich im Farbton dem Grün nähernd; ins Grüne spielend:* -es Licht; -e Farbtöne; g. schimmern; g. gelbe Farbtupfer.
Grün|li|lie, die: *Liliengewächs mit langen, schmalen, oft weiß gestreiften Blättern u. kleinen, weißen Blüten.*
Grün|ling, der; -s, -e: **1.** [zu ↑ grün (1)] *Pilz mit gelblich weißem Fleisch, schwefelgelben Blättern u. einem gebuckelten, welligen gerandeten, olivgrünen Hut.* **2.** [zu ↑ grün (1)] *Grünfink.* **3.** [zu ↑ grün (1)] *luftgetrockneter, noch ungebrannter Mauerziegel.* **4.** [zu ↑ grün (3)] (ugs.) *unerfahrener, unreifer Mensch.*
Grün|pflan|ze, die: *Pflanze, die wegen ihres schönen Blattwerks [als Zimmerpflanze] gehalten wird.*
Grün|rock, der (scherzh.): **a)** *Förster;* **b)** *Jäger.*
grün-rot, grün|rot ⟨Adj.⟩: *(in Deutschland) die Koalition der Parteien Die Grünen u. SPD betreffend:* eine grün-rote Mehrheit; das grün-rot regierte Baden-Württemberg; ⟨subst.:⟩ Grün-Rot *(die grün-rote Koalition, die grün-rote Regierung)* beschließt Koalitionsvertrag.
Grün|schna|bel, der [zu ↑ grün (3)] (oft abwertend): *junger, unerfahrener, aber oft vorlauter Mensch; Neuling, Anfänger[in].*
Grün|span, der; -[e]s [mhd. grüenspān, LÜ von mlat. viride Hispanum = spanisches Grün (ein im MA. aus Spanien eingeführter künstlicher Farbstoff)]: *auf Kupfer u. Messing unter Einwirkung von Essigsäure u. Luft entstehender, giftiger, blaugrüner Überzug:* G. ansetzen; mit G. überzogen sein; Ü diese Geschichte hat ein wenig G. angesetzt.
Grün|specht, der [mhd. grüenspeht, ahd. gruonspeht]: *an der Oberseite grau- bis dunkelgrüner, ziemlich großer Specht mit rotem Kopf u. Nacken.*
Grün|stich, der: *grünliche Verfärbung bes. eines Farbfotos:* die Fotos haben einen G.
grün|sti|chig ⟨Adj.⟩: *einen Grünstich aufweisend:* -e Farbtöne.
Grün|strei|fen, der: *schmale, mit Rasen [Sträuchern u. Bäumen] bepflanzte Fläche vorwiegend zwischen zwei Fahrbahnen od. am Rand einer Fahrbahn:* er ist mit seinem Fahrzeug auf den G. geraten.
Grün|tee, der: *grüner* ¹*Tee* (2 a, b).
grun|zen ⟨sw. V.; hat⟩ [mhd. grunzen, ahd. grunnizōn, lautm.]: **1.** *(von bestimmten Tieren, bes. Schweinen) dunkle, raue, kehlige Laute ausstoßen:* die Schweine grunzten und quiekten. **2.** (ugs.) *undeutlich, mit tiefem, kehligem Laut äußern, sagen:* er grunzte irgendetwas und verschwand. **3.** (ugs.) *einen tiefen, kehligen Laut als Ausdruck des Behagens von sich geben.*

Grün|zeug, das ⟨o. Pl.⟩ (ugs.): **1. a)** *Kräuter zur Tellerdekoration oder zum Würzen von Salaten, Suppen u. a.:* G. an den Salat tun; **b)** *Salate u. Gemüse [als Rohkost]:* an manchen Tagen isst sie nur G. **2.** *Anzahl junger, unerfahrener Menschen, Jugendlicher, denen noch die geistige Reife fehlt:* das G. will auch schon mitreden.
Grün|zo|ne, die: *Bereich in bzw. am Rand einer Stadt, der viel Grün aufweist.*
Grupp, der; -s, -s [frz. group < ital. gruppo = Block, Satz, eigtl. = Gruppe] (Bankw.): *Paket aus Geldrollen.*
Grüpp|chen, das; -s, -: Vkl. zu ↑¹Gruppe (1 a, 2).
¹Grup|pe, die; -, -n [frz. groupe < ital. gruppo, H. u.]: **1. a)** *kleinere Anzahl von [zufällig] zusammengekommenen, dicht beieinanderstehenden od. nebeneinandergehenden Personen [die als eine geordnete Einheit erscheinen]:* eine kleine, größere G. Jugendlicher, Halbstarker, Erwachsener; überall standen noch -n herum; eine G. diskutierender/(seltener:) diskutierende Studentinnen; eine G. von Arbeitern, Touristen/ (seltener:) eine G. Arbeiter, Touristen; eine G. von Bäumen; eine G. Kinder, Reisender stieg aus/(auch:) stiegen aus; **b)** *nach gemeinsamen Merkmalen vorgenommene Unterteilung, Klassifizierung:* die G. der starken Verben. **2.** *Gemeinschaft, Kreis von Menschen, die aufgrund bestimmter Gemeinsamkeiten zusammengehören, sich aufgrund gemeinsamer Interessen, Ziele zusammengeschlossen haben:* konservative, soziale, politische, therapeutische -n; an dem Werk hat eine ganze G. (*ein Team*) gearbeitet; er gehört einer G. literarisch interessierter Menschen an; die Arbeit in der G. macht ihm Spaß. **3.** (Sport) *bestimmte Anzahl von Mannschaften od. Spieler[inne]n, die zur Ermittlung eines Siegers od. einer Meisterschaft Qualifikationsspiele gegeneinander austragen.* **4.** (Militär) *kleinste Einheit aller Truppengattungen:* mehrere -n bilden einen Zug. **5.** *Einheit* (3) *bei Polizei und Feuerwehr.* **6.** (Geol.) *Zusammenfassung mehrerer die Altersfolge der Schichtgesteine betreffender Systeme.*
²Grup|pe, Grüp|pe, die; -, -n [aus mniederd. < mniederd. grüppe = kleiner Graben] (landsch.): **1.** *schmaler, der Entwässerung dienender Graben zwischen einzelnen Feldern:* die -n in der Marschweide reinigen. **2.** *(im Viehstall) am Boden verlaufende Rinne.*
grüp|peln, grup|pen ⟨sw. V.; hat⟩ [mniederd. gruppen] (landsch.): *Abzugsgräben ausheben.*
Grup|pen|ak|kord, der (Wirtsch.): *Akkordarbeit, die von einer zusammenarbeitenden Gruppe von Arbeitern u. Arbeiterinnen geleistet wird.*
Grup|pen|ar|beit, die: **1.** *Arbeit, die in, von einer Gruppe verrichtet wird.* **2.** ⟨o. Pl.⟩ (Päd.) *Form des Unterrichts, bei der die Schülerinnen u. Schüler zur Förderung von Selbstständigkeit, Sozialverhalten u. Ä. in [kleinen] Gruppen zusammenarbeiten.*
Grup|pen|auf|nah|me, die: *fotografische Aufnahme einer Gruppe von Personen.*
grup|pen|be|wusst ⟨Adj.⟩ (Sozialpsychol.): *ein Gruppenbewusstsein habend; das Gruppenbewusstsein betreffend, auf ihm beruhend, von ihm zeugend.*
Grup|pen|be|wusst|sein, das (Sozialpsychol.): *Bewusstsein in einer bestimmten [sozialen] Gruppe, einem Kreis von Menschen anzugehören, denen man aufgrund bestimmter Gemeinsamkeiten verbunden ist, denen gegenüber man Rechte u. Pflichten, Verantwortung hat; Sinn für die Gemeinschaft, in der man lebt.*
Grup|pen|bild, das: *Abbildung einer Gruppe von Personen:* zum G. aufstellen.
Grup|pen|bil|dung, die: *Bildung, Entstehung einzelner Gruppen innerhalb einer größeren Gemeinschaft von Menschen od. Tieren:* eine G. unter Jugendlichen, in der Gesellschaft.
Grup|pen|den|ken, das; -s: *Denkweise einer bestimmten ¹Gruppe* (2) *[der sich das individuelle Denken des einzelnen Gruppenmitgliedes unterordnet].*
Grup|pen|dy|na|mik, die; -, -en [engl. group dynamics] (Sozialpsychol.): **a)** *Zusammenwirken, wechselseitige Beeinflussung der Mitglieder einer ¹Gruppe* (2); *Verhalten des Einzelnen zur Gruppe bzw. Zusammenhänge zwischen mehreren Gruppen;* **b)** *Wissenschaft von der Gruppendynamik* (a).
grup|pen|dy|na|misch ⟨Adj.⟩ (Sozialpsychol.): *die Gruppendynamik* (a, b) *betreffend:* -e Prozesse; ein -es Phänomen, Training.
Grup|pen|fo|to, das, schweiz. auch: die: *fotografische Aufnahme einer Gruppe von Personen.*
Grup|pen|füh|rer, der: **a)** (bes. Militär) *Führer einer ¹Gruppe* (4,5); **b)** (Wirtsch.) *Leiter einer Arbeitsgruppe in einer Abteilung.*
Grup|pen|füh|re|rin, die: w. Form zu ↑Gruppenführer (a, b).
Grup|pen|ge|spräch, das: *in, von einer ¹Gruppe* (2) *geführtes Gespräch:* therapeutische -e; *Bewerbungsverfahren, bestehend aus G. u. Einzelinterview.*
Grup|pen|in|te|res|se, die ⟨meist Pl.⟩: *Interesse einer bestimmten [sozialen] Gruppe:* -n berücksichtigen.
Grup|pen|le|ben, das ⟨o. Pl.⟩: *das Zusammenleben, die gemeinsame Arbeit, Freizeitgestaltung o. Ä. in einer Gruppe.*
Grup|pen|lei|ter, der: *Leiter einer ¹Gruppe* (2).
Grup|pen|lei|te|rin, die: w. Form zu ↑Gruppenleiter.
Grup|pen|mit|glied, das: *Mitglied einer Gruppe.*
Grup|pen|pä|da|go|gik, die: *spezielle Form der modernen Pädagogik, die bes. im Bereich der sozialen Arbeit mit Jugendlichen auf der Grundlage der Gruppenarbeit* (2) *praktiziert wird u. die ihre Aufgabe darin sieht, zur Gemeinschaft zu erziehen.*
Grup|pen|rat, der (DDR): *aus mehreren Mitgliedern bestehende Leitung verschiedenster Organisationen.*
Grup|pen|rei|se, die (Touristik): *Reise, bei der für eine Gruppe von Personen ein Reisebüro die Organisation, die Reservierung von Flugkarten, Hotel o. Ä. übernimmt.*
Grup|pen|sex, der [amerik. group sex]: *sexuelle Beziehungen, Geschlechtsverkehr zwischen mehreren Personen [mit wechselnden Partnern].*
Grup|pen|sieg, der (Sport): *Sieg, erster Platz innerhalb einer ¹Gruppe* (3).
Grup|pen|sie|ger, der (Sport): *Mannschaft od. Sportler, die bzw. der einen Gruppensieg errungen hat.*
Grup|pen|sie|ge|rin, die: w. Form zu ↑Gruppensieger.
grup|pen|spe|zi|fisch ⟨Adj.⟩: *für eine ¹Gruppe* (2) *kennzeichnend:* ein -es Verhalten.
Grup|pen|spiel, das (Sport): *innerhalb einer ¹Gruppe* (3) *ausgetragenes Spiel.*
Grup|pen|spra|che, die (Sprachwiss.): *Sondersprache einer bestimmten Gruppe innerhalb einer Sprachgemeinschaft* (z. B. Berufssprache, Jugendsprache).
grup|pen|the|ra|peu|tisch ⟨Adj.⟩: *in der Weise der Gruppentherapie; auf der Gruppentherapie beruhend:* eine -e Behandlung; -e Sitzungen.
Grup|pen|the|ra|pie, die: **1.** (Med.) *gleichzeitige Behandlung mehrerer Patientinnen u. Patienten in einer Gruppe.* **2.** (Psychol.) *psychotherapeutische Behandlung von mehreren in einer Gruppe zusammengefassten Patientinnen u. Patienten, die sich gegenseitig dabei unterstützen, ihre* *[meist ähnlichen] Schwierigkeiten zu analysieren u. zu überwinden.*
Grup|pen|trai|ning, das (Sport): *Training mit Gruppen von Sportlerinnen u. Sportlern, die ihre Leistung nach etwa gleich stark sind.*
Grup|pen|un|ter|richt, der: **1.** *Unterricht, den eine Gruppe von Schülerinnen u. Schülern gemeinsam erhält.* **2.** (Päd.) *Unterricht, bei dem eine Schulklasse od. ein Kursus in verschiedene Arbeitsgruppen aufgeteilt wird.*
Grup|pen|ver|band, der: ¹*Gruppe* (2).
grup|pen|wei|se ⟨Adv.⟩: *in Gruppen:* die Schüler verließen g. das Gebäude; ⟨mit Verbalsubstantiven auch attr.:⟩ das g. Antreten.
Grup|pen|zwang, der: *durch eine Gruppe auf die Einzelnen ausgeübter Zwang:* Gruppenzwängen ausgesetzt sein; sich dem G. nicht entziehen können.
grup|pie|ren ⟨sw. V.; hat⟩ [zu ↑¹Gruppe, vgl. frz. grouper]: **a)** *als Gruppe in eine bestimmte Ordnung bringen; in einer bestimmten Ordnung aufstellen; nach bestimmten Gesichtspunkten als Gruppe anordnen, zusammenstellen:* Kinder in einem Halbkreis g.; sie gruppierte Stühle um den Tisch; Da gab es in sich abgerundete Stadtviertel, die man weniger nach Zweckmäßigkeit als nach den Gesetzen der Harmonie und Schönheit gruppiert hatte (Thieß, Reich 449); **b)** ⟨g. + sich⟩ *sich in bestimmter Weise formieren; sich in einer bestimmten Ordnung als Gruppe aufstellen, hinsetzen, lagern:* sich zu einem Kreis g.; die Kinder mussten sich immer wieder neu g.; sie gruppierten sich um den Tisch; In der Küche gruppierte sich schon der Zug der gravitätischen Kellner, welche mit dampfenden Schüsseln und angespannten Gesichtern das Zeichen zum Einmarsch erwarteten (Langgässer, Siegel 232).
Grup|pie|rung, die; -, -en: **1. a)** *das Gruppieren* (a), *Anordnen, Zusammenstellen;* **b)** *das Gruppiertsein; Anordnung.* **2.** *Gruppe von Personen, die sich zur Verfolgung bestimmter politischer, gesellschaftlicher o. ä. Ziele zusammengeschlossen hat, die [innerhalb einer größeren Organisation] eine bestimmte Linie vertritt.*
Grus, der; -es, (Arten:) -e [aus dem Niederd. < mniederd. grüs = in kleine Stücke Zerbrochenes < mniederd. gruus = grob Gemahlenes, vgl. mhd. grōʒ = Sand-, Getreidekorn, verw. mit ↑groß]: **1.** (Geol.) *[durch Verwitterung] zerbröckeltes, körniges Gestein; Gesteinsschutt.* **2.** *fein zerbröckelte Kohle, grobkörniger Kohlenstaub.*
Grüsch, das; -[s] [mhd. grüsch, H. u.] (schweiz.): *Kleie.*
gru|scheln ⟨sw. V.; hat⟩ [zusges. aus: grüßen u. kuscheln] (Jargon): *(innerhalb eines Netzwerks im Internet) aufs Innigste, in liebevoller Weise grüßen.*
Gru|sel, der; -s (selten): *Empfindung des Gruselns; Angst.*
Gru|sel|ef|fekt, der: *die Empfindung des Gruselns, des Schauderns hervorrufende Wirkung:* in dem Film wird mit vielen -en gearbeitet.
Gru|sel|film, der: *Film, der vom Thema u. von der Gestaltung her darauf abzielt, bei den Zuschauenden Gruseln hervorzurufen.*
Gru|sel|ge|schich|te, die: *Geschichte, Erzählung o. Ä. mit gruseligem Inhalt; Schauergeschichte:* eine G. über Vampire; sie lesen gern -n; Ü das sind doch alles -n (*abwertend; Übertreibungen, Entstellungen*).
gru|se|lig ⟨Adj.⟩, **gruslig** ⟨Adj.⟩: *Gruseln hervorrufend; schaurig, unheimlich:* eine -e Geschichte; die Sache war g., hörte sich g. an.
Gru|sel|ka|bi|nett, das: *Kabinett* (1 b), *in dem Gegenstände o. Ä. ausgestellt sind, die ein Gruseln hervorrufen sollen:* Ü *die neue Parteiführung ist doch ein echtes G.*

Gru|sel|mär|chen, das: *Märchen mit gruseligem Inhalt.*

gru|seln ⟨sw. V.; hat⟩ [älter: grüseln, mhd. griuseln, Intensivbildung zu: griusen, grusen, ↑ grausen]: **a)** ⟨unpers.⟩ *Grausen, Furcht empfinden; ängstlich schaudern; unheimlich zumute sein; erschauern:* in der Dunkelheit gruselte [es] ihr/(auch:) sie; es hat mir/(auch:) mich vor diesem Anblick gegruselt; **b)** ⟨g. + sich⟩ *sich vor etw. Unheimlichem, Makabrem o. Ä. fürchten; Grausen, Furcht empfinden:* ich gruselte mich ein wenig [vor der Dunkelheit]; er gruselt sich allein im dunklen Haus.

Gru|si|cal [ˈgruːzɪkl], das; -s, -s [zu gruseln geb. nach ↑ Musical] (scherzh.): *nach Art eines Musicals aufgemachter Gruselfilm.*

Gru|si|ni|en: russischer Name von Georgien.

grus|lig: ↑ gruselig.

Gruß, der; -es, Grüße [mhd. gruoʒ, rückgeb. aus ↑ grüßen]: **1.** *Worte (häufig als formelhafte Wortverbindung), Gebärden als Höflichkeitsod. Ehrerbietungsbezeigung zwischen Personen beim Zusammentreffen, Sichbegegnen, bei einer Verabschiedung:* ein freundlicher, höflicher, förmlicher, ehrerbietiger, kurzer, stummer G.; mit militärischem G. *(Anlegen der Hand an die Kopfbedeckung);* ihr G. war sehr kühl; Grüße wechseln; einen G. entbieten; auf jmds. G. nicht danken; jmds. G. erwidern; ohne G. weggehen; er reichte ihr die Hand zum G. *(zur Begrüßung);* * **Englischer G.** *(katholisches Mariengebet, Ave-Maria;* zu ↑ ²englisch). **2.** *etw., was als Zeichen der Verbundenheit, des Gedenkens o. Ä. jmdm. übermittelt wird:* jmdm. herzliche, freundliche, beste, liebe Grüße senden; jmdm. Grüße ausrichten, bestellen, schicken, überbringen, übermitteln; einen G. an jmdn. mitgeben, unter einen Brief setzen, anfügen; sagen Sie ihr herzliche Grüße von mir; [einen] schönen G. von deiner Mutter (fam.; *deine Mutter lässt dir ausrichten),* du sollst nach Hause kommen; (in Grußformeln am Briefschluss) viele, herzliche, liebe Grüße euer Markus; freundliche Grüße Ihre Anja; als letzter/letzten G. *(auf Kranzschleifen gedruckt);* mit freundlichem G. [verbleibe ich] Ihr Albert Klein; R [schönen] G. vom Getriebe [der Gang ist drin] (scherzh.; *Äußerung, mit der jmd. die beim Autofahren durch schlechtes Schalten verursachten Geräusche kommentiert);* G. und Kuss, dein Julius! (scherzh.; *Floskel, mit der jmd. jmds. Äußerung, Forderung, Behauptung o. Ä. begleitet od. beendet).*

Gruß|ad|res|se, die: *an bei einer Veranstaltung o. Ä. versammelte Personen gerichtetes offizielles Schreiben als Gruß, als Zeichen der Verbundenheit o. Ä.:* eine G. an einen Kongress richten.

Gruß|an|spra|che, die: *kurze Ansprache, mit der die Gäste einer Veranstaltung begrüßt werden; Grußwort* (b).

Gruß|bot|schaft, die: *Grußadresse:* die Queen ließ eine G. schicken.

grü|ßen ⟨sw. V.; hat⟩ [mhd. grüeʒen, auch: anreden; herausfordern, ahd. gruoʒen = anreden; herausfordern, urspr. = zum Reden bringen, sprechen machen, wahrsch. lautm.]: **1.** *mit einem Gruß auf jmdn. zugehen, an jmdm. vorübergehen; jmdm. seinen Gruß entbieten:* freundlich, höflich, kaum, nur flüchtig, zackig g.; jmdn. kurz, schweigend, zackig, mit einem Nicken, Lächeln, im Vorübergehen, von ferne g.; sie grüßen sich/(geh.:) einander nicht mehr; wir können uns zwar nicht näher, aber wir grüßen uns; sei [mir] gegrüßt [in meinem Haus] (geh.; *ich begrüße dich, heiße dich willkommen);* ⟨g. + sich:⟩ grüßt du dich mit ihm? (ugs.; *kennst du ihn näher, so gut, dass ihr euch grüßt?);* * **grüß dich!** (ugs.; *Grußformel);* **grüß** [dich, euch, Sie]

Gott! (landsch.; *Grußformel).* **2.** *jmdm. einen Gruß* (2) *zusenden; Grüße übermitteln:* grüße deine Eltern herzlich, vielmals [von mir]; grüß mir deinen Vater; ich soll auch von meiner Mutter g.; Ü grüß mir die Heimat, die Berge, den Norden; die Glocken der Stadt grüßten ihn schon von ferne (geh.; *waren schon von Weitem zu hören);* * **g. lassen** (ugs.; *so ähnlich sein wie etw. Bestimmtes anderes bzw. wie die Eigenarten einer bestimmten Person o. Ä., auf die es zurückgeht u. an die es erinnert; sich in Erinnerung rufen:* ein echter Thriller: Hitchcock lässt g.).

Gruß|form, die: *Form des Grußes.*

Gruß|for|mel, die: *beim Gruß verwendete formelhafte Wortverbindung.*

Gruß|kar|te, die: *Karte* (2), *mit der jmd. jmdm. einen Gruß schickt.*

gruß|los ⟨Adj.⟩: *ohne zu grüßen:* sie ging g. weg, an ihnen vorbei.

Gruß|te|le|gramm, das: *Grußadresse in Form eines Telegramms.*

Gruß|wort, das ⟨Pl. -e⟩: **a)** *Grußadresse;* **b)** *kurze, zur Begrüßung der Teilnehmenden einer Veranstaltung gehaltene Ansprache:* ein G. an die Teilnehmerinnen des Kongresses richten.

Grüt|ze, die; -, (Sorten:) -n: ⟨Pl. selten⟩ [mhd. grütze, ahd. gruzzi; zu ↑ Grieß] **a)** *geschälte, grob bis fein gemahlene Getreidekörner (bes. Hafer, Gerste, Buchweizen) zur Herstellung von Suppen, Brei, Grützwurst;* **b)** *Brei aus Grütze* (1 a): *süße, dicke G.;* * **rote G.** *(mit rotem Fruchtsaft [und roten Früchten wie Johannisbeeren, Erdbeeren u. Ä.] hergestellte Süßspeise).* **2.** ⟨o. Pl.⟩ [entweder zu 1 im Ggs. zur groben, umgebildet aus frühnhd. Kritz = Witz, Scharfsinn] (ugs.) *Verstand:* dazu braucht man nicht viel G.

Grütz|wurst, die (landsch.): *Wurst, die zum großen Teil aus Grütze* (1 a) *besteht.*

Gru|ye|re [ɡryˈjɛːr], der; -s [nach der Schweizer Landschaft Gruyère (= Greyerzer Land): ↑ Greyerzer [Käse]

Gs = Gauß.

G-Sai|te, die: *auf den Ton g, G* (2) *gestimmte Saite eines Saiteninstruments.*

Gschaftl|hu|ber, der; -s, - [aus südd., österr. mundartl. Gschaftl = Geschäft u. dem Familienn. Huber] (abwertend, bes. südd., österr.): *jmd., der fast unangenehm betriebsam ist u. immer entsprechende Betätigungen sucht, die er dann besonders wichtig nimmt; Wichtigtuer.*

Gschaftl|hu|be|rin, die; -, -nen: w. Form zu ↑ Gschaftlhuber.

gscha|mig, gschä|mig ⟨Adj.⟩ (bayr., österr.): *verschämt.*

gschert: ↑ geschert.

G-Schlüs|sel, der [nach dem Tonbuchstaben G, aus dem sich die Form des Zeichens entwickelt hat]: *Violinschlüssel.*

gschma|ckig ⟨Adj.⟩ (österr.): **1.** *gut gewürzt, pikant; geschmackvoll, wohlschmeckend.* **2.** (oft abwertend) *nett, gefällig; kitschig.*

Gschnas, das; -, -e ⟨Pl. selten⟩ [älter: Geschneise, zu mhd. sneise = Reihe (gleichartiger Dinge)] (österr.): *Gschnasfest.*

Gschnas|fest, das; -es, -e (österr.): *(bes. in Wien üblicher) [Künstler]maskenball.*

Gspaß, das (österr. auch:) **Gspass,** der; -, - [zu ↑ Spaß] (bayr., österr. ugs.): *Spaß, Vergnügen:* das war ein G.!

gspa|ßig (österr. auch:) **gspas|sig** ⟨Adj.⟩ (bayr., österr. ugs.): *spaßig, komisch.*

Gspritz|ter, der Gspritze/ein Gspritzter; des/eines Gspritzten, die Gspritzten/zwei Gspritzte (bes. südd., österr.): *Gespritzter.*

Gspu|si, das; -s, -s [zu ital. sposa, sposo = Braut, Bräutigam < lat. sponsa, sponsus, vgl. ↑ ¹ Gespons]

(südd., österr. ugs.): **1.** *Liebesverhältnis, Liebschaft.* **2.** *Liebste(r), Schatz:* ihr G. wohnt in der Stadt; er trifft sich abends mit seinem G.

GST = Gesellschaft für Sport und Technik.

Gstaad: *schweizerischer Wintersport- und Kurort in den Berner Alpen.*

Gstanzl [zu ital. stanza, ↑ ¹ Stanze] (bayr., österr. ugs.): *lustiges, volkstümliches, meist vierzeiliges Lied mit oft anzüglichem Text; Spottlied.*

Gstät|ten, die; -, - [H. u.] (ostösterr. ugs.): *abschüssige, steinige Wiese.*

G-String [ˈdʒiːstrɪŋ], der; -s -s u. die; -, -s [engl. G-string, eigtl. = G-Saite, die um die Hüfte gehende Schnur wird scherzh. mit der Dicke einer G-Saite verglichen]: *als Slip getragenes Kleidungsstück, das aus einem nur die Geschlechtsteile bedeckenden Stoffstreifen besteht, der an einer um die Hüften geschlungenen Schnur befestigt ist.*

GT-Ren|nen, das: kurz für ↑ Grand-Tourisme-Rennen.

GT-Wa|gen, der: kurz für ↑ Grand-Tourisme-Wagen (2).

Gu|a|ca|mo|le [ɡuakaˈmoːlə], die; -, -n u. -s [span. (südamerik.) guacamole < Nahuatl (mittelamerik. Indianerspr.) ahuacamolli, zu: ahuacatl = Avocado u. molli = Soße] (Kochkunst): *kalte, dicke Soße aus pürierten Avocados u. Gewürzen, die als Dip gereicht wird.*

Gu|a|jak|holz, das; -es, ...hölzer: *hartes, harzhaltiges, olivbraunes bis schwarzgrünes, streifiges Holz des Guajakbaums, das für den Schiffbau, zu Drechslerarbeiten sowie in der Naturheilkunde verwendet wird; Pockholz.*

Gu|a|ja|va|baum, der; -[e]s, ...bäume [span. guayaba, aus einer mittelamerik. Indianerspr.]: *(in den Tropen u. Subtropen heimischer) Baum od. Strauch mit glatten, flaumig behaarten Blättern, weißen Blüten u. Guajaven als Früchten.*

Gu|a|ja|ve, die; -, -n: *birnen- od. apfelförmige, rote od. gelbe Frucht des Guajavabaums mit rosa, weißem od. gelbem Fruchtfleisch.*

Gu|a|na|ko, das; älter: der; -s, -s [span. guanaco < Ketschua (südamerik. Indianerspr.) huanaco]: *dem Lama ähnliches, im westlichen u. südlichen Südamerika lebendes Tier mit langem, dichtem, fahl rotbraunem Fell.*

Gu|a|nin, das; -s: *erstmalig im Guano gefundener, in vielen pflanzlichen u. tierischen Organen vorkommender Bestandteil der Nukleinsäuren.*

Gu|a|no, der; -s [span. guano < indian. (Ketschua) huanu]: *aus Exkrementen von Seevögeln bestehender organischer Dünger.*

◆ **Gu|ar|dia,** die; -, -s [ital. guardia, zu: guardare = bewachen, aus der Gruppe von ↑ Garde]: *Wache* (2): Dem Pavel wäre es nur ein Spiel und zugleich ein wahres Genügen gewesen, die G. anzurennen und zu Boden zu schlagen (Ebner-Eschenbach, Gemeindekind 47).

Gu|ar|dia ci|vil [- siˈvil], die; - - [span., aus: guardia (< got. wardja, verw. mit ↑ Garde) u. civil < lat. civilis, ↑ zivil]: *spanische Polizeieinheit.*

Gu|ar|di|an [österr.: ˈɡu̯ar...], der; -s, -e [ital. guardiano = Wächter < mlat. guardianus, zu got. wardja, ↑ Guardia civil]: *jeweils auf drei Jahre ernannter Vorsteher eines Konvents der Franziskaner od. Kapuziner.*

Gu|asch: ↑ Gouache.

Gu|a|te|ma|la, das; -s: *Staat in Mittelamerika.*

Gu|a|te|ma|la-Stadt: *Hauptstadt von Guatemala.*

Gu|a|te|mal|te|ke, der; -n, -n: *Ew.*

Gu|a|te|mal|te|kin, die; -, -nen: w. Form zu ↑ Guatemalteke.

gu|a|te|mal|te|kisch ⟨Adj.⟩: *Guatemala, die Guatemalteken betreffend; von den Guatemalteken stammend, zu ihnen gehörend.*

Gu|a|ve, die; -, -n: *Guajave.*

Guayana – gültig

Gu|a|ya|na; -s: Landschaft im nördlichen Südamerika; vgl. Guyana.
♦ **Gu|ber|ni|al|ge|schäf|te** ⟨Pl.⟩: *Regierungsgeschäfte: ...die G. während seiner Abwesenheit dem Schlosshauptmann... übergeben worden wären (Kleist, Kohlhaas 78).*
♦ **Gu|ber|ni|al|of|fi|zi|ant**, der: *Regierungsbeamter: ...als der G. mit seinem Gefolge von Häschern... zu ihm herantrat (Kleist, Kohlhaas 80).*
♦ **Gu|ber|ni|al|re|so|lu|ti|on**, die: *Regierungsbeschluss: ...wie es zuginge, dass die G. von einem Freiherrn... und nicht von dem Prinzen Christiern von Meißen, an den er sich gewendet, unterschrieben sei (Kleist, Kohlhaas 78).*
♦ **Gu|ber|ni|um**, das; -s, ...ien [mlat. gubernium, zu lat. gubernare, ↑ Gouverneur]: **a)** *Regierung, Gouvernement* (a): *...und das G.... um die erforderten Pässe bat (Kleist, Kohlhaas 78);* **b)** *Regierungs-, Gouvernementsgebäude: ...verfügte sich... mit dem Offizianten... in das G. (Kleist, Kohlhaas 81).*
gu|cken ⟨sw. V.; hat⟩ [mhd. gucken, H. u.] (ugs.): **a)** *seine Blicke auf ein bestimmtes Ziel richten; sehen* (2 a): *guck mal!; lass mich mal g.!;* auf die Uhr, aus dem Fenster, durchs Schlüsselloch, in den Spiegel, jmdm. über die Schulter g.; Ü die Illustrierte guckt (ragt sichtbar) aus der Tasche; **b)** *seine Umwelt, andere mit bestimmtem, die psychische Verfassung spiegelndem Gesichts-, Augenausdruck ansehen:* freundlich, finster g.; da hat sie dumm geguckt (war sie betroffen, verblüfft, ratlos); **c)** *etw. betrachten, ansehen* (2): Bilder, Zeitschriften g.; einen Krimi im Fernsehen, ein Video, eine DVD g.
Gu|cker, der; -s, - (ugs.): **a)** *kleines Fernglas, Vergrößerungsgerät; Operngucker;* **b)** *jmd., der aufdringlich tot. neugierig jmdn. od. etw. betrachtet;* **c)** ⟨Pl.⟩ *Augen.*
Gu|cke|rin, die; -, -nen: w. Form zu ↑ Gucker (b).
Gu|cker|sche|cken, Gugerschecken ⟨Pl.⟩ [zu: Gucker = Kuckuck u. Schecken = Flecken (vgl. scheckig), nach dem gefleckten Bauchgefieder des Kuckucks] (österr. ugs.): *Sommersprossen.*
Guck|fens|ter, das: *kleines (in einer Tür befindliches) Fenster, durch das jmd. [unauffällig] beobachten kann, was draußen vorgeht.*
Guck|in|die|luft, der; - [-s], -s: *jmd., der beim Gehen nicht auf den Weg achtet:* Hans G.
Guck|in|die|welt, der; - (ugs.): *munteres, aufgewecktes Kind.*
Guck|kas|ten, der (früher): *Vorrichtung zum Betrachten von Bildern, bei der das Bild durch Verwendung von Linsen u. Spiegeln unter vergrößerten Gesichtswinkel (in scheinbar natürlicher Entfernung) erscheint.*
Guck|kas|ten|büh|ne, die: *vom Zuschauerraum durch einen Vorhang abtrennbare Bühne mit seitlichen Kulissen u. rückwärtigem Prospekt* (2).
Guck|loch, das: *Loch [in einer Tür od. Wand], durch das jmd. hindurchgucken, jmdn. od. etw. beobachten kann, ohne selbst gesehen zu werden:* die Tür hat ein G. (einen Spion 2 a).
Gü|del|mon|tag, Gü|dis|mon|tag, der; -s, -e [wohl zu: Güdel = fetter, mit Speisen vollgestopfter Bauch] (schweiz.): *Rosenmontag.*
¹**Gue|ril|la** [ge'rɪlja], die; -, -s [frz. guérila < span. guerrilla, Vkl. zu: guerra = Krieg, aus dem Germ.]: **a)** *Guerillakrieg;* **b)** *einen Guerillakrieg führende Einheit.*
²**Gue|ril|la**, der; -, -[s], -s ⟨meist Pl.⟩ (veraltend): *Angehöriger einer* ¹*Guerilla* (b); *Partisan:* die -s haben mehrere ausländische Diplomaten entführt.
Gue|ril|la|füh|rer, der: *Führer einer* ¹*Guerilla* (b).
Gue|ril|la|füh|re|rin, die: w. Form zu ↑ Guerillaführer.

Gue|ril|la|gär|tnern, das; -s (Jargon): *eigenmächtiges Bepflanzen oder Pflegen von vernachlässigten öffentlichen Grünanlagen, Grundstücken o. Ä. durch Privatpersonen:* triste, halb vertrocknete Grünstreifen bieten sich für das Guerillagärtnern an.
Gue|ril|la|kampf, der: *Guerillakrieg.*
Gue|ril|la|kämp|fer, der: *jmd., der am Guerillakampf teilnimmt.*
Gue|ril|la|kämp|fe|rin, die: w. Form zu ↑ Guerillakämpfer.
Gue|ril|la|krieg, der: *aus dem Hinterhalt geführter Kampf von Freischärlern* (b) *(gegen Besatzungsmächte od. auch gegen die eigene Regierung).*
Gue|ril|le|ra [...rɪl'je:...], die; -, -s: w. Form zu ↑ Guerillero.
Gue|ril|le|ro [...rɪl'je:...], der; -s, -s [frz. guérillero < span. guerrillero]: ²*Guerilla* [*in Lateinamerika*].
Gu|gel, die; -, -n [mhd. gugel, ahd. chugela, cucula < mlat. cuculla]: *(in der Zeit der Gotik) Kopfbedeckung für Männer in Form einer eng anliegenden [Zipfel]kapuze mit kragenartigem Schulterstück.*
Gu|gel|hopf (schweiz.), **Gu|gel|hupf** (südd., österr.), der; -[es], -e [2. Bestandteil wohl zu ↑ hüpfen, wegen der sich nach oben hebenden Oberfläche]: *Napfkuchen.*
Gu|ger|sche|cken: ↑ Guckerschecken.
Gug|gen|mu|sik, die; -, -en [zu schweiz. mundartl. guggen = in lang gezogenen Tönen blasen, lautm.] (schweiz. mundartl.): *absichtlich misstönende Musik von Fastnachtszügen.*
Guide [frz.: gid, engl.: gaɪd], der; -s, -s [frz., engl. guide < mfrz. guide, zu: guider < afrz. guier, aus dem Germ.]: **1.** *Reisebegleiter, der Touristen führt.* **2.** *Reiseführer o. Ä. als Handbuch.*
Guild|hall ['gɪldhɔ:l], die; -, -s: engl. Bez. für: *Rathaus (bes. in London).*
Guil|lo|che [gi'jɔʃ, gɪl'jɔʃ, österr.: guj'jo:ʃ], die; -, -n [...ʃn] [frz. guilloche = Grabstichel, zu: guillocher = mit verschlungenen Windungen verzieren]: **1.** *Zeichnung verschlungener Linien auf Wertpapieren od. zur Verzierung auf Metall, Elfenbein u. Holz.* **2.** *Werkzeug zum Anbringen verschlungener [Verzierungs]linien.*
Guil|lo|cheur [...ʃø:ɐ̯], der; -s, -e [frz. guillocheur]: *jmd., der Guillochen herstellt; Liniensticher* (Berufsbez.).
Guil|lo|cheu|rin [...ʃø:rɪn], die; -, -nen: w. Form zu ↑ Guillocheur.
guil|lo|chie|ren [...'ʃi:rən] ⟨sw. V.; hat⟩ [frz. guillocher]: *auf etw. Guillochen herstellen:* Banknoten g.
Guil|lo|ti|ne [gijo..., gɪljo...], die; -, -n [nach dem frz. Arzt Guillotin (1738–1814), der vorschlug, Hinrichtungen aus humanitären Gründen maschinell zu vollziehen]: *(während der Französischen Revolution) zur Vollstreckung der Todesstrafe eingeführte Vorrichtung, bei der mittels eines schnell herabfallenden Beils (Fallbeils) der Kopf vom Rumpf getrennt wird:* unter der G. sterben.
guil|lo|ti|nie|ren [...ti'ni:rən] ⟨sw. V.; hat⟩ [frz. guillotiner]: *mit der Guillotine hinrichten:* Ü Die Standbilder der Heiligen in den Kathedralen sind oft ohne Kopf, sie wurden genau wie ihre lebenden Ebenbilder während der Französischen Revolution guillotiniert (Zwerenz, Kopf 129).
¹**Gui|nea** [gi...]; -s: Staat in Westafrika.
²**Gui|nea** ['gɪni], die; -, -s [engl. guinea, frz. Guinée, da die Münze zuerst aus Gold geprägt wurde, das aus Guinea stammte]: **a)** *frühere englische Goldmünze;* **b)** *frühere englische Rechnungseinheit von 21 Schilling.*

Gui|nea-Bis|sau [gi...]; -s: Staat in Westafrika.
Gui|nee [gi'ne:(ə)], die; -, -n [...e:ən]: ↑ ²Guinea.
Gui|ne|er [gi...], der; -s, -: Ew. zu ↑ ¹Guinea.
Gui|ne|e|rin, die; -, -nen: w. Form zu ↑ Guineer.
gui|ne|isch [gi...] ⟨Adj.⟩: zu ↑ ¹Guinea.
Guin|ness|buch, Guin|ness-Buch ['gɪ...], das; -[e]s, ...bücher/-Bücher [nach der ir. Brauerei Guiness, in deren Auftrag das Buch seit 1955 jährlich herausgegeben wird]: *Buch, das Rekorde aller Art verzeichnet.*
Gu|lag, der; -[s], -s [Kurzwort aus russ. Glavnoe Upravlenije **L**agerej = Hauptverwaltung der Lager]: **1.** ⟨o. Pl.⟩ *Hauptverwaltung des Straflagersystems in der UdSSR (1930–1955).* **2.** *Straf- und Arbeitslager (in der UdSSR).*
Gu|lasch ['gʊlaʃ, 'gu:laʃ], das, auch: der; -[e]s, -e u. -s, österr. nur: das; -[e]s, -e [ung. gulyás hús = Pfefferfleischgericht, wie es von Rinderhirten im Kessel gekocht wird, zu: gulyás = Rinderhirt u. hús = Fleisch(gericht)]: *[scharf gewürztes] Gericht aus klein geschnittenem Rind-, auch Schweine- od. Kalbfleisch, das angebraten u. dann gedünstet wird: ungarisches G.; ein saftiges G.;* * *aus jmdm. G. machen* (ugs.; oft als [scherzhafte] Drohung; *jmdn. verprügeln; jmdm. gehörig die Meinung sagen, ihm in irgendeiner Weise einen Denkzettel verpassen).*
Gu|lasch|ka|no|ne, die (Soldatenspr. scherzh.): *fahrbare Feldküche:* Erbsensuppe aus der G.
Gu|lasch|sup|pe, die (Kochkunst): *scharf gewürzte sämige Suppe mit gewürfeltem Fleisch, Tomaten, Paprika u. a.*
Gul|den, der; -s, - [mhd. guldin, gek. aus: guldîn pfenni(n)c = goldene Münze]: **1.** *vom 14. bis 19. Jh. bes. in Deutschland verbreitete Goldmünze (später auch Silbermünze).* **2.** *Währungseinheit in den Niederlanden vor der Einführung des Euro (1 Gulden = 100 Cent; Abk.: hfl = Hollands Florijn).*
gül|den ⟨Adj.⟩ (dichter., sonst meist iron.): *golden.*
Gül|le, die; - [mhd. gülle = Pfütze]: **1. a)** *flüssiger Stalldünger, der sich aus Jauche, Kot, eventuell Wasser sowie Resten von Einstreu u. Futter zusammensetzt (landsch., schweiz., österr.) Jauche.* **2.** (südwestd. ugs. abwertend) *etw., was als schlecht, ärgerlich o. ä. empfunden, angesehen wird.*
Gül|le|fass: ↑ Güllenfass.
gül|len ⟨sw. V.; hat⟩ (südwestd., schweiz.): *jauchen.*
Gül|len|fass, Güllefass, das (südwestd., schweiz.): *Jauchefass.*
Gul|ly, der, auch: das; -s, -s [engl. gully, eigtl. = Rinne, wohl zu: gullet = Schlund < afrz. goulet, Vkl. von: goule < lat. gula = Kehle]: *in die Straßendecke eingelassener Sinkkasten, durch den die Straßenabwässer in die Kanalisation abgeführt werden:* der G. ist verstopft, läuft über; etw. in den G. werfen.
Gul|ly|plat|te, die: *Platte, mit der ein Gully abgedeckt ist.*
Gült, die; -, -en: *Gülte.*
Gült|brief, der (schweiz.): *Schuldschein.*
Gül|te, die; -, -n [mhd. gülte = Einkommen, Zins, zu ↑ gelten]: **1.** (veraltet) **a)** *Grundstückszinsen in Geld od. Naturalien;* **b)** *Gülte (1a) bezahlendes Gut* (2). **2.** (schweiz.) *bestimmte Art des Grundpfandrechts.*
gül|tig ⟨Adj.⟩ [mhd. gültic = teuer; zu zahlen verpflichtet, zu: gülte, ↑ Gülte]: **a)** *rechtlich, gesetzlich o. ä. anerkannt u. entsprechend wirksam; Geltung habend:* ein gültiger Ausweis, Fahrschein; der Fahrplan ist ab 1. Oktober g.; diese Münze ist nicht mehr g.; einen Vertrag als g. anerkennen; **b)** *als Verhaltensgrundsatz u. Ä. allgemein anerkannt u. verbindlich; von bleibender Aussagekraft:* eine gültige Maxime, Losung.

Gül|tig|keit, die; -, -en ⟨Pl. selten⟩: **a)** *das Gültigsein* (a): dieser Vertrag hat keine G.; das Gesetz hat G. erlangt; **b)** *das Gültigsein* (b): ihre Prinzipien können allgemeine G. beanspruchen; etw. behält seine G.; ...dass er in eine Zwischenwelt geraten war, in der die Gesetze der Logik keine G. mehr zu haben schienen (Ransmayr, Welt 220).

Gül|tig|keits|dau|er, die: *Zeit, während deren etw. Gültigkeit* (a) *besitzt.*

Gül|tig|keits|er|klä|rung, die: *die Gültigkeit* (a) *von etw. bestätigende, rechtskräftige Erklärung.*

Gu|lyás [ˈɡʊlaʃ], das; -, - (österr.): *Gulasch.*

Gum|mer, die; -, -n [md., auch: guckumer < lat. cucumer, cucumis, ↑ Kukumer] (landsch.): *kleine Salatgurke.*

Gum|mi, der u. das; -s, -[s] [mhd. gummi < (m)lat. gummi(s), cummi(s) < griech. kómmi, aus dem Ägypt.]: **1.** ⟨österr. nur: der⟩ *durch Vulkanisation aus natürlichem od. synthetischem Kautschuk hergestelltes Produkt von hoher Elastizität:* Stiefel, Reifen aus G. **2.** ⟨österr. nur: der; Pl.: -s⟩ (salopp) Kurzf. von ↑ Gummischutz. **3.** ⟨der, auch: das; Pl.: -s⟩ (ugs.) Kurzf. von ↑ Radiergummi. **4.** ⟨das, auch: der; Pl.: -s⟩ (ugs.) Kurzf. von ↑ Gummiband. **5.** ⟨das⟩ ⟨o. Pl.⟩ Kurzf. von ↑ Gummiarabikum.

Gum|mi|ara|bi|kum, das; -s [zu lat. Arabicus = arabisch, wegen der Herkunft aus Ägypten]: *aus der Rinde verschiedener Akazienarten gewonnener, wasserlöslicher Milchsaft, der als Klebstoff u. Bindemittel verwendet wird.*

gum|mi|ar|tig ⟨Adj.⟩: *dem Gummi ähnliche Eigenschaften aufweisend; wie Gummi:* ein -es Material.

Gum|mi|ball, der: *Ball aus Gummi:* der G. hat eine Delle bekommen.

Gum|mi|band, das ⟨Pl. ...bänder⟩: *dehnbares, meist schmales Band mit eingewebten Fäden aus Gummi o. Ä.:* ein ausgeleiertes G.; ein neues G. in etw. einziehen.

Gum|mi|bär|chen, das: *Süßigkeit aus gummiartiger Masse in Form eines Bärchens.*

Gum|mi|baum, der: **1.** *Kautschukbaum.* **2.** *(in Ostindien u. im Malaiischen Archipel heimischer, als Zimmerpflanze kultivierter) Baum mit dicken, glänzend dunkelgrünen, großen Blättern.*

Gum|mi|bein: in der Wendung **-e haben/bekommen** (ugs.: **1.** *nicht die Kraft haben, stehen zu können.* **2.** *große Angst haben).*

Gum|mi|be|lag, der: *Belag* (2) *aus Gummi.*

gum|mi|be|reift ⟨Adj.⟩: *mit Gummireifen ausgestattet:* -e Räder.

Gum|mi|be|rei|fung, die: *Bereifung mit Gummireifen.*

Gum|mi|bon|bon, der od. das: *Bonbon aus gummiartiger Masse.*

Gum|mi|boot, das: *kleines, aufblasbares Boot aus Gummi.*

Gum|mi|druck, der ⟨Pl. -e⟩: *Flexodruck.*

Gum|mi|elas|ti|kum, das; -s [↑ elastisch]: *Kautschuk.*

gum|mie|ren ⟨sw. V.; hat⟩: **a)** *eine Klebstoffschicht auf etw. auftragen:* Briefmarken g.; gummierte Briefumschläge, Klebestreifen; **b)** (Textilind.) *Latex od. Kunststoff auf ein Gewebe auftragen, um es wasserdicht zu machen:* Stoffe g.

Gum|mie|rung, die; -, -en: **1.** *das Gummieren.* **2.** *gummierte Fläche.*

Gum|mi|hand|schuh, der: *(bei bestimmten Arbeiten getragener) Handschuh aus Gummi:* im Haushalt mit -en arbeiten.

Gum|mi|harz, das: *Harz von verschiedenen Gewächsen, das als Klebstoff, als Verdichtungsmittel sowie für Emulsionen verwendet wird.*

Gum|mi|hös|chen, das: *über der Windel getragenes Höschen aus Gummi.*

Gum|mi|kis|sen, das: *mit Luft gefülltes, aufblasbares Kissen aus Gummi.*

Gum|mi|knüp|pel, der: *[von der Polizei verwendeter] Schlagstock aus Hartgummi:* mit -n auf die Menge einschlagen, gegen die Demonstrierenden vorgehen.

Gum|mi|lack, der: *Schellack.*

Gum|mi|lin|se, die (ugs.): *Objektiv mit veränderlicher Brennweite; Zoomobjektiv.*

Gum|mi|lö|sung, die: *in Lösungsmitteln aufgelöster Kautschuk od. anderer Pflanzengummi zum Kleben von Gummi od. anderem Material.*

Gum|mi|man|tel, der: *Regenmantel aus Wasser abstoßendem Material.*

Gum|mi|pa|ra|graf, Gum|mi|pa|ra|graph, der (ugs.): *Paragraf, der so allgemein od. unbestimmt formuliert ist, dass er die verschiedensten Auslegungen zulässt:* dieser G. ermöglicht den Behörden in jedem Fall ein Eingreifen.

Gum|mi|pup|pe, die: *Puppe aus Gummi:* eine kleine, weiche G.

Gum|mi|rei|fen, der: *Reifen aus Gummi, mit dem das Rad eines Fahrzeugs ausgestattet ist.*

Gum|mi|ring, der: **a)** *dünner Ring aus Gummi, der etw. [Eingewickeltes] zusammenhalten soll;* **b)** *Ring aus Gummi für Wurfspiele im Freien;* **c)** *flacher, schmaler Ring zum Abdichten von Weckgläsern;* **d)** *Gummidichtung in Form eines Ringes.*

Gum|mi|sau|ger, der: *auf die Milchflasche des Säuglings aufgesetzter Sauger.*

Gum|mi|schlauch, der: *Schlauch aus Gummi.*

Gum|mi|schutz, der: *Präservativ.*

Gum|mi|soh|le, die: *Schuhsohle aus Gummi.*

Gum|mi|stie|fel, der: *Stiefel aus Gummi.*

Gum|mi|strumpf, der: *fester Strumpf aus elastischem Material mit eingewebten Gummifäden:* Während die anderen ihren frommen Pflichten oblagen, ging sie zu einem Bandagisten...und probierte für ihre wunden Beine Gummistrümpfe an (Werfel, Himmel 181).

Gum|mi|tuch, das ⟨Pl. ...tücher⟩: *als Unterlage dienendes Tuch aus Gummi.*

Gum|mi|twist, der, (auch:) das; -[s], -e u. -s [die Sprünge ähneln den beim ²Twist (1) ausgeführten Tanzbewegungen]: **1.** *Kinderspiel, bei dem zwischen u. über einem Gummiband, das zwischen zwei Mitspielenden aufgespannt ist, von einem, einer dritten Mitspielenden bestimmte Sprünge zu absolvieren sind.* **2.** *Gummiband, bes. zum Spielen von Gummitwist* (1).

Gum|mi|über|zug, der: *Präservativ.*

Gum|mi|zel|le, die (früher): *mit Gummi ausgekleidete Zelle in einer Heilanstalt zur Unterbringung unkontrollierbarer psychisch Kranker:* er wurde in die G. untergebracht.

Gum|mi|zug, der: **a)** *durch eingewebte Fäden aus Gummi dehnbar gemachtes Stück Stoff als Einsatz in einem Kleidungsstück, in Stiefeln o. Ä.:* ausgeleierte Gummizüge; **b)** *in ein Kleidungsstück eingezogenes Gummiband.*

Gün|sel, der; -s, - [spätmhd. gunsel, mhd. cunsele < (m)lat. consolida, zu: consolidare = festigen, wohl wegen der heilenden u. Wunden schließenden Wirkung: *(zu den Lippenblütlern gehörende) krautige Pflanze mit rötlichen, blauen od. gelben, in den Blattachseln sitzenden Blüten.*

Gunst, die; - [mhd. gunst, zu ↑ gönnen (zur Bildung vgl. Kunst – können)]: **a)** *wohlwollende, freundlich entgegenkommende Haltung, Geneigtheit:* die G. der Wählerinnen und Wähler, des Publikums; jmds. G. erlangen, genießen, verlieren; jmdm. seine G. schenken; (geh.:) ich erfreute mich ihrer G., in jmds. G. stehen *(von jmdm. sehr geschätzt u. ausgestützt werden);* nach G./(landsch.:) nach G. und Gabe[n] *(parteiisch, nicht objektiv)* urteilen; sich um jmds. G. bemühen; Ü die G. des Schicksals, der Stunde; Felix wird freie Station und Kost genießen, und auch bei der Anschaffung des Diensthabits, das ihn gewiss vortrefflich kleiden wird, sind Vorteile vorgesehen. Kurz, hier ist ein Weg, hier sind Spielraum und G. der Umstände zur Entfaltung seiner Gaben (Th. Mann, Krull 85); **b)** *bestimmte Auszeichnung, die jmdm. als Zeichen od. Ausdruck der Gunst* (a) *gewährt wird:* jmdm. eine G. zuteilwerden lassen, gewähren; (geh.:) jmds. G. teilhaftig werden; **c)** [seit dem 15. Jh. in dieser Wendung umlautloser Dativ Pl. zu dem mhd. starken Pl. günste] ** zu jmds. -en* -en (1. *zu jmds. Vorteil, Nutzen:* etw. zu seinen -en wenden; sich zu jmds., seinen eigenen -en verrechnen. 2. *zu jmds. Ehre;* um *jmdm. gerecht zu werden);* **zu -en einer Person, Sache** (↑ ¹zugunsten); **zu -en von jmdm.,** etw. (↑ ²zugunsten); ◆ **d)** ** mit G./mit -en (mit Verlauf).*

Gunst|be|weis, der, **Gunst|be|zei|gung,** die: *etw., was jmds. Gunst* (a) *deutlich zum Ausdruck bringt.*

güns|tig ⟨Adj.⟩. [mhd. günstic = wohlwollend]: **1. a)** *durch seine Art od. [zufällige] Beschaffenheit geeignet, jmdm. einen Vorteil od. Gewinn zu verschaffen, die Vorzüge einer Person od. Sache zur Geltung zu bringen, ein Vorhaben od. das Gedeihen einer Sache zu fördern:* eine -e Gelegenheit; ein -es Urteil, Vorzeichen; -e Bedingungen, Umstände; etw. in -em Licht darstellen *(durch seine Darstellung vorteilhaft erscheinen lassen);* im -en Augenblick kommen; der Moment, das Wetter war g.; das Licht ist, fällt nicht sehr g.; etw. g. beurteilen; diese Änderung wirkte sich g. aus; das trifft sich g.; **b)** *billig, preiswert:* ein extrem -es Sonderangebot; dieser Preis ist wirklich g. **2.** (veraltet) *wohlwollend, wohlgesinnt:* die Nachricht wurde g. aufgenommen; Die glückliche, allen Anfängen -e Zeit früher Unbefangenheit war vertan (Chr. Wolf, Nachdenken 181).

-güns|tig: drückt in Bildungen mit Substantiven aus, dass die beschriebene Sache bes. geeignet für etw., sehr günstig im Hinblick auf etw. ist: beitrags-, steuer-, tarifgünstig.

güns|ti|gen|falls, güns|tigs|ten|falls ⟨Adv.⟩: *im günstig[st]en Fall, bestenfalls; höchstens, allenfalls noch:* sie wird g. noch mithilfe eines Stocks gehen können.

Günst|ling, der; -s, -e [LÜ von frz. favori, ↑ Favorit] (abwertend): *jmd., der die Gunst bes. eines einflussreichen Menschen [meist aus fragwürdigen Gründen] genießt u. von ihm bevorzugt wird:* fürstliche -e; er galt als G. der Pompadour.

Günst|lings|wirt|schaft, die ⟨o. Pl.⟩ (abwertend): *Besetzung von Stellen mit begünstigten statt mit befähigten Personen:* die G. war weit verbreitet.

Gupf, der; -[e]s, Güpfe, österr.: -e [mhd. gupf, H.u.] (südd., österr. und schweiz. ugs.): **a)** *Gipfel, Spitze;* **b)** *[oberer] abgerundeter Teil von etw.; bei einem Gefäß o. Ä. über den Rand ragender Teil des Inhalts.*

Gup|py, der; -s, -s [nach R. J. L. Guppy, der von Trinidad aus ein Exemplar an das Britische Museum sandte]: *zu den Zahnkarpfen gehörender kleiner, schlanker Fisch (der als Aquarienfisch gehalten wird).*

Gur, die; - [zu ↑ gären] (Geol.): *breiige, erdige, aus Gestein hervortretende Flüssigkeit.*

Gur|gel, die; -, -n [mhd. gurgel(e), ahd. gurgula < lat. gurgulio]: **a)** *vorderer Teil des Halses; Kehle:* jmdm. die G. zudrücken, abschnüren; mit Tier die G. durchschneiden; Der alte Feldwebel will auf dem Felde der Ehre fallen, die Hand an der G. des Feindes (Remarque, Obelisk 294); *jmdm. die G. zuschnüren/zudrücken/abdrehen/zudrehen (salopp: *jmdn. zugrunde richten, wirtschaftlich ruinieren*); **jmdm. an die G. springen/fahren/gehen** (1. *sich sehr heftig gegen jmdn. wenden, jmdn. wütend kritisieren. jmdn. tätlich angreifen*); **b)** ⟨Pl. selten⟩ *Schlund (bes. in Bezug auf das Trinken):* * **sich** ⟨Dativ⟩ **die G. schmieren/ölen** (salopp scherzh.; *Alkohol trinken*); *etw. durch die G. jagen* (ugs.; *etw. vertrinken:* er hat sein ganzes Vermögen durch die G. gejagt).

Gur|gel|mit|tel, das: *Mittel, das bei Halsentzündungen o. Ä. zum Gurgeln verwendet wird.*

gur|geln ⟨sw. V.; hat⟩ [mhd. gurgeln]: **1.** *den Rachen spülen u. dabei ein gluckerndes Geräusch verursachen:* mit Kamille g.; sie musste dreimal täglich g.; * **einen g.** (ugs.; *Alkohol trinken*). **2. a)** *(von in Bewegung befindlichem Wasser) ein dunkles, dem Gluckern od. Murmeln ähnliches Geräusch hervorbringen:* die Priele, Bäche gurgeln; **b)** *mit gurgelnder (2 a) Stimme sprechen, gurgelnd von sich geben:* zusammenhanglose Worte, Unverständliches g.

Gur|gel|was|ser, das; -s, ...wässer: **a)** *Gurgelmittel;* **b)** *Mundwasser.*

Gür|kchen, das; -s, -: Vkl. zu ↑ Gurke.

Gur|ke, die; -, -n [aus dem Westslaw.; vgl. poln. ogórek, tschech. okurka < mgriech. ágouros = Gurke, zu griech. áōros = unreif; die Gurke wird grün (»unreif«) geerntet]: **1. a)** *als Gemüse- u. Salatpflanze angebautes, dicht am Boden entlangwachsendes Gewächs mit großen, rauen Blättern u. fleischigen, länglichen, grünen od. grüngelblichen Früchten:* -n anbauen, im Treibhaus ziehen; -n legen *(Gurkensamen einsäen);* **b)** *Frucht der Gurke* (1 a): sauersüße, eingelegte -n; -n ernten, schälen, einmachen, schmoren; Salat aus -n. **2. a)** (salopp scherzh.) [*hässliche, große*] *Nase:* eine geschwollene G.; **b)** (derb) *Penis.* **3.** (salopp abwertend) **a)** *etw., was nichts [mehr] taugt:* der fährt eine ganz müde G. *(ein altes, langsames Auto);* **b)** *jmd. (bes. Sportler), der nicht die gewünschte Leistung bringt:* euer Mittelstürmer war eine G. **4.** (salopp scherzh.) *Handy:* im Restaurant die G. quieken lassen.

gur|ken ⟨sw. V., ist⟩ (salopp): *[langsam] irgendwohin gehen, fahren:* zum Bahnhof nach Hause g.; wollen wir noch ein Stück über die Autobahn g.?

gur|ken|ähn|lich ⟨Adj.⟩: *in der Form einer Gurke ähnlich:* eine -e Form.

gur|ken|ar|tig ⟨Adj.⟩: *in der Art einer Gurke ähnlich:* ein -er Geschmack.

gur|ken|för|mig ⟨Adj.⟩: *wie eine Gurke geformt.*

Gur|ken|ge|würz, das: *Gewürz zum Einmachen von Gurken.*

Gur|ken|glas, das ⟨Pl. ...gläser⟩: *Weckglas für Gurken.*

Gur|ken|kraut, das ⟨o. Pl.⟩: **1.** *Borretsch.* **2.** *Dill.*

Gur|ken|sa|lat, der: *Salat aus Salatgurken, die in Scheiben geschnitten u. in einer Marinade o. Ä. zubereitet werden.*

Gur|ken|trup|pe, die (bes. Sportjargon abwertend): *Mannschaft, deren Spieler nicht die gewünschte Leistung bringen.*

Gur|kha, der; -[s], -[s] [engl. (angloind.) Gurkha, nach einem ostindischen Volk in Nepal): *Soldat einer nepalesischen Elitetruppe in der indischen bzw. britischen Armee.*

gur|ren ⟨sw. V.; hat⟩ [mhd. gurren, lautm.]: **1.** *(von der Taube) kehlige, dumpfe, weich rollende, lang gezogene Töne in bestimmten Abständen von sich geben:* auf dem Hof gurrten die Tauben. **2.** *mit gurrender Stimme sprechen, etw. von sich geben:* »Welch hübsches Kleid, Gerda«, gurrt Renée. »Schade, dass so etwas nicht tragen kann! Ich bin zu dünn dazu« (Remarque, Obelisk 198).

Gurt, der; -[e]s, -e, (landsch., Fachspr. auch:) -en [mhd. gurt, zu ↑ gürten]: **1. a)** *[umgeschnalltes] starkes, breites Band zum Halten, Tragen o. Ä.:* die -e eines Fallschirms; einen G. anlegen, lockern, arretieren, festmachen; sich im Auto, im Flugzeug mit einem G. anschnallen; **b)** *breiter Gürtel [einer Uniform]:* den G. um-, ablegen; **c)** Kurzf. von ↑ Patronengurt (a). **2.** (Archit.) *durchgehender oberer od. unterer Stab eines Fachwerkträgers:* die Hausfront war durch -e gegliedert. **3.** (Technik) *waagerechter Teil an der Ober- od. Unterseite des Steges bei geformtem Stahl, Trägern, Holmen.*

Gurt|band, das ⟨Pl. ...bänder⟩: **1.** *Band, aus dem ein Gurt* (1 a) *besteht:* ein G. von bestimmter Breite, Länge. **2.** *fest gewebtes Band für den Bund eines Rocks od. einer Hose.*

Gur|te, die; -, -n (schweiz.): *Gurt.*

Gür|tel, der; -s, - [mhd. gürtel, ahd. gurtil, zu dem ↑ gürten zugrunde liegenden Verb]: **1.** *festes Band [aus Leder], das – vorn mit einer Schnalle geschlossen – um Taille od. Hüfte getragen wird:* ein schmaler, breiter, lederner, geflochtener G.; den G. weiter, enger schnallen; das Kleid wird durch einen G. zusammengehalten; * **den G. enger schnallen** (ugs.; *sich in seinen Bedürfnissen einschränken: die Bevölkerung musste den G. enger schnallen*). **2.** *geografische Zone, die etw. wie ein schmales Band umgibt:* ein G. von Gärten und Parks zieht sich rings um die Stadt. **3.** *fast undehnbare, verstärkende Einlage zwischen Lauffläche u. Unterbau eines Fahrzeugreifens zur Stabilisierung der Lauffläche.*

gür|tel|ar|tig ⟨Adj.⟩: *in seiner Art, Form einem Gürtel ähnlich.*

Gür|tel|flech|te, die: *Gürtelrose.*

gür|tel|för|mig ⟨Adj.⟩: *die Form eines Gürtels* (1, 2) *aufweisend.*

Gür|tel|li|nie, die: **a)** *Taille:* bei diesem Kleid ist die G. betont; (Boxen:) Schläge unter die G. sind verboten; * **ein Schlag unter die G.** (ugs.; *unfaires, unerlaubtes Verhalten*): seine Äußerungen waren ein Schlag unter die G.); **b)** (Jargon) *Linie, über der die Fenster eines Autos beginnen:* das Modell hat eine niedrige G.

gür|tel|los ⟨Adj.⟩: *ohne Gürtel* (1); *keinen Gürtel habend:* ein -es Kleid.

Gür|tel|rei|fen, der: *Fahrzeugreifen mit Gürtel* (3): ein Satz G.

Gür|tel|ro|se, die [nach der gürtelartigen Ausbreitung; 2. Bestandteil nach den hellroten Knötchen]: *(durch ein Virus verursachte) schmerzhafte Krankheit, bei der sich meist am Rumpf gürtelartig hellrote Knötchen ausbilden, die sich in Bläschen umwandeln; Herpes Zoster.*

Gür|tel|schnal|le, die: *Schnalle am Gürtel:* die G. enger, weiter stellen.

Gür|tel|ta|sche, die: *[kleine] Tasche, die am Gürtel* (1) *getragen werden kann.*

Gür|tel|tier, das: *Säugetier mit einem lederartigen od. verknöcherten, mit Hornplatten versehenen Rückenpanzer, der sich am Rumpf aus gürtelartigen, gegeneinander beweglichen Ringen zusammensetzt.*

gur|ten ⟨sw. V.; hat⟩: **1.** *auf einen Gurt* (1 c) *stecken.* **2. a)** *den Pferdesattel mit einem Gurt befestigen:* du musst den Sattel besser g.; **b)** *sich [im Auto] mit einem Gurt anschnallen:* erst g., dann starten!

gür|ten ⟨sw. V.; hat⟩ [mhd. gürten, ahd. gurten, eigtl. = umzäunen, einhegen, zu ↑ Gart] (geh., selten): **1.** *mit einem Gürtel versehen; etw. als einen Gürtel um jmdn., sich, etw. legen:* sich mit einer Schärpe g.; der Mantel war sportlich gegürtet; Ü Die Zeiten waren milder und menschlicher geworden, niemand brauchte seine Lenden mehr zu g. *(sich zu bewaffnen;* Wiechert, Jeromin-Kinder 243). **2.** *einem Reittier den Sattel auflegen.*

Gürt|ler, der; -s, - [mhd. gürtelære, zu ↑ Gürtel]: *jmd., der aus Metall, Glas, Holz o. Ä. Beschläge (für Gürtel), Modeschmuck, kunstgewerbliche Gegenstände formt (Berufsbez.).*

Gürt|le|rin, die; -, -nen: w. Form zu ↑ Gürtler.

Gurt|muf|fel, der (ugs.): *jmd., der beim Autofahren keinen Gurt anlegt.*

Gurt|pflicht, die: *Anschnallpflicht.*

Gu|ru, der; -s, -s [Hindi guru < sanskr. guru, eigtl. = gewichtig, ehrwürdig]: *[als Verkörperung eines göttlichen Wesens verehrter] religiöser Lehrer im Hinduismus:* einem G. folgen; Ü der G. *(geistige Führer)* der Hippies; die -s der freien Marktwirtschaft.

GUS [auch: ge:|u:´|ɛs], die; -: *Gemeinschaft Unabhängiger Staaten (Verbindung von elf souveränen Staaten, die früher Teil der UdSSR waren).*

Gü|sel, der; -s (schweiz. ugs.): *Abfall.*

Guss, der; -es, Güsse [mhd., ahd. guʒ, zu ↑ gießen]: **1. a)** *das Gießen von Metall o. Ä. in eine Form:* der G. einer Plastik; * **[wie] aus einem G.** (*in sich geschlossen, einheitlich, vollkommen in Bezug auf die Gestaltung:* das Werk, die Inszenierung ist [wie] aus einem G.); **b)** *gegossenes Erzeugnis des Gussverfahrens:* der G. ist zersprungen. **2. a)** *mit Schwung geschüttete, gegossene Flüssigkeitsmenge:* den Blumen einen G. Wasser geben; **b)** *(als Anwendung [innerhalb einer Kneippkur]) das Begießen des Körpers bzw. eines Körperteils mit Wasser:* kalte Güsse verabreichen, bekommen; **c)** (ugs.) Kurzf. von ↑ Regenguss: sie wurden von einem heftigen G. überrascht. **3.** Kurzf. von ↑ Zuckerguss; * Schokoladenguss.

Guss|be|ton, der: *breiig fließender Beton, der in die Verschalung gegossen wird [u. sich dort verteilt].*

Guss|ei|sen, das: *graues, sprödes, nicht schmiedbares Roheisen von geringer Elastizität u. hoher Druckfestigkeit.*

guss|ei|sern ⟨Adj.⟩: *aus Gusseisen hergestellt:* -e Pfannen, Töpfe; -e Straßenlaternen; ein -er Herd.

Guss|form, die: *Form, in die ein Metall o. Ä. zum Erstarren gegossen wird.*

Guss|naht, die (die Gießerei): *Naht, die an der Oberfläche von Gussstücken durch die Trennwände der Gussformen hervorgerufen wird.*

Guss|re|gen, der: *heftiger, kurzer Regen.*

Guss|stahl, Guss-Stahl, der: *in Tiegeln geschmolzener, schmiedbarer Stahl, der bes. zur Herstellung von Werkzeugen verwendet wird.*

Guss|stück, Guss-Stück, das (die Gießerei): *gegossenes Werkstück:* fehlerhafte -e.

GUS-Staat, der (meist Pl.): *Staat der GUS.*

gus|ta|to|risch ⟨Adj.⟩ [zu lat. gustare = kosten, schmecken] (Med., Psychol.): *den Geschmackssinn, das Schmecken betreffend:* -e Neurone.

Güs|ter, der; -s, - [H. u.]: *(in Seen u. größeren Flüssen heimischer) Karpfenfisch mit hohem, graugrünem Rücken, hellen, silberglänzenden Seiten, stumpfem Maul u. großen Augen.*

gus|tie|ren ⟨sw. V.; hat⟩ [ital. gustare]: **1.** *goutieren.* **2.** (österr.) *kosten, probieren; genießen.*

gus|ti|ös ⟨Adj.⟩ [zu ↑ Gusto] (österr.): *appetitlich, appetitanregend.*

Gus|to, der; -s, -s ⟨Pl. selten⟩ [ital. gusto; vgl. Gout] (bes. südd., österr.): **1.** *Neigung, Lust:* ich schrieb mit G.; das kannst du ganz nach G. machen. **2.** *Appetit:* einen G. auf Sahnetorte haben.

Gus|to|stü|ckerl, das; -s, -[n] (österr.): *bes. gutes Stück:* ein G. vom Essen hat er sich bis zum Schluss aufgehoben.

gut ⟨Adj.; besser, best...⟩ [mhd., ahd. guot, urspr. = (in ein Gefüge) passend, verw. mit ↑ Gatter, ↑ Gitter]: **1. a)** *den Ansprüchen genügend; von zufriedenstellender Qualität, ohne nachteilige Eigenschaften. Mängel:* -e Qualität, Ware, Nahrung; ein -er Wein, Apfel, Stoff, Film, Witz; ein -es Werkzeug, Buch; eine -e Leistung, Arbeit; das ist kein gutes Deutsch; bei bester Gesundheit sein; sie hat eine -e Drei *(eine Drei, die fast schon eine Zwei ist)* in Deutsch; ein -es Gedächtnis, Gehör haben; -e Augen, Ohren haben *(gut sehen, hören können);* aus -em Grund *(mit voller Berechtigung)* ist das so; -e *(richtige, echte)* Butter; einen -en Geschmack haben; dein Vorschlag ist sehr g.; ihr ist nichts g. genug *(sie hat an allem etwas auszusetzen);* eine g. fundierte Ausbildung; g. informierte, unterrichtete Kreise; (häufig in Formeln der Bekräftigung od. des Einverständnseins) also g.; g.! *(jawohl!);* schon gut *(es bedarf keiner weiteren Worte);* nun g.; das ist ja alles g. und schön *(zwar in Ordnung),* aber trotzdem will ich nicht; g. lesen, schwimmen können; sie spielt besser Klavier als die andern; das kann er am besten; ein g. sitzender Anzug; sein Aufsatz wurde mit [der Note] »gut«, »sehr gut« bewertet; seine Sache g. machen; das Kind lernt g. *(leicht, ohne Schwierigkeiten);* etw. für g. befinden; das Kostüm sitzt g.; eine g. angezogene Frau; ⟨subst.:⟩ etwas Gutes kochen; daraus kann nichts Gutes werden; Er selbst habe übrigens in Frankreich 1940 auch so manchen -en Tropfen geleert (Kempowski, Uns 143); * **es mit etw. g. sein lassen** (ugs.; *etw. mit etw. erledigt sein lassen);* **b)** *gute Leistungen erbringend, seine Aufgabe zur Zufriedenheit erfüllend:* ein -er Schüler, eine -e Arbeiterin; eine -e Regierung; sie ist in der Schule sehr g.; ⟨subst.:⟩ die Besten ihres Faches; **c)** *wirksam, nützlich:* das ist das beste Mittel gegen Migräne; der Tee ist g. gegen/(ugs. auch:) für Husten; Ü wer weiß, wozu das g. ist; **d)** *für etw. günstig, passend, geeignet:* eine -e Gelegenheit; unsere Aussichten sind g.; die Äpfel sind g. zum Kochen; es trifft sich g., dass du kommst; der Augenblick war g. gewählt; die Chancen stehen g.; das hast du g. *(treffend)* gesagt; * **es g. getroffen haben** *(mit/bei etw. Glück haben:* er hat es in seinem Urlaub [mit der Unterkunft] g. getroffen); **für etw. g. sein** *(etw. herbeiführen, bewirken können:* sie ist immer für eine Überraschung, für ein Tor g.); **g. daran tun, etw. zu tun** *(richtig handeln, indem man etw. tut:* du tätest, tust g. daran, dich nicht zu beteiligen). **2.** *angenehm, erfreulich; sich positiv auswirkend:* eine -e Nachricht; sie hatten -es Wetter, eine -e Fahrt; [wir wünschen Ihnen ein] -es *(nur Erfreuliches u. Angenehmes enthaltendes)* neues Jahr!; er hat heute einen -en Tag *(einen Tag, an dem ihm alles gelingt);* mein erster Eindruck von der Sache war nicht besonders g.; mir ist nicht g. *(ich fühle mich momentan körperlich nicht wohl, leide unter Schwächegefühl od. Brechreiz);* hier ist g. sein, leben (geh.; *ist, lebt man gern);* etw. zu einem guten Ende führen; ein g. gepflegtes Auto; eine g. gekleidete Frau; die Mutter lachte g. gelaunt; g. gelaunt sein *(gute Laune haben, zeigen);* hier lässt sichs g. leben; es geht mir [wieder] g. *(ich befinde mich wieder in einem guten Gesundheitszustand);* die Bücher werden sicher g. gehen *(sich schnell verkaufen lassen);* das Lokal, Geschäft geht g. *(bringt hohe Gewinne);* eine g. gehende Immobilienfirma; es ist ihm längere Zeit nicht g. gegangen *(er war längere Zeit krank);* die Sache ist noch einmal g. gegangen *(hat einen guten Verlauf genommen),* wenn das nur g. geht!; (ugs.:) du hast g. dran;

der Braten riecht g.; ein g. aussehender Mann; die Kakteen können Sonne g. vertragen; ⟨subst.:⟩ jmdm. alles Gute wünschen; sie ahnte nichts Gutes; was bringst du Gutes?; es hat alles sein Gutes *(seine positive Seite);* das ist denn doch des Guten zu viel (iron.; *geht denn doch zu weit)!;* * **bei jmdm. g. angeschrieben sein** (ugs.; *weil man sich irgendwie hervorgetan hat, von jmdm. so geschätzt werden, dass man auf Nachsicht od. Erfüllung seiner Wünsche rechnen kann;* vgl. 2. Mos. 32, 32; Luk. 10, 20; Offenb. 3, 5 u. a., nach dem Buch des Lebens, in das die Gerechten eingeschrieben werden). **3. a)** *groß, reichlich:* eine -e Ernte; ein -es *(ertragreiches)* Jahr; g. betuchte (ugs.; *recht wohlhabende)* Leute; eine g. bezahlte Arbeit; eine g. dotierte Position; g. situierte *(in guten wirtschaftlichen Verhältnissen lebende)* Leute; eine g. verdienende Managerin; mit -em *(großem)* Appetit essen; er hat einen -en Zug (ugs.; *trinkt viel auf einmal);* das kostet mich ein -es Stück *(viel)* Geld; ein gut[er] Teil [der] Schuld lag bei ihm; das hat noch -e Weile *(eilt nicht);* das Unternehmen ist g. aufgestellt *(für zukünftige Aufgaben gut gerüstet);* **b)** *reichlich bemessen:* eine -e Stunde; ein -er Liter Flüssigkeit; der Sack wiegt g. *(etwas über)* zwei Zentner; er hat g. gewogen *(hat etwas mehr als die genannte Menge abgewogen);* * **g. und gern[e]** (ugs.; *bestimmt [so viel], wenn nicht mehr:* bis dahin sind es noch g. und gern zehn Kilometer); **so g. wie** (ugs.; *fast; ²praktisch:* das ist so g. wie sicher, war gar nichts; die Arbeit ist so g. wie erledigt). **4. a)** *tadellos, anständig:* ein -es Benehmen; ein Kind aus -em Hause; in der Klasse herrscht ein -er Geist; die Ärztin hat einen -er Ruf; sich g. benehmen, aufführen; der Schüler hat auch im Internat nicht g. getan (landsch.; *hat Schwierigkeiten gemacht, keinen guten Einfluss ausgeübt);* **b)** *moralisch einwandfrei, wertvoll:* ein -er Mensch, Christ; eine -e Tat; für eine -e Sache kämpfen; ein -es Herz haben *(gutartig u. hilfsbereit sein);* sie ist eine -e Seele (ugs.; *ein gutmütiger Mensch);* er ist ein -er Kerl (ugs.; *ist gutmütig, tut keinem etwas zuleide);* damit tust du ein -es Werk *(etw. Nützliches);* (verblasst:) -e Frau, wo denken Sie hin; ich hatte ein, dabei kein -es Gewissen *(war [dabei nicht] von der Richtigkeit meines Handelns überzeugt);* sie war immer g. zu den Kindern/(selten:) gegen die Kinder; dafür bin ich mir zu g. *(ich halte diese Sache für schlecht, zu gering u. tue so etwas nicht);* ein g. gemeinter *(aus einer guten Absicht heraus vorgebrachter)* Rat, Vorschlag; ein ihr g. gesinnter *(wohlgesinnter)* Freund und Förderer; ein g. gesinnter Mensch *(ein Mensch von guter, edler Gesinnung);* du bist g., wie soll ich denn das in der kurzen Zeit schaffen? (iron.; *ich muss mich doch sehr wundern, dass du von mir verlangst, das in der kurzen Zeit zu schaffen);* jenseits von Gut und Böse sein (iron.: 1. *weltfremd sein.* 2. *aufgrund höheren Alters sexuell nicht mehr aktiv sein);* ⟨subst.:⟩ Gutes mit Bösem vergelten (nach 1. Mose 44, 4); an das Gute im Menschen glauben; sie hat in ihrem Leben viel Gutes getan; * **im Guten wie im Bösen** *(mit Güte wie mit Strenge).* **5.** *jmdm. in engerer Beziehung zugetan u. sich ihm gegenüber entsprechend verhaltend; freundlich gesinnt:* ein -er Freund, Kamerad; es waren gute Bekannte von ihm; auf -e Nachbarschaft!; bei etwas -em Willen *(innerer Bereitschaft)* wäre es gegangen; (fam.:) jmdm. g. sein; die beiden sind wieder g. miteinander/einander wieder g. (fam.; *sind wieder versöhnt);* seien Sie bitte so g. *(nett, freundlich),* und nehmen Sie das Paket mit!; sei so gut, mir das Ergebnis mitzuteilen; jmdm. g.

zureden *(jmdn. in freundschaftlicher Art zu etw. ermuntern);* mit jmdm. g. stehen, auskommen; er meint es g. mit dir *(ist dir wohlgesinnt u. will auch hiermit nur dein Bestes);* * **im Guten** *(friedlich, ohne Streit:* etw. im Guten sagen; sich im Guten einigen). **6.** *nicht für den alltäglichen Gebrauch bestimmt, besonderen, feierlichen Anlässen vorbehalten:* seinen -en Anzug anziehen; dieses Kleid lasse ich mir für g. (ugs.; *für besondere Gelegenheiten).* **7.** *leicht, mühelos geschehend, sich machen lassend:* das Buch liest sich g.; hinterher hat, kann man g. reden; du hast g. lachen *(bist nicht in meiner unangenehmen Lage);* es kann g. sein *(ist ohne Weiteres möglich),* dass sie noch kommt; ich kann ihn nicht g. darum bitten *(es geht eigentlich nicht, dass ich ihn darum bitte).*

Gut, das; -[e]s, Güter [mhd., ahd. guot = Gutes; Güte; Vermögen, Besitz; Landgut]: **1.** *Besitz, der einen materiellen od. geistigen Wert darstellt:* ererbtes, gestohlenes, herrenloses, fremdes G.; lebenswichtige, geistige, irdische, ewige Güter; liegende, unbewegliche Güter *(Immobilien, Liegenschaften);* bewegliche, (veraltet:) fahrende Güter *(transportabler Besitz wie Möbel o. Ä.);* er hat all sein G. verschleudert; R Gesundheit ist das höchste G.; Spr unrecht G. gedeihet nicht/tut selten gut. **2.** *landwirtschaftlicher [Groß]grundbesitz mit den dazugehörenden Gebäuden;* Landgut: ein großes, kleines G. pachten, erwerben; das väterliche G. übernehmen, bewirtschaften; sie hat sich auf ihre Güter *(ihren Landbesitz)* zurückgezogen. **3.** *Stück, Ware für den Transport; Frachtgut, Stückgut:* gefährliche Güter *(Amtsspr.; Gefahrgüter);* sperriges, leicht verderbliches G.; mehr Güter mit der Bahn verschicken; Güter aufgeben, abfertigen, versenden, verzollen, mit dem Flugzeug befördern, zu Schiff verfrachten. **4. a)** (fachspr.) *Stoff, Material (bes. im Hinblick auf seine Bearbeitung, Verarbeitung od. dgl.):* das zu mahlende G.; Die Mühle war in Gang, die Steine des Müller mahlten, viel G. lag still neben den fressenden Umdrehungen, bis endlich der Sog auch das Letzte davonnahm (Gaiser, Jagd 161); **b)** *(Seemannsspr.) Gesamtheit der Taue u. Seile in der Takelage eines Schiffes:* stehendes G. *(feste, zum Abspannen von Masten dienende Taue);* laufendes G. *(bewegliche, zum Bewegen von Segeln, Ladebäumen u. a. dienende Taue).*

gut|ach|ten ⟨sw. V.; meist im Inf. u. im 1. Part. gebr.⟩: *ein Gutachten abgeben:* eine gutachtende Expertin.

Gut|ach|ten, das; -s, -: *in bestimmter Weise auszuwertende [schriftliche] Aussage eines bzw. einer Sachverständigen in einem Prozess, bei einem bestimmten Vorhaben o. Ä.:* ein ärztliches, medizinisches G. anfordern, ausstellen, abgeben, vorlegen, über etw. anfertigen; Wenn ich hier als Kaufmann mein G. abgeben *(meine Ansicht äußern)* soll, so bedaure ich, aussprechen zu müssen, dass dies die Lage eines zwar unglücklichen, aber auch eines in hohem Maße schuldigen Mannes ist (Th. Mann, Buddenbrooks 154).

Gut|ach|ter, der; -s, -: *Sachverständiger, der ein Gutachten abgibt:* einen G. bestellen, hinzuziehen; als G. fungieren.

Gut|ach|te|rin, die; -, -nen: w. Form zu ↑ Gutachter.

gut|ach|ter|lich ⟨Adj.⟩: *von einem Gutachter, einer Gutachterin herrührend, seitens eines Gutachters, einer Gutachterin, durch einen Gutachter, eine Gutachterin:* eine -e Stellungnahme, Beurteilung.

gut|acht|lich ⟨Adj.⟩: *in der Form eines Gutach-*

tens, in einem Gutachten: eine -e Stellungnahme; g. erhärtete Beweise; etw. g. bestätigen.

gut an|ge|zo|gen, gut|an|ge|zo|gen ⟨Adj.⟩: *gut gekleidet:* ein gut angezogener Geschäftsmann.

gut|ar|tig ⟨Adj.⟩: **1.** *ein gutes, anständiges Wesen aufweisend:* ein -es Kind; das Tier ist g. *(nicht widerspenstig od. gefährlich).* **2.** *keine Metastasen bildend u. das Leben des od. der Betroffenen nicht gefährdend:* eine -e Geschwulst; der Tumor hat sich als g. erwiesen.

Gut|ar|tig|keit, die: **1.** ⟨o. Pl.⟩ *gutartiges (1) Wesen.* **2.** ⟨Pl. selten⟩ *Ungefährlichkeit eines Tumors.*

gut auf|ge|stellt, gut|auf|ge|stellt ⟨Adj.⟩: *für zukünftige Herausforderungen gut gerüstet:* ein gut aufgestellter Betrieb.

gut aus|se|hend, gut|aus|se|hend ⟨Adj.⟩: *ein attraktives Äußeres habend:* ein gut aussehender Mann.

gut be|tucht, gut|be|tucht ⟨Adj.⟩ (ugs.): *recht wohlhabend:* ⟨subst.:⟩ *eine Kapitalanlage für Gutbetuchte;* eine gut betuchte Unternehmerin.

gut be|zahlt, gut|be|zahlt ⟨Adj.⟩: **a)** *mit guter Bezahlung verbunden:* sie hat einen gut bezahlten Job gefunden; **b)** *eine gute Bezahlung erhaltend:* gut bezahlte Fachkräfte.

gut|bür|ger|lich ⟨Adj.⟩: *von einer Qualität, Lebensart od. in einer Weise, wie sie dem Bürgertum entspricht; solide:* eine -e Küche *(Küche, die einfache, nicht verfeinerte Gerichte in reichlichen Portionen bietet);* eine -e Familie; das Ambiente ist g.

Güt|chen, das; -s, -: **1.** Vkl. zu ↑ Gut. **2.** in der Wendung **sich** ⟨Dativ⟩ **an etw. ein G. tun** (ugs. scherzh.; *etw. reichlich genießen;* urspr. Vkl. von ↑ Güte; eigtl. = sich selbst etwas Gutes erweisen: sich an Pfannkuchen ein G. tun; er tat sich in G. daran, uns warten zu lassen). ◆ **3.** [zu ↑ gut, eigtl. = das gute, befreundete (Wesen)] *(in der landsch. Bergmannsspr.) hilfreicher Geist in Zwergengestalt:* Den frommen G. nah verwandt, als Felschirurgen wohlbekannt; ...die hohen Berge schröpfen wir, aus vollen Adern schöpfen wir (Goethe, Faust II, 5848 ff.).

gut do|tiert, gut|do|tiert ⟨Adj.⟩ (bildungsspr.): *gut dotierend:* eine gut dotierte Stelle.

Gut|dün|ken, das; -s [mhd. guotdunken]: *Befinden, Urteil über jmdn., etw. nach dem, was jmdn. persönlich gut dünkt:* nach [eigenem, seinem] G. mit jmdm., etw. verfahren.

Gü|te, die; - [mhd. güete, ahd. guotī]: **1.** *freundlich-nachsichtige Einstellung gegenüber jmdm.; das Gütigsein:* jmds. große, unendliche G.; er machte [ihr] einen Vorschlag zur G. *(zur gütlichen Einigung);* die G. Gottes; sie war die G. selbst; seine G. gegen uns/uns gegenüber kannte keine Grenzen; hätten Sie die G. (geh.; *wären Sie so freundlich),* mir zu helfen?; sich mit jmdm. in G. (ohne Streit) einigen; jmdn. voller G. ansehen; die was die drei Männer auch in väterlicher G. zu ihm sagen mochten, die Klammer, die seine Stimmbänder verschloss, öffnete sich erst (Thieß, Legende 258); * **[ach] du meine/liebe G.!** (ugs.; *Ausruf des Erschreckens, der Verwunderung, der Überraschung;* »Güte« steht hier verhüllend für »Gott«: meine G., ist reich wäre ich doch alle gerne!) **2.** *[Grad der guten] Beschaffenheit eines Erzeugnisses, einer Leistung o. Ä.; [gute] Qualität:* die bekannte G. einer Ware; ein Erzeugnis allererster G.

Gut|edel, der; -s: *Rebsorte mit runden, hellgrünen od. zartbraunen Beeren, die liebliche, leichte Weine liefert.*

Gü|te|klas|se, die: *Klasse, der eine Ware aufgrund ihrer Güte (2) zugeordnet ist:* Eier der höchsten, obersten G.

Gü|te|kon|trol|le, die: *Prüfung der Qualität von Produkten.*

Gu|te|nacht|ge|schich|te, die: *Geschichte, die Kindern vor dem Einschlafen vorgelesen oder erzählt wird.*

Gu|te|nacht|kuss, der: *Kuss beim Gutenachtsagen [in der Familie o. Ä.]:* krieg ich noch einen G.?

Gu|ten|berg-Ga|la|xis, Gu|ten|berg|ga|la|xis, die; ⟨o. Pl.⟩ [nach dem Titel eines 1962 erschienenen Buches des amerik. Medienwissenschaftlers H. Marshall McLuhan (1911–1980); 1. Bestandteil = Name des Erfinders des Buchdrucks mit beweglichen Metalllettern, J. Gensfleisch zu Laden genannt Gutenberg (1397 od. 1400–1468), 2. Bestandteil zu engl. galaxy = (beeindruckende) Menge, Masse, Schar, eigtl. Galaxie]: *Welt der gedruckten Texte; von den Printmedien bestimmte Welt.*

Gü|ter|ab|fer|ti|gung, die: **a)** *Annahme u. Ausgabe von Waren u. Frachten, die per Bahn befördert werden;* **b)** *zum Güterbahnhof gehörende Stelle für die Annahme u. Ausgabe von Waren u. Frachten;* etw. von der G. abholen.

Gü|ter|ab|wä|gung, die (Rechtsspr.): *Prinzip, nach dem ein rechtlich geschütztes höherwertiges Gut im Falle eines Konfliktes dem geringerwertigen vorzuziehen ist.*

Gü|ter|aus|tausch, der: *Austausch von Waren u. Frachten mit dem Ausland.*

Gü|ter|bahn|hof, der: *Bahnhof für den Güterumschlag von Straßen- auf Schienenfahrzeuge.*

Gü|ter|fern|ver|kehr, der: *Beförderung von Gütern mit Kraftfahrzeugen über die Grenzen des Güternahverkehrs hinaus.*

Gü|ter|ge|mein|schaft, die: *vermögensrechtlicher Zustand, in dem das Vermögen der Eheleute gemeinschaftlicher Besitz ist.*

Gü|ter|nah|ver|kehr, der: *Beförderung von Gütern mit Kraftfahrzeugen in einem Umkreis von 50 km vom Sitz des Transportunternehmens aus.*

Gü|ter|recht, das ⟨o. Pl.⟩ (Rechtsspr.): *vermögensrechtliche Beziehungen zwischen Eheleuten.*

gü|ter|recht|lich ⟨Adj.⟩: *das Güterrecht betreffend, ihm entsprechend.*

Gü|ter|stand, der (Rechtsspr.): *Ordnung der vermögensrechtlichen Beziehungen von Ehegatten untereinander:* gesetzlicher, vertraglicher G.

Gü|ter|trans|port, der: *Transport von Gütern.*

Gü|ter|tren|nung, die: *vermögensrechtlicher Zustand, in dem jeder Ehegatte sein eigenes Vermögen behält u. frei verwaltet:* in G. leben; ihre Heirat mit G.

Gü|ter|um|schlag, der: *das Umladen von Gütern aus einem Transportmittel in ein anderes.*

Gü|ter|ver|kehr, der: *Beförderung von Gütern durch Verkehrsmittel wie Bahn, Kraftfahrzeug, Schiff, Flugzeug o. Ä.*

Gü|ter|wa|gen, der: *Eisenbahnwagen, Waggon für den Gütertransport.*

Gü|ter|zug, der: *aus Güterwagen bestehender Eisenbahnzug.*

Gü|te|sie|gel, das: *Gütezeichen.*

Gü|te|ter|min, der (Rechtsspr.): *Güteverfahren.*

Gü|te|ver|fah|ren, das (Rechtsspr.): *Teil der mündlichen Gerichtsverhandlung, der der gütlichen Beilegung eines Rechtsstreits od. einzelner Streitpunkte dient.*

Gü|te|zei|chen, das: *auf einer Ware angebrachtes Zeichen, durch das die Überprüfung der Güte (2) bestätigt wird:* ein G. tragen, erhalten.

Gut|fin|den, das; -s (schweiz.): *Gutdünken.*

gut fun|diert, gut|fun|diert ⟨Adj.⟩: *auf einer guten geistigen Grundlage stehend; gesichert, untermauert:* gut fundierte Kenntnisse; eine gut fundierte Theorie.

gut ge|hen, gut|ge|hen ⟨unr. V.; ist⟩: **1.** ⟨unpers.⟩ **a)** *sich in einer wirtschaftlich guten Lage befinden;* **b)** *sich in einer gesundheitlich guten Verfassung befinden:* nach der Operation geht es ihr wieder gut. **2.** *einen guten Verlauf nehmen:* die Geschäfte, die Bücher gehen gut.

gut ge|hend, gut|ge|hend ⟨Adj.⟩: *hohe Gewinne erzielend; rentabel:* eine gut gehende Firma betreiben.

gut ge|klei|det, gut|ge|klei|det ⟨Adj.⟩: *gute, wertvolle, geschmackvolle Kleidung tragend:* eine gut gekleidete Dame.

gut ge|launt, gut|ge|launt ⟨Adj.⟩: *gute Laune habend, zeigend:* der gut gelaunte Chef.

gut ge|meint, gut|ge|meint ⟨Adj.⟩: *aus einer [unerkannten] wohlwollenden Gesinnung od. guten Absicht heraus vorgebracht:* ein gut gemeinter Rat, Vorschlag.

gut ge|pflegt, gut|ge|pflegt ⟨Adj.⟩: *gute Pflege aufweisend, von guter Pflege zeugend:* eine gut gepflegte Adressdatenbank; ein gut gepflegtes Pferd, Auto.

gut|ge|sinnt ⟨Adj.⟩: **a)** *wohlgesinnt;* **b)** *von guter, edler Gesinnung; rechtschaffen:* sie ist ein -er Mensch.

gut|gläu|big ⟨Adj.⟩: *die eigene Aufrichtigkeit u. gute Absichten auch bei anderen voraussetzend u. ihnen [unvorsichtigerweise] Glauben schenkend:* sie ist -er Kunde; in der -en Annahme, dass sie das Buch zurückbekommen werde; du bist viel zu g.

Gut|gläu|big|keit, die; -: *das Gutgläubigsein.*

gut|ha|ben ⟨unr. V.; hat⟩: *eine Gegenleistung (bes. eine Geldsumme) von jmdm. fordern können:* du hast bei mir noch zwanzig Euro, eine Flasche Sekt, was gut; Zu Weihnachten, auch zu Neujahr, hatte sie bereitwillig Schichten übernommen von Kolleginnen, ... so dass sie bei ihnen für wenigstens einen Tag Vertretung guthatte (Johnson, Ansichten 210).

Gut|ha|ben, das; -s, -: **a)** *zur Verfügung stehendes, gespartes Geld [bei einer Bank]; Geldsumme, die man von jmdm. fordern kann:* er hat noch ein großes, kleines G. auf der Bank, bei der Sparkasse, bei mir; der Kontoauszug weist ein G. von 450 Euro aus; **b)** (Buchf.) *positiver Saldo.*

Gut|ha|ben|kar|te, die: *Chipkarte, auf die ein bestimmter Guthaben (a) geladen werden kann.*

gut|hei|ßen ⟨st. V.; hat⟩: *für gut, für angebracht befinden; billigen:* stillschweigend alles g.; ich konnte eine solche Tat, diese skrupellosen Methoden niemals g.; und so etwas heißt du auch noch gut?

Gut|heit, die; -: *das Gutsein.*

gut|her|zig ⟨Adj.⟩: *von weicher Gemütsart u. anderen gegenüber wohlwollend, freundlich u. hilfsbereit:* ein -er Mensch; sie ist g.

Gut|her|zig|keit, die; -: *das Gutherzigsein.*

gül|tig ⟨Adj.⟩ [mhd. gültec = freundlich]: *anderen mit Freundlichkeit u. Nachsicht begegnend, ihnen wohlwollend zugetan od. diese Haltung erkennen lassend; ein gütiger Mensch; sei g.! (iron.; *dass Sie mir etwas so Geringes anzubieten wagen!);* sich g. gegen jmdn. zeigen; g. lächeln; Wenn ich den Herrn Bataillonsmedikus höflichst bitten dürfte, auf dieser Frage -st nicht weiter bestehen zu wollen... (Th. Mann, Krull 120).

güt|lich ⟨Adj.⟩ [mhd. güetlich, ahd. guotlih = gütig, freundlich]: *in freundlichem Einvernehmen der Partner zustande kommend; ohne dass es zu einer [weiteren] feindlichen Auseinandersetzung, zu einem Gerichtsurteil o. Ä. kommt:* eine -e Einigung, Verständigung; einen Streit g. beilegen, schlichten; * **sich an etw. g. tun** (*genießerisch u. behaglich etw. verzehren):* ich habe mich an der Suppe g. getan).

gut|ma|chen ⟨sw. V.; hat⟩: **1. a)** *ein Unrecht, einen Fehler wieder so gut wie möglich in Ordnung bringen:* ein Versäumnis, einen Schaden, eine Unhöflichkeit g.; er hat viel an ihr gutzumachen (hat ihr großes Unrecht getan); **b)** *sich für etw. erkenntlich zeigen, revanchieren:* Sie haben mir so oft geholfen, ich weiß gar nicht, wie ich das wieder g. soll. **2.** *für sich einen Überschuss erzielen:* er hat bei dem Geschäft 50 Euro gutgemacht.

Gut|mensch, der (meist abwertend od. ironisch): *[naiver] Mensch, der sich in einer als unkritisch, übertrieben, nervtötend o. ä. empfundenen Weise im Sinne der Political Correctness verhält, sich für die Political Correctness einsetzt.*

gut|mü|tig ⟨Adj.⟩: *seinem Wesen nach freundlich, hilfsbereit, geduldig, friedfertig, [in naiver, argloser Weise] nicht auf den eigenen Vorteil bedacht od. ein solches Wesen erkennen lassend:* ein -er Mensch, Charakter; sie ist g. [veranlagt]; g. dreinblicken, nachgeben; Es war ein richtiges kleines Flohkistchen. Eines von denen, die man g. (ohne dass es herabsetzend gemeint ist) Flohkiste nennt (Borchert, Geranien 32).

Gut|mü|tig|keit, die; -: *das Gutmütigsein; gutmütiges Wesen.*

gut|nach|bar|lich ⟨Adj.⟩: *von, in einer Art, wie sie unter guten Nachbarinnen u. Nachbarn üblich ist:* -e Beziehungen; ein -es Verhältnis pflegen.

gut|sa|gen ⟨sw. V.; hat⟩: *bürgen, sich verbürgen:* für jmdn., für jmds. Zuverlässigkeit g.

Guts|be|sit|zer, der: *Besitzer eines Gutes* (2).

Guts|be|sit|ze|rin, die: w. Form zu ↑ Gutsbesitzer.

Gut|schein, der: *Schein, der den Anspruch auf eine bestimmte Sache, auf Waren mit einem bestimmten Gegenwert bestätigt:* ein G. auf/für eine Warenprobe; -e ausgeben; jmdm. [zu Weihnachten] einen G. [im Wert von 100 Euro] schenken; einen G. einlösen.

gut|schrei|ben ⟨st. V.; hat⟩: *als Guthaben eintragen, anrechnen:* der überschüssige Betrag wird Ihrem Konto, Ihnen gutgeschrieben.

Gut|schrift, die: **a)** *Buchung auf der Habenseite eines Kontos;* **b)** *Mitteilung an den Kontoinhaber, die Kontoinhaberin über eine Buchung auf der Habenseite;* **c)** *Betrag, der einem Konto gutgeschrieben wird.*

Gut|sel, das; -s, -[n] ⟨Vkl. zu gleichbed. Guts, eigtl. = Gutes⟩ (landsch.): *Bonbon.*

Guts|haus, das: *zu einem Gut* (2) *gehörendes Wohnhaus.*

Guts|herr, der: *Gutsbesitzer als Vorgesetzter der auf seinem Gut Arbeitenden.*

Guts|her|ren|art, die: in der Fügung **nach G.** (1. *[von Speisen] mit kräftigen Gewürzen, Speck u. a. zubereitet, wie es in der gehobenen ländlichen Küche üblich ist.* iron.: *in selbstherrlicher Manier [betreiben]:* nach G. verfahren, entscheiden; eine Politik nach G. betreiben).

Guts|her|rin, die: w. Form zu ↑ Gutsherr.

Guts|hof, der: *Gut* (2) *[im Hinblick auf die dazugehörenden Gebäude].*

gut si|tu|iert, gut|si|tu|iert ⟨Adj.⟩: *in guten wirtschaftlichen Verhältnissen lebend od. davon zeugend.*

gut sit|zend, gut|sit|zend ⟨Adj.⟩: *(von Kleidungsstücken) einen guten Sitz habend.*

Guts|le, das; -s, - (südd.): **a)** *[Weihnachts]plätzchen;* **b)** *Bonbon.*

¹gut|ste|hen ⟨unr. V.; hat; südd., österr., schweiz. auch: ist⟩: **1.** (veraltend) *bürgen.* **2.** ⟨g. + sich⟩ *wohlhabend sein.*

gut ste|hen, ²gut|ste|hen ⟨unr. V.; hat; südd., österr. auch: ist⟩: *günstig sein:* unsere Chance stehen gut.

Guts|ver|wal|ter, der: *Verwalter eines Gutes* (2).

Guts|ver|wal|te|rin, die: w. Form zu ↑ Gutsverwalter.

Gut|ta|per|cha, die; - od. das; -[s] [zu malai. getah = Gummi u. percha = Baum, der Guttapercha absondert]: *kautschukähnliches Produkt aus dem Milchsaft einiger Bäume Südostasiens, das vor allem als Isoliermittel u. zur Herstellung von wasserdichten Verbänden* (1 a) *verwendet wird.*

Gut|teil, das u. der; -[e]s: *großer Teil, Großteil.*

Gut|temp|ler, der; -s, - [engl. Good Templar, aus: good = gut u. Templar = Templer]: **a)** *Mitglied des Guttemplerordens;* **b)** *Antialkoholiker.*

Gut|temp|le|rin, die; -, -nen: w. Form zu ↑ Guttempler.

Gut|temp|ler|or|den, der ⟨o. Pl.⟩: *in Amerika 1852 gegründeter, international verbreiteter Bund, dessen Mitglieder sich zur Abstinenz gegenüber Alkohol verpflichten.*

gut|tun ⟨unr. V.; hat⟩: *auf jmdn., etw. eine gute Wirkung haben:* der Tee wird dir, deinem Magen g.; seine Worte taten mir gut.

gut|tu|ral ⟨Adj.⟩ [zu lat. guttur = Kehle]: **a)** *kehlig klingend:* eine -e Sprache; seine Aussprache ist sehr g.; **b)** (Sprachwiss. veraltend) *im Bereich der Kehle gebildet:* ein -er Laut.

Gut|tu|ral, der; -s, -e (Sprachwiss.): *mithilfe von Zunge u. Gaumen gebildeter Konsonant; Gaumenlaut:* ein palatater, velarer G.

Gut|tu|ral|laut, der: *Guttural.*

gut un|ter|rich|tet, gut|un|ter|rich|tet ⟨Adj.⟩: *gut informiert:* wie aus gut unterrichteten Kreisen zu hören war.

gut ver|die|nend, gut|ver|die|nend ⟨Adj.⟩: *viel Geld verdienend.*

gut|wil|lig ⟨Adj.⟩ [mhd. guotwillic, ahd. guotwilig]: **1.** *bei etw. guten Willen zeigend; geneigt u. bereit, sich dem Willen od. Wunsch anderer zu fügen; freiwillig, ohne andern Schwierigkeiten zu machen:* ein -er Schüler, ein -es Mädchen; etw. g. herausgeben; Ich gehe nur zu Fuß – g. steig' ich nicht in Ihren Wagen (Hochhuth, Stellvertreter 48). **2.** *keine bösen Absichten gegen jmdn. verfolgend; wohlgesinnt:* Gutwillige Leute hielten ihn für einen Gottverwandten, böswillige für einen Bastard des Teufels (Strittmatter, Wundertäter 59).

Gut|wil|lig|keit, die; -: *das Gutwilligsein.*

Gu|ya|na; -s: *Staat im Norden Südamerikas;* vgl. Guayana.

Gu|ya|ner, der; -s, -: Ew.

Gu|ya|ne|rin, die; -, -nen: w. Form zu ↑ Guyaner.

gu|ya|nisch ⟨Adj.⟩: *Guyana, die Guyaner betreffend; von den Guyanern stammend, zu ihnen gehörend.*

GV (Jargon) = Geschlechtsverkehr; Gerichtsvollzieher[in].

Gy = Gray.

Gym|naes|t|ra|da [...nɛ...], die; -, -s [zu ↑ Gymnastik u. span. estrada = Straße]: *alle vier Jahre in einem andern Land stattfindendes internationales Turnfest (ohne Wettkampf) mit gymnastischen u. turnerischen Vorführungen.*

gym|na|si|al ⟨Adj.⟩: *das Gymnasium betreffend, zum Gymnasium gehörend:* der -e Deutschunterricht; die -e Oberstufe.

Gym|na|si|al|bil|dung, die ⟨o. Pl.⟩: *durch das Gymnasium vermittelte Schulbildung.*

Gym|na|si|al|klas|se, die: *Schulklasse eines Gymnasiums.*

Gym|na|si|al|leh|rer, der: *Lehrer an einem Gymnasium.*

Gym|na|si|al|leh|re|rin, die: w. Form zu ↑ Gymnasiallehrer.

Gym|na|si|ast, der; -en, -en: *Schüler eines Gymnasiums* (a).

Gym|na|si|as|tin, die; -, -nen: w. Form zu ↑ Gymnasiast.

Gym|na|si|um, das; -s, ...ien [lat. gymnasium < griech. gymnásion, Sportstätte, wo mit nacktem Körper geturnt wird, zu: gymnázesthai = mit nacktem Körper Leibesübungen machen, zu: gymnós = nackt; dann auch = Versammlungsstätte der Philosophen u. Sophisten]: **a)** *zur Hochschulreife führende höhere Schule:* ein humanistisches, altsprachliches, neusprachliches, mathematisch-naturwissenschaftliches, musisches G.; das G. besuchen; zum, aufs G. gehen; **b)** *Gebäude, in dem sich ein Gymnasium* (1 a) *befindet.*

Gym|nast, der; -en, -en: **1.** *Krankengymnast.* **2.** *Person, die Gymnastik betreibt.*

Gym|nas|tik, die; -, -en ⟨Pl. selten⟩ [griech. gymnastikḗ (téchnē), zu: gymnázesthai, ↑ Gymnasium]: *[rhythmische] Bewegungsübungen zu sportlichen Zwecken od. zur Heilung bestimmter Körperschäden:* morgendliche, rhythmische, künstlerische G.; G. treiben, machen.

Gym|nas|tik|ball, der: *für gymnastische Übungen benutzter größerer elastischer Ball.*

Gym|nas|ti|ker, der; -s, -: *jmd., der [als Leistungssport] Gymnastik treibt.*

Gym|nas|ti|ke|rin, die; -, -nen: w. Form zu ↑ Gymnastiker.

Gym|nas|tik|leh|rer, der: *jmd., der Gymnastikunterricht gibt.*

Gym|nas|tik|leh|re|rin, die: w. Form zu ↑ Gymnastiklehrer.

Gym|nas|tik|übung, die: *gymnastische Übung* (3).

Gym|nas|tik|un|ter|richt, der: *Unterricht in Gymnastik.*

Gym|nas|tin, die; -, -nen: **1.** w. Person, die [rhythmische Sport]gymnastik betreibt. **2.** Krankengymnastin.

gym|nas|tisch ⟨Adj.⟩: *die Gymnastik betreffend, zu ihr gehörend; durch Gymnastik den Körper trainierend:* -e Übungen, Bewegungen; sich g. ertüchtigen.

Gy|nä|ko|lo|ge, der; -n, -n [↑-loge]: *Facharzt, Wissenschaftler auf dem Gebiet der Gynäkologie; Frauenarzt.*

Gy|nä|ko|lo|gie, die; - [zu griech. gynḗ (Gen.: gynaikós) = Frau u. ↑-logie]: *Fachrichtung der Medizin, die sich mit Frauenkrankheiten u. Geburtshilfe befasst; Frauenheilkunde.*

Gy|nä|ko|lo|gin, die; -, -nen: w. Form zu ↑ Gynäkologe.

gy|nä|ko|lo|gisch ⟨Adj.⟩: *die Gynäkologie betreffend, zur Gynäkologie gehörend:* eine -e Untersuchung, Operation; jmdn. g. untersuchen.

Gy|ros, das; -, - [ngriech. gýros, eigtl. = Umdrehung, Kreis; vgl. Giro]: *an einem senkrecht stehenden Drehspieß gebratenes Fleisch, von dem immer wieder die jeweils durchgegarte u. gebräunte äußerste Schicht in kleinen flachen Stücken abgeschnitten u. serviert wird (griechische Spezialität).*

Gy|ro|s|kop, das; -s, -e [zu griech. skopeīn = betrachten, beschauen]: *Messgerät für den Nachweis der Achsendrehung der Erde.*

G-7-Staat, G7-Staat [ge:'zi:bn...], der ⟨meist Pl.⟩ [G 7 = Abk. für: die Großen 7 (engl. The Great 7)]: *Staat der Siebenergruppe (Vereinigung der sieben wichtigsten westlichen Wirtschaftsnationen, das sind Deutschland, Frankreich, Großbritannien, Italien, Japan, Kanada u. die USA).*

G-8-Klas|se, G8-Klas|se [ge:'laxt...], die: *Schulklasse, die eine von neun auf acht Jahre verkürzte Gymnasialzeit durchläuft.*

G-8-Staat, G8-Staat [ge:'laxt...], der ⟨meist Pl.⟩ [vgl. G-7-Staat]: *Staat einer von den G-7-Staaten und Russland gebildeten Gruppe von Staaten, die gemeinsam über internationale politische od. wirtschaftliche Fragen berät.*

h, H [ha:], das; - (ugs.: -s), - (ugs.: -s) [mhd., ahd. h]: **1.** achter Buchstabe des Alphabets, ein Konsonantenbuchstabe: ein kleines h, ein großes H schreiben. **2.** (Musik) siebenter Ton der Grund-(C-Dur-)Tonleiter: auf dem Klavier ein h anschlagen.
h = Hekto...; hora (Stunde); 8 h = 8 Stunden, 8 Uhr; hochgestellt: 8^h = 8 Uhr; h-Moll.
h: Zeichen für das plancksche Wirkungsquantum.
¹H = H-Dur; Henry; Hydrogenium.
²H [ertʃ], das; -[s] (Drogenjargon): Heroin.
ha = Hektar.
ha [ha(:)] ⟨Interj.⟩: **1.** Ausruf der [freudigen] Überraschung: ha, da kommt sie ja schon! **2.** Ausruf des Triumphes, der Überlegenheit: ha, der wird staunen.
h. a. = huius anni, hoc anno.
hä [hɛ(:)] ⟨Interj.⟩: **1.** (salopp) he ⟨3⟩. **2.** (landsch.) Ausdruck des Nichtverstehens, Unwissens; wie bitte?
Haag, der; -s: ↑ Den Haag (vgl. 's-Gravenhage): im, in H.
¹Haa|ger, der; -s, -: Ew.
²Haa|ger ⟨indekl. Adj.⟩: das H. Tribunal.
Haa|ge|rin, die; -, -nen: w. Form zu ↑ ¹Haager.
Haar, das; -[e]s, -e [mhd., ahd. hār, eigtl. = Raues, Struppiges, Starres]: **1.** beim Menschen u. bei den meisten Säugetieren auf der Haut [dicht] wachsendes, feines, fadenförmiges Gebilde aus Hornsubstanz: graue, (geh.:) silberne, weiße -e an der Schläfe; die -e wachsen, fallen ins Gesicht, hängen in die Stirn, fallen [ihm] aus; [sich] ein graues H. auszupfen, ausreißen; [sich] die -e schneiden lassen; [sich] die -e waschen, trocknen, föhnen, färben, tönen; die -e kämmen, bürsten, toupieren; Ü ...und einer ihrer Aussprüche..., die lachende Behauptung, dass die guten Menschen heute an der Verderbnis des Lebens nicht weniger Schuld trügen als die schlechten, sträubte ihm die -e (verursachte in ihm ein Gefühl des Schauderns, des Entsetzens; Musil, Mann 1294); Spr krause -e, krauser Sinn (wer krause Haare hat, ist eigenwillig; * jmdm. stehen die -e zu Berge/sträuben sich die -e (ugs.; jmd. ist in höchstem Maße erschrocken, entsetzt); ein H. in der Suppe/in etw. finden (ugs.; an einer sonst guten Sache etw. entdecken, was einem nicht passt); kein gutes H. an jmdm., etw. lassen (ugs.; nur Schlechtes über jmdn., etw. sagen; alles, was jmd. tut, schlecht finden, kritisieren); jmdm. die -e vom Kopf fressen (ugs. scherzh.: auf jmds. Kosten sehr viel essen); -e auf den Zähnen haben (von streitbar-aggressiver, rechthaberischer Wesensart sein [u. sich auf dem Berge] zeige); -e lassen [müssen] (ugs.; nur mit gewissen Einbußen etw. durchführen, ein gestecktes Ziel erreichen können; bezogen auf die Haare, die einem bei einer Schlägerei ausgerissen werden) sich ⟨Dativ⟩ über, wegen, um etw. keine grauen -e wachsen lassen (ugs.; sich wegen etw. keine unnötigen Sorgen machen, sich über etw. nicht im Voraus aufregen, grämen); sich ⟨Dativ⟩ die -e raufen (vor Ratlosigkeit, Verzweiflung nicht wissen, was man tun soll); jmdm. kein H./niemandem ein H. krümmen [können] (ugs.; jmdm. nichts/niemandem etwas zuleide tun [können]); an einem H. hängen (ugs.; sehr unsicher sein; in Bezug auf das Gelingen von einer bloßen Kleinigkeit abhängen); etw. an/bei den -en herbeiziehen (ugs.; etw. anführen, was nicht od. nur sehr entfernt zur Sache gehört; Begründungen von sehr weit herholen); sich an den eigenen -en aus dem Sumpf ziehen (↑ Sumpf); auf ein H./aufs H. (ugs.; ganz genau, exakt); sich in die -e geraten/kriegen (ugs.; Streit miteinander anfangen, bekommen); sich in den -en liegen (ugs.; sich heftig streiten); um ein H. (ugs.: 1. es hätte nicht viel gefehlt, und...; beinahe, fast: um ein H. wäre es schiefgegangen. 2. ganz wenig, eine winzige Kleinigkeit: er ist nur um ein H. größer als seine Schwester); nicht [um] ein H. breit/[um] kein H. breit (↑ Haarbreit); ums H. (beinahe, fast). **2.** ⟨o. Pl.⟩ **a)** die Gesamtheit der Haare auf dem Kopf des Menschen; das Kopfhaar: sie hat schönes, blondes, rotes, braunes, schwarzes, helles, dunkles, lockiges, krauses, glattes, volles H.; das H. lang, kurz, offen, [in der Mitte] gescheitelt tragen; **b)** (bei den meisten Säugetieren) Behaarung; Fell: das weiche, seidige H. des Hundes. **3.** ⟨meist Pl.⟩ (Bot.) haarähnliches Gebilde, das in großer Zahl bes. Blätter u. Stängel bestimmter Pflanzen bedeckt: die Unterseite der Blätter ist mit -en bedeckt.
haar|ähn|lich ⟨Adj.⟩: einem Haar (1) ähnlich.
Haar|ana|ly|se, die: Analyse einer Haarprobe: bei der H. wurden Kokainrückstände gefunden.
Haar|an|satz, der: **1.** Stelle, an der der Haarwuchs rund um den Kopf u. im Nacken beginnt, bes. an der Stirn. **2.** der nur wenige Millimeter lange Teil des Haares unmittelbar über der Kopfhaut: der H. nachtönen.
haar|ar|tig ⟨Adj.⟩: haarähnlich.
Haar|aus|fall, der: über das normale Maß des Haarwechsels hinausgehender Ausfall der Kopfhaare (beim Menschen) od. der Körperhaare (beim Tier): H. haben; den H. stoppen; ein Mittel gegen H.
Haar|balg, der ⟨Pl. ...bälge⟩: Teil des Haares, der die Haarwurzel umschließt.
Haar|band, das ⟨Pl. ...bänder⟩: Band, das im Haar getragen wird, um es zu ordnen, zusammenzuhalten od. zum Schmuck: ein H. tragen.
haar|breit ⟨Adv.⟩: sehr dicht, ganz nahe: er stand h. vor der Bestrafung.
Haar|breit: in der Fügung nicht [um] ein H./Haar breit, [um] kein H./Haar breit (ganz und gar nicht, überhaupt nicht; in Bezug auf einen Standpunkt, den jmd. nicht aufgeben will: er ging nicht [um] ein H./Haar breit von seiner Meinung ab).
Haar|bürs|te, die: Bürste für die Kopfhaare.
Haar|bü|schel, das: Büschel von Haaren.
haa|ren [sich] ⟨sw. V.; hat⟩: Haare verlieren: der Hund haart [sich]; der Teppich, das Fell haart.
Haar|er|satz, der (Fachspr.): Perücke, Toupet.
Haa|res|brei|te: in der Wendung um H. (1. um eine winzige Kleinigkeit [in Bezug auf eine unangenehme od. gefährliche Situation]: um H. wäre es zu einer Katastrophe gekommen. 2. ein ganz klein wenig; nur ein wenig [in Bezug auf jmds. Standpunkt o. Ä.]: nicht um H. von seiner Meinung abweichen).
Haar|far|be, die: Farbton des Kopfhaars.
Haar|fär|be|mit|tel, das: Präparat, Mittel zum Färben der Haare: Henna als H. verwenden.
haar|fein ⟨Adj.⟩: sehr dünn, sehr fein, zart; so fein wie ein Haar.
Haar|fes|ti|ger, der: wässrige chemische Lösung, die nach dem Waschen in das feuchte Haar gerieben wird, damit die Frisur ihre Form behält.
Haar|filz, der: **1.** Filzart, bei der als Rohstoff Tierhaar verwendet wird. **2.** verfilztes Haar.
Haar|fri|sur, die: Frisur.
Haar|garn, das (Textilind.): grobes, hartes Garn aus Tierhaar.
Haar|garn|tep|pich, der (Textilind.): Teppich aus Haargarn.
Haar|ge|fäß, das ⟨meist Pl.⟩ (Med.): Kapillare (1).
haar|ge|nau ⟨Adj.⟩ (ugs.): sehr genau, ganz genau (in Bezug auf die Übereinstimmung mit etw.): er gab eine -e Schilderung des Vorganges; etw. h. (bis in alle Einzelheiten) erzählen.
Haar|gum|mi, das, auch: ugs.; der; -s, -s: Haarband aus Gummi.
haa|rig ⟨Adj.⟩ [spätmhd. haarig]: **1.** [stark, dicht] behaart: -e Beine; Esau ist h. überall, und das Kind ist glatt (Th. Mann, Joseph 205). **2.** Schwierigkeiten, Unwägbarkeiten od. gewisse Gefahren in sich bergend; nicht einfach zu lösen: eine -e Sache, Angelegenheit.
Haar|klam|mer, die: kleiner, einer Klammer ähnlicher Gegenstand aus Metall, mit dem das Haar od. etw. im Haar befestigt werden kann.
Haar|kleid, das (geh.): Fell (a).
haar|klein ⟨Adj.⟩: bis ins kleinste Detail; sehr, ganz genau [darlegend, schildernd]: etw. h. beschreiben; jmdm. etw. h. mitteilen, erzählen.
Haar|kno|ten, der: Knoten (1 b).
Haar|krank|heit, die: Erkrankung der Haare.
Haar|kranz, der: a) (bei Männern) verbliebener Kranz von Haaren bei einem auf dem Oberkopf kahl gewordenen Schädel; b) rund um den Kopf gelegter, festgesteckter Zopf.
♦ **Haar|kräus|ler,** der; -s, - [zu ↑ kräuseln (1)]: Friseur: ...das... Komtesschen, das mich, wie Meister Coquerel, den H., mit einem roten Kopf empfängt (Mörike, Mozart 219).
Haar|lack, der: Flüssigkeit zum Aufsprühen, die der fertigen Frisur Halt u. Glanz gibt.
Haar|lem [...ləm]: Stadt in den Niederlanden.
¹Haar|le|mer, der; -s, -: Ew.
²Haar|le|mer ⟨indekl. Adj.⟩.
Haar|le|me|rin, die; -, -nen: w. Form zu ↑ ¹Haarlemer.
Haar|ling, der; -s, -e: (zu den Läusen gehörendes) kleines, flügelloses Insekt, das im Federkleid der Vögel od. im Fell von Säugetieren lebt.
Haar|lo|cke, die: ¹Locke (a): jmdm. eine H. schenken.
haar|los ⟨Adj.⟩: ohne jeden Haarwuchs; keine Haare habend.
Haar|lo|sig|keit, die; -: das Haarlosein.
Haar|mo|de, die: Frisurenmode.
Haar|na|del, die: a) u-förmig gebogener Draht, mit dem Knoten u. Hochfrisuren festgesteckt werden; b) Ziernadel aus Edelmetall od. Horn, die im Haar getragen wird.
Haar|na|del|kur|ve, die: [durch das Gelände bedingte] sehr enge Kurve, die in der Form einer Haarnadel (a) gleicht.
Haar|netz, das: [feines] Netz, das über das Haar gezogen wird, um es zusammenzuhalten od. als Schmuck.
Haar|pfle|ge, die: Pflege des Kopfhaares.
Haar|pfle|ge|mit|tel, das: Mittel für die Haarpflege.
Haar|pin|sel, der: feiner Pinsel aus Tierhaar.
Haar|pracht, die (oft scherzh.): schönes, volles, meist langes Haar.
Haar|pro|be, die: vom Haar einer bestimmten Person genommene Probe: seine Vaterschaft konnte anhand einer H. nachgewiesen werden.
♦ **Haar|putz,** der ⟨o. Pl.⟩: kunstvolle Frisur od. Perücke: ...der Sturm... möchte ihr leicht den H. verderben (Schiller, Fiesco IV, 13).

Haar|raub|wild, das ⟨Jägerspr.⟩: *zu den Säugetieren gehörendes Raubwild.*
Haar|reif, der: *bes. als Schmuck im Haar getragener offener Reif:* einen H. tragen.
Haar|riss, der: *feinster, für das bloße Auge oft unsichtbarer [Oberflächen]riss bei [sprödem] Material verschiedenster Art:* der Lack, die Glasur weist zahlreiche Haarrisse auf.
Haar|röhr|chen, das ⟨Physik⟩: *Kapillare* (2).
haar|scharf ⟨Adj.⟩: **1.** *sehr nah; so dicht, dass es beinahe zu einer [gefährlichen] Berührung gekommen wäre:* der Stein flog h. an ihr vorbei; Ü das ging h. an einer Niederlage vorbei; Ein schönes Spiel, Übung für schwebende Stunden, h. am Rande der Wirklichkeit (Chr. Wolf, Nachdenken 78). **2.** *sehr genau, sehr exakt:* etw. h. beobachten.
Haar|schlei|fe, die: *zur Schleife gebundenes Band, das (bes. von Mädchen) im Haar getragen wird.*
Haar|schmuck, der: *Nadeln, Spangen, Schleifen, Diademe, die als Schmuck im Haar getragen werden.*
Haar|schnei|der, der (veraltend, noch volkstüml.): Herrenfriseur.
Haar|schnei|de|rin, die: w. Form zu ↑ Haarschneider.
Haar|schnitt, der: *Schnitt, durch den das Haar eine bestimmte Form bekommt; durch Schneiden des Haars hervorgebrachte Frisur:* ein guter, modischer, kurzer H.; jmdm. einen neuen H. machen, verpassen.
Haar|schopf, der: **a)** *dichtes, kräftiges, kürzeres, wuscheliges Kopfhaar;* **b)** (selten) *Haarsträhne.*
Haar|sieb, das: *Sieb aus feinstem Drahtgeflecht.*
Haar|spal|te|rei, die (abwertend): *Spitzfindigkeit, Wortklauberei;* das sind alles -en.
haar|spal|te|risch ⟨Adj.⟩ (abwertend): *(bes. bei der Beurteilung von etw.) übertrieben kleinlich u. spitzfindig.*
Haar|span|ge, die: *[als Schmuck] im Haar getragene Spange, die Strähnen zusammenhalten soll.*
Haar|spit|ze, die: *Ende eines einzelnen Haars:* die -n spalten sich, brechen ab.
Haar|spray, der od. das: *Spray, der auf das frisierte Haar aufgesprüht wird, um der Frisur Halt u. Glanz zu geben.*
Haar|spü|lung, die: *Haarpflegeprodukt, das die Kämmbarkeit und den Glanz der Haare erhöht.*
Haar|stern, der: **a)** *(zu den Stachelhäutern gehörendes) Meerestier mit kelchförmigem Körper u. gefiederten* (2), *meist verzweigten Armen, das am Untergrund festgewachsen ist;* ◆ **b)** *Komet:* ... über dem Ort steht ein H. (Büchner, Dantons Tod III, 6).
Haar|stop|pel, die ⟨meist Pl.⟩ (ugs.): *kurzes, erst wenig aus der Haut hervorgewachsenes Bartod. Kopfhaar.*
Haar|sträh|ne, die: *Strähne* (1).
Haar|strang, der: **1.** *stärkere Strähne langen Haares.* **2.** *zu den Doldenblütlern gehörende Pflanze mit gefiederten Blättern u. kleinen, weißen, gelblichen od. rötlichen Blüten.*
haar|sträu|bend ⟨Adj.⟩: *a) Entsetzen hervorrufend; grauenhaft:* ein -es Abenteuer; **b)** *Empörung, Ablehnung, Ärger hervorrufend; unglaublich:* was der für Witze erzählt hat – h.!
Haar|teil, das: *dem eigenen Haar ähnlicher, an einem Ende lose zusammengefasster Haarstrang, der zur Ergänzung der Frisur in das eigene Haar eingekämmt wird.*
Haar|tol|le, die (ugs.): *a) über einen Kamm gewickeltes u. mit diesem auf dem Kopf befestigtes Deckhaar, Hahnenkamm* (2); *b) in die Stirn fallende Haarsträhne, Locke.*
Haar|tracht, die (veraltend): *(in einer bestimmten Zeit, bei einer bestimmten sozialen Schicht o. Ä.) übliche Art, das Haar zu tragen; Frisur.*
Haar|trock|ner, der: *Warmluftgerät zum Trocknen nasser Haare; Föhn* (2).
Haar|wä|sche, die: *das Waschen der Kopfhaare.*
Haar|wasch|mit|tel, das: *Shampoo.*
Haar|was|ser, das ⟨Pl. ...wässer⟩: *Flüssigkeit zur Pflege der Haare.*
Haar|wech|sel, der: *(vor allem bei Säugetieren) kontinuierlich od. periodisch auftretender Wechsel der Behaarung.*
Haar|wild, das ⟨Jägerspr.⟩: *jagdbare Säugetiere.*
Haar|wir|bel, der: *Stelle, an der das Haar in kreisförmiger Anordnung aus der [Kopf]haut wächst.*
Haar|wuchs, der: **1.** *das Wachsen, Wachstum der Haare:* den H. förderndes Mittel. **2.** *Bestand an Haaren:* dichter, spärlicher H.
Haar|wuchs|mit|tel, das: *Mittel, das das Wachstum der Haare fördern soll.*
Haar|wur|zel, die: *in der [Kopf]haut befindlicher Teil des Haares.*
Hab: *in der Fügung* **H. und Gut** (geh.; *alles, was jmd. besitzt*): sein ganzes H. und Gut verschenken).
Hab|acht|stel|lung, die; -: ↑ Habtachtstellung.
Ha|ba|ne|ra, die; -, -s [span. (danza) habanera, eigtl. = (Tanz) aus ↑ ¹Havanna (span. = La Habana)]: *kubanischer Tanz in ruhigem* $^2/_4$*-Takt (auch in Spanien heimisch).*
Ha|be, die; - [mhd. habe, ahd. haba, zu ↑ ¹haben] (geh.): *jmds. Besitz; Gesamtheit dessen, was jmdm. gehört:* alle bewegliche H.; seine einzige H. verlieren; Die Nacht war schon kühl, und sie saßen neben den glühenden Balken, die gerettete H. um sich gehäuft (Wiechert, Jeromin-Kinder 363); * **fahrende H.** (Rechtsspr. veraltet, noch scherzh.; *beweglicher Besitz;* bezog sich urspr. wohl auf den Viehbestand); **liegende H.** (Rechtsspr. veraltet; *Grundbesitz).*
Ha|be|as-Cor|pus-Ak|te, Ha|be|as|kor|pus|ak|te, die; - [lat. habeas corpus = (dass) du habest den Körper (vor Gericht) = Anfangsworte mittelalterlicher Erlasse, die anordneten, den Verhafteten dem Gericht vorzuführen]: *(1679 vom englischen Oberhaus erlassenes) Gesetz zum Schutze der persönlichen Freiheit, nach dem niemand verhaftet od. in Haft gehalten werden darf, ohne dass ein Gerichtsbeschluss darüber vorliegt.*
ha|be|mus Pa|pam [lat. = wir haben einen Papst]: *Ausruf von der Außenloggia der Peterskirche nach vollzogener Papstwahl.*
¹ha|ben ⟨unr. V.; hat⟩ [mhd. haben, ahd. habēn, urspr. = fassen, packen, verw. mit ↑ heben]:
1. a) *(als Eigentum o. Ä.) besitzen, sein Eigen nennen:* ein Haus, ein Auto, viele Bücher h.; einen großen Besitz, viel Geld, Eigentum, Vermögen h.; ich möchte, will das h.; wir habens ja! (scherzh. od. iron.; *wir haben genug Geld, um uns das leisten zu können*); (in Bezug auf Personen) Kinder, viele Freunde h.; er hat eine nette Frau; sie hat Familie; jmdn. zum Freund, zur Frau h.; ...jetzt brachten die aufwendigen Bauten ... ihn auf gegen Leute, die hatten, was er nicht hoffen konnte zu h. (Johnson, Ansichten 87); R man hats oder man hats nicht (ugs.; *Begabung o. Ä. muss man mitbringen, kann man nicht erwerben od. erlernen*); weh tut, wer hat (oft iron.; *es ist unbestreitbar, nichts dagegen zu machen, dass jmd. wohlhabend ist, wer etw. Bestimmtem besonders gut ausgestattet ist*); was man hat, das hat man (*es ist besser, sicherer, etw. Bestimmtes [wenn auch nicht völlig Befriedigendes] zu haben als gar nichts*); **b)** *über etw. verfügen:* Zeit, Muße h.; er hat gute Beziehungen; ihr habt Erfahrung auf diesem Gebiet; **c)** *(als Eigenschaft o. Ä.) besitzen, aufweisen; jmdm., einer Sache als Eigenschaft o. Ä. zukommen:* blaue Augen, lange Beine, schlechte Zähne h.; ein gutes Gedächtnis h.; gute Manieren h.; die Sachen haben wenig Wert; sie hat Geduld, Mut, Ausdauer; das hat keine Bedeutung; **d)** *[vorübergehend] von etw. ergriffen, befallen sein; etw. [heftig] empfinden, verspüren:* Hunger, Durst h.; er hatte Angst, Sorgen, Zweifel; den Wunsch h., jmdm. zu helfen; die Hoffnung h., etwas zu erreichen; was hast du denn? *(was bedrückt dich?);* Husten, Fieber h.; ich habe kalt (landsch.; *mir ist kalt*); * **dich hats wohl!** (ugs.; *du bist wohl nicht ganz bei Verstand!*) **2.** (verblasst) **a)** *(in Verbindung mit Abstrakta) drückt das Vorhandensein von etw. bei jmdm. aus:* das Recht, die Pflicht, die Idee, den Einfall, den Gedanken h., etw. zu tun; er hat Schuld an dem Unfall; **b)** *(in Verbindung mit einem Adj. + »es«) charakterisiert die Umstände, den Zustand o. Ä., worin sich jmd. befindet:* es gut, schwer, schön h.; sie hats eilig (ugs.; *ist in Eile*); ihr habt es warm hier *(es ist warm in eurer Wohnung o. Ä.);* **c)** *(in Verbindung mit »zu« u. einem Inf.) drückt aus, dass im Verb Genannte in einem bestimmten Maß für jmdn. vorhanden, da ist:* nichts zu essen h.; viel zu tun h.; **d)** *(in Verbindung mit einem Inf. u. einer Raumangabe) drückt aus, dass jmdm. etw. an einem bestimmten Ort u. in bestimmter Weise zur Verfügung steht:* seine Kleider im Schrank hängen h.; (landsch., bes. berlin.) mit Inf. mit »zu«:) 5 000 Euro auf der Bank zu liegen h. **3.** *drückt aus, dass etw., in bestimmter Sachverhalt o. Ä. für jmdn.] besteht, existiert; sein:* heute habe ich keine Schule *(heute ist keine Schule);* ich hatte im Urlaub schönes Wetter; wir haben Sonntag, den 1. Juni; in Südamerika haben sie jetzt Sommer; draußen haben wir 30° im Schatten. **4.** *aus einer bestimmten Menge, Anzahl bestehen, sich zusammensetzen o. Ä.:* kann ich mal das Handtuch h.?; als Dankesformel: hab Dank! (geh.; *ich danke dir*); R wie hätten Sie es/Sies [denn] gern? *(wie möchten Sie bedient, behandelt o. Ä. werden?);* da/jetzt hast du's!; da/jetzt haben wir's, habt ihr's! (ugs.; *nun ist das, was ich befürchtet habe, eingetreten*); * **zu h. sein** *(zu kaufen, erhältlich sein:* das Buch ist im Laden nicht mehr zu h.); **[noch/wieder] zu h. sein** *(noch nicht od. nicht mehr verheiratet sein u. darum als möglicher Partner, als mögliche Partnerin infrage kommen;* aus der Kaufmannsspr., eigtl. = zu kaufen sein, erhältlich sein); **für etw. zu h. sein** (1. *sich für etw. gewinnen lassen:* für solche heiklen Unternehmungen ist er nicht zu h. **2.** *etw. sehr gerne mögen, so dass man nicht lange bitten lassen:* für ein gutes Glas Wein ist er immer zu h.). **6.** (ugs.) *(als Unterrichtsfach in der Schule) lernen:* wir haben im Gymnasium Latein und Griechisch. **7.** (ugs.) *(in Bezug auf etw., was in Mode, was allgemein verbreitet ist o. Ä.) verwenden, gebrauchen, tragen o. Ä.:* man hat wieder längere Röcke, das, diesen Brauch hat man heute nicht mehr. **8.** (ugs.) *gefangen, gefasst, gefunden u. Ä. haben:* die Polizei hat den Ausbrecher; ich habs!; jetzt hab ich's (ugs.; *habe es geraten, gefunden o. Ä.*). **9.** (salopp) *mit einer Frau, mit einem Mann schlafen:* er hat sie gehabt; gestern Nacht hat sie ihn endlich gehabt; * **[nicht] leicht zu h. sein** *([keinerlei] Bereitschaft zu sexuellem Kontakt, zum Beischlaf zeigen).* **10.** ⟨unpers.⟩ (landsch., bes. südd., österr., schweiz.) *existieren, vorhanden sein, vorkommen, geben:* hier hat es, hats viele

alte Häuser; heute hats draußen 30° im Schatten. **11.** ⟨h. + sich⟩ **a)** (ugs. abwertend) *sich übermäßig aufregen über etw., viel Aufhebens machen um etw.:* hab dich nicht so! *(stell dich nicht so an!);* **b)** (ugs.) *sich streiten:* die haben sich vielleicht wieder gehabt! **12.** ⟨h. + sich; unpers.⟩ (salopp) *erledigt, abgetan sein:* gib mir 50 Euro dafür, und damit hat sichs/und die Sache hat sich; R hat sich was (ugs.; *das trifft nicht zu, da haben sich die Erwartungen nicht erfüllt*). **13.** ⟨in Verbindung mit verschiedenen Präp.⟩ (verblasst:) er wird schon merken, was er **an** ihr hat *(wie nützlich u. hilfreich sie für ihn ist);* er hat einen sehr spöttischen Ton an sich *(ist sehr spöttisch);* das hat es so an sich (ugs.; *das ist eine Angewohnheit von ihm);* das hat nichts **auf** sich *(die Sache hat keine Bedeutung);* was hat es damit **auf** sich? *(was bedeutet das, was steckt dahinter?);* sie hatten ihren Sohn **bei** sich *(ihr Sohn war in ihrer Begleitung);* sie haben ihre Mutter bei sich *(ihre Mutter lebt bei ihnen);* ich habe kein Geld bei mir *(habe kein Geld mitgenommen);* die Sache, der Plan hat einiges **für** sich *(ist von Vorteil);* etw. **gegen** jmdn., etw. h. *(gegen jmdn., etw. eingestellt, eingenommen sein);* was hast du eigentlich gegen mich?; er hatte alle gegen sich *(alle waren gegen ihn eingenommen);* er hatte nichts dagegen, wenn er Freunde mitbrachte *(hatte nichts dagegen einzuwenden);* er hat die Prüfung **hinter** sich *(hat sie überstanden);* in dieser Sache hat sie die ganze Partei hinter sich *(die ganze Partei unterstützt sie darin);* etw. hat es **in** sich (ugs.; *etw. hat eine Eigenschaft, die man ihm von außen nicht ansieht);* er hat etwas **mit** der Frau (ugs.; *hat ein Verhältnis mit ihr);* er hats mit dem Fotografieren (ugs.; *fotografiert mit Begeisterung);* der Besuch war nur zwei Tage bei uns, sodass wir nur wenig **von** ihm, voneinander hatten *(wenig Zeit zu längerem Beieinandersein, Austausch o. Ä. hatten);* er hat viel von seiner Mutter *(ist seiner Mutter im Wesen od. in bestimmten Zügen sehr ähnlich);* von dem Vortrag hatte ich nur wenig *(hatte wenig Nutzen davon);* er hat eine schwere Prüfung **vor** sich *(sie steht ihm bevor);* Sie wissen wohl nicht, wen Sie vor sich h.? *(wer die vor Ihnen stehende, Respekt, Achtung o. Ä. erwartende Person ist?);* Was habe ich an mir, was mache ich falsch, dass man mir so leicht, so ohne jedes Zögern die kalte Schulter zeigt? *(was habe ich für eine Eigenschaft, Sache…?;* Strauß, Niemand 87); Der Beruf ist ungesund. Die Bäcker haben es oft mit der Lunge *(sind oft lungenkrank;* Nossack, Begegnung 397).

²**ha|ben** ⟨unr. V.; Hilfsverb⟩ [↑¹haben]: **1.** dient in der Verbindung mit dem 2. Part. der Perfektumschreibung: ich habe gegessen; hat er sich das selbst ausgedacht? **2.** ⟨in Verbindung mit »zu« u. einem Inf.⟩ **a)** *etw. Bestimmtes tun müssen:* viel zu erledigen h.; noch eine Stunde zu fahren h.; du hast zu gehorchen; **b)** verneint; *etw. Bestimmtes tun dürfen, sollen; zu etw. Bestimmtem berechtigt sein:* er hat hier nichts zu befehlen.

Ha|ben, das; -s [gek. aus »er soll haben«] (Kaufmannsspr., Bankw.): **1.** *alles, was jmd. hat od. einnimmt, Guthaben:* ihr H. ist klein; Soll und H. *(Ausgaben u. Einnahmen).* **2.** *Habenseite.*

Ha|be|nichts, der; -[es], -e [mhd. habeniht] (abwertend): *jmd., der keinen [nennenswerten] Besitz, kein Vermögen hat; jmd., der mittellos, arm ist.*

Ha|ben|sei|te, die (Kaufmannsspr., Bankw.): *rechte Seite eines Kontos, auf der Erträge, Vermögensabnahmen u. Schuldenzunahmen verbucht werden:* auf der H. stehen; Ü diesen Erfolg kannst du auf die H. verbuchen *(er fällt ins Gewicht).*

Ha|ben|zin|sen ⟨Pl.⟩ (Bankw.): *Zinsen, die von Geldinstituten auf die Guthaben der Kunden gezahlt werden.*

Ha|ber, der; -s [mhd. habere, ahd. habaro, ↑Hafer] (südd., österr., schweiz. mundartl.): *Hafer.*

Ha|be|rer, der; -s, - [wohl aus dem Jidd., vgl. hebr. ḥaver = Gefährte] (österr. ugs.): **1.** *Verehrer, Freund:* sie hat schon wieder einen neuen H. **2.** *Freund, Kumpan, Zechbruder.*

Ha|be|rin, die; -, -nen: w. Form zu ↑Haberer.

♦ **Ha|ber|mus,** das [aus ↑Haber u. ↑Mus] (landsch.): *Haferbrei:* … und müssten H. und Erbsenkost aus einer hölzernen Bütte gemeinschaftlich essen (Keller, Frau Regel 188).

♦ **Ha|ber|pfei|fe,** die: *Haberrohr:* … sie hätten oft … ein Brummen gehört, das sie mit nichts als mit dem Tone einer H. zu vergleichen wüssten. Vielleicht war es sein Winseln, mit hohler … Stimme (Büchner, Lenz 98).

♦ **Ha|ber|rohr,** das [aus ↑Haber, für gleichbed. lat. avena, eigtl. = Hafer, auch: Halm, Rohr (1 a)]: *Hirtenflöte:* … des Waldes Melodie floss aus dem H. (Schiller, Die Künstler).

Hab|gier, die; - (abwertend): *von anderen als unangenehm u. abstoßend empfundenes, rücksichtsloses Streben nach Besitz od. Vermehrung des Besitzes:* seine H. kennt keine Grenzen; Der durch die ganze hellenische Geschichte gehende Hass der Armen gegen die Reichen ist viel weniger gemeine H. als Empörung gegen einen Missbrauch der Rechte, die über alle gleich verteilt sein sollen (Thieß, Reich 38).

hab|gie|rig ⟨Adj.⟩ (abwertend): *voller Habgier, von Habgier geprägt.*

hab|haft ⟨Adj.⟩ [mhd. habhaft = Besitz habend]: **1.** (geh.): *jmds. h. werden (jmdn., den man gesucht hat, finden, ausfindig machen [u. festnehmen]; jmdn. in seine Gewalt bekommen:* die Polizei konnte des Täters h. werden); **einer Sache h. werden** *(etw. in seinen Besitz bekommen, etw. erlangen, sich etw. aneignen:* er nahm alles an sich, dessen er h. werden konnte; ♦ … als Knabe stahl ich Gold und Juwelen, wo ich sie h. werden konnte [E. T. A. Hoffmann, Fräulein 56]). **2.** (landsch.) *sehr sättigend, schwer.*

Ha|bicht, der; -s, -e [mhd. habech, ahd. habuch, viell. verw. mit ↑heben in dessen urspr. Bed. »fassen, packen« u. eigtl. = Fänger, Räuber]: **1.** *(in vielen Arten vorkommender) größerer Greifvogel mit braunem Gefieder, langen, kräftigen Krallen, starkem, gebogenem Schnabel u. meist kurzen, runden Flügeln.* **2.** *Hühnerhabicht.*

Ha|bichts|kraut, das [lat. hieracium < griech. hierákion, zu: hiérax = Habicht, Motiv der Benennung nicht geklärt]: *(in vielen Arten vorkommendes) Kraut mit langen, blattlosen Stängeln mit meist gelben, orangefarbenen od. roten zungenförmigen Blüten.*

Ha|bichts|na|se, die: *[meist starke] hakenförmig nach unten gebogene Nase, die an den Schnabel eines Habichts erinnert.*

ha|bil ⟨Adj.⟩ [lat. habilis, zu: habere, ↑Habitus] (bildungsspr. veraltet): *geschickt, fähig; gewandt, geübt.*

ha|bil.: ↑ habilitatus: Dr. phil. habil. Schröder.

Ha|bi|li|tand, der; -en, -en [mlat. habilitandus, Gerundivum von habilitare = geschickt, fähig machen; vgl. habilis] (Hochschulw.): *jmd., der zur Habilitation zugelassen ist.*

Ha|bi|li|tan|din, die; -, -nen: w. Form zu ↑ Habilitand.

Ha|bi|li|ta|ti|on, die; -, -en [mlat. habilitatio (Hochschulw.): *Verfahren zum Erwerb der Venia Legendi an Hochschulen u. Universitäten durch Anfertigung einer schriftlichen Arbeit od. mehrerer kleiner Schriften.*

Ha|bi|li|ta|ti|ons|schrift, die (Hochschulw.): *umfangreichere wissenschaftliche Arbeit, die zur Habilitation vorgelegt wird.*

ha|bi|li|ta|tus ⟨Adj.⟩ [mlat. habilitatus, adj. 2. Part. von: habilitare, ↑ habilitieren]: *habilitiert* (Abk.: habil.).

ha|bi|li|tie|ren ⟨sw. V.; hat⟩ [mlat. habilitare, ↑ Habilitation]: **a)** *die Venia Legendi an einer Hochschule od. Universität erwerben:* in Heidelberg, bei Professor N. N. h.; sich für Kunstgeschichte h.; **b)** *jmdm. die Venia Legendi erteilen:* sie wurde 1998 habilitiert.

¹**Ha|bit** [auch: ha'bɪt, 'ha:…], der, auch: das; -s, -e [frz. habit, ↑ Habitus]: **a)** *Amtskleidung, Ordenstracht:* der H. der Karmeliter; **b)** (bildungsspr. abwertend) *Aufzug; Kleidung [für eine bestimmte Gelegenheit, einen bestimmten Zweck]:* er erschien in einem seltsamen H.

²**Ha|bit** ['hæbɪt], das, auch: der; -s, -s [engl. habit, ↑ Habitus] (Psychol.): *Gewohnheit, Erlerntes; Anerzogenes; Erworbenes.*

Ha|bi|tat, das; -s, -e: **1.** [lat. habitatio = das Wohnen, die Wohnung] **a)** (Biol.) *Standort einer bestimmten Tier- od. Pflanzenart;* **b)** *Wohnplatz von Ur- u. Frühmenschen;* **c)** (seltener) *Aufenthaltsort, Wohnstätte.* **2.** [engl. habitat]: *kapselförmige Unterwasserstation, in der Aquanauten wohnen können.*

ha|bi|tu|a|li|sie|ren ⟨sw. V.; hat⟩ (Psychol., Soziol.): **1.** *zur Gewohnheit werden.* **2.** *zur Gewohnheit machen.*

Ha|bi|tu|a|ti|on, die; -, -en [engl. habituation]: **a)** (Psychol.) *Gewöhnung;* **b)** (bildungsspr.) *physische u. psychische Gewöhnung an Drogen.*

Ha|bi|tué [(h)abi'tye:], der; -s, -s [frz. habitué] (österr., sonst veraltet): *immer wiederkehrender Besucher, Stammgast.*

ha|bi|tu|ell ⟨Adj.⟩ [frz. habituel]: **1.** (bildungsspr.) *gewohnheitsmäßig; ständig:* -e Kritik. **2.** (Psychol.) *verhaltenseigen; zur Gewohnheit geworden, zum Charakter gehörend:* eine -e Reaktionsweise.

Ha|bi|tus [auch: 'ha:…], der; - [lat. habitus = Gehabe; äußere Erscheinung; Haltung; Verhalten, persönliche Eigenschaft; zu: habere = haben, an sich tragen]: **1.** (bildungsspr.) **a)** *Gesamterscheinungsbild einer Person nach Aussehen u. Benehmen:* seinem H. nach war er ein Künstler; **b)** *[auf einer bestimmten Grundeinstellung aufgebautes, erworbenes] Auftreten; Haltung, Benehmen, Gebaren.* **2.** (Med.) *Besonderheiten im Erscheinungsbild eines Menschen [aus denen ein bestimmte Krankheiten geschlossen werden kann].* **3.** (Biol.) *Körperbeschaffenheit, äußere Gestalt von Tieren, Pflanzen od. Kristallen.*

♦ **Hab|küch|lein,** das; -s, - [aus schweiz. mundartl. Hab = eine bestimmte Art Sauerteig (spätmhd. in: urhab = Sauerteig, zu ↑²heben) u. ↑ ²Küchlein] (schweiz. ugs.): *in Butter gebackenes Hefegebäck:* … zwei Teller. Hoch aufgetürmt lagen auf denselben die appetitlichen Küchlein, H. auf dem einen, Eierküchlein auf dem andern (Gotthelf, Spinne 7).

hab|lich ⟨Adj.⟩ [mhd. habelich]: **1.** (veraltet) **a)** *die Habe betreffend;* **b)** *geschickt, tüchtig.* **2.** (schweiz.) *wohlhabend:* ein -er Bauer; das Dorf ist sehr h.; ein -er *(stattlicher)* Bau.

Hab|se|lig|keit, die; -, -en ⟨meist Pl.⟩: *[dürftiger, kümmerlicher] Besitz, der aus meist wenigen [wertlosen] Dingen besteht:* auf der Flucht konnten sie nur ein paar -en mitnehmen.

Hab|sucht, die; - (abwertend): *charakterliche Veranlagung, aufgrund deren der Drang besteht,* ständig sein Vermögen zu mehren u. seinen Besitz zu erweitern.

hab|süch|tig ⟨Adj.⟩ (abwertend): *voller Habsucht, von Habsucht geprägt.*

Habt|acht|stel|lung, die; - [nach dem militär. Kommando »habt acht!« = stillgestanden!]: *stramme [militärische] Haltung:* eine H. einnehmen; Ü nach dem Anschlag waren die Sicherheitskräfte in H. *(aufmerksam u. angespannt).*

Há|ček [ˈhaːtʃɛk], Hatschek, das; -s, -s [tschech. háček, eigtl. = Häkchen]: *(bes. in slawischen Sprachen verwendetes) diakritisches Zeichen in Form eines Häkchens, das einen Zischlaut od. einen stimmhaften Reibelaut angibt* (z. B. bei tschech. č [tʃ], ž [ʒ]).

hach ⟨Interj.⟩: *Ausruf der freudigen Überraschung, einer gewissen Begeisterung, des spöttischen Triumphes*: h., ist das schön!

Hach|se, (südd.:) Haxe, die; -, -n [mhd. hahse = Kniekehle des Hinterbeines, bes. vom Pferd, ahd. hāhsina = Achillessehne; Ferse]: **a)** *unterer Teil des Beines von Kalb u. Schwein;* **b)** (ugs. scherzh., österr. salopp) *Bein:* zieh deine [langen] -n ein!; sich die -n brechen.

Ha|ci|en|da usw.: ↑ Hazienda usw.

¹Hack [hɛk, hæk], der; -[s], -s [Kurzf. von engl. hackney = Kutschpferd]: *keiner bestimmten Rasse angehörendes Reitpferd.*

²Hack, das; -s [zu ↑ hacken] (ugs., bes. nordd.): *Hackfleisch.*

Hack|bank, die ⟨Pl. ...bänke⟩: *Holzklotz o. Ä., auf dem der Fleischer Knochen durchhackt.*

Hack|beil, das: *kleines Beil, das der Fleischer zum Zerhacken von Knochen verwendet.*

Hack|block, der ⟨Pl. ...blöcke⟩: *Hackklotz.*

Hack|bra|ten, der (Kochkunst): *in der Form eines länglichen Brotlaibs gebratenes Hackfleisch; falscher Hase.*

Hack|brett, das: **1.** *kleines Brett, das in der Küche zum Schneiden u. Hacken von Fleisch, Gemüse u. Kräutern verwendet wird.* **2.** (Musik) *der Zither ähnliches Saiteninstrument mit trapezförmigem Schallkasten, das mit Klöppeln geschlagen wird; Tympanon* (2).

¹Ha|cke, die; -, -n [mhd. hacke, zu ↑ hacken]: **1.** *Gerät zur Bearbeitung des Bodens, das aus einem [langen] Holzstiel u. einem aufgesetzten, mit einer Spitze od. Schneide versehenen Blatt aus Stahl besteht:* eine spitze, stumpfe, breite H.; mit einer H. den Boden bearbeiten. **2.** (Landwirtsch.) *das Hacken* (1): *bestimmte Knollenfrüchte erfordern während des Wachstums mehrere -n.* **3.** (österr.) *Beil, Axt.*

²Ha|cke, die; -, -n, (seltener auch:) ¹Hacken, der; -s, - [aus dem Niederd. < mniederd. hakke, wohl verw. mit ↑ Haken] (landsch.): **a)** *Ferse:* wund gelaufene Hacken; eine Blase an der Hacke, am Hacken haben; er tritt mir auf die Hacken; jmdm. [fast] die Hacken abtreten *(ganz dicht hinter jmdm. hergehen* [u. *ihm gelegentlich auf die Hacken treten])*; ** sich an jmds. Hacken/sich jmdm. an die Hacken hängen, heften* (↑ Ferse 1); jmdm. [dicht] *auf den Hacken sein/bleiben/sitzen* (↑ Ferse 1); *jmdm. nicht von den Hacken gehen* (*jmdn. dauernd mit einer Sache behelligen, verfolgen, bedrängen*); **b)** *Absatz des Schuhs:* abgetretene, schiefe Hacken; Schuhe mit hohen Hacken tragen; die Hacken zusammenschlagen, zusammennehmen (Soldatenspr. veraltend; *als Untergebener beim Einnehmen einer militärischen Haltung die Absätze hörbar gegeneinanderschlagen*); ** sich* ⟨Dativ⟩ *die Hacken [nach etw.] ablaufen/abrennen* (*einen weiten Weg, [oft] viele Wege wegen etw. machen; sich eifrig um etw. bemühen*); *die Hacken voll haben; einen im Hacken haben* (nordd.: *betrunken sein*); *sich auf die Hacke umdrehen, umwenden;* *sich auf der Hacke kehrtmachen*

(↑ Absatz); **c)** *Fersenteil des Strumpfes od. der Socke:* ein Loch in der Hacke, im Hacken haben.

Ha|cke|beil, das (landsch.): *Hackbeil.*

ha|ckeln ⟨sw. V.; hat⟩ [eigtl. = mit dem Beil hacken, zu ↑ ²Hacken] (österr. ugs.): *arbeiten, einen Job haben:* er hackelt bei der Post.

ha|cken ⟨sw. V.; hat⟩ [mhd. hacken, ahd. hacchōn, viell. eigtl. = mit einem hakenförmigen Gerät bearbeiten u. verw. mit ↑ Haken]: **1. a)** *mit der ¹Hacke arbeiten:* gestern habe ich drei Stunden im Garten gehackt; Ü mit dem Klavier h. *(einzelne Töne hart u. laut anschlagen, ohne zusammenhängend zu spielen);* **b)** *(Erde, Boden) mit der ¹Hacke bearbeiten, auflockern:* das Beet, den Weinberg, den Kartoffelacker h. **2. a)** *mit der Axt, mit dem Beil zerkleinern, in Stücke schlagen:* Holz h.; die Kiste in Stücke h.; den alten Stuhl zu Brennholz h.; **b)** *mit der Hacke, mit der Spitze, Kante von etw. wiederholt auf eine Fläche schlagen u. dadurch eine Vertiefung, einen Durchbruch o. Ä. entstehen lassen:* mit dem Absatz ein Loch ins Eis h.; eine Grube h.; **c)** *jmdn., sich mit einer ¹Hacke* (1), *einem Beil o. Ä. an einer bestimmten Körperstelle verletzen:* ich habe mir/mich, ihr/sie ins Bein gehackt. **3.** *durch kurze, schnelle Schläge mit einem scharfen Messer zerkleinern:* Zwiebeln, Petersilie h.; gehackter Spinat. **4.** *(meist von Vögeln) mit dem Schnabel heftig schlagen, picken:* der Papagei hackt nach ihm, hackt ihr/sie in die Hand; Ü Er ist ein Oppositioneller, darüber war ich mir gleich im Klaren. Er hackt auf alles Bestehende, und hat immer etwas Verwahrlostes, ich kann mir nicht helfen (*greift es heftig an;* Th. Mann, Zauberberg 144). **5.** (Sportjargon) *grob, unfair, rücksichtslos spielen:* schon in den ersten Minuten begann der Gegner zu h. **6.** [meist: ˈhɛkn̩, auch: ˈhæ...; engl. to hack, eigtl. = *(auf der Computertastatur) hacken*] *durch geschicktes Ausprobieren u. Anwenden verschiedener Computerprogramme mithilfe eines Rechners unberechtigt in andere Computersysteme eindringen.* **7.** [auch: ˈhɛkn̩, ˈhæ...] *(auf einer Tastatur) schreiben.*

¹Ha|cken, der: ↑ ²Hacke.

²Ha|cken, die; -, - [eigtl. = Beil, im Sinne von »Arbeit mit dem Beil« allgemein auf eine Tätigkeit übertragen (zur Bedeutungsübertragung vgl. ↑ Hacke 2)] (österr. ugs.): *Arbeit, Beschäftigung:* sie sucht eine H.

Ha|cken|por|sche, der; -s, - u. -s (scherzh.): *Einkaufsroller.*

Ha|cken|trick, der (Fußball): *Trick, bei dem der Ball mit der ²Hacke* (a) *gespielt wird, um den Gegner auszuspielen od. zu umspielen.*

Ha|cke|pe|ter, der; -s [2. Bestandteil der als Gattungsname gebrauchte Vorname »Peter«] (nordd.): **a)** *Hackfleisch;* **b)** (Kochkunst) *(mit verschiedenen Zutaten angemachtes) rohes, mageres Hackfleisch vom Rind; Tatarbeefsteak.*

Ha|cker, der; -s, -: **1.** (landsch.) *Arbeiter im Weinberg, der den Boden lockert.* **2.** (Sportjargon) *grober, unfairer, rücksichtsloser Spieler.* **3.** [meist: ˈhɛkɐ; engl. hacker] *jmd., der hackt* (6).

Ha|cke|rin, die; -, -nen: w. Form zu ↑ Hacker.

Häcker|le, das; -s (Kochkunst): *(als Brotaufstrich od. zu Pellkartoffeln gegessene) fein gewiegte, mit Speck od. Fleisch u. Zwiebeln vermischte Salzheringe.*

Häcker|ling, der; -s (veraltend): *Häcksel:* ◆ ...und H. streuen wir vor die Tür (Goethe, Faust I, 3576).

Hack|fleisch, das: *rohes, durch den Fleischwolf getriebenes Fleisch von Schwein od. Rind:* * *jmdm. H. machen* (salopp: *oft als [scherzhafte] Drohung: jmdn. übel zurichten. jmdn. gehörig*

die Meinung sagen, ihm in irgendeiner Weise einen Denkzettel verpassen).

Hack|frucht, die ⟨meist Pl.⟩ (Landwirtsch.): *auf dem Feld angebaute Pflanze, bei der während des Wachstums der Boden wiederholt durch Hacken gelockert werden muss* (z. B. Rübe, Kartoffel, Kohl).

Hack|klotz, der: *Holzklotz, auf dem z. B. Holz gehackt od. Fleisch zerhackt wird.*

Hack|ler|re|ge|lung [aus ostösterr. Hackler = Arbeiter u. Regelung] (österr.): *Pensionsbestimmung, nach der Menschen mit langer Versicherungszeit ohne Abschläge vorzeitig in Pension gehen können.*

Hack|ma|schi|ne, die: **1.** (Landwirtsch.) *Maschine zur Lockerung u. Krümelung der Bodenoberfläche u. zur Vernichtung von Wildkräutern.* **2.** *bei der Herstellung von Holzfaserplatten u. Zellstoff eingesetzte Maschine zum Zerkleinern von Holz.*

Hack|mes|ser, das: **a)** *Blatt von Werkzeugen, die zum Hacken u. Spalten dienen;* **b)** *Buschmesser.*

Hack|ord|nung, die (Verhaltensf.): *Form der Rangordnung im Zusammenleben von Vögeln, bes. Hühnern, bei der die Ranghöheren die Rangniederen vom Futterplatz weghackt:* Ü die H. innerhalb der akademischen Hierarchie.

Hack|pflug, der: *Hackmaschine* (1).

Hack|schnit|zel ⟨Pl.⟩: *(als Heizmaterial dienendes) geschnitzeltes Holz:* mit -n heizen.

Hack|sel, der, auch: das; -s: *gehäckselte Substanz, die als Viehfutter verwendet wird.*

Häck|sel|ma|schi|ne, die: *spezielle landwirtschaftliche Maschine zum Zerkleinern von Heu, Stroh, Grünfutter u. Ä.*

häck|seln ⟨sw. V.; hat⟩: *mit der Häckselmaschine zerkleinern.*

Häcks|ler, der; -s, -: *Häckselmaschine.*

Hack|steak, das: *zu einer flachen Scheibe geformtes, zu bratendes od. gebratenes Hackfleisch.*

Hack|stock, der (österr., sonst landsch.): *Hackklotz.*

Haddsch: ↑ Hadsch.

Had|dschi: ↑ Hadschi.

¹Ha|der, der; -s [mhd. hader = Streit, Zank; Injurienprozess, urspr. = (Zwei)kampf] (geh.): **a)** *[über lange Zeit] schwelender, mit Erbitterung ausgetragener Streit, Zwist:* der alte H. flammte wieder auf; mit jmdm. in H. leben, liegen; **b)** *Unzufriedenheit, Aufbegehren.*

²Ha|der, der; -s, -n [mhd. hader, ahd. hadara, viell. zu einem Wort mit der Bed. »(Ziegen)junges« u. urspr. = Kleidungsstück aus Ziegenfell; Kleidung aus (Ziegen)fell galt als weniger wertvoll als diejenige aus Tuch]: **a)** (südd., österr.) *Stoffreste, -abfälle; Lumpen;* **b)** ⟨Pl. -⟩ (ostmd., österr.) *Scheuer-, Putzlappen.*

Ha|de|rer, Hadrer, der; -s, - [zu ↑ ²Hader; eigtl. = Streiter, Kämpfer] (Jägerspr.): *aus dem Oberkiefer seitlich der Schnauze hervortretender Eckzahn des Keilers.*

Ha|der|lump, der [zu ↑ ²Hader; wohl wegen oftmals abgerissener Kleidung] (österr. abwertend): *liederlicher Mensch, verkommenes Subjekt.*

ha|dern ⟨sw. V.; hat⟩ [mhd. hadern = streiten, necken, zu ↑ ¹Hader] (geh.): **a)** *(mit jmdm. um etw.) rechten, streiten:* sie arbeitete unermüdlich, ohne zu h.; **b)** *unzufrieden sein u. [sich] deshalb [be]klagen od. aufbegehren:* mit und der Welt, mit dem Schicksal h.

Ha|dern|pa|pier, das (Fachspr.): *holzfreies Papier, zu dessen Herstellung ausschließlich ²Hadern verarbeitet werden.*

Ha|des, der; - [griech. Hádēs, nach dem griech. Gott der Unterwelt] ⟨griech. Mythol.⟩: *Unterwelt, Totenreich:* * *jmdn. in den H. schicken* (dichter. veraltet; *jmdn. töten*).

Ha|dith, der, auch: das; -, -e [arab. ḥadīt = Mitteilung, Erzählung]: einer der gesammelten Aussprüche, die dem Propheten Mohammed zugeschrieben werden u. die neben dem Koran die wichtigste Quelle für die religiösen Vorschriften im Islam sind.

Had|rer: ↑ Haderer.

Hadsch, Haddsch, der; - [arab. ḥaǧǧ]: Wallfahrt nach Mekka zur Kaaba, der zentralen Kultstätte des Islam, die jeder Moslem wenigstens einmal in seinem Leben unternehmen soll.

Ha|d|schi, Haddschi, der; -s, -s [arab. ḥāǧǧī]: **1.** Ehrentitel für jmdn., der einen Hadsch unternommen hat. **2.** christlicher Jerusalempilger im Orient.

Hae|m|oc|cult-Test® [hɛ...], der [zu griech. haīma = Blut u. lat. occultus = verborgen] (Med.): zur Früherkennung von Darmkrebs angewendetes Verfahren, bei dem Stuhlproben mithilfe einer Lösung auf das Vorhandensein von Blut im Stuhl untersucht werden.

¹Ha|fen, der; -s, Häfen [aus dem Niederd. < mniederd. havene, urspr. = Umfassung; Ort, wo man etw. bewahrt od. birgt, verw. mit ↑ heben in dessen urspr. Bed. »fassen«]: natürlicher od. künstlich angelegter Anker- u. Liegeplatz für Schiffe, der mit Einrichtungen zum Abfertigen von Passagieren u. Frachtgut ausgestattet ist: ein eisfreier H.; der Hamburger H.; der H. von, in Hamburg; ein Schiff läuft den H. an, aus dem H. aus, in den H. ein, liegt, ankert im H.; *den H. der Ehe ansteuern (scherzh.; heiraten [wollen]); in den H. der Ehe einlaufen; im H. der Ehe landen (scherzh.; [nach längerer, eventuell bewegter Junggesellenzeit] heiraten [meist von Männern]).

²Ha|fen, der; -s, Häfen [mhd. haven, ahd. havan, urspr. = Gefäß, Behältnis, verw. mit ↑ heben in dessen urspr. Bed. »fassen«]: **a)** (südd., österr., schweiz.) großes [irdenes] Gefäß; Schüssel, Topf: ein H. aus Steingut, aus Gusseisen; **b)** (nordd.) großes, hohes Glasgefäß; **c)** (Technik) zum Schmelzen von Glas verwendetes Gefäß aus feuerfester Keramik.

¹Hä|fen: Pl. von ↑ ¹,²Hafen.

²Hä|fen, der; -s, - (österr.): **1.** ↑ ²Hafen (a). **2.** (ugs.) Gefängnis: im H. sitzen.

Ha|fen|amt, das: Behörde, die den Verkehr im Hafen beaufsichtigt u. regelt.

Ha|fen|an|la|gen ⟨Pl.⟩: **1.** Gesamtheit aller zu einem Hafen gehörenden Einrichtungen. **2.** Gebiet einer [Binnen]stadt, das zum Hafen ausgebaut wurde.

Ha|fen|ar|bei|ter, der: jmd., der gegen Lohn im Hafen bei Schiffsreparaturen, beim Ein- u. Ausladen von Schiffen u. Ä. beschäftigt ist.

Ha|fen|ar|bei|te|rin, die: w. Form zu ↑ Hafenarbeiter.

Ha|fen|auf|sicht, die: mit der Kontrolle u. Überwachung des Hafens betraute Behörde.

Ha|fen|bau, der ⟨Pl. -ten⟩: **1.** ⟨o. Pl.⟩ das Bauen von Häfen. **2.** zu den Hafenanlagen gehörendes Gebäude.

Ha|fen|be|cken, das: Wasserbecken eines Hafens.

Ha|fen|be|hör|de, die: Hafenamt.

Ha|fen|ein|fahrt, die: Fahrrinne, in der die Schiffe in den Hafen einlaufen.

Ha|fen|ge|biet, das: zum Hafen gehörendes Gebiet.

Ha|fen|ge|bühr, die: Gebühr, die pro Schiff für die Benutzung des Hafens u. der Hafenanlagen bezahlt werden muss.

Ha|fen|ge|län|de, das: zum Hafen gehörendes Gelände.

Ha|fen|ka|pi|tän, der: Amtsperson, der die Verwaltung des Hafens obliegt.

Ha|fen|ka|pi|tä|nin, die: w. Form zu ↑ Hafenkapitän.

Ha|fen|knei|pe, die: Kneipe im Bereich od. in der Nähe eines Hafens.

Ha|fen|lot|se, der: Lotse, der Schiffe in die Docks manövriert.

Ha|fen|lot|sin, die: w. Form zu ↑ Hafenlotse.

Ha|fen|meis|ter, der: jmd., dem die Verwaltung eines Hafens untersteht.

Ha|fen|meis|te|rin, die: w. Form zu ↑ Hafenmeister.

Ha|fen|mo|le, die: Damm, der Hafeneinfahrt u. Hafen gegen Brandung, Strömung u. Versandung schützen soll.

Ha|fen|po|li|zei, die: Abteilung der Polizei, die für öffentliche Ordnung u. Sicherheit im Hafen zuständig ist.

Ha|fen|rund|fahrt, die: Rundfahrt in einem Hafen (mit einem Kutter od. Motorboot).

Ha|fen|stadt, die: Stadt, die einen Hafen hat.

Ha|fen|ver|wal|tung, die: Hafenamt.

Ha|fen|zoll, der: **1.** Gebühr, die für ausländische Erzeugnisse, die über einen Hafen eingeführt werden, zu entrichten ist. **2.** ⟨o. Pl.⟩ Behörde, die den Hafenzoll (1) erhebt.

Ha|fer, der; -s, (Fachspr.:) - [(spät)mhd. haber, aus dem Mittel- u. Niederd. < verdeutlichende Zus. aus mhd. haber u. asächs. hafero, viell. zu dem germ. Wort für »(Ziegen)bock« u. eigtl. = Futter für den Ziegenbock]: **a)** Getreideart mit locker ausgebreiteten od. nach der Seite ausgerichteten Rispen: H. anbauen, säen, ernten; der H. steht gut, ist reif; **b)** Frucht der Haferpflanze: H. schroten, mahlen, zu Haferflocken verarbeiten; *jmdn. sticht der H. (ugs.; jmd. ist [zu] übermütig; urspr. von Pferden, die durch zu reichliche Fütterung von Hafer übermütig werden: was machst du denn da, dich sticht wohl der H.!)

Ha|fer|brei, der: dickflüssiger Brei, der aus Haferflocken u. Milch od. Wasser zubereitet wird.

Ha|fer|flo|cken ⟨Pl.⟩: von den Spelzen befreite, in Form von Flocken gepresste Haferkörner, die als Nahrungsmittel dienen.

Ha|fer|grüt|ze, die: **a)** Grütze aus Haferkörnern; **b)** Brei, Gericht aus Hafergrütze (a).

Ha|fer|korn, das ⟨Pl. ...körner⟩: Frucht des Hafers.

Ha|ferl, Hä|ferl, das; -s, -n [zu ↑ ²Hafen] (österr. ugs.): **a)** Tasse; **b)** (scherzh.) Pokal.

Ha|ferl|schuh, der [nach dem scherzhaften Vergleich mit einem Haferl] (österr.): fester Halbschuh, dessen Verschnürung von einer in Fransen auslaufenden Lasche überdeckt wird.

Ha|fer|mehl, das: Mehl aus Hafer (b).

Ha|fer|pflau|me, die [viell., weil die Früchte mit dem Hafer zusammen im August reifen]: **a)** (als Baum od. Strauch wachsende) Pflaume mit kugeligen, gelblich grünen od. blauschwarzen süßen Früchten; Spilling; **b)** Frucht der Haferpflaume (a).

Ha|fer|sack, der: Futtersack, der eingespannten Pferden zum Fressen um den Hals gehängt wird.

Ha|fer|schleim, der: (bes. als Krankenkost gereichter) sämiger Brei aus mit Wasser gekochten Haferflocken.

Ha|fer|schrot, der od. das: Menge geschroteter Haferkörner.

Haff, das; -[e]s, -s, selten: -e [aus dem Niederd. < mniederd. haf = Meer]: **1.** durch eine Nehrung od. Inseln vom offenen Meer abgetrenntes Gewässer an einer Flachküste: die Kurische H. ◆ **2.** (nordfries.) Meer: ...blieb der Gang nordwärts nach dem H. hinaus für Hauke Haien die beste Unterhaltung (Storm, Schimmelreiter 13).

Ha|fis, der; - [arab. ḥāfiẓ]: (in den islamischen Ländern) Ehrentitel eines Mannes, der den Koran auswendig kennt.

Haf|lin|ger, der; -s, - [nach dem Südtiroler Dorf Hafling (ital. Avelengo) bei Meran]: kleines, gedrungenes Pferd mit meist rötlich dunkelbraunem Fell, heller Mähne u. hellem Schweif, das besonders als Zug- u. Tragtier eingesetzt wird.

Haf|lin|ger|ge|stüt, das: Gestüt, in dem Haflinger gezüchtet werden.

Haf|ner, (südd. auch:) **Häf|ner,** der; -s, - [zu ↑ ²Hafen] (südd., österr., schweiz.): Töpfer, [Kachel]ofensetzer (Berufsbez.).

Haf|ne|rei, die; -, -en (südd., österr., schweiz.): Töpferei, Ofensetzerwerkstatt.

Haf|ne|rin, Häf|ne|rin, die; -, -nen: w. Formen zu ↑ Hafner, Häfner.

Haf|ni|um [auch: ˈha:...], das; -s [nach dem nlat. Namen Hafnia für Kopenhagen, wo der dän. Physiker N. Bohr (1885–1962) lebte, der das mit Röntgenstrahlen entdeckte Element theoretisch vorhersagte]: glänzendes, leicht walz- u. ziehbares Metall (chemisches Element; Zeichen: Hf).

¹Haft, die; - [mhd. haft = Fesselung, Gefangenschaft; Beschlagnahme, ahd. hafta = Verbindung, Verknüpfung, verw. mit ↑ heben in dessen urspr. Bed. »fassen, packen«]: **1.** Gewahrsam; Gefängnis: aus der H. entfliehen; jmdn. aus der H. entlassen, in H. halten, behalten; sich in H. befinden; *jmdn. in H. nehmen (inhaftieren). **2.** Haftstrafe, Freiheitsstrafe: darauf stehen fünf Tage H.; seine H. verbüßen; er wurde zu lebenslänglicher H. verurteilt.

²Haft, der; -[e]s, -e[n] (veraltet): Haken; Spange; etw., was etw. anderes zusammenhält.

-haft [mhd., ahd. -haft, eigtl. = (mit etw.) behaftet, urspr. = gefangen; von etw. eingenommen u. adj. Part. zu dem ↑ heben zugrunde liegenden Verb mit der Bed. »fassen, packen«]: drückt in Bildungen mit Substantiven aus, dass die beschriebene Person oder Sache vergleichbar mit jmdm., etw. oder so geartet wie jmd., etw. ist: baby-, novellen-, rattenfängerhaft.

Haft|an|stalt, die: Gefängnis.

Haft|aus|set|zung, die (Rechtsspr.): vorübergehende Unterbrechung der Haft.

haft|bar ⟨Adj.⟩: haften müssend, haftpflichtig: eine -e Person; für den Schaden, für die Schulden, persönlich [nicht] h. sein; *jmdn. für etw. h. machen (bes. Rechtsspr.: jmdn. für etw. verantwortlich machen, zur Rechenschaft ziehen [u. Schadensersatz verlangen]).

Haft|bar|keit, die; -: Ersatzpflicht.

Haft|be|din|gun|gen ⟨Pl.⟩: Bedingungen, unter denen jmd. eine Freiheitsstrafe verbüßen muss: verschärfte, unmenschliche H.; sie forderten eine Erleichterung der H.

Haft|be|fehl, der (Rechtsspr.): schriftliche richterliche Anordnung zur Verhaftung einer Person: einen H. gegen jmdn. ausstellen.

Haft|be|schwer|de, die (Rechtsspr.): Beschwerde eines, einer Beschuldigten gegen einen Haftbefehl.

Haft|creme, Haft|crème, die: Creme zum Festkleben des Zahnersatzes am Kiefer.

Haft|dau|er, die: Dauer der Haft [zu der jmd. verurteilt ist].

Haf|tel, der od. das (österr. nur das); -s, - [zu ↑ ²Haft] (südd., österr.): aus einem Haken u. einer Öse bestehender Verschluss (an Kleidungsstücken) u. Ä.

häf|teln, hefteln ⟨sw. V.; hat⟩ (landsch.): durch ein Haftel schließen; mit einem Haftel befestigen.

¹haf|ten ⟨sw. V.; hat⟩ [mhd. haften, ahd. haften, wahrsch. zu dem unter ↑ -haft genannten adj. Part.]: **a)** aufgrund seiner Haftfähigkeit [in bestimmter Weise] an, auf etw. festkleben: das Klebeband, das Etikett haftet gut, schlecht; das Pflaster haftete nicht auf der feuchten Haut;

b) *sich [hartnäckig] an, auf der Oberfläche von etw., in einem Material festgesetzt haben:* Staub, Schmutz, Farbe haftet an den Schuhen, war an den Schuhen h. geblieben; das Parfüm haftet lange an der Haut; Ü ein Makel haftet an ihm *(er ist mit einem Makel behaftet, trägt einen Makel an sich);* haftende Eindrücke; **c)** *(in Bezug auf die Reifen eines Autos) Bodenhaftung haben:* auf der regennassen Straße haften die Reifen schlecht.

²**haf|ten** ⟨sw. V.; hat⟩ [mhd. (Rechtsspr.) haften = bürgen, identisch mit ↑¹haften, Bedeutungsentwicklung wohl in Anlehnung an ↑¹Haft]: **a)** *für jmdn., jmds. Handlungen, für etw. die ²Haftung tragen, im Falle eines eintretenden Schadens o. Ä. Ersatz leisten müssen:* Eltern haften für ihre Kinder; wir haften nicht für Ihre Garderobe; die Transportfirma haftet für Beschädigungen; für jmds. Schulden h. (Rechtsspr.; *bürgen, Sicherheit leisten);* **b)** (Rechtsspr., Wirtsch.) *als Gesellschafter eines Unternehmens, als Unternehmen in bestimmter Weise mit seinem Vermögen eintreten müssen:* beschränkt, unbeschränkt, einzeln, gesamtschuldnerisch, mit seinem Vermögen h.; ein persönlich haftender Gesellschafter; auf Schadenersatz h. (Rechtsspr.; *im Hinblick auf Schadenersatz die Haftung tragen);* **c)** *für jmdn., etw. einem anderen gegenüber verantwortlich sein, einstehen müssen:* er haftet [mir] dafür, dass niemandem etw. zustößt.

haf|ten blei|ben, haf|ten|blei|ben ⟨st. V.; ist⟩: *in Erinnerung bleiben, nicht vergessen werden:* von den Vorträgen ist nicht viel haften geblieben.

Haft|ent|las|sung, die: *Entlassung aus der Haft.*

Haft|ent|schä|di|gung, die (Rechtsspr.): *finanzielle Entschädigung, die jmdm. für eine nicht gerechtfertigte Haft von staatlicher Seite zuteilwird.*

Haft|er|leich|te|rung, die (Rechtsspr.): *Erleichterung der Haft durch bestimmte Maßnahmen (wie Urlaub o. Ä.).*

¹**haft|fä|hig** ⟨Adj.⟩ (Rechtsspr.): ¹*Haftfähigkeit habend.*

²**haft|fä|hig** ⟨Adj.⟩: *fähig, imstande, an etw. zu* ¹*haften (a, c).*

¹**Haft|fä|hig|keit,** die ⟨o. Pl.⟩ (Rechtsspr.): *körperlicher u. geistiger Zustand eines, einer Gefangenen, der die Durchführung der Haft gestattet.*

²**Haft|fä|hig|keit,** die: *das ²Haftfähigsein.*

Haft|frist, die: *Frist, während deren jmd. für etw.* ²*haften muss.*

Haft|grund, der: **1.** (Rechtsspr.) *Grund, die Untersuchungshaft anzuordnen.* **2.** *(beim Anstreichen, Verputzen o. Ä.) als unterste aufgetragene Schicht, die für eine bessere Haftung der darauf aufgetragenen Farbschicht sorgt.*

Häft|ling, der; -s, -e: *Person, die sich in Haft befindet:* entlassene, entsprungene -e; eine Anstalt für weibliche -e.

Häft|lings|klei|dung, die: *Kleidung, die ein Häftling in der Zeit seiner Haft tragen muss.*

Haft|or|gan, das ⟨meist Pl.⟩: *Organ, mit dessen Hilfe manche Pflanzen od. Tiere an [glatten] Flächen Halt finden.*

Haft|pflicht, die: *vom Gesetz vorgeschriebene Verpflichtung zum Ersetzen eines Schadens, der einem anderen zugefügt wurde.*

haft|pflich|tig ⟨Adj.⟩: *verpflichtet zu haften.*

haft|pflicht|ver|si|chert ⟨Adj.⟩: *gegen im Rahmen der Haftpflicht zu ersetzende Schäden versichert:* h. sein.

Haft|pflicht|ver|si|che|rung, die: *Versicherung, die für den Versicherungsnehmer anfallende Schadensersatzpflichten übernimmt.*

Haft|prü|fung, die (Rechtsspr.): *Prüfung, ob ein Haftbefehl berechtigt war od. ob Haftverschonung anzuordnen ist.*

Haft|psy|cho|se, die (bes. Psychol.): *Psychose, mit der ein Häftling auf die Erfahrung des Inhaftiertseins u. Isoliertseins reagiert u. die sich durch Wahnvorstellungen u. Simulation von [psychischen] Erkrankungen auszeichnet.*

Haft|rei|bung, die (Physik): *Reibung zweier fester Körper, die in dem Augenblick wirksam wird, in dem sie sich in Bewegung setzen.*

Haft|rei|fen, der: *(bes. für winterliche Straßenverhältnisse geeigneter) Autoreifen mit besonders guter Bodenhaftung.*

Haft|rich|ter, der: *Richter beim Amtsgericht, der nach der Verhaftung eines Verdächtigen den Haftbefehl erlässt u. prüft, ob dieser aufrechtzuerhalten ist:* er wurde dem H. vorgeführt.

Haft|rich|te|rin, die: w. Form zu ↑Haftrichter.

Haft|scha|le, die: *Kontaktlinse.*

Haft|schicht, die: *Klebstoffschicht.*

Haft|stra|fe, die (Rechtsspr. früher): *von einem Gericht verhängte Freiheitsstrafe.*

haft|un|fä|hig ⟨Adj.⟩ (Rechtsspr.): *nicht* ¹*haftfähig.*

Haft|un|fä|hig|keit, die ⟨o. Pl.⟩ (Rechtsspr.): *Zustand, in dem jmd. nicht* ¹*haftfähig ist.*

¹**Haf|tung,** die; -: **1.** *das* ¹*Haften.* **2.** *Verbindung, Kontakt; Bodenhaftung.*

²**Haf|tung,** die; -, -en ⟨Pl. selten⟩: **1.** *das* ²*Haften* (a), *Verantwortung für den Schaden eines anderen:* der Besitzer trägt die H. **2.** *das* ²*Haften* (b): Gesellschaft mit beschränkter H.

Haf|tungs|aus|schluss, der (Rechtsspr.): *vertragliche Vereinbarung, dass die Verantwortlichkeit einer Person in bestimmten Fällen ausgeschlossen od. beschränkt ist.*

Haf|tungs|be|schrän|kung, die (Steuerw., Rechtsspr.): *Beschränkung der* ²*Haftung.*

Haft|un|ter|bre|chung, die (Rechtsspr.): *Haftaussetzung.*

Haft|ur|laub, der (Rechtsspr.): *kürzere Unterbrechung der Haft, die aus bestimmten (z. B. familiären) Gründen gewährt wird.*

Haft|ver|schär|fung, die (Rechtsspr.): *Verschärfung der Verordnungen im Strafvollzug.*

Haft|ver|scho|nung, die (Rechtsspr.): *Aussetzung des Vollzugs eines Haftbefehls, wenn bestimmte andere Maßnahmen (z. B. regelmäßiges Melden bei einer Behörde) auszureichen scheinen.*

Haft|wir|kung, die: *Wirkung, Stärke des* ¹*Haftens, Klebens.*

Haft|zeit, die: *Zeit, in der jmd. eine Haftstrafe verbüßt.*

Hag, der; -[e]s, -e, schweiz.: Häge [mhd. hac = Dorngestrüch; Gebüsch; Gehege, Einfriedung, ahd. hag = Einhegung; (von einem Wall umgebene) Stadt, urspr. = Flechtwerk, Zaun] (dichter. veraltend, noch schweiz.): **a)** *Hecke; Einfriedung aus Gebüsch;* **b)** *[umfriedeter] Wald.*

Ha|ge|bu|che, die: *Hainbuche.*

Ha|ge|but|te, die; -, -n [spätmhd. hage(n)butte, zu mhd. hagen = Dornbusch u. butte = Frucht der Heckenrose]: **a)** *kleine, orangefarbene bis rote Frucht der Heckenrose;* **b)** (ugs.) *Heckenrose.*

Ha|ge|but|ten|tee, der: *aus getrockneten Hagebutten* (a) *hergestellter Tee.*

Ha|ge|dorn, der ⟨Pl. -e⟩: *Weißdorn.*

Ha|gel, der; -s, -⟨Pl. selten⟩ [mhd. hagel, ahd. hagal, urspr. wohl = kleiner, runder Stein]: **1.** *Niederschlag in Form von meist erbsengroßen, körnigen Eisstückchen:* der H. vernichtete die Apfelblüte. **2.** *ein Hagelschauer niedergehende große Menge von etw.:* ein H. von Steinen. **3.** (Jägerspr.) *grober Schrot.*

Ha|gel|korn, das: **1.** *einzelnes Eisstückchen des Hagels* (1). **2.** (Med.) *hagelkorngroße Geschwulst unter der Haut des Augenlides.*

ha|geln ⟨sw. V.⟩ [mhd. hageln]: **1.** ⟨unpers.; hat⟩ *(von Niederschlag) als Hagel zur Erde fallen:* gestern hat es gehagelt; es hagelt taubeneigroße Körner. **2.** ⟨ist⟩ *in dichter Menge niederprasseln, über jmdn., etw. hereinbrechen:* Geschosse hagelten auf die Stellungen; ⟨auch unpers.; hat:⟩ nach den Einschlägen hagelte es Steine und Erdbrocken; Ü es hagelt Vorwürfe, Fragen, Proteste; in der Physikarbeit hagelte es Fünfen.

Ha|gel|scha|den, der: *Schaden, der durch Hagelschlag verursacht wird.*

Ha|gel|schau|er, der: *plötzlicher, nur kurze Zeit niedergehender Hagel.*

Ha|gel|schlag, der: *heftig niedergehender, Schäden anrichtender Hagel [mit großen Körnern]:* die Ernte wurde durch H. vernichtet.

Ha|gel|schlo|ße, die (landsch.): *Hagelkorn.*

Ha|gel|sturm, der: *Sturm mit starkem Hagelniederschlag.*

Ha|gel|ver|si|che|rung, die: *Schadensversicherung, bei der für Schaden für den Schaden haftet, der bes. an Getreide durch Hagelschlag entsteht.*

Ha|gel|wet|ter, das: *Unwetter mit Hagelschlag:* ein H. prasselte auf uns herab.

ha|ger ⟨Adj.⟩ [spätmhd. hager, H. u.]: *(auf den menschlichen Körper od. einzelne Körperteile bezogen) mager u. sehnig od. knochig, ohne Rundungen [dazu häufig groß, hoch aufgeschossen]:* ein -er Alter; -e Arme, Finger; ein -es Gesicht, eine -e Gestalt, Statur haben.

Ha|ger|keit, die; -: *das Hagersein:* sehnige H.

◆ **ha|ge|stolz** ⟨Adj.⟩: *einem Hagestolz entsprechend; unverheiratet:* Das ist der Vorteil von uns verrufnen -en Leuten (Kleist, Krug 10).

Ha|ge|stolz, der; -es, -e [mhd. hagestalz, volksetym. umgedeutet aus älterem hagestalt < ahd. haga-, hagustalt; 2. Bestandteil zu einem germ. Verb mit der Bed. »besitzen«, also eigtl. = Hagbesitzer, Besitzer eines (umfriedeten) Nebengutes, dessen Kleinheit einen Hausstand nicht erlaubte] (veraltet): *älterer, eingefleischter, etwas kauziger Junggeselle.*

Ha|gio|graf, Hagiograph, der; -en, -en [zu griech. hágios = heilig u. gráphein = schreiben] (bildungsspr.): *Verfasser von Heiligenleben.*

Ha|gio|gra|fie, Hagiographie, die; -, -n (bildungsspr.): *Erforschung u. Beschreibung von Heiligenleben.*

Ha|gio|gra|fin, Hagiographin, die; -, -nen: w. Formen zu ↑Hagiograf, Hagiograph.

ha|gio|gra|fisch ⟨Adj.⟩ (bildungsspr.): *die Hagiografie betreffend.*

Ha|gio|graph usw.: ↑Hagiograf usw.

ha|gio|lo|gisch ⟨Adj.⟩ (bildungsspr.): *hagiografisch.*

ha|ha [ha'ha(:)], **hahaha** [haha'ha(:)] ⟨Interj.⟩: *das Lachen wiedergebender Ausruf.*

Hä|her, der; -s, - [mhd. heher, ahd. hehara, lautm.]: *(in verschiedenen Arten vorkommender) größerer, in Wäldern lebender Vogel mit buntem Gefieder, der helle, krächzende Warnrufe ausstößt* (z. B. Eichelhäher).

Hahn, der; -[e]s, Hähne, Fachspr. landsch. auch: -en: **1.** [mhd. hane, ahd. hano, eigtl. = Sänger (wegen seines charakteristischen Rufs bes. am Morgen)] **a)** ⟨Pl. Hähne⟩ *männliches Haushuhn:* die Hähne krähen; er stolziert umher wie ein H. [auf dem Mist]; Hähnchen *(junge Hähne)* mästen, braten, grillen; ◆ ⟨auch: -en, -en:⟩ ... ein behaglich unterdessen hätt' einen -en aufgefressen (Goethe, Diné zu Koblenz); ◆ Ein paar welsche -en hatten wir (Iffland, Die Hagestolzen I, 7); R wenn der H. Eier legt (scherzh.; *niemals*); Spr wenn der H. kräht auf dem Mist, ändert sich das Wetter, oder es bleibt, wie es ist; ein guter H. wird selten fett *(sexuelle Aktivität*

hält Männer schlank); *** der gallische/welsche H.** *(Sinnbild Frankreichs);* **kalekutischer H.** (veraltet; *Truthahn;* wohl lautm. od. nach der fälschlich angenommenen Herkunft aus Kalikut = alter Name der ind. Stadt Kozhikode); **H. im Korb sein** (ugs.: 1. *als Mann in einem überwiegend aus Frauen bestehenden Kreis im Mittelpunkt stehen.* 2. [seltener] *besondere Beachtung finden, bevorzugt behandelt werden:* die drei jungen Eisbären waren der H. im Korb; auf dem Dorf sind Touristen immer der H. im Korb); **nach jmdm., etw. kräht kein H.** (ugs.: *niemand kümmert sich um jmdn., etw., fragt nach jmdm., etw.);* **von etw. so viel verstehen wie der H. vom Eierlegen** (ugs.: *von etw. nicht die mindeste Ahnung haben);* **jmdm. den roten H. aufs Dach setzen** (veraltet; *jmds. Haus anzünden;* viell. nach der Ähnlichkeit des Hahnenkamms mit der auflodernden Flamme); **vom H. betrampelt/beflattert sein** (salopp; *nicht recht bei Verstand, bei Sinnen sein);* **b)** ⟨Pl. Hähne u. -en⟩ (Jägerspr.) *männliches Tier von Hühnervögeln, Trappen u. a.* **2.** ⟨Pl. Hähne⟩ *Wetterfahne [auf Kirchtürmen], deren Form der Gestalt eines Hahns nachgebildet ist.* **3.** ⟨Pl. Hähne, landsch., Fachspr.: -en⟩ *[nach der Ähnlichkeit mit dem Kopf eines Hahns] Vorrichtung zum Öffnen u. Schließen von Rohrleitungen:* ein undichter H.; der H. tropft; alle Hähne aufdrehen, ab-, zudrehen; Sie ... verschwand für eine Augenblick im Badezimmer, ließ kurz das Wasser aus dem H. schießen (Härtling, Hubert 100). **4.** ⟨Pl. Hähne⟩ *Vorrichtung an Schusswaffen zum Auslösen des Schusses:* den H. spannen.
Hähn|chen, das; -s, -: **1.** Vkl. zu ↑ Hahn. **2.** Brathähnchen.
Hah|nen, der; -s, - (schweiz.): *Hahn* (3, 4).
Hah|nen|fe|der, die: *farbige Schwanzfeder eines Hahns* (a).
Hah|nen|fuß, der: *(in vielen Arten vorkommende) Pflanze mit kleinen gelben od. seltener weißen Blüten u. hahnenfußähnlich gestalteten Blättern.*
Hah|nen|fuß|ge|wächs, das ⟨meist Pl.⟩ (Bot.): *Pflanze mit einzeln od. in Dolden od. Trauben stehenden, strahligen Blüten.*
Hah|nen|kamm, der: **1.** *fleischiger, roter, gezackter Hautlappen auf dem Kopf des Hahns* (1 a). **2.** [nach dem hahnenkammartig verflachten Blütenstand der Fuchsschwanzes bzw. der im Jugendstadium fleischroten Endästen des Traubenziegenbartes] (ugs.) *Bez. für verschiedene Pflanzen (z. B. Fuchsschwanz 2 a).* **3.** (ugs.) *Haartolle* (a).
Hah|nen|kampf, der: **1.** *(in Südostasien, Lateinamerika u. vereinzelt in Südeuropa veranstalteter) Wettkampf zwischen zwei abgerichteten [u. mit eisernen Sporen versehenen] Hähnen* (1 a). **2.** (Gymnastik) *Übung, bei der jeweils zwei Teilnehmende mit auf der Brust verschränkten Armen, auf einem Bein hüpfend, versuchen, einander zu rempeln, bis einer das Gleichgewicht verliert u. das angezogene Bein auf den Boden setzen muss.*
♦ **Hah|nen|kraht,** der; -[e]s, -e [mhd. han(e)krât, zu: krât = das Krähen]: *Hahnenschrei:* ... legte sich selbst zum Schlafe, der ihm oft nur beim ersten H. zu Willen war (Storm, Schimmelreiter 73).
Hah|nen|schrei, der: *das morgendliche Krähen des Hahns* (1 a) *kurz vor od. bei Sonnenaufgang:* beim, mit dem ersten H. aufstehen.
Hah|nen|schwanz, der: *Gesamtheit der Schwanzfedern des Hahns.*
Hah|nen|tritt, der: **1.** *kleine, weißliche Keimscheibe auf dem Eidotter.* **2.** ⟨o. Pl.⟩ Kurzf. von ↑ Hahnentrittmuster. **3.** *(beim Pferd) fehlerhafter Gang mit ruckartigem Hochheben eines od. beider Hinterbeine.*

Hah|nen|tritt|mus|ter, das (Textilind.): *zweifarbiges Muster aus kleinen Karos mit geradlinigen Verlängerungen an den Ecken, die an den Fußabdruck eines Hahns erinnern.*
Hah|ne|pot, der, auch: das; -s, -en, selten: die; -, -en [niederd. = Hahnenpfote, nach der Ähnlichkeit mit dem Fuß eines Hahns] (Seemannsspr.): *Tau mit zwei od. mehreren auseinanderlaufenden Enden, die an verschiedene Stellen einer hochzuhebenden Last o. Ä. angebracht werden.*
Hai, der; -[e]s, -e [niederl. haai < isländ. hai < anord. hár, eigtl. = Dolle, urspr. wohl = Haken, viell. nach der hakenförmigen Schwanzflosse]: *(im Meer lebender) großer Raubfisch mit großer Schwanzflosse u. an der Unterseite weit zurückliegendem Maul, in dem mehrere Reihen spitzer Zähne stehen.*

-hai, der; -[e]s, -e (ugs. abwertend): *kennzeichnet in Bildungen mit Substantiven eine Person, die sich rücksichtslos und skrupellos durch etw. oder auf einem bestimmten Gebiet bereichert:* Börsen-, Finanz-, Kredit-, Miethai.

Hai|fisch, der: *Hai.*
Hai|fisch|be|cken, das: *Becken, in dem Haifische gehalten werden.* Ü das politische H. Berlin.
Hai|fisch|flos|se, die: *Flosse eines Hais.*
Hain, der; -[e]s, -e [mhd. (md.) hain < mhd. hagen, ahd. hagan = Dorngestäuch = eingefriedeter Platz, zu ↑ Hag] (dichter.): *kleiner [lichter] Wald:* ein sonniger H.; ein heiliger H. *(unantastbarer Zufluchtsort im Kult verschiedener Religionen).*
Hain|bu|che, die [nach der häufigen Verwendung zu Einfriedigungen (↑ Hain, Hag) u. wegen der Ähnlichkeit des Stammes u. der Blätter mit der Buche]: *Laubbaum mit glattem, grauem, seilartig gedrehtem Stamm, gesägten Blättern u. hängenden, kätzchenähnlichen Blütenständen; Weißbuche.*
Hair|sty|list ['hɛːɐ̯ˌstailɪst], der; -en, -en [engl. hairstylist = Friseur, aus: hair = Haar u. stylist (↑ Stylist)]: *Friseur mit künstlerischem Anspruch.*
Hair|sty|lis|tin, die: w. Form zu ↑ Hairstylist.
Hai|ti; -s: *Inselstaat im Karibischen Meer.*
Hai|ti|a|ner, der; -s, -: Ew.
Hai|ti|a|ne|rin, die; -, -nen: w. Form zu ↑ Haitianer.
hai|ti|a|nisch ⟨Adj.⟩: *Haiti, die Haitianer betreffend; von den Haitianern stammend, zu ihnen gehörend.*
Häk|chen, das; -s, -: **a)** Vkl. zu ↑ Haken (1): Spr was ein H. werden will, krümmt sich beizeiten *(wenn man etw. werden will, muss man sich schon als junger Mensch darum bemühen);* **b)** (ugs.) *diakritisches Zeichen (z. B.* Háček, Cedille).
Hä|kel|ar|beit, die: **a)** *mit einer Häkelnadel auszuführende Handarbeit;* **b)** *etw. Gehäkeltes:* diese Tischdecke ist eine schöne H.
Ha|ke|lei, die; -, -en (Sportjargon): *das Hakeln* (2).
Hä|ke|lei, die; -, -en: **1.** *Häkelarbeit* (a). **2.** (ugs.) *kleiner, harmloser Streit.* **3.** (Sportjargon) *Hakelei.*
Hä|kel|garn, das: *zum Häkeln geeignetes Garn.*
♦ **hä|ke|lig, häklig** ⟨Adj.⟩ [zu ↑ Haken (2)]: **1.** *mit Schwierigkeiten verbunden; nicht einfach zu bewältigen:* Der Mann begab sich gleich an dem andern Morgen an die Arbeit. So hakelig sie war, ... alles zumal geriet so wohl (Mörike, Hutzelmännlein 153). **2.** *von [übertriebenen] Bedenken bestimmt, skeptisch:* Besteht hingegen die Regierung ... aus häklichen Geldmännern (Keller, Die Leute von Seldwyla I, Einleitung 18).
ha|keln ⟨sw. V.; hat⟩ [zu ↑ haken]: **1.** (landsch.) *Fingerhakeln machen.* **2. a)** (Fußball) *haken* (4 b); **b)** (Eishockey) *haken* (4 a); **c)** (Rugby) *den Ball mit der Ferse stoßen;* **d)** (Ringen) *ein gewinkeltes Bein od. einen Fuß um den Fuß od. das Bein des Gegners schließen u. ihn, es blockieren.* **3.** (Jägerspr.) *(von Gämsen) mit den Hörnern verletzen.* **4.** (ugs.) *haken* (3).
hä|keln ⟨sw. V.; hat⟩ [zu mhd. hækel, Vkl. von: hâke(n), ↑ Haken; urspr. = (wie) mit Häkchen fassen]: **1. a)** *(eine Handarbeit) mit einer Häkelnadel herstellen, anfertigen:* ein Kinderjäckchen h.; **b)** *eine Häkelarbeit machen:* sie häkelt [viel, gerne]; sie häkelt an einer Decke *(ist mit dem Häkeln einer Decke beschäftigt);* Ü er häkelt (scherzh.; *arbeitet, schreibt)* schon lange an seiner Diplomarbeit. **2.** (österr., sonst landsch.) *sich [in harmloser, lustiger Weise] streiten; necken, frotzeln:* die beiden häkeln sich ständig; ich häk[e]le mit ihr.
Hä|kel|na|del, die: *rundes Stäbchen aus Metall, Kunststoff o. Ä., das an einem Ende einen Haken hat, mit dem beim Häkeln das Garn aufgenommen u. durch eine Schlinge od. bereits gearbeitete Masche gezogen wird:* eine H. der Stärke 1.
ha|ken ⟨sw. V.; hat⟩ [spätmhd. haken]: **1.** *einem Haken an etw. hängen, befestigen:* die Feldflasche an das Koppel h. **2.** *hakenförmig um etw. legen, in etw. hängen:* den Daumen in die Westentasche h. **3.** *hängen bleiben, klemmen:* der Schlüssel hakt im Schloss; Ü es hakt (ugs.; *es geht nicht weiter; die Sache geht nicht voran).* **4.** (Sport) **a)** (Eishockey) *mit der Krümmung des Stocks, dem abgewinkelten unteren Ende des Schlägers behindern, zurückhalten:* den durchbrechenden Stürmer h.; **b)** (Fußball) *den Gegner von hinten beim Spielen des Balls am Weiterlaufen hindern, indem man ihm mit angewinkeltem Fuß ein Bein od. beide Beine wegzuziehen sucht.*
Ha|ken, der; -s, - [mhd. hâke(n), ahd. hâko, urspr. wohl auch = Spitze, Pflock]: **1. a)** *winkelig od. rund gebogenes Stück Metall, Holz od. Kunststoff zum Anhaken, Festhaken von etw.:* einen H. in die Wand schlagen; kein Fisch geht an den H. *(Angelhaken);* das Bild vom H. *(Bilderhaken)* nehmen; Ü der Regisseur hat mit seiner Story schnell am H.; * **einen H. schlagen** *([von einem Hasen] im Laufen plötzlich scharf die Richtung ändern, um Verfolger zu täuschen u. dadurch Vorsprung zu gewinnen);* **etw. auf den H. nehmen** *(etw. abschleppen* 1 a*);* **mit H. und Ösen** (ugs., auch: Sportjargon; *mit allen erdenklichen, fairen wie unfairen Mitteln:* es war ein Spiel mit H. und Ösen); **b)** *hakenförmiges grafisches Zeichen:* die Lehrerin machte einen H. hinter seinem Namen. **2.** (ugs.) *verborgene Schwierigkeit; etw. [zunächst nicht Erkanntes], was eine Sache, die Lösung eines Problems o. Ä. erschwert, behindert:* es gibt einen H. [dabei]; das Angebot hat [irgend]einen H. **3.** (Boxen) *mit angewinkeltem Arm von unten nach oben geführter Schlag:* er wurde von einem linken H. getroffen. **4.** (Jägerspr.) **a)** *Eckzahn im Oberkiefer des Rotwildes;* **b)** ⟨Pl.⟩ *Eckzähne des weiblichen Wildschweins in Ober- u. Unterkiefer.*
ha|ken|för|mig ⟨Adj.⟩: *krumm, gebogen wie ein Haken.*
Ha|ken|kreuz, das: **a)** *gleichschenkliges Kreuz mit vier in die gleiche Richtung weisenden, rechtwinklig geknickten, spitzwinkligen od. abgerundeten Armen;* **b)** *Hakenkreuz* (a) *als Symbol der Nationalsozialistischen Deutschen Arbeiterpartei:* -e an die Wand schmieren.
Ha|ken|kreuz|fah|ne, die: *Fahne mit dem Hakenkreuz* (b).
Ha|ken|lei|ter, die: *kleine, tragbare Feuerwehrleiter, die am oberen Ende mit Haken zum Ein-*

hängen an Gebäudevorsprüngen o. Ä. versehen ist.
Ha|ken|na|se, die: *stark abwärtsgebogene Nase.*
Ha|ken|schla|gen, das; -s 〈Jägerspr.〉: *(von Hasen) abruptes Abbiegen, Ändern der Richtung während des schnellen Laufs mit der Absicht, Verfolger zu täuschen:* Ü *mit seinem H. macht er es den Kritikern nicht leicht.*
Ha|ken|schna|bel, der: *(von Vögeln) hakenförmig gebogener Schnabel.*
♦ **Ha|ken|stock,** der: *Stock mit gekrümmtem Griff:* Langsam und gebeugt ging an einem H. der Großvater um das Haus (Gotthelf, Spinne 5).
Ha|ken|ver|schluss, der: *Verschluss mit Haken u. Ösen.*
ha|kig 〈Adj.〉: *hakenförmig, wie ein Haken.*
Ha|kim, der; -s, -s [arab. ḥakīm]: **1.** *Arzt.* **2.** *Gelehrter, Weiser.* **3.** *Herrscher; Gouverneur; Richter.*
Häk|lein, das; -s, -: Vkl. zu ↑ Haken.
♦ **häk|lig:** ↑ häkelig.
Ha|la|cha, die; -, ...chọt [hebr. hălākā = Gesetz] 〈jüd. Rel.〉: *Gesamtheit der gesetzlichen Teile des Talmuds.*
ha|lal 〈indekl. Adj.〉 [arab. ḥalāl, zu: ḥallala = für erlaubt erklären]: *nach islamischem Glauben erlaubt.*
Ha|la|li, das; -s, -[s] [frz. hallali, H. u.] 〈Jägerspr.〉: **a)** *Jagdruf (auch Jagdhornsignal), wenn das gehetzte Wild auf einer Parforcejagd gestellt ist:* das H. erschallt; **b)** *Signal, das das Ende einer Jagd anzeigt:* das H. blasen; **c)** *Ende der Jagd:* zum H. blasen.
¹halb 〈Adj. u. Bruchz.〉 [mhd. halp, ahd. halb; urspr. = (durch)geschnitten, gespalten] (als Ziffer: ¹/₂): **1.** *die Hälfte von etw. umfassend; zur Hälfte:* eine -e Stunde; das -e Hundert (50); ein -es Dutzend; ein -er Meter; eine -e Note (Musik); Note, *die die Hälfte des Zeitwerts einer ganzen Note hat*); eine -e Umdrehung; er hat die -e Strecke zurückgelegt; sich auf -em Wege *(in der Mitte)* treffen; das Lied einen -en Ton tiefer anstimmen; alle -e[n] Stunden/alle -e Stunde; 〈indekl. bei geografischen Namen o. Art.:〉 h. Europa war besetzt; es ist h. eins; es hat h. [eins] geschlagen; drei Minuten bis, nach, vor h. [eins]; er hat den Apfel h. aufgegessen; sie hat sich h. umgedreht, erhoben; * **h. ..., h.** (teils ..., teils; das eine wie das andere; je zur Hälfte): h. Kunst, h. Wissenschaft; h. lachend, h. weinend; eine h. amtliche, h. persönliche Bemerkung; die Figuren waren h. rund, h. eckig); **[mit jmdm.] h. und h./halbe-halbe machen** (ugs.; *Gewinn od. Verlust genau miteinander teilen).* **2. a)** *unvollständig, unvollkommen; teilweise* (häufig in Verbindung mit »nur« o. Ä.): er hat nur -e Arbeit/die Arbeit nur h. getan; das Fleisch ist noch h. roh; ein h. aufgegessenes Essen; ein h. vollendeter Roman; wir saßen h. zuhören; wir saßen h. angezogen am Frühstückstisch; * **nichts Halbes und nichts Ganzes [sein]** (zu unzureichend [sein], als dass man etw. damit anfangen könnte); **b)** *vermindert, abgeschwächt, mit geringerer Stärke:* mit -er Kraft; bei -em Licht arbeiten; mit -er (gedämpfter) Stimme sprechen; einen -en (flüchtigen) Blick auf etw. werfen; die Sonne ist h. aus dem Nebel hervorgekommen; das ist h. so schlimm. **3.** *fast [ganz], beinahe, so gut wie:* sie ist -e Medizinerin; das sind ja noch -e Kinder!; (ugs. übertreibend:) das dauert ja eine -e Ewigkeit *(sehr lange);* das -e Dorf *(sehr viele Dorfbewohner)* war zusammengekommen; ein h. totes *(völlig erschöpftes)* Tier; er hat schon h. zugestimmt; er wurde h. totgeschlagen; sich h. totlachen; Ihm selbst war noch immer friedlich zumute, als das Schreien anfing, und er musste wohl h. gedobt haben (Kronauer, Bogenschütze 124); * **h. und h.** (ugs.;

beinahe, fast ganz: du gehörst schon h. und h. dazu).
♦ **²halb** 〈Präp. mit Gen. (nachgestellt)〉: ²*halber:* Vielleicht auch irrt sie zweifelhaft im Labyrinth der ... Burg, dem Herrn erfragend fürstlicher Hochbegrüßung h. (Goethe, Faust II, 9145 ff.)
Halb|af|fe, der: *(zu den Affen gehörendes) meist als Baumbewohner lebendes, nachtaktives Säugetier mit sehr großen Augen u. zum Greifen ausgebildeter Großzehe u. Daumen.*
halb|amt|lich 〈Adj.〉 (Politik, Nachrichtenwesen): *von amtlichen Stellen nahestehenden, gut unterrichteten Kreisen kommend; nicht ganz amtlich; nicht ganz sicher verbürgt; offiziös:* eine -e Nachricht, Zeitung.
Halb|au|to|mat, der: *(zu den Affen gehörendes) meist als Baumbewohner lebendes, nachtaktives Säugetier mit sehr großen Augen u. zum Greifen ausgebildeter Großzehe u. Daumen.*
Halb|au|to|ma|tik, die: *halb automatische Vorrichtung.*
halb au|to|ma|tisch, halb|au|to|ma|tisch 〈Adj.〉: *selbsttätig funktionierend mit einigen von Hand auszuführenden Griffen:* halb automatische Getriebe, Waffen.
halb|bat|zig 〈Adj.〉 [eigtl. = nur einen halben Batzen (2) wert] (schweiz.): **a)** *ungenügend, unzulänglich:* eine -e Arbeit, Lösung; ♦ **b)** *ohne Ansehen, nichts geltend:* ... wo jedes -e Herrenknechtlein das Recht zu haben meint, gesessene Bauern verachten zu können (Gotthelf, Spinne 31).
halb be|klei|det, halb|be|klei|det 〈Adj.〉: *nur teilweise bekleidet:* eine halb bekleidete Person öffnete die Wohnungstür.
Halb|bil|dung, die 〈o. Pl.〉 (abwertend): *lückenhafte, oberflächliche Bildung* (1).
halb|bit|ter 〈Adj.〉: *(von Schokolade) eine bestimmte Geschmacksrichtung aufweisend, die zwischen süß u. bitter liegt.*
halb blind, halb|blind 〈Adj.〉: **1.** *fast, beinahe blind:* ein alter, halb blinder Mann; h. b. vor Tränen lief er durch die Straßen. **2.** *ziemlich blind* (3), *trübe, angelaufen:* ein halb blinder Spiegel.
Halb|blut, das [LÜ von engl. half-blood]: **1.** *Tier, bes. Pferd, dessen Eltern verschiedenen Rassen entstammen.* **2.** *Person, deren Elternteile verschiedenen Bevölkerungsgruppen angehören.*

Die Anwendung der biologischen Bezeichnung *Halbblut* auf Menschen muss, auch wegen des grammatikalischen Neutrums, als diskriminierend angesehen werden.

Halb|bril|le, die: *Brille, deren Gläser nur etwa halb so hoch sind wie die einer gewöhnlichen Brille.*
Halb|bru|der, der: *Stiefbruder* (a).
halb|bür|tig 〈Adj.〉 (Geneal.): *(von Geschwistern) nur einen Elternteil gemeinsam habend.*
halb|dun|kel 〈Adj.〉: *zwischen hell u. dunkel, noch nicht ganz lichtlos:* im halbdunklen Flur.
Halb|dun|kel, das: *dämmrige Beleuchtung:* der Raum lag im H.
Hal|be, die/eine Halbe; der/einer Halben, die Halben/zwei Halbe (ugs. bes. bayr., österr.): *(bei Bier u. anderen alkoholischen Getränken) halber Liter.*
Halb|edel|stein, der (fachspr. veraltet): *Schmuckstein.*
hal|be-hal|be: ↑ halb (1).
Halb|ein|künf|te|ver|fah|ren, das (Finanzw.): *Verfahren, Einkünfte od. Verluste nicht in vollem Umfang, sondern nur zur Hälfte zu berücksichtigen.*

-hal|ben [erstarrte Kasusform (Dativ Pl. u. Gen. Sg.) von mhd. halbe, ahd. halba = Hälfte, Seite, eigtl. = von ... Seite(n) u. im übertragenen Sinne = wegen]: in Zusb., z. B. allenthalben, meinethalben.

¹hal|ber 〈Adv.〉 [erstarrte Flexionsform von ↑ halb] (landsch.): ↑ halb: es ist h. zwölf.
²hal|ber 〈Präp. mit Gen. (nachgestellt)〉 [erstarrte Flexionsform von mhd. halbe, ahd. halba = Hälfte, Seite, also eigtl. = von der Seite des ... (od. der ...) aus] (geh.): *wegen, um ... willen:* der guten Ordnung h.; dringender Geschäfte h. verreisen.
Hal|ber, der, der Halbe/ein Halber; des/eines Halben, die Halben/zwei Halbe (ugs.): *(bei Bier u. anderen alkoholischen Getränken) halber Liter:* Herr Ober, noch einen Halben; zwei Halbe bitte!

-hal|ber: 1. drückt in Bildungen mit Substantiven aus, dass einer Sache Genüge getan, entsprochen wird; *um ... willen:* gerechtigkeits-, pflichthalber. **2.** kennzeichnet in Bildungen mit Substantiven etw. als Grund, als Ursache; *aufgrund von ...:* ferien-, krankheitshalber.

halb er|fro|ren, halb|er|fro|ren 〈Adj.〉: *beinahe erfroren:* ein halb erfrorenes Kind.
halb er|wach|sen, halb|er|wach|sen 〈Adj.〉: *fast, noch nicht ganz erwachsen:* eine Witwe mit drei halb erwachsenen Töchtern.
Hal|bes, das Halbe/ein Halbes; des/eines Halben, die Halben/zwei Halbe (ugs.): *(bei Bier u. anderen alkoholischen Getränken) halber Liter:* er hat sich noch ein H. genehmigt.
Halb|esel, der: *(in Asien heimisches, zur Familie der Pferde gehörendes) Tier mit gelbem bis rotbraunem Fell, langen Ohren u. langem, in einer Quaste endendem Schwanz.*
Halb|fa|b|ri|kat, das (Wirtsch.): *halb fertiges Erzeugnis; Ware zwischen Rohstoff u. Fertigfabrikat, die schon verschiedene Fertigungsstufen hinter sich hat, aber noch weitere durchlaufen muss.*
halb fer|tig, halb|fer|tig 〈Adj.〉: *fast, noch nicht ganz fertig:* ein [erst] halb fertiges Haus.
halb|fest 〈Adj.〉: **a)** (Physik) *in einem zwischen fest u. flüssig liegenden Aggregatzustand; gallertig;* **b)** *[noch] nicht ganz fest zusammenhaltend od. zusammengehörend, leicht lösbar:* eine -e Wortverbindung.
halb|fett 〈Adj.〉: **1.** *(von Nahrungsmitteln, bes. Milchprodukten, Margarine u. Ä.) einen reduzierten Fettanteil in der Trockenmasse enthaltend.* **2.** (Druckw.) *in einer Schriftart, deren Strichdicke zwischen mager u. fett liegt:* ein Wort h. setzen.
Halb|fi|gur, die (Kunstwiss.): *dargestellte menschliche Figur mit Kopf, Oberkörper u. Oberarmen.*
Halb|fi|nal, der (schweiz.), **Halb|fi|na|le,** das (Sport): *Spielrunde bei einem Wettbewerb, für die sich vier Spielende od. Mannschaften qualifiziert haben u. aus der die Teilnehmenden am Finale ermittelt werden:* das H. erreichen.
Halb|fi|nal|spiel, das: *einzelnes Spiel* (1 d) *des Halbfinales.*
Halb|flie|gen|ge|wicht, das (Schwerathletik): **a)** 〈o. Pl.〉 *niedrige Gewichtsklasse;* **b)** *Sportler der Gewichtsklasse Halbfliegengewicht* (a).
halb gar, halb|gar 〈Adj.〉 (Kochkunst): *nicht ganz weich gekocht od. durchgebraten:* halb gares Fleisch; Ü halb gare *(nicht ausgereifte)* Ideen und Vorschläge.
halb|ge|bil|det 〈Adj.〉 (abwertend): *Halbbildung habend.*

Halb|ge|fro|re|nes (vgl. Gefrorenes): *in Formen eingefrorenes, cremeartiges Speiseeis.*

Halb|ge|schoss [...gəʃɔs], (südd., österr.:) **Halb|ge|schoß** [...gəʃoːs], das (Archit.): *niedriges Zwischengeschoss.*

Halb|ge|schwis|ter ⟨Pl.⟩: *Stiefgeschwister* (a).

Halb|ge|viert, das (Druckw.): *einzelne Type des Ausschlusses* (2) *von der halben Größe eines Gevierts* (2).

◆ **halb|ge|wach|sen** ⟨Adj.⟩: *halbwüchsig:* -e Jungen und Mädchen drängten sich um die Pforte (Storm, Söhne 6).

Halb|glat|ze, die: *nicht vollständige Glatze; kahle Stelle bes. im vorderen Bereich des Kopfes.*

Halb|gott, der [spätmhd., ahd. halbgot, LÜ von lat. semideus]: **1.** (Mythol.) *Gestalt, die aus der Verbindung eines göttlichen Wesens mit einem menschlichen stammt; Heros.* **2.** (iron.) *mächtige, einflussreiche* [u. gefürchtete] *Person:* *Halbgötter in Weiß (ugs. iron.; [Krankenhaus]ärzte, bes. Chefärzte).*

Halb|heit, die; -, -en ⟨abwertend⟩: *halbe, unfertige Sache, Handlung; unvollkommene Lösung:* das sind doch nur -en!; sich nicht mit -en abspeisen lassen.

halb|her|zig ⟨Adj.⟩: *nur mit halbem Herzen* [getan], *ohne rechte innere Beteiligung* [geschehend]*:* eine -e Antwort; nur h. zustimmen.

Halb|her|zig|keit, die; -: *das Halbherzigsein.*

halb|hoch ⟨Adj.⟩ (bes. Sport): *auf halber Höhe, bis zur halben Höhe* [reichend]*:* eine halbhohe Vorlage; er gab den Ball h. weiter.

hal|bie|ren ⟨sw. V.; hat⟩ [mhd. halbieren]: **1.** *in zwei Hälften, zwei gleiche Teile teilen:* eine Apfelsine h.; einen Winkel, eine Strecke h. **2. a)** *um die Hälfte verringern:* die Öleinfuhr h.; **b)** ⟨h. + sich⟩ *sich um die Hälfte verringern:* das Wirtschaftswachstum hat sich halbiert.

Hal|bie|rung, die; -, -en: *das Halbieren.*

Halb|in|sel, die [LÜ von lat. paeninsula, eigtl. = Fastinsel]: *Gebiet, das von drei Seiten von Wasser umschlossen ist, Insel mit nur einer* [schmalen] *Landverbindung zum Festland.*

Halb|jahr, das: **a)** *Zeitspanne von einem halben Kalenderjahr:* im ersten H. 2011; **b)** *beliebiger, aber in sich eine Einheit bildender Zeitraum von rund 6 Monaten; Semester.*

Halb|jah|res|be|richt, der: *Rechenschaftsbericht nach Ablauf eines halben Jahres.*

Halb|jah|res|bi|lanz, die: *Bilanz nach Ablauf eines halben Jahres.*

Halb|jah|res|er|geb|nis, das (Wirtsch.): *in einem Halbjahr erwirtschafteter Gewinn od. Verlust.*

Halb|jah|res|zahl, die ⟨meist Pl.⟩ (Wirtsch.): *halbjährlich veröffentlichtes Zahlenmaterial, aus dem die wirtschaftliche Entwicklung eines Unternehmens hervorgeht.*

Halb|jah|res|zeug|nis, das: *Zeugnis nach Ablauf der ersten Hälfte eines Schuljahres.*

halb|jäh|rig ⟨Adj.⟩: **1.** *ein halbes Jahr alt:* ihr -er Sohn. **2.** *ein halbes Jahr dauernd:* eine -e Ausbildung.

halb|jähr|lich ⟨Adj.⟩: *alle halbe Jahre wiederkehrend, jeweils nach einem halbjahr stattfindend:* -e Bezahlung; h. durchgeführte Kontrollen.

Halb|ju|de, der: **a)** (nationalsoz.) *(in der rassistischen Ideologie des Nationalsozialismus) Person mit zwei jüdischen Großelternteilen;* **b)** *Person mit einem jüdischen Elternteil (wird gelegentlich als abwertend empfunden).*

Halb|jü|din, die: w. Form zu ↑ Halbjude.

halb|jü|disch ⟨Adj.⟩: *von nur einem jüdischen Elternteil abstammend (wird gelegentlich als abwertend empfunden).*

Halb|kan|ton, der: *eine eigene Verwaltungseinheit bildende Kantonshälfte mit eigenem Namen (z. B. Basel-Stadt, Basel-Landschaft).*

Halb|kon|so|nant, der: *Halbvokal.*

Halb|kreis, der: *Hälfte eines Kreises; eine halbe Drehung umschreibender Kreisbogen:* sie umstanden den Sprecher im H.

halb|kreis|för|mig ⟨Adj.⟩: *die Form eines Halbkreises aufweisend:* ein Ornament mit -en Elementen.

Halb|ku|gel, die: *(über einer kreisförmigen Grundfläche liegende) halbe Kugel:* die nördliche, südliche H. der Erde.

halb|ku|gel|för|mig, halb|ku|ge|lig ⟨Adj.⟩: *die Form einer Halbkugel aufweisend.*

Halb|kup|pel, die (Archit.): *halbe (längs od. quer durchschnittene) Kuppel.*

halb|lang ⟨Adj.⟩: *etwa die Mitte zwischen lang u. kurz bildend, in halber Länge:* ein -es Kleid; die Haare h. tragen; R [nun] mach [aber, mal] h.! (ugs.; spiel dich nicht so auf, übertreib nicht so!)

halb|laut ⟨Adj.⟩: *in halber Lautstärke, mit gedämpfter Stimme* [gesprochen]*:* eine -e Unterhaltung.

Halb|le|der, das ⟨meist o. Art.⟩ (Verlagsw.): *fester Einband mit Lederrücken* [u. -ecken]*.*

Halb|le|der|band, der: *in Halbleder gebundenes Buch.*

halb leer, halb|leer ⟨Adj.⟩: *zur Hälfte leer:* ein halb leeres Glas.

halb|lei|nen ⟨Adj.⟩: *aus Halbleinen bestehend:* -e Bettwäsche.

Halb|lei|nen, das: **1.** *Mischgewebe, das zur Hälfte Leinen, zur Hälfte eine andere Faser (Baumwolle, Wolle o. Ä.) enthält:* eine Tischdecke, Geschirrtücher aus grobem H. **2.** ⟨meist ohne Art.⟩ (Verlagsw.) *fester Einband mit Rücken* [u. Ecken] *aus Leinen od. einem anderen Gewebe.*

Halb|lei|nen|band, der: *in Halbleinen* (2) *gebundenes Buch.*

Halb|lei|ter, der (Elektrot.): *kristalliner Stoff, der bei Zimmertemperatur den Strom leitet, bei tiefen Temperaturen aber isoliert.*

Halb|lei|ter|ma|te|ri|al, das (Elektrot.): *Stoff, Material, aus dem ein Halbleiter besteht.*

Halb|lei|ter|tech|nik, die (Elektrot.): *Technik, die sich bes. mit der Entwicklung u. den Anwendungsmöglichkeiten von Halbleitern befasst.*

halb link..., halb|link... ⟨Adj.⟩ (bes. Fußball): *zwischen (gedachter) Längsachse u. linker Außenlinie befindlich:* er schoss aus halb linker Position.

Halb|lin|ke, die/eine Halblinke; der/einer Halblinken, die Halblinken/zwei Halblinke (Sport): *zwischen Linksaußen u. Mittelstürmerin eingesetzte Spielerin.*

Halb|lin|ker, der Halblinke/ein Halblinker; des/eines Halblinken, die Halblinken/zwei Halblinke (Sport): *zwischen Linksaußen u. Mittelstürmer eingesetzter Spieler:* als H. spielen.

halb links, halb|links ⟨Adv.⟩ (bes. Fußball): *in halb linker Position:* h. spielen.

Halb|li|ter|fla|sche, die: *Flasche von einem halben Liter Fassungsvermögen.*

Halb|ma|ra|thon, der (Sport): *Lauf über die Hälfte der Strecke eines Marathonlaufes.*

halb|mast ⟨Adv.⟩ [LÜ von engl. half-mast]: *(von Fahnen) nur bis zur halben Höhe des Mastes hinaufgezogen (als Zeichen offizieller Trauer):* h. flaggen; die Fahnen auf h. setzen.

halb|matt ⟨Adj.⟩: *nicht ganz matt, noch leicht glänzend:* -es Papier; eine -e Oberfläche.

Halb|mes|ser, der (Math.): *halber Durchmesser; Radius.*

Halb|me|tall, das (Chemie): *chemisches Element, das teils metallische, teils nicht metallische Eigenschaften besitzt (z. B. Arsen, Bor).*

halb|me|ter|dick ⟨Adj.⟩: *die Dicke, Breite eines halben Meters aufweisend; in einer Dicke, Breite von einem halben Meter:* eine Mauer; der Schutt lag m h.

Halb|mo|nats|schrift, die: *zweimal monatlich erscheinende Zeitschrift.*

Halb|mond, der: **1.** ⟨o. Pl.⟩ *Mond, der zur Hälfte als ab- od. zunehmende Sichel, sichtbar ist.* **2.** *Gegenstand, Figur, Gebilde in der Form des Halbmondes* (1): *der türkische H. (Wahrzeichen des Islams).*

halb|mond|för|mig ⟨Adj.⟩: *die Form eines Halbmondes, einer Mondsichel aufweisend:* -e Kekse.

halb nackt, halb|nackt ⟨Adj.⟩: *beinahe nackt:* halb nackte Menschen.

¹**halb|of|fen** ⟨Adj.⟩ (Amtsspr.): **a)** *(von Anstalten, Gefängnissen u. Ä.) den Insassen bedingt freien Ausgang gewährend:* Strafvollzug in einem -en Gefängnis; **b)** *eine nicht ganztägige Versorgung, Betreuung umfassend:* -e Fürsorge.

halb of|fen, ²**halb|of|fen** ⟨Adj.⟩: *zur Hälfte geöffnet, zugedeckt.*

halb|part ⟨Adv.⟩ [zu ↑ Part]: *meist in der Verbindung* [mit jmdm.] h. machen (ugs.; etw. [gemeinsam Erworbenes od. durch ein Verbrechen Erbeutetes] mit dem andern zur Hälfte teilen).

Halb|pen|si|on, die ⟨meist o. Art.; o. Pl.⟩: *Unterkunft (in einem Hotel, einer Pension o. Ä.) mit Frühstück u. nur einer (mittags od. abends einzunehmenden) warmen Mahlzeit:* wir nehmen nur H.

Halb|pro|fil, das: *Ansicht des Kopfes, des Gesichts in leichter Drehung zur Seite:* ein Foto im H.

halb recht..., halb|recht... ⟨Adj.⟩ (bes. Fußball): *zwischen (gedachter) Längsachse u. rechter Außenlinie befindlich.*

Halb|rech|te, die/eine Halbrechte; der/einer Halbrechten, die Halbrechten/zwei Halbrechte (Sport): *zwischen Rechtsaußen u. Mittelstürmerin eingesetzte Spielerin.*

Halb|rech|ter, der Halbrechte/ein Halbrechter; des/eines Halbrechten, die Halbrechten/zwei Halbrechte (Sport): *zwischen Rechtsaußen u. Mittelstürmer eingesetzter Spieler.*

halb rechts, halb|rechts ⟨Adv.⟩ (bes. Fußball): *in halb rechter Position:* h. spielen.

halb reif, halb|reif ⟨Adj.⟩: *noch nicht ganz reif:* halb reife Früchte; die Tomaten werden h. r. geerntet.

◆ **halb|reu|ig** ⟨Adj.⟩: *mit den ersten Anzeichen von Reue:* Hört' ich sie nicht selbst h. sagen: wenn's nicht geschehen wär', geschäh's vielleicht nie (Goethe, Götz V).

Halb|rock, der; -[e]s, ...röcke: *Unterrock ohne Oberteil.*

halb|rund ⟨Adj.⟩: *in der Form eines Halbkreises od. einer Halbkugel:* die -e Apsis; -e Vertiefungen.

Halb|rund, das: *Halbkreis:* ein H. bilden; im H.

Halb|satz, der: *Teil eines Satzes.*

Halb|schat|ten, der: **a)** (Optik, Astron.) *Bereich, in dem (von einem bestimmten Punkt aus gesehen) von einem dazwischentretenden Körper nur ein Teil einer Lichtquelle verdeckt wird (z. B. bei Mondfinsternissen);* **b)** *hellerer Schatten, der durch ein nicht völlig lichtundurchlässiges Medium entsteht:* sich in den H. setzen.

◆ **Halb|schied,** der; -, (landsch. auch:) der; -[e]s (bes. md. u. nordd.): *Hälfte:* ...aber der ... hat den H. der Kosten dazu beizutragen (Storm, Söhne 31).

Halb|schlaf, der: *Dämmerzustand zwischen Schlafen u. Wachen:* im H. liegen.

Halb|schran|ke, die (Eisenbahn): *Bahnschranke, die im heruntergelassenen Zustand nur bis zur Straßenmitte reicht.*

Halb|schuh, der: *nur bis zu den Knöcheln reichender, leichterer Schuh.*

halb|schü|rig ⟨Adj.⟩ [urspr. von der in der Qualität schlechteren Wolle halbjährlich geschorener

Schafe gesagt] (veraltet): *unvollkommen, minderwertig*: ◆ *Eine Musik, die den heiligen und profanen Charakter vermischt, ist gottlos, und eine -e, welche schwache, jammervolle, erbärmliche Empfindungen auszudrücken Belieben findet, ist abgeschmackt* (Goethe, Maximen u. Reflexionen über Kunst).

Halb|schür|ze, die: *Schürze ohne Latz.*

Halb|schwer|ge|wicht, das (Schwerathletik): **1.** ⟨o. Pl.⟩ *Gewichtsklasse zwischen Mittelgewicht u. Schwergewicht:* einen Wettkampf im H. austragen. **2.** *Sportler[in] der Gewichtsklasse Halbschwergewicht* (1).

Halb|schwer|ge|wicht|ler, der: *Halbschwergewicht* (2).

Halb|schwer|ge|wicht|le|rin, die: w. Form zu ↑Halbschwergewichtler.

Halb|schwes|ter, die: *Stiefschwester.*

Halb|sei|de, die: *seidig glänzendes Gewebe aus Seide u. Baumwolle.*

halb|sei|den ⟨Adj.⟩: **1.** *aus Halbseide bestehend:* eine -e Bluse. **2.** (ugs. abwertend) **a)** (veraltend) *homosexuell;* **b)** *[in aufdringlicher, geschmackloser Weise schick, teuer aufgemacht u. dabei] unseriös; anrüchig, zwielichtig:* eine -e Type; ein -es Milieu, Hotel; reichlich -e *(unseriöse)* Methoden.

Halb|sei|den|ge|we|be, das: *Gewebe aus Halbseide.*

halb|sei|tig ⟨Adj.⟩: **a)** (Med.) *nur auf einer Seite [des Körpers] befindlich:* -e Kopfschmerzen sind ein typisches Migränesymptom; er ist h. gelähmt; **b)** *über eine halbe [Buch]seite, ein halbes Blatt gehend:* eine -e Anzeige.

halb|staat|lich ⟨Adj.⟩: *unter Beteiligung des Staates betrieben:* eine -e Nachrichtenagentur.

halb|stark ⟨Adj.⟩ (ugs. abwertend): *zu den Halbstarken gehörend, wie ein Halbstarker:* -e Motorradfans.

Halb|star|ke, die Halbstarke/eine Halbstarke; der/einer Halbstarken, die Halbstarken/zwei Halbstarke (ugs. abwertend): *Jugendliche, die, meist in Gesellschaft von Gleichgesinnten, laut produzierend in der Öffentlichkeit auftritt.*

Halb|star|ker, der Halbstarke/ein Halbstarker; des/eines Halbstarken, die Halbstarken/zwei Halbstarke (ugs. abwertend): *Jugendlicher, der, meist in Gesellschaft von Gleichgesinnten, laut produzierend in der Öffentlichkeit auftritt:* eine Gruppe von Halbstarken auf Motorrädern.

Halb|stie|fel, der: *Stiefel mit kurzem, nur eben über die Knöchel reichendem Schaft.*

◆ **Halb|stieg,** der; -[e]s, -e [aus: ein halber Stieg, ↑Stiege]: *(als Maßeinheit) 10 Stück:* Ihr seid in der Tat um ein H. Jahre jünger geworden (Storm, Schimmelreiter 35).

Halb|strauch, der (Bot.): *Pflanze, die eine Zwischenform zwischen Strauch u. Staude darstellt.*

halb|stün|dig ⟨Adj.⟩: *eine halbe Stunde dauernd:* ein -es Referat.

halb|stünd|lich ⟨Adj.⟩: *jede halbe Stunde, alle halbe Stunde [stattfindend]:* -e Abfahrten.

Halb|stür|mer, der (bes. Fußball veraltend): *Stürmer in der Verbindung zwischen Abwehr u. Angriff; Mittelfeldspieler.*

Halb|stür|me|rin, die: w. Form zu ↑Halbstürmer.

halb|tä|gig ⟨Adj.⟩: *einen halben Tag dauernd:* ein -er Ausflug.

halb|täg|lich ⟨Adj.⟩: *alle halbe Tage [stattfindend]:* im -en Wechsel.

halb|tags ⟨Adv.⟩: *den halben Tag über:* nur h. arbeiten.

Halb|tags|ar|beit, die: *auf die Hälfte der normalen Arbeitszeit zugeschnittene Arbeit* (1 d): eine H. suchen.

Halb|tags|kraft, die: *einem Betrieb halbtags zur Verfügung stehende Arbeitskraft* (2): er arbeitet als H. in einem Verlag.

Halb|tags|schu|le, die: *Schule, in der die Kinder nur vormittags unterrichtet werden.*

Halb|teil, das, auch: der: *Hälfte.*

Halb|ton, der ⟨Pl. ...töne⟩: **1.** (Musik) *kleinstes Intervall des diatonischen Systems; kleine Sekunde.* **2.** (Malerei) *Tönung im Übergang zwischen Licht u. Schatten:* viele Halbtöne verwenden.

halb tot, halb|tot ⟨Adj.⟩: *beinahe tot.*

halb|tro|cken ⟨Adj.⟩: *(bes. von Weinen) im Geschmack zwischen trocken u. lieblich liegend.*

halb ver|daut, halb|ver|daut ⟨Adj.⟩: *nur teilweise verdaut:* halb verdautes Essen.

halb ver|hun|gert, halb|ver|hun|gert ⟨Adj.⟩: *beinahe verhungert:* halb verhungertes Vieh.

halb ver|welkt, halb|ver|welkt ⟨Adj.⟩: *beinahe vollständig verwelkt:* ein halb verwelkter Blumenstrauß.

Halb|vo|kal, der (Sprachwiss.): **a)** *unsilbisch gewordener, wie ein Konsonant ausgesprochener Vokal* (z. B. das *i* in Nation [als *j* gesprochen]); **b)** *unsilbisch gewordener Vokal* (z. B. das *u* im Diphthong *au*).

halb voll, halb|voll ⟨Adj.⟩: *zur Hälfte voll:* ein halb volles Glas.

halb wach, halb|wach ⟨Adj.⟩: *nicht ganz wach:* schlafende und halb wache Menschen.

◆ **halb|wach|sen** ⟨Adj.⟩: *halbwüchsig: ... noch aus Zeiten her, wo ich ein h. Ding war* (Fontane, Jenny Treibel 6).

Halb|wahr|heit, die ⟨häufiger Pl.⟩: *Aussage o. Ä., die zwar nicht falsch ist, aber auch nicht vollständig den Tatsachen entspricht, einen Sachverhalt nicht vollständig offenlegt.*

Halb|wai|se, die: *Minderjährige[r] mit nur noch einem Elternteil:* sie ist schon sehr früh H. geworden.

◆ **halb|weg:** ↑halbwegs: *... und wenn ihr h. ehrbar tut* (Goethe, Faust I, 2027).

halb|wegs ⟨Adv.⟩: **1.** (veraltend) *auf halbem Wege:* jmdm. h. *(den halben Weg)* entgegenkommen. **2.** *einigermaßen, leidlich, in mäßigem Grade:* h. überzeugt sein; das ist mir h. klar; sich wie ein h. zivilisierter Mensch benehmen.

Halb|welt, die (LÜ von frz. demi-monde) (leicht abwertend): *elegant auftretende, aber zwielichtige, anrüchige Gesellschaftsschicht.*

Halb|wel|ter|ge|wicht, das (Boxen): **a)** *Gewichtsklasse, die etwas leichter als das Weltergewicht ist;* **b)** *Sportler[in] der Gewichtsklasse Halbweltergewicht* (a).

Halb|werts|zeit, Halb|wert|zeit, die (Physik): *(bei radioaktiven Stoffen) Zeitspanne, innerhalb deren die Hälfte der Atome zerfällt:* Elemente mit langer H.; Ü *politische Aussagen von kurzer H. (Gültigkeit).*

halb|wild ⟨Adj.⟩: *weder ganz gezähmt, domestiziert, noch ganz wild.*

Halb|wis|sen, das (häufig abwertend): *mangelhaftes, oberflächliches Wissen.*

Halb|wol|le, die: *Faser od. Gewebe mit mindestens 50 % Wollanteil.*

halb|wol|len ⟨Adj.⟩: *aus Halbwolle bestehend.*

halb|wüch|sig ⟨Adj.⟩: *noch nicht [ganz] erwachsen:* er hinterließ drei -e Kinder.

Halb|wüch|si|ge, der Halbwüchsige/eine Halbwüchsige; der/einer Halbwüchsigen, die Halbwüchsigen/zwei Halbwüchsige: *Jugendliche, noch nicht Erwachsene.*

Halb|wüch|si|ger, der Halbwüchsige/ein Halbwüchsiger; des/eines Halbwüchsigen, die Halbwüchsigen/zwei Halbwüchsige: *Jugendlicher, noch nicht Erwachsener.*

Halb|zeit, die [LÜ von engl. half-time] (Sport): **1.** *Hälfte der Spielzeit:* in der zweiten H. drehte die Mannschaft auf. **2.** *Halbzeitpause:* bei H. stand es unentschieden.

Halb|zeit|bi|lanz, die (ugs.): *Bilanz, die nach der Hälfte von etw. gezogen wird:* die H. der neuen Regierung, der Spielzeit am Theater, des Oktoberfestes.

Halb|zeit|pau|se, die: *Pause nach der ersten Spielhälfte.*

Halb|zeit|pfiff, der (Sport): *Pfiff des Schiedsrichters, der das Ende der ersten Spielhälfte ankündigt.*

Hal|de, die; -, -n [mhd. halde, ahd. halda = Abhang, Substantivbildung zu einem germ. Adj. mit der Bed. »geneigt, schief, schräg« u. eigtl. = die Schiefe]: **1.** (geh.) *[sanft] abfallende Seite eines Berges od. Hügels, Bergabhang:* eine lichte H. **2. a)** (Bergbau) *künstliche Aufschüttung von Schlacke od. tauben Gesteinsmassen:* alte -n begrünen; **b)** *Aufschüttung von [zurzeit] nicht verkäuflichen [Kohle]vorräten:* die -n zum Verkauf in revierferne Gebiete verlagern; Ü -n *(große Lager)* unverkaufter Ware; * **auf H.** *(auf Lager, in Vorrat:* eine große Zahl von auf H. befindlichen Wagen; **auf H. liegen** (ugs.; *zur Verwendung bereitliegen:* der Plan, das Projekt liegt auf H.); **etw. auf H. legen** (ugs.; *etw. verschieben:* die Änderungen werden erst einmal auf H. gelegt).

half: ↑helfen.

Hal|fa|gras, das; -es, ...gräser [arab. ḥalfā']: *Esparto* (a); *Alfa.*

Half|court ['haːfkɔːt], der; -s, -s [zu engl. court = Hof, Feld, Abteilung] (Tennis): *zum Netz hin gelegener Teil des Spielfeldes:* der Spieler zeigte große Sicherheit im H. *(beim Spielen dicht am Netz).*

Half|pipe ['haːfpaɪp], die; -, -s [engl. halfpipe, eigtl. = Halbrohr, aus: half = halb u. pipe = Rohr]: *wie eine große Rinne mit halbkreisförmigem Querschnitt geformte Bahn, auf der Kunststücke mit dem Skateboard od. (bei Ausstattung mit einer Schneeoberfläche) mit dem Snowboard ausgeführt werden können.*

Hälf|te, die; -, -n [aus dem Niederd. < mniederd. helfte, zu: half = halb]: **a)** *einer der zwei gleich großen Teile eines Ganzen:* die obere, untere H.; eine H. ist fertig; die H. der Schüler ist krank; Kinder zahlen die H.; einen Apfel in zwei -n zerschneiden; die meisten Szenen spielten sich in der gegnerischen H. (Sport; *Spielfeldhälfte*) ab; die Kosten werden je zur H. von Bund und von den Ländern getragen; [gut] die H. *(sehr viel davon)* ist gelogen; ich habe die H. *(viel)* vergessen; * **meine bessere H.** (ugs. scherzh.; *meine Ehefrau,* [seltener:] *mein Ehemann*); **meine schönere H.** (ugs. scherzh.; *meine Ehefrau*); **die H. abstreichen [müssen, können]** (ugs.; *nicht alles glauben [können]*); **b)** (ugs.) *einer von zwei nicht gleich großen Teilen eines Ganzen:* ich kriege immer die kleinere H.!

hälf|ten ⟨sw. V.; hat⟩ (selten): *halbieren:* einen Gewinn h.

¹**Half|ter,** das od. der; -s, -, veraltet auch: die; -, -n [mhd. halfter, ahd. halftra, eigtl. = Handhabe]: *Zaum ohne Gebiss u. Trense für Pferde u. Rinder mit Riemen zum Führen od. Anbinden des Tieres.*

²**Half|ter,** das; -s, -, auch: die; -, -n [älter nhd. Hulfter, Holfter, mhd. hulfter = Köcher, zu mhd. hulft, ahd. hul(u)ft = Hülle]: *Tasche für Pistolen:* eine Pistole in einem H. am Gürtel tragen.

hälf|tig ⟨Adj.⟩ [auch: ...'lɪt], der; -s, -e [zu griech. háls (Gen. halós) = Salz]: **a)** *Steinsalz;* **b)** *Salzgestein* (z. B. Kalisalz, Gips).

Half|time ['haːftaɪm], die; -, -s [engl. halftime, aus: half = halb u. time = Zeit] (Sport): *Halbzeit.*

Ha|lit [auch: ...'lɪt], der; -s, -e [zu griech. háls (Gen. halós) = Salz]: **a)** *Steinsalz;* **b)** *Salzgestein* (z. B. Kalisalz, Gips).

Hall, der; -[e]s, -e ⟨Pl. selten⟩ [mhd. hal, zu mhd. hellen, ahd. hellan = schallen, ertönen, verw. mit ↑ hell]: **a)** (geh.) *Schall (bes. hinsichtlich der allmählich schwindenden, schwächer werdenden hörbaren Schwingungen):* der H. der Schritte in der Nacht; der dumpfe H. der fernen Granateinschläge; **b)** *Nachhall, Widerhall, Echo:* ohne H.

Hallle, die; -, -n [mhd. halle, ahd. halla, eigtl. = die Bergende]: **1.** *größeres Gebäude, das [vorwiegend] aus einem einzigen hohen Raum besteht:* die H. *(Fabrikhalle)* dröhnte vom Lärm der Maschinen; unseren Messestand finden Sie in H. 3. **2.** *größerer, oft repräsentativen Zwecken, als Entree, Empfangshalle, allgemeiner Aufenthaltsraum o. Ä. dienender Raum in einem [öffentlichen] Gebäude:* eine geräumige H. mit modernen Sesseln; in der H. des Hotels.

Halllefffekt, der: *(bei elektronischer Musik) durch Hall, Nachhall hervorgerufener klanglicher Effekt.*

hallleluljia ⟨Interj.⟩ [aus kirchenlat. halleluia, alleluia < hebr. hăllelû-yăh = preiset Jahve!]: *aus den Psalmen übernommener gottesdienstlicher Freudenruf; lobet den Herrn.*

Hallleluljia, das; -s, -s: *liturgischer Freudegesang:* das H. singen; ein H. anstimmen.

halllen ⟨sw. V.; hat⟩ [spätmhd. hallen, zu ↑ Hall]: **a)** *(von einem [lauten] Geräusch o. Ä.) sich in einem bestimmten Bereich – einen Hall (a) erzeugend – weithin fortpflanzen, schallen:* seine Stimme hallte durch das leere Haus; ein Schuss hallt durch die Nacht; **b)** *(in einem geschlossenen od. weiten Raum) nachhallen, widerhallen:* seine Schritte hallten im Dom; das hallende Echo der Stimmen; ⟨auch unpers.:⟩ sie klatschte in die Hände, dass es hallte; **c)** *von einem Hall (a) erfüllt sein:* der ganze Hof hallte [von seinen Schritten].

halllenlarltig ⟨Adj.⟩: *in der Art einer Halle (1) gebaut, wirkend:* ein -er Raum.
Halllenlbad, das: *Schwimmbad in einer Halle (1).*
Halllenlbau, der ⟨Pl. -ten⟩: *Halle (1), hallenartiges Bauwerk.*
Halllenldach, das: *Dach einer Halle.*
Halllenlfußlball, der: *Fußball in der Halle.*
Halllenlhandlball, der: *Handball in der Halle.*
Halllenlholckey, das: *in einer Halle (1) gespieltes Hockey.*
Halllenlkirlche, die (Archit.): *Kirche, bei der die Seitenschiffe die gleiche Höhe haben wie das Mittelschiff u. der gesamte Bau von einem einzigen Dach überspannt wird.*
Halllenlmeislterlschaft, die (Sport): *in einer Halle (1) ausgetragene Meisterschaft:* heute beginnen die -en der Leichtathleten.
Halllenlsailson, die (Sport): *Saison, in der Sport in der Halle betrieben wird.*
Halllenlschwimmlbad, das: *Hallenbad.*
Halllenlser, der; -s, -: Ew. zu ↑ Halle (Saale).
Halllenlselrin, die; -, -nen: w. Form zu ↑ Hallenser.
Halllenlsport, der: *in der Halle betriebener Sport.*
Halllenlturlnier, das: *Turnier (z. B. im Tennis, Springreiten) in einer Halle (1).*
Halller, der; -s, -: Ew. zu ↑ Halle (Westf.).
Halllelrin, die; -, -nen: w. Form zu ↑ Haller.
Hallle (Saalle): *Stadt an der mittleren Saale.*
halllesch ⟨Adj.⟩: *die Stadt Halle (Saale), die Hallenser betreffend.*
Hallle (Westf.): *Stadt am Teutoburger Wald.*
Halllig, die; -, -en [aus dem Niederd. < nordfries. halig, H. u.]: *kleinere, bei Sturmflut überflutete Insel (an der Westküste Schleswig-Holsteins):* die H. Hooge; die -en melden Land unter.
Halllilgallli, Hully-Gully, das, (selten:) der; -[s] (ugs.): *fröhliches, lärmendes Treiben; ausgelassene Stimmung:* wenn dort H. ist, gehe ich hin.

Halllliglleulte ⟨Pl.⟩: *Bewohnerinnen u. Bewohner der Halligen.*
halllilhalllo ⟨Interj.⟩ [lautspielerische verdoppelnde Bildung zu ↑ hallo] (ugs.): *Ruf, mit dem man jmds. Aufmerksamkeit auf sich lenkt.*
Halllilmasch, der; -[e]s, -e [H. u.]: *meist in Büscheln (an Baumstümpfen) wachsender brauner Pilz mit weißen Lamellen u. bräunlichen Schuppen auf dem Hut.*
halllisch ⟨Adj.⟩: *hallesch.*
halllo ['halo, auch: ha'lo:] ⟨Interj.⟩ [urspr. wohl Zuruf an den Fährmann am anderen Ufer]: **1.** [meist: 'halo] *Ruf, mit dem man jmds. Aufmerksamkeit auf sich lenkt:* h., ist da jemand?; h., Sie haben etwas verloren!; h.! **2.** [meist: ha'lo] *Ausdruck freudiger Überraschung:* h., da seid ihr ja!; h., wie haben wir's denn?; h., einfach stark!; ⟨subst.:⟩ er rief beim Anblick seiner Freundin ein freudiges Hallo zu. **3.** [meist: 'halo] *nach engl. hallo] (ugs.): Grußformel:* h., Leute!; sag deiner Tante noch schnell Hallo/h.

Halllo, das; -s, -s: *lautes [freudiges] Rufen; allgemeine freudige Aufregung, Geschrei:* lautes H. empfing ihn; jmdn. mit großem H. verabschieden.

Halllolldri, der; -s, -[s] [wohl zu ↑ Allotria] (bayr., österr. ugs.): *meist jüngerer, unbeschwerter, oft leichtfertiger u. etw. unzuverlässiger Mann.*

Halllolween [hælou'i:n, 'heloui:n], das; -[s], -s [engl., zu: hallow (veraltet) = Heiliger (< aengl. hālga, zu: hālig = heilig) u. eve = Vorabend < aengl. æfen, ↑ Sonnabend]: *(bes. in den USA gefeierter) Tag vor Allerheiligen.*

Halllstattlkulltur, die; - [nach einem bei Hallstatt in Oberösterreich gefundenen Gräberfeld] (Archäol.): *mitteleuropäische Kultur der Hallstattzeit.*

Halllstattlzeit, die; - (Archäol.): *Kulturperiode am Anfang der älteren Eisenzeit (etwa 700 bis 450 v. Chr.).*

Halllulzilnaltilon, die; -, -en [lat. (h)al(l)ucinatio = Träumerei]: *vermeintliche, eingebildete, durch Sinnestäuschung hervorgerufene Wahrnehmung; Sinnestäuschung:* optische, akustische -en; das war eine H., -en haben; an -en leiden.

halllulzilnielren ⟨sw. V.; hat⟩ [lat. (h)al(l)ucinari = gedankenlos sein] (Fachspr.): *eine Halluzination, Halluzinationen haben; einer Sinnestäuschung unterliegen.*

halllulzilnolgen ⟨Adj.⟩ [zu griech. -genés = hervorrufend] (Med.): *Halluzinationen hervorrufend:* -e Drogen; Ecstasy wirkt h.

Halllulzilnolgen, das; -s, -e (Med.): *halluzinogene Droge.*

Halm, der; -[e]s, -e [mhd. halm, ahd. hal(a)m, verw. z. B. mit lat. culmus = Halm]: *schlanker, durch knotenartige Verdickungen gegliederter, biegsamer Stängel von Gräsern:* die -e biegen sich im Wind; das Getreide auf dem H. *(vor der Ernte)* verkaufen; die Felder stehen hoch im H. *(das Getreide ist gut gewachsen u. fast reif).*

Hallma, das; -s [griech. hálma = Sprung]: *Brettspiel für 2–4 Personen, bei dem jeder Spieler seine Steine möglichst schnell auf die gegenüberliegende Seite des Spielfeldes zu bringen versucht.*

Hälmlchen, das; -s, -: Vkl. zu ↑ Halm.
Halllo, der; -[s], -s u. Halonen [lat. halo (Akk. von: halos) = Hof um Sonne od. Mond < griech. hálos]: **1.** (Physik) *(durch Reflexion, Beugung u. Brechung des Lichtstrahlen an kleinsten Teilchen hervorgerufener) Hof um eine Lichtquelle:* ein H. um die Sonne. **2.** (Med.) *[dunkler] Ring um die Augen.*

Halllolefffekt [auch: 'hεɪloʊ…], der (Psychol.): *Beeinflussung bei der Beurteilung bestimmter Einzelzüge einer Person durch den ersten Gesamteindruck od. die bereits vorhandene Kenntnis von anderen Eigenschaften.*

hallolgen ⟨Adj.⟩ [zu griech. háls (Gen.: halós) = Salz u. -genés = verursachend] (Chemie): *Salz bildend.*

Hallolgen, das; -s, -e (Chemie): *chemisches Element, das ohne Beteiligung von Sauerstoff mit Metallen Salze bildet (z. B. Brom, Chlor).*

Hallolgelnid, das; -[e]s, -e [zu griech. -eidēs = -gestaltig] (Chemie): *aus der Verbindung eines Halogens mit einem (meist metallischen) Element entstandenes Salz (z. B. Kochsalz).*

Hallolgenllamlpe, die: *sehr helle Glühlampe mit einer Füllung aus Edelgas, der eine geringe Menge von Halogen beigemischt ist.*
Hallolgenlleuchlte, die: *Halogenlampe.*
Hallolgenlscheinlwerlfer, der (Kfz-Technik): *Scheinwerfer mit Halogenlampen.*
Hallolnen: Pl. von ↑ Halo.
Hallolphyt, der; -en, -en [zu griech. phytón = Pflanze] (Bot.): *auf salzreichem Boden (vor allem an Meeresküsten) wachsende Pflanze; Salzpflanze.*

¹Hals, der; -es, Hälse [mhd., ahd. hals, eigtl. = Dreher (des Kopfes)]: **1.** *(beim Menschen u. bestimmten Wirbeltieren) Körperteil, der Rumpf u. Kopf miteinander verbindet u. bes. die Bewegung des Kopfes ermöglicht:* ein schlanker, kurzer, gedrungener, ungewaschener H.; sie reckten die Hälse, um etwas sehen zu können; sich den H. brechen; einem Tier den H. umdrehen *(es töten)*; bis an den H./bis zum H. im Wasser stehen; jmdm. um den H. fallen *(ihn in einem plötzlichen, heftigen Gefühl von Zuneigung, Freude od. Kummer umarmen)*; Der Syringenstrauch trug Schneegewöll. Eine Amsel saß mit eingezogenem H. in den unteren Ästen (Strittmatter, Wundertäter 248); * **H. über Kopf** (ugs.: *überstürzt, sehr eilig u. ohne vorherige Planung*; urspr. »über H. und Kopf«, »über H., über Kopf« mit der Vorstellung des Sichüberschlagens: H. über Kopf das Land verlassen); **einen [dicken] H. haben** (ugs.; *wütend sein*); **seinen H. riskieren** (↑ Kopf 1); **sich ⟨Dativ⟩ nach jmdm., etw. den H. verrenken** (ugs.; *erwartungsvoll od. neugierig nach jmdm., etw. Ausschau halten*); **einen langen H. machen** (ugs.; *sich recken, um [über andere hinweg] etw. sehen zu können*); **jmdm. den H. abschneiden/umdrehen/brechen** (ugs.; *jmdn. [wirtschaftlich] zugrunde richten, ruinieren*); **jmdn./ jmdm. den H. kosten, jmdm. den H. brechen** (ugs.; *jmds. Verderben sein, jmdn. ruinieren*; urspr. bezogen auf das Gehängtwerden); **sich ⟨Dativ⟩ die Schwindsucht, die Pest o. Ä. an den H. ärgern** (ugs.; *sich über längere Zeit so sehr über jmdn., etw. ärgern, dass man schließlich dadurch krank wird*); **jmdn., etw. am/auf dem H. haben** (ugs.; *mit jmdm., etw. belastet sein; viel Mühe od. Ärger mit jmdm., etw. haben*): sie hat immer ziemlich viel am H.); **sich jmdm. an den H. werfen** (ugs.; *sich jmdm. aufdrängen*); **jmdm. jmdn. auf den H. schicken/hetzen** (ugs.; *jmdn., der unerwünscht ist, zu jmdm. schicken*); **sich ⟨Dativ⟩ jmdn., etw. auf den H. laden** (ugs.; *sich mit jmdm., etw. belasten u. dadurch viel Arbeit u. Verantwortung auf sich nehmen*); **bis zum/über den H.** (ugs.; *völlig, total*: ich stecke bis über den H. in Arbeit, in Schulden); **sich um den/um seinen H. reden** (ugs.; *sich durch unvorsichtige Äußerungen um seine Position, seine Existenz bringen*); **jmdm. mit etw. vom Hals[e] bleiben** (ugs.; *mit etw. nicht belästigen*); **sich ⟨Dativ⟩ jmdn., etw. vom Hals[e] halten** (ugs.; *sich mit jmdm., auf etw. nicht einlassen*); **sich ⟨Dativ⟩ jmdn., etw. vom Hals[e] schaffen** (ugs.; *sich von jmdm., etw. befreien*; jmdn., der, etw., was einem lästig ist, abschütteln). **2.** *der Rachenraum mit Kehlkopf, Luft- u. Speiseröhre als Sitz der Atem- u. Stimmwege; Schlund, Kehle:* ein rauer, entzündeter, trockener H.; mein H. tut weh; das Bier rann ihm eiskalt den H. hinunter; jmdm. den H. zudrücken (ugs.; *jmdn. erwürgen*); eine Gräte war ihm im H. stecken geblieben; er hat es im H. (ugs.; *hat Halsschmerzen*); Ü ein Geld durch den H. jagen *(viel trinken);* Was war denn das kleine, elegante Publikum der Poesie gegen die ungeheuren Menschenmassen, die sich im Zirkus, in den Stadien und auf den Tribünen entlang der Rennbahnen vor Begeisterung die Hälse wund schrien (Ransmayr, Welt 45); * **den H. nicht vollkriegen/voll genug kriegen [können]** (ugs.; *nie genug bekommen [können]);* **aus vollem Hals[e]** *(sehr laut:* sie lachten aus vollem H.); **etw. in den falschen H. bekommen** (ugs.; *etw. gründlich missverstehen [u. deshalb übel nehmen];* geht von der Vorstellung aus, dass etw. in die Luftröhre statt in die Speiseröhre gerät u. dabei einen heftigen Hustenreiz hervorruft); **etw. hängt/wächst jmdm. zum Hals[e] heraus** (ugs.; *jmd. ist einer Sache überdrüssig;* geht von der Tatsache aus, dass Tieren, die sich überfressen haben, das letzte Stück zum Hals heraushängen kann: dein ewiges Gejammere hängt mir zum H. heraus). **3. a)** *[sich verjüngender] oberer Teil einer Flasche od. Ampulle:* eine Flasche mit langem H.; **b)** *langer, schmaler Teil zwischen Körper u. Wirbeln des Saiteninstrumentes, auf dem das Griffbrett liegt u. über den die Saiten gespannt sind:* der H. einer Geige, Gitarre, Laute; **c)** (Med.) *sich verjüngender Teil eines Knochens od. Hohlorgans, der meist das Verbindungsstück zu einem anderen Teil od. Organ bildet:* der H. des Oberschenkelknochens, der Gebärmutter; **d)** (Archit.) *(bei der griechischen Säule) Teil des Säulenschaftes unmittelbar unter dem Kapitell:* der H. einer Säule. **4.** [nach dem ¹Hals (2) entstehenden Lauten] (Jägerspr.) *das Bellen eines Jagdhundes:* der Hund gibt H.; ...der Hund riss Helmold den Riemen aus der Hand und hetzte mit hellem -e weiter (Löns, Gesicht 146).

²**Hạls,** der; -es, -en (Seemannsspr.): **a)** [¹Hals (3 a) als Bez. für den sich verjüngenden Teil eines Gegenstands] *untere, vordere Ecke eines Segels;* **b)** *Tau, mit dem die untere Ecke eines Segels nach vorn gezogen wird.*
Hạls|ab|schnei|der, der (ugs. abwertend): *jmd., der einen anderen auf skrupellose Weise übervorteilt; Wucherer.*
Hạls|ab|schnei|de|rin, die: w. Form zu ↑ Halsabschneider.
Hạls|an|satz, der: *Ansatz* (4) *des Halses.*
Hạls|aus|schnitt, der: *Ausschnitt* (2 b) *eines Kleidungsstücks mit H.:* ein tiefer, spitzer H.
Hạls|band, das ⟨Pl. ...bänder⟩: **a)** *[Leder]riemen um den Hals eines Hundes od. anderen Haustieres:* dem Hund ein H. anlegen, ihn am H. führen; **b)** (veraltend) *[wertvolle] breite Halskette;* **c)** *fest um den Hals getragenes [Samt]band [mit Anhänger].*
Hạls|ber|ge, die; -, -n [mhd. halsberge, ahd. halsperga, eigtl. = was den Hals birgt]: **a)** *metallener Halsschutz der Ritterrüstung;* **b)** *Kettenhemd;* ◆ **c)** (scherzh.) *Halstuch:* ...die Männer saßen in ihren Schwarzmänteln und schwarzen Platthüten und weißen -n (Heine, Rabbi 454).
Hạls|bin|de, die: **a)** (früher) *unter dem Kragen des Uniformrocks getragenes Band zum Schonen des Stoffs;* **b)** (veraltend) *Krawatte;* ◆ ... knüpft noch immer alle Morgen ihrem Gemahl die H. um (Raabe, Chronik 142).
hạls|bre|che|risch ⟨Adj.⟩: *sehr gewagt, tollkühn, lebensgefährlich (sodass man sich den Hals*

dabei brechen kann): eine -e Fahrt, Klettertour; ein -es *(gefährliches)* Unternehmen.
Hạls|bünd|chen, das: *Halsausschnitt mit einem geraden Stoffstreifen als Abschluss.*
Häls|chen, das; -s, -: Vkl. zu ↑¹Hals.
Hạl|se, die; -, -n [zu ↑¹Hals in der urspr. Bed. »Dreher« (Seemannsspr.): *das* ²*Halsen:* eine H. machen.
Hạls|ei|sen, das [mhd. halsīsen]: *(im MA. [als Folterwerkzeug benutztes]) breites Eisenband, das Gefangenen eng um den Hals gelegt wird.*
¹**hạl|sen** ⟨sw. V.; hat⟩ (selten): *umarmen, (jmdm.) liebevoll um den Hals fallen.*
²**hạl|sen** ⟨sw. V.; hat⟩ (Seemannsspr.): *den Kurs eines Segelschiffes ändern, indem man es mit dem Heck durch die Richtung dreht, aus der der Wind weht.*
Hạls|ent|zün|dung, die: *mit Halsschmerzen, Schluckbeschwerden [u. Fieber] einhergehende entzündliche Erkrankung der Rachenschleimhaut.*
hạls|fern ⟨Adj.⟩ (Mode): *(von einem Kragen) nicht eng am Hals anliegend:* ein Pullover mit -em Kragen.
◆ **hạls|ge|fähr|lich** ⟨Adj.⟩: *lebensgefährlich:* Wo's h. ist, da stellt mich hin (Schiller, Tell II, 2).
Hạls|ket|te, die: *Kette, die als Schmuck um den Hals getragen wird.*
Hạls|kra|gen, der: **a)** *den Hals umschließender Kragen:* ein enger, runder, gesteifter H.; **b)** *breites, steifes, abstehendes Gestell, das einem verletzten Tier um den Hals gelegt wird, um es daran zu hindern, seine Wunden zu lecken.*
Hạls|krau|se, die: **a)** *gefältelter Kragen (bei einigen Trachten u. bestimmten Formen des Talars):* * **bis zur/an die/unter die H.** (ugs.; *völlig, total:* bis zur H. mit Doping vollgepumpt sein; bis an/unter die H. verschuldet sein); **b)** *stark ausgebildetes Federkleid am Hals (bei den Männchen verschiedener Vögel, bes. der Hühnervögel);* **c)** (ugs.) *Krawatte* (3).
Hạls|län|ge, die (Pferdesport): *Länge eines Pferdehalses (als Maß für den Abstand zwischen den Pferden):* in der Zielgeraden lag er um zwei -n zurück.
Hạls|mus|kel, der: *den Hals bewegender Muskel.*
hạls|nah ⟨Adj.⟩ (Mode): *eng am Hals anliegend, hochgeschlossen:* ein -er Kragen.
Hạls-Na|sen-Oh|ren-Arzt, der: *Facharzt für Erkrankungen im Bereich von Ohren, Nase, Nebenhöhlen u. Rachenraum.*
Hạls-Na|sen-Oh|ren-Ärz|tin, die: w. Form zu ↑ Hals-Nasen-Ohren-Arzt.
◆ **Hạls|pro|zess,** der [vgl. Halsgericht]: *Prozess, der mit der Verurteilung zum Tode enden kann:* ... wird nichts leichter sein, als den Vater mit einem H. zu bedrohen (Schiller, Kabale III, 1).
Hạls|schla|ger, der: *Schlager am Hals.*
Hạls|schmerz, der ⟨meist Pl.⟩: *durch eine Entzündung im Bereich des* ¹*Halses* (2) *verursachter Schmerz:* sie hatte starke -en.
Hạls|schmuck, der: *als Schmuck um den Hals getragene Kette od. Reif.*
hạls|star|rig ⟨Adj.⟩ (abwertend): *[gegen bessere Einsicht] auf seinem Willen, seiner Meinung beharrend; starrköpfig:* ein -er Mensch; »Ich will aber nicht«, sagte er h.
Hạls|star|rig|keit, die; -, -en (abwertend): **1.** ⟨o. Pl.⟩ *Halsstarrigsein; halsstarriges Wesen.* **2.** *halsstarrige Haltung, Handlungsweise.*
◆ **Hạls|stra|fe,** die: *Hinrichtung durch den Strang od. das Schwert:* ... ihm stand, nach der drakonischen schwedischen Gesetze, eine H. bevor, wenn der König nicht Gnade vor Recht ergehen ließ (C. F. Meyer, Page 149).
Hạls|tuch, das ⟨Pl. ...tücher⟩: *(als Schutz gegen Kälte od. als schmückendes Accessoire) um den*

Hals getragenes Tuch: ein seidenes H. umbinden.
Hạls- und Bein|bruch: ↑ Beinbruch.
Hạls|weh, das ⟨o. Pl.⟩ (ugs.): *Halsschmerzen.*
Hạls|wei|te, die: *Umfang des Halses (als Maß für Kragenweite u. Halsausschnitt).*
Hạls|wi|ckel, der (Med.): *zur Linderung od. Heilung (z. B. bei Angina) um den Hals gelegter feuchter Umschlag.*
Hạls|wir|bel, der (Anat.): *zum Hals gehörender Wirbel.*
Hạls|wir|bel|säu|le, die (Anat.): *aus den Halswirbeln bestehender Teil der Wirbelsäule* (Abk.: HWS).

¹**hạlt** ⟨Partikel⟩ [mhd., ahd. halt = mehr, vielmehr, Komp. zu ahd. halto = sehr, urspr. viell. = geneigt u. verw. mit unter ↑ Halde genanntem germ. Adj.] (bes. südd., österr., schweiz.): **1.** ³*eben* (1): das ist h. so. **2.** ³*eben* (2): ich meine h., da müssten wir unbedingt helfen; du musst dich h. wehren.
²**hạlt** ⟨Interj.⟩ [Imperativ von ↑ halten]: *nicht weiter!; anhalten!; aufhören!; stopp!:* h.! Wer da? (Militär; *Anruf der Wache*); (militärisches Kommando) Abteilung h.!; h. (ugs.; *bleibt hier, bleibt stehen*), ihr dürft hier nicht herein!; du gießt jetzt so lange, bis ich Halt/h. sage.
Hạlt, der; -[e]s, -e u. -s [spätmhd. halt = das Halten, Aufenthalt, Ort; Bestand]: **1.** ⟨o. Pl.⟩ *etw., woran man sich festhalten kann, woran etw. befestigt wird; Stütze; das Gehalten-, Gestütztwerden, das Befestigtsein:* einen H., nach einem festen H. suchen; nach einem H. greifen; sie verlor den H.; das Regal hat keinen richtigen H.; Ü inneren H. *(Festigkeit, Sicherheit)* haben; jeden H. verlieren; an jmdm., etw. [einen] festen H. *(Rückhalt, moralische Unterstützung)* haben. **2.** *[kurzes] Anhalten; [kurze] Unterbrechung [einer Fahrt]:* ein plötzlicher H.; ohne H. ans Ziel fahren; * **vor jmdm., etw. nicht H. machen** (↑ haltmachen); **vor jmdm., etw. niemandem] H. machen** (↑ haltmachen); **jmdn., einer Sache H. gebieten** (geh.; ↑ Einhalt). **3.** (schweiz. veraltend) *Gehalt, [Flächen]inhalt.*
hạlt|bar ⟨Adj.⟩: **1. a)** (bes. von Lebensmitteln) *nicht leicht verderbend; über längere Zeit genießbar bleibend:* lange -e Lebensmittel; die Salbe ist höchstens ein Jahr h.; etw. durch Zusätze h. machen *(konservieren);* **b)** *nicht leicht verschleißend, nicht leicht entzweigehend;* von fester, dauerhafter Beschaffenheit; *strapazierfähig:* -e Stoffe, Tuche; die schweren Nagelschuhe sind sehr h.; Ü die Verbindung, der Friede erwies sich als sehr h.; Keine Sorge: Schlechte Ehen sind die -sten (sind am beständigsten, werden am seltensten geschieden; Wohmann, Absicht 28). **2. a)** *sich aufrechterhalten lassend; glaubhaft, einleuchtend o. ä. seiend* (meist verneint): diese Theorie ist bestimmt nicht h.; **b)** (selten) *sich halten* (6 a), *erfolgreich verteidigen lassend* (meist verneint): unter diesen Umständen ist die Stadt, die Festung nicht h.; **c)** *sich beibehalten lassend:* sein erster Platz in diesem Wettkampf ist wohl kaum h.; **d)** (Ballspiele) *(von einem Ball, einem Schuss) so geworfen, geschossen, dass er gehalten* (3 a), *gefangen, abgewehrt werden kann:* dieser Ball war h.
Hạlt|bar|keit, die; -: *haltbare Beschaffenheit.*
Hạlt|bar|keits|da|tum, das: *Datum, bis zu dem etw. garantiert haltbar* (1 a) *ist.*
Hạlt|bar|keits|dau|er, die: *Zeitraum, in dem etw. haltbar* (1 a) *ist:* eine Konserve von nahezu unbegrenzter H.
Hạlt|bar|milch, die (bes. österr.): *durch Erhitzen haltbar gemachte Milch, H-Milch.*
Hạl|te, die; -, -n: **1.** (Turnen) *Teil einer Turnübung, bei der Körper kurze Zeit in einer bestimmten Stellung gehalten wird:* eine H. dau-

ert am Barren zwei, an den Ringen drei Sekunden. ♦ **2.** *Halt* (2): * **H. machen** *(haltmachen).*
Hal|te|bo|gen, der *(Musik): bogenförmiges grafisches Zeichen, durch das die Zeitwerte zweier Noten mit gleicher Tonhöhe addiert werden.*
Hal|te|bucht, die *(Verkehrsw.): Ausbuchtung der Fahrbahn am Straßenrand zum Anhalten.*
Hal|te|griff, der: **1.** *(in Autos, Badewannen, öffentlichen Verkehrsmitteln u. Ä. angebrachter) Griff zum Sichfesthalten.* **2.** *Griff, mit dem versucht wird, den Gegner unter Kontrolle zu halten.*
Hal|te|gurt, der: *Sicherheitsgurt.*
Hal|te|lei|ne, die: *Leine, mit der jmd., etw. festgehalten wird.*
Hal|te|li|nie, die *(Verkehrsw.): Linie quer zur Fahrspur, an der [vor Ampeln] angehalten werden muss.*
hal|ten ⟨st. V.; hat⟩ [mhd. halten, ahd. haltan, urspr. = Vieh halten, hüten]: **1. a)** *ergriffen, gefasst haben u. nicht loslassen; festhalten:* eine Stange, die Tasse am Henkel, das Seil an einem Ende h.; das Steuerrad nicht mehr h. können; würden Sie bitte einen Augenblick meinen Schirm, das Kind h.?; haltet ihn, haltet den Dieb! *(lasst ihn nicht entkommen!);* ich halte Ihnen die Tasche; er hielt ihr *(half ihr in)* den Mantel; er hielt sich, jmdn. am Geländer *(stützte)* o. Leiter; jmds. Hand, ein Kind an, bei der Hand h.; die Mutter hält das Baby im Arm, in den Armen; er hielt den Draht mit den Fingern, mit einer Zange; etw. unterm Arm h.; * **sich nicht h. lassen; nicht zu h. sein** *(sich nicht aufrechterhalten lassen):* diese These, Theorie lässt sich nicht h., ist nicht zu h.); **an sich h.** *(sich zusammennehmen, beherrschen):* sie hätte sich am liebsten geweint, aber sie hielt an sich; ich musste an mich h., als ich das sah; er konnte nicht mehr länger an sich h. und brach in lautes Gelächter aus); **b)** *bewirken, dass etw. in seiner Lage, seiner Stellung o. Ä. bleibt, Halt hat; Befestigung, Halt, Stütze o. Ä. für etw. sein:* nur ein paar Stützbalken halten das baufällige Gemäuer; zwei Schleifen halten den Vorhang [an der Seite]; ihre Haare wurden von einem Band [nach hinten] gehalten; das Regal wird von zwei Haken gehalten *(ist mit zwei Haken befestigt);* die Schraube hat nicht viel zu h. *(wird kaum belastet).* **2. a)** *an einer bestimmten Stelle bewegen u. dort in einer bestimmten Lage, Haltung, Stellung lassen:* den Arm ausgestreckt, den Kopf gesenkt h.; die Hand an, gegen den Ofen h.; ein Dia gegen das Licht h.; das Kind über das Taufbecken h.; du brauchst dir gar nicht die Zeitung vors Gesicht zu h.; **b)** ⟨h. + sich⟩ *eine bestimmte Körperhaltung einnehmen, haben:* sie hält sich sehr aufrecht; er hält sich schlecht, nicht gut; **c)** ⟨h. + sich⟩ *an einer bestimmten Stelle, in einer bestimmten Lage, Stellung verharren, bleiben:* er hielt sich nur ein paar Sekunden auf dem wilden Pferd; ⟨meist in Verbindung mit »können«:⟩ sie konnte sich an der abschüssigen Stelle nicht h. und rutschte ab; Ü der Läufer hat sich über Jahre hinweg in der Weltspitze gehalten. **3.** (Ballspiele) **a)** *(einen aufs Tor zukommenden Ball) abfangen, abwehren, am Passieren der Torlinie hindern:* einen Ball, einen Strafstoß h.; **b)** *die aufs Tor zukommenden Bälle in einer bestimmten Weise halten* (3 a): der junge Torhüter hielt großartig. **4.** *zum Bleiben bewegen, zurückhalten; nicht weggehen lassen:* du kannst gehen, es hält dich niemand; was hält uns hier, bei dieser Firma, in dieser Stadt eigentlich noch?; die Firma versuchte alles, um den Facharbeiter zu h.; es hält ihn [hier] nichts mehr; er ließ sich nicht h. **5.** *bei sich, in sich behalten; nicht ausfließen, herauslaufen lassen; zurückhalten:* der Teich, das Fass hält das Wasser; den Urin h.;

⟨meist verneint in Verbindung mit »können«:⟩ sie konnte das Wasser *(den Urin)* kaum noch, nicht mehr h. **6. a)** *(Militär) erfolgreich verteidigen:* die Soldaten hielten die Festung; die Stadt, das Gebiet war nicht [länger] zu h.; **b)** *nicht aufgeben, nicht weggeben müssen; sich nicht wegnehmen lassen:* er wird seine Gaststätte, seinen Laden nicht mehr h. können; **c)** *(eine erworbene Stellung in einer Rangskala o. Ä.) erfolgreich verteidigen, nicht abgeben, nicht verlieren:* der Läufer konnte seinen Vorsprung bis ins Ziel h.; einen Rekord h. *(innehaben).* **7.** ⟨h. + sich⟩ **a)** *sich mit Erfolg behaupten; erfolgreich bestehen; Bestand haben:* das Geschäft, das Unternehmen, die Kneipe hält sich [wider Erwarten]; wir werden uns, die Stadt wird sich nicht mehr lange [gegen den Feind] h. können; ⟨meist in Verbindung mit »können«:⟩ das Stück konnte sich lange h. *(blieb lange auf dem Spielplan);* **b)** *sich in bestimmter Weise durchsetzen; in bestimmter Weise eine Situation meistern, den Anforderungen genügen:* du hast dich in der Prüfung gut, hervorragend gehalten; wenn er sich weiterhin so [gut, wacker] hält, wird er siegen; ... blickte er in das faltige und doch wahrscheinlich noch bis ins hohe Alter jugendlich wirkende Gesicht des einzigen mit ihm näher befreundeten Kollegen, der sich, wie er selbst, tapfer hielt, so gut es sich machen ließ (Kronauer, Bogenschütze 341). **8. a)** *in gleicher Weise weiterführen, beibehalten:* den Kurs, die Richtung h.; es fiel ihm schwer, das hohe [Anfangs]tempo zu h.; den Ton, die Melodie, den Takt h.; Diät h.; sie wollen Verbindung miteinander h.; Er stieg leicht bis zum G an, darüber hatte er bereits Mühe, das A ohne Umschlag der Stimme zu h. (Thieß, Legende 109); **b)** *(einen bestimmten [inneren] Zustand) bewahren, nicht aufgeben:* Ordnung, Disziplin h.; Frieden, Freundschaft [mit jmdm.] h.; ihr müsst jetzt Ruhe h. (ugs.; *euch ruhig verhalten*); **c)** *einer einmal eingegangenen Verpflichtung nachkommen, sie einhalten, erfüllen, nicht davon abgehen; (ein Versprechen o. Ä.) nicht brechen:* sein Wort, einen Eid, Schwur, einen Vertrag h.; er hat sein Versprechen, die Gebote nicht gehalten; was sie verspricht, hält sie auch; Ü Der Film hielt nicht, was die Reklame versprach *(er hat die Erwartungen nicht erfüllt, hat enttäuscht);* Ich hielt die kühne Wette, in deiner Gegenwart ein Verbrechen zu begehen (Dürrenmatt, Richter 84); **d)** ⟨h. + sich⟩ *einer Vorschrift, Vorlage, Verpflichtung o. Ä. entsprechend handeln:* du musst dich an dein Versprechen, an unsere Abmachungen h.; an die Gesetze, an einen Vertrag h.; **e)** ⟨h. + sich⟩ *sich nach etw. richten, an etw. orientieren:* du solltest dich mehr an die Tatsachen h.; ich halte mich lieber an die Augenzeugen *(gehe lieber von deren Aussagen aus);* ich halte mich lieber an das, was ich selbst gehört, gesehen habe; er hat sich der Verfilmung [eng] an die literarische Vorlage gehalten; Übrigens muss ich hier einschalten, dass ich mich bei der Schilderung meiner Jugend nicht ängstlich an die Jahresfolge halte (Th. Mann, Krull 32). **9.** ⟨h. + sich⟩ **a)** *sich (mit etw., seinen Ansprüchen, Anforderungen, Anliegen o. Ä.) an jmdn. wenden:* wenn du in diesem Punkt etwas erreichen willst, musst du dich an den Direktor h.; ich halte mich also an dich, wenn es so weit ist; Sie müssen sich an Ihre Versicherung h.; **b)** *jmds. Nähe, Gesellschaft suchen u. bestrebt sein, mit ihm in Kontakt zu bleiben:* ich halte mich lieber an ihn, auf ihn kann man sich wenigstens verlassen. **10.** *auf etw. besonderen Wert legen; auf sich, auf etw. besonders achten; um etw. bemüht sein:* sehr, streng auf Ordnung,

Anstand, Sitte h.; er hielt sehr genau darauf, dass alles seinen geregelten Gang ging; da sie aus unbedeutenden Verhältnissen stammt, hält sie besonders auf Förmlichkeit (Werfel, Bernadette 347); * **auf sich h.** *(auf sein Ansehen, seinen Ruf, sein Image bedacht sein):* wer [ein bisschen] auf sich hält, kann sich in so einer Kaschemme nicht sehen lassen). **11. a)** *auf jmds. Seite sein u. ihm beistehen, zu ihm stehen; jmds. Partei ergreifen, hinter ihm stehen:* treu zu jmdm. h.; die meisten haben doch zu dir gehalten; auch in der größten Bedrängnis hielt er zu mir; **b)** ⟨in Verbindung mit der Präp. »mit«⟩ *Sympathie für jmdn., etw. haben; [gefühlsmäßig] für jmdn., etw. sein:* er hält es [lieber] mit den Anspruchslosen, Fröhlichen *(sucht ihre Gesellschaft);* er hält es mehr mit seiner Mutter *(ist mehr seiner Mutter zugetan);* er hält es stets mit der Bequemlichkeit *(ist sehr bequem);* man erzählt sich, dass sie es mit ihrem Chef hält (verhüll.; *dass sie mit ihm ein Liebesverhältnis hat*); **c)** ⟨in Verbindung mit »es«⟩ *nach jmds. Vorbild handeln, es jmdm. gleichtun:* ich halte es da mit meiner Mutter, die meinte »Morgenstund hat Gold im Mund«; sie hält es mit ihrem Vater, der Ratenkäufe aus Prinzip ablehnt. **12. a)** ⟨h. + sich⟩ *eine bestimmte räumliche Position, Stelle, einen bestimmten Platz einnehmen u. beibehalten:* er hielt sich immer an ihrer Seite, dicht hinter ihr; das Flugzeug hielt sich auf einer Höhe von 8000 m; (veraltend:) Still hielt er sich zu mir *(blieb er an meiner Seite;* Th. Mann, Herr 79); **b)** ⟨h. + sich⟩ *eine bestimmte Richtung einschlagen u. beibehalten, verfolgen:* wenn du an dem Punkt angekommen bist, hältst du dich am besten immer [nach] links; wir müssen uns ostwärts, nach Norden, Richtung Stadt h.; **c)** (Seemannsspr.) *auf etw. Kurs, Richtung nehmen, zusteuern:* der Dampfer hielt auf die Küste; wir mussten nach Süden, südwärts h. **13.** *mit einer Schusswaffe [auf etw.] zielen; eine Schusswaffe auf etw. richten:* auf eine Zielscheibe, auf einen Hasen h.; du musst [genau] in die Mitte, mehr nach rechts h. **14. a)** *zu seiner Verfügung, zu seinem Nutzen, Vergnügen haben u. unterhalten:* Haustiere, Kühe, Hühner h.; willst du dir wirklich ein Pferd, einen Hund h.?; Ü sie wissen kein Auto h. *(leisten);* sie einen Chauffeur h. *(einen Chauffeur beschäftigen);* **b)** *(eine Zeitung, Zeitschrift o. Ä.) abonniert haben:* er hält mehrere Zeitungen. **15.** *für jmdn., etw. in bestimmter Weise sorgen, mit jmdm., etw. in bestimmter Weise umgehen:* seine Kinder streng h.; die Gefangenen wurden straff gehalten; er wurde bei gehalten wie der eigene Sohn; er hält seine Bücher, sein Auto sehr gut; Die Pflanzen sahen hübsch aus und waren immer sehr sauber und tadellos gehalten (Hesse, Steppenwolf 21). **16. a)** *der Meinung, Auffassung sein, dass sich jmd. in bestimmter Weise verhält, etw. in einer bestimmten Weise beschaffen ist; jmdn., etw. als jmdn., etw. betrachten, auffassen:* jmdn. für ehrlich, aufrecht, gerissen, falsch h.; er wurde für tot gehalten; ich halte dich wohl für besonders klug?; etw. für gesichert, wahrscheinlich h.; ich halte das nicht für gut, halte es für das Beste, wenn er jetzt geht; sie hat es nicht für möglich gehalten; ich habe dich immer für meinen Freund gehalten; er hält sich für etwas Besonderes; ich hielt sie für ihre Zwillingsschwester; ♦ ... der gnädige Herr hielt Euch tot (Schiller, Räuber IV, 3); **b)** *über jmdn., etw. in bestimmter Weise denken, ein bestimmtes Urteil haben:* von jmdm. nicht viel h. *(eine geringe Meinung von ihm haben, ihn nicht besonders schätzen);* von einer Sache viel, eine ganze Menge, wenig, nichts h.; was hältst du davon? *(wie denkst du darüber?);* **c)** *(in Verbindung mit »es«) in bestimmter Weise verfahren, vorgehen:* er ging nicht gleich nach Hause, wie er es sonst immer gehalten hatte; wie hältst du es mit der Steuererklärung?; wie hältst du es mit der Religion? *(was denkst du über die Religion, was hast du für ein Verhältnis zu ihr?);* damit kannst du es/das kannst du h., wie du willst. **17.** *stattfinden lassen, veranstalten; durchführen, abhalten:* einen Gottesdienst h.; eine Vorlesung, eine Ansprache h.; er hält einen guten Unterricht; wann wollt ihr Hochzeit h.?; (häufig verblasst:) er hielt Selbstgespräche; der Hamster hält seinen Winterschlaf; Rat h. (geh.; *sich beraten);* Wache h. *(auf Wache stehen, aufpassen);* Ich setzte mich zu ihr. Wir hielten eine kurze Ratschlagung (Bergengruen, Rittmeisterin 88). **18. a)** *in seinem augenblicklichen [guten] Zustand bleiben; in der gleichen Weise, Form bestehen bleiben:* die Rosen halten sicher noch zwei Tage; ob das Wetter wohl h. wird?; (meist h. + sich:) wenn sich das Wetter hält, fahren wir morgen; diese Waren halten sich [lange] *(verderben nicht so leicht, sind haltbar);* sie hat sich gut gehalten (ugs.: *sie sieht jünger aus, als sie ist);* **b)** *trotz Beanspruchung ganz bleiben, in unversehrtem Zustand erhalten bleiben, nicht entzweigehen, nicht defekt werden:* die Schuhe haben lange gehalten; die Klebung hielt; das muss gelötet werden, sonst hält es nicht richtig; ob das Farbe wohl h. wird?; der Nagel hält *(sitzt fest, löst sich nicht heraus);* das Seil hat nicht gehalten *(ist gerissen);* das Eis hält *(bricht nicht, trägt);* die Frisur hat nicht lange gehalten *(hat sich nach kurzer Zeit wieder aufgelöst);* Ü ihre Freundschaft hielt nicht lange *(ging nach kurzer Zeit in die Brüche, hatte keinen Bestand).* **19.** (in verblasster Bed.) **a)** *veranlassen, bewirken, dass ein bestimmter Zustand, eine bestimmte Verfassung, Situation, Lage erhalten bleibt; in einem bestimmten Zustand lassen, bewahren:* die Tür verschlossen h.; ein Land besetzt h.; sie wird dir das Essen warm h.; die Speisen kühl, frisch h.; die Temperatur in diesem Raum wird immer konstant, auf 30° Celsius gehalten; etw. versteckt h.; er hält sich immer abseits; die Augen geschlossen h.; Sie müssen viel Sport treiben, das hält jung, fit; jmdn. bei [guter] Laune h.; die Akten unter Verschluss h.; jmdn. in Bewegung, in Spannung h.; er muss sich stets zur Verfügung h.; sich im Gleichgewicht h.; **b)** *in bestimmter Weise, in einer bestimmten Art gestalten, anlegen, fertigen:* den einen der beiden Räume wollen wir ganz in Dunkel, in Grün h.; (meist im 2. Part.:) das Zimmer war in Weiß und Gold gehalten; seine Ansprache war in knappen Worten, war sehr allgemein gehalten; ... lagen die Anfangsseiten eines neuen wissenschaftlichen Werks auf dem Schreibtisch. Es war in einer sehr exakter und bestehend ordentlichen Handschrift gehalten *(abgefasst, geschrieben;* Schnurre, Bart 131). **20.** *in seiner Vorwärtsbewegung innehalten, zum Stillstand kommen; haltmachen, stehen bleiben, anhalten, stoppen; sich nicht weiter fortbewegen:* das Auto, die Straßenbahn hielt, musste h.; der Zug hielt plötzlich auf freier Strecke; wir hielten genau vor der Tür; der Schnellzug hält hier nicht, hält nur zwei Minuten *(hat hier keinen, nur zwei Minuten Aufenthalt);* ⟨subst.:⟩ er konnte den Wagen nicht mehr zum Halten bringen; Ü (in formelhafter Verwendung) halt, haltet, halten Sie [mal] (ugs.; *einen Augenblick bitte, einen Moment mal),* wie war das noch? ♦ **21.** ²*unterhalten* (2b), *betreiben:* ... wo in einer Bude unter neue Stiefel zu Kauf standen ... der schöne blondlockige Knabe, der die Bude hielt ... (Chamisso, Schlemihl 69).

Hal|te|punkt, der: *[Bedarfs]haltestelle, bes. an einer Bahnlinie.*
Hal|ter, der; -s, - [mhd. haltære = Hirt; Bewahrer; Inhaber, ahd. haltāri = Erlöser; Empfänger]: **1. a)** *Vorrichtung, an der etw. befestigt werden kann, die etw. (an einer bestimmten Stelle) hält:* eine neue Rolle Toilettenpapier an den H. hängen; **b)** *Teil eines Gegenstands, an dem etw. gehalten wird; Griff:* der Bohrer hat einen H. aus Plastik; **c)** (ugs.) Kurzf. von ↑ Federhalter, ↑ Füllfederhalter: mit dem neuen H. kann er nicht besser schreiben; **d)** (ugs.) Kurzf. von ↑ Strumpfhalter, ↑ Sockenhalter: die Strümpfe, Socken am H. befestigen; **e)** (ugs.) Kurzf. von ↑ Büstenhalter: mein H. ist zu eng. **2. a)** Kurzf. von ↑ Fahrzeughalter: der H. des verunglückten Fahrzeugs; **b)** Kurzf. von ↑ Tierhalter: H. von Hunden haben eine Steuer zu entrichten. **3.** (österr.) *Viehhüter.*
Hal|te|re, die; -, -n ⟨meist Pl.⟩: **1.** (Zool.) *kolbenförmiges (entwicklungsgeschichtlich einen umgebildeten Flügel darstellendes) paariges Organ mancher Insekten, das während des Flugs im Gleichtakt mit den anderen Flügeln, jedoch deren Bewegung entgegengesetzt, mitschwingt.* **2.** [lat. halteres < griech. haltḗres] *(im alten Griechenland) beim Weitsprung zur Steigerung des Schwunges benutztes hantelartiges Stein- od. Metallgewicht.*
Hal|te|rin, die; -, -nen: w. Form zu ↑ Halter (2).
hal|ter|los ⟨Adj.⟩: *ohne Halter* (1 d) *[tragbar 2]:* -e Strümpfe.
hal|tern ⟨sw. V.; hat⟩: *(in einer Halterung, mithilfe einer Halterung) festklemmen, befestigen.*
häl|tern ⟨sw. V.; hat⟩ (Fachspr.): *in einem speziellen Behälter für Fische aufbewahren, transportieren:* die Jungfische wurden ohne Verluste gehältert.
Hal|te|rung, die; -, -en: *Haltevorrichtung, durch die etw. an einer bestimmten Stelle so befestigt od. gehalten wird, dass es jederzeit zum Zwecke des Gebrauchs wieder abnehmbar ist:* die Gurte aus der H. nehmen; den Schlauch, den Feuerlöscher in die H. hängen.
Hal|te|schwung, der (Skisport): *Abschwingen* (2), *das zum Halten führt.*
Hal|te|seil, das: *Seil, mit dem jmd., etw. festgehalten wird.*
Hal|te|si|gnal, das: *Signal, das ein Anhalten gebietet.*
Hal|te|stan|ge, die: **a)** *Stange, an der man sich halten kann;* **b)** *Stange, die etw. hält.*
Hal|te|stel|le, die: *der öffentliche Verkehrsmittel anhalten, um Fahrgäste aus- od. einsteigen zu lassen:* Sie müssen noch drei -n weiter fahren, an dem H. aussteigen; wie weit ist es bis zur nächsten H.?; Er achtete auf die -n, denn er kannte die Gegend nicht (Becker, Tage 86).
Hal|te|stel|len|in|sel, die: *Verkehrsinsel, an der sich eine od. mehrere Haltestellen befinden.*
Hal|te|tau, das: *[beim Segeln oder Bergsteigen verwendetes] Tau, mit dem jmd., etw. festgehalten wird.*
Hal|te|ver|bot, das: **1.** (Verkehrsw.) **a)** *Verbot, (als Lenker eines [Kraft]fahrzeugs) innerhalb eines bestimmten Bereichs zu halten:* auf Autobahnen besteht ein allgemeines H.; das Zeichen bedeutet [absolutes, eingeschränktes] H.; **b)** *Bereich, in dem Halteverbot* (1 a) *besteht:* er parkte im [absoluten, eingeschränkten] H. **2.** *Verbot, ein bestimmtes Tier zu halten:* ein allgemeines H. für Hunde, Greifvögel verhängen.
Hal|te|ver|bots|schild, das (Verkehrsw.): *Verkehrsschild, das ein Halteverbot anzeigt.*
Hal|te|vor|rich|tung, die: *Vorrichtung, durch die etw. gehalten* (1 b) *wird.*
Hal|te|zei|chen, das: **1.** *Haltesignal.* **2.** (Musik) *Fermate.*

hal|tig ⟨Adj.⟩ (Bergmannsspr.): *Erz enthaltend:* -es Gestein.
halt|los ⟨Adj.⟩: **1.** *ohne inneren, seelischen, moralischen Halt, labil, keine innere Festigkeit aufweisend:* ein -er Mensch; diese junge Frau ist völlig h. **2.** *unbegründet, einer kritischen Prüfung, einer sachlichen Beurteilung nicht standhaltend; aus der Luft gegriffen:* -e Behauptungen, Anschuldigungen; Aber, junge Frau! ... wer wird sich um solch -en Klatsch kümmern! (Broch, Versucher 86).
Halt|lo|sig|keit, die; -: **1.** *haltloses* (1) *Wesen:* seine H. ließ ihn immer wieder zur Flasche greifen. **2.** *Beschaffenheit, Zustand, der haltlos* (2), *unbegründet ist:* bald musste er die H. seiner Beschuldigungen einsehen.
halt|ma|chen, Halt ma|chen ⟨sw. V.; hat⟩: *[an]halten, stehen bleiben:* wir mussten halt/Halt, um zu rasten; * **vor jmdm., etw. nicht haltmachen/Halt machen** *(jmdn., etw. nicht ausnehmen, nicht verschonen);* **vor nichts [und niemandem] haltmachen/Halt machen** *(vor keiner Tat zurückschrecken, skrupellos sein).*
Halt|schild, das (früher): *Stoppschild.*
Hal|tung, die; -, -en [mhd. haltunge]: **1.** ⟨Pl. selten⟩ *Art u. Weise, bes. beim Stehen, Gehen od. Sitzen, den Körper, bes. das Rückgrat, zu halten; Körperhaltung:* eine gute, gebückte, gerade, aufrechte, [nach]lässige H.; eine amtliche, dienstliche H. einnehmen; die H. durch gymnastische Übungen korrigieren; in [un]bequemer, verkrampfter H. dasitzen; dem Turner wurden wegen schlechter H. Punkte abgezogen; H. annehmen, (selten:) einnehmen (Militär; *strammstehen).* **2. a)** ⟨Pl. selten⟩ *innere [Grund]einstellung, die jmds. Denken u. Handeln prägt:* eine sittliche, religiöse, liberale, progressive, konservative H.; eine fortschrittliche, ablehnende, zögernde, klare, zwiespältige, undurchsichtige H. in, zu einer Frage einnehmen; **b)** ⟨Pl. selten⟩ *Verhalten, Auftreten, das durch eine bestimmte innere Einstellung, Verfassung hervorgerufen wird:* eine mutige, entschlossene H. zeigen; eine vornehme, ruhige, selbstbewusste H. zeichnete ihn aus; sie war beispielhaft, vorbildlich in ihrer H.; **c)** ⟨o. Pl.⟩ *Beherrschtheit, innere Fassung:* feste H. zeigen, bewahren; die H. verlieren, wiedergewinnen; etw. in, mit H. aufnehmen, hinnehmen, geschehen lassen, tun; um H. kämpfen, ringen. **3. a)** ⟨o. Pl.⟩ *Tierhaltung* (1 a): die H. von Zuchtvieh; **b)** *Tierhaltung* (1 b): Eier aus artgerechter H.
Hal|tungs|feh|ler, der: **1.** (Med.) *[angeborene] fehlerhafte Körperhaltung.* **2.** (Sport) *Abweichung von der für eine Übung vorgeschriebenen Körperhaltung.*
Hal|tungs|no|te, die (Sport): *Note, mit der die Körperhaltung bei einer Übung bewertet wird.*
Hal|tungs|scha|den, der (Med.): *Haltungsfehler, der auf eine krankhafte Veränderung des Knochengerüsts zurückzuführen ist.*
Halt|ver|bot, das (Verkehrsw.): *Halteverbot* (1).
Ha|lun|ke, der; -n, -n [zu tschech. holomek = Halunke, urspr. = bewaffneter Amtsdiener, Henkersknecht, älter = armer Junge vornehmer Herkunft, der bei einem Adligen als Diener arbeitet, eigtl. = Junggeselle, zu: holý = bartlos; nackt, also eigtl. = Bartloser]: **a)** (abwertend) *jmd., der Böses tut, andere gemein od. hinterhältig schädigt; schlechter Mensch:* das sind doch alles Gauner und -n; **b)** (scherzh.) *Schlingel, Lausbub:* na, ihr [kleinen] -n?
Hal|wa, das; -[s] [arab. ḥalwā]: *Süßspeise aus gerösterem Sesam* (1 b), *Honig od. Sirup u. Zucker.*
Häm, das; -s [zu griech. haîma = Blut] (Biol.,

häm- – hämmern

Med.): *Bestandteil des Hämoglobins, der diesem seine Farbe gibt.*

häm-, Häm-: ↑ hämo-, Hämo-.

Ha|ma|da: ↑ Hammada.
Hal|mam, der; -[s], -s [türk. hamam < arab. ḥammām, ↑ Hammam]: *türkisches Bad.*
Hal|mal|me|lis, die; - [griech. hamamēlís = Mispel]: *Zaubernuss.*
Ham and Eggs ['hæm ənd 'egz] ⟨Pl.⟩ [engl. ham and eggs = Schinken und Eier]: engl. Bez. für: *Spiegeleier mit Schinken[speck].*
Hä|man|gi|om, das; -s, -e [zu griech. haīma = Blut u. aggeīon = Gefäß] (Med.): *gutartige Geschwulst der Blutgefäße.*
Hal|mas, die; - [arab. ḥamās = Eifer]: *radikale islamistische Organisation in Palästina.*

hä|mat-, Hä|mat-: ↑ hämato-, Hämato-.

Hä|ma|tin, das; -s [zu griech. haīma = Blut] (Med.): *Derivat des Hämoglobins.*
Hä|ma|tit [auch: ...'tɪt], der; -s, -e [lat. haematites < griech. haimatítēs (líthos), eigtl. = blutiger Stein (wegen der roten Färbung)] (Geol.): *aus Eisenoxid bestehendes stahlgraues bis schwarzes Mineral, das als Eisenerz abgebaut wird.*

hä|ma|to-, Hä|ma|to-, (vor Vokalen meist:) hämat-, Hämat- [zu griech. haīma (Gen.: haímatos) = Blut]: Best. in Zus. mit der Bed. *Blut* (z. B. hämatogen, Hämatogramm, Hämaturie).

hä|ma|to|gen ⟨Adj.⟩ [↑ -gen] (Med.): **1.** *aus dem Blut stammend:* -e *(durch das Blut verschleppte)* Bakterien. **2.** *blutbildend.*
Hä|ma|to|lo|ge, der; -n, -n [↑ -loge] (Med.): *auf die Hämatologie spezialisierter Mediziner.*
Hä|ma|to|lo|gie, die; - [↑ -logie] (Med.): *Lehre vom Blut u. seinen Krankheiten.*
Hä|ma|to|lo|gin, die; -, -nen: w. Form zu ↑ Hämatologe.
hä|ma|to|lo|gisch ⟨Adj.⟩ (Med.): *die Hämatologie betreffend.*
Hä|ma|tom, das; -s, -e (Med.): *Ansammlung von Blut außerhalb der Blutbahn in den Weichteilen; Bluterguss.*
Hä|ma|to|xy|lin, das; -s [zu griech. xýlon = Holz]: *pflanzlicher Farbstoff, der aus dem Holz des südamerikanischen Blutholzbaumes durch Extraktion mit Äther hergestellt wird.*
Hä|ma|tu|rie, die; -, -n [zu griech. oūron = Harn] (Med.): *Ausscheidung nicht zerfallener roter Blutkörperchen mit dem Urin; Harnblutung.*
Ham|burg: *Stadt u. deutsches Bundesland.*
¹Ham|bur|ger, der; -s, -: Ew.
²Ham|bur|ger [auch: ˈhɛmbø:ɐ̯gɐ], der; -s, - [...bʊrgə, ...bø:ɐ̯gə] u. -s [...bø:ɐ̯gəs] [kurz für: Hamburger Steak]: *zwischen den getoasteten Hälften eines Brötchens servierte heiße Frikadelle aus Rinderhackfleisch:* einen H. essen.
³Ham|bur|ger ⟨indekl. Adj.⟩: der H. Hafen.
Ham|bur|ge|rin, die; -, -nen: w. Form zu ↑ ¹Hamburger.
ham|bur|gern ⟨sw. V.; hat⟩: *Hamburger Mundart sprechen.*
ham|bur|gisch ⟨Adj.⟩: Altona ist seit 1937 h.
Hä|me, die; - [zu ↑ hämisch]: *hämische Haltung, hämische Freude:* er ertrug die H. seiner Mitschüler nicht.
¹Ha|me|ler, der; -s, - (selten): Ew. zu ↑ Hameln.
²Ha|me|ler ⟨indekl. Adj.⟩ (selten): zu ↑ Hameln.
Ha|me|le|rin, die; -, -nen (selten): w. Form zu ↑ ¹Hameler.
Ha|meln: *Stadt an der Weser.*

¹Ha|mel|ner, der; -s, -: Ew.
²Ha|mel|ner ⟨indekl. Adj.⟩.
Ha|mel|ne|rin, die; -, -nen: w. Form zu ↑ ¹Hamelner.
ha|melnsch ⟨Adj.⟩: *aus Hameln stammend; zu Hameln gehörend.*
hä|men ⟨sw. V.; hat⟩: *hämisch reden, spotten.*
Ha|men, der; -s, -: **1.** [mhd. hame, ahd. hamo, viell. identisch mit mhd. hame, ahd. hamo, ↑ hämisch] (Fachspr.) **a)** *großes [beutelförmiges] Fangnetz;* **b)** *[kleines, mit einem Stiel, Griff versehenes] Handnetz zum Fischen.* **2.** [mhd. ham(e), ahd. hamo, eigtl. = Sichbiegendes, viell. zu: hamal (↑ Hammel) od. < lat. hamus = (Angel)haken] (selten) *Angelhaken [aus Zinn od. Messing in Form eines Fisches].* **3.** [H. u.] (landsch.) *Kummet.*
hä|misch ⟨Adj.⟩ [mhd. hem[i]sch, zu: hem = danach trachtend zu schaden, wahrsch. im Sinne von »verhüllt« zu mhd. ham(e), ahd. hamo, ↑ Leichnam]: *auf eine hinterhältige Weise boshaft; heimlich Freude, Triumph empfindend über etw., was für einen anderen unangenehm, peinlich ist; in boshafter Weise schadenfroh:* -e Blicke, Bemerkungen; -e Schadenfreude; seine Bemerkungen waren ziemlich h.; h. grinsen.
Ha|mit, der; -en, -en, **Ha|mi|te,** der; -n, -n: *Angehöriger einer Völkergruppe in Afrika.*
Ha|mi|tin, die; -, -nen: w. Form zu ↑ Hamit, Hamite.
ha|mi|tisch [auch: ...ˈmɪ...] ⟨Adj.⟩: *zu den Hamiten gehörend, von ihnen stammend, sie betreffend:* -e Sprachen.
ha|mi|to|se|mi|tisch [auch: ...ˈmɪ...] ⟨Adj.⟩ (Sprachwiss.): *die Sprachen in Nord-, Nordost- u. Zentralafrika betreffend, die semitisch od. mit dem Semitischen verwandt sind:* -e Sprachen.
Ham|ma|da, Ha|ma|da, die; -, -s [arab. ḥammādaʰ = die Unfruchtbare] (Geogr.): *Stein- u. Felswüste.*
Ham|mam, der; -[s], -s [arab. ḥammām]: *Badehaus im Vorderen Orient.*
Ham|mel, der; -s, - [mhd. hamel, spätahd. hamal, zu ahd. hamal = verstümmelt, urspr. = gekrümmt]: **1. a)** *verschnittener Schafbock:* sich wie die H. (ugs.: geduldig, ohne sich dagegen zu wehren od. aufzulehnen) abtransportieren lassen; **b)** ⟨o. Pl.⟩ Kurzf. von ↑ Hammelfleisch: sie mag keinen H.; nach H. riechen. **2.** (derb abwertend) *dummer, einfältiger, grober Mensch* (oft als Schimpfwort): so ein H.
Ham|mel|bein, das (selten): *Bein eines Hammels:* * jmdm. die -e lang ziehen od. langziehen (ugs.; jmdn. zurechtweisen, scharf tadeln; vermutlich darauf bezogen, dass der Fleischer dem geschlachteten Hammel die Beine lang zieht, um ihn zu enthäuten); **jmdn. bei den -en nehmen/kriegen** (ugs.: jmdn. bei den Füßen fassen. jmdn. zur Verantwortung ziehen).
Ham|mel|bra|ten, der: *Braten aus Hammelfleisch.*
Ham|mel|fleisch, das: *Fleisch vom Hammel* (1 a).
Ham|mel|her|de, die: *Herde von Hammeln:* eine große H.; wie eine H. (salopp abwertend; *undiszipliniert, konfus, ungeordnet*) durcheinanderlaufen; Ü diese H.! (salopp abwertend; *dieser ungeordnete Haufen!*)
Ham|mel|keu|le, die: *Keule des Hammels* (1 a).
Ham|mel|sprung, der [nach dem Bild von Schafen, die eines nach dem anderen über, durch etw. springen (u. dabei gezählt werden)] (Parlamentsspr.): *Verfahren der Abstimmung, bei dem alle Abgeordneten den Saal verlassen u. durch drei verschiedene Türen, von denen eine Zustimmung, eine Ablehnung u. eine Stimmenthaltung bedeutet, wieder betreten (wobei die Stimmen gezählt werden).*
Ham|mer, der; -s, Hämmer [mhd. hamer, ahd.

hamar, eigtl. = (Werkzeug aus) Stein]: **1.** *Werkzeug zum Schlagen od. Klopfen aus einem je nach Verwendungszweck eckigen [u. nach vorn spitz zulaufenden] od. abgerundeten [Metall]klotz u. einem darin eingepassten Stiel:* ein kleiner, schwerer H.; mit einem stumpfen H. den Putz von der Wand klopfen; H. und Zirkel im Ährenkranz (Symbol der Solidarität von Arbeitern, Intelligenz u. Bauern in der DDR); H. und Sichel (kommunistisches Symbol der Solidarität von Arbeitern u. Bauern); Ü Wenn der Kristall einmal zersprungen war unter dem H. des Zweifels, konnte man ihn nur kitten, aber nichts mehr (Remarque, Triomphe 313); * **wissen, wo der H. hängt** (ugs.; *Bescheid wissen, sich genau auskennen; sich in einer bestimmten Situation zurechtfinden*); **jmdm. zeigen, wo der H. hängt** (ugs. *jmdm. gehörig die Meinung sagen, ihn zurechtweisen*); **unter den H. kommen** (*öffentlich versteigert werden;* weil das Höchstgebot bei der Versteigerung durch einen Hammerschlag des Auktionators bestätigt wird: das Haus kommt unter den H.); **etw. unter den H. bringen** (*etw. versteigern lassen*). **2.** (Technik) **a)** *Werkzeugmaschine zum Umformen von Werkstücken;* **b)** (veraltet) Kurzf. von ↑ Hammerwerk. **3.** (Musik) *mit Filz bezogener Klöppel, mit dem die Saiten des Klaviers angeschlagen werden.* **4.** (Anat.) *eines der drei Gehörknöchelchen im menschlichen Ohr, das in der Form einem Hammer ähnelt.* **5.** (Leichtathletik) *an einem starken Draht befestigte Kugel aus Metall, die geschleudert wird.* **6. a)** ⟨o. Pl.⟩ (Fußballjargon) *große Schusskraft:* dieser bullige Stürmer besitzt, bei einem unwahrscheinlichen H. [im Bein]; **b)** (Ballspiele Jargon) *besonders wuchtiger Schuss:* mit einem tollen H. erzielte er den Ausgleich. **7.** (ugs.) **a)** *grober, schwerer, schwerwiegender Fehler:* da hast du dir aber einen H. geleistet!; in seinem Diktat waren einige dicke Hämmer [drin]; * **einen H. haben** (ugs.; *leicht verrückt sein*); **b)** *Unverschämtheit, Ungeheuerlichkeit:* die Mieterhöhung war ein dicker H.; **c)** *großartige Sache, tolle Angelegenheit; riesiger Erfolg:* die Platte ist ein H.; das ist der H.! (*das ist einfach toll!*) **8.** (derb) *Penis.*
Häm|mer|chen, das; -s, -: Vkl. zu ↑ Hammer.
ham|mer|för|mig ⟨Adj.⟩: *die Form eines Hammers* (1) *besitzend.*
Ham|mer|hai, der: *(in tropischen u. subtropischen Meeren lebender) Hai mit einem schlanken Körper u. einer Verbreiterung am Kopfende, die der Form eines Hammers* (1) *ähnelt.*
Ham|mer|kla|vier, das (veraltet): *Klavier.*
Ham|mer|kopf, der: **a)** *Teil des Hammers* (1), *mit dem man schlägt;* **b)** (Leichtathletik) *Metallkugel des Hammers* (5).
Häm|mer|lein, das; -s, -: **1.** Vkl. zu ↑ Hammer. **2.** (veraltet) *Kobold, böser Geist; Teufel:* Meister H. (1. *Teufel.* 2. *Scharfrichter*).
Häm|mer|ling, der; -s, -e (veraltet): *Hämmerlein* (2).
ham|mer|mä|ßig ⟨Adj.⟩: *sehr gut, hervorragend, großartig:* das Konzert war h.
häm|mern ⟨sw. V.; hat⟩ [mhd. hemeren]: **1. a)** *mit dem Hammer* (1) *arbeiten, schlagen, klopfen:* wir hörten ihn im Keller h.; ⟨auch unpers.:⟩ es hämmerte im ganzen Haus; Ich war in einem Viertel, wo es nur Fabriken gab ... und überall ratterten Maschinen und zischte und hämmerte es (Schnurre, Bart 9); **b)** *mit dem Hammer* (1) *bearbeiten:* Blech, Zinn, Silber h.; Ü Er pries die Kunst, Worte so fein zu h., dass sie wie unsichtbare Strahlen in Herzen drangen (Strittmatter, Wundertäter 274); **c)** *[durch Bearbeitung] mit einem Hammer, hämmernd herstellen:* Kupfergefäße h.; eine gehämmerte

Schale. **2.** *in kurzen [rhythmischen] Abständen heftig an, auf, gegen etw. schlagen, klopfen:* [mit den Fäusten] an die Wand h.; sie hämmerte verzweifelt gegen die verschlossene Tür; er hämmert (Boxjargon; *schlägt sehr schnell und immer wieder*) in die Körperpartien des Gegners; man hört einen Specht h. *(an der Baumrinde klopfen);* ⟨subst.:⟩ ein lautes Hämmern; Ü Hagelkörner hämmerten an die Scheiben; der Klöppel hämmert gegen die Glocke; Absätze, Schritte hämmern über das Parkett. **3.** *(in Bezug auf Herz u. Puls) heftig, rasch schlagen, klopfen:* der Puls der Sprinterin hämmert; sein Herz hämmerte bis in den Hals [hinein]; in seinen Schläfen hämmerte *(pulsierte)* das Blut; Ü Es wachsen Schwielen darin und Wasserblasen, heiß und hart, in denen der Schmerz hämmert (Herta Müller, Niederlagen 28). **4.** (ugs.) *ein Geräusch, das dem von Hammerschlägen ähnlich ist, hervorbringen; mit einem anhaltenden, einem Stakkato ähnlichen Geräusch in Tätigkeit sein:* eine Schreibmaschine hämmerte im Nebenraum. **5.** (ugs.) **a)** *laut, abgehackt, kunstlos spielen:* der Pianist hämmerte einen Rag; **b)** *(mit der Schreibmaschine) langsam, ungeschickt, unangenehm laut schreiben:* nebenan hämmert jemand auf einer Schreibmaschine; er hämmerte den Bericht in die Maschine. **6.** (ugs.) *(durch häufiges, wiederholtes Hinweisen, Erinnern od. dgl.) jmdm. etw. fest, nachdrücklich einprägen:* man muss ihm das immer wieder ins Bewusstsein, in den Schädel h. **7.** (Fußballjargon) *[den Ball] mit Wucht [in eine bestimmte Richtung] schießen:* aus vollem Lauf aufs Tor h.; den Ball ins Tor h.

Ham|mer|schlag, der: **1. a)** *Schlag mit dem Hammer* (1); **b)** (Technik) *beim Schmieden von glühendem Stahl entstehender oxidischer Überzug, der in Form kleiner Schuppen abspringt.* **2.** (Textilind.) *Seidenstoff, der in seinem Aussehen einem gehämmerten Blech ähnelt.* **3.** (Sport) **a)** (Boxen) *(nach den Regeln nicht erlaubter) Schlag mit der Faust auf den Kopf des Gegners in das Genick des Gegners;* **b)** (Faustball) *Schlag, der mit der schmalen Außenseite der Faust durchgeführt wird.*

Ham|mer|schmied, der (veraltet): *Schmied in einem Hammerwerk.*

Ham|mer|schmie|de, die: *Hammerwerk.*

Ham|mer|stiel, der: *Stiel eines Hammers* (1).

Ham|mer|wer|fen, das; -s (Leichtathletik): *Disziplin, bei der ein Hammer* (5) *möglichst weit geworfen werden muss.*

Ham|mer|wer|fer, der (Leichtathletik): *jmd., der das Hammerwerfen betreibt.*

Ham|mer|wer|fe|rin, die: w. Form zu ↑ Hammerwerfer.

Ham|mer|werk, das: *Schmiede, in der große Hämmer* (2 a) *durch Wasser- od. Dampfkraft betrieben werden.*

Ham|mer|wurf, der (Leichtathletik): **a)** ⟨o. Pl.⟩ *Hammerwerfen;* **b)** *Wurf im Hammerwerfen:* ein H. von 79,90 m bedeutete den Sieg.

Ham|mer|ze|he, die (Med.): *im mittleren Gelenk nach unten abgeknickte deformierte Zehe [die sich aber eine benachbarte Zehe schiebt].*

Ham|mond|or|gel ['hɛmənd...], die; -, -n [nach dem amerik. Erfinder L. Hammond (1895–1973)]: *elektroakustisches Tasteninstrument mit variierbarer Klangfarbe, das bes. in der Unterhaltungsmusik verwendet wird.*

hä|mo-, Hä|mo-, (vor Vokalen meist:) häm-, Häm- [griech. haîma = Blut]: Best. in Zus. mit der Bed. *Blut:* hämolytisch, Hämoglobin, Hämangiom.

Hä|mo|di|a|ly|se, die; -, -n (Med.): *Blutwäsche.*

Hä|mo|glo|bin, das; -s (Med.): *Farbstoff der roten Blutkörperchen* (Zeichen: Hb).

Hä|mo|glo|bi|n|u|rie, die; -, -n [zu griech. oûron = Harn] (Med.): *Auftreten von gelöstem, reinem Blutfarbstoff im Urin infolge plötzlichen Blutzerfalls.*

Hä|mo|lym|phe, die; -, -n (Biol.): *alle Zellen, Gewebe u. Organe umgebende Körperflüssigkeit wirbelloser Tiere ohne geschlossenen Blutkreislauf.*

Hä|mo|ly|se, die; -, -n ⟨meist Pl.⟩ [↑ Lyse] (Med.): *Auflösung der roten Blutkörperchen durch Austritt des roten Blutfarbstoffs infolge Einwirkung von Blutgiften.*

Hä|mo|ly|sin, das; -s, -e (Med.): *Antikörper, der durch Oberflächenveränderung roter Blutkörperchen deren Zerfall bewirkt.*

hä|mo|ly|tisch ⟨Adj.⟩ (Med.): *Hämolyse bewirkend; mit Hämolyse verbunden.*

Hä|mo|phi|lie, die; -, -n [zu griech. philía = (Vor)liebe; Neigung] (Med.): *Bluterkrankheit.*

Hä|mor|rha|gie, die; -, -n [griech. haimorragía = Blutfluss, Blutsturz] (Med.): *starke Blutung; vermehrtes Ausströmen von Blut.*

hä|mor|rha|gisch ⟨Adj.⟩ (Med.): *zu Blutungen führend; mit Blutungen zusammenhängend.*

Hä|mor|rho|i|dal, hämorridal ⟨Adj.⟩ (Med.): *die Hämorrhoiden betreffend, durch sie hervorgerufen.*

Hä|mor|rho|i|dal|lei|den, Hämorridalleiden, das: *im Auftreten von Hämorrhoiden bestehendes Leiden.*

Hä|mor|rho|i|de, Hämorride, die; -, -n ⟨meist Pl.⟩ [lat. haemorrhoides (Pl.) < griech. haimorrhoïdés (Pl.), eigtl. = Blutfluss] (Med.): *knotenförmig hervortretende Erweiterung der Mastdarmvenen um den After herum:* -n können sehr schmerzhaft sein.

hä|mor|ri|dal usw.: ↑ hämorrhoidal usw.

Hä|mor|ri|de: ↑ Hämorrhoide.

Hä|mo|sta|se, die; -, -n [zu griech. stásis = Stehen, Stillstand] (Med.): **1.** *Stillstand der Blutzirkulation, Blutstockung (z. B. in Entzündungsgebieten).* **2.** *Blutstillung.*

Hä|mo|s|ta|ti|kum, das; -s, ...ka (Med.): *Hämostyptikum.*

Hä|mo|s|typ|ti|kum, das; -s, ...ka [zu griech. styptikós = zusammenziehend] (Med.): *blutstillendes Mittel.*

Hä|mo|the|ra|pie [auch: ...'piː], die; -, -n: *Eigenblutbehandlung.*

Hä|mo|to|xin, das; -s, -e ⟨meist Pl.⟩ (Med.): *die roten Blutkörperchen schädigendes bakterielles od. chemisches Blutgift.*

Hä|mo|zyt, der; -en, -en ⟨meist Pl.⟩ [zu griech. kýtos = Höhlung, Wölbung] (Med.): *Blutkörperchen.*

Ham|pe|lei, die; -, -en (ugs., meist abwertend): *dauerndes Hampeln:* diese H. musst du dir abgewöhnen.

ham|pe|lig ⟨Adj.⟩: *unruhig, zu unruhigen Bewegungen neigend:* -e Bewegungen; der Moderator ist mir zu h.

Ham|pel|mann, der; -[e]s, ...männer [zu ↑ hampeln]: **1. a)** *aus Holz, Pappe od. dgl. hergestelltes, an die Wand ob hängendes Kinderspielzeug in Gestalt eines Mannes (bes. eines Kaspers, einer Märchenfigur od. dgl.), der, wenn man an einem daran befestigten Faden zieht, Arme u. Beine waagerecht vom Körper abspreizt u. Unterschenkel u. Unterarme nach unten baumeln lässt:* ein bunter, hölzerner H.; Ü in seiner Klasse spielte er den H.; **b)** (ugs. abwertend) *schwacher, willenloser Mensch, der leicht zu lenken u. zu beeinflussen ist:* dieser H. plappert nur nach, was der Chef sagt; * **jmdn. zu einem, seinem H. machen; einen H. aus jmdm. machen** *(jmdn. ganz von sich abhängig machen, zu einem willenlosen, gefügigen Werkzeug machen).* **2. a)** (Handball) *Abwehraktion des Torwarts, bei der er im Sprung die Arme seitlich nach oben streckt u. die Beine abspreizt;* **b)** (Gymnastik) *Übung, bei der man aus der Grundstellung in eine leichte Grätsche springt, gleichzeitig beide Arme seitlich hochschwingt, über den Kopf in die Hände klatscht u. anschließend wieder die Ausgangsposition einnimmt.*

ham|peln ⟨sw. V.⟩ [aus dem Niederd., H. u.] (ugs.): **a)** ⟨hat⟩ *sich [von einem Bein auf das andere hüpfend] unruhig hin u. her bewegen:* hör auf [bei Tisch] zu h.!; **b)** ⟨ist⟩ *sich hampelnd* (a) *irgendwohin bewegen:* durch die Gegend, über die Tanzfläche, über die Bühne h.

Hams|ter, der; -s, - [mhd. hamastra, ahd. hamustro, aus dem Slaw.]: *(in mehreren Arten vorkommendes) kleines Nagetier mit gedrungenem Körper, meist stummelartigem Schwanz u. großen Backentaschen, mit deren Hilfe es Nahrungsvorräte für den Winterschlaf in einem unterirdischen Bau zusammenträgt:* er hält sich Vorräte wie ein H.; R ich glaub, mein H. bohnert (ugs.; *ich bin aufs Höchste erstaunt, überrascht, empört, entrüstet*).

Hams|ter|ba|cke, die ⟨meist Pl.⟩ (fam.): *volle, runde, dicke Backe.*

Hams|te|rer, der; -s, - (ugs.): *jmd., der hamstert.*

Hams|ter|fahrt, die: *Fahrt [aufs Land] zum Zwecke des Hamsterns.*

Hams|te|rin, die; -, -nen: w. Form zu ↑ Hamsterer.

Hams|ter|kauf, der: *Einkauf großer Mengen von Waren des täglichen Bedarfs, bes. von Lebensmitteln, zur Schaffung eines Vorrats, um von eventueller Verknappung u. Verteuerung dieser Waren unabhängig zu sein.*

hams|tern ⟨sw. V.; hat⟩ (ugs.): **1. a)** *Hamsterkäufe vornehmen:* als die Waren knapp wurden, fingen alle an zu h.; **b)** *(angesichts einer drohenden Knappheit) horten:* Lebensmittel, Zigaretten, Benzin h. **2. a)** *(bes. bei Bauern auf dem Land) etw. gegen Lebensmittel eintauschen:* nach dem Krieg kamen viele Städter aufs Land und hamsterten; ⟨subst.:⟩ Damals zu den Behörden, später zur Arbeit, zum Kohlenklauen, zur Schule, zum Hamstern auf die Dörfer ... gingen die Mutter und der Älteste weg und die letzte war allein (Johnson, Ansichten 97); **b)** *hamsternd* (2 a) *erwerben:* Kartoffeln, Speck, Getreide h. **3.** *einheimsen:* sie hamsterte viele Titel.

Hams|ter|wa|re, die: *durch Hamstern erworbene Ware.*

Hand, die; -, Hände u. (bei Maßangaben:) - [mhd., ahd. hant, wahrsch. eigtl. = Greiferin, Fasserin]: **1.** *von Handwurzel, Mittelhand u. fünf Fingern gebildeter unterster Teil des Armes bei Menschen u. Affen, der die Funktionen des Haltens, Greifens usw. hat:* die rechte, linke H.; schmale, klobige, feingliedrige, schöne Hände; feuchte, kalte Hände haben; seine Hände zitterten; der zwei H./Hände breite Saum; sie hat bei der Arbeit eine ruhige, sichere H., sie arbeitet mit ruhiger, sicherer H. (*ihre Handbewegungen bei der Arbeit sind ruhig, sicher);* keine H. frei haben; jmdm. die H. geben, reichen, drücken, schütteln, küssen; küss die H.!; Hände hoch [oder ich schieße]!; sich die Hände waschen, abwischen; es war so dunkel, dass man die H. nicht vor den Augen sehen konnte; jmdm. die H. darauf geben (*versichern, fest versprechen*), dass ...; H. drauf! (*versprich es mir/ich verspreche es dir!*); sie hatte die Hände voll Kirschen; eine H. voll schwarze[r] Kirschen; ein paar H./Hände voll Reis; eine H. voll (*einige wenige*) Demonstranten; nicht einmal eine H. voll (*nicht einmal fünf*) Leute sind zu dem Forum gekommen; jmdm. die H. zur Versöhnung bieten, reichen (geh.; *seine Bereitschaft zur Versöhnung kundtun*); sie nahm das Kind an die H.; nimm dem Kind das Messer aus der H., aus den Händen!; die letzten Extrablätter wurden ihm förmlich aus der H. gerissen; die Tiere fraßen [uns] aus der H.; sie legte ihre Arbeit aus der H. *(legte sie vorübergehend beiseite, hörte vorübergehend damit auf);* sie aßen [ihr Picknick] aus der H. *(ohne Zuhilfenahme von Bestecken, Tellern);* eine Wahrsagerin las ihm [seine Zukunft] aus der H. *(aus den Handlinien);* jmdn. bei der H. nehmen *(ihn führen);* etw. in der H., in [den] Händen haben, halten, tragen; das Messer in die H. nehmen; er hat schon lange kein Buch mehr in die H. genommen *(kein Buch mehr gelesen);* sie klatschten in die Hände; die Kinder gingen H. in H. *(hielten sich an den Händen);* jmdm. etw. in die H. drücken *(jmdm. [beiläufig u. verstohlen] etw. geben);* der Brief ist mit der H. geschrieben; mit den Händen reden *(beim Sprechen gestikulieren);* sich mit der H. durchs Haar fahren; sich mit Händen und Füßen (scherzh.; *durch viele Gesten, gestikulierend)* verständlich machen; das Kleid ist von H. genäht; eine Sonate für vier Hände/zu vier Händen (Musik; **vierhändig zu spielen**); er nahm einen Bleistift zur H. *(in die Hand);* R H. aufs Herz! (Aufforderung, seine Meinung, Überzeugung ehrlich zu sagen; urspr. eine Gebärde beim Ablegen eines Eides); nicht in die hohle H.! (ugs.; *nicht einmal geschenkt, auf keinen Fall);* besser als in die hohle H. geschissen (derb; *besser als gar nichts);* Spr eine H. wäscht die andere *(ein Dienst zieht einen Gegendienst nach sich);* * **die öffentliche H.**, **die öffentlichen Hände** *(der Staat als Verwalter des öffentlichen Vermögens);* **die Tote H.** (Rechtsspr.; *öffentlich-rechtliche Körperschaft o. Ä., die ihr Eigentum nicht veräußern od. vererben kann);* **jmds. rechte H.** *(jmd., der in einer einem anderen untergeordneten Position diesem wichtige Arbeiten abnimmt, ihm assistiert:* als seine rechte H. ist sie ihm unentbehrlich); **jmdm. rutscht die H. aus** (ugs.; *jmd. schlägt einen anderen im Affekt);* **jmdm. sind die Hände/Hände u. Füße gebunden** *(jmd. kann nicht so handeln od. entscheiden, wie er möchte, weil seine Handlungs-, Entscheidungsfreiheit durch bestimmte äußere Umstände entscheidend eingeengt ist);* **eine lockere H. haben** (ugs.; ↑ Handgelenk); **freie H. haben** *(tun können, was man will:* bei seinen Entscheidungen hat er freie H.); **H. und Fuß haben** *(gut durchdacht sein;* urspr. bezogen auf jmdn., der unversehrt, nicht verstümmelt ist, sodass man sich voll auf seine körperliche Leistungsfähigkeit verlassen kann: der Plan muss aber H. und Fuß haben); **[bei etw. selbst mit] H. anlegen** *(bei einer Arbeit [aus freiem Antrieb] mithelfen:* der Chef muss selbst mit H. anlegen); **die/seine/die hohle H. aufhalten/hinhalten** (ugs.; *für Trinkgelder, finanzielle Zuwendungen o. Ä. sehr empfänglich sein);* **keine H. rühren** (ugs.; *jmdm. nicht helfen, nicht beispringen, obwohl man sieht, dass er sich sehr abmühen muss);* **H. an sich legen** (geh.; *sich mit einer Waffe töten, Selbstmord begehen);* **H. an jmdn. legen** (geh.; *jmdn. tätlich angreifen [u. töten]);* **[die] letzte H. an etw. legen** *(die letzten abschließenden Arbeiten an etw. ausführen);* **jmdm. die H. [zum Bund] fürs Leben reichen** (geh.; *jmdn. heiraten);* sich/(geh.:) **einander die H. reichen können** *(im Hinblick auf ein bestimmtes, meist negativ beurteiltes Verhalten gleich sein:* ihr beide könnt euch die H. reichen, von euch ist einer so unzuverlässig wie der andere); **jmdm. die Hände schmieren/versilbern** (ugs.; *jmdn. bestechen);* **alle/beide Hände voll zu tun haben** (ugs.; *sehr beschäftigt sein; viel zu tun, viel Arbeit haben; mit etw. große*

Mühe haben: ich habe im Augenblick beide Hände voll zu tun, kannst du nicht ein anderes Mal kommen?); **sich ⟨Dativ⟩ die H. für jmdn., etw. abhacken/abschlagen lassen** (ugs.; *sich vorbehaltlos u. uneingeschränkt für jmdn., etw. verbürgen);* **jmdm. auf etw. die H. geben** *(von etw. fest überzeugt sein u. dies jmdm. versichern:* das wird so kommen, darauf geb ich dir die H.); **die Hände in den Schoß legen, in die Taschen stecken** (1. *sich ausruhen, einmal nichts tun.* 2. *sich untätig verhalten, wo man eigentlich helfend eingreifen müsste);* **die/seine H. auf etw. halten** (ugs.; *dafür sorgen, dass etw. nicht verschwenderisch ausgegeben od. verbraucht wird);* **die H. auf der Tasche halten** (ugs.; *nicht leicht Geld ausgeben, geizig sein);* **die/seine H. auf etw. legen** (geh.; *von etw. Besitz ergreifen);* **seine Hände [mit] im Spiel haben** *(bei etw. heimlich beteiligt sein:* da hatte der BND seine H. im Spiel); **überall seine H./seine Hände im Spiel haben** *(überall mitreden u. seinen Einfluss geltend machen);* **seine Hände in Unschuld waschen** (geh.; *beteuern, dass man an einer Sache nicht beteiligt war u. darum nicht zur Verantwortung gezogen werden kann, dass man mit bestimmten Vorgängen nichts zu tun hat;* nach Matth. 27, 24 u. Ps. 26, 6; Pilatus wusch sich vor der Verurteilung Jesu die Hände zum Zeichen, dass er an seinem Tode unschuldig sei); **für jmdn., etw. die/seine H. ins Feuer legen** *(sich vorbehaltlos u. uneingeschränkt für jmdn., etw. verbürgen;* bezogen auf die ma. Feuerurteile, bei denen der Angeklagte, um seine Unschuld zu beweisen, seine Hand ins Feuer halten musste u. als unschuldig galt, wenn er keine Verbrennungen erlitt); **die H. in anderer, fremder Leute Taschen haben** *(auf Kosten anderer leben);* **die Hände überm Kopf zusammenschlagen** (ugs.; *sehr verwundert od. entsetzt sein;* eigtl. eine Gebärde, durch die man in der Gefahr den Kopf zu schützen sucht); **die/seine H. über jmdn. halten** (geh.; *jmdm. Schutz, Beistand gewähren;* nach einem alten Rechtsbrauch, wonach dem jmd., dem das Begnadigungsrecht zustand, die Hand über einen Angeklagten od. Verurteilten halten konnte, wodurch dieser außer Verfolgung gesetzt wurde); **jmdm. die Hände unter die Füße breiten** (ugs.; *jmdm. alles so leicht machen wie nur möglich, ihm alle Schwierigkeiten aus dem Weg räumen);* **die/seine H. von jmdm. abziehen** (geh.; *jmdm. seinen Schutz, seine Hilfe od. Zuwendung entziehen;* nach 4. Mos. 14, 34); **zwei linke Hände haben** (ugs.; *für manuelle Arbeiten sehr ungeeignet sein);* **eine lockere/lose H. haben** *(dazu neigen, jmdm. schnell eine Ohrfeige zu geben);* **eine milde/offene H. haben** *(gern geben; freigebig sein);* **eine glückliche H. [bei etw.] haben, zeigen, beweisen** *(bei etw. besonderes Geschick haben, zeigen, intuitiv richtig handeln, vorgehen:* bei der Auswahl der Bewerber hatte er keine glückliche H.); **eine grüne H. haben** (ugs.; *bei der Pflege von Pflanzen in Bezug auf das Gedeihen guten Erfolg haben);* **klebrige Hände haben** (ugs.; *zum Stehlen neigen);* **schmutzige Hände haben** (geh.; *in eine ungesetzliche Angelegenheit verwickelt, an etw. [mit]schuldig sein);* **linker H., rechter H.** *(links/rechts):* linker H. liegt der See); **jmdm. etw. an die H. geben** *(jmdm. etw. geben, überlassen, zur Verfügung stellen, was dieser für einen bestimmten Zweck braucht:* der Bevollmächtigte gab ihm das angeforderte Material an die H.); **jmdm. [bei etw.] an die H. gehen** *(jmdm. bei einer Arbeit durch Handreichungen o. Ä. helfen, ihn bei der Arbeit unterstützen:* sie klagte darüber, dass ihr bei der Hausarbeit nie

jemand an die H. ginge); **jmdn. an der H. haben** (ugs.; *jmdn. kennen, zu jmdm. Verbindung haben, den man gegebenenfalls für bestimmte Dienste in Anspruch nehmen kann:* er hat einen guten Rechtsanwalt an der H.); **sich ⟨Dativ⟩ etw. an beiden Händen abzählen/abfingern können** (ugs.; *sich etw. leicht denken, etw. leicht vorhersehen können);* **[klar] auf der H. liegen** (ugs.; *ganz offenkundig, klar erkennbar, eindeutig sein:* die Folgen der Dürre lagen auf der H.); **[bar] auf die [flache] H.** (ugs.: *sofort in bar [und ohne weitere Abzüge]:* sie wollte keinen Scheck, sondern alles bar auf die flache H.); **auf die H. bekommen** *(als Bargeld erhalten:* er gibt immer alles aus, was er auf die H. bekommt); **jmdn. auf Händen tragen** *(jmdm., dem man zugetan ist, sehr verwöhnen;* nach Ps. 91, 11, 12); **aus der H.** *(ohne Unterlagen, ohne genauere Prüfung:* so aus der H. kann ich es nicht genau sagen); **aus erster H.** (1. *vom ersten Besitzer:* er hat das Auto aus erster H. gekauft. 2. *[in Bezug auf Informationen, Nachrichten] aus sicherer Quelle:* die Nachricht ist, stammt aus erster H.); **aus zweiter H.** (1. *gebraucht, nicht neu:* etw. aus zweiter H. kaufen. 2. *vom zweiten Besitzer:* er hat sein Auto aus zweiter H. 3. *von einem Mittelsmann:* Informationen aus zweiter H.); **aus, von privater H.** *(von einer Privatperson:* etw. von privater H. kaufen); **jmdm. aus der H. fressen** (ugs.; *jmdm. so ergeben sein od. von jmdm. innerlich so abhängig sein, dass man alles tut, was er von einem erwartet od. verlangt);* **etw. aus der H. geben** (1. *etw. weggeben, [vorübergehend] einem anderen überlassen, anvertrauen:* ein wertvolles Buch nicht aus der H. geben). 2. *ein Amt o. dgl. nicht länger innehaben wollen, auf seine Weiterführung verzichten:* der Senior hat die Leitung des Unternehmens aus der H. gegeben); **[aus der] H. spielen** (Skat; *spielen, ohne den Skat aufzuheben:* ich spiele Pik H.); **jmdm. etw. aus der H. nehmen** *(jmdm. etw. entziehen, wegnehmen:* ihr wurde die Entscheidungsgewalt aus der H. genommen); **etw. bei der H. haben** (1. *etw. greifbar haben:* hast du einen Bleistift bei der H.? 2. *um etw. nicht verlegen sein, etw. parat haben:* natürlich haben die beiden Ausreden bei der H.); **[mit etw.] schnell/rasch bei der H. sein** (ugs.; *sehr schnell, voreilig, unbedacht urteilen, sich äußern, reagieren usw.:* er ist [allzu] schnell bei der H., einen anderen zu verurteilen); **durch jmds. H./Hände gehen** *(im Laufe der Zeit, einer gewissen Zeit von jmdm. bearbeitet, behandelt, gebraucht werden:* wie viele Patienten sind in all den Jahren durch seine Hände gegangen?); **[schon/bereits] durch viele Hände gegangen sein** *(schon häufig den Besitzer gewechselt haben);* **hinter vorgehaltener H.** *(im Geheimen, inoffiziell:* etw. hinter vorgehaltener H. sagen); **[mit jmdm.] H. in H. arbeiten** *(so [mit jmdm.] zusammenarbeiten, dass man sich gegenseitig ergänzt, sodass im Arbeitsablauf Stockungen vermieden werden);* **mit etw. H. in H. gehen** *(mit etw. einhergehen* 2: mit einer Rezession geht meist ein Ansteigen der Arbeitslosigkeit H. in H.); **in die Hände spucken** (ugs.; *ohne Zögern u. mit Schwung an die Arbeit gehen);* **jmdm., einer Sache in die H./in die Hände arbeiten** *(etw. tun, womit man unbeabsichtigt jmdm. hilft, einer Sache Vorschub leistet:* durch sein Verhalten hat er den Gangstern in die Hände gearbeitet); **jmdm., etw. in die H./in die Hände bekommen/kriegen** *([durch Zufall] einer Person od. Sache habhaft werden:* die Dokumente darf er niemals in die H. bekommen; wenn sie ihn in die Hände bekommen, ist er verloren); **jmdm. in die H./in die Hände fallen, kommen** *(durch Zufall von jmdm. gefun-*

den werden: diese Lampe ist mir beim Stöbern auf einem Trödelmarkt in die Hände gefallen); **jmdm. in die Hände fallen** (1. *in jmds. Besitz kommen: die Dokumente sind einem ausländischen Geheimdienst in die Hände gefallen.* 2. *in jmds. Gewalt geraten:* der Spähtrupp ist dem Feind in die Hände gefallen); **jmdn., etw. in jmds. H. geben** (geh.; *jmdm. etw. überantworten);* **etw. in der H. haben** (1. *etw. [worauf man sich stützen kann, was einem eine Handhabe bietet] haben:* er hat Dokumente in der H., mit denen er sie erpressen kann. 2. *Entscheidungsgewalt über etw. besitzen:* er hatte es in der H., den Dieb anzuzeigen; **jmdn. in der H. haben** [*jmdn. in seiner Gewalt haben, ihn lenken können; jmds. völlig sicher sein:* er wusste, dass sie ihn wegen der Falschaussage in der H. hatte); **sich in der H. haben** (*sich in der Gewalt, unter Kontrolle haben, sich beherrschen können:* nach dem Unfall hatte er sich noch nicht wieder in der H.); **etw. in Händen halten** (*über etw. verfügen);* **etw. in jmds. H./Hände legen** (geh.; *jmdn. mit etw. betrauen:* er legte die Leitung des Kongresses in die Hände seines Stellvertreters); **in jmds. H. liegen/stehen** (geh.; *in jmds. Macht, Verantwortung gegeben sein);* **etw. in die H. nehmen** *(sich einer Sache annehmen, sich um etw. kümmern);* **Geld in die H. nehmen** ([*für einen bestimmten Zweck] Geld einsetzen, aufwenden);* **in jmds. H. sein** *(in jmds. Gewalt sein);* **in festen Händen sein** (ugs.; *einen festen Freund, eine feste Freundin haben, nicht mehr frei sein für eine Bindung);* **in guten, sicheren** usw. **Händen sein** *(in guter, sicherer usw. Obhut, Betreuung sein);* **jmdm. etw. in die H./in die Hände spielen** *(jmdm. etw. zuspielen:* der Geheimdienst spielte dem Generaldirektor das brisante Dossier in die Hände); **jmdm. etw. in die H. versprechen** *(jmdm. etw. fest versprechen);* **in jmds. H./Hände übergehen** *(in jmds. Besitz übergehen:* mit der gesamten Erbschaft ging auch die Firma in die Hände der Nichte über); **mit Händen zu greifen sein** *(offenkundig, für jedermann erkennbar, wahrnehmbar sein:* die Spannung im Raum war mit Händen zu greifen); **sich mit Händen und Füßen [gegen jmdn., etw.] sträuben/wehren** (ugs.; *sich auf das Heftigste [gegen jmdn., etw.] wehren, sträuben:* als man sie festnehmen wollte, wehrte sie sich mit Händen und Füßen); **mit leeren Händen** (1. *ohne eine Gabe mitzubringen:* zu der Party war keiner mit leeren Händen gekommen. 2. *ohne in einer bestimmten Sache etw. erreicht zu haben, ohne greifbares positives Ergebnis:* auf keinen Fall wollte sie von ihrer Mission mit leeren Händen zurückkommen); **mit leichter H.** *(ohne Anstrengung od. krampfhafte Bemühung);* **mit der linken H.** (ugs.; *mit links);* **mit sanfter H.** *(auf sanfte 4 b Art);* **mit starker/fester/eiserner H.** *(tatkräftig, streng:* der Monarch regierte sein Volk mit fester H.); **mit vollen Händen** (*in verschwenderisch großer Menge*: sein Geld mit vollen Händen ausgeben); **um jmds. H. anhalten/**(seltener:)**bitten** (geh.; *jmdm. einen Heiratsantrag machen);* **jmdn. um jmds. H. bitten** (geh. veraltend; *jmdn. [dessen Tochter man heiraten möchte] um die Einwilligung bitten, jmds. zu heiraten);* **unter der H.** (*im Stillen, heimlich u. unter Missachtung geltender Regeln:* etw. unter der H. erfahren; etw. unter der H. regeln, verkaufen); **etw. unter den Händen haben** *(etw. in Arbeit haben);* **jmdm. unter den Händen zerrinnen** (*[bes. in Bezug auf Geld, Vermögen] sich schnell verringern, aufzehren);* **von jmds. H.** (geh.; *durch jmdn., jmds. Tat:* sie war von den letzten H. gestorben); **jmdm. [gut, flott usw.] von der H. gehen** ([*in Bezug auf eine Arbeit, Tätigkeit] von jmdm. rasch, ohne Schwierigkeiten erledigt, geschafft werden);* **etw. von langer H. vorbereiten, planen** usw. *(etw. lange u. sorgfältig vorbereiten, planen* usw.; vgl. spätlat. longa manu = langsam [eigtl. = mit langer Hand]: der Überfall war von langer H. geplant); **etw. von der H. weisen** (*etw. [als unzutreffend, unzumutbar, abwegig] zurückweisen:* ich würde das nicht ohne Weiteres von der H. weisen); **sich nicht von der H. weisen lassen/nicht von der H. zu weisen sein** *(offenkundig sein, nicht zu verkennen sein, sich nicht ausschließen lassen; wohl mit Bezug darauf, dass etwas, was sich auf der Hand befindet, deutlich sichtbar ist: diese Möglichkeit ist nicht [ganz] von der H. zu weisen);* **von der H. in den Mund leben** (*seine Einnahmen sofort für seine Lebensbedürfnisse wieder ausgeben [müssen]; ohne finanziellen Rückhalt leben);* **von H. zu H. gehen** (*häufig den Besitzer wechseln);* **zur linken H., zur rechten H.** *(links, rechts);* **zu treuen Händen** (geh., oft scherzh.; *[in Bezug auf etw., was man einem anderen zur vorübergehenden Benutzung, zur Aufbewahrung anvertraut] zur guten, sorgsamen Behandlung, Verwahrung:* vor seiner Abreise hatte er die Schlüssel seinem Freund zu treuen Händen übergeben); **etw. zur H. haben** *(etw. greifbar, verfügbar, bereithaben);* **zur H. sein** *(greifbar, verfügbar, bereit sein:* eine Schere war gerade nicht zur H.); **mit etw. zur H. sein** *(etw. bereit-, verfügbar haben, mit etw. zur Stelle sein:* mit guten Angeboten ist er stets zur H.); **jmdm. zur H. gehen** (*jmdm. bei einer Arbeit durch Handreichungen helfen:* das Mädchen ging der Mutter beim Backen zur H.); **zu Händen/**(österr., schweiz.:) **Handen** ([bei Briefanschriften an eine übergeordnete Stelle in Verbindung mit dem Namen der Person, in deren Hände die Postsache gelangen soll] *zu übergeben an;* Abk.: z. H., z. Hd., z. Hdn.: zu Händen/Handen [von] Herrn Müller, (selten:) des Herrn Müller). **2.** ⟨o. Pl.⟩ (veraltend) Kurzf. von [Hand]schrift: eine saubere, leserliche, ausgeschriebene H. **3.** ⟨o. Pl., ugs. gelegtl.: Hände; meist ohne Art.⟩ (Fußball) *Handspiel:* absichtliche H.; angeschossene H. *(unabsichtliches Handspiel, bei dem sich Hand od. Arm nicht zum Ball bewegen);* der Schiedsrichter pfiff H., entschied auf H.; (Ruf, wenn ein Spieler den Ball mit der Hand berührt) H.! **4.** (Boxjargon) *Schlag, Treffer:* nach einer schweren rechten H. *(Schlag mit der rechten Faust)* musste er auf das Brett. **5.** ⟨o. Pl.⟩ (Reiten) **a)** Kurzf. von ↑ Vorhand (3); **b)** Kurzf. von ↑ Mittelhand (2); **c)** Kurzf. von ↑ Hinterhand (2).

Hand|ab|wehr, die: **1.** (Ballspiele) *Abwehr des auf das Tor zukommenden Balls mit der Hand.* **2.** (Boxen) *Abwehr eines gegnerischen Schlags mit der geöffneten Hand.*

Hand|ab|zug, der: **1.** (Druckerspr.) *mit der Handpresse hergestellter Abzug eines Bleisatzes.* **2.** (Fotogr.) *von Hand angefertigter Abzug von einem Negativ od. Diapositiv.*

Hand|än|de|rung, die (schweiz.): *Übergang von Eigentum (bes. Grundbesitz, Wertpapieren) von einer Person auf eine andere:* nach der H. wurde das Gebäude von Grund auf renoviert.

Hand|ap|pa|rat, der: **1.** (Telefonie) *Teil des Telefonapparates, der Hör- u. Sprechmuschel enthält; Hörer.* **2.** *für einen bestimmten Zweck, z. B. als Hilfsmittel für eine wissenschaftliche Arbeit, am Arbeitsplatz bereitgestellte Anzahl von häufig gebrauchten Büchern:* sich einen H. zusammenstellen.

Hand|ar|beit, die: **1.** ⟨o. Pl.⟩ **a)** *körperliche, mit der Hand, mit Muskelkraft verrichtete, ausgeführte Arbeit:* dieser Beruf erfordert sowohl Kopf- als auch H.; **b)** *mit der Hand geleistete, nicht von Maschinen übernommene Arbeit, bes. zur Herstellung von etw.:* die Möbel werden hier noch in H. gefertigt, hergestellt. **2.** *in Handarbeit* (1 b) *hergestelltes Gegenstand:* der Schmuck ist eine wundervolle H. **3.** *in einer bestimmten Technik (z. B. Sticken, Stricken, Nähen) mit der Hand hergestellte Arbeit aus textilen Werkstoffen:* sie machte eine -en. **4.** ⟨o. Pl.⟩ (ugs.) Kurzf. von ↑ Handarbeitsunterricht.

hand|ar|bei|ten ⟨sw. V.; hat⟩: *eine Handarbeit* (3) *ausführen:* sie handarbeitet gerne, hat immer gerne gehandarbeitet.

Hand|ar|bei|ter, der: *jmd., der Handarbeit* (1 a) *verrichtet.*

Hand|ar|bei|te|rin, die: w. Form zu ↑ Handarbeiter.

Hand|ar|beits|garn, das: *[farbiges] Garn verschiedener Art für Stick- u. Häkelarbeiten.*

Hand|ar|beits|ge|schäft, das: *Einzelhandelsgeschäft, das die für Handarbeiten* (3) *benötigten Materialien führt.*

Hand|ar|beits|korb, der: *Korb, in dem in Arbeit befindliche Handarbeiten* (3) *aufbewahrt werden.*

Hand|ar|beits|un|ter|richt, der: *Unterricht, in dem das Anfertigen von Handarbeiten* (3) *gelehrt wird:* der H. fiel aus.

Hand|at|las, der: *kleiner, handlicher Atlas.*

Hand|auf|he|ben, das; -s: *das Erheben der Hand bei in die Höhe gestrecktem Arm (bei einer nicht geheimen Abstimmung):* eine Abstimmung durch H.

Hand|auf|le|gen, das; -s, **Hand|auf|le|gung,** die (bes. Rel.): *Geste des Auflegens der Hand beider Hände auf das Haupt eines Menschen (od. auf einen Gegenstand) zum Zwecke der Segnung od. auch der Heilung von Krankheiten.*

Hand|ball, der: **1.** ⟨o. Pl.⟩ *zwischen zwei Mannschaften ausgetragenes Ballspiel, bei dem der Ball nach bestimmten Regeln mit der Hand in das gegnerische Tor zu werfen ist.* **2.** *im Handball* (1) *verwendeter Ball.*

Hand|ball|bun|des|li|ga, die: *oberste Spielklasse im deutschen Handball.*

Hand|bal|len, der: *Muskelpolster an der Innenseite der Handfläche, bes. an der Handwurzel.*

Hand|bal|ler, der; -s, - (ugs.): *Handballspieler.*

Hand|bal|le|rin, die; -, -nen: w. Form zu ↑ Handballer.

Hand|ball|mann|schaft, die: *aus 12 Spielern bestehende Mannschaft beim Handball* (1).

Hand|ball|spiel, das: *Handball* (1).

Hand|ball|spie|ler, der: *jmd., der Handball* (1) *spielt.*

Hand|ball|spie|le|rin, die: w. Form zu ↑ Handballspieler.

hand|be|dient ⟨Adj.⟩: *von Hand, manuell bedient:* -e Schleusen.

Hand|be|sen, der: *kleiner Besen, bei dem der kurze Stiel an einer Schmalseite der Bürste angebracht ist, sodass der Besen mit einer Hand geführt werden kann.*

Hand|be|trieb, der ⟨o. Pl.⟩: *von Hand erfolgender, manueller Betrieb* (2 a): der Polizist schaltete die Ampelanlage auf H.

hand|be|trie|ben ⟨Adj.⟩: *mit der Hand betrieben:* eine -e Pumpe, Bohrmaschine, Mühle.

Hand|be|we|gung, die: **1.** *mit der Hand ausgeführte Bewegung:* eine schwungvolle H.; Ich richtete mich langsam aus dem düsteren Hintergrund unseres Loches auf, streifte mit matten -en die Strohflusen von meiner Uniform ... (Böll, Mann 44). **2.** *als Geste ausgeführte Bewegung der Hand:* eine wegwerfende, abwinkende, verächtliche, einladende H. machen; sie forderte ihn mit einer H. auf, das Zimmer zu verlassen.

Hand|bi|b|lio|thek, die: **1.** *größerer Handapparat* (2). **2.** *im Lesesaal einer öffentlichen Biblio-*

thek aufgestellte, für die Besucher frei zugängliche größere Anzahl bes. von Nachschlagewerken, die nur innerhalb des Lesesaals benutzt werden dürfen.

Hand|boh|rer, der: *handbetriebener Bohrer* (1).

Hand|brau|se, die: *mit einem Schlauch verbundene Brause, die zum Zweck des Duschens in die Hand genommen u. bewegt werden kann.*

hand|breit ⟨Adj.⟩: *eine Hand* (1) *breit:* ein -er Spalt; der Streifen ist etwa h.; die Tür stand h. (ugs.; *einen handbreiten Spalt weit*) offen.

Hand|breit, die; -, -, **Hand breit,** die; - -, - - -: *Breite einer Hand* (1) *als Maßeinheit:* der Rock muss eine/zwei H. länger sein; die Tür stand eine H. offen.

Hand|brei|te, die: *Breite einer Hand* (1): die Kugel verfehlte ihr Ziel um [eine] H.

Hand|brem|se, die: *Bremse, die mit der Hand betätigt wird:* die H. [an]ziehen, lösen; Ü (ugs.:) man hatte den Eindruck, die Spieler spielten mit angezogener H.

Hand|buch, das [LÜ von lat. manuale]: **a)** *Buch in handlichem Format, das den Stoff eines bestimmten Wissensgebietes od. dgl. in systematischer, lexikalischer Form behandelt;* **b)** *Anleitung, Gebrauchsanweisung:* ohne das H. hätte ich den PC nicht bedienen können.

Hand|bürs|te, die: *Nagelbürste.*

Händ|chen, das; -s, -: Vkl. zu ↑ Hand (1): gib mir dein H.!; * [**mit jmdm.**] **H. halten** (ugs.; *sich* [*mit jmdm.*] *zärtlich bei den Händen halten:* sie hielten H. und küssten sich); *das* **H. halten** (*jmdm. unterstützend, tröstend beistehen:* soll ich mitkommen und dir im Wartezimmer das H. halten?); **für etw. ein [feines] H. haben** (ugs.; *für etw. Geschick haben*).

Händ|chen|hal|ten, das; -s (ugs.): *zärtliches Sich-bei-den-Händen-Halten:* nach dem Streit war es mit dem H. vorbei.

Händ|chen hal|tend, händ|chen|hal|tend ⟨Adj.⟩ (ugs.): *sich* [*zärtlich*] *bei den Händen haltend.*

Hand|chi|r|ur|gie, die ⟨o. Pl.⟩: *Teilgebiet der Chirurgie, das sich mit der chirurgischen Versorgung bei Verletzungen der Hände beschäftigt.*

Hand|creme, Hand|crème, die: *Creme für die Pflege der Hände.*

Hand|druck, der: **1.** ⟨Pl. -e⟩ *mithilfe einer Handpresse vom Künstler selbst hergestellter Abdruck von einer grafischen Originalplatte.* **2.** ⟨Pl. -s⟩ *mit der Hand bedruckter Stoff.*

Hän|de: Pl. von ↑ Hand.

Hän|de|druck, der ⟨Pl. ...drücke⟩: **a)** (*bei der Begrüßung od. Verabschiedung od. als Geste, die ein bestimmtes Gefühl ausdrücken soll, vorgenommenes*) *Drücken der Hand eines Gegenübers:* ein fester, freundschaftlicher H.; jmdn. mit H. begrüßen; Ü für seine Bemühungen bekam er nur einen warmen H. *(allenfalls ein Wort des Dankes, aber keinerlei Gegenleistung);* ***goldener H.*** (*Zahlung einer hohen Abfindung an einen Angestellten, dieser als Gegenleistung dafür erhält, dass er seiner Entlassung zustimmt;* LÜ von engl. golden handshake): einen goldenen H. bekommen); **b)** *Art, jmdm. die Hand zu geben:* er hat einen festen H.

Hän|de|klat|schen, das; -s: *das In-die-Hände-Klatschen:* die Gäste wurden mit freundlichem H. begrüßt.

¹Han|del, der; -s [spätmhd. handel = Handel(sgeschäft); Rechtsstreit, rückgeb. aus ↑ ¹handeln]: **1.** *Teilbereich der Wirtschaft, der sich dem Kauf u. Verkauf von Waren, Wirtschaftsgütern widmet; Gesamtheit der Handelsunternehmen; Geschäftswelt* (1): der H. hält eine Preiserhöhung für unvermeidlich; die Verbände von H. und Industrie, H. und Gewerbe. **2. a)** *das Kaufen u. Verkaufen, Handeln mit Waren, Wirtschaftsgütern:* ein blühender, lebhafter H.;

der H. mit Waffen; **b)** *Warenaustausch; Geschäftsverkehr:* der internationale, überseeische H.; wir [be]treiben mit diesen Ländern H.; den H. mit dem Ausland unterbinden; das Medikament wurde aus dem H. gezogen, genommen *(wird nicht mehr verkauft);* das Buch ist [nicht mehr] im H. *(ist [nicht mehr] lieferbar);* ein neues Produkt in den H. bringen; * **H. und Wandel** (veraltend; *das gesamte geschäftliche u. gesellschaftliche Leben u. Treiben in einem Gemeinwesen*); **c)** *Handelsfirma, Handelsunternehmen:* er hat, betreibt einen kleinen H. mit Gebrauchtwagen; sie haben einen H. in Obst u. Gemüse aufgemacht. **3.** [geschäftliche] *Abmachung, Vereinbarung, bei der etw. ausgehandelt wird; Geschäft* (1 a): der H. ist nicht zustande gekommen; einen H. mit jmdm. [ab]schließen, machen, eingehen; Geben Sie mir die Hälfte des Wertes, neuntausend Franken, und der H. soll richtig *(gültig)* sein (Th. Mann, Krull 187); * **mit jmdm. in den H. kommen** *(mit jmdm. ins Geschäft kommen, in etw. übereinkommen).*

²Han|del, der; -s, Händel ⟨meist Pl.⟩ [↑ ¹Handel]: **a)** (geh.) *Streit, handgreifliche Auseinandersetzung:* einen H. austragen; Händel suchen, stiften, anfangen; Händel mit jmdm. haben; ♦ *Sache, Angelegenheit:* Der Offizier aus der Runde blieb so stehen und wollte eben fragen, was wir hier so spät zu schaffen hätten... Ich sagte ihm kurz den ganzen H. (Cl. Brentano, Kasperl 349).

han|del|bar ⟨Adj.⟩: (bes. von Wertpapieren) *¹gehandelt* (2) *werdend, im ¹Handel* (2 b) *erhältlich:* frei -e Papiere.

Hand|elf|me|ter, der (Fußball): *wegen eines Handspiels im Strafraum verhängter Strafstoß.*

♦ **Hän|del|füh|rer,** der: *streitsüchtiger, stets Händel suchender Mensch:* ...den er jetzt zu einen grauen Narren, H. und Müßiggänger vor sich sah (Keller, Romeo 21).

¹han|deln ⟨sw. V.; hat⟩ [mhd. handelen = mit den Händen fassen, bearbeiten; tun, ahd. hantalōn = berühren; bearbeiten, zu ↑ Hand]: **1. a)** (*bestimmte Waren*) *gewerblich verkaufen, (mit etw.) Handel treiben:* ich hand[e]le mit Gebrauchtwagen, mit Südfrüchten; (Kaufmannsspr.:) die Firma handelt [en gros, en détail] in Getreide; ...neben mir ein jüngerer Fluggast, der, wie sich herausstellt beim Champagner, mit Bomben handelt (Frisch, Montauk 66); **b)** *mit jmdm. im Geschäftsverkehr stehen,* ¹*Handel* (2 b) *treiben:* mit ausländischen Firmen, mit vielen Ländern h.; die Eingeborenen handelten mit den Einwanderern. **2. a)** *etw. verkaufen, vertreiben; zum Kauf anbieten:* dieses Papier wird nicht an der Börse gehandelt; Spargel wird heute für 8 Euro das Kilo gehandelt. **3.** *über den Preis einer zum Kauf angebotenen Ware verhandeln:* sie versucht [beim Einkaufen, in Modeboutiquen] immer zu h.; er lässt nicht mit sich h. *(lässt sich von seinen [Preis]vorstellungen, Absichten nicht abbringen).* **4. a)** *aufgrund eines Entschlusses tätig werden, bewusst etw. tun:* schnell, unverzüglich h.; wir müssen h., ehe es zu spät ist; nicht reden, h.!; auf Befehl, aus innerer Überzeugung, Verantwortung h.; im Affekt, in Notwehr, nach Vorschrift h.; das handelnde Subjekt; ⟨subst.:⟩ rasches Handeln ist jetzt notwendig; **b)** *sich in einer bestimmten Weise ¹verhalten* (1 b): eigenmächtig, richtig, fahrlässig, verantwortungslos, edelmütig h.; er hat sehr selbstsüchtig, wie ein Ehrenmann gehandelt; ⟨subst.:⟩ vorbildliches Handeln. **c)** *sich in bestimmter Weise einem anderen gegenüber benehmen:* gut, schlecht, redlich, als Freund an jmdm., gegen jmdn. h. **5. a)** (geh.) *ausführlich über etw. sprechen, etw. besprechen,*

über ein Thema, einen Gegenstand h.; Der Theologe will vom unbekannten Heiligen h. und handelt vom Unheiligen (Brandstetter, Altenehrung 111); **b)** **zum Thema haben, behandeln:** das Buch handelt von der/über die Entdeckung Amerikas. **6.** ⟨h. + sich; unpers.⟩ **a)** *jmd., etw. Bestimmtes sein:* bei dem Fremden handelte es sich um einen Bruder seiner Frau; es kann sich nur noch um Sekunden h. *(es kann nur noch wenige Sekunden dauern);* es handelt sich nicht um eine/um keine gefährliche Krankheit; **b)** *um etw. gehen, auf etw. ankommen:* es handelt sich darum, möglichst wirksam zu helfen; es kann sich jetzt nicht darum h., ob sich das Ganze lohnt oder nicht. ♦ **7.** * **mit jmdm. h. gehen** *(mit jmdm. verhandeln).*

²han|deln ['hendln] ⟨sw. V.; hat⟩ [engl. to handle] (Jargon): *handhaben, gebrauchen:* mir ist egal, wie du das handelst.

Han|dels|ab|kom|men, das: *Abkommen über Handelsbeziehungen zwischen verschiedenen Staaten.*

Han|dels|aka|de|mie, die (österr.): *höhere Handelsschule.*

Han|dels|aka|de|mi|ker, der (österr. ugs.): *Absolvent einer Handelsakademie.*

Han|dels|aka|de|mi|ke|rin, die: w. Form zu ↑ Handelsakademiker.

Han|dels|ak|ti|vi|tät, die: *dem Handel dienende Aktivität, das Handeltreiben.*

Han|dels|ar|ti|kel, der: vgl. Handelsware.

Han|dels|at|ta|ché, der: *Attaché, der einer Botschaft als Berater in Fragen des Handels zugeteilt ist.*

Han|dels|aus|tausch, der: *Austausch, Geschäftsverkehr bes. zwischen verschiedenen Ländern im Bereich des Handels.*

Han|dels|bank, die ⟨Pl. -en⟩: *Bank, die sich mit der Finanzierung u. Abwicklung von Geschäften bes. im Bereich des Außenhandels befasst.*

Han|dels|bar|ri|e|re, die: *Handelsschranke.*

Han|dels|be|ginn, der (Börsenw.): *Beginn des Handels an einer Börse, Börsenbeginn:* der Leitindex gab zu H. deutlich nach.

Han|dels|be|schrän|kung, die: *Beschränkung des Handelsaustauschs mit anderen Ländern durch erschwerende Maßnahmen (z. B. durch Zölle, Bewirtschaftung der Devisen).*

Han|dels|be|trieb, der: *Unternehmen, das Handel treibt.*

Han|dels|be|zie|hung, die ⟨meist Pl.⟩: *den Handelsaustausch betreffende Beziehung [zwischen Staaten].*

Han|dels|bi|lanz, die: **1.** *Bilanz eines Handelsunternehmens:* der Wirtschaftsprüfer legte das H. vor. **2.** *Gegenüberstellung der zusammengefassten Werte der Warenimporte u. -exporte einer Volkswirtschaft für eine bestimmte Periode:* die deutsche, deutsch-japanische H.; ein Defizit, Minus, Plus, Überschuss in der H.; aktive, positive H. *(Bilanz, bei der der Wert der Ausfuhren den der Einfuhren übersteigt);* passive, negative H. *(Bilanz, bei der der Wert der Einfuhren den der Ausfuhren übersteigt).*

Han|dels|bi|lanz|de|fi|zit, das: *Defizit in einer Handelsbilanz.*

Han|dels|bi|lanz|über|schuss, der: *Überschuss in einer Handelsbilanz.*

Han|dels|blo|cka|de, die: *gegen den Handel eines Landes gerichtete Blockade* (1): gegen Serbien wurde eine H. verhängt.

Han|dels|boy|kott, der: *Ausschluss eines Landes, eines Unternehmens vom Handelsaustausch:* die USA drohten mit einem H.

Han|dels|brauch, der: *eingebürgerter Brauch unter Geschäftsleuten, der eine gewisse rechtliche Verbindlichkeit hat; Usance.*

♦ **Han|del|schaft,** die; -: *¹Handel* (2 a): Meister

Handelsdefizit – Handelsschranke

Bläse ward ein reicher Mann mit solcher H. in wenig Jahren (Mörike, Hutzelmännlein 159).

Han|dels|de|fi|zit, das: *Handelsbilanzdefizit.*

Han|dels|de|le|ga|ti|on, die: *Vertretung von Personen, die in offizieller Mission im Ausland die Handelsbeziehungen eines Landes knüpft, pflegt.*

Han|dels|dün|ger, der: *industriell hergestelltes anorganisches Düngemittel im Gegensatz zum natürlichen Dünger.*

han|dels|ei|nig, handelseins: in den Verbindungen [mit jmdm.] h. werden/sein *(nach einigem Hin u. Her in Bezug auf einen Geschäftsabschluss [mit jmdm.] einig werden/sein:* die beiden wurden bald h.).

Han|dels|ein|rich|tung, die: (DDR): *Laden* (1); *Geschäft* (2 b) *einer Handelsorganisation* (2): in dem Dorf gab es nur eine H. für Waren des täglichen Bedarfs.

han|dels|eins: ↑ handelseinig.

Han|dels|em|bar|go, das: *Verbot des Handelsaustauschs mit einem bestimmten Land; den Handel betreffendes Embargo.*

Han|dels|en|de, das (Börsenw.): *Handelsschluss.*

han|dels|fä|hig ⟨Adj.⟩: *geeignet, gehandelt, verkauft zu werden:* -e Güter.

Han|dels|fir|ma, die: *Firma, die Handel treibt.*

Han|dels|flag|ge, die: *Flagge eines Handelsschiffs, durch die es seine Nationalität zu erkennen gibt.*

◆ **Han|dels|flor,** der [zu ↑ ¹Flor]: *Blüte* (3) *des Handels:* ...und das gute Göthaborg im schönsten H. immer frischer und herrlicher emporblühte (E. T. A. Hoffmann, Bergwerke 3).

Han|dels|flot|te, die: *Gesamtheit der unter der Flagge eines Landes fahrenden Handelsschiffe.*

Han|dels|frei|heit, die ⟨o. Pl.⟩: *Möglichkeit, Recht zu uneingeschränktem* ¹*Handel* (2 b).

han|dels|gän|gig ⟨Adj.⟩: *im Handel erhältlich.*

Han|dels|ge|hil|fe, der: *Handlungsgehilfe.*

Han|dels|ge|hil|fin, die: w. Form zu ↑ Handelsgehilfe.

Han|dels|ge|richt, das: *Gericht, das für die Entscheidung handelsrechtlicher Streitigkeiten zuständig ist.*

han|dels|ge|richt|lich ⟨Adj.⟩: *das Handelsgericht betreffend; von einem Handelsgericht gefällte:* eine -e *(von einem Handelsgericht gefällte)* Entscheidung.

Han|dels|ge|schäft, das: **1.** *kaufmännisches Unternehmen (Einzel- od. Großhandelsunternehmen).* **2.** *Rechtsgeschäft, Rechtshandlung eines Kaufmanns in seiner Eigenschaft als Unternehmer.*

Han|dels|ge|sell|schaft, die: *Gesellschaft* (4 b), *die ein Handelsunternehmen unter gemeinsamer Firma betreibt:* eine H. gründen; offene H. (Personengesellschaft, die auf den Betrieb eines Handelsgewerbes gerichtet ist, mit unbeschränkter persönlicher Haftung der Gesellschafter; Abk.: OHG).

Han|dels|ge|setz, das: *Gesetz, das den Handel betrifft.*

Han|dels|ge|setz|buch, das ⟨o. Pl.⟩: *Gesetzbuch, das den Bereich des geschäftlichen Handels betrifft* (Abk.: HGB).

Han|dels|ge|wer|be, das: *Gewerbe, das sich dem Handel in Form von Kauf u. Verkauf von Gütern widmet; kaufmännisches Gewerbe.*

Han|dels|ge|wicht, das (Kaufmannspr.): *Trockengewicht einer Ware unter Berücksichtigung einer bestimmten Norm für den Feuchtigkeitsgehalt.*

Han|dels|ge|wohn|heit, die: *Handelsbrauch.*

Han|dels|grö|ße, die (Kaufmannspr.): *genormte, handelsübliche Größe einer Ware.*

Han|dels|grup|pe, die: *Firmengruppe aus Handelsfirmen.*

Han|dels|gut, das ⟨meist Pl.⟩: *Ware, die gehandelt wird.*

Han|dels|ha|fen, der: *Hafen, der dem Umschlag von Handelsgütern dient.*

Han|dels|haus, das: *größeres [traditionsreiches] kaufmännisches Unternehmen:* ein namhaftes H.

Han|dels|hemm|nis, das (Wirtsch.): *staatliche Maßnahme, die den freien internationalen Austausch von Gütern behindert (z. B. Zölle, Devisenbewirtschaftung).*

Han|dels|herr, der (veraltet): *Kaufmann, der einem Handelshaus vorsteht.*

Han|dels|hoch|schu|le, die (früher): *Wirtschaftshochschule.*

Han|dels|kam|mer, die: ↑ Industrie- und Handelskammer.

Han|dels|kauf, der (Kaufmannspr.): *Kauf, Geschäft über Waren od. Wertpapiere, bei dem wenigstens einer der Partner Kaufmann ist: ein einseitiger, zweiseitiger H. (Handelskauf, bei dem einer bzw. beide Beteiligte Kaufleute sind).*

Han|dels|ket|te, die (Kaufmannspr.): **1.** *Weg, den eine Ware vom Erzeuger bis zum Käufer durchläuft.* **2.** *Zusammenschluss von Groß- u. Einzelhändlern zum Zweck eines preisgünstigeren Ein- u. Verkaufs.*

Han|dels|klas|se, die (Kaufmannspr.): *Güteklasse für landwirtschaftliche Produkte u. Fisch:* Äpfel der H. I.

Han|dels|klau|sel, die (Wirtsch.): *Klausel* (1) *in Kaufverträgen, die bes. die Liefer- u. Zahlungsbedingungen regelt.*

Han|dels|kon|zern, der: *Konzern, zu dem Handelsunternehmen gehören.*

Han|dels|kor|res|pon|denz, die: *kaufmännische Korrespondenz.*

Han|dels|krieg, der: *Wirtschaftskrieg.*

Han|dels|leh|rer, der: *Lehrer, der bes. an Handelsschulen kaufmännische u. allgemeine Fächer unterrichtet.*

Han|dels|leh|re|rin, die: w. Form zu ↑ Handelslehrer.

Han|dels|macht, die: *Staat, der durch seinen Handel eine entscheidende Machtposition hat.*

Han|dels|mak|ler, (Rechtsspr.:) **Han|dels|mäk|ler,** der: *selbstständiger Kaufmann, der gewerbsmäßig Verträge über Gegenstände des Handelsverkehrs, bes. Waren u. Wertpapiere, vermittelt.*

Han|dels|mak|le|rin, Han|dels|mäk|le|rin, die: w. Formen zu ↑ Handelsmakler, ↑ Handelsmäkler.

Han|dels|mann, der ⟨Pl. ...leute, selten: ...männer⟩ (veraltet): *Handeltreibender, Kaufmann:* ◆ Verkauft? Und wiederum verkauft? Und wiederum von dem berühmten H. in Süden? (Schiller, Don Carlos II, 8).

Han|dels|ma|ri|ne, die: *Handelsflotte.*

Han|dels|mar|ke, die (Kaufmannspr.): *vom Handel geschaffene Marke, unter der bestimmte Waren vertrieben werden:* eine eingetragene H.

Han|dels|ma|tu|ra, die (österr., schweiz.): *Reifeprüfung an einer Handelsschule.*

Han|dels|mes|se, die: ²*Messe* (1), *auf der Handelsfirmen ausstellen, vertreten sind.*

Han|dels|me|tro|po|le, die: *Stadt, die im Hinblick auf den* ¹*Handel* (1) *große Bedeutung hat:* die Stadt entwickelte sich zu einer H.

Han|dels|mi|nis|ter, der: *Minister, der für den Bereich des* ¹*Handels* (1) *zuständig ist.*

Han|dels|mi|nis|te|rin, die: w. Form zu ↑ Handelsminister.

Han|dels|mi|nis|te|ri|um, das: *für den Bereich des* ¹*Handels* (1) *zuständiges Ministerium.*

Han|dels|mi|nu|te, die (Börsenw.): *Minute, in der an einer Börse gehandelt wird:* in den ersten -n war der Kurs um rund zwei Prozent gesunken.

Han|dels|mis|si|on, die: *konsularische Vertretung in einem anderen Land, die bes. die Handelsbeziehungen mit diesem fördern soll.*

Han|dels|mo|no|pol, das: *Monopol in einem bestimmten Bereich des* ¹*Handels* (1).

Han|dels|na|me, der: *Firma* (1 b).

Han|dels|na|ti|on, die: *Handelsmacht:* China ist zur drittgrößten H. aufgestiegen.

Han|dels|netz, das: *Netz von Handelsbetrieben gleicher od. ähnlicher Art, die über eine Region verteilt sind:* ein genossenschaftliches H.

Han|dels|nie|der|las|sung, die: *Niederlassung eines Handelsunternehmens in einer Stadt, an einem Ort.*

Han|dels|or|ga|ni|sa|ti|on, die: **1.** *Organisation, die dem* ¹*Handel* (2 a) *dient.* **2.** ⟨o. Pl.⟩ (DDR) *staatliches Handelsunternehmen, das Warenhäuser, Gaststätten u. a. betreibt* (Abk.: HO).

Han|dels|part|ner, der: *Land, seltener auch Unternehmen, mit dem ein anderes Land od. Unternehmen Handel treibt.*

Han|dels|part|ne|rin, die: w. Form zu ↑ Handelspartner.

Han|dels|platt|form, die (Börsenw.): *Einrichtung zur Abwicklung von Börsengeschäften, z. B. über das Internet.*

Han|dels|platz, der: *Ort, an dem* ¹*Handel* (1) *betrieben wird:* die Stadt war schon im Mittelalter ein bedeutender H.; die Internetseite dient als H. für Textilien; die Kurse am New Yorker H. *(an der New Yorker Börse)* sind auf Talfahrt.

Han|dels|po|li|tik, die: *Teilbereich der Wirtschaftspolitik, die dem Außenhandel gewidmet ist.*

han|dels|po|li|tisch ⟨Adj.⟩: *die Handelspolitik betreffend.*

Han|dels|pri|vi|leg, das ⟨meist Pl.⟩ (früher): *(bestimmten Einzelpersonen, Handelsgesellschaften, Städten verliehenes) den Handel betreffendes Privileg (z. B. das Recht, Zölle zu erheben).*

Han|dels|recht, das: *den Handel betreffendes Recht.*

han|dels|recht|lich ⟨Adj.⟩: *das Handelsrecht betreffend.*

Han|dels|re|gis|ter, das: *vom Amtsgericht geführtes öffentliches Verzeichnis, in dem die Namen der Inhaber und Gewerbebetrieben eingetragen werden:* eine Firma im H. löschen, ins H. eintragen.

Han|dels|rei|sen|de ⟨vgl. Reisende⟩: *Handelsvertreterin.*

Han|dels|rei|sen|der ⟨vgl. Reisender⟩: *Handelsvertreter.*

Han|dels|rich|ter, der: *ehrenamtlicher Richter in einer Kammer für Handelssachen.*

Han|dels|rich|te|rin, die: w. Form zu ↑ Handelsrichter.

Han|dels|rie|se, der (Jargon): *besonders großes Handelsunternehmen, besonders großer Handelskonzern.*

Han|dels|sa|che, die: *Streitsache im Bereich des Handels.*

Han|dels|sank|ti|on, die: *als Sanktion verhängte Handelsbeschränkung:* gegen ein Land -en verhängen.

Han|dels|schiff, das: *dem Transport von Handelsgütern dienendes Schiff.*

Han|dels|schiff|fahrt, die: *dem Transport von Handelsgütern dienende Schifffahrt.*

Han|dels|schluss, der (Börsenw.): *Ende des Handels an einer Börse, Börsenschluss* (2).

Han|dels|schran|ke, die ⟨meist Pl.⟩: *gegen die Freizügigkeit des Handelsverkehrs gerichtete staatliche Schranke:* -n aufrichten, abbauen.

Han|dels|schu|le, die: *auf einen kaufmännischen Beruf vorbereitende Fachschule:* eine höhere H.
Han|dels|schü|ler, der: *Schüler einer Handelsschule.*
Han|dels|schü|le|rin, die: w. Form zu ↑ Handelsschüler.
Han|dels|span|ne, die (Kaufmannsspr.): *Differenz zwischen Einkaufs- u. Verkaufspreis einer Ware:* eine hohe, niedrige H.
Han|dels|sper|re, die: *Handelsembargo.*
Han|dels|stadt, die: *Stadt, die ausgedehnten Handel treibt.*
Han|dels|stra|ße, die (Geschichte): *bes. dem Transport von Handelswaren dienende Straße.*
Han|dels|stun|de, die (Börsenw.): *Stunde, in der an einer Börse gehandelt wird:* in der ersten H. des Tages verlor das Papier fünf Prozent.
Han|dels|sys|tem, das (Börsenw.): *System, das der Abwicklung von Börsengeschäften dient:* ein elektronisches H.
Han|dels|tag, der (Börsenw.): *Tag, an dem an einer Börse gehandelt wird.*
Han|dels|über|schuss, der: *Handelsbilanzüberschuss.*
han|dels|üb|lich ⟨Adj.⟩: **1.** *im ¹Handel (2 a) üblich, gebräuchlich:* eine -e Verpackung, Größe, Menge. **2.** *im ¹Handel (2 b) üblicherweise erhältlich:* -e Ware; ein -er PC.
Hän|del|sucht, die (geh. veraltend): *Streitsucht.*
hän|del|süch|tig ⟨Adj.⟩ (geh. veraltend): *streitsüchtig:* Dazu: **Hän|del|süch|tig|keit**, die; -.
Han|dels|un|ter|neh|men, das: *Handelsfirma.*
Han|dels|ver|bin|dung, die ⟨meist Pl.⟩: *Handelsbeziehung:* das Unternehmen hat vielfältige -en nach Übersee.
Han|dels|ver|bot, das: *Verbot, mit etw. Bestimmtem Handel zu treiben:* für Elfenbein gilt ein generelles H.
Han|dels|ver|kehr, der ⟨o. Pl.⟩: *Gesamtheit der Handelsaktivitäten.*
Han|dels|ver|lauf, der (Börsenw.): *Verlauf des Handels (während eines bestimmten Zeitraums) an einer Börse:* das Papier stürzte zunächst ab, erholte sich aber im weiteren H. wieder.
Han|dels|ver|trag, der: *Vertrag, durch den längerfristige Handelsbeziehungen zwischen Einzelunternehmen od. Staaten festgelegt werden.*
Han|dels|ver|tre|ter, der: *jmd., der berufsmäßig für ein od. mehrere Unternehmen ständig die Vermittlung od. den Abschluss von Geschäften betreibt.*
Han|dels|ver|tre|te|rin, die: w. Form zu ↑ Handelsvertreter.
Han|dels|ver|tre|tung, die: **1.** *Handelsmission.* **2.** *von einem Land mit staatlichem Außenhandelsmonopol eingerichtete, mit konsularischen Befugnissen ausgestattete Vertretung in einem Land, mit dem Handelsbeziehungen unterhalten werden.*
Han|dels|vo|lu|men, das (Wirtsch.): *Volumen des Außenhandels in einem bestimmten Zeitraum.*
Han|dels|wa|re, die: *Ware, die gehandelt wird; Handelsartikel.*
Han|dels|weg, der: **1.** *Verkehrsweg, auf dem der Transport von Handelsgütern stattfindet:* der Rhein ist ein bedeutender H. **2.** *über den Handel führender Weg einer Ware vom Hersteller zum Verbraucher:* der normale H. führt über den Großhandel.
Han|dels|wert, der (Kaufmannsspr.): *der im Geschäftsverkehr bei einem Verkauf zu erzielende Durchschnittspreis.*
Han|dels|wo|che, die (Börsenw.): *Woche, in der an einer Börse gehandelt wird:* die H. ging mit deutlichen Kursverlusten zu Ende.

Han|dels|zeit, die (Börsenw.): *Zeit, in der an einer Börse gehandelt wird.*
Han|dels|zen|t|rum, das: **1.** *Handelsmetropole.* **2.** *Gebäude, in dem Handel getrieben wird:* das Forum wird im internationalen H. der Stadt abgehalten.
Han|dels|zweig, der: *Branche des Handels.*
Han|del trei|bend, han|del|trei|bend ⟨Adj.⟩: *sich mit ¹Handel (2 b) befassend.*
Han|del|trei|ben|de, die/eine Handeltreibende; der/einer Handeltreibenden, die Handeltreibenden/zwei Handeltreibende: *weibliche Person, die berufsmäßig Handel treibt.*
Han|del|trei|ben|der, der/eines Handeltreibenden; des/eines Handeltreibenden, die Handeltreibenden/zwei Handeltreibende: *jmd., der berufsmäßig Handel treibt.*
Hän|de|rin|gen, das: *das Die-Hände-Ringen.*
hän|de|rin|gend ⟨Adj.⟩: **a)** *die Hände ringend:* weinende und -e Frauen; **b)** *verzweifelt, flehentlich:* h. bitten; Ü wir suchen h. (ugs.; dringend) eine Aushilfskraft.
Hän|de|schüt|teln, das; -s: *das Sich-die-Hände-Schütteln:* bei der Abreise nahm das H. kein Ende.
Hän|de|trock|ner, der: *Gerät zum Trocknen der Hände mit Heißluft.*
Hand|eu|le, die (nordd.): *Handbesen.*
Hän|de|wa|schen, das; -s: *das Sich-die-Hände-Waschen:* das H. nicht vergessen; zum H. geht bitte ins Bad.
Hand|ex|em|plar, das (Bibliothekswesen): *zum persönlichen Gebrauch, zum Handgebrauch zur Verfügung stehendes Exemplar eines Buchs.*
Hand|fe|ger, der: *Handbesen;* * **rumlaufen, rumrennen usw. wie ein wild gewordener H.** (landsch. salopp: 1. zerzaust, unfrisiert o. ä. umherlaufen. 2. unruhig, aufgeregt umherlaufen).
Hand|fei|le, die: *kleine, handliche Feile.*
hand|fer|tig ⟨Adj.⟩: *Handfertigkeit besitzend, geschickt:* ein -er Bastler.
Hand|fer|tig|keit, die: *Fertigkeit, Geschicklichkeit der Hände, bes. für handwerkliche Arbeiten.*
Hand|fes|sel, die ⟨meist Pl.⟩: *¹Fessel zum Fesseln einer Hand:* jmdm. -n anlegen, die -n abnehmen; der Ermordete trug -n aus Klebeband; ich durchschnitt seine -n.
hand|fest ⟨Adj.⟩ [mhd. handveste = in feste Hand genommen, mit den Händen tüchtig arbeitend, kräftig]: **1.** *(in Bezug auf die Erscheinung eines Menschen) kräftig gebaut, derb, robust wirkend:* ein -er Bursche; die Kellnerin war eine -e Person; sie ist ganz h. **2.** *deftig, nahrhaft:* eine -e Mahlzeit; ⟨subst.:⟩ etw. Handfestes essen. **3.** *handgreiflich (1), konkret (2), sich nicht übersehen, ignorieren, leugnen lassend:* -e Vorschläge, Beweise, Informationen; ein -er (großer) Krach, Skandal; eine -e (heftige) Prügelei; jmdn. h. (schwer) betrügen. ♦ **4.** * **jmdn. h. machen** (jmdn. verhaften, festnehmen; eigtl. = in feste Hand nehmen).
Hand|feu|er|lö|scher, der: *mit der Hand zu bedienender Feuerlöscher.*
Hand|feu|er|waf|fe, die: *Feuerwaffe, die von einer Person getragen u. mit der Hand betätigt werden kann.*
Hand|flä|che, die: *Innenfläche der Hand (1).*
hand|för|mig ⟨Adj.⟩: *die Form einer Hand aufweisend:* -e Blätter.
Hand|ga|lopp, der (Reiten): *kurzer, ruhiger Galopp.*
Hand|gas, das (Kfz-Technik): *mit der Hand zu betätigender Gashebel:* der Wagen, die Maschine hat H.
hand|ge|ar|bei|tet ⟨Adj.⟩: *in Handarbeit (1 b) hergestellt:* -er Schmuck; das Möbelstück ist h.

Hand|ge|brauch, der ⟨o. Pl.⟩: *täglicher Gebrauch, ständige Benutzung:* Geschirr für den, zum H.
hand|ge|bun|den ⟨Adj.⟩: *von Hand gebunden:* ein -es Buch.
hand|ge|fer|tigt ⟨Adj.⟩: *handgearbeitet.*
hand|ge|knüpft ⟨Adj.⟩: *mit der Hand geknüpft:* ein -er Teppich.
Hand|geld, das [urspr. Geld, das jmdm. bei der Anwerbung in die gelobende Hand gezahlt wird]: **1.** (früher) *symbolische Anzahlung einer kleinen Geldsumme beim mündlichen Abschluss eines Vertrages.* **2.** *beim Abschluss bestimmter Arbeitsverträge gezahlte Geldsumme an die sich verdingende Person:* das H. war dem Fußballspieler nicht hoch genug.
Hand|ge|lenk, das: *Gelenk zwischen Hand (1) u. Unterarm:* ich habe mir den H. verstaucht; mit einem Schlag aus dem H. (durch Bewegung der Hand u. ohne große Armbewegung) brachte er den Ball übers Netz; * **ein lockeres/loses H. haben** (ugs.; *leicht zum Schlagen geneigt sein:* sein Vater hat ein lockeres H.); **aus dem H. [heraus]** (ugs.: 1. *aus dem Stegreif, ohne nachzudenken:* er wusste alle Zahlen aus dem H. 2. [in Bezug auf eine Tätigkeit, die jmd. verrichtet] *ohne Mühe, mit Leichtigkeit:* sie machte diese Arbeiten aus dem H.); **etw. aus dem H. schütteln** (ugs.; *etw. mühelos, mit großer Leichtigkeit tun, zustande bringen:* er hat schon in der Schule alles aus dem H. geschüttelt).
hand|ge|macht ⟨Adj.⟩: *von Hand gemacht, in Handarbeit (1 b) hergestellt:* -e Spätzle, Brezeln, Knödel.
hand|ge|malt ⟨Adj.⟩: *mit der Hand gemalt:* ein Service mit -em Dekor.
hand|ge|mein: nur in der Verbindung [**mit jmdm.**] **h. werden** ([gegen jmdn.] *handgreiflich werden;* eigtl. = mit den Händen zusammen seiend, zu veraltet gemein = gemeinsam).
Hand|ge|men|ge, das: **1.** *tumultartige Situation, bei der es zu Tätlichkeiten, Schlägereien unter den Anwesenden kommt:* zwischen den Demonstranten und der Polizei kam es zu einem H. **2.** (Militär) *Nahkampf.*
hand|ge|näht ⟨Adj.⟩: *mit der Hand genäht:* ein -er Saum.
Hand|ge|päck, das: *Gepäck, das man als Fahrgast od. Fluggast mit an seinen Platz nimmt.*
Hand|ge|rät, das: **1.** *handliche, leichte Ausführung eines Gerätes.* **2.** (bes. Gymnastik) *kleineres Gerät, mit dem bestimmte Übungen ausgeführt werden u. das in der Regel in der Hand gehalten wird:* zu den -en gehören unter anderem Keule, Stab u. Reifen.
hand|recht ⟨Adj.⟩: **1.** (veraltend) *sich beim Anfassen gut in die Hand fügend:* eine -e Form. **2.** *bequem mit der Hand zu erreichen, zu greifen:* etw. h. hinlegen, aufstellen.
hand|ge|schlif|fen ⟨Adj.⟩: *mit der Hand geschliffen.*
hand|ge|schmie|det ⟨Adj.⟩: *mit der Hand geschmiedet.*
hand|ge|schöpft ⟨Adj.⟩: *(von Papier) durch Mit-der-Hand-Schöpfen des Papierbreis aus der Bütte gewonnen:* -es Papier.
hand|ge|schrie|ben ⟨Adj.⟩: *mit der Hand geschrieben:* ein -er Brief.
hand|ge|spon|nen ⟨Adj.⟩: *mit der Hand gesponnen.*
hand|ge|steu|ert ⟨Adj.⟩: *(von technischen Anlagen u. dgl.) von Hand gesteuert:* eine -e Signalanlage.
hand|ge|stickt ⟨Adj.⟩: *mit der Hand gestickt.*
hand|ge|strickt ⟨Adj.⟩: *mit der Hand gestrickt:* -e Strümpfe; Ü (oft abwertend): -e (*unprofessionelle, nicht ganz zeitgemäße, etwas naiv, hausbacken wirkende*) Methoden.
hand|ge|webt ⟨Adj.⟩: *mit der Hand gewebt.*

Hand|glo|cke, die: *kleine, mit einem Griff od. Stiel versehene Glocke, die mit der Hand betätigt wird:* auf dem Präsidententisch steht eine H.

Hand|gra|na|te, die: *mit Sprengstoff gefüllter Hohlkörper [an einem Stiel], der im Nahkampf mit der Hand auf ein Ziel geschleudert wird.*

hand|greif|lich ⟨Adj.⟩: **1.** *unübersehbar, sichtbar vor Augen liegend; konkret fassbar:* ein -er Erfolg, Beweis; jmdm. etw. h. vor Augen führen *(so, dass es unmittelbar einleuchtet).* **2.** *tätlich:* eine -e Auseinandersetzung; es gibt Situationen, in denen er leicht gegen andere h. wird *(andere tätlich angreift);* sie haben sich h. auseinandergesetzt.

Hand|greif|lich|keit, die: **1.** *konkrete Fassbarkeit, Sichtbarkeit, Erkennbarkeit:* die H. der Missstände. **2.** ⟨meist Pl.⟩ *Tätlichkeit:* es kam zu -en.

Hand|griff, der: **1.** *zur Verrichtung einer Arbeit, zu einer Tätigkeit gehörende greifende Handbewegung:* ein falscher, stereotyper H.; bei dieser heiklen Arbeit muss jeder H. sitzen; die notwendigen -e lernen, üben; der Schaden war mit einem H., mit ein paar -en *(mit minimalem Arbeitsaufwand)* behoben; das Sofa lässt sich mit wenigen -en in ein Bett verwandeln; er fand sich nicht bereit, ab und zu einen H. für sie zu tun *(ihr ein wenig zu helfen, mit anzufassen).* **2.** *Griff* (2): sich am H. festhalten.

hand|groß ⟨Adj.⟩: *etwa von, in der Größe einer Hand* (1): ein -er Fleck.

◆ **Hand|groß,** die; -, - ⟨landsch.⟩: *Menge, die man mit einer Hand fassen, halten kann; geringe Menge:* ... wo noch eine H. Butter im Hafen war, da wurde gleich geküchelt (Gotthelf, Spinne 56).

hand|hab|bar ⟨Adj.⟩: *sich handhaben* (1) *lassend:* ein leicht, schwer -er Apparat. Dazu: **Hand|hab|bar|keit,** die; -.

Hand|ha|be, die; -, -n [mhd. hanthabe, ahd. hanthaba = Griff, Henkel]: **1.** *etw., was ein auf ein bestimmtes Ziel gerichtetes Vorgehen ermöglicht, erlaubt:* [k]eine rechtliche, gesetzliche, juristische H. [gegen jmdn., etw.] haben; jmdm. eine H. für ein Einschreiten geben. **2.** ⟨selten⟩ *Handgriff* (2): ◆ ... einen derben Stock, dessen H. mit Leder und runden Messingnägeln ... beschlagen war (Mörike, Mozart 260).

hand|ha|ben ⟨sw. V.; hat⟩ [mhd. hanthaben = fest fassen, halten]: **1.** *(ein Werkzeug, Instrument, etw., was man bei seinem Gebrauch in der Hand hält, mit der Hand führt) führen, bedienen, gebrauchen:* etw. geschickt h.; dieses Gerät ist leicht, einfach zu h.; Indessen lernte sie alle weiblichen Handfertigkeiten, lernte sticken und französisch parlieren, sie lernte auf Klavier spielen und die Mandoline h. (Fussenegger, Haus 434). **2.** *etw. [bei dessen Auslegung, Ausführung od. Anwendung ein gewisser Spielraum gegeben ist] in bestimmter Weise aus-, durchführen, praktizieren:* die Vorschriften werden hier sehr lax gehandhabt; so haben wir es immer gehandhabt.

Hand|ha|bung, die; -, -en: *das Handhaben:* das Gerät zeichnet sich durch seine einfache H. aus.

Hand|har|mo|ni|ka, die: *Harmonika, bei der auf Druck u. Zug des Balges verschiedene Töne erklingen u. die Tasten diatonisch angeordnet sind.*

Hand|held ['hεnthεlt], der od. das; -s, -s [engl. hand-held, subst. aus: hand-held = Hand- (aus hand = Hand u. held, 2. Part. von to hold = halten)]: *kleiner handlicher Taschencomputer.*

hand|hoch ⟨Adj.⟩: *etwa so hoch, wie eine Hand lang ist:* handhohes Gras; der Schnee liegt h.

Han|di|cap, Handikap ['hεndikεp], das; -s, -s [engl. handicap, H. u.]: **1.** *etw., was für jmdn., etw. eine Behinderung, einen Nachteil bedeutet; etw. ist für jmdn. ein schweres H.; die Verschuldung des Vereins ist jetzt das größte H. für die Spieler. **2.** (bes. Badminton, Golf, Polo, Pferderennen) *durch eine Vorgabe für den leistungsschwächeren Gegner entstehender Ausgleich gegenüber dem stärkeren:* ein H. festsetzen.

han|di|ca|pen, handikapen ['hεndikεpn̩] ⟨sw. V.; hat⟩ [engl. to handicap]: *eine Behinderung, einen Nachteil für jmdn., etw. darstellen; jmdm. ein Handicap auferlegen:* die schlechten Wetterverhältnisse handicapten/handikapten uns sehr; der Verein war durch das Ausfallen einiger Spieler gehandicapt/gehandikapt *(benachteiligt);* ⟨subst.:⟩ die Gehandicapten/Gehandikapten *(Benachteiligten)* waren wir!

han|di|ca|pie|ren [hεndika...] ⟨sw. V.; hat⟩ ⟨schweiz.⟩: *handicapen.*

Han|di|cap|per, Handikapper ['hεndikεpɐ], der; -s, - [engl. handicapper] (Segeln, Pferderennen): *jmd., der bei Rennen mit der Festsetzung der Handicaps* (2) *beauftragt ist.*

Han|di|cap|pe|rin, Handikapperin, die; -, -nen: w. Formen zu ↑ Handicapper, ↑ Handikapper.

Han|di|kap usw.: ↑ Handicap usw.

Hand|in|nen|flä|che, die: *Innenfläche der Hand.*

hän|disch ⟨Adj.⟩ (bes. südd., österr., EDV-Jargon): *mit der Hand; manuell:* eine Arbeit h. ausführen; eine Korrektur h. ausführen.

Hand|ka|me|ra, die: *Kamera, die bei der Aufnahme in der Hand gehalten u. nicht auf einem Stativ befestigt wird.*

Hand|kan|te, die: *äußere Schmalseite der Hand (mit der, bes. im Karate, ein bestimmter Schlag ausgeführt wird):* er schlug mit der H. hart zu.

Hand|kan|ten|schlag, der: *Schlag mit der Handkante.*

Hand|kar|re, die (bes. md., nordd.), **Hand|kar|ren,** der (bes. südd., österr.): *Handwagen.*

Hand|kä|se, der ⟨landsch.⟩: *aus Quark mit Kümmel u. Salz hergestellter, mit der Hand geformter, kleiner Käse von flacher, kreisrunder Form:* * **Handkäs mit Musik** (landsch.: *Handkäse, der mit einer Marinade aus Essig, Öl, Zwiebeln u. Pfeffer übergossen gegessen wird*).

hand|kehr|um ⟨Adv.⟩ ⟨schweiz.⟩: **1.** *plötzlich, unversehens.* **2.** *andererseits, gleichzeitig auch.*

Hand|kehr|um: nur in der Fügung **im H.** ⟨schweiz./Handumdrehen⟩.

Hand|kof|fer, der: *kleinerer Koffer, der sich mit einer Hand tragen lässt.*

hand|ko|lo|riert ⟨Adj.⟩: *mit der Hand koloriert:* ein -er Druck, Kupferstich.

Hand|kom|mu|ni|on, die (kath. Kirche): *Form des Empfangs der Kommunion (1), bei der die Hostie in die Hand des Kommunizierenden gelegt wird.*

Hand|korb, der: *kleinerer, handlicher Korb mit Henkel.*

Hand|kur|bel, die: *mit der Hand zu betätigende Kurbel.*

Hand|kuss, der: **a)** *(von einem Herrn gegenüber einer Dame) bei der Begrüßung zum Zeichen der Verehrung angedeuteter Kuss auf den Handrücken:* einen H. andeuten; jmdm. mit H. begrüßen; * **mit H.** *(gern, ohne Zögern:* sie haben die abgelegten Kindersachen mit H. [an]genommen); **zum H. kommen** (österr.: *von einem Übel betroffen werden, zum Opfer werden:* das Opfer kam unschuldig zum H.); **b)** *(gegenüber einem geistlichen Würdenträger, bes. Papst od. Bischof) Kuss auf den an der Hand getragenen Ring als Zeichen der Ehrerbietung vonseiten des Gläubigen.*

Hand|lam|pe, die: *in der Hand zu haltende elektrische Lampe [mit langer Schnur], die bei bestimmten Arbeiten zum Ausleuchten verwendet wird.*

◆ **hand|lan|gen** ⟨sw. V.; hat⟩: *als Handlanger arbeiten, zur Hand gehen:* Einer von den Malern ... hatte bei dem Theater in der Residenz gehandlangt (Goethe, Lehrjahre II, 3).

Hand|lan|ger, der; -s, - [mhd. hantlanger]: **1. a)** *ungelernter Arbeiter, Hilfsarbeiter im Baugewerbe:* er arbeitet als H. auf dem Bau; **b)** (abwertend) *jmd., der nur untergeordnete Arbeit für andere verrichtet:* er betrachtet ihn als seinen H. **2.** (abwertend) *jmd., der sich ohne Skrupel zum Zuarbeiter od. Helfer bei einem verwerflichen Tun gebrauchen lässt:* ein H. der Unterdrücker; er ließ sich nicht zum H. des Regimes machen.

Hand|lan|ger|ar|beit, die ⟨meist Pl.⟩ (abwertend): *untergeordnete Arbeit, Hilfsarbeit.*

Hand|lan|ger|dienst, der ⟨meist Pl.⟩ (oft abwertend): **1.** *Hilfsdienst:* jmdm. -e leisten; er für jmdn. tun; zu -en war er nicht bereit. **2.** *Beihilfe zu etw. Verwerflichem:* -e für jmdn. tun; er gab zu Protokoll, bei dem Überfall nur -e geleistet zu haben.

Hand|lan|ge|rin, die; -, -nen: w. Form zu ↑ Handlanger.

hand|lan|gern ⟨sw. V.; hat⟩ (ugs. scherzh.): *sich als Handlanger* (1) *betätigen.*

Hand|lauf, der: *den oberen Abschluss des Treppengeländers bildender Teil (in Form eines Rohrs, einer Stange od. dgl.), an dem man sich mit der Hand festhalten kann.*

Händ|ler, der; -s, - [spätmhd. hand[e]ler = jmd., der etw. tut, vollbringt, verrichtet; Unterhändler, zu ↑ handeln]: **1.** *jmd., der als Kaufmann einen* ¹*Handel* (2 b) *betreibt:* der H. verdient an dem Auto rund 1500 Euro; ein ambulanter, fliegender H. *(Händler, der seine Waren nicht in einem Ladengeschäft anbietet, sondern [umherziehend] an einem Stand, Karren);* er war H. in Obst und Gemüse. **2.** *Börsenhändler.*

Händ|le|rin, die; -, -nen: w. Form zu ↑ Händler.

Händ|ler|netz, das (Kaufmannsspr.): *Netz* (2 d) *von [Vertrags]händlern.*

Händ|ler|vier|tel, das: *Geschäftsviertel.*

Händ|ler|volk, das: **1.** *Handel treibendes Volk.* **2.** *die Händler als Berufsstand, in ihrer Gesamtheit.*

Hand|le|se|kunst, die: *Chiromantie.*

Hand|le|ser, der (selten): *Chiromant.*

Hand|le|se|rin, die; -, -nen: w. Form zu ↑ Handleser.

Hand|le|xi|kon, das: *kleineres, handliches Lexikon.*

hand|lich ⟨Adj.⟩ [mhd. hantlich = mit der Hand verrichtet]: **1.** (bes. von Gebrauchsgegenständen) *sich gut in der Hand halten lassend, sich (dank bestimmter Eigenschaften) leicht, bequem handhaben lassend:* ein handlicher Staubsauger; das Buch hat ein -es Format; das Gerät ist nicht sehr h.; ⟨Jargon:⟩ ein -es *(wendiges, nicht zu großes, leicht zu fahrendes)* Auto. **2.** ⟨schweiz.⟩ **a)** *behände;* **b)** *tüchtig, kräftig, fest zufassend:* ◆ ... mit -en Manieren *(auf resolute Art u. Weise)* setzte die Hebamme so die Gotte hinter den Tisch (Gotthilf, Spinne 9); **c)** *mit der Hand: etw. h. anfassen.*

Hand|ling ['hεndlɪŋ], das; -s [engl. handling, zu: to handle = handhaben]: *Handhabung, Gebrauch:* Fahrzeuge mit gutem, sicherem H.

Hand|li|nie, die: *über bestimmte Grundformen hinaus individuell ausgeprägte Linie in der Innenfläche der Hand:* etw. aus jmds. -n lesen.

◆ **hand|los** ⟨Adj.⟩: *der Hand, den Händen beim Klettern keine Möglichkeit bietend, sich festzuhalten:* Handlos und schroff ansteigend starren ihm die Felsen, die unwirtlichen, entgegen (Schiller, Tell IV, 1).

Hand|lung, die; -, -en [mhd. handelunge]: **1.** *das* ¹*Handeln* (4 b), *[bewusst ausgeführte] Tat:* eine [un]überlegte, vorsätzliche, strafbare, unverantwortliche H.; eine kultische, feierliche H. (Zeremonie); eine symbolische H.; kriegerische -en; für seine -en einstehen müssen, bestraft werden; sich zu einer unbedachten H. hinreißen lassen. **2.** *Abfolge von zusammenhängenden, miteinander verketteten Ereignissen, Vorgängen, die das dramatische Gerüst einer Dichtung, eines Films od. dgl. bildet; Fabel, Plot:* eine verwickelte, fesselnde, spannende H.; die H. des Stücks, Films, Buchs; die Einheit der H. im Drama; der Roman hat sehr wenig H.; Ü Ort der H. *(Ort des Geschehens, Tatort)* war ein Steinbruch in der Nähe des Städtchens. **3.** (veraltend) *Handelsunternehmen, Laden, Geschäft* (fast nur noch in Zus.): eine zoologische H.; er betreibt eine kleine H. ♦ **4.** ¹*Handel* (2 a): Denk an ... die H., den Feldbau, die Gewerbe (Goethe, Egmont II).

Hand|lungs|ab|lauf, der: *Ablauf einer Handlung* (2).

Hand|lungs|an|wei|sung, die: *Anweisung, in einer bestimmten Weise zu handeln:* jmdm. praktische, konkrete, verbindliche -en geben.

hand|lungs|arm ⟨Adj.⟩: *arm an Handlung* (2): ein -er Film.

Hand|lungs|art, die (Sprachwiss.): *Aktionsart.*

Hand|lungs|be|darf, der: *Notwendigkeit, zu handeln:* es besteht derzeit [kein] H.

Hand|lungs|be|voll|mäch|tig|te ⟨vgl. Bevollmächtigte⟩: *weibliche Person, die mit einer Handlungsvollmacht ausgestattet ist.*

Hand|lungs|be|voll|mäch|tig|ter ⟨vgl. Bevollmächtigter⟩: *jmd., der mit einer Handlungsvollmacht ausgestattet ist.*

Hand|lungs|druck, der ⟨o. Pl.⟩: *von einem dringenden Handlungsbedarf ausgehender* ¹*Druck* (3): die Regierung steht unter enormem H.

Hand|lungs|emp|feh|lung, die: *Empfehlung, in einer bestimmten Weise zu handeln.*

hand|lungs|fä|hig ⟨Adj.⟩: **1.** *aufgrund gegebener Voraussetzungen fähig, in der Lage zu handeln, tätig zu werden:* eine -e Regierung, Mehrheit, Opposition; ein -er Staat, Vorstand; der Magistrat ist nicht mehr h. **2.** *aufgrund gegebener persönlicher Voraussetzungen in der Lage, bestimmte Rechtshandlungen verantwortlich zu tätigen:* die alte Frau war nicht mehr h.

Hand|lungs|fä|hig|keit, die ⟨o. Pl.⟩: *das Handlungsfähigsein.*

Hand|lungs|feld, das: *Bereich des Handelns, Aktivität.*

Hand|lungs|frei|heit, die: *Freiheit, unabhängig, nach eigenem Wunsch od. Ermessen zu handeln:* jmds. H. einschränken; er verlangte volle H.

Hand|lungs|ge|hil|fe, der (Rechtsspr.): *kaufmännischer Angestellter.*

Hand|lungs|ge|hil|fin, die (Rechtsspr.): w. Form zu ↑Handlungsgehilfe.

Hand|lungs|mög|lich|keit, die: *Möglichkeit zu handeln.*

Hand|lungs|mus|ter, das: *Muster* (2) *für das Handeln:* auf bewährte H. zurückgreifen.

hand|lungs|reich ⟨Adj.⟩: *reich an Handlung* (2): eine -e Erzählung.

Hand|lungs|rei|sen|de ⟨vgl. Reisende⟩ (Kaufmannsspr.): **a)** *weibliche Person, die als Handlungsgehilfin außerhalb des Betriebes, dem sie angehört, Geschäfte im Namen u. für Rechnung des Unternehmens abschließt;* **b)** *Handelsvertreterin.*

Hand|lungs|rei|sen|der ⟨vgl. Reisender⟩ (Kaufmannsspr.): **a)** *jmd., der als Handlungsgehilfe außerhalb des Betriebes, dem er angehört, Geschäfte im Namen u. für Rechnung des Unternehmens abschließt;* **b)** *Handelsvertreter.*

Hand|lungs|spiel|raum, der: *Spielraum, der jmdm. für sein Handeln zur Verfügung steht:* für den Verteidiger bestand noch H.

Hand|lungs|strang, der: *Strang einer [komplexen, aus mehreren Strängen bestehenden] Handlung* (2): in seinem Roman hat er die Handlungsstränge nur lose miteinander verknüpft.

hand|lungs|un|fä|hig ⟨Adj.⟩: *unfähig zu handeln:* eine -e Regierung. Dazu: **Hand|lungs|un|fä|hig|keit,** die; -.

Hand|lungs|ver|lauf, der: *Handlungsablauf.*

Hand|lungs|voll|macht, die: *Vollmacht, die dazu berechtigt, im Namen eines Handelsunternehmens Rechtshandlungen vorzunehmen.*

Hand|lungs|wei|se, die: *Art u. Weise, wie jmd. (in einer bestimmten Situation) handelt, gehandelt hat:* eine korrekte, unverantwortliche H.; deine H. ist zutiefst verletzend.

Hand|ma|le|rei, die: **1.** ⟨o. Pl.⟩ *das Malen mit der Hand.* **2.** *mit der Hand ausgeführte Malerei:* Porzellanteller mit H.

Hand|mehr, das ⟨o. Pl.⟩ (schweiz.): *durch Handaufheben festgestellte Mehrheit bei einer Abstimmung.*

Hand|mi|xer, der: *kleines, mit der Hand zu führendes elektrisches Gerät zum Rühren, Mixen, Quirlen u. dgl.; Handrührer; Handrührgerät.*

Hand|müh|le, die: *kleine, mit der Hand zu betätigende Mühle zum Zerkleinern, Schroten u. a. im Haushalt.*

Hand|or|gel, die (schweiz., westösterr., sonst veraltet): **1.** *Drehorgel.* **2.** *Ziehharmonika.*

Hand|out, Hand-out [ˈhɛntlaʊt], das; -s, -s [engl. handout, zu: to hand out = aus-, verteilen]: *an Teilnehmer einer Tagung, eines Seminars od. dgl. ausgegebenes Informationsmaterial.*

Hand|pfle|ge, die: *das Pflegen der Hände u. der Fingernägel; Maniküre* (1): H. betreiben; eine Creme für die H.

Hand|pres|se, die: *im Buch- u. Steindruck verwendete, von Hand betriebene Presse zur Herstellung von Probeabzügen, Liebhaberdrucken u. Grafiken.*

Hand|pum|pe, die: *kleine, mit der Hand zu betätigende Pumpe.*

Hand|pup|pe, die: *im Puppenspiel verwendete Puppe, bei der der Kopf aus einem festen Material geformt u. mit einer Höhlung für den Zeigefinger versehen ist, während der Körper nur aus einer Stoffhülle besteht, die der Puppenspieler mit der Hand u. dem unteren Teil des Arms ausfüllt, wodurch er die Puppe führen u. Bewegungen ermöglichen kann.*

Hand|pup|pen|the|a|ter, das: *Theater, in dem mit Handpuppen gespielt wird.*

♦ **Hand|queh|le, Hand|que|le,** die; -, -n [2. Bestandteil landsch. (bes. md.) Nebenform von Zwehle] (landsch., bes. md.): *Handtuch:* ... brachte ein Handbecken nebst Gießfass und Handquele (Goethe, Dichtung u. Wahrheit 5).

Hand|rei|chung, die: **1. a)** *Hilfeleistung, die darin besteht, dass jemand einem anderen bei einer Arbeit, bes. einer manuellen Tätigkeit, zur Hand geht:* er ist zu bequem zur kleinsten H.; [jmdm.] eine H. machen; -en tun, leisten; **b)** *Dienstleistung:* Pflegedienste bieten Kranken -en an. **2. a)** *Empfehlung, Richtlinie (für ein Verhalten, für den Umgang mit etw. Bestimmtem, für den Gebrauch von etw. Bestimmtem od. dgl.):* diese Unterlagen sind als H. für die Ausarbeitung des Planes von Nutzen; **b)** *Handreichungen* (2 a) *enthaltende Schrift.* **3.** *Handout.*

Hand|rü|cken, der: *Oberseite der Hand* (1) *ohne die Finger.*

Hand|rüh|rer, der; -s, -, **Hand|rühr|ge|rät,** das: *Handmixer.*

Hands [hɛnts, auch: hændz], das; -, - [zu engl. hand = Hand] (Fußball österr. veraltend, schweiz.): *Handspiel, Hand* (4).

Hand|sä|ge, die: *mit der Hand geführte Säge, bei der das Sägeblatt in einen Rahmen aus Holz eingespannt ist.*

hand|sam ⟨Adj.⟩ (österr., sonst landsch.): **1. a)** *leicht, bequem handhabbar; handlich:* ein -es Mixgerät; **b)** *leicht auszuführen, zu bewerkstelligen.* **2.** *anstellig, geschickt.* **3.** *umgänglich, verträglich:* ein -er Mensch; die Demonstranten verhielten sich recht h.

Hand|satz, der: **1.** ⟨o. Pl.⟩ *von Hand durchgeführter Satz* (3 a). **2.** *von Hand hergestellter Satz* (3 b).

Hand|schau|fel, die: *Schaufel mit kurzem Stiel, die zusammen mit dem Handbesen bes. zum Aufnehmen von Kehricht gebraucht wird.*

Hand|schel|le, die ⟨meist Pl.⟩: *mit einem Schloss versehene, aus einem aufklappbaren stabilen Metallring bestehende Handfessel, die durch eine kurze Kette mit einer zweiten gleichartigen verbunden ist:* -n tragen; jmdm. -n anlegen; den Gefangenen mit -n abführen.

hand|scheu ⟨Adj.⟩ (Jägerspr.): *(von Hunden) aus Angst vor Schlägen der Aufforderung herbeizukommen nicht od. nur zögernd Folge leistend.*

Hand|schlag, der: **1.** (selten) *mit der Hand ausgeführter Schlag:* jmdm. einen H. versetzen. **2.** (Pl. selten) *das Sich-die-Hand-Geben:* jmdn., sich/ (geh.:) einander durch/per/mit H. begrüßen; einen Vertrag durch H. besiegeln; * **goldener H.** (↑Händedruck). **3.** *in der Wendung* **keinen H. tun** (ugs.; *[zum Ärger für andere] nichts arbeiten:* der Faulpelz hat heute noch keinen H. getan).

Hand|schmeich|ler, der; -s, - (ugs.): *kleiner glatter Gegenstand bes. in Form einer Kugel od. einer Kette aus kleinen Kugeln, den man in der Hand hin u. her bewegt bzw. durch die Hand gleiten lässt.*

Hand|schrei|ben, das: *persönlicher [handschriebener] Brief:* der Ministerpräsident gratulierte dem Hundertjährigen mit einem, per H.

Hand|schrift, die [mhd. hantschrift, auch = eigenhändige Unterschrift]: **1.** *die einem Menschen eigene, für ihn charakteristische Schrift, die er, mit der Hand schreibend, hervorbringt:* eine steile, [un]leserliche, ausgeschriebene H. haben; seine H. ist schwer zu entziffern; * **eine gute, kräftige H. haben/schreiben** (ugs.; *beim Austeilen von Schlägen hart zuschlagen*). **2.** *charakteristisches Gepräge, das jmd. seinen [künstlerischen] Hervorbringungen, seinen Taten aufgrund seiner persönlichen Eigenart verleiht:* das Werk trägt die H. des Künstlers. **3.** *handgeschriebener Text aus der Zeit vor der Erfindung des Buchdrucks, bes. aus der Zeit des Mittelalters* (Abk.: Hs., Pl.: Hss.): eine wertvolle alte H.; eine H. aus dem 14. Jahrhundert. ♦ **4. a)** *eigenhändig geschriebenes Schriftstück:* So zeigen ihr' Exzellenz meine falschen -en auf (Schiller, Kabale 1, 5); **b)** *eigenhändig unterschriebener Schuldschein:* Ich habe seine Equipage verkauft und komme, seine H. einzulösen (Lessing, Minna I, 6); ... wenn mir meines Weibes Tugend und mein eigener Wert nicht H. genug ausgestellt hätten (*nicht Bürgschaft genug gewesen wären*); Schiller, Fiesco II, 16).

Hand|schrif|ten|deu|ter, der; (selten): *Grafologe.*

Hand|schrif|ten|deu|te|rin, die: w. Form zu ↑Handschriftendeuter.

Hand|schrif|ten|deu|tung, die: *Grafologie.*

Hand|schrif|ten|kun|de, die ⟨o. Pl.⟩: *Wissenschaft, die sich mit der Erforschung von alten Handschriften* (3) *befasst; Paläographie.*

Hand|schrif|ten|kun|di|ge, die/ein Handschriftenkundige; der/einer Handschriftenkundigen, die Handschriftenkundigen/zwei Handschrif-

Handschriftenkundiger – Handwerker

tenkundige: *weibliche Person, die sich in der Handschriftenkunde auskennt.*

Hand|schrif|ten|kun|di|ger, der *Handschriftenkundige/ein Handschriftenkundiger; des/eines Handschriftenkundigen, die Handschriftenkundigen/zwei Handschriftenkundige: jmd., der sich in der Handschriftenkunde auskennt.*

Hand|schrif|ten|pro|be, die: *Probe von jmds. Handschrift* (1).

hand|schrift|lich ⟨Adj.⟩: **1.** *mit der Hand geschrieben; in Handschrift* (1): *eine -e Bewerbung, Mitteilung.* **2.** *in einer Handschrift* (3) *überliefert:* -e Texte, Quellen.

Hand|schuh, der [mhd. hantschuoch, ahd. hantscuoh]: *die Hand [u. die Finger einzeln] umschließendes Kleidungsstück:* wollene, schweinslederne, gestrickte, gefütterte, dicke, warme -e; ein Paar -e; -e tragen, anziehen; seine -e überstreifen; etw. mit Handschuhen anfassen; * jmdm. den H. hinwerfen/vor die Füße werfen/ins Gesicht schleudern, werfen († Fehdehandschuh); den H. aufnehmen/aufheben († Fehdehandschuh); jmdn. mit -en anfassen († Glacéhandschuh).

Hand|schuh|fach, das: *Fach im Armaturenbrett eines Autos, in dem kleinere Gegenstände abgelegt werden können.*

Hand|schuh|grö|ße, die: *in Zahlen ausgedrückte Größe eines Handschuhs.*

Hand|schuh|ma|cher, der: *Handwerker, der Handschuhe herstellt* (Berufsbez.).

Hand|schuh|ma|che|rin, die: w. Form zu ↑ Handschuhmacher.

Hand|schutz, der ⟨Pl. -e⟩: **1.** ⟨o. Pl.⟩ *Schutz der Hand od. der Hände bei bestimmten Arbeiten u. Sportarten:* Asbesthandschuhe zum wirksamen H. **2.** *etw., was dem Handschutz* (1) *dient:* der korbförmige H. des Degens; eine Maschine läuft nicht an, solange der H. nicht heruntergeklappt ist; du solltest als H. Asbesthandschuhe tragen; ich saßte nie ohne H.

Hand|se|gel, das (Eissegeln): *mit der Hand gehaltenes Segel, mit dem der Eissegler manövriert.*

Hand|set ['hɛntsɛt], das; -s, -s [engl. handset, eigtl. = Telefonhörer]: *schnurloses Telefon.*

Hand|set|zer, der (Druckw.): *Setzer, der Handsatz* (2) *herstellt.*

Hand|set|ze|rin, die (Druckw.): w. Form zu ↑ Handsetzer.

hand|sig|niert ⟨Adj.⟩: *(vom Künstler, vom Verfasser) mit einem handschriftlichen Namenszug versehen:* ein -es Exemplar; die Grafik ist vom Künstler h.

Hand|spie|gel, der: *mit einem Stiel versehener, kleiner, runder od. ovaler Spiegel, den man mit der Hand halten kann.*

Hand|spiel, das (Fußball): *regelwidriges Berühren u. Spielen des Balls mit der Hand.*

Hand|stand, der (Turnen): *Übung, bei der der Körper mit dem Kopf nach unten, bei ausgestreckten Armen auf die Hände gestützt, im Gleichgewicht gehalten wird:* einen H. machen; Rolle rückwärts in den H.

Hand|stand|über|schlag, der (Turnen): *Übung, bei der man in den Handstand springt, sich dann mit den Händen kräftig abdrückt u. einen Überschlag ausführt.*

Hand|steu|e|rung, die: **a)** ⟨o. Pl.⟩ *mit der Hand vorgenommene Steuerung einer technischen Apparatur;* **b)** *Einrichtung, die eine Steuerung mit der Hand ermöglicht.*

Hand|sti|cke|rei, die: *mit der Hand ausgeführte Stickerei.*

Hand|stock, der (nordd.): *Spazierstock.*

hand|stop|pen ⟨sw. V.; hat; nur im Inf. u. im 2. Part. gebr.⟩: **1.** (Leichtathletik) *[etw.] mit der Stoppuhr stoppen:* ich muss die Läufe h.; der Lauf wurde handgestoppt. **2.** (Hockey) *den Ball mit der Hand abfangen:* ⟨subst.:⟩ Handstoppen ist im Hockey erlaubt.

Hand|streich, der [spätmhd. handstreich, urspr. = Schlag mit der Hand; später LÜ von frz. coup de main = Überrumpelung, plötzlicher Überfall] (bes. Militär): *Aktion, bei der ein Gegner in einem blitzartigen Überfall überrumpelt wird:* der Diktator wurde durch einen H. entmachtet; die Festung war in einem/im H. besetzt worden; Ü mit dieser Liebeserklärung eroberte er das Herz seiner Angebeteten im H. (in kürzester Frist).

Hand|ta|sche, die: *(bes. von Frauen verwendete) in der Hand od. mittels Henkel[n] am Arm od. über der Schulter zu tragende kleinere Tasche zum Mitführen bestimmter Utensilien:* eine lederne, geräumige H.; eine H. für den Abend; ihr waren sämtliche Papiere aus der H. gestohlen worden.

Hand|ta|schen|raub, der: *das Rauben* (1 a) *einer Handtasche auf offener Straße.*

Hand|ta|schen|räu|ber, der: *jmd., der einen Handtaschenraub begeht.*

Hand|ta|schen|räu|be|rin, die: w. Form zu ↑Handtaschenräuber.

Hand|tel|ler, der: *Innenfläche der Hand* (1) *vom Handgelenk bis zum Ansatz der Finger.*

hand|tel|ler|groß ⟨Adj.⟩: *etwa die Größe eines Handtellers aufweisend:* eine -e Wunde.

Hand|trom|mel, die: *kleine, mit der Hand geschlagene Trommel.*

Hand|tuch, das ⟨Pl. ...tücher⟩ [mhd. hanttuoch, ahd. hantuh]: **1.** *aus einem Baumwollstoff, bes. aus Frottee od. aus Halbleinen hergestelltes [schmales, längliches] Tuch von unterschiedlicher Größe zum Abtrocknen:* ein frisches, gebrauchtes, weiches H.; das blaue H. ist für die Hände; die Handtücher wechseln; * schmales H. (ugs. scherzh.; sehr schmaler, schlankwüchsiger Mensch); das H. werfen/schmeißen (1. Boxen; [als Sekundant] die Aufgabe eines Kampfes signalisieren, indem man das Handtuch od. den Schwamm in den Ring wirft. ugs.; resignierend aufgeben: weil die Mannschaft nicht geschlossen hinter ihm stand, warf der Trainer das H.). **2.** (ugs.) **a)** *Raum, der im Verhältnis zu seiner Länge sehr schmal ist:* dieses H. eignet sich als Kinderzimmer; Die Küche war nicht mehr als ein H., drei Meter lang und anderthalb breit (Fallada, Mann 225); **b)** *Fläche, die im Verhältnis zu ihrer Länge sehr schmal ist:* auf diesem H. können wir kein Haus bauen.

Hand|tuch|au|to|mat, der: *(bes. auf öffentlich zugänglichen Toiletten verwendeter) Automat, der eine Handtuchrolle enthält, von der der Benutzer sich zum Gebrauch jeweils ein sauberes Stück herauszieht.*

Hand|tuch|hal|ter, der: *bes. im Bad an der Wand angebrachte Stange[n] zum Darüberhängen der in Gebrauch befindlichen Handtücher.*

Hand|tuch|rol|le, die: *zu einer dicken Rolle aufgerolltes Handtuch.*

hand|tuch|schmal ⟨Adj.⟩: *im Verhältnis zur Länge sehr schmal:* in dem -en Zuschauerraum brach Panik aus.

Hand|um|dre|hen, das; -s: **1.** (selten) *Bewegung, bei der man die Hand umdreht [sodass die Handfläche nach oben od. wieder nach unten zeigt].* **2.** *in der Fügung* **im H.** ([überraschend] schnell [u. mühelos]: die Arbeit war im H. erledigt; man hat die Reparatur klappte es im H.).

Hand|ver|kauf, der ⟨o. Pl.⟩: **1.** *(in Apotheken erfolgender) Verkauf von nicht rezeptpflichtigen Arzneimitteln.* **2.** *Verkauf von Waren auf der Straße, in Lokalen, auf Messen od. dgl.*

hand|ver|le|sen ⟨Adj.⟩: **1.** *von Hand verlesen:* -e Oliven, Früchte; diese Nüsse sind teurer, weil sie h. sind. **2.** *nach bestimmten [nicht offengelegten, nicht akzeptablen] Kriterien sorgfältig ausgewählt:* ein paar -e Experten, Studiogäste; eine -e Mannschaft, Delegation; der Diktator wurde von einer Schar -er Journalisten begleitet; die Gäste waren h.: die Spitzen aus Politik und Wirtschaft.

Hand|ver|mitt|lung, die (Telefonie): *manuelle, nicht durch Direktwahl erfolgende Herstellung von Telefonverbindungen.*

Hand|voll, die; -, -, **Hand voll**, die; --, --: **1.** *Menge, die man in einer Hand halten kann:* eine, ein paar Handvoll Reis. **2.** ⟨o. Pl.⟩ *geringe Anzahl:* eine Handvoll Demonstranten. **3.** ⟨o. Pl.⟩ *fünf:* es waren nicht mal eine Handvoll Leute gekommen.

Hand|wa|gen, der: *mit der Hand zu ziehender od. zu schiebender kleiner [Leiter]wagen.*

hand|warm ⟨Adj.⟩: *(bes. in Bezug auf Wasser, Waschlauge) nur mäßig warm; so warm, dass die Temperatur beim Prüfen mit der Hand als angenehm empfunden wird:* -es Wasser; das Waschwasser soll nicht mehr als h. sein; etw. h. waschen.

Hand|wasch|be|cken, das: *[kleineres] Waschbecken zum Waschen der Hände.*

Hand|wä|sche, die: **1.** *das Waschen von Wäsche, die nicht gekocht zu werden braucht, mit der Hand:* das Waschmittel eignet sich für H. bis 40°. **2.** ⟨o. Pl.⟩ *Wäsche, die man mit der Hand wäscht od. die nur für das Waschen mit der Hand geeignet ist:* die H. ist trocken.

Hand|we|ber, der: *Weber, der nicht maschinell, sondern auf dem Webstuhl webt.*

Hand|we|be|rei, die: **1.** ⟨o. Pl.⟩ *das Weben* (1 a) *auf dem Webstuhl.* **2.** *Betrieb, in dem auf Webstühlen gewebt* (1 a) *wird.* **3.** (selten) *Handwebarbeit.*

Hand|we|be|rin, die: w. Form zu ↑ Handweber.

Hand|web|stuhl, der: *Webstuhl.*

Hand|wech|sel, der (veraltend): *Besitzerwechsel* (bes. bei Immobilien).

Hand|werk, das; -[e]s, -e [mhd. hantwerc = Werk der Hände, Kunstwerk; Gewerbe, Zunft, ahd. hantwerc(h)]: **1. a)** *[selbstständige] berufsmäßig ausgeübte Tätigkeit, die in einem durch Tradition geprägten Ausbildungsgang erlernt wird u. die in einem manuellen, mit Handwerkzeug ausgeführten produzierenden od. reparierenden Arbeit besteht:* ein bodenständiges, Holz verarbeitendes, künstlerisches H.; das H. des Schneiders, Töpfers; ein H. ausüben, [be]treiben, [er]lernen; Spr H. hat goldenen Boden (ein Handwerksberuf bietet die Gewähr für ein gesichertes Auskommen); Klappern gehört zum H. (wer als Gewerbetreibender Erfolg haben will, kann auf Werbung nicht verzichten); **b)** *jmds. Beruf, Tätigkeit; Arbeit [mit der sich jmd. ernährt]:* das Umgraben ist ein mühsames H.; sein H. beherrschen, kennen, verstehen (in seinem Beruf tüchtig sein); * **jmdm. das H. legen** (jmds. üblem Treiben ein Ende setzen; urspr. bezogen auf einen Handwerker, der sich gegen Vorschriften der Innung verging u. der dafür mit einem Verbot, sein Handwerk weiter auszuüben, bestraft wurde; dem Einbrechertrio konnte endlich das H. gelegt werden); **jmdm. ins H. pfuschen** (sich in einem Bereich betätigen, für den ein anderer zuständig ist; urspr. bezogen auf jmdn., der ein Handwerk ausübte, ohne der Zunft anzugehören). **2.** ⟨o. Pl.⟩ *Berufsstand der Handwerker:* Handel, Industrie und H.

Hand|wer|ke|lei, die; -, -en (ugs. abwertend): *unsachgemäßes handwerkliches Arbeiten:* bei seiner H. kommt nie was Richtiges zustande.

hand|wer|keln ⟨sw. V.; hat⟩ (scherzh.): *laienhaft handwerklich arbeiten, sich mit handwerklicher Arbeit beschäftigen:* er handwerkelt gerne.

Hand|wer|ker, der; -s, - [mhd. hantwerker]: *jmd.,*

Handwerkergenossenschaft – hangeln

der berufsmäßig ein Handwerk ausübt: er ist selbstständiger H.; für eine Reparatur einen H. kommen lassen; wir haben die H. im Haus; Ü er ist ein guter H. *(er beherrscht die Techniken, die er für seine Arbeit braucht, gut),* aber es fehlt ihm die schöpferische Gabe.

Hand|wer|ker|ge|nos|sen|schaft, die: *Genossenschaft selbstständiger Handwerker u. Handwerkerinnen.*

Hand|wer|ke|rin, die; -, -nen: w. Form zu ↑ Handwerker.

Hand|wer|ker|schaft, die; -: *Gesamtheit der Handwerker:* die H. ist in Innungen vereinigt.

Hand|wer|ker|stand, der ⟨o. Pl.⟩: *Berufsstand der Handwerker.*

Hand|wer|ker|zunft, die; *(bes. im MA.) Zusammenschluss von selbstständigen Handwerkern zur gegenseitigen Unterstützung, zur Wahrung gemeinsamer Interessen, zur Regelung der Ausbildung u. a.*

hand|werk|lich ⟨Adj.⟩: *zum Handwerk (1 a) gehörend; ein Handwerk (1 a) betreffend:* ein -er Beruf; ein großes -es Können; mit viel -em Geschick reparierte er alte Uhren; die Möbel sind h. hervorragend gearbeitet; Ü ein h. hervorragend gemachter Film.

Hand|werks|be|ruf, der: *handwerklicher Beruf.*

Hand|werks|be|trieb, der: *Betrieb eines selbstständigen Handwerkers.*

Hand|werks|bur|sche, der (früher): *Handwerksgeselle [auf Wanderschaft].*

Hand|werks|ge|sel|le, der: *Handwerker, der die Gesellenprüfung gemacht hat.*

Hand|werks|ge|sel|lin, die: w. Form zu ↑ Handwerksgeselle.

Hand|werks|in|nung, die: *Zusammenschluss von Handwerkern desselben Handwerks zu dem Zweck, die gemeinsamen Interessen zu fördern.*

Hand|werks|kam|mer, die: *Interessenvertretung des Handwerks (2) in Form einer Körperschaft des öffentlichen Rechts.*

Hand|werks|kunst, die: *auf einem Handwerk (1 a) basierende Kunst.*

Hand|werks|mann, der ⟨Pl. ...leute⟩ (veraltet): *Handwerker.*

Hand|werks|meis|ter, der: *Meister in einem Handwerksberuf.*

Hand|werks|meis|te|rin, die: w. Form zu ↑ Handwerksmeister.

Hand|werks|mes|se, die: ²*Messe (1) für das Handwerk.*

Hand|werks|ord|nung, die: *Gesetz, das Regelungen zur Ausübung der Handwerksberufe enthält.*

Hand|werks|rol|le, die: *von einer Handwerkskammer geführtes Verzeichnis, in das die selbstständigen Handwerker mit dem von ihnen betriebenen Handwerk eingetragen werden.*

Hand|werks|zeug, das ⟨Pl. selten⟩: *bei handwerklichen Arbeiten, bei der Ausübung eines Handwerks benötigtes Werkzeug:* er trägt sein H. in einer Tasche bei sich; Ü Bücher sind das H. des Philologen.

Hand|werks|zunft, die: *Handwerkerzunft.*

Hand|werks|zweig, der: *Zweig (2b) des Handwerks:* das Aufkommen neuer -e.

Hand|wi|scher, der (schweiz.): *Handbesen.*

Hand|wör|ter|buch, das: *kleineres, handliches Wörterbuch.*

Hand|wur|zel, die: *Teil des Skeletts der Hand zwischen Handwurzel u. Unterarm.*

Hand|wur|zel|kno|chen, der ⟨meist Pl.⟩: *zur Handwurzel gehörender Knochen.*

Han|dy ['hɛndi], das; -s, -s [zu engl. handy = griffbereit, greifbar; praktisch, zu: hand = Hand]: *kleines Mobiltelefon, das man bei sich trägt.*

han|dy|frei ⟨Adj.⟩: *die Benutzung von Handys nicht erlaubend:* -e Zonen *(Zonen, in denen das Handy nicht benutzt werden darf).*

Han|dy|her|stel|ler, der: *Unternehmen, das sich mit der Herstellung von Handys befasst.*

Han|dy|num|mer, die: *Nummer, unter der eine Verbindung (4 b) mit einem Handy hergestellt werden kann.*

Han|dy|nut|zer, der: *Nutzer eines Handys.*

Han|dy|nut|ze|rin, die: w. Form zu ↑ Handynutzer.

Han|dy|ta|rif ['hɛndi...], der: *Tarif für die Nutzung von Handys.*

hand|zahm ⟨Adj.⟩: *in höchstem Maße zahm (1 a), zahm genug, um selbst manchen Berührungen nicht zu scheuen:* ein -er Uhu, Alligator; am besten lassen sich junge Tiere h. machen; Ü der sonst so wilde Junge wurde h., wenn Großmutter Märchen erzählte.

Hand|zei|chen, das: **1. a)** *mit der Hand gegebenes Zeichen:* jmdm. ein H. geben; sich durch H. verständigen; der Polizist regelte den Verkehr durch H.; Radfahrer müssen ihre Absicht abzubiegen durch H. signalisieren; **b)** *(bei einer Abstimmung) Erheben der Hand zum Zeichen der Zustimmung, der Ablehnung:* die Abstimmung erfolgt durch/per H.; um H. wird gebeten. **2.** *(von jmdm., der nicht schreiben kann) mit der Hand ausgeführtes Zeichen anstelle des Namenszugs:* ein H. unter den Vertrag setzen. **3.** *(Musik) Darstellung eines Tones durch eine bestimmte Stellung der Hand.*

Hand|zeich|nung, die: **1.** *eigenhändige Zeichnung eines Künstlers:* eine H. von Dürer. **2.** *skizzenhafte [technische] Darstellung ohne Zuhilfenahme von Zeichengerät.*

Hand|zet|tel, der: *bedrucktes Blatt Papier, das zum Zweck der Information verteilt wird:* H. drucken lassen, verteilen.

◆ **Hand|zweh|le,** die: (landsch., bes. alemann.): *Handtuch:* Das Tuch ... war eine gute leinene H. (Keller, Romeo 77).

ha|ne|bü|chen ⟨Adj.⟩: [älter: hagebüchen = grob, derb, klotzig < mhd. hagenbüechīn = aus Hagebuchenholz bestehend (↑ Hainbuche), nach dem sehr knorrigen Holz] (abwertend): *empörend,* ²*unerhört (2), skandalös:* ein hanebüchener Unsinn; -e Frechheiten, Lügen, Behauptungen, Unterstellungen, Beschuldigungen; er log mit -er Unverfrorenheit; das Urteil war h.

Hanf, der; -[e]s [mhd. han(e)f, ahd. hanaf, aus einer ost- od. südosteuropäischen Spr.]: **1.** *hochwachsende, krautige Pflanze, deren Stängel Fasern enthalten, aus denen Seile u. a. hergestellt werden, deren Samen ölhaltig sind u. aus deren Blättern, Blüten, Blütenständen Haschisch u. Marihuana gewonnen werden:* H. anbauen, ernten, hecheln, rösten, schwingen, darren; * [wie der Vogel] im H. sitzen (veraltend; *es gut haben;* weil es im Hanffeld viel Futter für den Vogel gibt). **2.** *aus den Stängeln der Hanfpflanze gewonnene Faser:* H. ist eine sehr vielseitig verwendbare Naturfaser; H. spinnen; Seil, Netz aus H. **3.** *Samen der Hanfpflanze:* die Vögel mit H. füttern.

Hanf|an|bau, der ⟨o. Pl.⟩: *Anbau (2) von Hanf (1).*

Hanf|dar|re, die: **1.** ⟨o. Pl.⟩ *das Darren von Hanf (1).* **2.** *Darre (1 a) zum Trocknen von Hanf (1).*

Hanf|fa|ser, die: *Hanf (2).*

Hanf|feld, das: *mit Hanf (1) bebautes Feld.*

Hanf|garn, das: *Garn aus Hanf zum Weben.*

Hanf|korn, das: *Hanfsamen.*

Hänf|ling, der; -s, -e [mhd. henfelinc, zu ↑ Hanf, weil der Vogel vorwiegend Hanfsamen frisst]: **1.** *(zu den Finken gehörender) kleiner bräunlicher od. grauer Singvogel, bei dem das Männchen während der Brutzeit an Stirn u. Brust rot gefärbt ist.* **2.** (leicht abwertend) *Mensch von dünner, schwächlicher Statur:* er zwar wie ein H. aus, hatte aber sehr viel Kraft.

Hanf|öl, das: *aus Hanfsamen gewonnenes Öl.*

Hanf|pflan|ze, die: *Hanf (1).*

Hanf|sa|men, der: *Samen des Hanfs (1).*

Hanf|schwin|ge, die: *Gerät zum Schwingen (8) des Hanfs (1).*

Hanf|seil, das: *Seil aus Hanffasern.*

Hanf|stän|gel, der: *Stängel der Hanfpflanze.*

Hanf|strick, der: *Hanfseil.*

Hang, der; -[e]s, Hänge [spätmhd. hanc = Neigung, zu ↑ʰängen]: **1.** *schräg abfallende Seite eines Bergs; Abhang:* ein steiler, bewaldeter H.; die nördlichen Hänge der Voralpen; den H. hinaufklettern; quer zum H. laufen. **2.** ⟨o. Pl.⟩ *Neigung zu einer bestimmten [negativ bewerteten] Verhaltensweise, besondere Vorliebe für etw. Bestimmtes:* ein krankhafter, gefährlicher, ausgeprägter H. [zu etw.]; ein H. zum Nichtstun, zum bedingungslosen Gehorsam, zur Bequemlichkeit, zur Übertreibung; den H. haben, etw. zu tun; sie hat einen H. zu extravagantem Schmuck. **3.** (Turnen) *Haltung, bei der man an den Händen od. Beinen am Gerät hängt od. mit einem anderen Körperteil so darauf aufliegt, dass der Körper den Boden nicht berührt:* aus dem H. abspringen; in den H. gehen.

hang|ab|wärts ⟨Adv.⟩: *den Hang hinab.*

Han|gar [auch: ...'gaːɐ̯], der; -s, -s [frz. hangar, eigtl. = Schuppen, Schirmdach, aus dem Germ., urspr. = Gehege um das Haus]: *große Halle zur Unterbringung, Wartung u. Reparatur von Flugzeugen u. Luftschiffen.*

Hang|brü|cke, die: *an einen Hang gebautes brückenähnliches Bauwerk zur Führung eines Verkehrsweges.*

Hän|ge|arsch, der (derb): *Gesäß, bei dem die Gesäßbacken schlaff nach unten hängen.*

Hän|ge|ba|cke, die ⟨meist Pl.⟩: *schlaffe, nach unten hängende Backe:* seit wann hat er solche -n?

Hän|ge|bahn, die: *Schwebebahn:* die H. wurde generalüberholt.

Hän|ge|bauch, der: **a)** *dicker, stark nach unten hängender Bauch:* sein H. ist kein schöner Anblick; **b)** *(bei [Haus]tieren) stark vergrößerter, durchhängender Bauch.*

Hän|ge|bauch|schwein, das: *(in Vietnam gezüchtetes) kleines, meist schwarzes Schwein mit kleinen Stehohren u. ausgeprägtem Hängebauch.*

Hän|ge|bir|ke, die: *Birke mit langen, dünnen herabhängenden Zweigen.*

Hän|ge|bo|den, der: **a)** *an der Decke eines Raums angehängte Bretterkonstruktion als Zwischendecke:* einen H. einziehen; **b)** *Raum zwischen Zimmerdecke u. Hängeboden (a).*

Hän|ge|brü|cke, die: *mit Ketten, Seilen od. Kabeln an Pfeilern aufgehängte Brücke.*

Hän|ge|brust, die: *schlaff nach unten hängende* ¹*Brust (2).*

Hän|ge|bu|sen, der: *Hängebrust.*

Hän|ge|dach, das: *durchhängendes, in der Mitte nicht abgestütztes Dach.*

Hän|ge|glei|ten, das; -s: *Drachenfliegen.*

Hän|ge|glei|ter, der: *Gleitflugzeug ohne Sitz, bei dem sich der Pilot mit einem Gurt einhängt und den H. allein durch Verlagerung seines Körperschwerpunktes steuert.*

Hän|ge|lam|pe, die: *von der Decke herabhängende Lampe.*

Hän|ge|lip|pe, die: *große, nach unten hängende Unterlippe.*

han|geln ⟨sw. V.; ist/hat⟩: *sich im Hang (3) fortbewegen, wobei die Hände abwechselnd weitergreifen:* am Reck h.; ⟨h. + sich; hat:⟩ er hat sich an einem über den Bach gespannten Seil ans andere Ufer gehangelt.

Hängematte – Hängung

Hän|ge|mat|te, die [niederl. hangmat (älter: hangmak), volkstym. umgedeutet aus: hangen = hängen u. mat = Matte < frz. hamac < span. hamaca < arawakisch (Indianerspr. der Antillen) (h)amaca]: *aus einem länglichen Stück Segeltuch od. einem aus kräftigen Schnüren geknüpften Netz bestehende (mittels an den beiden kurzen Seiten befestigten Schnüren) über dem Boden aufzuspannende Unterlage zum Ausruhen od., bes. auf Schiffen, zum Schlafen:* in einer H. ruhen, schaukeln.

han|gen ⟨st. V.; hat⟩ [↑ ¹hängen] (schweiz., landsch., sonst veraltet): ↑ ¹hängen: * **mit Hangen und Bangen** *(mit großer Angst, voller Sorge, Sehnsucht):* sie hat die Klausur mit Hangen und Bangen geschafft.

¹hän|gen ⟨st. V.; hat; südd., österr., schweiz.: ist⟩ [Vermischung der starken Formen von mhd. hâhen, ahd. hâhan = aufhängen mit den schwachen Formen von mhd., ahd. hengen = hängen machen u. mhd. hangên, ahd. hangên = ¹hängen (2 a)]: **1. a)** *[mit dem oberen Ende] an einer bestimmten Stelle [beweglich] befestigt sein:* das Bild hängt an der Wand, über dem Sofa; an dem Baum hingen Äpfel; die Wäsche hängt auf der Leine, auf dem Trockenboden; das Bild bleibt jetzt so hängen, wie es hängt; er hat seinen Hut, Mantel in der Garderobe h. lassen, (selten:) Fahnen hingen aus den Fenstern; in ihren Wimpern hingen Tränen; der Blumenkasten hat nach dem Sturm nur noch an einem einzigen Haken gehangen; der Anzug hing über einem Bügel im Schrank; der Mörder soll h. *(soll durch Erhängen getötet werden);* der Gardinen hängen *(sind angebracht);* das Bild hängt schief ⟨mit Vertauschung des Subjekts:⟩ der Schrank hängt voller Kleider *(im Schrank hängen viele Kleider);* der Baum hing voller Früchte *(war mit Früchten beladen);* Ü an der gesamten Umzugsstrecke hingen die Leute aus ihren Fenstern *(lehnten sie sich weit hinaus),* damit sie den Festumzug sehen konnten; über dem Meer hing der Mond; **b)** *sich an etw. festhalten u. von unten keinen Halt mehr haben, frei schweben:* der Bergsteiger hing an einem Felsen; **c)** *sich an jmdm. festhalten [u. schwer nach unten ziehen]:* jmdm. am Hals h.; Ohne Scham hängt sie an der Schulter eines typischen Schieberjünglings (Remarque, Obelisk 52); **d)** *an einem Fahrzeug befestigt sein [u. gezogen werden]:* das Boot, der Wohnwagen hängt am Auto; Ü der Laster hängt dicht *(fährt ständig ganz dicht)* hinter uns; **e)** *angeschlossen sein:* der PC hängt am Netz; der Fernseher hängt am Kabel, an der Dachantenne; das hängt an der Fernheizung. **2. a)** *vom Eigengewicht nach unten gezogen werden, schwer u. schlaff nach unten fallen, ohne festen Halt nach oben:* die Zweige der Birke hängen [bis auf die Erde]; Blumen mit hängenden Köpfen; Telefonkabel hingen auf die Schienen; die Haare hingen ihm ins Gesicht; der Anzug hing ihm am Leib *(war ihm zu groß);* fürchterlich, wie sein Bauch hängt; mit hängenden Schultern; im Sessel h. *(unordentlich u. nur zum Teil auf dem Sessel sitzen);* der Boxer hängt in den Seilen; **b)** *sich zur Seite neigen:* der Wagen hängt nach rechts. **3.** (geh.) *[unbeweglich] in der Luft schweben:* feuchte Nebel hingen über der Stadt; abgestandener Rauch hing im Zimmer. **4. a)** *sich festgesetzt haben, haften:* an den Schuhen hängt Schmutz; der Dreck bleibt an, in den Sohlen h.; die Kletten bleiben an der Kleidung h.; Ü ihre Blicke hingen an ihm; **b)** *festhängen:* mit dem Ärmel an einem Rosenstrauch h.; [mit dem Ärmel] an einem Nagel h. bleiben; der Mechanismus der Spieluhr hängt irgendwo; viele Fahrzeuge, die sich nicht auf winterliche Straßenverhältnisse eingestellt hatten, blieben h.; das Programm, das System, der Computer hängt (EDV; *reagiert nicht auf Benutzereingaben);* Ü er ist in der Schule zweimal h. geblieben (ugs.; *musste zweimal eine Klasse wiederholen);* die Angriffe blieben im Mittelfeld h. (Sport; *konnten die gegnerische Abwehr nicht passieren);* **c)** (ugs.) *nicht vorwärtskommen; stocken:* der Prozess hängt; **d)** (ugs.) *zurück sein, nicht mitkommen:* in Mathematik h.; **e)** (ugs.) *lange irgendwo bleiben [u. nicht weggehen]:* wir sind gestern bis zum Abend in der Kneipe h. geblieben; nach dem Krieg sind viele in dieser Gegend h. geblieben; sie hängen an der Theke und betrinken sich; er hängt den ganzen Tag am Telefon *(telefoniert ständig);* Ü bei jeder Einzelheit h. bleiben; **f)** * **bei jmdm. h.** (landsch.: 1. *bei jmdm. nichts gelten, nicht [mehr] angesehen sein.* 2. *bei jmdm. Schulden haben).* **5.** *von jmdm., etw. abhängig sein:* der weitere Verlauf der Verhandlungen hängt an ihm, an seiner Geschicklichkeit; wo[ran] hängt (ugs.: *fehlt)* es denn? **6.** *sich von jmdm., etw. nicht trennen mögen, auf jmdm., etw. nicht verzichten mögen, jmdn., etw. nicht verlieren wollen:* am Geld, am Leben, an der Heimat h.; er hängt sehr an seiner Mutter.

²hän|gen ⟨sw. V.; hat⟩ [↑ ¹hängen]: **1. a)** *jmdn., etw. mit dem oberen Ende an einer bestimmten Stelle frei beweglich befestigen:* das Bild an die Wand h.; die Wäsche an, auf die Leine h.; den Anzug in den Schrank h.; eine Fahne aus dem Fenster h.; ein Bild niedriger h.; ich hängte mir den Fotoapparat über die Schulter; du hängst dir alles (Geld auf) den Leib (ugs.; *gibst alles Geld für Kleidung aus);* Ü die Leute hängten sich, die Köpfe aus den Fenstern *(lehnten sich weit hinaus);* **b)** ⟨h. + sich⟩ *sich so an etwas festhalten, dass man daran zu hängen kommt:* sie hängte sich an einen Ast, an eine Sprosse h.; Ü die Kleine weinte und hängte sich an ihre Mutter; sich ans Telefon, an die Strippe h. (ugs.; *zu einem bestimmten Zweck telefonieren);* **c)** ⟨h. + sich⟩ *jmdn., etw. ergreifen u. festhalten u. mit seinem Gewicht nach unten ziehen:* sich jmdm. an den Hals, an den Arm h.; **d)** *etw. an einem Fahrzeug befestigen [um es zu ziehen]:* das Boot, den Wohnwagen ans Auto h.; **e)** *anschließen:* den Akku an das Ladegerät h.; den Computer ans Netz h.; die Spülmaschine an eine Warmwasserleitung h. **2.** *hängen lassen, schwer u. schlaff nach unten bewegen, fallen lassen:* den Arm aus dem Wagenfenster, die Beine ins Wasser h.; er hängte den Kopf *(war betrübt);* die Blumen hängten die Köpfe *(begannen zu welken).* **3.** ⟨h. + sich⟩ **a)** *sich festsetzen, festkleben:* der Lehm hängte sich an die Schuhe; Ü sich an jmdn. h. *(sich jmdm. aufdringlich anschließen; jmdm. lästig fallen);* sie konnte nicht verstehen, dass sich ihre Tochter an solch einen Taugenichts gehängt hatte; **b)** *dicht folgen, verfolgen:* der Detektiv hängte sich an den Dieb; er hängte sich ans Hinterrad des Spitzenreiters; **c)** (ugs.) *sich unaufgefordert einmischen:* häng dich nicht in meine Angelegenheiten! **4.** ⟨h. + sich⟩ *sich jmdm., einer Sache zuwenden, sich an jmdn., etw. gefühlsmäßig binden u. sich nicht mehr davon trennen wollen:* sich ans Leben, ans Geld h. **5. a)** *mit einem um den Hals gelegten Strick an etw. aufhängen u. dadurch töten:* jmdn. [an den Galgen] h.; ⟨subst.:⟩ jmdn. zum Tod durch Hängen verurteilen; Hier, wo das Kreuz ist, an diesem freundlichen Baum hat man ohne Pardon und Gericht den Dieb gehängt, einen harmlosen Bauern (Hoppe, Paradiese 97); R ich will h. lassen, wenn ... (ugs.; *ich bin mir meiner Sache ganz sicher* [Beteuerungsformel]); * **mit Hängen und Würgen** *(mit großer Mühe; gerade noch):* er bestand die Prüfung mit Hängen und Würgen); **b)** ⟨h. + sich⟩ *sich erhängen.*

hän|gen bleiben, hän|gen|blei|ben ⟨st. V.; ist⟩: **1.** *sich festsetzen, haften bleiben:* der Dreck bleibt an den Schuhen hängen. **2.** *sich verhaken u. in seiner Bewegung gehemmt, unterbrochen werden:* ich bin mit dem Ärmel an einem Nagel hängen geblieben; Ü die Angriffe blieben im Mittelfeld hängen (Sport; *konnten die gegnerische Abwehr nicht passieren).* **3.** (ugs.) *in der Schule nicht in die nächsthöhere Klasse versetzt werden.* **4.** (ugs.) *haften bleiben:* von dem Gelernten ist bei ihm wenig hängen geblieben.

hän|gen las|sen, hän|gen|las|sen ⟨st. V.; hat⟩: **1.** *versehentlich, aus Vergesslichkeit zurücklassen:* ich habe meine Jacke bei dir hängen lassen. **2.** (ugs.) *im Stich lassen:* die Lieferanten haben ihn hängen lassen. **3.** ⟨h. l. + sich⟩ *sich gehen lassen, keine Selbstdisziplin haben:* lass dich nicht so hängen!

Hän|ge|ohr, das ⟨meist Pl.⟩: *großes, herabhängendes Ohr:* ein Hund mit -en.

Hän|ge|par|tie, die (Schach): *vorläufig abgebrochene, später fortzusetzende Schachpartie:* der Großmeister entschied die H. zu seinen Gunsten; Ü mit seiner Entscheidung, den Chefposten anzunehmen, hat er eine H. *(eine Zeit der Ungewissheit, der ungeklärten Verhältnisse, des Hinhaltens)* beendet.

Hän|ger, der; -s, -: **1. a)** *weit geschnittener, lose fallender Damenmantel;* **b)** *lose fallendes, gürtelloses [(bes. für Kinder) mit einer Passe gearbeitetes] Kleid.* **2.** (ugs.) *Anhänger (2):* ein Lastwagen mit H. **3.** (Jargon) *ungewolltes Steckenbleiben beim Sprechen, Vortragen, bes. bei Schauspielern, Sängern:* bei ihrem ersten Auftritt hatte sie nicht einen einzigen H.

Hän|gerl, das; -s, -[n] (österr.): **1.** *Lätzchen.* **2.** *Wischtuch [des Kellners].*

Hän|ge|schloss, das: *Vorhängeschloss.*

Hän|ge|schrank, der: *an die Wand zu hängender Schrank.*

Hän|ge|schul|ter, die ⟨meist Pl.⟩: *nach vorn gezogene Schulter (bei schlechter Körperhaltung).*

Hän|ge|tit|te, die ⟨meist Pl.⟩ (derb): *Hängebrust.*

Hän|ge|wei|de, die: *Weide mit nach unten hängenden Zweigen.*

Hang|fahrt, die (Ski): *Hangabfahrt.*

hän|gig ⟨Adj.⟩ [spätmhd. hängig = (herab)hängend] (schweiz. Rechtsspr.): *anhängig; noch nicht entschieden, vor einer Entscheidung stehend:* ein -es Verfahren; der Prozess ist h.

Hang|keh|re, die (Turnen): *Übung, bei der man im Hang (3) mit od. ohne Schwingen eine halbe Drehung ausführt.*

Hang|la|ge, die: **1.** *Lage (eines Grundstücks, Hauses usw.) am Hang:* die H. erschwerte die Bauarbeiten; ein Haus in [leichter, bester] H. **2.** ⟨meist Pl.⟩ *Fläche im Bereich eines Hangs:* steile, schwer zu bewirtschaftende, erosionsgefährdete, halbtrockene -n.

Hang|over, Hang-over [ˈhɛŋoʊvə, hæŋˈoʊvə], der; -s [engl. hangover, zu: to hang over = überhängen, übrig bleiben] (ugs.): ²*Kater:* einen H. haben, bekommen.

Hang|se|geln, das (Sport): *Segelflug an Hängen (1).*

Hang-Seng-In|dex, der [nach dem Namen einer großen Hongkonger Bank] (Wirtsch.): *Aktienindex an der Hongkonger Börse.*

Hang|tä|ter, der [zu ↑ Hang (2)] (Rechtsspr.): *Täter, der aufgrund eines Hangs zu strafbaren Handlungen straffällig geworden ist u. dazu neigt, immer wieder Straftaten zu begehen:* ein unverbesserlicher H.

Hang|tä|te|rin, die: w. Form zu ↑ Hangtäter.

Hän|gung, die; -, -en: *das Aufhängen, die Art des Aufgehängtseins bes. von Bildern in einer*

Kunstausstellung: die chronologische, geschickte, dichte, großzügige H. der Bilder.

Hang|waa|ge, die (Turnen): *Übung, bei der man den Körper im Hang (3) in der Waagrechten hält.*

Hang|wind, der: *Wind an einem Hang* (1).

Han|ke, die; -, -n [H. u.] (Reiten): *den Oberschenkel u. Hüft- u. Kniegelenk umfassende Körperpartie des Pferdes.*

Han|ne|mann: in der Redensart: ** H., geh du voran!* (Aufforderung, [bei etw. Unangenehmem] voranzugehen, den Anfang zu machen; aus dem Schwank von den Sieben Schwaben; landsch. Kosef. des m. Vorn. Johannes).

Han|ni|bal ad (fälschlich meist: ante) **por|tas!** [lat. = Hannibal an (vor) den Toren; Schreckensruf der Römer im 2. Punischen Krieg; nach T. Livius, Ab urbe condita 23,6] (bildungsspr. scherzh.): *Gefahr ist im Anzug, Gefahr droht.*

Han|no|ver [...fɐ]: *Landeshauptstadt von Niedersachsen.*

¹**Han|no|ve|ra|ner** [...və...], der; -s, -: **1.** Ew. **2.** *starkes, großes, meist braunes Warmblutpferd.*

²**Han|no|ve|ra|ner** ⟨indekl. Adj.⟩: *ein H. Konzern.*

Han|no|ve|ra|ne|rin, die: w. Form zu ↑¹Hannoveraner.

han|no|ve|risch [...fə...], **han|nö|ve|risch** [...fə...], **han|no|versch** [...fɐʃ], **han|nö|versch** [...fɐʃ] ⟨Adj.⟩: *Hannover, die Hannoveraner betreffend.*

Ha|noi: *Hauptstadt von Vietnam.*

Hans, der; -, Hänse (nach dem Vornamen Hans, Kurzf. des m. Vorn. Johannes) (volkstüml.): *männliche Person:* in Bezeichnungen wie: H. Guckindieluft (↑ *Guckindieluft*); H. Hasenfuß (↑ *Hasenfuß*); (nach einer Gestalt von Wilhelm Busch) H. Huckebein (*Rabe*); (nach einer Märchengestalt) H. im Glück (*jmd., der bei allen Unternehmungen Glück hat; Glückspilz*); H. Langohr (*Esel*); H. Liederlich (*unzuverlässiger Mensch*); H. Taps (↑ *Taps*); R ich will H. heißen, wenn ... (*ich bin mir meiner Sache ganz sicher* [Beteuerungsformel]); Spr jeder H. findet seine Grete (*jeder Mann findet eine zu ihm passende Frau*); ** der Blanke H.* (dichter.; *die Nordsee bei Sturm*; wohl nach der weiß schimmernden Gischt).

Han|sa|plast®, das; -[e]s [2. Bestandteil zu mlat. (em)plastrum, ↑ Pflaster]: *Verbandpflaster, Wundschnellverband.*

Häns|chen, das; -s, -: Vkl. zu ↑ Hans: Spr was H. nicht lernt, lernt Hans nimmermehr (*was man in jungen Jahren nicht lernt, lernt man als Erwachsener erst recht nicht*).

Hans|dampf [auch: 'hans...], der; -[e]s, -e (ugs.): *jmd., der sich überall auskennt, über alles Mögliche [oberflächliche] Bescheid weiß, sich geschäftig um viele Dinge kümmert:* er ist ein richtiger H.; ** H. in allen Gassen (Hansdampf).*

Han|se, die; - [mhd. hanse = Kaufmannsgilde, Genossenschaft, ahd. hansa = Kriegerschar, Gefolge, H. u.] (Geschichte): *zur Vertretung gemeinsamer, vor allem wirtschaftlicher Interessen gebildeter Zusammenschluss von Handelsstädten im MA.*

Han|se|at, der; -en, -en: **1.** (Geschichte) *der Hanse angehörender Kaufmann.* **2.** *Bewohner einer der sieben Hansestädte* (b), *bes. aus der vornehmen Bürgerschicht.*

Han|se|a|tin, die; -, -nen: w. Form zu ↑ Hanseat.

han|se|a|tisch ⟨Adj.⟩: **1.** *die Hanse betreffend, zur Hanse gehörend.* **2.** **a)** *die Hanseaten* (2) *betreffend; zur vornehmen Bürgerschicht der Hansestädte* (b) *gehörend;* **b)** *kühle, unaufdringliche Vornehmheit wie die der Hanseaten* (2) *zeigend:* -e Zurückhaltung.

Han|se|bund, der: *Hanse.*

Han|se|kog|ge, die: *zur Flotte der Hanse gehörende Kogge, Kogge eines Hanseaten* (1).

Han|sel, der; -s, -[n] [Kosef. von ↑ Hans] (landsch. abwertend): *unbedeutende, nicht weiter zu beachtende [männliche] Person:* der arme H. tat mir leid; mit den paar -n *(mit den viel zu wenigen Leuten)* können wir den Wettbewerb nicht gewinnen; * den H. machen (ugs.; *sich für die undankbarste Rolle zur Verfügung stellen*).

Hän|sel|ei, die; -, -en: *das Hänseln:* hört auf mit der H.!

hän|seln ⟨sw. V.; hat⟩ [mhd. hansen = unter gewissen (scherzhaften) Zeremonien in eine Kaufmannsgilde aufnehmen, zu ↑ Hanse]: *sich über jmdn. ohne Rücksicht auf dessen Gefühle lustig machen, indem man ihn immer wieder verspottet, ohne dass er sich wehren kann:* die Mitschüler hänselten ihn dauernd wegen seiner abstehenden Ohren; gutmütig ließ er sich h.

Han|se|stadt, die: **a)** (Geschichte) *der Hanse angehörende Stadt;* **b)** *eine der sieben norddeutschen Städte Bremen, Hamburg, Lübeck, Wismar, Rostock, Stralsund u. Greifswald.*

Han|se|städ|ter, der: *Einwohner einer Hansestadt.*

Han|se|städ|te|rin, die: w. Form zu ↑ Hansestädter.

han|se|städ|tisch ⟨Adj.⟩: *zu einer Hansestadt gehörend.*

han|sisch ⟨Adj.⟩: **a)** (Geschichte) *zur Hanse gehörend:* das -e Kontor von Nowgorod; **b)** *hansestädtisch.*

Hans|narr [auch: 'hans...], der: *Narr, einfältiger Mensch.*

Hans|wurst, der; -[e]s, -e, scherzh. auch: ...würste: **1.** *derbkomische Figur des deutschen Theaters des 18. Jh.s.* **2.** *dummer Mensch, den man nicht ernst nimmt, der sich lächerlich macht:* dieser armselige H.!

Hans|wurs|te|rei, die; -, -en: *Hanswurstiade.*

Hans|wurs|ti|a|de, die; -, -n: **1.** *Possenspiel des 18. Jh.s, in dem Hanswurst* (1) *die Hauptrolle spielt.* **2.** *Scherz, Spaß[macherei].*

Han|tel, die; -, -n [mhd. hantel = Handhabe, zu ↑ Hand]: **1.** (Turnen) *Gerät zur Gymnastik od. zum Konditionstraining, bestehend aus zwei Scheiben od. Kugeln, die durch einen Griff verbunden sind:* mit der H. turnen. **2.** (Gewichtheben) *Eisenstange, an deren Enden Gewichte in Form von Scheiben angebracht sind.*

han|tel|för|mig ⟨Adj.⟩: *die Form einer Hantel aufweisend.*

Han|tel|gym|nas|tik, die ⟨o. Pl.⟩: *mit Hanteln* (1) *durchgeführte Gymnastik.*

han|teln ⟨sw. V.; hat⟩: *mit der Hantel turnen, trainieren.*

Han|tel|trai|ning, das: *Training mit Hanteln* (1).

han|tie|ren ⟨sw. V.; hat⟩ [spätmhd. hantieren, mniederd. hantēren = Kaufhandel treiben; handeln, verrichten, tun < mniederd. hanteren, hantieren = mit jmdm. umgehen, Handel treiben < afrz. hanter = mit jmdm. umgehen, jmdn. häufig besuchen, H. u.]: **a)** *geschäftig [mit den Händen] arbeiten, tätig sein, wirtschaften:* geschäftig, emsig h.; der Koch hantierte am Herd, in der Küche; **b)** *etw. handhaben, mit etw. umgehen, etw. benutzen:* mit einem Schraubenschlüssel am Auto h.; ⟨auch mit Akk.-Obj.:⟩ ihre Gitarre, die sie sehr gern hantierte, nahm sie überall mit hin.

Han|tie|rung, die; -, -en: **1.** *das Hantieren.* ♦ **2. a)** *Beruf, Gewerbe:* ...so fanden sich zuletzt Philosophen in allen Fakultäten, ja in allen Ständen und an (Goethe, Dichtung u. Wahrheit 7); **b)** *Beschäftigung, Geschäft:* ...sie treiben allerlei H., und eine ist ihnen so gut wie die andere (Keller, Kammacher 204).

han|tig ⟨Adj.⟩ [mhd. handec = bitter, scharf, ahd. handeg, hantag = schwer; bitter; hart, streng, wohl zu einem Verb mit der Bed. »stachen, stechen«] (bayr., österr.): **a)** *bitter, herb:* ein -er Kaffee; -es Bier; es schmeckt h.; **b)** *unfreundlich, barsch:* der Alte antwortete h.

Ha|o|ri, der; -[s], -s [jap.]: *über dem Kimono getragener knielanger Überwurf mit angeschnittenen Ärmeln.*

ha|pern ⟨sw. V.; hat; unpers.⟩ [aus dem Niederd. < mniederl. hāperen = stottern, H. u.]: **a)** *[vorübergehend] nicht zur Verfügung stehen, fehlen:* es hapert an Nachwuchskräften; am Geld haperte es; **b)** *nicht klappen, um etw. schlecht bestellt sein:* es hapert mit der Versorgung; in Latein hapert es bei ihm *(ist er schwach).*

ha|plo|id ⟨Adj.⟩ [griech. haploeidḗs = einfach] (Genetik): *(von Zellkernen) nur einen einfachen Chromosomensatz enthaltend.*

Häpp|chen, das; -s, -: **1.** Vkl. zu ↑ Happen: von so einem H. kann niemand satt werden. **2.** *Appetithappen:* ihrer Einladung folgt jeder gern, weil es bei ihr immer sehr leckere H. gibt.

häpp|chen|wei|se ⟨Adv.⟩: **1.** *in kleinen Happen:* sein Frühstücksbrot h. essen. **2.** *in kleinen, [zögernd] aufeinanderfolgenden Teilen; nach u. nach:* das Geheimnis gab sie nur h. preis.

Hap|pen, der; -s, - [aus dem Niederd., wohl urspr. Kinderspr.] (ugs.): *kleines Stück, kleine Menge eines [festen] Nahrungsmittels; Bissen:* ein guter, tüchtiger H.; sie war schon nach ein paar H. satt; er hat noch keinen H. *(nichts)* gegessen; ich möchte vorher gern noch einen H. (ugs.; *eine Kleinigkeit*) essen; Ü das ist ein fetter H. *(ein großer Gewinn, ein einträgliches Geschäft);* diesen [fetten] H. *(dieses einträgliche Geschäft)* will er sich nicht entgehen lassen.

Hap|pe|ning, das; -s, -s [engl. happening, eigtl. = Ereignis]: *[öffentliche] Veranstaltung von Künstlern, die – unter Einbeziehung des Publikums – ein künstlerisches Erlebnis [mit überraschender od. schockierender Wirkung] vermitteln will:* ein H. veranstalten.

hap|pig ⟨Adj.⟩ [zu ↑ Happen]: **1.** (nordd. veraltend) *gierig:* h. nach etw. sein. **2.** (ugs.) *unzumutbar hoch, überhöht, überzogen:* -e Mieten, Nebenkosten; er stellt ganz schön -e Ansprüche, Forderungen; es war ein bisschen h. *(zu viel),* dass sie nach der langen Krankheit gleich voll arbeitete; etwas h. *(übertrieben),* die kleine Ausstellung als ein -es Ereignis anzukündigen.

hap|py ['hɛpi] ⟨indekl. Adj.⟩ [engl. happy, zu älter: hap = Glück; Zufall, Geschick < anord. happ] (ugs.): *glücklich, sehr zufrieden, gut gelaunt:* er war ganz h., dass sie gekommen war.

Hap|py End, das; -[s], - -s, **Hap|py|end,** das; -[s], -s ['hɛpi'ɛnt, 'hɛpiˌlɛnt; zu engl. happy ending = glückliches Ende]: *glücklicher Ausgang eines Konflikts, einer Liebesgeschichte:* ein unerwartetes Happy End; der Film hat ein, kein Happy End.

hap|py|en|den [hɛpi...] ⟨sw. V.; hat; meist im Inf. u. Part. gebr.⟩ (ugs.): *[doch noch] einen glücklichen Ausgang nehmen; ein Happy End finden.*

Hap|py Few ['hɛpi 'fjuː] ⟨Pl.⟩ [engl. (the) happy few, zu: few = wenige; den Ausdruck bezieht Heinrich V. in Shakespeares gleichnamigem Drama (Szene IV, 3) auf die kleine Schar seiner Kampfgefährten] (bildungsspr.): *kleine Schar von Auserwählten, erlesener Kreis* (3 b).

Hap|py Hour ['hɛpi 'aʊɐ], die; - -, - -s [engl. happy hour, eigtl. = glückliche Stunde]: *festgesetzte Zeit, in der in bestimmten Lokalen die Getränke zu einem ermäßigten Preis angeboten werden.*

Hap|tik, die: [zu griech. háptein = heften, berühren, angreifen] (Psychol.): *Lehre vom Tastsinn.*

hap|tisch ⟨Adj.⟩ (Psychol.): *den Tastsinn betreffend, auf dem Tastsinn beruhend, mithilfe des Tastsinns [erfolgend].*

har ⟨Interj.⟩ (landsch.): *Zuruf an ein Pferd; nach links!*

Ha|ra|ki|ri, das; -[s], -s [jap. harakiri, zu: hara = Bauch u. kiru = schneiden]: *(in Japan) [ritueller] Selbstmord durch Bauchaufschlitzen; Seppuku:* H. machen, begehen; Ü *gesellschaftliches, politisches, wirtschaftliches H. begehen (sich gesellschaftlich, politisch, wirtschaftlich zugrunde richten).*

ha|ram ⟨indekl. Adj.⟩ [arab. ḥarām, zu: ḥarrama = verbieten]: *nach islamischem Glauben verboten.*

Ha|ram [auch: 'ha:ram], der; -s, -s [arab. ḥaram, eigtl. = (das, was) verboten (ist); heilig (u. für Ungläubige verboten)]: **1.** *geweihter Bezirk im islamischen Orient (z. B. die Gebiete um Mekka u. Medina).* ◆ **2.** *Harem* (1): Komm vor itzt nur mit in meinen H., eine Sängerin zu hören, die ich gestern erst gekauft (Lessing, Nathan II, 3).

Ha|ra|re: Hauptstadt von Simbabwe.

Ha|rass, der; -es, -e [frz. harasse, H. u.]: (schweiz.) **a)** *Kasten (meist aus Kunststoff) mit Unterteilungen für den Transport von [Getränke]flaschen:* kannst du bitte zwei -e Cola kaufen?; **b)** (Fachspr.) *Lattenkiste, Korb zum Verpacken von Lebensmitteln od. zerbrechlichen Waren wie Glas, Porzellan.*

Här|chen, das; -s, -: Vkl. zu ↑ Haar.

Hard|bop, der; -[s], -s [engl. hardbop, geb. nach ↑ Bebop, zu ↑ hard = hart]: *(zu Beginn der 1950er-Jahre entstandener) Jazzstil, der stilistisch eine Fortsetzung, gleichzeitig jedoch eine Glättung u. z. T. Vereinfachung des Bebop darstellt.*

Hard|co|py, die; -, -s, **Hard Co|py,** die; - -, - -s ['ha:ɐ̯tkɔpi]; engl., eigtl. = feste (im Sinne von »gegenständliche«) Kopie] (EDV): ²*Ausdruck* (1 b) *von im Computer gespeicherten Daten od. Texten über einen Drucker* (2).

Hard|core ['ha:ɐ̯tkɔ:], der; -s, -s [engl. hard core = harter Kern] (Physik) *[vermuteter] harter innerer Kern von Elementarteilchen;* * *H. sein* (salopp: *hart, mühevoll, nicht leicht zu bewältigen sein*). **2.** Kurzf. von ↑ Hardcoreporno.

Hard|core|film, der: *Hardcoreporno.*

Hard|core|por|no, der: *pornografischer Film, in dem geschlechtliche Vorgänge z. T. in Großaufnahme u. mit genauen physischen Details gezeigt werden.*

Hard|co|ver ['ha:ɐ̯tkavɐ], das; -s, -s [engl., aus: hard = hart, fest u. ↑ Cover] (Verlagsw.): *Buch mit festem Einbanddeckel.*

Hard|co|ver|ein|band, Hard|co|ver-Ein|band, der (Buchw.): *fester Einbanddeckel bei Büchern.*

Hard|disk, die; -, -s, **Hard Disk,** die; - -, - -s [engl.] (EDV): engl. Bez. für: *Festplatte.*

Hard|drink, der; -s, -s, **Hard Drink,** der; - -, - -s [engl. aus: hard = stark (wirkend) u. ↑ Drink]: *hochprozentiges alkoholisches Getränk.*

Hard Drug ['ha:ɐ̯t 'drag], die; - -, - -s [engl., eigtl. = harte Droge] (Jargon): *Rauschgift, das süchtig macht* (z. B. Heroin).

Har|de, die; -, -n [aus dem Niederd. < mniederd. harde, herde] (früher): *Verwaltungsbezirk, der mehrere Dörfer od. Höfe in Schleswig-Holstein umfasst:* ◆ *...auf seinem Hofe..., den er in einer der nördlichen -n besaß* (Storm, Schimmelreiter 4).

Hard|edge ['ha:ɐ̯tlɛdʒ], die; - [engl. hard-edge (painting), aus: hard edge = harte Kante (u. painting = Malerei) (Kunstwiss.): *Richtung in der modernen Malerei, die klare geometrische Formen u. kontrastreiche Farben verwendet.*

Hard-Edge-Ma|le|rei, Hard|edge-Ma|le|rei, Hard|edge|ma|le|rei ['ha:ɐ̯tlɛdʒ...], die ⟨o. Pl.⟩ [engl. hard-edge painting, aus: hard edge = harte Kante] (Kunstwiss.): *Richtung in der modernen Malerei, die klare geometrische Formen u. kontrastreiche Farben verwendet.*

Hard|li|ner ['ha:ɐ̯tlainɐ], der; -s, - [engl. hard-liner, zu: hard = hart u. line = Linie (8)]: *Vertreter eines harten [politischen] Kurses:* die wenigen H. wurden überstimmt.

Hard|li|ne|rin, die; -, -nen: w. Form zu ↑ Hardliner.

Hard|rock, der; -[s], **Hard Rock,** der; - -[s] [engl., eigtl. = harter ²Rock]: *Stilrichtung der Rockmusik, für die sehr einfache harmonische und rhythmische Struktur sowie extreme Lautstärke typisch sind.*

Hard|sel|ling ['ha:ɐ̯tsɛlɪŋ], das; -[s], **Hard Selling,** das; - -[s] [engl. hard selling, eigtl. = hartes Verkaufen] (Wirtsch.): *Anwendung von aggressiven Verkaufsmethoden.*

Hard Skill [auch: '- 'skıl], der od. das; - -s, - -s [engl. hard skills (Pl.), aus: hard = fest, gesichert u. skills = Fähigkeiten] (Wirtsch.): *rein fachliche Qualifikation.*

Hard Stuff, der; - -s, - -s, **Hard|stuff,** der; -s, -s ['ha:ɐ̯t 'staf, 'ha:ɐ̯tstaf; engl. hard stuff, eigtl. = harter Stoff] (Jargon): *starkes Rauschgift* (z. B. Heroin, LSD).

Hard|top, das od. der; -s, -s [engl. hard-top, aus: hard = fest u. top = Verdeck]: **1.** *abnehmbares Dach von Sportwagen.* **2.** *Sportwagen mit einem abnehmbaren Dach.*

Hard|ware ['ha:ɐ̯twɛ:ɐ̯], die; -, -s [engl. hardware, eigtl. = harte Ware]: *(im Unterschied zur Software) Gesamtheit der technisch-physikalischen Teile einer Datenverarbeitungsanlage.*

Hard|ware|her|stel|ler, der: *Unternehmen, das sich mit der Herstellung von Hardware befasst.*

Hard|ware|her|stel|le|rin, die: w. Form zu ↑ Hardwarehersteller.

Ha|rem, der; -s, -s [türk. harem < arab. ḥarīm, zu: ḥaram, ↑ Haram]: **1.** *(in den Ländern des Islams) abgetrennte Frauenabteilung der Wohnhäuser, zu der kein fremder Mann Zutritt hat.* **2. a)** *größere Anzahl von Frauen eines reichen orientalischen Mannes;* **b)** *Gesamtheit der im Harem* (1) *wohnenden Frauen:* Ü *er macht mit seinem ganzen H.* (scherzh.; *seiner Frau u. seinen Töchtern*) *einen Ausflug.*

Ha|rems|da|me, die: *in einem Harem lebende Frau.*

Ha|rems|frau, die: *Haremsdame.*

Ha|rems|wäch|ter, der: *kastrierter Mann, der einen Harem bewacht.*

hä|ren ⟨Adj.⟩ [mhd. hærīn, zu ↑ Haar] (geh.): *aus [Ziegen]haar, [Ziegen]fell gefertigt:* ein -es Gewand.

Hä|re|sie, die; -, -n [(kirchen)lat. haeresis < griech. haíresis, eigtl. = das Nehmen; Wahl]: **1.** (kath. Kirche) *von der offiziellen Kirchenmeinung abweichende Lehre.* **2.** (bildungsspr.) *Ketzerei* (2), *verdammenswerte Meinung.*

Hä|re|ti|ker, der; -s, - [(kirchen)lat. haereticus]: **1.** (kath. Kirche) *jmd., der von der offiziellen Kirchenlehre abweicht.* **2.** (bildungsspr.) *Ketzer* (2).

Hä|re|ti|ke|rin, die; -, -nen: w. Form zu ↑ Häretiker.

hä|re|tisch ⟨Adj.⟩ [kirchenlat. haereticus < griech. hairetikós]: **1.** (kath. Kirche) *von der offiziellen Kirchenlehre abweichend.* **2.** (bildungsspr.) *ketzerisch* (2), *verdammenswert.*

Har|fe, die; -, -n: **1.** [mhd. har(p)fe, ahd. har(p)fa, wahrsch. zu einem Verb mit der Bed. »(sich) drehen, (sich) krümmen«, entw. mit Bezug darauf, dass das Instrument mit gekrümmten Fingern gezupft wird, od. bezogen auf die gekrümmte Form] *großes, etwa dreieckiges Saiteninstrument mit senkrecht gespannten Saiten, die mit beiden Händen gezupft werden:* H. spielen; die H. zupfen; auf der H. spielen. **2.** [nach der harfenähnlichen Form] (landsch.) *großes Gestell zum Trocknen von Heu od. Getreide.*

har|fen ⟨sw. V.; hat⟩ [mhd. harpfen] (geh.): *Harfe spielen.*

Har|fe|nist, der; -en, -en: *jmd., der [berufsmäßig] Harfe spielt.*

Har|fe|nis|tin, die; -, -nen: w. Form zu ↑ Harfenist.

Har|fen|klang, der: *Klang einer Harfe.*

Har|fen|spiel, das: *Spiel auf der Harfe.*

Harf|ner, der; -s, - (veraltet): *Harfenist.*

Harf|ne|rin, die; -, -nen: w. Form zu ↑ Harfner.

Ha|ris|sa, das; -[s] od. die; - [arab.] (Kochkunst): *scharf gewürzte Soße aus Chili, Paprika, Koriander, Kümmel u. a.*

Har|ke, die; -, -n [aus dem Niederd. < mniederd. harke, urspr. lautm. (nach dem scharrenden, kratzenden Geräusch, das das Gerät beim Harken verursacht)] (bes. nordd.): *Gerät für Garten- u. Feldarbeit mit langem Stiel u. quer angeordneten Zinken, das zum Glätten der Erde od. zum Zusammenziehen von Laub o. Ä. dient; Rechen:* das Beet mit der H. glätten; * **jmdm. zeigen, was eine H. ist** (salopp: *jmdm. nachdrücklich u. unmissverständlich die Meinung sagen; jmdm. deutlich belehren, ihm zeigen, wie etwas viel besser, richtig gemacht wird;* viell. nach der Erzählung vom Bauernsohn, der aus der Stadt zurückkehrt u. vorgibt, nicht mehr zu wissen, was eine H. ist, u. er erst wieder weiß, als er auf die Zinken tritt u. ihm der Stiel an den Kopf schlägt).

har|ken ⟨sw. V.; hat⟩ [mniederd. harken] (bes. nordd.): **a)** *(ein Beet o. Ä.) mit der Harke eben machen, glätten:* nach dem Umgraben muss man das Beet h.; **b)** *mit der Harke von Laub o. Ä. befreien [u. glätten];* mit der Harke säubern u. glätten: den Rasen h.; **c)** *mit der Harke von etw. entfernen:* Laub, ausgeschnittenes Gras vom Rasen h.; **d)** *mit der Harke zusammenholen u. aufhäufen:* Laub, Heu h.

Har|le|kin [...ki:n], der; -s, -e [frz. arlequin < ital. arlecchino, zu afrz. maisnie Hellequin = Hexenjagd; wilde, lustige Teufelsschar, H. u.]: *(der Figur des Narren in der Commedia dell'Arte entsprechende) in Theater, Zirkus o. Ä. in bunter Kleidung, oft mit Schellen u. Narrenkappe auftretende lustige Figur:* Ü *er ist ein richtiger H. (alberner Spaßmacher, Possenreißer).*

Har|le|ki|na|de, die; -, -n [frz. arlequinade]: *Hanswurstiade.*

Harm, der; -[e]s [mhd. harm, ahd. haram, urspr. wahrsch. = Qual, Schmach, Schande] (geh.): *zehrender, großer innerlicher Schmerz, Kummer; Gram:* H. sprach aus ihren Zügen.

Har|ma|ged|don: ↑ Armageddon.

Har|mat|tan, der; -s [aus einer nordwestafrik. Spr.] (Geogr.): *trockener, von der Sahara zur atlantischen Küste Afrikas wehender Nordostwind.*

här|men ⟨sw. V.; hat⟩ [mhd. hermen = plagen, quälen, ahd. harmen, zu ↑ Harm]: **a)** ⟨h. + sich⟩ (geh.) *sich grämen, sich sehr sorgen:* sie härmt sich um ihr Kind; sich zu Tode h.; **b)** (veraltend) *bekümmern; tief bedrücken:* der Verlust härmte ihn.

harm|los ⟨Adj.⟩ [urspr. = frei von Schaden; ohne Leid, Bedeutung später entlehnt aus engl. harmless = unschädlich, ungefährlich]: **1.** *keine [unsichtbaren, versteckten] Gefahren in sich bergend; ungefährlich:* eine -e Verletzung; ein -er Eingriff; ein -es Tier; dieses Schlafmittel ist ganz h.; in h. aussehender Insektenstich; die Krankheit verläuft h. (*ohne Komplikationen*); es fing alles ganz h. an (*ohne dass man Schlimmes vermutet hätte*). **2. a)** *ohne verborgene Falschheit; ohne böse Hintergedanken; arglos:* sie sah h. aus; eine -e Frage; ein -er (*nicht anstößiger*) Witz; sie ist ein -es (*naives, einfältiges*) Geschöpf; er fragen, lachen; **b)** *keinen größeren Anspruch aufweisend:* ein -es Vergnügen.

Harm|lo|sig|keit, die; -, -en: **1.** ⟨o. Pl.⟩ *das Harmlossein; Ungefährlichkeit; Unschädlichkeit.*

2. *harmloses* (2) *Wesen, Verhalten:* er fragte ihn in aller H.; mit gespielter H.

Har|mo|nie, die; -, -n [lat. harmonia < griech. harmonía, eigtl. = Fügung]: **1. a)** (Musik) *wohltönender Zusammenklang mehrerer Töne od. Akkorde:* die H. eines Dreiklangs; **b)** *ausgewogenes, ausgeglichenes Verhältnis von Teilen zueinander; Ausgewogenheit, Ebenmaß:* die H. der Farben, Formen. **2.** *innere und äußere Übereinstimmung; Einklang, Eintracht:* die körperliche, seelische, geistige H.; zwischen zwei Menschen; die H. ist gestört; früher lebten die Menschen mehr in H. mit der Natur.

Har|mo|nie|be|dürf|nis, das: *Bedürfnis nach Harmonie* (2).

har|mo|nie|be|dürf|tig ⟨Adj.⟩: *durch ständiges Bemühtsein um Harmonisierung, um ein gutes Einvernehmen gekennzeichnet, geprägt.*

Har|mo|nie|leh|re, die: **a)** ⟨o. Pl.⟩ *Teilgebiet der Musikwissenschaft, das sich mit den harmonischen Verbindungen von Tönen u. Akkorden im musikalischen Satz befasst;* **b)** *von einem Musikwissenschaftler od. Komponisten aufgestellte Theorie, die sich mit den harmonischen Verbindungen von Tönen u. Akkorden befasst.*

har|mo|nie|ren ⟨sw. V.; hat⟩: **1. a)** *(von Tönen, Akkorden o. Ä.) angenehm zusammenklingen;* **b)** *gut zusammenpassen, ein als angenehm empfundenes Ganzes bilden:* Hut und Mantel harmonieren [farblich] nicht miteinander; das Lachsfilet harmoniert gut mit diesem Weißwein. **2.** *gut miteinander auskommen, in gutem Einvernehmen stehen:* die Eheleute harmonieren gut miteinander; die Hausbewohner harmonieren so gut, dass sie mehrmals im Jahr zusammen feiern.

Har|mo|nik, die; - [lat. harmonice < griech. harmoniké] (Musik): *Lehre von der Harmonie* (1 a).

Har|mo|ni|ka, die; -, -s u. ...ken [engl. harmonica (gepr. von dem amerik. Naturwissenschaftler B. Franklin, 1706–1790, für die 1762 von ihm entwickelte Glasharmonika), nach lat. harmonicus († harmonisch), wegen der Eigenart des Instruments, nur harmonische Akkorde ertönen zu lassen]: *Musikinstrument, bei dem Zungen* (3) *durch Luftzufuhr (durch den Mund bzw. einen Balg) in Schwingung versetzt werden.*

har|mo|nisch ⟨Adj.⟩ [lat. harmonicus < griech. harmonikós, zu: harmonía, † Harmonie]: **1. a)** (Musik) *den Gesetzen der Harmonielehre entsprechend; Wohlklänge enthaltend, wohlklingend:* ein -er Akkord; eine Melodie klingt h.; **b)** *in Farbe, Form, Geschmack, Geruch o. Ä. gut zusammenpassend; ein ausgewogenes Ganzes bildend:* ein -er Wein; h. aufeinander abgestimmte Farben, Formen. **2.** *im Einklang mit sich, mit anderen; in Übereinstimmung, im guten Einvernehmen [stehend]:* ein -es Zusammenwirken, Betriebsklima; eine -e Ehe führen; die Sitzung verlief sehr h.

har|mo|ni|sie|ren ⟨sw. V.; hat⟩ [frz. harmoniser]: **1.** (Musik) *eine Melodie mit passenden Akkorden od. Figuren begleiten od. versehen.* **2.** *in Übereinstimmung, in Einklang bringen; harmonisch gestalten:* verschiedene Vorschläge, Baumaßnahmen h.; die Eheberaterin versuchte, die zerrüttete Beziehung zwischen den beiden Ehepartnern wieder zu h.

Har|mo|ni|sie|rung, die; -, -en: **1.** *das Harmonisieren* (1, 2). **2.** (Wirtsch.) *wirtschaftspolitische Abstimmung einzelner Maßnahmen verschiedener Staaten aufeinander:* die H. der Getreidepreise in Europa.

Har|mo|ni|um, das; -s, ...ien u. -s [frz. harmonium, gepr. von der frz. Orgelbauer A. F. Debain (1809–1877) zu griech. harmonía, † Harmonie]: *Tasteninstrument, bei dem durch einen Tretbalg Zungen* (3) *zum Tönen gebracht werden.*

Harn, der; -[e]s, -e ⟨Pl. selten⟩ [mhd. harn, ahd. har(a)n, eigtl. = das Ausgeschiedene] (Physiol., Med.): *in den Nieren gebildete, klare gelbliche Flüssigkeit, mit der ein Teil der Stoffwechselschlacken aus dem Körper ausgeschieden wird; Urin:* er hatte Blut im H.

Harn|bla|se, die: *im Becken gelegenes stark dehnbares Hohlorgan zur Aufnahme des Harns.*

Harn|drang, der: *[starkes] Bedürfnis, Harn zu lassen:* er konnte den H. nicht unterdrücken.

har|nen ⟨sw. V.; hat⟩ [spätmhd. harnen] (selten): *die Harnblase entleeren, urinieren.*

Harn|ent|lee|rung, die: *Entleerung, Ausscheidung des Harns.*

Harn|fla|sche, die: *flaschenförmiges Gefäß, das bettlägerigen Männern zur Harnentleerung dient.*

Harn|grieß, der (Med.): *kleine u. kleinste feste Bestandteile des Harns.*

Har|nisch, der; -[e]s, -e [mhd. harnasch = Harnisch, kriegerische Ausrüstung < afrz. harnais, H. u.]: *Ritterrüstung:* den H. anlegen; *in H. sein ⟨zornig sein; eigtl. = der Rüstung anhaben u. daher zum Kampf bereit sein⟩; **jmdn. in H. bringen** ⟨*jmdn. so reizen, dass er zornig, wütend wird*⟩; **in H. geraten/**⟨seltener:⟩ **kommen** ⟨*im Verlauf eines Ereignisses wütend, zornig werden*⟩.

Harn|lei|ter, der (Anat., Med.): *dünner Kanal zwischen Niere u. Harnblase.*

Harn|or|gan, das ⟨meist Pl.⟩ (Anat., Med.): *Organ, das der Bildung u. Ausscheidung von Harn dient.*

Harn|röh|re, die (Anat., Med.): *Ausführungsgang aus der Harnblase.*

Harn|ruhr, die (Med. veraltet): *krankhaft vermehrte Ausscheidung von Harn.*

Harn|säu|re, die: *im Harn gelöste, weiße, geruchlose Kristalle bildende chemische Verbindung als ein Endprodukt des Eiweißstoffwechsels.*

Harn|stoff, der (Chemie, Med.): *Stickstoffverbindung im Harn von Säugetieren als wichtigstes Endprodukt des Eiweißstoffwechsels.*

harn|trei|bend ⟨Adj.⟩: *die Ausscheidung von Harn fördernd:* -e Mittel; Kaffee wirkt h.

Harn|ver|gif|tung, die (Med.): *Vergiftung des Organismus mit nicht ausgeschiedenen Schlackenstoffen im Harn.*

Harn|ver|hal|tung, die: *Unfähigkeit, Harn zu lassen.*

Harn|weg, der (Anat., Med.): **1.** ⟨Pl.⟩ *Gesamtheit von Nierenbecken, Harnleiter, -blase u. -röhre.* **2.** ⟨o. Pl.⟩ *Weg, den der Harn nimmt.*

Harn|wegs|in|fek|ti|on, die (Med.): *entzündliche Erkrankung der Harnwege.*

Harn|zwang, der ⟨o. Pl.⟩ (Med.): *schmerzhafter, häufiger Harndrang.*

◆ **Har|pun,** der; -s, -e: *Harpune:* …einer (= ein Delphin) ward mit dem H. getroffen (Goethe, Italien. Reise 13. 5. 1787 [Sizilien]).

Har|pu|ne, die; -, -n [niederl. harpoen < frz. harpon, eigtl. = Eisenklammer, zu: harpe = Klaue, Kralle, aus dem Germ.]: *zum Fang von Wassertieren benutzter Wurfspeer od. pfeilartiges Geschoss aus Eisen mit Widerhaken u. Halteleine.*

Har|pu|nier, der; -s, -e [niederl. harpoenier]: *jmd., der eine Harpune wirft oder abschießt.*

har|pu|nie|ren ⟨sw. V.; hat⟩ [niederl. harpoeneren]: *mit der Harpune treffen, fangen:* Fische, einen Wal h.

Har|pu|nie|rer, der; -s, -: *Harpunier.*

Har|pu|nie|re|rin, die; -, -nen: w. Form zu † Harpunierer.

Har|pu|nie|rin, die; -, -nen: w. Form zu † Harpunier.

Har|py|ie [...jə], die; -, -n [lat. Harpyia < griech. Hárpyia, eigtl. = Räuberin]: **1.** (griech. Mythol.) *Sturmdämon in Gestalt eines Mädchens mit Vogelflügeln.* **2.** *in Süd- u. Mittelamerika heimischer, dem Adler ähnlicher, großer Greifvogel.*

har|ren ⟨sw. V.; hat⟩ [mhd. harren, H. u.] (geh.): *mit bestimmter innerer Erwartung über eine gewisse Zeit hin auf ein Ereignis od. eine Person warten:* wir harrten seiner; man harrte auf Nachzügler; sie harrte vergeblich; Ü neue Aufgaben harren seiner; diese Angelegenheit harrt der Erledigung (sollte, müsste erledigt werden); es harren noch einige schwierige Probleme der Lösung (sollten gelöst werden).

harsch ⟨Adj.⟩ [aus dem Niederd. < mniederd. harsk = rau, hart, zu einem Verb mit der Bed. »kratzen, reiben«]: **1. a)** (selten) *rau, eisig:* ein -er Wind; **b)** *(von Schnee) vereist, mit einer Eiskruste überzogen:* eine -e Skipiste. **2.** (geh.) *unfreundlich, barsch:* -e Kritik; mit -en Worten wies sie den Vorschlag zurück; sich h. über etw. äußern.

Harsch, der; -[e]s: *hart gefrorener, eisverkrusteter Schnee.*

har|schig ⟨Adj.⟩: *(vom Schnee) hart gefroren, vereist, krustig.*

Harsch|schnee, der: *Harsch.*

Harst, der; -[e]s, -e [spätmhd. harst, Nebenf. von mhd. harsch = Haufen, Schar] (schweiz.): *Schar, Haufen, Menge:* einige blieben in der Stadt, der große H. zog zum See.

hart ⟨Adj.; härter, härteste⟩ [mhd. (md.) hart, hert(e), ahd. herti]: **1. a)** *nicht weich od. elastisch, sondern fest u. widerstandsfähig; kaum nachgebend:* in -er Stein, Holz; -e Knochen; eine -e (nur wenig federnde) Matratze; -e (hart gekochte) Eier; ein -er Bleistift (Bleistift mit harter Mine); eine -e Zahnbürste (Zahnbürste mit nicht sehr elastischen Borsten); -es (nicht sehr geschmeidiges) Leder; die Kartoffeln sind noch h. (noch nicht gar); h. wie Stahl; h. gefrorener Boden; h. gekochte/(landsch.:) gesottene Eier; die Frühstückseier zehn Minuten lang h. kochen; der Bauch ist h. geschwollen; **b)** (von Geld) stabil, sicher: eine -e Währung; -e Devisen; in -en Dollars bezahlen; **c)** (in Bezug auf Wasser) kalkhaltig: -es Leitungswasser ist härter als Quellwasser; **d)** abgehärtet, robust u. widerstandsfähig: Cowboys sind -e Kerle; selbst die härtesten Burschen blieben von der Grippe nicht verschont; eine -e Schule; er ist so h. wie Stahl (F. Nietzsche, Zarathustra, 3. Teil, Der Wanderer); ***h. im Nehmen sein** (durch Misserfolg, Kritik o. Ä. nicht aus dem seelischen Gleichgewicht gebracht werden, damit fertigwerden). **2.** *mühevoll, schwer [erträglich]:* -e Arbeit; eine -e Jugend; -e Jahre hinter sich haben; der Tod seiner Frau war ein -er Schlag für ihn; es ist h., im Exil leben zu müssen; das Geld war h. erarbeitet; es kommt mich h. an (es fällt mir schwer), dir das zu sagen; Das Leben ist härter, als ich dachte (A. Zweig, Claudia 135). **3. a)** *ohne Mitgefühl; unbarmherzig, streng:* ein -er Friedensvertrag; -e Gesetze; ein -es Urteil; ein -es (nicht zu erweichendes) Herz haben; -e Augen; ein -er politischer Kurs; das sind -e Worte; eine -e Lehre, Schule; er ist einer der härtesten (strengsten, unnachgiebigsten, rücksichtslosesten) Trainer; die Leiden hatten sie h. gemacht; jmdn. h. anfassen (sehr streng behandeln); sie griff h. durch; **b)** (von jmds. Äußerem) nicht mild, empfindsam, weich, sondern scharf u. streng: -e Züge; ein -es Gesicht; ihr Mund wirkte h. und energisch; **c)** *durch scharfe Konturen u. Kontraste, durch Spitzen, Kanten, Ecken gekennzeichnet:* -e Linien, Figuren, Umrisse, -e (grelle, kontrastreiche) Farben.

4. a) *von großer [als unangenehm empfundener] Stärke, Intensität:* ein -er Winter; ein -er (stimmloser) Konsonant; ein -es *(scharf akzentuiertes, unmelodisches)* Französisch sprechen; er sollte -e *(hochprozentige)* Drinks meiden; -e Drogen *(starkes, abhängig machendes Rauschgift wie Heroin, LSD);* Eltern sollten darauf achten, dass sich ihre Kinder keine -en Pornos *(Hardcorepornos)* ansehen; Steigleder deklamierte h. akzentuiert, als hämmere er seine Wörter (H. Lenz, Tintenfisch 32); **b)** *heftig, wuchtig:* ein -er Aufprall, Ruck; eine -e Auseinandersetzung; h. aneinandergeraten *(sich heftig streiten);* der h. *(heftig, stark)* bedrängte Gegner wehrte sich verbissen; eine h. *(heftig, stark)* umkämpfte Festung; der Verteidiger stieg sehr h. ein (Sport; *spielte mit vollem körperlichem Einsatz);* * **es geht, kommt h. auf h.** *(es geht schonungslos ums Ganze).* **5.** ⟨in Verbindung mit Präp.⟩ *ganz dicht, nahe:* das Haus liegt h. an der Straße; er fuhr h. am Abgrund vorbei; h. an der Grenze des Erlaubten; der Stürmer blieb h. am Ball; h. am Wind segeln (Seemannsspr.; *bei schräg von vorn kommendem Wind segeln);* h. (Seemannsspr.; *geradewegs, direkt)* auf etw. zuhalten.

hart be|drängt, ha̱rt|be|drängt ⟨Adj.⟩: *heftig, stark bedrängt.*

Ha̱rt|be|ton, der: *aus Zementmörtel mit besonderen Zuschlägen (4) hergestellter Beton für Fußböden- u. Treppenbeläge.*

Hä̱r|te, die; -, -n [mhd. herte, ahd. hartī]: **1. a)** *das Hartsein; Widerstand, Festigkeit:* die H. des Stahls, des Holzes; dieses Material gibt es in verschiedenen -n; **b)** *Stabilität:* die H. des Schweizer Frankens, des Dollars; **c)** *Gehalt (des Wassers) an Kalk; Wasserhärte:* ein Versuch, dem Wasser seine H. zu nehmen; **d)** *das Abgehärtetsein; Robustheit u. Widerstandsfähigkeit:* den Spielern fehlt noch die nötige H. **2.** *harte (2) Bedingung, schwere Belastung:* des Schicksals ertragen; soziale -n *(Benachteiligungen, Ungerechtigkeiten)* vermeiden; R das ist die H.! (Jugendspr.; *das ist eine Zumutung, eine Unverschämtheit!; das ist ungeheuerlich, unzumutbar!)* **3.** *Strenge, Unerbittlichkeit, Unbarmherzigkeit:* die H. des Gesetzes zu spüren bekommen; etw. mit rücksichtsloser H. durchsetzen. **4. a)** *harte (4a) Beschaffenheit; [als unangenehm empfundene] Intensität, Stärke:* die H. der Töne; **b)** *Heftigkeit, Wucht, Schärfe:* die H. des Aufpralls; den Gegner brachte eine unnötige H. ins Spiel, spielte mit gesunder H. (Fußballjargon; *mit einem bis an die Grenze des Erlaubten gehenden körperlichen Einsatz);* eine Debatte in aller H. austragen.

Hä̱r|te|aus|gleich, der: *finanzieller Ausgleich beim Auftreten sozialer Härten.*

Hä̱r|te|fall, der: **a)** *(bei strenger Einhaltung od. Anwendung von Vorschriften eintretender) Fall von sozialer Belastung od. Ungerechtigkeit:* in Härtefällen sollte schnell geholfen werden; **b)** (ugs.) *jmd., dessen Situation einen Härtefall (a) darstellt:* sie ist ein H.

Hä̱r|te|fall|kom|mis|si|on, die (Politik): *Kommission, die sich mit bestimmten Härtefällen befasst (z. B. um zu prüfen, ob einem abgelehnten Asylbewerber aus humanitären Gründen eine Aufenthaltsgenehmigung erteilt werden sollte).*

Hä̱r|te|fall|re|ge|lung, die: *bestimmte Härtefälle betreffende Regelung.*

Hä̱r|te|fonds, der: *Geldfonds, dessen Mittel für Menschen, die sich in einer Notlage befinden, bestimmt sind.*

Hä̱r|te|grad, der: *Grad der Härte.*

Hä̱r|te|klau|sel, die (Rechtsspr.): *Klausel zur Vermeidung oder Abmilderung von Härtefällen.*

Hä̱r|te|mit|tel, das: *chemischer Stoff, der Metallen zur Erreichung größerer Härte (1 a) zugesetzt wird.*

hä̱r|ten ⟨sw. V.; hat⟩ [mhd., ahd. herten]: **a)** *hart (1 a) machen:* Stahl h.; gehärtetes Fett; **b)** *hart (1 a) werden:* Beton härtet innerhalb weniger Tage; ⟨auch h. + sich:⟩ Auch härteten sich an der Luft die zerknitterten, fein geäderten Flügel (= Libellenflügel), sie streckten sich spröde (Gaiser, Schlußball 210); **c)** ⟨h. + sich⟩ (selten) *sich hart, widerstandsfähig machen:* sich durch Sport h.

Hä̱r|te|pa|ra|graf, Hä̱r|te|pa|ra|graph, der: *Paragraf der Härtefälle (a) vermeiden od. ausgleichen soll.*

Hä̱r|te|prü|fung, die: **a)** *(bes. Metallurgie, Mineralogie) Prüfung, der ein Werkstoff zum Feststellen der Härte (1 a) unterzogen wird;* **b)** *Härtetest.*

Ha̱r|ter, der, der Harte/ein Harter; des/eines Harten, die Harten/zwei Harte (ugs.): *[ein Glas] Schnaps:* einen Harten kippen.

hä̱r|ter: ↑ hart.

Hä̱r|ter, der; -s, -: *chemisches Mittel, das Kunstharzen, Stahl o. Ä. zum Härten zugesetzt wird.*

Hä̱r|te|rei, die; -, -en: *Abteilung in Metallbetrieben, in der die Metalle gehärtet werden.*

Hä̱r|te|ska|la, die: *in 10 Stufen eingeteilte Skala, nach der die Härte (1 a) von Edelsteinen u. Mineralien eingeteilt wird.*

hä̱r|tes|te: ↑ hart.

Hä̱r|te|stu|fe, die: *Stufe auf der Härteskala.*

Hä̱r|te|test, der: *Test auf Belastbarkeit, Widerstandsfähigkeit o. Ä.:* Autoreifen im H.; Ü Politiker im H.

Hä̱r|te|ver|fah|ren, das: *Verfahren zum Härten von Metall.*

Ha̱rt|fa|ser, die: *steife, harte Faser aus verschiedenen Tropenpflanzen (z. B. Sisal- od. Kokosfaser).*

Ha̱rt|fa|ser|plat|te, die: *unter hohem Druck gepresste Holzfaserplatte:* ein Schrank aus -n.

hart ge|brannt, ha̱rt|ge|brannt ⟨Adj.⟩: *sehr fest gebrannt.*

hart ge|fro|ren, ha̱rt|ge|fro|ren ⟨Adj.⟩: *fest gefroren.*

hart ge|kocht, ha̱rt|ge|kocht ⟨Adj.⟩: *(von Eiern) durch Kochen fest geworden.*

Ha̱rt|geld, das ⟨o. Pl.⟩: *Münzen im Unterschied zu Geldscheinen.*

¹**ha̱rt|ge|sot|ten** ⟨Adj.⟩: **a)** *(aufgrund seiner Erlebnisse) nicht mehr zu beeindrucken, für Gefühle nicht empfänglich; berechnend, kalt:* ein -er Manager, Unterhändler; **b)** *unbelehrbar, unzugänglich, verstockt:* ein -er Sünder.

hart ge|sot|ten, ²**ha̱rt|ge|sot|ten** ⟨Adj.⟩ (landsch.): *hart gekocht.*

Ha̱rt|ge|stein, das: *besonders harter Naturstein (z. B. Granit).*

Ha̱rt|gum|mi, der u. das: *durch Vulkanisation gewonnenes Produkt aus Natur- od. Kunstkautschuk.*

ha̱rt|her|zig ⟨Adj.⟩: *ohne Mitgefühl; vom Leid, Schicksal anderer nicht berührt; unbarmherzig:* ein -er Mensch; seinen Mitmenschen gegenüber h. sein.

Ha̱rt|her|zig|keit, die; -, -en: **1.** ⟨o. Pl.⟩ *hartherziges Wesen, Verhalten.* **2.** *(seltener) hartherzige Handlung.*

Ha̱rt|heu, das [mhd. harthöuwe]: *Johanniskraut.*

Ha̱rt|holz, das ⟨Pl. ...hölzer⟩: *sehr festes u. schweres Holz (z. B. Buchsbaum, Ebenholz).*

ha̱rt|hö|rig ⟨Adj.⟩: **1.** *(veraltet) schwerhörig.* **2.** *mit Absicht etw. überhörend; auf eine Aufforderung o. Ä. nicht reagierend.*

Ha̱rt|hö|rig|keit, die; -: *das Harthörigsein.*

Ha̱rt|kä|se, der: *Käse von fester, trockener Beschaffenheit im Unterschied zum Weichkäse.*

hart ko|chen, ha̱rt|ko|chen ⟨sw. V.; hat⟩: *(Eier) in kochendem Wasser hart werden lassen.*

ha̱rt|köp|fig ⟨Adj.⟩ (landsch.): **a)** *starrsinnig, eigensinnig, dickköpfig:* ein -es Kind; sich h. weigern; **b)** *von beschränkter Auffassungsgabe:* ein -er Schüler.

Ha̱rt|köp|fig|keit, die; - (landsch.): *das Hartköpfigsein.*

Ha̱rt|laub|ge|wächs, das: *(bes. in den Mittelmeerländern heimische) immergrüne Pflanze mit ledrigen Blättern (z. B. Oleander, Lorbeer, Ölbaum, Rosmarin, Korkeiche).*

ha̱rt|lei|big ⟨Adj.⟩: **1.** *(veraltend) an Verstopfung leidend; verstopft.* **2.** *(Aufforderungen, Wünschen gegenüber) hartnäckig, unnachgiebig, unzugänglich, stur:* -e Leute zu überreden versuchen.

Ha̱rt|lei|big|keit, die; -: **1.** *(veraltend) Verdauungsstörung, Verstopfung.* **2.** *das Hartleibigsein.*

Hä̱rt|ling, der; -s, -e: **1.** (Geol.) *Erhebung in einem Gelände, die infolge ihres widerstandsfähigeren Gesteins weniger abgetragen wurde u. deshalb über ihre Umgebung hinausragt.* **2.** [zu landsch. veraltet hart = von beißendem, scharfem Geschmack] (veraltet) *spät gewachsene Weintraube, die die nötige Reife nicht mehr erreicht.*

ha̱rt|lö|ten ⟨sw. V.; hat; meist nur im Inf. u. 2.Part.⟩: *mit einem Lot, dessen Schmelzpunkt zwischen 450°C u. 900°C liegt, löten.*

hart ma|chen, ha̱rt|ma|chen ⟨sw. V.; hat⟩: *abhärten, hart u. widerstandsfähig machen.*

ha̱rt|mäu|lig ⟨Adj.⟩: *(von Pferden) am Maul unempfindlich u. daher die Zügel nicht spürend u. schwer zu lenken:* ein -er Gaul; Ü manchmal ist er h. *(dickköpfig, eigensinnig)* wie ein Esel.

Ha̱rt|me|tall, das: *Metall von besonderer Härte u. Widerstandsfähigkeit.*

Ha̱rt|mo|nat [mhd. hertmānōt, ahd. hertimānōd, zu ↑ hart in der Bed. »hart gefroren«], **Ha̱rt|mond** [mhd. hertemānōt, ahd. hertimānōd, zu ↑ hart in der Bed. »hart gefroren«], der (veraltet): *Januar (auch: November, Dezember).*

ha̱rt|nä|ckig ⟨Adj.⟩ [15.Jh., eigtl. = einen harten (= unbeugsamen) Nacken habend]: **a)** *eigensinnig an etw. festhaltend, auf seiner Meinung beharrend, unnachgiebig:* ein hartnäckiger Bursche; h. schweigen; sich h. weigern; **b)** *beharrlich ausdauernd; nicht bereit, auf- od. nachzugeben:* -en Widerstand leisten, ein -er Lügner; der Antragsteller war sehr h.; h. fragen, suchen; **c)** *schwer zu vertreiben; langwierig:* ein -er Schnupfen; die Erkältung ist sehr h.

Ha̱rt|nä|ckig|keit, die; -: *das Hartnäckigsein, hartnäckiges Wesen.*

Ha̱rt|pap|pe, die: *besonders steife u. feste Pappe zur Herstellung von Koffern u. Ä.*

Ha̱rt|platz, der (Sport): *Sportplatz, bes. Tennisplatz, mit einer festen [wasserundurchlässigen] Oberfläche.*

Ha̱rt|por|zel|lan, das: *bei hoher Temperatur gebranntes Porzellan, das besonders fest u. widerstandsfähig ist.*

Ha̱rt|rie|gel, der [mhd. hartrügele, ahd. hart(t)rugil; der Name bezieht sich auf das harte Holz]: *als Strauch wachsende Pflanze mit doldenartigen Blüten u. weißen, roten, blauen od. schwarzen Steinfrüchten.*

ha̱rt|rin|dig ⟨Adj.⟩: *eine harte Rinde besitzend.*

Ha̱rt|schä|del, der (ugs.): *Dickschädel.*

ha̱rt|schä|de|lig, ha̱rt|schäd|lig ⟨Adj.⟩ (ugs.): *dickschädelig.*

ha̱rt|scha|lig ⟨Adj.⟩: *eine harte Schale (1) besitzend:* eine -e Frucht.

Ha̱rt|spi|ri|tus, der ⟨o. Pl.⟩: *durch bestimmte Zusätze in feste Form gebrachter Brennspiritus:* H. für einen Spirituskocher.

hart um|kämpft, ha̱rt|um|kämpft ⟨Adj.⟩: *heftig, stark umkämpft.*

Hartung – Hasenbraten

Har|tung, der; -s, -e [vgl. Hartmonat] (veraltet): Januar.

Här|tung, die; -, -en: *das Härten.*

Hart|wei|zen, der: *an Kleber (2) reicher Weizen, der für die Herstellung von Teigwaren verwendet wird; Durumweizen.*

Hart|wei|zen|grieß, der: *Grieß aus Hartweizen:* Nudeln aus H.

Hart|wurst, die: *sehr feste Dauerwurst; Salami.*

Hartz, das; - ⟨meist o. Art.; in Verbindung mit den röm. Ziffern I, II, III od. IV⟩ [nach dem ehem. Vorstand des VW-Konzerns Peter Hartz]: seit 2002 umgesetzte Vorschläge zur Reform des deutschen Arbeitsmarktes: er bekommt H. IV (ugs.; *Arbeitslosengeld nach dem »Vierten Gesetz für moderne Dienstleistungen am Arbeitsmarkt«*).

hart|zen ⟨sw. V.; hat⟩ (Jargon): *von Hartz IV leben:* Ü gestern Abend war ich nur am Hartzen (konnte mich zu keiner Arbeit, Tätigkeit überwinden).

Ha|ru|s|pex, der; -, -e u. Haruspizes [...tse:s] [lat. haruspex]: *bei den Etruskern u. Römern) Person, die aus den Eingeweiden von Opfertieren wahrsagt.*

¹Harz, das; -es, -e [mhd. harz, ahd. harz(uh), H. u.]: *bes. aus dem Holz von Nadelbäumen austretende, zähflüssig-klebrige Absonderung von starkem Duft u. weißlicher bis gelbbrauner Färbung:* H. durch Einritzen der Rinde gewinnen; es riecht nach H.; die Tannenzweige sind klebrig von H.

²Harz, der; -es: *deutsches Mittelgebirge.*

harz|ar|tig ⟨Adj.⟩: *dem Harz ähnlich:* eine -e Masse.

Harz|bil|dung, die: *das Sichbilden, Austreten von Harz.*

har|zen ⟨sw. V.; hat⟩ [mhd. herzen = mit Pech ausstreichen, zu ↑¹Harz]: **1.** *Harz absondern:* der Baum, das Holz harzt. **2.** (Forstwirtsch.) *einen Baum anritzen, um Harz zu gewinnen:* Kiefern h.; (subst.:) wir haben beim Harzen der Birken geholfen. **3.** *mit Harz bestreichen.* **4.** (schweiz., auch landsch.) *schwer, schleppend vonstattengehen:* die Verhandlungen harzen; es harzt mit dem Bau der Autobahn.

Har|zer, der; -s, -, **Har|zer Kä|se,** der; - -s, - - [nach dem ↑²Harz]: *Magermilchkäse aus Sauermilch:* H. mit Kümmel, mit Weißschimmel.

Har|zer Rol|ler, der; -s, -, -: **1.** [nach dem rollenden Schlag des Vogels] *gelb gefiederter, besonders schön singender Kanarienvogel.* **2.** *zu einer Rolle abgepackter Harzer Käse.*

Harz|ge|ruch, der: *Geruch nach Harz.*

har|zig ⟨Adj.⟩ [spätmhd. harzig, zu ↑¹Harz]: **1.** *reich an Harz; Harz enthaltend:* -es Holz; -e (vom Harz klebrige) Hände; es riecht h. **2.** (schweiz., sonst landsch.) **a)** *schwierig, langwierig:* h. verlaufende Verhandlungen; **b)** *zähflüssig, schleppend:* -er Rückreiseverkehr.

Harz|säu|re, die: *im Harz enthaltene Säure.*

Ha|sard, das; -s [frz. (jeu de) hasard = Glück(sspiel) < afrz. hasart = Würfelspiel, zu arab. yasara = würfeln]: *Hasardspiel; das Ganze artete zu einem H. aus;* * **H. spielen** (*leichtsinnig sein, leichtfertig sein, sein Glück aufs Spiel setzen*).

Ha|sar|deur [...ˈdøːɐ̯], der; -s, -e [frz. hasardeur] (oft abwertend): *jmd., der verantwortungslos handelt u. alles aufs Spiel setzt.*

Ha|sar|deu|rin [...ˈdøːrɪn], die; -, -nen: w. Form zu ↑ Hasardeur.

ha|sar|die|ren ⟨sw. V.; hat⟩ [frz. hasarder] (bildungsspr.): *alles aufs Spiel setzen, wagen:* er hat als Politiker fortgesetzt hasardiert.

Ha|sard|spiel, das: **a)** *Glücksspiel:* verbotene -e; **b)** *Unternehmung, bei der jmd. ohne Rücksicht auf andere u. auf sich selbst alles aufs Spiel setzt:* das H. der Generäle.

Ha|sard|spie|ler, der: *Hasardeur.*

Ha|sard|spie|le|rin, die: w. Form zu ↑ Hasardspieler.

Hasch, das; -s (ugs.): *kurz für ↑ Haschisch:* H. rauchen.

Ha|schee, das; -s, -s [frz. (viande) hachée = gehacktes (Fleisch), zu: hacher = (zer)hacken] (Kochkunst): *Gericht aus Hackfleisch od. in kleine Würfel geschnittenem, mit einer Soße pikant abgeschmecktem Fleisch.*

Ha|sche|mit, Haschimit, der; -en, -en [nach Haschim (gestorben um 540 n. Chr.), der als Urgroßvater des Propheten Mohammed gilt]: *Angehöriger einer arabischen Dynastie in Jordanien u. im Irak.*

ha|sche|mi|tisch, haschimitisch [auch: ...ˈmɪ...] ⟨Adj.⟩: *die Haschemiten betreffend, von ihnen abstammend.*

¹ha|schen ⟨sw. V.; hat⟩ [mhd. (md.) (er)haschen, eigtl. = fassen, packen] (veraltend): **1.** *schnell [mit den Händen] ergreifen, fangen:* Schwalben haschen die Insekten im Flug; (es [gegenseitig]/(geh.:) einander h.; R hasch mich, ich bin der Frühling! (scherzh., spött.); *dient der Charakterisierung einer älteren, bes. einer weiblichen Person, die zu jugendlich zurechtgemacht ist*). **2.** *[mit den Händen] schnell nach jmdm. od. etw. greifen:* nach jmds. Hand, nach einer Fliege h.; Ü nach Ruhm, Beifall h.

²ha|schen ⟨sw. V.; hat⟩ [zu ↑ Hasch] (ugs.): *Haschisch rauchen od. in anderer Form zu sich nehmen:* auf der Fete wurde gehascht; er konnte es nicht lassen, immer mal zu h.

Ha|schen, das; -s [↑¹haschen] (landsch.): *Fangen:* wir spielten mit den Nachbarskindern H.

Häs|chen, das; -s, -. **1.** Vkl. zu ↑ Hase. **2.** Vkl. zu ↑ Hase (3 b): komm mal zu mir, mein H., ich helfe dir.

¹Ha|scher, der; -s, - [vgl. mhd. hæchen, hēchen = schluchzen, jammern] (österr. ugs.): *armer, bedauernswerter Mensch.*

²Ha|scher, der; -s, - [zu ↑ Hasch] (ugs.): *jmd., der Haschisch raucht: ein Treffpunkt für H.*

Hä|scher, der; -s, - [zu ¹haschen] (veraltet): *Person, die in amtlichem Auftrag jmdn. verfolgt, hetzt u. zu ergreifen versucht:* die H. der Inquisition verfolgten ihn bis hinter die Stadtmauern; Ü die Bombenleger flohen vor ihren -n (geh.; *Verfolgern*) ins Ausland.

Ha|sche|rin, die; -, -. w. Form zu ↑²Hascher.

Hä|sche|rin, die; -, -nen: w. Form zu ↑ Häscher.

Ha|scherl, das; -s, -n [(süddt., österr. ugs.): *armes, bedauernswertes Wesen, Kind.*

ha|schie|ren ⟨sw. V.; hat⟩ [frz. hacher, ↑ Haschee] (Kochkunst): *(Fleisch) fein hacken, zu Haschee verarbeiten.*

Ha|schi|mit usw.: ↑ Haschemit usw.

Ha|schisch, das, auch: der; -[s] [arab. ḥašīš, eigtl. = Gras, Heu]: *aus dem Blütenharz einer indischen Hanfsorten gewonnenes Rauschgift:* H. rauchen, schmuggeln; bei der Razzia wurde nur eine kleine Menge H. gefunden.

Ha|schisch|rau|cher, der: *jmd., der [regelmäßig] Haschisch raucht.*

Ha|schisch|rau|che|rin, die: w. Form zu ↑ Haschischraucher.

Ha|schisch|zi|ga|ret|te, die: *selbst gedrehte Zigarette, deren Tabak mit Haschisch vermischt ist.*

Hasch|mich, der [vgl. ¹haschen 1]: in der Wendung **einen H. haben** (salopp; *nicht recht bei Verstand sein*).

Ha|se, der; -n, -n [mhd. hase, ahd. haso, eigtl. = der Graue, wahrsch. altes Tabuwort]: **1. a)** *wild lebendes Säugetier mit langen Ohren, einem dichten, weichen, bräunlichen Fell u. langen Hinterbeinen:* er ist furchtsam wie ein H.; der H. macht Männchen, hoppelt, schlägt Haken; einen -n hetzen, schießen, abziehen, braten; R da liegt der H. im Pfeffer (ugs.; *das ist der entscheidende Punkt, die eigentliche Ursache;* mit Bezug auf den fertig zubereiteten Hasenbraten in einer scharf gewürzten Soße, womit angedeutet wird, dass jmd. aus einer bestimmten Lage nicht mehr herauskommt); * **ein alter H.**; *jmd., der sehr viel Erfahrung [in einer bestimmten Sache] hat*); **heuriger H.** (ugs.; *Neuling;* der ältere Hase hat Erfahrung darin, dem Jäger zu entkommen, im Gegensatz zu einem erst einjährigen Hasen: es macht ihm Spaß, die heurigen -n herumzukommandieren); **falscher/Falscher H.** (*Hackbraten*); **sehen, wissen, erkennen, begreifen, wie der H. läuft** (ugs.; *erkennen, vorhersagen können, wie eine Sache weitergeht;* nach der Vorstellung, dass ein erfahrener Jäger nach kurzer Zeit beobachtenden Abwartens erkennen kann, in welche Richtung ein Hase flieht, auch wenn er viele Haken schlägt); **b)** *männlicher Hase* (1 a); **c)** *Hasenbraten, -gericht:* es gibt heute H.; **d)** (landsch.) *Kaninchen.* **2.** (Sportjargon) *Schrittmacher* (3). **3. a)** (salopp) *Mädchen, Frau:* kennst du die -n im Klub?; **b)** *Kosewort, bes. für Kinder.*

¹Ha|sel, der; -s, - [mhd. hasel, ahd. hasala, H. u.]: *dem ¹Döbel ähnlicher Fisch mit stark gegabelter Schwanzflosse.*

²Ha|sel, die; -, -n [mhd. hasel, ahd. hasal, H. u.]: *als Strauch wachsende Pflanze mit Kätzchen (4) als Blüten, die vor der Belaubung erscheinen, u. Nüssen als Früchten.*

Ha|se|lant, der; -en, -en [zu ↑ haselieren] (veraltet): *Spaßmacher, Possenreißer;* ♦ ...und malte mir schon aus, wie ich die -en und Fischesser da anfahren wollte (Keller, Pankraz 40).

Ha|sel|bus|ch, der: *Hasel[nuss]strauch.*

Ha|sel|huhn, das: *kleines Waldhuhn mit rostbraunem bis grauem, dunkel u. weißlich gezeichnetem Gefieder.*

ha|se|lie|ren ⟨sw. V.; hat⟩ [mhd. haselieren, wohl < afrz. harceler = necken] (veraltet): *derbe Späße machen, treiben; lärmen, tosen:* ♦ ... meine Kerls draußen fangen an zu stürmen und zu h. (ungestüm zu lärmen), als käm' der Jüngste Tag (Schiller, Räuber II, 3).

Ha|sel|kätz|chen, das [zu ↑²Hasel]: *lange, herabhängende männliche Blüte des Haselnussstrauches.*

Ha|sel|maus, die: *braunes Nagetier mit langem Schwanz, das sich bes. von Haselnüssen ernährt.*

Ha|sel|nuss, die [mhd. haselnuʒ, ahd. hasalnuʒ]: **1.** Haselnussstrauch. **2.** *Frucht des Haselnussstrauches in Form einer kleinen, hartschaligen Nuss mit rundem, ölhaltigem, wohlschmeckendem Kern.*

ha|sel|nuss|groß ⟨Adj.⟩: *die Größe einer Haselnuss aufweisend:* ein -es Loch; die Hagelkörner waren fast h.

Ha|sel|nuss|kern, der: *Kern der Haselnuss:* zu dem Backrezept braucht man 200 g geriebene -e.

Ha|sel|nuss|kranz, der: *Kranzkuchen mit Haselnüssen.*

Ha|sel|nuss|strauch, der: *als Strauch wachsende Pflanze mit gesägten Blättern, Kätzchenblüten u. Haselnüssen als Früchten.*

Ha|sel|ru|te, die: *von einer ²Hasel geschnittene Rute.*

Ha|sel|strauch, der: *Haselnussstrauch.*

Ha|sel|wurz, die: *kriechende Pflanze mit nierenförmigen, dunkelgrünen Blättern u. glockenförmiger, außen bräunlicher u. innen roter Blüte.*

ha|sen|ar|tig ⟨Adj.⟩: *ähnlich wie ein Hase, in der Art von Hase.*

Ha|sen|bra|ten, der: *Braten aus dem Fleisch des Hasen.*

Ha|sen|brot, das [weil man es zurückbringt mit der scherzh. Erklärung, man habe es einem Hasen abgenommen, dem man zuvor den Schwanz mit Salz bestreut habe] (ugs. scherzh. veraltend): *für die Reise od. die Arbeit als Proviant mitgenommenes, aber nicht verzehrtes u. trocken gewordenes Brot.*
Ha|sen|fell, das: *Fell eines Hasen.*
Ha|sen|fuß, der [mhd. hasenvuoʒ; die Fähigkeit des Hasen, sehr schnell zu entfliehen, wird als Furchtsamkeit gedeutet] (ugs., spött. abwertend): *überängstlicher, schnell zurückweichender, Entscheidungen lieber aus dem Weg gehender Mensch:* sei kein H.!
ha|sen|fü|ßig ⟨Adj.⟩: *überängstlich, furchtsam:* das -e Kind wich nicht von der Hand der Mutter.
Ha|sen|herz, das: *Hasenfuß.*
ha|sen|her|zig ⟨Adj.⟩: *hasenfüßig.*
♦ **Ha|sen|het|ze,** die [↑ Hetze (3)]: *Hasenjagd:* … als … der Junker Wenzel von Tronka …, von der H. kommend, in den Schlossplatz sprengte (Kleist, Kohlhaas 10).
Ha|sen|jagd, die: *Jagd auf Hasen.*
Ha|sen|jun|ges ⟨vgl. Junges⟩: **1.** (österr.) *Hasenklein.* **2.** *junger Hase.*
Ha|sen|klein, das; -s **1.** *Innereien (wie Herz, Leber, Lunge, Magen) eines Hasen mit Hals, unteren Rippen u. Läufen.* **2.** *Gericht aus Hasenklein* (1).
Ha|sen|pa|nier [der Schwanz des Hasen, heute weidmänn. »Blume« genannt, hieß früher »Panier« (= Banner)]: in der Wendung **das H. ergreifen** (*eilig weglaufen, fliehen;* weil der Schwanz des Hasen bei der Flucht in die Höhe steht).
Ha|sen|pfef|fer, der (Kochkunst): *mit vielerlei Gewürzen eingelegtes, geschmortes u. mit einer pikanten Soße aus der Marinade abgeschmecktes Hasenklein.*
ha|sen|rein ⟨Adj.⟩: *(von einem Jagdhund) so abgerichtet, dass er Hasen aufstöbert, aber ohne Befehl nicht verfolgt;* * **nicht ganz h.** (ugs.; *verdächtig; nicht ganz einwandfrei:* die Geschichte war nicht ganz h.).
Ha|sen|schar|te, die [nach den beweglichen Nasenlöchern des Hasen, die seine Lippe gespalten erscheinen lassen]: *Lippenspalte.*

Diese saloppe Bezeichnung für eine Fehlbildung der Oberlippe wird heute aufgrund der eher negativen Assoziation mit beiden Wortbestandteilen zunehmend als diskriminierend empfunden.

ha|sen|schar|tig ⟨Adj.⟩: *eine Hasenscharte aufweisend:* er hat ein -es Gesicht.
Hash|tag [ˈhæʃtæɡ], das; -s, -s [engl., aus hash = Rautezeichen u. tag = Strukturzeichen] (EDV): *mit einem vorangestellten Rautezeichen markiertes Schlüssel- oder Schlagwort in einem [elektronischen] Text.*
Hä|sin, die; -, -nen: w. Form zu ↑ Hase (1b, 1d, 2).
Has|pe, die; -, -n [mhd. haspe = Türhaken, Garnwinde, ahd. haspa = Knäuel Garn, H. u.]: *einfache hakenähnliche Vorrichtung zum Einhängen von Türen u. Fenstern.*
Has|pel, die; -, -n, seltener: der; -s, - [mhd. haspel = Seil, Garnwinde, ahd. haspil = Garnwinde, u. mhd. haspe, ahd. haspa, ↑ Haspe] (Technik): **a)** *zylinderförmige Vorrichtung zum Auf- od. Abwickeln von Fäden, Drähten, Bändern o. Ä.;* **b)** (Textilind.) *Textilmaschine, mit der Garn von der Spule abgewickelt u. strangförmig aufgewickelt wird;* **c)** (bes. Bergbau) *Seilwinde zum Heben u. Senken von Lasten;* **d)** (Gerberei) *Bottich, dessen Inhalt durch ein Schaufelrad in Bewegung gehalten wird;* **e)** *Vorrichtung, die das Getreide vor das Schneidwerkzeug beim Mähdrescher o. Ä. zuführt.*

Has|pel|kreuz, das: *aus kreuz- od. sternförmig angebrachten Balken bestehende, nur in einer Richtung drehbare Sperre als Durchlass für Fußgänger.*
has|peln ⟨sw. V.; hat⟩ [spätmhd. haspelen = Garn wickeln]: **1.** (Textilind.) *auf eine od. von einer Haspel winden; spulen, ab-, aufwickeln:* den Faden auf die Spule, von der Spule h. **2.** (ugs.) **a)** *hastig, überstürzt sprechen:* in ihrer Aufregung haspelt sie; **b)** *hastig, überstürzt arbeiten.*
Hass, der; -es [mhd., ahd. haʒ, eigtl. = Leid, Kummer, Groll]: *heftige Abneigung; starkes Gefühl der Ablehnung u. Feindschaft gegenüber einer Person, Gruppe od. Einrichtung:* wilder, blinder, tödlicher H.; kalter H. schlug ihm entgegen; der H. frisst an ihr; H. bei jmdm. [im Herzen] nähren; H. auf/gegen jmdn. empfinden, entwickeln; sich den H. der Kollegen zuziehen; er tat es aus H.; ihre Liebe schlug in H. um; jmdn. mit seinem H. verfolgen; von H. erfüllt sein; Der Tag war vergällt, und der H. fraß an mir (Gaiser, Schlußball 73); * [einen] **H. auf jmdn., etw. haben, kriegen** (ugs.; *auf jmdn. wütend, über etw. zornig sein, werden:* sie hatte H. auf den Burschen; der ihr die Vorfahrt genommen hatte).
Hass|aus|bruch, der: *plötzlich ausbrechender, heftiger Hass auf jmdn., etw.*
Has|sel, der; -s [wohl ostmitteldt. für engl. hassle = Krach, Ärger, zu: to hassle = belästigen, piesacken, urspr. (mundartl.) = (auf etw.) herumhacken, H. u.] (landsch.): *Ärger, Umstand* (2): den ganzen H. um die Papiere hättest du dir sparen können.
has|sen ⟨sw. V.; hat⟩ [mhd. haʒʒen, ahd. haʒʒen, haʒʒōn, urspr. auch = verfolgen]: **a)** *Hass gegen jmdn. empfinden; eine feindliche Einstellung jmdm. gegenüber haben:* seine Feinde h.; jmdn. im Stillen, heimlich, glühend, erbittert h.; die beiden haben sich/(geh.:) einander zutiefst gehasst; ⟨subst.:⟩ jmdn. das Hassen lehren; Attila, von seiner Zeit als ein Teufel gehasst und als ein Gott verehrt … (Thieß, Reich 181); **b)** *einen Widerwillen, eine deutliche Abneigung gegen etw. empfinden, es nicht mögen, als unangenehm empfinden:* das hasse ich auf den Tod, wie die Pest; sie hasste es, laut zu sprechen.
has|sens|wert ⟨Adj.⟩: *Hass rechtfertigend, verdienend:* ein -es Benehmen; ihre Art war, schien ihm h.
Has|ser, der; -s, - [mhd. haʒʒer, haʒʒære (seltener): *jmd., der hasst, zu Hassausbrüchen neigt.*
has|ser|füllt ⟨Adj.⟩: *Hass empfindend, zeigend; voller Hass:* ein -er Blick; jmdn. h. ansehen.
Has|se|rin, die; -, -nen: w. Form zu ↑ Hasser.
Hass|ge|fühl, das: *Gefühl, Empfindung des Hasses auf jmdn., etw.*
Hass|ge|sang, der (abwertend): **a)** *[gefühlsbetonte, ständige] Äußerung des Hasses (bes. gegen eine Gruppe, ein Volk, eine Einrichtung):* diesem H. muss ein Ende bereitet werden; **b)** *Gesang, mit dem in meist primitiver Weise demonstrativ der Hass, die Abneigung gegen jmd. ausgedrückt wird:* von der Straße her schallten die Hassgesänge der randalierenden Rowdys.
häs|sig ⟨Adj.⟩ [mhd. haʒʒec = voll Haß] (schweiz. mundartl.): *mürrisch, verdrießlich:* -e Verkäuferinnen.
Has|si|um, das; -s [nach Hassia = nlat. Name für Hessen]: *radioaktives metallisches Transuran (chemisches Element; Zeichen:* Hs).
häss|lich ⟨Adj.⟩ [mhd. heʒ[ʒe]lich, haʒlich, ahd. haʒlīh, urspr. = feindselig, voller Hass]: **1.** *von unschönem Aussehen, das ästhetische Empfinden verletzend; abstoßend:* ein -es Gesicht, Mädchen; ein -er Mensch, Mann; -e Farben, Vorstadtstraßen; er sah erschreckend h. aus; Sarowskis Köter, h. wie Teufel, schnüffelten an

den Pelzstiefeln (Gaiser, Jagd 34); R Ärger macht h. **2. a)** *eine menschlich unerfreuliche Haltung erkennen lassend; gemein:* -e Redensarten; das war sehr h. von dir; sei doch nicht so h. [zu deiner Schwester]!; h. von jmdm. sprechen; **b)** *unangenehm, unerfreulich:* ein -er Vorfall; -es Wetter; ein -er Husten plagte ihn.
♦ **häss|li|chen** ⟨sw. V.; hat⟩ [gepr. von Goethe]: *hässlich machen, erscheinen lassen:* Den schönsten Boten, Unglücksbotschaft hässlicht ihn (Goethe, Faust II 9437).
Häss|lich|keit, die; -, -en [spätmhd. heßligkeyt]: **1.** ⟨o. Pl.⟩ **a)** *hässliches Aussehen:* ein Anblick von erschreckender, faszinierender H.; **b)** *hässliche Gesinnung (als eine sich auf die Mitmenschen übel auswirkende Eigenschaft).* **2.** (seltener) *menschlich unerfreuliche Handlung, gemeine Worte:* das war eine H. von ihm; man hat uns nur -en gesagt.
Hass|lie|be, die: *starke Gefühlsbindung, die aufgrund von Disharmonie und Nichtübereinstimmung zwischen Hass u. Liebe wechselt:* H. verbindet die beiden; mit einer Art H. an jmdm. hängen.
Hass|pre|di|ger, der: *jmd., der in seiner Funktion als Prediger zu Hass u. Gewalt aufruft.*
Hass|pre|di|ge|rin, die: w. Form zu ↑ Hassprediger.
Hass|ti|ra|de, die (abwertend): *unsachlicher, nur von Hass diktierter Wortschwall:* in seiner Wut ließ er sich zu -n hinreißen.
hass|ver|zerrt ⟨Adj.⟩: *(in Bezug auf den Blick o. Ä.) von Hass verzerrt:* mit -em Gesicht.
hass|voll ⟨Adj.⟩ (seltener): *voller Hass, hasserfüllt.*
hast: ↑ ¹haben, ²haben.
Hast, die; - [aus dem Niederd. < mniederd. ha(e)st < niederl. haast < afrz. haste = Hast, Eile, aus dem Germ.]: *große, überstürzte Eile; (oft von innerer Unruhe od. der Angst, nicht rechtzeitig fertig zu werden, verursachtes) planloses, aufgeregtes Handeln:* in großer H.; mit rasender H.; ohne H., voller H. fortgehen.
has|te [zusgez. aus »hast du«]: in den Verbindungen **[was] h., was kannste** (ugs.; *äußerst schnell [um etw. zu schaffen, einer Gefahr o. Ä. zu entgehen]:* sie sahen den Stier kommen und rannten h., was kannste davon); **h. was, biste was** (ugs.; *wer vermögend od. reich ist, ist auch angesehen*).
has|ten ⟨sw. V.; ist⟩ [aus dem Niederd. < mniederd. hasten < mniederl. haesten, zu ↑ Hast] (geh.): *sehr eilig, von innerer Unruhe getrieben gehen:* sie hasteten zum Bahnhof; sie hastet von Vorstellung zu Vorstellung, Ü »Fort, fort, hinweg damit und damit auch«, hasteten ihre Worte (Th. Mann, Krull 203).
has|tig ⟨Adj.⟩ [aus dem Niederd. < mniederd. hastich < mniederl. haestich]: *aus Aufgeregtheit u. innerer Unruhe heraus schnell [u. mit entsprechenden Bewegungen] ausgeführt:* -e Schritte, Atemzüge; seine Bewegungen wurden immer -er; h. sprechen; h. essen, trinken; h. rauchen; Er übernahm sich finanziell, vermehrte h. seine Planung und Produktion (Strauß, Niemand 50). Dazu: **Has|tig|keit,** die; -.
hat: ↑ ¹haben, ²haben.
Ha|tha-Yo|ga, Ha|tha-Jo|ga, der od. das [aus sanskr. hatha = Kraft, Hartnäckigkeit u. ↑ Yoga]: *(im europäischen Raum bekanntgewordene) Form des Yoga, bei der das innere Gleichgewicht v. a. durch eine Mischung aus körperlichen Übungen, Atemübungen und Meditationen erreicht werden soll.*
Ha|t|schek: ↑ Háček.
Hät|sche|lei, die; -, -en (abwertend): *[dauerndes] Hätscheln.*
Hät|schel|kind, das; -[e]s, -er: **1.** (oft abwertend) *[allzu] zärtlich behandeltes, verwöhntes, bevor-*

hätscheln – hauen

zugtes Kind: die Kleine ist das H. der ganzen Familie. **2.** *von jmdm. verwöhnte, vor anderen bevorzugte Person:* viele Künstler sind -er der Partei gewesen.

hät|scheln [auch: ˈhɛ:...] ⟨sw. V.; hat⟩ [wahrsch. zu ↑ hatschen] (oft abwertend): **1.** *[übertrieben] zärtlich liebkosen:* sie hätschelte ihr Kind, den kleinen Hund. **2.** *jmdn. verwöhnen u. vor andern bevorzugen:* der junge Autor wurde anfangs von der Presse gehätschelt. **3.** *an einer Sache innerlich hängen, sich ihr liebevoll, hingebungsvoll widmen:* sie hätschelte ihren alten Plan.

hat|schen ⟨sw. V.; ist⟩ [urspr. = gleiten, rutschen, streicheln, wohl laut- od. bewegungsnachahmend] (bayr., österr. ugs.): **a)** (ugs.) *lässig, schleppend gehen;* **b)** (ugs.) *hinken:* nach dem Unfall hatschte er mit dem linken Bein; **c)** (salopp) *gehen, laufen:* wegen dieser Sache bin ich durch die halbe Stadt gehatscht.

Hat|scher, der; -s, - (bayr., österr. ugs.): **1.** *alter, ausgetretener Schuh.* **2.** *langer, mühseliger Marsch.*

hat|schert ⟨Adj.⟩ (bayr., österr. ugs.): *schwerfällig, hinkend:* er hat einen -en Gang.

hat|schi, hatzi ⟨Interj.⟩ [lautm.] (ugs.): *das Niesen nachahmender Ausruf.*

◆ **Hat|schier|gar|de,** die; -, -n [zu Ha(r)tschier = Bogenschütze < ital. arciere, zu: arco = Bogen < lat. arcus]: *kaiserliche Leibgarde:* ...die H.... in schwarzsamtnen Flügelröcken (Goethe, Dichtung u. Wahrheit 5).

hat|te: ↑ ¹haben, ²hatte.
hät|te: ↑ ¹haben, ²haben.

Hat|trick [ˈhɛtrɪk], der; -s, -s [engl. hat trick, eigtl. = Huttrick; nach einem früher beim Kricket geübten Brauch, den Vollbringer dieser Leistung mit einem Hut zu beschenken]: **a)** (bes. Fußball, Handball) *Gesamtheit von drei in unmittelbarer Folge vom gleichen Spieler im gleichen Spielabschnitt erzielten Toren:* die Zuschauer jubelten über den H. ihres Lieblingsspielers; **b)** (Sport) *dreimaliger Erfolg (in einer Meisterschaft o. Ä.):* der Eisschnellläuferin gelang der H.

Hatz, die; -, -en [südd. Form von ↑ Hetze]: **1. a)** (Jägerspr.) *Hetzjagd mit Hunden (bes. auf Wildschweine):* eine H. veranstalten; **b)** *Verfolgung, Einkreisung eines Flüchtenden:* die H. auf einen entflohenen Häftling. **2.** (ugs., bes. bayr.) *eiliges, angestrengtes Sichbemühen um etw.; das Hetzen:* wozu diese H.?

hat|zi: ↑ hatschi.

Hau, der; -[e]s, -e [mhd. hou = Hieb, Holzhieb, Schlagstelle im Wald, zu ↑ hauen]: **1.** (Forstwirtsch. veraltet) *Stelle im Wald, an der Holz geschlagen wird.* **2.** (salopp) *Schlag, Hieb:* *einen H. haben (nicht recht bei Verstand sein; aus der Vorstellung, jmd. habe auf den Kopf bekommen).

Hau|barg, Hauberg, der; -[e]s, -e [eigtl. = Ort, wo man das Heu birgt (= verwahrt), zu ↑ Heu u. ↑ bergen]: *großes [auf einer Warft errichtetes] Bauernhaus in Nordfriesland mit hohem Reetdach, unter dem in der Mitte das Heu gestapelt wird.*

Häub|chen, das; -s, -: Vkl. zu ↑ Haube.

Hau|be, die; -, -n [mhd. hūbe, ahd. hūba, zu ↑ hoch in dessen urspr. Bed. »gewölbt, (nach oben) gebogen«, eigtl. = die Gebogene]: **1. a)** *aus weichem od. gestärktem, oft gefälteltem Stoff gefertigte, dem Kopf angepasste [die Ohren bedeckende] Kopfbedeckung für eine weibliche Person:* die -n der Krankenschwestern, einer Volkstracht; eine H. tragen; Ü die Berge haben sich mit einer -n aufgesetzt *(auf den Berggipfeln ist Schnee gefallen);* *[die folgenden Wendungen beziehen sich auf die Haube als frü-* her zur Tracht gehörende Kopfbedeckung verheirateter Frauen] **unter die H. kommen** (ugs. scherzh.; *von jmdm. geheiratet werden:* die jüngste Tochter ist nun auch unter die H. gekommen); **unter der H. sein** (ugs. scherzh.; *verheiratet sein*); **jmdn. unter die H. bringen** (ugs. scherzh.; *jmdn. mit jmdm. verheiraten*); **b)** (südd., österr.) *[Woll]mütze:* dem Kind eine H. aufsetzen; **c)** (Geschichte) *Kopfbedeckung eines Kriegers; Sturm-, Pickelhaube.* **2. a)** (Kfz-Wesen) Kurzf. von ↑ Motorhaube: die H. schließt nicht; viel Kraft unter der H. haben *[von einem Auto] einen starken Motor haben);* **b)** Kurzf. von ↑ Trockenhaube: sie musste [beim Friseur] vierzig Minuten unter die H. sitzen; **c)** (Zool.) *Büschel von schmückenden Kopffedern bei einigen Vögeln;* **d)** *schützende od. schmückende Bedeckung über etw.:* den Kaffee unter der H. *(dem Kaffeewärmer)* warm halten.

Hau|ben|ler|che, die: **1.** *Lerche mit hoher spitzer Haube* (2 c) *u. gelbbraunen Schwanzseiten.* **2.** (scherzh.) *Nonne, Ordensschwester.*

Hau|ben|mei|se, die: *Meise mit hoher, spitzer, schwarz-weiß gesprenkelter Haube* (2 c).

Hau|ben|tau|cher, der: *großer, graubrauner, von Fischen lebender Wasservogel mit langem Hals u. schwarzer Haube* (2 c).

Hau|berg: ↑ Hauharg.

Hau|bit|ze, die; -, -n [spätmhd. hauf(e)niz < tschech. houfnice = Steinschleuder] (Militär): *Geschütz mittleren od. schweren Kalibers mit kurzem Rohr:* eine H. in Stellung bringen; *voll wie eine H. sein (↑ Strandhaubitze).

◆ **Hau|bit|zen|spiel,** das [zu ↑ Spiel (4) im Sinne von »Zusammengehörendes, -wirkendes«]: *gleichzeitiges Feuern mehrerer Haubitzen:* Eben als die russischen Truppen, unter einem heftigen H. von außen eindrangen (Kleist, Marquise 250).

Hauch, der; -[e]s, -e [rückgeb. aus ↑ hauchen] (geh.). **1. a)** *sichtbarer od. fühlbarer Atem:* der letzte H. *(Atemzug)* eines Sterbenden; den H. eines andern in seinem Gesicht spüren; man sah den H. vor dem Mund; Ü der göttliche H.; **b)** *leichte Luftzug:* der kühle H. des Abendwindes; die Sonne brannte heiß, kein H. war zu spüren; **c)** *kaum wahrnehmbarer Geruch, leichter Duft:* ein H. von Weihrauch. **2.** *feiner dünner, schleierartige o. ä. Schicht:* Raureif lag als zarter H. auf den Ästen; einen H. Rouge auftragen. **3. a)** *besondere Atmosphäre; entstehender, sich ausbreitender Eindruck; Flair:* der H. des Orients; H. von Hollywood; **b)** *zaghafte Regung von etw., Anflug, leise Spur:* ein H. von Melancholie; der H. eines Lächelns; **c)** *geringstes Anzeichen, Andeutung, Schimmer:* sie hatte nicht den H. einer (ugs.; *nicht die geringste*) Chance.

hauch|dünn ⟨Adj.⟩: **1.** *ganz besonders dünn:* -er Stoff; den Schinken in -e Scheiben schneiden; die Creme h. auftragen. **2.** *äußerst knapp, gerade noch ausreichend:* eine -e Mehrheit; ein -er Vorsprung, Sieg.

hau|chen ⟨sw. V.; hat⟩ [mhd. (md.) hūchen, wohl lautm.]: **1. a)** *aus [weit] geöffnetem Mund warme Atemluft auf etw. gerichtet ausstoßen:* auf seine Brille, gegen die Fensterscheiben, in die klammen Finger h.; **b)** *durch Hauchen* (1 a) *irgendwo entstehen lassen:* ein Guckloch in eine vereiste Scheibe h.; Ü jmdm. einen Kuss auf die Stirn. (geh.; *einen leichten Kuss fast ohne Berührung geben).* **2.** *[etw. Geheimes, Intimes] fast ohne Ton aussprechen:* das Jawort h.; jmdm. etw. ins Ohr h.

hauch|fein ⟨Adj.⟩: *ganz besonders fein:* eine -e Zeichnung; -e geschnittener Schinken.

Hauch|laut, der (Sprachwiss.): *in der Stimmritze gebildeter Reibelaut* (z. B. ein h).

hauch|zart ⟨Adj.⟩: *ganz besonders zart:* -e Stoffe; ein -es Negligé.

Hau|de|gen, der [urspr. = Hiebwaffe, zweischneidiger Degen, dann übertr. auf den Mann, der ihn führt; zu ↑ hauen]: **1.** *[älterer] im Kampf erfahrener, draufgängerischer Soldat, Kämpfer:* der alte H. sprach über seine Kriegserlebnisse. **2.** *kämpferischer, durchsetzungsfähiger Mensch:* ein alter, erfahrener, politischer H.

◆ **Hau|de|rer,** der; -s, - [zu ↑ haudern]: *Fuhrmann, Mietkutscher:* ...fuhr ich ... in dem bequemen Wagen eines -s (Goethe, Dichtung u. Wahrheit 8).

◆ **hau|dern** ⟨sw. V.; hat⟩ [wohl verw. mit ↑ heuern]: *als Fuhrmann, Mietkutscher fahren, transportieren:* Also blieb der Jobbi bei der Armee, hauderte hin und her, ... handelte auch ein wenig und gewann Hüte voll Geld (Hebel, Schatzkästlein 51).

Haue, die; -, -n: **1.** [mhd. houwe, ahd. howa = Hacke] (südd., österr.) ¹*Hacke* (1). **2.** ⟨o. Pl.⟩ [Pl. von mhd. hou, ↑ Hau] (fam.) *Schläge,* [*leichte*] *Prügel:* wenn du jetzt nicht endlich artig bist, kriegst du H.; gleich gibt es H.!

hau|en ⟨unr. V.; haute/hieb, gehauen/(österr., sonst landsch.:) gehaut⟩ [mhd. houwen, ahd. houwan u. mhd. houwen, ahd. houwōn (sw. V.)]: **1.** ⟨hat; haute/(selten auch:) hieb⟩ (ugs.) **a)** *(bes. ein Kind) schlagen, prügeln; Schläge austeilen:* jmdn. windelweich, grün und blau h.; er hat den Jungen immer wieder gehauen; wenn er zornig wurde, haute er gleich; ⟨h. + sich:⟩ musst du dich dauernd mit den anderen, müsst ihr euch dauernd h.!; * **jmdm. eine h.** *(jmdm. eine Ohrfeige geben);* **b)** *[mit der Hand, einem Stock o. Ä.] auf einen Körperteil schlagen:* jmdm. freundschaftlich, anerkennend auf die Schulter h.; er hat ihm/(seltener:) ihn auf den Mund gehauen; ich haute ihm/(seltener:) ihn ins Gesicht; der Maskierte hieb mit der Faust ins Gesicht des Opfers; **c)** *jmdm. etw. auf einen Körperteil schlagen:* einem Schüler das Heft um die Ohren h. **2.** ⟨hat; hieb/(ugs.:) haute⟩ *(mit einer Waffe) kämpfend schlagen, angreifen:* mit dem Schwert h.; er hieb mit dem Degen auf den Angreifer; Adlige Vettern treffen sich inmitten des Feldzugs. Früher dienten sie dazu noch in feindlichen Heeren und umarmten sich, wenn sie einander vom Pferd gehauen *(im Kampf vom Pferd gestoßen)* hatten (Gaiser, Jagd 136); R *das ist gehauen wie gestochen* (ugs.; *das ist ein u. dasselbe; es ist gleichgültig, ob man es so od. so macht;* nach der Wendung der Fechtersprache »das ist weder gehauen noch gestochen«, die Waffe wird so ungeschickt geführt, dass nicht erkennbar ist, ob es ein Hieb od. ein Stich ist); *• **nicht gehauen und nicht gestochen sein** *(nicht genau zu bestimmen sein;* vgl. die vorangehende Redewendung). *Geschwätz, gehauen nicht und nicht gestochen [Kleist, Krug 9]).* **3.** ⟨hat; haute⟩ (ugs.) *durch Schlagen in zerstörerischer Absicht in einen entsprechenden Zustand bringen:* er hat alles in Scherben, in tausend Stücke gehauen; er hat ihn blutig, mit einem Schlag k. o. gehauen. **4.** ⟨hat; haute⟩ **a)** (ugs.) *(mit einem Werkzeug) etw. in etw. [hinein]schlagen:* einen Nagel in die Wand, einen Pflock in die Erde h.; Aber jetzt schien die Spritze schon zu wirken, die sie mir irgendwo im Dunkeln in den Arm gehauen *(ohne besondere Sorgfalt injiziert)* hatten (Böll, Mann 28/29); **b)** *durch Schlagen auf jmdn., etw. od. in etw. entstehen lassen, herstellen:* Stufen in den Fels h.; er hatte ihm ein Loch in den Kopf gehauen; eine aus, in Stein gehauene Figur. **5.** (ugs.) **a)** ⟨hat; haute/(auch:) hieb⟩ *auf, gegen etw. schlagen:* ärgerlich haute sie [mit dem Stock] an die Wand; er haute mit

der Faust auf den Tisch, gegen die Tür; der Pianist hieb in die Tasten *(spielte kraft-, schwungvoll);* **b)** ⟨ist; haute⟩ (selten) *auf, gegen etw. stoßen:* sie ist mit dem Kopf an die Schrankecke, [mit der großen Zehe] gegen einen Stein gehauen; **c)** ⟨ist; haute⟩ *auf etw. fallen, auftreffen:* das Flugzeug haute in den Acker. **6.** ⟨hat; haute⟩ (salopp) **a)** *unachtsam, ungedulig werfen, schleudern:* er haut die Schuhe in die Ecke, die Mappe auf den Tisch; der Stürmer haute den Ball ins Netz *(schoss den Ball mit Wucht ins Tor);* **b)** ⟨h. + sich⟩ *sich [unvermittelt, eilig, ungestüm] hinlegen, fallen lassen:* übermüdet haute ich mich aufs Bett. **7.** ⟨hat; haute⟩ (landsch.) *fällen:* diese Bäume können gehauen werden. **8.** ⟨hat; haute⟩ (landsch.) *mit einem Beil zerkleinern, hacken:* Holz h.; (veraltend:) Fleisch h. **9.** ⟨hat; haute⟩ (landsch.) *mähen:* eine Wiese h. **10.** ⟨hat; haute⟩ (Bergbau) *losschlagen:* Erz h.
Hau|er, der; -s, -: **1.** [mhd. houwer] (Bergmannsspr. früher) *im Bergwerk an der Abbaustelle arbeitender Bergmann mit abgeschlossener Ausbildung* (früher Berufsbez.). **2.** [mhd. houwer] (Jägerspr.) *aus dem Unterkiefer seitlich der Schnauze hervorstehender Eckzahn des Keilers:* ein Keiler mit starken -n. **3.** (südd., österr.) *Weinbauer, Winzer.*
Häu|er, der; -s, - (bes. österr.): *Hauer* (1).
Hau|er|chen, das; -s, - ⟨meist Pl.⟩ (fam.): *Zahn eines Kleinkindes:* putz dir schön deine H.!
Hau|e|rei, die; -, -en (ugs. abwertend): *Prügelei, Schlägerei:* in der Kneipe gab es dauernd -en.
Hau|e|rin, die; -, -nen: w. Form zu ↑ Hauer (1, 3).
Häu|e|rin, die; -, -nen: w. Form zu ↑ Häuer.
♦ **Hauf,** der; -[e]s, -en: ↑ Haufen (3 a): Sie kommen mit hellem H. *(mit der Hauptstreitmacht)* (Goethe, Götz III).
Häuf|chen, das; -s, -: Vkl. zu ↑ Haufen (1, 3 a); nur ein H. Asche blieb zurück; * **[dastehen, aussehen] wie ein H. Unglück/Elend** (ugs.; *sehr niedergeschlagen, betrübt [dastehen, aussehen]*); **nur noch ein H. Unglück/Elend sein** (ugs.; *vor Alter, Krankheit völlig zusammengefallen sein*).
Hau|fe, der; -ns, -n (veraltend selten): *Haufen.*
häu|feln ⟨sw. V.; hat⟩ [15. Jh., eigtl. = Häufchen machen]: **1.** (Gartenbau, Landwirtsch.) *mit der Hacke o. Ä. die lose Erde um Hackfrüchte in Reihen wallartig aufhäufen:* Kartoffeln h. **2.** *zu meist kleineren Haufen aufschichten:* Erde, Schnee, das Heu h.
Hau|fen, der; -s, - [mhd. hûfe, ahd. hûfo = Haufe, Menge; Schar]: **1.** *Menge übereinanderliegender Dinge; Anhäufung; hügelartig Aufgehäuftes:* ein großer H. Kartoffeln, Sand; ein H. trockenes Stroh; ein H. faulender/(seltener:) faulende Orangen lag/lagen auf dem Tisch; H. von Abfällen beseitigen; sie kehrte, legte, warf alles auf einen H.; Brennholz in/zu H. stapeln; sich [großen, kleinen] H. machen (ugs. verhüll.; *seinen Darm entleeren);* * **etw. über den H. werfen/schmeißen** (ugs.; *etw., bes. etw. Geplantes, umstoßen, zunichtemachen, vereiteln;* mit Bezug auf das in einem Haufen regellos Übereinandergeworfene: sollte ich seinetwegen alle Pläne über den H. werfen?); **über den H. rennen, fahren, reiten** (ugs.; *unvorsichtig od. mutwillig umrennen, überfahren, umreiten);* **über den H. schießen/knallen** (ugs.; *rücksichtslos niederschießen;* vgl. über den Haufen werfen). **2.** (ugs.) *große Anzahl, Menge; sehr viel:* das ist ein H. Arbeit; einen H. Kleider besitzen; das kostet einen H. Geld. **3.** *a) Schar, Menge; [zufällige] Ansammlung von Menschen od. Tieren):* ein H. Neugieriger/(selten:) Neugierige stand/standen umher; dichte H. von Flüchtlingen; wir hatten noch nie so viele Krokodile auf einem H. (*beieinander, beisammen*) gesehen; * **in hellen H.** (*in großer Zahl; zu sehr vielen*) zu niederd. de hele hoop = der ganze Haufen [niederd. he(e)l = ganz], urspr. von der Bed. des Haufens als [Haupt]truppe herkommend); **b)** *Gemeinschaft; durch Zufall zusammengekommene, aber doch als Einheit auftretende od. gedachte Gruppe:* die Schulklasse war ein verschworener H.; in einen üblen H. *(eine Bande)* hineingeraten; zum großen H. *(zur Masse, zum Durchschnitt)* gehören; **c)** *(Soldatenspr.) kleinerer Verband von Soldaten; Trupp:* ein verlorener H. *(ein [Vor]trupp, der allmählich aufgerieben wird);* zu seinem H. zurückkehren; zu welchem H. gehört ihr?; * **zum alten H. fahren** (veraltet verhüll.; *sterben*).
häu|fen ⟨sw. V.; hat⟩ [mhd. hûfen, ahd. hufôn, houfôn]: **1. a)** *an einer Stelle übereinanderschichten, -setzen, -legen, zu einem Haufen, Häufchen anwachsen lassen:* Holz h.; das Essen auf den Teller h. (*reichlich auffüllen);* Ü Ehre, Liebe auf jmdn. h.; **b)** *in größerer Menge sammeln:* für den Notfall Vorräte h. **2.** ⟨h. + sich⟩ **a)** *bedeutend zunehmen; zahlreicher, mehr werden:* die Abfälle, die Geschenke häufen sich; die Beweise häufen sich; derartige Vorfälle häufen sich in letzter Zeit; **b)** *in größerer Menge übereinanderliegen:* Die Theke war von verschnörkelten Eisengitter abgetrennt, auf dessen Sockel sich Zeitungen häuften, die Zeitungen mehrerer Wochen (Hilbig, Ich 43).
Hau|fen|dorf, das: *unregelmäßig zusammengewachsenes, nicht an einem Straßenzug entlang aufgebautes Dorf.*
hau|fen|wei|se ⟨Adv.⟩ (ugs.): *in beträchtlicher Anzahl, großen Mengen; sehr viel:* er hat h. Geld; sie kann sich nicht konzentrieren und macht h. *(sehr häufig, im Übermaß)* Fehler.
Hau|fen|wol|ke, die: *Kumulus.*
häu|fig ⟨Adj.⟩ [urspr. = in Haufen vorhanden]: **a)** *in großer Zahl vorkommend, sich wiederholt ereignend:* -e Besuche; ein -er Fehler; menschliches Versagen ist die -ste *(am meisten auftretende)* Ursache; War er vielleicht ein lästiger, plötzlich allzu -er *(zu oft kommender)* Gast? (Kronauer, Bogenschütze 411); ♦ **b)** *zahlreich, in großer Zahl, Menge:* ... sie das Mädchen wurde blass, als sie das Blut erblickte, das h. über den weißen Arm floss (Eichendorff, Ahnung und Gegenwart XI, 125); ... küsste sie, indem ihm h. die Tränen kamen (Tieck, Kohlhaas 29).
Häu|fig|keit, die; -, -en ⟨Pl. selten⟩: *häufiges Vorkommen:* die H. einer Pflanze, eines Phänomens.
Häuf|lein, das; -s, -: *Häufchen.*
Häu|fung, die; -, -en: **1.** *Lagerung in großen Mengen:* H. von Vorräten. **2.** *Ansammlung, häufiges Vorkommen (von Erscheinungen, Ereignissen):* eine H. von Konflikten, von Korruptionsfällen.
Hau|he|chel, die; -, -n [1. Bestandteil zu ↑ Heu, 2. Bestandteil Hechel, mit der man Flachs wegen ihrer Dornen verglichen wird]: *(zu den Schmetterlingsblütlern gehörende) oft dornige Pflanze mit behaarten Blättern u. rosa, gelben od. weißlichen [traubig angeordneten] Blüten.*
Hau|klotz, der: *Hackklotz:* Holz auf dem H. hacken; Ü er ist ein H. (*unempfindlicher, nicht feinbesaiteter Mensch).*
Hau|mes|ser, das: *Buschmesser.*
Häundl: ↑ Heindl.
häundln: ↑ heindln.
Haupt, das; -[e]s, Häupter [mhd. houbet, ahd. houbit, eigtl. = Gefäß, Schale; zur Bedeutungsentwicklung vgl. Kopf]: **1.** (geh.) *Kopf:* sein H. neigen, aufstützen; sein H. [vor Scham, Schmerz] verhüllen; er schüttelte sein weises, graues, greises H. (ugs. oft scherzh.; *gab seiner Ablehnung od. Verwunderung Ausdruck*) [nach dem Anfang der ersten Strophe von A. von Chamissos Gedicht »Das Schloss Boncourt«: Ich träum als Kind mich zurück/und schüttle mein greises Haupt]; bloßen, entblößten -es/mit bloßem, entblößtem H. *(ohne Kopfbedeckung);* erhobenen -es/mit erhobenem H. vor jmdm. stehen; Ü die schneebedeckten Häupter *(Gipfel)* der Berge; R vor einem grauen -e *(einem alten Menschen)* sollst du aufstehen; er zählt die Häupter seiner Lieben (scherzh.; *sieht nach, ob alle da sind;* nach Schillers Gedicht »Die Glocke«); * **gekröntes H.** (geh.; *regierender Fürst, regierende Fürstin; Herrscher, Herrscherin);* **an H. und Gliedern** (bildungsspr.; *völlig, ganz und gar; in jeder Hinsicht);* nach mlat. tam in capite quam in membris; aus einer kirchlichen Reformschrift des 14. Jh.s: den Staat an H. und Gliedern reformieren); **jmdn. aufs H. schlagen** (geh.; *völlig besiegen, vernichten);* **zu Häupten** (geh.; *oben, in Höhe des Kopfes, am Kopfende).* **2.** (geh.) *wichtige Person; [An]führer:* das H. einer Familie; er war das H. der Verschwörung; die führenden Häupter aus Politik und Wirtschaft.

Haupt-: kennzeichnet in Bildungen mit Substantiven jmdn. als maßgebliche, wichtigste Person od. etw. als wesentliche, bedeutungsvollste Sache: Hauptakteur, -attraktion, -sorge.

Haupt|ab|neh|mer, der: *wichtigster Käufer [für einen bestimmten Artikel].*
Haupt|ab|neh|me|rin, die: w. Form zu ↑ Hauptabnehmer.
Haupt|ab|schnitt, der: *wichtigster Abschnitt (z. B. eines Buches).*
Haupt|ab|tei|lung, die: *wichtige, große, einflussreiche Abteilung einer Behörde, einer Firma o. Ä.*
Haupt|ab|tei|lungs|lei|ter, der: *Leiter einer Hauptabteilung.*
Haupt|ab|tei|lungs|lei|te|rin, die: w. Form zu ↑ Hauptabteilungsleiter.
Haupt|ach|se, die: *wichtigste Achse (1, 3 a, 4).*
Haupt|ader, die: *Hauptverkehrsader.*
Haupt|ak|teur, der: *jmd., der bei etw. die wichtigste od. eine der wichtigsten Rollen spielt.*
Haupt|ak|teu|rin, die: w. Form zu ↑ Hauptakteur.
Haupt|ak|ti|on, die: ↑ Haupt- und Staatsaktion.
Haupt|ak|ti|o|när, der: *Aktionär, dem die meisten Aktien einer Aktiengesellschaft gehören.*
Haupt|ak|ti|o|nä|rin, die: w. Form zu ↑ Hauptaktionär.
Haupt|ak|zent, der (Sprachwiss.): *stärkste Betonung:* diese Silbe trägt den H.; Ü auf etw. den H. legen *(etw. als das Wichtigste betrachten).*
Haupt|al|tar, der: *im Chor der Kirche stehender Altar.*
haupt|amt|lich ⟨Adj.⟩: *in einem als Beruf ausgeübten Amt tätig od. durch solche Tätigkeit gekennzeichnet:* ein -er Bürgermeister, Parteisekretär; die Stellung ist h.; er ist nicht h. tätig.
Haupt|an|ge|klag|te, der (vgl. Angeklagte): *Angeklagte, gegen den sich die meisten Anklagepunkte richten.*
Haupt|an|ge|klag|ter ⟨vgl. Angeklagter⟩: *Angeklagter, gegen den sich die meisten Anklagepunkte richten.*
Haupt|an|lie|gen, das: *wichtigstes Anliegen.*
Haupt|an|schluss, der: *Fernsprechanschluss, der unmittelbar an das Fernsprechnetz angeschlossen ist.*
Haupt|an|stren|gung, die: vgl. Hauptarbeit.
Haupt|ar|beit, die: *der hauptsächliche, größte Teil einer Arbeit.*
Haupt|ar|gu|ment, das: *wichtigstes Argument.*
Haupt|at|trak|ti|on, die: *größte, beeindruckendste Attraktion (2):* die Seiltänzer galten als die H. des Zirkus.

Haupt|auf|ga|be, die: *wichtigste Aufgabe* (2).
Haupt|au|gen|merk, das: *besondere, einer bestimmten Person od. Sache hauptsächlich geltende Aufmerksamkeit:* sein H. auf etw. richten.
Haupt|aus|schuss, der: *wichtigster Ausschuss* (2).
Haupt|bahn|hof, der: *größter, bes. für den Personenverkehr wichtigster Bahnhof einer Stadt* (Abk.: Hbf.)
Haupt|be|deu|tung, die (Sprachwiss.): *wichtigste, bekannteste Bedeutung eines Wortes.*
Haupt|be|din|gung, die: *wichtigste, unbedingt zu erfüllende Bedingung* (1).
Haupt|be|griff, der: *grundlegender, wichtigster Begriff* (1): Freiheit gehört zu den -en seines Denkens.
Haupt|be|las|tungs|zeu|ge, der (Rechtsspr.): *Belastungszeuge, der die wesentlichsten, entscheidenden Aussagen machen kann; wichtigster Belastungszeuge.*
Haupt|be|las|tungs|zeu|gin, die: w. Form zu ↑ Hauptbelastungszeuge.
Haupt|be|ruf, der: *hauptsächlich ausgeübter Beruf:* im H. ist er Maurer.
haupt|be|ruf|lich ⟨Adj.⟩: *den Hauptberuf betreffend, darauf bezogen:* eine -e Tätigkeit; h. (im Hauptberuf) *ist er Lehrer.*
Haupt|be|schäf|ti|gung, die: *hauptsächlich ausgeübte Tätigkeit.*
Haupt|be|schul|dig|te ⟨vgl. Beschuldigte⟩: *wichtigste Beschuldigte.*
Haupt|be|schul|dig|ter ⟨vgl. Beschuldigter⟩: *wichtigster Beschuldigter.*
Haupt|be|stand|teil, der: *wichtigster Bestandteil.*
Haupt|boots|mann, der (Militär): **a)** *dritthöchster Dienstgrad in der Rangordnung der Unteroffiziere mit Portepee (bei der Marine);* **b)** *Träger dieses Dienstgrades.*
Haupt|buch, das (Kaufmannsspr.): *Buch, in dem alle geschäftlichen Vorgänge verzeichnet u. sämtliche Konten systematisch geführt werden.*
Haupt|buch|hal|ter, der: *leitender Buchhalter in einem Betrieb.*
Haupt|buch|hal|te|rin, die: w. Form zu ↑ Hauptbuchhalter.
Haupt|büh|ne, die: **a)** *größte, zentral gelegene Bühne eines Theaters (im Unterschied etwa zur Seitenbühne);* **b)** *größte, zentral gelegene Konzertbühne (im Unterschied etwa zur Nebenbühne).*
Haupt|dar|stel|ler, der (Theater, Film): *Schauspieler, der für die Hauptrolle od. eine der Hauptrollen in einem Stück od. Film eingesetzt ist:* der H. des Stücks ist erkrankt.
Haupt|dar|stel|le|rin, die: w. Form zu ↑ Hauptdarsteller.
Haupt|deck, das: *oberstes durchlaufendes Deck eines Schiffes.*
Haupt|ei|gen|schaft, die: *hervorstechende Eigenschaft, wichtigstes Merkmal.*
Haupt|ei|gen|tü|mer, der: *Eigentümer des größten Anteils an etw.*
Haupt|ei|gen|tü|me|rin, die: w. Form zu ↑ Haupteigentümer.
Haupt|ein|gang, der: *eigentlicher [größerer], meist an der Vorderseite gelegener Eingang zu einem Gebäude, Saal, Park o. Ä.*
Haupt|ein|nah|me|quel|le, die: *wichtigste, entscheidendste Einnahmequelle.*
Haupt|ein|wand, der: *wichtigster Einwand.*
Häup|tel, das; -s, -[n] (südd., süd- u. ostösterr.): *Kopf einer Gemüsepflanze;* ein H. Salat, Kraut.
Häup|tel|sa|lat, der (südd., süd- u. ostösterr.): *Kopfsalat.*
Haupt|er|be, der: ²*Erbe, der den größten Teil einer Hinterlassenschaft erhält.*
Haupt|er|bin, die: w. Form zu ↑ Haupterbe.

Haupt|er|geb|nis, das: *wichtigstes, entscheidendes Ergebnis:* das H. der Verhandlungen.
Haupt|er|zeug|nis, das: *wichtigstes Erzeugnis (einer Firma, eines Gebietes o. Ä.).*
Haupt|es|län|ge, in der Fügung um H. (geh.: *um die Länge eines Kopfes*): jmdn. um H. überragen).
Haupt|etap|pe, die: *wichtigste, entscheidende Etappe:* die H. einer Entwicklung; die Ausbildung soll in drei -n durchgeführt werden.
Haupt|fach, das: **1.** *Studienfach, in dem jmd. ein volles Studium absolviert:* im H. Romanistik studieren. **2.** *wichtiges Schulfach:* sie mochte besonders die Hauptfächer Deutsch und Mathematik.
Haupt|fak|tor, der: *wichtigster Faktor* (1).
Haupt|feind, der: *größter, gefährlichster Feind.*
Haupt|fein|din, die: w. Form zu ↑ Hauptfeind.
Haupt|feld, das (Sport): **1.** *größtes Feld* (8), *größte noch geschlossene Gruppe von Teilnehmenden an einem Lauf, einem Rennen:* nach der dritten Runde liefen die drei deutschen Läufer alle noch im H. **2.** *Gruppe der gesetzten Teilnehmer in einem Feld* (8) *der Teilnehmer, die sich nicht mehr in Ausscheidungswettkämpfen qualifizieren müssen.*
Haupt|feld|we|bel, der (Militär): **a)** *dritthöchster Dienstgrad in der Rangordnung der Unteroffiziere mit Portepee (bei Heer u. Luftwaffe);* **b)** *Unteroffizier dieses Dienstgrades;* **c)** *(früher) Kompaniefeldwebel.*
Haupt|fens|ter, das (EDV): *wichtigstes, zentrales Fenster* (3) *eines Programms.*
Haupt|fi|gur, die: *wichtige Figur* (5c), *zentrale Gestalt bei einem Geschehen, in einer Dichtung od. ihrer künstlerischen Wiedergabe:* die H. bekam den meisten Applaus.
Haupt|film, der: *eigentlicher, angekündigter Film einer Filmvorführung, der meist nach einem Beiprogramm gezeigt wird:* vor dem H. wurde Reklame gezeigt.
Haupt|for|de|rung, die: *wichtigste Forderung* (1a): die Geiselnehmer gingen von ihren -en nicht ab.
Haupt|fra|ge, die: *entscheidende, das wichtigste Anliegen enthaltende Frage.*
Haupt|frau, die: **1.** (Anthropol.) (*in polygamen Gesellschaften*) *angesehenste, ranghöchste von mehreren Ehefrauen eines Mannes.* **2.** vgl. Hauptmann (1).
Haupt|funk|ti|on, die: *wichtigste Funktion* (1).
Haupt|gang, der: **1.** *zentraler Gang, Flur in einem großen [öffentlichen] Gebäude, von dem Seitengänge abgehen.* **2.** *Hauptgericht.*
Haupt|ge|bäu|de, das: *größtes, wichtigstes Haus von zusammengehörenden Gebäuden:* die Aula befindet sich im H. der Universität.
Haupt|ge|dan|ke, der: *zentraler, eine Sache oder einen Menschen beherrschender Gedanke.*
Haupt|ge|fahr, die: *größte Gefahr.*
Haupt|ge|frei|te ⟨vgl. Gefreite⟩ (Militär): w. Form zu ↑ Hauptgefreiter.
Haupt|ge|frei|ter ⟨vgl. Gefreiter⟩ (Militär): **a)** *dritthöchster Mannschaftsdienstgrad (bei Heer, Luftwaffe u. Marine);* **b)** *Träger dieses Dienstgrades.*
Haupt|ge|gen|stand, der: **1.** *wichtigster Gegenstand* (2). **2.** (österr.) *Hauptfach.*
Haupt|geg|ner, der: *größter, gefährlichster Gegner.*
Haupt|geg|ne|rin, die: w. Form zu ↑ Hauptgegner.
Haupt|ge|richt, das: *am meisten sättigendes [Fleisch]gericht einer aus mehreren Gängen bestehenden Mahlzeit.*
Haupt|ge|schäft, das: *zentrales Geschäft eines Unternehmens mit mehreren Filialen.*
Haupt|ge|schäfts|füh|rer, der: *hauptverantwort-*

licher Leiter einer Handelskammer, eines Verbandes o. Ä.
Haupt|ge|schäfts|füh|re|rin, die: w. Form zu ↑ Hauptgeschäftsführer.
Haupt|ge|schäfts|stra|ße, die: *zentral gelegene [verkehrsreiche] Straße mit großen Läden u. Kaufhäusern in einer Stadt.*
Haupt|ge|schäfts|zeit, die: *(im Allgemeinen am Nachmittag nach Büroschluss einsetzender) Zeitraum eines Tages, in dem in einer Stadt der Einkaufsbetrieb am lebhaftesten ist.*
Haupt|ge|sell|schaf|ter, der (Wirtsch.): *Eigentümer des größten Anteils an einer Gesellschaft* (4b).
Haupt|ge|sell|schaf|te|rin, die: w. Form zu ↑ Hauptgesellschafter.
Haupt|ge|sprächs|the|ma, das: *wichtigstes, am meisten interessierendes Gesprächsthema.*
Haupt|ge|wicht, das: *stärkster Nachdruck, wichtigster Punkt, der zu berücksichtigen ist:* das H. auf den Aspekt des Umweltschutzes legen.
Haupt|ge|winn, der: *größter Gewinn (bei Lotterien, Preisausschreiben o. Ä.):* der H. entfiel auf die Losnummer 131214. Dazu: **Haupt|ge|win|ner,** der; **Haupt|ge|win|ne|rin,** die.
Haupt|gläu|bi|ger, der: *Gläubiger, der unter mehreren die höchsten Forderungen an jmdn. hat.*
Haupt|gläu|bi|ge|rin, die: w. Form zu ↑ Hauptgläubiger.
Haupt|gleis, das (Eisenbahn): *dem schnellen [Durchgangs]verkehr, nicht dem Rangieren vorbehaltenes Gleis.*
Haupt|got|tes|dienst, der: *am frühen Vormittag stattfindender [Sonntags]gottesdienst.*
Haupt|grund, der: *eigentlicher Grund für ein Verhalten, Geschehen o. Ä.*
Haupt|haar, das ⟨o. Pl.⟩ (geh.): *gesamtes Haar auf dem Kopf eines Menschen.*
Haupt|hahn, der: *zentraler Absperrhahn an einer Rohrleitung, der die Versorgung mit Wasser, Gas, Öl o. Ä. für ein Haus od. ein ganzes Gebiet regelt.*
Haupt|harst, der (schweiz.): *größte Schar, Gruppe.*
Haupt|haus, das: *Hauptgebäude.*
Haupt|hin|der|nis, das: *größtes Hindernis.*
Haupt|in|halt, der: *wesentlicher, hauptsächlicher Inhalt.*
Haupt|in|te|res|se, das: *stärkstes Interesse:* ihr H. gilt der Literatur.
Haupt|kampf, der (Boxen): *wichtigster Kampf einer Boxveranstaltung.*
Haupt|ka|pi|tel, das: *wichtigstes Kapitel (z. B. eines Buches).*
Haupt|kas|se, die: *zentrale Zahlstelle.*
Haupt|ka|ta|log, der: *zentraler Katalog einer Bibliothek.*
Haupt|kenn|zei|chen, das: *Hauptmerkmal.*
Haupt|kom|mis|sar, der: **a)** *Amtsbezeichnung im gehobenen Polizeidienst;* **b)** *Träger der Amtsbezeichnung Hauptkommissar.*
Haupt|kom|mis|sa|rin, die: w. Form zu ↑ Hauptkommissar.
Haupt|kon|kur|rent, der: vgl. Hauptgegner.
Haupt|kon|kur|ren|tin, die: w. Form zu ↑ Hauptkonkurrent.
Haupt|kon|tin|gent, das: *größtes Kontingent.*
Haupt|last, die: *schwerste, größte Last:* die H. der Arbeit tragen.
Haupt|lei|tung, die: *zentrale [Rohr]leitung (für Wasser, Gas, Strom od. Telefon), von der kleinere Leitungen abgehen.*
Haupt|leu|te: Pl. von ↑ Hauptmann.
Häupt|ling, der; -s, -e [urspr. = (Familien)oberhaupt, Anführer, erst seit dem Erscheinen von Coopers Indianererzählungen in der 1. Hälfte des 19. Jh.s speziell für das Oberhaupt eines Stam-

Hauptmahlzeit – Hauptunterschied

mes bei Naturvölkern (als Übers. von engl. chief)]: **1.** *Stammesführer, Vorsteher eines Dorfes bei Naturvölkern:* der weise H. beschwichtigte seine Krieger. **2.** (iron. abwertend) *Anführer [einer Bande], leitende Persönlichkeit:* in seiner Gruppe avancierte er rasch zum H.

Haupt|mahl|zeit, die: *am meisten sättigende, meist warme Mahlzeit am Tage.*

Haupt|man|gel, der: *schwerwiegendster Mangel.*

Haupt|mann, der ⟨Pl. ...leute, auch: ...männer⟩ [mhd. houbetman, ahd. houpitman = Oberster, Anführer]: **1.** (Militär) **a)** *Dienstgrad zwischen Oberleutnant u. Stabshauptmann (bei Heer u. Luftwaffe):* er wurde zum H. befördert; **b)** *Offizier[in] dieses Dienstgrades, Führer[in] einer Kompanie od. Batterie:* zu Befehl, Herr/Frau H.! **2.** (veraltet) *Führer einer [Söldner]truppe, Bande.*

Haupt|merk|mal, das: *wichtiges, hauptsächliches Kennzeichen.*

Haupt|mie|te, die (österr.): **a)** ⟨o. Pl.⟩ *das Mieten einer Wohnung als Hauptmieter;* **b)** *zur Hauptmiete* (a) *gemietete Wohnung.*

Haupt|mie|ter, der: *jmd., der eine Wohnung direkt vom Hausbesitzer gemietet hat [von der er einzelne Räume an Untermieter weitervermieten kann].*

Haupt|mie|te|rin, die: w. Form zu ↑ Hauptmieter.

Haupt|mo|tiv, das: **1.** *wichtigstes formales Element, wichtigster Gegenstand eines Kunstwerks:* der Mensch als H. der Fotografie. **2.** *wichtigster, hauptsächlicher Beweggrund:* Eifersucht war das H. seiner Tat.

Haupt|nah|rung, die: *wichtigste, hauptsächliche Nahrung:* die H. dieser Tiere besteht aus Insekten.

Haupt|nen|ner, der (Math.): *kleinstes gemeinsames Vielfaches für die Nenner mehrerer ungleichnamiger Brüche, auf das jeder dieser Brüche erweitert werden kann (um Addition u. Subtraktion zu ermöglichen).*

Haupt|per|son, die: *wichtigste reale od. erdichtete, erfundene Person:* die -en des Dramas; er fühlte sich immer als H.

Haupt|por|tal, das: vgl. Haupteingang.

Haupt|post, die, **Haupt|post|amt,** das (veraltend): *wichtigstes [größtes] Postamt einer Stadt.*

Haupt|preis, der: *größter Preis bei einem Preisausschreiben o. Ä.*

Haupt|pro|be, die: **a)** *Generalprobe;* **b)** *letzte wichtige Probe vor der [öffentlichen] Generalprobe.*

Haupt|pro|b|lem, das: *hauptsächliches Problem.*

Haupt|pro|dukt, das: *Haupterzeugnis.*

Haupt|pro|gramm, das: *Hauptfilm.*

Haupt|punkt, der: *wichtigster Punkt einer gedanklichen Abfolge:* einen Vortrag in seinen -en wiedergeben.

Haupt|quar|tier, das (Militär): *Sitz der Führung einer Armee, eines Heeres:* große Lagebesprechung im H.; Ü für das Unternehmen wird ein neues H. gebaut.

Haupt|raum, der: vgl. Hauptgebäude.

Haupt|red|ner, der: *jmd., der (bei einer Veranstaltung) das Hauptreferat hält.*

Haupt|red|ne|rin, die: w. Form zu ↑ Hauptredner.

Haupt|re|fe|rat, das: *wichtigstes Referat (bei einer Veranstaltung).*

Haupt|re|fe|rent, der: *Hauptredner.*

Haupt|re|fe|ren|tin, die: w. Form zu ↑ Hauptreferent.

Haupt|re|gel, die: *wichtigste [Grund]regel.*

Haupt|rei|se|zeit, die: *Zeit, in der die meisten Urlaubsreisenden unterwegs sind.*

Haupt|rol|le, die: *wichtigste Rolle in einem Bühnenstück od. einem Film:* beide Schauspieler waren schon in -n zu sehen; Ü die H. [in, bei etw.] spielen ([in, bei etw.] die wichtigste Person

sein); die, eine H. spielen (von größter Bedeutung sein).

Haupt|run|de, die (Fußball): *in einem Pokalwettbewerb auf die Vorrunde folgende Spielrunde.*

Haupt|sa|che, die [frühnhd.; spätmhd. houbetsache = Rechtsstreit, Prozess]: *das Wichtigste; etw., was in erster Linie berücksichtigt werden muss:* Geld war für ihn die H.; (ugs.) H., [du bist] gesund; Ja, und wer denkt, wer das Denken zur H. macht, der kann es darin zwar weit bringen... (Hesse, Steppenwolf 23); * **in der H.** *(als Wichtigstes, in erster Linie, hauptsächlich:* es wurden in der H. folgende Bücher benutzt: ...; Gurken enthalten in der H. Wasser).

¹**haupt|säch|lich** ⟨Adv.⟩: *in erster Linie, vor allem:* das ist h. deine Schuld; h. im Norden herrschte Trockenheit; seine Tätigkeit beschränkt sich h. auf praktische Dinge.

²**haupt|säch|lich** ⟨Adj.⟩: *die Hauptsache ausmachend:* das -e Anliegen; die -ste (ugs.; wichtigste) Frage.

Haupt|sai|son, die: *Zeit des stärksten Betriebes u. Andrangs in den Erholungsorten; Hauptreisezeit:* in der H. war kein Zimmer mehr frei.

Haupt|satz, der: **1.** (Sprachwiss.) *(allein od. als übergeordneter Satz in einem Satzgefüge stehender) selbstständiger Satz.* **2.** *grundlegender Satz einer Wissenschaft.* **3.** *(Musik) das Hauptthema in der Grundtonart vorführender erster Teil der Exposition* (3 a).

Haupt|schiff, das (Archit.): *zentraler Raum in einer Kirche; Mittelschiff.*

Haupt|schiff|fahrts|stra|ße, die: *besonders wichtige Schifffahrtsstraße.*

Haupt|schlag|ader, die: *aus der linken Herzkammer kommende größte Arterie, von der sämtliche anderen Schlagadern ausgehen; Aorta:* das Geschoss hatte die H. getroffen; Ü die Stadtautobahn, die H. der Stadt, war durch den Unfall blockiert.

Haupt|schlüs|sel, der: *Schlüssel, der zu mehreren od. allen Schlössern eines Hauses o. Ä. passt.*

Haupt|schul|ab|schluss, der: *an einer Hauptschule erworbener Schulabschluss:* qualifizierender H. (mit einer Prüfung am Ende der 9. Klasse zu erreichender Schulabschluss, der zum Besuch von Berufs- u. Wirtschaftsfachschulen berechtigt).

Haupt|schuld, die ⟨o. Pl.⟩: *größte Schuld, das meiste Verschulden:* ihn trifft die H.

Haupt|schul|di|ge ⟨vgl. Schuldige⟩: *weibliche Person, die die Hauptschuld an etw. hat.*

Haupt|schul|di|ger ⟨vgl. ¹Schuldiger⟩: *jmd., der die Hauptschuld an etw. hat.*

Haupt|schuld|ner, der: **a)** *jmd., der einem Gläubiger die größte Summe schuldet;* **b)** (Rechtsspr.) *bei einer Bürgschaft eigentlicher, ursprünglicher Schuldner (für den der Bürge einstehen muss).*

Haupt|schuld|ne|rin, die: w. Form zu ↑ Hauptschuldner.

Haupt|schu|le, die: *auf der Grundschule aufbauende, im Allgemeinen das 5. bis 9. Schuljahr umfassende Schule:* Dazu: **Haupt|schüller,** der; **Haupt|schü|le|rin,** die.

Haupt|schul|leh|rer, der: *Lehrer an einer Hauptschule.*

Haupt|schul|leh|re|rin, die: w. Form zu ↑ Hauptschullehrer.

Haupt|schwie|rig|keit, die: *größte Schwierigkeit.*

Haupt|se|gel, das (Seemannsspr.): *großes Segel, das zur normalen Besegelung gehört (im Unterschied zum Beisegel).*

Haupt|se|mi|nar, das (Hochschulw.): *(auf Proseminaren aufbauendes) Seminar für fortgeschrittene Semester.*

Haupt|si|che|rung, die (Elektrot.): *Sicherung* (2 a)

für einen größeren Stromkreis, z. B. den eines Hauses od. einer Wohnung.

Haupt|sitz, der: *zentraler, wichtigster Sitz* (3) *einer Firma, Institution o. Ä. mit mehreren Standorten.*

Haupt|sor|ge, die: *größte Sorge:* ihre H. galt den Kindern.

Haupt|spei|cher, der (EDV): *Arbeitsspeicher.*

Haupt|spei|se, die: *Hauptgericht.*

Haupt|spon|sor, der: *wichtigster Sponsor; Sponsor, der die höchste Geldsumme zahlt.*

Haupt|spon|so|rin, die: w. Form zu ↑ Hauptsponsor.

Haupt|stadt, die [mhd. houbetstat]: *[politisch bedeutendste] Stadt eines Landes, in der sich (in der Regel) der Regierungssitz befindet* (Abk.: Hptst.): Dazu: **Haupt|städ|ter,** der; **Haupt|städ|te|rin,** die.

haupt|städ|tisch ⟨Adj.⟩: *zu einer Hauptstadt gehörend, von einer Hauptstadt geprägt:* -e Repräsentationsbauten.

Haupt|strang, der (Technik): *wichtigster Strang einer Leitung:* Ü der H. einer Erzählung.

Haupt|stra|ße, die: **1. a)** *wichtigste [Geschäfts]straße eines Ortes;* **b)** *verkehrsreiche [Durchgangs]straße.* **2.** (schweiz.) *Vorfahrtsstraße.*

Haupt|stre|cke, die: *wichtigste Eisenbahnstrecke.*

Haupt|stück, das [spätmhd. houbetstück = Kopfstück, auch: schweres Geschütz]: **a)** *Hauptabschnitt;* **b)** *einer der fünf Abschnitte des Lutherischen Katechismus.*

Haupt|stu|di|um, das: *Studium nach dem Grundstudium (bis zum Studienabschluss).*

Haupt|sturm|füh|rer, der (nationalsoz.): **a)** *mittlerer Rang in der SA u. SS;* **b)** *Träger der Rangbezeichnung Hauptsturmführer.*

Haupt|stüt|ze, die: *stärkste, wichtigste Stütze.*

Haupt|sün|de, die (kath. Rel.): *Todsünde.*

Haupt|tä|ter, der: *jmd., der eine Straftat hauptsächlich zu verantworten hat.*

Haupt|tä|te|rin, die: w. Form zu ↑ Haupttäter.

Haupt|tä|tig|keit, die: *wichtigste Tätigkeit.*

Haupt|teil, der: *wesentlicher Teil.*

Haupt|the|ma, das: *wichtigstes Thema (eines Gespräches, eines Musikwerkes o. Ä.).*

Haupt|ti|tel, der: **1.** *eigentlicher Titel einer Abhandlung, eines Buches o. Ä. (dem oft noch ein erläuternder Untertitel beigegeben ist).* **2.** (Druckw.) *eigentliche, alle wesentlichen Urheber- u. Titelangaben enthaltende Titelseite eines Buches.*

Haupt|ton, der: **1.** ⟨Pl. ...töne⟩ (Musik) *Ton, der mit einem Doppelschlag, Triller o. Ä. versehen ist.* **2.** ⟨o. Pl.⟩ *Hauptakzent.*

Haupt|tor, das: vgl. Haupteingang.

Haupt|tref|fer, der: *Hauptgewinn.*

Haupt|trep|pe, die: *größte von mehreren Treppen, die zu einem Gebäude, Gelände gehören.*

Haupt|tri|bü|ne, die: *größte Tribüne bei einer [Sport]veranstaltung.*

Haupt|übel, das: *größtes, tiefstgreifendes Übel:* etw. ist das H. einer Zeit.

Haupt- und Staats|ak|ti|on, die; ---, ---en [die Theateraufführungen der barocken Wanderbühne bestanden aus einem großen Werk (der Hauptaktion) u. kleineren komischen Stücken. Wegen deren nicht selten politischen Inhalts wurde die Aufführung oft als »Haupt- und Staatsaktion« angekündigt]: **1.** (Literaturwiss.) *barockes Theaterstück (für die Wanderbühne).* **2.** (abwertend) *übertriebener, auf Effekte ausgerichteter Aufwand:* die Verhaftung des Steuerflüchtlings geriet zu einer Haupt- und Staatsaktion.

Haupt|un|ter|schied, der: *wichtigster, deutlichster Unterschied.*

Haupt|un|ter|su|chung, die (Kfz-Wesen): *obligatorische Prüfung von Kraftfahrzeugen durch den TÜV o. Ä.*
Haupt|ur|sa|che, die: *wichtigste, wesentlichste Ursache:* H. für Lungenkrebs ist das Rauchen.
haupt|ver|ant|wort|lich ⟨Adj.⟩: **1.** *die größte Verantwortung tragend:* der Minister gilt als h. für die sinkende Popularität seiner Partei. **2.** *die Hauptsache darstellend:* die für die Erderwärmung -en Klimakiller.
Haupt|ver|ant|wort|li|che ⟨vgl. Verantwortliche⟩: *weibliche Person, die hauptsächlich für etw. verantwortlich ist.*
Haupt|ver|ant|wort|li|cher ⟨vgl. Verantwortlicher⟩: *jmd., der hauptsächlich für etw. verantwortlich ist.*
Haupt|ver|ant|wor|tung, die ⟨o. Pl.⟩: *größte Verantwortung:* die H. [für etw.] tragen.
Haupt|ver|band, der: *größter, umfassendster Verband* (2) *mehrerer Einzelorganisationen.*
Haupt|ver|däch|ti|ge ⟨vgl. Verdächtige⟩: *weibliche Person, die in erster Linie verdächtig ist.*
Haupt|ver|däch|ti|ger ⟨vgl. Verdächtiger⟩: *jmd., der in erster Linie verdächtig ist.*
Haupt|ver|die|ner, der: *Person, die das meiste Geld für den Unterhalt der Familie verdient.*
Haupt|ver|die|ne|rin, die: w. Form zu ↑ Hauptverdiener.
Haupt|ver|dienst, das: *größtes Verdienst.*
Haupt|ver|fah|ren, das (Rechtsspr.): *sich an das Eröffnungsverfahren anschließendes eigentliches Gerichtsverfahren im Strafprozess.*
Haupt|ver|hand|lung, die (Rechtsspr.): *umfassende mündliche Verhandlung* (b) *als wichtigster Teil des Hauptverfahrens:* die H. musste wegen Krankheit des vorsitzenden Richters verschoben werden.
Haupt|ver|kehrs|ader, die: *wichtigste Verkehrsader.*
Haupt|ver|kehrs|stra|ße, die: *für den Verkehr bes. wichtige Straße in einer Ortschaft.*
Haupt|ver|kehrs|zeit, die: *Zeit des starken Berufsverkehrs; Rushhour.*
Haupt|ver|le|sen, das; -s [zu: verlesen = genau untersuchen, ausforschen] (Militär schweiz.): *Appell vor Ausgang od. Urlaub:* beim H. fehlen.
Haupt|ver|samm|lung, die (Wirtsch.): **a)** *mindestens einmal im Jahr stattfindende Zusammenkunft der Aktionäre einer Aktiengesellschaft;* **b)** *Gesamtheit der zur Hauptversammlung* (a) *zusammengekommenen Aktionäre.*
Haupt|ver|wal|tung, die: *oberste Verwaltung.*
Haupt|vor|stand, der: *Vorstand, der eine Vereinigung, Organisation zentral, überregional leitet.*
Haupt|wa|che, die: *zentrale Polizeidienststelle eines Ortes.*
Haupt|wacht|meis|ter, der: *Kurzf. von* ↑ Polizeihauptwachtmeister.
Haupt|wacht|meis|te|rin, die: w. Form zu ↑ Hauptwachtmeister.
Haupt|weg, der: *breiter Weg (z. B. durch einen Park, Friedhof o. Ä.), von dem kleinere Seitenwege abzweigen.*
Haupt|werk, das: **1.** *wichtigstes Werk eines Künstlers.* **2.** (Musik) *Gesamtheit der wichtigsten, den klanglichen Grundstock einer Orgel bildenden Register.* **3.** *zentrales Werk einer großen Firma mit mehreren Teilbetrieben.*
Haupt|wohn|sitz, der: *Ort, an dem jmd. seinen ersten Wohnsitz hat.*
Haupt|wort, das ⟨Pl. ...wörter⟩ [im 17. Jh. in die grammatische Terminologie eingeführt] (Sprachwiss.): *Substantiv.*
haupt|wört|lich ⟨Adj.⟩: *substantivisch.*
Haupt|zeu|ge, der (Rechtsspr.): *wichtigster Zeuge [bei der Anklage od. der Verteidigung].*
Haupt|zeu|gin, die: w. Form zu ↑ Hauptzeuge.
Haupt|ziel, das: *wichtigstes Ziel.*

Haupt|zug, der: **1.** *eigentlicher, fahrplanmäßiger Fernzug im Unterschied zum Entlastungszug.* **2.** *wichtigstes Charakteristikum:* die Hauptzüge seines Charakters; etw. in den Hauptzügen *(in groben Umrissen)* darstellen.
Haupt|zweck, der: *eigentlicher, wichtigster Zweck.*
hau ruck ⟨Interj.⟩: [im Rhythmus sich wiederholender] Ruf, der gleichzeitige Bewegungen beim Heben od. Schieben einer schweren Last bewirken soll.
Hau|ruck, das; -s: *Ausruf »hau ruck!«:* ein Rad war verklemmt, und erst nach dreimaligem H. konnten sie den Wagen zur Seite schieben; Ü mit H. *(übersürzt u. gewaltsam)* wollte er das verbogene Rad wieder in Ordnung bringen.
Hau|ruck|ver|fah|ren, das: *überstürztes, rücksichtsloses Vorgehen:* eine Planung im H. durchsetzen.
Haus, das; -es, Häuser [mhd., ahd. hūs, eigtl. = das Bedeckende, Umhüllende]: **1. a)** *Gebäude, das Menschen zum Wohnen dient:* ein großes, kleines, altes, mehrstöckiges, verwinkeltes H.; armselige, einfache, verkommene, baufällige, moderne Häuser; das H. seiner Eltern; das H. ist auf uns, in andere Hände übergegangen; ein H. bauen, einrichten, beziehen, bewohnen; ein H. [ver]mieten, [ver]kaufen; ein H. renovieren, umbauen; ein eigenes H. haben, besitzen, H. an H. *(nebeneinander)* wohnen; sie führten ihre Gäste durch das ganze H.; im elterlichen Haus[e] wohnen; der Hausmeister jagte die spielenden Kinder aus dem H.; das väterliche H.; * **H. und Hof** *(der gesamte Besitz:* er hat H. und Hof verspielt, vertrunken); **[jmdm.] ins H. stehen** (ugs.; *[jmdm.] bevorstehen:* eine Neuerung steht [ihm] ins H.); **b)** *Gebäude, das zu einem bestimmten Zweck errichtet wurde:* das große (bes. für Aufführungen von Opern, großen Schauspielen o. Ä. bestimmte), kleine (bes. für kleinere Bühnenstücke bestimmte) H. des Theaters war bis auf den letzten Platz ausverkauft; das weltberühmte Orchester hat auf seinen Tourneen volle Häuser *(seine Konzerte sind ausverkauft);* H. (Hotel, Pension) Meeresblick; das H. des Herrn (geh.; *Gotteshaus);* die Weiße H. in Washington *(der Amtssitz des Präsidenten der USA);* ein öffentliches H. (verhüll.; *Bordell);* das erste H. (Hotel) am Platz[e]; die Chefin ist zurzeit nicht im Haus[e] *(im Gebäude der Firma);* Ü das gemeinsame europäische H.; * **H. der offenen Tür** *(Gelegenheit, bei der Betriebe, Verwaltungen usw. von allen Bürgern besichtigt werden können);* **c)** *Wohnung, Heim, in dem jmd. ständig lebt:* jmdm. das/sein H. verbieten, öffnen; die Lieferung erfolgt frei H. (Kaufmannsspr.; *ohne zusätzliche Transportkosten bis zum Bestimmungsort);* das ganze H. auf den Kopf stellen (ugs.; *so sehr nach etw. suchen, dass alles in Unordnung gerät);* bei dieser Kälte gehe ich nicht aus dem Haus[e]; außer Haus *(nicht im Haus, auswärts)* sein, essen; er kommt mir nicht ins H.; nach Haus[e] gehen, fahren, kommen; jmdn. nach Haus[e] begleiten, bringen; der Bettler ging vor H. zu H.; einige Zeit von -e (ugs.; *von zu Hause)* fortbleiben; an diesem Abend blieb, war, saß er zu Haus[e]; H. an H. *(nebeneinander)* wohnen; sie fühlt sich schon ganz [wie] zu Haus[e] *(fühlt sich in einer neuen Umgebung nicht mehr fremd);* von zu -e abhauen, fort sein; Ü aus dem H. sein *(nicht mehr bei den Eltern wohnen);* ein Paket, einen Brief nach H. *(an die Angehörigen)* schicken; sie ist, wohnt noch zu Haus[e] *(bei den Eltern);* er war in Berlin zu -e *(wohnte in Berlin);* der Brauch des Osterreitens ist in der Lausitz zu Haus[e] *(wird dort gepflegt; ist dort üblich;* kommt es war dort überall zu -e *(kannte

sich überall bestens aus);* ich bin für niemanden/für dich bin ich immer zu Haus[e] *(zu sprechen);* der Verein spielt, tritt am Samstag zu Haus[e] (Sportjargon; *auf dem eigenen Platz; vor einheimischem Publikum)* [zum Wettkampf] an; R komm du nur nach Haus[e]! (Drohung als Ankündigung von Strafe, Schelte o. Ä.); * **das H. hüten** *(aus irgendeinem Grund nicht mit andern nach draußen gehen [können], zu Hause bleiben [müssen]);* **jmdm. das H. einrennen/einlaufen** (ugs.; *jmdn. ständig wegen einer Sache zu Hause aufsuchen u. bedrängen);* **jmdm. ins H. schneien/geschneit kommen** (ugs.; *überraschend, unerwartet jmdn. besuchen, bei jmdm. auftauchen);* **auf einem bestimmten Gebiet/in etw. zu -e sein** (ugs.; *sich mit, in etw. genau auskennen; mit, in etw. gut Bescheid wissen);* **mit etw. zu -e bleiben** (ugs.; *etw. für sich behalten; jmdn. mit der Mitteilung einer Belanglosigkeit verschonen:* bleib du mit deinen Weisheiten lieber zu -e!) **2. a)** (ugs.) *Gesamtheit der Hausbewohner:* das H. war vollzählig versammelt; das ganze H. lief zusammen; **b)** *Gesamtheit von Personen, die sich in einem bestimmten Haus* (1 b) *aufhalten, dort tätig sind:* das Hohe H. *(das Parlament);* die beiden Häuser *(Kammern)* des Parlaments; er hatte alle Geschäftsfreunde seines -es *(seiner Firma)* geladen; das ganze H. *(gesamte Theaterpublikum)* klatschte begeistert Beifall; **c)** (geh.) *Familie:* ein gastliches, bürgerliches, angesehenes H.; sie kommt aus bestem -e; er ist nicht mehr Herr im eigenen H. *(hat in der Familie nichts mehr zu sagen);* sie verkehrt in den ersten Häusern *(angesehensten Familien)* der Stadt; (in Grußformeln am Briefschluss:) herzliche Grüße, mit den besten Grüßen von H. zu H.; * **von Haus[e] aus** (1. *von der Familie her:* von H. aus ist sie sehr begütert. 2. *seit jeher, von Natur aus:* von H. aus ist er schüchtern. 3. *ursprünglich, eigentlich:* von H. aus heißt er Waldemar, wird aber immer Klaus gerufen); **d)** *Haushalt, Wirtschaft, Hauswesen einer Familie:* jmdm. das H. besorgen; ein großes H. führen *(häufig Gäste haben u. sie aufwendig bewirten);* jmdm. ins H. nehmen; * **H. und Herd** *(eigener Hausstand);* [mit etw.] **H. halten.** 1. *[mit etw.] sparsam wirtschaften;* mhd. hūs halten = das Haus bewahren: mit dem Wirtschaftsgeld, den Vorräten H. halten müssen. 2. *sich etw. einteilen, [mit etw.] sparsam, ökonomisch umgehen:* er lebt mit seinen Kräften nicht H.; **sein/das H. bestellen** (geh.; *vor einer längeren Abwesenheit, vor dem Tode seinen Besitz, seine Angelegenheiten ordnen; ein Testament machen;* nach Jesaja 38, 1). **3.** *Dynastie, [Herrscher]geschlecht:* das H. Davids; ein Angehöriger des -es Habsburg; das H. Rothschild; ein fürstliches -e; sie stammt vom kaiserlichen -e ab. **4.** (ugs. scherzh.) *Person, Mensch:* er ist ein fideles, gemütliches, gelehrtes H.; wie gehts, altes H. *(alter Freund).* **5.** (Astrol.) **a)** *Tierkreiszeichen in seiner Zuordnung zu einem Planeten;* **b)** *einer der zwölf Abschnitte, in die der Tierkreis eingeteilt ist:* die Sonne steht im elften H.; Im H. des Aszendenten stieg die Waage auf, was mich empfindlich stimmte und zu Übertreibungen verführte. Neptun bezog das zehnte, das H. der Lebensmitte und verankerte mich zwischen Wunder und Täuschung. Saturn war es, der im dritten H. in Opposition zu Jupiter mein Herkommen infrage stellte (Grass, Blechtrommel 51).

[1, 2, 3] **Hau|sa:** ↑ [1]Haussa, [3]Haussa.
Haus|al|tar, der: *kleiner Altar an einer bestimmten Stelle des Wohnzimmers od. im Andachtsraum eines Hauses.*
Haus|an|ge|stell|te ⟨vgl. Angestellte⟩: *weibliche*

Person, die in einem Haushalt für die im Haus anfallenden Arbeiten angestellt ist.

Haus|an|ge|stell|ter, ⟨vgl. Angestellter⟩: *Person, die in einem Haushalt für die im Haus anfallenden Arbeiten angestellt ist.*

Haus|an|schluss, der: *Anschluss einer Versorgungsleitung im Haus.*

Haus|an|ten|ne, die: *Antenne auf dem Dach eines Hauses, die von dessen Bewohnern genutzt werden kann.*

Haus|an|zug, der: *bequemer, aus Hose u. Jacke bestehender Anzug, der zu Hause getragen wird.*

Haus|apo|the|ke, die: *kleiner Schrank o. Ä. mit einer Zusammenstellung von Medikamenten, mit Verbandszeug u. Ä. für den häuslichen Bedarf, die häusliche Krankenpflege.*

Haus|ar|beit, die: **1.** *im Haushalt anfallende Arbeit (wie Putzen, Waschen, Kochen).* **2.** *[umfassende] schriftliche Arbeit, die von einem Schüler oder Studenten zu Hause angefertigt wird.*

Haus|ar|rest, der: *Strafe, bei der dem Bestraften verboten ist, das Haus zu verlassen:* jmdn. unter H. stellen; er steht unter H.

Haus|arzt, der: *[langjähriger] Arzt [einer Familie], der bei auftretenden Krankheiten als Erster in Anspruch genommen wird u. auch Hausbesuche macht.*

Haus|ärz|tin, die: w. Form zu ↑ Hausarzt.

haus|ärzt|lich ⟨Adj.⟩: *den Hausarzt, die Hausärztin betreffend:* die -e Versorgung; in der -en Praxis.

Haus|auf|ga|be, die: *vom Lehrer, der Lehrerin aufgegebene Arbeit, die die Schülerinnen u. Schüler zu Hause erledigen müssen:* die Kinder müssen zuerst noch ihre -n machen, erledigen; er sitzt schon stundenlang an seinen, über seinen -n; Ü die Kommission hat ihre -n nicht gemacht (ugs.; hat die notwendigen Arbeiten nicht erledigt, hat die nötige Vorarbeit nicht geleistet, ist ihren Pflichten nicht nachgekommen).

Haus|auf|ga|ben|be|treu|ung, die: *das Betreuen, Beaufsichtigen der Hausaufgaben.*

Haus|auf|ga|ben|heft, das: *Aufgabenheft für die Hausaufgaben.*

Haus|auf|satz, der: vgl. Hausaufgabe.

Haus|au|tor, der: *Autor, der [ausschließlich] für einen bestimmten Verlag schreibt, an einen bestimmten Verlag vertraglich gebunden ist.*

Haus|au|to|rin, die: w. Form zu ↑ Hausautor.

haus|ba|cken ⟨Adj.⟩ [backen = 2. Part. von ¹backen, das in Zus. ohne ge- steht, vgl. altbacken]: *bieder, langweilig u. ohne Reiz:* eine langweilige, -e Person.

Haus|bank, die ⟨Pl. -en⟩: *Bank, mit der ein Kunde seine regelmäßigen Geschäfte abwickelt.*

Haus|bar, die: **a)** *spezielles Möbelstück od. Fach eines [Wohnzimmer]schrankes zum Aufbewahren von Spirituosen:* die kleine H. in der Schrankwand war gut gefüllt; **b)** *kleinere Ausführung einer ¹Bar (2) zu Hause.*

Haus|bau, der ⟨Pl. -ten⟩: **1.** ⟨o. Pl.⟩ *das Bauen, Errichten eines Hauses, Gebäudes:* jmdm. beim H. helfen. **2.** (seltener) *zu errichtendes od. fertig errichtetes Haus, Gebäude.*

Haus|be|darf, der: *Hausgebrauch:* ein kleiner Gemüsegarten für den H.

Haus|berg, der: **a)** (ugs.) *in der Nähe einer Stadt gelegener Berg, von deren Bewohnern zahlreich u. oft besuchter Berg:* der Feldberg ist der H. der Freiburger; **b)** (Sportjargon) *Berg, auf dessen Abfahrtsstrecken ein Skiläufer ständig trainiert, sodass er sie besonders gut kennt:* bei Wettbewerben auf ihrem H. war sie nicht zu schlagen.

Haus|be|set|zer, der: *jmd., der eine Hausbesetzung vornimmt:* die H. wurden aufgefordert, die Häuser zu räumen.

Haus|be|set|ze|rin, die; -, -nen: w. Form zu ↑ Hausbesetzer.

Haus|be|set|zung, die: *widerrechtlicher gemeinschaftlicher Einzug in ein leer stehendes, zum Abbruch bestimmtes Haus.*

Haus|be|sit|zer, der: *jmd., der ein od. mehrere Häuser besitzt.*

Haus|be|sit|ze|rin, die: w. Form zu ↑ Hausbesitzer.

Haus|be|sor|ger, der (österr.): *Hausmeister:* der H. hatte ihr schon manchen Gefallen getan.

Haus|be|sor|ge|rin, die; -, -nen: w. Form zu ↑ Hausbesorger.

Haus|be|such, der: *Besuch, den ein Arzt od. jmd. als Vertreter einer amtlichen Stelle jmdm. zu Hause abstattet.*

Haus|be|woh|ner, der: *Bewohner eines Hauses, in einem Haus Wohnender.*

Haus|be|woh|ne|rin, die: w. Form zu ↑ Hausbewohner.

Haus|bock, der [2. Bestandteil als Bez. für Käfer mit großen, dem Gehörn eines Bockes ähnlichen Fühlern]: *kleiner, schwarzer Käfer mit länglichem Körper, der in Häusern im Holz der Balken, Dachsparren u. Ä. Schäden anrichtet:* die Dachbalken sind vom H. befallen.

Haus|boot, das: *Boot, das als Wohnung dient u. entsprechend eingerichtet ist.*

Haus|brand, der: **1.** *Brand [von Teilen] eines Hauses.* **2.** ⟨o. Pl.⟩ (Fachspr.) *Brennmaterial zum Heizen von Wohnräumen:* der H. hatte sich verteuert.

Haus|buch, das: **1.** *Buch zum häufigen häuslichen Gebrauch:* die Bibel, das H. der christlichen Familie. **2.** (veraltet) Haushaltsbuch.

Haus|bur|sche, der (veraltend): *jüngerer Angestellter eines Hotels, dessen Aufgabenbereich sich auf Dienstleistungen wie Koffertragen, Schuheputzen o. Ä. erstreckt.*

Häus|chen, das; -s, -: **1.** Vkl. zu ↑ Haus (1 a): das H. mit den Gartengeräten ist abgebrannt; * [ganz/rein] aus dem H. sein (ugs.; [in freudiger Erregung] außer sich sein; ahmt wohl frz. »Les Petites-maisons« [= Name einer Heilanstalt in Paris] nach). **2.** (fam.) *primitiv gebaute Toilette außerhalb des Hauses:* aufs H. gehen.

Haus|dach, das: *Dach (1).*

Haus|da|me, die: *weibliche Person, die [in einer besonderen Vertrauensstellung] einem größeren Haushalt vorsteht od. zur Betreuung eines [alleinstehenden älteren] Menschen angestellt ist.*

Haus|de|tek|tiv, der: *von einem Kaufhaus o. Ä. angestellter Detektiv, der Warendiebstähle verhindern od. aufklären soll.*

Haus|de|tek|ti|vin, die: w. Form zu ↑ Hausdetektiv.

Haus|die|ner, der (veraltend): *Hausbursche.*

Haus|die|ne|rin, die: w. Form zu ↑ Hausdiener.

Haus|dra|chen, der (ugs. abwertend): *zänkische, herrschsüchtige Ehefrau od. Hausangestellte:* die früher so nette Frau war zum H. geworden.

Haus|durch|su|chung, die: *Haussuchung.*

Haus|ecke, die: *durch zwei senkrecht aufeinanderstoßende Hausmauern gebildete Ecke.*

haus|ei|gen ⟨Adj.⟩: *zu einem Haus, Hotel, einer Firma gehörend; dem Besitzer eines Hauses, Hotels, einer Firma gehörend, ihm unterstehend:* Hotel mit -em Skilift.

Haus|ei|gen|tü|mer, der: *Hausbesitzer.*

Haus|ei|gen|tü|me|rin, die: w. Form zu ↑ Hauseigentümer.

Haus|ein|fahrt, die: **a)** *zu einem Haus gehörende Einfahrt (2 a);* **b)** (österr.) *Hauseingang, Hausflur.*

Haus|ein|gang, der: *Eingang (1 a), der in ein Haus führt:* im H. stehen.

hau|sen ⟨sw. V.; hat⟩ [mhd. hūsen, ahd. hūson = wohnen, sich aufhalten, sich wüst aufführen]: **1. a)** (ugs. abwertend) *unter schlechten Wohnverhältnissen leben:* in einer Baracke, einer Hütte h.; **b)** (abwertend) *abgesondert, einsam wohnen, sodass niemand Einblick in die Lebensweise bekommt:* auf abgelegenen Burgen hausten Raubritter; **c)** (ugs., oft scherzh.) *wohnen:* wir hausen jetzt in einer gemütlichen, kleinen Dachwohnung. **2.** (ugs. abwertend) *wüten; Verwüstungen anrichten:* der Sturm, das Unwetter hat in verschiedenen Gegenden schlimm gehaust; wie die Vandalen h. **3.** (veraltet) *gut Haus halten; sparen.* ♦ **4.** *in ehelicher Gemeinschaft zusammenleben:* ...wo ein Patchen von mir ... diente, auf die ich gar viel hielt; er wollte einmal mit ihr h. (Cl. Brentano, Kasperl 352).

Hau|sen, der; -s, - [mhd. hūsen, ahd. hūso, H. u.]: *großer Stör mit kurzer Schnauze, großer, halbmondförmiger Mundöffnung u. abgeplatteten Barteln, der vor allem wegen seines als Kaviar zubereiteten Rogens wertvoll ist.*

Hau|sen|bla|se, die: *aufbereitete Innenhaut der Schwimmblase des Hausens u. anderer Störe, die zum Klären von Wein, als Appreturmittel u. als Klebstoff verwendet wird.*

Haus|ent|bin|dung, die: *Hausgeburt.*

Hau|ser, der; -s, - [zu veraltet hausen = wirtschaften] (bayr., westösterr.): *Haushälter, Wirtschaftsführer.*

Häu|ser: Pl. von ↑ Haus.

Häu|ser|block, der ⟨Pl. -s, selten: ...blöcke⟩: *Gruppe von mehreren aneinandergebauten Häusern [die von vier Straßen umrahmt sind]; Block (3) von Wohnhäusern:* er wohnt nur wenige -s von ihr entfernt.

Häu|ser|chen ⟨Pl.⟩: Vkl. zu ↑ Häuser.

Häu|ser|flucht, die: *Häuserreihe.*

Häu|ser|front, die: *Front (1 a) einer Häuserreihe.*

Häu|se|rin, Häus|le|rin, die; -, -nen: w. Form zu ↑ Hauser.

Häu|ser|kampf, der (Militär): *Kampf um Häuser eines Ortes.*

Häu|ser|mak|ler, der: *Makler, der Häuser zum Kaufen od. Mieten vermittelt (Berufsbez.).*

Häu|ser|mak|le|rin, die: w. Form zu ↑ Häusermakler.

Häu|ser|meer, das: *aus einer gewissen Entfernung, bei einem gewissen Überblick gesehene große Zahl dicht beieinanderstehender Häuser:* vor uns breitete sich ein H. aus.

Häu|ser|rei|he, die: *Reihe nebeneinanderstehende od. aneinandergebaute Häuser.*

Häu|ser|schlucht, die (oft abwertend): *Straße mit hohen Häuserfronten zu beiden Seiten:* trostlose -en.

Häu|ser|wand, die: *Wand einer Reihe von aneinandergebauten Häusern; Hauswand.*

Häu|ser|zei|le, die: *Häuserreihe.*

Haus|fas|sa|de, die: *vordere, gewöhnlich der Straße zugekehrte Außenseite eines Hauses.*

Haus|flur, der: *Treppenhaus u. ¹Flur (a) innerhalb eines Hauses, an dessen Seiten sich die Türen zu den angrenzenden Wohnungen befinden.*

Haus|frau, die: **a)** [mhd. hūsvrou(we)] *einen Haushalt führende [Ehe]frau: Beruf: H.;* **b)** (südd., österr.) *Vermieterin bes. eines möblierten Zimmers.*

Haus|frau|en|art, die: in der Wendung **nach/auf H.** ([von Speisen] so zubereitet, wie es eine Hausfrau (a) macht): marinierte Heringe nach H.).

haus|frau|lich ⟨Adj.⟩: *einer Hausfrau (a) entsprechend, zu ihr gehörend:* -e Pflichten, Fähigkeiten.

Haus|freund, der: **1.** *langjähriger, vertrauter*

Freund des Hauses, der Familie. **2.** *(scherzh. verhüll.) Liebhaber der Ehefrau:* sie hat, hält sich einen H.
Haus|freun|din, die: w. Form zu ↑ Hausfreund.
Haus|frie|de, (häufiger:) **Haus|frie|den,** der ⟨o. Pl.⟩: *gutes Einvernehmen der Hausbewohner, Familienmitglieder untereinander:* den Hausfrieden stören; Ü nach zähen Verhandlungen war der Hausfrieden in der Koalition wiederhergestellt.
Haus|frie|dens|bruch, der (Rechtsspr.): *Verletzung des Hausrechts durch widerrechtliches Eindringen od. unbefugtes Verweilen in dem Besitztum, in Räumlichkeiten o. Ä. eines anderen:* das ist H.; H. begehen.
Haus|front, die: *Hausfassade.*
Haus|gang, der (südd., österr., schweiz.): *Hausflur.*
Haus|gans, die: *(als Zuchtform aus der Graugans hervorgegangene) Gans* (1 a).
Haus|gar|ten, der: *Garten bei einem Haus.*
Haus|gast, der (Gastron.): *zahlender Gast, der in einem Hotel, einer Pension o. Ä. wohnt:* ein Parkplatz, Strand für Hausgäste.
Haus|ge|brauch: in der Fügung **für den H.** (1. *für den eigenen Bedarf.* 2. *für einfache Bedürfnisse:* eine billige Kamera genügt für den H.).
Haus|ge|burt, die: *Geburt, bei der die Frau nicht im Krankenhaus, sondern zu Hause entbindet:* früher war eine H. eine Selbstverständlichkeit.
Haus|ge|hil|fe, der: *männliche Haushaltshilfe.*
Haus|ge|hil|fin, die: *weibliche Haushaltshilfe.*
Haus|geist, der: **1.** *zu einem Haus gehörender* ²*Geist* (3). **2.** *(scherzh. veraltend) Person, die in einem Haushalt schon längere Zeit arbeitet u. allseits sehr geschätzt wird:* das Kindermädchen Marlene war unser guter H.
haus|ge|macht ⟨Adj.⟩: *nicht in einem Geschäft gekauft, sondern im eigenen Haus hergestellt, selbst gemacht:* -e Wurst, Nudeln; Ü eine -e *(selbst verschuldete, nicht von außen hereingetragene)* Inflation.
Haus|ge|mein|schaft, die: **1.** *Gemeinschaft, in der jmd. mit anderen in einem Haus[halt] lebt.* **2.** *Gesamtheit aller Bewohner eines Hauses unter dem Aspekt gemeinschaftlichen gesellschaftlichen Handelns.*
Haus|ge|nos|se, der [mhd. hūsgenōʒ]: *jmd., der mit anderen zusammen in einem Haushalt lebt.*
Haus|ge|nos|sin, die: w. Form zu ↑ Hausgenosse.
Haus|ge|rät, das [mhd. hūsgeræte (veraltend): **a)** ⟨Pl. selten⟩ *Gesamtheit der zu einem Haushalt gehörenden Möbel, Gegenstände:* auf dem Boden steht nicht mehr gebrauchtes H.; **b)** *Haushaltsgerät.*
Haus|ge|sin|de, das [mhd. hūsgesinde] (veraltet): *Hauspersonal.*
Haus|gott, der ⟨meist Pl.⟩ (Rel.): *Gott* (2), *der Haus u. Familie beschützt u. der durch Opfer im Haus verehrt wird.*
Haus|gril|le, die: *Heimchen.*
Haus|halt, der; -[e]s, -e [zu ↑ haushalten]: **1.** *Wirtschaftsführung mehrerer [in einer Familie] zusammenlebender Personen od. einer einzelnen Person:* ein H. mit fünf Personen; der H. kostet viel Geld; einen mustergültigen H. führen; den H. machen; jmdm. den H. besorgen; einen H. auflösen, gründen; Anschaffungen für den H. machen; den H. helfen; Ü der hormonelle, seelische H. eines Menschen; Wir sind kein H., sondern ein Paar (Frisch, Montauk 194). **2.** *zu einem Haushalt (1) gehörende Personengruppe; Familie:* die meisten -e beziehen eine Tageszeitung; die Stadtwerke versorgen auch die privaten -e mit Gas und Strom; der Haushalte verschicken. **3.** (Wirtsch.) *Einnahmen u. Ausgaben einer Stadt, eines Staates, einer öffentlichen Einrichtung o. Ä.; Etat:* der öffentliche H.; die -e

des Bundes und der Länder sind nicht ausgeglichen; den H. für das kommende Jahr aufstellen.
Haus|halt|ar|ti|kel usw.: ↑ Haushaltsartikel usw.
haus|hal|ten ⟨sw. V.; hat; meist nur im Infinitiv gebr.⟩ [mhd. hūs halten = das Haus bewahren]: **1.** *sparsam wirtschaften; mit etw. sparsam, haushälterisch umgehen:* mit dem Wirtschaftsgeld, den Vorräten h.; er kann nicht h.; Ü Musst du mit jedem Tropfen Gefühl so h.? Fehlt es dir so sehr daran? (Muschg, Gegenzauber 405). **2.** (veraltet) *einen Haushalt* (1) *führen:* ♦ Baumgartens Weib, der haushält zu Alzellen, wollt' er zu frecher Ungebühr missbrauchen (Schiller, Tell I, 4).
Haus|halt|ent|wurf: ↑ Haushaltsentwurf.
Haus|hal|ter, Haus|häl|ter, der; -s, - (veraltet): **1. a)** *jmd., der jmdm. den Haushalt* (1) *führt;* **b)** *Familienvorstand, Hausvater:* ♦ Ich habe ein Amt, das seinen guten Haushälter nähren kann (Schiller, Kabale I, 2). **2.** *jmd., der haushälterisch wirtschaften kann.*
Haus|häl|te|rin, die: **1.** *weibliche Person, die berufsmäßig bes. für alleinstehende Personen den Haushalt* (1) *führt.* **2.** *weibliche Person, die haushälterisch wirtschaften kann.*
haus|häl|te|risch ⟨Adj.⟩: *geschickt in Haushaltsfragen; sparsam, wirtschaftlich:* eine -e Familie; etw. h. nutzen; mit etw. h. umgehen.
Haus|halts|ar|ti|kel, der: *Gegenstand, der in einem Haushalt* (1) *benötigt wird.*
Haus|halts|auf|lö|sung, die: *das Auflösen eines Haushalts* (1).
Haus|halts|aus|gleich, der (Verwaltungsspr.): *Deckung der öffentlichen Ausgaben durch öffentliche Einnahmen.*
Haus|halts|aus|schuss, der (Verwaltungsspr.): *Ausschuss, der für den Haushalt* (3) *verantwortlich ist.*
Haus|halts|buch, das: *kleines Buch, Heft, in das die Ausgaben u. Einnahmen für den Haushalt eingetragen werden.*
Haus|halts|bud|get, das: *Budget für einen Haushalt* (1, 3).
Haus|halts|de|bat|te, die (Verwaltungsspr.): *Debatte über den geplanten Haushalt* (3).
Haus|halts|de|fi|zit, das (Verwaltungsspr.): *Defizit im Haushalt* (3).
Haus|halts|ent|wurf, Haushaltentwurf, der: *Entwurf für den Haushalt* (3).
Haus|halts|ex|per|te, der: *Experte in Haushaltsfragen.*
Haus|halts|ex|per|tin, die: w. Form zu ↑ Haushaltsexperte.
Haus|halts|fra|ge, die: *Frage, die die Führung eines Haushalts* (1, 3) *betrifft.*
Haus|halts|füh|rung, die: *Führung des Haushalts* (1).
Haus|halts|geld, das: *bestimmte Geldsumme, die für die Führung eines Haushalts* (1) *vorgesehen ist, zur Verfügung steht:* mit dem H. nicht auskommen; sein H. mit einem kleinen Nebenverdienst aufbessern.
Haus|halts|ge|rät, das: *Gerät, das im Haushalt* (1) *verwendet wird.*
Haus|halts|ge|setz, das (Verwaltungsspr.): *gesetzliche Festlegung des Haushaltsplanes.*
Haus|halts|hil|fe, die: *[meist weibliche] Person, die [stundenweise] bei der Hausarbeit hilft:* die sechsköpfige Familie sucht eine H.
Haus|halts|jahr, das: **1.** (Verwaltungsspr.) *Rechnungsjahr, für das ein Haushaltsplan festgelegt wird.* **2.** *Jahr, das ein Mädchen in einer fremden Familie verbringt, um die Führung eines Haushalts* (1) *zu erlernen.*
Haus|halts|kas|se, die: **a)** ⟨o. Pl.⟩ *Gesamtheit der Geldmittel, die für den Haushalt* (1) *bestimmt sind:* die H. ist leer; **b)** *Behältnis, in dem das Haushaltsgeld verwahrt wird.*

Haus|halts|kon|so|li|die|rung, die: *Konsolidierung des Haushalts* (3).
Haus|halts|la|ge, die ⟨Pl. selten⟩: *Zustand des [öffentlichen] Haushalts.*
Haus|halts|loch, das: *nicht finanzierter Teil des Haushalts* (3).
haus|halts|mä|ßig ⟨Adj.⟩ (seltener): *etatmäßig.*
Haus|halts|mit|tel ⟨Pl.⟩ (Verwaltungsspr.): *Geld, das für den Haushalt* (3) *zur Verfügung steht.*
Haus|halts|pa|ckung, die: *Packung einer Ware, die größer ist als die übliche u. dadurch preiswert an den Verbraucher abgegeben werden kann.*
Haus|halts|plan, der (Verwaltungsspr.): *Plan, der der Feststellung u. Deckung des Bedarfs an finanziellen Mitteln dient, der zur Erfüllung der staatlichen Aufgaben im Bewilligungszeitraum* (1) *voraussichtlich notwendig ist.*
Haus|halts|pla|nung, die: *Erstellung eines Haushaltsplans.*
Haus|halts|po|li|tik, die (Verwaltungsspr.): *Finanzpolitik.*
haus|halts|po|li|tisch ⟨Adj.⟩ (Verwaltungsspr.): *die Haushaltspolitik betreffend, auf ihr beruhend, zu ihr gehörend:* -e Entscheidungen.
Haus|halts|pos|ten, der: *einzelner Posten des Haushalts* (3): jeder einzelne H. muss nochmals geprüft werden.
Haus|halts|recht, das (Verwaltungsspr.): *Gesamtheit der Rechtsnormen, die der Aufstellung, Verwaltung u. Kontrolle der Haushalte* (3) *regeln:* Dazu: **haus|halts|recht|lich** ⟨Adj.⟩.
Haus|halts|rei|ni|ger, der: *Reinigungsmittel, das im Haushalt* (1) *verwendet wird.*
Haus|halts|schu|le, die: *Haushaltungsschule.*
Haus|halts|sper|re, die (Verwaltungsspr.): *Maßnahme, die öffentlichen Haushalten die Ausgaben von der Zustimmung des Finanzministeriums abhängig macht.*
Haus|halts|sum|me, die: *einzelner Betrag, der im Haushalt* (1, 3) *verbraucht wird.*
haus|halts|üb|lich ⟨Adj.⟩: *einem Haushalt* (1) *angemessen, für ihn passend:* Abgabe der Sonderangebote nur in -en Mengen.
Haus|halts|vo|lu|men, das: *Umfang eines Haushalts* (3).
Haus|halts|vor|stand, der: *Haushaltungsvorstand.*
Haus|halts|waa|ge, die: *Waage* (1) *zum Abwiegen kleinerer Mengen, wie sie in einem Haushalt* (1) *benötigt werden.*
Haus|halts|wa|ren ⟨Pl.⟩: *Haushaltsartikel:* ein Geschäft für H.
Haus|hal|tung, die: **1.** *Haushalt* (1, 2). **2.** *Haushaltsführung; Wirtschaftsführung.*
Haus|hal|tungs|kos|ten ⟨Pl.⟩: *Kosten, die durch einen Haushalt* (1) *entstehen.*
Haus|hal|tungs|schu|le, die: *hauswirtschaftliche Berufsfachschule.*
Haus|hal|tungs|vor|stand, der: *jmd., der in einem Haushalt* (1) *Entscheidungen trifft; Familienoberhaupt.*
Haus|hei|li|ge ⟨vgl. Heilige⟩: w. Form zu ↑ Hausheiliger (a, b).
Haus|hei|li|ger ⟨vgl. Heiliger⟩: **a)** *Schutzpatron eines Hauses* (1–3), *einer Stadt;* **b)** (oft iron.) *Vorbild, Idol, Ikone* (2): Adorno als H. der Frankfurter Universität.
Haus|herr, der: **1.** [mhd. hūsherre] *Familienoberhaupt [als Gastgeber]; Haushaltungsvorstand.* **2.** (Rechtsspr.) *jmd., der berechtigt ist, über ein Haus od. eine Wohnung als Eigentümer od. als Mieter zu verfügen.* **3.** *Hausbesitzer, Vermieter.* **4.** ⟨Pl.⟩ (Sportjargon) *Mannschaft, die den Gegner auf ihrem eigenen Platz, vor ihrem eigenen Publikum empfängt:* das

Publikum hatte von den -en eine bessere Leistung erwartet.

Haus|her|rin, die: w. Form zu ↑ Hausherr.

haus|hoch ⟨Adj.⟩ (emotional): sehr hoch: haushohe Flammen; Ü ein haushoher (eindeutiger, überlegener) Sieg; jmdm. h. (beträchtlich) überlegen sein; jmdn. h. (sehr überlegen) besiegen.

Haus|hof|meis|ter, der [mhd. hūshovemeister] (früher): Verwalter eines großen Haushalts [auf einem Landgut], der die Aufsicht über das Personal führt.

Haus|huhn, das: (zu den Hühnervögeln gehörender, in vielen Rassen gezüchteter, bes. seiner Eier wegen gehaltener) größerer, flugunfähiger Vogel von schlanker bis gedrungener Gestalt u. unterschiedlicher Färbung des Gefieders mit einem roten Kamm (2 a) auf dem Kopf u. zwei roten, herabhängenden Hautlappen unter dem Schnabel.

Haus|hund, der: Hund (1 a).

hau|sie|ren ⟨sw. V.; hat⟩ [spätmhd. hausieren]: von Haus zu Haus gehen u. Waren zum Kauf anbieten, damit handeln: mit bunten Tüchern h. [gehen]; ⟨subst.:⟩ Betteln und Hausieren verboten!; Ü mit etw., einer Geschichte, einer Idee h. [gehen] (ugs. abwertend; überall aufdringlich von etw. sprechen, andere Leuten erzählen). Dazu: **Hau|sie|rer,** der; **Hau|sie|re|rin,** die.

haus|in|tern ⟨Adj.⟩: (innerhalb eines Hauses, einer Firma, eines Hotels o. Ä.) nur die jeweiligen eigenen Verhältnisse betreffend: -e Angelegenheiten unterliegen der Geheimhaltung.

Haus|in|woh|ner, der (bes. südd.): Hausbewohner.

Haus|in|woh|ne|rin, die: w. Form zu ↑ Hausinwohner.

Haus|ja|cke, die: vgl. Hausanzug.

Haus|ju|rist, der: 1. von einer Firma, Bank o. Ä. angestellter Jurist, der sich ausschließlich mit den rechtlichen Belangen befasst. 2. Jurist, der einen Betrieb o. Ä. in rechtlichen Angelegenheiten berät u. an den sich der Betrieb in Rechtsfragen immer wendet.

Haus|ju|ris|tin, die: w. Form zu ↑ Hausjurist.

Haus|ka|nin|chen, das: aus dem Wildkaninchen gezüchtetes, als Haustier gehaltenes Kaninchen.

¹Haus|ka|pel|le, die: in den Gebäudekomplex eines Schlosses, Krankenhauses o. Ä. integrierte ¹Kapelle.

²Haus|ka|pel|le, die: a) kleinere Gruppe von Musikern, die in einer Bar, einem Café o. Ä. ein ständiges Engagement haben; b) (früher) kleineres Orchester im Dienst eines Fürsten.

Haus|kat|ze, die: (von der Wildkatze abstammendes, zu den Säugetieren zählendes) als Haustier gehaltenes kleineres Tier mit schlankem Körper, kleinem rundem Kopf, einem langen Schwanz u. weichem Fell, das bevorzugt Mäuse jagt.

Haus|kauf, der: Kauf eines Hauses: sich für einen H. verschulden. Dazu: **Haus|käu|fer,** der; **Haus|käu|fe|rin,** die.

Haus|kleid, das: bequemes, zu Hause zu tragendes Kleid.

Haus|knecht, der [spätmhd. hūskneht] (veraltet): Hausdiener.

Haus|kon|zert, das: im häuslichen Kreise veranstaltetes Konzert.

Haus|kor|rek|tor, der (Verlagsw.): Korrektor, der in einer Druckerei arbeitet u. dort die Hauskorrekturen durchführt.

Haus|kor|rek|to|rin, die: w. Form zu ↑ Hauskorrektor.

Haus|kor|rek|tur, die (Verlagsw.): Korrektur, die noch in der Druckerei, unmittelbar nach der Fertigstellung des Satzes vorgenommen wird,
um möglichst alle Satzfehler verbessern zu können.

Haus|krach, der (ugs.): Streit zwischen den verschiedenen Bewohnern, Parteien eines Hauses: Ü innerhalb der Partei kam es zum H. (ugs.; zu internen Streitigkeiten).

Haus|kran|ken|pfle|ge, die: Pflege eines Kranken in der eigenen Wohnung, nicht sondern zu Hause.

Haus|kreis, der: kleinere Gruppe von Christen, die sich privat zum Beten, Lesen in der Bibel o. Ä. treffen.

Haus|kreuz, das: 1. (ugs. abwertend) zänkische Ehefrau. ◆ 2. Störung des Friedens in einem engeren Kreise: Das zerstörte die ganze Freude und brachte in unsern kleinen Zirkel ein schönes H. (Goethe, Italien. Reise 8. 12. 1786 [Rom]).

Häusl, das; -s, - (bayr. österr.): 1. Häuschen. 2. Toilette: das H. am Bahnhof war zugesperrt.

Häusl|bau|er (bayr., österr.): ↑ Häuslebauer.

Häusl|bau|e|rin, die: w. Form zu ↑ Häuslbauer.

Häus|le|bau|er, der; -s, - [1. Bestandteil schwäb. Vkl. von ↑ Haus] (ugs., oft spöttisch): jmd., der als Bauherr ein Haus baut [u. dabei viele Arbeiten in Eigenleistung ausführt]: mancher H. ist hoch verschuldet.

Häus|le|bau|e|rin, die: w. Form zu ↑ Häuslebauer.

Haus|leh|rer, der: Lehrer, der bei einer Familie fest angestellt ist, um die Kinder im Hause der Eltern zu unterrichten.

Haus|leh|re|rin, die: w. Form zu ↑ Hauslehrer.

Häus|ler, der; -s, - (früher): 1. Dorfbewohner, der ein kleines Haus ohne Land besitzt. 2. Dorfbewohner, der bei einem anderen zur Miete wohnt.

Häus|le|rin, die; -, -nen: w. Form zu ↑ Häusler.

Haus|leu|te ⟨Pl.⟩: 1. (landsch.) [Ehe]paar, das Hausbesitzer ist u. das ganze Haus od. Wohnungen darin vermietet. 2. [mhd. hūsliute] (schweiz., sonst veraltend) Mieter eines Hauses.

haus|lich ⟨Adj.⟩ (schweiz.): sparsam.

häus|lich ⟨Adj.⟩ [mhd. hūsliche = ein Hauswesen besitzend; ansässig]: 1. a) die Familie, das Zuhause betreffend, dazu gehörend, damit zusammenhängend: -e Arbeiten, Sorgen, Pflichten, Angelegenheiten; -es Glück; wie sind deine -en Verhältnisse?; b) zu Hause befindlich, stattfindend: durch -e Pflege wurde er rasch gesund. 2. a) das Zuhause u. das Familienleben liebend: er, sie ist [nicht] sehr h.; * sich [bei jmdm., irgendwo] h. niederlassen, einrichten (ugs.; Anstalten machen, längere Zeit [bei jmdm., irgendwo] wohnen zu bleiben: sie richtete sich bei ihrer Freundin h. ein); b) in Sachen, die den Haushalt betreffen, tüchtig, erfahren: ein -er junger Mann.

Häus|lich|keit, die; -: 1. das bereitwillige Zu-Hause-Sein während des Feierabends, während der Freizeit: die H. lieben. 2. hauswirtschaftliche Tüchtigkeit.

Haus|ma|cher|art: in der Wendung nach H. (wie hausgemacht: eingelegte Heringe nach H.).

Haus|ma|cher|wurst, die: Leberwurst, Blutwurst o. Ä. in der Art, wie sie bei Hausschlachtung auf dem Land hergestellt wird: die H. schmeckt vorzüglich.

Haus|macht, die ⟨o. Pl.⟩: 1. (früher) Gesamtheit von Territorien, die sich im erblichen Besitz des [regierenden] Fürstengeschlechts befinden. 2. (innerhalb einer Institution) auf Personen basierende Macht, über die jmd. fest verfügt u. mit der er politische, wirtschaftliche Ziele durchzusetzen vermag: eine solide H. half dem Politiker ins Ministeramt.

Haus|mäd|chen, das: Hausangestellte, Hausgehilfin.

Haus|magd, die (veraltet): weibliche Person, die im Haus die groben Arbeiten verrichtet.

Haus|mann, der: 1. [mhd. hūsman = Hausherr =
Hausbewohner; Burgwart] (veraltet) Hausmeister. 2. [Analogiebildung zu ↑ Hausfrau] einen Haushalt führender [nicht berufstätiger] Ehe]mann: als H. sah er, was seine Frau immer alles hatte leisten müssen.

Haus|manns|kost, die: einfaches, kräftiges Essen: trotz seiner Vorliebe für Delikatessen lässt er nichts auf H. kommen; Ü die Zuschauer bekamen nur H. (durchschnittliche Qualität) geboten.

Haus|man|tel, der: vgl. Hausanzug.

Haus|mär|chen, das: Märchen, das im häuslichen Kreis erzählt wird: die H. der Brüder Grimm.

Haus|mar|ke, die: 1. a) Zeichen einer Familie od. Institution zur Kennzeichnung des Eigentums; b) besonderes Markenfabrikat einer Einzelhandelsfirma. 2. (ugs.) a) von jmdm. bevorzugtes Genussmittel: dieser Obstler ist meine H.; b) in Weinkellereien u. Gaststätten angebotener, meist unetikettierter, offener u. sehr preisgünstiger Wein.

Haus|mau|er, die: Mauer eines Gebäudes.

Haus|maus, die: Maus, die sich vorwiegend in menschlichen Behausungen aufhält.

Haus|mei|er, der [LÜ von spätlat. major domus, ↑ Majordomus] (Geschichte): Inhaber des wichtigsten fränkischen Hofamtes u. Anführer der Gefolgsleute.

Haus|meis|ter, der [mhd. hūsmeister = Hausherr]: jmd., der vom Hausbesitzer angestellt ist, um in einem größeren Gebäude für die Instandhaltung, die Reinigung, Einhaltung der Ordnung u. Ä. zu sorgen.

Haus|meis|te|rin, die: w. Form zu ↑ Hausmeister.

Haus|mes|se, die (Wirtsch.): von einer Firma zur Präsentation der eigenen Produkte organisierte, einer ²Messe (1) ähnliche Veranstaltung.

Haus|metz|ge, die (schweiz.): Hausschlachtung.

Haus|metz|ge|te, die (schweiz.): 1. Schlachtfest. 2. (in Gasthäusern mit eigener Metzgerei) Schlachtplatte.

Haus|mit|tei|lung, die: 1. Mitteilung einer Person od. Abteilung an eine andere Person od. Abteilung einer Firma o. Ä. 2. (Wirtsch.) für den Kunden bestimmte periodische Druckschrift eines Unternehmens.

Haus|mit|tel, das: in der Familie, im privaten Gebrauch lange erprobtes u. bewährtes Mittel gegen Krankheiten: Wadenwickel sind ein altes H. gegen Fieber; Ü etw. mit -n (den [privat] zur Verfügung stehenden Möglichkeiten) reparieren, finanzieren.

◆ **Haus|mo|bi|li|en** ⟨Pl.⟩: Einrichtung (2 a), Möbel: ... dann wurde das eiserne Gitterwerk von der Pforte abgebrochen und ... samt allen entbehrlichen H. nach und nach in Geld umgesetzt (Immermann, Münchhausen 89).

Haus|müll, der: (im Unterschied zum Industriemüll) bes. in Haushalten anfallender Müll.

Haus|mu|sik, die ⟨o. Pl.⟩: häusliches Musizieren im Familien- od. Freundeskreis.

Haus|mut|ter, die: 1. (veraltet) Hausfrau u. Mutter einer Familie. 2. Vorsteherin einer [Jugend]herberge, eines Heims o. Ä. 3. [vermutlich nach der Fruchtbarkeit des Falters u. weil er sich, angelockt durch das Licht, gern in Häusern aufhält] (Zool.) großer Falter mit braunen Vorderflügeln u. gelben, schwarz gerandeten Hinterflügeln, dessen Raupe nachts an Gemüsepflanzen u. Gräsern frisst.

Haus|müt|ter|chen, das (ugs. scherzh., auch abwertend): Frau, die sich mit besonderer Hingabe der Hausarbeit widmet [u. kaum andere Interessen hat].

Haus|num|mer, die: 1. Nummer, mit der die einzelnen Häuser einer Straße bezeichnet sind: * jmds. H. sein (salopp; ganz nach jmds.

Hausordnung – Hauswurfsendung

Geschmack sein). **2.** (ugs.) *ungefähre Angabe:* als H. würde ich so 100, 200 Euro schätzen.

Haus|ord|nung, die: *vom Vermieter eines [Wohn]hauses, von der Leitung eines Heims o. Ä. erlassene Gesamtheit von Vorschriften für das Verhalten der Bewohner, Insassen o. Ä., die die Benutzung bestimmter, zum Haus gehörender Einrichtungen betreffen.*

Haus|par|tei, die (österr.): *Mietpartei.*

Haus|per|so|nal, das: *zu einem Haushalt gehörendes Personal.*

Haus|pfle|ge, die: **1.** (Amtsspr.) *Hilfe zur Weiterführung eines Haushalts, in dem keiner der Angehörigen fähig ist, den Haushalt zu führen.* **2.** *Pflege eines Kranken in seiner Wohnung durch ausgebildetes Pflegepersonal.*

Haus|pfle|ge|rin, die (schweiz.): *Person, die in einem Haushalt für alle hauswirtschaftlichen Aufgaben sowie für die Betreuung und Pflege der Personen zuständig ist (Berufsbez.).*

Haus|platz, der: **1.** (landsch.) *[kleiner] Platz im Treppenhaus vor der Wohnungstür.* **2.** (Sportjargon) *Platz, auf dem jmd. immer trainiert u. den er genau kennt.*

Haus|pos|til|le, die (früher): *Sammlung religiöser u. erbaulicher Sprüche u. Erzählungen, die in der Familie gelesen werden.*

Haus|putz, der ⟨o. Pl.⟩: *gründliche Reinigung der zu einem Haushalt gehörenden Räume.*

Haus|rat, der; -[e]s [mhd. hūsrāt = das für einen Haushalt erforderliche Gerät, vgl. Rat]: *Gesamtheit der zu einem Haushalt gehörenden Sachen (wie Möbel, Küchengeräte).*

Haus|rat|ver|si|che|rung, die (Versicherungsw.): *Versicherung des Hausrates gegen Feuer, Wasser u. Einbruch.*

◆ **Haus|räu|ki,** die; -, ...kenen [mhd. hūsrouche, hūsrouche = eigene Haushaltung, eigener Herd, eigtl. = Stätte des Hausrauchs, zu ↑ Rauch im Sinne von »Rauch des häuslichen Herdes« (als Sinnbild für den festen Wohnsitz, dessen Mittelpunkt der brennende Herd ist)] (schweiz. mundartl.): *Festessen am ersten Abend nach dem Einzug in ein neues Haus, zu dem Nachbarn u. Freunde eingeladen werden: Als endlich das Haus erbaut war, zogen sie hinüber ... und gaben als sogenannte H. eine Kilbi, die drei Tage lang dauerte (Gotthelf, Spinne 103).*

Haus|recht, das (Rechtsspr.): *Recht des Besitzers od. Benutzers einer Wohnung od. eines Hauses, jmdm. zu verbieten, die Wohnung od. das Haus zu betreten od. sich darin aufzuhalten:* von seinem H. Gebrauch machen.

Haus|rind, das: *vom Auerochsen abstammendes, als Haustier gehaltenes Rind.*

¹Haus|sa, ¹Hausa, die; -[s], -[s]: *Angehöriger einer Völkergruppe in Westafrika.*

²Haus|sa, ²Hausa, die; -, -[s]: *Angehörige einer Völkergruppe in Westafrika.*

³Haus|sa, ³Hausa, die; -: *Sprache der* ¹,²*Haussa.*

Haus|schaf, das: *vom Wildschaf abstammendes, als Haustier gehaltenes Schaf.*

Haus|schan|ze, die (Skisportjargon): *Schanze, auf der ein Skispringer ständig trainieren kann u. die er deshalb bes. gut kennt.*

haus|schlach|ten ⟨sw. V.; hat; nur im Inf. u. 2. Part. gebr.⟩: *auf dem eigenen Hof, Anwesen selbst schlachten.*

Haus|schlach|tung, die: *das Schlachten auf dem eigenen Hof, Anwesen.*

Haus|schlüs|sel, der: *Schlüssel für die Haustür.*

Haus|schuh, der: *bequemer, leichter Schuh, der nur im Haus getragen wird.*

Haus|schwamm, der: *Pilz, der das beim Bau eines Hauses verwendete Holz zerstört.*

Haus|schwein, das: *aus dem europäischen Wildschwein gezüchtetes, als Nutztier gehaltenes Schwein.*

Haus|se [ˈhoːs(ə), oːs], die; -, -n [...sn̩] [frz. hausse, eigtl. = Erhöhung, zu: hausser = erhöhen, über das Vlat. zu lat. altus = hoch]: **1.** (Wirtsch.) *allgemeiner Aufschwung.* **2.** (Börsenw.) *Steigen der Börsenkurse.*

Haus|se|gen, der (früher): *Segensspruch über der Tür eines Hauses, an der Wand eines Zimmers:* * **der H. hängt schief** (ugs. scherzh.; *es gibt Streit, Uneinigkeit [innerhalb einer Familie, Gruppe, Organisation o. Ä.] u. die sonst herrschende Harmonie ist gestört:* bei den Großeltern, in der Partei, zwischen den Koalitionären hängt der H. schief).

◆ **hau|ßen** ⟨Adv.⟩ [mhd. hūzen, zusgez. aus: hie ūzen = hier außen] (md.): *draußen* (a): Bleibt h., folg' ihm keiner (Goethe, Faust I, 1260); Da h. sind auch immer Blumen (Goethe, Werther II, 30. November).

Haus|sen|der, der: *Rundfunk- od. Fernsehsender, in dem eine Person od. Organisation regelmäßig zu hören bzw. zu sehen ist:* der Weltmeister kündigte den Vertrag mit seinem langjährigen H.

Haus|si|er [(h)oˈsjeː], der; -s, -s [frz. haussier] (Börsenw.): *jmd., der auf Hausse spekuliert.*

haus|sie|ren [(h)oˈsiːrən] ⟨sw. V.; ist⟩ [frz. haussier] (Börsenw.): *im Kurswert steigen.*

Haus|stand, der: **a)** (Rechtsspr.) *Gesamtheit der Familienmitglieder mit dazugehörigem Haushalt* (1): als Mitglied des -es; **b)** (geh.) *Haushalt* (1): [mit jmdm.] einen H. gründen.

Haus|staub, der: *im Haushalt auftretender Staub.*

Haus|staub|al|l|er|gie, die (Med.): *Allergie, die durch bestimmte Bestandteile des Hausstaubs hervorgerufen wird.*

Haus|stre|cke, die (Sportjargon): *Strecke, auf der ein Sportler ständig trainieren kann u. die er deshalb besonders gut kennt.*

Haus|su|chung, die: *polizeiliche Durchsuchung einer Wohnung, eines Hauses nach tatverdächtigen Personen od. zwecks Beschlagnahme bestimmter Gegenstände.*

Haus|tarif, der: *mit einem einzelnen Unternehmen vereinbarter Tarif* (2): Dazu: **Haus|ta|rif|ver|trag,** der.

Haus|tau|be, die: *gezüchtete, als Haustier gehaltene* ↑ ¹*Taube* (1 a).

Haus|tau|fe, die: *zu Hause, in einer Wohnung o. Ä., nicht in der Kirche vorgenommene Taufe.*

Haus|tech|nik, die ⟨Pl. selten⟩: *Gesamtheit der fest in einem Gebäude installierten technischen Anlagen:* Dazu: **haus|tech|nisch** ⟨Adj.⟩.

Hau|stein, der: *behauener Naturstein [als schmückende Verblendung von Mauerwerk].*

Haus|te|le|fon, das: *Telefon, das [nicht an das Fernsprechnetz angeschlossen ist, sondern nur] innerhalb eines großen Hauses zwischen einzelnen Räumen Verbindungen herstellt.*

Haus|tier, das: **1.** *vom Menschen gezüchtetes, an Menschen gewöhntes, nicht frei lebendes Tier, das aus wirtschaftlichen Gründen gehalten wird* (z. B. Pferd, Kuh, Schaf, Ziege, Huhn, Gans). **2.** *Heimtier.*

Haus|toch|ter, die (veraltend): *junge Frau, die für eine bestimmte Zeit in einer fremden Familie lebt, um dort die Führung eines Haushalts zu erlernen.*

Haus|tor, das: *Tor vor der Einfahrt eines Hauses.*

Haus|tür, die: *Tür am Eingang eines Hauses:* vor der H. stehen.

Haus|tür|ge|schäft, das: *mit einem Vertreter* (1 d) *zu Hause abgeschlossener Kaufvertrag.*

Haus|tür|schlüs|sel, der: *Schlüssel, mit dem die Haustür zu verschließen od. aufzuschließen ist.*

Haus|ty|rann, der: *Familienmitglied, meist Familienvater, von dem die Familie tyrannisiert wird.*

Haus|ty|ran|nin, die: w. Form zu ↑ Haustyrann.

Haus|übung, die (österr.): *Hausaufgabe.*

Haus|un|ter|richt, der: *Unterricht, der einem Kind nicht in der Schule, sondern zu Hause erteilt wird.*

Haus|va|ter, der: **1.** (veraltet) *Familienvater; Familienoberhaupt.* **2.** *Leiter einer Anstalt, eines Heims o. Ä.*

Haus|ver|bot, das: *Anordnung, die jmdm. das Betreten einer Räumlichkeit, eines Gebäudes verbietet.*

Haus|ver|kauf, der: *Verkauf eines Hauses.*

Haus|ver|samm|lung, die: *Versammlung der Bewohner eines Hauses, in der aktuelle Fragen besprochen werden.*

Haus|ver|stand, der: **1.** *auf alltägliche Dinge des Lebens gerichteter [u. nur diese erfassende] praktischer Verstand.* **2.** (österr.) *gesunder Menschenverstand.*

Haus|ver|wal|ter, der: *jmd., der vom Hausbesitzer mit der Verwaltung eines Hauses beauftragt ist.*

Haus|ver|wal|te|rin, die: w. Form zu ↑ Hausverwalter.

Haus|ver|wal|tung, die: **a)** *Erledigung aller mit einem Haus zusammenhängenden Angelegenheiten;* **b)** *Institution, Person, Personengruppe, die für die Hausverwaltung* (a) *zuständig ist.*

Haus|wand, die: *Mauer, Außenwand eines Gebäudes.*

Haus|wart, der (schweiz.): *Hausmeister.*

Haus|war|tin, die: w. Form zu ↑ Hauswart.

Haus|war|tung, die ⟨o. Pl.⟩ (schweiz.): *Wartung eines [Miets]hauses, wie sie zum Tätigkeitsbereich eines Hausmeisters gehört.*

◆ **Haus|we|ben,** das; -s [zu Weben = Gewebe, Gewebtes] (landsch.): *Gesamtheit dessen, was im Hause gewebt wird:* ... ein großer Steinwürfel, der den Zweck hat, dass auf ihm das Garn zu den H. mit einem hölzernen Schlägel geklopft wird (Stifter, Granit 18).

Haus|wein, der (Gastron.): *(meist einfacherer) bes. preisgünstiger Wein, der in einem Lokal regelmäßig angeboten wird.*

Haus|we|sen, das ⟨o. Pl.⟩ (veraltend): *Gesamtheit dessen, was mit der Führung u. Organisation eines Haushalts, der Hauswirtschaft* (1) *zusammenhängt.*

Haus|wirt, der [mhd. huswirt]: *Hausbesitzer, von dem jmd. eine Wohnung gemietet hat.*

Haus|wir|tin, die: w. Form zu ↑ Hauswirt.

Haus|wirt|schaft, die: **1.** ⟨o. Pl.⟩ *selbstständige Wirtschaftsführung, Bewirtschaftung eines privaten Haushalts, einer Pflegeeinrichtung o. Ä.* **2.** (Wirtsch.) *Wirtschaftsform (als erste Stufe der wirtschaftlichen Entwicklung), bei der ausschließlich für den Eigenbedarf produziert wird.* **3.** (DDR) *persönliches Eigentum der Genossenschaftsbauern an landwirtschaftlichen Nutzflächen, Viehbeständen, Wirtschafts- u. Wohngebäuden u. an Wirtschaftsgeräten.*

Haus|wirt|schaf|ter, der: *jmd., der in Hauswirtschaft* (1) *ausgebildet ist (Berufsbez.).*

Haus|wirt|schaf|te|rin, die: w. Form zu ↑ Hauswirtschafter.

haus|wirt|schaft|lich ⟨Adj.⟩: *die Hauswirtschaft* (1) *betreffend.*

Haus|wirt|schafts|leh|re, die: *Lehre von der Hauswirtschaft* (1): Dazu: **Haus|wirt|schafts|leh|rer,** der; **Haus|wirt|schafts|leh|re|rin,** die.

Haus|wirt|schafts|meis|te|rin, die: *Hausfrau, die mehrere Jahre einen [eigenen] Haushalt geführt hat u. nach einer Prüfung hauswirtschaftliche Lehrlinge ausbilden darf (Berufsbez.).*

Haus|wirt|schafts|schu|le, die: *Schule für Hauswirtschaft* (1).

Haus|wurf|sen|dung, die: *bes. der Werbung dienende Mitteilung, Warenprobe o. Ä., die in den Briefkasten jedes einzelnen Haushalts geworfen wird.*

Haus|wurz, die [mhd., ahd. hūswurz]: *(zu den Dickblattgewächsen gehörende) Pflanze mit fleischigen, rosettenartig angeordneten Blättern, deren Blütenstände auf einem langen, aus der Rosette herauswachsenden Stängel sitzen.*
Haus|zelt, das: *kleineres Zelt von der Form eines Giebeldaches.*
Haus|zie|ge, die: *als Haustier gehaltene Ziege.*
Haus|zins, der; -es, e (südd., schweiz.): *Miete.*
Haus|zu|stel|lung, die: *Lieferung ins Haus:* Lebensmittel, eine Zeitung per H. beziehen.
Haut, die; -, Häute [mhd., ahd. hūt, eigtl. = die Umhüllende]: **1. a)** *aus mehreren Schichten bestehendes, den gesamten Körper von Menschen u. Tieren gleichmäßig umgebendes äußeres Gewebe, das dem Schutz der darunterliegenden Gewebe u. Organe, der Atmung, der Wärmeregulierung u. a. dient:* eine zarte, rosige, weiche, trockene, runzlige, unreine H.; die abgeworfene H. einer Schlange; seine H. ist rau geworden; die H. in der Sonne bräunen; die H. hat sich gerötet; die Damen zeigten viel H. (ugs. scherzh.; *waren sehr leicht, spärlich bekleidet, tief dekolletiert*); die Farbe der H.; wir waren alle durchnässt bis auf die H. (*völlig durchnässt*); ...dennoch prickelte ihm die H. vor Erregung (Feuchtwanger, Erfolg 802); * **nur/bloß noch H. und Knochen sein** (ugs.; *völlig abgemagert sein*); **seine H. retten** (ugs.; *sich retten*); **die H. versaufen** (salopp; ↑ Fell 1 a); **seine H. zu Markte tragen** (ugs.; *sich voll für jmdn., etw. einsetzen u. sich dabei selbst gefährden;* nach der Vorstellung von der Haut als dem allerletzten Eigentum, das man einsetzt); **seine H. so teuer wie möglich verkaufen** (ugs.; *sich mit allen Kräften wehren, verteidigen; es einem Gegner so schwer wie möglich machen*); **sich seiner H. wehren** (ugs.; *sich energisch wehren, verteidigen*); **aus der H. fahren** (ugs.; *sehr ärgerlich, voller Ungeduld sein; wütend, zornig werden;* nach dem Bild einer sich häutenden Schlange: es ist, um aus der H. zu fahren); **nicht aus seiner H. [heraus]können** (ugs.; *nicht anders handeln, sich verhalten können, als es der eigenen Veranlagung, Anschauung entspricht; sich nicht ändern können*); **sich in seiner H. wohlfühlen** (ugs.; *zufrieden sein mit seiner Lage, Situation, mit den Gegebenheiten, Lebensumständen*); **ist wohl in seiner H.** (ugs.; *jmd. ist zufrieden mit seiner Lage, seinen Lebensumständen; jmd. fühlt sich sehr behaglich*); **nicht in jmds. H. stecken mögen** (ugs.; *nicht an jmds. Stelle, nicht in jmds. übler Lage sein mögen*); **mit heiler H. davonkommen** (ugs.; *etw. ungestraft, unverletzt überstehen*); **mit H. und Haar[en]** (ugs.; *völlig, ganz und gar, restlos:* er hat den ganzen Rest mit H. und Haar[en] aufgegessen, verschlungen; er hat sich dieser Arbeit mit H. (hier auch Haar[en]) verschrieben); **[jmdm.] unter die H. gehen** (ugs.; *jmdn. sehr erregen, ihn unmittelbar, im Innersten berühren; bei jmdm. starke Empfindungen auslösen;* nach engl. to get under someone's skin: der Film geht unter die H.); **b)** *Fell, Haut* (1 a) *bestimmter größerer Tiere als haltbar gemachtes, aber noch nicht gegerbtes Rohmaterial für Leder; Tierhaut:* die H. wird abgezogen und gegerbt; * **auf der faulen H. liegen** (ugs.; *faulenzen, nichts tun*). **2. a)** *hautähnliche Schicht, Hülle, Schale:* die Zwiebel hat sieben Häute; der Pfirsich hat eine feste H.; von Mandeln die H. abziehen; die Wurst lässt sich mit der H. essen; **c)** *dünne Schicht, die auf der Oberfläche einer Flüssigkeit steht, sich darauf gebildet hat:* er verabscheut die H. auf der heißen Milch. **3.** ⟨o. Pl.⟩ *etw. wie eine Haut* (1 a) *umgebende, glatte äußere Schicht als Abdeckung, Verkleidung, Bespannung o. Ä.:* ein Flugzeug mit einer silbern glänzenden H. (*Außenhaut*). **4.** (ugs.; in Verbindung mit bestimmten, meist positiv charakterisierenden attributiven Adj.) *Mensch, Person:* er ist eine ehrliche H.; Nee, nee, Richardchen, bist 'ne gute H., aber das sind hier Männersachen (Döblin, Alexanderplatz 87).
Haut|ab|schür|fung, die: *oberflächliche Verletzung der Haut.*
Haut|al|te|rung, die: *[deutlich sichtbare] Alterung der Haut:* mit einer Creme der H. vorbeugen.
haut|ar|tig ⟨Adj.⟩: *der Haut ähnlich, wie Haut wirkend, beschaffen:* -es Gewebe.
Haut|arzt, der: *Facharzt für Haut- u. oft auch Geschlechtskrankheiten; Dermatologe.*
Haut|ärz|tin, die: w. Form zu ↑ Hautarzt.
Haut|at|mung, die (Med., Zool.): *Atmung (Austausch von Sauerstoff u. Kohlendioxid) durch die Haut.*
Haut|aus|schlag, der: *Ausschlag* (1).
Häut|chen, das; -s, -: Vkl. zu ↑ Haut.
Haut|creme, Haut|crème, die: *der Pflege der Haut dienende Creme.*
Haute Coif|fure [(h)o:tkοa'fy:ʀ], die; - - [frz., geb. nach ↑ Haute Couture, zu: haut = hoch u. ↑ Coiffure]: *für die Mode (bes. in Paris u. Rom) tonangebende Kunst des Frisierens.*
Haute Cou|ture [(h)o:tku'ty:ʀ], die; - - [frz., zu: haut = hoch u. couture = das Nähen, Schneidern]: *für die Mode (bes. in Paris) tonangebende Schneiderkunst; tonangebendes schöpferisches Modeschaffen.*
Haute Cui|sine [(h)o:tkɥi'zi:n], die; - - [frz., zu: haut = hoch u. cuisine = Küche, vgl. Nouvelle Cuisine]: *gehobene [französische] Kochkunst.*
Haute|lisse [(h)o:t'lɪs], die; -, -n [...sn] [frz. haute lice = Schaft mit senkrecht aufgezogener Kette, zu: haut = hoch u. lice < lat. licium, ↑ Litze]: *gewirkter Wand-, Bildteppich mit senkrecht geführter Kette.*
häu|ten ⟨sw. V.; hat⟩ [mhd. (ent-, uʒ)hiuten]: **1. a)** *einem Tier die Haut, das Fell abziehen:* Rinder h.; einen Hasen mit einem Messer h.; **b)** *von etw. die Haut* (2 a) *abziehen, entfernen:* Tomaten, Pfirsiche h. **2.** ⟨h. + sich⟩ *die Haut von sich abstreifen, abwerfen; die äußeren Schichten der den Körper umgebenden Decke abstoßen u. erneuern:* Schlangen häuten sich.
haut|eng ⟨Adj.⟩: *sehr eng, sich dem Körper anschmiegend, eng anliegend:* -e Jeans.
Haut|ent|zün|dung, die: *entzündliche Reaktion der Haut, die mit Rötung, Schwellung, Bläschen-, Schuppenbildung, Juckreiz o. Ä. einhergeht.*
Haut|er|kran|kung, die: *Hautkrankheit.*
Haute|vo|lee [(h)o:tvo'le:], die; - [frz. (des gens) de haute volée = (Leute) von hohem Rang, zu: haut = hoch (< lat. altus) u. volée = Rang, Stand; (Auf)flug, zu: voler = fliegen < lat. volare] (*oft spött. abwertend*): *vornehme Gesellschaftsschicht; bessere, feine Gesellschaft.*
Haut|fal|te, die: *Falte* (1).
Haut|far|be, die: *Farbton der menschlichen Haut:* eine dunkle, helle, gesunde H.; sie wurden wegen ihrer [schwarzen] H. diskriminiert.
haut|far|ben ⟨Adj.⟩: *von der Farbe der hellen menschlichen Haut:* -e Unterwäsche, Strümpfe.
Haut|fet|zen, der: *sich ablösendes od. abgerissenes Stück Haut.*
Haut|flech|te, die: *Flechte* (3).
Haut|flüg|ler, der; -s, - (Zool.): *Insekt mit zwei häutigen, durchsichtigen Flügelpaaren (z. B. Wespe, Biene, Ameise).*
haut|freund|lich ⟨Adj.⟩: *angenehm, schonend für die Haut, ihr nicht schadend, sie nicht angreifend:* die Seife ist besonders h.
Haut|ge|we|be, das: *Gewebe, aus dem die Haut besteht.*

Haut|gout [o'gu:], der; -s [frz. haut-goût, zu: haut = hoch, stark (< lat. altus) u. goût, ↑ Gout]: *eigentümlich scharfer, würziger Geschmack u. Geruch, den das Fleisch [von Wild] nach dem Abhängen annimmt:* der leichte H. des Hirschbratens; Ü ihn umgibt der H. der Halbwelt.
hau|tig ⟨Adj.⟩ [zu ↑ Haut]: **1.** (seltener) *von einer faltigen Haut* (1 a) *[lose] umgeben.* **2.** (landsch.) *mit Haut, Sehnen o. Ä. durchsetzt, durchwachsen:* der Gulasch war ihm zu h.
häu|tig ⟨Adj.⟩ [mhd. (wiʒ)hiutec = (weiß)häutig]: **1.** *wie Haut* (1 a) *beschaffen; aus zarter Haut, feinem, hautartigem Gewebe:* die -en Flügel von Bienen, Ameisen. **2.** *hautig* (2).
Haut|ir|ri|ta|ti|on, die: *vgl. Hautreizung.*
Haut|ju|cken, das; -s: *Juckreiz der Haut.*
Haut|kli|nik, die: *Krankenhausabteilung, Klinik zur Behandlung von Hautkrankheiten.*
Haut|kon|takt, der: *Kontakt mit der menschlichen Haut:* der wichtige erste H. eines Babys mit der Mutter; jeglicher H. mit diesem Mittel ist zu vermeiden.
Haut|krank|heit, die: *krankhafte Veränderung der Haut mit bestimmten Symptomen.*
Haut|krebs, der: *bösartige Wucherung der Haut.*
Haut|lap|pen, der: *Lappen* (3 a): *die H. am Kopf mancher Vögel.*
Haut|ma|le|rei, die (Völkerkunde): *bei bestimmten Naturvölkern übliche Bemalung der Haut.*
haut|nah ⟨Adj.⟩: **1.** *unmittelbar unter der Haut gelegen:* -es Gewebe, -e Muskulatur. **2.** (ugs.) **a)** *sehr* ¹*nahe* (1), *in unmittelbarer Nähe [erfolgend], keinen Spielraum lassend:* etw. h. [mit]erleben; (Sportjargon:) der Torjäger wurde h. gedeckt; **b)** *unmittelbar, sehr* ¹*nahe* (3 a): -e Beziehungen zur Polizei.
Haut|pfle|ge, die: *Pflege der Haut.*
Haut|pilz, der: *in der Haut wachsender Pilz, der Entzündungen der Haut u. bestimmte Hautkrankheiten verursacht.*
Haut|plas|tik, die: *Dermatoplastik.*
Haut|pro|blem, das: *Beeinträchtigung des gesunden Zustands der Haut.*
Haut|re|ak|ti|on, die: *auf einen bestimmten Reiz o. Ä. erfolgende Reaktion, Veränderung der Haut (z. B. Rötung).*
Haut|re|flex, der (Med.): **1.** *über die Haut auslösbarer Muskelreflex.* **2.** *reflektorische Veränderung der Haut (z. B. Gänsehaut).*
Haut|reiz, der: *Reiz* (1), *der auf die Haut ausgeübt wird.*
Haut|reiz|mit|tel, das (Med.): *zu erhöhter Durchblutung u. Rötung der Haut führendes Mittel.*
Haut|rei|zung, die: *durch Reizen der Haut hervorgerufene Veränderung (wie Rötung, Entzündung) der Haut.*
Haut|rö|tung, die: vgl. Hautreizung.
Haut|sack, der: *ausgeprägte Hautfalte; Ausstülpung der Haut.*
Haut|schicht, die: *Schicht der Haut.*
Haut|schup|pe, die: *[abgeschilferte] Schuppe der Haut.*
Haut|sin|nes|or|gan, das: *in der Haut liegendes Sinnesorgan, das die Empfindung äußerlich einwirkender Reize (wie Druck- u. Berührungsreize, Temperatur-, Schmerzreize u. a.) ermöglicht.*
Haut|stel|le, die: *Stelle auf der Oberfläche der Haut.*
haut|straf|fend ⟨Adj.⟩ (bes. Werbespr.): *in seiner Wirkung die Haut glättend u. straffend:* -e Körperlotion.
Haut|ton, der: *hautfarbener Farbton.*
Haut|trans|plan|ta|ti|on, die (Med.): *Überpflanzung von Haut zum Schließen großer Hautwunden od. bei starken Verbrennungen.*
Haut|tu|ber|ku|lo|se, die: *durch Tuberkelbazillen hervorgerufene, oft chronische Hautkrankheit.*

Haut|typ, der: *durch Ausprägung bestimmter Merkmale (Farbe, Empfindlichkeit o. Ä.) gekennzeichnete Beschaffenheit der Haut eines Menschen:* ein heller, dunkler, empfindlicher H.

Häu|tung, die; -, -en: a) *das Häuten, Abstreifen der Haut;* b) *das Sichhäuten:* die H. einer Schlange.

Haut|un|rein|heit, die: *durch Verstopfung der Talgdrüsen u. der Haarbalgdrüsen entstandener Pickel.*

haut|ver|jün|gend ⟨Adj.⟩: *die Haut pflegend, straffend, glättend u. dadurch jünger, frischer erscheinen lassend:* eine -e Creme.

Haut|ver|let|zung, die: *Hautwunde.*

Haut|ver|pflan|zung, die: *Hauttransplantation.*

haut|ver|träg|lich ⟨Adj.⟩: *schonend für die Haut, ihr nicht schadend, sie nicht angreifend:* eine -e Seife. Dazu: **Haut|ver|träg|lich|keit,** die.

Haut|wolf, der: *Wundsein, Entzündung in Bereichen der Haut, die sich flächenhaft berühren (z. B. an den Oberschenkeln) u. sich bei Bewegung häufig aneinanderreiben.*

Haut|wun|de, die: *Wunde an der Oberfläche, bei der vorwiegend die Haut verletzt ist.*

Haut|zel|le, die (Biol.): *die Haut (1 a) bildende Zelle* (5): abgestorbene -n werden abgestoßen.

Hau|werk, das [zu ↑ hauen] (Bergmannsspr.): *Haufwerk.*

¹Ha|van|na: *Hauptstadt Kubas.*

²Ha|van|na, die; -, -s: *Zigarre aus feinen kubanischen Tabaken mit vollem, aromatischem Geschmack.*

³Ha|van|na, der; -: *Zigarrentabak, der hauptsächlich als Deckblatt gebraucht wird.*

Ha|van|na|zi|gar|re, die: *²Havanna.*

Ha|va|rie, die; -, -n [niederl. averij, frz. avarie < ital. avaria < arab. ʿawār = Fehler, Schaden]: **1.** (Seew., Flugw.) a) *Unfall von Schiffen u. Flugzeugen:* es kam zu einer H.; b) *durch einen Unfall verursachter Schaden an Schiffen od. ihrer Ladung u. an Flugzeugen:* das Schiff lag mit schwerer H. im Hafen. **2.** [wohl nach russ. avarija] *Beschädigung, Schaden an größeren Maschinen, technischen Anlagen:* die Behebung einer H. in einem Kraftwerk. **3.** (bes. österr.) a) *Unfall eines Kraftfahrzeugs:* der Fahrer des Wagens hat sich bei der H. nicht verletzt; b) *durch einen Unfall entstandener Schaden an einem Kraftfahrzeug:* das Auto wurde mit schwerer H. abgeschleppt.

ha|va|rie|ren ⟨sw. V.; hat⟩: **1.** (Seew., Flugw.) *einen Unfall haben u. dabei beschädigt werden:* zwei Flugzeuge havarierten über einem Wohngebiet; ⟨oft im 2. Part.:⟩ ein havariertes Boot, Schiff. **2.** (bes. österr.) *einen Autounfall haben.*

Ha|va|rist, der; -en, -en (Seew.): **1.** *havariertes Schiff.* **2.** *Eigentümer eines havarierten Schiffes.*

Ha|va|ris|tin, die; -, -nen: w. Form zu ↑ Havarist (2).

Ha|vel [...fl̩], die; -: *rechter Nebenfluss der Elbe.*

Ha|waii, -s: **1.** *Hauptinsel der Hawaii-Inseln.* **2.** *Bundesstaat der USA auf der Hawaii-Inseln.*

Ha|wai|i|a|ner, der; -s, -: *Ew.*

Ha|wai|i|a|ne|rin, die; -, -nen: w. Form zu ↑ Hawaiianer.

ha|wai|i|a|nisch ⟨Adj.⟩: *aus Hawaii, Hawaii betreffend.*

Ha|wai|i|hemd, das: *buntes, mit Motiven, die für Hawaii als typisch gelten (z. B. Palmen), bedrucktes Herrenhemd mit halbem Arm, das meist über der Hose getragen wird.*

Ha|wai|i-In|seln, Ha|wai|i|in|seln ⟨Pl.⟩: *Inselgruppe im mittleren Nordpazifik.*

ha|wai|isch ⟨Adj.⟩: *hawaiianisch.*

Ha|xe: ↑ Hachse.

Haxl, das; -s, -n (bayr., österr.): *Hachse.*

Ha|zi|en|da, die; -, -s, auch: ...den [span. hacienda]: *Landgut, Farm bes. in Süd- u. Mittelamerika.*

Hb = *Hämoglobin.*

Hbf. = *Hauptbahnhof.*

H-Bom|be [ˈhaː...], die; -, -n [nach dem chem. Zeichen H für Wasserstoff]: *Wasserstoffbombe.*

h. c. = *honoris causa.*

HD-Dis|ket|te [haːˈdeː...], die [Abk. für engl. high density = hohe Dichte] (EDV): *Diskette mit großer Speicherkapazität.*

HDTV [haːdeːteːˈfaʊ], das; -[s] [Abk. für engl. high definition television]: *Fernsehsystem, das ein hochauflösendes Fernsehbild ermöglicht.*

H-Dur [ˈhaːduːɐ̯, auch: ˈhaːˈduːɐ̯], das (Musik): *auf dem Grundton H beruhende Durtonart* (Zeichen: H; Abk.: H).

H-Dur-Ton|lei|ter, die: *auf dem Grundton H beruhende Durtonleiter.*

he [mhd. hē] (ugs.): **1.** *Zuruf, mit dem jmds. Aufmerksamkeit erregt werden soll:* he [du], hörst du nicht?; he, komm mal her!; he, was macht ihr denn da? **2.** *Ausruf, der Erstaunen, Empörung, Abwehr ausdrückt:* he, was soll denn das!; he, lass das gefälligst!

He = *Helium.*

Head|ban|ging [ˈhɛdbɛŋɪŋ], das; -s [zu engl. headbanger = Verrückter, eigtl. jmd., der seinen Kopf ruckartig bewegt]: *heftige rhythmische Kopfbewegung (bes. bei stark rhythmisierter Musik).*

Head|coach [ˈhɛdkoʊtʃ], der; -[e]s, -[e]s [engl. head coach] (Sport, bes. Eishockey): *Cheftrainer.*

Hea|der [ˈhɛdɐ], der; -s, -s [engl. header, zu: head = Kopf] (EDV): *Angaben über Absender, Empfänger u. a. enthaltender Teil einer E-Mail, einer zu versendenden Datei o. Ä.*

Head|hun|ter [ˈhɛd...], der; -s, - [engl. headhunter, eigtl. = Kopfjäger, aus: head = Kopf u. ↑ Hunter] (Wirtschaftsjargon): *jmd., der Führungskräfte abwirbt.*

Head|hun|te|rin, die; -, -nen: w. Form zu ↑ Headhunter.

Head|line [ˈhɛdlaɪn], die; -, -s [engl. headline, zu: head = Kopf, Überschrift u. line = Linie, Zeile] (Zeitungsw., Werbespr.): *hervorgehobene [bes. auffallende] Überschrift in einer Zeitung, Anzeige o. Ä.; Schlagzeile.*

Head|li|ner [ˈhɛdlaɪnɐ], der; -s, - [engl.-amerik. headliner]: *Person, Gruppe o. Ä., die als Hauptattraktion bei einer Veranstaltung groß angekündigt wird.*

Head|quar|ter [ˈhɛdkwɔːtɐ], das; -s, -[s] [engl. headquarters, aus: head- = Haupt- u. quarters, Pl. von: quarter = Quartier]: **1.** ⟨Pl. -s⟩ engl. Bez. für: Hauptquartier. **2.** *Zentrale eines Großunternehmens od. einer Institution.*

Head|set [ˈhɛd...], das; -[s], -s [engl. head set, aus: head = Kopf u. set = ↑ ¹Set (1)]: *am Kopf zu tragende Kombination von Mikrofon u. Kopfhörer.*

Hea|ring [ˈhiːrɪŋ], das; -s, -s [engl. hearing, zu: to hear = (an)hören] (bes. Politik): *[öffentliches] Befragen, Anhören von Sachverständigen, Zeugen zu einem bestimmten Fall durch das Parlament, durch Ausschüsse o. Ä.; Anhörung.*

Hea|vi|side-Schicht, Hea|vi|side|schicht [ˈhɛvɪsaɪd...], die; - [nach dem brit. Physiker O. Heaviside (1850–1925)] (Physik): *elektrisch leitende Schicht in der Erdatmosphäre, die mittellange u. kurze elektrische Wellen reflektiert.*

hea|vy [ˈhɛvi] ⟨indekl. Adj.⟩ [engl. heavy < aengl. hefig, zu: hebban = (er)heben, verw. mit ↑ heben] (Jugendspr.): *schwer; schwierig:* die Sache ist h.

Hea|vy Me|tal [ˈhɛvi ˈmɛtl̩], das; -- [s] [engl., eigtl. = Schwermetall], **Hea|vy Rock** [ˈhɛvi -], der; -- [s] [engl.]: *aggressivere Variante des Hardrocks.* Dazu: **Hea|vy-Me|tal-Band,** die; **Hea|vy-Rock-Band,** die.

Heb|am|me [ˈheːpʔamə, ˈheːbamə], die; -, -n [mhd. heb(e)amme, eigtl. = Hebe-Amme, volksetym. umgedeutet aus ahd. hev(i)anna, eigtl. = Großmutter, die das Neugeborene (vom Boden) aufhebt, zu: hevan = heben u. ana = Ahnin, Großmutter]: *staatlich geprüfte Geburtshelferin (Berufsbez.).*

He|be (griech. Mythol.): *Göttin der Jugend.*

He|be|baum, der [mhd. hebeboom]: *Stange aus Eisen od. hartem Holz, mit der unter Ausnutzung der Hebelwirkung Lasten angehoben werden.*

He|be|büh|ne, die (Technik): *Vorrichtung mit einer [hydraulisch bewegten] Plattform, Schienen o. Ä., mit der etw. (z. B. Kraftfahrzeuge, Lasten) od. Personen zur Verrichtung von Arbeiten hochgehoben werden können.*

He|be|fi|gur, die (Eiskunstlauf, Rollkunstlauf): *Figur, bei der der Partner beim Weitergleiten u. Sichdrehen die Partnerin ein- od. beidarmig über den Kopf hebt.*

He|be|griff, der (Ringen): *Griff, mit dem der Gegner emporgehoben wird.*

He|be|kran, der: *bes. zum Heben von Lasten verwendeter Kran.*

He|bel, der; -s, - [spätmhd. hebel, zu ↑ heben]: **1. a)** (Physik) *um eine Achse od. einen Punkt drehbarer, starrer [stabförmiger] Körper, mit dessen Hilfe Kräfte übertragen werden:* ein einarmiger, zweiarmiger H.; Lastarm und Kraftarm eines -s; **b)** *einfaches Werkzeug in Form einer Stange o. Ä., mit dem unter Ausnutzung der Hebelkraft schwere Lasten, Gegenstände gehoben u. von der Stelle bewegt werden können:* mit einem H. konnte der Felsbrocken schließlich angehoben und fortbewegt werden; **ökonomischer H.* (DDR; *Maßnahme zur möglichst planmäßigen Entwicklung, Förderung der Wirtschaft;* LÜ aus dem Russ.); *[irgendwo] den H. ansetzen* (ugs.; *eine Sache in bestimmter Weise in Angriff nehmen, anpacken, mit ihr beginnen*); *am H./an den -n sitzen* (*an der Macht sein, eine entscheidende Machtposition innehaben*); *am längeren H. sitzen* (*mächtiger, einflussreicher als der Gegner sein, die gewisse Position innehaben*). **2.** *Griff an einer Maschine, einem Apparat, Gerät zum Ein- u. Ausschalten, Einstellen, Steuern o. Ä.:* einen H. bedienen, betätigen, [her]umlegen; den H. auf der richtigen H. drücken; **alle H. in Bewegung setzen* (ugs.; *alle denkbaren, nur möglichen Maßnahmen ergreifen, alles aufbieten*). **3.** (Judo) *Hebelgriff* (2).

He|bel|arm, der (Physik): *Teil eines Hebels* (1 a) *zwischen dem Drehpunkt u. dem Punkt, an dem die Kraft wirkt; der kurze und der lange H.; die beiden -e eines Hebels.*

He|bel|ge|setz, das ⟨o. Pl.⟩ (Physik): *Gesetz, nach dem bei einem Hebel* (1) *Gleichgewicht herrscht, wenn das Produkt aus Last u. Lastarm u. das Produkt aus Kraft u. Kraftarm gleich sind.*

He|bel|griff, der: **1.** (Ringen) *Griff, bei dem der Angreifer seine Arme od. seinen Oberkörper als Hebel* (1) *ansetzt.* **2.** (Judo) *Griff, bei dem es das Ziel ist, den Gegner durch Verdrehen od. Überdehnen der Armgelenke zur Aufgabe zu zwingen.*

He|bel|kraft, die: *durch einen Hebel* (1) *bewirkte Kraft.*

he|beln ⟨sw. V.; hat⟩: *mit einem Hebelgriff hochheben, fortbewegen.*

He|bel|wir|kung: 1. (Physik) *Kraftübertragung bei der Anwendung eines Hebels.* **2.** (bes. Wirtsch.) *überproportionale Auswirkung eingesetzter [finanzieller] Mittel:* mit kleinen Einsätzen eine große H. erzielen.

he|ben ⟨st. V.; hat⟩ [mhd. heben, ahd. hevan, heffan; urspr. = fassen, packen, ergreifen, nehmen]: **1. a)** *nach oben, in die Höhe bewegen, bringen; hochheben, emporheben:* eine Last, ein Gewicht mühelos, mit Leichtigkeit, mit einer Hand h.; der Dirigent hob den Taktstock; er hob sein Glas *(erhob es, nahm es vom Tisch auf)* und trank auf ihr Wohl; sie hob den Arm *(erhob ihn, streckte ihn hoch),* um sich bemerkbar zu machen; die Dünung hob das Schiff [in die Höhe]; er hob die Hand gegen seinen Bruder (geh.; *holte zum Schlag gegen ihn aus);* er hob den Blick zu ihr (geh.; *sah zu ihr auf);* gleichmütig die Schultern, Achseln h.; er hat einen neuen Rekord gehoben *(beim Gewichtheben aufgestellt);* Ü her]; Das wiederholt er gleich noch mal, sie solle nur nicht die Brauen h. *(fragend, zweifelnd hochziehen),* ob sie denn wirklich begreife, was das heißt (Chr. Wolf, Nachdenken 141); *****einen h.** (ugs.; *etw. Alkoholisches trinken):* wir gehen noch einen h.; komm, wir heben noch einen); **jmdn. hebt es** (ugs.; *jmd. muss sich [beinahe] übergeben, bekommt einen Brechreiz:* wenn ich das nur rieche, hebt es mich); **b)** *hochnehmen, in die Höhe bewegen u. in eine bestimmte andere Lage, an eine andere Stelle bringen:* jmdn. auf eine Bahre h.; sie hoben den Sieger auf die Schultern; sie hob das Kind aus dem Wagen; eine Tür aus den Angeln h.; er hob den Ball über den Torwart (Fußball); *schlug den Ball so, dass er in einem Bogen über den Torwart flog);* **c)** ⟨h. + sich⟩ *sich durch Heben* (1a, b) *von schweren Lasten zuziehen:* du hast dir einen Bruch gehoben. **2.** ⟨h. + sich⟩ **a)** *in die Höhe gehen, nach oben bewegt werden; hochgehen:* die Schranke hebt sich langsam; der Vorhang hob sich immer wieder unter dem tosenden Beifall; **b)** *(irgendwo) in die Höhe gehen, nach oben steigen; auf-, hochsteigen:* der Nebel hebt sich allmählich; Dann hob sich von der Stelle eine Rauchsäule ... und trieb einen Kopf aus, der quoll und dann auseinanderschlug wie ein Schirm (Gaiser, Jagd 89). **3.** *aus der Tiefe heraufholen, bergen; von unten zutage fördern:* ein gesunkenes Schiff h.; sie machten sich auf, um einen [verborgenen, vergrabenen] Schatz zu h. *(auszugraben).* **4. a)** *in seiner Wirkung, Entfaltung fördern, begünstigen; steigern, verbessern:* den Lebensstandard, den Wohlstand eines Landes h.; das hat sein Selbstbewusstsein gehoben; diese Werbung hebt den Umsatz; der dunkle Hintergrund hebt die Farben *(lässt sie besser hervortreten, steigert ihre Wirkung);* **b)** ⟨h. + sich⟩ *sich bessern, sich steigern:* seine Stimmung hob sich zusehends. **5.** (landsch.) *halten* (1 a) *od. hal mal einen Moment der Tasche h.?* **6.** (landsch.) *halten* (1 b). **7.** (landsch.) *einziehen* (8 a): Steuern, Gebühren h. **8.** ⟨h. + sich⟩ (dichter.) *beginnen, aufkommen; sich erheben:* draußen hob sich der Sturm.

He̱|ber, der; -s, -: **1.** (Fachspr., bes. Chemie) *Vorrichtung, Gerät in Gestalt einer Röhre zur Entnahme von Flüssigkeiten aus offenen Gefäßen mithilfe von Luftdruck.* **2.** Kurzf. von ↑ Gewichtheber.

He̱|be|rin, die; -, -nen: w. Form zu ↑ Heber (2).
◆ **Hé|ber|tist** [he...], der; -en, -en [nach dem Gründer u. Führer der Gruppierung, dem frz. Journalisten J. R. Hébert (1757–1794)]: *(während der Französischen Revolution) Angehöriger der radikalsten Gruppe im Nationalkonvent:* ...man hat die -en nur aufs Schafott geschickt, weil sie nicht systematisch genug verfuhren (Büchner, Dantons Tod I, 4).

He̱|be|satz, der (Steuerw.): *von den Gemeinden für ein Rechnungsjahr zu bestimmender Prozentsatz bei Gewerbe- u. Grundsteuer, durch den in gewissem Umfang das jeweilige Steueraufkommen beeinflusst wird.*

He̱|be|schiff, das: *Schiff mit Spezialausrüstung zum Heben* (3) *gesunkener Schiffe.*

He̱|be|schmaus, der [zu veraltet heben = richten]: *Bewirtung der Bauarbeiter durch den Bauherrn beim Richtfest; Richtschmaus.*

He̱|be|werk, das: Kurzf. von ↑ Schiffshebewerk.

He̱|be|zeug, das (Technik): *Vorrichtung zum Heben [u. Senken] von Lasten u. Personen.*

-he|big: drückt in Bildungen mit Kardinalzahlen aus, dass die beschriebene Sache eine bestimmte Anzahl von Hebungen (4) aufweist: sechshebig (z. B. sechshebige Verse).

He̱|brä|er, der; -s, - (bes. im A. T.): *Angehöriger des israelitischen Volkes.*

He̱|brä|er|brief, der ⟨o. Pl.⟩: *in Briefform abgefasste Schrift des Neuen Testaments.*

He̱|brai|cum, das; -s [spätlat. Hebraicus = hebräisch < griech. Hebraïkós]: *amtlicher Nachweis bestimmter Kenntnisse der hebräischen Sprache, die bes. für das Theologiestudium wichtig sind.*

he̱|brä|isch ⟨Adj.⟩: *die Hebräer betreffend, zu ihnen gehörend.*

He̱|brä|isch, das; -[s]: **a)** *das Hebräische;* **b)** *hebräische Sprache u. Literatur als Lehrfach.*

He̱|brä|i|sche, das; -n ⟨nur mit best. Art.⟩: *die hebräische Sprache.*

He̱|bra|is|mus, der; -, ...men: *charakteristische sprachliche Erscheinung des Hebräischen in einer anderen Sprache, bes. im Griechischen des Neuen Testaments.*

He̱|bra|ist, der; -en, -en: *Wissenschaftler auf dem Gebiet der Hebraistik.*

He̱|bra|is|tik, die; -: *Wissenschaft von der hebräischen Sprache u. Kultur (bes. des Alten Testaments).*

He̱|bra|is|tin, die; -, -nen: w. Form zu ↑ Hebraist.

he̱|bra|is|tisch ⟨Adj.⟩: *die Hebraistik betreffend, zum Gebiet der Hebraistik gehörend.*

He̱|bri|den ⟨Pl.⟩: *schottische Inselgruppe.*

He̱|bung, die; -, -en: **1.** *das Heben* (3): es gab Probleme bei der H. des Wracks. **2.** ⟨o. Pl.⟩ *das Heben* (4), *Steigern, Verbessern; Förderung:* das trug nicht gerade zur H. der allgemeinen Stimmung bei. **3.** (Geol.) *das Sichheben von Teilen der Erdkruste, z. B. bei vulkanischer Aktivität.* **4.** (Verslehre) *betonte Silbe eines Wortes im Vers.*

He̱|chel, die; -, -n [mhd. hechel, ahd. hachele, urspr. = Haken, Spitze, zu ↑ Haken] (Landwirtsch.): *kammartiges Gerät, an dessen spitzen Metallstiften Flachs- u. Hanffasern gereinigt, geglättet u. voneinander getrennt werden.*

He̱|chel|ei, die; -, -en (ugs. abwertend): *spöttisches, boshaftes Gerede über andere; Klatsch:* die -en in der Nachbarschaft sind unerträglich.

◆ **He̱|chel|krä|mer,** der [eigtl. = umherziehender Hechelverkäufer]: *Hausierer:* Hatte sie doch selbst vor vierzig Jahren ein Schwesterchen verloren, das gegen den fremden H. glich (Droste-Hülshoff, Judenbuche 27).

He̱|chel|ma|schi|ne, die; -, -n: *nach dem Prinzip einer Hechel arbeitende Maschine.*

¹**he̱|cheln** ⟨sw. V.; hat⟩ [mhd. hecheln, hachelin]: **1.** *mit der Hechel od. in der Hechelmaschine bearbeiten:* Flachs, Hanf, Jute h. **2. a)** (ugs. abwertend) *spöttische, boshafte Reden über andere führen; über jmdn., etw. herziehen, klatschen:* man hechelte viel über ihn; **b)** (veraltet abwertend) *durchhecheln, schlechtmachen:* Recht wie ein Mensch redet er, dachte er und lächelte heimlich über diese Gewohnheit der Leute, ihre eigene Art zu h. und sich selbst dabei auszunehmen (Th. Mann, Joseph 543).

²**he̱|cheln** ⟨sw. V.; hat⟩ [zu veraltet hechen = keuchen, lautm.]: **a)** *(bes. von Hunden) mit offenem Maul u. heraushängender Zunge rasch u. hörbar atmen:* der Schäferhund kam hechelnd angelaufen; **b)** (bes. Med.) *rasch u. oberflächlich atmen (bes. als bewusst eingesetzte Atemtechnik).*

Hecht, der; -[e]s, -e: **1.** [mhd. hech(e)t, ahd. hechit, hachit, zu ↑ Haken, viell. nach den scharfen Zähnen des Fisches] *(zu den Knochenfischen gehörender) räuberisch lebender Fisch mit lang gestrecktem, auf dem Rücken dunkel olivgrün bis graugrün, viell. gefärbtem Körper, schnabelartig abgeflachtem Maul u. starken Zähnen:* einen H. fangen, angeln; ***** der H. im Karpfenteich sein (ugs.; *durch seine Anwesenheit, bes. in einer langweiligen, nicht sehr aktiven Umgebung, Unruhe schaffen;* gepr. von dem dt. Historiker H. Leo [1799–1878], der den frz. Kaiser Napoleon III. in einem Aufsatz so nannte). **2.** (ugs.) *männliche Person, von der meist mit einer gewissen Bewunderung, Anerkennung gesprochen wird:* er ist noch ein ganz junger H. **3.** [wohl nach der hechtgrauen Färbung] (salopp) *dichter Tabaksqualm, sehr verbrauchte Luft in einem Raum:* hier drinnen ist wieder ein H., dass man kaum atmen kann!

he̱ch|ten ⟨sw. V.; ist⟩ [zu ↑ Hecht, nach der Ähnlichkeit der Bewegung mit der eines schnellenden Hechtes]: **1.** (Turnen, Schwimmen) **a)** *einen Hechtsprung ausführen, machen:* er hechtete mehrere Male; **b)** *sich mit einem Hechtsprung ins Wasser, über ein Turngerät bewegen:* sie hechtete ins Wasser, über den Kasten. **2.** *sich in einem Sprung mit gestrecktem Körper irgendwohin bewegen:* der Torwart hechtete in die bedrohte Ecke, nach dem Ball.

he̱cht|grau ⟨Adj.⟩ [nach der Farbe des Fisches]: *blaugrau.*

He̱cht|rol|le, die (Turnen): *Rolle vorwärts, bei der der Ansprung mit gestrecktem Körper erfolgte.*

He̱cht|sprung, der: **1.** (bes. Turnen) *Sprung [über ein Gerät] mit gestrecktem Körper:* ein H. mit ganzer Drehung am Langpferd. **2.** (Schwimmen) *flach angesetzter Kopfsprung ins Wasser mit völlig gestrecktem Körper.*

He̱cht|sup|pe, die: *nur in der Wendung* **es zieht wie H.** (ugs.; *es zieht sehr, es herrscht starker Luftzug;* viell. aus hebr. hech supha = wie starker Wind).

¹**Heck,** das; -[e]s, -e u. -s [aus dem Niederd. < mniederd. heck = Umzäunung (↑²Heck); der Platz des Steuermanns auf dem hinteren Oberteil des Schiffes war früher zum Schutz gegen überkommende Wellen mit einem Gitter umgeben]: *hinterster Teil eines Schiffes, Flugzeugs, Autos:* am H. der Jacht wehte eine Flagge; über das H. abpacken; das Höhenruder des Flugzeugs befindet sich am H.; der Wagen hat ein flaches H.

²**Heck,** das; -[e]s, -e [zu ↑ ¹Hecke] (nordd.): **1.** *eingezäuntes Stück Land; Weide, Koppel.* **2.** *Gattertür einer Koppel.*

He̱ck|an|trieb, der (Kfz-Technik): *auf die Hinterräder wirkender Antrieb; Hinterradantrieb.*

¹**He̱|cke,** die; -, -n [mhd. hecke, ahd. hegga, verw. mit ↑ Hag]: **a)** *Anzahl dicht beieinanderstehender Sträucher, Büsche mit vielen Zweigen; Gesträuch:* im hinteren Teil des Gartens wuchert eine niedrige H.; Er war in ein Dornenfeld geraten! Es war ein Gewirr niedriger -n mit sehr scharfen Dornen (Brecht, Geschichten 112); **b)** *als Umzäunung, Begrenzung angepflanzte, dichte, in sich geschlossene, ineinander verwachsene u. meist in eine bestimmte Form geschnittene Reihe von Büschen, Sträuchern:* eine gestutzte, niedrig gehaltene H.; eine H. um das Grundstück anpflanzen.

²**He̱|cke,** die; -, -n [rückgeb. aus ↑ hecken] (veraltet): **1. a)** *Zeit der Paarung u. des Brütens; Brut-*

Heckefeuer – Hefeweizenbier

zeit; **b)** *Ort der Paarung u. des Brütens:* die Vögel haben ihre H. verlassen. **2.** *Brut von Vögeln od. Wurf von kleineren Säugetieren:* eine ganze H. von Mäusen.

◆ **He|cke|feu|er:** mundartl. Nebenf. von ↑ Heckenfeuer.

he|cken ⟨sw. V.; hat⟩ [mhd. hecken = sich begatten (von Vögeln), wahrsch. Nebenf. von ↑ hacken] (veraltet, noch landsch.): *(von Vögeln u. kleineren, sich rasch vermehrenden Säugetieren) mehrere Junge auf einmal ausbrüten, werfen.*

◆ **He|cken|feu|er,** das; -s, - [zu ↑ hecken in der alten Bed. »in großer Zahl hervorbringen, reichlich erzeugen«]: *anhaltendes Gewehrfeuer der Infanterie, wobei immer abwechselnd einzelne Schützen aus dem Glied* (5 a) *vorspringen u. schießen:* Ü Wir lösen nicht, sondern suchen die Handfesten (= als Geschworene) aus. – Das muss gehen. Das wird ein gutes Heckefeuer geben (Büchner, Dantons Tod III, 2).

He|cken|ro|se, die: *als Strauch wachsende wilde Rose mit kräftigen, gekrümmten Stacheln, schwach behaarten Blättern, rosa bis weißen Blüten u. Hagebutten als Früchten.*

He|cken|sche|re, die: *Gartengerät in Gestalt einer großen Schere zum Beschneiden von angelegten* ¹Hecken, *bestimmten Ziersträuchern o. Ä.*

He|cken|schüt|ze, der [für frz. franc-tireur, ↑ Franktireur; nach antiken veralteten Zus. mit »Hecke«, die heimliches, verbotenes Tun bezeichnen] (abwertend): *jmd., der aus dem Hinterhalt auf eine Person schießt.*

He|cken|schüt|zin, die: w. Form zu ↑ Heckenschütze.

Heck|fän|ger, der (Seemannsspr.): *Fangschiff, bei dem das Schleppnetz nicht seitwärts, sondern über das Heck ausgeworfen u. eingeholt wird.*

Heck|fens|ter, das: *Fenster im Heck eines Autos.*

Heck|flag|ge, die (Seemannsspr.): *Flagge am Heck eines Schiffes, Bootes.*

Heck|flos|se, die: *flossenähnliche Verzierung der Karosserie am Heck mancher Autos.*

Heck|klap|pe, die: *größere Klappe, die den Koffer-, Laderaum bes. von Personenwagen mit Fließheck verschließt.*

heck|las|tig ⟨Adj.⟩: *mit dem Heck zu tief nach unten sinkend:* ein -es Auto; das Boot ist h.

Heck|leuch|te, die: *Rückleuchte.*

Heck|meck, der, auch: das; -s [H. u.; wohl affektive Doppelung (mit Anschluss an meckern)] (ugs. abwertend): *unnötige Umstände; Getue, Aufhebens; überflüssiges, nichtssagendes Gerede:* mach euch so viel H. und komm jetzt!

Heck|mo|tor, der; -s, -en, auch: -e: *im Heck eingebauter Motor.*

Heck|pfen|nig, der; -s, -e [zu ↑ hecken] (veraltet scherzh.): *Münze, die man nicht ausgeben soll, weil sie nach dem Volksglauben immer wieder neue Münzen erzeugt, immer für einen Geldvorrat sorgt.*

Heck|schei|be, die: *Scheibe des Heckfensters:* heizbare H.

Heck|spoi|ler, der: *Spoiler am Heck eines Autos.*

Heck|tür, die: *Tür am Heck von Kombi- od. Lieferwagen, die den Laderaum verschließt.*

he|da ⟨Interj.⟩ (veraltend): *hallo* (1).

He|de, die; -, -n [aus dem Niederd. < mniederd. hēde, eigtl. = Gehecheltes] (nordd.): *Abfall von Hanf od. Flachs; Werg.*

he|den ⟨Adj.⟩ (nordd.): *aus Hede bestehend, hergestellt.*

He|de|rich, der; -s, -e ⟨Pl. selten⟩ [mhd. hederich, ahd. hederih, zu lat. hederaceus = efeuähnlich]: *(zu den Kreuzblütlern gehörende) Pflanze mit weißen od. gelben, hellviolett geäderten Blüten u. Schotenfrüchten.*

Hedge|fonds, Hedge-Fonds [ˈhɛdʒfõː], der [engl. hedge fund, aus: to hedge = einhegen, einzäunen, absichern u. fund = Fonds] (Bankw.): *Investmentfonds mit hochspekulativer Anlagestrategie.*

Hedge|fund, Hedge-Fund [ˈhɛdʒfʌnd], der; -s, -s (bes. schweiz.): engl. Bez. für ↑ Hedgefonds.

Hedge|ge|schäft [ˈhɛdʒ...], das; -[e]s, -e [zu engl. hedge = zur Abdeckung eines Risikos abgeschlossenes Geschäft, eigtl. = Hecke; Schutz, verw. mit ↑ ¹Hecke] (Wirtsch.): *besondere Art eines Warentermingeschäfts (z. B. Rohstoffeinkauf), das zur Absicherung gegen Preisschwankungen mit einem anderen, auf den gleichen Zeitpunkt terminierten Geschäft (z. B. Produktverkauf) gekoppelt wird.*

He|do|nis|mus, der; - [zu griech. hēdoné = Vergnügen, Lust u. ↑-ismus] (Philos.): *in der Antike begründete philosophische Lehre, Anschauung, nach der das höchste ethische Prinzip das Streben nach Sinnenlust u. -genuss ist, das private Glück in der dauerhaften Erfüllung individueller physischer u. psychischer Lust gesehen wird.*

He|do|nist, der; -en, -en: **1.** (Philos.) *Anhänger, Vertreter der Lehre des Hedonismus.* **2.** (bildungsspr.) *jmd., dessen Verhalten vorwiegend von der Suche nach Lustgewinn, Sinnengenuss bestimmt ist.*

He|do|nis|tin, die; -, -nen: w. Form zu ↑ Hedonist.

he|do|nis|tisch ⟨Adj.⟩: **1.** (Philos.) *den Hedonismus betreffend, auf ihm beruhend, zu ihm gehörend.* **2.** (bildungsspr.) *den Hedonisten* (2) *betreffend; in der Art eines Hedonisten; nach Lustgewinn, Sinnengenuss strebend.*

He|dsch|ra, Hidschra, die; - [arab. hiǧra^h = Auswanderung]: *Auswanderung Mohammeds im Jahre 622 von Mekka nach Medina, Beginn der islamischen Zeitrechnung.*

Heer, das; -[e]s, -e [mhd. her(e), ahd. heri, urspr. subst. Adj. u. eigtl. = das zum Krieg Gehörige]: **1. a)** *Gesamtheit der Streitkräfte, gesamte Streitmacht eines Staates, Landes; Armee:* das siegreiche, geschlagene H. eines Landes; das stehende H. (Militär: *der auch im Frieden in ständiger Bereitschaft stehende Teil eines Heeres*); **b)** *für den Landkrieg bestimmter Teil der Streitkräfte eines Staates, Landes.* **2.** *sehr große Anzahl, große Menge:* ein H. von Urlaubern bevölkerte den Strand; ein H. [von] Ameisen krabbelte/krabbelten über den Weg.

Heer|bann, der; mhd. herban, ahd. heriban = Aufgebot der waffenfähigen Freien zum Kriegsdienst] (Geschichte): **a)** *(im frühen deutschen MA.) vom König od. Herzog erlassener Aufruf, militärisches Aufgebot* (5 a) *zum Kriegsdienst:* dem H. folgen; **b)** *durch den Heerbann* (a) *aufgebotenes Kriegsheer: ein mächtiger, starker H.;* **c)** *zu zahlende Strafe bei Nichtbefolgung des Heerbanns* (a).

Hee|res|amt, das ⟨o. Pl.⟩: *dem Führungsstab* (1 a) *des Heeres unterstellte Dienststelle der Bundeswehr, die für die Materialbeschaffung u. -verwaltung sowie die Ausbildung der einzelnen Truppengattungen zuständig ist.*

Hee|res|be|richt, der (Militär): *Bericht, Nachrichten der Heeresleitung über die neueste Ereignisse auf einem Kriegsschauplatz.*

Hee|res|be|stand, der ⟨meist Pl.⟩: *Bestand, vorhandener Vorrat an Dingen, die zur Ausrüstung, Versorgung, Verwaltung o. Ä. eines Heeres* (1) *benötigt werden: Fahrzeuge, Nahrungsmittel, Wolldecken aus Heeresbeständen.*

Hee|res|dienst, der ⟨o. Pl.⟩: *militärischer Dienst im Heer* (1 b).

Hee|res|flie|ger, der (Militär): **1.** *Soldat der Truppengattung Heeresflieger* (2). **2.** ⟨Pl.⟩ *zu den Kampfunterstützungstruppen gehörende Truppe des Heeres, deren Aufgaben der Transport von Truppen, Material usw., die Panzerabwehr sowie Verbindungs- u. Aufklärungsflüge sind.*

Hee|res|grup|pe, die (Militär): *mehrere Armeen umfassender Teil des Heeres* (1 b).

Hee|res|lei|tung, die (Militär): *oberste Kommandobehörde eines Heeres* (1 b).

Hee|res|zug: ↑ Heerzug.

Heer|fahrt, die [mhd. hervart, ahd. herfart]: *(im MA.) Kriegszug [der Lehnsleute].*

Heer|füh|rer, der [spätmhd. herfuerer]: *[oberster] Befehlshaber eines Heeres im Krieg.*

Heer|füh|re|rin, die: w. Form zu ↑ Heerführer.

Heer|hau|fe, Heer|hau|fen, der (veraltet): *Teil eines Feldheeres, [ungeordnete] größere Anzahl Bewaffneter, Soldaten:* feindliche Heerhaufen marschierten auf die Stadt zu.

Heer|la|ger, das: *Feldlager.*

Heer|schar, die ⟨meist Pl.⟩ [mhd. herschar] (veraltet): *Teil eines Feldheeres; Truppe:* germanische -en; Ü auf die Anzeige hin meldeten sich ganze -en (ugs.; *eine große Menge*) von Bewerbern; die himmlischen -en (bibl.; *die Engel*).

Heer|schau, die [mhd. herschouwe = Besichtigung eines Heeres]: **1.** (veraltend) *Aufzug, Aufmarsch von Truppen vor Befehlshabern.* **2.** *große Zusammenkunft u. Präsentation der Mitglieder einer bestimmten Gruppe:* die Messe war die erwartete H. der internationalen Automobilbranche; H. halten (veranstalten).

Heer|stra|ße, die [mhd. herstrâʒe, ahd. heristrâʒa] (veraltet): *breite Straße, die bes. für den Durchzug von Truppen geeignet ist.*

Heer|we|sen, das ⟨o. Pl.⟩: *alles, was mit dem Heer* (1) *zusammenhängt einschließlich Funktion, Organisation u. Verwaltung.*

Heer|zug, Heereszug, der: **1.** *in einem langen Zug, in langer Kolonne sich bewegendes Feldheer:* der H. näherte sich der befestigten Stadt. **2.** *Feldzug* (1).

He|fe, die; -, ⟨Arten:⟩ -n [mhd. heve, ahd. hevo, zu ↑ heben, eigtl. = Hebemittel]: *aus Hefepilzen bestehende Substanz, die als Gärungs- u. Treibmittel bei der Herstellung bestimmter alkoholischer Getränke u. zum Treiben von Teig für bestimmte Backwaren verwendet wird:* in Brauereien werden verschiedene -n verwendet; H. zum Backen kaufen, ansetzen; Kuchen mit H. backen.

He|fe|brot, das: *aus Hefeteig hergestelltes Brot.*

He|fe|ex|trakt, der, auch: das: *aus Hefe gewonnener Extrakt, der vor allem als Geschmacksverstärker verwendet wird.*

He|fe|ge|bäck, das: *aus Hefeteig hergestelltes Gebäck.*

He|fe|kloß, der: *aus Hefeteig hergestellter, in Salzwasser gekochter od. in Dampf gegarter Kloß: die Hefeklöße müssen noch aufgehen;* *aufgehen wie ein H.* (ugs. scherzh.; *[ziemlich schnell] sehr dick werden*): ich bin aufgegangen wie ein H., seit ich nicht mehr rauche.

He|fe|kranz, der: *aus Hefeteig hergestellter Kranzkuchen.*

He|fe|ku|chen, der: *aus Hefeteig hergestellter Kuchen.*

He|fe|pilz, der: *(zahlreiche Vitamine, bes. Vitamin B enthaltender) einzelliger, mikroskopisch kleiner Schlauchpilz, der sich durch Sprossung vermehrt u. Gärung bewirkt.*

He|fe|stück, das (Kochkunst): *Vorteig.*

He|fe|stück|chen, das: *kleines, aus Hefeteig hergestelltes Gebäckstück [mit Füllung u. Glasur].*

He|fe|teig, der: *Kuchen- od. Brotteig, bei dem Hefe als Treibmittel verwendet wird.*

He|fe|wei|zen, He|fe|wei|zen|bier, das: *Weizenbier, das durch eine Mischgärung von Hefen u. Milchsäurebakterien gewonnen wird u. von Natur trüb ist.*

He|fe|zel|le, die (Biol.): *Zelle (5) der Hefe.*
He|fe|zopf, der: *aus Hefeteig hergestellter Zopf (2).*
he|fig ⟨Adj.⟩: *Hefe enthaltend; nach Hefe schmeckend:* der Teig schmeckt etwas h.
¹Heft, das; -[e]s, -e [mhd. hefte, ahd. hefti, eigtl. = das Fassende, Packende, verw. mit ↑ heben] (geh.): *Griff einer Stichwaffe, seltener auch eines Werkzeugs:* das H. des Messers, der Sichel; Sehr ließ er ihn nahen, ganz heran, griff im genauesten Augenblick den Degen vom Boden auf und stieß dem Tiere blitzschnell den schmalen und blanken Stahl bis halb zum H. in den Nacken (Th. Mann, Krull 435); * **das H. in die Hand nehmen** (geh.; *die Leitung von etw., die Macht übernehmen*); **das H. in der Hand haben/behalten** (geh.; *die Macht innehaben; Herr der Lage sein, bleiben*); **das H. aus der Hand geben** (geh.; *die Leitung von etw. abgeben, die Macht aus der Hand geben*); **jmdm. das H. aus der Hand nehmen** (geh.; *jmdm. die Leitung von etw. wegnehmen, die Macht entreißen*).
²Heft, das; -[e]s, -e [rückgeb. aus ↑ heften (3b)]: **a)** *bestimmte Anzahl von Blättern, die durch einen Einband zusammengehalten werden:* ein leeres H.; die Lehrerin lässt die -e einsammeln; etw. in ein H. eintragen; **b)** *Nummer einer Zeitschrift:* der Beitrag erscheint in H. 5; **c)** *kleineres, nicht gebundenes Druck-Erzeugnis; dünnes, broschiertes Buch; Druckschrift.*
Heft|chen, das; -s, -: **1.** *kleines, dünnes ²Heft* (a, c). **2.** (oft abwertend) *dünne, nicht gebundene Druckschrift, die Comics, Kriminal- u. Groschenromane, Pornos o. Ä. zum Inhalt hat.*
hef|teln: ↑ häfteln.
hef|ten ⟨sw. V.; hat⟩ [mhd., ahd. heften = haftend machen, befestigen, zu dem ↑ -haft zugrunde liegenden Adj.]: **1.** *mit einer Klammer, Nadel, Reißzwecke o. Ä. oft nur provisorisch, vorläufig an etw. befestigen, anbringen:* einen Zettel an die Tür h.; Ü den Sieg an seine Fahnen h. (geh.; *siegen*); Keine Legende wird sich an seinen Namen h. (*wird sich mit seinem Namen verbinden;* Hochhuth, Stellvertreter 65). **2.** (geh.) **a)** *(die Augen, den Blick) unverwandt, starr auf jmdn., etw. richten, gerichtet halten u. nicht davon abwenden:* er heftete seine Augen fest auf den Boden; **b)** ⟨h. + sich⟩ *(von Augen, Blicken) sich unverwandt, starr auf jmdn., etw. richten u. sich nicht davon abwenden:* sein Blick heftete sich auf ihn; ...dass ihre Augen sich mit stillem Forschen auf seinen linken Arm, auf seine Hand hefteten (Th. Mann, Hoheit 199). **3. a)** (Schneiderei) *mit Nadeln od. mit locker u. in weiten Abständen durch das Gewebe geführten Stichen vorläufig zusammenhalten:* die zugeschnittenen Stoffteile zuerst h.; **b)** (Buchbinderei) *mit Fäden od. Klammern aus dünnem Draht zu einem Heft, Buchblock zusammenfügen, verbinden:* die Broschüre ist nur geheftet.
Hef|ter, der; -s, -: **1.** *Mappe, in der Schriftstücke mittels einer Klammer, einem Bügels o. Ä. abgeheftet werden; Schnellhefter.* **2.** *kleinere Heftmaschine zum Zusammenheften einzelner Blätter.*
Heft|garn, das: *lose gedrehter Zwirn von geringer Festigkeit, der bes. zum Heften in der Schneiderei verwendet wird.*
hef|tig ⟨Adj.⟩ [mhd. heftec = haftend; beharrlich, zu dem ↑ -haft zugrunde liegenden Adj.; die heutige Bed. wohl unter Einfluss von mhd. heifte = ungestüm]: **1.** *von starkem Ausmaß, großer Intensität; sich mit großer Stärke, Wucht, großem Schwung, Ungestüm auswirkend; in hohem Maße, stark, gewaltig:* ein -er Regen; ein -er Aufprall, Schlag; einen -en Schmerz verspüren; ein -e Leidenschaft; eine -e (*leidenschaftlich geführte*) Auseinandersetzung; (*erbitterte*) Kämpfe; die Schmerzen

waren h., wurden immer -er; es schneit h.; er warf die Tür h. ins Schloss; h. atmen, zittern; sie haben sich h. (*leidenschaftlich, erbittert, sehr*) gestritten, gewehrt; sich h. (*leidenschaftlich*) verlieben; Der Vortrag war ein Riesenerfolg. Heftig applaudierte das gelehrte Publikum (Süskind, Parfum 182). **2.** *leicht erregbar, aufbrausend, nicht gelassen; ungezügelt, unbeherrscht:* er ist ein sehr -er Mensch; er antwortete in -em (*scharfem*) Ton.
Hef|tig|keit, die; -, -en: **1.** ⟨o. Pl.⟩ *das Heftigsein; große Stärke, Intensität, Wucht; starkes Ausmaß:* der Sturm, die Kämpfe nahmen an H. zu. **2. a)** ⟨o. Pl.⟩ *heftige (2) Art; das Aufbrausen, Erregtsein; Ungezügeltheit, Unbeherrschtheit:* seine H. war ihr nicht neu; die H. (*Schärfe*) seines Tones war verletzend; **b)** (selten) *heftige (2) Äußerung, Handlung.*
Heft|klam|mer, die: **1.** *kleine Klammer aus Draht, mit der Papier- od. Druckbogen maschinell zusammengeheftet werden.* **2.** *Büroklammer.*
Heft|ma|schi|ne, die: *Maschine zum Zusammenheften von Druckbogen, gefalzten Papierbogen (für Broschüren od. Bücher) mittels Klammern aus Draht od. Fäden.*
Heft|pflas|ter, das: *mit einem Klebstoff [u. einer Auflage aus Mull] versehener Gewebe- od. Plastikstreifen zum Bedecken von Wunden, Befestigen von Verbänden o. Ä.:* ein H. auf die Wunde kleben.
Heft|strei|fen, der: *metallene Klammer in einem gelochten Plastikstreifen, mit der die gelochte Blätter zusammengeheftet werden und die sich ihrerseits in einen Ordner abheften lässt.*
Hel|ge, die; - [mhd. hege, ahd. hegī = Umzäunung, zu ↑ hegen) (Forstwirtsch., Jagdwesen): *Gesamtheit der Maßnahmen zur Pflege u. zum Schutz von Pflanzen u. Tieren (bes. Wild u. Fischen).*
He|ge|lia|ner, der; -s, - [nach dem dt. Philosophen G. W. F. Hegel (1770 – 1831)]: *Anhänger, Vertreter der Philosophie Hegels od. einer der philosophischen Richtungen, die sich an Hegel anschließe.*
He|ge|lia|ne|rin, die; -, -nen: w. Form zu ↑ Hegelianer.
he|ge|lia|nisch ⟨Adj.⟩: *die Philosophie u. die Nachfolge Hegels, den Hegelianismus betreffend; dem Hegelianismus entsprechend, gemäß:* -e Schriften; h. argumentieren.
He|ge|lia|nis|mus, der; -: *Gesamtheit der philosophischen Richtungen im Anschluss an Hegel.*
he|gelsch ⟨Adj.⟩: *die Philosophie Hegels betreffend, ihr entsprechend, in der Art Hegels:* -es/ Hegel'sches Gedankengut.
He|ge|mon, der; -en, -en [griech. hēgemṓn, zu: hēgeĩsthai = (an)führen] (bildungsspr.): *jmd., der die Vorherrschaft über andere Herrschende hat.*
he|ge|mo|ni|al ⟨Adj.⟩: *die Hegemonie betreffend, auf ihr beruhend, sie erstrebend:* -e Bestrebungen.
He|ge|mo|ni|al|an|spruch, der: *Anspruch eines Staates auf Vorherrschaft, auf eine Vormachtstellung.*
He|ge|mo|ni|al|macht, die: *Hegemonialstaat.*
He|ge|mo|ni|al|staat, der: *Staat, der die Vorherrschaft, eine Vormachtstellung innehat, auszubauen trachtet.*
He|ge|mo|nie, die; -, -n [griech. hēgemonía, eigtl. = das Anführen]: **1.** *Vorherrschaft, Vormachtstellung, die ein Staat gegenüber einem od. mehreren anderen Staaten besitzt.* **2.** *faktische Überlegenheit politischer, wirtschaftlicher o. Ä. Art:* politische, militärische H. einer Gesellschaftsschicht.
he|ge|mo|nisch ⟨Adj.⟩ [griech. hēgemonikós =

zum Anführer gehörend, ihm eigen]: *die Hegemonie betreffend, auf ihr beruhend.*
he|gen ⟨sw. V.; hat⟩ [mhd. hegen = umzäunen, umschließen; abgrenzen, schonen, pflegen, bewahren, ahd. heg(g)an = mit einem Zaun, einer Hecke umgeben, zu ↑ Hag]: **1. a)** (bes. Forstwirtsch., Jagdw.) *(Tiere u. Pflanzen) mit entsprechenden Maßnahmen pflegen u. schützen:* neu angelegte Baumkulturen h.; der Förster hegt den Wald, das Wild; **b)** *jmdm., einer Sache sorgfältige Pflege angedeihen lassen; sorgsam über jmdn., etw. wachen:* sie verbringt ihre Tage fast nur noch damit, ihre Antiquitäten zu h.; * **h. und pflegen** (1. *mit liebevoller Fürsorge umgeben:* als er krank war, hat sie ihn gehegt und gepflegt [wie eine Mutter ihr Kind]. 2. *sich in besonderer Weise bemühen, etw. aufrechtzuerhalten:* seinen Ruf h. und pflegen). **2.** (geh.) *als Empfindung, als Vorhaben o. Ä. in sich tragen, bewahren; nähren:* eine Abneigung, ein Misstrauen gegen jmdn. h.; Achtung für jmdn. h.; Zweifel h. (*zweifeln*); bestimmte Erwartungen h. (*etw. Bestimmtes erwarten*).
Hel|ger, der; -s, -: Kurzf. von ↑ Wildheger.
He|ge|rin, die; -, -nen: w. Form zu ↑ Heger.
He|ge|wald, der: *zu bestimmten Zwecken geschonter, nicht der normalen forstwirtschaftlichen Nutzung unterliegender Wald.*
He|ge|zeit, die; (Jägerspr.): *Schonzeit.*
He|gu|me|nos, der; -, ...oi [spätgriech. hēgoúmenos = Vorsteher, subst. 1. Part. von: hēgeĩsthai = führen, anführen]: *Vorsteher eines orthodoxen Klosters.*
Hehl, der od. das; -[e]s [mhd. hæle = Verheimlichung, ahd. hāla = das Verbergen, zu ↑ hehlen]: **1.** in der Wendung **einen/ein H. aus etw. machen** (meist verneint; *etw. verheimlichen, verbergen:* er machte aus seiner Abneigung kein[en], nie ein[en] H.). ◆ **2.** * **es nicht/ kein[en] H. haben** (*nicht verhehlen*).
heh|len ⟨sw. V.; hat⟩ [mhd. heln, ahd. helan = bedecken, verbergen, verstecken, ablautend verw. mit ↑ hüllen, ↑ Halle]: **1.** (veraltet) *verbergen, verheimlichen, verhehlen:* ◆ Beschlüsse..., die man vor uns zu h. nötig achtet (Schiller, Wallensteins Tod I, 5). **2.** (selten) *eine Straftat, bes. einen Diebstahl od. einen Raub, verbergen helfen.*
Hehller, der; -s, - [mhd. hælære]: *jmd., der Hehlerei begeht.*
Heh|le|rei, die; -, -en (Rechtsspr.): *Straftat, die begeht, wer eine Sache, die ein anderer gestohlen hat, ankauft od. sich beschafft u. diese weiterverkauft od. weiterzuverkaufen hilft.*
Heh|le|rin, die; -, -nen: w. Form zu ↑ Hehler.
hehr ⟨Adj.⟩ [mhd., ahd. hēr = erhaben, vornehm; herrlich; heilig; hochmütig, urspr. = grau(haarig), ehrwürdig] (geh.): *durch seine Großartigkeit, Erhabenheit beeindruckend; erhaben, Ehrfurcht gebietend:* ein -er Anblick, Augenblick; -e Ziele haben.
hei ⟨Interj.⟩ [mhd. hei]: Ausruf ausgelassener Freude, Munterkeit, Lustigkeit: h., war das eine Fahrt!; h., ist das ein Vergnügen!
heia: in der Wendung **h. machen** (Kinderspr.; *schlafen;* meist in Aufforderungen: du musst jetzt erst mal h. machen).
Heia, die; -, -[s] ⟨Pl. selten⟩ (Kinderspr.): *Bett:* jetzt aber ab in die H.! (*jetzt ist es Zeit, schlafen zu gehen!*).
heia|po|peia ⟨Interj.⟩ (Kinderspr.): ↑ eiapopeia.
hei|da [auch: ˈhaida] ⟨Interj.⟩: hei.
¹Heilde, der; -n, -n [mhd. heiden, ahd. heidano = Heide, wohl über das Got. (vgl. got. haiþno = Heidin) zu gleichbed. spätgriech. (tà) éthnē, eigtl. = die Völker, Pl. von griech. éthnos = Volk u. volksetym. angelehnt an ↑ ²Heide] (Rel., sonst veraltend): *jmd., der nicht der christlichen, jüdi-*

schen od. muslimischen Religion angehört; jmd., der nicht an Gott glaubt [u. noch bekehrt werden muss]: H. sein; den -n das Evangelium verkünden.

²**Hei|de,** die; -, -n [mhd. heide, ahd. heida, eigtl. = unbebautes, wild grünendes Land, Waldgegend; Heidekraut]: **1.** *weite, meist sandige u. überwiegend baumlose Ebene, die bes. mit Heidekrautgewächsen u. Wacholder bewachsen ist:* eine blühende H.; die grüne H.; durch die H. wandern; er durchquerte die schmale H. eines Hochtales (Ransmayr, Welt 14); * *... dass die H. wackelt* (salopp; *sehr heftig;* oft als Drohung: wenn du wieder nicht hörst, bekommst du Prügel, dass die H. wackelt). **2.** ⟨o. Pl.⟩ *Heidekraut:* H. pflücken. **3.** (nordd., ostmd.) *kleinerer [Nadel]wald [auf Sandboden].*

Hei|de|flä|che, die: *aus* ²*Heide* (1) *bestehende Fläche.*

Hei|de|ge|biet, das: *aus* ²*Heide* (1) *bestehendes Gebiet.*

Hei|de|kraut, das: *(auf Sand- u. Moorboden) in Zwergsträuchern wachsende Pflanze mit kleinen, nadelähnlichen Blättern u. sehr kleinen, meist lilaroten Blüten, die in Trauben am oberen Teil der Stängel sitzen.*

Hei|de|kraut|ge|wächs, das ⟨meist Pl.⟩: *in vielen verschiedenen Arten vorkommende, in [Zwerg]sträuchern wachsende Pflanze mit zuweilen nadelförmigen Blättern u. meist glockenförmigen Blüten.*

Hei|de|land, das ⟨o. Pl.⟩: *aus* ²*Heide* (1) *bestehende Nutzungsfläche.*

Hei|de|land|schaft, die: *aus* ²*Heide* (1) *bestehende Landschaft.*

Hei|del|bee|re, die; -, -n [mhd. heidelber, zu älter mhd. heitber, ahd. heitperi = auf der ²Heide wachsende Beere]: **1.** *(zu den Heidekrautgewächsen gehörender, in Wäldern u.* ²*Heiden* 1 *wachsender) Zwergstrauch mit kleinen, eiförmigen, fein gesägten Blättern u. blauschwarzen Beeren, die zu Saft, Kompott, Marmelade o. Ä. verarbeitet werden.* **2.** *Frucht der Heidelbeere* (1): *-n pflücken.*

Hei|del|beer|kraut, das ⟨o. Pl.⟩: *Sträucher der Heidelbeere.*

Hei|del|berg: Stadt am unteren Neckar.

¹**Hei|del|ber|ger,** der; -s, -: Ew. zu ↑Heidelberg.

²**Hei|del|ber|ger** (indekl. Adj.): die H. Altstadt.

Hei|del|ber|ge|rin, die; -, -nen: w. Form zu ↑¹Heidelberger.

Hei|de|ler|che, die: *in baumarmen, trockenen Landschaften u. Heidegebieten lebende Lerche.*

Hei|den- [in der Vorstellung der Christen waren die Heiden etw. Schreckliches, Furchterregendes] (ugs. emotional verstärkend): drückt in Bildungen mit Substantiven einen besonders hohen Grad von etw. aus: Heidendurcheinander, -schreck, -stunk.

Hei|den|angst, die ⟨o. Pl.⟩ (ugs. emotional verstärkend): *sehr große Angst vor jmdm., etw.:* vor einer Prüfung, Entdeckung eine H. haben; die Kinder hatten eine H. vor ihm.

Hei|den|ar|beit, die ⟨o. Pl.⟩ (ugs. emotional verstärkend): *mit sehr viel Mühe, großem Zeitaufwand verbundene Arbeit:* das ist eine H.

Hei|den|christ, der: *(im Ur- und Frühchristentum im Unterschied zum Judenchristen) Christ nicht jüdischer Herkunft.*

Hei|den|chris|ten|tum, das: *(in ur- u. frühchristlicher Zeit) durch die Mission des Apostels Paulus unter den nicht jüdischen Völkern begründetes Christentum.*

Hei|den|chris|tin, die: w. Form zu ↑Heidenchrist.

Hei|den|geld, das ⟨o. Pl.⟩ (ugs. emotional verstärkend): *sehr große Geldsumme:* die neue Stadtbahn hat ein H. gekostet.

Hei|den|lärm, der (ugs. emotional verstärkend): *sehr großer, als äußerst störend empfundener Lärm.*

hei|den|mä|ßig ⟨Adj.⟩ (ugs. emotional verstärkend): *äußerst groß, unmäßig, sehr viel:* eine -e Anstrengung; sie haben daran h. verdient.

Hei|den|re|s|pekt, der (ugs. emotional verstärkend): *aus bestimmtem Grund bestehender großer Respekt vor jmdm., etw.:* die Klasse hat vor diesem Lehrer einen H.

Hei|den|rös|chen, das: ↑Heideröschen.

Hei|den|spaß, (österr. auch:) **Hei|den|spass,** der ⟨o. Pl.⟩ (ugs. emotional verstärkend): *sehr großer Spaß.*

Hei|den|spek|ta|kel, der (ugs. emotional verstärkend): *sehr großer, als störend empfundener Lärm, Aufruhr, Tumult:* die Kinder machen einen H.

Hei|den|tum, das; -s [mhd. heidentuom, ahd. heidantuom]: **a)** *Zustand des Nicht-zum-Christentum-bekehrt-Seins; Religionen u. religiöse Vorstellungen der* ¹*Heiden:* im antiken H.; **b)** *Gesamtheit der* ¹*Heiden, heidnische Welt.*

Hei|de|rös|chen, Heidenröschen, das; -s, -: *kleine krautige Pflanze mit schmalen Blättern, holzigem Stängel u. zitronen- bis goldgelben, selten weißen Blüten.*

Hei|de|ro|se, die: *Heideröschen.*

hei|di ⟨Interj.⟩ [Verstärkung von ↑hei]: Ausruf zur Kennzeichnung einer schnellen Fortbewegung, eines raschen Fortgangs von etw.: sie setzten sich auf den Schlitten, und [ab] h. gings den Berg hinunter; * **h. gehen** (ugs.; ↑hopsgehen 2); **h. sein** (ugs.; ↑hops).

Hei|din, die; -, -nen: w. Form zu ↑¹Heide.

heid|nisch ⟨Adj.⟩ [mhd. heidenisch, ahd. heidanisc]: *die* ¹*Heiden u. ihren Kult betreffend, dazu gehörend, von dorther stammend; für die* ¹*Heiden charakteristisch, ihrer Art entsprechend:* eine -e Kultstätte; ein -er Brauch; -e Kunst; in -er (vorchristlicher) Zeit; h. denken.

Heid|schnu|cke, die; -, -n [1. Bestandteil zu ↑²Heide, 2. Bestandteil H. u., viell. zu (m)niederd. snukken = einen Laut ausstoßen, lautm.]: *(in der Lüneburger Heide gezüchtetes) kleines, genügsames Schaf mit grauem bzw. weißem Fell u. kurzem Schwanz.*

hei|kel ⟨Adj.; heikler, -ste⟩ [16. Jh., H. u.]: **1.** *schwierig, gefährlich (sodass man nicht recht weiß, wie man sich verhalten soll):* eine heikle Sache; ein heikles Thema; eine heikle Frage berühren; die Sache ist äußerst h.; ihre Lage wurde immer heikler. **2.** (österr., sonst landsch.) *wählerisch [im Essen], schwer zufriedenzustellen:* h. sein.

heil ⟨Adj.⟩ [mhd., ahd. heil = gesund; unversehrt, gerettet, urspr. wohl Wort des kultischen Bereichs]: **a)** *unversehrt, (bei etw.) unverletzt:* -e Glieder haben; h. am Ziel ankommen; er hat den Unfall h. überstanden; **b)** *wieder gesund; geheilt:* das Knie, die Wunde ist inzwischen h.; ...dass man die Schmerzen mit der Aussicht ertragen kann, wieder h. zu werden (Remarque, Westen 92); **c)** (bes. nordd.) *nicht entzwei od. [teilweise] zerstört, sondern ganz, intakt:* eine -e (nicht zerrissene od. reparaturbedürftige) Hose; die Stadt war im Krieg h. geblieben; das Glas war noch h. (nicht zerbrochen, hatte noch keinen Sprung); eine Puppe h. machen (fam.; *ausbessern, reparieren*).

Heil, das; -[e]s [mhd. heil = Glück; (glücklicher) Zufall; Gesundheit; Heilung, Rettung, Beistand, ahd. heil = Glück, Verwandtschaft mit ↑heil nicht sicher geklärt]: **a)** *etw., was jmdm. das ersehnte Gute bringt; jmds. Wohlergehen, Glück:* eine H. bringende Wirkung; sein H. in der Entsagung, Vergangenheit suchen; sein H. nur im Alkohol sehen; bei jmdm. [mit etw.] sein H. versuchen (*Erfolg zu haben versuchen*); (als Gruß- od. Wunschformel:) H. den Siegern!; * **sein H. in der Flucht suchen** (*fliehen, davonlaufen*); **b)** (Rel.) *Erlösung von Sünden u. ewige Seligkeit:* das ewige H.; das H. seiner Seele; die H. bringende Botschaft.

Hei|land, der; -[e]s, -e [mhd., ahd. heilant, subst. 1. Part. von mhd., ahd. heilen (↑heilen), LÜ von kirchenlat. salvator, LÜ von griech. sōtḗr]: **1.** ⟨o. Pl.⟩ (christl. Rel.) *Jesus Christus als Erlöser der Menschen:* der gekreuzigte H.; unser Herr und H. [Jesus Christus]. **2.** (geh.) *Erlöser, Retter, Helfer:* jmds. H. sein.

Heil|an|stalt, die (veraltend): **a)** *Einrichtung für [Sucht]kranke, die einer längeren, in Krankenhäusern nicht durchführbaren Behandlung bedürfen:* eine H. für Alkoholkranke; **b)** *psychiatrisches Krankenhaus.*

Heil|an|zei|ge, die (Med.): *bei einer bestimmten Krankheit angezeigte Anwendung bestimmter Heilmittel od. Heilverfahren; Indikation.*

Heil|bad, das: **1.** *Kurort mit Heilquellen.* **2.** *medizinisches Bad zu therapeutischen Zwecken.*

heil|bar ⟨Adj.⟩ [mhd. heilbære = Glück bringend]: *sich aufgrund bestimmter Voraussetzungen heilen lassend; die Voraussetzung zu einer Heilung bietend:* eine -e Krankheit.

Heil|be|hand|lung, die: *zu Heilzwecken angewandte Behandlung.*

Heil|be|helf, der (österr.): *Heilmittel.*

Heil|be|ruf, der: *Beruf (des Arztes, Zahnarztes, Heilpraktikers), der die Ausübung der Heilkunde zum Gegenstand hat.*

Heil brin|gend, heil|brin|gend ⟨Adj.⟩: **1.** *göttliches Heil (b) bringend:* die Heil bringende Botschaft. **2.** *Heilung bringend:* eine Heil bringende Wirkung.

Heil|brin|ger: ↑Heilsbringer.

Heil|brin|ge|rin, die; -, -nen: w. Form zu ↑Heilbringer.

Heil|butt, der [niederd. hille-, hilligbutt = Butt, der an Heiligentagen (= Festtagen) gegessen wird]: *(in den nördlichen Meeren lebender) großer, zu den Raubfischen gehörender Fisch mit graubrauner bis schwärzlicher Oberseite u. auf der rechten Seite des Kopfes sitzendem Augenpaar:* die Fangquote für H.

hei|len ⟨sw. V.⟩: **1.** ⟨hat⟩ [mhd. heilen, ahd. heilen] **a)** *gesund machen:* jmdn. von seiner Krankheit/ mit einem neuen Medikament h.; er ist geheilt [aus dem Krankenhaus] entlassen worden; **b)** *durch entsprechende ärztliche, medikamentöse o. ä. Behandlung beheben, beseitigen:* eine Krankheit, den Krebs h.; eine Entzündung durch/mit Penizillin h.; heilende Maßnahmen; Ü der Schaden wird geheilt (ugs.; *behoben*); Sie lächelte den Chauffeur an und war damit von ihrem Missmut auf seinem Gesicht (Böll, Haus 163); **c)** *jmdn. von etw. befreien:* jmdn. von seiner Angst, einer fixen Idee h.; davon bin ich für immer geheilt (ugs.; *[in Bezug auf etw. Bestimmtes] ich bin durch schlechte Erfahrungen klug geworden, lasse mich auf so etwas nicht mehr ein*). **2.** ⟨ist⟩ [mhd. heilen, ahd. heilēn] *gesund werden:* die Wunde heilt [schnell, komplikationslos, ohne Narbenbildung]; der Muskelriss ist geheilt; Ü Darüber schien die Feindschaft der Spittelbrüder langsam h. (*vergehen*) zu wollen, da sie nicht mehr den ganzen Tag beisammen waren (Hesse, Sonne 33).

Heil|er, der; -s, - (geh.): *jmd., der heilt.*

Heil|er|de, die: *pulverisierte Moorerde o. Ä. mit hohem Gehalt an Kieselsäure, Mineralstoffen u. Spurenelementen, die äußerlich als Packung auf Hauterkrankungen od. innerlich bei Krankheiten des Magen-Darm-Traktes angewendet wird.*

Heil|er|folg, der: *durch die Heilbehandlung erzielter Erfolg.*
Heil|le|rin, die; -, -nen: w. Form zu ↑ Heiler.
Heil|er|zie|hung, die: *Erziehung von traumatisierten od. behinderten Kindern u. Jugendlichen.*
heil|fas|ten ⟨sw. V.; hat⟩: *eine Form des Fastens betreiben, bei der der Verzicht auf feste Nahrung eine physische u. psychische Reinigung bewirken soll:* ⟨meist subst.:⟩ *beim Heilfasten den Weg zu sich selbst finden.*
Heil|fas|ten, das; -s: *ärztlich verordnetes Fasten, das eine Heilung bewirken soll.*
heil|froh ⟨Adj.⟩ (ugs.): *erleichtert, dass etw. gerade noch gelungen ist, sich in bestimmter Weise entwickelt hat od. dass man einer unangenehmen Situation gerade noch entgehen konnte:* h. über etw. sein; er war h., dass man ihn verschonte; Wir sind alle h., dass wir eine Ruhe haben im Land wie noch nie (M. Walser, Eiche 82).
Heil|für|sor|ge, die: *unentgeltliche ärztliche Versorgung für Angehörige der Bundeswehr, der Polizei u. anderer besonders gefährdeter Berufsgruppen.*
Heil|gym|nast, der: *Krankengymnast.*
Heil|gym|nas|tik, die: *Krankengymnastik.*
Heil|gym|nas|tin, die: w. Form zu Heilgymnast.
Heil|haut, die ⟨o. Pl.⟩: *jmds. Haut im Hinblick auf die Vernarbung von Wunden.*
¹heil|lig ⟨Adj.⟩ [mhd. heilec, ahd. heilag, entw. zu einem germ. Subst. mit der Bed. »Zauber; günstiges Vorzeichen, Glück« (verw. mit ↑ Heil) od. zu ↑ heil]: **1. a)** *im Unterschied zu allem Irdischen göttlich vollkommen u. daher verehrungswürdig* (Abk.: hl.): der -e Gott; die Heilige Dreifaltigkeit; die -e Kirche; der -e (*von der katholischen Kirche heiliggesprochene* Abk.: hl.) Augustinus; Heilige Drei Könige (*Dreikönige* [6. *Januar*]); die Heilige Familie (kath. Kirche; die häusliche Gemeinschaft des Kindes u. Jünglings Jesus mit Maria u. Joseph); der Heilige Stuhl (↑ Stuhl 3); Gott allein ist h.; **b)** *von göttlichem Geist erfüllt; göttliches Heil spendend* (Abk.: hl.): die -e Taufe, Messe; das -e Abendmahl; die -en Sakramente, -e Gesänge; **c)** (veraltend) *von sittlicher Reinheit zeugend, sehr fromm* (Abk.: hl.): eine -e Jungfrau; **d)** *durch einen göttlichen Bezug eine besondere Weihe besitzend* (Abk.: hl.): ein -er Hain; zwölf ist eine -e Zahl; die -e Woche (*Karwoche*); das -e Jahr (kath. Kirche; *Jubeljahr* 2); der Heilige/-e Krieg. **2.** (geh.) *durch seinen Ernst Ehrfurcht einflößend; unantastbar:* ein -er Zorn, Eifer; eine -e Stille, Pflicht; das -ste der Güter; jmds. -ste Gefühle verletzen; das ist mein -er Ernst *(es ist mir in tiefster Seele ernst damit);* er schwor bei allem, was ihm h. war; ihnen ist nichts h. **3.** (geh.) *(von etw. Unangenehmem) groß, entsetzlich:* mit jmdm. seine -e Not haben; davor habe ich einen -en Respekt *(das tue ich äußerst ungern).*
²heil|lig ⟨Adv.⟩ [zu: ↑ ¹heilig] (landsch.): *wahrhaftig:* ich habe h. nichts damit zu tun.
Heillig|abend, der; -s, -e: *Heiliger Abend* (↑ Abend): am/am/(seltener:) zu H. ist die ganze Familie versammelt.
Heil|li|ge, die/eine Heilige; der/einer Heiligen, die Heiligen/zwei Heilige: **a)** (kath. Kirche) *weibliche Person, die ihr Leben für den Glauben hingegeben od. die christlichen Tugenden heroisch gelebt hat u. deshalb von den Gläubigen verehrt u. um Fürbitte bei Gott angerufen werden darf;* **b)** (ugs.) *sehr fromme, tugendhafte weibliche Person.*
Hei|li|ge|drei|kö|nigs|tag, der: *Dreikönigstag:* ein kalter Heilige[r]dreikönigstag; die Heilige[n]dreikönigstage 1995 und 1996; am Vorabend des Heilige[n]dreikönigstages; am Heilige[n]dreikönigstag.
hei|li|gen ⟨sw. V.; hat⟩ [mhd. heiligen, ahd. heilagōn]: **1.** (geh.) **a)** *durch völlige Hingabe an Gott sittlich vollkommen machen;* **b)** *[einem] Gott od. religiösen Zwecken widmen; weihen:* eine geheiligte Kirche. **2.** *heilighalten:* den Feiertag, Sonntag h.; das ist ein geheiligtes Recht, (iron.:) er betrat die geheiligten Räume des Direktors. **3.** *als gerechtfertigt u. moralisch unantastbar erscheinen lassen, hinstellen.*
Hei|li|gen|bild, das: *bildliche Darstellung eines, einer Heiligen.*
Hei|li|gen|fest, das: *Festtag eines, einer Heiligen.*
Hei|li|gen|fi|gur, die: *Plastik eines, einer Heiligen.*
Hei|li|gen|kult, der: *Heiligenverehrung.*
Hei|li|gen|le|ben, das [LÜ von lat. vita sanctorum]: *Lebensbeschreibung eines, einer Heiligen.*
Hei|li|gen|le|gen|de, die: *Legende um das Leben od. legendarische Lebensbeschreibung eines, einer Heiligen.*
Hei|li|gen|schein, der: *in der bildlichen Darstellung Lichtschein od. Strahlenkranz um das Haupt oder der göttlichen Personen od. eines, einer Heiligen:* Ü seinen H. einbüßen *(seinen Nimbus u. seine Anziehungskraft verlieren).*
Hei|li|gen|schrein, der: *Schrein zur Aufbewahrung von Reliquien.*
Hei|li|gen|ver|eh|rung, die: *Verehrung von Heiligen in der katholischen Kirche.*
Hei|li|ger, der Heilige/ein Heiliger; des/eines Heiligen, die Heiligen/zwei Heilige: **1.** *jmd., der sein Leben für den Glauben hingegeben od. die christlichen Tugenden heroisch gelebt hat u. deshalb von den Gläubigen verehrt u. um Fürbitte bei Gott angerufen werden darf:* die Heiligen anrufen; die Gemeinschaft der Heiligen *(der geheiligten Christenheit, der getauften Christen, der Gläubigen).* **2.** (ugs.) *sehr frommer, tugendhafter Mensch.*
hei|lig|hal|ten ⟨st. V.; hat⟩: *in Ehren halten, achten, respektieren:* die Gebote, den Sonntag h.
Hei|lig|keit, die; -, -en [mhd. heilecheit, ahd. heiligheit]: **1.** der ¹Heilige (1 b, d): H. Gottes; **b)** das ¹*Heiligsein* (1 b, d): die H. der Ehe; **c)** (veraltend) ¹*heiliges* (1 c), *sehr frommes Wesen, Leben.* **2.** (geh.) ¹*heiliger* (2) *Charakter; Unantastbarkeit; etw., was jmdm. heilig ist:* die H. seines Zorns.
hei|lig|mä|ßig ⟨Adj.⟩: *in der Art eines Heiligen, einem Heiligen vergleichbar.*
hei|lig|spre|chen ⟨st. V.; hat⟩ (kath. Kirche): *durch eine feierliche päpstliche Erklärung unter die Heiligen aufnehmen.*
Hei|lig|spre|chung, die; -, -en (kath. Kirche): *das Heiligsprechen, Heiliggesprochenwerden.*
Hei|lig|tum, das; -s, ...tümer [mhd. heilectuom, ahd. heiligtuom]: **a)** ¹*heilige* (1 d) *Stätte zur Verehrung [eines] Gottes:* antike, römische, christliche Heiligtümer; ein H. des Dionysos; ein H. schänden; **b)** ¹*heiliger* (1 d), *der Verehrung würdiger Gegenstand:* die Bundeslade ist ein H.; Ü diese Bücher sind sein/für ihn ein H. *(sind ihm besonders wertvoll, teuer).*
Hei|li|gung, die; -, -en ⟨Pl. selten⟩ [mhd. heiligunge, ahd. heiligunga] (geh.): *das Heiligen* (1, 2).
Heil|kli|ma, das: *therapeutisch wirksames Klima.*
heil|kli|ma|tisch ⟨Adj.⟩: *ein Heilklima betreffend, aufweisend:* ein -er Kurort.
Heil|kraft, die: *Heilung bewirkende od. fördernde Kraft in etw.:* die Heilkräfte der Natur; die H. einer Quelle nutzen.
heil|kräf|tig ⟨Adj.⟩: *Heilkraft besitzend:* -e Quellen.
Heil|kraut, das: *Heilpflanze.*

Heil|kun|de, die ⟨Pl. selten⟩: *Wissenschaft u. praktische Ausübung der Medizin.*
heil|kun|dig ⟨Adj.⟩: *Erfahrungen auf dem Gebiet der Heilkunde besitzend.*
Heil|kun|di|ge, die/eine Heilkundige; der/einer Heilkundigen, die Heilkundigen/zwei Heilkundige: *weibliche Person, die heilkundig ist.*
Heil|kun|di|ger, der Heilkundige/ein Heilkundiger; des/eines Heilkundigen, die Heilkundigen/zwei Heilkundige: *jmd., der heilkundig ist.*
heil|kund|lich ⟨Adj.⟩: *die Heilkunde betreffend, zu ihr gehörend.*
Heil|kunst, die ⟨Pl. selten⟩: *ärztliche Kunst; die Medizin unter dem Gesichtspunkt der erfolgreichen Bekämpfung von Krankheiten.*
heil|los ⟨Adj.⟩ [frühnhd. = ohne gute Gesundheit]: **1.** (*meist in Bezug auf üble Dinge*) *in hohem Grade [vorhanden]; sehr schlimm, ungeheuer:* ein -es Durcheinander; er bekam einen -en Schreck; sie waren h. verschuldet; ... er rief die nach Ende der Kreuzzüge arbeitslos gewordenen Deutschritter aus Palästina ins Kaschubenland. Sie kamen und räumten mit allem, was pruzzisch war, h. auf (Grass, Butt 138). **2.** (veraltend) *gottlos, nichtswürdig, abscheulich:* ein -er Mensch.
heil ma|chen, heil|ma|chen ⟨sw. V.; hat⟩ (fam.): *ausbessern, reparieren:* eine Puppe h. m.
Heil|me|tho|de, die: *bei einer Heilbehandlung angewandte Methode.*
Heil|mit|tel, das: **1.** *Medikament:* natürliche H.; die Entwicklung neuer H.; Ü das magische H. Liebe. **2.** *[Hilfs]mittel zur Behandlung von Krankheiten, das vor allem äußerlich angewendet wird (z. B. Krankengymnastik).*
Heil|päd|a|go|ge, der: *in [Erziehungs]heimen o. Ä. tätiger, speziell für schwer erziehbare Kinder ausgebildeter Erzieher (Berufsbez.).*
Heil|päd|a|go|gik, die: *Teilgebiet der Pädagogik, das sich mit der Heilerziehung befasst.*
Heil|päd|a|go|gin, die: w. Form zu ↑ Heilpädagoge.
heil|päd|a|go|gisch ⟨Adj.⟩: *die Heilpädagogik betreffend, zu ihr gehörend, ihr entsprechend.*
Heil|pflan|ze, die: *Pflanze, die wegen ihres Gehalts an Wirkstoffen zu Heilzwecken verwendet wird.*
Heil|prak|ti|ker, der: *mit behördlicher Erlaubnis praktizierender Heilkundiger ohne [abgeschlossene] ärztliche Ausbildung (Berufsbez.).*
Heil|prak|ti|ke|rin, die: w. Form zu ↑ Heilpraktiker.
Heil|quel|le, die: *Quelle mit heilkräftigem Wasser.*
Heil|sal|be, die: *Salbe, die die Heilung fördert.*
heil|sam ⟨Adj.⟩ [mhd. heilsam, ahd. heilesam = Heil bringend]: **1.** *nutzbringend, förderlich:* eine -e Ermahnung, Erinnerung; -e Worte; der Schock war für ihn h. **2.** (veraltend) *heilkräftig:* Der Epomeo war als erloschener Vulkan bezeichnet, dem -e Wasser entsprängen (Carossa, Aufzeichnungen 120).
Heils|ar|mee, die ⟨o. Pl.⟩ [LÜ von engl. Salvation Army]: *internationale, militärisch organisierte christliche Organisation, die (mit Auftritten auf Straßen u. Plätzen) gegen das Laster kämpft u. sich vor allem armen u. verwahrlosten Personen annimmt.*
Heils|ar|mist, der; -en, -en: *Angestellter der Heilsarmee.*
Heils|ar|mis|tin, die; -, -nen: w. Form zu ↑ Heilsarmist.
Heils|bot|schaft, die ⟨o. Pl.⟩: *(von der christlichen Kirche verkündete) Botschaft von der Erlösung der Welt durch Jesus Christus; Evangelium* (1 a).
Heils|brin|ger, der; -s, - (selten:) ¹Heilbringer, der (Rel.): **1.** *Gott, göttliche Person, die den Gläubigen das ihnen in der Religion zugesprochene Heil* (b)

zuteilwerden lässt. **2.** *Person, Sache, Erscheinung o. Ä., die etwas sehr Positives bewirkt, jmdn. aus einer sehr schlechten Situation wie ein Erlöser befreit:* der industrielle Fortschritt ist als H. umstritten.

Heils|brin|ge|rin, die; -, -nen: w. Form zu ↑ Heilsbringer.

Heil|schlaf, der (Med.): *künstlich herbeigeführter, über längere Zeit andauernder Schlaf, bei dem die Regenerationsvorgänge zur Selbstheilung u. zum Wiedererlangen der Kräfte genutzt werden; Schlafkur.*

Heil|schlamm, der: *zu Heilzwecken verwendeter Schlamm.*

Heil|se|rum, das (Med.): *zur Immunisierung bei Infektionen o. Ä. verwendetes Blutserum, das große Mengen Antikörper enthält.*

Heils|er|war|tung, die: *Erwartung göttlichen Heils.*

Heils|ge|schich|te, die ⟨o. Pl.⟩ (Theol.): *Geschichte als fortgesetztes göttliches Handeln an, für u. mit Menschen.*

Heils|leh|re, die: vgl. Heilsbotschaft.

Heils|not|wen|dig|keit, die (kath. Kirche): *Notwendigkeit, bestimmte Dinge zu tun, bzw. notwendiges Vorhandensein bestimmter Dinge, um das Heil (b) zu erreichen (z. B. der Glaube, Zugehörigkeit zur Kirchengemeinschaft).*

Heils|ord|nung, die ⟨o. Pl.⟩: *die Ordnung der Welt in Bezug auf den göttlichen Heilsplan.*

Heils|plan, der ⟨o. Pl.⟩: *sich in der Heilsgeschichte offenbarender Plan Gottes mit der Welt.*

Heil|stät|te, die: *Spezialklinik zur Behandlung chronischer Infektionskrankheiten (z. B. Tuberkulose).*

Heils|ver|spre|chen, das: *Versprechen, Zusage, Heil (a) zu bringen:* die H. der modernen Medizin; Menschen mit falschen H. ködern.

Hei|lung, die; -, -en ⟨Pl. selten⟩ [mhd. heilunge]: **1.** *das Heilen* (1 a, b): die H. der Kranken; von einer wirklichen H. ist keine Rede. **2.** *das Heilen* (2), *Gesundwerden:* die Wunde zog sich hin. **3.** *das Heilen* (1 c); *psychische Befreiung von etw.*

Hei|lungs|chan|ce, die: *Heilungsmöglichkeit:* je früher die Krankheit erkannt wird, desto größer sind die -n.

Hei|lungs|me|tho|de, die (selten): *Heilmethode.*

Hei|lungs|mög|lich|keit, die: *Möglichkeit der Heilung* (1).

Hei|lungs|pro|zess, der: *Prozess der Heilung* (2).

Hei|lungs|ver|lauf, der: *Heilungsprozess.*

Heil|ver|fah|ren, das: **a)** *alle vom Arzt in einem Krankheitsfall angeordneten Maßnahmen zur Wiederherstellung der Gesundheit;* **b)** *im Rahmen der gesetzlichen Rentenversicherung durchgeführte medizinische Maßnahmen, Behandlung in Spezialanstalten, Kur- u. Badeorten zur Erhaltung od. Wiederherstellung der Erwerbsfähigkeit.*

Heil|was|ser, das ⟨Pl. ...wässer, seltener auch: ...wasser⟩: *heilkräftiges Wasser einer Heilquelle.*

Heil|wir|kung, die: *Wirkung von etwas auf den Heilungsprozess.*

Heil|zweck: meist in der Fügung **zu -en** *(zum Zwecke der Heilung).*

heim ⟨Adv.; elliptisch od. verselbstständigt aus unfesten Zusammensetzungen wie heimkommen, heimholen o. Ä.⟩ [mhd., ahd. heim = nach Hause, adv. erstarrter Akk. von ↑ Heim]: **a)** *wieder nach Hause, in die Heimat zurück:* ♦ **b)** *zu Hause:* Heim bauen die Weiber und Kinder dem Herd (Bürger, Neuseeländisches Schlachtlied); Wär' ich erst wieder h. bei meinem Ohm (Grillparzer, Weh dem II).

Heim, das; -[e]s, -e [mhd., ahd. heim, urspr. = Ort, wo man sich niederlässt, Lager]: **1.** ⟨Pl. selten⟩ *jmds. Wohnung, Zuhause (unter dem Aspekt von Geborgenheit, angenehmer Häuslichkeit):* ein behagliches, stilles H.; das H. schmücken; in ein neues H. einziehen. **2. a)** *öffentliche Einrichtung, die der Unterbringung eines bestimmten Personenkreises (z. B. Alte, Kranke, schwer erziehbare Jugendliche) dient:* das H. wurde aufgelöst; aus einem H. entlassen werden; im H. leben; sie ist in drei -en gewesen; **b)** *öffentliche Einrichtung, die der Unterbringung von Erholungsuchenden dient:* die -e des Müttergenesungswerks; **c)** *Gebäude, in dem ein Heim* (2 a, b) *untergebracht ist:* das H. ist abgebrannt; **d)** *Haus für Veranstaltungen, Zusammenkünfte eines Klubs od. Vereins:* ein neues H. bauen.

Heim|an|wen|der, der: *jmd., der etw. (einen Computer, eine Software o. Ä.) in der eigenen Wohnung zu privaten Zwecken anwendet, verwendet.*

Heim|an|wen|de|rin, die: w. Form zu ↑ Heimanwender.

Heim|ar|beit, die: **a)** *gewerbliche Arbeit, die nicht in den Betriebsräumen des Arbeitgebers, sondern für diesen in der eigenen Wohnung ausgeführt wird:* die H. bekommen; etw. in H. herstellen; **b)** *in Heimarbeit* (a) *hergestelltes Erzeugnis.*

Heim|ar|bei|ter, der: *jmd., der Heimarbeit* (a) *leistet.*

Heim|ar|bei|te|rin, die: w. Form zu ↑ Heimarbeiter.

Hei|mat [...a:t], die; -, -en ⟨Pl. selten⟩ [mhd. heim(u)ot(e), ahd. heimuoti, heimōti, aus ↑ Heim u. dem Suffix -ōti]: **a)** *Land, Landesteil od. Ort, in dem man [geboren u.] aufgewachsen ist. sich durch ständigen Aufenthalt zu Hause fühlt (oft als gefühlsbetonter Ausdruck enger Verbundenheit gegenüber einer bestimmten Gegend):* München ist seine H.; Wien ist meine zweite H. (ich fühle mich jetzt in Wien zu Hause, obwohl ich nicht dort geboren bin); seine alte H. wiedersehen; die H. verlieren, verlassen; die H. lieben, verteidigen; er hat keine H. mehr; er hat in Deutschland eine neue H. gefunden; den H. H.!; Ü jmds. geistige H.; ...ein Schlepper mit einem warmen Licht, tröstlich, als berge es tausend -en (Remarque, Triomphe 357); **b)** *Ursprungs-, Herkunftsland eines Tiers, einer Pflanze, eines Erzeugnisses, einer Technik o. Ä.:* die H. dieser Fichte ist Amerika; Deutschland gilt als die H. des Buchdrucks.

Hei|mat|abend, der: *Abendveranstaltung mit heimatlichen Liedern, Tänzen o. ä. Beiträgen.*

Hei|mat|ad|res|se, die: *Heimatanschrift.*

Hei|mat|an|schrift, die: *Anschrift von jmds. Hauptwohnsitz (im Unterschied z. B. zur Urlaubsanschrift).*

hei|mat|be|rech|tigt ⟨Adj.⟩: **a)** *wohnberechtigt;* **b)** (schweiz.) *an einem bestimmten Ort Bürgerrecht besitzend.*

Hei|mat|dich|ter, der: *Dichter, Schriftsteller, dessen Werk in der heimatlichen Landschaft mit ihrem Volkstum wurzelt.*

Hei|mat|dich|te|rin, die: w. Form zu ↑ Heimatdichter.

Hei|mat|dich|tung, die: *Dichtung, die vom Erlebnis der heimatlichen, bes. ländlichen Landschaft u. ihrer Menschen geprägt ist.*

Hei|mat|dorf, das: vgl. Heimatort (a).

Hei|mat|er|de, die ⟨o. Pl.⟩: *heimatliche Erde als Ausdruck der Verbundenheit mit der Heimat.*

Hei|mat|film, der: *im ländlichen Milieu spielender Film, in dem die Verwurzelung der handelnden Personen in ihrer engeren Heimat gezeigt wird.*

Hei|mat|for|scher, der: *jmd., der sich mit der Heimatforschung beschäftigt.*

Hei|mat|for|sche|rin, die: w. Form zu ↑ Heimatforscher.

Hei|mat|for|schung, die: *Erforschung von Natur u. Geschichte der heimatlichen Landschaft.*

Hei|mat|front, die (bes. nationalsoz.): *zur Unterstützung des Kampfes, der kämpfenden Truppen eingesetzter Betrieb, Bereich o. Ä., einbezogene Zivilbevölkerung in der Heimat:* der Arzt leistete in einem Lazarett Dienst an der H.; Ü dem Präsidenten droht die H. (die Unterstützung seines Kurses, seiner Politik o. Ä. durch die Bevölkerung, das Parlament in der Heimat) wegzubrechen.

Hei|mat|ge|fühl, das: *Gefühl einer engen Beziehung zur Heimat.*

Hei|mat|ge|mein|de, die: **1.** *Heimatort.* **2.** (schweiz.) *Gemeinde, in der jmd. das Bürgerrecht besitzt.*

hei|mat|ge|nös|sig ⟨Adj.⟩ (schweiz.): *heimatberechtigt* (b).

Hei|mat|ge|schich|te, die: **a)** *Teil der Geschichtswissenschaft, der sich mit der Geschichte eines [kleineren] Landesteils befasst;* **b)** *Darstellung, die die Heimatgeschichte* (a) *zum Thema hat.*

Hei|mat|ha|fen, der: *Hafen, in dem ein Schiff in das Schiffsregister eingetragen ist.*

Hei|mat|kun|de, die ⟨Pl. selten⟩ (früher): *Geschichte, Geografie u. Biologie einer engeren Heimat (als Unterrichtsfach).*

Hei|mat|kund|ler, der; -s, -: *Heimatforscher.*

Hei|mat|kund|le|rin, die; -, -nen: w. Form zu ↑ Heimatkundler.

hei|mat|kund|lich ⟨Adj.⟩: *die Heimatkunde betreffend, zu ihr gehörend:* -er Unterricht; ein -es Thema.

Hei|mat|kunst, die ⟨o. Pl.⟩: *sich in Kunsthandwerk u. Heimatdichtung ausprägende, auf dem Boden von Landschaft u. Tradition gewachsene Kunst.*

Hei|mat|land, das ⟨Pl. ...länder⟩: **1.** *Land, aus dem jmd. stammt u. in dem er seine Heimat hat:* *[o du mein]* H.! (Ausruf ungeduldiger Entrüstung; wohl verhüllend für [o du mein] Heiland). **2.** [LÜ von engl. homeland] *Homeland.*

hei|mat|lich ⟨Adj.⟩: **a)** *in der Heimat befindlich, zu ihr gehörend:* die -en Berge; Abwesend winkt er mir zu und strebt die Straße hinab, dem -en *(in seinem Zuhause befindlichen [u. daher vertrauten])* Schreibtisch zu (Remarque, Obelisk 260); **b)** *die Heimat in Erinnerung bringend, so ähnlich wie in der Heimat:* alles mutet mich hier h. an.

Hei|mat|lie|be, die ⟨o. Pl.⟩: *Liebe zur Heimat.*

Hei|mat|lied, das: *die Heimat besingendes Lied.*

hei|mat|los ⟨Adj.⟩: *keine Heimat mehr besitzend:* -e Emigranten.

Hei|mat|lo|sig|keit, die; -: *das Heimatlossein.*

Hei|mat|markt, der: *Binnenmarkt:* der Konzern konnte den Umsatz auf seinem H. steigern.

Hei|mat|mu|se|um, das: *Museum mit naturkundlichen u. kulturgeschichtlichen Sammlungen der engeren Heimat.*

Hei|mat|ort, der ⟨Pl. -e⟩: **a)** *Ort, in dem jmd. [geboren u.] aufgewachsen ist, seine Heimat hat;* **b)** *Heimathafen.*

Hei|mat|pfle|ge, die: *Erhaltung des Charakters der Heimat durch Umweltschutz, Pflege der Kulturdenkmäler, Bräuche o. Ä.*

Hei|mat|recht, das ⟨Pl. selten⟩: *Recht, in einem Ort, Land weiterhin leben zu dürfen:* eine Art H. erwerben.

Hei|mat|re|gi|on, die: vgl. Heimatort (a).

Hei|mat|spra|che, die: *in einem Landesteil, in jmds. engerer Heimat gesprochene Sprache.*

Hei|mat|staat, der: *Staat, aus dem man stammt, dessen Staatsangehörigkeit man besitzt.*

Hei|mat|stadt, die: vgl. Heimatort (a).

Hei|mat|tref|fen, das: *Treffen der Heimatvertriebenen zum Gedenken an die verlorene Heimat.*
Hei|mat|ur|laub, der: *Urlaub (bes. eines Soldaten) in der Heimat.*
hei|mat|ver|bun|den ⟨Adj.⟩: *seiner Heimat verbunden.*
Hei|mat|ver|ein, der: **1.** *Verein, der sich für Heimatpflege einsetzt.* **2.** *Verein, in dem ein Sportler seine Karriere begonnen hat.*
Hei|mat|ver|tei|di|gung, die ⟨o. Pl.⟩: *Verteidigung des Heimatstaates.*
hei|mat|ver|trie|ben ⟨Adj.⟩: *aus der Heimat vertrieben:* ein -er Deutscher *(jmd., der nach 1945 die Ostgebiete des Deutschen Reiches bzw. die deutschen Siedlungsgebiete außerhalb der Reichsgrenzen von 1937 verlassen musste).*
Hei|mat|ver|trie|be|ne ⟨vgl. Vertriebene⟩: *weibliche Person, die heimatvertrieben ist.*
Hei|mat|ver|trie|be|ner ⟨vgl. Vertriebener⟩: *jmd., der heimatvertrieben ist.*
hei|mat|ver|wur|zelt ⟨Adj.⟩: *mit seiner Heimat verbunden.*
Hei|mat|zei|tung, die: *Zeitung bes. mit Lokalberichten u. -nachrichten, die nur für ein engeres Gebiet bestimmt ist:* der Konkurrenzkampf mit den großen Tageszeitungen macht den kleineren -en das Leben schwer.
heim|be|ge|ben, sich ⟨st. V.; hat⟩: *sich nach Hause begeben.*
heim|be|glei|ten ⟨sw. V.; hat⟩: *nach Hause begleiten.*
Heim|be|woh|ner, der: *Bewohner eines Heims* (2 a).
Heim|be|woh|ne|rin, die: w. Form zu ↑ Heimbewohner.
Heim|bi|lanz, die (Sportjargon): *Verhältnis der als Heimmannschaft errungenen u. abgegebenen Punkte.*
heim|brin|gen ⟨unr. V.; hat⟩: **a)** *heimbegleiten;* **b)** *nach Hause schaffen, tragen, befördern:* das Heu trocken h.
Heim|chen, das; -s, - [wahrsch. Vkl. zu mhd. heime, ahd. heimo = Hausgrille od. verdunkelte Zus., vgl. mhd. heimamuch, umgestellt aus: mūcheime, ahd. mūhheimo (1. Bestandteil wohl zu got. mūka- »sanft«)]: **1.** *gelblich braune Grille, die sich im Dunkeln in warmen Räumen od. auch im Freien durch lautes Zirpen bemerkbar macht.* **2.** (ugs. abwertend) *unscheinbare, unauffällige, unbedeutende Frau:* * H. am Herd[e] *(eine naive, nicht emanzipierte Frau, die sich mit ihrer Rolle als Hausfrau und Ehefrau zufriedengibt;* nach dem übersetzten Titel der Erzählung von Ch. Dickens [1812–1870] »Cricket on the hearth«).
Heim|com|pu|ter, der: *kleinerer, aber relativ leistungsfähiger Computer für den privaten Anwendungsbereich, bes. für Spiel u. Hobby.*
heim|dür|fen ⟨unr. V.; hat⟩ (ugs.): *sich heimbegeben dürfen, nach Hause dürfen.*
Heim|ein|wei|sung, die: *Einweisung in ein Heim* (2 a).
Heim|elf, die (Fußball): *auf eigenem Platz spielende Mannschaft.*
hei|me|lig ⟨Adj.⟩: *eine behagliche, gemütliche, wohlige Atmosphäre verbreitend.*
Hei|me|lig|keit, die; -: *heimelige Art.*
Hei|men, das; -s, - [mhd. heim, unter Einfluss des Adv. heimen, ahd. heimina = vom Hause] (schweiz.): *Heimat.*
Heim|er|folg, der (Sport): *Heimsieg.*
Heim|er|zie|her, der: *Erzieher in einem Kinderod. Jugendheim* (Berufsbez.).
Heim|er|zie|he|rin, die: w. Form zu ↑ Heimerzieher.
Heim|er|zie|hung, die: *Erziehung von Kindern od. Jugendlichen in einem besonderen Heim* (2 a), *wenn das Wohl des Kindes die-*

nende Erziehung in der Familie nicht gewährleistet ist.
Hei|met, das; -s, - [mundartl. Nebenf. von ↑ Heimat] (schweiz.): *kleines bäuerliches Anwesen.*
heim|fah|ren ⟨st. V.⟩: **a)** ⟨ist⟩ *nach Hause, in seinen Heimatort fahren:* sie will übers Wochenende h.; **b)** ⟨hat⟩ *mit einem Fahrzeug nach Hause befördern, bringen:* jmdn. h.
Heim|fahrt, die: *Fahrt nach Hause, in den Heimatort:* die H. antreten.
Heim|fall, der ⟨o. Pl.⟩: *(im Lehns-, Erbbau- od. alten Erbrecht) das Zurückfallen* (5) *eines Eigentums an die ursprünglich Berechtigten od. den Staat (z. B. beim Tod des letzten Eigentümers, wenn keine Erben vorhanden sind).*
heim|fal|len ⟨st. V.; ist⟩: *(im Lehns-, Erbbau- od. alten Erbrecht) als Eigentum an die ursprünglich Berechtigten od. den Staat zurückfallen.*
heim|fin|den ⟨st. V.; hat⟩: *den Weg zurück, nach Hause, in die Heimat finden.*
heim|flie|gen ⟨st. V.; ist⟩: *an seinen Heimatort, in die Heimat fliegen.*
Heim|flug, der: *Flug nach Hause, in die Heimat.*
heim|füh|ren ⟨sw. V.; hat⟩: **1. a)** *(jmdn., der der Betreuung bedarf) nach Hause führen, geleiten:* einen Blinden h.; **b)** (geh. veraltend) *(eine weibliche Person) heiraten:* ein Mädchen, eine Braut h.; er führte sie als seine Gattin heim. **2.** (geh.) *zur Heimkehr veranlassen:* die Sorge um seine Familie führte ihn wieder heim.
Heim|gang, der ⟨Pl. selten⟩ (geh. verhüll.): *(als Ausdruck christlicher Einstellung) Tod:* der H. der Mutter.
heim|ge|gan|gen: ↑ heimgehen.
Heim|ge|gan|ge|ne, die/eine Heimgegangene; der/einer Heimgegangenen, die Heimgegangenen/zwei Heimgegangene, Heimgegangne, die/ eine Heimgegangne; der/einer Heimgegangnen, die Heimgegangnen/zwei Heimgegangne (geh. verhüll.): *(als Ausdruck christlicher Einstellung) Verstorbene.*
Heim|ge|gan|ge|ner, der Heimgegangene/ein Heimgegangener; des/eines Heimgegangenen, die Heimgegangenen/zwei Heimgegangene, Heimgegangner, der Heimgegangne/ein Heimgegangner; des/eines Heimgegangnen, die Heimgegangnen/zwei Heimgegangne (geh. verhüll.): *(als Ausdruck christlicher Einstellung) Verstorbener.*
Heim|ge|gang|ne: ↑ Heimgegangene.
heim|ge|hen ⟨unr. V.; ist⟩: **a)** *nach Hause gehen:* wir müssen jetzt endlich h.; **b)** (geh. verhüll.) *[im Glauben an ein Jenseits als eigentliche Heimat des Menschen] sterben:* er ist gestern [in Frieden] heimgegangen; **c)** ⟨unpers.⟩ *sich zu Fuß od. in einem Fahrzeug nach Hause begeben:* jetzt gehts heim *(wollen wir nach Hause gehen, fahren o. Ä.).*
heim|ge|schä|digt ⟨Adj.⟩: *(von Kindern, Jugendlichen) durch den Aufenthalt, das Aufwachsen in einem Heim* (2 a) *psychisch geschädigt.*
heim|ho|len ⟨sw. V.; hat⟩: *nach Hause, in seinen Heimatort, in die Heimat holen:* jmdn. aus dem Krankenhaus [zu sich] h.; Ü Gott hat ihn heimgeholt (geh. verhüll.; *er ist gestorben).*
Heim|in|dus|tri|e, die: *in Heimarbeit betriebene Industrie.*
hei|misch ⟨Adj.⟩ [mhd. heimisch, ahd. heimisc = zum Heim, zur Heimat gehörend, einheimisch; zahm; nicht wild wachsend]: **a)** *das eigene Land betreffend, dazu gehörend; in einer bestimmten Heimat gehörend, einheimisch:* die -e Bevölkerung, Wirtschaft, Industrie; -e Pflanzen; diese Tiere sind in Asien h.; **b)** *zum eigenen Heim, zur vertrauten häuslichen Umgebung gehörend;* **c)** *wie zu Hause, vertraut:* er war in Berlin h.; in einer fremden Stadt schnell h. werden *(sich schnell*

einleben); Ü in einem Fach h. (selten; *bewandert, beschlagen) sein.*
Heim|kehr, die; -: *das Heimkehren:* die H. der Kriegsgefangenen, der Emigranten; die H. aus dem Krieg.
heim|keh|ren ⟨sw. V.; ist⟩: *nach Hause, an seinen Heimatort, in die Heimat zurückkehren:* mit leeren Händen h.; nach längerer Abwesenheit h.; von einer Expedition h.; Der See war blau, die Fische sprangen über das stille Wasser, die Schwalben waren zu ihren alten Nestern heimgekehrt (Wiechert, Jeromin-Kinder 240).
Heim|keh|rer, der; -s, -: *jmd., der [aus dem Krieg] heimkehrt.*
Heim|keh|re|rin, die; -, -nen: w. Form zu ↑ Heimkehrer.
Heim|kind, das: *Kind, das in einem Heim* (2 a) *aufwächst.*
Heim|ki|no, das: **1. a)** (oft scherzh.) *Filmvorführung zu Hause mit einem Schmalfilmprojektor;* **b)** (ugs. scherzh.) *Fernsehen* (1). **2.** *Heimkinoanlage.*
Heim|ki|no|an|la|ge, die: *Kombination verschiedener Geräte der Unterhaltungselektronik (z. B. Großbildfernseher, DVD-Player, Lautsprechersystem), die zu Hause für Kinoatmosphäre sorgt.*
heim|kom|men ⟨st. V.; ist⟩: *nach Hause kommen; an seinen Heimatort, in die Heimat zurückkommen:* müde, niedergeschlagen h.; von der Arbeit h.; er wird bald h.
heim|kön|nen ⟨unr. V.; hat⟩ (ugs.): *sich heimbegeben können, nach Hause können.*
heim|lau|fen ⟨st. V.; ist⟩: *nach Hause gehen, laufen.*
◆ **Heim|lein**, das; -s, -: *Heimchen* (1): …ein einziges H. sang am staubigen Rain (Mörike, Hutzelmännlein 15).
Heim|lei|ter, der: *Leiter eines Heims* (2 a).
Heim|lei|te|rin, die: w. Form zu ↑ Heimleiter.
Heim|lei|tung, die: *ein Heim* (2 a) *leitende Person[en].*
heim|leuch|ten ⟨sw. V.; hat⟩: **1.** (veraltend) *jmdn. mit einer Lampe, Fackel nach Hause geleiten.* **2.** (salopp) *jmdn. tadelnd zurückweisen, jmdm. eine Abfuhr erteilen:* dem hab ich aber heimgeleuchtet!
heim|lich ⟨Adj.⟩ [mhd. heim(e)lich = vertraut; einheimisch; vertraulich, geheim; verborgen, ahd. heimilih = zum Hause gehörend, vertraut, zu ↑ Heim]: **1.** *(aus Scheu vor Bloßstellung od. weil man ein Verbot umgehen will) vor andern verborgen; so unauffällig, dass andere nicht merken, was geschieht:* -es Misstrauen; -e Tränen; ein -er Anhänger, Liebhaber; mit -em Erstaunen, Behagen; er war von dem -en Ehrgeiz beseelt, Künstler zu werden; die Verhandlungen, Zusammenkünfte sind h.; h. triumphieren, auf die Uhr sehen; jmdn. h. zürnen, etw. gewähren; sich h. Notizen machen; jmdn. h. etw. zuflüstern; sich h. mit jmdm. treffen; ⟨subst.:⟩ So im Heimlichen. Ich glaube, ich habe ihn in all den Jahren, die ich hier wohne, keine zwanzigmal bei Tage gesehen, und nun kriecht er hier zur Nachtzeit auf den Treppen herum! (Fallada, Jeder 49); * h., still und leise (ugs.; *lautlos, ohne Geräusch, unbemerkt).* **2.** (österr., sonst veraltet) *heimelig:* ◆ So vertraulich, so h. hab ich nicht leicht ein Plätzchen gefunden (Goethe, Werther I, 26. Mai).
heim|lich|feiß ⟨Adj.⟩ [2. Bestandteil aleman. feiß = fett, feist] (schweiz.): *seinen Besitz, ein Können verheimlichend; heuchlerisch.*
Heim|lich|keit, die; -, -en [mhd. heim(e)līchkeit]: **1.** ⟨meist Pl.⟩ *etw., was geheim, verborgen bleibt:* verbotene -en; mit jmdm. -en haben. **2.** *Verborgenheit, in der nichts bemerkt werden kann:* in aller H. *(heimlich) ausziehen.*

Heim|lich|tu|er, der; -s, - (abwertend): jmd., der heimlichtut.

Heim|lich|tu|e|rei, die; -, -en (abwertend): das Heimlichtun.

Heim|lich|tu|e|rin, die; -, -nen: w. Form zu ↑Heimlichtuer.

heim|lich|tun ⟨unr. V.; hat⟩ (abwertend): sich geheimniskrämerisch verhalten.

Heim|mann|schaft, die (Sport): auf eigenem Platz, in eigener Halle o. Ä. antretende Mannschaft.

Heim|markt, der (bes. schweiz.): Binnenmarkt.

heim|müs|sen ⟨unr. V.; hat⟩ (ugs.): sich heimbegeben müssen, nach Hause müssen.

Heim|mut|ter, die: Leiterin eines Heims (2 a) mit familiärer Struktur, familiärem Charakter.

Heim|nie|der|la|ge, die (Sport): auf eigenem Platz, in eigener Halle o. Ä. erlittene Niederlage.

Heim|nim|bus, der (Sport): Nimbus, den eine Mannschaft dadurch gewonnen hat, dass sie seit längerer Zeit auf eigenem Platz, in eigener Halle o. Ä. unbesiegt geblieben ist.

Heim|or|gel, die: elektronische Orgel für den Hausgebrauch.

Heim|per|so|nal, das: Personal eines Heims (2 a).

Heim|platz, der: Platz, Unterkunftsmöglichkeit in einem Heim (2 a): für jmdn. einen H. suchen.

Heim|pre|mi|ere, die (Sport): Wettkampf, Spiel, bei dem die Heimmannschaft zum ersten Mal [in der laufenden Saison] auf eigenem Platz, in eigener Halle o. Ä. auftritt.

Heim|pu|b|li|kum, das (Sport): heimisches Publikum (das seine Mannschaft bei einem Spiel, Wettkampf auf dem eigenen Platz, in eigener Halle o. Ä. besonders unterstützt).

Heim|punkt, der (Sport): auf eigenem Platz, in eigener Halle o. Ä. errungener Punkt.

Heim|recht, das (Sport): Recht, Berechtigung, ein Spiel, einen Wettkampf auf eigenem Platz, in eigener Halle o. Ä. auszutragen: Borussia hat in der ersten Begegnung H.

Heim|rei|se, die: Rückreise an den Heimatort, in die Heimat.

heim|rei|sen ⟨sw. V.; ist⟩: in den Heimatort, in die Heimat [zurück]reisen.

Heim|ren|nen, das (Sport): im Heimatland, Heimatort o. Ä. eines Sportlers ausgetragenes Rennen.

Heim|sau|na®, die: kleine Sauna für die private Nutzung.

heim|schi|cken ⟨sw. V.; hat⟩: nach Hause schicken.

heim|schwach ⟨Adj.⟩ (Sport): auf eigenem Platz, in eigener Halle o. Ä. oft eine schwache Leistung bietend und wenig erfolgreich: eine -e Elf.

Heim|schwä|che, die ⟨o. Pl.⟩ (Sport): häufige, auffällige Schwäche, Erfolglosigkeit bei auf eigenem Platz, in eigener Halle o. Ä. ausgetragenen Wettkämpfen, Spielen.

Heim|se|rie, die (Sport): längere Zeit anhaltende Folge von Siegen od. Niederlagen in auf eigenem Platz, in eigener Halle o. Ä. ausgetragenen Wettkämpfen, Spielen.

Heim|sieg, der (Sport): auf eigenem Platz, in eigener Halle o. Ä. errungener Sieg.

Heim|son|ne, die: Höhensonne für die private Nutzung.

Heim|spiel, das (Sport): auf eigenem Platz, in eigener Halle o. Ä. ausgetragenes Spiel.

heim|stark ⟨Adj.⟩ (Sport): bei Wettkämpfen, Spielen auf eigenem Platz, in eigener Halle o. Ä. meist besonders gut u. erfolgreich: die schottischen Klubs sind h. gefürchtet.

Heim|stär|ke, die ⟨o. Pl.⟩ (Sport): Stärke, [häufiges] erfolgreiches Auftreten bei auf eigenem Platz, in eigener Halle o. Ä. ausgetragenen Wettkämpfen, Spielen.

Heim|statt, die (geh.): Stätte, wo jmd., etw. heimisch werden kann, seinen festen Aufenthaltsort findet.

Heim|stät|te, die: 1. ⟨Pl. selten⟩ Heimstatt: eine neue H. finden; jmdm. eine H. bieten. 2. von Bund, Land, Gemeinde[verband] od. gemeinnütziger Siedlungsgesellschaft bevorzugt an Vertriebene, Heimkehrer, Kriegsgeschädigte ausgegebenes, unter bestimmten Bedingungen vererbbares Grundstück mit Einfamilienhaus, Nutzgarten od. landwirtschaftlichem bzw. gärtnerischem Anwesen.

◆ **heim|stel|len** ⟨sw. V.; hat⟩: anheimstellen: Ach, es ist doch besser, ich stell's dem Himmel heim (Schiller, Wallensteins Tod V, 6).

heim|su|chen ⟨sw. V.; hat⟩ [mhd. heime suochen = in freundlicher od. feindlicher Absicht zu Hause aufsuchen, überfallen]: 1. als etw. Unerwünschtes, Unheilvolles o. Ä. über jmdn., etw. kommen; befallen: ein Krieg, eine Dürre suchte das Land heim; er wurde von einer schweren Krankheit heimgesucht; (iron.:) Joseph Waldemar Gritzan, ein großer, schweigsamer Holzfäller, wurde heimgesucht von der Liebe (Lenz, Suleyken 128). 2. bei jmdm. in einer ihn schädigenden od. für ihn unangenehmen, lästigen Weise eindringen: Einbrecher suchten das Lager heim; sie wurden am Wochenende von der Verwandtschaft heimgesucht.

Heim|su|chung, die; -, -en: 1. [mhd. heimsuochunge = Hausfriedensbruch] Schicksalsschlag, der als Prüfung od. Strafe von Gott empfunden wird: sie hatten viele -en zu ertragen. 2. [frühnhd. = Besuch] (christl. Rel.) Begegnung der mit Jesus v. Johannes dem Täufer schwangeren Frauen Maria u. Elisabeth im Hause Elisabeths: das Fest der H. Mariä (kath. Rel.; des Besuchs von Maria bei Elisabeth; urspr. am 2. Juli, dann am 31. Mai); auf dem Altarbild ist eine H. dargestellt. 3. [mhd. heimsuochunge = Hausfriedensbruch] (südd.) Haussuchung.

Heim|team, das (bes. schweiz.): Heimmannschaft.

Heim|tex|ti|li|en ⟨Pl.⟩: Textilien für die Innendekoration.

Heim|tier, das: Tier, das in einem Haushalt gehalten werden kann (z. B. Hund, Katze, Hamster).

Heim|trä|ger, der: Träger (4 c) eines Heims (2 a).

Heim|trai|ner, der: 1. Hometrainer. 2. jmd., der einen Sportler in seinem heimatlichen Verein trainiert.

Heim|trai|ne|rin, die: w. Form zu ↑Heimtrainer (2).

heim|trau|en, sich ⟨sw. V.; hat⟩: ⟨meist verneint⟩ sich trauen, nach Hause zu seiner Familie zu gehen: er traute sich mit seinem schlechten Zeugnis nicht heim.

Heim|tü|cke, die; -, - [Zus. aus haimliche (= heimliche) Dück od. hemische (= hämische) Dück]: hinterlistige Bösartigkeit, heimtückisches Wesen: jmds. H. fürchten.

heim|tü|cker, der; -s, - (ugs.): heimtückischer Mensch.

heim|tü|ckisch ⟨Adj.⟩: bei völliger Verborgenheit nach außen hin in gefährlicher Weise bösartig od. davon zeugend: eine -e Art; ein -er Überfall; jmdn. h. ermorden; Ü eine -e Krankheit.

Heim|vor|teil, der (Sport): Vorteil, der einer Mannschaft daraus erwächst, dass sie auf eigenem Platz, in eigener Halle o. Ä. antritt.

heim|wärts ⟨Adv.⟩ [mhd. heimwert, ahd. heimwartes]: nach Hause; in Richtung Heimat: h. segeln.

Heim|weg, der: Weg (2) nach Hause, zum Heimatort.

Heim|weh, das ⟨o. Pl.⟩ [urspr. med. Fachausdruck in der Schweiz]: große Sehnsucht nach der fernen Heimat od. einem dort wohnenden geliebten Menschen, bei dem man sich geborgen fühlte: heftiges H. befiel ihn; an/unter H. leiden; er ist krank vor H.; Dante hatte an den Höfen der oberitalienischen Tyrannen vor H. nach Florenz gefiebert (Edschmid, Liebesengel 31); Ü ... aus einem gewissen ... wie soll ich sagen ... aus einem gewissen H. nach der Tugend (Schnitzler, Liebelei 103).

heim|weh|krank ⟨Adj.⟩: an Heimweh leidend: ein -es Kind; h. sein.

Heim|wei|sen ⟨st. V.; hat⟩ (schweiz.): ⟨jmdn., etw.⟩ erkennen u. einzuordnen wissen: ◆ ...alle Dinge wusste sie heimzuweisen und zu beurteilen (Keller, Kammacher 220).

heim|wer|ken ⟨sw. V.; meist nur im Inf. u. 1. Part. gebr.⟩: als Heimwerker arbeiten: wir wollen h.; ⟨subst.:⟩ viel Geld sparen durch Heimwerken.

Heim|wer|ker, der; jmd., der zu Hause handwerkliche Arbeiten ausführt.

Heim|wer|ke|rin, die; -, -nen: w. Form zu ↑Heimwerker.

Heim|wer|ker|markt, der: Baumarkt (2).

Heim|we|sen, das [mhd. heimwesen = Hauswesen] (schweiz.): Anwesen; ländlicher Besitz.

Heim-WM, die (ugs.): im Heimatland einer Mannschaft stattfindende Weltmeisterschaft.

heim|wol|len ⟨unr. V.; nur im Inf.⟩: sich heimbegeben wollen, nach Hause wollen.

heim|zah|len ⟨sw. V.; hat⟩: a) etw. Böses, von dem man sich persönlich betroffen fühlt, bei günstiger Gelegenheit mit etw. Bösem erwidern: jmdm. etw. tüchtig h.; b) (veraltend) [dankbar] vergelten: Das erste Werk, das er hier machen und mit dem er zu der Gastfreundschaft des Klosters h. wollte, ... sollte gleich den alten Werken des Hauses ganz zum Bau und zum Leben des Klosters gehören (Hesse, Narziß 379).

heim|zu ⟨Adv.⟩ (österr., schweiz., sonst landsch.): auf dem Weg nach Hause; heimwärts: h. ging die Fahrt rascher.

Hein: ↑Freund (1).

Heindl, Häundl, das; -s, -[n] [mundartl. Vkl. von südd., österr. Haue = ¹Hacke (1)] (bayr., österr. mundartl.): kleine Hacke.

heindln, häundln ⟨sw. V.; hat⟩ (bayr., österr. mundartl.): mit einer kleinen Hacke den Boden lockern und das Unkraut heraushauen: den Garten, die Kartoffeln heindln.

Hei|ni, der; -s, -s [eigtl. Kosef. Heini des m. Vorn. Heinrich] (ugs. Schimpfwort): dumme, einfältige männliche Person; jmd., über den man sich geärgert hat od. den man nicht leiden mag: so ein doofer H.!

-hei|ni, der; -s, -s (ugs. abwertend): kennzeichnet in Bildungen mit Substantiven – selten mit Verben (Verbstämmen) – eine männliche Person, die sehr allgemein durch etw. charakterisiert ist: Kaugummi-, Pomaden-, Reklame-, Versicherungsheini.

Hein|rich: in den Wendungen **den flotten H. haben** (salopp; Durchfall haben); **den müden H. spielen/auf müden H. machen** (ugs.; langsam sein beim Arbeiten, sich nicht anstrengen); **der grüne H.** (österr.; die grüne Minna).

Heinz, der; -en, -en, ¹**Hein|ze**, der; -n, -n [nach dem m. Vorn. Heinz (= Heinrich), da das Gestell einer menschlichen Gestalt ähnlich sieht] (südd.): **1.** Holzgestell zum Trocknen von Klee u. Heu. **2.** Stiefelknecht.

²**Hein|ze**, die; -, -n (südd., westösterr., schweiz.): Heinz (1).

Hein|zel|bank, die ⟨Pl. ...bänke⟩ (österr.): Werkbank mit einer Klemmvorrichtung zur Bearbeitung von Holz.

Hein|zel|männ|chen, das ⟨meist Pl.⟩ [Heinzel =

Kosef. des m. Vorn. Heinz, nach dem Volksglauben, durch derartige Namensgebungen die Hausgeister günstig stimmen zu können]: *(im Volksglauben) hilfreicher Geist in Zwergengestalt, der in Abwesenheit der Menschen deren Arbeit verrichtet.*

hei|o|po|peio ⟨Interj.⟩: *eiapopeia.*

Hei|rat […a:t], die; -, -en [mhd., ahd. hīrāt, urspr. = Hausbesorgung, dann: Ehestand, 1. Bestandteil verw. mit ↑ Heim, zum 2. Bestandteil vgl. Rat]: *das Eingehen, Schließen einer Ehe; eheliche Verbindung:* eine späte, reiche H.; ihre H. steht bevor; eine H. [mit jmdm.] eingehen; eine H. vermitteln, hintertreiben; eine H. aus Liebe; mit, nach ihrer H. war sie aus dem Berufsleben ausgeschieden; vor seiner H. hat er ein unstetes Leben geführt.

hei|ra|ten ⟨sw. V.; hat⟩ [mhd. hīrāten]: **a)** *eine, die Ehe eingehen, schließen:* zum zweiten Mal h.; er hat nicht geheiratet *(er ist ledig geblieben)*; sie mussten h. (ugs. verhüll.; *sie heirateten, weil sie ein Kind erwarteten*); ⟨subst.:⟩ mit dem Heiraten warten; **b)** *mit jmdm. eine Ehe eingehen, schließen:* die Tochter des Nachbarn h.; die beiden haben sich geheiratet; er hat Geld (ugs.; *eine reiche Frau*) geheiratet; **c)** *durch Heirat an einen bestimmten Ort kommen u. dort leben:* ins Ausland, nach Amerika h.

Hei|rats|ab|sicht, die ⟨meist Pl.⟩: *Absicht zu heiraten:* jmds. -en durchkreuzen.

Hei|rats|al|ter, das: **a)** *Alter, in dem üblicherweise Ehen eingegangen werden:* das durchschnittliche H. ist gestiegen; **b)** *Alter, in dem jmd. [nach geltendem Recht] heiraten kann:* das H. erreicht haben.

Hei|rats|an|non|ce, die: *Annonce in einer Zeitung o. Ä., in der man einen geeigneten Partner für die Ehe sucht.*

Hei|rats|an|trag, der: *von einem Mann an eine Frau [feierlich vorgetragene] Bitte, miteinander die Ehe einzugehen:* er machte ihr einen H.; einen H. ablehnen.

Hei|rats|an|zei|ge, die: **1. a)** *die Namen u. das Hochzeitsdatum u. a. enthaltende Briefkarte, mit der ein Hochzeitspaar seine Heirat Verwandten, Freunden u. Bekannten mitteilt:* -n verschicken; **b)** *Anzeige in einer Zeitung, durch die ein Hochzeitspaar seine Heirat offiziell bekannt gibt:* seine H. in die Zeitung setzen. **2.** Heiratsannonce.

Hei|rats|er|laub|nis, die: *(z. B. für Minderjährige) Erlaubnis zu heiraten.*

Hei|rats|fä|hig ⟨Adj.⟩: *das Alter [erreicht] habend, in dem eine Heirat [nach dem geltenden Recht] möglich ist:* im -en Alter sein *(alt genug sein, um heiraten zu können)*; [noch nicht] h. sein.

Hei|rats|freu|dig ⟨Adj.⟩: *heiratslustig.*

Hei|rats|in|s|ti|tut, das: *Eheanbahnungsinstitut.*

Hei|rats|kan|di|dat, der ⟨scherzh.⟩: *Ehekandidat.*

Hei|rats|kan|di|da|tin, die: w. Form zu ↑ Heiratskandidat.

hei|rats|lus|tig ⟨Adj.⟩ ⟨scherzh.⟩: *gewillt, gesonnen zu heiraten.*

Hei|rats|markt, der ⟨scherzh.⟩: **a)** ⟨o. Pl.⟩ *Rubrik in einer Zeitung, Zeitschrift, unter der Heiratsannoncen abgedruckt sind;* **b)** *Veranstaltung o. Ä., bei der viele Leute im heiratsfähigen Alter zusammentreffen, bei der sich die Gelegenheit zum Kennenlernen eines möglichen Ehepartners ergibt.*

Hei|rats|schwin|del, der: *das Vorspiegeln von Heiratsabsichten zu dem Zweck, von dem Partner Geld od. andere Werte zu erlangen.*

Hei|rats|schwind|ler, der: *jmd., der Heiratsschwindel betreibt.*

Hei|rats|schwind|le|rin, die: w. Form zu ↑ Heiratsschwindler.

Hei|rats|ur|kun|de, die: *standesamtliche Urkunde, die die Eheschließung bescheinigt.*

Hei|rats|ur|laub, der: *Urlaub, den ein Soldat, ein Häftling zum Zweck der Eheschließung erhält.*

Hei|rats|ver|mitt|ler, der: *jmd., der gewerbsmäßig Ehen vermittelt* (Berufsbez.).

Hei|rats|ver|mitt|le|rin, die: w. Form zu ↑ Heiratsvermittler.

Hei|rats|ver|mitt|lung, die: **1.** *gewerbsmäßige Vermittlung von Ehen.* **2.** *Eheanbahnungsinstitut.*

Hei|rats|ver|spre|chen, das: *Eheversprechen.*

hei|rats|wil|lig ⟨Adj.⟩: *gewillt zu heiraten.*

Hei|rats|wunsch, der: *Ehewunsch.*

hei|rats|wü|tig ⟨Adj.⟩ ⟨ugs. scherzh.⟩: *darauf versessen, fest entschlossen, sich zu verheiraten.*

hei|sa: ↑ heißa.

hei|schen ⟨sw. V.; hat⟩ [mhd. (h)eischen, ahd. (h)eiscon = fordern, fragen, urspr. = suchen, trachten nach]: **a)** (geh.) *(in Bezug auf eine Handlung, einen Vorgang o. Ä.) gebieterisch, mit Nachdruck fordern, verlangen:* etw. heischt Beifall, Anerkennung, Zustimmung; der Befehl ... war bindend gewesen; ein Aufmerksamkeit, Respekt heischender Blick; **b)** (geh. veraltend) *um etw. bitten:* Hilfe, Mitleid h.; ◆ **c)** *betteln* (1): Hast du brav geheischen? – Wenig genug (Goethe, Götz V).

hei|ser ⟨Adj.⟩ [mhd. heis(er), ahd. heis(i), urspr. = rau]: *(von der menschlichen Stimme) durch Erkältung od. durch vieles Reden, Singen, Schreien u. Ä. rau u. fast tonlos [u. flüsternd]:* ein -es Lachen; eine -e Stimme haben; ich bin heute ganz h.; h. sprechen; sich h. schreien; sie sprach h.; Ü Ein paar Mal pfiff auch von links, wo die Rieselfelder anfingen, h. und gellend die Industriebahn herüber (Schnurre, Bart 102).

Hei|ser|keit, die; -, -en ⟨Pl. selten⟩ [mhd. heiserheit]: *das Heisersein:* sie leidet an nervöser H.

heiß ⟨Adj.⟩ [mhd., ahd. heiz, urspr. = brennend (heiß)]: **1.** *sehr warm, von [relativ] hoher Temperatur:* -es Wasser; -er Tee; die -en Länder *(Länder mit hohen Durchschnittstemperaturen, tropische Länder)*; eine -e Gegend, -e Hände haben; ein -es Bad nehmen; -e *(in heißem Wasser gebrühte)* Würstchen; Vorsicht, das Bügeleisen ist h.!; der Tag war drückend h.; die Suppe h. machen; das Kind ist ganz h. (fam.; *es fiebert*); die Achsen haben sich, sind h. gelaufen; der Motor hatte sich h. gelaufen *(war [aufgrund von unzureichender Schmierung od. mangelnder Kühlung] durch Reibung heiß geworden)*; ⟨subst.:⟩ ein Paar Heiße (ugs.; *heiße Würstchen)*; Ü h.! (scherzh.; *du bist nahe an der gesuchten Sache*); R ich habs wohl [als Kind] zu h. gebadet! (salopp; *du hast wohl den Verstand verloren!*); * **es überläuft jmdn. h. und kalt; es läuft jmdm. h. und kalt den Rücken hinunter** *(jmdn. schaudert, jmd. ist betroffen)*; **nicht h. und nicht kalt/weder h. noch kalt sein** *(in unbefriedigender Weise unentschieden, unzureichend sein).* **2. a)** *heftig, erbittert, hitzig:* ein -er Kampf; eine -e Debatte; eine h. umstrittene Frage; die Stadt war h. *(erbittert)* umkämpft; **b)** *mit großer Intensität empfunden; leidenschaftlich* (3): -e Liebe; -ester Wunsch; -e Tränen; * h. ersehnen; h. begehrt, ersehnt, geliebt; -en (ugs. verstärkend; *besten)* Dank; das Kind liebt seinen Teddybär h. und innig *(sehr, von Herzen)*; * **h. auf jmdn., etw. sein** (ugs.; ↑ wild: wir waren ganz h. darauf, endlich wieder Fußball zu spielen). **3.** *erregend, aufreizend:* -e Musik; -e Rhythmen. **4. a)** (ugs.) *gefährlich, heikel, mit Konflikten geladen:* ein -es Thema; die Radikalen kündigten einen -en Sommer an; eine -e Gegend; die Grenze gilt immer noch als h.; vgl. Draht (2 b), Ware (4); **b)** (Kernphysik) *(von Räumen, Teilen von Anlagen od. Stoffen) stark radioaktiv:* -e Substanzen, Teilchen; eine -e Zelle *(abgeschlossener Teil einer Kernkraftanlage, in der, von außen gesteuert, extrem radioaktive Stoffe bearbeitet werden);* -e Chemie *(Gebiet der Kernchemie, das sich mit durch Bestrahlung sehr radioaktiv gewordenen Stoffen befasst).* **5.** (ugs.) *vielversprechend:* ein -er Tipp; (Sport:) eine -e (hohe) Favoritin. **6.** (ugs.) *(von sportlichen Fahrzeugen) sehr schnell u. spritzig* (vgl. Ofen 2). **7. a)** (ugs.) *(von Hunden u. Katzen) paarungsbereit, brünstig:* die Hündin ist h.; **b)** (salopp) *(von Menschen) geschlechtlich erregt.* **8.** (ugs.) *in begeisternder Weise schön, gut; großartig, stark* (8): ein -e Hose = Bluse; der Junge ist h., aus dem wird mal was!; etw. h. finden.

hei|ßa, heisa ['haiza, 'haisa], **hei|ßas|sa** ⟨Interj.⟩ [aus ↑ hei u. sa! = Lockruf für einen Jagdhund < mhd. za < (a)frz. çà! = hierher!] (veraltet): *Ausruf der Freude od. der Ermunterung:* h., jetzt gehts los!

heiß be|gehrt, heiß|be|gehrt ⟨Adj.⟩: *mit Inbrunst, leidenschaftlich begehrt:* eine heiß begehrte Auszeichnung.

Heiß|be|hand|lung, die (Med.): *Behandlung mit Heißluft od. heißem Dampf zu Heilzwecken.*

heiß|blü|tig ⟨Adj.⟩: *von leicht erregbarem Temperament; impulsiv, leidenschaftlich reagierend:* ein -er Südländer; h. sein.

Heiß|blü|tig|keit, die; -: *das Heißblütigsein.*

¹hei|ßen ⟨st. V.; hat⟩ [mhd. heizen, ahd. heizʒan = auffordern, befehlen; sagen; nennen, wohl eigtl. = antreiben, zu etw. drängen]: **1.** [aus dem passivischen Gebrauch der alten Bed. »nennen«] *den Namen haben, sich nennen, genannt werden:* der Junge heißt Peter Müller; wie heißt du [mit Vor-, Nachnamen]?; früher hat sie anders geheißen (landsch. ugs.: *geheißen)*; wie heißt die Firma, die Straße?; er heißt nach seinem Großvater *(er trägt den gleichen Vornamen wie sein Großvater);* R wenn es sich so verhält, heiß ich Hans, Emil, Meier/will ich Hans, Emil, Meier h. (ugs.; *so verhält es sich ganz gewiss nicht).* **2. a)** (veraltend) *nennen* (1 a): sie haben das Kind [nach seinem Vater] Wilhelm geheißen; **b)** (geh.) *nennen* (1 b): jmdn. seinen Freund, einen Angeber, Lügner h.; jmdn. dumm, launisch h.; das muss man mit großartige Leistung h.; das heiße ich doch pünktlich [sein]; Er aber kommt durch den Seidenvorhang in Brokat oder wie man das heißt ... (Gaiser, Jagd 125). **3. a)** (in Verbindung mit einem Inf. + Akk.) (geh.) *das Verlangen äußern, dass etw. Bestimmtes geschehe; zu etw. auffordern:* er hieß mich stehen bleiben; wer hat dich kommen heißen/(seltener:) geheißen?; er hieß ihn an einem ehrlicher Mensch werden; Er hieß den Kutscher das Tier antreiben (Jahnn, Geschichten 196); **b)** ◆ (in Verbindung mit einem Inf. + Dativ:) Wann hieß ich dir die Schrift an Burleigh geben (Schiller, Maria Stuart V, 14); ◆ ⟨mit Dativobjekt:⟩ Du weißt es von unserer seligen Mutter, dass unser Vater ... ausdrücklich ihr geheißen hat: »Zerreiße es ...« (Storm, Söhne 12). **4.** *einer Äußerung o. Ä. in einem anderen Zusammenhang, einem Wort in einer anderen Sprache o. Ä. entsprechen; das Gleiche bedeuten, aussagen, ausdrücken:* »guten Abend« heißt auf Französisch »bon soir«; er weiß, was es heißt *(bedeutet)*, Verantwortung zu tragen; das will [nicht] viel, schon etwas h.!; das soll nun etwas h.! (ugs. abwertend; *soll Eindruck machen!*); (in einer Verägerung ausdrückenden Antwort, die eine vorangegangene Äußerung aufgreift:) was heißt hier: morgen? Das wird sofort gemacht; *(als Erläuterung od. Einschränkung von etw. vorher Gesagtem:)* ich komme morgen, heißt, nur wenn es nicht regnet (Abk.: d. h.): Die meisten von ihnen waren Angler; das heißt, nicht von Beruf, sie hatten nur Hunger (Schnurre, Bart 53). **5.** *den Wortlaut haben, lauten: der Titel des Romans heißt* »Krieg und Frieden«; *der Werbespruch, sein Motto heißt:* ... **6.** ⟨unpers.⟩ (geh. veraltend) **a)** *(als Vermutung, Behauptung o. Ä.) gesagt werden:* es heißt, er sei ins Ausland gegangen; (*verlautete es, wurde gesagt*) ..., von Marseille sollten Schiffe nach Mexiko abfahren (Seghers, Transit 104); **b)** *(an einer bestimmten Stelle) zu lesen sein, geschrieben stehen:* bei Hegel heißt es, ...; in dem Abkommen heißt es ausdrücklich, dass ...; in meinem Brief hatte es geheißen, er wolle zurückkommen. **7.** ⟨unpers.⟩ *(geh.) nötig, geboten sein:* noch heißt es abwarten; da heißt es aufgepasst/aufpassen! *(gilt es aufzupassen!).*

²**hei|ßen** ⟨sw. V.; hat⟩ [mit Übernahme der Ausspr. von gleichbed. niederl. hijsen]: *hissen:* er heißte die Fahne.

heiß er|sehnt, heiß|er|sehnt ⟨Adj.⟩: *mit Inbrunst, leidenschaftlich ersehnt:* ihre heiß ersehnte Ankunft.

heiß ge|liebt, heiß|ge|liebt ⟨Adj.⟩: *mit Inbrunst, leidenschaftlich geliebt:* seine heiß geliebte Schokolade.

Heiß|ge|tränk, das: *heißes Getränk.*

Heiß|hun|ger, der: *[plötzlich auftretender] besonders großer Hunger* (1 b) *auf etw. Bestimmtes:* mit wahrem H. fiel er über den Erbseneintopf her.

heiß|hung|rig ⟨Adj.⟩: *mit Heißhunger:* h. verschlang er sein Essen.

Heiß|kle|be|pis|to|le, die (Handwerk): *Werkzeug in Form einer Pistole, mit dem heißer Klebstoff auf Werkstücke o. Ä. aufgebracht werden kann.*

Heiß|lei|ter, der (Elektrot.): *Stoff, dessen Fähigkeit, den Strom zu leiten, bei zunehmender Temperatur immer größer wird.*

Heiß|luft, die: *künstlich erhitzte Luft:* eine Behandlung mit H.; die Hände mit H. trocknen.

Heiß|luft|bad, das: *Schwitzbad in trockener Heißluft; irisch-römisches Bad; türkisches Bad.*

Heiß|luft|bal|lon, der: *Freiballon, bei dem der Auftrieb durch periodisches Aufheizen der in der Ballonhülle enthaltenen Luft mit einem mitgeführten Propangasbrenner erzeugt wird.*

Heiß|luft|du|sche, die: *(als Haartrockner, in der Medizin u. in der Technik verwendeter) elektrisch betriebener Ventilator, dessen Luftstrom erwärmt werden kann.*

Heiß|luft|ge|blä|se, das: *Gebläse* (1 a)*, mit dem Heißluft erzeugt wird.*

Heiß|luft|ge|rät, das: *Gerät, mit dem Heißluft erzeugt wird.*

Heiß|luft|herd, der: *Elektroherd, dessen Backofen mit einem Gebläse für Heißluft ausgestattet ist (um durch die intensive Luftumwälzung ein gleichmäßiges Bräunen von Gebäck, Braten o. Ä. zu ermöglichen).*

¹**heiß|ma|chen** ⟨sw. V.; hat⟩ (ugs.): *erregen, aufregen:* was ich nicht weiß, kann mich nicht h.

heiß ma|chen, ²heiß|ma|chen ⟨sw. V.; hat⟩: *etw. erwärmen, bis es heiß* (1) *ist:* die Suppe h. m.

Heiß|man|gel, die: *beheizte Mangel zum Glätten von Wäsche, die feucht durchläuft.*

heiß|re|den ⟨sw. V.; hat⟩: in der Verbindung **sich die Köpfe h.** *(eine lange und hitzige Diskussion führen).*

Heiß|sporn, der ⟨Pl. -e⟩ [nach engl. *hotspur*]: *hitziger, draufgängerischer Mensch:* nur mit Mühe konnte man die ... zügeln.

heiß|spor|nig ⟨Adj.⟩ (selten): *hitzig u. draufgängerisch.*

heiß um|kämpft, heiß|um|kämpft ⟨Adj.⟩: *erbittert, unter Aufbietung aller Kräfte umkämpft:* eine heiß umkämpfte Stadt.

heiß um|strit|ten, heiß|um|strit|ten ⟨Adj.⟩: *heftig, leidenschaftlich umstritten:* eine heiß umstrittene These.

Heiß|was|ser, das (bes. Technik): *heißes Wasser: Erzeugung und Speicherung von H.*

Heiß|was|ser|be|rei|ter, der; -s, -: *elektrisch od. mit Gas beheiztes Gerät zur Bereitung [u. Speicherung] von heißem Wasser.*

Heiß|was|ser|spei|cher, der: *Wasserbehälter, in dem heißes Wasser erzeugt u. gespeichert wird.*

Heis|ter, der; -s, - [mhd. *heister* = junger Buchenstamm, mniederd. he(i)ster, 1. Bestandteil zu einem Verb mit der Bed. »(ab)schlagen«, zum 2. Bestandteil -ter (-der) vgl. Teer]: **1.** (Gartenbau) *junger Laubbaum (aus einer Baumschule).* **2.** (landsch.) *Buche.*

-heit, die; -, -en [mhd., ahd. *-heit,* zum Suffix erstarrtes Subst. ahd. *heit* = Person, Persönlichkeit; Gestalt, urspr. = Leuchtendes, Scheinendes, verw. mit ↑ heiter]: **1.** bildet mit Adjektiven und zweiten Partizipien – seltener mit Adverbien oder Zahlwörtern – die entsprechenden Substantive, die dann einen Zustand, eine Beschaffenheit, Eigenschaft ausdrücken: Durchdachtheit, Kultiviertheit. **2. a)** bezeichnet in Bildungen mit Substantiven eine Personengruppe: Christenheit; **b)** bezeichnet in Bildungen mit Substantiven eine Eigenschaft und Handlung von jmdm.: Narrheit.

hei|ter ⟨Adj.⟩ [mhd. *heiter,* ahd. *heitar,* eigtl. = leuchtend]: **1.** *durch Unbeschwertheit, Frohsinn u. innere Ausgeglichenheit gekennzeichnet; fröhlich:* ein -es Gemüt, Gesicht; ein -es Lachen; er ist ein -er Mensch; sie nahm alles mit -er Gelassenheit; er war immer h. [und zufrieden/vergnügt]; -e Musik; die Gesellschaft war vom reichlichen Alkoholgenuss schon sehr h. *(ausgelassen, laut u. fröhlich)* geworden; ein heller, -er *(freundlicher, heller)* Raum; die Sache hat auch eine -e *(erheiternde)* Seite; R das ist ja h., kann ja h. werden! (ugs. iron.; *da steht uns noch einiges bevor, das kann noch unangenehm werden!*) **2.** *(in Bezug auf die Witterung o. Ä.) nicht trüb, wolkenlos u. hell, sonnig:* -es Wetter; ein -er Tag; h. bis wolkig.

Hei|ter|keit, die; - [mhd. *heiterkeit* = Klarheit]: **1. a)** *das Heitersein* (1), *heitere Gemütsverfassung:* eine beglückende innere H.; die H. des Gemüts; H. erfüllt jmdn.; **b)** *durch Lachen o. Ä. nach außen hin sichtbar werdende fröhliche, aufgelockerte Stimmung; [lautes] Gelächter:* eine laute H.; etw. trägt zur allgemeinen H. bei. **2.** *heitere* (2) *Beschaffenheit:* Wetter von beständiger H.; Dieser Herbst der bayrischen Hochebene war von einer stetigen H., die Tage folgten einander klar und hell (Feuchtwanger, Erfolg 509).

Hei|ter|keits|aus|bruch, der: *Ausbrechen in fröhliches, lautes Gelächter:* seine Bemerkung hatte einen großen H. zur Folge.

Hei|ter|keits|er|folg, der: *große Heiterkeit* (1 b)*, die jmd., meist unbeabsichtigt, durch ein ungeschicktes Verhalten, eine Äußerung von unfreiwilliger Komik o. Ä. erntet:* mit etw. einen [großen] H. haben.

Heiz|an|la|ge, die: *Anlage zum Beheizen eines Gebäudes.*

heiz|bar ⟨Adj.⟩: *mit einer Möglichkeit zum Heizen* (1 b) *versehen; sich heizen lassend:* -e Räume; eine -e *(beheizbare)* Heckscheibe.

Heiz|de|cke, die: *elektrisch erwärmbare Decke.*

Heiz|ele|ment, das (Elektrot.): *Teil einer elektrischen Heizvorrichtung, in dem die elektrische Energie in Wärme umgewandelt wird.*

hei|zen ⟨sw. V.; hat⟩ [mhd., ahd. *heizen* (heißen), urspr. = heiß machen, zu ↑ heiß]: **1. a)** *einen Ofen anzünden, die Heizung o. Ä. in Betrieb nehmen (um einen Raum, ein Gebäude o. Ä. zu erwärmen):* ab Oktober wird geheizt; in der Küche ist nicht geheizt; **b)** *(einen Raum, ein Gebäude o. Ä.) erwärmen, warm machen:* ein Zimmer, das Haus h.; der Saal lässt sich nicht h.; die Wohnung war gut geheizt; **c)** *(einen Ofen, bestimmte technische Anlagen) mit Heizmaterial beschicken, anheizen:* den Backofen, Dampfkessel [mit Holz] h. **2. a)** *als Brennstoff verwenden:* Holz, Kohle h.; **b)** *(in bestimmter Weise, mit einem bestimmten Brennstoff) Wärme erzeugen:* elektrisch, mit Öl, mit Kohle h. **3.** ⟨h. + sich⟩ *(von Räumen) sich in bestimmter Weise erwärmen lassen:* das Zimmer, das Haus heizt sich schlecht. **4.** (ugs.) *(mit einem Kraftfahrzeug) sehr schnell fahren.*

Heiz|ener|gie, die: **a)** *zum Heizen* (1) *verwendeter Energieträger;* **b)** *zum Heizen* (2) *benötigte Energie* (2): H. sparen.

Hei|zer, der; -s, - [mhd. *heizer*]: *jmd., der Heizungs- u. Kesselanlagen bedient* (Berufsbez.).

Hei|ze|rin, die; -, -nen: w. Form zu ↑ Heizer.

Heiz|flä|che, die: *Wärme ausstrahlender Teil der Oberfläche eines Heizkörpers.*

Heiz|gas, das: *brennbares Gas zum Heizen.*

Heiz|ge|rät, das: *kleineres Gerät zum (zusätzlichen) Heizen von Räumen.*

Heiz|kel|ler, der (ugs.): *Heizungskeller.*

Heiz|kes|sel, der: *Kessel einer Heizungsanlage, in dem die Wärme erzeugt wird.*

Heiz|kis|sen, das: *elektrisch erwärmbares, flaches Kissen, dessen Temperatur stufenweise reguliert werden kann u. das zur örtlichen Wärmebehandlung o. Ä. dient:* das H. ein-, ausschalten.

Heiz|kör|per, der: **a)** *in den zu beheizenden Räumen aufgestellter, aus zusammenhängenden Rohren, Platten, Lamellen o. Ä. bestehender Hohlkörper (als Wärme abstrahlender Teil einer Heizungsanlage):* in dem Neubau wurden die H. montiert; die H. heizen; **b)** *Heizelement.*

Heiz|kos|ten ⟨Pl.⟩: *durch Heizen entstehende Kosten.*

Heiz|kos|ten|pau|scha|le, die: *pauschaler Betrag, den der Mieter für die Heizkosten zahlt u. der jährlich mit den tatsächlichen Kosten verrechnet wird.*

Heiz|kraft|werk, das: *Kraftwerk, aus dessen Abdampf die Wärme zur Deckung des industriellen od. privaten Wärmebedarfs gewonnen wird.*

Heiz|lüf|ter, der: *elektrisch betriebenes Heizgerät, dessen Wärme durch einen Ventilator in den Raum gebracht wird.*

Heiz|ma|te|ri|al, das: *zum Heizen verwendetes Material (z. B. Kohle, Koks, Holz, Öl).*

Heiz|mat|te, die: *Heizdecke.*

Heiz|ofen, der: *transportabler, elektrisch od. mit Gas beheizter Ofen.*

Heiz|öl, das: *bei der Aufbereitung von Erdöl anfallender flüssiger Brennstoff, der als Heizmaterial dient.*

Heiz|öl|händ|ler, der: *jmd., der mit Heizöl handelt.*

Heiz|öl|händ|le|rin, die: w. Form zu ↑ Heizölhändler.

Heiz|öl|preis, der: *Preis für Heizöl.*

Heiz|pe|ri|o|de, die: *Periode des Jahres, während deren geheizt werden muss.*

Heiz|plat|te, die: **1.** *elektrisch beheizte Kochplatte.* **2.** *elektrisch beheizte Platte zum Warmhalten von Speisen.*

Heiz|raum, der: *Heizungskeller.*

Heiz|rohr, das: *Rohr einer Heizungsanlage, durch das das erwärmte Wasser, der Dampf o. Ä. geleitet wird.*

Heiz|son|ne, die: *transportables elektrisches*

Heiz|ge|rät, in dem die von glühenden Drähten erzeugte Wärme über einen reflektierenden Schirm in eine bestimmte Richtung ausgestrahlt wird.
Heiz|spi|ra|le, die: *durch elektrischen Strom zum Glühen gebrachte Spirale in einem Heizgerät.*
Heiz|stoff, der: *Heizmaterial.*
Heiz|strah|ler, der: *elektrisches Heizgerät, bei dem die von glühenden Drähten erzeugte Wärme in den Raum reflektiert wird.*
Heiz|sys|tem, das: *dem Heizen (1 a) dienendes System (5).*
Heiz|tech|nik, die: *Heizungstechnik.*
Hei|zung, die; -, -en: **1. a)** *Einrichtung, Anlage zum Beheizen von Räumen, Gebäuden o. Ä.:* Zentralheizung: eine elektrische H.; die H. ein-, abschalten; die H. warten; **b)** (ugs.) Heizkörper: Waschlappen zum Trocknen auf die H. legen. **2.** ⟨o. Pl.⟩ *das Heizen:* Miete mit H.
Hei|zungs|an|la|ge, die: *Heizanlage.*
Hei|zungs|bau, der ⟨o. Pl.⟩: *Bau (1) von Heizanlagen.*
Hei|zungs|bau|er, der; -s, -: *Installateur, der im Heizungsbau arbeitet* (Berufsbez.).
Hei|zungs|bau|e|rin, die; -, -nen: w. Form zu ↑ Heizungsbauer.
Hei|zungs|kel|ler, der: *Kellerraum, in dem sich die Heizanlage befindet.*
Hei|zungs|mon|teur, der: *jmd., der Heizungsanlagen installiert u. wartet* (Berufsbez.).
Hei|zungs|mon|teu|rin, die: w. Form zu ↑ Heizungsmonteur.
Hei|zungs|rohr, das: *Heizrohr:* -e verlegen.
Hei|zungs|tank, der: *Tank für die Aufnahme von flüssigen od. gasförmigen Brennstoffen.*
Hei|zungs|tech|nik, die: *Teilgebiet der Technik, das sich mit dem Bau von Heizungsanlagen beschäftigt.*
Heiz|vor|rich|tung, die: *Vorrichtung zum Heizen.*
Heiz|werk, das: *Fernheizwerk.*
Heiz|wert, der: *Wärmemenge, die bei der Verbrennung eines Brennstoffes frei wird.*
He|ka|te (griech. Mythol.): *Göttin der Nacht u. der Unterwelt.*
He|ka|tom|be, die; -, -n [lat. hecatombe < griech. hekatómbē = *kultisches Opfer von 100 Stieren,* zu: hekatón = hundert u. boûs = Stier] (bildungsspr.): *einem unheilvollen Ereignis o. Ä. zum Opfer gefallene, erschütternd große Zahl von Menschen:* dem Erdbeben fielen -n von Menschen zum Opfer.

hekt-, Hekt-: ↑ hekto-, Hekto-.

Hek|t|ar, das, auch, schweiz. nur: der; -s, -e ⟨aber: 10 -⟩ [frz. hectare = 100 Ar, aus ↑ ¹hekt- u. ↑ ¹Ar]: *Flächenmaß (bes. landwirtschaftlich genutzter Bodenflächen) von 100 Ar* (Zeichen: ha): 6 H. Ackerboden.
Hek|t|a|re, die; -, -n (schweiz.): *Hektar.*
Hek|t|ar|er|trag, der ⟨meist Pl.⟩ (Landwirtsch.): *Ertrag pro Hektar.*
Hek|tik, die; - [zu ↑ hektisch]: *übersteigerte Betriebsamkeit, fieberhafte Eile, Hast, mit der jmd. etw. tut, mit der etw. geschieht, abläuft:* die H. der Großstadtverkehrs; nur keine H.!; in der H. (*vor lauter Eile*) etw. vergessen.
Hek|ti|ker, der; -s, - (ugs.): *jmd., der hektisch (1) ist:* der Hr. macht mich ganz krank.
Hek|ti|ke|rin, die; -, -nen: w. Form zu ↑ Hektiker.
hek|tisch ⟨Adj.⟩: **1.** *von Unruhe, Nervosität u. Hast gekennzeichnet; von einer übersteigerten Betriebsamkeit erfüllt; aufgeregt:* eine -e Atmosphäre, Eile; eine -e Jagd nach dem Geld; -es Getriebe; der Beginn des Winterschlussverkaufs war h.; der Tag war h. gewesen; h. hin und her laufen; ...sie fuhr mit den Armen h. in der Luft herum (Kronauer, Bogenschütze 102). **2.** [aus dem passivischen Gebrauch der alten Bed. »nennen«] **a)** (Med. veraltend) *in Begleitung der Lungentuberkulose auftretend:* -es Fieber; eine -e Röte *(fleckig-blaurote Gesichtsfarbe bei schwerer Lungentuberkulose);* ♦ **b)** *schwindsüchtig:* ...die wie alte -e Leute immer fallen zu wollen schienen (Droste-Hülshoff, Judenbuche 63).

hek|to-, Hek|to-, (vor Vokalen meist:) hekt-, Hekt- [frz. hect(o)-, zu griech. hekatón = hundert]: Best. in Zus. mit der Bed. *hundertfach, vielfach* (z. B. Hektoliter, Hektar).

Hek|to|graf, Hektograph, der; -en, -en [eigtl. = Hundertschreiber, zu griech. gráphein = schreiben] (veraltend): *Apparat zum Vervielfältigen von Schriftstücken u. Zeichnungen, bei dem das mit Anilintinte beschriebene Original auf eine mit Gelatine beschichtete Druckplatte übertragen wird, von der eine größere Anzahl von Abzügen abgenommen werden kann.*
Hek|to|gra|fie, Hektographie, die; -, -n: **1.** ⟨o. Pl.⟩ (veraltend) *Verfahren, mithilfe des Hektografen Vervielfältigungen herzustellen.* **2.** *mithilfe eines Hektografen hergestellte Vervielfältigung.*
hek|to|gra|fie|ren, hektographieren ⟨sw. V.⟩; hat: *[mithilfe eines Hektografen] vervielfältigen:* Flugblätter h.
Hek|to|gramm [auch: ˈhɛk...], das; -[e]s, -e ⟨aber: 5 -⟩ [frz. hectogramme, aus: hecto- (↑ hekto-, Hekto-) u. gramme, ↑ Gramm]: *Maßeinheit von 100 Gramm* (Zeichen: hg).
Hek|to|graph usw.: ↑ Hektograf usw.
Hek|to|li|ter [auch: ...ˈliː...], der, auch, österr. nur: ˈhɛk...], der, (schweiz. nur so) od. das; -s, - [frz. hectolitre]: *Maßeinheit von 100 Litern* (Zeichen: hl).
Hek|to|me|ter [auch: ˈhɛk...], der, früher fachspr. auch: das; -s, - [frz. hectomètre]: *Maßeinheit von 100 Metern* (Zeichen: hm).
Hek|to|pas|cal [auch: ˈhɛk...], das; -s, -: *Maßeinheit von 100 Pascal* (Zeichen: hPa).
Hek|tor: 1. (griech. Mythol.) *trojanischer Held.* **2.** * *rangehen wie H. an die Buletten* (landsch. salopp; *ein Vorhaben tatkräftig anpacken, zielstrebig durchführen;* nach dem häufig gebrauchten Vornamen Hektor).
Hek|to|ster, der; -s, -e u. -s ⟨aber: 3 -⟩ [frz. hectostère, zu: hecto- (↑ hekt-, Hekt-) u. stère, ↑ Ster]: *(bes. für Holz gebrauchtes) Hohlmaß, Raummaß von 100 Kubikmetern* (Zeichen: hs).
Hek|to|watt, das; -s, -: *Maßeinheit von 100 Watt.*
He|ku|ba: in der Wendung **jmdm. H. sein, werden** (bildungsspr. selten; *gleichgültig sein, werden; jmdn. nicht [mehr] interessieren;* nach Shakespeares »Hamlet«, in dem auf die Stelle bei Homer angespielt wird, wo Hektor zu seiner Gattin Andromache sagt, ihn bekümmere das Leid seiner Mutter Hekuba weniger als das ihre).
Hel, der; - ⟨meist o. Art.⟩ [wahrsch. »die Bergende«, verw. mit ↑ hehlen] (germ. Mythol.): **1.** *Totenreich, in dem alle auf dem Land Gestorbenen ihre Wohnstätte haben.* **2.** *Göttin der Haft* ⟨Adj.⟩.
he|lau ⟨Interj.⟩ (landsch.): *Karnevalsruf, bes. in Mainz;* hoch!, hurra!: Helau/h. rufen; ⟨subst.:⟩ die fröhlichen »Helaus« der Karnevalisten waren überall in den Straßen zu hören.
♦ **Hel|bar|te**, die; -, -n: *Hellebarde:* ... an einer von Rost zerfressenen H. (Keller, Romeo 37).
Held, der; -en, -en: **1.** [mhd. helt, H. u.] **a)** (Mythol.) *durch große u. kühne Taten bes. in Kampf u. Krieg sich auszeichnender Mann edler Abkunft (von einem Mythen u. Sagen entstanden sind):* die -en des klassischen Altertums, der germanischen Sage; **b)** *jmd., der sich* mit Unerschrockenheit u. Mut einer schweren Aufgabe stellt, eine ungewöhnliche Tat vollbringt, die ihm Bewunderung einträgt: die von den schweren Rettungsarbeiten Heimkehrenden wurden als -en gefeiert; **c)** *jmd., der sich durch außergewöhnliche Tapferkeit im Krieg auszeichnet u. durch sein Verhalten zum Vorbild [gemacht] wird:* ein tapferer H.; namenlose -en des Weltkriegs; unsere gefallenen -en (in pathetischer Redeweise; *die gefallenen Soldaten);* an den Gefallenen machten sie -en; (abwertend:) er spielt sich gern als H./(veraltet:) als -en auf; du bist mir [ja] ein [rechter/netter/schöner] H.! (scherzh. od. iron.; *was du da gemacht, was du da die gesagt hast, ist nicht besonders rühmlich);* ihr seid mir zwei [traurige] -en! (scherzh. od. spött.); na, ihr -en, was habt ihr denn da angestellt?; spiel doch nicht immer den -en! *(tu doch nicht so, als könnte dich nichts verletzen!);* R die -en sind müde [geworden] *(scherzhafte od. spöttische Feststellung in Bezug auf eine Gruppe od. einen Einzelnen, der bei seiner Tätigkeit an einem Punkt angelangt ist, an dem sein Elan nachlässt, er zurücksteckt, an dem er Resignation in ihm Platz greift o. Ä.;* nach dem ins Deutsche übertragenen Titel des französischen Films »Les héros sont fatigués«, 1955); * **kein H. in etw. sein** (ugs. scherzh. od. spött.; *[bes. in Bezug auf die Begabung eines Schülers für ein bestimmtes Fach] nicht bes. gut sein:* in Mathematik ist er kein H.; **der H. des Tages, des Abends sein** *(aufgrund einer besonderen Tat o. Ä. vorübergehend im Mittelpunkt des Interesses stehen).* **2.** (DDR) *jmd., der auf seinem Gebiet Hervorragendes, gesellschaftlich Bedeutsames leistet:* * **H. der Arbeit** (DDR: 1. *für hervorragende, der Gesamtheit dienende Leistungen von vorbildlichem Charakter verliehener Ehrentitel.* 2. *Träger[in] des Ehrentitels;* LÜ von russ. Geroj Truda). **3.** ⟨Pl. selten⟩ [wohl nach engl. hero < lat. heros, ↑ Heros] *männliche Hauptperson eines literarischen o. ä. Werks:* der tragische H.; dieser Schauspieler spielt heute den jugendlichen -en (veraltet; *die jugendliche Hauptperson, Rollenfach im Theater).*
Hel|den|brust, die (scherzh., iron.): *Brust eines Mannes:* komm an meine H.!
Hel|den|dar|stel|ler, der (Theater): *Darsteller im Rollenfach des Helden (3).*
Hel|den|dich|tung, die (Literaturwiss.): *Dichtung, die alte Heldensagen zum Gegenstand hat.*
Hel|den|epos, das (Literaturwiss.): *epische Dichtung des Mittelalters, die Stoffe u. Gestalten der Heldenlieder aufgreift u. durch breite Schilderung, Einschiebung von Episoden u. Ä. erweitert.*
Hel|den|fried|hof, der: *Soldatenfriedhof.*
Hel|den|ge|denk|tag, der (nationalsoz.): *Gedenktag für die Toten des Ersten u. Zweiten Weltkriegs.*
Hel|den|ge|dicht, das: *Heldenlied.*
Hel|den|ge|schich|te, die: *von einem Helden (1), von Helden handelnde Geschichte.*
hel|den|haft ⟨Adj.⟩: *besonderen Mut, besondere Tapferkeit, Unerschrockenheit, innere Kraft beweisend, zeigend:* ein -er Kampf; ein -er Entschluss; (spött.:) den -en Entschluss fassen, nicht mehr zu rauchen.
Hel|den|lied, das (Literaturwiss.): *strophische, im Stabreim abgefasste, episch-balladeske Dichtung der germanischen Völker des 5. bis 8. Jahrhunderts, deren Stoff der germanischen Heldensage entnommen ist.*
Hel|den|mut, der: *besonderer Mut, besondere Tapferkeit, Unerschrockenheit.*
hel|den|mü|tig ⟨Adj.⟩: *Heldenmut besitzend,*

Hel|den|po|se, die (abwertend): *Pose eines Helden.*

Hel|den|rol|le, die (Theater): *Rolle eines Helden (3) im Schauspiel, in der Oper.*

Hel|den|sa|ge, die (Literaturwiss.): *in den Bereich der Epen gehörende mündliche od. schriftliche Überlieferung aus der heldischen Frühzeit eines Volkes.*

Hel|den|stück, das (meist iron.): *Heldentat:* da hast du dir ja ein H. geleistet *(es war alles andere als rühmlich, was du da gemacht hast).*

Hel|den|tat, die: *heldenhafte Tat:* bei der Bergung der Opfer haben die Helfer wahre -en vollbracht; was du dir da geleistet hast, war keine H. (spött.: *war nicht sehr rühmlich).*

Hel|den|te|nor, der: **1.** ¹Tenor (1), *der für die Rollen von Helden geeignet ist:* jugendlicher H. *(geringere Höhe, dafür aber umso stärkere Durchschlagskraft erfordernder Tenor);* schwerer H. *(Sonorität u. ein Höchstmaß an Klangentfaltung erfordernder Tenor).* **2.** *Sänger mit der Stimmlage des Heldentenors* (1).

Hel|den|tod, der (geh.): *Tod (eines Soldaten) auf dem Schlachtfeld:* ihr Sohn hat in Russland den H. gefunden *(er ist dort gefallen).*

Hel|den|tum, das; -s [geb. von Chr. M. Wieland (1733–1813) für Heroismus]: *heldenhafte Denk- u. Handlungsweise, Haltung:* stilles, wahres H.

Hel|den|ver|eh|rung, die: *Verehrung von Helden.*

Hel|der, der od. das; -s, - [aus dem Niederd., wohl zu (m)niederd. helden = neigen, schräg abhängen, da das Deichvorland sich vom Deichfuß bis zur offenen See hin abflacht; verw. mit ↑Halde]: *uneingedeichtetes Marschland.*

Hel|din, die; -, -nen: **1. a)** (geh.) *bes. tapfere, opfermütige Frau, die sich für andere einsetzt, eingesetzt hat:* man musste sie als H. bezeichnen; **b)** w. Form zu ↑Held (1 b). **2.** *weibliche Hauptperson eines literarischen Werks:* die H. des Liebesromans.

hel|disch ⟨Adj.⟩ (geh.): **1.** *den od. die Helden (1 a) betreffend:* die -e Frühzeit eines Volkes. **2.** *heldenhaft.*

hel|fen ⟨st. V.; hat⟩ [mhd. helfen, ahd. helfan; H. u.]: **1.** *jmdm. durch tatkräftiges Eingreifen, durch Handreichungen od. körperliche Hilfestellung, durch irgendwelche Mittel od. den Einsatz seiner Persönlichkeit ermöglichen, [schneller u. leichter] ein bestimmtes Ziel zu erreichen; jmdm. bei etw. behilflich sein, Hilfe leisten:* jmdm. bereitwillig, tüchtig h.; kann ich dir h.?; jmdm. finanziell h. *(jmdn. finanziell unterstützen);* er dankte allen, die [ihm] geholfen hatten *(die ihm beigesprungen waren);* [jmdm.] auf dem Feld, bei/(schweiz.:) an der Arbeit, im Haushalt h.; sie hat nie in einer schwierigen Situation mit ihrem Rat geholfen *(beigestanden);* er hilft ihm aufräumen; sie half ihm, das Gepäck zu verstauen; sie hat ihm suchen h./geholfen; sie hat beim Suchen geholfen; er tat, als hülfe/(selten:) hälfe er ihr gern; jmdm. in den Mantel, über die Straße h. *(beim Anziehen des Mantels, Überqueren der Straße behilflich sein);* den Armen h. *(sie unterstützen, ihre Not lindern);* dieser Arzt hat mir geholfen (ugs.): *hat mir zur Wiederherstellung meiner Gesundheit, zur nachhaltigen Besserung meines Leidens verholfen);* jmdm. ist nicht zu h. *(bei jmdm. ist alle Hilfe, sind alle guten Ratschläge zwecklos, vergebens);* er wusste sich nicht [mehr] zu h. *(sah, fand keinen Ausweg [mehr] aus der für mich schwierigen Situation);* er weiß sich immer zu h.; jmdm. ist nicht mehr zu h. *(jmd. ist aufgrund seiner schweren Krankheit, seiner schweren Verletzungen nicht mehr zu retten);* ◆ ⟨mit Akk.-Obj.:⟩ Lieber Pappe, ich helfe dich (Goethe,

Künstlers Erdenwallen 1); ◆ *Und was hilft's Ihn, Herr Wirt* (Lessing, Minna I, 2); R ich kann mir nicht h., [aber] … *(ich kann nicht anders [als in der folgenden Weise denken, urteilen, empfinden]);* ich werde, will dir h./dir werde, will ich h.! (ugs.; *als Drohung in Bezug auf ein bestimmtes unerwünschtes Tun bes. von Kindern;* wehe, du tust das [noch einmal]!). **2.** *im Hinblick auf die Erreichung eines angestrebten Zieles förderlich sein, die Durchführung einer bestimmten Absicht o. Ä. erleichtern; nützen:* die Zeit wird dir h., den Schmerz, den Verlust zu überwinden; da hilft kein Jammern und kein Klagen; mit dieser Feststellung ist uns nicht, wenig geholfen; dieses Medikament, die Kur hat ihr geholfen; das Mittel hilft bei/gegen Kopfschmerzen *(bewirkt eine Linderung, Beseitigung der Kopfschmerzen);* ⟨unpers.:⟩ es hat uns viel, wenig geholfen, dass …; was hilft es dir, wenn …; was hilfts, wir können ja doch nichts daran ändern; es hilft nichts *(es gibt keinen anderen Weg),* wir müssen jetzt anfangen.

Hel|fer, der; -s, - [mhd. helfære, ahd. helfāri]: *jmd., der einem anderen bei etw. hilft, ihn bei etw. unterstützt:* ein freiwilliger, tüchtiger H.; er war für uns ein H. in der Not; sie hat an ihm einen verlässlichen H. *(Mitarbeiter, eine Stütze bei der Arbeit);* Ü die Waschmaschine ist ein unentbehrlicher H. im Haushalt.

Hel|fe|rin, die; -, -nen [mhd. helfærinne]: w. Form zu ↑Helfer.

Hel|fer|lein, das (ugs. scherzh.): *Person od. Sache, die jmdm., etw. bei etw. hilft, jmdn., etw. bei etw. unterstützt:* für die Organisation des Festes werden viele ehrenamtliche H. benötigt; in das Auto wurden zahlreiche elektronische H. eingebaut.

Hel|fers|hel|fer, der [spätmhd. helffershelffer, urspr. = Mithelfer im Streit, Kampfgenosse] (abwertend): *jmd., der einem andern bei der Ausführung einer unrechten Tat hilft; Mittäter, Komplize; Spießgeselle:* Täter und ihre H. werden gesucht.

Hel|fers|hel|fe|rin, die: w. Form zu ↑Helfershelfer.

Hel|fer|syn|drom, das (Psychol.): *auf der Unfähigkeit, seine Bedürfnisse zu äußern, beruhende psychische Störung, die sich in einem übertriebenen Bedürfnis zu helfen zeigt.*

helf|gott (Interj.) (südd., österr. veraltend): *Ausruf, Wunsch, wenn jmd. geniest hat.*

Hel|ge, die; -, -n, **Hel|gen,** der; -s, - [aus dem Niederd. < mniederd. helgen, Nebenf. von: hellinge, ↑Helling]: *Helling.*

Hel|go|land, -s: *Felseninsel in der Deutschen Bucht.*

¹**Hel|go|län|der,** der; -s, - : Ew.
²**Hel|go|län|der** ⟨indekl. Adj.⟩: H. Fischtopf.

Hel|go|län|de|rin, die; -, -nen: w. Form zu ↑¹Helgoländer.

hel|go|län|disch ⟨Adj.⟩: *Helgoland, die Helgoländer betreffend.*

He|li|an|the|mum, das; -s, …themen [zu griech. hḗlios = Sonne u. ánthemon = Blume] (Bot.): *Sonnenröschen.*

He|li|an|thus, der; -, …then [zu lat. helianthes < griech. hēlianthḗs = Pflanzenname, zu: hḗlios = Sonne u. ánthos = Blume] (Bot.): *Sonnenblume.*

He|li|co|bac|ter Py|lo|ri […ko'bak… -], das u. der; -s - [nlat., zu lat. helix (Gen. helicis) < griech. hélix = Spirale, Windung, griech. baktērion = Stab u. ↑Pylorus] (Med.): *spiralförmiges Bakterium, das als Hauptursache für Magen- od. Zwölffingerdarmgeschwüre angesehen wird.*

¹**He|li|kon,** das; -s, -s [zu griech. hélix, ↑Helix]: *runde Basstuba (bes. in der Militärmusik verwendet).*

²**He|li|kon,** der; -[s]: *Gebirge in Böotien.*

He|li|ko|p|ter, der; -s, - [engl. helicopter < frz. hélicoptère, zu griech. hélix (↑Helix) u. pterón = Flügel]: *Hubschrauber.*

he|lio-, He|lio- [zu griech. hḗlios = Sonne]: Best. in Zus. mit der Bed. *sonnen-, Sonnen-* (z. B. heliozentrisch, Heliogravüre).

He|lio|graf, He|lio|graph, der; -en, -en [-graf]: **1.** (Astron.) *astronomisches Fernrohr mit fotografischem Gerät für Aufnahmen von der Sonne.* **2.** (Nachrichten.) *Gerät für die Nachrichtenübermittlung durch Blinkzeichen mithilfe des Sonnenlichts.*

He|lio|gra|vü|re, die; -, -n (Druckw.): **1.** ⟨o. Pl.⟩ *älteres Verfahren zur Herstellung von Ätzungen auf Kupferplatten für den Tiefdruck mithilfe der Fotografie.* **2.** *mit dem Verfahren der Heliogravüre* (1) *hergestellter Druck.*

He|li|os (griech. Mythol.): *Sonnengott.*

He|lio|s|tat, der; -[e]s u. -en, -en [zu griech. statós = gestellt, stehend] (Astron.): *Instrument zur Beobachtung der Sonne, das dem Sonnenlicht stets die gleiche Richtung gibt.*

He|lio|the|ra|pie [auch: …'pi:], die; -, -n (Med.): *Heilbehandlung mit Sonnenlicht u. -wärme.*

he|lio|trop ⟨Adj.⟩ [zu ↑¹Heliotrop]: *von der Farbe der Blüten des ¹Heliotrops* (1).

¹**He|lio|trop,** das; -s, -e: **1.** [lat. heliotropium < griech. hēliotrópion, eigtl. = was sich zur Sonne hinwendet] *in zahlreichen Arten vorkommende krautige od. als Halbstrauch wachsende Pflanze mit kleinen, bläulich violetten, nach Vanille duftenden Blüten; Sonnenwende.* **2.** ⟨o. Pl.⟩ [nach den Blüten des ¹Heliotrops (1)] *blauviolette Farbe.* **3.** (früher) *mit zwei Spiegeln versehenes Gerät zum Sichtbarmachen von Geländepunkten bei der Erdvermessung.*

²**He|lio|trop,** der; -s, -e [zu ↑¹Heliotrop, weil er nach alter Vorstellung das Sonnenlicht blutrot zurückwirft]: *dunkelgrüner Edelstein mit blutroten Einsprengseln aus Jaspis.*

he|lio|zen|t|risch ⟨Adj.⟩ (Astron.): *auf die Sonne als Mittelpunkt der Welt bezogen:* -es Weltsystem *(von Kopernikus entdecktes u. aufgestelltes Planetensystem mit der Sonne als Weltmittelpunkt).*

He|li|port, der; -s, -s [engl. heliport, Kurzwort aus helicopter (↑Helikopter) u. airport (↑Airport)]: *Landeplatz für Hubschrauber.*

He|li|ski|ing […ski:ɪŋ], das; -s, -s [Kurzwort aus engl. helicopter (↑Helikopter) u. skiing = Skilaufen]: *das Abfahren von einem Berggipfel, zu dem der Skiläufer mit einem Hubschrauber gebracht worden ist.*

He|li|um, das; -s [engl. helium, gelehrte Bildung des 19. Jh.s der brit. Wissenschaftler J. N. Lockyer (1836–1920) u. E. Frankland (1825–1899); zu griech. hḗlios = Sonne]: *bes. zum Füllen von Ballons, Thermometern u. Lampen verwendetes, farbloses Edelgas mit großer Wärmeleitfähigkeit (chemisches Element; Zeichen: He).*

He|lix, die; -, Helices […tse:s] [griech. hélix = Windung, Spirale]: **1.** (Anat.) *äußerer Rand der Ohrmuschel beim Menschen.* **2.** (Chemie) *wendelförmige Anordnung der Bausteine von Makromolekülen.*

hell ⟨Adj.⟩ [mhd. hel = glänzend; tönend, ahd. -hel (in Zus.) = tönend, verw. mit ↑Hall, urspr. nur auf akustische Sinneseindrücke bezogen]: **1. a)** *von Tageslicht, künstlichem Licht erfüllt; mit viel Helligkeit:* ein -es Zimmer; die Flure sind h. und freundlich; in dem Raum war es nicht sehr h. *(der Raum war nur schwach erleuchtet);* die hohen Fenster machen das Zimmer sehr h. *(geben ihm viel Licht);* draußen wird es schon h. *(der Morgen dämmert);* im Sommer bleibt es länger h. *(die Nacht bricht später an);* die Fenster waren h. erleuchtet; ein h. erleuchteter Saal; **b)** *(in Bezug auf bestimmte atmosphärische Verhältnisse) klar, nicht trüb; von Helligkeit, Sonnenschein erfüllt:* ein -er Tag; -e Mondnächte; -es, klares Wetter; nach dem Gewitter wurde der Himmel wieder h. *(klar, wolkenlos);* die Tat geschah am -en Tag[e] (ugs.; *mitten am Tage; vor aller Augen);* Ü eine -ere Zukunft; **c)** *viel Licht ausstrahlend, verbreitend, spendend o. Ä.:* eine -e Glühbirne; -es Licht; ein heller Schein; die Lampe ist mir zu h.; der Mond scheint h.; h. glänzend, h. lodernd; ein h. leuchtender, h. strahlender Stern. **2.** *(von Farben) nicht sehr kräftig, von nicht sehr intensiver Färbung, mit Weiß untermischt:* -e Tapeten; sie hat sehr -e Augen; ein -es Blau; -e *(blonde)* Haare; -es Bier *(Bier von gelblicher Farbe).* **3.** *(von einer Gehörempfindung) hoch klingend, klar, nicht dumpf:* ein -er Vokal; eine -e Stimme; ein -es Lachen; das -e Geläute der Glocken; ein h. klingender Ton; h. tönen; ... gab es Dominos in verschiedenen Farben, es gab Frauenröcke, die h. läuteten um den Münzen, mit denen sie benäht waren; es gab Pierrots, die mir albern vorkamen (Rilke, Brigge 74). **4. a)** *klug, intelligent; von leichter, rascher Auffassungsgabe:* er ist ein -er Kopf; sie ist sehr h., -er als die anderen; Hell von Verstand und mit lebhaftem Interesse begabt war es diesem Wirsich ein Leichtes gewesen, die Geschäfte seines Brotherrrn zu dessen vollkommener Zufriedenheit ganz selbständig zu führen (R. Walser, Gehülfe 21); **b)** *geistig klar, bei vollem Bewusstsein, davon zeugend:* Alzheimer-Patienten haben zwischendurch oft -e Augenblicke. **5. a)** *in uneingeschränktem Maße vorhanden, sich äußernd; sehr groß; absolut:* das ist ja der -e Wahnsinn!; er geriet in -e Aufregung, Begeisterung; an etw., jmdm. seine -e Freude haben; daran wirst du deine -e Freude haben! (iron.; *das wird dir schlecht bekommen, damit wirst du Ärger haben!);* **b)** ‹intensivierend bei Verben u. Adjektiven› *sehr, hellauf:* über diesen Unsinn musste sie h. lachen; h. begeistert sein.

Hel|las; Hellas': Griechenland.

hell|auf ‹Adv.›: *sehr, überaus* (in Bezug auf die emotionell-spontane Äußerung einer bestimmten, meist positiven Einstellung zu etw.): sie war von der Idee h. begeistert; er lachte h., als er davon hörte.

hell|äu|gig ‹Adj.›: *mit hellen Augen versehen.*

hell|blau ‹Adj.›: *von hellem Blau; ein helles Blau aufweisend:* ‹subst.:› ein süßer Schlafanzug in Hellblau.

hell|blond ‹Adj.›: **a)** *von hellem Blond; ein helles Blond aufweisend:* -e Haare; **b)** *mit hellblondem Haar versehen:* ein -es Mädchen.

hell|braun ‹Adj.›: *von hellem Braun; ein helles Braun aufweisend:* ihre Haare sind h. getönt.

hell|dun|kel ‹Adj.› (Malerei, selten): *zwischen Licht u. Schatten spielend; hell mit dunklen Farben wechselnd.*

Hell|dun|kel, das [LÜ von frz. clair-obscur, LÜ von ital. chiaroscuro]: **a)** (Malerei) Kurzf. von ↑ Helldunkelmalerei; **b)** *(bes. in der Malerei) das Zusammenspiel von Licht u. Schatten, von hellen u. dunklen Farben.*

Hell-Dun|kel-Ad|ap|ta|ti|on, Hell-Dun|kel-Ad|ap|ti|on, die (Physiol.): *Anpassung der Lichtempfindlichkeit des Auges an die jeweiligen Lichtverhältnisse.*

Hell|dun|kel|ma|le|rei, die ‹o. Pl.›: *Gestaltungsweise der Malerei, bei der eine Lichtquelle die Farben verschieden hell u. dunkel erscheinen lässt.*

hel|le ‹Adj.› (landsch., bes. berlin.): *aufgeweckt,*

gescheit: nicht sehr h. sein; R Mensch, sei h., bleib Junggeselle!

Hel|le, die; - [mhd. helle] (geh.): *(bes. auf Atmosphärisches bezogen) Helligkeit, helles Licht:* blendende, gleißende H.

Hel|le|bar|de, die; -, -n [älter: helle[n]barte < mhd. helmbarte, aus: helm (↑ ² Helm) u. barte, ↑ ¹ Barte]: *(im späten MA.) Stoß- u. Hiebwaffe, die aus einem langen Stiel mit axtförmiger Klinge u. scharfer Spitze besteht.*

Hel|le|bar|dier, der; -s, -e, **Hel|le|bar|dist,** der; -en, -en: *mit einer Hellebarde bewaffneter Landsknecht.*

Hel|le|gatt, Hel|le|gat, das; -s, -en u. -s [aus dem Niederd., eigtl. = Höllenloch, zu mniederd. hell = Hölle u. gatt, ↑ Gatt]: *(auf Schiffen) kleiner, winkliger Raum zur Aufbewahrung von Vorräten, Schiffszubehör u. Ä.*

hel|len ‹sw. V.; hat› [mhd. hellen = aufleuchten, zu ↑ hell]: **1.** ‹h. + sich› (dichter.) *sich erhellen, sich aufhellen:* ♦ So leuchtet's und schwanket und hellt hinan (Goethe, Faust II, 8476). **2.** (Fachspr.) *aufhellen* (1 a).

Hel|le|ne, der; -n, -n: *Grieche.*

Hel|le|nen|tum, das; -s: *Wesen, Kultur der Hellenen.*

Hel|le|nin, die; -, -nen: w. Form zu ↑ Hellene.

hel|le|nisch ‹Adj.› [zu griech. Hellás = Griechenland]: *das antike Griechenland betreffend.*

hel|le|ni|sie|ren ‹sw. V.; hat› [griech. hellēnízein]: *nach griechischem Vorbild gestalten; griechische Sprache u. Kultur nachahmen.*

Hel|le|nis|mus, der; -: **1. a)** *Griechentum;* **b)** [gepr. von dem dt. Historiker J. G. Droysen (1808–1884)] *nachklassische Kulturepoche von Alexander dem Großen bis zur römischen Kaiserzeit, die durch die wechselseitige Durchdringung griechischer u. orientalischer Kulturelemente gekennzeichnet ist.* **2.** *nachklassische griechische Sprache des Hellenismus* (1 b).

Hel|le|nist, der; -en, -en: **1.** *jmd., der sich wissenschaftlich mit dem nachklassischen Griechentum befasst.* **2.** *(im N. T.) Griechisch sprechender, zur hellenistischen Kultur neigender Jude der Spätantike.*

Hel|le|nis|tik, die; -: *Wissenschaft, die sich mit der altgriechischen Sprache u. Kultur befasst.*

Hel|le|nis|tin, die; -, -nen: w. Form zu ↑ Hellenist.

hel|le|nis|tisch ‹Adj.›: *den Hellenismus betreffend, dazu gehörend, darauf beruhend:* -e Kunst; in der -en Zeit.

Hel|ler, der; -s, - [mhd. heller, haller, gek. aus Haller pfennic, nach der Reichsstadt Schwäbisch Hall, der ersten Prägestätte]: *(heute nicht mehr gültige) kleine Münze aus Kupfer od. Silber:* *keinen/nicht einen [roten/lumpigen/blutigen] H. wert sein (ugs.; *nicht das Geringste, gar nichts wert sein);* keinen [roten/lumpigen] H. [mehr] haben/besitzen (ugs.; *kein Geld [mehr] haben; völlig mittellos dastehen);* **keinen [roten] H. für jmdn., etw. geben** (ugs.; *für jmdn., etw. keine Chance sehen; für jmdn., etw. das Schlimmste befürchten);* **bis auf den letzten H./auf H. und Pfennig/auf H. und Cent** (ugs.; *[von Geld] vollständig, bis auf den letzten Rest:* er hat sein Geld, seine Schulden bis auf den letzten H. zurückgezahlt).

hell|er|leuch|tet, hel|ler|leuch|tet ‹Adj.›: *hell beleuchtet:* in hell erleuchteter Saal.

Hel|les, das; Helle od Helles; des/eines Hellen, die Hellen/zwei Helle [↑ ² hell]: *[ein Glas] helles Bier:* ein H., zwei Helle bitte!; ein kleines H. trinken.

Hel|les|pont, der; -[e]s: in der Antike u. im MA. Name für ↑ Dardanellen.

hell|far|ben, hell|far|big ‹Adj.›: *von heller Farbe, in hellen Farben gehalten.*

Hell|gatt, Hell|gat: ↑ Hellegatt, Hellegat.

hell|gelb ‹Adj.›: *von hellem Gelb; ein helles Gelb aufweisend.*

♦ **hell|ge|stirnt** ‹Adj.› [zu ↑ Gestirn]: *sternhell:* ... eine jener Frühlingsnächte, die zwar lau genug und h. sind (Heine, Rabbi 457).

hell glän|zend, hell|glän|zend ‹Adj.›: *einen hellen Glanz aufweisend:* hell glänzende Goldbarren.

hell|grau ‹Adj.›: *von hellem Grau; ein helles Grau aufweisend.*

hell|grün ‹Adj.›: *von hellem Grün; ein helles Grün aufweisend:* ‹subst.:› sie trägt gern Hellgrün.

hell|grun|dig ‹Adj.›: *eine helle Grundfarbe, einen hellen Grund aufweisend.*

hell|haa|rig ‹Adj.›: *mit hellen Haaren.*

hell|häu|tig ‹Adj.›: *von heller Hautfarbe.*

hell|hö|rig ‹Adj.›: **1.** (veraltet) *mit außerordentlich gutem Gehör ausgestattet:* er ist sehr h.; ***h. werden** (*stutzig werden und daraufhin weitere Entwicklungen aufmerksam verfolgen);* **jmdn. h. machen** (*jmdn. stutzig machen und dessen Aufmerksamkeit schärfen:* die Vorgänge hatten sie h. gemacht). **2.** *(bes. von Räumen, Gebäuden o. Ä.) den Schall leicht durchlassend:* eine -e Wohnung.

Hell|hö|rig|keit, die: *hellhörige* (2) *Beschaffenheit.*

hell|licht: frühere Schreibung für: ↑ helllicht.

Hel|li|gen: Pl. von ↑ Helling.

Hel|lig|keit, die; -, -en [zu ↑ hell]: **1.** ‹o. Pl.› *Zustand des Hellseins* (1): die H. des Tages; die künstliche H. eines elektrisch beleuchteten Raumes; ihre Augen gewöhnten sich langsam an die H. **2. a)** ‹o. Pl.› *Licht-, Beleuchtungsstärke:* die H. einer Glühbirne; **b)** (Astron.) *Leuchtkraft eines Himmelskörpers:* -en bestimmen; ein Stern mit der H. 2,1.

Hel|lig|keits|grad, der: *Grad, bestimmte Abstufung der Helligkeit.*

Hel|lig|keits|reg|ler, der (Elektrot.): *Vorrichtung zur stufenlosen Steuerung der Helligkeit* (2 a) *von Glüh- u. anderen Lampen; Dimmer.*

Hel|lig|keits|stu|fe, die: *Stufe, Grad der Helligkeit.*

Hel|ling, die; -, -en u. Helligen, auch: der; -s, -e [aus dem Niederd. < mniederd. hellinge, heldinge = Schräge, Abhang, zu: hellen, helden = abschüssig sein, verw. mit ↑ Halde] (Schiffbau): *Bauplatz für den Bau von Schiffen mit einer od. mehreren zum Wasser geneigten Ebenen für den Stapellauf.*

hell klin|gend, hell|klin|gend ‹Adj.›: *hohe, klingende Töne hervorbringend:* eine hell klingende Gitarre.

hell leuch|tend, hell|leuch|tend ‹Adj.›: *eine starke Leuchtkraft aufweisend:* ein hell leuchtender Stern.

hell|licht ‹Adj.›: **a)** (selten) *hell u. licht:* ein -er Raum; **b)** in bestimmten Fügungen wie **es ist -er Tag** (*es ist mitten am Tag),* **am**/‹selten:› **beim -en Tag** (*[in Bezug auf ein Geschehen, eine Handlung] unerwartet mitten am Tag:* das Verbrechen geschah am -en Tag).

hell|li|la ‹Adj.›: *von hellem Lila; ein helles Lila aufweisend* (vgl. lila).

hell lo|dernd, hell|lo|dernd ‹Adj.›: *(von Feuer od. Flammen) hell u. mit großer Flamme brennend:* hell lodernde Flammen.

hell ma|chen, hell|ma|chen ‹sw. V.; hat›: *bewirken, dass etw. hell wird:* die hohen Fenster machen das Zimmer hell.

hell|rot ‹Adj.›: *von hellem Rot; ein helles Rot aufweisend:* ‹subst.:› ein leichter Sommerrock in Hellrot.

hell|se|hen ‹st. V.; nur im Inf. gebr.›: *(angeblich) entfernt stattfindende od. zukünftige Ereignisse wahrnehmen, die außerhalb jeder normalen Sinneswahrnehmung liegen:* man sagt, er könne h.; wie soll ich das wissen, ich kann doch nicht h.! (ugs.; *es ist doch unmöglich, das zu wissen!*).

Hell|se|her, der [LÜ von frz. clairvoyant]: *jmd., der hellsehen kann.*

Hell|se|he|rei, die; -, -en (abwertend): *das Hellsehen.*

Hell|se|he|rin, die: w. Form zu ↑ Hellseher.

hell|se|he|risch ⟨Adj.⟩: *in der Art eines Hellsehers; wie ein Hellseher.*

Hell|sicht, die (geh.): *Hellsichtigkeit.*

hell|sich|tig ⟨Adj.⟩: *scharfsichtig, vorausschauend.*

Hell|sich|tig|keit, die; -: *das Hellsichtigsein.*

hell strah|lend, hell|strah|lend ⟨Adj.⟩: vgl. hell leuchtend: ein hell strahlender Stern.

Hell|strom, der (Elektrot.): *Strom, der in der Fotozelle u. a. bei Beleuchtung fließt.*

◆ **Hel|lung**, die; -, -en: **a)** *helle Stelle:* Bald dünkte es ihnen, eine H. zu bemerken, die stärker wurde, je näher sie kamen (Novalis, Heinrich 79); **b)** *Helligkeit, helles Licht:* ... wir fanden uns bei allzu großer H. in sehr gedrängter, unbequemer Stellung (Goethe, Faust II, 10079 f.).

hell|wach ⟨Adj.⟩: **a)** *ganz, völlig wach* (1); **b)** *sehr wach* (2).

Hell|wer|den, das; -s: *Anbrechen des Tages; Morgendämmerung.*

¹Helm, der; -[e]s, -e [mhd., ahd. helm, eigtl. = der Verhüllende, Schützende, zu ↑ hehlen]: **1.** *zum Schutz im Kampf u. zugleich als Schmuck getragene, den ganzen Kopf bedeckende Haube aus getriebenem Metall als Teil der Rüstung eines Kriegers.* **2. a)** Kurzf. von ↑ Stahlhelm; **b)** Kurzf. von ↑ Schutzhelm: einen H. tragen; **c)** Kurzf. von ↑ Sturzhelm. **3.** (Archit.) *das kegel-, zelt- od. pyramidenförmige Dach eines Turmes.* **4.** (Technik) *als Abzug dienender Aufsatz (z. B. bei einem Schornstein).*

²Helm, der; -[e]s, -e [mhd. helm, halm[e] = Axtstiel, verw. mit ↑ ¹Holm]: **1.** *Stiel von Werkzeugen zum Hämmern u. Hacken (z. B. von Axt, Hammer).* **2.** (selten) *Pinne* (1).

Helm|busch, der: *Federbusch auf der Spitze des ¹Helms* (1).

Helm|dach, das (Archit.): ↑ ¹Helm (3).

helm|för|mig ⟨Adj.⟩: *in der Form eines ¹Helms* (1).

Helm|git|ter, das: *das Gesicht schützender, gitterartiger Teil des mittelalterlichen ¹Helms* (1); *Visier.*

Hel|min|the, die; -, -n ⟨meist Pl.⟩ [griech. hélmi(n)s (Gen.: hélminthos) = (Eingeweide)wurm] (Med.): *Eingeweidewurm.*

Hel|min|thi|a|sis, die; -, ...thiasen (Med.): *Wurmkrankheit.*

Helm|kro|ne, die (Heraldik): *(in die Wappen des Adels kronende) Laubkrone, die ursprünglich den ¹Helm (1) des Königs schmückte.*

Helm|schmuck, der: *Schmuck des ¹Helms* (1) (z. B. Federbusch, Flügel).

Helm|zier, die ⟨Pl. -den⟩: *(in das jeweilige Wappen aufgenommene) Verzierung des ¹Helms (1) in Form von Büffelhörnern, Flügeln o. Ä.*

Hel|lo|dea: ↑ Elodea.

Hel|lot, der; -en, -en, (seltener:) **Hel|lo|te**, der; -n, -n [griech. heilṓtēs, H. u.]: *Staatssklave im alten Sparta.*

Hel|lo|ten|tum, das; -s: *Staatssklaverei im alten Sparta.*

Help|desk, Help-Desk, der, auch: das; -s, -s [engl. help desk, eigtl. = Hilfeschalter, -stand, aus: help = Hilfe u. desk = Schreibtisch]: *telefonisch od. über das Internet zur Verfügung stehender Informationsdienst.*

Hel|sin|ki: *Hauptstadt von Finnland.*

Hel|ve|ti|a, die; -s [nlat. Helvetia] (bildungsspr.): *Name für ↑ Schweiz.*

Hel|ve|ti|er, der; -s, -: *Angehöriger eines keltischen, in das Gebiet der Schweiz eingewanderten Stammes.*

Hel|ve|ti|e|rin, die; -, -nen: w. Form zu ↑ Helvetier.

hel|ve|tisch ⟨Adj.⟩: *schweizerisch.*

Hel|ve|tis|mus, der; -, ...men [zu lat. Helvetius = helvetisch, nlat. = schweizerisch] (Sprachwiss.): *schweizerische Spracheigentümlichkeit.*

hem [həm]: ↑ ¹hm.

He|man ['hi:mən], der; -[s], Hemen [...mən] [engl. he-man, aus: he = männlich; männliches Wesen u. man = Mann]: *besonders männlich u. potent wirkender Mann.*

Hemd, das; -[e]s, -en [mhd. hem(e)de, ahd. hemidi, eigtl. = das Verhüllende, Bedeckende]: **1. a)** *von männlichen Personen als Oberbekleidung getragenes, den Oberkörper bedeckendes Kleidungsstück aus leichtem Stoff, das mit Ärmeln und Kragen versehen ist u. vorne meist durchgeknöpft wird; Oberhemd:* ein weißes H. anziehen; das H. in die Hose stecken; er trug sein H. über der Brust geöffnet; das H. wechseln; R das H. ist/liegt mir näher als der Rock (*der eigene Vorteil ist mir wichtiger als der eines anderen;* nach dem Ausspruch »tunica propior pallio est« in der Komödie »Trinummus« [V, 2, 30] des röm. Dichters Plautus, um 250–184 v. Chr.); **b)** *als Unterwäsche getragenes, über die Hüften reichendes, schmal geschnittenes, meist ärmelloses u. mit Trägern versehenes Kleidungsstück; Unterhemd:* nass bis aufs H. (*völlig durchnässt*) sein; R mach dir nicht ins H. (salopp; *stell dich nicht so an*); das zieht einem [ja] das H. aus! (ugs.; *das ist ja unmöglich, unerträglich!*); * **halbes H.** (salopp: 1. *jugendlicher Gernegroß.* 2. *schmächtige Person*); **kein** [**ganzes**] **H.** [**mehr**] **auf dem Leib haben/tragen** (ugs.; *völlig heruntergekommen u. mittellos sein*); **das letzte/sein letztes H. hergeben; sich** ⟨Dativ⟩ **das letzte/sein letztes H. vom Leib reißen; sich** ⟨Dativ⟩ **bis aufs [letzte] H. ausziehen** (ugs.; *alles, was man besitzt, opfern, hergeben*); **jmdm. das H. über den Kopf ziehen** (ugs.: *jmdm. alles, was er hat, wegnehmen*); **sich** ⟨Dativ⟩ **das H. ausziehen lassen** (ugs.; *sich ausnutzen lassen*); **jmdn. bis aufs H. ausziehen/ausplündern** (ugs.; *jmdm. so gut wie alles wegnehmen, ihn völlig ausplündern;* ursprünglich von Räubern gesagt, die ihren Opfern nur das Hemd am Leib ließen); **alles bis aufs H. verlieren** (ugs.; *nur das Nötigste retten können*). **2.** (bes. früher) *über den Kopf gezogenes, weit geschnittenes, langes Kleidungsstück mit Ärmeln.*

Hemd|är|mel (seltener): ↑ Hemdsärmel.

hemd|är|me|lig: ↑ hemdsärmelig.

Hemd|blu|se, die: *Damenbluse, die im Schnitt dem Oberhemd ähnlich ist.*

Hemd|brust, die: *gestärkter Einsatz im Vorderteil eines Frackhemdes.*

Hemd|chen, das; -s, -: **1.** Hemd (1 b) *für Kinder.* **2.** Hemd (1 b) *aus zartem Gewebe für Damen.*

Hemd|en|knopf, der: *Knopf für ein Hemd* (1 a).

Hemd|en|kra|gen, der: *Kragen eines Hemds* (1 a): das Bügeln von H. hasste er ganz besonders.

Hemd|en|matz, der (fam. scherzh.): *kleines Kind, das nur im Hemdchen anhat.*

Hemd|en|stoff, der: *Stoff (aus Baumwolle od. Chemiefaser) für Herrenoberhemden.*

Hemd|ho|se, die (veraltend): *Wäschestück für Frauen u. Kinder, bei dem Hemd u. Hose durchgehend aneinandergearbeitet sind.*

◆ **hem|dig** ⟨Adj.⟩ (landsch.): *nur mit einem Hemd[chen] bekleidet:* Saß da ein Enkelein mit rot geschlafenen Backen, h. und einen Apfel in der Hand (Mörike, Hutzelmännlein 129).

Hemd|knopf: ↑ Hemdenknopf.

Hemd|kra|gen: ↑ Hemdenkragen.

Hemds|är|mel, der: *Ärmel eines Oberhemdes:* die H. aufkrempeln; * **in -n** (ugs.; *ohne Jackett od. Pullover, nur mit Oberhemd bekleidet*).

hemds|är|me|lig, (österr. u. schweiz. auch:) hemdärmelig ⟨Adj.⟩: **1.** *in Hemdsärmeln:* an der Theke standen -e Männer. **2.** (ugs.) *betont salopp:* eine -e Art; er ist mir etwas zu h.

Hemds|är|me|lig|keit, die; -: *betont saloppe Art.*

he|mi-, Hemi- [griech. hēmi-]: Best. in Zus. mit der Bed. *halb-, Hälfte* (z. B. hemisphärisch, Hemistichion).

He|mi|an|äs|the|sie, die; -, -n (Med.): *Unempfindlichkeit der Nerven einer Körperhälfte.*

He|mi|an|o|pie, He|mi|an|op|sie, die; -, -n [zu griech. a(n)- = nicht, un- u. ōps (Gen.: ōpós) = Auge] (Med.): *Ausfall einer Hälfte des Gesichtsfeldes.*

He|mi|pa|re|se, die; -, -n [↑ Parese] (Med.): *halbseitige, leichte Lähmung; leichtere Form einer Hemiplegie.*

He|mi|ple|gie, die; -, -n [zu griech. plēgḗ = Schlag] (Med.): *halbseitige Lähmung.*

He|mi|sphä|re, die; -, -n [lat. hemisphaerium < griech. hēmisphaírion = Halbkugel, zu: sphaîra, ↑ Sphäre]: **1.** (bildungsspr.) *eine der beiden bei einem gedachten Schnitt durch den Erdmittelpunkt entstehenden Hälften der Erde; Erdhälfte, Erdhalbkugel:* die nördliche H. (*Nordhalbkugel*); die südliche H. (*Südhalbkugel*); die östliche und die westliche H. (*die Alte u. die Neue Welt*). **2.** *Himmelshalbkugel.* **3.** (Med.) *(rechte bzw. linke) Hälfte des Groß- u. Kleinhirns.*

he|mi|sphä|risch ⟨Adj.⟩: *die Hemisphäre betreffend.*

Hem|lock|tan|ne, die; -, -n [engl. hemlock = Schierling, H. u.]: *(in Asien u. Nordamerika heimische) Kiefer mit zwei silbrigen Streifen auf der Unterseite der Nadeln u. kleinen, meist kugelförmigen Zapfen; Tsuga.*

hem|men ⟨sw. V.; hat⟩ [mhd. hemmen, hamen = aufhalten, hindern, eigtl. = mit einem Zaun umgeben, einpferchen]: **a)** *dem Lauf, der Bewegung von etw. Widerstand entgegensetzen u. sie dadurch [bis zum Stillstand] verlangsamen, bremsen:* die rasche Fahrt des Wagens h.; den Lauf des Flusses durch eine Staumauer h.; Ü nichts kann den Lauf des Schicksals h.; **b)** *einen Vorgang, ein Tun in seinem Ablauf durch Widerstand, bestimmte Maßnahmen o. Ä. aufhalten; für jmdn., etw. in bestimmter Hinsicht ein Hemmnis sein:* den Fortschritt, das Wachstum, die Entfaltung der Wirtschaft h.; jmdn. in seiner Entwicklung, Arbeit h.; einen hemmenden Einfluss auf jmdn., etw. ausüben; Ein eingespielter Apparat, welcher jeden ausscheidet, der ihn hemmt (Chr. Wolf, Himmel 163); ◆ **c)** *bremsen* (a): Die Baronin befahl dem Kutscher, ordentlich zu h. und anzuhalten (Ebner-Eschenbach, Gemeindekind 119).

Hemm|nis, das; -ses, -se: *etw., was sich hemmend, erschwerend auswirkt; Hindernis:* ein großes H. für den Ablauf der Verhandlungen; -se überwinden; auf -se stoßen.

Hemm|schuh, der: *keilförmige Vorrichtung, mit der ein Fahrzeug abgebremst od. gegen Wegrollen gesichert wird;* Ü *jmdm. einen H. (ein Hindernis) in den Weg legen.*

Hemm|schwel|le, die (bes. Psychol.): *sittliche Norm o. Ä., die jmdn. hindert, etw. Bestimmtes zu tun:* eine H. durchbrechen.

Hemm|stoff, der (Chemie): *Substanz, die chemische od. elektrochemische Vorgänge einschränkt od. verhindert.*

Hem|mung, die; -, -en: **1.** *das Hemmen* (b); *das Gehemmtwerden:* eine H. der Entwicklung. **2. a)** *etw., was jmdn. in seinem Inneren [auf-

hemmungslos – herablassen

grund einer bestimmten ethischen Norm] daran hindert, etw. Bestimmtes zu tun: eine moralische H.; er hat keine -en *(keine Bedenken)*, so zu handeln; **b)** ⟨Pl.⟩ *(jmdn. in der Entfaltung seiner Persönlichkeit sehr behindernde, beeinträchtigende) innere Unsicherheit, die sich bes. in Verkrampftheit u. Unsicherheit im Auftreten äußert; Gehemmtheit:* schwere psychische -en haben; unter -en leiden; er ist ein Mensch voller -en. **3.** *(bei Uhren) Vorrichtung, die das Gehwerk kurzzeitig unterbricht u. dadurch nur in bestimmten Abständen weiterlaufen lässt.*

Hem|mungs|los ⟨Adj.⟩: *ohne Hemmungen* (2a); *leidenschaftlich, zügellos:* ein -er Mensch; -e Leidenschaft; in seinen Genüssen völlig h. sein; sich h. seiner Leidenschaft hingeben; h. fluchen.

Hem|mungs|lo|sig|keit, die; -, -en: *hemmungsloses Verhalten, hemmungslose Art.*

Hemm|werk, das (Technik): **1.** *Sperrgetriebe, das die gegenseitige Beweglichkeit zweier miteinander verbundener Glieder hemmt.* **2.** *Hemmung* (3).

Hen|de|ka|gon, das; -s, -e [zu griech. héndeka = elf u. gōnía = Ecke, Winkel]: *Elfeck.*

Hen|di|a|dy|oin, das; -[s], - ⟨Pl. selten⟩, (seltener:) **Hen|di|a|dys,** das; -, - ⟨Pl. selten⟩ [mlat. hendiadyoin, hendiadys < griech. hèn dià dyoîn = eins durch zwei (Rhet.)]: **1.** *die Ausdruckskraft stärkende Verbindung zweier synonymer Substantive od. Verben* (z. B. bitten und flehen). **2.** *besonders in der Antike beliebtes Ersetzen eines Attributs durch eine Verbindung mit »und«* (z. B. die Masse und die hohen Berge statt: die Masse der hohen Berge).

Hendl, das; -s, -[n] [Vkl. zu ↑Henne] (bayr., österr.): **a)** *[junges] Huhn;* **b)** *Brathuhn, -hähnchen.*

Hengst, der; -[e]s, -e [15. Jh.; mhd. heng[e]st, ahd. hengist = Wallach, H. u.]: **a)** *männliches Pferd;* **b)** *(von Eseln, Kamelen, Zebras) männliches Tier.*

Hengst|foh|len, das: *neugeborenes bzw. junges männliches Pferd.*

Hen|kel, der; -s, - [zu ↑henken in der alten Bed. »hängen machen«]: **a)** *meist schlaufenförmig gebogener, seitlich od. über der Öffnung angebrachter Teil eines Behältnisses, der dazu dient, das Behältnis aufzuhängen od. bequem anzufassen:* der H. der Tasse ist abgebrochen; der Krug, die Kanne am H. fassen; ein Korb mit zwei -n; **b)** (landsch.) *Aufhänger* (1).

Hen|kel|be|cher, der: *Becher mit Henkel.*
Hen|kel|glas, das: *Glas mit Henkel.*
hen|kel|los ⟨Adj.⟩: *ohne Henkel; keinen Henkel aufweisend.*

Hen|kel|mann, der (ugs.): *Gefäß zum Transportieren einer warmen Mahlzeit, das aus mehreren kleinen zylindrischen Schüsseln besteht, die übereinandergesetzt in ein Traggestell eingehängt werden.*

Hen|kel|tas|se, die: *größere Tasse;* * **große H.** (ugs. scherzh.: *Nachttopf).*

hen|ken ⟨sw. V.; hat⟩ [mhd., ahd. henken = hängen machen; (auf)hängen; ↑¹hängen] (veraltend): *am Galgen aufhängen, durch den Strang hinrichten:* der Mörder wurde verurteilt und gehenkt.

Hen|ker, der; -s, - [mhd. henker = Scharfrichter]: *jmd., der die Todesstrafe vollstreckt; Scharfrichter:* jmdn. dem H. *(der Justiz zur Vollstreckung der Todesstrafe)* überantworten, ausliefern; * **sich den H. um etw. scheren/den H. nach etw. fragen** (salopp; *sich mit Geringstem um etw. kümmern, auf etw. keinerlei Rücksicht nehmen);* **zum H. gehen/sich zum H. scheren** (salopp; *verschwinden);* **hols der H.!; hol mich der H.!; weiß der H.!; beim, zum H.!** (derb; *Flüche).*

Hen|kers|beil, das: *Beil des Henkers, mit dem er den zum Tode Verurteilten enthauptet.*

Hen|kers|hand: in der Verbindung **durch/von H.** (geh.; *durch Hinrichtung:* der Tod durch H.; von H. sterben).

Hen|kers|knecht, der: *Gehilfe des Henkers bei der Hinrichtung.*

Hen|kers|mahl, das (geh.), **Hen|kers|mahl|zeit,** die: **1.** (früher) *letztes Essen vor der Hinrichtung, das der Verurteilte selbst wählen darf.* **2.** (scherzh.) *letzte [gemeinsame] Mahlzeit vor einer [längeren] Trennung, vor einem Ereignis, dessen Ausgang einem ungewiss erscheint, einer Entscheidung, die etw. Unwiderrufliches hat, o. Ä.*

Hen|na, die; - od. das; -[s] [arab. ḥinnā']: **1.** *Kurzf. von ↑Hennastrauch.* **2.** *rotgelber Farbstoff, der aus den zerriebenen Blättern u. Stängeln des Hennastrauches gewonnen wird u. der u. a. zum Färben der Haare verwendet wird.*

Hen|na|strauch, der: *(in Asien u. Afrika heimischer) dem Liguster ähnlicher Strauch mit gelben bis ziegelroten, in Rispen angeordneten Blüten, der Henna* (2) *liefert.*

Hen|ne, die; -, -n [mhd. henne, ahd. henna, zu ↑Hahn]: **a)** *weibliches Haushuhn;* **b)** *weibliches Tier der Hühnervögel (einschließlich Fasanen), der Straußen- u. Trappenvögel.*

Hen|ri|qua|t|re [ãri'katr(ə)], der; -[s] [...tr], -s [...tr] [nach Henri IV. (= Heinrich IV.; frz. quatre = vier; der Vierte), König von Frankreich (1553–1610)] (Physik): *Maßeinheit für die Selbstinduktion* (1 Voltsekunde/1 Ampere; Zeichen: H).

He|par, das; -s, Hepata [lat. hepar < griech. hēpar (Gen.: hépatos)] (Med.): *Leber.*

He|pa|rin, das; -s (Med.): *aus der Leber gewonnene, die Blutgerinnung hemmende Substanz.*

hepat-, Hepat-: ↑hepato-, Hepato-.

He|pa|ta: Pl. von ↑Hepar.

he|pa|tisch ⟨Adj.⟩ (Med.): *zur Leber gehörend, die Leber betreffend.*

He|pa|ti|tis, die; -, ...titiden (Med.): *Leberentzündung.*

he|pa|to-, He|pa|to-, (vor Vokalen meist:) **hepat-, Hepat-** [griech. hēpar (Gen.: hépatos)]: Best. in Zus. mit der Bed. *Leber-* (z. B. hepatogen, Hepatopathie, Hepatalgie).

He|pa|to|lo|ge, der; -n, -n [↑-loge] (Med.): *Facharzt mit speziellen Kenntnissen auf dem Gebiet der Hepatologie.*

He|pa|to|lo|gie, die; - [↑-logie] (Med.): *Lehre von der Leber (einschließlich der Gallenwege), ihren Funktionen u. Krankheiten.*

He|pa|to|lo|gin, die; -, -nen: w. Form zu ↑Hepatologe.

He|pa|tom, das; -s, -e (Med.): *Bildung einer Geschwulst in der Leber.*

He|pa|to|pa|thie, die; -, -n [↑-pathie] (Med.): *Leberleiden.*

He|phais|tos, He|phäst, He|phäs|tus (griech. Mythol.): *Gott des Feuers u. der Schmiedekunst.*

Hep|ta|chord [...ˈkɔrt], der od. das; -[e]s, -e [lat. heptachordus = siebensaitig < griech. heptáchordos, zu: chordḗ = Saite] (Musik): *Folge von sieben diatonischen Tonstufen; große Septime.*

Hep|ta|gon, das; -s, -e [griech. heptágōnos = siebeneckig, zu: gōnía = Ecke, Winkel]: *Siebeneck.*

Hep|ta|me|ter, der; -s, - [spätlat. heptameter, zu griech. heptá = sieben, geb. nach ↑Hexameter] (Verslehre): *siebenfüßiger Vers.*

Hep|tan, das; -s [zu griech. heptá = sieben] (Chemie): *Kohlenwasserstoff mit sieben Kohlenstoffatomen (der wichtiger Bestandteil des Erdöls u. Benzins ist).*

Hep|ta|teuch, der; -[s] [spätlat. heptateuchus < griech. heptáteuchos = siebenbändiges Buch, zu: teũchos = Buch]: *die ersten sieben Bücher des Alten Testaments.*

her ⟨Adv.⟩ [mhd. her, ahd. hera, zu einem idg. Pronominalstamm mit der Bed. »dieser«]: **1.** *zum Standort, in die Richtung des Sprechers [als Aufforderung, sich in Richtung auf den Sprecher zu bewegen od. ihm etw. zuteilwerden zu lassen];* **hierher:** h. zu mir!; Bier h.!; h. mit dem Geld, Schmuck!; h. damit!; Ü wo ist er h. *(geboren)?;* * **mit jmdm., etw. ist es nicht weit h.** (ugs.; *jmd., jmds. Leistung o. Ä. lässt eine gewisse Unzulänglichkeit erkennen);* **hinter jmdm. h. sein** (ugs.: **1.** *nach jmdm. fahnden:* die Polizei ist schon lange hinter dieser Bande h. **2.** *sich um jmdn. in erotisch-sexueller Hinsicht intensiv bemühen:* sie war hinter einem Jungen aus der Oberstufe her); **hinter etw. h. sein** (ugs.; *etw. unbedingt haben wollen:* hinter diesem Buch ist sie schon lange h.). **2.** *vom gegenwärtigen Zeitpunkt aus eine bestimmte Zeit zurückliegend, vergangen:* das ist schon einen Monat, lange [Zeit], noch gar nicht so lange h.; das dürfte schon Jahre h. sein; lang, lang ists h. **3.** ⟨als Verstärkung der Präp. »von«⟩ **a)** *von einem entfernten Punkt aus [in Richtung Sprecher(in)]:* sie grüßte vom Nachbartisch h.; vom Fenster h. winkte jemand; **b)** *von einem zurückliegenden Zeitpunkt aus [bis zur Gegenwart des bzw. der Sprechenden]:* von früher h.; das bin ich von meiner Kindheit, meiner frühesten Jugend h. gewöhnt; **c)** *von Voraussetzung] aus gesehen; von etw. aus seine Wirkung entfaltend:* vom Aussehen h. ist sie ganz die Mutter; allein von der Besetzung h. ist dieser Film sehenswert.

he|r|ab ⟨Adv.⟩ [mhd. her ab, aus ↑her u. ↑¹ab] (geh.): *herunter* (1) (in gehobener Sprache in Zus. für herunter...)

he|r|ab|bli|cken ⟨sw. V.; hat⟩ (geh.): **1.** *herabsehen* (1). **2.** *jmdn., etw. abschätzig u. mit dem Gefühl der Überlegenheit ansehen:* [mitleidig, voller Verachtung] auf jmdn. h.

he|r|ab|fal|len ⟨st. V.; ist⟩ (geh.): **a)** *herunterfallen* (a): Tropfen fallen herab; vor Staunen fiel ihr Kinn herab *(klappte es nach unten);* mit Einsetzen des Beifalls fiel der Vorhang herab *(senkte sich der Vorhang vor die Bühne);* sie wurde durch herabfallende Trümmer, Gesteinsbrocken verletzt; **b)** *herunterfallen:* die Sonnenstrahlen fielen auf ihr helles Haar herab; Ü Finsternis, Nacht fällt auf die Stadt herab (dichter.; *es wird plötzlich dunkel*).

he|r|ab|flie|ßen ⟨st. V.; ist⟩: *herunterfließen.*

he|r|ab|glei|ten ⟨st. V.; ist⟩: *heruntergleiten:* lautlos gleitet die Schlange den Baumstamm herab.

he|r|ab|ha|geln ⟨sw. V.; ist⟩: *wie ein Hagelschauer auf jmdn. herunterprasseln:* Beschimpfungen, Schläge hagelten auf ihn herab.

he|r|ab|hän|gen ⟨st. V.; hat⟩: *herunterhängen.*

he|r|ab|kom|men ⟨st. V.; ist⟩ (geh.): **1.** *herunterkommen* (1). ◆ **2.** *durch schlechtes Wirtschaften herunterkommen* (2): In dem nach und nach sotanerweise herabgekommenen sogenannten Schlosse Schnick-Schnack-Schnurr musste sich der alte Baron ... kümmerlich und einsam behelfen (Immermann, Münchhausen 89).

he|r|ab|las|sen ⟨st. V.; hat⟩: **1.** (geh.) *herunterlassen* (1): das Gitter, den Rollladen, den Vorhang h.; einen Korb an einem Seil h.; der Gefangene hat sich mit einem Strick an der Mauer herablassen. **2.** ⟨h. + sich⟩ **a)** (veraltend) *sich als in einer bestimmten Ordnung höher Stehender* einem niedriger Stehenden zuwenden: der Fürst ließ sich zu seinen Leuten herab; **b)** (iron.) *sich schließlich zu etw. bereitfinden, was man eigentlich als unter seiner Würde betrachtet:* wirst du dich noch h., meine Frage zu beantworten?; **c)** (selten) *in geistiger Hinsicht von einer höheren Stufe sich jmdm. zuwenden.*

he|r|ab|las|send ⟨Adj.⟩: *jmdn. mit einer hochmütigen u. gönnerhaften Freundlichkeit behandelnd u. einen [eingebildeten] Rangunterschied deutlich fühlen lassend:* eine -e Bemerkung; er war sehr h. zu uns; sie grüßte uns h. und verschwand.

He|r|ab|las|sung, die; -, -en ⟨Pl. selten⟩: *herablassendes Benehmen.*

he|r|ab|min|dern ⟨sw. V.; hat⟩: **a)** *der Intensität nach abschwächen; reduzieren:* die Geschwindigkeit h.; Ü auch das schlechte Wetter konnte seine Vorfreude nicht h.; **b)** *im Wert herabsetzen:* ihre Fähigkeiten, Leistungen wurden herabgemindert; die Gefahr h. *(bagatellisieren).*

He|r|ab|min|de|rung, die: *das Herabmindern; das Herabgemindertwerden.*

he|r|ab|reg|nen ⟨sw. V.; ist⟩: *von dort oben hierher nach unten auf jmdn., etw. wie Regen niederfallen:* auf jmdn. Konfetti h. lassen; dicke Tropfen regneten herab; Ü eine Flut von Schimpfwörtern regnet auf sie herab.

he|r|ab|rie|seln ⟨sw. V.; ist⟩ (geh.): *von dort oben hierher nach unten auf jmdn., etw. rieseln:* der Schnee rieselte auf uns herab.

he|r|ab|rin|nen ⟨st. V.; ist⟩ (geh.): *herunterrinnen.*

he|r|ab|schla|gen ⟨st. V.⟩: **1.** ⟨hat⟩ (geh.) *abschlagen u. nach unten fallen lassen:* die Eiszapfen von der Dachrinne h. **2.** ⟨ist⟩ (geh.) *herunterfallen:* Zeitungen berichten über vom Himmel herabschlagende Eisbrocken.

he|r|ab|schwe|ben ⟨sw. V.; ist⟩ (geh.): *von dort oben hierher nach unten schweben:* eine Feder schwebte leise auf den Fußboden herab.

he|r|ab|se|hen ⟨st. V.; hat⟩: *herabblicken.*

he|r|ab|sen|ken, sich ⟨sw. V.; hat⟩: *von dort oben hierher nach unten sinken* (3 b): die Zweige senken sich herab; Ü Dunkelheit, die Nacht senkt sich [über die Stadt] herab (dichter.; *es beginnt dunkel, Nacht zu werden*). **2.** ⟨hat⟩ *mit geringem Gefälle stetig in eine Richtung schräg nach unten verlaufen:* die Straße senkt sich in sanften Windungen ins Tal herab.

he|r|ab|set|zen ⟨sw. V.; hat⟩: **1.** *niedriger, geringer werden lassen; reduzieren, senken:* den Preis, die Kosten h.; die Waren wurden [im Preis] stark herabgesetzt *(wurden zu stark herabgesetzten Preisen verkauft);* mit herabgesetzter Geschwindigkeit fahren. **2.** *über eine Person od. Sache abschätzig reden u. dadurch ihren Wert, ihre Bedeutung ungerechtfertigt schmälern:* jmds. Verdienste, Leistungen, Fähigkeiten h.; jmdn. in den Augen der anderen h.; herabsetzende Worte sagen.

He|r|ab|set|zung, die; -, -en: *das Herabsetzen* (1, 2).

he|r|ab|sin|ken ⟨st. V.; ist⟩: **1.** (geh.) *heruntersinken:* der Ballon sinkt herab; Ü die Nacht sinkt herab (dichter.; *es wird Nacht*). **2.** *auf ein bestimmtes, gesellschaftlich, moralisch, künstlerisch als niedrig erachtetes Niveau absinken:* diese Bühne ist zu einem [richtigen] Provinztheater herabgesunken.

he|r|ab|stei|gen ⟨st. V.; ist⟩: *heruntersteigen:* die Stufen h.; von einem Berg h.; Ü der Regierungschef musste wieder in die Niederungen der Politik h.

he|r|ab|sto|ßen ⟨st. V.⟩ (geh.): **1.** ⟨hat⟩ *herunterstoßen:* der Mörder hat sie vom Kliff herabgestoßen. **2.** ⟨ist⟩ *sich stoßartig nach unten bewegen:* der Raubvogel stieß plötzlich auf das Feld herab.

he|r|ab|strö|men ⟨sw. V.; ist⟩: *in Strömen herabfließen.*

he|r|ab|stu|fen ⟨sw. V.; hat⟩: *auf eine niedrigere Stufe setzen, stellen; herunterstufen.*

He|r|ab|stu|fung, die; -, -en: *das Herabstufen; das Herabgestuftwerden.*

he|r|ab|stür|zen ⟨sw. V.⟩: **1.** ⟨ist⟩ *von dort oben hierher nach unten stürzen:* Felsbrocken stürzten herab. **2.** ⟨h. + sich; hat⟩ *sich von dort oben hierher nach unten fallen lassen:* er stürzte sich von den Klippen ins Meer herab.

he|r|ab|trop|fen ⟨sw. V.; ist⟩: *heruntertropfen.*

he|r|ab|wür|di|gen ⟨sw. V.; hat⟩: *auf verletzende Weise nicht mit dem nötigen Respekt, nicht seiner Würde, seinem Wert entsprechend behandeln:* jmdn. in aller Öffentlichkeit, jmds. Namen, Verdienste h.; damit hat er sich selbst herabgewürdigt.

He|r|ab|wür|di|gung, die; -, -en: *das [Sich]herabwürdigen; das Herabgewürdigtwerden.*

he|r|ab|zie|hen ⟨unr. V.; hat/ist⟩ (geh.): *herunterziehen.*

He|ra|kles (griech. Mythol.): Halbgott u. Held.

He|ra|k|li|de, der; -n, -n: *Nachkomme des Herakles.*

He|ra|k|lith® [auch: ...ˈlɪt], der; -s [Kunstwort; vgl. -lith]: *Material für Leichtbauplatten.*

He|ral|dik, die; - [aus frz. (science) héraldique eigtl. = Heroldskunst, zu: héraut = Herold; nach der dem Herold zukommenden Aufgabe, bei Ritterturnieren, die nur dem Adel offenstanden, die Wappen der einzelnen Kämpfer zu prüfen]: *(von den Herolden 1 entwickelte) Wappenkunde; Heroldskunst.*

He|ral|di|ker, der; -s, -: *jmd., der sich mit Wappenkunde beschäftigt; Wappenforscher.*

He|ral|di|ke|rin, die; -, -nen: w. Form zu ↑ Heraldiker.

he|ral|disch ⟨Adj.⟩: *die Heraldik betreffend.*

he|r|an ⟨Adv.⟩ [aus ↑ her u. ↑ ¹an]: *von dort hierher, in die Nähe des Sprechenden od. einer Sache:* nur h., ihr zwei!; rechts h. *(in die rechte Seite)* sie sind bis auf einen halben Meter h. (ugs.; *ein halber Meter fehlt noch, bis sie ihr Ziel erreicht haben*); ⟨als Verstärkung der Präp. »an«:⟩ bis an das Wasser h. standen Häuser.

he|r|an|ar|bei|ten, sich ⟨sw. V.; hat⟩: *sich mit Mühe, Anstrengung einem bestimmten Ziel nähern:* sich durch das Geröll an die Unglücksstelle, an die Verunglückten h.

he|r|an|bil|den ⟨sw. V.; hat⟩: **1.** *in einer besonderen Weise auf ein bestimmtes Ziel hin ausbilden:* die Firma bildet Fachkräfte selbst heran; er soll zum Gruppenleiter herangebildet werden. **2.** ⟨h. + sich⟩ *im Verlauf einer erfolgreichen Ausbildung entstehen, sich entwickeln:* ein Talent bildet sich heran.

He|r|an|bil|dung, die; -, -en: *das Heranbilden* (1); *das Herangebildetwerden.*

he|r|an|blü|hen ⟨sw. V.; ist⟩ (schweiz.): *heranwachsen:* die Schar der heranblühenden Enkelkinder.

he|r|an|bre|chen ⟨st. V.; ist⟩: **1.** *branden.* **2.** (schweiz.) *anbrechen* (3): *ein Zeitalter der Schlagworte droht heranzubrechen.*

he|r|an|brin|gen ⟨unr. V.; hat⟩: **1.** *in die Nähe des Sprechenden od. einer anderen Person, einer Sache bringen:* er war vollauf damit beschäftigt, die Verpflegung heranzubringen; der andere Fahrer des Feldes an den Spitzenreiter h. *(heranführen).* **2.** *mit einer Sache vertraut machen:* man sollte die jungen Menschen vorsichtig an diese Probleme h.

he|r|an|drän|gen ⟨sw. V.; hat⟩: *in die Nähe des Sprechenden drängen.*

he|r|an|dür|fen ⟨unr. V.; hat⟩ (ugs.): *herankommen, -fahren, -gehen o. Ä. dürfen.*

he|r|an|ei|len ⟨sw. V.; ist⟩: *in die Nähe des Sprechenden, einer Sache eilen.*

he|r|an|fah|ren ⟨st. V.; ist⟩: *in die Nähe, an den Ort des Sprechenden, nahe an eine bestimmte Stelle fahren:* an einen Fußgängerüberweg nur mit mäßiger Geschwindigkeit h.

he|r|an|füh|ren ⟨sw. V.; hat⟩: **1. a)** *jmdn. in die Nähe, an den Ort des Sprechenden führen* (1 a); **b)** *etw. in die Nähe einer bestimmten Stelle führen* (6): die Lupe an die Augen h.; **c)** *in die Nähe einer bestimmten Stelle führen* (7 b): der Weg führt nahe an die Bucht heran; **d)** *eine Gruppe o. Ä. anführend, zu jmdm. aufschließen:* der britische Läufer führte die Verfolgergruppe an den Führenden heran. **2.** *jmdn. etw. näherbringen u. sein Interesse dafür wecken:* jmdn. an eine neue Aufgabe, ein Problem h.

he|r|an|ge|hen ⟨unr. V.; ist⟩: **1.** *sich jmdm., einer Sache nähern:* dicht, bis auf zwei Meter an den Zaun h. **2.** *mit etw. beginnen; etw. in Angriff nehmen, anpacken:* mutig an eine Sache, an eine schwierige Aufgabe h.

He|r|an|ge|hens|wei|se, die: *Art u. Weise, wie man an etw. herangeht* (2): wir sollten das Problem mit einer anderen H. lösen.

he|r|an|ho|len ⟨sw. V.; hat⟩: *in die Nähe des Sprechenden od. einer anderen Person, einer Sache holen.*

he|r|an|kämp|fen, sich ⟨sw. V.; hat⟩: *sich zu einem bestimmten Ort durchkämpfen.*

he|r|an|kar|ren ⟨sw. V.; hat⟩ (ugs.): *(mit einer Karre, einem Karren od. karrenähnlichen Fahrzeug) heranschaffen:* er hatte Bier und Bratwürste herangekarrt; in Omnibussen herangekarrte Touristen bevölkern die Altstadt.

he|r|an|kom|men ⟨st. V.; ist⟩: **1. a)** *sich jmdm., einer Sache nähern; näher kommen:* sie kam langsam heran; die Tiere kamen dicht, bis auf wenige Meter an die Einzäunung heran; Ü an sich h. lassen (ugs.; *nicht voreilig aktiv werden, sondern abwarten, wie sich etw. gestaltet, wenn es akut wird*); **b)** *in zeitliche Nähe rücken:* endlich kamen die Ferien, der Urlaub heran. **2. a)** *heranreichen* (1): ich komme an das oberste Regal ohne Trittleiter nicht heran; sie kam mit der Hand nicht an den Hebel heran; Ü an seine Leistung kommst du nicht heran; **b)** *die Möglichkeit haben, sich etw. zu beschaffen; sich Zugang zu etw. verschaffen:* wie bist du an die verbotenen Bücher herangekommen?; er kommt an sein Geld nicht heran *(es liegt auf einem Konto fest);* für Journalisten ist es sehr schwer, an Fakten heranzukommen *(sie in Erfahrung zu bringen);* Ü an sie ist nicht heranzukommen; an die Täter kommt man nicht heran *(man kann sie nicht zur Rechenschaft ziehen);* * nichts an sich h. lassen (ugs.; *sich innerlich gegen alle Dinge, die einen seelisch aus dem Gleichgewicht bringen könnten, abschirmen);* **c)** *in den Grenzbereich von etw. kommen:* das kommt schon nahe heran an Korruption.

he|r|an|kön|nen ⟨unr. V.; hat⟩ (ugs.): *herankommen, -fahren, -gehen o. Ä. können.*

he|r|an|las|sen ⟨st. V.; hat⟩: **1.** *hierher, in die Nähe von sich, jmdm. od. eine Person kommen lassen:* lass die Kinder nicht so dicht [an dich] heran, sie stecken sich noch an; an seine Schallplatten lässt er niemanden heran *(er erlaubt niemandem, sie zu berühren, näher zu betrachten, sie abzuspielen);* an diesen Fall lässt sie niemanden heran *(sie erlaubt niemand anderem, diesen Fall zu bearbeiten);* * **jmdn. nicht/niemanden/keinen an sich h.** *(jmdm. keine Möglichkeit geben/niemandem, keinem die Möglichkeit geben, sich einem zu nähern* 1 c, *einen persönlicheren Kontakt aufzunehmen).* **2.** (selten) *ranlassen* (2).

he|r|an|lo|cken ⟨sw. V.; hat⟩: *in die Nähe von jmdm., etw. locken.*

he|r|an|ma|chen, sich ⟨sw. V.; hat⟩ (ugs.): **1.** *mit etw. tatkräftig beginnen; etw. in Angriff nehmen:* sich an die Arbeit h. **2.** *sich jmdm. in bestimmter Absicht auf wenig feine Art nähern:* sich an ein Mädchen h.

he|r|an|müs|sen ⟨unr. V.; hat⟩: **1.** vgl. heranrdürfen. **2.** (ugs.) *eine Arbeit, Aufgabe übernehmen müssen:* schon als Kind musste ich im Haushalt heran *(mithelfen).*

he|r|an|na|hen ⟨sw. V.; ist⟩ (geh.): **1.** *sich nähern:* ich sah die Bewaffneten h. **2.** *herankommen* (1 b): die Ferien nahten heran; der herannahende Winter.

he|r|an|neh|men ⟨st. V.; hat⟩: *(bei einer bestimmten Arbeit, mit bestimmten Anforderungen) stark beanspruchen.*

he|r|an|pir|schen, sich ⟨sw. V.; hat⟩: *heranschleichen* (b): im Schutz der Dunkelheit pirschte er sich heran.

he|r|an|rei|chen ⟨sw. V.; hat⟩: **1.** *etw. erreichen* (1): das Kind kann noch nicht an das Regal h. **2.** *jmdm., einer Sache qualitätsmäßig gleichkommen:* an ihre Leistung reicht so schnell keine h. **3.** (landsch.) *für etw. reichen, lang genug sein:* diese Schnur reicht nicht heran.

he|r|an|rei|fen ⟨sw. V.; ist⟩: **a)** *allmählich den Zustand der Reife erreichen:* Früchte reifen heran; Ü einen Entschluss h. lassen; **b)** *langsam [durch Vervollkommnung] zu etw. Bestimmtem werden:* die Jugendliche ist zum Erwachsenen herangereift; sie reifte zur großen Künstlerin heran.

he|r|an|rol|len ⟨sw. V.⟩: **a)** ⟨hat⟩ *etw. in die Nähe des Sprechenden, an eine bestimmte Stelle rollen:* er hatte die Fässer über eine Rampe herangerollt; **b)** ⟨ist⟩ *in die Nähe des dort Sprechenden rollen:* bevor sie noch reagieren konnte, war das Auto herangerollt.

he|r|an|rü|cken ⟨sw. V.⟩: **a)** ⟨hat⟩ *etw. in die Nähe des Sprechenden, nahe an eine bestimmte Stelle rücken:* den Stuhl an den Tisch h.; **b)** ⟨ist⟩ *in die Nähe des Sprechenden, nahe an eine bestimmte Stelle rücken:* dicht an jmdn., an den Ofen h.; **c)** ⟨ist⟩ *herankommen* (1 b): der Geburtstag rückte heran und ich hatte noch immer keine Geschenkidee.

he|r|an|schaf|fen ⟨sw. V.; hat⟩: *an den Ort des Sprechens, zum Sprechenden, an eine bestimmte Stelle schaffen* (5).

he|r|an|schlei|chen ⟨sw. V.⟩ **a)** ⟨ist⟩ *in die Nähe von jmdm., etw., an den Ort des Sprechenden schleichen:* die Mutter schlich an die Tür heran; **b)** ⟨h. + sich⟩ *in die Nähe von jmdm., etw., an den Ort des Sprechenden schleichen:* sie hatte sich lautlos an ihn herangeschlichen.

he|r|an|schlep|pen ⟨sw. V.; hat⟩: **a)** *schleppend heranbringen:* die Kinder schleppten Wäscheberge heran; **b)** ⟨h. + sich⟩ *sich in die Nähe, an den Ort des Sprechenden, an eine bestimmte Stelle schleppen* (6).

he|r|an|set|zen ⟨sw. V.; hat⟩: **1. a)** ⟨sich⟩ *in die Nähe von etw. setzen:* er hat sich allzu nahe an sie herangesetzt; **b)** *näher an etw. stellen, setzen:* die Umgehungsstraße näher an die Gemeinde h. **2.** *sich an etw. setzen, mit etw. beginnen:* ich setze mich an die Aufgabe heran.

he|r|an|sol|len ⟨unr. V.; hat⟩ (ugs.): vgl. heranrdürfen.

he|r|an|ste|hen ⟨unr. V.; ist⟩ (österr.): *fällig sein:* trotz aller Maßnahmen steht die gleiche Situation weit heran *(steht ... bevor).*

he|r|an|tas|ten, sich ⟨sw. V.; hat⟩: **1.** *sich in die Nähe von jmdm., etw., an den Ort des Sprechenden tasten:* ich tastete mich in der Dunkelheit an den Schalter heran. **2.** *sehr vorsichtig an eine Sache herangehen* (2): sich an ein Problem h.

he|r|an|tra|gen ⟨st. V.; hat⟩: **1.** *in die Nähe, an den Ort des Sprechenden, an eine bestimmte Stelle tragen:* er trug Holz für den Kamin heran. **2.** *(ein Anliegen o. Ä.) jmdm. gegenüber vorbringen:* an die Regierung herangetragene Wünsche.

he|r|an|trau|en, sich ⟨sw. V.; hat⟩ (ugs.): *sich in die Nähe von jmdm., etw. trauen:* er traute sich nicht an den bärenstarken Kerl heran; Ü sich nicht an eine Sache h. *(sich nicht trauen, sie in Angriff zu nehmen).*

he|r|an|tre|ten ⟨st. V.; ist⟩: **1. a)** *in die Nähe, an den Ort des Sprechenden, an eine bestimmte Stelle treten:* der Arzt trat näher an das Bett der Kranken heran; **b)** *entstehen u. dadurch jmdn. zwingen, sich mit der Sache auseinanderzusetzen:* Probleme, Fragen, Versuchungen, Anfechtungen treten an jmdn. heran. **2. a)** *sich mit etw. an jmdn. wenden:* mit Bitten, Vorschlägen, Resolutionen an das Komitee h.; mit dieser Frage bin ich direkt an den Minister herangetreten; Er war sogar von sich aus an der Verfolgten herangetreten, um ihnen zu helfen (Hochhuth, Stellvertreter 268); **b)** *an etw. herangehen* (2), *sich mit etw. auseinandersetzen:* zuerst war ich an den Plan mit Zweifeln herangetreten.

he|r|an|wach|sen ⟨st. V.; ist⟩: *allmählich ein bestimmtes Stadium der Reife erreichen:* das Mädchen ist zur Frau herangewachsen; er ist in einem Kinderdorf herangewachsen *(aufgewachsen);* die heranwachsende Generation.

He|r|an|wach|sen|de, die/eine Heranwachsende/ der/einer Heranwachsenden, die Heranwachsenden/zwei Heranwachsende: **a)** *weibliche Person, die heranwächst;* **b)** (Rechtsspr.) *weibliche Person, die noch nicht das einundzwanzigste Lebensjahr vollendet hat.*

He|r|an|wach|sen|der, der Heranwachsende/ein Heranwachsender; des/eines Heranwachsenden, die Heranwachsenden/zwei Heranwachsende: **a)** *jmd., der heranwächst:* der Heranwachsende litt besonders unter dem jähzornigen Vater; **b)** (Rechtsspr.) *jmd., der das achtzehnte, aber noch nicht das einundzwanzigste Lebensjahr vollendet hat:* der Täter war ein Heranwachsender aus der Nachbarschaft.

he|r|an|wa|gen, sich ⟨sw. V.; hat⟩: *wagen, sich jmdm., einem Tier, Gegenstand zu nähern:* das Kind wagte sich nicht an den knurrenden Hund heran; Ü sie hat sich an dieses heikle Problem, an diese schwierige Frage noch nicht herangewagt *(hat noch nicht gewagt, sich damit auseinanderzusetzen).*

he|r|an|win|ken ⟨sw. V.; hat; 2. Part. herangewinkt, auch, bes. ugs.: herangewunken⟩: *zu sich winken:* ein Taxi h.

he|r|an|wol|len ⟨unr. V.; hat⟩ (ugs.): vgl. heranrdürfen.

he|r|an|zie|hen ⟨unr. V.⟩: **1. a)** ⟨hat⟩ vgl. heranrücken (a): sie zog einen Stuhl heran; **b)** ⟨ist⟩ *sich [langsam] stetig [dem Ort des Sprechenden] nähern:* eine Gruppe junger Leute zog lärmend und lachend heran; Ü das Gewitter ist von Westen herangezogen. **2.** ⟨hat⟩ **a)** *aufziehen, zum Gedeihen bringen:* Pflanzen, junge Tiere [sorgsam] h.; **b)** *systematisch auf ein bestimmtes Ziel hin, zu einem bestimmten Zweck ausbilden:* du musst dir rechtzeitig einen Nachfolger h. **3.** ⟨hat⟩ **a)** *jmdn. beauftragen, eine bestimmte Sache zu überprüfen u. seine Meinung, sein Urteil abzugeben:* zur Klärung dieser Frage wurden Sachverständige herangezogen; **b)** *[bei etw.] zu einem bestimmten Zweck einsetzen:* ausländische Arbeitskräfte h.; für diesen Zweck sollen die Spenden herangezogen werden. **4.** ⟨hat⟩ *für etw. in Betracht ziehen, verwenden; bei etw. berücksichtigen:* einen Paragrafen, sämtliche Quellen h.; etw. zum Vergleich h.

He|r|an|zie|hung, die: *das Heranziehen.*

he|r|an|zoo|men ⟨sw. V.; hat⟩: *in die Nähe des Betrachters zoomen, holen.*

he|r|an|züch|ten ⟨sw. V.; hat⟩: **1.** *eine Anzucht* (2) *von etw. betreiben, heranziehen* (2 a). **2.** *heranziehen* (2 b): Eliten h.

he|r|auf ⟨Adv.⟩ [mhd. her ûf, ahd. hera ûf, aus ↑ her u. ↑ ¹auf]: **1.** *von dort unten hierher nach oben:* h. geht die Fahrt langsamer als herunter; ⟨als Verstärkung der Präp. »von«:⟩ vom Tal h. **2.** (ugs.) *von Süden nach Norden (vom Norden aus betrachtet):* sie hat von Bayern h. nach Norddeutschland geheiratet.

he|r|auf|ar|bei|ten, sich ⟨sw. V.; hat⟩: **1.** *von einer [unterhalb des Sprechenden gelegenen] Stelle nach oben arbeiten* (3 b): die Hügel zeigen, wo sich der Maulwurf heraufgearbeitet hat. **2.** *sich hocharbeiten:* sich vom Lehrling zum Filialleiter h.; er hat sich in die Spitze des Unternehmens heraufgearbeitet.

he|r|auf|be|mü|hen ⟨sw. V.; hat⟩: **1.** *bitten, freundlicherweise heraufzukommen:* darf ich Sie noch einmal auf die Bühne h.? **2.** ⟨h. + sich⟩ *freundlicherweise heraufkommen:* würden Sie sich bitte zum Mikrofon h.?

he|r|auf|be|schwö|ren ⟨st. V.; hat⟩: **1.** *durch bestimmte [unüberlegte, unbedachte] Handlungen eine missliche Situation o. Ä. verursachen:* eine Gefahr, einen Streit, Unheil h. **2.** *an etw. Vergangenes erinnern u. es [zur Mahnung] eindringlich darstellen:* die Vergangenheit, die Schrecken des Krieges, das Erlebnis der Flucht h.

he|r|auf|bit|ten ⟨st. V.; hat⟩: *(jmdn.) bitten heraufzukommen.*

he|r|auf|brin|gen ⟨unr. V.; hat⟩: **a)** *von dort unten hierher nach oben bringen* (1, 2): bringst du bitte die Wäsche herauf?; **b)** *als Gast mit herauf in die Wohnung bringen:* sie durfte ihren Freund mit h.

he|r|auf|däm|mern ⟨sw. V.; ist⟩ (geh.): *(vom ersten Tageslicht) sich allmählich vom Horizont her über den Himmel verbreiten:* der Morgen dämmert herauf; Ü eine neue Zeit dämmert herauf *(bricht an).*

he|r|auf|drin|gen ⟨st. V.; ist⟩: *von dort unten hierher nach oben dringen:* Lärm, Lachen drang zu mir herauf.

he|r|auf|dür|fen ⟨unr. V.; hat⟩ (ugs.): **1.** *heraufkommen, -gehen, -fahren o. Ä. dürfen.* **2.** *heraufgebracht* (2) *werden dürfen.*

he|r|auf|fah|ren ⟨st. V.⟩: **1.** ⟨ist⟩ *von dort unten hierher nach oben fahren* (1 a, 2 a). **2.** ⟨hat⟩ *von dort unten hierher nach oben fahren* (4 b, 7).

he|r|auf|ho|len ⟨sw. V.; hat⟩: *von dort unten hierher nach oben holen* (1 a, b).

he|r|auf|klet|tern ⟨sw. V.; ist⟩: *von dort unten hierher nach oben klettern.*

he|r|auf|kom|men ⟨st. V.; ist⟩: **1.** *von dort unten hierher nach oben kommen:* meine Mutter kam die Treppe herauf. **2. a)** *am Horizont erscheinen u. am Himmel aufwärtssteigen:* der Mond, die Sonne kommt herauf; **b)** *nahen, unmittelbar bevorstehen u. sich ankündigen:* ein Unwetter kommt herauf; **c)** *von unten nach oben getragen werden:* vom Tal kommt das Geläute der Glocken, grauer Nebel herauf.

he|r|auf|kön|nen ⟨unr. V.; hat⟩ (ugs.): vgl. heraufdürfen.

he|r|auf|las|sen ⟨st. V.; hat⟩ (ugs.): *heraufkommen* (1) *lassen.*

he|r|auf|lau|fen ⟨st. V.; ist⟩: *von dort unten hierher nach oben laufen.*

he|r|auf|müs|sen ⟨unr. V.; hat⟩ (ugs.): vgl. heraufdürfen (1).

he|r|auf|neh|men ⟨st. V.; hat⟩: *heraufholen.*

he|r|auf|rei|chen ⟨sw. V.; hat⟩: **1.** *von dort unten hierher nach oben reichen, geben:* er reichte den Eimer aus dem Graben herauf. **2.** (ugs.) *von dort*

heraufrufen – herausfliegen

unten hierher nach oben reichen (3): die Leiter reicht bis zum Dach herauf.

he|r|auf|ru|fen ⟨st. V.; hat⟩ **1.** *von einer [unterhalb der Sprechenden gelegenen] Stelle nach oben rufen.* **2.** *etw. Vergangenes, Vergessenes wieder bewusst werden lassen:* dieses Gespräch rief die Erinnerung an damals herauf.

he|r|auf|schal|len ⟨sw. V.; hat⟩: *von dort unten hierher nach oben schallen.*

he|r|auf|se|hen ⟨st. V.; hat⟩: *von dort unten hierher nach oben sehen.*

he|r|auf|set|zen ⟨sw. V.; hat⟩: *erhöhen, anheben:* die Preise, Mieten h.; das Mindestalter für Bewerber h.

He|r|auf|set|zung, die; -, -en: *das Heraufsetzen; das Heraufgesetztwerden.*

he|r|auf|sol|len ⟨unr. V.; hat⟩ ⟨ugs.⟩: vgl. heraufdürfen (1).

he|r|auf|stei|gen ⟨st. V.; ist⟩: **1.** *von dort unten hierher nach oben steigen:* sie werden heute nicht mehr [den Berg] bis zu mir h. können; steig bitte [die Treppe] herauf und hilf mir! **2.** (geh.) **a)** *aufsteigen* (5): Erinnerungen stiegen in ihr herauf; **b)** *(von einem Zeitabschnitt) anbrechen, beginnen:* die Dämmerung steigt herauf; das heraufsteigende Zeitalter der Moderne.

he|r|auf|tra|gen ⟨st. V.; hat⟩: *nach oben tragen.*

he|r|auf|wol|len ⟨unr. V.; hat⟩ ⟨ugs.⟩: vgl. heraufdürfen (1).

he|r|auf|zie|hen ⟨unr. V.⟩: **1.** ⟨hat⟩ *von dort unten hierher nach oben ziehen.* **2.** ⟨ist⟩ *vom Horizont her sichtbar werden u. näher kommen:* ein Unwetter, ein Gewitter zieht herauf; Ü eine heraufziehende Unheil; eine heraufziehende Katastrophe. **3.** ⟨ist⟩ **a)** *von dort unten hierher nach oben ziehen* (7): [vom Erdgeschoss] in den dritten Stock h.; wir sind von München heraufgezogen *(in diesen in Norddeutschland gelegenen Ort gezogen);* **b)** *von dort unten hierher nach oben ziehen* (8).

he|r|aus ⟨Adv.⟩ [mhd. her ūʒ, ahd. hera ūʒ, aus ↑ her und ↑¹aus]: *von dort drinnen hierher nach draußen:* h. mit euch [an die frische Luft]!; h. aus dem Bett, den Federn! ⟨ugs.⟩; h. mit dem Geld! ⟨ugs.⟩; *geben Sie/gib das Geld her!*); die ersten Schneeglöckchen sind schon h. ⟨ugs.; *haben schon zu blühen begonnen*⟩; er ist aus dem Knast h. ⟨ugs.; *entlassen*⟩; mein Blinddarm ist schon lange h. ⟨ugs.; *operativ entfernt*⟩; der Splitter ist h. ⟨ugs.; *entfernt*⟩; aus dem Trubel der Stadt h. sein ⟨ugs.; *sich davon entfernt haben*⟩; ⟨als Verstärkung der Präp. »aus«:⟩ aus ... h. (↑¹aus 2); Ü aus diesem Alter bin ich langsam h. ⟨ugs.; *ich bin nicht mehr in diesem Alter*⟩; aus einer schwierigen Situation, einem Dilemma h. sein ⟨ugs.; *eine schwierige Situation, ein Dilemma überstanden haben*⟩; der Termin ist noch nicht h. ⟨ugs.; *steht noch nicht fest*⟩; es ist noch nicht h. ⟨ugs.; *entschieden*⟩, wann sie abreist; das neue Modell, der neue Film ist h. ⟨ugs.; *ist auf dem Markt, ist öffentlich zugänglich*⟩; endlich ist sie mit ihrem Anliegen h. ⟨ugs.; *hat sie ihr Anliegen zur Sprache gebracht*⟩; die ganze Geschichte, Wahrheit, der ganze Schwindel ist h. ⟨ugs.; *öffentlich bekannt geworden*⟩; wer der Täter war, ist noch nicht h. ⟨ugs.; *bekannt*⟩.

he|r|aus|ar|bei|ten ⟨sw. V.; hat⟩: **1. a)** *Teile innerhalb eines Ganzen so bearbeiten, gestalten, dass sie sich plastisch abheben;* **b)** *innerhalb eines größeren Zusammenhangs das, worauf es ankommt, deutlich machen, hervorheben:* Unterschiede, verschiedene Standpunkte h. **2.** ⟨h. + sich⟩ *sich unter Anstrengung aus etw. befreien:* sich aus der Gestrüpp, Schlamm h. **3.** ⟨ugs.⟩ *(Arbeitszeit) vor- od. nacharbeiten:* freigenommene Arbeitsstunden h.

He|r|aus|ar|bei|tung, die; -, -en: *das Herausarbeiten* (1), *Deutlichmachen [eines bestimmten Themas o. Ä. durch eine schlüssige Argumentation].*

he|r|aus|be|kom|men ⟨st. V.; hat⟩: **1.** *aus etw. lösen, entfernen können:* den Nagel [aus dem Brett], den Fleck [aus dem Kleid] nicht h. **2. a)** ⟨ugs.⟩ *die Lösung von etw. finden:* die Mathematikaufgabe h.; **b)** *etw., was verborgen od. unklar ist u. worüber man gern Bescheid wüsste, durch geschicktes Vorgehen ermitteln:* ein Geheimnis h.; es war nichts/kein Wort aus ihr herauszubekommen *(es gelang uns nicht, ihr etw. [über das, was wir gern gewusst hätten] zu entlocken);* Sie wollten mich fangen. Sie haben herausbekommen, dass ich hier bin (Remarque, Obelisk 250). **3.** *eine bestimmte Summe Geldes zurückgezahlt bekommen:* ich habe viel Kleingeld herausbekommen.

he|r|aus|beu|gen, sich ⟨sw. V.; hat⟩: *sich von dort drinnen hierher nach draußen beugen:* sie beugte sich weit aus dem Fenster heraus.

he|r|aus|bil|den ⟨sw. V.; hat⟩: **a)** ⟨h. + sich⟩ *allmählich in etw. entstehen, sich zu etw. entwickeln:* aus der jahrelangen geschäftlichen Partnerschaft hat sich ein Vertrauensverhältnis herausgebildet; **b)** (selten) *hervorbringen, entwickeln.*

He|r|aus|bil|dung, die; -, -en: *das [Sich]herausbilden.*

he|r|aus|bli|cken ⟨sw. V.; hat⟩ (geh.): *heraussehen.*

he|r|aus|boh|ren ⟨sw. V.; hat⟩: *durch Bohren entfernen.*

he|r|aus|bo|xen ⟨sw. V.; hat⟩: **1.** (Fußball, Handball) *herausfausten.* **2.** ⟨ugs.⟩ *sich für jmdn. einsetzen u. ihn aus einer schwierigen Situation befreien.*

he|r|aus|bre|chen ⟨st. V.⟩: **1. a)** ⟨hat⟩ *brechend aus einem Ganzen lösen:* ein paar Fliesen aus der Wand h.; **b)** *der Streik wird bei dann erfolgreich sein, wenn sich keiner aus der Front der Streikenden h. lässt;* **b)** ⟨ist⟩ *sich durch starken Druck o. Ä. [brechend] aus einem Ganzen lösen:* große Stücke brachen aus der Felswand heraus. **2.** ⟨ist⟩ *(von Gefühlsäußerungen) plötzlich u. unvermittelt zum Ausbruch kommen:* Zorn, Hass brach aus ihm heraus. **3.** ⟨ist⟩ (selten) *herausschlagen* (2): das Feuer brach aus dem Dachstuhl heraus. **4.** ⟨hat⟩ ⟨ugs.⟩ *erbrechen* (2 a): das ganze Essen wieder h.

he|r|aus|brin|gen ⟨unr. V.; hat⟩: **1.** *von dort drinnen hierher nach draußen bringen:* bitte, bring uns doch noch einen Liegestuhl [auf die Terrasse] heraus! **2.** ⟨ugs.⟩ *herausbekommen* (1), *entfernen:* die Rotweinflecken habe ich nicht mehr herausgebracht. **3. a)** *ein Werk, einen Autor veröffentlichen:* das Gesamtwerk Goethes als Taschenbuchreihe h.; das Theater hat ein neues Stück herausgebracht *(aufgeführt);* **b)** *in den Handel, auf den Markt bringen:* eine neue Briefmarkenserie h.; ein neues Automodell h. **4.** ⟨ugs.⟩ *herausbekommen* (2), *herausfinden:* hast du herausgebracht, wie er das gemacht hat? **5.** *(von Lauten, Tönen o. Ä.) von sich geben; hervorbringen:* vor Aufregung konnte sie kein Wort h.

he|r|aus|brül|len ⟨sw. V.; hat⟩: *die Beherrschung verlierend plötzlich brüllend äußern:* seinen ganzen Ärger h.

he|r|aus|des|til|lie|ren ⟨sw. V.; hat⟩: **1.** (Chemie) *einen bestimmten Anteil durch Destillation aus einem Gemisch gewinnen.* **2.** *klar herausarbeiten* (1 b): die Grundidee aus dem Text h.

he|r|aus|drän|gen ⟨sw. V.; hat⟩: *hinausdrängen.*

he|r|aus|dre|hen ⟨sw. V.; hat⟩: *durch Drehen entfernen:* die Birne [aus der Fassung] h.

he|r|aus|drin|gen ⟨st. V.; ist⟩: *von dort drinnen hierher nach draußen dringen.*

he|r|aus|drü|cken ⟨sw. V.; hat⟩: **1.** *von dort drinnen hierher nach draußen drücken:* Zahnpasta aus der Tube h. **2.** *einen Körperteil (bes. Brust, Bauch, Hüfte) durch eine bestimmte Haltung vorwölben:* er zog den Bauch ein und drückte die Brust heraus.

he|r|aus|dür|fen ⟨unr. V.; hat⟩: *herauskommen, -gehen, -fahren o. Ä. dürfen.*

he|r|aus|fah|ren ⟨st. V.⟩: **1.** ⟨ist⟩ *(von Fahrzeugen) von dort drinnen hierher nach draußen fahren* (1 a): der Zug fährt aus dem Bahnhof heraus; **b)** ⟨ist⟩ *[mit einem Fahrzeug] von dort drinnen hierher nach draußen fahren* (2 a): sie ist/kam [mit dem Wagen] aus der Garage herausgefahren; **c)** ⟨ist; meist 2. Part. + kommen⟩ *zu einem außerhalb gelegenen Ort fahren* (2 a), *um hier jmdn. zu besuchen o. Ä.:* er ist regelmäßig zu seinem Großvater herausgefahren. **2.** ⟨hat⟩ *ein Fahrzeug von dort drinnen hierher nach draußen fahren:* er hat das Auto aus der Garage herausgefahren. **3.** ⟨ist⟩ ⟨ugs.⟩ **a)** *nach draußen fahren* (9 a): erschrocken aus dem Bett h.; **b)** *entschlüpfen* (2): gerade dieses Wort musste ihr h.! **4.** ⟨hat⟩ (Sport) *durch schnelles, geschicktes Fahren erzielen:* eine gute Zeit, einen Vorsprung, einen Rekord, einen Sieg h.

he|r|aus|fal|len ⟨st. V.; ist⟩: **1. a)** *von dort drinnen hierher nach draußen fallen* (1 a): die Äpfel sind aus dem Korb, das Kind ist aus dem Bett herausgefallen; **b)** *von dort drinnen hierher nach draußen dringen, fallen* (7 b): aus dem Kellerfenster fiel ein Lichtschein heraus. **2. a)** *in auffallender Weise anders sein als üblich u. deshalb aus einem bestimmten Kreis ausgeschlossen werden:* sie fällt [mit ihrer Meinung] aus dem Kreis der Befragten heraus; **b)** *in einer Statistik, in einer Liste, einem Verzeichnis nicht mehr länger registriert werden [und dadurch bestimmte Ansprüche verlieren]:* aus einer Statistik, einem Leistungskatalog, einem Index h.

he|r|aus|faus|ten ⟨sw. V.; hat⟩ (Handball, Fußball): *(vom Torwart) den Ball mit der Faust, den Fäusten herausschlagen u. so abwehren.*

he|r|aus|feu|ern ⟨sw. V.; hat⟩: **1.** *von hier drinnen nach dort draußen feuern:* aus der Festung h. **2.** *[fristlos] entlassen.*

he|r|aus|fil|tern ⟨sw. V.; hat⟩ ⟨ugs.⟩: **1. a)** *(meist etw. Unreines od. nicht Verwendungsfähiges) durch einen Filter* (1) *von etw. trennen, absondern:* Trübstoffe [aus Fruchtsäften] h.; **b)** *(bestimmte Frequenzen) durch einen Filter* (4) *aussondern:* einen Frequenzbereich h. **2.** *aus einer Menge [als infrage kommend, brauchbar, geeignet] heraussuchen, aussondern:* aus einer Vielzahl von Schriften das Original h.

he|r|aus|fin|den ⟨st. V.; hat⟩: **1.** *den Weg von dort drinnen hierher nach draußen finden; Ausgang finden:* sie fand aus dem Labyrinth des Parks nur schwer heraus; nur schwer aus dem Bett h. *(ungern aufstehen);* ⟨auch h. + sich:⟩ ich habe mich aus dem Hochhaus kaum herausgefunden; Ü wir werden uns aus dem Schlamassel schon h. **2. a)** *eine Person od. Sache als die gesuchte in einer Menge finden:* die gewünschten Gegenstände schnell aus einem großen Haufen h.; **b)** *durch Nachforschungen entdecken:* sie haben die Ursache des Unglücks herausgefunden; wir finden den Fehler bestimmt heraus; es ist nicht herauszufinden, wo das Geld geblieben ist.

he|r|aus|fi|schen ⟨sw. V.; hat⟩ ⟨ugs.⟩: *jmdn., etw. aus etw. fischen* (2 a): sie musste die in den Kanal gefallene Handtasche mühsam wieder h.; den Zettel mit der Telefonnummer aus dem Papierkorb h.

he|r|aus|flie|gen ⟨st. V.⟩: **1.** ⟨ist⟩ **a)** *von dort drin-*

nen hierher nach draußen fliegen (1, 2, 4, 11); b) (ugs.) herausfallen (1). 2. ⟨hat⟩ ausfliegen (2 c): man hat Frauen und Kinder aus der Stadt herausgeflogen. 3. (ugs.) [durch Kündigung, Entlassung, Ausschluss] aus etw. entfernt werden, gezwungen werden, etw. zu verlassen: aus einer Kneipe, einer Jugendherberge, einer Partei h.

he|r|aus|flie|ßen ⟨st. V.; ist⟩: von dort drinnen hierher nach draußen fließen.

He|r|aus|for|de|rer, der; -s, -: a) jmd., der einen anderen zum Kampf herausfordert; b) (Sport) jmd., der einen Titelinhaber herausfordert (1 b).

He|r|aus|for|de|rin, die; -, -nen: w. Form zu ↑ Herausforderer.

he|r|aus|for|dern ⟨sw. V.; hat⟩: 1. a) jmdn. auffordern, sich zum Kampf zu stellen: er forderte seinen Nebenbuhler [zum Duell] heraus; Ü die bisher nur Insidern bekannte Firma fordert den Branchenführer heraus (macht dem Branchenführer seinen Rang streitig); b) (Boxen, Schach) einen Titelinhaber zu einem Kampf um seinen Titel auffordern; c) (Politik) (in einem Wahlkampf) gegen den bisherigen Amtsinhaber kandidieren. 2. (für jmdn.) eine anspruchsvolle Aufgabe, eine Herausforderung (4) darstellen: sie suchte eine Arbeit, die sie herausforderte. 4. [jmdn., etw., was stärker ist als man selbst,] reizen, um eine Reaktion zu erreichen; provozieren: eine Gefahr, das Schicksal leichtfertig, tollkühn h.; Protest, Kritik h.; ihre Schriften fordern zum Widerspruch heraus.

he|r|aus|for|dernd ⟨Adj.⟩: durch unverhohlen aufreizende, anmaßende Art eine Reaktion verlangend: ein herausforderndes Benehmen; er sah h. an.

He|r|aus|for|de|rung, die; -, -en: 1. Aufforderung zum Kampf. 2. (Sport) a) das Herausfordern (1 b): sein Recht auf H. wurde bestätigt; b) Kampf, bei dem ein Herausforderer (b) mit einem Sportler um einen Titel kämpft: er hat sich auf die H. gut vorbereitet. 3. Provokation: er bemerkte die H. in ihrer Stimme. 4. Anlass, tätig zu werden; Aufgabe, die einen fordert (3): eine künstlerische, berufliche H.; die -en des 21. Jahrhunderts; eine neue H. suchen; eine H. annehmen; sich einer H. gewachsen fühlen.

he|r|aus|füh|len ⟨sw. V.; hat⟩: durch starkes Einfühlungsvermögen bemerken.

he|r|aus|füh|ren ⟨sw. V.; hat⟩: 1. a) von dort drinnen nach draußen führen (1): sie wurde zu uns herausgeführt; b) durch seine Führung, Beratung o. Ä. bewirken, dass jmd., etw. aus einer unangenehmen Situation, Lage herauskommt: jmdn. aus einer Krise h. 2. von [dort] drinnen [hierher] nach draußen führen (7 b): dieser Weg führt aus dem Wald heraus. 3. nach draußen führen (7 c): sein Weg führte ihn zu uns heraus.

he|r|aus|füt|tern ⟨sw. V.; hat⟩ (ugs.): ¹auffüttern (b).

He|r|aus|ga|be, die ⟨Pl. selten⟩: das Herausgeben (2, 4).

He|r|aus|ga|be|an|spruch, der (Rechtsspr.): Anspruch auf Herausgabe, Hergabe einer Sache.

he|r|aus|ge|ben ⟨st. V.; hat⟩: 1. von dort drinnen hierher nach draußen geben (1 a), reichen: er gab den Koffer durchs Fenster heraus. 2. jmdn. od. etw., in dessen Besitz man sich gebracht hat od. dessen Besitz einem zusteht, freigeben, jmdm. auf Verlangen [wieder] aushändigen: etw. ungern, widerwillig h.; die Beute, die Gefangenen h.; sie wollte die Schlüssel nicht h. 3. a) beim Bezahlen Wechselgeld zurückgeben: [jmdm.] zu wenig, zu viel, falsch h.; sie gab [mir] auf 10 Euro heraus; können Sie h.? (haben Sie passendes Kleingeld?); b) (landsch.) jmdm. auf eine Äußerung eine gebührende Antwort erteilen: ich habe [ihm] ganz schön herausgegeben. 4. a) für die Veröffentlichung eines Mediums die Verantwortung tragen: eine Zeitschrift, ein Buch, eine CD h.; seine Aufsätze wurden in Buchform von einem bekannten Verlag herausgegeben (veröffentlicht): Goethes Werke, herausgegeben (Abk.: hrsg., hg.) von ...; b) [als etw. Neues] herausbringen (3 b): die Post gibt wieder einen Satz Wohlfahrtsmarken heraus; Gedenkmünzen h.; c) [als Gesetz o. Ä.] erlassen, zur Kenntnis bringen: eine Anweisung, einen Erlass h.

He|r|aus|ge|ber, der; -s, -: jmd., der ein Druckwerk herausgibt (4 a) (Abk.: Hg., Hrsg.).

He|r|aus|ge|be|rin, die; -, -nen: w. Form zu ↑ Herausgeber (Abk.: Hg., Hrsg.).

he|r|aus|ge|hen ⟨unr. V.; ist⟩: 1. von dort drinnen hierher nach draußen gehen: man sah sie aus dem Haus h.; * aus sich ⟨Dativ⟩ h. (allmählich seine Schüchternheit, seine Hemmungen überwinden, lebhaft werden u. sich frei u. unbefangen äußern: ich sollte lernen, mehr aus mir herauszugehen). 2. sich aus etw. lösen, entfernen lassen: der Fleck, der Schmutz geht nicht [mehr aus der Tischdecke, dem Kleid] heraus; der Korken geht leicht heraus.

He|r|aus|geld, das ⟨Pl. selten⟩ (schweiz.): Wechselgeld (a).

he|r|aus|grei|fen ⟨st. V.; hat⟩: a) jmdn. [gegen dessen Willen] aus einer Gruppe herausnehmen: ein paar Leute h.; b) aus einer größeren Anzahl auswählen: um nur ein Beispiel herauszugreifen: die Sicherheit auf den Autobahnen.

he|r|aus|gu|cken ⟨sw. V.; hat⟩ (ugs.): a) heraussehen; b) [länger als die darunterliegende Bedeckende sein u. deshalb] zu sehen sein: dein Hemd guckt aus der Hose heraus; dein Unterrock guckt heraus.

he|r|aus|ha|ben ⟨unr. V.; hat⟩ (ugs.): 1. a) aus etw. entfernt haben: den Schmutz aus der Wäsche, den Nagel aus der Latte h.; b) jmdn. an einem bestimmten Ort, in einem bestimmten Gemeinschaft nicht mehr haben wollen: sie wollte die Mieter aus der Wohnung, den Mitarbeiter aus der Firma h. 2. a) etw. herausgefunden, (ein Problem o. Ä.) gelöst haben: die Polizei hatte bald heraus, wer der Dieb war; b) etw. begriffen, verstanden haben u. es beherrschen: den Trick, Dreh h.; er hatte schnell heraus, wie das gemacht wird. 3. * jmdn., etw. wieder h. (wiederhaben, zurückbekommen: das Geld, den vollen Preis wieder h.).

he|r|aus|hal|ten ⟨st. V.; hat⟩: 1. von dort drinnen hierher nach draußen halten: die Kinder hielten bunte Fähnchen aus den Zugfenstern heraus. 2. (ugs.) a) dafür sorgen, dass jmd., ein Tier außerhalb eines bestimmten Bereichs, Gebiets o. Ä. bleibt: die Hühner aus dem Garten, Privatpersonen aus dem militärischen Sperrgebiet h.; b) aus einem bestimmten Interesse von etw. fernhalten u. in nicht in etw. verwickeln lassen: bitte, halte du dich aus dieser Sache heraus!

¹he|r|aus|hän|gen ⟨st. V.; hat⟩: aus etw. nach draußen ¹hängen (1 a): Fahnen hingen [aus den Fenstern] heraus; ihm hängt das Hemd aus der Hose heraus; ⟨of die Zunge hängt ihr schon heraus (ugs.: sie ist schon total erschöpft) von der dauernden Rennerei.

²he|r|aus|hän|gen ⟨sw. V.; hat⟩: 1. nach draußen ²hängen (1 a): die Wäsche zum Trocknen h. 2. (ugs.) in einer als unangenehm empfundenen Weise herauskehren, hervorkehren: den Direktor, die Fachfrau h.; es macht ihm Spaß, den Flegel herauszuhängen (sich wie ein Flegel zu benehmen); für meinen Geschmack hängt er sein Geld zu sehr heraus (protzt er zu sehr mit seinem Geld).

he|r|aus|hau|en ⟨unr. V.; haute heraus, hat herausgehauen⟩: 1. a) durch Schlagen, Hauen (7) aus einem größeren Ganzen entfernen: kranke Bäume aus dem Forst h.; einen Stein aus der Mauer h.; b) durch Hauen (5 a) aus etw. hervortreten, entstehen lassen: ein Relief aus dem Marmor h. 2. (ugs.) [durch körperlichen Einsatz] aus einer schwierigen od. gefährlichen Lage befreien: er hat ihn bei der Schlägerei herausgehauen; durch seine Aussage hat er ihn vor Gericht herausgehauen. 3. (ugs.) herausholen; herausschlagen: im Gespräch mit meinem Chef konnte ich eine Gehaltserhöhung h.

he|r|aus|he|ben ⟨st. V.; hat⟩: 1. von dort drinnen hierher nach draußen heben: das Kind aus dem Gitterbett, der Wanne h. 2. a) hervorheben, von seiner Umgebung abheben (3 b): diesen Aspekt hob sie in ihrer Rede besonders heraus; b) ⟨h. + sich⟩ sich von seiner Umgebung abheben (3 a): das Muster hebt sich [aus dem dunklen Untergrund] gut, kaum heraus.

he|r|aus|hel|fen ⟨st. V.; hat⟩: a) helfen, aus etw. herauszukommen (1 a): jmdm. aus dem Wagen h.; b) helfen, aus einer unangenehmen Situation, Lage herauszukommen (2 b): jmdm. aus Schwierigkeiten h.

he|r|aus|ho|len ⟨sw. V.; hat⟩: 1. a) von dort drinnen hierher nach draußen holen: den Koffer aus dem Gepäckraum h.; jmdn. aus einer Sitzung, aus einer Besprechung, aus seinem Auto h.; b) aus einer Zwangs-, Notlage befreien: die eingeschlossenen Bergleute h. 2. (ugs.) a) eine bestimmte Leistung abgewinnen: in diesem Lauf habe ich das Letzte aus mir herausgeholt; mehr ist aus diesem Motor nicht herauszuholen; b) durch besondere Fähigkeiten, besonderes Geschick als Vorteil erreichen, als Gewinn o. Ä. erzielen: sie hat bei dem Handel, den Verhandlungen viel herausgeholt; die Unterhändler konnten mehr h., als erwartet worden war; aus jmdm. Geld h. (es an ihm verdienen); c) (bes. Sport) durch Leistung, besondere Fähigkeiten o. Ä. erreichen, erzielen, zustande bringen: die Sportlerin holte einen beachtlichen Erfolg, einen Sieg heraus; sie konnten einen sicheren Vorsprung h. 3. (ugs.) durch [geschickte] Fragen von jmdm. erfahren: die Polizei konnte aus dem Tatverdächtigen nicht viel h.; Mum empfing mich staunend, konnte dann aber, nachdem sie die näheren Umstände meiner Fahrt aus mir herausgeholt hatte, ihr Vergnügen darüber nicht ganz verhehlen (Muschg, Gegenzauber 300). 4. (ugs.) herausarbeiten u. deutlich sichtbar darstellen: bei dieser Aufführung wurde die Tragik des Werkes nicht genügend herausgeholt.

he|r|aus|hö|ren ⟨sw. V.; hat⟩: a) (aus einem Gemisch von Tönen, Stimmen, Worten, Geräuschen) mit dem Gehör wahrnehmen: ihre Stimme würde ich überall h.; b) an jmds. Worten etw. nicht direkt Ausgesprochenes erkennen: aus jmds. Äußerung, Reden seine Enttäuschung h.

he|r|aus|ka|ta|pul|tie|ren ⟨sw. V.; hat⟩: a) aus etw. herausschleudern: der Pilot konnte sich mithilfe des Schleudersitzes aus der Maschine h.; b) hinauswerfen (2 c): der Minister wurde aus seinem Amt herauskatapultiert.

he|r|aus|kau|fen ⟨sw. V.; hat⟩: jmdn., etw. durch Kauf aus etw. herauslösen, herausholen: den Spieler aus dem laufenden Vertrag h.

he|r|aus|keh|ren ⟨sw. V.; hat⟩: 1. nach draußen bringen, entfernen: er hatte den Dreck mit dem Besen zur Tür herausgekehrt. 2. eine Stellung, eine Eigenschaft allzu betont u. durch sein Verhalten auf deren Wichtigkeit hinweisen: den Vorgesetzten, den Chef h.

he|r|aus|ken|nen ⟨unr. V.; hat⟩: aus einer Menge o. Ä. heraus eine bestimmte Person od. Sache erkennen.

he|r|aus|kit|zeln ⟨sw. V.; hat⟩ (ugs.): **a)** *etw. Verborgenes zum Vorschein bringen:* Begeisterung, Angst, Leidenschaft aus jmdm. herauskitzeln; **b)** *dort, wo man an bestimmte Grenzen stößt, noch etw. erreichen; abnötigen, abringen:* noch den letzten Cent aus den Zulieferern herauskitzeln; **c)** *jmdm. Informationen [gegen dessen Willen] entlocken:* obwohl sie versprochen hatte, nichts zu verraten, hat er das Geheimnis doch aus ihr herausgekitzelt.
he|r|aus|kla|mü|sern ⟨sw. V.; hat⟩ (ugs.): *ausklamüsern.*
he|r|aus|klau|ben ⟨sw. V.; hat⟩ (landsch.): *etw. [eines nach dem anderen] mühselig aus einer Fülle herausholen, -suchen:* Münzen aus einem Sparschwein h.
he|r|aus|klet|tern ⟨sw. V.; ist⟩: *von dort drinnen hierher nach draußen klettern.*
he|r|aus|klin|geln ⟨sw. V.; hat⟩: *jmdn. durch Betätigen der Türglocke od. des Telefons veranlassen, an die Tür od. ans Telefon zu gehen:* um drei Uhr morgens klingelte er sie heraus.
he|r|aus|klin|gen ⟨st. V.; hat⟩: **1.** *von dort drinnen hierher nach draußen klingen:* aus der Bar klang laute Musik heraus. **2.** *in etw. andeutungsweise zum Ausdruck kommen:* aus ihren Worten klang ein Lob heraus.
he|r|aus|klop|fen ⟨sw. V.; hat⟩: **1.** *durch Klopfen aus etw. entfernen:* den Staub aus der Kleidung h. **2.** *jmdn. durch Klopfen veranlassen, an die Tür od. an das Fenster zu gehen:* wir mussten sie mitten in der Nacht h.
he|r|aus|kom|men ⟨st. V.; ist⟩: **1. a)** *von dort drinnen hierher nach draußen kommen:* aus dem Zimmer h.; ich habe sie [aus dem Haus] h. sehen; **b)** *durch etw. hindurch ins Freie dringen:* aus dem Schornstein kommt schwarzer Qualm heraus; die ersten Frühlingsblumen kommen heraus *(beginnen zu blühen);* **2. a)** *einen Raum, Bereich o. Ä. verlassen [können]:* sie ist nie aus ihrer Heimatstadt herausgekommen; aus der Haft, einer Anstalt h.; du kommst viel zu wenig heraus *(unternimmst zu selten etw.)*, seit du dich von deinem Mann getrennt hast; wegen des schlechten Wetters komme ich wenig heraus *(nicht viel wenig an die frische Luft);* Ü aus dem Staunen nicht h. *([über etw.] nicht genug staunen können);* **b)** (ugs.) *einen Ausweg aus etw. finden:* wir müssen sehen, dass wir aus dieser peinlichen Situation heil h. **3. a)** *auf den Markt kommen:* ein neues Modell, Fabrikat kommt heraus; **b)** *etw. in den Handel bringen:* der Verlag ist im Herbst mit einem neuen Taschenlexikon herausgekommen; **c)** *(von einem Druckwerk o. Ä.) veröffentlicht werden, erscheinen:* sein Roman kommt demnächst als Taschenbuch heraus; im nächsten Monat wird das Theaterstück auch in Mannheim h. *(Premiere haben);* **d)** (ugs.) *öffentlichen Erfolg haben, populär werden:* diese Sängerin, Schriftstellerin ist ganz groß herausgekommen. **4.** *gut u. deutlich wahrgenommen, erkannt werden [können]:* leider kamen die Zusammenhänge, die komischen Züge des Stückes [bei dieser Aufführung] nur unklar heraus; die Bässe kommen nicht genügend heraus. **5.** (ugs.) **a)** *in einer bestimmten Weise zum Ausdruck kommen, formuliert werden:* der Vorwurf kam etwas zu scharf heraus; **b)** *etw. erst nach einigem Zögern äußern, zur Sprache bringen:* mit einem Wunsch, einem Anliegen h. **6. a)** (ugs.) *sich als [positives] Ergebnis, Resultat, als Lösung zeigen; sich ergeben:* bei der Addition kommt eine hohe Summe heraus; was ist eigentlich noch dabei herausgekommen?; bei den Verhandlungen, bei der Arbeit ist nicht viel herausgekommen; etw. kommt auf eins, auf dasselbe, aufs Gleiche heraus *(bleibt sich gleich);* **b)** (schweiz.) *ausgehen,*

sich in einer bestimmten Weise gestalten: wie wäre es wohl herausgekommen, wenn ich dich nicht geweckt hätte?; in solchen Fällen kommt es nie gut heraus; **c)** (ugs.) *[öffentlich] bekannt werden:* wenn der Schwindel herauskommt, gibt es einen Skandal; es wird wohl nie h., wer der Täter war; die Sache kam heraus und er wurde entlassen. **7.** (ugs.) **a)** *aus dem Takt, aus dem Rhythmus einer ablaufenden Folge kommen:* ich komme beim Tanzen immer so leicht heraus, ich muss noch einmal von vorn lesen, ich bin herausgekommen; **b)** *infolge einer längeren Pause bestimmte musische, sportliche o. ä. Fähigkeiten mit der Zeit verlieren:* wenn man nicht jeden Tag übt, kommt man allmählich ganz heraus. **8.** (ugs.) *beim Kartenspiel beginnen; als Erster die erste Karte ausspielen:* wer kommt heraus? **9.** (ugs.) *bei einer Lotterie o. Ä. gezogen werden, gewinnen:* die Nummer meines Loses ist wieder nicht herausgekommen; ich bin im ersten Rang herausgekommen.
he|r|aus|kön|nen ⟨unr. V.; hat⟩ (ugs.): *herauskommen* (2 a), *einen Ort o. Ä. verlassen können.*
he|r|aus|krab|beln ⟨sw. V.; ist⟩ (ugs.): *von dort drinnen hierher nach draußen krabbeln.*
he|r|aus|krat|zen ⟨sw. V.; hat⟩: *aus etw. durch Kratzen herausholen.*
◆ **he|r|aus|kre|teln** ⟨sw. V.; hat⟩ [niederd. kreteln = zanken, zu: kreet = Streit, Zank, mniederd. krēte, krīt; vgl. kritteln] (nordd.): *jmdn. mit bösen Worten hinauswerfen:* Dich, Hauke, wird den Großknecht schon h. (Storm, Schimmelreiter 39).
he|r|aus|krie|chen ⟨st. V.; ist⟩: vgl. *herauskrabbeln.*
he|r|aus|krie|gen ⟨sw. V.; hat⟩ (ugs.): **1.** *herausbekommen* (1–3). **2.** *herausbringen* (5).
he|r|aus|kris|tal|li|sie|ren ⟨sw. V.; hat⟩: **1. a)** *[bei chemischen Prozessen] in Form von Kristallen gewinnen:* aus einer Lösung Salze h.; **b)** ⟨h. + sich⟩ *sich bei chemischen Prozessen in Form von Kristallen absondern:* diese Kristalle haben sich bei der Destillation der Lösung herauskristallisiert. **2. a)** *klar herausarbeiten:* die wesentlichen Punkte aus einem Referat h.; **b)** ⟨h. + sich⟩ *sich klar herausbilden:* im Laufe des Gesprächs kristallisierten sich zwei verschiedene Meinungen heraus.
he|r|aus|la|chen ⟨sw. V.; hat⟩: *plötzlich anfangen, laut zu lachen, ohne sich Zurückhaltung aufzuerlegen:* als sie sein Gesicht sah, lachte sie heraus.
he|r|aus|las|sen ⟨st. V.; hat⟩ (ugs.): **1.** *herauskommen, -gehen lassen:* das Kind, den Hund [nicht] aus dem Haus h.; Rauch durch die Nase h. *(entweichen lassen);* Ü kurz bevor er ging, ließ er die große Neuigkeit heraus *(teilte er die lange zurückgehaltene Neuigkeit mit).* **2.** *weglassen, ausklammern:* weil ich keine Zeit mehr hatte, musste ich einige Aufgaben h. **3.** (Schneiderei) *durch Auftrennen einer Naht länger, weiter machen:* einen Saum, einen Ärmel h.
he|r|aus|lau|fen ⟨st. V.; hat⟩: ⟨ist⟩ *von dort drinnen hierher nach draußen laufen:* aus dem Haus h.; der Torwart lief heraus *(lief dem aus dem Tor heraus)* und fing die Flanke ab; ⟨subst.:⟩ durch sein Herauslaufen verschuldete der Torwart ein Tor. **2.** ⟨ist⟩ *herausfließen:* der Saft ist aus den Trauben herausgelaufen. **3.** ⟨h⟩ *in einem Laufwettbewerb durch schnelles Laufen erzielen:* einen guten, beachtlichen Platz h.; vor dem letzten Wechsel hatte die Staffel einen Vorsprung von vier Metern herausgelaufen.
he|r|aus|le|gen ⟨sw. V.; hat⟩: *von dort drinnen hierher nach draußen [für jmdn. bereit]legen:* den Kindern frische Kleider h.
he|r|aus|le|sen ⟨st. V.; hat⟩: **1.** *lesend [u. interpretierend] einem Text entnehmen, daraus erse-*

hen: man hat Dinge aus dem Roman herausgelesen, die der Autor gar nicht beabsichtigt hatte; aus seinem Brief habe ich herausgelesen, dass er Kummer hat; Ü aus seinen Augen konnte sie die Trauer h. **2.** (ugs.) *durch Auslesen aus einer größeren Menge entfernen:* sie sollte die fauligen Kartoffeln h.
he|r|aus|lo|cken ⟨sw. V.; hat⟩: **1.** *von dort drinnen hierher nach draußen locken:* das Kaninchen aus dem Bau h.; Ü jmdn. aus seiner Reserve h. *(ihn dazu bringen, seine Zurückhaltung aufzugeben, aus sich herauszugehen, sich zu äußern).* **2.** *durch geschicktes Vorgehen etw. Gewünschtes von jmdm. (aus dessen materiellem od. geistigem Besitz) erhalten:* sie brachte es fertig, eine größere Summe, das Geheimnis aus ihm herauszulocken.
he|r|aus|lö|sen ⟨sw. V.; hat⟩: **1.** *durch Auflösen aus etw. entfernen:* Fette können durch eine Behandlung mit Alkohol herausgelöst werden. **2. a)** (Kochkunst) *von dem umgebenden [Frucht]fleisch trennen, lösen* (1 a); **b)** *aus einem Ganzen, aus einem zusammengehörenden Verband entfernen:* Wörter aus dem Textzusammenhang h.
he|r|aus|lü|gen, sich ⟨st. V.; hat⟩: *sich durch Lügen aus einer misslichen Lage, von einem Verdacht befreien:* wie er sich wohl aus dieser Lage herauslügt?
he|r|aus|ma|chen ⟨sw. V.; hat⟩ (ugs.): **1.** *aus etw. entfernen:* die Flecken aus dem Kleid h.; die Kerne aus den Kirschen h. **2.** ⟨h. + sich⟩ **a)** *sich [erholen u.] körperlich gut entwickeln:* das Kind hat sich [nach der Krankheit] gut herausgemacht; **b)** *sich in wirtschaftlicher, gesellschaftlicher Hinsicht gut entwickeln; sich machen* (6): der Handwerker hat sich herausgemacht, er ist heute Bauunternehmer.
he|r|aus|mo|del|lie|ren ⟨sw. V.; hat⟩: *durch besondere Formgebung deutlich machen u. betonen.*
he|r|aus|müs|sen ⟨unr. V.; hat⟩ (ugs.): **1.** vgl. *herausdürfen.* **2.** *(nach dem Schlaf) aufstehen müssen:* in der Woche muss ich jeden Morgen früh heraus. **3.** *gesagt, ausgesprochen werden müssen:* das musste mal heraus.
He|r|aus|nah|me, die; -, -n [zum 2. Bestandteil vgl. Abnahme]: *das Herausnehmen; das Herausgenommenwerden.*
he|r|aus|nehm|bar ⟨Adj.⟩: *sich herausnehmen* (1 a) *lassend:* eine -e Zahnspange.
he|r|aus|neh|men ⟨st. V.; hat⟩: **1. a)** *aus dem Inneren eines Behälters o. Ä. nehmen, entfernen:* Geld aus dem Portemonnaie h.; sie schloss die Schublade, ohne die Papiere herauszunehmen; **b)** *(ein Organ) operativ entfernen:* [jmdm.] die Polypen, den Blinddarm h. **2.** *jmdn. nicht länger in seiner gewohnten Umgebung lassen:* sie hat das Kind aus der Schule herausgenommen; in der 70. Minute nahm der Trainer den enttäuschenden Spieler heraus *(bes. Ballspiele; ließ ihn nicht länger spielen, sondern ersetzte ihn durch einen anderen).* **3.** ⟨h. + sich⟩ (ugs.) *sich dreisterweise erlauben; sich anmaßen:* sich allerhand h.; er nahm sich Freiheiten heraus, die ihm nicht zustanden; er hat sich ihr gegenüber zu viel herausgenommen.
he|r|aus|ope|rie|ren ⟨sw. V.; hat⟩: *aus etw. durch eine Operation entfernen:* eine Gallenblase, einen Tumor h.
he|r|aus|pau|ken ⟨sw. V.; hat⟩ [zu Studentenspr. pauken = fechten] (ugs.): *jmdn. aus einer misslichen, gefährlichen Situation befreien.*
he|r|aus|pi|cken ⟨sw. V.; hat⟩: **a)** *aus einer größeren Menge durch Picken herausholen:* die Vögel haben die Sonnenblumenkerne herausgepickt; **b)** *sich gezielt jmdn., etw. aus einer Menge auswählen, heraussuchen:* er hat sich die interessantesten Bücher herausgepickt.

he|r|aus|plat|zen ⟨sw. V.; ist⟩ (ugs.): **1.** *plötzlich in lautes, sich nicht länger zurückhalten lassendes Lachen ausbrechen:* bei dem komischen Anblick platzte sie heraus. **2.** *etw. spontan u. unvermittelt äußern:* mit einer Frage, Bemerkung h.; sie platzte sofort mit dieser Neuigkeit heraus.

he|r|aus|pres|sen ⟨sw. V.; hat⟩: **1.** *aus etw. pressen:* die letzten Tropfen Flüssigkeit h. **2.** *von jmdm. unter Ausübung von Druck, Anwendung von Gewalt erlangen:* aus jmdm. eine größere Summe, ein Geständnis h.

he|r|aus|prü|geln ⟨sw. V.; hat⟩ (ugs.): **1.** *jmdn. durch Prügel dazu bringen, etw. mitzuteilen oder herzugeben:* die Wahrheit, ein Geständnis, das Geld aus jmdm. h. **2.** *durch Prügeln befreien:* sie mussten ihren Freund h. **3.** *durch Prügel herausbringen, entfernen:* diese Allüren werde ich ihm h.

he|r|aus|prus|ten ⟨sw. V.; hat⟩ (ugs.): *prustend herauslachen.*

he|r|aus|pum|pen ⟨sw. V.; hat⟩: *durch Pumpen aus etw. entfernen.*

he|r|aus|put|zen ⟨sw. V.; hat⟩: *so schmücken, putzen, dass es ins Auge fällt:* die Kinder haben sich sehr heraus; die Kinder [festlich] h.; die Wagen für den Festumzug [prächtig] h.; Ü für den hohen Besuch hat sich die Kleinstadt herausgeputzt.

he|r|aus|quel|len ⟨st. V.; ist⟩: **1.** *quellend herausdringen:* aus der Vertiefung quoll Wasser heraus. **2.** *unnatürlich geschwollen hervortreten* (2 b): durch die Anstrengung quollen die Augen heraus.

he|r|aus|quet|schen ⟨sw. V.; hat⟩ (ugs.): *herauspressen.*

he|r|aus|ra|gen ⟨sw. V.; hat⟩: **1.** *aus etw. [in die Höhe] ragen:* dort, wo die Brücke gewesen war, ragten nur noch die Pfeiler heraus. **2.** *durch seine Bedeutung hervortreten, sich von seiner Umgebung abheben:* ihre Leistung ragte weit über den Durchschnitt heraus.

he|r|aus|ra|gend ⟨Adj.⟩: *[weit] über dem Durchschnitt liegend, sich von der Masse abhebend u. deshalb ungewöhnlich, besonders, auffallend:* eine -e Leistung; eine -e Persönlichkeit; Ereignisse von -er Bedeutung.

he|r|aus|rech|nen ⟨sw. V.; hat⟩: *einen Faktor, Posten u. a. in einer Rechnung, einer Statistik o. Ä. herausnehmen od. unberücksichtigt lassen:* Saisoneinflüsse, Sondereffekte aus der Statistik h.

he|r|aus|re|cken ⟨sw. V.; hat⟩ (ugs.): *einen Körperteil reckend vorstrecken:* den Arm h.

he|r|aus|re|den, sich ⟨sw. V.; hat⟩ (ugs.): **a)** *sich durch Ausreden der Verantwortung, einem Verdacht, einer Forderung o. Ä. entziehen:* sie versuchte sich damit herauszureden, dass sie nichts davon gewusst hätte; **b)** *sich als Ausrede auf etw. berufen:* sie redete sich auf das schlechte Wetter heraus.

he|r|aus|rei|chen ⟨sw. V.; hat⟩: **1.** *von dort drinnen hierher nach draußen reichen:* kannst du mir bitte den Koffer h.? **2.** (ugs.) *lange genug sein u. deshalb von dort drinnen bis zu einer Stelle hierher nach draußen reichen* (3): das Kabel reicht nicht bis ans Dach heraus.

he|r|aus|rei|ßen ⟨st. V.; hat⟩: **1.** *aus etw. reißen* (5 a): eine Seite [aus dem Heft] h.; den Fußboden, die Türen h. lassen; ich musste mir einen Zahn h. (ugs.; *ziehen*) *lassen;* er riss das Unkraut mit der Wurzel aus der Erde heraus; Ü jmdn. aus seiner vertrauten Umgebung, aus der Arbeit, aus einer Traurigkeit, Lethargie, aus einem Gespräch h. **2.** (ugs.) **a)** *jmdm. aus einer bedrängten Lage helfen, jmdn. aus Schwierigkeiten befreien:* seine Freunde h.; ihn hat ihn herausgerissen; **b)** *Fehler, Mängel einer Sache wieder aufwiegen, ausgleichen:* die Eins im Aufsatz reißt die Drei im Diktat heraus; ich habe etwas zugenommen, aber das Kleid reißt alles heraus.

he|r|aus|rei|ten ⟨st. V.⟩ (ist) *von dort drinnen hierher nach draußen reiten.* **2.** ⟨hat⟩ (ugs.) *durch geschicktes o. ä. Reiten erzielen:* die deutsche Mannschaft konnte einen Sieg h.

he|r|aus|ren|nen ⟨unr. V.; ist⟩: *von dort drinnen hierher nach draußen rennen.*

he|r|aus|rü|cken ⟨sw. V.⟩: **1. a)** ⟨hat⟩ *aus einem Raum, einer Reihe hierher nach draußen rücken* (1 a): die Stühle auf die Veranda h.; **b)** ⟨ist⟩ *aus einem Raum, einer Reihe hierher nach draußen rücken* (2): kannst du noch ein Stück zu mir h.? **2.** (ugs.) **a)** *sich nach anfänglichem Weigern von etw. [was man besitzt] trennen;* herausgeben (2): ungern etw. h.; endlich hat sie das Geld herausgerückt; sie mussten den Beute wieder h.; er rückt keinen Cent heraus; Ü sie rückte das Passwort doch noch heraus; Sie war merkwürdig, würde Gertrud Dölling sagen. Und ich müsste sie lange auffordernd ansehen, bevor sie das Wort herausrückte: Ich möchte sagen, sie war – gefährdet (Chr. Wolf, Nachdenken 60); **b)** ⟨ist⟩ *nach längerem Zögern aussprechen:* mit einem Anliegen, einer Absicht, einer Bemerkung, einem Geheimnis h.

he|r|aus|ru|fen ⟨st. V.; hat⟩: **1.** *von dort drinnen hierher nach draußen rufen:* etw. zum Fenster h.; sie rief etwas zu uns heraus. **2.** *durch Rufen auffordern, veranlassen herauszukommen* (1 a): jmdn. aus einer Sitzung h.; das begeisterte Publikum rief den Schauspieler [noch dreimal] heraus (*forderte ihn durch starken Applaus auf, vor der Vorhang zu kommen*).

he|r|aus|rut|schen ⟨sw. V.; ist⟩: **1.** *von dort drinnen hierher nach draußen rutschen:* der Geldbeutel rutschte ihm [aus der Tasche] heraus; das Hemd war ihm aus der Hose herausgerutscht. **2.** (ugs.) *von jmdm. unüberlegt, übereilt ausgesprochen werden; jmdm. ungewollt entschlüpfen:* die Bemerkung war ihr einfach so herausgerutscht.

he|r|aus|sau|gen ⟨sw., geh. auch: st. V.; hat⟩: *von dort drinnen hierher nach draußen saugen.*

he|r|aus|schaf|fen ⟨sw. V.; hat⟩ (ugs.): **1.** *von dort drinnen hierher nach draußen schaffen* (5): sie will morgen den ganzen alten Plunder aus dem Keller herausschaffen. **2. a)** (ugs.) *es schaffen* (4 a), *aus einer schwierigen Lage, einem gefährlichen Gebiet o. Ä. herauszukommen:* es hat es im letzten Augenblick aus dem brennenden Auto herausgeschafft; **b)** ⟨h. + sich⟩ (landsch.) *durch eigene Kraft, durch eigenen Antrieb aus bestimmten Schwierigkeiten herauskommen:* sie hat sich mühsam aus ihrer Misere herausgeschafft.

he|r|aus|schä|len ⟨sw. V.; hat⟩: **1. a)** *durch Entfernen der Schale herauslösen:* das Fruchtfleisch vom Kürbis h.; Ü sie schälte sich langsam aus ihrer Jacke heraus; **b)** *durch Schälen entfernen:* die schwarzen Flecke aus der Kartoffel h. **2. a)** *aus einem größeren Zusammenhang lösen u. gesondert betrachten:* die religiösen Elemente dieses Romans h.; **b)** ⟨h. + sich⟩ *allmählich deutlich, erkennbar werden:* langsam schälte sich das wahre Tatmotiv heraus; **c)** ⟨h. + sich⟩ *sich im Verlauf von etw. deutlich als jmd., etw. erweisen:* dieses Problem schälte sich in der Diskussion als dringlichstes heraus.

he|r|aus|schau|en ⟨sw. V.; hat⟩ (österr., schweiz., sonst landsch.): **1. a)** *heraussehen:* zum Fenster h.; **b)** *herausgucken* (b): dein Unterrock hat herausgeschaut. **2. a)** *als Gewinn zu erwarten sein:* bei diesem Geschäft schaut nicht viel heraus; **b)** (ugs.) *als [positives] Ergebnis zu erwarten sein:* eine persönliche Bestleistung schaut heraus.

he|r|aus|schi|cken ⟨sw. V.; hat⟩: **a)** *veranlassen, dass etw. von dort drinnen hierher nach dort draußen gebracht od. befördert wird:* der Minister hatte gestern eine Pressemitteilung herausgeschickt; **b)** *jmdn. veranlassen, sich zu einem bestimmten Zweck von dort drinnen hierher nach draußen zu begeben:* die Kinder werden zum Spielen auf die Straße herausgeschickt, damit sie nicht stören.

he|r|aus|schie|ßen ⟨st. V.⟩: **1.** ⟨hat⟩ **a)** *von dort drinnen hierher nach draußen schießen:* die Entführer haben aus dem Auto herausgeschossen; **b)** *durch Schießen entfernen:* auf dem Jahrmarkt an der Schießbude eine Rose h. **2.** ⟨ist⟩ **a)** *sich äußerst heftig u. schnell nach außen bewegen:* er war mit seinem Rennwagen aus der Kurve herausgeschossen; **b)** (ugs.) *mit großer Eile u. Heftigkeit herauslaufen:* sie kam plötzlich aus dem Haus herausgeschossen. **3.** ⟨hat⟩ (Fußball) *durch das Schießen mehrerer Tore ein bestimmtes Ergebnis erzielen:* die Italiener schossen eine 2 : 0-Führung heraus.

he|r|aus|schin|den ⟨unr. V.; hat⟩ (ugs.): *herausschlagen* (3): Geld h.; auf der Fahrt hat sie wichtige Minuten herausgeschunden.

he|r|aus|schla|gen ⟨st. V.⟩: **1.** ⟨hat⟩ **a)** *durch Schlagen aus etw. entfernen:* eine Zwischenwand h.; **b)** *durch Schlagen entstehen lassen:* Funken aus einem Stein h. **2.** ⟨ist⟩ *aus etw. hierher nach draußen schlagen, dringen:* Feuer schlug aus dem Dachstuhl heraus. **3.** ⟨hat⟩ [urspr. = durch Prägeschlag viele Münzen aus einem Stück Metall anfertigen] (ugs.) *mit Geschick, Schlauheit aus, bei einer Sache für sich gewinnen:* eine Menge Geld, einen Vorteil h.; aus allem das Beste h.

he|r|aus|schlei|chen ⟨st. V.⟩: ⟨ist⟩ *von dort drinnen hierher nach draußen schleichen:* vorsichtig aus dem Zimmer h. **2.** ⟨hat; h. + sich⟩ **a)** *sich von dort drinnen hierher nach draußen schleichen:* sie hat sich leise aus dem Haus herausgeschlichen; **b)** *sich einer unangenehmen Angelegenheit, einer Pflicht o. Ä. vorsichtig entledigen:* die Firmen versuchen, sich aus den gesetzlichen Verpflichtungen herauszuschleichen.

he|r|aus|schlep|pen ⟨sw. V.; hat⟩: **1.** *von dort drinnen hierher nach draußen schleppen:* er schleppte die Koffer heraus. **2.** ⟨h. + sich⟩ *sich von dort drinnen hierher nach draußen schleppen:* trotz Schmerzen konnte er sich aus dem brennenden Haus h.

he|r|aus|schleu|dern ⟨sw. V.; hat⟩: *von dort drinnen hierher nach draußen schleudern:* der Vulkan schleudert Fontänen von Asche und Steinen heraus; sie wurde bei dem Zusammenprall aus dem Auto herausgeschleudert; Ü Worte, Anklagen h.

he|r|aus|schme|cken ⟨sw. V.; hat⟩: **a)** *mit dem Geschmackssinn aus einem Gemisch wahrnehmen:* Gewürze h.; **b)** *durch sein besonders kräftiges, charakteristisches Aroma geschmacklich hervortreten:* Origano und Salbei schmecken stark heraus.

he|r|aus|schmei|ßen ⟨st. V.; hat⟩ (ugs.): *rausschmeißen.*

he|r|aus|schmug|geln ⟨sw. V.; hat⟩: *aus einem Land, einem Gebäude o. Ä. schmuggeln* (1, 2).

he|r|aus|schnei|den ⟨unr. V.; hat⟩: *durch Schneiden entfernen:* ein großes Stück Torte h.

he|r|aus|schöp|fen ⟨sw. V.; hat⟩: *von dort drinnen durch Schöpfen entnehmen.*

he|r|aus|schrau|ben ⟨sw. V.; hat⟩: *durch Schrauben aus etw. entfernen:* die Birne aus der Fassung h.

he|r|aus|schrei|ben ⟨st. V.; hat⟩: **1.** *einen Teil eines Textes für einen bestimmten Zweck* *abschreiben:* ich habe mir die wichtigsten Stellen der Rede herausgeschrieben. **2.** *eine Figur aus dem Drehbuch einer Fernsehserie o. Ä. streichen:* sie wurde aus der Serie herausgeschrieben.

he|r|aus|schrei|en ⟨st. V.; hat⟩: *aus einer Gefühlsbewegung heraus schreiend äußern, laut verkünden:* seinen Schmerz, seinen Hass h.

he|r|aus|se|hen ⟨st. V.; hat⟩: **1. a)** *von dort drinnen hierher nach draußen sehen;* **b)** *[länger als das darüberliegende Bedeckende sein u. deshalb] zu sehen sein; herausstehen, -ragen:* sie hatte sich so in die Decke gehüllt, dass nur der Kopf heraussah. **2.** (südd., österr., schweiz. ugs.) **a)** *aus einer größeren Menge etw. Bestimmtes erkennen:* bestimmte Gegenstände aus einem Bild h.; **b)** *erkennen* (2 b), *beurteilen:* nach so kurzer Zeit kann ich noch nicht h., ob sie zu mir passt.

he|r|au|ßen ⟨Adv.⟩ (bayr., österr.): *hier draußen:* die Kinder spielen h. im Hof.

he|r|aus|sol|len ⟨unr. V.; hat⟩ (ugs.): vgl. herausdürfen.

he|r|aus|spie|len ⟨sw. V.; hat⟩ (bes. Ballspiele): *durch gutes, planmäßiges Spielen erzielen:* die Mannschaft spielte einen ungefährdeten Sieg heraus.

he|r|aus|spren|gen ⟨sw. V.⟩: **1.** ⟨hat⟩ *aus einem Ganzen durch Sprengen entfernen.* **2.** ⟨ist⟩ (veraltend) *scharf herausreiten* (1): die Reiter sprengten aus dem Wald heraus.

he|r|aus|sprin|gen ⟨st. V.; ist⟩: **1.** *von dort drinnen hierher nach draußen springen* (1 b): aus dem Fenster h. **2. a)** *sich durch einen Sprung (in Glas, Porzellan o. Ä.) aus etw. lösen:* aus der Fensterscheibe ist ein Eckchen herausgesprungen; **b)** *aus einem Gefüge o. Ä. springen* (3): die Sicherung ist herausgesprungen. **3.** *hervorspringen* (2). **4.** (ugs.) *als Gewinn, Vorteil o. Ä. [für jmdn.] aus etw. ergeben:* bei der Sache springt nichts, eine Menge, viel Geld [für sie] heraus; ich mache meine Entscheidung davon abhängig, was für mich dabei finanziell herausspringt.

he|r|aus|spru|deln ⟨sw. V.⟩: **1.** ⟨ist⟩ *aus dem Inneren von etw. nach außen sprudeln.* **2.** *hastig, überstürzt, ungestüm [u. dadurch undeutlich artikuliert] vorbringen:* Fragen h.; sie sprudelte diese Sätze [nur so] heraus.

he|r|aus|staf|fie|ren ⟨sw. V.; hat⟩ (ugs. scherzh.): *herausputzen:* die hat ihr Kind vielleicht herausstaffiert!; in eine vollkommen herausstaffierte Wohnung einziehen.

he|r|aus|ste|chen ⟨st. V.; hat⟩: **1.** *sich deutlich, klar, scharf von seiner Umgebung abheben:* die Fichten stachen in dunklem Grün heraus. **2.** (Eishockey) *ausstechen* (4).

he|r|aus|ste|cken ⟨steckte/stak heraus, hat herausgesteckt⟩: **1.** ⟨steckte heraus⟩ *von dort drinnen hierher nach draußen stecken:* eine Fahne [aus dem Fenster] h.; den Kopf [zur Tür] h., die Nase h. *(herausstrecken).* **2.** ⟨stak heraus⟩ *herausragen:* Pricken staken aus dem Boden des Watts heraus.

he|r|aus|ste|hen ⟨unr. V.; hat; südd., österr., schweiz. auch: ist⟩: *hervor-, herausragen:* im Schuh stehen ein paar Nägel heraus.

he|r|aus|stel|len ⟨sw. V.; hat⟩: **1. a)** *von dort drinnen hierher nach draußen stellen:* die Gartenmöbel auf die Veranda h.; **b)** (Ballspiele) *nicht mehr mitspielen lassen:* einen Spieler h. **2.** *in den Mittelpunkt rücken; hervorheben:* Ansprüche, Aufgaben, Grundsätze, Probleme klar h.; Merkmale, eine Persönlichkeit h.; die Kritik stellte diesen jungen Künstler besonders heraus. **3.** ⟨h. + sich⟩ *sich [als etw. Bestimmtes] erweisen:* in den Verhandlungen hat sich ihre Unschuld herausgestellt; ihre Angaben stellten sich als falsch heraus; es wird sich h., ob du recht hast.

he|r|aus|sto|ßen ⟨st. V.; hat⟩: **1.** *von dort drinnen hierher nach draußen stoßen:* mithilfe einer Stange können Sie die Kugeln aus dem Rohr herausstoßen. **2.** *heftig und gepresst von sich geben, sagen:* Worte, Fragen hastig, undeutlich h.

he|r|aus|stre|cken ⟨sw. V.; hat⟩: *von dort drinnen hierher nach draußen strecken:* die Maus streckte vorsichtig den Kopf zum Loch heraus; du sollst den Arm nicht aus dem Zugfenster h.; jmdm. die Zunge h. *(jmdm. die Zunge zeigen u. damit Triumph od. Verachtung ausdrücken).*

he|r|aus|strei|chen ⟨st. V.; hat⟩: **1.** *aus einem Text streichen:* einige Sätze aus dem Manuskript h. **2.** *(durch übermäßig starke Betonung od. lobende Erwähnung) auf jmdn., sich, etw. besonders aufmerksam machen:* sich, seine Frau, seine Verdienste h.; er strich seine eigene Leistung heraus.

he|r|aus|strö|men ⟨sw. V.; ist⟩: **1.** *von dort drinnen hierher nach draußen strömen:* Unmengen von Wasser strömten durch die Bruchstelle heraus. **2.** *in großer Anzahl aus etw. herauskommen:* die Besucher strömten durch die Tore heraus.

he|r|aus|stür|zen ⟨sw. V.; ist⟩: *von dort drinnen hierher nach draußen stürzen* (1 a, 2 a).

he|r|aus|su|chen ⟨sw. V.; hat⟩: *kritisch prüfend aus einer Anzahl [gleichartiger] Dinge od. Personen auswählen:* aus den übrigen trennen: alle schlechten Äpfel aus der Kiste h.; er sucht sich seine Leute schon gut heraus.

he|r|aus|tra|gen ⟨st. V.; hat⟩: *von dort drinnen hierher nach draußen tragen:* der Verletzte wurde auf einer Bahre aus dem Haus herausgetragen.

he|r|aus|trei|ben ⟨st. V.; hat⟩: *von dort drinnen hierher nach draußen treiben:* die Pferde aus der Koppel h.; Ü so versuchte er, die schlechten Gedanken aus seinem Kopf herauszutreiben.

he|r|aus|tren|nen ⟨sw. V.; hat⟩: *von einem Stück abtrennen u. herausnehmen.*

he|r|aus|tre|ten ⟨st. V.; ist⟩ (ugs.): **1.** *von dort drinnen aus einem Raum, einer Reihe hierher nach draußen treten:* er sah sie aus dem Haus h.; jeder Zweite [aus dem Glied, der Reihe] h.! **2.** *(ist) hervortreten, zum Vorschein kommen:* das Wasser ist schon so weit abgeflossen, dass der Untergrund heraustritt; sie wurde so wütend, dass ihre Halsschlagader heraustrat *(sie zeichnete sich deutlich ab);* Ü damit ist er endlich aus dem Schatten seines Vaters herausgetreten.

he|r|aus|tun ⟨unr. V.; hat⟩ (ugs.): *[aus dem Inneren] nach außen legen, setzen, stellen.*

he|r|aus|wach|sen ⟨st. V.; ist⟩: **1.** *aus etw. nach draußen wachsen, wachsend aus etw. herauskommen* (1 b): die Pflanze wächst schon unten aus dem Topf heraus; die gefärbten Haare h. lassen *(die Haare so lange wachsen lassen, bis der gefärbte Anteil ohne Schwierigkeit durch Schneiden entfernt werden kann).* **2.** *für ein Kleidungsstück, einen Gebrauchsgegenstand o. Ä. zu groß werden:* das Kind ist aus dem Mantel, den Schuhen herausgewachsen.

he|r|aus|wa|gen, sich ⟨sw. V.; hat⟩: *wagen herauszukommen* (1 a): sie wagte sich nicht aus ihrer Höhle heraus.

he|r|aus|wa|schen ⟨st. V.; hat⟩: **a)** *durch Waschen aus etw. entfernen:* die Flecken aus der Tischdecke h.; **b)** (landsch.) *(ein Wäschestück o. Ä.) kurz mit der Hand waschen; durchwaschen:* ich muss noch schnell den Pulli h.

he|r|aus|wer|fen ⟨st. V.; hat⟩: **1.** *von dort drinnen hierher nach draußen werfen:* bitte wirf mir das Portemonnaie aus dem Fenster heraus; Ü das ist doch herausgeworfenes *(unnütz ausgegebenes)* Geld. **2.** (ugs.) *hinauswerfen* (2).

he|r|aus|win|den, sich ⟨st. V.; hat⟩: **1.** *sich durch drehende, schlangenartige Bewegungen befreien:* sich aus einer Jacke, einer Umarmung, einer Umklammerung h. **2.** *sich durch besonderes Geschick aus einer unangenehmen, heiklen Lage befreien:* sie wusste nicht, wie sie sich h. sollte.

he|r|aus|win|ken ⟨sw. V.; hat⟩; 2. Part. herausgewunken, auch, bes. ugs.: herausgewinkt⟩: **a)** *durch Winken auffordern, veranlassen herauszukommen* (1 a): sie wurden am Kontrollpunkt herausgewinkt; **b)** *durch Zeichen gebendes Winken beim Herausfahren* (1 b) *dirigieren:* sie hat mich aus der Parklücke herausgewinkt.

he|r|aus|wirt|schaf|ten ⟨sw. V.; hat⟩: *durch geschicktes Wirtschaften als Gewinn erzielen:* aus dem Betrieb war nicht mehr herauszuwirtschaften.

he|r|aus|wol|len ⟨unr. V.; hat⟩ (ugs.): **a)** *herauskommen, -fahren, -gehen wollen:* aus der Stadt herauswollen; **b)** *aus einer dauernden Verpflichtung, einer [schwierigen] Lage o. Ä. befreien wollen:* aus der Defensive, einer Notlage h.; wer vorzeitig aus dem Vertrag herauswill *(wer den Vertrag vorzeitig kündigen will),* muss dennoch die volle Prämie bezahlen.

he|r|aus|wür|gen ⟨sw. V.; hat⟩: **1.** *durch Würgen [wieder] hervorbringen:* das Fleisch wieder h. **2.** *mühsam u. undeutlich sprechen.*

he|r|aus|zer|ren ⟨sw. V.; hat⟩: *von dort drinnen hierher nach draußen zerren.*

he|r|aus|zie|hen ⟨unr. V.⟩: **1.** ⟨hat⟩ **a)** *von dort drinnen hierher nach draußen ziehen:* die Schublade, einen Zettel, den Netzstecker h.; jmdn. aus dem Teich h.; Ü ich werde jede Einzelheit aus ihm h. (ugs.; *auch gegen seinen Widerstand von ihm in Erfahrung bringen);* **b)** *aus einem Bereich, einer Gruppe o. Ä. zu einem bestimmten Zweck aussondern, herausnehmen:* einzelne Mitarbeiter werden herausgezogen, um den Messestand zu betreuen. **2.** *aus einem Gebiet, Ort wegziehen:* er ist aus Berlin herausgezogen. **3.** ⟨hat⟩ *als Auszug, Exzerpt herausschreiben:* Merksätze aus dem Text h.

herb ⟨Adj.⟩ [mhd. har(e), flektiert: har(e)wer, H. u., viell. eigtl. = schneidend; rau]: **1.** *(in Bezug auf den Geschmack, Geruch von etw.) keine gefällige Süße besitzend, eher ein wenig scharf, leicht bitter od. säuerlich:* -er Wein; der -e Duft des Herbstlaubs; dieses Parfüm ist mir zu h. **2.** *Kummer verursachend, schwer zu ertragen; schmerzlich, bitter:* ein -er Verlust, Rückschlag; eine -e Niederlage hinnehmen müssen; sie wurde h. enttäuscht. **3. a)** *nicht lieblich, sondern von strengem, verschlossen wirkendem Wesen:* ein -es Gesicht; eine -e Schönheit; ein -er Zug um den Mund; **b)** *(in Bezug auf eine Äußerung, Handlungsweise) hart, unfreundlich; besonders streng u. scharf:* -e Worte; -e Kritik.

Her|ba|list, der; -en, -en [zu lat. herba = Pflanze, Gras]: *Heilkundiger, der auf Kräuterheilkunde spezialisiert ist.*

Her|ba|lis|tin, die; -, -nen: w. Form zu ↑Herbalist.

◆ **her|ban|nen** ⟨sw. V.; hat⟩: *durch Zauber herbeischaffen u. bannen* (2): Wenn ich ihn herbanne, so sagt: Ein altes Weib, das Warzen und Sommerflecken vertreibt, verstehe mehr von der Sympathie als ich (Goethe, Götz II).

Her|bar, Her|ba|ri|um, das; -s, ...rien (s. spätlat. herbarium = Kräuterbuch): *systematisch angelegte Sammlung gepresster u. getrockneter Pflanzen u. Pflanzenteile.*

her|bei ⟨Adv.⟩ [aus ↑her u. ↑bei]: *von einer entfernt liegenden Stelle an den Ort des Sprechenden, auf den Sprechenden zu:* alles h.!; alle Mann h.!; h. zu mir!

her|bei|brin|gen ⟨unr. V.; hat⟩: **1.** *von einer entfernt liegenden Stelle zum Sprechenden bringen.* **2.** *jmdm. verschaffen, an die Hand geben:* Indizien, Beweise h.

her|bei|ei|len ⟨sw. V.; ist⟩: *schnellstens herbeikommen.*

her|bei|fah|ren ⟨st. V.; ist⟩: *von einer entfernt liegenden Stelle an einen bestimmten Ort, zum Sprechenden fahren.*

her|bei|flie|gen ⟨st. V.; ist⟩: *von einer entfernt liegenden Stelle zum Sprechenden fliegen:* die Brieftaube ist herbeigeflogen.

her|bei|füh|ren ⟨sw. V.; hat⟩: **1.** (selten) *der Grund, der Anlass dafür sein, dass jmd. von einer entfernt liegenden Stelle an einen bestimmten Ort zum Sprechenden kommt:* die Neugier führt sie herbei. **2.** *bewirken, dass etw. geschieht, dass es zu etw. kommt:* eine Entscheidung, den Untergang, das Ende h.; eine Aussprache zwischen den Partnern h.; ihr Eingreifen führte eine Wende herbei; es war der Schock, durch den der Tod herbeigeführt worden war.

Her|bei|füh|rung, die; -: *das Herbeiführen* (2).

her|bei|ho|len ⟨sw. V.; hat⟩: *von einer entfernt liegenden Stelle an einen bestimmten Ort, zum Sprechenden holen.*

her|bei|kom|men ⟨st. V.; ist⟩: *von einer entfernt liegenden Stelle an einen bestimmten Ort, zum Sprechenden kommen.*

her|bei|las|sen, sich ⟨st. V.⟩ (hat) (oft iron.): *sich nach längerem Zögern endlich zu etw. bequemen, bereitfinden:* sich zur Mithilfe h.; würdest du dich nun endlich h., mir den Fall zu erklären?

her|bei|lau|fen ⟨st. V.; ist⟩: *von einer entfernt liegenden Stelle an einen bestimmten Ort, zum Sprechenden laufen.*

her|bei|lo|cken ⟨sw. V.; hat⟩: *von einer entfernt liegenden Stelle an einen bestimmten Ort, zum Sprechenden locken:* der Köder lockt die Tiere herbei; Ü sie wollte für die Nacht die Träume h.

her|bei|re|den ⟨sw. V.; hat⟩: *durch fortwährendes Reden Wirklichkeit werden lassen:* ein Unglück, einen Missstand h.; das Glück kann man nicht h.

her|bei|ru|fen ⟨st. V.; hat⟩: *von einer entfernt liegenden Stelle an einen bestimmten Ort, zum Sprechenden rufen:* Hilfe h.; er ruft seinen Hund mit einem Pfiff herbei.

her|bei|schaf|fen ⟨sw. V.; hat⟩: *von einer entfernt liegenden Stelle an einen bestimmten Ort, zum Sprechenden schaffen, bringen:* er forderte ihn auf, das Zeug unter allen Umständen herbeizuschaffen; jmdn. tot oder lebendig h.

her|bei|schlep|pen ⟨sw. V.; hat⟩: *schleppend herbeibringen* (1).

her|bei|seh|nen ⟨sw. V.; hat⟩: *sehnlichst wünschen, dass jmd., etw. Bestimmtes da sei, dass jmd. Bestimmtes komme, etw. Bestimmtes eintreffe:* einen bestimmten Tag, ein bestimmtes Ereignis, einen geliebten Menschen h.

her|bei|strö|men ⟨sw. V.; ist⟩: *in großer Anzahl herbeikommen:* die Besucher, die Neugierigen strömten herbei.

her|bei|win|ken ⟨sw. V.; hat; 2. Part. herbeigewinkt, auch, bes. ugs.: herbeigewunken⟩: *durch Winken auffordern herbeizukommen:* ein Taxi, den Ober h.

her|bei|wün|schen ⟨sw. V.; hat⟩: vgl. herbeisehnen.

her|bei|zau|bern ⟨sw. V.; hat⟩: *durch Zaubern herbeibringen:* ich wünschte, ich könnte ihn/ könnte dir das Geld gleich h.

her|bei|zie|hen ⟨unr. V.; hat⟩: *von einer entfernt liegenden Stelle heranziehen* (1 a).

her|bei|zi|tie|ren ⟨sw. V.; hat⟩ (abwertend): **1.** *jmdn. in einem befehlenden Tonfall auffordern herzukommen [um ihn für etw. zur Rechenschaft zu ziehen]:* sie zitierte ihren Stellvertreter herbei; der sofort herbeizitierte Mitarbeiter stritt alles ab. **2.** *lebendig werden lassen, klar und deutlich ins Bewusstsein bringen.*

her|be|kom|men ⟨st. V.; hat⟩: **a)** *etw., was man braucht, auf irgendeine Art u. Weise beschaffen, ausfindig machen:* wo soll ich das denn h.?; **b)** *jmdn. an den Ort des Sprechenden bringen:* ich will mal sehen, ob ich ihn h. kann.

her|be|mü|hen ⟨sw. V.; hat⟩ (geh.): **1.** *jmdn. an den Ort des Sprechenden bemühen:* darf ich Sie einmal h.? **2.** ⟨h. + sich⟩ *sich an den Ort des Sprechenden bemühen:* ich danke Ihnen, dass Sie sich hermüht haben.

her|be|or|dern ⟨sw. V.; hat⟩: *an den Ort des Sprechenden beordern:* sie hatten mich aus Berlin herbeordert.

Her|ber|ge, die; -, -n [mhd. herberge, ahd. heriberga, zu: heri (↑ Heer), eigtl. = ein das Heer bergender Ort]: **1. a)** *einfaches Gasthaus o. Ä., in dem jmd. [für die Nacht] Unterkunft findet:* sie waren auf dem Weg zu ihrer H.; Diese Wanderarbeiter waren sehr heikel mit dem Essen, und nicht selten wechselte deswegen eine Gruppe von einer H. zu der andern (Handke, Niemandsbucht 844); **b)** Kurzf. von ↑ Jugendherberge. **2.** ⟨Pl. selten⟩ (veraltet) *gastliche Aufnahme:* um H. bitten; Ihr fragtet mich, warum ich gerade bei euch H. nehmen (unterkommen) wolle (Buber, Gog 20).

her|ber|gen ⟨sw. V.; hat⟩ [mhd. herbergen, ahd. heribergōn] (veraltet): **1.** *in einer Herberge wohnen.* **2.** *jmdm. Aufnahme gewähren, Unterkunft bieten; beherbergen:* niemand wollte sie im Hause h.; Ü Sie sah rund aus... niemand aber wäre auf den Gedanken gekommen, dass sie... ein lebendiges Kind in ihrem Körper... herbergte (A. Zweig, Grischa 373). ♦ **3.** *Unterkunft finden, haben; wohnen:* ...meine Art, mir irgend an einem vertraulichen Ort ein Hüttchen aufzuschlagen und da mit aller Einschränkung zu h. (Goethe, Werther I, 26. Mai); Warum herbergst du... in dieser Höhle Raum? (Kleist, Käthchen V, 10).

Her|bergs|el|tern ⟨Pl.⟩: *Herbergsvater u. Herbergsmutter.*

Her|bergs|mut|ter: vgl. Herbergsvater.

Her|bergs|va|ter, der: *Leiter, Verwalter einer Jugendherberge.*

her|be|stel|len ⟨sw. V.; hat⟩: *an den Ort des Sprechenden, zu sich bestellen:* ein Taxi, einen Patienten [für 9 Uhr] h.

her|be|ten ⟨sw. V.; hat⟩: *routinemäßig, ohne Ausdruck u. innere Beteiligung o. Ä. hersagen:* sie konnte die Lateinvokabeln h.

Herb|heit, die; -, -en: **1.** ⟨o. Pl.⟩ *das Herbsein.* **2.** *herbe Passage, herb wirkende Ausführung.*

her|bit|ten ⟨st. V.; hat⟩: *an den Ort des Sprechenden, zu sich bitten:* sie hatte ihn heute hergebeten.

Her|bi|vo|re, der; -n, -n: *Tier, das sich von [krautigen] Pflanzen ernährt.*

her|bi|zid ⟨Adj.⟩ [zu lat. herba = Pflanze, Gras u. caedere (in Zus. -cidere) = töten]: *pflanzenvernichtend.*

Her|bi|zid, das; -[e]s, -e: *chemisches Mittel zur Unkrautvernichtung:* ein hochgiftiges H.; gegen -e resistente Kulturpflanzen.

Herb|ling, der; -s, -e [↑ herb]: *unreife Frucht aus später Blüte.*

her|brin|gen ⟨unr. V.; hat⟩: *an den Ort des Sprechenden bringen.*

Herbst, der; -[e]s, -e [mhd. herbest, ahd. herbist, eigtl. = (am besten) zum Pflücken geeigne(te Zeit), Erntel: **1. a)** *Jahreszeit zwischen Sommer u. Winter als Zeit der Ernte u. der bunten Färbung der Blätter von Laubbäumen:* ein früher, später, regnerischer, kalter, milder, schöner, sonniger, goldener H.; der Deutsche H. (Jargon; Herbst des Jahres 1977, in dem die terroristischen Aktivitäten der RAF in Deutschland ihren Höhepunkt erreichten); es wird H.; ihnen steht ein heißer H. (eine gefährliche, durch Konflikte gekennzeichnete Zeit nach den ereignislosen Sommermonaten) bevor; [im] vergangenen H., [im] H. 89 waren sie in Meran; im/zum H. eingeschult werden; vor H. nächsten, dieses Jahres, vor dem H. ist nicht an die Fertigstellung zu denken; **b)** (geh.) *[durch Verfall, Niedergang gekennzeichnetes] Ende eines Zeitabschnittes, einer Ära, einer Epoche, Spätzeit:* der H. des Lebens h.; *die Zeit des Alterns.* **2.** (landsch.) *Weinlese; Obsternte:* der H. hat begonnen, ist eingebracht; in den H. gehen (zur Weinlese, Ernte in den Weinberg, Obstgarten gehen).

Herbst|abend, der: *Abend eines Herbsttages; Abend im Herbst.*

Herbst|an|fang, der: *Anfang, Beginn des Herbstes* (zwischen 20. u. 23. September).

Herbst|as|ter, die: *im Spätsommer u. Herbst blühende, in Stauden wachsende Aster mit rötlichen, blauen od. weißen Blüten.*

herbs|teln ⟨sw. V.; hat; unpers.⟩ (südd., österr.): *herbsten* (1).

herbs|ten ⟨sw. V.; hat⟩: **1.** ⟨unpers.⟩ *allmählich Herbst werden:* der Sommer ist vorbei, es herbstet schon. **2.** (landsch.) *Trauben ernten, Wein lesen.*

Herbst|fä|den ⟨Pl.⟩ (dichter.): *Altweibersommer* (2): die H. glitzern im Sonnenlicht.

Herbst|far|be, die ⟨meist Pl.⟩: *dem Herbstlaub entsprechender gelber, roter oder brauner Farbton.*

Herbst|fär|bung, die: *rote, gelbe, braune Färbung der Blätter von Laubbäumen im Herbst.*

Herbst|fe|ri|en ⟨Pl.⟩: *Schulferien im Herbst.*

Herbst|fest, das: *im Herbst stattfindendes Fest.*

Herbst|gut|ach|ten, das: *im Herbst veröffentlichtes Gutachten; die führenden Wirtschaftsforschungsinstitute haben in ihrem H. ein Wachstum von 1,8 % prognostiziert.*

Herbst|him|mel, der: *Himmel, wie er für den Herbst charakteristisch ist:* die klaren Farben des -s.

Herbst|kol|lek|ti|on, die: *Kollektion der Herbstmode:* auf der Modenschau wurde die neue H. gezeigt.

Herbst|laub, das: *bunt gefärbtes Laub der Bäume im Herbst.*

herbst|lich ⟨Adj.⟩: *zum Herbst gehörend; dem Herbst entsprechend, wie für den Herbst typisch:* ein -er Duft; -e Stürme; das Wetter ist schon richtig h.; das Laub färbt sich h.; die Bäume wurden bereits im August h. gelb; Ü So trägt die Pestchronik von St. Gallen ihre Kennzeichnung – die -e Mischung von Trauer und Heiterkeit (Jünger, Capriccios 27).

Herbst|meis|ter, der (bes. Fußball): *Mannschaft, die nach der im Herbst beendeten ersten Hälfte der zur Meisterschaft zählenden Spiele den ersten Platz einnimmt.*

Herbst|meis|ter|schaft, die (bes. Fußball): **a)** *Wettkampf zur Ermittlung des Herbstmeisters;* **b)** *Sieg in der Herbstmeisterschaft* (a).

Herbst|mo|de, die: *Mode für den Herbst:* in der neuen H. geben die Farben Rot und Grau den Ton an.

Herbst|mo|nat, der: **a)** ⟨o. Pl.⟩ (veraltet) *September;* **b)** *in den Herbst fallender Monat* (bes. September, Oktober, November).

Herbst|mond, der (dichter. veraltet): *Herbstmonat* (a).

Herbst|re|gen, der: *Regen, wie er im Herbst fällt.*

Herbst|son|ne, die ⟨o. Pl.⟩: *schwächer werdende Sonne im Herbst.*
Herbst|sturm, der: *Sturm im Herbst.*
Herbst|tag, der: *Tag im Herbst:* milde, kühle, regnerische, neblige -e.
Herbst-Tag|und|nacht|glei|che, die: *Äquinoktium im Herbst.*
Herbst|ta|gung, die: *im Herbst stattfindende Tagung.*
Herbst|typ, der (Mode): *jmd., dem warme, herbstliche Farben gut stehen.*
Herbst|wet|ter, das ⟨o. Pl.⟩: *Wetter, wie es im Herbst herrscht.*
Herbst|wind, der: *Wind, wie er im Herbst weht.*
Herbst|zeit|lo|se, die; -, -n [zu mhd. zitelōse, ahd. zitelōsa = früh blühende Frühlingsblumen, also eigtl. = nicht zur richtigen Zeit blühende Blumen übertragen]: *(zu den Liliengewächsen gehörende) Pflanze, deren lanzettförmige Blätter im Frühling u. deren blassviolette, krokusähnliche Blüten im Herbst erscheinen.*
herb|süß ⟨Adj.⟩: *den Geschmack, Geruch o. Ä. von herber Süße habend.*
Her|cu|la|ne|um: römische Ruinenstadt am Vesuv.
her|cu|la|nisch ⟨Adj.⟩: *Herculaneum betreffend; aus Herculaneum stammend.*
Her|cu|la|num: ↑ Herculaneum.
Herd, der; -[e]s, -e [mhd. hert, ahd. herd, eigtl. = der Brennende, Glühende]: **1.** *Vorrichtung zum Kochen, Backen u. Braten, bei der die Töpfe auf kleinen runden, elektrisch beheizten Platten, auf Gasbrennern od. auf einer über einem Holz- od. Kohlefeuer angebrachten großen Herdplatte (b) erwärmt werden u. in der meist auch ein Backofen eingebaut ist:* ein elektrischer, offener H.; ein H. mit vier [Koch]platten, Flammen; den H. anzünden, anmachen; sie stand den ganzen Morgen am H. (ugs.; *sie ist den ganzen Morgen mit Kochen beschäftigt*); ich habe gerade das Essen auf dem H. (ugs.; *ich bin gerade dabei, das Essen zu kochen*); den Wasserkessel auf den H. stellen, vom H. nehmen; das Feuer im H. anzünden, schüren; **Spr** eigener H. ist Goldes wert (*ein eigener Hausstand, Haushalt ist etwas sehr Erstrebenswertes*); * **am heimischen/häuslichen H.** (*zu Hause, in der Geborgenheit der eigenen Heims*). **2. a)** *Stelle, von der aus sich etw. Übles weiterverbreitet:* ein H. der Unruhe, des Aufruhrs; **b)** (Med.) *im Körper genau lokalisierter Ausgangspunkt für eine Krankheit;* **c)** (Geol.) *Ausgangspunkt von Erdbeben od. vulkanischen Schmelzen.* **3.** (Technik) *Teil des Hochofens, der das einzuschmelzende Gut aufnimmt.*
Herd|buch, das [zu ↑ Herde] (Landwirtsch.): *Zuchtbuch für Zuchttiere.*
Herd|buch|zucht, die (Landwirtsch.): *von einem Zuchtverband od. einer Behörde durch das Herdbuch kontrollierte Zucht von Nutztieren.*
Her|de, die; -, -n [mhd. hert, ahd. herta, viell. urspr. = Haufen, Reihe, Rudel]: **1.** *größere Anzahl von zusammengehörenden zahmen od. wilden Tieren der gleichen Art [unter der Führung eines Hirten od. eines Leittiers]:* eine große, stattliche H.; eine H. Rinder, Elefanten; wie eine H. ängstlicher Schafe; die H. ist versprengt; eine H. hüten; eine H. zusammentreiben; auf eine Weide treiben. **2. a)** (abwertend) *große Anzahl unselbstständig denkender, handelnder Menschen, die sich willenlos führen od. treiben lässt:* * **mit der H. laufen; der H. folgen** (*sich in seinem Tun u. Denken der Masse anschließen);* **b)** (geh.) *Anzahl Schutzbefohlener; kirchliche Gemeinde.*
Her|den|in|stinkt, der: *Herdentrieb.*
Her|den|mensch, der (abwertend): *Herden-*

tier (2): er war kein H., sondern eher ein Einzelgänger.
Her|den|schutz|hund, der (Fachspr.): *Hund, der zum Schutz von Tierherden eingesetzt wird.*
Her|den|tier, das: **1.** *in einer Herde* (1) *lebendes, zu einer Herde gehörendes Tier.* **2.** (abwertend) *unselbstständiger, willenloser Mensch, der sich stets einer Gruppe anschließt und sich deren Wünschen und Zielen unterordnet.*
Her|den|trieb, der ⟨o. Pl.⟩: **1.** *(bei bestimmten Tierarten) Trieb, Instinkt, in Herden* (1) *zusammenzuleben.* **2.** (abwertend) *Neigung, sich sozialen Gruppen [u. deren Führern] anzuschließen u. deren Verhalten nachzuahmen.*
her|den|wei|se ⟨Adv.⟩: *in Herden* (1); *scharenweise.*
Herd|feu|er, das: *Feuer in einem mit Kohle o. Ä. geheizten Herd:* das H. verbreitete eine wohlige Wärme.
Herd|plat|te, die: **a)** *Kochplatte eines Elektroherdes;* **b)** *mit meist mehreren, durch einen Satz Herdringe zu verschließenden Öffnungen versehene Eisenplatte, die einen Kohleherd bedeckt.*
Herd|prä|mie, die (ugs. abwertend): *Erziehungsgehalt.*
Herd|ring, der: *Eisenring, mit dem Öffnungen der Herdplatte* (b) *vergrößert od. verkleinert werden.*
Herd|stel|le, die: *bestimmte, meist mit Herdringen versehene Stelle einer Herdplatte* (b), *auf die Töpfe gestellt werden.*
her|dür|fen ⟨unr. V.; hat⟩ (ugs.): **1.** *herkommen, -fahren, -gehen o. Ä. dürfen.* **2.** *hergebracht werden dürfen.*
◆ **Herd|weg**, der; -[e]s, -e [zu ↑ Herde]: *Trift* (2 b): Ü Ich wäre ein H., wenn Monsieur ... (*ich hätte mit so vielen Männern Geschlechtsverkehr, wie eine Herde auf ihrer Trift an Tieren zählt, wen Monsieur recht hätte mit dem, was er sagt*; Büchner, Dantons Tod I, 5).
he|re|di|tär ⟨Adj.⟩ [frz. héréditaire < lat. hereditarius]: **1.** (Biol., Med.) *erblich, die Vererbung betreffend.* **2.** (Geschichte) *auf Erbfolge beruhend; durch die Erbfolge legitimiert.*
her|ein ⟨Adv.⟩ [mhd. her în, aus ↑ her u. ↑ ⁴ein]: *von dort draußen hierher nach drinnen:* immer weiter h. in den Keller drang das Wasser; [nur/immer] h.! (*komm[en Sie] bitte herein!*; *bitte eintreten!*); ⟨subst.:⟩ er wartete das Herein nicht ab und trat sofort ein.
he|r|ein|be|kom|men ⟨st. V.; hat⟩ (ugs.): **1. a)** *etw. von dort draußen hierher nach drinnen gebracht bekommen:* gerade hat sie die neuesten Zahlen hereinbekommen; **b)** *mit etw. was, man wieder verkaufen will, beliefert werden:* neue Ware h. **2.** (*Geld, das vorher investiert wurde*) *zurückbekommen; hereinbringen* (2). **3.** (*Fernseh- oder Rundfunkkanäle, -sender o. Ä.*) *empfangen:* nur einen einzigen Sender auf seinem Radio h.
he|r|ein|be|mü|hen ⟨sw. V.; hat⟩ (geh.): **1.** *bitten, freundlicherweise hereinzukommen:* darf ich Sie h.? ⟨h. + sich⟩ *sich die Mühe machen, so freundlich sein hereinzukommen:* h! danke Ihnen, dass Sie sich hereinbemüht haben.
he|r|ein|bit|ten ⟨st. V.; hat⟩: *bitten hereinzukommen.*
he|r|ein|bre|chen ⟨st. V.; ist⟩: **1. a)** *[ab]brechen u. nach innen stürzen, fallen:* hereinbrechende Gesteinsbrocken; **b)** (*von großen Wassermassen*) *mit großer Gewalt über etw. ereignen:* hereinbrechende Wassermassen, Fluten; Ü eine Flut von Beschimpfungen brach über den Redner herein. **2.** (geh.) **a)** *jmdn. plötzlich, unerwartet u. hart treffen:* eine Katastrophe, ein Unheil, ein Unglück brach [über das Land, über die

Familie] herein; **b)** *plötzlich beginnen, anbrechen:* der Abend, die Nacht, der Winter bricht herein; bei hereinbrechender Dunkelheit.
he|r|ein|brin|gen ⟨unr. V.; hat⟩: **1.** *von dort draußen hierher nach drinnen bringen:* sie brachte die bestellten Waren herein. **2.** (ugs.) *Investitionen, Verluste o. Ä. ausgleichen, wettmachen:* Produktions-, Geld-, Zeitverluste, Unkosten wieder h.
he|r|ein|drän|gen ⟨sw. V.; hat⟩: *von dort draußen hierher nach drinnen drängen:* das Publikum drängte herein.
he|r|ein|drin|gen ⟨st. V.; ist⟩: *von dort draußen hierher nach drinnen dringen* (1): Kälte drang herein.
he|r|ein|dür|fen ⟨unr. V.; hat⟩ (ugs.): **1.** *hereinkommen, -gehen, -fahren o. Ä. dürfen.* **2.** *hereingebracht werden dürfen.*
he|r|ein|fah|ren ⟨st. V.; hat⟩: **1. a)** ⟨ist⟩ (*von einem Fahrzeug*) *von dort draußen hierher nach drinnen fahren* (1 a): eine große Limousine fuhr herein; **b)** *mit einem Fahrzeug o. Ä. nach hier drinnen fahren:* er ist mit hoher Geschwindigkeit hier hereingefahren; ich fahre doch nicht zum Spaß mit dem Auto nach Frankfurt herein! **2.** ⟨hat⟩ **a)** *von dort draußen hierher nach drinnen fahren* (4 b): sie hat den Wagen hereingefahren; **b)** *mit einem Fahrzeug von dort draußen hierher nach drinnen befördern, transportieren.* **3.** ⟨hat⟩ (ugs.) *Kosten, Investitionen o. Ä. wieder hereinbringen* (2).
he|r|ein|fal|len ⟨st. V.; ist⟩: **1.** *von dort draußen hierher nach drinnen fallen* (1, 7 b). **2.** (ugs.) **a)** *von jmdm. getäuscht, betrogen werden u. dadurch Schaden, Nachteile haben:* bei einem Kauf h.; sehr, furchtbar h.; mit der neuen Angestellten sind wir ganz schön hereingefallen; **b)** *aus Gutgläubigkeit od. Dummheit auf jmdn., etw. eingehen u. dadurch einer Täuschung zum Opfer fallen:* auf einen Trick, Schwindel, eine Fälschung h.
he|r|ein|flie|gen ⟨st. V.; ist⟩: **1.** *von dort draußen hierher nach drinnen fliegen:* ein Schmetterling ist hereingeflogen. **2.** (ugs.) *hereinfallen* (2).
he|r|ein|füh|ren ⟨sw. V.; hat⟩: *von dort draußen hierher nach drinnen führen:* führen Sie den Gast bitte herein.
he|r|ein|ga|be, die (Ballspiele): *von außen nach innen gespielter Ball, gespielte Vorlage:* ein Flankenlauf des Rechtsaußen mit einer präzisen H. brachte den Ausgleich.
he|r|ein|ge|ben ⟨st. V.; hat⟩: **1.** *hereinreichen.* **2.** (Ballspiele) *den Ball nach innen [vors Tor] spielen:* der Rechtsaußen gab den Ball gefühlvoll in die Mitte herein.
he|r|ein|ge|hen ⟨unr. V.; ist⟩: *hineingehen.*
he|r|ein|ge|schmeck|te, die/eine Hereingeschmeckte; der/einer Hereingeschmeckten, die/zwei Hereingeschmeckte [zu ↑ hereinschmecken (1)] (bes. schwäb.): *weibliche Person, die zugezogen ist; Zugezogene.*
he|r|ein|ge|schmeck|ter, der Hereingeschmeckte/ein Hereingeschmeckter; des/eines Hereingeschmeckten, die Hereingeschmeckten/zwei Hereingeschmeckte: *Person, die zugezogen ist; Zugezogener.*
he|r|ein|ho|len ⟨sw. V.; hat⟩: **1.** *von dort draußen hierher nach drinnen holen.* **2.** (ugs.) **a)** (*Gewinne, Werte o. Ä.*) *auf eine bestimmte Weise erarbeiten, einbringen:* die Firma holt zurzeit viel Kapital herein; sie hat es geschafft, einen großen Auftrag hereinzuholen; **b)** *hereinbringen* (2): Zeitverluste wieder h.
he|r|ein|klet|tern ⟨sw. V.; ist⟩: *von dort draußen hierher nach drinnen klettern.*
he|r|ein|kom|men ⟨st. V.; ist⟩: **1.** *von dort draußen hierher nach drinnen kommen, in einen Raum o. Ä. eintreten.* **2.** (ugs.) **a)** (*von Waren*)

dem Geschäft, Händler o. Ä. geliefert werden: die Sommerkollektion kommt bereits im März herein; **b)** *(Geld) auf das eigene Konto, in den eigenen Geldbeutel kommen; eingenommen werden;* **c)** *sich als Investition o. Ä. lohnen, bezahlt machen:* die Investitionskosten müssen h.

he|r|ein|kön|nen ⟨unr. V.; hat⟩ (ugs.): vgl. hereindürfen (1).

he|r|ein|krie|chen ⟨st. V.; ist⟩ (ugs.): *von dort draußen hierher nach drinnen kriechen.*

he|r|ein|krie|gen ⟨sw. V.; hat⟩ (ugs.): *hereinbekommen.*

he|r|ein|las|sen ⟨st. V.; hat⟩ (ugs.): *hereinkommen* (1) *lassen:* wollen wir ihn h.?; Ü du musst etwas frische Luft h.

he|r|ein|lau|fen ⟨st. V.; ist⟩: **1.** *von dort draußen hierher nach drinnen laufen.* **2.** *(von Wasser o. Ä.) von dort draußen hierher nach drinnen fließen:* das Wasser lief unter der Kellertür herein.

he|r|ein|le|gen ⟨sw. V.; hat⟩: **1.** *hierher nach drinnen legen.* **2.** (ugs.) *jmdn. durch geschicktes Vorgehen zu etw. veranlassen u. ihm dabei Schaden zufügen:* der Vertreter hatte sie beim Kauf des Staubsaugers hereingelegt.

he|r|ein|lo|cken ⟨sw. V.; hat⟩: *von dort draußen hierher nach drinnen* ¹*locken.*

he|r|ein|müs|sen ⟨unr. V.; hat⟩ (ugs.): vgl. hereindürfen (1).

He|r|ein|nah|me, die; -, -n [zum 2. Bestandteil vgl. Abnahme]: *das Hereinnehmen, Hereingenommenwerden.*

he|r|ein|neh|men ⟨st. V.; hat⟩: **1.** *[nehmen u.] mit hereinbringen:* die Stühle vom Balkon h.; nimm den Hund [nicht] mit herein! **2. a)** *in ein größeres Ganzes [mit] aufnehmen:* wir haben erst einige Sätze gestrichen und dann wieder in den Text hereingenommen; **b)** (Wirtsch.) *entgegennehmen, annehmen:* einen Wechsel, eine Schuldverschreibung, einen Scheck erfüllungshalber h.; das Unternehmen hat Aufträge in Millionenhöhe hereingenommen.

he|r|ein|plat|zen ⟨sw. V.; ist⟩ (ugs.): *plötzlich, unerwartet u. ungebeten bei andern, in einem Kreis von Personen erscheinen:* er platzte in die Geburtstagsfeier herein.

he|r|ein|ras|seln ⟨sw. V.; ist⟩ (salopp): *reinrasseln.*

he|r|ein|re|den ⟨sw. V.; hat⟩: *hineinreden* (3): ich lasse mir von dir nicht ständig in meine Angelegenheiten h.!

he|r|ein|reg|nen ⟨sw. V.; hat⟩: *in einen Raum regnen.*

he|r|ein|rei|chen ⟨sw. V.; hat⟩ (oft geh.): *von dort draußen hierher nach drinnen reichen* (1 a).

he|r|ein|rei|ßen ⟨st. V.; hat⟩: **1.** *von außen nach innen reißen, gewaltsam ziehen, zerren.* **2. a)** *hineinreiten* (2): du wirst doch deinen Freund nicht h.!; **b)** *in etw. hineinziehen, verwickeln:* er wurde in den Strudel der Ereignisse hereingerissen.

he|r|ein|ru|fen ⟨st. V.; hat⟩: **1.** *von dort draußen hierher nach drinnen rufen; von draußen jmdn., der sich drinnen befindet, zurufen:* sie rief durch das geöffnete Fenster »Guten Morgen!« herein. **2.** *durch [Auf]rufen auffordern hereinzukommen:* die Kinder [zum Essen] h.

he|r|ein|schau|en ⟨sw. V.; hat⟩: **1.** (landsch.) *hereinsehen* (1). **2.** (ugs.) *[unangemeldet] einen kurzen Besuch machen; vorbeischauen:* sie wollte nur h. und sehen, ob der Kranke versorgt war.

he|r|ein|schei|nen ⟨st. V.; hat⟩: *(von Licht) von dort draußen hierher nach drinnen scheinen:* die Sonne scheint durchs Fenster herein.

he|r|ein|schi|cken ⟨sw. V.; hat⟩: *von dort draußen hierher nach drinnen schicken* (2 a): schicken Sie ihn herein!

he|r|ein|schie|ben ⟨st. V.; hat⟩: **a)** *von dort draußen hierher nach drinnen schieben:* der Kellner schob einen Wagen mit mehrerenTabletts herein; **b)** ⟨h. + sich⟩ *sich von dort draußen hierher nach drinnen schieben:* sie schob sich unbemerkt durch die schmale Öffnung herein.

he|r|ein|schlei|chen ⟨st. V.; hat⟩: **a)** ⟨ist⟩ *schleichend hereinkommen:* ich bin in das Schlafzimmer hereingeschlichen; **b)** ⟨h. + sich; hat⟩ *sich von dort draußen hierher nach drinnen schleichen:* das Kätzchen hat sich hereingeschlichen.

he|r|ein|schlep|pen ⟨sw. V.; hat⟩: **a)** *von dort draußen hierher nach drinnen schleppen;* **b)** ⟨h. + sich⟩ *sich von dort draußen hierher nach drinnen schleppen:* mit letzter Kraft schleppte sie sich herein.

he|r|ein|schlüp|fen ⟨sw. V.; ist⟩: *von dort draußen hierher nach drinnen schlüpfen.*

he|r|ein|schme|cken ⟨sw. V.; hat⟩ [zu landsch. schmecken = riechen]: **1.** (bes. schwäb.) *erst seit kurzer Zeit irgendwo wohnen.* **2.** (ugs.) *Einblick in etw. gewinnen, eine Vorstellung von etw. bekommen wollen u. sich deshalb kurz, flüchtig damit beschäftigen:* in eine Branche, in das Münchener Nachtleben h.

he|r|ein|schmug|geln ⟨sw. V.; hat⟩: *in ein Land, in ein Gebäude o. Ä. schmuggeln* (1, 2).

he|r|ein|schnei|en ⟨sw. V.; hat⟩: **1.** vgl. hereinregnen. **2.** ⟨ist⟩ (ugs.) *unangemeldet, überraschend zu jmdm. kommen:* er entschuldigte sich nicht einmal, dass er so spät hereinschneite.

he|r|ein|schnup|pern ⟨sw. V.; hat⟩ (ugs.): *reinschnuppern.*

he|r|ein|se|hen ⟨st. V.; hat⟩: **1.** *in etw. sehen, von dort draußen hierher nach drinnen sehen:* durch die dichten Gardinen kann man hier nicht h. **2.** *hereinschauen* (2).

he|r|ein|sol|len ⟨unr. V.; hat⟩ (ugs.): vgl. hereindürfen (1).

he|r|ein|spa|zie|ren ⟨sw. V.; ist⟩ (ugs.): *unbefangen, zwanglos in einen Raum o. Ä. hereinkommen:* [immer nur] hereinspaziert [meine Herrschaften]!

he|r|ein|ste|cken ⟨sw. V.; hat⟩: *von dort draußen hierher nach drinnen stecken:* den Kopf zur Tür h.

he|r|ein|steh|len, sich ⟨st. V.; hat⟩: *heimlich und unbemerkt von dort draußen hierher nach drinnen schleichen.*

he|r|ein|stel|len ⟨sw. V.; hat⟩: *von dort draußen hierher nach drinnen stellen.*

he|r|ein|strö|men ⟨sw. V.; ist⟩: *von dort draußen hierher nach drinnen strömen* (b, c).

he|r|ein|stür|men ⟨sw. V.; ist⟩: *von dort draußen hierher nach drinnen stürmen* (2): er stürmte als Erster zur Tür herein.

he|r|ein|stür|zen ⟨sw. V.; ist⟩: *von dort draußen hierher nach drinnen stürzen* (1 a, 2 a, b).

he|r|ein|tra|gen ⟨st. V.; hat⟩: *von dort draußen hierher nach drinnen tragen.*

he|r|ein|wa|gen, sich ⟨sw. V.; hat⟩: *wagen hereinzukommen.*

he|r|ein|we|hen ⟨sw. V.⟩: **1.** ⟨hat⟩ **a)** *(vom Wind o. Ä.) von dort draußen hierher nach drinnen wehen:* der Wind hat hereingeweht; **b)** *etw. von dort draußen hierher nach drinnen wehen:* der Wind hat die Blätter hereingeweht. **2.** ⟨ist⟩ *(vom Wind o. Ä.) von dort draußen hierher nach drinnen geweht werden:* Blätter sind hereingeweht.

he|r|ein|wer|fen ⟨st. V.; hat⟩: *von dort draußen hierher nach drinnen werfen:* sie hat Steine hereingeworfen.

he|r|ein|win|ken ⟨sw. V.; hat; 2. Part. hereingewinkt, auch, bes. ugs.: hereingewunken⟩: **1.** *von dort draußen hierher nach drinnen winken:* sie hat im Vorbeigehen hereingewinkt. **2.** *durch Winken veranlassen hereinzukommen:* vom Balkon aus wurden wir hereingewinkt; **b)** *jmdm. durch winkende Bewegungen beim Einparken helfen.*

he|r|ein|wol|len ⟨unr. V.; hat⟩ (ugs.): *hereinkommen, -gehen, -fahren o. Ä. wollen.*

he|r|ein|zie|hen ⟨unr. V.; hat⟩: **1.** ⟨hat⟩ *von dort draußen hierher nach drinnen ziehen:* den Karren in den Hof h.; schnell zog er sie ins Haus herein. **2.** ⟨hat⟩ *in etw. ziehen, verwickeln:* jmdn. in einen Konflikt, eine Sache h. **3.** ⟨ist⟩ *einziehen* (5): sie zogen singend ins Stadion herein. **4.** ⟨unpers.; hat⟩ *(als Zugluft) von dort draußen hierher nach drinnen ziehen:* es zieht durch die Fensterritzen herein. **5.** ⟨ist⟩ (selten) *hierher einziehen* (7). **6.** ⟨hat⟩ *die Innenseite der Fahrbahn ansteuern, indem man das Lenkrad einschlägt.*

He|r|e|ro, der; -[s], -[s] u. die; -, -[s]: Angehöriger bzw. Angehörige eines südwestafrikanischen Bantustammes.

her|fah|ren ⟨st. V.⟩: **1.** ⟨ist⟩ *an den Ort des Sprechenden fahren* (1 a, 2 a). **2.** ⟨hat⟩ *an den Ort des Sprechenden fahren* (4 b, 7).

Her|fahrt, die; -, -en: *Fahrt von einem Ort hierher.*

her|fal|len ⟨st. V.; ist⟩: **1. a)** *jmdn., ein Land o. Ä. unerwartet hart angreifen; sich auf jmdn. stürzen:* brutal stürzten sie über ihn her (vergewaltige sie); Ü mit Fragen über jmdn. h. (ihn mit Fragen bestürmen); **b)** *jmdn. heftig kritisieren, diffamieren:* die Zeitungen sind über die Politikerin hergefallen. **2.** *hastig, gierig u. in großen Mengen von etw. zu essen, fressen beginnen:* über das Brot h.; Sie freut sich ganz einfach darüber, dass sie lebt und dass alle Männer verrückt nach ihr sein müssen, und dann vergisst sie es und fällt mit ihrem gefräßigen Mund über ihr Frühstück her (Remarque, Obelisk 9).

her|fin|den ⟨st. V.; hat⟩: *den Weg hierher, zum Ort des Sprechenden finden.*

her|füh|ren ⟨sw. V.; hat⟩: **1.** *an den Ort des Sprechenden führen* (1 a, 7 c). **2.** *in Richtung auf den Sprechenden verlaufen:* der Weg führt direkt her.

her|für ⟨Adv.⟩ [mhd. her für] (veraltet): *hervor.*

Her|ga|be, die; - (selten): *das Hergeben* (1).

Her|gang, der; -[e]s, ...gänge ⟨Pl. selten⟩: *Verlauf eines Geschehens (im Hinblick auf seine Wiedergabe, Schilderung, Rekonstruktion):* den genauen H. eines Ereignisses erzählen, schildern; sich an den H. des Unfalls genau erinnern.

her|ge|ben ⟨st. V.; hat⟩: **1. a)** *auf den weiteren Besitz von etw. verzichten u. es für einen bestimmten Zweck, für andere zur Verfügung stellen:* etw. ungern, freiwillig h.; sein Geld, seine Ersparnisse für etw. h.; viele Mütter mussten im Krieg ihre Söhne h. (verhüll.; *haben... ihre Söhne verloren*); sie gibt alles, ihr Letztes her (*sie ist sehr altruistisch, opferfreudig*); **b)** *dem Sprechenden reichen:* gib mir bitte mal das Buch, den Kuli, das Weinglas her! **2.** *sich in den Dienst einer zweifelhaften Sache stellen:* wie konntest du dich dafür/dazu h.?; dazu gebe ich meinen Namen her; ist mir mein Name zu gut, bin ich mir zu schade. **3.** *aus sich heraus Leistungen vollbringen:* eine Frau muss im Beruf einiges h., sie will sehen, was ihre Beine hergaben (*so schnell sie konnte*). **4.** *liefern, erbringen:* das Thema gibt viel, nichts her.

¹**her|ge|bracht** ⟨Adj.⟩: *in früheren Zeiten in dieser Form eingeführt u. beibehalten; dem Brauch entsprechend:* -e Verhaltensweisen, -em Rezept backen.

²**her|ge|bracht:** ↑ hergebracht.

her|ge|hen ⟨unr. V.; ist⟩: **1.** *mit jmdm. gehen, jmdn. begleiten u. dabei hinter, vor od. neben ihm gehen:* vor, neben jmdm. h.; hintereinander h. **2.** (südd., österr.) *herkommen* (1): geh her [zu mir]! **3.** ⟨unpers.⟩ (ugs.) *in bestimmter Weise zugehen* (5): es ging laut, lustig, toll her; auf der

hergeholt – hermachen

Party ging es hoch her *(war man ausgelassen, hat man ausgiebig gefeiert);* bei der Diskussion wird es heiß h. *(man wird heftig diskutieren).* **4. *h. und etw. tun** (ugs.; drückt in Verbindung mit nachfolgendem »und« + Verb aus, dass jmd. tätig wird, die Initiative ergreift: sie tut immer so freundlich, und dann geht sie her und zeigt mich an).
her|ge|holt ⟨Adj.⟩: *weit hergeholt* (↑ *herholen):* ein ziemlich -es Argument.
her|ge|hö|ren ⟨sw. V.; hat⟩: *zu dem hier erwähnten Thema, Aufgabenbereich gehören; hierhergehören:* das gehört jetzt nicht her.
¹**her|ge|lau|fen** ⟨Adj.⟩ (abwertend): *von zweifelhafter Herkunft; aus ungeordneten, undurchsichtigen Verhältnissen kommend u. nichts geltend:* ein -er Habenichts.
²**her|ge|lau|fen:** ↑ herlaufen.
Her|ge|lau|fe|ne, die/eine Hergelaufene; der/einer Hergelaufenen; die Hergelaufenen/zwei Hergelaufene (abwertend): ↑ ¹*hergelaufene weibliche Person, Dahergelaufene.*
Her|ge|lau|fe|ner, der Hergelaufene/ein Hergelaufener; des/eines Hergelaufenen; die Hergelaufenen/zwei Hergelaufene *Person, Dahergelaufener:* die Hergelaufenen (Zugezogenen) haben es schwer, Arbeit zu finden.
her|ha|ben ⟨unr. V.; hat⟩ (ugs.): *von jmdm., irgendwoher haben:* keiner weiß genau, wo dieser Kerl das viele Geld herhat; wo hast du diese Nachricht her?; wenn ich nur wüsste, wo der Junge dieses Schimpfwort herhat *(von wem er es in seinen Sprachgebrauch übernommen hat);* wo hat das Kind die Begabung, Eigenschaft her? *(von wem hat es sie geerbt?)*
her|hal|ten ⟨st. V.; hat⟩: **1.** *etw. in Richtung auf den Sprechenden halten, sodass er es erreichen kann:* kannst du bitte deinen Teller h.? **2.** meist in Verbindung mit »müssen«; *[anstelle eines anderen, von etw. anderem] zu, für, als etw. benutzt werden, dienen:* sie muss für die anderen h.; etw. muss als Vorwand h.; sie musste wieder [als Zielscheibe des Spottes] h.
her|ho|len ⟨sw. V.; hat⟩: *an den Ort des Sprechenden holen:* den Arzt, ein Taxi h.; *** weit hergeholt/weithergeholt** *(wenig naheliegend, in keinem unmittelbaren Zusammenhang mit etw. Bestimmtem stehend [u. daher nicht relevant]:* dieses Beispiel, Argument ist, scheint, erscheint, wirkt, klingt etwas weit hergeholt; ein weit hergeholter Vergleich).
her|hö|ren ⟨sw. V.; hat⟩: *aufmerksam auf die Worte des hier Sprechenden hören:* alle mal h.!
◆**He|ri|bann,** der; -[e]s [ahd. heriban]: *Heerbann* (a): Sie folgten, wenn der H. erging, dem Reichspanier (Schiller, Tell II, 2).
He|ring, der; -s, -e [mhd. hærinc, ahd. hāring, H. u.]: **1.** *(in großen Schwärmen bes. in den nördlichen Meeren auftretender) Fisch mit grünlich blauem Rücken u. silberglänzenden, leicht gewölbten Körperseiten, der als Speisefisch verwendet wird:* grüne, gesalzene, geräucherte, marinierte -e; die -e laichen; -e wässern, fangen; er ist dünn wie ein H. (ugs. scherzh.; *sehr dünn*); sie saßen, standen in der Straßenbahn wie die -e (ugs. scherzh.; *dicht gedrängt*). **2.** (ugs. scherzh.) *dünner, schmaler Mann:* so ein H.! **3.** [wohl nach dem Vergleich mit der schlanken Form des Fisches] *schmaler Holz- od. Metallpflock, der mit einer Nase od. Kerbe zum Einhängen der Zeltschnüre versehen ist u. beim Aufbau eines Zeltes am Zeltrand in den Boden geschlagen wird; Zeltpflock:* In dem breiigen Matsch halten die -e nicht, immer wieder platschen die nassen Zeltbahnen auf die Männer herab (Kempowski, Zeit 304).

He|rings|fang, der ⟨o. Pl.⟩: *gewerbsmäßig betriebener Fang von Heringen:* auf H. gehen.
He|rings|fän|ger, der: **1.** *Heringsfischer.* **2.** *speziell für den Heringsfang ausgerüstetes Fangschiff.*
He|rings|fass, das: *Fass aus Holz, in dem [Salz]heringe gelagert werden.*
He|rings|fi|let, das: *Filet vom Hering.*
He|rings|fi|scher, der: *Fischer, der den Heringsfang als Broterwerb betreibt* (Berufsbez.).
He|rings|la|ke, die: *Salzlösung, in der Heringe eingelegt sind od. eingelegt waren.*
He|rings|log|ger, der: *Logger zum Heringsfang mit Treibnetzen.*
He|rings|ro|gen, der: *Rogen des Herings.*
He|rings|sa|lat, der: *Salat aus klein geschnittenen, gesalzenen od. sauren Heringsfilets mit Mayonnaise, Gewürzgurken, Zwiebeln u. anderen Zutaten.*
He|rings|schwarm, der: *große Anzahl zusammen schwimmender Heringe.*
He|rings|stipp, der: *in Mayonnaise mit [zerriebener Heringsmilch u.] weiteren Zutaten zubereitete Heringsfiletstücke.*
he|r|in|nen ⟨Adv.⟩ (bayr., österr.): *hier drinnen.*
He|ris, der; -, - [nach dem iran. Ort Heris]: *rot- od. elfenbeingrundiger persischer Teppich, meist mit einem rhombenartig gestalteten Medaillon mit Arabesken u. geometrischen Ornamenten im Grund.*
her|ja|gen ⟨sw. V.⟩: **1.** ⟨hat⟩ a) *jmdn. in die Richtung des Sprechenden, zum Sprechenden jagen:* er hat den Hund, die Hühner hergejagt; b) *jmdn. vor sich hertreiben; jmdn. jagen u. dabei dicht hinter ihm sein:* ich habe ihn vor mir hergejagt. **2.** ⟨ist⟩ *jmdm., etw. schnell nachlaufen, um ihn, es einzuholen:* sie ist hinter mir, dem Ball hergejagt.
her|kom|men ⟨st. V.; ist⟩: **1.** *an den Ort des Sprechenden, zum Sprechenden kommen:* komm bitte mal her!. **2.** *jmdm., etw. als Grundlage, Ursprung haben; von jmdm., etw. stammen:* wo kommen Sie her *(wo sind Sie geboren, aufgewachsen; aus welchem Ort o. Ä. stammen Sie)?;* vom Jugendstil herkommend *(in der Tradition des Jugendstils stehend).* **3.** *irgendwo hergenommen werden können:* wo soll denn das Geld auch h.?
Her|kom|men, das; -s: **1.** *Brauch, Sitte, Überlieferung:* das H. einhalten. **2.** *jmds. gesellschaftliche Herkunft als Glied in der Reihe eines Geschlechtes:* Leute von hohem, niederem H.
her|kömm|lich ⟨Adj.⟩: a) *dem Herkommen* (2), *der Tradition gemäß:* Er war ein hochchristlicher Herr gewesen, von der reformierten Gemeinde, streng h. gesinnt (Th. Mann, Zauberberg 38); b) *bisher üblich, althergebracht:* -e Verfahrensweisen; sich -er Methoden bedienen; das neue Produkt belastet die Umwelt weniger stark als die -en Waschmittel.
her|kömm|li|cher|wei|se ⟨Adv.⟩: *wie seit Langem üblich, gewohnt.*
her|kön|nen ⟨unr. V.; hat⟩ (ugs.): *herkommen, -fahren, -gehen o. Ä. können.*
her|krie|gen ⟨sw. V.; hat⟩: **1.** (ugs.) *herbekommen.* **2.** (nordd.) *hervorholen:* kriegt eure Hefte her, wir schreiben ein Diktat!
¹**Her|ku|les** (Mythol.): lat. Form von ↑ Herakles.
²**Her|ku|les,** der; -, - (o. Pl.): **1.** (bildungsspr.) *Mensch mit großer Körperkraft:* ein H. sein. **2.** (schweiz.) *Lukas.* **3.** ⟨o. Pl.⟩ *Sternbild am nördlichen Sternenhimmel.*
Her|ku|les|ar|beit, die [nach den zwölf Arbeiten od. Kämpfen des Herkules (Herakles), die dieser auf Weisung des Delphischen Orakels zu vollbringen hatte] (bildungsspr.): *ungeheuer schwere, großen Kräfteaufwand erfordernde Arbeit.*

Her|ku|les|keu|le, die [verschiedene Darstellungen zeigen den Sagenhelden mit einer Keule]: **1.** *Flaschenkürbis mit langen, keulenförmigen Früchten.* **2.** *(bes. in Laubwäldern vorkommender) Ständerpilz mit keulenförmiger, runzliger Oberfläche.*
her|ku|lisch ⟨Adj.⟩ (bildungsspr.): *besonders stark [wie Herkules]:* über -e Kräfte verfügen.
Her|kunft, die; -, ...künfte [zum 2. Bestandteil vgl. Abkunft]: **1.** ⟨Pl. selten⟩ *soziale Abstammung; bestimmter sozialer, nationaler, kultureller Bereich, aus dem jmd. herkommt:* einfacher, bäuerlicher, niederer H. sein; er ist nach seiner H. Franzose. **2.** ⟨Pl. selten⟩ *Ursprung einer Sache:* die H. des Wortes ist unklar; diese Waren sind englischer H.
Her|kunfts|an|ga|be, die: **1.** *Herkunftsbezeichnung.* **2.** (Sprachwiss.) *Angabe der Herkunft eines Wortes, etymologische Angabe.*
Her|kunfts|be|zeich|nung, die: *Bezeichnung des Herkunftslandes einer Ware; Herkunftsangabe* (1).
Her|kunfts|land, das ⟨Pl. ...länder⟩: *Land, aus dem jmd., etw. kommt.*
Her|kunfts|ort, der ⟨Pl. -e⟩: vgl. Herkunftsland.
Her|kunfts|spra|che, die: **1.** *Sprache des Landes, aus dem jmd. stammt:* Kinder nicht deutscher H. **2.** (Sprachwiss.) *Sprache, aus der ein Wort, eine sprachliche Erscheinung fremden Ursprungs kommt; Gebersprache.*
Her|kunfts|zei|chen, das: *Zeichen des Herkunftslandes.*
her|lau|fen ⟨st. V.; ist⟩: **1.** *in Richtung auf den Sprechenden, zum Sprechenden laufen.* **2.** *mit jmdm. laufen; jmdn. begleiten u. dabei hinter, vor od. neben ihm laufen:* neben der Präsidentin h.
her|le|gen ⟨sw. V.; hat⟩ (ugs.): *in die Nähe des Sprechenden, zum Sprechenden legen.*
her|lei|hen ⟨st. V.; hat⟩ (ugs.): *leihweise hergeben* (1 a); *ausleihen:* sie wollte die Platten nicht gern h.
her|lei|ten ⟨sw. V.; hat⟩: a) *aus etw. entwickeln, folgern; ableiten* (2 a): eine Formel h.; Ansprüche, Rechte aus seiner Stellung h.; b) *in der Abstammung auf jmdn., etw. zurückführen:* ein Wort aus dem Arabischen h.; sie leitet ihren Namen, ihr Geschlecht von den Hugenotten her; c) ⟨h. + sich⟩ *aus etw. stammen, einer Sache entstammen; von jmdm. abstammen:* sich aus altem Adel h.; dieses Wort leitet sich vom Lateinischen her.
Her|lei|tung, die; -, -en: *das [Sich]herleiten, Hergeleitetwerden.*
Her|lit|ze [auch: ...'lɪ...], die; -, -n [mhd. nicht belegt, ahd. harlezboum, erlizboum, H. u.]: *Kornelkirsche.*
her|lo|cken ⟨sw. V.; hat⟩: *an den Ort des Sprechenden locken.*
her|ma|chen ⟨sw. V.; hat⟩ (ugs.): **1.** ⟨h. + sich⟩ a) *etw. energisch in Angriff nehmen; sofort mit der Arbeit an etw., Beschäftigung mit etw. beginnen:* sich über die Arbeit h.; er machte sich sofort über das Buch her; die Kinder machten sich über das Obst her *(begannen, gierig davon zu essen);* b) *über jmdn. herfallen* (1): sie haben sich zu mehreren über ihn hergemacht und ihn übel zugerichtet; Ü sich über den Redner h. *(ihn heftig kritisieren);* Ü **2. a)** *aufgrund seiner rein äußeren Beschaffenheit einen bestimmten Eindruck machen, ansprechend sein:* das Geschenk macht viel, wenig, nicht genug her; sie macht zu wenig her mit ihrem bescheidenen Auftreten; b) *viel Wesens um jmdn., etw. machen; jmdn., etw. wichtig nehmen u. viel über ihn, darüber reden:* von einer Errungenschaft, einem Erfolg viel h.; er macht nicht gar nichts von sich her *(er ist sehr bescheiden).*

Her|m|a|ph|ro|dis|mus: ↑ Hermaphroditismus.
Her|m|a|ph|ro|dit, der; -en, -en [lat. hermaphroditus < griech. hermaphróditos, nach Hermaphróditos, dem zum Zwitter gewordenen Sohn des Hermes u. der Aphrodite] (Biol., Med.): *Zwitter; Individuum (Mensch, Tier od. Pflanze) mit Geschlechtsmerkmalen von beiden Geschlechtern.*
her|m|a|ph|ro|di|tisch [auch: ...'dı...] ⟨Adj.⟩ (Biol., Med.): *zweigeschlechtig; zwittrig.*
Her|m|a|ph|ro|di|tis|mus, der; - (Biol., Med.): *Zweigeschlechtigkeit; Zwittrigkeit.*
Her|me, die; -, -n [lat. Herma, Hermes < griech. Hermēs, eigtl. = (Statue des) Hermes]: *Pfeiler od. Säule, die mit einer Büste (ursprünglich des Gottes Hermes) gekrönt ist.*
¹Her|me|lin, das; -s, -e [mhd. hermelīn, ahd. harmilī(n) = Vkl. von: harmo = Wiesel, H. u.]: **1.** *großes Wiesel mit im Winter weißem, im Sommer braunem Fell u. weißer bis gelblicher Bauchseite.* **2.** *Hermelinkaninchen.*
²Her|me|lin, der; -s, -e [mhd. hermelīn]: **1.** *Pelz aus dem weißen Winterfell des ¹Hermelins* (1): *ein Mantel aus H.* **2.** (Heraldik) *(heute meist aufgemaltes stilisiertes) weißes Fell mit regelmäßig versetzten Schwanzspitzen des ¹Hermelins* (1), *mit dem Wappen od. Schilde bespannt werden.*
Her|me|lin|ka|nin|chen, das: *kleines, weißes Hauskaninchen mit auffallend kurzen Ohren u. kurzhaarigem Fell.*
Her|me|lin|kra|gen, der: *Kragen aus ²Hermelin* (1).
Her|me|neu|tik, die; - [griech. hermēneutikḗ (téchnē), zu: hermēneutikós = auf die Erklärung, Interpretation bezüglich, zu: hermēneúein = deuten, auslegen]: **1.** *Lehre von der Auslegung u. Erklärung eines Textes od. eines Kunstod. Musikwerks.* **2.** *das Verstehen von Sinnzusammenhängen in Lebensäußerungen aller Art aus sich selbst heraus (z. B. in Kunstwerken, Handlungen, geschichtlichen Ereignissen).*
her|me|neu|tisch ⟨Adj.⟩: **1.** *einen Text o. Ä. erklärend, auslegend:* -e *Vorgehensweise.* **2.** *die Hermeneutik* (2) *betreffend:* -er *Zirkel (Zirkelschluss, der darin besteht, dass jede Erkenntnis, die jmd. zu gewinnen sucht, auf bereits vorhandener, aus eigener Erfahrung gewonnener Erkenntnis beruht).*
Her|mes (griech. Mythol.): *Götterbote, u. a. Gott des Handels, Begleiter der Toten in den Hades.*
Her|mes|bürg|schaft, die [nach der Hermes Kreditversicherungs-AG, die die Ausfuhrgarantien im Namen des Bundes gewährt] (Wirtsch.): *von der deutschen Bundesregierung geleistete Garantie für Exportgeschäfte:* Warenlieferungen durch -en absichern.
Her|me|tik, die; -, -en: **1.** ⟨o. Pl.⟩ [zu ↑ hermetisch] (veraltend) *Alchemie u. Magie.* **2.** [nach engl. hermetic = luftdicht] *luftdichte Apparatur.*
her|me|tisch ⟨Adj.⟩: **1.** [nlat. hermetice, eigtl. = mit geheimnisvollem Siegel versehen, nach dem sagenhaften altägypt. Weisen Hermes Trismegistos, der die Kunst erfunden haben soll, eine Glasröhre mit einem geheimnisvollen Siegel luftdicht zu verschließen] **a)** *so dicht, verschlossen, dass nichts eindringen od. austreten kann:* h. verschlossene Ampullen; **b)** *durch eine Maßnahme o. Ä. so beschaffen, dass niemand eindringen od. hinausgelangen kann:* ein Gebäude, militärisches Gelände h. abriegeln. **2.** [nach dem Schrifttum einer spätantiken religiösen Offenbarungs- u. Geheimlehre, als deren Verfasser Hermes Trismegistos angesehen wird] (bildungsspr.) *vieldeutig, dunkel (in Bezug auf das Verständnis); eine geheimnisvolle Ausdrucksweise bevorzugend.*
Her|mi|ta|ge [εrmi'ta:ʒ(ə), österr. meist: ...ʃ], der; - [frz. (h)ermitage]: *französischer Wein (vorwiegend Rotwein) aus dem Anbaugebiet um die Gemeinde Tain-l'Hermitage im Rhonetal.*

her|müs|sen ⟨unr. V.; hat⟩ (ugs.): **a)** *aus dringlichen Gründen herkommen* (1) *müssen:* es muss sofort ein Arzt her; **b)** *herbei-, angeschafft werden müssen:* ein neuer Kühlschrank muss her!
her|nach ⟨Adv.⟩ [mhd. her nāch, ahd. hera nāh = nach dieser Zeit, aus ↑ her u. ↑ ¹nach] (landsch.): **a)** *unmittelbar nach einem bestimmten Geschehen, das in der Vergangenheit od. Zukunft liegt; danach:* ein Tag h.; erst hatte er sich den Arm gebrochen, h. auch noch den Unterschenkel; **b)** *in näherer, nicht genau bestimmter Zukunft; nachher:* ich komme h. noch bei dir vorbei.
her|neh|men ⟨st. V.; hat⟩: **1. a)** *etw. , was man braucht, irgendwoher beschaffen, sich zu eigen machen; herbekommen:* wo soll ich das h.?; wo nimmt sie nur die Kraft, Geduld her?; ℝ wo h. und nicht stehlen?; **b)** (österr., sonst landsch.) *an sich, zu sich, zur Hand nehmen.* **2.** (österr., sonst landsch.) *jmdm. physisch od. psychisch sehr zusetzen, ihn stark beanspruchen:* jmdn. bei einer militärischen Übung h.; die Arbeit, Krankheit, die schlechte Nachricht hat sie sehr hergenommen. **3.** (österr., sonst landsch.) **a)** *sich vornehmen:* ich muss [mir] das Kind mal h., es ist so ungezogen; **b)** *verprügeln:* er hat das Kind so hergenommen, dass es kaum noch laufen konnte.
Her|nie, die; -, -n [lat. hernia (Gen.: herniae) = Bruch, urspr. = Eingeweide]: **1.** (Med.) *Eingeweidebruch.* **2.** (Biol.) *durch Pilze erzeugte, krankhafte Wucherung an Kohlpflanzen.*
her|nie|der ⟨Adv.⟩ [mhd. her nider, ahd. hera nider, aus ↑ her u. ↑ ¹nieder] (geh.): *von dort oben hierher nach unten; herab, herunter.*
her|nie|der|fal|len ⟨st. V.; ist⟩ (geh.): *von dort oben hierher nach unten fallen:* warmer Regen fällt in schweren Tropfen auf uns hernieder.
her|nie|der|ge|hen ⟨unr. V.; ist⟩ (geh.): *niedergehen* (2 a): ein Wolkenbruch ging h.
her|nie|der|pras|seln ⟨sw. V.; ist⟩ (geh.): *von dort oben hierher nach unten prasselnd fallen.*
her|nie|der|schwe|ben ⟨sw. V.; ist⟩ (geh.): *herabschweben.*
her|nie|der|sen|ken, sich ⟨sw. V.; hat⟩ (geh.): *herabsenken.*
her|nie|der|sin|ken ⟨st. V.; ist⟩ (geh.): *herabsinken.*
He|roa: Pl. von ↑ Heroon.
he|ro|ben ⟨Adv.⟩ (bayr., österr.): *hier oben.*
He|roe, der; -n, -n [geb. nach dem lat. Akk. Sg. heroem, ↑ Heros] (bildungsspr.): **1.** *Heros* (1). **2. a)** *heldenhafter Mann, Held:* die -n des Altertums; **b)** *Mensch, der auf einem bestimmten Gebiet Außerordentliches geleistet hat; Größe* (4): die -n des modernen Films.
He|ro|en|kult, He|ro|en|kul|tus, der ⟨Pl. selten⟩ (bildungsspr.): *kultische Verehrung eines Heros* (1), *von Heroen:* Ü (abwertend) *mit* jmdm. einen H. treiben.
He|ro|en|tum, das; -s (bildungsspr.): *Heldentum.*
He|ro|ik, die; - (bildungsspr.): *Heldenhaftigkeit.*
¹He|ro|in, das; -s [gelehrte Bildung zu griech. hḗrōs = Held; heroisch bedeutete im MA. »stark, kräftig«]: *(früher auch als Medikament verwendetes) aus einem weißen, pulverförmigen Morphinderivat bestehendes, sehr starkes, süchtig machendes Rauschgift:* reines, gestrecktes H.; H. nehmen, spritzen.
²He|ro|in, die; -, -nen [lat. heroine < griech. hērōínē]: **1.** (bildungsspr.) *Heldin.* **2.** (Theater) *Heroine* (1).
he|ro|in|ab|hän|gig ⟨Adj.⟩: vgl. drogenabhängig.
He|ro|in|ab|hän|gi|ge ⟨vgl. Abhängige⟩: *weibliche Person, die heroinabhängig ist.*
He|ro|in|ab|hän|gi|ger ⟨vgl. Abhängiger⟩: *Person, die heroinabhängig ist.*

He|ro|i|ne, die; -, -n [↑ ²Heroin]: **1.** (Theater) *Darstellerin einer Heldin auf der Bühne.* **2.** *Heldin.*
He|ro|i|nis|mus, der; - [zu ↑ ¹Heroin] (Med.): *Heroinsucht.*
He|ro|in|sucht, die ⟨o. Pl.⟩: *durch Missbrauch von ¹Heroin entstandene Sucht.*
he|ro|in|süch|tig ⟨Adj.⟩: *süchtig nach ¹Heroin.*
He|ro|in|süch|ti|ge ⟨vgl. Süchtige⟩: *weibliche Person, die heroinsüchtig ist.*
He|ro|in|süch|ti|ger ⟨vgl. Süchtiger⟩: *Person, die heroinsüchtig ist.*
he|ro|isch ⟨Adj.⟩ [lat. heroicus < griech. hērōikós] (bildungsspr.): **1.** *heldenhaft:* ein -er Entschluss; h. kämpfen; (spött.:) er fasste den -en Plan, sich von ihr zu trennen. **2.** *von erhabener Wirkung:* -e *Landschaft* (Kunstwiss.): 1. *Darstellung einer idealen Landschaft mit Gestalten der antiken Mythologie.* 2. *Darstellung einer dramatisch bewegten, monumentalen idealen Landschaft).*
he|ro|i|sie|ren ⟨sw. V.; hat⟩ (bildungsspr.): *als Helden verherrlichen, zum Helden erheben:* einen Guerillaführer h.
He|ro|i|sie|rung, die; -, -en (bildungsspr.): *das Heroisieren, das Heroisiertwerden.*
He|ro|is|mus, der; - (bildungsspr.): *Heldentum, Heldenmut.*
He|rold, der; -[e]s, -e [spätmhd. heralt < afrz. herald, aus dem Germ., eigtl. = Heeresbeamter, 1. Bestandteil zu ↑ Heer, 2. Bestandteil zu ↑ walten]: **1.** (früher) *wappenkundiger Hofbeamter.* **2. a)** (früher) *Ausrufer u. Bote eines Fürsten:* -e aussenden; **b)** (geh.) *eifriger Befürworter, Vertreter von etw.:* die -e des Individualismus.
He|rolds|amt, das (früher): *aus den Funktionen des Herolds entstandene, für Rang-, Titel- u. Wappenfragen zuständige Behörde.*
◆ **He|rolds|kam|mer,** die: *(in Preußen bis 1919) Behörde, die der Regelung aller den Adel betreffenden Standesangelegenheiten obliegt:* ... des Rechnungsrats Schmidt aus der H. (Fontane, Jenny Treibel 5).
He|rolds|kunst, die ⟨o. Pl.⟩ (veraltet): *Heraldik.*
He|rolds|stab, der (früher): *Stab eines Herolds als Zeichen seiner Würde.*
He|rons|ball, der; -[e]s, ...bälle [nach dem altgriech. Mathematiker Heron (2. Hälfte des 1. Jh.s n. Chr.)]: *Gefäß mit einer fast bis zum Boden reichenden Röhre, in dem durch Druck eingeblasener zusammengepresster Luft Wasser hochgetrieben u. ausgespritzt wird (als Prinzip z. B. beim Parfümzerstäuber).*
He|ro|on, das; -s, ...roa [griech. hērōon]: *Grabmal u. Tempel eines Heros* (1).
He|ros, der; -, ...oen [lat. heros < griech. hḗrōs, wahrsch. eigtl. = Beschützer]: **1.** (griech. Mythol.) *zwischen Göttern u. Menschen stehender Held, der ein Halbgott (Sohn eines Gottes u. einer sterblichen Mutter od. umgekehrt) ist od. wegen seiner Taten als Halbgott verehrt wird.* **2.** (bildungsspr.) *heldenhafter Mann, Held:* die Heroen unserer Zeit.
He|ro|st|rat, der; -en, -en [nach dem Griechen Herostratos, der 356 v. Chr. den Artemistempel zu Ephesus in Brand steckte, um berühmt zu werden] (bildungsspr.): *Verbrecher aus Ruhmsucht.*
He|ro|st|ra|ten|tum, das; -s (bildungsspr.): *durch Ruhmsucht motiviertes Verbrechertum.*
he|ro|st|ra|tisch ⟨Adj.⟩ (bildungsspr.): *aus Ruhmsucht Verbrechen begehend.*
Her|pes, der; -, ...etes ⟨Pl. selten⟩ [lat. herpes < griech. hérpēs (Gen.: hérpētos) = schleichender Schaden] (Med.): **a)** *mit seröser Flüssigkeit gefülltes Hautbläschen, das verkrustend eintrocknet; Ausschlag am Mund; Griebe;* **b)** *Hautu. Schleimhauterkrankung mit Ausbildung zahlreicher seröser Bläschen an den Übergängen zwischen Haut u. Schleimhaut (im Bereich*

der Nase, der Lippen u. der äußeren Geschlechtsteile).
Her|pes Zos|ter *(auch: -'tsɔstɐ)*, der; - - [griech. zōstḗr = Gürtel] (Med.): *Gürtelrose.*
her|pe|tisch ⟨Adj.⟩ (Med.): *den Herpes betreffend, die für einen Herpes charakteristischen Bläschen aufweisend.*
Her|pe|to|lo|gie, die; - [zu griech. herpetón = kriechendes Tier u. ↑-logie] (Zool.): *Teilgebiet der Zoologie, das sich mit der Erforschung der Lurche u. Kriechtiere befasst.*
her|plap|pern ⟨sw. V.; hat⟩: *gedankenlos, naiv plappern.*
Herr, der; -n (selten: -en), -en [mhd. hēr(re), ahd. hērro, zu dem Komp. hēríro = älter, ehrwürdiger, erhabener, zu dem Komp. hēr, ↑hehr; wahrsch. LÜ von mlat. senior = Herr, eigtl. = Komp. von lat. senex = alt]: **1. a)** *Mann (auch als übliche höfliche Bezeichnung für eine männliche Person im gesellschaftlichen Verkehr):* ein junger, älterer, freundlicher, vornehmer, feiner H.; ein H. im Smoking, mit Brille; die -en forderten zum Tanz auf; ein H. möchte Sie sprechen; die Geschäftsleitung besteht aus drei -en; hier gibt es alles für den -n!; ein besserer H. *(Mann, der sozial höhergestellt ist)*; ein feiner, sauberer H. *(iron.; ein Mann mit fragwürdigen Charaktereigenschaften)*; der geistliche H. *(landsch.; Pfarrer)*; bei den -en (Sport; *der Mannschaft der Herren)* siegte die deutsche Staffel; * **Alter H.** *(1. ugs. scherzh.; Vater. Verbindungsw.; ehemaliges aktives Mitglied einer Verbindung)*; **Alte -en** *(Sport; [Altersklasse der] Spieler über 32 Jahre; Mannschaft dieser Altersklasse):* die Alten -en der Borussia sicherten sich den Turniersieg; möblierter H. *(ugs. veraltend, noch scherzh.; Mann, der in einem möblierten Zimmer zur Miete wohnt)*; die **-en der Schöpfung** *(ugs. scherzh.; die Männer);* **b)** *gebildeter, kultivierter, gepflegter Mann:* er spielt gern den großen -n *(benimmt sich, als ob er vornehm u. reich wäre).* **2. a)** *titelähnliche, auch als Anrede verwendete Bezeichnung für eine erwachsene Person männlichen Geschlechts (Abk.: Hr.):* H. Minister, Direktor, Doktor; lieber H. Müller; nur mit -n [Professor] Müllers Einverständnis; ich erwarte den Besuch des -n [Ministers] Müller; die Rede des -n Abgeordneten Müller; H. Ober, bitte eine Tasse Kaffee; ich habe -n Maier getroffen; was wünschen Sie, mein H.?; was wünscht der H.?; aber meine -en, wozu diese Aufregung?; * **meine -en!** *(ugs.; Ausruf des Unverstandenseins, einer leichten Entrüstung).* **b)** (geh.) *als Zusatz bei Verwandtschaftsbezeichnungen:* Ihr H. Vater, Bruder, Gemahl; *(spöttisch in der Unterhaltung über eine nicht anwesende Person):* der H. Sohn hat es wohl nicht nötig, pünktlich zu erscheinen. **3. a)** *jmd., der über andere od. über etw. herrscht; Gebieter; Besitzer:* ein gütiger, gnädiger, gerechter, strenger H.; Jesus Christus, der H.; der H. Jesus; der H. des Hauses; sind Sie der H. dieses Hundes?; mein H. und Meister *(Gott);* der H. über Leben und Tod *(Gott);* er ist H. über einen großen Besitz *(er hat einen großen Besitz);* der Eroberer machte sich zum -n über das Land; der junge H. (veraltend; *Sohn des Besitzers, des Hausherrn);* mein H. und Meister/Gebieter *(scherzh.; mein Mann);* er duldet keinen -n über sich *(ordnet sich niemandem unter);* Maria, die Mutter des -n *(Jesu);* R wie der H., so 's Gescherr *(die negativen Eigenschaften eines Vorgesetzten, der Eltern o. Ä. lassen sich auch an den Untergebenen, den Kindern o. Ä. feststellen);* wohl nach dem Zitat aus dem »Satirae« des röm. Satirikers C. Petronius Arbiter [gestorben 66 n. Chr.]: Qualis dominus, talis et servus); niemand kann zwei -n dienen (nach Matth. 6, 24; vgl. auch Luk. 16, 13); * **sein eige-**

ner H. sein *(von niemandem abhängig, an niemandes Weisungen gebunden sein; sich nach niemandem richten müssen);* **aus aller -en Länder[n]** (geh.; *von allerall her);* **b)** *jmd., der jmds., etw. unter Kontrolle hat, beherrscht* (3 a): H. der Lage, der Situation, des Geschehens, des Verfahrens sein; * **jmds., einer Sache** ⟨Gen.⟩ **H. werden** *(jmdn., etw. in den Griff bekommen, unter Kontrolle bringen, über jmdn., etw. die Oberhand behalten):* sie wurden des Feuers, der großen Nachfrage nicht mehr H.; **nicht mehr H. seiner Sinne sein** *(nicht wissen, was man tut; die Selbstbeherrschung verlieren);* **über jmdn., sich, etw. H. sein** *(jmdn., sich, etw. in der Gewalt haben):* er ist nicht mehr H. über sich selbst; er war plötzlich nicht mehr H. über das Auto. **4.** ⟨mit bestimmtem Art. außer in der Anrede⟩ (christl. Rel.) *Gott* (1): dem -n anrufen; dem -n danken; liebe Brüder und Schwestern im -n; H., hilf uns!; er ist ein großer Jäger vor dem -n *(scherzh.; begeisterter, passionierter Jäger;* nach 1. Mose 10, 9).
Herr|chen, das; -s, -: **1.** Vkl. zu ↑ Herr (1 a).
2. *Herr* (3 a) *des Hundes:* der Hund wurde von seinem H. belohnt. **3.** (ugs. scherzh.) *[sehr] junger Mann.*
Herr|rei|se, die; -, -n (veraltend): vgl. Herrfahrt.
Her|ren|abend, der: *gesellige Zusammenkunft, zu der nur Herren* (1 a) *geladen sind.*
Her|ren|an|zug, der: *Anzug* (1).
Her|ren|ar|ti|kel, der; ⟨meist Pl.⟩: *zur Kleidung des Herrn gehörender, für seinen Bedarf hergestellter Artikel* (z. B. Schal, Oberhemd).
Her|ren|aus|stat|ter, der: *Fachgeschäft mit Kleidung für Herren.*
Her|ren|be|glei|tung, die: *Begleitung durch einen Herrn* (1): sie war in H., wurde oft in H. gesehen.
Her|ren|be|kannt|schaft, die (veraltend): *Bekannter, Freund einer Frau:* woher soll ich all ihre -en kennen?; * **eine H. machen** (ugs.; *einen Mann, Herrn* 1 *kennenlernen).*
Her|ren|be|klei|dung, die: *Bekleidung für Herren* (1 a).
Her|ren|be|such, der: *Besuch eines Herrn* (1), *eines Mannes bei einer Frau:* die Vermieterin duldet keine -e.
Her|ren|dop|pel, das (Badminton, Tennis, Tischtennis): *Spiel von je zwei Herren* (1 a) *gegeneinander.*
Her|ren|ein|zel, das (Badminton, Tennis, Tischtennis): *Spiel von zwei Herren* (1 a) *gegeneinander.*
Her|ren|fah|rer, der: **1.** [geb. nach Herrenreiter] (Autorennen) *Rennfahrer, der im eigenen Wagen fährt, nicht Werksfahrer ist.* **2.** [vgl. Herrenreiter] (Trabrennen) *Fahrer, der das Fahren nicht berufsmäßig betreibt u. als Amateur an einem Trabrennen teilnimmt.* **3.** (iron.) *Fahrer eines größeren Autos, der so fährt, als ob ihm allein die Straße gehörte.*
Her|ren|fahr|rad, das: *Fahrrad für Herren* (1 a).
Her|ren|fin|ken, der (schweiz. mundartl.): *warmer Hausschuh für Herren* (1 a).
Her|ren|fri|seur, Her|ren|fri|sör, der: *Friseur für Herren* (1 a).
Her|ren|ge|deck, das: *Gedeck* (2 b) *speziell für Herren* (1 a): er bestellte für jeden ein H.
Her|ren|ge|sell|schaft, die: **1.** *Zusammensein, Gesellschaft von Herren* (1). **2.** ⟨o. Pl.⟩ *Begleitung von Herren* (1): sie war in H.
Her|ren|hand|ta|sche, die: **1.** *Handtasche für Männer.* **2.** (scherzh.) *Sechserpack Bier mit Tragegriff.*
Her|ren|haus, das: **1.** *herrschaftliches Wohnhaus auf einem Gut od. großen Besitztum.* **2.** (früher) *erste Kammer des preußischen Landtags u. des österreichischen Reichsrats.*

Her|ren|hemd, das: *Oberhemd.*
Her|ren|hof, der: *Fronhof.*
Her|ren|ho|se, die: *Männerhose.*
Her|ren|hut, der: *Hut für Herren* (1 a).
Her|ren|jah|re: ↑ Lehrjahr.
Her|ren|kleid, das (schweiz.): *Anzug* (1).
Her|ren|klei|dung, die: *Kleidung für Herren* (1 a).
Her|ren|kon|fek|ti|on, die: *Konfektion für Herren* (1 a).
Her|ren|le|ben, das: *bequemes, sorgloses Leben ohne Arbeit.*
◆ **Her|ren|leu|te** ⟨Pl.⟩: *reiche Grundbesitzer, die Freie sind:* Der wackern Männer kenn ich viele dort, und angesehen große H. (Schiller, Tell I, 2).
Her|ren|los ⟨Adj.⟩: **a)** *keinen Herrn* (3 a) *habend:* ein -er Hund; **b)** *[anscheinend] niemandem gehörend; [anscheinend] keinen Besitzer habend:* -es Gepäck.
Her|ren|ma|ga|zin, das: *Magazin, das bes. auf den Geschmack männlicher Leser zugeschnitten ist.*
Her|ren|mann|schaft, die: *Sportmannschaft, die aus Herren* (1 a) *besteht.*
Her|ren|man|tel, der: *Mantel für Herren* (1 a).
Her|ren|mensch, der: **1.** (bes. in der Ideologie des Nationalsozialismus) *Angehöriger der Herrenrasse:* den -en herauskehren.
Her|ren|mo|de, die: *Mode für Herren* (1 a).
Her|ren|ober|be|klei|dung, die: *Oberbekleidung für Herren* (1 a).
Her|ren|par|tie, die: **1.** *Ausflug, an dem nur Herren* (1) *teilnehmen.* **2.** *Herrengesellschaft* (1).
Her|ren|pilz, der [eigtl. = der »Herr« unter den Pilzen; der Pilz gilt als vorzüglicher Pilz unter den Speisepilzen] (österr., sonst landsch.): *Steinpilz.*
Her|ren|rad, das: *Herrenfahrrad.*
Her|ren|ras|se, die: *(in den rassistischen Ideologien des 19. u. 20. Jhs, bes. des Nationalsozialismus) geistig, politisch u. kulturell überlegene Menschengruppe, die wegen ihrer weißen Hautfarbe bzw. nordischen* (2) *Abstammung das Recht hat, über andere zu herrschen u. sie zu unterdrücken:* die Weißen fühlten sich in Afrika als H.
Her|ren|rei|ter, der [LÜ von engl. gentleman rider] (Reiten): *Reiter, der sein eigenes Pferd reitet.*
Her|ren|sa|lon, der: *Friseursalon für Herren* (1 a).
Her|ren|sat|tel, der: *Reitsattel für Herren* (1 a), *der den Spreizsitz erfordert.*
Her|ren|schirm, der: *Regenschirm für Herren* (1 a).
Her|ren|schnei|der, der: *Schneider, der Herrenoberbekleidung anfertigt (Berufsbez.).*
Her|ren|schnei|de|rin, die: w. Form zu ↑ Herrenschneider.
Her|ren|schnitt, der: **1. a)** *Haarschnitt für Männer;* **b)** *von Frauen getragene Frisur, die den kurzen Haarschnitt der Männer nachahmt.* **3.** (Textilind.) *für einen Mann, die Figur eines Mannes gemachter Schnitt* (4).
Her|ren|schuh, der: *Schuh für Herren* (1 a).
Her|ren|sitz, der: **1.** ⟨o. Pl.⟩ *Reitsitz im Herrensattel:* sie ritt immer im H. **2.** *herrschaftliches Anwesen, Sitz eines Herren* (3 a).
Her|ren|so|cke, die, (schweiz., sonst landsch.:)
Her|ren|so|cken, der: *Socke für Herren* (1 a).
Her|ren|tier, das ⟨meist Pl.⟩ (veraltend): ²*Primat.*
Her|ren|to|i|let|te, die: *Toilette* (2 a) *für Herren* (1 a).
Her|ren|tor|te, die: *nur leicht süße Torte mit schwachem Alkoholgeschmack.*
Her|ren|trai|ner, der: **1.** *Trainer, der eine Mannschaft od. eine Gruppe männlicher Sportler trainiert.* **2.** (schweiz.) *Trainingsanzug für Herren* (1 a).
Her|ren|uhr, die: *Uhr für Herren* (1 a).

Her|ren|un|ter|wä|sche, die: *Unterwäsche für Herren* (1 a).
Her|ren|ve|lo, das (schweiz.): *Herrenfahrrad*.
Her|ren|welt, die ⟨o. Pl.⟩ (scherzh.): *Gesamtheit der Herren* (1).
Her|ren|witz, der: *derber, frivoler Witz, der üblicherweise erzählt wird, wenn Männer unter sich sind.*
Her|ren|zim|mer, das: *Zimmer, in dem der Hausherr seine [männlichen] Gäste empfängt [u. in dem geraucht wird].*
Herr|gott, der; -s [mhd. herregot; zusger. aus der Anrede herre got]: **1.** (fam.) *Gott: unser H.; der liebe H. im Himmel; zu seinem H. beten; R unser H. hat einen großen Tiergarten* (ugs. scherzh.; *es gibt viele seltsame Mitmenschen*); ** H. noch mal!* (ugs.; Ausruf ungeduldiger Entrüstung). **2.** (südd., österr.) *Kruzifix*.
herr|gött|lich ⟨Adj.⟩ (schweiz.): *wie ein Gott [beschaffen]: das Baby schlief h.*
Herr|gotts|frü|he: nur in der Wendung **in aller H.** (*schon bei Anbruch des Tages, in der Morgendämmerung, im Morgengrauen;* zum Ausdruck der Verstärkung: *in aller H. aufstehen*).
Herr|gotts|kä|fer, der [nach altem Volksglauben werden bestimmte Käfer, die weitverbreitet u. beliebt sind, mit göttlichen, heiligen od. himmlischen Wesen in Verbindung gebracht u. oft als Mittler zu Gottheiten und himmlischen Mächten angesehen] (landsch.): *Marienkäfer*.
Herr|gotts|schnit|zer (südd., österr.): *Holzbildhauer, der vorwiegend religiöse Figuren, bes. Kruzifixe, schnitzt.*
Herr|gotts|schnit|ze|rin, die: w. Form zu ↑ Herrgottsschnitzer.
Herr|gotts|tag, der (schweiz.): *Fronleichnamstag*.
Herr|gotts|win|kel, der (südd., österr., schweiz.): *(in katholischen Bauernstuben) Ecke, die mit dem Kruzifix geschmückt ist [u. in der auch andere Andachtsgegenstände verwahrt werden].*
her|rich|ten ⟨sw. V.; hat⟩: **1. a)** *etw. durch vorbereitende Maßnahmen in einen solchen Zustand bringen, dass es benutzt werden kann: ein Zimmer für den Gast h.;* **b)** *durch Reparaturen o. Ä. in einen gebrauchsfertigen Zustand bringen: er hat das Dach wieder hergerichtet;* **c)** (landsch., bes. südd., österr.) *hinlegen, bereitlegen, zurechtlegen: sie richtete ihm das Frühstück her.* **2.** ⟨h. + sich⟩ (landsch., bes. südd., österr.) *sich zu einem bestimmten Anlass zurechtmachen* (2): *sich für den Theaterbesuch h.; wie hast du dich denn hergerichtet? (in was für einem merkwürdigen Aufzug erscheinst du denn?)*
Her|rich|tung, die; -, -en: *das Herrichten* (1).
Her|rin, die; -, -nen: **1. a)** *Gebieterin, Besitzerin: H. auf, von Schloss Höheneich; H. des Hauses sein; * ihre eigene H. sein* (bes. im feministischen Sprachgebrauch; *von niemandem abhängig, an niemandes Weisungen gebunden sein: sie war schon immer ihre eigene H.*); **b)** *weibliche Person, die jmdn., etw. unter Kontrolle hat, beherrscht* (2): *H. der Lage, des Verfahrens sein; * nicht [mehr] H. ihrer Sinne sein (nicht wissen, was sie tut; die Selbstbeherrschung verlieren).* **2.** (früher) *Anrede für eine Herrin* (1). **3.** (verhüll.) ²*Domina*.
her|risch ⟨Adj.⟩ [mhd. her[i]sch = erhaben, herrlich; nach Art eines Herrn sich benehmend]: *immer herrschen wollend; gebieterisch, mit hochmütigem Stolz befehlend: ein -es Wesen, Auftreten; eine -e Person, Frau; sie ist sehr h.; er forderte h. sein Recht.*
herr|je, herr|je|mi|ne ⟨Interj.⟩ [zusgez. aus Herr Jesu (Domine)] (ugs.): *Ausruf des Erstaunens od. Entsetzens.*
Herr|lein, das; -s; - ⟨Pl. selten⟩ [mhd. herrelīn, Vkl. zu ↑ Herr] (veraltet): *junger Herr*.

herr|lich ⟨Adj.⟩ [mhd., ahd. hērlich, zu: hēr, ↑ hehr]: **1.** *in einem so hohen Maße gut, schön, dass es sich nicht besser, schöner denken lässt: ein -er Tag, Abend; sie war eine -e Frau; der Urlaub war h.; -e Stoffe, Kleider; sie war eine -e Frau; der Urlaub war h.; der Kuchen schmeckt einfach h.; sie lebten h. und in Freuden; -stes Winterwetter;* ⟨subst.:⟩ *bei dieser Hitze ist Wasser etwas Herrliches;* ⟨subst.:⟩ *Sauerkraut kann auch etwas Herrliches sein!* (Remarque, Obelisk 101). **2.** ⟨intensivierend bei Adjektiven⟩ *sehr, überaus: die Couch ist h. bequem.*
Herr|lich|keit, die; -, -en: **1. a)** ⟨o. Pl.⟩ *das Herrlichsein; höchste Schönheit, Großartigkeit: die H. der Natur, der Welt; die H. (Erhabenheit, Vollkommenheit, Größe) Gottes; ist das die ganze H.?* (iron.: *ist das alles?*); *es ist schon vorbei mit der weißen H. (mit dem Schnee);* **b)** ⟨meist Pl.⟩ *etw. Herrliches: die -en der antiken Kunst, des Lebens; auf alle diese -en musste sie nun verzichten.* **2.** ⟨o. Art.⟩ (Geschichte) *Anrede für eine hohe Persönlichkeit.*
Herrn|hu|ter, der; -s, - [nach der Stadt Herrnhut (Sachsen)]: *Angehöriger der Herrnhuter Brüdergemeine (einer aus dem Pietismus hervorgegangenen Freikirche).*
Herr|schaft, die; -, -en [mhd. hērschaft = Hoheit, Herrlichkeit, Würde; Hochmut; Recht u. Besitztum eines Herrn; Obrigkeit; oberherrliches Amt u. Gebiet; Herrscherfamilie; Herr u. Herrin, ahd. herscaf(t) = ↑ Herrschaft (1); Würde; ehrenvolles Amt, zu: hēr, ↑ hehr; schon früh beeinflusst von ↑ Herr]: **1.** ⟨o. Pl.⟩ *Recht u. Macht, über jmdn. zu herrschen: eine absolute, unumschränkte, autoritäre, demokratische H.; die H. des Staates, der Parteien, des Systems; der Diktator bemächtigte sich der H. über das Land; die H. [über jmdn., etw.] innehaben, ausüben, an sich reißen, antreten; seine H. über die ganze Welt ausweiten wollen; unter der H. (Regierungs-, Befehlsgewalt) des Kaisers, des Proletariats; sie waren unter der H. (Regierung) der Spanier gekommen; zur H. gelangen, kommen (die Regierungsnachfolge antreten);* Ü *der Fahrer verlor die H. über das Auto (konnte das Auto nicht mehr steuern).* **2. a)** ⟨Pl.⟩ *Damen u. Herren [in Gesellschaft]: ältere, vornehme -en; fremde -en sind angekommen; die -en werden gebeten, ihre Plätze einzunehmen; meine sehr verehrten -en!;* (ugs.) *Alles, was ich da sage, -en, ist nicht ganz ernst gemeint* (Werfel, Himmel 91); ** Alte -en* (ugs. scherzh.; *Eltern*); **b)** (veraltend) *Dienstherr von Hausangestellten u. seine Angehörigen: die -en sind ausgegangen; seiner H. treu ergeben sein; bei einer feinen, gütigen H. dienen;* **c)** *Person, die über jmdn. herrscht,* bzw. *Personen, die über jmdn. herrschen: die allerhöchsten -en* (veraltend; *der Kaiser u. die Kaiserin*); *sie wurden von der H. drangsaliert.* **3.** (Geschichte) *Besitztum, Landgut eines Freiherrn od. Standesherrn: Die H. Konnern, die heute noch im Besitz der Baronin Weilern ist, besteht aus ungefähr dreizehntausend Morgen* (Hauptmann, Schuß 522). **4.** ** H. [noch mal]!* (ugs.; Ausruf des Unwillens; verhüll. für ↑ Herrgott).
herr|schaft|lich ⟨Adj.⟩: **a)** *zu einer Herrschaft* (2 b) *gehörend, bei einer Herrschaft angestellt: ein -er Diener;* **b)** *einer Herrschaft* (2 b) *gemäß u. entsprechend vornehm u. großzügig in seiner Anlage, Ausstattung o. Ä.: ein -es Haus; h. wohnen.*
Herr|schafts|an|spruch, der: *Anspruch auf Herrschaft* (1) *über ein Gebiet.*
Herr|schafts|ap|pa|rat, der: *Gesamtheit von Mitteln u. Menschen, die allein der Aufrechterhaltung der Herrschaft* (1) *dient: ein h. ausbauen.*

Herr|schafts|be|reich, der: *Bereich, auf den sich jmds. Herrschaft* (1) *erstreckt.*
Herr|schafts|form, die: *Form der Ausübung von Herrschaft* (1): *eine absolutistische, demokratische H.*
herr|schafts|frei ⟨Adj.⟩: *frei von Herrschaft* (1): *eine -e, klassenlose Gesellschaft.*
Herr|schafts|ge|biet, das: *Gebiet, auf das sich jmds. Herrschaft* (1) *erstreckt.*
Herr|schafts|ge|walt, die: *Gewalt, über jmdn. zu herrschen: staatliche H.*
Herr|schafts|in|s|t|ru|ment, das: *Mittel, das dazu dient, etw., jmdn. zu beherrschen: Angst als H.*
herr|schafts|los ⟨Adj.⟩: *keinen Herrscher, keine Herrschaft* (1) *habend: eine -e Gesellschaft.*
Herr|schafts|lo|sig|keit, die; -: *herrschaftsloser Zustand.*
Herr|schafts|ord|nung, die (bes. Soziol.): *durch bestimmte Verhältnisse zwischen Herrscher u. Beherrschtem geprägte Gesellschaftsordnung.*
Herr|schafts|struk|tur, die ⟨meist Pl.⟩: *Struktur der Herrschaftsverhältnisse.*
Herr|schafts|sys|tem, das: vgl. Herrschaftsform: *totalitäre, feudale -e.*
Herr|schafts|ver|hält|nis: 1. *Beziehung, die auf Über- und Unterordnung beruht; Beziehung zwischen Herrschenden u. Beherrschten: das H. zwischen Mann und Frau aufrechterhalten wollen.* **2.** ⟨Pl.⟩ *in einer Gesellschaft bestehende Verhältnisse* (4), *die die Verteilung der Macht betreffen: alte -se ablösen.*
Herr|schafts|wis|sen, das (bes. Soziol.): *[der Ausübung von Herrschaft 1 über andere dienendes] Wissen, das sich jmd. aufgrund seiner Stellung, seiner dienstlichen Aufgaben angeeignet hat u. das anderen nicht zugänglich ist.*
herrsch|be|gie|rig ⟨Adj.⟩ (veraltend selten): *begierig, über jmdn., etw. zu herrschen.*
herr|schen ⟨sw. V.; hat⟩ [mhd. hērschen, hērsen, ahd. hērisōn = Herr sein, [be]herrschen, zu: hēr, ↑ hehr]: **1.** *Macht haben, Gewalt ausüben; regieren u. über Land u. Leute Befehlsgewalt haben: allein, unumschränkt, seit Generationen h.; ein König herrscht in diesem Land, über das Volk; der Diktator herrscht durch Terror; die herrschende Partei, Klasse; das herrschende Haus;* ⟨subst.:⟩ *die Herrschenden werden immer reicher;* Ü *überall herrscht das Kapital; Auch hierzulande herrscht das Geld* (Frisch, Stiller 232). **2.** *in einer bestimmten, auffallenden Weise [allgemein] verbreitet, [fortdauernd] vorhanden, deutlich fühlbar sein: überall herrschte Freude, Trauer, große Aufregung; hier herrscht reges Leben; seit Tagen herrscht in diesem Gebiet Nebel; draußen herrschen/*(ugs. auch:) *herrscht 30° Wärme; im ganzen Land herrschte eine drückende Hitze; im Obdachlosenasyl herrscht Mangel an Decken; es herrscht Schweigen, Einigkeit; die herrschende Meinung.*
Herr|scher, der; -s, - [mhd. herscher, ahd. hērisāri]: *jmd., der herrscht* (1), *der die Macht innehat; Machthaber, Regent: ein grausamer, gerechter, absoluter, gnädiger H.; der H. des Landes; H. über ein Land, ein Volk sein; er spielt sich gerne als H. auf (ist herrschsüchtig); zum H. gekrönt werden.*
Herr|scher|ge|schlecht, das: *Geschlecht, das eine Reihe von Herrschern hervorgebracht hat.*
Herr|scher|haus, das: *Herrschergeschlecht.*
Herr|sche|rin, die; -, -nen [mhd. herscherin]: w. Form zu ↑ Herrscher.
Herr|scher|kult, der: *sakrale Verehrung eines Herrschers.*
herr|scher|lich ⟨Adj.⟩: *einem Herrscher gemäß, entsprechend; wie ein Herrscher; als Herrscher auftretend: eine -e Allüre; h. auftreten.*
Herr|scher|na|tur, die: **1.** ⟨o. Pl.⟩ *Wesensart, die*

deutlich zeigt, dass jmd. befähigt ist zu herrschen (1): seine H. geht manchmal mit ihm durch. **2.** *Mensch mit charakteristischer Herrschernatur* (1): sie, er ist eine H.

Herr|scher|paar, das: *Ehepaar, dessen einer Teil Herrscher od. Herrscherin ist*: das H. traf zu einem Staatsbesuch in der Hauptstadt ein.

Herr|scher|tum, das; -s ⟨geh.⟩: *das Herrschersein*.

Herrsch|sucht, die ⟨o. Pl.⟩ (abwertend): *übersteigertes Verlangen, andere zu beherrschen*.

herrsch|süch|tig ⟨Adj.⟩ (abwertend): *von Herrschsucht zeugend, voller Herrschsucht*: seine Chefin war alles andere als h.

her|rü|cken ⟨sw. V.; ist⟩: *in die Nähe des Sprechenden rücken*.

her|ru|fen ⟨st. V.; hat⟩: *zum Sprechenden rufen*.

her|rüh|ren ⟨sw. V.; hat⟩: *in etw., (selten:) jmdm. seine Ursache, seinen Ursprung haben*: die Narben rühren von einer Kriegsverletzung her; das rührt von ihrem Leichtsinn her.

her|sa|gen ⟨sw. V.; hat⟩: *(etwas Gelesenes, Gelerntes) wiedergeben, aufsagen*: einen Text auswendig, im Schlaf, aus dem Stegreif h.

her|schaf|fen ⟨sw. V.; hat⟩: *an den Ort des Sprechenden schaffen*.

her|schau|en ⟨sw. V.; hat⟩ (südd., österr.): *hersehen*: * [da] schau her! (wer hätte das gedacht!; sieh an!)

her|schen|ken ⟨sw. V.; hat⟩: **1.** *(meist von kleineren Dingen) auf den weiteren Besitz von etw. verzichten u. es jmd. anders schenken*: etw. leichtfertig h. **2.** (Sportjargon) *eine günstige Gelegenheit, ein Tor, einen Punkt o. Ä. zu erzielen, nicht ausnutzen*: in der zweiten Spielhälfte hat die Mannschaft die Führung hergeschenkt.

her|schi|cken ⟨sw. V.; hat⟩: *jmdn., etw. zum Sprechenden schicken*.

her|schie|ben ⟨st. V.; hat⟩: **1.** *zum Sprechenden schieben*: schieb mir doch mal die Dose mit den Keksen her! **2. a)** *sich hinter jmdm. od. einem Gegenstand befinden u. ihn schieben*: sie schob das Kind, den Kinderwagen vor sich her; **b)** *(etw. Unangenehmes) auf einen späteren Zeitpunkt verlegen*: ich habe die Entscheidung lange vor mir hergeschoben.

her|schlei|chen ⟨st. V.⟩: **a)** ⟨ist⟩ *zum Sprechenden schleichen*: sie ist vorsichtig hergeschlichen; **b)** ⟨h. + sich; hat⟩ *sich zum Sprechenden schleichen*: der Junge hatte sich heimlich hergeschlichen; **c)** ⟨ist⟩ *schleichend jmdm. folgen; furchtsam, gedrückt hinter jmdm. hergehen*: wie ein geprügelter Hund schlich er hinter ihr her.

her|schlep|pen ⟨sw. V.; hat⟩: *zum Sprechenden schleppen*.

her|schrei|ben ⟨st. V.; hat⟩: **1.** *etw. an diese Stelle hier hinschreiben*. **2.** ⟨h. + sich⟩ (geh.) *in etw. seinen Ursprung haben; von etw. kommen*: dein Name schreibt sich von einer alten Siedlung her.

her|se|hen ⟨st. V.; hat⟩: *in Richtung auf den Sprechenden sehen*: kannst du mal h.?

her|set|zen ⟨sw. V.; hat⟩: **1.** *an den Ort, in die Nähe des Sprechenden setzen* (2 a): setzt sich das Glas Wasser her! **2.** ⟨h. + sich⟩ *sich zum Sprechenden setzen*: setz dich her [zu mir]! **3.** * *hinter jmdm. h.* (*jmdm. nachsetzen*: der Hund setzte hinter dem Flüchtenden her).

her|sol|len ⟨unr. V.; hat⟩ (ugs.): vgl. hermüssen.

her|stam|men ⟨sw. V.; hat⟩: **1.** *abstammen*: sie stammt von deutschen Einwanderern her. **2.** *herkommen* (2): wo sein Vermögen herstammt, interessiert mich nicht; ich weiß nicht, wo sie herstammt *(in welchem Ort o. Ä. sie geboren wurde)*.

her|stel|len ⟨sw. V.; hat⟩: **1.** *gewerbsmäßig in laufender Produktion anfertigen*: etw. maschinell, von Hand, synthetisch, billig h.; Autos serienmäßig h.; etw. in Heimarbeit h.; im Ausland hergestellte Produkte. **2. a)** *durch bestimmte Anstrengungen zustande bringen, schaffen*: [telefonisch] eine Verbindung, einen Kontakt h.; eine Verbindung zwischen der Insel und dem Festland h.; die Schule möchte ein gutes Verhältnis zum Elternhaus h.; endlich waren Ruhe und Ordnung hergestellt; **b)** ⟨h. + sich⟩ *hergestellt* (2 a), *erreicht werden*: ein so gutes Verhältnis wie früher stellte sich nicht mehr her; Am Nachmittag stellte sich auf dem Gefechtsstand der Führung, wo die einstweiligen Meldungen zusammenliefen, langsam eine H. der Übersicht her (Gaiser, Jagd 96). **3.** *in den ursprünglichen guten Zustand zurückversetzen*: die Kranke war so weit hergestellt *(genesen)*, dass sie aufstehen konnte. **4.** *an den Ort, in die Nähe des Sprechenden stellen*.

Her|stel|ler, der; -s, -: **1.** *Person od. Firma, die etw. industriemäßig herstellt* (1); *Produzent einer Ware*. **2.** *(Verlagsw.) Angestellter eines Verlags, der in der Herstellung tätig ist* (Berufsbez.).

Her|stel|ler|an|ga|be, die: **a)** *Information, Angabe, die ein Hersteller zu einem bestimmten Produkt macht*; **b)** *Angabe des Namens [u. der Adresse] des Herstellers*.

Her|stel|ler|be|trieb, der: *Betrieb, in dem Produkte hergestellt werden bzw. ein Produkt hergestellt wird*.

Her|stel|ler|fir|ma, die: vgl. Herstellerbetrieb.

Her|stel|le|rin, die: w. Form zu ↑ Hersteller.

Her|stel|ler|mar|ke, die: *Warenzeichen*.

her|stel|ler|un|ab|hän|gig ⟨Adj.⟩: *unabhängig* (2 a) *vom Hersteller [funktionierend]*.

Her|stel|ler|werk, das: *Herstellerbetrieb*.

Her|stel|lung, die; -, -en: **1.** ⟨Pl. selten⟩ *das Herstellen*: serienmäßige, maschinelle H. von Gütern, Waren. **2.** ⟨o. Pl.⟩ *das Herstellen* (2 a): die H. diplomatischer Beziehungen. **3.** ⟨o. Pl.⟩ *das Herstellen* (3): die Arbeiten zur H. des Altbaus. **4.** ⟨Pl. selten⟩ *Abteilung eines Verlags, die für die satztechnische Herstellung* (1) *von Verlagswerken, die Kalkulation u. Überwachung der Druck- u. Bindearbeiten zuständig ist.*

Her|stel|lungs|art, die: *Art der Herstellung*.

Her|stel|lungs|kos|ten ⟨Pl.⟩: *Kosten für die Herstellung eines Produkts; Fertigungskosten*.

Her|stel|lungs|land, das ⟨Pl. …länder⟩: *Land, in dem ein Produkt hergestellt* (1) *wird; Herkunftsland*.

Her|stel|lungs|preis, der: *Herstellungskosten*.

Her|stel|lungs|pro|zess, der: *Ablauf der Herstellung* (1).

Her|stel|lungs|ver|fah|ren, das: *zur Herstellung eines Produktes angewandtes Verfahren*.

her|stol|pern ⟨sw. V.; ist⟩: vgl. herlaufen (2).

her|stür|zen ⟨sw. V.; ist⟩: **1.** *abrupt, hastig u. erregt laufen*: hinter jmdm. h. **2.** *in äußerster Eile aufgeregt zum Sprechenden laufen*: auf diese Nachricht hin ist sie sofort hergestürzt.

her|tra|gen ⟨st. V.; hat⟩: **1.** *etw. in die Richtung des Sprechenden, zum Sprechenden tragen*. **2.** *jmdn., etw. tragen u. dabei hinter, vor od. neben jmdm. gehen*: etw. hinter, neben, vor jmdm. h.

her|trei|ben ⟨st. V.; hat⟩: **1.** *jmdn., etw. in Richtung auf den Sprechenden, zum Sprechenden treiben*. **2.** *sich dicht hinter jmdm. vorwärtsbewegen u. ihn antreiben*: der Junge trieb die Gänse vor sich her.

her|trot|ten ⟨sw. V.; ist⟩: **1.** *gemächlich zum Sprechenden laufen*. **2.** vgl. herlaufen (2): die Kinder trotteten hinter der Mutter her.

Hertz, das; -, - [nach dem dt. Physiker H. Hertz (1857–1894)] (Physik): *Maßeinheit der Frequenz* (Zeichen: Hz).

he|rü|ben ⟨Adv.⟩ [aus ↑²her u. landsch. üben = drüben] (bayr., österr.): *hier auf dieser Seite = diesseits*: h. gefiel es mir besser als jenseits des Sees.

he|r|über ⟨Adv.⟩ [mhd. her über, (spät)ahd. hara(hera) ubere, zu ↑her u. ↑¹über]: *von dort drüben hierher*.

he|r|über|be|mü|hen ⟨sw. V.; hat⟩ (geh.): **1.** *jmdn. von dort drüben hierher [zum Sprechenden] bemühen* (3). **2.** ⟨h. + sich⟩ *sich von dort drüben hierher [zum Sprechenden] bemühen* (2).

he|r|über|bit|ten ⟨st. V.; hat⟩: *bitten, herüberzukommen* (a, b).

he|r|über|bli|cken ⟨sw. V.; hat⟩: *von dort drüben hierher [zum Sprechenden] blicken*.

he|r|über|brin|gen ⟨unr. V.; hat⟩: *von dort drüben, aus einem anderen Raum o. Ä. hierher [zum Sprechenden] bringen*.

he|r|über|drin|gen ⟨st. V.; ist⟩: *von dort drüben hierher [zum Sprechenden] dringen*.

he|r|über|dür|fen ⟨unr. V.; hat⟩: **1.** *herüberkommen, -gehen, -fahren o. Ä. dürfen*. **2.** *herübergebracht werden dürfen*.

he|r|über|fah|ren ⟨st. V.⟩: **1.** ⟨ist⟩ *von dort drüben hierher [zum Sprechenden] fahren* (1 a, 2 a). **2.** *von dort drüben hierher [zum Sprechenden] fahren* (3 b, 6).

he|r|über|flie|gen ⟨st. V.⟩: **1.** ⟨ist⟩ *von dort drüben [über etw. Trennendes hinweg] hierher [zum Sprechenden] fliegen* (1, 4, 8, 11). **2.** ⟨hat⟩ *von dort drüben [über etw. Trennendes hinweg] hierher [zum Sprechenden] fliegen* (7), *mit einem Luftfahrzeug befördern, transportieren*.

he|r|über|ge|ben ⟨st. V.; hat⟩: *von dort drüben hierher [in die Hand des Sprechenden] geben*: würden Sie mir bitte die Speisekarte h.?

he|r|über|ge|hen ⟨unr. V.; ist⟩: *von dort drüben, von einem anderen Raum, Ort o. Ä. hierher [zum Sprechenden] gehen*.

he|r|über|grü|ßen ⟨sw. V.; hat⟩: *von dort drüben hierher [zum Sprechenden] grüßen*: sie grüßte von der Theke zu mir herüber; Ü Burgen grüßten auf der Fahrt zu uns herüber.

¹he|r|über|hän|gen ⟨st. V.; hat⟩: *von dort drüben bis auf diese Seite ¹hängen* (1 a): die Zweige hängen [über den Zaun] in unseren Garten herüber.

²he|r|über|hän|gen ⟨sw. V.; hat⟩: *etw. von dort drüben hierher [zum Sprechenden] ²hängen* (1 a): kannst du das Bild nicht an diese Wand h.?

he|r|über|hel|fen ⟨st. V.; hat⟩: *helfen herüberzukommen* (a): komm, ich helfe dir [über den Zaun, Bach] zu mir herüber!

he|r|über|ho|len ⟨sw. V.; hat⟩: **a)** *von dort drüben, aus einem anderen Raum o. Ä. hierher [zum Sprechenden] holen*; **b)** *aus einem anderen Land o. Ä. zum Sprechenden holen*: sie hat ihre Eltern aus Polen herübergeholt.

he|r|über|klet|tern ⟨sw. V.; ist⟩: *von dort drüben über ein Hindernis hinweg hierher [zum Sprechenden] klettern*.

he|r|über|kom|men ⟨st. V.; ist⟩: **a)** *von dort drüben, von einem anderen Raum o. Ä. hierher [zum Sprechenden] kommen*: sie kam an unseren Tisch herüber; **b)** *hierher [zum Sprechenden] kommen, um einen nachbarlichen Besuch zu machen*: komm doch nachher [auf ein Glas Wein] zu uns herüber!; **c)** vgl. herüberholen (b): sie sind in den Sechzigerjahren [aus Italien] herübergekommen.

he|r|über|lan|gen ⟨sw. V.; hat⟩ (landsch.): *herüberreichen*.

he|r|über|las|sen ⟨st. V.; hat⟩: *herüberkommen* (a) *lassen*.

he|r|über|lau|fen ⟨st. V.; ist⟩: *von dort drüben, aus einem anderen Raum, Ort o. Ä. hierher [zum Sprechenden] laufen*.

he|r|über|lo|cken ⟨sw. V.; hat⟩: *von dort drüben*

herüberreichen – herumfingern

[über etw. Trennendes hinweg] hierher [zum Sprechenden] locken.

he|r|ü|ber|rei|chen ⟨sw. V.; hat⟩: **1.** *von dort drüben hierher [zum Sprechenden] reichen* (1 a): würdest du mir bitte das Salz, den Aschenbecher h.? **2.** *von dort drüben bis hierher [zum Sprechenden] reichen* (3): das Kabel reicht nicht [bis zu mir] herüber.

he|r|ü|ber|ret|ten ⟨sw. V.; hat⟩: **1.** *von dort drüben nach hierher retten, in Sicherheit bringen.* **2.** *hinüberretten* (2 a): der Adel konnte einige Privilegien in die Neuzeit h.

he|r|ü|ber|rü|cken ⟨sw. V.⟩: **1.** ⟨hat⟩ *von dort drüben hierher [zum Sprechenden] rücken:* den Stuhl h. **2.** ⟨ist⟩ *durch Rücken seinen Platz von dort drüben hierher [zum Sprechenden] verlegen:* sie ist zu mir herübergerückt.

he|r|ü|ber|ru|fen ⟨st. V.; hat⟩: *von dort drüben [über etw. Trennendes hinweg] hierher [zum Sprechenden] rufen.*

he|r|ü|ber|schal|len ⟨sw. u. st. V.; ist/hat⟩: *von dort drüben [über etw. Trennendes hinweg] hierher [zum Sprechenden] schallen.*

he|r|ü|ber|schau|en ⟨sw. V.; hat⟩: **1.** (landsch.) *herübersehen* (1): die Leute am Nachbartisch haben zu uns herübergeschaut. **2.** (ugs.) *herübersehen* (2).

he|r|ü|ber|schi|cken ⟨sw. V.; hat⟩: *von dort drüben, von einem anderen Raum, Ort o. Ä. hierher [zum Sprechenden] schicken.*

he|r|ü|ber|schlei|chen ⟨st. V.⟩: **a)** ⟨ist⟩ *von dort drüben [über etw. Trennendes hinweg] hierher [zum Sprechenden] schleichen;* **b)** ⟨h. + sich; hat⟩ *sich von dort drüben [über etw. Trennendes hinweg] hierher [zum Sprechenden] schleichen.*

he|r|ü|ber|schwim|men ⟨st. V.; ist⟩: *von der gegenüberliegenden Seite hierher [zum Sprechenden] schwimmen.*

he|r|ü|ber|se|hen ⟨st. V.; hat⟩: **1.** *von dort drüben hierher [zum Sprechenden] sehen.* **2.** *herübergehen, -kommen* (a) *u. nach jmdm., etw. sehen* (9 a).

he|r|ü|ber|sol|len ⟨unr. V.; hat⟩ (ugs.): **1.** *herüberkommen, -gehen, -fahren o. Ä. sollen.* **2.** *herübergebracht werden sollen.*

he|r|ü|ber|sprin|gen ⟨st. V.; ist⟩: **1.** vgl. *herüberklettern.* **2.** (landsch.) *schnell, eilig herüberlaufen:* sie ist kurz zu mir herübergesprungen.

he|r|ü|ber|stei|gen ⟨st. V.; ist⟩: vgl. *herüberklettern.*

he|r|ü|ber|stel|len ⟨sw. V.; hat⟩: *von dort drüben, von einem anderen Raum hierher [zum Sprechenden] stellen.*

he|r|ü|ber|tö|nen ⟨sw. V.; ist⟩: vgl. *herüberschallen.*

he|r|ü|ber|tra|gen ⟨st. V.; hat⟩: *von dort drüben [über etw. Trennendes hinweg] hierher [zum Sprechenden] tragen:* Ü der Wind trägt den Lärm, den Gestank herüber.

he|r|ü|ber|wach|sen ⟨st. V.; ist⟩: *von dort drüben [über etw. Trennendes hinweg] hierher [zum Sprechenden] wachsen:* die Äste wachsen immer weiter in unseren Garten herüber; * etw. h. lassen (↑ rüberwachsen).

he|r|ü|ber|wech|seln ⟨sw. V.; ist, (auch:) hat⟩: *überwechseln.*

he|r|ü|ber|we|hen ⟨sw. V.⟩: **1. a)** ⟨hat⟩ *von dort drüben hierher [zum Sprechenden] wehen:* der Wind weht von den Bergen herüber; **b)** *etw. von dort drüben hierher [zum Sprechenden] wehen:* der Sturm hat die Blätter herübergeweht. **2.** ⟨ist⟩ *von dort drüben hierher [zum Sprechenden] gebracht u. dabei akustisch wahrnehmbar werden:* der Glockenklang wehte mit dem Wind vom See herüber.

he|r|ü|ber|wer|fen ⟨st. V.; hat⟩: *von dort drüben hierher [zum Sprechenden] werfen.*

he|r|ü|ber|wol|len ⟨unr. V.; hat⟩: vgl. *herüberdürfen.*

he|r|ü|ber|zie|hen ⟨unr. V.⟩: **1.** ⟨hat⟩ *von dort drüben hierher [zum Sprechenden] ziehen:* jmdn., den Stuhl h.; Ü jmdn. zu sich h. *(jmdn. für sich, seinen Standpunkt, seine Absichten, Pläne o. Ä. gewinnen).* **2.** ⟨ist⟩ *von dort drüben hierher [zum Sprechenden] ziehen* (7, 8).

he|r|um ⟨Adv.⟩ [mhd. her umb(e), aus ↑ her u. ↑¹um]: **1. a)** bezeichnet eine [kreisförmige] Bewegung im Hinblick auf einen in der Mitte liegenden Bezugspunkt: im Kreis h.; sie stellte das Buch verkehrt h. *(mit dem Rücken zur Wand od. auf dem Kopf)* ins Regal; Ü die Story wird gleich h. *(durch Weitererzählen bekannt)* sein; **b)** drückt aus, dass etw. eine Lage hat od. erhält, aufgrund deren es eine Mitte, ein Inneres umschließt, umgibt: so ein gefährliches Loch, und nicht einmal eine Absperrung h.! **2.** ⟨als Verstärkung der Präp. »um«⟩ **a)** *in [ungefähr] kreisförmiger Anordnung um etw.;* rund, rings um einen Ort o. Ä.: um den Platz h. stehen alte Linden; die Gegend um die Hauptstadt h. ist dicht besiedelt; **b)** *in jmds. Nähe, engerer Umgebung:* sie registriert nicht, was um sie h. geschieht; das Muttertier ist ständig um das Junge h. **3.** (in Verbindung mit der Präp. »um«) (ugs.) *(in Bezug auf Raum-, Zeit-, Mengenangaben o. Ä.) etwa, ungefähr:* es kostet so um [die] 100 Euro h.; um Weihnachten h.; wir treffen uns um fünf h.; sie ist um [die] 60 h. *(etwa 60 Jahre alt).* **4.** *vergangen, verstrichen, vorüber, vorbei:* die Ferien sind, die Woche ist schon fast wieder h.

he|r|um|al|bern ⟨sw. V.; hat⟩: *anhaltend albern.*

he|r|um|är|gern, sich ⟨sw. V.; hat⟩ (ugs.): *sich im Verlauf von etw. immer wieder über jmdn., etw. ärgern müssen [ohne eine Änderung zu erzielen].*

he|r|um|bal|gen, sich ⟨sw. V.; hat⟩ (ugs.): *sich anhaltend, dauernd mit jmdm. balgen:* er balgte sich gern mit anderen Kindern herum.

he|r|um|bal|lern ⟨sw. V.; hat⟩ (ugs.): *herumschießen* (1).

he|r|um|bas|teln ⟨sw. V.; hat⟩: *über längere Zeit hin [ohne sichtbaren Erfolg] an etw. basteln:* sie bastelten an der Elektrik herum; Ü er bastelt an einem Aufsatz herum.

he|r|um|be|kom|men ⟨st. V.; hat⟩ (ugs.): *herumkriegen.*

he|r|um|bes|sern ⟨sw. V.; hat⟩ (ugs.): *über längere Zeit immer wieder [ohne Erfolg] Verbesserungen an etw. anbringen.*

he|r|um|bie|gen ⟨st. V.⟩: **1.** ⟨hat⟩ **a)** *in eine andere Richtung, auf die andere Seite biegen:* den Draht mit einer Zange h.; Ü den Kampf noch h. können; **b)** *(um etw.) biegen:* den Arm der Puppe um den Besen h.; **c)** *nach der richtigen Position o. Ä. suchend hierhin u. dorthin biegen:* du sollst nicht selbst an deinem Brillenbügel herumbiegen! **2.** ⟨ist⟩ *(beim Laufen, Fahren o. Ä.) einen Bogen, eine Biegung um etw. machen:* sie sah gerade noch, wie die beiden um die Ecke herumbogen.

he|r|um|bin|den ⟨st. V.; hat⟩: *um etw. binden, durch Binden um etw. befestigen.*

he|r|um|blät|tern ⟨sw. V.; hat⟩: *über längere Zeit flüchtig, wahllos in etw. blättern* (1).

he|r|um|blö|deln ⟨sw. V.; hat⟩: *anhaltend blödeln:* er ist selten ernst und blödelt viel herum.

he|r|um|boh|ren ⟨sw. V.; hat⟩ (ugs.): **1.** *über eine längere Zeit in etw. bohren* (1): in der Nase h. **2.** *über längere Zeit immer wieder bohren* (4, 5): der Staatsanwalt bohrte in der Aussage der Zeugin herum.

he|r|um|bos|seln ⟨sw. V.; hat⟩ (ugs.): *über längere Zeit an etw. bosseln* (1 a): jeden Tag bosselt er an seinem Motorrad herum.

he|r|um|brin|gen ⟨unr. V.; hat⟩ (ugs.): **1.** *herumkriegen* (2): die Wartezeit brachte er mit Würfeln herum. **2.** *herumkriegen* (1): mit vielen Versprechen hatte er sie schließlich herumgebracht. **3.** *durch Erzählen überall bekannt machen:* eine Sache h.

he|r|um|brül|len ⟨sw. V.; hat⟩ (ugs.): vgl. *herumschreien:* der Betrunkene brüllte herum.

he|r|um|bum|meln ⟨sw. V.; hat⟩ (ugs.): **1.** ⟨ist⟩ *über längere Zeit bummeln* (1). **2.** ⟨hat⟩ (abwertend) *bei einer Tätigkeit anhaltend bummeln* (2).

he|r|um|deu|teln ⟨sw. V.; hat⟩ (ugs.): *an etw. deuteln.*

he|r|um|dok|tern ⟨sw. V.; hat⟩ [zu ↑ Doktor (2)] (ugs.): **a)** *auf dilettantische Weise zu heilen versuchen:* er doktert schon lange an seinem offenen Bein herum; **b)** *planlos, ziellos versuchen, etw. zu verbessern od. in Ordnung zu bringen:* er hat lange am Motor herumgedoktert.

he|r|um|dö|sen ⟨sw. V.; hat⟩: *über längere Zeit dösen.*

he|r|um|dre|hen ⟨sw. V.; hat⟩: **1.** *um eine Drehachse drehen:* sich im Kreis, den Schlüssel im Schloss h. **2.** (ugs.) *auf die andere Seite drehen; umdrehen, [um]wenden:* sich schnell, langsam, ängstlich h.; die Matratze, die Tischdecke h. **3.** (ugs.) *(bei jmdm.) eine Änderung ins Gegenteil vornehmen (z. B. in Bezug auf bestimmte Ziele); ins Gegenteil umändern:* jmdn. h. **4.** (ugs.) *über eine längere Zeit an etw. drehen [ohne dadurch etw. zu erreichen]:* an den Schaltern, den Knöpfen des Radios h.; er dreht dauernd am Radio herum *(betätigt … die Knöpfe des Radios).*

he|r|um|drü|cken ⟨sw. V.; hat⟩: **1.** *von der einen Seite auf die andere drücken* (1 d): den Hebel h. **2.** ⟨h. + sich⟩ (ugs.) *sich vor etw. drücken* (5): man hatte sich um eine Entscheidung herumgedrückt. **3.** ⟨h. + sich⟩ (ugs.) *sich längere Zeit irgendwo, in jmds. Nähe aufhalten, ohne etw. [Nützliches] zu tun:* sich in Lokalen, auf der Straße h. **4.** (selten) *herumdrucksen.*

he|r|um|druck|sen ⟨sw. V.; hat⟩ (ugs.): *immer wieder zögernd u. nicht direkt etw. aussprechen, sich zu etw. äußern:* erst druckste er herum, dann kam er mit der Sprache heraus.

he|r|um|er|zäh|len ⟨sw. V.; hat⟩ (ugs.): *herumtragen* (2): überall hat er herumerzählt, dass er bald heiraten wird.

he|r|um|ex|pe|ri|men|tie|ren ⟨sw. V.; hat⟩ (ugs.): *ohne festen Plan immer aufs Neue [erfolglos] an etw. experimentieren:* sie experimentierte an einem neuen Modell herum.

he|r|um|fah|ren ⟨st. V.⟩: **1.** *rund um etw. fahren* (1 a): um den Platz h. **2.** (ugs.) **a)** ⟨ist⟩ *planlos, ziellos in der Gegend umherfahren; spazieren fahren:* im Auto h.; **b)** ⟨hat⟩ *jmdn. an verschiedene Orte einer bestimmten Gegend fahren* (7): ich habe ihn in der Stadt herumgefahren. **3. a)** ⟨ist⟩ *sich mit einer heftigen, plötzlichen Bewegung umwenden, herumdrehen* (2): bei dem Knall fuhr sie erschrocken herum; Plötzlich fuhr sie heftig herum, ohne selbst zu wissen, aus welchem Grunde (Hauptmann, Thiel 31); **b)** ⟨hat/ist⟩ (ugs.) *mit einer ziellosen schnellen Bewegung über etw. streichen, wischen:* mit der Hand im Gesicht h.; … er fuhr sich dauernd mit dem Zeigefinger im Kragen herum und war wohl auch etwas blasser geworden (Schnurre, Bart 93); **c)** ⟨ist⟩ (ugs.) *einer Mitteilung heftig gestikulierend hin u. her bewegen:* sie fuhr aufgeregt mit den Armen in der Luft herum.

he|r|um|fin|gern ⟨sw. V.; hat⟩ (ugs.): **1.** *sich [ziellos] mit den Fingern an etw. zu schaffen machen:* an einem Knoten h., um das Paket zu öffnen; sie fingerte nervös an ihrem Ausweis herum *(hielt ihn unruhig in den Fingern).* **2.** *(in sexueller Absicht) längere Zeit eine Körperstelle mit den Fingern berühren, betasten.*

he|r|um|fla|nie|ren ⟨sw. V.; ist⟩: *flanieren.*

he|r|um|flat|tern ⟨sw. V.; ist⟩ (ugs.): **1.** *ohne eine bestimmte Richtung irgendwohin flattern.* **2.** *um jmdn., etw. flattern* (3 a).

he|r|um|fle|geln ⟨sw. V.; hat⟩ (ugs. abwertend): **a)** ⟨h + sich⟩ *irgendwo in betont nachlässiger Haltung faul herumliegen, -sitzen;* **b)** *sich ungehörig benehmen, frech sein.*

he|r|um|flie|gen ⟨st. V.⟩ (ugs.): **a)** ⟨ist⟩ *ohne bestimmtes Ziel, festgesetzte Richtung fliegen* (1, 2, 4 a); **b)** ⟨hat⟩ *jmdn., etw. an verschiedene Orte einer Gegend fliegen* (7): *jmdn. [mit dem Hubschrauber] h.; sich in der Gegend h. lassen.*

he|r|um|fra|gen ⟨sw. V.; hat⟩ (ugs.): *verschiedene Leute fragen:* im Betrieb, im Bekanntenkreis, in der Nachbarschaft, unter den Kollegen h.

he|r|um|fuch|teln ⟨sw. V.; hat⟩ (ugs.): *(mit etw.) fuchtelnde Bewegungen ausführen:* der Einbrecher fuchtelte mit der Pistole herum.

he|r|um|füh|ren ⟨sw. V.; hat⟩ (ugs.): **1. a)** *nacheinander an verschiedene Orte führen* (1), *um etw. zu zeigen:* einen Besucher [im Haus, im Betrieb] h.; **b)** *(um etw.) führen:* jmdn. um den Platz h. **2. a)** *(um etw.) führen* (7 a): die Bahntrasse wird um das Naturschutzgebiet herumgeführt; **b)** *(in kreis- oder bogenförmiger Weise um etw. herum) verlaufen, (um etw.) führen* (7 b): die Autobahn führt [in weitem Bogen] um die Stadt herum.

he|r|um|fuhr|wer|ken ⟨sw. V.; hat⟩ (ugs. abwertend): *[unkontrolliert u. planlos] hantieren:* sie fuhrwerkt mit dem Besen herum.

he|r|um|fum|meln ⟨sw. V.; hat⟩ (ugs.): **1. a)** *(an etw.) fummeln* (1 a): er fummelt an der Waschmaschine herum; **b)** *sich [in unsachgemäßer, ungeschickter, schädlicher Weise] (an etw.) zu schaffen machen:* zerfahren hantierte er an dem Revolver herum. **2.** *(an jmdm.) fummeln* (1 d): kaum sind sie zusammen, fummelt er an ihr herum.

he|r|um|gam|meln ⟨sw. V.; hat⟩: *die Zeit verbringen, ohne einer [sinnvollen] Beschäftigung nachzugehen; untätig, müßig* (1 a) *sein:* den ganzen Tag [auf dem Sofa] h.

he|r|um|ge|ben ⟨st. V.; hat⟩: *(in einer Runde, einem Kreis von Menschen) von Hand zu Hand geben:* ein Buch, Informationsblatt h.

he|r|um|ge|hen ⟨unr. V.; ist⟩: **1.** (ugs.) *[ziellos] von einer Stelle zur andern gehen:* im Haus, im Garten, in der Stadt, im Zimmer h. **2. a)** *in einer Runde, Gesellschaft von einem zum andern gehen:* sie ist herumgegangen und hat mit jedem gesprochen; **b)** (ugs.) *in einer Runde, Gesellschaft von einem zum anderen gereicht werden:* das Foto, der Pokal ging [im Kreis der Versammelten] herum; eine Sammelbüchse, den Klingelbeutel h. lassen; **c)** (ugs.) *durch Weitererzählen verbreitet werden:* die Neuigkeit ging in der ganzen Stadt herum. **3. a)** *im Kreis, im Bogen (um etw.) gehen:* ums Haus, um den Tisch, um eine Pfütze h.; sollen wir die durchwaten oder lieber h.?; **b)** *jmdm., einer unangenehmen Sache ausweichen:* die beiden gehen immer umeinander herum. **4.** (ugs.) *vergehen, verstreichen:* der Urlaub, die schöne Zeit ist viel zu schnell herumgegangen.

he|r|um|geis|tern ⟨sw. V.; ist⟩ (ugs.): *[wider Erwarten] irgendwo allein herumgehen* (1), *sich zu schaffen machen:* was geisterst du denn noch, schon wieder hier herum?; Ü diese revolutionären Ideen geistern schon lange im Volk herum.

he|r|um|gon|deln ⟨sw. V.; ist⟩ (ugs.): *gemächlich herumfahren* (2 a): mit dem Rad h.

he|r|um|grei|fen ⟨st. V.; hat⟩: **1.** *greifend die Finger einer Hand (um etw.) herumlegen:* er kann bequem um ihr Handgelenk h. **2.** *eine greifende Hand (um etw.) herumführen:* sie griff um den Torpfosten herum und tastete nach der Klinke.

he|r|um|gu|cken ⟨sw. V.; hat⟩ (ugs.): *sich umsehen* (1): sie guckt in der Stadt herum.

he|r|um|gur|ken ⟨sw. V.; ist⟩ (ugs.): *herumfahren* (2 a): er ist gestern mit seinem alten Fahrrad herumgegurkt.

he|r|um|ha|ben ⟨unr. V.; hat⟩ (ugs.): *rumhaben* (2): was machst du, wenn du deinen Ersatzdienst herumhast?

he|r|um|ha|cken ⟨sw. V.; hat⟩ (ugs.): **1.** *sich hackend* (1 a) *betätigen:* wie lange wollen die da eigentlich noch h.?; Ü er hackte auf seinem Laptop herum. **2.** *(an jmdm., etw.) dauernd etw. auszusetzen, zu kritisieren haben:* der Trainer hackt dauernd auf ihr herum.

he|r|um|häm|mern ⟨sw. V.; hat⟩ (ugs.): *sich hämmernd betätigen, zu schaffen machen:* an einem Stück Blech, an einem Werkstück h.; Ü er hämmerte auf dem Klavier, auf der Schreibmaschine herum.

he|r|um|ham|peln ⟨sw. V.; hat⟩ (ugs.): *sich unruhig in diese u. jene Richtung bewegen; rumhampeln:* musst du die ganze Zeit so h.?

he|r|um|han|gen ⟨sw. V.; hat⟩ (ugs.): **1.** *[unordentlich, störend] hängen, aufgehängt sein:* etw. h. lassen; was hängt da eigentlich seit Tagen für ein Mantel herum?; bei Regen hängt die Wäsche immer in der Wohnung herum. **2.** *rumhängen* (2): er hängt ständig in der Kneipe herum.

he|r|um|han|tie|ren ⟨sw. V.; hat⟩ (ugs.): **a)** *geschäftig [mit den Händen] arbeiten, tätig sein:* ich hörte sie in der Küche h.; **b)** *[über einen längeren Zeitraum hinweg] mit etw., was man in den Händen hält, umgehen, sich an etw. zu schaffen machen:* er hantierte mit einer Pistole herum; Ü im Labor hantierten sie noch die ganze Nacht an den Ergebnissen herum.

he|r|um|het|zen ⟨sw. V.⟩ (ugs.): **1.** ⟨hat⟩ *durch die Gegend treiben, jagen:* er hetzte den Hund auf dem Platz herum. **2.** ⟨ist⟩ *von einer Stelle zur anderen eilen:* vor ihrer Hochzeit ist sie monatelang herumgehetzt.

he|r|um|hol|cken ⟨sw. V.; hat; südd., österr., schweiz.: ist⟩: **1.** (ugs.) *herumsitzen* (1): sie hockten untätig herum. **2. a)** *im Bogen, im Kreis (um etw.) hocken* (1 a): wir hockten um ein Feuer herum; **b)** (ugs., bes. südd.) *herumsitzen* (2): sie hockten um ihn herum und lauschten seiner Erzählung. **3.** ⟨h. + sich⟩ **a)** *sich im Kreis, im Bogen (um jmdn., etw.) hocken:* wir hockten uns um die Feuerstelle herum; **b)** (ugs., bes. südd.) *sich (um jmdn., etw.) herumsetzen:* hockt euch doch um den Tisch herum.

he|r|um|hop|sen ⟨sw. V.; ist⟩ (ugs.): **1.** *längere Zeit hopsen.* **2.** *sich hopsend um jmdn., um etw. herum bewegen.*

he|r|um|hor|chen ⟨sw. V.; hat⟩ (ugs., bes. südd., österr.): *sich umhören, herumfragen:* bei Kollegen, im Bekanntenkreis h.

he|r|um|hüp|fen ⟨sw. V.; ist⟩ (ugs.): **1.** *sich hüpfend [hin u. her] bewegen:* [auf einem Bein] im Zimmer h. **2.** *sich hüpfend (um jmdn., etw. herum) bewegen:* um einen Busch h.

he|r|um|hu|ren ⟨sw. V.; hat⟩ (salopp abwertend): *mit wechselnden Partnern geschlechtlich verkehren.*

he|r|um|ir|ren ⟨sw. V.; ist⟩ (ugs.): *durch die Gegend irren; umherirren:* im Wald h.

he|r|um|ja|gen ⟨sw. V.⟩ (ugs.): **1.** ⟨hat⟩ *von einem Ort zum anderen jagen* (3 a), *schicken:* jmdn. in der Gegend h. **2.** ⟨ist⟩ *[ziel- u. planlos] wie gehetzt von einer Stelle zur anderen eilen:* er jagte wie wild in der Gegend herum.

◆ **he|r|um|ka|te|che|sie|ren** ⟨sw. V.; hat⟩ [zu ↑*katechisieren*]: *schulmeistern, abfragen:* Musst' er nicht einen Bettelsjungen, der bloß auf einen Pfennig aufsah, h....? (Jean Paul, Wutz 23).

he|r|um|kau|en ⟨sw. V.; hat⟩ (abwertend): *anhaltend (an etw., auf etw.) kauen:* er kaute auf einer Speckschwarte herum; musst du ständig an deinem Bleistift h.?

he|r|um|klet|tern ⟨sw. V.; ist⟩ (ugs.): *sich kletternd von einem Ort zum andern bewegen:* die Kinder klettern den ganzen Tag in den Felsen herum.

he|r|um|klim|pern ⟨sw. V.; hat⟩ (ugs. abwertend): *klimpern* (2 a): musst du die ganze Zeit auf dem Klavier h.?

he|r|um|kno|beln ⟨sw. V.; hat⟩ (ugs.): *(an etw.) knobeln* (2): an einem Rätsel h.

he|r|um|knut|schen ⟨sw. V.; hat⟩ (salopp abwertend): *knutschen:* auf einer Party h.

he|r|um|kom|man|die|ren ⟨sw. V.; hat⟩ (ugs.): *jmdn. ohne äußere Notwendigkeit, aus Freude am Kommandieren, Befehle erteilen [u. ihn bzw. sie damit schikanieren]:* sie lässt sich von ihm nicht h.

he|r|um|kom|men ⟨st. V.; ist⟩ (ugs.): **1. a)** *beim Versuch, sich (um jmdn., etw.) herumzubewegen, Erfolg haben:* er kam mit dem Laster nicht um die Biegung herum; **b)** *(um etw.) herumgefahren, herumgelaufen kommen:* sie kam gerade um die Ecke herum; **c)** *etw. umschließen, umfassen können:* der Stamm ist so dick, dass sie mit den Armen nicht herumkomme. **2.** *etw. Unangenehmes umgehen, vermeiden können:* um eine Steuererhöhung werden wir nicht h. **3.** *reisend an verschiedene Orte kommen:* wenig, nicht weit h.; der Reporter kam viel in der Welt herum. **4.** *mit etw. der Reihe nach fertig werden, etw. schaffen, bewältigen können:* nicht mit allen Festvorbereitungen [einfach nicht] h. **5.** *durch Gerede von einem zum anderen getragen werden:* das Gerücht kam schnell in der Stadt herum.

he|r|um|krab|beln ⟨sw. V.; ist⟩ (ugs.): vgl. *herumkriechen.*

he|r|um|ka|kee|len ⟨sw. V.; hat⟩ (ugs. abwertend): *krakeelen:* musst du so h.?

he|r|um|kra|men ⟨sw. V.; hat⟩ (ugs.): *kramen* (1 a): in der Tasche h.

he|r|um|kreb|sen ⟨sw. V.; hat⟩ (ugs.): **a)** *sich ohne Erfolg abmühen; trotz zahlreicher Anstrengungen in einer schlechten Lage sein:* mit dem Geschäft krebst er am Rande des Ruins herum; **b)** *schwach u. kränklich sein u. nicht zu Kräften kommen:* seit seiner Krankheit im letzten Jahr krebst er nur noch herum.

he|r|um|krie|chen ⟨st. V.; ist⟩ (ugs.): **1.** *[ziellos durch die Gegend] kriechen:* in dem Terrarium krochen nur ein paar Schildkröten herum. **2.** *sich kriechend (um etw.) herumbewegen:* um etw. h.

he|r|um|krie|gen ⟨sw. V.; hat⟩: **1.** (salopp) *durch beharrliches Reden, geschicktes Vorgehen zu einem bestimmten, ursprünglich abgelehnten Verhalten bewegen:* jmdn. zu etw. h.; schließlich hat er uns doch herumgekriegt. **2.** (ugs.) *(eine bestimmte Zeit) hinter sich bringen:* ich weiß nicht, wie ich die Woche ohne sie h. soll.

he|r|um|kri|ti|sie|ren ⟨sw. V.; hat⟩ (ugs. abwertend): *andauernd kritisieren* (2): ständig an jmdm. h.

he|r|um|krit|teln ⟨sw. V.; hat⟩ (ugs. abwertend): *(an jmdm., etw.) krittteln:* statt immer nur [an allem] herumzukritteln, sollte sie selbst mit anpacken.

he|r|um|krit|zeln ⟨sw. V.; hat⟩ (ugs.): *wahllos u. ohne Überlegung kritzeln:* du sollst nicht immer in deinen Büchern h.

he|r|um|ku|rie|ren ⟨sw. V.; hat⟩ (ugs.): *längere Zeit [ohne rechten Erfolg] versuchen, jmdn., etw. zu heilen:* an den Symptomen h.

he|r|um|kur|ven ⟨sw. V.; hat⟩ (ugs.): *herumfahren* (2 a): sie kurvten in der Stadt herum.

he|r|um|kut|schie|ren ⟨sw. V.⟩ (ugs.): **1.** ⟨ist⟩ *herumfahren* (2 a): sie kutschiert gern in der Gegend herum. **2.** ⟨hat⟩ *herumfahren* (2 b): er hat sie stundenlang in der Stadt herumkutschiert.

he|r|um|la|bo|rie|ren ⟨sw. V.; hat⟩ (ugs.): *an einer Krankheit leiden u. sie ohne rechten Erfolg zu überwinden versuchen:* er laboriert schon seit Monaten an, mit einer Erkältung herum.

he|r|um|lan|gen ⟨sw. V.; hat⟩ (ugs.): **1.** *herumreichen* (1): einen Joint h. **2.** *herumreichen* (2): die Schnur langt nicht ganz [um das Paket] herum. **3.** *herumgreifen:* er versuchte, von links um den Motor herumzulangen, um die Schraube zu erreichen.

he|r|um|lau|fen ⟨st. V.; ist⟩: **1.** vgl. *herumgehen* (1): im Wald, auf der Straße h.; ich bin stundenlang in der Stadt herumgelaufen. **2.** vgl. *herumgehen* (3 a). **3.** *herumführen* (2 b): um das Gelände läuft ein Zaun herum. **4.** (ugs.) *sich, in einer bestimmten Art gekleidet, in einer bestimmten Aufmachung im Freien aufhalten, in der Öffentlichkeit zeigen:* wie ein Hippie h.; dort kann man das ganze Jahr mit kurzen Hosen h.; so kannst du doch nicht h.!

he|r|um|le|gen ⟨sw. V.; hat⟩ (ugs.): **1.** *von der einen Seite auf die andere legen:* sie legten den Verletzten vorsichtig herum. **2.** *(um etw.) legen:* eine Bandage [um etw.] h. **3.** ⟨h. + sich⟩ *sich (um etw.) legen:* die Hüllblätter legen sich schützend um die Knospe herum.

he|r|um|lie|gen ⟨st. V.; hat; südd., österr., schweiz. auch: ist⟩: **1.** *rings um etw. liegen:* die um das Zentrum herumliegenden Bezirke. **2.** (ugs. abwertend) **a)** *die Zeit damit verbringen zu liegen:* den ganzen Tag faul h.; **b)** vgl. *herumstehen* (3): das Spielzeug lag in der Küche herum; er lässt immer alles h.

he|r|um|lüm|meln ⟨sw. V.; hat⟩ (ugs.): **1.** *in betont nachlässiger, unmanierlicher Weise herumliegen, -sitzen:* er lümmelt auf dem Sofa herum; ⟨auch h. + sich⟩: sie lümmeln sich den ganzen Tag im Bett herum. **2.** *herumlungern:* er lümmelte auf der Straße herum.

he|r|um|lun|gern ⟨sw. V.; hat/(südd., österr., schweiz.:) ist⟩ (salopp): *nichts zu tun wissen u. sich irgendwo untätig aufhalten:* hier lungern viele Jugendliche herum.

he|r|um|ma|chen ⟨sw. V.; hat⟩: **1.** (ugs.) *rummachen* (1): eine Schnur [um etw.] h. **2.** (salopp) *rummachen* (2): wieso machst du schon wieder an dem Moped herum?; nicht lange h. *(keine Umstände machen, nicht lange zögern).* **3.** (salopp) *rummachen* (3): mach doch nicht mit diesem Flittchen herum!

he|r|um|mä|keln ⟨sw. V.; hat⟩ (ugs.): *fortwährend mäkeln:* sie mäkelt an allem herum.

he|r|um|ma|ni|pu|lie|ren ⟨sw. V.; hat⟩ (ugs.): *sich manipulierend (an etw.) zu schaffen machen:* an der Bremse hatte jemand herummanipuliert.

he|r|um|mau|len ⟨sw. V.; hat⟩ (ugs.): *fortwährend maulen:* maul nicht so herum!

he|r|um|me|ckern ⟨sw. V.; hat⟩ (ugs.): *fortwährend meckern:* sie meckerte an seinem Anzug herum.

he|r|um|mot|zen ⟨sw. V.; hat⟩ (salopp): *fortwährend motzen.*

he|r|um|murk|sen ⟨sw. V.; hat⟩ (salopp): *(an etw.) murksen:* wie lange willst du noch an dem Motorrad h.?

he|r|um|nes|teln ⟨sw. V.; hat⟩: *hantieren; sich mit den Fingern an etw. zu schaffen machen.*

he|r|um|nör|geln ⟨sw. V.; hat⟩ (ugs.): *(an jmdm., etw.) nörgeln:* er nörgelt an allem herum.

he|r|um|pfu|schen ⟨sw. V.; hat⟩ (ugs.): *sich in stümperhafter, unsachgemäßer Weise an etw. zu schaffen machen, in etw. eingreifen [und ihm damit schaden]:* er pfuscht schon zwei Stunden an dem Rad herum.

he|r|um|pla|gen, sich ⟨sw. V.; hat⟩ (ugs.): **a)** *sich (mit etw., jmdm.) abmühen:* Großmutter plagte sich mit der Hausarbeit herum; **b)** *an einer Krankheit o. Ä. leiden u. sie ohne rechten Erfolg zu überwinden suchen:* sich mit einem grippalen Infekt h.

he|r|um|pro|bie|ren ⟨sw. V.; hat⟩ (ugs.): *nacheinander Verschiedenes ausprobieren:* ein bisschen h.; er hat so lange [an dem Schloss] herumprobiert, bis er es aufhatte.

he|r|um|pus|seln ⟨sw. V.; hat⟩ (ugs.): *sich ausdauernd [und hingebungsvoll] mit etw. beschäftigen; an etw. herumbasteln:* er pusselt an seinem Motorrad herum.

he|r|um|quä|len, sich ⟨sw. V.; hat⟩ (ugs.): *sich herumplagen.*

he|r|um|ra|sen ⟨sw. V.; ist⟩ (salopp): *[ohne ein bestimmtes Ziel] durch die Gegend rasen:* die Kühe haben gebrüllt und sind wie wahnsinnig herumgerast.

he|r|um|ra|ten ⟨st. V.; hat⟩ (ugs.): *lange versuchen, etw. zu erraten:* sie rieten lange herum, was es sein könnte.

he|r|um|rät|seln ⟨sw. V.; hat⟩ (ugs.): *lange rätseln:* lange an etw. h.

he|r|um|re|den ⟨sw. V.; hat⟩ (ugs.): *um nicht über das eigentliche Thema sprechen zu müssen, über anderes reden:* um etw. h.

he|r|um|rei|chen ⟨sw. V.; hat⟩: **1.** *[in einer Runde] von einem zum anderen reichen:* ein Tablett, eine Flasche, ein Foto h.; Ü die Künstlerin wurde in der Stadt überall herumgereicht (ugs.; *allen möglichen Personen vorgestellt*). **2.** (ugs.) *(um etw.) reichen* (3): der Riemen reicht nicht ganz [um den Koffer] herum.

he|r|um|rei|sen ⟨sw. V.; ist⟩ (ugs.): *von einem Ort zum andern reisen, auf Reisen sein:* sie reist viel herum.

he|r|um|rei|ßen ⟨st. V.; hat⟩: **1. a)** *mit einem heftigen Ruck in eine andere Richtung reißen:* das Steuer [des Autos], den Wagen h.; Ü die Gäste rissen das Spiel in letzter Minute herum; **b)** *(jmdn., etw.) wiederholt nach oben reißen:* jmdn. an den Haaren h.; reiß doch nicht so an der Hundeleine herum! **2.** ⟨h. + sich⟩ (landsch. ugs.) *sich herumschlagen* (2 b).

he|r|um|rei|ten ⟨st. V.⟩ (ugs.): **1. a)** (ugs.) *[ziellos] durch die Gegend reiten:* in der Gegend h.; er ist den ganzen Tag herumgeritten; **b)** *im Bogen, im Kreis (um jmdn., etw.) reiten:* um ein Hindernis h. **2.** (salopp) **a)** *fortwährend über ein u. dasselbe [unerfreuliche] Thema sprechen, ohne sich davon abbringen zu lassen:* auf der dummen Geschichte ist er jetzt lange genug herumgeritten; **b)** *jmdn. fortwährend wegen derselben Sache kritisieren, ihm mit derselben unangenehmen Sache lästig fallen:* nun reite doch nicht dauernd auf mir, ihm herum!

he|r|um|re|keln, sich ⟨sw. V.; hat⟩ (ugs. abwertend): *sich eine geraume Zeit lang rekeln.*

he|r|um|ren|nen ⟨unr. V.; ist⟩ (ugs.): **1.** (ugs.) *herumlaufen* (1): [hektisch, wie wild] in der Gegend h. **2.** (ugs.) *im Bogen, im Kreis (um etw.) rennen:* um ein Hindernis h. **3.** *herumlaufen* (4): sie rennt immer in demselben Kleid herum.

he|r|um|rüh|ren ⟨sw. V.; hat⟩ (ugs.): *fortwährend (in etw.) rühren:* er saß da und rührte in seiner Tasse herum; Ü warum musst du immer wieder in der alten Geschichte h. *(immer wieder darauf zurückkommen, dich damit beschäftigen).*

he|r|um|rut|schen ⟨sw. V.; ist⟩ (ugs.): *fortwährend hin u. her rutschen:* auf den Knien h.

he|r|um|schar|wen|zeln ⟨sw. V.; ist⟩ (ugs. abwertend): *sich scharwenzelnd (1) um jmdn. herumbewegen:* er scharwenzelt um die Chefin herum.

he|r|um|schau|en ⟨sw. V.; hat/(landsch.:) ist⟩ (ugs.): **1.** *sich umsehen* (1): auf einer Messe h. **2.** *sich umsehen* (2): dort hinten sitzt er, aber schau jetzt nicht herum.

he|r|um|schi|cken ⟨sw. V.; hat⟩ (ugs.): *von einem Ort zum andern, von einem zum andern schicken:* ein Rundschreiben, einen Boten h.

he|r|um|schie|ßen ⟨st. V.⟩ (ugs.): **1.** ⟨hat⟩ *ziellos durch die Gegend schießen:* in der Gegend h. **2.** ⟨ist⟩ *sich blitzschnell umwenden:* sie schoss herum und gab ihm eine Ohrfeige.

he|r|um|schla|gen ⟨st. V.; hat⟩ (ugs.): **1.** vgl. *herumwickeln:* Packpapier um den Korb h. **2.** ⟨h. + sich⟩ (ugs.) **a)** *sich fortwährend mit jmdm. schlagen:* mit wem hast du dich denn wieder herumgeschlagen?; **b)** *sich gezwungenermaßen fortwährend mit jmdm., etw. abmühen, angestrengt auseinandersetzen:* sich mit Problemen, Zweifeln h.

he|r|um|schlei|chen ⟨st. V.; ist⟩ (ugs.): **1.** *schleichend herumgehen:* die Katze schleicht in der Scheune herum. **2.** *im Kreis, im Bogen um jmdn., etw. schleichen:* sie schlichen in großem Bogen um den Wachtturm herum.

he|r|um|schlei|fen ⟨sw. V.; hat⟩: **1.** *hierhin u. dorthin schleifen:* das Kind schleift die Puppe im Zimmer herum. **2.** (landsch.) *herumtragen* (1 a): willst du den Koffer etwa die ganze Zeit [mit dir] h.?

he|r|um|schlen|dern ⟨sw. V.; ist⟩ (ugs.): *ohne festes Ziel u. ohne bestimmte Richtung hierhin u. dorthin schlendern:* auf der Promenade, in einem Supermarkt h.

he|r|um|schlep|pen ⟨sw. V.; hat⟩ (ugs.): **1.** *herumtragen* (1 a): eine schwere Aktentasche [mit sich] h.; jetzt schleppe ich den Brief schon drei Tage mit mir herum; Ü eine Krankheit, ein Virus mit sich h.; ein Problem mit sich h. *(es nicht lösen können u. als ständige Belastung empfinden).* **2.** *von einem Ort zum andern schleppen* (4 b): schwere Kisten h.; Ü sie hat mich in der ganzen Stadt herumgeschleppt *([gegen meinen Willen] von einem Ort zum anderen geführt).*

he|r|um|schlie|ßen ⟨st. V.; hat⟩ (ugs.): *den Schlüssel im Schloss herumdrehen.*

he|r|um|schlin|gen ⟨st. V.; hat⟩: *(um etw.) schlingen.*

he|r|um|schmei|ßen ⟨st. V.; hat⟩ (ugs.): **1.** *herumwerfen* (1): müsst ihr eure Klamotten hier überall h.?; Ü mit Fremdwörtern h. **2.** *herumwerfen* (2): er schmiss den Hebel herum.

he|r|um|schnel|len ⟨sw. V.; ist⟩ (ugs.): *aus einer Richtung in eine andere schnellen:* plötzlich schnellt er den Kopf herum.

he|r|um|schnüf|feln ⟨sw. V.; hat⟩ (ugs. abwertend): *(in etw., an einem bestimmten Ort) schnüffeln* (4): irgendjemand hat in meinen Sachen herumgeschnüffelt.

he|r|um|schnup|pern ⟨sw. V.; hat⟩ (ugs.): *suchend hier u. dort schnuppern:* der Hund schnuppert auf der Erde herum.

he|r|um|schrau|ben ⟨sw. V.; hat⟩ (ugs.): **1.** *[unfachmännisch] (an etw.) schrauben:* an der Skibindung sollte man als Laie nicht selbst h. **2. a)** *sich mit Schraubenschlüsseln u. anderem Werkzeug an etw. zu schaffen machen, um eine Reparatur od. eine ähnliche Arbeit auszuführen:* an seinem Motorrad h.; **b)** *sich damit beschäftigen, an etw. zu schrauben* (2 a): er hat den ganzen Tag in der Garage herumgeschraubt.

he|r|um|schrei|en ⟨st. V.; hat⟩ (ugs. abwertend): **1.** *anhaltend u. unbeherrscht laut schimpfen, schelten:* warum schreist du so herum? **2.** *fortwährend schreien:* das Kind schrie den ganzen Tag herum.

he|r|um|schub|sen ⟨sw. V.; hat⟩ (ugs.): **1.** *hierhin u. dorthin schubsen:* in dem Gedränge wurde ich herumgeschubst. **2.** *herumstoßen* (2): in seinem Leben wurde er viel herumgeschubst.

he|r|um|schwa|d|ro|nie|ren ⟨sw. V.⟩: **1.** ⟨hat⟩ (abwertend) *wortreich, laut u. lebhaft, unbekümmert, oft auch aufdringlich reden.* ◆ **2.** ⟨hat/ist⟩ *sich herumtreiben, umherstreifen:* ... seinen Bruder ..., der mit Spielern und Buben im Lande herumschwadroniert, mehr Mädels betrügt, als ein anderer kennt (Goethe, Claudine von Villa Bella 1 [1. Fassung]); Sieh dich vor, Hauptmann! ... Ganze Haufen böhmische Reiter schwadronieren im Holz herum (Schiller, Räuber II, 3).

he|r|um|schwän|zeln ⟨sw. V.; hat⟩ (ugs. abwertend): **a)** *scharwenzeln* (1): bei mir brauchen Sie nicht h. und schleimen; **b)** *scharwenzeln* (2): er schwänzelte um seine Vorgesetzte herum.

he|r|um|schwen|ken ⟨sw. V.⟩ (ugs.): **1.** ⟨hat⟩ *hin u. her schwenken:* eine Fahne h. **2. a)** ⟨hat⟩ *in eine andere Richtung schwenken* (4): etw. mit einem Kran h.; **b)** ⟨ist⟩ *in eine andere Richtung schwenken* (3): die Kamera schwenkte herum.

he|r|um|schwim|men ⟨st. V.; ist⟩: **1. a)** *(in etw.) schwimmen* (1 a): er schwimmt im Pool herum; **b)** (ugs.) *(in etw.) schwimmen* (4 a): was schwimmt denn da in der Suppe herum? **2.** *im Bogen, im Kreis (um jmdn., etw.) schwimmen* (1 a): im Kreis h.; um ein Hindernis h.

he|r|um|schwir|ren ⟨sw. V.; ist⟩ (ugs.): **1.** *[schwirrend] herumfliegen:* in der Luft schwirrten Tausende von Insekten herum; ⟨oft im 1. Part.:⟩ ihn hatten herumschwirrende Granatsplitter getroffen. **2.** *schwirrend (um jmdn., etw.) herumfliegen:* um jede Laterne schwirrten Hunderte von Faltern herum; Ü Kauflustige schwirrten auf dem Markt herum.

he|r|um|set|zen ⟨sw. V.; hat⟩: **a)** ⟨h. + sich⟩ *sich zu mehreren im [Halb]kreis (um jmdn., etw.) setzen:* sie setzten sich im Halbkreis um das Feuer herum; **b)** *im [Halb]kreis um etw. setzen* (2 a): die Kinder wurden um einen runden Tisch herumgesetzt.

he|r|um|sit|zen ⟨unr. V.; hat; südd., österr., schweiz. auch: ist⟩: **1.** (ugs.) *müßig dasitzen:* ich kann nicht tatenlos h. **2.** *im [Halb]kreis (um etw.) sitzen:* um den Tisch, um den Ofen h.

he|r|um|spa|zie|ren ⟨sw. V.; ist⟩ (ugs.): **a)** *hierhin u. dorthin spazieren:* wir sind im Park herumspaziert; **b)** *im Kreis, im Bogen (um etw.) spazieren:* um den Berg h.

he|r|um|spie|len ⟨sw. V.; hat⟩ (ugs.): **1.** *(an, mit etw.) spielen* (1 b): spiel nicht mit dem Messer herum! **2.** *auf einem Musikinstrument dieses u. jenes spielen [um etwas auszuprobieren]:* sie spielte auf dem Klavier herum.

he|r|um|spio|nie|ren ⟨sw. V.; hat⟩ (ugs.): vgl. herumschnüffeln: spionierst du schon wieder herum?

he|r|um|spre|chen, sich ⟨st. V.; hat⟩: *von einem dem anderen erzählt werden u. dadurch allgemein bekannt werden:* die Neuigkeit hat sich schnell herumgesprochen.

he|r|um|sprin|gen ⟨st. V.; ist⟩ (ugs.): *springend herumlaufen:* die Ziege sprang auf der Wiese herum; die Kinder springen im Garten herum *(tollen spielend herum).*

he|r|um|sprit|zen ⟨sw. V.⟩ (ugs.): **1.** ⟨hat⟩ *hierhin u. dahin spritzen:* er hat mit Farbe herumgespritzt. **2.** ⟨ist⟩ *hierhin u. dahin spritzen:* beim Braten spritzt das Fett in der ganzen Küche herum.

he|r|um|spu|ken ⟨sw. V.; hat/ist⟩ (ugs.): *herumgeistern:* in dem Haus spukt nachts ein Geist herum; Ü ihm spuken immer neue Ideen im Kopf herum.

he|r|um|stän|kern ⟨sw. V.; hat⟩ (ugs. abwertend): *[dauernd, bei jeder Gelegenheit] stänkern* (1).

he|r|um|ste|hen ⟨unr. V.; hat; südd., österr., schweiz. auch: ist⟩: **1.** (ugs.) vgl. herumsitzen (1): wir standen wartend herum. **2.** vgl. herumsitzen (2): sie standen um einen Tisch herum.

3. (ugs.) *ungeordnet, nutzlos stehen* (1 d) *[u. deshalb im Weg sein]:* in der Küche standen leere Flaschen herum; du kannst die Bücher haben, bei mir stehen sie doch nur herum *(stehen sie doch nur ungelesen im Regal).*

he|r|um|stel|len ⟨sw. V.; hat⟩: **a)** ⟨h. + sich⟩ vgl. herumsetzen (a): sich um jmdn., etw. h.; **b)** vgl. herumsetzen (b): etw. um etw. h.

he|r|um|stie|ren ⟨sw. V.; hat⟩ (österr. ugs.): **1.** *herumstöbern.* **2.** *herumstochern.*

he|r|um|stö|bern ⟨sw. V.; hat⟩ (ugs.): *(in etw., an einem bestimmten Ort) stöbern* (1): sie stöberte auf dem Dachboden herum.

he|r|um|sto|chern ⟨sw. V.; hat⟩ (ugs.) *(in etw.) stochern:* mit einem Stock in der Mülltonne h.; im Essen h.; Ü in jmds. Vergangenheit, Privatleben h.

he|r|um|stol|zie|ren ⟨sw. V.; ist⟩: *hierhin u. dorthin stolzieren:* er stolziert wie ein Gockel herum.

he|r|um|sto|ßen ⟨st. V.; hat⟩ (ugs.): **1.** *(jmdn.) hierhin und dorthin stoßen* (1), *herumschubsen* (1): er wurde von der Menge herumgestoßen. **2.** *(jmdn.), bes. ein Kind) immer wieder verstoßen, abschieben u. so daran hindern, in irgendeiner Gemeinschaft seinen festen Platz zu finden:* er ist als Kind nur herumgestoßen worden.

he|r|um|strei|chen ⟨st. V.⟩: **1.** ⟨ist⟩ *durch die Gegend streichen* (4 a): nachmittags streichen die Kinder im Wald herum. **2.** ⟨ist⟩ *[in lauernder Haltung] um jmdn., etw. schleichen, sich in der Nähe einer Person od. Sache aufhalten:* die Katze streicht um die Scheune herum. **3.** ⟨hat⟩ *Streichungen vornehmen:* an einem Text h.

he|r|um|strei|fen ⟨sw. V.; ist⟩: *durch die Gegend streifen* (4 a).

he|r|um|strei|ten, sich ⟨st. V.; hat⟩ (ugs. abwertend): *sich [überflüssigerweise] streiten:* ich habe keine Lust, mich mit dem Kerl herumzustreiten.

he|r|um|streu|nen ⟨sw. V.; ist⟩ (abwertend): *durch die Gegend streunen:* er lässt den Hund einfach den ganzen Tag [in der Gegend, in der Stadt] h.; ⟨oft im 1. Part.:⟩ herumstreunende Katzen.

he|r|um|strol|chen ⟨sw. V.; ist⟩ (ugs. abwertend): *durch die Gegend strolchen:* stundenlang sind wir in der Stadt herumgestrolcht.

he|r|um|stro|mern ⟨sw. V.; ist⟩ (salopp abwertend): *durch die Gegend stromern:* sie stromerten im Ort herum.

he|r|um|su|chen ⟨sw. V.; hat⟩ (ugs.): *sich damit beschäftigen, nach etw. Bestimmtem zu suchen:* damit ich später nicht lange h. muss, lege ich mir gleich alles parat.

he|r|um|sump|fen ⟨sw. V.; hat⟩ (salopp abwertend): *sich sumpfend* (2) *die Zeit vertreiben.*

he|r|um|tän|zeln ⟨sw. V.; hat⟩: **1.** *tänzelnd herumgehen:* das Pferd tänzelte nervös herum. **2.** *im Bogen, im Kreis (um jmdn., etw.) tänzeln:* sie tänzelte um die Gruppe herum.

he|r|um|tan|zen ⟨sw. V.; ist⟩: **1.** (ugs.) *sich ausgelassen wie im Tanz bewegen:* sie tanzten auf der Bühne herum. **2.** *im [Halb]kreis (um jmdn., etw.) tanzen:* alle tanzten um den Maibaum herum; er tanzte dauernd um sie herum *(war dauernd in unruhiger Bewegung, einmal von der, einmal von jener Seite sich ihr nähernd).*

he|r|um|tap|pen ⟨sw. V.; ist⟩ (ugs.): *tappend herumlaufen:* orientierungslos h.

he|r|um|tat|schen ⟨sw. V.; hat⟩ (salopp): *sich tatschend (an jmdm., etw.) zu schaffen machen:* an jmdm., etw. h.

he|r|um|te|le|fo|nie|ren ⟨sw. V.; hat⟩ (ugs.): *verschiedene Leute anrufen u. mit ihnen telefonieren:* um das herauszukriegen, musste ich stundenlang h.

he|r|um|ti|gern ⟨sw. V.; ist⟩ (salopp): *ruhelos hin und her gehen:* willst du im Regen h.?

he|r|um|to|ben ⟨sw. V.⟩ (ugs.): **1.** ⟨hat/ist⟩ *herumtollen:* da können die Kinder nach Herzenslust h. **2.** ⟨hat⟩ *sich wild, wie wahnsinnig gebärden, toben, rasen:* zwei Betrunkene tobten herum.

he|r|um|tol|len ⟨sw. V.; ist⟩: *ausgelassen u. mit einer lauten Fröhlichkeit herumlaufen:* die Kinder tollen auf der Wiese herum.

he|r|um|tra|gen ⟨st. V.; hat⟩ (ugs.): **1. a)** *überallhin mit sich tragen:* einen Aktenkoffer mit sich h.; Ü ein Problem mit sich h. *(es nicht lösen können u. als ständige Belastung empfinden);* **b)** *hierhin u. dorthin tragen:* ein Kind [auf dem Arm] h. **2.** (abwertend) *allen möglichen Leuten weitererzählen:* ich möchte auf keinen Fall, dass das im Betrieb herumgetragen wird.

he|r|um|tram|peln ⟨sw. V.⟩ (salopp abwertend): **1.** ⟨ist⟩ *(auf etw., an einer bestimmten Stelle) trampelnd* (3) *herumlaufen:* im Blumenbeet, auf dem frisch eingesäten Rasen h. **2.** ⟨hat/ist⟩ *(auf jmdm., etw.) trampeln* (1): sie schlugen ihn nieder und trampelten auf ihm herum; Ü auf jmdm. h. *(jmdn. äußerst rücksichtslos behandeln);* auf jmds. Gefühlen h. *(jmdn. durch rücksichtsloses Verhalten kränken);* auf jmds. Nerven h. *(jmdn. durch rücksichtsloses Verhalten sehr aufregen).*

he|r|um|trei|ben ⟨sw. V.; hat⟩: **1.** *[ohne bestimmtes Ziel] durch die Gegend treiben* (1): wir trieben die Pferde auf der Koppel herum. **2.** ⟨h. + sich⟩ (ugs. abwertend) *sich bald hier, bald dort aufhalten; müßig herumlaufen:* sie schwänzen die Schule und treiben sich [in der Stadt] herum; sich in Bars h.; wo treibst du dich eigentlich herum? (scherzh.: *wo bist du eigentlich?*); er treibt sich viel in der Welt herum *(ist viel auf Reisen).*

He|r|um|trei|ber, der, (ugs. abwertend): **1.** *jmd., der sich in der Gegend herumtreibt:* der kleine H. wurde bald gefasst. **2.** *jmd., der einen liederlichen, unsteten Lebenswandel führt u. nichts Sinnvolles tut:* Faulenzer und H.

He|r|um|trei|be|rei, die; -, -en (ugs. abwertend): *das Sichherumtreiben:* sie begann bereits als 12-Jährige mit der H.

He|r|um|trei|be|rin, die; w. Form zu ↑ Herumtreiber.

he|r|um|tre|ten ⟨st. V.; ist/hat⟩: *herumtrampeln* (2): man kann nicht immer auf uns h.

◆ he|r|um|tril|len ⟨sw. V.; hat⟩ [zu trillen = Nebenf. von ↑ drillen]: *antreiben, herumkommandieren:* Er nahm keine andern Arbeiter als die besten und trillte sie noch sehr herum, ... dass sie ihm folgten (Stifter, Bergkristall 17).

he|r|um|trö|deln ⟨sw. V.; hat⟩ (ugs.): *fortwährend trödeln:* die Kinder trödeln beim Essen lange herum.

he|r|um|tum|meln, sich ⟨sw. V.; hat⟩ (ugs.): *[nur zum Vergnügen] (an einem bestimmten Ort) aufhalten:* sie tummelten sich dauernd auf dem Tennisplatz herum.

he|r|um|tun ⟨unr. V.; hat⟩ (südd. ugs.): *des Langen und Breiten über etw. reden, sich in umständlicher, zögerlicher Weise mit etw. beschäftigen, anstatt das zu tun, was nötig wäre:* tu nicht so lange herum!

he|r|um|tur|nen ⟨sw. V.⟩: **1.** ⟨hat⟩ *sich damit beschäftigen zu turnen:* die Kinder können solange am Reck h. **2.** ⟨ist⟩ *sich [ohne dazu berechtigt zu sein] (an einem bestimmten Ort) kletternd, krabbelnd, springend od. laufend hierhin u. dorthin bewegen:* auf dem Dach h.

he|r|um|va|ga|bun|die|ren ⟨sw. V.⟩ (abwertend): **1.** *nicht sesshaft sein u. ohne feste Bleibe im Land umherziehen:* im ganzen Land h. **2.** *herumstreifen, herumreisen, ständig den Aufenthaltsort wechseln:* er wollte einige Zeit h.

he|r|um|va|gie|ren ⟨sw. V.; ist⟩ (veraltet): *herumstrolchen:* ♦ *...wie ich... nicht in der Welt h.... solle* (Eichendorff, Taugenichts 6).

he|r|um|wäl|zen ⟨sw. V.; hat⟩ (ugs.): **1. a)** *auf die andere Seite wälzen* (1 a): *sie wälzten den Stein, den Toten herum;* **b)** ⟨h. + sich⟩ *sich auf die andere Seite wälzen* (1 b): *ächzend wälzte er sich herum.* **2.** ⟨h. + sich⟩ *sich wälzen* (2 a): *sich im Dreck h.; sich schlaflos im Bett h.*

he|r|um|wan|dern ⟨sw. V.; ist⟩: **1.** (ugs.) **a)** *durch die Gegend wandern:* in den Ferien wollen wir ein bisschen im Harz h.; **b)** *herumlaufen* (1): *unruhig im Zimmer h.* **2.** *im Bogen, im Kreis (um etw.) wandern:* um den See, den Berg h.

he|r|um|wen|den ⟨unr. V.; wendete/wandte herum, hat herumgewendet/herumgewandt⟩: **1.** *umwenden* (1). **2.** ⟨h. + sich⟩ *sich umwenden* (2): *er schrak zusammen und wandte sich zu mir herum.*

he|r|um|wer|fen ⟨st. V.; hat⟩: **1.** (ugs.) [*unachtsam*] *dahin u. dorthin werfen:* die Kinder warfen ihr Spielzeug im Zimmer herum. **2.** *heftig u. mit Schwung in eine andere Richtung, auf die andere Seite drehen, werfen* (2 d): *einen Hebel, das Steuer* [des Bootes] *h.; den Kopf h.;* ⟨h. + sich⟩: *sie warf sich schlaflos* [im Bett] *herum (drehte sich heftig von einer Seite auf die andere).*

he|r|um|wer|keln ⟨sw. V.; hat⟩ (ugs.): *sich damit beschäftigen zu werkeln:* er werkelt stundenlang an seinem Auto herum.

he|r|um|wer|wei|ßen ⟨sw. V.; hat⟩ (schweiz. ugs.): *herumrätseln.*

he|r|um|wi|ckeln ⟨sw. V.; hat⟩: *(um etw.) wickeln:* er wickelte eine Schnur, eine Plane [um die Kiste] herum; ⟨h. + sich⟩: bei dem Aufprall hat sich der Wagen regelrecht um den Baum herumgewickelt.

he|r|um|wir|beln ⟨sw. V.⟩: **1.** ⟨hat⟩ *im Kreise, aus der einen in die andere Richtung wirbeln* (3): er wirbelt sie beim Tanzen herum. **2.** ⟨ist⟩ *sich wirbelnd* [*um die eigene Achse*] *drehen, sich wild im Kreise drehen:* ausgelassen wirbelt sie im Zimmer herum.

♦ **he|r|um|wir|ten** ⟨sw. V.; hat⟩ [zu: wirten = Hausherr sein, Haus u. Besitz verwalten, zu ↑Wirt]: *sich im Haushalt, im Haus betätigen, mit einer Hausarbeit beschäftigt sein:* ...dabei wirtete sie um das lustige Herdfeuer herum (Rosegger, Waldbauernbub 49).

he|r|um|wirt|schaf|ten ⟨sw. V.; hat⟩ (ugs.): **1.** *sich zu schaffen machen, herumhantieren:* in der Küche h. **2.** [*schlecht*] *wirtschaften* (1 a).

he|r|um|wüh|len ⟨sw. V.; hat⟩ (ugs.): **a)** *sich damit beschäftigen, (in etw.) zu wühlen* (1 a): im Dreck h.; **b)** *sich damit beschäftigen, (in etw.) zu wählen* (1 b): im Müll, in einem Papierkorb h.; was wühlst du da in meinen Sachen, in meinem Schreibtisch herum?; Ü in alten Geschichten h.

he|r|um|wursch|teln, he|r|um|wurs|teln ⟨sw. V.; hat⟩ (ugs.): *wursteln:* er wurstelt im Keller herum.

he|r|um|wu|seln ⟨sw. V.; ist⟩: **1.** *(meist in Bezug auf eine größere Menge von Menschen od. Tieren) häufig die Richtung wechselnd mal hierhin, mal dorthin laufen:* überall wuselten Kinder herum; ⟨oft im 1. Part.:⟩ *herumwuselnde Kameraleute.* **2.** *wuseln* (a) *(um jmdn., etw.) herumlaufen:* die Aushilfen wuselten um den Koch herum.

he|r|um|zan|ken, sich ⟨sw. V.; hat⟩ (ugs. abwertend): *sich* [*überflüssigerweise*] *zanken.*

he|r|um|zap|pen [auch: ...ˈzɛpn̩] ⟨sw. V.; hat⟩ (ugs.): *von einem Fernsehprogramm ins andere zappen:* man kann immer öfter in Programmen anderer Länder h.

he|r|um|zei|gen ⟨sw. V.; hat⟩ (ugs.): *verschiedenen, allen möglichen Leuten zeigen:* zeig den Brief, die Fotos bitte nicht überall herum.

he|r|um|zer|ren ⟨sw. V.; hat⟩ (ugs.): **1.** *hierhin u. dorthin zerren.* **2.** *damit beschäftigt sein, (an jmdm., etw.) zu zerren:* musst du ihn immer so an der Leine h.?

he|r|um|zie|hen ⟨unr. V.⟩: **1.** ⟨ist⟩ **a)** (ugs.) *unstet von einem Ort zum anderen ziehen* (8): bei uns im Zirkus, im Wohnwagen [in der Welt] h.; früher sind sie viel zusammen herumgezogen *(haben sie viel zusammen unternommen);* **b)** *im Kreis, Bogen (um etw.) ziehen* (8): der Festzug zog um das Rathaus herum. **2.** ⟨hat⟩ (ugs.) *hierhin u. dorthin ziehen; überall, wohin man geht, mit sich ziehen* (1, 2 a): er zieht einen Handwagen mit sich herum. **3.** ⟨hat⟩ **a)** ⟨h. + sich⟩ *sich in einem Bogen, in einem Kreis (um etw.) ziehen* (9): um das Grundstück zieht sich eine Hecke herum; **b)** *(um etw.) ziehen* (17 b): wir werden einen Zaun um das Gelände h.; **c)** *(um jmdn., etw.) ziehen* (5 b): eine Folie um etw. h.; sie zog die Wolldecke fest um sich herum. **4.** ⟨hat⟩ (landsch.) *hinhalten* (2 a): jmdn. mit leeren Versprechungen h.

he|r|um|zi|geu|nern ⟨sw. V.; ist⟩ (salopp abwertend): *herumziehen, ohne festen Wohnsitz* [*u. richtigen Beruf*] *sein u. ein ungeordnetes, unstetes Leben führen.*

he|r|un|ten ⟨Adv.⟩ (bayr., österr.): *hier unten.*

he|r|un|ter ⟨Adv.⟩ [mhd. her under, aus ↑her u. ↑¹unter]: *her u. nach unten:* h. mit euch!; ⟨als Verstärkung der Präp. »von«:⟩ von den Bergen h. wehte ein kalter Wind; Ü auf der Fahrt von Hamburg h. *(von dem im Norden gelegenen Hamburg in Richtung Süden);* * **h. sein** (ugs.: **1.** *am Ende seiner Kräfte sein:* völlig mit den Nerven h. sein. **2.** *heruntergewirtschaftet sein).* **2.** *von einer bestimmten Stelle, Fläche fort:* h. [damit] vom Tisch!

he|r|un|ter|bam|meln ⟨sw. V.; hat⟩ (salopp): *herunterbaumeln.*

he|r|un|ter|bau|meln ⟨sw. V.; hat⟩ (ugs.): *von dort oben hierher nach unten baumeln* (1).

he|r|un|ter|be|kom|men ⟨st. V.; hat⟩ (ugs.): **1.** *von dort oben hierher nach unten tragen, schaffen können:* wie willst du die schwere Kiste in den Keller h.? **2.** *von etw. lösen, entfernen können:* den Deckel, den Schmutz, Lack [von etw.] nicht h. **3.** *hinunterschlucken können:* ich bekomme keinen Bissen mehr herunter.

he|r|un|ter|be|mü|hen ⟨sw. V.; hat⟩ (geh.): **1.** *jmdn. zu sich nach unten bemühen* (3). **2.** ⟨h. + sich⟩ *sich zu jmdm. nach unten bemühen* (2).

he|r|un|ter|be|ten ⟨sw. V.; hat⟩ (salopp): **a)** *routinemäßig u. ohne innere Beteiligung beten:* das Vaterunser h.; **b)** *schlecht, eintönig u. ohne Interesse aufsagen:* er betete das Gedicht herunter.

he|r|un|ter|beu|gen, sich ⟨sw. V.; hat⟩: *sich von dort oben hierher nach unten* [*zum Sprechenden*] *beugen:* die Mutter beugt sich zu ihrem Kind herunter.

he|r|un|ter|bie|gen ⟨st. V.; hat⟩: vgl. *herunterdrücken* (1).

he|r|un|ter|bit|ten ⟨st. V.; hat⟩: *jmdn. bitten herunterzukommen.*

he|r|un|ter|bli|cken ⟨sw. V.; hat⟩: *heruntersehen.*

he|r|un|ter|bre|chen ⟨st. V.; ist⟩: **1.** [*ab*]*brechen u. nach unten fallen:* ein Teil des Daches ist heruntergebrochen. **2.** *etw. allgemein Gefasstes auf einen konkreten Fall* ¹*übertragen* (4), *anwenden* (2) [*u. daraus Handlungsschritte ableiten*]*:* das lässt sich nicht auf die dortigen Verhältnisse h.

he|r|un|ter|brem|sen ⟨sw. V.; hat⟩: *durch Bremsen die Geschwindigkeit eines Fahrzeugs verringern:* den Wagen von 200 auf 120 km/h h.

he|r|un|ter|bren|nen ⟨unr. V.⟩: **1.** ⟨hat⟩ *(von der Sonne) eine starke, sengende Hitze nach unten strahlen:* die Sonne brennt auf die Steppe herunter. **2.** ⟨ist⟩ *vollkommen abbrennen:* das Haus ist bis auf die Grundmauern heruntergebrannt.

he|r|un|ter|bret|tern ⟨sw. V.; ist⟩: *mit großer Geschwindigkeit herunterfahren* (1).

he|r|un|ter|brin|gen ⟨unr. V.; hat⟩: **1. a)** *nach* [*hier*] *unten bringen;* **b)** *nach unten* [*zum Sprechenden*] *bringen, begleiten.* **2.** (ugs.) *herunterbekommen* (3): keinen Bissen h. **3.** (ugs.) *herunterbekommen* (2): die alte Tapete haben wir kaum heruntergebracht. **4.** (ugs.) *in einen sehr schlechten Zustand bringen; ernstlich schädigen, ruinieren:* eine Firma h.; diese Krankheit hat ihn sehr heruntergebracht.

he|r|un|ter|bröckeln ⟨sw. V.; ist⟩: *abbröckeln* (1).

he|r|un|ter|drü|cken ⟨sw. V.; hat⟩: **1.** *nach unten drücken:* die Klinke h. **2.** (ugs.) *durch Einflussnahme verringern, auf ein niedrigeres Niveau bringen, senken:* Löhne, Preise h.

he|r|un|ter|dür|fen ⟨unr. V.; hat⟩ (ugs.): **1.** *herunterkommen, -gehen, -fahren o. Ä. dürfen.* **2.** *heruntergebracht* (1 a) *werden dürfen.*

he|r|un|ter|fah|ren ⟨st. V.⟩: **1.** ⟨ist⟩ *von dort oben hierher nach unten fahren* (1 a, 2 a). **2.** ⟨hat⟩ *von dort oben hierher nach unten fahren* (4 b, 7). **3.** ⟨hat⟩ *stetig herabmindern* (a): die Produktion h.; Ü die Leistungen der Versicherung h. **4.** ⟨hat⟩ (EDV) *nach einem bestimmten Verfahren beenden* [*wobei Anwendungen geschlossen, Programme gestoppt u. Daten gespeichert werden*]*:* das Betriebssystem, das Programm, den Computer h.

he|r|un|ter|fal|len ⟨st. V.; ist⟩: **a)** *von dort oben hierher nach unten fallen:* von der Leiter, vom Stuhl h.; er ist die Treppe heruntergefallen; mir ist etw. heruntergefallen; ihr fielen die Kinnladen herunter *(klappten ... nach unten);* **b)** *von dort oben hierher nach unten geworfen werden, nach unten dringen:* ein Lichtstrahl fiel auf den Boden herunter.

he|r|un|ter|flie|gen ⟨st. V.; ist⟩: **1.** *von dort oben hierher nach unten fliegen.* **2.** (ugs.) *herunterfallen, herunterstürzen* (1 a).

he|r|un|ter|flie|ßen ⟨st. V.; ist⟩: *von dort oben hierher nach unten fließen.*

he|r|un|ter|füh|ren ⟨sw. V.; hat⟩: *von dort oben hierher nach unten führen* (1 a, 7 b).

he|r|un|ter|ge|ben ⟨st. V.; hat⟩: *von dort oben hierher nach unten geben, reichen:* geben Sie mir bitte die Vase vom Schrank herunter.

he|r|un|ter|ge|hen ⟨unr. V.; ist⟩: **1.** *von dort oben hierher nach unten gehen:* sie gingen vorsichtig den Berg herunter. **2.** (ugs.) *sich* (auf der Straße) *in eine Richtung entfernen:* er ging die Straße herunter; **b)** *eine Stelle räumen:* geh doch endlich vom Hocker herunter!; sie bat ihn, mit seinen Sachen vom Tisch herunterzugehen *(seine Sachen herunterzunehmen).* **3.** (ugs.) **a)** *die Höhe von etw. um ein bestimmtes Maß senken:* von einer Flughöhe von 100 Metern h.; Ü mit den Preisen h.; **b)** *in der Stärke, im Wert o. Ä. abnehmen, sinken:* mein Fieber ist heruntergegangen; **c)** *sich mit etw. der Erde nähern; etw. nach unten neigen, senken:* sie geht mit dem Kopf herunter und schweigt.

¹**he|r|un|ter|ge|kom|men** ⟨Adj.⟩ (oft abwertend): **a)** *in einem gesundheitlich, moralisch, wirtschaftlich o. ä. schlechten Zustand befindlich:* eine -e Firma; die Familie war h.; **b)** *in äußerlich schlechtem Zustand; verwahrlost:* einen -en Eindruck machen; er sieht sehr h. aus.

²**he|r|un|ter|ge|kom|men:** ↑*herunterkommen.*

he|r|un|ter|gie|ßen ⟨st. V.; hat⟩: **1.** *von dort oben hierher nach unten gießen:* einen Eimer Wasser auf die nächtlichen Ruhestörer h. **2.** ⟨unpers.⟩

(ugs.) *stark regnen:* wenn es so heruntergießt, geht man am besten nicht aus dem Haus.
he|r|un|ter|glei|ten ⟨st. V.; ist⟩: *von einer [oberhalb des Sprechenden gelegenen] Stelle nach unten gleiten* (1 b): *geschmeidig glitt sie vom Barhocker herunter.*
he|r|un|ter|han|deln ⟨sw. V.; hat⟩ (ugs.): *durch ¹Handeln (3) den Preis von etw. senken:* wir handelten den Preis um ein Viertel herunter.
he|r|un|ter|hän|gen ⟨st. V.; hat⟩: *nach unten ¹hängen* (1 a, 2 a).
he|r|un|ter|has|peln ⟨sw. V.; hat⟩ (ugs.): *abhaspeln* (1, 2).
he|r|un|ter|hau|en ⟨unr. V.⟩; haute herunter, hat heruntergehauen⟩: **1.** *jmdm. eine/ein paar h.* (salopp; ↑ runterhauen 1). **2.** (ugs. abwertend) *runterhauen* (2): sie haut das Manuskript schnell herunter.
he|r|un|ter|he|ben ⟨st. V.; hat⟩: *hebend* (1 b) *von etw. heruntenehmen* (1), *herunterholen* (1): den Koffer [aus dem Gepäcknetz], das kleine Kind vom Stuhl h.
he|r|un|ter|hel|fen ⟨st. V.; hat⟩ (ugs.): *jmdm. helfen, von etw. herunterzukommen.*
he|r|un|ter|ho|len ⟨sw. V.; hat⟩: **1.** *von dort oben hierher nach unten holen:* den Koffer vom Dachboden h. **2.** (ugs.) *(ein Flugzeug o. Ä.) abschießen.*
he|r|un|ter|klap|pen ⟨sw. V.⟩: **a)** ⟨hat⟩ *von oben nach unten klappen* (1): einen Sitz, den Deckel des Klaviers, den Mantelkragen h.; **b)** ⟨ist⟩ *nach unten klappen, sich ruckartig nach unten bewegen:* sein Unterkiefer klappte herunter; **c)** ⟨hat⟩ *nach unten wenden, nach unten schlagen:* den Kragen h.
he|r|un|ter|klet|tern ⟨sw. V.; ist⟩: *[von dort oben hierher] nach unten klettern.*
he|r|un|ter|kom|men ⟨st. V.; ist⟩: **1.** *[von dort oben hierher] nach unten kommen:* die Treppe h.; eine Straße h. *(sich auf der Straße nähern).* **2.** (ugs.) **a)** *durch bestimmte Einflüsse einen Abstieg erfahren, herabsinken, verkommen:* nach dem Tode ihres Vaters ist sie arg heruntergekommen; der Spielplatz ist zum Fixertreffpunkt heruntergekommen; **b)** *(von einem Betrieb o. Ä.) aufgrund schlechter Führung o. Ä. nur noch wenig od. keinen Gewinn bringen:* die Spinnerei kam unter seiner Leitung total herunter; **c)** *durch Krankheit o. Ä. in einen sehr schlechten körperlichen Zustand geraten:* er ist durch sein Trinken sehr heruntergekommen. **3.** (ugs.) *von einem schlechten Leistungsniveau auf ein besseres kommen:* von einer schlechten Note h. **4.** (salopp) *die Abhängigkeit von einer Droge o. Ä. überwinden:* wie bist du von den harten Drogen wieder heruntergekommen?
he|r|un|ter|kön|nen ⟨unr. V.; hat⟩ (ugs.): vgl. herunterdürfen (1).
he|r|un|ter|krat|zen ⟨sw. V.; hat⟩: *abkratzen* (1 a).
he|r|un|ter|krem|peln ⟨sw. V.; hat⟩: *den aufgekrempelten Teil eines Kleidungsstückes wieder in die ursprüngliche Lage bringen.*
he|r|un|ter|krie|chen ⟨st. V.; ist⟩: *[von dort oben hierher] nach unten kriechen.*
he|r|un|ter|krie|gen ⟨sw. V.; hat⟩ (ugs.): *herunterbekommen.*
he|r|un|ter|küh|len ⟨sw. V.; hat⟩: *durch Kühlen die Temperatur [einer Sache] verringern:* die Milch auf vier Grad h.
he|r|un|ter|kur|beln ⟨sw. V.; hat⟩: *mithilfe einer Kurbel nach unten bewegen:* das Seitenfenster h.
he|r|un|ter|lad|bar ⟨Adj.⟩ (EDV): *sich (aus dem Internet) herunterladen lassend.*
he|r|un|ter|la|den ⟨st. V.; hat⟩ (EDV): *von einem [meist größeren] Computer auf einen Arbeitsplatzcomputer übertragen:* sich ein Programm vom Internet [auf den eigenen PC] h.
he|r|un|ter|lan|gen ⟨sw. V.; hat⟩: **1.** (landsch. ugs.) *herunterreichen.* **2.** *runterhauen* (1): * **jmdm. eine/ein paar h.** (salopp; ↑ runterhauen 1).
he|r|un|ter|las|sen ⟨st. V.; hat⟩: **1.** *von dort oben hierher nach unten sinken, gleiten lassen:* die Rollläden h.; sich, einen Korb/Eimer an einem Seil h. **2.** *heruntekommen* (1) *lassen.*
♦ **he|r|un|ter|lau|ern** ⟨sw. V.; hat⟩: *von dort oben lauernd hierher nach unten blicken:* ...dass ihm das große, rote Siegel, wenn er gerade herunterlauerte, sichtbar wurde (C. F. Meyer, Amulett 12).
he|r|un|ter|lau|fen ⟨st. V.; ist⟩: **1.** *von dort oben hierher nach unten laufen:* den Hügel, die Treppe h. **2.** *an, über etw. nach unten fließen:* Tränen liefen die Wangen herunter.
he|r|un|ter|lei|ern ⟨sw. V.; hat⟩ (salopp): **1.** (abwertend) *(einen [auswendig gelernten] Text) schlecht, eintönig u. ohne Interesse vortragen:* ein Gedicht h. **2.** *herunterkurbeln:* ein Fenster h.
he|r|un|ter|le|sen ⟨st. V.; hat⟩: **1.** (abwertend) *ohne Ausdruck, innere Beteiligung ablesen:* einen Text, eine Rede h. **2.** *ohne Schwierigkeiten rasch u. flüssig [vor]lesen:* einen fremdsprachigen Text glatt h.
he|r|un|ter|ma|chen ⟨sw. V.; hat⟩ (salopp): **a)** *herabsetzen* (2); *an jmdm., etw. nichts Gutes lassen:* der Rezensent machte den Film, den Schauspieler herunter; **b)** *in erniedrigender Weise zurechtweisen:* jmdn. vor versammelter Mannschaft h.
he|r|un|ter|müs|sen ⟨unr. V.; hat⟩ (ugs.): vgl. herunterdürfen (1).
he|r|un|ter|neh|men ⟨st. V.; hat⟩: **1.** *von dort oben hierher nach unten nehmen* (5). **2.** *nehmen u. entfernen; wegnehmen:* kannst du bitte deine Sachen vom Tisch h.?
he|r|un|ter|pras|seln ⟨sw. V.; ist⟩: *prasselnd nach unten fallen.*
he|r|un|ter|pur|zeln ⟨sw. V.; ist⟩ (ugs.): *von dort oben hierher nach unten purzeln.*
he|r|un|ter|put|zen ⟨sw. V.; hat⟩ (salopp): *in erniedrigender Weise zurechtweisen:* sie hat ihn vor allen heruntergeputzt.
he|r|un|ter|ras|seln ⟨sw. V.⟩ (ugs.): **1.** ⟨ist⟩ *rasselnd nach unten fallen:* die Jalousien h. lassen. **2.** ⟨hat⟩ *fehlerfrei, aber ohne innere Beteiligung hastig u. monoton aufsagen:* ein Gedicht h.
he|r|un|ter|rei|chen ⟨sw. V.; hat⟩: **1.** *heruntergeben:* reich mir doch bitte mal den Schraubenzieher herunter. **2.** (ugs.) *von einer weiter oben gelegenen Stelle bis nach unten reichen* (3): die Zweige des Baums reichen bis zu mir herunter.
he|r|un|ter|rei|ßen ⟨st. V.; hat⟩: **1. a)** *von dort oben hierher nach unten reißen:* die brennende Gardine h.; **b)** *durch Reißen entfernen:* ein Pflaster, einen Verband h.; ein Plakat, die Tapete h. **2.** (landsch.) *abreißen* (4). **3. a)** (salopp) *abreißen* (5): seinen Militärdienst h.; **b)** (ugs.) *allzu schnell vortragen:* ein Musikstück h. **4.** (salopp) *heruntermachen* (a). **5.** *wie heruntergerissen* (südd., österr.; *zum Verwechseln ähnlich;* zu: reißen = zeichnerisch entwerfen, also eigtl. = wie abgezeichnet, abgemalt).
He|r|un|ter|rei|ßer, der; -s, - (Ringen): *Griff, durch den der Gegner zu Boden gerissen wird.*
he|r|un|ter|ren|nen ⟨unr. V.; ist⟩: *von dort oben hierher nach unten rennen:* sie kam die Treppe heruntergerannt.
he|r|un|ter|rin|nen ⟨st. V.; ist⟩: *von dort oben hierher nach unten rinnen:* ihm rann der Schweiß von der Stirn herunter.
he|r|un|ter|rol|len ⟨sw. V.⟩: **1.** ⟨ist⟩ **a)** *von dort oben hierher nach unten rollen;* **b)** *in einer rollenden Bewegung nach unten fallen:* der Ball ist die Treppe heruntergerollt. **2.** ⟨hat⟩ (ugs.) *etw. nach unten rollen:* das Fass die Treppe h.; die Ärmel h. *(herunterkrempeln).*
he|r|un|ter|ru|fen ⟨st. V.; hat⟩: **1.** *jmdn. zu sich nach unten rufen.* **2.** *von dort oben hierher nach unten rufen.*
he|r|un|ter|rut|schen ⟨sw. V.; ist⟩: **1.** *sich rutschend von oben nach unten [zum Sprechenden] bewegen:* er ist das Geländer heruntergerutscht. **2.** *[nicht fest sitzen, sondern] sich [unabsichtlich] gleitend nach unten bewegen:* die Hose rutschte ihm immer wieder herunter.
he|r|un|ter|sä|beln ⟨sw. V.; hat⟩ (salopp): *absäbeln.*
he|r|un|ter|sa|gen ⟨sw. V.; hat⟩ (ugs. abwertend): *(einen [auswendig gelernten] Text) schlecht, eintönig u. ohne Interesse vortragen.*
he|r|un|ter|schaf|fen ⟨st. V.; hat⟩: *von dort oben hierher nach unten schaffen:* er hat die Kisten vom Dachboden heruntergeschafft.
he|r|un|ter|schal|ten ⟨sw. V.; hat⟩ (ugs.): *(bei Motorfahrzeugen) in einen niedrigeren Gang schalten.*
he|r|un|ter|schau|en ⟨sw. V.; hat⟩ (landsch.): *heruntersehen* (1, 2).
he|r|un|ter|schi|cken ⟨sw. V.; hat⟩: *jmdn., etw. von oben nach unten [zum Sprechenden] schicken.*
he|r|un|ter|schie|ßen ⟨st. V.⟩: **1.** ⟨hat⟩ **a)** *von dort oben hierher nach unten schießen:* der Gangster schoss vom Dach herunter; **b)** *etw., was sich auf etw. befindet, durch Schießen entfernen:* die Spatzen vom Dach h. **2.** ⟨ist⟩ **a)** *sich äußerst heftig u. schnell nach unten bewegen:* der Schlitten schoss den Hang herunter; **b)** (ugs.) *mit großer Eile u. Heftigkeit nach unten laufen.*
he|r|un|ter|schla|gen ⟨st. V.⟩: **1.** ⟨hat⟩ *durch Schlagen gewaltsam nach unten holen:* Kastanien vom Baum h. **2.** ⟨hat⟩ *nach unten wenden:* die Hutkrempe h. **3.** ⟨ist⟩ (landsch.) *(von Personen) herunterfallen* (a).
he|r|un|ter|schlei|chen ⟨sw. V.⟩ (ugs.): **a)** ⟨ist⟩ *von dort oben hierher nach unten schleichen;* **b)** ⟨h. + sich; hat⟩ *sich von dort oben hierher nach unten schleichen.*
♦ **he|r|un|ter|schlin|geln** ⟨sw. V.; hat⟩: *wie einen Schlingel ausschimpfen, als Schlingel behandeln:* Mir träumt', es hätt ein Kläger mich ergriffen, und schleppte vor den Richtstuhl mich, und ich, ich säße gleichwohl auf dem Richterstuhle dort und schält' und hunzt' und schlingelte mich herunter (Kleist, Krug 3).
he|r|un|ter|schlu|cken ⟨sw. V.; hat⟩: *hinunterschlucken.*
he|r|un|ter|schmei|ßen ⟨st. V.; hat⟩ (ugs.): *herunterwerfen.*
he|r|un|ter|schnei|den ⟨unr. V.; hat⟩ (ugs.): *abschneiden* (1 a).
he|r|un|ter|schnu|rren ⟨sw. V.; hat⟩ (salopp): *(einen [auswendig gelernten] Text) hastig u. ohne Betonung vortragen.*
he|r|un|ter|schrau|ben ⟨sw. V.; hat⟩: **a)** *durch Schrauben die Höhe von etw. verringern:* den Docht der Petroleumlampe h.; **b)** (ugs.) *verringern, (in Wert, Ausmaß od. Anzahl) vermindern, auf ein niedrigeres Niveau bringen:* Ansprüche, Erwartungen, Forderungen h.; er hat seinen Alkoholkonsum heruntergeschraubt.
he|r|un|ter|schüt|teln ⟨sw. V.; hat⟩: *von etw. durch Schütteln nach unten befördern:* die Pflaumen [vom Baum] h.
he|r|un|ter|schüt|ten ⟨sw. V.; hat⟩: *von dort oben hierher nach unten schütten.*
he|r|un|ter|se|geln ⟨sw. V.; ist⟩ (salopp): **1.** *flussabwärts segeln:* sie segelten die Dordogne herunter. **2.** *von dort oben hierher nach unten schweben, segeln* (6 a): ein Papierflieger kam von der Galerie heruntergesegelt. **3.** *herunterfal-*

len (a): heute morgen bin ich die Treppe heruntergesegelt.

he|r|un|ter|se|hen ⟨st. V.; hat⟩: **1.** *von dort oben hierher nach unten sehen:* er sah vom Balkon zu uns herunter; an der Wand, Fassade h. *(von oben bis unten seinen Blick darüber gleiten lassen);* an jmdm. h. *(jmdn. von Kopf bis Fuß mustern).* **2.** *herabblicken* (2).

he|r|un|ter|set|zen ⟨sw. V.; hat⟩: *herabsetzen.*

he|r|un|ter|sin|ken ⟨st. V.; ist⟩: **1.** *nach unten sinken:* der Ballon sinkt herunter. **2.** *herabsinken* (2): der Greis ist auf das geistige Niveau eines Kindes heruntergesunken.

he|r|un|ter|sol|len ⟨unr. V.; hat⟩ (ugs.): vgl. herunterdürfen (1).

he|r|un|ter|spie|len ⟨sw. V.; hat⟩ (ugs.): **1.** *(ein Musikstück) völlig ausdruckslos spielen.* **2.** *bewusst als unbedeutende, geringfügige Angelegenheit darstellen:* eine Affäre h.

he|r|un|ter|sprin|gen ⟨st. V.; ist⟩: **1.** *von dort oben hierher nach unten [zum Sprechenden] springen* (1 b): vom Podium h. **2.** *(landsch.) nach unten eilen, schnell, eilig herunterlaufen.*

he|r|un|ter|stei|gen ⟨st. V.; ist⟩: *von oben nach unten [zum Sprechenden] steigen:* vom Berg h.

he|r|un|ter|sto|ßen ⟨st. V.; hat⟩: *von oben nach unten [zum Sprechenden] stoßen:* jmdn. die Treppe h.

he|r|un|ter|strei|fen ⟨sw. V.; hat⟩: *von etw. nach unten streifen* (3 a): den Ring vom Finger h.

he|r|un|ter|stu|fen ⟨sw. V.; hat⟩: *niedriger einstufen:* jmdn. tariflich h. *(in eine niedrigere Lohn-, Gehaltsgruppe einstufen).*

he|r|un|ter|stür|zen ⟨sw. V.⟩: **1. a)** ⟨ist⟩ *von dort oben hierher nach unten [zum Sprechenden] stürzen* (1 a); **b)** ⟨h. + sich⟩ *sich von dort oben hierher nach unten [zum Sprechenden] stürzen* (4). **2.** ⟨ist⟩ *(ugs.) gehetzt nach unten eilen.* **3.** ⟨hat⟩ (ugs.) *hinuntergießen* (2).

he|r|un|ter|tra|gen ⟨st. V.; hat⟩: *von dort oben hierher nach unten [zum Sprechenden] tragen.*

he|r|un|ter|trop|fen ⟨sw. V.; ist⟩: *in Tropfen nach unten fallen:* immer stärker tropfte das Wasser herunter.

he|r|un|ter|wer|fen ⟨st. V.; hat⟩: **1.** *von dort oben hierher nach unten [zum Sprechenden] werfen:* wirfst du mir bitte den Schlüssel herunter? **2.** (ugs.) *(unabsichtlich) herunterfallen lassen.*

he|r|un|ter|wirt|schaf|ten ⟨sw. V.; hat⟩ (ugs.): *abwirtschaften* (b): einen Betrieb h.

he|r|un|ter|wol|len ⟨unr. V.; hat⟩ (ugs.): vgl. herunterdürfen (1).

he|r|un|ter|wür|gen ⟨sw. V.; hat⟩: *hinunterwürgen:* er würgte das trockene Brot herunter.

he|r|un|ter|zie|hen ⟨unr. V.⟩: **1.** ⟨hat⟩ **a)** *[mithilfe einer Zugvorrichtung] herunterlassen:* die Rollläden h.; **b)** *nach unten ziehen:* die Mundwinkel h.; **c)** *ziehend von etw. entfernen:* das Pflaster h.; **d)** (Jargon) *(von Flugzeugen) rasch an Höhe verlieren lassen.* **2. a)** ⟨h. + sich; hat⟩ *von einer [oberhalb des Sprechenden gelegenen] Stelle nach unten verlaufen:* der Weg zieht sich bis zum See herunter; **b)** ⟨hat⟩ (Archit.) *etw. so bauen, gestalten, dass es sich [weit] nach unten erstreckt:* wir wollen im Anbau alle Fenster bis zum Boden h. **3.** ⟨hat⟩ **a)** *jmdn., etw. auf ein (kulturell, gesellschaftlich, wirtschaftlich, politisch usw.) niedrigeres Niveau ziehen:* mangelnde Deutschkenntnisse ziehen das Bildungsniveau herunter; **b)** *jmdn. traurig stimmen, in eine schlechte Stimmung bringen.* **4.** ⟨hat⟩ (EDV) *herunterladen:* Musikdateien aus dem Internet h. **5.** ⟨ist⟩ **a)** *von dort oben hierher nach unten ziehen* (7): [vom dritten Stock] ins Erdgeschoss h.; wir sind von Hamburg hier nach Süddeutschland heruntergezogen; **b)** *von dort hierher nach unten ziehen* (8): die Musikkapelle zog die Straße herunter.

her|vor ⟨Adv.⟩ [für mhd. her vür, aus ↑¹her u. ↑¹für] (geh.): **1.** *von dort hinten hierher nach vorn.* **2.** *aus, zwischen, unter etw. heraus-* h. mit euch!; ⟨als Verstärkung der Präp. »aus«:⟩ sie beobachteten ihn aus dem Versteck h.

her|vor|an|geln ⟨sw. V.; hat⟩ (ugs.): *hervorholen:* aus der Tasche angelte er den Ausweis hervor.

her|vor|bli|cken ⟨sw. V.; hat⟩: *hinter, aus, unter, zwischen etw. herausblicken.*

her|vor|bre|chen ⟨st. V.; ist⟩ (geh.): **1.** *durch etw.* ¹*durchbrechend* (3) *plötzlich zum Vorschein kommen:* die Reiter brachen aus dem Gebüsch hervor; die ersten Schneeglöckchen brechen hervor. **2.** *herausbrechen* (2): Zorn, Hass brach aus ihm hervor.

her|vor|brin|gen ⟨unr. V.; hat⟩: **1.** *aus, unter, zwischen etw. herausholen, zum Vorschein bringen.* **2. a)** *sich wachsend aus etw. entwickeln lassen:* viele Blüten h.; der Baum bringt unzählige Früchte hervor; Ü die Stadt hat große Musiker hervorgebracht; **b)** *aus eigener schöpferischer Leistung entstehen lassen:* der Dichter brachte bedeutende Werke hervor. **3. a)** *herausbringen* (5): ... aber der Jüngling brach nur in Tränen aus, ohne ein Wort hervorzubringen (Buber, Gog 102); **b)** *ertönen, erklingen lassen:* Töne, eine Melodie [auf einem Instrument] h.

Her|vor|brin|gung, die; -, -en: *etw. Hervorgebrachtes* (2 b).

her|vor|drän|gen ⟨sw. V.; hat⟩: *aus dem Hintergrund, aus Verborgenem nach vorn [zum Sprechenden] drängen.*

her|vor|drin|gen ⟨st. V.; ist⟩ (geh.): *etw. Bedeckendes durchdringen; aus dem Inneren vor. etw. nach außen dringen.*

her|vor|ge|hen ⟨unr. V.; ist⟩ (geh.): **1.** *in etw. seinen Ursprung haben:* aus der Ehe gingen drei Kinder hervor; mehrere bedeutende Künstler gingen aus dieser Stadt hervor. **2.** *aus einem [Wahl]kampf, einem Wettbewerb, einer Krise o. Ä. in positiver Weise herauskommen:* aus einem [Wett]kampf siegreich, als Sieger h. **3.** *sich als Folgerung aus etw. ergeben; sich aus etw. entnehmen lassen:* aus dem Brief, aus der Antwort geht hervor, dass ...; wie aus dem Zusammenhang hervorgeht,... **4.** *sich allmählich stufenweise unter bestimmten Bedingungen, durch bestimmte Einwirkungen entwickeln:* aus der Raupe ging ein Schmetterling hervor.

her|vor|gu|cken ⟨sw. V.; hat⟩ (ugs.): **1.** *hervorblicken:* hinter den Vorhängen guckte ein kleines Mädchen hervor. **2.** *aus, hinter, unter, zwischen etw. herausgucken* (b): das Kleid guckt unter dem Mantel hervor.

her|vor|he|ben ⟨sw. V.; hat⟩: **a)** *mit grafischen Mitteln herausheben, in den Vordergrund stellen:* das Wort »bösartig« hatte die Autorin durch Fettdruck hervorgehoben; **b)** *Gewicht, Nachdruck auf etw. legen; nachdrücklich betonen, unterstreichen:* jmds. Verdienste h.

Her|vor|he|bung, die: **1.** *das Hervorheben.* **2.** *etw. Hervorgehobenes.*

her|vor|ho|len ⟨sw. V.; hat⟩: *aus, unter, zwischen etw. herausholen* (1 a): sie holte ein Foto hervor.

her|vor|keh|ren ⟨sw. V.; hat⟩ (geh.): *herauskehren* (2), *herausstreichen* (2): er kehrt nie den Chef hervor; wir sollten auch die Risiken dieser Unternehmung h.

her|vor|klau|ben ⟨sw. V.; hat⟩ (landsch.): *unter, zwischen etw. herausklauben.*

her|vor|kom|men ⟨st. V.; ist⟩: **1.** *hinter, unter, zwischen, aus etw. herauskommen* (1 a): die Wirtin kam hinter der Theke hervor. **2.** (österr.) *sich herausstellen* (3), *zum Vorschein kommen:* so ist hervorgekommen, dass man die Kosten von Anfang an falsch berechnet hatte.

her|vor|kra|men ⟨sw. V.; hat⟩ (ugs.): *durch Kramen finden u. herausholen* (1 a): sie kramte einen vergilbten Brief hervor.

her|vor|krie|chen ⟨st. V.; ist⟩: *hinter, unter, zwischen etw. herauskriechen.*

her|vor|leuch|ten ⟨sw. V.; hat⟩: *hinter, unter, zwischen etw. leuchtend sichtbar sein.*

her|vor|lo|cken ⟨sw. V.; hat⟩: **1.** *hinter, unter, aus etw. herauslocken* (1). **2.** *herauslocken* (2).

her|vor|lu|gen ⟨sw. V.; hat⟩ (landsch., sonst dichter.): *hervorgucken.*

her|vor|quel|len ⟨st. V.; ist⟩: **1.** *unter, zwischen etw. herausquellen* (1): unter dem Hut quoll ihr Haar hervor. **2.** *herausquellen* (2).

her|vor|ra|gen ⟨sw. V.; hat⟩: **1.** *unter, zwischen, aus etw. herausragen* (1): aus dem Stausee ragen Bäume hervor. **2.** *herausragen* (2): seine Leistung ragt weit über den Durchschnitt hervor.

her|vor|ra|gend ⟨Adj.⟩: *durch Begabung, Können od. Qualität hervorstechend; sehr gut:* ein -er Redner; einer der -sten Wissenschaftler auf diesem Gebiet; eine -e Qualität, Leistung; einen -en Eindruck machen; der Wein ist h.; der Apparat arbeitet, funktioniert h.; ⟨subst.:⟩ er hat Hervorragendes geleistet.

Her|vor|ruf, der (österr., sonst veraltend): *starker Beifall, mit dem ein Künstler, Redner o. Ä. aufgefordert wird, noch einmal vor den Vorhang, aufs Podium zu kommen:* auch nach der letzten Zugabe gab es noch zahlreiche -e.

her|vor|ru|fen ⟨st. V.; hat⟩: *bewirken, zur Folge haben;* [bei jmdm.] Aufregung, Erstaunen, Empörung, Begeisterung, Verwunderung, Unbehagen, Unwillen h.; seine Bemerkung rief allgemeines Gelächter, große Heiterkeit hervor; sie rief durch ihre Äußerung großes Missfallen hervor; diese Krankheit wird durch ein Virus hervorgerufen.

her|vor|schau|en ⟨sw. V.; hat⟩ (landsch.): *hervorgucken.*

her|vor|schei|nen ⟨sw. V.; hat⟩: vgl. *hervorleuchten.*

her|vor|schie|ßen ⟨sw. V.; hat⟩: vgl. *hervorschnellen.*

her|vor|schim|mern ⟨sw. V.; hat⟩: *hinter, unter, zwischen etw. schimmernd sichtbar sein:* unter der Haut schimmern die Adern hervor.

her|vor|schnel|len ⟨sw. V.; hat⟩: *hinter, unter, zwischen, aus etw. hervor nach draußen schnellen, von dort hinten hierher nach vorn schnellen:* Fische schnellten aus dem See hervor.

her|vor|se|hen ⟨st. V.; hat⟩: *[ein Stück] unter etw., bes. einer Bekleidung, zu sehen sein:* der Rock sieht unter dem Mantel hervor.

her|vor|sprie|ßen ⟨st. V.; ist⟩: *aus etw. sprießen.*

her|vor|sprin|gen ⟨st. V.; ist⟩: **1.** *springend* (1 b) *hervorkommen:* hinter der Tür h. **2.** *auffallend stark hervortreten* (2 b): seine lange Nase springt aus dem Gesicht hervor; ⟨oft im 1.Part.:⟩ ein hervorspringender Fels; ein hervorspringendes Kinn.

her|vor|spru|deln ⟨sw. V.⟩: **1.** ⟨ist⟩ *sprudelnd hervorkommen; heraussprudeln* (1). **2.** ⟨hat⟩ *heraussprudeln* (2): sie sprudelte den Bericht nur so hervor.

her|vor|ste|chen ⟨st. V.; hat⟩: **1.** *spitz aus etw. herausstehen:* die Armschiene stach aus dem Ärmel hervor. **2.** *sich deutlich, scharf von seiner Umgebung abheben:* leuchtende Farben, die aus dem Dunkel hervorstechen; hervorstechende Merkmale, Eigenschaften.

her|vor|ste|hen ⟨unr. V.; hat; südd., österr., schweiz. auch: ist⟩: *auffallend vorstehen* (1): seine Zähne stehen etwas hervor.

her|vor|sto|ßen ⟨st. V.⟩: **1.** ⟨ist⟩ *hervortreten* (2 b). **2.** ⟨hat⟩ *herausstoßen* (2).

her|vor|stre|cken ⟨sw. V.; hat⟩: *hinter, zwischen etw. herausstrecken.*

her|vor|strö|men ⟨st. V.; ist⟩: *hinter, zwischen etw. herausströmen.*

her|vor|stür|zen ⟨sw. V.; ist⟩: *hinter, unter, zwischen etw. heraus nach vorn stürzen* (2 a); *eilen*.

her|vor|su|chen ⟨sw. V.; hat⟩: *etw. unter anderen Dingen suchen u. zum Vorschein bringen.*

her|vor|tau|chen ⟨sw. V.; ist⟩: *auftauchen* (1).

her|vor|trau|en, sich ⟨sw. V.; hat⟩: *sich trauen hervorzukommen.*

her|vor|trei|ben ⟨st. V.; hat⟩: *aus dem Inneren nach außen treiben:* die Diskussion trieb seltsame Blüten hervor.

her|vor|tre|ten ⟨st. V.; ist⟩: **1.** *hinter, aus, unter, zwischen etw. heraus nach vorn treten:* hinter dem Vorhang, aus dem Dunkel h. ⟨Ü (geh.:⟩ die Sonne trat aus den Wolken hervor. **2. a)** *deutlich sichtbar, erkennbar werden:* seine Begabung trat schon früh hervor; **b)** *auf etw. Ebenem, einer Fläche o. Ä. als Erhebung o. Ä. in Erscheinung treten, als Erhebung o. Ä. daraus hervorkommen:* die Umrisse der Kirche traten deutlich hervor; an den Schläfen hervortretende Adern. **3. a)** *mit etw. an die Öffentlichkeit treten:* der junge Autor ist jetzt mit einem Roman hervorgetreten; **b)** *in einer bestimmten Eigenschaft in der Öffentlichkeit auftreten* (3 b) u. *sich hervortun:* die Schauspielerin ist auch als Chansonsängerin hervorgetreten.

her|vor|tun ⟨unr. V.; hat⟩: **1.** (selten) *heraustun.* **2.** ⟨h. + sich⟩ **a)** *etw. Besonderes leisten, sodass es Vergleichbares übertrifft:* sich sehr, nicht sonderlich h.; er hat sich als brillanter Mathematiker hervorgetan; **b)** *auf sich, etw. aufmerksam machen, auffallen:* überall tut er sich mit seinem Wissen hervor.

her|vor|wach|sen ⟨st. V.; ist⟩: *herauswachsen* (1): aus dem Gestein, dem Sand h.

her|vor|wa|gen, sich ⟨sw. V.; hat⟩: *sich wagen hervorzukommen.*

her|vor|wür|gen ⟨sw. V.; hat⟩: *herauswürgen.*

her|vor|zau|bern ⟨sw. V.; hat⟩: *wie durch Zauberei hervorbringen* (1): er zauberte bunte Tücher aus dem Ärmel hervor.

her|vor|zer|ren ⟨sw. V.; hat⟩: *hinter, unter, zwischen etw. herauszerren.*

her|vor|zie|hen ⟨unr. V.; hat⟩: *hinter, unter, zwischen, aus etw. herausziehen* (1 a): ein Päckchen Zigaretten, ein paar Geldscheine h.

♦ **her|wach|sen** ⟨st. V.; ist⟩: *herkommen* (3): ...er sah noch weniger ab, wo das geringste Mittagbrot h. sollte (Keller, Kleider 3).

her|wärts ⟨Adv.⟩ [mhd. herwert; ↑ -wärts]: *auf dem Weg von dort hierher [zum Sprechenden], auf dem Herweg.*

Her|weg, der: *Weg* (2, 3 a) *hierher [zum Ort des Sprechenden]:* auf dem H.

her|wer|fen ⟨st. V.; hat⟩: *hierher in Richtung auf den Sprechenden, zum Sprechenden werfen.*

her|win|ken ⟨sw. V.; hat; 2. Part. hergewinkt, auch, bes. ugs.: hergewunken⟩: **1.** *hierher zum Sprechenden winken* (1 a): kennst du sie? Sie hat eben hergewinkt. **2.** *durch Winken auffordern herzukommen; herbeiwinken.*

her|wol|len ⟨unr. V.; hat; vgl. herdürfen⟩ (1): *herkommen, -fahren, -gehen o. Ä. wollen:* ich habe nicht hergewollt, aber sie hat mich gezwungen.

Herz, das; -ens (med. auch stark gebeugt: des Herzens, dem Herzen), -en [mhd. herz(e), ahd. herza, altes idg. Wort]: **1. a)** *Organ, das den Blutkreislauf durch regelmäßige Zusammenziehung u. Dehnung antreibt u. in Gang hält:* ein gesundes, kräftiges, gutes, schwaches H.; das H. schlägt [regelmäßig], klopft, pocht, hämmert, flattert; sein H. hat versagt, arbeitet nicht mehr; ihr H. ist angegriffen, nicht ganz in Ordnung; das H. wollte ihm vor Freude zerspringen (geh.; *er war freudig erregt*); ihm stockte das H. vor Schrecken (geh.; *er erschrak heftig*); vor Angst schlug ich ihr das H. bis zum Hals [hinauf]; sein H. krampfte sich bei dem Anblick zusammen; der Arzt hat das H. untersucht, abgehorcht; ein H. verpflanzen; eine Operation am offenen -en (*am Herzen bei geöffnetem Brustkorb*); sie hat es schon seit Jahren am Herz[en], mit dem Herz[en] (ugs.; *ist herzkrank*); jmdn. ans, an sein H. drücken (geh.; *an sich, an die Brust drücken, umarmen*); Ü er hat schon viele -en gebrochen (*oft Erfolg bei Frauen gehabt*); * **jmdm. dreht sich das H. im Leib[e] herum** (*jmd. ist über etw. sehr bekümmert, von etw. schmerzlich berührt*); **jmdm. blutet das H.** (geh.; *jmd. ist von etw. schmerzlich berührt u. voller Mitleid:* beim Anblick der hungernden Kinder blutete ihm das H.); **jmdm. lacht das H. im Leib[e]** (*jmd. ist über etw. sehr erfreut, von etw. freudig angetan*); **das, jmds. H. schlägt höher** (*jmd. ist erwartungsvoll, voller freudiger Erregung:* der Anblick ließ das H. höher [od. in höherschlagen); **jmdm. das H. brechen** (geh.: 1. *jmdm. unerträglich großen Kummer bereiten:* der tragische Tod des einzigen Kindes brach ihr das H. 2. *jmdn. in sich verliebt machen u. ihn/sie dann verlassen, jmdm. Liebeskummer bereiten*); **jmdm. das H. abdrücken** (geh.; *jmdn. sehr bedrücken*); **jmd. hat das H. auf dem rechten Fleck haben** (*eine vernünftige, richtige Einstellung haben; ein tüchtiger, hilfsbereiter, uneigennütziger Mensch sein*); **jmdm., etw. auf H. und Nieren prüfen** (ugs.; *jmdn., etw. gründlich, eingehend prüfen;* nach Psalm 7, 10); **jmdn.** (ein Kind) **unter dem -en tragen** (dichter.; *ein Kind erwarten; schwanger sein*); **jmds. H. als Speise dienendes Herz** (1 a) *bestimmter Schlachttiere:* ein Pfund H. kaufen; es gab [gedünstetes] H. in Burgundersoße. **2.** (meist geh.) *in der Vorstellung dem Herzen* (1 a) *zugeordnetes, in ihm lokalisiert gedachtes Zentrum der Empfindungen, des Gefühls, auch des Mutes u. der Entschlossenheit:* ein gütiges, gutes, treues, fröhliches, mutiges, tapferes, warmes, goldenes, edles, weiches, kaltes, hartes H.; einsames H. (*Person, die sich einsam fühlt*) sucht Partnerin zum Verwöhnen; sein Schicksal rührte, bewegte, ergriff die -en der Menschen; er wollte nicht sagen, was ihm das H. bedrückte; diese Frau hat kein H./ein H. aus Stein (*ist herz-, mitleid-, gefühllos*); er hat das H. eines Löwen (*er ist sehr mutig, tapfer*); er nahm traurigen -ens (*traurig*) Abschied; er steht ihrem H. sehr nahe (*sie empfindet sehr viel für ihn*); kannst du das reinen/(veraltend:) reines -ens (*mit gutem Gewissen*) behaupten?; im Grunde seines -ens (*im Innersten*) hatte er das schon immer verabscheut; die junge Sportlerin hatte sich in die -en des Publikums geturnt (*hatte mit ihrer Leistung die Sympathien des Publikums gewonnen*); seine Worte kamen von -en (*waren aufrichtig, ehrlich gemeint*); zu -en gehende (*herzbewegende*) Worte; Halte dein H. im Zaum (*bezähme dich, dein Gefühl*), sagte er ihnen, und wirf nicht dein Auge auf eines anderen Habe (Th. Mann, Tod u. a. Erzählungen 224); R man kann einem Menschen nicht ins H. sehen (*es lässt sich nie genau ergründen, was ein anderer denkt, fühlt*); Spr wes das H. voll ist, des geht der Mund über (*wenn jmd. von etw. sehr angetan, berührt, begeistert ist, dann muss er es auch zum Ausdruck bringen;* nach der lutherschen Übers. von Matth. 12, 34); * **ein H. und eine Seele sein** (*unzertrennlich, sehr einig miteinander sein;* nach Apg. 4, 32); **jmds. H. hängt an etw.** (*jmd. möchte etw. sehr gern haben, behalten*); **jmds. H. gehört einer Sache** (geh.: *jmds. Interesse ist ganz auf etw. gerichtet; jmd. betreibt etw. mit Leidenschaft, lebt für etw.:* sein H. gehört der Musik, dem Fußball); **jmdm. ist, wird das H. schwer/[tut, wird es es] schwer ums H.** (*jmd. ist, wird sehr traurig, hat großen Kummer*); **jmdm. rutscht, fällt das H. in die Hose[n]** (ugs., oft scherzh.; *jmd. bekommt plötzlich Angst;* volkstüml. scherzh. Bezug auf das Sinken des Muts, wobei wohl die Vorstellung mitspielt, dass Angst auf die Eingeweide schlägt u. zur unfreiwilligen Entleerung des Darms führen kann); **alles, was das H. begehrt** (*alles, was man sich wünscht, was man nur haben möchte, wozu man Lust hat*); **das H. in die Hand/in beide Hände nehmen** (*seinen ganzen Mut zusammennehmen*); **nicht das H. haben, etw. zu tun** (*es nicht über sich bringen, nicht den Mut haben, etw. zu tun:* er hatte nicht das H., ihr die Nachricht zu überbringen; [auch ohne Verneinung:] komm nur her, wenn du das H. [dazu] hast!); **sich** (Dativ) **ein H. fassen** (*all seinen Mut zusammennehmen, sich überwinden [um etw. Unangenehmes zu tun, in Angriff zu nehmen]*); **sein H. an jmdn., etw. hängen** (geh.; *jmdm., einer Sache seine ganze Aufmerksamkeit, Liebe zuwenden*); **sein H. [an jmdn.] verlieren** (geh.; *sich in jmdn. verlieben*); **jmdm. sein H. schenken** (dichter.: *jmdm. sehr lieben, jmdm. seine ganze Liebe zuwenden*); **sein H. für jmdn., etw. entdecken** (geh.; *unvermutet Interesse für jmdn., etw. zeigen; sich [plötzlich] für jmdn., etw. begeistern;* nach dem Lustspiel »Sie hat ihr Herz entdeckt« von Wolfgang Müller von Königswinter, 1865: erst in späteren Jahren entdeckte er ein H. für die Kunst); **ein H. für jmdn., etw. haben** (*jmdm. gegenüber mitfühlend, hilfsbereit sein:* er hat ein H. für Kinder, für die Welt des Theaters); **jmdm. sein H. ausschütten** (*sich jmdm. anvertrauen; jmdm. seine Not od. seine Sorgen schildern;* nach 1. Sam. 1, 15); **jmdm. das H. schwer machen** (*jmdn. sehr traurig machen*); **das H. auf der Zunge haben/tragen** (geh.; *alles aussprechen, was einen bewegt; offenherzig, zu gesprächig sein*); **jmds. H./alle -en im Sturm erobern** (geh.; *jmds. Sympathie/alle Sympathien schnell gewinnen, schnell bei allen beliebt sein*); **jmdm. das H. zerreißen** (geh.; *jmdn. tieftraurig stimmen [sodass es ihm fast die Kraft zum Leben nimmt]*); **seinem -en einen Stoß geben** (*den inneren Widerstand überwinden u. sich rasch zu etw. entschließen*); **seinem -en Luft machen** (ugs.; *sich vom Ärger befreien; das, was einen ärgert u. bedrückt, aussprechen*); **leichten -ens** (*ohne dass es einem schwerfällt:* da konnte er leichten -ens zustimmen); **schweren/blutenden -ens** (*nur sehr ungern; tief bekümmert:* sie ließ das Kind nur schweren -ens allein weggehen); **jmdm. am -en liegen** (*für jmdn. ganz persönlich von großer Wichtigkeit sein:* die Kinder und ihre Erziehung liegen ihm besonders am -en); **jmdm. jmdn., etw. ans H. legen** (*jmdm. bitten, sich um jmdn. od. etw. besonders zu kümmern:* vor der Abreise legte sie ihm noch einmal die Blumen, die Pflege der Blumen ans H.); **jmdm. ans H. gewachsen sein** (*jmdm. besonders lieb geworden sein*); **etw. auf dem -en haben** (*ein persönliches Anliegen haben:* na, was hast du denn auf dem -en?); **jmdm. aus dem -en gesprochen sein** (*jmds. Meinung, Ansicht genau entsprechen:* was du da sagst, ist mir [ganz] aus dem -en gesprochen); **aus seinem -en keine Mördergrube machen** (*offen aussprechen, was man denkt u. fühlt;* frei nach der lutherschen Übers. von Matth. 21, 13); **aus tiefstem -en** (*sehr, aufrichtig:* etw. aus tiefstem -en bedauern, verabscheuen); **sich in die -en [der Menschen] stehlen** (geh.; *die Sympathie, Zuneigung vieler gewinnen*); **jmdn. ins/in sein H. schließen** (*jmdn. lieb gewinnen, sehr gernhaben*); **jmdn. ins H. treffen** (ugs.; *jmdn. zutiefst verletzen, sehr kränken:* dieser Vorwurf traf ihn ins H.); **mit H. und Hand** (veraltet; *sowohl mit herzlicher Zuneigung wie auch mit* *entsprechenden Handlungen; voll u. ganz;* aus dem Gedicht »Mein Vaterland« von Hoffmann von Fallersleben, 1839); **mit halbem -en** (geh.; *ohne rechte innere Beteiligung, mit wenig Interesse*); **es nicht übers H. bringen, etw. zu tun** (*zu etw. nicht fähig sein*); **sich** ⟨Dativ⟩ **etw. vom -en reden** (geh.; *über etw., was einen bedrückt, mit einem anderen sprechen:* er musste sich einmal seinen Kummer vom -en reden); **von -en gern** (*sehr gern*); **von [ganzem] -en** (1. *sehr herzlich, aufrichtig:* jmdm. von [ganzem] -en danken, alles Gute wünschen. 2. *aus voller Überzeugung:* [nach Matth. 22, 37] dazu kann ich von ganzem -en Ja sagen); **sich** ⟨Dativ⟩ **etw. zu -en nehmen** (1. *etw. beherzigen:* jmds. Worte, Ermahnungen zu -en. *etw. schwernehmen:* [nach 2. Sam. 13, 20] nimm dir die Sache doch nicht so zu -en); ♦ **jmdm. aufs H. fallen** (*deprimierend auf jmdn. wirken:* Man musste einen Tag länger wegen der Zurüstungen warten. Lenz fiel das aufs H. [Büchner, Lenz 91]). **3.** *geliebte Person, Liebling* (meist in der Anrede). **4. a)** *zentraler innerster Teil von höheren Pflanzen:* das H. des Salats hat die zartesten Blätter; **b)** *innerster Bereich von etw.; Zentrum* (1), *Mittelpunkt:* im -en eines Landes, von Europa liegen, gelegen sein; **c)** *Zentrum* (2), *Herz-, Kernstück:* die Cafeteria bildet das H. der Grünanlage. **5.** *Figur, Gegenstand in Herzform:* schokoladene -en; ein H. aus Marzipan; an einer Kette trug sie ein kleines H. aus Gold; ein H. zeichnen, malen; den Teig ausrollen und -en ausstechen; * **Tränendes H.** (*Pflanze mit hellgrünen, fiederteiligen Blättern u. meist rosa u. weiß gefärbten, herzförmigen Blüten in hängenden Trauben; Herzblume*). **6. a)** ⟨meist o. Art.; o. Pl.⟩ *[dritthöchste] Farbe im Kartenspiel; Cœur:* H. sticht, ist Trumpf; nach diesem Herz hätte er H. ziehen, spielen müssen; **b)** ⟨Pl. Herz⟩ *Spiel mit Karten, bei dem Herz* (6 a) *Trumpf ist:* er hat [ein] H. ohne zwei gespielt; dieses H. wirst du verlieren; **c)** ⟨Pl. Herz⟩ *Spielkarte mit Herz* (6 a) *als Farbe:* er hat sein einziges H. abgeworfen; er hat noch mindestens drei H. auf der Hand.

♦ **her|zäh|len** ⟨sw. V.; hat⟩: *aufzählen:* ...als der Fremdling mir alle seine Kenntnisse und Fertigkeiten herzuzählen begann (C. F. Meyer, Amulett 9).

Herz|ak|ti|on, die (Med.): vgl. Herztätigkeit.

herz|al|ler|liebst ⟨Adj.⟩ (veraltend): *sehr lieb, ganz allerliebst:* ein -es Kind.

Herz|al|ler|liebs|te ⟨Pl. Liebste⟩ (veraltend): *Liebste, Geliebte.*

Herz|al|ler|liebs|ter ⟨vgl. Liebster⟩ (veraltend): *Liebster, Geliebter* (2).

Herz|an|fall, der: *mit Beklemmung, Angstgefühlen, Atemnot, Schmerzen einhergehende, plötzlich einsetzende Unregelmäßigkeit der Herztätigkeit:* einen H. bekommen, erleiden; einem H. erliegen.

Herz|angst, die ⟨o. Pl.⟩ (Med.): *Krankheit, bei der Angstzustände u. Beschwerden wie bei einem Herzinfarkt auftreten, ohne dass jedoch organische Ursachen gefunden werden können.*

Herz|ano|ma|lie, die (Med.): *Anomalie* (b) *des Herzens* (1 a).

Herz|ass, Herz-Ass [auch: 'hɛrts...], das (Kartenspiele): *Ass* (1) *der Farbe Herz* (6 a).

Herz|asth|ma, das: *bei Herzkranken auftretendes Asthma.*

Herz|at|ta|cke, die: *Herzanfall:* eine H. bekommen, erleiden.

her|zau|bern ⟨sw. V.; hat⟩: *herbeizaubern.*

Herz|au|to|ma|tis|mus, der (Med. veraltend): *Fähigkeit des Herzens, eigenständig in rhythmischer Tätigkeit zu sein.*

herz|be|klem|mend ⟨Adj.⟩: *in beängstigender Weise beklemmend, bedrückend, beengend:* es herrschte eine -e Atmosphäre.

Herz|be|klem|mung, die: *vom Herzen ausgehende, sich am Herzen bemerkbar machende Beklemmung.*

Herz|be|schwer|den ⟨Pl.⟩: *durch Unregelmäßigkeit der Herztätigkeit o. Ä. verursachte Beschwerden.*

Herz|beu|tel, der (Anat.): *(bei Mensch, Wirbeltieren u. verschiedenen anderen Tierarten) mit einer Flüssigkeit gefüllte äußere Hülle des Herzens; Perikard.*

Herz|beu|tel|ent|zün|dung, die (Med.): *Entzündung des Herzbeutels; Perikarditis.*

herz|be|we|gend ⟨Adj.⟩ (geh.): *Rührung hervorrufend; ergreifend:* eine -e Geschichte; ein -er Brief; etwas h. erzählen, vortragen.

Herz|blatt, das: **1.** ⟨Pl. selten⟩ *geliebte Person; jmd., den man von Herzen lieb hat; Liebling:* jmds. H. sein; (häufig in der Anrede): was willst du denn noch haben, mein H. ? **2.** (Gartenbau) *inneres, junges, noch nicht voll entwickeltes Blatt einer Pflanze.* **3.** *herzblättrige, weiß blühende Pflanze, die auf moorigen Wiesen der nördlichen Halbkugel wächst.*

Herz|blätt|chen, das; -s, -: Vkl. zu ↑Herzblatt.

herz|blätt|rig ⟨Adj.⟩ (Bot.): *herzförmige Blätter aufweisend:* eine -e Erle.

Herz|blu|me, die: *Tränendes Herz.*

Herz|blut, das ⟨o. Pl.⟩ [mhd. herzebluot]: besonders in den Wendungen **sein H. für jmdn., etw. hingeben** (geh.; *sich ganz für jmdn., etw. einsetzen, aufopfern*); **etw. mit seinem H. schreiben** (geh.; *etw. mit großem innerem Engagement schreiben*): sie hat das Buch, diesen Brief mit ihrem H. geschrieben.

Herz|bräu|ne, die (volkstüml.): *Angina Pectoris.*

herz|bre|chend ⟨Adj.⟩ (geh.): *herzbewegend.*

Herz|bu|be, Herz-Bu|be, der: **1.** (*junger*) *Mann, der besonders geliebt, gemocht wird; Liebling* (1). **2.** [auch: ...'buːbə] (Kartenspiele) *Bube* (2) *der Farbe Herz* (6 a).

Herz|chen, das; -s, -: **1.** Vkl. zu ↑Herz (5). **2.** (abwertend) *naive, ahnungslose Person; allzu gutgläubiger Mensch:* du bist mir vielleicht ein H.; ⟨oft in der Anrede:⟩ komm her, mein H.

Herz|chi|r|urg, der: *Chirurg, der sich auf die Herzchirurgie spezialisiert hat.*

Herz|chi|r|ur|gie, die: **1.** ⟨o. Pl.⟩ *spezielles Gebiet der Chirurgie, das sich mit den operativen Eingriffen am Herzen befasst.* **2.** (selten) *herzchirurgische Abteilung eines Krankenhauses.*

Herz|chi|r|ur|gin, die: w. Form zu ↑Herzchirurg.

Herz|da|me, Herz-Da|me, die: **1.** [auch: ...'daːmə] (Kartenspiele) ¹*Dame* (2 b) *der Farbe Herz* (6 a). **2.** *Frau, die besonders geschätzt od. geliebt wird:* er brachte seiner H. wunderschöne Wiesenblumen.

Herz|drü|cken, das; -s: **1.** *drückender Schmerz in der Herzgegend.* **2.** * **nicht an H. sterben** (ugs. scherzh.; *frei über alles, bes. auch Unangenehmes, reden; seine Meinung ohne Hemmungen äußern*).

Her|ze, das; -ns, -n (dichter. veraltet): ↑Herz (2).

Her|ze|go|wi|na [auch: ...o'viː...], die; -: südlicher Teil von Bosnien und Herzegowina.

her|zei|gen ⟨sw. V.; hat⟩ (ugs.): **1.** *jmdn. sehen lassen, jmdn. vorzeigen:* zeig doch mal das Foto her!; jmdn. h. können (*sich mit jmdm. sehen lassen können*). **2.** *zum Sprechenden, in Richtung auf den Sprechenden deuten, weisen.*

Herz|e|leid, das; -[e]s (geh.): *großer seelischer Schmerz, Kummer; tiefes Leid:* Kummer und H. hatten ihre Spuren hinterlassen.

her|zen ⟨sw. V.; hat⟩ [mhd. herzen = mit einem Herzen versehen] (geh.): *liebevoll umarmen, liebkosend an sich, ans Herz drücken:* sie herzte ihre Kinder; sie herzten und küssten sich.

Her|zens|an|ge|le|gen|heit, die (geh.): *etw., was für jmdn. ganz persönlich von großer Wichtigkeit ist, was jmdm. besonders am Herzen liegt:* die Trauerrede für den Verstorbenen selbst zu halten war ihm eine H.

Her|zens|angst, die (veraltend): *große Angst, Furcht:* in all ihrer H. wusste sie nicht, wohin sie sich wenden sollte.

Her|zens|be|dürf|nis, das: meist in der Verbindung **jmdm. [ein] H. sein** (geh.; *für jmdn. ganz persönlich von großer Wichtigkeit sein; jmdm. ein inneres Bedürfnis sein:* die Reise zu ihrer Mutter war ihr ein H.).

Her|zens|bil|dung, die ⟨o. Pl.⟩ (geh.): *durch Erziehung erworbener Besitz einer reichen u. differenzierten Gefühls- u. Empfindungsfähigkeit.*

♦ **Her|zens|brast**, der; -[e]s [zu: Brast = schwerer Kummer, schwere Sorge, zu mhd. bresten, ↑ Gebresten]: *großer seelischer Schmerz, Kummer:* ...vertrieb er sich die Zeit, samt seinem H., auf das Anmutigste und Beste (Mörike, Hutzelmännlein 176).

Her|zens|bre|cher, der: *Mann, der viel Erfolg bei Frauen hat.*

Her|zens|bre|che|rin, die; -, -nen: w. Form zu ↑Herzensbrecher.

Her|zens|bru|der, der (veraltet): **1.** *Bruder, an dem man besonders hängt.* **2.** *Freund, zu dem man eine besonders enge Beziehung hat.*

Her|zens|er|gie|ßung, die, **Her|zens|er|guss**, der (geh. veraltend): *sehr persönliches, meist wortreiches, überschwänglich formuliertes Bekenntnis.*

Her|zens|freu|de, die (veraltend, noch geh.): *große, tief empfundene Freude.*

Her|zens|freund, der (veraltend): *sehr vertrauter Freund; Freund, zu dem man eine besonders enge Beziehung hat.*

Her|zens|freun|din, die: w. Form zu ↑Herzensfreund.

Her|zens|grund, der: in den Fügungen **aus/von** (veraltend) **-[e]** (*aus voller Überzeugung; aus tiefstem Herzen*) [:] jmdn., etw. aus H. lieben, verachten, hassen; sie seufzte aus H.; ich danke Gott von H.); **im -[e]** (*im tiefsten Herzen, im Innersten:* auch wenn es nicht so scheint, er ist im -e ein fröhlicher Mensch).

her|zens|gut ⟨Adj.⟩ [mhd. herzeguot]: *von uneingeschränkt herzlicher, gütiger Art; sehr gutmütig u. dabei oft etw. unkritisch:* Dieser biedere Mensch, von dem ich nur sagen kann, dass er ebenso hartnäckig wie h. ist, wurde auf Wegen beobachtet, die einfach unsittlich sind (Böll, Schweigen 94).

Her|zens|gü|te, die (geh.): *große, von Herzlichkeit geprägte Güte.*

Her|zens|jun|ge, der (veraltend, meist als Anrede): vgl. Herzenskind.

Her|zens|kind, das: *Kind, das man von Herzen lieb hat; Liebling:* (als Anrede veraltend:) ach Pauline, mein H., warum antwortest du nicht?

Her|zens|lust, die: in der Fügung **nach H.** (*ganz so, wie man es sich wünscht, wie man gerade Lust dazu hat:* nach H. essen und trinken).

Her|zens|not, die (geh.): *große innere Bedrängnis, Notlage, Zwangslage:* er hatte sie in ihrer H. alleingelassen.

Her|zens|sa|che, die: *Herzensangelegenheit.*

Her|zens|trost, der (geh.): *Trost für ein unglückliches Herz.*

Her|zens|wär|me, die (geh.): *Herzlichkeit* (1 a), *Warmherzigkeit.*

Her|zens|wunsch, der: *sehnlichster, innigst gehegter Wunsch:* eine solche Reise zu machen war schon immer sein H., ein H. von ihm.

Herz|ent|zün|dung, die: *Karditis.*

herz|er|freu|end ⟨Adj.⟩: *innerlich froh stimmend, sehr erfreuend.*

herzerfrischend – Herzmuskel

herz|er|fri|schend ⟨Adj.⟩: *sehr angenehm, natürlich u. dabei anregend wirkend; erfreulich ungekünstelt u. belebend:* sie hat eine -e Art, Natürlichkeit; das war ein -er Spaß; das Gespräch mit ihm war geradezu h.; sie lachte h.

herz|er|grei|fend ⟨Adj.⟩: *sehr ergreifend, nahegehend; im Innersten anrührend:* eine -e Geschichte, Szene; sie hat [ganz] h. geweint.

Herz|er|kran|kung, die: *Erkrankung des Herzens.*

herz|er|qui|ckend ⟨Adj.⟩: *herzerfrischend.*

herz|er|schüt|ternd ⟨Adj.⟩ (geh.): *herzergreifend.*

herz|er|wär|mend ⟨Adj.⟩: *ein tiefes Gefühl der Rührung u. des Glücks erzeugend.*

herz|er|wei|chend ⟨Adj.⟩: *herzergreifend.*

Herz|er|wei|te|rung, die: *natürliche od. krankhafte Erweiterung, Vergrößerung des Herzens.*

Herz|feh|ler, der: *Abweichung vom normalen Bau des Herzens, die zu Störungen der Herztätigkeit führt:* einen H. haben.

Herz|flat|tern, das; -s: *beschleunigter, unruhiger Herzschlag.*

Herz|flim|mern, das; -s (Med.): *Herzrhythmusstörung, bei der der Herzmuskel sich nur unregelmäßig kontrahiert u. sich dadurch die Pumpleistung des Herzens [bis zum völligen Ausfall] stark verringert.*

Herz|form, die: *Form (eines Gegenstands), die mit zwei symmetrisch in einer Spitze auslaufenden Rundungen der Form des Herzens (1 a) ähnlich ist:* ein Lebkuchen in H.

herz|för|mig ⟨Adj.⟩: *Herzform aufweisend:* ein -es Blatt.

Herz|fre|quenz, die (Med.): *Anzahl der Herzschläge in der Minute.*

Herz|funk|ti|on, die: *Funktion der Herzens (1 a); Herztätigkeit:* die H. prüfen.

Herz|ge|gend, die ⟨o. Pl.⟩: *Umgebung des Herzens:* Schmerzen, Stiche in der H. haben.

Herz|ge|räusch, das ⟨oft im Plural⟩ (Med.): *neben den normalen Herztönen auftretendes Geräusch der Herztätigkeit, das auf eine krankhafte Veränderung des Herzens hindeutet.*

Herz|ge|spann, das [mhd. herzgespan, früher als Heilpflanze gegen das Herzgespann gebraucht, eine Krankheit, die man sich als eine Spannung der Herz umgebenden Haut vorstellte]: *(zu den Lippenblütlern gehörende) Pflanze mit kleinen rötlichen od. cremeweißen Blüten und handförmig zerteilten Blättern, die als Heilpflanze verwendet wird.*

herz|ge|win|nend ⟨Adj.⟩ (geh.): *Sympathie, Zuneigung erweckend; sehr gewinnend, liebenswert, sympathisch:* ein -s Wesen; von -er Fröhlichkeit sein; h. lachen.

Herz|gru|be, die: *Magengrube.*

herz|haft ⟨Adj.⟩ [mhd. herzehaft = mutig; besonnen, verständig]: **1. a)** (veraltend) *beherzt, mutig, unerschrocken, entschlossen:* ein -er Entschluss; er sah dem Gegner h. ins Auge; **b)** *von beträchtlicher Heftigkeit, Festigkeit, Größe, Stärke o. Ä., von gehörigem Ausmaß; ordentlich, kräftig:* ein -er Händedruck, Kuss; ein -es Lachen; das war ein Schluck nehmen; sie packten alle h. zu; h. gähnen. **2.** *nahrhaft, gehaltvoll; von kräftigem, würzigem Geschmack:* ein -es Frühstück, Essen; Der Eintopf war, schmeckte sehr h.; ⟨subst.:⟩ er isst gern etwas Herzhaftes.

◆ **herz|haf|tig** ⟨Adj.⟩: *herzhaft (1 a):* Der kleine Strauß war h. und hat gestern auf den Römer dem Stechen zugesehen und hat geglaubt, man kenne ihn nicht (Heine, Rabbi 370).

Herz|haf|tig|keit, die; -: **1.** (veraltend) *Mut, Entschlossenheit, Furchtlosigkeit.* **2.** *das Herzhaftsein (2).*

her|zie|hen ⟨unr. V.⟩: **1.** ⟨hat⟩ **a)** (ugs.) *durch Ziehen an den Ort des Sprechenden bewegen:* sich hen an den Ort, Tisch h.; jmdn. zu sich h.; **b)** *ziehend (1) mit sich führen:* einen Handwagen,

Karren, Schlitten, ein Kind hinter sich h.; einen Hund an der Leine hinter sich h.; Ü das Flugzeug zieht einen weißen Kondensstreifen hinter sich her. **2.** ⟨ist⟩ *vor, hinter od. neben jmdm., einem Fahrzeug o. Ä. hergehen (1), herlaufen (2):* vor den Fackelträgern zog eine Musikkapelle her; die Kinder zogen hinter dem Zirkuswagen, neben der Musikkapelle her. **3.** ⟨ist⟩ *an den Ort des Sprechenden umziehen:* sie sind vor ein paar Jahren, erst kürzlich hergezogen. **4.** ⟨ist/hat⟩ (ugs.) *über einen Abwesenden schlecht, gehässig reden, indem man besonders dessen [angebliche] Fehler u. Schwächen hervorhebt, schonungslos beredet:* die Nachbarn zogen in übler Weise über das Mädchen her; Deine Gäste ziehen über mich her. Sie lästern und zischeln (Strauß, Niemand 35).

her|zig ⟨Adj.⟩ (bayr., österr., schweiz.): *durch besondere Anmut, Niedlichkeit o. Ä. Gefallen erregend; reizend, wonnig:* ein -es Kind, Kleidchen; ist die Kleine nicht h.?; sie lacht so h.

Herz|in|farkt, der (Med.): *Zerstörung von Gewebe des Herzmuskels durch Verstopfung der Herzkranzgefäße u. dadurch unterbrochener Versorgung mit Blut; Myokardinfarkt:* einen H. bekommen, haben; an einem H. sterben.

Herz|in|nen|haut, die: *Endokard.*

Herz|in|nen|haut|ent|zün|dung, die: *Endokarditis.*

herz|in|nig ⟨Adj.⟩ (veraltend): *sehr innig, sehr herzlich, tief empfunden:* das war ihr -ster Wunsch; sich h. umarmen, verabschieden.

herz|in|nig|lich ⟨Adj.⟩ [mhd. herzenneiclich] (veraltend): *herzinnig.*

Herz|in|suf|fi|zi|enz, die (Med.): *Funktionsschwäche des Herzens (1 a).*

Herz|ja|gen, das; -s: *Tachykardie.*

Herz-Je|su-Bild, das: *Andachtsbild, auf dem Jesus mit dem Herzen auf der Brust dargestellt ist, das von einer Gloriole umstrahlt ist. von Dornen umwunden ist [u. aus dem Flammen schlagen].*

Herz-Je|su-Ver|eh|rung, die ⟨o. Pl.⟩ (kath. Kirche): *mystische Verehrung des Herzens Jesu, die dieses als Symbol des ganzen Menschen Jesus Christus, vor allem seiner aufopfernden Liebe, versteht.*

Herz|kam|mer, die: *in je einer der beiden voneinander getrennten Hälften des Herzens gelegener, von starken Muskeln gebildeter Hohlraum; Ventrikel:* die rechte, linke H.

Herz|kas|per, der (ugs.): *Herzanfall:* einen H. kriegen, bekommen.

Herz|ka|the|ter, der (Med.): *der Untersuchung des Herzens dienender, dünner, biegsamer Katheter, der mit einer physiologischen Kochsalzlösung gefüllt, durch ein entfernt vom Herzen gelegenes Blutgefäß (meist eine Vene) eingeführt u. bis ins Herz vorgeschoben wird.*

Herz|kir|sche, die [nach der herzförmigen Rundung]: *Süßkirsche mit meist dunkelrotem, saftigem Fruchtfleisch.*

Herz|klap|pe, die: *klappenartige, wie ein Ventil den Blutstrom steuernde Gewebsbildung im Herzen.*

Herz|klap|pen|feh|ler, der (Med.): *(angeborener od. durch entzündliche Herzerkrankungen entstandener) Defekt der Herzklappen.*

Herz|klop|fen, das; -s: *verstärktes, beschleunigtes Schlagen des Herzens:* starkes, heftiges H. haben, bekommen; sie sah der Besprechung mit H. (mit einiger Aufregung) entgegen.

Herz|knacks, der (ugs.): *Herzfehler.*

Herz|kohl, der (landsch.): *Wirsing.*

Herz|kol|laps, der: *Herzversagen.*

Herz|kö|nig, Herz-Kö|nig [auch: ˈhɛrts...], der (Kartenspiele): *König (2 b) der Farbe Herz (6 a):* den H. ausspielen.

Herz|krampf, der: *krampfartige Erscheinung am Herzen (bes. bei Angina Pectoris).*

Herz|krank ⟨Adj.⟩: *an einer Herzkrankheit leidend:* -e Patienten; er ist seit Jahren h.

Herz|kran|ke ⟨vgl. Kranke⟩: *herzkranke weibliche Person.*

Herz|kran|ker ⟨vgl. Kranker⟩: *jmd., der herzkrank ist.*

Herz|krank|heit, die: *Erkrankung des Herzens.*

Herz|kranz|ge|fäß, das ⟨meist Pl.⟩: *Blutgefäß des Herzens, das die Muskulatur des Herzens mit Blut versorgt; Koronargefäß.*

Herz-Kreis|lauf-Er|kran|kung, die (Med.): *krankhafte Veränderung des Herzens u. der Schlagader, bes. der Herzkranzgefäße.*

Herz|kur|ve, die (Math.): *Kardioide.*

Herz|land, das ⟨Pl. ...länder⟩: *als Mittelpunkt für etw. geltendes, zentral gelegenes Land.*

Herz|lei|den, das: *Herzkrankheit:* einem H. erliegen; an einem H. sterben.

herz|lei|dend ⟨Adj.⟩: *herzkrank.*

herz|lich ⟨Adj.⟩ [mhd. herze(n)lich]: **1. a)** *Warmherzigkeit, eine von innen kommende Freundlichkeit besitzend, ausstrahlend, zeigend; voller Gefühlswärme u. liebevoll entgegenkommend:* -e Worte, Blicke; ein -es Lächeln; er war sehr h. zu mir; sie waren, standen sehr h. miteinander; wir wurden h. empfangen; **b)** *dem innersten Gefühl entsprechend; aufrichtig, ehrlich gemeint; von Herzen kommend:* -en Anteil an jmds. Schicksal nehmen; nun habe ich noch eine -e (dringende, mir am Herzen liegende) Bitte; sein Gruß war, klang nicht gerade h.; sich h. bei jmdm. bedanken; ⟨häufig in Gruß-, Dank-, Wunschformeln:⟩ -e Grüße; -en Dank, Glückwunsch; -es Beileid; ⟨als Briefschluss:⟩ h. Dein/ dein ...; -st Euer ...; ... er gab sich ganz dem Anblick der Toten hin, mit jener sonderbaren Mischung von -em Mitfühlen und kalter Beobachtung, wie die Künstler sie haben (Hesse, Narziß 266). **2.** ⟨verstärkend bei Adjektiven u. Verben⟩ *sehr; recht, ziemlich, überaus:* der Vortrag war h. langweilig, schlecht; das ist h. wenig; h. gern!; h. lachen.

Herz|lich|keit, die; -, -en: **1.** ⟨o. Pl.⟩ **a)** *herzliches (1 a) Wesen, Entgegenkommen;* **b)** *Aufrichtigkeit, Echtheit, Ehrlichkeit; herzliche (1 b) Art:* er zweifelte an der H. ihrer Anteilnahme. **2.** *von innen kommende Freundlichkeit, herzliche Verhaltensweise, Äußerung:* sich für eine H. bedanken; die Besucher wurden mit großer H. empfangen, begrüßt.

herz|los ⟨Adj.⟩ [mhd. herzelōs]: *kein Mitleid zeigend; ohne Mitgefühl; gefühllos:* ein -er Mensch; ein -es Verhalten; das war sehr h. von ihm; h. handeln.

Herz|lo|sig|keit, die; -, -en: **a)** ⟨o. Pl.⟩ *das Herzlossein, herzlose Haltung, herzloses Verhalten:* seine Handlungsweise zeugt von großer H.; **b)** *herzlose Bemerkung, Handlung:* solche -en war er allmählich von ihr gewöhnt.

Herz-Lun|gen-Ma|schi|ne, die (Med.): *medizinisches Gerät, das als künstlicher Ersatz für den natürlichen Körperkreislauf des Blutes für kürzere Zeit die Funktion des Herzens u. der Lunge übernehmen kann.*

Herz|mas|sa|ge, die: *rhythmisches Zusammendrücken, Pressen des Herzens, um die Herztätigkeit aufrechtzuerhalten od. wieder in Gang zu bringen (bes. als Maßnahme der Ersten Hilfe).*

Herz|mit|tel, das (ugs.): *Arzneimittel zur Unterstützung u. Verbesserung der Herztätigkeit.*

Herz|mu|schel, die: *[essbare] Muschel mit rundlich herzförmigen, stark gerippten Schalen.*

Herz|mus|kel, der: *zwischen der Innenhaut u. dem Herzbeutel gelegene Muskelschicht, Muskelgewebe des Herzens; Myokard.*

Herz|mus|kel|ent|zün|dung, die (Med.): *Myokarditis.*
Herz|mus|kel|schwä|che, die ⟨Pl. selten⟩ (Med.): *Kontraktionsschwäche des Herzmuskels.*
Herz|mus|ku|la|tur, die: vgl. Beinmuskulatur.
herz|nah ⟨Adj.⟩: *in unmittelbarer Nähe des Herzens gelegen:* -e Gefäße.
Herz|neu|ro|se, die (Med.): *psychisch bedingte, anfallartige Empfindung von Herzbeschwerden ohne körperliche Grundkrankheit.*
Her|zog [...tso:k], der; -s, Herzöge, seltener: -e [mhd. herzoge, ahd. herizogo, wohl aus dem Got., urspr. = Heerführer, 1. Bestandteil zu ↑ Heer, 2. Bestandteil zu ↑ ziehen]: **1. a)** *(in germanischer Zeit) für die Dauer eines Kriegszugs gewählter od. durch Los bestimmter Heerführer;* **b)** *(von der Merowingerzeit an) über mehrere Grafen gesetzter königlicher Amtsträger mit zunächst vorwiegend militärischen Aufgaben, später zum Teil stammesherrschaftlichen Befugnissen [u. Unabhängigkeit vom König].* **2. a)** ⟨o. Pl.⟩ *Adelstitel eines Angehörigen des hohen Adels im Rang zwischen König u. Fürst (als Bestandteil des Familiennamens hinter dem Vornamen stehend):* der Besitz H. Meiningens, des -s [von] Meiningen; Herrn Friedrich H. [von] Meiningen; sehr geehrter Herr H. [von] Meiningen; **b)** *Angehöriger des hohen Adels im Rang zwischen König u. Fürst; Träger des Adelstitels Herzog* (2 a): der H. kommt; sie traf mit mehreren Herzögen Europas zusammen.
Her|zo|gin, die; -, -nen [mhd. herzoginne]: **1.** w. Form zu ↑ Herzog. **2.** *Frau eines Herzogs.*
Her|zo|gin|mut|ter, die ⟨Pl. ...mütter⟩: *Mutter eines regierenden Herzogs.*
her|zog|lich ⟨Adj.⟩: *einen Herzog, den Titel od. Stand eines Herzogs betreffend, zu ihm gehörend, ihm zustehend:* die -e Familie; -er Besitz; das -e Wappen.
Her|zogs|hut, der; -[e]s, ...hüte: *ähnlich der Königskrone bei bestimmten Zeremonien getragene Kopfbedeckung eines Herzogs in Gestalt einer Purpurkappe.*
Her|zogs|wür|de, die: *mit dem Titel, den Ehren, den Befugnissen eines Herzogs verbundener Rang.*
Her|zog|tum, das; -s, ...tümer [mhd., spätahd. herzog(en)tuom]: *Territorium mit einem Herzog als Oberhaupt; Besitz, Herrschaftsbereich eines Herzogs.*
Herz|ope|ra|ti|on, die: *operativer Eingriff am Herzen.*
Herz|pa|ti|ent, der: *an einer Herzkrankheit leidender od. am Herzen operierter Patient.*
Herz|pa|ti|en|tin, die: w. Form zu ↑ Herzpatient.
Herz|pro|blem, das ⟨meist Pl.⟩: *Erkrankung des Herzens* (1 a), *Problem mit dem Herzen* (1 a).
Herz|punkt, der (geh.): *wesentlicher, wichtigster Punkt; etw., worauf es ankommt; Kernpunkt.*
Herz|ra|sen, das; -s: *verstärkte, oft beschleunigte Herztätigkeit; Herzjagen.*
Herz|rhyth|mus, der (Med.): *Schlagrhythmus des Herzens; Zusammenziehung, Kontraktion u. Erweiterung, Erschlaffung des Herzmuskels in ihrer exakten zeitlichen Abfolge* (Systole u. Diastole).
Herz|rhyth|mus|stö|rung, die (Med.): *Störung des normalen Herzrhythmus.*
Herz|schei|de|wand, die (Med.): *Scheidewand zwischen linker u. rechter Herzkammer.*
Herz|schlag, der: **1. a)** *durch Zusammenziehung, Kontraktion der Herzmuskulatur entstehender Schlag des Herzens:* sie spürte ihren H.; er hatte einen H. lang (geh.; *für einen Augenblick*) das Gefühl, dies alles schon einmal erlebt zu haben; **b)** ⟨o. Pl.⟩ *rhythmische Abfolge der Herzschläge* (1 a): sein H. stockte, setzte für einen Moment aus; einen langsamen, beschleunigten H. haben; Ü der H. (geh.; *das pulsierende Leben*) einer Großstadt. **2.** *zum Tod führender plötzlicher Ausfall der Herztätigkeit:* einen H. erleiden; einem H. erliegen.
Herz|schlag|fi|na|le, das (Sportjargon): *besonders spannendes Finale* (3 b).
Herz|schlag|fol|ge, die: *Abfolge der Herzschläge* (1 a).
Herz|schmerz, der: *vom Herzen ausgehender Schmerz; Schmerz in der Herzgegend.*
Herz|schritt|ma|cher, der (Med.): *[in den Körper implantierbares] Gerät, das bei schweren Störungen der Herztätigkeit die elektrischen Impulse zur periodischen Reizung der Herzmuskulatur liefert:* jmdm. einen H. einsetzen.
Herz|schwä|che, die: *Funktionsschwäche des Herzens.*
Herz|spen|der, der: *Verstorbener, dessen Herz einem Herzkranken transplantiert wird.*
Herz|spen|de|rin, die: w. Form zu ↑ Herzspender.
Herz|spe|zi|a|list, der: *Kardiologe.*
Herz|spe|zi|a|lis|tin, die: w. Form zu ↑ Herzspezialist.
herz|stär|kend ⟨Adj.⟩: *das Herz* (1 a) *stärkend, die Herztätigkeit unterstützend:* ein -es Mittel.
Herz|stich, der: **1.** ⟨meist Pl.⟩ *kurz anhaltender, stechender Schmerz in der Herzgegend.* **2.** *Stich* (mit einem Messer o. Ä.) *ins Herz.*
Herz|still|stand, der (Med.): *Aufhören der Herztätigkeit.*
Herz|stol|pern, das; -s: *unregelmäßige Herztätigkeit, bei der die Empfindung entsteht, das Herz würde kurz aufhören zu schlagen u. danach rasch wieder aufnehmen.*
Herz|stück, das (geh.): *wesentlicher, wichtigster Teil; etw., Teilstück, auf das es ankommt; Kernstück:* dieses Gemälde ist das H. der Ausstellung.
Herz|tä|tig|keit, die ⟨Pl. selten⟩: *Arbeit, Tätigkeit des Herzens, durch die das Blut in die Arterien gepumpt wird.*
◆ **herz|tau|send** ⟨Adj.⟩: *herzallerliebst:* Adies, -er Schatz (Cl. Brentano, Kasperl 364).
Herz|tod, der: *innerhalb kürzester Zeit durch den plötzlichen Ausfall der Herztätigkeit herbeigeführter Tod.*
Herz|ton, der ⟨Pl. ...töne; meist Pl.⟩ (Med.): *durch die Herztätigkeit entstehender, regelmäßig sich wiederholender Ton:* die Herztöne des Patienten wurden immer schwächer.
Herz|trans|plan|ta|ti|on, die (Med.): *Transplantation des Herzens eines Verstorbenen in den Körper eines lebenden Menschen, dessen erkranktes Herz operativ entfernt wird.*
Herz|trop|fen ⟨Pl.⟩: *herzstärkende, herzwirksame Tropfen* (2).
her|zu ⟨Adv.⟩ [mhd. her zuo, ahd. hera (hara) zuo, aus ↑ her u. ↑ zu] (geh.): *von dort hierher, auf den Sprechenden zu; herbei.*
her|zu|ei|len ⟨sw. V.; ist⟩ (geh.): *eilends herzukommen; herbeieilen.*
her|zu|kom|men ⟨st. V.; ist⟩ (geh.): *von dort auf den Sprechenden zukommen; herbeikommen.*
her|zu|tre|ten ⟨st. V.; ist⟩: *von einer entfernt liegenden Stelle auf den Sprechenden zutreten.*
Herz|ver|fet|tung, die: *Fettherz.*
Herz|ver|pflan|zung, die: *Herztransplantation.*
Herz|ver|sa|gen, das; -s: *Aufhören, Unterbrechung od. starke Verminderung der Herztätigkeit:* an H. sterben.
Herz|weh, das ⟨o. Pl.⟩: **1.** (veraltet) *Herzschmerzen.* **2.** [mhd. herzewē] (geh.) *großer Kummer, Schmerz; tiefes Leid.*
herz|wirk|sam ⟨Adj.⟩: *bei bestimmten Herzkrankheiten günstig auf das Herz, die Herztätigkeit einwirkend:* das Mittel ist nicht speziell h.
her|zy|nisch ⟨Adj.⟩ [nach dem antiken Namen Hercynia silva (= Harzynischer Wald) für das deutsche Mittelgebirge] (Geol.): *(vom Bau der Erdkruste) parallel zum Nordrand des ²Harzes von Nordwesten nach Südosten verlaufend.*
Herz|zen|t|rum, das: *Spezialklinik für Menschen mit Herzerkrankungen.*
herz|zer|rei|ßend ⟨Adj.⟩: *tiefstes Mitgefühl, Mitleid erweckend; jammervoll, erschütternd:* eine -e Abschiedsszene; sie weinte [ganz] h.
Hes|pe|ri|de, die; -, -n ⟨meist Pl.⟩ [griech. Hesperídes, eigtl. = Töchter des Westens] (griech. Mythol.): *eine der Hüterinnen der goldenen Äpfel im Garten der Götter.*
Hes|pe|ri|din, das; -s [1828 von dem frz. Apotheker Lebreton entdeckt u. nach der Familie der Hesperiden benannt] (Chemie, Med.): *in den Fruchtschalen von Orangen vorkommendes, in Wasser schwer lösliches Glykosid mit hemmender Wirkung auf die Gewebsdurchlässigkeit.*
Hes|pe|ri|en ⟨Pl.⟩ [lat. Hesperia < griech. hespéria = Westen, zu: hespérios = abendlich, westlich] (im Altertum dichter.): *westlich gelegenes Land* (bes. Italien u. Spanien).
hes|pe|risch ⟨Adj.⟩ [zu griech. hésperos = abendlich, westlich; Abend; Abendstern] (bildungsspr.): *abendländisch, westlich.*
Hes|pe|ros, Hes|pe|rus, der; - ⟨meist o. Art.⟩ [lat. Hesperus, Hesperos < griech. hésperos] (griech. Mythol.): *der Abendstern.*
Hes|se, der; -n, -n: Ew.
Hes|sen; -s: deutsches Bundesland.
Hes|sen|land, das ⟨o. Pl.⟩: *Hessen.*
Hes|sen-Nas|sau; -s: ehemalige preußische Provinz.
Hes|si|an ['hɛsɪən], der od. das; -[s] [engl. hessian, eigtl. = hessisch, Hesse; wohl nach den engl.-amerik. Bez. hessian für einen groben, ungeschlachten Menschen]: *grobes, naturfarbenes Jutegewebe in Leinenbindung, das bes. für Säcke verwendet wird.*
Hes|sin, die; -, -nen: w. Form zu ↑ Hesse.
hes|sisch ⟨Adj.⟩: *Hessen, die Hessen betreffend; aus Hessen stammend.*
Hes|tia (griech. Mythol.): *Göttin des Herdes.*
He|tä|re, die; -, -n [griech. hetaíra, eigtl. = Gefährtin]: **1.** *(in der Antike) meist hochgebildete, oft politisch einflussreiche Freundin, Geliebte bedeutender Männer.* **2.** (bildungsspr.) *Prostituierte.*

he|ter-, He|ter-: ↑ hetero-, Hetero-.

he|te|ro ⟨indekl. Adj.⟩ (ugs.): *Kurzf. von* ↑ heterosexuell.
He|te|ro, der; -s, -s (ugs.): *Kurzf. von* ↑ Heterosexueller.

he|te|ro-, He|te|ro-, (vor Vokalen auch:) heter-, Heter- (griech. héteros): Best. in Zus. mit der Bed. *anders, fremd, ungleich, verschieden* (z. B. heterodont, heterogen, Heterosexualität).

He|te|ro|chro|mie [...kro...], die; -, -n [zu ↑ Chrom] (Biol., Med.): *unterschiedliche Färbung normalerweise gleichfarbiger Gewebe- od. Organteile:* z. B. der Iris der Augen.
He|te|ro|chro|mo|som, das; -s, -en (Biol., Med.): *Geschlechtschromosom.*
he|te|ro|cy|c|lisch: ↑ heterozyklisch.
he|te|ro|dont ⟨Adj.⟩ [zu griech. odoús (Gen.: odóntos) = Zahn] (Biol.): *(vom Gebiss fast aller Säugetiere) mit verschiedenartigen Zähnen (wie Schneide-, Eck-, Backenzähnen) ausgestattet:* das menschliche Gebiss ist h.
he|te|ro|dox ⟨Adj.⟩ [griech. heteródoxos = von anderer Meinung, zu: dóxa = Meinung; Lehre] (Rel.): *von der herrschenden Kirchenlehre abweichend; andersgläubig.*

He|te|ro|do|xie, die; -, -n [griech. heterodoxía = verschiedene, irrige Meinung] (Rel.): *Lehre, die von der offiziellen Kirchenlehre abweicht; Irrlehre.*

he|te|ro|gen ⟨Adj.⟩ [griech. heterogenḗs, ↑-gen] (bildungsspr.): *nicht gleichartig im inneren Aufbau; uneinheitlich, aus Ungleichartigem zusammengesetzt; ungleichmäßig aufgebaut, ungleichartig, nicht homogen:* eine -e Masse, Gruppe, Schicht; h. zusammengesetzt sein.

He|te|ro|ge|ni|tät, die; -: *Verschiedenartigkeit, Ungleichartigkeit, Uneinheitlichkeit im Aufbau, in der Zusammensetzung.*

He|te|ro|go|nie, die; - [zu griech. goné = das Entstehen, Erzeugung]: **1.** (Biol.) *besondere Form des Generationswechsels bei Tieren (z. B. bei Wasserflöhen), wobei auf eine sich geschlechtlich fortpflanzende Generation eine andere folgt, die sich aus unbefruchteten Eiern entwickelt.* **2.** (bes. Philos.) *Entstehung von Neuem, Nichtangelegtem.*

he|te|ro|log ⟨Adj.⟩ [zu griech. lógos = Rede, Wort, wissenschaftliche Untersuchung; Suffix mit der Bed. »entsprechend«] (bes. Med.): **1.** *abweichend, nicht übereinstimmend.* **2.** *von fremder Herkunft, artfremd:* -e Insemination *(künstliche Befruchtung mit nicht vom Ehemann stammendem Samen).*

he|te|ro|mer ⟨Adj.⟩ [zu griech. méros = (An)teil] (Bot.): *verschieden gegliedert (von Blüten, in deren verschiedenen Blattkreisen die Zahl der Glieder wechselt).*

he|te|ro|morph ⟨Adj.⟩ [griech. heterómorphos, zu: morphḗ = Gestalt, Form] (Biol., Chemie, Physik): *anders-, verschiedengestaltig; auf andere, verschiedene Weise gebildet, gestaltet:* die h. ausgebildeten Tierformen beim Generationswechsel.

he|te|ro|nom ⟨Adj.⟩ [zu griech. nómos = Gesetz]: **1.** (bildungsspr.) *[verwaltungsmäßig] unselbstständig, abhängig; von fremden Gesetzen abhängend:* ein -er Staat. **2.** (Zool.) *unterschiedlich ausgebildet (von den einzelnen Segmenten 3 a bei Gliedertieren, z. B. bei Insekten).*

He|te|ro|no|mie, die; -: **1.** (bildungsspr.) *[verwaltungsmäßige] Abhängigkeit, Unselbstständigkeit; von außen her bezogene Gesetzgebung.* **2.** (Philos.) *Abhängigkeit von anderer als der eigenen sittlichen Gesetzlichkeit.* **3.** (Zool.) *Ungleichartigkeit der Segmente (3 a) eines Tierkörpers.*

he|te|ro|nym ⟨Adj.⟩ (Sprachwiss.): *die Heteronymie betreffend.*

He|te|ro|nym, das; -s, -e [zu griech. ónyma = Name] (Sprachwiss.): **1. a)** *Wort, das mit einem anderen Wort (od. einer Reihe anderer Wörter) große semantische Ähnlichkeiten hat, sich aber in einem inhaltlichen Aspekt unterscheidet* (z. B. die Bezeichnungen der Wochentage); **b)** *Wort, das in einer anderen Sprache, Mundart od. einem anderen Sprachsystem dasselbe bedeutet* (z. B. dt. Bruder – frz. frère; Orange – Apfelsine; Samstag – Sonnabend); **c)** *Wort, das von einer anderen Wurzel od. einem anderen Stamm gebildet ist als ein Wort, mit dem es sachlich eng zusammengehört* (z. B. »Base« u. »Vetter«). **2.** *Form des Pseudonyms, bei der für den erdachten Namen eine eigenständige Persönlichkeit mit einer ausgewiesenen Biografie geschaffen wird.*

He|te|ro|ny|mie, die; - (Sprachwiss.): **a)** *Verhältnis zwischen Wörtern mit großen semantischen Gemeinsamkeiten, die sich in einem inhaltlichen Aspekt unterscheiden;* **b)** *das Vorhandensein mehrerer Wörter aus verschiedenen Sprachen, Mundarten od. Sprachsystemen bei gleichbleibender Bedeutung;* **c)** *Bildung sach-*

lich zusammengehörender Wörter von verschiedenen Wurzeln.

he|te|ro|phil ⟨Adj.⟩ [zu griech. phileīn = lieben] (bildungsspr.): *eine Liebesbeziehung, erotische Kontakte zwischen verschiedengeschlechtlichen Partnern ausdrückend, aufweisend.*

he|te|ro|phob ⟨Adj.⟩ [zu griech. phobeīn = fürchten] (bildungsspr., Fachspr.): *eine starke [krankhafte] Abneigung gegen das andere Geschlecht habend.*

He|te|ro|se|xu|a|li|tät, die; - (Med., Psychol.): *sich auf das andere Geschlecht richtendes sexuelles Empfinden u. Verhalten.*

he|te|ro|se|xu|ell ⟨auch: he:...⟩ ⟨Adj.⟩ (Med., Psychol.): *auf Heterosexualität beruhend; in seinem sexuellen Empfinden u. Verhalten zum anderen Geschlecht hinneigend:* -e Männer, Frauen; h. veranlagt sein.

He|te|ro|se|xu|el|le, die/eine Heterosexuelle; der/einer Heterosexuellen; die Heterosexuellen/zwei Heterosexuelle: *heterosexuell veranlagte weibliche Person.*

He|te|ro|se|xu|el|ler, der Heterosexuelle/ein Heterosexueller; des/eines Heterosexuellen; die Heterosexuellen/zwei Heterosexuelle: *Person, die heterosexuell veranlagt ist.*

He|te|ro|som, das; -s, -en [zu griech. sõma = Körper] (Biol.): *Heterochromosom.*

He|te|ro|sphä|re, die; - (Meteorol.): *oberer Bereich der Erdatmosphäre (etwa ab 100 km Höhe).*

he|te|ro|therm ⟨Adj.⟩ [zu griech. thermós = warm] (Zool.): *(von Kriechtieren) die eigene Körpertemperatur der Temperatur der Umgebung angleichend, wechselwarm.*

he|te|ro|top, heterotopisch ⟨Adj.⟩ [zu griech. tópos = Ort, Stelle] (Med.): *an atypischer Stelle, am falschen Ort vorkommend od. entstehend.*

He|te|ro|to|pie, die; -, -n: **1.** (Med.) **a)** *(in Bezug auf die Herzaktion) zusätzliche od. ersatzweise außerhalb des Sinusknotens entstehende Erregungsbildung;* **b)** *Bildung von Gewebe od. Körperteilen an atypischer Stelle (z. B. von Knorpelgewebe im Hoden).* **2.** (Philos.) *(nach M. Foucault) Ort, Zone des tatsächlich realisierte Utopie, in der alle anderen Räume innerhalb einer Kultur zugleich repräsentiert, bestritten od. umgekehrt werden.*

he|te|ro|to|pisch ⟨Adj.⟩: **1.** (Geol.) *(von Gestein) in verschiedenen Räumen gebildet.* **2.** (Philos.) *einen Ort bildend, der die Realisierung einer Utopie darstellt.* **3.** (Med.) *heterotop.*

he|te|ro|troph ⟨Adj.⟩ [zu griech. trophḗ = Nahrung] (Biol.): *in der Ernährung auf Körpersubstanz od. Stoffwechselprodukte anderer Organismen angewiesen:* -e Pflanzen.

He|te|ro|tro|phie, die; - (Biol.): *Ernährung aus organischen Stoffen bei Tieren, Menschen u. nicht grünen Pflanzen.*

he|te|ro|zy|got ⟨Adj.⟩ [↑Zygote] (Biol.): *mischerbig; in Bezug auf ein genetisches Merkmal unterschiedliche Anlagen besitzend.*

he|te|ro|zy|k|lisch, heterocyclisch [auch: ...ˈtsyk...] ⟨Adj.⟩ (Chemie): *im Kohlenstoffring auch andere Atome enthaltend.*

He|thi|ter, (ökum.:) Hetiter, der; -s, -: *Angehöriger eines indogermanischen Kulturvolkes in Kleinasien.*

He|thi|te|rin, (ökum.:) Hetiterin, die; -, -nen: w. Formen zu ↑Hethiter, Hetiter.

he|thi|tisch, (ökum.:) hetitisch [auch: ...ˈti...] ⟨Adj.⟩: **a)** *die Hethiter betreffend;* **b)** *in der Sprache der Hethiter [verfasst].*

He|thi|tisch, das; -[s], (nur mit best. Art.:) **He|thi|ti|sche**, das; -n; [auch: ...ˈti...]: *die Sprache der Hethiter.*

He|thi|to|lo|ge, der; -n, -n [↑-loge]: *Wissenschaftler auf dem Gebiet der Hethitologie.*

He|thi|to|lo|gie, die; - [↑-logie]: *Wissenschaft von den Hethitern u. den Sprachen u. Kulturen des alten Kleinasiens.*

He|thi|to|lo|gin, die; -, -nen: w. Form zu ↑Hethitologe.

He|ti|ter usw.: ↑Hethiter usw.

Het|man, der; -s, -e, auch: -s [poln. hetman < spätmhd. (ostmd.) hauptmann = Hauptmann]: **1.** *vom König eingesetzter Oberbefehlshaber des Heeres in Polen u. Litauen.* **2.** *frei gewählter Führer der Kosaken mit militärischer u. ziviler Befehlsgewalt.*

Het|sche|petsch, die; -, - [H. u.; vgl. tschech. šípek = Heckenrose, Hagebutte] (bayr., österr. ugs.): *Hagebutte.*

Het|scherl, das; -s, -[n] (österr. ugs.): *Hagebutte.*

Hetz, die; -, -en ⟨Pl. selten⟩ [urspr. = Hetzjagd auf Tiere] (österr. ugs.): *Spaß, Vergnügen, Belustigung:* das war eine H.!

Hetz|ar|ti|kel, der (abwertend): *Zeitungsartikel, in dem gegen jmdn., etw. gehetzt (3), bes. politische Hetze (2) betrieben wird.*

Hetz|blatt, das (abwertend): *Zeitung, Zeitschrift o. Ä., die politische Hetze (2) betreibt.*

Het|ze, die; -, -n ⟨Pl. selten⟩ [rückgeb. aus ↑hetzen]: **1.** *übertriebene Eile, große Hast; das Getriebensein:* das war wieder eine große, schreckliche, furchtbare H. heute; in fürchterlicher H. mussten wir die Koffer packen. **2.** ⟨o. Pl.⟩ (abwertend) *Gesamtheit unsachlicher, gehässiger, verleumderischer, verunglimpfender Äußerungen u. Handlungen, die Hassgefühle, feindselige Stimmungen u. Emotionen gegen jmdn., etw. erzeugen:* eine gnadenlose, infame, üble H. gegen jmdn., etw. Land betreiben; sie wurde durch planvolle H. ruiniert. **3.** (Jägerspr.) *Hetzjagd.*

het|zen ⟨sw. V.⟩ [mhd., ahd. hetzen; eigtl. = hassen machen, zum Verfolgen bringen, Veranlassungswort zu ↑hassen]: **1.** ⟨hat⟩ **a)** *vor sich hertreiben, -jagen; scharf verfolgen:* Wild mit Hunden [zu Tode] h.; der Hund hetzt den Hasen; die Polizei hetzte den Verbrecher [durch die Straßen]; man hetzte (*jagte*) sie mit Hunden vom Hof; sich gehetzt fühlen; Ü ständig hetzte er seine Mitarbeiter (*trieb zur Eile, zu beschleunigter Arbeit o. Ä. an*); ein gehetzter (*rastloser, gejagter*) Mensch; **b)** (*ein Tier, bes. einen abgerichteten Hund*) *dazu veranlassen, dazu bringen, auf jmdn. loszugehen, jmdn. zu verfolgen:* die Hunde auf jmdn. h.; Ü (abwertend:) die Polizei auf jmdn. h. **2. a)** ⟨hat⟩ *in großer Eile sein; etw. mit Hast erledigen; hastig arbeiten; sich bei etw. sehr beeilen, abhetzen:* bei dieser Arbeit braucht niemand zu h.; sie hetzt den ganzen Tag ohne auszuruhen; ⟨häufiger h. + sich:⟩ hetz dich nicht so, du hast Zeit!; **b)** ⟨ist⟩ *sich in großer Eile, Hast fortbewegen, irgendwohin begeben; rennen, hasten, jagen:* wir mussten sehr h., sind sehr gehetzt, um pünktlich zu sein; über den Zebrastreifen, zur Post h.; sie hetzt von einem Termin zum anderen. **3.** ⟨hat⟩ (abwertend) **a)** *Hetze (2) gegen jmdn., etw. betreiben; Hass entfachen, schüren; Schmähreden führen, lästern:* gegen seine Kollegen, gegen die Regierung, gegen die gleitende Arbeitszeit h.; »Olle Ziege«, denkt sie böse. »Immer h. und stänkern...« (Fallada, Mann 106); **b)** *jmdn. durch Hetze (2) zu etw. veranlassen, aufstacheln:* zum Krieg h.

Het|zer, der; -s, - (abwertend): *jmd., der hetzt, Hetze (2) betreibt.*

Het|ze|rei, die; -, -en: **1.** ⟨o. Pl.⟩ *fortwährendes Hetzen (2), übertriebene, als lästig empfundene Eile, Hast:* jeden Morgen diese H. zum Zug. **2.** (ugs. abwertend) **a)** ⟨o. Pl.⟩ *fortwährendes, wiederholtes Hetzen (3), Aufstacheln, Aufwiegeln, Lästern;* **b)** *hetzerische Äußerung, Handlung.*

Het|ze|rin, die; -, -nen: w. Form zu ↑ Hetzer.

het|ze|risch ⟨Adj.⟩ (abwertend): *Hetze* (2) *betreibend, verbreitend; der Hetze* (2), *Hetzerei* (2) *dienend:* -e Schriften, Bücher; -e Reden führen; Flugblätter mit -em Inhalt.

hetz|hal|ber ⟨Adj.⟩ (österr. ugs.): *zum Spaß:* ich habe es ja nur h. gesagt.

Hetz|hund, der: *für die Hetzjagd od. zur Verfolgung von Menschen abgerichteter Hund.*

Hetz|jagd, die: **1. a)** (Jagdw.) *Jagd jeder Art, bei der Wild, bes. Schwarzwild, mit Hunden gehetzt* (1 a) *wird:* eine H. auf Füchse veranstalten; **b)** (abwertend) *das Verfolgen* (1 a), *Jagen eines Menschen:* Ü durch alle Räume des Hauses ging die H. (*das Rennen, Sichjagen, Sichverfolgen*) der Kinder. **2.** *Hetze* (1), *große Eile, Hast:* ich möchte mal einen Tag ohne H. verbringen.

Hetz|kam|pa|g|ne, die (abwertend): *Kampagne, Aktion, mit der massiv gegen jmdn., etw. gehetzt* (3), *bes. politische Hetze* (2) *betrieben wird.*

Hetz|or|gan, das (abwertend): *Hetzblatt.*

Hetz|pa|ro|le, die ⟨meist Pl.⟩ (abwertend): *schlagwortartig formulierte hetzende* (3) *Äußerung.*

Hetz|pla|kat, das (abwertend): *Hetze* (2) *verbreitendes Plakat.*

Hetz|pres|se, die (abwertend): *Presse, die politische Hetze* (2) *betreibt.*

Hetz|pro|pa|gan|da, die (abwertend): vgl. Hetzkampagne.

Hetz|re|de, die (abwertend): *zu etw., gegen jmdn., etw. aufhetzende* (b) *Rede:* -n gegen jmdn. halten; er hatte mit seinen -n das Volk aufgewiegelt.

Hetz|schrift, die (abwertend): vgl. Hetzartikel.

Hetz|ti|ra|de, die ⟨meist Pl.⟩ (abwertend): *gegen jmdn., etw. aufhetzende wortreiche Äußerung, Rede.*

Heu, das; -[e]s [mhd. höu[we], ahd. houwi; verw. mit ↑ hauen, eigtl. = das zu Hauende od. das Gehauene]: **1.** *getrocknetes Gras, das als Viehfutter verwendet wird:* duftendes H.; eine Fuhre H.; H. machen *(Gras mähen u. dann trocknen lassen [wenden, ernten, einfahren u. a.]);* sie sind dabei, das H. zu wenden, aufzuladen, einzufahren; er [ver]füttert fast nur H.; im H. schlafen, übernachten; die Bauern gehen, fahren schon ins H. (Jagon); *ein Speichern des Heumachens);* * **mit jmdm. ins H. gehen** (ugs. verhüll.: *mit jmdm. sexuell verkehren;* in ländlichen Gegenden waren Heuschober u. Heuböden bes. für Mägde u. Knechte bevorzugte Plätze für ein ungestörtes Zusammensein); **sein H. im Trockenen haben** (↑ Schäfchen 1). **2.** (ugs.) *[viel] Geld:* der hat vielleicht H.! **3.** (Jargon verhüll.) *Marihuana.*

Heu|blu|me, die: *aus dem Heu gewonnenes Gemisch aus Blüten, Samen u. Pflanzenteilen verschiedener Gräser u. Blumen, das in der Heilkunde verwendet wird.*

Heu|bo|den, der: **1.** *Boden[raum] über den Stallungen o. Ä. zum Speichern des Heus.* **2.** (salopp scherzh.) *oberster Rang im Theater.*

Heu|büh|ne, die (schweiz.): *Heuboden* (1).

Heu|che|lei, die; -, -en (abwertend): **a)** ⟨o. Pl.⟩ *[fortwährendes] Heucheln; Verstellung; Vortäuschung nicht vorhandener Gefühle, Eigenschaften o. Ä.:* es war alles nur, nichts als H.; in seinem Tun lag keine H.; **b)** *heuchlerische Äußerung, Handlung:* mit solchen -en kommst du bei mir nicht weit.

heu|cheln ⟨sw. V.; hat⟩ [älter = schmeicheln, vgl. mhd. hüchen = sich ducken, kauern (verw. mit ↑ hocken)]: **1.** *nicht seine wirklichen Gedanken äußern; etw. anderes sagen, als man denkt; sich anders geben, als man ist; sich verstellen:* du heuchelst doch nur, wenn du ihm immer recht gibst; so ahnungslos kann sie nicht sein, sie heuchelt nur. **2.** *(nicht vorhandene Gefühle, Gemütszustände, Eigenschaften) als vorhanden erscheinen lassen, vortäuschen, vorgeben:* Mitgefühl, Ergebenheit, Reue, Freude h.; sie heuchelte Erstaunen, Interesse, Verwunderung; er antwortete mit geheuchelter Ruhe, Liebenswürdigkeit.

Heuch|ler, der; -s, - (abwertend): *jmd., der [fortwährend] heuchelt:* du bist ein H.!

Heuch|le|rin, die; -, -nen: w. Form zu ↑ Heuchler.

heuch|le|risch ⟨Adj.⟩ (abwertend): **a)** *einem Heuchler entsprechend, in der Art eines Heuchlers; von Heuchelei bestimmt; unaufrichtig, voller Verstellung:* mit h. reden; **b)** *von Heuchelei zeugend, Heuchelei enthaltend; geheuchelt:* -e Worte, Gesten, Tränen; er begegnete ihr auf der Beerdigung mit -er Teilnahme.

Heuch|ler|mie|ne, die: *heuchlerische, scheinbar freundliche Miene.*

Heu|die|le, die (schweiz.): *Heuboden.*

heu|len ⟨sw. V.; hat⟩ [mhd. höuwen; zu ↑ Heu] (österr., schweiz., sonst landsch.): *Heu machen, Heu ernten:* eine frisch geheute Wiese (*eine Wiese, auf der vor Kurzem Heu geerntet wurde*).

heu|er ⟨Adv.⟩ [mhd. hiure, ahd. hiuru, zusgez. aus: hiu jāru = in diesem Jahr] (südd., österr., schweiz.): **a)** *dieses Jahr, in diesem Jahr[e]:* h. haben wir ein zeitiges Frühjahr; **b)** *in der gegenwärtigen Zeit, heutzutage:* sein Geburtstag jährt sich h.

¹**Heu|er,** der; -s, - [mhd. höuwer] (landsch.): *Heumacher.*

²**Heu|er,** die; -, -n [mniederd. hüre, zu ↑ ¹heuern] (Seemannsspr.): **1.** *Lohn eines Seemannes:* die H. ausbezahlen, nicht bekommen. **2.** *Anstellung eines Seemanns auf einem Schiff:* eine H. suchen; ich werd' ihnen sagen, dass ich politisch bin und dass ich mit keinen Namen nicht nennen darf, und vielleicht werden sie nichts dagegen haben, wenn ich denn H. auf einem ihrer Frachter nehme (Andersch, Sansibar 156).

Heu|er|bü|ro, das (Seemannsspr.): *Stellenvermittlungsbüro für Seeleute.*

¹**heu|ern** ⟨sw. V.; hat⟩ [mhd. hüren = mieten, H. u.] (Seemannsspr.): **1.** (seltener) *anheuern:* die Besatzung für ein Schiff h.; er ließ sich bei der Hochseefischerei h. **2.** (veraltend) *(ein Schiff) mieten, chartern.*

◆²**heu|ern** ⟨sw. V.; hat⟩ [zusgez. aus: heuraten, Nebenf. von ↑ heiraten]: *heiraten:* ... du Ostern übers Jahr wirst du mich h. (Kleist, Käthchen IV, 2).

Heu|ern|te, die: **1.** *das Ernten, Einbringen des Heus:* mit der H. beginnen. **2.** *Gesamtheit des geernteten od. zu erntenden Heus:* eine gute H.; die H. einbringen, einfahren.

Heu|ert, der (nordd.): ⟨o. Pl. selten⟩ *Heumonat.*

Heu|er|ver|trag, der [zu ↑ ²Heuer] (Seemannsspr.): *Arbeitsvertrag eines Seemanns.*

¹**Heu|et:** ↑ Heuert.

²**Heu|et,** der; -s, -e ⟨Pl. selten⟩ (südd. auch: die; - (südd., schweiz.): *Heuernte.*

Heu|feim, der, **Heu|fei|me,** die, **Heu|fei|men,** der (nordd., md.): *Heuhaufen.*

Heu|for|ke, die (nordd.): *Heugabel.*

Heu|fu|der, das: *Ladung eines Heuwagens.*

Heu|fuh|re, die: *Fuhre von Heu.*

Heu|ga|bel, die: *landwirtschaftliches Gerät mit langem Stiel u. drei od. vier Zinken zum Aufheben o. Ä. des Heus.*

Heu|har|ke, die (nordd.): *Heurechen.*

Heu|hau|fen, der: *zu einem Haufen zusammengerechtes Heu.*

Heu|hüpf|fer, der (ugs.): *Heuschrecke.*

Heu|hüt|te, die (landsch.): *Hütte zum Trocknen von Heu.*

Heul|bo|je, die: **1.** (Seew.) *Boje mit eingebauter Sirene, die durch Wind u. Seegang zum Tönen gebracht wird.* **2.** (ugs. abwertend) *laut, schlecht singender [Pop]sänger.*

heu|len ⟨sw. V.; hat⟩ [mhd. hiulen, hiuweln, zu mhd. hiuwel, ahd. hūwila = Eule, also eigtl. = wie eine Eule schreien]: **1. a)** *(von bestimmten Tieren) klagende, lang gezogene, meist durchdringende, hohe Laute ausstoßen:* die Hunde, Schakale, Wölfe heulten; Ü der Sturm heulte [ums Haus]; **b)** *(von bestimmten Apparaten, Geräten) einen lang gezogenen, durchdringenden, meist hohen [an- u. abschwellenden] Ton von sich geben, hervorbringen:* die Sirenen, Motoren heulten. **2.** (ugs.) *[laut klagend, mit lang gezogenen, hohen Tönen heftig] weinen:* laut, erbärmlich, bitterlich h.; warum sollen Jungen nicht h. dürfen?; sie heulte um ihre Puppe; er heulte vor Freude, vor Rührung, vor Wut; deswegen brauchst du doch nicht zu h.; * **Heulen und Zähneklappern/Zähneknirschen** (oft scherzh.; *große Furcht, großes Entsetzen;* nach Matth. 8, 12: jetzt wird gebummelt, und kurz vor der Prüfung herrscht dann wieder Heulen und Zähneknirschen); **zum Heulen sein** (ugs.; *sehr traurig, deprimierend sein*).

Heu|ler, der; -s, -: **1.** [nach dem klagenden Ruf, den die Jungtiere von sich geben] *von der Mutter nicht angenommener junger Seehund.* **2.** *kleinerer Feuerwerkskörper, der einen Heul- od. Pfeifton von sich gibt.* **3.** (salopp) *ausgezeichnete, tolle, erfolgreiche Sache:* das ist ja ein H.!; * **der letzte H. sein** (salopp; *jmd., etw. besonders Tolles, Großartiges, Anerkennenswertes sein:* die neue Platte von den Stones ist der letzte H.! *jmd., etw. besonders Schlechtes, Enttäuschendes, Ärgerliches sein:* das Buch kannste vergessen – der letzte H., sag ich dir!) **4.** (ugs.) *einzelner Heulton.*

Heu|le|rei, die; -, -en ⟨Pl. selten⟩ (abwertend): *lang anhaltendes, häufiges Heulen* (2), *Weinen:* deine H. geht allen auf die Nerven.

Heul|laut, der: vgl. Heulton.

Heul|lie|se, die, **Heul|pe|ter,** der, **Heul|su|se,** die [2. Bestandteil die als Gattungsnamen gebrauchten Vornamen Liese, Peter, Suse] (ugs. abwertend): *weibliche, seltener männliche Person, die leicht zu weinen beginnt, häufig weint:* du H.!

Heul|ton, der: *durchdringender lang gezogener od. aufheulender, meist hoher Ton:* der H. einer Sirene.

Heu|ma|cher, der: *jmd., der Heu macht, erntet.*

Heu|ma|che|rin, die: w. Form zu ↑ Heumacher.

Heu|mahd, die: **1.** *das Mähen von Gras, das zu Heu getrocknet wird:* mit der H. beginnen. **2.** *Gesamtheit des gemähten Grases:* die H. fiel dieses Jahr schlecht aus.

Heu|mo|nat, Heu|mond, der ⟨Pl. selten⟩ [mhd. höumānōt, ahd. hewimānōth] (veraltet): *Juli.*

Heu|och|se, der [eigtl. = Heu fressender Ochse] (Schimpfwort): *dummer, borniert Mensch.*

Heu|pferd, das: *zu den Laubheuschrecken gehörendes grünes Insekt mit langen Fühlern und Flügeln.*

◆ **heu|ra|ten:** Nebenf. von ↑ heiraten: ... der eine privilegierte Buhlerin heuratete (Schiller, Kabale I, 7).

Heu|re|chen, der (md.): *hölzerner Rechen zum Heuwenden.*

Heu|rei|ter, der (südd., österr.): *Gestell zum Trocknen von Heu.*

heu|re|ka ⟨Interj.⟩ [griech. heúrēka = ich habe (es) gefunden; angeblicher Ausruf des griech. Mathematikers Archimedes (um 285–212 v. Chr.) bei der Entdeckung des hydrostatischen Grundgesetzes] (bildungsspr.): *freudiger Ausruf, bes. bei der Lösung eines schwierigen Problems.*

◆ **heu|ren:** ↑²heuern: Denn h. wollt' ich sie (Kleist, Krug 7).

Heu|reu|ter, der (südd.): *Heureiter.*

heu|rig ⟨Adj.⟩ [mhd. hiurec, zu ↑ heuer] (südd., österr., schweiz.): *diesjährig:* im -en Januar, Frühjahr.

Heu|ri|gen|abend, der: *geselliger Abend in einem Heurigenlokal.*

Heu|ri|gen|lo|kal, das: *Lokal, in dem neuer Wein aus den eigenen Weinbergen ausgeschenkt wird (bes. in der Umgebung Wiens).*

Heu|ri|gen|schen|ke, die: *Heurigenlokal.*

Heu|ri|ger, der Heurige/ein Heuriger; des/eines Heurigen, die Heurigen/zwei Heurige (bes. österr.): **1.** *junger Wein im ersten Jahr, Wein der letzten Lese:* Heurigen trinken; beim Heurigen sitzen; **2.** *Heurigenlokal.*

Heu|ris|tik, die; -, -en [zu griech. heurískein = finden, entdecken]: *Lehre, Wissenschaft von den Verfahren, Probleme zu lösen; methodische Anleitung, Anweisung zur Gewinnung neuer Erkenntnisse.*

heu|ris|tisch ⟨Adj.⟩ (Wissenschaftsspr.): *die Heuristik betreffend, auf ihr beruhend, mit ihren Mitteln arbeitend, zu ihr gehörend:* -e Methoden; ein -es Prinzip *(Arbeitshypothese, vorläufige Annahme als Hilfsmittel der Forschung, Untersuchung, Erklärung).*

Heu|schnup|fen, der: *durch Überempfindlichkeit gegenüber Blütenstaub hervorgerufene allergische Erkrankung, die sich in heftigem Niesen sowie durch Jucken, Brennen u. Tränen der Augen äußert.*

Heu|scho|ber, der: **1.** *überdachtes Brettergerüst, Feldscheune zum Aufbewahren von Heu:* im H. schlafen. **2.** (südd., österr.) *im Freien aufgeschichteter [hoher] Heuhaufen.*

Heu|schreck, der; -s, -e (österr.): *Heuschrecke.*

Heu|schre|cke, die [mhd. höuschrecke, ahd. houscrecho, 2. Bestandteil zu ↑²schrecken in der älteren Bed. »(auf)springen«]: **1.** *pflanzenfressendes Insekt mit häutigen Flügeln u. meist zu kräftigen Sprungbeinen ausgebildeten Hinterbeinen, dessen Männchen zirpende Laute hervorbringt.* **2.** (ugs. abwertend) *jmd., der Heuschreckenkapitalismus betreibt.*

Heu|schre|cken|ka|pi|ta|lis|mus, der [von dem dt. Politiker Franz Müntefering (* 1940) gepr. polit. Schlagwort mit Bezug auf Heuschreckenplagen u. die daraus folgenden Verwüstungen] (ugs. abwertend): *(bes. von internationalen Finanzinvestoren betriebene, oft den Verlust von Arbeitsplätzen mit sich bringende) Strategie, in Unternehmen zu investieren, sie rasch (z. B. durch Verlagerung der Produktion in Niedriglohnländer) profitabel zu machen u. dadurch möglichst hohe Gewinne für den Investor zu erzielen.*

Heu|schre|cken|pla|ge, die: *massenhaftes Auftreten bes. von Wanderheuschrecken.*

Heu|schre|cken|schwarm, der: *Schwarm von Heuschrecken:* wie Heuschreckenschwärme fallen im Sommer die Touristen in die Feriengebiete ein.

Heu|sprin|ger, der (ugs.): *Heuschrecke.*

Heu|sta|del, der (südd., österr., schweiz.): *Scheune zum Aufbewahren von Heu.*

Heu|stock, der ⟨Pl. ...stöcke⟩ (österr., schweiz.): *Vorrat an Heu [auf dem Heuboden].*

heut (ugs.), **heu|te** ⟨Adv.⟩ [mhd. hiute, ahd. hiut(u), zusges. aus: hiu tagu = an diesem Tage]: **1.** *an dem Tage, der gegenwärtig ist; am dem Tag, der gerade abläuft:* welches Datum haben wir h.?; h. ist Montag, der 10. Januar; h. gehen wir ins Theater; ich werde dies noch h. erledigen; h. früh/Früh; h. Morgen; h. Mittag; h. Abend; h. in einer, über eine Woche; h. in acht Tagen; h. vor vierzehn Tagen; seit h.,

von h. an läuft ein neuer Film; für h. genug; dies ist die Zeitung von h.; ab h. ist das Geschäft durchgehend geöffnet; das geschieht nicht h. und nicht morgen *(das dauert noch eine Weile);* ** **h. oder morgen** (ugs.; *in allernächster Zeit):* das ändert sich h. oder morgen; **lieber h. als morgen** (ugs.; *[aus dem Wunsch heraus, eine unangenehme Situation zu ändern] am liebsten sofort, möglichst gleich);* **h. und hier** (seltener für: hier und h.; ↑ hier 1 a); **von h. auf morgen** (*sehr schnell, innerhalb kürzester Zeit; [in Bezug auf eine Veränderung] sehr überraschend [eingetreten], ohne dass man damit gerechnet hat, darauf vorbereitet war).* **2.** *in der gegenwärtigen Zeit; heutzutage:* vieles ist h. anders als früher; niemand kann h. *(gegenwärtig, zu diesem Zeitpunkt)* sagen, wann der Vulkan das nächste Mal ausbricht; die Jugend von h.; h. gibt es mehr Möglichkeiten der Heilung; der Mann, die Frau von h.; ⟨subst.:⟩ das Heute *(die gegenwärtige Zeit, die Gegenwart).*

heu|tig ⟨Adj.⟩ [mhd. hiutec, ahd. hiutīg]: **1.** *heute* (1) *stattfindend, von diesem Tag:* die -e Veranstaltung; die -e Zeitung; bis viel h. getan; zum -en Tag *(bis zu diesem Tag, bis jetzt).* **2.** *in der jetzigen, der gegenwärtigen Zeit vorhanden, lebend; derzeitig, gegenwärtig:* der -e Stand der Forschung; ⟨subst.:⟩ die Heutigen *(die heute lebenden Menschen)* wissen nichts mehr davon.

heu|ti|gen|tags [auch: 'hɔy...] ⟨Adv.⟩ (veraltend): *in der gegenwärtigen Zeit, Epoche; in der jetzigen Zeit, in der man als Zeitgenosse lebt:* das Mittel wird h. nicht mehr verwendet; das Kloster existiert noch h. *(bis zum heutigen Tag, bis heute, bis jetzt).*

heut|zu|ta|ge ⟨Adv.⟩: *in der gegenwärtigen Zeit, wie sie dem Zeitgenossen [gegenüber einer früheren] erscheint:* so etwas ist h. kein Problem mehr; Bei einiger Selbstzucht und Beschränkung sollte es Ihnen möglich sein, selbst bei den h. herrschenden politischen Verhältnissen ein Publikum zu finden (Grass, Blechtrommel 205).

Heu|wa|gen, der: *mit Heu beladener Wagen.*

Heu|wen|der, der (Landwirtsch.): *fahrbares Gerät zum Heuwenden.*

He|vea, die; -, ...veae [...vee] u. Heveen [aus einer südamerik. Indianerspr.] (Bot.): *tropischer Baum, aus dem Kautschuk gewonnen wird.*

hex-, Hex-: ↑ hexa-, Hexa-.

he|xa-, He|xa-, (vor Vokalen auch:) hex-, Hex- [griech. héx = sechs]: *Best. in Zus. mit der Bed. sechs* (z. B. hexagonal, Hexagramm, hexangulär).

He|xa|chord [...'kɔrt], der od. das; -[e]s, -e [griech. hexáchordos = sechssaitig, -stimmig, zu: chordḗ = Saite]: *(in der mittelalterlichen Musiktheorie) Aufeinanderfolge von sechs Tönen in der diatonischen Tonleiter.*

He|xa|de|zi|mal|sys|tem, das ⟨o. Pl.⟩ (Math., EDV): *Zahlensystem mit der Grundzahl 16.*

He|xa|eder, das; -s, - [griech. hexáedron, zu: hédra = Fläche] (Geom.): *Sechsflächner, Würfel.*

he|xa|ed|risch ⟨Adj.⟩ (Geom.): *sechsflächig.*

He|xa|eme|ron, das; -s [lat. hexaemeron < griech. hexaḗmeron, zu: hēméra = Tag] (christl. Rel.): *die (in 1. Mos. 1 ff. geschilderte) innerhalb von sechs Tagen vollzogene Erschaffung der Erde durch Gott.*

He|xa|gon, das; -s, -e [lat. hexagonum = spätgriech. hexágōnon, zu: gōnía = Winkel, Ecke] (Geom.): *Sechseck.*

he|xa|go|nal ⟨Adj.⟩: *von der Form eines Hexagons; sechseckig.*

He|xa|gramm, das; -s, -e [↑-gramm]: *sechsstrah-*

liger Stern aus zwei gleichseitigen ineinandergeschobenen Dreiecken.

he|xa|mer ⟨Adj.⟩ [griech. hexamerḗs, zu: merós = (An)teil] (Bot.): *sechsteilig, sechszählig (z. B. von Blüten).*

He|xa|me|ter, der; -s, - [lat. hexameter zu griech. hexámetros = aus sechs Versfüßen bestehend] (Verslehre): *aus sechs Versfüßen (meist Daktylen) bestehender epischer Vers (dessen letzter Versfuß um eine Silbe gekürzt ist).*

he|xa|me|t|risch ⟨Adj.⟩: *den Hexameter betreffend; in Hexametern verfasst:* -e Verse.

He|xan, das; -s, -e [zu griech. héx = sechs, wegen des Anteils von sechs Kohlenstoffatomen] (Chemie): *sich leicht verflüchtigender Kohlenwasserstoff, der wesentlicher Bestandteil des Benzins u. des Petroleums ist.*

he|xan|gu|lär ⟨Adj.⟩ [zu ↑ hexa-, Hexa- u. lat. angularis = winklig, eckig]: *sechswinklig.*

he|xa|p|lo|id ⟨Adj.⟩ [zu griech. héx = sechs, geb. nach ↑ haploid] (Biol.): *(von Zellen) einen sechsfachen Chromosomensatz aufweisend.*

He|xa|po|da, He|xa|po|den ⟨Pl.⟩ [zu griech. hexápodos = sechsfüßig, zu: pús (Gen.: podós) = Fuß] (Zool.): *Insekten.*

He|xa|teuch, der; -[s] [zu griech. teũchos = Buch] (christl., bes. kath. Rel.): *das Buch Josua u. die fünf Bücher Mose umfassender erster Teil des Alten Testaments.*

He|xe, die; -, -n [mhd. hecse, hesse, ahd. hagzissa, hag(a)zus(sa)]: **1.** *Bestandteil wahrsch. verw. mit ↑ Hag, also wohl eigtl. = auf Zäunen od. in Hecken sich aufhaltendes dämonisches Wesen,* 2. *Bestandteil wohl verw. mit norw. mundartl. tysja = Elfe*]: **1.** *im Volksglauben, bes. in Märchen u. Sage auftretendes weibliches dämonisches Wesen, meist in Gestalt einer hässlichen, buckligen alten Frau mit langer, krummer Nase, die mit ihren Zauberkräften den Menschen Schaden zufügt u. oft mit dem Teufel im Bunde steht:* eine böse, alte H.; die Kinder wurden von einer H. verzaubert, in Vögel verwandelt. **2.** *als mit dem Teufel im Bunde stehend betrachtete, über angebliche Zauberkräfte verfügende Person:* sie wurde als H. verfolgt und schließlich verbrannt. **3.** (abwertend) *[hässliche] bösartige, zänkische, unangenehme weibliche Person:* alte H.!; (mit dem Unterton widerstrebender Anerkennung bestimmter Eigenschaften wie Durchtriebenheit, Raffiniertheit od. Temperament:) diese kleine H.!

he|xen ⟨sw. V.; hat⟩: **a)** *mit außergewöhnlicher Schnelligkeit, Geschicklichkeit [wie mithilfe übernatürlicher magischer Mittel] Dinge vollbringen, ausführen:* wie hast du das so schnell geschafft? Du kannst wirklich h.; ich kann doch nicht h. (ugs.; *so schnell geht es nicht, so schnell kann ich das nicht schaffen, erledigen*); bei ihm geht alles wie gehext; **b)** *mit magischen Kräften bewerkstelligen, herbeischaffen o. Ä.; herbeizaubern:* Regen, ein Gewitter h.

he|xen|ar|tig ⟨Adj.⟩: *im Aussehen, Wesen einer Hexe* (1) *ähnlich.*

He|xen|be|sen, der: **1.** *(im Volksglauben) Besen, auf dem eine Hexe reitet.* **2.** (Bot.) *Missbildung an Laub- u. Nadelbäumen in Gestalt von besenähnlich nach allen Richtungen wachsenden Zweigen.*

He|xen|ei, das: **1.** *Hühnerei, bei dem der Dotter fehlt.* **2.** *Pilz (bes. Stinkmorchel) während des frühen Stadiums, in dem sein Fruchtkörper einem Ei ähnelt.*

He|xen|ein|mal|eins, das: *Wort- u. Zahlenrätsel mit mehrfachem Sinn; magisches Quadrat.*

He|xen|haft ⟨Adj.⟩: *einer Hexe gemäß, ähnlich:* ein -es Benehmen, Aussehen.

He|xen|haus, das: **1. a)** *(nach dem Volksglauben) Haus, das von einer Hexe bewohnt wird;*

b) [nach dem Haus der Hexe in dem Märchen »Hänsel und Gretel«] *kleines, verwunschenes Haus.* **2.** *mit Süßigkeiten verziertes Häuschen aus Lebkuchen; Knusperhäuschen, Lebkuchen-, Pfefferkuchenhäuschen.*

He|xen|häus|chen, das: *Hexenhaus.*

He|xen|jagd, die: **1.** vgl. Hexenverfolgung. **2.** [LÜ von engl. witch-hunt] (abwertend) *unbarmherzige, meist unrechtmäßige Verfolgung u. Verurteilung von Menschen:* eine H. auf Andersdenkende; die Presse veranstaltete eine H. auf den Politiker.

He|xen|kes|sel, der: *Ort, an dem eine große Bedrängnis verursachendes, Gefahr bergendes, unüberschaubares u. unentwirrbares, laut lärmendes Durcheinander herrscht:* das Stadion glich einem H.; die Innenstadt war während der Demonstration ein gefährlicher H.

He|xen|kraut, das [wahrsch. Übers. von griech. Kirkaía = Kraut der Zauberin Circe, Name einer nicht näher identifizierten Pflanze]: *(zu den Nachtkerzengewächsen gehörende) Staude mit kleinen, weißen, traubenartig angeordneten Blüten.*

He|xen|kü|che, die: *Ort, an dem sich etw. in wildem Aufruhr befindet, an dem ein Naturschauspiel mit Heftigkeit abläuft o. Ä.:* die raue See glich einer H.

He|xen|kunst, die: *Kunst* (2) *des Hexens* (b); *Hexerei.*

He|xen|meis|ter, der: *(nach dem Volksglauben) männliche Person mit den dämonischen Fähigkeiten einer weiblichen Hexe; Zauberer:* Ü du bist ein wahrer H.! *(hast die Sache schnell u. exakt erledigt!);* ich bin doch kein H.! *(so schnell kann ich das nicht schaffen!)*

He|xen|milch, die [wegen der angeblich geheimnisvollen Kräfte des Saftes]: **1.** (Med.) *milchartige Absonderung aus der Brustdrüse neugeborener Jungen u. Mädchen.* **2.** *milchiger, weißer Saft der Wolfsmilchgewächse.*

He|xen|nacht, die: *Nacht zum 1. Mai, in der sich (nach dem Volksglauben) die Hexen auf dem Blocksberg treffen u. ihr Unwesen treiben; Walpurgisnacht.*

He|xen|pro|zess, der: *(im Mittelalter u. in der frühen Neuzeit) Prozess gegen eine Person, der man vorwirft, eine Hexe zu sein.*

He|xen|ring, der: **1.** *Menge in ringförmiger Anordnung wachsender Pilze bestimmter Pilzarten.* **2.** (Jägerspr.) *durch Rehwild während der Brunft kreisförmig niedergetrampelte Stelle in Getreidefeldern od. Wiesen.*

He|xen|sab|bat, der: **1.** *(im Volksglauben) an vielen Orten (z. B. auf Bergeshöhen, Hügeln) stattfindende ausschweifende Zusammenkunft der Hexen, bes. während der Walpurgisnacht.* **2.** (bildungsspr.) *großer, heilloser Wirrwarr; Durcheinander, wüstes, lärmendes, hemmungsloses Treiben:* die Versammlung, die Zusammenkunft war ein wahrer H.

He|xen|sal|be, die: *(im Volksglauben) aus bestimmten narkotischen Pflanzen hergestelltes Mittel, mit dem sich die Hexen vor ihrer Ausfahrt einreiben.*

He|xen|schuss, der [nach altem Volksglauben beruht die Krankheit auf dem Schuss einer Hexe] (volkstüml.): *plötzlich auftretender, heftiger, von der Wirbelsäule ausstrahlender Kreuzschmerz; Lumbago:* einen H. haben.

He|xen|stich, der [nach dem Volksglauben hebt die Hexe beim Schwur auf den Teufel die linke Hand] (Handarb.): *beim Sticken verwendeter, von links nach rechts mit schrägen, gekreuzten Einzelstichen verlaufender Zierstich.*

He|xen|tanz, der: **1. a)** *Tanz einer od. mehrerer Hexen* (1); **b)** *Hexensabbat* (1). **2.** *großer, heilloser Wirrwarr; Durcheinander.*

He|xen|tanz|platz, der: *(im Volksglauben) Versammlungsplatz der Hexen.*

He|xen|ver|bren|nung, die: *Verbrennung einer als Hexe* (2) *verdächtigten Person.*

He|xen|ver|fol|gung, die: *grausame Verfolgung von als Hexen* (2) *verdächtigten Personen.*

He|xen|wahn, der: *[zu grausamen Handlungen verleitender] Irrglaube, nach dem bestimmte Personen Hexen* (2) *seien.*

He|xen|werk, das: *meist in der Verbindung* **das/etw. ist kein H.** (*das/etw. ist einfach u. von jedermann zu bewerkstelligen:* einen PC ans Internet anzuschließen ist heutzutage kein H.).

He|xer, der; -s, - (seltener): *männliche Hexe* (2).

He|xe|rei, die; -, -en ⟨Pl. selten⟩: *das Hexen; Zauberei:* das ist, das klingt ja wie H.

He|xe|rich, der; -s, -e (selten): *Hexer:* der Sage nach ist er ein H.

he|xisch ⟨Adj.⟩: *von einer Hexe ausgehend; hexenhaft, hexenartig:* -e Künste.

He|x|o|de, die; -, -n [zu griech. héx = sechs u. hodós = Weg] (Elektrot.): *Elektronenröhre mit sechs Elektroden.*

He|xo|gen, das; -s [nach dem sechsgliedrigen Ring seines Moleküls]: *hochexplosiver Sprengstoff.*

He|xo|se, die; -, -n [zu griech. héx = sechs] (Chemie): *einfacher Zucker mit sechs Kohlenstoffatomen im Molekül.*

hey [hɛɪ] ⟨Interj.⟩ [engl. hey] (bes. Jugendspr.): **1.** Zuruf, mit dem man jmds. Aufmerksamkeit zu erregen sucht: h., wo gehst du hin? **2.** Ausruf, der Erstaunen, Empörung, Abwehr o. Ä. ausdrückt: h., was soll das? **3.** Grußformel: h., wie gehts?

Hf = Hafnium.

hfl = Hollands florijn (holländischer Gulden 2).

hg = Hektogramm.

hg., hrsg. = herausgegeben.

Hg = Hydrargyrum.

Hg., Hrsg. = Herausgeber/-in; Herausgeber/-innen.

HGB = Handelsgesetzbuch.

hi [haɪ] ⟨Interj.⟩ [engl. hi, Parallelform von ↑ hey] (ugs.): *freundschaftlicher Gruß zur Begrüßung.*

Hi|a|tus, der; -, -e, **Hi|a|tus,** der; -, - [...tuːs] [lat. hiatus, eigtl. = Kluft]: **1.** (Med.) *Öffnung, Spalt im Muskel od. im Knochen.* **2.** (Sprachwiss.) *das Aufeinanderstoßen zweier verschiedenen Wörtern od. Silben angehörender Vokale.* **3.** (Geol.) *Zeitraum, in dem in einem bestimmten Gebiet im Unterschied zu einem benachbarten keine Ablagerung stattfindet.* **4.** (Prähist.) *Zeitraum ohne Funde (der auf eine Unterbrechung der Besiedlung eines bestimmten Gebietes schließen lässt).*

Hi|a|wa|tha [haɪəˈwɔθa, auch: hiaˈvaːta], der; -[s], -s [nach einem sagenhaften nordamerikanischen Indianerhäuptling: *Gesellschaftstanz in den Zwanzigerjahren des 20. Jh.s.*

hib|be|lig, hippelig ⟨Adj.⟩ [zu ↑ hibbeln] (ugs.): *hastig in den Bewegungen; unruhig, nervös; zappelig.*

Hib|be|lig|keit, Hippeligkeit, die; - (nordd. ugs.): *das Hibbeligsein.*

hib|beln, hippeln ⟨sw. V.; hat⟩ [Nebenf. von niederd., ostmd. hippeln, wohl ablautende Bildung zu ↑ hoppeln] (ugs.): *kleine [unregelmäßige] Sprünge machen, sich hüpfend hin u. her bewegen.*

Hi|ber|na|kel, das; -s, -[n] [lat. hibernaculum = Winterquartier, zu: hibernare = überwintern, zu: hibernus = winterlich, zu: hiems = Winter] (Bot.): *auf dem Grund des Gewässers überwinternde Knospe von Wasserpflanzen.*

Hi|ber|na|ti|on, die; -, -en [lat. hibernatio = das Überwintern]: **1.** (Biol.) *Winterschlaf, Winterstarre.* **2.** (Med.) *künstlich herbeigeführte Herabsetzung der Körpertemperatur (zu therapeutischen Zwecken u. als Operationshilfe).* **3.** (EDV) *Ruhezustand des Computers, bei dem (im Gegensatz zum Stand-by) nach der Speicherung des aktuellen Benutzungszustandes das Gerät vollständig abgeschaltet wird.*

Hi|ber|ni|en; -s: Irland zur Zeit der Römer.

Hi|bis|kus, der; -, ...ken [lat. (h)ibiscus, ↑ Eibisch]: *Eibisch.*

hic et nunc [lat.] (bildungsspr.): *hier und jetzt; sofort, auf der Stelle:* es gilt, die Sache h. et n. zu entscheiden.

hick ⟨Interj.⟩ (ugs.): lautm. für den Schluckauf.

hi|ckeln ⟨sw. V.; hat⟩ [mhd. hickeln = springen, hüpfen] (md., südd.): **1.** hinken, humpeln. **2.** *auf einem Bein hüpfen.*

Hi|cker, der; -s, -, **Hi|cker|chen,** das; -s, - [zu ↑ hick] (fam.): *Schluckauf.*

Hick|hack, das, auch: der; -s, -s [wohl verdoppelnde Bildung mit Ablaut zu ↑ hacken, in Anlehnung an Formen wie Zickzack u. a.] (ugs.): *nutzlose Streiterei; törichtes, zermürbendes Hin-und-her-Gerede:* das innerparteiliche H. um die Verteilung der Finanzen.

¹Hi|cko|ry [ˈhɪkori, auch: ˈhiːkari], der; -s, -s, auch: die; -, -s [engl. hickory, kurz für: pohickery < Algonkin (nordamerik. Indianerspr.) pawcohiccora = Brei aus zerstampften Nüssen des Hickorybaums]: *(im östlichen Nordamerika u. in China heimischer) Baum mit gefiederten Blättern u. glattschaligen, essbaren Nüssen als Früchten.*

²Hi|cko|ry, das; -s: *Holz des Hickorybaumes.*

Hi|cko|ry|baum, der; -[e]s: ¹*Hickory.*

hick|sen ⟨sw. V.; hat⟩ [zu ↑ hick] (landsch.): *Schluckauf haben.*

hic Rho|dus, hic sal|ta [lat. = hier (ist) Rhodos, hier springe!; nach der lat. Übers. einer Fabel Äsops] (bildungsspr.): *hier gilt es; hier zeige, was du kannst!; hier musst du handeln, dich entscheiden.*

Hi|dal|go, der; -[s], -[s] [span. hidalgo, Zus. aus: hijo = Sohn u. algo = etwas, also eigtl. = Sohn von etwas, Sohn des Vermögens]: **1.** ⟨Pl. -s⟩ *Angehöriger des niederen spanischen Adels.* **2.** *frühere mexikanische Goldmünze.*

Hid|den|see: *Insel in der Ostsee.*

¹Hid|den|se|er ⟨indekl. Adj.⟩: H. Goldschmuck.

²Hid|den|se|er, **Hid|den|se|e|rin,** die; -, -nen: w. Form zu ↑ ¹Hiddenseer.

Hi|d|roa ⟨Pl.⟩ [zu griech. hidrṓs = Schweiß] (Med.): *Schweiß-, Schwitzbläschen.*

Hi|d|ro|se, Hi|d|ro|sis, die; - (Med.): **1.** [griech. hidrōsis] *Schweißbildung u. -ausscheidung.* **2.** *Erkrankung der Haut infolge krankhafter Schweißabsonderung.*

Hi|d|ro|ti|kum, das; -s, ...ka (Med.): *schweißtreibendes Mittel.*

hi|d|ro|tisch ⟨Adj.⟩ (Med.): *die Fähigkeit besitzend, zu schwitzen.*

Hi|dsch|ra: ↑ Hedschra.

hie ⟨Adv.⟩ [mhd. hie, ahd. hiar = hier]: *nur in den Wendungen* **h. und da** (1. *an manchen Stellen, stellenweise:* h. und da blühen schon Märzenbecher. 2. *von Zeit zu Zeit, manchmal:* h. und da besuchte er sie); **h...., h./h....., da** (*auf der einen Seite dieser, dieses, auf der andern jener, jenes als Gegner bzw. gegnerische Positionen [zwischen denen sich jmd. entscheiden muss]:* h. Theoretiker, h. Praktiker; h. Tradition, h. Fortschritt.

hie- ⟨vor Präpositionen, die mit Konsonant beginnen⟩ (südd., österr., sonst veraltet): *hier-.*

hieb: ↑ hauen.

Hieb, der; -[e]s, -e: **1. a)** *(heftiger) Schlag* (1 a): der H. hat gesessen; einen H. abwehren; jmdm. einen H. auf den Kopf geben; (Fechten:) auf H. fechten; Ü einen H. *(eine bloßstellende Bemerkung, einen Tadel)* einstecken; **Spr** auf den ersten H. fällt kein Baum *(ein größeres Unternehmen nimmt längere Zeit in Anspruch u. verlangt deshalb Geduld);* * **einen H. haben** (salopp; *nicht recht bei Verstand sein*); **auf einen H.** (ugs.; *mit einem Mal*); **b)** ⟨Pl.⟩ (ugs.) *Prügel* (2): -e bekommen; gleich setzt es -e. **2.** *durch einen Hieb* (1 a) *verursachte Wunde od. Narbe.* **3.** (landsch. veraltend) **a)** *Schluck (Alkohol);* **b)** *leichter Alkoholrausch.* **4.** ⟨o. Pl.⟩ (Forstwirtsch.) *das Fällen von Bäumen zum Zweck der Verjüngung.* **5.** (Technik) *unter einem bestimmten Winkel eingeschlagene od. eingefräste Vertiefung mit stehen bleibender Schneidkante an Feilen.*
hie|bei [auch: ʹhi:...] ⟨Adv.⟩ [↑hie-] (südd., österr., sonst veraltet): ↑ hierbei.
◆ **Hie|ber,** der; -s, -: *(bes. von studentischen Verbindungen benutzte) Hiebwaffe mit gerader Klinge:* ... hat den alten H. ... mit dem Paradedegen eines herzoglich württembergischen Lieutenants vertauscht (Hauff, Jud Süß 385).
hieb|fest ⟨Adj.⟩: ↑ hieb- und stichfest.
hieb- und stich|fest ⟨Adj.⟩ [nach einer Zauberhandlung, die jmdn. unverwundbar machen sollte]: *durch mögliche Einwände od. Angriffe in seiner Gültigkeit nicht zu erschüttern, unwiderlegbar, fundiert:* hieb- und stichfeste Argumente.
Hieb|waf|fe, die: *mit einer [doppelten] Schneide versehene Waffe, mit der geschlagen wird.*
Hieb|wun|de, die: *durch einen Hieb* (1 a) *verursachte Verletzung.*
◆ **hie|dan|nen** ⟨Adv.⟩ [älter für: hindan(nen), mhd. hin dan, aus ↑hin u. ↑dannen]: *(von einem Ort) weg, fort:* Ja, Herr, mit Gottes Hülfe getrau' ich mir's und helf' uns wohl h. (Schiller, Tell IV, 1).
hie|durch: ↑ hierdurch.
hie|für [auch: ʹhi:...] ⟨Adv.⟩ [↑hie-] (südd., österr., sonst veraltet): ↑ hierfür.
hie|ge|gen: ↑ hiergegen.
hie|her [auch: ʹhi:...] ⟨Adv.⟩ [↑hie-] (südd., österr., sonst veraltet): ↑ hierher; ◆ Dass nur ... bis h. meine Grundsätze standhielten (Schiller, Fiesco IV, 12).
hielt: ↑ halten.
hie|nie|den [auch: ʹhi:...] ⟨Adv.⟩ [aus ↑hie- u. veraltet nieden = in der Tiefe, unten, mhd. niden(e), ahd. nidana, verw. mit ↑ ¹nieder] (veraltet, noch dichter.): *auf dieser Erde, im Diesseits.*
hier ⟨Adv.⟩ [mhd. hie(r), ahd. hiar, zu dem unter ↑ her genannten idg. Pronominalstamm]:
1. a) *räumlich, hinweisend, an dieser Stelle, an diesem Ort, an dem der Sprecher sich befindet od. auf den er hindeutet:* h. in Europa; der Laden ist h. gegenüber; h. oben, vorn, hinten, drin[nen], draußen; von h. aus, von h. bis zum Waldrand sind es noch 5 Minuten; h. steht geschrieben: ...; h. hat er gewohnt; du h.? (ugs.; *du bist doch auch anwesend?*); h. *(an diesem Telefonanschluss)* [spricht] Franz Mayer; wo ist h. *(in dieser Stadt, diesem Stadtteil)* die Post?; h. sein (auch für: *zugegen sein*); wann soll der Zug h. sein? *(ankommen?);* er ist gestern noch h. gewesen; er ist nicht von h. *(kein Einheimischer);* Schulze! – H.! (als Antwort beim Namensaufrufen; *zur Stelle, anwesend!);* Der Tower selbst wieder lässt an den historischen Kreml denken, viel Ähnlichkeit, Blut und Macht und Schätze und Besucher. h. wie dort *(an beiden Orten;* Koeppen, Rußland 170); * **h. und da/dort** (1. *an manchen Stellen, an einigen Orten.* 2. *von Zeit zu Zeit, manchmal, bisweilen);* **h. und jetzt/** **heute** (geh.; *jetzt, in diesem Augenblick, ohne Verzug:* du musst dich h. und jetzt entscheiden); **das Hier und Heute** (geh.; *die Gegenwart, die gegenwärtige Zeit:* er versteht das Hier und Heute *(die Gegenwart)* nicht mehr); **b)** (nachgestellt) *bezieht sich auf jmdn., etw. in unmittelbarer Nähe, auf den bzw. worauf der Sprecher ausdrücklich hinweist:* unser Freund h.; wer hat das h. angerichtet?; **c)** *zur Verdeutlichung einer Geste, mit der der Sprecher dem Angeredeten etwas überreicht, erteilt:* h., nimm das Buch!; Hier ist Ihr Laufzettel. Sie können gehen (Grass, Hundejahre 435); **d)** *in dem vorliegenden Zusammenhang, Fall, Punkt:* auf dieses Problem wollen wir h. nicht weiter eingehen; h. irrst du; h. geht es um Leben und Tod. **2.** *zu diesem [genannten] Zeitpunkt, in diesem Augenblick:* spätestens h. hättest du die Wahrheit sagen müssen; * **von h. an** *(von diesem Zeitpunkt an:* von h. an hat sich vieles verändert).
hier|amts [auch: hi:ɐ̯ ʹlamts] ⟨Adv.⟩ (österr. Amtsspr.): *hier bei dieser Behörde, auf diesem Amt* (Abk.: h. a.)
hie|r|an [auch: ʹhi:r...] ⟨Adv.⟩: **1. a)** *an dieser Stelle, diesem Ort, diesem Gegenstand o. Ä. hier; an der soeben erwähnten Stelle, dem soeben erwähnten Ort, Gegenstand o. Ä.:* h. sind wir schon einmal vorbeigekommen; der Schiffbrüchige hat sich h. festgehalten; **b)** *an diese Stelle, diesen Ort, diesen Gegenstand o. Ä. hier; an die soeben erwähnte Stelle, den soeben erwähnten Ort, Gegenstand o. Ä.:* h. schließt sich ein weiteres Zimmer an; er suchte einen starken Ast, h. lehnte er dann die Leiter. **2. a)** *an der soeben erwähnten Sache, Angelegenheit o. Ä.:* h. wird deutlich, kann man erkennen, dass etwas nicht stimmt; **b)** *an die soeben erwähnte Sache, Angelegenheit o. Ä.:* das war seine einzige Chance, h. klammerte er sich; im Anschluss h.
Hi|e|r|arch [hje..., hi...], der; -en, -en [griech. hierárchēs]: **1.** *(Geschichte) oberster Priester im antiken Griechenland.* **2.** *(bildungsspr., sonst scherzh.) in einer Hierarchie an der Spitze Stehender; mächtiger Mann.*
Hi|e|r|ar|chie [hje..., hi...], die; -, -n [griech. hierarchía = Priesteramt, zu: hierós = heilig; gottgeweiht u. árchein = der Erste sein, Führer sein]: **a)** *[pyramidenförmige] Rangfolge, Rangordnung: eine strenge, staatliche, militärische H.;* die H. der Beamten, der katholischen Kirche; Ü eine H. der Werte; **b)** *Gesamtheit der in einer Rangfolge Stehenden.*
Hi|e|r|ar|chie|ebe|ne, die: *Ebene* (3), *Stufe in einer Hierarchie.*
Hi|e|r|ar|chie|stu|fe, die: *Hierarchieebene.*
Hi|e|r|ar|chin, die; -, -nen: w. Form zu ↑ Hierarch (2).
hi|e|r|ar|chisch ⟨Adj.⟩: *der Hierarchie entsprechend, in der Art einer Hierarchie streng gegliedert:* eine -e Ordnung; -e Strukturen abbauen.
hi|e|r|ar|chi|sie|ren ⟨sw. V.; hat⟩ (bildungsspr.): *in einer Hierarchie* (a) *anordnen, abstufen.*
Hi|e|r|ar|chi|sie|rung, die; -, -en (bildungsspr.): *das Hierarchisieren:* die H. der Gesellschaft, der Künste, der Daten, der Informationen.
hie|ra|tisch ⟨Adj.⟩ [lat. hieraticus < griech. hieratikós, zu: hierós = heilig]: **1.** (Rel.) *priesterlich; heilige Gebräuche od. Heiligtümer betreffend:* -e Schrift (altägyptische von Priestern vereinfachte Hieroglyphenschrift). **2.** (bild. Kunst) *(bes. in der archaischen griechischen od. in der byzantinischen Kunst) streng, starr:* in -er Haltung.
hie|r|auf [auch: ʹhi:r...] ⟨Adv.⟩ [aus ↑ hier u. ↑ ¹auf]:
1. a) *auf dieser Stelle, dieser Unterlage, diesem Gegenstand o. Ä. hier; auf der soeben erwähnten Stelle, Unterlage, dem soeben erwähnten Gegenstand o. Ä.:* in der Ecke stand ein Tischchen, h. lag eine Decke; **b)** *auf diese Stelle, diese Unterlage, diesen Gegenstand o. Ä. hier; auf die soeben erwähnte Stelle, Unterlage, den soeben erwähnten Gegenstand o. Ä.:* in der Ecke stand ein Tischchen, h. legte sie eine Decke. **2. a)** *auf der soeben erwähnten Sache, Angelegenheit o. Ä.:* er hatte einen Plan vorgelegt, h. fußten dann alle weiteren Überlegungen; **b)** *auf die soeben erwähnte Sache, Angelegenheit o. Ä.:* der vorgelegte Plan ist gut, wir werden h. noch zu sprechen kommen. **3.** *nach dem soeben erwähnten Vorgang, Ereignis o. Ä.; danach, [so]dann:* er blickte zur Wanduhr, h. verglich er die Zeit mit seinem Handy; **b)** *auf den soeben erwähnten Umstand, das soeben erwähnte Ereignis hin; infolgedessen:* er schwankte, h. stützte man ihn.
hie|r|auf|hin [auch: ʹhi:r...] ⟨Adv.⟩: *hierauf* (3 b): er fehlte zu häufig; h. hat man ihm gekündigt.
hie|r|aus [auch: ʹhi:r...] ⟨Adv.⟩ [aus ↑ hier u. ↑ ¹aus]:
1. *aus diesem Raum, Gefäß, Behältnis o. Ä. hier; aus dem soeben erwähnten Raum, Gefäß, Behältnis o. Ä.:* sie fanden einen Brunnen; h. schöpften sie Wasser. **2. a)** *aus der soeben erwähnten Sache, Angelegenheit, aus dem soeben erwähnten Vorgang o. Ä.:* er hat ein Schreiben hinterlassen, h. kann man ersehen, dass er alles vorbereitet hatte; **b)** *aus diesem Stoff, dieser Materie o. Ä.; aus dem soeben erwähnten Stoff, der soeben erwähnten Materie o. Ä.:* sie haben Erdbeeren gepflückt und wollen h. Marmelade kochen; **c)** *aus dieser Quelle, Unterlage, aus diesem Werk hier; aus der soeben genannten Quelle, Unterlage, dem soeben genannten Werk:* seine Briefe sind erhalten; h. stammen die Zitate.
hier|be|hal|ten ⟨st. V.; hat⟩: *an diesem Ort behalten:* wir müssen ihn gleich h.
hier|bei [auch: ...ʹbai] ⟨Adv.⟩ [aus ↑ hier u. ↑ bei]:
1. *nahe bei dieser Stelle, diesem Ort, diesem Gegenstand o. Ä. hier; nahe bei der soeben erwähnten Stelle, dem soeben erwähnten Ort, Gegenstand:* auf dem Tisch lagen Zeitungen, h. lag der Brief. **2.** *im Verlauf des soeben Erwähnten, bei dieser Gelegenheit, währenddessen:* das Rad dreht sich sehr schnell, h. kann man sich verletzen. **3.** *bei der soeben erwähnten Sache, Angelegenheit o. Ä., hinsichtlich der soeben Erwähnten:* h. handelt es sich um ein schwieriges Problem.
hier|blei|ben ⟨st. V.; ist⟩: *an diesem Ort bleiben:* du kannst gleich h.
hier|durch [auch: ...ʹdʊrç] ⟨Adv.⟩ [aus ↑ hier u. ↑ ¹durch]: **1.** *hier hindurch:* wir müssen h. gehen. **2.** *aufgrund, infolge des soeben erwähnten Geschehens, Verhaltens, Umstandes o. Ä.:* einer der Bäume musste gefällt werden, h. war eine Lücke entstanden. **3.** *hiermit* (3): h. teilen wir Ihnen mit, dass die Angelegenheit nun h. erledigt ist.
hie|r|ein [auch: ...ʹrain, mit besonderem Nachdruck: ʹhi:...] ⟨Adv.⟩ [aus ↑ hier u. ↑ ⁴ein]: **1.** *in diesen Raum, dieses Behältnis, Gefäß o. Ä. hier hinein; in den soeben erwähnten Raum, das soeben erwähnte Behältnis, Gefäß o. Ä. hinein:* der Schrank hat eine Schublade, h. habe ich den Zettel gelegt. **2.** *in die soeben erwähnte Angelegenheit, Situation o. Ä.:* der Plan ist undurchdacht, er ist nicht bereit, h. einzuwilligen.
hier|für [auch: ...ʹfy:ɐ̯, mit besonderem Nachdruck: ʹhi:ɐ̯...] ⟨Adv.⟩ [aus ↑ hier u. ↑ ¹für]: **1.** *für den soeben genannten Zweck, das soeben genannte Ziel:* er besitzt alle h. erforderlichen Voraussetzungen. **2.** *hinsichtlich der soeben genannten Sache, im Hinblick darauf:* h. habe ich kein Interesse. **3.** *als Gegenleistung, Entschädigung für dieses hier, für das soeben Erwähnte:* was gibst du mir h.?
hier|ge|gen [auch: ...ʹge:..., mit besonderem

Nachdruck: 'hi:ɐ̯...] ⟨Adv.⟩ [aus ↑ hier u. ↑¹gegen]: **1.** *gegen, an, auf, in Richtung auf diese Stelle, diesen Gegenstand hier; gegen, an, auf, in Richtung auf die soeben erwähnte Stelle, den soeben erwähnten Gegenstand:* h. ist er gefahren. **2.** *(als Angriff, Abwehr, Ablehnung) gegen die soeben erwähnte Sache, Angelegenheit o. Ä.:* sich h. verwahren. **3.** *im Vergleich, im Gegensatz zu dem hier Gezeigten, Dargestellten:* h. ist sein Spiel stümperhaft.
hier|her [auch: ...'he:ɐ̯, mit besonderem Nachdruck: 'hi:ɐ̯...] ⟨Adv.⟩ [aus ↑ hier u. ↑ her]: *an diese Stelle, diesen Ort hier:* auf dem Wege h. ist er verunglückt; Ü h. *(in diesen Zusammenhang) gehörige Fragen;* die h. *(zu dieser Gruppe, Kategorie) gehörigen Tiere;* h. *(zu dieser Gruppe) gehört de Mehrzahl dieser Tiere;* R bis h. und nicht weiter *(das ist die äußerste Grenze, mehr ist nicht möglich, zulässig;* nach Hiob 38, 11).
hier|her|auf [auch: ...'rauf, mit besonderem Nachdruck: 'hi:ɐ̯...] ⟨Adv.⟩: **1.** *an dieser Stelle, diesen Ort hier nach oben:* [bis] h. kommen. **2.** *an dieser Stelle, auf diesem Weg, in dieser Richtung hier nach oben:* h. führt ein besserer Weg.
hier|her|be|mü|hen ⟨sw. V. hat⟩: **1.** *an diesen Ort hier bemühen:* du brauchst ihn nicht hierherzubemühen. **2.** ⟨h. + sich⟩ *sich an diese Stelle hier bemühen:* Sie hätten sich doch nicht extra h. sollen.
hier|her|bit|ten ⟨st. V.; hat⟩: *an diesen Ort hier bitten:* darf ich Sie einmal h.?
hier|her|bli|cken ⟨sw. V.; hat⟩: *in diese Richtung hier blicken.*
hier|her|ge|hö|ren ⟨sw. V.; hat⟩: *an diesen Ort hier gehören:* der Stuhl gehört nicht hierher; Ü was du sagst, gehört nicht hierher *(ist hierfür nicht wichtig, relevant).*
hier|her|ge|lan|gen ⟨sw. V.; ist⟩ (geh., bes. schriftspr.): *an diesen Ort hier gelangen:* wie bist du hierhergelangt?
hier|her|ho|len ⟨sw. V.; hat⟩: *an diesen Ort hier holen:* hol ihn doch bitte mal hierher.
hier|her|kom|men ⟨st. V.; ist⟩: *an diesen Ort hier kommen, gelangen:* wie bist du denn hierhergekommen?
hier|her|schi|cken ⟨sw. V.; hat⟩: *an diesen Ort hier schicken:* wer hat dich denn hierhergeschickt?
hier|her|trei|ben ⟨st. V.; hat⟩: *an diesen Ort hier treiben:* die Angst hat mich hierhergetrieben.
hier|her|um [auch: ...'rʊm, mit besonderem Nachdruck: 'hi:ɐ̯...] ⟨Adv.⟩: **1.** *an dieser Stelle, auf diesem Weg, in dieser Richtung hier herum:* wir gehen besser h. **2.** (ugs.) *hier irgendwo:* er muss h. sein Büro haben.
hier|her|wa|gen, sich ⟨sw. V.; hat⟩: *sich an diesen Ort hier wagen:* dass er sich überhaupt hierherwagt!
hier|her|zie|hen ⟨unr. V.; sein⟩: *an diesen Ort hier ziehen* (7), *umziehen:* wir sind vor einem Jahr hierhergezogen.
hier|hin [auch: ...'hɪn, mit besonderem Nachdruck: 'hi:ɐ̯...] ⟨Adv.⟩ [aus ↑ hier u. ↑ hin]: *an diese Stelle, diesen Ort hin; an die soeben erwähnte Stelle, den soeben erwähnten Ort hin:* die Flut kommt bis h.; setzen wir uns doch h.; in seiner Aufregung lief er h. und dorthin *(lief er ziellos umher);* er schaute bald h., bald dorthin *(sie schaute unablässig in alle Richtungen);* bis h. stimme ich dir bei.
hier|hin|ab [auch: ...'nap, mit besonderem Nachdruck: 'hi:ɐ̯...] ⟨Adv.⟩: *an dieser Seite, in dieser Richtung hier hinab:* ins Dorf geht es h.
hier|hin|auf [auch: ...'nauf, mit besonderem Nachdruck: 'hi:ɐ̯...] ⟨Adv.⟩: *an dieser Stelle, auf dieser Seite, in dieser Richtung hier hinauf:* zur Burg geht es h.

hier|hin|aus [auch: ...'naus, mit besonderem Nachdruck: 'hi:ɐ̯...] ⟨Adv.⟩: **1.** *an dieser Stelle, auf diesem Weg, in dieser Richtung hier hinaus.* **2.** *aus diesem Raum, Behältnis, Gefäß o. Ä. hier hinaus; aus dem soeben erwähnten Raum, Behältnis, Gefäß o. Ä. hinaus.*
hier|hin|ein [auch: ...'nain, mit besonderem Nachdruck: 'hi:ɐ̯...] ⟨Adv.⟩: **1.** *an dieser Stelle, auf diesem Weg, in diese Richtung hier hinein.* **2.** *in diesen Raum, dieses Behältnis, Gefäß o. Ä. hier hinein; in den soeben erwähnten Raum, das soeben erwähnte Behältnis, Gefäß o. Ä. hinein.*
hier|hin|le|gen ⟨sw. V.; hat⟩: **1.** *an diese Stelle hier legen.* **2.** ⟨h. + sich⟩ *sich an diese Stelle hier legen.*
hier|hin|set|zen ⟨sw. V.; hat⟩: **1.** *an diese Stelle hier setzen.* **2.** ⟨h. + sich⟩ *sich an diese Stelle hier Platz nehmen.*
hier|hin|stel|len ⟨sw. V.; hat⟩: **1.** *an diesen Platz hier stellen.* **2.** ⟨h. + sich⟩ *sich an diesen Platz hier stellen.*
hier|hin|ter [auch: ...'hɪn..., mit besonderem Nachdruck: 'hi:ɐ̯...] ⟨Adv.⟩: **1.** *hinter diesem Gegenstand, Raum, Gebäude o. Ä. hier; hinter dem soeben erwähnten Gegenstand, Raum, Gebäude o. Ä.* **2.** *hinter diesem Gegenstand, Raum, dieses Gebäude o. Ä. hier; hinter den soeben genannten Gegenstand, Raum, das soeben genannte Gebäude o. Ä.*
hier|hin|über [auch: ...'ny:..., mit besonderem Nachdruck: 'hi:ɐ̯...] ⟨Adv.⟩: *über diesen Ort, Gegenstand o. Ä. hier hinüber, über den soeben erwähnten Ort, Gegenstand hinüber.*
hier|hin|un|ter [auch: ...'nʊn..., mit besonderem Nachdruck: 'hi:ɐ̯...] ⟨Adv.⟩: **1.** *unter diesen Gegenstand o. Ä. hier hinunter; unter den soeben erwähnten Gegenstand o. Ä. hinunter.* **2.** *an dieser Stelle, auf dieser Seite, in dieser Richtung hier hinunter.*
hie|r|in [auch: ...'rɪn, mit besonderem Nachdruck: 'hi:...] ⟨Adv.⟩ [aus ↑ hier u. ↑ ¹in]: **1.** *in diesem Raum, Gefäß, Gegenstand o. Ä. hier, in dem soeben erwähnten Raum, Gefäß, Gegenstand o. Ä.:* im Garten war ein kleiner Teich, h. schwammen Goldfische. **2.** *in dieser Beziehung; hinsichtlich dieser [Tat]sache, Angelegenheit:* h. gebe ich dir recht.
hier|las|sen ⟨st. V.; hat⟩: *an diesem Ort hier lassen:* du kannst das Buch h.
hier|mit [auch: ...'mɪt, mit besonderem Nachdruck: 'hi:ɐ̯...] ⟨Adv.⟩ [aus ↑ hier u. ↑¹mit]:
1. a) *mit diesem Gegenstand hier, dessen sich jmd. bedient; mit dem soeben genannten Gegenstand;* **b)** *mit der soeben erwähnten Sache, Angelegenheit o. Ä., mit der sich jmd. beschäftigt:* h. kann ich nichts anfangen; du musst h. vorliebnehmen.
3. *[gleichzeitig] mit diesem Geschehen, Vorgang, Zustand:* h. *(mit diesen Worten)* eröffne ich die Ausstellung für eröffnet; (Amtsspr.): *(durch diese Bescheinigung, dieses Schreiben o. Ä.)* wird bestätigt, erkläre ich, dass der Fall erledigt ist.
hier|nach [auch: ...'na:x, mit besonderem Nachdruck: 'hi:ɐ̯...] ⟨Adv.⟩ [aus ↑ hier u. ↑¹nach]:
1. *der soeben erwähnten Sache, Angelegenheit o. Ä. entsprechend:* h. kann man sich richten.
2. *der soeben erwähnten Sache, Angelegenheit o. Ä. zufolge; demnach:* ich habe den Untersuchungsbericht gelesen; h. wäre der Angeklagte schuldig. **3.** *nach der soeben erwähnten Sache, dem soeben erwähnten Vorgang o. Ä.; im Anschluss an das soeben Erwähnte; hierauf.*
hier|ne|ben [auch: ...'ne:..., mit besonderem Nachdruck: 'hi:ɐ̯...] ⟨Adv.⟩ [aus ↑ hier u. ↑¹neben]: **a)** *neben diesem Gegenstand, neben*

dieser Sache o. Ä. hier; neben dem soeben erwähnten Gegenstand, neben der soeben erwähnten Sache: ein Bücherregal, h. ein bequemer Sessel; **b)** *neben diesen Gegenstand, neben diese Sache o. Ä. hier; neben den soeben erwähnten Gegenstand, neben die soeben erwähnte Sache:* h. passt kein Schrank mehr.
Hi|e|ro|gly|phe, die; -, -n [zu griech. hieroglyphiká (grámmata) = heilige Schriftzeichen (der altägyptischen Bilderschrift)]: **1.** *Schriftzeichen einer Bilderschrift.* **2.** ⟨Pl.⟩ (scherzh.) *schwer od. nicht lesbare Schriftzeichen einer Handschrift:* deine -n kann ja niemand entziffern.
Hi|e|ro|gly|phen|schrift, die: *Schrift in Hieroglyphen* (1).
Hi|e|ro|gly|phik, die; -: *Wissenschaft von den Hieroglyphen* (1).
hi|e|ro|gly|phisch ⟨Adj.⟩: **1.** *die Hieroglyphen betreffend, den Hieroglyphen zuzuordnen:* -e Schrift. **2.** *in der Art von Hieroglyphen, rätselhaft verschlungen:* -e Zeichen, Figuren.
Hi|e|ro|kra|tie, die; -, -n [zu griech. kratein = herrschen] (Geschichte): *Priesterherrschaft, Regierung eines Staates durch Priester.*
Hi|e|ro|mant, der; -en, -en [griech. hieromántis, zu: mántis = Seher] (Völkerkunde): *jmd., der aus Opfern (bes. geopferten Tieren) weissagt.*
Hi|e|ro|man|tie, die; - (Völkerkunde): *Kunst der Weissagung aus [Tier]opfern.*
Hi|e|ro|phant, der; -en, -en [lat. hierophanta < griech. hierophántēs, zu: phaínein = erklären, zeigen] (Geschichte): *Oberpriester u. Lehrer der heiligen Bräuche im Griechenland der Antike.*
hier|orts [auch: ...'ɔrts, mit besonderem Nachdruck: 'hi:ɐ̯...] ⟨Adv.⟩: *an diesem Ort, in dieser Stadt, Gegend, Umgebung hier:* h. kennt ihn niemand.
Hier|ro ['jɛrro], (früher:) Ferro, -s: *zu den Kanarischen Inseln gehörende Insel.*
Hier|sein, das: *das Anwesendsein, Vorhandensein:* der Grund seines -s.
hie|r|über [auch: ...'ry:..., mit besonderem Nachdruck: 'hi:...] ⟨Adv.⟩ [aus ↑ hier u. ↑ über]:
1. a) *über dieser Stelle, diesem Gegenstand o. Ä. hier; über der soeben erwähnten Stelle, dem soeben erwähnten Gegenstand o. Ä.;* **b)** *über diese Stelle, diesen Gegenstand o. Ä. hier; über den soeben erwähnten Gegenstand.* **2. a)** (geh.) *währenddessen:* er hatte sich ein Fernsehstück angesehen und war h. eingeschlafen; **b)** *über die soeben erwähnte Sache, Angelegenheit; was die soeben erwähnte Sache, Angelegenheit betrifft:* bist du dir h. im Klaren?
hie|r|um [auch: ...'rʊm, mit besonderem Nachdruck: 'hi:...] ⟨Adv.⟩ [aus ↑ hier u. ↑¹um]: **1.** *um diesen Ort, Gegenstand o. Ä. hier herum; um den soeben erwähnten Ort, Gegenstand o. Ä. herum:* das Haus hat einen kleinen Vorgarten; h. soll eine Hecke gepflanzt werden. **2.** *um die soeben erwähnte Sache, Angelegenheit:* h. geht es nicht; du musst dich einmal h. kümmern.
hie|r|un|ter [auch: ...'rʊn..., mit besonderem Nachdruck: 'hi:...] ⟨Adv.⟩ [aus ↑ hier u. ↑¹unter]:
1. a) *unter dieser Stelle, diesem Gegenstand hier; unter der soeben erwähnten Stelle, dem soeben erwähnten Gegenstand:* vor der Tür befindet sich eine Fußmatte, h. ist der Schlüssel; **b)** *unter diese Stelle, diesen Gegenstand o. Ä. hier; unter die soeben erwähnte Stelle, den soeben erwähnten Gegenstand:* ein Schrank stand an der Wand, h. war der Ball gerollt. **2.** *unter der soeben erwähnten Sache, Angelegenheit o. Ä.:* er ist früher einmal straffällig geworden, h. hat er jetzt schwer zu leiden.
3. a) *unter der soeben erwähnten Gruppe, Kategorie o. Ä.:* die Gefangenen wurden befreit, h. befanden sich auch einige Deutsche; **b)** *unter*

die soeben erwähnte Gruppe, Kategorie o. Ä.: Stoffwechselkrankheiten nehmen immer mehr zu, h. fallen z. B. Diabetes und Gicht.

hier|von [auch: ...'fɔn, mit besonderem Nachdruck: 'hi:ɐ̯...] ⟨Adv.⟩ [aus ↑hier u. ↑¹von]: **1.** *von dieser Stelle, diesem Gegenstand hier [entfernt]; von der soeben genannten Stelle, dem soeben genannten Gegenstand [entfernt]:* einige Meter h. entfernt. **2. a)** *von diesem Gegenstand o. Ä. hier; von dem soeben erwähnten Gegenstand, der soeben erwähnten Sache o. Ä. [als Ausgangspunkt]:* machen Sie bitte h. eine Kopie; **b)** *von der soeben erwähnten Sache, Angelegenheit; hinsichtlich der soeben erwähnten Sache, Angelegenheit:* h. höre ich heute zum ersten Mal. **3.** *als Folge des soeben erwähnten Vorgangs, Zustands o. Ä.; durch die soeben erwähnte Sache, Angelegenheit [verursacht]:* h. kam es, dass alle erkrankten. **4.** *von der soeben erwähnten Menge als [An]teil:* es waren sechzig Tote, h. zwei Deutsche. **5.** *von dieser Sache hier als Grundlage, aus diesem Material hier:* kannst du mir h. eine Bluse nähen?

hier|vor [auch: ...'foːɐ̯, mit besonderem Nachdruck: 'hi:ɐ̯...] ⟨Adv.⟩ [aus ↑hier u. ↑¹vor]:
1. a) *vor dieser Stelle, vor diesem Gegenstand o. Ä. hier; vor der soeben erwähnten Stelle, dem soeben genannten Gegenstand o. Ä.;* **b)** *vor dieser Stelle, vor diesem Gegenstand o. Ä. hier; vor die soeben erwähnte Stelle, den soeben erwähnten Gegenstand o. Ä.* **2.** *vor der soeben erwähnten Sache, Angelegenheit, im Hinblick darauf:* h. hat er großen Respekt.

hier|zu [auch: ...'tsu:, mit besonderem Nachdruck: 'hi:ɐ̯...] ⟨Adv.⟩ [aus ↑hier u. ↑¹zu]: **1. a)** *zu dieser Sache, diesem Gegenstand hier [hinzu], zu der soeben erwähnten Sache, dem soeben erwähnten Gegenstand o. Ä. [hinzu]; mit der erwähnten Sache zusammen:* das Kleid ist schwarz, h. trägt sie eine rote Kette; h. *(zu diesem Essen)* gehört ein Bier; **b)** *zu der soeben erwähnten Gruppe, Kategorie o. Ä.:* es gibt viele Arten von Singvögeln; h. gehören auch die Sperlinge. **2.** *zu dem soeben genannten Zweck, Ziel; für den soeben genannten Zweck:* Sie haben sich viel vorgenommen; h. möchte ich Ihnen Glück wünschen. **3.** *hinsichtlich der soeben erwähnten Sache, Angelegenheit o. Ä.:* h. möchte ich nichts mehr sagen.

hier|zu|lan|de, hier zu Lan|de [auch: ...'lan...] ⟨Adv.⟩ [aus ↑hier u. zu Lande]: *in diesem Lande, dieser Gegend, dieser Gesellschaft, unter diesen Leuten hier:* h. ist es so Brauch; Eine Tür war drapiert mit schwarzen, silberbortigen Schärpen, wie man es h. tut, wenn einer Toter im Hause liegt (Seghers, Transit 111).

hier|zwi|schen [auch: ...'tsvɪ..., mit besonderem Nachdruck: 'hi:ɐ̯...] ⟨Adv.⟩ [aus ↑hier u. ↑¹zwischen]: **a)** *zwischen diesen Personen, Gegenständen, Sachen o. Ä. hier; zwischen den soeben erwähnten Personen, Gegenständen, Sachen o. Ä.:* auf dem Tisch lag ein Stoß Zeitungen und h. war der Brief geraten; **b)** *zwischen diese Personen, Gegenstände, Sachen o. Ä. hier; zwischen die soeben erwähnten Personen, Gegenstände, Sachen o. Ä.:* stelle dich doch h., von hier aus siehst du alles.

hie|sig ⟨Adj.⟩ [wahrsch. aus *hie* (↑hier) u. mhd. -wesec (z. B. in: abewesec; vgl. Wesen), also eigtl. = hierseiend]: *hier befindlich; hier einheimisch, ansässig; von hier stammend:* -e Gebräuche; die -e Bevölkerung; -en Ort[e]s; ⟨subst.:⟩ er ist kein Hiesiger *(Einheimischer);* Sein Vater war als Schneider vom schwäbischen Meer zugewandert. Doch seine Mutter soll h. gewesen sein (Grass, Butt 267).

hieß: ↑ ¹heißen.

Hie|ve, die; -, -n [zu ↑hieven] (Fachspr.): *Last, die*

hie|ven ⟨sw. V.; hat⟩ [engl. to heave = (hoch-, empor)heben, verw. mit ↑heben] (bes. Seemannsspr., sonst ugs.): *(eine Last) heraufziehen, hochwinden, heben:* eine Last an Deck h.; (ugs.:) die Koffer ins Auto h.; (ugs.:) jmdn. aufs Pferd h.

hie|von [auch: 'hi:...] ⟨Adv.⟩ [↑hie-] (südd., österr., sonst veraltet): ↑hiervon.

hie|vor [auch: 'hi:...] ⟨Adv.⟩ [↑hie-] (südd., österr., sonst veraltet): ↑hiervor.

hie|zu [auch: 'hi:...] ⟨Adv.⟩ [↑hie-] (österr., schweiz., sonst veraltet): ↑hierzu; ♦ ...was ich h. denke (Chamisso, Schlemihl 18).

Hi-Fi ['haifi, auch: 'haifai] = High Fidelity.

Hi-Fi-An|la|ge, die: *Anlage (4), die eine originalgetreue Wiedergabe von Tonaufnahmen ermöglichen soll.*

Hi-Fi-Turm, der: *Stereoturm.*

Hift|horn, das ⟨Pl. ...hörner⟩ [frühnhd. hift = Jagdruf mit dem Jagdhorn, wohl zu ahd. hiūfan = klagen] (Jägerspr.): *einfaches, aus einem ausgehöhlten Stierhorn angefertigtes Jagdhorn.*

Higgs-Bo|son, das; -s, -en, **Higgs-Teil|chen,** das [nach dem brit. Physiker P. Higgs] (Physik): *elektrisch neutrales, schnell zerfallendes [hypothet.] Elementarteilchen:* das H. ist experimentell nur sehr schwer nachweisbar.

high [hai] ⟨Adj.⟩ [engl. high, eigtl. = hoch] (Jargon verhüll.): *in euphorieähnlichem Zustand nach dem Genuss von Rauschgift:* er hatte schon einen Joint geraucht und war h.; Ü wir waren alle echt h. (ugs., *in euphorischer Stimmung*).

High|ball ['haiboːl], der; -s, -s [engl.-amerik. highball, H. u.]: *Longdrink auf der Basis von Whisky mit zerkleinerten Eisstücken, Zitronenschale u. anderen Zusätzen.*

High|brow ['haibrau], der; -[s], -s [engl. highbrow, eigtl. = hohe Stirn] (bildungsspr., oft scherzh. od. abwertend): *Intellektueller; jmd., der sich übertrieben intellektuell gibt.*

High Church ['hai 'tʃəːtʃ], die; - - [engl. High Church, aus: high (↑high) u. church = Kirche]: *Richtung der englischen Staatskirche, die eine Vertiefung der liturgischen Formen anstrebt.*

High End ['hai 'ent], das; - -, -s, **High|end** ['hai|ɛnt], das; -s, -s [zu engl. high (↑high) u. end = Ende] (bes. EDV, Elektrot.): *höchste Preis- u. Qualitätsstufe, bes. hinsichtlich der technischen Leistungsfähigkeit.*

High-End-, High|end-: *Best. in Zus. mit der Bed. im obersten Leistungs- od. Preisbereich liegend (z. B. High-End-Lautsprecher od. Highendlautsprecher, High-End-Server od. Highendserver).*

High Fi|de|li|ty ['hai fi'dɛliti], die; - - [zu engl. high (↑high) u. fidelity = Treue, genaue Wiedergabe] (Elektronik): *hochgradige Klangtreue* (Abk.: Hi-Fi).

High|fly|er, High Fly|er ['haiflaiɐ], der [engl. highflyer, eigtl. = Überflieger] (Wirtsch.):
1. *[neu gegründetes] Unternehmen, das sich sehr schnell u. erfolgreich auf dem Markt durchsetzt.* **2.** *Aktie, die sehr schnell an Wert gewinnt.*

High Heels, High|heels ['haihi:ls] ⟨Pl.⟩ [engl. high heels, aus: high (↑high) u. heels, Pl. von: heel = Absatz (1)]: *hochhackige Schuhe; Stöckelschuhe:* sie trug cremefarbene H. H.

High Im|pact ['hai 'ɪmpɛkt], der; - -, -s [engl. high impact, aus ↑high u. ↑Impact] (Sport):
1. *große Belastung, starke Wirkung.* **2.** *den Körper stark belastende Form des Aerobics, das durch ständiges Laufen, Hüpfen u. Springen charakterisiert ist.*

High|life, das; -[s], **High Life,** das; - -[s] [- 'laif,

'hailaif; engl. high life = das Leben der Oberschicht, aus: high (↑high) u. life = Leben]:
1. *exklusives Leben neureicher Gesellschaftskreise.* **2.** *ausgelassene Stimmung; fröhliches, turbulentes Treiben:* bei uns ist heute H. *(wir feiern heute).*

High|light ['hailait], das; -[s], -s [engl. highlight, aus: high (↑high) u. light = Licht] (Jargon): *Höhepunkt, Glanzpunkt eines [kulturellen] Ereignisses:* auf dem Filmfestival gab es nur wenige -s.

high|ligh|ten ['hailaitn] ⟨sw. V.; hat⟩ (EDV): *auf einem Bildschirm optisch (z. B. durch Unterlegung einer Kontrastfarbe) hervorheben:* alle Textsegmente können mit Mausklick gehighlightet werden.

High Noon ['hai 'nu:n], der; - -[s], - -s [nach dem amerik. Wildwestfilm »High Noon« (1952); engl. high noon = Mittag]: *spannungsgeladene Atmosphäre [wie im Wildwestfilm].*

High|ri|ser ['hairaizɐ], der; -s, - [engl. high-riser, aus: high (↑high) u. riser = (die Höhe vergrößerndes) Zwischenstück]: *Fahrrad od. Moped mit hohem, geteiltem Lenker u. Sattel mit Rückenlehne.*

High|school ['haisku:l], die; -, -s [engl. high school, aus: high (↑high) u. school = Schule]: *amerik. Bez. für: höhere Schule.*

¹High|score ['haiskoːɐ̯, der [engl. high score, aus: high (↑high) u. score (↑Score)]: **a)** *bei der Spielwertung erreichte Punktzahl (bes. bei Flippern u. Computerspielen):* sie erreichte einen H. von 3 500 Punkten; **b)** *Tabelle, in der der ¹Highscore (a) eingetragen wird;* **c)** *höchster ¹Highscore (a), Rekordpunktzahl:* den H. aufstellen, knacken.

²High|score ['haiskoːɐ̯], die; -, -s: *¹Highscore (b).*

High Sno|bie|ty ['hai snɔ'baiəti], die; - - [scherzh. geb. zu engl. high (↑high), ↑Snob u. engl. society = Gesellschaft]: *Gruppe der Gesellschaft, die durch entsprechende snobistische Lebensführung Anspruch auf Zugehörigkeit zur High Society erhebt.*

High So|ci|e|ty ['hai sə'saiəti], die; - - [engl. high society, aus: high (↑high) u. society = Gesellschaft]: *gesellschaftliche Oberschicht, die vornehmsten Kreise der Gesellschaft.*

High|speed, der od. das; -s, auch: die; - ⟨meist o. Art.⟩, **High Speed,** der od. das; - -s, auch: die; - - ⟨meist o. Art.⟩ ['haispi:d]: **1.** (Jargon) *Hochgeschwindigkeit.* **2.** (EDV) *Internetzugang mit einer besonders hohen Übertragungsrate.*

high|tech ['haitɛk] ⟨indekl. Adj.⟩: *in technischer Hinsicht hoch entwickelt; Hochtechnologie verwendend.*

¹High|tech ['haitɛk], der; -[s] [Kunstwort aus engl. high style = hoher (= hochwertiger, gehobener) Stil u. technology = Technologie]: *durch die Verwendung industrieller Materialien u. Einrichtungsgegenstände gekennzeichneter Stil der Innenarchitektur.*

²High|tech ['haitɛk], das; -[s], auch: die; - [engl. high tech, gekürzt aus: high technology = Hochtechnologie]: *Hochtechnologie.*

High|tech|in|dus|t|rie, die: *Industrie, die Produkte der Hochtechnologie herstellt.*

High|tech|un|ter|neh|men ['haitɛk...], das: *Unternehmen, das Produkte aus dem Bereich der Hochtechnologie herstellt u. damit handelt.*

High|way ['haiweɐ], der; -s, -s [engl. highway]:
a) *engl. Bez. für: Haupt-, Landstraße;* **b)** *amerik. Bez. für: Fernstraße.*

hi|hi, hi|hi|hi ⟨Interj.⟩: *Ausruf, der Schadenfreude, hämisches, kicherndes Lachen ausdrückt.*

Hi|ja|cker ['haidʒɛkɐ], der; -s, - [engl. hijacker, eigtl. = Straßenräuber]: *Flugzeugentführer.*

Hi|ja|cke|rin, die; -, -nen: w. Form zu ↑Hijacker.

Hi|ja|cking ['haidʒɛkɪŋ], das; -[s], -s: *Flugzeugentführung.*

Hike [haik], der; -s, -s (engl. hike = Wanderung) (Jargon): *[mehrtägige] ausschließlich der Erholung dienende Wanderung.*

hi|ken ['haikn] (sw. V.; ist) (Jargon): *eine größere Wanderung, einen Hike machen.*

Hi|la: Pl. von ↑ Hilum.

Hil|fe, die; -, -n [mhd. hilfe, ahd. hilfa, zu ↑ helfen]: **1. a)** *das Helfen; das Tätigwerden zu jmds. Unterstützung:* nachbarliche, ärztliche, finanzielle H.; er hat es geschafft ohne fremde H.; H. für/(bes. schweiz.:) an behinderte Kinder; die Töchter sind mir eine große H. *(ersparen mir viel eigene Arbeit)* im Haushalt; diese Merksätze sind kleine -n *(dienen als Stütze)* für das Gedächtnis; jmdm. H. *(Beistand)* leisten; telefonisch H. herbeirufen *(jmdm. zu Hilfe rufen);* sich H. suchend umschauen; jmdm. beim Turnen -n *(Hilfestellungen)* geben; jmdm. H. bitten, angehen; um H. rufen; niemand kam dem Verunglückten zu H.; (Ruf, mit dem eine Person zu verstehen gibt, dass sie od. jmd. anders sich in einer Notlage befindet, aus der sie bzw. dieser sich nicht allein befreien kann) [zu] H.!; er nimmt beim Essen die Hände zu H.; jmdn. zu H. rufen; jmds. Gedächtnis in H. kommen *(nachhelfen);* Falls Ihr Beauftragter mit der Störung einer öffentlichen Veranstaltung, wie eine Theatervorstellung es ist, nicht aufhört, sehe ich mich entschlossen, die bewaffnete Macht gegen ihn zu H. zu nehmen (H. Mann, Stadt 141); * *Erste/erste H. (sofortige, vorläufige Hilfsmaßnahmen bei Unglücksfällen:* Erste/erste H. leisten; ein Kurs in Erster/erster H.); **mit H.** (↑ ¹,² mithilfe); **b)** *finanzielle Unterstützung:* -n bereitstellen; mit staatlicher H.; den von dem Erdbeben Betroffenen wurde unbürokratische H. *(von der öffentlichen Hand gewährte finanzielle Unterstützung, die an der Dringlichkeit wirklich nicht den üblichen Behördengang durchläuft)* zuteil; **c)** ⟨meist Pl.⟩ (Reiten) *Übermittlung der Anweisungen des Reiters an das Pferd durch Schenkeldruck, Gewichtsverlagerung, Sporen, Zügel o. Ä.:* das Pferd reagierte auf die -n seines Reiters. **2.** *Hilfsmittel:* das Wörterbuch war mir eine gute H. **3.** *Person, die [im Haushalt] bei der Arbeit hilft; Hilfskraft:* eine H. suchen.

hil|fe|be|dürf|tig ⟨Adj.⟩: *der Hilfe (1) bedürftig.*

Hil|fe brin|gend, hil|fe|brin|gend ⟨Adj.⟩: *so beschaffen, dass Hilfe zuteilwird:* eine Hilfe bringende Maßnahme.

Hil|fe|er|su|chen, das: *Ersuchen um Hilfe, Beistand.*

hil|fe|fle|hend ⟨Adj.⟩: *Hilfe, Beistand erflehend.*

Hil|fe|funk|ti|on, die (EDV): *Bestandteil eines Anwendungsprogramms, den der Nutzer Erklärungen u. Hinweise zu dessen Bedienung gibt.*

Hil|fe|leis|tung, die: *Hilfe (1), die jmdm. in bestimmter Form geleistet wird od. unter gewissen Umständen auch geleistet werden muss:* materielle, medizinische H.

Hil|fe|ruf, der: *Ruf, Signal, mit dem jmd. um Hilfe in einer schlimmen Lage bittet:* die verzweifelten -e einer Ertrinkenden; der H. eines Schiffes in Seenot; -e auffangen, aussenden.

hil|fe|ru|fend ⟨Adj.⟩: *um Hilfe rufend.*

Hil|fe|schrei, der: vgl. Hilferuf.

Hil|fe|stel|lung, die: **1.** (Turnen) **a)** ⟨o. Pl.⟩ *sachgerechte, fachkundige Beobachtung u. Unterstützung bei einer Turnübung:* [jmdm.] H. geben; **b)** *jmd., der Hilfestellung (1a) leistet.* **2.** *Hilfe, Unterstützung, die jmdm. zuteilwird:* praktische, telefonische, technische H.

Hil|fe su|chend, hil|fe|su|chend ⟨Adj.⟩: *nach Hilfe Ausschau haltend:* ein Hilfe suchender Blick; sich H. s. umschauen.

hilf|los ⟨Adj.⟩ [mhd., ahd. helf(e)lōs]: **a)** *sich selbst nicht helfen könnend, auf Hilfe angewiesen [ohne sie zu erhalten]:* ein -er Greis; h. und verlassen sein; h. *(ratlos, unschlüssig)* mit den Achseln zucken; **b)** *außerstande, (in einer schwierigen Lage) jmdm. zu helfen; nicht unternehmen könnend:* sie musste h. zusehen, wie die zwei Jugendlichen auf den alten Mann einprügelten; **c)** *unbeholfen, ungeschickt:* ein -er Blick; eine -e Geste; h. ein paar Worte stammeln.

Hilf|lo|sig|keit, die; -: **a)** *das Hilflossein:* die H. eines kleinen Babys; **b)** *Unbeholfenheit, Ungeschicklichkeit.*

hilf|reich ⟨Adj.⟩ [mhd. helferīche]: **1.** *andern mit seiner Hilfe in einem ansprechenden Fall zur Verfügung stehend; hilfsbereit, helfend:* ein -er Mensch; jmdm. h. zur Seite stehen. **2.** *in einer bestimmten [schwierigen] Situation nützlich:* das bloße Kritisieren ist jetzt wenig h.

Hilfs|ak|ti|on, die: *Aktion, durch die Notleidenden geholfen werden soll:* eine H. für die Flüchtlinge durchführen, in Gang setzen.

Hilfs|an|ge|bot, das: **a)** *Angebot, jmdm. zu helfen; Angebot zur Hilfe;* **b)** *Gesamtheit an Einrichtungen, Beratungsstellen o. Ä., die Hilfe anbieten.*

Hilfs|ar|bei|ter, der: **1. a)** *ungelernter, nicht qualifizierter Arbeiter:* als H. auf Baustellen jobben; **b)** (früher) *vorsachaftlicher Assistent.* **2.** *Mitarbeiter einer Hilfsorganisation.*

Hilfs|ar|bei|te|rin, die: w. Form zu ↑ Hilfsarbeiter.

Hilfs|as|sis|tent, der: *studentische Hilfskraft an einer Hochschule, die bei der Durchführung von Lehrveranstaltungen eingesetzt wird.*

Hilfs|as|sis|ten|tin, die: w. Form zu ↑ Hilfsassistent.

hilfs|be|dürf|tig ⟨Adj.⟩: **a)** *schwach u. auf Hilfe angewiesen:* er ist alt und h. geworden; **b)** *auf materielle Hilfe angewiesen, Not leidend:* -e Familien; ⟨subst.:⟩ den Hilfsbedürftigen Unterstützung gewähren.

Hilfs|be|dürf|tig|keit, die: *das Hilfsbedürftigsein.*

hilfs|be|reit ⟨Adj.⟩: *[immer] bereit, anderen zu helfen, behilflich zu sein:* ein -er Mensch; er ist [nicht] sehr h.

Hilfs|be|reit|schaft, die ⟨o. Pl.⟩: *[ständige] Bereitschaft, anderen zu helfen, behilflich zu sein:* an jmds. H. appellieren; auf jmds. H. angewiesen sein.

Hilfs|dienst, der: **1.** *Dienst für Hilfszwecke.* **2. a)** *Organisation, die eingerichtet wird, um in einer Notsituation od. einem Katastrophenfall zu helfen;* **b)** *ständige Einrichtung, Organisation für Hilfeleistungen in bestimmten [Not]fällen.*

Hilfs|fonds, der: *Fonds zur finanziellen Unterstützung Hilfsbedürftiger.*

Hilfs|geist|li|che ⟨vgl. Geistliche⟩ (ev. Kirche): *in der Seelsorge tätige, dem Pfarrer unterstellte Geistliche.*

Hilfs|geist|li|cher ⟨vgl. Geistlicher⟩ (ev. u. kath. Kirche): *in der Seelsorge tätiger, dem Pfarrer unterstellter Geistlicher.*

Hilfs|geld, das ⟨meist Pl.⟩: *für Hilfsmaßnahmen, Hilfsdienste bereitgestelltes Geld.*

Hilfs|gut, das ⟨meist Pl.⟩: *aus Lebensmitteln, Kleidungsstücken, Medikamenten u. Ä. bestehender Grundstock, Grundbestand, der Not leidenden Menschen in Kriegs-, Notstands- u. Katastrophengebieten zuteilwird:* der Transport von Hilfsgütern.

Hilfs|ko|mi|tee, das: *Komitee, das mit der Leitung einer Hilfsaktion betraut ist.*

Hilfs|kon|s|truk|ti|on, die: **1.** (Geom.) *vorübergehend benutzte Nebenkonstruktion, die zur Lösung einer Aufgabe führt:* eine H. zeichnen. **2.** *Idee, Überlegung, mit der sich jmd. einer Sache, einem Problem anzunähern sucht:* eine gedankliche H.; diese Überlegung ist eine reine H.

Hilfs|kraft, die: *zur Mithilfe, Unterstützung bei bestimmten Arbeiten angestellte [Arbeits]kraft:* studentische, technische, ungelernte, wissenschaftliche Hilfskräfte.

Hilfs|leh|rer, der: *Lehrer ohne Planstelle, der aushilfsweise unterrichtet.*

Hilfs|leh|re|rin, die: w. Form zu ↑ Hilfslehrer.

Hilfs|lie|fe|rung, die: *Lieferung von Hilfsgütern an Not leidende Menschen in Kriegs- u. Katastrophengebieten.*

Hilfs|li|nie, die (Geom.): vgl. Hilfskonstruktion.

Hilfs|maß|nah|me, die ⟨oft im Plural⟩: *Maßnahme, durch die jmdm. geholfen, jmd. unterstützt wird:* -n ergreifen.

Hilfs|mit|tel, das: **a)** *Mittel zur Arbeitserleichterung od. zur Erreichung eines bestimmten Zweckes:* technische H.; es fehlt an geeigneten -n; unerlaubte H. benutzen; **b)** ⟨Pl.⟩ *finanzielle od. materielle Mittel, die jmdm. eine Notlage überwinden helfen sollen:* H. für die Opfer bereitstellen; **c)** *zum Ausgleich eines bestehenden körperlichen Defektes dienender Gegenstand:* Prothesen als orthopädische H.

Hilfs|mo|tor, der; -s, -en, auch: -e: *an einem Fahrrad, in einem Segelflugzeug od. Boot befindlicher [nachträglich eingebauter] Motor für den Bedarfsfall:* ein Fahrrad mit H.

Hilfs|or|ga|ni|sa|ti|on, die: *Organisation, die in Notsituationen, Katastrophenfällen u. kriegerischen Auseinandersetzungen Hilfe leistet.*

Hilfs|pa|ket, das: **1.** *Paket, das Hilfsgüter enthält.* **2.** (Politik) *größere Gesamtheit von Maßnahmen u. finanziellen Hilfen für in Not geratene Menschen, wirtschaftlich schwache Regionen, angeschlagene Betriebe usw.:* ein H. für die Sanierung der Banken, für das afrikanische Katastrophengebiet.

Hilfs|po|li|zist, der (ugs.): *jmd., der, ohne als Polizist ausgebildet zu sein, aushilfsweise bei der Polizei beschäftigt ist.*

Hilfs|po|li|zis|tin, die: w. Form zu ↑ Hilfspolizist.

Hilfs|pre|di|ger, der: *Hilfsgeistlicher.*

Hilfs|pre|di|ge|rin, die: w. Form zu ↑ Hilfsprediger.

Hilfs|pro|gramm, das: **1.** *Programm einer Hilfsaktion.* **2.** (EDV) *Programm von geringem Umfang, das zusätzliche Funktionen für ein bestimmtes Betriebssystem od. Anwendungsprogramm zur Verfügung stellt.*

Hilfs|pro|jekt, das: *Projekt, Vorhaben, das zum Ziel hat, Not leidenden Menschen zu helfen.*

Hilfs|quel|le, die ⟨meist Pl.⟩: **a)** *Material (bes. Literatur), das bei einer wissenschaftlichen Untersuchung benutzt wird;* **b)** *Quelle, die ein Land ausbeutet u. für seine Wirtschaft nutzbar macht; Ressource;* **c)** *Hilfsmittel (b).*

Hilfs|ru|der, das (Flugw., Schiffbau): *zusätzliches Steuer, das bestimmten Aufgaben dient.*

Hilfs|satz, der (Math., Logik): *Teilaussage eines mathematischen Satzes, die eigenständig bewiesen wird.*

Hilfs|schiff, das (Militär): *als Kriegsschiff benutztes Handelsschiff.*

Hilfs|schu|le, die (veraltet): *Sonderschule für lernbehinderte Kinder.*

Hilfs|schü|ler, der (veraltet): *Schüler, der eine Sonderschule besucht.*

Hilfs|schü|le|rin, die: w. Form zu ↑ Hilfsschüler.

Hilfs|schwes|ter, die: *Krankenschwester ohne fachliche Ausbildung.*

Hilfs|she|riff, der: *Hilfskraft eines Sheriffs (2).*

Hilfs|spra|che, die: *Welthilfssprache.*

Hilfs|stoff, der: *Stoff (2 a), der einem Produkt bei der Herstellung zugesetzt wird, um dessen Eigenschaften zu verbessern:* -e in Tabletten wie

Kartoffelmehl oder Zucker können Allergien auslösen.

Hilfs|tä|tig|keit, die: *Tätigkeit, mit der jmd. bei einer beruflichen Arbeit aushilft.*

Hilfs|trans|port, der: **1.** *Transport* (1) *von Hilfsgütern:* -e in das Katastrophengebiet organisieren. **2.** *Transport* (2) *mit Hilfsgütern:* der H. ist heute angekommen.

Hilfs|trupp, der: *Trupp von Helfern.*

Hilfs|trup|pe, die ⟨meist Pl.⟩ (Militär): *Reservetruppe (als Verstärkung).*

Hilfs|verb, das (Sprachwiss.): *Verb, das zur Bildung der zusammengesetzten Formen eines Verbs dient; Hilfszeitwort* (im Deutschen: haben, sein, werden).

hilfs|wei|se ⟨Adv.⟩: *ersatzweise, behelfsmäßig.*

Hilfs|werk, das: *Institution zur Unterstützung bedürftiger Personen:* das Evangelische H.

hilfs|wil|lig ⟨Adj.⟩: *bereit, jmdm. in einer bestimmten Angelegenheit o. Ä. zu helfen.*

Hilfs|wil|li|ge ⟨vgl. Willige⟩: **1.** *weibliche Person, die hilfswillig ist.* **2.** *(im Zweiten Weltkrieg) Angehörige eines von der deutschen Wehrmacht besetzten Landes, die in der Wehrmacht Dienst tat; Hiwi* (1).

Hilfs|wil|li|ger ⟨vgl. Williger⟩: **1.** *jmd., der hilfswillig ist:* es meldeten sich viele Hilfswillige. **2.** *(im Zweiten Weltkrieg) Angehöriger eines von der deutschen Wehrmacht besetzten Landes, der in der Wehrmacht Dienst tat; Hiwi* (1).

Hilfs|wis|sen|schaft, die: *Wissenschaft, die [hauptsächlich] Methoden u. Kenntnisse für andere Wissenschaften bereitstellt:* die Statistik ist eine H. für die empirische Sozialforschung.

Hilfs|zeit|wort, das: *Hilfsverb.*

Hilfs|zug, der: *bei Unfällen eingesetzter Sonderzug mit Sanitätseinrichtung u. Mitteln zur Räumung bzw. Reparatur der Gleisanlagen an der Unfallstelle.*

Hi|li: Pl. von ↑ Hilus.

Hill|bil|ly, der; -s, -s [engl.-amerik. hillbilly, aus: hill = Hügel u. Billy = Kosef. von William = Wilhelm]: **1.** (abwertend) *Hinterwäldler [aus den Südstaaten der USA].* **2.** *Hillbillymusic.*

Hill|bil|ly|mu|sic [...mju:zɪk], **Hill|bil|li|mu|sik,** die; - [engl. hillbilly music]: **1.** *ländliche Musik der Südstaaten der USA.* **2.** *kommerzialisierte volkstümliche Musik der Cowboys.*

Hi|lum, das; -s, ...la [lat. hilum = kleines Ding] (Bot.): *Stelle, an der der Same am Fruchtknoten angewachsen war; Nabel.*

Hi|lus, der; -, ...li [↑ Hilum] (Anat.): *kleine Einbuchtung od. Vertiefung an einem Organ als Austrittsstelle für Gefäße u. Nerven.*

Hi|ma|la|ja, Hi|ma|la|ya [auch: hima'la:ja], der; -[s]: *Gebirge in Asien.*

Hi|ma|ti|on, das; -[s], ...ien [griech. himátion]: *aus einem rechteckigen Stück Tuch bestehender mantelartiger Überwurf für Männer u. Frauen im antiken Griechenland.*

Him|bee|re, die; -, -n [mhd. hintber, ahd. hintperi, zu: hint = Hinde, Hirschkuh u. ↑ Beere; viell. = Gesträuch, in dem sich die Hirschkuh mit ihren Jungen verbirgt, od. Beere, die sie gern frisst]: **a)** *(zu den Rosengewächsen gehörende) als stachliger Strauch wachsende Pflanze mit hellgrünen, gefiederten Blättern, kleinen, weißen Blüten u. roten, aus vielen kleinen Früchtchen zusammengesetzten, essbaren Beeren;* **b)** *Frucht der Himbeere* (a).

Him|beer|eis, das: *Speiseeis mit Himbeergeschmack.*

him|beer|far|ben, him|beer|far|big ⟨Adj.⟩: *von der Farbe reifer Himbeeren.*

Him|beer|geist, der ⟨Pl. -e⟩: *Branntwein aus Himbeeren.*

Him|beer|ge|schmack, der ⟨o. Pl.⟩: *Geschmack von Himbeeren.*

Him|beer|li|mo|na|de, die: *Limonade mit Himbeergeschmack.*

Him|beer|mar|me|la|de, die: *Marmelade aus Himbeeren.*

him|beer|rot ⟨Adj.⟩: *rot wie reife Himbeeren.*

Him|beer|saft, der: *Saft* (2 b) *von Himbeeren.*

Him|beer|si|rup, der: *Sirup aus eingekochtem Himbeersaft.*

Him|beer|strauch, der: *Strauch der Himbeere* (a).

Him|beer|zun|ge, die: *himbeerfarben gerötete Zunge[nspitze]* (bes. bei Scharlach).

Him|mel, der; -s, - ⟨Plural nur dichterisch⟩ [mhd. himel, ahd. himil, viell. urspr. = Decke, Hülle (dann verw. mit ↑ Hemd) od. urspr. = Stein (nach der alten Vorstellung des Himmels als Steingewölbe), dann verw. mit ↑ Hammer]: **1.** *scheinbar über dem Horizont liegendes, halbkugelähnliches Gewölbe (an dem die Gestirne erscheinen):* ein blauer, wolkenloser, bewölkter H.; der H. ist bedeckt, (geh.:) verhangen; der H. klärt sich auf, bezieht sich; eher stürzt der H. ein, als dass er kommt (ugs.; *es ist vollkommen ausgeschlossen, dass er kommt*); so weit der H. reicht *(so weit man sehen kann, überall);* die Sonne steht hoch am H.; den Blick gen H. (geh.; *zum Himmel*) richten; in den H. ragen; unter [Gottes] freiem H. *(im Freien)* übernachten; ein Flugzeug vom H. holen (salopp; *abschießen*); zwischen H. und Erde *(frei in der Luft)* schweben; Ü der H. hat seine Schleusen geöffnet, (auch:) die Schleusen des -s haben sich geöffnet (geh.; *es regnet in Strömen*); unter griechischem H., unter dem H. Griechenlands (dichter.: *in Griechenland*), unter südlichem H. *(im Süden)* leben; * H. und Erde *(Gericht aus Kartoffelpüree mit Apfelpüree mit gebratener Blut- u. Leberwurst;* nach den Kartoffeln in der »Erde« u. den Äpfeln im »Himmel«); **aus heiterem H.** (ugs.; *[in Bezug auf unerfreuliche, plötzliche, nicht vorauszusehende Veränderungen] ganz wider Erwarten*); **jmdn., etw. in den H. heben** (ugs.; *jmdn., etw. übermäßig loben*); **nicht [einfach] vom H. fallen** *(seine Vorbedingungen haben; etwas tun müssen zum Zustandekommen von etw.: Fortschritte fallen nicht einfach vom H.).* **2. a)** *der Hölle od. der Erde als dem Diesseits gegenübergestellter Aufenthalt Gottes (der Engel u. der Seligen):* sie gelobte sich dem H. an (verhüll. -ies. in wurde Nonne); in den H. kommen (bes. christl. Rel.; *nach dem Tode nicht verdammt werden, sondern die Seligkeit erlangen*); im H. sein (verhüll. -ies. in ugs. in gestorben sein; *tot sein*); * H. und Hölle (*Kinderspiel, bei dem jeder Teilnehmer auf einem Bein durch eine am Boden aufgezeichnete Figur aus Vierecken [u. in darüber gezeichnetem Halbkreis] hüpfen muss [von der zwei Felder oft als »Himmel« u. als »Hölle« bezeichnet werden].* **2.** Faltspiel für Kinder aus einem Stück Papier, das so gefaltet wird, dass die gefaltete Figur nach zwei Seiten geöffnet werden kann u. dem Ratenden je nach seiner Entscheidung Himmel od. Hölle zeigt); **jmdm./für jmdn. hängt der H. voller Geigen** (geh.: *jmd. ist schwärmerisch glücklich u. blickt froh in die Zukunft;* wahrsch. nach Gemälden der späten Gotik od. der Frührenaissance, auf denen der Himmel mit musizierenden Engeln belebt dargestellt ist); **H. und Hölle/Erde in Bewegung setzen** (ugs.; *es sehr gut haben*); **jmdn. den H. [auf Erden] versprechen** (emotional; *jmdm. das angenehme Leben versprechen*); **aus allen -n fallen, stürzen, gerissen werden** (*tief enttäuscht, ernüchtert, desillusioniert werden;* nach Jes. 14, 12); **im sieb[en]ten H. sein, schweben; sich [wie] im sieb[en]ten H. fühlen** (ugs.; *voll Überschwang, über die Maßen glück-* lich sein; nach der aus jüd. Tradition stammenden Vorstellung, dass der siebte u. oberste Himmel der Sitz Gottes sei); **zum H. schreien** (*[durch sein Ausmaß] ein empörendes Unrecht sein;* nach 1. Mos. 4, 10); **zum H. stinken** (salopp; *[durch sein Übermaß] abscheuerregend, skandalös sein*); **b)** (verhüll.) *Gott, Schicksal, Vorsehung:* der H. bewahre, behüte uns davor!; dem H. sei Dank [dafür]!; etw. als ein Zeichen, eine Fügung des -s betrachten; * **gerechter/gütiger/[ach] du lieber H.!** (ugs.; Ausruf der Verwunderung, Bestürzung, des Bedauerns o. Ä.); **weiß der H.!** (ugs.; Ausruf der Bestätigung, Bekräftigung; **[das] weiß der [liebe] H., mag der [liebe] H. wissen** (ugs.; *da bin ich ratlos; wer soll das wissen; das ist vollkommen unbekannt, unklar*); **um [des] -s willen!** (1. Ausruf des Erschreckens, der Abwehr. 2. Ausdruck einer inständigen Bitte); **H. noch ein!** (ugs.; Fluch); **Himmel noch [ein]mal!** (ugs.; Fluch); **Himmel, Herrgott, Sakrament!** (ugs.; Fluch); **H., Arsch und Zwirn/Wolkenbruch!** (derb; Fluch); **H., Sack [Zement]!** (salopp; Fluch); **H., Kreuz, Donnerwetter!** (salopp; Fluch). **3.** *[fest angebrachte] zum Teil hinten u. an den Seiten heruntergezogene Überdachung aus Stoff, Leder o. Ä.; Baldachin:* ein Thron mit einem kostbaren H. **4.** (Kfz-Technik) *innere Bespannung der Verdecks im Auto.*

him|mel|an [auch: ...'lan] ⟨Adv.⟩ (dichter.): *zum Himmel empor.*

him|mel|angst ⟨Adj.⟩: nur in den Wendungen **jmdm. ist/wird h. [und bange]** (emotional; *jmd. hat/bekommt große Angst angesichts einer Gefahr od. kaum zu bewältigender Schwierigkeiten*).

Him|mel|bett, das: *Bett mit einem Himmel* (3).

him|mel|blau ⟨Adj.⟩: *blau wie der wolkenlose Himmel; hell-, azurblau:* -e Augen.

Him|mel|don|ner|wet|ter ⟨Interj.⟩: meist in der Fügung **H. noch [ein]mal!** (ugs.; Fluch).

Him|mel|fahrt, die [mhd. himelvart, ahd. himilfart]: **1.** *Auffahrt Christi, Mariens, von Heiligen u. Propheten in den Himmel:* Christi, Mariä H. **2.** ⟨o. Art.⟩ *kirchlicher Feiertag zum Gedenken an die Himmelfahrt* (1) *Christi am 40. Tag nach Ostern:* (bes. nordd.:) zu/(bes. südd.:) an H. **3.** (ugs.) *lebensgefährliche, riskante Unternehmung.*

Him|mel|fahrts|kom|man|do, das: **1.** *Auftrag, Unternehmen (bes. im Krieg), der mit großer Wahrscheinlichkeit dem Teilnehmenden das Leben kostet.* **2.** *Personen, die an einem Himmelfahrtskommando* (1) *teilnehmen.*

Him|mel|fahrts|na|se, die (ugs. scherzh.): *nach oben gebogene Nase.*

Him|mel|fahrts|tag, der: *Himmelfahrt* (2).

Him|mel|herr|gott ⟨Interj.⟩: meist in der Fügung **H. noch [ein]mal!** (ugs.; Fluch).

Him|mel|herr|gott|sa|kra ⟨Interj.⟩ (südd.; österr. salopp): Fluch.

him|mel|hoch ⟨Adj.⟩ (emotional verstärkend): *unendlich hoch, sehr hoch:* himmelhohe Felsen; Ü den anderen h. überlegen sein; R h. jauchzend, zu[m] Tode betrübt *(zwischen äußerster Hochgestimmtheit u. extremer Niedergeschlagenheit krass wechselnd;* nach Goethe, Egmont III, 2).

Him|mel|hund, der (ugs.): *gewissenloser Mensch, Schuft:* dieser elende H.!; (mit dem Unterton widerstrebender Anerkennung:) der H. *(Teufelskerl)* hat es doch geschafft.

Him|mel|reich, das [mhd. himelriche, ahd. himilrîhhi] (christl. Rel.): *Ort der ewigen Seligkeit; Paradies, Himmel* (2 a): ins H. kommen; ...denn irgendein Ziel muss der Mensch haben: Doktorhut oder Schützensilber, H. oder Eigenheim (Grass, Hundejahre 444); R des Menschen Wille

ist sein H.; * **schlesisches/Schlesisches H.** (Kochkunst; *Kartoffel- od. Hefeklöße mit einer Soße aus Dörrobst u. Rauchfleisch).*
Him|mels|äqua|tor, der (Astron.): *Kreis auf der gedachten Himmelskugel, der senkrecht auf der Himmelsachse steht u. die Himmelskugel in eine nördliche u. eine südliche Halbkugel teilt.*
Him|mels|bahn, die (dichter.): *von einem Gestirn am Himmel beschriebene Bahn.*
Him|mels|blau, das; -s [mhd. himelblā] (dichter.): *Blau des Himmels.*
Him|mels|bläue, die (dichter.): *Himmelsblau.*
Him|mels|bo|gen, der ⟨o. Pl.⟩ (dichter.): *Himmel[sgewölbe].*
Him|mels|bo|te, der [mhd. himelbote] (dichter.): *Engel.*
Him|mels|braut, die (dichter.): *Nonne.*
Him|mels|brot, das ⟨o. Pl.⟩ [mhd. himelbrot, ahd. himilbrot] (bibl.): *Manna.*
Him|mels|schlüs|sel, Himmelsschlüssel, der, auch: das [mhd. himelslüzzel, ahd. himilsluzzil], Himmelsschlüsselchen, Himmelsschlüsselchen, das; -s, -: *Schlüsselblume* (1).
Him|mels|schlüs|sel|chen: ↑ Himmelsschlüssel.
him|mel|schrei|end ⟨Adj.⟩: *durch sein Übermaß, seine schlechte Qualität o. Ä. empörend:* ein -es Unrecht; die hygienischen Verhältnisse waren h.
Him|mels|er|schei|nung, die: *beobachtbare astronomische od. meteorologische Erscheinung am Himmel.*
Him|mels|fes|te, die [mhd. himelveste] (dichter.): *Himmel[sgewölbe], Firmament.*
Him|mels|fürst, der (o. Pl.) [mhd. himelvürste] (christl. Rel.): *Gott (als Herrscher im Himmel).*
Him|mels|ga|be, die (geh.): *vom Himmel* (2 b) *verliehene Gabe.*
Him|mels|ge|gend, die: *Himmelsrichtung.*
Him|mels|ge|wöl|be, das ⟨o. Pl.⟩: *Himmel* (1), *Firmament:* die Schnittpunkte der Himmelsachse mit dem H.
Him|mels|glo|bus, der (Astron.): *Globus, auf dem der Sternenhimmel als Kugel dargestellt ist.*
Him|mels|gu|cker, der: (ugs. scherzh.) *Astronom.*
Him|mels|gu|cke|rin, die: w. Form zu ↑ Himmelsgucker.
Him|mels|kar|te, die (Astron.): *Sternkarte.*
Him|mels|kö|ni|gin, die (o. Pl.) [mhd. himelküneginne] (kath. Rel.): *Jungfrau Maria.*
Him|mels|kör|per, der (Astron.): *kosmischer Körper (als Gegenstand der Astronomie); Gestirn.*
Him|mels|ku|gel, die: **1.** ⟨o. Pl.⟩ *Kugel, die der Himmel scheinbar um die Erde herum bildet.* **2.** (Astron. veraltet) *Himmelsglobus.*
Him|mels|kun|de, die ⟨o. Pl.⟩: *Astronomie, Sternkunde.*
Him|mels|kund|ler, der; -s, -: *Astronom.*
Him|mels|kund|le|rin, die; -, -nen: w. Form zu ↑ Himmelskundler.
Him|mels|kup|pel, die ⟨o. Pl.⟩: *Himmelsgewölbe.*
Him|mels|la|ter|ne, die: *leicht gebaute Laterne aus dünnem, hellem Seidenpapier, die durch eigene Feuerquelle in der Luft frei schweben kann.*
Him|mels|lei|ter, die [mhd. himelleiter]: **1.** *(im A. T.) von Jakob im Traum gesehene Leiter mit auf- u. niedersteigenden Engeln.* **2.** (Bot.) *Staude mit fiederteiligen Blättern u. blauen, violetten od. weißen Blüten.*
Him|mels|macht, die (dichter.): *himmlische, überirdische Macht:* die H. der Liebe.
Him|mels|me|cha|nik, die (Astron.): *Teilgebiet der Astronomie, das sich mit der Bewegung der Himmelskörper im freien Raum befasst.*
Him|mels|pfor|te, die [mhd. himelporte] (dichter.): *Himmelstür.*
Him|mels|pol, der (Astron.): *Schnittpunkt der Himmelsachse mit dem Himmelsgewölbe;* ¹*Pol* (1 b).

Him|mels|rich|tung, die: *(bes. in Bezug auf die Hauptrichtungen Osten, Süden, Westen, Norden) Gegend am Horizont:* aus allen -en *(überallher).*
Him|mels|schlüs|sel: ↑ Himmelsschlüssel.
Him|mels|schlüs|sel|chen: ↑ Himmelsschlüssel.
Him|mels|schrei|ber, der (ugs.): *Flugzeug, das mit Nebelpulver Werbesprüche an den Himmel schreibt.*
Him|mels|schrift, die (ugs.): *durch einen Himmelsschreiber an den Himmel geschriebene Reklameworte.*
Him|mels|spi|on, der (ugs.): *Satellit, der hochauflösende Bilder zu militärischen Zwecken übermittelt.*
Him|mels|strich, der (geh.): *Gegend, Zone:* unter diesem H.
Him|mels|stür|mer, Himmelstürmer, der (geh.): *jmd., der sich etwas zum Ziel gesetzt hat, was sich allem Anschein nach nicht verwirklichen lässt, für den aber entgegenstehende reale Gegebenheiten u. Schwierigkeiten kein Hindernis bedeuten.*
Him|mels|stür|me|rin, Himmelstürmerin, die: w. Form zu ↑ Himmelstürmer.
Him|mels|tor, das, **Him|mels|tür,** die [mhd. himeltür] (dichter.): *Eingang zum Himmel* (2 a).
him|mel|stür|mend ⟨Adj.⟩ (geh.): *alle Grenzen überschreitend, kein Maß kennend:* -e Begeisterung; -e *(hochfliegende)* Pläne.
Him|mel|stür|mer usw.: ↑ Himmelsstürmer usw.
Him|mels|wa|gen, der ⟨o. Pl.⟩: *Großer Wagen, Großer* ¹*Bär.*
Him|mels|zei|chen, das [mhd. himelzeichen]: *Tierkreiszeichen.*
Him|mels|zelt, das (dichter.): *Himmelsgewölbe.*
Him|mels|zie|ge, die: *[nach einem dem Meckern einer Ziege ähnlichen Geräusch, das beim Sturzflug des Vogels durch Luftreibung an den Flügelspitzen od. den Schwanzfedern entsteht]: Bekassine.*
him|mel|wärts ⟨Adv.⟩ [↑ -wärts] (geh.): *zum Himmel empor.*
him|mel|weit ⟨Adj.⟩ (emotional verstärkend): *sehr weit:* ein -er *(sehr großer)* Unterschied; ihre Meinungen waren h. voneinander entfernt.
◆ **Him|m|let|zer,** der; -s, -e [zu mhd. hime(l)litze = Blitz, Wetterleuchten, zu: himel (↑ Himmel) u. litze = leuchten, H. u.] (landsch.): *Blitz:* Der Mensch soll unserm Herrgott nicht entgegenarbeiten, und wenn der einmal einen H. aufs Haus wirft, so wird er auch wollen, dass es brennen soll (Rosegger, Waldbauernbub 78).
himm|lisch ⟨Adj.⟩ [mhd. himelisch, ahd. himilisc]: **1. a)** *Himmel* (2 a) *betreffend, zu Himmel gehörend, dort befindlich:* der -e Vater *(der christliche Gott);* die -en Heerscharen *(die Engel);* die -en Mächte; ⟨subst.:⟩ die Himmlischen (1. *die Götter.* 2. *die Engel);* **b)** *von Gott ausgehend, gewirkt; göttlich:* eine -e Fügung. **2.** (emotional so geartet, dass es jmds. Entzücken hervorruft; wunderbar, herrlich:* sie ist ein -es Wesen; das Wetter war [einfach] h.; Da stand dieses -e Mädchen Marlen und machte sich lustig über ihn (Strittmatter, Wundertäter 163/164). **3.** *(intensivierend bei Adjektiven) sehr, überaus:* die Schuhe sind h. bequem. **4.** (veraltet) *den Himmel* (1) *betreffend.*
hin ⟨Adv.⟩ [mhd. hin(e), ahd. hina, zu dem unter ↑ her genannten idg. Pronominalstamm]: **1.** *drückt in Korrelation mit Präpositionen od. im Zusammenhang mit präpositionalen Verbindungen die Richtung auf einen Zielpunkt aus* **a)** ⟨räumlich⟩ *in Richtung auf; nach:* die Fenster [liegen] zur Straße h.; auf Frankfurt h.; bis zu

dieser Stelle h.; ⟨nachdrücklich:⟩ h. zu jmdm. gehen (statt: zu jmdm. hingehen); zu jmdm. h. sein (ugs: *zu jmdm. gegangen, gefahren o. Ä. sein);* Beinahe hätte ich Pistolenschießen gelernt, aber richtig, auf dem Schützenhof. Du kannst mit der Straßenbahn bis h. fahren, hat der Offizier gesagt (Kunze, Jahre 14); **b)** ⟨zeitlich⟩ *auf ... zu:* gegen Mittag h.; zum Winter h. **2.** *drückt in Korrelation mit Präpositionen od. im Zusammenhang mit präpositionalen Verbindungen die Erstreckung aus* **a)** ⟨räumlich⟩ *über die ganze Welt h.;* an der Mauer h. *(entlang);* vor sich h. *(ohne die Umwelt zu beachten, für sich)* murmeln, reden, gehen, pfeifen; **b)** ⟨zeitlich⟩ *durch viele Jahre h. (viele Jahre hindurch);* bis zu diesem Tag dürfte es noch lange h. sein *(dauern).* **3. a)** (ugs.) *verloren, weg:* das Geld, der gute Ruf ist h.; R [was] h. [ist, ist] h.; futsch ist futsch, und h. ist h. *(das ist verloren, weg, für immer verschwunden);* **b)** (ugs.) *unbrauchbar, kaputt:* die Tasche ist h.; **c)** (ugs.) *völlig erschöpft:* ich verstehe nicht, warum ich so h. bin; **d)** (ugs.) *zugrunde gerichtet:* die Firma ist h.; **e)** (salopp) *gestorben, tot:* der Hund ist h.; ein Schlag, und h. ist er! (als Drohung); **f)** (ugs.) *hingerissen, von Begeisterung, Leidenschaft ergriffen:* von etw. ganz h. sein. **4.** * **auf ... hin** (1. *mit der Ziel-, Zweckrichtung auf:* etw. auf die Zukunft h. planen; auf etw. h. angelegt sein. 2. *in Hinsicht, im Hinblick auf:* jmdn., etw. auf etw. h. untersuchen. 3. *aufgrund einer Sache u. im Anschluss daran:* auf einen Verdacht h.). **5.** (bes. ugs.) *als abgetrennter Teil von Adverbien wie* »wohin, dahin« *in trennbarer Zus. mit einem Verb:* wo gehst du h.? (statt: wohin gehst du?); (ugs.:) da will er nicht h. **6.** ⟨meist elliptisch⟩ (ugs.) *dahin:* [nichts wie] h. [zu ihm]!; ist es weit bis h.? **7.** *als Glied eines Wortpaars* **a)** h. und her: bitte einmal Köln h. und zurück *(eine Fahrkarte für Hin- und Rückfahrt)!;* **b)** h. und her; er ist h. und her *(zurück)* mit dem Auto gefahren; **c)** * **nicht h. und nicht her langen, reichen:** *überhaupt nicht ausreichen;* **das ist h. wie her** (ugs.; *das bleibt sich gleich);* ... hin, ... her, ... (ugs.; *es bleibt sich gleich, ob ..., ob nicht ...,* ... [trotzdem] ...: Regen h., Regen her, die Arbeit muss [trotzdem] getan werden); **h. und her** (1. *ohne bestimmtes Ziel ständig die Richtung wechselnd, kreuz u. quer, auf u. ab:* er ist h. und her gegangen, gelaufen. 2. *auf alle Möglichkeiten hin:* sie haben h. und her überlegt, h. und her geredet, beraten); **h. und wieder** *(manchmal, zuweilen);* **das Hin und Her** (1. *die ständige Bewegung in wechselnden Richtungen, das dauernde Kommen u. Gehen:* das Hin und Her der vielen Besucher machte sie nervös. 2. *der vielfältige Wechsel der Meinungen, Meinungsäußerungen, Tendenzen, Entwicklungsrichtungen o. Ä.:* das ewige Hin und Her bei der Diskussion führte zu keinem Ergebnis).
hi|n|ab ⟨Adv.⟩ [mhd. hin abe, aus ↑ ¹hin u. ↑ ¹ab]: *hinunter (in gehobener Sprache in Zus. für hinunter...)*
hi|n|ab|stei|gen ⟨st. V.; ist⟩ (geh.): *hinuntersteigen:* die Treppe, eine Leiter h.; in den Keller h.; Ü aus den Höhen der Wissenschaft in die Niederungen des Alltags h.
Hi|na|ja|na: ↑ Hinayana.
hi|n|an ⟨Adv.⟩ [aus ↑ hin u. ↑ ¹an] (geh.): *hinauf:* den Hügel h.; zur Sonne h.
hin|ar|bei|ten ⟨sw. V.; hat⟩: *Anstrengungen unternehmen, sich einsetzen, um etw. zu erreichen, zu verwirklichen:* darauf h., dass bald etw. geschieht.
hi|n|auf ⟨Adv.⟩ [mhd. hin ūf, ahd. hina ūf, aus ↑ ¹hin u. ↑ ²auf]: **1. a)** *[von hier unten] nach [dort] oben:* los, Jungs, h. !; h. an die Ostsee (ugs.; *nach Norden;* orientiert an der aufgehängten Landkarte); den Fluss [weiter] h. [bis zur Quelle]

begegnete ihnen niemand; h. sein (ugs.; *nach oben gegangen, gefahren o. Ä. sein*); ⟨als Verstärkung u. Differenzierung von Präpositionen:⟩ am Hang h.; zum Kaffee mit h.; jmdn. bis h. begleiten; **b)** (*im Grad, Rang auf einer Stufenleiter*) *[bis] nach oben [steigend]:* vom einfachen Soldaten bis h. zum höchsten Offizier. **2.** ⟨als abgetrennter Teil von Adverbien wie »wohinauf, dahinauf« in trennbarer Zus. mit einem Verb⟩ (bes. ugs.) wo willst du h.?

hi|n|auf|ar|bei|ten, sich ⟨sw. V.; hat⟩: **1.** *sich unter Anspannung der Kräfte, durch angestrengte Tätigkeit hinaufbewegen:* sich die Wand, sich an der Wand h.; Ü der Raupenschlepper arbeitete sich den, am Hang hinauf. **2.** *hocharbeiten:* sich zum Abteilungsleiter h.

hi|n|auf|be|för|dern ⟨sw. V.; hat⟩: *nach [dort] oben befördern.*

hi|n|auf|be|glei|ten ⟨sw. V.; hat⟩: *jmdn. nach [dort] oben begleiten:* jmdn. die Treppe h.

hi|n|auf|be|we|gen ⟨sw. V.; hat⟩: **1.** *nach [dort] oben bewegen:* den Speiseaufzug langsam h. **2.** ⟨h. + sich⟩ *sich nach [dort] oben bewegen:* sich die Treppe, am Hang h.

hi|n|auf|bit|ten ⟨st. V.; hat⟩: *bitten hinaufzukommen, -zugehen:* jmdn. zu sich h.; der Herr Direktor lässt Sie h.

hi|n|auf|bli|cken ⟨sw. V.; hat⟩: *nach [dort] oben blicken:* an jmdm., zu jmdm. h.

hi|n|auf|brin|gen ⟨unr. V.; hat⟩: **a)** *nach [dort] oben bringen, schaffen;* **b)** *nach [dort] oben bringen, begleiten:* jmdn. h.

hi|n|auf|dür|fen ⟨unr. V.; hat⟩ (ugs.): **1.** *hinaufgehen, -kommen, -fahren usw. dürfen:* darf ich hinauf? **2.** *hinaufgebracht* (1), *-gesetzt, -gestellt usw. werden dürfen:* darf der Koffer hinauf?

hi|n|auf|ei|len ⟨sw. V.; ist⟩: *nach oben eilen:* die Treppe, zur Wohnung h.

hi|n|auf|fah|ren ⟨st. V.⟩: **1.** ⟨ist⟩ *nach [dort] oben fahren:* mit dem Lift h.; den Berg, zur Burg h.; den Fluss h.; Ü nach Hamburg h. (ugs.; *in Richtung Norden nach Hamburg fahren*). **2.** ⟨hat⟩ *nach [dort] oben fahren:* jmdn., den Wagen h.

hi|n|auf|fal|len ⟨st. V.; ist⟩: in der Wendung **die Treppe h.** (↑ Treppe).

hi|n|auf|fin|den ⟨st. V.; hat⟩ (geh.): *nach [dort] oben finden:* sie hat nicht zu uns hinaufgefunden; ⟨auch h. + sich:⟩ er hat sich im Dunkeln nicht hinaufgefunden.

hi|n|auf|füh|ren ⟨sw. V.; hat⟩: **1.** *nach [dort] oben führen* (1 b), *geleiten:* ich werde Sie h. **2.** *nach [dort] oben führen* (7 b): diese Treppe führt zum Turm hinauf.

hi|n|auf|ge|hen ⟨unr. V.; ist⟩: **1.** *nach [dort] oben gehen:* die Treppe h.; zur Wohnung, auf das Podium h. **2.** *steigen, sich nach oben bewegen:* auf 1 000 Meter Flughöhe h. **3.** *nach [dort] oben führen, verlaufen, sich nach [dort] oben erstrecken:* die Straße geht den Berg hinauf, [bis] zum Gipfel hinauf; ⟨unpers.:⟩ hinter der Biegung geht es (*geht der Weg, die Straße*) steil hinauf. **4.** (ugs.) **a)** *steigen, sich erhöhen:* die Mieten gehen hinauf; **b)** (*die Forderung, Leistung, den Grad [der Leistung] steigern, erhöhen;* mit etw. *(auf einer Skala) nach oben gehen:* mit dem Preis h.; in den dritten Gang h.

hi|n|auf|ge|lan|gen ⟨sw. V.; ist⟩ (geh., bes. schriftspr.): *nach [dort] oben gelangen.*

hi|n|auf|hel|fen ⟨st. V.; hat⟩: *jmdm. nach [dort] oben helfen:* jmdm. die Treppe h.; jmdm. [auf etw.] h.

hi|n|auf|ja|gen ⟨sw. V.⟩: **1.** ⟨hat⟩ *jmdn. nach [dort] oben jagen:* die Kinder in die Wohnung h. **2.** ⟨ist⟩ *in großem Tempo nach [dort] oben laufen, fahren:* er jagte mit dem Rad den Berg hinauf.

hi|n|auf|klet|tern ⟨sw. V.; ist⟩: **1.** *nach [dort] oben, in die Höhe klettern:* [auf] den Baum h. **2.** (ugs.) *steigen, sich erhöhen:* die Preise klettern [in schwindelnde Höhen] hinauf.

hi|n|auf|kom|men ⟨st. V.; ist⟩: **1. a)** *nach [dort] oben kommen:* die Treppe h.; soll ich zu euch [in eure Wohnung] h.?; willst du noch auf einen Kaffee mit h.?; **b)** *hinaufgelangen:* wie soll ich [auf den Baum] h.? **2.** (österr.) *in eine höhere Stellung, in eine bessere, besser bewertete Stellung, soziale Lage kommen.*

hi|n|auf|kön|nen ⟨unr. V.; hat⟩ (ugs.): vgl. hinaufdürfen.

hi|n|auf|krie|chen ⟨st. V.; ist⟩: *nach [dort] oben kriechen:* auf allen vieren kroch sie die Treppe hinauf; Ü der Zug kroch die Steigung hinauf.

hi|n|auf|las|sen ⟨st. V.; hat⟩: *hinaufgehen, -kommen, -fahren usw. lassen:* jmdn. [zu jmdm.] h.

hi|n|auf|lau|fen ⟨st. V.; ist⟩: *nach [dort] oben laufen, sich fortbewegen:* die Treppe h.; Käfer laufen an der Wand hinauf.

hi|n|auf|le|gen ⟨sw. V.; hat⟩: *nach [dort] oben legen:* den Koffer auf den Schrank h.

hi|n|auf|müs|sen ⟨unr. V.; hat⟩ (ugs.): vgl. hinaufdürfen.

hi|n|auf|rei|chen ⟨sw. V.; hat⟩: **1.** *nach [dort] oben reichen, geben:* jmdm. etw. h. **2.** *[lang genug] sein u. deshalb] bis nach [dort] oben reichen:* die Leiter reicht bis zum Balkon hinauf.

hi|n|auf|ren|nen ⟨unr. V.; ist⟩: *nach [dort] oben rennen, laufen:* den Weg h.

hi|n|auf|ru|fen ⟨st. V.; hat⟩: *nach [dort] oben rufen:* zum Fenster h.

hi|n|auf|schal|ten ⟨sw. V.; hat⟩: (*bei Motorfahrzeugen*) *in einen höheren Gang schalten.*

hi|n|auf|schau|en ⟨sw. V.; hat⟩ (landsch.): *nach [dort] oben schauen:* zu jmdm., zum Himmel h.

hi|n|auf|schi|cken ⟨sw. V.; hat⟩: *nach [dort] oben schicken:* das Kind zur Mutter h.

hi|n|auf|schie|ben ⟨st. V.; hat⟩: **1.** *nach [dort] oben schieben.* **2.** ⟨h. + sich⟩ *nach [dort] oben schieben:* der Ärmel hat sich hinaufgeschoben.

hi|n|auf|schie|ßen ⟨st. V.⟩: **1.** ⟨hat⟩ **a)** *nach [dort] oben schießen;* **b)** (ugs.) *durch Raketenantrieb hinaufbefördern:* eine Rakete, jmdn. mit einer Rakete zum Mond h. **2.** ⟨ist⟩ **a)** *sich äußerst heftig u. schnell hinaufbewegen:* das U-Boot schoss [zur Oberfläche] hinauf; **b)** (ugs.) *mit großer Heftigkeit u. Eile hinauflaufen:* [wie der Blitz] die Treppe h.; zu jmdm. hinaufgeschossen kommen.

hi|n|auf|schlep|pen ⟨sw. V.; hat⟩: **1.** *nach [dort] oben schleppen.* **2.** ⟨h. + sich⟩ *sich nach [dort] oben schleppen.*

hi|n|auf|schnel|len ⟨sw. V.; ist⟩: *sprunghaft steigen, sich sprunghaft erhöhen:* Stückzahlen um ein Vielfaches h. lassen.

hi|n|auf|schrau|ben ⟨sw. V.; hat⟩: **1.** *[im Verlauf einer stetigen Entwicklung] erhöhen, steigern:* die Preise, die Produktion [um 10 Prozent] h. **2.** ⟨h. + sich⟩ *sich nach [dort] oben schrauben, in Windungen aufsteigen:* der Bussard schraubte sich langsam hinauf.

hi|n|auf|se|hen ⟨st. V.; hat⟩: *nach [dort] oben sehen:* zu jmdm., zu einem Fenster h.

hi|n|auf|set|zen ⟨sw. V.; hat⟩: **1.** *nach [dort] oben setzen.* **2.** (bes. *Preise o. Ä.*) *erhöhen, heraufsetzen:* die Preise, Mieten h.; eine Ware im Preis h.

hi|n|auf|sol|len ⟨unr. V.; hat⟩ (ugs.): vgl. hinaufdürfen.

hi|n|auf|sprin|gen ⟨st. V.; ist⟩: **1.** *nach [dort] oben springen, in die Höhe springen:* auf etw. h. **2.** (ugs.) *hinaufeilen:* in die Wohnung im dritten Stock h.; die Treppe h.

hi|n|auf|star|ren ⟨sw. V.; hat⟩: *nach [dort] oben starren.*

hi|n|auf|stei|gen ⟨st. V.; ist⟩: **1.** *nach [dort] oben steigen, gehen od. klettern.* **2.** *sich [schwebend] nach [dort] oben bewegen, aufsteigen:* Leuchtkugeln steigen zum Himmel hinauf.

hi|n|auf|stol|pern ⟨sw. V.; ist⟩: *sich stolpernd nach [dort] oben bewegen.*

hi|n|auf|stür|zen ⟨sw. V.; ist⟩: *nach [dort] oben stürzen, gehetzt hinaufeilen:* die Treppen h.; zur Wohnung h.

hi|n|auf|tra|gen ⟨st. V.; hat⟩: *nach [dort] oben tragen:* [jmdm.] das Gepäck in die Wohnung h.

hi|n|auf|trei|ben ⟨st. V.; hat⟩: **1.** *nach [dort] oben treiben:* Vieh auf die Alm, den steilen Pfad h. **2.** *in die Höhe treiben; erhöhen:* die Preise h.

hi|n|auf|tun ⟨unr. V.; hat⟩ (ugs.): *hinauflegen, -stellen o. Ä.:* den Aktenordner wieder h.

hi|n|auf|wa|gen, sich ⟨sw. V.; hat⟩: *sich nach [dort] oben wagen.*

hi|n|auf|wei|sen ⟨st. V.; hat⟩: *nach [dort] oben weisen.*

hi|n|auf|win|den ⟨st. V.; hat⟩: **1.** (veraltet) *mit einer Winde nach [dort] oben ziehen, befördern:* den Eimer [auf das Baugerüst] h. **2.** ⟨h. + sich⟩ **a)** *sich in Drehungen, Windungen nach oben bewegen:* die Pflanze windet sich am Stamm hinauf; **b)** *in Windungen nach [dort] oben [ver]laufen:* der Pfad windet sich am Hang, den Hang hinauf, [bis] zum Gipfel hinauf.

hi|n|auf|wol|len ⟨unr. V.; hat⟩ (ugs.): vgl. hinaufdürfen.

hi|n|auf|zei|gen ⟨sw. V.; hat⟩: *nach [dort] oben zeigen:* der Pfeil zeigt zum Gipfel hinauf.

hi|n|auf|zie|hen ⟨unr. V.⟩: **1.** ⟨hat⟩ **a)** *nach [dort] oben ziehen, ziehend hinaufbewegen, -bringen, -befördern;* **b)** *jmdn. bewegen, nach [dort] oben zu ziehen, zu gehen:* das Heimweh zog ihn in die Berge hinauf; ⟨unpers.:⟩ es zog ihn nach Norden hinauf. **2.** ⟨ist⟩ *nach oben, in ein höheres Stockwerk [um]ziehen;* **b)** *nach [dort] oben ziehen, wandern, fahren, sich bewegen.* **3.** ⟨h. + sich; hat⟩ **a)** *sich bis [dort] oben hinziehen, erstrecken, nach [dort] oben verlaufen;* **b)** *sich nach [dort] oben hinziehen, allmählich ausdehnen, verlagern:* der Wald zieht sich fast bis zum Gipfel hinauf.

hi|n|aus ⟨Adv.⟩ [mhd. hin ūʒ, ahd. hina ūʒ, aus ↑ hin u. ↑ aus]: **1.** *aus diesem [engeren] Bereich in einen anderen [weiteren] Bereich [hinein], bes. [von drinnen] nach draußen.* h. mit dir an die frische Luft!; h. aus dem Hafen; h. in die Ferne; h. aufs Meer; den Weg h. [aus der Höhle] suchen; oben, unten, zur Seite h.; [zur Tür, zur Stadt h.; ⟨als Verstärkung od. Differenzierung von Präpositionen:⟩ durch die Tür h. entkommen, verschwinden; nach vorn, nach hinten, nach der Straße h. (*zu ... hin, auf der nach ... gelegenen Seite*) *wohnen;* über die Grenze h. (*weiter als über die Grenze*) *war kein Vordringen mehr möglich;* Ü die Ausbildung von der Theorie h. in die Praxis verlagern; ⟨als Verstärkung od. Differenzierung von Präpositionen:⟩ auf Monate h. (*für die lange Dauer von Monaten*) *planen, versorgt sein;* sie wird damit über Mittag h. (*später als bis zum Mittag*) *beschäftigt sein;* sie gab ihm 50 Euro über sein Gehalt h. (*zusätzlich zu seinem Gehalt*); er hat darüber h. (*zusätzlich zu dem bereits Gesagten*) *nicht viel Neues zu sagen;* * **über etw. h. sein** (ugs.: *etw. überwunden haben:* über eine Enttäuschung h. sein. etw. überschritten haben: über die achtzig h. sein). **2.** (bes. ugs.) ⟨als abgetrennter Teil von Adverbien wie »wohinaus, dahinaus« in trennbarer Zus. mit einem Verb⟩: wo läuft das h.?

hi|n|aus|be|för|dern ⟨sw. V.; hat⟩: *nach draußen befördern:* die Verletzten aus dem Gefahrengebiet h.; der Abfall, Schmutz h.; Ü jmdn. unsanft, mit einem Fußtritt h.

hi|n|aus|be|ge|ben, sich ⟨st. V.; hat⟩: *sich nach draußen begeben.*

hi|n|aus|be|glei|ten ⟨sw. V.; hat⟩: *nach draußen begleiten:* den Besucher h.

hi|n|aus|be|mü|hen ⟨sw. V.; hat⟩: **1.** *nach draußen*

bemühen. **2.** ⟨h. + sich⟩ *sich nach draußen bemühen, begeben.*
hi|n|aus|beu|gen ⟨sw. V.; hat⟩: **1.** *hinaus aus etw., nach draußen beugen:* er hat den Kopf [weit, zum Fenster] hinausgebeugt. **2.** ⟨h. + sich⟩ *sich nach draußen beugen:* sie hat sich weit hinausgebeugt.
hi|n|aus|be|we|gen ⟨sw. V.; hat⟩: **1. a)** *nach draußen bewegen;* **b)** *weiter bewegen als:* etw. über eine Grenze h. **2.** ⟨h. + sich⟩ *sich nach draußen bewegen, begeben.*
hi|n|aus|bit|ten ⟨st. V.; hat⟩: *bitten hinauszukommen:* jmdn. h.
hi|n|aus|bla|sen ⟨st. V.; hat⟩: *durch Blasen aus etw. entfernen, hinausbewegen, -befördern.*
hi|n|aus|bli|cken ⟨sw. V.; hat⟩: *nach draußen blicken:* zum Fenster/aus dem Fenster h.; auf den Hof h.
hi|n|aus|brin|gen ⟨unr. V.; hat⟩: **1.** *nach draußen bringen, tragen, befördern.* **2.** *nach draußen begleiten.* **3.** *es weiter bringen als etw.:* er hat es nie über den niedersten Dienstgrad hinausgebracht.
hi|n|aus|bug|sie|ren ⟨sw. V.; hat⟩ (Seemannsspr.): *nach draußen bugsieren* (1): ein Schiff [aus dem Hafen] h.; Ü (ugs.:) sie hat den lästigen Vertreter hinausbugsiert.
hi|n|aus|den|ken ⟨unr. V.; hat⟩: *weiter denken als etw.:* über die Gegenwart h.
hi|n|aus|drän|gen ⟨sw. V.; hat⟩: **1. a)** *nach draußen drängen;* **b)** ⟨h. + sich⟩ *sich nach draußen drängen.* **2. a)** *jmdn. aus etw. drängen;* **b)** *aus einer Gemeinschaft, Stellung usw. drängen:* jmdn. aus seinem Amt, seiner Stellung h.
hi|n|aus|drin|gen ⟨st. V.; ist⟩: *aus einem Bereich nach außen, an die Öffentlichkeit dringen, gelangen:* von den Geschehnissen ist niemals etwas hinausgedrungen.
hi|n|aus|dür|fen ⟨unr. V.; hat⟩: **1.** *hinausgehen, -kommen, -fahren usw. dürfen:* ich darf heute Nachmittag nicht hinaus. **2.** (ugs.) *hinausgebracht, -gesetzt, -gestellt usw. werden dürfen:* der Sessel darf auf die Terrasse hinaus. **3.** (ugs.) **a)** *weiter gehen, kommen, fahren usw. dürfen als etw.:* über die Markierung nicht h.; **b)** (z. B. im Grad, Stadium) *weiter gehen, kommen, gelangen dürfen als etw.:* der Gruppenleiter darf über die Zusagen des Vorstands nicht hinaus.
hi|n|aus|ekeln ⟨sw. V.; hat⟩ (ugs.): *durch unfreundliches Verhalten, schlechte Behandlung o. Ä. vertreiben:* man versuchte auf jede Weise, den Angestellten hinauszuekeln.
hi|n|aus|ex|pe|die|ren ⟨sw. V.; hat⟩ (bildungsspr.): *hinausschaffen:* sie hat allen Besuch aus dem Krankenzimmer hinausexpediert.
hi|n|aus|fah|ren ⟨st. V.⟩: **1.** ⟨ist⟩ **a)** *aus etw., nach draußen fahren* (1 a, 2 a): aus der Garage h.; zum Tor h.; **b)** *aus einem Bereich fahren, um [in der Ferne] ein Ziel zu erreichen:* zum Flugplatz h.; im Urlaub aufs Land, zu den Großeltern h. **2.** ⟨hat⟩ **a)** *(ein Fahrzeug) nach draußen fahren:* sie hat das Auto aus der Garage hinausgefahren; **b)** *jmdn., etw. nach draußen fahren, durch Fahren nach draußen befördern:* Sand h. **3.** *nach draußen fahren* (9 a): der Hund fuhr aus der, zur Hütte hinaus. **4.** *weiter fahren als etw.:* über die Markierung h.
hi|n|aus|fal|len ⟨st. V.; ist⟩: *nach draußen fallen* (1, 7 b).
hi|n|aus|feu|ern ⟨sw. V.; hat⟩ (ugs.): **1.** *mit Wucht nach draußen werfen, schleudern, feuern* (3): sie hat die herumliegenden Sachen aus dem Zimmer hinausgefeuert. **2.** *feuern* (4): er ist von seinem Betrieb hinausgefeuert worden.
hi|n|aus|fin|den ⟨st. V.; hat⟩: *den Weg aus etw. finden, den Ausgang finden* (1): aus einer Höhle h.; danke, ich finde hinaus *(ich kenne den Ausgang, ich brauche nicht begleitet zu werden).*
hi|n|aus|flie|gen ⟨st. V.⟩: **1.** ⟨ist⟩ **a)** *nach draußen fliegen* (1, 2, 4, 11); **b)** (ugs.) *hinausfallen, -stürzen.* **2.** ⟨ist⟩ (ugs.) *hinausgeworfen* (2) *werden:* in hohem Bogen h.; aus der neuen Stellung h. **3.** ⟨hat⟩ *ausfliegen* (2 c): die Menschen wurden aus dem Überschwemmungsgebiet hinausgeflogen. **4.** *weiter fliegen* (1, 2, 4, 11) *als etw.:* über ein Ziel h.
hi|n|aus|füh|ren ⟨sw. V.; hat⟩: **1. a)** *nach draußen führen* (1 a): jmdn. [aus einem Raum, aus dem Haus] h.; **b)** *aus etw. führen* (3 b), *herausführen, -bringen:* das Unternehmen aus der Krise h. **2. a)** *nach draußen führen, [ver]laufen:* der Weg führt aus dem Wald hinaus; **b)** *(als Durchlass) nach draußen führen, gerichtet sein:* diese Tür führt in den Garten, auf die Straße hinaus. **3. a)** *weiter führen, [ver]laufen als etw.:* die Bremsspur führt über die Markierung hinaus; **b)** *weiter führen* (7 c) *als etw.:* ihr Weg, ihre Reise führte sie weit über dieses Gebiet hinaus; **c)** *in seinem Verlauf, Ergebnis od. in seinen Folgen überschreiten, weiter gehen als etw.:* dieser Vorschlag führt weit über unsere ursprünglichen Absichten hinaus.
hi|n|aus|ge|hen ⟨unr. V.; ist⟩: **1. a)** *nach draußen gehen:* aus dem Zimmer in den Garten h.; als er uns sah, ging er sofort wieder hinaus *(verließ er den Raum);* **b)** *nach draußen, nach außerhalb gesendet, gerichtet werden:* Telegramme gingen in alle Welt hinaus; **c)** ⟨unpers.⟩ *der richtige, vorgeschriebene Weg nach draußen, irgendwohin sein:* hier, durch diese Tür geht es hinaus. **2.** *nach draußen verlaufen:* die Straße geht zum Hafen hinaus. **3.** *nach etw. gelegen, gerichtet sein und Durchlass od. Durchblick haben, gewähren:* das Zimmer, das Fenster geht auf den, nach dem Garten, nach Westen hinaus. **4.** *überschreiten, weiter gehen als etw.:* dies geht über meine Kräfte, meine Befugnisse hinaus; sie geht mit dieser Forderung noch über ihre Vorrednerin hinaus; weit über das übliche Maß h.; darüber hinausgehende Informationen.
hi|n|aus|ge|lan|gen ⟨sw. V.; ist⟩ (geh., bes. schriftspr.): **1. a)** *aus etw., nach draußen gelangen;* **b)** *aus bestimmten Verhältnissen, Umständen usw. gelangen.* **2.** *weiter gelangen als etw.; einen bestimmten Grad, ein gewisses Stadium überwinden:* über die bisherigen Erkenntnisse nicht h.
hi|n|aus|ge|lei|ten ⟨sw. V.; hat⟩ (geh.): *aus etw., nach draußen geleiten:* den Besuch, den Patienten aus dem Zimmer h.
hi|n|aus|grau|len ⟨sw. V.; hat⟩ (ugs.): *aus einem Raum, Bereich, einer Gemeinschaft usw. vertreiben:* jetzt hast du ihn endgültig hinausgegrault.
hi|n|aus|grei|fen ⟨st. V.; hat⟩: *einen weiteren Bereich erfassen u. beanspruchen als etw.; hinausreichen:* ihre Pläne greifen über das bisher Vorgesehene weit hinaus.
hi|n|aus|gu|cken ⟨sw. V.; hat⟩ (ugs.): *hinausblicken:* zum Fenster, auf die Straße h.
hi|n|aus|hal|ten ⟨st. V.; hat⟩: *nach draußen halten:* halte einmal deine Nase zum Fenster hinaus!
¹**hi|n|aus|hän|gen** ⟨st. V.; hat⟩: *aus etw. [nach draußen]* ¹*hängen* (1 a): die Gardinen hingen zum Fenster hinaus.
²**hi|n|aus|hän|gen** ⟨sw. V.; hat⟩: *nach draußen* ²*hängen* (1 a): sie wollen Fahnen h.
hi|n|aus|he|ben ⟨st. V.; hat⟩: **1.** *nach draußen heben:* den Koffer zum Abteilfenster h. **2.** (geh.) **a)** *einen höheren Rang geben, über jmdn., über etw. erheben:* ihre Begabung hebt sie über den Durchschnitt weit hinaus; **b)** ⟨h. + sich⟩ *sich in bestimmten Eigenschaften über jmdn., etw. erheben.*

hi|n|aus|ja|gen ⟨sw. V.⟩: **1.** ⟨hat⟩ **a)** *nach draußen jagen:* ein Tier h.; **b)** *eilig hinausschicken:* eine Botschaft [in den Äther] h.; **c)** *eilig hinausschießen, abfeuern:* mehr als 60 Schuss h. **2.** ⟨ist⟩ *nach draußen jagen, eilen:* in den Ferien jagten sie nachts hinaus in den Wald und suchten Abenteuer.
hi|n|aus|ka|ta|pul|tie|ren ⟨sw. V.; hat⟩: **1.** *nach draußen katapultieren.* **2.** (Jargon) *jmdn. zwingen, eine Gemeinschaft o. Ä. schleunigst zu verlassen:* man hat ihn endgültig hinauskatapultiert.
hi|n|aus|kom|men ⟨st. V.; ist⟩: **1.** *nach draußen kommen:* er kann nicht aus der Tür, aus dem Haus h. **2.** *einen Raum, Bereich o. Ä. verlassen [können]:* sie ist nie aus ihrer Heimatstadt hinausgekommen; mach, dass du hinauskommst! **3. a)** ⟨räumlich⟩ *weiter kommen, gelangen als etw.:* der Erste, der über den 89. Breitengrad hinauskam; **b)** ⟨meist verneint⟩ (z. B. im Grad, Stadium) *weiter kommen als etw.; nicht bei etw. stehen bleiben:* über die Anfänge ist er nie hinausgekommen; über die Anfangsschwierigkeiten h. müssen; über einen Punkt, Grad nicht h. **4.** (ugs.) *auf etw. hinauslaufen* (2): alle Bestrebungen kommen auf eine Veränderung der bestehenden Verhältnisse hinaus; was sie antwortete, kam auf eine Absage hinaus; etw. kommt auf eins, auf dasselbe hinaus *(es bleibt sich gleich).*
hi|n|aus|kom|pli|men|tie|ren ⟨sw. V.; hat⟩: **1.** *jmdn. bewegen, [sich zu verabschieden u.] den Raum zu verlassen, zu gehen:* einen lästigen Besucher h. **2.** *mit höflichen Worten u. Gesten verabschieden u. hinauslassen:* einen Gast h.
hi|n|aus|kön|nen ⟨unr. V.; hat⟩ (ugs.): vgl. hinausdürfen.
hi|n|aus|lan|gen ⟨sw. V.; hat⟩ (ugs.): **1.** *nach draußen reichen; hinausreichen:* [jmdm.] etw. h. **2.** *nach draußen greifen, fassen:* zum Fenster h.
hi|n|aus|las|sen ⟨st. V.; hat⟩: **1.** *hinausgehen, -fahren usw. lassen.* **2.** *jmdn. den Ausgang, die Tür, das Tor öffnen u. ihn hinauslassen* (1).
hi|n|aus|lau|fen ⟨st. V.; ist⟩: **1.** *nach draußen laufen:* auf die Straße h.; in den Garten, zur Tür h. **2.** *(im Verlauf einer Entwicklung) als Endpunkt erreichen, auf ein bestimmtes Ende zustreben:* der Plan läuft auf eine Stillegung des Zweigwerkes hinaus; das läuft alles auf eins, auf dasselbe, auf das Gleiche, aufs Gleiche hinaus *(bleibt sich gleich).*
hi|n|aus|leh|nen, sich ⟨sw. V.; hat⟩: *nach draußen lehnen:* sich, den Kopf [weit] zum Fenster h.; (Aufschrift an Fenstern, bes. früher in Zugwaggons:) Nicht h.!
hi|n|aus|ma|chen, sich ⟨sw. V.; hat⟩ (ugs.): *einen Raum verlassen; zusehen, möglichst schnell hinauszukommen:* mach dich hinaus!
hi|n|aus|ma|nö|v|rie|ren ⟨sw. V.; hat⟩: *nach draußen manövrieren:* ein Schiff aus dem Verband h.; Ü sich, ein Unternehmen aus Schwierigkeiten h. *(durch geschicktes Vorgehen aus einer schwierigen Lage herausführen).*
hi|n|aus|müs|sen ⟨unr. V.; hat⟩ (ugs.): vgl. hinausdürfen.
hi|n|aus|neh|men ⟨st. V.; hat⟩: *nach draußen [mit]nehmen* (meist in Verbindung mit »mit«): den Hund mit in den Garten, zur Tür h.
hi|n|aus|pfef|fern ⟨sw. V.; hat⟩ (ugs.): *hinauswerfen* (2).
hi|n|aus|po|sau|nen ⟨sw. V.; hat⟩ (ugs., oft abwertend): *ausposaunen.*
hi|n|aus|ra|gen ⟨sw. V.; hat⟩: **1.** *nach draußen ragen, überstehen:* die Ladung darf nicht über das Fahrzeug h. **2.** *sich über jmdn., etw. (in Bezug auf Wert, Bedeutung, Rang) erheben:* der Torwart zeigte eine über die letzten Spiele hinausragende Leistung.

hi|n|aus|re|den, sich ⟨sw. V.; hat⟩: **1.** (südd., österr., schweiz.) *Ausreden, Ausflüchte gebrauchen.* **2.** *jmdn., etw. anführen, um eine Ausrede für etw. zu haben:* sich auf eine Krankheit h. [wollen].
hi|n|aus|rei|chen ⟨sw. V.; hat⟩: **1.** *nach draußen reichen, geben:* jmdm. den Koffer h. **2.** *[lang genug sein u. deshalb] [bis] nach draußen reichen:* die Schnur reicht bis zum Gartenzaun hinaus. **3.** *weiter reichen, sich weiter erstrecken als etw.:* seine Vorstellungen reichten über das Gewohnte hinaus.
hi|n|aus|ren|nen ⟨unr. V.; ist⟩: *aus etw., nach draußen rennen.*
hi|n|aus|rü|cken ⟨sw. V.⟩: **1.** ⟨hat⟩ **a)** *nach draußen rücken:* den Tisch auf den Flur h.; **b)** *in zeitliche Ferne rücken, längere Zeit verschieben:* die Erfüllung ihrer Pläne wurde dadurch um zwei Jahre hinausgerückt. **2.** ⟨ist⟩ **a)** *nach draußen rücken:* er rückte mit seinem Stuhl auf den Gang hinaus; **b)** *nach draußen rücken, hinausziehen:* die Soldaten rückten zur Stadt hinaus; **c)** *in zeitliche Ferne rücken, längere Zeit verschoben werden:* die Aussicht auf erste Erfolge ist dadurch um zwei Jahre hinausgerückt.
hi|n|aus|schaf|fen ⟨sw. V.; hat⟩: *nach draußen schaffen, hinausbringen:* den Müll [in den Container] h.
hi|n|aus|schau|en ⟨sw. V.; hat⟩: **1.** (landsch.) *hinausblicken.* **2.** (geh.) *weiter sehen u. denken als etw.:* über die Gegenwart h.
hi|n|aus|sche|ren, sich ⟨sw. V.; hat; meist in Aufforderungssätzen o. Ä.⟩ (ugs.): *sich nach draußen* ⁴*scheren.*
hi|n|aus|schi|cken ⟨sw. V.; hat⟩: **1.** *auffordern, einen Raum zu verlassen, nach draußen zu gehen:* die Kinder [auf die Straße] h. **2.** *[zu einem fernen Ziel] schicken, senden:* Funksprüche h.
hi|n|aus|schie|ben ⟨st. V.; hat⟩: **1. a)** *nach draußen schieben;* **b)** ⟨h. + sich⟩ *sich nach draußen schieben, bewegen:* sich zur Tür h. **2.** *auf später verschieben; aufschieben:* er hatte die längst fällige Entscheidung immer weiter hinausgeschoben; **b)** ⟨h. + sich⟩ *sich verschieben; sich hinauszögern.*
hi|n|aus|schie|ßen ⟨st. V.⟩: **1.** ⟨hat⟩ *nach draußen schießen:* zum Fenster h. **2.** ⟨ist⟩ **a)** *sich äußerst [heftig u.] schnell hinausbewegen;* **b)** ⟨ist⟩ *mit großer Eile u. Heftigkeit hinauslaufen:* [wie der Blitz] zur Tür h. **3.** ⟨ist⟩ *sich über etw. hinausbewegen:* das Auto ist über den Straßenrand hinausgeschossen.
hi|n|aus|schlei|chen ⟨sw. V.⟩: **1.** ⟨ist⟩ *nach draußen schleichen:* die Kinder schlichen aus ihrem Zimmer. **2.** ⟨h. + sich; hat⟩ *sich nach draußen schleichen:* sie hat sich unbemerkt hinausgeschlichen.
hi|n|aus|schmei|ßen ⟨st. V.; hat⟩ (ugs.): *hinauswerfen* (1 a, 2).
Hi|n|aus|schmiss, der (ugs.): *Hinauswurf.*
hi|n|aus|schmug|geln ⟨sw. V.; hat⟩: *etw., jmdn., sich aus etw. (einem Land, einem Gebäude o. Ä.) nach draußen schmuggeln.*
hi|n|aus|schrei|en ⟨st. V.; hat⟩: **1.** *nach draußen schreien:* zum Fenster h. **2.** (geh.) *herausschreien:* seinen Schmerz h.
hi|n|aus|schwim|men ⟨st. V.; ist⟩: *sich schwimmend vom Ufer entfernen.*
hi|n|aus|se|hen ⟨unr. V.; hat⟩: *hinausblicken.*
hi|n|aus|set|zen ⟨sw. V.; hat⟩: **1. a)** *nach draußen setzen;* **b)** ⟨h. + sich⟩ *sich nach draußen setzen.* **2.** (ugs.) *hinauswerfen* (2).
hi|n|aus|sol|len ⟨unr. V.; hat⟩ (ugs.): vgl. *hinausdürfen.*
hi|n|aus|sprin|gen ⟨st. V.; ist⟩: **1.** *nach draußen springen:* zum Fenster h. **2.** (ugs.) *nach draußen eilen; schnell, eilig hinauslaufen* (1): in den Garten h.

hi|n|aus|ste|hen ⟨unr. V.; hat⟩: südd., österr., schweiz. auch: ist⟩: *hervorstehen, hinausragen.*
hi|n|aus|steh|len, sich ⟨st. V.; hat⟩: *sich leise, heimlich aus einem Raum o. Ä. entfernen.*
hi|n|aus|stei|gen ⟨st. V.; ist⟩: *nach draußen steigen:* zum Fenster h. *(durch das Fenster einen Raum verlassen, sich entfernen).*
hi|n|aus|stel|len ⟨sw. V.; hat⟩: **1. a)** *nach draußen stellen;* **b)** ⟨h. + sich⟩ *sich nach draußen stellen.* **2.** *(einen Spieler) [für eine bestimmte Zeit] des Spielfelds verweisen, vom Platz stellen.*
Hi|n|aus|stel|lung, die; -, -en (Ballspiele): *das Hinausstellen* (2).
hi|n|aus|stre|cken ⟨sw. V.; hat⟩: *nach draußen strecken:* den Kopf zum Fenster h.
hi|n|aus|strö|men ⟨sw. V.; ist⟩: *aus etw., nach draußen strömen.*
hi|n|aus|stür|men ⟨sw. V.; ist⟩: *hinausrennen.*
hi|n|aus|stür|zen ⟨sw. V.⟩: **1.** ⟨ist⟩ *nach draußen stürzen, fallen; hinausfallen:* er ist aus der Gondel hinausgestürzt. **2.** ⟨h. + sich; hat⟩ *sich nach draußen stürzen:* er stürzte sich zum Fenster hinaus. **3.** ⟨ist⟩ *nach draußen stürzen, gehetzt hinauseilen, -rennen:* auf die Straße, aus dem Haus h.
hi|n|aus|tra|gen ⟨st. V.; hat⟩: **1.** *nach draußen tragen:* das Geschirr aus dem Esszimmer h. **2.** *in die Ferne, Weite tragen, bringen, vermitteln [u. verbreiten]:* eine Botschaft in die Welt h. **3.** *weiter tragen, treiben, befördern als etw.:* der Schwung trug sie weit über das Ziel hinaus.
hi|n|aus|trau|en, sich ⟨sw. V.; hat⟩: *sich trauen, einen geschützten Bereich (z. B. die Wohnung, das Haus) zu verlassen; sich hinauswagen:* viele alte Menschen trauen sich nach Einbruch der Dunkelheit nicht mehr hinaus; bei der starken Brandung trauten sich einige Surfer nicht mehr hinaus.
hi|n|aus|trei|ben ⟨st. V.⟩: **1.** ⟨hat⟩ **a)** *nach draußen treiben:* das Vieh auf die Weide h.; **b)** *zwingen hinauszugehen, etw. zu verlassen:* jmdn. aus dem Haus h. **2.** ⟨ist⟩ *vom Ufer wegtreiben, getrieben werden.*
hi|n|aus|tre|ten ⟨st. V.⟩: **1.** ⟨ist⟩ *nach draußen treten:* aus dem Haus, aus der Tür h.; Ü ins Leben h. **2.** *durch einen Tritt hinausbefördern:* den Ball aus dem Strafraum h.
hi|n|aus|trom|pe|ten ⟨sw. V.; hat⟩ (ugs., oft abwertend): *[etw., was nicht bekannt werden sollte] überall erzählen.*
hi|n|aus|wach|sen ⟨st. V.; ist⟩: **1.** *sich durch Wachsen über etw. hinaus erstrecken, sich über etw. erheben; größer werden als etw.:* der Baum ist übers Dach hinausgewachsen. **2.** *durch Wachsen u. Älter-, Reiferwerden überwinden, über etw. hinkommen:* über das Alter des Spielens sind die Kinder hinausgewachsen. **3.** *durch Reiferwerden, durch Fortschritte, durch [unerwartete] Steigerung der eigenen Leistung übertreffen, über jmdn., etw. hinauskommen:* sie ist über sich selbst hinausgewachsen.
hi|n|aus|wa|gen, sich ⟨sw. V.; hat⟩: **1.** *sich nach draußen wagen:* sich aufs Meer h.; Ü sich ins Leben h. **2.** *sich weiter wagen als etw.:* sich über eine Abgrenzung h.
hi|n|aus|wei|sen ⟨st. V.; hat⟩: **1.** *aus etw. [ver]weisen, fortweisen:* er wurde aus der Stadt hinausgewiesen. **2.** *auf etw. [ver]weisen, hinweisen, was jenseits von etw. liegt:* das Symbol weist über sich selbst hinaus.
hi|n|aus|wer|fen ⟨st. V.; hat⟩: **1. a)** *nach draußen werfen:* Abfälle aus dem Fenster h.; **b)** *(Licht o. Ä.) nach draußen richten, fallen lassen:* einen Blick h. **2.** (ugs.) **a)** *(bes. etw., was [an dieser Stelle] nicht [mehr] gebraucht werden kann) kurzerhand aus etw. entfernen, weg-, hinausschaffen:* die alten Möbel h.; **b)** *kurzerhand (bes. mit Hef-*

tigkeit, energischer Entschiedenheit) nach draußen weisen, hinausweisen: sie warf ihn aus der Wohnung hinaus; **c)** *durch Kündigung, Entlassung, Ausschluss o. Ä. kurzerhand aus etw. entfernen; zwingen, aus etw. wegzugehen; zwingen, etw. zu verlassen:* jmdn. aus der Firma h.
hi|n|aus|wol|len ⟨unr. V.; hat⟩ (ugs.): **1.** vgl. *hinausdürfen:* * **hoch h.** (ugs.; *hochfliegende Pläne haben, [beruflich, gesellschaftlich] aufsteigen wollen*): er hat schon immer hoch hinausgewollt. **2.** *letztlich beabsichtigen, letztlich zum Ziel haben, erstreben:* auf einen Kompromiss h.
Hi|n|aus|wurf, der (ugs.): *das Hinauswerfen* (2): mit seinem Verhalten riskiert er einen H.
hi|n|aus|zie|hen ⟨unr. V.⟩: **1.** ⟨hat⟩ **a)** *nach draußen ziehen, schleppen:* jmdn. am Arm h.; **b)** *jmdn. bewegen, nach draußen zu ziehen, hinaustreiben:* das Fernweh zog sie hinaus in die Fremde; ⟨unpers.:⟩ es zog ihn zu ihr in den Garten hinaus. **2.** ⟨ist⟩ **a)** *nach draußen, nach auswärts [um]ziehen:* aufs Land, in die Vorstadt h.; **b)** *nach draußen, in die Ferne ziehen, wandern, fahren, sich bewegen:* die Truppen zogen zur, aus der Stadt hinaus. **3.** ⟨ist⟩ *nach draußen ziehen, dringen:* den Rauch h. lassen. **4.** ⟨h. + sich; hat⟩ *sich bis nach draußen hinziehen, erstrecken; nach draußen verlaufen:* die Promenade zieht sich aus der Stadt bis nach Holzdorf hinaus. **5.** ⟨hat⟩ **a)** *in die Länge ziehen, hinziehen* (4 a): die Verhandlungen h.; **b)** ⟨h. + sich⟩ *sich in die Länge ziehen, sich hinziehen* (5 b): der Prozess zieht sich hinaus. **6. a)** *hinauszögern, verzögern, hinziehen* (5): die Abreise h.; **b)** ⟨h. + sich⟩ *sich verzögern, sich hinziehen* (5): der Abflug zieht sich hinaus.
hi|n|aus|zö|gern ⟨sw. V.; hat⟩: **1.** *durch Verzögerung hinausschieben:* eine Entscheidung, das Ende h. **2.** ⟨h. + sich⟩ *sich durch Verzögerung verschieben, hinausschieben:* der Abflug der Maschine zögerte sich hinaus.
Hi|na|ya|na, Hinajana, das; - [sanskr. hīnayāna = kleines Fahrzeug (der Erlösung)]: *strenge, nur mönchische Richtung des Buddhismus.*
hin|bau|en ⟨sw. V.; hat⟩: **1.** *an eine bestimmte Stelle bauen:* hier wird demnächst ein Parkhaus hingebaut. **2.** ⟨h. + sich⟩ (ugs.) *sich in fester, gewichtiger Haltung hinstellen.*
hin|be|ge|ben ⟨st. V.; hat⟩: *sich an einen bestimmten Ort begeben.*
hin|be|kom|men ⟨st. V.; hat⟩ (ugs.): vgl. *hinkriegen.*
hin|be|mü|hen ⟨sw. V.; hat⟩: **1.** *jmdn. an einen bestimmten Ort bemühen.* **2.** ⟨h. + sich⟩ *sich an einen bestimmten Ort bemühen.*
hin|be|or|dern ⟨sw. V.; hat⟩: *eine bestimmte Person od. Stelle beordern:* jmdn. zu sich h.
hin|be|stel|len ⟨sw. V.; hat⟩: *an einen bestimmten Ort bestellen.*
hin|be|we|gen ⟨sw. V.; hat⟩: **a)** *zu einem bestimmten Ziel bewegen;* **b)** ⟨h. + sich⟩ *sich zu einem bestimmten Ziel bewegen, in eine bestimmte Richtung begeben;* **c)** *in eine bestimmte Richtung bewegen:* den Bogen über die Saiten h.
hin|bie|gen ⟨st. V.; hat⟩: **1.** *in eine bestimmte Richtung biegen:* sie bog die Zweige zu sich hin. **2.** (ugs.) **a)** *mit Geschick [wieder] in Ordnung bringen, [oberflächlich] bereinigen:* er hat es so hingebogen, dass der Verdacht auf einen anderen fiel; wie hat sie das hingebogen (zustande gebracht)?; **b)** *etw. in verfälschender Weise so darstellen, dass es glaubhaft wirkt, akzeptiert wird, keine unangenehmen Konsequenzen nach sich zieht:* er hat [alle]es so [geschickt] hingebogen, dass der Verdacht auf einen anderen fiel. **3.** (ugs.) *jmdn. so erziehen, so in seiner Entwicklung beeinflussen, dass er sich so verhält, so ist, wie es von ihm erwartet wird:* den biegen wir uns noch hin.

hin|blät|tern ⟨sw. V.; hat⟩ (ugs.): *(eine beträchtliche Summe) [be]zahlen:* für etw. drei Tausender h. [müssen].

Hin|blick, der: in der Fügung **im/**(seltener:) **in H. auf** (1. *mit Rücksicht auf, in Anbetracht, angesichts, wegen:* im H. auf seine Verdienste hat man ihm das Amt des Vorsitzenden übertragen. 2. *hinsichtlich, in Bezug auf:* im H. auf die kommende Legislaturperiode äußerte der Redner gewisse Bedenken).

hin|bli|cken ⟨sw. V.; hat⟩: *auf eine bestimmte Stelle blicken, seinen Blick irgendwohin richten.*

hin|brin|gen ⟨unr. V.; hat⟩: **1. a)** *an einen bestimmten Ort bringen:* ich habe ihn. [zu jmdm.] h.; ich zog ihn h.?; **b)** (ugs.) *fertigbringen:* er bringt die Arbeit einfach nicht hin. **2.** *(Zeit) zubringen, verbringen:* die Tage, Jahre mit Arbeit h.

hin|däm|mern ⟨sw. V.; ist⟩: *dahindämmern.*

Hin|de, die; -, -n [mhd. hinde(n), ahd. hinta, eigtl. = die Geweihlose] (veraltet, dichter.): *Hirschkuh.*

hin|deich|seln ⟨sw. V.; hat⟩ (ugs.): *hinbiegen* (2 a), *deichseln:* keine Sorge, das deichseln wir schon wieder hin.

hin|der|lich ⟨Adj.⟩: **1.** *in der Bewegung hindernd; die Bewegungsfähigkeit beeinträchtigend:* ein hinderlicher Verband. **2.** *sich als ein Hindernis (1) erweisend:* dieser Vorfall war seiner Karriere, für seine Karriere sehr h.; sich h. auswirken.

hin|dern ⟨sw. V.; hat⟩ [mhd. hindern, ahd. hintarōn, eigtl. = zurückdrängen, zurückhalten, zu ↑¹hinter]: **a)** *jmdn. in die Lage bringen, dass er etw. Beabsichtigtes nicht tun kann, jmdm. etw. unmöglich machen; jmdn. von etw. abhalten:* der Knebel hinderte ihn am Sprechen; der Nebel hinderte ihn nicht, noch schneller zu fahren; **b)** *bei etw. stören, behindern:* der Verband hindert [mich] sehr bei der Arbeit.

Hin|der|nis, das; -ses, -se [mhd. hindernis(se)]: **1.** *hindernder Umstand, Sachverhalt; Hemmnis, Schwierigkeit:* dieser Umstand ist kein H. für uns, für die Verwirklichung unseres Plans; ein H. aus dem Weg räumen, überwinden; eine Reise mit -sen; * **jmdm., einer Sache -se in den Weg legen** *(Schwierigkeiten machen; etw. erschweren).* **2.** *etw., was das direkte Erreichen eines Ziels, das Weiterkommen be- od. verhindert:* die hohe Mauer war ein unüberwindliches H.; ein H. errichten, beseitigen, wegräumen. **3. a)** (Leichtathletik) *auf einer Strecke aufgebaute Vorrichtung, Anlage, die bei Hindernisläufen übersprungen werden muss:* beim Hindernislauf sind als -se vier Hürden und ein Wassergraben zu überwinden; ein H. nehmen; über ein H. setzen; **b)** (Pferdesport) *auf dem Parcours od. auf einer Geländestrecke aufgebaute Vorrichtung (z. B. Oxer) od. Anlage (z. B. Graben), die übersprungen werden muss.* ◆ **4.** ⟨auch: die; -, -se:⟩ Und die H. treibt die Heftigen leicht vom Wege (Goethe, Hermann u. Dorothea 4, 149); Seliges Geschöpf! das dem Mangel seiner Glückseligkeit einer irdischen H. zuschreiben kann (Goethe, Werther II, 30. November).

Hin|der|nis|feu|er, das: *rotes Dauerleuchtfeuer od. Blinklicht zur Markierung von Hindernissen der Luftfahrt (wie Schornsteinen, Türmen o. Ä.).*

Hin|der|nis|lauf, der: *Laufwettbewerb, bei dem in bestimmten Abständen Hindernisse (2, 3 a) zu überwinden sind:* Ü der Alltag als H. zwischen Haushalt und Büro.

Hin|der|nis|läu|fer, der: *jmd., der an einem Hindernislauf teilnimmt.*

Hin|der|nis|läu|fe|rin, die: w. Form zu ↑ Hindernisläufer.

Hin|der|nis|ren|nen, das: **1.** (Pferdesport) *Galopprennen über Hürden od. über andere Hindernisse; Hürdenrennen od. Jagdrennen.* **2.** (Leichtathletik) *Hindernislauf.*

Hin|de|rung, die; -, -en: **1.** *das Hindern, Gehindertwerden:* ohne H. **2.** (veraltend) *das Verhindern, Verhindertwerden.*

Hin|de|rungs|grund, der: *Grund, der an etw. hindert:* das ist für mich kein H.

hin|deu|ten ⟨sw. V.; hat⟩: **1.** *auf jmdn., etw., in eine bestimmte Richtung deuten:* [mit der Hand] auf jmdn. h. **2.** *hinweisen* (2): im Gespräch deutete er auf das Problem hin; Den Briefwechsel, auf den ich hindeutete, unterhielt ich mit dem Direktor des Hotels Saint James und Albany in Paris (Th. Mann, Krull 85). **3.** *etw. anzeigen, auf etw. schließen lassen:* alle Anzeichen deuten auf eine Infektion hin.

Hin|di, das; -: *Amtssprache in Indien.*

Hin|din, die; -, -nen [zu ↑ Hinde] (dichter.): *Hirschkuh.*

hin|don|nern ⟨sw. V.⟩: **1.** ⟨ist⟩ *sich mit donnerähnlichem Geräusch schnell [da]hinbewegen:* der Zug ist über die Schienen hingedonnert. **2.** ⟨ist⟩ (ugs.) *mit Wucht aufprallend hinstürzen.* **3.** ⟨hat⟩ (ugs.) *mit Wucht hinwerfen.*

hin|drän|gen ⟨sw. V.; hat⟩: **1. a)** *zu einem bestimmten Ort, an eine bestimmte Stelle drängen:* alles drängte zum, nach dem Eingang hin; **b)** *einen Drang zu jmdm., zu einer Sache zeigen:* alles in ihm drängte zum Priesterberuf hin. **2.** ⟨h. + sich⟩ *sich an einen bestimmten Ort, eine bestimmte Stelle drängen:* er drängte sich zum Schanktisch hin.

hin|dre|hen ⟨sw. V.; hat⟩: **1. a)** *in eine bestimmte Richtung drehen:* ich drehte den Stuhl zu mir hin; **b)** ⟨h. + sich⟩ *sich in eine bestimmte Richtung drehen:* zum Glück hat er sich in diesem Moment zur Tafel hingedreht. **2.** (ugs.) *hinbiegen* (2).

hin|drü|cken ⟨sw. V.; hat⟩: *an, auf eine bestimmte Stelle drücken:* die Stelle ist angekreuzt, Sie brauchen nur Ihren Stempel hinzudrücken.

¹Hin|du, der; -[s], -[s] [pers. Hindū, zu: Hind = Indien]: *Anhänger des Hinduismus.*

²Hin|du, die; -, -[s], **Hin|du|frau**, die: *Anhängerin des Hinduismus.*

Hin|du|is|mus, der; -: *indische Volksreligion.*

hin|du|is|tisch ⟨Adj.⟩: *den Hinduismus betreffend, ihm zugehörend, eigentümlich.*

Hin|du|kusch, der; -[s]: *zentralasiatisches Hochgebirge.*

hin|durch ⟨Präp. mit Akk., nachgestellt⟩ [mhd. hin durch, aus ↑ hin u. ↑ durch (3)]: *über einen bestimmten Zeitraum hinweg:* den Winter h.; ... ich habe für mich selber immer zu wenig Platz gehabt, mein ganzes Leben h. habe ich geträumt davon, in weiten und hohen Räumen wohnen und arbeiten zu können (Mayröcker, Herzzerreißende 125); * **durch ... h.** (1. ¹durch (3); als Verstärkung der Präp. »durch«: durch den Wald h. 2. *fortwährend, [be]ständig [in der langen Zeitdauer, der Vielfalt von]).* **2.** ⟨als abgetrennter Teil von Adverbien wie »wohindurch, dahindurch« in trennbarer Zus. mit einem Verb⟩ wo willst du h.?

hin|durch|dür|fen ⟨unr. V.; hat⟩ (ugs.): *hindurchgehen, -kommen, -fahren usw. dürfen.*

hin|durch|flie|ßen ⟨st. V.; ist⟩: vgl. *hindurchgehen* (1 a, 2 b).

hin|durch|frie|meln: ↑ *hindurchpfriemeln.*

hin|durch|ge|hen ⟨unr. V.; ist⟩: **1. a)** *durch etw., zwischen etw. gehen, durchgehen:* unter der Brücke h.; **b)** *hinter sich bringen, durchleben, durchstehen:* durch eine harte Schule h. **2. a)** *durch etw. dringen:* die Kugel ging durch den Körper hindurch; sein Blick ging durch sie hindurch, er blickte sie an, ohne sie richtig wahrzunehmen, als würde er seinen Blick auf etw. dahinter Liegendes richten; **b)** *(aufgrund seiner Form, Größe) durch eine enge Stelle o. Ä. bewegt, gebracht werden können:* der Schrank ist nicht [durch die Tür] hindurchgegangen. **3. a)** *durch etw. verlaufen:* der Weg geht durch einen Buchenwald hindurch; **b)** *durch einen Bereich, ein [Sach]gebiet usw. hindurch erstrecken.*

hin|durch|kön|nen ⟨unr. V.; hat⟩ (ugs.): vgl. *hindurchdürfen.*

hin|durch|krie|chen ⟨st. V.; ist⟩: *durch, zwischen, unter etw. kriechen:* unter der Absperrung h.

hin|durch|müs|sen ⟨unr. V.; hat⟩: *hindurchdürfen:* sie mussten durch den Sumpf hindurch; Ü durch diese Situation musst du hindurch.

hin|durch|pas|sen ⟨sw. V.; hat⟩: *(eine enge Stelle) passieren* (1 b) *können; durch eine enge Stelle kommen* (1) *können.*

hin|durch|pfrie|meln ⟨sw. V.; hat⟩ (ugs.): *durch etw. pfriemeln:* das Kabel durch den Schlitz h.

hin|durch|schau|en ⟨sw. V.; hat⟩: vgl. *hindurchsehen.*

hin|durch|schim|mern ⟨sw. V.; hat⟩: **1.** *durch etw. schimmern; schimmernd durch etw. hindurchscheinen:* durch die Wolken schimmerten vereinzelte Sterne hindurch. **2.** *sich durch etw. andeutungsweise zeigen:* durch die neue Formulierung schimmern die alten Vorurteile hindurch.

hin|durch|se|hen ⟨st. V.; hat⟩: *durch etw. sehen, schauen.*

hin|durch|sol|len ⟨unr. V.; hat⟩ (ugs.): vgl. *hindurchdürfen.*

hin|durch|zie|hen ⟨unr. V.⟩: **1.** ⟨hat⟩ *etw. durch etw. ziehen:* den Faden durch die Nadelöhr h. **2.** ⟨ist⟩ *durch einen Ort, ein Gebiet ziehen:* hindurchziehende Truppen. **3.** ⟨h. + sich; hat⟩ *⟨als ein u. dasselbe⟩ bis zum Ende in etw. enthalten sein, sich durchgängig zeigen, hindurchgehen* (3 b): dieses Motiv zieht sich durch das ganze Werk hindurch.

hin|durch|zwän|gen ⟨sw. V.; hat⟩: *durch etw. zwängen:* etw., sich durch den Zaun h.

hin|dür|fen ⟨unr. V.; hat⟩ (ugs.): **1.** *hingehen, hinkommen, hinfahren usw. dürfen.* **2.** *hingebracht* (1 a), *-gesetzt, -gestellt usw. werden dürfen.*

hin|ei|len ⟨sw. V.; ist⟩: **1.** *an einen bestimmten Ort eilen.* **2.** *sich eilend [da]hinbewegen; dahineilen* (1): sie sah ihn h. **3.** (geh.) **a)** *eilends weggehen; forteilen:* da eilt er hin; **b)** *rasch vergehen, vorbeigehen; dahineilen* (2).

hi|n|ein ⟨Adv.⟩ [mhd. hin in, ahd. hina īn, aus ↑ hin u. ↑⁴ein]: **1.** *aus einem [weiteren] Bereich in diesen anderen [engeren] Bereich, bes. [von draußen] nach [dort] drinnen:* h. [mit euch]!; den Weg h. [in die Höhle] suchen; zur Tür h.!; Ü bis [tief] in die Nacht h. arbeiten; etw. bis in die Einzelheiten h. *(ausführlich)* schildern; bis ins Innerste h. *(sehr, zutiefst)* erschrecken. **2.** ⟨als abgetrennter Teil von Adverbien wie »wohinein, dahinein« in trennbarer Zus. mit einem Verb⟩ (bes. ugs.): da musst du h.

hi|n|ein|bau|en ⟨sw. V.; hat⟩: **1.** *durch Einbau* (1 b) *einfügen; einmontieren:* ein Teil in einen Motor h. **2. a)** *in eine Umgebung bauen; durch Bauen in eine Umgebung hineinstellen:* Anlagen, Häuser in ein Gelände h.; **b)** *in etw. bauen:* ein Haus in den Hang h.

hi|n|ein|be|för|dern ⟨sw. V.; hat⟩: *in etw. befördern:* das Gepäck ins Zugabteil h.

hi|n|ein|be|ge|ben, sich ⟨st. V.; hat⟩: *sich in etw. begeben:* sich in die Höhle h.

hi|n|ein|bei|ßen ⟨st. V.; hat⟩: *in etw. beißen:* in den Apfel h.

hi|n|ein|be|kom|men ⟨st. V.; hat⟩ (ugs.): *hineinstecken, -schieben, -packen usw. können, weil die äußeren Verhältnisse, bes. der verfügbare*

Raum, od. die eigene Fähigkeit es zulassen: den Schlüssel nicht ins Schloss h.

hi|n|ein|be|mü|hen ⟨sw. V.; hat⟩: **1.** *(jmdn.) bitten [sich die Mühe zu machen] hineinzukommen:* darf ich Sie h.? **2.** ⟨h. + sich⟩ *sich in etw., sich nach drinnen bemühen, begeben:* wollen Sie sich bitte mit mir [ins Haus] h.?

hi|n|ein|be|we|gen ⟨sw. V.; hat⟩: *in etw. bewegen, mühsam hineinbringen:* den Schrank ins Zimmer h.

hi|n|ein|bit|ten ⟨st. V.; hat⟩: *bitten, [mit] hineinzukommen.*

hi|n|ein|bla|sen ⟨st. V.; hat⟩: **1.** *ins Innere blasen.* **2.** *in ein Blasinstrument blasen.* **3.** *kräftig nach [dort] drinnen, ins Innere wehen:* der Wind blies durch die Ritzen in die Scheune hinein.

hi|n|ein|bli|cken ⟨sw. V.; hat⟩: *in etw. blicken.*

hi|n|ein|boh|ren ⟨sw. V.; hat⟩: **1.** *in etw. bohren:* Löcher in die Wand h. **2.** ⟨h. + sich⟩ *sich in etw. bohren; bohrend eindringen:* das Flugzeug hatte sich in den Acker hineingebohrt.

hi|n|ein|brin|gen ⟨unr. V.; hat⟩: **1.** *hineinschaffen:* das Essen h. **2.** *durch entsprechende Maßnahme o. Ä. machen, dass etw. in einen bestimmten Zustand gebracht wird, kommt: Ordnung, Sinn in etw. h.* **3.** (ugs.) *hineinbekommen:* den Schlüssel nicht ins Schloss h.

hi|n|ein|but|tern ⟨sw. V.; hat⟩ (ugs.): *buttern* (3): er hat viel Geld in das Projekt hineingebuttert.

hi|n|ein|den|ken, sich ⟨unr. V.; hat⟩: *sich [nach]denkend od. [nach]empfindend hineinversetzen, vertraut machen:* sich in jmdn., in die Probleme h.

hi|n|ein|deu|ten ⟨sw. V.; hat⟩: *etw. aufgrund eigener Deutung od. Vermutung in etw. zu erkennen glauben, was in Wirklichkeit nicht darin enthalten ist.*

hi|n|ein|don|nern ⟨sw. V.; hat⟩ (ugs.): *in etw. donnern* (4 a): den Ball [ins Tor] h.

hi|n|ein|drän|gen ⟨sw. V.; hat⟩: **1.** *sich nach [dort] drinnen, ins Innere drängen, bewegen:* alles drängte [in den Raum] hinein; ⟨auch h. + sich:⟩ er hat sich als Letzter in den Wagen hineingedrängt; Ü sie hat sich in unsere Freundschaft hineingedrängt. **2. a)** *nach dort drinnen, ins Innere drängen:* jmdn. [in einen Raum] h.; **b)** *in einen Bereich, Zustand usw. drängen:* jmdn. in eine Rolle h.

hi|n|ein|drin|gen ⟨st. V.; ist⟩: *in etw. dringen:* durch das Leck ist sehr schnell Wasser in das Schiff hineingedrungen; Ü von außen dringen keine Nachrichten in das Camp hinein.

hi|n|ein|drü|cken ⟨sw. V.; hat⟩: **1.** *in etw. drücken:* das Siegel in das Wachs h. **2.** *drückend, pressend hineinstecken, -schieben, -packen usw.:* die Kleider in den Koffer h. **3.** ⟨h. + sich⟩ *sich in etw. drücken, drängen, drückend hineinbewegen; sich hineindrängen:* sich in die überfüllte Straßenbahn h.

hi|n|ein|dür|fen ⟨unr. V.; hat⟩: **1.** *hineingehen, -kommen, -fahren usw. dürfen:* Hunde dürfen hier nicht hinein. **2.** *hineingebracht, -gesetzt, -gestellt usw. werden dürfen:* Lebensmittel dürfen in diesen Schrank nicht hinein.

hi|n|ein|fah|ren ⟨st. V.; hat/ist⟩: **1.** *in etw., nach drinnen fahren* (1 a, 2 a, 4 a): der Zug fährt in den Bahnhof hinein; **b)** ⟨hat⟩ *in etw., nach drinnen fahren* (4 b); **c)** ⟨ist⟩ (ugs.) *(ein Fahrzeug, jmds. Fahrzeug) durch Heranfahren u. An-, Aufprallen beschädigen:* jmdm. [hinten] h. **2.** ⟨ist⟩ *mit einer schnellen Bewegung in etw. fahren* (9 a): schnell fuhr er in seine Jacke hinein und rannte aus dem Zimmer.

hi|n|ein|fal|len ⟨st. V.; ist⟩: **1.** *in etw. fallen* (1 a–c). **2.** *(von Licht o. Ä.) in einen Raum fallen* (7 b): geworfen werden. **3.** (selten) *hereinfallen* (2 b).

hi|n|ein|fin|den ⟨st. V.; hat⟩: **1.** *den Weg in etw. finden.* **2.** ⟨h. + sich⟩ **a)** *in etw. eindringen u. sich damit vertraut machen:* sich in eine Arbeit h.; **b)** *sich in etw. [hin]einleben u. damit abfinden:* sich in sein Schicksal h.

hi|n|ein|flie|gen ⟨st. V.⟩: **1.** ⟨ist⟩ **a)** *in etw. fliegen* (1): der Vogel flog wieder in den Käfig hinein; **b)** *in etw. fliegen* (2, 4): das Flugzeug flog in die Gewitterzone hinein; **c)** *in etw. fliegen* (11): der Stein flog ins Zimmer hinein. **2.** ⟨hat⟩ *mit dem Flugzeug in einen Ort fliegen, einfliegen* (2 c).

hi|n|ein|flie|ßen ⟨st. V.; ist⟩: *in etw. fließen:* das Wasser fließt in den Eimer hinein.

hi|n|ein|fres|sen ⟨st. V.; hat⟩: **1.** ⟨h. + sich⟩ *sich in etw. fressen* (2 d). **2.** * *in sich h.* (1. *[von Tieren] gierig fressen, hineinschlingen.* 2. *derb, meist abwertend; [von Menschen] gierig essen, hineinschlingen.* 3. *schweigend hinnehmen, aber seelisch um so mehr darunter leiden:* Ärger, Kummer in sich h.).

hi|n|ein|frie|meln: ↑ hineinpfriemeln.

hi|n|ein|füh|ren ⟨sw. V.; hat⟩: *in etw. führen.*

hi|n|ein|fun|ken ⟨sw. V.; hat⟩ (ugs.): vgl. *dazwischenfunken.*

hi|n|ein|ge|ben ⟨st. V.; hat⟩: *in etw. tun, geben* (3 a): [in die Suppe] eine Prise Salz h.

hi|n|ein|ge|bo|ren [2. Part. des in anderen Formen ungebräuchlichen Verbs hineingebären]: *durch Zeit u. Ort der Geburt in eine bestimmte gesellschaftliche, geschichtliche Umgebung od. Situation eingebunden.*

hi|n|ein|ge|heim|nis|sen ⟨sw. V.; hat⟩: *fälschlich die Meinung haben od. äußern, dass etw. auf geheimnisvolle, verborgene Weise in etw. enthalten sei:* in jmds. Äußerung bestimmte Absichten h.

hi|n|ein|ge|hen ⟨unr. V.; ist⟩: **1.** *ins Innere gehen:* wollen wir ins Haus h.?; Ü er trat es mit klaren Vorstellungen in die Verhandlung hineingegangen. **2. a)** (Ballspiele) *den Gegenspieler im Zweikampf mit körperlichem Einsatz angreifen:* der Verteidiger ist überhart in den Stürmer hineingegangen; **b)** (Boxen) *gegen jmdn. zum Nahkampf übergehen:* in den Gegner h. **3.** *Platz, Raum finden; hineinpassen:* in den Koffer geht nichts mehr hinein.

hi|n|ein|ge|lan|gen ⟨sw. V.; ist⟩ (geh., bes. schriftspr.): *in etw. gelangen:* durch den Keller waren die Diebe in das Haus hineingelangt.

hi|n|ein|ge|ra|ten ⟨st. V.; ist⟩: **a)** *in etw. ¹geraten* (1 a): in ein Unwetter, in einen Stau h.; **b)** *in etw. ¹geraten* (1 b): in Schwierigkeiten, in eine Krise h.

hi|n|ein|gie|ßen ⟨st. V.; hat⟩: *in etw. gießen:* den Wein in sich h. *(hastig in großen Zügen trinken).*

hi|n|ein|glei|ten ⟨st. V.; ist⟩: *in etw., ins Innere gleiten* (1 b).

hi|n|ein|grät|schen ⟨sw. V.; ist⟩ (bes. Fußball): **a)** *(in den ballführenden Gegner) mit einer Grätsche hineingehen* (2 a): er grätschte korrekt in den Stürmer hinein; **b)** *mit einer Grätsche hineinspringen [u. den Ball spielen]:* in die Flanke h.

hi|n|ein|grei|fen ⟨st. V.; hat⟩: *in etw. greifen.*

hi|n|ein|gu|cken ⟨sw. V.; hat⟩ (ugs.): *in etw. gucken.*

hi|n|ein|hal|ten ⟨st. V.; hat⟩: **1.** *in etw. halten:* die Hand [ins Wasser] h. **2.** *mit etw. (einem Wasserschlauch, Maschinengewehr o. Ä.) mitten in eine Menge zielen u. treffen:* mit der Maschinenpistole [in eine Menschenmenge] h.

¹hi|n|ein|hän|gen ⟨sw. V.; hat⟩: *in etw. hängen:* den Mantel in den Schrank h. **2.** ⟨h. + sich⟩ (ugs.) **a)** *sich in etw. einmischen;* **b)** *sich einsetzen für etw.; viel Kraft u. Energie auf etw. verwenden:* er hat sich in die Arbeit mit dem Boot voll hineingehängt.

²hi|n|ein|hän|gen ⟨st. V.; hat⟩: *in etw. hängen, hängend hineinragen, -reichen usw.:* die Zweige der Weide hingen [bis] ins Wasser hinein.

hi|n|ein|hor|chen ⟨sw. V.; hat⟩: **1.** *in etw. horchen:* ins Dunkel h. **2.** (geh.) *sich einfühlsam bemühen, den tieferen Gehalt, den eigentlichen Inhalt in etw. zu erfassen:* in den Text h.; * *in sich h.* *(durch Besinnung auf sich selbst seine eigenen Wünsche, Motive, Hoffnungen zu ergründen versuchen).*

hi|n|ein|hö|ren ⟨sw. V.; hat⟩: **1.** ⟨h. + sich⟩ *sich hörend mit etw. vertraut machen:* man muss sich in diese Musik langsam h. **2.** *kurz bei etw. zuhören, ein kurzes Stück von etw. anhören:* in einen Vortrag, eine Vorlesung h. **3.** *in der Verbindung* **in sich h.** (↑ hineinhorchen 2).

hi|n|ein|in|ter|pre|tie|ren ⟨sw. V.; hat⟩ (bildungsspr.): vgl. hineindeuten: in ihre Äußerungen wurde zu viel hineininterpretiert.

hi|n|ein|klet|tern ⟨sw. V.; ist⟩: *in etw., ins Innere klettern.*

hi|n|ein|kni|en, sich ⟨sw. V.; hat⟩ (ugs.): *sich intensiv mit etw. beschäftigen, befassen:* sich in eine Arbeit, Aufgabe h.

hi|n|ein|kom|men ⟨st. V.; ist⟩: **1.** *nach [dort] drinnen, ins Innere kommen:* kommen Sie h. hinein? **2. a)** *nach [dort] drinnen, ins Innere gelangen [können]:* wir kamen nicht [in das Zimmer] hinein, weil abgeschlossen war; **b)** *in eine Position o. Ä. hineingelangen [können]:* er versuchte, wieder in seinen alten Beruf hineinzukommen; **c)** *sich hineinfinden* (2 a): in die neue Arbeit h. **3.** (ugs.) *hineingebracht, -gelegt, -gesetzt usw. werden [sollen]:* in den Teig kommen 200 Gramm Butter hinein. **4.** *hineingeraten.*

hi|n|ein|kom|pli|men|tie|ren ⟨sw. V.; hat⟩: *mit höflichen Worten u. Gesten hineinbitten [u. -geleiten].*

hi|n|ein|kön|nen ⟨unr. V.; hat⟩: vgl. hineindürfen.

hi|n|ein|krie|chen ⟨st. V.; ist⟩: *ins Innere kriechen:* ins Innere der Höhle h.; Ü an solchen Tagen kroch sie in sich hinein und war für niemanden zu sprechen; * *jmdm. hinten h.* (derb; *sich in würdeloser Form unterwürfig-schmeichlerisch einem anderen gegenüber zeigen*).

hi|n|ein|la|chen ⟨sw. V.; hat⟩: *in der Verbindung* **in sich h.** *(innerlich, nach außen hin kaum merklich lachen).*

hi|n|ein|lan|gen ⟨sw. V.; hat⟩ (ugs.): **1.** *hineinreichen:* er langte [ihr] die Post durchs Fenster hinein. **2.** *hineingreifen:* in seinen Geldbeutel h.

hi|n|ein|las|sen ⟨st. V.; hat⟩: *in etw. hineingehen, -fahren usw. lassen:* einen Besucher h. (ihm den Eingang, die Tür, das Tor öffnen u. ihn einlassen).

hi|n|ein|lau|fen ⟨st. V.; ist⟩: **1. a)** *ins Innere laufen, sich bewegen:* ins Stadion h.; Ü in sein Verderben h. *(es durch eigenes Handeln herbeiführen);* **b)** *[aus Unachtsamkeit] in ein fahrendes Fahrzeug laufen u. davon erfasst werden:* in ein Auto h. **2.** *ins Innere fließen:* das Regenwasser ist in die Keller hineingelaufen; Ü (salopp:) das Bier in sich h. lassen.

hi|n|ein|le|gen ⟨sw. V.; hat⟩: **1. a)** *ins Innere legen:* etw. in einen Koffer, in einen Schrank h.; **b)** ⟨h. + sich⟩ *sich ins Innere legen:* ohne sich auszukleiden, legte er sich ins Bett hinein. **2. a)** *sein Gefühl o. Ä. bei etw. beteiligt sein lassen:* sein ganzes Gefühl in das Spiel, in den Vortrag h.; **b)** *hineindeuten:* in jmds. Worte etw., einen bestimmten Sinn h. **3.** (ugs.) *hereinlegen* (2).

hi|n|ein|le|sen ⟨st. V.; hat⟩: **1.** ⟨h. + sich⟩ *sich einlesen.* **2.** *hineindeuten.*

hi|n|ein|löf|feln ⟨sw. V.; hat⟩ (ugs.): *löffelnd zu sich nehmen:* die Suppe in sich h.

hi|n|ein|lot|sen ⟨sw. V.; hat⟩: **1.** *nach dort drinnen, ins Innere lotsen.* **2.** (ugs.) *jmdn. bewegen, [mit] hineinzugehen, -zufahren usw.:* er ließ sich von den Mädchen h. **3.** (ugs.) *hineinmanövrieren* (2).

hi|n|ein|ma|chen, sich ⟨sw. V.; hat⟩ (ugs.): eilig bestrebt sein, nach drinnen zu gelangen; zusehen, irgendwo hineinzukommen: mach dich hinein!

hi|n|ein|ma|nö|v|rie|ren ⟨sw. V.; hat⟩: **1.** *in etw. manövrieren:* das Schiff in die Lücke h. **2.** *durch Manövrieren, mehr od. weniger geschicktes Vorgehen in etw. [hinein]bringen:* jmdn. in eine [ausweglose] Situation h.

hi|n|ein|men|gen ⟨sw. V.; hat⟩: **1.** *hineinmischen* (1). **2.** ⟨h. + sich⟩ (ugs.) *sich hineinmischen* (2): du solltest dich nicht in diesen Streit h.

hi|n|ein|mi|schen ⟨sw. V.; hat⟩: **1. a)** *in etw. mischen;* **b)** ⟨h. + sich⟩ *sich einmischen:* in seine Gedanken mischte sich Trauer hinein. **2.** ⟨h. + sich⟩ *sich einmischen:* sich überall h.

hi|n|ein|müs|sen ⟨sw. V.; hat⟩: vgl. hineindürfen.

hi|n|ein|neh|men ⟨st. V.; hat⟩: **1.** *ins Innere nehmen, verlagern o. Ä.:* den Hund mit [ins Haus] h. **2.** *in etw. aufnehmen:* jmdn. in eine Gruppe [mit] h.

hi|n|ein|pa|cken ⟨sw. V.; hat⟩: *in etw. packen:* die Sachen für die Reise in den Koffer h.; Ü zu viele Gedanken in einen Aufsatz h.

hi|n|ein|pas|sen ⟨sw. V.; hat⟩: **1. a)** *in etw. Platz haben:* in den Koffer passt nichts mehr hinein; **b)** *die entsprechende Größe haben, sodass es in etw. gefügt, gesteckt usw. werden kann:* das Buch passt in die Tasche nicht hinein; **c)** *in eine Gesamtheit, Umgebung usw. passen u. damit zusammenstimmen:* sie passte gut in die Mannschaft hinein. **2.** *etw. in etw. [ein]passen.*

hi|n|ein|pfer|chen ⟨sw. V.; hat⟩: *in einen Raum o. Ä. pferchen:* die Tiere in einen kleinen Stall h.; Die polnischen Autobusse ... seien die angenehmsten auf der ganzen Welt und ganz gleich, wie viele Menschen in sie hineingepfercht sind, die Luft in ihnen sei immer die beste (Bernhard, Stimmenimitator 80).

hi|n|ein|pfrie|meln ⟨sw. V.; hat⟩ (ugs.): *in etw. pfriemeln:* die Drähte der Halogenlampe in die Fassung h.

hi|n|ein|pfu|schen ⟨sw. V.; hat⟩: *in etw. pfuschen:* sich von niemandem in eine Arbeit h. lassen.

hi|n|ein|plat|zen ⟨sw. V.; ist⟩ (ugs.): *plötzlich, unversehens [u. zu unpassender Zeit] hereinkommen, in etw. einstellen:* sie platzte mit dieser Nachricht in die Versammlung hinein.

hi|n|ein|pres|sen ⟨sw. V.; hat⟩: **1. a)** *in etw. pressen;* **b)** *durch Pressen in etw. erzeugen:* ein Muster [in das Leder] h. **2.** *gewaltsam in etw. hineinbringen; hineinzwängen:* etw. in ein Schema h.

hi|n|ein|pro|ji|zie|ren ⟨sw. V.; hat⟩ (bildungsspr.): *(Gedanken, Vorstellungen usw.) auf jmdn., etw. übertragen;* in jmdn., etw. hineinsehen.

hi|n|ein|pum|pen ⟨sw. V.; hat⟩: **1.** *in etw. pumpen.* **2.** (ugs., meist abwertend) *in Fülle, [allzu] großer Menge hineinbringen:* Millionen in ein Unternehmen h.

hi|n|ein|ra|gen ⟨sw. V.; hat⟩: **1.** *in etw. ragen.* **2.** *hinübergreifen, sich in etw. erstrecken.*

hi|n|ein|re|den ⟨sw. V.; hat⟩: **1.** *in etw. reden:* ins Dunkel h.; ins Leere h. *(reden, ohne einen Zuhörer zu erreichen).* **2.** (abwertend) *sich redend ins Gespräch einmischen, dazwischenreden:* er sollte nicht [in die Ausführungen des anderen] h. **3.** (abwertend) *sich (redend u. Einfluss nehmend) einmischen:* jmdm. [in eine Angelegenheit] h. **4.** ⟨h. + sich⟩ *durch Reden in einen bestimmten Zustand kommen:* sich in Wut h.

hi|n|ein|re|gie|ren ⟨sw. V.; hat⟩ (bildungsspr.): *von außen her in unerwünschter Weise Einfluss ausüben, mitzubestimmen suchen.*

hi|n|ein|reg|nen ⟨sw. V.; hat⟩: *in etw., ins Innere regnen.*

hi|n|ein|rei|chen ⟨sw. V.; hat⟩: **1.** *nach [dort] drinnen reichen, geben.* **2.** *in etw. reichen, sich erstrecken.*

hi|n|ein|rei|ßen ⟨st. V.; hat⟩: *in etw. reißen, gewaltsam ziehen, zerren:* er wurde in den Strudel hineingerissen; Ü jmdn. ins Verderben h.

hi|n|ein|rei|ten ⟨st. V.⟩: **1.** ⟨ist⟩ *in etw., ins Innere reiten.* **2.** ⟨hat⟩ (ugs.) *durch ein bestimmtes Handeln in eine schwierige, unangenehme Lage bringen:* jmdn. [in eine schwierige Lage] h.; sie hat sich [selbst] hineingeritten.

hi|n|ein|ret|ten ⟨sw. V.; hat⟩: **1.** ⟨h. + sich⟩ **a)** *sich in etw., ins Innere retten;* **b)** (Sport) *etw., was eine Niederlage verhindert, mühsam erreichen:* sich ins Ziel h. **2.** vgl. hinüberretten (2).

hi|n|ein|rie|chen ⟨sw. V.; hat⟩ (ugs.): vgl. reinriechen.

hi|n|ein|ru|fen ⟨st. V.; hat⟩: *nach drinnen, ins Innere rufen.*

hi|n|ein|rut|schen ⟨sw. V.; ist⟩: **1.** *in etw., ins Innere rutschen.* **2.** (ugs.) *hineinschlittern* (2): er ist da in eine unangenehme Situation hineingerutscht.

hi|n|ein|sau|gen ⟨st., seltener: sw. V.; hat⟩: *einsaugen.*

hi|n|ein|schaf|fen ⟨sw. V.; hat⟩: *in etw. schaffen, bringen.*

hi|n|ein|schau|en ⟨sw. V.; hat⟩: **1.** (landsch.) *hineinsehen:* zur Tür h.; in jmdn. h. *(seine Motive erkennen).* **2.** vgl. hereinschauen (2).

hi|n|ein|schie|ben ⟨st. V.; hat⟩: **1.** *in etw., ins Innere schieben.* **2.** ⟨h. + sich⟩ *sich in etw., ins Innere schieben.*

hi|n|ein|schie|ßen ⟨st. V.⟩: **1.** ⟨hat⟩ *in etw. schießen* (1 a): in etw., ins Innere h. **2.** ⟨ist⟩ *hineinschießen* (3 b), *sich äußerst [heftig u.] schnell hineinbewegen:* das reißende Wasser schoss ins Tal hinein; **b)** (ugs.) *mit großer Eile u. Heftigkeit hineinlaufen.*

hi|n|ein|schla|gen ⟨st. V.; hat⟩: **1. a)** *in etw. schlagen, durch Schlagen hineintreiben:* einen Nagel in das Holz h.; **b)** *(Eier o. Ä.) aufschlagen u. einlaufen lassen.* **2.** *durch Schlagen in etw. erzeugen.*

hi|n|ein|schlei|chen ⟨st. V.⟩: **1.** ⟨ist⟩ *in etw., ins Innere schleichen.* **2.** ⟨h. + sich; hat⟩ *sich in etw., ins Innere schleichen.*

hi|n|ein|schlin|gen ⟨st. V.; hat⟩: *gierig od. hastig essen, verschlingen.*

hi|n|ein|schlit|tern ⟨sw. V.; ist⟩: **1.** *schlitternd in etw. gleiten, hineinrutschen.* **2.** (ugs.) *ohne sich von vornherein darüber klar zu sein, [nach u. nach] in eine Situation, Lage o. Ä. hineingeraten.*

hi|n|ein|schlüp|fen ⟨sw. V.; ist⟩: **1.** *nach [dort] drinnen schlüpfen:* zur Tür h. **2.** *in etw. schlüpfen:* in den Mantel h.; Ü schnell in eine neue Rolle h.

hi|n|ein|schmug|geln ⟨sw. V.; hat⟩: **1.** *in etw., ins Innere schmuggeln:* Waffen [in ein Flugzeug] h. **2.** ⟨h. + sich⟩ *sich heimlich in etw., ins Innere hineinschleichen:* sie schmuggelte sich in den Festsaal hinein.

hi|n|ein|schnei|den ⟨unr. V.; hat⟩: **1.** *einen Schnitt in etw. machen:* mit der Schere in den Stoff h. **2.** *in etw. schneiden:* ein Loch in etw. h. **3.** *in Stücke schneiden u. in etw. hineingeben:* Fleisch in die Suppe h. **4.** (seltener) **a)** *in etw. schneiden, scharf trennend eindringen:* die Wagenräder schneiden in den Lehmboden hinein; **b)** *sich hineinragend, scharf abgrenzend [dazwischen]schieben:* der Fjord schneidet tief in das Festland hinein.

hi|n|ein|schnei|en ⟨sw. V.⟩: **1.** ⟨unpers.; hat⟩ *in etw., ins Innere schneien.* **2.** ⟨ist⟩ (ugs.) *hereinschneien* (2).

hi|n|ein|schnup|pern ⟨sw. V.; hat⟩ (ugs.): *reinschnuppern.*

hi|n|ein|schrei|ben ⟨st. V.; hat⟩: *in etw. schreiben:* eine Widmung in ein Buch h.

hi|n|ein|schüt|ten ⟨sw. V.; hat⟩: *in etw., ins Innere schütten.*

hi|n|ein|se|hen ⟨st. V.; hat⟩: **1.** *ins Innere sehen, in etw. sehen:* zum Fenster h.; Ü in die Zeitung h. *(kurz in der Zeitung lesen).* **2.** (ugs.) *zu jmdm., in etw. mit bestimmter Absicht kurz hineingehen, -kommen:* [kurz] in seine Stammkneipe h.

hi|n|ein|set|zen ⟨sw. V.; hat⟩: **1.** *in etw. setzen:* die Katze ins Körbchen h. **2.** ⟨h. + sich⟩ **a)** *sich ins Innere setzen:* sich in die Wohnung h.; **b)** *sich in etw. setzen; eindringen u. sich ablagern:* Falten und Rillen, in die sich der Staub hineingesetzt hatte. **3.** (ugs.) *durch [amtliche] Anordnung jmdm. in etw. einen Wohn-, Arbeitsplatz, eine Stellung zuweisen:* wer hat uns den Spitzel [in die Abteilung] hineingesetzt?

hi|n|ein|sol|len ⟨unr. V.; hat⟩: vgl. hineindürfen.

hi|n|ein|spie|len ⟨sw. V.; hat⟩: **1.** (bildungsspr.) *in etw. durch Bedeutsamkeit u. Einfluss in gewissem Grade zur Geltung kommen, sich bemerkbar machen; für etw. in gewissem Grade bedeutsam sein u. es hineinwirken:* hier spielen verschiedene Gesichtspunkte hinein. **2.** (Sport) *den Ball von außen nach innen spielen:* der Stürmer spielte den Ball in den Strafraum hinein. **3.** ⟨h. + sich⟩ *durch gutes Spielen in etw. gelangen, die Zugehörigkeit zu etw. erlangen:* sich in die Endrunde h.

hi|n|ein|spre|chen ⟨st. V.; hat⟩: *in etw. sprechen:* ins Mikrofon h.

hi|n|ein|sprin|gen ⟨st. V.; ist⟩: **1.** *nach drinnen springen.* **2.** (ugs.) *nach drinnen eilen; schnell, eilig hineinlaufen:* ich springe mal kurz [ins Haus] hinein, um das Geld zu holen.

hi|n|ein|ste|chen ⟨st. V.; hat⟩: *in etw. stechen.*

hi|n|ein|ste|cken ⟨sw. V.; hat⟩: **1.** *in etw. stecken:* den Schlüssel [ins Schloss] h.; den Kopf zur Tür h. (ugs.; *sich zur Tür hineinbeugen, um in ein Zimmer hineinzusehen*). **2.** (ugs.) **a)** *hineinlegen, -setzen, -stellen;* **b)** *in etw.* [zwangsweise] *unterbringen, hineinbringen:* sechs Personen [in ein Zimmer] h. **3.** (ugs.) *für etw. aufwenden, auf etw. verwenden, um es in seinem Bestand, Wert od. Erfolg, Gelingen zu fördern:* viel Geld, Arbeit, Zeit in ein Projekt h.

hi|n|ein|stei|gen ⟨st. V.; ist⟩: **1.** *in etw. einsteigen:* wieder [ins Auto] h. **2.** *in etw. steigen:* in den Schornstein h. **3.** (ugs.) *stehend die Füße in etw. hineinstecken, um es anzuziehen:* in die Hose h.

hi|n|ein|stei|gern, sich ⟨sw. V.; hat⟩: **1.** *sich in einen Gemüts- u. Bewusstseinszustand immer mehr steigern:* sich in große Erregung h. **2.** *sich immer intensiver mit etw. beschäftigen u. nicht mehr davon loskommen:* sich in ein Problem h.

hi|n|ein|stel|len ⟨sw. V.; hat⟩: **1.** *in etw. stellen:* die Flasche in den Schrank h. **2.** *in etw.* (eine Situation, einen Zusammenhang o. Ä.) *stellen, setzen, hineinbringen:* eine Behauptung in eine Diskussion h.

hi|n|ein|stol|pern ⟨sw. V.; ist⟩: **1.** *stolpernd u. [fast] zu Fall kommend in etw. gehen, laufen, geraten:* in eine Grube h. **2.** *in etw. hineingeraten:* in eine Affäre, in eine Falle h.

hi|n|ein|stop|fen ⟨sw. V.; hat⟩: **1.** *in etw., ins Innere stopfen.* **2.** (ugs.) *hineinstecken* (2). **3.** (ugs.) *[gierig] in großer Menge zu sich nehmen, essen:* Süßigkeiten in sich h.

hi|n|ein|sto|ßen ⟨st. V.⟩: **1.** ⟨hat⟩ *in etw. stoßen:* die Spitze [ins Fleisch] h. **2.** ⟨hat⟩ *durch einen Stoß od. durch wiederholte Stöße hineinbefördern, hineinstecken:* jmdn. ins Elend h.; Ü er hat sie ins Elend hineingestoßen. **3.** ⟨hat⟩ (veraltend) *in eine Trompete, ein Horn o. Ä. stoßen:* das Horn nehmen und h. **4.** ⟨ist⟩ *mit bestimmter Zielrichtung in etw. vordringen, hineindringen:* die Armee stieß von Westen her

hineinströmen – hingehen

in das Gebiet hinein; **b)** *[mit einem Ruck] hineinfahren, -steuern:* in eine Lücke h., um zu parken; **c)** *plötzlich hineinfahren, dazwischenfahren:* der Habicht stieß in den Taubenschwarm hinein.

hi|n|ein|strö|men ⟨sw. V.; ist⟩: *in etw., ins Innere strömen.*

hi|n|ein|stür|men ⟨sw. V.; ist⟩: *ins Innere stürmen.*

hi|n|ein|stür|zen ⟨sw. V.⟩: **1.** ⟨ist⟩ *in etw. stürzen.* **2.** ⟨hat⟩ *jmdn. in etw. stürzen, mit einem Stoß hineinbefördern:* sie stürzten ihn ins Meer hinein; Ü jmdn. in Verwicklungen h. **3.** ⟨h. + sich; hat⟩ *sich in etw. stürzen:* sich mutig [ins Wasser] h.; Ü er stürzte sich [in den Kampf, in die Arbeit] hinein. **4.** ⟨ist⟩ *ins Innere stürzen:* [ins Haus] h.

hi|n|ein|tap|pen ⟨sw. V.; ist⟩ (ugs.): **a)** *nach drinnen, ins Innere tappen:* in ein dunkles Zimmer h.; **b)** *unvorsichtig gehend hineingeraten:* in eine Pfütze h.; Ü in einen Hinterhalt h.

hi|n|ein|tra|gen ⟨st. V.; hat⟩: **1.** *ins Innere tragen:* Pakete [ins Haus] h.; Ü den Ball ins Tor h. (Ballspiele Jargon; *nicht durch Schießen, sondern durch Kombinieren, Dribbeln o. Ä. ins Tor bringen*). **2.** *hineinbringen, verbreiten:* Unruhe in die Betriebe h.

hi|n|ein|trei|ben ⟨st. V.⟩: **1.** ⟨hat⟩ **a)** *ins Innere, in etw. treiben:* das Vieh [in den Stall] h.; *in etw. treiben, treibend hineinbewegen:* die Strömung treibt das Boot in die Bucht hinein; **c)** *jmdn. bewegen, nach drinnen, ins Innere zu gehen:* die Unruhe trieb ihn wieder hinein; **d)** *in etw. hineindrängen, verwickeln:* jmdn. in einen Konflikt h. **2.** ⟨hat⟩ **a)** *in etw. treiben, schlagen:* einen Keil [in den Holzklotz] h.; **b)** *in etw. treiben, bohren [u. dadurch herstellen]:* einen Stollen in den Berg h. **3.** ⟨ist⟩ *in etw. getrieben, hineinbewegt werden:* das Boot treibt in die Bucht hinein.

hi|n|ein|tre|ten ⟨st. V.⟩: **1.** ⟨ist⟩ *hineingehen.* **2.** ⟨ist/hat⟩ *ins Innere, in etw. treten:* in eine Pfütze h.; Ü ins Leben h.

hi|n|ein|tun ⟨unr. V.; hat⟩: **1.** (ugs.) *in etw. tun, hineinbringen, -legen, -setzen, -stellen usw.:* die Bücher wieder in den Schrank h. **2.** *eine entsprechende Bewegung o. Ä. in etw. vollführen:* Schritte in einen Raum h.

hi|n|ein|ver|set|zen ⟨sw. V.; hat⟩: **1.** *in etw. versetzen:* sich ins Mittelalter hineinversetzt fühlen. **2.** ⟨h. + sich⟩ *sich versetzen, hineindenken:* sich sehr gut, nur schwer in jmdn., in jmds. Lage h. können.

hi|n|ein|wach|sen ⟨st. V.; ist⟩: **1.** *in etw. wachsen, sich durch Wachstum in etw. hinein ausdehnen:* der Nagel ist in das Fleisch hineingewachsen; Ü die Berge wachsen in den Himmel hinein. **2.** *durch Älterwerden, im Laufe der Zeit, der Entwicklung in etw. (in einen neuen Zustand o. Ä.) kommen:* ins Mannesalter h. **3.** (ugs.) *wachsen u. schließlich hineinpassen:* in eine Hose h. **4.** *sich in etw. einleben, einarbeiten u. damit völlig vertraut werden:* in eine Aufgabe, Rolle h.

hi|n|ein|wäh|len ⟨sw. V.; hat⟩: *in etw. wählen; jmdn. durch Abstimmung im Rahmen einer Wahl in etw. hineinbringen:* jmdn. in eine Kommission h.

hi|n|ein|wer|fen ⟨st. V.; hat⟩: **1.** *ins Innere werfen.* **2.** ⟨h. + sich⟩ *sich in etw. werfen, hineinfallen lassen:* sich ins Bett h. **3.** a) (geh.) *gewaltsam hineinbringen u. einsperren:* das Gefängnis, in das man ihn hineingeworfen hatte; **b)** *eilig in einen Bereich hineinbringen, -schicken:* Truppen ins Kampfgebiet h. **4.** *(Licht o. Ä.) in etw. werfen, fallen lassen:* einen Blick [in etw.] h.

hi|n|ein|wir|ken ⟨sw. V.; hat⟩: *eine Wirkung zeigen, die sich in etw. hinein erstreckt.*

hi|n|ein|wol|len ⟨unr. V.; hat⟩: vgl. hineindürfen (1).

hi|n|ein|wür|gen ⟨sw. V.; hat⟩: **1.** *mit Hast od. Mühe, Widerwillen zu sich nehmen:* das Essen [in sich] h. **2.** **jmdm. eine/eins h.* († reinwürgen).

hi|n|ein|zer|ren ⟨sw. V.; hat⟩: **1.** *ins Innere zerren.* **2.** *in etw. hineinziehen* (5), *verwickeln:* jmdn. in einen Skandal h.

hi|n|ein|zie|hen ⟨unr. V.⟩: **1.** ⟨hat⟩ *nach drinnen ziehen, schleppen.* **2.** ⟨ist⟩ **a)** *in ein Haus, eine Wohnung o. Ä. ziehen;* **b)** *nach drinnen wandern, fahren, sich bewegen:* singend durch, in die Stadt h. **3.** ⟨ist⟩ *nach drinnen ziehen, dringen:* durch das offene Fenster ziehen Küchengerüche hinein. **4.** ⟨hat⟩ *(bei hoher Geschwindigkeit) das Lenkrad allmählich einschlagend in etw. hineinsteuern:* den Wagen in die Kurve h. **5.** ⟨hat⟩ *in etw. ziehen, verwickeln:* jmdn. in einen Streit [mit] h.

hi|n|ein|zwän|gen ⟨sw. V.; hat⟩: **1.** *in etw. zwängen:* die Pullover in den Koffer h. **2.** ⟨h. + sich⟩ *sich in etw. zwängend hineinbewegen:* sich in eine Hose h.; er zwängte sich in die volle Bahn hinein.

hi|n|ein|zwin|gen ⟨st. V.; hat⟩: **1.** *ins Innere zwingen.* **2.** *in etw. (einen Zustand usw.) zwingen:* jmdn. in eine Lebensform h.

♦ **hin|ew|i|gen** ⟨sw. V.; hat; unpers.⟩ [zu veraltet *ewigen* = *ewig machen,* mhd. *ēwigen*]: *jmdn. dahinraffen:* Was ist da der Tod? ... als er Frau Sagebiehl hingeewigt hatte, kam der Professor aus Heidelberg (Kant, Impressum 65).

hin|fah|ren ⟨st. V.⟩: **1. a)** ⟨ist⟩ *an einen bestimmten Ort fahren mit dem Auto, Zug h.;* **b)** ⟨hat⟩ *jmdn., etw. an einen bestimmten Ort fahren:* wir können alles mit dem Wagen h. **2.** ⟨ist⟩ *sich fahrend [da]hinbewegen:* Züge fuhren über die Ebene hin. **3.** ⟨ist⟩ **a)** *sich fahrend entfernen, wegfahren:* da fährt sie hin!; **b)** (veraltet verhüll.) *sterben.* **4.** ⟨ist⟩ **a)** *über etw. fahren, streichen, wischen; entlangfahren, -streichen, -wischen;* **b)** *in eine bestimmten Richtung, nach einer bestimmten Stelle hin eine rasche Bewegung machen:* er fuhr mit der Hand nach der Tasche hin.

Hin|fahrt, die; -, -en: *Fahrt hin zu einem bestimmten Ziel:* vor der H., bei der H. war genügend Platz im Zug.

Hin|fall, der; -[e]s, ...fälle: **1.** (dichter.) *Eintreten der Hinfälligkeit.* **2.** (schweiz.) *Wegfall; Entfallen.*

hin|fal|len ⟨st. V.; ist⟩: **1. a)** *zu Boden fallen, stürzen; hinstürzen:* lang, der Länge nach h.; **b)** *sich jmdm. zu Füßen werfen; niederfallen:* vor jmdm. h. und ihn anflehen. **2.** *auf den Boden fallen; herunterfallen:* das Buch ist [ihm] hingefallen.

hin|fäl|lig ⟨Adj.⟩ [spätmhd. *hinfellig = vergänglich; gehaltlos,* mhd. *hinvellic = hinfallend, sterbend*]: **1.** *durch die mannigfachen Beschwerden des Alters geschwächt; gebrechlich, [alters]schwach, schwächlich:* ein -er Greis; h. werden. **2.** *gegenstandslos, ungültig:* die Pläne sind nunmehr h.

Hin|fäl|lig|keit, die; -: *das Hinfälligsein.*

hin|fin|den ⟨st. V.; hat⟩: *zu jmdm., zu einem bestimmten Ort hin den Weg finden:* sie hat [zu uns, zu unserem Haus] hingefunden; ⟨auch h. + sich:⟩ ich habe mich doch noch hingefunden; Ü zu Gott h.

hin|flä|zen, sich ⟨sw. V.; hat⟩ (ugs. abwertend): *sich in [betont] nachlässiger Haltung hinsetzen; halb hinsetzen, halb hinlegen.*

hin|fle|geln, sich ⟨sw. V.; hat⟩ (ugs. abwertend): *sich hinfläzen.*

hin|flie|gen ⟨st. V.⟩: **1.** ⟨ist⟩ *an einen bestimmten Ort fliegen* (1, 2, 4). **2.** *sich fliegend über, an etw.*

hinbewegen: der Ballon flog über das Meer hin. **3.** ⟨hat⟩ *mit einem Luft-, Raumfahrzeug hinbefördern:* Medikamente und Zelte h. **4.** (geschleudert, geworfen) *sich rasch dahinbewegen:* der Ball flog über die Köpfe hin. **5.** ⟨ist⟩ *sich rasch dahinbewegen:* das Pferd flog über die Steppe hin. **6.** ⟨ist⟩ (ugs.) *[mit Schwung] hinfallen:* er rutschte aus und flog hin.

hin|flie|ßen ⟨st. V.; ist⟩: **1.** *sich fließend nach einem bestimmten Ort hinbewegen, auf etw. zubewegen:* der Lech fließt zur Donau hin. **2.** *sich fließend dahinbewegen.*

Hin|flug, der; -[e]s, ...flüge: *Flug hin zu einem bestimmten Ziel.*

hin|fort ⟨Adv.⟩ [mhd. *hinnen vort*] (geh. veraltend): **1.** *bezeichnet einen zukünftigen od. einen vom Sprecher od. von der Sprecherin als zukünftig gesetzten Zeitraum, der mit einem markanten Zeitpunkt einsetzt; von nun an, von diesem Zeitpunkt an.* **2.** *weg, hinweg.*

hin|füh|ren ⟨sw. V.; hat⟩: **1. a)** *jmdn. an einen bestimmten Ort führen:* soll ich Sie [zu Ihrem Zimmer] h.?; Ü jmdn. zu Gott h. (*jmdm. den Zugang zu Gott, zum Gottesglauben vermitteln*); **b)** (bes. durch Erziehung, Bildung, Anleitung o. Ä.) *zu etw. führen, bringen:* die Studenten durch gründliche Anleitung zu tieferem Verständnis h. **2.** *bis zu einem bestimmten Ort führen, verlaufen:* alle Straßen, die zur Stadt hinführen, werden gesperrt; wo soll da h.? (ugs.; *wohin soll das führen, wo soll das enden, was soll daraus werden?*) **3.** *über etw. hin, an etw. entlang verlaufen.*

hing: ↑ ¹hängen.

Hin|ga|be, die; -: **1. a)** *rückhaltloses Sichhingeben für/an jmdn., etw.: bedingungslose H. an Gott, an die Arbeit;* **b)** *große innere Beteiligung, hingebungsvoller Eifer; Leidenschaft:* einen Kranken voller H. pflegen; sich einer Sache, Arbeit mit H. widmen. **2.** (geh. verhüll.) *sexuelles Sichhingeben der Frau.* **3. a)** (selten) *das [Hin]geben;* **b)** (geh.) *das Hingeben, Opfern:* H. des Vermögens.

hin|ge|ben ⟨st. V.; hat⟩: **1.** (geh.) *opfern:* sein Vermögen, sein Leben, seine Söhne h. **2.** ⟨h. + sich⟩ **a)** *sich eifrig widmen u. völlig überlassen:* sich dem Vergnügen, einem Wahn h.; darüber gebe ich mich keinen Illusionen hin; ganz der Aufgabe/an die Aufgabe hingegeben forschen; **b)** (verhüll.) *Geschlechtsverkehr haben:* sie gab sich ihm hin. **3.** *[hin]reichen, hinüberreichen:* jmdm. einen Bleistift h.

hin|ge|bend ⟨Adj.⟩: *Hingabe* (1) *zeigend, beweisend; aufopferungsvoll:* ein zuverlässiger, -er Freund; -e *(aufopfernde)* Pflege; -e *(eifrige)* Sammlertätigkeit.

Hin|ge|bung, die; - ⟨Pl. selten⟩: *Hingabe* (1).

hin|ge|bungs|voll ⟨Adj.⟩: *voll Hingebung, Hingabe* (1): -es Klavierspiel; sich h. mit etw. beschäftigen.

♦ **Hin|ge|ewig|te,** die/eine Hingeewigte; der/einer Hingeewigten, die Hingeewigten/zwei Hingeewigte [zu ↑ hinewigen]: *Tote, Gestorbene.*

hin|ge|ge|ben ⟨Adj.⟩: *sich hingebend; mit Hingabe* (1), *hingebungsvoll:* h. zuhören.

hin|ge|gen ⟨Konj.⟩ [↑ hin u. ↑ ¹gegen]: *dagegen, im Gegensatz dazu:* seine Frau h./(seltener:) h. seine Frau stimmte dafür; ⟨auch Adv.:⟩ h. fiel ihm ein, dass er doch hingefunden hatte.

¹**hin|ge|gos|sen** ⟨Adj.⟩ [2. Part. zu ↑ hingießen] (ugs. scherzh.): *in zwangloser, gelöster Haltung (liegend, sitzend):* [malerisch] auf ein[em] Sofa h. daliegen, dasitzen.

²**hin|ge|gos|sen:** ↑ hingießen.

hin|ge|haucht: ↑ hinhauchen.

hin|ge|hen ⟨unr. V.; ist⟩: **1.** *zu jmdm., etw. gehen, jmdn., etw. aufsuchen, besuchen:* ungern zu jmdm. h.; gehst du hin?; wo gehst du hin?;

⟨auch unpers.:⟩ wo gehts denn im Urlaub hin? **2. a)** *weggehen:* da geht er hin!; **b)** ⟨geh.⟩ *sterben;* **c)** *vergehen, verstreichen:* die Zeit, der Sommer ging hin; über diese Arbeiten ging eine ganze Woche hin. **3.** *sich gleitend, schwebend [da]hinbewegen, hingleiten:* sein Blick ging über die weite Landschaft hin. **4.** ⟨noch⟩ *unbeanstandet durchgehen:* dieser Aufsatz, diese Arbeit mag h., geht gerade noch hin *(geht noch an, ist gerade noch tragbar);* diese Bemerkungen mögen noch [eben] h. *(können [eben] noch hingenommen werden);* [jmdm.] etw. h. lassen *(durchgehen lassen).*

hin|ge|hö|ren ⟨sw. V.; hat⟩ ⟨ugs.⟩: *an einen bestimmten Ort, an eine bestimmte Stelle gehören:* er hat keinen Ort, an den er so richtig hingehört; wo gehört das hin?

hin|ge|lan|gen ⟨sw. V.; ist⟩ ⟨geh., bes. schriftspr.⟩: *an einen bestimmten Ort, zu einem bestimmten Ziel gelangen.*

hin|ge|ra|ten ⟨st. V.; ist⟩: *an eine bestimmte Stelle, an einen bestimmten Ort geraten.*

hin|ge|ris|sen: ↑ hinreißen.

Hin|ge|schie|de|ne ⟨vgl. Geschiedene⟩ (geh. verhüll.): *Verstorbene.*

Hin|ge|schie|de|ner ⟨vgl. Geschiedener⟩ (geh. verhüll.): *Verstorbener.*

hin|ge|zo|gen: ↑ hinziehen.

hin|gie|ßen ⟨st. V.; hat⟩: *auf eine bestimmte Stelle [aus]gießen; gießend hinschütten.*

hin|glei|ten ⟨st. V.⟩: **1.** *sich gleitend hinbewegen:* über das Eis h.; die Hand über etw. h. lassen; mit der Hand über etw. h.; Ü den Blick über etw. h. lassen. **2.** (geh.) *vergehen:* die Zeit gleitet hin. **3.** (veraltend, geh.) *ausgleitend hinfallen:* auf der nassen Straße h.

hin|gu|cken ⟨sw. V.; hat⟩ (ugs.): *hinsehen.*

Hin|gu|cker, der; -s, - (ugs.): *Sache od. Person, die aus dem Üblichen heraussticht u. dadurch große Aufmerksamkeit erregt.*

hin|ha|ben ⟨unr. V.; hat⟩ (ugs.): *etw. an einem bestimmten Ort liegen, stehen, hängen usw.* ¹*haben* (2 d): wo willst du das Bild h.?

hin|hal|ten ⟨st. V.; hat⟩: **1.** *entgegenstrecken, reichen:* jmdm. das Glas, die Hand h. **2. a)** *durch irreführendes Vertrösten [immer weiter] auf etw. warten lassen:* jmdn. lange, immer wieder h.; **b)** (bes. Milit.) *aufhalten, um Zeit zu gewinnen:* den Gegner h., bis Verstärkung eintrifft; hinhaltender Widerstand. **3.** (selten) *in seinem Zustand aufrechterhalten.*

Hin|hal|te|tak|tik, die: *Taktik, mit der man jmdn. hinhält* (2 a).

hin|hän|gen ⟨sw. V.; hat⟩ (ugs.): *an eine bestimmte Stelle hängen.*

hin|hau|chen ⟨sw. V.; hat⟩: **1.** *kaum vernehmbar flüstern:* ein paar Worte h. **2.** *[gleichsam] hauchend an einer bestimmten Stelle hervorbringen:* ein zartes Grün, [wie] auf die Wiesen hingehaucht; ein [auf die Wange] hingehauchter Kuss.

hin|hau|en ⟨unr. V.⟩: haute hin, hat/ist hingehauen⟩: **1.** ⟨hat⟩ (ugs.) *auf eine bestimmte Stelle hauen, schlagen.* **2.** ⟨hat⟩ (salopp) **a)** *mit Wucht an eine bestimmte Stelle werfen, stoßen, mit Wucht hinwerfen:* seine Tasche h.; **b)** *voller Unlust plötzlich aufgeben; hinschmeißen* (2): seine Arbeit, den Kram h. **3.** ⟨h. + sich; hat⟩ (salopp) **a)** *sich zum Ausruhen, Schlafen hinlegen: sich zeitig h.*; **b)** *sich hinwerfen, sich zu Boden werfen.* **4.** ⟨hat⟩ (salopp) **a)** *niederwerfen, zu Boden werfen:* den Gegner h.; ⟨unpers.:⟩ im unteren Steilhang hat es mich hingehauen; **b)** *treffen, verblüffen u. erschüttern od. aus der Fassung bringen:* das hat mich hingehauen. **5.** ⟨ist⟩ *heftig hinfallen, -stürzen u. hart aufprallen:* der Länge nach h. **6.** ⟨hat⟩ (salopp) **a)** (abwertend) *flüchtig anfertigen, nachlässig u.*

schnell machen: einen Aufsatz in einer halben Stunde h.; **b)** *kurz einwerfen, bemerken:* eine bissige Bemerkung h. **7.** ⟨hat⟩ (österr., sonst landsch.) *sich beeilen:* er hat ganz schön hingehauen. **8.** ⟨hat⟩ (salopp) **a)** *gut gehen, gelingen:* es wird schon h.; **b)** *gut, richtig, in Ordnung sein u. den Zweck treffen:* das haut so nicht hin!; 5 Liter hauen hin *(sind genug);* **c)** *einschlagen* (11 b), *wirken, Effekt machen:* dieser Vorschlag hat ganz schön h.

hin|ho|cken ⟨sw. V.⟩: **1.** ⟨h. + sich; hat⟩ *sich an eine bestimmte Stelle hocken* (1 b); **b)** ⟨ugs.⟩ *sich hinsetzen.* **2.** ⟨ist⟩ (südd. fam.) *dasitzen.*

hin|hö|ren ⟨sw. V.; hat⟩: *genau auf etw. hören,* [genau] *zuhören:* genau, nicht richtig h.

hin|kau|ern, sich ⟨sw. V.; hat⟩: *sich an eine bestimmte Stelle kauern.*

Hin|kel, das; -s, - [mhd. (md.) hinkel, hünkel, zu: huoniclīn = Vkl. von: huon, ↑ Huhn] (md., westmd.): *Huhn.*

Hin|kel|stein, der [viell. volksetym. Umdeutung von Hünenstein zu »Hühnerstein«]: *unbehauener [vorgeschichtlicher kultischer] Stein im Gelände, der durch seine ungewöhnliche [gedrungene] Gestalt auffällt.*

hin|ken ⟨sw. V.⟩ [mhd. hinken, ahd. hinkan, eigtl. = schief gehen]: **1.** ⟨hat⟩ **a)** *[infolge eines Gebrechens od. einer Verletzung an Eein od. Hüfte in der Fortbewegung behindert sein u. daher] in der Hüfte einknickend od. ein Bein nachziehend gehen:* seit dem Unfall hinkt sie; mit dem, auf dem rechten Bein h.; ein hinkender Gang; **b)** *(von Versen) rhythmisch schlecht, holperig sein:* hinkende Verse; **c)** *(von Vergleichen o. Ä.) nicht [ganz] zutreffen, passen:* der Vergleich hinkt. **2.** ⟨ist⟩ *hinkend* (1 a) *irgendwohin gehen, laufen:* über die Straße h.

Hin|ken|de, die / eine Hinkende; der/einer Hinkenden, die Hinkenden/zwei Hinkende: *weibliche Person, die hinkt.*

Hin|ken|der, der, der Hinkende/ein Hinkender; des/ eines Hinkenden, die Hinkenden/zwei Hinkende: *jmd., der hinkt.*

hin|knal|len ⟨sw. V.⟩ (ugs.): **1.** ⟨hat⟩ *heftig, bes. knallend hinwerfen.* **2.** ⟨ist⟩ *heftig hinfallen u. hart aufprallen.*

hin|knien ⟨sw. V.⟩: **1.** ⟨ist⟩ *sich an eine bestimmte Stelle knien; niederknien.* **2.** ⟨h. + sich; hat⟩ *hinknien* (1).

hin|kom|men ⟨st. V.; ist⟩: **1.** *an einen bestimmten Ort kommen:* nach Rom h.; kommst du heute [zu der Versammlung] hin?; zu jmdm. h. **2.** (ugs.) *an einer bestimmten Stelle seinen Platz erhalten:* wo kommen die Bücher hin? *(wohin sollen sie gestellt, gebracht usw. werden?);* wo ist meine Uhr bloß hingekommen? *(hingeraten, wohin ist sie verschwunden?);* R wo kommen/kämen wir hin, wenn …? *(was soll[te] werden, wenn …?)* wo kämen wir hin, wenn das so bliebe?; wo kämen wir ohne Gesetze hin? *(was würde [aus uns] ohne Gesetze werden?)* **3.** (ugs.) *mit etw. für eine bestimmte Zeit od. für die Herstellung von etw. reichen soll, auch auskommen:* die Vorräte sind knapp, aber wir kommen hin. **4.** (ugs.) *in Ordnung kommen:* es wird schon alles irgendwie h., wieder h. **5.** (ugs.) *stimmen; richtig, ausreichend sein, das Richtige, das richtige [Aus]maß haben, aufweisen:* das Gewicht kommt ungefähr hin.

hin|kön|nen ⟨unr. V.; hat⟩ (ugs.): vgl. hindürfen.

hin|krie|gen ⟨sw. V.; hat⟩ (ugs.): **1.** *[mit Geschick] zustande bringen, fertig bringen:* das Projekt ist fertig, das haben wir gut hingekriegt; ich kriege keine gerade Naht hin *(kann sie nicht nähen);* Also, ich krieg doch der Krawattenknoten nicht hin *(kann ihn nicht binden);* Schnurre, Ich 57). **2.** *in Ordnung bringen:* das kriegen wir wieder

hin; Ü jmdn. wieder h. *(ärztlich heilen; gesund pflegen).*

hin|krit|zeln ⟨sw. V.; hat⟩: *irgendwohin kritzeln, kritzelnd hinschreiben, -zeichnen.*

Hin|kunft, die; - [zum 2. Bestandteil vgl. Abkunft]: in der Fügung **in H.** (österr.; *in Zukunft:* in H. werden wir auch darüber sprechen müssen).

hin|künf|tig ⟨Adj.⟩ (österr.): *[zu]künftig.*

hin|lan|gen ⟨sw. V.; hat⟩: **1.** (ugs.) *an eine bestimmte Stelle langen, nach einer bestimmten Sache greifen, fassen.* **2.** (salopp) *zupacken, zuschlagen; derb h.;* die gegnerische Mannschaft langte ganz schön hin (Sportjargon); *spielte hart, rücksichtslos [u. unfair]).* **3.** (salopp) *sich ungeniert bedienen, von etw. nehmen:* ausgiebig h. **4.** (ugs.) **a)** *ausreichen, hinreichen:* die Butter langt [nicht] hin; **b)** *auskommen, hinreichen:* mit dem Geld [nicht] h.

hin|läng|lich ⟨Adj.⟩: *genügend, aus-, hinreichend:* für -n Ersatz sorgen; diese Tatsache ist mir h. *(zur Genüge)* bekannt.

hin|lau|fen ⟨st. V.; ist⟩: **1. a)** *an einen bestimmten Ort laufen:* zur Unfallstelle h.; **b)** (ugs.) *zu Fuß an einen bestimmten Ort gehen:* wir sind hingelaufen, nicht hingefahren; **c)** (ugs. abwertend) *sofort bzw. unablässig zu jmdm., etw. gehen:* der läuft ständig zum Chef hin, um sich zu beschweren; **d)** *nach einer bestimmten Stelle hin, auf eine bestimmte Stelle zu [ver]laufen:* die Straßen laufen nach/zu einem Platz hin. **2. a)** *dahinlaufen, -rennen:* über die Wiesen h.; **b)** *dahinfließen, -strömen;* **c)** *über, an, zwischen usw. etw. hin verlaufen:* über die Ebene hinlaufende Straßen.

hin|le|gen ⟨sw. V.; hat⟩: **1. a)** *etw. an eine bestimmte Stelle legen:* jemand hatte [ihr] einen anderen Schlüssel hingelegt; **b)** (ugs.) *(eine beträchtliche Summe) bezahlen:* dafür musste er 1 000 Euro h.; **c)** *aus der Hand legen, weglegen:* leg das Messer sofort hin!; den Hörer h. *(auflegen);* **d)** *jmdn. an eine bestimmte Stelle legen, betten; auf ein Lager legen, zur Ruhe legen:* sie trugen den Verletzten an den Straßenrand und legten ihn hin; ein Kind h. *(schlafen legen);* **e)** ⟨unpers.⟩ (ugs.) *zu Fall bringen:* draußen war es so glatt, dass es mich beinahe hingelegt hätte *(dass ich beinahe gestürzt wäre).* **2.** ⟨h. + sich⟩ **a)** *sich an eine bestimmte Stelle legen:* sich flach auf den Erdboden h.; (militär. Befehl:) h.!; **b)** *sich schlafen legen; sich auf ein Lager, zur Ruhe legen:* sich zeitig h.; sich zum Sterben h. (geh.) *krank werden u. sterben);* **c)** (ugs.) *hinfallen* (1 a), *hinstürzen* (1): sich lang, der Länge nach h.; R da legst du dich [lang] hin (ugs.; *da bin ich bzw. ist man völlig überrascht);* **d)** (salopp) *zum Geschlechtsverkehr bereit sein:* für Geld legt sie sich für jeden hin. **3.** (salopp) *mustergültig, perfekt ausführen, darbieten:* ein perfektes Gitarrensolo h.; eine großartige Leistung h.

hin|len|ken ⟨sw. V.; hat⟩: **1.** *hinsteuern* (1). **2.** *etw. auf ein bestimmtes Ziel hin, in einer bestimmten Richtung lenken, leiten, bewegen:* seine Schritte zum Bahnhof h.; Ü jmds. Blick, Aufmerksamkeit auf etw. h.

hin|lüm|meln, sich ⟨sw. V.; hat⟩ (ugs. abwertend): *sich betont nachlässiger od. unmanierlicher Weise halb hinsetzen, halb hinlegen.*

hin|ma|chen ⟨sw. V.⟩: **1.** ⟨hat⟩ (ugs.) *an einer bestimmten Stelle befestigen, anbringen:* man hatte die Tür entfernt und einen Vorhang hingemacht. **2.** ⟨hat⟩ (ugs.) *an einer bestimmten Stelle seine Notdurft verrichten:* da hat ein Hund hingemacht. **3.** ⟨hat⟩ (landsch. ugs.) *sich beeilen* (bes. in Aufforderungen): mach hin, wir müssen weg! **4.** ⟨hat⟩ **a)** (derb) *umbringen;* **b)** (salopp) *zerstören, dem Erdboden gleichmachen;*

c) (salopp) *zugrunde richten, ruinieren;* **d)** ⟨h. + sich⟩ (salopp) *sich körperlich ruinieren.* **5.** ⟨ist⟩ (salopp) *sich (zu einem bestimmten anderen Aufenthalts-, Wohnort) hinbegeben:* er lebt in der Türkei, da ist er schon vor 3 Jahren hingemacht.

hin|ma|len ⟨sw. V.; hat⟩: *an eine bestimmte Stelle malen.*

hin|met|zeln ⟨sw. V.; hat⟩: *niedermetzeln:* viele Menschen waren einfach hingemetzelt worden.

hin|mor|den ⟨sw. V.; hat⟩: *(wehrlose Menschen) sinnlos, auf grausame Weise töten.*

hin|müs|sen ⟨unr. V.; hat⟩ (ugs.): vgl. hindürfen.

Hin|nah|me, die; -: *das Hinnehmen, das duldende An-, Aufnehmen.*

hin|nehm|bar ⟨Adj.⟩: *sich hinnehmen* (1) *lassend* (meist verneint): es ist nicht länger h., dass er immer früher geht.

hin|neh|men ⟨st. V.; hat⟩: **1.** *ohne eine Gefühlsregung o. Ä. auf-, annehmen, obgleich man eine entsprechende Reaktion erwarten könnte:* eine Beleidigung einfach h.; etw. nicht länger h.; etw. als Tatsache, als unabänderlich h.; eine Niederlage h. müssen *(nichts dagegen tun können)*. **2.** (ugs.) *an einen bestimmten Ort mitnehmen:* den Hund [zu jmdm.] mit n.

hin|nei|gen ⟨sw. V.; hat⟩: **1. a)** *in eine bestimmte Richtung neigen:* den Kopf zu jmdm., zu etw. h.; **b)** ⟨h. + sich⟩ *sich in eine bestimmte Richtung neigen:* sich zu jmdm., zu etw. h. **2.** *einer Sache zuneigen; zu etw. neigen, tendieren:* ich neige zu der Auffassung hin, dass sie nicht die Richtige ist.

Hin|nei|gung, die; -, -en ⟨Pl. selten⟩: *das Hinneigen* (2).

hin|nen [mhd. hinnen, ahd. hin(n)an(a); Weiterbildung von ↑hin]: *in der Verbindung* **von h.** (veraltet, geh.; *von hier weg*): von h. gehen, fahren).

hin|op|fern ⟨sw. V.; hat⟩: *opfernd hingeben, bes. sinnlos opfern:* am Ende des Krieges wurden die Soldaten sinnlos hingeopfert.

hin|pas|sen ⟨sw. V.; hat⟩ (ugs.): **a)** *seiner Form nach räumlich an eine bestimmte Stelle passen:* das Puzzleteil passt genau hin; **b)** *seiner Eigenart nach in eine bestimmte Umgebung passen:* ich fühle mich dort nicht wohl, ich passe dort nicht hin.

hin|pfef|fern ⟨sw. V.; hat⟩ (ugs.): **1.** *(bes. mit dem Ausdruck der Erregung bzw. Geringschätzung) heftig hinwerfen, hinschleudern:* die Schultasche h. **2.** *in scharfer, heftiger Form zu Papier bringen, äußern:* [jmdm.] eine Antwort h.; ein paar hingepfefferte Sätze.

hin|pflan|zen ⟨sw. V.; hat⟩: **1.** *an eine bestimmte Stelle pflanzen.* **2.** (ugs.) **a)** *nachdrücklich, unübersehbar an eine bestimmte Stelle stellen;* **b)** ⟨h. + sich⟩ *sich unübersehbar od. provokativ an eine bestimmte Stelle stellen:* sich vor jmdm. h.

hin|plump|sen ⟨sw. V.; ist⟩ (ugs.): *auf träge, schwerfällige Weise [mit dumpf klatschendem Geräusch] hinfallen* (1 a, 2): sich, etw. h. lassen.

hin|rei|ben ⟨st. V.; hat⟩ (südd.): *jmdm. genüsslich, hämisch etw. Unangenehmes sagen, jmdn. an etw. Unangenehmes erinnern:* er hat ihr zum wiederholten Male hingerieben, dass sie damals nicht richtig aufgepasst hätte.

hin|rei|chen ⟨sw. V.; hat⟩: **1.** *reichend anbieten, reichen, hinüberreichen.* **2.** *sich bis zu einer bestimmten Stelle erstrecken:* bis zu einem Punkt h. **3. a)** *ausreichen* (1), *genügen:* das Geld reicht nicht hin; seine Kenntnisse reichen [dazu] nicht hin; **b)** (ugs.) *ausreichen* (2): mit dem Geld h.

hin|rei|chend ⟨Adj.⟩: *[nicht zu viel u.] nicht zu wenig für einen bestimmten Zweck, ein bestimmtes Erfordernis; ausreichend, genügend:* ein -es Einkommen; die Fakten sind h. bekannt.

Hin|rei|se, die: *Reise hin zu einem bestimmten Ziel.*

hin|rei|sen ⟨sw. V.; ist⟩: *an einen bestimmten Ort, zu einem bestimmten Ziel reisen.*

hin|rei|ßen ⟨st. V.; hat⟩: **1.** *in eine bestimmte Richtung, an eine bestimmte Stelle reißen:* jmdn. zu sich h. **2.** *begeistern, bezaubern [u. dadurch eine entsprechende Emotion auslösen]:* die Musik riss die Zuschauer hin; das Publikum zu Beifallsstürmen h.; ⟨2. Part.:⟩ von etw. ganz, völlig hingerissen sein; hingerissen lauschen. **3.** *gefühlsmäßig überwältigen u. zu etw. verleiten:* sich [im Zorn] zu einer unüberlegten Handlung h. lassen; sich [von seiner Wut] h. lassen; Und er hatte kaum zu sprechen begonnen, so riss ihn das Schweigen seiner Schwester zu neuen Worten hin (Musil, Mann 769). **4. * hin- und hergerissen** (1. ugs.; *zwischen mehreren widerstreitenden Gefühlen, Regungen, Möglichkeiten schwankend* [*u. sich nicht entscheiden könnend*]: Kreta oder Mykonos – ich bin völlig hin- und hergerissen. ugs. scherzh.; *begeistert*): hin- und hergerissen sein.

hin|rei|ßend ⟨Adj.⟩: *begeisternd, bezaubernd:* er ist ein -er Redner; eine -e Komödie; sie ist h. schön, sieht einfach h. aus; er spielt h. Klavier.

hin|ren|nen ⟨unr. V.; ist⟩: **a)** vgl. hinlaufen (1 a); **b)** (ugs. abwertend) *hinlaufen* (1 c).

hin|rich|ten ⟨sw. V.; hat⟩ [urspr. auch: zugrunde richten, verderben]: **a)** *an jmdm. das Todesurteil vollstrecken:* jmdn. durch den Strang, auf dem/durch den elektrischen Stuhl h.; **b)** *(von kriminellen Organisationen) in einem Racheakt töten, aus dem Weg räumen:* die Mafia hat wieder einen Reporter hingerichtet.

Hin|rich|tung, die; -, -en: *das Hinrichten; das Hingerichtetwerden:* eine H. vollstrecken.

Hin|rich|tungs|kom|man|do, das: *Exekutionskommando.*

Hin|rich|tungs|stät|te, die: *Stätte, Platz für die Hinrichtung.*

hin|rü|cken ⟨sw. V.⟩: **1.** ⟨hat⟩ *an eine bestimmte Stelle rücken, schieben:* den Stuhl [ans Fenster] h. **2.** ⟨ist⟩ *[ruckweise] an eine bestimmte Stelle schieben:* er rückte zu ihr hin.

Hin|run|de, die; -, -n (Sport): vgl. Hinspiel.

hin|sa|gen ⟨sw. V.; hat⟩: *dahinsagen:* das war nur so hingesagt; das sagt man/sagt sich so [leicht] hin (ugs.; *das sagt man zwar leichtfertig/das sagt sich zwar leicht, aber in Wirklichkeit ist es nicht so einfach*).

hin|sau|sen ⟨sw. V.; ist⟩ (ugs.): **1. a)** *sich schnell an einen bestimmten Ort bewegen;* **b)** *sich schnell [da]hinbewegen.* **2.** *heftig, mit Schwung hinfallen* (1 a, 2).

hin|schau|en ⟨sw. V.; hat⟩ (landsch.): *hinsehen.*

hin|schei|den ⟨st. V.; ist⟩ (geh. verhüll.): *sterben.*

Hin|schei|den, das; -s (geh. verhüll.): *Sterben, Ableben, Tod.*

hin|schi|cken ⟨sw. V.; hat⟩: *an einen bestimmten Ort schicken:* jmdn. [zu jmdm.] h.; jmdm. etw. h. (ugs.; *zuschicken*).

hin|schie|ben ⟨st. V.; hat⟩: **1.** *an eine bestimmte Stelle schieben:* jmdm. den Teller h. *(zuschieben).* **2.** ⟨h. + sich⟩ *sich schiebend hinbewegen:* sich zu jmdm. h.

Hin|schied, der; -[e]s, -e [zu ↑hinscheiden] (schweiz.): *Ableben, Tod.*

hin|schie|len ⟨sw. V.; hat⟩: *zu jmdm., etw. schielen, auf eine bestimmte Stelle schielen:* verstohlen [zu/nach jmdm., nach etw.] h.

hin|schie|ßen ⟨st. V.⟩: *sich sehr schnell [da]hinbewegen:* das Boot schoss über den See hin.

hin|schlach|ten ⟨sw. V.; hat⟩: *grausam hinmorden.*

hin|schla|gen ⟨st. V.⟩: **1.** ⟨hat⟩ *auf eine bestimmte Stelle schlagen.* **2.** ⟨ist⟩ (ugs.) *der Länge nach hinfallen, hinstürzen u. hart aufprallen:* lang/der Länge nach/längelang h.; R da schlag einer lang hin [und steh kurz wieder auf] *(das ist überraschend, erstaunlich, unglaublich).*

hin|schlep|pen ⟨sw. V.; hat⟩: **1.** *an einen bestimmten Ort schleppen.* **2. a)** ⟨h. + sich⟩ *sich mit großer Mühe [da]hinbewegen, an eine bestimmte Stelle schleppen* (z. B. vor Müdigkeit, Schwäche): sie schleppte sich zur Tür hin; **b)** ⟨h. + sich⟩ *unter ständigen Verzögerungen verlaufen; sich hinziehen:* der Prozess schleppte sich über/durch Jahre hin; **c)** *immer weiter verzögernd behandeln; verschleppen:* eine Angelegenheit h.

hin|schleu|dern ⟨sw. V.; hat⟩: *mit Vehemenz hinwerfen.*

hin|schlu|dern ⟨sw. V.; hat⟩ (ugs.): *ohne viel Sorgfalt, nachlässig anfertigen:* ein hingeschluderter Aufsatz.

hin|schmei|ßen ⟨st. V.; hat⟩: **1.** (ugs.) *hinwerfen:* die Klamotten h. **2.** (salopp) *einer Sache überdrüssig, über eine Sache verärgert sein u. sie deshalb aufgeben* (7 d).

hin|schmel|zen ⟨st. V.; ist⟩: **1.** *zusammenschmelzen, schmelzend vergehen.* **2.** (ugs. iron.) *vor Rührung o. Ä. vergehen:* vor Glück, Rührung, Liebe fast h.

hin|schmie|ren ⟨sw. V.⟩: **1.** ⟨hat⟩ (ugs.) *flüchtig, nachlässig hinschreiben, hinmalen o. Ä.* **2.** ⟨ist⟩ (landsch. salopp) *heftig hinfallen, hinstürzen.*

hin|schrei|ben ⟨st. V.; hat⟩: **1.** *an eine bestimmte Stelle schreiben:* seinen Namen h.; **b)** *flüchtig, nachlässig, gedankenlos [nieder]schreiben:* das ist nicht einfach [so] hingeschrieben. **2.** (ugs.) *an eine bestimmte Stelle, Firma, Behörde usw. schreiben:* er hat schon zweimal hingeschrieben, aber keine Antwort bekommen.

hin|schüt|ten ⟨sw. V.; hat⟩: *auf eine bestimmte Stelle [aus]schütten.*

hin|se|geln ⟨sw. V.; ist⟩: **1.** *an einen bestimmten Ort, zu einem bestimmten Ziel segeln.* **2.** *über, an usw. etw. segeln, schwebend gleiten.* **3.** (ugs.) *mit Schwung hinfallen, hinstürzen [u. über den Boden rutschen]:* er segelte auf dem vereisten Bürgersteig hin.

hin|se|hen ⟨st. V.; hat⟩: *auf eine bestimmte Stelle sehen, den Blick auf etw. Bestimmtes richten od. gerichtet halten:* er kann nicht h., wenn jemand blutet; nach/zu jmdm. h.; ⟨subst.:⟩ bei genauerem Hinsehen bemerkt man den Unterschied; ihm wird schon vom bloßen Hinsehen übel; Ü sie hätte ihm niemals glauben sollen, aber sie hatte nicht h. wollen.

hin sein: s. ↑hin (1 a, 2 b, 3).

hin|set|zen ⟨sw. V.; hat⟩: **1. a)** *an, auf eine bestimmte Stelle, einen bestimmten Platz setzen, stellen:* das Kind h.; ein Haus h. (*bauen*); **b)** *nieder-, absetzen:* den Koffer h. **2.** ⟨h. + sich⟩ **a)** *sich an, auf eine bestimmte Stelle, auf einen bestimmten Platz, bes. auf einen Sitzplatz, setzen:* setz dich gerade hin!; sich h. und [Spanisch] lernen (*sich daranmachen,* [*Spanisch*] *zu lernen*); **b)** (ugs.) *hinfallen u. dabei mit dem Gesäß auftreffen, aufs Gesäß fallen:* auf dem gebohnerten Parkett hat sich schon mancher hingesetzt; **c)** (salopp) *sehr überrascht sein:* da setz mich hin!; der wird sich h.!; ich hätte mich bald hingesetzt, als ich das hörte.

Hin|sicht, die; -, -en ⟨Pl. selten⟩: *Blickwinkel, Gesichtspunkt:* gewöhnlich in der Verbindung **in ... Hinsicht** (*in ... Beziehung*): in dieser, gewisser, verschiedener H.; in vieler H. hatte er recht; in wirtschaftlicher, in finanzieller H.; in H. auf ... [*hinsichtlich*]).

hin|sicht|lich ⟨Präp. mit Gen.⟩ (Papierdt.): *in Bezug auf, bezüglich:* h. des Preises, der Bedingungen wurde eine Einigung erzielt.

hin|sie|chen ⟨sw. V.; ist⟩ (geh.): dahinsiechen.
hin|sit|zen ⟨unr. V.; ist⟩ (südd.): sich hinsetzen.
hin|sol|len ⟨unr. V.; hat⟩ (ugs.): vgl. hindürfen.
Hin|spiel, das; -[e]s, -e (Sport): erstes von zwei festgesetzten, vereinbarten Spielen zwischen zwei Mannschaften: Hin- und Rückspiel.
hin|spre|chen ⟨st. V.; hat⟩: nur so nebenbei, unverbindlich sprechen; dahinsagen.
hin|spu|cken ⟨sw. V.; hat⟩: an eine bestimmte Stelle spucken: Ü wo man hinspuckt (salopp; überall [in dieser Gegend, Umgebung]); da kann man h. (ugs.; diese Stelle, dieser Ort liegt sehr nahe).
hin|star|ren ⟨sw. V.; hat⟩: **1.** auf eine bestimmte Stelle starren: zu jmdm. h. **2.** starrsinnig, hartnäckig auf, nach etw., jmdn. hinsehen.
hin|ste|hen ⟨unr. V.; ist⟩ (südd., österr., schweiz.): sich hinstellen: ♦ Sagt, wo ich h. soll (Schiller, Tell III, 3).
hin|steh|len, sich ⟨st. V.; hat⟩: sich an eine bestimmte Stelle heimlich hinbegeben.
hin|stel|len ⟨sw. V.; hat⟩: **1. a)** an eine bestimmte Stelle od. in einen bestimmten Zusammenhang stellen: dem Kind, für das Kind einen Teller h.; **b)** ⟨h. + sich⟩ sich an eine bestimmte Stelle stellen: sich aufrecht h.; **c)** (ugs.) errichten: unsere Firma stellt hier neue Häuser hin. **2.** abstellen, absetzen: den Koffer h. **3. a)** bezeichnen, charakterisieren: jmdn. als großen Dummkopf h.; jmdn. [jmdm.] als Vorbild h.; **b)** ⟨h. + sich⟩ sich bezeichnen, charakterisieren: sich als unschuldig h.; sich als guter Christ/(seltener:) als guten Christen h.
hin|steu|ern ⟨sw. V.⟩: **1.** ⟨hat⟩ jmdn., etw. zu einem bestimmten Ziel, in Richtung auf ein bestimmtes Ziel steuern. **2.** ⟨ist⟩ **a)** auf ein bestimmtes Ziel zusteuern: wir steuerten [mit unserem Schiff] zum Ufer hin; Ü wir steuerten zum Speisesaal hin; **b)** eine bestimmte Absicht verfolgen, einer bestimmten Tendenz folgen: auf ein Ziel h.
hin|stre|ben ⟨sw. V.; hat⟩: nach etw. streben, etw. erstreben: auf, nach etw. h.
hin|stre|cken ⟨sw. V.; hat⟩: **1.** entgegenstrecken, hinhalten: jmdm. zur Versöhnung die Hand h. **2.** (geh. veraltet) im Kampf töten, tot zu Boden strecken: einen Gegner h. **3.** ⟨h. + sich⟩ sich ausgestreckt hinlegen: sich auf den/den Boden h. **4.** ⟨h. + sich⟩ sich räumlich erstrecken: sich am Fluss h.
hin|strei|chen ⟨st. V.⟩: **1.** ⟨hat⟩ hinfahren (4 a). **2.** ⟨ist⟩ sich ganz nah über, an usw. etw., jmdn. hinbewegen: der Vogel streicht am Waldrand hin.
hin|streu|en ⟨sw. V.; hat⟩: an eine bestimmte Stelle streuen: den Vögeln Körner h.
hin|strö|men ⟨sw. V.; ist⟩: **a)** an eine bestimmte Stelle, zu etw. strömen; **b)** sich in großer Zahl hinbewegen.
hin|stür|zen ⟨sw. V.; ist⟩: **1.** zu Boden fallen, stürzen; hinfallen (1 a). **2.** zu einer bestimmten Stelle stürzen, eilen: zum Ausgang h.
♦ **hint** ⟨Adv.⟩ [mundartl. Form von ↑heint] (landsch.): heute [Nachts]: ... gibt h. Nacht noch Regen genug (Goethe, Götz V).

hint|an-, (auch:) hintenan- [älter: hindan(n) = von hier weg, mhd. hin dan (↑hin, ↑dannen), schon früh als Zus. aus älter hint = hinten u. ↑¹an empfunden] (geh.): bedeutet in Bildungen mit Verben zurück-, an letzte[r], unbedeutende[r] Stelle.

hint|an|set|zen ⟨sw. V.; hat⟩ (geh. veraltend): zurückstellen; auf einen nachgeordneten Rang, an die zweite Stelle verweisen.
Hint|an|set|zung, die; - (geh. veraltend): das Hintansetzen: unter H. der eigenen Interessen.

hint|an|ste|hen ⟨unr. V.; hat⟩ (geh.): zurückstehen.
hint|an|stel|len ⟨sw. V.; hat⟩ (geh.): zurückstellen (6 b): seine Bedenken, sein Privatleben, seinen Job h.
Hint|an|stel|lung, die; - (geh.): das Hintanstellen.
hin|ten ⟨Adv.⟩ [mhd. hinden(e), ahd. hintana, H. u.]: auf der abgewandten od. zurückliegenden Seite, Rückseite; auf der entfernteren Seite, im zurückliegenden, entfernteren Teil, Abschnitt: die Öffnung nach h.; jeder Wagen muss vorn und h. ein Kraftfahrzeugkennzeichen haben; ich durfte nicht nach vorn, sondern musste h. bleiben (zurückbleiben); h. im Auto; im Schubfach ganz [weit] h.; h. (verhüll.; am Gesäß) ein Geschwür haben; die anderen sind noch h. (ugs.; in ziemlich weitem Abstand [von hier]); ganz weit h.; da h., dort h.; h. (weit weg) im Wald; h. im Buch (in dem Teil, der zuletzt kommt); das wird weiter h. (unten) erklärt; ein Buch von vorn[e] bis h. (ganz, gründlich) lesen; nach h. (nach dem Hintergrund der Bühne hin) abgehen; (ugs.:) nach h. wohnen; der Wind kommt von h. [her]; jmdn. von h. überfallen; etw. von vorn und h. (von allen Seiten) betrachten; von h. (vom Ende her) anfangen; von h. (ugs.; Coitus a Tergo; [beim Geschlechtsverkehr] den Rücken dem Mann zuwendend); (zur spött. Kennzeichnung übertriebener Aufmerksamkeit gegenüber jmdm.:) wenn er da ist, heißt es gleich Herr Meier h., Herr Meier vorn; * **h. und vorn** (ugs.; in jeder Weise, Beziehung, in allen Dingen; bei jeder Gelegenheit: ihr Gehalt reicht h. und vorn[e] nicht); **weder h. noch vorn** (ugs.; in keiner Weise, Beziehung, nirgends); **nicht [mehr] wissen, wo h. und vorn ist** (ugs.; sich überhaupt nicht mehr auskennen, zurechtfinden u. völlig verwirrt sein); **es jmdm. vorn[e] und h. reinstecken** (salopp abwertend; jmdn. übermäßig mit Geschenken, Zuwendungen bedenken); **jmdm. h. hineinkriechen** (↑hineinkriechen); **h. nicht mehr hochkönnen** (ugs.: **1.** in einer schwierigen Lage, in Bedrängnis sein. **2.** [alt u.] körperlich am Ende sein); **h. Augen haben** (ugs.; alles sehen, schnell bemerken, sehr aufmerksam, wachsam sein); **h. keine Augen haben** (ugs.; nicht sehen können, was hinter einem vor sich geht; meist als ärgerliche Erwiderung auf einen Vorwurf); **h. bleiben** (ugs.; zurückbleiben, in der Rang-, Reihenfolge an unbedeutender Stelle bleiben); **h. sein** (geistig, in der Entwicklung usw. zurückgeblieben sein); **jmdn. am liebsten von h. sehen** (ugs.; jmdn. sehr ungern bei sich sehen, jmds. Anwesenheit [durchweg] als lästig, störend empfinden u. sich freuen, wenn er bald wieder geht); **jmdn. von h. ansehen** (salopp; jmdm. den Rücken zukehren, ihm Nichtachtung, Verachtung zeigen).

hin|ten|an-: ↑hintan-.

hin|ten|an|ste|hen ⟨unr. V.; hat, südd., österr., schweiz.: ist⟩: zurückstehen.
hin|ten|dran ⟨Adv.⟩ (ugs.): am, ans Ende, hinten daran (an eine[r] Sache).
hin|ten|drauf ⟨Adv.⟩ (ugs.): hinten darauf (auf eine[r] Sache): * **jmdm. eins, ein paar h. geben** (ugs.; jmdm. einen Schlag, ein paar Schläge aufs Gesäß geben).
hin|ten|he|raus ⟨Adv.⟩ (bes. von Gebäudeteilen, Räumen) nach hinten [zu]: h. gelegen sein, liegen.
hin|ten|he|rum ⟨Adv.⟩ (ugs.): **1. a)** hinten um etw. herum, um die hintere Seite herum: der Gast kam h. (durch den Hintereingang); **b)** (verhüll.) um das Gesäß herum, in der Gegend des Gesäßes: sie ist h. fülliger geworden. **2.** heimlich [u. illegal], auf versteckte Weise, auf Umwegen: etw. h. bekommen.
hin|ten|hin ⟨Adv.⟩: nach hinten, zur Rückseite hin.
hin|ten|nach ⟨Adv.⟩ (landsch., bes. südd., österr.): hinterher (2).
hin|ten|raus ⟨Adv.⟩ (ugs.): hintenheraus.
hin|ten|rum ⟨Adv.⟩ (ugs.): hintenherum.
hin|ten|über ⟨Adv.⟩: nach hinten, rückwärts hinter sich.
hin|ten|über|fal|len ⟨st. V.; ist⟩: nach hinten überkippend fallen.
hin|ten|über|kip|pen ⟨sw. V.; ist⟩: nach hinten überkippen.
hin|ten|über|stür|zen ⟨sw. V.; ist⟩: nach hinten überkippend [hin]stürzen.
hin|ten|über|wer|fen ⟨st. V.; hat⟩: über sich nach hinten werfen.
hin|ten|vor ⟨Adv.⟩: in Wendungen wie **jmdm. eins, etwas, ein paar h. geben** (landsch., bes. nordd.; ↑hintendrauf).
¹hin|ter ⟨Präp.⟩ [mhd. hinder, ahd. hintar, urspr. Komp., H. u.]: **1. a)** ⟨mit Dativ⟩ auf der Rückseite von, auf der abgewandten Seite von: h. dem Haus; im Kino h. jmdm. sitzen; h. dem/(ugs.:) hinterm Ladentisch stehen; h. dem Lenkrad sitzen (am Steuer sitzen u. fahren); die Sonne verbirgt sich h. den Wolken; einer h. dem anderen gehen (hintereinandergehen); die Tür h. sich schließen; die anderen Läufer h. sich lassen (hinter sich zurücklassen); h. diesem Satz (am Ende dieses Satzes) steht ein Fragezeichen; drei Kilometer h. der Grenze verläuft eine Straße; drei Kilometer h. Köln (als Köln drei Kilometer hinter uns lag) streikte der Motor; eine große Strecke h. sich (zurückgelegt) haben; h. der Säule hervortreten; Ü geschlossen h. jmdm., h. einer Resolution stehen (ihn, sie geschlossen unterstützen); h. diesen Aktionen steht eine durchdachte Methode (sie beruhen darauf); * **h. ... her** (hinter jmdm., hinter etw. in derselben [Bewegungs]richtung: h. jmdm. her zum Ufer gehen; (meist in trennbarer Zus. mit einem Verb:) h. jmdm. herlaufen, her sein); **b)** ⟨mit Akk.⟩ auf die Rückseite von, auf die abgewandte Seite von: das Buch ist h. das/(ugs.:) hinters Regal gefallen; h. den Nebensatz ein Komma setzen; Ü sich geschlossen h. jmdn., h. etw. stellen. **2. a)** ⟨mit Dativ⟩ in Bezug auf Rang, Reihenfolge an spätere, unbedeutendere Stelle: jmdn., etwas [weit] h. sich lassen (übertreffen, überflügeln); h. der Entwicklung, den Anforderungen zurückbleiben; h. jmdm. zurückstehen; **b)** ⟨mit Akk.⟩ in Bezug auf Rang-, Reihenfolge an spätere, unbedeutendere Stelle: er ist in seinen Leistungen h. seinem Vorgänger zurückgefallen. **3.** in Bezug auf eine vergangene, durchlebte, überstandene, durchlaufene Zeit **a)** ⟨mit Dativ⟩ etw. h. sich (etw. erlebt, durchlebt, überstanden, durchlaufen) haben; etw. liegt [weit] h. jmdm. (jmd. hat etw. [lange] hinter sich); **b)** ⟨mit Akk.⟩ diese Zustände reichen h. den (in die Zeit vor dem) Ersten Weltkrieg zurück. **4.** ⟨mit Dativ⟩ folgend auf; nach: h. jmdm. an die Reihe kommen; der Zug ist zehn Minuten h. der Zeit (landsch.; hat zehn Minuten Verspätung). **5.** ⟨als abgetrennter Teil von Adverbien wie »wohinter, dahinter«⟩ (ugs.): da sieht keiner h.
²hin|ter ⟨Adv.⟩ (ostmd., südd., österr.): nach hinten: h. in den Garten gehen.
hin|ter... ⟨Adj.⟩ [mhd. hinder, ahd. hintaro]: hinten befindlich: die hintere Tür; in der hintersten (letzten) Reihe sitzen; bei einem Wettlauf einen der hinteren (schlechten) Plätze belegen; ⟨subst.:⟩ die Hinter[st]en konnten kaum etwas sehen; * **das Hinterste zuvorderst kehren** (ugs.; alles auf den Kopf stellen); ↑Kopf 1).
Hin|ter|ab|sicht, die: unausgesprochene, versteckte Absicht.

Hin|ter|achs|an|trieb, der: Heckantrieb.
Hin|ter|ach|se, die (Technik): hintere Achse eines Fahrzeugs.
Hin|ter|an|sicht, die: hintere Ansicht (3).
Hin|ter|aus|gang, der: hinterer, an der Rückseite gelegener Ausgang.
Hin|ter|ba|cke, die (ugs.): ²Backe, Gesäßhälfte.
Hin|ter|bank, die ⟨Pl. ...bänke⟩: **1.** hintere Bank im Auto: auf der H. sitzen. **2.** hintere Bank eines Gestühls in einem Saal, bes. in einem Parlamentssaal.
Hin|ter|bänk|ler, der; -s, - [wohl nach der (unzutreffenden) Vorstellung, dass die unbedeutenderen Abgeordneten im Parlament weiter hinten sitzen; vgl. engl. backbencher = unbedeutender Abgeordneter (der nicht zur Regierung od. zum Schattenkabinett der Opposition gehört)]: **a)** jmd., der auf der Hinterbank (a) sitzt; **b)** (bildungsspr. abwertend) Abgeordneter, der im Parlament nicht hervortritt, nicht viel Einfluss hat.
Hin|ter|bänk|le|rin, die; -, -nen: w. Form zu ↑ Hinterbänkler.
Hin|ter|bein, das: eins der beiden hinteren Beine (bei Tieren): der Hund hebt an jedem Baum das H.; * sich auf die -e stellen/setzen (1. ugs.; sich wehren, sich widersetzen, sich sträuben, Widerstand leisten. 2. sich Mühe geben, sich anstrengen: wenn er versetzt werden will, muss er sich auf die -e setzen; übertragen von der Verteidigungs- bzw. Angriffsstellung vierbeiniger Tiere wie z. B. des Pferds od. des Bären).
Hin|ter|blie|be|ne, die/eine Hinterbliebene; der/einer Hinterbliebenen, die Hinterbliebenen/zwei Hinterbliebene: weibliche Person, die zu einer/einem Verstorbenen in einer engen [verwandtschaftlichen] Beziehung stand.
Hin|ter|blie|be|nen|für|sor|ge, die: (bes. im Rahmen der Sozialversicherung gewährte) staatliche Fürsorge für Hinterbliebene (bes. Witwen u. Waisen).
Hin|ter|blie|be|nen|ren|te, die: staatliche Rente für Hinterbliebene (bes. Witwen u. Waisen), die im Rahmen der Sozialversicherung gewährt wird.
Hin|ter|blie|be|nen|ver|sor|gung, die ⟨o. Pl.⟩: (staatliche) Versorgung für die Hinterbliebenen eines Beamten od. Soldaten (bes. für Witwen u. Waisen).
Hin|ter|blie|be|ner, der Hinterbliebene/ein Hinterbliebener; des/eines Hinterbliebenen, die Hinterbliebenen/zwei Hinterbliebene: jmd., der zu einer/einem Verstorbenen in einer engen [verwandtschaftlichen] Beziehung stand.
¹hin|ter|brin|gen ⟨unr. V.; hat⟩: **a)** jmdm. heimlich u. unauffällig über etw., was ihm eigentlich nicht bekannt werden sollte, in Kenntnis setzen; zutragen: jmdm. etw. h.; Man hat dem Pfarrer die sonderbare Beziehung Bernadettes zu Madame Millet schon hinterbracht (Werfel, Bernadette 180); ♦ **b)** (landsch.) [mit]bringen: ... und jedem von ihnen ein herrliches Geschenk hinterbracht hat (Stifter, Bergkristall 4).
²hin|ter|brin|gen ⟨unr. V.; hat⟩: **1.** (ostmd., südd., österr., ugs.) nach hinten bringen. **2.** (ostmd.) es fertigbringen, etw. hinunterzuschlucken, zu essen od. zu trinken: keinen Bissen h.
Hin|ter|büh|ne, die (Theater): **1.** hinterer Teil der Bühne. **2.** rückwärtiger Teil [hinter] der Bühne.
Hin|ter|deck, das (Seew.): hinteres Deck.
hin|ter|drein ⟨Adv.⟩ [aus ↑¹hinter u. ↑drein] (veraltend): hinterher.
hin|te|re: ↑hinter...
hin|ter|ei|n|an|der ⟨Adv.⟩: **1.** einer, eines hinter dem anderen, eine hinter der anderen: sich h. aufstellen; h. hinaufklettern; h. hergehen. **2.** unmittelbar aufeinanderfolgend; nacheinander: an drei Tagen h.; zweimal h.; acht Stunden h. arbeiten; die Vorträge finden direkt h. statt.
hin|ter|ei|n|an|der|fah|ren ⟨st. V.; ist⟩: einer hinter dem anderen, eine hinter der anderen, eines hinter dem anderen fahren.
hin|ter|ei|n|an|der|ge|hen ⟨unr. V.; ist⟩: vgl. hintereinanderfahren.
hin|ter|ei|n|an|der|her ⟨Adv.⟩: einer, eines hinter dem anderen her.
hin|ter|ei|n|an|der|lau|fen ⟨st. V.; ist⟩: vgl. hintereinanderfahren.
hin|ter|ei|n|an|der|le|gen ⟨sw. V.; hat⟩: einen hinter den anderen, eine hinter die andere, eines hinter das andere legen.
Hin|ter|ei|n|an|der|schal|tung, die; -, -en (Technik): das Hintereinanderschalten; Reihenschaltung.
hin|ter|ei|n|an|der|schrei|ben ⟨st. V.; hat⟩: eines hinter das andere schreiben.
hin|ter|ei|n|an|der|ste|hen ⟨unr. V.; hat, südd., österr. u. schweiz.: ist⟩: einer hinter dem anderen, eine hinter der anderen, eines hinter dem anderen stehen.
hin|ter|ei|n|an|der|stel|len ⟨sw. V.; hat⟩: vgl. hintereinanderlegen.
hin|ter|ei|n|an|der|weg ⟨Adv.⟩ (ugs.): ohne Pause, ohne abzusetzen, nacheinander: etw. h. verzehren, erledigen.
Hin|ter|ein|gang, der: hinterer, an der Rückseite gelegener Eingang.
Hin|te|rer, der Hintere/ein Hinterer; des/eines Hinteren, die Hinteren/zwei Hintere [mhd. hinder] (ugs. selten): Gesäß.
Hin|ter|feld, das (Badminton, Tennis, Volleyball): hinteres Feld (zwischen Aufschlaglinie u. Grundlinie).
Hin|ter|fes|sel, der: ²Fessel (1) des Hinterbeins.
Hin|ter|flü|gel, der (Insektenkunde): hinterer Flügel (bei einem Insekt).
hin|ter|fot|zig ⟨Adj.⟩ [H. u.] (derb): hinterhältig, hinterlistig, unaufrichtig.
Hin|ter|fot|zig|keit, die; -, -en (derb): **1.** ⟨o. Pl.⟩ heimtückische, hinterhältige Art. **2.** heimtückische, hinterhältige Äußerung, Handlung.
hin|ter|fra|gen ⟨sw. V.; hat⟩: nach den Hintergründen, Voraussetzungen, Grundlagen von etw. fragen: Voraussetzungen h.; etw. kritisch h.
Hin|ter|front, die: **1.** hintere Seite eines Gebäudes, hintere Front. **2.** (salopp) Rücken.
hin|ter|fül|len ⟨sw. V.; hat⟩ (Bauw.): den Hohlraum hinter, unter etw. mit stabilisierendem Material ausfüllen.
Hin|ter|fül|lung, die (Bauw.): **1.** das Hinterfüllen. **2.** Material, mit dem etw. hinterfüllt ist.
Hin|ter|fuß, der: Fuß des Hinterbeins.
Hin|ter|gau|men, der (Med., Sprachwiss.): hinterer, weicherer Gaumen (mit dem Zäpfchen).
Hin|ter|gau|men|laut, der: Velar.
Hin|ter|ge|dan|ke, der: unausgesprochene, versteckte Absicht, die einer Äußerung, Handlung zugrunde liegt: etw. ohne -n tun, sagen; er tat es mit den -n, dadurch einen Vorteil zu erlangen.
¹hin|ter|ge|hen ⟨unr. V.; hat⟩ [mhd. hindergān, urspr. = einen Feind umgehen u. von hinten anfallen]: **1.** durch unaufrichtiges Verhalten täuschen, betrügen: jmdn. h.; er hat seine Frau [mit einer Kollegin] hintergangen (er hat [mit einer Kollegin] Ehebruch begangen); sich von jmdm. hintergangen fühlen. **2.** (selten) listig, schlau umgehen: jmds. Anweisung h. **3.** (selten) auf die Hintergründe von etw. zurückgehen: ein Prinzip h.
²hin|ter|ge|hen ⟨unr. V.; ist⟩ (ostmd., südd., österr. ugs.): nach hinten gehen.
Hin|ter|ge|hung, die; -, -en ⟨Pl. selten⟩: das ¹Hintergehen.
Hin|ter|ge|stell, das (ugs. scherzh.): Gesäß.
Hin|ter|glas|bild, das: Hinterglasmalerei (2).

Hin|ter|glas|ma|le|rei, die: **1.** ⟨o. Pl.⟩ Kunst der Herstellung von Hinterglasmalereien (2). **2.** mit deckenden Farben auf die Rückseite einer durchsichtigen Glasfläche gemaltes Bild.
Hin|ter|glied, das: hinterer Bestandteil.
Hin|ter|glied|ma|ße, die ⟨meist Pl.⟩: hintere Gliedmaße.
Hin|ter|grund, der: **1. a)** hinterer, abschließender Teil des Blickfeldes bzw. des im Blickfeld liegenden Raums, Bereichs (von dem sich die Gegenstände abheben): ein heller, dunkler H.; der H. des Gemäldes; im H. sitzen; eine Stimme aus dem H.; Ü Sie schickten subalterne Leute ins Kabinett, begnügten sich, aus dem H. zu dirigieren (Feuchtwanger, Erfolg 10); * jmdn., etw. in den H. drängen (in seiner Bedeutung stark zurückdrängen, der Beachtung, des Einflusses berauben); jmdn. in den H. drängen (jmdn. in den Hintergrund drängen); in den H. treten/rücken/geraten (stark an Bedeutung, Beachtung verlieren); sich im H. halten (sich zurückhalten, nicht [öffentlich] in Erscheinung treten [wollen]); im H. bleiben (nicht [öffentlich] in Erscheinung treten, nicht die Aufmerksamkeit auf sich ziehen [wollen]); im H. stehen (wenig beachtet werden); **b)** begleitender Teil od. Randbereich des Wahrgenommenen, des Erlebten: der akustische H. **2. a)** Gesamtheit der wenig hervortretenden [vorgegebenen] Umstände, Bedingungen im Zusammenhang mit einer Situation od. einem Geschehen: der gesellschaftliche H.; die Handlung des Theaterstücks hat einen geschichtlichen H. (beruht auf geschichtlichen Fakten), spielt auf, vor dem H. der Französischen Revolution; im H. steht der Gedanke, dass sie das schon einmal gesagt hatte; * im H. haben (ugs.; [als Überraschung] in Reserve haben); **b)** Gesamtheit der verborgenen Zusammenhänge im Hintergrund (2 a), die eine Erklärung für etw. enthalten. **3.** ⟨Pl. selten⟩ Background (2).
Hin|ter|grund|be|leuch|tung, die: als optischer Hintergrund (1 b) gestaltete Beleuchtung.
Hin|ter|grund|be|richt, der: Bericht, der Hintergrundinformationen liefert, den Hintergrund (2 b) von etw. erhellt.
Hin|ter|grund|bild, das: Bild, das den Hintergrund (1 a) zu etw. abgibt.
Hin|ter|grund|ge|spräch, das: Gespräch, in dem die Hintergründe (2) von etw. besprochen werden.
hin|ter|grün|dig ⟨Adj.⟩: schwer durchschaubar, aber eine tiefere Bedeutung enthaltend, rätselhaft u. bedeutsam: ein hintergründiges Lächeln; -er Humor; h. fragen.
Hin|ter|grün|dig|keit, die; -, -en: **1.** ⟨o. Pl.⟩ das Hintergründigsein. **2.** hintergründige Äußerung.
Hin|ter|grund|in|for|ma|ti|on, die: Information, die den Hintergrund (2 b) von etw. erhellt, liefern.
Hin|ter|grund|mu|sik, die: als akustischer Hintergrund (1 b) gedachte untermalende od. einstimmende Musik (bes. in Filmen od. in Räumlichkeiten wie Kaufhäusern, Restaurants usw.): im Verkaufsraum lief eine dezente H.
Hin|ter|grund|wis|sen, das: die Fundierung bes. eines Fachgebietes darstellendes Wissen.
Hin|ter|halt, der; -[e]s, -e [mhd. hinderhalt]: **1.** Ort, an dem jmd. in feindlicher Absicht auf jmd. anderen lauert: im H. lauern, liegen; jmdn. in einen H. locken, in einen H. geraten, fallen; jmdn. aus dem H. beobachten, überfallen; Schüsse aus dem H.; Ü aus dem H. (Sport; aus, in nur scheinbar ungefährlicher Position, aus der heraus eine überraschende Aktion erfolgt); * im H. haben (ugs.; in Reserve haben). **2.** ⟨o. Pl.⟩ (veraltet) **a)** Zurückhaltung; **b)** Rückhalt; ♦ **c)** Hintergedanke;

...weil sie hinter meinem Betragen immer Geheimnisse sucht und ich keine habe. – So gar keine? – Eh nun! einen kleinen H. (Goethe, Egmont III).

hin|ter|hal|ten ⟨st. V.; hat⟩ (veraltet): **a)** *zurückhalten; vorenthalten:* ◆ Beraubt er nicht des eignen Bruders Kind und hinterhält ihm sein gerechtes Erbe? (Schiller, Tell II, 2); ◆ **b)** *hinterhältig, verlogen sein:* Ich habe nicht gelernt zu h. (Goethe, Iphigenie IV, 1).

hin|ter|häl|tig ⟨Adj.⟩: *Harmlosigkeit vortäuschend, aber Böses bezweckend:* ein -er Mensch; ein -es Lächeln; ein -er Mord; Ü Die Treppe ist schäbig, schmal, h. (*ist gefährlich;* Koeppen, Rußland 185).

Hin|ter|häl|tig|keit, die; -, -en: **1.** ⟨o. Pl.⟩ *das Hinterhältigsein, hinterhältiges Wesen.* **2.** *hinterhältige Handlung.*

Hin|ter|hand, die: **1.** (Kartenspiele) **a)** *Position des Spielers, der zuletzt ausspielt:* in H. sitzen, sein; * **in der H. sein, sitzen** (*in der Lage sein, als Letzter u. in Kenntnis des Vorausgegangenen zu handeln bzw. sich zu äußern*); **in der H. haben, halten, besitzen** (*etw. für einen bestimmten Zweck in Bereitschaft haben, es aber noch zurückhalten, um es zu gegebener Zeit überraschend anzubringen [u. damit einen Trumpf auszuspielen]*); **b)** *Spieler, der in Hinterhand sitzt.* **2.** *Paar der Hinterbeine mit den Hinterbacken von größeren Säugetieren, bes. Pferden.*

Hin|ter|haupt, das (bes. Anat., sonst geh.): *Hinterkopf.*

Hin|ter|haupt|bein, Hinterhauptsbein, das (Anat.): *den hintersten Abschnitt des Schädels bildender Knochen.*

Hin|ter|haupt|la|ge, Hinterhauptslage, die (Med.): *Lage des Kindes bei der Geburt, bei der das Hinterhaupt zuerst austritt.*

Hin|ter|haupts|bein: ↑ Hinterhauptbein.

Hin|ter|haupts|la|ge: ↑ Hinterhauptlage.

Hin|ter|haus, das: **a)** *Haus im Hinterhof eines an die Straße grenzenden Hauses:* sie wohnten in der Fasanenstraße im dritten H.; **b)** *hinterer Teil eines größeren an der Straße gelegenen Hauses.*

Hin|ter|haus|woh|nung, die: *Wohnung im Hinterhaus.*

hin|ter|her ⟨Adv.⟩ [aus ↑ ¹hinter u. ↑ her]: **1.** *hinter jmdm., hinter etw. her; hinter jmdm., etw. in derselben [Bewegungs]richtung:* er voran, die andern h.; die Polizei war ihm h. (ugs.; *verfolgte ihn*); Ü in mit seinen Leistungen h. sein (ugs.; *zurückgeblieben sein*); h. sein (ugs.; *sich darum bemühen, darauf bedacht sein*), dass kein Fehler unterläuft. **2.** [auch: 'hin...] *nachher, danach:* h. ist man meistens klüger.; Meine Mutter machte Bratkartoffeln und wärmte grüne Bohnen auf. Und für h. kochte sie einen Grießpudding (Kempowski, Uns 120).

hin|ter|her|bli|cken ⟨sw. V.; hat⟩: *jmdm., einer Sache nachblicken.*

hin|ter|her|fah|ren ⟨st. V.; ist⟩: *hinter jmdm., hinter etw. herfahren:* er ist [ihm] hinterhergefahren.

hin|ter|her|ge|hen ⟨unr. V.; ist⟩: *hinter jmdm., hinter etw. hergehen:* sie ist [den Kindern] hinterhergegangen.

hin|ter|her|hin|ken ⟨sw. V.; ist⟩: **1.** *hinter jmdm., hinter etw. hinkend hergehen; hinkend folgen.* **2.** *(zeitlich, in einer Entwicklung, Tätigkeit usw.) zurückbleiben:* der Entwicklung h.

hin|ter|her|ja|gen ⟨sw. V.⟩: **1.** *hinter jmdm., etw. herjagen* (2): dem Ball h. **2.** *sich in unangemessener Abhängigkeit von seinen Zwecken, Zielen eifrig bemühen, etw. für sich zu gewinnen, zu verwirklichen o. Ä.; hinterlaufen* (3): dem Glück, einem Traum, dem Geld h.

hin|ter|her|kle|ckern ⟨sw. V.; ist⟩ (ugs. abwertend): **1.** *zurückbleiben und hinterherkommen:* bei einem Ausflug h. **2.** *sich mit etw. verspäten, mit etw. zu spät kommen:* mit der Erledigung von Aufträgen h.

hin|ter|her|kom|men ⟨st. V.; ist⟩: **1.** *hinter jmdm., etw. hergehen, -fahren, -fliegen usw.:* an der Spitze fuhren drei Motorräder, die anderen Fahrzeuge kamen hinterher. **2.** *danach kommen, erscheinen, sich zeigen.*

hin|ter|her|lau|fen ⟨st. V.; ist⟩: **1.** vgl. hinterherfahren: das Kind ist dem davonrollenden Ball hinterhergelaufen. **2.** *hinterhergehen, -wandern usw.* **3.** (ugs.) *sich in unangemessener Abhängigkeit von seinen Zwecken, Zielen eifrig bemühen, jmdn., etw. für sich zu gewinnen:* einem Auftrag h.; er muss seinen Schuldnern h.

hin|ter|her|ren|nen ⟨unr. V.; ist⟩: *hinterherlaufen* (1, 3).

hin|ter|her|ru|fen ⟨st. V.; hat⟩: *hinter jmdm., hinter etw. herrufen.*

hin|ter|her|schi|cken ⟨sw. V.; hat⟩: *hinter jmdm., hinter etw. herschicken:* jmdm. einen Boten h.

hin|ter|her|schrei|en ⟨st. V.; hat⟩: *hinter jmdm., hinter etw. herschreien.*

hin|ter|her|spi|o|nie|ren ⟨sw. V.; hat⟩: *jmdn. beobachten, um etw. über ihn herauszubekommen.*

hin|ter|her|tra|gen ⟨st. V.; hat⟩: *hinter jmdm., hinter etw. hertragen.*

hin|ter|her|wer|fen ⟨st. V.; hat⟩: *nachwerfen* (1, 2).

Hin|ter|hof, der: *von Hinterhäusern eingeschlossener engerer Hof [mit wenig Sonne u. wenig Grün].*

Hin|ter|huf, der: *Huf des Hinterbeins.*

Hin|ter|in|di|en, -s: *südöstliche Halbinsel Asiens.*

Hin|ter|kan|te, die: *hintere Kante von etw.*

Hin|ter|keu|le, die (Kochkunst): *Keule vom Hinterbein.*

Hin|ter|kopf, der: *hinterer Teil des Kopfes:* auf den H. fallen; er hat einen H. (ugs.; *sein Hinterkopf ist ganz flach*); * **etw. im H. haben/behalten** (*als Wissen, [wichtige] Erinnerung, unausgesprochene Voraussetzung im Bewusstsein haben, behalten*).

Hin|ter|la|der, der: **1.** (Waffent.) *Feuerwaffe, die vom hinteren Ende des Laufs od. Rohres her geladen wird.* **2.** (veraltet) *Kinderhose mit aufknöpfbarer hinterer Klappe.*

Hin|ter|la|ge, die; -, -n [zu ↑ ¹hinterlegen (1)] (schweiz.): *Faustpfand.*

Hin|ter|land, das ⟨o. Pl.⟩: *um einen zentralen Ort herum od. hinter einer wichtigen Grenzlinie liegendes Land (bes. in seiner geografischen, verkehrsmäßigen, wirtschaftlichen, kulturellen, politischen od. militärischen Abhängigkeitsbeziehung zu diesem Ort, zu dieser Linie):* das H. einer Stadt; Nachschub aus dem H. an die Front holen.

¹hin|ter|las|sen ⟨st. V.; hat⟩: **1. a)** *nach dem Tode zurücklassen:* eine Frau und vier Kinder h.; viele Schulden h.; hinterlassene (*posthum gelassene*) Schriften; **b)** *nach dem Tode als Vermächtnis, Erbe überlassen:* dem Sohn ein Grundstück h. **2. a)** *beim Verlassen eines Ortes zurücklassen:* ein Zimmer in großer Unordnung h.; **b)** *beim Verlassen eines Ortes zur Kenntnisnahme zurücklassen:* [jmdm., für jmdn.] eine Nachricht h.; er hinterließ [auf einem Zettel], dass er bald wiederkomme; Das Zimmer war aufgeräumt und leer. Joan war fort. Er sah sich um. Sie hatte nichts hinterlassen (Remarque, Triomphe 115). **3.** *durch vorausgehende Anwesenheit, Einwirkung verursachen, hervorrufen; als Wirkung zurücklassen:* im Sand Spuren h.; [bei jmdm.] einen guten Eindruck h.

²hin|ter|las|sen ⟨sw. V.; hat⟩ (ostmd., südd., österr.,

ugs.): *nach hinten gehen, kommen, fahren usw. lassen:* lass mich mal hinter!

Hin|ter|las|se|ne, die/eine Hinterlassene; der/einer Hinterlassenen, die Hinterlassenen/zwei Hinterlassene (schweiz.): *Hinterbliebene.*

Hin|ter|las|se|ner, der Hinterlassene/ein Hinterlassener; des/eines Hinterlassenen, die Hinterlassenen/zwei Hinterlassene (schweiz.): *Hinterbliebener.*

Hin|ter|las|sen|schaft, die; -, -en: **1.** *von einem Verstorbenen (z. B. als Vermächtnis, Erbe) Hinterlassenes:* * **jmds. H. antreten** (1. *jmds. Erbschaft antreten.* ugs. scherzh.; *die von jmdm. verlassene Stelle, zurückgelassene unvollendete Arbeit o. Ä. übernehmen*). **2.** *beim Verlassen eines Ortes Zurückgelassenes; Hinterlassenes:* in dieser fruchtbaren Landschaft finden sich -en aus frühgeschichtlicher Zeit; der Campingplatz war übersät mit den -en früherer Camper; Hundebesitzer müssen die H. (verhüll.; *den Kot*) ihres Hundes beseitigen.

Hin|ter|las|sung, die; - (Papierdt.): *das Hinterlassen:* unter H. von Schulden.

hin|ter|las|tig ⟨Adj.⟩: *(von Schiffen, Flugzeugen) hinten stärker belastet als vorn.*

Hin|ter|lauf, der (Jägerspr.): *(beim Haarwild, bei Haushund u. Hauskatze) Hinterbein.*

¹hin|ter|le|gen ⟨sw. V.; hat⟩: **1.** *in [amtliche] Verwahrung geben, gesichert aufbewahren lassen:* etw. als Pfand h.; eine Kaution h.; den Schlüssel beim Hausmeister h. **2.** (selten) *unterlegen.*

²hin|ter|le|gen ⟨sw. V.; hat⟩ (ostmd., südd., österr., ugs.): *nach hinten legen.*

Hin|ter|le|ger, der; -s, - (Rechtsspr.): *jmd., der etw. hinterlegt.*

Hin|ter|le|ge|rin, die; -, -nen: w. Form zu ↑ Hinterleger.

Hin|ter|le|gung, die; -, -en: *das Hinterlegen.*

Hin|ter|le|gungs|schein, der: *Bescheinigung, Quittung, die bestätigt, dass etw. hinterlegt wurde.*

Hin|ter|le|gungs|stel|le, die: *[gerichtliche, amtliche] Stelle, bei der etw. hinterlegt werden kann.*

Hin|ter|le|gungs|sum|me, die (Rechtsspr.): *hinterlegte Summe.*

Hin|ter|leib, der: *(bes. bei Insekten) hinterer Teil (dritter Hauptabschnitt) des Leibes.*

hin|ter|letzt... ⟨Adj.⟩ (salopp): *äußerst schlecht, hässlich, geschmacklos.*

Hin|ter|list, die ⟨Pl. selten⟩ [mhd. hinterlist = Nachstellung]: *Wesen, Verhalten, das von dem Streben bestimmt ist, jmdm. heimlich, auf versteckte Weise, auf Umwegen zu schaden:* voller H. sein; etw. für eine H. (*hinterlistige Handlung, Äußerung*) halten.

hin|ter|lis|tig ⟨Adj.⟩ [mhd. hinterlistec = nachstellend]: *mit Hinterlist vorgehend; voller Hinterlist:* ein -er Mensch; jmdn. h. betrügen; Ich habe ein Tonbandgerät gekauft, um eure Gespräche aufzunehmen, Gespräche ohne mich. Das ist h., ich weiß (Frisch, Gantenbein 413).

Hin|ter|lis|tig|keit, die: **1.** ⟨o. Pl.⟩ *das Hinterlistigsein, hinterlistiges Wesen.* **2.** *hinterlistige Handlung.*

hin|term ⟨Präp. + Art.⟩ (in festen Verbindungen o. Ä.; sonst ugs.): *hinter dem.*

Hin|ter|mann, der ⟨Pl. ...männer, seltener auch: ...leute⟩: **1. a)** *jmd., der (in einer Reihe, Gruppe o. Ä.) unmittelbar hinter einem, einer andern steht, geht, sitzt, fährt o. Ä.:* dein H.; H.! (Ballspiele; *Vorsicht, hinter dir, hinter diesem Spieler steht ein gegnerischer Spieler!*); **b)** ⟨Pl.⟩ *(bei einigen Ballspielen) Abwehrspieler.* **2.** *heimlicher Gewährsmann.* **3.** *jmd., der eine fragwürdige od. verwerfliche Aktion aus dem Hintergrund lenkt; Drahtzieher:* die Hintermänner des Putsches. **4.** (Finanzw.) *späterer Wechselinhaber.*

Hintermannschaft – hinüberfliegen

Hin|ter|mann|schaft, die (Ballspiele): *Teil der Mannschaft, der hauptsächlich Abwehraufgaben zu erledigen hat.*

hin|ter|mau|ern ⟨sw. V.; hat⟩ (Bauw.): *durch Mauerung auf der Rückseite befestigen, verstärken:* eine Wand h.

hin|tern ⟨Präp. + Art.⟩ (in festen Verbindungen o. Ä.; sonst ugs.): *hinter den.*

Hin|tern, der; -s, - [mhd. hinder(e), zu ↑ Hinterer; das -n stammt aus den gebeugten Fällen] (ugs.): *Gesäß:* ein dicker H.; den H. zusammenkneifen; sich den H. wischen; einem Kind den H. [ab]putzen, abwischen; jmdm. den H. verhauen, versohlen; den H. voll[gehauen] bekommen; auf den H. fallen; jmdm. ein paar auf den H. geben; sich auf seinen H. setzen (salopp verstärkend; sich hinsetzen) [und lernen]; jmdm./jmdn. in den H. treten; mit dem H. wackeln; * **sich mit etw. den H. [ab]wischen können** (derb; *etw. besitzen, was sich als völlig wertlos herausstellt hat:* mit diesen Aktien kannst du dir den H. wischen); **sich** ⟨Dativ⟩ **den H. aufreißen** (derb; ↑ Arsch 1); **sich auf den H. setzen** (salopp: 1. *fleißig lernen, arbeiten o. Ä.:* du musst dich eben auf den H. setzen, wenn du die Prüfung schaffen willst. 2. *aufs Gesäß fallen.* 3. *völlig überrascht sein*); **sich in den H. beißen [können]** (salopp; *sich sehr ärgern*); **jmdm. in den H. kriechen/**(seltener:)**jmdm. den H. lecken** (derb; ↑ Arsch 1); **jmdm./jmdn. in den H. treten** (salopp: *jmdn. mit groben Mitteln zu etwas veranlassen, antreiben*); **jmdm. mit dem [nackten] H. ins Gesicht springen** (derb; *jmdm. ins Gesicht springen;* ↑ ¹Gesicht 1).

Hin|ter|par|tie, die (ugs.): *hintere Körperpartie (Gesäß [u. Rücken]).*

Hin|ter|pfo|te, die: *Pfote des Hinterbeins.*

Hin|ter|rad, das: *hinteres Rad, Rad an der Hinterachse eines Fahrzeugs.*

Hin|ter|rad|an|trieb, der (Kfz-Technik): *auf die Hinterräder wirkender Antrieb; Heckantrieb.*

Hin|ter|rad|fah|rer, der (Radsport): *Fahrer, der sich dicht am Hinterrad eines vor ihm Fahrenden u. damit in dessen Windschatten hält.*

Hin|ter|rad|fah|re|rin, die: w. Form zu ↑ Hinterradfahrer.

Hin|ter|rad|ga|bel, die: *Gabel (3 c) des Hinterrades.*

Hin|ter|rei|fen, der: *Reifen des Hinterrads.*

hin|ter|rücks ⟨Adv.⟩ [spätmhd. hinterrucks (2. Bestandteil = alter Gen. von ↑ ¹Rücken)] (abwertend): 1. *überraschend, heimtückisch von hinten:* jmdn. h. überfallen. 2. (veraltend) *ohne Wissen, hinter dem Rücken des Betroffenen:* jmdn. h. verleumden.

hin|ters ⟨Präp. + Art.⟩ (in festen Verbindungen o. Ä.; sonst ugs.): *hinter das.*

Hin|ter|sass, der; -en, -en, (schweiz.): **Hin|ter|säss**, der; -en, -en, **Hin|ter|sas|se**, der; -n, -n [mhd. hindersæze, ↑ Sass] (Geschichte): a) *von einem Grundherrn abhängiger u. rechtlich vertretener Bauer: die Hintersassen eines Feudalherrn;* b) (schweiz.) *[zugezogener] Einwohner ohne Bürgerrecht.*

Hin|ter|schiff, das: *hinterer Teil des Schiffs.*

Hin|ter|schin|ken, der: vgl. Schinken (1).

Hin|ter|sei|te, die: 1. *hintere Seite, Rückseite:* auf der H. 2. (ugs.) *Gesäß.*

Hin|ter|sinn, der: 1. *hintergründiger Sinn, tiefere Bedeutung.* 2. *geheimer bzw. unausgesprochener Nebensinn, Doppelsinn:* etw. ohne H. sagen.

hin|ter|sin|nig ⟨Adj.⟩: a) *mit Hintersinn, voller Hintersinn (1): eine -e Erzählung;* b) *einen Hintersinn (2) enthaltend, ausdrückend:* eine -e Bemerkung.

Hin|ter|sin|nig|keit, die; -, -en: 1. ⟨o. Pl.⟩ *hintersinnige Art.* 2. *hintersinnige Äußerung.*

Hin|ter|sitz, der: *Rücksitz.*

hin|terst...: ↑ hinter...

Hin|ters|ter, der: *Hinterste/ein Hinterster; des/eines Hintersten; die Hintersten/zwei Hinterste* (ugs.): *Gesäß.*

Hin|ter|stel|ven, der: 1. (Seemannsspr.) *hinterer Steven.* 2. (landsch. scherzh.) *Gesäß.*

Hin|ter|stüb|chen, das: Vkl. zu ↑ Hinterstube.

Hin|ter|stu|be, die: vgl. Hinterzimmer.

Hin|ter|teil, das: 1. (ugs.) *Gesäß; hinterer Körperteil:* aufs H., auf sein H. fallen. 2. ⟨veraltet auch: der⟩ (selten) *hinterer Teil.*

Hin|ter|tref|fen, das [eigtl. der beim Kampf (Treffen) hinten stehende Teil des Heeres ohne Anteil an den Vergünstigungen im Falle eines Sieges] (ugs.): in den Wendungen **ins H. geraten/kommen/gelangen** (*im Vergleich, im Wettbewerb o. Ä. in eine ungünstige Lage geraten, kommen*); **im H. sein/liegen**; **sich im H. befinden** (*im Vergleich, im Wettbewerb o. Ä. in einer ungünstigen Lage sein; im Nachteil sein*); **jmdn., etw. ins H. bringen** (*bewirken, dass jmd., etw. im Vergleich, im Wettbewerb in eine ungünstige Lage gerät*).

hin|ter|trei|ben ⟨st. V.; hat⟩: *es heimlich u. mit zweifelhaften od. unlauteren Mitteln darauf anlegen, dass etw. nicht zur Ausführung gelangt:* einen Plan, eine Einigung der Partner, jmds. Maßnahmen h.; Die Welt wird sich wundern, wenn Sie eine Verfügung Ihres Präsidenten hintertreiben! (Erich Kästner, Schule 28).

Hin|ter|trep|pe, die: *Treppe, die zum Hintereingang hinauf-, hinabführt:* die H. benutzen; heimlich über die H. kommen; Ü die Politik, Weltgeschichte von der H. aus betrachten, beurteilen; sich jmdm. überlegen fühlen, der solche -n (*Umwege, Schleichwege*) braucht.

Hin|ter|trep|pen|ro|man, der [viell. weil Romane dieser Art früher von den Dienstboten eines Hauses heimlich an der Hintertreppe, am Dienstboteneingang gekauft wurden] (bildungsspr. abwertend): *für ein anspruchsloses Publikum bestimmter Unterhaltungsroman von literarisch geringer Qualität; Schundroman.*

hin|ter|tü|ckisch ⟨Adj.⟩ (landsch.): *hinterlistig u. tückisch.*

Hin|ter|tup|fin|gen [erfundener Ortsn.] (ugs. spött.): *[irgendein] kleiner, abgelegener Ort.*

Hin|ter|tür, die: 1. *hintere [Eingangs]tür (bes. eines Hauses, Gebäudes):* sie verließen den Laden durch die H.; Ü *durch die H. wieder hereinkommen (nach einer Abweisung hartnäckig bleiben u. auf unübliche od. versteckten Wegen od. Umwegen [immer wieder] [auf etw.] zurückkommen).* 2. *versteckte Möglichkeit, etw. auf nicht [ganz] einwandfreie Weise od. Umwege zu erreichen, sich einer Sache zu entziehen:* die -en der Buchführung; * **durch die/durch eine H.** (*auf versteckten, nicht [ganz] einwandfreien Wegen u. Umwegen; auf Schleichwegen*); **sich, jmdm. eine H. offen halten, offen lassen** (*sich, jmdm. eine versteckte od. nicht [ganz] einwandfreie Möglichkeit des Rückzugs, eine Ausflucht bewahren:* er hatte sich stets eine H. offen gehalten).

Hin|ter|tür|chen, das: Vkl. zu ↑ Hintertür (2).

Hin|ter|vier|tel, das: 1. (ugs.) *Gesäß.* 2. *aus Hinterteil u. Schenkel bestehender Teil (bes. beim Schlachtvieh).*

Hin|ter|wäld|ler, der; -s, - [LÜ von engl. backwoodsman, eigtl. Bezeichnung für die Ansiedler im Osten Nordamerikas jenseits des Alleghenygebirges] (spött.): *weltfremder, rückständiger [u. bäurischer] Mensch.*

Hin|ter|wäld|le|rin, die; -, -nen: w. Form zu ↑ Hinterwäldler.

hin|ter|wäld|le|risch ⟨Adj.⟩ (spött.): *in der Art eines Hinterwäldlers.*

¹hin|ter|zie|hen ⟨unr. V.; hat⟩: (Steuern o. Ä.) *nicht zahlen, unterschlagen:* Steuern h.

²hin|ter|zie|hen ⟨unr. V.⟩ (ostmd., südd., österr. ugs.): 1. ⟨hat⟩ *nach hinten ziehen.* 2. ⟨ist⟩ *(von vorn) nach hinten umziehen.*

Hin|ter|zie|hung, die; -, -en: *das* ¹Hinterziehen: *er wurde wegen H. von Steuern angeklagt.*

Hin|ter|zim|mer, das: 1. *nach hinten [hinaus] liegendes Zimmer.* 2. *separates [hinteres] Gastzimmer, in das man durch ein anderes Gastzimmer gelangt.* 3. *privates Nebenzimmer, hinteres Zimmer (bes. hinter dem Ladenraum, hinter der Gaststube o. Ä.).*

hin|tra|gen ⟨st. V.; hat⟩: vgl. hinbringen (1 a): etw. zu jmdm. h.

hin|trei|ben ⟨st. V.⟩: 1. ⟨hat⟩ a) *zu einer bestimmten Stelle treiben;* b) *jmdn. bewegen, veranlassen, irgendwohin zu gehen, sich mit jmdm. od. etw. Bestimmtem näher zu befassen o. Ä.:* Sehnsucht trieb ihn zu ihr hin; ⟨unpers.:⟩ es trieb ihn immer wieder hin. 2. ⟨hat⟩ *treibend [da]hinbewegen (über, an usw.).* 3. ⟨ist⟩ *sich treibend hinbewegen.*

hin|tre|ten ⟨st. V.⟩: 1. ⟨ist⟩ *[in bestimmter Erwartung, mit bestimmter Absicht] an eine Stelle bzw. vor jmdn./zu jmdm. treten:* näher zum Ufer h.; [mit einer Frage] vor jmdn. h. 2. ⟨hat⟩ *gegen etw. Bestimmtes treten; zutreten:* fest h.

hint|über ⟨Adv.⟩: ↑ hintenüber.

hin|tun ⟨unr. V.; hat⟩ (ugs.): *an eine bestimmte Stelle legen, stellen usw.:* wo soll ich das Buch h.?; Ü wo soll ich ihn bloß h. (*woher kenne ich ihn bloß*)?

hin|tup|fen ⟨sw. V.; hat⟩: *tupfend an einer bestimmten Stelle erzeugen, bes. tupfend hinmalen.*

hi|n|ü|ber ⟨Adv.⟩ [aus ↑ hin u. ↑ über]: 1. *[von dieser Seite, Stelle] [über jmdn., etw.] nach [dort] drüben:* h. auf die andere Seite!; sich nach rechts h. erstrecken; h. und herüber; der Lärm schallte bis h. [ans andere, zum anderen Ufer]; sie ist gerade h. (ugs.; *nach drüben gegangen, gefahren*) zu ihm; Ü ein Problem, das [bis] h. in die Philosophie reicht. 2. (ugs.) a) *gestorben, tot:* der Hund ist h.; b) *zugrunde gerichtet:* die Firma ist endgültig h.; c) *durch starke Beschädigung od. Abnutzung nicht mehr brauchbar:* die Vase ist h.; d) *verdorben:* die Wurst ist h.; e) *eingeschlafen od. ohne Bewusstsein:* sie war h. und schnarchte selig; f) *schwer betrunken:* nach dem zehnten Glas war er völlig h.; g) *von Leidenschaft, Begeisterung ergriffen:* wir waren von der Musik völlig h.

hi|n|ü|ber|be|för|dern ⟨sw. V.; hat⟩: vgl. hinüberbringen.

hi|n|ü|ber|be|ge|ben, sich ⟨st. V.; hat⟩ (geh.): *sich nach drüben begeben.*

hi|n|ü|ber|be|mü|hen ⟨sw. V.; hat⟩ (geh.): 1. *nach drüben bemühen.* 2. ⟨h. + sich⟩ *sich nach drüben bemühen.*

hi|n|ü|ber|beu|gen ⟨sw. V.; hat⟩: *über jmdn., etw. nach drüben beugen:* sich [zu, nach jmdm.] h.

hi|n|ü|ber|bli|cken ⟨sw. V.; hat⟩: *[über etw. hinweg] zu jmdm., etw. blicken.*

hi|n|ü|ber|brin|gen ⟨unr. V.; hat⟩: *[über etw. hinüber] nach drüben bringen.*

hi|n|ü|ber|däm|mern ⟨sw. V.; ist⟩: 1. *im Dämmerzustand langsam einschlafen.* 2. (geh.) *im Dämmerzustand langsam sterben:* still h.

hi|n|ü|ber|dür|fen ⟨unr. V.; hat⟩ (ugs.): 1. *hinübergehen, -kommen, -fahren usw. dürfen.* 2. *hinübergebracht, -gesetzt, -gestellt usw. werden dürfen.*

hi|n|ü|ber|fah|ren ⟨st. V.⟩: 1. ⟨ist⟩ *nach drüben fahren: [über die Grenze] nach Frankreich h.* 2. ⟨hat⟩ *[über etw. hinüber] nach drüben fahren:* den Wagen [auf die andere Seite] h.

hi|n|ü|ber|flie|gen ⟨st. V.⟩: 1. ⟨ist⟩ *nach drüben*

fliegen (1, 2, 4, 11). **2.** ⟨hat⟩ *nach drüben fliegen* (7), *mit einem Luftfahrzeug befördern, transportieren.*
hi|n|ü|ber|füh|ren ⟨sw. V.; hat⟩: **1.** *nach drüben führen* (1 a): *jmdn. ins Nebenzimmer h.* **2.** *nach drüben führen, verlaufen.* **3.** *nach drüben führen* (7 c): *unsere Reise führte uns ins Bergische Land hinüber.*
hi|n|ü|ber|ge|hen ⟨unr. V.; ist⟩: **1.** *nach drüben gehen:* sie ging zu ihm hinüber. **2.** (geh. verhüll.) *sterben.*
hi|n|ü|ber|ge|lan|gen ⟨sw. V.; ist⟩ (geh., bes. schriftspr.): *nach drüben gelangen.*
hi|n|ü|ber|glei|ten ⟨st. V.; ist⟩: *nach drüben gleiten* (1 b): *Ü im Schlaf h.*
hi|n|ü|ber|grei|fen ⟨st. V.; hat⟩: *nach drüben greifen:* Ü *die Frage greift in die Philosophie hinüber.*
¹hi|n|ü|ber|hän|gen ⟨st. V.; hat⟩: *[bis] nach drüben* ¹*hängen.*
²hi|n|ü|ber|hän|gen ⟨sw. V.; hat⟩: *nach drüben* ²*hängen.*
hi|n|ü|ber|hel|fen ⟨st. V.; hat⟩: *nach drüben helfen:* jmdm. [über ein Hindernis] h.; Ü jmdm. über Schwierigkeiten h. *(hinweghelfen; helfen, sie zu überwinden);* (bes. iron.:) *jmdm. [ins Jenseits] h.*
hi|n|ü|ber|kom|men ⟨st. V.; ist⟩: **1.** *nach drüben kommen.* **2.** (ugs.) *jmdn., der nicht weit entfernt wohnt, besuchen.*
hi|n|ü|ber|las|sen ⟨st. V.; hat⟩: *hinübergehen, -fahren usw. lassen.*
hi|n|ü|ber|lau|fen ⟨st. V.; ist⟩: *nach drüben laufen.*
hi|n|ü|ber|leh|nen, ⟨sw. V.; hat⟩: *sich über etw. lehnen.*
hi|n|ü|ber|lot|sen ⟨sw. V.; hat⟩ (ugs.): *nach drüben lotsen.*
hi|n|ü|ber|neh|men ⟨st. V.; hat⟩: *nach drüben [mit]nehmen.*
hi|n|ü|ber|rei|chen ⟨sw. V.; hat⟩: **1.** (geh.) *nach drüben reichen:* er reichte die Soße hinüber. **2. a)** *sich [bis] nach drüben erstrecken, [bis] nach drüben reichen:* das Anbaugebiet reicht bis nach Franken hinüber; **b)** *lang genug sein u. deshalb nach drüben reichen.*
hi|n|ü|ber|ret|ten ⟨sw. V.; hat⟩: **1.** *nach drüben retten, in Sicherheit bringen:* seine Habe [ins Ausland] h.; ⟨oft h. + sich⟩: sie konnte sich [über die Grenze] h. **2. a)** *vor dem Untergang bewahren u. in eine Zeit, in einen Bereich übernehmen:* altes Kulturgut in die Gegenwart h.; **b)** ⟨h. + sich⟩ *durch glückliche Umstände erhalten, bewahren u. in einen Bereich übernommen werden, in einer anderen Zeit weiter bestehen.*
hi|n|ü|ber|ru|fen ⟨st. V.; hat⟩: *nach drüben rufen.*
hi|n|ü|ber|schaf|fen ⟨sw. V.; hat⟩: *nach drüben schaffen.*
hi|n|ü|ber|schal|len ⟨sw. u. st. V.; ist/hat⟩: *nach drüben schallen.*
hi|n|ü|ber|schau|en ⟨sw. V.; hat⟩: **1.** (landsch.) *nach drüben schauen.* **2.** (ugs.) *hinübergehen, -fahren u. sich um jmdn., etw. kümmern.*
hi|n|ü|ber|schie|ßen ⟨st. V.; hat⟩: **1.** ⟨hat⟩ *nach drüben schießen.* **2.** ⟨ist⟩ *sich äußerst heftig u. schnell nach drüben bewegen.*
hi|n|ü|ber|schlei|chen ⟨st. V.⟩: **1.** ⟨ist⟩ *nach drüben schleichen.* **2.** ⟨h. + sich; hat⟩ *sich nach drüben schleichen.*
hi|n|ü|ber|schlep|pen ⟨sw. V.; hat⟩: **1.** *nach drüben schleppen.* **2.** ⟨h. + sich⟩ *sich schleppend nach drüben bewegen.*
hi|n|ü|ber|schleu|dern ⟨sw. V.⟩: **1.** ⟨hat⟩ *nach drüben schleudern.* **2.** ⟨ist⟩ *mit heftigem Schwung aus der Spur rutschen u. sich nach drüben bewegen.*
hi|n|ü|ber|schwin|gen ⟨st. V.⟩: **1.** ⟨h. + sich; hat⟩ *sich [über etw. hinüber] nach drüben schwingen:* sich [über das Geländer] h. **2.** ⟨ist⟩ *nach drüben schwingen:* die Schaukel schwang [über den Zaun] hinüber.
hi|n|ü|ber|set|zen ⟨sw. V.⟩: **1.** ⟨hat⟩ *nach drüben setzen.* **2.** ⟨ist⟩ *nach drüben setzen; hinüberspringen.*
hi|n|ü|ber|spie|len ⟨sw. V.; hat⟩: **1.** (Sport) *nach drüben spielen:* den Ball [zu jmdm.] h. **2.** *in etw. übergehen:* das Blau spielt ins Grünliche hinüber.
hi|n|ü|ber|sprin|gen ⟨st. V.; ist⟩: **1.** *nach drüben springen.* **2.** (landsch.) *schnell, eilig nach drüben laufen:* zum Bäcker h.
hi|n|ü|ber|stei|gen ⟨st. V.; ist⟩: **1.** *nach drüben steigen.* **2.** (derb) *mit einer Frau Geschlechtsverkehr haben.*
hi|n|ü|ber|trei|ben ⟨st. V.⟩: **1.** ⟨hat⟩ *nach drüben treiben.* **2. a)** ⟨hat⟩ *treibend nach drüben bewegen;* **b)** ⟨ist⟩ *nach drüben treiben, getrieben werden:* der Kahn ist über den See [zum anderen/ ans andere Ufer] hinübergetrieben.
hi|n|ü|ber|wech|seln ⟨sw. V.; ist, auch: hat⟩: **a)** *[über etw. hinüber] nach drüben wechseln:* auf die andere Straßenseite h.; Ü in einen anderen Beruf h.; zu einer anderen Partei h.; **b)** (Jägerspr.) *nach drüben (in ein anderes Revier) wechseln* (4).
hi|n|ü|ber|wer|fen ⟨st. V.; hat⟩: *nach drüben werfen:* einen Stein h.; Ü er warf einen Blick zu ihr hinüber.
hi|n|ü|ber|win|ken ⟨sw. V.; hat; 2. Part. hinübergewinkt, auch, bes. ugs.: hinübergewunken⟩: *nach drüben winken.*
hi|n|ü|ber|zie|hen ⟨unr. V.⟩: **1.** ⟨hat⟩ *nach drüben ziehen, ziehend nach drüben bewegen, bringen, befördern.* **2.** ⟨ist⟩ **a)** *nach drüben [um]ziehen;* **b)** *nach drüben ziehen, wandern, fahren, sich bewegen;* **c)** *nach drüben ziehen, dringen:* der Rauch zog über den Fluss hinüber. **3.** ⟨h. + sich; hat⟩ **a)** *sich bis drüben, nach drüben hinziehen, erstrecken; nach drüben verlaufen:* die Wiese zieht sich bis zum Waldrand hinüber; **b)** *sich nach drüben hinziehen, sich allmählich nach drüben ausdehnen, verlagern:* der Schmerz zog sich in die rechte Schulter hinüber.

♦ **hi|n|um** ⟨Präp. mit Akk.⟩ [eigtl. Adv. u. Gegensatzwort zu ↑ herum]: ¹*um* (1 a): … und jetzt, h. die Stämme verstohlen, augenblicks weg war sie (Goethe, Pandora 728 f.).
hin und her: ↑ hin (7 c).
hin- und her|be|we|gen ⟨sw. V.; hat⟩: *hin- u. zurückbewegen.*
hin- und her|ei|len ⟨sw. V.; ist⟩: *hin- und zurückeilen.*
hin- und her|fah|ren ⟨st. V.⟩: **1.** ⟨ist⟩ *hin- und zurückfahren:* zwischen Wohnung und Arbeitsplatz hin- und herfahren. **2.** ⟨hat⟩ *jmdn., etw. hin- u. zurückfahren.*
Hin-und-her-Fah|ren, das; -s: *das Fahren in planlos wechselnden Richtungen od. mit dauernd wechselnden Zielen.*
hin- und her|flie|gen ⟨st. V.⟩: **1.** ⟨ist⟩ *hin- u. zurückfliegen.* **2.** ⟨hat⟩ *jmdn., etw. hin- u. zurückfliegen.*
Hin-und-her-Ge|re|de, das; -s (meist abwertend): *Gerede in Form planlos wechselnder Meinungsbzw. Gesprächsäußerungen.*
Hin-und-her-Ge|zer|re, das; - (abwertend): *das Hin-und-her-Zerren.*
hin- und her|pen|deln ⟨sw. V.; ist⟩: *hin- und zurückpendeln:* Busse, die zwischen den beiden Stationen hin- und herpendeln.
Hin-und-her-Schwan|ken, das; -s: *anhaltendes Schwanken in verschiedene Richtungen:* das H. des Schiffes; Ü sein dauerndes H. ließ ihn nicht zu einer Entscheidung kommen.
hi|n|un|ter ⟨Adv.⟩ [aus ↑ hin u. ↑ ¹unter]: **1. a)** *[von hier oben] nach [dort] unten:* h. ins Tal; den Fluss h. [bis zur Mündung]; die Straße h. *(die Straße entlang)* begegnete ihnen niemand; h. an den Bodensee fahren (ugs.; *nach Süden;* orientiert an der aufgehängten Landkarte); zur Talstation h. sind es drei Stunden; am Hang h.; jmdn. bis h. begleiten; **b)** *(im Grad, Rang, auf einer Stufenleiter) [bis] nach unten [absteigend]:* vom General bis h. zum einfachen Soldaten. **2.** ⟨als abgetrennter Teil von Adverbien wie »wohinunter, dahinunter«⟩ (bes. ugs.) *wo willst du h.?*
hi|n|un|ter|be|för|dern ⟨sw. V.; hat⟩: *nach [dort] unten befördern.*
hi|n|un|ter|be|glei|ten ⟨sw. V.; hat⟩: *nach [dort] unten begleiten:* jmdn. zur Haustür h.
hi|n|un|ter|beu|gen ⟨sw. V.; hat⟩: **1.** *nach [dort] unten beugen:* er beugte seinen Kopf zu ihr hinunter. **2.** ⟨h. + sich⟩ *sich nach unten beugen.*
hi|n|un|ter|be|we|gen ⟨sw. V.; hat⟩: **1.** *nach [dort] unten bewegen.* **2.** ⟨h. + sich⟩ *sich nach [dort] unten bewegen, begeben.*
hi|n|un|ter|bli|cken ⟨sw. V.; hat⟩: **1.** *nach [dort] unten blicken:* in die Schlucht h.; sie blickte an sich hinunter. **2.** *herabblicken* (2).
hi|n|un|ter|brin|gen ⟨unr. V.; hat⟩: **1. a)** *nach unten bringen, schaffen:* die Koffer in die Hotelhalle h.; **b)** *nach [dort] unten bringen, begleiten:* den Besuch h. **2.** (ugs.) *es fertigbringen, etw. hinunterzuschlucken, zu essen od. zu trinken.*
hi|n|un|ter|drü|cken ⟨sw. V.; hat⟩: *nach [dort] unten drücken:* jmdn., etw. h.
hi|n|un|ter|dür|fen ⟨unr. V.; hat⟩ (ugs.): **1.** *hinuntergehen, -kommen, -fahren usw. dürfen.* **2.** *hinuntergebracht, -gesetzt, -gestellt usw. werden dürfen.*
hi|n|un|ter|ei|len ⟨sw. V.; ist⟩: *nach [dort] unten stürzen, nach [dort] unten eilen:* die Treppe h.; zum Eingang h.
hi|n|un|ter|fah|ren ⟨st. V.⟩: **1.** ⟨ist⟩ *nach [dort] unten fahren, sich dorthin in Bewegung setzen:* zur Talstation h.; Ü nach Bayern, nach Sizilien h. (ugs.; *in Richtung Süden nach Bayern, nach Sizilien fahren).* **2.** ⟨hat⟩ *nach [dort] unten fahren:* den Wagen [in die Tiefgarage] h.
hi|n|un|ter|fal|len ⟨st. V.; ist⟩: *nach [dort] unten fallen:* die Treppe h.
hi|n|un|ter|flie|gen ⟨st. V.; ist⟩: **1.** *nach [dort] unten fliegen* (1, 2 a, 4). **2.** *nach [dort] unten geschleudert, geworfen werden.* **3.** (ugs.) *hinunterfallen:* sie flog [die Treppe] hinunter.
hi|n|un|ter|flie|ßen ⟨st. V.; ist⟩: *nach [dort] unten fließen.*
hi|n|un|ter|füh|ren ⟨sw. V.; hat⟩: *nach [dort] unten führen* (1, 6, 7).
hi|n|un|ter|ge|hen ⟨unr. V.; ist⟩: **1.** *nach [dort] unten gehen:* die Treppe h.; in den Keller h. **2.** *sich hinunterbewegen, heruntergehen* (3 b): h. und landen. **3.** *nach [dort] unten führen, verlaufen; sich nach [dort] unten erstrecken.*
hi|n|un|ter|ge|lan|gen ⟨sw. V.; ist⟩ (geh., bes. schriftspr.): *nach [dort] unten gelangen.*
hi|n|un|ter|gie|ßen ⟨st. V.; hat⟩: **1.** *nach [dort] unten gießen.* **2.** (ugs.) *hastig, in wenigen Zügen [aus]trinken.*
hi|n|un|ter|ja|gen ⟨sw. V.⟩: **1.** ⟨hat⟩ **a)** *nach [dort] unten jagen, treiben:* den Hund h.; sie jagten die Flüchtlinge die Treppe hinunter; Ü der Anblick jagte ihr kalte Schauer den Rücken hinunter *(ließ sie heftig erschauern);* **c)** *nach [unten] jagen, treiben:* eine Kugel h. **2.** *nach [dort] unten jagen* (5), *eilen:* in hohem Tempo die Piste h.; der Reiter jagte die Straße hinunter.
hi|n|un|ter|kip|pen ⟨sw. V.⟩: **1.** ⟨hat⟩ **a)** *nach [dort] unten kippen:* Müll [in die Grube] h.; **b)** (ugs.) *hastig, mit einem Zug trinken:* einen Schnaps h. **2.** ⟨ist⟩ (ugs.) *nach [dort] unten kippen.*

hinunterlassen – hinwerfen

hi|n|un|ter|las|sen ⟨st. V.; hat⟩: *hinuntergehen, -kommen, -fahren usw. lassen.*

hi|n|un|ter|lau|fen ⟨st. V.; ist⟩: **1.** *nach [dort] unten laufen, sich fortbewegen.* **2.** *nach [dort] unten fließen, rinnen.* **3.** *(von einem durch Schreck od. Angst ausgelösten Schauder, einer Gänsehaut o. Ä.) sich rasch [den Rücken hinab] nach unten ausbreiten:* ein Schauder lief ihm den Rücken hinunter; ⟨unpers.:⟩ es lief ihr eiskalt den Rücken hinunter.

hi|n|un|ter|rei|chen ⟨sw. V.; hat⟩: **1.** *nach [dort] unten reichen.* **2. a)** *sich bis dahin erstrecken, bis nach [dort] unten reichen:* bis zum, bis auf den Boden h.; **b)** *lang genug sein u. deshalb bis nach [dort] unten reichen.* **3.** *hinunter bis zu einer bestimmten Stufe reichen.*

hi|n|un|ter|rei|ßen ⟨st. V.; hat⟩: *nach [dort] unten reißen:* jmdn. mit h.

hi|n|un|ter|rie|seln ⟨sw. V.; ist⟩: *nach [dort] unten rieseln.*

hi|n|un|ter|rol|len ⟨sw. V.⟩: **1.** ⟨ist⟩ *nach [dort] unten rollen.* **2.** ⟨hat⟩ *jmdn., etw. nach [dort] unten rollend bewegen.*

hi|n|un|ter|rut|schen ⟨sw. V.; ist⟩: *nach [dort] unten rutschen.*

hi|n|un|ter|schau|en ⟨sw. V.; hat⟩ (landsch.): *herabblicken* (2).

hi|n|un|ter|schi|cken ⟨sw. V.; hat⟩: *nach [dort] unten schicken.*

hi|n|un|ter|schie|ßen ⟨st. V.⟩: **1.** ⟨hat⟩ *nach [dort] unten schießen.* **2.** ⟨ist⟩ **a)** *sich äußerst heftig u. schnell hinunterbewegen.* **b)** (ugs.) *mit großer Heftigkeit u. Eile hinunterlaufen.*

hi|n|un|ter|schlin|gen ⟨st. V.; hat⟩: *gierig od. hastig essen, verschlingen.*

hi|n|un|ter|schlu|cken ⟨sw. V.; hat⟩: **1.** *etw. in den Mund Aufgenommenes [ver]schlucken:* die Tabletten h. **2.** (ugs.) **a)** *(Kritik, Vorwürfe o. Ä.) widerspruchslos hinnehmen u. eine Gefühlsäußerung unterdrücken:* Beleidigungen h.; **b)** *eine heftige Gefühlsäußerung unterdrücken:* seinen Ärger h.

hi|n|un|ter|schüt|ten ⟨sw. V.; hat⟩: **1.** *nach [dort] unten schütten.* **2.** (ugs.) *hastig, in wenigen Zügen trinken.*

hi|n|un|ter|schwin|gen ⟨st. V.⟩: **1.** ⟨h. + sich; hat⟩ *sich nach [dort] unten schwingen.* **2.** ⟨ist⟩ (Ski) *in Schwüngen abwärtsfahren:* am Hang h.

hi|n|un|ter|sprin|gen ⟨st. V.; ist⟩: **1.** *nach [dort] unten springen.* **2.** (landsch.) *hinuntereilen; schnell, eilig hinunterlaufen:* die Treppe h.; zum Bäcker h.

hi|n|un|ter|spü|len ⟨sw. V.; hat⟩: **1.** *nach [dort] unten spülen, schwemmen:* etw. den Ausguss, die Toilette h. **2.** (ugs.) *hastig, in wenigen Zügen trinken.* **3.** (ugs.) *mithilfe eines Getränks hinunterschlucken:* Ü seinen Ärger, seinen Kummer mit einem Schnaps h.

hi|n|un|ter|stei|gen ⟨st. V.; ist⟩: *nach [dort] unten steigen.*

hi|n|un|ter|sto|ßen ⟨st. V.⟩: **1.** ⟨hat⟩ *nach [dort] unten stoßen:* jmdn. die Treppe h. **2.** ⟨ist⟩ *(von Raubvögeln) hinunterschießen.*

hi|n|un|ter|stür|zen ⟨sw. V.⟩: **1. a)** ⟨ist⟩ *nach [dort] unten stürzen, fallen; hinunterfallen:* in den Abgrund h.; **b)** ⟨h. + sich; hat⟩ *nach [dort] unten stürzen:* sich von der Aussichtsplattform h. **2.** ⟨ist⟩ (ugs.) *nach [dort] unten stürzen, eilen, rennen:* die Treppe h.; zum Eingang h. **3.** ⟨hat⟩ **a)** *hinunterfallen lassen; dafür sorgen, dass etw. hinunterfällt:* jmdn. [in den Abgrund] h.; **b)** *hastig, in wenigen Zügen trinken.*

hi|n|un|ter|tau|chen ⟨sw. V.⟩: **1.** ⟨ist⟩ *nach [dort] unten tauchen.* **2.** ⟨hat⟩ *nach [dort] unten tauchen, tauchend hinuntersenken.*

hi|n|un|ter|tra|gen ⟨st. V.; hat⟩: *nach [dort] unten tragen.*

hi|n|un|ter|trei|ben ⟨st. V.⟩: **1.** ⟨hat⟩ *nach [dort] unten treiben; treibend hinunterbringen.* **2.** ⟨ist⟩ *nach [dort] unten treiben, getrieben werden:* das Floß trieb den Fluss hinunter.

hi|n|un|ter|trin|ken ⟨st. V.; hat⟩ (ugs.): *hastig, in wenigen Zügen trinken.*

hi|n|un|ter|wer|fen ⟨st. V.; hat⟩: *nach [dort] unten werfen.*

hi|n|un|ter|wol|len ⟨unr. V.; hat⟩ (ugs.): vgl. *hinunterdürfen.*

hi|n|un|ter|wür|gen ⟨sw. V.; hat⟩: *etw., meist Festes, mit Mühe schlucken, essen:* das trockene Brot h.

hi|n|un|ter|zie|hen ⟨unr. V.⟩: **1.** ⟨hat⟩ *nach [dort] unten ziehen; ziehend hinunterbewegen, -bringen, -befördern.* **2.** ⟨ist⟩ **a)** *nach unten, in ein niedrigeres Stockwerk [um]ziehen;* **b)** *nach [dort] unten ziehen, sich stetig fortbewegen:* die Elefanten zogen zum Fluss hinunter. **3.** ⟨h. + sich; hat⟩ *sich bis [dort] unten hinziehen, erstrecken, nach [dort] unten verlaufen.*

hin|wa|gen, sich ⟨sw. V.; hat⟩: *es wagen hinzugehen, -zukommen, -zufahren usw.*

hin|wan|dern ⟨sw. V.; ist⟩: **1.** *an einen bestimmten Ort, zu einem bestimmten Ziel wandern* Ü die Lachse wandern zu ihren Laichplätzen hin. **2.** *sich wandernd [da]hinbewegen:* über die Felder h.

hin|wärts ⟨Adv.⟩ [mhd. hin(e)wert, ↑-wärts]: *von hier nach dort, bes. auf dem Hinweg.*

hin|weg ⟨Adv.⟩ [mhd. (md.) hinwec, aus ↑ hin u. mhd. wec (artikelloser adv. Akk.), ↑ Weg] (geh.): **1.** *weg, fort [von hier]:* von dort h. **2. a)** ⟨in Verbindung mit »über«:⟩ *über ... hinüber [u. weiter]:* jmdn. über die Zeitung h. beobachten; Ü über alle Hindernisse h. zueinanderfinden; über etw. h. (ugs., *hinweggekommen*) sein; **b)** *über, für eine bestimmte Zeit:* über Jahre h.

Hin|weg, der: *Weg hin zu einem Ziel.*

hin|weg|be|we|gen, sich ⟨sw. V.; hat⟩ (geh.): *sich über jmdn., etw. hinüberbewegen u. ihn, es hinter sich lassen.*

hin|weg|bli|cken ⟨sw. V.; hat⟩: **1.** vgl. *hinwegsehen* (1). **2.** (geh.) *hinweggesehen* (3).

hin|weg|brau|sen ⟨sw. V.; ist⟩: *sich brausend, geräuschvoll hinwegbewegen.* Ü über dieses Land ist der Krieg hinweggebraust.

hin|weg|brin|gen ⟨unr. V.; hat⟩: *bewirken, dass jmd. über etw. hinwegkommt, etw. überwindet:* jmdn. über Schwierigkeiten h.

hin|weg|fe|gen ⟨sw. V.⟩: **1.** ⟨ist⟩ *sich [geräuschvoll] mit großer Geschwindigkeit über etw. hinwegbewegen.* **2.** ⟨hat⟩ (geh.) *mit Macht, Heftigkeit, Schwung entfernen:* die Revolution fegte die Regierung hinweg.

hin|weg|ge|hen ⟨unr. V.; ist⟩: **1.** *(etw. in den Situationszusammenhang Gehörendes) [ausdrücklich] unbeachtet, unbewertet lassen u. weitergehen, in seinem Reden u. Tun fortfahren:* über eine Anspielung taktvoll h. **2.** *über jmdn., über etw. bewegen u. ihn, es hinter sich lassen:* ein Sturm ist über das Land hinweggegangen; Ü zwei Weltkriege sind über Europa hinweggegangen.

hin|weg|hel|fen ⟨st. V.; hat⟩: *helfen, hinweg, hinüber über etw. zu gelangen:* jmdm. über ein Hindernis h.; Ü das Ersparte sollte ihr über Notzeiten h.

hin|weg|hö|ren ⟨sw. V.; hat⟩: *Geäußertes beim Hören unbeachtet lassen u. in seinem Hören, Reden u. Tun fortfahren.*

hin|weg|kom|men ⟨st. V.; ist⟩: **a)** *überstehen:* über Notzeiten h.; **b)** *überwinden, verwinden:* sie ist über den Verlust nicht hinweggekommen; **c)** *es fertigbringen, sich über etw. hinwegzusetzen.*

hin|weg|le|sen ⟨sw. V.; hat⟩: *etw. nur flüchtig lesen und ihm keine besondere Beachtung schenken.*

hin|weg|raf|fen ⟨sw. V.; hat⟩ (geh.): *dahinraffen.*

hin|weg|re|den ⟨sw. V.; hat⟩: **1.** *(Wichtiges) beim Reden unbeachtet lassen, beiseitelassen; vorbeireden:* über die Tatsachen h. **2.** (geh.) *durch Reden auslöschen, ungeschehen machen:* die Tatsachen lassen sich nicht h.

hin|weg|ret|ten ⟨sw. V.; hat⟩: *sich, etw. über eine Gefährdung o. Ä. hinweg erhalten, bewahren.*

hin|weg|schrei|ten ⟨st. V.; ist⟩ (geh.): *sich schreitend hinwegbewegen.*

hin|weg|se|hen ⟨sw. V.; hat⟩: **1.** *über jmdn., etw. sehen, seinen Blick schweifen lassen:* über die Köpfe der Zuschauer h. können. **2.** *jmdn., etw. anscheinend nicht sehen.* **3.** *(etw. in den Situations- od. Gedankenzusammenhang Gehörendes) [ausdrücklich] unbeachtet u. unbewertet lassen:* über kleinere Mängel großzügig, lächelnd, taktvoll h.

hin|weg|set|zen ⟨sw. V.⟩: **1.** ⟨hat/ist⟩ *über etw. setzen, springen.* **2.** ⟨h. + sich; hat⟩ *etw., was Beachtung, Berücksichtigung verlangt od. nahelegt, bewusst unbeachtet lassen:* sich über das Gerede der Leute h.

hin|weg|täu|schen ⟨sw. V.; hat⟩: *jmdn. über einen Sachverhalt täuschen, im Unklaren lassen u. bewirken, dass er ihn nicht zur Kenntnis nimmt, darüber hinweggeht* (1): jmdn. über die wirkliche Lage h.

hin|weg|trös|ten ⟨sw. V.; hat⟩: *jmdn. über etw. trösten [u. über die Zeit, die es dauert], hinwegbringen:* jmdn. über etw. h.

hin|weg|zie|hen ⟨unr. V.; ist⟩: *hinweggehen* (2).

Hin|weis, der: **1.** *Rat, Tipp, Wink; Bemerkung od. Mitteilung, die in einer bestimmten Richtung zielt u. jmdm. etw. (bes. eine Kenntnisnahme od. ein Handeln) nahelegt:* ein aufschlussreicher H.; das war ein deutlicher h.; jmdm. einen H. zur/für die Benutzung geben; sie gab mir einen nützlichen H., wie ich vorgehen sollte; einen H. beachten, einem H. folgen. **2.** *Andeutung, hinweisende [An]zeichen für etw.:* es gibt nicht den geringsten H. dafür, dass ein Verbrechen vorliegen könnte.

hin|wei|sen ⟨st. V.; hat⟩: **1.** *in eine bestimmte Richtung, auf etw. zeigen:* sie wies [mit der Hand] auf das Gelände hin; hinweisendes Fürwort (Sprachwiss.: Demonstrativpronomen). **2.** *jmds. Aufmerksamkeit auf etw. lenken, jmdn. (bes. durch eine Äußerung) auf etw. aufmerksam machen:* auf eine Gefahr h.; sie wies uns höflich auf die Schwierigkeiten hin; Die Stimme klang wie die eines streitsüchtigen alten Beamten, der nicht müde geworden ist, auf einen Missstand hinzuweisen (Gaiser, Jagd 69). **3.** *etw. anzeigen, auf etw. schließen lassen u.* [*jmdn.*] *darauf aufmerksam machen:* alle Anzeichen weisen darauf hin, dass die Wetterlage sich bald ändern wird.

Hin|weis|pflicht, die (Rechtsspr., Wirtsch.): *Pflicht, auf die mit einer Sache verbundenen Gefahren, Risiken, Mängel o. Ä. hinzuweisen.*

Hin|weis|schild, das ⟨Pl. -er⟩: *Schild als Hinweis bzw. mit Hinweis[en].*

Hin|weis|ta|fel, die: *Tafel mit Hinweis[en].*

Hin|wei|sung, die (veraltet): *das Hinweisen* (2).

Hin|weis|zei|chen, das: *Zeichen, das einen Hinweis gibt.*

hin|wen|den ⟨unr. V.; hat⟩: **1.** *in eine bestimmte Richtung wenden:* den Blick [zu/nach jmdm., einer Sache] h. **2.** ⟨h. + sich⟩ **a)** *sich in eine bestimmte Richtung wenden:* sich nach jmdm. h.; Ü wo muss ich mich h. (an wen, an welche Stelle muss ich mich wenden, um Näheres zu erfahren)?; **b)** *sich wenden u. eine bestimmte Richtung einschlagen:* sich zum Ausgang h.

Hin|wen|dung, die; -, -en: *das Hinwenden, Sichhinwenden.*

hin|wer|fen ⟨st. V.; hat⟩: **1.** *an eine bestimmte Stelle werfen:* jmdm. etw. h.; Ü einen Blick h. *(auf eine bestimmte Stelle einen Blick werfen;*

hinwieder – Hippodrom

kurz hinblicken). **2.** ⟨h. + sich⟩ *sich zu Boden o. Ä. werfen, fallen lassen:* er warf sich lang hin. **3. a)** *(achtlos, verächtlich usw.) irgendwohin (bes. auf den Boden, von sich) werfen;* **b)** (ugs.) *aus einem Gefühl starker Unlust, Erregung o. Ä. heraus unvermittelt aufgeben:* alles h.; sein Leben h. (geh. verhüll.; *sich das Leben nehmen*); **c)** *flüchtig entwerfen, konzipieren, insbesondere flüchtig zu Papier bringen:* ein paar Zeilen h.; **d)** *beiläufig äußern, kurz bemerken:* eine Bemerkung h. **4.** (ugs.) *(unabsichtlich) fallen lassen.*
hin|wie|der, hin|wie|de|r|um ⟨Adv.⟩ [mhd. hin wider(e), aus ↑ hin u. ↑ wider, wieder] (veraltend): *wiederum, hingegen.*
hin|wir|ken ⟨sw. V.; hat⟩: *Anstrengungen unternehmen, sich einsetzen, um etw. zu veranlassen:* auf die Beseitigung von Mängeln h.
hin|wol|len ⟨unr. V.; hat⟩ (ugs.): vgl. hindürfen.
Hinz: in den Verbindungen H. und Kunz (ugs. abwertend; *alle möglichen Leute, alle zusammen;* schon mhd., im Hinblick auf die Häufigkeit der m. Vorn. Hinz [niederd. Kurzf. von Heinrich] und Kunz [Kurzf. von Konrad]: bald wusste es H. und Kunz); **von H. zu Kunz** (ugs. abwertend; *zu allen möglichen Leuten, überallhin:* von H. zu Kunz laufen, um etw. zu bekommen).
hin|zäh|len ⟨sw. V.; hat⟩: *einzeln zählend vorlegen, auf den Tisch zählen, vorzählen:* jmdm. Geldstücke h.; die [Spiel]karten h.
hin|zau|bern ⟨sw. V.; hat⟩ (ugs.): *(etw. erstaunlich Gutes) mit wenig Mitteln bzw. in kurzer Zeit machen, herstellen:* [jmdm.] ein Essen h.
hin|zeich|nen ⟨sw. V.; hat⟩: **1.** *an eine bestimmte Stelle zeichnen.* **2.** *flüchtig, [nach]lässig irgendwohin zeichnen.*
hin|zie|hen ⟨unr. V.⟩: **1.** ⟨hat⟩ **a)** *zu jmdm., zu etw. Bestimmtem [heran]ziehen;* **b)** *durch Anziehung, Interessantheit o. Ä. hindrängen, hintreiben:* ⟨unpers.:⟩ es zog ihn immer wieder zu ihr hin; sich stark zu jmdm., zu etw. hingezogen fühlen; **c)** *auf eine bestimmte Stelle lenken; veranlassen, sich auf eine bestimmte Stelle zu richten:* die Blicke zu sich h. **2.** ⟨ist⟩ **a)** *an einen bestimmten Ort ziehen, seinen Wohnsitz verlegen;* **b)** *an einen bestimmten Ort, in eine bestimmte Richtung ziehen, wandern, fahren usw.:* die Vögel ziehen nach Süden hin. **3.** ⟨ist⟩ *sich ziehend, wandernd, fahrend usw. über, an usw. etw. [da]hinbewegen:* Wolken zogen am Himmel hin. **4.** ⟨hat⟩ **a)** *in die Länge ziehen:* einen Prozess h.; **b)** ⟨h. + sich⟩ *sich über [unerfreulich od. unerwartet] lange Zeit erstrecken bzw. den [unangenehmen] Eindruck langer Dauer vermitteln:* der Abend zog sich endlos hin; **c)** ⟨h. + sich⟩ *sich weit erstrecken.* **5.** ⟨hat⟩ **a)** *hinauszögern, verzögern:* die Abreise [bis zum Abend] hinzuziehen versuchen; **b)** ⟨h. + sich⟩ *sich verzögern:* die Abreise zog sich [bis zum Abend] hin.
hin|zie|len ⟨sw. V.; hat⟩: *auf etw. (als Ziel der Handlung od. [Rede]absicht) zielen.*
hin|zu ⟨Adv.⟩: meist in trennbarer Zus. mit einem Verb) [mhd. (md.) hin zū, aus ↑ hin u. ↑ ¹zu (md. zū)] (selten): *(noch) dazu:* dazu noch das Doppelte h.
hin|zu|ad|die|ren ⟨sw. V.; hat⟩ (geh.): *zu diesem addieren.*
hin|zu|be|kom|men ⟨st. V.; hat⟩ (selten): *[zu diesem] zusätzlich bekommen, noch dazubekommen.*
hin|zu|den|ken, sich ⟨unr. V.; hat⟩: *in Gedanken hinzufügen:* den Garten musst du dir [zu dem Haus] h.
hin|zu|dich|ten ⟨sw. V.; hat⟩: **1.** *dichtend hinzufügen.* **2.** *erdichtend hinzufügen:* Einzelheiten [zu einem Sachverhalt] h.

hin|zu|ei|len ⟨sw. V.; ist⟩ (geh.): *hineilen, um dabei zu sein, [mit] anwesend zu sein.*
hin|zu|er|fin|den ⟨st. V.; hat⟩: *erfindend (2) hinzufügen.*
hin|zu|er|wer|ben ⟨st. V.; hat⟩: *[zu diesem] noch zusätzlich erwerben (1, 2 a).*
hin|zu|fü|gen ⟨sw. V.; hat⟩: **1.** *als Zusatz, Ergänzung, Erweiterung usw. zu etw. fügen, bes. in etw. hineinbringen od. -geben:* der Suppe etwas Salz h. (*[zusätzlich] beimischen*); dem Buch einen Anhang h. *(zusätzlich beigeben)*; dem Brief einen Zettel h. *(beifügen).* **2.** *zusätzlich, ergänzend äußern:* haben Sie [dem] noch etwas hinzuzufügen?; »Aber es gibt Ausnahmen«, fügte sie hinzu.
Hin|zu|fü|gung, die: **1.** ⟨Pl. selten⟩ *das Hinzufügen* (1): unter H. von etw. **2. a)** (selten) *Zusatz, Beimischung* (2); **b)** *Zusatz, Ergänzung, Hinzugefügtes (insbesondere hinzugefügte Äußerung, hinzugefügte einzelne Hervorbringung, Gestaltung).*
hin|zu|ge|ben ⟨st. V.; hat⟩ (geh.): **1.** *dazugeben.* **2.** *hineingeben, -mischen:* Salz h.
hin|zu|ge|sel|len, sich ⟨sw. V.; hat⟩: *sich dazugesellen:* sich bald [jmdm./zu jmdm.] h.
hin|zu|ge|win|nen ⟨st. V.; hat⟩ (geh.): *[zu diesem] zusätzlich gewinnen.*
hin|zu|kau|fen ⟨sw. V.; hat⟩ (geh.): *[zu diesem] zusätzlich kaufen:* etw. zu etw. h.
hin|zu|kom|men ⟨st. V.; ist⟩: **1.** *[hin]kommen u. dabei sein, anwesend sein, Zeuge von etw. werden.* **2. a)** *[hin]kommen, um dabei zu sein, ebenfalls anwesend zu sein:* dort warteten Hunderte, und immer mehr Menschen kamen hinzu; **b)** *sich anschließen, hinzugesellen, auch noch beteiligen.* **3.** *als etw. Zusätzliches, Weiteres dazukommen:* kommt [zu Ihrer Bestellung] noch etwas hinzu?; dieser Umstand kommt [noch] erschwerend hinzu; hinzu kommt [der Umstand], dass wir vollkommen unvorbereitet waren.
hin|zu|lau|fen ⟨st. V.; ist⟩ (geh.): *hinlaufen, um dabei zu sein, [mit] anwesend zu sein.*
hin|zu|le|gen ⟨sw. V.; hat⟩: *zu jmdm., zu etw. [dazu]legen.*
hin|zu|ler|nen ⟨sw. V.; hat⟩ (geh.): *dazulernen.*
hin|zu|neh|men ⟨st. V.; hat⟩ (geh.): *[zu diesem] zusätzlich nehmen u. mit jmdm., etw. Bestimmtem verbinden, vereinigen.*
hin|zu|rech|nen ⟨sw. V.; hat⟩ (geh.): *dazurechnen.*
hin|zu|set|zen ⟨sw. V.; hat⟩ (geh.): **1.** *dazusetzen:* sich bald [jmdm./zu jmdm.] h. **2.** *hinzufügen* (2).
hin|zu|stel|len ⟨sw. V.; hat⟩ (geh.): **a)** *zu jmdm., einer Sache stellen:* ein paar Stühle h.; **b)** ⟨h. + sich⟩ *sich dazu stellen.*
hin|zu|sto|ßen ⟨st. V.; ist⟩ (geh.): *zu jmdm. stoßen, [hin]gelangen u. sich anschließen.*
hin|zu|tre|ten ⟨st. V.; ist⟩: **1.** *hintreten, um dabei zu sein, [mit] anwesend zu sein [u. etw. zu tun]:* zu den anderen h. **2.** *hinzukommen* (3).
hin|zu|tun ⟨unr. V.; hat⟩: *dazutun, hinzufügen* (1): etw. [zu etw.] h.
Hin|zu|tun, das (selten): *Dazutun.*
hin|zu|ver|die|nen ⟨sw. V.; hat⟩: *für sich dazuverdienen:* ich habe mir etwas hinzuverdient.
hin|zu|zäh|len ⟨sw. V.; hat⟩ (geh.): *hinzu-, dazurechnen.*
hin|zu|zie|hen ⟨unr. V.; hat⟩: *zurate ziehen; in einem anstehenden Fall um sachverständige Äußerung, Behandlung od. klärende Bearbeitung bitten:* in schwierigen Fällen einen Sachverständigen h.
Hin|zu|zie|hung, die ⟨o. Pl.⟩: *das Hinzuziehen.*
Hi|obs|bot|schaft, die [nach der Gestalt des Hiob im A. T., der Schweres zu erdulden hatte; Hiob 1, 14 – 19]: *Unglücksbotschaft, Schreckensnachricht.*
Hi|obs|nach|richt, die (selten): *Hiobsbotschaft.*

hip ⟨Adj.; hipper, hip[p]ste⟩ [engl. hip, hep, H. u.] (Jargon): **a)** *[in modischer Hinsicht] auf dem Laufenden; zeitgemäß;* **b)** *modern; dem Modetrend entsprechend.*
Hip-Hop, Hip|hop, der; -s [engl.-amerik. hip-hop, wohl verdoppelnde Bildung mit Ablaut zu: hop = Hüpfer, Hopser, to hop = hüpfen]: *auf dem Rap basierender Musikstil, der durch elektronisch erzeugte, stark rhythmisierte u. melodienarme Musik [u. Texte, die vor allem das Leben der unteren sozialen Schichten in amerikanischen Großstädten widerspiegeln] gekennzeichnet ist.*
Hip-Hop|per, Hip|hop|per, der; -s, -: *jmd., der die Musik des Hip-Hops singt, spielt.*
Hip-Hop|pe|rin, Hip|hop|pe|rin, die; -, -nen: w. Formen zu ↑ Hip-Hopper, Hiphopper.

hipp-, Hipp-: ↑ hippo-, Hippo-.

Hip|p|arch, der; -en, -en [griech. hípparchos, zu: híppos (↑ hippo-, Hippo-) u. árchein = Führer sein]: *Befehlshaber der Reiterei im antiken Griechenland.*
¹Hip|pe, die; -, -n [aus dem Ostmd., mhd. (md.) heppe, ahd. heppa, wohl verw. mit ↑ schaben]: **1.** *[Klapp]messer mit geschwungener Klinge, das im Garten- u. Weinbau verwendet wird.* **2.** *(in allegorischen bildlichen Darstellungen) Sense als Attribut des Todes.*
²Hip|pe, die; -, -n [spätmhd. hipe, urspr. viell. = dünnes Gebäck, das Dünne, vgl. mundartl. hippig = dürr, mager] (landsch.): *rundes, flaches Plätzchen, das noch in warmem Zustand zu einer Rolle od. einem Hörnchen geformt wird u. zum Dekorieren von Desserts u. Ä. verwendet wird.*
³Hip|pe, die; -, -n [md., viell. Kosef. zu: Haber = Ziegenbock]: **1.** (landsch.) *Ziege.* **2.** (abwertend) *hässliche, streitsüchtige Frau.*
hip|pe|lig usw.: ↑ hibbelig usw.
hip|peln: ↑ hibbeln.
hipp, hipp, hur|ra ⟨Interj.⟩ [zu engl. hip, gebraucht zur Einleitung von Hochrufen u. Trinksprüchen, H. u., u. ↑ hurra]: *Ruf, mit dem man jmdn., etw. feiert, jmdn. hochleben lässt.*
Hipp|hipp|hur|ra, das; -s, -s: *Hochruf: ein dreifaches, kräftiges H.*
Hip|p|i|a|t|rie [griech. hippiatr(e)ía, zu: híppos (↑ hippo-, Hippo-) u. iātreía = ärztliche Behandlung], **Hip|p|i|a|t|rik** [zu griech. hippiatrikós = die Pferdeheilkunde betreffend]; die; -: *Pferdeheilkunde.*
Hip|pie, der; -s, -s [engl. hippie, zu: hip, ↑ hip]: *jmd. (meist jüngerer Mensch), der sich zu der in den USA in der zweiten Hälfte der 1960er-Jahre ausgebildeten, betont antibürgerlichen u. pazifistischen Lebensform bekennt u. dies in Kleidung u. Auftreten zum Ausdruck bringt; Blumenkind:* ein langhaariger, blumengeschmückter H.
Hip|pie|look, der ⟨o. Pl.⟩: *Modestil in Anlehnung an Aussehen u. Kleidung der Hippies, der durch lange Haare bei Männern u. Frauen, lange, wallende, bunte Kleidung mit Blumen[ornamenten] u. Ä. gekennzeichnet ist.*

hip|po-, Hip|po-, hipp-, Hipp- [griech. híppos]: Best. in Zus. mit der Bed. *Pferd-, Pferde-* (z. B. hippologisch, Hippopotamus, Hippiatrik).

Hip|po|cam|pus, der; -, ...pi: **1.** (Anat.) *Ammonshorn* (1). **2.** [lat. hippocampus < griech. hippókampos, zu: kámpos = (indisches) Meerungeheuer, H. u.] (Zool.) *Seepferdchen.*
Hip|po|drom, der od., österr. nur, das; -s, -e [lat. hippodromos < griech. hippódromos, zu: dró-

Hippogryph – Hirtenkultur

mos = Rennbahn]: **1.** *Pferde- u. Wagenrennbahn im antiken Griechenland.* **2.** *Reitbahn auf Jahrmärkten o. Ä.*

Hip|po|gryph, der; -s u. -en, -e[n] [frz. hippogrife < ital. ippogrifo, zu griech. híppos = Pferd u. gryps, ↑ Greif, erstmals gepr. von den italienischen Renaissancedichtern L. Ariosto (1474–1533) u. M. M. Boiardo (um 1440–1494)]: *geflügeltes Fabeltier mit Pferdeleib u. Greifenkopf;* (bei neueren Dichtern:) *Pegasus;* ◆ Hell wieherte der H. und bäumte sich in prächtiger Parade (Schiller, Pegasus im Joche).

Hip|po|kra|ti|ker, der; -s, -: *Anhänger des altgriechischen Arztes Hippokrates (um 460 bis um 370) u. seiner Schule.*

hip|po|kra|tisch ⟨österr. auch: ...'krat...⟩ ⟨Adj.⟩: *auf den altgriechischen Arzt Hippokrates bezüglich, seiner Lehre gemäß:* die -e Medizin; * -er Eid (vgl. Eid).

Hip|po|lo|ge, der; -n, -n [zu griech. lógos, ↑ Logos]: *Wissenschaftler auf dem Gebiet der Hippologie.*

Hip|po|lo|gie, die; - [↑ -logie]: *wissenschaftliche Pferdekunde.*

Hip|po|lo|gin, die; -, -nen: w. Form zu ↑ Hippologe.

hip|po|lo|gisch ⟨Adj.⟩: *die Hippologie betreffend.*

Hip|po|po|ta|mus, der; -, ...mi [lat. hippopotamus < griech. hippopótamos, zu: híppos (↑ hippo-, Hippo-) u. potamós = Fluss] (Zool.): *Fluss-, Nilpferd.*

Hip|po|the|ra|pie [auch: ...'pi:], die (Med.): *Therapie, bei der bestimmte körperliche Schäden, Behinderungen durch therapeutisches Reiten behandelt werden.*

¹Hips|ter, der; -[s], - [engl.-amerik. hipster, zu: hip, ↑ hip]: **1.** *(im Jargon der Jazzszene) Jazzmusiker; Jazzfan.* **2.** (Jargon) *jmd., der über alles, was modern ist, Bescheid weiß, in alles Moderne eingeweiht ist.*

²Hips|ter, der; -s, - [engl. hipster, zu: hip = Hüfte]: **1.** *Slip, dessen oberer Abschluss nur bis zur Hüfte reicht, der auf der Hüfte sitzt.* **2.** *Hüfthose.*

Hi|ra|ga|na, die; - od. das; -[s] [jap. hiragana, zu: hira = glatt, eben u. kana = Silbenschrift]: *aus chinesischen Schriftzeichen durch Vereinfachung hervorgegangene, gerundete japanische Silbenschrift.*

Hirn, das; -[e]s, -e [mhd. hirn(e), ahd. hirni, eigtl. = Horn; Kopf; Spitze; gehörntes od. geweihtragendes Tier, verw. mit ↑ Horn]:
1. a) (seltener) *Gehirn* (1): das menschliche H.; **b)** *als Speise verwendetes, zubereitetes Gehirn eines Schlachttieres:* morgen gibt es H. **2.** (ugs.) *Verstand; Kopf (als Sitz der Denkfähigkeit, des Verstandes):* ein geschultes H.; sein H. anstrengen; sich das H. zermartern (*angestrengt über etw. nachdenken, ohne zu einem Ergebnis zu kommen, ohne eine Lösung zu finden o. Ä.*)

Hirn|an|hang, der, **Hirn|an|hangs|drü|se,** die: *Hypophyse.*

Hirn|blu|tung, die (Med.): *Gehirnblutung.*

hir|nen ⟨sw. V.; hat⟩ (schweiz.): *nachdenken.*

Hirn|er|schüt|te|rung, die (schweiz.): *Gehirnerschütterung.*

Hirn|for|scher, der: *jmd., der Hirnforschung betreibt.*

Hirn|for|sche|rin, die: w. Form zu ↑ Hirnforscher.

Hirn|for|schung, die: *Forschungsgebiet der Medizin, das sich mit der Erforschung des Gehirns u. des zentralen Nervensystems befasst.*

hirn|ge|schä|digt ⟨Adj.⟩ (Med.): *einen Schaden am Hirn aufweisend.*

Hirn|ge|spinst, das (abwertend): *Produkt einer fehlgeleiteten od. überhitzten Einbildungskraft; fantastische, abwegige, absurde Idee.*

Hirn|hälf|te, die: *eine der beiden Hälften des Gehirns:* die rechte, linke H.

Hirn|haut, die (Med.): *das Hirn* (1 a) *umgebende Bindegewebshülle.*

Hirn|haut|ent|zün|dung, die (Med.): *Entzündung der Hirn- und Rückenmarkshäute; Meningitis.*

Hirn|holz, das, ...hölzer (Fachspr.): *quer zur Faser geschnittenes Holz.*

Hir|ni, der; -s, -s [↑ -i (2)] (ugs. abwertend): *hirnloser Mensch.*

Hirn|in|farkt, der (Med.): *Infarkt im Gehirn.*

hirn|los ⟨Adj.⟩ (ugs. abwertend): *in einer ärgerlichen Weise dumm, töricht, ohne Verstand:* -er (vollkommener) Blödsinn.

Hirn|lo|sig|keit, die; -, -en (ugs. abwertend): **a)** ⟨o. Pl.⟩ *das Hirnlossein;* **b)** *hirnloses Verhalten.*

Hirn|mas|se, die (Med.): *Gehirnsubstanz.*

Hirn|nerv, der (Med.): *direkt im Gehirn entspringender Hauptnerv:* die zwölf -en.

Hirn|re|gi|on, die (Med.): *Region* (3) *des Gehirns.*

Hirn|rin|de, die (Med.): *graue Substanz an der Peripherie von Groß- u. Kleinhirn.*

hirn|ris|sig ⟨Adj.⟩ [viell. nach der Vorstellung, dass der Urheber einer solchen Idee einen »Riss« im Hirn (in der Hirnschale) haben müsse od. dass jmdm. beim Zuhören das Hirn aus dem Kopfe gerissen wird] (ugs. abwertend): *in einer ärgerlichen Weise töricht, unsinnig:* ein -er Vorschlag.

Hirn|sau|sen: in der Verbindung **H. haben** (bayr., abwertend; *leicht verrückt sein, närrische Einfälle haben):* du hast wohl H.).

Hirn|schä|del, der (Anat.): *aus Schädelbasis u. Schädeldach bestehender Teil des Schädels.*

Hirn|scha|den, der: *Schädigung des Gehirns.*

Hirn|scha|le, die (Med.): *knochige Schale, die das Gehirn umschließt.*

Hirn|schlag, der (Med.): *Gehirnschlag.*

Hirn|stamm, der (Med.): *Gehirnstamm.*

Hirn|strom|bild, das (Med.): *Elektroenzephalogramm.*

Hirn|tod, der (Med.): *endgültiges u. vollständiges Erloschensein der lebensnotwendigen Gehirnfunktionen nach schweren Gehirnschädigungen.*

hirn|tot ⟨Adj.⟩ (Med.): *keine Gehirnfunktion mehr aufweisend.*

Hirn|tu|mor, der (Med.): *Tumor im Gehirn.*

hirn|ver|brannt ⟨Adj.⟩ [LÜ von frz. cerveau brûlé = verbranntes Hirn] (ugs. abwertend): *in einer ärgerlichen Weise unsinnig, töricht:* eine -e Idee.

hirn|ver|letzt ⟨Adj.⟩: *Verletzungen am Gehirn aufweisend.*

Hirn|ver|let|zung, die: *Verletzung des Gehirns.*

Hirn|win|dung, die (Med.): *gewundene, wulstige Erhebung der Hirnrinde.*

◆ **Hirn|wut,** die: *Tobsucht, Raserei:* Ein totaler Raptus, eine Art H. (Cl. Brentano, Die lustigen Musikanten 3).

◆ **hirn|wü|tig** ⟨Adj.⟩: *tobsüchtig, toll, rasend:* Was hast du, Franz? – Du bist h., Franz (Büchner, Woyzeck [Mariens Kammer]).

Hirn|zel|le, die (Med.): *Gehirnzelle.*

Hirsch, der; -[e]s, -e, österr. auch: -en, -en:
1. [mhd. hirʒ, ahd. hir(u)ʒ, eigtl. = gehörntes od. geweihtragendes Tier, verw. mit ↑ Hirn] **a)** *(meist in Wäldern lebendes) wiederkäuendes Säugetier mit glattem, braunem Fell, kurzem Schwanz u. einem Geweih (beim männlichen Tier);* **b)** Kurzf. von ↑ Rothirsch: ein Rudel Hirsche äst auf der Wiese; **c)** *männlicher Rothirsch:* der H. röhrt; Am Sonnabend aber drehte sich der Wind und wurde hart und kalt, und sofort orgelten überall die -e (Löns, Gesicht 141).
2. (berlin. ugs.) *Könner:* dein Freund ist wirklich ein H. **3.** (oft scherzh.) *Schimpfwort für eine männliche Person:* mach, dass du wegkommst, du H.! **4.** [nach der Wendung »jmdm. Hörner aufsetzen« (vgl. Horn 1)] (scherzh.) *betrogener Ehemann.* **5.** (scherzh.) *Fahrrad, Motorrad, Moped.*

Hirsch|an|ti|lo|pe, die: *(in Afrika heimische) Antilope mit braunem, am Hinterteil weißem Fell u. (beim männlichen Tier) langen, geringelten Hörnern.*

Hirsch|art, die: *bestimmte Art von Hirschen.*

Hirsch|fän|ger, der [zu ↑ Fang] (Jägerspr.): *langes, schmales, an der Spitze zweischneidiges Jagdmesser mit fest stehender Klinge, mit dem angeschossenes Wild getötet wird.*

Hirsch|ge|weih, das: *Geweih eines Hirsches.*

Hirsch|horn, das ⟨o. Pl.⟩ [mhd. hirʒhorn = Geweih des Hirsches]: *Geweih von Hirschen als Werkstoff (für Knöpfe, Griffe von Messern o. Ä.).*

Hirsch|horn|knopf, der: *Knopf aus Hirschhorn.*

Hirsch|horn|salz, das: *früher aus [Hirsch]horn gewonnenes, beim Backen von Lebkuchen o. Ä. verwendetes Treibmittel.*

Hirsch|kä|fer, der: *(in Eichenwäldern lebender) großer, schwarzer Käfer, dessen Männchen einen zu geweihartigen Zangen vergrößerten Oberkiefer aufweist.*

Hirsch|kalb, das: *junger männlicher Hirsch.*

Hirsch|kol|ben|su|mach, der: *(im östlichen Nordamerika heimischer) Baum mit samtig behaarten Zweigen, gefiederten Blättern u. grünlichen Blüten in langen Rispen.*

Hirsch|kuh, die: *weibliche Hirsch.*

Hirsch|le|der, das: *weiches Leder aus dem Fell von Hirschen:* eine Jacke aus H.

hirsch|le|dern ⟨Adj.⟩: *aus Hirschleder bestehend.*

Hirsch|rü|cken, der (Kochkunst): *Gericht aus dem Rückenstück des Hirsches:* gespickter H.

Hirsch|talg, der: *Talg vom Hirsch (bes. als Salbengrundlage u. Fußpflegemittel verwendet).*

Hirsch|zun|ge, die [nach dem zungenförmigen Umriss der Wedel]: *Farn mit langen, zungenförmigen Blättern.*

Hir|se, die; -, ⟨Arten:⟩ -n [mhd. hirs(e), ahd. hirsi, viell. eigtl. = Nährendes, Nahrung]: **a)** *Getreideart mit ährenähnlicher Rispe u. kleinen, runden Körnern:* H. anpflanzen; **b)** *Früchte der Hirse:* H. kochen.

Hir|se|brei, der: *Brei aus Hirse* (b).

Hir|se|korn, das ⟨Pl. ...körner⟩: *einzelnes Korn der Hirse* (b).

Hirt, der; -en, -en, **Hir|te,** der; -n, -n [mhd. hirt(e), ahd. hirti, zu ↑ Herde]: *jmd., der eine Herde* (1) *hütet:* der H. weidet die Schafe; Ü der H. der Gemeinde (geh.; *der Geistliche als Betreuer seiner Gemeinde*); * **der Gute Hirte** (bibl.; Benennung Christi im Neuen Testament; nach Joh. 10, 11).

Hir|ten|amt, das (kath. Kirche): *Amt des Priesters, Seelsorgers.*

Hir|ten|brief, der (kath. Kirche): *(von der Kanzel verlesener) Rundbrief des Bischofs an die Gläubigen, der wichtige religiöse Fragen betrifft.*

Hir|ten|dich|tung, die (Literaturwiss.): *Dichtung, die das beschauliche Dasein bedürfnisloser, friedlicher Hirten u. Schäfer in einer idyllischen Landschaft darstellt; Bukolik.*

Hir|ten|flö|te, die: *einfache Flöte für Hirten.*

Hir|ten|ge|dicht, das (Literaturwiss.): vgl. Hirtendichtung.

Hir|ten|gott, der (Mythol.): *von den Hirten verehrter Gott:* der H. Pan.

Hir|ten|hund, der: *(bes. als Wach- u. Schutzhund gehaltener) großer Hund mit lebhaftem Temperament.*

Hir|ten|jun|ge, der: *Junge, der Haustiere* (1) *hütet.*

Hir|ten|kna|be, der (dichter.): *Hirtenjunge.*

Hir|ten|kul|tur, die (Anthropol.): *Kulturform, deren Wirtschaft ausschließlich auf der Zucht von wandernden Herdentieren aufgebaut ist.*

Hir|ten|lied, das: *von Hirten gesungenes Lied.*
Hir|ten|mäd|chen, das: vgl. Hirtenjunge.
Hir|ten|spiel, das (Literaturwiss.): **1.** *Form des Weihnachtsspiels, bei dem die Verkündigung bei den Hirten auf dem Felde im Vordergrund der Handlung steht.* **2.** ¹*Pastorale* (2).
Hir|ten|stab, der: **1.** (geh.) *Stab des Hirten.* **2.** (kath. Kirche) *Krummstab als Symbol der bischöflichen Würde.*
Hir|ten|ta|sche, die: *gewebte, rechteckige, flache Umhängetasche (ursprünglich bes. der griechischen Hirten).*
Hir|ten|tä|schel, das; -s, **Hir|ten|tä|schel|kraut,** das ⟨o. Pl.⟩ [nach den dreieckigen, sich herzförmig verbreiternden Früchten]: *(zu den Kreuzblütlern gehörende) Pflanze mit kleinen weißen Blüten u. herzförmigen Früchten.*
Hir|ten|volk, das: *Nomadenvolk, das hauptsächlich von der Viehzucht lebt.*
Hir|tin, die; -, -nen: w. Form zu ↑ Hirt, Hirte.
his, His, das; -, - (Musik): *um einen halben Ton erhöhtes h,* H (2).
¹**His|bol|lah,** die; - [pers. ḥezbollah, aus: arab. Ḥizb^u Allāh = Partei Gottes, aus: ḥizb = Schar, Rotte; Partei, zu: ḥazaba = befallen, zustoßen, erw.: [ta]ḥazzaba = eine Partei bilden u. allāh = Allah]: *(bes. im Libanon aktive) Gruppe extremistischer schiitischer Muslime.*
²**His|bol|lah,** der; -s, -s: *Anhänger der* ¹*Hisbollah.*
His|bol|lah-Mi|liz, His|bol|lah|mi|liz, die: *Miliz* (1 b), *die aus Anhängern u. Mitgliedern der* ¹*Hisbollah besteht.*
His|pa|na, die; -, -s [span. hispana]: w. Form zu ↑ Hispano.
¹**His|pa|nic** [hɪsˈpænɪk] der; -[s], -s [engl. Hispanic < lat. Hispanicus = hispanisch, zu: Hispania = Spanien]: *Hispano.*
²**His|pa|nic,** die; -, -s: *Hispana.*
His|pa|ni|en; -s (Geschichte): *Pyrenäenhalbinsel.*
his|pa|nisch ⟨Adj.⟩: **1.** zu ↑ Hispanien. **2.** *hispanoamerikanisch:* die -e Bevölkerung.
his|pa|ni|sie|ren ⟨sw. V.; hat⟩: *an die Sprache, die Sitten, die Lebensweise der Spanier angleichen.*
His|pa|nis|mus, der; -, ...men (Sprachwiss.): *für die spanische Sprache charakteristische Eigentümlichkeit in einer nicht spanischen Sprache.*
His|pa|nist, der; -en, -en: *Vertreter der Hispanistik.*
His|pa|nis|tik, die; -: *Wissenschaft von der spanischen Sprache u. Literatur (Teilgebiet der Romanistik).*
His|pa|nis|tin, die; -, -nen: w. Form zu ↑ Hispanist.
His|pa|ni|tät, die; - [span. hispanidad]: *Zusammengehörigkeitsgefühl aller Spanisch sprechenden Völker im Hinblick auf ihre gemeinsame Kultur.*
His|pa|no, der; -s, -s [span. hispano, eigtl. = Spanier; spanisch]: *in den USA lebender Einwanderer aus den Spanisch sprechenden Ländern Lateinamerikas.*
His|pa|no|ame|ri|ka|ner, der: *Hispano.*
His|pa|no|ame|ri|ka|ne|rin, die: w. Form zu ↑ Hispanoamerikaner.
his|pa|no|ame|ri|ka|nisch ⟨Adj.⟩: *die Hispanoamerikaner, Hispanoamerikanerinnen betreffend.*
His|pa|no|ame|ri|ka|nis|mus, der; -, ...men [span. hispanoamericanismo] (Sprachwiss.): *sprachliche Besonderheit des in Lateinamerika gesprochenen Spanisch.*
his|sen ⟨sw. V.; hat⟩ [aus dem Niederd.; lautm.]: *(eine Fahne, ein Segel o. Ä.) am Mast, an der Fahnenstange hochziehen* (1 a): die Flagge h.
His|t|a|min, das; -s, -e [Kurzwort aus ↑ Histidin u. ↑ Amin] (Med.): *Gewebshormon, das im Körper aus Histidin gebildet wird u. gefäßerweiternd wirkt.*
His|ti|din, das; -s [zu griech. histíon = Gewebe,

zu: histós, ↑ histo-, Histo-] (Med.): *als Baustein vieler Proteine vorkommende essenzielle Aminosäure.*

his|to-, His|to- [griech. histós = Gewebe, auch = Webstuhl, Webebaum; Mastbaum]: *Best. in Zus. mit der Bed. gewebe-, Gewebe-* (z. B. histologisch, Histologin).

His|to|gramm, das; -s, -e [zu griech. histós = Mastbaum u. ↑ -gramm] (Statistik): *grafische Darstellung einer Häufigkeitsverteilung in Form von Säulen, die den Häufigkeiten der Messwerte entsprechen.*
His|to|lo|ge, der; -n, -n [zu ↑ histo-, Histo- u. ↑ -loge] (Med.): *Forscher u. Lehrer auf dem Gebiet der Histologie.*
His|to|lo|gie, die; - [↑ -logie] (Med.): **1.** *Wissenschaft von den Geweben des menschlichen Körpers.* **2. a)** *histologische Untersuchung;* **b)** *Ergebnis einer Histologie* (2 a).
His|to|lo|gin, die; -, -nen: w. Form zu ↑ Histologe.
his|to|lo|gisch ⟨Adj.⟩ (Med.): *die Histologie betreffend, dazu gehörend.*
HISTOMAT, His|to|mat [histoˈmaːt], der; -: *Kurzwort für: historischer Materialismus* (↑ Materialismus 2).
His|ton, das; -s, -e ⟨meist Pl.⟩ [zu ↑ histo-, Histo-] (Biol.): *zu den Proteinen gehörender Eiweißkörper.*
His|tör|chen, das; -s, - [Vkl. von ↑ Historie]: *anekdotenhafte, kurze Geschichte.*
His|to|rie, die; -, -n [mhd. histôrje < lat. historia < griech. historía, eigtl. = Wissen]: **1.** ⟨o. Pl.⟩ (bildungsspr.) *[Welt]geschichte.* **2.** ⟨o. Pl.⟩ (veraltet) *Geschichtswissenschaft.* **3.** (veraltet) *[abenteuerliche, erdichtete] Erzählung.* ◆ **4. a)** *Historienbild:* Die übrigen Wände füllten köstliche Tapeten mit in Seide gewirkten lebensgroßen -n (Eichendorff, Marmorbild 38); **b)** *Affäre* (b), *Geschichte* (3): ... oder wenn ich hinter gewisse -n komme! (Schiller, Kabale I, 7).
His|to|ri|en|bi|bel, die: *volkstümliche Darstellung der erzählenden Teile der Bibel.*
His|to|ri|en|bild, das: *Gemälde, auf dem ein historisches Ereignis o. Ä. dargestellt ist.*
His|to|ri|en|film, der: *Film, dessen Thema ein historisches Ereignis ist od. dessen Handlung in einen historischen Kontext eingebettet ist.*
His|to|ri|en|ma|ler, der: *Maler von Historienbildern.*
His|to|ri|en|ma|le|rei, die: *Richtung der Malerei, die historische Ereignisse zum Bildgegenstand hat.*
His|to|rik, die; -: **a)** *Geschichtswissenschaft;* **b)** *Lehre von der historischen Methode der Geschichtswissenschaft.*
His|to|ri|ker, der; -s, - [lat. historicus < griech. historikós]: *Wissenschaftler, Forscher, Kenner auf dem Gebiet der Geschichte* (1).
His|to|ri|ke|rin, die; -, -nen: w. Form zu ↑ Historiker.
His|to|ri|ker|streit, der ⟨o. Pl.⟩: *(Mitte der 1980er-Jahre aufgekommene) Kontroverse unter Historikern über die Einordnung u. Bewertung des Nationalsozialismus u. insbesondere den Judenverfolgung.*
His|to|rio|graf, Historiograph, der; -en, -en [lat. historiographus < griech. historiográphos] (bildungsspr.): *Geschichtsschreiber.*
His|to|rio|gra|fie, Historiographie, die; - (bildungsspr.): *Geschichtsschreibung.*
His|to|rio|gra|fin, Historiographin, die; -, -nen: w. Formen zu ↑ Historiograf, Historiograph.
His|to|rio|graph usw.: ↑ Historiograf usw.
his|to|risch ⟨Adj.⟩: **a)** *die Geschichte, vergangenes Geschehen betreffend, geschichtlich* (a): die -e Sprachwissenschaft; **b)** *geschichtlich* (b);

c) *bedeutungsvoll, wichtig für die Geschichte:* das war ein -er Augenblick; **d)** *alt* (6 a), *einer früheren Zeit, Epoche angehörend:* -e Bauten;
◆ **e)** *den Tatsachen entsprechend:* ...der Brief wird dir recht sein, er ist ganz h. (Goethe, Werther I, 17. Mai).
his|to|ri|sie|ren ⟨sw. V.; hat⟩ (bildungsspr.): *das Historische an einem Stoff, an einem Gegenstand der Betrachtung bzw. Untersuchung in einer künstlerischen Darstellung o. Ä. [allzu] stark hervorheben:* sie fächert in ihrem Buch die Erdgeschichte auf, ohne je trocken zu h.; ⟨häufig im 1. Part.:⟩ die historisierende Malerei des 19. Jahrhunderts.
His|to|ri|sie|rung, die; -, -en (bildungsspr.): *das Historisieren; das Historisiertwerden.*
His|to|ris|mus, der; -, ...men: **1.** ⟨o. Pl.⟩ *Geschichtsbetrachtung, die alle Erscheinungen aus ihren geschichtlichen Bedingungen heraus zu erklären u. zu verstehen sucht.* **2.** (bildungsspr.) *Überbewertung des Geschichtlichen.* **3.** (Kunstwiss.) *(bes. im 19. Jh.) Stilrichtung, die auf verschiedene Stilelemente aus früheren Zeiten zurückgreift u. diese zusammenmischend verwendet.*
his|to|ris|tisch ⟨Adj.⟩: *den Historismus betreffend, in der Haltung des Historismus.*
His|to|ri|zis|mus, der; -, ...men: *Historismus* (2).
His|to|ri|zi|tät, die; - (bildungsspr.): **a)** *historische Betrachtungsweise; das Eingehen auf die Geschichte:* der Verzicht auf H.; **b)** *das Historischsein* (b); **c)** *das Historischsein* (c).
Hit, der; -s, -s [engl. hit, eigtl. = Schlag, Treffer, Stoß]: **1.** (ugs.) *besonders erfolgreiches Musikstück, häufig gespielter Titel moderner Musik:* der Schlager wurde ein H. **2.** (ugs.) *etw., was (für eine bestimmte Zeit) besonders erfolgreich, beliebt ist, von vielen gekauft wird:* der H. der Saison. **3.** (Jargon) *Portion Rauschgift zum Injizieren.* **4.** (EDV-Jargon) *Treffer* (3): die Abfrage erbrachte rund 200 -s.
hitch|hi|ken [ˈhɪtʃhaɪkn̩] ⟨sw. V.; hat⟩ [engl. to hitch-hike, aus: hitch = das An-, Festhalten u. to hike = wandern, reisen] (selten): *trampen.*
Hitch|hi|ker [ˈhɪtʃhaɪkɐ], der; -s, - [engl. hitch-hiker] (selten): *Tramper.*
Hitch|hi|ke|rin, die; -, -nen: w. Form zu ↑ Hitchhiker.
Hit|ler|deutsch|land; -s: *das Deutschland der Hitlerzeit.*
Hit|ler|fa|schis|mus, der (DDR): *Faschismus in nationalsozialistischer Ausprägung.*
Hit|ler|geg|ner, der: *Gegner Adolf Hitlers in der Hitlerzeit.*
Hit|ler|geg|ne|rin, die: w. Form zu ↑ Hitlergegner.
Hit|ler|gruß, der: *nationalsozialistischer Gruß* (1), *bei dem der rechte Arm mit flacher Hand schräg nach oben gestreckt wird.*
Hit|ler|ju|gend, die: *nationalsozialistische Jugendorganisation.*
Hit|ler|jun|ge, der: *Angehöriger der Hitlerjugend.*
Hit|ler|zeit, die; -: *Zeit der Herrschaft des Nationalsozialismus in Deutschland.*
Hit|lis|te, die: **1.** [zu ↑ Hit (1)] *Verzeichnis der (innerhalb eines bestimmten Zeitraums) beliebtesten od. am meisten verkauften Schlager.* **2.** [zu ↑ Hit (2)] *nach dem Grad der Beliebtheit, des [wirtschaftlichen, sportlichen o. ä.] Erfolgs erstellte Liste, Reihenfolge.*
Hit|pa|ra|de, die; -, -n: **1.** *Hitliste.* **2.** *Radio-, Fernsehsendung o. Ä., in der Hits* (1) *vorgestellt werden.*
Hit|ra|dio, das: *Radiosender, in dem viele Hits* (1) *gespielt werden.*
Hit|sin|gle, die (ugs.): *besonders erfolgreiche* ²*Single.*
hit|ver|däch|tig ⟨Adj.⟩: *einen Hit erwarten lassend:* ein -er Song.

Hitze – hoch

Hit|ze, die; -, (Fachspr.:) -n [mhd. hitze, ahd. hizz(e)a, zu ↑ heiß]: **1.** *sehr starke, als unangenehm empfundene Wärme; hohe Lufttemperatur:* eine sengende, brütende, feuchte H.; ein [die] H. abweisender Asbestanzug; bei der H. kann man nicht arbeiten; den Kuchen bei mäßiger, mittlerer H. (Kochkunst: *mäßiger, mittlerer Backofentemperatur*) backen; in dieser H. ist es nicht auszuhalten; nach der großen H. *(der Hitzeperiode, Hitzewelle);* Er ging, den Rosenkranz in den Händen, die einsamen Feldwege, welche von Regen und Hagel ausgewaschen, von H. gedörrt, von Kälte vereist und von den Wagenspuren der Bauern tief eingesunken waren (Langgässer, Siegel 615). **2.** *durch Erregung, Fieber o. Ä. hervorgerufener, mit Blutandrang verbundener Zustand; Empfindung von starker Wärme im Körper od. in einer Körperpartie:* eine aufsteigende H.; …ich aber fröstele von einer kalten H., meine Haut zieht sich zusammen, nur mein Kopf glüht (Remarque, Obelisk 234); * **fliegende H.** (Med.; *plötzliche Hitzewallung[en] im Körper, bes. während des Klimakteriums:* sie leidet unter fliegender H.). **3.** *heftige Erregung; Zornesaufwallung:* jmdn. in H. bringen; * **in der H. des Gefechts** (↑ Eifer). **4.** *Zeit der Läufigkeit, Paarungsbereitschaft bei weiblichen Hunden u. Katzen.*

Hit|ze|ab|wei|send, hit|ze|ab|wei|send ⟨Adj.⟩: *Hitze nicht einwirken lassend:* ein Hitze abweisendes Material.

hit|ze|be|stän|dig ⟨Adj.⟩: *unempfindlich gegenüber der Einwirkung von [großer] Hitze:* -es Glas.

Hit|ze|bläs|chen, das (Med.): Friesel.

Hit|ze|ein|wir|kung, die: *Einwirkung von [großer] Hitze.*

hit|ze|emp|find|lich ⟨Adj.⟩: *nicht sehr widerstandsfähig gegen Hitze:* ein -er Kunststoff.

Hit|ze|ent|wick|lung, die: vgl. Wärmeentwicklung.

hit|ze|frei ⟨Adj.⟩: *schul-, arbeitsfrei wegen großer Hitze:* heute ist h.; h. haben, bekommen.

Hit|ze|frei, das; -[s], -[s] (meist o. Art.; Pl. selten): *schul-, arbeitsfreie Zeit wegen großer Hitze:* H. erteilen; [kein] H. bekommen, haben.

Hit|ze|pe|ri|o|de, die: **1.** *längerer Zeitraum mit sehr heißem Wetter.* **2.** *Periode des Läufigseins bei weiblichen Hunden u. Katzen.*

Hit|ze|schild, der [LÜ von engl. heat shield]: *Schutzschild an Raumfahrzeugen, durch den die hohen Temperaturen, die beim Wiedereintritt in die Erdatmosphäre entstehen, abgemildert werden.*

Hit|ze|wal|lung, die: *plötzliches, kurz anhaltendes Gefühl von Hitze* (2) *im Körper.*

Hit|ze|wel|le, die: vgl. Kältewelle.

hit|zig ⟨Adj.⟩: **1.** [mhd. hitzec] **a)** *von leicht erregbarem Temperament u. dabei heftig, jähzornig in seinen Reaktionen:* ein -er Mensch; sie wird sehr leicht h.; **b)** *[in ungezügelter Weise] leidenschaftlich:* ein -es Temperament; -es Blut (ein *leidenschaftliches Temperament*) haben; Zwei fromme Kinder also und dann ein frommes Fürstenpaar, aber Elisabeth immer um ein paar Grade -er, maßloser in ihren Forderungen an ihre Umgebung und an sich selbst (Kaschnitz, Wohin 180); **c)** *erregt, mit Leidenschaft [geführt]:* eine -e Debatte; h. seinen Standpunkt verteidigen; Kollegen, solche Reden schicken sich vielleicht schlecht für die Ohren eines Dritten. Besser ist es also, ihr sprecht weniger h. miteinander (Hacks, Stücke 303). **2.** [mhd. hitzec] *(veraltet) heiß, fiebrig:* mit -em Kopf. **3.** [mhd. hitzec] *(von weiblichen Hunden u. Katzen) läufig, brünstig.* **4.** (Landwirtsch.) *(vom Boden) gut durchlüftet u. dadurch Humus u. Nährstoffe rasch abbauend:* -e Böden.

Hitz|kopf, der: *Mensch, der leicht in Erregung gerät u. sich dann unbeherrscht, unbesonnen verhält.*

hitz|köp|fig ⟨Adj.⟩: *sich wie ein Hitzkopf verhaltend; einen Hitzkopf kennzeichnend.*

Hitz|po|cke, die (meist Pl.): Friesel.

Hitz|schlag, der: *Kollaps mit Übelkeit, Schweißausbrüchen o. Ä. als Folge eines Wärmestaus im Körper bei großer Hitze.*

HIV [haːliːˈfaʊ̯, auch: hɪf], das; -[s], -[s] ⟨Pl. selten⟩ [Abk. von engl. **h**uman **i**mmunodeficiency **v**irus]: *maßgeblicher Erreger von Aids.*

HIV-In|fek|ti|on […ˈfaʊ̯…, auch: ˈhɪf…], die: *Infektion mit den Erregern von Aids.*

HIV-in|fi|ziert […ˈfaʊ̯…, auch: ˈhɪf…] ⟨Adj.⟩: *mit den Erregern von Aids infiziert:* in diesem Land sind 40 % der Bevölkerung HIV-infiziert.

HIV-ne|ga|tiv ⟨Adj.⟩: *nicht infiziert mit Aidserregern.*

HIV-po|si|tiv ⟨Adj.⟩: *mit dem Aidsvirus infiziert.*

Da die Infektion mit dem Aidsvirus nicht automatisch den Ausbruch der Aidskrankheit zur Folge hat, darf die Bezeichnung *HIV-positiv* nicht mit der Bezeichnung *aidskrank* gleichgesetzt werden.

HIV-Test […ˈfaʊ̯…, auch: ˈhɪf…], der: *medizinisches Untersuchungsverfahren zur Feststellung einer HIV-Infektion.*

Hi|wi, der; -s, -s [kurz für: **Hi**lfs**wi**lliger] (ugs.): **1.** (ugs.) *Hilfswilliger.* **2.** (Jargon) *wissenschaftliche Hilfskraft an einer Universität:* sie hat einen Job als H. **3.** (ugs. abwertend) *jmd., der an untergeordneter Stelle Hilfsdienste leistet.*

HJ [haːˈjɔt], die; - (nationalsoz.): *Hitlerjugend.*

HK = Hefnerkerze.

hl = Hektoliter.

hl. = heilig.

hll. = ¹heilige ⟨Pl.⟩.

hm = Hektometer.

¹**hm** [hm] ⟨Interj.⟩: *Laut des Räusperns, Hüstelns.*

²**hm** (Gesprächspartikel): **1.** drückt [zögernde] Zustimmung aus: »Kommst du mit?« – »Hm!«. **2.** drückt Nachdenklichkeit od. Bedenken, auch Verlegenheit aus: hm, das ist eine schwierige Frage. **3.** drückt fragende Verwunderung aus: »Ich habe im Lotto gewonnen.« – »Hm?«. **4.** drückt Kritik, Missbilligung aus: hm, hm, das ist bedenklich.

h. m. = huius mensis (dieses Monats).

H-Milch [ˈhaː…], die [kurz für: **h**altbare Milch]: *durch besonders hohes Erhitzen haltbar gemachte Milch.*

h-Moll [ˈhaːmɔl, auch: ˈhaːˈmɔl], das (Musik): *auf dem Grundton h beruhende Molltonart* (Zeichen: h).

h-Moll-Ton|lei|ter, die: *auf dem Grundton h beruhende Molltonleiter.*

HNO-Arzt [haːlɛnˈloː…], der: kurz für ↑ Hals-Nasen-Ohren-Arzt.

HNO-Ärz|tin, die: w. Form zu ↑ HNO-Arzt.

HNO-ärzt|lich ⟨Adj.⟩: *den HNO-Arzt, die HNO-Ärztin betreffend, von ihm bzw. ihr ausgehend:* ein -es Gutachten.

HNO-Sta|ti|on, die: *Station in einem Krankenhaus, auf der Patienten mit Erkrankungen im Bereich von Hals, Nase u. Ohren behandelt werden.*

ho ⟨Interj.⟩: *Ausruf des Staunens od. der Abwehr:* ho, was machst du denn da!

HO [haːˈloː], die; - (DDR): **H**andels**o**rganisation: in der HO einkaufen.

Hoax [hoʊks], der; -, -es […ksɪs] [engl. hoax = Schwindel, Streich, zusgez. aus: hocus(-pocus), ↑ Hokuspokus]: *durch E-Mail verbreitete Falschmeldung.*

hob: ↑ heben.

Hob|by [ˈhɔbi], das; -s, -s [engl. hobby; H. u.]: als *Ausgleich zur täglichen Arbeit gewählte Beschäftigung, mit der jmd. seine Freizeit ausfüllt u. die er mit einem gewissen Eifer betreibt:* ihre -s sind Reiten und Lesen; ein H. haben; etw. nur als H. betrachten.

Hob|by-: *drückt in Bildungen mit Substantiven aus, dass jmd. eine bestimmte Tätigkeit nur als Hobby, aus Spaß an der Sache selbst ausübt:* Hobbyfilmer, -funker, -taucherin, -winzerin.

Hob|by|fo|to|graf, Hobbyphotograph, der: *jmd., dessen Hobby das Fotografieren ist.*

Hob|by|fo|to|gra|fin, Hobbyphotographin, die: w. Formen zu ↑ Hobbyfotograf, Hobbyphotograph.

Hob|by|gärt|ner, der: *jmd., dessen Hobby die Gartenarbeit, das Kultivieren von Blumen u. Pflanzen ist.*

Hob|by|gärt|ne|rin, die: w. Form zu ↑ Hobbygärtner.

Hob|by|ist, der; -en, -en: *jmd., der ein Hobby betreibt.*

Hob|by|is|tin, die; -, -nen: w. Form zu ↑ Hobbyist.

Hob|by|kel|ler, der: *Kellerraum, in dem jmd. seinem Hobby nachgeht.*

Hob|by|koch, der: *jmd., dessen Hobby das Kochen ist.*

Hob|by|kö|chin, die: w. Form zu ↑ Hobbykoch.

hob|by|mä|ßig ⟨Adj.⟩: *in der Weise eines Hobbys betreiben:* etw. h. betreiben.

Hob|by|raum, der: *Raum, in dem jmd. seinem Hobby nachgeht.*

Ho|bel, der; -s, - [mhd. hobel, hovel, rückgeb. aus ↑ hobeln]: **1.** *[Tischler]werkzeug zum Glätten von [Holz]flächen durch Abheben von Spänen mithilfe einer Stahlklinge, die schräg aus einem mit einem Griff versehenen Holzkörper herausragt:* den H. ansetzen, führen; Bretter mit dem H. bearbeiten. **2.** *Küchengerät zum Hobeln* (2) *von bestimmtem Gemüse* (wie z. B. Gurken, Kohl). **3.** (Bergbau) *Gerät, das am Flöz entlanggezogen wird u. mit Meißeln Kohle herausschneidet.*

Ho|bel|bank, die ⟨Pl. …bänke⟩: *großer Arbeitstisch, auf dem hölzerne Werkstücke beim Bearbeiten (bes. beim Hobeln) eingespannt werden.*

Ho|bel|ma|schi|ne, die: *Maschine zum Hobeln* (1 b) *von Holz od. Metall.*

Ho|bel|mes|ser, das: *geschliffene Stahlklinge im Hobel* (1).

ho|beln ⟨sw. V.; hat⟩ [mhd. hobeln, hoveln, (md.) hübeln, wohl zu Hübel = Unebenheit, also eigtl. = Unebenheiten beseitigen]: **1. a)** *mit dem Hobel arbeiten:* der Tischler hobelt und sägt; er hobelte an einem Balken; **b)** *mit dem Hobel bearbeiten, glätten:* Bretter h.; **c)** *durch Hobeln* (1 a) *hervorbringen, entstehen lassen:* Riefen und Dellen h. **2.** *mit einem Hobel* (2) *klein od. in dünne Scheiben od. Streifen schneiden:* Gurken h. **3.** (derb) koitieren.

Ho|bel|span, der (meist Pl.): *beim Hobeln von Holz, seltener von Metall entstehender Span:* die Hobelspäne zusammenkehren.

Ho|bo [ˈhoʊboʊ], der; -s, -s, auch: -es […boʊz] [engl.-amerik. hobo, H. u.]: *umherziehender Gelegenheitsarbeiter, Tramp* (1) *in den USA, der [auf der Suche nach Arbeit] das Land in Güterzügen als blinder Passagier durchreist.*

hoc an|no [lat.] (Kaufmannsspr. veraltet): *in diesem Jahr* (Abk.: h. a.).

¹**hoch** ⟨Adj.; höher, höchste⟩ [mhd. hō(ch), ahd. hōh, eigtl. = gewölbt; nach oben gebogen]: **1. a)** *von beträchtlicher Höhe, Ausdehnung in vertikaler Richtung:* ein hoher Berg; etw. ragt h. auf; sie trägt hohe Absätze (hochhackige Schuhe); sie hat hohe Schuhe (1. Schuhe, die bis

über die Knöchel reichen. **2.** südd.; *hochhackige Schuhe*) an; Ü *als Erster h. sein* (ugs.; *aufgestanden sein*); **b)** *in beträchtlicher Entfernung vom Erdboden [sich befindend o. Ä.]; in großer Höhe:* hohe Wolken; h. oben [am Himmel]; die Schwalbe fliegt h.; die Sonne steht h.; ein h. gelegener, noch höher gelegener Ort; * *etw.* [*nicht so*] *h.*, *höher hängen* (ugs.; *etw. [nicht so] wichtig, wichtiger nehmen*); **jmdm./für jmdn. zu h. sein** (ugs.; *von jmdm. nicht begriffen werden: was sie da über den Existenzialismus geschrieben hat, ist mir zu h.*); **c)** *an Höhe, Ausdehnung nach oben über den Durchschnitt od. einen Vergleichswert hinausgehend; besonders od. ungewöhnlich weit nach oben ausgedehnt:* ein hoher Raum; eine hohe Stirn; ein Mann von hohem Wuchs, hoher Gestalt (geh.); *ein großer Mann*); h. beladene, h. bepackte Lastträger; **d)** *in relativ große[r] Höhe; [weit] nach oben; bis [weit] nach oben:* mit h. erhobenen Armen; sie hob die Arme h. über den Kopf; die Blasen steigen immer höher; ein h. aufgeschossener (*schnell gewachsener großer u. dünner) junger Mann*; h. *(relativ weit oben im Gesicht) liegende Wangenknochen;* ein h. *(in relativ großer Höhe über dem Meeresspiegel) gelegener Ort;* Ü *nach Hamburg h.* (ugs.; *nach Norden;* orientiert an der aufgehängten Landkarte); Ein Bierwagen, h. voll Fässer, versperrte schon die halbe Straße, da musste noch eine Droschke hindurch (H. Mann, Unrat 153); **e)** ⟨in Verbindung mit Maßangaben nachgestellt⟩ *eine bestimmte Höhe aufweisend; sich in einer bestimmten Höhe befindend:* ein 1 800 Meter hoher Berg; der Turm ist [zehn Meter] höher als das Haus; der Schnee liegt einen Meter h.; Ü sie kamen sechs Mann h. *(zu sechst).* **2. a)** *eine große Summe, Menge beinhaltend:* eine hohe Summe; hohe Mieten; es herrscht hohe *(große)* Arbeitslosigkeit; die Preise sind sehr h.; h. versichert *(auf eine hohe Summe versichert) sein*; h. spielen *(mit hohem Einsatz spielen);* h. verlieren *(mit großer Punktzahl verlieren);* ein h. besteuertes *(mit hohen Steuern belegtes) Einkommen*; h. *(sehr gut) bezahlte Mitarbeiter;* ein h. *(sehr gut) bezahlter, h. (sehr gut) dotierter Posten;* h. dosierte Penizillingaben; * **zu h. gegriffen sein** *(zahlenmäßig, mengenmäßig zu hoch geschätzt, überschätzt sein:* die Zahl der Beteiligten ist sicher zu h. gegriffen); **wenn es/wenns h. kommt** (ugs.; *höchstens*); **b)** *einen Wert im oberen Bereich einer [gedachten] Skala kennzeichnend:* hohes Fieber; der Blutdruck ist zu h. **3. a)** *zeitlich in der Mitte, auf dem Höhepunkt stehend:* im hohen Mittelalter; es ist hoher Sommer; **b)** *zeitlich weit vorgeschritten:* ein hohes Alter erreichen; bis h. ins 18. Jahrhundert; sie war h. in den achtzig *(weit über 80 Jahre alt)*; es ist höchste Zeit, wenn wir den Zug noch erreichen wollen. **4.** *in einer Rangordnung, in einer [gesellschaftlichen] Hierarchie oben stehend:* ein hoher Offizier; ein hoher Feiertag; eine Sache auf höchster Ebene beraten; sich an höchster Stelle *(bei der obersten zuständigen Stelle) beschweren;* * **etw. h. und heilig versprechen, versichern** *(etw. ganz fest, feierlich versprechen, versichern;* »hoch« bezieht sich hier auf das In-die-Höhe-Heben der Schwurhand: sie hatte uns h. und heilig versprochen, am nächsten Tag zu kommen). **5. a)** *in qualitativer Hinsicht von beträchtlicher Höhe, sehr groß:* hohe Ansprüche stellen; h. gespannte Erwartungen; **b)** ⟨intensivierend bei Adjektiven u. Verben⟩ *sehr*: jmdm. etw. h. anrechnen; jmdn. h. achten, schätzen, verehren; h. begabt, höher begabt, h. beglückt sein; h. gestachte Anwesende; h. beglückte Gäste; ein h. angesehener, h. geachteter, h. geehrter, h. gelobter, h. geschätzter Politi-

ker; h. *(in hohem Maße)* entwickelte, h. industrialisierte, h. technisierte Länder; h. *(in hohem Maße)* beanspruchte Maschinenteile; die h. *(in hohem Maße)* favorisierte Sportlerin. **6.** *(in Bezug auf Töne, Klänge) durch eine große Zahl von Schwingungen hell klingend:* eine hohe Stimme. **7.** (Math.) *Bezeichnung der mathematischen Potenz:* zwei h. drei (2³).
²**hoch** ⟨Adv.⟩: ⟨häufig imperativisch od. elliptisch⟩ *nach oben, aufwärts, in die Höhe:* h., steh auf!
Hoch, das; -s, -s: **1.** *Hochruf:* auf den Jubilar wurde ein dreifaches H. ausgebracht. **2.** (Meteorol.) *Hochdruckgebiet:* ein H. liegt über Mitteleuropa; Ü sie erlebt gerade ein seelisches H.; Auf dem Ozean ist die Situation augenblicklich so, dass ein Sturmtief nach dem andern von Nordamerika in östlicher Richtung heranzieht, während die beiden -s, die in Mittelamerika und zwischen Grönland und Irland sitzen, festgehalten werden (Döblin, Alexanderplatz 416).

hoch-: 1. ⟨verstärkend⟩ drückt in Bildungen mit Adjektiven eine Verstärkung aus; *sehr*: hochakut, -zufrieden. **2.** drückt in Bildungen mit Verben aus, dass eine Person oder Sache durch etw. (ein Tun) hinaufgelangt, nach oben, in die Höhe gelangt: sich hocharbeiten; hochbinden.

Hoch-: kennzeichnet in Bildungen mit Substantiven den Höhepunkt, den höchsten Entwicklungsstand von etw.: Hochbarock, -kapitalismus.

hoch|acht|bar ⟨Adj.⟩ (geh.): *hoch zu schätzend*.
hoch ach|ten, hoch|ach|ten ⟨sw. V.; hat⟩ (geh.): *sehr achten:* ich habe ihn, seine Haltung immer hoch geachtet.
Hoch|ach|tung, die; -: *besonders große Achtung:* größte H. vor jmdm. haben; ich gebe meiner H. Ausdruck; in Grußformeln am Briefschluss: mit vorzüglicher H.
hoch|ach|tungs|voll ⟨Adv.⟩: *meist in Grußformeln am Briefschluss in förmlichen, nicht persönlichen Schreiben; mit Hochachtung:* ... und verbleiben h. ...; Hochachtungsvoll Hans Meyer.
Hoch|adel, der: *Gesamtheit der Angehörigen der höchsten Rangstufen des Adels:* sie entstammt dem europäischen H.
hoch|ade|lig, hoch|ad|lig ⟨Adj.⟩: *dem Hochadel angehörend:* eine -e Gesellschaft.
hoch|ak|tu|ell ⟨Adj.⟩: *sehr, besonders aktuell.*
Hoch|alm, die: *in hohen Regionen gelegene Alm, auf der das Vieh im Sommer weidet.*
hoch|al|pin ⟨Adj.⟩: **1.** *die obere Region der Alpen, das Hochgebirge betreffend:* eine -e Landschaft. **2.** *in den oberen Regionen der Alpen, des Hochgebirges vorkommend:* die -e Fauna. **3.** *den Alpinismus in hohen Regionen betreffend:* -e [Ski]touren.
Hoch|al|tar, der: *erhöhter Hauptaltar in od. vor der Apsis einer katholischen od. früher katholischen Kirche.*
Hochamt, das (kath. Kirche): *feierliche ¹Messe (1), bei der bestimmte liturgische Texte gesungen werden.*
hoch an|ge|se|hen, hoch|an|ge|se|hen ⟨Adj.⟩: *hohes Ansehen genießend:* ein hoch angesehener Wissenschaftler.
hoch|an|stän|dig ⟨Adj.⟩: *(in Bezug auf eine Person u. ihr Verhalten in einem bestimmten Zusammenhang) in besonders anzuerkennender, nicht als selbstverständlich anzusehender Weise anständig* (1): ein -er Mensch.
Hoch|an|ten|ne, die: *auf dem Dach eines Hauses angebrachte Antenne.*
hoch|ar|bei|ten, sich ⟨sw. V.; hat⟩: *durch Zielstrebigkeit, Fleiß u. Ausdauer eine höhere [berufli-

che] Stellung erlangen:* er hatte sich mit stetem Fleiß hochgearbeitet.
Hoch|aris|to|kra|tie, die: *Hochadel.*
hoch auf|ge|schos|sen, hoch|auf|ge|schos|sen ⟨Adj.⟩: *nach einer Phase raschen Wachstums groß u. dünn:* ein hoch aufgeschossener junger Mann.
hoch|auf|lö|send ⟨Adj.⟩ (Optik, Fotogr.): *große Fähigkeit zum Auflösen (6) besitzend u. damit einen hohen Grad von Bildschärfe bewirkend:* -e optische Systeme.
Hoch|bahn, die: *(innerhalb einer Stadt) auf einer brückenähnlichen Konstruktion oberhalb des Straßennetzes verkehrende Bahn.*
Hoch|bar|ren, der (Sport): *Stufenbarren mit (auf internationale Wettkampfhöhe) hochgestellten Holmen.*
Hoch|bau, der ⟨Pl. -ten⟩ **a)** ⟨o. Pl.⟩ *Teilbereich des Bauwesens, der das Planen u. Errichten von Bauten umfasst, die im Wesentlichen über dem Erdboden liegen:* er ist Ingenieur für H.; **b)** (Fachspr.) *Bau, dessen Hauptteile über dem Erdboden liegen:* -ten aus Stahlbeton.
Hoch|bau|amt, das: *für den Hochbau (a) zuständiges Amt* (2 a).
hoch be|an|sprucht, hoch|be|an|sprucht ⟨Adj.⟩ (Fachspr.): *(bes. in Bezug auf bestimmte Materialien, Maschinen o. Ä.) sehr stark beansprucht, sehr starkem Verschleiß ausgesetzt:* hoch beanspruchte Bauteile.
Hoch|beet, das (Gartenbau): *erhöht angelegtes Beet.*
hoch|be|gabt, hoch be|gabt ⟨Adj.⟩: *sehr, über das durchschnittliche Maß, über die durchschnittliche Erwartung begabt:* ein -er junger Musiker.
hoch|be|glückt, hoch be|glückt ⟨Adj.⟩: *sehr beglückt, sehr froh über etw.:* er sprach mit -er Stimme.
hoch|bei|nig ⟨Adj.⟩: **a)** *(von Menschen u. bestimmten Tieren) mit sehr langen Beinen ausgestattet (die in der Proportion des Körpers besonders ins Auge fallen, für sie charakteristisch sind):* eine -e Frau; ein -er Hund; Pferde einer -en Rasse; **b)** *(von bestimmten Möbelstücken, deren Beine im Verhältnis zum Ganzen sehr hoch sind) mit hohen Beinen* (2): ein -es Tischchen; **c)** (Jargon) *(von bestimmten Fahrzeugen) eine große Bodenfreiheit aufweisend:* -e Geländewagen.
hoch|be|jahrt ⟨Adj.⟩ (geh.): *alt.*
hoch|be|rühmt ⟨Adj.⟩: *sehr berühmt.*
hoch be|steu|ert, hoch|be|steu|ert ⟨Adj.⟩ (Fachspr.): *mit hohen Steuern belegt:* hoch besteuerte Einkommen.
hoch|be|tagt ⟨Adj.⟩: *in hohem Lebensalter stehend, sehr alt:* h. sterben.
Hoch|be|trieb, der ⟨o. Pl.⟩ (ugs.): *mit viel Trubel, Gedränge, Geschäftigkeit o. Ä. verbundener Andrang, Ansturm an einem bestimmten Ort:* wir haben heute H. (haben viel zu tun).
hoch be|zahlt, hoch|be|zahlt ⟨Adj.⟩: *eine sehr gute Bezahlung aufweisend, erhaltend:* ein hoch bezahlter Manager, Posten.
Hoch|bie|gen ⟨st. V.; hat⟩ (ugs.): **1.** *nach oben biegen:* das Drahtende h. **2.** ⟨h. + sich⟩ *sich nach oben verbiegend verformen:* der Rand des Pfannkuchens ist beim Braten hochgebogen.
Hoch|bild, das: *Relief.*
hoch|bin|den ⟨st. V.; hat⟩: *in die Höhe binden.*
Hoch|blatt, das (Bot.): *um- od. zurückgebildetes Blatt bei einer krautigen Pflanze, das die Blütenknospe verhüllt od. Teil einer Scheinblüte ist:* die roten Blätter des Weihnachtssterns sind Hochblätter.
hoch|bli|cken ⟨sw. V.; hat⟩: **a)** *in die Höhe blicken; aufblicken* (1); **b)** *aufblicken* (2): *bewundernd zu jmdm. h.*

Hoch|blü|te, die ⟨o. Pl.⟩: *Zeit größter wirtschaftlicher, kultureller o. ä. Entwicklung:* eine wirtschaftliche H. erleben.

hoch|bo|cken ⟨sw. V.; hat⟩ (Technik): *aufbocken:* das Auto h.

hoch|brin|gen ⟨unr. V.; hat⟩: **1. a)** *nach oben bringen:* die Koffer h.; **b)** (ugs.) *mit in die Wohnung bringen:* sie durfte keinen Jungen mit h. **2. a)** *aufziehen, großziehen;* **b)** (ugs.) *gesund machen:* den Kranken [wieder] h.; Ü das Geschäft wieder h. **3.** (ugs.) *in Wut versetzen; ärgern; aufbringen:* solche Äußerungen bringen ihn hoch. **4.** (ugs.) *hochkriegen.*

hoch|bri|sant ⟨Adj.⟩: *sehr brisant* (1, 2).

Hoch|burg, die [urspr. = über einer Stadt gelegene Befestigung, die als Zuflucht für die Stadtbewohner diente]: *Ort, der als Zentrum einer geistigen Bewegung gilt:* Münster ist eine H. des Katholizismus.

hoch|bu|sig ⟨Adj.⟩: *mit hoch angesetztem Busen versehen.*

hoch|de|ko|riert ⟨Adj.⟩: *mit zahlreichen [hohen] Orden ausgezeichnet.*

hoch|deutsch ⟨Adj.⟩: **a)** *deutsch, wie es nicht den Mundarten od. der Umgangssprache, sondern der allgemein verbindlichen deutschen Sprache entspricht (bes. in Bezug auf die dialektfreie Aussprache):* die -e Aussprache; h. sprechen; **b)** *ober- u. mitteldeutsch.*

Hoch|deutsch, das: vgl. Deutsch.

Hoch|deut|sche, das ⟨nur mit best. Art.⟩: vgl. ²Deutsche.

hoch|die|nen, sich ⟨sw. V.; hat⟩: *sich langsam hart arbeitend von einer untergeordneten Position zu einer gewichtigeren hocharbeiten.*

hoch|dif|fe|ren|ziert ⟨Adj.⟩ (bildungsspr.): *in hohem Maße differenziert.*

hoch do|siert, hoch|do|siert ⟨Adj.⟩: *(bes. von Medikamenten) eine hohe Dosierung aufweisend:* ein hoch dosiertes Vitaminpräparat.

Hoch|do|sis|the|ra|pie, die: *Therapie mit hoch dosierten Medikamenten.*

hoch do|tiert, hoch|do|tiert ⟨Adj.⟩: *eine sehr gute Bezahlung aufweisend:* ein hoch dotierter Posten.

hoch|dra|ma|tisch ⟨Adj.⟩: *von sehr großer Dramatik (1) erfüllt, bestimmt:* ein -es Spiel, Finale.

hoch|dre|hen ⟨sw. V.; hat⟩: **a)** *mithilfe einer Drehvorrichtung in die Höhe drehen:* die Seitenfenster des Autos, die Schranke h.; **b)** (Technik) *einen Motor auf hohe Drehzahlen bringen;* **c)** (Technik) *(vom Motor) auf eine höhere Drehzahl kommen;* **d)** *auf eine höhere Stufe stellen:* die Heizung h.

¹**Hoch|druck,** der: **1.** ⟨Pl. ...drücke u. -e⟩ (Physik) *höher Druck* (1) *in Flüssigkeiten od. Gasen.* **2.** ⟨o. Pl.⟩ (Med.) *Kurzf. von* ↑Bluthochdruck. **3.** ⟨o. Pl.⟩ (Meteorol.) *hoher Luftdruck:* heute herrscht H. *(Hochdruckwetter).* **4.** ⟨o. Pl.⟩ (ugs.) *intensive Geschäftigkeit, Betriebsamkeit; Eile:* zurzeit herrscht H.; * **mit/unter H.** (ugs.; *intensiv u. mit großer Eile):* unter H. arbeiten.

²**Hoch|druck,** der ⟨Pl. -e⟩: **1.** ⟨o. Pl.⟩ *Druckverfahren, bei dem die druckenden Teile der Druckform höher liegen als die nicht druckenden* (z. B. Buchdruck). **2.** *im Hochdruckverfahren hergestelltes Erzeugnis.*

Hoch|druck|ein|fluss, der (Meteorol.): *Einfluss, Einwirkung von hohem Luftdruck:* der H. verstärkt sich, schwächt sich ab, nimmt ab; Mitteleuropa steht unter H.

Hoch|druck|ge|biet, das (Meteorol.): *Gebiet mit hohem Luftdruck; Hoch* (2).

Hoch|druck|ver|fah|ren, das: ²Hochdruck (1).

Hoch|ebe|ne, die: *in größerer Höhe über dem Meeresspiegel liegende Ebene.*

hoch|ef|fi|zi|ent ⟨Adj.⟩: *in hohem Maße effizient:* ein -es Verfahren.

hoch|ele|gant ⟨Adj.⟩: *sehr, ungewöhnlich elegant.*

hoch|emp|find|lich ⟨Adj.⟩: *(bes. in Bezug auf bestimmte technische Instrumente) sehr empfindlich.*

hoch|ener|ge|tisch ⟨Adj.⟩: *sehr viel Energie freisetzend, verbrauchend:* h. geladene Teilchen.

hoch ent|wi|ckelt, hoch|ent|wi|ckelt ⟨Adj.⟩: *in der wirtschaftlichen o. ä. Entwicklung weit fortgeschritten:* hoch entwickelte Länder.

hoch|er|freut ⟨Adj.⟩: *sehr erfreut.*

hoch|er|ho|ben ⟨Adj.⟩: *weit nach oben gestreckt:* mit -en Armen.

hoch|ex|plo|siv ⟨Adj.⟩: **a)** *in hohem Maße explosiv* (1 a); **b)** *in hohem Maße explosiv* (1 b): ein -er Mensch.

hoch|fah|ren ⟨st. V.⟩: **1.** (ugs.) **a)** ⟨ist⟩ *nach oben fahren, hinauffahren:* mit dem Fahrstuhl in den vierten Stock h.; **b)** ⟨hat⟩ *mit einem Fahrzeug an einen höher gelegenen Ort bringen:* das Gepäck zur Skihütte h. **2.** (ugs.) **a)** ⟨ist⟩ *an einen nördlich gelegenen Ort fahren:* ich fahre heute nach Hamburg hoch; **b)** ⟨hat⟩ *mit einem Fahrzeug an einen nördlich gelegenen Ort bringen:* ich muss meine Mutter nach Hamburg h.; **c)** ⟨hat⟩ *ein Fahrzeug o. Ä. an einen nördlich gelegenen Ort bringen:* das Auto wieder nach Hamburg h. **3.** ⟨ist⟩ **a)** *(durch etw. überrascht, erschreckt werden u. deshalb) auffahren, sich plötzlich erheben:* bei dem Knall ist sie aus dem Schlaf, aus dem Bett hochgefahren; **b)** *plötzlich wütend werden, aufbrausen:* bei dieser Bemerkung fuhr er wütend hoch. **4.** ⟨hat⟩ (Technik) *erhöhen:* der Ofen wird auf 2000 Grad hochgefahren *(die Temperatur im Ofen wird auf 2 000 Grad erhöht);* **b)** (EDV) *booten:* den Computer, Rechner h.

hoch|fah|rend ⟨Adj.⟩: *andere geringschätzig behandelnd u. arrogant, überheblich:* ein -es Wesen, Benehmen.

Hoch|fahr|ge|schäft, das: *Fahrgeschäft, das Fahrten in schnellem Tempo u. in sehr große Höhen anbietet.*

hoch|fein ⟨Adj.⟩ (bes. Kaufmannsspr.): *(in Bezug auf Qualität, Güte o. Ä.) sehr fein, erstklassig.*

Hoch|fi|nanz, die ⟨o. Pl.⟩: *Gesamtheit der einflussreichen Bankiers u. Finanziers, die über erhebliche wirtschaftliche u. politische Macht verfügt.*

Hoch|flä|che, die: vgl. Hochebene.

hoch|flie|gen ⟨st. V.; ist⟩: **a)** *in die Höhe, nach oben fliegen;* **b)** *in die Luft geschleudert werden.*

hoch|flie|gend ⟨Adj.⟩: *als Ziel o. Ä. [allzu] hoch über das Realisierbare liegend:* -e Pläne.

hoch|flo|rig ⟨Adj.⟩ (Textilind.): *mit hohem* ²Flor (2) *versehen:* -er Samt, Teppichboden.

Hoch|flut, die: **1.** *höchster Stand der Flut.* **2.** ⟨plötzliches⟩ *Überangebot; zu große Menge:* eine H. von Büchern zu diesem Thema.

Hoch|form, die ⟨o. Pl.⟩: *(bes. in Bezug auf Sportler) besonders gute, hervorragende Form* (2): die Spieler waren in H.

Hoch|for|mat, das: **a)** *Format (von Bildern, Schriftstücken, Fotos o. Ä.), bei dem die Höhe größer ist als die Breite;* **b)** *Bild, Schriftstück, Foto o. Ä. im Hochformat.*

hoch|fre|quent ⟨Adj.⟩ (Physik): *eine sehr hohe Schwingungszahl aufweisend.*

Hoch|fre|quenz, die (Physik): *elektromagnetische Schwingung mit relativ hoher Frequenz.*

Hoch|fre|quenz|strom, der (Elektrot.): *Strom mit hoher Frequenz.*

Hoch|fre|quenz|tech|nik, die (Elektrot.): *Erzeugung u. Anwendung von hochfrequenten Strömen u. Schwingungen als Bereich der Elektrotechnik.*

Hoch|fri|sur, die: *Frisur mit hochgekämmten u. oben auf dem Kopf befestigten [langen] Haaren.*

Hoch|ga|ra|ge, die: *über eine Rampe erreichbare, nicht zu ebener Erde liegende Garage.*

hoch|ge|ach|tet, hoch ge|ach|tet ⟨Adj.⟩: *sehr große Achtung genießend:* ein -er Wissenschaftler.

Hoch|ge|bet, das (kath. Kirche): *Kanon.*

hoch|ge|bil|det ⟨Adj.⟩: *äußerst gebildet; mit einer umfassenden Bildung* (1 b).

Hoch|ge|bir|ge, das: *steile, schroffe Formen aufweisendes, hohes Gebirge.*

hoch|ge|ehrt, hoch ge|ehrt ⟨Adj.⟩: *mit hohen Ehren bedacht:* ein -er Schriftsteller.

hoch|ge|fähr|lich ⟨Adj.⟩: *äußerst gefährlich.*

Hoch|ge|fühl, das: *überschwängliches stolzes Gefühl der Freude über einen Erfolg o. Ä.*

hoch|ge|hen ⟨unr. V.; ist⟩: **1. a)** *sich nach oben, in die Höhe bewegen:* die Schranke geht hoch; Ü die Preise gehen hoch *(steigen);* **b)** (ugs.) *nach oben, aufwärtsgehen; hinaufgehen:* die Straße h.; **c)** (ugs.) *explodieren:* die Sprengladung ging hoch. **2.** (ugs.) *in Wut, in Zorn geraten:* als niemand seine Anordnungen befolgte, ging er hoch. **3.** (ugs.) *(von illegalen Vereinigungen, Unternehmungen o. Ä.) von der Polizei o. Ä. aufgedeckt werden:* die Bande ist hochgegangen.

hoch|geis|tig ⟨Adj.⟩: *geistig auf einer sehr hohen Stufe stehend.*

hoch ge|le|gen, hoch|ge|le|gen ⟨Adj.⟩: *in relativ großer Höhe [über dem Meeresspiegel] liegend:* ein hoch gelegenes Skigebiet.

hoch|ge|lehrt ⟨Adj.⟩: *sehr gelehrt; sehr gebildet.*

hoch|ge|lobt, hoch ge|lobt ⟨Adj.⟩: *mit hohem Lob bedacht:* ein -es Werk, Theaterstück.

hoch|ge|mut ⟨Adj.⟩: [mhd. hôchgemuot = edel gesinnt; froh gestimmt, zu: gemuot = gesinnt, gestimmt, zu ↑ Mut in der alten Bed. »Empfinden, Gemüt, Stimmung«] (geh.): *froh u. zuversichtlich gestimmt:* ein -er Mensch.

Hoch|ge|nuss, der: *ganz besonderer Genuss* (2).

Hoch|ge|richt, das: **1.** *(im MA.) Gericht für sehr schwere Verbrechen.* **2.** *Hinrichtungsstätte.*

hoch|ge|schätzt, hoch ge|schätzt ⟨Adj.⟩: *sehr große Achtung genießend:* ein -er Künstler.

hoch|ge|schlos|sen ⟨Adj.⟩: *(von bestimmten Kleidungsstücken) bis zum Hals geschlossen:* eine -e Bluse.

hoch|ge|schraubt ⟨Adj.⟩: *(von Erwartungen, Ansprüchen o. Ä.) sehr hoch.*

Hoch|ge|schwin|dig|keits|netz, das (Eisenbahn): *Streckennetz von Hochgeschwindigkeitszügen.*

Hoch|ge|schwin|dig|keits|stre|cke, die: *Strecke für Hochgeschwindigkeitszüge.*

Hoch|ge|schwin|dig|keits|tras|se, die (Eisenbahn): *Trasse für Hochgeschwindigkeitszüge.*

Hoch|ge|schwin|dig|keits|zug, der: *mit einer Geschwindigkeit von mindestens 250 Stundenkilometern fahrender Zug.*

hoch|ge|sinnt ⟨Adj.⟩: *eine edle, vornehme Gesinnung aufweisend.*

¹**hoch|ge|spannt** ⟨Adj.⟩: **1.** (Elektrot.) *Hochspannung aufweisend:* -e Ströme. **2.** (Technik) *unter hohem Druck stehend:* -e Dämpfe.

hoch ge|spannt, ²**hoch|ge|spannt** ⟨Adj.⟩: *[in einer unrealistischen Weise] sehr hoch:* hoch gespannte Erwartungen haben, hegen.

hoch|ge|steckt ⟨Adj.⟩: *als Ziel o. Ä. sehr, unrealistisch hoch.*

hoch|ge|stellt ⟨Adj.⟩: **1.** *gegenüber der normalen Zeilenhöhe eines Textes [ein wenig] nach oben verschoben:* -e (Math.: *als Hochzahl verwendete)* Zahlen; -e Indizes. **2.** *einen hohen gesellschaftlichen Rang bekleidend.*

hoch|ge|stimmt ⟨Adj.⟩ (geh.): *von einer freudigen, erwartungsvollen od. erhabenen Stimmung erfüllt, getragen:* ein -es Publikum.

hoch|ge|sto|chen ⟨Adj.⟩ (ugs. abwertend): **a)** *geistig sehr, allzu anspruchsvoll u. schwer verständlich; geschraubt:* -e Reden; sie schreibt ziemlich h.; **b)** *die eigene Überlegenheit zur Schau stellend:* -e Intellektuelle.

hoch|ge|wach|sen ⟨Adj.⟩: *von hohem Wuchs; groß*: ein -er Teenager.
hoch|gif|tig ⟨Adj.⟩: *sehr giftig*: -es Blei.
♦ **hoch|gipf|lig** ⟨Adj.⟩ [zu ↑¹Gipfel in der landsch. Bed. »oberer (rundlicher) Teil von etw.«] (schweiz.): *stark nach oben gewölbt; mit einer hervortretenden Verzierung versehen*: ...hatte ... viele -e Metallknöpfe auf der Weste (Stifter, Granit 40).
Hoch|glanz: in der Wendung **etw. auf H. bringen/polieren** (*etw. gründlich sauber machen*: die Wohnung auf H. bringen).
Hoch|glanz|bro|schü|re, die: *aufwendiger hergestellte Broschüre aus hochglänzendem Papier*.
hoch|glän|zend ⟨Adj.⟩: *stark glänzend*: -e Seide.
Hoch|glanz|ma|ga|zin, das: vgl. Hochglanzbroschüre.
Hoch|glanz|pa|pier, das: *hochglänzendes Fotopapier*.
hoch|gra|dig ⟨Adj.⟩: *in hohem Grade, Maße [ausgeprägt]*: ich war h. erregt.
hoch|ha|ckig ⟨Adj.⟩: *(von Schuhen) mit hohen Absätzen versehen*: -e Stiefel.
hoch|hal|ten ⟨st. V.; hat⟩: **1.** *in die Höhe halten*: die Arme h. **2.** *in Ehren halten; aus Achtung weiterhin bewahren*: alte Traditionen h.; Wer die Wahrheit hochhält, marschiert weiterhin am besten, sagt Clausewitz (Borchert, Draußen 23).
Hoch|haus, das: *großes Gebäude mit vielen Stockwerken*.
hoch|he|ben ⟨st. V.; hat⟩: *nach oben, in die Höhe heben; emporheben*: die Hand h.
hoch|hei|lig ⟨Adj.⟩ (geh.): *sehr, in hohem Maße heilig*.
hoch|herr|schaft|lich ⟨Adj.⟩: *sehr vornehm*: ein -es Haus.
hoch|her|zig ⟨Adj.⟩ (geh.): *großmütig, edel*. **Hoch|her|zig|keit**, die: - (geh.): *hochherzige Art*.
hoch|hie|ven ⟨sw. V.; hat⟩: *nach oben, in die Höhe hieven*: ein Wrack mit einem Kran h.
hoch|hüp|fen ⟨sw. V.; ist⟩: *in die Höhe hüpfen*.
Ho-Chi-Minh-Stadt [hotʃi'mɪn...]: Stadt in Vietnam (früher: Saigon).
hoch in|dus|t|ri|a|li|siert, hoch|in|dus|t|ri|a|li|siert ⟨Adj.⟩: *in sehr hohem Maße industrialisiert*.
hoch|in|tel|li|gent ⟨Adj.⟩: *überdurchschnittlich intelligent*: ein -er Mensch; sie ist h.
hoch|in|te|r|es|sant ⟨Adj.⟩: *sehr interessant*: ein -es Buch; das Gespräch war h.
hoch|ja|gen ⟨sw. V.; hat⟩: **1.** *(ein Tier) aufscheuchen, aufjagen*: Rebhühner h.; Ü jmdn. aus dem Schlaf h. **2.** (Jargon) *(einen Motor) plötzlich auf sehr hohe Drehzahlen bringen*.
hoch|jaz|zen [...dʒɛn] ⟨sw. V.; hat⟩ [nach engl. to jazz up] (ugs.): *künstlich aufwerten; aufbauschen*: etw. zum Skandal h.
hoch|ju|beln ⟨sw. V.; hat⟩ (ugs.): **1.** *mit übertriebenem od. ungerechtfertigtem Lob bedenken u. dadurch bekannt machen*: etw. in der Zeitung h. **2.** *hochjagen* (2).
hoch|käm|men ⟨sw. V.; hat⟩: *(langes) Haar nach oben kämmen [u. feststecken]*.
hoch|kant ⟨Adv.⟩: **1.** *auf die, auf der Schmalseite*: die Bücher h. [ins Regal] stellen; Im Garten der Orangerie hockte die Fotografin mit geöffneten Knien, gestrecktem Rücken, erhobenem Arm, die Kamera h. vor dem Gesicht (Strauß, Niemand 157). **2.** *jmdn. h. hinauswerfen/rausschmeißen* (salopp; *jmdn. grob, unnachsichtig hinauswerfen* 2).
hoch|kan|tig ⟨Adj.⟩: **1.** (Fachspr.) *hochkant* (1). **2.** *jmdn. h. hinauswerfen/rausschmeißen* (↑hochkant 2).
Hoch|ka|rä|ter, der: *Edelstein von hohem Karat*; Ü (salopp:) der Präsident und andere H.
hoch|ka|rä|tig ⟨Adj.⟩: **1. a)** *(von Edelsteinen)* einen hohen Karatwert aufweisend: ein -er Diamant; **b)** *(von einer Goldlegierung) einen hohen Anteil an Edelmetall aufweisend*. **2.** (ugs.) *eine hohe Qualität, Qualifikation, besondere Prominenz o. Ä. aufweisend*: -e Wissenschaftler.
hoch|klapp|bar ⟨Adj.⟩: *sich hochklappen lassend*.
hoch|klap|pen ⟨sw. V.⟩: **1.** ⟨hat⟩ *in die Höhe klappen*: den Deckel der Kiste h. **2.** ⟨ist⟩ vgl. hochschnellen: der Sitz klappte plötzlich hoch.
hoch|klas|sig ⟨Adj.⟩ (bes. Sport): *erstklassig* (a), *hervorragend*.
hoch|klet|tern ⟨sw. V.; ist⟩ (ugs.): *in die Höhe, nach oben klettern; hinaufklettern*.
hoch|ko|chen ⟨sw. V.; ist⟩: *(von Emotionen) sich mit Heftigkeit entwickeln*.
hoch|kom|men ⟨st. V.; ist⟩ (ugs.): **1. a)** *heraufkommen*: die Kinder sollen zum Essen h.; **b)** *aufstehen, sich erheben*: bis der so hochkommt!; **c)** *an die Wasseroberfläche kommen*. **2.** *gesund werden*. **3.** *beruflich, gesellschaftlich vorwärtskommen*: sie war in seiner Firma hochgekommen. **4. a)** *(verursacht durch einen Brechreiz) aus dem Magen wieder nach oben kommen*: das Essen kam ihr hoch; **b)** *ins Bewusstsein aufsteigen; zum Bewusstsein kommen*: eine Erinnerung kam in ihr hoch.
hoch|kom|plex ⟨Adj.⟩: *sehr komplex*.
hoch kom|pli|ziert, hoch|kom|pli|ziert ⟨Adj.⟩: *in hohem Maß kompliziert*.
Hoch|kon|junk|tur, die (Wirtsch.): *Phase im Ablauf der Konjunktur mit einer hohen Auslastung der wirtschaftlichen Kapazitäten, mit raschem Wachstum*.
hoch|kön|nen ⟨unr. V.; hat⟩ (ugs.): **1.** vgl. hinaufkönnen. **2.** *hochkommen* (1 b) *können*: aus diesem Sessel kann ich nicht hoch; * **hinten nicht mehr h.** (ugs.: **1.** *in einer schwierigen wirtschaftlichen o. ä. Lage sein*. **2.** *[alt u.] körperlich am Ende sein*).
hoch kon|zen|t|riert, hoch|kon|zen|t|riert ⟨Adj.⟩: **1.** *sehr konzentriert* (2): hoch konzentrierte Zuhörer. **2.** *sehr stark konzentriert* (3): hochkonzentrierte Säuren.
hoch|kra|xeln ⟨sw. V.; ist⟩ (ugs.): *hochklettern*.
hoch|krem|peln ⟨sw. V.; hat⟩: *aufkrempeln*.
hoch|krie|chen ⟨st. V.; ist⟩: *nach oben, in die Höhe kriechen*: den Hang h.; Ü in ihm kroch die Kälte hoch.
hoch|krie|gen ⟨sw. V.; hat⟩ (ugs.): *erreichen, dass etw. nach oben kommt; etw. hochheben können*: ich krieg den schweren Koffer nicht hoch; * **keinen [mehr]/einen h.** (ugs. verhüll.; *[k]eine Erektion [mehr] bekommen*).
hoch|kul|ti|viert ⟨Adj.⟩: *von vornehmer Art; Lebensart habend*.
Hoch|kul|tur, die: *Stufe der Kultur mit hoch entwickelten Produktionsmethoden, sozialen Strukturen u. ausgebildetem Herrschaftssystem*.
hoch|kur|beln ⟨sw. V.; hat⟩: *kurbelnd nach oben drehen*: das Autofenster h.
hoch|la|den ⟨st. V.; hat⟩ (EDV): *(Daten) aufrufen, von einem Speichermedium auf ein anderes übertragen*.
Hoch|land, das ⟨Pl. ...länder, auch: -e⟩: *in großer Höhe über dem Meeresspiegel liegende, ausgedehnte Landfläche*.
hoch|lan|gen ⟨sw. V.; hat⟩ (landsch.): *nach oben greifen*.
hoch|lau|fen ⟨st. V.; * ist⟩: *nach oben laufen; hinauflaufen*.
Hoch|lau|tung, die (Sprachwiss.): *normierte Aussprache des Hochdeutschen*.
hoch|le|ben: in Verbindungen wie **jmd., etw. lebe hoch!** (Hochruf, den man auf jmdn., etw. ausbringt: der Sieger, die Freiheit lebe hoch!); **jmdn., etw. h. lassen** (*einen Hochruf auf jmdn., etw. ausbringen*: sie ließen den Jubilar h.).

hoch|le|gen ⟨sw. V.; hat⟩: **a)** *(von Körperteilen) in erhöhter Position lagern*: die Beine h.; **b)** (ugs.) *nach oben legen; hinauflegen*: ein Buch h.
hoch|leh|nig ⟨Adj.⟩: *mit hoher Lehne versehen*: -e Stühle.
Hoch|leis|tung, die: *sehr große Leistung*.
hoch|leis|tungs|fä|hig ⟨Adj.⟩: *von einer Beschaffenheit, Verfassung, die Hochleistungen ermöglicht; fähig od. geeignet, eine Hochleistung zu erzielen*.
Hoch|leis|tungs|sport, der: *Sport, der mit dem Ziel betrieben wird, bei Wettkämpfen Hochleistungen zu erzielen*.
Hoch|leis|tungs|trai|ning, das (Sport): *systematisches Training, das zu Hochleistungen befähigen soll*.
hoch lie|gend, hoch|lie|gend ⟨Adj.⟩: *relativ weit oben liegend, sich befindend*.
hoch|löb|lich ⟨Adj.⟩ (veraltet, noch spöttisch): *sehr ehrenwert*.
Hoch|lohn|land, das ⟨Pl. ...länder⟩: *Land, in dem hohe Löhne gezahlt werden*.
Hoch|meis|ter, der (Geschichte): *Oberhaupt des Deutschen Ordens*.
Hoch|mit|tel|al|ter, das ⟨o. Pl.⟩: *Blütezeit des Mittelalters*.
hoch|mo|dern ⟨Adj.⟩: *sehr modern*: -e Technik.
hoch|mo|disch ⟨Adj.⟩: *sehr modisch*: -e Kleidung.
hoch|mö|gend ⟨Adj.⟩ (veraltet, noch spött.): *einflussreich, angesehen*.
hoch|mo|le|ku|lar ⟨Adj.⟩ (Chemie): *aus Makromolekülen bestehend*.
Hoch|moor, das (Geogr.): *über dem Grundwasserspiegel liegendes, durch Niederschlag entstandenes Moor*.
hoch mo|ti|viert, hoch|mo|ti|viert ⟨Adj.⟩: *eine sehr hohe Motivation aufweisend*.
hoch|müs|sen ⟨unr. V.; hat⟩ (ugs.): **1.** vgl. hinaufmüssen. **2.** *[aus dem Bett] aufstehen müssen*.
Hoch|mut, der [mhd. hôchmuot, urspr. = gehobene Stimmung, edle Gesinnung; vgl. hochgemut]: *auf Überheblichkeit beruhender Stolz u. entsprechende Missachtung gegenüber anderen od. Gott*: sie sollte ihren H. ablegen; voll H. auf jmdn. herabsehen; **Spr** H. kommt vor dem Fall (*überheblichen, zu stolzen Menschen droht Erniedrigung*; als warnender Hinweis; Buch der Sprüche Salomonis 16, 18).
hoch|mü|tig ⟨Adj.⟩: *durch Hochmut gekennzeichnet; Hochmut ausdrückend*: ein -es Gesicht, Wesen; sie ist h.
Hoch|mü|tig|keit, die; -: *hochmütige Art*.
hoch|nä|sig ⟨Adj.⟩ (ugs. abwertend): *eingebildet u. töricht u. deshalb andere unfreundlich u. geringschätzig behandelnd*: ein -es junges Ding.
Hoch|nä|sig|keit, die; - (ugs. abwertend): *hochnäsige Art*.
Hoch|ne|bel, der: *in relativ großer Höhe auftretender Nebel*.
hoch|neh|men ⟨st. V.; hat⟩: **1. a)** *in die Höhe halten*: die Schleppe h.; **b)** *vom Boden aufnehmen*: sie nahm das Kind hoch (*auf den Arm*); **c)** (landsch.) *mit nach oben nehmen*: kannst du meinen Koffer mit h.? **2.** (ugs.) **a)** *jmdn. auf gutmütige, lustige Weise verspotten*: mit dieser Geschichte wollten sie mich h.; **b)** *jmdm. für etw. zu viel Geld abnehmen*: in diesem Hotel haben sie uns ganz schön hochgenommen. **3.** (Jargon) *einen Verbrecher o. Ä. fassen u. verhaften*: die Polizei fand Hinweise genug, um die Bande hochzunehmen.
hoch|not|pein|lich ⟨Adj.⟩ [Verstärkung von veraltet hochpeinlich = *unter Anwendung verschärfter Foltermethoden* (altertümlend scherzh.): *sehr streng*: eine -e Untersuchung.
Hoch|ofen, der (Technik): *großer Schmelzofen zur Gewinnung von Roheisen*.
hoch|of|fi|zi|ell ⟨Adj.⟩: *in einem sehr förmlichen,*

feierlichen, offiziellen Rahmen stattfindend: die Sache ist h.

hoch|oh|mig ⟨Adj.⟩ [zu ↑²Ohm] (Elektrot.): *einen hohen elektrischen Widerstand aufweisend:* -e Messgeräte.

hoch|päp|peln ⟨sw. V.; hat⟩ (ugs.): *jmdn. [unter großen Mühen] durch sorgfältige Ernährung, Pflege großziehen, wieder zu Kräften kommen lassen:* einen Rekonvaleszenten wieder h.

Hoch|par|ter|re, das: *eine halbe Treppe hoch liegendes Geschoss in einem Wohnhaus.*

hoch|peit|schen ⟨sw. V.; hat⟩: *in die Höhe peitschen:* der Sturm peitschte die Wellen hoch.

Hoch|pfeil, der, **Hoch|pfeil|tas|te**, die: *mit dem Symbol ∧ versehene Taste einer Computertastatur.*

Hoch|pla|teau, das: *vgl. Hochebene.*

hoch|po|li|tisch ⟨Adj.⟩: *eine sehr große politische Bedeutung aufweisend:* eine -e Frage.

hoch|preis|sig ⟨Adj.; höherpreisig, höchstpreisig⟩: *zu einer hohen Preisklasse gehörend:* ein -es Buch; die Wohnung war ziemlich h. eingerichtet.

hoch|pro|fi|ta|bel ⟨Adj.⟩: *sehr profitabel.*

hoch|pro|zen|tig ⟨Adj.; höherprozentig, höchstprozentig⟩: *einen hohen Prozentsatz von etw. enthaltend:* eine -e Lösung; ⟨subst.:⟩ etw. Hochprozentiges *(Schnaps)* trinken.

hoch qua|li|fi|ziert, hoch|qua|li|fi|ziert ⟨Adj.⟩: *eine überdurchschnittliche Qualifikation aufweisend.*

hoch|qua|li|ta|tiv ⟨Adj.⟩ (Kaufmannsspr.): *sehr qualitätvoll:* -e Güter, Waren.

Hoch|rad, das: *ältere Form des Fahrrads mit sehr großem Vorderrad u. kleinem Hinterrad.*

hoch|rä|de|rig: ↑ hochrädrig.

hoch ra|dio|ak|tiv, hoch|ra|dio|ak|tiv ⟨Adj.⟩: *eine hohe Radioaktivität aufweisend.*

hoch|räd|rig, hochrädrig ⟨Adj.⟩: *mit großen Rädern versehen:* ein -er Karren.

hoch|raf|fen ⟨sw. V.; hat⟩: **1.** *in die Höhe raffen:* die Röcke h. **2.** ⟨h. + sich⟩ *sich aufraffen.*

hoch|ra|gen ⟨sw. V.; hat⟩: *nach oben, in die Höhe ragen.*

hoch|ran|gig ⟨Adj.; höherrangig, höchstrangig⟩: *einen hohen Rang einnehmend.*

hoch|ran|ken ⟨sw. V.⟩: **a)** ⟨h. + sich; hat⟩ *sich in die Höhe ranken:* der Wein rankt sich an der Mauer hoch; Ü er rankt sich an kleinen Erfolgen hoch *(sein Selbstbewusstsein wird durch sie gestärkt);* **b)** ⟨ist⟩ *hochranken* (a): an einigen Baumstämmen war Efeu hochgerankt.

hoch|rech|nen ⟨sw. V.; hat⟩ (Statistik): *(von etw. ausgehend) eine Hochrechnung durchführen:* einen Trend, eine Stichprobe h.; das Wahlergebnis h. *(aufgrund einer Hochrechnung vorausberechnen).*

Hoch|rech|nung, die (Statistik): *von einzelnen bekannten Teilergebnissen ausgehende Berechnung des wahrscheinlichen Endergebnisses.*

hoch|re|cken ⟨sw. V.; hat⟩: *aufrecken.*

hoch|rei|chen ⟨sw. V.; hat⟩: *nach oben reichen.*

hoch|rei|ßen ⟨st. V.; hat⟩: *mit einer ruckartigen Bewegung nach oben reißen:* die Arme h.

Hoch|re|li|ef, das (bild. Kunst): *stark aus der Fläche heraustretendes Relief.*

Hoch|re|nais|sance, die: *Blütezeit der Renaissance.*

Hoch|rip|pe, die (Kochkunst): *Rückenstück vom Rind, aus dem bes. Steaks und Bratenstücke geschnitten werden.*

hoch|rot ⟨Adj.⟩: *(in Bezug auf eine bestimmte Körperregion) sehr stark gerötet.*

Hoch|ruf, der: *Ruf, mit dem jmd. gefeiert wird.*

hoch|rüs|ten ⟨sw. V.; hat⟩: **1.** *technisch verbessern.* **2.** *die Rüstung vermehren; Rüstung intensiv betreiben.*

Hoch|rüs|tung, die: *das Hochrüsten.*

hoch|rut|schen ⟨sw. V.; ist⟩ (ugs.): *nach oben rutschen.*

Hoch|sai|son, die: **a)** *Hauptsaison;* **b)** *Zeit des stärksten Betriebes, Andrangs, der stärksten Nachfrage o. Ä.:* in der Weihnachtszeit haben die Geschäfte H.

hoch|schal|ten ⟨sw. V.; hat⟩: *(bei Motorfahrzeugen) in einen höheren Gang schalten.*

hoch schät|zen, hoch|schät|zen ⟨sw. V.; hat⟩ (geh.): *sehr schätzen:* ein Autor, ein Film, den ich hoch schätze wie keinen anderen.

Hoch|schät|zung, die: **1.** ⟨o. Pl.⟩ *das Hochschätzen.* **2.** vgl. Hochrechnung.

hoch|schau|en ⟨sw. V.; hat⟩ (landsch., bes. südd., österr., schweiz.): *nach oben schauen; aufschauen* (1).

hoch|schau|keln ⟨sw. V.; hat⟩ (ugs.): **1.** *einer Sache durch übertriebene od. emotionale Behandlung [unangemessene] Wichtigkeit verleihen.* **2.** ⟨h. + sich⟩ *sich [gegenseitig] in immer größere emotionale Erregung versetzen:* die beiden Kontrahenten schaukelten sich gegenseitig hoch.

Hoch|schein: in der Wendung **keinen H. haben** (schweiz.; *keine Ahnung haben*).

hoch|schi|cken ⟨sw. V.; hat⟩ (ugs.): *nach oben schicken.*

hoch|schie|ben ⟨st. V.; hat⟩: *nach oben, in die Höhe schieben.*

hoch|schie|ßen ⟨st. V.; ist⟩: **1.** *aufschießen* (1). **2.** *aufschießen* (2). **3.** (ugs.) *sich rasch nach oben bewegen:* sie schoss die Treppe hoch.

hoch|schla|gen ⟨st. V.⟩: **1.** *nach oben schlagen, klappen:* den Mantelkragen h. **2.** ⟨ist⟩ **a)** *aufbranden;* **b)** *in die Höhe schlagen; auflodern:* die Flammen schlugen hoch.

hoch|schlei|chen ⟨st. V.⟩: **1.** ⟨ist⟩ *nach oben schleichen.* **2.** ⟨h. + sich; hat⟩ *sich nach oben schleichen.*

hoch|schleu|dern ⟨sw. V.; hat⟩: *aufschleudern:* Räder schleudern Erdklumpen hoch.

hoch|schnel|len ⟨sw. V.; ist⟩: *in die Höhe schnellen; aufschnellen* (a), *aufspringen* (1): sie schnellte von ihrem Stuhl hoch.

hoch|schrau|ben ⟨sw. V.; hat⟩: **1.** *in die Höhe schrauben* (3): den Klavierschemel h. **2. a)** *[künstlich] in die Höhe treiben:* die Preise h.; **b)** *auf eine hohe Stufe stellen, auf ein hohes Niveau bringen:* hochgeschraubte Erwartungen. **3.** ⟨h. + sich⟩ *in schraubenförmiger Bewegung aufsteigen:* das Flugzeug schraubt sich hoch.

¹**hoch|schre|cken** ⟨sw. V.; hat⟩: ¹*aufschrecken:* das Wild h.

²**hoch|schre|cken** ⟨st. u. sw. V.; schreckt/(veraltend:) schrickt hoch, schreckte/schrak hoch, ist hochgeschreckt⟩: ²*aufschrecken:* sie schrak aus dem Schlaf hoch.

Hoch|schul|ab|gän|ger, der (Amtsspr.): *Student, Hochschüler, der nach dem abschließenden Examen die Hochschule verlässt.*

Hoch|schul|ab|gän|ge|rin, die: w. Form zu ↑ Hochschulabgänger.

Hoch|schul|ab|schluss, der: *an einer Hochschule erworbenes Abschlusszeugnis.*

Hoch|schul|ab|sol|vent, der: *Absolvent einer Hochschule.*

Hoch|schul|ab|sol|ven|tin, die: w. Form zu ↑ Hochschulabsolvent.

Hoch|schul|bil|dung, die: *an einer Hochschule erworbene Bildung* (1 a).

Hoch|schul|di|dak|tik, die: *Didaktik im Bereich der Hochschule.*

Hoch|schu|le, die: *wissenschaftliche Lehr- [u. Forschungs]einrichtung* (z. B. Universität, Fachhochschule, Musikhochschule o. Ä.).

Hoch|schü|ler, der: *jmd., der an einer Hochschule studiert.*

Hoch|schü|le|rin, die: w. Form zu ↑ Hochschüler.

Hoch|schü|ler|schaft, die (österr., südtirol.): *Vertretung der Studierenden.*

Hoch|schul|ge|setz, das: *Gesetz, das Stellung, Rechte u. Aufgaben einer Hochschule regelt.*

Hoch|schul|grup|pe, die: *politische Gruppe an einer Hochschule.*

Hoch|schul|leh|rer, der: *jmd., der an einer Hochschule unterrichtet.*

Hoch|schul|leh|re|rin, die: w. Form zu ↑ Hochschullehrer.

Hoch|schul|po|li|tik, die: *Gesamtheit von Bestrebungen im Hinblick auf das Hochschulwesen.*

hoch|schul|po|li|tisch ⟨Adj.⟩: *die Hochschulpolitik betreffend.*

Hoch|schul|rah|men|ge|setz, das: *Rahmengesetz für die Hochschulen.*

Hoch|schul|rat, der (Hochschulw.): *Gremium aus Vertretern der Hochschule u. Personen von außerhalb, das beratende Funktion hat od. bestimmte verwaltungstechnische Entscheidungen trifft.*

Hoch|schul|re|form, die: *Reform der Organisation u. Verwaltung der Hochschule, der Studiengänge u. Ä.*

Hoch|schul|rei|fe, die: *durch das Abitur erworbene Berechtigung, an einer Hochschule zu studieren.*

Hoch|schul|rek|tor, der: *Rektor* (2).

Hoch|schul|rek|to|ren|kon|fe|renz, die (Hochschulw.): *Zusammenschluss der Hochschulrektoren:* die Präsidentin der H.

Hoch|schul|rek|to|rin, die: w. Form zu ↑ Hochschulrektor.

Hoch|schul|stu|di|um, das: *Studium an einer Hochschule:* Bewerber mit abgeschlossenem H. werden bevorzugt.

hoch|schul|te|rig, hoch|schult|rig ⟨Adj.⟩: *hohe Schultern aufweisend.*

Hoch|schul|we|sen, das: vgl. Schulwesen.

hoch|schwan|ger ⟨Adj.⟩: *sich im letzten Stadium der Schwangerschaft befindend:* eine -e Frau; sie ist h.

hoch|schwin|gen ⟨st. V.; hat⟩: **a)** *nach oben schwingen; schwingend, mit Schwung nach oben bewegen;* **b)** ⟨h. + sich⟩ *sich mit Schwung nach oben bringen:* ich schwang mich auf das Pferd hoch.

Hoch|see, die ⟨o. Pl.⟩: *offenes Meer außerhalb der Küstengewässer; hohe See.*

Hoch|see|an|geln, das; -s: *Angelfischerei auf der Hochsee.*

Hoch|see|fi|scher, der: *jmd., der als Fischer u. Seemann auf einem Hochseeschiff arbeitet* (Berufsbez.).

Hoch|see|fi|sche|rei, die: *Fischerei auf der Hochsee.*

Hoch|see|fi|sche|rin, die: w. Form zu ↑ Hochseefischer.

Hoch|see|jacht, Hochseeyacht, die: *hochseetüchtige Jacht.*

Hoch|see|schiff, das: *Schiff, das zur Fahrt auf der Hochsee geeignet ist.*

hoch|see|tüch|tig ⟨Adj.⟩: *(von Schiffen) geeignet, auf hoher See zu fahren.*

Hoch|see|yacht: ↑ Hochseejacht.

hoch|se|hen ⟨st. V.; hat⟩ (ugs.): *nach oben sehen; aufsehen* (1).

Hoch|seil, das: *in großer Höhe gespanntes Seil des Seiltänzers.*

Hoch|seil|akt, der: *Balanceakt auf dem Hochseil:* Ü vor einem finanziellen H. zurückschrecken.

Hoch|seil|ar|tist, der: *Artist, der auf dem Hochseil arbeitet.*

Hoch|seil|ar|tis|tin, die: w. Form zu ↑ Hochseilartist.

hoch|se|lig ⟨Adj.⟩ (veraltet): *verstorben, selig* (1 b) (bei der Nennung verstorbener, hochstehender od. hochgeachteter Personen): der -e Herr Pfar-

rer; ⟨subst.:⟩ der Hochselige (veraltet; *der Verstorbene*).
hoch|sen|si|bel ⟨Adj.⟩: **1.** *eine hohe Sensibilität* (1) *aufweisend:* ein hochsensibler Künstler. **2.** (Jargon) *wegen eines möglichen Missbrauchs bes. schutzbedürftig:* hochsensibles Material.
Hoch|si|cher|heits|trakt, der: *besonders ausbruchssicherer Trakt bestimmter Strafvollzugsanstalten.*
hoch|sin|nig ⟨Adj.⟩ (selten): *edelmütig.*
Hoch|sitz, der ⟨Jagdw.⟩: *in gewisser Höhe auf Pfählen gebauter od. auf einem Baum angebrachter Beobachtungsstand des Jägers;* Kanzel (6).
Hoch|som|mer, der: *Mitte des Sommers, heißeste Zeit des Jahres.*
hoch|som|mer|lich ⟨Adj.⟩: *wie im Hochsommer üblich:* -e Temperaturen.
hoch span|nend, hoch|span|nend ⟨Adj.⟩: *besonders spannend:* hoch spannende Fragen, Projekte, Szenen.
Hoch|span|nung, die: **1.** (Elektrot.) *hohe elektrische Spannung (von mehr als 1 000 Volt).* **2.** ⟨o. Pl.⟩ **a)** *sehr gespannte Stimmung, Erwartung:* jmdn. in H. versetzen; **b)** *sehr gespannte, kritische Lage; zum Zerreißen gespannte Atmosphäre:* in der Hauptstadt herrschte politische H.
Hoch|span|nungs|lei|tung, die: *elektrische Leitung, die Hochspannung führt.*
Hoch|span|nungs|mast, der: *Mast für Hochspannungsleitungen.*
hoch spe|zi|a|li|siert, hoch|spe|zi|a|li|siert ⟨Adj.⟩: *eine hohe Spezialisierung aufweisend.*
hoch|spe|zi|fisch ⟨Adj.⟩: *eine hohe Spezifität* (1, 2) *aufweisend.*
hoch|spie|len ⟨sw. V.; hat⟩: *stärker als gerechtfertigt ins Licht der Öffentlichkeit rücken; einer Sache eine ihr unangemessene Bedeutung verleihen.*
Hoch|spra|che, die (Sprachwiss.): *Standardsprache.*
hoch|sprach|lich ⟨Adj.⟩ (Sprachwiss.): *die Hochsprache betreffend, zur Hochsprache gehörend.*
hoch|sprin|gen ⟨st. V.; ist⟩: **1. a)** *sich schnell, mit einem Sprung von seinem Platz erheben; aufspringen* (1): sie sprang vor Freude vom Stuhl hoch; **b)** *an jmdm., etw. in die Höhe springen:* der Hund sprang an mir hoch; **c)** *springend auf eine höher gelegene Stelle gelangen.* **2.** ⟨nur im Inf. u. Part.⟩ (Sport) *Hochsprung als sportliche Disziplin betreiben:* wir wollen heute h.
Hoch|sprin|ger, der (Sport): *jmd., der Hochsprung als sportliche Disziplin betreibt.*
Hoch|sprin|ge|rin, die: w. Form zu ↑Hochspringer.
Hoch|sprung, der (Sport): **a)** ⟨o. Pl.⟩ *zur Leichtathletik gehörende sportliche Disziplin, bei der jmd. über eine möglichst hoch angebrachte Latte springen muss:* sie ist sehr gut im H.; **b)** *einzelner Sprung im Hochsprung* (a): ein H. über zwei Meter.
hoch|spü|len ⟨sw. V.; hat⟩: *an die Oberfläche spülen:* Sand und Steine wurden hochgespült.
höchst [hø:çst] ⟨Adv.⟩: *sehr, überaus, äußerst:* es war h. leichtsinnig von ihr; Ein h. verdrießliches Lächeln krümmte die Lippen des spanischen Konsulatskanzlers (Seghers, Transit 217).
höchst...: Sup. von ↑hoch.
Höchst|al|ter, das: *in einem bestimmten Zusammenhang höchstes [mögliches] Alter:* das H. für den Eintritt in diese Firma ist 45 Jahre.
Hoch|stamm, der (Gartenbau): *Zuchtform von Gehölzen mit relativ hohem Stamm.*
hoch|stäm|mig ⟨Adj.⟩: *einen hohen Stamm aufweisend:* -e Rosen.
Hoch|stand, der ⟨Jagdw.⟩: *Hochsitz.*

Hoch|sta|pe|lei, die; -, -en [zu ↑hochstapeln]: *das Hochstapeln.*
hoch|sta|peln ⟨sw. V.; hat⟩ [zu ↑Hochstapler]: *in betrügerischer Absicht [u. mit falschem Namen] eine hohe gesellschaftliche Stellung o. Ä. vortäuschen u. das Vertrauen der Getäuschten durch massive Betrügereien missbrauchen:* du stapelst hoch, hast hochgestapelt.
Hoch|stap|ler, der [aus der Gaunerspr., zu: hoch = vornehm u. sta(p)peln = betteln, tippeln]: *jmd., der hochstapelt:* er war ein berüchtigter H.
Hoch|stap|le|rin, die; -, -nen: w. Form zu ↑Hochstapler.
Höchst|ar|beits|zeit, die: *höchste [mögliche od. erlaubte] Arbeitszeit.*
Höchst|aus|maß, das (österr.): *Höchstmaß, Obergrenze.*
Höchst|be|las|tung, die: *größte [mögliche] Belastung.*
Höchst|be|trag, der: *größter [möglicher] Betrag.*
höchst|be|zahlt ⟨Adj.⟩: *mit der höchsten Bezahlung versehen:* die -en Spielerinnen der Liga.
Höchst|bie|ten|de, die/eine Höchstbietende; der/einer Höchstbietenden, die Höchstbietenden/zwei Höchstbietende: *Meistbietende.*
Höchst|bie|ten|der, der Höchstbietende/ein Höchstbietender; des/eines Höchstbietenden, die Höchstbietenden/zwei Höchstbietende: *Meistbietender.*
Höchst|dau|er, die: *längste [mögliche] Dauer.*
höchst|do|tiert ⟨Adj.⟩: *sehr hoch dotiert.*
hoch|ste|cken ⟨sw. V.; hat⟩: *([lange] Haare) zu einer Hochfrisur aufstecken.*
hoch|ste|hen ⟨unr. V.; hat; südd., österr., schweiz. auch: ist⟩: *nach oben, in die Höhe stehen:* seine Haare standen hoch.
hoch|ste|hend ⟨Adj.⟩: **1.** *eine hohe [gesellschaftliche] Stellung innehabend, einen hohen [geistigen] Rang besitzend:* -e Persönlichkeiten. **2.** *einen hohen Entwicklungsstand aufweisend:* -e Tiere; eine geistig -e Dame. **3.** *eine hohe Qualität aufweisend:* qualitativ -e Erzeugnisse.
hoch|stei|gen ⟨st. V.; ist⟩: **1.** *nach oben steigen, hinaufsteigen:* die Leiter h. **2.** *[sich] senkrecht] nach oben bewegen:* Raketen stiegen hoch. **3.** *(von Emotionen) langsam in jmdm. aufkommen, sich in jmdm. regen:* Wut steigt in jmdm. hoch; Tränen stiegen in ihr hoch.
höchst|ei|gen ⟨Adj.⟩ (veraltend, noch scherzh.): *ganz und gar eigen:* da betrat er in -er Person, h. (selbst, in eigener Person) den Raum.
hoch|stel|len ⟨sw. V.; hat⟩: **1.** *an einen höher gelegenen Ort stellen:* die Stühle h. **2.** *senkrecht stellen; hochklappen:* den Mantelkragen h.
hoch|stem|men ⟨sw. V.; hat⟩: **1.** *(in Bezug auf etw. von großem Gewicht) in die Höhe stemmen:* einen schweren Deckel h. **2.** *sich aufstützen u. langsam erheben:* seinen Oberkörper h.; ich stemme mich mühsam hoch.
höchs|tens ⟨Adv.⟩: **a)** *im äußersten Fall; nicht mehr als:* die Behauptung trifft h. in drei/in h. drei Fällen zu; **b)** *es sei denn:* sie geht nicht aus, h. gelegentlich ins Kino.
höchst|ent|wi|ckelt ⟨Adj.⟩: *die höchste Entwicklungsstufe aufweisend.*
Höchst|fall: in der Fügung **im H.** (*im günstigsten Fall; höchstens:* dafür bekommst du im H. 100 Euro).
Höchst|form, die (bes. Sport): *beste [sportliche] Verfassung:* in H. sein.
Höchst|ge|bot, das: *höchstes Angebot bei einer Versteigerung.*
Höchst|ge|richt, das (österr.): *oberster Gerichtshof.*
Höchst|ge|schwin|dig|keit, die: *höchste [mögliche, zulässige] Geschwindigkeit.*

Höchst|ge|wicht, das: vgl. Höchstgeschwindigkeit.
Höchst|gren|ze, die: *oberste Grenze.*
Hoch|sti|cke|rei, die: **a)** ⟨o. Pl.⟩ *Technik der Weißstickerei, bei der sich das gestickte Muster reliefartig von der Unterlage abhebt;* **b)** *etw. in der Technik der Hochstickerei* (a) *Hergestelltes:* eine sehr schöne H.
Hoch|stift, das (früher): *[Erz]bistum; Zentralverwaltung eines [Erz]bistums.*
hoch|sti|li|sie|ren ⟨sw. V.; hat⟩: *einer Sache durch übertriebenes Lob, unverdiente Hervorhebung o. Ä. unangemessene Wichtigkeit od. übermäßigen Wert verleihen od. zu etw. Besserem machen, als sie in Wirklichkeit ist.*
Hoch|stim|mung, die ⟨o. Pl.⟩: *sehr frohe, festlich gehobene Stimmung:* in H. sein.
Höchst|kurs, der (Bankw.): *höchster Börsenkurs:* die Aktie hat den H. erreicht.
Höchst|leis|tung, die: *höchste [mögliche] Leistung.*
Höchst|mar|ke, die: **1.** *Rekord.* **2.** *höchster Grenzwert.*
Höchst|maß, das: *sehr hoher Grad; Maximum:* diese Arbeit fordert ein H. an Akribie.
Höchst|men|ge, die: *höchste [zulässige] Menge.*
Höchst|men|gen|ver|ord|nung, die: *Rechtsverordnung, in der Höchstmengen bestimmter toxischer Stoffe u. Zusatzstoffe in Lebensmitteln festgelegt sind.*
höchst|mög|lich ⟨Adj.⟩: *so hoch wie möglich:* der -e Gewinn.
höchst|per|sön|lich ⟨Adj.⟩: *[unerwarteterweise] persönlich, in eigener Person:* die Ministerin überreichte h. die Urkunde.
Höchst|preis, der: *höchster zu erwartender Preis:* -e zahlen.
Hoch|stra|ße, die: *über Pfeiler geführte Straße [oberhalb anderer Straßen].*
hoch|stre|ben ⟨sw. V.; ist⟩ (geh.): *aufstreben.*
höchst|rich|ter|lich ⟨Adj.⟩: *vom (jeweils) höchsten Gericht ausgesprochen:* eine -e Entscheidung.
Höchst|satz, der: *höchster Betrag, Tarif:* bei der Versicherung den H. zahlen müssen.
höchst|selbst (indekl. Pron.) (veraltend, noch scherzh.): *höchstpersönlich:* er kam h.
Höchst|stand, der: *höchster Stand, höchster Entwicklungsstand von etw.*
Höchst|stra|fe, die: *höchste [mögliche] Strafe:* der Staatsanwalt forderte die H.
Höchst|stu|fe, die (Sprachwiss.): *Superlativ.*
Höchst|tem|pe|ra|tur, die: *höchste [mögliche] Temperatur.*
höchst|stu|fen ⟨sw. V.; hat⟩: *höherstufen.*
höchst|wahr|schein|lich ⟨Adv.⟩: *sehr wahrscheinlich:* h. hat sie es getan.
Höchst|wert, der: *höchster [möglicher] Wert.*
Höchst|zahl, die: *höchste Zahl.*
Höchst|zahl|ver|fah|ren, das ⟨o. Pl.⟩: *d'hondtsches System.*
höchst|zu|läs|sig ⟨Adj.⟩: *als Höchstes zulässig:* das -e Gesamtgewicht.
Hoch|tal, das: *hoch gelegenes Tal.*
hoch tech|ni|siert, hoch|tech|ni|siert ⟨Adj.⟩: *in hohem Grade technisiert.*
Hoch|tech|no|lo|gie, die [LÜ von engl. high technology]: *Technologie, die auf dem neuesten technischen Stand beruht u. in besonderer Weise für Innovationen u. hohe Produktivität in verschiedenen Wirtschaftsbranchen sorgt.*
Hoch|tem|pe|ra|tur|re|ak|tor, der (Kernphysik): *gasgekühlter Kernreaktor mit sehr hoher Kühlmitteltemperatur.*
Hoch|ton, der ⟨Pl. ...töne⟩ (Sprachwiss.): *Ton mit hoher Tonhöhe.*
hoch|tö|nend ⟨Adj.⟩ (abwertend): *hochtrabend.*
hoch|to|nig ⟨Adj.⟩ (Sprachwiss.): *[den] Hochton tragend.*

Hoch|tour, die: **1.** *Bergtour im Hochgebirge.* **2.** ** auf -en laufen, arbeiten* (1. *mit der größten Leistungsfähigkeit laufen, arbeiten:* der Motor lief auf -en. 2. *unter großer Hektik u. unter Aufbringung aller Kraftreserven vonstattengehen:* die Fahndung lief auf -en); **auf -en bringen** (1. *zur größten Leistungsfähigkeit bringen:* die Maschine auf -en bringen. ugs.; *zu größter Arbeitsleistung anstacheln:* jmdn. auf -en bringen).
hoch|tou|rig ⟨Adj.⟩ (Technik): *mit hoher Drehzahl laufend:* h. fahren.
Hoch|tou|rist, der: *Tourist, der Hochtouren* (1) *macht.*
Hoch|tou|ris|tik, die: *Touristik im Hochgebirge; Alpinistik.*
Hoch|tou|ris|tin, die: w. Form zu ↑ Hochtourist.
hoch|tra|bend ⟨Adj.⟩ [mhd. hochtrabende; urspr. vom Pferd, das den Reiter beim Traben allzu hoch wirft u. deshalb schwer zu reiten ist] (abwertend): *(von schriftlichen od. mündlichen Äußerungen) mit einem hohlen Pathos; übertrieben u. gespreizt in Ausdruck u. Inhalt:* -e Worte.
hoch|tra|gen ⟨st. V.; hat⟩ (ugs.): *nach oben tragen; hinauftragen:* die Koffer h.
hoch|trei|ben ⟨st. V.; hat⟩: **1.** (ugs.) *nach oben treiben, hinauftreiben:* die Kühe [auf die Alm] h. **2.** *[bewusst u. forciert] eine Erhöhung bei etw. bewirken:* die Preise h.
Hoch|ufer, das (Geogr.): *(durch Erosion entstandenes) erhöhtes, steiles Ufer.*
hoch|ver|dich|tet ⟨Adj.⟩ (Fachspr.): *einen hohen Grad von Verdichtung aufweisend.*
hoch|ver|dient ⟨Adj.⟩: **1.** *mit vielen Verdiensten; sehr verdient:* ein -er Mann, Wissenschaftler. **2.** (Sportjargon) *sehr verdient* (2): ein -es Remis.
hoch|ver|ehrt ⟨Adj.; o. Komp., Sup. in der veralteten Anrede: hochverehrtest⟩: *sehr verehrt:* mein -er alter Lehrer.
Hoch|ver|rat, der (LÜ von frz. haute trahison) (Rechtsspr.): *Verbrechen gegen den inneren Bestand od. die verfassungsmäßige Ordnung eines Staates:* H. begehen; des -s, wegen H./-s angeklagt sein.
Hoch|ver|rä|ter, der: *jmd., der Hochverrat begeht.*
Hoch|ver|rä|te|rin, die: w. Form zu ↑ Hochverräter.
hoch|ver|rä|te|risch ⟨Adj.⟩: *den Hochverrat betreffend; Hochverrat darstellend, bedeutend.*
hoch ver|schul|det, hoch|ver|schul|det ⟨Adj.⟩: *mit hohen Schulden belastet.*
hoch|ver|zins|lich ⟨Adj.⟩ (Bankw.): *hohe Zinserträge abwerfend:* -e Wertpapiere.
hoch|vor|nehm ⟨Adj.⟩: *sehr vornehm:* eine -e Gesellschaft.
hoch|wach|sen ⟨st. V.; ist⟩: *in die Höhe wachsen.*
Hoch|wald, der: **1.** *Wald mit sehr hohen, alten Bäumen u. wenig Unterholz.* **2.** (Forstwirtsch.) *forstwirtschaftlich gepflegter u. genutzter Wald, bei dem der Baumbestand durch Saat od. Anpflanzen vermehrt wird u. bei dem man die Bäume sehr alt werden lässt.*
Hoch|was|ser, das ⟨Pl. -⟩: **1.** *höchster Wasserstand der Flut;* um 14 Uhr ist H. **2.** *sehr hoher, bedrohlicher Wasserstand eines Flusses, auch eines Sees od. des Meeres:* das H. *(die Überschwemmung)* hat großen Schaden verursacht; der Fluss führt H.; *** **H. haben** (ugs. scherzh.; *zu kurze Hosen tragen*).
Hoch|was|ser|ge|biet, das: vgl. Erdbebengebiet.
Hoch|was|ser|ge|fahr, die: *Gefahr von Hochwasser:* es besteht H.
Hoch|was|ser|ka|ta|s|t|ro|phe, die: *durch Hochwasser* (2) *ausgelöste Katastrophe.*
Hoch|was|ser|scha|den, der: *durch Hochwasser* (2) *verursachter Schaden.*

Hoch|was|ser|schutz, der ⟨o. Pl.⟩: **1.** *Schutz vor Hochwasser.* **2.** *Gesamtheit der Maßnahmen zum Hochwasserschutz* (1).
Hoch|wei|de, die: *Alm.*
hoch|wer|fen ⟨st. V.; hat⟩: *in die Höhe, in die Luft werfen:* den Ball h.; Ü die Arme h.
hoch|wer|tig ⟨Adj.⟩: *eine hohe Qualität aufweisend:* -e Erzeugnisse; -es Eiweiß *(Eiweiß von hohem Nährwert).*
Hoch|wild, das [vgl. hohe ↑ Jagd] (Jägerspr.): *Wild, das zur hohen Jagd gehört* (z. B. Elch, Rot- u. Damhirsch).
hoch|will|kom|men ⟨Adj.⟩: *sehr willkommen:* -e Gäste.
hoch|win|den ⟨st. V.; hat⟩: **1.** *mit einer Winde nach oben ziehen:* den Anker h. **2.** ⟨h. + sich⟩ *sich mit einer Drehbewegung aufwärtsbewegen, in die Höhe bewegen:* die Kletterpflanze windet sich am Gestell hoch.
hoch|wirk|sam ⟨Adj.⟩: *sehr wirksam:* eine -e Medizin.
hoch|wohl|ge|bo|ren ⟨Adj.⟩: (veraltet) *von hoher Abkunft; adelig:* -e Herrschaften; ⟨in der Anrede:⟩ Euer, Euer Hochwohlgeboren; ⟨bei Anschriften:⟩ Seiner, Ihrer Hochwohlgeboren.
hoch|wohl|löb|lich ⟨Adj.⟩: (veraltet, noch spöttisch) *hochlöblich:* das -e Gremium.
hoch|wöl|ben ⟨sw. V.; hat⟩: **a)** *nach oben, nach außen wölben:* der Druck hat das Blech hochgewölbt; **b)** ⟨h. + sich⟩ *sich aufwölben:* der Deckel der Konservendose hat sich hochgewölbt.
hoch|wol|len ⟨unr. V.; hat⟩ (ugs.): **1.** vgl. hinaufwollen. **2.** *aufstreben, sich erheben wollen; nach oben, in die Höhe gelangen wollen.*
hoch|wüch|sig ⟨Adj.⟩: *(von Pflanzen, Bäumen) schlank u. in die Höhe wachsend:* -e Tannen.
hoch|wuch|ten ⟨sw. V.; hat⟩ (ugs.): *unter großer Kraftanstrengung hochheben:* eine schwere Kiste h.
Hoch|wür|den ⟨o. Art.; -[s]⟩: *veraltende Anrede u. Bezeichnung für katholische u. höhere evangelische Geistliche:* Euer, Eure H.!
hoch|wür|dig ⟨Adj.⟩ (veraltend): *in ehrenden Anreden für katholische Geistliche; sehr würdig.*
Hoch|wurf, der (Sport): **1. a)** *Schiedsrichterball;* **b)** (Basketball) *das Hochwerfen des Balles zwischen den beiden Spielern beim Sprungball.* **2.** (Schlagball) *das Hochwerfen des Balles durch den Fänger, wenn der Läufer die Grenze überschreitet.*
Hoch|zahl, die (Math.): *Exponent* (2 a).
¹**Hoch|zeit,** die; -, -en [mhd. hōch(ge)zīt = hohes kirchliches od. weltliches Fest; Vermählungsfeier]: **1.** *mit der Eheschließung verbundenes Fest, verbundene Feier:* eine große H.; die H. findet im Mai statt; die H. ausrichten; jmdn. zur H. einladen; *** **grüne H.** *(Tag der Heirat);* **papierene H.** (landsch.; *1. Jahrestag der Heirat*); **kupferne H.** (landsch.; *7. Jahrestag der Heirat*); **hölzerne H.** (landsch.; *10. Jahrestag der Heirat*); **silberne H.** *(25. Jahrestag der Heirat);* **goldene H.** *(50. Jahrestag der Heirat);* **diamantene H.** *(60. Jahrestag der Heirat);* **eiserne H.** *(65. Jahrestag der Heirat);* **nicht auf zwei -en tanzen können** (ugs.; *nicht an zwei Veranstaltungen, Unternehmungen o. Ä. gleichzeitig teilnehmen können*); **auf allen/auf zwei -en tanzen** (ugs.; *überall dabei sein [wollen]*); **auf der falschen H. sein/tanzen** (ugs.; *am falschen Platz sein*). **2.** (Druckerspr.) *doppelt gesetztes Wort od. Zeile.*
²**Hoch|zeit,** die (geh.): *glänzender Höhepunkt, Höchststand einer Entwicklung, eines Zeitabschnitts; Blütezeit.*
hoch|zei|ten ⟨sw. V.; hat⟩ [mhd. hōchzīten] (selten): *Hochzeit halten, feiern; heiraten:* die beiden jungen Leute wollen h.

Hoch|zei|ter, der; -s, - (österr., schweiz., sonst landsch.): **1.** *Bräutigam.* **2.** ⟨Pl.⟩ *Hochzeitspaar:* die H. sind auf Hochzeitsreise.
Hoch|zei|te|rin, die; -, -nen: w. Form zu ↑ Hochzeiter (1).
hoch|zeit|lich ⟨Adj.⟩ [mhd. hōchzīt(ec)lich = festlich]: *die ¹Hochzeit* (1) *betreffend; festlich, feierlich in Bezug auf eine ¹Hochzeit* (1).
Hoch|zeits|bild, das: *bei einer ¹Hochzeit* (1) *aufgenommenes Bild; Fotografie mit dem Brautpaar [u. der übrigen Hochzeitsgesellschaft].*
Hoch|zeits|bit|ter, der (veraltet, noch landsch.): *jmd., der nach ländlichem Brauch die Gäste zu einer ¹Hochzeit* (1) *bittet.*
Hoch|zeits|bit|te|rin, die; -, -nen: w. Form zu ↑ Hochzeitsbitter.
Hoch|zeits|brauch, der: *Brauch im Zusammenhang mit einer ¹Hochzeit* (1).
Hoch|zeits|fei|er, die, **Hoch|zeits|fest,** das: *anlässlich der ¹Hochzeit* (1) *gefeiertes Fest.*
Hoch|zeits|flug, der (Zool.): *Flug, bei dem bei bestimmten Staaten bildenden Insekten (Bienen, Ameisen, Termiten) die Königin begattet wird.*
Hoch|zeits|fo|to, das, schweiz. auch: die: *Hochzeitsbild.*
Hoch|zeits|gast, der: *zu einer ¹Hochzeit* (1) *geladener Gast.*
Hoch|zeits|ge|dicht, das: *Gedicht, das anlässlich einer ¹Hochzeit* (1) *zu Ehren des Brautpaars verfasst wird.*
Hoch|zeits|ge|schenk, das: *Geschenk, das das Brautpaar zur ¹Hochzeit* (1) *bekommt.*
Hoch|zeits|ge|sell|schaft, die: *¹Gesellschaft* (2 c) *der ¹Hochzeit* (1) *Feiernden.*
Hoch|zeits|haus, das: *Haus, Wohnung, Familie, wo ¹Hochzeit* (1) *gefeiert wird u. das Brautpaar für Glückwünsche zu erreichen ist:* die Glückwunschkarte war an das H. [Schmidt] adressiert; Blumen ins H. schicken.
Hoch|zeits|kleid, das: **1.** *[weißes] Kleid, das die Braut zur ¹Hochzeit* (1) *trägt.* **2.** (Zool.) *farbiger Federschmuck, auffällige Färbung bestimmter Hautpartien (bei manchen männlichen Tieren in der Paarungszeit).*
Hoch|zeits|kut|sche, die: *bestimmte Kutsche, in der das Brautpaar zur Trauung fährt.*
Hoch|zeits|mahl, das (geh.): *festliches Mahl als Mittelpunkt der ¹Hochzeit* (1).
Hoch|zeits|nacht, die: *auf die ¹Hochzeit* (1) *folgende Nacht, die das Brautpaar zusammen verbringt.*
Hoch|zeits|paar, das: *Brautpaar am Hochzeitstag.*
Hoch|zeits|rei|se, die: *Reise, die das Hochzeitspaar [nach der ¹Hochzeit* (1)] *unternimmt:* sich auf H. befinden.
Hoch|zeits|strauß, der: *Blumengebinde, das die Braut [vom Bräutigam bekommt u.] während der Zeremonie der Trauung in der Hand trägt; Brautbukett.*
Hoch|zeits|ta|fel, die: *festlich gedeckte Tafel der ¹Hochzeit* (1).
Hoch|zeits|tag, der: **a)** *Tag, an dem die ¹Hochzeit* (1) *stattfindet:* am H. war herrliches Wetter; **b)** *Jahrestag der ¹Hochzeit* (1): seinen H. vergessen.
Hoch|zeits|zug, der: *Hochzeitsgesellschaft auf dem Weg zur Kirche od. zur Hochzeitsfeier.*
hoch|zie|hen ⟨unr. V.; hat⟩ **a)** *[mithilfe einer Zugvorrichtung] nach oben, in die Höhe ziehen:* den Rollladen h.; er zog die Hose hoch; ich zog mich am Geländer hoch *(ich zog mich unter Zuhilfenahme des Geländers den eigenen Körper nach oben);* Ü es gibt Journalisten, die sich an Skandalen hochziehen (ugs.; *die daran ihr Vergnügen finden*); **b)** *nach oben bewegen, heben* (1 a): die Brauen, die Schultern h.; die Nase h. *(Nasen-*

schleim geräuschvoll nach oben ziehen); **c)** (Jargon) *(von Flugzeugen) rasch an Höhe gewinnen lassen:* der Pilot zog das Flugzeug hoch *(ließ es steil aufsteigen);* **d)** (Jargon) *(in die Höhe) bauen, errichten:* in aller Eile ein neues Viertel h. **2.** ⟨ist⟩ *aufkommen; näher kommen; aufziehen:* ein Gewitter zieht hoch.

Hoch|zins|po|li|tik, die ⟨o. Pl.⟩ (Wirtsch., Bankw.): *Geldpolitik, die durch hohe Kreditzinsen die Geldmenge knapp halten will, um so bes. die Inflation zu bekämpfen.*

hoch|zi|vi|li|siert ⟨Adj.⟩: *in hohem Maße zivilisiert.*

Hoch|zucht, die ⟨o. Pl.⟩ (Landwirtsch.): *Zucht* (1 a) *leistungsfähiger Haustiere od. ertragreicher Nutzpflanzen.*

hoch|züch|ten ⟨sw. V.; hat⟩: **1.** (Landwirtsch.) *Hochzucht betreiben:* eine mäßig Weizensorte zu einer ertragreicheren h.; Ü ein hochgezüchteter *(sehr leistungsfähiger, aber auch sehr empfindlicher) Motor.* **2.** *in übertriebener [schädlicher] Weise entwickeln:* unliebsame Eigenschaften h.

hoch|zu|frie|den ⟨Adj.⟩: *sehr zufrieden, mit großer Zufriedenheit.*

Hock (westösterr. mundartl.), **Höck** (schweiz. mundartl.), der; -s, Höcke [rückgeb. aus ↑hocken (2)]: *geselliges Beisammensein: kommst du auch morgen zum H.?*

¹Ho|cke, die; -, -n [zu ↑¹hoch] (nordd.): **1.** *zum Trocknen auf dem Feld im Kreis gegeneinander aufgestellte Getreidegarben.* **2.** *Hucke* (2).

²Ho|cke, die; -, -n [zu ↑hocken]: **1.** *Körperhaltung in tiefer Kniebeuge [mit aufrechtem Oberkörper], bei der das Gewicht des Körpers auf den Füßen ruht: in die H. gehen.* **2.** (Turnen) *Übung, die darin besteht, mit angewinkelten Beinen über ein Gerät zu springen:* eine H. über den Kasten machen.

ho|cken ⟨sw. V.⟩ [aus dem Niederd. < mniederd. hucken = kauern]: **1. a)** ⟨hat/(südd.:) ist⟩ *in der ²Hocke* (1) *sich befinden; eine Arbeit in hockender Stellung ausführen;* **b)** ⟨h. + sich; hat⟩ *sich an einem bestimmten Platz in hockende Stellung begeben:* sie hockten sich ums Feuer; **c)** ⟨hat/(südd., österr.:) ist⟩ (ugs.) *in zusammengekauerter Haltung, zusammengeduckt sitzen, auf einer niedrigen Sitzgelegenheit, mit angezogenen Beinen sitzen:* die Hühner hocken auf der Stange. **2.** ⟨ist⟩ **a)** ⟨ist⟩ *sitzen:* auf seinem Stuhl h. [bleiben]; Ü auf seinem Geld h. *(nichts davon ausgeben, abgeben wollen);* **b)** ⟨h. + sich; hat⟩ *sich setzen:* komm, hock dich zu mir! **3.** ⟨hat/(südd., österr., schweiz.:) ist⟩ (ugs.) *sich längere Zeit [untätig] an einem Ort aufhalten:* den ganzen Abend in der Kneipe h.; immer zu Hause h. **4.** ⟨ist⟩ (Turnen) *mit angewinkelten Beinen über ein Gerät springen od. von einem Gerät herunterspringen:* über das Pferd h.; vom Barren h.

ho|cken blei|ben, ho|cken|blei|ben ⟨st. V.; ist⟩ (südd. ugs.): **1.** *(eine zum Verkauf angebotene Ware) nicht loswerden, nicht verkaufen können:* sie ist auf ihren Blumen hocken geblieben. **2.** *in der Schule nicht in die nächsthöhere Klasse versetzt werden.*

Ho|cker, der; -s, -: **1.** *[stuhlhohes] Sitzmöbel ohne Lehne für eine Person:* * **jmdn. vom H. reißen/ hauen** (↑Stuhl 1); **locker vom H.** (ugs.; *locker, unverkrampft; mit leichter Hand*). **2.** (landsch. ugs.) *jmd., der sich allzu lange an einem bestimmten Ort aufhält, herumsitzend verweilt:* er sitzt jede Nacht im Wirtshaus, er ist ein richtiger H. **3.** (Archäol.) *Skelett mit angezogenen Beinen in einem Grab.*

Hö|cker, der; -s, - [mhd. hocker, hoger, wahrsch. verw. mit ↑¹hoch]: **1.** *aus Fettpolstern bestehender großer Wulst auf dem Rücken von Kamelen:* das Trampeltier hat zwei H. **2. a)** (ugs.) *durch eine Verwachsung der Wirbelsäule entstandener Buckel (beim Menschen):* sie hat einen H. zwischen den Schultern; **b)** *erhöhte Stelle, kleine Wölbung:* eine Nase mit einem H.; **c)** *kleine Erhebung im Gelände; Hügel:* eine Kammlinie mit zwei -n.

hö|cker|ar|tig ⟨Adj.⟩: *in der Art eines Höckers; wie ein Höcker geformt.*

Ho|cker|grab, das (↑Hocker (3)] (Archäol.): *(in vorgeschichtlicher Zeit) Grab, in dem der Tote mit angezogenen Beinen bestattet wird.*

hö|cke|rig ⟨Adj.⟩ [vgl. mhd. hockereht]: *(in Bezug auf eine Fläche) mit kleinen Erhebungen; bucklig, uneben:* -es Gelände.

Hö|cker|schwan, der: *Schwan mit einem schwarzen Höcker auf dem Schnabel.*

Ho|ckey ['hɔke, auch: 'hɔki], das; -s [engl. hockey, H. u.]: *zwischen zwei Mannschaften ausgetragenes Ballspiel, bei dem ein kleiner Ball nach bestimmten Regeln mit gekrümmten Schlägern in das generische Tor zu spielen ist:* H. spielen.

Ho|ckey|feld, das: *Spielfeld für Hockeyspiele.*

Ho|ckey|schlä|ger, der: *Stock aus Holz, der am unteren Ende gekrümmt ist u. in einen keulenförmigen Teil ausläuft, der auf einer Seite abgeflacht, auf der anderen Seite gewölbt ist.*

Ho|ckey|spiel, das: *einzelnes Spiel im Hockey.*

Ho|ckey|spie|ler, der: *jmd., der Hockey spielt.*

Ho|ckey|spie|le|rin, die: w. Form zu ↑Hockeyspieler.

Hock|sitz, der (Turnen): *Sitz in geschlossener Kniebeuge, bei dem sich die Hände neben den Füßen auf den Boden stützen u. die Knie vor der Brust sind.*

Hock|stand, der (Turnen): *Stand in geschlossener Kniebeuge, bei dem die Knie vor der Brust sind u. die Füße [mit ganzer Sohle] auf dem Boden aufsetzen.*

Hock|stel|lung, die: ²Hocke (1).

Hock|stütz, der (Gymnastik): *Übung, die darin besteht, sich in geschlossener Kniebeuge mit beiden Händen auf den Boden zu stützen.*

Ho|de, der; -n, -n od. die; -, -n: seltener für ↑Hoden.

Ho|den, der; -s, - [mhd. hode, ahd. hodo, urspr. = der Bedeckende, Umhüllende]: *eine der beiden meist rundlichen Drüsen (im Hodensack), in denen der männliche Samen gebildet wird;* ¹Orchis.

Ho|den|bruch, der: *Leistenbruch, bei dem der Inhalt des Bruchs in den Hodensack absinkt.*

Ho|den|krebs, der: *Krebs der Hoden.*

Ho|den|sack, der: *sackartige Hauthülle, die die Hoden umgibt.*

Hödr, der; Hödur (germ. Mythol.): *blinder Sohn Wodans.*

Ho|d|scha, der; -[s], -s [türk. hoca = Meister, Lehrer]: *geistlicher Lehrer in der osmanischen Türkei.*

Hö|dur: ↑Hödr.

Hof, der; -[e]s, Höfe: **1.** [mhd., ahd. hof, H. u., viell. verw. mit ↑¹hoch u. dann eigtl. = Erhebung, Anhöhe od. urspr. = eingehegter Raum] *zu einem Gebäude[komplex] gehörender, von Mauern, Zaun o. Ä. umschlossener Platz:* ein großer H. **(in** *einem* großen H. (in diesem) das Fahrrad im H. abstellen. **2.** *landwirtschaftlicher Betrieb (mit allen Gebäuden u. dem zugehörigen Grundbesitz); Bauernhof, kleines Gut:* ein stattlicher H.; einen H. verpachten; in einen H. einheiraten *(den Hofbesitzer, die Hofbesitzerin heiraten);* sie wurden von ihrem Hof vertrieben. **3.** [unter dem Einfluss von frz. cour] **a)** *Sitz eines regierenden Fürsten, Herrschers:* der kaiserliche H.; der H. Ludwigs XIV.; am H. verkehren; bei -e eingeführt werden; der König hat im Sommer auf dem Land H. gehalten *(mit seinem ganzen Hofstaat gelebt, residiert);* **b)** ⟨o. Pl.⟩ *Gesamtheit der zur Umgebung, zum Gefolge eines Fürsten gehörenden Personen:* der ganze H. war versammelt; **c)** * **jmdm.** (bes. einer Frau) **den H. machen** *(bes. eine Frau in galanter Weise umwerben, sich um ihre Gunst bemühen; nach frz. faire la cour à quelqu'un, urspr. auf das dienstfertige Gebaren der Höflinge gegenüber ihrem Herrn bezogen).* **4. a)** *Aureole* (2): der Mond hat heute einen H.; **b)** *Ring, Kreis, der etw. [andersfarbig] umgibt:* die Höfe der Brustwarzen.

Hof|adel, der: *am Hof* (3 a) *verkehrender, zum Hof* (3 b) *gehörender Adel.*

Hof|amt, das: *[erbliches] Amt an Fürstenhöfen* (z. B. Hofmarschall).

Hof|be|sit|zer, der: *Besitzer eines Hofes* (2).

Hof|be|sit|ze|rin, die: w. Form zu ↑Hofbesitzer.

Höf|chen, das; -s, -: Vkl. zu ↑Hof.

Hof|da|me, die: *adlige, einem Hof* (3 a) *angehörende Dame.*

Hof|dich|ter, der: *für einen Hof* (3 a) *schreibender Dichter.*

Hof|dich|te|rin, die: w. Form zu ↑Hofdichter.

Hof|dienst, der: *Dienst an einem Hof* (3 a).

hö|feln ⟨sw. V.; hat⟩ (schweiz.): *jmdm. schöntun, schmeicheln, den Hof machen.*

Hof|er|be, der: *Erbe eines Hofes* (2).

Hof|er|bin, die: w. Form zu ↑Hoferbe.

hof|fä|hig ⟨Adj.⟩: *vornehm genug, um bei Hofe* (3 a) *zu erscheinen; salon-, gesellschaftsfähig.*

Hof|fak|tor, der (Geschichte): *Kaufmann, der für die Geld- und Finanzgeschäfte an einem Hof* (3 a) *zuständig ist:* der große Einfluss des -s auf die Politik des Fürsten.

Hof|fart, die; - [mhd. (selten) hoffart, assimiliert aus: höchvart = Art, vornehm zu leben; edler Stolz, Übermut, aus ↑¹hoch u. ↑Fahrt in der alten allgemeinen Bed. »Verlauf, Umstand« (geh. abwertend): *Dünkel; verletzend überhebliches Betragen; anmaßender Stolz.*

hof|fär|tig ⟨Adj.⟩ [spätmhd. hoffertig für mhd. höchvertec = stolz, prachtvoll] (geh. abwertend): *dünkelhaft, verletzend überheblich, anmaßend stolz:* ein -es Wesen zur Schau tragen.

Hof|fär|tig|keit, die; -, -en (geh. abwertend): **a)** ⟨o. Pl.⟩ *hoffärtiges Benehmen;* **b)** *hoffärtige Handlung, Ansicht.*

hof|fen ⟨sw. V.; hat⟩ [mhd. hoffen, viell. verw. mit ↑hüpfen u. dann urspr. wohl = (vor Erwartung) aufgeregt umherhüpfen]: **a)** *zuversichtlich erwarten; wünschen u. damit rechnen, dass etw. eintreten od. der Wirklichkeit entsprechen wird:* ich hoffe, dass du bald kommst; sie hofften, dort eine Nachricht zu finden; wir hoffen, Ihnen damit gedient zu haben, und verbleiben …; ich hoffe, es stimmt; ich will nicht h., dass du etwas davon wegnimmst (häufig in leicht drohendem Ton; *lass dir nicht einfallen, etwas davon wegzunehmen);* wer hätte das zu h. gewagt!; wir wollen h. *(wir wünschen sehr),* dass sich die Lage bald bessert; da gibt es nichts mehr zu h. *(es ist hoffnungslos u. unabänderlich);* R hoffen wir das Beste/(ugs. scherzh.:) hoffen wir das Beste, lieber Leser!; **b)** *auf jmdn., etw. seine Hoffnung, sein Vertrauen setzen:* auf Gott h.; sie hoffte auf baldige Genesung, auf ein Wunder; **c)** *Zuversicht, positive Erwartungen, Vertrauen in die Zukunft, in sein Geschick haben; von Hoffnung erfüllt sein; Hoffnung haben:* man kann immer h.; ⟨subst.:⟩ zwischen Hoffen und Bangen schweben; Spr man hofft, solange man lebt; was man hofft, glaubt man gern; Hoffen und Harren macht manchen zum Narren.

Hof|fens|ter, das: *Fenster, durch das man auf einen Hof* (1) *sieht.*

hof|fent|lich ⟨Adv.⟩ [mhd. Adj. hof(f)entlich = erhoffend, Hoffnung erweckend, zu ↑ hoffen]: *wie ich sehr hoffe; was zu hoffen ist:* h. hast du recht; »Kannst du das?« – »Hoffentlich!« (als Antwort auf eine Frage mit dem Ausdruck leichter Skepsis; *ich hoffe es!*).

-höf|fig [zu ↑ hoffen]: in Zusb., z. B. erdölhöffig, erzhöffig (Bergmannsspr.); *reiches Vorkommen an Erdöl, Erz versprechend*).

◆ **Höff|lich|keit,** die; - (in älterer Schreibweise auch mit einem f): *das Höfflichsein:* ...indem er ihn (= den Erzgang) bald wieder in neuer Mächtigkeit und Höflichkeit ausrichtet (Novalis, Heinrich 69).

Hoff|manns|trop|fen ⟨Pl.⟩ [nach dem dt. Chemiker u. Arzt F. Hoffmann (1660 bis 1742)]: *als Hausmittel gebrauchtes, aus Alkohol u. Äther bestehendes Anregungsmittel.*

Hoff|nung, die; -, -en [mhd. hoffenunge]: **1. a)** ⟨o. Pl.⟩ *das Hoffen; Vertrauen in die Zukunft; Zuversicht, Optimismus in Bezug auf das, was [jmdm.] die Zukunft bringen wird:* eine trügerische H.; seine H. schwindet; [keine, ein Fünkchen] H. haben; die H. [nicht] aufgeben; seine H. auf/(auch:) in jmdn., etw. setzen; ohne H. auf Rettung; ohne H., voller H. sein; **b)** *positive Erwartung, die in jmdn., etw. setzt:* übertriebene -en; ihre -en haben sich erfüllt; viele -en ruhen auf ihr; -en nähren; -en an jmdn., etw. knüpfen; jmdm. -en machen (*in jmdm. eine bestimmte Erwartung wecken*); seiner H. Ausdruck verleihen; sich der H. hingeben, dass sie es sich überlegt; ich bin guter H. (ugs.; *bin zuversichtlich*), dass die Preise stabil bleiben; in seinen -en enttäuscht werden; sie tat es in der (stillen) H., dass sie davon profitieren könne; er wiegt sich in der H., dass es keiner bemerken wird; der junge Künstler berechtigt zu den größten -en (*ist so begabt, dass man für die Zukunft viel von ihm erwarten kann*); *guter H./in [der] H. sein (geh. veraltend, verhüll.; *schwanger sein*); **in die H. kommen** (veraltet verhüll.; *schwanger werden*). **2.** *jmd., in den große, ungewöhnliche Erwartungen gesetzt werden:* sie zählt zu den großen -en im deutschen Tennissport; Und nun den zweiten Taufpaten, den ich Ihnen ebenfalls kaum vorzustellen brauche, den Meister der Aschenbahn, unsere olympische H. (Lenz, Brot 126).

hoff|nungs|froh ⟨Adj.⟩ (geh.): *in froher Erwartung, voller Hoffnung; von Optimismus erfüllt.*

Hoff|nungs|lauf, der (Sport): *(bei Wettkämpfen) zusätzlicher Lauf der bei den Zwischenläufen knapp unterlegenen Teilnehmer, bei dem ein Sieger ermittelt wird, der noch mit in den Endlauf kommt.*

hoff|nungs|los ⟨Adj.⟩: **1. a)** *keine Hoffnung (1 a) habend:* sie schaute h. ins Leere; **b)** *ohne Aussicht auf eine positive Entwicklung, auf Besserung o. Ä.; ohne erkennbaren Ausweg:* eine -e Lage; ein -er Fall. **2.** ⟨intensivierend bei Adjektiven u. Verben⟩ *sehr, völlig:* h. altmodisch, romantisch; die Hotels werden einfach h. überbucht; Diese Clerks nun stellten sich an, sie stellten sich geduldig in langen Reihen vor kleineren und größeren und zu dieser Stunde h. überfüllten Esswirtschaften auf (Koeppen, Rußland 159).

Hoff|nungs|lo|sig|keit, die; -: *das Hoffnungslossein.*

Hoff|nungs|run|de, die (Mannschaftssport): *Spielrunde, die Mannschaften, die sich bisher noch nicht qualifizieren konnten, die letzte Möglichkeit zur Qualifikation bietet.*

Hoff|nungs|schim|mer, Hoff|nungs|strahl, der (geh.): *schwache Hoffnung.*

Hoff|nungs|trä|ger, der: *Person od. (selten) Sache, an die jmd. in einem bestimmten Bereich Hoffnungen knüpft.*

Hoff|nungs|trä|ge|rin, die: w. Form zu ↑ Hoffnungsträger.

hoff|nungs|voll ⟨Adj.⟩: **a)** *voller Hoffnung, zuversichtlich:* wir sind ganz h.; **b)** *aussichtsreich, Erfolg versprechend:* ein -er Anfang.

Hof|gang, der: *in Haftanstalten o. Ä. angeordneter u. kontrollierter Spaziergang der Gefangenen im Hof.*

Hof|gar|ten, der: *Schlossgarten.*

Hof|ge|bäu|de, das: *Gebäude, das nicht von der Straße her, sondern nur über den Hof (1) zu erreichen ist; Hinterhaus.*

Hof|ge|sell|schaft, die: *Hof (3 b).*

Hof|hal|tung, die ⟨o. Pl.⟩: *das Hofhalten.*

Hof|herr, der: *Inhaber eines Hofes (2).*

Hof|her|rin, die: w. Form zu ↑ Hofherr.

Hof|hund, der: *Wachhund, der zur Bewachung des Hauses im Freien (angekettet) gehalten wird.*

ho|fie|ren ⟨sw. V.; hat⟩ [mhd. hovieren = dienen, den Hof machen, zu ↑ Hof (3 a)]: *sich [mit dem Ziel, etwas Bestimmtes zu erreichen] mit besonderer [unterwürfiger] Höflichkeit u. Dienstbarkeit um jmds. Gunst bemühen:* einen Künstler h.

hö|fisch ⟨Adj.⟩ [mhd. hövesch = hofgemäß, fein, gesittet u. gebildet, unterhaltend; LÜ von afrz. corteis, mit romanisierender Endung zu ↑ Hof (3 a)]: **a)** *dem Leben, den Sitten an einem Fürstenhof entsprechend:* -e Manieren; sich h. benehmen; **b)** (Literaturwiss.) *von Geist u. Kultur der ritterlichen Gesellschaft des hohen Mittelalters geprägt, hervorgebracht:* -e Dichtung.

Hof|kir|che, die: *zu einem Hof (3 a) gehörende Kirche.*

Hof|knicks, der: *tiefer, nach genauem Zeremoniell ausgeführter Knicks vor Mitgliedern eines Hofes (3 a).*

Hof|le|ben, das ⟨o. Pl.⟩: *das Leben an einem Hof (3 a).*

Hof|leu|te ⟨Pl.⟩ (veraltend): **1.** *alle auf einem Hof (2) Beschäftigten mit ihren Familien.* **2.** Pl. von ↑ Hofmann.

höf|lich ⟨Adj.⟩ [mhd. hoflich, hovelich = hofgemäß, fein, gesittet u. gebildet]: *(in seinem Verhalten anderen Menschen gegenüber) aufmerksam u. rücksichtsvoll, so, wie es die Umgangsformen gebieten:* ein -er junger Mann; immer h. bleiben!

Höf|lich|keit, die; -, -en [spätmhd. hoflichkeit]: **1.** ⟨o. Pl.⟩ *höfliches, gesittetes Benehmen; Zuvorkommenheit:* steife H.; etw. [nur] aus H. tun; jmdn. mit ausgesuchter H. behandeln; R *darüber schweigt des Sängers H.* **2.** ⟨meist Pl.⟩ *in höfliche, jmdm. schmeichelnde Worte gekleidete, freundlich-unverbindliche Liebenswürdigkeit, die jmd. einem anderen sagt:* Die beiden schieden in großer Freundschaft unter Austausch feiner -en (Brecht, Geschichten 30).

Höf|lich|keits|be|such, der: *offizieller, den gesellschaftlichen od. diplomatischen Umgangsformen genügender Besuch, den jmd. einem anderen abstattet:* jmdm. einen H. abstatten.

Höf|lich|keits|flos|kel, die: *Floskel, die jmd. anbringt, um den Regeln des Anstands, den geltenden Umgangsformen Genüge zu tun.*

Höf|lich|keits|for|mel, die: *Höflichkeitsfloskel.*

höf|lich|keits|hal|ber ⟨Adv.⟩: *aus Höflichkeit, um der Höflichkeit Genüge zu tun:* h. bat sie den Besucher zum Essen.

Hof|lie|fe|rant, der (bes. früher): *Kaufmann o. Ä., der einen Hof (3 a) mit Waren beliefert.*

Hof|lie|fe|ran|tin, die: w. Form zu ↑ Hoflieferant.

Höf|ling, der; -s, -e ⟨meist Pl.⟩ [mhd. hovelinc]: **a)** *Mitglied eines Hofes (3 b), eines Hofstaates;* *Person, die zu den persönlichen Beratern u. Vertrauten eines Fürsten gehört;* **b)** (abwertend) *Hofschranze:* Ü ...und da sah ich sie, die Herren in schwarzen Anzügen mit den steifen schwarzen Hüten, die Ritter der Royal Exchange, die -e der Bank von England und hundert anderer Banken traditionsreicher Namen (Koeppen, Rußland 159).

Hof|mann, der ⟨Pl. ...leute⟩ (veraltet): *Höfling (a).*

hof|män|nisch ⟨Adj.⟩ (veraltet): *wie ein Hofmann; höfisch.*

Hof|mar|schall, der (früher): *Inhaber des die gesamte fürstliche Hofhaltung umfassenden Hofamtes.*

Hof|meis|ter, der [mhd. hovemeister = Aufseher über die Hofhaltung eines Fürsten od. eines Klosters] (veraltet): **a)** *Erzieher u. Zeremonienmeister an Höfen (3 a);* **b)** *Hauslehrer in adligen u. großbürgerlichen Familien.*

hof|meis|ter|lich ⟨Adj.⟩ (veraltet): *den Hofmeister betreffend, vom Hofmeister [kommend]:* eine -e Rüge.

hof|meis|tern ⟨sw. V.; hat⟩ (selten, abwertend): *schulmeistern.* ◆ Willst du dich von deinen Bubenjahren h. lassen? (Schiller, Räuber III, 2).

Hof|narr, der (früher): *(bes. vom 16. bis 18. Jh.) Spaßmacher u. Unterhalter an einem Hof (3 a).*

Hof|när|rin, die: w. Form zu ↑ Hofnarr.

Hof|po|et, der: *Hofpoet.*

Hof|po|e|tin, die: w. Form zu ↑ Hofpoet.

Hof|pre|di|ger, der (früher): *von einem Fürsten angestellter protestantischer Geistlicher [an einer Hofkirche].*

Hof|pre|di|ge|rin, die. **1.** w. Form zu ↑ Hofprediger. **2.** (veraltet) *Ehefrau eines Hofpredigers.*

◆ **Hof|rai|te,** die Hofreite: Der Seppe stieg nicht bälder von dem Wagen, als bis der Bauer in seiner H. hielt (Mörike, Hutzelmännlein 177).

Hof|rat, der: **1. a)** ⟨o. Pl.⟩ (österr., sonst veraltet) *einem verdienten Beamten verliehener Ehrentitel;* **b)** (veraltend, noch österr.) *Träger des Titels Hofrat (1 a).* **2.** (ugs. abwertend) *langsamer, umständlicher, bürokratischer Mensch.*

Hof|rä|tin, die: w. Form zu ↑ Hofrat.

Hof|raum, der: *abgegrenzter [überdachter, wirtschaftlich genutzter] Hof (1) an einem Haus:* der H. wird als Wäscheplatz genutzt.

Hof|rei|te, die; -, -n [mhd. hovereite; 2. Bestandteil H. u.] (südd., schweiz. veraltend): *umfriedetes bäuerliches Anwesen mit Haus, Hof u. Wirtschaftsgebäuden.*

Hof|sän|ger, der: **1.** (früher) *Sänger, Dichter an einem Hof (3 a).* **2.** (ugs. scherzh.) *bettelnder Sänger auf Hinterhöfen.*

Hof|schau|spie|ler, der (veraltet): **a)** ⟨o. Pl.⟩ *Ehrentitel für einen Schauspieler an einem Hoftheater;* **b)** *Schauspieler an einem Hoftheater.*

Hof|schau|spie|le|rin, die: w. Form zu ↑ Hofschauspieler.

Hof|schran|ze, die, seltener: der ⟨meist Pl.⟩: *schmeichlerischer Höfling.*

Hof|staat, der ⟨o. Pl.⟩: *Hof (3 b).*

Hof|statt, die ⟨Pl. -en, auch: ...stätten⟩ (schweiz.): *[Bauernhaus mit Hof und] Hauswiese, Obstgarten.*

Hof|stel|le, die: *kleiner Hof (2):* er bewirtschaftete nebenbei eine H.

Höft, das; -[e]s, -e [mniederd. hövet, hovet, asächs. hōvid = Haupt, Kopf] (nordd., Fachspr.): **a)** *natürlicher Ufervorsprung;* **b)** *vorspringende Ecke von Kaimauern in einem Hafen;* **c)** *kurze Buhne.*

Hof|the|a|ter, das (früher): **a)** *(von einem Fürsten für u. die Hofgesellschaft unterhaltenes) Theater an einem Hof (3 a);* **b)** *(von der Hofgesellschaft besuchtes) Theater einer Residenz.*

Hof|tor, das: *Tor zu einem Hof (1, 2).*

Hof|trau|er, die: *offiziell angeordnete Trau-*

er[zeit] für den gesamten Hofstaat nach einem Todesfall im Fürstenhaus: * **H. haben** (ugs. scherzh.; schmutzige Fingernägel haben).
Hof|tür, die: *in einen Hof* (1) *führende Tür.*
Hof|ze|re|mo|ni|ell, das: *an einem Hof* (3 a) *herrschendes Zeremoniell.*
Hof|zwerg, der (früher): *(bes. vom 16. bis 18. Jh.) zwergenhafter Hofnarr.*
hö|gen ⟨sw. V.; hat⟩ [mniederd. hogen = erfreuen, asächs. huggian = denken] (nordd. fam.): **1.** ⟨h. + sich⟩ *sich voller Genugtuung über etw. freuen:* sie hörten die Stimme aus dem Telefon und högten sich. **2.** *jmdn. mit Freude u. Genugtuung erfüllen; freuen* (2).
HO-Ge|schäft [ha:ˈloː...], das; -[e]s, -e [↑HO] (DDR): *Ladengeschäft, Verkaufsstelle der Handelsorganisation* (2).
ho|he...: ↑ ¹*hoch.*
Hö|he, die; -, -n [mhd. hœhe, ahd. hōhī, zu ↑¹hoch]: **1. a)** *[Maß der] Ausdehnung in vertikaler Richtung:* die H. des Tisches; der Turm hat eine H. von 100 Metern; die H. eines Zimmers; die lichte H. einer Brücke *(der senkrechte Freiraum vom Wasserspiegel od. von der Straßendecke bis zur Unterkante des Spannbogens);* R das ist ja die H.! (ugs.; *das ist unglaublich, kaum zu überbieten, unerhört [frech];* urspr. = die rechte Höhe, d. h. das richtige Maß, in das etw. eingepasst werden soll; ironisch gesagt, wenn diese »rechte Höhe« verfehlt worden ist); **b)** *bestimmte Entfernung über der Erdoberfläche od. dem Meeresspiegel:* in großen -n ist die Luft dünner; die Baumgrenze liegt etwa bei 2 000 m H.; Julika sollte doch den Sommer unbedingt in der H. *(im Gebirge, in Höhenluft)* verbringen (Frisch, Stiller 105); **c)** ⟨in Verbindung mit der Präp. »in«⟩ drückt eine Richtung nach oben aus: etw. in die H. heben *(hochheben);* sich in die H. recken *(hochrecken);* * **in die H. gehen** (ugs.; *aufbrausen, wütend werden).* **2. a)** *kleinerer Berg; Anhöhe, Hügel:* eine H. ersteigen; auf den umliegenden -n ist schon Schnee gefallen; Ü die -n und Tiefen des Lebens; **b)** *Höhe-, Gipfelpunkt:* auf der H. ihres Erfolgs; er ist auf der H. seiner Jahre *(im besten Mannesalter);* * **[nicht] auf der H. sein** (ugs.; *[nicht] gesund, leistungsfähig sein; sich [nicht] wohlfühlen);* **auf der H. [der Zeit] sein/bleiben** (*über die neuesten Erkenntnisse u. Forschungen in einem bestimmten Fachgebiet Bescheid wissen u. sich auf dem Laufenden halten).* **3. a)** *in Zahlen ausdrückbare Größe, messbare Stärke o. Ä. von etw.:* die H. des Einkommens; die H. des Preises festsetzen; eine Grundrente in H. von 1 000 Euro; **b)** *hoher Grad, beträchtliches Niveau:* der Nutzen entspricht nicht der H. des Aufwands. **4. a)** (Math.) *senkrechter Abstand eines äußersten Punktes von einer Grundlinie od. -fläche:* die H. berechnen; ein gleichseitiges Dreieck hat drei gleiche -n; **b)** (Astron.) *in Winkelgraden ausgedrückter Abstand eines Gestirns vom Horizont:* der Mond stand zu diesem Zeitpunkt in 18° 20′ H.; **c)** ⟨meist in Verbindung mit der Präp. »auf«⟩ (Fachspr.) *Linie einer geografischen Breite* (2 a) *od. gedachte, die Bewegungsrichtung rechtwinklig schneidende Linie:* sie fuhren auf gleicher H.
Ho|heit, die; -, -en [mhd. hōch(h)eit]: **1.** ⟨Pl. selten⟩ *oberste Staatsgewalt, Souveränität (eines Staates):* unter der H. eines Staates stehen. **2. a)** *fürstliche Persönlichkeit, Angehörige[r] einer regierenden Familie:* die -en verspäten sich; Seine H. lässt bitten!; **b)** *Anrede an eine fürstliche Persönlichkeit:* Eure [Königliche] H. **3.** ⟨o. Pl.⟩ (geh.) *Würde, Erhabenheit, die von einer Persönlichkeit ausgeht:* die H. seiner Erscheinung.
ho|heit|lich ⟨Adj.⟩: **1.** *von der Staatsgewalt ausgehend; die Befugnisse der Verwaltung betreffend:* ein -er Akt. **2.** (selten) *dem Fürstenstand entsprechend; vornehm, würdevoll:* -es Auftreten.
Ho|heits|akt, der: *hoheitliche* (1) *Handlung auf höchster staatlicher Ebene.*
Ho|heits|be|reich, der: (meist Pl.) **1.** *Hoheitsgebiet.* **2.** *Zuständigkeitsbereich, innerhalb dessen ein Staat seine Hoheitsrechte ausüben darf.*
Ho|heits|ge|biet, das: *Gebiet, das der Hoheit* (1) *eines Staates untersteht; Staatsgebiet einschließlich der Hoheitsgewässer.*
Ho|heits|ge|walt, die: *durch die Hoheitsrechte einer Verfassung bestimmte Gewalt, Macht:* die H. ausüben.
Ho|heits|ge|wäs|ser, das ⟨meist Pl.⟩: *der Hoheit* (1) *eines Staates unterstehendes Binnengewässer od. Meeresgebiet in einer festgesetzten Breite entlang der Küste des Landes.*
Ho|heits|recht, das: (meist Pl.): *einem Staat nach der Verfassung zur Ausübung der Staatsgewalt zustehendes Recht* (z. B. Gerichtsbarkeit, Finanzgewalt, Wehrhoheit).
ho|heits|voll ⟨Adj.⟩ (geh.): *Hoheit* (3) *ausstrahlend:* eine -e Erscheinung.
Ho|heits|zei|chen, das: **a)** *die Hoheit* (1) *symbolisierendes Zeichen* (z. B. Flagge, Siegel); **b)** *Symbol, Wappenzeichen in einer Flagge, einem Abzeichen o. Ä.* (z. B. Adler).
Ho|he|lied [auch: ˈhoː...], das: **1.** [die der Überlieferung nach Salomo stammende Sammlung enthält Liebes- und Hochzeitslieder] *Buch des Alten Testaments.* **2.** (geh.) *Haltung od. Tat, die ein Ideal verherrlicht:* ein H. der Treue; sein Einsatz glich einem H. der Freundschaft.
hö|hen ⟨sw. V.; hat⟩ (Malerei): (*bes. bei Zeichnungen u. Holzschnitten mit getöntem Grund) mit Deckweiß bestimmten Stellen hervorheben:* ein Porträt in schwarzer Kreide, weiß gehöht.
Hö|hen|an|ga|be, die: *Angabe der Höhe* (1 b).
Hö|hen|angst, die ⟨o. Pl.⟩ (Med., Psychol.): *Hypsiphobie.*
Hö|hen|dif|fe|renz, die: *Höhenunterschied.*
Hö|hen|flug, der (Flugw.): *Flug in großer Höhe:* Ü der H. des Dollars.
hö|hen|gleich ⟨Adj.⟩ (Verkehrsw.): *auf gleicher Höhe* (1 b), *gleichem Niveau liegend; sich treffend:* -e Kreuzungen.
Hö|hen|gren|ze, die: *Höhe* (1 b), *bis zu der od. von der ab eine bestimmte Erscheinung auftritt* (z. B. Baum-, Schneegrenze).
Hö|hen|kli|ma, das: *Klima in höheren Gebirgslagen.*
Hö|hen|krank|heit, die (Med.): *durch eine geringere Sättigung des Blutes mit Sauerstoff in der dünnen Luft großer Höhen* (1 b) *hervorgerufenes Unwohlsein.*
Hö|hen|kur|ort, der: *hochgelegener Kurort (mit besonders reiner Luft).*
Hö|hen|la|ge, die: *Höhe* (1 b) *über dem Meeresspiegel:* mit Radar die H. eines Flugzeugs ermitteln; ein Ort in H. (*in größerer Höhe über dem Meeresspiegel*).
Hö|hen|leit|werk, das (Flugw.): *Leitwerk zur Regulierung der Flughöhe eines Flugzeugs.*
Hö|hen|li|nie, die (Geogr.): *(im Kartenbild eingezeichnete) Verbindungslinie für alle Punkte, die in gleicher Höhe über dem Meeresspiegel liegen.*
Hö|hen|luft, die ⟨Pl. selten⟩: *sauerstoffarme Luft in größerer od. großer Höhe über dem Meeresspiegel.*
Hö|hen|mar|ke, die: *in das Mauerwerk eines Gebäudes od. in einen besonderen Pfeiler eingelassener Bolzen, der eine bestimmte, genau vermessene Höhe markiert u. als Orientierungspunkt für weitere Vermessungen dient.*
Hö|hen|mes|ser, der: *Messgerät [in einem Luftfahrzeug], das die jeweilige Höhe* (1 b) *des Standorts anzeigt.*
Hö|hen|mes|sung, die: *das Messen des Höhenunterschiedes von Punkten [auf der Erdoberfläche].*
Hö|hen|me|ter, der; -s, -: **1.** *Meter über dem Meeresspiegel:* die Gruppe erreichte 6 900 H. im Himalaja. **2.** *Meter Höhendifferenz:* auf 9 km legten die Wanderer knapp 800 H. zurück.
Hö|hen|rausch, der (Med.): *rauschähnlicher Zustand als Symptom der Höhenkrankheit:* Ü Benzinpreise im H. *(außergewöhnlich hoch).*
Hö|hen|re|kord, der: *Rekord in Bezug auf die höchste [von einem bestimmten Flugzeugtyp] erreichte Höhe* (1 b).
Hö|hen|rü|cken, der (Geogr.): *lang gestreckter Bergrücken, Kamm einer Höhe* (2 a).
Hö|hen|ru|der, das (Flugw.): *beweglicher Teil des Höhenleitwerks.*
Hö|hen|son|ne, die: **1.** ⟨o. Pl.⟩ (Meteorol.) *intensive Sonneneinstrahlung in großen Höhen.* **2.** (Med.) ⟨als ®⟩ *spezielle Lampe, die ultraviolettes Licht ausstrahlt; UV-Lampe;* **b)** ⟨o. Pl.⟩ *(zu Heilzwecken angewendete) Bestrahlung mit einer Höhensonne* (2 a): H. nehmen.
Hö|hen|steu|er, das (Flugw.): *Steuer, mit dem das Höhenruder bewegt wird.*
Hö|hen|strah|lung, die (Physik): *aus dem Weltraum kommende, von der Erdatmosphäre größtenteils umgewandelte od. absorbierte, sehr energiereiche Strahlung; Ultrastrahlung, UV-Strahlung.*
Hö|hen|trai|ning, das (Sport): *im Höhenklima durchgeführtes Training.*
Hö|hen|un|ter|schied, der: *Unterschied in der Höhenlage zwischen zwei verschiedenen Punkten.*
hö|hen|ver|stell|bar ⟨Adj.⟩: *in der Höhe* (1 a) *verstellbar:* ein -er Autositz; das Lenkrad ist h.
Hö|hen|weg, der: *[markierter] Weg auf dem Gebirgskamm od. an einem Höhenzug entlang.*
Hö|hen|win|kel, der (Math.): *von einer Horizontale und einem [schräg] aufwärtslaufenden Strahl gebildeter Winkel.*
Hö|hen|zug, der (Geogr.): *Gruppe untereinander verbundener u. in einer Hauptrichtung verlaufender Höhen* (2 a); *Bergkette.*
Ho|he|pries|ter, der: **1.** *oberster Priester [bes. im Judentum].* **2.** (geh.) *jmd., der etw. nachdrücklich vertritt u. sich mit Vehemenz dafür einsetzt:* die H. des Staatskapitalismus.
Ho|he|pries|te|rin, die: w. Form zu ↑ Hohepriester (2).
ho|he|pries|ter|lich ⟨Adj.⟩: *einen Hohepriester betreffend o. Ä.:* das -e Amt.
Hö|he|punkt, der: **a)** *wichtigster, bedeutendster [und schönster] Teil einer Entwicklung, eines Ablaufs:* ein musikalischer H.; die Stimmung erreichte ihren H.; die Künstlerin steht jetzt auf dem H. ihrer Laufbahn; **b)** *Orgasmus.*
hö|her ⟨Adj.⟩: **1.** ⟨absoluter Komp.⟩ **a)** *über die mittlere Stufe, die mittlere Qualität hinaus; nicht mehr mittelmäßig, aber auch noch nicht hoch:* mittlere und -e Einkommen; Eltern mit -er Bildung; auf eine -e Schule gehen; die h. entwickelten Städte des Mittelalters; (subst..:) nach Höherem streben; **b)** *gestiegen, größer geworden:* trotz -er Arbeitslosenzahlen; leider müssen wir jetzt -e Preise verlangen; nach geringen Gewinnen im letzten Jahr erwarten wir nun -e Gewinne. **2.** Komp. von ↑ ¹hoch (1a, b, 2a, b, 3b, 4, 5a).
Hö|her|ent|wick|lung, die: *Entwicklung zu etw. Höherem, Besserem; Fortschritt.*
hö|he|rer|seits ⟨Adv.⟩: *von höherer Seite; von einer vorgesetzten Behörde:* das wurde h. so angeordnet.
hö|her|grup|pie|ren ⟨sw. V.; hat⟩: *einer höheren Lohngruppe zuordnen.*
Hö|her|grup|pie|rung, die: *Höherstufung.*

höherrangig – hold

hö|her|ran|gig: Komp. von ↑ hochrangig.
hö|her|schrau|ben ⟨sw. V.; hat⟩: bewirken, veranlassen, dass etw. in bestimmtem Maße steigt, zunimmt, wächst; kontinuierlich erhöhen: die Preise h.
hö|her|stu|fen ⟨sw. V.; hat⟩: in eine höhere Gruppe, Kategorie o. Ä. einstufen.
Hö|her|stu|fung, die: das Höherstufen; das Höher-gestuft-Werden.
hö|her|wer|tig ⟨Adj.⟩: eine gute Qualität aufweisend; höher (1 a).
hohl ⟨Adj.⟩ [mhd., ahd. hol, H. u.]: **1.** im Innern ausgehöhlt, leer, ohne Inhalt: ein -er Zahn; der Baum ist innen h.; die Nuss ist h. (hat keinen Kern); Ü ... überall Hakenkreuze, mir war ganz h. (ich fühlte mich wie ausgehöhlt, innerlich leer), ich fühlte schon gar kein Gefühl mehr (Seghers, Transit 13). **2.** nach innen gebogen; eine konkave Öffnung, Mulde bildend: Wasser mit der -en Hand schöpfen; -e (eingefallene) Wangen. **3.** dumpf u. tief klingend, als käme der Ton aus einem verborgenen Hohlraum: eine -e Stimme; -es Stöhnen; der Klang war h.; sie hustete h.; Durch die rastende Stille der einfallenden Nacht drang hart das späte Geschrei der großen Raben und h. drohend der Jagdruf erwachender Eulen (A. Zweig, Grischa 76/77). **4.** (abwertend) geistlos, leer, ohne Inhalt, ohne geistige Substanz: -e Phrasen; er ist ein -er Schwätzer; Mensch, ist der h. (ugs.; dumm).
hohl|äu|gig ⟨Adj.⟩: mit tief liegenden Augen versehen: -e Kinder.
Höh|le, die; -, -n [mhd. hüle, ahd. huli, zu ↑ hohl]: **1. a)** größerer hohler Raum, Hohlraum bes. im Gestein od. in der Erde: eine finstere H.; unterirdische -n; **b)** Behausung von Säugetieren in der Erde; Bau (5 a): der Dachs schläft in seiner H.; * sich in die H. des Löwen begeben/wagen; in die H. des Löwen gehen (scherzh.; jmdn., der gefürchtet wird, von dem nichts Gutes erwartet wird, beherzt mit einem Anliegen o. Ä. aufsuchen; nach einer Fabel des Äsop, in der ein Fuchs die List eines alten Löwen, der sich krank stellt u. die Tiere bittet, ihn in seiner Höhle zu besuchen, durchschaut u. nicht hineingeht, weil er nur Spuren sieht, die hineinführen, aber keine, die hinausführen). **2. a)** (abwertend) düstere, feuchte, ärmliche Wohnung: die Familie haust in einer muffigen H. im Keller; **b)** (ugs.) eigenes Zimmer, das Geborgenheit, Vertrautheit ausstrahlt: er zog sich in seine H. zurück.
höh|len ⟨sw. V.; hat⟩ [mhd. holn, ahd. holōn⟩ (selten): **a)** aushöhlen: das Wasser hatte die Steine gehöhlt; **b)** ⟨h. + sich⟩ sich vertiefen: ...dass die wundervollen kleinen Gruben in ihren Wangen sich zu Furchen höhlten und ihr stolzer und herber Mund nun so scharf und mager erschien (Th. Mann, Hoheit 89).
Höh|len|be|woh|ner, der: **1.** in einer [Felsen]höhle hausender Mensch [der Frühzeit]. **2.** in einer [Erd]höhle lebendes Tier.
Höh|len|be|woh|ne|rin, die: w. Form zu ↑ Höhlenbewohner (1).
Höh|len|brü|ter, der: Vogel, der in einer Erd- od. Baumhöhle nistet u. dort seine Jungen aufzieht.
Höh|len|ein|gang, der: Eingang einer Höhle.
Höh|len|for|scher, der: Geologe od. Prähistoriker, der das Innere von Felsenhöhlen untersucht.
Höh|len|for|sche|rin, die: w. Form zu ↑ Höhlenforscher.
Höh|len|for|schung, die: Forschung, die sich mit der Entstehung u. dem Aufbau natürlicher Höhlen befasst.
Höh|len|kun|de, die: Lehre von der Entstehung u. dem Aufbau natürlicher Höhlen; Speläologie.
Höh|len|ma|le|rei, die: **1.** (in frühen Kulturen) das Malen auf Felswänden von Höhlen. **2.** Werk der Höhlenmalerei (1).

Höh|len|mensch, der: Höhlenbewohner (1).
Höh|len|zeich|nung, die: Felsbild.
Hohl|form, die (Gießerei): Gussform, deren Hohlräume von dem zu gießenden Material ausgefüllt werden sollen.
Hohl|fuß, der (Med.): überstarke Wölbung des Fußes.
Hohl|heit, die; -: **a)** das Hohl-, Ausgehöhltsein; **b)** (abwertend) innere Leere, Geistlosigkeit, Oberflächlichkeit: die H. seiner Reden war erschütternd.
Hohl|keh|le, die; -. **1.** (Archit., Tischlerei) leicht konkave, rinnenförmige Vertiefung, die der Gliederung u. Verzierung einer Fläche (an Wänden, Gesimsen, Fenstern, Möbelstücken) dient. **2.** (Geol.) durch Wasser, Wind o. Ä. entstandene rinnenartige Auswaschung im Fels.
Hohl|kopf, der (abwertend): dummer Mensch.
Hohl|kör|per, der: innen hohler, ausgehöhlter Gegenstand.
Hohl|kreuz, das (Med.): durch eine im Bereich der Lendenwirbel stark nach vorn gekrümmte Wirbelsäule gekennzeichnete Erscheinung: ein H. haben.
Hohl|ku|gel, die: hohle Kugel.
Hohl|lei|ter, der (Elektrot.): Leiter für hochfrequente elektromagnetische Wellen, der die Form eines Rohres hat.
Hohl|maß, das: **a)** Maß[einheit] zum Bestimmen der Größe eines Raumes, des Rauminhalts od. Fassungsvermögens eines [Hohl]körpers; **b)** geeichtes [mit einer Skala versehenes] Gefäß zum Abmessen von Flüssigkeiten o. Ä.
Hohl|na|del, die (Med.): hohle Nadel für Einspritzungen od. zur Entnahme von Körperflüssigkeit; Kanüle.
Hohl|or|gan, das (Med.): inwendig hohles Körperorgan.
Hohl|raum, der: leerer od. nur etw. angefüllter, umschlossener hohler Raum im Innern von etw., innerhalb eines dichten od. porösen Substanz.
Hohl|raum|kon|ser|vie|rung, die (regional): Hohlraumversiegelung.
Hohl|raum|ver|sie|ge|lung, die, (seltener:) **Hohlraum|ver|sieg|lung,** die (Kfz-Technik): Versiegelung der inneren Hohlräume einer Fahrzeugkarosserie mit einem Rostschutzmittel.
Hohl|saum, der (Handarb.): Verzierung in einem Gewebe mit Einherbindung durch Ausziehen mehrerer gleichlaufender Fäden u. bündelweises Zusammenfassen der stehen gebliebenen Querfäden in einem Zierstich.
Hohl|spie|gel, der (Optik): Spiegel mit konkaver, nach innen gewölbter Oberfläche, der das Spiegelbild vergrößert wiedergibt.
Hohl|tier, das (meist Pl.): [nach der Vorverdauung dienenden Hohlraum der Tiere]: im Wasser lebender, sehr einfacher, symmetrisch gebauter Vielzeller.
Höh|lung, die; -, -en: **1.** ⟨o. Pl.⟩ das Aushöhlen. **2.** ausgehöhlte Stelle, Vertiefung, Einbuchtung; gut zugängliche, offene Höhle (1 a): eine H. im Baum.
hohl|wan|gig ⟨Adj.⟩: (aufgrund eines schlechten Gesundheits- od. Ernährungszustandes) eingefallene Wangen habend.
Hohl|weg, der: zwischen steilen [Fels]abhängen tief eingeschnittener Weg.
Hohn, der; -[e]s [mhd. (md.) hōn, ahd. hōna, zu einem germ. Adj. mit der Bed. »niedrig, verachtet« (vgl. got. hauns = niedrig; demütig): mit verletzendem, beißendem Spott verbundene, unverhohlene Verachtung: bitterer H.; H. lachen, lächeln (höhnisch, schadenfroh lachen, lächeln); ich lache, lächele H., habe H. gelacht, gelächelt; Ü jeder Vernunft H. lachen (zuwiderlaufen, spotten); * der reine/

reinste/blanke H. sein (völlig widersinnig, absurd sein); einer Sache H. sprechen (zu etw. in krassem Widerspruch stehen, etw. widerlegen: dieses Tun spricht allem Anstand H.).
höh|nen ⟨sw. V.; hat⟩: **1.** [mhd. hœnen, ahd. hōnen] (geh.). **1.** höhnisch, spottend reden; laut seinem Hohn, seiner Verachtung Ausdruck geben: »Feigling!«, höhnte er. **2.** verspotten, verhöhnen; mit Hohn u. Spott behandeln: seine Gegner h.
Hohn|ge|läch|ter, das: höhnisches Gelächter.
höh|nisch ⟨Adj.⟩ [mhd. hœnisch]: voll höhnender Verachtung, spöttisch; beißenden Spott ausdrückend: ein -es Grinsen; -e Bemerkungen machen; Sein Brief war brillant, geschliffen h., scharf logisch (Feuchtwanger, Erfolg 513).
hohn|lä|cheln ⟨sw. V.; hat⟩: **1.** ⟨meist im 1. Part. u. subst.⟩ höhnisch lächeln: er hohnlächelte; hohnlächelnd wandte sie sich ab.
hohn|la|chen ⟨sw. V.; hat⟩: **1.** ⟨meist im 1. Part. u. subst.⟩ höhnisch, überlegen, schadenfroh lachen: er hohnlachte; er antwortete hohnlachend; ⟨subst.:⟩ das Hohnlachen der Gegner. **2.** (geh.) zuwiderlaufen, spotten: dieser Vorschlag hohnlacht jeglicher Vernunft.
hohn|spre|chen ⟨st. V.; hat⟩: widerlegen; in krassem Widerspruch (zu etw.) treten: dieses Tun scheint allem Anstand zu hohnsprechen.
ho|ho ⟨Interj.⟩ (ugs.): Ausruf des Staunens od. der [überlegenen] Ablehnung: h., das wollen wir doch mal sehen!
Hö|hung, die; -, -en: **1.** (Malerei) **a)** ⟨o. Pl.⟩ das Höhen; **b)** gehöhte Stelle. ◆ **2.** Anhöhe: ... wenn sie zu jener H. herangestiegen waren (Rosegger, Waldbauernbub 59).
hoi ⟨Interj.⟩: **a)** Ausruf des [freudigen] Erstaunens: h., das schmeckt aber gut!; **b)** Ausruf der ärgerlichen Feststellung: h., kannst du nicht aufpassen!
Hö|ke|r, der; -s, - [aus dem Ostmd., wahrsch. zu ↑ Hucke (2)] (veraltet): Kleinhändler, Inhaber einer Verkaufsbude od. eines offenen Standes.
Hö|ke|rin, die; -, -nen (veraltet): w. Form zu ↑ Höker: ◆ Die H. kehrt ihm den Rücken zu; sie kramt in ihrer Vorratskiste (Ebner-Eschenbach, Gemeindekind 55).
Hok|ka|i|do [hɔˈkaido, auch: hoˈka:ido:], der; -s, -s [nach der jap. Insel Hokkaido]: runder, orangeroter Speisekürbis.
Ho|kus|po|kus, der; - [wahrsch. verstümmelt aus einer pseudolat. Zauberformel »hax, pax, max, deus adimax«]: **1.** ⟨o. Art.⟩ Zauberwort, Beschwörungsformel (durch das ganz schnell etwas zum Verschwinden od. Hervorkommen gebracht wird): H., weg ist der Dreck!; und H. (ganz schnell, im Handumdrehen) war er fertig; * H. Fidibus (dreimal schwarzer Kater) (scherzhafte Zauberformel). **2.** Gaukelei, [fauler] Zauber, Trick: diesen H. habe ich schon lange durchschaut. **3. a)** (abwertend) unnützer Zierrat, überflüssiges Drum u. Dran: ein Kleid mit viel H.; **b)** [kindlicher] Unfug: allerlei H. treiben.

hol-, Hol-: ↑ holo-, Holo-.

Hol|ark|tis, die; - [zu griech. hólos (↑ holo-, Holo-) u. ↑ Arktis] (Geogr.): pflanzen- u. tiergeografisches Gebiet, das die ganze nördliche gemäßigte u. kalte Zone bis zum nördlichen Wendekreis umfasst.
hol|ark|tisch ⟨Adj.⟩: die Holarktis betreffend, zu ihr gehörend.
hold ⟨Adj.⟩ [mhd. holt, ahd. hold = günstig, gnädig; treu]: **1.** (dichter. veraltend) anmutig, lieblich, von zarter Schönheit: ein -es Gesicht; o -er Frühling!; die -e Weiblichkeit (iron.; die Damen) im Saal begrüßen; h. lächeln; ⟨subst.:⟩ er holt

seine Holde (iron.; *seine Freundin*) vom Zug ab. **2.** * *jmdm., einer Sache h. sein* (geh.: *jmdm., einer Sache gewogen sein*): das Glück war ihm [nicht] h. *jmdm., etw. gernhaben:* bist du mir noch h.?)

Hol|der, der; -s, - (südd.): *Holunder.*

Hol|der|baum usw.: ↑ Holunderbaum usw.

Hol|ding ['hɔʊldɪŋ], die; -, -s: Kurzf. von ↑ Holdinggesellschaft.

Hol|ding|ge|sell|schaft, die (engl. holding company; zu: holding = (Aktien)besitz u. company = Gesellschaft] (Wirtsch.): *Gesellschaft, die nicht selbst produziert, die aber Aktien anderer Gesellschaften besitzt u. diese dadurch beeinflusst od. beherrscht; Beteiligungsgesellschaft.*

hol|d|rio [auch: hɔldri'o:] ⟨Interj.⟩ (veraltend): *Ausruf der Freude.*

¹Hol|d|rio [auch: hɔldri'o:], das; -s, -s: *Freudenruf [in den Bergen]; Jodler.*

²Hol|d|rio, der; -[s], -[s] (veraltet): *leichtlebiger Mensch, der nur genießt u. fröhlich in den Tag hinein lebt.*

◆ **Hold|schaft,** die; -, -en [zu ↑ hold]: *von großer Zuneigung u. Freundschaft bestimmte Beziehung zwischen zwei Menschen:* Sie steckte Jutten einen Fingerreif ... an und sprach dabei: »Ade, Jutta! Wir haben zusammen besondere H. gehabt ...« (Mörike, Hutzelmännlein 142).

hold|se|lig ⟨Adj.⟩ (dichter. veraltend): *anmutig, liebreizend, von engelhaft zarter Schönheit:* ein -es Lächeln.

Hole [hoʊl], das; -s, -s [engl. hole] (Golf): ¹*Loch* (5).

ho|len ⟨sw. V.; hat⟩ [mhd. hol(e)n, ahd. holōn, eigtl. = (herbei)rufen, verw. mit ↑ hell]: **1. a)** *von einem Ort, einer Stelle, an der sich etw. befindet, her[bei]bringen, herbeischaffen:* Kartoffeln [aus dem Keller] h.; Brot [vom Bäcker] h. *(einkaufen);* ein Kleid aus dem Schrank h. *(herausholen, herausnehmen);* jmdm./für jmdn. einen Stuhl h.; * *bei jmdm./da ist nicht viel/nichts [mehr] zu h.* (*jmd. besitzt nicht viel/nichts [mehr] an materiellen Gütern, man kann ihm daher nicht viel/nichts [mehr] wegnehmen [wenn er Schulden hat o. Ä.]*); **b)** *jmdn. [schnell] herbeirufen, an einen bestimmten Ort bitten, wo er gebraucht, gewünscht wird:* die Polizei h.; den Arzt an das Krankenbett h.; **c)** *von einem bestimmten Ort abholen [u. wegschaffen]:* morgen wird Sperrmüll geholt; Ü der Tod hat sie geholt (verhüll.; *sie ist gestorben*); In Wirklichkeit kann er nicht viel vertragen, und der Rausch holt ihn plötzlich (Remarque, Obelisk 44). **2.** ⟨h. + sich⟩ *sich etw. geben lassen, verschaffen, von jmdm. erbitten:* sich Anregungen h.; du solltest dir bei einem Fachmann Rat h. **3.** (ugs.) *gewinnen, erlangen, erwerben:* [in einem Wettbewerb, beim Sport] einen Preis, eine Medaille h.; * *auch h. + sich*) morgen musst du dir den Meistertitel h. **4.** ⟨h. + sich⟩ (ugs.) *sich etw. (Krankmachendes, Unangenehmes, Schlimmes) zuziehen:* sich die Grippe h.; dabei kannst du dir in den Tod holen *(auf den Tod krank werden).* **5.** (Seemannsspr.) *herab-, heranziehen:* die Segel straff h.; das Boot längsseits h. **6.** (landsch.) *kaufen:* ich muss mir einen neuen Mantel h.

Ho|li|days ['hɔlideɪs] ⟨Pl.⟩ [engl. holidays, Pl. von holiday = (arbeits)freier Tag; Feiertag; engl. Bez. für: Ferien, Urlaub.

Ho|lis|mus, der; - [zu griech. hólos = ganz] (Philos.): *Lehre, die alle Erscheinungen des Lebens aus einem ganzheitlichen Prinzip ableitet.*

ho|lis|tisch ⟨Adj.⟩ (bildungsspr., Fachspr.): *ganzheitlich;* -es Denken; -e Medizin.

Holk: ↑ Hulk.

hol|la ⟨Interj.⟩ [urspr. Zuruf an den Fährmann zum Überholen]: *Ausruf der Überraschung, Verwunderung.*

Hol|land; -s: **1.** Westteil der Niederlande. **2.** (volkstüml.) *Niederlande.*

¹Hol|län|der, der; -s, -: **1.** Ew. **2.** ⟨o. Pl.⟩ Kurzf. von Holländer Käse. **3.** [H. u.] *vierrädriges Kinderfahrzeug, das durch Hin- u. Herbewegen einer Deichsel angetrieben wird.* **4.** [nach dem Ursprungsland] *Hauskaninchen mit weißem, schwarz, braun od. gelb gescheckten Fell.* **5.** [die Maschine wurde im 17. Jh. in den Niederlanden erfunden] (Technik) *Maschine zum Mahlen u. Mischen von Fasern bei der Papierherstellung; Holländermühle.*

²Hol|län|der ⟨indekl. Adj.⟩: *Holländer* (1).

Hol|län|de|rin, die; -, -nen: w. Form zu ↑ ¹Holländer (1).

Hol|län|der|müh|le, die: ¹*Holländer* (5).

hol|län|disch ⟨Adj.⟩: **a)** *Holland, die Holländer betreffend; aus Holland stammend;* **b)** *in der Sprache der Holländer.*

Hol|län|disch, das; -[s]: vgl. Deutsch.

Hol|län|di|sche, das; -n ⟨nur mit best. Art.⟩: vgl. ²Deutsche.

Hol|land|rad, das: *bes. für Stadtfahrten geeignetes Fahrrad, auf dem man aufrecht sitzt u. bei dem die Kette voll u. das Hinterrad zum Teil abgedeckt ist.*

Höl|le, die; -, -n ⟨Pl. selten⟩: **1.** [mhd. helle, ahd. hell[i]a, wahrsch. urspr. = die Bergende, verw. mit ↑ hehlen] **a)** ⟨o. Pl.⟩ (Rel.) *Ort der ewigen Verdammnis für die Sünder; Reich des Teufels:* die Schrecken der H.; in die H. kommen, zur H. fahren *(verdammt werden);* * *jmdn. zur H. wünschen* (geh.: *jmdn., über den man sich ärgert, aus der Welt wünschen); jmd. fährt mit jmdm., etw.* (als heftige Verwünschung in Bezug auf jmdn., etw. [Negatives], von dem man wünscht, dass er, es nicht [mehr] da wäre, nicht mehr existierte: zur H. mit den Verrätern!); **b)** *Ort, Zustand großer Qualen; etw. Schreckliches, Furchteinflößendes, Unerträgliches:* sie hat die ihm die H.; Aber wenn wir uns widersetzen, haben wir bald die H. hier (Wohmann, Absicht 61); * *die grüne H.* (*der Urwald*); *die H. ist los* (ugs.: *es herrscht [irgendwo] große Aufregung, wildes Durcheinander, unerträglicher Lärm; es geht turbulent zu*); *jmdm. die H. heißmachen* (ugs.: *jmdm. [durch Drohungen, ein heftiges Anliegen o. Ä.] heftig zusetzen*); *jmdm. das Leben zur H. machen* (*jmdm. das Leben unerträglich machen*). **2.** [eigtl. = Raum, in dem man etw. »bergen« kann] (landsch.) *in alten [Bauern]häusern (mit einer Sitzbank versehener) enger Raum zwischen Kachelofen u. Wand.*

Höl|len- (ugs. emotional verstärkend): drückt in Bildungen mit Substantiven einen besonders hohen Grad, eine besonders große Intensität von etw. aus: Höllenkrach, -wut.

Höl|len|angst, die (ugs. emotional verstärkend): *überaus große Angst.*

Höl|len|brand, der (ugs. emotional verstärkend): *sehr großer Durst.*

Höl|len|bra|ten, der (veraltetes derbes Schimpfwort): *böser Mensch; Person, die man verachtet u. als Ausgeburt der Hölle ansieht.*

Höl|len|brut, die ⟨Pl. selten⟩ (bes. als Schimpfwort): *übles Gesindel.*

Höl|len|fahrt, die (griech.-röm. Mythol.; christl. Rel.): *Vorstellung vom Hinabsteigen eines Menschen od. Gottes ins Reich der Toten.*

Höl|len|feu|er, das: *Feuer der Hölle.*

Höl|len|fürst, der ⟨o. Pl.⟩: *Teufel, Luzifer.*

Höl|len|hund, der (Mythol.): *Wachhund am Eingang zur Unterwelt; Zerberus.*

Höl|len|lärm, der (ugs. emotional verstärkend): *sehr großer Lärm.*

Höl|len|ma|schi|ne, die: **a)** (veraltend) *(für verbrecherische Zwecke benutzter) Sprengkörper mit Zeitzünder;* **b)** (ugs.) *Maschine o. Ä., die viel Lärm macht od. ein unbestimmtes Gefühl der Angst hervorruft.*

Höl|len|qual, die (ugs. emotional verstärkend): *große Qual:* -en ausstehen.

Höl|len|stein, der ⟨o. Pl.⟩ [LÜ von lat. lapis infernalis, wegen der schmerzhaft ätzenden Wirkung]: *aus Silbernitrat bestehendes Ätzmittel, das zum Blutstillen u. zur Verätzung von wucherndem Gewebe verwendet wird.*

Höl|len|stra|fe, die (Rel.): *Strafe der ewigen Verdammnis.*

Hol|ler, der; -s, - (südd., österr.): *Holunder.*

Hol|ler|baum usw.: ↑ Holler usw.

Hol|le|rith|ma|schi|ne, die [nach dem amerik. Ingenieur H. Hollerith (1860 bis 1929)] (EDV früher): *Lochkartenmaschine, in der Daten (für kaufmännische, statistische, wissenschaftliche Zwecke) sortiert u. gespeichert werden können.*

höl|lisch ⟨Adj.⟩ [mhd. hellisch]: **1. a)** *zur Hölle gehörend, aus der Hölle stammend:* das -e Feuer; -e Geister; *die Hölle u. ihren Qualen vergleichbar; quälend, schrecklich; teuflisch:* ein -er Krieg, -e Qualen, ⟨subst.:⟩ ... und auch damals erst dieser ganz leise ferne Klang (= der Klang einer Spieluhr) uns das Schauerliche und Höllische unserer Lage zum Bewusstsein brachte (Kaschnitz, Wohin 22). **2.** (ugs.) **a)** *sehr groß, stark, mächtig:* -en Respekt vor jmdm. haben; es machte ihnen -en Spaß; **b)** ⟨verstärkend bei Adjektiven u. Verben⟩ *in starkem Maße, überaus, sehr:* es ist h. kalt; h. schmerzen; h. aufpassen.

Hol|ly|wood ['hɔliwʊd]: *Stadtteil von Los Angeles (Zentrum der Filmindustrie der USA).*

Hol|ly|wood|film, der: *Film, der von einer der großen, den Markt dominierenden Firmen produziert wird, die in od. in der Gegend um Hollywood ansässig sind.*

Hol|ly|wood|schau|kel, die [beliebtes Requisit in Hollywoodfilmen der 50er-Jahre]: *Gartenmöbel in Form breiter, gepolsterten [u. überdachten] Bank, die frei aufgehängt ist u. wie eine Schaukel hin- u. herschwingen kann.*

Hol|ly|wood|star, der: ²*Star* (1 a) *von Hollywoodfilmen.*

¹Holm, der; -[e]s, -e [mniederd. holm = Querbalken, verw. mit ↑ ²Helm]: **1. a)** (Turnen) *eine der beiden Stangen am Barren;* **b)** *Längsleiste einer Leiter;* **c)** *Handlauf eines [Treppen]geländers.* **2. a)** (Flugw., Kfz-Technik) *tragende Leiste eines Tragflügels, eines Fahrzeugbodens;* **b)** (Bauw.) *mit den Pfosten verzapfter Querbalken.* **3. a)** (Rudern) *Teil des Riemens, Ruders;* **b)** ²*Helm* (1).

²Holm, der; -[e]s, -e [mniederd. holm; eigtl. = Ragendes, Erhebung] (nordd.): **1.** *kleine Insel.* **2.** (selten) *Schiffswerft, Schwimmdock.*

hollo-, Hollo-, (vor Vokalen auch:) hol-, Hol- [zu griech. hólos]: *Best. in Zus. mit der Bed. ganz, völlig, vollständig* (z. B. holografisch, Hologramm, Holarktis).

Ho|lo|caust [engl.: 'hɔlɔkɔ:st], der; -[e]s u. -, -s [engl. holocaust = Inferno; Zerstörung, eigtl. = Brandopfer < spätlat. holocaustum < griech. holókauston, zu: holókaustos = völlig verbrannt; zu: hólos (↑ holo-, Holo-), u. kaustós = verbrannt]: **a)** *(zur Zeit des nationalsozialistischen Herrschaft) Verfolgung, Gettoisierung u. insbesondere Massenvernichtung der Juden in Deutschland u. Europa;* **b)** *Massenvernichtung menschlichen Lebens:* ein atomarer H.

Holocaustopfer – Holzbrücke

Ho|lo|caust|op|fer, das: *Opfer* (3) *des Holocausts.*

Ho|lo|caust|über|le|ben|de ⟨vgl. Überlebende⟩: *weibliche Person, die den Holocaust überlebt hat.*

Ho|lo|caust|über|le|ben|der ⟨vgl. Überlebender⟩: *jmd., der den Holocaust überlebt hat.*

Ho|lo|gra|fie, Holographie, die; -, -n [engl. holography, geb. zu: hologram (↑ Hologramm) u. -graphy < griech. -graphía, ↑ -grafie] (Physik): **1.** ⟨o. Pl.⟩ *Technik zur Speicherung u. Wiedergabe von dreidimensionalen Bildern, die (in zwei zeitlich voneinander getrennten Schritten) durch das kohärente Licht von Laserstrahlen erzeugt werden.* **2.** *durch Holografie* (1) *erzeugtes Bild.*

ho|lo|gra|fisch, holographisch ⟨Adj.⟩: **1.** [zu mgriech. hológraphos = eigenhändig geschrieben, zu griech. hólos (↑ holo-, Holo-) u. gráphein = schreiben] (Rechtsspr.) *[vollständig] eigenhändig geschrieben:* ein -es Testament. **2.** (Physik) *die Holografie betreffend, mit der Technik der Holografie hergestellt, sie anwendend:* eine -e Aufnahme.

Ho|lo|gramm, das; -s, -e [engl. hologram, geb. von dem brit. Physiker ung. Herkunft D. Gábor (1900–1979) zu griech. hólos (↑ holo-, Holo-) u. -gram < griech. grámma, ↑ -gramm] (Physik): *dreidimensionale Aufnahme eines Gegenstandes, die bei der Holografie entsteht.*

Ho|lo|gra|phie usw.: ↑ Holografie usw.

Ho|lo|zän, das; -s [frz. holocène, zu griech. hólos = ganz, völlig u. kainós = neu, eigtl. = die ganz neue Abteilung (gegenüber dem Pleistozän)] (Geol.): *jüngere Abteilung des Quartärs, die vom Ende des pleistozänen Eiszeitalters bis zur Gegenwart reicht; Nacheiszeit.*

hol|pe|rig usw.: ↑ holprig usw.

hol|pern ⟨sw. V.⟩ [frühnhd., H. u., viell. lautm.]: **1. a)** ⟨ist⟩ *auf unebenem, unsicherem Boden o. ä. Untergrund mit rüttelnden Bewegungen fahren, sich fortbewegen:* der Karren ist durch die Straßen geholpert; **b)** ⟨hat⟩ *infolge ungleichmäßiger Bewegung auf unebenem, steinigem o. ä. Untergrund schüttern, wackeln:* der Wagen hat sehr geholpert; … die Räder stießen und holperten auf dem unebenen Weg (Gaiser, Schlußball 208); **c)** ⟨ist⟩ (selten) *ungleichmäßig, stolpernd [u. strauchelnd] gehen, sich fortbewegen:* sie holperten und stolperten. **2.** ⟨hat⟩ *(in Bezug auf die Art des Lesens, Sprechens) stockend, nicht fließend lesen, sprechen:* er holpert [beim Lesen] noch ein wenig.

holp|rig, holperig ⟨Adj.⟩: **1.** *höckerig, uneben u. dadurch schlecht zu befahren od. zu begehen:* eine -e Fahrbahn; das Pflaster ist sehr h. **2.** *stockend, nicht fließend, nicht in gleichmäßigem Rhythmus [vorgebracht]:* in -em Englisch; … die Worte kommen holprig und verquer (Hildesheimer, Tynset 223).

Holp|rig|keit, Holperigkeit, die; -, -en: **1.** ⟨o. Pl.⟩ *das Holprigsein.* **2.** *etw. holprig* (2) *Wirkendes.*

Hol|schuld, die (Rechtsspr.): *Geldforderung, Schuld, die am Wohnort des Schuldners geholt werden muss:* Ü die Anleger haben eine H. (*Verpflichtung, sich etw. zu beschaffen*) und müssen sich dementsprechend informieren.

Hol|stein; -s: Landesteil von Schleswig-Holstein.

¹**Hol|stei|ner,** der; -s, -: **1.** Ew. **2.** *braunes, kräftiges Warmblutpferd, das als hervorragendes Reitpferd gilt.*

²**Hol|stei|ner** ⟨indekl. Adj.⟩: H. Schinken.

Hol|stei|ne|rin, die; -, -nen: w. Form zu ↑ ¹Holsteiner (1).

hol|stei|nisch ⟨Adj.⟩: *Holstein, die* ¹*Holsteiner betreffend; aus Holstein stammend.*

Hols|ter, das; -s, - [engl. holster < niederl. holster < mniederl. holfter, mniederd. hulfte = Köcher für Pfeil u. Bogen, Nebenf. von mhd. hulft, ↑ ²Halfter]: **1.** *offene (am Gürtel, um den Oberschenkel od. an der Schulter befestigte) Ledertasche für eine griffbereit getragene Handfeuerwaffe.* **2.** (Jägerspr.) *Jagdtasche.*

hol|ter|die|pol|ter ⟨Adv.⟩ [lautm. für ein polterndes Geräusch] (ugs.): *überstürzt, Hals über Kopf.*

hol|über ⟨Interj.⟩: *Zuruf an den Fährmann, mit dem der Rufer von jenseitigen Ufer aus darum bittet, übergesetzt zu werden.*

Ho|lun|der, der; -s, - [mhd. holunder, ahd. holuntar; 1. Bestandteil wohl verw. mit gleichbed. dän. hyld, zum 2. Bestandteil -ter vgl. Teer]: **1.** *Strauch mit dunkelgrünen, gefiederten Blättern, gelblich weißen, in großen Dolden wachsenden Blüten u. glänzenden, schwarzen Früchten.* **2.** ⟨o. Pl.⟩ *Gesamtheit von als heilkräftig geltenden Blüten- od. Fruchtständen des Holunders* (1): wir pflückten H.

Ho|lun|der|baum, der: *Holunder* (1).

Ho|lun|der|bee|re, die: *Beere des Holunders* (1).

Ho|lun|der|blü|te, die: *Blüte des Holunders.*

Ho|lun|der|busch, der: *Holunder* (1).

Ho|lun|der|saft, der: *Saft aus Holunderbeeren.*

Ho|lun|der|strauch, der: *Holunder* (1).

Holz, das; -es, Hölzer u. - [mhd., ahd. holz, eigtl. = Abgehauenes]: **1.** ⟨o. Pl.⟩ *feste, harte Substanz des Stammes, der Äste u. Zweige von Bäumen u. Sträuchern (die als Baustoff, Brennmaterial usw. verwendet wird):* hartes, frisches, dürres, faules H.; ein Stück, Stapel, Festmeter H.; H. lebt; das H. arbeitet; das H. knistert im Kamin; dieses H. brennt schlecht, lässt sich gut bearbeiten, hat eine schöne Maserung; H. sammeln, hacken, spalten, aufschichten, schnitzen, sägen, beizen, polieren; der H. verarbeitende Industrie; H. (*Brennholz*) im Ofen nachlegen; auf H. klopfen (um etw. nicht zu ¹berufen 4; nach alter Vorstellung von der magischen Kraft des Holzes); Möbel aus massivem, edlem H.; das Haus ist ganz aus H.; die Wände mit H. verkleiden; Einlegearbeiten in H.; es knackt im H.; er hat zu sehr ins H. geschossen (*hat immer neue Zweige hervorgebracht, aber keine Blüten*); R und am grünen -e! (*wenn das hier schon geschieht, was kann man dann noch unter ungünstigeren Bedingungen erwarten?;* nach Luk. 23, 31); * **viel H.** (ugs.: *eine große Menge von etw.:* 50 Euro für das Buch ist viel H.); **dastehen wie ein Stück H.** (*steif u. stumm dastehen*): H. sägen (ugs.; *laut schnarchen*); **H. auf sich hacken lassen** (*alles gefallen lassen; zu gutmütig sein*); **H. in den Wald tragen** (*etwas Sinnloses, Unnötiges tun*); [viel] H. vor der Hütte/vor der Tür/bei der Herberge haben (seltener; *einen üppigen Busen haben*); **kein hartes H. bohren; das H. bohren, wo es am dünnsten ist** (↑ Brett 1); **nicht aus H. sein** (als Feststellung in einer Situation, in der man sich falsch eingeschätzt fühlt: 1. *genau wie andere Menschen auch für sinnliche Reize empfänglich sein.* **2.** *nicht so gefühllos, unverletzbar o. ä. sein, wie andere denken*). **2.** ⟨Pl. Hölzer⟩ *Holzsorte:* edle, tropische Hölzer; für die Täfelung der Decke wurde ein ganz besonderes H. ausgesucht; Diese schönen alten Möbel! Welche Hölzer! (Zwerenz, Quadriga 181); * **aus dem H. sein, aus dem … macht** (*die Eigenschaften, Fähigkeiten besitzen, die jmdn./für ein bestimmtes Amt o. Ä. geeignet erscheinen lassen:* er ist [nicht] aus dem H., aus dem man Minister macht); **aus dem gleichen/aus anderem H. [geschnitzt] sein** (*die gleiche/eine andere Wesensart, den gleichen/einen anderen Charakter haben*; **aus hartem/härterem/feinerem/gröberem/geringerem H. [geschnitzt] sein** (*in Bezug auf Charakter,*

Fähigkeiten, körperlich-geistige Beschaffenheit u. Ä. mehr od. minder stark sein). **3. a)** ⟨Pl. Hölzer⟩ *bestimmter Gegenstand aus Holz* (1); *hölzerner Teil eines bestimmten Gegenstands:* Hölzer in die Erde rammen; der Stürmer traf zweimal H. (Ballspiele veraltend; *den hölzernen Pfosten od. die Querleiste des Tores*); den Ball mit dem H. (Tennis, Badminton veraltend; *dem Rahmen des Schlägers*) schlagen; mit einem H. (*Holzschläger beim Golf*) lassen sich weite Schläge erzielen; **b)** ⟨Pl. -⟩ (Kegeln) *einzelner Kegel:* zwei H. stehen noch; er hat viel H. geschoben; mit 2 180 H. vorn liegen; * **gut H.!** (*Gruß der Kegler*); **c)** ⟨o. Pl.⟩ (Musik) *Gesamtheit der Holzblasinstrumente:* das H. muss etwas mehr hervortreten. **4.** ⟨o. Pl.⟩ (landsch., sonst veraltend) *Wald:* das H. steht gut; ins H. fahren; das Wild zieht zu -e; ♦ Ganze Haufen böhmische Reiter schwadronieren im H. herum (Schiller, Räuber II, 3).

Holz|ab|fuhr, die: *Abtransport des geschlagenen Holzes.*

Holz|ap|fel, der [mhd. holzapfel = im Holz (4) wachsender, wilder Apfel]: **a)** *kleiner, herb schmeckender Apfel; Frucht des Holzapfelbaums;* **b)** Kurzf. von ↑ Holzapfelbaum.

Holz|ap|fel|baum, der: *in lichten Wäldern vorkommender wilder Apfelbaum.*

Holz|ar|beit, die: *Arbeit* (4 a) *aus Holz.*

Holz|art, die: *Sorte, Art* (4 a) *von Holz.*

Holz|au|ge: in der Wendung **H., sei wachsam!** (scherzh.; *pass auf, sieh dich vor!;* meist von jmdm. an sich selbst gerichtete Ermahnung zu erhöhter Wachsamkeit, um nicht übervorteilt od. hintergangen zu werden, H. u.).

Holz|bank, die ⟨Pl. …bänke⟩: *hölzerne [Sitz]bank.*

Holz|ba|ra|cke, die: vgl. Holzhaus.

Holz|bau, der: **1.** ⟨o. Pl.⟩ *das Bauen in Holz.* **2.** ⟨Pl. -ten⟩ *Bauwerk aus Holz.*

Holz|be|ar|bei|tung, die: *Bearbeitung von Holz.*

Holz|bein, das: *Beinprothese aus Holz.*

Holz|bie|ne, die: *(nicht Staaten bildende) meist blauschwarze Biene mit violetten Flügeln, deren Weibchen zur Eiablage lange Gänge in morsches Holz bohrt.*

Holz|bild|hau|er, der: *in Holz arbeitender Bildhauer, Bildschnitzer.*

Holz|bild|hau|e|rei, die: **1.** ⟨o. Pl.⟩ *Bildschnitzerkunst, -tätigkeit.* **2. **Bildschnitzerwerkstatt. **3.** *Erzeugnis des Bildschnitzers.*

Holz|bild|hau|e|rin, die: w. Form zu: ↑ Holzbildhauer.

Holz|blä|ser, der (Musik): *Spieler eines Holzblasinstruments.*

Holz|blä|se|rin, die: w. Form zu ↑ Holzbläser.

Holz|blas|in|s|t|ru|ment, das (Musik): *Blasinstrument, bei dem die Teile, die die Töne erzeugen, aus Holz gefertigt sind (z. B. Flöte, Saxofon).*

Holz|block, der ⟨Pl. …blöcke⟩: *Block* (1), *Klotz aus Holz.*

Holz|bock, der: **1.** ¹*Bock* (3) *aus Holz.* **2.** *blutsaugende Zecke, die bes. Hunde, aber auch Menschen befällt.* **3.** [zum 2. Bestandteil vgl. Hausbock] *größer, gelb behaarter Bockkäfer, dessen Larven besonders an jungen Pappeln u. Weiden Schäden verursachen.*

Holz|boh|le, die.

Holz|boh|rer, der: **1.** *zum Bearbeiten von Holz geeigneter Bohrer.* **2. **Nachtfalter, dessen Raupen sich im Inneren von Baumstämmen entwickeln u. großen Schaden verursachen können. **3.** *Borkenkäfer.*

Holz|bot|tich, der: *Bottich.*

Holz|brett, das: *[als Bauholz verwendetes] Brett aus Holz.*

Holz|brett|chen, das: *als Teil des Gedecks* (1) *verwendetes kleines Brett aus Holz.*

Holz|brü|cke, die: *Brücke aus Holz.*

Holz|bün|del, das: *Bündel aus Holzstücken.*
Holz|chen, das; -s, -: **1.** Vkl. zu ↑ Holz (1, 3 a). **2.** *einzelnes Streichholz.*
Holz|de|cke, die: *Decke (3) aus Holz.*
Holz|des|til|la|ti|on, die (Fachspr.): *trockenes Erhitzen von Holz unter Luftabschluss zur Gewinnung von Holzkohle, Holzteer u. Holzessig.*
Holz|dü|bel, der: *Dübel (1 a, 2) aus Holz.*
Holz|ein|schlag, der (Forstwirtsch.): *das Einschlagen (5), Fällen von Holz (4).*
höl|zeln ⟨sw. V.; hat⟩ (südösterr. ugs.): *lispeln.*
hol|zen ⟨sw. V.⟩: **1.** ⟨hat⟩ [mhd. holzen, hülzen] (österr., sonst veraltend) *Bäume fällen [u. zu Brennholz zerschlagen].* **2.** ⟨hat⟩ **a)** (bes. Fußballjargon) *unfair, übertrieben hart u. roh spielen:* nicht spielen, nur h. können; Ü im Wahlkampf wurde nur geholzt; **b)** (Musikjargon) *hart u. roh spielen;* **c)** (veraltend) *[sich] prügeln.* **3.** ⟨hat/ist⟩ (Jägerspr.) *aufbaumen.*
Hol|zer, der; -s, -: **1.** [mhd. holzer] (südd., österr., schweiz. veraltend) *Holzhacker, Waldarbeiter.* **2.** [zu ↑ holzen (2 a)] (bes. Fußballjargon) *hart, unfair spielender Spieler.*
Hol|ze|rei, die; -, -en: **a)** (bes. Fußballjargon) *hartes, unfaires, wenig sportliches Spiel;* **b)** *Prügelei.*
Hol|ze|rin, die; -, -nen: w. Form zu ↑ Holzer.
höl|zern ⟨Adj.⟩ [mhd. hulzern]: **1.** *aus Holz bestehend:* -es Spielzeug. **2.** *(meist in Bezug auf jmds. Haltung, Bewegungen o. Ä.) steif u. ungeschickt, linkisch:* ein -er Bursche; eine -e Ausdrucksweise; seine Bewegungen sind h.
Holz|es|sig, der: *bei der Holzdestillation anfallendes Produkt mit hohem Gehalt an Essigsäure.*
Holz|fäl|ler, der; -s, -: *für das Fällen von Bäumen eingesetzter Waldarbeiter.*
Holz|fäl|le|rin, die; -, -nen: w. Form zu ↑ Holzfäller.
Holz|fa|ser, die: *längliche, abgestorbene Pflanzenfaser mit verholzten Wänden.*
Holz|fa|ser|plat|te, die: *aus fein zerfasertem Holz u. Bindemitteln gepresste, als Bauelement dienende Platte.*
Holz|fäu|le, die: *Zersetzung des Holzes durch Pilze.*
Holz|fei|le, die: *Feile zur Holzbearbeitung.*
Holz|fi|gur, die: *aus Holz gearbeitete Figur.*
Holz|floß, das: **a)** *Floß (1 b);* **b)** *Floß (1 a) aus zusammengebundenen Hölzern.*
Holz|flö|ße|rei, die: *das Flößen von Holz.*
holz|frei ⟨Adj.⟩: *(von Papier) aus reinem Zellstoff, ohne Holzschliff hergestellt.*
Holz|fur|nier, das: *Furnier aus echtem Holz.*
Holz|fuß|bo|den, der: *Fußboden aus Holz.*
Holz|gas, das: *bei der Holzdestillation entstehendes Gasgemisch, das auch als Treibstoff Verwendung findet.*
Holz|ge|rech|tig|keit, die (früher): *Recht zur Nutzung des Holzes in einem bestimmten Waldgebiet.*
Holz|ge|rüst, das: *Gerüst aus Holz.*
holz|ge|schnitzt ⟨Adj.⟩: *aus Holz geschnitzt.*
Holz|ge|stell, das: *hölzernes Gestell, Holzbock (1).*
holz|ge|tä|felt ⟨Adj.⟩: *mit Holztäfelung versehen.*
Holz|ge|wächs, das (Bot.): *ausdauernde Pflanze, deren Stamm u. Äste verholzen (z. B. Baum, Strauch).*
Holz|ha|cker, der: **1.** (bayr., österr. veraltend) *Holzfäller.* **2.** (Fußballjargon) *harter, unfairer Spieler.*
Holz|ha|cke|rin, die: w. Form zu ↑ Holzhacker.
holz|hal|tig ⟨Adj.⟩: *(von Papier) Holzschliff enthaltend.*
Holz|ham|mer, der: *hölzerner Hammer mit zylindrischem Kopf:* * eins mit dem H. abgekriegt

haben (salopp abwertend; *beschränkt, nicht recht bei Verstand sein*).
Holz|ham|mer|me|tho|de, die: *sehr grobe, plumpe Methode.*
Holz|han|del, der ⟨o. Pl.⟩: *Handel mit Holz.*
Holz|hau|er, der (österr. veraltet, sonst landsch.): *Holzfäller.*
Holz|hau|e|rin, die: w. Form zu ↑ Holzhauer.
Holz|hau|fen, der: *zu einem Haufen aufgeschüttetes zerkleinertes Holz.*
Holz|haus, das: *[ganz] aus Holz gebautes Haus.*
Holz|hüt|te, die: *[ganz] aus Holz gebaute Hütte.*
hol|zig ⟨Adj.⟩: *(in Bezug auf Pflanzen[teile], Früchte o. Ä.) mit festen, verholzten Fasern durchsetzt:* -er Spargel; Ü Wieder bekommt Felicitas' Stimme den märkisch -en Beiklang, bei ihren Worten ... die ihr eigentümliche Unerbittlichkeit gibt (Jirgl, Stille 11).
Holz|in|dus|t|rie, die: *Zweig der Industrie, in dem Holz be- od. verarbeitet wird.*
Holz|kas|ten, der: *Kasten aus Holz.*
Holz|kir|che, die: vgl. Holzhaus.
Holz|kis|te, die: *Kiste aus Holz.*
Holz|kitt, der: *zum Ausfüllen von Ritzen im Holz verwendeter Kitt.*
Holz|klas|se, die: **1.** (früher) *billigste (3. bzw. 4.) Klasse in der Eisenbahn mit ungepolsterten Holzbänken;* Ü immer mehr Manager fliegen in der H. **2.** (Fachspr.) *Güteklasse für Holz.*
Holz|klotz, der: *Klotz (1) aus Holz.*
Holz|koh|le, die: *schwarze, poröse, sehr leichte Kohle, die bei der Verkohlung von Holz (z. B. im Meiler) gewonnen u. als Brennstoff, Zeichenkohle u. a. verwendet wird.*
Holz|koh|len|grill, der: *mit Holzkohle betriebener Grill.*
Holz|kon|s|t|ruk|ti|on, die: *Konstruktion aus Holz.*
Holz|kopf, der: **1.** *aus Holz gedrechselter oder geschnitzter Kopf:* eine Puppe mit einem H. **2.** (salopp abwertend) *langsam, schwer begreifender Mensch.*
Holz|kreuz, das: *Kreuz aus Holz.*
Holz|leim, der: *stärkehaltiger Klebstoff für Holz.*
Holz|leis|te, die: *Leiste aus Holz.*
Holz|löf|fel, der: *Löffel aus Holz.*
Holz|ma|se|rung, die: *Maserung im Holz.*
Holz|maß, das: *Maßeinheit, Raummaß für Holz.*
Holz|mehl, das: *(durch Holzschädlinge hervorgerufener od. beim Sägen entstandener) pulverfeiner Abfall von Holz; Sägemehl.*
Holz|na|gel, der: *hölzerner Nagel, Holzstift.*
Holz|pan|ti|ne, die (landsch.): *Pantine.*
Holz|pan|tof|fel, der: *Pantine.*
Holz|pel|let, das ⟨meist Pl.⟩: *Pellet aus Holz.*
Holz|per|le, die: *Perle aus Holz.*
Holz|pflock, der: *Pflock aus Holz.*
Holz|plas|tik, die: **a)** *Schnitzwerk, geschnitzte Figur aus Holz;* **b)** ⟨o. Pl.⟩ *Holzschnitzkunst.*
Holz|plat|te, die: *Platte (1) aus Holz.*
Holz|platz, der: *Platz zum Lagern, Stapeln von Holz.*
♦ **Holz|plüt|zer|chen,** das; -s, - [2. Bestandteil Vkl. von ↑ Plutzer] (österr. mundartl.): *kleine hölzerne Flasche:* Er hielt mir ein H. an den Mund (Rosegger, Waldbauernbub 145).
Holz|prit|sche, die: *Pritsche (1) aus einem Holzgestell.*
Holz|pup|pe, die: *Spielzeugpuppe aus Holz.*
Holz|rah|men, der: *[Bilder]rahmen aus Holz.*
Holz|rei|fen, der: *Reifen aus Holz.*
Holz|rie|se, die (südd., österr.): *Holzrutsche.*
Holz|rost, der: ¹*Rost an Brettern.*
Holz|rut|sche, die: *Rutsche zum Herablassen von geschlagenem Holz, Baumstämmen im Gebirge.*
Holz|san|da|le, die: *Sandale mit einer Holzsohle.*
Holz|schäd|ling, der: *in Holz eindringender pflanzlicher od. tierischer Schädling.*

Holz|scheit, das: *gespaltenes Stück [Brenn]holz.*
Holz|schi: ↑ Holzski.
Holz|schlag, der: **1.** ⟨o. Pl.⟩ *das Schlagen von Holz.* **2.** *zum Abholzen bestimmtes Waldstück.*
Holz|schliff, der (Fachspr.): *durch Abschleifen von Holz an rotierenden Schleifsteinen unter Zusatz von Wasser gewonnene Masse, die ein wichtiger Grundstoff in der Papierindustrie ist.*
holz|schliff|frei ⟨Adj.⟩ (Fachspr.): *holzfrei.*
Holz|schnei|de|kunst, die ⟨o. Pl.⟩: *Kunst des Holzschnitts.*
Holz|schnei|der, der: *Künstler, der Holzschnitte herstellt.*
Holz|schnei|de|rin, die: w. Form zu ↑ Holzschneider.
Holz|schnitt, der: **1.** ⟨o. Pl.⟩ *grafische Technik, bei der die Darstellung [mit Feder od. Stift vorgezeichnet u.] mit scharfem Messer aus einer später als Druckstock dienenden Holzplatte herausgeschnitten wird.* **2.** *in der Technik des Holzschnitts (1) hergestelltes Blatt.*
holz|schnitt|ar|tig ⟨Adj.⟩: *(von einer Darstellung, Ausführung o. Ä.) grob, ohne Feinheiten:* ein h. gezeichneter Charakter.
Holz|schnit|zer, der: *Künstler, der Gegenstände u. Figuren aus Holz schnitzt.*
Holz|schnit|ze|rei, die: **1.** ⟨o. Pl.⟩ *das Schnitzen, Technik des Schnitzens in Holz.* **2.** *in Holz geschnitzte Figur od. Verzierung.*
Holz|schnit|ze|rin, die: w. Form zu ↑ Holzschnitzer.
Holz|schopf, der (schweiz.): *Holzschuppen.*
Holz|schrau|be, die: *spitze Schraube mit scharfkantigem Gewinde, die sich in Holz festdrehen lässt.*
Holz|schuh, der ⟨meist Pl.⟩: **a)** *ganz aus Holz hergestellter Schuh;* **b)** *Schuh mit dicker Holzsohle.*
Holz|schup|pen, der: **a)** *aus Holz errichteter Schuppen;* **b)** *Schuppen zum Aufbewahren von Brennholz.*
Holz|schutz, der: **a)** ⟨o. Pl.⟩ *Gesamtheit der Maßnahmen zur Sicherung des Holzes gegen Schädlinge, Witterungseinflüsse, Feuer u. Wasser;* **b)** kurz für ↑ Holzschutzmittel.
Holz|schutz|mit|tel, das: *Mittel zur Konservierung von Holz gegen Schädlinge, Witterungseinflüsse, Feuchtigkeit usw.*
Holz|ski, Holzschi, der: *Ski aus Holz od. mehrfach verleimten Holzschichten.*
Holz|skulp|tur, die: *Skulptur aus Holz.*
Holz|soh|le, die: *Schuhsohle aus Holz.*
Holz|span, der: **a)** *kleines, dünnes Holzstäbchen;* **b)** ⟨meist Pl.⟩ *beim Hobeln von Holz entstehender Span.*
Holz|spiel|zeug, das: *Kinderspielzeug aus Holz.*
Holz|split|ter, der: *Splitter aus Holz.*
Holz|stab, der: *Stab aus Holz.*
Holz|stan|ge, die: *Stange aus Holz.*
Holz|stich, der: **1.** ⟨o. Pl.⟩ *Technik des Holzschnitts mit einem Stichel (auf besonders hartem, quer zur Faser geschnittenem Holz).* **2.** *in der Technik des Holzstichs (1) hergestellter Abzug.*
Holz|stiel, der: *Stiel aus Holz.*
Holz|stift, der: *Holznagel.*
Holz|stoß, der: *[für ein Feuer] aufgeschichtetes Holz.*
Holz|stück, das: *Stück Holz.*
Holz|stuhl, der: *Stuhl aus Holz.*
Holz|tä|fe|lung, die: *Täfelung (2) aus Holz.*
Holz|ta|pe|te, die: *aus dünnem Furnier bestehende Tapete.*
Holz|teer, der: *ölige Substanz, die bei der Verkohlung von Holz (z. B. im Meiler) gewonnen wird und u. a. als Holzschutz- u. Imprägniermittel Verwendung findet.*
Holz|tisch, der: *Tisch aus Holz.*
Holz|trep|pe, die: *Treppe aus Holz.*
Holz|trog, der: *Trog aus Holz.*

Holztür – homogenisieren

Holz|tür, die: *Tür aus Holz.*

Hol|zung, die; -, -en (veraltend): **1.** *das Holzen* (1). **2.** *Baumbestand, Gehölz:* ◆ *...alle liegenden Gründe, die zum Schlosse gehörten, Felder und Wiesen, Triften, -en* (Immermann, Münchhausen 88).

Holz|ver|ar|bei|tend, holz|ver|ar|bei|tend ⟨Adj.⟩: *mit der Verarbeitung von Holz befasst.*

Holz|ver|ar|bei|tung, die: *Verarbeitung von Holz.*

Holz|ver|ede|lung, Holz|ver|ed|lung, Holz|ver|gü|tung, die ⟨o. Pl.⟩ (Fachspr.): *(in der Holz verarbeitenden Industrie) Gesamtheit der Maßnahmen, die den Gebrauchswert u. die Haltbarkeit von Holz erhöhen.*

holz|ver|klei|det ⟨Adj.⟩: *mit einer Holzverkleidung versehen.*

Holz|ver|klei|dung, die: *Verkleidung aus Holz.*

Holz|ver|scha|lung, die: *Verschalung aus Holz.*

Holz|ver|schlag, der: vgl. Holzschuppen (a, b).

Holz|weg, der [mhd. holzwec = (Wald)weg, auf dem Holz abgefahren wird]: in der Wendung **auf dem H. sein/sich auf dem H. befinden** (*mit einer Vorstellung, Meinung o. Ä. von etw. sehr irren*; ein Holzweg endet vielfach im Wald, er ist keine Landstraße, die zu einem bestimmten Ziel führt).

Holz|wirt|schaft, die: *Wirtschaftszweig, der Forstwirtschaft u. Holzverarbeitung umfasst.*

Holz|wol|le, die: *Gesamtheit schmaler, gekräuselter Holzspäne, die als Verpackungsmaterial, Füllung von Polstern u. a. verwendet werden:* Mittwochs versammelten sich immer alle im Arbeitsamt. Vater kam auch hin; er hatte es satt, andauernd H. in tote Tiere zu tun und dafür bloß einsfünfundachtzig zu kriegen (Schnurre, Bart 33).

◆ **Holz|wro|ge,** die; -, -n [2. Bestandteil zu: wrogen, niederd. Form von ↑ rügen] (landsch.): *Anzeige wegen Holzdiebstahls:* Ohne der verflixten -n könnte man es vielleicht wohl zu einem hübschen Alter bringen (Raabe, Alte Nester 25).

Holz|wurm, der: **1.** (volkstüml.) *(im Holz bes. von Balkenwerk, Möbeln u. Ä. lebende) Larve verschiedener Käferarten, die Gänge ins Holz frisst u. an der Oberfläche des Holzes kleine Löcher hervorbringt, aus denen Holzmehl herausrinnt.* **2.** (ugs. scherzh.) *Tischler, Zimmermann.*

Holz|zaun, der: *Zaun aus Holz.*

Holz|zün|der, der (Fachspr.): *Streichholz.*

hom-, Hom-: ↑ homo-, Homo-.

Ho|ma|tro|pin, das; -s [zu griech. homós (homo-, Homo-) u. ↑ Atropin] (Med.): *dem Atropin chemisch sehr ähnliche, jedoch wenig giftige Substanz, deren Salze in der Augenheilkunde zur kurzfristigen Pupillenerweiterung verwendet werden.*

Hom|burg, der; -s, -s [nach dem vom späteren brit. König Eduard VII. bei einem Besuch in Bad Homburg getragenen Hut]: *bei offiziellen Gelegenheiten getragener, eleganter steifer Herrenhut aus Filz mit hohem Kopf u. leicht aufwärtsgerunderter Krempe.*

Home|ban|king, Home-Ban|king [ˈhoʊmbæŋkɪŋ], das; -[s] [engl. home banking, aus: home = Heim u. ↑ Banking]: *Abwicklung von Bankgeschäften über das Internet von zu Hause aus.*

¹Home|base [ˈhoʊmbeɪs], das; -, -s [engl. home base]: **1.** (Baseball) *Mal zwischen den beiden Schlägerboxen.* **2.** (Jargon) **a)** *Heimat, heimatlicher Ausgangspunkt* (a); **b)** *Ausgangspunkt* (b), *Ausgangsbasis.*

²Home|base, das; -, -s (Baseball): ¹*Homebase* (1).

Home|com|pu|ter, Home-Com|pu|ter [ˈhoʊm...], der; -s, - [engl. home computer, aus: home = Heim u. ↑ Computer]: *PC.*

Home|land [ˈhoʊmlænd], das; -[s], -s ⟨meist Pl.⟩ [engl. homeland]: *(im Rahmen der in der Republik Südafrika 1948 bis 1993 angewandten Doktrin der Apartheid) bestimmten Teilen der schwarzen Bevölkerung zugewiesenes Siedlungsgebiet.*

Home|lear|ning, Home-Lear|ning [ˈhoʊmləːnɪŋ], das; -[s] [aus engl. home = Heim u. learning = das Lernen]: **a)** *[durch Lernsoftware, Internet o. Ä. unterstütztes] Lernen von zu Hause aus;* **b)** *Homeschooling.*

Home|of|fice, Home-Of|fice [ˈhoʊmˌɒfɪs], das; -, -s [...ˌɒfɪsɪz] [aus engl. home = Heim u. ↑ ¹Office]: *[mit moderner Kommunikationstechnik ausgestattetes] Büro im eigenen Wohnhaus.*

Home|page, Home-Page [ˈhoʊmpeɪdʒ], die; -, -s [...dʒɪs] [engl. home page, aus: home = Heim u. page = Seite] (EDV): **a)** *über das Internet als grafische Darstellung abrufbare Datei, die als Ausgangspunkt zu den angebotenen Informationen einer Person, Firma od. Institution dient; Leitseite, Startseite:* eine H. einrichten; **b)** *Gesamtheit der Dateien einer Person, Firma od. Institution, die von der Homepage* (a) *erreichbar sind.*

ho|me|risch ⟨Adj.⟩: *typisch für den Dichter Homer, in seinen Werken [häufig] anzutreffen:* * **-es Gelächter** (↑ Gelächter 1).

Home|rule, Home-Rule [ˈhoʊmruːl], die; - [engl. home rule = Selbstregierung]: *politisches Schlagwort für das von der irischen Nationalpartei angestrebte (1922 außer in Ulster verwirklichte) Ziel, die Selbstständigkeit Irlands auf parlamentarischem Wege zu erreichen.*

Home|run, Home-Run [ˈhoʊmrʌn], der; -[s], -s [engl. home run, eigtl. = Heim-, Mallauf] (Baseball): *Treffer, der es dem Schläger ermöglicht, nach Berühren des ersten, zweiten u. dritten Base das Schlagmal wieder zu erreichen:* einen H. erzielen.

Home|schoo|ling, Home-Schoo|ling [...skuːlɪŋ], das; -[s] [engl. homeschooling, aus: home = Heim u. schooling = Schulbildung]: *Hausunterricht.*

Home|shop|ping, Home-Shop|ping [...ʃɒpɪŋ], das; -s [engl. home shopping, aus: home = Heim u. ↑ Shopping]: *das Einkaufen per Bestellung von zu Hause aus bes. über das Internet.*

Home|sto|ry, Home-Sto|ry [ˈhoʊm...], die; -, -s [aus engl. home = Heim u. story = ↑ Story]: *mit Fotos versehener Bericht in einer Zeitschrift o. Ä. über eine [prominente] Person in ihrem häuslichen, privaten Bereich.*

Home|trai|ner, Home-Trai|ner [ˈhoʊm...], der; -s, - [aus engl. home = Heim u. ↑ Trainer]: *Übungsgerät (z. B. stationäres Fahrrad, Rudergerät) für den Hausgebrauch zum Konditions- u. Ausgleichssport od. zu heilgymnastischen Zwecken; Heimtrainer* (1).

Home|wear [ˈhoʊmweːɐ̯], die; - [aus engl. home = Heim u. wear = Kleidung]: *bequeme Kleidung, die man [nur] zu Hause trägt.*

Ho|mi|lie, die; -, -n [kirchenlat. homilia = Predigt, eigtl. = Rede unter Volk < griech. homilía = Unterricht]: *Predigt in der Form der Auslegung eines Bibeltextes, die eine praktische Anwendung auf das Leben des Christen enthält [u. deren integrierender Bestandteil die Verkündigung ist].*

Ho|mi|nes: Pl. von ↑ ¹Homo.

Ho|mi|nid, der; -en, -en, (häufiger:) **Ho|mi|ni|de,** der; -n, -n [zu lat. homo, ↑ ¹Homo u. griech. -eidés = -gestaltig] (Biol.): *Vertreter einer Familie von Lebewesen, die dem heutigen Menschen u. seinen Vorläufern sowie den Menschenaffen besteht.*

Ho|mi|ni|din, die; -, -nen: w. Form zu ↑ Hominide.

Ho|mi|ni|sa|ti|on, die; - [zu lat. homo (Gen.:) hominis) = Mensch] (Biol.): *körperlich-geistiger Entwicklungsgang vom äffischen Vorfahren bis zum heutigen Menschen; Menschwerdung* (1).

Hom|mage [ɔˈmaːʒ, auch, bes. österr.: ...ʃ], die; -, -n [...ʒn] [frz. hommage, zu: homme < lat. homo, ↑ ¹Homo] (bildungsspr.): *Veranstaltung, Werk, Darbietung als Huldigung für einen Menschen, bes. einen Künstler:* eine H. auf Nobelpreisträger Günter Grass.

Homme de Lett|res [ɔmdəˈlɛtr(ə)], der; - - -, -s - - [ɔmdəˈlɛtr(ə)] [frz., zu: lettres (Pl.) = Literatur < lat. lit(t)erae, Pl. von: lit(t)era = Buchstabe] (bildungsspr.): *Literat.*

ho|mo ⟨indekl. Adj.⟩ (Jargon): *Kurzf. von* ↑ homosexuell (1): er ist h.

¹Ho|mo, der; -, ...mines [...mineːs] [lat. homo = Mann, Mensch] (Anthropol.): *Vertreter einer Gattung der Hominiden mit den Arten Homo habilis, Homo erectus u. Homo sapiens.*

²Ho|mo [auch: ˈhɔː...], der; -s, -s (ugs., meist abwertend): *Homosexueller.*

ho|mo-, Ho|mo-, (vor Vokalen auch:) **hom-, Hom-** [griech. homós]: Best. in Zus. mit der Bed. *gleich, gleichartig, entsprechend* (z. B. homogen, Homoerotik, Homonym).

ho|mö-, Ho|mö-: ↑ homöo-, Homöo-.

Ho|mo-Ehe, Ho|mo|ehe, die [zusgez. aus: Homosexuellenehe] (ugs.): *gesetzlich anerkannte Lebensgemeinschaft zweier gleichgeschlechtlicher Partner od. Partnerinnen.*

Ho|mo erec|tus, der; - [aus ↑ ¹Homo u. lat. erectus = aufgerichtet, eigtl. aufgerichteter Mensch] (Anthropol.): *Vertreter einer ausgestorbenen Art der Gattung Homo, der als Merkmal einen aufrechten Gang aufweist.*

Ho|mo|ero|tik, die; - [zu griech. homós (homo-, Homo-) u. ↑ Erotik] (bildungsspr.): *erotische [u. sexuelle] Beziehungen zwischen gleichgeschlechtlichen Partnern.*

ho|mo|ero|tisch ⟨Adj.⟩ (bildungsspr.): *ein erotisches Empfinden für das eigene Geschlecht habend.*

Ho|mo Fa|ber, der; - - [aus ↑ ¹Homo u. lat. faber = Verfertiger, Handwerker, Künstler] (bildungsspr.): *(als Typus gesehener) Mensch mit seiner Fähigkeit, für sich Werkzeuge u. technische Hilfsmittel zur Beherrschung u. Kultivierung der Natur herzustellen.*

ho|mo|fon, homophon ⟨Adj.⟩ [griech. homóphōnos = gleichklingend, übereinstimmend]: **1.** (Musik) *in der Kompositionsart der Homofonie durchgeführt, wobei die Melodiestimme durch Akkorde gestützt wird u. die Stimmen weitgehend im gleichen Rhythmus verlaufen.* **2.** (Sprachwiss.) *(von Wörtern od. Wortsilben) gleichlautend.*

Ho|mo|fon, Homophon, das; -s, -e (Sprachwiss.): *Wort, das mit einem anderen gleich lautet, aber verschieden geschrieben wird* (z. B. Lehre – Leere; vgl. Homonym).

Ho|mo|fo|nie, Homophonie, die; - [griech. homophōnía = Gleichklang] (Musik): *Satztechnik, bei der die Melodiestimme hervortritt u. alle anderen Stimmen begleitend zurücktreten.*

ho|mo|gen ⟨Adj.⟩ [griech. homogenḗs = von gleichem Geschlecht, zu: homós (↑ homo-, Homo-) u. -genes = Geschlecht] (bildungsspr.): *gleichmäßig aufgebaut; einheitlich, aus Gleichartigem zusammengesetzt:* eine -e Gruppe, Schicht.

ho|mo|ge|ni|sie|ren ⟨sw. V.; hat⟩: **1.** (Fachspr.) *sich nicht mischende Flüssigkeiten (z. B. Fett u. Wasser) durch Zerkleinerung der Bestandteile mischen.* **2.** (Metallbearb.) *Metall glühen, um ein gleichmäßiges Gefüge zu erhalten.* **3.** (bildungsspr.) *homogen machen.*

Homogenisierung – Honiglecken

Ho|mo|ge|ni|sie|rung, die; -, -en: *das Homogenisieren, das Homogenisiertwerden.*

Ho|mo|ge|ni|tät, die; - (bildungsspr.): *das Homogensein:* die H. einer Gruppe.

Ho|mo|graf, Homograph, das; -s, -e [zu griech. homós (↑homo-, Homo-) u. ↑-graf] (Sprachwiss.): *Wort, das sich in der Aussprache von einem anderen, gleich geschriebenen unterscheidet* (z. B. Tenor = Haltung neben Tenor = hohe Männerstimme).

Ho|mo ha|bi|lis, der; - - [aus ↑Homo u. lat. habilis = geschickt, eigtl. geschickter Mensch] (Anthropol.): *Vertreter einer ausgestorbenen Art der Gattung Homo, der als Vorläufer des heutigen Menschen gilt.*

ho|mo ho|mi|ni lu|pus [lat. = der Mensch (ist) dem Menschen ein Wolf; Grundprämisse der Staatstheorie des engl. Philosophen Th. Hobbes (1588 bis 1679) im »Leviathan«]: *der Mensch ist der gefährlichste Feind des Menschen.*

ho|mo|log ⟨Adj.⟩ [griech. homólogos = übereinstimmend, eigtl. = gleich, Gleiches redend, zu: homologeīn = übereinstimmend reden, zu: homós (↑homo-, Homo-) u. légein, ↑Logos]: **1.** (Biol.) *stammesgeschichtlich übereinstimmend, von entwicklungsgeschichtlich gleicher Herkunft:* bei den Blütenpflanzen sind Laubblatt und Blütenblatt h. **2.** (bes. Math.) *gleichliegend, entsprechend:* -e Stücke *(einander entsprechende Punkte, Seiten od. Winkel in kongruenten od. ähnlichen geometrischen Figuren).* **3.** (Chemie) *gesetzmäßig aufeinanderfolgend:* eine -e Reihe *(Gruppe chemisch nahe verwandter Verbindungen).*

Ho|mo|lo|gie, die; -, -n [griech. homología = Übereinstimmung]: **1.** *das Homologsein.* **2.** (Philos.) *Übereinstimmung des Handelns mit der Vernunft u. damit mit der Natur (in der stoischen Lehre).*

ho|mo|lo|gie|ren ⟨sw. V.; hat⟩ (Sport, Technik): *bestimmten Regeln, Bestimmungen entsprechend anerkennen; den geltenden Regeln, Bestimmungen gemäß abnehmen, freigeben.*

ho|mo|lo|gi|sie|ren ⟨sw. V.; hat⟩: **1.** (Biol.) *feststellen, ob zwei Organe entwicklungsgeschichtlich übereinstimmen, sich entsprechen.* **2.** (seltener) *homologieren.*

Ho|mo lu|dens, der; - - [aus ↑Homo u. lat. ludens = spielend] (bildungsspr.): *(als Typus gesehener) spielender u. dadurch schöpferischer Mensch.*

ho|mo|nym ⟨Adj.⟩ [lat. homonymus < griech. homónymos = gleichnamig, zu: homós (homo-, Homo-) u. ónoma (ónyma) = Name] (Sprachwiss.): *gleichlautend, in der Lautung übereinstimmend, den gleichen Wortkörper habend (aber in der Bedeutung verschieden):* »kosten« im Sinne von »schmecken« und »kosten« im Sinne von »wert sein« sind h.

Ho|mo|nym, das; -s, -e (Sprachwiss.): *Wort, das mit einem andern gleich lautet, den gleichen Wortkörper hat (aber in der Bedeutung [u. Herkunft] verschieden ist).*

ho|mōo-, Homōo-, (vor Vokalen auch:) homō-, Homō- [latinisiert aus griech. homoīos = gleich(artig), ähnlich, zu: homós, ↑homo-, Homo-]: Best. in Zus. mit der Bed. *ähnlich, gleichartig* (z. B. homöopathisch, Homöonym).

Ho|mo oe|co|no|mi|cus [- øko...], der; - - [aus ↑Homo u. lat. oeconomicus, ↑ökonomisch] (bildungsspr.): *(als Typus gesehener) ausschließlich von Erwägungen der wirtschaftlichen Zweckmäßigkeit geleiteter Mensch.*

ho|mōo|morph ⟨Adj.⟩ [griech. homoiómorphos, zu: morphḗ = Gestalt, Form] (Chemie, Math.): *gleichgestaltig, von gleicher Form u. Struktur:* -e Organe; diese Kristalle sind h.

Ho|mōo|path, der; -en, -en: *die Homöopathie anwendender Arzt.*

Ho|mōo|pa|thie, die; - [zu griech. homoiopathḗs = in ähnlichem Zustand, ähnlich empfindend, zu: páthos, ↑Pathos]: *Heilverfahren, bei dem die Kranken mit solchen Mitteln in hoher Verdünnung behandelt werden, die in größerer Menge bei Gesunden ähnliche Krankheitserscheinungen hervorrufen.*

Ho|mōo|pa|thin, die; -, -nen: w. Form zu ↑Homöopath.

ho|mōo|pa|thisch ⟨Adj.⟩: *die Homöopathie betreffend, anwendend; der Homöopathie entsprechend:* -e Mittel, ein -er Arzt; ein Medikament in -en *(sehr geringen)* Dosen einnehmen; Ü *(bildungsspr.):* der Anteil der kulturell interessierten Gäste ist h.

ho|mōo|po|lar ⟨Adj.⟩ [↑polar] (Physik): *gleichartig elektrisch geladen:* -e Bindung *(Zusammenhalt von Atomen in Molekülen, der nicht auf der Anziehung entgegengesetzter Ladung beruht).*

Ho|mōo|sta|se, die; -, -n [zu griech. stásis = das Stehen, Stillstand] (Med.): *Gleichgewicht der physiologischen Körperfunktionen; Stabilität des Verhältnisses von Blutdruck, Körpertemperatur, pH-Wert des Blutes u. a.*

ho|mōo|sta|tisch ⟨Adj.⟩ (Med.): *die Homöostase betreffend, dazu gehörend.*

ho|mōo|therm ⟨Adj.⟩ [zu griech. thermós = warm] (Zool.): *warmblütig; bei Schwanken der Umwelttemperatur gleichbleibend warm:* Vögel, Säugetiere sind h.

ho|mo|phil ⟨Adj.⟩ [zu griech. homós (homo-, Homo-) u. philein = lieben] (bildungsspr.): *eine Liebesbeziehung, erotische Kontakte zwischen gleichgeschlechtlichen Partnern ausdrückend, aufweisend.*

Ho|mo|phi|lie, die; - [zu griech. philía = Liebe, Zuneigung] (bildungsspr.): *Liebesbeziehung, erotische Kontakte zwischen gleichgeschlechtlichen Partnern.*

ho|mo|phob ⟨Adj.⟩ [zu griech. phobeīn = fürchten] (bildungsspr.): *eine starke [krankhafte] Abneigung gegen Homosexualität habend, zeigend.*

Ho|mo|pho|bie, die; -, -n (bildungsspr.): *homophobes Wesen, Verhalten.*

ho|mo|phon usw.: ↑homofon usw.

Homo sa|pi|ens, der; - - [aus ↑Homo u. lat. sapiens = vernunftbegabt, eigtl. der vernunftbegabte Mensch] (Anthropol.): *Vertreter der Gattung* ¹Homo (a); ¹Mensch (a).

Ho|mo|se|xu|a|li|tät, die; -: *sich auf das eigene Geschlecht richtendes sexuelles Empfinden u. Verhalten:* eine echte, latente H.; die H. des Mannes, der Frau.

ho|mo|se|xu|ell [auch: 'ho:...] ⟨Adj.⟩: **1.** *in seinem sexuellen Empfinden u. Verhalten zum eigenen Geschlecht hinneigend od. von einem solchen Empfinden u. Verhalten zeugend:* -e Männer, Frauen, Beziehungen; er, sie ist h. [veranlagt]. **2.** *für Homosexuelle u. deren Interessen bestimmt:* -e Eheschließungen; -e Literatur.

Ho|mo|se|xu|el|le, die/eine Homosexuelle; der/einer Homosexuellen, die Homosexuellen/zwei Homosexuelle: *homosexuell veranlagte weibliche Person; Lesbierin* (2).

Ho|mo|se|xu|el|ler, der/eines Homosexuelle/ein Homosexueller; des/eines Homosexuellen, die Homosexuellen/zwei Homosexuelle: *homosexuell veranlagte männliche od. weibliche Person:* sich als Homosexueller outen.

ho|mo|zen|t|risch ⟨Adj.⟩ (Math.): *(von Strahlenbündeln) von einem Punkt ausgehend od. in einem Punkt zusammenlaufend.*

ho|mo|zy|got ⟨Adj.⟩ [zu ↑Zygote] (Biol.): *mit glei-*

chen mütterlichen u. väterlichen Erbanlagen versehen, reinerbig.

Ho|mun|ku|lus, der; -, -se u. ...li [lat. homunculus = Menschlein, Vkl. von: homo, ↑¹Homo]: *(nach alchemistischer Vorstellung) künstlich erzeugter Mensch.*

Hon|du|ra|ner, der; -s, -: Ew. zu ↑Honduras.

Hon|du|ra|ne|rin, die; -, -nen: w. Form zu ↑Honduraner.

hon|du|ra|nisch ⟨Adj.⟩: *Honduras, die Honduraner betreffend.*

Hon|du|ras; Honduras': *Staat in Mittelamerika.*

ho|nen ⟨sw. V.; hat⟩ [engl. to hone, zu: hone = Schleif-, Wetzstein] (Fachspr.): *(Metallflächen) mithilfe entsprechender Werkzeuge bzw. Maschinen fein bearbeiten u. glätten, um eine hohe Maßgenauigkeit bei Bohrungen zu erzielen.*

ho|nett ⟨Adj.⟩ [frz. honnête < afrz. honeste < lat. honestus] (veraltend): *auf eine eher biedere Art rechtschaffen, ehrenhaft u. anständig u. so jmdm. wohlgefällige Achtung abnötigend:* ein -er Kollege.

Ho|ney ['hʌni], der; -[s], -s [engl. honey, eigtl. = Honig] (Kosew.): *Schätzchen, Liebling, Süße[r].*

Ho|ney|moon ['hʌnimu:n], der; -s, -s [engl. honeymoon, eigtl. = Honigmond] (scherzh.): *Flitterwochen.*

Hong|kong: *Hafenstadt an der südchinesischen Küste (frühere britische Kronkolonie).*

¹Hong|kon|ger, der; -s, -: Ew.

²Hong|kon|ger ⟨indekl. Adj.⟩: *der H. Flughafen.*

Hong|kon|ge|rin, die; -, -nen: w. Form zu ↑¹Hongkonger.

ho|ni (auch: honni, honny) **soit qui mal y pense** [ɔniˈsoakimali'pãːs; frz. = verachtet sei, wer Arges dabei denkt; Wahlspruch des Hosenbandordens, des höchsten britischen Ordens, der seine Stiftung durch Eduard III. angeblich einem galanten Zwischenfall verdankt, bei dem der König das einer Gräfin entfallene Strumpfband aufhob]: *nur ein Mensch, der etw. Übles denkt, wird hierbei etwas Anstößiges finden.*

Ho|nig, der; -s, -e [mhd. honec, ahd. hona(n)g, eigtl. = der Goldfarbene]: *als Nahrungs- u. Heilmittel verwendete dickflüssige bis feste, hellgelbe bis grünschwarze, sehr süße Masse, die von Bienen aus Blüten- u. anderen süßen Pflanzensäften gewonnen, verarbeitet u. in Waben gespeichert wird:* flüssiger, fester H.; H. schleudern *(den Honig aus den Waben schleudern);* die Bienen sammeln H.; heiße Milch mit H. trinken; Ü Ein protestantisches Kaiserreich zur Preisgabe seiner Friedensbedingungen und Eroberungen zu bringen, das durfte dem Papste Honig H. aufs Brot bedeuten (A. Zweig, Grischa 290); * **türkischer H.** *(Süßigkeit aus Honig, Zucker, Gelatine, Eischnee, Mandeln u. Nüssen);* **jmdm. H. um den Mund/ums Maul/un den Bart schmieren** (ugs.; *jmdm. schmeicheln, um ihn günstig für sich zu stimmen*).

Ho|nig|bie|ne, die: *Biene, die Honig liefert.*

Ho|nig|brot, das: *mit Honig bestrichene Scheibe Brot.*

ho|nig|far|ben ⟨Adj.⟩: *[bräunlich] gelb wie Honig:* -er Wein.

ho|nig|gelb ⟨Adj.⟩: *[bräunlich] gelb wie Honig.*

Ho|nig|ku|chen, der: *unter Verwendung von Honig u. Gewürzen gebackener, an der Oberfläche braun glänzender Kuchen.*

Ho|nig|ku|chen|pferd, das: *in der Wendung* **lachen/grinsen/strahlen wie ein H.** (ugs. scherzh.; *sich sehr freuen u. über das ganze Gesicht lachen;* nach der glänzenden Oberfläche eines in Pferdeform gebackenen Honigkuchens).

ho|nig|le|cken, das: *in der Wendung* **kein H. sein**

(ugs.; [auch] Unannehmlichkeiten, Mühen mit sich bringen).

Ho|nig|me|lo|ne, die: *kleinere gelbe Melone mit süß schmeckendem Fruchtfleisch.*

Ho|nig|mond, der [LÜ von frz. lune de miel, seinerseits LÜ von engl. honeymoon; ↑ Mond (3)] (scherzh.): *Flitterwochen.*

Ho|nig|schle|cken, das: vgl. Honiglecken.

Ho|nig|schleu|der, die: *Zentrifuge zum Herausschleudern des Honigs aus den Waben.*

Ho|nig|seim, der (veraltet): *ungeläuterter Honig, wie er aus den Waben abfließt:* seine Worte, Reden waren süß wie H. (geh.): *klangen sehr schmeichlerisch, angenehm).*

ho|nig|süß ⟨Adj.⟩: *sehr, überaus süß; zuckersüß:* -e Weintrauben; Ü h. (iron.: *übertrieben, auf eine falsche Art freundlich*) lächeln.

Ho|nig|tau, der; -[e]s, (Sorten:) -e: *durchscheinender, klebrig-süßer Saft auf Pflanzen.*

Ho|nig|wa|be, die: *mit Honig gefüllte Bienenwabe.*

Ho|nig|wein, der: *Met.*

Hon|neur [(h)ɔˈnøːɐ̯], der; -s, -s [frz. honneur = Ehre < lat. honor]: **1.** ⟨meist Pl.⟩ **a)** (veraltet) *Ehrenbezeigung, Ehre:* jmdm. H. erweisen; **b) * die -s machen** (bildungsspr. veraltend; *bei einem Empfang o. Ä. die Gäste, einen Gast begrüßen u. vorstellen*). **2.** ⟨meist Pl.⟩ (Kartenspiele) *höchste Karten bei Whist u. Bridge.* **3.** ⟨Pl.⟩ (Kegeln) *das Umwerfen der mittleren Kegelreihe.*

Ho|no|lu|lu: Hauptstadt von Hawaii.

Ho|no|rar, das; -s, -e [lat. honorarium = Ehrensold]: **1.** *Bezahlung, die Angehörige der freien Berufe (z. B. Ärzte, Rechtsanwälte, Schriftsteller) für einzelne Leistungen erhalten:* ein bestimmtes H. vereinbaren; gegen H. arbeiten. **2.** *Vergütung, die jmd. für eine Tätigkeit, die er nebenberuflich (z. B. aufgrund eines Werkvertrags) od. als freier Mitarbeiter ausübt, erhält.*

Ho|no|rar|for|de|rung, die: *aus einzelnen freiberuflichen Leistungen od. Leistungen als Honorarkraft resultierender finanzieller Anspruch.*

ho|no|rar|frei ⟨Adj.⟩: vgl. gebührenfrei.

Ho|no|rar|kon|sul, der: *jmd., der das Konsulamt ehrenamtlich ausübt.*

Ho|no|rar|kon|su|lin, die: w. Form zu ↑ Honorarkonsul.

Ho|no|rar|kraft, die: *jmd., der eine Tätigkeit nebenberuflich od. als freier Mitarbeiter ausübt u. dafür ein Honorar (2) erhält.*

Ho|no|rar|pro|fes|sor, der: *nebenamtlicher Hochschulprofessor, der sich vor der Berufung bereits in seinem eigentlichen Beruf profiliert hat u. dessen Lehrtätigkeit mit einem Honorar (2) vergütet wird* (Amtsbez.; Abk.: Hon.-Prof.)

Ho|no|rar|pro|fes|so|rin, die: w. Form zu ↑ Honorarprofessor.

Ho|no|ra|ti|or, der; ...oren, ...oren ⟨meist Pl.⟩ [zu lat. honoratior, Komp. von: honoratus = geehrt]: *(bes. in kleineren Orten) aufgrund seines sozialen Status besonderes Ansehen genießender Bürger [der unentgeltlich in gemeinnützigen Organisationen tätig ist].*

Ho|no|ra|ti|o|ren|par|tei, die: *(im 19. Jh. in Deutschland) politische Partei, deren Mitglieder od. maßgebliche Führungsgruppen vorwiegend dem Besitz- bzw. Bildungsbürgertum entstammten.*

Ho|no|ra|ti|o|rin, die; -, -nen: w. Form zu ↑ Honoratior.

ho|no|rie|ren ⟨sw. V.; hat⟩ [frz. honorer < lat. honorare = ehren, belohnen, zu: honor, ↑ Honneur]: **1. a)** *ein Honorar o. Ä. für eine Leistung zahlen:* eine Arbeitsleistung [mit einem angemessenen Lohn] h.; sich etw. h. lassen; **b)** *jmdn. für eine Leistung ein Honorar o. Ä. zahlen:*

jmdn. für seine Dienste h. **2. a)** *anerkennen, würdigen, belohnen, durch Gegenleistungen abgelten:* eine [künstlerische] Leistung mit einer Auszeichnung h.; Offenheit wird nicht honoriert; **b)** *jmdm. Anerkennung zollen:* die Zuschauer honorierten den Turniergewinner. **3.** (Bankw.) *(einen Wechsel) annehmen, bezahlen.*

Ho|no|rie|rung, die; -, -en: *das Honorieren; das Honoriertwerden.*

ho|no|rig ⟨Adj.⟩ [zu lat. honor = Ehre] (geh.): **1.** *ehrenhaft u. durch sein Wesen vertrauenswürdig, Respekt verdienend; von einer solchen Art zeugend:* ein -er Mann, Herr. **2.** *freigebig, großzügig od. von Freigebigkeit, Großzügigkeit zeugend:* eine -e Stiftung.

ho|no|ris cau|sa [lat., zu: honor (Gen.: honoris) = Ehre u. causa (Ablativ von: causa = Grund, Ursache) = halber]: *ehrenhalber* (Abk.: h. c.): der Doktortitel wurde ihm h. c. verliehen; ⟨meist nachgestellt in Verbindung mit akademischen Titeln:⟩ Doktor h. c.

◆ **Höns|ning,** der; -[s], -e [schwed. hönsning = Umtrunk, den ein Seemann auf seiner ersten Reise für seine Kameraden gibt, bes. wenn er zum ersten Mal den Äquator überquert < hönsa = die Äquatortaufe erhalten < dän. hønse, älter: hænse < mniederd. hensen = für die Aufnahme in einen Verein bezahlen < mhd. hansen, ↑ hänseln]: *Fest nach der glücklichen Rückkehr eines Handelsschiffs:* Die Besatzung des Ostindienfahrers... landete in einem Böten ... und schickte sich an, ihren H. zu halten (E. T. A. Hoffmann, Bergwerke 3).

¹**Hon|ved** [ˈhɔnvɛd], **Hon|véd** [ung.: ˈhoː...], der; -s, -s [ung. honvéd = Vaterlandsverteidiger]:
a) *ungarischer Freiwilliger der ²Honved* (a);
b) *Soldat der ²Honved* (b).

²**Hon|ved, Hon|véd,** der; -[s], -s: **a)** *ungarisches Freiwilligenheer (gegen Österreich 1848–67);* **b)** *ungarische Landwehr (1867–1918);* **c)** *ungarische Armee (1919–45).*

Hook [hʊk], der; -s, -s [engl. hook, eigtl. = Haken] (Golf): *Schlag, bei dem der Ball in einer der Schlaghand entgegengesetzten Kurve fliegt:* einen H. schlagen, haben.

hooked [hʊkd] ⟨Adj.⟩ [engl. hooked, eigtl. = festgehakt, 2. Part. von: to hook = festhaken] (Jargon): *von einer harten Droge abhängig.*

Hool [huːl], der; -s, -s [engl.] (Jargon): *kurz für* ↑ Hooligan.

Hoo|li|gan [ˈhuːlign̩], der; -s, -s [engl. hooligan = Rowdy; viell. nach einer gleichnamigen irischen Familie, deren Mitglieder notorische Raufbolde gewesen sein sollen]: *meist im Gruppenverband auftretender Jugendlicher, dessen Verhalten von Randale u. gewalttätigen Übergriffen bei öffentlichen Veranstaltungen (z. B. Fußballspielen) gekennzeichnet ist:* -s demolierten mehrere Autos.

Hoo|li|ga|nis|mus, der; - [engl. hooliganism]: *Rowdytum.*

Hoo|te|nan|ny [ˈhuːtənæni], die; -, -s, auch: der od. das; -[s], -s [engl. hootenanny, H. u.]: *[improvisiertes] gemeinsames Volksliedersingen.*

¹**Hop,** der; -s, -s [engl. hop] (Leichtathletik): *erster Sprung beim Dreisprung.*

²**Hop,** das; -[s], -s [engl.-amerik. hop, eigtl. = Hopfen] (Jargon): *Dosis Morphium od. Heroin.*

hop|fen ⟨sw. V.; hat⟩ (Fachspr.): *(Bier) mit Hopfen versetzen:* stark gehopftes Bier.

Hop|fen, der; -s, - [mhd. hopfe, ahd. hopfo, H. u.]: *rankende Pflanze mit gebuchteten Blättern u. zapfenartigen Fruchtständen, deren Schuppen für die Bierherstellung verwendet werden:* H. anbauen, pflücken; * **bei/**(seltener:) **an jmdm. ist H. und Malz verloren** (ugs.; *bei jmdm. ist alle Mühe umsonst, jmd. ist nicht zu bessern;*

wenn ein Bier nicht vorschriftsmäßig gebraut ist, sind alle Zusätze von Hopfen u. Malz verloren).

Hop|fen|an|bau, der ⟨o. Pl.⟩: *Anbau von Hopfen.*

Hop|fen|dol|de, die: *mit drüsigen Schuppen besetzter Fruchtzapfen des Hopfens.*

Hop|fen|gar|ten, der: *feldartige Anlage, in der weibliche Pflanzen des Hopfens kultiviert werden.*

Hop|fen|kalt|scha|le, die (ugs. scherzh.): *Bier.*

Hop|fen|stan|ge, die: *Stange, an der Hopfen in die Höhe ranken kann:* Ü sie ist eine [richtige] H. (ugs.; *sehr groß u. dünn*).

Ho|pi, der; -[s], -[s]: *Angehöriger eines nordamerikanischen Indianerstammes.*

Ho|p|lit, der; -en, -en [lat. hoplites < griech. hoplítēs, eigtl. = Schildträger]: *schwer bewaffneter Fußsoldat im alten Griechenland.*

hopp ⟨Interj.⟩: *Ausruf als Aufforderung zu springen, rasch aufzustehen, schnell etw. zu tun:* los, h.!; h. [h.], ein Glas Bier!; ⟨auch als Adv.:⟩ bei ihr muss alles h. gehen (*sie macht alles zu schnell u. daher nicht sorgfältig*).

hop|peln ⟨sw. V.; ist⟩ [Iterativbildung zu landsch. hoppen = hüpfen]: *(bes. vom Hasen) sich in unregelmäßigen kleinen Sätzen springend fortbewegen:* der Hase hoppelt über das Feld.

Hop|pel|pop|pel, das; -s, - [zu ↑ hoppeln u. landsch. bobbeln = sprudeln, Bez. für etw. Vermischtes] (landsch.): **1.** *Bauernfrühstück.* **2.** *Getränk aus Rum, Eidotter u. Zucker mit heißem Tee.*

Hopp|hei [auch: ˈhɔpˈhaɪ̯], der, auch: das; -s (nordd. ugs.): **1.** *Angelegenheit voller Hast u. Aufregung:* das war ein H. heute Morgen. **2.** *lautes Fest.*

hopp|hopp ⟨Interj.⟩: *Ausruf zur Intensivierung von »hopp!«:* ⟨auch als Adv.:⟩ so h. (*ganz so schnell*) ging es dann doch nicht.

hopp|la ⟨Interj.⟩ [durch -a verstärkter Imperativ von ↑ hoppeln]: *Ausruf, mit dem man innehaltend auf etw. aufmerksam machen möchte:* h., da ist eine Stufe!; h., beinah wäre ich gefallen.

hopp|neh|men ⟨sw. V.; hat⟩ (salopp): **1.** *verhaften, festnehmen.* **2.** *ausbeuten.*

hops ⟨Interj.⟩ [eigtl. Imperativ von ↑ hopsen]: *Ausruf, mit dem man jmdn. zu springen auffordert:* ⟨auch als Adv.:⟩ die Brötchen waren h. (ugs.; *im Nu*) verkauft; * **h. sein** (salopp: **1.** *verloren gegangen sein.* **2.** *entzweigegangen sein.* **3.** *tot, um etw. umgekommen sein*).

Hops, der; -es, -e (ugs.): *kleiner, hopsender Sprung.*

hop|sa, hop|sal|la, hop|sa|sa ⟨Interj.⟩ [verstärkte Imperativform von ↑ hopsen] (Kinderspr.): *Ausruf, mit dem man jmdn. zu springen auffordert od. den man gebraucht, wenn man ein Kind mit einem Schwung hochnimmt.*

hop|sen ⟨sw. V.; ist⟩ [Iterativbildung zu hoppen, ↑ hoppeln] (ugs.): *kleine [unregelmäßige] Sprünge machen, hüpfen; sich hüpfend fortbewegen:* die Kinder hopsten vor Freude durch das Zimmer; Dann gab es bald eine von den Darbietungen, wie die Tanzmeister sie für solche Anlässe einstudieren, es hieß: »Historische Tänze« ..., und sie hopsten und sprangen (Gaiser, Schlußball 172); * **das ist gehopst wie gesprungen** (ugs.; ↑ hupfen).

Hop|ser, der; -s, -: **1. a)** (ugs.) *kleiner Sprung:* [vor Freude] einen H. machen; **b)** (Leichtathletik) *kleiner, flacher Sprung, bei dem das Schwungbein leicht angehoben wird u. das Sprungbein als Erstes auf dem Boden aufsetzt.* **2.** (ugs.) *schneller Tanz im Zweivierteltakt.*

Hop|sel|rei, die; -, -en (ugs.): *das Herumhopsen.*

hops|ge|hen ⟨unr. V.; ist⟩ (salopp): **1.** *bei etw. umkommen.* **2. a)** *verloren gehen;* **b)** *entzweigehen.* **3.** *auf frischer Tat ertappt u. rasch festgenommen werden.*

hops|neh|men ⟨st. V.; hat⟩ (salopp): *auf frischer Tat ertappen u. rasch festnehmen.*

Ho|ra, die; -, Horen ⟨meist Pl.⟩ [lat. hora = Zeit, Stunde < griech. hőra]: **a)** *Gebetsstunde, bes. eine achte der Zeiten des Stundengebets in der katholischen Kirche;* **b)** *kirchliches Gebet zu verschiedenen Tageszeiten.*

Hör|ap|pa|rat, der: *(mit einer Batterie betriebenes) elektroakustisches Hörgerät mit Mikrofon, Verstärker u. Hörer.*

Ho|ra|ri|um, das; -s, ...ien [spätlat. horarium = Uhr, zu lat. hora, ↑¹Hora]: *(bes. im Mittelalter) Gebetbuch für Laien.*

hör|bar ⟨Adj.⟩: *mit dem Gehör wahrzunehmen:* nicht mehr zu h.; Schritte wurden h.; In Mutter Gissons Stimme wurde wieder das Hintergründige und leise Hinterhältige h. *(spürbar, deutlich;* Broch, Versucher 42).

Hör|bar|keit, die; -: *das Hörbarsein.*

hör|be|hin|dert ⟨Adj.⟩: *an einer Schwäche des Hörvermögens leidend.*

Hör|be|reich, der: *Frequenzbereich der Schallwellen, die als akustische Empfindung wahrgenommen werden.*

Hör|bril|le, die: *Brille mit Hörgerät, das in einen od. beide Bügel eingebaut ist.*

Hör|buch, das: *Kassette (3), CD mit darauf gesprochenen Texten wie Romanen, Hörspielen, Sprachlehrgängen o. Ä.; Audiobook.*

hor|chen ⟨sw. V.; hat⟩ [mhd. hôrchen, spätahd. hôrechen, zu ↑hören]: **1. a)** *mit großer Aufmerksamkeit versuchen, etw. [heimlich] zu hören:* angespannt, an der Tür, nach draußen h.; er klopfte an, horchte [ob sich Schritte näherten]; horch, ein Geräusch!; Ü in sein Inneres h.; Ein guter Leser, imstande, hinter die Sätze zu h. ... (A. Zweig, Grischa 112); **b)** *eine [plötzliche] akustische Wahrnehmung aufmerksam verfolgen:* auf die Schläge der Turmuhr, auf jmds. Atemzüge, auf die Anweisungen aus dem Lautsprecher h. **2.** *mit Aufmerksamkeit hören; zuhören;* lauschen (b): ♦ Du siehst, ich horche deinen Worten (Goethe, Iphigenie V, 4). **3.** (landsch.) *hören* (3b): auf ihn musst du nicht h.

Hor|cher, der; -s, -: *jmd., der einen andern [in feindlicher Absicht] belauscht:* Spr der H. an der Wand hört seine eigne Schand! *(wer heimlich lauscht, muss oft mit anhören, was für eine schlechte Meinung andere von ihm haben).*

Hor|che|rin, die; -, -nen: w. Form zu ↑Horcher.

Horch|pos|ten, der: **1.** (Militär) *(bes. nachts od. bei schlechter Sicht eingesetzter) Posten, der auf verdächtige Geräusche des Gegners lauschen soll.* **2.** (scherzh.) *Platz, von dem aus man etw. belauscht.*

¹Hor|de, die; -, -n [mundartl. Nebenf. von ↑Hürde]: **a)** *mit anderen übereinanderzustellende, flache, unten offene Kiste aus Latten mit luftdurchlässigen Zwischenräumen, Lattenrost für die Lagerung von Obst u. Gemüse;* **b)** *höheres Lattengestell, Verschlag für die Lagerung von Kartoffeln.*

²Hor|de, die; -, -n [wohl über poln. horda, russ. orda < türk. ordu = Heer < tatar. urdu = Lager; urspr. = umherziehender Tatarenstamm]: **1.** (häufig abwertend) *[in bestimmter Absicht umherziehende] ungeordnete (wilde) Menge, Schar, deren man sich [in gewisser Weise] zu erwehren hat:* bewaffnete -n; eine H. von Jugendlichen; eine H. plündernder Landsknechte zog/plünderndende Landsknechte zogen durch das Land; Ü ... die Fliegen saßen so ganzen -n *(in großer Anzahl)* da auf den Tellern, den Rändern der Gläser (Böll, Adam 58). **2.** (Völkerkunde) *ohne feste soziale Ordnung lebende Gruppe verwandter Familien mit gemeinsamem Lagerplatz.*

Ho|re: ↑Hora.

¹Ho|ren ⟨Pl.⟩ [lat. Horae < griech. Hőrai, personifizierter Pl. von: hőra, ↑Hora] (griech. Mythol.): *Göttinnen der Jahreszeiten u. der sittlichen Ordnung.*

²Ho|ren: Pl. von ↑Hora.

hö|ren ⟨sw. V.; hat⟩ [mhd. hœren, ahd. hōran, urspr. = auf etw. achten, (be)merken]: **1. a)** *aufgrund der Beschaffenheit seines Gehörs in bestimmter Weise registrieren, akustisch wahrnehmen:* gut, schwer, nur auf einem Ohr h.; nicht h. können; * jmdm. vergeht Hören und Sehen/h. und sehen (ugs.; *jmd. erlebt etw. [Unangenehmes] so intensiv, dass er nicht mehr weiß, was mit ihm geschieht:* er raste während die Autobahn, dass uns Hören und Sehen verging); **b)** *mit dem Gehör registrieren, akustisch wahrnehmen:* einen Knall, Schritte h.; die Glocken läuten h.; jmdn. schon von Weitem h.; lass [mich] h. [was du erlebt hast]!; ich hörte, wie sie weinte; er hört sich gerne reden *(er redet viel, weil er glaubt, klangvoll u. gut zu reden);* ich habe ihn eben sprechen gehört; ich habe ihn kommen h./gehört; ich habe sagen h. *(zufällig gehört),* dass...; R man höre und staune *(was ich jetzt sage, ist kaum zu glauben);* * hör mal; hören Sie mal (ugs.: **1.** Formel, mit der man sich an jmdn. wendet, um ihn [energisch] um etw. zu bitten: hör mal, du musst etwas sorgfältiger mit dem Buch umgehen. **2.** Formel, mit der man seinen Protest ausdrückt: [na] hören Sie mal, wie können Sie so etwas behaupten!); **hört, hört!** (Zwischenruf in Versammlungen, mit dem jmd. [ironisch] darauf hinweist, dass das Geäußerte bemerkenswert ist, einen erstaunlichen Sachverhalt wiedergibt; *interessant!; soso!; seht mal an!)* **2. a)** *(eine Darbietung o. Ä.) durch das Gehör in sich aufnehmen u. geistig verarbeiten:* ein Konzert, einen Vortrag h.; bei jmdm. [Vorlesungen] h.; Musik, Platten h.; der Priester hört die Beichte *(nimmt sie ab);* wir haben den Solisten schon [in einem Konzert] gehört *(singen, spielen gehört);* er ließ sich vor einem größeren Publikum h. *(sang, spielte vor größerem Publikum),* Rundfunk, Radio h. *(eine Sendung im Rundfunk eingeschaltet haben u. verfolgen);* ⟨subst.:⟩ beim Hören der Musik tauchten alte Erinnerungen in ihm auf; * sich h. lassen *(als positiv, erfreulich empfunden werden:* der Vorschlag lässt sich h.); **b)** *jmdn. sich zu etw. äußern lassen, um sich ein Urteil zu bilden:* man muss [zu diesem Problem] beide Parteien h.; er wollte noch [vor der Abstimmung] gehört werden. **3. a)** *eine [plötzliche] akustische Wahrnehmung aufmerksam verfolgen:* die Glockenschläge h.; **b)** *sich nach jmds. Worten richten, sie befolgen:* auf jmds. Rat h.; er hatte sie gewarnt, aber sie hörten nicht auf ihn; der Hund hört auf den Namen *(heißt)* Bello; der Hund hört aufs Wort *(gehorcht auf der Stelle);* ♦ ⟨mit Dat.-Obj.:⟩ ... doch bin ich der Einzige, dem er (= der Pudel) hört *(gehorcht;* Lessing, Minna I, 8); **c)** (ugs.) *einer bestimmten Aufforderung von Erwachsenen als Kind nachkommen* (meist verneint): der Junge will absolut nicht h.; willst du nicht h.!; Spr wer nicht h. will, muss fühlen *(Ungehorsam od. das Nichtbefolgen eines Rats wird bestraft).* **4.** *im Gespräch mit anderen [zufällig, überraschend] eine neue Kenntnis erhalten:* etwas Neues h.; nur Gutes über jmdn. h.; von neuen Verhaftungen, lange nichts von jmdm. gehört haben; ich will nichts mehr davon h.; das habe ich von ihm gehört; wie ich höre, ist er verreist; nach allem, was ich [über ihn] gehört habe, soll er ein fähiger Kopf sein; (iron.:) was man von dem alles [für Sachen] hört!; er wollte nichts davon gehört haben *(gab vor, nichts davon zu wissen);*

* [etwas, nichts] von sich h. lassen *(jmdm. [keine] Nachricht, [k]ein Lebenszeichen von sich geben);* [noch] von jmdm. h. (**1.** *[noch] von jmdm. Nachricht erhalten.* **2.** *die Folgen seines Handelns noch von jmdm. zu spüren bekommen:* glauben Sie nicht, dass ich mir das gefallen lasse, Sie werden noch von mir h.!); **etwas von jmdm. zu h. bekommen/kriegen** (ugs.: *von jmdm. ausgescholten werden).* **5.** *mit dem Gehör an etw. feststellen, erkennen:* am Schritt hörte er, dass es sein Freund war; an ihrer Stimme konnte man h., dass sie etw. bedrückte.

Hö|ren|sa|gen, das; -s [mhd. hœrsagen]: *etw. von anderen Erzähltes als einzige Wissensquelle:* in der Verbindung **von H.** *(aus den Erzählungen anderer, nicht aus eigener Erfahrung:* etw. nur vom H. kennen, wissen).

hö|rens|wert ⟨Adj.⟩: *das Anhören lohnend:* eine -e Musik.

Hö|rer, der; -s, -: **1.** [mhd. hœrer, hœrære] **a)** *Zuhörer (z. B. bei einem Gespräch);* **b)** *Zuhörer bei Rundfunksendungen;* **c)** *jmd., der eine od. mehrere Vorlesungen besucht:* er ließ sich an der Universität als H. einschreiben. **2.** *Teil des Telefons, der die Hör- u. Sprechmuschel enthält:* den H. abnehmen, auflegen.

Hö|rer|brief, der: *Zuschrift eines Hörers an den Rundfunk.*

Hö|re|rin, die; -, -nen: w. Form zu ↑Hörer (1).

Hö|rer|kreis, der: *[fester] Kreis von Zuhörern [bei Rundfunksendungen].*

Hö|rer|schaft, die; -, -en ⟨Pl. selten⟩: *Gesamtheit der Hörer (1).*

Hö|rer|wunsch, der: *Programmwunsch eines Rundfunkhörers.*

Hör|fä|hig|keit, die: *Hörvermögen.*

Hör|feh|ler, der: **1.** *Fehler beim Hören, [aus dem ein Missverständnis entsteht]:* das war sicher ein H. **2.** (ugs. verhüll.) *Schwerhörigkeit:* einen H. haben *(schwerhörig sein).*

Hör|fol|ge, die: *Rundfunksendung in Fortsetzungen.*

Hör|funk, der: *Rundfunk (im Unterschied zum Fernsehen).*

Hör|funk|pro|gramm, das: *Rundfunkprogramm.*

Hör|ge|rät, das: *Hilfsgerät für hörgeschädigte Personen zur Verbesserung des Hörens.*

Hör|ge|rä|te|akus|ti|ker, der: *Techniker, der Hörgeräte anfertigt, wartet u. repariert* (Berufsbez.).

Hör|ge|rä|te|akus|ti|ke|rin, die: w. Form zu ↑Hörgeräteakustiker.

hör|ge|rich|tet ⟨Adj.⟩ (Fachspr.): *mit dem Einsatz von Hörgeräten u. Ä. bei hörgeschädigten Kindern schon im Säuglingsalter arbeitend:* -e Förderung.

hör|ge|schä|digt ⟨Adj.⟩: *einen Gehörschaden habend, in seinem Hörvermögen beeinträchtigt.*

Hör|gren|ze, die: *obere od. untere Grenze des Hörbereichs.*

Hör|hil|fe, die: *Hörgerät.*

hö|rig ⟨Adj.⟩ [mhd. hœrec = hörend auf jmdn., folgsam; leibeigen]: **1.** *an jmdn. od. etw. [triebhaft, sexuell] stark gebunden, von ihm völlig, bis zur willenlosen Unterwerfung abhängig:* eine dem Mann -e Frau; er ist ihr [sexuell] h. **2.** (Geschichte) *an das von Grund- od. Gutsherren verliehene Land gebunden, zu bestimmten Diensten u. Abgaben verpflichtet:* -e Bauern.

-hö|rig: *drückt in Bildungen mit Substantiven aus, dass die beschriebene Person von jmdm., etw. völlig abhängig, jmdm., etw. bedingungslos ergeben ist:* macht-, moskau-, systemhörig.

Hö|ri|ge, die/eine Hörige; der/einer Hörigen, die Hörigen/zwei Hörige (Geschichte): *weibliche*

Person, die einem Grund- od. Gutsherrn hörig (2) ist.

Hö|ri|ger, der Hörige/ein Höriger; des/eines Hörigen, die Hörigen/zwei Hörige (Geschichte): *jmd., der einem Grund- od. Gutsherrn hörig (2) ist.*

Hö|rig|keit, die; -, -en ⟨Pl. selten⟩: *das Hörigsein* (1, 2).

Ho|ri|zont, der; -[e]s, -e [lat. horizon (Gen.: horizontis) < griech. horízōn (kýklos) = begrenzend(er Kreis, Gesichtskreis), zu: horízein = begrenzen, zu: hóros = Grenze, Grenzstein, Ziel]: **1.** *[sichtbare] Linie in der Ferne, an der sich Himmel u. Erde bzw. Meer scheinbar berühren:* die Sonne verschwindet am H., hinter dem H.; natürlicher H. (1. *sichtbare Grenzlinie zwischen Himmel u. Erde.* 2. *von Himmel u. Meer gebildete Linie des Horizonts*); H. neue -e (Bereiche) taten sich vor ihr auf; Wolken am politischen H. (*eine Verschlechterung der politischen Lage*). **2.** *geistiger Bereich, den jmd. überblickt u. in dem er ein Urteilsvermögen besitzt:* einen engen H. haben; das geht über seinen H. (*übersteigt seine intellektuelle Kraft, sein Verständnis*). **3.** (Geol.) *kleinste Einheit innerhalb einer Formation* (4).

ho|ri|zon|tal ⟨Adj.⟩: *waagerecht:* eine -e Lage; Ü -er Zusammenschluss von Betrieben (*Zusammenschluss von gleichartigen Betrieben der gleichen Produktionsstufe*); -es Gewerbe (salopp; *Prostitution*).

¹Ho|ri|zon|ta|le, die/eine Horizontale; der/einer Horizontalen od. Horizontale, die Horizontalen/zwei Horizontale od. Horizontalen: *waagerechte Gerade, Ebene; waagerechte Lage:* sich in die H. begeben (scherzh.; *sich niederlegen, sich schlafen legen*).

²Ho|ri|zon|ta|le, die/eine Horizontale; der/einer Horizontalen od. Horizontale/zwei Horizontale (salopp scherzh.): *Prostituierte.*

Ho|ri|zon|tal|fre|quenz, die (bes. EDV): *Anzahl der in einer Sekunde übertragenen Zeilen.*

Ho|ri|zon|tal|ver|schie|bung, die (Geol.): *(gegenüber der ursprünglichen Gesteinslagerung) waagerecht verlaufende Verwerfung.*

ho|ri|zon|tie|ren ⟨sw. V.; hat⟩: **1.** (Geol.) **a)** *(die Höhe eines Horizonts 3) auf ein einheitliches Maß bringen, ausrichten;* **b)** *einen Horizont* (3) *mittels Leitfossilien u. a. zeitlich einstufen.* **2.** (Geodäsie) *(die Achsen von geodätischen Messinstrumenten) in waagerechte u. senkrechte Lage bringen.* **3.** (Militär) **a)** *(ein Geschütz bzw. Mess- od. Zielgerät) in die Waagerechte ausrichten;* **b)** *(ein Geschütz od. Zielgerät) auf einem bewegten Waffenträger andauernd waagerecht halten.*

Hör|mess|ge|rät, das: *spezielles Gerät zur Prüfung des Gehörs; Audiometer.*

Hor|mon, das; -s, -e [zu griech. hormān = in Bewegung setzen, antreiben]: *körpereigener, von den Drüsen mit innerer Sekretion gebildeter u. ins Blut abgegebener Wirkstoff, der biochemisch-physiologische Abläufe steuert u. koordiniert.*

hor|mo|nal ⟨Adj.⟩: *die Hormone betreffend, auf ihnen beruhend:* das -e Gleichgewicht; h. gesteuerte Vorgänge.

Hor|mon|be|hand|lung, die: *Behandlung mit Hormonpräparaten.*

Hor|mon|drü|se, die: *Drüse mit innerer Sekretion, die ein bestimmtes Hormon bildet.*

hor|mo|nell ⟨Adj.⟩: *hormonal.*

Hor|mon|haus|halt, der: *das Zusammenwirken der gesamten Hormone im Körper.*

Hor|mon|pflas|ter, das: *mit Hormonen imprägniertes Pflaster, das z. B. bei fehlender od. unzureichender Produktion von Hormonen eingesetzt wird.*

Hor|mon|prä|pa|rat, das: *aus Drüsen od. Drüsenextrakten o. Ä. gewonnenes Arzneimittel, das z. B. bei fehlender od. unzureichender Produktion von Hormonen als Ersatz verwendet wird.*

Hor|mon|spie|gel, der: *Gehalt des Blutes an Hormonen.*

Hor|mon|spi|ra|le, die (ugs.): *mit Hormonen imprägnierte Spirale* (2 b), *die als Verhütungsmittel eingesetzt wird.*

Hor|mon|the|ra|pie, die: *Hormonbehandlung.*

Hör|mu|schel, die: *oberer Teil des Telefonhörers, den man ans Ohr hält.*

Horn, das; -[e]s, Hörner u. -e [mhd., ahd. horn, eigtl. = Spitze, Oberstes, verw. mit ↑Hirn]: **1.** ⟨Pl. Hörner⟩ *[gebogener] spitzer, harter Auswuchs am Kopf bestimmter Tiere:* gebogene Hörner; der Stier nahm den Torero auf die Hörner; Ü das H. (ugs.; *die geschwollene Stelle, die Beule*) an der Stirn; * **jmdm. Hörner aufsetzen** (ugs.; *den Ehemann betrügen*); dem verschnittenen Hahn setzte man zur Kennzeichnung die abgeschnittenen Sporen in den Kamm, wo sie fortwuchsen u. eine Art von Hörnern bildeten; **sich** ⟨Dativ⟩ **die Hörner ablaufen/abstoßen** (ugs.; *durch Erfahrungen besonnener werden, bes. sein Ungestüm in der Liebe ablegen;* nach einer alten studentischen Aufnahmefeier, bei der der als Boxe verkleidete Neuling sich die Hörner an einer Tür od. Säule abstoßen musste, um dadurch symbolisch seine tierische Vorstufe hinter sich zu lassen). **2.** ⟨Pl. -e⟩ *von Tieren bes. an den Hörnern u. Hufen gebildete harte Substanz:* Knöpfe aus H. **3.** ⟨Pl. Hörner⟩ **a)** *gewundenes Blechblasinstrument mit engem Schallrohr, weitem Schallbecher, trichterförmigem Mundstück u. Ventilen:* H. blasen; * **ins gleiche H. stoßen/tuten/blasen** (ugs.; *jmdn. in seiner Meinung unterstützen*); **b)** *Waldhorn;* **c)** *akustisches Signalgerät [an Kraftfahrzeugen]:* das H. ertönen lassen.

horn|ar|tig ⟨Adj.⟩: *wie Horn* (2) *aussehend.*

Horn|back [ˈhɔːnbɛk], das od. der; -s, -s [engl. horn back, aus: horn = Horn u. back = Rücken]: *besonderer Rücken einer Krokodilhaut, der durch Abschleifen eine besonders ausgeprägte Maserung zutage treten lässt u. hauptsächlich für Luxusartikel der Lederwarenindustrie verwendet wird.*

Horn|ber|ger: in der Wendung **ausgehen wie das H. Schießen** (*ergebnislos enden;* nach der Sage, dass die Bürger von Hornberg zur Begrüßung eines Fürsten so oft Salutschüsse übten, dass bei seiner Ankunft keine Munition mehr vorhanden war).

Horn|bril|le, die: *Brille mit einem Gestell aus Horn* (2).

Hörn|chen, das; -s, -: **1.** Vkl. zu ↑Horn. **2.** *(wie ein Horn) gebogenes Gebäckstück aus Blätter- od. Hefeteig.* **3.** *(in vielen Arten vorkommendes) pflanzenfressendes Nagetier unterschiedlicher Größe.*

Hörndl|bau|er, der; -n (selten: -s), -n [Hörndl: mundartl. Vkl. von ↑Horn] (bayr., österr.): *Bauer, der vorwiegend die Zucht von Hornvieh betreibt.*

horn|dumm ⟨Adj.⟩ [eigtl. = dumm wie Hornvieh] (salopp): *äußerst dumm.*

hör|nen ⟨sw. V.; hat⟩ (ugs. scherzh.): *(den Ehemann) betrügen.*

hör|nern ⟨Adj.⟩ [mhd. hurnīn, hornen, ahd. hurnīn]: *aus Horn bestehend:* -e Knöpfe; die Sage vom -en (*mit einer hornartigen Schicht aus erkaltetem Drachenblut überzogenen u. daher unverletzlichen*) Siegfried.

Hör|ner|schall, der: *Schall von Hörnern* (3 a, b).

Hör|ner|schlit|ten, der: *Schlitten mit vorn hochgezogenen, wie Hörner geformten Kufen.*

Hör|nerv, der: *Gehörnerv.*

horn|för|mig ⟨Adj.⟩: *die Form eines Hornes habend.*

Horn|haut, die: **1.** ⟨o. Pl.⟩ *durch Druck od. Reibung verhärtete äußerste Schicht der Haut, die aus abgestorbenen Zellen besteht:* H. an den Füßen. **2.** [wohl deshalb, weil die Hornhaut kurz nach dem Tode einem dünnen, hornartigen Plättchen gleicht] *uhrglasartig gewölbte, durchsichtige Vorderfläche des Augapfels.*

Horn|haut|ent|zün|dung, die: *Entzündung der Hornhaut* (2); *Keratitis.*

Horn|haut|ver|let|zung, die: *Verletzung der Hornhaut* (2).

hor|nig ⟨Adj.⟩: *mit einer Hornhaut überzogen, eine Hornhaut aufweisend:* ein -er Huf.

Hor|nis|se [auch: ˈhɔr...], die; -, -n [mhd. horniʒ, ahd. hornaʒ, eigtl. = gehörntes Tier, zu dem gebogenen Fühler]: *(großes, zu den Wespen gehörendes) Insekt mit schwarzem Vorderkörper u. gelb geringeltem Hinterleib.*

Hor|nis|sen|nest, das: *Nest der Hornissen.*

Hor|nist, der; -en, -en: *jmd., der [berufsmäßig] Horn* (3 a, b) *spielt.*

Hor|nis|tin, die; -, -nen: w. Form zu ↑Hornist.

Horn|kamm, der: *Kamm aus Horn* (2).

Horn|klee, der [nach den hornförmig gekrümmten Früchten (Hülsen)]: *Klee mit meist doldenförmigen Blütenständen u. gelben od. roten Blüten.*

Hörn|li, das; -[s], -[s] (bes. schweiz.): *kurzes, leicht gebogenes hörnerförmiges Gebäck.*

Horn|ochs, Horn|och|se, der (derb): *dummer, unverständiger Mensch (oft als Schimpfwort).*

Horn|pipe [ˈhɔːnpaɪp], die; -, -s [engl. hornpipe, eigtl. = Hornpfeife]: **1.** *bes. aus Wales bekanntes Blasinstrument, dessen beide Enden (Schallbecher u. Windbehälter) aus Horn* (2) *bestehen.* **2.** *alter englischer Tanz in der Kunstmusik übernommener) Tanz im $^3/_2$- od. $^4/_4$-Takt.*

Horn|schicht, die: *Hornhaut* (1).

Horn|si|gnal, das: *mit dem Horn* (3 a, c) *gegebenes Signal.*

Horn|tier, das: *Hörner tragendes Tier.*

Hor|nung, der; -s, -e [mhd., ahd. hornunc, zu einem germ. Wort mit der Bed. »Horn; Spitze; Ecke« (verw. mit ↑Horn) u. eigtl. = der im Winkel, in der Ecke, nicht im Ehebett Gezeugte (vgl. afries. horning = Bastard); wohl in Anspielung auf die verkürzte Anzahl von Tagen dieses Monats, dann zu verstehen im Sinne von »der (in der Anzahl der Tage) zu kurz Gekommene«] (veraltet): *Februar.*

Hor|nuß [...uːs], der; -es, -e[n] [gleichlautend mit dem schweiz. Wort für Hornisse, wegen des summenden Tones, den die Scheibe beim Flug erzeugt] (schweiz.): *einem Puck ähnliche Scheibe aus Hartgummi, die beim Hornußen verwendet wird:* * **H. [sicher] treffen** (*den Nagel auf den Kopf treffen*).

hor|nu|ßen ⟨sw. V.; hat⟩ (schweiz.): *mit dem Hornuß eine Art Schlagball spielen.*

Horn|vieh, das; -[e]s, Hornviecher: **1.** ⟨o. Pl.⟩ *Gesamtheit der Hörner tragenden Tiere.* **2.** (derb, oft als Schimpfwort) *Hornochs.*

Hör|or|gan, das: *Gehörorgan.*

Ho|ro|s|kop, das; -s, -e [spätlat. horoscopium = Instrument zur Ermittlung der Planetenkonstellation bei der Geburt eines Menschen < griech. hōroskopeīon, eigtl. = Stundenseher, zu: hōra = Stunde u. skopeīn = betrachten] (Astrol.): **a)** *schematische Darstellung der Planetenkonstellation zu den Tierkreiszeichen zu einem bestimmten Zeitpunkt, bes. bei der Geburt eines Menschen, als Grundlage zur Schicksalsdeutung:* jmdm. das H. stellen (*für eine Schicksalsdeutung erstellen*); **b)** *Voraussage über kommende Ereig-*

nisse aufgrund von Sternkonstellationen: hast du dein H. gelesen?

Hör|pro|be, die: Ausschnitt aus einem Tonmaterial, mit dem sich ein Interessent [als Kaufanreiz] einen Eindruck von der Tonaufnahme (z. B. Musik-CD, Lesung, Hörspiel) verschaffen kann.

hor|rend ⟨Adj.⟩ [lat. horrendus, zu: horrere = schaudern; sich entsetzen, eigtl. = erstarren, starr sein]: **1.** (emotional) jedes normale Maß überschreitend: -e Preise; zwanzig Euro? Das ist ja h.! **2.** (veraltet) durch seinen geistigen Gehalt entsetzenerregend: -e politische Ansichten.

hor|ri|bi|le dic|tu [lat.] (bildungsspr.): es ist furchtbar, dies sagen zu müssen (kommentierender Einschub des Sprechers).

hor|ri|do ⟨Interj.⟩ [nach dem anfeuernden Ruf des Rüdenführers: ho, Rüd, ho]: **a)** (Jägerspr.) von Jägern anstelle des Hochs gebrauchter Ausruf; **b)** (scherzh.) ermunternder Zuruf od. Ausruf triumphierender Freude.

Hor|ri|do, das; -[s], -s: Hochruf.

Hor|ri|rohr, das: **1.** schallleitendes Holzrohr bzw. Gummischlauch [mit Membran], mit dem der Arzt Körpergeräusche [in Herz u. Lunge] abhört. **2.** (früher) Hörgerät in der Art eines Schalltrichters.

Hor|ror, der; -s: **a)** [lat. horror] auf Erfahrung beruhender, unerschütterlicher Schauder, Abscheu, Widerwille [sich mit etw. zu befassen]: einen H. vor etw., vor bestimmten Leuten haben; **b)** [engl. horror < afrz. (h)orrour < lat. horror, zu: horrere, ↑ horrend] (ugs. emotional verstärkend) schreckerfüllter Zustand, in den jmd. durch etw. gerät: die Mückenplage war ein H.

Hor|ror- (ugs. emotional verstärkend): drückt in Bildungen mit Substantiven aus, dass etw. als schlimm, als beängstigend empfunden wird: Horrormeldung, -story, -vorstellung, -zahl.

Hor|ror|film, der: Film, der vom Thema u. von der Gestaltung her darauf abzielt, beim Zuschauer Grauen u. Entsetzen zu erregen.

Hor|ror|ge|schich|te, die: Geschichte (2), die darauf abzielt, Grauen u. Entsetzen zu erregen.

Hor|ror|li|te|ra|tur, die ⟨o. Pl.⟩: Literatur, in der Unheimliches, Gräueltaten u. Ä. dargestellt ist.

Hor|ror|sze|na|rio, Hor|ror|sze|na|ri|um, das: **1.** (ugs.) Vorstellung, die von der schlimmsten aller Möglichkeiten ausgeht: das H. der Steuererhöhung blieb aus. **2.** (ugs. emotional) schlimme Szenerie (2): das H. der vom Erdbeben zerstörten Stadt.

Hor|ror|trip, der: **1.** (Jargon) durch den Genuss von LSD, Heroin o. Ä. hervorgerufener Drogenrausch mit Angst- u. Panikgefühlen. **2.** (ugs.) **a)** Reise voller Schrecken; **b)** schlimmes, schreckensvolles Erlebnis.

Hor|ror Va|cui, der; - - [lat. = die Angst vor dem Leeren]: von der aristotelischen Physik ausgehende Annahme, die Natur sei überall um Auffüllung eines leeren Raumes bemüht.

Hor|ror|vi|deo, das ⟨↑ Video⟩: Videofilm, der vom Thema u. von der Gestaltung her darauf abzielt, beim Zuschauer Grauen u. Entsetzen zu erregen.

Hor|ror|vi|si|on, die (ugs. emotional verstärkend): Schreckensvision.

Hör|saal, der: **1.** größerer Raum [mit ansteigenden Sitzreihen] in einer Hochschule, in dem Vorlesungen gehalten werden. **2.** ⟨o. Pl.⟩ Zuhörerschaft in einem Hörsaal (1).

Hör|schwel|le, die (Physiol., Med.): bestimmter Schalldruck, der gerade noch vom menschlichen Gehörorgan wahrgenommen wird.

hors con|cours [ɔrkõˈkuːr; frz., aus: hors (↑ Horsd'œuvre) u. concours = Wettkampf,

Wettbewerb] (bildungsspr.): außer Wettbewerb: h. c. spielen.

◆ **hors de com|bat** [ɔrdəkõˈba; frz., zu: hors (↑ Horsd'œuvre) u. combat = Kampf, Gefecht, zu: combattre, ↑ Kombattant]: außer Gefecht: ... denn es gelang ihm, durch eine unbesiegliche Terz-Quart-Terz, mich ... h. de c. zu machen (Hauff, Jud Süß 385).

Hors|d'œu|v|re [ɔrˈdø:vrə, ɔrˈdœ:vr(ə)], das; -[s], -s [...vr(ə)] [frz. hors-d'œuvre, eigtl. = Beiwerk, zu: hors < afrz. (de)hors = außer(halb), nebenbei < spätlat. deforis = von außen u. œuvre, ↑ Œuvre]: appetitanregendes Vor- od. Beigericht.

Horse [hɔ:s], das; - [engl. horse, eigtl. = Pferd, Tabuwort] (Jargon): Heroin.

Horse|po|w|er [ˈhɔ:spavə], die; -, - [engl. horsepower, eigtl. = Pferdekraft] (früher): in Großbritannien u. den USA verwendete Einheit für Leistung; Pferdestärke (= etwa 745 Watt; Abk.: h. p., HP).

Hör|spiel, das: **a)** ⟨o. Pl.⟩ an die technischen Möglichkeiten des Rundfunks gebundene, auf das Akustische ausgerichtete dramatische Gattung; **b)** Spiel der Gattung Hörspiel (a).

Hör|spiel|ab|tei|lung, die: Rundfunkabteilung, in der Hörspiele produziert werden.

hors-sol [ˈɔrsɔl] ⟨Adv.⟩ [frz. hors-sol = außerhalb des Bodens, aus: hors (↑ Horsd'œuvre) u. sol < lat. solum = (Erd)boden] (schweiz.): (von Pflanzen) in Nährlösung gezogen: Gemüse h. anbauen.

Horst, der; -[e]s, -e [mhd., ahd. hurst = Gesträuch, Hecke, Dickicht, eigtl. = Flechtwerk, verw. mit ↑ Hürde]: **1.** meist auf Felsen, in schwer erreichbarer Höhe gebautes großes Nest großer Vögel (bes. Greif- u. Stelzvögel): der Adler fliegt auf seinen H. **2.** Fliegerhorst. **3.** (Forstwirtsch.) Strauch od. Gebüschgruppe [die sich durch Holzart, Alter u. Wuchs von ihrer Umgebung unterscheidet]. **4.** (Bot.) Büschel dicht nebeneinanderstehender, gleich stark u. unverzweigt von unten herauswachsender Triebe einer Pflanze (z. B. bei Gräsern, Narzissen). **5.** (Geol.) gehobener od. infolge Absinkens der Umgebung stehen gebliebener Teil der Erdkruste (z. B. der Harz).

hors|ten ⟨sw. V.; hat⟩: (bes. von Greif- u. Stelzvögeln) nisten.

Hör|stö|rung, die: Störung des Hörvermögens.

Hör|sturz, der ⟨Plural ...stürze⟩ (Med.): plötzlich auftretender [vorübergehender] Verlust des Gehörs.

Hort, der; -[e]s, -e: **1.** [mhd., ahd. hort, eigtl. = Bedecktes, Verborgenes] (dichter.) Goldschatz: der H. der Nibelungen. **2.** (geh.) **a)** Ort, Institution, Person, die einem Bedürftigen, Schwachen od. einem geistigen Gut o. Ä. einen besonderen Schutz gewährt: die Kirche sollte ein H. der Bedrängten und Verfolgten sein; **b)** Stätte, an der etw. in besonderem Maße praktiziert wird: ein H. des Lasters. **3.** Kinderhort.

Hor|ta|tiv [auch: 'hɔr...], der; -s, -e [spätlat. (modus) hortativus] (Sprachwiss.): Adhortativ.

hor|ten ⟨sw. V.; hat⟩ [zu ↑ Hort]: **a)** [wegen seiner Kostbarkeit, Knappheit] als Vorrat sammeln: Geld h.; in Notzeiten werden Lebensmittel gehortet; **b)** für einen bestimmten Zweck sammeln: einzelne Bestellungen für eine Sammelbestellung h.

Hor|ten|sie, die; -, -n [die Pflanze wurde von dem frz. Botaniker Ph. Commerson (1727-1773) nach der Astronomin Hortense Lepaute, der Frau seines Freundes, benannt]: (in Asien, Amerika u. Europa verbreitete) Pflanze mit kleinen weißen, grünlichen, roten od. blauen Blüten in Rispen od. kugeligen, doldenähnlicher Blütenständen.

Hör|test, der: Test der Hörschärfe.

Hort|kind, das: Kind, das in einem Kinderhort untergebracht ist.

Hort|ner, der; -s, -: Erzieher in einem Kinderhort (Berufsbez.).

Hort|ne|rin, die; -, -nen: w. Form zu ↑ Hortner.

Hort|platz, der: Platz (4) in einem Kinderhort.

Hör|ver|mö|gen, das ⟨o. Pl.⟩: Fähigkeit zu hören.

Hör|wei|te, die: Bereich, in dem jmd., etw. zu hören ist: außer H. sein; in H. bleiben.

Hör|zen|t|rum, das (Anat.): seitlich auf der oberen Schläfenlappen der Großhirnrinde liegender Bereich, der Hörempfindungen verarbeitet.

ho|san|na: ↑ hosianna.

Hös|chen, das; -s, -: **1.** Vkl. zu ↑ Hose (1): * heiße H. (ugs. scherzh.; Hotpants). **2.** Slip für Damen. **3.** (Zool.) (bei Bienen u. Hummeln) an den Hinterbeinen angesammeltes Pollenklümpchen.

Ho|se, die; -, -n [mhd. hose, ahd. hosa = Bekleidung der (Unter)schenkel samt den Füßen, in germ. Zeit wahrschl. Bez. für das um die Unterschenkel geschnürten Tuch- oder Lederlappen; eigentlich = Hülle, Bedeckendes]: **1. a)** Kleidungsstück, das den Körper von der Taille an abwärts u. jedes der Beine ganz od. teilweise bedeckt: eine enge H.; ein Paar neue -n; sie trägt -n; die H. (die Hosenbein) hochkrempeln; das Kind hat die, seine H. vollgemacht, hat in die H., -n gemacht; in die -n schlüpfen; R -n runter! (Skat; beim Null ouvert an den Spieler gerichtete Aufforderung, die Karten aufzudecken); * tote H. (bes. Jugendspr.; Ereignislosigkeit, Schwunglosigkeit: in unserem Dorf ist echt tote H.; nach der Halbzeit herrschte tote H.); jmdm. geht die H. mit Grundeis (↑ Arsch); jmds. -n sind voll (salopp; jmd. hat große Angst); [zu Hause, daheim] die -n anhaben (ugs.; [im Haus] bestimmend sein, Macht ausüben); die -n runterlassen (salopp; etw. bisher Verschwiegenes preisgeben, die Wahrheit bekennen); die H., -n [gestrichen] voll haben (salopp; große Angst haben); sich auf die -n setzen (fam.; ernsthaft anfangen zu lernen); [einen] auf dicke H. machen (salopp; großspurig sein, sich aufspielen); in die H./-n gehen (salopp; sich nicht realisieren lassen; misslingen); sich [vor Angst] in die H./-n machen (salopp; große Angst haben); mit jmdm. in die -n müssen (schweiz.; sich mit jmdm. im Kampf messen müssen); nach der besonderen Kleidung, die beim Schwingen üblich ist); jmdm. die -n stramm ziehen/strammziehen (fam.; jmdm. Schläge aufs Gesäß geben); **b)** Schlüpfer, Unterhose. **2.** ⟨Zool.⟩ in verschiedener Weise ausgebildete Muskelpartie am Schenkel der Hinterhand bes. beim Pferd: das Pferd hat gute -n. **3.** (Zool.) starke Befiederung der Beine bei verschiedenen Greifvögeln (z. B. Adlern, Falken).

Ho|sen|an|zug, der: aus langer Hose u. dazugehörendem Jackett bestehendes Kleidungsstück für Frauen.

Ho|sen|band, das ⟨Pl. ...bänder⟩: unterer Abschluss an den Beinen der Kniehose.

Ho|sen|band|or|den, der [vgl. honi soit qui mal y pense]: höchster britischer Orden (2).

Ho|sen|bein, das: das Bein bedeckender Teil der Hose (1 a).

Ho|sen|bo|den, der: Teil der Hose (1 a), der das Gesäß bedeckt: * den H. vollkriegen (fam.; [in Bezug auf ein Kind] Schläge aufs Gesäß bekommen); jmdm. den H. stramm ziehen/strammziehen (fam.; jmdm. Schläge aufs Gesäß geben); sich auf den H. setzen (fam.; ernsthaft anfangen zu lernen).

Ho|sen|bü|gel, der: Kleiderbügel zum Aufhängen von Hosen.

Ho|sen|bund, der: ¹Bund (2) als oberer Abschluss einer Hose (1 a).

Ho|sen|ka|cker, der; -s, - (derb): **1.** Feigling, ängstlicher Mensch. **2.** (Schimpfwort) älterer Mann.

Ho|sen|klam|mer, die: Klammer, mit der ein Radfahrer eines od. beide Hosenbeine so zusammenklammert, dass sie ihn beim Fahren nicht behindern.

Ho|sen|knopf, der: Knopf an einer Hose od. für eine Hose.

Ho|sen|la|den, der: **1.** ⟨Pl. ...läden, seltener: ...laden⟩ Geschäft, in dem Hosen (1 a) verkauft werden. **2.** ⟨Pl. ...laden⟩ (ugs.) Hosenschlitz.

Ho|sen|latz, der: **1.** Latz an einer [Kinder-, Trachten]hose. **2.** (landsch.) Hosenschlitz.

Ho|sen|lupf, der; -[e]s, -e (schweiz.): bestimmte Art des Ringkampfs.

Ho|sen|matz, der (fam. scherzh.): [mit einer Hose bekleidetes] kleines Kind.

Ho|sen|naht, die: am äußeren Hosenbein verlaufende Naht: die Hände an die H. legen (eine militärische Haltung annehmen, bei der die Hände an die Hosennaht geführt werden).

Ho|sen|rock, der: Kleidungsstück für Frauen, das ein Mittelding zwischen Hose u. Rock darstellt.

Ho|sen|rol|le, die (Theater): **a)** Männerrolle, die von einer Frau gespielt wird; **b)** weibliche Rolle in Männerkleidung.

Ho|sen|sack, der (österr., schweiz., sonst landsch.): Hosentasche.

Ho|sen|schei|ßer, der (derb): Feigling, ängstlicher Mensch.

Ho|sen|schlitz, der: vordere schlitzförmige Öffnung einer Hose (1 a).

Ho|sen|schnal|le, die: Schnalle zum Regulieren der Weite am Bund bes. von Männerhosen.

Ho|sen|span|ner, der: Bügel zum Spannen der Hosenbeine u. Aufhängen von Hosen.

Ho|sen|stall, der (ugs. scherzh.): Hosenschlitz.

Ho|sen|ta|sche, die: Tasche an, in einer Hose (1 a): die Hände in den -n haben, in die -n stecken; * etw. wie seine H. kennen (ugs.; ↑ Westentasche).

Ho|sen|trä|ger, der ⟨meist Pl.⟩: über beide Schultern geführter Träger aus Gummiband od. (bei Trachtenhosen) aus Leder zum Halten der Hose.

Ho|sen|um|schlag, der: Umschlag (3) am unteren Ende des Hosenbeins.

ho|si|an|na, hosanna ⟨Interj.⟩ [spätlat. hosanna < griech. hōsanná < hebr. hôšî'aḥnā = hilf doch!] (christl. Rel.): Ruf zum Lob, der Freude, des Jubels, Gebetsruf [als Teil der Liturgie]: h. singen.

Ho|si|an|na, das; -[s], -[s] (christl. Rel.): Ruf der Freude, des Jubels [als Teil der Liturgie]: ein H. rufen, singen.

Hos|pi|tal, das; -s, -e u. ...täler [mhd. hospitāl < spätlat. hospitale = Gastzimmer, zu lat. hospitalis = gastlich, gastfreundlich, zu: hospes (Gen.: hospitis) = Fremder, Gast]: **1.** [kleineres] Krankenhaus. **2.** (veraltet) Pflegeheim, Altenheim.

hos|pi|ta|li|sie|ren ⟨sw. V.; hat⟩: **1.** (schweiz.) [unter bestimmten Umständen zwangsweise] in ein Krankenhaus od. Pflegeheim einweisen. **2.** ⟨meist im 2. Part.⟩ (Med., Psychol., Päd.) an Hospitalismus (1) leiden.

Hos|pi|ta|li|sie|rung, die; -, -en: das Hospitalisieren, Hospitalisiertwerden.

Hos|pi|ta|lis|mus, der; -: **1.** (Med., Psychol., Päd.) das Auftreten von psychischen od. physischen Schädigungen bes. bei Kindern, die durch die Besonderheiten (z. B. mangelnde Zuwendung) eines längeren Heimaufenthalts o. Ä. bedingt sind. **2.** (Med.) Infektion von Krankenhauspatienten od. -personal durch in Krankenhäusern resistent gewordene Keime.

Hos|pi|ta|lit, der; -en, -en (veraltet): in ein Hospital Aufgenommener; ◆ ... ein alter Dorfpastor, der anfangs aussah wie ein H. (Fontane, Effi Briest 29).

Hos|pi|tant, der; -en, -en: jmd., der hospitiert.

Hos|pi|tan|tin, die; -, -nen: w. Form zu ↑ Hospitant.

Hos|pi|tanz, die; -, -en: **1.** ⟨o. Pl.⟩ das Hospitieren. **2.** Stelle als Hospitant[in].

Hos|pi|ta|ti|on, die; -: das Hospitieren.

hos|pi|tie|ren ⟨sw. V.; hat⟩ [lat. hospitari = zu Gast sein]: sich als Gast an einer wissenschaftlichen, pädagogischen, kulturellen, politischen o. ä. Einrichtung aufhalten, um die innere Struktur derselben, ihre Arbeitsabläufe u. fachlichen Probleme kennenzulernen u. berufspraktische Erfahrung zu gewinnen: in einer Unterrichtsstunde, beim Rundfunk h.

Hos|piz, das; -es, -e [eindeutschend für älteres Hospitium < lat. hospitium = Herberge]: **1.** bei einem Kloster befindliches Haus, in dem bes. Pilger übernachten können. **2.** Hotel od. Pension (2), die in christlichem Geist geführt wird. **3.** Einrichtung zur Pflege u. Betreuung Sterbender.

Hos|piz|ar|beit, die: helfende Tätigkeit, Arbeit, bei der schwerkranke, sterbende Menschen gepflegt u. betreut sowie deren Familienangehörige psychologisch unterstützt werden.

Hos|piz|be|we|gung, die: sich für die Begleitung schwerkranker, sterbender Menschen in vertrauter Umgebung u. die Unterstützung ihrer Angehörigen einsetzende Bewegung (3 b).

Hos|piz|hel|fer, der: in der Hospizarbeit engagierter Helfer.

Hos|piz|hel|fe|rin, die: w. Form zu Hospizhelfer.

Host [hoʊst], der; -[s], -s [engl. host (↑ Hostess)] (EDV): (in einem System von Computern od. Terminals) Zentralrechner mit permanenter Zugriffsmöglichkeit.

hos|ten [hoʊstn̩] ⟨sw. V.; hat⟩ [engl. to host, zu: host, ↑ Host] (EDV): Hosting betreiben: die Website der Firma wird im Ausland gehostet.

Hos|tess [auch: 'hɔs...], die; -, -en [engl. hostess, eigtl. = Gastgeberin < afrz. (h)ostesse, w. Form zu: (h)oste < lat. hospes (Gen.: hospitis), ↑ Hospital]: **1.** junge weibliche Person, die auf Messen, bei Reisebüros, in Hotels o. Ä. zur Betreuung, Begleitung od. Beratung der Gäste, Besucher, Reisegruppen o. Ä. angestellt ist. **2.** Angestellte einer Fluggesellschaft, die im Flugzeug od. auf dem Flughafen die Reisenden betreut. **3.** (verhüll.) Prostituierte (bes. in Anzeigen).

Hos|tie, die; -, -n [lat. hostia = Opfertier; Opfer, Sühneopfer, H. u.] (kath. Kirche): ¹Oblate (1); Abendmahlsbrot: Der Priester ergreift eine Kelch, von dem er ein weißes Käppchen aus Seide abhebt. Er dreht sich um und zeigt eine H. (Fussenegger, Zeit 65).

Hos|ti|en|be|häl|ter, der (kath. Kirche): Behälter, Gefäß zur Aufbewahrung der Hostie(n).

Hos|ti|en|schrein, der (kath. Kirche): Tabernakel (1).

Hos|ting ['hoʊstɪŋ], das; -s, -s [engl. hosting, zu: to host = Gastgeber sein zu: host (↑ Host)] (EDV): Dienstleistung, die darin besteht, dem Nutzer bestimmte das Internet betreffende Leistungen anzubieten.

Host|rech|ner ['hoʊst...], der (EDV): Host.

Hot, der; -s: Kurzf. von ↑ Hot Jazz.

Hot|dog, der od. das; -s, -s, **Hot Dog**, der od. das; - -s, - -s [engl.-amerik. hot dog, eigtl. = heißer Hund, H. u.]: in ein aufgeschnittenes Brötchen gelegtes heißes Würstchen mit Ketchup und Senf.

Ho|tel, das; -s, -s [frz. hôtel < afrz. ostel < spätlat. hospitale, ↑ Hospital]: **a)** (als Gewerbebetrieb geführtes) Haus mit bestimmtem Komfort, in dem Gäste übernachten bzw. für eine bestimmte Zeit [des Urlaubs] wohnen können u. verpflegt werden: ein erstklassiges, teures, billiges H.; H. Adler; ein H. mit fließendem warmem u. kaltem Wasser; in einem H. übernachten, absteigen; ein schwimmendes H. (Luxusschiff für größere Reisen auf Flüssen u. bes. auf See); eine Woche H. (ugs.; Hotelaufenthalt) kostet 800 Euro; ◆ **b)** in einer Stadt gelegene Residenz (1): Das aufgebrachte Volk hat sein (= des französischen Botschafters) H. gestürmt (Schiller, Maria Stuart IV, 2).

Ho|tel|an|ge|stell|te ⟨vgl. Angestellte⟩: Angestellte in einem Hotel.

Ho|tel|an|ge|stell|ter ⟨vgl. Angestellter⟩: Angestellter in einem Hotel.

Ho|tel|an|la|ge, die: aus einem od. mehreren Hotels [mit entsprechenden Nebengebäuden] u. einem größeren Gelände bestehende Anlage (3), die den besonderen Bedürfnissen von Urlaubern Rechnung trägt.

Ho|tel|bar, die: ¹Bar eines Hotels.

Ho|tel|be|trieb, der: **1.** Hotel: er steht einem großen H. vor. **2.** ⟨o. Pl.⟩ das In-Betrieb-Sein eines Hotels: der H. ruht hier im Winter.

Ho|tel|bett, das: **a)** Bett in einem Hotel; **b)** Übernachtungsmöglichkeit in einem Hotel: in diesem Ort gibt es wenig -en.

Ho|tel|burg, die: sehr großes [nicht ein Stadtod. Landschaftsbild passendes] Hotel bes. in einem Urlaubsort: ein kleines Fischerdorf ohne -en.

Ho|tel|di|rek|tor, der: Direktor, Leiter eines Hotels.

Ho|tel|di|rek|to|rin, die: w. Form zu ↑ Hoteldirektor.

ho|tel|ei|gen ⟨Adj.⟩: zu einem Hotel gehörend: ein -er Strand.

Ho|tel|fach, das ⟨o. Pl.⟩: Fachbereich des Hotelgewerbes.

Ho|tel|fach|frau, die: vgl. Hotelfachmann.

Ho|tel|fach|mann, der: jmd., der die Befähigung zur Führung eines Hotels erworben hat (Berufsbez.).

Ho|tel|fach|schu|le, die: Fachschule für das Hotelgewerbe.

Ho|tel|füh|rer, der: Hotelverzeichnis.

Ho|tel gar|ni, das; - -, - -s [ho'tɛl gar'ni:] [frz. hôtel garni, zu: garnir = ausgestattet, eigtl. = ausgestattet, adj. 2. Part. von: garnir, ↑ garnieren]: Hotel, in dem man nur Frühstück, aber keine warmen Mahlzeiten erhalten kann.

Ho|tel|gast, der: Gast in einem Hotel.

Ho|tel|ge|wer|be, das: Gesamtheit der Hotelbetriebe als Erwerbszweig.

Ho|tel|grup|pe, die: Gesamtheit rechtlich selbstständiger Hotels, die aber aufgrund bestimmter Gemeinsamkeiten zusammengehören.

Ho|tel|hal|le, die: Foyer eines Hotels.

Ho|te|li|er [hotə'li̯e:], der; -s, -s [frz. hôtelier]: Eigentümer od. Pächter eines Hotels.

Ho|te|li|e|rin, die; -, -nen: w. Form zu ↑ Hotelier.

Ho|tel|kauf|frau, die: Hotelfachfrau.

Ho|tel|kauf|mann, der: Hotelfachmann.

Ho|tel|ket|te, die: Reihe von Hotels desselben Unternehmens.

Ho|tel|koch, der: Koch in einem Hotel.

Ho|tel|kö|chin, die: w. Form zu ↑ Hotelkoch.

Ho|tel|kü|che, die: **a)** Küche eines Hotels; **b)** ⟨o. Pl.⟩ Essen, wie es im Hotel gekocht wird: ist die H. leid.

Ho|tel|le|rie, die; - [frz. hôtellerie = Gasthaus]: Gesamtheit des Hotelgewerbes; Hotelgewerbe.

Ho|tel|ma|na|ger, der: Manager eines Hotels.

Ho|tel|ma|na|ge|rin, die: w. Form zu ↑ Hotelmanager.

Ho|tel|pa|last, der: großes, repräsentatives Hotel.

Ho|tel|per|so|nal, das: Personal eines Hotels.

Ho|tel|por|ti|er, der: *Portier* (1) *eines Hotels.*
Ho|tel|rech|nung, die: *Rechnung für in einem Hotel in Anspruch genommene Leistungen.*
Ho|tel|schiff, das: **a)** *Luxusschiff für größere Reisen auf Flüssen u. bes. auf See; schwimmendes Hotel;* **b)** *fest verankertes, als Hotel genutztes Schiff.*
Ho|tel|ver|zeich|nis, das: *Verzeichnis, das die Namen u. nähere Angaben über die Hotels eines Ortes enthält.*
Ho|tel|zim|mer, das: *Zimmer für Gäste in einem Hotel.*
Hot Jazz, der; - - [engl. hot jazz, eigtl. = heißer Jazz] (Musik): *scharf akzentuierter, oft synkopischer Stil im Jazz.*
Hot|line [...laɪn], die; -, -s [engl. hotline, eigtl. = heißer Draht (vgl. Draht 2 b)]: *von Firmen, Institutionen o. Ä. eingerichtete, direkte telefonische Verbindung [für rasche Serviceleistungen].*
Hot|pants, Hot Pants [...pɛnts] ⟨Pl.⟩ [engl. hot pants, eigtl. = heiße Hosen]: *von Frauen getragene kurze, eng anliegende, im Zuschnitt Shorts ähnliche Hose.*
Hot|spot, der; -s, -s, **Hot Spot,** der; - -s, - -s [...spɒt; engl. hot spot, eigtl. = heiße Stelle, aus: hot = heiß u. spot = Stelle]: **1.** (Biol.) *einzelne Stelle od. Bereich eines Gens, an dem bes. häufig Mutationen auftreten.* **2.** (Geol.) *hypothetisch begrenzte Schmelzregion im Erdmantel unterhalb der Lithosphäre.* **3.** (EDV) *grafisch od. farblich hervorgehobener Punkt od. Text auf einer Bildschirmseite, der einen Link markiert.*
hott ⟨Interj.⟩ [mhd. hotte, H. u.]: *Zuruf an ein Zugtier* **a)** *vorwärts!;* **b)** *nach rechts!;* * *einmal h. und einmal har sagen* (ugs.; *seine Meinung, Ansichten ständig ändern).*
Hot|te|gaul, der, **Hot|te|hü,** das; -s, -s [zu ↑ hott] (Kinderspr.): *Pferd.*
hot|ten ⟨sw. V.; hat⟩ [zu ↑ Hot] (ugs.): *zu Jazzmusik mit stark rhythmisch akzentuierten Bewegungen tanzen.*
Hot|ten|tot|te, der; -n, -n: **a)** *Angehöriger eines Mischvolkes in Südwestafrika;* **b)** (abwertend) *Schwarzafrikaner.*
Hot|ten|tot|tin, die; -, -nen: w. Form zu ↑ Hottentotte.
hot|ten|tot|tisch ⟨Adj.⟩: *die Hottentotten betreffend.*
Hot|te|pferd|chen, das [zu ↑ hott] (Kinderspr.): *Pferd.*
Hot|to, das; -s, -s [zu ↑ hott] (Kinderspr.): *Pferd.*
House [haʊs], der; - - ⟨meist o. Art.⟩ [engl. house (music), gek. aus: (The) Warehouse = Name eines Klubs in Chicago, dessen Discjockeys diese Musik 1985 kreierten]: *Housemusic.*
House|mu|sic [ˈhaʊsmjuːzɪk], die; - [engl. house music, aus: house (↑ House) u. music = Musik]: *Musikstil aus Nordamerika, der Funk- u. Soulelemente mit stark akzentuierten, aufrüttelnden Rhythmen verbindet u. bei den dazu Tanzenden ein Trancegefühl erzeugen soll.*
House of Com|mons [ˈhaʊs əv ˈkɔmənz], das; - - - [engl. = Haus der Gemeinen (im Unterschied zu dem aus den Peers 1 gebildeten Oberhaus)]: *britisches Unterhaus.*
House of Lords [- - ˈlɔːdz], das; - - - [engl. = Haus der Lords]: *britisches Oberhaus.*
Hous|se: ↑ Husse.
Ho|va|wart [ˈhoːfavart], der; -s, -s u. -e [mhd. hovewart = Hofwächter, Hofhund]: *(als Wachhund gezüchteter) großer Hund von gedrungenem Körperbau mit breitem Kopf, Hängeohren, einem langen Schwanz u. welligem, an den Beinen braunem Fell.*
Ho|ver|craft® [ˈhɔvəkrɑːft], das; -s, -s [engl. hovercraft (früher auch: Hovercraft®), aus: to hover = schweben u. craft = Wasserfahrzeug, eigtl. = Schwebeboot]: *Luftkissenfahrzeug.*

h. p., (früher:) **HP** = horsepower (↑ Horsepower).
hPa = Hektopascal.
Hptst. = Hauptstadt.
Hr. = Herr.
HR, der; -: Hessischer Rundfunk.
HRK = internationaler Währungscode für: Kuna.
Hrn. = Herrn (Dat. u. Akk.).
hrsg., hg. = herausgegeben.
Hryw|nja: ↑ Griwna.
hs = Hektoster.
Hs = Hassium.
Hs. = Handschrift.
Hss. = Handschriften.
HTL = höhere technische Lehranstalt (Technikum, Ingenieurschule in der Schweiz u. in Österreich).
HTML [haːteːɛmˈlɛl], das; - [Abk. für engl. Hypertext Markup Language, aus: hypertext (↑ Hypertext), mark-up = Markierung u. language = Sprache] (EDV): *Beschreibungssprache, die Hypertextdokumente [im World Wide Web] mithilfe von Tags codiert.*
HTML-Sei|te, die (EDV): *Seite* (11) *in HTML.*
hu ⟨Interj.⟩ [mhd. hū]: **1.** als Ausdruck des Sichfürchtens, Gruselns: hu, ist das dunkel! **2.** als Ausdruck des Abscheus, Ekels: hu, eine Schlange! **3.** als Ausdruck einer plötzlichen Kälteempfindung: hu, ist es hier kalt! **4.** Ausruf, mit dem man jmdn. erschrecken will.
hü ⟨Interj.⟩: Zuruf an ein Zugtier **a)** *vorwärts!;* **b)** *halt!:* * *einmal hü und einmal hott sagen* (ugs.: *nicht wissen, was man eigentlich will; seine Meinung ständig ändern).*
¹Hub, der; -[e]s, Hübe [zu ↑ heben] (Technik): **1.** *das Heben von unten nach oben:* der H. von Lasten. **2.** *Weg, den der Kolben im Zylinder von Kolbenmaschinen bei einem Hin- u. Hergang zurücklegt.*
²Hub [hab], der; -s, -s [engl. hub = Mittelpunkt]: **1.** *zentraler Umschlagplatz, Knotenpunkt (bes. des internationalen Luftverkehrs).* **2.** (EDV) *zentrales Teil od. Gerät, das eine Verbindung herstellt, das als Knotenpunkt dient.*
Hub|bel, der; -s, - [mhd. hübel, ahd. hubil] (landsch.): **a)** *Unebenheit;* **b)** *Hügel, kleinere Bodenerhebung.*
hub|be|lig ⟨Adj.⟩ (landsch.): *Hubbel* (a, b) *aufweisend.*
Hub|brü|cke, die: *Brücke, bei der der Überbau angehoben werden kann, um die Durchfahrt für Schiffe zu ermöglichen.*
Hu|be, die; -, -n (österr., sonst landsch.): *Hufe.*
Hu|bel [mhd. hübel, ahd. hubil] (landsch., sonst veraltend), **Hü|bel,** der; -s, -: **a)** *Hubbel* (a); **b)** *Hubbel* (b): ♦ *Warum aber der Ritter dort auf dem wilden, wüsten Hubel ... ein Schloss haben wollte ...* (Gotthelf, Spinne 29).
hü|ben ⟨Adv.⟩: *nur in Opposition zu »drüben« gebraucht* [zusgez. aus ↑²hie u. landsch. üben = drüben, eigtl. = hier auf dieser Seite]: *auf dieser Seite:* * *h. und/wie drüben (auf der einen wie auf der anderen Seite).*
Hu|ber, der; -s, - (landsch.): *Hufner.*

-hu|ber, der; -s, - [nach dem häufigen Familienn. Huber] (ugs. abwertend): *kennzeichnet in Bildungen mit Substantiven – seltener mit Adjektiven – eine männliche Person, die sehr allgemein durch etw. charakterisiert ist:* Fakten-, Geil-, Stoffhuber.

-hu|be|rei, die; -, -en (ugs. abwertend): *drückt in Bildungen mit Substantiven aus, dass eine Tätigkeit o. Ä. übertrieben oder engstirnig auf etw. gerichtet ist, auf etw. abzielt:* Angst-, Fakten-, Parteihuberei.

Hu|ber|tus|jagd, die; -, -en [nach dem hl. Hubertus, dem Schutzheiligen der Jäger] (Jagdw.): *traditionell am Hubertustag stattfindende Jagd.*
Hu|ber|tus|man|tel, der; -s, ...mäntel (österr.): *gerade geschnittener, hochgeschlossener Mantel aus grünem Loden.*
Hu|ber|tus|tag, der (Jagdw.): *dem Schutzheiligen der Jäger geweihter Tag* (3. November).
Hub|in|sel, die: *im Flachwasser einer Meeresküste eingesetzte Bohrinsel, deren Plattform so weit über die Wasseroberfläche hinausgehoben ist, dass sie vom Seegang nicht erreicht wird.*
Hub|kar|ren, der: *[elektrisch betriebener] Karren, dessen Ladefläche sich mechanisch heben u. senken lässt.*
Hüb|ner, der; -s, - (landsch.): *Hüfner.*
Hub|raum, der (Technik): *Volumen des Teils des Zylinders einer Kolbenmaschine, in dem sich der Kolben hin- u. herbewegt (bzw., bei Motoren mit mehreren Zylindern, entsprechende Summe):* der Motor hat 2 600 cm³ H., holt 74 kW aus 1,8 l H.; Motoren mit Hubräumen zwischen zwei und vier Litern.
Hub|raum|steu|er, die: *nach dem Hubraum bemessene Kraftfahrzeugsteuer.*
hübsch ⟨Adj.⟩ [mhd. hüb[e]sch, hüvesch, hövesch (zu ↑ Hof 3 a), eigtl. = sich so gesittet benehmend, wie es bei Hofe üblich ist]: **1. a)** *ein angenehmes, gefälliges Äußeres aufweisend; von einer Erscheinung, Gestalt, mit Gesichtszügen, die Wohlgefallen erregen:* ein -es Kind; ein -es Gesicht; sie ist auffallend h.; ein -es h. aussehen; ⟨subst.⟩ (ugs.:) na, ihr zwei Hübschen?; **b)** *jmds. Gefallen, Zustimmung findend, jmds. Geschmack treffend:* eine -e Wohnung; die Gegend ist sehr h.; **c)** *angenehm klingend:* eine -e Melodie; sie singt sehr h. **2.** (ugs.) **a)** *ziemlich groß, beträchtlich:* sie ist ein -es Sümmchen; **b)** *(intensivierend bei Adjektiven u. Verben) sehr, ziemlich:* es war ganz h. kalt. **3.** (ugs.) *sehr angenehm; so, wie man es sich wünscht; so, wie es erwartet wird:* sei h. brav; sie spielt ganz h. *(gut)* Klavier. **4.** (ugs. iron.) *unangenehm, wenig erfreulich:* das ist ja eine -e Geschichte; ⟨subst.:⟩ da hast du dir ja was Hübsches eingebrockt.
Hub|schrau|ber, der; -s, -: *senkrecht startendes Drehflügelflugzeug (das auf kürzeren Strecken zur Beförderung von Personen u. Lasten eingesetzt wird).*
Hub|stei|ger, der (Technik): *Arbeitsbühne, die auf einem speziellen Fahrzeug betriebsbereit installiert ist.*
Hub|vo|lu|men, das (Technik): *Hubraum.*
huch ⟨Interj.⟩: **1.** Ausruf des [gespielten] Erschreckens, Abscheus u. Ä.: h., eine Schlange! **2.** Ausruf, der eine unangenehme Körperempfindung ausdrückt: h., wie kalt ist es hier!
Hu|cke, die; -, -n (Nebenf. von ↑ ¹Hocke) (landsch.): **1.** ¹*Hocke* (1). **2.** *auf dem Rücken getragene od. zu tragende Last:* * (scherzh. verhüll. in den folgenden Wendungen aus der Rückens selbst:) *jmdm. die H. vollhauen* (ugs.; *jmdn. verprügeln*); *jmdm. die H. volllügen* (ugs.; *jmdn. sehr belügen, anlügen*); *die H. vollkriegen* (ugs.; *verprügelt werden*); *sich* ⟨Dativ⟩ *die H. vollsaufen* (salopp; *sich betrinken*).
hu|cken ⟨sw. V.; hat⟩ [eigtl. = in gebückter Stellung eine Last zum Tragen aufnehmen, zu ↑ Hucke] (landsch.): **a)** *eine Traglast auf den Rücken nehmen; aufhucken;* **b)** *eine Traglast auf dem Rücken tragen.*
hu|cke|pack ⟨Adv.⟩ [niederd. huckeback, zu: hucken = eine Last auf den Rücken nehmen u. back = Rücken, ↑ Backbord]: *in den Wendungen* **jmdn., etw. h. tragen** (*auf dem Rücken tragen:* das Kind h. tragen); **jmdn., etw. h. nehmen** (ugs.; *jmdn., etw. zum Tragen auf den*

Rücken nehmen); [mit jmdm.] h. machen (ugs.; *jmdn. auf den Rücken nehmen u. so tragen:* mit einem Kind h. machen).

Hu|cke|pack|ver|kehr, der (Eisenbahn): *Beförderung von Straßenfahrzeugen auf speziell hierfür eingerichteten Güterwagen der Eisenbahn.*

Hu|de, die; -, -n [mhd. (md.) hūte, hōde, eigtl. = Ort, wo man etw. bewacht, zu ↑ hüten] (landsch.): *Viehweide.*

Hu|del, der; -s, -[n] [spätmhd. hudel] (landsch. ugs., sonst veraltet): **1.** *Lappen, Lumpen, Stofffetzen.* **2.** *liederlicher Mensch:* ◆ Eine ungeheure Schuldenlast kam an den Tag..., und der reiche Müller war ein armer, alter H., der gar manches Jahr von Haus zu Haus gehen musste (Gotthelf, Elsi 121).

Hu|de|lei, die; -, -en (landsch. ugs.): **1.** ⟨o. Pl.⟩ *dauerndes Hudeln* (1). **2.** *zu schnell u. nachlässig, ohne Sorgfalt ausgeführte Arbeit.* **3.** *Schererei, Plage:* mit etw. viel H. haben.

hu|deln ⟨sw. V.; hat⟩ [zu ↑ Hudel (1), eigtl. wohl = zerfetzen] (österr. ugs., sonst landsch. ugs.): **1.** *bei einer bestimmten Arbeit zu schnell u. dadurch unsorgfältig sein:* die Handwerker haben gehudelt; du darfst bei der Schularbeiten nicht h.; R nur nicht h.! *(nur langsam, nichts überstürzen!)* **2.** *jmdn. schlecht behandeln, zurechtweisen:* ◆ Der König ließ ihn dann eintreten und hudelte den Ambassadeur vor uns Patriziern, dass einem deutschen Mann das Herz im Leibe lachen musste (C. F. Meyer, Page 140). **3.** *lobhudeln.*

◆ **Hu|del|volk** [zu ↑ Hudel (2)], **Hu|del|völk|chen**, das: *Gesindel,* ²*Pack:* Das ist wieder ein rechtes Hudelvölkchen, das ... nach der Stadt läuft und sich kopulieren lässt, ohne einen Pfennig (Keller, Romeo 69).

hu|dern ⟨sw. V.; hat⟩ [H. u.] (landsch., Fachspr.): **a)** *(von der Glucke)* die Küken unter die Flügel nehmen, um sie zu wärmen od. zu schützen; **b)** *(von Vögeln)* im Sand baden: der Vogel hudert; (auch h. + sich:) der Vogel hudert sich.

Hud|schadsch: Pl. von ↑ Hadschi.

huf, hüf ⟨Interj.⟩ (landsch.): Zuruf, mit der der Fuhrmann ein le[e]r Zugtier[e] antreibt; *zurück!*

Huf, der; -[e]s, -e [mhd., ahd. huof, H. u.]: *dicke Hornschicht an den Zehenenden der Huftiere:* dem Pferd die -e beschlagen; * **mit den -en scharren** (ugs.; *[noch ungeduldig abwartend] Anstalten machen, mit etw. anzufangen:* die Konkurrenten scharren bereits mit den -en, obwohl die Stelle noch besetzt ist).

Hu|fe, die; -, -n [in md.-niederd. Lautung standspr. geworden; mhd. huobe, ahd. huoba, wohl urspr. = eingezäuntes Land]: *(im MA.)* an den Bedürfnissen einer durchschnittlichen bäuerlichen Familie gemessene Menge Land (altes, 7 bis 15 Hektar umfassendes Feldmaß).

Huf|ei|sen, das: *flaches, in der Form dem äußeren Rand des Pferdehufs angepasstes geschmiedetes Eisenstück, das als Schutz auf die Unterseite des Hufes aufgenagelt wird:* das Pferd hat ein H. verloren; Ü das Schloss bildet mit seinen beiden Seitenflügeln ein H. (hat einen hufeisenförmigen Grundriss).

huf|ei|sen|för|mig ⟨Adj.⟩: *wie ein Hufeisen geformt, angeordnet o. ä.*

Huf|ei|sen|wer|fen, das: **a)** (Sport) *(bes. in den USA praktizierte) Sportart, bei der große hufeisenförmige Metallringe möglichst nahe an einen Metallstab geworfen werden müssen;* **b)** *Geschicklichkeitsspiel, bei dem Hufeisen möglichst nahe an einen in den Boden gesteckten Holzstab geworfen werden müssen.*

hu|fen, hü|fen ⟨sw. V.; hat⟩ [zu ↑ huf, hüf!] (landsch.): *(von einem Zugtier, auf das Kommando des Fuhrmanns hin) rückwärtsgehen.*

Hu|fen|dorf, das [zu ↑ Hufe]: *dörfliche Siedlung,* bei der die Höfe auf einer od. auf beiden Seiten einer durchgehenden Straße aufgereiht sind u. das zugehörige Ackerland sich unmittelbar an die Häuser anschließt.

Hü|ferl, das; -s (österr.): *Rindfleisch von der Hüfte.*

Huf|lat|tich, der [nach den hufeisenförmigen Blättern]: *auf Äckern u. Schutthalden wachsende Pflanze mit leuchtend gelben Blüten auf schuppig beblätterten Stängeln, aus der ein Heilmittel gegen Husten u. Bronchialkatarrh gewonnen wird.*

Huf|na|gel, der: *Nagel, der zur Befestigung des Hufeisens verwendet wird.*

Huf|ner, Hüf|ner, der; -s, - [mhd. huob(e)ner, zu ↑ Hufe] (veraltet): *Besitzer einer Hufe.*

Huf|ne|rin, Hüf|ne|rin, der; -, -nen: w. Formen zu ↑ Hufner, Hüfner.

Huf|schlag, der: **1.** *das Aufschlagen der Hufe beim Gang des Pferdes.* **2.** *Schlag mit dem Huf:* er wurde durch einen H. verletzt. **3.** (Reiten) *Weg, auf dem das Pferd in der Reitbahn geht.*

Huf|schmied, der: *Schmied, der Hufeisen herstellt u. Pferde beschlägt.*

Huf|schmie|din, die: w. Form zu ↑ Hufschmied.

Hüft|bein, das (Anat.): *aus Darm-, Sitz- u. Schambein verschmolzener Knochen des Beckens* (2 c).

Hüf|te, die; -, -n [zu mhd., ahd. huf, eigtl. = Biegung am Körper, gebogener Körperteil]: **1.** *seitliche Körperpartie unterhalb der Taille:* die Arme in die -n stemmen; sie beim Gehen in den -n wiegen; er fasste sie um die H.; mit den -n kreisen; * **aus der H. geschossen/gefeuert** (ugs.; *ohne gründliche Vorbereitung*). **2.** ⟨o. Pl.⟩ (Kochkunst) *Fleischstück aus der Hüfte eines Schlachttieres, bes. des Rindes.*

hüft|eng ⟨Adj.⟩: *(von Kleidungsstücken) über der Hüfte anliegend.*

Hüf|ten|gür|tel, der (schweiz.): *Hüftgürtel.*

Hüf|ten|hal|ter, der (schweiz.): *Hüfthalter.*

Hüft|ge|lenk, das (Anat.): *Kugelgelenk, durch das der Oberschenkel mit dem Hüftbein verbunden ist.*

Hüft|ge|lenk|ent|zün|dung, die (Med.): *Entzündung des Hüftgelenks.*

Hüft|ge|lenk|lu|xa|ti|on, die (Med.): *Fehlbildung, die auf einer mangelhaften Ausbildung der Hüftgelenkpfanne od. einer Unterentwicklung des Oberschenkelkopfes beruht.*

Hüft|ge|lenk|pfan|ne, die (Anat.): *Gelenkpfanne des Hüftgelenks.*

Hüft|gold, das (ugs. scherzh.): *Hüftspeck.*

Hüft|gür|tel, der: *von Frauen getragener schmaler Hüfthalter, der bes. dem Zweck dient, die Strümpfe zu befestigen.*

Hüft|hal|ter, der: *von Frauen getragenes Wäschestück, das dazu dient, die Strümpfe zu befestigen u. die Figur zu formen.*

hüft|hoch ⟨Adj.⟩: *(vom Boden) bis zur Hüfte reichend:* hüfthohes Gras.

Hüft|horn, das: *Hifthorn.*

Hüft|ho|se, die: *enge Hose* (1 a), *deren oberer Abschluss nur bis zur Hüfte reicht, die fest auf der Hüfte sitzt.*

Huf|tier, das (Zool.): *Säugetier, dessen unterste Zehenglieder als Hufe od. Klauen ausgebildet sind.*

Hüft|kno|chen, der: *Hüftbein.*

hüft|lang ⟨Adj.⟩: *(von Kleidungsstücken) bis zur Hüfte hinunterreichend:* eine -e Jacke.

Hüft|lei|den, das: *Leiden, das durch eine krankhafte Veränderung am Hüftgelenk hervorgerufen wird.*

Hüft|schmerz, der ⟨meist Pl.⟩: *Schmerz im Hüftgelenk.*

Hüft|schwung, der: **1.** (Turnen) *am Reck ausgeführtes Vor- u. Rückschwingen der Beine aus* dem Streckhang. **2.** (Ringen) *Griff, bei dem der Angreifer einen Arm des Gegners blockiert, seinen Nacken umfasst u. ihn durch schnelles seitliches Beugen des Oberkörpers mit einem Schwung über die Hüfte zieht.* **3.** ⟨o. Pl.⟩ *Rundung der weiblichen Hüfte.*

Hüft|speck, der ⟨o. Pl.⟩ (ugs.): *äußerlich sichtbares Fettpolster auf den Hüften.*

hüft|steif ⟨Adj.⟩: **1.** *steif, unbeweglich in den Hüften; ungelenk:* seine -en Bewegungen. **2.** *spröde, leicht verkrampft, nicht locker:* die Deutschen gelten oft als h.

Hüft|um|fang, der: *Hüftweite.*

Hüft|ver|ren|kung, die: *Verrenkung des Hüftgelenks.*

Hüft|wei|te, die (Schneiderei): *um die Hüften gemessener Umfang einer Person.*

Hü|gel, der; -s, - [aus dem Md., ablautende Vkl. zu gleichbed. mhd. houc, ahd. houg, zu ↑ ¹hoch; durch Luthers Bibelübersetzung gemeinsprachlich geworden]: **1.** *kleinere, sanft ansteigende Bodenerhebung, kleiner Berg.* **2.** (dichter.) Kurzf. von ↑ Grabhügel. **3.** *Haufen.*

Hü|gel|grab, das (Archäol.): *Grab aus vor- od. frühgeschichtlicher Zeit unter einer Aufschüttung aus Erde, Steinen o. Ä., meist von ungefähr kreisförmigem Grundriss.*

Hü|gel|grä|ber|kul|tur, die (Archäol.): *nach der vorherrschenden Bestattungsform (in Hügelgräbern) benannter Abschnitt der Bronzezeit in Mitteleuropa.*

hü|ge|lig, hüg|lig ⟨Adj.⟩: *(von einer Landschaft) Hügel aufweisend.*

Hü|gel|ket|te, die: *Reihe von Hügeln als zusammenhängende Landschaftsform.*

Hü|gel|land, das ⟨Pl. ...länder⟩: *hügeliges Land.*

Hü|gel|land|schaft, die: *hügelige Landschaft.*

hü|gel|reich ⟨Adj.⟩: *reich an Hügeln:* der -e Westen der Insel; eine -e Landschaft.

Hu|ge|not|te, der; -n, -n [frz. Huguenot, entstellt aus ↑ Eidgenosse]: **1.** *Anhänger des Calvinismus in Frankreich.* **2.** *Nachkomme eines zur Zeit der Verfolgung aus Frankreich geflohenen Calvinisten.*

hu|ge|not|tisch ⟨Adj.⟩: *die Hugenotten* (1, 2) *betreffend, zu ihnen gehörend.*

hüg|lig: ↑ hügelig.

Hu|go, der; -s, -s [H. u.]: **1.** (ugs.) ¹*Kippe.* **2.** * **das walte H.** (ugs.; *drückt aus, dass etw. geschehen möge).*

huh: ↑ hu.

hüh: ↑ hü.

Huhn, das; -[e]s, Hühner [mhd., ahd. huon, ablautende Bildung zu ↑ Hahn]: **1. a)** *Haushuhn:* Hühner halten; sie saßen da wie die Hühner auf der Stange (scherzh.; *dicht nebeneinander aufgereiht*); R da lachen [ja] die Hühner (ugs.; *[in Bezug auf eine Behauptung, Äußerung] das ist ganz unsinnig, lächerlich*); auch das Unfähigsten gelingt einmal etwas); * **nach jmdm., etw. kräht kein H. und kein Hahn** (ugs.; ↑ Hahn 1 a); **mit den Hühnern aufstehen, zu Bett gehen/schlafen gehen** (scherzh.; *gewohnheitsmäßig sehr früh aufstehen, zu Bett gehen*); **b)** *Henne:* die Hühner brüten; (Kochkunst:) gebratenes H.; H. (*Hühnerfleisch*) mit Reis; * **das H., das goldene Eier legt, schlachten** (*törichter- od. unvorsichtigerweise sich selbst die Grundlage seines Wohlstandes entziehen;* nach der Fabel von J. de La Fontaine, 1621-1695). **2.** (Jägerspr.) Kurzf. von ↑ Rebhuhn: Hühner fallen ein. **3.** (ugs.) *Mensch, Person* (in Verbindung mit bestimmten Attributen; häufig als Schimpfwort): er ist ein fideles H.; blödes H.!

Hühn|chen, das; -s, -: Vkl. zu ↑ Huhn (1 a): * **mit jmdm. [noch] ein H. zu rupfen haben** (ugs.; *mit jmdm. noch etw. zu bereinigen, einen schon* länger zurückliegenden Streit auszutragen haben).

hüh|ner|ar|tig ⟨Adj.⟩: *den Hühnern ähnlich, verwandt:* -e Vögel.

Hüh|ner|au|ge, das [wahrsch. LÜ von mlat. oculus pullinus]: *gewöhnlich durch Druck von beengenden Schuhen hervorgerufene [schmerzende] kegelförmige Verdickung der Hornhaut an den Füßen, bes. auf der Oberseite der Zehen:*
* *jmdm. auf die -n treten* (ugs.: *jmdn. mit einer Äußerung, einem bestimmten Verhalten an einer empfindlichen Stelle treffen. jmdn. nachdrücklich an etw. erinnern, was er noch zu erledigen hat).

Hüh|ner|au|gen|pflas|ter, das: *zur Entfernung von Hühneraugen verwendetes Salizylpflaster.*

Hüh|ner|bein, das: *Bein eines [geschlachteten] Huhns.*

Hüh|ner|brü|he, die: *beim Kochen eines Suppenhuhns gewonnene Fleischbrühe.*

Hüh|ner|brust, die: **1.** (Med.) *meist rachitisch bedingte Verformung des Brustkorbs mit keilartigem Vorspringen des Brustbeins u. seitlicher Eindellung im Bereich der Rippen.* **2.** (ugs.) *(bes. von männlichen Personen) schmaler, flacher Brustkorb eines schmalwüchsigen Menschen.*

Hüh|ner|ei, das: *Ei des Haushuhns.*

Hüh|ner|farm, die: *großer Betrieb für die Zucht von Hühnern.*

Hüh|ner|fleisch, das: *Fleisch vom Huhn.*

Hüh|ner|fri|kas|see, das: *aus Hühnerfleisch zubereitetes Frikassee.*

Hüh|ner|grip|pe, die (Tiermed.): *Vogelgrippe.*

Hüh|ner|ha|bicht, der: *großer Habicht, dessen Gefieder auf der Oberseite eine dunkle graubraune Färbung, auf der Unterseite braune u. weiße Streifen aufweist.*

Hüh|ner|haut, die (österr., schweiz., sonst landsch.): *Gänsehaut.*

Hüh|ner|hof, der: *größerer Auslauf für Hühner.*

Hüh|ner|hund, der: *Vorstehhund.*

Hüh|ner|klein, das: vgl. Gänseklein.

Hüh|ner|le|ber, die: *Leber von geschlachteten Hühnern, die zu bestimmten Gerichten verarbeitet wird.*

Hüh|ner|lei|ter, die: **1.** *kleine Leiter an der Außenseite des Hühnerstalls, über die die Hühner den Einschlupf in größerer Höhe über dem Boden erreichen:* R *das Leben ist (wie) eine H., kurz und beschissen* (scherzhafte Bemerkung zur existenziellen Befindlichkeit des Menschen). **2.** (scherzh.) *schmale, steile Treppe [in einem engen Treppenhaus].*

Hüh|ner|pest, die (Tiermed.): *bei Hühnern auftretende, meist zum Tod führende Viruskrankheit.*

Hüh|ner|schle|gel, der: *[abgetrenntes] Bein eines geschlachteten Huhns.*

Hüh|ner|stall, der: *Stall für Hühner.*

Hüh|ner|vo|gel, der (meist Pl.) (Zool.): *größerer, auf dem Boden lebender Vogel mit kurzen Flügeln, stark entwickelten, zum Scharren geeigneten Füßen u. kurzem, kräftigem Schnabel.*

Hüh|ner|volk, das: *Gruppe von Hühnern auf dem Hühnerhof.*

Hüh|ner|züch|ter, der: *jmd., der Hühner züchtet.*

Hüh|ner|züch|te|rin, die: w. Form zu ↑ Hühnerzüchter.

hu|hu ⟨Interj.⟩: **1.** [ˈhuːhuː] (ugs.) *Zuruf an jmdn., der von dem Rufenden abgewandt ist od. sich in einiger Entfernung von ihm befindet u. den er auf sich aufmerksam machen möchte; hallo:* h., hier sind wir. **2.** [huːˈhuː] **a)** *Ausruf, durch den man jmdn. zu erschrecken sucht od. durch den man scherzhaft eigene Furcht zum Ausdruck bringt:* h., hier spukts!; **b)** *Ausruf zum Ausdruck einer plötzlichen Kälteempfindung:* h., wie kalt!

hui ⟨Interj.⟩: **a)** lautm. für ein Sausen, Brausen, für eine schnelle Bewegung o. Ä., die ein Sausen, Brausen erzeugt: h., wie das stürmt!; und h., war der Wagen vorbei; Ü bei ihm muss immer alles h. (ugs.; *schnell, ohne Überlegung*) gehen; R außen h. und innen pfui (↑ außen 1); oben h. und unten pfui (↑ oben); * *im Hui/in einem Hui* (ugs.: *sehr schnell [u. dadurch unsorgfältig]:* im H. war er fertig); **b)** *hoi.*

hu|ius an|ni [lat.] (Amtsspr., Kaufmannsspr. veraltet): *dieses Jahres* (Abk.: h. a.): am 1. November h. a.

hu|ius men|sis [lat.] (Amtsspr., Kaufmannsspr. veraltet): *dieses Monats* (Abk.: h. m.): am 1. h. m.

Hu|ka, die; -, -s [arab. ḥuqqaʰ]: *indische Wasserpfeife.*

Huk|ka: ↑ Huka.

Hu|la, der; -s, -s [hawaiisch hula(-hula)]: *[kultischer] Tanz der Eingeborenen auf Hawaii.*

Hu|la-Hoop [...ˈhʊp, ...ˈhuːp], der od. das; -s, -s [engl. hula hoop, aus ↑ Hula u. hoop = Reifen]: **a)** *größerer Reifen aus leichtem Material, den man durch kreisende Bewegungen des Körpers im Bereich der Hüften kreisen lässt;* **b)** ⟨o. Pl.⟩ *gymnastische Übung, die mit dem Hula-Hoop (a) ausgeführt wird.*

Hu|la-Hoop-Rei|fen, der: *Hula-Hoop (a).*

Huld, die; - [mhd. hulde, ahd. huldī = Gunst, Wohlwollen, zu ↑ hold] (geh. veraltend, noch iron.): *Freundlichkeit, Wohlwollen, Gunstbeweis, den jmd. einem ihm gesellschaftlich Untergeordneten [mit einer gewissen Herablassung] zuteilwerden lässt.*

hul|di|gen ⟨sw. V.; hat⟩ [für mhd. hulden, zu ↑ Huld]: **1.** (früher) *einem Herrscher durch ein Treueegelöbnis unterwerfen:* dem König, dem Landesfürsten h. **2.** (geh.) *jmdm. durch eine bestimmte Handlung, durch sein Verhalten seine Verehrung zu erkennen geben:* das Publikum huldigte dem greisen Künstler mit nicht enden wollendem Beifall; Ü Es ist die Frage, ob man lieben muss, was man nicht lieben mag, aber die Stadt ist schön, und ein umständlicher Dichter stieg auf den Turm von St. Stephan und huldigte ihr (Bachmann, Erzählungen 100). **3.** (geh., öfter leicht iron.) *einer Sache mit Überzeugung anhängen, etw. mit [übertriebenem] Eifer vertreten:* einer Mode h.; er huldigt dem Alkohol (*er trinkt gerne Alkohol*).

Hul|di|gung, die; -, -en: **1.** (früher) *Treuegelöbnis eines Untertanen gegenüber einem Landesherrn.* **2.** (bes.) *das Huldigen (2); Ehrung; Zeichen der Ehrerbietung:* -en entgegennehmen.

huld|reich ⟨Adj.⟩ (geh. veraltend, heute meist iron.): *jmdm. seine Huld zuteilwerden lassend, sie in einer bestimmten Handlung erkennen lassend:* ein -er Blick wurde ihm zuteil.

huld|voll ⟨Adj.⟩ (geh. veraltend, heute oft iron.): *seine Huld in einer bestimmten Handlung erkennen lassend:* ein -es Lächeln.

hül|fe: ↑ helfen.

Hül|fe, die (veraltet): ↑ Hilfe: ◆ Wer ist der Mann, der hier um H. fleht? (Schiller, Tell I, 1).
◆ **hülf|los:** ↑ hilflos: Ich ... muss hier liegen, h., und verzagen (Schiller, Tell I, 1).

Hulk, Holk, die; -, -e[n] od. der; -[e]s, -e[n] [mhd. holche, ahd. holcho < mlat. holcas < (m)griech. holkás = Lastkahn]: **1.** (Seew.) *abgetakeltes, ausrangiertes Schiff, das vor Anker liegend als Unterkunft für Mannschaften od. als Magazin, Werkstatt o. Ä. verwendet wird.* **2.** (Geschichte) **a)** *(in der Zeit der Hanse) einer Kogge ähnliches, kleineres einmastiges Frachtschiff;* **b)** *(im 15. Jahrhundert) größere, dreimastige Kogge.*

Hüll|blatt, das ⟨meist Pl.⟩ (Bot.): *Blatt, das zusammen mit anderen die Fortpflanzungsorgane bei Moosen und Blütenpflanzen umschließt od. die Knospen schützt.*

Hül|le, die; -, -n [mhd. hülle = Umhüllung; Mantel; Kopftuch, ahd. hulla = Kopftuch, zu ↑ hüllen]: **1. a)** *etw., worin etw. (zum Schutz o. Ä.) verpackt, womit etw. bedeckt, verhüllt ist:* die H. von etw. abstreifen; Große Glasglocken wölbten sich über den erdenklichsten Käsesorten: ziegelroten, milchweißen, marmorierten und denen, die in leckerer Goldwelle aus ihrer silbernen H. quellen (Th. Mann, Krull 55); **b)** *etw., was für die Aufbewahrung o. Ä. von Gegenständen vorgesehen ist u. in der Form diesen angepasst ist, sie fest umschließt:* eine H. für einen Ausweis; Ü die fleischliche, leibliche, irdische H. (dichter.; *der Körper des Menschen [im Gegensatz zu der nicht materiellen Seele]);* * *die sterbliche H.* (geh. verhüll.; *der Leichnam eines Menschen*). **2. a)** (ugs. scherzh.) *Kleidungsstück [das jmd. anhat]:* seine, die H. abstreifen *(sich entkleiden);* seine, die -n fallen lassen *(sich [fast] nackt ausziehen 2 b);* sich aus seinen -n schälen *(sich entkleiden);* **b)** * *in H. und Fülle,* (geh.:) *die H. und Fülle* (*in großer Menge, im Überfluss;* urspr.: Kleidung [= Hülle] u. Nahrung [= Füllung des Magens], bezogen auf das Allernotwendigste zum Lebensunterhalt; »Fülle« später umgedeutet zu »Überfluss«). **3.** (Bot.) *Hüllkelch.*

hül|len ⟨sw. V.; hat⟩ [mhd. hüllen, ahd. hullan, verw. mit ↑ hehlen] (geh.): **a)** *jmdn., sich, etw. zum Schutz vor äußere Einflüsse, gegen Kälte o. Ä. in etw. [ein]wickeln, mit einer Umhüllung versehen, mit etw. ganz bedecken;* sich in eine Decke h.; Blumen in Zellophan h.; Ü der Hergang des Unglücks blieb für alle Zeit in Dunkel gehüllt *(blieb verborgen, klärte sich nicht auf);* **b)** *schützend, wärmend o. ä. um jmdn., sich, etw. herumlegen:* eine Zeltplane war um das Denkmal gehüllt.

hül|len|los ⟨Adj.⟩: **1.** *unverhüllt, unverdeckt; in seinem ganzen Ausmaß erkennbar:* die Fehler und Schwächen traten in dieser Beleuchtung h. zutage. **2.** (scherzh.) *ohne jegliche Bekleidung; nackt:* h. stand er vor ihr.

Hüll|kelch, der (Bot.): *rosettenartig angeordnete Blätter, die die Knospe eines Korbblütlers umschließen.*

Hüll|wort, das ⟨Pl. ...wörter⟩ (Sprachwiss.): *Euphemismus.*

Hul|ly-Gul|ly [ˈhaliˈgali], der; -[s], -s [engl. hully gully, H. u.]: **1.** *(in den Sechzigerjahren) Reihentanz mit unterschiedlichen Schrittkombinationen.* **2.** ↑ Halligalli.

Hül|se, die; -, -n [mhd. hülse, ahd. hulsa, eigtl. = die Verbergende, verw. mit ↑ hehlen]: **1.** *röhrenförmige, längliche feste Hülle, in die man etw. hineinstecken, aus der etw. fest umschließt, die Teil von etw. ist:* eine H. für den Bleistift. **2.** (Bot.) *längliche Frucht der Schmetterlingsblütler, in der mehrere runde od. längliche Samen nebeneinander aufgereiht sind, die in reifem Zustand leicht herauszulösen sind.*

Hül|sen|frucht, die (meist Pl.): **1.** *eiweißreicher Same bestimmter Schmetterlingsblütler (bes. Erbse, Bohne, Linse) als wichtiger Bestandteil der menschlichen Nahrung.* **2.** *Hülsenfrüchtler.*

Hül|sen|früch|ter, (häufiger:) **Hül|sen|frücht|ler,** der; -s, - (Bot.): *eiweißhaltige Gemüse- u. Futterpflanze, die mehrere Samen enthaltende Früchte in Form von Hülsen ausbildet.*

hu|man ⟨Adj.⟩ [lat. humanus; eigtl. = irdisch, verw. mit: humus, ↑ Humus]: **1.** (bildungsspr.) **a)** *die Würde des Menschen achtend, menschenwürdig:* die Gefangenen h. behandeln; **b)** *ohne Härte, nachsichtig.* **2.** (bes. Med.) *zum Menschen gehörend, dem Menschen eigentümlich, beim Menschen vorkommend:* im -en Bereich vorkommende Viren.

Hu|man|bio|lo|ge, der: *Wissenschaftler auf dem Gebiet der Humanbiologie.*

Hu|man|bio|lo|gie, die: *Teilgebiet der naturwissenschaftlichen Anthropologie, das sich bes. mit der Evolution und den biologischen Eigenschaften des Menschen befasst.*
Hu|man|bio|lo|gin, die: w. Form zu ↑Humanbiologe.
Hu|man Coun|ter [ˈhjuːmən ˈkaʊntɐ], der; - -s, - -[s] [engl. human counter, zu: human = menschlich u. counter = Zählmaschine] (Fachspr.): *der Strahlenschutzüberwachung dienendes, in einem von Strahlen abgeschirmten Raum aufgestelltes Messgerät zur Bestimmung der vom menschlichen Körper aufgenommenen u. wieder ausgehenden Strahlung.*
Hu|man En|gi|nee|ring [ˈhjuːmən ɛndʒɪˈnɪərɪŋ], das; - -[s] [engl. human engineering, aus: human = menschlich u. engineering = Bedienung von Maschinen] (Sozialpsychol.): *Berücksichtigung der psychologischen u. sozialen Voraussetzungen des Menschen bei der Gestaltung von Arbeitsplätzen u. maschinellen Einrichtungen.*
Hu|man|ge|ne|tik, die: *Teilgebiet der Genetik, das sich bes. mit der Erblichkeit der körperlichen Merkmale u. der geistig-psychischen Eigenschaften des Menschen befasst.*
Hu|man|ge|ne|ti|ker, der: *Wissenschaftler auf dem Gebiet der Humangenetik.*
Hu|man|ge|ne|ti|ke|rin, die: w. Form zu ↑Humangenetiker.
hu|man|ge|ne|tisch ⟨Adj.⟩: *die Humangenetik betreffend, dazu gehörend.*
hu|ma|ni|sie|ren ⟨sw. V.; hat⟩: (bes. in Bezug auf *die Lebens- u. Arbeitsbedingungen der Menschen*) *menschenwürdiger gestalten:* die Arbeit h.
Hu|ma|ni|sie|rung, die; -, -en: *das Humanisieren; das Humanisiertwerden:* die H. des Arbeitslebens.
Hu|ma|nis|mus, der; - [zu: ↑Humanist]: **1.** (bildungsspr.) *(auf das Bildungsideal der griechisch-römischen Antike gegründetes) Denken u. Handeln im Bewusstsein der Würde des Menschen; Streben nach Menschlichkeit:* in seinen Schriften offenbart sich ein echter H. **2.** *(von Italien ausgehende, über West- u. Mitteleuropa verbreitete) Bewegung des 14.–16. Jahrhunderts, die durch literarische, philologische u. wissenschaftliche Neuentdeckung u. Wiedererweckung der antiken Kultur, ihrer Sprachen, ihrer Kunst u. Geisteshaltung gekennzeichnet ist.*
Hu|ma|nist, der; -en, -en [ital. umanista, zu: umano = menschlich < lat. humanus, ↑human]: **1.** *jmd., der die Ideale des Humanismus* (1) *vertritt, in seinem Denken u. Handeln zu verwirklichen sucht:* ein wahrer H. **2.** *Vertreter des Humanismus* (2). **3.** (veraltend) *jmd., der über eine humanistische [Schul]bildung verfügt; Kenner der alten Sprachen.*
Hu|ma|nis|tin, die; -, -nen: w. Form zu ↑Humanist.
hu|ma|nis|tisch ⟨Adj.⟩: **1.** *im Sinne des Humanismus* (1) *[denkend u. handelnd]:* seine Bücher sind von -em Geist erfüllt. **2.** *dem Humanismus* (2) *zugehörend:* -e Schriften. **3.** *die klassischen Sprachen betreffend:* -e Studien; ein -es *(altsprachliches)* Gymnasium.
hu|ma|ni|tär ⟨Adj.⟩ [frz. humanitaire, zu: humanité = Menschlichkeit, Menschheit < lat. humanitas]: **1.** *auf die Linderung menschlicher Not bedacht, ausgerichtet:* eine -e Organisation; -e Zwecke, Aufgaben; ein h. begründeter Militäreinsatz. **2.** *durch die existenzielle Not vieler Menschen gekennzeichnet:* eine -e Katastrophe; die -e Lage der Flüchtlinge hat sich weiter verschlechtert.
Hu|ma|ni|tas, die; - [lat. humanitas] (bildungs-

spr.): *Menschlichkeit, Menschenliebe (als Grundlage des Denkens u. Handelns).*
Hu|ma|ni|tät, die; - [lat. humanitas] (bildungsspr.): *vom Geist der Humanitas durchdrungene Haltung, Gesinnung; Menschlichkeit:* wahre H.
Hu|ma|ni|täts|den|ken, das; -s: *auf Humanität gegründetes Denken.*
Hu|ma|ni|täts|du|se|lei, die; -, -en [zu duseln = halb schlafen, vgl. Dusel] (abwertend): *mit der Wirklichkeit nicht in Einklang zu bringende, übersteigerte Forderungen im Hinblick auf Humanität.*
Hu|ma|ni|täts|ide|al, das: *die Humanität betreffende Idealvorstellung.*
Hu|man|ka|pi|tal, das [nach engl. human capital = menschliches Kapital] (Wirtsch.): *Arbeitsvermögen; Gesamtheit der wirtschaftlich verwertbaren Fähigkeiten, Kenntnisse u. Verhaltensweisen von Personen od. Personengruppen.*
Hu|man|me|di|zin, die ⟨o. Pl.⟩: *Medizin* (1) *(im Gegensatz zur Tiermedizin).*
Hu|man|me|di|zi|ner, der: *Mediziner (im Gegensatz zum Tiermediziner).*
Hu|man|me|di|zi|ne|rin, die: w. Form zu ↑Humanmediziner.
hu|man|me|di|zi|nisch ⟨Adj.⟩: *die Humanmedizin betreffend.*
hu|ma|no|id ⟨Adj.⟩ [↑-oid]: *menschenähnlich (bes. von Robotern).*
Hu|man Re|la|tions [ˈhjuːmən rɪˈleɪʃənz] ⟨Pl.⟩ [engl. human relations, aus: human = menschlich u. relations = Beziehungen]: *in den Dreißigerjahren von den USA ausgegangene Richtung der betrieblichen Personal- u. Sozialpolitik, die die Bedeutung der zwischenmenschlichen Beziehungen im Betrieb betont.*
Hu|man|ver|such, der (Med.): *Erprobung einer (noch nicht gesicherten) Heilmethode o. Ä. am Menschen.*
Hu|man|wis|sen|schaft, die: *in den Bereich der Geisteswissenschaften gehörende Wissenschaft, die sich mit dem Menschen befasst (z. B.* Anthropologie, Soziologie, Psychologie*).*
Hum|boldt|strom, der; -[e]s [nach dem dt. Naturforscher A. v. Humboldt (1769–1859)]: *Meeresströmung vor der Westküste Südamerikas.*
Hum|bug, der; -s [engl. humbug, H. u.] (ugs. abwertend): **a)** *etw., was sich bedeutsam gibt, aber nur Schwindel ist;* **b)** *unsinnige, törichte Äußerung od. Handlung:* er redet lauter H.
Hu|me|ra|le, das; -s, ...lien u. ...lia [mlat. humerale < spätlat. (h)umerale = Schulterumhang, zu lat. umerus = Schulter]: *[reich verziertes] unter der Albe getragenes Schultertuch des katholischen Geistlichen.*
hu|mid, hu|mi|de ⟨Adj.⟩ [frz. humide < lat. (h)umidus] (Geogr.): *reich an Niederschlag, feucht:* ein humides Klima; humide Gebiete.
Hu|mi|di|tät, die; - [frz. humidité] (Geogr.): *Feuchtigkeit (in Bezug auf das Klima).*
Hu|mi|dor, der; -s, -e [zu lat. (h)umidus, ↑humid]: *Behälter mit konstanter [tropischer] Luftfeuchtigkeit zur Aufbewahrung und Lagerung von Zigarren.*
Hu|mi|fi|ka|ti|on, die; - [zu ↑Humus u. lat. -ficatio = Suffix mit der Bed. »das Machen«, zu: facere = machen] (Biol.): *(meist im Boden stattfindende) Umwandlung organischer (pflanzlicher u. tierischer) Stoffe in Humus; das Vermodern.*
hu|mi|fi|zie|ren ⟨sw. V.; hat⟩ (Biol.): *(von organischen Stoffen) vermodern lassen, in Humus umwandeln.*
Hu|min|säu|re, die; -, -n [zu ↑Humus]: *in Mutterboden, Torf u. Braunkohle vorkommende, aus abgestorbenem pflanzlichem Material entstandene Säure, die als Nährstoffträger des Bodens von großer Bedeutung ist.*

¹Hum|mel, die; -, -n [mhd. hummel, humbel, ahd. humbal, wohl lautm. u. eigtl. = die Summende]: *größeres Insekt mit rundlichem, plumpem u. dicht, häufig bunt behaartem Körper:* * **eine wilde H.** (scherzh.; *ein lebhaftes, temperamentvolles [kleines] Mädchen*); **-n im Hintern haben** (salopp: 1. *nicht still sitzen, sich nicht ruhig verhalten können.* 2. *von ruheloser Aktivität erfüllt sein*).
²Hum|mel: in dem Begrüßungsruf **H., H.!** (Ruf, mit dem sich früher Hamburger untereinander in der Fremde begrüßten; als Erwiderung darauf gilt: Mors, Mors! [niederd. mors = Arsch; nach einem Hamburger Original namens Hummel u. dessen Antwort auf den hänselnden Anruf mit seinem Namen]).
Hum|mer, der; -s, - [aus dem Niederd., wohl eigtl. = gewölbtes od. (mit einer Schale) bedecktes Tier]: *(im Meer lebender) sehr großer Zehnfußkrebs von brauner bis dunkelblauer Färbung, dessen Fleisch als Delikatesse gilt.*
Hum|mer|cock|tail, der (Kochkunst): *Vorspeise aus gewürfeltem Hummerfleisch u. Mayonnaise.*
Hum|mer|fleisch, das: *Fleisch vom Hummer.*
Hum|mer|ma|jo|nä|se: ↑Hummermayonnaise.
Hum|mer|ma|yon|nai|se, Hummermajonäse, die (Kochkunst): *Mayonnaise mit Hummerfleisch.*
Hum|mer|sa|lat, der (Kochkunst): *mit Hummerfleisch zubereiteter Salat.*
¹Hu|mor, der; -s, -e [älter engl. humour = literarische Stilgattung des Komischen, eigtl. = Stimmung, Laune < afrz. humour < lat. (h)umores = (Temperament u. Charakter bestimmende) Körpersäfte, zu: (h)umor = Feuchtigkeit, Flüssigkeit]: **1.** ⟨o. Pl.⟩ *Gabe eines Menschen, der Unzulänglichkeit der Welt u. der Menschen, den Schwierigkeiten u. Missgeschicken des Alltags mit heiterer Gelassenheit zu begegnen:* er hat, besitzt einen unverwüstlichen, goldenen H.; etw. mit H. nehmen, tragen; ein Mensch ohne H.; er hat keinen H. (reagiert sehr leicht verärgert, ist nicht in der Lage, etw. gelassen auf-, hinzunehmen); für seine Unverschämtheiten habe ich keinen H. [mehr] (sie missfallen mir zu sehr); er hat keinen Sinn für H. (ihm fehlt der Humor, er ist humorlos); R du hast, er hat [ja vielleicht] H.! (was denkst du dir eigentlich!); du hast [ja vielleicht] H.! (was denkst du dir eigentlich!); Spr H. ist, wenn man trotzdem lacht (Äußerung, mit der man ein Missgeschick, etwas Unerfreuliches o. Ä. [aufmunternd] kommentiert). **2.** ⟨Pl. selten⟩ *sprachliche, künstlerische o. ä. Äußerung einer von* ¹*Humor* (1) *bestimmten Geisteshaltung, Wesensart:* der rheinische, der Kölner H.; gezeichneter H. (Humor in der Kunstform der Karikatur o. Ä.); schwarzer H. (Humor, der das Grauen, Grauenhafte einbezieht). **3.** ⟨o. Pl.⟩ *gute Laune, fröhliche Stimmung:* den H. [nicht] verlieren, behalten; Typen wie dieser Sturzenegger ... bringen mich um jeglichen H., das ist es, was ich ihnen verarge (Frisch, Stiller 295). ◆ **4.** ⟨Pl. selten⟩ *Laune, Stimmung, Gefühlslage:* Dies gab mir den allerschlimmsten H., besonders da ich den Übungsort selbst ganz unerträglich fand (Goethe, Dichtung u. Wahrheit 4).
²Hu|mor, der; -s, -es [huˈmoːreːs] [lat. (h)umor, ↑¹Humor] (Med. selten): *Körpersaft.*
hu|mo|ral ⟨Adj.⟩ (Med.): *die Körpersäfte betreffend, auf ihnen beruhend.*
Hu|mo|ral|pa|tho|lo|gie, die: *(in der Antike ausgebildete) Lehre von den Körpersäften, deren richtige Mischung Gesundheit, deren Ungleichgewicht dagegen Krankheit bedeute.*
Hu|mo|res|ke, die; -, -n [aus ↑¹Humor u. der romanisierenden Endung -eske analog zu ↑Burleske u. a. geb.]: **1.** (Literaturwiss.) *kleine humo-*

ristische Erzählung. **2.** (Musik) *Musikstück von heiterem, humorigem Charakter.*
hu|mo|rig ⟨Adj.⟩: *von jmds.* ¹*Humor* (1), *jmds. Freude an Scherz u. Spaß zeugend; launig:* eine -e Rede.
Hu|mo|rig|keit, die; -: *humorige Art.*
Hu|mo|rist, der; -en, -en [engl. humorist]: **1.** *Künstler, dessen Werke sich durch eine humoristische Behandlungsweise des Stoffes auszeichnen:* der Schriftsteller ist ein H. **2.** *Vortragskünstler, der witzige Sketche o. Ä. darbietet; Komiker, Spaßmacher.*
Hu|mo|ris|tin, die; -, -nen: w. Form zu ↑ Humorist.
hu|mo|ris|tisch ⟨Adj.⟩: *sich durch Humor auszeichnend;* eine -e Darbietung; der Autor schreibt sehr h.
hu|mor|los ⟨Adj.⟩: *keinen* ¹*Humor* (1) *zeigend; von verbissener, pedantischer Ernsthaftigkeit; ohne die Fähigkeit [auch über sich selbst] zu lachen:* ein -er Mensch; er ist gänzlich h.
Hu|mor|lo|sig|keit, die; -, -: *das Humorlossein.*
hu|mor|voll ⟨Adj.⟩: ¹*Humor* (1) *erkennen lassend, voller Humor:* eine -e Art.
hu|mos ⟨Adj.⟩ [zu ↑ Humus] (Bodenkunde): **a)** *aus Humus bestehend:* -e Stoffe; **b)** *reich an Humus:* -e Böden.
Hüm|pel, der; -s, - [mniederd. humpel; vgl. engl. hump, ↑ Humpen] (nordd.): *Haufen, [übereinandergetürmte, aufgeschüttete] Menge von etw.:* ein H. Steine.
Hum|pe|lei, die; -, -en (ugs.): *anhaltendes, lästiges Humpeln.*
hum|pe|lig, humplig ⟨Adj.⟩ (landsch.): **1.** *humpelnd:* h. gehen. **2.** *holprig, uneben.*
hum|peln ⟨sw. V.⟩ [aus dem Niederd.; viell. lautm.]: **a)** ⟨hat/ist⟩ *(aufgrund einer [schmerzhaften] Verletzung o. Ä.) mit einem Fuß nicht fest auftreten können u. daher mühsam u. ungleichmäßig gehen;* **b)** ⟨ist⟩ *sich humpelnd* (a) *fortbewegen, irgendwohin bewegen:* vom Spielfeld h.; **c)** ⟨hat/ist⟩ (landsch.) *holpernd fahren:* die Kutsche humpelte über das Kopfsteinpflaster.
Hum|pen, der; -s, - [16. Jh.; vermutlich aus der Spr. der Leipziger Studenten, zu niederd. hump(e) = Klumpen, Buckel, vgl. engl. hump = Buckel, Höcker; Hügel, viell. verw. mit ↑ ¹hoch]: *größeres zylindrisches od. leicht bauchiges u. mit aufklappbarem Deckel versehenes Trinkgefäß mit Henkel:* Bier aus H. trinken.
humplig: ↑ humpelig.
Hu|mus, der; - [lat. humus = Erde, Erdboden]: *Bestandteil des Bodens von dunkelbrauner Färbung, der durch mikrobiologische u. biochemische Zersetzung abgestorbener tierischer u. pflanzlicher Substanz in einem ständigen Prozess entsteht.*
Hu|mus|bil|dung, die ⟨o. Pl.⟩: *Bildung von Humus.*
Hu|mus|bo|den, der; -: *humusreicher Boden.*
hu|mus|reich ⟨Adj.⟩: *reich an Humus.*
Hund, der; -[e]s, -e [mhd., ahd. hunt, alter idg. Tiername]: **1. a)** *(in vielen Rassen gezüchtetes) kleines bis mittelgroßes Säugetier, das bes. wegen seiner Wachsamkeit u. Anhänglichkeit als Haustier gehalten wird, einen gut ausgebildeten Gehör- u. Geruchssinn besitzt u. beißen u. bellen kann:* ein scharfer, gefährlicher, streunender, tollwütiger H.; Vorsicht, bissiger H.!; der H. bellt, jault, kläfft, schlägt an; der H. beißt nicht; [sich] einen H. halten; den H. ausführen, an der Leine führen, anleinen; -e dressieren, züchten; von einem H. angefallen werden; sieh dich vor, die -e sind los; Und er sagte: »Ich warne Sie. Der H. geht auf den Mann« *(ist darauf abgerichtet, auf Befehl Menschen anzugreifen;* Gaiser, Schlußball 71); R da liegt der H. begraben (ugs.; *das ist der Punkt, auf den es ankommt, die Ursache der Schwierigkeiten;* H. u., viell. nach der Volkssage, nach der Hunde als Schatzhüter unter der Erde hausen); da wird der H. in der Pfanne verrückt! (salopp; *das ist ja nicht zu fassen!);* von dem nimmt kein H. ein Stück/einen Bissen Brot [mehr] (ugs.; *er hat die Achtung aller verloren, wird von allen verachtet);* es ist, um junge -e zu kriegen (ugs.; *es ist zum Verzweifeln);* das ist unter dem/allem H. (ugs.; *das ist sehr schlecht, minderwertig, unter aller Kritik);* die -e bellen, aber die Karawane zieht weiter (↑ Karawane 1); Spr -e, die [viel] bellen, beißen nicht *(jmd., der sich besonders lautstark kämpferisch, gefährlich gibt, macht seine Drohungen o. Ä. doch nicht wahr);* viele -e sind des Hasen Tod *(gegen eine Übermacht kann der Einzelne nichts ausrichten);* den Letzten beißen die -e *(der Letzte ist aufgrund seines Platzes besonders benachteiligt);* * **ein dicker H.!** (ugs.: 1. *eine Ungeheuerlichkeit, Unverschämtheit, Frechheit.* 2. *ein grober Fehler);* **kalter/Kalter H.** (ugs.; *aus Schichten von Keks u. einer Kakaomasse bestehende kuchenähnliche Süßspeise);* **fliegender H.** (veraltend; *Flughund);* **der Große H., der Kleine H.** (*Sternbilder in der Zone des Himmelsäquators;* nach lat. Canis Major u. Canis Minor; der Große Hund ist der Hund des Orion, eines riesigen Jägers der griech. Mythologie); **bekannt sein wie ein bunter/scheckiger H.** (ugs.; *überall bekannt sein);* **wie ein H. leben** (ugs.; *sehr ärmlich, elend leben);* **müde sein wie ein H.** (ugs.; *sehr müde, erschöpft sein);* **frieren wie ein junger H.** (ugs.; *sehr frieren;* nach dem auffallenden Zittern neugeborener Hunde); **wie H. und Katze** (ugs.; *[in Bezug auf die zwischenmenschliche Beziehung] in ständigem Streit, in Spannung);* **einen dicken H. haben** (Skatjargon; *ein gutes Spiel in der Hand haben);* **schlafende -e wecken** *(unvorsichtigerweise auf etw. aufmerksam machen u. dadurch eine unerwünschte Entwicklung in Gang setzen);* **mit etw. keinen H. hinter dem Ofen hervorlocken [können]** (ugs.; *mit etw. niemandes Interesse wecken [können], niemandem einen Anreiz bieten [können]);* **jmdn. wie einen H. behandeln** (ugs.; *sehr schlecht, menschenunwürdig behandeln);* **auf den H. kommen** (ugs.; *in schlechte Verhältnisse geraten, sehr heruntergekommen;* viell. nach der untersten Stufe in der Tierrangfolge bei Pferde-, Esel- u. Hundefuhrwerk); **jmdn. auf den H. bringen** (ugs.; *jmdn. ruinieren, vernichten, ins Verderben stürzen);* **[ganz] auf dem H. sein** (ugs.; *ruiniert, vernichtet, zugrunde gerichtet sein);* **mit allen -en gehetzt sein** (ugs.; *schlau u. gewitzt sein u. sich in einer heiklen Situation entsprechend geschickt verhalten;* aus der Jägerspr. u. bezogen auf ein Tier, dem es immer wieder gelingt, den auf seine Fährte gesetzten Hunden zu entkommen); **vor die -e gehen** (ugs.; *zugrunde gehen;* viell. nach dem kranken u. schwachen Wild, das den Jagdhunden leicht zum Opfer fällt); **etw. vor die -e werfen** (ugs.; *etw. achtlos verkommen lassen, vergeuden);* **b)** *männlicher Hund* (1 a) *(im Gegensatz zur Hündin):* ist das ein H. oder eine Hündin? **2.** (salopp) **a)** *Mensch, Mann:* die H. vielleicht ein sturer H.!; -e, wollt ihr ewig leben? (nach den anekdotenhaft überlieferten Worten Friedrichs des Großen »[Ihr verfluchten] Kerls, wollt ihr denn ewig leben?«, die er vor Kolin einer vor der Übermacht der Österreicher zurückweichenden Kompanie zurief; auch Filmtitel); damals war ich noch ein junger H.; er ist ein krummer H. *(zwielichtiger, verdächtiger Bursche);* der neue Trainer gilt als harter H. (ugs.; *als Schinder);* als ich in Not war, kam mir kein H. *(niemand)* zu Hilfe; **b)** (abwertend) *gemeiner Mann, Lump, Schurke:* du [verfluchter, gottverdammter] H.! **3.** [viell., weil das Geräusch der knarrenden Räder mit Hundegebell verglichen wurde] (Bergmannsspr.) *kleiner kastenförmiger Förderwagen:* den H. mit Erz beladen.
Hünd|chen, das (landsch.), **Hünd|chen,** das; -s, -: Vkl. zu ↑ Hund (1 a).

hun|de-, Hun|de- (emotional, meist abwertend): **1.** drückt in Bildungen mit Adjektiven eine Verstärkung aus; *sehr:* hundemager, -schlecht, -übel. **2.** drückt in Bildungen mit Substantiven aus, dass etw. als schlecht, miserabel angesehen wird: Hundelohn, -wetter. **3.** drückt in Bildungen mit Substantiven einen besonders hohen Grad von etw. aus: Hundeangst, -hitze.

Hun|de|ar|ti|ge, die Hundeartigen/einige Hundeartige ⟨Pl.⟩ (Zool.): *Raubtiere mit spitzer Schnauze u. Krallen, die sich nicht einziehen lassen.*
Hun|de|band|wurm, der: *Bandwurm, der bes. im Darm von Hunden vorkommt.*
Hun|de|be|sit|zer, der: *Hundehalter.*
Hun|de|be|sit|ze|rin, die: w. Form zu ↑ Hundebesitzer.
Hun|de|blick, der: *Blick, Augenausdruck eines Hundes:* ein treuer H.; Ü mit H. (ugs.; *ergebenem Augenausdruck).*
Hun|de|blu|me, die [zum 1. Bestandteil vgl. Hundskamille] (volkstüml.): *Löwenzahn.*
Hun|de|deck|chen, das: **1.** *kleine Decke, die einem Hund als Schutz gegen Kälte um den Leib gebunden wird.* **2.** (scherzh. veraltend) *bis zum Knöchel reichende Gamasche.*
hun|de|elend ⟨Adj.⟩ (ugs. emotional): *(in Bezug auf jmds. Befinden) sehr elend, schlecht:* sich h. fühlen.
Hun|de|fän|ger, der: *jmd., der [herrenlose] Hunde einfängt.*
Hun|de|fän|ge|rin, die: w. Form zu ↑ Hundefänger.
Hun|de|floh, der: *Floh, der hauptsächlich im Fell von Hunden vorkommt.*
Hun|de|freund, der: *jmd., der Hunde mag.*
Hun|de|freun|din, die: w. Form zu ↑ Hundefreund.
Hun|de|füh|rer, der: **a)** *jmd., der einen Hund in seiner Obhut hat;* **b)** *Hundeführer* (a) *eines od. mehrerer speziell für den Polizei-, Rettungsdienst, Zoll o. Ä. ausgebildeter Hunde.*
Hun|de|füh|re|rin, die: w. Form zu ↑ Hundeführer.
Hun|de|fut|ter, das: *Futter für einen Hund, für Hunde.*
Hun|de|ge|bell, das: *Gebell eines od. mehrerer Hunde.*
Hun|de|hal|ter, der (Amtsspr.): *jmd., der einen Hund hält.*
Hun|de|hal|te|rin, die: w. Form zu ↑ Hundehalter.
Hun|de|hau|fen, der: *aus Hundekot bestehender Haufen.*
Hun|de|hüt|te, die: *kleine [Holz]hütte für den Hofhund.*
hun|de|kalt ⟨Adj.⟩ (ugs. emotional): *sehr, unangenehm kalt:* draußen ist es h.
Hun|de|klo (ugs.), **Hun|de|klo|sett,** das: *spezielle Anlage bes. in Städten, die die Hunde dazu benutzen sollen, dort ihre Notdurft zu verrichten.*
Hun|de|kot, der: *Kot von Hunden.*
Hun|de|ku|chen, der: *hartes Gebäck, das als Hundefutter dient.*
Hun|de|le|ben, das ⟨o. Pl.⟩ (ugs. abwertend): *elendes, erbärmliches Leben, Dasein:* ein H. führen.
Hun|de|lei|ne, die: *Leine, an der man einen Hund führt.*
Hun|de|mar|ke, die: **1.** *als Nachweis für die*

gezahlte Hundesteuer dienende Blechmarke. **2.** (salopp scherzh.) **a)** *Erkennungsmarke des Soldaten;* **b)** *Erkennungsmarke, mit der sich ein Polizeibeamter in Zivil ausweist.*

Hun|de|meu|te, die: *Meute von Hunden.*

hun|de|mü|de ⟨Adj.⟩ (ugs. emotional): *sehr müde, erschöpft:* h. sein.

Hun|de|ras|se, die: *Rasse von Hunden.*

Hun|de|ren|nen, das: *Schnelligkeitsprüfung für Windhunde (bes. in England, in Italien u. in der Schweiz).*

hun|dert ⟨Kardinalz.⟩ [mhd. hundert < asächs. hunderod = Hundertzahl, zu: hund = hundert, urspr. = Zehnheit von Zehnern] (in Ziffern: 100): **a)** vier von h. Befragten; ich wette mit dir h. zu eins (ugs.; *ich bin ganz sicher*), dass er nicht kommen wird; von eins bis h. zählen; * **auf h. kommen/sein** (ugs.; *jmdn. in Wut, Zorn versetzen*; **b)** (ugs.) *sehr viele:* sie wusste h. Neuigkeiten zu berichten; viele h. Entschuldigungen, einige h. protestierten.

²**Hun|dert,** das; -s, -e u. (nach unbest. Zahlwörtern:) -: **1.** ⟨Pl. -⟩ *Einheit von hundert Stück, Dingen, Lebewesen o. Ä.:* ein halbes H.; mehrere H. Pioniere; das H. vollmachen; vom H. (*Prozent*; Abk.: v. H.; Zeichen: %). **2.** ⟨Pl.⟩ *unbestimmte, unübersehbare Anzahl in der Größenordnung von einigen Hundert:* viele Hunderte/hunderte drängten sich herbei; das Brüllen Hunderter/hunderter von verdurstenden Rindern/Hunderter/hunderter verdurstender Rinder/von Hunderten/hunderten [von] verdurstenden Rindern; das kann von Hunderten/hunderten nur einer.

²**Hun|dert,** die; -, -en: *Zahl 100.*

hun|dert|ein ⟨Zahladj.⟩, **hun|dert|eins** ⟨Kardinalz.⟩ (in Ziffern: 101): er zählte bis hunderteins.

Hun|der|ter, der; -s, -: **1.** (ugs.) *Münze od. Geldschein (einer bestimmten Währung) mit dem Nennwert hundert:* das kostet mich einige H. (*einige Hundert Euro o. Ä.*). **2.** (Math.) *100 als Bestandteil einer analytisch betrachteten Zahl mit mehr als zwei Stellen:* die H. zusammenzählen; 453 besteht aus 4 -n, 5 Zehnern und 3 Einern.

hun|der|ter|lei ⟨unbest. Gattungsz.; indekl.⟩ [↑ -lei] (ugs.): **a)** ⟨attr.⟩ *von vielfach verschiedener Art:* auf h. Weise; **b)** ⟨allein stehend⟩ *sehr viele verschiedene Dinge:* ich habe h. zu tun, zu besorgen.

Hun|der|ter|stel|le, die (Math.): *Stelle der Hunderter (2) in einer Zahl mit mehr als zwei Stellen:* die H. ist die dritte Stelle vor dem Komma.

Hun|dert|eu|ro|schein, Hun|dert-Eu|ro-Schein, der (mit Ziffern: 100-Euro-Schein): vgl. Fünfeuroschein.

hun|dert|fach ⟨Vervielfältigungsz.⟩ (mit Ziffern: 100-fach, 100faches): vgl. achtfach.

Hun|dert|fa|ches, das *Hundertfache/ein Hundertfaches; des/eines Hundertfachen* (mit Ziffern: 100-Faches, 100faches): vgl. Achtfaches.

hun|dert|fünf|zig|pro|zen|tig ⟨Adj.⟩ [Verstärkung von ↑ hundertprozentig] (ugs.): *stark ausgeprägt, übertrieben, fanatisch:* ein -er Nationalist; ⟨subst.:⟩ er ist ein Hundertfünfzigprozentiger (abwertend; *jmd., der etw. fanatisch betreibt*).

Hun|dert|jahr|fei|er, Hun|dert-Jahr-Fei|er, die (mit Ziffern: 100-Jahr-Feier): *Feier zum hundertjährigen Bestehen.*

hun|dert|jäh|rig ⟨Adj.⟩ (mit Ziffern: 100-jährig): **a)** *hundert Jahre alt:* eine -e Eiche; ⟨subst.:⟩ in unserem Dorf gibt es zwei Hundertjährige;

b) *hundert Jahre dauernd:* das -e Bestehen von etw. feiern.

Hun|dert|ki|lo|me|ter|tem|po, Hun|dert-Ki|lo|me|ter-Tem|po, das (ugs.) (mit Ziffern: 100-km-Tempo): *Geschwindigkeit von 100 Kilometern pro Stunde:* im H. fahren.

hun|dert|mal ⟨Wiederholungsz., Adv.⟩ (mit Ziffern: 100-mal): **a)** vgl. achtmal; **b)** (ugs.) *sehr viel, sehr oft:* er versteht h. mehr davon als du; ich habe es dir schon h. gesagt; **c)** (ugs.) *noch so sehr:* an dem Trödler fahre ich jetzt aber vorbei, da kann h. Überholverbot sein.

hun|dert|ma|lig ⟨Adj.⟩ (mit Ziffern: 100-malig): *hundert Male stattfindend.*

Hun|dert|mark|schein, Hun|dert-Mark-Schein, der (mit Ziffern: 100-Mark-Schein): vgl. Fünfmarkschein.

Hun|dert-Me|ter-Hür|den|lauf, Hun|dert|me|ter|hür|den|lauf, der (Leichtathletik) (mit Ziffern: 100-m-Hürdenlauf): *Hürdenlauf (der Frauen) über 100 Meter.*

Hun|dert-Me|ter-Lauf, Hun|dert|me|ter|lauf, der (Leichtathletik) (mit Ziffern: 100-m-Lauf): *Lauf über 100 Meter.*

hun|dert|pro ⟨indekl. Adj.⟩ (salopp): *hundertprozentig (2).*

hun|dert|pro|zen|tig ⟨Adj.⟩ (in Ziffern: 100-prozentig, 100%ig): **1.** *hundert Prozent umfassend, von hundert Prozent:* ein -er Gewinn; -er (*reiner*) Alkohol. **2.** (ugs.) **a)** *völlig, ganz und gar:* mit -er Sicherheit; du kannst dich h. darauf verlassen; **b)** *ganz sicher, zuverlässig:* das ist eine -e Sache; er galt in der Partei als h. (*besonders linientreu*); **c)** *genauso, wie man ihn sich vorstellt: echt, unverwechselbar, typisch:* er ist ein -er Schwabe.

Hun|dert|schaft, die; -, -en: *aus 100 Mann bestehende [militärische, polizeiliche] Einheit:* eine H. Soldaten.

hun|dertst... ⟨Ordinalz. zu ↑ hundert⟩ (in Ziffern: 100.): vgl. acht...; *der hundertste Besucher der Ausstellung;* ⟨subst.:⟩ das weiß kaum der Hundertste (*fast keiner*); * **vom Hundertsten ins Tausendste kommen** (*vom eigentlichen Thema immer weiter abschweifen:* bei unserem Gespräch kamen wir vom Hundertsten ins Tausendste).

hun|derts|tel ⟨Bruchz.⟩ (in Ziffern: /₁₀₀): vgl. achtel: auf ein h. Millimeter genau.

¹**Hun|derts|tel,** das, schweiz. meist: der; -s, - [gek. aus: hundertste Teil]: *hundertster Teil einer Menge, Strecke o. Ä.:* ein H. der Summe.

²**Hun|derts|tel,** der; -, - (ugs.): Kurzf. von ↑ Hundertstelsekunde: mit einer H. fotografieren.

Hun|derts|tel|se|kun|de, die: *hundertster Teil einer Sekunde.*

hun|dert|tau|send ⟨Kardinalz.⟩ (in Ziffern: 100 000): **a)** vgl. tausend; **b)** *von einer unbestimmten Anzahl in der Größenordnung von etwa hunderttausend:* **a)** viele h. Soldaten, einige h. kamen um.

Hun|dert|tau|send, das; -s, -e u. -: ⟨Pl.: -⟩: ¹Hundert (1): mehrere H. Ameisen. **2.** ⟨Pl.⟩ vgl. ¹Hundert (2): viele H. Soldaten; einige H. kamen um; -e/hunderttausende Anhänger von Anhängern dieses Präsidentschaftskandidaten.

hun|dert|und|ein ⟨Zahladj.⟩, **hun|dert|und|eins** ⟨Kardinalz.⟩ (in Ziffern: 101): vgl. hundertein.

hun|dert|zehn ⟨Kardinalz.⟩ (in Ziffern: 110): * **auf h. sein** (ugs.; *sehr ärgerlich, wütend sein*).

Hun|dert|zehn-Me|ter-Hür|den|lauf, Hun|dert|zehn|me|ter|hür|den|lauf, der (Leichtathletik) (mit Ziffern: 110-m-Hürdenlauf): *Hürdenlauf (der Männer) über 110 m.*

Hun|de|sa|lon, der: *Geschäft, in dem Hunde geschoren werden u. Ä.*

Hun|de|schlit|ten, der: *von Hunden gezogener Schlitten.*

Hun|de|schnau|ze, die: *Schnauze eines Hundes:* eine feuchte H.; * **kalt wie eine H. sein** (ugs.; *gefühllos, hart sein*).

Hun|de|sohn, der (Schimpfwort): *niederträchtiger, gemeiner Mann:* »Schweig, du H.!«.

Hun|de|sper|re, die: *Verbot, bes. bei Tollwutgefahr, Hunde frei u. ohne Maulkorb herumlaufen zu lassen.*

Hun|de|stau|pe, die: *Staupe.*

Hun|de|steu|er, die: *von den Gemeinden erhobene Steuer, mit der das Halten von Hunden belegt ist.*

Hun|de|trai|ner, der: *jmd., der Hunde abrichtet, dressiert.*

Hun|de|vieh, das (ugs. abwertend): *Hund (über den man sich ärgert od. vor dem man Angst hat).*

Hun|de|wa|che, die [nach der Vorstellung, dass zur gleichen Zeit an Land der Hund Haus u. Hof bewacht] (Seemannsspr.): *zweite Nachtwache (von Mitternacht bis 4 Uhr morgens).*

Hun|de|wet|ter, das ⟨o. Pl.⟩ (ugs. abwertend): *sehr schlechtes Wetter.*

Hun|de|züch|ter, der: *jmd., der [berufsmäßig] Hunde züchtet.*

Hun|de|züch|te|rin, die: w. Form zu ↑ Hundezüchter.

Hun|de|zwin|ger, der: *eingezäunter Platz, Gehege für Hunde.*

Hün|din, die; -, -nen [mhd. hundinne]: *weiblicher Hund (1).*

hün|disch ⟨Adj.⟩ (abwertend): **1.** *sich würdelos erniedrigend; unterwürfig:* jmdm. h. ergeben sein; Und aus Fouchés Feder ... stammt wahrscheinlich jene h. unterwürfige Petition des Senats, die Bonaparte aufforderte, »sein Werk zu vollenden, indem er es unsterblich gestalte« (St. Zweig, Fouché 121). **2.** *gemein, niederträchtig:* das ist eine -e Gemeinheit.

hunds|er|bärm|lich ⟨Adj.⟩ (ugs. emotional): **1. a)** *sehr elend; äußerst erbärmlich* (1 a): sich h. fühlen; **b)** *in seiner Qualität äußerst erbärmlich* (1 b); *unerträglich schlecht;* **c)** (abwertend) *moralisch verabscheuungswürdig:* ein -er Feigling. **2. a)** *sehr groß, stark:* eine -e Kälte; **b)** ⟨intensivierend bei Adjektiven u. Verben⟩ *sehr:* h. frieren.

hunds|ge|mein ⟨Adj.⟩ (ugs. emotional): **1.** (abwertend) *überaus niederträchtig, gemein:* ein -er Lügner. **2.** (abwertend) *in Benehmen u. Ausdrucksweise sehr roh u. primitiv; eine sehr niedrige Denkweise verratend, höchst unfein, vulgär.* **3.** *sehr [groß]; unangenehm stark:* gestern war es h. schwül.

Hunds|ka|mil|le, die [1. Bestandteil zur Bez. der Minderwertigkeit dieser Pflanze gegenüber der echten Kamille]: *(zu den Korbblütlern gehörende) der Kamille ähnliche Pflanze.*

hunds|mi|se|ra|bel ⟨Adj.⟩ (ugs. emotional abwertend): *äußerst miserabel, überaus schlecht [in Qualität od. Ausführung].*

Hunds|ro|se, die [zum 1. Bestandteil vgl. Hundskamille]: *(zu den Rosengewächsen gehörender) wild in Hecken wachsender Strauch mit hängenden Zweigen, dicken Stacheln u. rosa bis weißen Blüten.*

Hunds|stern, der; -[e]s: *hellster Stern im Sternbild Großer Hund (↑ Hund 1 a); Sirius.*

Hunds|ta|ge ⟨Pl.⟩ [mhd. hundetac, huntlich tage, LÜ von spätlat. dies caniculares, so benannt, weil die Sonne in dieser Zeit beim Hundsstern im Sternbild des Großen Hundes steht]: *heißeste Zeit im Hochsommer in Europa (24. Juli bis 23. August).*

Hunds|veil|chen, das [zum 1. Bestandteil vgl. Hundskamille]: *wildes Veilchen mit duftloser Blüte u. [gelblich] weißem Sporn.*

Hü|ne, der; -n, -n [aus dem Niederd. < mniederd.

hüne, eigtl. = Hunne; Ungar, nach dem Namen des im 4. Jh. n. Chr. nach Europa einfallenden asiatischen Reitervolkes]: *sehr großer, breitschultriger Mann:* er war ein H. [an Gestalt]; ein H. von Mann.

Hü|nen|ge|stalt, die: *hünenhafte Gestalt:* mit seiner H. überragte er alle anderen.

Hü|nen|grab, das: **a)** *Megalithgrab;* **b)** *Hügelgrab.*

hü|nen|haft ⟨Adj.⟩: *groß u. eine breite, kräftige Statur aufweisend, die den Eindruck von besonderer Stärke erweckt.*

Hun|ga|ri|ka ⟨Pl.⟩ [nlat. Hungarica, zu: Hungaria = Ungarn] (Verlagsw.): *Werke über Ungarn.*

Hun|ga|ro|lo|gie, die: *Wissenschaft von der ungarischen Sprache u. Literatur.*

Hun|ger, der; -s [mhd. hunger, ahd. hungar, eigtl. = brennendes Gefühl (von Hunger, Durst)]: **1. a)** *[unangenehmes] Gefühl in der Magengegend, das durch das Bedürfnis nach Nahrung hervorgerufen wird; Verlangen, etw. zu essen:* großer H.; ihn plagt der H.; H. haben; er hatte H. wie ein Wolf; Spr H. ist der beste Koch *(dem Hungrigen schmeckt auch weniger gutes Essen);* **b)** (ugs.) *[große] Lust, etw. Bestimmtes zu essen; Appetit:* plötzlich verspürte er H. auf ein gebratenes Hühnchen. **2.** *Mangel an Nahrungsmitteln; Hungersnot:* in den Nachkriegsjahren herrschte großer H. **3.** (geh.) *heftiges, leidenschaftliches Verlangen, Begierde:* H. nach Gerechtigkeit.

Hun|ger|ast, der [wohl zu ↑ Ast (3 b)] (Sport): *durch Kohlenhydratmangel verursachter plötzlicher Leistungsabfall des Körpers.*

Hun|ger|blüm|chen, das, **Hun|ger|blu|me,** die [nach dem alten Volksglauben, dass das zahlreiche Auftreten dieser Blumen im Frühjahr ein schlechtes Jahr od. eine Missernte vorhersage; er erklärt sich daraus, dass die Pflanze mit Vorliebe auf sandigen (nährstoffarmen) Äckern wächst]: *bes. im Gebirge, an Felsen u. Mauern od. auf sandigem Boden vorkommende Pflanze mit grundständigen, in einer Rosette angeordneten Blättern u. kleinen weißen od. gelben Blüten.*

Hun|ger|ge|fühl, das: *Hunger* (1 a).

Hun|ger|ha|ken, der (salopp abwertend): *sehr hagerer Mensch.*

Hun|ger|jahr, das: *Jahr, in dem man hungern muss.*

Hun|ger|ka|ta|s|tro|phe, die: *große Hungersnot.*

Hun|ger|künst|ler, der: *jmd., der (z. B. als Schausteller) außergewöhnlich lange hungern kann:* ich bin doch kein H.! *(so lange kann ich nicht aushalten, ohne zu essen).*

Hun|ger|künst|le|rin, die: w. Form zu ↑ Hungerkünstler.

Hun|ger|le|ben, das: *Leben mit vielen Entbehrungen.*

Hun|ger|lei|der, der; -s, - (ugs. abwertend): *jmd., der nicht viel zum Leben hat, in ärmlichen Verhältnissen lebt.*

Hun|ger|lei|de|rin, die; -, -nen: w. Form zu ↑ Hungerleider.

Hun|ger|lohn, der (emotional abwertend): *sehr geringer Lohn:* für einen H. arbeiten müssen.

hun|gern ⟨sw. V.; hat⟩ [mhd. hungern, ahd. hungiren]: **1. a)** *Hunger leiden, ertragen:* viele Jahre hindurch h. müssen; Die noch lebenden fünf Geschwister ... hungerten während des Kriegs und der beginnenden Geldaufschwemmung erbärmlich (Feuchtwanger, Erfolg 207); **b)** (h. + sich) *sich durch [teilweisen] Verzicht auf Nahrung in einen bestimmten Zustand bringen:* sich zu Tode h. **2.** ⟨unpers.⟩ (dichter.) *nach Nahrung verlangen:* mich hungert/es hungert mich seit Langem. **3.** (geh.) *heftiges Verlangen nach etw. haben:* nach Liebe h.; ⟨auch unpers.:⟩ ihn hungerte/es hungerte ihn nach Anerkennung.

hun|gers ⟨Adv.⟩ (geh.): *an, vor Hunger:* h. sterben.

Hun|gers|not, die [mhd. hungernōt]: *großer, allgemeiner Mangel an den nötigsten Nahrungsmitteln:* eine drohende H.

Hun|ger|streik, der: *Verweigerung der Nahrungsaufnahme als Mittel zur Durchsetzung bestimmter [politischer o. ä.] Forderungen:* in den H. treten.

Hun|ger|tod, der: *Tod aufgrund von Unterernährung.*

Hun|ger|tuch, das ⟨Pl. ...tücher⟩: *(vor allem im 15. und 16. Jh.) mit Passionsszenen o. Ä. bemaltes od. besticktes Tuch, das in der Fastenzeit vor dem Chor aufgehängt wird od. den Altar verhüllt;* * **am H. nagen** (ugs. scherzh.; *sich sehr einschränken müssen, Not leiden;* nach dem Hungertuch als Symbol des Fastens u. der Buße, aus der Wendung »am H. nähen« hervorgegangen).

Hun|ger|turm, der: **a)** (früher) *Turm, in dem ein Täter seine Gefängnisstrafe bei Wasser u. Brot absitzen muss;* jmdn. in den H. werfen, stecken; **b)** (ugs. scherzh.) *hagerer, hoch aufgeschossener Mensch.*

hung|rig ⟨Adj.⟩ [mhd. hungerec, ahd. hung(a)rag]: **1. a)** *ein Hungergefühl verspürend, Hunger habend:* -e Kinder; wir setzten uns h. an den Tisch; **b)** *Lust verspürend, etw. Bestimmtes zu essen:* sie war h. nach Schokolade. **2.** (geh.) *verlangend, [be]gierig:* nach Abenteuern h. sein.

-hung|rig: drückt in Bildungen mit Substantiven – seltener mit Verben (Verbstämmen) – aus, dass die beschriebene Person ein heftiges Verlangen nach etw. hat, begierig auf etw. ist: bildungs-, lese-, sensations-, sexhungrig.

Hun|ne, der; -n, -n: **1.** *Angehöriger eines ostasiatischen Nomadenvolks.* **2.** (selten; abwertend) *roher, zerstörungswütiger Mensch.*

Hun|ni, der; -s, -s (salopp): *Hunderter* (1): für 'nen H. kannste den Pullover haben.

hun|nisch ⟨Adj.⟩: *die Hunnen betreffend, zu ihnen gehörend.*

Huns|rück, der; -s: *Teil des westlichen Rheinischen Schiefergebirges.*

Huns|rü|cker, der; (indekl. Adj.).

Hunt: ↑ Hund (3).

Hun|ter ['hantɐ], der; -s, - [engl. hunter, eigtl. = Jäger]: **1.** (Reitsport) *ursprünglich in England u. Irland gezüchtetes, robustes, muskulöses Jagdpferd.* **2.** *englischer Jagdhund.*

hun|zen ⟨sw. V.; hat⟩ [zu ↑ Hund]: **1.** (veraltet, noch mundartl.) *beschimpfen; schlecht, menschenunwürdig behandeln:* ♦ Ich säße gleichwohl auf dem Richterstuhle dort und schält' und hunzt' und schlingelte mich herunter (Kleist, Krug 3). **2.** (ugs.) *unsorgfältig arbeiten.*

Hu|pe, die; -, -n [im 19. Jh. aus den Mundarten (vgl. mundartl. Huppe = kleine, schlecht klingende Pfeife) in die Fachspr. übernommen, urspr. lautm.]: *Vorrichtung an Fahrzeugen, mit der akustische Signale gegeben werden können.*

hu|pen ⟨sw. V.; hat⟩: *die Hupe ertönen lassen; mit der Hupe ein Signal geben.*

Hu|pe|rei, die; -, -en: *[andauerndes] als lästig empfundenes Hupen, Gehupe.*

Hüpf|ball, der: *größerer elastischer Ball mit Griffen, auf dem man sitzend herumhüpfen kann.*

Hüpf|burg, die: *aufblasbares Spielgerät [in Form einer Burg], auf dem Kinder wie auf einem Trampolin springen können.*

hup|fen ⟨sw. V.; ist⟩ [mhd. hupfen] (bayr., österr., sonst veraltend): ↑ hüpfen; * **das ist gehupft wie gesprungen** (ugs.; *das ist völlig gleich, einerlei*).

hüp|fen ⟨sw. V.; ist⟩ [mhd. hüpfen, eigtl. = sich (im Tanze) biegen, drehen, verw. mit ↑ ¹hoch in dessen urspr. Bed. »gebogen«]: **a)** *kleine Sprünge machen:* der Vogel hüpft; ⟨subst.:⟩ die Kinder spielen Hüpfen *(Himmel u. Hölle);* Ü das Herz hüpfte mir vor Freude [im Leibe]; * **das ist gehupft wie gesprungen** (↑ hupfen); **b)** *sich in kleinen Sprüngen fortbewegen:* die Kinder hüpfen [auf einem Bein] über den Rasen.

Hupf|er: ↑ Hüpfer.

Hüp|fer, (bes. südd., österr.:) Hupfer, der; -s, -: **1.** *kleiner Sprung in die Höhe.* **2.** (ugs.) *jmd., der hüpft:* Ü ein junger H. (1. ugs.; *ein junger, unerfahrener Mensch;* 2. Soldatenspr.; *ein erst kurze Zeit dienender Soldat*). **3.** *Grashüpfer.*

Hup|kon|zert, das (ugs. scherzh.): *gleichzeitiges Hupen mehrerer Kraftfahrer.*

Hup|sig|nal, das: *durch Hupen gegebenes Signal.*

Hup|ver|bot, das: *auf bestimmten Strecken (z. B. in Kurorten) erlassenes Verbot zu hupen.*

Hür|chen, das; -s, - [Vkl. zu ↑ Hure] (abwertend): *junge Hure* (2).

Hür|de, die; -, -n [vgl. Hürde]: **1.** *geflochtene Wand zum Bekleiden von Böschungen.* **2.** (südwestd., schweiz.) ¹*Horde.*

Hür|de, die; -, -n [urspr. wohl Pl. zu mhd. hurt, ahd. hurd = Flechtwerk aus Reisern od. Weiden, Hürde]: **1.** (Leichtathletik, Reitsport) *Hindernis in einer bestimmten Höhe, das die Läufer bei einem Hürdenlauf, die Pferde bei einem Hürdenrennen überspringen müssen:* eine H. überspringen; * **eine H. nehmen** (*eine Schwierigkeit überwinden:* mit dieser Prüfung hat er die letzte H. genommen). **2. a)** *tragbare [geflochtene] Einzäunung für Vieh, bes. für Schafe;* **b)** *von Hürden* (2 a) *eingeschlossener Platz auf der Weide.* **3.** ¹*Horde* (a).

Hür|den|lauf, der (Leichtathletik): *Laufwettbewerb, bei dem in bestimmten Abständen aufgestellte Hürden während des Laufes zu überspringen sind.*

Hür|den|läu|fer, der (Leichtathletik): *auf den Hürdenlauf spezialisierter Läufer.*

Hür|den|läu|fe|rin, die: w. Form zu ↑ Hürdenläufer.

Hür|den|ren|nen, das (Reitsport): *Hindernisrennen über Reisighürden od. Hecken.*

Hür|den|sprint, der (Leichtathletik): *Hürdenlauf.*

Hu|re, die; -, -n [mhd. huore, ahd. huora, zu: huor = Ehebruch, urspr. wohl = Liebhaberin u. Substantivierung eines Adj. mit der Bed. »lieb; begehrlich«]: **1.** *Prostituierte.* **2.** (abwertend, oft Schimpfwort) *Frau, die als moralisch leichtfertig angesehen wird, weil sie außerehelich od. wahllos mit Männern geschlechtlich verkehrt.*

Seit Ende der 1980er-Jahre bezeichnen sich Prostituierte gelegentlich selbst mit der bis dahin eher abwertend oder diskriminierend gebrauchten Bezeichnung *Hure.*

hu|ren ⟨sw. V.; hat⟩ [mhd. huoren, ahd. huorōn] (abwertend): *außerehelichen Geschlechtsverkehr haben; mit häufig wechselnden Partnern [ausschweifenden] Geschlechtsverkehr haben:* die Soldaten soffen und hurten.

Hu|ren|bock, der (derb abwertend): *Mann, der mit wechselnden Partnerinnen häufig [u. ausschweifend] Geschlechtsverkehr hat* (oft als Schimpfwort).

Hu|ren|kind, das [die Zeile dürfte nicht an dieser Stelle stehen u. hebt sich so von der normalen Zeilenordnung ab, ähnlich wie ein »Hurenkind« früher ausgestoßen, isoliert u. verachtet war]: *sich so deutlich von den ehelichen Kindern unterschied* (Druckerspr.): *[einen Absatz abschließende] Einzelzeile am Anfang einer neuen Seite od. Spalte (die drucktechnisch vermieden werden soll).*

Hu|ren|sohn, der (derb abwertend): gemeiner, niederträchtiger Kerl (oft als Schimpfwort).

Hu|ren|wei|bel, der (Geschichte): Aufseher über den Tross (mit Frauen u. Kindern) im Landsknechtsheer.

Hu|re|rei, die; -, -en (abwertend): [wiederholter] außerehelicher Geschlechtsverkehr.

Hu|ri, die; -, -s [pers. ḥūrī < arab. ḥūr]: schönes, ewig jungfräuliches Mädchen im Paradies des Islam.

Hu|ro|ne, der; -n, -n: Angehöriger eines nordamerikanischen Indianerstammes.

Hu|ro|nin, die; -, -nen: w. Form zu ↑Hurone.

hu|ro|nisch ⟨Adj.⟩: die Huronen betreffend, zu ihnen gehörend.

hur|ra [auch: ˈhʊra] ⟨Interj.⟩ [18. Jh.; wohl zurückgehend auf mhd. hurrā, eigtl. = Imperativ von: hurren = sich schnell bewegen]: Ausruf der Begeisterung, des Beifalls: h. schreien.

Hur|ra, das; -s, -s: der Ruf »hurra!«: H. schreien.

Hur|ra|pa|t|ri|o|tis|mus, der (ugs. abwertend): übertrieben begeisterter Patriotismus.

Hur|ri|kan [ˈhʌrɪkən, ˈhʊrikən], der; -s, -e u. (bei engl. Ausspr.:) -s [engl. hurricane < span. huracán < Taino (westindische Indianerspr.) hurakán]: (im Bereich des Karibischen Meers, der Westindischen Inseln u. des Golfs von Mexiko auftretender) verheerender tropischer Wirbelsturm.

hur|tig ⟨Adj.⟩ [mhd. hurtec, zu: hurt[e] = Stoß, Anprall < afrz. hurt, zu: hurter = stoßen] (veraltend, noch landsch.): schnell, flink u. mit einer gewissen Behändigkeit tätig, sich [auf ein Ziel] bewegend: etwas h.!/h., h.! (Aufforderung, sich zu beeilen).

Hu|sar, der; -en, -en [ung. huszár < älter serb. husar, gusar = (See)räuber < ital. corsaro, ↑Korsar] (früher:) Angehöriger der leichten Reiterei in ungarischer Nationaltracht.

Hu|sa|ren|ritt, der: draufgängerische, waghalsige Einzelaktion.

Hu|sa|ren|streich, der: Husarenstück.

Hu|sa|ren|stück, Hu|sa|ren|stück|chen, das [nach der für die Husaren typischen Kampfweise, die oft den Charakter eines Handstreichs hatte]: tollkühner Handstreich, mit größten Risiken verbundene, aber erfolgreich durchgeführte Unternehmung.

husch ⟨Partikel⟩ [mhd. hutsch]: lautm. zur Kennzeichnung einer schnellen, fast geräuschlosen Bewegung: h., war die Eidechse verschwunden; h., an die Arbeit!; ⟨auch als Adv.:⟩ das geht nicht so h., h. (schnell).

Husch, der; -[e]s, -e ⟨Pl. selten⟩ (ugs.): das Huschen: * im/in einem H. (ugs.; in großer Eile, im Nu: sie hat alles im H. fertig gemacht); auf einen H. (ugs.; für eine kurze Zeit).

Hu|sche, die; -, -n [zu ↑husch] (ostmd. ugs.): kurzer Regen- od. Schneeschauer.

hu|sche|lig, huschlig ⟨Adj.⟩ (landsch. ugs.): (eine Arbeit o. Ä.) schnell u. nur oberflächlich ausführend: h. arbeiten.

hu|scheln ⟨sw. V.; hat⟩ [Intensivbildung zu ↑huschen] (landsch. ugs.): **1.** huschen (a). **2.** (abwertend) oberflächlich arbeiten. **3.** ⟨h. + sich⟩ sich warm einhüllen; sich kuscheln: ich huschelte mich in meinen Mantel.

hu|schen ⟨sw. V.; hat⟩ [zu ↑husch]: **a)** sich schnell [u. lautlos] über eine kurze Entfernung fortbewegen: eine Eidechse huscht über den Weg; **b)** sich lautlos u. schnell [aber wie hin] bewegen: er sah einen Schatten über die Wand h.; »Ich hätte es ausgehalten«, sagte sie, und etwas wie der Widerschein eines ironischen Lächelns ohne jeden Vorwurf huschte über ihr Gesicht (Remarque, Triomphe 302).

husch|lig: ↑huschelig.

Hus|ky [ˈhaski], der; -s, -s [engl. husky, viell. entstellt aus ↑¹Eskimo]: Polarhund.

hus|sa, hus|sa|sa ⟨Interj.⟩: Ruf zum Antreiben z. B. eines Pferdes od. eines Hundes, bes. bei der Jagd.

Hus|se, Housse [ˈhʊsə], die; -, -n [frz. housse < afrz. houce = Überwurf, Schutzkleidung, aus dem Germ.]: dekorativer textiler Überwurf für Sitzmöbel.

hus|sen ⟨sw. V.; hat⟩ [zu ↑hussa] (österr.): [ver]hetzen; aufwiegeln.

Hus|sit, der; -en, -en [nach dem tschech. Reformator J. Hus (um 1370–1415)]: Anhänger der religiös-sozialen Aufstandsbewegung im 15. u. 16. Jh. in Böhmen, die durch die Verbrennung des Reformators Hus auf dem Konzil zu Konstanz (1415) hervorgerufen wurde.

hüst ⟨Interj.⟩ (landsch.): Zuruf an ein Zugtier; nach links!

hüs|teln ⟨sw. V.; hat⟩ [zu ↑husten]: [mehrmals hintereinander] schwach husten: ärgerlich, verlegen, vornehm h.; diskret h. (durch Hüsteln jmdm. ein Zeichen geben, etw. zu tun, zu beachten o. Ä.).

hus|ten ⟨sw. V.; hat⟩ [mhd. huosten, ahd. huostōn; vgl. Husten]: **1. a)** Luft, gewöhnlich infolge einer Reizung der Atemwege, stoßweise, heftig u. mehr od. weniger laut aus der Lunge durch den Mund herauspressen: die ganze Nacht h.; jmdm. ins Gesicht h.; diskret h. (durch absichtliches Husten jmdm. ein Zeichen geben, etw. zu tun, zu beachten o. Ä.); b) Husten haben: er hustet schon seit Tagen. **2.** beim Husten herausbefördern, auswerfen: Blut h.; * jmdm. [et]was/eins h. (salopp spött.; keineswegs geneigt sein, jmds. Wunsch o. Ä. zu erfüllen, seiner Forderung nachzukommen). **3.** (salopp) pfeifen (12).

Hus|ten, der; -s, - ⟨Pl. selten⟩ [mhd. huoste, ahd. huosto, Substantivierung eines das Hustengeräusch nachahmenden lautm. Wortes]: [Erkältungs]krankheit, bei der man oft u. stark husten muss: sie hat trockenen H.

Hus|ten|an|fall, der: anfallartiges Husten.

Hus|ten|bon|bon, der od. das: den Husten lindernder Bonbon mit schleimlösenden Substanzen.

Hus|ten|mit|tel, das: gegen Husten wirksames Arzneimittel.

Hus|ten|reiz, der ⟨Pl. selten⟩: ein Husten auslösender Reiz.

Hus|ten|saft, der: flüssiges Hustenmittel.

Hus|ten|tee, der: gegen Husten wirksamer, schleimlösender Tee aus Heilkräutern; Bronchialtee.

Hus|ten|trop|fen ⟨Pl.⟩: Hustenmittel in Form von Tropfen.

Hus|tle [ˈhasl], der; -[s], -s [engl. hustle = Gedränge, Gewühl]: **a)** Modetanz der 1970er-Jahre, bei dem die Tänzer in Reihen stehen u. bestimmte Schrittkombinationen ausführen; **b)** Discofox.

Hu|sum: Stadt in Schleswig-Holstein.

¹Hut, der; -[e]s, Hüte [mhd., ahd. huot, eigtl. = der Schützende, Bedeckende, zu ↑²Hut]: **1.** aus einem geformten Kopfteil bestehende, meist mit Krempe versehene Kopfbedeckung: ein eleganter H.; ein H. mit breiter Krempe; sich eine Feder an den H. stecken; [für jmdn., etw.] den H. herumgehen lassen (Geld sammeln); er war schon in H. und Mantel (bereit zum Ausgehen); In Wandsbek, da waren die ja immer zum Rennen gefahren. Auguste Victoria, ein H. wie ein Wagenrad, mit so Pleureusen dran (Kempowski, Uns 179); R da geht einem der H. hoch (ugs.; das macht einen wütend, rasend); H. ab! (ugs.; alle Achtung, allen Respekt!); Spr mit dem -e in der Hand kommt man durch das ganze Land (wer höflich ist [u. stets den Hut zum Gruße zieht], erreicht viel); * ein alter H. (ugs.; etw. Altbekanntes, längst nicht mehr Neues); den/seinen H. nehmen [müssen] (ugs.; aus dem Amt scheiden, zurücktreten [müssen]); den/seinen H. in den Ring werfen (1. seine Kandidatur anmelden. 2. sich um etw. bewerben) [LÜ von engl. to throw one's hat in the ring]; vor jmdm., etw. den H. ziehen (vor jmdm., etw. alle Achtung haben, jmdm., einer Sache seinen Respekt nicht versagen können); sich ⟨Dativ⟩ etw. an den H. stecken können (ugs.; etw. behalten können; mit etw. verächtlich zurückgewiesen werden; H. u., viell. ist gemeint, dass man etw. als so wertlos ansieht wie eine Feder, eine Blume o. dgl., die man sich als Schmuck an den Hut steckt: sein Geld kann er sich an den H. stecken, das interessiert mich überhaupt nicht); mit jmdm., etw. nichts am H. haben (ugs.; vgl. Sinn 3 a); jmdm. eins auf den H. geben (ugs.; jmdm. einen Verweis, eine Rüge erteilen); eins auf den H. kriegen, bekommen (ugs.; einen Verweis, eine Rüge erhalten); etw. aus dem H. machen (ugs.; etw. unvorbereitet machen, improvisieren; wahrsch. in Anspielung auf Zauberkünstler, die aus ihrem Hut Tiere o. Ä. hervorzaubern); etw. aus dem H. ziehen/zaubern (ugs.; etw. [überraschend] hervorbringen, herbeischaffen); unter einen H. bringen (ugs.; einigen, in Einklang, Übereinstimmung bringen: es ist schwer, so viele Interessen unter einen H. zu bringen); unter einen H. kommen (ugs.; einig werden, übereinkommen). **2.** (Bot.) hut- od. schirmförmiger oberer Teil der Hutpilze.

²Hut, die; - [mhd. huote, ahd. huota = Bewachung, Behütung, Obhut, urspr. = Schutz, Bedeckung] (geh.): Schutz, schützende Aufsicht, Obhut: das Kind ist bei ihr in bester H.; * [vor jmdm., etw.] auf der H. sein [vor jmdm., etw.] vorsichtig sein, sich in Acht nehmen; Soldatenspr., eigtl. = auf Wache im Felde außerhalb des Heerlagers stehen).

Hut|ab|la|ge, die: Ablage für Hüte (hinten im Auto, als Teil einer Garderobe o. Ä.).

Hut|ab|tei|lung, die: Abteilung eines Kaufhauses, in der Hüte verkauft werden.

Hut|band, das ⟨Pl. ...bänder⟩: als Schmuck dienendes Band, das die Stelle zwischen Kopfteil u. Krempe eines Huts überdeckt.

Hüt|chen, das; -s, -: Vkl. zu ↑¹Hut.

Hüt|chen|spiel, das: Glücksspiel, bei dem zu erraten ist, unter welchem von drei verwirrend schnell hin u. her geschobenen Fingerhüten o. Ä. sich eine Stanniolkugel o. Ä. befindet.

Hü|te|hund, der: Schäferhund (2).

hü|ten ⟨sw. V.; hat⟩ [mhd. hüeten, ahd. huotan]: **1.** auf jmdn., etw. aufpassen, dass ihm bzw. der Sache kein Schaden zugefügt wird od. dass er bzw. es keinen Schaden anrichtet: jmd. muss die Kinder h.; jemand besorgt sorgsam h. (aufbewahren); Ü ein Geheimnis h. (sorgfältig bewahren); Eine alte Frau hütet den Laden und blickt misstrauisch mit Hexenaugen auf den Betrachter der Auslage (Koeppen, Rußland 66). **2.** auf die auf der Weide befindlichen Tiere achten, sie beaufsichtigen: die Schafe h. **3.** ⟨h. + sich⟩ sich vor falschen Schritten h.; hüte dich vor ihm!; »Kommst du mit?« – »Ich werde mich h.!« (ugs.; keinesfalls).

Hü|ter, der; -s, - [mhd. huetære, ahd. huotari]: **1.** (geh.) jmd., der jmdn., etw. hütet (1), schützend bewacht; Wächter, Schützer, Bewahrer: ein H. der Rechtsordnung; die H. des Gesetzes (scherzh.; die Polizisten); Sie waren gewohnt, dass man einander in den Opern lustig betrog, dass die H. der Tugend an der Nase herumgeführt und die eifersüchtige Großmäuler verprügelt wurden (Thieß, Legende 166). **2.** (Sport) Kurzf. von ↑Torhüter (1).

Hü|te|rin, die; -, -nen [mhd. hüeterin]: w. Form zu ↑ Hüter.

Hut|form, die: **1.** Form eines Hutes: eine sportliche H. **2.** rundes [hölzernes] Modell zum Formen von Hüten.

hut|för|mig ⟨Adj.⟩: die Form eines Hutes habend.

Hut|krem|pe, die: Rand an einem Hut; Krempe.

hut|los ⟨Adj.⟩: ohne Hut; keinen Hut tragend.

Hut|ma|cher, der: jmd., der Hüte u. Mützen anfertigt (Berufsbez.).

Hut|ma|che|rin, die: w. Form zu ↑ Hutmacher.

Hut|mo|de, die: die Hüte betreffende ¹Mode (1 a).

Hut|na|del, die: Schmucknadel, mit der man Damenhüte im Haar befestigt.

Hut|pilz, der: Pilz mit hutförmigem Fruchtkörper.

Hut|rand, der: Hutkrempe.

Hut|schach|tel, die: großer, runder Behälter zum Transportieren u. Aufbewahren von Hüten.

¹Hut|sche, die; -, -n [zu ↑ ¹hutschen] (südd., österr. ugs.): Schaukel.

²Hut|sche, Hüt|sche, die; -, -n [zu ↑ ²hutschen] (landsch. ugs.): **1.** Fußbank; niedriger Schemel. **2.** kleiner Schlitten.

¹hut|schen ⟨sw. V.; hat⟩ [zu ↑ husch] (südd., österr.): **1.** schaukeln, wiegen. **2.** ⟨h. + sich⟩ weggehen, sich entfernen.

²hut|schen ⟨sw. V.; hat⟩ [niederd., ostmd.; spätmhd. (md.) hutschen = rutschen, schieben] (landsch. ugs.): **a)** am Boden rutschen, kriechen; **b)** hin- u. herrücken.

Hut|schnur, die: am Übergang zwischen Kopfteil u. Krempe des Hutes befindliche, dem Schmuck dienende Schnur: * **[jmdm.] über die H. gehen** (ugs.; [jmdm.] zu weit gehen; wahrsch. scherzh. Steigerung von »jmdm. bis an den Hals gehen« [= jmdm. zu viel sein, zu arg sein]; fraglich ist, ob sich die Wendung urspr. auf Vorschriften für die Nutzung von Wasserleitungen bezog, wonach der Strahl bei der Wasserentnahme nicht dicker als eine Hutschnur sein durfte: das, diese Unverschämtheit geht [mir] denn doch über die H.!)

Hutsch|pferd, das [zu ↑ ¹hutschen] (südd., österr. ugs.): Schaukelpferd: das Kind klettert auf das H.; * **grinsen wie ein [frisch lackiertes] H.** (scherzh.; breit grinsen).

Hütt|chen, das; -s, -: Vkl. zu ↑ Hütte.

Hüt|te, die; -, -n: **1.** [mhd. hütte, ahd. hutta; eigtl. = Bedeckende, Umhüllende] **a)** kleines, primitives Haus, das meist aus nur einem Raum besteht [u. das nur für einen vorübergehenden Aufenthalt bestimmt ist]: eine armselige H.; in der Eingeborenen; eine H. aus Holz; Ü Hier mag die Hoffnung ihre H. bauen, in dieser Bergnacht allein soll man das »Menschliche« suchen (Thieß, Reich 644); R hier lasst uns -n bauen (ugs.; hier wollen wir bleiben, uns niederlassen, von hier wollen wir nicht wieder weggehen; nach Matth. 17, 4); **b)** Kurzf. von Berghütte, Skihütte, Wanderhütte u. Ä.: Weihnachten auf einer H. verbringen. **2.** (Seemannsspr.) sich auf dem hinteren Deck quer über das ganze Schiff erstreckender Aufbau, dessen Inneres meist als Kajüte eingerichtet ist. **3.** [mhd. hütte, urspr. der Schuppen, in dem Erze gelagert wurden] industrielle Anlage, in der aus Erzen Metall gewonnen wird od. keramische Produkte hergestellt werden; Hüttenwerk.

Hüt|ten|abend, der: geselliges abendliches Beisammensein in einer Berghütte o. Ä.

Hüt|ten|ar|bei|ter, der: Arbeiter in einer Hütte (3).

Hüt|ten|ar|bei|te|rin, die: w. Form zu ↑ Hüttenarbeiter.

Hüt|ten|be|trieb, der: Hütte (3).

Hüt|ten|dorf, das: von Demonstranten errichtete provisorische Siedlung aus Hütten.

Hüt|ten|in|dus|t|rie, die: Industrie, die sich mit der Verhüttung von Erzen befasst.

Hüt|ten|in|ge|ni|eur, der: Ingenieur, der mit der technischen Leitung von Hüttenbetrieben u. Walzwerken betraut ist (Berufsbez.).

Hüt|ten|in|ge|ni|eu|rin, die: w. Form zu ↑ Hütteningenieur.

Hüt|ten|kä|se, der: Quark von körniger Struktur.

Hüt|ten|koks, der: fester Koks in großen Stücken, der in Hüttenbetrieben verwendet wird.

Hüt|ten|kom|bi|nat, das (DDR): Kombinat, das verschiedene Betriebe der Hüttenindustrie zusammenfasst.

Hüt|ten|kun|de, die: Wissenschaft, die sich mit der Metallgewinnung durch Verhüttung von Erzen befasst; Metallurgie.

Hüt|ten|rauch, der [spätmhd. hüttrouch]: weißer Rauch, der beim Rösten von arsenikhaltigen Erzen entsteht.

Hüt|ten|schuh, der ⟨meist Pl.⟩: aus farbiger Wolle gestrickter, auf der Sohle mit weichem Leder benähter Hausschuh.

Hüt|ten|werk, das: Hütte (3).

Hüt|ten|we|sen, das ⟨o. Pl.⟩: technischer u. wirtschaftlicher Bereich des Verhüttens von Erzen.

Hu|tu, die; -, -[s]: Angehörige eines afrikanischen Volkes.

²Hu|tu, der; -[s], -[s]: Angehöriger eines afrikanischen Volkes.

Hu|tung, die; -, -en [zu ↑ hüten] (Landwirtsch.): Weide geringer Qualität [für Schafe od. Ziegen].

Hut|wei|de, die (Landwirtsch.): gemeindeeigene Weide, auf die das Vieh täglich getrieben wird.

Hut|zel, die; -, -n (landsch.): **1.** [mhd. hutzel, hützel = getrocknete Birne, Dörrobst, H. u.] gedörrte Frucht, bes. Birne. **2.** (salopp) alte Frau mit runzliger, faltiger Haut. **3.** [viell. nach 1] Tannenzapfen.

hut|ze|lig, hutzlig ⟨Adj.⟩ (ugs.): [vor Alter] viele Runzeln, Falten habend; dürr, welk: ein -es altes Weib; -es Obst.

Hut|zel|männ|chen, das: Heinzelmännchen.

hut|zeln ⟨sw. V.⟩ [vgl. mhd. verhützeln = zusammenschrumpfen] (landsch.): **1.** ⟨hat⟩ dürr, trocken machen; dörren (1): Obst h. **2.** ⟨ist⟩ dürr, trocken werden; einschrumpfen, dörren (2).

hutz|lig: ↑ hutzelig.

Hu|xel|rei|be, die; -, -n [nach dem Wormser Winzer F. Huxel]: **a)** ⟨o. Pl.⟩ früh reifende Rebsorte; **b)** aus der Huxelrebe (a) hergestellter blumiger Weißwein mit leicht muskatähnlichem Bukett.

HwG-Mäd|chen [haːveːˈgeː...], das [(Person mit) häufig wechselndem Geschlechtsverkehr] (Amtsspr. veraltet): Prostituierte.

HWS [haːveːˈɛs] = Halswirbelsäule.

HWS-Schleu|der|trau|ma, HWS-Trau|ma [haːveːˈlɛs...], das (Med.): Schleudertrauma.

Hy|a|den ⟨Pl.⟩: **1.** (griech. Mythol.) Töchter des Atlas u. des Okeanos, die in ein Sternbild verwandelt werden. **2.** Sternhaufen im Sternbild Stier.

hy|a|lin ⟨Adj.⟩ [spätlat. hyalinus = gläsern < griech. hyálinos, zu: hýalos = Glas] (Med., Geol.): glasig, glasartig.

Hy|a|lit [auch: ...ˈlɪt], der; -s, -e [zu griech. hýalos = Glas] (Geol.): wasserheller, wie Glas glänzender Opal, der oft als krustenartiger Überzug auf vulkanischen Gesteinen vorkommt.

Hy|a|lu|ron|säu|re, die [zu griech. hýalos = Glas, da erstmalig aus dem Glaskörper von Rinderaugen isoliert, u. griech. oũron = Harn]: aus Polysacchariden bestehende, im Bindegewebe, Glaskörper u. a. vorkommende Substanz, die durch ihre Fähigkeit, Wasser fest zu binden, bes. Bestandteil von Hautpflegemitteln ist.

Hy|ä|ne, die; -, -n [mhd. hientier, hienna, ahd. ijēna < lat. hyaena < griech. hýaina, zu: hỹs = Schwein, wohl nach dem borstigen Rücken]: (in Afrika u. Asien heimisches) einem Hund ähnliches Raubtier mit borstiger Rückenmähne u. buschigem Schwanz, das sich vorwiegend von Aas ernährt u. bes. nachts auf Beute ausgeht.

¹Hy|a|zinth, der; -[e]s, -e [lat. hyacinthus < griech. hyákinthos = Amethyst, nach der blauen Farbe, vgl. Hyazinthe]: durchsichtiges, gelbrotes Mineral (Abart des Zirkons), das häufig als Schmuckstein verwendet wird.

²Hy|a|zinth (griech. Mythol.): schöner Jüngling, ein Liebling Apollos.

Hy|a|zin|the, die; -, -n [lat. hyacinthus < griech. hyákinthos = Name einer Blume, die aus dem Blut des durch einen unglücklichen Diskuswurf getöteten ²Hyazinth entsprossen sein soll; H. u.]: (aus einer Zwiebel hervorwachsende) Pflanze mit riemenförmigen Blättern u. einer großen, aufrecht stehenden, aus vielen duftenden Einzelblüten bestehenden Blütentraube.

Hy|a|zin|then|glas, das ⟨Pl. ...gläser⟩: Glas, in dem die Zwiebel einer Hyazinthe im Winter zum Austreiben u. Blühen gebracht wird.

Hy|b|rid, der oder der; -[e]s, -e (bes. Fachspr.): **1.** Mischung; Gebilde aus zwei od. mehreren Komponenten. **2. a)** Kurzf. von ↑ Hybridmotor; **b)** ⟨der⟩ Kurzf. von ↑ Hybridfahrzeug.

¹hy|b|rid ⟨Adj.⟩ [zu ↑ Hybride] (bes. Fachspr.): aus Verschiedenartigem zusammengesetzt, von zweierlei Herkunft; gemischt; zwitterhaft: -e Bildungen, Komposita (Sprachwiss.; Bildungen, Komposita, deren Teile verschiedenen Sprachen angehören, z. B. Auto-mobil [griech.; lat.]); -e Züchtung (Biol.; Hybridzüchtung).

²hy|b|rid ⟨Adj.⟩ [zu ↑ Hybris] (bildungsspr.): hochmütig, überheblich, vermessen.

Hy|b|rid|an|trieb, der (Technik): Kombination aus verschiedenen Arten des Antriebs bes. bei Kraftfahrzeugen (z. B. Kombination aus Verbrennungsmotor, Generator u. Elektromotor bei Bussen des öffentlichen Nahverkehrs).

Hy|b|rid|au|to, das: vgl. Hybridfahrzeug.

Hy|b|ri|de, die; -, -n, (auch:) der; -n, -n [lat. hybrida = Mischling, Bastard, H. u.] (Biol.): aus Kreuzung verschiedener Arten hervorgegangene Pflanze; aus Kreuzung verschiedener Rassen hervorgegangenes Tier.

Hy|b|rid|fahr|zeug, das: Fahrzeug, das wahlweise durch einen Verbrennungsmotor od. einen Elektromotor angetrieben werden kann.

Hy|b|ri|di|sa|ti|on, die; -, -en (Biol.): Hybridisierung.

hy|b|ri|di|sie|ren ⟨sw. V.; hat⟩ (Biol.): bastardieren.

Hy|b|ri|di|sie|rung, die; -, -en (Biol.): **1.** Bastardierung. **2.** Hybridzüchtung (2).

Hy|b|rid|mo|tor, der; -s, -en, auch: -e (Technik): Motor, der sowohl den Kraftstoff des Ottomotors als auch den des Dieselmotors verbrennen kann.

Hy|b|rid|rech|ner, der (EDV): elektronische Rechenanlage, die Informationen sowohl in analoger als auch in digitaler Form verarbeiten kann.

Hy|b|rid|züch|tung, die (Biol.): **1.** Tier- od. Pflanzenzüchtung, bei der durch Bastardierung besonders marktgerechte, ertragreiche o. ä. Ergebnisse erzielt werden. **2.** Tier od. Pflanze als Ergebnis einer Hybridzüchtung (1).

Hy|b|ris, die; - [griech. hýbris, H. u.] (bildungsspr.): Hochmut; Überheblichkeit; Vermessenheit.

hy|d|r-, Hy|d|r-: ↑ hydro-, Hydro-.

¹Hy|d|ra, die; -: **1.** (griech. Mythol.) einer Schlange ähnliches Ungeheuer mit neun Köpfen. **2.** das Sternbild Wasserschlange (2).

²Hy|d|ra, die; -, Hydren [lat. hydra < griech.

Hydrant – Hydrotherapie

hýdra = Wassertier, -schlange, zu: hýdōr = Wasser]: *Süßwasserpolyp.*

Hy|d|rant, der; -en, -en [engl. hydrant]: *Zapfstelle zur Entnahme von Wasser, meist auf der Straße (bes. für Feuerwehr u. Straßenreinigung).*

Hy|d|rar|gy|rum, das; -s [zu lat. hydrargyrus < griech. hydrárgyros, eigtl. = Wassersilber]: lat. Bez. für: Quecksilber (Zeichen: Hg).

Hy|d|rat, das; -[e]s, -e (Chemie): *[an]organische Verbindung, in der Wasser chemisch gebunden enthalten ist.*

Hy|d|ra|ta|ti|on, Hy|d|ra|ti|on, die; - (Chemie): *Bildung von Hydraten durch Anlagerung, Bindung von Wasser an feste [an]organische Substanzen.*

hy|d|ra|ti|sie|ren ⟨sw. V.; hat⟩ (Chemie): *Hydrate bilden; in Hydrate umwandeln.*

Hy|d|ra|ti|sie|rung, die; -, -en (Chemie): *das Hydratisieren, Hydratisiertwerden.*

Hy|d|rau|lik, die; -, -en [zu ↑ hydraulisch] (Technik): **1.** ⟨o. Pl.⟩ *Theorie, Lehre von den Strömungen der Flüssigkeiten (die bes. im Grund- u. Wasserbau Anwendung findet).* **2.** *Gesamtheit der Steuer-, Regel-, Antriebs- u. Bremsvorrichtungen von Fahrzeugen, Flugzeugen od. Geräten, deren Kräfte mithilfe des Drucks einer Flüssigkeit erzeugt od. übertragen werden.*

hy|d|rau|lisch ⟨Adj.⟩ [lat. hydraulicus < griech. hydraulikós = zur Wasserorgel gehörend, zu: hýdraulis = Wasserorgel] (Technik): *mit dem Druck von Wasser od. anderen Flüssigkeiten arbeitend; unter Mitwirkung von Wasser od. anderen Flüssigkeiten betrieben, erfolgend:* der -e Antrieb, ein -es Getriebe; eine -e Bremse; die Türen öffnen und schließen sich h.

Hy|d|ra|zi|de ⟨Pl.⟩ (Chemie): *Salze des Hydrazins.*

Hy|d|ra|zin, das; -s [geb. aus ↑ Hydrogen u. frz. azote = Stickstoff] (Chemie): *chemische Verbindung von Stickstoff mit Wasserstoff, die bei der Entwicklung von Raketentreibstoffen, bei der Herstellung von Medikamenten, Klebstoffen u. a. verwendet wird.*

Hy|d|ria, die; -, ...ien [griech. hydría]: *bauchiger altgriechischer Wasserkrug mit zwei waagrecht angesetzten Henkeln am bauchigen Teil u. einem senkrecht angesetzten Henkel am Hals.*

Hy|d|rid, das; -[e]s, -e (Chemie): *Verbindung des Wasserstoffs mit einem od. mehreren chemischen Elementen metallischen od. nicht metallischen Charakters.*

hy|d|rie|ren ⟨sw. V.; hat⟩ (Chemie): *mithilfe von Katalysatoren Wasserstoff an (ungesättigte) chemische Verbindungen anlagern.*

Hy|d|rie|rung, die; - (Chemie): *das Hydrieren, Hydriertwerden.*

Hy|d|rier|ver|fah|ren, das (Chemie): *Verfahren zur Hydrierung chemischer Stoffe.*

hy|d|ro-, Hy|d|ro-, (vor Vokalen auch:) hydr-, Hydr- [zu griech. hýdor = Wasser]: Best. in Zus. mit der Bed. *Wasser* (z. B. hydrodynamisch, Hydrämie, Hydrometer).

Hy|d|ro|bio|lo|ge, der; -n, -n: *Wissenschaftler auf dem Gebiet der Hydrobiologie.*

Hy|d|ro|bio|lo|gie, die; - *(als Teilgebiet der Biologie) Wissenschaft von den im Wasser lebenden pflanzlichen u. tierischen Organismen.*

Hy|d|ro|bio|lo|gin, die; -, -nen: w. Form zu ↑ Hydrobiologe.

Hy|d|ro|chi|non, das; -s [2. Bestandteil zu ↑ Chinin] (Chemie): *organische Verbindung, die als starkes Reduktionsmittel in der Farbstoffindustrie eine Rolle spielt, bes. aber als fotografischer Entwickler u. auch als Desinfektionsmittel verwendet wird.*

Hy|d|ro|co|p|ter, der; -s, - [analog zu ↑ Helikopter]: *Fahrzeug, das mit Propeller angetrieben wird u. sowohl im Wasser als auch auf dem Eis eingesetzt werden kann.*

Hy|d|ro|dy|na|mik, die; - (Physik): *(als Teilgebiet der Strömungslehre) Wissenschaft von den Bewegungen der Flüssigkeiten u. den dabei wirksamen Kräften.*

hy|d|ro|dy|na|misch ⟨Adj.⟩ (Physik): *die Hydrodynamik betreffend, auf ihren Gesetzen beruhend.*

hy|d|ro|elek|t|risch ⟨Adj.⟩: **1.** (Physik, Technik) *elektrische Energie mit Wasserkraft erzeugend; mithilfe von Energie, die durch Wasserkraft gewonnen wird.* **2.** (Med.) *Wasser u. bestimmte elektrische Ströme anwendend:* -e Behandlungen.

hy|d|ro|ener|ge|tisch ⟨Adj.⟩ (Physik, Technik): *vom Wasser, von der Wasserkraft [an]getrieben; die Wasserkraft nutzend.*

Hy|d|ro|foil ['haɪdrəfɔɪl], das; -s, -s [engl. hydrofoil, geb. nach aerofoil = Tragfläche, -flügel]: engl. Bez. für: Tragflächen-, Tragflügelboot.

Hy|d|ro|gen: ↑ Hydrogenium.

Hy|d|ro|gen|bom|be, die: *Wasserstoffbombe.*

Hy|d|ro|ge|ni|um, Hydrogen, das; -s [frz. hydrogène, eigtl. = Wasserbildner, zu griech. -genés, ↑ -gen] (Chemie): *Wasserstoff* (Zeichen: H).

Hy|d|ro|geo|lo|ge, der; -n, -n: *Wissenschaftler auf dem Gebiet der Hydrogeologie.*

Hy|d|ro|geo|lo|gie, die; - *(als Teilgebiet der Hydrologie) Wissenschaft, Lehre von den Erscheinungen des Wassers in der Erdkruste.*

Hy|d|ro|geo|lo|gin, die; -, -nen: w. Form zu ↑ Hydrogeologe.

hy|d|ro|geo|lo|gisch ⟨Adj.⟩: *die Hydrogeologie betreffend; mithilfe der Hydrogeologie.*

Hy|d|ro|graf, Hydrograph, der; -en, -en: *Wissenschaftler, Fachmann auf dem Gebiet der Hydrografie.*

Hy|d|ro|gra|fie, Hydrographie, die; - [↑ -grafie]: *Gewässerkunde.*

Hy|d|ro|gra|fin, Hydrographin, die; -, -nen: w. Form zu ↑ Hydrograf.

hy|d|ro|gra|fisch, hydrographisch ⟨Adj.⟩: *die Hydrografie betreffend; mithilfe der Hydrografie.*

Hy|d|ro|graph usw.: ↑ Hydrograf usw.

Hy|d|ro|kor|ti|son, das; -s (Med.): *Hormon der Nebennierenrinde mit entzündungshemmender Wirkung.*

Hy|d|ro|kul|tur, die; -, -en (Gartenbau): **1.** ⟨o. Pl.⟩ *das Kultivieren von Nutz- u. Zierpflanzen in Behältern mit Nährlösungen anstelle des natürlichen Bodens als Träger der Nährstoffe.* **2.** *Anlage, Bepflanzung, die mit Hydrokultur (1) betrieben wird.*

Hy|d|ro|lo|ge, der; -n, -n [↑ -loge]: *Wissenschaftler, Forscher, Fachmann auf dem Gebiet der Hydrologie.*

Hy|d|ro|lo|gie, die; - [↑ -logie]: *Wissenschaft, Lehre vom Wasser, seinen Arten, Eigenschaften u. seinen Erscheinungsformen über, auf u. unter der Erdoberfläche u. ihren natürlichen Zusammenhängen.*

Hy|d|ro|lo|gin, die; -, -nen: w. Form zu ↑ Hydrologe.

hy|d|ro|lo|gisch ⟨Adj.⟩: *die Hydrologie betreffend; mithilfe der Hydrologie.*

Hy|d|ro|ly|se, die; -, -n [zu griech. lýsis = (Auf)lösung] (Chemie): *Spaltung chemischer Verbindungen durch Wasser, meist unter Mitwirkung eines Katalysators od. Enzyms.*

hy|d|ro|ly|tisch ⟨Adj.⟩ (Chemie): *die Hydrolyse betreffend; mithilfe der Hydrolyse.*

Hy|d|ro|me|cha|nik, die; - *(als Teilbereich der Mechanik) die Wissenschaft, Lehre von den Gesetzmäßigkeiten ruhender u. bewegter, vor allem strömender Flüssigkeiten.*

hy|d|ro|me|cha|nisch ⟨Adj.⟩: *die Hydromechanik betreffend; mithilfe der Hydromechanik.*

Hy|d|ro|me|teo|ro|lo|gie, die; - *(als Teilgebiet der Meteorologie) Lehre von den Erscheinungen des Wassers in der Lufthülle in ihren Wechselwirkungen mit der Erdkruste.*

Hy|d|ro|me|ter, das; -s, -: *Gerät zur Messung der Geschwindigkeit fließenden Wassers, der Menge des durch ein Rohr strömenden Wassers, des spezifischen Gewichts von Wasser o. Ä.*

Hy|d|ro|me|t|rie, die; - [↑ -metrie]: **a)** *Lehre von den Verfahren u. Einrichtungen zur Messung der Gewässer;* **b)** *Messung an Gewässern mithilfe des Hydrometers.*

hy|d|ro|me|t|risch ⟨Adj.⟩: *die Hydrometrie betreffend; mithilfe der Hydrometrie, eines Hydrometers.*

Hy|d|ro|path, der; -en, -en [↑ -path]: *jmd., der Patienten mit Mitteln der Hydrotherapie (2) behandelt.*

Hy|d|ro|pa|thie, die; - [↑ -pathie] (Med.): *(als Teilbereich der Medizin) Lehre von der Heilbehandlung durch Anwendung von Wasser.*

hy|d|ro|pa|thisch ⟨Adj.⟩ (Med.): *die Hydropathie betreffend, auf ihr beruhend, zu ihr gehörend.*

hy|d|ro|phil ⟨Adj.⟩ [zu griech. phileīn = lieben]: **1.** (Biol.) *(von Tieren u. Pflanzen) im od. am Wasser lebend.* **2.** (Chemie, Technik) *Wasser, Feuchtigkeit anziehend, aufnehmend.*

Hy|d|ro|phi|lie, die; - [zu griech. philía = Liebe, Zuneigung] (Chemie, Technik): *(von bestimmten Stoffen) Eigenschaft, Wasser anzuziehen; Bestreben, Wasser aufzunehmen.*

hy|d|ro|phob ⟨Adj.⟩ [lat. hydrophobus < griech. hydróphobos]: **1.** (Biol.) *(von Tieren u. Pflanzen) in feuchten Lebensräumen in der Regel nicht vorkommend.* **2.** (Chemie, Technik) *Wasser, Feuchtigkeit abstoßend; nicht in Wasser löslich.*

Hy|d|ro|pho|bie, die; -, -n [griech. hydrophobía, ↑ Phobie]: **1.** (Biol.) *Bestreben bestimmter Tiere u. Pflanzen, das Wasser zu meiden.* **2.** (Med.) *krankhafte Wasserscheu bei Menschen u. Tieren, bes. als Begleiterscheinung bei Tollwut.*

hy|d|ro|pneu|ma|tisch [österr. auch: ...'mat...] ⟨Adj.⟩ (Technik): *mit einem gasförmigen Stoff u. einer Flüssigkeit gleichzeitig betrieben:* eine -e Federung.

Hy|d|ro|po|nik, die; - [zu griech. pónos = Arbeit] (Gartenbau): *Hydrokultur.*

hy|d|ro|po|nisch ⟨Adj.⟩ (Gartenbau): *die Hydroponik betreffend; mithilfe der Hydroponik.*

Hy|d|rops, der; -, **Hy|d|rop|sie,** die; -, -n [griech. hýdrōps, zu: ōps = Aussehen] (Med.): *(durch verschiedene Krankheiten, z. B. Herzinsuffizienz, verursachte) Ansammlung seröser Flüssigkeit im Gewebe, in Gelenken od. in Körperhöhlen; Wassersucht.*

Hy|d|ro|sphä|re, die; - (Geol.): *aus den Meeren, den Binnengewässern, dem Grundwasser, dem im Eis gebundenen u. in der Atmosphäre vorhandenen Wasser bestehende Wasserhülle (b) der Erde.*

Hy|d|ro|sta|tik, die; - (Physik): *Wissenschaft, Lehre vom Gleichgewicht der in ruhenden Flüssigkeiten u. auf ruhende Flüssigkeiten wirkenden Kräfte.*

hy|d|ro|sta|tisch ⟨Adj.⟩ (Physik): *auf den Gesetzen der Hydrostatik beruhend:* -er Druck *(im Inneren einer ruhenden Flüssigkeit herrschender Druck, der in jeder Richtung gleich groß ist).*

Hy|d|ro|tech|nik, die ⟨o. Pl.⟩: *Technik des Wasserbaus.*

hy|d|ro|tech|nisch ⟨Adj.⟩: *die Hydrotechnik betreffend; mit den Mitteln der Hydrotechnik.*

hy|d|ro|the|ra|peu|tisch [auch: 'hy:dro...] ⟨Adj.⟩ (Med.): *die Hydrotherapie betreffend; mithilfe der Hydrotherapie.*

Hy|d|ro|the|ra|pie [auch: ...'pi:], die; -, -n (Med.):

1. ⟨o. Pl.⟩ *Hydropathie.* **2.** *Heilbehandlung durch Anwendung von Wasser in Form von Bädern, Waschungen, Güssen, Dämpfen o. Ä.*

hy|dro|ther|mal ⟨Adj.⟩ (Geol.): *(von Erzen u. anderen Mineralien) aus verdünnten Lösungen ausgeschieden.*

Hy|dro|xid, Hydroxyd, das; -[e]s, -e [zu ↑ Hydrogen u. ↑ Oxid] (Chemie): *anorganische Verbindung mit einer od. mehreren funktionellen (1 a) Hydroxylgruppen.*

hy|dr|o|xi|disch, hydroxydisch ⟨Adj.⟩ (Chemie): *(von chemischen Verbindungen) Hydroxide enthaltend.*

Hy|dr|o|xyd usw.: ↑ Hydroxid usw.

Hy|dr|o|xy|l|a|min, das; -s [zu Hydroxyl- (↑ Hydroxylgruppe) u. ↑ Amin] (Chemie): *stark hygroskopische u. explosible chemische Verbindung, deren stark giftige Salze als Reduktionsmittel verwendet werden.*

Hy|dr|o|xyl|grup|pe, die; -, -n [gek. aus ↑ Hydrogen, ↑ Oxygen u. griech. hýle, ↑ Hyle] (Chemie): *in chemischen Verbindungen häufig auftretende, aus einem Atom Wasserstoff u. einem Atom Sauerstoff bestehende Gruppe; OH-Gruppe.*

Hy|dr|o|ze|pha|lus, der; -, ...alen [zu griech. kephalé = Kopf] (Med.): *abnorme Vergrößerung des Schädels infolge übermäßiger Ansammlung von Flüssigkeit; Wasserkopf.*

Hy|dr|o|zo|on, das; -s, ...zoen (meist Pl.) [zu griech. zōon = Lebewesen, Tier]: *zu den Nesseltieren gehörendes, im Wasser lebendes Tier, das meist in Kolonien entweder am Grund festsitzt od. im Wasser umherschwimmt.*

Hy|e|to|gra|fie, Hy|e|to|gra|phie, die; - [zu griech. hyetós = Regen u. ↑ -grafie] (Meteorol. veraltet): *Messung der Niederschläge u. Beschreibung ihrer Verteilung.*

Hy|gi|eia (griech. Mythol.): Göttin der Gesundheit.

Hy|gi|e|ne, die; - [griech. hygieiné (téchnē) = der Gesundheit zuträgliche(e Kunst, Wissenschaft), zu: hygieinós = gesund, heilsam]: **1.** (Med.) *Bereich der Medizin, der sich mit der Erhaltung u. Förderung der Gesundheit u. ihren natürlichen u. sozialen Vorbedingungen befasst; Gesundheitslehre.* **2.** *Gesamtheit der Maßnahmen in den verschiedensten Bereichen zur Erhaltung u. Hebung des Gesundheitsstandes u. zur Verhütung u. Bekämpfung von Krankheiten; Gesundheitspflege.* **3.** *Sauberkeit, Reinlichkeit; Maßnahmen zur Sauberhaltung:* die H. des Körpers.

Hy|gi|e|ne|ar|ti|kel, der: *der Hygiene (3), der Körperpflege dienender Artikel.*

Hy|gi|e|ni|ker, der; -s, -: **1.** *Mediziner, der sich auf Hygiene (1) spezialisiert hat.* **2.** *Fachmann für einen Bereich der Hygiene (2).*

Hy|gi|e|ni|ke|rin, die; -, -nen: w. Form zu ↑ Hygieniker.

hy|gi|e|nisch ⟨Adj.⟩: **1.** *die Hygiene (1, 2) betreffend, ihr gemäß:* eine -e Maßnahme; etw. ist nicht h. **2.** *hinsichtlich der Sauberkeit, Reinlichkeit einwandfrei, den Vorschriften über Sauberkeit entsprechend:* h. verpackte Speisen; Der kleine Operationsraum war taghell erleuchtet. Er sah aus wie eine -e Metzgerei (Remarque, Triomphe 16).

hy|gro-, Hy|gro- [zu griech. hygrós = nass, feucht; Best. in Zus. mit der Bed. *feucht, Feuchtigkeit* (z. B. hygroskopisch, Hygrometer).

Hy|gro|graf, Hy|gro|graph, der; -en, -en [↑ -graf] (Meteorol.): *Gerät zur Aufzeichnung, Registrierung der Luftfeuchtigkeit.*

Hy|gro|me|ter, das; -s, - (Meteorol.): *Gerät zur Messung der Luftfeuchtigkeit.*

Hy|gro|me|t|rie, die; - [↑ -metrie] (Meteorol.): *Messung der Luftfeuchtigkeit.*

hy|gro|me|t|risch ⟨Adj.⟩ (Meteorol.): *die Hygrometrie betreffend; mithilfe eines Hygrometers.*

Hy|gro|phil ⟨Adj.⟩ [zu griech. phileīn = lieben] (Bot.): *(von bestimmten Pflanzen) Feuchtigkeit, feuchte Standorte bevorzugend.*

hy|gro|s|ko|pisch ⟨Adj.⟩ (Chemie): *(von bestimmten Stoffen) die Luftfeuchtigkeit, Wasser anziehend, bindend.*

Hy|gro|s|ko|pi|zi|tät, die; - (Chemie): *Eigenschaft, Fähigkeit bestimmter Stoffe, Luftfeuchtigkeit aufzunehmen, Wasser an sich zu binden.*

Hy|gro|s|tat, der; -[e]s u. -en, -e[n] [zu griech. statós = feststehend] (Technik): *Gerät zur Aufrechterhaltung der Luftfeuchtigkeit.*

Hy|läa, die; - [zu griech. hýlē = Wald; gepr. von dem dt. Naturforscher u. Geografen A. v. Humboldt (1769–1859)]: *tropischer Regenwald [im Amazonastiefland].*

Hy|le, die; - [griech. hýlē = Stoff, Materie, eigtl. = Gehölz, Wald] (Philos.): *Stoff, Materie; (nach Aristoteles) formbarer Urstoff.*

hy|lisch ⟨Adj.⟩ [spätgriech. hylikós] (Philos.): *stofflich, materiell, körperlich.*

Hy|lis|mus, der; - (Philos.): *philosophische Lehre, nach der der Stoff die einzige Substanz der Welt ist.*

¹Hy|men, Hymenäus, Hymenaios (griech. Mythol.): Hochzeitsgott.

²Hy|men, das, auch: der; -s, - [spätlat. hymen < griech. hymén] (Med.): *dünnes Häutchen am Scheideneingang bei der Frau, das im Allgemeinen beim ersten Geschlechtsverkehr (unter leichter Blutung) zerreißt; Jungfernhäutchen.*

³Hy|men, der; -s, - [lat. hymenaeus < griech. hyménaios]: *altgriechisches, der Braut von einem [Mädchen]chor gesungenes Hochzeitslied.*

Hy|me|nai|os: ↑ ¹Hymen.

Hy|me|nä|us: ↑ ¹Hymen.

Hym|ne, die; -, -n [lat. hymnus < griech. hýmnos, viell. eigtl. = Gefüge (von Tönen)]: **1.** *feierliches Preislied, bes. der Antike, zum Lob von Gottheiten, Heroen.* **2.** *geistliches, kirchliches, liturgisches Gesangs-, auch Instrumentalwerk von betont feierlichem Ausdruck; religiöser Lob- u. Preisgesang.* **3.** *(der Ode sehr ähnliches) feierliches Gedicht:* eine H. auf die Freundschaft; Ü seine Tat wurde in wahren -n (mit übertriebenem Lob, in Lobeshymnen) gepriesen. **4.** Kurzf. von ↑ Nationalhymne: alle sangen stehend die H. mit.

Hym|nen|dich|ter, der: *Dichter, der [vorwiegend] Hymnen schreibt.*

Hym|nen|dich|te|rin, die; w. Form zu ↑ Hymnendichter.

Hym|nik, die; - [zu griech. hymnikós = zu einer Hymne gehörend]: *[Kunst]form der Hymne; hymnische Gestaltung, Art.*

hym|nisch ⟨Adj.⟩: *in der Art einer Hymne [abgefasst]:* -e Verse.

Hym|nus, der; -, ...nen (geh.): *Hymne.*

hyp-, Hyp-: ↑ hypo-, Hypo-.

Hyp|a|ku|sis, die; - [zu griech. ákousis = das Hören] (Med.): *[nervös bedingte] Schwerhörigkeit.*

Hype [haɪp], der; -s, -s [engl. hype]: **a)** *besonders spektakuläre, mitreißende Werbung (die eine euphorische Begeisterung für ein Produkt bewirkt);* **b)** *aus Gründen der Publicity inszenierte Täuschung;* **c)** *Welle oberflächlicher Begeisterung; Rummel* (1): der H. um den Nationalspieler.

hy|pen [ˈhaɪpn̩] ⟨sw. V.; hat⟩ [engl. to hype, zu: hype, ↑ Hype] (ugs.): *jmdn., etw. (bes. ein Ereignis) groß herausbringen, hochjubeln:* ein Pro- dukt zum Kultobjekt h.; die Band wurde von der Presse gehypt.

hy|per-, Hy|per- [griech. hypér]: **1.** (Biol., Med.) drückt in Bildungen mit Adjektiven od. Substantiven bes. die übermäßige Größe, Funktion eines Organs u. Ä. aus; *über, übermäßig, über … hinaus:* hyperplastisch; Hypertrophie. **2.** drückt in Bildungen mit Adjektiven eine Verstärkung aus; *über, übermäßig, übertrieben:* hyperempfindlich, -modern, -nervös. **3.** kennzeichnet in Bildungen mit Substantiven etw. als übertrieben [groß], als übermäßig stark ausgeprägt: Hyperformat, -korrektheit, -realist.

hy|per|ak|tiv ⟨Adj.⟩: **a)** (bes. Med., Psychol., Päd.) *an Hyperaktivität leidend:* Hirntraining für -e Kinder; **b)** *hektisch, unruhig, in ständiger Bewegung:* -e Manager.

Hy|per|ak|ti|vi|tät, die; - (bes. Med., Psychol., Päd.): *bei Kindern auftretende psychische Störung, die sich durch impulsives Verhalten, Konzentrationsschwierigkeiten u. auffälliges Sozialverhalten auszeichnet.*

Hy|per|aku|sie, die; - [zu griech. ákousis = das Hören] (Med.): *krankhafte Überempfindlichkeit des Gehörs (infolge nervöser Störungen).*

Hy|per|al|ge|sie, die; -, -n [zu griech. álgēsis = Schmerz] (Med.): *gesteigerte Schmerzempfindlichkeit (bei bestimmten Nervenkrankheiten).*

hy|per|al|ge|tisch ⟨Adj.⟩ (Med.): *Hyperalgesie aufweisend, von Hyperalgesie zeugend.*

Hy|per|ämie, die; -, -n [zu griech. haīma = Blut] (Med.): *vermehrte Ansammlung von Blut, Blutfülle in bestimmten Organen od. Körperabschnitten.*

hy|per|ämisch ⟨Adj.⟩ (Med.): *vermehrt durchblutet:* ein -es Organ.

hy|per|ämi|sie|ren ⟨sw. V.; hat⟩ (Med.): *erhöhte Durchblutung bewirken.*

Hy|per|äs|the|sie, die; -, -n [zu griech. aísthēsis = Sinneswahrnehmung] (Med.): *Überempfindlichkeit, gesteigerte Erregbarkeit der Gefühls- u. Sinnesnerven, bes. gesteigerte Empfindlichkeit der Haut gegen Berührung.*

hy|per|äs|the|tisch ⟨Adj.⟩ (Med.): *überempfindlich; von Hyperästhesie zeugend.*

Hy|per|ba|sis, die; -, ...basen [griech. hypérbasis],
Hy|per|ba|ton, das; -s, ...ta [lat. hyperbaton < griech. hypérbaton] (Rhet.): *Trennung syntaktisch zusammengehörender Wörter durch eingeschobene Satzteile* (z. B. wenn er ins Getümmel mich von Löwenkriegen reißt [Goethe]).

Hy|per|bel, die; -, -n [lat. hyperbole < griech. hyperbolḗ, zu: hyperbállein = über ein Ziel hinauswerfen, übertreffen, übersteigen]: **1.** (Math.) *(zu den Kegelschnitten gehörende) unendliche ebene Kurve aus zwei getrennten Ästen, die zueinander symmetrisch sind und die der geometrische Ort aller Punkte sind, die von zwei festen Punkten (Brennpunkten) eine gleichbleibende Differenz der Abstände haben.* **2.** (Sprachwiss., Rhet.) *in einer Übertreibung bestehende rhetorische Figur* (z. B. himmelhoch; wie Sand am Meer).

Hy|per|bel|funk|ti|on, die (Math.): *aus Summe od. Differenz zweier Exponentialfunktionen entwickelte Größe.*

Hy|per|bo|li|ker, der; -s, - [zu spätlat. hyperbolicus = übertrieben < griech. hyperbolikós] (bildungsspr.): *jmd., der zu Übertreibungen im Ausdruck neigt.*

Hy|per|bo|li|ke|rin, die; -, -nen: w. Form zu ↑ Hyperboliker.

hy|per|bo|lisch ⟨Adj.⟩: **1.** (Math.) *die Art, Form einer Hyperbel aufweisend.* **2.** (bes. Rhet.) *im Ausdruck übertreibend:* eine -e Figur.

Hyperboloid – hypochondrisch

Hy|per|bo|lo|id, das; -[e]s, -e [zu ↑ Hyperbel u. griech. -oeidḗs = ähnlich] (Math.): *Körper, der durch Drehung einer Hyperbel (1) um ihre Achse entsteht.*

Hy|per|bo|re|er, der; -s, - [griech. Hyperbóreos, eigtl. = der weit hinter dem Nordwind (↑ Boreas) Wohnende]: Angehöriger eines sagenhaften Volkes im hohen Norden.

Hy|per|bo|re|e|rin, die; -, -nen: w. Form zu ↑ Hyperboreer.

hy|per|bo|re|isch ⟨Adj.⟩ (veraltet): *im hohen Norden lebend, ansässig, gelegen.*

Hy|per|cha|rak|te|ri|sie|rung, die; -, -en (Sprachwiss.): *grammatische od. semantische Überstimmung eines sprachlichen Ausdrucks durch mehrfache Kennzeichnung (z. B. Pfuscherer statt Pfuscher).*

Hy|per|dak|ty|lie, die; -, -n [zu griech. dáktylos = Finger] (Med.): *angeborene Fehlbildung der Hand od. des Fußes mit einer Überzahl an Fingern od. Zehen.*

Hy|per|eme|sis, die; - [zu griech. émesis = Erbrechen] (Med.): *übermäßig starkes Erbrechen, bes. während der Schwangerschaft.*

Hy|per|frag|ment, das; -[e]s, -e (Kernphysik): *Atomkern, bei dem eines der normalerweise in ihm enthaltenen Neutronen durch ein Hyperon ersetzt ist.*

Hy|per|funk|ti|on, die; -, -en (Med.): *gesteigerte Tätigkeit, Überfunktion eines Organs.*

Hy|per|gal|ak|tie, die; -, -n [zu griech. gála (Gen.: gálaktos) = Milch] (Med.): *übermäßige Absonderung von Milch bei stillenden Frauen.*

hy|per|ge|nau ⟨Adj.⟩ (verstärkend): *übertrieben genau.*

Hy|pe|ri|on [auch: hypeˈriːɔn]: Titan: Sohn des Uranos u. der Gäa.

Hy|per|ki|ne|se, die; -, -n [zu griech. kínēsis = Bewegung] (Med.): *übermäßige Aktivität, Unruhe in den Bewegungen mit Muskelzuckungen u. unwillkürlichen Bewegungen des Körpers u. der Gliedmaßen.*

hy|per|ki|ne|tisch ⟨Adj.⟩ (Med.): *die Hyperkinese betreffend, auf ihr beruhend; mit Muskelzuckungen, unwillkürlichen Bewegungen einhergehend.*

hy|per|kor|rekt ⟨Adj.⟩: *übertrieben korrekt:* ein -es Verhalten; -e Formen, Bildungen (Sprachwiss.; *irrtümlich nach dem Muster anderer standardsprachlich korrekter Formen gebildete Ausdrücke, die Mundartsprecher[innen] gebrauchen, wenn sie Standardsprache sprechen müssen bzw. wollen).*

hy|per|kri|tisch [ˈhyː…, auch: …ˈkriː…] ⟨Adj.⟩ (verstärkend): *übertrieben kritisch.*

Hy|per|link [ˈhaɪpɐ…], der; -s, -s [engl. hyperlink, aus: hyper- < griech. hypér = über … hinaus u. link, ↑ Link] (EDV): *Link.*

Hy|per|li|pid|ä|mie, die; -, -n [zu ↑ Lipid u. griech. haĩma = Blut] (Med.): *erhöhter Gehalt des Blutes an Fetten, Cholesterin.*

Hy|per|me|nor|rhö, die; -, -en (Med.): *verstärkte Monatsblutung.*

hy|per|mo|dern ⟨Adj.⟩ (verstärkend): *übertrieben modern:* Dass viele der Älteren die Musik wegen ihrer kühnen Harmonien als »hypermodern« verschrien und das Buch dekadent oder anrüchig fanden, steigerte die Begeisterung der beiden ins Maßlose (Zuckmayer, Fastnachtsbeichte 19).

hy|per|ner|vös ⟨Adj.⟩ (verstärkend): *überaus nervös.*

Hy|pe|ron, das; -s, …onen [engl. hyperon, zu griech. hypér = über] (Kernphysik): *Elementarteilchen, dessen Masse größer ist als die eines Nukleons.*

Hy|per|o|nym, das; -s, -e [zu griech. ónyma = Name] (Sprachwiss.): *übergeordneter Begriff,* Oberbegriff (z. B. Tier gegenüber Vogel, Hund).

Hy|per|pla|sie, die; -, -n [zu griech. plásis = Bildung, Form] (Med.): *Vergrößerung eines Organs od. Gewebes durch abnorme Vermehrung der Zellen.*

hy|per|plas|tisch ⟨Adj.⟩ (Med.): *die Hyperplasie betreffend, auf ihr beruhend.*

Hy|per|schall, der; -[e]s (Physik): *elastische Schwingungen von Materie[teilchen], deren Frequenzen sehr hoch liegen (oberhalb einer Milliarde Hertz).*

Hy|per|schall|be|reich, der ⟨o. Pl.⟩ (Physik): *Bereich der Frequenzen oberhalb der fünffachen Schallgeschwindigkeit.*

hy|per|sen|si|bel ⟨Adj.⟩ (verstärkend): *überaus sensibel, empfindsam.*

hy|per|sen|si|bi|li|sie|ren ⟨sw. V.; hat⟩: **1.** *die Sensibilität, Empfindlichkeit stark erhöhen.* **2.** (Fotogr.) *die Empfindlichkeit von fotografischem Material durch bestimmte Maßnahmen vor der Belichtung erhöhen.*

Hy|per|so|nik|be|reich, der; -[e]s [zu engl. hypersonic, ↑ hypersonisch] (Physik): *Hyperschallbereich.*

hy|per|so|nisch ⟨Adj.⟩ [engl. hypersonic] (Physik): *den Hyperschallbereich betreffend; mit mehr als fünffacher Schallgeschwindigkeit.*

Hy|per|ten|si|on, die; -, -en [zu lat. tensio = (An)spannung] (Med.): *Hypertonie (1, 2).*

Hy|per|text [ˈhaɪpɐ…], der; -[e]s, -e [engl. hypertext, geb. nach: hyperlink, ↑ Hyperlink] (EDV): *über Links verbundenes Netz aus Text-, Bild- u. Dateneinheiten, durch das sich die Nutzer je nach Interesse bewegen können.*

Hy|per|thy|re|o|i|dis|mus, der; -, **Hy|per|thy|re|o|se**, die; - [zu nlat. thyreoidea = Schilddrüse, zu griech. thyreós = Schild] (Med.): *Überfunktion der Schilddrüse.*

Hy|per|to|nie, die; -, -n [zu ↑ Tonus] (Med.): **1.** *Bluthochdruck.* **2.** *erhöhte Spannung von Muskeln.* **3.** *erhöhter Innendruck, erhöhte Spannung im Augapfel.*

Hy|per|to|ni|ker, der; -s, - (Med.): *jmd., der an zu hohem Blutdruck leidet.*

Hy|per|to|ni|ke|rin, die; -, -nen: w. Form zu ↑ Hypertoniker.

hy|per|to|nisch ⟨Adj.⟩ (Med.): *die Hypertonie (1) betreffend, zu ihr gehörend.*

hy|per|troph ⟨Adj.⟩ (Med.): **1.** *(von Geweben u. Organen) Hypertrophie zeigend:* -e Muskeln. **2.** (bildungsspr.) *ein Übermaß aufweisend; übersteigert, überzogen, übermäßig.*

Hy|per|tro|phie, die; -, -n [zu griech. trophḗ = Nahrung, Ernährung] (Biol., Med.): **1.** *übermäßige Vergrößerung von Geweben u. Organen durch Vergrößerung (nicht Vermehrung) der Zellen, bes. infolge erhöhter Beanspruchung:* eine H. des Herzmuskels. **2.** (bildungsspr.) *Übermaß, Übersteigertsein, Überzogenheit:* eine H. des Selbstbewusstseins.

hy|per|tro|phiert ⟨Adj.⟩ (bildungsspr.): *hypertroph.*

Hy|per|vi|ta|mi|no|se, die; -, -n (Med.): *Schädigung des Körpers durch länger andauernde Zufuhr überhöhter Mengen an fettlöslichen Vitaminen.*

Hy|phe, die; -, -n [griech. hyphḗ = das Weben, das Gewebte] (Biol.): *gegliederter Pilzfaden.*

---

hypn-, Hypn-: ↑ hypno-, Hypno-.

---

hyp|na|gog, hyp|na|go|gisch ⟨Adj.⟩ [engl. hypnagogic, zu griech. hýpnos (↑ Hypnose) u. ágein (= herbei)führen (Fachspr.): **a)** *zum Schlaf führend, einschläfernd;* **b)** *den Schlaf, das Schlafen betreffend.*

hyp|no-, Hyp|no- [zu griech. hýpnos], (vor Vokalen auch:) hypn-, Hypn-: Best. in Zus. mit der Bed. *Schlaf* (z. B. hypnoid, Hypnalgie, Hypnonarkose).

hyp|no|id ⟨Adj.⟩ [zu griech. -oeidḗs = ähnlich] (Med., Psychol.): *(von Bewusstseinszuständen) dem Schlaf bzw. der Hypnose ähnlich.*

Hyp|no|pä|die, die; - [zu griech. paideía = Lehre, (Aus)bildung]: *Schlaflernmethode.*

hyp|no|pä|disch ⟨Adj.⟩: *mit der Methode der Hypnopädie.*

Hyp|nos (griech. Mythol.): *Gott des Schlafes.*

Hyp|no|se, die; -, -n [im 19. Jh. geb. zu griech. hypnōssein = schläfrig sein, schlafen]: *schlafähnlicher Bewusstseinszustand, der von jmdm. durch Suggestion herbeigeführt werden kann u. in dem die Willens- u. teilweise auch die körperlichen Funktionen leicht zu beeinflussen sind:* aus der H. erwachen.

Hyp|no|the|ra|peut [auch: …ˈpɔʏt], der; -en, -en: *jmd., der Patienten mit Mitteln der Hypnotherapie behandelt.*

Hyp|no|the|ra|peu|tin [auch: …ˈpɔʏ…], die; -, -nen: w. Form zu ↑ Hypnotherapeut.

Hyp|no|the|ra|pie [auch: …ˈpiː], die; -, -n: *Psychotherapie mithilfe von Hypnose.*

Hyp|no|tik, die; -: *Wissenschaft von der Hypnose.*

Hyp|no|ti|kum, das; -s, …ka (Med.): *Schlafmittel.*

hyp|no|tisch ⟨Adj.⟩ [spätlat. hypnoticus < griech. hypnōtikós = einschläfernd, zu: hypnoũn = schlafen]: **1. a)** *die Hypnose betreffend, auf ihr beruhend; durch Hypnose bewirkt:* -er Schlaf; eine -e Heilung; **b)** *eine Hypnose bewirkend, zur Hypnose führend:* die -e Wirkung seines Blicks. **2.** *wie durch Hypnose bewirkt, bannend; widerstandslos, willenlos machend.*

Hyp|no|ti|seur [auch: …ˈzøːɐ̯], der; -s, -e [frz. hypnotiseur]: *jmd., bes. ein Arzt, der mit dem Mittel der Hypnose arbeitet.*

Hyp|no|ti|seu|rin […ˈzøːrɪn], die; -, -nen, **Hyp|no|ti|seu|se** […ˈzøːzə], die; -, -n: w. Formen zu ↑ Hypnotiseur.

hyp|no|ti|sie|ren ⟨sw. V.; hat⟩ [frz. hypnotiser < engl. to hypnotize, zu spätlat. hypnoticus, ↑ hypnotisch]: **1.** *in Hypnose versetzen:* einen Kranken h. **2.** *ganz gefangen nehmen, in seinen Bann schlagen; willenlos, widerstandslos machen.*

Hyp|no|tis|mus, der; - [engl. hypnotism]: **1.** *Wissenschaft von der Hypnose.* **2.** (selten) *starke Beeinflussung.*

---

hy|po-, Hy|po-, (vor Vokalen auch:) hyp-, Hyp- [griech. hypó]: **1.** Best. in Zus. mit der Bed. *unter, darunter* (z. B. hypotaktisch, Hypozentrum, Hypothalamus). **2.** (Biol., Med.) bezeichnet in Bildungen mit Substantiven die *Unterentwicklung, Unterfunktion* eines Organs o. Ä.: Hypomenorrhö, Hypotrophie.

Hy|po|chlo|rit, das; -s, -e [zu griech. hypó = (dar)unter u. ↑ Chlorit] (Chemie): *Salz der unterchlorigen Säure.*

Hy|po|chon|der [...ˈxɔndɐ], der; -s, - [frz. hypocondre]: *jmd., der an Hypochondrie leidet, sich hypochondrisch gebärdet; eingebildeter Kranker.*

Hy|po|chon|de|rin, die; -, -nen: w. Form zu ↑ Hypochonder.

Hy|po|chon|d|rie, die; -, -n ⟨Pl. selten⟩ (Med.): *übertriebene Neigung, seinen eigenen Gesundheitszustand zu beobachten, zwanghafte Angst vor Erkrankungen, Einbildung des Erkranktseins* [begleitet von Trübsinn od. Schwermut].

hy|po|chon|d|risch ⟨Adj.⟩ [griech. hypochondriakós = am Unterleib u. an den Eingeweiden (wo nach antiker Vorstellung die Gemütskrankheiten lokalisiert sind) leidend]: *an Hypochondrie leidend; auf Hypochondrie beruhend, zu ihr gehörend:* ein -er Mensch; ihr Verhalten hat -e Züge.

Hy|po|derm, das; -s, -e [zu griech. dérma = Haut] (Biol.): **1.** *unter der Oberhaut gelegene Zellschicht bei Sprossen, Wurzeln u. Blättern vieler Pflanzen.* **2.** *äußere einschichtige Haut bei Wirbellosen (z. B. Gliederfüßern), die den Chitinpanzer ausscheidet.* **3.** (veraltet) *Lederhaut der Wirbeltiere.*

Hy|po|gä|um, das; -s, ...gäen [lat. hypogeum < griech. hypógeion, zu: hypógeios = unterirdisch, zu: gē = Erde]: *unterirdisches Gewölbe, Grabraum, oft innerhalb von Katakomben.*

Hy|po|ge|ni|ta|lis|mus, der; - [zu ↑ Genitale] (Med.): *Unterentwicklung der Geschlechtsorgane, auch der sekundären Geschlechtsmerkmale.*

hy|po|kaus|tisch ⟨Adj.⟩: *das Hypokaustum betreffend, mithilfe des Hypokaustums [geheizt].*

Hy|po|kaus|tum, das; -s, ...sten [lat. hypocaustum < griech. hypókauston]: *Heizanlage im antiken Rom, bei der Heißluft durch Röhren o. Ä. in Böden od. Wände zu beheizender Räume geführt wurde.*

Hy|po|ki|ne|se, die; -, -n [zu griech. kínēsis = Bewegung] (Med.): *verminderte Bewegungsfähigkeit bei bestimmten Krankheiten.*

Hy|po|kri|sie, die; -, -n [frz. hypocrisie < lat. hypocrisis < griech. hypókrisis, eigtl. = (vom Schauspieler, der eine Rolle spielt) Verstellung] (bildungsspr.): *Heuchelei, Scheinheiligkeit, Verstellung.*

Hy|po|ma|nie, die; -, -n (Med.): *leichte Art der Manie in Form von gehobener, heiterer Stimmungslage, Lebhaftigkeit, unter Umständen im Wechsel mit leicht depressiven Stimmungen.*

Hy|po|me|nor|rhö, die; -, -en (Med.): *zu schwache Monatsblutung.*

Hy|po|nym, das; -s, -e [zu griech. ónyma = Name] (Sprachwiss.): *untergeordneter Begriff, Unterbegriff (z. B. Vogel, Hund gegenüber Tier).*

Hy|po|ny|mie, die; -, -n (Sprachwiss.): *Erscheinung der semantischen Inklusion (Bedeutungseinschließung).*

Hy|po|phy|se, die; -, -n [griech. hypóphysis = Sprössling] (Anat.): *bei den Wirbeltieren im Bereich des Zwischenhirns gelegene, beim Menschen etwa kirschkerngroße, ein Hormon bildende innersekretorische Drüse, die bes. die Funktion der übrigen Hormondrüsen des Körpers reguliert; Hirnanhangsdrüse.*

Hy|po|s|ta|se, die; -, -n [lat. hypostasis < griech. hypóstasis = Grundlage, Ablagerung]: **1.** (bes. Philos.) *Vergegenständlichung, Verdinglichung einer Eigenschaft, eines Begriffs, eines bloßen Gedankens.* **2.** (Mythol., Rel.) **a)** *Personifizierung göttlicher Eigenschaften od. religiöser Vorstellungen zu einem eigenständigen göttlichen Wesen (z. B. in der christl. Theologie die drei Personen der Trinität);* **b)** *Wesensmerkmal einer personifizierten göttlichen Gestalt.* **3.** (Sprachwiss.) *Verselbstständigung eines Worts als Folge einer Veränderung der syntaktischen Funktion (z. B. der Übergang eines Substantivs im Genitiv zum Adverb wie »des Mittags« zu »mittags«).* **4.** (Med.) *vermehrte Ansammlung von Blut in den tiefer liegenden Körperteilen (z. B. bei Bettlägerigen in den hinteren unteren Lungenpartien).* **5.** (Genetik) *Unterdrückung, Überdeckung der Wirkung eines Gens durch ein anderes, das nicht zum gleichen Paar von Erbanlagen gehört.*

hy|po|s|ta|sie|ren ⟨sw. V.; hat⟩ (bildungsspr.): *vergegenständlichen, als gegenständlich betrachten, auffassen; verselbstständigen; personifizieren.*

hy|po|s|ta|tisch ⟨Adj.⟩ [griech. hypostatikós] (bildungsspr.): **1.** *die Hypostase (1) betreffend; vergegenständlichend, gegenständlich, verdinglicht, wesentlich.* **2.** (Med.) *die Hypostase (4) betreffend, dadurch hervorgerufen.* **3.** (Genetik) *die Hypostase (5) betreffend; in seiner Wirkung überdeckt.*

Hy|po|s|ty|lon, das; -s, ...la, **Hy|po|s|ty|los,** der; -, ...loi [griech. hypóstylon, zu: hypóstylos = auf Säulen ruhend; zu griech. stýlos = Säule]: *(im Griechenland der Antike) Saal, Halle mit einer von Säulen getragenen Decke; gedeckter Säulengang; Säulenhalle; Tempel mit Säulengang.*

hy|po|tak|tisch ⟨Adj.⟩ [griech. hypotaktikós = unterordnend] (Sprachwiss.): *auf Hypotaxe beruhend, der Hypotaxe unterliegend; unterordnend.*

Hy|po|ta|xe, die; -, -n [griech. hypótaxis = Unterordnung; zu griech. táxis = Ordnung]: **1.** (Sprachwiss.) *Unterordnung von Sätzen od. Satzgliedern.* **2.** (Med.) *Zustand herabgesetzter Willens- u. Handlungskontrolle, mittlerer Grad der Hypnose.*

Hy|po|ta|xis, die; -, ...xen (Sprachwiss.): *Hypotaxe (1).*

Hy|po|ten|si|on, die; -, -en [zu lat. tensio = Spannung] (Med.): *Hypotonie (1, 2).*

Hy|po|te|nu|se, die; -, -n [zu spätlat. hypotenusa < griech. hypoteínousa (pleurá), eigtl. = (unter dem rechten Winkel) sich erstreckend(e Seite)] (Geom.): *im rechtwinkligen Dreieck die dem rechten Winkel gegenüberliegende längste Seite.*

Hy|po|thal|la|mus, der; -, ...mi [zu ↑ Thalamus] (Anat.): *unterhalb des Thalamus liegender Teil des Zwischenhirns.*

Hy|po|thek, die; -, -en [lat. hypotheca < griech. hypothḗkē, eigtl. = Unterlage, zu: hypotíthénai, ↑ Hypothese]; **1.a)** (Rechtsspr., Bankw.) *(zu den Grundpfandrechten gehörendes) Recht an einem Grundstück, einem Wohnungseigentum o. Ä. zur Sicherung einer Geldforderung (im Gegensatz zur Grundschuld) mit dieser Forderung rechtlich verknüpft ist:* erste, zweite H. *(Hypothek, die an erster, zweiter Stelle eingetragen ist);* **b)** *durch eine Hypothek (1 a) entstandene finanzielle Belastung eines Grundstücks, eines Wohnungseigentums o. Ä.:* eine H. auf seinem Haus haben; **c)** *durch eine Hypothek (1 a) gesicherte Geldsumme, die jmdm. zur Verfügung gestellt wird:* eine H. aufnehmen, tilgen; er hat sich mit dieser H. ein Haus gebaut. **2.** *belastender, negativer Umstand; große, ständige Belastung, Bürde:* etw. ist eine schwere H. für jmdn., für jmds. Fortkommen.

Hy|po|the|kar, der; -s, -e: *Hypothekengläubiger.*

Hy|po|the|ka|rin, die; -, -nen: w. Form zu ↑ Hypothekar.

hy|po|the|ka|risch ⟨Adj.⟩ [(spät)lat. hypothecarius]: *durch eine Hypothek [gesichert]:* eine Forderung h. sichern.

Hy|po|the|kar|kre|dit, der (Bankw.): *durch Eintragung einer Hypothek (1 a) gesicherter Kredit.*

Hy|po|the|ken|bank, die ⟨Pl. -en⟩: *Bank, deren geschäftlicher Betrieb vor allem darauf gerichtet ist, Hypotheken zu erwerben u. aufgrund dieser Hypotheken Pfandbriefe auszugeben.*

Hy|po|the|ken|brief, der: *vom Grundbuchamt ausgestellte Urkunde über die Rechte aus einer Hypothek.*

Hy|po|the|ken|dar|le|hen, das (Bankw.): *durch eine Hypothek gesichertes Darlehen.*

Hy|po|the|ken|gläu|bi|ger, der: *Gläubiger, dessen Schuldforderung durch eine Hypothek gesichert ist.*

Hy|po|the|ken|gläu|bi|ge|rin, die: w. Form zu ↑ Hypothekengläubiger.

Hy|po|the|ken|pfand|brief, der: *festverzinsliche, durch eine Hypothek gesicherte Schuldverschreibung, die von einer Hypothekenbank zur Beschaffung des Kapitals für die Vergabe anderer Kredite ausgegeben wird.*

Hy|po|the|ken|schuld|ner, der: *Schuldner, der aufgrund einer Hypothek Zahlungen zu leisten hat.*

Hy|po|the|ken|schuld|ne|rin, die: w. Form zu ↑ Hypothekenschuldner.

Hy|po|the|ken|zins, der ⟨meist Pl.⟩: *Zins, der für eine Hypothek zu zahlen ist.*

Hy|po|ther|mie, die; -, -n [zu griech. thérmē = Wärme] (Med.): **1.** ⟨o. Pl.⟩ *abnorm niedrige Körpertemperatur (z. B. bei großer körperlicher Erschöpfung).* **2.** *künstliche Unterkühlung des Körpers zur Reduktion des Stoffwechsel- u. Lebensvorgänge im Organismus.*

Hy|po|the|se, die; -, -n [spätlat. hypothesis < griech. hypóthesis, zu: hypotíthénai = (dar)unterstellen, -legen]: **1.** (bildungsspr.) *unbewiesene Annahme, Unterstellung:* eine abenteuerliche H.; eine H. aufstellen, widerlegen. **2.** (Wissensch.) *von Widersprüchen freie, aber zunächst unbewiesene Aussage, Annahme (von Gesetzlichkeiten od. Tatsachen) als Hilfsmittel für wissenschaftliche Erkenntnisse:* mit einer H. arbeiten.

hy|po|the|tisch ⟨Adj.⟩ [spätlat. hypotheticus < griech. hypothetikós]: **1.** (bildungsspr.) *auf einer Hypothese (1) beruhend; fraglich, zweifelhaft:* -e Aussagen über etw. machen. **2.** (Wissensch.) *die Hypothese (2) betreffend, auf ihr beruhend, mit ihrer Hilfe.*

Hy|po|thy|re|o|i|dis|mus, der; -, **Hy|po|thy|re|o|se,** die; - [vgl. Hyperthyreoidismus] (Med.): *Unterfunktion der Schilddrüse.*

Hy|po|to|nie, die; -, -n [zu ↑ Tonus] (Med.): **1.** *chronisch zu niedriger Blutdruck.* **2.** *herabgesetzte Spannung von Muskeln.* **3.** *krankhafte Verminderung des Innendrucks, der Spannung im Augapfel.*

Hy|po|to|ni|ker, der; -s, - (Med.): *jmd., der an zu niedrigem Blutdruck leidet.*

Hy|po|to|ni|ke|rin, die; -, -nen: w. Form zu ↑ Hypotoniker.

hy|po|to|nisch ⟨Adj.⟩ (Med.): *die Hypotonie (1) betreffend, zu ihr gehörend; mit Hypotonie zusammenhängend.*

Hy|po|tra|che|li|on, das; -s, ...ien [lat. hypotrachelium < griech. hypotrachélion] (Archit.): *Teil der Säule unterhalb des Kapitells.*

Hy|po|tro|phie, die; -, -n [zu griech. trophḗ = Nahrung, Ernährung]: **1.** (Biol., Med.) *mangelhaftes, unterdurchschnittliches Größenwachstum, Schwund von Geweben u. Organen.* **2.** (Med.) *Unterernährung.*

Hy|po|vit|a|mi|no|se, die; -, -n (Med.): *Schädigung des Körpers durch fehlende Vitaminzufuhr.*

Hy|po|zen|t|rum, das; -s, ...tren (Geol.): *Stelle im Erdinnern, von der ein Erdbeben ausgeht; Erdbebenherd.*

Hyp|si|pho|bie, die; -, -n [zu griech. hýpsos = hoch u. ↑ Phobie] (Med.): *Auftreten von Angst- u. Schwindelgefühlen beim Blick aus großen Höhen in die Tiefe.*

Hyp|so|me|ter, das; -s, - (Technik, Meteorol.): *Gerät, das der Bestimmung des Luftdrucks bzw. der Höhenmessung dient.*

Hys|te|r|al|gie, die; -, -n [zu griech. hystéra = Gebärmutter u. álgos = Schmerz] (Med.): *Schmerzen im Bereich der Gebärmutter.*

Hys|te|r|ek|to|mie, die; -, -n [↑ Ektomie] (Med.): *operative Entfernung der Gebärmutter.*

Hys|te|re|se, Hys|te|re|sis, die; -, ...resen [spätgriech. hystérēsis = das Zukurz-Kommen, zu griech. hýsteron = später; geringer] (Physik): *das Zurückbleiben einer Wirkung*

Hysterie – Ichthyologie

hinter der sie verursachenden veränderlichen Kraft.

Hys|te|rie, die; -, -n [zu ↑ hysterisch]: **1.** (Med. veraltet) *abnorme Verhaltensweise mit vielfachen physischen u. psychischen Symptomen ohne klar umschriebenes Krankheitsbild.* **2.** (abwertend) *[allgemeine] nervöse Aufgeregtheit, Erregtheit, Erregung, Überspanntheit.*

Hys|te|ri|ker, der; -s, - (Med.): *jmd., der im Charakter od. im Verhalten Symptome der Hysterie* (1) *zeigt.*

Hys|te|ri|ke|rin, die; -, -nen: w. Form zu ↑ Hysteriker.

hys|te|risch ⟨Adj.⟩ [spätlat. hystericus < griech. hysterikós, eigtl. = an der Gebärmutter leidend, zu: hystéra = Gebärmutter; nach antiker Vorstellung hatte die Hysterie ihre Ursache in krankhaften Vorgängen in der Gebärmutter]: **1.** (Med. veraltet) *die Hysterie* (1) *betreffend, auf ihr beruhend; an Hysterie leidend: eine -e Frau; -e Anfälle.* **2.** (abwertend) *zu nervöser Aufgeregtheit, zur Hysterie* (2) *neigend; übertrieben erregt, nervös; überspannt:* h. sein.

Hys|te|ro|gra|fie, Hysterographie, die; -, -n [↑ -grafie] (Med.): *röntgenologische Untersuchung u. Darstellung der Gebärmutter mithilfe von Kontrastmitteln.*

Hys|te|ro|gramm, das; -s, -e [↑ -gramm] (Med.): *Röntgenbild der Gebärmutter.*

Hys|te|ro|gra|phie: ↑ Hysterografie.

Hys|te|ron-Pro|te|ron, das; -s, Hystera-Protera [griech. hýsteron próteron = das Spätere (ist) das Frühere]: **1.** (Philos., Logik) *Beweis aus einem Satz, der selbst erst zu beweisen ist.* **2.** (Rhet.) *Redefigur, bei der das nach Logik od. Zeitfolge Spätere zuerst steht* (z. B. bei Vergil: moriamus et in media arma ruamus = lasst uns sterben und uns mitten in die Feinde stürzen).

Hys|te|ros|kop, das; -s, -e [zu griech. skopeīn = betrachten, beschauen] (Med.): *Gebärmutterspiegel.*

Hys|te|ros|ko|pie, die; -, -n (Med.): *Untersuchung der Gebärmutter mit einem Hyseroskop.*

Hys|te|ro|to|mie, die; -, -n [zu griech. tomḗ = Schnitt] (Med.): *operative Öffnung der Gebärmutter von der Scheide od. von der Bauchhöhle aus.*

Hz = Hertz.

i, I [i:], das; - (ugs.: -s), - (ugs.: -s) [mhd., ahd. i]: *neunter Buchstabe des Alphabets: das kleine i wird mit Punkt, das große I ohne Punkt geschrieben.*

i = Zeichen für die imaginäre Einheit in der Mathematik.

i ⟨Interj.⟩ [mhd. î]: *Ausruf der Ablehnung, Zurückweisung voller Ekel, Abscheu:* i, ist das glitschig, schmierig!; i, schmeckt das scheußlich!; i bewahre!, i wo! (ugs.; als verstärkte verneinende Antwort; *daran ist doch gar nicht zu denken!; nicht im Geringsten!*)

i. = in, im (bei Ortsnamen, z. B. Immenstadt i. Allgäu).

I = Iod (↑ Jod).

I: römisches Zahlzeichen für 1.

-i, der; -s, -s und die; -, -s: **1.** (ugs.) wird zum Abkürzen od. Erweitern von Substantiven (meist Namen) verwendet und kennzeichnet die Koseform: Kati, Klausi, Schatzi. **2.** (Jargon) **a)** wird zum Abkürzen od. Erweitern von Wörtern unterschiedlicher Wortart verwendet und drückt eine gewisse wohlwollende Einstellung gegenüber der Person (od. Sache) aus: Alki, Brummi, Drogi, Schlaffi; **b)** wird zum Abkürzen von Substantiven verwendet und bezeichnet eine Person, die sehr allgemein durch etw. charakterisiert ist: Fundi, Sympi, Wessi; **c)** kennzeichnet eine substantivische Abkürzung, die durch Weglassen der auf -i folgenden Buchstaben entstanden ist: Assi, Promi, Zivi.

ι, I: ↑ ¹Jota.

i. A. = im Auftrag (nach einem abgeschlossenen Text allein vor einer Unterschrift: I. A.).

Ia (ugs.) = eins a.

-i|a|de, die; -, -n: **1.** bezeichnet in Bildungen mit Substantiven (meist Namen) eine Handlung, eine Tätigkeit o. Ä., die in der bestimmten Art von jmdm. ausgeführt wird: Boccacciade, Kneippiade. **2.** bezeichnet in Bildungen mit Substantiven (häufig Namen) eine Veranstaltung, einen Wettbewerb, der sehr allgemein in Beziehung zu jmdm., etw. zu sehen ist: Schubertiade, Universiade.

iah ['i:'a:, i'a:] ⟨Interj.⟩: lautm. für den Schrei des Esels.

ia|hen ['i:a:ən, i'a:ən] ⟨sw. V.; hat⟩: *(vom Esel) die Stimme ertönen lassen.*

i. Allg. = im Allgemeinen.

Iam|be usw.: ↑ Jambe usw.

ia|t|rik, die; - [griech. iatriké (téchnē), zu: iatrikós, ↑ iatrisch] (Med.): *Lehre von der ärztlichen Heilkunst.*

ia|t|risch ⟨Adj.⟩ [zu griech. iatrikós = den Arzt betreffend, zu: iatrós = Arzt] (Med.): *die ärztliche Lehre, Heilkunst betreffend.*

ib., ibd. = ibidem.

IBAN ['i:ban], die; -, -s [Abk. für engl. international **b**ank **a**ccount **n**umber]: *im internationalen Zahlungsverkehr gültige standardisierte Kontonummer eines Girokontos.*

Ibe|rer, der; -s, -: *Angehöriger der vorindogermanischen Bevölkerung der Iberischen Halbinsel.*

Ibe|re|rin, die; -, -nen: w. Form zu ↑ Iberer.

Ibe|ri|en; -s: im Altertum Bez. für Spanien u. Portugal.

ibe|risch ⟨Adj.⟩: *die Iberische Halbinsel.*

Ibe|ro|ame|ri|ka; -s: Lateinamerika.

ibe|ro|ame|ri|ka|nisch ⟨Adj.⟩: **1.** *lateinamerikanisch.* **2.** *zwischen Spanien, Portugal u. Lateinamerika bestehend.*

ibi|dem [i'bi:dɛm, 'i:bidɛm, 'ib...; lat.]: *ebenda, ebendort* (Hinweiswort in wissenschaftlichen Werken zur Ersparung der wiederholten vollständigen Anführung eines bereits zitierten Buches; Abk.: ib., ibd.)

Ibis, der; -ses, -se [lat. ibis < griech. ĩbis < ägypt. hīb]: *(in den wärmeren [sumpfigen] Gebieten der Erde verbreiteter) dem Storch ähnlicher Vogel mit langen Beinen, langem Hals u. sichelod. löffelartig geformtem Schnabel.*

Ibi|za; -s: Insel der Balearen.

Ibi|zen|ker, der; -s, -: Ew.

Ibi|zen|ke|rin, die; -, -nen: w. Form zu ↑ Ibizenker.

ibi|zen|kisch ⟨Adj.⟩: *Ibiza, die Ibizenker betreffend; aus Ibiza stammend.*

Ibn [arab.]: Sohn (Teil von arabischen Personennamen).

IC® [i:'tse:], der; -[s], -[s]: Intercity[zug].

ICE® [i:tse:'le:], der; -[s], -[s]: Intercityexpress[zug].

ICE-Stre|cke [i:tse:'le:...], die: *Strecke* (1 b), *auf der ICEs verkehren.*

ICE-Tras|se, die: *Trasse für ICEs.*

ICE-Zug [i:tse:'le:...], der: *ICE.*

ich ⟨Personalpron.; 1. Pers. Sg. Nom.⟩ [mhd. ich, ahd. ih, gemeingerm. Personalpron., verw. mit lat. ego (↑ Egoismus) u. griech. egṓ(n)]: *Person, in der man von sich selbst spricht; Bezeichnung für die eigene Person:* i. an deiner Stelle hätte mich ganz anders entschieden; i. [bin doch ein] Esel!; i., der ich immer um Ausgleich bemüht/i., der i. mich immer um Ausgleich bemühe; er und i.[, wir] haben uns sehr gefreut; ⟨Gen.:⟩ meiner, (veraltet:) mein; erbarme dich mein[er]!; vergiss mein nicht!; er kam statt meiner; ⟨Dativ:⟩ mir; schreib mir bald!; er schlug mir auf die Schulter; grüß mir (die weglassbarer Dativus ethicus, der die innere Beteiligung des Sprechers ausdrückt, häufig ugs.) die Eltern!; von mir aus *(meinetwegen)* tu, was du willst!; ⟨Akk.:⟩ mich: lass mich in Ruhe!; er hat mich nicht gesehen.

Ich, das; -[s], -s, selten -: **a)** *das Selbst, dessen man sich bewusst ist u. mit dem man sich von der Umwelt unterscheidet: das eigene, liebe I.; sein besseres I. (der bessere Teil seines Ichs);* **b)** (Psychol.) *zwischen dem triebhaften Es u. dem moralischen Über-Ich agierende Instanz.*

Ich-AG, die; -, -s: *von einer arbeitslosen Person gegründetes kleines Unternehmen, das befristet staatliche Zuschüsse bekommt.*

Ich|be|wusst|sein, das: *Bewusstsein des eigenen Ich.*

ich|be|zo|gen ⟨Adj.⟩ [eindeutschend für ↑ egozentrisch]: *sich selbst in den Mittelpunkt stellend; alles Geschehen in Bezug auf die eigene Person wertend:* eine -e Denkweise.

Ich|be|zo|gen|heit, die: *das Ichbezogensein.*

Ich|er|zäh|ler, Ich-Er|zäh|ler, der: *in einem literarischen Werk als Erzähler auftretendes Ich (das aber mit der Person des Autors nicht identisch ist).*

Ich|er|zäh|le|rin, Ich-Er|zäh|le|rin, die: w. Formen zu ↑ Icherzähler, Ich-Erzähler.

Ich|er|zäh|lung, Ich-Er|zäh|lung, die: *Erzählung in der Ichform.*

Ich|form, (fachspr. auch:) **Ich-Form,** die ⟨o. Pl.⟩: *literarische Darstellungsform mit einem als Erzähler auftretenden Ich.*

Ich|laut, Ich-Laut, der: *Laut, wie er im Deutschen nach e und i gesprochen wird* (z. B. Echo, ich).

Ich|mensch, Ich-Mensch, der: *ichbezogener, egoistischer Mensch.*

Ich|neu|mon, der od. das; -s, -e u. -s [lat. ichneumon < griech. ichneúmōn, eigtl. = Spürer]: *(bes. in Spanien u. Afrika verbreitete) große, langhaarige, grünlich graue Schleichkatze mit langem Schwanz u. sehr kurzen Beinen.*

Ich|ro|man, Ich-Ro|man, der: vgl. Icherzählung.

Ich|sucht, die ⟨o. Pl.⟩ (geh.): *Haltung, bei der man nur das eigene Ich im Auge hat; Selbstsucht.*

ich|süch|tig ⟨Adj.⟩ (geh.): *selbstsüchtig:* ein -er Mensch.

ich|thy-, Ich|thy-: ↑ ichthyo-, Ichthyo-.

ich|thyo-, Ich|thyo-, (vor Vokalen meist:) ichthy-, Ichthy- [zu griech. ichthýs, Gen.: ichthýos = Fisch]: Best. in Zus. mit der Bed. *Fisch* (z. B. ichthyologisch, Ichthyosaurus).

Ich|thy|o|lith (auch: ...'lɪt], der; -s u. -en, -e[n] [↑ -lith]: *versteinerter Fisch.*

Ich|thy|o|lo|gie, die; - [↑ -logie]: *Wissenschaft von den Fischen.*

Ichthyosaurier – Identifikationsfigur

Ich|thyo|sau|ri|er, der, **Ich|thyo|sau|rus**, der; -, ...rier (Paläontol.): *sehr großes, lebend gebärendes Kriechtier in den Meeren der Trias u. Kreidezeit; Fischechse.*

Icing [ˈaɪsɪŋ], das; -s, -e ⟨Pl. selten⟩ [amerik. icing, zu: to ice = in Sicherheit bringen] (Eishockey): *Befreiungsschlag, unerlaubter Weitschuss.*

Icon, das; -s, -s [engl. icon < griech. eikṓn, ↑ Ikone] (EDV): *grafisches Sinnbild für Anwendungsprogramme, Dateien u. a. auf dem Bildschirm.*

Ic|te|rus: ↑ Ikterus.

Ic|tus: ↑ Iktus.

id. = idem.

i. d. = in der (bei Ortsnamen, z. B. Neumarkt i. d. Oberpfalz).

Id, das; -[s], - [arab. ʿīd = Fest(tag), kurz für ʿīd alaṯḥà = Fest der Opferung]: *höchstes islamisches Fest, das am Ende der alljährlichen Pilgerfahrt nach Mekka gefeiert wird u. sich auf Abrahams Opferung Isaaks bezieht.*

-id: ↑ -oid.

Ida, der; -: (im Altertum) Gebirge in Kleinasien u. auf Kreta.

Ida|feld, das ⟨o. Pl.⟩ (germ. Mythol.): *Wohnort der Asen.*

Ida|ho [ˈaɪdəhoʊ], -s: Bundesstaat der USA.

ide. = indoeuropäisch.

ide|al ⟨Adj.⟩: **1.** [gekürzt aus ↑ idealisch] *den höchsten Vorstellungen entsprechend; von der Art, wie etw. (für bestimmte Zwecke) nicht besser vorstellbar, auszudenken ist:* ein -er Partner; ein -er Urlaubsort; er war der -e Darsteller für diese Rolle; die Bedingungen sind nahezu i.; das Haus liegt geradezu i. (hat eine äußerst günstige, schöne Lage). **2.** [spätlat. idealis, zu lat. idea, ↑ Idee] *nur in der Vorstellung so vorhanden; einer bestimmten Idee entsprechend:* ein -es Prinzip; der -e Staat; die -e antike Aktfigur. **3.** [spätlat. idealis, zu lat. idea, ↑ Idee] *ideell, geistig; vom Ideellen, Geistigen bestimmt:* -e und materielle Gesichtspunkte, Zwecke.

Ide|al, das; -s, -e [nach frz. idéal]: **1.** *Idealbild; Inbegriff der Vollkommenheit:* das I. einer Frau; ein I. an Schönheit; in jmdm. sein I. sehen; jmdn., etw. zu seinem I. machen, erheben. **2.** *als ein höchster Wert erkanntes Ziel; Idee, nach deren Verwirklichung man strebt:* ein künstlerisches, unerreichbares I.; das humanistische I.; das I. der Freiheit, der Rechtsstaatlichkeit; -e hegen; sein I. verwirklichen; seinen -en treu bleiben; die Jugend war ohne -e, voller -e.

Ide|al|be|set|zung, die: *denkbar beste Besetzung* (2).

Ide|al|bild, das: *Person od. Sache, die etw. Bestimmtes vollkommen repräsentiert; Ideal* (1); ist das I. einer Frau.

ide|a|ler|wei|se ⟨Adv.⟩: *im Idealfall, unter idealen Umständen.*

Ide|al|fall, der: *Fall, bei dem die günstigsten Voraussetzungen gegeben sind.*

Ide|al|fi|gur, die: **1.** *Idealgestalt:* jmdn. zu einer I. verklären. **2.** *ideale Figur* (1): sie hat eine I.

Ide|al|ge|stalt, die: *durch die Vorstellung überhöhte, vollkommene [vorbildhafte] Gestalt.*

Ide|al|ge|wicht, das: *etwas unter dem Normalgewicht einer Person liegendes, für ideal gehaltenes Körpergewicht.*

ide|a|lisch ⟨Adj.⟩ (geh. veraltend): *einem Ideal* (1) *angenähert:* ◆ ... was uns fehlt, scheint uns oft ein anderer zu besitzen, dem wir dann auch alles dazugeben, was wir haben, und noch eine gewisse -e (nur als Idee (3), nur in der Vorstellung vorhandene) Behaglichkeit dazu (Goethe, Werther II, 20. Oktober 1771).

ide|a|li|sie|ren ⟨sw. V.; hat⟩: *einem Ideal* (1) *annähern, jmdn. od. etw. vollkommener sehen, als er od. es ist:* seine Eltern, seine Kindheit i.; ein idealisierendes Bild der Antike; ... »denn«, sagte er, »die Kunst idealisiert nicht, sondern sie realisiert ...« (Musil, Mann 1334).

Ide|a|li|sie|rung, die; -, -en: *das Idealisieren; das Idealisiertwerden:* eine falsche I. der Realität.

Ide|a|lis|mus, der; -: **1.** *[mit Selbstaufopferung verbundenes] Streben nach Verwirklichung von Idealen; durch Ideale bestimmte Weltanschauung, Lebensführung:* das ist reiner I. bei ihm; den nötigen I. für etw. [nicht mehr] aufbringen; aus blindem, falschem I. handeln; voller I. sein; von I. erfüllt sein. **2.** *philosophische Anschauung, die die Welt u. das Sein als Idee, Geist, Vernunft, Bewusstsein bestimmt u. die Materie als deren Erscheinungsform versteht:* der deutsche I. (von Kant ausgehende, durch Fichte, Schelling u. Hegel ausformulierte u. mit Schopenhauer endende philosophische Richtung in Deutschland).

Ide|a|list, der; -en, -en: **1.** *jmd., der selbstlos, dabei aber auch die Wirklichkeit teilweise außer Acht lassend, nach der Verwirklichung bestimmter Ideale strebt:* du bist ein leidenschaftlicher, glühender I.; du bist ein I. (Optimist; glaubst an das Gute im Menschen). **2.** *Vertreter des Idealismus* (2).

Ide|a|lis|tin, die; -, -nen: w. Form zu ↑ Idealist.

ide|a|lis|tisch ⟨Adj.⟩: **1.** *von Idealismus* (1) *geprägt; in der Art eines Menschen; -e Visionen; i. gesinnt sein.* **2.** *den Idealismus* (2) *betreffend, zu ihm gehörend:* die -e Philosophie.

Ide|a|li|tät, die; -: *ideale* (2) *Seinsweise.*

ide|a|li|ter ⟨Adv.⟩ [mit der lat. Adverbendung -iter zu ↑ ideal gebildet] (bildungsspr.): *im Idealfall.*

Ide|al|li|nie, die (Laufen, Ski, Motorsport): *bei einem Wettbewerb bester Wegverlauf zwischen Start u. Ziel.*

Ide|al|lö|sung, die: *ideale* (1) *Lösung [für etw.]:* etw. stellt keine, eine I. dar; die I. für ein Problem gefunden haben.

Ide|al|maß, das: *ideales* (1) *Maß.*

Ide|al|typ, der: a) *jmd., der als Individuum etw. Bestimmtes in idealer Weise verkörpert:* er ist der I. eines Tennisspielers; b) *Idealtypus* (a).

ide|al|ty|pisch ⟨Adj.⟩: *einem Idealtyp[us] entsprechend.*

Ide|al|ty|pus, der: a) (Soziol.) *Idealbild, das durch gedanklich einseitige Steigerung bestimmter Elemente der Wirklichkeit gewonnen wird:* der I. eines parlamentarischen Regierungssystems; b) *Idealtyp* (a).

Ide|al|vor|stel|lung, die: *ideale* (1), *nicht an der Realität orientierte Vorstellung, die man sich von jmdm., etw. macht.*

Ide|al|zu|stand, der: vgl. Idealfall.

Idee, die; -, Ideen [z. T. unter Einfluss von frz. idée < lat. idea < griech. idéa, urspr. = Erscheinung, Gestalt, Form; bei Platon = Urbild, zu: ideĩn = sehen, erkennen]: **1.** (Philos.) a) (in der Philosophie Platos) *den Erscheinungen zugrunde liegender reiner Begriff der Dinge:* die I. des Guten; Platons Reich der -n; b) *Vorstellung, Begriff von etw. auf einer hohen Stufe der Abstraktion.* **2.** *Leitbild, das jmdn. in seinem Denken, Handeln bestimmt:* philosophische, politische, marxistische I. sein; für die I. der Freiheit bei Schiller; sich für eine I. opfern; für eine I. eintreten, kämpfen; er bekannte sich zur europäischen I. **3.** *[schöpferischer] Gedanke, Vorstellung, guter Einfall:* eine neue, glänzende, brauchbare, nette, originelle, revolutionäre I.; das ist eine [gute] I.!; das [ist] keine schlechte I., aber ob sie sich ausführen lässt?; ihm überfiel plötzlich die I., es könnte etwas passieren; eine I. aufgreifen, entwickeln, in die Tat umsetzen, verfechten, vertreten; ich habe eine I. (weiß, was wir tun können); (iron.:) du hast [vielleicht] -n!; sich an eine I. klammern; auf jmds. -n nicht eingehen; er hat mich erst auf diese I. gebracht; sie kam plötzlich auf die I. zu verreisen; sich in eine I. verrennen; von einer I. nicht loskommen; er zeigte sich von unserer I. begeistert; uns kam die I. zu einem Fest; der Autor hatte bereits die I. (den gedanklichen Entwurf) zu einem neuen Stück; * fixe I. (unrealistische Vorstellung od. Meinung, die jmdn. beherrscht u. von der er nicht abzubringen ist); **eine I.** (ein bisschen, ein wenig in Bezug auf etw.: kannst du die I. lauter sprechen?; der Rock ist vorn [um] eine I. zu kurz); **keine/nicht die leiseste, geringste I. von etw. haben** (ugs.; etw. nicht im Geringsten wissen).

Idée fixe [ideˈfiks], die; - -, -s -s [ideˈfiks] [frz. idée fixe, zu: fixe = fest; unveränderlich < lat. fixus, ↑ ¹fix]: a) (bildungsspr.) *fixe Idee;* b) (Musik) *Grundgedanke od. Kernthema, das sich leitmotivisch durch ein mehrteiliges musikalisches Werk zieht.*

ide|ell ⟨Adj.⟩: *die Idee betreffend, auf ihr beruhend, von ihr bestimmt; geistig:* -e Gesichtspunkte, Werte, Ziele, Bedürfnisse; der Nutzen ist materiell u. i.; jmdn., etw. i. unterstützen.

ide|en|arm ⟨Adj.⟩: *durch einen Mangel an künstlerischer, intellektueller o. ä. Erfindungsgabe gekennzeichnet:* ein -es Buch; es ist wirklich i.

Ide|en|ar|mut, die: *Mangel an Ideen* (3).

Ide|en|aus|tausch, der: *gedanklicher Austausch.*

Ide|en|flug, der: *Gedankenflug.*

Ide|en|fül|le, die: *großer Reichtum an Ideen* (3).

Ide|en|ge|ber, der: *jmd., der Ideen, Anregungen zu einem Vorhaben o. Ä. beisteuert.*

Ide|en|ge|be|rin, die: w. Form zu ↑ Ideengeber.

Ide|en|ge|halt, der: *Gehalt an Ideen* (2): der I. eines Dramas.

Ide|en|ge|schich|te, die ⟨o. Pl.⟩: *Geschichte der im realen Geschichtsablauf wirksamen ideellen Motive u. Triebkräfte.*

ide|en|ge|schicht|lich ⟨Adj.⟩: *die Ideengeschichte betreffend, dazu gehörend.*

Ide|en|gut, das ⟨o. Pl.⟩: *Gedankengut.*

Ide|en|leh|re, die ⟨o. Pl.⟩ (Philos.): **1.** *Lehre von den Ideen, Urbildern.* **2.** *geschichtsphilosophisches Konzept von den Ideen als zentralen Wirkkräften der Geschichte.*

ide|en|los ⟨Adj.⟩: *keine Ideen hervorbringend, die von geistiger Aktivität zeugen; ohne eigene Ideen, gestalterische Einfälle o. Ä.:* eine anonyme, -e Masse; das Programm wirkt i.

Ide|en|lo|sig|keit, die; -: *Einfallslosigkeit; das Fehlen von Ideen* (3).

ide|en|reich ⟨Adj.⟩: *reich an künstlerischer, intellektueller o. ä. Erfindungsgabe:* ein -er Designer.

Ide|en|reich|tum, der ⟨o. Pl.⟩: *Reichtum an Ideen* (3); *Erfindungsgabe.*

Ide|en|welt, die: *Gesamtheit der Ideen* (2), *Vorstellungen u. Gedanken (eines Einzelnen od. einer Zeit).*

Ide|en|wett|be|werb, der: *Wettbewerb, bei dem für ein bestimmtes Projekt, zu einem bestimmten Themenkreis o. Ä. Ideen* (3) *vorgebracht werden, von denen eine od. mehrere prämiert werden.*

idem [lat.] (bildungsspr.): **1.** *derselbe (zur Ersparung der erneuten vollständigen Nennung des Verfassers bei bibliografischen Angaben; Abk.: id.)* **2.** *dasselbe* (Abk.: id.).

Iden, Idus [ˈiːduːs] ⟨Pl.⟩ [lat. idus, H. u.]: *13. od. 15. Monatstag des altrömischen Kalenders:* die I. des März (15. März, Tag der Ermordung Cäsars 44 v. Chr.).

Iden|ti|fi|ka|ti|on, die; -, -en: **1.** *Identifizierung.* **2.** (Psychol.) *das Sichidentifizieren* (2 c).

Iden|ti|fi|ka|ti|ons|fi|gur, die: *jmd. (in seinem Auftreten u. der damit verbundenen Wirkung auf andere), mit dem man sich identifiziert* (2 c).

identifizierbar – Idiotie

iden|ti|fi|zier|bar ⟨Adj.⟩: *sich identifizieren* (1) *lassend:* eine kaum -e Handschrift.

Iden|ti|fi|zier|bar|keit, die; -: *das Identifizierbarsein.*

iden|ti|fi|zie|ren ⟨sw. V.; hat⟩ [zu ↑identisch u. lat. -ficare (in Zus.) = machen]: **1.** *genau wiedererkennen; die Identität, Echtheit einer Person od. Sache feststellen:* eine Leiche i.; jmdn. anhand seiner Fingerabdrücke i.; er wurde als der gesuchte Axel M. identifiziert. **2. a)** *mit jmdm., etw., miteinander gleichsetzen:* man kann nicht die öffentliche Meinung mit der Meinung des Bürgertums i.; **b)** ⟨i. + sich⟩ *jmds. Anliegen, zu seiner eigenen Sache machen; aus innerlicher Überzeugung voll mit jmdm., etw. übereinstimmen:* sich mit seinem Staat, seiner Aufgabe, mit den geistigen Strömungen seiner Zeit i.; mit dem, was bei unseren Bemühungen herausgekommen ist, kann ich mich nicht i.; **c)** ⟨i. + sich⟩ (Psychol.) *sich mit einer anderen Person od. Gruppe emotional gleichsetzen u. ihre Motive u. Ideale in das eigene Ich übernehmen.*

Iden|ti|fi|zie|rung, die; -, -en: *das Identifizieren; das Sichidentifizieren; Identifikation.*

iden|tisch ⟨Adj.⟩ [zu ↑Identität]: **a)** *völlig übereinstimmend; vollkommen gleich:* Sätze mit -en Strukturen; ein -er Reim (Reim mit gleichem Reimwort, rührender Reim, z. B. freien/freien); eine -e Gleichung (Math.; *Gleichung, die nur bekannte Größen enthält od. für alle Werte einer in ihr enthaltenen Veränderlichen erfüllt ist*); -e (Fachspr.; *eineiige*) Zwillinge; ihre Interessen sind nicht i., sie i. mit dem Gesuchten (*ist der Gesuchte*); **b)** *dasselbe wie jmd., etw. bedeutend:* -e Begriffe; die Definitionen sind absolut i.; **c)** *innerlich übereinstimmend, wesensgleich:* sich mit jmdm., etw. i. fühlen.

Iden|ti|tät, die; -, -en [spätlat. identitas, zu lat. idem = derselbe]: **1. a)** *Echtheit einer Person od. Sache; völlige Übereinstimmung mit dem, was sie ist od. als was sie bezeichnet wird:* jmds. I. feststellen, klären, bestätigen; seine I. hinter einem Pseudonym verbergen; für jmds. I. bürgen; **b)** (Psychol.) *als »Selbst« erlebte innere Einheit der Person:* seine I. finden, suchen. **2.** ⟨o. Pl.⟩ *völlige Übereinstimmung mit jmdm., etw. in Bezug auf etw.; Gleichheit:* die I. des Verhafteten mit dem Entführer; die chemische I. des Teins und des Koffeins.

Iden|ti|täts|aus|weis, der (österr.): *während der Besatzungszeit 1945–1955 gültiger Personalausweis.*

Iden|ti|täts|fin|dung, die: *das Finden einer Identität* (1 b).

Iden|ti|täts|kar|te, die (österr. veraltet; schweiz.): *Personalausweis.*

Iden|ti|täts|kri|se, die: *Krise im Erlebnis der Identität* (1 b).

Iden|ti|täts|nach|weis, der: **a)** *Nachweis der Identität* (1 a); **b)** (Zollw.) *Nachweis, dass eine nicht mehr in den Händen der Zollbehörde befindliche, noch unverzollte Ware unverändert wieder vorgeführt wird.*

Iden|ti|täts|pa|pie|re ⟨Pl.⟩ (Rechtsspr.): *Schriftstücke, die jmdn. als bestimmte Person od. als einen in einer bestimmten Angelegenheit Berechtigten ausweisen.*

Iden|ti|täts|stif|tend ⟨Adj.⟩: *so geartet, dass eine Identität bewirkt, geschaffen wird:* eine -e Funktion, Wirkung, Kraft.

Iden|ti|täts|ver|lust, der (Psychol.): *Verlust der Identität* (1 b).

ideo-, Ideo- [zu griech. idéa, ↑Idee]: Best. in Zus. mit der Bed. *Begriff, Idee, Vorstellung* (z. B. ideografisch, Ideogramm).

Ideo|gra|fie, Ideographie, die; -, -n ⟨Pl. selten⟩ [↑-grafie] (Sprachwiss.): *aus Ideogrammen gebildete Schrift.*

ideo|gra|fisch, ideographisch ⟨Adj.⟩: *die Ideografie betreffend, auf ihr beruhend.*

Ideo|gramm, das; -s, -e [↑-gramm] (Sprachwiss.): *Schriftzeichen, das nicht eine bestimmte Lautung, sondern einen ganzen Begriff vertritt* (z. B. bei Hieroglyphen).

Ideo|gra|phie usw.: ↑Ideografie usw.

Ideo|lo|ge, der; -n, -n [frz. idéologue, zu: idéologie, ↑Ideologie]: **1.** *[exponierter] Vertreter einer [politischen] Ideologie.* **2.** *weltfremder Theoretiker.*

Ideo|lo|gie, die; -, -n [frz. idéologie, eigtl. = Ideenlehre, gepr. von dem frz. Philosophen A. L. C. Destutt de Tracy (1754–1836), zu griech. idéa (↑Idee) u. ↑-logie]: **a)** *an eine soziale Gruppe, eine Kultur o. Ä. gebundenes System von Weltanschauungen, Grundeinstellungen u. Wertungen:* eine bürgerliche, demokratische I.; die I. der herrschenden Schicht; die -n einer Zeit; eine I. vertreten; jmdm. seine I. aufzuzwingen versuchen; **b)** *politische Theorie, die der Erreichung politischer u. wirtschaftlicher Ziele dienen* (bes. in totalitären Systemen): eine faschistische, kommunistische I.; politische -n; **c)** *weltfremde Theorie.*

ideo|lo|gie|frei ⟨Adj.⟩: *frei von Ideologie.*

ideo|lo|gie|ge|bun|den ⟨Adj.⟩: *an eine Ideologie gebunden.*

Ideo|lo|gie|kri|tik, die: **a)** (Soziol.) *das Aufzeigen der materiellen Bedingtheit einer Ideologie;* **b)** (Sprachwiss.) *Kritik der gesellschaftlichen Prämissen bei der Textinterpretation.*

ideo|lo|gie|kri|tisch ⟨Adj.⟩: *Ideologiekritik übend, beinhaltend; die Ideologiekritik betreffend.*

Ideo|lo|gin, die; -, -nen: w. Form zu ↑Ideologe.

ideo|lo|gisch ⟨Adj.⟩: **a)** *eine Ideologie betreffend, ihr entsprechend:* -e Vorurteile, Schranken; i. (*in Bezug auf eine bestimmte Ideologie*) *geschult, gefestigt sein;* **b)** (selten; abwertend) *schwärmerisch weltfremden Theorien anhängend.*

ideo|lo|gi|sie|ren ⟨sw. V.; hat⟩: *mit einer Ideologie befrachten, durchdringen; jmdn. ideologisch ausrichten, beeinflussen, indoktrinieren:* jmdn. i.; eine ideologisierte Menge, Sprache.

Ideo|lo|gi|sie|rung, die; -, -en: *das Ideologisieren; das Ideologisiertwerden.*

id est [lat.]: das ist, das heißt (Abk.: i. e.).

idg. = indogermanisch.

idio-, Idio- [zu griech. ídios]: Best. in Zus. mit der Bed. *eigen, selbst, eigentümlich, besonders* (z. B. idiografisch, Idiolekt).

Idio|blast, der; -en, -en ⟨meist Pl.⟩ [zu griech. blástos = Keim, Spross] (Biol.): *in einen größeren andersartigen Verband von Zellen eingelagerte einzelne pflanzliche Zelle od. Gruppe von Zellen von spezifischer Gestalt u. mit besonderer Funktion.*

Idio|fon, Idiophon, das; -s, -e [aus griech. ↑Idio- u. ↑-fon]: *selbstklingendes Musikinstrument* (Becken, Triangel, Gong, Glocken).

Idio|kra|sie, die; -, -n [griech. idiokrasía] (Med.; Psychol.): *Idiosynkrasie.*

Idio|la|trie, die; -, -n [zu griech. latreía, ↑Latrie]: *Vergötterung der eigenen Person.*

Idio|lekt, der; -[e]s, -e [engl. idiolect, geb. nach: dialect = Dialekt] (Sprachwiss.): *Sprachbesitz u. Sprachverhalten, Wortschatz u. Ausdrucksweise eines Individuums.*

idio|lek|tal ⟨Adj.⟩ (Sprachwiss.): *den Idiolekt betreffend, kennzeichnend, ihm entsprechend, zu ihm gehörend:* -e Abweichungen vom allgemeinen Sprachgebrauch.

Idi|om, das; -s, -e [griech. idíōma = Eigentümlichkeit, Besonderheit] (Sprachwiss.): **1.** *eigentümliche Sprache, Sprechweise einer regional od. sozial abgegrenzten Gruppe:* ein unverständliches I.; exotische, orientalische -e. **2.** *eigentümliche Wortprägung, Wortverbindung u. syntaktische Fügung, deren Gesamtbedeutung sich nicht aus den Einzelbedeutungen der Wörter ableiten lässt* (z. B. Angsthase = sehr ängstlicher Mensch).

Idio|ma|tik [österr. auch: …'mat…], die; - (Sprachwiss.): **1.** *Teilgebiet der Lexikologie, das sich mit Idiomen befasst.* **2. a)** *Darstellung od. Sammlung von Idiomen* (2); **b)** *Gesamtbestand der Idiome* (2) *einer Sprache.*

idio|ma|tisch [österr. auch: …'mat…] ⟨Adj.⟩ [griech. idiōmatikós = eigentümlich] (Sprachwiss.): **1. a)** *zu einem Idiom* (1) *gehörend;* **b)** *von, in der Art eines Idioms* (2): eine -e Wendung (*Redewendung, deren Gesamtbedeutung nicht aus der Bedeutung der Einzelwörter erschlossen werden kann*); ein -er Ausdruck. **2.** *die Idiomatik betreffend, in ihren Bereich gehörend.*

idio|ma|ti|siert ⟨Adj.⟩ (Sprachwiss.): *zu einem Idiom* (2) *geworden u. damit ohne semantisch-morphologische Durchsichtigkeit:* eine -e Wendung, Fügung.

Idio|ma|ti|sie|rung, die; -, -en (Sprachwiss.): *[teilweiser] Verlust der semantisch-morphologischen Durchsichtigkeit eines Wortes od. einer Wortverbindung.*

Idio|phon: ↑Idiofon.

Idio|syn|kra|sie, die; -, -n [griech. idiosygkrasía = eigentümliche Mischung der Säfte im Körper u. die daraus hervorgehende Beschaffenheit des Leibes, zu: sýgkrasis = Vermischung, zu: krâsis = das Mischen, Mischung]: **1. a)** (Med.) *[angeborene] Überempfindlichkeit gegen bestimmte Stoffe* (z. B. Nahrungsmittel) *u. Reize;* **b)** (Psychol.) *besonders starke Abneigung od. Widerwillen gegenüber bestimmten Menschen, Tieren, Speisen, Dingen o. Ä.:* eine I. gegen jedes Spießertum. **2.** (bildungsspr.) *Gesamtheit persönlicher Eigenheiten, Vorlieben und Abneigungen.*

Idi|ot, der; -en, -en [lat. idiota, idiotes < griech. idiōtēs = gewöhnlicher, einfacher Mensch; Laie; Stümper, zu: ídios = eigen, eigentümlich] (ugs. abwertend): *jmds. Ärger od. Unverständnis hervorrufender törichter Mensch; Dummkopf:* das sind alles -en!; ich bin ja I., dass ich nicht mitfahre; warum habe ich I. noch mal damit angefangen?; jmdn. einen -en nennen.

Idi|o|ten|hang, der (ugs. scherzh.): vgl. Idiotenhügel.

Idi|o|ten|hü|gel, der (ugs. scherzh.): *Hügel für Anfänger[innen] im Skifahren.*

idi|o|ten|si|cher ⟨Adj.⟩ (ugs. scherzh.): *so beschaffen, dass bei der Handhabung o. Ä. kaum etw. falsch gemacht werden kann:* eine -e Methode; die Vorrichtung funktioniert i. i.

Idi|o|ten|test, der (salopp): *medizinisch-psychologische Untersuchung als Voraussetzung zur Wiedererlangung einer entzogenen Fahrerlaubnis.*

Idi|o|tie, die; -, -n: **1.** (Med. veraltet) *angeborener od. im frühen Kindesalter erworbener schwerster Grad geistiger Behinderung:* klinische I.; an schwerer, angeborener I. leiden. **2.** (ugs. abwertend) *große Dummheit; widersinniges, törichtes Verhalten:* pure I.; so eine I.!; Wissen Sie, was merkwürdig ist? Dass Sie für Ihre fünfundzwanzig Jahre schon eine erhebliche Menge Tod, Elend und menschliche I. gesehen haben – und trotzdem nichts anderes daraus gelernt zu haben scheinen, als die dämlichsten Fragen zu stellen (Remarque, Obelisk 135).

Idi|o|ti|kon, das; -s, ...ken od. ...ka [zu griech. idiōtikós, ↑ idiotisch]: Mundartwörterbuch; auf eine Sprachlandschaft begrenztes Wörterbuch.

Idi|o|tin, die; -, -nen: w. Form zu ↑ Idiot.

idi|o|tisch ⟨Adj.⟩ [lat. idioticus < griech. idiōtikós = eigentümlich; gewöhnlich; ungebildet] (ugs. abwertend): *völlig unsinnig; widersinnig*: eine -e Arbeit; das ist doch i.!; einfach i. *(ärgerlich)*, dass ich das vergessen habe; sich, etw. i. finden; -er konnte man es wirklich nicht anfangen.

Idi|o|tis|mus, der; -, ...men [lat. idiotismos < griech. idiōtismós = Sprechweise eines Mannes] (Sprachwiss.): *kennzeichnender, eigentümlicher Ausdruck eines Idioms; Spracheigenheit.*

Ido, das; -[s] [zu griech. -ídēs = die Abstammung kennzeichnende] *aus dem Esperanto weiterentwickelte Welthilfssprache.*

Idol, das; -s, -e [lat. idolum < griech. eídōlon = Gestalt, (Götzen)bild, zu: ideīn = ↑ Idee]: **1.** *jmd., etw. als Gegenstand schwärmerischer Verehrung, meist als Wunschbild von Jugendlichen*: ein I. der Leinwand; die Jugend sah, fand in ihm ihr I.; seinem I. nacheifern; zum I. [einer Generation, der Nachwelt] werden. **2.** (bild. Kunst) *Götzen-, Götzenbild [in Menschengestalt].*

Ido|la|trie, die; -, -n [lat. ido(lo)latria < griech. eidōlolatreía, zu: latreía, ↑ Latrie] (bildungsspr.): *Bilderverehrung, -anbetung, Götzendienst.*

ido|li|sie|ren ⟨sw. V.; hat⟩: *zum Idol (1) machen*: einen Politiker, die Technik i.

Idol|lo|la|trie: ↑ Idolatrie.

i-Dotz, der; -es, i-Dötze, **i-Dötz|chen**, das; -s, - [eigtl. = i-Pünktchen, wohl nach dem i der deutschen Schreibschrift, das die Schulanfänger zuerst schreiben lernten] (rhein.): *Schulanfänger[in].*

Idun, Idu|na (germ. Mythol.): *Göttin der ewigen Jugend.*

Idus: ↑ Iden.

Idyll, das; -s, -e [lat. idyllium < griech. eidýllion = Hirtengedicht, Vkl. von: eīdos = Bild, Gestalt, eigtl. = Bildchen, dann = bildhaft ansprechende Darstellung von Szenen aus dem ländlichen Leben (bes. in der Hirtendichtung), zu: ideīn, ↑ Idee]: *Bild, Zustand friedlichen, einfachen Lebens, meist in ländlicher Abgeschiedenheit:* ein dörfliches, häusliches I.

Idyl|le, die; -, -n: **1.** (Literaturwiss.) *Schilderung eines Idylls, bes. von Hirten- u. Schäferszenen, in lyrischer u. epischer Dichtung u. in der Malerei:* die -n Theokrits, des Rokokos. **2.** *Idyll:* Die Eremitage ist eine I., eine aber bürgerliche I., auf den Plätzen und in den Alleen des Parkes stehen Nachbildungen antiker Statuen (Koeppen, Rußland 100); Der fallende Schnee verstärkte die I. des Weihnachtsabends (Winkler, Kärnten 558).

Idyl|lik, die; - (bildungsspr.): *idyllischer Charakter; idyllische Atmosphäre, Art.*

idyl|lisch ⟨Adj.⟩: **a)** *wie in einem Idyll, den Eindruck eines Idylls erweckend:* eine -e Landschaft, Gegend; der Ort war i. [gelegen]. **b)** (Literaturwiss.) *zur Idylle (1) gehörend, für eine Idylle (1) charakteristisch:* eine -e Landschaft.

i. e. = id est.

I. E., IE = Internationale Einheit.

-ier [...'je:], der; -s, -s [nach frz. m. Subst. auf -ier, z. B. hôtelier, ↑ Hotelier] (oft spött.):
1. *bezeichnet in Bildungen mit Substantiven eine männliche Person, die etw. hat, für etw. zuständig ist:* Bankier, Kantinier, Kioskier.
2. *bezeichnet in Bildungen mit Substantiven eine männliche Person, die durch etw. auffällt, durch etw. sehr allgemein charakterisiert ist:* Grimmassier, Kitschier, Pleitier.

-ie|ren: *drückt in Bildungen mit Adjektiven – seltener mit Substantiven – aus, dass eine Person oder Sache in einen bestimmten Zustand gebracht, zu etw. gemacht wird:* negativieren, tabuieren ⟨in Verbindung mit ver-⟩: verabsolutieren.

IFOR, Ifor [auch: 'aɪ...], die; - [engl.; Kurzwort für Implementation Force]: *ehemals von der NATO aufgestellte Einsatztruppe für Bosnien und Herzegowina.*

i-för|mig ⟨Adj.⟩: *die Form eines großen I aufweisend.*

IG = Industriegewerkschaft; Interessengemeinschaft.

Igel, der; -s, - [mhd. igel, ahd. īgil, zum idg. Wort für »Schlange« (vgl. griech. échis = Viper) u. eigtl. = Schlangenfresser]: **1.** *braunes, Stacheln tragendes, kurzbeiniges Säugetier, das sich bei Gefahr zu einer stacheligen Kugel zusammenrollt:* ein stacheliger I.; der I. stellt die Stacheln auf, rollt sich zusammen; die I. halten Winterschlaf; das Märchen vom Hasen und dem I.; Ü er ist ein richtiger I. *(aus einer gewissen Schüchternheit heraus kratzbürstiger, sich abkapselnder Mensch).* **2.** (Landwirtsch.) *einseitiger Hackpflug mit Messern u. Zinken zur Bodenlockerung.* **3.** *mit Mandelstiften bestecktes Gebäck in Igelform.* **4.** (ugs. scherzh.) *Kurzf. von* ↑ Igelschnitt.

Igel|ball, der: *kleiner, rundum mit Noppen versehener Gummiball für Massage und Lockerungsübungen.*

Igel|fisch, der: *(in tropischen Meeren vorkommender) Fisch mit schuppenloser Haut u. Stacheln, die bei Gefahr aufgerichtet werden.*

Igel|fri|sur, die (ugs. scherzh.): *Frisur, bei der die oberen Haare wie bei einem Igel nach oben stehen.*

Igel|gins|ter, der: *dorniger, auch als Topfpflanze kultivierter Ginster des westlichen Mittelmeergebietes mit blauvioletten Blüten.*

Igel|kak|tus, der: *kugeliger, großer Kaktus mit kräftigen Dornen an den Längsrippen u. gelben Blüten an der Spitze.*

Igel|kopf, der (ugs. scherzh.): *Kopf mit Igelschnitt.*

Igel|schnitt, der (ugs. scherzh.): *kurzer Haarschnitt, bei dem die oberen Haare wie bei einem Igel nach oben stehen.*

Igel|stel|lung, die [nach dem Bild des bei Gefahr sich zusammenrollenden Igels] (Militär): *(bes. von eingeschlossenen Truppen) Stellung zur Verteidigung nach allen Seiten.*

igitt, igit|ti|gitt ⟨Interj.⟩ [wohl verhüll. für: o Gott, ogottogott] (landsch.): *oft als Übertreibung empfundener Ausruf der Ablehnung, Zurückweisung voller Ekel, Abscheu.*

-ig|keit, die; -, -en: *bildet mit bestimmten Adjektiven die entsprechenden Substantive, die dann einen Zustand, eine Beschaffenheit, Eigenschaft ausdrücken:* Engigkeit, Laienhaftigkeit, Schwunglosigkeit.

Ig|lu, der od. das; -s, -s [eskim. ig(dl)lu = Haus]: *aus Schneeblöcken errichtete, kuppelförmige [Winter]hütte der Eskimos.*

Ig|lu|zelt, das: *(kleineres) kuppelförmiges Zelt.*

ig|no|rant ⟨Adj.⟩ [zu lat. ignorans (Gen.: ignorantis), 1. Part. von: ignorare, ↑ ignorieren] (bildungsspr. abwertend): *von (tadelnswerter) Unwissenheit zeugend:* eine -e Bemerkung.

Ig|no|rant, der; -en, -en (bildungsspr. abwertend): *tadelnswert unwissender Mensch:* ein literarischer I.; so ein I.

Ig|no|ran|ten|tum, das; -s (bildungsspr. abwertend): *Äußerung der Ignoranz* (a) *in einem entsprechenden Verhalten.*

Ig|no|ran|tin, die; -, -nen: w. Form zu ↑ Ignorant.

Ig|no|ranz, die; - [lat. ignorantia] (bildungsspr. abwertend): **a)** *tadelnswerte Unwissenheit, Kenntnislosigkeit in Bezug auf jmdn., etw.:* politische I.; seine Antwort zeugt von ziemlicher I.; **b)** (selten) *das Ignorieren.*

ig|no|rie|ren ⟨sw. V.; hat⟩ [lat. ignorare = nicht wissen (wollen), zu: ignarus = unerfahren, unwissend, zu: gnarus = kundig, zu: noscere, ↑ Notiz]: *absichtlich übersehen, übergehen, nicht beachten:* jmdn., jmds. Anwesenheit, einen Vorfall i.; ignorieren wir *(vergessen wir dabei)* doch nicht, dass...

i. H. = im Haus[e].

IHK = Industrie- u. Handelskammer.

Ih|le, der; -n, -n [wohl zu niederl. (landsch.) iel = schwach, dünn]: *Hering, der schon gelaicht hat, deshalb mager u. minderwertig ist.*

ihm [mhd. im(e), ahd. imu, imo]: Dativ von ↑ er, ¹es.

ihn [mhd. in(en), ahd. inen]: Akk. von ↑ er.

ih|nen [mhd. in(en), ahd. in(en), im]: Dativ von ↑ sie (2 a).

Ih|nen ⟨Dativ Sg. u. Pl. von ↑ sie (2 b) in der Anrede⟩: *in dann stimme ich mit Ihnen* (= eine od. mehrere Personen) *überein.*

¹ihr [mhd. ir, ahd. ira, iro, iru]: Dativ von ↑ sie (1 a).

²ihr ⟨Personalpron.; 2. Pers. Pl. Nom.⟩ [mhd. ir, ahd. ir]: **a)** *Anrede an verwandte od. vertraute Personen [die man als Einzelne duzt], an Kinder, göttliche Wesenheiten, Untergebene,* (in dichter. Sprache) *personifiziert an Dinge u. Abstrakta:* i. könnt euch glücklich schätzen; i. und ich[, wir] haben uns damals mit einer Entscheidung gleichermaßen schwergetan; i. Freunde; i. geliebten Berge!; i. Lieben; ⟨Gen.:⟩ ich bin sicher in euer aller Sinne; ⟨Dativ:⟩ wir werden euch beistehen; ⟨Akk.:⟩ wir besuchen euch bald wieder; freut euch!; **b)** (veraltet) *Anrede an eine einzelne Person:* habt Ihr einen Augenblick Zeit?

³ihr ⟨Possessivpron.⟩ [mhd. ir (w. iriu, sächlich irȝ), subst.: daȝ ir(e)]: **1.** *(bezeichnet die Zugehörigkeit zu einer Person od. Sache, die mit einem Femininum* (a) *bezeichnet wird)* **a)** ⟨vor einem Subst.⟩ i. Kleid; -e Enkelkinder; -e Tochter; (geh.:) im Auftrag Ihrer Majestät [der Kaiserin]; i. Flugzeug *(das Flugzeug, mit dem sie fliegen wollte);* ich lese in -em Buch (1. *dem Buch, das ihr gehört.* 2. *dem Buch, das ich von ihr geschenkt bekommen habe.* 3. *dem Buch, das sie geschrieben, herausgegeben hat);* sie hat -en Bus verpasst; sie mit -em [ewigen] Genörgel; **b)** ⟨o. Subst.⟩ das ist nicht mein Buch, sondern -s, (geh.:) -es; **c)** ⟨mit Art.⟩ (geh.): das ist nicht meine Angelegenheit, sondern die -e; der Ihre *(ihr Mann),* die Ihren *(ihre Angehörigen);* das Ihre. **2.** *(bezeichnet die Zugehörigkeit zu mehreren in der 3. Pers. Pl. genannten Personen od. Sachen)* **a)** ⟨vor einem Subst.⟩ i. Haus; mit -en Kindern; die Kinder spielten mit -em Hund; (als Ausdruck einer Gewohnheit, gewohnheitsmäßigen Zugehörigkeit, Regel o. Ä.:) die Bauche brauchen -e geregelten Mahlzeiten; **b)** ⟨o. Subst.⟩: es waren nicht mehr unsere Gebiete, sondern -e; **c)** ⟨mit Art.⟩ (geh.): wir brachten unsere Änderungswünsche vor, warum nicht die -en?; sie waren Weihnachten zu den Ihren *(ihren Angehörigen)* gefahren; Hektik, Aufregungen und schlechte Ernährung taten das Ihre *(trugen dazu bei),* seine Gesundheit zu schwächen; sie haben das Ihre *(ihnen Zustehende)* bekommen; sie haben alle das Ihre *(ihnen Zukommende)* getan. **3.** *(bezeichnet die Zugehörigkeit zu einer od. mehreren mit »Sie« angeredeten Personen)* **a)** ⟨vor einem Subst.⟩ vergessen Sie Ihren Schirm nicht!; wir freuen uns über

Ihr zahlreiches Erscheinen; mit freundlichen Grüßen Ihre XY; (als Ausdruck einer Gewohnheit, gewohnheitsmäßigen Zugehörigkeit, Regel o. Ä.:) lassen Sie heute Ihren Spaziergang ausfallen?; **b)** ⟨o. Subst.⟩ ich habe meinen Antrag eingereicht, Sie Ihren auch?; **c)** ⟨mit Art.⟩ (geh.:) das ist seine Angelegenheit und nicht die Ihre; meine besten Empfehlungen an die Ihren *(Ihre Angehörigen);* kümmern Sie sich nur um das Ihre! *(das Ihnen Zustehende, Zukommende).*

⁴ihr (veraltet): Gen. von ↑ sie (2 a).

ih|rer (geh.): Gen. von ↑ sie.

ih|rer|seits ⟨Adv.⟩ [↑ -seits]: **1.** *(gegenüber einem andern) von* ³*ihrer* (1 a) *Seite aus [nun auch]:* sie reagierte i. etwas zurückhaltend auf unseren nicht präzise formulierten Vorschlag. **2.** *(gegenüber einem andern) von* ³*ihrer* (2 a) *Seite aus [nun auch]:* wir werden uns auf ihre Bedingungen nur einlassen, wenn sie i. zu gewissen Zugeständnissen bereit sind. **3.** *(gegenüber einem andern) von* ³*Ihrer* (3 a) *Seite aus [nun auch]:* ich hoffe, dass Sie die Angelegenheit Ihrerseits noch einmal überdenken.

ih|res|glei|chen ⟨indekl. Pron.⟩: **1.** *jmd. wie sie* (1); *jmdn., der ihr gleich ist:* sie pflegt nur Kontakte mit i. *(Personen ihres Standes, ihrer Kreise).* **2.** *jmd. wie sie* (2); *jmd., der ihnen gleich ist:* Leuten wie i. ist nicht zu trauen. **3.** *jmd. wie Sie; jmd., der Ihnen gleich ist:* für Ihresgleichen dürfte das eine Kleinigkeit sein.

ih|ret|hal|ben ⟨Adv.⟩ [mhd. von iret halben, ↑ -halben] (veraltend): *ihretwegen.*

ih|ret|we|gen ⟨Adv.⟩: **1.** *aus Gründen, die sie* (1) *betreffen; ihr zuliebe:* i., weil sie müde war, sind wir früher nach Hause gegangen. **2.** *aus Gründen, die sie* (2) *betreffen; ihnen zuliebe:* wenn sie nicht ernsthaft interessiert sind, werden wir uns i. nicht weiter bemühen. **3.** *aus Gründen, die Sie betreffen:* Ihretwegen habe ich mich für Ihren Sohn eingesetzt.

ih|ret|wil|len ⟨Adv.⟩: nur in der Fügung **um i.** (1. *mit Rücksicht auf sie* 1 a. 2. *mit Rücksicht auf sie* 2 a. 3. *mit Rücksicht auf Sie):* um Ihretwillen werde ich es tun).

ih|ri|ge, der, die, das; -n, -n ⟨Possessivpron.; immer mit Art.⟩ (geh. veraltend): *der, die, das* ³*ihre* (1 c, 2 c, 3 c).

Ih|ro ⟨indekl. Pron.⟩ [geb. nach ↑ dero]: *Ihre* (in veralteter Anrede od. bei Erwähnung hochgestellter [adliger] Persönlichkeiten): I. Gnaden, Majestät.

ihr|zen ⟨sw. V.; hat⟩ [mhd. irzen]: *mit Ihr* (²ihr b) *anreden.*

IHS = IH(ΣΟΥ)Σ = Jesus.

i. J. = im Jahr[e].

Ijs|sel|meer [ˈaislmeːɐ̯], das; -[e]s: See in Holland.

Ika|rus (griech. Mythol.): Sohn des Dädalus, mit dem er aus dem kretischen Labyrinth mithilfe künstlicher Flügel flieht, wobei Ikarus der Sonne zu nahe kommt, sodass das Wachs seiner Flügel schmilzt u. er ins Meer stürzt.

Ike|ba|na, das; -[s] ⟨jap. ikebana = lebendige Blumen⟩: *japanische Kunst des Blumensteckens, des künstlerischen, symbolischen Blumenarrangements.*

Ikon, das; -s, -e (selten): *Ikone.*

Iko|ne, die; -, -n: **1.** ⟨russ. ikona < mgriech. eikóna, fem. zu griech. eikṓn = Bild⟩ *Kultbild der orthodoxen Kirche mit der Darstellung heiliger Personen od. ihrer Geschichte.* **2.** [engl. icon < mgriech. eikóna, ↑ Ikone (1)] *Person od. Sache als Verkörperung bestimmter Werte, Vorstellungen, eines bestimmten Lebensgefühls o. Ä.*

Iko|no|gra|fie, Ikonographie, die; -, -n [lat. iconographia < griech. eikonographía = Abbildung] (Kunstwiss.): **1. a)** *Beschreibung, Form- u. Inhaltsdeutung von [alten] Bildwerken:* er ist ein Meister der I.; **b)** *Ikonologie.* **2.** *wissenschaftliche Bestimmung von Bildnissen des griechischen u. römischen Altertums.*

iko|no|gra|fisch, ikonographisch ⟨Adj.⟩: *die Ikonografie betreffend, zu ihr gehörend.*

Iko|no|gra|phie usw.: ↑ Ikonografie usw.

Iko|no|klas|mus, der; -, ...men (Rel.): *Bildersturm; Abschaffung u. Zerstörung von Heiligenbildern (bes. im Bilderstreit der byzantinischen Kirche des 8. u. 9. Jh.s).*

Iko|no|lo|gie, die; - [griech. eikonología = das Sprechen in Bildern, zu: lógos, ↑ Logos] (Kunstwiss.): *(auf der Ikonografie aufbauende) Wissenschaft vom Sinn- u. Symbolgehalt von [alten] Kunstwerken, Symbolkunde.*

Iko|no|s|tas, der; -, -e, **Iko|no|s|ta|se,** die; -, -n, **Iko|no|s|ta|sis** (auch: ...ˈsta...], die; -, ...asen [russ. ikonostas < mgriech. eikonostási(on)] (Kunstwiss.): *dreitürige Bilderwand zwischen Gemeinde- u. Altarraum in orthodoxen Kirchen.*

Iko|sa|eder, das; -s, - [lat. icosahedrum < griech. eikosáedron, zu: eikosi(n) = zwanzig u. hédra = Fläche] (Geom.): *von zwanzig [gleichseitigen] Dreiecken begrenzter Vielflächner.*

ikr = isländische Krone.

IKRK = Internationales Komitee vom Roten Kreuz.

Ik|te|rus, der; - [lat. icterus < griech. íkteros, H. u.] (Med.): *Gelbsucht.*

Ik|tus, der; -, - [...u:s] u. Ikten [lat. ictus = Stoß, Takt(schlag), zu: icere (2. Part.: ictum) = treffen, eigtl. = mit einem Stoß, Schlag erreichen]: **1.** (Metrik) *[nachdrückliche] Betonung der Hebung im Vers, Versakzent.* **2.** (Med.) *unerwartet u. plötzlich auftretendes Krankheitssymptom.* **3.** (Med.) *Stoß.*

Ilang-Ilang-Baum usw.: ↑ Ylang-Ylang-Baum usw.

Ile|en, Ilei, Pl. von ↑ Ileus.

Ile|us, der; -, Ileen [ˈiːleən] u. Ilei [ˈiːlei] [lat. ileus < griech. eileós, urspr. wohl = Windung] (Med.): *Darmverschluss.*

Ilex, die, auch: der; -, - [lat. ilex = Steineiche]: *Stechpalme.*

ill. = illustriert.

il|le|gal ⟨Adj.⟩ [mlat. illegalis, zu lat. in- = un-, nicht u. legalis, ↑ legal]: *gesetzwidrig, ungesetzlich; ohne behördliche Genehmigung:* eine -e Aktion, Organisation, Partei; i. arbeiten, einwandern.

Il|le|ga|li|tät [auch: ˈɪl...], die; -, -en: **1.** ⟨o. Pl.⟩ **a)** *Ungesetzlichkeit, Gesetzwidrigkeit:* die I. einer politischen Arbeit; **b)** *illegale Tätigkeit, Lebensweise; illegaler Zustand:* in der I. leben. **2.** *einzelne illegale Handlung o. Ä.:* streng gegen -en vorgehen.

il|le|gi|tim ⟨Adj.⟩ [lat. illegitimus, zu: in- = un-, nicht u. legitim, ↑ legitim]: **1. a)** (bildungsspr.) *unrechtmäßig, im Widerspruch zur Rechtsordnung stehend, nicht im Rahmen bestimmter Vorschriften erfolgend:* eine -e Thronfolge; **b)** (früher) *außerehelich; nicht ehelich:* ein -es Kind. **2.** (bildungsspr.) *nicht legitim* (2), *nicht vertretbar; nicht berechtigt:* eine -e Forderung, auf -e Art.

Il|le|gi|ti|mi|tät [auch: ˈɪl...], die; - (bildungsspr.): *illegitime* (1, 2) *Art, Beschaffenheit einer Person od. Sache.*

il|li|be|ral [auch: ...ˈraːl] ⟨Adj.⟩ [lat. illiberalis, eigtl. = gemein, zu: in- = nicht, un- u. liberalis, ↑ liberal] (bildungsspr.): *nicht liberal; engherzig, unduldsam:* ein -er Wesenszug; ein -es Verhalten.

Il|li|be|ra|li|tät [auch: ˈɪl...], die; - (bildungsspr.): *illiberales Wesen, Denken.*

Il|li|nois [ɪliˈnɔɪ(z)], Illinois': Bundesstaat der USA.

il|li|quid ⟨Adj.⟩ [zu lat. in- = un-, nicht- u. ↑ liquid] (Wirtsch.): *[vorübergehend] zahlungsunfähig.*

Il|li|qui|di|tät [auch: ˈɪl...], die; - (Wirtsch.): *[vorübergehende] Zahlungsunfähigkeit.*

il|li|te|rat ⟨Adj.⟩ [lat. illiteratus, zu: in- = un-, nicht u. litteratus = gebildet, zu: litterae = Wissenschaft(en)] (bildungsspr.): *ungelehrt, nicht wissenschaftlich gebildet.*

Il|li|te|rat [auch: ...ˈraːt], der; -en, -en (bildungsspr.): *Ungelehrter, nicht wissenschaftlich Gebildeter.*

Il|li|te|ra|tin, die; -, -nen: w. Form zu ↑ Illiterat.

Il|lo|ku|ti|on, die; -, -en [zu lat. locutio = das Sprechen, Sprache] (Sprachwiss.): *Sprechakt im Hinblick auf die kommunikative Funktion.*

il|lo|ku|ti|o|när ⟨Adj.⟩: * **-er Akt** (Sprachwiss.; *Illokution).*

il|lo|y|al ⟨Adj.⟩ [zu lat. in- = un-, nicht u. ↑ loyal] (bildungsspr.): **a)** *den Staat, eine Instanz nicht respektierend:* eine -e Einstellung gegenüber der Regierung; **b)** *vertragsbrüchig, gegen Treu u. Glauben; eingegangene Verpflichtungen nicht haltend:* ein -er Vertragspartner; **c)** *die Interessen der Gegenseite nicht achtend, den Gegner nicht respektierend:* sich seinen politischen Gegnern gegenüber i. verhalten.

Il|lo|ya|li|tät [auch: ˈɪl...], die; -, -en (bildungsspr.): **1.** ⟨o. Pl.⟩ *illoyale Gesinnung.* **2.** *illoyale Handlung, Verhaltensweise.*

Il|lu|mi|nat, der; -en, -en ⟨meist Pl.⟩ [zu lat. illuminatus = erleuchtet]: *Angehöriger einer geheimen Verbindung, bes. des Illuminatenordens.*

Il|lu|mi|na|ten|or|den, der ⟨o. Pl.⟩: *(im 18. Jh.) aufklärerisch-freimaurerische geheime Gesellschaft.*

Il|lu|mi|na|ti|on, die; -, -en [frz. illumination < lat. illuminatio = Erleuchtung, Beleuchtung]: **1. a)** *[farbige] Beleuchtung* (1 b) *vor allem im Freien: Um 10 an Gebäuden;* **b)** *[farbiges] Licht, das etw. bes. im Freien beleuchtet:* eine weihnachtliche I. auf Straßen und Plätzen; Die gewaltige Menschenmasse lauschte andächtig, die I. gewährte herrlichen nächtlichen Anblick (Schädlich, Nähe 128). **2.** (Theol.) *göttliche Erleuchtung des menschlichen Geistes (nach der theologischen Lehre Augustins).* **3.** (Kunstwiss.) *Buchmalerei.*

Il|lu|mi|na|tor, der; -s, ...oren [mlat. illuminator] (Kunstwiss.): *Künstler (bes. des Mittelalters), der Handschriften u. Bücher illuminiert* (2).

il|lu|mi|nie|ren ⟨sw. V.; hat⟩ [frz. illuminer < lat. illuminare = erleuchten, zu: lumen (Gen.: luminis) = Licht]: **1.** *[festlich] erleuchten:* eine Stadt, ein Schloss i.; der Park war illuminiert; Ü eine illuminierende *(erhellende)* Feststellung; Aber dass die alte Rosenthal Licht brannte, und das offen in allen Fenstern, da stimmte etwas nicht. Die alte Frau war so ängstlich und verschüchtert, die würde nie ihre Wohnung so i. (Fallada, Jeder 49). **2.** (Kunstwiss.) *(mittelalterliche Handschriften) ausmalen, mit Buchmalerei versehen:* illuminierte Handschriften des 11. und 12. Jh.s; ♦ ... sein Farbkästchen; mit diesem illuminierte *(kolorierte)* er ganze regierende Linien (Jean Paul, Wutz 19).

Il|lu|mi|nie|rung, die; -, -en: *das Illuminieren; das Illuminiertwerden.*

Il|lu|si|on, die; -, -en [frz. illusion < lat. illusio = Täuschung, irrige Vorstellung, zu: illudere = sein Spiel treiben, täuschen]: **1.** *beschönigende, dem Wunschdenken entsprechende Selbsttäuschung über einen in Wirklichkeit weniger positiven Sachverhalt:* wertlose, jugendliche -en haben, zerstören; jmdm. seine -en lassen, rauben; du brauchst dir keine -en zu machen; einer I. nachjagen; darüber darf man sich keine -en hingeben; sich in -en wiegen; wieder um eine I. ärmer sein. **2.** (Psychol.) *falsche Deutung von tatsächlichen Sinneswahrnehmungen (im Unterschied zur Halluzination).* **3.** *Täuschung durch die Wirkung eines Kunstwerks, das Darstellung als Wirklichkeit erleben lässt.*

il|lu|si|o|när ⟨Adj.⟩: **1.** (bildungsspr.) *auf Illusionen beruhend, Illusionen enthaltend:* -e Vorstellungen; der -e Charakter einer politischen Unternehmung. **2.** (Kunstwiss.) *illusionistisch* (1).

il|lu|si|o|nie|ren ⟨sw. V.; hat⟩ (bildungsspr.): *in jmdm. eine Illusion erwecken; jmdm. etw. vorgaukeln; täuschen:* sich nicht i. lassen.

Il|lu|si|o|nis|mus, der; -: **1.** (Philos.) *die Objektivität der realen Welt, der Wahrheit, Schönheit, Sittlichkeit als Schein erklärende philosophische Anschauung:* der I. Schopenhauers. **2.** (Kunstwiss.) *illusionistische [Bild]wirkung*.

Il|lu|si|o|nist, der; -en, -en: **1.** (bildungsspr.) *jmd., der Illusionen hegt, sich Illusionen macht:* er ist ein großer I. **2.** *Zauberkünstler*.

Il|lu|si|o|nis|tin, die; -, -nen: w. Form zu ↑ Illusionist.

il|lu|si|o|nis|tisch ⟨Adj.⟩: **1.** (Kunstwiss.) *durch die künstlerische Darstellung Scheinwirkungen (bes. Raumtiefe u. Körperlichkeit) erzeugend*. **2.** (bildungsspr.) *illusionär* (1): ein -er Wesenszug.

il|lu|si|ons|los ⟨Adj.⟩: *frei von Illusionen:* eine -e Einschätzung der Lage; Das war ja das Beste chende an Ihrer Dissertation, Herr Kollege, dass sie so i. war (Heym, Schwarzenberg 75).

Il|lu|si|ons|lo|sig|keit, die; -: *das Illusionslossein; illusionslose Haltung*.

il|lu|so|risch ⟨Adj.⟩ [(frz. illusoire <) lat. illusorius = täuschend, verspottend]: **a)** *nur in der Illusion bestehend, trügerisch:* eine -e Einschätzung der Sachlage; **b)** *in Anbetracht von etw. zwecklos, sich erübrigend:* eine erneute Besprechung ist damit i. geworden.

il|lus|ter ⟨Adj.⟩ [frz. illustre < lat. illustris = strahlend; berühmt, zu: lustrare = hell machen] (bildungsspr.): *Respekt heischend glanzvoll, Bewunderung hervorrufend, erlaucht:* ein illustrer Gast, Kreis.

Il|lus|t|ra|ti|on, die; -, -en [lat. illustratio = Erhellung, anschauliche Darstellung] (bildungsspr.): **1.** *veranschaulichende Bildbeigabe zu einem Text:* farbige, schwarz-weiße -en in einem Märchen. **2.** *Veranschaulichung, Erläuterung:* eine akustische I.; Beispiele zur I. eines Vorgangs anführen.

il|lus|t|ra|tiv ⟨Adj.⟩ (bildungsspr.): **1.** *als Illustration* (1) *dienend; mittels Illustration:* -e Zeichnungen. **2.** *veranschaulichend, erläuternd:* die Biografie enthält viele -e Notenbeispiele.

Il|lus|t|ra|tor, der; -s, ...oren [spätlat. illustrator = Ausschmücker] (Kunstwiss.): *Künstler, der einen Text mit Illustrationen* (1) *ausgestaltet*.

Il|lus|t|ra|to|rin, die; -, -nen: w. Form zu ↑ Illustrator.

il|lus|t|rie|ren ⟨sw. V.; hat⟩ [frz. illustrer < lat. illustrare = erleuchten; erläutern]: **1.** *mit Illustrationen* (1) *ausgestalten; bebildern:* ein Buch, eine Novelle, Witze i.; der Katalog war ausgezeichnet illustriert; illustrierte Zeitschriften, Zeitungen. **2.** *veranschaulichen, verdeutlichen:* eine These i.; etw. mit einem Beispiel, durch statistisches Material i. **3.** (Kochkunst) *garnieren*.

Il|lus|t|rier|te, die/eine Illustrierte; der/einer Illustrierten od. Illustrierte, die Illustrierten/ zwei Illustrierte od. Illustrierten: *periodisch erscheinende Zeitschrift, die überwiegend Bildberichte u. Reportagen aus dem Zeitgeschehen, Fortsetzungsromane u. a. veröffentlicht:* der Fall ist durch die -n gegangen.

Il|lus|t|rie|rung, die; -, -en: *das Illustrieren; das Illustriertwerden*.

Il|ly|rer, der; -s, -: *Angehöriger indogermanischer Stämme in Illyrien*.

Il|ly|re|rin, die; -, -nen: w. Form zu ↑ Illyrer.

Il|ly|ri|en; -s: (in der Antike) *Gebiet des heutigen Dalmatiens u. Albaniens*.

Il|ly|ri|er, der; -s, -: ↑ Illyrer.

Il|ly|ri|e|rin, die; -, -nen: w. Form zu ↑ Illyrier.

il|ly|risch ⟨Adj.⟩: **a)** *Illyrien, die Illyrer betreffend; aus Illyrien stammend*; **b)** *in der Sprache der Illyrer*.

Il|ly|risch, das; -[s], (nur mit best. Art.:) **Il|ly|ri|sche**, das; -n: *Sprache der Illyrer*.

Il|ly|ris|tik, die; -: *Wissenschaft, die sich mit den Resten des Illyrischen in den europäischen Personen- u. geografischen Namen befasst*.

Il|me|nit [auch: ...'nɪt], der; -s, -e [nach den Ilmenischen Bergen im südlichen Ural]: *schwarzes bis schwarzbraunes, metallisch glänzendes Titanerz*.

ILS = *internationaler Währungscode für: Schekel*.

Il|tis, der; -ses, -se [mhd. iltis, ahd. illi(n)tiso, H. u.]: **1.** (zur Familie der Marder gehörendes) *kleines Raubtier von schwarzbrauner Färbung mit gedrungenem Körper u. langem Schwanz*. **2. a)** *Fell des Iltis* (1): eine Pelzjacke aus I.; **b)** *aus dem Fell des Iltis* (1) *gearbeiteter Pelz:* sie trägt einen I.

im ⟨Präp. + Art.⟩ [mhd. im(e), imme]: **1.** *in dem* (Abk.: i.): im Haus[e] (Abk.: i. H.); im Beruf; (nicht auflösbar bei geografischen Namen u. bestimmten Zeitangaben) Freiburg im Breisgau; im Oktober; (nicht auflösbar in festen Verbindungen) im Grunde; im Gegenteil; im Bau sein. **2.** ⟨nicht auflösbar; bildet mit dem subst. Inf. [u. »sein«] die Verlaufsform⟩ *während eines bestimmten Vorgangs; dabeiseiend, etw. zu tun:* dieser Schauspieler ist im Kommen; der Junge ist noch im Wachsen; Im Weggehen bat er sie, Stefan von ihm zu grüßen (Handke, Frau 37).

IM [i:'|ɛm], der; -[s], -[s] ⟨Abk. für: inoffizieller Mitarbeiter⟩ (DDR): *jmd., der für den Staatssicherheitsdienst der DDR arbeitet*.

Image ['ɪmɪtʃ, engl.: 'ɪmɪdʒ], das; -[s] [...tʃ(s)], -s [auch: ...dʒɪs, engl.: 'ɪmɪdʒɪz] [engl. image < frz. image < lat. imago, ↑ Imago]: *Vorstellung, Bild, das ein Einzelner od. eine Gruppe von einer anderen Einzelperson, Gruppe od. Sache hat; [idealisiertes] Bild von jmdm., etw. in der öffentlichen Meinung:* das I. der berufstätigen Frau; sein I. ist angeschlagen; ein gutes I. haben; das I. eines Produktes pflegen.

Image|ge|winn, der: *Gewinn, Erlangung eines besseren Images*.

Image|kam|pa|g|ne, die; (bes. Werbespr.): *auf die Imagepflege ausgerichtete Kampagne* (1).

Image|pfle|ge, die: *das Bemühen um ein günstiges Bild von jmdm., etw. in der Öffentlichkeit:* I. treiben.

Image|pro|b|lem, das: *Problem, ein positives Bild, eine positive Vorstellung von sich [in der öffentlichen Meinung] zu liefern*.

Image|scha|den, der: *Schaden am Image*.

Image|ver|lust, der: *Verlust des positiven Images*.

Image|wer|bung, die (bes. Werbespr.): *auf die Imagepflege ausgerichtete Werbung* (1).

Ima|gi|nal|sta|di|um, das; ⟨o. Pl.⟩ (Zool.): *Endstadium der Metamorphose* (2) *von Insekten*.

ima|gi|när ⟨Adj.⟩ [frz. imaginaire < lat. imaginarius = bildhaft, nur in der Einbildung bestehend] (bildungsspr.): *nur in der Vorstellung vorhanden, nicht wirklich, nicht real:* ein -er Himmel; -e Einheit (Math.; *durch eine positive od. negative Zahl nicht darstellbare Wurzel aus* − 1; Zeichen: i); -e Zahlen (Math.; *Vielfache der Wurzel aus* − 1).

Ima|gi|na|ti|on, die; -, -en [frz. imagination < lat. imaginatio] (bildungsspr.): *Fantasie, Einbildungskraft, bildhaftes Denken:* das erfordert I.

ima|gi|na|tiv ⟨Adj.⟩ (bildungsspr.): *auf Imagination beruhend; vorgestellt:* das -e Element im Jazz.

ima|gi|nie|ren ⟨sw. V.; hat⟩ [frz. imaginer < lat. imaginari] (bildungsspr.): *sich vorstellen, einbilden:* den früheren Zustand i.

Ima|go, die; -, ...gines [...gine:s] [lat. imago = Bild, verw. mit: imitari, ↑ imitieren]: **1.** (Psychol.) *im Unterbewusstsein vorhandenes [Ideal]bild einer anderen Person der sozialen Umwelt*. **2.** (Zool.) *fertig ausgebildetes, geschlechtsreifes Insekt nach der letzten Häutung*. **3.** *(im Atrium altrömischer Häuser aufgestellte) wächserne Totenmaske von Vorfahren*.

Imam, der; -[s], -s u. -e [arab. imām, eigtl. = Vorsteher]: **1. a)** *Vorbeter in der Moschee*; **b)** ⟨o. Pl.⟩ *Titel für verdiente Gelehrte des Islams*. **2.** *Prophet u. religiöses Oberhaupt der Schiiten*.

Ima|mit, der; -en, -en: *Angehöriger der größten Gruppe der Schiiten*.

Ima|mi|tin, die; -, -nen: w. Form zu ↑ Imamit.

Iman, das; -s [arab. īmān]: *Glaube (im Islam)*.

i-Män|n|chen, das (landsch.): *Schulanfänger[in]*.

IMAX® ['aɪmɛks], das; -, -e [nach der kanad. Herstellerfirma IMAX Corporation]: **1.** ⟨o. Pl.⟩ *spezielle Form der Filmprojektion, bei der der Kinozuschauer sich durch das Bildformat, spezielle Linsen u. den Querlauf des Films als Handlungsbeteiligter fühlt*. **2.** *spezielles Kino, in dem Filme in IMAX* (1) *gespielt werden*.

im|be|zil, im|be|zill ⟨Adj.⟩ [frz. imbécile < lat. imbecillus = (geistig) schwach] (Med. veraltet): *an Imbezillität leidend*.

Im|be|zil|li|tät, die; - [frz. imbécillité < lat. imbecillitas] (Med. veraltet): *geistige Behinderung mittleren Grades*.

Im|biss, der; -es, -e [mhd., ahd. in-, imbiʒ, zu mhd. enbīʒen, ahd. enbīʒan = essend od. trinkend genießen, zu ↑ 1 beißen]: **1.** *kleine, meist kalte Mahlzeit:* einen I. [ein]nehmen, reichen. **2.** *Imbisshalle, -stand:* beim nächsten I. essen wir etwas.

Im|biss|bar, die: *kleineres Lokal, in dem ein Imbiss eingenommen werden kann*.

Im|biss|bu|de, die: *Verkaufsstand, Kiosk, an dem ein kleiner Imbiss eingenommen werden kann*.

Im|biss|hal|le, die: *Imbissbar; Imbissbude*.

Im|biss|stand, Im|biss-Stand, der: *Imbissbude*.

Im|biss|stu|be, Im|biss-Stu|be, die: *Imbissbar*.

Im|b|ro|g|lio [ɪm'brɔljo], das; -s, ...gli [...lji] u. -s [ital. imbroglio = Verwirrung, zu: imbrogliare = verwickeln, verwirren, zu: brogliare = intrigieren, verw. mit frz. brouiller, eigtl. trüben, verwischen, viell. zu afrz. brou = Schaum, Sprudelndes] (Musik): *rhythmische Verwirrung durch gleichzeitiges Erklingen verschiedener Taktarten in mehreren Stimmen*.

Imi|tat, das; -[e]s, -e: *Imitation* (1 b).

Imi|ta|ti|on, die; -, -en [lat. imitatio = Nachahmung]: **1. a)** (bildungsspr.) *das Nachahmen; Nachahmung:* die I. von Vogelstimmen; durch I. lernen; **b)** *[minderwertige] Nachahmung eines wertvollen Materials od. Gegenstandes:* diese Brillanten sind I. **2.** (Musik) *Wiederholung eines Themas durch eine andere Stimme in der gleichen od. einer anderen Tonlage (bei Kanon, Fuge u. a.)*.

imi|ta|tiv ⟨Adj.⟩ (bildungsspr.): *auf Imitation beruhend, nachahmend:* -es Erlernen einer Fremdsprache.

Imi|ta|tor, der; -s, ...oren [lat. imitator]: *jmd., etw. (z. B. Vogelstimmen, Instrumente o. Ä.) nachahmt:* als I. auftreten; der I. war fast besser als der Sänger, den er nachahmte.

Imi|ta|to|rin, die; -, -nen: w. Form zu ↑ Imitator.

imi|ta|to|risch ⟨Adj.⟩ (bildungsspr.): *die Imitation* (1 a) *betreffend, auf ihr beruhend; nachahmend:* nur begrenzte -e Fähigkeiten besitzen.

imi|tie|ren ⟨sw. V.; hat⟩ [lat. imitari, verw. mit:

imago (↑ Imago) u. wie dieses zu: aemulus = wetteifernd]: **1.** *nachahmen, nachmachen; nachbilden:* Vogelstimmen, den Gang eines anderen i.; er hat seinen Lehrer imitiert; imitiertes *(künstliches)* Leder; imitierter *(unechter)* Schmuck; Des Menschen Duft konnte er hinreichend gut mit Surrogaten i. (Süskind, Parfum 240). **2.** (Musik) *(ein Thema in einer anderen Stimme) wiederholen.*

Im|ker, der; -s, - [aus dem Niederd. < niederl. imker, eigtl. Zus. aus ↑ Imme u. mniederd. kar = Korb, Gefäß]: *jmd., der Bienen zur Gewinnung von Honig hält, sie fachmännisch züchtet u. betreut* (Berufsbez.).

Im|ke|rei, die; -, -en: **1.** ⟨o. Pl.⟩ *das Züchten und Halten von Honigbienen; Bienenzucht:* die I. ist sein Hobby. **2.** *Betrieb der Bienenhaltung u. Honigbereitung:* eine I. in der Heide.

Im|ke|rin, die; -, -nen: w. Form zu ↑ Imker.

im|kern ⟨sw. V.; hat⟩: *Imkerei (1) betreiben.*

im|ma|nent ⟨Adj.⟩ [zu lat. immanens (Gen.: immanentis), 1. Part. von: immanere = bei etw. bleiben, anhaften, zu: manere = bleiben, verharren]: **a)** (bildungsspr.) *innewohnend, in etw. enthalten:* die -e Rechtfertigung; -e Gegensätzlichkeiten; solche Prinzipien sind dieser Lehre i. *(gehören wesensmäßig dazu);* **b)** (Philos.) *die Grenzen möglicher Erfahrung nicht übersteigend, innerhalb dieser Grenzen liegend, bleibend.*

Im|ma|nenz, die; -: **1.** (bildungsspr.) *das Innewohnen, Enthaltensein:* der Pantheismus spricht von einer I. Gottes in allen Dingen. **2.** (Philos.) *das Verbleiben in einem vorgegebenen Bereich (ohne Überschreitung der Grenzen).*

Im|ma|nu|el, der; -s ⟨meist o. Art.⟩ [hebr. = Gott (ist) mit uns] (jüd. u. christl. Rel.): *Gottesknecht* (2).

Im|ma|te|ri|a|li|tät [auch: ...'tɛːt], die; - [frz. immatérialité] (bildungsspr.): *unkörperliche Beschaffenheit.*

im|ma|te|ri|ell [auch: ...'ri̯ɛl] ⟨Adj.⟩ [frz. immatériel < mlat. immaterialis, aus lat. im- (↑ in-) u. spätlat. materialis, ↑ materiell] (bildungsspr.): *unstofflich, unkörperlich; geistig:* -e Bedürfnisse; ein -er Schaden (Rechtsspr.): *Schaden, der jmdm. an seiner Gesundheit, Ehre, Freiheit o. Ä. zugefügt wird).*

Im|ma|tri|ku|la|ti|on, die; -, -en [zu ↑ immatrikulieren]: **1.** *Einschreibung an einer Hochschule, Eintragung in die Matrikel:* die I. vornehmen. **2.** (schweiz.) *amtliche Zulassung eines Kraftfahrzeugs, eines Flugzeuges, eines Bootes.*

im|ma|tri|ku|lie|ren ⟨sw. V.; hat⟩ [mlat. immatriculare; zu lat. in = hinein u. matricula, ↑ Matrikel]: **1. a)** *in die Matrikel einer Hochschule aufnehmen:* die Universität immatrikuliert dreihundert neue Studenten; **b)** ⟨i. + sich⟩ *sich an einer Hochschule anmelden* (2): ich habe mich gestern immatrikuliert. **2.** (schweiz.) *(ein Kraftfahrzeug, Flugzeug, Boot) amtlich zulassen, anmelden:* dieses Fahrzeug ist im Kanton Uri immatrikuliert.

Im|ma|tri|ku|lie|rung, die; -, -en: *das Immatrikulieren; das Immatrikuliertwerden.*

Im|me, die; -, -n [mhd. imme, imbe, ahd. imbi = Bienenschwarm, H. u.; die Bed. »Biene« hat sich erst in spätmhd. Zeit aus dem kollektiven Sinn entwickelt] (dichter.): *Biene.*

im|me|di|at ⟨Adj.⟩ [mlat. immediatus, zu lat. im- (↑ in-) u. medius, ↑ ¹Medium] (veraltend): *unmittelbar, ohne Zwischenschaltung einer anderen Instanz [dem Staatsoberhaupt unterstehend]:* eine -e Behörde; etw. i. beim Präsidenten vortragen.

im|me|di|a|ti|sie|ren ⟨sw. V.; hat⟩ [zu ↑ immediat] (Geschichte): *reichsunmittelbar machen:* eine immediatisierte Herrschaft.

im|mens ⟨Adj.⟩ [lat. immensus, zu: im- (↑ in-) u. metiri (2. Part.: mensum) = messen]: *in Staunen, Bewunderung erregender Weise groß o. ä.; unermesslich, unendlich:* eine -e Leistung; -e Kosten; (oft übertreibend:) er hat -es Glück gehabt.

Im|men|si|tät, die; - (veraltet): *Unermesslichkeit, Unendlichkeit.*

Im|men|stock, der ⟨Pl. ...stöcke⟩ (selten): *Bienenstock.*

¹im|mer ⟨Adv.⟩ [mhd. immer, iemer, ahd. iomēr, aus ↑¹je u. ↑¹mehr]: **1. a)** *sich häufig wiederholend, sehr oft; gleichbleibend, andauernd, ständig, stets:* das Wetter war i. schön; sie blieb i. freundlich; i. neue Zugeständnisse machen; es ist i. dasselbe; i. und überall; i. und i.; mach es wie i.!; so war es schon i. *(von jeher);* ich habe es i. gewusst *(mir war das nicht neu, unbekannt);* das ist für i. *(in alle Zukunft)* vorbei; sie ist nicht i. *(manchmal nicht)* anzutreffen; sie ist nicht i. *([fast] nie)* anzutreffen; die i. gleichen Argumente vorbringen; die i. gleichen Turnschuhe tragen; i. während *(fortdauernde, -während)* Dunkelheit; der i. während *(ständig gültige, für alle Jahre ablesbare)* Kalender; lebe wohl auf i. (veraltet; *für alle Zeit);* (veraltete Grußformel in Briefen:) i. der Deine/deine!; **b)** *jedes Mal:* i. wenn wir ausgehen wollen, regnet es; er musste i. wieder von vorn anfangen; i. ich! (ugs.; *jedes Mal soll ich schuld sein, bin ich dran, muss ich die Arbeit machen).* **2.** ⟨i. + Komp.⟩ *nach u. nach, in ständiger Steigerung:* es wird i. dunkler draußen; i. mehr Besucher kamen; herrliche Stücke, eins i. schöner als das andere!; die Reichen werden i. reicher u. die Armen i. ärmer. **3.** (ugs.) *jeweils:* sie lagen i. zu dritt in einem Zimmer; i. zwei und zwei nebeneinander aufstellen; er nahm i. zwei Stufen auf einmal. **4.** ⟨Interrogativ- od. Relativpronomen bzw. -adverbien + i. [+ auch]⟩ wirkt verallgemeinernd; *auch:* wir werden helfen, wo i. es *(wo es auch)* nötig sei; was i. er *(was er auch)* gesagt haben mag, es war gewiss nicht böse gemeint; wie i. das Spiel ausgehe, es war für mich das letzte; Wann i. Cotta in diesen Tagen schlief oder auch nur für Minuten einnickte, plagten ihn Träume (Ransmayr, Welt 220).

²im|mer ⟨Partikel⟩ [zu: ↑¹immer]: **1.** ⟨betont; in Verbindung mit »noch«⟩ *wirkt verstärkend in Aussage- und Fragesätzen:* das Kleid ist noch i./i. noch modern; hast du noch i./i. noch nicht genug?; er ist i. noch *(schließlich, immerhin)* dein Vater. **2.** (unbetont) **a)** *wirkt verstärkend in Modalsätzen;* nur: er lief, so schnell i. konnte; du kannst essen, so viel du i. magst; **b)** (ugs.) *wirkt verstärkend in Aufforderungs- und Fragesätzen:* lass ihn nur i. kommen!; i. langsam voran! *(nur nicht so schnell!);* lasst uns i. aufbrechen, er wird uns schon einholen!; was treibst du denn i.? *(eigentlich, überhaupt)?*

im|mer|dar ⟨Adv.⟩ (geh.): *immer, künftig, jederzeit:* jetzt und i.

im|mer|fort ⟨Adv.⟩: *ständig, fortdauernd; immer wieder:* jmdn. i. anstarren.

immer gleich, im|mer|gleich ⟨Adj.⟩ (geh., meist leicht abwertend): **a)** *stets gleichbleibend, sich nicht verändernd:* die immer gleichen Beteuerungen; **b)** *stets der-, die-, dasselbe:* die immer gleichen Kleider anziehen.

im|mer|grün ⟨Adj.⟩: *(von Pflanzen) das ganze Jahr über grüne, funktionsfähige Blätter, Nadeln tragend:* -er Regenwald; Ü -e *(nie in Vergessenheit geratene, stets beliebte)* Melodien.

Im|mer|grün, das: *in mehreren Arten vorkommende, als Kraut od. Halbstrauch wachsende Pflanze mit gegenständigen, lederartigen Blättern u. einzelnen blauen, roten od. weißen Blüten.*

im|mer|hin ⟨Adv.⟩: **a)** *einschränkend; drückt eine gewisse Anerkennung aus; wenigstens, zumindest jedenfalls:* er hat sich i. Mühe gegeben; das ist i. beachtlich; i. hat er es versucht; **b)** *einräumend; freilich, ungeachtet dessen, allerdings, trotz allem:* versuchen wir es i.!; er hat Bedenken gehabt, aber i. zugestimmt; i., es geht auch so!; **c)** *auf einen zu beachtenden [Neben]umstand hinweisend; schließlich, jedenfalls:* er ist i. dein Vater; der Marsch ging i. über dreißig Kilometer; i. *(i. + mögen)* (geh.) *[wenn] auch:* mag es i. spät werden, ich komme auf alle Fälle.

Im|mer|si|on, die; -, -en [spätlat. immersio = Eintauchung, zu lat. immergere (2. Part. immersum) = ein-, untertauchen]: **1.** (Physik) *Einbetten eines Objekts in eine Flüssigkeit mit besonderen lichtbrechenden Eigenschaften (zur Untersuchung von Kristallformen u. in der Mikroskopie).* **2.** (Astron.) *Eintritt eines Himmelskörpers in den Schatten eines anderen.* **3.** *Methode des Fremdsprachenunterrichts, bei der die Schüler von Anfang an in großem Umfang in der Fremdsprache unterrichtet werden.* **4.** (EDV) *Eintauchen in eine virtuelle Umgebung.*

im|mer|wäh|rend, im|mer wäh|rend ⟨Adj.⟩: *dauernd, anhaltend, fortwährend:* -e Dunkelheit; der -e *(ständig gültige, für alle Jahre ablesbare)* Kalender.

im|mer|zu ⟨Adv.⟩ (ugs.): *immerfort, dauernd, ständig [sich wiederholend]:* die Leitung ist i. besetzt.

Im|mi|grant, der; -en, -en [zu lat. immigrans (Gen.: immigrantis), 1. Part. von: immigrare, ↑immigrieren]: *Einwanderer:* drei Prozent der Bevölkerung sind -en.

Im|mi|gran|tin, die; -, -nen: w. Form zu ↑ Immigrant.

Im|mi|gra|ti|on, die; -, -en: *Einwanderung.*

im|mi|grie|ren ⟨sw. V.; ist⟩ [lat. immigrare = hineingehen, zu: migrare, ↑Migration]: *einwandern.*

im|mi|nent ⟨Adj.⟩ [frz. imminent < lat. imminens (Gen.: imminentis), 1. Part. von: imminere = nahe bevorstehen, drohen] (bes. Med.): *drohend, nahe bevorstehend:* eine -e Gefahr, Fehlgeburt.

Im|mis|si|on, die; -, -en [lat. immissio = das Hineinlassen, zu: immittere (2. Part.: immissum) = hineingehen lassen]: **1.** (Fachspr.) *das Einwirken von Verunreinigungen, Lärm, Strahlen o. Ä. auf Menschen, Tiere, Pflanzen, Gebäude o. Ä.:* die Bevölkerung muss vor -en geschützt werden. **2.** (veraltet) *Einsetzung in ein Amt.*

Im|mis|si|ons|grenz|wert, der: *Immissionswert.*

Im|mis|si|ons|schutz, der ⟨o. Pl.⟩: *[gesetzlich festgelegter] Schutz vor Immissionen; Umweltschutz.*

Im|mis|si|ons|wert, der: *die Immission (1) betreffender Messwert.*

im|mo|bil [auch: ...'biːl] ⟨Adj.⟩ [lat. immobilis, aus: im- (↑ in-) u. mobilis, ↑ mobil]: **1.** (bildungsspr.) *unbeweglich* (1), *nicht mobil* (1 a): *ohne Auto ist man heute zu i.* **2.** *(von Truppen) nicht für den Krieg bestimmt od. ausgerüstet, nicht kriegsbereit.*

Im|mo|bi|lie, die; -, -n [nach lat. immobilia (bona) = unbewegliches (Gut)] (Wirtsch.): *unbeweglicher Besitz (z. B. Grundstück, Gebäude):* sein Geld in -n anlegen.

Im|mo|bi|li|en|an|ge|bot, das: *Angebot an Immobilien.*

Im|mo|bi|li|en|be|sitz, der: *Besitz von Immobilien.*

Im|mo|bi|li|en|bran|che, die: *den Bereich der Immobilien umfassende Branche.*

Im|mo|bi|li|en|fir|ma, die: *Immobilienunternehmen.*
Im|mo|bi|li|en|fonds, der (Wirtsch.): *Fonds, der das Geld der Anleger in Immobilien investiert.*
Im|mo|bi|li|en|ge|sell|schaft, die: *Immobilienfirma.*
Im|mo|bi|li|en|han|del, der: *Handel mit Immobilien.*
Im|mo|bi|li|en|händ|ler, der: *jmd., der berufsmäßig Immobilienhandel betreibt.*
Im|mo|bi|li|en|händ|le|rin, die: w. Form zu ↑ Immobilienhändler.
Im|mo|bi|li|en|kre|dit, der (Bankw.): *Kredit zur Finanzierung einer Immobilie.*
Im|mo|bi|li|en|mak|ler, der: *Immobilienhändler.*
Im|mo|bi|li|en|mak|le|rin, die: w. Form zu ↑ Immobilienmakler.
Im|mo|bi|li|en|markt, der: *Markt (3 a) für Immobilien.*
Im|mo|bi|li|en|preis, der: *Preis für eine Immobilie, für Immobilien.*
Im|mo|bi|li|en|un|ter|neh|men, das: *Unternehmen, das sich mit der Planung, der Errichtung, der Finanzierung, der Vermietung, dem Verkauf u. a. von Immobilien befasst.*
Im|mo|bi|li|en|ver|mö|gen, das: *in Immobilien bestehendes Vermögen.*
Im|mo|bi|li|en|wert, der: **1.** (Bankw.) *Wert einer Immobilie.* **2.** ⟨meist Pl.⟩ (Börsenw.) *Aktien von Immobilienunternehmen.*
Im|mo|bi|li|en|wirt|schaft, die: *Wirtschaftszweig, der die Errichtung, Finanzierung, Verwaltung, Vermietung u. Ä. von Immobilien umfasst.*
im|mo|bi|li|sie|ren ⟨sw. V.; hat⟩ (Med.): *(ein Glied od. Gelenk) ruhig stellen:* das Bein mit einer Schiene i.
Im|mo|bi|lis|mus, der; - (bildungsspr.): *Unbeweglichkeit als geistige Haltung.*
Im|mo|bi|li|tät [auch: ˈɪm...], die; - [frz. immobilité < lat. immobilitas]: *Zustand der Unbeweglichkeit, bes. bei Truppen.*
im|mo|ra|lisch [auch: ...ˈraː...] ⟨Adj.⟩ [zu lat. in- = un-, nicht u. ↑ moralisch] (bildungsspr.): *unmoralisch:* i. handeln.
Im|mo|ra|lis|mus, der; - (bildungsspr.): *Haltung der bewussten Ablehnung überlieferter moralischer Grundsätze.*
Im|mo|ra|list, der; -en, -en (bildungsspr.): *Vertreter des Immoralismus.*
Im|mo|ra|lis|tin, die; -, -nen: w. Form zu ↑ Immoralist.
Im|mo|ra|li|tät [auch: ˈɪm...], die; - (bildungsspr.): **a)** *Unmoral, Unsittlichkeit;* **b)** *Gleichgültigkeit gegenüber moralischen Grundsätzen.*
Im|mor|ta|li|tät [auch: ˈɪm...], die; - [lat. immortalitas, zu: immortalis = unsterblich, aus: im- (↑ in-) u. mortalis = sterblich] (bildungsspr.): *Unsterblichkeit.*
Im|mor|tel|le, die; -, -n [frz. immortelle, eigtl. = Unsterbliche, zu: immortel = unsterblich < lat. immortalis, ↑ Immortalität]: *(zu den Korbblütlern gehörende) Pflanze verschiedener Arten u. unterschiedlicher Gattungen mit strohartig trockenen, sehr lange haltbaren u. oft auffällig bunten Blüten (z. B. Strohblume, Katzenpfötchen).*
Imp, der; -s, - [mhd. imp, Imme] (bayr.): *Biene.*
Im|pact [...pɛkt], der; -s, -s [engl. impact = Wirkung, Wucht]: **1.** (Werbespr.) *Stärke der von einer Werbemaßnahme ausgehenden Wirkung.* **2.** (Golf) *Moment, in dem der Schläger den Ball trifft.*
im|pair [ɛ̃ˈpɛːɐ̯] ⟨Adj.⟩ [frz. impair < mfrz. impar < lat. impar, aus: im- (↑ in-) u. par, ↑ Paar]: *(von den Zahlen beim Roulette) ungerade.*
Im|pa|la, die; -, -s [aus einer südafrikanischen Sprache]: *(in den Steppen Afrikas heimische) kleine Antilope mit braunem Rücken, weißer*

Im|mun|ab|wehr, die (Med.): *Fähigkeit des Immunsystems, Antigene abzuwehren.*
Im|mun|ant|wort, die (Med.): *Reaktion des Organismus auf ein Antigen, die entweder zur Bildung von Antikörpern od. zur Bildung von Lymphozyten führt, die mit dem Antigen spezifisch reagieren; Immunreaktion.*
Im|mun|bio|lo|gie, die: *Teilgebiet der Immunologie, das sich mit den Fragen ererbter od. erworbener Immunität, mit Abwehrreaktionen bei Organtransplantationen u. Ä. beschäftigt.*
Im|mun|de|fekt, der (Med.): *angeborene od. erworbene Störung der Immunität (1).*
Im|mun|glo|bu|lin, das (Med.): *Protein, das die Eigenschaften eines Antikörpers aufweist.*
im|mu|ni|sie|ren ⟨sw. V.; hat⟩: *(gegen Bakterien u. Ä.) unempfindlich machen:* den Körper mit einem Impfstoff i.; Ü *Ausgaben für Bildung immunisieren gegen (schützen vor) Krisen.*
Im|mu|ni|sie|rung, die; -, -en: *das Immunisieren; das Immunisiertwerden.*
Im|mu|ni|tät, die; -, -en ⟨Pl. selten⟩: **1.** *(angeborene od. durch Impfung erworbene) Unempfänglichkeit für Krankheitserreger od. deren Gifte:* eine einmal überstandene Krankheit verleiht oft langjährige I. gegen neue Ansteckung. **2. a)** *verfassungsrechtlich garantierter Schutz vor Strafverfolgung (für Bundes- u. Landtagsabgeordnete):* den Schutz der I. genießen; **b)** *völkerrechtlich garantierter Schutz von Diplomaten vor den Behörden des Gastlandes.*
Im|mu|ni|täts|for|schung, die: *Immunologie.*
Im|mun|kör|per, der: *Antikörper.*
Im|mun|krank|heit, die (Med.): *Gesamtheit der durch Immunantworten verursachten Krankheitserscheinungen.*
Im|mu|no|lo|ge, der; -n, -n: *Wissenschaftler auf dem Gebiet der Immunologie.*
Im|mu|no|lo|gie, die; - [zu ↑ immun u. ↑ -logie]: *Wissenschaft, die sich mit der Reaktion des Organismus auf das Eindringen körperfremder Substanzen befasst.*
Im|mu|no|lo|gin, die; -, -nen: w. Form zu ↑ Immunologe.
im|mu|no|lo|gisch ⟨Adj.⟩: **a)** *die Immunologie betreffend;* **b)** *die Immunität (1) betreffend.*
Im|mu|no|zyt, der; -en, -en [zu griech. kytós = Höhlung, Wölbung] (Med.): *Immunzelle.*
Im|mun|re|ak|ti|on, die (Med.): *Immunantwort.*
Im|mun|schwä|che, die (Med.): *Zustand krankhaft verminderter Abwehrkraft des Immunsystems.*
Im|mun|schwä|che|krank|heit, die (Med.): *durch eine Immunschwäche gekennzeichnete Erkrankung.*
Im|mun|se|rum, das (Med.): *Antikörper enthaltender Impfstoff.*
Im|mun|sys|tem, das (Med.): *für die Immunität (1) verantwortliches System der Abwehr von Krankheitserregern od. deren Giften.*
Im|mun|the|ra|pie, die (Med.): *Behandlungsverfahren, das über eine Beeinflussung des Immunsystems wirkt.*
Im|mun|zel|le, die (Biol.): *Zelle, die an einer Immunantwort beteiligt ist; Immunozyt.*

Unterseite u. schwarzer Zeichnung auf den Fersen.
Im|pa|ri|tät, die; - [frz. imparité, zu: impair, ↑ impair] (bildungsspr.): *Ungleichheit.*
◆ **im|pas|si|bel** ⟨Adj.; ...bler, -ste⟩ [frz. impassible < kirchenlat. impassibilis, zu spätlat. passibilis = empfindungsfähig, zu lat. passum, ↑ Passion]: *kein od. wenig Gefühl zeigend, teilnahmslos:* Er war der Jüngste von uns,... sich immer gleich, teilnehmend, aber mit solchem Maße, dass er gegen die andern als i. abstach (Goethe, Dichtung u. Wahrheit 18).
im|pas|tie|ren ⟨sw. V.; hat⟩ [ital. impastare, zu: pasta, ↑ Paste] (Malerei): *Farbe [mit dem Spachtel] dick auftragen.*
Im|pas|to, das; -s -s u. ...sti [ital. impasto] (Malerei): *dick aufgetragene Farbe auf einem Gemälde.*
Im|pa|ti|ens, die; - [lat. impatiens = ungeduldig, empfindlich; wegen der bei der geringsten Berührung auf- od. wegspringenden Früchte]: *Springkraut.*
Im|peach|ment [ɪmˈpiːtʃmənt], das; -[s], -s [engl. impeachment, zu: to impeach = anklagen < frz. empêcher = (ver)hindern < spätlat. impedicare = fangen]: *(in den USA vom Repräsentantenhaus veranlasstes) gegen einen hohen Staatsbeamten gerichtetes Verfahren, das eine Anklage wegen Missbrauchs des Amtes mit dem Antrag auf Amtsenthebung ermöglichen soll.*
Im|pe|danz, die; -, -en [zu lat. impedire = verstricken, hemmen] (Elektrot.): **a)** *Wechselstromwiderstand;* **b)** *Scheinwiderstand.*
im|pe|ra|tiv ⟨Adj.⟩ spätlat. imperativus, zu lat. imperare = befehlen] (bildungsspr.): *befehlend, zwingend, bindend:* -es *(an Weisungen gebundenes)* Mandat; etw. i. fordern.
Im|pe|ra|tiv [auch: ...ˈtiːf], der; -s, -e: **1.** (Sprachwiss.) **a)** *Modus (2), mit dem ein Befehl, eine Aufforderung, eine Bitte o. Ä. ausgedrückt wird; Befehlsform;* **b)** *Verb im Imperativ (1 a).* **2.** *sittliches Gebot, moralische Forderung:* * **kategorischer I.** (Philos.: *unbedingt gültiges sittliches Gebot;* nach dem dt. Philosophen I. Kant [1724–1804]).
im|pe|ra|ti|visch [auch: ˈɪm...] ⟨Adj.⟩: **1.** (Sprachwiss.) *den Imperativ (1 a) aufweisend:* ein -es, -es gebrauchtes Verb. **2.** (bildungsspr.) *befehlend, fordernd:* -e Anordnungen.
Im|pe|ra|tiv|satz, der (Sprachwiss.): *Satz, der einen Befehl, eine Aufforderung, eine Bitte ausdrückt.*
Im|pe|ra|tor, der; -s, ...oren [lat. imperator] (Geschichte): **1. a)** ⟨o. Pl.⟩ *bei den Römern Titel für den Oberfeldherrn;* **b)** *Träger dieses Titels.* **2.** *von Kaisern gebrauchter Titel zur Bezeichnung ihrer Würde:* * **I. Rex** (Kaiser u. König; Herrschertitel z. B. Wilhelm II.)
im|pe|ra|to|risch ⟨Adj.⟩: **a)** (Geschichte) *den Imperator betreffend, vom Imperator ausgehend;* **b)** (bildungsspr.) *gebieterisch, keinen Widerspruch duldend:* etw. i. befehlen.
Im|pe|ra|t|rix, die; -, ...trices [...ˈtriːtseːs] [lat. imperatrix]: w. Form zu ↑ Imperator.
Im|per|fekt, das; -s, -e [lat. imperfectus = unvollendet, aus: im- (↑ in-) u. perfectus, ↑ perfekt] (Sprachwiss.): *Präteritum.*
im|per|fek|tisch [auch: ...ˈfɛk...] ⟨Adj.⟩ (Sprachwiss.): *das Imperfekt betreffend, im Imperfekt [gebraucht]:* eine -e Erzählung.
im|per|fek|tiv [auch: ...ˈtiːf] ⟨Adj.⟩ (Sprachwiss.): **1.** *imperfektisch.* **2.** *unvollendet:* -e Aktionsart *(durative Aktionsart).*
im|pe|ri|al ⟨Adj.⟩ [spätlat. imperialis, zu lat. imperium, ↑ Imperium] (bildungsspr.): *das Imperium betreffend, zu ihm gehörend, für ein Imperium charakteristisch; herrschaftlich:* -e Architektur.

Im|pe|ri|a|lis|mus, der; -, ...men ⟨Pl. selten⟩ [frz. impérialisme, zu spätlat. imperialis, ↑ imperial]: **1. a)** ⟨o. Pl.⟩ *Bestreben einer Großmacht, ihren politischen, militärischen u. wirtschaftlichen Macht- u. Einflussbereich immer weiter auszudehnen:* der koloniale I.; **b)** *imperialistische Aktivität, einzelnes imperialistisches Unternehmen.* **2.** ⟨o. Pl.⟩ (marx. Wirtschaftstheorie) *zwangsläufig eintretende Endstufe des Kapitalismus mit konzentrierten Industrie- u. Bankmonopolen.*

Im|pe|ri|a|list, der; -en, -en: *Vertreter, Anhänger des Imperialismus:* das Machtstreben der -en.

Im|pe|ri|a|lis|tin, die; -, -nen: w. Form zu ↑ Imperialist.

im|pe|ri|a|lis|tisch ⟨Adj.⟩: *den Imperialismus betreffend, ihm zugehörend, vom Machtstreben des Imperialismus geprägt:* -e Politik; i. vorgehen.

Im|pe|ri|um, das; -s, ...ien: **1.** [lat. imperium; zu: imperare, ↑ imperativ] (Geschichte) *Weltreich; Kaiserreich.* **2.** (bildungsspr.) *riesiger Macht-, Herrschaftsbereich:* die kolonialen Imperien der Neuzeit; Ü das I. eines Verlegers; ein I. von Hotels.

-im|pe|ri|um, das; -s, -imperien: *kennzeichnet in Bildungen mit Substantiven (häufig Namen) eine Unternehmensgruppe, ein Unternehmen als groß, weit ausgebaut und mächtig:* Ford-, Öl-, Verlagsimperium.

im|per|me|a|bel [auch: ˈɪm...] ⟨Adj.⟩ [mlat. impermeabilis, aus lat. im- (↑ in-) u. spätlat. permeabilis, ↑ permeabel] (Med.): *undurchlässig, undurchdringlich:* eine impermeable Membran.

Im|per|me|a|bi|li|tät, die; - (Med.): *Undurchlässigkeit.*

Im|per|so|na|le, das; -s, ...lia u. ...lien [spätlat. (verbum) impersonale, zu: impersonalis = unpersönlich, aus lat. im- (↑ in-) u. spätlat. personalis, ↑ personal] (Sprachwiss.): *unpersönliches* (2 b) *Verb* (z. B. »es schneit«).

im|per|ti|nent ⟨Adj.⟩ [spätlat. impertinens (Gen.: impertinentis) = nicht zur Sache gehörend, zu lat. im- (↑ in-) u. pertinere = zu etw., jmdm. gehören] (bildungsspr.): *in herausfordernder Weise ungehörig; frech, unverschämt:* eine -e Person; ein Kerl mit einer im Visage!; i. grinsen, lachen.

Im|per|ti|nenz, die; -, -en (bildungsspr.): **1.** ⟨o. Pl.⟩ *dreiste Ungehörigkeit; Frechheit:* sie hatte die I., mich auch noch anzulügen. **2.** (seltener) *impertinente Äußerung od. Handlung:* sich jmds. -en verbitten.

Im|pe|ti|go, die; -, ...gines [lat. impetigo] (Med.): *entzündliche* [ansteckende] *Hautkrankheit, bei der sich eitrige Pusteln u. Borken bilden; Eiterflechte.*

im|pe|tu|o|so ⟨Adv.⟩ [ital. impetuoso < lat. impetuosus] (Musik): *stürmisch, ungestüm, heftig.*

Im|pe|tus, der; - [lat. impetus = das Vorwärtsdrängen] (bildungsspr.): **a)** ⟨*innerer*⟩ *Antrieb, Anstoß, Impuls:* mir fehlt jeder I.; von dieser Richtung ging ein neuer I. aus; **b)** *Ungestüm:* ein jugendlicher, revolutionärer I.

Impf|ak|ti|on, die: *Maßnahme zur Impfung eines größeren Personenkreises.*

Impf|arzt, der: *Arzt, der Impfungen durchführt.*

Impf|ärz|tin, die: w. Form zu ↑ Impfarzt.

Impf|aus|weis, der: *Bescheinigung über eine ausgeführte Impfung.*

imp|fen ⟨sw. V.; hat⟩ [mhd. impfen, ahd. impfōn, impitōn < (m)lat. imputare, LÜ von griech. emphyteúein < ¹pfropfen, veredeln; die heutige Bed. seit dem 18. Jh.]: **1.** *jmdm. einen Impfstoff verabreichen, einspritzen od. in die Haut einritzen:* Kinder gegen Pocken, Masern, Diphtherie i.; sich vor einer Reise i. lassen; Ü den muss ich noch i. (ugs.; *ihm einschärfen, was er zu tun od. zu sagen hat*); er ist geimpft (*indoktriniert*) worden; Beide sind Schwestern der Dorothea von Montau: von bezwingendem Ausdruck, mit starkem Willen geimpft, der alles engführt und auf plattem Land Berge versetzen kann (Grass, Butt 170). **2.** (Landwirtsch.) *dem Boden Bakterien od. bakterienhaltige Substanzen zuführen:* den Boden i. **3.** (Biol.) *Mikroorganismen in einen festen od. flüssigen Nährstoff einbringen, um sie zu züchten.*

Impf|en|ze|pha|li|tis, die (Med.): *Enzephalitis nach einer* [Pocken]*schutzimpfung.*

Impf|ka|len|der, der: *Aufstellung über die altersmäßig günstigsten Termine für die verschiedenen empfehlenswerten Impfungen.*

Impf|ling, der; -s, -e: *zu impfende od. gerade geimpfte Person.*

Impf|lis|te, die: *vom Impfarzt od. von der Impfärztin, vom Gesundheitsamt o. Ä. geführte Liste der zu impfenden Personen u. der durchgeführten Impfungen.*

Impf|mü|dig|keit, die: *Unwillen, sich od. seine Kinder impfen zu lassen.*

Impf|nar|be, die: *von der Pockenimpfung nach Abheilen der Impfpustel zurückgebliebene Narbe.*

Impf|pass, der: [international einheitlich gestalteter u. anerkannter] *Impfausweis.*

Impf|pflicht, die: *Verpflichtung, sich impfen zu lassen.*

Impf|pis|to|le, die: *Gerät für Massenimpfungen, mit dem der Impfstoff unter hohem Druck eingeschossen werden kann.*

Impf|pus|tel, die: *an der Impfstelle sich entwickelnde Pustel als Reaktion auf die* [Pocken]*impfung.*

Impf|reis, das (Gärtnerei): *eingesetztes Edelreis; Pfropfreis.*

Impf|scha|den, der: *durch eine Impfung hervorgerufener gesundheitlicher Schaden.*

Impf|schein, der: *Impfausweis.*

Impf|schutz, der ⟨o. Pl.⟩: *durch Impfung erreichter Schutz vor einer* [bestimmten] *Krankheit:* nur ein Drittel der Erwachsenen hat einen ausreichenden I. gegen die Kinderlähmung.

Impf|stel|le, die: *Stelle des Körpers, an der geimpft wurde.*

Impf|stoff, der: *zum Impfen bestimmte Flüssigkeit, Lymphe.*

Imp|fung, die; -, -en: *das Impfen:* -en vornehmen.

Impf|zwang, der ⟨Pl. selten⟩: *Impfpflicht.*

Im|plan|tat, das; -[e]s, -e [zu lat. in- = hinein u. plantare = pflanzen] (Med.): *dem Körper eingepflanztes Gewebe, Organ*[teil] *od. anderes Material, auch mikroelektronisches Gerät, das im Körper bestimmte Funktionen übernimmt.*

Im|plan|ta|ti|on, die; -, -en (Med.): *Einpflanzung von Implantaten in den Körper.*

im|plan|tie|ren ⟨sw. V.; hat⟩ (Med.): *einpflanzen* (2): einen Herzschrittmacher i.

im|plau|si|bel ⟨Adj.⟩: *unglaubhaft, nicht plausibel:* implausible Daten; i. erscheinende Ergebnisse das ist, klingt, scheint mir i.

Im|ple|men|ta|ti|on, die; -, -en [engl. implementation] (EDV): *Implementierung.*

im|ple|men|tie|ren ⟨sw. V.; hat⟩ [zu engl. to implement, eigtl. = aus-, durchführen, zu: implement = Werkzeug, Gerät, im Sinne von »das, was dazu dient, etw. mit etw. anzufüllen« < spätlat. implementum, eigtl. = das Angefülltsein, zu lat. implere = anfüllen; erfüllen] (EDV): (*Software, Hardware o. Ä.*) *in ein bestehendes Computersystem einsetzen, einbauen u. so ein funktionsfähiges Programm* (4) *erstellen: eine neue Software i.*

Im|ple|men|tie|rung, die; -, -en (EDV): *das Implementieren; das Implementiertwerden:* die I. neuer EDV-Systeme.

Im|pli|kat, das; -[e]s, -e [zu lat. implicatum, 2. Part. von: implicare, ↑ implizieren] (bildungsspr.): *etw., was in etw. anderes einbezogen ist.*

Im|pli|ka|ti|on, die; -, -en [lat. implicatio = Verflechtung] (bildungsspr.): **1.** (bildungsspr.): *das Implizieren; Bedeutung; Einbeziehung einer Sache in eine andere.* **2.** (Philos., Sprachwiss.) *auf der Folgerung »wenn ..., dann ...« beruhende logische Beziehung.*

Im|pli|ka|tur, die; -, -en (bildungsspr.): *Implikat.*

im|pli|zie|ren ⟨sw. V.; hat⟩ [lat. implicare = umfassen] (bildungsspr.): *einbeziehen, gleichzeitig beinhalten, bedeuten; mit enthalten:* diese Äußerung impliziert eine ungewöhnliche Haltung.

im|pli|zit [auch, österr. nur: ...ˈtsɪt] ⟨Adj.⟩ [zu lat. implicitum, 2. Part. von: implicare, ↑ implizieren] (bildungsspr.): **1.** *mit enthalten, mit gemeint, aber nicht ausdrücklich gesagt:* -e Drohungen, Forderungen; -e Ableitungen (Sprachwiss.; *Ableitungen ohne Suffix*). **2.** *nicht aus sich selbst zu verstehen, sondern logisch zu erschließen:* Partizipialkonstruktionen sind i.

im|pli|zi|te ⟨Adv.⟩ [lat. implicite] (bildungsspr.): [*unausgesprochen*] *mit inbegriffen, eingeschlossen:* i. hat er zugestimmt.

im|plo|die|ren ⟨sw. V.; ist⟩ [Analogiebildung mit lat. im- (↑ in-) zu ↑ explodieren] (Fachspr.): *durch Implosion zerstört werden:* die Bildröhre des Fernsehers ist implodiert.

Im|plo|si|on, die; -, -en [Analogiebildung mit lat. im- (↑ in-) zu ↑ Explosion] (Fachspr.): *schlagartige Zertrümmerung eines Hohlkörpers durch äußeren Überdruck:* das Feuer war durch eine I. im Fernseher entstanden.

Im|plo|siv, der; -s, -e, **Im|plo|siv|laut**, der (Sprachwiss.): *Verschlusslaut, bei dessen Artikulation der von innen nach außen drängende Luftstrom nicht unterbrochen wird* (z. B. das b in »abputzen«).

Im|plu|vi|um, das; -s, ...ien [lat. impluvium, zu: impluere = hineinregnen]: (*im altrömischen Haus*) *Sammelbecken für Regenwasser im Atrium.*

im|pon|de|ra|bel ⟨Adj.; ...bler, -ste⟩ [zu lat. im- (↑ in-) u. ponderabilis = wägbar] (bildungsspr. veraltet): *unwägbar, unberechenbar.*

Im|pon|de|ra|bi|lie, die; -, -n ⟨meist Pl.⟩ (bildungsspr.): *bei etw. vorhandener, nicht vorherzusehender Faktor; Unwägbarkeit:* viele -n spielen hier mit.

Im|pon|de|ra|bi|li|tät, die; - (bildungsspr.): *Unwägbarkeit, Unberechenbarkeit.*

im|po|nie|ren ⟨sw. V.; hat⟩ [unter Einfluss der Bed. von frz. imposer (↑ imposant) zu lat. imponere = hineinlegen; auferlegen]: **a)** *großen Eindruck* [auf jmdn.] *machen; Bewunderung* [bei jmdm.] *hervorrufen:* jmdm. durch sein Wissen, durch seine Kenntnisse i.; am meisten imponiert an ihm sein hervorragendes Gedächtnis; **b)** (veraltend) *sich geltend machen, sich zeigen.*

im|po|nie|rend ⟨Adj.⟩: *durch seine Art beeindruckend, allgemeine Achtung u. Bewunderung hervorrufend:* eine -e Leistung; eine -e Frau; die Kulisse war i.; er hat sich i. geschlagen.

Im|po|nier|ge|ha|be, das (Verhaltensf.): *von* [*männlichen*] *Tieren vor der Paarung od. einem Rivalen gegenüber gezeigtes kraftvolles Auftreten* (mit gesträubten Federn, hochgestelltem Schwanz o. Ä.)*, das der Werbung od. der Drohung dient; Imponierverhalten:* im Rad schlagender Pfau zeigt I.; Ü sein grimmiges Auftreten ist reines I.

Im|po|nier|stel|lung, die (Verhaltensf.): *Stellung* [*vor dem Gegner od. Partner*]*, die Imponiergehabe ausdrückt:* in I. gehen.

Im|po|nier|ver|hal|ten, das (Verhaltensf.): *Imponiergehabe.*
Im|port, der; -[e]s, -e [engl. import, zu: to import < frz. importer < lat. importare, ↑ importieren]: **1.** ⟨o. Pl.⟩ *Einfuhr* (1): den I. [von Rohstoffen] steigern, einschränken; eine Firma für I. und Export. **2.** *etw. Eingeführtes; Einfuhr* (2): zollpflichtige -e; die -e sollen versteuert werden; Ü die Schlagersängerin ist ein I. aus Dänemark.
im|port|ab|hän|gig ⟨Adj.⟩: *vom Import wirtschaftlich abhängig:* ein -es Land.
Im|port|ab|hän|gig|keit, die: *wirtschaftliche Abhängigkeit eines Landes von Importen.*
◆ **Im|por|tance** [ɛ̃mpɔrtã:s], die; -: ↑ Importanz: ...sechzehn Visiten ..., die von allerhöchster I. sind (Schiller, Kabale III, 2).
im|por|tant ⟨Adj.⟩ [(m)frz. important, wohl zu ital. importante < mlat. importans (Gen.: importantis) = wichtig, adj. 1. Part. von lat. importare, ↑ importieren] (veraltet): *wichtig, bedeutsam.*
Im|por|tan|teil, der: vgl. Exportanteil.
Im|por|tanz, die; - [frz. importance < ital. importanza, zu: importare = verursachen < lat. importare, ↑ importieren] (bildungsspr.): *Wichtigkeit, Bedeutsamkeit.*
Im|port|ar|ti|kel, der: *Artikel, der importiert wird.*
Im|port|be|schrän|kung, die: *Beschränkung der Importe.*
Im|por|te, die; -, -n: **1.** ⟨Pl.⟩ *Importwaren.* **2.** (veraltend) *im Ausland hergestellte Zigarre.*
Im|port|er|laub|nis, die: *Einfuhrerlaubnis.*
Im|por|teur [...'tø:ɐ̯], der; -s, -e [französisierende Bildung zu ↑ importieren]: *Person, Firma, die etw. importiert.*
Im|por|teu|rin [...'tø:rɪn], die; -, -nen: w. Form zu ↑ Importeur.
Im|port|ge|schäft, das: vgl. Exportgeschäft.
Im|port|gut, das: *Importwaren; Importartikel.*
Im|port|han|del, der: *Handel, bei dem Waren aus dem Ausland importiert werden.*
Im|port|händ|ler, der: vgl. Importkaufmann.
Im|port|händ|le|rin, die: w. Form zu ↑ Importhändler.
im|por|tie|ren ⟨sw. V.; hat⟩ [lat. importare, eigtl. = hineintragen, -bringen; übertr. auch: dahin bringen, verursachen]: *einführen* (2): Rohstoffe, Öl i.; aus Japan importierte Waren; Ü eine importierte *(vom Ausland übergreifende)* Inflation.
Im|port|kauf|frau, die: vgl. Importkaufmann.
Im|port|kauf|mann, der: *Kaufmann, der Importhandel betreibt.*
Im|port|preis, der: *Preis importierter Waren; Preis für den Import von Waren.*
Im|port|stopp, der: *Einfuhrstopp.*
Im|port|über|schuss, der: *Überschuss des Imports im Vergleich zum Export.*
im|por|tun ⟨Adj.⟩ [lat. importunus, zu: im- (↑ in-) u. portus = Hafen, Gegenbildung zu: opportunus (↑ opportun) u. eigtl. = nicht günstig zu befahren, ungünstig gelegen] (bildungsspr.): *ungeeignet, ungelegen.*
Im|port|ver|bot, das: vgl. Einfuhrsperre.
Im|port|wa|re, die: vgl. Importartikel.
Im|port|zoll, der: *Zoll auf eingeführte Waren.*
im|po|sant ⟨Adj.⟩ [frz. imposant, zu: imposer = eine Bürde auferlegen, Respekt einflößen, 3. sg. imponere, ↑ imponieren]: *durch Größe, Bedeutsamkeit od. Ungewöhnlichkeit ins Auge fallend, einen bedeutenden Eindruck hinterlassend:* eine -e Erscheinung; i. sein, wirken.
im|pos|si|bel ⟨Adj.⟩ [frz. impossible < spätlat. impossibilis, aus lat. im- (↑ in-) u. spätlat. possibilis = möglich, zu lat. posse, ↑ potent] (veraltet): *unmöglich:* ein impossibles Benehmen.
im|po|tent ⟨Adj.⟩ [lat. impotens (Gen.: impoten-

tis) = schwach, aus: im- (↑ in-) u. potens, ↑ potent]: **1.** *(vom Mann) zum Geschlechtsverkehr od. zur Zeugung nicht fähig:* seit seinem Unfall ist er i. **2.** (seltener) *unfähig, nicht schöpferisch:* ein -er Journalist; er schrieb nicht mehr, war geistig völlig i.
Im|po|tenz, die; -, -en [lat. impotentia = Unvermögen]: **1.** *Zeugungsunfähigkeit, Unfähigkeit (eines Mannes) zum Geschlechtsverkehr:* eine psychisch bedingte I. **2.** (seltener) *Unvermögen, [künstlerische] Unfähigkeit:* ein Beweis dichterischer I.
Im|präg|na|ti|on, die; -, -en [spätlat. impraegnatio = Schwängerung]: **1.** (Geol.) *feine Verteilung von Erz od. Erdöl in Spalten od. Poren eines Gesteins.* **2.** (Biol.) *Eindringen von Samenfäden in das reife Ei.* **3.** *das Imprägnieren.*
im|präg|nie|ren ⟨sw. V.; hat⟩ [spätlat. impraegnare = schwängern, zu lat. praegnans, ↑ prägnant]: *(einen festen, aber porösen Stoff) mit einem bestimmten Mittel behandeln (das ihn vor Wasser, Zerfall u. a. schützen soll):* ein Gewebe i. *(wasserdicht machen);* feuerfest imprägnierte Wände; Ü ... und für jeden ein sehr fettes Stück Schweinebauch. Das Fett brauchen wir, um unsere Mägen gegen den Alkohol zu i. - wir dürfen heute auf keinen Fall früher betrunken werden als Riesenfeld (Remarque, Obelisk 44).
Im|präg|nie|rung, die; -, -en: **a)** *das Imprägnieren; das Imprägniertwerden:* ein Mittel zur I. von Mänteln; **b)** *durch Imprägnieren erreichter Zustand:* die I. hält einige Jahre vor.
Im|pre|sa|ria, die; -, ...rien (selten): *Agentin, Managerin, die für einen Künstler die Verträge abschließt u. die Geschäfte führt.*
Im|pre|sa|rio, der; -s, -s u. ...ri, auch: ...rien [ital. impresario, zu: impresa = Unternehmen, zu: imprendere (2. Part.: impreso) = unternehmen] (veraltend): *Agent* (2 b), *der für einen Künstler die Verträge abschließt u. die Geschäfte führt.*
Im|pres|sen: Pl. von ↑ Impressum.
Im|pres|si|on, die; -, -en [frz. impression < lat. impressio = Eindruck, zu: imprimere, ↑ imprimieren]: **1. a)** *Sinneseindruck, Empfindung, Wahrnehmung:* die -en einer Reise; -en wiedergeben, schildern; **b)** (Psychol.) *auf einen Betrachter, eine Betrachterin wirkender, nicht zergliederter, ganzheitlicher Eindruck.* **2. a)** (Anat.) *Einbuchtung od. Vertiefung an Organen od. anderen Körperteilen;* **b)** (Med.) *durch Druckeinwirkung od. Fehlbildung verursachte pathologische Eindellung eines Körperteils.*
Im|pres|si|o|nis|mus, der; - [frz. impressionnisme, nach einem »Impression, soleil levant« genannten Bild von Monet]: *(Ende des 19. Jh.s entstandene) Stilrichtung der bildenden Kunst, der Literatur u. der Musik, deren Vertreter persönliche Umwelteindrücke u. Stimmungen besonders in kleineren künstlerischen Formen (Skizzen, Einakter, Tonmalereien) wiedergeben.*
Im|pres|si|o|nist, der; -en, -en [frz. impressionniste]: *Vertreter des Impressionismus.*
Im|pres|si|o|nis|tin, die; -, -nen: w. Form zu ↑ Impressionist.
im|pres|si|o|nis|tisch ⟨Adj.⟩: *den Impressionismus betreffend, von ihm bestimmt, geprägt:* -e Malerei; ein -es Gedicht.
Im|pres|sum, das; -s, ...ssen [zu lat. impressum, 2. Part. von: imprimere, ↑ imprimieren] (Verlagsw.): *Vermerk über Verleger[in], Drucker[in], auch Redaktionen u. a. in Büchern, Zeitungen u. Zeitschriften.*
Im|pri|ma|tur, das; -s, **Im|pri|ma|tur,** die; - (Buchw.): *Druckerlaubnis.*
Im|pri|mé [ɛ̃pri'me:], der; -[s], -s [frz. imprimé, eigtl. = 2. Part. von: imprimer = aufdrücken,

drucken < lat. imprimere, ↑ imprimieren]: **1.** *bedrucktes Seidengewebe mit [ausdrucksvollem] Muster.* **2.** (Postw.) *internationale Bez. für:* Drucksache.
im|pri|mie|ren ⟨sw. V.; hat⟩ [lat. imprimere = hinein-, aufdrücken] (Verlagsw.): *die Druckerlaubnis erteilen:* die korrigierten Seiten i.
Im|print, das od. der; -s, -s [engl. imprint = Verlagsname] (Verlagsw.): *nicht mehr als eigenständiges Unternehmen existierender Verlag, unter dessen Namen ein anderer Verlag weiterhin Bücher publiziert.*
Im|pro|vi|sa|teur [...'tø:ɐ̯], der; -s, -e [frz. improvisateur]: *jmd., der am Klavier [zur Unterhaltung] improvisiert.*
Im|pro|vi|sa|teu|rin [...'tø:rɪn], die; -, -nen: w. Form zu ↑ Improvisateur.
Im|pro|vi|sa|ti|on, die; -, -en [zu ↑ improvisieren]: **1.** *das Improvisieren; Kunst des Improvisierens:* I. ist seine Stärke. **2.** *ohne Vorbereitung, aus dem Stegreif Dargebotenes; Stegreifschöpfung, [musikalische] Stegreiferfindung u. -darbietung:* seine Rede war eine geschickte I.; -en auf dem Klavier spielen.
Im|pro|vi|sa|ti|ons|ta|lent, das: **a)** *Talent zum Improvisieren* (1); **b)** *jmd., der Improvisationstalent* (a) *besitzt.*
Im|pro|vi|sa|ti|ons|the|a|ter, das: **1.** ⟨o. Pl.⟩ *Theater* (2), *bei dem die Schauspieler keine Theaterstücke spielen, sondern frei improvisieren.* **2.** *Ensemble, das Improvisationstheater* (1) *macht.*
Im|pro|vi|sa|tor, der; -s, ...oren [ital. improvvisatore]: **a)** *jmd., der zu improvisieren versteht:* als geschickter I. weiß er sich immer zu helfen; **b)** *jmd., der etw. aus dem Stegreif darbietet:* als I. auftreten.
Im|pro|vi|sa|to|rin, die; -, -nen: w. Form zu ↑ Improvisator.
im|pro|vi|sa|to|risch ⟨Adj.⟩: *die Improvisation betreffend, improvisierend:* die -en Züge einer Darbietung.
im|pro|vi|sie|ren ⟨sw. V.; hat⟩ [ital. improvvisare, zu: improvviso = unvorhergesehen, unerwartet < lat. improvisus, zu: in- = hinein u. providere = vorhersehen]: **1.** *etw. ohne Vorbereitung, aus dem Stegreif tun:* eine Mahlzeit für unerwartete Gäste i.; Vorgänge, bei denen man i. muss. **2. a)** (Musik) *Improvisationen* (2) *spielen:* sie improvisierte über zwei Weihnachtslieder; **b)** (Theater) *frei Erfundenes von der Bühne sprechen, seinem Rollentext hinzufügen.*
Im|puls, der; -es, -e [lat. impulsus, zu: impellere = (2. Part.: impulsum) anstoßen, zu: pellere, ↑ Puls]: **1. a)** *Anstoß, Anregung:* kräftige, entscheidende, künstlerische -e gehen davon aus; seine Worte geben dem Gespräch einen neuen I.; **b)** *Antrieb, innere Regung:* einem I. [zu etw.] haben; er tat es in einem plötzlichen I. **2. a)** (Elektrot.) *Strom- od. Spannungsstoß von relativ kurzer Dauer;* **b)** (Med.) *Anstoß, Erregung, die von den Nerven auf entsprechende Zellen, Muskeln o. Ä. übertragen wird:* nervöse -e. **3.** (Physik) **a)** *Produkt aus Kraft u. Dauer eines Stoßes;* **b)** *Produkt aus Masse u. Geschwindigkeit eines Körpers.*
Im|puls|ge|ber, der: **1.** (Technik) *Gerät, Vorrichtung o. Ä., die einen Impuls* (2 a) *gibt.* **2.** *jmd., der einen Impuls* (1 a), *eine Anregung gibt.*
Im|puls|ge|be|rin, die: w. Form zu ↑ Impulsgeber (2).
Im|puls|ge|ne|ra|tor, der (Elektrot.): *Gerät zur Erzeugung elektrischer Impulse in gleichmäßiger Folge.*
im|pul|siv ⟨Adj.⟩ [zu ↑ Impuls]: *aus einem plötzlichen, augenblicklichen Impuls heraus handelnd, einer Eingebung sogleich folgend:* ein -er,

i. handelnder Mensch; seine Reaktionen sind immer i.
Im|pul|si|vi|tät, die; -: *impulsives Wesen, Verhalten.*
Im|puls|satz, der (Physik): *grundlegender physikalischer Satz von der Erhaltung des Impulses.*
Im|puls|tech|nik, die (Elektrot.): *Teilgebiet der Elektrotechnik, das sich mit der Erzeugung, Verbreitung u. Anwendung elektrischer Impulse befasst.*
◆ **Im|se**, die; -, -n (hess.): *Ameise:* Pygmäen, -n, Däumerlinge und andre tätig kleine Dinge (Goethe, Faust II, 7885 f.)
im|stan|de, im Stan|de, (landsch.:) imstand, im Stand ⟨in Verbindung mit bestimmten Verben⟩: *fähig, in der Lage, die Kraft besitzend (etw. Bestimmtes zu tun, zu leisten):* sie ist durchaus i./im Stand[e], mit der Aufgabe fertig zu werden; fühlst du dich i./im Stand[e] zu helfen?; nach dieser Anstrengung war er zu nichts mehr i./im Stand[e]; er ist i./im Stand[e] (iron.: *ist so töricht, naiv o. ä.*) und plaudert alles aus; Was wussten sie, wer er war. Er war jetzt furchtbar schwer zu lieben, und er fühlte, dass nur Einer dazu i. sei (Rilke, Brigge 174).

¹**in** ⟨Präp. mit Dat. und Akk.⟩ [mhd., ahd. in, verw. mit lat. in, griech. en = in]: **1.** ⟨räumlich⟩ **a)** ⟨mit Dativ⟩ kennzeichnet den Ort eines Geschehens, eines Zustands, eines Vorkommens usw. als im Innern, innerhalb von etw. Bestimmtem gelegen (Abk.: i.): sie ist, wohnt, lebt in Berlin; der Schlüssel ist in der Tasche; Ü er ist [Mitglied] in einer Partei; **b)** ⟨mit Akk.⟩ kennzeichnet das Ziel einer Bewegung, eines Gerichtetseins usw. als im Innern, innerhalb von etw. Bestimmtem gelegen: in die Stadt fahren; das Kleid in den Schrank hängen; jmdm. in den Mund sehen; in den Keller rufen; Ü in eine Partei eintreten. **2.** ⟨zeitlich⟩ **a)** ⟨mit Dativ⟩ zur Angabe eines Zeitraums, innerhalb dessen etw. geschieht, der Fall ist usw.: in diesem Sommer hat es viel geregnet; (nicht standardspr.; nach engl. Vorbild:) in 2009; **b)** ⟨mit Akk.; häufig mit vorangehendem »bis«⟩ zur Angabe einer zeitlichen Erstreckung: seine Erinnerungen reichen [bis] in die früheste Kindheit zurück; sie feierten bis in den frühen Morgen; **c)** ⟨mit Dativ⟩ zur Angabe einer Zeitspanne, nach deren Ablauf etw. Bestimmtes eintritt, sich ereignet usw.: frühestens, spätestens in einer halben Stunde; in zwei Tagen ist sie fertig; in einem Jahr macht er Examen. **3.** ⟨modal; mit Dativ⟩ zur Angabe der Art u. Weise, in der etw. geschieht, vorhanden ist: er geht in Stiefeln; in vielen Farben; er war in Schwierigkeiten; diese Tätigkeit kann in Voll- oder Teilzeitbeschäftigung ausgeübt werden; in Wirklichkeit *(tatsächlich, eigentlich)* war alles ganz anders. **4. a)** ⟨mit Dativ od. Akk.; unabhängig von räumlichen, zeitlichen od. modalen Vorstellungen⟩ stellt eine Beziehung zu einem Objekt her: er ist tüchtig in seinem Beruf; er war nicht besonders gut in Mathematik; sie weiß in allem Bescheid; ich konnte mich nur schwer in ihn, in seine Lage versetzen; sie hat sich in ihn verliebt; **b)** ⟨mit Dativ⟩ (unabhängig von räumlichen, zeitlichen od. modalen Vorstellungen) *mit:* er handelt in Gebrauchtwagen; er ist Reisender in Elektrogeräten *(ist Reisender und handelt mit Elektrogeräten).*

²**in** [engl. in = mit dabei, in Mode, eigtl. = ¹in] (ugs.): **a)** *im Brennpunkt des Interesses, gefragt:* dieser Schlagersänger ist zurzeit in; **b)** *sehr in Mode, von vielen begehrt, betrieben:* Snowboarden ist in.

In = Indium.

in- [lat. in- (vor Konsonanten angeglichen zu il-, im-, ir-) = nicht, un-; ohne, verw. mit ↑un-]: verneint in Bildungen mit Adjektiven deren Bedeutung; *nicht:* inaktiv, inakzeptabel, inhomogen.

-in, die; -, -nen: **1.** kennzeichnet in Bildungen mit Substantiven, die männliche Lebewesen bezeichnen, die weibliche Form: Arbeiterin, Bewundrerin, Delinquentin, Langstreckerin, Pilotin, Rudrerin, Sozialistin; ⟨mit gleichzeitigem Umlaut:⟩ Ärztin, Hündin; ⟨unter Verlust des -e:⟩ Kollegin, Kundin, Türkin; ⟨unter Verlust des -er:⟩ Bewunderin, Ruderin, Zimmerin; ⟨mit Umlaut und Verlust des -e:⟩ Äffin, Französin. **2.** (ugs.) kennzeichnet in Bildungen mit Familiennamen ein weibliches Mitglied: Müllerin.

in ab|sen|tia [lat., zu: absentia ↑Absenz] (bes. Rechtsspr.): *in jmds. Abwesenheit:* jmdn. in a. verurteilen.

in abs|t|rac|to [lat., zu: abstractus, ↑abstrakt] (bildungsspr.): *rein begrifflich, nur in der Vorstellung:* etw. existiert nur in a.

in|ad|äquat [auch: …'kva:t] ⟨Adj.⟩ [aus lat. in- = un-, nicht u. ↑adäquat] (bildungsspr.): *(in einem bestimmten vorliegenden Zusammenhang) nicht angemessen, nicht im richtigen Verhältnis zu etw. anderem stehend, sich nicht entsprechend:* etw. ist i.

In|ad|äquat|heit, die; -, -en (bildungsspr.): **a)** ⟨o. Pl.⟩ *das Unangemessensein:* die I. der Form; **b)** *etw. Inadäquates, Unangemessenes* -en in der Darstellung.

in|ak|ku|rat [auch: …'ra:t] ⟨Adj.⟩ [aus lat. in- = un-, nicht u. ↑¹akkurat] (bildungsspr.): *nicht akkurat, unsorgfältig:* eine -e Arbeit.

in|ak|tiv [auch: …'ti:f] ⟨Adj.⟩ [aus lat. in- = un-, nicht u. ↑aktiv]: **1.** *sich untätig, passiv verhaltend, ohne [innere] Aktivität:* ein -er Mensch, politisch i. *(ohne Interesse od. Teilnahme am politischen Leben)* sein. **2.** *als Mitglied einer Vereinigung von der Teilnahme an den offiziellen Veranstaltungen u. Verpflichtungen weitgehend befreit:* ein -es Mitglied. **3.** (Chemie, Med.) *chemisch od. therapeutisch durch besondere Einflüsse unwirksam:* -e Substanzen, Toxine. **4.** (Med.) *ruhend; vorübergehend keine Symptome zeigend, hervorbringend:* eine -e Tuberkulose.

in|ak|ti|vie|ren ⟨sw. V.; hat⟩: **1.** (selten) *in den Ruhestand versetzen; von seinen [Amts]pflichten entbinden.* **2.** (Chemie, Med.) *einem Mikroorganismus, einem Serum o. Ä. durch bestimmte chemische od. physikalische Verfahren seine Wirksamkeit nehmen:* Krankheitserreger i.

In|ak|ti|vie|rung, die; -, -en (Chemie, Med.): *das Inaktivieren; das Inaktivtwerden.*

In|ak|ti|vi|tät [auch: …'tɛ:t], die; -: **1.** (bildungsspr.) *Untätigkeit, Passivität; das Fehlen von Unternehmungsgeist:* in völlige I. verfallen. **2.** (Chemie, Med.) *(in Bezug auf chemische Substanzen, Toxine o. Ä.) durch bestimmte Einflüsse hervorgerufene chemische od. therapeutische Unwirksamkeit.* **3.** (Med.) *das Ruhen eines krankhaften Prozesses:* die zeitweilige I. einer Tuberkulose.

in|ak|tu|ell [auch: …'tyɛl] ⟨Adj.⟩ [aus lat. in- = un-, nicht u. ↑aktuell] (bildungsspr.): *nicht für die unmittelbare Gegenwart bedeutsam, nicht zeitnah, nicht zeitgemäß.*

in|ak|zep|ta|bel [auch: …'ta:…] ⟨Adj.⟩ [aus lat. in- = un-, nicht u. ↑akzeptabel] (bildungsspr.): *unannehmbar:* eine inakzeptable Forderung.

In|an|griff|nah|me, die; -, -n (Papierdt.): *[energisches] Beginnen mit einer bestimmten Arbeit, Aufgabe:* die I. eines Projekts.

In|an|spruch|nah|me, die; -, -n: **1.** (Papierdt.) *das Gebrauchmachen, Nutzen von etw., was jmdm. als Recht zusteht, als Möglichkeit angeboten wird:* die I. eines Kredits, seiner Rechte, aller Vorteile. **2. a)** *starke Beanspruchung, Belastung mit Arbeit, hohe Anforderungen an jmds. Zeit o. Ä.:* die starke I. der Beschäftigten während der Hauptsaison führte zu Ausfällen; **b)** *durch den Gebrauch bedingte (Abnutzung, Verschleiß bewirkende) Beanspruchung (von Dingen):* die starke I. erhöht den Verschleiß des Materials.

In|ap|pe|tenz [auch: …'tɛnts], die; - [aus lat. in- = un-, nicht u. ↑Appetenz] (Med.): *fehlendes Verlangen (z. B. nach Nahrung).*

In|au|gen|schein|nah|me, die; -, -n (Papierdt.): *das Inaugenscheinnehmen; genaues, kritisches Prüfen, Begutachten:* nach I. mehrerer Wohnungen.

In|au|gu|ral|dis|ser|ta|ti|on, die: *Dissertation* (nur im Untertitel einer Doktorarbeit verwendete Bez.).

In|au|gu|ra|ti|on, die; -, -en [lat. inauguratio = Anfang] (bildungsspr.): *feierliche Einsetzung in ein hohes [politisches, akademisches] Amt, eine Würde:* die I. des neuen Präsidenten.

in|au|gu|rie|ren ⟨sw. V.; hat⟩ [lat. inaugurare = den Vogelflug befragen; einführen, einweihen (vgl. Augur)]: **1.** (bildungsspr.) *in ein hohes [politisches, akademisches] Amt, eine Würde einsetzen:* den neuen Präsidenten i. **2.** (bildungsspr.) *(etw. Neues) [feierlich] einführen, ins Leben rufen, schaffen:* eine neue Methode i. **3.** (österr. veraltend) *einweihen:* ein Gebäude i.

In|au|gu|rie|rung, die; -en: *das Inaugurieren; das Inauguriertwerden.*

In|be|griff, der; -[e]s, -e: **1.** *vollkommene, reinste, absolute Verkörperung von etw. [Begrifflichem]; in einer Person verkörperte, vollkommene Ausprägung eines Typs o. Ä.:* er ist der I. des Gelehrten, der I. von einem Spießer; die Atombombe wurde zum I. des Schreckens; Es gilt als I. der Überflüssigkeit, Eulen nach Athen zu tragen. Diese Auffassung ist mir bekannt (Hildesheimer, Legenden 95). **2.** (bes. Philos.) *höchster, reinster Begriff von etw.; Wesen.*

in|be|grif|fen ⟨Adj.⟩ [erstarrte Form]: *[im Preis] einbegriffen, mit enthalten:* die im Preis -e Benutzung der Sauna; die Miete beträgt 750 Euro, die Nebenkosten i.

In|be|sitz|nah|me, die; -, -n (Papierdt.): *das Besitzergreifen von etw. durch jmdn., dem es rechtlich zusteht, worauf kein anderer Anspruch erhebt:* die I. des Landes durch die Einwanderer.

In|be|trieb|nah|me, die; -, -n (Papierdt.): **a)** *erstmalige Nutzung, erstmaliges Betreiben einer größeren Anlage:* die I. des neuen Schwimmbads; **b)** *das Inbetriebnehmen (einer Maschine o. Ä.):* bei, vor I. der Maschine.

In|be|trieb|set|zung, die; -, -en (Papierdt.): **a)** *das Inbetriebsetzen (einer Maschine o. Ä.):* die I. der Turbine; **b)** (selten) *Inbetriebnahme* (a).

In|bild, das; -[e]s, -er (geh.): *vollkommene Verkörperung von etw.; Ideal.*

In|brunst, die; - [spätmhd. inbrunst = innere Glut; vgl. Brunst] (geh.): *starkes, leidenschaftliches, hingebendes Gefühl; mit dem jmd. etw. tut, sich zu jmdm., einer Sache hinwendet:* die I. seiner Liebe, seines Glaubens.

in|brüns|tig ⟨Adj.⟩ [spätmhd. inbrünstec = heiß verlangend] (geh.): *mit Inbrunst; von einem leidenschaftlichen Gefühl, Verlangen erfüllt:* ein -es Gebet; i. auf etw. hoffen.

In|bus|schlüs|sel, der [Inbus®, geb. aus: Innensechskantschlüssel der Firma Bauer und

Schaurte] (Technik): *meist sechskantiges, hakenähnlich gebogenes, längliches Werkzeug zum Anziehen od. Lockern von Inbusschrauben.*

In|bus|schrau|be, die (Technik): *Schraube mit meist sechskantiger Aussparung im Kopf.*

Inc. = incorporated.

In|cen|tive [ɪnˈsɛntɪv], das; -s, -s [engl. incentive = Anreiz, zu spätlat. incentivus = anregend, reizend]: **a)** ⟨Pl.⟩ *durch wirtschaftspolitische (meist steuerliche) Maßnahmen ausgelöste Anreizeffekte zu erhöhter ökonomischer* (1) *Leistungsbereitschaft;* **b)** *von einem Unternehmen seinen Mitarbeiter[inne]n angebotene Gratifikation (z. B. in Form von Geld, Sachleistungen od. Incentivereisen), die zur Leistungssteigerung anreizen soll.*

In|cen|tive|rei|se, die: *Reise, die ein Unternehmen bestimmten Mitarbeiter[inne]n als Anreiz zur Leistungssteigerung, als Prämie o. Ä. stiftet.*

Inch [ɪntʃ], der; -[es], -es [...tʃɪs] ⟨aber: 4 Inch[es]⟩ [engl. inch, aengl. ynce < lat. uncia, ↑ Unze]: *Längeneinheit in Großbritannien u. den USA* (= 2,54 cm; Abk.: in., Zeichen: ").

in|cho|a|tiv [...k..., auch: ˈɪn...] ⟨Adj.⟩ [lat. inchoativus] (Sprachwiss.): *(von Verben) einen Beginn ausdrückend:* »erwachen« *ist ein -es Verb;* Verben mit *-er Aktionsart.*

In|cho|a|tiv [auch: ...ˈtiːf], das; -s, -e (Sprachwiss.): *Verb mit inchoativer Aktionsart.*

in|chro|mie|ren ⟨sw. V.; hat⟩ [zu lat. in- = hinein u. ↑ Chrom] (Technik): *(Stahl) durch Behandeln mit Chromverbindungen mit einer Schutzschicht versehen.*

◆ **in|ci|den|ter** ⟨Adv.⟩ [lat., ↑ inzidenter]: *bei dieser Angelegenheit, in diesem Zusammenhang: ...denn i. muss ich dir sagen, du richtest nicht aus, wenn du nicht Leib und Seele verderbst* (Schiller, Räuber II, 3).

In|co|ming [ˈɪnkʌmɪŋ], das; -s [engl. incoming, eigtl. = das Ankommen, Ankunft] (Touristik): *(in Zusammenarbeit mit Reiseveranstaltern im Ausland organisierte) Betreuung ausländischer Touristen an ihrem Urlaubsort mit Angeboten von Dienstleistungen u. Veranstaltungen unterschiedlicher Art.*

in con|cert [ɪn ˈkɔnsət] (bes. Werbespr.): **a)** *in einem öffentlichen Konzert [auftretend]: Udo Lindenberg in c.;* **b)** *live, auf der Bühne, in einem Livekonzert (z. B. als Angabe auf einem Plakat, einer Schallplatte).*

in con|cre|to [lat., zu: concretus, ↑ konkret] (bildungsspr.): *auf den vorliegenden Fall bezogen, im Einzelfall; tatsächlich, in Wirklichkeit.*

in|cor|po|ra|ted [ɪnˈkɔːpəreɪtɪd]; engl. incorporated, zu: to incorporate = als Körperschaft (amtlich) eintragen]: engl.-amerik. Bez. für: *[als Aktiengesellschaft, im Handelsregister] eingetragen* (Abk.: Inc.).

in cor|po|re [lat., zu: corpus, ↑ Corpus] (bildungsspr.): *gemeinsam, alle zusammen.*

In|co|terms ⟨Pl.⟩ [Kurzwort für engl. international commercial **terms**] (Wirtsch.): *Gesamtheit der im internationalen Handel üblichen Bedingungen für Lieferung, Beförderung, Abnahme u. Ä. von Waren.*

In|cu|bus: ↑ Inkubus.

Ind. = [1]Indikativ.

in|d|an|th|ren ⟨Adj. Textilind.⟩: *(in Bezug auf gefärbte Textilien) licht- u. farbecht: der Stoff ist i.*

In|d|an|th|ren®, das; -s, -e [Kurzwort aus ↑ Indigo u. ↑ Anthrazen] (Textilind.): *licht- u. waschechter synthetischer Farbstoff für Textilien.*

In|d|an|th|ren|far|be, die, **In|d|an|th|ren|farb|stoff,** der: *Indanthren.*

in|de|fi|nit [auch: ˈɪn...] ⟨Adj.⟩ [lat. indefinitus] (bes. Sprachwiss.): *unbestimmt:* ein *-es Pronomen (Indefinitpronomen).*

In|de|fi|nit|pro|no|men, das (Sprachwiss.): *unbestimmtes Pronomen (z. B. jemand, nichts).*

in|de|kli|na|bel [auch: ...ˈnaː...] ⟨Adj.⟩ [spätlat. indeclinabilis, aus lat. in- = un-, nicht u. declinabilis, ↑ deklinabel] (Sprachwiss.): *(von Wörtern bestimmter Wortarten) nicht beugbar:* ein indeklinables Adjektiv.

In|de|kli|na|bi|le, das; -, ...bilia [spätlat. (nomen) indeclinabile] (Sprachwiss.): *indeklinables Wort.*

[1]**in|dem** ⟨Konj.⟩: **1.** ⟨instrumental⟩ leitet einen Gliedsatz ein, der das Mittel, den Begleitumstand von etw. angibt; *dadurch, dass; damit, dass: er hat viel Geld sparen können, i. er einen Teil der Arbeit selbst gemacht hat.* **2.** ⟨zeitlich⟩ (veraltend) leitet einen Gliedsatz ein, der eine Gleichzeitigkeit ausdrückt; *während:* i. er sprach, öffnete sich die Tür. **3. a)** (landsch., sonst veraltet) in Verbindung mit »dass«, leitet einen Gliedsatz ein, der einen Grund für etw. angibt; *da, weil:* i. dass er verreist war, konnte er nicht an der Feier teilnehmen; ◆ ⟨ohne »dass«:⟩ ...den Kindern streng verboten ward, nicht aus der Türe zu gehen; i. ein gräulicher Bär ... in der Nähe sich aufhalten müsse (Goethe, Wanderjahre III, 5); ◆ **b)** ⟨zeitlich⟩ *nachdem* (1 a): Sie hielt ein schwarzes Brot und schnitt ihren Kleinen rings herum jedem sein Stück ... ab, gab's jedem ..., und jedes rufte ... sein »Danke!«, die es dem mit den kleinen Händchen lange in die Höhe gereicht hatte, ehe es noch abgeschnitten war (Goethe, Werther I, 16. Junius); »Was fangen wir nun an?«, sagte Philine, i. sich alle auf die Bänke niedergelassen hatten (Goethe, Lehrjahre II, 9).

[2]**in|dem** ⟨Adv.⟩ (veraltend): *indessen, unterdessen:* zieht euch an, ich werde i. das Frühstück vorbereiten.

In|dem|ni|tät, die; - [spätlat. indemnitas = Schadloshaltung] (Politik): **1.** *nachträgliche Billigung einer Maßnahme der Regierung, die das Parlament zuvor abgelehnt hatte.* **2.** *Straffreiheit der Abgeordneten in Bezug auf Äußerungen im Parlament.*

In|dent|ge|schäft, das [zu engl. indent = Auslandsgeschäft] (Kaufmannsspr.): *Exportgeschäft, das der Minderung des Risikos für den Exporteur, die Exporteurin dient.*

In|de|pen|dence Day [ɪndɪˈpɛnd(ə)ns deɪ], der; -- [engl., aus: independence = Unabhängigkeit (wohl unter Einfluss von gleichbed. frz. indépendance aus: in- = un-, nicht [< lat. in-] u. dependence [< frz. dépendance, ↑ Dependance] u. day = Tag]: *Unabhängigkeitstag der Vereinigten Staaten von Amerika* (4. Juli).

In|de|pen|denz, die; - [wohl nach frz. indépendance] (bildungsspr.): *Unabhängigkeit.*

In|der, der; -s, -: Ew. zu ↑ Indien.

In|de|rin, die; -, -nen: w. Form zu ↑ Inder.

[1]**in|des:** ↑ [1]indessen.

[2]**in|des:** ↑ [2]indessen.

[1]**in|des|sen,** (seltener:) [1]**indes** ⟨Konj.⟩ (geh. veraltend): **1.** ⟨temporal⟩ drückt eine Gleichzeitigkeit aus; *während:* i. er seine Arbeit fertig machte, gingen die anderen spazieren. **2.** ⟨modal⟩ drückt einen Gegensatz aus; *wohingegen:* die einen gingen spazieren, i. die anderen es vorzogen, zu lesen.

[2]**in|des|sen,** (seltener:) [2]**indes** ⟨Adv.⟩ (geh.): **1.** drückt die Gleichzeitigkeit aus; *unterdessen, inzwischen:* du kannst i. anfangen. **2.** drückt einen Gegensatz aus; *jedoch, aber:* man machte ihm ein verlockendes Angebot, er lehnte i. alles ab.

in|de|ter|mi|na|bel [auch: ˈɪn...] ⟨Adj.⟩ [spätlat. indeterminabilis, zu lat. in- = un-, nicht u. determinare, ↑ determinieren] (Philos.): *unbestimmbar:* ein indeterminabler Begriff.

In|de|ter|mi|na|ti|on [auch: ˈɪn...], die; - [spätlat. indeterminatio]: **1.** (Philos.) *Unbestimmtheit.* **2.** (bildungsspr.) *Unentschlossenheit.*

In|dex, der; -[es], -e u. ...dizes, auch: ...dices [...ˈdiːtseːs] [lat. index = Anzeiger; Register, Verzeichnis, zu: indicare, ↑ indizieren]: **1.** *alphabetisches Namen-, Stichwort-, Sachverzeichnis; Register: das Buch wäre mit einem ausführlichen I. leichter zu benutzen.* **2.** ⟨Pl. Indexe⟩ (kath. Kirche früher) *Liste von Büchern, die nach päpstlichem Entscheid von den Gläubigen nicht gelesen werden durften:* seine Werke wurden auf den I. gesetzt; Ü die Bücher des Regimekritikers stehen auf dem I. *(dürfen nicht erscheinen, nicht gelesen werden);* * **auf den I. stehen** (ugs.; *nicht erlaubt sein: was das äußere Erscheinungsbild betrifft: Tätowierungen stehen auf dem I.).* **3.** ⟨Pl. Indizes⟩ (Wirtsch.) *statistischer Messwert, durch den eine Veränderung bestimmter wirtschaftlicher Tatbestände ausgedrückt wird: der I. der Lebenshaltungskosten ist leicht gefallen, gesunken.* **4.** ⟨Pl. Indizes⟩ **a)** (Math., Physik) *an gleichartige, in Buchstaben od. Zahlen ausgedrückte Größen (meist tiefer stehend) angehängtes Kennzeichen in Form eines Buchstabens od. einer Zahl* (z. B. x^1, x^2); **b)** (Lexikografie) *hochgestellte Zahl, die Homografen o. Ä. zum Zwecke der Unterscheidung vorangestellt wird* (z. B. [1]Bauer, der; [2]Bauer, das). **5.** (Med.) *Zeigefinger.* **6.** (EDV) *als separate Datei gespeichertes Verzeichnis von Adressen* (3).

In|dex|fonds, der (Wirtsch.): *Investmentfonds, der einen bestimmten Index (z. B. den DAX) nachbildet.*

in|de|xie|ren ⟨sw. V.; hat⟩ [zu ↑ Index 1]: **1.** (Fachspr.) *einen Index* (1), *eine Liste von Gegenständen od. Hinweisen anlegen.* **2.** (Wirtsch.) *an eine Indexklausel knüpfen.*

In|dex|klau|sel, die (Wirtsch.): *Wertsicherungsklausel, nach der die Höhe eines in Form einer wiederkehrenden Zahlung geschuldeten Betrages vom Preisindex der Lebenshaltung abhängig gemacht wird.*

In|dex|re|gis|ter, das (EDV): *Register* (5) *eines Prozessors, mit dessen Hilfe Adressen* (3) *gefunden, gebildet u. verändert werden können.*

In|dex|zahl, In|dex|zif|fer, die: *Index* (3, 4).

in|de|zent [auch: ...ˈtsɛnt] ⟨Adj.⟩ [frz. indécent < lat. indecens, aus: in- = un-, nicht u. decens, ↑ dezent] (bildungsspr.): *nicht taktvoll, nicht feinfühlig:* eine -e Frage.

In|de|zenz [auch: ...ˈtsɛnts], die; - [frz. indécence < spätlat. indecentia] (bildungsspr.): *Mangel an Takt, an Feinfühligkeit.*

[1]**In|di|a|ca**®, der; -, -s: *birnenförmiges, an der spitz zulaufenden Seite mit drei bunt gefärbten Federn bestecktes Sportgerät für das* [2]Indiaca.

[2]**In|di|a|ca**®, das; -[s]: *dem Volleyball verwandtes Mannschaftsspiel, bei dem anstatt des Balles eine* [1]Indiaca *verwendet wird; Handtennis.*

In|di|an, der; -s, -e [kurz für: indianischer Hahn; engl. Indian cock] (bes. österr. veraltet): *Truthahn.*

In|di|a|na; -s: Bundesstaat der USA.

In|di|a|na|po|lis|start, In|di|a|na|po|lis-Start, der [nach der Rennstrecke in Indianapolis, der Hauptstadt von Indiana] (Motorsport): *Form des Starts bei Autorennen, bei der die Fahrzeuge zuerst eine Runde fahren, bevor sie im fliegenden Start über die Startlinie fahren.*

In|di|a|ner, der; -s, - [nach lat. Indianus, eigtl. = indisch]: **1.** [Ureinwohner Amerikas; so benannt aufgrund des Missverständnisses von Kolumbus, der glaubte, in Indien gelandet zu sein] *Angehöriger der in zahlreiche Stämme ver-*

zweigten Ureinwohner Amerikas: die I. Nordamerikas, des Amazonasbeckens; er ist I.; R ein I. kennt keinen Schmerz (scherzh.; man muss tapfer, darf nicht wehleidig sein). **2.** (österr.) Kurzf. von ↑Indianerkrapfen. **3.** (Jargon) Späher, Kundschafter in geheimdienstlichem Auftrag.

In|di|a|ner|buch, das: Reisebericht, Erzählung, Roman u. Ä., worin Leben u. Gebräuche der Indianer (1) dargestellt sind.

In|di|a|ner|frau, die: Squaw.

In|di|a|ner|ge|schich|te, die: Geschichte (2), in der Leben u. Gebräuche der Indianer dargestellt sind.

In|di|a|ner|häupt|ling, der: Häuptling eines Indianerstammes.

In|di|a|ne|rin, die; -, -nen: w. Form zu ↑Indianer (1, 3).

In|di|a|ner|kos|tüm, das: Karnevalskostüm, das der Kleidung von Indianern nachempfunden ist.

In|di|a|ner|krap|fen, der [wohl wegen des rötlich braunen Überzuges] (österr.): kugelförmiges Gebäckstück aus Biskuitteig, das mit Schokolade überzogen u. mit Sahne gefüllt ist.

In|di|a|ner|re|ser|vat, das, **In|di|a|ner|re|ser|va|ti|on**, die: (in Nordamerika) für Indianer eingerichtetes Reservat (2).

In|di|a|ner|som|mer, der [engl. Indian summer]: in Nordamerika mit großer Regelmäßigkeit Ende September u. Anfang Oktober auftretende Periode schönen Wetters.

In|di|a|ner|spiel, das: Spiel, bei dem Kinder [als Indianer verkleidet] Kampf u. Gebräuche der Indianer nachahmen.

In|di|a|ner|spra|che, die: indianische, von einer indianischen Sprachgemeinschaft gesprochene Sprache.

In|di|a|ner|stamm, der: indianischer Volksstamm.

In|di|a|ner|zelt, das: kleines Stangenzelt, das Kinder beim Indianerspiel aufbauen.

in|di|a|nisch ⟨Adj.⟩: die Indianer (1) betreffend, zu ihnen gehörend; die -e Kultur; -e Sprachen.

In|di|a|nis|tik, die; -: Wissenschaft, die sich mit der Erforschung der indianischen Sprachen u. Kulturen beschäftigt.

In|dian Sum|mer ['ɪndɪən 'saməʳ], der; - -s [engl., eigtl. = Indianersommer; viell. danach, dass diese Wetterperiode in den Teilen Nordamerikas auftritt, die früher indianisches Gebiet waren]: in Nordamerika mit großer Regelmäßigkeit Ende September u. Anfang Oktober auftretende Periode schönen Wetters, die vor allem durch eine prachtvolle, bunt herbstliche Laubfärbung geprägt ist.

In|di|ces: Pl. von ↑Index.

In|die, das; -s, -s [engl. indie, Abk. von independent = unabhängig; Unabhängige(r); zuerst in den 1940er-Jahren in den USA als Bez. für unabhängige Filmproduzenten verwendet] (Jargon): kleine, oft nur von einer Person betriebene Firma, die unabhängig vom allgemeinen Zeitgeschmack bes. Musik, auch Filme o. Ä. produziert u. dabei meist neue, eigenwillige künstlerische Wege beschreitet.

In|di|en; -s: Staat in Südasien.

♦ **In|dienne|kleid** [ɛ̃:n'djɛn...], das; -[e]s, -er [frz. indienne = leichter Baumwollstoff, zu: indien = indisch, aus Indien]: Kleid aus leichtem Baumwollstoff; Sie ... trug ein rosafarbenes I. (Keller, Kammacher 233).

In|dienst|nah|me, die; -, -n (Papierdt.): das Indienstnehmen.

In|dienst|stel|lung, die; -, -en (Papierdt.): das Indienststellen.

in|dif|fe|rent [auch: ...'rɛnt] ⟨Adj.⟩ [lat. indifferens, eigtl. = keinen Unterschied habend, aus: in- = un-, nicht u. differens, ↑different]: **1.** (bildungsspr.) gleichgültig, ohne Teilnahme, ohne Interesse: ein völlig -es Verhalten; er war politisch i. (war ohne politisches Interesse, hatte in Bezug auf politische Ereignisse keine Meinung). **2.** (Chemie, Med.) (von chemischen Stoffen [in Arzneimitteln]) neutral, ohne spezifische Wirkung.

In|dif|fe|renz [auch: ...'rɛnts], die; -, -en [lat. indifferentia = Gleichheit]: **1.** ⟨o. Pl.⟩ (bildungsspr.) Gleichgültigkeit, Uninteressiertheit: politische I.; ein Zustand von I. **2.** (Chemie, Med.) (von chemischen Stoffen [in Arzneimitteln]) Neutralität.

in|di|gen ⟨Adj.⟩ [zu spätlat. indigenus, aus alat. indu (häufig in Zus.) = in u. lat. gignere = (er)zeugen, gebären] (Fachspr.): eingeboren, einheimisch: -e Sprachen.

In|di|ges|ti|on [auch: 'ɪn...], die; -, -en [spätlat. indigestio = Mangel an Verdauung] (Med.): Verdauungsstörung; fehlende od. mangelhafte Verdauungstätigkeit.

In|di|g|na|ti|on, die; - [lat. indignatio] (bildungsspr.): Unwillen, Entrüstung, Abscheu.

in|di|g|nie|ren ⟨sw. V.; hat⟩ [lat. indignari = etw. für unwürdig halten, entrüstet sein od. werden] (veraltet): Unwillen, Entrüstung hervorrufen.

in|di|g|niert ⟨Adj.⟩ (bildungsspr.): von etw. unangenehm, peinlich berührt; über etw. erzürnt, entrüstet: ein -er Blick; sich i. abwenden.

In|di|go, der od. das; -s, ⟨Arten:⟩ -s [span. índigo < lat. Indicum < griech. Indikón, eigtl. = das Indische, nach seiner ostindischen Heimat]: (ältester pflanzlicher, heute synthetisch hergestellter) tief dunkelblauer Farbstoff.

in|di|go|blau ⟨Adj.⟩: von der Farbe des Indigos; tiefblau: Glas von -er Färbung.

In|di|go|blau, das ⟨o. Pl.⟩: indigoblaue Farbe, Färbung: das I. des sich verdüsternden Himmels.

In|di|go|farb|stoff, der: dem Indigo ähnlicher, synthetischer Farbstoff.

In|di|go|lith [...lɪt], der; -s u. -en, -e[n] [zu griech. líthos = Stein]: seltener, indigoblauer Turmalin.

In|di|go|pflan|ze, die: (in den Tropen u. Subtropen vorkommende) Pflanze, die den als Indigo bezeichneten Farbstoff enthält.

In|dik, der; -s: Indischer Ozean.

In|di|ka|ti|on, die; -, -en [lat. indicatio = Anzeige (des Preises), zu: indicare, ↑indizieren]: **1.** (Med.) Heilanzeige. **2.** (bes. Rechtsspr.) (aus bestimmten medizinischen, eugenischen, ethischen od. sozialen Erwägungen anzunehmendes) Angezeigtsein eines Schwangerschaftsabbruchs: ein Schwangerschaftsabbruch ist nur bei medizinischer, eugenischer, ethischer oder sozialer I. zulässig.

In|di|ka|ti|ons|mo|dell, Indikationsmodell, das (Rechtsspr. früher:): Modell zur Freigabe des Schwangerschaftsabbruchs unter bestimmten Voraussetzungen.

In|di|ka|ti|ons|lö|sung, die (bes. Rechtsspr.): vgl. Indikationenmodell.

In|di|ka|ti|o|nen|mo|dell: ↑Indikationsmodell.

¹In|di|ka|tiv, der; -s, -e (Sprachwiss.): a) [spätlat. (modus) indicativus, eigtl. = zur Aussage, zur Anzeige geeignet(er Modus), zu lat. indicare, ↑Indikation] Modus (2), mit dem etw. als tatsächlich, als gegeben dargestellt od. angenommen wird; Wirklichkeitsform (z. B. ich gehe); b) Verb im ¹Indikativ (a) (Abk.: Ind.)

²In|di|ka|tiv, das; -s, -e: bestimmtes, immer wiederkehrendes Radio- od. Fernsehsendungen einleitendes Musikstück.

in|di|ka|tisch [auch: ...'ti:...] ⟨Adj.⟩ (Sprachwiss.): im ¹Indikativ (a) [stehend]: eine -e Verbform.

In|di|ka|tor, der; -s, ...oren [zu lat. indicare, ↑indizieren]: **1.** (Fachspr.) etw. (Umstand, Merkmal, was als (statistisch verwertbares) Anzeichen für eine bestimmte Entwicklung, einen eingetretenen Zustand o. Ä. dient: die Umsatzzahlen können als I. für den Aufschwung der Konjunktur gelten. **2.** (Chemie, Technik) chemische Substanz, auch Apparatur, die es ermöglicht, eine chemische Reaktion o. Ä. in ihrem Ablauf zu verfolgen. **3.** (Technik) Instrument zum Messen veränderlichen Drucks von Dampf u. a. in Zylindern.

In|di|ka|tor|pflan|ze, die (Biol.): Pflanze, aus deren Auftreten auf eine bestimmte Bodenart geschlossen werden kann (z. B. die Heidelbeere, die auf stickstoffhaltigen Boden hindeutet).

In|dio, der; -s, -s [span. indio, eigtl. = Inder]: süd- od. mittelamerikanischer Indianer.

In|dio|frau, die: süd- od. mittelamerikanische Indianerin.

in|di|rekt [auch: ...'rɛkt] ⟨Adj.⟩ [mlat. indirectus]: **1.** nicht durch eine unmittelbare Äußerung, Einflussnahme, Einwirkung o. Ä.; über einen Umweg: -e Beleidigungen, Vorwürfe; jmdm. etw. i. vorwerfen. **2.** (in Bezug auf räumliche Beziehungen) nicht unmittelbar, nicht auf einem direkten Weg: einen Raum i. beheizen; Überall hob i. beleuchtetes Weiß die vornehme Entrücktheit des Ortes hervor (Kronauer, Bogenschütze 309).

in|disch ⟨Adj.⟩: zu ↑Indien.

In|di|scher Oze|an, der Indische Ozean; des Indischen Ozeans; Ozean, der von Afrika, der Antarktis, Australien, den indonesischen Inseln u. dem indischen Subkontinent begrenzt wird.

In|disch Lamm, das; - -[e]s: dem Persianer ähnlicher Pelz.

In|disch|rot [auch: 'ɪndɪʃ'roːt], das: braun- bis rosenrote Malerfarbe.

in|dis|kret [auch: ...'kreːt] ⟨Adj.⟩ [aus lat. in- = un-, nicht u. ↑diskret] (bildungsspr.): nicht den gebotenen Takt od. die gebotene Zurückhaltung (in Bezug auf die Privatsphäre einer anderen Person) aufweisend: eine -e Frage; sei nicht so i.!; Frau Bartels drohte gutmütig. Weiß Gott, sie hatte sich verändert und überhaupt keine Angst, i. zu werden (Kronauer, Bogenschütze 401).

In|dis|kre|ti|on [auch: ...'kreːt...], die; -, -en (bildungsspr.): **1.** (o. Pl.) das Indiskretsein; indiskretes Verhalten. **2.** indiskrete Handlung.

In|dis|kre|ti|on [auch: 'ɪn...], die; -, -en [frz. indiscrétion < spätlat. indiscretio, eigtl. = Rücksichtslosigkeit] (bildungsspr.): **1.** Mangel an Verschwiegenheit; das Weitergeben einer geheimen, vertraulichen Nachricht: eine bewusste, gezielte I. **2.** (selten) Taktlosigkeit.

in|dis|ku|ta|bel [auch: ...'taː...] ⟨Adj. ...bler, -ste⟩ [aus lat. in- = un-, nicht u. ↑diskutabel] (bildungsspr. abwertend): von vornherein nicht infrage kommend u. daher nicht der Erörterung wert: eine indiskutable Forderung.

in|dis|po|ni|bel [auch: ...'niː...] ⟨Adj.⟩ [aus lat. in- = un-, nicht u. ↑disponibel] (bildungsspr.): **1.** nicht verfügbar, festgelegt: indisponibles Kapital. **2.** (selten) unveräußerlich.

in|dis|po|niert [auch: ...'niːɐ̯t] ⟨Adj.⟩ [aus lat. in- = un-, nicht u. ↑disponiert] (bildungsspr.): nicht disponiert (a): der Künstler, Sänger war i.

In|dis|po|niert|heit [auch: ...'niːɐ̯t...], die; - (bildungsspr.): Zustand des Indisponiertseins.

In|di|um, das; -s [zu lat. indicum = Indigo, nach den indigoblauen Linien im Spektrum]: silberweißes, stark glänzendes Metall (chemisches Element; Zeichen: In).

♦ **in|di|vi|du|al** ⟨Adj.⟩ [mlat. individualis, ↑Individualbegriff]: individuell: An dem Menschen ... findet sie (= die Vernunft) einen schon vorbenen und widerstrebenden Stoff, der ihr gerade so viel von ihrer idealen Vollkommenheit raubt, als er von seiner -en Beschaffenheit einmischt (Schiller, Über die ästhetische Erziehung des Menschen).

In|di|vi|du|al|be|reich, der (Fachspr.): *persönlicher, privater Bereich; Privatsphäre einer Person.*

In|di|vi|du|a|li|sa|ti|on, die; -, -en [frz. individualisation] (Wissensch., bes. Kunstwiss.): *individualisierte Darstellung.*

in|di|vi|du|a|li|sie|ren ⟨sw. V.; hat⟩ [frz. individualiser]: **a)** *bei der Darstellung, Charakterisierung eines Gegenstandes, einer Person das Individuelle hervorheben, herausarbeiten:* die Kunst dieser Zeit zeigt noch keine individualisierten Gesichter; **b)** *auf das Individuum, den Einzelfall beziehen, zuschneiden o. Ä.:* das Bildungsangebot, die Reisevorschläge stärker i.; eine individualisierende Anwendung des Rechts.

In|di|vi|du|a|li|sie|rung, die; -, -en ⟨Pl. selten⟩: **a)** *das Individualisieren;* **b)** *individualisierte Darstellung.*

In|di|vi|du|a|lis|mus, der; - [frz. individualisme]: **1.** (Philos.) *Anschauung, die dem Individuum, seinen Bedürfnissen den Vorrang vor der Gemeinschaft einräumt.* **2.** (bildungsspr.) *individualistische, bes. auf die Entfaltung der eigenen Persönlichkeit ausgerichtete Haltung, die dem Gefühl der Zugehörigkeit zu einer Gemeinschaft wenig Raum lässt.*

In|di|vi|du|a|list, der; -en, -en [frz. individualiste]: **1.** *Vertreter des Individualismus* (1). **2.** (bildungsspr.) *jmd., der einen persönlichen Lebensstil entwickelt hat u. sich dadurch von anderen abhebt:* er wollte immer gerne als I. gelten; die Mannschaft besteht aus lauter -en *(Mitgliedern von ausgeprägter Eigenart, die ihre Fähigkeiten nur schwer zugunsten der Gemeinschaft entfalten können).*

In|di|vi|du|a|lis|tin, die; -, -nen: w. Form zu ↑Individualist.

in|di|vi|du|a|lis|tisch ⟨Adj.⟩: **1.** *dem Individualismus* (1) *entsprechend.* **2.** (bildungsspr.) *der Haltung, Eigenart eines Individualisten* (2) *entsprechend:* ein -er Arbeitsstil.

In|di|vi|du|a|li|tät, die; -, -en [frz. individualité] (bildungsspr.): **1.** ⟨o. Pl.⟩ *Summe der Eigenschaften, Merkmale, die die Besonderheit eines Menschen ausmachen:* seine I. entfalten. **2.** *[ausgeprägte] Persönlichkeit in ihrer Unverwechselbarkeit:* sie ist eine ausgeprägte I.

In|di|vi|du|al|psy|cho|lo|gie, die: *psychologische Forschungsrichtung, die sich mit dem Einzelwesen befasst.*

in|di|vi|du|al|psy|cho|lo|gisch ⟨Adj.⟩: *die Individualpsychologie betreffend, auf ihr beruhend, zu ihr gehörend.*

In|di|vi|du|al|recht, das: *persönliches Recht.*

In|di|vi|du|al|sphä|re, die: vgl. Individualbereich.

In|di|vi|du|al|tou|ris|mus, der: *Tourismus individuell reisender Urlauber[innen].*

In|di|vi|du|al|ver|kehr, der (Amtsspr.): *mit Privatfahrzeugen abgewickelter Verkehr im Unterschied zum Verkehr mit öffentlichen Verkehrsmitteln.*

In|di|vi|du|a|ti|on, die; -, -en (Psychol.): *(nach dem schweiz. Psychiater C. G. Jung [1875–1961]) Prozess der Selbstwerdung des Menschen, in dessen Verlauf sich das Bewusstsein der eigenen Individualität zunehmend verfestigt.*

in|di|vi|du|ell ⟨Adj.⟩ [frz. individuel, zu: individu (unter Einfluss von mlat. individualis = das Einzelwesen betreffend, Einzel...) < (m)lat. individuum, ↑Individuum]: **1. a)** *auf das Individuum, auf einzelne Personen od. Sachen, ihre speziellen Verhältnisse o. Ä. zugeschnitten, ihnen entsprechend:* eine -e Lösung des Falles; in diesem Haus werden die Gäste i. betreut; die Kinder werden i. erzogen; **b)** *durch die Eigenart, Besonderheit u. Ä. der Einzelpersönlichkeit geprägt; je nach persönlicher Eigenart [ver-* schieden]: -e Probleme, Bedürfnisse; ein -er Geschmack, Stil; der Raum hat eine -e Note; die Reaktion ist i. verschieden. **2.** *[als persönliches Eigentum] einem Einzelnen gehörend, nicht gemeinschaftlich, öffentlich genutzt:* -es Eigentum. **3.** *als Individuum, als Persönlichkeit zu respektieren; als Einzelpersönlichkeit hervortretend, handelnd:* eine Stadt mit -en Künstlern.

In|di|vi|du|en: Pl. von ↑Individuum.

In|di|vi|du|um, das; -s, ...duen [mlat. individuum < lat. individuum = das Unteilbare, zu: in- = un-, nicht u. dividere = (zer)teilen, LÜ von griech. átomos, ↑Atom]: **1.** (bildungsspr.) *Mensch als Einzelwesen [in seiner jeweiligen Besonderheit]:* das I. und die Gesellschaft. **2.** (oft abwertend) *Mensch von zweifelhaftem Charakter; in irgendeiner Hinsicht negativ eingeschätzte Person:* ein fragwürdiges, verdächtiges I.; Wenn ich auf die Straße gehe, bin ich nach drei Schritten umzingelt von Individuen, die Geld wollen (Süskind, Parfum 13). **3.** (Biol.) *einzelnes pflanzliches od. tierisches Lebewesen [als Vertreter seiner Spezies].* **4.** (Chemie) *kleinstes chemisches Teilchen jeglicher Art:* Atome und Moleküle sind chemische Individuen.

In|diz, das; -es, -ien [lat. indicium = Anzeige, Anzeichen]: **1.** ⟨häufig Pl.⟩ (Rechtsspr.) *Umstand, der mit Wahrscheinlichkeit auf einen bestimmten Sachverhalt, vor allem auf die Täterschaft einer bestimmten Person schließen lässt; be- od. entlastender Umstand:* ein ausreichendes I.; das Urteil stützt sich auf -ien. **2.** (bildungsspr.) *Anzeichen für etw.; symptomatisches Merkmal, an dem sich ein Zustand, eine Entwicklung ablesen, erkennen lässt:* die Art der Wolkenbildung ist ein sicheres I. für einen bevorstehenden Wetterumschwung.

In|di|zes: Pl. von ↑Index.

In|di|zi|en|be|weis, der: *Beweis, der sich nur auf Indizien stützt.*

In|di|zi|en|ket|te, die: *Beweiskette, die sich aus einzelnen Indizien zusammensetzt.*

In|di|zi|en|pro|zess, der: *Prozess, der sich in seiner Beweisführung auf Indizien stützt.*

in|di|zie|ren ⟨sw. V.; hat⟩ [lat. indicare = anzeigen]: **1.** (bildungsspr.) *etw. erkennen lassen, auf etw. hinweisen; Indiz* (2) *für etw. sein:* der Erfolg indiziert die Richtigkeit seines Vorgehens. **2.** ⟨meist im 2. Part.⟩ (bes. Med.) *etw., bes. eine bestimmte Behandlung, Heilmethode o. Ä., als angezeigt erscheinen lassen:* eine Operation ist [nicht] indiziert. **3. a)** (kath. Kirche früher) *(ein Druckwerk) auf den Index* (2) *setzen:* die Bücher dieses Autors wurden von der Kirche indiziert; **b)** *(ein Druckwerk) in eine Liste von Schriften aufnehmen, deren Verbreitung an Jugendliche untersagt ist, weil sie als jugendgefährdend gelten:* das Buch wurde von der Bundesprüfstelle für jugendgefährdende Schriften indiziert.

In|di|zie|rung, die; -, -en: *das Indizieren* (1, 3); *das Indiziertwerden.*

in|do|arisch ⟨Adj.⟩: *die von den Ariern* (1) *hergeleiteten Völker Vorderasiens betreffend:* -e Sprachen.

In|do|chi|na; -s: (die heutigen Staaten Vietnam, Laos u. Kambodscha umfassendes) *ehemaliges französisches Kolonialgebiet in Südostasien.*

In|do|eu|ro|pä|er, der: *Indogermane.*

In|do|eu|ro|pä|e|rin, die: w. Form zu ↑Indoeuropäer.

in|do|eu|ro|pä|isch ⟨Adj.⟩: *indogermanisch* (Abk.: ide.).

In|do|eu|ro|pä|is|tik, die; -: *Indogermanistik.*

In|do|ger|ma|ne, der: *Angehöriger eines der Völker, die das Indogermanische als Grundsprache haben.*

In|do|ger|ma|nin, die: w. Form zu ↑Indogermane.

in|do|ger|ma|nisch ⟨Adj.⟩ [1823 gepr. von dem dt. Orientalisten H. J. Klapproth (1783–1835)]: *die Indogermanen, das Indogermanische betreffend* (Abk.: idg.).

In|do|ger|ma|ni|sche, das [benannt nach den Indern im Südosten u. den Germanen im Nordwesten]: *erschlossene Grundsprache der Indogermanen.*

In|do|ger|ma|nis|tik, die: *Wissenschaft, die die einzelnen Sprachfamilien des Indogermanischen u. die Kultur der Indogermanen erforscht.*

in|do|i|ra|nisch ⟨Adj.⟩ (Sprachwiss.): *arisch* (1).

In|dok|t|ri|na|ti|on, die; -, -en [zu lat. in- = hinein u. doctrina = Belehrung] (bes. Politik abwertend): *[massive] psychologische Mittel nutzende Beeinflussung von Einzelnen od. ganzen Gruppen der Gesellschaft im Hinblick auf die Bildung einer bestimmten Meinung od. Einstellung:* politische, ideologische I.; I. betreiben.

in|dok|t|ri|na|tiv ⟨Adj.⟩ (bildungsspr. abwertend): *indoktrinierend, auf indoktrinierende Weise:* eine -e Verhaltensweise.

in|dok|t|ri|nie|ren ⟨sw. V.; hat⟩ (bes. Politik abwertend): *durch Indoktrination beeinflussen, in eine bestimmte Richtung drängen:* jmdn. ideologisch, politisch i.

In|dok|t|ri|nie|rung, die; -, -en: *das Indoktrinieren; das Indoktriniertwerden.*

in|do|lent [auch: ...'lɛnt] ⟨Adj.⟩: **1.** (bildungsspr.) *geistig träge u. gleichgültig; keine Gemütsbewegung erkennen lassend:* ein völlig -er Mensch. **2.** (Med.) **a)** [spätlat. indolens (Gen.: indolentis), zu lat. in- = un-, nicht u. dolere = (Schmerz) empfinden] *schmerzunempfindlich; gleichgültig gegenüber Schmerzen;* **b)** *(vom Organismus od. von einzelnen Körperteilen) schmerzfrei;* **c)** *(von krankhaften Prozessen) keine Schmerzen verursachend.*

In|do|lenz [auch: ...'lɛnts], die; - [lat. indolentia]: *das Indolentsein.*

In|do|lo|gie, die; - [zu griech. Índos = indisch u. ↑-logie]: *Wissenschaft von der indischen Kunstgeschichte, Kultur, Philologie und Religion.*

In|do|ne|si|en; -s: *Inselstaat in Südostasien.*

In|do|ne|si|er, der; -s, -: Ew.

In|do|ne|si|e|rin, die; -, -nen: w. Form zu ↑Indonesier.

in|do|ne|sisch ⟨Adj.⟩: *Indonesien, die Indonesier betreffend; aus Indonesien stammend.*

in|door [ˈɪndɔː, ...dɔː], **in|doors** [ˈɪndɔːs, ...dɔːz] ⟨Adv.⟩ [engl. indoor = im Haus, innen; Hallen-, für älter: withindoor, aus: within = innerhalb u. door = Tür]: *innen, im Haus, in der Halle [befindlich, stattfindend]* (z. B. von Aktivitäten, die gewöhnlich im Freien betrieben werden): sollen wir i. oder outdoor klettern?; auch i.

In|door|soc|cer [ˈɪndɔːsɔkə], das, auch: der [engl. indoor soccer, aus: indoor, ↑indoor u. soccer, ↑Soccer]: *Hallenfußball.*

In|door|sport, der: *in Hallen ausgetragene Variante einer üblicherweise im Freien praktizierten Sportart:* der sogenannte I. erfreut sich immer größerer Beliebtheit.

in|do|pa|zi|fisch ⟨Adj.⟩: *den Indischen u. den Pazifischen Ozean betreffend; um den Indischen u. Pazifischen Ozean gelegen.*

In|dos|sa|ment, das; -[e]s, -e [frz. endossement, zu ↑indossieren] (Bankw.): *Giro* (2).

In|dos|sant, der; -en, -en (Bankw.): *Girant.*

In|dos|san|tin, die; -, -nen: w. Form zu ↑Indossant.

In|dos|sat, der; -en, -en, **In|dos|sa|tar,** der; -s, -e (Bankw.): *Girat, Giratar.*

In|dos|sa|ta|rin, die; -, -nen: w. Form zu ↑Indossatar.

In|dos|sa|tin, die; -, -nen: w. Form zu ↑ Indossat.
in|dos|sie|ren ⟨sw. V.; hat⟩ [ital. indossare, eigtl. = auf dem Rücken tragen, zu: dosso = Rücken < vlat. dossum] (Bankw.): girieren.
In|d|ra: indischer Gott.
in du|bio [lat., zu: dubium = Zweifel] (bildungsspr.): *im Zweifelsfalle.*
in du|bio pro reo [lat. = im Zweifel für den Angeklagten] (Rechtsspr.): *lassen sich Zweifel an der Schuld des Angeklagten nicht beheben, so ist er freizusprechen (Grundsatz des Strafverfahrens).*
In|duk|ti|on, die; -, -en [lat. inductio = das Hineinführen, zu: inducere, ↑ induzieren]: **1.** (bildungsspr.) *wissenschaftliche Methode, vom besonderen Einzelfall auf das Allgemeine, Gesetzmäßige zu schließen:* vollständige I. (Math.; *Beweisverfahren zum Nachweis der Allgemeingültigkeit eines Satzes, der nach seiner Form schon bekannt u. an eine unbestimmte Zahl n gebunden ist).* **2.** (Elektrot.) *Erzeugung elektrischer Ströme u. Spannungen in elektrischen Leitern durch bewegte Magnetfelder.* **3.** (Biol.) *von einem bestimmten Keimteil ausgehende Wirkung, die einen anderen Teil des Keims zu bestimmten Entwicklungsvorgängen zwingt.*
In|duk|ti|ons|be|weis, der: *wissenschaftlicher Beweis mithilfe der Induktion* (1).
In|duk|ti|ons|strom, der (Elektrot.): *durch Induktion* (2) *erzeugter Strom.*
in|duk|tiv [auch: ˈɪn...] ⟨Adj.⟩ [lat. inductivus = zur Annahme, als Voraussetzung geeignet]: **1.** (bildungsspr.) *in der Art der Induktion* (1) *vom Einzelnen zum Allgemeinen hinführend:* die -e Methode. **2.** (Elektrot.) *durch Induktion* (2) *wirkend od. entstehend:* -er Widerstand *(durch die Wirkung der Selbstinduktion bedingter Widerstand im Wechselstromkreis).*
in dul|ci ju|bi|lo [lat. = in süßem Jubel; Anfang eines Weihnachtsliedes] (ugs.): *herrlich u. in Freuden:* in d. j. leben.
in|dul|gent ⟨Adj.⟩ [lat. indulgens (Gen.: indulgentis), adj. 1. Part. von: indulgere = nachsichtig sein] (bildungsspr.): *Schonung gewährend, nachsichtig, mild.*
In|dul|genz, die; -, -en [lat. indulgentia] (bildungsspr.): *Schonung, Nachsicht, Milde; Straferlass.*
In|du|lin, das; -s, -e ⟨meist Pl.⟩ [Kunstwort zu ↑ Indigo; nach der Färbung] (Chemie): *grauer bis blauschwarzer od. violetter Farbstoff.*
In|dult, der od. das; -[e]s, -e [spätlat. indultum, zu lat. indulgere, ↑ indulgent]: **1.** (bildungsspr.) *Frist, Vergünstigung, die in bestimmten Fällen gewährt wird.* **2.** (veraltet) *Einräumung einer Frist, wenn der Schuldner, die Schuldnerin in Verzug ist.* **3.** (kath. Kirche) *vorübergehende Befreiung von einer kirchengesetzlichen Verpflichtung.*
In|dus, der; -: Fluss in Vorderindien.
In|dus|t|ri|al De|sign [ɪnˈdʌstrɪəl dɪˈzaɪn], das; - -s [engl. industrial design, aus: industrial = industriell u. design, ↑ Design] (Fachspr.): *Formgebung, bewusste Gestaltung von Gebrauchsgegenständen.*
In|dus|t|ri|al En|gi|nee|ring [- ɛndʒɪˈnɪərɪŋ], das; - -[s] [engl. industrial engineering; ↑ Engineering]: *Wissenschaft u. Technik der Rationalisierung von Arbeitsprozessen in der Industrie (bes. in den USA).*
in|dus|t|ri|a|li|sie|ren ⟨sw. V.; hat⟩ [frz. industrialiser]: **a)** *mit Industrie versehen, in einem Gebiet Industrie ansiedeln:* die Entwicklungsländer i.; **b)** *industrielle Herstellungsmethoden in einem Produktionsbereich, einem Betrieb o. Ä. einführen:* die Wirtschaft eines Landes i.

In|dus|t|ri|a|li|sie|rung, die; -, -en: *das Industrialisieren; das Industrialisiertwerden.*
In|dus|t|ri|a|lis|mus, der; -: *das Vorherrschen der Industrie in einer Volkswirtschaft mit seinen Auswirkungen.*
In|dus|t|rie, die; -, -n [frz. industrie < lat. industria = Fleiß, Betriebsamkeit; seit der Mitte des 18. Jh.s im Sinne von »Gewerbe; Gewerbefleiß«, dann in der heutigen Bed.]: **a)** ⟨Pl. selten⟩ *Wirtschaftszweig, der die Gesamtheit aller mit der Massenherstellung von Konsum- u. Produktionsgütern beschäftigten Fabrikationsbetriebe eines Gebietes umfasst:* die japanische, deutsche I.; die I. blüht, stagniert; eine moderne I. aufbauen; der Verstaatlichung der I.; er wird später einmal in die I. gehen (ugs.; *in einem Industriebetrieb tätig sein);* **b)** *Gesamtheit der Fabrikationsbetriebe einer bestimmten Branche in einem Gebiet:* die chemische, Eisen verarbeitende I.; die verschiedenen -n eines Landes.
In|dus|t|rie|ab|gas, das: *durch die industrielle Produktion entstehendes Abgas.*
In|dus|t|rie|ab|was|ser, das: vgl. Industrieabgas.
In|dus|t|rie|an|la|ge, die: *Gesamtheit von Gebäuden u. Einrichtungen samt dem Gelände eines Industriebetriebs.*
In|dus|t|rie|ar|bei|ter, der: *Arbeiter in einem Industriebetrieb.*
In|dus|t|rie|ar|bei|te|rin, die: w. Form zu ↑ Industriearbeiter.
In|dus|t|rie|ar|bei|ter|schaft, die: *Gesamtheit der Industriearbeiter[innen].*
In|dus|t|rie|ar|chäo|lo|gie, die: *(Bemühungen zur) Erhaltung, Restaurierung, Erforschung von Objekten der Industrie (wie z. B. Bauwerke, Maschinen) mit den Methoden von Archäologie u. Denkmalschutz; industrielle Archäologie.*
In|dus|t|rie|aus|stel|lung, die: *Ausstellung, auf der Maschinen u. Erzeugnisse der Industrie gezeigt werden.*
In|dus|t|rie|bahn, die: *von einem Industriebetrieb unterhaltene Bahn mit Anschluss an das Eisenbahnnetz.*
In|dus|t|rie|bau, der: **a)** ⟨Pl. -ten⟩ *zu einem Industriebetrieb gehörendes Bauwerk:* -ten aus dem vergangenen Jahrhundert; **b)** ⟨o. Pl.⟩ *das Errichten von Industriebauten* (a): Entwicklungen im I.
In|dus|t|rie|be|ra|ter, der: *jmd., der beratende Aufgaben in einem industriellen Unternehmen wahrnimmt (Berufsbez.).*
In|dus|t|rie|be|ra|te|rin, die: w. Form zu ↑ Industrieberater.
In|dus|t|rie|be|reich, der: *Bereich der Industrie* (a).
In|dus|t|rie|be|trieb, der: *industrieller Betrieb, in dem in großer Menge Waren produziert od. Stoffe gewonnen werden.*
In|dus|t|rie|boss, der (ugs.): *mit Macht ausgestattete Person an der Spitze eines großen Industrieunternehmens.*
In|dus|t|rie|bra|che, die: *durch stillgelegte Industrieanlagen, nicht mehr genutzte Industrieanlagen gekennzeichnetes Gebiet.*
In|dus|t|rie|bran|che, die: *den Bereich der Industrie* (a) *umfassende Branche.*
In|dus|t|rie|denk|mal, das: *besonders imposantes Objekt der Industrie (z. B. Bauwerk, Maschine o. Ä.), das als erhaltenswert gilt u. deshalb unter besonderen Schutz gestellt ist.*
In|dus|t|rie|de|sign, das: *Industrial Design.*
In|dus|t|l|rie|di|a|mant, der: *wegen seiner fehlenden Klarheit als Schmuckstein nicht geeigneter Diamant (der z. B. als Bohrkopf od. als Schneidevorrichtung in einem Glasschneider verwendet wird).*
In|dus|t|rie|er|zeug|nis, das: *Erzeugnis der Industrie.*

In|dus|t|rie|for|schung, die ⟨o. Pl.⟩: *Forschung, die auf dem Gebiet der industriellen Entwicklung betrieben wird.*
In|dus|t|rie|ge|biet, das: **1.** *Gebiet mit vielen Industrieanlagen [der Schwerindustrie]:* das I. an der Ruhr; in einem I. leben. **2.** *für die Ansiedlung kleiner u. mittlerer Betriebe bestimmtes Gebiet:* das I. im Norden der Stadt soll erweitert werden.
In|dus|t|rie|ge|län|de, das: *Gelände, auf dem sich ein Industriebetrieb o. Ä. befindet, das zu einer Industrieanlage gehört.*
In|dus|t|rie|ge|schich|te, die: *Geschichte der industriellen Entwicklung, vor allem seit der industriellen Revolution.*
In|dus|t|rie|ge|sell|schaft, die (Soziol.): *Gesellschaft, die durch die Industriewirtschaft geprägt ist:* die moderne I.; in einer I. leben.
In|dus|t|rie|ge|werk|schaft, die: *Gewerkschaftsverband eines Industriezweiges* (Abk.: IG).
In|dus|t|rie|gi|gant, der (ugs.): *Industriebetrieb von sehr großen Ausmaßen.*
In|dus|t|rie|gleis, das: *Gleis einer Industriebahn.*
In|dus|t|rie|grup|pe, die: *Gruppe von Industrieunternehmen, die aufgrund bestimmter Gemeinsamkeiten zusammengehören, die sich aufgrund gemeinsamer Interessen, Ziele zusammengeschlossen haben.*
In|dus|t|rie|gut, das ⟨meist Pl.⟩: *Investitionsgut.*
In|dus|t|rie|ha|fen, der: *Hafen, in dem bes. industrielle Güter umgeschlagen werden.*
In|dus|t|rie|ka|pi|tän, der (ugs.): *Leiter eines großen Industriebetriebs.*
In|dus|t|rie|ka|pi|tä|nin, die: w. Form zu ↑ Industriekapitän.
In|dus|t|rie|kauf|frau, die: vgl. Industriekaufmann.
In|dus|t|rie|kauf|mann, der: *jmd., der über eine kaufmännische Ausbildung verfügt u. in einem Industrieunternehmen als Buchhalter, im Verkauf, in der Personalabteilung o. Ä. tätig ist (Berufsbez.).*
In|dus|t|rie|kom|bi|nat, das (DDR): *Kombinat von Industriebetrieben.*
In|dus|t|rie|kon|zern, der: *Konzern, in dem mehrere Industriebetriebe zusammengeschlossen sind.*
In|dus|t|rie|kun|de, der: *Industrieunternehmen als ¹Kunde* (1) *eines anderen Unternehmens:* die Strompreise für -n sind um 50 % gesunken.
In|dus|t|rie|land, das ⟨Pl. ...länder⟩: *Industriestaat.*
In|dus|t|rie|land|schaft, die: *Gebiet, das durch Industrieanlagen der Schwerindustrie geprägt ist.*
in|dus|t|ri|ell ⟨Adj.⟩ [frz. industriel]: **a)** *die Industrie betreffend, zu ihr gehörend, durch sie geprägt:* -e Anlagen, Verfahren; -es Wachstum; (marx.:) das -e Proletariat; **b)** *in der Industrie [erfolgend, hergestellt]:* die -e Produktion; -e Erzeugnisse; Rohstoffe i. verarbeiten.
In|dus|t|ri|el|le, die, die Industrielle/der/einer Industriellen, die Industriellen/zwei Industrielle: *Eigentümerin eines Industriebetriebs, Unternehmerin.*
In|dus|t|ri|el|len|fa|mi|lie, die: *Familie, aus der schon mehrere Industrielle hervorgegangen sind.*
In|dus|t|ri|el|ler, der Industrielle/ein Industrieller; des/eines Industriellen, die Industriellen/zwei Industrielle: *Eigentümer eines Industriebetriebs, Unternehmer:* ein reicher I.; die Villa eines Industriellen.
In|dus|t|rie|ma|gnat, der: *Eigentümer großer, in Industriebetrieben investierter Kapitalien.*
In|dus|t|rie|me|cha|ni|ker, der: *jmd., der nach Ausbildung in den Fachbereichen Betriebstechnik, Produktionstechnik, Maschi-*

nen- u. Anlagenbau sowie Gerätebau u. Feinmechanik als Mechaniker tätig ist (Berufsbez.).
In|dus|t|rie|me|cha|ni|ke|rin, die: w. Form zu ↑Industriemechaniker.
In|dus|t|rie|meis|ter, der: *Meister (1) in einem Beruf der Industrie.*
In|dus|t|rie|meis|te|rin, die: w. Form zu ↑ Industriemeister.
In|dus|t|rie|mes|se, die: vgl. Industrieausstellung.
In|dus|t|rie|mi|nis|ter, der: *Minister, der für den Bereich der Industrie zuständig ist.*
In|dus|t|rie|mi|nis|te|rin, die: w. Form zu ↑Industrieminister.
In|dus|t|rie|mi|nis|te|ri|um, das: *für den Bereich der Industrie zuständiges Ministerium.*
In|dus|t|rie|müll, der: *bei der industriellen Produktion anfallender Müll.*
In|dus|t|rie|mu|se|um, das: *nach Methoden u. Erkenntnissen der Industriearchäologie errichtete od. restaurierte ganzheitliche Industrieanlage, die der Dokumentation der Geschichte der Industrie sowie der Erhaltung von Industriedenkmälern dient.*
In|dus|t|rie|na|ti|on, die: *Industriestaat.*
In|dus|t|rie|ofen, der: *in der Industrie verwendeter Ofen (1), in dem Roh- u. Werkstoffe wie Erze, Metalle, Glas od. Kunststoffe einer Wärmebehandlung unterzogen werden (z. B. Hochofen, Brennofen).*
In|dus|t|rie|park, der: *räumlich zusammengefasste Ansiedlung kleiner od. mittlerer Industriebetriebe, die in der Regel mit öffentlichen Mitteln geplant, angelegt u. verwaltet wird.*
In|dus|t|rie|pflan|ze, die 〈meist Pl.〉: *Pflanze, die vorwiegend als Rohstofflieferant für die Industrie angebaut wird (z. B. Flachs, Tabak).*
In|dus|t|rie|po|li|tik, die: *die Industrie, Industrialisierung eines Landes betreffende Politik einer Regierung.*
In|dus|t|rie|politisch 〈Adj.〉: *die Industriepolitik betreffend, auf ihr beruhend, zu ihr gehörend.*
In|dus|t|rie|pro|dukt, das: *Industrieerzeugnis.*
In|dus|t|rie|pro|duk|ti|on, die: *industrielle Produktion.*
In|dus|t|rie|pro|le|ta|ri|at, das (marx.): *durch die Industrialisierung entstandenes, geprägtes, in der Industrie beschäftigtes Proletariat (1).*
In|dus|t|rie|re|gi|on, die: *Industriegebiet (1).*
In|dus|t|rie|re|vier, das: vgl. Industriegebiet.
In|dus|t|rie|ro|bo|ter, der: *bei der industriellen Produktion eingesetzter computergesteuerter, frei programmierbarer Automat, der mit Greifern u. Werkzeugen verschiedenster Art ausgerüstet werden kann und in der Lage ist, vielfältige Arbeitsgänge durchzuführen.*
In|dus|t|rie|schau, die: *Industrieausstellung.*
In|dus|t|rie|sek|tor, der: *Sektor (1), Bereich der Industrie.*
In|dus|t|rie|spi|o|na|ge, die: *Spionage in einem [Industrie]betrieb eines anderen Landes, in einem Konkurrenzbetrieb.*
In|dus|t|rie|staat, der: *Staat, dessen Wirtschaftskraft hauptsächlich auf der industriellen Produktion beruht:* die westlichen -en.
In|dus|t|rie|stadt, die: *durch die Industrialisierung, die Industrie geprägte Stadt.*
In|dus|t|rie|stan|dard, der: *ohne offizielle Normierung von den meisten Herstellern eingehaltener technischer Standard bei Produkten.*
In|dus|t|rie|stand|ort, der (Wirtsch.): *für die Industrie bedeutsamer Standort (3).*
In|dus|t|rie- und Han|dels|kam|mer, die; -, -n: *öffentlich-rechtliche Vertretung der Industrie u. des Handels auf regionaler Basis* (Abk.: IHK).
In|dus|t|rie|un|ter|neh|men, das: vgl. Industriebetrieb.
In|dus|t|rie|ver|band, der: **1.** *Unternehmerverband der Industrie.* **2.** (selten) *Industriegewerkschaft.*
In|dus|t|rie|vier|tel, das: *Stadtteil, in dem sich viele Industriebetriebe befinden:* in einem I. wohnen.
In|dus|t|rie|wirt|schaft, die: *auf industrieller Produktion basierende Wirtschaft.*
In|dus|t|rie|zeit|al|ter, das 〈o. Pl.〉: *um die Wende des 18. Jh.s zum 19. Jh. beginnende Periode der neusten Geschichte.*
In|dus|t|rie|zen|t|rum, das: vgl. Industriegebiet.
In|dus|t|rie|zu|cker, der: *raffinierter Zucker; Zuckerraffinade.*
In|dus|t|rie|zweig, der: *Gesamtheit der Industrieunternehmen, die mit bestimmten Stoffen arbeiten u. daraus bestimmte Produkte herstellen (z. B. Metallindustrie).*
in|du|zie|ren 〈sw. V.; hat〉 [lat. inducere = hineinführen]: **1.** (bes. Philos.) *vom besonderen Einzelfall auf das Allgemeine, Gesetzmäßige schließen, eine Induktion vornehmen.* **2.** (Elektrot.) *Ströme u. Spannungen in elektrischen Leitern durch bewegte Magnetfelder erzeugen.* **3.** (Fachspr.) *bewirken, hervorrufen, auslösen:* eine Krankheit i.
in ef|fec|tu [lat., zu: effectus, ↑Effekt] (bildungsspr.): *in der Tat; wirklich.*
in|ef|fek|tiv [auch: ...ˈtiːf] 〈Adj.〉 [aus lat. in- = un- u. ↑effektiv]: *keinen Erfolg bringend, wenig wirksam, fruchtlos:* ein -es Vorgehen.
in ef|fi|gie [lat.] (bildungsspr.): *bildlich:* jmdn. in e. hinrichten (Geschichte; *eine Hinrichtung symbolisch an einer bildlichen Darstellung des entflohenen Verbrechers vollziehen*); ♦ ... man müsse Marat und Chalier zu einem doppelten Märtyrertum verhelfen und sie in e. guillotinieren (Büchner, Dantons Tod I, 3).
in|ef|fi|zi|ent [auch: ...ˈtsi̯ɛnt] 〈Adj.〉 [aus lat. in- = un-, nicht u. ↑effizient] (bildungsspr., Fachspr.): *unwirksam, nicht leistungsfähig; unwirtschaftlich:* eine -e Bürokratie.
In|ef|fi|zi|enz [auch: ...ˈtsi̯ɛnts], die; -, -en (bildungsspr., Fachspr.): *Unwirksamkeit, Wirkungslosigkeit; Unwirtschaftlichkeit.*
in|egal [auch: ...ˈgaːl] 〈Adj.〉 [frz. inégal, aus: in- (< lat. in- = un-, nicht) u. égal, ↑¹egal] (selten): *ungleich.*
in|ein|an|der 〈Adv.〉: **1.** *einer in den andern:* i. verliebt sein; die beiden Wollknäuel waren i. verwickelt. **2.** *einer im anderen:* sie gingen ganz i. auf.
in|ein|an|der|flie|ßen 〈st. V.; ist〉: *sich fließend vereinigen.*
in|ein|an|der|fü|gen 〈sw. V.; hat〉: **1.** *eins in das andere fügen.* **2.** 〈i. + sich〉 *sich zusammenfügen.*
in|ein|an|der|grei|fen 〈st. V.; hat〉: *so greifen, dass sich eins ins andere fügt; sich beim Bewegungsablauf ineinanderfügen:* die Rädchen greifen ineinander; Ü 〈subst.:〉 das Ineinandergreifen von Fiktion und Realität im Roman.
in|ein|an|der|ste|cken 〈sw. V.; hat〉: *eins ins andere stecken:* die Rohre ineinanderstecken.
In|eins|set|zung, die; -, -en (geh.): *Gleichsetzung.*
in|ert 〈Adj.〉 [lat. iners (Gen.: inertis), zu: in- = un-, nicht u. ars = Kunst, Können]: **1.** (veraltet) *untätig, träge; unbeteiligt.* **2.** (Chemie) *sich an bestimmten chemischen Vorgängen nicht beteiligend:* -e Stoffe; die -en Edelgase.
in|es|sen|ti|ell: ↑inessenziell.
in|es|sen|zi|ell, inessentiell [auch: ...ˈtsi̯ɛl] 〈Adj.〉 [aus lat. in- = un-, nicht u. ↑essenziell] (bildungsspr.): *unwesentlich.*
in|ex|akt [auch: ...ˈksakt] 〈Adj.〉 [aus lat. in- = un-, nicht u. ↑exakt] (bildungsspr.): *ungenau:* -e Angaben.
in|exis|tent [auch: ...ˈtɛnt] 〈Adj.〉 [spätlat. inex(s)istens (Gen.: inex[s]istentis, aus lat. in- = un-, nicht u. ex(s)istens, ↑existent] (bildungsspr.): *nicht vorhanden, nicht bestehend.*
In|exis|tenz [auch: ...ˈtɛnts], die; -: **1.** (bildungsspr.) *das Nichtvorhandensein.* **2.** (Philos.) *das Enthaltensein in etw.*
in ex|ten|so [lat., zu: extensum, ↑Extensität] (bildungsspr.): *in aller Ausführlichkeit, vollständig:* etw. in e. beschreiben, behandeln.
in fac|to [lat., zu: factum, ↑¹Faktum] (bildungsspr.): *in der Tat, in Wirklichkeit, wirklich.*
in|fal|li|bel 〈Adj.〉 [mlat. infallibilis, aus lat. in- = un-, nicht u. lat. fallibilis, ↑fallibel] (kath. Kirche): *(vom Papst) in Dingen der Glaubenslehre unfehlbar.*
in|fam 〈Adj.〉 [lat. infamis = berüchtigt, verrufen, zu: in- = un-, nicht u. fama, ↑Fama] (abwertend): **1.** *bösartig u. jmdm. auf durchtriebene, schändliche Weise schadend:* eine -e Verleumdung, Lüge; ein -er Mensch. **2.** (ugs.) **a)** *in beeinträchtigender, schädigender Weise stark:* -e Schmerzen; **b)** 〈intensivierend bei Adjektiven u. Verben〉 *in beeinträchtigend, schädigend hohem Maß; sehr:* es ist i. heiß draußen; er hat i. übertrieben.
In|fa|mie, die; -, -n [frz. infamie < lat. infamia] (abwertend): **1. a)** 〈o. Pl.〉 *infame Art; Niedertracht:* die I. seiner Worte; **b)** *infame Äußerung, Handlung o. Ä.; Unverschämtheit:* jmds. -n ausgesetzt sein. **2.** (kath. Kirchenrecht) *Verlust der kirchlichen Ehrenhaftigkeit.*
In|fant, der; -en, -en [span. infante, eigtl. = Kind, (Edel)knabe < lat. infans (Gen.: infantis) = kleines Kind]: **1.** 〈o. Pl.〉 *Titel spanischer u. portugiesischer Prinzen.* **2.** *Träger dieses Titels.*
In|fan|te|rie [ˈɪnfant(ə)riː, auch: ...taˈriː, ...ˈtriː], die; -, -n [unter Einfluss von frz. infanterie zu älter ital. infanteria, zu: infante = Fußsoldat; (Edel)knabe < lat. infans, ↑Infant] (Militär): **1.** *Gesamtheit der auf den Nahkampf spezialisierten Kampftruppen des Heeres (wie Jäger, Gebirgs-, Fallschirm-, Panzerjäger, Panzergrenadiere):* er ist bei der I. **2.** 〈o. Pl.〉 *Gesamtheit der Soldaten der Infanterie (1):* feindliche I. liegt im Nachbardorf.
In|fan|te|rie|ba|tail|lon, das (Militär): *Bataillon der Infanterie (1).*
In|fan|te|rie|di|vi|si|on, die (Militär): *Division (2) der Infanterie (1).*
In|fan|te|rie|re|gi|ment, das: *Regiment der Infanterie (1).*
In|fan|te|rie|schu|le, die: *(in der Bundeswehr) Schule, an der bes. Führer u. Unterführer der Infanterie ausgebildet werden.*
In|fan|te|rist [ˈɪnfant(ə)rɪst, auch: ...təˈrɪst, auch: ...ˈtrɪst], der; -en, -en (Militär): *Soldat der Infanterie; Fußsoldat.*
In|fan|te|ris|tin, die; -, -nen: w. Form zu ↑Infanterist.
in|fan|te|ris|tisch [auch: ...t(ə)rɪs...] 〈Adj.〉: *die Infanterie betreffend, zur Infanterie gehörend, von ihr ausgehend.*
in|fan|til 〈Adj.〉 [zu (spät)lat. infantilis = kindlich]: **a)** *auf kindlicher Entwicklungsstufe stehen geblieben, geistig od. körperlich unterentwickelt:* ein völlig -es Geschöpf; **b)** (Fachspr.) *der kindlichen Entwicklungsstufe entsprechend, einem Kind angemessen, kindlich:* -e Anpassungsdefekte; **c)** (abwertend) *kindisch, unreif:* er hat sich wieder einmal sehr i. aufgeführt.
in|fan|ti|li|sie|ren 〈sw. V.; hat〉 (bildungsspr., Fachspr.): *geistig unselbstständig machen; bevormunden.*
In|fan|ti|li|sie|rung, die; -, -en 〈Pl. selten〉 (bildungsspr., Fachspr.): **a)** *das Infantilisieren;* **b)** *das Infantilwerden.*
In|fan|ti|lis|mus, der; -, ...men (Med., Psychol.): **1.** 〈o. Pl.〉 *das Stehenbleiben auf kindlicher Entwicklungsstufe in körperlicher od. geistiger Hin-*

Infantilität – Influenza

sicht. **2.** *Äußerung, Merkmal des Infantilismus* (1).

In|fan|ti|li|tät, die; - [mlat. infantilitas] (bildungsspr.): **a)** *kindisches Wesen, Unreife;* **b)** *kindliches Wesen, Kindlichkeit.*

In|fan|tin, die; -, -nen: w. Form zu ↑ Infant.

In|farkt, der; -[e]s, -e [zu lat. infarctum, 2. Part. von: infarcire = hineinstopfen, zu: farcire, ↑ Farce] (Med.): *das Absterben eines Gewebestücks od. Organteils nach Unterbrechung der Blutzufuhr:* ein I. in der Lunge, in der Vorderwand des Herzens; einen [tödlichen] I. erleiden; Ü die massive Kapitalflucht brachte das Bankensystem dem I. *(dem Zusammenbruch)* nahe.

in|faust ⟨Adj.⟩ [lat. infaustus, aus: in- = un-, nicht u. faustus = günstig] (Med.): *(vom angenommenen Verlauf einer Krankheit) ungünstig, unglücklich.*

In|fekt, der; -[e]s, -e [zu lat. infectum, 2. Part. von: inficere, ↑ infizieren] (Med.): **1.** *Infektionskrankheit:* ein grippaler I.; -e im Bereich der oberen Luftwege. **2.** kurz für ↑ Infektion (2).

In|fek|ti|on, die; -, -en [spätlat. infectio] (Med.): **1.** *Ansteckung durch eingedrungene Krankheitserreger, die eine lokale od. allgemeine Störung des Organismus zur Folge hat:* eine gefährliche, latente I.; eine I. des Darms; diese I. wurde von Fliegen übertragen. **2.** (ugs.) *Entzündung:* eine I. am Finger, am Zahnfleisch haben. **3.** (Medizinjargon) *Infektionsabteilung.*

In|fek|ti|ons|ab|tei|lung, die: *Abteilung einer Klinik o. Ä. für Patientinnen u. Patienten mit infektiösen Erkrankungen.*

In|fek|ti|ons|ge|fahr, die: *Gefahr, dass sich jmd. infiziert; Ansteckungsgefahr:* es besteht erhöhte I.

In|fek|ti|ons|herd, der: *Ausgangsstelle einer Infektion[skrankheit]:* den I. beseitigen.

In|fek|ti|ons|krank|heit, die: *durch Infektion hervorgerufene Krankheit:* lebensgefährliche, tropische -en; an einer I. sterben.

In|fek|ti|ons|quel|le, die: *Ausgangspunkt einer Infektionskrankheit:* nach der I. der Typhuserkrankungen wird noch gesucht.

In|fek|ti|ons|ri|si|ko, das: *Risiko, dass sich jmd. infiziert.*

in|fek|ti|ös ⟨Adj.⟩ [frz. infectieux, zu lat. inficere, ↑ infizieren] (Med.): **a)** *mit Krankheitserregern behaftet, verseucht und daher ansteckend:* dieser Abfall ist sehr i.; **b)** *auf Ansteckung beruhend, durch Infektion hervorgerufen:* eine -e Hirnhautentzündung.

in|fe|ri|or ⟨Adj.⟩ [mlat. infernalis < spätlat. inferior = niedriger, geringer, Komp. von: infer(us) = der untere] (bildungsspr.): **1.** *untergeordnet:* eine -e Stellung. **2. a)** *jmdm. unterlegen:* sich i. fühlen; **b)** (österr.) *[im Vergleich mit einem anderen] äußerst mittelmäßig, sehr schlecht.* **3.** *minderwertig, gering.*

in|fer|na|lisch ⟨Adj.⟩ [mlat. infernalis < spätlat. infernalis = unterirdisch, zu lat. infernus = der unten Befindliche, zu: infer(us), ↑ inferior] (bildungsspr.): **1.** *höllisch, teuflisch:* -e Praktiken; das Gelächter war, klang i. **2. a)** *von großer Scheußlichkeit, unerträglich:* ein -es Fanfarengeheul; **b)** *(intensivierend bei Adjektiven u. Verben) von unerträglich hohem Maß; sehr:* i. stinken.

In|fer|no, das; -s, -s (bildungsspr.): **1.** [ital. inferno < spätlat. infernum] *Hölle, Unterwelt:* das dantesche I. **2. a)** *Ort eines unheilvollen, entsetzlichen Geschehens, von dem eine größere Menschenmenge gleichzeitig u. unmittelbar betroffen wird:* während des Bombenangriffs war die Stadt ein einziges, schreckliches I.; **b)** *unheilvolles, entsetzliches Geschehen, von dem oft eine größere Menschenmenge gleichzeitig u. unmittelbar betroffen wird:* er hat das I.

der Erdbebenkatastrophe überlebt; **c)** *Zustand entsetzlicher Qualen von unvorstellbarem Ausmaß:* ein I. der Gefühle; ein I. durchmachen.

in|fer|til ⟨Adj.⟩ [spätlat. infertilis = unfruchtbar, aus lat. in- = un-, nicht u. fertilis, ↑ fertil] (Med.): *unfähig, eine Schwangerschaft auszutragen.*

In|fer|ti|li|tät, die; - [spätlat. infertilitas] (Med.): *das Infertilsein.*

In|fi|bu|la|ti|on, die; -, -en [zu lat. fibula = Klammer] (Völkerkunde): *(aus rituellen Gründen) bei Männern das Fixieren der Vorhaut durch Draht od. Einziehen eines Ringes bzw. bei Frauen das Vernähen od. Verklammern der Vulva, um so das Vollziehen des Geschlechtsverkehrs [bis zur Hochzeit] zu verhindern.*

In|fight ['ɪnfaɪt], der; -[s], -s, **In|figh|ting**, das; -[s], -s [engl. infighting] (Boxen): *Nahkampf.*

In|fil|t|rant, der; -en, -en [zu ↑ infiltrieren] (bildungsspr.): *jmd., der sich zum Zweck der Infiltration (2) in einem Land aufhält.*

In|fil|t|ran|tin, die; -, -nen: w. Form zu ↑ Infiltrant.

In|fil|t|ra|ti|on, die; -, -en: **1.** (Fachspr.) *das Eindringen, Einsickern, Einströmen (z. B. von Flüssigkeiten).* **2.** *[ideologische] Unterwanderung:* kommunistische, rechtsradikale I. **3.** (Med.) *das Eindringen fremdartiger, insbesondere krankheitserregender Substanzen in Zellen u. Gewebe.*

In|fil|t|ra|ti|ons|an|äs|the|sie, die (Med.): *örtliche Betäubung durch Einspritzungen.*

in|fil|t|rie|ren ⟨sw. V.; hat⟩ [frz. infiltrer, zu: filtre < mlat. filtrum, ↑ Filter]: **1.** (Fachspr.) **a)** *in etw. eindringen, einsickern;* **b)** *einflößen:* einem Kranken flüssige Nahrung i. **2.** *in eine [Staats]gebiet, in eine Gruppe, eine Organisation o. Ä. eindringen [lassen] u. ideologisch od. religiös unterwandern:* Agitatoren der Revolutionsstreitkräfte haben das Land infiltriert. **3.** (Med.) *als fremdartige, insbesondere krankheitserregende Substanz in normales Gewebe eindringen.*

In|fil|t|rie|rung, die; -, -en: *das Infiltrieren; das Infiltriertwerden.*

in|fi|nit [auch: 'ni:t] ⟨Adj.⟩ [lat. infinitus, aus: in- = un-, nicht u. lat. finire, ↑ Finish] (Sprachwiss.): *unbestimmt:* -e Form *(Form des Verbs, die keine Person od. Zahl bezeichnet).*

in|fi|ni|te|si|mal ⟨Adj.⟩ [zu lat. infinitus, vgl. infinit] (Math.): *zum Grenzwert hin unendlich klein werdend.*

In|fi|ni|te|si|mal|rech|nung, die (Math.): *Differenzial- u. Integralrechnung.*

In|fi|ni|tiv [auch: ...'ti:f], der; -s, -e [spätlat. (modus) infinitivus = nicht näher bestimmte Zeitwortform] (Sprachwiss.): *Grundform des Verbs, die nicht durch Person, Numerus, Zeit u. Modus näher bestimmt ist; Nennform:* erweiterter I. *(Infinitiv, zu dem noch weitere Satzteile hinzutreten).*

In|fi|ni|tiv|kon|junk|ti|on, die (Sprachwiss.): *Konjunktion, mit der der Infinitiv an Satzglieder angeschlossen werden kann (z. B. ohne zu arbeiten, ohne zu ermüden; die Fähigkeit zu überleben).*

In|fi|ni|tiv|satz, der (Sprachwiss.): *syntaktisch einem Nebensatz gleichwertiger Infinitiv.*

In|fir|mi|tät, die; - [zu lat. infirmitas = Schwäche] (Med.): *geistige od. körperliche Schwäche; Gebrechlichkeit.*

in|fi|zie|ren ⟨sw. V.; hat⟩ [lat. inficere, eigtl. = hineintun] (Med.): **a)** *eine Krankheit, Krankheitserreger übertragen:* einen Kranken mit einem Bazillus i.; von Typhuserregern infiziertes Wasser; Ü er ist mit gefährlichen Gedanken infiziert worden; **b)** ⟨i. + sich⟩ *sich anstecken:* ich habe mich im Schwimmbad [mit einem Hautpilz] infiziert.

In|fi|zie|rung, die; -, -en: *das Infizieren; das Infiziertwerden.*

in fla|g|ran|ti [lat. in (crimine) flagranti, eigtl. = solange das Verbrechen noch brennt (= warm ist), zu: crimen (↑ kriminal) u. flagrans, (↑ flagrant] (bildungsspr.): *auf frischer Tat:* er hat seine Frau mit ihrem Liebhaber in f. ertappt.

in|flam|ma|bel ⟨Adj.⟩ [frz. inflammable, zu lat. inflammare = anzünden, zu: flamma, ↑ Flamme] (Fachspr.): *entzündbar:* inflammable Stoffe.

In|fla|ti|on, die; -, -en [lat. inflatio = das Aufschwellen, zu: inflare = hinein-, aufblasen, zu: flare = blasen, verw. mit ↑ ¹ Ball]: **1. a)** (Wirtsch.) *mit Geldentwertung u. Preissteigerungen verbundene, beträchtliche Erhöhung des Geldumlaufs im Verhältnis zur Produktion:* eine galoppierende, schleichende I.; eine I. stoppen; **b)** *Zeit, in der eine Inflation (1 a) stattfindet:* sie hatten in der, während der I. ihr Vermögen verloren. **2.** *das Auftreten in sehr, allzu großer Menge; übermäßige Ausweitung:* eine I. von Spaßsendungen im Fernsehen.

in|fla|ti|o|när ⟨Adj.⟩: **a)** *die Geldentwertung vorantreibend:* eine -e Preisentwicklung; **b)** *auf eine Inflation (1 a) hindeutend:* -e Tendenzen.

in|fla|ti|o|nie|ren ⟨sw. V.; hat⟩: **1.** *die Geldentwertung vorantreiben:* inflationierte Länder. **2.** *durch eine Inflation (1 a) entwerten:* die stark inflationierten westlichen Währungen.

In|fla|ti|o|nie|rung, die; -, -en: *das Inflationieren.*

In|fla|ti|ons|angst, die: *Angst vor einer Inflation (1 a).*

In|fla|ti|ons|aus|gleich, der: *den durch die Inflation (1 a) bewirkten Anstieg der Lebenshaltungskosten ausgleichender Teuerungszuschlag.*

In|fla|ti|ons|be|kämp|fung, die: *Bekämpfung einer Inflation (1 a).*

in|fla|ti|ons|be|rei|nigt ⟨Adj.⟩: *unter Abzug der Inflationsrate [berechnet]:* -e Gehälter; die Erhebung war nicht i.

In|fla|ti|ons|druck, der ⟨o. Pl.⟩: *Schwierigkeiten durch eine hohe [u. steigende] Inflation (1 a):* anhaltend hohe Ölpreise verstärken den I.

In|fla|ti|ons|ge|fahr, die: *Gefahr einer Inflation (1 a).*

In|fla|ti|ons|geld, das: *in einer Inflation (1 b) gedrucktes, wenig Wert besitzendes Geld.*

In|fla|ti|ons|po|li|tik, die: *Wirtschaftspolitik, die eine Inflation (1 a) bewirkt.*

In|fla|ti|ons|ra|te, die: *Prozentsatz, der die Entwertung einer Währung durch Inflation (1 a) angibt:* eine steigende, sinkende I.; eine I. von 5,4 %.

In|fla|ti|ons|ri|si|ko, das: *Risiko, Gefahr einer Inflation (1 a).*

in|fla|to|risch ⟨Adj.⟩: **1.** *inflationär.* **2.** *eine Inflation (2) darstellend:* eine -e Flut von Gedrucktem.

in|fle|xi|bel [auch: ...'ksi:...] ⟨Adj.⟩ [lat. inflexibilis = unbeugsam, aus: in- = un-, nicht u. flexibilis, ↑ flexibel]: **1.** (selten) *nicht biegsam, nicht elastisch:* inflexible Materialien. **2.** (bildungsspr.) *nicht anpassungsfähig, starr in Bezug auf zu treffende Entscheidungen.* **3.** (Sprachwiss. veraltet) *sich nicht beugen lassend, unflektierbar.*

In|fle|xi|bi|li|tät, die; - (bildungsspr.): **1.** *inflexible Beschaffenheit.* **2.** *Unfähigkeit zu einem flexiblen, anpassungsfähigen Verhalten; starre Geisteshaltung.*

In|flo|res|zenz, die; -, -en [zu spätlat. inflorescere = zu blühen beginnen, zu lat. florescere, ↑ Floreszenz] (Bot.): *Blütenstand.*

In|flu|en|za, die; - [ital. influenza, eigtl. = Einfluss (der Sterne) < mlat. influentia = Einfluss, zu lat. influere = hineinfließen (veraltend)]: *Grippe.*

In|flu|en|za|vi|rus, das, *außerhalb der Fachspr. auch:* der: *Grippevirus.*

¹In|fo, das; -s, -s (ugs.): kurz für ↑ Informationsblatt.

²In|fo, die; -, -s (ugs.): kurz für ↑ Information (1, 4).

In|fo|abend, der (ugs.): kurz für ↑ Informationsabend.

In|fo|bahn, die; -, -en [engl. infobahn, aus: **information** = Information u. **autobahn** = Autobahn] (EDV): *Computernetzwerk mit umfangreichen Möglichkeiten des Datenaustauschs; Datenhighway:* auf der schnellen I. Informationen austauschen.

In|fo|box, die (ugs.): **1.** *Pavillon o. Ä., in dem Informationen zu einem bestimmten Fragenkomplex, Sachverhalt o. Ä. dargeboten werden.* **2.** *Ordner* (2), *Box* (3b) *mit Informationsmaterial.* **3.** *Rubrik einer Zeitung, Teil einer Internetseite, in der/dem Informationen zu bestimmten Fragenkomplexen, Sachverhalten o. Ä. gegeben werden.*

In|fo|brief, der: **1.** *(regelmäßig erstellter) Brief mit Informationen für einen bestimmten Adressatenkreis.* **2.** (Postw.) *gedruckter od. maschinell geschriebener, in mindestens 50 Exemplaren versandter Brief, für den niedrigeres Porto zu zahlen ist.*

¹in|fol|ge ⟨Präp. mit Gen.⟩: *als Folge (eines Geschehens); aufgrund von:* i. Hochwassers; es ereigneten sich zahlreiche Unfälle i. dichten Nebels.

²in|fol|ge ⟨Adv. in Verbindung mit »von«⟩: *als Folge (eines Geschehens); aufgrund von:* i. von Massenerkrankungen ist der Betrieb nicht voll arbeitsfähig.

in|fol|ge|des|sen ⟨Adv.⟩: *als Folge dieses Umstandes:* er ist erst kurz hier; i. hat er/er hat i. wenig Erfahrung.

In|fo|line [...laɪn], die; -, -s [engl. infoline, aus: info, Kurzf. von information = Information u. line = (Telefon)leitung]: *telefonisch zu erreichende Auskunftsstelle:* eine I. einrichten, anwählen; sich über eine I. die nötigen Informationen verschaffen.

In|fo|markt, der (ugs.): *Veranstaltung, bei der an Ständen* (3 a) *o. Ä. Informationen zu bestimmten Fragenkomplexen, Sachverhalten o. Ä. gegeben werden.*

In|fo|ma|te|ri|al, das (ugs.): kurz für ↑ Informationsmaterial.

In|fo|point [...pɔynt], der; -s, -s [aus ↑²Info u. engl. point = Punkt, Stelle] (ugs.): *Informationsstand; Auskunft* (2): einen I. einrichten, eröffnen.

In|fo|post, die (Postw.): *in größeren Mengen verschickte, gedruckte od. maschinell geschriebene, inhaltlich [fast] identische Postsendungen* (z. B. Werbung, Kataloge); *Massendrucksachen.*

in|for|mal ⟨Adj.⟩ [engl. informal = zwanglos, aus: in- (< lat. in- = un-, nicht) u. formal = formell, förmlich < lat. formalis, ↑ formal] (bes. Soziol.): *nicht auf vorgegebenen Regeln, Richtlinien beruhend, sondern spontan [sich ergebend].*

In|for|mand, der; -en, -en [↑-and]: **a)** *jmd., der [im Rahmen einer praktischen Ausbildung] mit den Grundfragen eines bestimmten Tätigkeitsbereichs vertraut gemacht werden soll;* **b)** *Ingenieur, der sich in den verschiedenen Abteilungen [über deren jeweilige Aufgaben u. Arbeitsweisen] informieren soll.*

In|for|man|din, die; -, -nen: w. Form zu ↑ Informand.

In|for|mant, der; -en, -en [↑-ant]: *jmd., der [geheime] Informationen liefert:* ein zuverlässiger, geheimer I.; mithilfe seiner -en deckte er alles auf.

In|for|man|tin, die; -, -nen: w. Form zu ↑ Informant.

In|for|ma|tik [österr. auch: ...'mat...], die; -: *Wissenschaft von den elektronischen Datenverarbeitungsanlagen u. den Grundlagen ihrer Anwendung.*

In|for|ma|ti|ker [österr. auch: ...'mat...], der; -s, -: *Wissenschaftler auf dem Gebiet der Informatik.*

In|for|ma|ti|ke|rin [österr. auch: ...'mat...], die; -, -nen: w. Form zu ↑ Informatiker.

In|for|ma|ti|on, die; -, -en [lat. informatio = Bildung, Belehrung, zu: informare, ↑ informieren]: **1.** ⟨o. Pl.⟩ *das Informieren; Unterrichtung über eine bestimmte Sache:* eine umfassende I. der Öffentlichkeit; zu Ihrer I. teilen wir Ihnen dies mit. **2. a)** *[auf Anfrage erteilte] über alles Wissenswerte in Kenntnis setzende, offizielle, detaillierte Mitteilung über jmdn., etw.:* -en über das/zum Thema einholen, liefern; nähere -en erhalten Sie bei uns; unsere Aufgabe ist es, sachliche, objektive -en zu geben; ⟨meist Pl.⟩ *Äußerung od. Hinweis, mit dem jmd. von einer [wichtigen, politischen] Sache in Kenntnis gesetzt wird:* vertrauliche, zuverlässige, spärliche -en; -en über den/zum Rücktritt des Ministers sickern durch; -en austauschen, zurückhalten; absolut zuverlässige -en haben; nach neuesten -en ... **3.** (Kybernetik) *Gehalt einer Nachricht, die aus Zeichen eines Codes zusammengesetzt ist:* -en übertragen, speichern, verarbeiten. **4.** *Auskunft* (2): erkundigen Sie sich bei der I.!

in|for|ma|ti|o|nell ⟨Adj.⟩: *die Information betreffend:* Grundrecht auf -e Selbstbestimmung.

In|for|ma|tion-Re|t|rie|val [ɪnfəˈmeɪʃnˌriːtriːvl̩], das; -s, -s [engl., aus: information = Information u. ↑ Retrieval] (EDV): *Verfahren zum Auffinden von Informationen, die in einem System so gespeichert sind, dass sie unter verschiedenen Gesichtspunkten gesucht werden können.*

In|for|ma|ti|ons|abend, der: *Abendveranstaltung, bei der Informationen zu einem bestimmten Fragenkomplex, Sachverhalt o. Ä. gegeben werden.*

In|for|ma|ti|ons|an|ge|bot, das: *Angebot an Informationen* (2 a).

In|for|ma|ti|ons|aus|tausch, der: *Austausch von Informationen:* der Minister flog zu einem kurzen I. nach New York.

In|for|ma|ti|ons|be|darf, der: *Notwendigkeit, Wunsch, über etw. informiert zu werden.*

In|for|ma|ti|ons|be|dürf|nis, das: *Bedürfnis, über etw. informiert zu werden.*

In|for|ma|ti|ons|be|schaf|fung, die: *Beschaffung von Informationen.*

In|for|ma|ti|ons|be|such, der (bes. Politik): *Besuch, der dem gegenseitigen Informationsaustausch dient:* der Wirtschaftsminister befindet sich zu einem zweitägigen I. in Moskau.

In|for|ma|ti|ons|blatt, das: *Blatt, Handzettel mit Informationen über bestimmte Fragen, Ereignisse o. Ä.*

In|for|ma|ti|ons|bro|schü|re, die: vgl. *Informationsblatt.*

In|for|ma|ti|ons|bü|ro, das: *[zu einer Organisation, einem Betrieb o. Ä. gehörendes] Büro, in dem Informationen eingeholt, erteilt werden.*

In|for|ma|ti|ons|de|fi|zit, das (bildungsspr.): *zu geringes Maß an Information:* unter einem I. leiden.

In|for|ma|ti|ons|dienst, der: **a)** *Stelle, Einrichtung, die Informationen, Nachrichten, Mitteilungen über bestimmte Gebiete (in verschiedenen Medien) veröffentlicht, weitergibt:* einen I. aufbauen; **b)** *regelmäßig, periodisch erscheinende, meist für einen bestimmten Personenkreis bestimmte Veröffentlichung eines Informationsdienstes* (a).

In|for|ma|ti|ons|fluss, der: *Weitergabe von Informationen, Mitteilungen, Nachrichten, bes. innerhalb eines bestimmten Personenkreises, eines Unternehmens, einer Organisation o. Ä.*

In|for|ma|ti|ons|flut, die (emotional): *geistig kaum od. nicht zu verarbeitende Informationsfülle.*

In|for|ma|ti|ons|frei|heit, die ⟨o. Pl.⟩: *Freiheit, Möglichkeit, sich aus allgemein zugänglichen Quellen ungehindert zu informieren.*

In|for|ma|ti|ons|fül|le, die: *Fülle von Informationen.*

In|for|ma|ti|ons|ge|halt, der: *informativer Gehalt (einer Äußerung, Mitteilung o. Ä.).*

In|for|ma|ti|ons|ge|sell|schaft, die (Soziol.): *Gesellschaft, die durch die Fülle der Informationsmöglichkeiten mithilfe der modernen Medien geprägt ist.*

In|for|ma|ti|ons|ge|spräch, das: *Gespräch, das dazu dient, sich bestimmte Informationen zu verschaffen, sie auszutauschen.*

In|for|ma|ti|ons|hung|rig ⟨Adj.⟩: *begierig nach Information[en]:* die -e Presse.

In|for|ma|ti|ons|lü|cke, die: *ungenügendes Unterrichtetsein in einem bestimmten Punkt:* -n haben, schließen.

In|for|ma|ti|ons|ma|te|ri|al, das: *Material, das Informationen zu einem bestimmten Fragenkomplex, Sachverhalt o. Ä. beinhaltet:* I. zugeschickt bekommen.

In|for|ma|ti|ons|me|di|um, das: *der Verbreitung, Weitergabe von Informationen dienendes* ¹*Medium* (2 a).

In|for|ma|ti|ons|pflicht, die: *Pflicht, jmdn. zu informieren:* seiner I. nicht nachkommen.

In|for|ma|ti|ons|po|li|tik, die: *bewusste Beeinflussung der Öffentlichkeit durch Verbreiten bzw. Zurückhalten bestimmter Informationen.*

In|for|ma|ti|ons|quel|le, die: *Person, Institution o. Ä., von der Informationen zu bekommen sind:* eine gute I. haben.

In|for|ma|ti|ons|recht, das: *Recht, informiert zu werden, Recht auf Information.*

In|for|ma|ti|ons|rei|se, die: *Reise, die dazu dient, sich bestimmte Informationen zu verschaffen, sie auszutauschen.*

In|for|ma|ti|ons|sen|dung, die: *Sendung des Fernsehens od. des Rundfunks, in der Informationen über bestimmte Fragenkomplexe, Ereignisse, Sachverhalte o. Ä. übermittelt werden.*

In|for|ma|ti|ons|sper|re, die: *Nachrichtensperre.*

In|for|ma|ti|ons|stand, der: **1.** *Stand* (3 a), *an dem anhand von Informationsmaterial über etw. informiert wird:* einen I. auf dem Marktplatz errichten. **2.** ⟨o. Pl.⟩ *Zustand, Ausmaß des Informiertseins:* der I. der Abgeordneten war niedrig.

In|for|ma|ti|ons|stel|le, die: vgl. *Informationsquelle.*

In|for|ma|ti|ons|sys|tem, das (EDV): *in der Regel aus einer Datenverarbeitungsanlage, einer od. mehreren Datenbanken u. Programmen* (4) *bestehendes System zur Speicherung, Wiedergewinnung u. Verarbeitung von Informationen.*

In|for|ma|ti|ons|ta|fel, die: *Tafel, auf der Informationen zu etw. bekannt gegeben werden.*

In|for|ma|ti|ons|tag, der: *Tag, an dem Informationsveranstaltungen zu einem bestimmten Fragenkomplex, Sachverhalt o. Ä. stattfinden.*

In|for|ma|ti|ons|tech|nik, die: vgl. *Informationstechnologie.*

in|for|ma|ti|ons|tech|nisch ⟨Adj.⟩: *die Informationstechnik betreffend, darauf beruhend; mit den Mitteln der Informationstechnik.*

In|for|ma|ti|ons|tech|no|lo|gie, die: *Technolo-*

gie (1) *der Gewinnung, Speicherung u. Verarbeitung von Informationen.*
in|for|ma|ti|ons|tech|no|lo|gisch ⟨Adj.⟩: *die Informationstechnologie betreffend, darauf beruhend; mit den Mitteln der Informationstechnologie.*
In|for|ma|ti|ons|trä|ger, der: *Datenträger.*
In|for|ma|ti|ons|ver|an|stal|tung, die: *Veranstaltung* (2), *die der Information dient.*
In|for|ma|ti|ons|ver|ar|bei|tung, die (bes. EDV): *Auswertung von Informationen mit dem Ziel, neue Informationen zu gewinnen.*
In|for|ma|ti|ons|vor|sprung, der: *Wissensvorsprung.*
In|for|ma|ti|ons|wert, der: *Wert, den eine Äußerung, Mitteilung o. Ä. aufgrund ihres informativen Charakters hat:* der I. einer Überschrift.
In|for|ma|ti|ons|zeit|al|ter, das: *Zeitalter, das durch den zunehmenden Einsatz moderner Informations- u. Kommunikationstechniken geprägt ist.*
In|for|ma|ti|ons|zen|t|rum, das: *zentrale Einrichtung einer großflächigen od. großräumigen Anlage, z. B. eines Messegeländes, zur Erteilung bestimmter Auskünfte.*
in|for|ma|tiv ⟨Adj.⟩ (bildungsspr.): *Einblicke bietend; Aufschlüsse gebend:* ein -es Gespräch; der Vortrag war wirklich i.
In|for|mel [ɛ̃fɔrˈmɛl], das; - [frz. (art) informel, eigtl. = formlos(e Kunst)]: *(in den Fünfzigerjahren des 20. Jh.s) Richtung der Malerei, die frei von allen Regeln unter Verwendung von Stofffetzen, Holz, Abfall o. Ä. zu kühnen u. fantastischen Bildern gelangt; informelle Malerei.*
¹in|for|mell ⟨Adj.⟩ [zu: informieren] (bildungsspr. seltener): *dem Zweck der [ersten] Information dienend:* es war ein recht -es Gespräch.
²in|for|mell [auch: ...ˈmɛl] ⟨Adj.⟩ [frz. informel = formlos, aus: in- (< lat. in- = un-, nicht) u. formel < lat. formalis, ↑ formal] (bildungsspr.): **a)** *ohne [formalen] Auftrag:* etw. i. ausüben; **b)** *ohne Formalitäten; nicht offiziell:* ein kurzer, -er Empfang; -e Malerei (*Informel*).
in|for|mie|ren ⟨sw. V.; hat⟩ [15. Jh.; < lat. informare = (durch Unterweisung) bilden, unterrichten, eigtl. = eine Gestalt geben, formen, bilden, zu: forma, ↑ Form]: **a)** *von etw. in Kenntnis setzen, über etw. unterrichten; jmdm. eine Nachricht od. Auskunft über etw. geben:* jmdn. über etw. rechtzeitig, eingehend i.; informieren Sie mich doch bitte kurz über den Stand der Dinge; aus gut informierten Kreisen war zu hören, dass ...; sie ist immer bestens informiert; **b)** ⟨i. + sich⟩ *sich über einen Sachverhalt Kenntnis verschaffen:* sich in der Zeitung, aus der Presse, anhand von Berichten [über etwas] i.
In|for|miert|heit, die; -: *das Informiertsein; Informationsstand* (2).
In|fo|stand, der (ugs.): kurz für ↑ Informationsstand (1).
In|fo|tag, der (ugs.): kurz für ↑ Informationstag.
In|fo|tain|ment [...ˈteɪnmənt, ...mɛnt], das; -s [aus ↑ Information u. ↑ Entertainment] (Rundfunk, Fernsehen, Werbespr.): *durch Showeffekte, unterhaltsame Elemente aufgelockerte Präsentation von Fakten, Nachrichten o. Ä. (z. B. bei Informationsveranstaltungen, im Fernsehen, in Nachschlagewerken).*
In|fo|te|le|fon, das (ugs.): *telefonisch zu erreichende Auskunftsstelle.*
In|fo|thek, die; -, -en [zu ↑ Info(rmation), geb. nach ↑ Bibliothek u. Ä.]: *Informationsstand, an dem gespeicherte Informationen auf akustischem od. optischem Weg abgerufen werden können:* der Straßenzustandsbericht kann über eine I. in der Autobahnraststätte abgerufen werden.

In|fo|ver|an|stal|tung, die (ugs.): kurz für ↑ Informationsveranstaltung.

in|f|ra-, In|f|ra- [lat. infra, urspr. erstarrter Ablativ von: inferus, ↑ inferior]: *drückt in Bildungen mit Adjektiven und Substantiven aus, dass die beschriebene Sache unterhalb von etw. liegt, besteht, stattfindet: infrarot; Infraschall.*

in|fra|ge, in Fra|ge: *in den Wendungen* i./in F. kommen (*in Betracht gezogen werden:* von den Bewerbern kommen nur zwei i./in F.; das kommt gar nicht i./in F.); jmdn., etw. i./in F. stellen (*an jmdm., etw. zweifeln:* er hat das ganze Projekt i./in F. gestellt, hat i./in Frage gestellt, ob das ganze Projekt sinnvoll ist); etw. i./in F. stellen (*etw. gefährden, ungewiss, unsicher machen; etw. anzweifeln:* wegen der Erkrankung ist die ganze Aufführung i./in F. gestellt; die Anerkennung ihrer Leistungen/dass man ihre Leistungen anerkennen muss, wird keinesfalls i./in F. gestellt).
In|fra|ge|stel|lung, die; -, -en (Papierdt.): *das Infragestellen, Gefährden, Ungewissmachen:* die I. des Projektes war für alle Beteiligten eine böse Überraschung.
In|frak|ti|on, die; -, -en [zu lat. in- = un-, nicht u. fractio, ↑ Fraktion] (Med.): *unvollständiger Knochenbruch, bei dem der Knochen nur angebrochen ist.*
in|f|ra|rot ⟨Adj.⟩ [zu ↑ infra-, Infra-] (Physik): *zum Bereich des Infrarots gehörend; ultrarot:* etw. i. bestrahlen.
In|f|ra|rot, das ⟨o. Pl.⟩ (Physik): *unsichtbare Wärmestrahlen, die im Lichtspektrum unterhalb des Bereichs der noch sichtbaren roten Strahlen liegen; Ultrarot.*
In|f|ra|rot|be|strah|lung [auch: ...ˈroːt...], die (Med.): *Anwendung von Infrarotstrahlen zu Heilzwecken.*
In|f|ra|rot|film [auch: ...ˈroːt...], der: *für infrarote Strahlen empfindlicher Film.*
In|f|ra|rot|grill [auch: ...ˈroːt...], der: *Grill, der mit Infrarotstrahlen arbeitet.*
In|f|ra|rot|hei|zung [auch: ...ˈroːt...], die: *Heizung, die mit Infrarotstrahlen arbeitet.*
In|f|ra|rot|lam|pe [auch: ...ˈroːt...], die (Technik): *Infrarotstrahler in der Form einer Glühlampe.*
In|f|ra|rot|strahl [auch: ...ˈroːt...], der ⟨meist Pl.⟩ (Physik): *Strahl im Bereich des Infrarots.*
In|f|ra|rot|strah|ler [auch: ...ˈroːt...], der: *als Heizgerät od. für medizinische Zwecke verwendetes Elektrogerät, das infrarote Wärmestrahlen aussendet.*
In|f|ra|rot|strah|lung [auch: ...ˈroːt...], die: *Strahlung im Bereich des Infrarots.*
In|f|ra|schall, der ⟨o. Pl.⟩ (Physik): *Schall, dessen Frequenz unterhalb der menschlichen Hörgrenze liegt.*
In|f|ra|struk|tur, die: **1.** *notwendiger wirtschaftlicher u. organisatorischer Unterbau als Voraussetzung für die Versorgung u. die Nutzung eines bestimmten Gebiets, für die gesamte Wirtschaft eines Landes.* **2.** *Gesamtheit militärischer Anlagen.*
in|f|ra|struk|tu|rell [auch: ...rɛl] ⟨Adj.⟩: *die Infrastruktur betreffend, zu ihr gehörend, auf ihr beruhend.*
In|f|ra|struk|tur|pro|jekt, das: *Projekt, das der Verbesserung, dem Ausbau o. Ä. der Infrastruktur* (1) *dient.*
In|f|ra|test®, der (ugs.): **1.** *Messung der Beliebtheit von Fernsehsendungen anhand ihrer Einschaltquoten.* **2.** ⟨o. Pl.; meist o. Art.⟩ *deutsches Meinungs- u. Marktforschungsinstitut.*
in|fun|die|ren ⟨sw. V.; hat⟩ [zu lat. infundere, ↑ Infus] (Med.): *auf dem Wege der Infusion in den Organismus einführen.*
In|fus, das; -es, -e [zu lat. infusum, 2. Part. von: infundere = auf-, eingießen] (Med.): *Aufguss aus zerkleinerten, mit kochendem Wasser übergossenen u. anschließend aufgekochten Pflanzenteilen.*
In|fu|si|on, die; -, -en [lat. infusio = das Hineingießen] (Med.): *Einführung größerer Flüssigkeitsmengen in den Organismus, bes. in eine Blutader, unter die Haut od. durch den After:* -en bekommen; bei einem Patienten eine I. (*die Vorrichtung zu einer Infusion*) anlegen.
Ing. = Ingenieur[in].
In|gang|hal|tung, die; - (Papierdt.): *das Ingganghalten.*
In|gang|set|zung, die; -, -en (Papierdt.): *das Ingangsetzen.*
In|ge|brauch|nah|me, die; - (Papierdt.): *das Ingebrauchnehmen.*
♦ in|ge|heim: ↑ insgeheim: ... es horcht ein stilles Herz auf jedes Tages, jeder Stunde Warnung und übt sich i. an jedem Guten, das deine Strenge neu zu lehren glaubt (Goethe, Torquato Tasso II, 3).
In|ge|ni|eur [ɪnʒeˈnjøːɐ̯], der; -s, -e [älter nur in der Bed. »Kriegsbaumeister«, frz. ingénieur, zu lat. ingenium, ↑ Ingenium]: *auf einer Hoch- od. Fachschule ausgebildeter Techniker (Berufsbez.; Abk.: Ing.):* er ist I. der [Fachrichtung] Elektrotechnik, I. für Tiefbau; die Antwort I. Meyers, des Herrn -s Meyer, des -s Meyer.
In|ge|ni|eur|aka|de|mie, die: *Ingenieurschule.*
In|ge|ni|eur|bau, der: **1.** ⟨o. Pl.⟩ *Fachrichtung im Bauwesen, die sich mit der Planung u. Erstellung von Ingenieurbauten* (2) *befasst.* **2.** ⟨Pl. -ten⟩ (Technik) *von Ingenieuren u. Ingenieurinnen entworfenes Bauwerk (wie Brücke, Hochhaus), zu dessen Errichtung besondere technisch-konstruktive u. statische Berechnungen erforderlich sind.*
In|ge|ni|eur|bio|lo|gie, die: *Wissenschaft von den biologischen Auswirkungen baulicher Veränderungen in der Landschaft sowie von der Nutzung biologischer Erkenntnisse bei notwendigen technischen Eingriffen in die Landschaft.*
In|ge|ni|eur|bü|ro, das: *Unternehmen, in dem Ingenieure u. Ingenieurinnen als Planer[innen] u. Berater[innen] tätig sind.*
In|ge|ni|eur|geo|lo|gie, die: *Teilgebiet der angewandten Geologie, das die geologische Vorarbeit u. Beratung im Aufgabenbereich des Bauingenieurs umfasst.*
In|ge|ni|eu|rin [ɪnʒeˈnjøːrɪn], die; -, -nen: w. Form zu ↑ Ingenieur (Abk.: Ing.).
In|ge|ni|eur|schu|le, die: *technische Lehranstalt im Rang einer Fachhochschule zur Ausbildung von Ingenieuren u. Ingenieurinnen.*
In|ge|ni|eurs|kunst, die: *Kunst* (2), *besonderes Geschick der Ingenieure bei der Entwicklung, Konstruktion von Maschinen, Fahrzeugen, Gebäuden o. Ä.:* das neue Stadion ist ein Meisterwerk deutscher I.
In|ge|ni|eur|we|sen, das: *Ingenieurwissenschaft.*
In|ge|ni|eur|wis|sen|schaft, die ⟨meist Pl.⟩: *Wissenschaft, die sich mit der theoretischen Bearbeitung technischer Probleme, mit der Technik (in Disziplinen wie Bauwesen, Maschinenbau, Elektrotechnik u. a.) befasst.*
In|ge|ni|eur|wis|sen|schaft|lich ⟨Adj.⟩: *die Ingenieurwissenschaften betreffend, auf ihnen beruhend, zu ihnen gehörend:* -e Fächer, Studiengänge.
in|ge|ni|ös ⟨Adj.⟩ [frz. ingénieux < lat. ingeniosus, zu: ingenium, ↑ Ingenium] (bildungsspr.): **a)** *erfinderisch, schöpferisch:* eine -e Begabung, in -er Kopf; **b)** *kunstvoll, geistreich:* eine -e Aufführung, Inszenierung.

In|ge|ni|o|si|tät, die; - [lat. ingeniositas): **a)** *Erfindungsgabe;* **b)** *Geist, Scharfsinn.*

In|ge|ni|um, das; -s, ...ien [lat. ingenium, zu: gignere, ↑ Genus] (bildungsspr.): **1.** *[schöpferische] Begabung; Erfindungsgabe.* **2.** *Mensch mit besonderen geistigen, schöpferischen Fähigkeiten.*

In|ges|ti|on, die; -, -en [lat. ingestio = das Einführen] (Med.): *Nahrungsaufnahme.*

in|ge|züch|tet ⟨Adj.⟩ [zu ↑ Inzucht]: *durch Inzucht entstanden.*

Ing. (grad.) = graduierter Ingenieur, graduierte Ingenieurin.

in|glei|chen ⟨Adv.⟩ [zu ↑ ¹gleich] (veraltet): *ebenso, desgleichen;* ♦ ... *allerlei hölzernes Küchen-, Keller- und landwirtschaftliches Gerät, i. Tran und Wagensalbe* (Mörike, Mozart 259).

In|got ['ɪŋgɔt], der; -s, -s [engl. ingot, H. u.] (Metallurgie): **1.** *Form, in die Metall gegossen wird.* **2.** *Barren (Gold, Silber); [Stahl]block.*

In|gre|di|ens, das; -, ...enzien ⟨meist Pl.⟩ [lat. ingrediens (Gen.: ingredientis), 1. Part. von: ingredi = hineingehen], **In|gre|di|enz**, die; -, -en ⟨meist Pl.⟩ [lat. ingredientia = das Hineinkommende): **a)** *Zutat;* **b)** *Bestandteil einer Arznei o. Ä.: die Ingredienzien sind auf dem Beipackzettel genau angegeben.*

In|gress, der; -es, -e [lat. ingressum = Eingang, zu: ingressum, 2. Part. von: ingredi, ↑ Ingredienz] (veraltet): *Eingang, Zutritt.*

in|gres|siv [auch: ...'si:f] ⟨Adj.⟩ (Sprachwiss.): **1.** *(von Verben) einen Beginn ausdrückend (z. B. entzünden, erblassen).* **2.** *den Luftstrom bei der Artikulation eines [Schnalz]lautes von außen nach innen richtend.*

In|grimm, der; -[e]s (geh.): *heftiger Zorn; verbissene Wut.*

♦ **in|grim|mend** ⟨Adj.⟩: *ingrimmig:* Wälze die teuflischen Augen i. im Kopf herum (Goethe, Faust I, Trüber Tag 10).

in|grim|mig ⟨Adj.⟩ (geh. veraltet): *grimmig* (1).

In|group ['ɪŋgruːp], die; -, -s [engl. in-group, aus: in (↑²in) u. group = Gruppe] (Soziol.): *[soziale] Gruppe, zu der jmd. gehört u. der er sich innerlich stark verbunden fühlt.*

Ing|wä|o|nen ⟨Pl.⟩: *Kultgemeinschaft westgermanischer Stämme.*

Ing|wer, der; -s, - [mhd. ingwer, ingeber < lat. gingiber, zingiber < griech. ziggíberis < sanskr. śṛṅgavera, eigtl. = der Hornförmige; nach der Form der Wurzel]: **1.** ⟨o. Pl.⟩ *(in Tropen u. Subtropen kultivierte) schilfartige Pflanze, deren Wurzelstock ätherische Öle enthält u. ein scharf schmeckendes Gewürz liefert.* **2. a)** *essbarer, aromatischer, brennend scharf schmeckender Teil des Wurzelstocks des Ingwers* (1); **b)** ⟨o. Pl.⟩ *aus dem Wurzelstock des Ingwers* (1) *gewonnenes, aromatisches, brennend scharfes Gewürz.* **3.** *mit Ingweröl gewürzter Likör.*

Ing|wer|bier, das: *leicht alkoholisches, moussierendes Getränk aus einem Extrakt der Ingwerwurzel u. Sirup.*

Ing|wer|ge|wächs, das: *(in vielen Arten in den Tropen u. Subtropen vorkommende) als Kraut od. Staude wachsende, ätherische Öle enthaltende Pflanze.*

Ing|wer|öl, das: *aus Wurzelstock des Ingwers* (1) *gewonnenes, dickflüssiges, ätherisches Öl von dunkelbrauner Farbe.*

In|ha|ber, der; -s, - [mhd. inhaber]: *jmd., der etw. innehat, besitzt, der in einem bestimmten Recht o. Ä. verfügt* (Abk.: Inh.): der I. des Kinos, eines Amtes.

In|ha|ber|ak|tie, die (Wirtsch.): *auf den Inhaber ausgestellte Aktie.*

in|ha|ber|ge|führt ⟨Adj.⟩ (bes. Amtsspr.): *[von Geschäften, Betrieben] vom Besitzer persönlich geführt* (3 a): eine -e Apotheke.

In|ha|be|rin, die; -, -nen: w. Form zu ↑ Inhaber.

In|ha|ber|pa|pier, das (Wirtsch.): *Wertpapier, bei dem der namentlich nicht genannte Inhaber zur Inanspruchnahme der mit dem Wertpapier verbundenen Rechte berechtigt ist.*

In|ha|ber|schuld|ver|schrei|bung, die (Wirtsch.): *Schuldverschreibung in Form eines Inhaberpapiers.*

♦ **In|haf|tat**, der; -en, -en [scherzh. latinis. Bildung zu ↑ inhaftieren]: *Internatsschüler, Insasse* (b): Müssen nicht die glücklichen -en einer solchen Fürstenschule die drei Klostergelübde ablegen ... (Jean Paul, Wutz 11).

in|haf|tie|ren ⟨sw. V.; hat⟩ [zu ↑¹Haft]: *jmdn. festnehmen u. in Haft halten:* er wurde von der Polizei inhaftiert.

In|haf|tie|rung, die; -, -en: *das Inhaftieren; das Inhaftiertwerden.*

In|haft|nah|me, die; -, -n (Papierdt.): *das Inhaftnehmen.*

In|ha|la|ti|on, die; -, -en [spätlat. inhalatio = Anhauchen, zu ↑ inhalieren] (Med.): *(bes. bei Erkrankungen der Atemwege empfohlene) Einatmung von Heilmitteln in Form von Dämpfen u. fein zerstäubten Flüssigkeiten.*

In|ha|la|ti|ons|ap|pa|rat, der (Med.): *Gerät zum Inhalieren* (1 a).

in|ha|lie|ren ⟨sw. V.; hat⟩ [spätlat. inhalare = anhauchen]: **1. a)** *Dämpfe o. Ä. zu Heilzwecken einatmen:* Kamillendämpfe i.; **b)** *Tabak o. Ä. über die Lunge rauchen; einen Lungenzug machen:* [den Zigarettenrauch] tief i. **2.** (ugs. scherzh.) *etw. essen od. trinken.*

In|halt, der; -[e]s, -e ⟨Pl. selten⟩ [spätmhd. innehalt, zu: inne halten = enthalten]: **1. a)** *das in einem Gefäß, Behältnis o. Ä. Enthaltene:* der I. einer Schachtel; er legte den I. seiner Hosentasche auf den Tisch; **b)** (bes. Math.) *Größe eines zwei- od. dreidimensionalen geometrischen Gebildes:* dieses Glas hat einen I. von 0,5 l; den I. eines Dreiecks berechnen. **2. a)** *etwas, was in etw. ausgedrückt, dargestellt wird:* der I. eines Gesprächs, eines Traums; der I. *(die Bedeutung)* eines Wortes; Form und I. eines Gesetzes; jmdm. den I. eines Films erzählen; eine Abhandlung gelehrten -s; das Drama hat die Geschichte einer Familie zum I.; **b)** *etwas, was etw. geistig ausfüllt; Sinn gebender geistiger Gehalt:* seinem Leben mit etwas einen I. geben, verleihen; eine Sache ihres -s berauben.

in|halt|leer: ↑ inhaltsleer.

in|halt|lich ⟨Adj.⟩: *den Inhalt* (2 a) *betreffend, dem Inhalt nach:* die -e Struktur des Dramas; i. ist der Aufsatz sehr gut.

in|halt|los: ↑ inhaltslos.

in|halt|reich: ↑ inhaltsreich.

In|halts|an|ga|be, die: *gedrängte Darstellung, Zusammenfassung des Inhalts* (2 a): das Programmheft enthält eine kurze I.

in|halt|schwer: ↑ inhaltsschwer.

In|halts|er|klä|rung, die: *[auf einem Formular abgegebene] Erklärung über den Inhalt einer Warensendung.*

in|halts|leer, (seltener:) inhaltleer ⟨Adj.⟩: *inhaltslos.*

in|halts|los, (seltener:) inhaltlos ⟨Adj.⟩: *keinen Inhalt* (2) *aufweisend:* ein -es Leben führen; seine Rede war i.

in|halts|reich, (seltener:) inhaltreich ⟨Adj.⟩: *von einem Inhalt* (2) *erfüllt:* ein -es Gespräch.

in|halts|schwer, (seltener:) inhaltschwer ⟨Adj.⟩: *große Aussagekraft u. Wichtigkeit aufweisend:* -e Worte.

In|halts|stoff, der: *in etw. enthaltener Stoff* (2 a); *Ingredienz.*

In|halts|ver|zeich|nis, das: **a)** *meist am Anfang od. Ende eines Buches od. eines mehrseitigen Schriftstücks stehende tabellarische Gliederung des Inhalts mit Angabe der Seitenzahlen:* im I. nachschlagen; **b)** *Verzeichnis der in etw. enthaltenen Gegenstände:* dem Paket legte sie ein I. bei.

in|hä|rent ⟨Adj.⟩ [zu lat. inhaerens (Gen.: inhaerentis), 1. Part. von: inhaerere = an etw. kleben] (Philos., bildungsspr.): *einer Sache innewohnend:* die Unwissenschaftlichkeit ist dieser Methode i.

in|hi|bie|ren ⟨sw. V.; hat⟩ [lat. inhibere] (Biol., Med.): *hemmen, lähmen* (z. B. die Wirkung eines Enzyms).

In|hi|bi|tor, der; -s, ...oren (Chemie): *Substanz, die chemische Vorgänge einschränkt od. verhindert.*

in|hi|bi|to|risch ⟨Adj.⟩ (Biol., Med.): *hemmend:* -e Neurotransmitter.

in|ho|mo|gen [auch: ...'geːn] ⟨Adj.⟩ [aus lat. in- = un-, nicht u. ↑ homogen] (bildungsspr.): *nicht gleichmäßig aufgebaut; in sich verschieden:* das Theaterstück ist i.

In|ho|mo|ge|ni|tät [auch: 'ɪn...], die; -, -en (bildungsspr.): *Ungleichartigkeit* (1, 2).

in|house ['ɪnhaʊs] ⟨Adv.⟩ [engl. in-house, aus: in = in u. house = Haus]: *innerhalb des eigenen Unternehmens, hausintern:* eine i. entwickelte Werbekampagne.

In|house|se|mi|nar, das: *in einem Unternehmen, Betrieb stattfindende Schulung, Weiterbildungsveranstaltung.*

in|hu|man [auch: ...'maːn] ⟨Adj.⟩ [lat. inhumanus, aus: in- = un-, nicht u. humanus, ↑ human] (bildungsspr.): *die Würde des Menschen nicht achtend; menschenunwürdig:* eine -e Leistungsgesellschaft; die Gefangenen wurden i. behandelt.

In|hu|ma|ni|tät [auch: 'ɪn...], die; -, -en [lat. inhumanitas] (bildungsspr.): **1.** ⟨o. Pl.⟩ *inhumanes Wesen; inhumaner Charakter.* **2.** *inhumane Handlung.*

in|i|ti|al ⟨Adj.⟩ [lat. initialis, zu: initium = Anfang, zu: inire = anfangen, eigtl. = hineingehen] (bildungsspr.): *anfänglich, beginnend:* die -e Phase.

In|i|ti|al: ↑ Initiale.

In|i|ti|al|buch|sta|be, der: *Initiale.*

In|i|ti|al|le, die; -, -n (österr. nur Pl.), (seltener:) Initial, das; -s, -e: *vergrößerter, meist verzierter Anfangsbuchstabe [bei Kapitelanfängen in Handschriften, älteren Drucken o. Ä.]:* verschnörkelte -n; die -n eines Namens eingravieren.

In|i|ti|a|li|sie|rung, die; -, -en (EDV): *Aktion, durch die Computer, Programme* (4) *o. Ä. betriebsbereit gemacht werden.*

In|i|ti|al|spreng|stoff, der ⟨meist Pl.⟩: *leicht entzündlicher Sprengstoff, der einen schwer entzündlichen Sprengstoff zur Explosion bringt.*

In|i|ti|al|wort, das ⟨Pl. ...wörter⟩ (Sprachwiss.): *Akronym.*

In|i|ti|al|zün|der, der: *Initialsprengstoff.*

In|i|ti|al|zün|dung, die: *Zündung eines schwer entzündlichen Sprengstoffs durch einen leicht entzündlichen:* bei diesem Sprengstoff ist eine I. nicht nötig; Ü die I. zu diesem Unternehmen *(die Idee, dass dieses Unternehmen ins Rollen, in Gang brachte)* kam von seinem Freund.

In|i|ti|and, der; -en, -en [zu ↑ initiieren u. ↑-and]: *jmd., der in etw. eingeweiht werden soll; Anwärter für eine Initiation.*

In|i|ti|an|din, die; -, -nen: w. Form zu ↑ Initiand.

In|i|ti|ant, der; -en, -en [zu ↑ initiieren u. ↑-ant]: **1.** (bildungsspr.) *jmd., der die Initiative ergreift, etw. anregt, ins Leben ruft, gründet o. Ä.* **2.** (schweiz.) **a)** *das Initiativrecht hat;* **b)** *jmd., der das Initiativrecht ausübt.*

In|i|ti|an|tin, die; -, -nen: w. Form zu ↑ Initiant.

Initiation – Inkonsequenz

In|i|ti|a|ti|on, die; -, -en [zu ↑ initiieren] (Soziol., Völkerkunde): *[durch bestimmte Bräuche geregelte] Aufnahme eines Neulings in eine Standesod. Altersgemeinschaft, einen Geheimbund o. Ä., bes. die Einführung der Jugendlichen in den Kreis der Erwachsenen bei den Naturvölkern.*

In|i|ti|a|ti|ons|ri|tus, der (Soziol.; Völkerkunde): *Brauch bei der Einführung der Jugendlichen in den Kreis der Erwachsenen bei Naturvölkern* (z. B. Beschneidung).

in|i|ti|a|tiv ⟨Adj.⟩ [zu ↑ Initiative] (bildungsspr.): *Initiative besitzend, ergreifend:* junger, -er Redakteur sucht neuen Wirkungskreis; in einer Sache i. werden.

In|i|ti|a|tiv|an|trag, der (Parlamentsspr.): *Antrag, der die parlamentarische Diskussion eines bestimmten Problems, z. B. einer Gesetzesvorlage, einleitet.*

In|i|ti|a|tiv|be|geh|ren, das (schweiz. Parlamentsspr.): *Antrag, der einen Entscheid über die Ingangsetzung einer Initiative (4) herausfordert.*

In|i|ti|a|ti|ve, die; -, -n [frz. initiative, zu: initier < lat. initiare, ↑ initiieren]: **1. a)** *erster tätiger Anstoß zu einer Handlung; erster Schritt bei einem bestimmten Handeln:* politische -n; die entscheidende I. in dieser Angelegenheit ging von ihr aus; [in einer Sache] die I. ergreifen *(den ersten Schritt tun, etw. in die Wege leiten);* sie hat mir die I. überlassen; das geht auf private I. zurück; etwas aus eigener I. tun; **b)** ⟨o. Pl.⟩ *Entschlusskraft; Unternehmungsgeist:* I. entfalten; dies ist seiner I. zu verdanken; **c)** *Fähigkeit, aus eigenem Antrieb zu handeln:* sie hat, besitzt I. **2.** *Zusammenschluss von Bürgern, Verbänden, Vereinen, Firmen und/oder öffentlichen Einrichtungen zur Erreichung eines gemeinsamen [größer angelegten] Ziels:* eine private, unternehmerische, europäische, parteiübergreifende I.; gegen den geplanten Bau des Atomkraftwerks haben sich mehrere -n gebildet. **3.** (Parlamentsspr.) *[Recht auf] das Einbringen von Gesetzesvorlagen.* **4.** (schweiz.) *Begehren nach Erlass, Änderung od. Aufhebung eines Gesetzes od. Verfassungsartikels.*

Ini|ti|a|tiv|grup|pe, die: *Gruppe von Personen, die sich zusammengeschlossen haben, um sich aktiv u. kämpferisch für ein gemeinsames Ziel einzusetzen.*

In|i|ti|a|tiv|kreis, der: *Initiativgruppe.*

In|i|ti|a|tiv|recht, das (Parlamentsspr.): *Recht, Gesetzesentwürfe einzubringen.*

In|i|ti|a|tor, der; -s, ...oren [lat. initiator = Beginner]: **1.** (bildungsspr.) *jmd., der etw. veranlasst u. dafür verantwortlich ist:* der I. der Diskussion, der Veranstaltung, des Aufstands. **2.** (Chemie) *Stoff* (2 a), *der bereits in geringer Konzentration eine chemische Reaktion einleitet.*

In|i|ti|a|to|rin, die; -, -nen: w. Form zu ↑ Initiator (1).

in|i|ti|ie|ren ⟨sw. V.; hat⟩ [lat. initiare = anfangen, einführen; einweihen, zu: initium, ↑ initial] (bildungsspr.): **1.** *den Anstoß zu etw. geben; in die Wege leiten:* ein Projekt, eine Aktion i. **2.** *[mit einem Ritual] in einen Kreis einführen, in eine Gemeinschaft aufnehmen; einweihen:* sich i. lassen; er gehört nicht zu dem initiierten Personenkreis.

In|i|ti|ie|rung, die; -, -en: *das Initiieren.*

In|jek|ti|on, die; -, -en [lat. iniectio, eigtl. = das Hineinwerfen, zu: inicere, ↑ injizieren]: **1.** (Med.) *das Injizieren; Spritze:* eine intravenöse, intramuskuläre I.; jmdm. eine I. geben, verabreichen; eine I. machen, vornehmen. **2.** (Med.) *starke Füllung u. damit Sichtbarwerden kleinster Blutgefäße im Auge bei Entzündungen.* **3.** (Bauw.) *Einspritzung von Verfestigungsmitteln, z. B.*

Zement, in unfesten Bauuntergrund. **4.** (Geol.) *das Eindringen magmatischer Schmelze in Fugen u. Spalten eines Gesteins.* **5.** (Physik) *das Einbringen von [Elementar]teilchen in einen Halbleiterbereich von bestimmter elektrischer Leitfähigkeit bzw. in der Hochenergie- u. Kernphysik in einen Teilchenbeschleuniger.*

In|jek|ti|ons|lö|sung, die: *für eine Injektion* (1) *verwendete Lösung* (4 b).

In|jek|ti|ons|na|del, die: *Kanüle* (1).

In|jek|ti|ons|sprit|ze, die: *mit einer feinen Kanüle versehene Spritze für Injektionen* (1): die -n auskochen.

in|ji|zie|ren ⟨sw. V.; hat⟩ [lat. inicere = hineinwerfen, einflößen] (Med.): *eine Flüssigkeit, bes. ein flüssiges Heilmittel, in den Körper einspritzen:* Kalzium in den Arm i.; Diabetiker injizieren sich das Insulin selbst.

In|ju|rie, die; -, -n [lat. iniuria, zu: iniurius = ungerecht, zu: in- = un-, nicht u. ius (Gen.: iuris) = Recht] (Rechtsspr.; bildungsspr.): *Beleidigung durch Worte, Schläge o. Ä.*

In|ka, der; -[s], -[s]: *Angehöriger der ehemaligen indianischen Herrscher- u. Adelsschicht in Peru.*

in|kar|nat ⟨Adj.⟩ [frz. incarnat] (Kunstwiss.; sonst veraltet): *fleischfarben.*

In|kar|nat, das; -[e]s (Kunstwiss.): *fleischfarbener Ton [auf Gemälden].*

In|kar|na|ti|on, die; -, -en [kirchenlat. incarnatio < ital. incarnato, zu: carne = Fleisch < lat. caro (Gen.: carnis), zu: incarnari = in Fleisch werden, Passiv von: incarnare = zu Fleisch machen]: **1.** (Rel.) *Fleischwerdung, Menschwerdung eines göttlichen Wesens.* **2.** (bildungsspr.) *Verkörperung:* in jmdm. die I. des Bösen sehen.

in|kar|niert ⟨Adj.⟩: **1.** (bes. Rel.) *fleischgeworden.* **2.** (bildungsspr.) *verkörpert.*

In|kas|sant, der; -en, -en [zu ↑ Inkasso] (österr.): *jmd., der Geld kassiert; Kassierer.*

In|kas|san|tin, die; -, -nen: w. Form zu ↑ Inkassant.

In|kas|so, das; -s, -s u. (österr. nur) ...si [ital. incasso, zu: incassare = Geld einziehen < mlat. incassare, incapsare = in einem Heiligenschrein aufnehmen, zu lat. capsa, ↑ Kassa] (Bankw.): *Eintreibung, Einziehung fälliger Forderungen.*

in|kas|so|be|voll|mäch|tigt ⟨Adj.⟩: *bevollmächtigt, Geldforderungen einzuziehen.*

In|kas|so|bü|ro, das: *Unternehmen, das sich mit der Einziehung fälliger Forderungen befasst.*

In|kas|so|ver|fah|ren, das: *Verfahren, Geldforderungen einzuziehen.*

In|kauf|nah|me, die; - (Papierdt.): *das Inkaufnehmen.*

inkl. = inklusive

In|kli|na|ti|on, die; -, -en [lat. inclinatio = Neigung, Biegung; Zuneigung]: **1.** (bildungsspr.) *Neigung, Hang zu jmdm., etw.; Vorliebe für jmdn., etw.:* er hat eine deutliche I. zum pathetischen Stil. **2.** (Geogr.) *Neigung einer frei aufgehängten Magnetnadel zur Waagerechten.* **3.** (Math.) *Neigung zweier Ebenen od. einer Linie u. einer Ebene gegeneinander.* **4.** (Astron.) *Winkel, den eine Planeten- od. Kometenbahn mit der durch den Erdbahn u. den Sonnenmittelpunkt festgelegten Ebene, der Ekliptik, bildet.*

in|klu|die|ren ⟨sw. V.; hat⟩ [lat. includere = einschließen, zu: claudere, ↑ Klause] (österr., sonst bildungsspr., Fachspr.): *einschließen, mit beinhalten.*

In|klu|si|on, die; -, -en [lat. inclusio]: **1.** (Fachspr.) *Einschließung, Einschluss; das Enthaltensein in etw.* **2.** (Päd.) *gemeinsame Erziehung behinderter und nicht behinderter Kinder in Kindergärten und [Regel]schulen.*

¹in|klu|si|ve ⟨Präp. mit Gen.⟩ [mlat. inclusive, Adv. von: inclusivus, zu lat. includere = einschlie-

ßen] (bes. Kaufmannsspr.): ¹*einschließlich* (Abk.: inkl.): i. der Unkosten, aller Gebühren, des Portos; ⟨ein stark dekliniertes Subst. im Sg. bleibt ungebeugt, wenn es ohne Art. od. Attr. steht:⟩ i. Porto; ⟨im Pl. üblicherweise mit dem Dativ, wenn der Gen. nicht erkennbar ist:⟩ i. Abfällen; Porto i.

²in|klu|si|ve ⟨Adv.⟩ [zu: ¹↑ inklusive]: ²*einschließlich* (Abk.: inkl.): bis zum 15. Juli i., bis i. 15. Juli.

In|klu|siv|preis, der: *Preis, der zusätzliche Sonderleistungen (z. B. über die übliche Ausstattung von etw. hinausgehende Zubehörteile) mit einschließt.*

in|ko|g|ni|to ⟨Adv.⟩ [ital. incognito < lat. incognitus = unerkannt] (bildungsspr.): *mit fremdem Namen (auftretend, lebend):* i. reisen, bleiben.

In|ko|g|ni|to, das; -s, -s ⟨Pl. selten⟩ (bildungsspr.): *das Auftreten, Leben mit fremdem Namen:* sein I. wahren, preisgeben.

in|ko|hä|rent [auch: ...'rɛnt] ⟨Adj.⟩ [aus lat. in- = un-, nicht u. ↑ kohärent] (bildungsspr.): *unzusammenhängend; auf Inkohärenz, Zusammenhang hindeutend:* sein Werk hat -e Züge.

in|kom|men|su|ra|bel [auch: ˈɪn...] ⟨Adj.⟩ [spätlat. incommensurabilis, aus lat. in- = un-, nicht u. spätlat. commensurabilis, ↑ kommensurabel] (bildungsspr.): *nicht messbar, nicht vergleichbar; unwägbar:* inkommensurable Verhältnisse; inkommensurable Größen (Math.: *Größen, deren Verhältnis irrational ist*); ihre Leistungen sind i.

in|kom|mo|die|ren ⟨sw. V.; hat⟩ [frz. incommoder < lat. incommodare, zu: incommodus = unangenehm, unbequem, aus: in- = un-, nicht u. commodus, ↑ kommod] (bildungsspr.): *sich, jmdm. Umstände machen, jmdm. Ungelegenheiten bereiten:* bitte inkommodier dich nicht!; ich hoffe, ich inkommodiere Sie nicht [mit meiner Bitte]; ◆ ⟨auch ohne Akk.-Obj.:⟩ ... ich will auch nicht i., Jungfer (Iffland, Die Hagestolzen V, 18).

in|kom|pa|ra|bel [auch: ...ˈraː...] ⟨Adj.⟩ [lat. incomparabilis, aus: in- = un-, nicht u. comparabilis, ↑ komparabel] (bildungsspr.): *nicht vergleichbar:* die beiden Sachen sind i.

in|kom|pa|ti|bel [auch: ...ˈtiː...] ⟨Adj.⟩ [aus lat. in- = un-, nicht u. ↑ kompatibel] (bes. Fachspr.): *nicht kompatibel.*

In|kom|pa|ti|bi|li|tät, die; -, -en (bes. Fachspr.): *das Inkompatibelsein.*

in|kom|pe|tent [auch: ...ˈtɛnt] ⟨Adj.⟩ [aus lat. in- = un-, nicht u. ↑ kompetent]: **a)** *nicht kompetent* (a), *nicht sachverständig; unfähig:* ein -er Gutachter; **b)** (bes. Rechtsspr.) *nicht kompetent* (b), *nicht zuständig, nicht befugt:* ein für diese Fälle -es Gericht.

In|kom|pe|tenz [auch: ...ˈtɛnts] ⟨Adj.⟩, die; -, -en: *das Inkompetentsein, fehlende Kompetenz.*

in|kon|gru|ent [auch: ...ˈɛnt] ⟨Adj.⟩ [lat. incongruens (Gen.: incongruentis), aus: in- = un-, nicht u. congruens, ↑ kongruent]: **1.** (bildungsspr.) *nicht übereinstimmend, nicht passend.* **2.** (Math.) *nicht kongruent* (2).

In|kon|gru|enz [auch: ...ˈɛnts], die; -, -en [spätlat. incongruentia]: **1.** (bildungsspr.) *mangelnde Übereinstimmung.* **2.** (Math.) *das Inkongruentsein* (2); *Fehlen der Kongruenz* (2).

in|kon|se|quent [auch: ...ˈkvɛnt] ⟨Adj.⟩ [spätlat. inconsequens (Gen.: inconsequentis), aus lat. in- = un-, nicht u. ↑ konsequent] (bildungsspr.): *(in Bezug auf jmds. Vorgehen o. Ä.) nicht folgerichtig; widersprüchlich, nicht konsequent* (1): ein -es Verhalten; er ist i. in seiner Argumentation; i. handeln, leben.

In|kon|se|quenz [auch: ...ˈkvɛnts], die; -, -en [lat. inconsequentia] (bildungsspr.): *das Inkonsequentsein; mangelnde Folgerichtigkeit; Widersprüchlichkeit:* die I. seines Handelns; ... der mit

Vorliebe den nicht so Großen der Literatur Fehler nachwies, die er begreifen konnte, Unrichtigkeiten der Grammatik, -en des Handlungsverlaufs, stilistische Schlampigkeit (Kronauer, Bogenschütze 112).

in|kon|sis|tent [auch: ...'tɛnt] ⟨Adj.⟩ [aus lat. in- = un- u. ↑ konsistent]: 1. (bildungsspr.) keinen Bestand habend, ohne Dauer, nicht konsistent (1 b): -e Lebensformen; -es Verhalten. 2. (bes. Logik) widersprüchlich; in sich nicht konsistent (2): -es Denken.

In|kon|sis|tenz [auch: ...'tɛnts], die; -: 1. inkonsistente (1) Beschaffenheit, Unbeständigkeit. 2. (bes. Logik) das Inkonsistentsein (2), Widersprüchlichkeit.

in|kon|ti|nent [auch: ...'nɛnt] ⟨Adj.⟩ [zu lat. incontinens = nicht bei sich behaltend] (Med.): an Inkontinenz leidend.

In|kon|ti|nenz [auch: ...'nɛnts], die; -, -en (Med.): Unvermögen, Harn od. Stuhl zurückzuhalten.

In|kor|po|ra|ti|on, die; -, -en [spätlat. incorporatio]: 1. (Med.) Einverleibung, Einführung eines Stoffes, bes. eines Heilmittels, in den Körper (z. B. Einführung von Radium in den Körper zur Krebsbehandlung). 2. (Rechtsspr.) a) Eingemeindung; b) rechtliche Einverleibung eines Staates durch einen anderen Staat. 3. Aufnahme in eine Körperschaft od. studentische Verbindung. 4. (kath. Kirchenrecht) Eingliederung eines Benefiziums in eine kirchliche juristische Person: die I. einer Pfarrei in ein Kloster.

in|kor|po|rie|ren ⟨sw. V.; hat⟩ [spätlat. incorporare = verkörpern, einverleiben]: 1. (bes. Med.) in den Körper eindringen lassen: radioaktive Strahlen i. 2. (Rechtsspr.) a) eingemeinden; b) in einen anderen Staat eingliedern. 3. in eine Körperschaft od. studentische Verbindung aufnehmen: ein inkorporierter Geistlicher. 4. angliedern, eine Inkorporation (4) durchführen.

in|kor|rekt [auch: ...'rɛkt] ⟨Adj.⟩ [lat. incorrectus = unverbessert, aus: in- = un-, nicht u. correctus, ↑ korrekt] (bildungsspr.): a) durch Ungenauigkeit unrichtig; fehlerhaft; nicht korrekt (a): eine -e Wiedergabe des Vorfalls; seine Aussprache ist i.; b) einer bestimmten Vorschrift o. Ä. nicht genügend; unangemessen, nicht korrekt (b): ihr Benehmen ist i.; sich i. verhalten; i. gekleidet sein.

In|kor|rekt|heit [auch: ...'rɛkt...], die; -, -en: 1. ⟨o. Pl.⟩ a) inkorrekte (a) Art; Fehlerhaftigkeit; b) inkorrekte (b) Art; Unangemessenheit. 2. a) Fehler, einzelne Unrichtigkeit in einer Äußerung o. Ä.; b) einzelner Fall inkorrekten Verhaltens.

In|kraft|set|zung, die; -, -en (Papierdt.): das Gültig-, Verbindlichmachen: die I. eines Gesetzes.

In|kraft|tre|ten, das; -s: das Gültig-, Verbindlichwerden: bis zum I. des Gesetzes, Vertrags.

in|kre|men|tell ⟨Adj.⟩ [zu lat. incrementum = Wachstum, Zunahme] (Fachspr.): schrittweise erfolgend, aufeinander aufbauend.

in|kri|mi|nie|ren ⟨sw. V.; hat⟩ [spätlat. incriminare, zu lat. crimen = Beschuldigung, Vergehen] (bes. Rechtsspr.): [eines Verbrechens, Vergehens, Verstoßes] beschuldigen, anschuldigen.

in|kri|mi|niert ⟨Adj.⟩: [als Vorstoß, Vergehen o. Ä.] zur Last gelegt, zum Gegenstand einer Strafanzeige, einer öffentlichen Kampagne o. Ä. gemacht, beanstandet: -e Zeitungsartikel.

In|krus|ta|ti|on, die; -, -en [spätlat. incrustatio = das Überziehen mit Marmor]: 1. (Kunstwiss.) (meist Stein in Stein gearbeitete) farbige Verzierung von Flächen durch Einlagen. 2. (Geol.) Krustenbildung durch chemische Ausscheidung. 3. (Schneiderei) zur Verzierung eingesetzter Teil (z. B. eine Blende). 4. (Bot.) nachträgliche Einlagerung von Stoffen in das Zellulosegerüst pflanzlicher Zellwände.

In|ku|ba|ti|on, die; -, -en [lat. incubatio = das Brüten, zu: incubare = in od. auf etw. liegen; (brütend) auf etw. sitzen; sich zu rituellem Schlaf niederlegen]: 1. (Med.) Kurzf. von ↑ Inkubationszeit. 2. (Med.) das Aufziehen von Frühgeborenen in einem Inkubator (1). 3. (Bakteriol.) Bebrütung einer Bakterienkultur im Inkubator (3). 4. (Zool.) das Bebrüten von Vogeleiern. 5. (in der Antike) ritueller Schlaf im Tempel, um Heilung od. Belehrung durch eine Gottheit zu erfahren.

In|ku|ba|ti|ons|zeit, die (Med.): Zeit zwischen der Ansteckung u. dem Ausbrechen einer Infektionskrankheit.

In|ku|ba|tor, der; -s, ...oren: 1. (Med.) Brutkasten. 2. (Bakteriol.) Brutschrank. 3. (Wirtsch.) Unternehmen, das andere neu gegründete Unternehmen unterstützt und betreut.

In|ku|bus, der; -, ...kuben [lat. incubus]: 1. a) (im römischen Volksglauben) nächtlicher Dämon; Alb; b) (im Volksglauben des Mittelalters) Teufel, der mit einer Hexe geschlechtlich verkehrt. 2. ⟨o. Pl.⟩ (Med.) Albdrücken.

In|ku|na|bel, die; -, -n ⟨meist Pl.⟩ [lat. incunabula = Windeln, Wiege, weil der Buchdruck zu jener Zeit sozusagen noch in den Windeln lag] (Verlagsw., Literaturwiss.): Druck-Erzeugnis aus der Frühzeit des Buchdrucks (vor 1500); Wiegendruck, Frühdruck.

in|ku|ra|bel [auch: ...'ra:...] ⟨Adj.⟩ [spätlat. incurabilis, aus lat. in- = un-, nicht u. spätlat. curabilis, ↑ kurabel] (Med.): unheilbar.

◆ In|la|ge, die; -, -n: innen Liegendes, Inneres, Innenseite o. Ä.: ...wo er stillstehend die warme I. (Innenseite) seiner rechten Hand bedachte und befühlte (Jean Paul, Wutz 15).

In|land, das; -[e]s [rückgeb. aus ↑ Inländer, inländisch; nhd. = Heimat, Vaterland]: 1. a) Gebiet innerhalb der Grenzen eines Staates; zum Hoheitsbereich eines Staates gehörendes Territorium: die Waren sind nur für das I. bestimmt; b) das eigene Land im Hinblick auf seine Regierung, seine Bewohner: die Reaktionen des In- u. Auslandes. 2. das Innere eines Landes im Gegensatz zum Küstengebiet, zur Küste; Binnenland: das Klima ist im I. meist milder.

In|land|eis, das: in sich geschlossene, weite Gebiete bedeckende Eismasse in den Polarländern.

In|län|der, der; -s, -: Angehöriger, Bewohner des Inlands (1 b); einheimischer Staatsangehöriger: diese Einrichtung ist für In- u. Ausländer gedacht.

In|län|de|rin, die; -, -nen: w. Form zu ↑ Inländer.

In|land|flug: ↑ Inlandsflug.

in|län|disch ⟨Adj.⟩: das Inland (1) betreffend, ihm angehörend; aus dem Inland kommend, stammend; einheimisch: -e Produkte, Waren; die in- und ausländische Presse; der -e Markt; -e Zwischenhändler, Großhändler.

In|lands|ab|satz, der (Wirtsch.): Absatz von Waren im Inland (1).

In|lands|brief, der: Brief an einen Adressaten im Inland (1).

In|lands|flug, Inlandflug, der: Flug (2) innerhalb des Inlands (1 a).

In|lands|ge|schäft, das: Geschäft, das im Inland abgewickelt wird; geschäftliche Beziehungen im Inland (1).

In|lands|ge|spräch, das: Telefongespräch mit einem Teilnehmer im Inland (1).

In|lands|markt, der (Wirtsch.): inländischer Markt (3 a).

In|lands|nach|fra|ge, die (Wirtsch.): Nachfrage (2) nach Gütern im Inland (1).

In|lands|por|to, das: Porto für Postsendungen an einen Adressaten im Inland (1).

In|lands|preis, der: Preis für Waren, die im Inland (1 a) verkauft werden (bes. im Gegensatz zum Exportpreis).

In|lands|um|satz, der (Wirtsch.): Umsatz, der mit Inlandsgeschäften erwirtschaftet wird.

In|laut, der; -[e]s, -e (Sprachwiss.): Laut im Inneren eines Wortes, einer Silbe.

In|lay ['ɪnleɪ], das; -s, -s [engl. inlay, zu: to inlay = einlegen]: Zahnfüllung, die aus Metall od. Porzellan gegossen u. dann in den Zahn eingepasst wird.

In|lett, das; -[e]s, -e, auch: -s [niederd. īnlāt, zu: īnlāten = einlassen, also eigtl. = Einlass]: Stoff[hülle] aus festem Baumwollgewebe für die Federn von Federbett u. -kissen: an der schadhaften Stelle quollen die Federn aus dem I.

in|lie|gend ⟨Adj.⟩ (Papierdt., bes. österr.): einliegend.

In|line ['ɪnlaɪn], der; -s, -s ⟨meist Pl.⟩ [gek. aus ↑ Inlineskate]: Inlineskate.

In|li|ner ['ɪnlaɪnɐ], der; -s, - [engl. inliner]: 1. Inlineskater (1). 2. Inlineskate (1).

In|li|ne|rin, die; -, -nen: w. Form zu ↑ Inliner (2).

in|li|nern ['ɪnlaɪnɐn] ⟨sw. V.; hat/ist⟩ (ugs.): auf Inlinern (1) laufen: ich bin am Wochenende nach Kassel geinlinert.

In|line|skate ['ɪnlaɪnskeɪt], der; -s, -s ⟨meist Pl.⟩ [engl. inline-skate, zu: in-line = in einer Reihe angeordnet u. (roller)skate = Rollschuh]: Inlineskater (1).

In|line|ska|ten ['ɪnlaɪnskeɪtn̩] ⟨sw. V.; hat/ist⟩ [engl. to inline-skate, zu: inline-skate, ↑ Inlineskate]: auf Inlineskatern (1) laufen.

In|line|ska|ter ['ɪnlaɪnskeɪtɐ], der; -s, -: 1. [engl. inline-skater, zu: to inline-skate, ↑ inlineskaten] Rollschuh mit schmalen, in einer Reihe hintereinander angeordneten Rollen. 2. [zu 1] jmd., der auf Inlineskatern (1) läuft.

In|line|ska|te|rin, die; -, -nen: w. Form zu ↑ Inlineskater (2).

In|line|ska|ting [...skeɪtɪŋ], das; -s [engl. inline-skating, zu: to inline-skate, ↑ inlineskaten]: das Inlineskaten.

in me|di|as res [lat. = mitten in die Dinge hinein]: in den Wendungen in medias res gehen, kommen (bildungsspr.): unmittelbar u. ohne Umschweife zur Sache kommen; nach Horaz' »Ars poetica«: wir wollen uns nicht lange mit der Vorrede aufhalten und gehen gleich in m. r.).

in me|mo|ri|am [lat., zu: memoria, ↑ Memoiren] (bildungsspr.): zum Gedächtnis, Andenken an..., zur Erinnerung im Gedenken an...: in m. des großen Staatsmannes.

◆ in|mit|telst ⟨Adv.⟩ [aus ↑ ¹in u. mittels, erstarrter Gen. Sg. von ↑ ¹Mittel]: inzwischen, unterdessen: Inmittelst wanderte auch Trin' Jans auf demselben (= auf dem Deich) in der gleichen Richtung (Storm, Schimmelreiter 20); Inmittelst, als er sich die Leiter unter dem Schlot zurechtstellte, die Würste sich in Ringen um die Arme hing, erzählte er ihr von Regensburg (Mörike, Hutzelmännlein 160).

¹in|mit|ten ⟨Präp. mit Gen.⟩ [mhd. enmitten, in mitten, ahd. in mittamen = in der Mitte] (geh.): mitten in, mitten unter; in der Mitte von: sie saßen i. der Kinder, i. der Kisten und Kästen.

²in|mit|ten ⟨Adv. in Verbindung mit »von«⟩ [zu: ↑ ¹inmitten]: mitten in, mitten unter, umgeben: das Haus lag i. von Parkanlagen.

Inn, der; -[s]: größter Zufluss der Donau aus den Alpen.

in na|tu|ra [lat., zu: natura, ↑ Natur]: 1. in Wirklichkeit; in seiner wirklichen, natürlichen Gestalt: er, das Haus wirkt in n. ganz anders als auf dem Foto. 2. (ugs.) in Form von Naturalien, in Waren: Vergütung in n.

in|ne: in der Wendung einer Sache (Gen.) i. sein

innehaben – Innerei

(geh.; *etw. im Bewusstsein haben, erkennen; sich einer Sache bewusst sein, darüber im Klaren sein:* er wird des Verlustes bald i. sein; sie ist der damit verbundenen Verantwortung durchaus i.).

in|ne|ha|ben ⟨unr. V.; hat⟩ [mhd. inne, ahd. inne, inni, wahrsch. alter Lokativ von ↑¹in, heute nur noch in Verbindung mit best. Verben]: **1.** *(eine bestimmte Position, Stellung o. Ä.) einnehmen, besitzen; bekleiden* (2): einen Posten, einen Rang, ein Amt i.; sie hat hier den Lehrstuhl für Psychologie innegehabt. **2.** (geh.) *besitzen, über etw. verfügen:* 200 Morgen Land i.

in|ne|hal|ten ⟨st. V.; hat⟩: **1.** *mit einem Tun für kürzere Zeit aufhören [u. verharren]; etw. unterbrechen:* in/(seltener auch:) mit seiner Arbeit i.; im Lesen, im Laufen, mitten in einer Bewegung i.; Manchmal hielten beide im Spiel innen, um zu horchen, wie der Sturm sauste (Handke, Frau 114). **2.** (selten) *einhalten* (3 a): die Formen, die nötige Distanz i.; die Wartezeit i.; Es gab Zahlungsfälligkeiten, die ich nicht i. konnte (Jahnn, Geschichten 25).

in|nen ⟨Adv.⟩ [mhd. innen, ahd. innan(a), zu ↑¹in]: **1.** *an der, auf der Innenseite; im Inneren:* der Becher ist nur i. vergoldet; der Apfel, die Nuss war i. faul; das Haus wurde i. neu hergerichtet; i. (Sport: *auf der Innenbahn, inneren Bahn*) laufen; die Tür geht nach i. *(zum Inneren hin)* auf; die i. liegenden Räume werden durch eine besondere Anlage mit Luft versorgt; sie setzt die Füße nach innen i. *(einwärts);* sie haben den Dom auch von i. besichtigt; man kann die Tür nur von i. *(vom Inneren her, von der Innenseite aus)* schließen; Ü Wir wissen, was ständig nagend nach i. *(ins Innere* (2 a)*) geht:* Verzweiflung (Wohmann, Absicht 376). **2.** (österr. veraltend) **a)** *(hier) drinnen;* **b)** *(von draußen gesehen:) drinnen.*

In|nen|an|sicht, die: **1.** *innere Ansicht* (3): die I. eines Neubaus, der Kirche. **2.** *Ansicht* (2) *von innen:* in der Galerie gibt es viele -en der Stadt. **3.** *Sicht nach innen:* -en einer Familie, aus einem zerrütteten Land; der Roman gibt eine faszinierende I. der sowjetischen Gesellschaft.

In|nen|ar|bei|ten ⟨Pl.⟩: *Arbeiten an einem Bau, die innen ausgeführt werden.*

In|nen|ar|chi|tekt, der: *Architekt, der sich mit der Gestaltung von Innenräumen beschäftigt.*

In|nen|ar|chi|tek|tin, die; -, -nen: w. Form zu ↑ Innenarchitekt.

In|nen|ar|chi|tek|tur, die: **1.** ⟨o. Pl.⟩ *Planung u. Gestaltung von Innenräumen [als wissenschaftliche Disziplin]:* I. studieren. **2.** *[künstlerische] Gestaltung von Innenräumen:* das Hotel ist ein gelungener mediterraner Mix aus maurischen Elementen und moderner I.

In|nen|auf|nah|me, die (Film, Fotogr.): *Aufnahme, die in einem Raum, im Atelier aufgenommen, gedreht wird.*

In|nen|aus|bau, der: *Baumaßnahmen im Innern eines Gebäudes.*

In|nen|aus|schuss, der (Politik): *ständiger Ausschuss* (2) *des Deutschen Bundestages, der sich mit Fragen der Innenpolitik beschäftigt.*

In|nen|aus|stat|tung, die: *Ausstattung, Gestaltung eines Innenraums:* eine kostbare I.

In|nen|bahn, die: **a)** (Leichtathletik, Eisschnelllauf) *an der inneren Krümmung des Stadions, des Platzes o. Ä. gelegene Bahn für die Laufenden;* **b)** (Schwimmen) *eine der inneren, in der Mitte des Schwimmbeckens gelegenen Bahnen für die Schwimmenden.*

In|nen|be|leuch|tung, die: *Beleuchtung in einem Gebäude, einem Wagen, Waggon o. Ä.*

In|nen|be|reich, der: *innerer Bereich:* der gesamte I. des Gebäudes wird renoviert; der I. der Stadt soll vom Durchgangsverkehr entlastet werden.

In|nen|be|zirk, der: *Bezirk im Inneren einer Stadt, im Stadtkern.*

In|nen|dienst, der ⟨Pl. selten⟩: *Dienst, Arbeit innerhalb der eigentlichen Dienststelle im Gegensatz zum Außendienst.*

In|nen|druck, der ⟨Pl. ...drücke, seltener: ...drucke⟩: *von innen her wirkender, im Inneren eines geschlossenen Raumes, eines Körpers, eines Organs o. Ä. vorhandener* ¹*Druck* (1).

In|nen|durch|mes|ser, der: *von Innenseite zu Innenseite gemessener Durchmesser.*

In|nen|ein|rich|tung, die: *Einrichtung eines Innenraums.*

In|nen|flä|che, die: vgl. Innenseite: Der Großvater schob den Hut nach hinten und wischte sich mit der I. der anderen Hand den Schweiß von der Stirn (Winkler, Kärnten 241).

In|nen|fut|ter, das: ²*Futter* (1).

In|nen|hand, die: *Innenseite der Faust.*

In|nen|hof, der: *von einem Gebäude umschlossener, innerhalb eines Gebäudekomplexes liegender Hof.*

In|nen|kan|te, die: *innere, an der Innenseite befindliche Kante:* die I. des Skis.

In|nen|le|ben, das ⟨o. Pl.⟩: **1.** *Gesamtheit der Gedanken, Gefühle, der seelischen Regungen u. Motivationen [eines Menschen]:* ein reiches I. haben. **2.** (ugs., oft scherzh.) *nur beim Öffnen eines Geräts o. Ä. sichtbarer Funktionsmechanismus.*

in|nen lie|gend, in|nen|lie|gend ⟨Adj.⟩: *nach innen, an der Innenseite liegend, sich befindend:* die innen liegenden Räume.

In|nen|mi|nis|ter, der: *Minister für innere Angelegenheiten.*

In|nen|mi|nis|te|rin, die; -, -nen: w. Form zu ↑ Innenminister.

In|nen|mi|nis|te|ri|um, das: *Ministerium für innere Angelegenheiten.*

In|nen|ohr, das (Anat.): *am weitesten im Inneren des Kopfes gelegener Teil des [menschlichen] Ohrs.*

In|nen|pfos|ten, der (Ballspiele): *innerer, auf der Höhe der Torlinie liegender Teil des Torpfostens:* der Ball sprang vom I. ins Tor.

In|nen|po|li|tik, die: *Teil der Politik eines Staates, der sich mit der Regelung der inneren Angelegenheiten u. Verhältnisse befasst.*

In|nen|po|li|ti|ker, der: *vorwiegend auf dem Gebiet der Innenpolitik tätiger Politiker.*

In|nen|po|li|ti|ke|rin, die: w. Form zu ↑ Innenpolitiker.

in|nen|po|li|tisch ⟨Adj.⟩: *die Innenpolitik betreffend, zu ihr gehörend, auf ihr beruhend:* -e Fragen, Probleme, Ereignisse.

In|nen|raum, der: *ringsum [von Wänden] umschlossener, im Inneren von etw. liegender, das Innere von etw. bildender Raum.*

In|nen|sei|te, die: *innere Seite; Mitte, der Achse eines Körpers, Gefäßes, Raumes zugewandte Seite:* die I. eines Gefäßes, eines Bucheinbandes, eines Kleidungsstücks.

In|nen|se|na|tor, der: *Senator eines Stadtstaats mit dem Aufgabenbereich, der dem eines Innenministers entspricht.*

In|nen|se|na|to|rin, die: w. Form zu ↑ Innensenator.

In|nen|spie|gel, der: *Rückspiegel, der im Inneren eines Kraftfahrzeugs in der Mitte über der Windschutzscheibe angebracht ist.*

In|nen|stadt, die: *innerer Teil des Stadtgebietes größerer Städte, durch den meist die Hauptgeschäftsstraßen führen; City, Zentrum.*

In|nen|stadt|be|reich, der: *Bereich der Innenstadt.*

In|nen|stadt|la|ge, die: *Lage (eines Grundstücks, Hauses usw.) in der Innenstadt:* sanierte Altbauwohnung in bester I.

In|nen|stür|mer, der (Ballspiele): *vorwiegend in der Mitte spielender Stürmer* (1).

In|nen|stür|me|rin, die: w. Form zu ↑ Innenstürmer.

In|nen|ta|sche, die: *an der Innenseite eines Kleidungsstücks od. im Inneren einer größeren Tasche angebrachte Tasche:* die I. einer Jacke, einer Aktenmappe.

In|nen|tem|pe|ra|tur, die: *in einem Raum, einem Körper o. Ä. herrschende Temperatur.*

In|nen|tür, die: *Tür in einem Gebäude, die nicht ins Freie führt.*

In|nen|ver|tei|di|ger, der: *zur Innenverteidigung gehörender Spieler.*

In|nen|ver|tei|di|ge|rin, die: w. Form zu ↑ Innenverteidiger.

In|nen|ver|tei|di|gung, die ⟨o. Pl.⟩ (Ballspiele): *Teil der Verteidigung* (3) *einer Mannschaft, der den zentralen Raum vor dem Tor schützt.*

In|nen|wand, die: *Wand in einem Gebäude, die nicht eine Außenseite begrenzt.*

in|ner... ⟨Adj.⟩ [mhd. inner, ahd. innaro = inwendig, zu ↑¹in]: **1. a)** *im Inneren, auf der Innenseite, im Innenraum, im Inneren von etw. befindend; innen befindlich, liegend:* die innere Seite eines Bucheinbands; die innere Jackentasche; der innere Rand; die innere Bahn; die inneren Organe (Med.; *die im Körper liegenden Organe wie Eingeweide, Atmungs-, Verdauungsorgane, Drüsen u. a.*); **b)** (Med.) *innere Organe betreffend, durch sie bewirkt; die Behandlung der inneren Organe betreffend, ihr dienend:* innere Krankheiten, Verletzungen; innere Sekretion (*Sekretion von Drüsen unmittelbar in die Blutbahn*); eine innere Blutung (*Blutung im Inneren des Körpers, eines inneren Organs*); die innere Medizin (*Fachgebiet der Medizin, das sich mit der Entstehung, Erkennung u. Behandlung innerer Krankheiten befasst*); die innere Abteilung, Station eines Krankenhauses (*Abteilung, Station zur Behandlung innerer Krankheiten*); ⟨subst.:⟩ der Patient kommt in die Innere (Medizinjargon; *innere Abteilung, Station*). **2. a)** *im geistig-seelischen Bereich vorhanden, wirksam, begründet; im Inneren eines Menschen angesiedelt, von dort ausgehend:* innere Ruhe, Erregung, Ungeduld; innere Spannungen, innere Anteilnahme; das innere Bedürfnis, den inneren Drang verspüren, etw. zu tun; **b)** *einer Sache innewohnend, in ihr als Eigentümlichkeit, Besonderheit, als etw. Charakteristisches enthalten:* der innere Aufbau, die innere Gesetzmäßigkeit eines Ablaufs, die innere Ordnung, Geschlossenheit der Partei muss gewährleistet sein. **3.** *das Inland* (1 b) *betreffend; inländisch:* die inneren Probleme, Fragen dieses Landes; die Minister für innere Angelegenheiten; ⟨subst.:⟩ der Minister, das Ministerium des Inner[n].

in|ner|be|trieb|lich ⟨Adj.⟩: *nur den Betrieb, die Angehörigen eines Betriebes betreffend; innerhalb eines Betriebes:* -e Angelegenheiten; etw. i. diskutieren, regeln.

in|ner|deutsch ⟨Adj.⟩: **a)** *Deutschland, die inneren Fragen, Angelegenheiten Deutschlands betreffend; sich innerhalb Deutschlands befindend, abspielend:* -es Territorium; -e Probleme; **b)** *die beiden bis 1990 voneinander getrennten deutschen Staaten, die Beziehungen zwischen ihnen betreffend:* der -e Handel.

in|ner|dienst|lich ⟨Adj.⟩: *nur den dienstlichen Bereich betreffend, für ihn geltend, für ihn u. nicht für die Öffentlichkeit, Allgemeinheit bestimmt:* -e Angelegenheiten; ein -es Gespräch, Schreiben; etw. i. regeln.

In|ne|rei, die; -, -en ⟨meist Pl.⟩: *verwertbares*

inneres Organ od. dgl. *eines Schlachttiers (z. B. Leber, Magen, Herz).*
In|ne|res, *das Innere/ein Inneres; des/eines Inner[e]n:* **1.** *etw., was von etw. umgeben, gegen außen abgegrenzt ist, sich innerhalb von etw. Umschließendem, innen, in der Mitte befindet:* das Innere eines Hauses, eines Schiffes; aus dem Inner[e]n der Höhle drangen seltsame Laute; sie drangen ins Innere des Landes, der Insel vor. **2. a)** *geistig-seelischer Bereich eines Menschen, Gesamtheit seiner Gedanken, Gefühle, seiner seelischen Regungen:* sein ganzes I.; mit völlig aufgewühltem Innerem/(seltener:) Inneren; die Vorstellungen beschäftigen ihr I.; sie war im Inneren, in ihrem tiefsten Inneren von seiner Unschuld überzeugt; Er stand da, als warte er auf etwas, auf einen Ruf oder eine Stimme aus seinem Innern, die ihm sagen musste, was er nun tun solle (Fallada, Herr 166); **b)** *eigentliches, tiefstes Wesen, Kern einer Sache:* das Innere seiner Gedankenwelt hatte sie nie kennengelernt; ins Innere einer Wissenschaft, der Kunst eindringen.
in|ner|eu|ro|pä|isch 〈Adj.〉: *innerhalb Europas stattfindend, vorhanden, geltend:* -e Flüge.
¹in|ner|halb 〈Präp. mit Gen.〉 [mhd. innerhalp, innerhalbe(n)]: **a)** *in einem bestimmten umgrenzten Raum; im Inneren, im Bereich:* i. des Hauses, der Stadt, der Landesgrenzen; i. Berlins; 〈mit Dativ, wenn einem stark deklinierten Substantiv im Singular, das von »innerhalb« abhängt, ein anderes stark dekliniertes Substantiv im Genitiv Singular vorangeht:〉 i. Klaras neuem Hause; Ü i. der Familie, der Gemeinschaft; **b)** *in einem bestimmten Zeitraum, im Verlauf von, während, binnen:* i. der Ferien; i. einer Woche; 〈mit Dativ, wenn der Genitiv formal nicht zu erkennen ist:〉 i. fünf Monaten.
²in|ner|halb 〈Adv. in Verbindung mit »von«〉 [zu: ↑ ¹innerhalb]: **a)** *im Inneren, im Bereich:* i. von Berlin, Bayern; **b)** *im Verlauf von, während, binnen:* i. von drei Jahren.
in|ner|kirch|lich 〈Adj.〉: vgl. innerbetrieblich.
in|ner|lich 〈Adj.〉 [mhd. innerlich]: **1.** (seltener) *im Inneren (1) befindlich, innen (1), inner...* (1 a): ein Medikament zur -en Anwendung; die Arznei muss i. einwirken; der Baum war i. ganz und gar morsch. **2. a)** *den geistig-seelischen Bereich [eines Menschen] betreffend, aus ihm erwachsend, in ihm vorhanden, verwurzelt, zu ihm gehörend; im Inneren* (2 a): Hemmungen haben, etw. zu tun; die -e Verbundenheit mit einem anderen Menschen; er war i. ganz ruhig, völlig unbeteiligt; sie musste i. (*insgeheim, für sich*) lachen; **b)** (geh.) *nach innen gewandt; ein tiefes Innenleben besitzend; nicht oberflächlich veranlagt; besinnlich, verinnerlicht, nachdenklich:* ein sehr -er Mensch; ... sehr still und i. war es zugegangen bei den Konflikten, die Jaakobs geistlichen Ahn aus dem Lande getrieben hatten (Th. Mann, Joseph 419).
In|ner|lich|keit, *die;* -, -en: **1.** *das Nach-innen-gewandt-Sein; Verinnerlichung; Tiefe des Gemüts, des Innenlebens:* seine Dichtung zeugt von einer starken I. **2.** *Ausdruck des Innerlichen* (2).
in|ner|ört|lich 〈Adj.〉: *innerhalb eines Ortes, einer Ortschaft vorhanden, verlaufend, geltend:* die Heraufsetzung der -en Geschwindigkeitsbegrenzung.
in|ner|orts 〈Adv.〉 (bes. österr., schweiz.): *innerhalb des Ortes, der Ortschaft.*
in|ner|par|tei|lich 〈Adj.〉: vgl. innerbetrieblich: eine -e Auseinandersetzung.
In|ner|schweiz, *die;* -: *Region in der Schweiz, die den zentral gelegenen Teil der Alpen u. Voralpen umfasst.*
in|ner|se|k|re|to|risch 〈Adj.〉 (Med.): *die innere Sekretion betreffend, sie bewirkend, auf ihr beruhend:* -e Drüsen; das -e System.
◆ **in|nerst** 〈Adv.〉: *ganz im Inneren* (2 a): ... blieb i. doch der Kern des Herzens ungeregt (Goethe, Egmont V).
in|nerst... 〈Adj.〉: **1.** *sich am weitesten innen, in der Mitte von etw. befindend:* der innerste Stadtbezirk; der innerste Teil des Landes, der Insel; der innerste von mehreren Kreisen. **2.** *ganz im Inneren, im eigentlichen, tiefsten Wesen eines Menschen vorhanden, begründet, angesiedelt, von dort ausgehend:* sein innerstes Wesen; die innersten Regungen seiner Seele, seines Herzens; sie handelte ihrer innersten Überzeugung entsprechend.
in|ner|staat|lich 〈Adj.〉: vgl. innerbetrieblich.
In|ner|stadt, *die* (schweiz.): *Innenstadt.*
in|ner|städ|tisch 〈Adj.〉: vgl. innerörtlich.
In|ners|tes, *das Innerste/ein Innerstes; des/eines Innersten:* *tiefstes Inneres; eigentliches Wesen eines Menschen; der nur dem eigenen Ich zugehörender geistiger u. seelischer Bereich:* sein I. war ihr stets verborgen geblieben; etw. rührt, bewegt jmdn. im Innersten; im Innersten getroffen, gekränkt sein; So wirksam sich seine Arzneien und Tinkturen auch erwiesen, in seinem Innersten blieb er doch davon überzeugt, dass den Lebenden nicht mehr zu helfen war (Ransmayr, Welt 265).
in|nert 〈Präp. mit Gen. od. Dativ〉 (schweiz., westösterr.): *binnen,* ¹*innerhalb* (b), *im Verlauf von:* i. eines Jahres/einem Jahr.
in|ner|vie|ren 〈sw. V.; hat〉: **1.** (Med.) *mit Nerven, mit den von den Nerven aufgenommenen Reizen versorgen, versehen:* dadurch werden die Muskeln innerviert. **2.** (bildungsspr.) *anregen, Auftrieb geben, zu etw. veranlassen.*
in|ne|wer|den 〈unr. V.; ist〉: *sich einer Sache bewusst werden, sie in ihrer Bedeutung erkennen, sie gewahr werden, begreifen:* erst jetzt wurde er seiner Schuld inne; zu spät wurde sie inne, dass sie ihn gekränkt hatte.
in|ne|woh|nen 〈sw. V.; hat〉 (geh.): *als Eigentümlichkeit, Besonderheit, als etw. Charakteristisches in etw. mit enthalten sein, zu jmdm., etw. gehören:* diesen Kräutern wohnen heilende Kräfte inne; dem Menschen innewohnenden Fähigkeiten.
in|nig 〈Adj.〉 [mhd. innec = andächtig, inbrünstig, zu ↑ ¹in]: **1.** *im Innersten empfunden, tief gefühlt:* eine -e Liebe, Zuneigung; jmdm. -en Dank sagen; mit -er Anteilnahme; ein -es (*großes*) Vergnügen bei etw. empfinden; ihr Verhältnis war sehr i.; jmdm. i. verbunden sein; unsere i. geliebte Mutter; ... ihr ganz besonderes Parfüm, das mich einhüllte und mir unsagbar i. ins Herz drang, das mich ihr näher brachte als die engste Umarmung ... (Kronauer, Bogenschütze 135); *2. sehr eng; unauflöslich verbunden, verknüpft:* eine -e Verflechtung verschiedener Verhaltensweisen; (oft Fachspr.:) diese chemischen Stoffe gehen eine -e Verbindung ein.
In|nig|keit, *die;* -, -en [mhd. innecheit]: **1.** 〈o. Pl.〉 *das Innigsein, tiefe Empfindung; Herzlichkeit:* die I. ihrer teilnehmenden Worte, ihres Blicks. **2.** *etw. innig Wirkendes.*
in|nig|lich 〈Adj.〉 [mhd. inneclich, ahd. innīglīh] (geh.): *innig:* -e Zuneigung.
In|no|va|ti|on, *die;* -, -en [spätlat. innovatio = Erneuerung, Veränderung, zu: innovare = erneuern, verändern, zu lat. novus = neu]: **1. a)** (Soziol.) *geplante u. kontrollierte Veränderung, Neuerung in einem sozialen System durch Anwendung neuer Ideen u. Techniken:* politische I.; das Wachstum durch I. fördern; **b)** (bildungsspr.) *Einführung von etw. Neuem; Neuerung; Reform.* **2.** (Wirtsch.) *Realisierung einer neuartigen, fortschrittlichen Lösung für ein bestimmtes Problem, bes. die Einführung eines neuen Produkts od. die Anwendung eines neuen Verfahrens:* technische -en. **3.** (Bot.) *(bei ausdauernden Pflanzen) jährliche Erneuerung eines Teiles der Sprosssystems.*
In|no|va|ti|ons|fä|hig|keit, *die: Fähigkeit, Innovationen* (1,2) *herbeizuführen, hervorzubringen, einzuführen, zu schaffen.*
in|no|va|ti|ons|feind|lich 〈Adj.〉: *Innovationen* (1,2) *gegenüber skeptisch, ablehnend eingestellt.*
in|no|va|ti|ons|freu|dig 〈Adj.〉: *gerne bereit, Innovationen* (1,2) *zu schaffen, durch Innovationen Umgestaltungen, Verbesserungen herbeizuführen:* ein -er Chef, Intendant.
In|no|va|ti|ons|kraft, *die: Vermögen, Kraft, Innovationen durchzuführen.*
In|no|va|ti|ons|po|ten|zi|al, In|no|va|ti|ons|po|ten|ti|al, *das: Potenzial für Innovationen* (1, 2).
In|no|va|ti|ons|pro|zess, *der: Prozess der Einführung von Innovationen* (1, 2).
In|no|va|ti|ons|schub, *der: größere Anzahl innovativer Maßnahmen; Bündel von Neuerungen, die gleichzeitig od. innerhalb eines kurzen Zeitraums durchgeführt werden.*
in|no|va|tiv 〈Adj.〉 (bes. Fachspr.): **a)** *Innovationen* (1,2) *betreffend, beinhaltend:* ein -er Prozess; -e Maßnahmen; **b)** *Innovationen* (1, 2) *schaffend; innovationsfreudig:* ein -er Chef.
In|no|va|tor, *der;* -s, ...oren [lat. innovator = Erneuerer, zu: innovare, ↑ Innovation]: *jmd., der eine Innovation vornimmt, der innovative Ideen verwirklicht.*
In|no|va|to|rin, *die;* -, -en: w. Form zu Innovator.
in|no|va|to|risch 〈Adj.〉 (bes. Fachspr.): *Innovationen zum Ziel habend, anstrebend.*
in|no|vie|ren 〈sw. V.; hat〉 (bes. Fachspr.): *eine Innovation, Innovationen vornehmen.*
Inns|bruck: *Landeshauptstadt in Tirol.*
In|nung, *die;* -, -en [mhd. innunge, zu mhd. innen, ahd. innōn = in einen Verband aufnehmen, zu ↑ ¹in]: *durch freiwilligen Zusammenschluss von selbstständigen Handwerkern [des gleichen Handwerks in einem bestimmten Bezirk] entstandener Verband:* die I. der Bäckerinnen und Bäcker; * **die ganze I. blamieren** (ugs. scherzh.; *durch sein Verhalten den Kreis von Menschen, dem man angehört, die Familie, Gruppe o. Ä. blamieren, bloßstellen, in Verlegenheit bringen*).
In|nungs|kran|ken|kas|se, *die: von einer od. mehreren Innungen gemeinsam errichtete gesetzliche Krankenkasse.*
In|nungs|meis|ter, *der: Vorsteher einer Innung.*
In|nungs|meis|te|rin, *die:* w. Form zu ↑ Innungsmeister.
In|nungs|ver|samm|lung, *die: Versammlung einer Innung.*
Inn|vier|tel, *das;* -s: *Landschaft des österreichischen Alpenvorlandes.*
in|of|fi|zi|ell [auch: ...'tsiɛl] 〈Adj.〉 [aus lat. in- = un-, nicht u. ↑ offiziell]: **1. a)** *nicht in amtlicher, offizieller Auftrag; nicht amtlich; außerdienstlich:* die -e Reise eines Ministers; die Verhandlungen wurden i. geführt; **b)** *einer amtlichen, offiziellen Stelle nicht bekannt, nicht von ihr bestätigt, anerkannt, nicht von ihr ausgehend:* eine -e Mitteilung; jmdm. etw. i. (*vertraulich*) sagen. **2.** *nicht förmlich, nicht feierlich; nicht in offiziellem Rahmen:* es war eine -e Feier.
In|oku|la|ti|on, *die;* -, -en [lat. inoculatio = das Okulieren, zu: inoculare, ↑ inokulieren] (Med.): **1. a)** *das Einbringen von Krankheitserregern, Gewebe, Zellkulturen in einen Organismus od. in einen Nährboden;* **b)** *Impfung (als vorbeugende od. therapeutische Maßnahme).* **2.** *unbeabsichtigte Übertragung von Krankheitserregern bei Blutentnahmen, Injektionen, Impfungen.*

inokulieren – Insellage

in|oku|lie|ren ⟨sw. V.; hat⟩ [lat. inoculare = einpflanzen, zu: oculus = Auge, Knospe, Reis, eigtl. = mit einem Reis versehen] (Med.): **1.** *eine Inokulation (1) vornehmen.* **2.** *Krankheitserreger (im Sinne einer Inokulation 2) übertragen.*

in|ope|ra|bel [auch: ...'ra:...] ⟨Adj.⟩ [aus lat. in- = un-, nicht u. ↑operabel] (Med.): *(ohne das Leben der od. des Kranken zu gefährden) nicht operierbar; durch Operation nicht mehr heilbar:* eine inoperable Geschwulst; ein inoperabler Krebskranker.

in|op|por|tun [auch: ...'tu:n] ⟨Adj.⟩ [spätlat. inopportunus, aus lat. in- = un-, nicht u. opportunus, ↑opportun] (bildungsspr.): *nicht angebracht, nicht zweckmäßig; unpassend.*

Ino|sit [auch: ...'zɪt], der; -s, -e ⟨Pl. selten⟩ [zu griech. ís (Gen.: inós) = Muskel, Sehne, Gewebefaser] (Chemie, Med.): *(in vielen tierischen Organen u. in der Muskulatur vorkommender) kristalliner, leicht süßlich schmeckender, in Wasser löslicher Stoff, dessen wichtigster Vertreter zur Gruppe der B-Vitamine gehört.*

in pet|to [ital. (avere) in petto = im Herzen, im Sinn (haben)]: * *etw.* **in p. haben** (ugs.; *etw. für einen bestimmten Zweck in Bereitschaft haben, es aber noch zurückhalten, um es zu gegebener Zeit überraschend anzubringen [u. damit einen Trumpf auszuspielen]:* man müsste zuerst in Erfahrung bringen, was er in p. hat; Dieses abwägende Lächeln kannte er ja, sie hatte etwas Besonderes in p., seit Tagen vielleicht schon ⟨Kronauer, Bogenschütze 147]⟩.

in punc|to [lat., zu: punctum, ↑Punkt]: *in Bezug auf; hinsichtlich; was ... betrifft:* in p. Sauberkeit, Sicherheit, Ordnung verstehen sie keinen Spaß; ⟨meist mit Gen., wenn der Fall durch ein Begleitwort des abhängigen Substantivs erkennbar wird:⟩ in p. seines Betragens wäre noch einiges zu sagen; * **in p. puncti** (scherzh. veraltend; *hinsichtlich der Keuschheit;* kurz für: in p. puncti sexti = hinsichtlich des sechsten Gebots [der Zehn Gebote]).

In|put, der, auch: das; -s, -s [engl. input, eigtl. = Zugeführtes]: **1.** (Wirtsch.) *Gesamtheit der in einem Produktionsbetrieb eingesetzten, aus anderen Teilbereichen der Wirtschaft bezogenen Produktionsmittel, Rohstoffe, Produkte.* **2.** (EDV) *Eingabe* (3). **3. a)** *Anstoß* (3): ich will nur den I. dazu geben; **b)** *Beitrag* (2) *von außen; etw. von außen Zugeführtes, was etw. anderes bewirken soll:* Forschungsergebnisse sind ein wichtiger I. für Innovationen; eine Menge I. bekommen.

In|put-Out|put-Ana|ly|se [...'lau̯t...], die (Wirtsch.): *wirtschaftswissenschaftliche Theorie, die die Beziehungen zwischen Input* (1) *u. Output* (1 b) *untersucht u. Aussagen darüber zu machen versucht, wie sich eine Änderung der Nachfrage od. der Produktion der einzelnen Wirtschaftszweige u. auf andere volkswirtschaftliche Größen auswirkt.*

In|qui|si|ten|spi|tal, das (österr. Amtsspr.): *Gefängniskrankenhaus.*

In|qui|si|ti|on, die; -, -en [lat. inquisitio = (gerichtliche) Untersuchung]: **1.** ⟨o. Pl.⟩ *(vom 12. bis 18. Jh., bes. während der Gegenreformation) als Einrichtung der katholischen Kirche wirkendes, mit großer Härte u. grausamen Untersuchungsmethoden gegen Ketzer vorgehendes* ¹*Gericht* (1 a): jahrhundertelang hat die I. Ketzer verfolgt, verurteilt, verbrannt. **2.** *Untersuchung der Inquisition* (1): die grausamen -en in Spanien; Ü sich einer I. *(einem strengen Verhör)* unterwerfen müssen.

In|qui|si|ti|ons|ge|richt, das: *eine* ¹*Inquisition* (2) *durchführendes* ¹*Gericht* (1 b).

In|qui|si|tor, der; -s, ...oren [lat. inquisitor = Untersucher]: *Richter der Inquisition* (1).

in|qui|si|to|risch ⟨Adj.⟩ (bildungsspr.): *in der Art eines Inquisitors, eines strengen Untersuchungsrichters; Strenge, Unerbittlichkeit verratend, demonstrierend:* -e Fragen, Blicke.

INR = internationaler Währungscode für: *indische Rupie.*

I.N.R.I. = Jesus Nazarenus Rex Judaeorum.

♦in|ro|tu|lie|ren ⟨sw. V.; hat⟩ [zu mlat. rotula, ↑Rolle]: *(Akten) zusammenrollen u. zum Versand einpacken:* ... so sollen die Akten inrotuliert und den Freunden zum Urteilsspruch zugeschickt werden (Goethe, Italien. Reise, 12. 10. 1786 [Venedig]).

ins ⟨Präp. + Art.⟩: *in das:* ins Haus, ins Bett gehen; das reicht bis ins vorige Jahrhundert; ⟨nicht auflösbar in festen Verbindungen:⟩ bis ins Einzelne; ins Gerede kommen; etw. ins Leben rufen; ⟨nicht auflösbar in Verbindung mit einem subst. Inf.:⟩ ins Schwärmen geraten.

In|sas|se, der; -n, -n [mhd. insæʒe = Einwohner, Mietwohner, zu ↑sitzen]: **a)** *jmd., der sich in einem Fahrzeug befindet, bes. jmd., der sich als Fahrgast in einem Verkehrsmittel aufhält:* die -n der Straßenbahn, des Autos kamen bei dem Unfall nicht zu Schaden; **b)** *jmd., der in einem Heim o. Ä. wohnt, der in einem Gefängnis, einem Lager o. Ä. festgehalten wird:* die -n eines Heimes, einer Heilanstalt, des Gefängnisses.

In|sas|sen|ver|si|che|rung, die: *Unfallversicherung für die Insassen eines Fahrzeugs.*

In|sas|sin, die; -, -nen: w. Form zu ↑Insasse.

ins|be|son|de|re, ins|be|son|dre ⟨Adv.⟩: *besonders* (2 a), *vor allem, im Besonderen:* sie mag Blumen sehr gern, i. Rosen; das gilt i. dann, wenn man es versprochen hat.

in|schal|lah [ɪnˈʃala, auch: ɪnʃaˈlaː; arab. in šā'allāh]: *auf ein zukünftiges Ereignis bezogener Ausdruck in der muslimischen Welt; wenn Allah will.*

In|schrift, die; -, -en [mhd. (md.) inscrift, LÜ von lat. inscriptio]: *auf Stein, Metall, Holz o. Ä. durch erhabene Herausarbeitung, durch Einritzen, Eingraben od. Ziselieren angebrachte Schrift:* alte, lateinische, altindische -en; die verwitterte, goldene I. auf einem Grabstein, einem Denkmal; die I. in einer Höhle, über dem Eingang entziffern.

In|schrif|ten|kun|de, die ⟨o. Pl.⟩: *wissenschaftliche Disziplin der Altertumskunde, die sich mit der Erforschung alter Inschriften befasst; Epigrafik.*

In|schrif|ten|samm|lung, die: *Sammlung von Inschriften.*

in|schrift|lich ⟨Adj.⟩: *eine alte Inschrift betreffend, auf ihr beruhend; durch eine Inschrift, mit ihrer Hilfe [überliefert]; er hat -es Material; dieser Tatbestand ist i. belegt, überliefert.*

In|sekt, das; -[e]s, -en [lat. insectum, eigtl. = eingeschnitten(es Tier), subst. 2. Part. von: insecare = einschneiden]: *zu den Gliederfüßern gehörendes Tier mit einem den Körper umschließenden, starren Skelett, das in drei meist deutlich voneinander abgesetzte Körperabschnitte (Kopf, Brust u. Hinterleib) geteilt ist, an deren mittlerem drei Beinpaare u. meist zwei Flügelpaare sitzen; Kerbtier:* giftige, blutsaugende, aasfressende, schädliche, harmlose, nützliche -en; Bienen und Ameisen gehören zu den Staaten bildenden -en; ein -en und Spinnen fressender Vogel, -en fressende Pflanzen *(Pflanzen, die auf verschiedene Weise kleine Insekten anlocken, fangen u. verdauen).*

In|sek|ten|be|kämp|fung, die ⟨Pl. selten⟩: *meist mithilfe chemischer Mittel durchgeführte Bekämpfung schädlicher, lästiger Insekten.*

In|sek|ten|be|kämp|fungs|mit|tel, das: *[chemisches] Mittel zur Bekämpfung von Insekten.*

In|sek|ten|for|scher, der: *Entomologe.*

In|sek|ten|for|sche|rin, die: w. Form zu ↑Insektenforscher.

In|sek|ten|fres|send, In|sek|ten fres|send ⟨Adj.⟩: *sich von Insekten ernährend:* -e Vögel, Echsen; -e Pflanzen *(Pflanzen, die Insekten anlocken, festhalten u. verdauen).*

In|sek|ten|fres|ser, der (Biol.): **a)** *insektenfressende Pflanze;* **b)** *insektenfressendes Tier verschiedener Art mit zahlreichen spitzen Zähnen u. meist sehr gut ausgebildetem Geruchs- u. Gehörsinn:* Meisen und Fledermäuse sind I.

In|sek|ten|gift, das: **1.** *zur Insektenbekämpfung eingesetztes Gift.* **2.** *(bei bestimmten Insekten) Absonderung aus der Giftdrüse.*

In|sek|ten|kun|de, die: *Entomologie.*

In|sek|ten|lar|ve, die: *Larve* (1) *eines Insekts.*

In|sek|ten|staat, der: *bei bestimmten Insekten übliches gemeinschaftliches Zusammenleben in einem selbst gefertigten Nest, Bau o. Ä., bei dem Einzeltiere in sinnvollem Zusammenwirken u. in Arbeitsteilung die Aufgaben der Nahrungsbeschaffung, der Fortpflanzung, der Aufzucht der Larven, der Verteidigung des Nestes u. a. durchführen.*

In|sek|ten|stich, der: *durch ein Insekt (bes. eine Biene, Wespe, Stechmücke) verursachter Stich* (2 a).

In|sek|ten|ver|til|gungs|mit|tel, das: vgl. Insektenbekämpfungsmittel.

in|sek|ti|zid ⟨Adj.⟩ (Fachspr.): *(von chemischen Mitteln) insektenvernichtend:* -e Substanzen.

In|sek|ti|zid, das; -s, -e [zu lat. -cidere = töten] (Fachspr.): *Insektenbekämpfungsmittel.*

In|sek|to|lo|ge, der; -n, -n [↑-loge]: *Entomologe.*

In|sek|to|lo|gin, die; -, -nen: w. Form zu ↑Insektologe.

In|sel, die; -, -n [mhd. insel(e) < lat. insula, eigtl. = die im (Salz)meer Gelegene]: *ringsum vom Wasser eines Meeres, Sees, Flusses umgebenes Stück Land:* eine einsame, bewaldete, felsige I.; kontinentale, ozeanische -n; die I. Helgoland; die der ostfriesischen Küste vorgelagerten -n; die Schiffbrüchigen konnten sich auf eine I. retten; Ü die kleine Stadt war eine I. des Friedens; eine deutschsprachige I. *(deutsche Sprachinsel)* im englischen Sprachraum; * **reif für die I. sein** (ugs.; *einen Urlaub dringend nötig haben*).

In|sel|be|ga|bung, die: **1.** *außergewöhnlich große Begabung auf einem bestimmten Gebiet neben eher unterdurchschnittlicher sonstiger Begabung.* **2.** *Person mit Inselbegabung* (1).

In|sel|berg, der (Geogr.): *Berg, der sich meist steil u. übergangslos, oft mit deutlich abgesetztem Fuß aus einer Ebene erhebt.*

In|sel|be|völ|ke|rung, die: *Bevölkerung einer Insel.*

In|sel|be|woh|ner, der: *Bewohner einer Insel.*

In|sel|be|woh|ne|rin, die: w. Form zu ↑Inselbewohner.

In|sel|fau|na, die: *auf einer Insel vorkommende, für eine Insel charakteristische Fauna* (1).

In|sel|flo|ra, die: vgl. Inselfauna.

in|sel|för|mig ⟨Adj.⟩: *in der Form, Beschaffenheit wie eine Insel wirkend:* -e Bereiche.

In|sel|grup|pe, die: *Gruppe beieinanderliegender Inseln.*

In|sel|hop|ping, das; -s [nach engl. island-hopping, eigtl. = Inselhüpfen, aus: island = Insel u. to hop = springen, hüpfen]: *Reise, bei der mehrere Inseln einer Inselgruppe nacheinander besucht werden.*

In|sel|hüp|fen, das; -s: Inselhopping.

in|sel|ket|te, die: *mehrere in einer Reihe relativ nahe beieinanderliegender Inseln.*

In|sel|kli|ma, das: *auf einer Insel herrschendes, für eine Insel charakteristisches Klima.*

In|sel|la|ge, die: *Eigenschaft z. B. eines Staates, Insel zu sein:* seine I. machte Großbritannien praktisch uneinnehmbar für fremde Eroberer; Ü die frühere I. Westberlins.

In|sel|land, das ⟨Pl. ...länder⟩: vgl. Inselstaat.

In|sel|lö|sung, die (Fachspr.): *technisches System, das nur innerhalb seiner eigenen Grenzen wirksam u. mit anderen Systemen der Umgebung nicht kompatibel ist.*

In|sel|or|gan, das: *Gesamtheit der in der Bauchspeicheldrüse eingelagerten, Insulin produzierenden Gruppen von Zellen.*

In|sel|reich, das: vgl. Inselstaat.

In|sel|re|pu|blik, die: vgl. Inselstaat.

In|sel|staat, der: *aus einer od. mehreren Inseln bestehender Staat.*

In|sel|volk, das: *auf einer Insel lebendes Volk.*

In|sel|welt, die: *Vielzahl von geografisch zusammengehörigen Inseln od. Inselgruppen.*

In|se|mi|na|ti|on, die, -, -en [zu ↑ inseminieren] (Med., Zool.): **1.** *das Eindringen der Samenfäden in das reife Ei bei der Befruchtung.* **2.** *künstliche Besamung, Befruchtung.*

In|se|mi|na|tor, der; -s, ...oren (Landwirtsch.): *jmd., der (als Fachmann auf einer Besamungsstation) Methoden für die künstliche Befruchtung von Tieren entwickelt u. künstliche Besamungen bei Tieren vornimmt.*

In|se|mi|na|to|rin, die; -, -nen: w. Form zu ↑ Inseminator.

in|se|mi|nie|ren ⟨sw. V.; hat⟩ [lat. inseminare = einsäen, befruchten, zu semen = Samen] (Med., Zool., Landwirtsch.): *eine Insemination (2) durchführen; besamen.*

In|se|rat, das; -[e]s, -e [zu lat. inserat = er soll einfügen od. inseratur = es soll (noch) eingefügt werden, zu: inserere, ↑ inserieren]: *Anzeige (2 b), Annonce:* ein I. aufgeben.

In|se|ra|ten|blatt, das: *Anzeigenblatt.*

In|se|ra|ten|teil, In|se|ra|te|teil, der: *Anzeigenteil.*

In|se|rent, der; -en, -en: *jmd., der im Inserat aufgibt, etw. inseriert.*

In|se|ren|tin, die; -, -nen: w. Form zu ↑ Inserent.

in|se|rie|ren ⟨sw. V.; hat⟩ [lat. inserere = einfügen]: **a)** *ein Inserat aufgeben, in eine Zeitung, Zeitschrift setzen lassen:* sie inserierte in mehreren Tageszeitungen wegen ihrer Wohnung; der Kurierdienst inseriert regelmäßig in der Lokalpresse; **b)** *durch ein Inserat in einer Zeitung, Zeitschrift anbieten, suchen, vermitteln:* er hat sein Auto, Grundstück [zum Verkauf] inseriert.

In|sert [auch: 'ınsə:t], das; -s, -s [engl. insert, eigtl. = Beilage]: **1.** *Inserat (bes. in einer Zeitschrift) in Verbindung mit einer beigehefteten Karte zum Anfordern weiterer Informationen od. zum Bestellen der angebotenen Ware.* **2.** *(Film, Fernsehen) grafische Darstellung, Tafel mit Zwischentext, Schautafel mit informierendem Charakter für die Zuschauer, die als Einschub [zwischen zwei Programmbestandteile] eingeblendet wird:* der Bildschirm zeigte minutenlang das I. »Störung«.

In|ser|ti|on, die; -, -en [engl. insertion < lat. insertio = Einfügung]: **1.** *Aufgabe, Veröffentlichung eines Inserats.* **2.** (Med.) **a)** *Ansatzstelle eines Muskels, einer Sehne am Knochen;* **b)** *Ansatzstelle der Nabelschnur am Mutterkuchen.* **3.** (Bot.) *Ansatzstelle eines Pflanzenteils am andern, bes. eines Blattes am Spross.* **4.** (Genetik) *Form der Chromosomenmutation, bei der ein neuer DNA-Abschnitt in die DNA-Sequenz eingefügt wird.*

In|ser|ti|ons|kos|ten ⟨Pl.⟩: vgl. Insertionspreis.

In|ser|ti|ons|preis, der: *Preis für eine Insertion (1).*

ins|ge|heim [auch: 'ıns...] ⟨Adv.⟩: *im Geheimen* (a), *im Stillen:* i. bewunderte er sie, machte sie sich über ihn lustig; ⟨seltener auch attr.:⟩ eine -e Hoffnung; ... kommt daher, dass ich als Bub, als ich die Masern hatte und im Halbdunkeln liegen sollte, i. *(heimlich)* mit Hilfe einer Taschenlampe stundenlang unter der Bettdecke gelesen habe (Frisch, Montauk 157).

ins|ge|mein [auch: 'ıns...] ⟨Adv.⟩ (veraltet): *insgesamt.*

ins|ge|samt [auch, österr., schweiz. nur: 'ıns...] ⟨Adv.⟩: *im Ganzen, alles in allem, alles zusammen[genommen], zusammen:* es waren i. fünfzig; ein i. positiver Eindruck; trotz einiger Rückschläge sind wir i. ein gutes Stück weitergekommen.

In|si|der ['ınsaɪdɐ], der; -s, - [engl. insider]: **1.** *jmd., der bestimmte Dinge, Verhältnisse als Eingeweihter genau kennt:* als I. hat er davon schon wesentlich früher gewusst als andere; diese Information kann er nur von einem I. haben. **2.** *Mitglied einer [Wirtschafts]gemeinschaft.*

In|si|der|ge|schäft, das ⟨meist Pl.⟩ (Börsenw.): *Börsengeschäft, das jmd. tätigt, der aufgrund seiner beruflichen Stellung (z. B. als Vorstands- oder Aufsichtsratsmitglied) für die Entwicklung der Kurse (4) relevante Nachrichten (z. B. Änderung der Dividende, Gewinnentwicklung o. Ä.) vor deren Veröffentlichung erhält u. diesen Informationsvorsprung zum Nachteil der nicht informierten Kapitalanleger ausnutzt.*

In|si|der|han|del, der (Börsenw.): *Insidergeschäft:* I. betreiben; jmdm. I. vorwerfen.

In|si|de|rin, die; -, -nen: w. Form zu ↑ Insider.

In|si|der|in|for|ma|ti|on, die ⟨meist Pl.⟩: vgl. Insiderwissen.

In|si|der|tipp, der: *Geheimtipp (2):* das Restaurant, die Band war bis vor Kurzem noch ein I.; noch ist die Insel ein absoluter I.

In|si|der|wis|sen, das: *Wissen, Kenntnisse, die sich nur ein Insider erwerben kann, nur ein Insider hat:* er hat sein I. für illegale Börsengeschäfte genutzt.

In|si|g|ne, das; -s, ...nien ⟨meist Pl.⟩ [lat. insigne, eigtl. = Abzeichen, Kennzeichen]: *Kennzeichen staatlicher od. ständischer Macht u. Würde* (z. B. Krone, Zepter, Ritterspom): die Insignien der kaiserlichen Macht, der Königswürde, des Rittertums; Ü sie trägt die Insignien einer Punkerin; die Villa und die Jacht waren die Insignien seines Aufstiegs.

in|si|g|ni|fi|kant [auch: ...'kant] ⟨Adj.⟩ [aus lat. in- = un-, nicht u. ↑ signifikant] (bildungsspr.): *bedeutungslos, nicht signifikant.*

In|si|nu|a|ti|on, die; -, -en [lat. insinuatio = Eingang; Einschmeichelung] (veraltet): **1. a)** *Unterstellung, Verdächtigung;* **b)** *Einflüsterung, Zuträgerei;* **c)** *Einschmeichelung.* **2. a)** *Eingabe eines Schriftstückes an ein Gericht;* ◆ **b)** *geheime Anordnung, Geheimbefehl:* ... dass die Klage, auch wenn eine höhere I. ... gänzlich niedergeschlagen worden sei (Kleist, Kohlhaas 18).

in|si|nu|ie|ren ⟨sw. V.; hat⟩ [lat. insinuare = einflüstern; eindringen lassen] (bildungsspr.): *als Unterstellung, Verdächtigung äußern; unterstellen, durchblicken lassen:* ein Verschulden, einen Zusammenhang i.; was hier insinuiert wird, dürfte kaum zu beweisen sein; ich wollte damit nicht i., dass es sich um eine Fälschung handelt.

in|sis|tent ⟨Adj.⟩ [zu ↑ insistieren] (bildungsspr.): *auf etw. bestehend, beharrlich, hartnäckig:* dieser -e Nörgler geht mir allmählich auf den Nerven; -es Nachfragen.

In|sis|tenz, die; - (bildungsspr.): *Beharrlichkeit, Hartnäckigkeit:* ein Ziel mit [großer] I. verfolgen.

in|sis|tie|ren ⟨sw. V.; hat⟩ [lat. insistere, eigtl. = sich auf etw. stellen] (bildungsspr.): *auf etw. bestehen, beharren, dringen:* ich muss leider [darauf] i.; sie insistierte auf der Einhaltung des Termins; »Er muss sich dafür entschuldigen«, insistierte sie.

-ins|ki, der; -s, -s [nach der Endung -inski in slaw. Familiennamen] (ugs. abwertend): *kennzeichnet in Bildungen mit Adjektiven – seltener mit Substantiven – eine männliche Person, die durch etw. charakterisiert ist:* Brutalinski, Randalinski.

in|skri|bie|ren ⟨sw. V.; hat⟩ [lat. inscribere = in od. auf etw. schreiben] (österr.): **a)** *immatrikulieren (1 b):* an welcher Universität hat er inskribiert?; **b)** *sich für ein bestimmtes Studienfach einschreiben; (einen Studienfach, eine Vorlesung, Übung o. Ä.) belegen:* sie hat Jura, ein Seminar bei Professor X inskribiert.

In|skrip|ti|on, die; -, -en [lat. inscriptio = Beschriftung, Inschrift] (österr.): **a)** *Immatrikulation (1);* **b)** *Anmeldung zur Teilnahme an einer Vorlesung, Übung o. Ä.*

ins|künf|tig ⟨Adv.⟩ [vgl. mhd. (md.) in daz kumftige] (schweiz., sonst veraltet): *künftig, in Zukunft, fortan:* auf so etwas werde ich mich i. nicht mehr einlassen.

¹in|so|fern [auch: ınzoˈfɛrn, 'ın...] ⟨Adv.⟩: *in dieser Hinsicht, was dies betrifft;* ¹*insoweit:* i. hat sie sicher recht; er war zur fraglichen Zeit verreist und kommt i. *(deshalb)* als Täter nicht in Betracht; ⟨als Korrelat zu »als« in Vergleichssätzen:⟩ diese Fragen sollen nur i. berührt werden, als sie in Zusammenhang mit dem Thema stehen; seine Meinung ist i. entscheidend, als er die Sache genehmigen muss.

²in|so|fern [auch: ınˈzoːfɛrn, österr., schweiz. nur: 'ın...] ⟨Konj.⟩: *für den Fall, vorausgesetzt, dass; falls, wenn, sofern:* i. sie in der Lage ist, will sie dir helfen; ⟨auch als konjunktionale Einheit in Verbindung mit »als«:⟩ der Vorschlag ist gut, i. als *(weil)* er keinem schadet.

In|so|la|ti|on, die; -, -en [zu lat. insolare = der Sonne aussetzen, zu: sol = Sonne] (Meteorol.): *[Dauer der] Strahlung der Sonne auf die Erde; Sonneneinstrahlung.*

in|so|lent [auch: ...'lɛnt] ⟨Adj.⟩ [lat. insolens (Gen.: insolentis), zu: in- = un-, nicht u. solere = gewöhnt sein] (bildungsspr.): *anmaßend, unverschämt, frech:* -e Bemerkungen; sein -es Benehmen schockierte uns.

In|so|lenz [auch: ...'lɛnts], die; -, -en [lat. insolentia] (bildungsspr.): *Anmaßung, Unverschämtheit, Frechheit.*

in|sol|vent [auch: 'ın...] ⟨Adj.⟩ [aus lat. in- = un-, nicht u. ↑ solvent] (bes. Wirtsch.): *zahlungsunfähig:* -e Unternehmen; der Staat ist i., droht i. zu werden.

In|sol|venz [auch: 'ın...], die; -, -en (bes. Wirtsch.): *Zahlungsunfähigkeit:* er wurde aufgrund seiner I. nicht mehr beliefert; die Zahl der -en war im letzten Jahr leicht rückläufig.

In|sol|venz|an|trag, der (Wirtsch.): *Antrag auf Eröffnung eines Insolvenzverfahrens.*

In|sol|venz|fall, der: *das Eintreten einer Insolvenz:* die Zahl der Insolvenzfälle ist im letzten Jahr stark angestiegen; im I. *(wenn es zu einer Insolvenz kommt).*

In|sol|venz|ord|nung, die (Rechtsspr.): *die ein Insolvenzverfahren regelnden Rechtsvorschriften.*

In|sol|venz|ver|fah|ren, das (Wirtsch.): *gerichtliches Verfahren, bei dem die Wiederherstellung der Zahlungsfähigkeit eines Schuldners u./od. die Befriedigung der Gläubiger geregelt wird.*

In|sol|venz|ver|wal|ter, der (Wirtsch.): *jmd., der gerichtlich beauftragt ist, ein Insolvenzverfahren durchzuführen.*

In|sol|venz|ver|wal|te|rin, die: w. Form zu ↑ Insolvenzverwalter.

In|som|nie, die; - [lat. insomnia, zu: insomnis = schlaflos, zu: in- = un-, nicht u. somnus = Schlaf] (Med.): *Schlaflosigkeit.*
◆ **in|son|ders** ⟨Adv.⟩: *insbesondere: ...redeten sie ...über Gemeindeabgaben..., und je länger sie redeten, desto weniger fand davon Gnade vor ihren Augen, i. nicht die neuen Deichlasten* (Storm, Schimmelreiter 66).
In|sour|cing ['ɪnsoːɐ̯sɪŋ], das; -[s], -s [engl. insourcing, Ggb. zu: outsourcing, ↑ Outsourcing] (Wirtsch.): *Übernahme von Aufgaben, die bisher Fremdfirmen überlassen waren, in eigene Regie (durch ein Unternehmen).*
¹**in|so|weit** [ɪnˈzoːvaɪ̯t, auch: ɪnzoˈvaɪ̯t] ⟨Adv.⟩: *in dieser Hinsicht, was dies betrifft;* ¹*insofern:* i. muss man ihm sicher zustimmen; ⟨als Korrelat zu »als« in Vergleichssätzen:⟩ *ein späterer Urlaubstermin wäre nur i. günstiger, als dann die Hochsaison vorbei wäre.*
²**in|so|weit** [ɪnzoˈvaɪ̯t] ⟨Konj.⟩: *in dem Maße, wie; wenn, sofern:* i. das zutrifft, werden wir intervenieren; ⟨auch als konjunktionale Einheit in Verbindung mit »als«:⟩ er kann unabhängig entscheiden, i. als er im Rahmen der allgemeinen Bestimmungen bleibt.
in spe [ɪn ˈspeː; lat., zu: spes = Hoffnung, Aussicht auf etw.]: *(in Bezug auf eine bestimmte verwandtschaftliche od. berufliche Stellung, die jmd. in absehbarer Zeit einnehmen wird) zukünftig, künftig* (immer nachgestellt): *unsere Schwiegertochter in spe; der Bürgermeister in spe.*
In|spek|teur [...ˈtøːɐ̯], der; -s, -e [frz. inspecteur < lat. inspector, ↑ Inspektor]: **1.** *Leiter einer Inspektion.* **2.** *ranghöchster Aufsicht führender Offizier einer Teilstreitkraft der Bundeswehr: der I. der Marine, des Heeres.*
In|s|pek|teu|rin [...ˈtøːrɪn], die; -, -nen: w. Form zu ↑ Inspekteur (1).
In|s|pek|ti|on, die; -, -en [lat. inspectio = das Hineinsehen, Besichtigung, Untersuchung, zu: inspicere, ↑ inspizieren]: **1. a)** *das Inspizieren: eine eingehende, gründliche I.; die I. einer Fabrik, der sanitären Anlagen; die I. der Truppen durch den General; die I. einer Schule durch die Schulrätin; eine I. ansetzen, vornehmen, durchführen;* **b)** *(regelmäßig vorgenommene) Überprüfung u. Wartung eines Kraftfahrzeugs:* wann ist die nächste I. fällig?; sein Auto von der I. abholen, zur I. bringen; der Wagen muss zur I.; **c)** *prüfende Besichtigung durch einen Inspekteur (2) der Bundeswehr.* **2.** *Behörde, Dienststelle, der die Prüfung, Aufsicht über etw. obliegt.*
In|s|pek|ti|ons|be|such, der: vgl. Inspektionsgang.
In|s|pek|ti|ons|fahrt, die: vgl. Inspektionsreise.
In|s|pek|ti|ons|gang, der: *Rundgang durch ein Gebäude, eine Anlage o. Ä., bei dem eine Inspektion vorgenommen wird.*
In|s|pek|ti|ons|rei|se, die: *zum Zwecke einer Inspektion (1 a) unternommene Reise.*
In|s|pek|tor, der; -s, ...oren [lat. inspector = Besichtiger, Untersucher, zu: inspicere, ↑ inspizieren]: **1.** *Beamter des öffentlichen Dienstes zu Beginn der gehobenen Laufbahn:* ein I. beim Zoll; das Gutachten des [Herrn] -s Müller; I. Müllers Gutachten. **2.** *jmd., der etw. inspiziert, dessen Amt es ist, Inspektionen (1 a) durchzuführen (z. B. in der Landwirtschaft, im Versicherungswesen).*
In|s|pek|to|rat, das; -[e]s, -e (österr., schweiz.): *Inspektion (2).*
In|s|pek|to|rin, die; -, -nen: w. Form zu ↑ Inspektor.
In|s|pi|ra|ti|on, die; -, -en [lat. inspiratio, eigtl. = Einhauchung]: **1.** (bildungsspr.) *schöpferischer Einfall, Gedanke, plötzliche Erkenntnis; erhellende Idee, die jmdn., bes. bei einer geistigen Tätigkeit, weiterführt; Erleuchtung, Eingebung: künstlerische, dichterische, musikalische -en; die I. eines Erfinders, eines Dichters; der Pianist spielt technisch perfekt, aber ohne jede I.*
2. ⟨o. Pl.⟩ (bes. Med.) *das Einatmen.*
In|s|pi|ra|ti|ons|quel|le, die: *etw., was jmdm. Impulse verleiht, jmdn. zu etw. inspiriert:* die wichtigste I. der Malerin war die Natur.
In|s|pi|ra|tor, der; -s, ...oren [spätlat. inspirator = Einhaucher, Einflößer] (bildungsspr.): *jmd., der jmdn. inspiriert, der zu etw. inspiriert:* er wurde zum I. einer ganz neuen Stilrichtung.
In|s|pi|ra|to|rin, die; -, -nen: w. Form zu ↑ Inspirator.
in|s|pi|rie|ren ⟨sw. V.; hat⟩ [lat. inspirare, eigtl. = (hin)einhauchen] (bildungsspr.): *zu etw. anregen; jmdm., einer Sache Impulse verleihen:* jmdn. künstlerisch, musikalisch i.; jmdn. zu einem Werk, einem Buch, einem Gemälde, einem Gedicht i.; ihre Erzählung hat ihn zu dieser Komposition inspiriert; der Modeschöpfer hat sich bei diesem Modell offensichtlich von einem Kollegen i. lassen; er ist kein besonders inspirierter *(ideenreicher)* Komponist.
In|s|pi|riert|heit, die; - (bildungsspr.): *das Inspiriertsein, Beflügeltsein, Animiertsein:* die Lebendigkeit und I. seines Spiels lässt einen über kleine technische Mängel hinwegsehen.
In|s|pi|zi|ent, der; -en, -en [zu lat. inspiciens (Gen.: inspicientis), 1. Part. von: inspicere, ↑ inspizieren]: **1.** (Theater, Fernsehen, Rundfunk) *jmd., der verantwortlich ist für den reibungslosen Ablauf von Proben, von Theateraufführungen od. Fernseh- u. Rundfunksendungen* (Berufsbez.). **2.** (selten) *Aufsicht führende Person.*
In|s|pi|zi|en|tin, die; -, -nen: w. Form zu ↑ Inspizient.
in|s|pi|zie|ren ⟨sw. V.; hat⟩ [lat. inspicere, eigtl. = hineinsehen]: *genau, in allen Einzelheiten prüfend, kontrollierend besichtigen:* ein Werk, Gebäude, Gelände [gründlich, genau] i.; eine Truppe i.
in|sta|bil [auch: ...ˈbiːl, ...st...] ⟨Adj.⟩ [lat. instabilis, aus: in- = un-, nicht u. stabilis, ↑ stabil]:
1. (bes. Physik, Technik) *nicht im Gleichgewicht bleibend; in sich nicht fest, nicht gleich[mäßig], nicht konstant bleibend:* ein -es Gerüst; eine -e Konstruktion; ein -es Atom *(Atom, dessen Kern durch radioaktiven Prozess von selbst zerfällt).*
2. *veränderlich, schwankend; nicht beständig, nicht dauerhaft:* die -e politische Zustand des Landes; eine sehr -e wirtschaftliche Lage; mit Rücksicht auf seinen -en Gesundheitszustand; (Meteorol.:) *eine -e Temperaturschichtung der Atmosphäre.*
In|sta|bi|li|tät [auch: ˈɪn...], die; -, -en ⟨Pl. selten⟩ [lat. instabilitas]: *instabile Beschaffenheit.*
In|s|tal|la|teur [...ˈtøːɐ̯, österr. meist: ...ʃt...], der; -s, -e [französierende Bildung zu ↑ installieren]: *Handwerker, der die technischen Anlagen eines Hauses, wie Rohre, Gas-, Elektroleitungen o. Ä., verlegt, anschließt, repariert* (Berufsbez.).
In|s|tal|la|teu|rin [...ˈtøːrɪn], die; -, -nen: w. Form zu ↑ Installateur.
In|s|tal|la|ti|on, die; -, -en: **1. a)** *das Installieren (1):* die I. der elektrischen Leitungen, der Heizungsanlage, der Lüftung, der sanitären Anlagen; die I. eines Computerprogramms, eines Monitors, eines Modems, einer Satellitenantenne; die I. [sach-, vorschriftsgemäß] ausführen; **b)** *installierte technische Anlage (in ihrer Gesamtheit):* die I. ist nicht in Ordnung; die I. überprüfen; veraltete -en erneuern, ausbessern. **2.** (schweiz., sonst veraltet) *Amtseinführung, bes. Einsetzung in ein geistliches Amt.*
3. (Kunstwiss.) *von einem Künstler, einer Künstlerin im Raum eines Museums o. Ä. hergestelltes Arrangement mit verschiedenartigen Objekten, wie Schriften, Malereien, Plastiken, Fundstücken u. a., die so angeordnet werden, dass eine ganz spezielle Gestaltung des Raums entsteht.*
In|s|tal|la|ti|ons|be|trieb, der: *Betrieb, der Installationen (1 a) vornimmt.*
In|s|tal|la|ti|ons|künst|ler, der: *Künstler, der Installationen (3) gestaltet.*
In|stal|la|ti|ons|künst|le|rin, die: w. Form zu ↑ Installationskünstler.
In|s|tal|la|ti|ons|pro|gramm, das (EDV): *Programm (4), das eine Software auf einem Computer installiert.*
In|s|tal|ler [ɪnˈstɔːlɐ], der; -s, - [engl. installer, zu: to install = einbauen, installieren < mlat. installare, ↑ installieren (2)] (EDV ugs.): *Installationsprogramm.*
in|s|tal|lie|ren ⟨sw. V.; hat⟩: **1.** *(eine technische Vorrichtung, Anlage o. Ä.) anschließen, einbauen, einrichten:* eine elektrische Leitung, eine Heizung, ein Modem i.; Software, ein Computerprogramm i.; einen Service im firmeneigenen Intranet i. **2.** [mlat. installare = in eine Stelle, in ein (kirchliches) Amt einsetzen, zu: stallus = (Chor)stuhl (als Zeichen der Amtswürde), verw. mit ↑ Stall in dessen urspr. Bed. »Standort, Stelle«] (geh.) *in ein Amt, eine Stellung einführen, einsetzen:* in einem Land eine Marionettenregime i. **3. a)** *irgendwo einrichten, in etw. unterbringen:* er hat seinen kleinen Laden in einem Keller installiert; **b)** ⟨i. + sich⟩ *sich irgendwo [häuslich] niederlassen, sich irgendwo, in einem Raum, in einer Stellung o. Ä. einrichten:* es dauerte eine Weile, bis sie sich in den neuen Räumen installiert hatten; Zwei Wochen und wenige Tage noch, geneigter Leser, und ich rollte ihr entgegen, dieser Weite, wohl installiert in einem spiegelgeschmückten, grauplüschenen Halbcoupé erster Klasse des Nord-Süd-Express (Th. Mann, Krull 297).
In|s|tal|lie|rung, die; -, -en: *das Installieren (1, 3).*
in|stand, in Stand ⟨Adv.⟩: in Verbindung mit bestimmten Verben): *in gutem, ordnungsgemäßem, gebrauchsfähigem Zustand; in Ordnung:* das Anwesen ist in Stand; das Haus, den Maschinenpark i./in Stand halten; er hat den Wagen wieder i./in Stand gesetzt, (schweiz. auch:) gestellt *(repariert u. dadurch gebrauchsfähig gemacht);* leer stehende Altbauten in Sanierungsgebieten wurden von Jugendlichen i./in Stand besetzt (Jargon; *widerrechtlich bezogen u. wieder bewohnbar gemacht*); * *jmdn. i./in Stand setzen, etw. zu tun* (*jmdm. die Möglichkeit geben, jmdn. in die Lage versetzen, etw. zu tun:* erst durch diese Information wurden wir ja i./in S. gesetzt, Gegenmaßnahmen zu ergreifen).
In|stand|be|set|zer, der; -s, - (bes. Jargon): *der ein leer stehendes Haus, bes. ein zum Abbruch bestimmtes Mietshaus, instand besetzt.*
In|s|tand|be|set|ze|rin, die; -, -nen: w. Form zu ↑ Instandbesetzer.
In|stand|be|set|zung, die; -, -en (bes. Jargon): *das Instandbesetzen.*
In|stand|hal|tung, die; -, -en: *das Instandhalten:* für die I. des Hauses müssen jährlich mehrere Tausend Euro aufgewendet werden.
In|stand|hal|tungs|kos|ten ⟨Pl.⟩ (bes. Wirtsch.): *Kosten, die bei der Instandhaltung von Gebäuden, größeren technischen Anlagen, Maschinen o. Ä. entstehen.*
in|stän|dig ⟨Adj.⟩ [LÜ von lat. instans = bestürmend, dringend, eigtl. = gegenwärtig, adj.
1. Part. von: instare = drängen, dringen, eigtl. = bevorstehen, zu: stare = stehen]: *sehr eindringlich u. nachdrücklich; sehr dringlich:* eine -e

Bitte; i. um etw. bitten, auf etw. hoffen; Wohl entging mir nichts, wohl nahm ich i. *(sehr genau)* prüfend jede Einzelheit in mich (Th. Mann, Krull 228).

In|stän|dig|keit, die; -: *inständige Art, Beschaffenheit.*

In|stand|set|zung, die; -, -en: *Wiederherstellung, Ausbesserung:* eine I. der Anlage wäre nicht rentabel.

In|stand|set|zungs|trup|pe, die ⟨Militär⟩: *Logistiktruppe (der Bundeswehr) mit der Aufgabe der Instandsetzung u. Wartung des von der Truppe benötigten u. benutzten Geräts.*

In|stand|stel|lung, die; -, -en (schweiz.): *Instandsetzung.*

in|s|tant [auch: ˈɪnstænt] ⟨indekl. Adj.; immer nachgestellt⟩ [engl. instant = unmittelbar, sofort < lat. instans, ↑ inständig]: *(von bestimmten, meist zu einem pulverförmigen Extrakt verarbeiteten Lebensmitteln) sofort löslich, ohne Vorbereitung, nur durch Hinzufügen einer Flüssigkeit in kürzester Zeit zum Genuss bereit:* Kaffee i.; eine Kartoffelsuppe i.

In|s|tant|ge|tränk [auch: ˈɪnstənt...], das: *Getränk in Form eines pulverisierten Extrakts, das durch Hinzufügen einer [heißen] Flüssigkeit in kürzester Zeit trinkfertig ist.*

in|s|tan|ti|sie|ren ⟨sw. V.; hat⟩ [zu ↑ instant] (Fachspr.): *von bestimmten geeigneten Lebensmitteln in bestimmten Trocknungsverfahren einen meist pulverförmigen Extrakt herstellen, der sich löslich ist (u. aus dem durch Hinzufügen einer Flüssigkeit in kürzester Zeit eine zum Genuss bereite Speise, ein Getränk hergestellt werden kann).*

In|s|tant|kaf|fee [auch: ˈɪnstənt...], der; vgl. Instantgetränk.

In|s|tant|sup|pe [auch: ˈɪnstənt...], die; vgl. Instantgetränk.

In|s|tant|tee [auch: ˈɪnstənt...], der; vgl. Instantgetränk.

In|s|tanz, die; -, -en [mhd. (md.) instancie < mlat. instantia < spätlat. instantia = inständiges Drängen; lat. = unmittelbare Gegenwart, zu: instare, ↑ Instanz]: **1.** *für einen Fall, eine Entscheidung zuständige Stelle (bes. eine Behörde o. Ä.):* staatliche, politische, juristische, gesetzgebende, Recht sprechende -en; eine höhere, übergeordnete I.; sich an eine höhere I. wenden; der Antrag muss erst durch alle -en gehen; Ü das Gewissen ist die oberste I. unserer Entscheidungen. **2.** (Rechtsspr.) *im Hinblick auf die Reihenfolge der zur Entscheidung einer Rechtssache zuständigen Instanzen (1)) bestimmte Stufe eines gerichtlichen Verfahrens:* in der dritten I. wurde wie in der ersten entschieden; sie hat den Prozess in der zweiten I. gewonnen; der Fall geht jetzt in die letzte I. **3.** [engl. instance = Beispiel] (EDV) *einzelne Ausprägung, Exemplar aus einer Klasse von Objekten* (5).

In|s|tan|zen|weg, der ⟨Pl. selten⟩: *für die Abwicklung behördlicher, gerichtlicher, parlamentarischer o. ä. Angelegenheiten vorgeschriebene Reihenfolge von Instanzen; Behördenweg:* ein langer I.; den I. nehmen, durchlaufen.

In|s|tan|zen|zug, der (Rechtsspr.): *Übergang einer Rechtssache an das nächsthöhere zuständige Gericht.*

in|s|tan|zi|ie|ren ⟨sw. V.; hat⟩ (EDV): *Instanz (3) erzeugen, als Instanz darstellen.*

in sta|tu nas|cen|di [- ˈst... -; lat. = im Zustand des Geborenwerdens, des Entstehens] (bildungsspr.): *im Entstehen, im Werden begriffen:* da ich mit dem Maler befreundet bin, kannte ich das Bild schon in s. n.

in sta|tu quo [lat. = in dem Zustand, in dem (sich eine Sache befindet)]: *im gegenwärtigen Zustand.*

in sta|tu quo an|te [lat. = in dem Zustand, in dem vorher (eine Sache sich befunden hat)] (bildungsspr.): *im früheren Zustand.*

In|s|tinkt, der; -[e]s, -e [LÜ von mlat. instinctus (naturae) = Anreizung der Natur, zu lat. instinguere = anstacheln, antreiben]: **1.** *unbewusst gesteuerter, natürlicher Antrieb zu bestimmten Verhaltensweisen; ererbte Befähigung bes. der Tiere, in bestimmten Situationen in bestimmter, nicht bewusst gelenkter Weise zu reagieren, ein bestimmtes (bes. lebens- u. arterhaltendes) Verhalten zu zeigen:* der tierische I. der Brutpflege, der Fortpflanzung; der mütterliche I.; die niederen, dunklen -e *(Triebe)* des Menschen; der I. ist bei den Tieren stärker ausgeprägt als beim Menschen; das Tier lässt sich von seinem I. leiten. **2.** *sicheres Gefühl eines Menschen für etw.:* ihr feiner, untrüglicher I. hat sie nicht getrogen; ein sicherer I. sagte ihm, dass sie ihn belog; politischen I. beweisen; seinem I. vertrauen; sich auf seinen I. verlassen.

in|s|tinkt|ge|steu|ert ⟨Adj.⟩: *instinktiv* (1): -es Verhalten.

in|s|tinkt|haft ⟨Adj.⟩: *einem Instinkt* (1) *gleich, wie ein Instinkt:* -e Handlungen.

In|s|tinkt|hand|lung, die: *durch einen Instinkt* (1) *ausgelöste Verhaltensweise.*

in|s|tinkt|iv ⟨Adj.⟩ [frz. instinctif]: **1.** *vom Instinkt* (1) *gesteuert, durch ihn geleitet, auf ihm beruhend:* ein -es Verhalten; ein Tier reagiert i. **2.** *von einem [sicheren] Gefühl geleitet; gefühlsmäßig; unwillkürlich:* eine -e Abneigung gegen jmdn., etw. haben; sie tat i. das einzig Richtige; Er kommt schnell zum Vorschein, fährt i. zurück, fasst sich und tritt ins Zimmer (Hochhuth, Stellvertreter 70).

in|s|tinkt|los ⟨Adj.⟩: *keinen Instinkt* (2) *besitzend; ohne Feingefühl; ohne Gefühl für das richtige Verhalten in bestimmten Situationen:* ein -er, unsensibler Mensch; politisch i. handeln.

In|s|tinkt|lo|sig|keit, die; -, -en: **a)** ⟨o. Pl.⟩ *instinktloses Wesen, Verhalten;* **b)** *instinktlose Handlung, Äußerung.*

in|s|tinkt|mä|ßig ⟨Adj.⟩: *dem Instinkt gemäß.*

In|s|tinkt|si|cher ⟨Adj.⟩: *einen ausgeprägten Instinkt* (2) *besitzend; mit sicherem Gefühl für das richtige Verhalten in bestimmten Situationen:* ein -er Mensch, Politiker; eine Entwicklung i. vorausahnen.

In|s|tinkt|si|cher|heit, die ⟨o. Pl.⟩: *instinktsichere Art, Haltung, instinktsicheres Wesen, Verhalten.*

In|s|tinkt|ver|hal|ten, das: *instinktgesteuertes Verhalten.*

in|s|ti|tu|ie|ren ⟨sw. V.; hat⟩ [lat. instituere, eigtl. = hinstellen, hineinstellen, zu: statuere, ↑ Statue] (bildungsspr.): *als Institution* (1)*, Einrichtung gründen, einsetzen, etablieren; einrichten, errichten:* einen Ausschuss i.; einen Jour fixe i.

In|s|ti|tut, das; -[e]s, -e [lat. institutum = Einrichtung]: **1. a)** *Einrichtung, Anstalt, die, oft als Teil einer Hochschule, wissenschaftlicher Arbeit, der Forschung, der Erziehung o. Ä. dient:* ein pädagogisches, kunsthistorisches I.; ein I. für Demoskopie; ein I. gründen, leiten; das psychologische I. der Universität; **b)** *Gebäude, in dem ein Institut* (1 a) *untergebracht ist.* **2.** (Rechtsspr.) *durch gesetzlich verankertes Recht geschaffene Einrichtung:* das I. des Eigentums.

In|s|ti|tu|ti|on, die; -, -en [lat. institutio = Einrichtung]: **1.** *einem bestimmten Bereich zugeordnete gesellschaftliche, staatliche, kirchliche Einrichtung, die dem Wohl od. Nutzen des Einzelnen od. der Allgemeinheit dient:* eine wissenschaftliche, gesellschaftliche, internationale I.; das Parlament ist eine I. des Staates; Ü dieses Café war in den Sechzigerjahren eine Berliner I. **2.** (bes. Soziol.) *bestimmten stabilen Mustern folgende Form menschlichen Zusammenlebens:* die I. der Ehe, der Familie.

in|s|ti|tu|ti|o|na|li|sie|ren ⟨sw. V.; hat⟩ (bildungsspr.): **a)** *in eine [gesellschaftlich anerkannte] feste Form bringen; zu einer Institution* (2) *machen:* die beiden Staaten wollen ihre Zusammenarbeit [noch stärker] i.; **b)** ⟨i. + sich⟩ *eine [gesellschaftlich anerkannte] feste Form annehmen; zu einer Institution* (2) *werden:* der Widerstand begann sich zu i.

In|s|ti|tu|ti|o|na|li|sie|rung, die; -, -en (bildungsspr.): *das Institutionalisieren:* die I. der Volksherrschaft; Der Sexus wird gleichgültig durch die I. der Promiskuität (Adorno, Prismen 99).

in|s|ti|tu|ti|o|nell ⟨Adj.⟩ (bildungsspr.): **a)** *eine Institution* (1) *betreffend, zu ihr gehörend; durch eine Institution* (1) *gesichert; mithilfe einer Institution* (1): die -e Erziehungsberatung durch eigens eingerichtete Erziehungsberatungsstellen; die Unabhängigkeit der Zentralbank muss i. abgesichert sein; **b)** *eine Institution* (2) *betreffend, zu ihr gehörend; als Institution* (2) *geltend, wirksam:* Ehe und Familie sind -e Formen menschlichen Zusammenlebens.

In|s|ti|tuts|bi|b|lio|thek, die: *Bibliothek eines Instituts* (1 a).

In|s|ti|tuts|di|rek|tor, der: *Direktor eines Instituts* (1 a).

In|s|ti|tuts|di|rek|to|rin, die: w. Form zu ↑ Institutsdirektor.

In|s|ti|tuts|lei|ter, der: *Leiter eines Instituts* (1 a).

In|s|ti|tuts|lei|te|rin, die: w. Form zu ↑ Institutsleiter.

in|s|t|ra|die|ren ⟨sw. V.; hat⟩ [ital. instradare = leiten, zu: strada = Straße, Weg]: **1.** (veraltend) **a)** *(Soldaten) mit einem bestimmten Ziel in Marsch setzen:* Ü ... begann er, Novellen zu schreiben, und unter dem Namen »Kurt vom Walde« an alle möglichen Sonntagsblättchen instradierte (Keller, Liebesbriefe 8); **b)** *den Weg, auf dem eine Sendung befördert werden soll, festlegen; mit einer Anweisung den Beförderungsweg bestimmen, angeben.* **2.** (schweiz.) *in die bestimmte Straße befördern, leiten.*

in|s|t|ru|ie|ren ⟨sw. V.; hat⟩ [lat. instruere, eigtl. = herrichten, ausrüsten]: **a)** *von etw. in Kenntnis setzen, über etw. unterrichten:* wir sind über seine weiteren Schritte instruiert worden; er muss dich doch instruiert haben, wie du ihn erreichen kannst; **b)** *jmdm. Verhaltensmaßregeln, Anweisungen geben:* er war instruiert worden, den Brief nur persönlich zu übergeben; er hatte seine Leute genau instruiert, wie sie gegebenenfalls reagieren sollten.

In|s|t|ruk|teur [...ˈtøːɐ̯], der; -s, -e [frz. instructeur]: *jmd., der andere anleitet, unterweist, ihnen Instruktionen* (a) *erteilt.*

In|s|t|ruk|teu|rin [...ˈtøːrɪn], die; -, -nen: w. Form zu ↑ Instrukteur.

In|s|t|ruk|ti|on, die; -, -en [lat. instructio]: **a)** *anleiternde, unterweisende Anleitung für den Gebrauch, die Auslegung, die Ausführung von etw.; Unterweisung:* er gab ihnen noch einige nützliche -en mit auf den Weg; **b)** *von übergeordneter Stelle gegebene Weisung, Verhaltensmaßregel; Direktive, [Dienst]anweisung:* -en erteilen, geben, erhalten, entgegennehmen, befolgen, ausführen; sich an die I. halten; dieser Brief muss abgesichert sein.

In|s|t|ruk|tiv ⟨Adj.⟩ [frz. instructif]: *aufschlussreiche -e Erläuterungen, Beispiele; das Buch, das Bildmaterial ist sehr i.; etw. i. darstellen, vortragen, erläutern.*

In|s|t|ruk|tor, der; -s, ...oren [lat. instructor = Einrichter, Erbauer]: **1.** (veraltet) *Lehrer, Erzieher, bes. von [hochstehenden] Einzelpersonen.* **2.** (österr., schweiz.) *Instrukteur.*

Instruktorin – inszenieren

In|s|t|ruk|to|rin, die; -, -nen: w. Form zu ↑ Instruktor.

In|s|t|ru|ment, das; -[e]s, -e [lat. instrumentum, eigtl. = Ausrüstung, Gerätschaft, zu: instruere, ↑ instruieren]: **1.** *meist fein gearbeitetes, oft kompliziert gebautes Gerät, Werkzeug für wissenschaftliche, technische Arbeiten:* medizinische, optische, nautische -e; ein I. zur Messung der Luftfeuchtigkeit, der Temperatur; die -e arbeiten genau, zeigen die Werte an. **2.** *jmd., etw. als Mittel, dessen man sich (wie eines Werkzeugs) zur Ausführung von etw. bedient:* die Kirche, die Armee als ein I. des Staates; er hat den König zum [willenlosen] I. seiner ehrgeizigen Pläne gemacht. **3.** [mhd. instrument < mlat. instrumentum] Kurzf. von ↑ Musikinstrument: ein schwieriges, wertvolles, altes I.; sie spielt, beherrscht mehrere -e; ein I. stimmen, einspielen. ♦ **4.** *über ein Rechtsgeschäft ausgefertigte Urkunde, Vertrag:* Die andern Punkte nennt dies I. (Schiller, Jungfrau III, 2).

in|s|t|ru|men|tal ⟨Adj.⟩ [frz. instrumental < mlat. instrumentalis, urspr. = nach Art eines Instruments (1)]: **1.** (Musik) *ausschließlich mit Musikinstrumenten, nicht unter Mitwirkung von Singstimmen hervorgebracht:* -e Musik; eine -e Begleitung; i. musizieren; einen Sänger i. begleiten. **2.** (bildungsspr.) *als Mittel od. Werkzeug dienend:* das Geld hat für ihn rein -en Charakter; eine -e (Sprachwiss.; *das Mittel, durch das ein Sachverhalt eintritt, angebende*) Konjunktion.

¹In|s|t|ru|men|tal, der; -s, -e (Sprachwiss.): **a)** *(bes. in slawischen Sprachen auftretender) Kasus, der das Mittel od. Werkzeug bezeichnet* (z. B. russ. toporom = mit dem Beil); **b)** *Wort, das im* ¹*Instrumental* (a) *steht.*

²In|s|t|ru|men|tal [...təl], das; -s, -s ⟨engl. instrumental⟩ (Musik): *Instrumentalstück.*

In|s|t|ru|men|tal|be|gleitung, die: *instrumental* (1) *ausgeführte Begleitung* (2).

In|s|t|ru|men|ta|lis, der; -, ...les [...le:s] (Sprachwiss.): ↑ ¹Instrumental.

in|s|t|ru|men|ta|li|sie|ren ⟨sw. V.; hat⟩: *als Instrument* (2) *benutzen, missbrauchen:* eine Minorität für machtpolitische Zwecke i.; wir dürfen uns von niemandem i. lassen; die eigene Krankheit zur Durchsetzung bestimmter Ziele, als Druckmittel i.

In|s|t|ru|men|ta|li|sie|rung, die; -, -en: *das Instrumentalisieren.*

In|s|t|ru|men|ta|list, der; -en, -en: *jmd., der [berufsmäßig] bes. in einem Ensemble ein Musikinstrument spielt.*

In|s|t|ru|men|ta|lis|tin, die; -, -nen: w. Form zu ↑ Instrumentalist.

In|s|t|ru|men|tal|kon|zert, das: vgl. Instrumentalmusik.

In|s|t|ru|men|tal|mu|sik, die: ⟨o. Pl.⟩ *instrumentale* (1) *Musik.* **2.** *der Instrumentalmusik* (1) *zuzurechnendes Musikstück.*

In|s|t|ru|men|tal|satz, der: **1.** (Sprachwiss.) *Gliedsatz, der das Mittel nennt, durch das der im Hauptsatz genannte Sachverhalt eintritt.* **2.** (Musik) *Satz einer instrumentalen* (1) *Komposition.*

In|s|t|ru|men|tal|so|list, der: *(innerhalb eines Orchesters, Ensembles o. Ä. spielender) Solist auf einem Musikinstrument.*

In|s|t|ru|men|tal|so|lis|tin, die: w. Form zu ↑ Instrumentalsolist.

In|s|t|ru|men|tal|stück, das: *ausschließlich mit Musikinstrumenten aufgeführtes Stück;* ²*Instrumental.*

In|s|t|ru|men|tal|ver|si|on, die (Musik): *(bes. in der Unterhaltungsmusik) instrumentale Version eines Gesangsstückes.*

In|s|t|ru|men|ta|ri|um, das; -s, ...ien [mlat. instrumentarium = Gesamtheit benutzter Werkzeuge]: **1.** (Fachspr.) *Gesamtheit der als Ausrüstung für etw., bes. für eine wissenschaftliche Tätigkeit, vorgesehenen, zur Verfügung stehenden Instrumente* (1): das I. einer Ärztin, eines Observatoriums. **2.** (Musik) *Gesamtheit der in den Kompositionen einer Epoche, eines Komponisten verwendeten od. der für eine musikalische Aufführung vorgesehenen Musikinstrumente:* die romantische Oper verlangt ein umfangreiches I. **3.** (bildungsspr.) *Gesamtheit der für eine bestimmte Aufgabe, Tätigkeit, für die Erreichung eines bestimmten Ziels zur Verfügung stehenden Mittel, Möglichkeiten, Einrichtungen:* ein wirtschaftspolitisches I.; das I. des Gesetzgebers.

In|s|t|ru|men|ta|ti|on, die; -, -en (Musik): **a)** *das Instrumentieren* (1); *Art, in der etw. instrumentiert* (1) *worden ist:* die Interpretation besticht durch die sparsame I.; **b)** *Einrichtung einer (ursprünglich nicht für [verschiedene] Instrumente, für ein Orchester geschriebenen) Komposition für mehrere Instrumente, für Orchester:* die I. einer Klaviersonate, eines Chorwerks.

in|s|t|ru|men|tell ⟨Adj.⟩ [nach frz. instrumental] (bildungsspr.): **1.** *ein Instrument* (1), *Instrumente betreffend; unter Zuhilfenahme von Instrumenten:* die -e Ausrüstung des Krankenhauses; etw. i. untersuchen. **2.** *instrumental* (2).

In|s|t|ru|men|ten|bau, der ⟨o. Pl.⟩: **1.** *das Bauen, Herstellen von Musikinstrumenten.* **2.** *Handwerkszweig, industrielle Wirtschaftszweig, der die Herstellung von Musikinstrumenten betreibt:* der Ort ist ein Zentrum des -s.

In|s|t|ru|men|ten|bau|er, der; -s, -: *Instrumentenmacher.*

In|s|t|ru|men|ten|bau|e|rin, die: w. Form zu ↑ Instrumentenbauer.

In|s|t|ru|men|ten|brett, das: *Armaturenbrett.*

In|s|t|ru|men|ten|flug, der (Flugw.): *Flug, der ohne Bodensicht u. nur unter Verwendung der notwendigen Instrumente* (1) *des Flugzeugs durchgeführt wird.*

In|s|t|ru|men|ten|kas|ten, der: *Kasten, in dem Instrumente* (1, 3) *aufbewahrt, transportiert werden:* der I. eines Arztes.

In|s|t|ru|men|ten|kun|de, die: *(als Zweig der Musikwissenschaft) Lehre von den Musikinstrumenten.*

In|s|t|ru|men|ten|ma|cher, der: *jmd., der Musikinstrumente baut, im Instrumentenbau tätig ist* (Berufsbez.).

In|s|t|ru|men|ten|ma|che|rin, die: w. Form zu ↑ Instrumentenmacher.

In|s|t|ru|men|ten|schrank, der: vgl. Instrumentenkasten.

In|s|t|ru|men|ten|ta|fel, die: *[großes] Instrumentenbrett.*

In|s|t|ru|men|ta|sche, die: vgl. Instrumentenkasten.

in|s|t|ru|men|tie|ren ⟨sw. V.; hat⟩: **1.** (Musik) **a)** *(eine mehrstimmige Komposition) für die einzelnen Instrumente eines Orchesters ausarbeiten, mit den einzelnen Orchesterinstrumenten besetzen u. dabei bestimmte Klangvorstellungen realisieren; die Skizzen einer Symphonie i.;* **b)** *(eine ursprünglich nicht für [verschiedene] Instrumente, für Orchester vorgesehene Komposition) für mehrere Instrumente, für Orchester umschreiben;* eine Solosonate i. **2.** (Technik) *mit Instrumenten* (1), *mit einem Instrumentarium* (1) *ausstatten:* ein Fahrzeug, eine Anlage i. **3.** (Med.) *einem operierenden Arzt die chirurgischen Instrumente zureichen:* allein, mit Assistenz, bei einem Professor i.

In|s|t|ru|men|tie|rung, die; -, -en (Musik): *das Instrumentieren* (1); *Instrumentation.*

In|sub|or|di|na|ti|on ⟨auch: ˈɪn...⟩, die; -, -en [aus lat. in- = un- u. ↑ Subordination] (bildungsspr.): *Ungehorsam, Verweigerung des Gehorsams gegenüber [militärischen] Vorgesetzten; mangelnde Unterordnung.*

in|suf|fi|zi|ent ⟨auch: ...ˈtsi̯ɛnt⟩ ⟨Adj.⟩ [lat. insufficiens (Gen.: insufficientis), aus: in- = un-, nicht u. sufficiens, ↑ suffizient]: **1.** (bildungsspr.) *unzulänglich, unzureichend, mangelhaft:* die Maßnahmen erwiesen sich als i.; die Verantwortlichen haben sich nicht oder nur i. um Abhilfe bemüht. **2.** (Med.) *(von der Funktion, Leistungsfähigkeit eines Organs) ungenügend, unzureichend, geschwächt:* eine -e Herztätigkeit.

In|suf|fi|zi|enz ⟨auch: ...ˈtsi̯ɛnts⟩, die; -, -en [(spät)lat. insufficientia]: **1.** (bildungsspr.) *Unzulänglichkeit, Unvermögen:* die ständige Kritik vermittelt dem Kind schließlich ein Gefühl der I. **2.** (Med.) *Funktionsschwäche, ungenügende Leistungsfähigkeit eines Organs:* eine plötzliche I. des Herzens. **3.** (Rechtsspr.) *Vermögenslage eines Schuldners, die dazu führt, dass er den Forderungen von Gläubigern nicht [ausreichend] nachkommen kann.*

In|su|la|ner, der; -s, - ⟨meist Pl.⟩ [lat. insulanus, zu: insula, ↑ Insel]: *Bewohner einer Insel:* viele I. waren noch nie auf dem Festland.

In|su|la|ne|rin, die; -, -nen: w. Form zu ↑ Insulaner.

in|su|lar ⟨Adj.⟩ [spätlat. insularis]: *eine Insel, Inseln betreffend; zu einer Insel gehörend, für eine Insel charakteristisch, typisch:* -es Klima; -e Vegetation.

In|su|lin, das; -s, ⟨Sorten:⟩ -e [zu lat. insula (↑ Insel), mit Bezug auf die ↑ Langerhans-Inseln]: **1.** *Hormon der Bauchspeicheldrüse, das den Blutzuckerspiegel reguliert.* **2.** *Insulin* (1) *enthaltendes Arzneimittel für Zuckerkranke.*

In|su|lin|de, die; - ⟨o. Pl.⟩ [niederl. Insulinde, geprägt von dem niederl. Schriftsteller Multatuli (1820–1887), zu lat. insula = Insel u. India = Indien]: *Name für die Inselwelt des Malaiischen Archipels.*

In|su|lin|man|gel, der, ⟨o. Pl.⟩ (Med.): *(den Blutzuckerspiegel erhöhender) Mangel an Insulin.*

In|su|lin|schock, der (Med.): *(bei Diabetikern infolge von Diätfehlern auftretender) durch vermehrtes Insulin* (1) *ausgelöster Schock.*

In|sult, der; -[e]s, -e [mlat. insultus = Angriff, zu lat. insultare = verspotten, verhöhnen, eigtl. = in, auf etw. springen] (bildungsspr.): *[schwere] Beleidigung, Beschimpfung:* er hat sich für den I. entschuldigt.

in|sul|tie|ren ⟨sw. V.; hat⟩ [lat. insultare, eigtl. = anspringen] (bes. österr.): **1.** *[schwer] beleidigen, beschimpfen, verhöhnen.* **2.** *tätlich angreifen.*

In|sul|tie|rung, die; -, -en (österr., sonst seltener): *Beleidigung, Beschimpfung, Verhöhnung:* er wurde wegen I. des Schiedsrichters vom Platz gestellt.

in sum|ma [lat., zu: summa, ↑ Summa] (bildungsspr. veraltend): *im Ganzen, insgesamt, alles zusammengenommen.*

In|sur|gent, der; -en, -en [zu lat. insurgens (Gen.: insurgentis), 1. Part. von: insurgere = sich erheben] (bildungsspr. veraltend): *Aufständischer, Aufrührer.*

In|sur|gen|tin, die; -, -nen: w. Form zu ↑ Insurgent.

In|sur|rek|ti|on, die; -, -en [spätlat. insurrectio] (bildungsspr.): *Aufstand, Volkserhebung.*

in|sze|na|to|risch ⟨Adj.⟩: *eine Inszenierung, das Inszenieren betreffend, zur Inszenierung gehörend:* -es Können; eine -e Meisterleistung; ein i. begabter Künstler.

in|sze|nie|ren ⟨sw. V.; hat⟩ [zu lat. in- = hinein u. ↑ Szene]: **1.** *(ein Stück beim Theater, beim Fernsehen, einen Film) technisch u. künstlerisch vor-*

bereiten, gestalten u. leiten: eine Oper, ein Drama, einen Spielfilm, den »Faust« i. **2.** (oft abwertend) geschickt ins Werk setzen, organisieren, einfädeln: einen Skandal i.

In|sze|nie|rung, die; -, -en: **1. a)** das Inszenieren (1): die I. der Komödie besorgte eine begnadete Regisseurin; **b)** in bestimmter Weise, von einem bestimmten Regisseur inszenierte Aufführung eines Theaterstücks, eines Fernsehspiels: das Fernsehspiel ist die I. eines jungen Regisseurs. **2.** (oft abwertend) das Inszenieren (2): die I. eines Skandals, einer Kampagne.

in|takt ⟨Adj.⟩ [lat. intactus, eigtl. = unberührt, aus: in- = un-, nicht u. tactum, ↑ Takt]: **a)** unversehrt, unbeschädigt: eine -e Maschine; eine einigermaßen -e Naturlandschaft; die Telefonverbindungen sind trotz des Sturms i. geblieben; **b)** [voll] funktionsfähig; ohne Störungen funktionierend: ein -er Organismus; eine -e Darmflora; -e Familien, Beziehungen, Ehen; seine Augen sind noch i.; das Ökosystem ist weitgehend i.; unsere Wirtschaft ist völlig i.

In|takt|heit, die; -: intakte Beschaffenheit.

In|tar|sia, In|tar|sie, die; -, ...ien ⟨meist Pl.⟩ [ital. intarsio, zu gleichbed. tarsia < arab. tarṣīʿ = das Auslegen, Besetzen (mit Edelsteinen, Gold o. Ä.)]: Einlegearbeit in Holz aus andersfarbigem Holz, Elfenbein, Metall o. Ä.: ein mit Intarsien verzierter Tisch.

in|te|ger ⟨Adj.; ...grer, -ste⟩ [lat. integer = unberührt, unversehrt, zu: in- = un-, nicht u. tangere, ↑ tangieren]: unbescholten, moralisch einwandfrei; unbestechlich: ein integrer Mann, Politiker; er hatte bis dahin als absolut i. gegolten; Er hielt Sie für einen integren Mann, trotz des Handels mit Menschenfleisch, in den Sie mehr als verwickelt sind (Biermann, Klartexte 75).

In|te|gral ⟨Adj.⟩ [mlat. integralis, zu lat. integrare = wiederherstellen, ergänzen, zu: integer, ↑ integer]: zu einem Ganzen dazugehörend u. es erst zu dem machend, was es ist: Vertrauensbildung ist ein -er Bestandteil unserer Friedenspolitik.

In|te|gral, das; -s, -e (Math.): **1.** Rechensymbol der Integralrechnung. **2.** mathematischer Summenausdruck über die Differenziale eines endlichen od. unendlichen Bereichs (Zeichen: ∫).

In|te|gral|glei|chung, die (Math.): mathematische Gleichung, in der die Unbekannte in irgendeiner Form unter dem Integralzeichen auftritt.

In|te|gral|helm, der: mit einem herunterklappbaren Visier (1 b) aus durchsichtigem Kunststoff versehener, Kopf u. Hals bedeckender Schutzhelm bes. für Motorradfahrer.

In|te|gral|rech|nung, die (Math.): **1.** ⟨o. Pl.⟩ das Rechnen mit Integralen. **2.** Rechnung aus dem Gebiet der Integralrechnung (1).

In|te|gral|zei|chen, das: Zeichen für Integral (∫).

In|te|gra|ti|on, die; -, -en [lat. integratio = Wiederherstellung eines Ganzen] (bildungsspr.): **1.** (bildungsspr.) [Wieder]herstellung einer Einheit [aus Differenziertem]; Vervollständigung: die politische I. Europas. **2.** (bildungsspr.) Einbeziehung, Eingliederung in ein größeres Ganzes: die fortschreitende I. von Fremdwörtern in die Umgangssprache; die I. der hier lebenden Ausländer ist nach wie vor ein dringendes Problem. **3.** (Soziol.) Verbindung einer Vielheit von einzelnen Personen od. Gruppen zu einer gesellschaftlichen u. kulturellen Einheit. **4.** (Math.) Berechnung eines Integrals (2).

In|te|gra|ti|ons|ar|beit, die: der Integration dienende Tätigkeit.

In|te|gra|ti|ons|be|auf|trag|te ⟨vgl. Beauftragte⟩: in Verwaltungen, Regierungen o. Ä. mit

Fragen der Integration von ausländischen Mitbürgerinnen u. Mitbürgern beauftragte weibliche Person: die I. der deutschen Bundesregierung.

In|te|gra|ti|ons|be|auf|trag|ter ⟨vgl. Beauftragter⟩: in Verwaltungen, Regierungen o. Ä. mit Fragen der Integration von ausländischen Mitbürgerinnen u. Mitbürgern beauftragte Person.

In|te|gra|ti|ons|fä|hig|keit, die: Fähigkeit, sich, etw., jmdn. in etw. zu integrieren.

In|te|gra|ti|ons|fi|gur, die: jmd., der die Fähigkeit hat, unterschiedliche politische Richtungen, gesellschaftliche Gruppierungen o. Ä. zu integrieren, zu einem übergeordneten Ganzen zusammenzuschließen, zu vereinheitlichen: der Partei fehlt zurzeit eine I.

In|te|gra|ti|ons|gip|fel, der (Politikjargon): Gipfeltreffen zur Erörterung von Fragen der Integration.

In|te|gra|ti|ons|kurs, der: der Vermittlung von Deutschkenntnissen dienender Sprachkurs.

In|te|gra|ti|ons|leh|rer, der (österr.): Lehrer für Klassen, in denen behinderte und nicht behinderte Kinder gemeinsam unterrichtet werden.

In|te|gra|ti|ons|leh|re|rin, die: w. Form zu ↑ Integrationslehrer.

In|te|gra|ti|ons|po|li|tik, die: auf Maßnahmen u. Richtlinien, die die Integration betreffen, gerichtete Politik.

In|te|gra|ti|ons|pro|blem, das: Problem, jmdn. od. etw. zu integrieren (2).

In|te|gra|ti|ons|pro|zess, der: Prozess (2) der Integration (1, 2, 3).

in|te|gra|tiv ⟨Adj.⟩: eine Integration (1–3) darstellend; eine Integration herbeiführend: -e Kräfte, Konzepte.

in|te|grier|bar ⟨Adj.⟩: sich integrieren lassend.

in|te|grie|ren ⟨sw. V.; hat⟩ [lat. integrare = wiederherstellen, erneuern]: **1.** (bildungsspr.) zu einem übergeordneten Ganzen zusammenschließen; in ein übergeordnetes Ganzes aufnehmen; vereinheitlichen: Forschungsvorhaben auf europäischer Basis i.; ⟨häufig im 2. Part.:⟩ integrierte Gesamtschule; eine integrierte Schaltung. **2.** (bildungsspr.) in ein größeres Ganzes eingliedern, einbeziehen, einfügen: ein Land in die EU i.; das universitäre Leben in die Stadt i.; Minderheiten in die Gesellschaft i.; ⟨auch i. + sich:⟩ sich in eine Gemeinschaft i.; ⟨häufig im 2. Part.:⟩ der Wagen hat integrierte Nebelscheinwerfer; sie ist in der Gruppe, der Klasse völlig integriert und fühlt sich sehr wohl. **3.** (Math.) ein Integral berechnen.

in|te|grie|rend ⟨Adj.⟩ [frz. intégrant]: integral: ein -er Bestandteil.

In|te|grie|rung, die; -, -en: das Integrieren; das Integriertwerden.

In|te|gri|tät, die; - [lat. integritas]: **a)** Makellosigkeit, Unbescholtenheit, Unbestechlichkeit: die I. dieses Mannes ist unbestreitbar; **b)** (Politik, Rechtsspr.) Unverletzlichkeit [eines Staatsgebietes]: die territoriale I. eines Staates anerkennen, garantieren.

In|tel|lekt, der; -[e]s, -e ⟨Pl. selten⟩ [lat. intellectus, zu: intellegere, ↑ intelligent]: Fähigkeit, Vermögen, unter Einsatz des Denkens Erkenntnisse, Einsichten zu gewinnen; Denk-, Erkenntnisvermögen; Verstand: einen feinen, scharfen, geschulten I. haben; seinen I. einsetzen, anwenden; Mit dem Herzen kämpfend, kann man ja Berge versetzen, aber wenn der I. fehlt, kommen die Berge manchmal an die falsche Stelle (Kirsch, Pantherfrau 86).

In|tel|lek|tu|a|lis|mus, der; -, ...men: übermäßige Betonung des Intellekts; einseitig vom Verstand bestimmte Haltung.

In|tel|lek|tu|a|li|tät, die; - [spätlat. intellectuali-

tas = Fähigkeit, etwas zu begreifen] (bildungsspr.): Verstandesmäßigkeit.

in|tel|lek|tu|ell ⟨Adj.⟩ [frz. intellectuel < spätlat. intellectualis]: **a)** den Intellekt betreffend; verstandesmäßig, geistig: die -e Entwicklung eines Kindes; er nutzt seine -en Fähigkeiten; **b)** einseitig, betont verstandesmäßig, auf den Intellekt ausgerichtet: eine -e Konversation; ein -er Mensch; der Roman ist mir zu i.; **c)** die Intellektuellen betreffend, zu ihnen gehörend: -e Kreise.

In|tel|lek|tu|el|le, die/eine Intellektuelle; der/einer Intellektuelle, die Intellektuellen/zwei Intellektuelle: **a)** weibliche Person, die wissenschaftlich [od. künstlerisch] gebildet ist u. geistig arbeitet; **b)** weibliche Person, deren Verhalten [übermäßig] vom Intellekt bestimmt wird.

In|tel|lek|tu|el|ler, der, Intellektuelle/ein Intellektueller; des/eines Intellektuellen, die Intellektuellen/zwei Intellektuelle: **1.** jmd., der wissenschaftlich [od. künstlerisch] gebildet ist u. geistig arbeitet: der Anteil der Intellektuellen unter den Stammwählern der Partei ist relativ hoch. **2.** Verstandesmensch.

in|tel|li|gent ⟨Adj.⟩ [lat. intelligens, intellegens (Gen.: intellegentis), adj. 1. Part. von: intellegere = erkennen, verstehen, eigtl. = zwischen etw. wählen]: Intelligenz (1) besitzend, zeigend; klug, gescheit, begabt: ein -er Mensch; wir brauchen -e Lösungen, ein -es Produktmanagement; sie ist sehr i.; er ist dabei nicht besonders i. zu Werke gegangen; Ü -e (EDV; mit künstlicher Intelligenz arbeitende) Roboter.

In|tel|li|genz, die; -, -en [lat. intelligentia, intellegentia]: **1.** ⟨o. Pl.⟩ Fähigkeit [des Menschen], abstrakt u. vernünftig zu denken u. daraus zweckvolles Handeln abzuleiten: ein Mensch von großer, überragender I.; er hat technische, politische I.; jmds. I. testen; das ist keine Frage der I., sondern der Motivation; Ü emotionale I. (Fähigkeit des Menschen, Gefühle zu erkennen und mit dem Verstand zu kontrollieren); künstliche I. (EDV; Fähigkeit bestimmter Computerprogramme, menschliche Intelligenz nachzuahmen; Abk.: KI); ...sie vermochte es, bei direkten Fragen geschickt auszuweichen, ihre I. hielt ihr jederzeit die verschiedenartigsten Schlupflöcher offen (Mayröcker, Herzzerreißende 119). **2.** ⟨o. Pl.⟩ Gesamtheit der Intellektuellen, Schicht der wissenschaftlich Gebildeten: er gehört der I. an; die deutsche I. **3.** ⟨meist Pl.⟩ (veraltend) vernunftbegabtes Wesen; intelligentes Lebewesen: außerirdische -en.

In|tel|li|genz|bes|tie, die; (ugs., oft scherzh. od. abwertend): ungewöhnlich intelligenter Mensch: er, sie ist eine I.

In|tel|li|genz|grad, der: durch Intelligenztests messbarer Grad der Intelligenz.

In|tel|li|gen|zi|ja, die; - [russ. intelligencija]: russische Bez. für: Intelligenz (2).

In|tel|li|genz|leis|tung, die: mithilfe von Intelligenz erbrachte Leistung; geistige Leistung.

In|tel|li|genz|ler, der; -s, - (häufig abwertend): Angehöriger der Intelligenz (2).

In|tel|li|genz|le|rin, die; -, -nen: w. Form zu ↑ Intelligenzler.

In|tel|li|genz|quo|ti|ent, der [1912 von dem dt. Psychologen u. Philosophen W. Stern (1871 bis 1938) eingeführt]: Maß für die allgemeine intellektuelle Leistungsfähigkeit, das sich aus dem Verhältnis von Intelligenzalter zum Lebensalter (od. auch anderen vergleichbaren Größen) ergibt.

In|tel|li|genz|test, der: psychologischer Test zur Messung der Intelligenz (1).

In|ten|dant, der; -en, -en [frz. intendant = Aufseher, Verwalter, zu lat. intendens (Gen.: intendentis), 1. Part. von: intendere, ↑ intendieren]: künstlerischer u. geschäftlicher Leiter eines

Intendantin – Interesselosigkeit

Theaters, einer Rundfunk- od. Fernsehanstalt: der Brief des [Herrn] -en Meyer/I. Meyers.

In|ten|dan|tin, die; -, -nen: w. Form zu ↑ Intendant.

In|ten|danz, die; -, -en: a) Amt eines Intendanten; b) Büro eines Intendanten.

in|ten|die|ren ⟨sw. V.; hat⟩ [lat. intendere = sein Streben auf etw. richten, zu: tendere, ↑ Tendenz] (bildungsspr.): *auf etw. hinzielen, hinarbeiten; beabsichtigen, anstreben:* diesen Effekt hatte ich [damit] gar nicht intendiert; die intendierte Wirkung erreichen.

In|ten|si|on, die; -, -en [lat. intensio = Spannung]: **1.** *Anspannung; Eifer; Kraft.* **2.** (Logik) *Sinn, Inhalt eines Begriffs, einer Aussage.*

in|ten|si|o|nal ⟨Adj.⟩ (Logik): *die Intension (2) betreffend.*

In|ten|si|tät, die; -, -en ⟨Pl. selten⟩ [zu spätlat. intensus = gespannt, aufmerksam, heftig, adj. 2. Part. von lat. intendere, ↑ intendieren]: *Stärke, Kraft, Wirksamkeit (von Handlungen, Abläufen o. Ä.):* große, geringe, gleichbleibende, wechselnde I.; ihrer Bemühungen; die I. eines Gefühls, einer Empfindung; das hängt vor allem von der I. der UV-Strahlung ab; ein Gedicht von hoher I. *(Eindringlichkeit).*

in|ten|siv ⟨Adj.⟩ [frz. intensif]: **1.** *gründlich u. auf etw. konzentriert:* -e Forschungen betreiben; i. arbeiten, nachdenken, üben, trainieren; sich i. mit etw. beschäftigen. **2.** *(von Sinneseindrücken, physischen od. psychischen Reaktionen) stark, kräftig, durchdringend:* -e Farben; ein intensiver Schmerz; -e Gefühle, Erlebnisse; dieses Rot ist sehr i.; es roch i. nach Knoblauch; Noch Tage später war er von dem -en Geruchserlebnis ganz benommen (Süskind, Parfum 33). **3.** *eingehend, sehr genau zu erfassen, zu durchdringen suchend:* ein -es Gespräch führen; etw. i. betrachten, beobachten. **4.** (Landwirtsch.) *auf besonders hohe Erträge abzielend [u. deshalb mit einem großen Einsatz an Dünge- und Schädlingsbekämpfungsmitteln o. Ä. betrieben]:* -e Landwirtschaft, Viehhaltung; -er Anbau.

-in|ten|siv: 1. drückt in Bildungen mit Substantiven aus, dass die beschriebene Person oder Sache etw. in starkem Maße hat, zeigt, aufweist: gefühls-, lärmintensiv. **2.** drückt in Bildungen mit Substantiven - selten mit Verben (Verbstämmen) - aus, dass die beschriebene Person oder Sache etw. in starkem Maße erfordert: bewegungs-, zeitintensiv.

In|ten|siv|an|bau, der ⟨o. Pl.⟩ (Landwirtsch.): *intensiver (4) Anbau.*

In|ten|siv|bil|dung, die (Sprachwiss.): *Intensivum.*

In|ten|siv|hal|tung, die (Landwirtsch.): **1.** *intensive (4) Viehhaltung.* **2.** *Betrieb, in dem Vieh gehalten wird; Einrichtung, in der Vieh auf eine bestimmte Art und Weise gehalten wird.*

in|ten|si|vie|ren ⟨sw. V.; hat⟩: a) *intensiver gestalten, machen; verstärken, steigern:* die Bemühungen i.; den Export i.; b) ⟨i. + sich⟩ *intensiver werden, sich verstärken:* das Gefühl hatte sich sogar noch intensiviert.

In|ten|si|vie|rung, die; -, -en ⟨Pl. selten⟩: *das Intensivieren; das Intensivwerden.*

In|ten|siv|kur, die: *besonders intensive, konzentriert durchgeführte Kur:* trotz der I. hat er nicht viel abgenommen.

In|ten|siv|kurs, der: *Kurs, bei dem in relativ kurzer Zeit Kenntnisse durch intensiven u. konzentrierten Unterricht erworben werden:* einen I. in Englisch machen; sie hat ihr Latinum in einem achtwöchigen I. gemacht.

In|ten|siv|lehr|gang, der: vgl. Intensivkurs.

In|ten|siv|me|di|zin, die; -: *(bes. auf Intensivstationen betriebener) Einsatz aller zur Verfügung stehenden diagnostischen u. therapeutischen Mittel bes. der apparativen (b) Medizin zur Behebung eines akut lebensbedrohlichen Zustandes eines Patienten unter fortlaufender Kontrolle der wichtigsten Körperfunktionen.*

In|ten|siv|pa|ti|ent, der: *auf einer Intensivstation liegender Patient.*

In|ten|siv|pa|ti|en|tin, die: w. Form zu ↑ Intensivpatient.

In|ten|siv|pfle|ge|sta|ti|on, die: *Intensivstation.*

In|ten|siv|sta|ti|on, die: *Krankenhausstation zur Betreuung akut lebensgefährlich erkrankter Personen (z. B. bei Herzinfarkt, Verbrennungen) unter Anwendung bestimmter lebenserhaltender Sofortmaßnahmen u. mit ständiger ärztlicher Überwachung:* sie hat nach dem Unfall drei Tage auf der I. gelegen.

In|ten|siv|stu|di|um, das: vgl. Intensivkurs.

In|ten|siv|tä|ter, der (Rechtsspr.): *jmd., der schon mehrfach strafbare Handlungen begangen hat.*

In|ten|siv|tä|te|rin, die: w. Form zu ↑ Intensivtäter.

In|ten|siv|the|ra|pie, die: *Intensivmedizin.*

In|ten|si|vum, das; -s, ...va (Sprachwiss.): *Verb, das den größeren od. geringeren Grad, die Intensität eines Geschehens kennzeichnet (z. B. »schnitzen« = kräftig schneide).*

In|ten|ti|on, die; -, -en [lat. intentio, zu: intendere, ↑ intendieren]: (bildungsspr.) *Absicht, Bestreben, Vorhaben:* meine I. geht dahin, dass ...; das entspricht seinen -en.

in|ten|ti|o|nal ⟨Adj.⟩: *mit einer Intention verknüpft; zweckbestimmt; zielgerichtet:* -es Verhalten.

in|ter-, In|ter- [lat. inter = zwischen, unter, zu: in = in, hinein]: kennzeichnet in Bildungen mit Substantiven, Adjektiven oder Verben eine Wechselbeziehung; *zwischen zwei od. mehreren ... [bestehend, sich befindend, sich vollziehend]:* Interdependenz; interafrikanisch, interkulturell; interagieren.

in|ter|agie|ren ⟨sw. V.; hat⟩ (Psychol., Soziol.): *(von Handlungspartnern) Interaktion betreiben.*

In|ter|ak|ti|on, die (Psychol., Soziol.): *aufeinander bezogenes Handeln zweier od. mehrerer Personen; Wechselbeziehung zwischen Handlungspartnern:* soziale I.; sprachliche Kommunikation als Form menschlicher I.

in|ter|ak|tiv ⟨Adj.⟩: a) (bes. Psychol., Soziol.) *die Interaktion betreffend:* -es Lernen; b) (bes. EDV) *die Interaktivität betreffend; Interaktivität ermöglichend:* -e als Medium; -es Fernsehen; das Fernsehen ist noch weit davon entfernt, i. zu sein.

In|ter|ak|ti|vi|tät, die; -, -en (bes. EDV): **1.** *Dialog (3).* **2.** (Psychol., Soziol.) *Gesamtheit von Interaktionen.*

In|ter|ci|ty®, der; -[s], -s: Kurzf. von ↑ Intercityzug.

In|ter|ci|ty|ex|press®, In|ter|ci|ty|ex|press|zug, der: *(auf bestimmten Strecken verkehrender) moderner Hochgeschwindigkeitszug mit besonderem Komfort* (Abk.: ICE®).

In|ter|ci|ty|zug, der: *im Stundentakt verkehrender, mit besonderem Komfort ausgestatteter Schnellzug, der nur an wichtigen Bahnhöfen hält* (Abk.: IC®).

In|ter|crosse [...ˈkrɔs], das; - [zusgez. aus ↑ international u. ↑ Lacrosse]: *aus Lacrosse entwickeltes Mannschaftsspiel, bei dem der Hartgummiball durch einen weichen Gummiball ersetzt worden u. kein Körperkontakt erlaubt ist.*

in|ter|de|par|te|men|tal [auch: ...mãː...] ⟨Adj.⟩ (schweiz.): *zwischen Departements (2) bestehend; die Departements (2) betreffend, ihnen gemeinsam:* eine -e Kommission; i. zusammenarbeiten.

in|ter|de|pen|dent ⟨Adj.⟩ [zu lat. dependens (Gen.: dependentis), 1. Part. von: dependere, ↑ Dependance]: *voneinander abhängig, von gegenseitigen Abhängigkeiten geprägt:* wir leben in einer zunehmend -en Welt.

In|ter|de|pen|denz, die; -, -en (bildungsspr.): *gegenseitige Abhängigkeit:* die I. von Wortbedeutung und Kontext; gesellschaftliche, wirtschaftliche -en.

in|ter|dis|zi|p|li|när [auch: ˈɪ...] ⟨Adj.⟩: *mehrere Disziplinen (2) umfassend; die Zusammenarbeit mehrerer Disziplinen betreffend:* -e Forschungen; i. arbeiten.

In|ter|dis|zi|p|li|na|ri|tät, die; -: *das Interdisziplinärsein.*

in|te|r|es|sant [auch: ɪntrɛˈsant] ⟨Adj.⟩ [frz. intéressant, 1. Part. von: intéresser, ↑ interessieren]: **1.** *Interesse (1) erweckend, erregend; geistig anziehend, fesselnd:* eine -es Buch, Detail; eine -e Aufgabe, Frage, Beobachtung; ein -er Mensch; der Vortrag, die Reise war sehr i.; das ist ja i. *(aufschlussreich);* die Gründe für sein Verhalten sind hier nicht i. *(nicht wissenswert, tun nichts zur Sache);* sie kann i. erzählen; Ja merkst du denn nicht, wie dieser Mann sich vor dir i. machen möchte? (Schnurre, Ich 150). **2.** (meist Kaufmannsspr.) *Erfolg, Vorteil versprechend:* ein -es Angebot; das Haus ist zu diesem Preis nicht i.; dieses Geschäft ist für uns nicht i.

in|te|r|es|san|ter|wei|se ⟨Adv.⟩: *was recht aufschlussreich ist, [unerwartete] Rückschlüsse zulässt:* sie hat es mir i. erst heute erzählt.

In|te|r|es|sant|heit, die; -: *interessante (1) Beschaffenheit.*

In|te|r|es|se [auch: ɪnˈtrɛsə], das; -s, -n [unter Einfluss von frz. intérêt = Anteil(nahme); Nutzen, Vorteil (< lat. interest = es bringt Nutzen) zum mlat. Subst. interesse = aus einer Ersatzpflicht resultierender Schaden (aus der Sicht des Gläubigers = Nutzen, Vorteil, Gewinn), zu lat. interesse = von Wichtigkeit sein]: **1.** ⟨o. Pl.⟩ *geistige Anteilnahme, Aufmerksamkeit:* großes, lebhaftes, geringes I. an jmdm., etw. haben; für jmdn., etw./an jmdm., etw. I. zeigen, bekunden; jmds. I. wecken; im Brennpunkt des öffentlichen -s stehen; etw. mit großem I. lesen, verfolgen; diese Sache ist nicht von I. *(erregt niemandes Interesse, Aufmerksamkeit).* **2. a)** ⟨meist Pl.⟩ *Neigung, Vorliebe:* keine geistigen -n haben; nur seinen -n leben; gemeinsame -n haben; **b)** *Neigungen zum Erwerb, Kauf:* an diesem Artikel besteht kein I.; haben Sie I., den Wagen zu kaufen? **3. a)** *das, woran jmdm. sehr gelegen ist, was für jmdn. od. etw. wichtig od. nützlich ist; Nutzen, Vorteil:* im I. des Friedens, der Allgemeinheit; im engeren I. handeln; dies liegt in unser aller I.; **b)** ⟨meist Pl.⟩ *Bestrebung, Belange:* die wirtschaftlichen -n eines Staates; dies läuft unseren -n zuwider; seine -n durchsetzen; jmds. -n wahrnehmen, vertreten. **4.** ⟨Pl.⟩ (veraltet) *Zinsen; Zinsgewinn:* ◆ So gewiss ich neunhundert Thaler von ihm geborgt habe, so gewiss will ich sie Ihm, mit -n, wiedergeben (Lessing, Die alte Jungfer III, 7); ◆ Ich habe funfzig Taler in meinem Felleisen, die sollen auf -n gelegt werden *(zinsbringend angelegt werden)* für dein erstes Kind (Cl. Brentano, Kasperl 364).

in|te|r|es|se|hal|ber ⟨Adv.⟩: *aus Interesse (1):* ich habe mir den Film i. angesehen.

in|te|r|es|se|los ⟨Adj.⟩: *ohne Interesse (1); an nichts interessiert; gleichgültig:* ein langweiliger, total -er Bursche.

In|te|r|es|se|lo|sig|keit, die; -: *interesseloses Wesen, Verhalten.*

Interessenabwägung – Interlingua

In|te|r|es|sen|ab|wä|gung, die: *Abwägung von Interessen* (3).

In|te|r|es|sen|aus|gleich, (seltener:) Interessensausgleich [ɪntɐˈrɛsn̩sˌlaʊsɡlaɪ̯ç], der: *Ausgleich zwischen unterschiedlichen Interessen* (3b), *die unterschiedlichen Interessen* (3b) *berücksichtigende ausgleichende Maßnahme:* eine Politik des -s; einen I. suchen.

In|te|r|es|sen|be|reich, der, selten: das: vgl. Interessengebiet.

In|te|r|es|sen|ge|biet, (seltener:) Interessensgebiet, das: *[Fach]gebiet, für das sich jmd. besonders interessiert:* ihr I. ist die moderne Literatur.

In|te|r|es|sen|ge|gen|satz, der: *Gegensatz von Interessen* (3b): der I. zwischen Arbeit und Kapital.

In|te|r|es|sen|ge|mein|schaft, (seltener:) Interessensgemeinschaft, die: **1.** *Zusammenschluss mehrerer Personen, Gruppen o. Ä. zur Wahrung od. Förderung gemeinsamer Interessen:* mit jmdm. eine I. eingehen; sie leben als I. zusammen. **2.** *Zusammenschluss mehrerer selbstständig bleibender Unternehmen o. Ä. zur Wahrung wirtschaftlicher Interessen* (Abk.: IG).

In|te|r|es|sen|grup|pe, (seltener:) Interessensgruppe, die: *Zusammenschluss von Personen zur Durchsetzung politischer od. gesellschaftlicher Ziele:* die Gewerkschaften üben als I. Druck auf die Regierung aus.

In|te|r|es|sen|kol|li|si|on, (seltener:) Interessenskollision, die: vgl. Interessenkonflikt.

In|te|r|es|sen|kon|flikt, (seltener:) Interessenskonflikt, der: *aus einem Interessengegensatz resultierender Konflikt.*

In|te|r|es|sen|la|ge, (seltener:) Interessenslage, die: *Geartetheit der aus einer bestimmten Konstellation, Situation, aus bestimmten Umständen sich ergebenden Interessen* (3b): die unterschiedliche I. der beiden Bevölkerungsgruppen.

In|te|r|es|sen|or|ga|ni|sa|ti|on, die: vgl. Interessengruppe.

In|te|r|es|sen|po|li|tik, (seltener:) **In|te|r|es|sens|po|li|tik,** die: *von Interessengruppen betriebene Politik.*

in|te|r|es|sen|po|li|tisch, (seltener:) **in|te|r|es|sens|po|li|tisch** ⟨Adj.⟩: *die Interessenpolitik betreffend, darauf beruhend.*

In|te|r|es|sens|aus|gleich: ↑ Interessenausgleich.

In|te|r|es|sens|ge|biet: ↑ Interessengebiet.

In|te|r|es|sens|ge|mein|schaft: ↑ Interessengemeinschaft.

In|te|r|es|sens|grup|pe: ↑ Interessengruppe.

In|te|r|es|sens|kol|li|si|on: ↑ Interessenskollision.

In|te|r|es|sens|kon|flikt: ↑ Interessenkonflikt.

In|te|r|es|sens|la|ge: ↑ Interessenlage.

In|te|r|es|sen|sphä|re, die: *Einflussbereich eines Staates.*

In|te|r|es|sens|ver|band: ↑ Interessenverband.

In|te|r|es|sens|ver|tre|ter usw.: ↑ Interessenvertreter usw.

In|te|r|es|sent [auch: ɪntrɛˈsɛnt], der; -en, -en: **1.** *jmd., der an einer Sache interessiert ist, sein Interesse bekundet, an etw. teilnehmen, teilhaben möchte:* -en [an diesem Vortrag] sollen sich bis morgen anmelden; Prospektmaterial an alle -en schicken. **2.** *jmd., der etw. haben, erwerben, kaufen möchte:* ich habe noch keinen -en für mein Haus gefunden.

In|te|r|es|sen|ten|kreis, der: *Kreis von Interessentinnen u. Interessenten.*

In|te|r|es|sen|ten|weg, der (österr.): *öffentlicher Fahrweg, für dessen Erhaltung die Anrainer aufkommen müssen.*

In|te|r|es|sen|tin, die; -, -nen: w. Form zu ↑ Interessent.

In|te|r|es|sen|ver|band, (seltener:) Interessensverband, der: vgl. Interessengruppe.

In|te|r|es|sen|ver|tre|ter, (seltener:) Interes-

sensvertreter, der: *Person od. Organisation, die die Interessen Einzelner od. einer Gruppe vertritt:* die Gewerkschaft ist die I. der Arbeitnehmer.

In|te|r|es|sen|ver|tre|te|rin, (seltener:) Interessensvertreterin, die: w. Form zu ↑ Interessenvertreter, ↑ Interessensvertreter.

In|te|r|es|sen|ver|tre|tung, (seltener:) Interessensvertretung, die: **a)** *das Vertreten von Interessen:* der Anwalt übernimmt die I. seiner Mandantin; **b)** *Person od. Gruppe von Personen, deren Aufgabe es ist, jmds. Interessen zu vertreten:* die I. besteht aus zwei Lehrerinnen und einem Pfarrer.

in|te|r|es|sie|ren [auch: ɪntrɛˈsiːrən] ⟨frz. (s')intéresser < lat. interesse = dazwischen sein, teilnehmen, von Wichtigkeit sein⟩: **1.** ⟨i. + sich⟩ **a)** *Interesse* (1) *an etw., jmdm. haben, für etw., jmdn. zeigen:* ich interessiere mich für moderne Malerei; er interessiert sich nicht sehr für Fußball; der Junge interessiert sich noch nicht für Mädchen; niemand interessiert sich für ihn *(nimmt Anteil an ihm, kümmert sich um ihn);* **b)** *etw. erfahren wollen:* sich für die Teilnahmebedingungen i.; **c)** *haben, kaufen wollen:* sie interessiere mich für diesen Wagen; mehrere Firmen interessieren sich für das Patent; das Fernsehen interessiert sich für die junge Schauspielerin *(will sie engagieren).* **2. a)** *jmds. Interesse wecken, finden:* das Buch interessiert mich; der Fall begann sie zu i.; die ganze Angelegenheit interessiert mich nicht; **b)** *jmds. Interesse auf etw. lenken, jmdn. für etw. zu gewinnen suchen:* jmdn. für ein Projekt/an einem Projekt i.; er hat ihn für seine Pläne interessiert.

in|te|r|es|siert ⟨Adj.⟩: *[starken] Anteil nehmend; Interesse habend, zeigend; geistig aufgeschlossen, aufmerksam:* ein -er junger Mann; ein -es Gesicht machen; sie ist literarisch, politisch i.; i. zuhören; an diesem Mädchen sind viele i. *(haben viele Interesse);* sie ist an diesem Problem nicht i. *(es interessiert sie nicht);* wir sind sehr daran i., dieses Geschäft zu machen *(wir möchten es sehr gerne machen).*

In|te|r|es|siert|heit, die; -: *das Interessiertsein:* seine große Abgeschlossenheit und I.

In|ter|face [ˈɪntəfeɪs], das; -, -s […feɪsɪs] ⟨engl. interface, eigtl. = Grenzfläche⟩ (EDV): **1.** *spezielle Schaltung zur elektronischen Anpassung zweier sonst inkompatibler Geräte od. Geräteteile.* **2.** *Schnittstelle* (2).

In|ter|fe|renz, die; -, -en [zu ↑ interferieren]: **1.** (Physik) *Überlagerung beim Zusammentreffen zweier od. mehrerer Wellenzüge.* **2.** (bildungsspr.) *Überlagerung, Überschneidung.*

In|ter|fe|renz|er|schei|nung, die (Physik): *auf Interferenz* (1, 3) *beruhende Erscheinung.*

In|ter|fe|renz|far|be, die (Physik): *bei Interferenz* (1) *bes. von weißem Licht auftretende Mischfarbe:* I. beim Lichtdurchgang durch eine Kristallplatte.

in|ter|fe|rie|ren ⟨sw. V.; hat⟩ [zu lat. ferire = schlagen, treffen] (Physik): *(von kohärenten Wellen) sich überlagern u. gegenseitig verstärken od. abschwächen.*

In|ter|fe|ron, das; -s, -e (Biol., Med.): *bei Virusinfektionen von Körperzellen gebildeter Eiweißkörper, der nicht infizierte Zellen vor Viren schützt.*

in|ter|frak|ti|o|nell ⟨Adj.⟩: *zwischen Fraktionen bestehend; [allen] Fraktionen gemeinsam:* -e Vereinbarungen; eine -e Arbeitsgruppe; etw. i. verhandeln.

in|ter|ga|lak|tisch ⟨Adj.⟩ (Astron.): *zwischen den Galaxien bestehend, gelegen.*

in|ter|gla|zi|al ⟨Adj.⟩ (Geol.): *zwischeneiszeitlich:* -e Ablagerungen.

In|ter|gla|zi|al, das; -s, -e (Geol.): *Zwischeneiszeit.*

In|ter|ho|tel, das; -s, -s [zu ↑ international u. ↑ Hotel] (DDR): *(für ein internationales Publikum vorgesehenes) gut ausgestattetes Hotel.*

In|te|ri|eur [ɛ̃teˈrjøːɐ̯], das; -s, -s u. -e [frz. intérieur < lat. interior = das Innere; inner…, zu: inter, ↑ inter-, ↑ Inter-]: **1.** (bildungsspr.) **a)** *das Innere [eines Raumes]:* das I. des Raumes, der Limousine; **b)** *Innenausstattung eines Raumes:* ein neues I.; das I. war im Stil des Jahrhundertwende gehalten. **2.** (bild. Kunst) *einen Innenraum darstellendes Bild, besonders in der niederländischen Malerei des 17. Jh.s:* er sammelte alte -s.

In|te|rim, das; -s (selten: -), -s [zu lat. interim = inzwischen, einstweilen] (bildungsspr.): **1.** *Zwischenzeit.* **2.** *vorläufige Regelung; Übergangsregelung:* diese Verordnung ist nur als I. gedacht.

in|te|ri|mis|tisch ⟨Adj.⟩ (bildungsspr.): *vorläufig, einstweilig:* eine -e Regelung, Regierung; er leitete die Firma i.

In|te|rims|be|scheid, der: *vorläufiger Bescheid; Zwischenbescheid.*

In|te|rims|coach, der: *Interimstrainer.*

In|te|rims|ka|bi|nett, das: vgl. Interimsregierung.

In|te|rims|lö|sung, die: *Übergangslösung, Zwischenlösung.*

In|te|rims|prä|si|dent, der: *während einer Übergangszeit amtierender Präsident.*

In|te|rims|prä|si|den|tin, die: w. Form zu ↑ Interimspräsident.

In|te|rims|re|ge|lung, die: *Interim* (2).

In|te|rims|re|gie|rung, die: *während einer Übergangszeit amtierende Regierung.*

In|te|rims|schein, der (Wirtsch.): *Bescheinigung über die Mitgliedschaft in einer Aktiengesellschaft vor Ausgabe der Aktien; Zwischenschein.*

In|te|rims|trai|ner, der: *nur für eine Übergangszeit eingestellter Trainer.*

In|te|rims|trai|ne|rin, die: w. Form zu ↑ Interimstrainer.

In|ter|jek|ti|on, die; -, -en [lat. interiectio, eigtl. = das Dazwischenwerfen] (Sprachwiss.): *syntaktisch oft isolierte, wortähnliche Lautäußerung, mit der Empfindungen, Aufforderungen ausgedrückt od. Laute nachgeahmt werden; Ausrufewort, Empfindungswort* (z. B. oh, pfui, pst, muh).

in|ter|kan|to|nal ⟨Adj.⟩ (schweiz.): *zwischen den Kantonen bestehend; mehrere, alle Kantone betreffend, ihnen gemeinsam:* die -e Zusammenarbeit.

in|ter|kom|mu|nal ⟨Adj.⟩ (bildungsspr.): *zwischen Städten, Kommunen bestehend:* -e Vereinbarungen.

in|ter|kon|fes|si|o|nell ⟨Adj.⟩ (bildungsspr.): *das Verhältnis verschiedener Konfessionen zueinander betreffend.*

in|ter|kon|ti|nen|tal ⟨Adj.⟩ (bildungsspr.): **a)** *sich zwischen Erdteilen, Kontinenten befindend:* -e Meere; **b)** *mehrere Kontinente betreffend, sie verbindend:* -e Flugverbindungen, Telefongespräche.

In|ter|kon|ti|nen|tal|flug, der: *interkontinentaler* (b) *Flug* (2).

In|ter|kon|ti|nen|tal|ra|ke|te, die (Militär): *Rakete, die einen anderen Erdteil erreichen kann.*

in|ter|kul|tu|rell ⟨Adj.⟩ (bildungsspr.): *die Beziehungen zwischen verschiedenen Kulturen* (1 b) *betreffend; verschiedene Kulturen umfassend, verbindend:* -e Begegnungen, Beziehungen.

In|ter|la|ken: *Kurort im Schweizer Kanton Bern.*

In|ter|lin|gua, die; - (Sprachwiss.): **1.** [ital. interlingua, gek. aus: internazionale = international u. lingua = Sprache] *Welthilfssprache, die auf* dem Latein u. den romanischen Sprachen fußt. **2.** *von der International Auxiliary Language Association vorgeschlagene Welthilfssprache.*

In|ter|lock|wa|re, die [zu engl. interlock = mit verketteten Maschen gestrickt]: *feinmaschige Wirkware für Trikotagen.*

In|ter|lu|di|um, das; -s, ...ien [mlat. interludium = Zwischenspiel, zu lat. ludus = Spiel] (Musik): *(bes. in der Oper u. bei Orgelmusik) musikalisches Zwischenspiel.*

In|ter|mé|di|aire [ɛ̃tɛrmeˈdjɛːʀ], das; -, -s [frz. intermédiaire] (Reiten): *Dressurprüfung mit mittlerem Schwierigkeitsgrad.*

in|ter|me|di|är ⟨Adj.⟩ [frz. intermédiaire = dazwischenliegend, Zwischen-, zu spätlat. intermedius, zu lat. medius, 1 ¹Medium] (Fachspr.): *in der Mitte liegend, dazwischen befindlich; ein Zwischenglied bildend:* -e Kopplung; -e Bereiche.

In|ter|mez|zo, das; -s, -s u. ...zzi [ital. intermezzo, zu spätlat. intermedius, ↑ intermediär]: **1. a)** *Zwischenspiel im Drama, in der ernsten Oper:* Ü seine Präsidentschaft war nur ein kurzes I.; **b)** *kurzes Klavier- od. Orchesterstück.* **2.** *kleine [unbedeutende] Begebenheit am Rande eines Geschehens; [lustiger] Zwischenfall.*

in|ter|mi|nis|te|ri|ell ⟨Adj.⟩ (bildungsspr.): *die Zusammenarbeit zwischen einzelnen Ministerien betreffend; von mehreren Ministerien gebildet; mehreren Ministerien gemeinsam:* ein -er Ausschuss; -e Zusammenarbeit.

in|ter|mit|tie|rend ⟨Adj.⟩ [zu lat. intermittere = aussetzen, unterbrechen] (bes. Fachspr.): *zeitweilig aussetzend, nachlassend; mit Unterbrechungen, zeitlichen Zwischenräumen erfolgend, verlaufend:* -es Fieber; auf Stufe 1 arbeitet der Scheibenwischer i.

in|ter|mo|le|ku|lar ⟨Adj.⟩ (Physik, Chemie): *zwischen den Molekülen bestehend, stattfindend.*

in|tern ⟨Adj.⟩ [lat. internus = inwendig, zu: inter-, ↑ inter-, Inter-]: **1.** (bildungsspr.) *[nur] den inneren, engsten Kreis einer Gruppe betreffend; im vertrauten Kreis erfolgend, nicht öffentlich:* eine -e Angelegenheit; -e Differenzen drohten die Partei zu spalten; diese Regelung ist i.; eine Sache i. regeln, klären. **2.** (seltener) *im Inneren von etw. [befindlich], inner..., inwendig:* äußere und -e Feinde. **3.** (Med.) *die inneren Organe, ihre Erkrankung u. deren Behandlung betreffend:* die -e Medizin. **4.** *im Internat (einer bestimmten Schule) wohnend:* ein -er Schüler; ⟨subst.:⟩ die Internen fahren nur in den Ferien nach Hause.

-in|tern: *drückt in Bildungen mit Substantiven aus, dass die beschriebene Sache innerhalb von etw. (einer Gruppe, Firma o. Ä.) besteht, stattfindet:* fach-, gewerkschafts-, partei-, vereinsintern.

In|ter|na: Pl. von ↑ Internum.

in|ter|nal ⟨Adj.⟩ [engl. internal] (bildungsspr., Fachspr.): *innerlich, verinnerlicht; internalisiert.*

in|ter|na|li|sie|ren ⟨sw. V.; hat⟩ (bildungsspr., Fachspr.): *(Werte, Normen, Auffassungen o. Ä.) übernehmen u. sich zu eigen machen; verinnerlichen* (2): *Verhaltensmuster, Wertvorstellungen, gesellschaftliche Vorurteile, Ansprüche i.; syntaktische Regeln i.*

In|ter|na|li|sie|rung, die -, -en: *das Internalisieren.*

In|ter|nat, das; -[e]s, -e [zu ↑ intern]: **1.** *an eine [höhere] Schule angeschlossenes Heim, in dem die Schülerinnen u. Schüler wohnen u. verpflegt werden:* das I. liegt am anderen Ende des Parks; von den Schülern der Schule wohnt etwa ein Drittel im I. **2.** *Internatsschule:* ihre Kinder besuchen ein I.

in|ter|na|ti|o|nal [auch: 'ın...] ⟨Adj.⟩ [engl. international, aus ↑ inter-, Inter- u. ↑ national, geprägt von dem engl. Sozialphilosophen u. Juristen J. Bentham (1748–1832) im Sinne von »zwischen den Nationen (bestehend)«]: **1.** *zwischen mehreren Staaten bestehend; zwischenstaatlich:* -e Abmachungen, Verträge; i. zusammenarbeiten. **2.** *über den Rahmen eines Staates hinausgehend, nicht national begrenzt; mehrere Staaten betreffend; überstaatlich, weltweit:* die -e Küche; eine -e Bühne, Konzern; ein -er Wettkampf, Kongress *(mit Teilnehmenden aus mehreren Staaten);* ein -es Publikum; die letzte große -e Finanzkrise; einen -en Hit landen; -e Streitkräfte in Krisengebiete entsenden; dieser Prozess hat -es Aufsehen erregt; die Krise ist i.; sie ist i. bekannt, anerkannt; i. wettbewerbsfähig sein; Geschäfte i. koordinieren.

¹In|ter|na|ti|o|na|le, die; -, -n: **1.** [Kurzform von: Internationale Arbeiterassoziation] *internationaler Zusammenschluss sozialistischer Arbeiterorganisationen:* die Erste I.; die Kommunistische I.; Ü eine I. der Kriegsdienstverweigerer. **2.** ⟨o. Pl.⟩ *Kampflied der internationalen Arbeiterbewegung* (»Wacht auf, Verdammte dieser Erde«): die I. anstimmen.

²In|ter|na|ti|o|na|le, die;/eine Internationale; der/einer Internationalen, die Internationalen/zwei Internationale (Sport): *weibliche Person, die als Mitglied einer Nationalmannschaft internationale Wettkämpfe bestreitet.*

In|ter|na|ti|o|na|ler, der Internationale/ein Internationaler; des/eines Internationalen, die Internationalen/zwei Internationale (Sport): *jmd., der als Mitglied einer Nationalmannschaft internationale Wettkämpfe bestreitet.*

in|ter|na|ti|o|na|li|sie|ren ⟨sw. V.; hat⟩: **1.** *(Völkerrecht) die Gebietshoheit eines Staates über ein bestimmtes Staatsgebiet zugunsten mehrerer Staaten od. der ganzen Völkerrechtsgemeinschaft beschränken:* einen Kanal i. **2.** (bildungsspr.) **a)** *international machen:* einen Konflikt i. **b)** ⟨i. + sich⟩ *international werden:* der Konflikt droht sich zu i.

In|ter|na|ti|o|na|li|sie|rung, die; -, -en: *das Internationalisieren.*

In|ter|na|ti|o|na|lis|mus, der; -, ...men: **1.** ⟨o. Pl.⟩ (marx.) *nach Überwindung nationalstaatlicher Zusammenschluss proletarischer I. (internationale Solidarität der Arbeiterbewegungen); sozialistischer I. (Zusammenarbeit der sozialistischen Länder untereinander).* **2.** (Sprachwiss.) *Wort, das in gleicher Bedeutung u. gleicher od. ähnlicher Form in verschiedenen Kultursprachen vorkommt* (z. B. »Demokratie«).

In|ter|na|ti|o|na|list, der; -en, -en (marx.): *Anhänger des Internationalismus* (1).

in|ter|na|ti|o|na|lis|tisch ⟨Adj.⟩ (marx.): *den Internationalismus* (1) *betreffend, zu ihm gehörend, für ihn charakteristisch.*

In|ter|na|ti|o|na|li|tät, die; -: *das Internationalsein; Überstaatlichkeit:* die I. des Festivals, der Ausstellung.

In|ter|nats|schu|le, die: *[höhere] Schule mit angeschlossenem Internat* (1).

In|ter|nats|schü|ler, der: *Schüler einer Internatsschule.*

In|ter|nats|schü|le|rin, die: w. Form zu ↑ Internatsschüler.

In|ter|net, das; -s [engl. internet, zu: inter- = zwischen, unter(einander) u. network, ↑ Network (= im Sinne von »Gruppe untereinander verbundener Netzwerke«)]: *weltweiter Verbund von Computern u. Computernetzwerken, in dem spezielle Dienstleistungen (wie E-Mail, World Wide Web, Telefonie) angeboten werden:* Anschluss ans I.; Informationen ins I. stellen; ab sofort können Sie uns im I. erreichen; etw. im I. suchen, finden, nachlesen; im I. surfen, werben, einkaufen; sich einen Konkurrenzkampf im I. liefern; Buchungsservice per I.

In|ter|net|ad|res|se, die: *aus dem Namen einer Person, einer Firma o. Ä. und weiteren [standardisierten] Zeichen bestehende Angabe, unter der jmd. im Internet erreichbar ist.*

in|ter|net|af|fin ⟨Adj.⟩ (bildungsspr.): *das Internet oft u. gern nutzend.*

In|ter|net|an|bie|ter, der: *Anbieter von Dienstleistungen im Internet.*

In|ter|net|an|bie|te|rin, die: w. Form zu ↑ Internetanbieter.

In|ter|net|an|ge|bot, das: *Angebot an Informationen, Waren u. Dienstleistungen im Internet.*

In|ter|net|an|schluss, der: *Anschluss eines Computers an das Internet:* [einen] I. haben.

In|ter|net|auf|tritt, der: *Website, Homepage eines Unternehmens od. einer Institution.*

In|ter|net|auk|ti|on, die: *mithilfe des Internets durchgeführte Auktion.*

In|ter|net|ban|king [...bɛŋkɪŋ], das: *Erledigung von Bankgeschäften mithilfe des Internets.*

in|ter|net|ba|siert ⟨Adj.⟩: *auf dem Internet beruhend, mit ihm arbeitend:* -e Dienste, Lösungen.

In|ter|net|ca|fé, das: *Café, in dem den Gästen Computer mit Internetanschluss zur Verfügung stehen.*

In|ter|net|dienst, der: **1.** *eine spezifische Funktion erfüllende, über Internet angebotene Dienstleistung* (z. B. E-Mail, World Wide Web, Telefonie). **2.** *Anbieter eines Internetdienstes* (1): mobile, kostenpflichtige -e.

in|ter|net|fä|hig ⟨Adj.⟩: *[technisch] so ausgestattet, dass eine Verbindung zum Internet hergestellt werden kann.*

In|ter|net|fir|ma, die: *Firma, die Dienstleistungen im Internet od. Waren über das Internet anbietet.*

In|ter|net|han|del, der: *mithilfe des Internets abgewickelter Handel mit Waren.*

In|ter|net|händ|ler, der: *der Internethandel betreibt.*

In|ter|net|händ|le|rin, die: w. Form zu ↑ Internethändler.

In|ter|net|nut|zer, der: *jmd., der das Internet nutzt.*

In|ter|net|nut|ze|rin, die: w. Formen zu ↑ Internetnutzer.

In|ter|net|nut|zung, die: *Nutzung des Internets.*

In|ter|net|platt|form, die: *Website, Plattform im Internet, wo sich Nutzer etw. ansehen, anhören, sich informieren od. miteinander diskutieren können.*

In|ter|net|por|tal, das: *Website, die so angelegt ist, dass man von ihr aus bequem auf eine Vielzahl von Informationen zu einem bestimmten Thema zugreifen kann.*

In|ter|net|pro|vi|der, der: *Anbieter von Dienstleistungen im Internet.*

In|ter|net|sei|te, die: *einzelnes Dokument im Internet; Webseite:* eine I. aufrufen, abrufen, einrichten, sperren; Formulare auf eine I. stellen; auf einer I. werben, Informationen veröffentlichen.

In|ter|net|shop|ping, das: *Einkaufen durch Bestellung von Waren mithilfe des Internets.*

In|ter|net|such|ma|schi|ne, die: *Suchmaschine.*

In|ter|net|sur|fen ⟨...sə:fn], das; -s (EDV-Jargon): *das Surfen* (3) *im Internet.*

In|ter|net|sur|fer, der: *jmd., der im Internet surft* (3).

In|ter|net|sur|fe|rin, die: w. Form zu ↑ Internetsurfer.

In|ter|net|te|le|fo|nie, die: *Telefonieren mithilfe des Internets.*

In|ter|net|un|ter|neh|men, das: vgl. Internetfirma.

In|ter|net|user, der (Jargon): Internetnutzer.

In|ter|net|use|rin, die: w. Form zu ↑ Internetuser.

In|ter|net|ver|bin|dung, die: Internetzugang: eine I. aufbauen, herstellen, unterbrechen.

In|ter|net|zeit|al|ter, das ⟨o. Pl.⟩: Zeitalter, das durch den umfassenden Einsatz des Internets geprägt ist.

In|ter|net|zu|gang, der: Verbindung ins Internet: ein schneller, drahtloser, mobiler I.

in|ter|nie|ren ⟨sw. V.; hat⟩ [frz. interner, zu: interne = innerlich; innen < lat. internus, ↑ intern]: **1.** politische Gegner, Feinde, Angehörige eines gegnerischen Staates [während des Krieges] in staatlichen Gewahrsam nehmen, in Lagern unterbringen: jmdn. i.; er war während des Krieges in Australien interniert. **2.** (Fachspr.) jmdn., der an einer [ansteckenden] Krankheit leidet, isolieren, auf eine geschlossene Station einweisen: auch die Kontaktpersonen müssen interniert werden.

In|ter|nier|te, die/eine Internierte; der/einer Internierten, die Internierten/zwei Internierte: weibliche Person, die interniert ist.

In|ter|nier|ter, der Internierte/ein Internierter; des/eines Internierten, die Internierten/zwei Internierte: jmd., der interniert ist.

In|ter|nie|rung, die; -, -en: **a)** das Interniertsein; **b)** das Internieren.

In|ter|nie|rungs|la|ger, das ⟨Pl. -⟩: Lager, in dem Zivilpersonen interniert (1) werden: er war im Krieg in einem I.; nach fünf Jahren I. sahen sie endlich die Heimat wieder.

In|ter|nist, der; -en, -en [zu ↑ intern] (Med.): Facharzt für innere Krankheiten.

In|ter|nis|tin, die; -, -nen: w. Form zu ↑ Internist.

in|ter|nis|tisch ⟨Adj.⟩: die innere Medizin betreffend.

In|ter|num, das; -s, ...na [zu lat. internus, ↑ intern] (bildungsspr.): **1.** Gebiet, das einer bestimmten Person, Gruppe od. Institution vorbehalten u. Dritten gegenüber abgeschlossen ist. **2.** ⟨meist Pl.⟩ nur die inneren Verhältnisse einer Gruppe o. Ä. betreffende Angelegenheit; interne (1) Angelegenheit: wir wollen hier keine Interna besprechen, ausplaudern.

In|ter|ope|ra|bi|li|tät, die; - (Fachspr.): Fähigkeit unterschiedlicher Systeme, möglichst nahtlos zusammenzuarbeiten.

In|ter|pel|lant, der; -en, -en [zu lat. interpellans (Gen.: interpellantis), 1. Part. von: interpellare, ↑ interpellieren] (Politik): Parlamentarier, der eine Interpellation einbringt.

In|ter|pel|lan|tin, die; -, -nen: w. Form zu ↑ Interpellant.

In|ter|pel|la|ti|on, die; -, -en [lat. interpellatio = Unterbrechung] (Politik): von einem od. mehreren Parlamentariern an die Regierung gerichtetes Verlangen nach Auskunft in einer bestimmten Sache.

in|ter|pel|lie|ren ⟨sw. V.; hat⟩ [lat. interpellare = unterbrechen, mit Fragen angehen] (Politik): eine Interpellation einbringen.

in|ter|per|so|nal, in|ter|per|so|nell ⟨Adj.⟩ (Fachspr.): zwischen zwei od. mehreren Personen [ablaufend], zwei od. mehrere Personen betreffend.

in|ter|pla|ne|tar, in|ter|pla|ne|ta|risch ⟨Adj.⟩ (Astron.): zwischen den Planeten befindlich, geschehend, sie verbindend: -e Materie; -e Raumsonden; der -e Raum.

In|ter|pol, die; - [Kurzwort aus: **Inter**nationale Kriminal**pol**izeiliche Organisation]: zentrale Stelle (mit Sitz in Paris) zur internationalen Koordination der Ermittlungsarbeit in der Verbrechensbekämpfung.

in|ter|po|la|ti|on, die; -, -en [lat. interpolatio = Veränderung, Umgestaltung]: **1.** (Math.) das Interpolieren (1). **2.** (Wissensch.) spätere, von fremder Hand vorgenommene Einfügung od. Änderung in einem Text, die nicht als solche kenntlich gemacht ist. **3.** (Fotogr.) Änderung [der Dichte] von Bildpunkten (u. damit bes. der Kontraste) durch die Berechnung benachbarter Bildpunkte.

in|ter|po|lie|ren ⟨sw. V.; hat⟩: **1.** (Math.) Werte zwischen bekannten Werten einer Funktion errechnen. **2.** [lat. interpolare = (Schriften) entstellen, verfälschen] (Wissensch.) eine Interpolation (2) vornehmen. **3.** (Fotogr.) eine Interpolation (3) vornehmen.

In|ter|pret, der; -en, -en [lat. interpres (Gen.: interpretis) = Ausleger, Erklärer, H. u.] (bildungsspr.): **1.** jmd., der etw. interpretiert (1 a): darin sind sich alle -en seines dramatischen Werks einig. **2.** reproduzierender Künstler, bes. Musiker, Sänger, Dirigent, Regisseur: ein hervorragender, virtuoser I.; die großen -en klassischer Musik.

In|ter|pre|ta|ti|on, die; -, -en [lat. interpretatio] (bildungsspr.): **1. a)** Erklärung, Deutung von Texten, Aussagen o. Ä.: die I. eines Gedichtes, Romans; eine I. [eines Films, Stücks] schreiben; **b)** Auslegung, Auffassung, Darstellung: sein Verhalten, seine Bemerkung lässt verschiedene -en zu; auf die Erhebung folgt dann die Auswertung und die I. der Daten; das ist eine Frage der I. **2.** auf der jeweils mehr od. weniger persönlichen Deutung, vorläufiger Musikstücks beruhende künstlerische Wiedergabe von Musik: eine meisterhafte I. des Klavierkonzerts; diese I. des Liedes entspricht dem Geist der Romantik.

in|ter|pre|ta|ti|ons|fä|hig ⟨Adj.⟩: Spielraum für Interpretationen (1 b) bietend: die Regelung ist durchaus i.

In|ter|pre|ta|ti|ons|spiel|raum, der: Spielraum (2) für Interpretationen.

in|ter|pre|ta|tiv ⟨Adj.⟩ (bildungsspr.): auf Interpretation beruhend; erklärend, deutend, erhellend.

in|ter|pre|ta|to|risch ⟨Adj.⟩ (bildungsspr.): den Interpreten, die Interpretation betreffend.

In|ter|pre|ter [engl.: ɪnˈtɜːprɪtə], der; -s, - [engl. interpreter = Dolmetscher; Interpret] (EDV): Programm (4), das die Anweisungen eines in einer anderen Programmiersprache als der des verwendeten Computers geschriebenen Programms sofort ausführt, indem es sie einzeln analysiert, sodass eine Übersetzung in das systemeigene Programmiersprache nicht nötig ist.

in|ter|pre|tier|bar ⟨Adj.⟩: sich [in einer bestimmten Weise] interpretieren (1) lassend: der Text ist kaum i., ist so oder so i.; das Verhandlungsergebnis ist anders gar nicht i.

in|ter|pre|tie|ren ⟨sw. V.; hat⟩ [lat. interpretari, zu: interpres, ↑ Interpret] (bildungsspr.): **1. a)** einen Text, ein literarisches Werk, eine Aussage o. Ä. inhaltlich erklären, erläutern, deuten: ein Gedicht, einen Roman, ein Stück, einen Film i., einen Vertrag, einen Gesetzestext i.; **b)** etw. als etw. verstehen, auffassen; jmds. Verhalten, Äußerungen o. Ä. in bestimmter Weise deuten, auslegen: man kann seinen Rücktritt als Flucht i.; sie hatte seine Zurückhaltung fälschlich als Arroganz interpretiert; Die Art, wie sie seinen Blick erwiderte, machte ihm klar, dass er (seine Gedanken, Äußerungen) falsch interpretierte (Kronauer, Bogenschütze 305). **2.** ein Musikstück auf der Basis einer jeweils mehr od. weniger persönlichen Deutung, Auslegung künstlerisch wiedergeben: eine Sonate einfühlsam i.

In|ter|pre|tin, die; -, -nen: w. Form zu ↑ Interpret.

in|ter|punk|tie|ren ⟨sw. V.; hat⟩ [zu lat. interpunctum, 2. Part. von: interpungere = (Wörter) durch Punkte abteilen] (Sprachwiss.): (in einem Text) Satzzeichen setzen: richtig i.; einen Text i.

In|ter|punk|ti|on, die; -, -en ⟨Pl. selten⟩ [lat. interpunctio = Scheidung (der Wörter) durch Punkte] (Sprachwiss.): Zeichensetzung: die Regeln der I.

In|ter|punk|ti|ons|re|gel, die: Regel für richtige Interpunktion.

In|ter|punk|ti|ons|zei|chen, das: Satzzeichen.

In|ter|rail|pass® [ˈɪntəreɪl...], der; -es, ...pässe [erster Bestandteil: Kurzwort aus ↑ international und engl. rail = Eisenbahn] (Eisenbahn): verbilligte Fahrkarte, bes. für Jugendliche, für Fahrten in Europa.

In|ter|re|g|num, das; -s, ...nen u. ...na [lat. interregnum, vorläufig Regierung, zu: regnum = Regierung, (Königs)herrschaft] (Politik): **1.** Zwischenregierung, vorläufige Regierung: nach einem kurzen I. der Konservativen kamen wieder die Linken an die Macht. **2.** Zeitraum ohne offizielle Regierung, in dem meist eine vorläufige Regierung die Regierungsgeschäfte wahrnimmt: mit der Wahl Rudolfs I. im Jahre 1273 endete das neunzehnjährige I.

in|ter|re|li|gi|ös ⟨Adj.⟩: zwischen den Religionen bestehend, unter Beteiligung von Vertretern verschiedener Religionen stattfindend: -er Dialog; -e Gespräche; ein -es Treffen.

in|ter|ro|ga|tiv ⟨Adj.⟩ [lat. interrogativus] (Sprachwiss.): eine Frage ausdrückend, fragend: ein -es Pronomen.

In|ter|ro|ga|tiv|ad|verb, das: Adverb, das einen Interrogativsatz einleitet (z. B. wo?, wann?).

In|ter|ro|ga|tiv|pro|no|men, das: Pronomen, das einen Interrogativsatz einleitet; Frage[für]wort (z. B. wer?, welcher?).

In|ter|ro|ga|tiv|satz, der: Satz, der eine Frage ausdrückt; Fragesatz (z. B. Habt ihr schon gegessen?).

In|ter|ro|ga|ti|vum, das; -s, ...va (Sprachwiss.): Interrogativpronomen.

In|ter|rup|tus, der; - (ugs.): Kurzf. von ↑ Coitus interruptus: Mal nehme ich ein Kondom, mal machen wir I., dann machen wir wieder nichts (Genazino, Glück 27).

In|ter|shop, der; -s, -s [aus ↑ international u. ↑ Shop] (DDR): Geschäft für den Verkauf von ausländischen Waren u. Spitzenerzeugnissen aus der Produktion der DDR (nur gegen frei konvertierbare Währung): im I. einkaufen.

in|ter|stel|lar ⟨Astron.⟩: zwischen den [Fix]sternen befindlich: -e Wolken; der -e Raum; -e Materie.

in|ter|sub|jek|tiv ⟨Adj.⟩ (Psychol.): dem Bewusstsein mehrerer Personen gemeinsam: -es Erleben; -e Überprüfung einer Theorie.

In|ter|sub|jek|ti|vi|tät, die; - (Psychol.): das Intersubjektivsein.

in|ter|ur|ban ⟨Adj.⟩ (veraltet): zwischen mehreren Städten [bestehend].

In|ter|vall, das; -s, -e [lat. intervallum, eigtl. = Raum zwischen zwei Pfählen, Pfosten (eines ²Walls), zu: vallum, ↑ ²Wall]: **1.** (bildungsspr.) zeitlicher Zwischenraum; zwischen zwei Zeitpunkten liegender Zeitraum; Pause, Zeitspanne: die -e zwischen den Herzschlägen, Wehen; in kurzen, regelmäßigen -en. **2.** (Musik) Abstand zweier zusammen od. nacheinander erklingender Töne: ein großes I. **3.** (Math.) Bereich zwischen zwei Punkten auf einer Strecke od. Skala.

in|ter|val|lisch ⟨Adj.⟩ (Musik): auf das Intervall (2) bezogen, das Intervall (2) betreffend.

In|ter|vall|schal|tung, die: Schaltung (1 a), mit der der Arbeitsablauf eines Gerätes, einer Maschine, einer Vorrichtung o. Ä. zeitweilig unterbrochen werden kann, so geschaltet werden kann, dass er in bestimmten zeitlichen Abständen erfolgt: haben die Scheibenwischer keine I.?

In|ter|vall|sprung, der (Musik): größeres [ungewöhnliches, unerwartetes] Intervall (2) zwischen zwei aufeinanderfolgenden Tönen.

In|ter|vall|trai|ning, das (Sport): Trainingsmethode, bei der ein Trainingsprogramm stufenweise so durchgeführt wird, dass die einzelnen Übungen in einem bestimmten Rhythmus von kürzeren Entspannungspausen unterbrochen werden.

in|ter|ve|nie|ren ⟨sw. V.; hat⟩ [frz. intervenir < lat. intervenire]: **1. a)** (bildungsspr.) *[vermittelnd] in ein Geschehen, einen Streit o. Ä. eingreifen, sich [als Mittler] einschalten:* in einem Streit i.; bei jmdm., für jmdn., gegen etw. i.; **b)** (Politik, Wirtsch.) *bei wirtschaftlichen Problemen ausgleichend eingreifen:* bei weiter fallenden Erzeugerpreisen könnte die EU mit garantierten Abnahmen i. **2.** (Politik) *sich protestierend in bestimmte Vorgänge einschalten; Protest gegen etw. anmelden:* der Botschafter intervenierte bei der Regierung, im Kreml. **3.** (Politik) *(von einer Regierung, einem Land) sich aktiv in die Angelegenheiten eines anderen Staates einmischen:* die Amerikaner intervenierten mit Waffengewalt in Vietnam.

In|ter|ven|ti|on|is|mus, der; - [frz. intervention < spätlat. interventio]: **1. a)** (bildungsspr.) *das Intervenieren* (1 a): *ohne die entschlossene I. eines Passanten hätten sie ihn womöglich totgeschlagen;* **b)** (Politik, Wirtsch.) *das Intervenieren* (1 b). **2.** (Politik) *das Intervenieren (2): die I. des schwedischen Botschafters bei der französischen Regierung.* **3.** (Politik) *das Intervenieren (3): militärische, kriegerische -en.*

In|ter|ven|ti|o|nis|mus, der; - (Politik): *[unsystematisches, punktuelles] Eingreifen des Staates in die [private] Wirtschaft:* Dazu: **in|ter|ven|ti|o|nis|tisch** ⟨Adj.⟩.

In|ter|ven|ti|ons|be|stand, der ⟨meist Pl.⟩: *in der EU durch staatlich garantierte Abnahme von Agrarprodukten entstandener Lagerbestand:* verbilligte Butter aus Interventionsbeständen.

In|ter|ven|ti|ons|krieg, der: *aus einer Intervention (3) folgender Krieg.*

In|ter|ven|ti|ons|stel|le, die: **1.** *staatliche od. überstaatliche Behörde zur Regelung von Interventionen* (1 b). **2.** *soziale Einrichtung, die Schutz gegen [häusliche] Gewalt bieten soll.*

In|ter|view [ˈɪntɐvjuː, auch: …ˈvjuː], das; -s, -s [engl. interview < frz. entrevue = verabredete Zusammenkunft]: *von einem Berichterstatter von Presse, Rundfunk od. Fernsehen mit einer meist bekannten Persönlichkeit geführtes Gespräch, in dem diese sich zu gezielten, aktuelle [politische] Themen od. die eigene Person betreffenden Fragen äußert:* ein I. geben, gewähren, lesen; ein I. mit jmdm. führen, machen; sie hat diesen Sachverhalt in ihrem letzten I. noch einmal bestätigt.

in|ter|vie|w|en […ˈvjuːən] ⟨sw. V.; hat⟩: **1.** *mit jmdm. ein Interview führen:* man hat zu diesem Thema Politiker aller Parteien interviewt. **2.** (ugs.) *jmdn. in einer bestimmten Angelegenheit befragen, ausfragen:* ich werde mal meinen Freund i., vielleicht weiß er ja mehr darüber.

In|ter|vie|w|er […ˈvjuːɐ], der; -s, -: *jmd., der jmdn. interviewt, ein Interview macht.*

In|ter|vie|w|e|rin, die; -, -nen: w. Form zu ↑ Interviewer.

In|ter|view|part|ner, der: *jmd., der von einem Interviewer interviewt wird.*

In|ter|view|part|ne|rin, die: w. Form zu ↑ Interviewpartner.

in|ter|zel|lu|lar, in|ter|zel|lu|lär ⟨Adj.⟩ (Biol.,

Med.): *zwischen den Zellen gelegen; sich zwischen den Zellen abspielend.*

In|ter|zo|nen|han|del, der (früher): *innerdeutscher Handel zwischen den Zonen* (2 a).

In|ter|zo|nen|zug, der (früher): *Zug für den Interzonenverkehr:* mit dem I. nach Berlin fahren.

In|thro|ni|sa|ti|on, die; -, -en [mlat. inthronizatio] (bildungsspr.): **a)** *Thronerhebung eines Monarchen:* die I. des Königs; Ü morgen ist die I. (scherzh.; Amtseinführung) des neuen Chefs; **b)** *feierliche Einsetzung eines neuen Abtes, Bischofs od. Papstes.*

in|thro|ni|sie|ren ⟨sw. V.; hat⟩ [mlat. inthronizare < griech. enthronízein = auf den Thron setzen, zu: thrónos, ↑ Thron] (bildungsspr.): **a)** *einen Monarchen auf den Thron erheben:* der junge König wurde inthronisiert; **b)** *einen neuen Abt, Bischof od. Papst feierlich einsetzen.*

In|ti|fa|da, die; - [aus arab. intifāḍa = Aufstand, Erhebung]: *palästinensische Widerstandsbewegung in den von Israel besetzten Gebieten.*

in|tim ⟨Adj.⟩ [lat. intimus = innerst, vertrautest, Sup. von: interior, ↑ Interieur]: **1.** *sehr nahe u. vertraut (in Bezug auf das persönliche Verhältnis zwischen Menschen):* ein -er Freund; ihre Freundschaft; ihr Verhältnis ist sehr i. **2.** (verhüll.) *sexuell:* -e Beziehungen mit jmdm. haben; mit jmdm. i. sein, werden *(sexuell verkehren).* **3.** *den Bereich der Geschlechtsorgane betreffend:* -e Körperpflege, Hygiene. **4.** (bildungsspr.) *im Innern eines Menschen verborgen; tief innerlich:* die -sten Wünsche, Sehnsüchte eines Menschen; jmds. -e, -ste Gefühle verletzen. **5.** (bildungsspr.) *bis ins Innerste, bis in die verborgenen Einzelheiten vordringend:* aus einer -en Kenntnis der Verhältnisse heraus urteilen; eine -e Kennerin der Barockkunst. **6.** (bildungsspr.) *anheimelnd, gemütlich, privaten Charakter habend:* ein -es Restaurant; -e Beleuchtung; die Atmosphäre in dem Lokal war sehr i.

¹**In|ti|ma**, die; -, …mä [zu lat. intima = w. Form von: intimus, ↑ intim]: **1.** (Anat.) *innere Schicht der Wandung der Blutgefäße.* **2.** (geh., oft scherzh.) *Vertraute, enge Freundin.*

²**In|ti|ma** ⟨Pl.⟩ (bildungsspr.): *intime (1) Angelegenheiten:* familiäre I.

In|tim|be|reich, der: **1.** *Intimsphäre.* **2.** *Bereich der Geschlechtsorgane:* die Pflege des -s.

In|tim|feind, der: *Person, die jmd. gut kennt u. zu der er aufgrund einer unüberbrückbaren geistigen Gegnerschaft, Konkurrenz auf einem bestimmten Gebiet o. Ä. in einem besonders feindseligen, ablehnenden Verhältnis steht:* für ihn war es eine Gelegenheit, seinem alten I. mal wieder eins auszuwischen.

In|tim|fein|din, die: w. Form zu ↑ Intimfeind.

In|tim|freund, der (ugs.): *sehr guter, besonders nahestehender Freund.*

In|tim|freun|din, die: w. Form zu ↑ Intimfreund.

In|tim|hy|gi|e|ne, die: *Körperpflege im Intimbereich (2).*

In|ti|mi: Pl. von ↑ Intimus.

in|ti|mis|tisch ⟨Adj.⟩ (bildungsspr.): *[sehr] auf das Intime, Private bezogen.*

In|ti|mi|tät, die; -, -en [wohl < frz. intimité, zu: intime < lat. intimus, ↑ intim] (bildungsspr.): **1. a)** ⟨o. Pl.⟩ *vertrautes, intimes Verhältnis; Vertrautheit: zwischen ihnen bestand eine große I.;* die I. einer Liebesbeziehung; **b)** *vertrauliche Angelegenheit:* wir besprachen -en. **2.** ⟨meist Pl.⟩ *sexuelle, erotische Handlung, Berührung, Äußerung:* er flüsterte ihr im Vorübergehen -en zu; sie ließ sich nicht auf -en ein. **3.** ⟨o. Pl.⟩ *anheimelnde, gemütliche, intime Atmosphäre:* das gedämpfte Licht erhöhte die I. des Raumes.

In|tim|ken|ner, der (ugs.): *jmd., der einen

bestimmten Sachbereich, eine Sachlage o. Ä. sehr eingehend, bis in alle Einzelheiten kennt.*

In|tim|ken|ne|rin, die: w. Form zu ↑ Intimkenner: sie ist eine I. der New Yorker Jazzszene.

In|tim|kennt|nis, die ⟨meist Pl.⟩: **1.** *gute, genaue, eingehende Kenntnis über intime (1) Sachverhalte:* die Autorin vermarktet in dem Buch ihre -se über das Königshaus. **2.** *hoher Sachverstand in einem bestimmten Bereich; große Vertrautheit mit einem Thema o. Ä.:* in seiner Zeit als Gastdozent hat er -se über das dortige universitäre Leben erworben.

In|tim|kon|takt, der: *sexueller Kontakt:* die Krankheit wird vor allem durch -e übertragen.

In|tim|le|ben, das ⟨o. Pl.⟩ (verhüll.): *Sexualleben.*

In|tim|part|ner, der: *Sexualpartner.*

In|tim|part|ne|rin, die: w. Form zu ↑ Intimpartner.

In|tim|pfle|ge, die: *Körperpflege im Intimbereich (2).*

In|tim|ra|sur, die: *Rasur (1 a) der Schamhaare.*

In|tim|schmuck, der: *an den Geschlechtsteilen getragener, meist durch Piercing befestigter Schmuck (2).*

In|tim|sphä|re, die (bildungsspr.): *ganz persönlicher Lebensbereich eines Menschen:* jmds. I. respektieren, schützen, verletzen; Einblick in jmds. I. nehmen; in jmds. I. eindringen.

In|tim|spray, der od. das: *Deodorantspray für den Intimbereich (2).*

In|ti|mus, der; -, …mi [lat. intimus] (geh., oft scherzh.): *engster Freund, Vertrauter.*

In|tim|ver|kehr, der (verhüll.): *Geschlechtsverkehr.*

in|to|le|ra|bel ⟨Adj.; …bler, -ste⟩ [lat. intolerabilis, aus: in- = un-, nicht u. tolerabilis, ↑ tolerabel] (bildungsspr.): *nicht tolerabel:* eine intolerable Sache, Situation; so ein Verhalten ist einfach i.

in|to|le|rant ⟨Adj.⟩ [frz. intolérant < lat. intolerans (Gen.: intolerantis), aus: in- = un-, nicht u. tolerans, ↑ tolerant]: **1.** *nicht tolerant:* eine -e Haltung; ein -er Mensch, Chef; er ist ihr gegenüber sehr i.; sich i. zeigen; sie ist furchtbar i. **2.** (Med.) *nicht widerstandsfähig gegen bestimmte [schädliche] Stoffe:* er ist i. gegen Alkohol.

In|to|le|ranz, die; -, -en [frz. intolérance < lat. intolerantia]: **1.** ⟨o. Pl.⟩ *das Intolerantsein; Unduldsamkeit:* I. gegenüber Andersdenkenden. **2.** (Med.) *mangelnde Widerstandskraft gegen bestimmte [schädliche] Stoffe.*

In|to|na|ti|on, die; -, -en [zu ↑ intonieren]: **1.** (Musik) *(in der Gregorianik) vom Priester, Vorsänger od. Kantor gesungene Anfangsworte eines liturgischen Gesangs, der dann vom Chor od. der Gemeinde weitergeführt wird.* **2.** (Musik) *präludierende Einleitung in größeren Tonsätzen; kurzes Orgelvorspiel.* **3.** (Musik) *Art der Erzeugung, Formung, Gestaltung eines Tones; der Klangfarbe, des Treffens, Einhaltens o. Ä. eines Tones bei Sängern u. Instrumentalisten:* eine weiche, unsaubere I. **4.** (Musik) *(im Instrumentenbau, insbesondere bei der Orgel) für den Ausgleich der Töne u. ihrer Klangfarben.* **5.** (bes. Sprachwiss.) *Veränderung des Tones nach Höhe, Dauer, Stärke u. anderen Merkmalen beim Sprechen; Satzmelodie.*

in|to|na|ti|ons|si|cher ⟨Adj.⟩ (Musik): *die Intonation (3) sicher beherrschend.*

in|to|na|to|risch ⟨Adj.⟩ (Sprachwiss.): *die Intonation (5) betreffend, darauf beruhend.*

in|to|nie|ren ⟨sw. V.; hat⟩ [mlat. intonare = anstimmen, laut ausrufen < lat. intonare = donnern, sich mit donnernder Stimme vernehmen lassen]: **1.** (Musik) **a)** *etw. zu singen od. zu spielen beginnen; anstimmen:* ein Weihnachtslied i.; die Kapelle intonierte die Nationalhymne; **b)** *den Ton angeben:* der Kapellmeister into-

nierte ein a. **2.** (Musik) *Töne auf einem Instrument od. mit der Stimme in einer bestimmten Tongebung hervorbringen:* sauber, weich i. **3.** (bes. Sprachwiss.) *mit einer bestimmten Intonation* (5) *sprechen:* sie artikuliert und intoniert wie eine gelernte Nachrichtensprecherin.
in to|to [lat., zu: totus, ↑ total] (bildungsspr.): *im Ganzen; vollständig, insgesamt:* etw. in t. ablehnen, annehmen.
In|to|xi|ka|ti|on, die; -, -en [zu griech. tóxikon = Pfeilgift] (Med.): *Vergiftung.*
in|t|ra- [lat. intra, eigtl. erstarrter Ablativ eines von inter (↑ inter-, Inter-) abgeleiteten Adj.]: **1.** drückt in Bildungen mit Adjektiven aus, dass die beschriebene Sache innerhalb von etw. liegt, besteht, stattfindet: intrakonfessionell, -kulturell. **2.** (Med.) drückt in Bildungen mit Adjektiven aus, dass die beschriebene Sache in etw. hinein erfolgt: intramuskulär, -venös.
In|t|ra|da, die; -, ...den, **In|t|ra|de,** die; -, -n [span. entrada, eigtl. = das Eintreten, zu lat. intrare = hineingehen, eintreten] (Musik): *festliches, feierliches Eröffnungs- od. Einleitungsstück.*
in|t|ra|mo|le|ku|lar ⟨Adj.⟩ (Chemie): *sich innerhalb der Moleküle vollziehend.*
in|t|ra|mus|ku|lär ⟨Adj.⟩ (Med.): **a)** *innerhalb des Muskels gelegen* (Abk.: i. m.); **b)** *in den Muskel hinein erfolgend* (Abk.: i. m.): -e Injektionen; ein Mittel i. spritzen.
In|t|ra|net, das; -s, -s [engl. intranet, zu lat. ↑ intra- u. engl. net = Netz]: *betriebsinternes Computernetzwerk zur Übermittlung von Informationen und Daten zwischen Abteilungen, Filialen, Arbeitsstellen o. Ä.:* diese Informationen findest du im I. [der Firma].
In|tran|si|genz, die; - [engl. intransigence < frz. intransigeance, zu lat. in- = nicht u. transigere = ausgleichen, vermitteln] (bildungsspr.): *[politische] Starrheit; Unversöhnlichkeit, Unnachgiebigkeit.*
in|tran|si|tiv ⟨Adj.⟩ [spätlat. intransitivus, aus lat. in- = un-, nicht u. spätlat. transitivus, ↑ transitiv] (Sprachwiss.): *(von bestimmten Verben) kein Akkusativobjekt nach sich ziehend u. kein persönliches Passiv bildend; nicht zielend* (z. B. »blühen«).
In|tran|si|ti|vum, das; -s, ...va (Sprachwiss.): *intransitives Verb.*
in|trans|pa|rent ⟨Adj.⟩ [aus lat. in- = un-, nicht u. ↑ transparent] (bildungsspr.): *nicht transparent.*
In|trans|pa|renz, die: **1.** (selten) *Lichtundurchlässigkeit:* I. der Folien. **2.** (bildungsspr.) *fehlende Transparenz (u. daraus folgende Skepsis), Undurchschaubarkeit:* die I. der Verwaltung.
in|t|ra|ute|rin ⟨Adj.⟩ (Med.): *innerhalb der Gebärmutter [liegend, erfolgend].*
In|t|ra|ute|rin|pes|sar, das (Med.): *in die Gebärmutter eingelegtes Pessar, das der Empfängnisverhütung dient.*
in|t|ra|ve|nös ⟨Adj.⟩ (Med.): **a)** *innerhalb einer Vene [gelegen, vorkommend]* (Abk.: i. v.); **b)** *in eine Vene hinein erfolgend* (Abk.: i. v.): eine Infusion i. verabreichen.
in|t|ra|zel|lu|lar, (häufiger:) **in|t|ra|zel|lu|lär** ⟨Adj.⟩ (Biol., Med.): *innerhalb der Zellen [gelegen].*
in|t|ri|gant ⟨Adj.⟩ [frz. intrigant, zu: intriguer, ↑ intriguieren] (bildungsspr.): *dazu neigend, Intrigen zu spinnen; ständig auf Intrigen sinnend; Ränke schmiedend, hinterhältig:* ein -er Kerl.
In|t|ri|gant, der; -en, -en [frz. intrigant] (bildungsspr.): *jmd., der dazu neigt, zu intrigieren:* nimm dich vor diesem -en bloß in Acht!
In|t|ri|gan|ten|stadl, der; -s [geb. nach der populären Fernsehsendung »Musikantenstadl«]

(ugs. abwertend): *von Intrigen geprägte Institution od. Handlungsweise.*
In|t|ri|gan|ten|tum, das; -s: *charakteristische Haltung eines Intriganten; das Intrigantsein:* in der Partei herrschen Opportunismus und I.
In|t|ri|gan|tin, die; -, -nen: w. Form zu ↑ Intrigant.
In|t|ri|ganz, die; -: *intrigantes Verhalten.*
In|t|ri|ge, die; -, -n [frz. intrigue]: **a)** *Reihe von hinterhältigen, heimtückischen Machenschaften, mit denen jmd. gegen einen anderen arbeitet, seine Pläne o. Ä. zu durchkreuzen, ihm zu schaden sucht:* eine böswillige, politische I.; zum Opfer fallen; Ich selbst habe in meiner Berufslaufbahn bisher drei große -n erlebt, deren Opfer ich fast geworden wäre (Zwerenz, Quadriga 216); **b)** (Literaturwiss.) *absichtlich herbeigeführte Verwicklung, Zuspitzung eines Konflikts in einer literarischen Handlung, bes. in Tragödie u. Komödie.*
In|t|ri|gen|spiel, das: *Intrige.*
in|t|ri|gie|ren ⟨sw. V.; hat⟩ [frz. intriguer < ital. intrigare = verwickeln, verwirren < lat. intricare]: *Intrigen gegen jmdn. inszenieren, anzetteln:* ständig i.; gegen jmdn. i.; er intrigierte beim Chef gegen sie; gegen einen Plan i.
in|t|rin|sisch ⟨Adj.⟩ [engl. intrinsic < frz. intrinsèque = innerlich < lat. intrinsecus] (Psychol., Päd.): *von innen her, aus eigenem Antrieb; durch die in der Sache liegende Anreize bedingt:* eine -e Motivation.
In|t|ro, das; -s, -s [engl. intro < lat. intro = hinein, nach innen]: **1.** *einleitendes Musikstück, einleitender Teil eines Musikstücks:* das I. zu einem Song, zu einer Show. **2.** *Vorbemerkung, Einleitung, einleitender Artikel in einer Zeitschrift o. Ä.*
In|t|ro|duk|ti|on, die; -, -en [lat. introductio = das Einführen] (Musik): **a)** *freier Einleitungssatz vor dem Hauptsatz einer Sonate, Sinfonie od. eines Konzerts;* **b)** *erste Gesangsnummer einer Oper.*
In|t|ro|i|tus, der; -, - [...tu:s] [mlat. introitus < lat. introitus = Eingang, Einzug; Vorspiel, zu: introire = hineingehen]: **a)** *Eingangsgesang [im Wechsel mit Psalmversen] in der* ¹*Messe* (1); **b)** *[im Wechsel gesungene] Eingangsworte od. Eingangslied im evangelischen Gottesdienst.*
In|t|ron, das; -s, Pl. -s od. ...one[n] [Kunstwort; Analogiebildung zu ↑ Codon mit ↑ intra-] (Biol.): *Abschnitt eines Gens, der keine für die Erzeugung von Proteinen nötige Information enthält.*
In|t|ro|s|pek|ti|on, die; -, -en [zu lat. introspectus = das Hineinsehen (bes. Psychol.): *nach innen, auf das eigene Bewusstsein, die psychischen Vorgänge gerichtete Beobachtung:* Dazu: **in|t|ro|spek|tiv** ⟨Adj.⟩.
in|t|ro|ver|tiert ⟨Adj.⟩ [zu lat. intro = hinein, nach innen u. vertere, ↑ Vers] (Psychol.): *auf das eigene Seelenleben gerichtet, nach innen gekehrt; verschlossen:* ein -er Mensch; sie ist i. Dazu: **In|t|ro|ver|tiert|heit,** die; -.
In|t|ru|siv|ge|stein, das (Geol.): *in der Erdkruste erstarrtes Magma; Tiefengestein.*
In|tu|ba|ti|on, die; -, -en [zu lat. in- = hinein u. tubus = Röhre] (Med.): *das Einführen eines Rohrs vom Mund aus in den Kehlkopf bei Erstickungsgefahr, zum Einbringen von Medikamenten in die Luftwege od. zu Narkosezwecken.*
In|tu|i|ti|on, die; -, -en [mlat. intuitio = unmittelbare Anschauung, zu lat. intueri = ansehen, betrachten]: *das unmittelbare, nicht diskursive, nicht auf Reflexion beruhende Erkennen, Erfassen eines Sachverhalts od. eines komplizierten Vorgangs:* sie besitzt eine geniale I.; sich auf seine I. verlassen; **b)** *Eingebung, [plötzliches] ahnendes Erfassen:* auf eine I. warten.
in|tu|i|tiv ⟨Adj.⟩: **a)** *auf Intuition* (a) *beruhend:* -es

Erfassen; etw. i. spüren; einen Zusammenhang i. erkennen; **b)** *mit Intuition* (b) *erfolgend, Intuition besitzend:* ein -er Künstler; sie hat eine -e Art zu fotografieren.
in|tus [lat. intus = innen, inwendig, zu: in = in, hinein]: in der Verbindung **etw. i. haben** (ugs.: *etw. begriffen, verstanden haben; sich fest eingeprägt haben:* hast du die Regel jetzt endlich i.? *etw. gegessen, eingenommen, getrunken haben:* er hat schon drei Teller Eintopf, einen Liter Wein i.).
Inu|it: Pl. von ↑ Inuk.
Inuk, der; -s, Inuit [eskim. = Mensch]: *Selbstbezeichnung der Eskimos, bes. in Kanada, Nordalaska u. Grönland.*
Inu|lin, das; -s [nach dem lat. Namen Inula für die Pflanze Alant] (Med.): *pflanzlicher Wirkstoff, der die Darmflora verbessern kann u. zur Nierendiagnostik verwendet wird.*
in|un|die|ren ⟨sw. V.⟩ [lat. inundare, zu unda = Welle] (veraltet): **1.** ⟨hat⟩ *überschwemmen.* ◆ **2.** ⟨ist⟩ *über die Ufer treten:* Doch jetzo ist der Rhein nicht inundiert (Kleist, Krug 4).
in|va|lid, in|va|li|de ⟨Adj.⟩ [frz. invalide < lat. invalidus = schwach, krank, aus: in- = un-, nicht u. validus, ↑ valid]: *(infolge einer [Kriegs]verwundung, eines Unfalls, einer Krankheit o. Ä.) [dauernd] arbeits-, dienst-, erwerbsunfähig, nicht zu etw. tüchtig:* ein invalider Soldat; sie ist seit langen Jahren invalid[e].
In|va|li|de, der u. die; -n, -n: *Invalide, die Invaliden/zwei Invalide* (selten): *Invalidin.*
In|va|li|den|ren|te, die (früher, noch schweiz.): *Rente aus der Invalidenversicherung.*
In|va|li|den|ver|si|che|rung, die (früher, noch in der Schweiz): *staatliche Sozialversicherung gegen die Folgen der Invalidität* (Abk.: IV).
In|va|li|der, der (Dekl. ↑ Abgeordnete): *ein Invalider/ein Invalider; des/eines Invaliden, die Invaliden/zwei Invalide: (infolge von Unfall, Verwundung, Krankheit o. Ä.) [dauernd] Arbeits-, Dienst-, Erwerbsunfähiger:* er ist Invalide; er ist [durch einen Arbeitsunfall, im Krieg] Invalide, zum Invaliden geworden.
In|va|li|din, die; -, -nen: w. Form zu ↑ Invalide.
in|va|li|di|sie|ren ⟨sw. V.; hat⟩: **a)** *für invalide erklären:* er ist invalidisiert; **b)** *invalide machen:* er ist bei einem Unfall invalidisiert worden.
In|va|li|di|tät, die; -, -en ⟨Pl. selten⟩: *[dauernde] erhebliche Beeinträchtigung der Arbeits-, Dienst-, Erwerbsfähigkeit.*
in|va|ri|a|bel ⟨Adj.⟩ [aus lat. in- = un-, nicht u. ↑ variabel] (bildungsspr.): *sich nicht verändern lassend; Einwirkungen, Einflüssen o. Ä. gegenüber unveränderlich:* eine invariable mathematische Größe.
in|va|ri|ant ⟨Adj.⟩ [aus lat. in- = un-, nicht u. ↑ variant] (bildungsspr., Fachspr.): *bei veränderten Bedingungen unverändert bleibend:* ein -er Begriff; -e Merkmale. Dazu: **In|va|ri|anz,** die; -.
In|va|si|on, die; -, -en [frz. invasion < spätlat. invasio = das Eindringen, Angriff, zu lat. invadere (2. Part.: invasum) = einfallen, eindringen; betreten]: *feindliches Einrücken von militärischen Einheiten in fremdes Gebiet; Einfall:* die I. der Verbündeten; eine I. planen, durchführen; Ü eine I. von Touristen.
in|va|siv ⟨Adj.⟩ (Med.): **a)** *(von Krebszellen) in das umgebende Bindegewebe hineinwachsend, eindringend:* eine -e Geschwulst; **b)** *(zu diagnostischen Zwecken) in ein Organ eingreifend:* -e Techniken, Untersuchungsmethoden.
In|va|sor, der; -s, ...oren ⟨meist Pl.⟩ [spätlat. invasor]: *Eroberer, eindringender Feind:* die -en konnten zurückgeschlagen werden.
In|va|so|rin, die; -, -nen: w. Form zu ↑ Invasor.
In|vek|ti|ve, die; -, -n [mlat. invectiva, zu spätlat. invectivus = schmähend] (bildungsspr.): *mündliche od. schriftliche Äußerung von absichtlich*

In|ven|tar, das; -s, -e [lat. inventarium, zu: invenire = (er-, vor)finden; erwerben]: **a)** Gesamtheit der zu einem Betrieb, Unternehmen, Haus, Hof o. Ä. gehörenden Einrichtungsgegenstände u. Vermögenswerte (einschließlich der Schulden): das I. eines Geschäfts, eines Hauses; totes I. (Gegenstände, Mobiliar o. Ä.); lebendes I. (Vieh); (scherzh.:) ich gehöre schon zum lebenden I. der Firma; **b)** Verzeichnis des Besitzstandes eines Unternehmens, Betriebes, Hauses [das neben der Bilanz jährlich zu erstellen ist]: ein I. aufstellen, erstellen; **c)** Verzeichnis der Vermögensgegenstände u. Verbindlichkeiten aus einem Nachlass.

beleidigendem Charakter: sich gegen jmds. -n zur Wehr setzen.

In|ven|ta|ri|sa|ti|on, die; -, -en: Bestandsaufnahme des Inventars.

in|ven|ta|ri|sie|ren ⟨sw. V.; hat⟩: ein Inventar (a), den Bestand von etw. aufnehmen: einen Betrieb, eine Sammlung, jmds. Nachlass i. Dazu: **In|ven|ta|ri|sie|rung,** die; -, -en.

In|ven|ta|ri|um, das; -s, ...ien (veraltet): ↑ Inventar: ♦ Der gute Mann hielt ... sein Eigentum für verloren, wenigstens erwartete er, dass der feindliche Kriegsmann eine namhafte Teilung ohne I. und ohne Kommissarius vornehmen werde (Hebel, Schatzkästlein 17).

In|ven|tar|ver|zeich|nis, das: das Inventar erfassendes Verzeichnis.

In|ven|tur, die; -, -en [mlat. inventura]: Bestandsaufnahme der Vermögensteile u. Schulden eines Unternehmens durch Zählen, Messen, Wiegen o. Ä. anlässlich der Erstellung einer Bilanz: I. machen; wegen I. geschlossen haben.

In|ven|tur|dif|fe|renz, die (Wirtsch.): Unterschied zwischen einem tatsächlichen Bestand (2) und dem nach den Daten der Buchhaltung zu erwartenden: 80 % aller -en gehen vermutlich auf Diebstähle zurück.

In|ven|tur|lis|te, die: Inventar (b).

In|ver|kehr|brin|gen, das; -s (Amtsspr., Rechtsspr.): das Bereitstellen einer Ware zum Verkauf od. zur Nutzung.

in|vers ⟨Adj.⟩ [lat. inversus, adj. 2. Part. von: invertere = umkehren, umwenden] (bildungsspr., Fachspr.): umgekehrt.

In|ver|si|on, die; -, -en [lat. inversio = Umkehrung, Umsetzung (der Wörter)]: **1.** (bildungsspr., Fachspr.) Umkehrung, Umdrehung, Umwandlung. **2.** (Sprachwiss.) Umkehrung der üblichen Wortstellung Subjekt–Prädikat in die Stellung Prädikat–Subjekt (z. B. ich reise morgen ab; morgen reise ich ab). **3.** (Chemie) Umwandlung von Rohrzucker in ein Gemisch aus Traubenzucker u. Fruchtzucker. **4.** (Meteorol.) Temperaturumkehr in einer atmosphärischen Schicht, an der die normalerweise mit der Höhe abnehmende Temperatur sprunghaft zunimmt. **5.** (Musik) Umkehrung der Notenfolge der Intervalle.

In|ver|si|ons|wet|ter|la|ge, die (Meteorol.): durch Inversion (4) gekennzeichnete Wetterlage.

In|ver|te|brat, der; -en, -en [aus lat. in- = un-, nicht u. ↑ Vertebrat] (Zool.): wirbelloses Tier.

In|vert|zu|cker, der: bei der Inversion (3) entstehendes Gemisch aus Traubenzucker u. Fruchtzucker (z. B. im Bienenhonig).

in|ves|tie|ren ⟨sw. V.; hat⟩: **a)** [viell. unter Einfluss von ital. investire] Kapital langfristig in Sachwerten anlegen): Geld falsch, sinnvoll, nutzbringend i.; sein Kapital in ein/einem Unternehmen, in ein Projekt, in neue Maschinen i.; die privaten Unternehmer müssen zu zaghaft; die investierten Beträge müssen sich rentieren; **b)** auf etw. [in reichem Maße] verwenden: in etw. seine ganze Kraft, viel Zeit i.; er hat in diese Beziehung sehr viel investiert.

In|ves|tie|rung, die; -, -en: das Investieren; das Investiertwerden: die I. von Kapital.

In|ves|ti|ga|ti|on, die; -, -en [lat. investigatio] (selten): Untersuchung, Nachforschung.

in|ves|ti|ga|tiv ⟨Adj.⟩ [vgl. engl. investigative = Enthüllungs-, Forschungs-] (bildungsspr.): nachforschend, ausforschend; enthüllend, aufdeckend: -er Journalismus.

In|ves|ti|ti|on, die; -, -en [zu ↑ investieren (a)]: **1.** langfristige Anlage von Kapital in Sachwerten: private, staatliche, öffentliche, steigende -en; -en in Höhe von 10 Millionen Euro; -en vornehmen. **2.** Aufwendung, Geldausgabe: die Anschaffung des DVD-Brenners war eine gute I.

In|ves|ti|ti|ons|bank, die (Wirtsch.): Bank, die Investitionskredite gewährt.

In|ves|ti|ti|ons|be|reit|schaft, die: Bereitschaft (von Unternehmen) zu investieren: eine steigende, sinkende I.

in|ves|ti|ti|ons|freu|dig ⟨Adj.⟩: zum Investieren (1 a) gern bereit; daran interessiert, zu investieren: -e Unternehmer, Unternehmen.

in|ves|ti|ti|ons|freund|lich ⟨Adj.⟩: (wirtschaftliche) Investitionen begünstigend, zum Investieren (1 a) einladend: ein -es Klima schaffen.

In|ves|ti|ti|ons|gut, das ⟨meist Pl.⟩ (Wirtsch.): Gut, das der Produktion dient (wie Maschinen, Fahrzeuge, Werkhallen u. Ä.).

In|ves|ti|ti|ons|gü|ter|in|dus|t|rie, die (Wirtsch.): Investitionsgüter produzierende Industrie.

In|ves|ti|ti|ons|hil|fe, die (Wirtsch.): Hilfsmaßnahme, Beitrag zur Deckung von Investitionen (1) in bestimmten Bereichen der Wirtschaft.

In|ves|ti|ti|ons|ka|pi|tal, das (Wirtsch.): Kapital für Investitionen.

In|ves|ti|ti|ons|kli|ma, das: allgemeine Stimmung, Einschätzung im Hinblick auf wirtschaftliche Investitionen (in einem Land o. Ä.): das I. soll durch eine Steuerreform verbessert werden.

In|ves|ti|ti|ons|kos|ten ⟨Pl.⟩ (Wirtsch.): Kosten für eine bestimmte Investition (2): hohe, niedrige I.

In|ves|ti|ti|ons|kraft, die (Wirtsch.): Möglichkeit zu investieren (1 a): die I. der Gemeinden, der Länder.

In|ves|ti|ti|ons|kre|dit, der (Wirtsch.): ¹Kredit (1 a) zur langfristigen Finanzierung bestimmter Investitionen (1).

In|ves|ti|ti|ons|mit|tel ⟨Pl.⟩ (Wirtsch.): [finanzielle] Mittel, Gelder für Investitionen.

In|ves|ti|ti|ons|pla|nung, die (Wirtsch.): Planung von Investitionen (1) u. ihrer Durchführung.

In|ves|ti|ti|ons|pro|gramm, das (Wirtsch.): in einem Programm zusammengefasste Investitionsvorhaben: ein mehrjähriges, staatliches I.

In|ves|ti|ti|ons|ru|i|ne, die (ugs.): Bauwerk, für dessen Errichtung hohe Investitionen geleistet wurden, das aber nicht fertiggestellt wurde od. das nicht den erwarteten Ertrag od. Nutzen bringt.

In|ves|ti|ti|ons|schub, der (Wirtsch.): starker Anstieg der Investitionen.

In|ves|ti|ti|ons|stau, der (Wirtsch.): starke Zurückhaltung beim Tätigen von fälligen Investitionen.

In|ves|ti|ti|ons|sum|me, die (Wirtsch.): für Investitionen bereitgestellter Geldbetrag.

In|ves|ti|ti|ons|tä|tig|keit, die (Wirtsch.): wirtschaftliche Aktivität durch Investitionen (1) : eine starke, minimale [private] I.

In|ves|ti|ti|ons|vo|lu|men, das (Wirtsch.): Gesamtheit, Volumen der Investitionen (1) in einem bestimmten Bereich, in einem bestimmten Zeitraum.

In|ves|ti|ti|ons|vor|ha|ben, das (Wirtsch.): Vorhaben, Investitionen (1) vorzunehmen.

In|ves|ti|tur, die; -, -en [mlat. investitura = Einsetzung in ein Amt, eigtl. = Einkleidung, zu: investire, ↑ investieren]: **1.** Einweisung, Einsetzung in ein [geistliches] Amt: die I. des Pfarrers in der katholischen Kirche; die I. eines Universitätsrektors. **2.** (im Mittelalter) feierliche Belehnung mit dem Bischofsamt durch den König.

In|ves|ti|tur|streit, der ⟨o. Pl.⟩ (Geschichte): (im 11./12. Jh.) Streit der deutschen, englischen u. französischen Herrscher mit den Päpsten um die Einsetzung der Bischöfe u. Äbte.

in|ves|tiv ⟨Adj.⟩ [zu ↑ investieren] (Wirtsch.): für Investitionen (1), zur produktiven Verwendung bestimmt: -e Ausgaben; Mittel für -e Zwecke.

In|ves|tiv|lohn, der: Lohnanteil, der nicht dem Konsum zufließt, sondern zunächst zwangsweise investiv verwendet wird.

In|vest|ment [...mənt, ...ment], das; -s, -s [engl. investment, zu: to invest = (Kapital) anlegen]: **a)** (Bankw.) Kapitalanlage in Investmentzertifikaten; **b)** Investition (1).

In|vest|ment|bank, die ⟨Pl. ...banken⟩ (Bankw.): Bank, die auf die Durchführung von Investmentgeschäften spezialisiert ist: Dazu: **In|vest|ment|ban|ker,** der; **In|vest|ment|ban|ke|rin,** die.

In|vest|ment|ban|king, In|vest|ment-Ban|king [...bæŋkɪŋ], das: Abwicklung von Bankgeschäften, die sich auf die Platzierung u. den Handel mit Wertpapieren o. Ä. beziehen.

In|vest|ment|fonds [...fõː], der (Bankw.): Sondervermögen einer Kapitalanlagegesellschaft, das in Wertpapieren od. Grundstücken angelegt wird.

In|vest|ment|ge|schäft, das (Bankw.): durch Investmentgesellschaften getätigtes Geschäft.

In|vest|ment|ge|sell|schaft, die (Bankw.): Kapitalanlagegesellschaft, die die eingelegten Gelder in Wertpapieren anlegt.

In|vest|ment|pa|pier, das (Bankw.): Investmentzertifikat.

In|vest|ment|spa|ren, das (Bankw.): Geldanlage in Investmentzertifikaten.

In|vest|ment|trust, der (Bankw.): Investmentgesellschaft.

In|vest|ment|zer|ti|fi|kat, das (Bankw.): Zertifikat (3) über einen Anteil am Vermögen eines Investmentfonds.

In|ves|tor, der; -s, ...oren (Wirtsch.): Person, Firma o. Ä., die investiert, Kapital anlegt; Anleger (2): die -en halten sich zurzeit zurück.

In|ves|to|ren|grup|pe, die (Wirtsch.): ¹Gruppe (2) von Investoren.

In|ves|to|rin, die; -, -nen: w. Form zu ↑ Investor.

in vi|no ve|ri|tas [lat.] (bildungsspr.): im Wein liegt Wahrheit.

in|vi|tie|ren ⟨sw. V.; hat⟩ [lat. invitare] (bildungsspr. selten): **1.** einladen, zu Gast bitten: ♦ Manchmal lässt sie uns i., die Frau Amtmännin, die Frau Pfarrerin und mich, und diskurriert mit uns von allerlei (Goethe, Stella I). **2.** ersuchen.

In-vi|tro-Be|fruch|tung, In-vi|t|ro-Fer|ti|li|sa|ti|on, die; -, -en [lat. in vitro = im (Reagenz)glas, zu: vitrum = Glas] (Med.): künstlich herbeigeführte Verschmelzung einer menschlichen Eizelle mit einer Samenzelle außerhalb des Körpers einer Frau.

in|vol|vie|ren ⟨sw. V.; hat⟩ [lat. involvere (2. Part.: involutum) = hineinwälzen; einwickeln] (bildungsspr.): **1.** einbegreifen, einschließen: dieses Vorgehen involviert, dass man mit Unangenehmem rechnen muss. **2.** an etw. beteiligen, in etw. verwickeln: der Minister ist [in die/in der Affäre] involviert.

♦ **in|wäh|rend** ⟨Präp. mit Dativ⟩ [erstarrt aus

präpositionalen Fügungen wie »in während Krieges«]: ²*während:* Inwährend diesem argen Lärm nun hörte man die Fürstin ... so innig lachen (Mörike, Hutzelmännlein 141).

in|wärts ⟨Adv.⟩ [mhd. inwertes, ↑ -wärts] (veraltet): *[nach] innen, inwendig:* ◆ Inwärts auf dem Kasten muss der Fräulein ... Name stehn (Lessing, Minna II, 2).

in|wen|dig ⟨Adj.⟩ [mhd. in(ne)wendic, zu ↑ wenden]: *sich auf der Innenseite, im Innern befindend; innen:* die Frucht war i. faul; Ü Schließlich hatte er sich vorgenommen, ohne Hilfe des Todes zu sterben. Und die Bemühung, reglos zu werden und zu erkalten, forderte seine ganze -e Aufmerksamkeit und Kraft (Jahnn, Geschichten 98); * *etw., jmdn. in- und auswendig kennen* (ugs.; *etw., jmdn. gründlich kennen*).

in|wie|fern ⟨Interrogativadv.⟩: *auf welche Weise (zustande gekommen), in welcher Hinsicht, wieso [überhaupt]:* i. hat sich die Lage geändert?; es sollte ermittelt werden, i. sie verantwortlich sei.

in|wie|weit ⟨Interrogativadverb⟩: *bis zu welchem Grad, in welchem Maß:* i. lässt sich ihre Situation verbessern?; es steht in Ihrem Belieben, i. Sie diesen Empfehlungen folgen.

In|woh|ner, der; -s, - [mhd. in(ne)woner] (österr. veraltend): *Mieter.*

In|woh|ne|rin, die; -, -nen [mhd. inwonerinne]: w. Form zu ↑ Inwohner.

In|zah|lung|nah|me, die; -, -n ⟨Pl. selten⟩ (Kaufmannsspr.): *das In-Zahlung-Nehmen:* bei I. eines Gebrauchtwagens gibt der Händler auf den Neuwagen keinen Rabatt.

In|zest, der; -[e]s, -e [lat. incestum, zu: incestus = unkeusch; blutschänderisch, zu: in- = un-, nicht u. castus, ↑ Kaste] (bildungsspr.): *sexuelle Beziehungen zwischen engsten Blutsverwandten:* ein I. zwischen Vater und Tochter, Mutter und Sohn, Bruder und Schwester; [einen] I. begehen.

In|zest|ta|bu, das: *Verbot sexueller Beziehungen zwischen engen Blutsverwandten.*

in|zes|tu|ös ⟨Adj.⟩ [frz. incestueux < spätlat. incestuosus]: *den Inzest betreffend:* eine -e Beziehung zu jmdm. haben.

◆ **In|zicht,** die; -, -en [mhd., ahd. inziht = Beschuldigung, zu ↑ zeihen]: *Verdachtsmoment, Indiz:* ... ich habe darüber bestimmte -en, welche ich aus Rücksichten nicht näher berühren darf (Keller, Spiegel 279).

◆ **In|zi|dent|punkt,** der: *(in der Rechtsspr.) [strittiger] Nebenpunkt:* Weil ich manchmal einen I. erfinden muss, den ich beim zweiten Mal vergesse (Goethe, Werther I, 15. August).

In|zi|denz, die; -, -en [frz. incidence] (Med.): *Anzahl der neu auftretenden Erkrankungen in einem bestimmten Zeitraum.*

In|zucht, die; -, -en: *Fortpflanzung unter nahe verwandten Lebewesen:* in der Tier- und Pflanzenzucht beschleunigt I. die Bildung erbmäßig reiner Stämme; die Einwohner des abgelegenen Dorfes waren durch I. degeneriert. Dazu: **in|züch|tig** ⟨Adj.⟩.

in|zwi|schen ⟨Adv.⟩ [mhd. enzwischen, ahd. in zwiskēn = in der Mitte von zweien]: **a)** gibt an, dass etw. in der abgelaufenen Zeit geschehen od. ein bestimmter, noch anhaltender Zustand erreicht ist; *unterdessen:* i. ist das Haus fertig geworden; vor einigen Jahren war er ein überzeugter Pazifist, i. hat er seine Haltung geändert; es geht ihm i. besser; **b)** gibt an, dass etw. gleichzeitig mit etw. anderem geschieht; *währenddessen:* ich muss noch arbeiten, du kannst i. essen; **c)** gibt an, dass etw. bis zu einem zukünftigen Zeitpunkt geschieht; *bis dahin:* der Wettbewerb findet erst in zwei Jahren statt, i. bereiten sie sich aber schon darauf vor.

IOC [iːloːˈtseː], das; -[s]: International Olympic Committee: Dazu: **IOC-Mit|glied,** das.

Iod: ↑ Jod.

Io|dat: ↑ Jodat.

Io|did: ↑ Jodid.

Io|dit: ↑ Jodit.

IOK [iːloːˈkaː], das; -[s]: Internationales Olympisches Komitee.

Ion [auch: ˈiːɔn], das; -s, Ionen [engl. ion < griech. ión = Gehendes, Wanderndes, 1. Part. Neutr. von: iénai = gehen; also eigtl. = wanderndes Teilchen, wie es sich z. B. bei den elektrochemischen Spaltung chemischer Verbindungen zu den Elektroden hinbewegt: gepr. von dem engl. Physiker u. Chemiker M. Faraday (1791 bis 1867)] (Physik, Chemie): *elektrisch geladenes Teilchen, das aus einem neutralen Atom od. Molekül durch Anlagerung od. Abgabe (Entzug) von Elektronen entsteht:* positive, negative -en.

-ion: ↑ -ation.

Io|nen|aus|tau|scher, der [engl. ion exchanger] (Physik, Chemie): *anorganischer od. organischer Stoff, der aus einer Elektrolytlösung positive od. negative Ionen aufnehmen u. dafür eine entsprechende Menge gleichartiger Ionen abgeben kann (z. B. bei der Wasserenthärtung).*

Io|nen|bin|dung, die (Physik, Chemie): *bes. bei Salzen auftretende, durch elektrische Aufladung bewirkte chemische Bindung, die auf der Elektronenabgabe metallischer Elemente u. der Elektronenaufnahme nichtmetallischer Elemente beruht.*

Io|nen|fal|le, die [LÜ von engl. ion trap] (Elektronik): *Vorrichtung in der Bildröhre eines Fernsehgeräts, die durch Auffangen von Ionen vor dem Bildschirm die Zerstörung der Leuchtsubstanz verhindert.*

Io|nen|ka|nal, der (Biol.): *Protein, das Ionen ermöglicht, [Zell]membrane zu durchdringen.*

Io|nen|strahl, der ⟨meist Pl.⟩ (Physik, Chemie): *aus [rasch] bewegten Ionen bestehender Teilchenstrahl.*

Io|nen|trieb|werk, das (Elektronik): *Triebwerk für Raumfahrzeuge, Satelliten o. Ä., dessen Antriebskraft durch Ionen erzeugt wird, die durch Elektronenstoß in einer Gasentladung entstehen.*

Io|ni|en, -s: Küstenlandschaft Kleinasiens.

Io|ni|er, der; -s, -: Ew.

Io|ni|e|rin, die; -, -nen: w. Form zu ↑ Ionier.

Io|ni|sa|ti|on, die; -, -en [engl. ionization, zu: ionize, ↑ ionisieren] (Physik, Chemie): *Versetzung von Atomen od. Molekülen in elektrisch geladenen Zustand u. damit Bildung von Ionen durch Anlagerung od. Abspaltung von Elektronen.*

¹**io|nisch** ⟨Adj.⟩ [lat. Ionicus < griech. Iōnikós]: **a)** *Ionien, die Ionier betreffend; die Kunst der Ionier betreffend:* -e Säule; -e Kirchenart (auf dem Grundton c stehende Kirchenart).

²**io|nisch** ⟨Adj.⟩ [zu ↑ Ion] (Chemie): *Ionen enthaltend:* -e Polymere.

io|ni|sie|ren ⟨sw. V.; hat⟩ [nach engl. ionize] (Physik, Chemie): *eine Ionisation bewirken:* die Strahlung ionisiert beim Durchgang durch Materie deren Moleküle oder Atome. Dazu: **Io|ni|sie|rung,** die; -, -en.

Io|no|sphä|re, die; -, -n [zu ↑ Ion u. ↑ Sphäre]: **a)** ⟨o. Pl.⟩ *von Ionen durchsetzte äußerste Hülle der Erdatmosphäre;* **b)** *von Ionen durchsetzte Hülle der Atmosphäre eines Himmelskörpers.*

Io|ta: ↑ ¹Jota.

Io|wa [ˈaɪəwa], -s: Bundesstaat der USA.

iPad®, I-Pad [ˈaɪpæd], das; -[s], -s [geb. nach ↑ iPod zu engl. pad = (Schreib)block]: *Tablet-PC mit berührungsempfindlichem Bildschirm.*

IP-Ad|res|se [aiˈpiː...], die; -, -n: *normierte Ziffernfolge, über die jeder Rechner in einem Netzwerk (z. B. im Internet) eindeutig identifiziert wird.*

iPhone®, I-Phone [ˈaɪfoːn], das; -[s], -s [geb. nach ↑ iPod zu engl. phone = Telefon]: *mobiles Taschengerät zum Telefonieren, Surfen im Internet u. a., das hauptsächlich über einen berührungsempfindlichen Bildschirm bedient wird:* vor allem Jugendliche nutzen die neuesten -s.

IPO [aipiˈloʊ], das, auch: der; -[s], -s [Abk. für engl. Initial Public Offering] (Wirtsch.): *Börsengang, erste Emission von Aktien.*

iPod®, I-Pod [ˈaɪpɔt], der; -[s], -s [aus »i« für engl. internet (oder: information) u. pod = Gehäuse, Hülle]: *Taschengerät zur Wiedergabe von Musik.*

i-Punkt, der; -[e]s, -e: *Punkt auf dem i:* du hast den i-Punkt vergessen.

IQ [iːˈkuː, auch: aɪˈkjuː], der; -[s], -[s]: Intelligenzquotient: sie hat einen IQ von 150. Dazu: **IQ-Test,** der.

i. R. = im Ruhestand.

Ir = Iridium.

IRA [iːɛrˈlaː], die; -: Irisch-Republikanische Armee.

Irak; -s, ⟨auch:⟩ der; -[s]: *Staat in Vorderasien:* nach I./in den I. fahren.

Ira|ker, der; -s, -: Ew.

Ira|ke|rin, die; -, -nen: w. Form zu ↑ Iraker.

Ira|ki, der; -[s], -[s]: Ew.

Ira|ki, die; -, -[s]: w. Ew.

ira|kisch ⟨Adj.⟩: *den Irak, die Iraker betreffend; zum Irak gehörend, aus dem Irak stammend.*

Iran; -s, ⟨auch:⟩ der; -[s]: *Staat in Asien:* die Hauptstadt von I./des -s/des I.

Ira|ner, der; -s, -: Ew.

Ira|ne|rin, die; -, -nen: w. Form zu ↑ Iraner.

ira|nisch ⟨Adj.⟩: *den Iran, die Iraner betreffend; zum Iran gehörend, aus dem Iran stammend.*

ir|den ⟨Adj.⟩ [mhd., ahd. irdīn, erdīn = aus Erde bestehend; aus gebrannter Erde, aus Ton gefertigt]: *aus gebranntem Ton [gefertigt, hergestellt]:* eine -e Schüssel; ein -es Gefäß; -e Töpfe, Krüge.

Ir|den|wa|re, die: *Tonware.*

ir|disch ⟨Adj.⟩ [mhd. irdesch, ahd. irdisc = irden]: **1.** *zum Dasein auf der Welt gehörend:* das -e Leben, Jammertal; -es Glück; -e Güter; -e (*diesseitige*) Freuden; * **den Weg alles Irdischen gehen** (↑ Weg 2 a). **2.** *auf der Erde (als Planet) befindlich; zur Erde als Planet gehörend:* worin unterscheidet sich Mondgestein von -en Gesteinen?

Ire, der; -n, -n: Ew. zu ↑ Irland.

ir|gend ⟨Adv.⟩ [mhd. i(e)rgen(t) = irgend(wo), ahd. io wergin = je irgend(wo), zu ↑ ¹je, ahd. (h)wār = wo u. einer alten Indefinitpartikel]. **1.** (ugs.) *zur Verstärkung der Unbestimmtheit vor »so ein, so etwas«:* es ist woher i. so ein Vertreter an der Tür; sie hatte eine Erkältung oder i. so was. **2.** *zur Verstärkung, häufig in bedingten Gliedsätzen, die durch »wenn, wo, wie, was, wer« eingeleitet werden; unter irgendwelchen Umständen, irgendwie:* bitte komm, wenn es dir i. möglich ist; er unterstützte uns, solange er i. konnte.

ir|gend|ein ⟨Indefinitpron.⟩: **a)** *ein nicht näher bekannter, aber doch vorhandener od. notwendiger; ein nicht näher bestimmbarer:* aus -em Grund; auf -e Weise; wenn Sie i. Anliegen haben; -er wird immer etwas daran auszusetzen haben; er müsste es besser wissen als i. anderer (*jeder andere*); i. ein beliebiger: man könnte genauso gut -en anderen [Mitarbeiter] damit beauftragen; wir haben es hier nicht mit -er Frau zu tun, sondern immerhin mit der First Lady.

ir|gend|ein|mal ⟨Adv.⟩: *irgendwann einmal:* besuchen Sie mich doch i. in Hamburg.

ir|gend|et|was ⟨Indefinitpron.⟩: *eine nicht näher bestimmte Sache:* zieh dir rasch i. über!; i. war nicht in Ordnung; ⟨attr. vor einem Pron. od. einem subst. Adj.:⟩ können Sie mir i. anderes zeigen?; sollte i. Auffälliges geschehen, gib uns Bescheid.

ir|gend|je|mand ⟨Indefinitpron.⟩: *eine nicht näher bestimmte Person:* war inzwischen i. hier?; kann mir i. sagen, wo wir hier sind?; es war nicht i. *(irgendein unbekannter, unbedeutender Mensch),* sondern der König von Schweden; für i., -en; für i. anderes, i. anderen; mit i., -em; zu i. Fremdem.

ir|gend|wann ⟨Adv.⟩: *zu irgendeinem Zeitpunkt:* i. habe ich es aufgegeben; sie hofft, i. [einmal] doch noch die Genehmigung zu erhalten; i. müssen wir alle sterben.

ir|gend|was ⟨Indefinitpron.⟩ (ugs.): *irgendetwas:* bei der Sache ist i. faul; ist i.? *(ugs.; ist etwas geschehen?; gibt es Probleme?)*

ir|gend|welch ⟨Indefinitpron.⟩: **a)** *irgendwie geartet, aber nicht näher bezeichnet:* -es dummes/dumme Zeug; die Meinung -er kluger/klugen Leute; gibt es -e Fragen, Vorschläge?; es besteht kein Anlass zu -er Befürchtungen; **b)** *beliebig, nicht von besonderer Art:* er gab sich nicht mit -en Zigaretten zufrieden, sondern rauchte eine ganz bestimmte Marke.

ir|gend|wer ⟨Indefinitpron.⟩: *irgendeiner, irgendjemand:* i. gab mir neulich diesen Tipp; an irgendwem musste er seine Wut auslassen; sie war schließlich nicht i. *(eine beliebige unbekannte Person).*

ir|gend|wie ⟨Adv.⟩: **a)** *auf irgendeine Art, Weise (in der etw. vorhanden ist od. sich realisieren lässt):* man muss ihm i. zu helfen versuchen; i. wird es schon werden; er unterließ es, i. darauf zu reagieren; wir werden es schon i. schaffen; **b)** *in irgendeiner Hinsicht, im Rahmen irgendwelcher Überlegungen:* jmdm. i. bekannt vorkommen, leidtun; i. möchte sie doch, dass ich bleibe; ich fühlte mich i. schuldig; (oft floskelhaft verblasst:) das ist doch i. komisch.

ir|gend|wo ⟨Adv.⟩: **a)** *an irgendeinem Ort, Platz; an irgendeiner Stelle:* er muss es i. [in seinem Zimmer] versteckt haben; sie wollten i. in Italien Urlaub machen; gibt es [hier] i. ein Restaurant?; der Hund läuft nie i. anders hin; **b)** *(ugs.) irgendwie* (b): i. hat er recht; sie kam mir i. bekannt vor.

ir|gend|wo|her ⟨Adv.⟩: **a)** *von irgendeinem Ort, irgendeiner Stelle:* i. ertönte Musik; von i. Verstärkung bekommen; **b)** *durch irgendwelche Umstände:* i. konnte er ein wenig Deutsch.

ir|gend|wo|hin ⟨Adv.⟩: *an irgendeinen Ort, irgendeine Stelle:* er war bereits i. verschwunden; wolltest du nicht i. (auch verhüll.; wolltest du noch zur Toilette)?

Iri|den, Iri|des: Pl. von ↑ Iris.

Iri|di|um, das; -s [engl. iridium zu griech. îris (Gen.: íridos) = Regenbogen; nach den bunten Farben, die einige seiner Salze zeigen]: *silberglänzendes, sehr hartes Metall, das in Legierungen für Platinschmuck, Injektionsnadeln, elektrische Kontakte u. a. verwendet wird* (chemisches Element; Zeichen: Ir).

Irin, die; -, -nen: w. Form zu ↑ Ire.

Iris, die; -, - u. Iriden, Irides [griech. îris (Gen.: íridos) = Regenbogen; Regenbogenhaut; Schwertlilie]: **1.** ⟨Pl. Iris⟩ *Schwertlilie.* **2.** ⟨Pl. selten: Iris, auch: Iriden, Irides [...des]⟩ (Med.) *Regenbogenhaut des Auges:* eine dunkle I.

irisch ⟨Adj.⟩: *Irland, die Iren betreffend; zu Irland gehörend, aus Irland stammend.*

Irisch-Re|pu|b|li|ka|ni|sche Ar|mee, die; -n -: *Untergrundorganisation in der Republik Irland u. in Nordirland* (Abk.: IRA).

Iris|di|a|g|no|se, die: *Augendiagnose.*

Irish Cof|fee ['aɪrɪʃ 'kɔfi], der; --[s], --s [engl., eigtl. = irischer Kaffee]: *Kaffee mit einem Schuss Whiskey u. Schlagsahne.*

Irish Stew [- 'stju:], das; --[s], --s [engl., eigtl. = irisches Eintopfgericht, zu: stew = Eintopf]: *Eintopfgericht aus Hammelfleisch, Weißkohl (auch anderem Gemüse) u. Kartoffeln.*

iri|sie|ren ⟨sw. V.; hat⟩ [frz. iriser, zu griech. îris, ↑ Iris]: *in Regenbogenfarben schillern:* die Glaskugel scheint in verschiedensten Farben, irisierende Seifenblasen.

Iris|scan, Iris-Scan, der od. das: *(zur Identifikation einer Person dienender) Scan der Iris eines od. beider Augen.*

IRK = Internationales Rotes Kreuz.

Ir|land; -s: **1.** *große Insel westlich von Großbritannien.* **2.** *Staat, dessen Gebiet den größten Teil der Insel Irland umfasst:* die Republik I.

Ir|län|der, der; -s, - (seltener): Ew.

Ir|län|de|rin, die; -, -nen: w. Form zu ↑ Irländer.

Ir|län|disch ⟨Adj.⟩ (seltener): *irisch.*

Iro, der; -s (ugs.): kurz für ↑ Irokesenschnitt.

Iro|ke|se, der; -n, -n: *Angehöriger eines nordamerikanischen Indianerstammes.*

Iro|ke|sen|schnitt, der: *Haarschnitt, bei dem der Kopf auf beiden Seiten kahl geschoren wird und in der Mitte ein Streifen bürstenartig hochgekämmter Haare stehen bleibt.*

Iro|ke|sin, die; -, -nen: w. Form zu ↑ Irokese.

iro|ke|sisch ⟨Adj.⟩: *die Irokesen betreffend; zu den Irokesen gehörend, von ihnen stammend.*

Iro|nie, die; -, -n ⟨Pl. selten⟩ [lat. ironia < griech. eirōneía = geheuchelte Unwissenheit, Verstellung; Erachten]: **a)** *feiner, verdeckter Spott, mit dem jmd. etw. dadurch zu treffen sucht, dass er es unter dem augenfälligen Schein der eigenen Billigung lächerlich macht:* feine, zarte, bittere, verletzende I.; die I. aus jmds. Worten heraushören; etw. mit [unverhüllter] I. sagen; ich sage das mit I.; **b)** *paradoxe Konstellation, die einem als Spiel einer höheren Macht erscheint:* die I. einer Situation; die I. des Lebens, der Geschichte, des Schicksals.

iro|nie|frei ⟨Adj.⟩: *ohne jede Ironie.*

Iro|ni|ker, der; -s, -: *Mensch mit ironischer Geisteshaltung.*

◆ **Iro|ni|kus,** der; -, ...izi, auch: -se [scherzh. latinis. Bildung]: *Ironiker:* ... gleich nach ihr kam der Pastor an die Reihe. Dieser, ein I., hatte ... (Fontane, Effi Briest 77).

iro|nisch ⟨Adj.⟩ [lat. ironicus < griech. eirōnikós]: *Ironie enthaltend; voller Ironie:* eine -e Anspielung; mit ironischem Unterton; sie ist immer leicht i.; diese Bemerkung sollte i. sein; das war natürlich i. gemeint; i. fragen, lächeln, den Mund verziehen.

iro|ni|scher|wei|se ⟨Adv.⟩: *von Ironie zeugend:* sie hatten ihren Zwergpinscher i. »Wotan« getauft.

iro|ni|sie|ren ⟨sw. V.; hat⟩ [frz. ironiser, zu: ironie < lat. ironia, ↑ Ironie]: *einer ironischen Betrachtung unterziehen:* jmdn., sich selbst, ein Problem, eine Schwäche, eine Institution i. Dazu: **Iro|ni|sie|rung,** die; -, -en.

Iron|man® ['aɪənmæn], der; -s (Sport): *Triathlon über extrem lange Strecken.*

irr: ↑ irre (1).

ir|ra|ti|o|nal [auch: ...'na:l] ⟨Adj.⟩ [lat. irrationalis = unvernünftig, zu lat. in- = un-, nicht u. rationalis, ↑ rational] (bildungsspr.): **a)** *mit dem Ratio, dem Verstand nicht fassbar; dem logischen Denken nicht zugänglich:* ein -er Glaube, eine -e Mythologie, -er Fremdenhass, -e Ängste; -e Zahlen (Math.; *Zahlen, die nur als unendliche Dezimalbrüche dargestellt werden können*); **b)** *vernunftwidrig:* -e Argumente; eine -e Reaktion; er hat sich völlig i. verhalten.

Ir|ra|ti|o|na|lis|mus [auch: 'ɪr...], der; -, ...men (bildungsspr.): *Vorrang des Gefühlsmäßigen vor der Verstandeserkenntnis.*

Ir|ra|ti|o|na|li|tät, die; - (bildungsspr.): *das Irrationale* (a); *irrationale Art:* die I. dieser Ängste.

ir|ra|ti|o|nell [auch: ...'nel] ⟨Adj.⟩ [frz. irrationnel] (selten): *irrational.*

ir|re ⟨Adj.⟩ [mhd. irre, ahd. irri = verirrt; verwirrt; erzürnt, urspr. = sich schnell, heftig od. ziellos bewegend]: **1. a)** *psychotisch wirkend, verstört:* ein -r Blick; er redet i.; »Komm sofort herunter!!« schrie er, als noch immer keine Antwort kam, mit fast -r Stimme (Zuckmayer, Magdalena 170); **b)** (ugs. veraltend) *psychotisch:* ein -r Patient; jmdn. für i. halten); man sagte uns, sie sei halb i. und müsste in eine Anstalt gebracht werden; **c)** *in seiner Erregung völlig durcheinandergebracht, wie von Sinnen:* er war i. vor Angst, Schmerz; sich wie i. gebärden. **2.** (salopp) **a)** *vom Üblichen abweichend u. so ausgefallen, merkwürdig, wie man es nie erwarten konnte:* Las Vegas war für sie eine i. Stadt; die Drohung war i.; das ist ja i.!; **b)** *sehr groß, stark:* eine i. Angst, Hitze; ein -s Geschrei; **c)** ⟨intensivierend bei Adjektiven u. Verben⟩ *sehr, in höchstem Maße, außerordentlich:* es war i. heiß in der Telefonzelle; der Film war i. spannend, komisch. ◆ **3.** *unruhig, in stetem Hin u. Her:* Im Garten des Pfarrers zu Taubenhain gehts i. bei Nacht in der Laube (Bürger, Des Pfarrers Tochter); ... und das Geflügel der Nacht seine i. Wanderung mit umschweifendem Fluge begann (Tieck, Runenberg 27).

¹Ir|re, der/die/eine Irre; der/einer Irren, die Irren/zwei Irre (Psychol., Med. veraltet, sonst salopp): *an einer Psychose erkrankte weibliche Person.*

²Ir|re [mhd. irre = Verirrung; Irrfahrt]: in den Wendungen **in die I. gehen** (geh.: 1. *sich verirren:* die Wanderer sind in die I. gegangen. 2. *sich irren:* mit dieser Ansicht gehen sie völlig in die I.); **jmdn. in die I. führen, locken** (geh.: *jmdn. auf einen falschen Weg, in eine falsche Richtung führen, locken:* sie versuchten, die Soldaten in die I. zu locken. *jmdn. irreführen, täuschen:* solche Redner führen das Volk nur in die I.).

ir|re|al ⟨Adj.⟩ [aus lat. ir- (↑ in-) = un-, nicht u. ↑ real] (bildungsspr.): *unwirklich, nicht wirklich, nicht der Wirklichkeit angehörend od. mit ihr in Zusammenhang stehend:* eine -e Traumwelt; -e Vorstellungen.

Ir|re|a|lis, der; -, ...les [...le:s] (Sprachwiss.): *Modus des irrealen Wunsches, einer als unwirklich hingestellten Aussage* (z. B. in: Hätte ich bloß nichts gesagt!; Ich wäre ja gekommen, wenn ich Zeit gehabt hätte).

Ir|re|a|li|tät, die; - (bildungsspr.): *Nichtwirklichkeit, Unwirklichkeit.*

ir|re|du|zi|bel [auch: ...'tsi:...] ⟨Adj.⟩ [aus lat. ir- (↑ in-) = un-, nicht u. lat. reducere = zurückführen] (Fachspr., bildungsspr.): *nicht zurückführbar, nicht aus etwas anderem ableitbar.*

ir|re|füh|ren ⟨sw. V.; hat⟩: **1.** (selten) *absichtlich auf den falschen Weg bringen:* durch einen falschen Wegweiser wurde er seiner Verfolger irre. **2.** [absichtlich] *einen falschen Eindruck entstehen lassen; zu einer falschen Annahme verleiten, täuschen:* jmdn. durch falsche Angaben i.; der Gegner sollte doch diese Maßnahme irregeführt werden; eine irregeführte Öffentlichkeit.

ir|re|füh|rend ⟨Adj.⟩: *einen falschen Eindruck erweckend, zu unzutreffenden Annahmen verleitend:* eine -e Beschriftung, Bezeichnung, Überschrift; diese Darstellung ist i.

Ir|re|füh|rung, die: *das Irreführen* (2).

ir|re|ge|hen ⟨unr. V.; ist⟩ (geh.): **1.** *in eine falsche Richtung gehen:* Sie können nicht i., wenn Sie sich an die Skizze halten. **2.** *sich irren:* du gehst nicht irre mit dieser Vermutung.

ir|re|gu|lär ⟨Adj.⟩ [spätlat. irregularis = nicht den kirchlichen Regeln gemäß, aus lat. ir- (↑in-) u. spätlat. regularis, ↑regulär]: **a)** *nicht regelmäßig, nicht der Regel entsprechend:* -e Erscheinungen feststellen; **b)** *nicht dem Gesetz entsprechend; ungesetzlich:* sich etw. auf -e Weise beschaffen; -e Truppen *(außerhalb des regulären Heeres aufgebotene Verbände wie Freikorps, Partisanen o. Ä.)*

Ir|re|gu|lä|re, die/eine Irreguläre; der/einer Irregulären, die Irregulären/zwei Irreguläre: *Angehörige irregulärer Truppen.*

Ir|re|gu|lä|rer, der Irreguläre/ein Irregulärer; des/eines Irregulären, die Irregulären/zwei Irreguläre: *Angehöriger irregulärer Truppen.*

Ir|re|gu|la|ri|tät, die; -, -en [spätlat. irregularitas = Ungehorsam, Verstoß gegen die kirchlichen Regeln] (bildungsspr.): *Regellosigkeit; mangelnde Regel-, Gesetzmäßigkeit.*

ir|re|lei|ten ⟨sw. V.; hat⟩ (geh.): **1.** *auf einen falschen Weg führen, falsch leiten:* der Dieb wollte die Polizei i.; irregeleitete Post. **2.** *zu einer falschen Annahme, Auffassung, Verhaltensweise verleiten:* man sollte sich nicht durch andere i. lassen.

ir|re|le|vant ⟨Adj.⟩ [aus lat. ir- (↑in-) = un-, nicht u. ↑relevant] (bildungsspr.): *in einem bestimmten Zusammenhang unerheblich, ohne Bedeutung:* -e Feststellungen, Merkmale; diese Unterschiede sind in diesem Zusammenhang i.; es ist völlig i., ob er davon gewusst hat oder nicht. Dazu: **Ir|re|le|vanz**, die; -, -en ⟨Pl. selten⟩.

ir|re|li|gi|ös ⟨Adj.⟩ [frz. irréligieux < lat. irreligiosus, aus: ir- (↑in-) u. religiosus, ↑religiös] (bildungsspr.): *nicht religiös* (2): ein -er Mensch; die Leute sind dort weitgehend i. [eingestellt]. Dazu: **Ir|re|li|gi|o|si|tät**, die; -.

ir|re|ma|chen ⟨sw. V.; hat⟩: *in seiner Auffassung, Überzeugung unsicher machen; an etw. zweifeln lassen:* er wird mich nicht [in meiner Ansicht, in meinem Glauben] i.; lass dich [von ihm, davon] nicht i.; das darf uns nicht i.

ir|ren ⟨sw. V.⟩ [mhd. irren, ahd. irrōn, zu ↑irre]: **1.** ⟨i. + sich; hat⟩ **a)** *etw. fälschlich für wahr od. richtig halten, eine falsche Meinung von jmdm., etw. haben:* ich habe mich [in diesem Punkt] gründlich geirrt; du irrst dich [gewaltig], wenn du das denkst; ⟨auch ohne »sich«:⟩ hier irrt die Verfasserin; in einem Punkte allerdings irrt der Bericht *(stimmt er nicht);* sie ist die neue Chefin, wenn ich nicht irre; R es irrt der Mensch, solang er strebt (Goethe, Faust I, Vers 317); Irren, (auch:) i. ist menschlich *(jeder kann sich einmal irren);* **b)** *eine Person od. Sache fälschlicherweise für die gesuchte, gemeinte halten, sie mit einer andern verwechseln:* sich im Datum, in der Hausnummer i.; sich in der Person, in jmds. Motiven i.; ich habe mich anscheinend in dir geirrt *(getäuscht);* **c)** *sich um etw. verrechnen:* die Kassiererin hat sich um 50 Cent geirrt; er hat sich in seinen Angaben um einen Tag geirrt. **2.** ⟨ist⟩ **a)** *rastlos umherziehen:* [ziellos] durch die Lande, die Gegend, die Straßen i.; von Ort zu Ort i.; **b)** *(bes. von den Augen) sich suchend, tastend, ziellos hin u. her bewegen:* seine Augen irrten unruhig [flackernd] durch den Saal, nach oben, über den Boden i.; ziellos irrende Blicke; ... und seine Hand irrte nach der Patronentasche, als habe er die Absicht, den rasenden Zug zum Stehen zu bringen (Hauptmann, Thiel 28). **3.** ⟨hat⟩ (veraltet) *unsicher machen; verwirren.* ◆ **4.** ⟨hat⟩ **a)** *unsicher machen; verwirren:* Lasst nur, mich irrt's nicht, wenn noch so viel um mich herumkrabbeln (Goethe, Götz II); **b)** *(jmdn.) täuschen, irreführen:* Wenn ich den König irrte? Wenn es mir gelänge, selbst der Schuldige zu scheinen (Schiller, Don Carlos V, 3).

Ir|ren|an|stalt, die (veraltet, sonst salopp): *psychiatrische Klinik.*

Ir|ren|haus, das (veraltet, sonst emotional): *psychiatrische Klinik:* solche Menschen wurden früher ins I. gesteckt, gesperrt; ich bin bald reif fürs I. (ugs.; *kann diese Situation kaum noch länger durchstehen).*

ir|re|pa|ra|bel [auch: ...'ra:...] ⟨Adj.⟩ [lat. irreparabilis] (bildungsspr.): **a)** *nicht reparabel; nicht rückgängig zu machen:* irreparable Schäden, Defekte; i. geschädigt sein; **b)** *in der Funktion nicht wiederherzustellen:* die durchtrennten Nervenstränge sind i.

Ir|re|pa|ra|bi|li|tät, die; - (bildungsspr.): *Unmöglichkeit, einen Schaden, Fehler o. Ä. wieder auszugleichen.*

Ir|rer, der Irre/ein Irrer; des/eines Irren, die Irren/zwei Irre: *an einer Psychose erkrankte männliche Person:* wie ein I. lachen; wie ein I. (ugs.; *sehr schnell, sehr viel)* arbeiten; wir gelten als arme Irre (salopp; *bedauernswerte, nicht ernst zu nehmende Menschen).*

ir|re|re|den ⟨sw. V.; hat⟩: *wirr reden; delirieren; fantasieren:* während des Fieberschubs redete er irre.

Ir|re|sein, das (Med. veraltet): *Psychose.*

ir|re|ver|si|bel [auch: ...'zi:...] ⟨Adj.⟩ [aus lat. ir- (↑in-) = un-, nicht u. ↑reversibel] (Fachspr.): *nicht umkehrbar, nicht rückgängig zu machen:* irreversible technische, chemische, biologische Prozesse; irreversible Schäden. Dazu: **Ir|re|ver|si|bi|li|tät**, die; -.

ir|re|wer|den ⟨unr. V.; ist⟩: *in seiner Auffassung unsicher werden [u. das Vertrauen zu jmdm., in etw. verlieren]:* sie war an ihrem Vorbild, an ihrer Überzeugung irregeworden; Und musste er nicht i. und verzweifeln an Vernunft und Gerechtigkeit? (Th. Mann, Herr 11).

Irr|fahrt, die: *Fahrt ohne Ziel od. Fahrt, bei der der richtige Weg nur unter Schwierigkeiten od. gar nicht gefunden, das Ziel nur auf Umwegen od. gar nicht erreicht wird:* die -en des Odysseus; nach einer zweistündigen I. waren wir endlich am Ziel.

Irr|flug, der: *Flug ohne Ziel od. Flug, bei dem der richtige Weg nur unter Schwierigkeiten od. gar nicht gefunden, das Ziel nur auf Umwegen od. gar nicht erreicht wird.*

Irr|gang, der: *[von hohen Hecken o. Ä. gesäumter] verschlungener Weg in einem Labyrinth* (1 a).

Irr|gar|ten, der: *Labyrinth* (1 a): Ü das Programm bietet einen Wegweiser durch das I. Internet.

Irr|gast, der (Zool.): *Tier aus völlig andersgeartetem Lebensraum, das zufällig in ein ihm fremdes Gebiet gerät od. dieses zufällig durchquert:* der Kranich kommt hier nur als I. vor.

Irr|glau|be, Irr|glau|ben, der: **1.** *falsche Auffassung, der jmd. anhängt; falsche Annahme, von der jmd. ausgeht:* der I., das Teuerste sei das Beste; es ist ein I., dass das Wetter dort immer schlecht sei. **2.** (veraltend) *falscher religiöser Glaube.*

irr|gläu|big ⟨Adj.⟩: *nicht rechtgläubig.*

ir|rig ⟨Adj.⟩ [mhd. irrec = zweifelhaft; hinderlich, zu ↑irre]: *einen Irrtum darstellend; auf einem Irrtum beruhend u. daher falsch:* -e Ansicht, Auffassung, Annahme; seine Auslegung war i., wurde ihm als i. nachgewiesen.

ir|ri|ger|wei|se ⟨Adv.⟩: *auf einem Irrtum beruhend, aufgrund eines Irrtums:* etw. i. annehmen; ich hielt sie i. für deine Schwester.

Ir|rig|keit, die; -: *das Irrigsein; irrige Art:* die I. einer Anschauung.

Ir|ri|ta|ti|on, die; -, -en [lat. irritatio] (bildungsspr.): **1.** *Verwirrung, Zustand des Verunsichertseins:* seine Äußerung hat zu -en geführt. **2. a)** *auf jmdn., etw. ausgeübter Reiz; Reizung:* die I. verschwand; optische -en; **b)** *das Erregtsein, Verärgerung:* es besteht kein Grund zur I.

ir|ri|tie|ren ⟨sw. V.; hat⟩ [lat. irritare = (auf)reizen, erregen]: **1.** [unter Einfluss von ↑irren] *in seinem Verhalten, Handeln unsicher machen, verwirren:* das Kichern hinter ihrem Rücken, der Spiegel irritierte sie; eine irritierende Freundlichkeit, Ausdrucksweise, Bemerkung, Beschilderung; sie starrte ihn irritiert an. **2. a)** *in seinem Tun stören:* der Hund, das Gekreische irritierte mich bei der Arbeit; **b)** *ärgern, ärgerlich machen:* er war über das Verhalten des Ministers irritiert; **c)** (veraltend) *reizen, in Erregung versetzen:* alles Neue, Geheimnisvolle irritierte sie; Goethe hat diese Sammlungen bei Fackelschein gesehen. Das war damals Mode, und Goethe irritierte das Unheimliche, das Flamme und Rauch zum Leben brachten (Koeppen, Rußland 195).

ir|ri|tie|ren|der|wei|se ⟨Adv.⟩: *eine Irritation* (1) *bewirkend.*

Ir|ri|tie|rung, die; -, -en: *Irritation.*

Irr|läu|fer, der: *etw., was [im Zuge der Beförderung] an eine falsche Stelle gelangt ist:* die Post schickt I. in der Regel an den Absender zurück.

Irr|leh|re, die: *falsche Lehre:* er hält die Homöopathie für eine I.

Irr|licht, das ⟨Pl. -er⟩ [wohl wegen der unruhigen Bewegung]: *in sumpfigem Gelände (wahrscheinlich durch Selbstentzündung von Sumpfgas entstehende) sich über dem Boden hin u. her bewegende kleine Flamme (die im Volksglauben mit der Vorstellung von Totengeistern verbunden wird, die in die Irre führen od. Unglück bringen können):* -er flackern im Moor.

irr|lich|te|lie|ren ⟨sw. V.; hat⟩ [goethesche Prägung aus dem Urfaust]: *irrlichtern;* ◆ ... dass er bedächtiger so fortan hinschleiche die Gedankenbahn und nicht etwa, die Kreuz und Quer, irrlichteliere hin und her (Goethe, Faust I, 1914 ff.)

irr|lich|tern ⟨sw. V.; hat⟩: *wie ein Irrlicht funkeln, sich hin u. her bewegen:* Fackeln irrlichterten durch die Nacht.

Irr|sinn, der ⟨o. Pl.⟩: **1.** *stark beeinträchtigter Geisteszustand:* Zeichen eines beginnenden -s. **2.** (oft emotional) *Unvernunft, die sich im Handeln u. Verhalten darstellt:* so ein I.!; es wäre I., dieses Projekt aufzugeben.

irr|sin|nig ⟨Adj.⟩: **1. a)** *geistig so verwirrt, dass die Gedanken keinen Zusammenhang untereinander u. keine Übereinstimmung mit der Wirklichkeit haben:* er machte einen -en Eindruck; i. werden; **b)** *aufgrund einer innerlichen Belastung wie von Sinnen seiend, sich verhaltend:* vor Schmerz i. werden; sie gebärdete sich völlig i. vor Angst; **c)** (oft emotional) *[in seinem Handeln od. Verhalten] keine Vernunft erkennen lassend; unvernünftig, ohne jeden Verstand; absurd:* ein -er Kerl; eine völlig -e Reaktion, Idee; du bist [ja] i.! **2.** (ugs.) **a)** *unvorstellbar, außerordentlich [groß, stark]:* -e Schmerzen; -es Geschrei; ein -er Preis; ein -es Tempo; **b)** ⟨intensivierend bei Adjektiven u. Verben⟩ *sehr, in höchstem Maße:* es war i. heiß, komisch; sie freute sich i.

Irr|sin|ni|ge, die/eine Irrsinnige; der/einer Irrsinnigen, die Irrsinnigen/zwei Irrsinnige: *weibliche Person, die irrsinnig* (1 a) *ist.*

Irr|sin|ni|ger, der Irrsinnige/ein Irrsinniger; des/eines Irrsinnigen, die Irrsinnigen/zwei Irrsinnige: *jmd., der irrsinnig* (1 a) *ist.*

Irr|tum, der; -s, ...tümer [mhd. irretuom = Irrglaube, auch schon: Zwistigkeit, Streit, Hindernis, Schaden; Versehen, ahd. irrituom = Irr-

irrtümlich – Isolator

glaube]: *aus Mangel an Urteilskraft, Konzentration o. Ä. fälschlich für richtig gehaltener Gedanke; falsche Vorstellung, Handlungsweise:* ein großer, kleiner, schwerer, folgenschwerer, verhängnisvoller, gefährlicher, bedauerlicher, trauriger I.; diese Annahme war ein I.; das hat sich als [ein] I. herausgestellt, erwiesen; es ist ein I. zu glauben, dass wir das durchhalten könnten; [hierbei ist ein] I. ausgeschlossen; ihr ist ein I. *(ein Fehler, ein Versehen)* unterlaufen; einem I. erliegen, aufgesessen sein; da bist du im I.; hier handelt es sich um einen I.; hier dürfte ein I. vorliegen; seinen I. erkennen, einsehen; Irrtümer *(Fehler, Versehen)* beseitigen, berichtigen; um einem I. vorzubeugen; seine Behauptung beruht auf einem I.; wenn du das glaubst, befindest du dich im I.; in einem I. befangen sein; über eine Situation im I. sein; jmdn. über seinen I. aufklären.

irr|tüm|lich ⟨Adj.⟩: *einen Irrtum darstellend, darauf beruhend:* eine -e Behauptung, Entscheidung; er hat die Rechnung i. *(versehentlich)* zweimal bezahlt.

irr|tüm|li|cher|wei|se ⟨Adv.⟩: *aufgrund eines Irrtums, fälschlicherweise:* darum geht es gar nicht, wie man meint. i. meint.

Ir|rung, die; -, -en [mhd. irrunge] (geh.): *Fall, in dem jmd. irrt; Irrtum:* nach allerlei -en und Wirrungen kommt es schließlich doch noch zu einem Happy End; Von kleinen Unstimmigkeiten abgesehen, wie der Tag sie mit sich bringt und der Welt Zerstückelung sie zeitigt, geht alles am Schnürchen; denn mit redlichem Wort, sei's auch einmal etwas derb, wird die I. geklärt, und dann herrscht wieder Eintracht (Th. Mann, Joseph 517).

Irr|weg, der; *falsches, verkehrtes, nicht zum Ziel führendes Verfahren; falsche Methode:* einen I. einschlagen; ich halte diese Politik, diese Methode für einen I.

irr|wer|den ⟨unr. V.; ist⟩: irrewerden.

Irr|wisch, der: **1.** *Irrlicht.* **2. a)** *äußerst lebhaftes, unruhiges Kind:* sie sind immer froh, wenn der kleine I. abends im Bett liegt und schläft; **b)** *unsteter Mensch, unsteter Charakter* (2).

Irr|witz, der: *Wahnwitz, Absurdität:* es ist doch ein I., dafür so viel Geld auszugeben. Dazu: **irr|wit|zig** ⟨Adj.⟩.

is-, Is-: ↑ iso-, Iso-.

ISAF, Isaf [auch: 'a͜isəf], die; - [Kurzwort für engl. International Security Assistance Force]: internationale Schutztruppe [in Afghanistan].

Isar, die; -: rechter Nebenfluss der Donau.

Isar-Athen: scherzh. Bez. für: München.

ISBN [i:|ɛsbeˈʔɛn], die; -, -[s] [Abk. für: Internationale Standardbuchnummer]: *Nummer, die seit 1973 jedes veröffentlichte Buch erhält.*

Is|ch|ä|mie [ɪsçɛˈmi:], die; -, -n [zu griech. íschein = hemmen u. haĩma = Blut] (Med.): *örtliche Blutleere, mangelnde Versorgung einzelner Organe mit Blut:* Dazu: **is|chä|misch** ⟨Adj.⟩.

Is|chia [ˈɪskja], -s: italienische Insel.

Is|chi|as [auch: 'ɪsçjas], der, selten das, fachspr.: die; - [lat. ischias < griech. ischiás (Gen.: ischiádos) = Hüftschmerz, zu: ischíon = Hüftgelenk, Hüfte] (Med.): **1.** *in Anfällen auftretende od. längere Zeit bestehende Hüftschmerzen im Bereich des Ischiasnervs:* I. haben. **2.** (nur: der) Kurzf. von ↑ Ischiasnerv.

Is|chi|as|nerv, der: *vom Bereich des Kreuzbeins an der Hinterseite des Oberschenkels bis in die Kniegegend ziehender Nerv, der die Muskeln des Ober- und Unterschenkels sowie einen Großteil der Haut des Unterschenkels versorgt.*

Ischl: ↑ Bad Ischl.

ISDN [i:|ɛsdeˈʔɛn], das; - ⟨meist o. Art.⟩ [Abk. von engl. integrated services digital network = Dienste integrierendes digitales (Nachrichten)netz]: *der Datenübermittlung dienendes Kommunikationsnetz, das mithilfe digitaler Übermittlungstechnik einen Fernmeldedienst anbietet, der verschiedene Arten der Kommunikation (wie Sprache, Text, Bild usw.) integriert:* Dazu: **ISDN-Adap|ter,** der; **ISDN-An|schluss,** der.

ISDN-Kar|te, die (EDV): *Steckkarte, die die Verbindung eines Computers mit dem ISDN ermöglicht.*

Ise|grim, der; -[s], -e u. -s ⟨Pl. selten⟩ [ahd. Männername Isangrīm, eigtl. = Eisenhelm]: **1.** ⟨o. Pl.⟩ *Wolf* (bes. in der Tierfabel). **2.** (veraltend) *mürrischer Mensch.*

Is|fa|han, der; -[s], -s [nach der iran. Stadt Isfahan]: *feiner, handgeknüpfter Teppich mit Blüten-, Ranken- od. Arabeskenmustern auf meist beigefarbenem Grund.*

-i|sie|ren: 1. drückt in Bildungen mit Substantiven oder Adjektiven aus, dass eine Person oder Sache in einen bestimmten Zustand gebracht wird, zu etw. gemacht wird: afrikanisieren, kapitalisieren, regionalisieren. **2.** drückt in Bildungen mit Substantiven aus, dass eine Person oder Sache mit etw. versehen wird: aromatisieren, computerisieren.

ISIN [ˈiːzɪn, i:|ɛsli:ˈʔɛn], die; -, - [Abk. für engl. international securities identification number (engl. securities = Wertpapiere)]: *internationale Kennnummer für Wertpapiere.*

Isis: altägyptische Göttin.

Is|lam [auch: 'ɪslam], der; -[s] [arab. islām, eigtl. = völlige Hingabe (an Allah)]: *auf die im Koran niedergelegte Verkündigung des arabischen Propheten Mohammed zurückgehende Religion:* die Welt des -s; vom I. beeinflusste Kunst im spanischen Barock; zum I. übertreten, konvertieren.

Is|la|ma|bad: Hauptstadt von Pakistan.

is|la|misch ⟨Adj.⟩: *zum Islam gehörend; muslimisch:* die -e Religion, Kunst.

is|la|mi|sie|ren ⟨sw. V.; hat⟩: *zum Islam bekehren; dem Herrschaftsbereich des Islams zuführen:* Dazu: **Is|la|mi|sie|rung,** die; -, -en.

Is|la|mis|mus, der; -: *dem islamischen Fundamentalismus zugrunde liegende Ideologie.*

Is|la|mist, der; -en, -en: **1.** *Anhänger des Islamismus.* **2.** (selten) *Islamwissenschaftler.*

Is|la|mis|tin, die; -, -nen: w. Form zu ↑ Islamist.

is|la|mis|tisch ⟨Adj.⟩: *den Islamismus betreffend, auf ihm beruhend, von ihm geprägt.*

Is|la|mo|pho|bie, die; - [↑ Phobie] (bildungsspr.): *Abneigung gegen den Islam [u. seine Anhänger]; negative, feindliche Einstellung gegenüber Muslimen.*

Is|lam|un|ter|richt, der: *Unterricht, dessen Gegenstand der Islam ist.*

Is|lam|wis|sen|schaft, die: *Wissenschaft vom Islam, von der muslimischen Welt:* Dazu: **Is|lam|wis|sen|schaft|ler,** der; **Is|lam|wis|sen|schaft|le|rin,** die.

Is|land, -s: Insel u. Staat im Europäischen Nordmeer: Dazu: **Is|län|der,** der; -s, -; **Is|län|de|rin,** die; -, -nen.

is|län|disch ⟨Adj.⟩: **a)** *Island, die Isländer betreffend; zu Island gehörend, von Island stammend;* **b)** *in der Sprache der Isländer:* sie unterhielten sich i.

Is|län|disch, das; -[s], (nur mit best. Art.:) **Is|län|di|sche,** das; -n: *die isländische Sprache.*

Is|land|tief, das (Meteorol.): *häufig auftretendes Tiefdruckgebiet über Island, das Einfluss auf das Wetter West- u. Mitteleuropas hat.*

Is|mus, der; -, ...men [nach lat. ...ismus = Endung männlicher Substantive, insbesondere mit der Bed.: Lehrmeinung, Richtung; vgl. engl. ism] (abwertend): *bloße Theorie, eine von den vielen auf ...ismus endenden Richtungen in Wissenschaft, Kunst o. Ä., von Lehrmeinungen u. Systemen:* sie ließ sich keinem der politischen Ismen zuordnen.

-is|mus, der; -, -ismen: **1.** ⟨o. Pl.⟩ kennzeichnet in Bildungen mit Substantiven (meist Namen) eine Geisteshaltung oder politische Richtung, die von jmdm. stammt, sich von jmdm. herleitet: Thatcherismus, Titoismus, ⟨mit -ian-:⟩ Freudianismus, Kantianismus. **2.** ⟨o. Pl.⟩ kennzeichnet in Bildungen mit Adjektiven die entsprechende Geisteshaltung oder kulturelle, geistige Richtung: Humanismus, Liberalismus. **3.** kennzeichnet in Bildungen mit Adjektiven die entsprechende einzelne Erscheinung, Sache, Handlung o. Ä.: Infantilismus, Provinzialismus.

ISO, die; - [Abk. von engl. International Standardizing Organization (älterer Name)]: International Organization for Standardization (internationale Normierungsorganisation).

iso-, Iso-, (vor Vokalen auch:) is-, Is- [griech. ísos]: Best. in Zus. mit der Bed. *gleich* (z. B. isobar, Isobutan, isosmotisch).

Iso|ba|re, die; -, -n (Meteorol.): *Verbindungslinie zwischen Orten gleichen Luftdrucks.*

iso|elek|t|risch ⟨Adj.⟩ (Chemie): *(bei amphoteren Elektrolyten) die gleiche Anzahl positiver wie negativer Ladungen aufweisend:* -er Punkt *(bei amphoteren Elektrolyten derjenige pH-Wert, bei dem die Zahl der positiv geladenen Ionen gleich der Zahl der negativen Ionen ist).*

Iso|glas, das; -es, ...gläser: kurz für ↑ Isolierglas.

Iso|la|ti|on, die; -, -en [frz. isolation, zu ↑ isolieren]: **1.** *Absonderung, Getrennthaltung [von Kranken, Hilflosen o. Ä.]:* die I. von Typhuskranken. **2. a)** *Vereinzelung eines Individuums innerhalb einer Gruppe; Abkapselung einer Gruppe innerhalb eines sozialen Gefüges:* die großstädtische I.; jmdn. aus der I., in die geraten ist, herausholen; **b)** *Abgeschnittenheit eines Gebietes (vom Verkehr, von der Kultur o. Ä.):* der totalitäre Staat gerät mehr und mehr in eine kulturelle I. **3. a)** *Abdichtung zur Verhinderung des Durchgangs von Gas, Wärme, Elektrizität, Wasser u. a.:* die I. elektrischer Leitungen, von Wasserrohren; **b)** *Isoliermaterial:* die I. war defekt.

Iso|la|ti|o|nis|mus, der; - [engl. isolationism] (Politik): *politische Tendenz, vom Ausland abzuschließen u. staatliche Eigeninteressen zu betonen:* Dazu: **Iso|la|ti|o|nist,** der; -en, -en; **Iso|la|ti|o|nis|tin,** die; -, -nen; **iso|la|ti|o|nis|tisch** ⟨Adj.⟩.

Iso|la|ti|ons|fol|ter, die (emotional): *[eine große psychische Belastung eines Häftlings verursachende] Isolationshaft.*

Iso|la|ti|ons|haft, die: *Haft, bei der die Kontakte des Häftlings zur Außenwelt eingeschränkt od. unterbunden werden.*

Iso|la|tor, der; -s, ...oren: **1.** *Stoff, der Elektrizität schlecht od. gar nicht leitet:* Glas und Porzellan sind gute -en. **2. a)** *Material zum Abdichten, Isolieren:* die Hellhörigkeit der Räume wurde durch -en gedämpft; **b)** *Material als Umhüllung u. Stütze für unter Spannung stehende elektrische Leitungen:* die -en von Hochspannungsleitungen.

Isollier|band, das 〈Pl. ...bänder〉: selbstklebendes Band zum Isolieren elektrischer Leitungen.

isollie|ren 〈sw. V.; hat〉 [frz. isoler < ital. isolare, eigtl. = von allem anderen abtrennen, zur Insel machen, zu: isola = Insel < lat. insula]: **1. a)** jmdn., etw. von anderen, von seiner Gruppe trennen, jmdn., etw., sich absondern: Häftlinge, an einer Seuche Erkrankte i.; den Gegner politisch zu i. verstehen; ihre Stellung isolierte sie von ihrer Umgebung; sie isolierte sich mehr und mehr [von ihrer Umgebung] (sonderte sich ... von ihr ab, wich Kontakten aus); isolierte Gruppen; isolierte (einzelne) Fälle; etw. isoliert (ohne Zusammenhang mit anderem) betrachten; ein kulturell isoliertes (von der Umwelt abgeschnittenes) Land; **b)** etw., was üblicherweise nur in Verbindung mit anderem vorkommt, für einen bestimmten Zweck von dem anderen trennen u. in reiner Form darstellen: ein Bakteriengift i.; ... war die Kenntnis jener handwerklichen Verfahren, nach denen man Duftstoffe herstellte, isolierte, konzentrierte, konservierte und somit für eine höhere Verwendung überhaupt erst verfügbar machte (Süskind, Parfum 121). **2. a)** gegen Störungen an elektrischen Leitungen, gegen Temperatur-, Schall- od. Feuchtigkeitseinwirkungen durch entsprechendes Material schützen: Leitungen, Rohre i.; Zimmerwände i.; **b)** eine isolierende (2 a) Wirkung besitzen: Styropor isoliert gut [gegen Wärme].

Isollier|glas, das 〈Pl. ...gläser〉: gegen Wärme u. Kälte isolierendes Glas.

Isollier|haft, die: Isolationshaft.

Isollier|kan|ne, die: Kanne mit einer Isolierschicht, durch die das eingefüllte Getränk seine Temperatur über mehrere Stunden hält.

Isollier|ma|te|ri|al, das: Material zum Abdichten, Isolieren.

Isollier|mat|te, die: zum Liegen u. Schlafen auf dem Boden verwendete dünne Unterlage aus Schaumgummi.

Isollier|schicht, die: [für bestimmte Stoffe] undurchlässige, [gegen bestimmte Einflüsse] abschirmende Schicht aus Isoliermaterial.

Isollier|sta|ti|on, die: Abteilung eines Krankenhauses, in der Patienten mit Infektionskrankheiten, seltener auch psychisch Kranke untergebracht werden: jmdn. auf die I. bringen; auf der I. liegen.

Isollier|stoff, der: **1.** Material, das Wärme schlecht leitet u. gegen Kälte od. Wärme schützt: Glaswolle dient als I. gegen Kälte und Wärme. **2.** Isolator (1).

Isolliert|heit, die; -: Isolation (2).

Isollie|rung, die; -, -en: **1.** das Isolieren. **2.** Isolation (3 b).

isollier|ver|glast 〈Adj.〉: mit Isolierverglasung versehen: -e Fenster.

Isollier|ver|gla|sung, die: Verglasung aus Isolierglas.

Isollier|zel|le, die: Gefängniszelle, in der ein Häftling von anderen isoliert ist.

Isolli|nie, die; -, -n [zu ↑ Iso-, Iso- u. ↑ Linie] (Fachspr.): Verbindungslinie zwischen Punkten gleicher Wertung od. gleicher Erscheinungen auf geografischen, meteorologischen u. sonstigen Karten.

Isolmat|te, die; -, -n: kurz für ↑ Isoliermatte.

isolmer 〈Adj.〉 [griech. isomerḗs = aus gleichen Teilen bestehend, zu: méros = (An)teil]: **1.** (Chemie) die Eigenschaft der Isomeren aufweisend. **2.** (Bot.) Isomerie (2) aufweisend.

Isolmer, das; -s, -e 〈meist Pl.〉, **Isolme|re,** das; -n, -n 〈meist Pl.〉 (Fachspr.): chemische Verbindung, die trotz der gleichen Anzahl gleichartiger Atome im Molekül durch deren Anordnung und entsprechenden anderen Verbindung hinsichtlich ihrer chemischen u. physikalischen Eigenschaften unterschieden ist.

Isolme|rie, die; -, -n (Chemie): **1.** Verhaltensweise der Isomeren. **2.** gleiche Gliederung in Bezug auf die kreisförmig angeordneten Organe einer Blüte.

Isolme|ri|sa|ti|on, Isolme|ri|sie|rung, die; -, -en (Chemie): Umwandlung einer chemischen Verbindung in eine andere von gleicher Summenformel u. gleicher Molekülgröße.

isolme|t|risch 〈Adj.〉 [zu griech. métron = (Vers)maß] (Fachspr.): die gleiche Ausdehnung in der Länge beibehaltend: -es Muskeltraining (Krafttraining, bei dem die Muskulatur ohne Änderung der Längenausdehnung angespannt wird).

isolmorph 〈Adj.〉 [zu griech. morphḗ = Gestalt] (Fachspr.): von gleicher Gestalt, Struktur o. Ä.

Isolp|ren®, das; -s [Kunstwort]: flüssiger, ungesättigter Kohlenwasserstoff.

isoltherm 〈Adj.〉 [zu griech. thermós = warm, heiß] (Meteorol.): gleiche Temperatur habend: ein -er (ohne Temperaturveränderung verlaufender) Vorgang.

Isolther|me, die; -, -n (Meteorol.): Verbindungslinie zwischen Orten mit gleicher Temperatur.

isoltolnisch 〈Adj.〉: **a)** (Chemie) (von Lösungen) gleichen osmotischen Druck habend: -e Getränke (Getränke mit der gleichen Konzentration an Mineralstoffen wie das menschliche Blut); **b)** (Fachspr.) die gleiche Spannung beibehaltend: -e Kontraktion (Physiol.; Muskelkontraktion, bei der die Längenausdehnung der Muskulatur bei gleichbleibender Spannung verkürzt wird).

Isoltop, das; -s, -e 〈meist Pl.〉 [engl. isotope, zu griech. ísos (↑ iso-, Iso-) u. tópos = Platz, Stelle, Ort; 1913 gepr. von dem engl. Chemiker F. Soddy (1877–1956)] (Chemie): Atomkern, der sich von einem anderen dem gleichen chemischen Elemente nur in seiner Anzahl von Neutronen unterscheidet.

isoltrop 〈Adj.〉 [zu griech. tropḗ = Wendung, Drehung] (Physik, Chemie): nach allen Richtungen hin gleiche physikalische u. chemische Eigenschaften aufweisend: -e Kristalle.

Isoltro|pie, die; - (Physik, Chemie): Richtungsunabhängigkeit der physikalischen u. chemischen Eigenschaften von Stoffen (bes. von Kristallen).

Is|ra|el; -s [lat. Israel < griech. Israḗl < hebr. Yiśrā'el; Beiname des Erzvaters Jakob im A. T.]: **1.** Staat in Vorderasien. **2.** Volk der Juden im Alten Testament: das Volk I.; die Kinder Israel[s] (die Israeliten als Nachkommen des Erzvaters Jakob); der Auszug der Kinder I. (scherzh.; der auffallende [demonstrative] Weggang einer [größeren] Gruppe).

¹**Is|ra|e|li,** der; -[s], -[s]: Ew.

²**Is|ra|e|li,** die; -, -[s]: w. Ew.

Is|ra|e|lin, die; -, -nen: israelische Staatsbürgerin.

is|ra|e|lisch 〈Adj.〉: Israel, die Israelis betreffend; von den Israelis stammend, zu ihnen gehörend.

is|ra|e|lisch-pa|läs|ti|nen|sisch 〈Adj.〉: Israel u. die Palästinenser betreffend, zwischen Israel u. den Palästinensern bestehend.

Is|ra|e|lit, der; -en, -en [lat. Israelites < griech. Israēlítēs]: (im A. T.) Angehöriger des Volkes Israel.

Is|ra|e|li|tin, die; -, -nen: w. Form zu ↑ Israelit.

is|ra|e|li|tisch [auch: ...'lɪ...] 〈Adj.〉: die Israeliten betreffend, jüdisch: die -e Kultusgemeinde.

iss: ↑ essen.

ISS [iːˈɛsˈɛs, engl.: ˈaɪɛsɛs], die; - [Abk. für engl. International Space Station = internationale Raumstation]: Name einer bemannten internationalen Raumstation.

is|ses [bes. in der mündl. Umgangsspr. gebr. Zusammenbildung] (ugs.): ist es: so i.; wie i. nur möglich?

isst: ↑ essen.

ist: ↑ ¹sein.

Ist, das; -[s], -s: Kurzf. von Istbestand, Iststärke u. a.

Is|tan|bul: Stadt am Bosporus.

Ist|be|stand, Ist-Be|stand, der: tatsächlicher Warenvorrat, tatsächlich in der Kasse vorhandenes Geld.

Isth|men: Pl. von ↑ Isthmus.

Isth|mus, der; -, ...men [lat. isthmus < griech. isthmós]: Landenge: der I. von Korinth.

-is|tisch: kennzeichnet in adjektivischen Bildungen mit Substantiven (meist Fremdwörtern auf -ismus od. -istik) die Zugehörigkeit der beschriebenen Sache od. Person zu dem mit dem Basiswort Bezeichneten: charakteristisch, euphemistisch, statistisch.

Is|t|ri|en, -s: Halbinsel im Adriatischen Meer: Dazu: **is|t|risch** 〈Adj.〉.

Ist|stär|ke, Ist-Stär|ke, die (Militär): tatsächlich vorhandene Anzahl von Soldaten in einer Einheit od. einem Truppenverband.

Ist|wert, Ist-Wert, der: unter vorgegebenen Bedingungen tatsächlich auftretender Wert einer [physikalischen] Größe im Unterschied zum Sollwert.

Ist|zu|stand, Ist-Zu|stand, der: zu einem gegebenen Zeitpunkt bestehender [tatsächlicher] Zustand.

IT [aɪˈtiː], die; - [Abk. von engl. information technology] = Informationstechnologie: Dazu: **IT-Ab|tei|lung,** die.

Ital|ker, der; -s, - [zu ↑ Italien]: Italiener.

Ital|ke|rin, die; -, -nen: w. Form zu ↑ Italker.

Ita|ler, der; -s, -: Einwohner des antiken Italien.

Ita|le|rin, die; -, -nen: w. Form zu ↑ Italer.

ita|lia|ni|sie|ren 〈sw. V.; hat〉 [zu lat. Italia = Italien]: italienisch machen, gestalten.

Ita|lia|ni|sie|rung, die; -, -en: das Italianisieren; das Italianisiertwerden.

Ita|lia|nis|mus, der; -, ...men (Sprachwiss.): **a)** Übertragung einer für das Italienische charakteristischen sprachlichen Erscheinung auf eine andere Sprache; **b)** Entlehnung aus dem Italienischen (z. B. in der deutschen Schriftsprache in Südtirol).

Ita|lia|nist, der; -en, -en: Romanist, der sich auf die italienische Sprache u. Literatur spezialisiert hat.

Ita|lia|nis|tin, die; -, -nen: w. Form zu ↑ Italianist.

ita|lia|nis|tisch 〈Adj.〉: das Gebiet der italienischen Sprache u. Literatur betreffend.

Ita|li|en; -s: Staat in Südeuropa.

Ita|li|e|ner, der; -s, -: Ew.

Ita|li|e|ne|rin, die; -, -nen: w. Form zu ↑ Italiener.

ita|li|e|nisch 〈Adj.〉: **a)** Italien, die Italiener betreffend; von den Italienern stammend, zu ihnen gehörend: die -e Riviera; -er Salat; ein -es Restaurant; er kocht gern i. (wie es für die italienische Küche typisch ist); i. essen gehen; **b)** in der Sprache der Italiener: die Oper wurde i. gesungen.

Ita|li|e|nisch, das; -[s]: **a)** italienische Sprache; **b)** italienische Sprache u. Literatur als Lehrfach.

Ita|li|e|ni|sche, das; -n 〈nur mit best. Art.〉: die italienische Sprache.

ita|li|e|nisch|spra|chig 〈Adj.〉: **a)** die italienische Sprache sprechend: die -e Bevölkerung der Schweiz; **b)** in italienischer Sprache verfasst, ablaufend: die -e Literatur; -er Unterricht.

ita|li|e|ni|sie|ren: ↑ italianisieren.

Ita|li|en|rei|se, die: Reise nach Italien, durch Italien.

Ita|li|ker: *Italer.*
Ita|li|ke|rin, die; -, -nen: w. Form zu ↑ Italiker.
ita|lisch ⟨Adj.⟩: *die Italer betreffend, von den Italern stammend, zu ihnen gehörend.*
Ita|lo|ame|ri|ka|ner, der; -s, -: *Amerikaner italienischer Abstammung.*
Ita|lo|ame|ri|ka|ne|rin, die; -, -nen: w. Form zu ↑ Italoamerikaner.
ita|lo|ame|ri|ka|nisch ⟨Adj.⟩: *die Italoamerikaner betreffend.*
Ita|lo|wes|tern, der; -[s], -: *Western mit besonderen, durch italienische Regisseure entwickelten Stilmerkmalen.*
IT-Bran|che, die: *Branche, deren Bereich die Informationstechnologie ist.*
IT-Dienst|leis|ter, der: *Dienstleister (b) in der IT-Branche.*
IT-Dienst|leis|te|rin, die: w. Form zu ↑ IT-Dienstleister.
item ⟨Adv.; meist einleitend⟩ [lat. item] (veraltet): **1.** *weiterhin, ferner:* i. ist eine Geldbuße von 500 Gulden zu entrichten. **2.** *kurzum:* i., es hat sich nichts geändert.
Item ['aɪtm], das, seltener: der; -s, -s [engl. item = Ding, Sache] (Fachspr.): *etwas einzeln Aufgeführtes; Einzelangabe, Posten, Bestandteil, Element, Einheit.*
Ite|ra|ti|on, die; -, -en [lat. iteratio = Wiederholung, über lat. iterare = wiederholen zu: lat. iterum = abermals, wieder] (EDV): *wiederholte Anwendung derselben Anweisung, Funktion oder desselben Programmteils.*
ite|ra|tiv ⟨Adj.⟩ [lat. iterativus]: **1.** (Sprachwiss.) *wiederholend:* -e Aktionsart. **2.** (Math., EDV) *sich schrittweise in wiederholten Rechengängen der exakten Lösung annähernd:* -e Algorithmen, Programme, Lösungsmethoden.
Ite|ra|tiv, das; -s, -e, **Ite|ra|tiv|bil|dung,** die, **Ite|ra|ti|vum,** das; -s, ...va [lat. verbum iterativum] (Sprachwiss.): *Verb mit iterativer Aktionsart.*
It-Girl, das; -s, -s [engl. it girl, gepr. von der amerik. Drehbuchautorin E. Glyn (1864 bis 1943) mit Bezug auf die amerik. Schauspielerin C. Bow (1905 bis 1965), die ihren Ruf als Sexsymbol durch den 1927 gedrehten Film »It« begründete]: *junge od. jüngere Frau, die durch ihr häufiges öffentliches Auftreten in Gesellschaft prominenter Personen u. ihre starke Medienpräsenz einer breiten Öffentlichkeit bekannt ist.*
Itha|ka, -s: *griechische Insel.*
IT-In|fra|struk|tur, die: *Gesamtheit der in einem bestimmten Bereich vorhandenen IT-Systeme.*

-i|tis, die; -, -itiden: **1.** ⟨o. Pl.⟩ (ugs., oft abwertend) *drückt in Bildungen mit Substantiven – seltener mit Verben (Verbstämmen) – aus, dass etw. in fast krankhafter Weise zu sehr in Anspruch genommen wird, dass etw. zu oft, zu viel benutzt, getan wird:* Apostrophitis, Einzelangabe, Substantivitis, Telefonitis. **2.** (Med.) *kennzeichnet eine entzündliche, akute Krankheit:* Arthritis, Bronchitis.

ITK = Informations- und Telekommunikationstechnik.
i. Tr. = in der Trockenmasse.
IT-Sys|tem, das: *informationstechnologisches EDV-System.*
IT-Un|ter|neh|men, das: *Unternehmen der IT-Branche.*
i-Tüp|fel|chen, das: **1.** (ugs.) *i-Punkt.* **2.** *Zutat, die einer Sache noch die letzte Abrundung gibt:* er hatte alles bis aufs i-Tüpfelchen *(bis ins kleinste Detail, sehr genau)* vorbereitet.
i-Tüp|ferl, das; -s, -[n] (österr.): *i-Tüpfelchen.*
i-Tüp|ferl-Rei|ter, der (österr. ugs.): *Pedant.*
i-Tüp|ferl-Rei|te|rin, die: w. Form zu ↑ i-Tüpferl-Reiter.

◆ **it|zig** ⟨Adj.⟩: *jetzig:* Ich bin ein Bettler, wenn die -e Verfassung nicht übern Haufen fällt (Schiller, Fiesco I, 3); ... bei der Vergleichung, die er zwischen jenem Fall und seinem -en anstellte (Wieland, Agathon 12, 7).
◆ **it|zo, itzt, it|z|und** ⟨Adv.⟩: *jetzt:* Ein innerer Tribunal ... wird itzo erwachen und Gericht über euch halten (Schiller, Räuber V, 1); Itzt will ich's wissen, itzt diesen Augenblick (Schiller, Räuber V, 1).
i. V., I. V. = in Vertretung; in Vollmacht.
IV ['iːfaʊ], die; - [aus Invalidenversicherung] (schweiz.) = Invalidenversicherung: *gesetzlich vorgeschriebene Invalidenversicherung.*
Ivo|rer, der; -s, - [eingedeutschte Form von frz. Ivoirien (geb. zur frz. Staatsbez. Côte d'Ivoire)]: Ew. zu ↑ ¹Elfenbeinküste.
Ivo|re|rin, die; -, -nen: w. Form zu ↑ Ivorer.
ivo|risch ⟨Adj.⟩: ¹*Elfenbeinküste, die Ivorer betreffend; zu Elfenbeinküste gehörend, aus Elfenbeinküste stammend.*
Iwan, der; -s, -s [nach russ. m. Vorn. Iwan = Johannes] (ugs. scherzh., oft abwertend): *Russe:* der I. *(die Russen).*
IWF [iːveː'ɛf], der; -[s]: Internationaler Währungsfonds.
ixen ⟨sw. V.; hat⟩: **1.** *mit dem Buchstaben x überschreiben [u. damit unleserlich machen]; ausixen, durchixen.* **2.** *(andere Schriftzeichen) durch den Buchstaben x ersetzen.*

j, J [jɔt, österr.: jeː], das; - (ugs.: -s), - (ugs.: -s) [nach griech. ↑ ¹Jota; erst spätmhd., bes. in Wortanlaut, vom vokalischen I differenziert für den stimmhaften palatalen Reibelaut]: *zehnter Buchstabe des Alphabets, ein Konsonantenbuchstabe:* ein kleines j, ein großes J schreiben.
J = Jod; Joule.
ja ⟨Partikel⟩ [mhd., ahd. jā, H.u.]: **1. a)** *drückt eine zustimmende Antwort auf eine Entscheidungsfrage aus:* »Kommst du?« – »Ja«; »Habt ihr schon gegessen?« – »Ja«; »Möchten Sie keinen Kaffee?« – »Doch, ja«; *⁎**Ja/ja zu etw. sagen** (einer Sache zustimmen:* zu allen Plänen sagt er Ja, aber ob er sie nachher durchführen kann, ist noch sehr die Frage); **b)** *drückt in Verbindung mit einem Modaladverb [freudige] Bekräftigung aus:* ja gewiss, ja sicher, ja gern; o ja!; aber ja doch! **2.** ⟨betont⟩ *nachgestellt bei [rhetorischen] Fragen, auf die eine zustimmende Antwort erwartet wird, als Bitte, Ausdruck leisen Zweifels od. Bestätigung; nicht wahr?:* du bleibst doch noch ein bisschen, ja?; es wird doch alles in Ordnung sein, ja? **3.** ⟨unbetont⟩ **a)** *drückt im Aussagesatz eine resümierende Feststellung aus, weist auf etwas Bekanntes hin od. dient der Begründung für ein nicht explizites Geschehen od. für etw. Allgemeingültiges; doch, bekanntlich:* ich komme ja schon; das habe ich ja gewusst; du kennst ihn ja; sie kommt ja immer zu spät; er kann sichs ja leisten; **b)** *drückt im Aussage-, Ausrufesatz Erstaunen über etw. od. Ironie aus; wirklich; tatsächlich:* es schneit ja; er hat das Spiel ja *(doch tatsächlich)* verloren; da seid ihr ja [endlich]!; das kann ja heiter werden (ugs. iron.; *man wird ja mit mancherlei Schwierigkeiten o. Ä. rechnen müssen*); das ist [mir] ja eine schöne Bescherung! (ugs. iron.; *ist eine höchst unangenehme Sache!*); er hat sich ja mächtig angestrengt; **c)** *einschränkend, meist in Korrelation mit »aber«; zwar:* ich möchte ja, aber ich kann nicht; der Wagen ist ja schön, aber viel zu teuer; sie mag ja recht haben. **4.** ⟨betont⟩ *in Aufforderungssätzen als Ausdruck dringender Mahnung; unbedingt, ganz bestimmt; auf jeden/keinen Fall:* lass das ja sein!; erzähl das ja nicht weiter!; zieh dich ja warm an!; Sie schickte mich dreimal auf die Transports Maritimes, ob das Schiff ja abfahre, ob ja nichts mehr dazwischenkomme, ob unsere Plätze ja gebucht seien (Seghers, Transit 265). **5.** ⟨unbetont⟩ *zur steigernden Anreihung von Sätzen od. Satzteilen; mehr noch; sogar; um nicht zu sagen:* ich schätze [ihn], ja verehre ihn. **6.** ⟨betont od. unbetont⟩ **a)** *reiht einen Satz an, in dem konzessiv Bezug auf vorangegangene Aussagen od. Gedanken genommen wird; allerdings:* ja, das waren noch Zeiten!; ja, wenn ich das gewusst hätte!; **b)** *bestätigt die Berechtigung einer vorangegangenen Frage:* Was das soll? Ja, was soll das eigentlich? **7.** ⟨allein stehend⟩ (ugs.) **a)** *dient dazu, sich am Telefon zu melden:* ja [bitte]? *(wer ist dort?; was wünschen Sie?; hallo!);* **b)** *ja? (wie bitte?; tatsächlich?)*

Ja, das; -[s], -[s]: *zustimmende Antwort auf eine Entscheidungsfrage; Zustimmung:* ein klares Ja; mit Ja stimmen; *⁎**Ja zu etw. sagen** (↑ ja 1 a).
Jab [dʒɛp], der; -s, -s [engl. jab] (Boxen): *schneller, gerader Schlag aus kurzer Distanz.*
Ja|bot [ʒaˈboː], das; -s, -s [frz. jabot, eigtl. = Kropf der Vögel: *am Kragen befestigte [seidene] Spitzenrüsche zum Verdecken des vorderen Verschlusses an Damenblusen, (bes. im 18. Jh.) auch an Männerhemden:* ◆ ⟨auch der:⟩ ...du schriebst es den paar Tropfen zu, die ich mir auf den J. goss (Mörike, Mozart 214).
Jacht, Yacht [j...], die; -, -en [ältere Kurzf. von: Jachtschiff (zu ↑ jagen); die Schreibung mit y beruht auf Anlehnung an engl. yacht]: *schnelles [Segel]schiff für Sport, Erholung, Kreuzfahrten u. Ä.:* eine schnittige, elegante, weiße Jacht.
Jacht|club: ↑ Jachtklub.
Jacht|ha|fen, Yachthafen, der: *Hafen für Jachten.*
Jacht|klub, Jachtclub, Yachtclub, Yachtklub, der: *Sportklub für Fahrten u. Wettkämpfe mit Segeljachten.*
Jäck|chen, das; -s, -: Vkl. zu ↑ Jacke.
Ja|cke, die; -, -n [spätmhd. jacke < afrz. jacque = Waffenrock, wohl zu frz. jacque = Bauer (Spitzname, eigtl. der m. Vorn. Jacques = Jakob), da dieses Kleidungsstück hauptsächlich von Bauern getragen wurde]: *den Oberkörper bedeckender, bis an od. über die Hüfte reichender, meist langärmeliger Teil der Oberbekleidung:* eine leichte, wollene, bunte, pelzgefütterte J.; die J. anbehalten, ausziehen; *⁎**J. wie Hose sein** (ugs.; *einerlei, egal, gleichgültig sein*); **die J. vollkriegen** (ugs.; ↑ Hucke 2); **jmdm. die J. vollhauen** (ugs.; ↑ Hucke 2).
Ja|cken|kra|gen, der: *Kragen einer Jacke.*
Ja|cken|ta|sche, die: *Tasche einer Jacke.*
Ja|cket|kro|ne [ˈdʒɛkɪt...], die, [engl. jacket crown, aus: jacket = Jacke, Mantel, Umhüllung u. crown = (Zahn)krone] (Med.): *Mantelkrone aus Porzellan od. Kunststoff ohne Unterbau aus Metall.*
Ja|ckett [ʒaˈkɛt], das; -s, -s, seltener: -e [frz. jaquette, zu: jaque = kurzer, enger Männerrock]: *Anzug- od. ähnliche Jacke, Sakko.*
Ja|ckett|ta|sche, Ja|ckett-Ta|sche, die: *Tasche eines Jacketts.*

Jack|pot ['dʒɛkpɔt], der; -s, -s [engl. jackpot, aus: jack = Bube (im Kartenspiel) u. pot = Einsatz; Topf]: **1.** (Poker) *Einsatz, der in eine gemeinsame Kasse kommt.* **2.** (bes. Toto, Lotto) *[hohe] Gewinnquote, die dadurch entsteht, dass es im Spiel od. in den Spielen vorher keinen Gewinner gegeben hat:* den J. knacken (ugs.; *den Jackpot gewinnen*).

Jac|quard [ʒa'ka:ɐ̯], der; -[s], -s [nach dem frz. Erfinder der zur Herstellung des Gewebes verwendeten Webmaschine J.-M. Jacquard (1752–1834)] (Textilind.): *auf einer speziellen Webmaschine hergestelltes Gewebe mit großem Muster.*

Jac|quard|ge|we|be, das (Textilind.): *Jacquard.*

Ja|cuz|zi® [auch: dʒa'ku:zi], der; -[s], -s [nach dem Namen der Firma Jacuzzi Bros. Inc. (USA)]: *Bassin od. Wanne, in der das Badewasser durch Düsen zum Sprudeln gebracht wird.*

¹**Ja|de**, der; -[s], auch: die; - [frz. jade < span. (piedra de la) ijada = (Stein für die) ¹Weiche (2); Jadestücke wurden als Heilmittel gegen Nierenkoliken angesehen]: *blassgrüner, durchscheinender Schmuckstein.*

²**Ja|de**, die; -: *kleiner Zufluss der Nordsee in Niedersachsen.*

Ja|de|bu|sen, der; -s: *Nordseebucht, in die die Jade mündet.*

ja|de|grün ⟨Adj.⟩: *grün wie* ¹*Jade, blassgrün.*

Jagd, die; -, -en [mhd. jaget, jagāt, zu ↑jagen]: **1. a)** *das Aufspüren, Verfolgen, Erlegen von Fangen von Wild:* die J. auf Hasen; auf ein Wild J. machen *(es jagen)*; auf der J. sein *(zum Jagen unterwegs sein)*; auf die J. *(jagen)* gehen; sie waren auf der J. nach Wildenten; Ü Wölfe gehen meist nachts auf [die] J.; * **die hohe Jagd** (Jägerspr.: 1. *die Jagd auf Rot-, Dam-, Stein-, Muffel-, Gams-, Schwarz- u. Auerwild sowie auf Bär, Wolf u. Luchs.* 2. *Hochwild;* urspr. Bez. für *das jagdbare Wild, das den Fürsten u. adligen Herren vorbehalten war, im Gegensatz zum Wild der niederen Jagd, das nach herrschaftlicher Genehmigung auch von den niederen Schichten gejagt werden durfte; nach Aufhebung der alten Jagdrechte wurden Damwild u. Fasan dem Hochwild hinzugezählt)*; **die niedere Jagd** (Jägerspr.: *die Jagd auf Rehwild, Hasen, Kaninchen, Murmeltiere, Füchse, Dachse, kleineres Haarraubwild, Flugwild [außer Auerwild] u. Robben)*; **b)** *[gesellige] Veranstaltung, bei der eine Gruppe von Jägern auf bestimmtes Wild jagt:* die J. beginnt, ist eröffnet; jmdn. zur J. einladen. **2.** *Jagdgesellschaft:* die J. bricht auf, reitet vorüber; Ü Die fremde J. *(Jagdflugzeuge des Gegners)* hing am Himmel und lauerte, wo sich Leben zeigte (Gaiser, Jagd 166). **3.** *[Wald]revier mit zugehörigem Wildbestand:* eine J. pachten; er ist, befindet sich auf seiner J.; zur J. gehören auch einige fischreiche Gewässer. **4.** *Verfolgung, um jmdn. zu ergreifen od. etw. zu erlangen:* die J. auf einen, nach einem Verbrecher; J. auf jmdn. machen *(jmdn. verfolgen)*; Ü die J. nach Glück, Geld, Besitz, Erfolg.

Jagd|auf|se|her, der: *jmd., der in einem Revier für die Maßnahmen zum Schutz u. zur Hege des Wildes zuständig ist.*

Jagd|auf|se|he|rin, die: w. Form zu ↑Jagdaufseher.

Jagd|aus|flug, der: *Jagd* (1 b).

jagd|bar ⟨Adj.⟩ [mhd. jagebære]: *(nach den jagdrechtlichen Bestimmungen) zur Jagd freigegeben:* -e Tiere, Arten. Dazu: **Jagd|bar|keit**, die; -.

jagd|be|rech|tigt ⟨Adj.⟩: *berechtigt, in einem bestimmten Gebiet zu jagen:* Dazu: **Jagd|be|rech|ti|gung**, die; -.

Jagd|beu|te, die: *auf der Jagd erlegtes Wild.*

Jagd|bom|ber, der (Militär): *Flugzeug, das sowohl zur Unterstützung des Feldheeres als auch als Jagdflugzeug eingesetzt werden kann.*

Jagd|fie|ber, das ⟨o. Pl.⟩: *rauschhafter Eifer bei der Jagd.*

Jagd|flie|ger, der (Militär): *Pilot eines Jagdflugzeugs.*

Jagd|flie|ge|rin, die: w. Form zu ↑Jagdflieger.

Jagd|flin|te, die: *für die Jagd benutzte Flinte.*

Jagd|flug|zeug, das (Militär): *ein- od. zweisitziges, schnelles, wendiges Flugzeug, das Kampfflugzeuge des Gegners angreifen u. Luftangriffe od. Truppenlandungen verhindern soll.*

Jagd|fre|vel, der: *Vergehen gegen die Jagdgesetze* (z. B. Wilddieberei): Dazu: **Jagd|frev|ler**, der; -s, -; **Jagd|frev|le|rin**, die; -, -nen.

Jagd|gast, der: *jmd., der auf Einladung des Eigentümers od. Pächters einer Jagd* (3) *an einer Jagd* (1 b) *teilnimmt.*

Jagd|ge|biet, das: *größeres [mehrere Reviere umfassendes] Gebiet mit durchgehendem Wildbestand.*

Jagd|ge|nos|sen|schaft, die: *Gesamtheit der Eigentümer der Grundflächen, die zu einem gemeinschaftlichen Jagdrevier gehören.*

jagd|ge|recht ⟨Adj.⟩: *der Jagd u. dem jagdlichen Brauchtum gemäß; weidgerecht.*

Jagd|ge|schwa|der, das (Militär): *[aus mehreren Staffeln bestehender] Verband von Jagdflugzeugen.*

Jagd|ge|sell|schaft, die: *die Teilnehmer an einer Jagd.*

Jagd|ge|setz, das: *Gesetz, das die mit dem Jagdwesen zusammenhängenden Rechtsfragen regelt.*

Jagd|ge|wehr, das: *auf der Jagd verwendetes Gewehr in Form von Flinte od. Büchse.*

Jagd|glück, das: *Erfolg bei der Jagd.*

Jagd|grund, der ⟨meist Pl.⟩: *Gebiet, in dem es Wild gibt, das gejagt werden kann: reiche Jagdgründe;* * **in die ewigen Jagdgründe eingehen** (verhüll. iron.; *sterben;* nach der mythologischen Vorstellung der nordamerik. Indianer von einem als engl. happy hunting grounds = glückliche Jagdgründe bezeichneten Jenseits); **jmdn. in die ewigen Jagdgründe schicken, befördern** (ugs.; *jmdn. töten*).

◆ **Jagd|ha|bit**, der, auch: das: *Jagdkleidung:* ...meine schöne gnädige Frau ... in einem grünen J. (Eichendorff, Taugenichts 16).

Jagd|haus, das: *kleines Haus im Wald als Unterkunft bei Jagden.*

Jagd|herr, der: *Eigentümer od. Pächter eines Jagdreviers.*

Jagd|her|rin, die: w. Form zu ↑Jagdherr.

Jagd|horn, das ⟨Pl. ...hörner⟩: *Horn* (3 a), *mit dem Jagdsignale geblasen werden:* Dazu: **Jagd|horn|blä|ser**, der; **Jagd|horn|blä|se|rin**, die.

Jagd|hund, der: *für die Jagd abgerichteter Hund.*

Jagd|hün|din, die: w. Form zu ↑Jagdhund.

Jagd|hüt|te, die: *kleines Jagdhaus.*

Jagd|in|stinkt, der: *natürlicher Trieb zu jagen:* eine Hasenspur weckte den J. des Hundes.

Jagd|lei|den|schaft, die: *große, leidenschaftliche Lust zu jagen, zur Jagd:* die J. hatte ihn gepackt.

jagd|lich ⟨Adj.⟩: *die Jagd betreffend:* -e Maßnahmen; -es Schießen; ein j. geschütztes Tier.

Jagd|lust, die: *Lust zu jagen, zur Jagd.*

Jagd|mes|ser, das: *kurzes Messer mit fest stehender Klinge zum Ausweiden des Wildes.*

Jagd|mu|se|um, das: *Museum für Geschichte u. Brauchtum der Jagd* (1 a).

Jagd|päch|ter, der: *Pächter eines Jagdreviers.*

Jagd|päch|te|rin, die: w. Form zu ↑Jagdpächter.

Jagd|pan|zer, der (Militär): *Panzerfahrzeug, mit Geschützen od. Raketen bewaffnet u. hauptsächlich zum Einsatz gegen feindliche Panzer vorgesehen ist.*

Jagd|prü|fung, die: *Jägerprüfung.*

Jagd|recht, das: **1.** *mit der Jagd zusammenhängende rechtliche Bestimmungen.* **2.** *Berechtigung, in einem bestimmten Gebiet die Jagd auszuüben.*

jagd|recht|lich ⟨Adj.⟩: *das Jagdrecht* (1) *betreffend:* -e Vorschriften.

Jagd|ren|nen, das: *Pferderennen über eine Strecke mit Hindernissen.*

Jagd|re|vier, das: *aus Wald-, Feldstücken bestehende jagdliche Einheit.*

Jagd|sai|son, die: *Zeit des Jahres, in der die Jagd (auf bestimmte Tiere) ausgeübt wird od. ausgeübt werden darf.*

Jagd|scha|den, der (Rechtsspr.): *bei der Ausübung der Jagd entstandener Schaden.*

Jagd|schein, der: **1.** *Ausweis, in dem die Berechtigung des Inhabers zur Ausübung der Jagd bescheinigt wird.* **2.** [bezieht sich darauf, dass der Inhaber eines Jagdscheins in seinem Revier jagen darf, was anderen verboten ist] (ugs.) *[imaginärer] Freibrief* (1) *wegen [amtlich festgestellter u. bescheinigter] Unzurechnungsfähigkeit:* der kann sich das erlauben, er hat ja den J.!

Jagd|schloss, das: *zu Jagdzeiten bewohntes Schloss in einem herrschaftlichen Jagdrevier.*

Jagd|sprin|gen, das (Pferdesport): *als Leistungsprüfung veranstaltetes Springen über bestimmte in Art u. Höhe nach Klassen festgelegte Hindernisse; Springreiten.*

Jagd|staf|fel, die (Militär): *kleiner Verband von Jagdflugzeugen.*

Jagd|sze|ne, die (Malerei): *bildliche Darstellung eines Geschehens bei der Jagd.*

Jagd|tro|phäe, die: *Geweih, Fell, Gamsbart o. Ä. als Zeichen erfolgreicher Jagd:* an den Wänden hingen zahlreiche -n.

Jagd|un|fall, der: *Unfall, der sich bes. durch jagdliches Schießen bei einer Jagd ereignet:* der tödliche Schuss wurde als J. getarnt.

Jagd|ver|band, der: **1.** (Militär) *Verband von Jagdflugzeugen.* **2.** *Zusammenschluss von Jägervereinen.*

Jagd|waf|fe, die: *auf der Jagd verwendete Waffe.*

Jagd|we|sen, das ⟨o. Pl.⟩: *alles, was mit der Jagd, ihren Gesetzen, Gebräuchen u. a. zusammenhängt.*

Jagd|wurst, die: *mit Senf u. Knoblauch abgeschmeckte, heiß geräucherte u. gebrühte Wurst.*

Jagd|zau|ber, der (Mythol.): *Zauberformel, Ritus, durch den Jagdglück heraufbeschworen od. die Kraft des erlegten Tieres auf den Jäger übertragen werden soll.*

ja|gen ⟨sw. V.⟩ [mhd. jagen, ahd. jagōn; H. u.]: **1.** ⟨hat⟩ **a)** *Wild verfolgen, um es zu töten od. zu fangen:* einen Hirsch j.; er hat in Afrika Löwen gejagt; Wildenten dürfen vom August an gejagt werden; (Jägerspr.:) auf Rebhühner j.; Ü die Katze jagt eine Maus; nach Fischen jagende Kormorane; **b)** *auf die Jagd gehen, die Jagd ausüben:* es ist eine Freude zu j. gehen; mit Pfeil und Bogen j.; * ⟨subst.:⟩ **jmdn. zum Jagen tragen** (*jmdn. dazu bringen, das zu tun, was man von ihm erwarten kann*). **2.** ⟨hat⟩ *jmdn. [sehr schnell laufend, fahrend] verfolgen u. versuchen, ihn zu ergreifen:* einen Flüchtling, einen Verbrecher j.; Ü von Todesfurcht gejagt; ein Gedanke jagt den anderen; die Ereignisse, Katastrophen jagten sich; Die Katzen schreien bereits im Februar von den Hügelsteinen herab und jagen sich hinter den Grabeinfassungen (Remarque, Obelisk 90); * **jmdn. mit etw. jagen können** (ugs.; *mit etw. jmds. Widerwillen erregen:* mit Buttermilch kannst du mich j.). **3.** ⟨hat⟩ **a)** *in eine bestimmte Richtung treiben:* die Tiere in den Stall j.; Ü der Sturm jagte dicke Wolken übers Land; der Anblick jagte mir einen Schauer über den Rücken; **b)** *von irgendwo vertreiben, irgendwohin treiben:* den Hund aus der Küche

Jäger – Jahresgehalt

j.; die Feinde aus dem Land j.; Ü einen korrupten Politiker aus dem Amt j. **4.** ⟨hat⟩ (ugs.) *(einen [spitzen] Gegenstand) in etw. hineinstoßen, hineintreiben:* es blieb nichts übrig, als dem wütenden Tier eine Kugel in, durch den Kopf zu j. **5.** ⟨ist⟩ *sich sehr schnell u. mit Heftigkeit bewegen; eilen, hasten:* sie sind im Laufschritt zum Bahnhof gejagt; er jagte mit Vollgas über die Autobahn; Ü Wolken jagen am Himmel; mit jagendem Atem. **6.** ⟨hat⟩ *gierig streben:* nach Abenteuern, Glück, Ruhm, Geld j.

Jä|ger, der; -s, - [mhd. jeger(e), ahd. jagar(i)]: **1.** *jmd., der auf die Jagd geht:* ein passionierter J.; der J. muss zugleich Heger sein; ** **J. und Sammler** (Völkerkunde; *Mensch, der sich von erlegten Wildtieren u. von Wildpflanzen ernährt*). **2.** (Militär) **a)** ⟨Pl.⟩ *Kampftruppe des Heeres, deren [als Scharfschützen ausgebildete] Angehörige aufgrund ihrer Waffen u. Geräte meist zu Fuß für den Kampf mit größtmöglicher Anpassung an das Gelände eingesetzt werden:* er dient bei den -n; **b)** *Angehöriger der Jäger* (2 a) *im niedrigsten Dienstgrad:* er ist J. im 3. Infanteriebataillon; **c)** (Soldatenspr.) *Jagdflugzeug:* feindliche J. über der Stadt.

Jä|ger|art: in der Verbindung **auf/nach J.** (Gastron.; *[von gebratenem Fleisch, Wild, Geflügel] mit würziger Soße u. Pilzen.*)

Jä|ge|rei, die; - [mhd. jegereie, jagerie]: **1.** *Jagd* (1 a). **2.** *Jagdwesen.* **3.** *Jägerschaft.*

jä|ger|grün ⟨Adj.⟩: *grün wie die Kleidung eines Jägers.*

Jä|ger|hut, der: *meist dunkelgrüner [mit Feder, Gamsbart o. Ä. geschmückter] Hut, wie ihn Jäger tragen.*

Jä|ge|rin, die; -, -nen: w. Form zu ↑ Jäger (1).

Jä|ger|la|tein, das; -s [urspr. die Sondersprache der Jäger, die für Laien so unverständlich schien, als wäre es Latein; aus dem Unverständlichen wurde das Unglaubwürdige]: *übertreibende od. erfundene Darstellung eines [Jagd]erlebnisses, erfundene Geschichte.*

Jä|ger|prü|fung, die: *amtliche Prüfung als Voraussetzung für die Erteilung des ersten Jagdscheins.*

Jä|ger|schaft, die; -: *Gesamtheit der Jäger.*

Jä|ger|schnit|zel, das (Kochkunst): *unpaniertes Schnitzel mit einer würzigen Soße u. Pilzen.*

Jä|gers|mann, der ⟨Pl. ...leute⟩ (veraltet): *Jäger.*

Jä|ger|spra|che, die ⟨o. Pl.⟩: *überlieferte Fach- u. Sondersprache für alles mit der Jagd u. dem jagdbaren Wild Zusammenhängende mit eigenen Ausdrücken u. Sonderbedeutungen (z. B. »Schweiß« für »Blut«).*

Jä|ger|tee, der [zu Jager, einer dialektnahen Form von Jäger] (bes. österr., schweiz.): *Tee mit Schnaps o. Ä.*

Jä|ger|zaun, der: *Zaun aus gekreuzten Holzstäben.*

Jagd|hund, der (schweiz.): *Jagdhund.*

Ja|gu|ar, der; -s, -e [port. jaguar < Tupi (südamerik. Indianerspr.) jagwár(a) = fleischfressendes Tier]: *(in Südamerika heimisches) dem Leoparden sehr ähnliches Raubtier mit meist rötlich gelbem Fell mit schwarzen Ringelflecken [u. dunklen Tupfen darin] u. langem Schwanz.*

jäh ⟨Adj.⟩ [mhd. gæhe, ahd. gāhi, H. u.; die j-Form geht auf mundartl. Ausspr. des anlautenden g- zurück] (geh.): **1.** *plötzlich u. sich mit Heftigkeit vollziehend, ohne dass man darauf vorbereitet war:* ein -es Ende, Erwachen; ein -er Entschluss; ein -er Windstoß; er fand einen -en Tod; er sprang er auf; das wurde uns allen j. bewusst; Und dann drängte sich jener Felsvorsprung in seine Richtung, der ihn zu einem -en Ausweichmanöver zwang (Ransmayr, Welt 263). **2.** *steil [nach unten abfallend]:* ein -er Abgrund; dort ging es j. in die Tiefe.

Jä|he, die; - [mhd. gæhe = Eile, Ungestüm; steiler Abhang, ahd. gāhi = Eile, Ungestüm] (veraltet): **1.** *Plötzlichkeit:* ♦ ... diese J. der raschen Jugend (Goethe, Torquato Tasso III, 2). **2.** *Steilheit.*

Jäh|heit, die: frühere Schreibung für ↑ Jähheit.

Jäh|heit, die; -: *Jähe.*

jäh|lings ⟨Adv.⟩ [älter: gählings] (geh.): **1.** *plötzlich, in jäher* (1) *Art:* er sprang j. auf. **2.** *steil, in jäher* (2) *Art:* das Wasser stürzt j. in die Tiefe.

Jahr, das; -[e]s, -e [mhd., ahd. jār, viell. urspr. = Gang; Lauf, Verlauf]: **1.** *Zeitraum von zwölf Monaten (in dem während 365 Tagen die Erde die Sonne einmal umläuft):* ein halbes, ganzes J.; das alte und das neue J.; das J. 2009; das J. der Frau; die kommenden -e; soziales J. (*freiwillige pflegerische, erzieherische od. hauswirtschaftliche ganztägige Hilfstätigkeit junger Menschen der evangelischen od. katholischen Kirche usw.*); heiliges J. (*Jubeljahr* 2); -e des Schreckens; ein schönes, schweres, ereignisreiches J.; ein J. voller Aufregung, Anstrengungen, Überraschungen; die -e gingen dahin, vergingen wie im Flug; dieses, voriges, letztes, nächstes J.; [viele] -e sind seitdem vergangen; einige -e im Ausland verbringen; jmdm. ein gutes, gesundes neues J. wünschen; durch den Umzug hatte sie ein J. in der Schule verloren; -e zuvor, später; im letzten, vorigen, nächsten J.; sie fahren jedes [zweite] J. in den Süden; alle halbe[n]/(landsch., bes. md. auch:) aller halben -e sollte man zum Zahnarzt gehen; lange -e hindurch war er krank; das ging ein J. gut; das ganze J. hindurch; das ist schon [viele] -e her; J. für/um J. (*jedes Jahr, alljährlich*); Ende des, dieses, nächsten, letzten, vorigen -es; im Laufe des, der -e; das Buch des Jahres (*das erfolgreichste Buch des Jahres*); das ist auf -e hinaus festgelegt; in hundert -en; einmal im J.; mit den -en (*mit der Zeit*); nach einem/ (ugs.:) übers J.; seit [vielen] -en; im -e 1000 [nach Christi Geburt]; von J. zu J. (*mit jedem Jahr mehr, weniger, in ständiger Steigerung, Abschwächung*); schon vor [vielen] -en; während des ganzen -es; zwischen den -en (landsch.; *zwischen Weihnachten u. Neujahr od. dem Dreikönigstag*); ** **die sieben fetten/mageren -e** (*gute/schlechte Zeiten;* nach 1. Mos. 41, wo der Traum des Pharaos entsprechend gedeutet wird); **das verflixte siebte J.** (ugs.: *das siebte Jahr, in dem etwas besteht [besonders eine Ehe, Partnerschaft o. Ä.] u. in dem es vermeintlich besonders häufig sein Ende findet* [deutscher Titel des Films »The Seven Year Itch« von Billy Wilder aus dem Jahre 1955]; **seit J. und Tag** (*seit undenklich langer Zeit; schon immer*). **2.** *Jahr* (1) *in Bezug auf den Einzelnen u. sein Alter:* ein verlorenes J.; in der Jugend; unsere -e schwinden dahin; er ist neunzig -e [alt]; das Kind ist kaum älter als drei -e; seine *(sein Alter)* spüren; jung an -en; ein Spiel für Kinder bis/über acht -e; Kindern bis zu vierzehn -en ist der Zutritt verboten; für seine achtzig -e (*dafür, dass er schon achtzig ist*) ist er noch erstaunlich rüstig; etw. schon in jungen -en (*als junger Mensch*) gelernt haben; mit den -en (*mit zunehmendem Alter*) ist sie vernünftiger geworden; er ist um -e gealtert (*ist in letzter Zeit durch ein Ereignis o. Ä. sichtlich gealtert*); ** **in die -e kommen** (verhüll.; *älter, alt werden*); **in den besten -en** (*in der Blüte des Lebens*); ♦ **die stehenden -e** (*die Wechseljahre*); urspr. wohl = die Jahre, in denen das Wachstum des jugendlichen Menschen zum Stillstand gekommen ist: ... musste sich der alte Baron mit seiner Emerentia, die seit dem Eintritte in die stehenden -e so sehr an Fülle zunahm, wie die

Mittel abnahmen, kümmerlich und einsam behelfen [Immermann, Münchhausen 89]).

jahr|aus ⟨Adv.⟩: nur in dem Wortpaar **j., jahrein / jahrein, j.** (*jedes Jahr in der gleichen Weise ohne Abwechslung*).

Jahr|buch, das: *jährlich erscheinender Band mit Beiträgen zu einem bestimmten Fachgebiet:* ein statistisches J.; das J. der Schiller-Gesellschaft.

Jähr|chen, das; -s, - (scherzh.): *Jahr:* darauf wirst du noch einige J. warten müssen.

jahr|ein ⟨Adv.⟩: nur in dem Wortpaar **j., jahraus** (↑ jahraus).

jahr|re|lang ⟨Adj.⟩: *mehrere, viele Jahre lang:* -e Unterdrückung; nach -em Warten; sie hat sich j. bemüht.

jäh|ren, sich ⟨sw. V.; hat⟩ [mhd. jæren, jären = mündig, alt werden; alt machen; auf-, hinhalten]: *genau ein Jahr zurückliegen:* heute jährt sich der Tag unserer ersten Begegnung; der Tag seines Todes jährt sich zum fünften Male *(liegt genau fünf Jahre zurück).*

Jah|res|abon|ne|ment, das: *Abonnement für ein Jahr.*

Jah|res|ab|rech|nung, die: *Abrechnung* (2 a) *am Ende eines Geschäftsjahres.*

Jah|res|ab|schluss, der (Wirtsch., Kaufmannsspr.): *Bilanz mit Gewinn-und-Verlust-Rechnung am Ende eines Geschäftsjahres.*

Jah|res|an|fang, der: *Anfang eines Jahres.*

Jah|res|ar|beit, die: *schriftliche Arbeit größeren Umfangs, die von einem Schüler od. einem Studenten im Laufe eines Jahres angefertigt wird.*

Jah|res|ar|beits|zeit: *gesamte Arbeitszeit* (1) *eines Jahres.*

Jah|res|aus|gleich, der (Steuerw.): *vom Finanzamt vorgenommene Berechnung der für das ganze Jahr zu zahlenden Lohnsteuer u. Erstattung von [infolge wechselnden Monatslohns] zu viel gezahlten Beträgen od. Nachforderung von zu wenig bezahlter Lohnsteuer.*

Jah|res|aus|klang, der (geh.): *[festlich begangenes] Jahresende:* der Sender bringt ein Konzert zum J.

Jah|res|aus|stoß, der (Wirtsch.): *Ausstoß innerhalb eines Jahres.*

Jah|res|be|ginn, der: *Jahresanfang.*

Jah|res|bei|trag, der: *Beitrag pro Jahr.*

Jah|res|be|richt, der: *Geschäftsbericht.*

Jah|res|best|leis|tung, die (Sport): *beste Leistung in einer Sportart od. eines Sportlers im Laufe eines Jahres.*

Jah|res|best|zeit, die (Sport): *beste Zeit* (3 c) *des Jahres.*

Jah|res|be|zü|ge ⟨Pl.⟩: *jährliche Bezüge.*

Jah|res|bi|lanz, die (Wirtsch., Kaufmannsspr.): *Jahresabschluss.*

Jah|res|bot, Jah|res|bott, das (schweiz.): *jährliche Mitgliederversammlung.*

Jah|res|durch|schnitt, der (Pl. selten): *für ein Jahr errechneter Durchschnitt* (1): Dazu: **jah|res|durch|schnitt|lich** ⟨Adj.⟩.

Jah|res|ein|kom|men, das: *jährliches Einkommen.*

Jah|res|ein|künf|te, Jah|res|ein|nah|men ⟨Pl.⟩: *jährliche Einkünfte, Einnahmen.*

Jah|res|en|de, das: *Ende des, eines Jahres.*

Jah|res|end|ral|lye, Jah|res|end|ral|ly [...reli], die (Börsenw.): *besonders starke Nachfrage nach Aktien am Ende des Kalenderjahres.*

Jah|res|er|ge|bnis, das (Wirtsch.): *in einem Jahr erwirtschafteter Gewinn od. Verlust.*

Jah|res|etat: *für ein Jahr vorgesehener Etat* (1).

Jah|res|frist ⟨o. Art. u. o. Pl., nur in Verbindung mit bestimmten Präpositionen⟩: *Zeitraum eines Jahres:* in/innerhalb/binnen J.; vor, nach J.

Jah|res|ge|bühr, die: *pro Jahr zu entrichtende Gebühr.*

Jah|res|ge|halt, das: *jährliches Gehalt.*

Jah|res|ge|winn, der (Wirtsch.): *in einem Jahr erwirtschafteter Gewinn.*
Jah|res|hälf|te, die: *Hälfte eines Jahres:* die erste J.; in der zweiten J.
Jah|res|haupt|ver|samm|lung, die (Wirtsch.): *Hauptversammlung eines bestimmten Jahres.*
Jah|res|hoch, das (Börsenw.): *[bisheriger] höchster Stand des Kurses (einer Aktie, Währung o. Ä.) innerhalb eines laufenden Jahres:* die Börse erlebt ein neues J.
Jah|res|höchst, das; -s (Wirtsch.): *Jahreshoch.*
Jah|res|ka|pa|zi|tät, die (Wirtsch.): *Kapazität (2 a) innerhalb eines Jahres.*
Jah|res|kar|te, die: *Eintritts- od. Fahrkarte von einjähriger Gültigkeitsdauer.*
Jah|res|kon|gress, der: *Jahrestagung.*
Jah|res|lauf: in der Fügung **im J.** *(im Verlaufe des Jahres).*
Jah|res|lohn, der: *gesamter Lohn, den jmd. in einem Jahr bezieht.*
Jah|res|mie|te, die: *jährliche Miete.*
Jah|res|mit|te, die ⟨o. Pl.⟩: *Mitte eines Kalenderjahres.*
Jah|res|mit|tel, das: *aus allen Werten eines bestimmten Jahres errechneter Mittelwert.*
Jah|res|plan, der: *für ein Jahr aufgestellter Plan (für die Produktion von etw., für das Theater, für Veranstaltungen o. Ä.).*
Jah|res|pro|duk|ti|on, die (Wirtsch.): *Produktion (1) eines Jahres.*
Jah|res|ra|te, die: *jährlich zu zahlende Rate (1).*
Jah|res|re|gent, der: **1.** (Astrol.) *für ein Jahr besonders bedeutsamer Planet.* **2.** (bes. österr.) *in einem Jahr wegen eines Jubiläums od. eines runden Todestages besonders gefeierte Persönlichkeit oder Organisation:* der 250 Jahre zuvor geborene Mozart war 2006 der unumstrittene Jahresregent.
Jah|res|ren|te, die: *in einem Jahr gezahlte, zu zahlende Rente.*
Jah|res|ring, (bes. schweiz. auch:) Jahrring, der ⟨meist Pl.⟩ (Bot.): *im Querschnitt des Stammes sichtbare, sich jährlich bildende ringförmige Schicht aus leichterem Früh- u. festem Spätholz bei Bäumen (in gemäßigten Zonen).*
Jah|res|rück|blick, der: *Rückblick auf das zurückliegende od. zu Ende gehende Jahr.*
Jah|res|schluss, der ⟨o. Pl.⟩: *Jahresende.*
Jah|res|schrift, die: *jährlich erscheinende Zeitschrift.*
Jah|res|soll, das (bes. Wirtsch.): *für ein Jahr geplante [Produktions]leistung, das j. erreichen.*
Jah|res|tag, der: *[feierlich begangener] Tag, an dem sich vor einem od. mehreren Jahren etw. [historisch] Bedeutsames ereignet hat.*
Jah|res|ta|gung, die: *einmal im Jahr stattfindende Konferenz der Mitglieder eines Fachverbandes, einer Institution, Partei o. Ä. mit Vorträgen u. Diskussionen:* die J. der Weltbank in Washington.
Jah|res|teu|e|rung, die (Wirtsch.): *Teuerungsrate im Verlauf eines Jahres.*
Jah|res|tief, das (Börsenw.): *[bisheriger] tiefster Stand des Kurses (einer Aktie, einer Währung o. Ä.) innerhalb des laufenden Jahres.*
Jah|res|tiefst, das; -s (Wirtsch.): *Jahrestief.*
Jah|res|über|schuss, der (Wirtsch.): *während eines [Geschäfts]jahres erzielter Überschuss (1) einer Firma o. Ä.*
Jah|res|um|satz, der: *Umsatz einer Firma od. Branche während eines Jahres.*
Jah|res|ur|laub, der: *gesamter Urlaub, der jmdm. während eines Jahres zusteht.*
Jah|res|ver|brauch, der: *Waren- od. Energieverbrauch innerhalb eines Jahres.*
Jah|res|ver|gleich, der (Statistik): *Vergleich eines für ein bestimmtes Jahr ermittelten Werts mit dem entsprechenden Wert des Vorjahres.*

Jah|res|ver|lauf, der: *Verlauf (2) des [Kalender]jahres.*
Jah|res|ver|lust, der (Wirtsch.): *während eines [Geschäfts]jahres entstandener Verlust (4).*
Jah|res|ver|samm|lung, die: *jährlich stattfindende [Mitglieder]versammlung.*
Jah|res|ver|trag, der: *[Arbeits]vertrag, der [vorerst] für ein Jahr gilt:* einen J. [nicht] erneuern.
Jah|res|wa|gen, der: *von einem Mitarbeiter eines Automobilwerkes mit Preisnachlass erworbener neuer Pkw, den dieser erst nach Ablauf eines Jahres veräußern darf.*
Jah|res|wech|sel, der: *Wechsel vom vergangenen zum neuen Jahr:* zum J. die besten Wünsche!
Jah|res|welt|best|zeit, die (Sport): *weltweit schnellste bis zu einem bestimmten Zeitpunkt des laufenden Jahres erzielte Zeit bei einem Lauf-, Fahr- od. Schwimmwettbewerb.*
Jah|res|wen|de, die: *Wende von einem Jahr zum nächsten:* um die J. 1976/77.
Jah|res|wirt|schafts|be|richt, der: *dem Bundestag u. Bundesrat von der Bundesregierung jährlich vorgelegter Bericht über die allgemeine wirtschaftliche Entwicklung des letzten Jahres in Deutschland.*
Jah|res|zahl, die: *Zahl, mit der ein Jahr der Zeitrechnung entsprechend bezeichnet wird:* -en [für den Geschichtsunterricht] lernen.
Jah|res|zeit, die: *einer der vier Zeitabschnitte Frühling, Sommer, Herbst u. Winter, in die das Jahr eingeteilt ist:* die warme, kalte J.; das Wetter ist für die J. zu kalt; * **die fünfte J.** (ugs. scherzh.; *die Karnevalszeit*).
jah|res|zeit|lich ⟨Adj.⟩: *der Jahreszeit entsprechend, durch die Jahreszeit bedingt:* -e Temperaturschwankungen.
Jah|res|zy|k|lus, der: *periodischer Ablauf, Kreislauf im Rhythmus eines Jahres.*
Jahr|fünft, das; -[e]s, -e: *Zeitraum von fünf Jahren.*
Jahr|gang, der [mhd. järganc = Jahreslauf; Ereignisse im Jahre]: **a)** *in einer Reihe mit andern in einem bestimmten Jahr geborene Personen* (Abk.: Jg., Pl. Jgg.): der J. 1960; die reiferen Jahrgänge (verhüll.; *die älteren Menschen*); einen J. zur Musterung bestellen; er ist mein J. *(im selben Jahr wie ich geboren);* **b)** *Personen, die in einem bestimmten Jahr gemeinsam die Schule, Ausbildung o. Ä. abgeschlossen haben:* die Abiturientinnen des -s 1967; **c)** *bestimmtes Jahr im Hinblick auf die Weinproduktion* (Abk.: Jg., Pl. Jgg.): die Weine des -s 2003; **d)** *in einem bestimmten Jahr erschienene Folge von Ausgaben einer Zeitung od. Zeitschrift, herausgebrachter Typ, herausgekommene Serie eines bestimmten Erzeugnisses* (Abk.: Jg., Pl. Jgg.): von dieser Zeitschrift sind noch einige Jahrgänge lieferbar; ein Modell J. 1950.
Jahr|gän|ger, der; -s, - (südd., schweiz., westösterr.): *Person eines bestimmten Jahrgangs:* die J. 1970.
Jahr|gän|ge|rin, die; -, -nen: w. Form zu ↑ Jahrgänger.
Jahr|gangs|bes|te, die/eine Jahrgangsbeste; der/einer Jahrgangsbesten, die Jahrgangsbesten/zwei Jahrgangsbeste: *weibliche Person mit dem besten Abschlusszeugnis eines Jahrgangs* (b).
Jahr|gangs|bes|ter, der Jahrgangsbeste/ein Jahrgangsbester; des/eines Jahrgangsbesten, die Jahrgangsbesten/zwei Jahrgangsbeste: *männliche Person mit dem besten Abschlusszeugnis eines Jahrgangs* (b).
Jahr|gangs|stu|fe, die (Schule): *Klasse* (1 b).
Jahr|hun|dert, das; -s, -e: *Zeitraum von hundert Jahren, bes. als Einheit der Zeitrechnung* (Abk.: Jh.): das 3. J. vor, nach Christus; ein J. des Schreckens; das J. der Aufklärung; durch die -e nach fast einem halben J.; im 20., 21. J.; in unserem J.

Jahr|hun|dert- (emotional verstärkend): drückt in Bildungen mit Substantiven aus, dass etw. – seltener jmd. – als einmalig (in diesem Jahrhundert) angesehen wird, als besonders herausragend und alles andere übertreffend: Jahrhundertereignis, -hochwasser, -pleite, -projekt, -sommer, -wein.
jahr|hun|der|te|alt ⟨Adj.⟩: *mehrere, viele Hundert Jahre alt:* -e Bäume.
jahr|hun|der|te|lang ⟨Adj.⟩: *mehrere, viele Hundert Jahre lang:* -e Feindschaft.
Jahr|hun|dert|fei|er, die: *festliche Veranstaltung zum ein-, zweihundertjährigen usw. Bestehen.*
Jahr|hun|dert|flut, die: *Jahrhunderthochwasser.*
Jahr|hun|dert|hälf|te, die: *Hälfte eines Jahrhunderts:* in der ersten J.
Jahr|hun|dert|hoch|was|ser, das ⟨Pl. ...wasser⟩: *Hochwasser mit so hohen Pegelständen, wie sie im statistischen Mittel nur einmal in hundert Jahren erreicht werden.*
Jahr|hun|dert|mit|te, die: *Mitte eines Jahrhunderts.*
Jahr|hun|dert|som|mer, der (emotional verstärkend): *besonders heißer u. trockener Sommer:* der J. 1994.
Jahr|hun|dert|wen|de, die: *Wende von einem Jahrhundert zum nächsten:* seit der letzten J.; um die J.
jäh|rig ⟨Adj.⟩ [mhd. jærec, ahd. järig] (veraltet, noch schweiz.): *einjährig:* ein -es Fohlen; ◆ ⟨subst.:⟩ ...mächtige Zöpfe, das eigentümliche Berner Backwerk, ... aus dem feinsten Mehl, ...groß wie ein Jähriges *(ein einjähriges Kind;* Gotthelf, Spinne 7); * ◆ **j. werden** *(sich jähren:* Eines Abends, da es gerade j. wurde, dass sie verschwand [Novalis, Heinrich 44]).

-jäh|rig: in Zusb., z. B. achtjährig (mit Ziffer: 8-jährig).

jähr|lich ⟨Adj.⟩ [mhd. jærlich, ahd. järlīh]: *in jedem Jahr geschehend, erfolgend, fällig:* -e Rentenanpassung; bei den -en Abgaskontrollen wird der Vergaser neu eingestellt; -en im Turnus; die Mittel müssen j. neu bewilligt werden; eine Wachstumsrate von j. 3 %.

-jähr|lich: in Zusb., z. B. halbjährlich.

Jähr|ling, der; -s, -e [mhd. jærlinc = einjähriges Fohlen] (Zool., Landwirtsch.): *einjähriges Tier:* das Fohlen ist ein J.
Jahr|markt, der [mhd. järmarket, ahd. iärmarchat]: *ein- od. mehrmals im Jahr stattfindender Markt mit Verkaufsbuden, Karussells o. Ä.:* auf den J. gehen; * **J. der Eitelkeit/der Eitelkeiten** *(Ereignis, bei dem sich bestimmte Personen wichtigtuerisch zur Schau stellen, sich selbstgefällig ins rechte Licht zu rücken suchen;* LÜ von engl. vanity fair).
Jahr|markts|bu|de, die: *Verkaufsbude auf einem Jahrmarkt.*
Jahr|mil|li|ar|den ⟨Pl.⟩: *Milliarden von Jahren.*
Jahr|mil|li|o|nen ⟨Pl.⟩: *Millionen von Jahren:* in J.; seit, vor J.
Jahr|ring: ↑ Jahresring.
Jahr|tau|send, das: *Zeitraum von tausend Jahren, bes. als Einheit der Zeitrechnung:* das dritte, neue, zu Ende gehende J.
jahr|tau|sen|de|alt ⟨Adj.⟩: *mehrere Tausend Jahre alt.*
jahr|tau|sen|de|lang ⟨Adj.⟩: *mehrere, viele Tausend Jahre lang.*
Jahr|tau|send|fei|er, die: *festliche Veranstaltung zum ein-, zweitausendjährigen usw. Bestehen.*
Jahr|tau|send|wech|sel, der: *Wechsel von einem Jahrtausend zum nächsten.*

Jahrtausendwende – jammerschade

Jahr|tau|send|wen|de, die: *Wende von einem zum nächsten Jahrtausend.*
Jahr|zahl, die (schweiz.): *Jahreszahl.*
◆ **Jahr|ze|hend,** das; -[s], -e: † Jahrzehnt: *...nicht Jahrtausende, sondern -e* (Jean Paul, Wutz 7).
Jahr|zehnt, das; -[e]s, -e: *Zeitraum von zehn Jahren, bes. als Einheit der Zeitrechnung:* es dauerte -e, bis es so weit war; in den ersten -en dieses Jahrhunderts; seit wenigen -en; von J. zu J.; während langer -e.
jahr|zehn|te|alt ⟨Adj.⟩: *mehrere, viele Jahrzehnte alt:* -e Maschinen.
jahr|zehn|te|lang ⟨Adj.⟩: *mehrere, viele Jahrzehnte lang:* -e Übung; so war es j.
Jah|ve, (ökum.:) **Jah|we** [hebr. yahwë, viell. eigtl. = er ist]: Name Gottes im Alten Testament.
Jäh|zorn, der [spätmhd. gēchzorn, zu † jäh]: *plötzlich ausbrechender Zorn, der auf einer Neigung zur Heftigkeit beruht u. durch einen bestimmten Vorfall ausgelöst wird:* in wildem J. zuschlagen; von seinem J. übermannt werden.
jäh|zor|nig ⟨Adj.⟩ [spätmhd. gæchzornig]: *zu Jähzorn neigend; sich in einer Anwandlung von Jähzorn befindend:* ein -er Charakter.
ja|ja (Gesprächspartikel) (ugs.): **a)** leitet als Seufzer einen Ausspruch bedauernden Inhalts ein: j., es ist eben alles nicht mehr so wie früher; **b)** antwortet auf eine als lästig empfundene Frage, Aufforderung o. Ä.: j., ich bin gleich fertig.
Jak: † Yak.
Ja|kar|ta [dʒa'karta]: Hauptstadt von Indonesien.
Ja|ko, der; -s, -s [frz. jaco(t), eigtl. = Jakobchen, Kosef. des frz. m. Vorn. Jacques = Jakob]: *Graupapagei.*
Ja|kob: in den Fügungen und Wendungen **[auch nicht] der wahre J. sein** (ugs.; *[auch nicht] das Richtige sein;* wahrsch. zurückgehend auf den Apostel Jakobus d. Ä., der der Legende nach in Santiago de Compostela in Spanien begraben liegt, aber von Pilgern oft anderswo an falschen Gräbern gesucht wurde); **billiger J.** (ugs.; *Händler, bei dem die Waren besonders billig sind:* auf dem Jahrmarkt war diesmal kein billiger J.).
Ja|ko|bi, das; - ⟨meist o. Art.⟩ [lat. Iacobi, Gen. von: Iacobus]: *Jakobstag:* [an/zu] J. beginnt die Ernte.
Ja|ko|bi|ner, der; -s, - [frz. jacobin, eigtl. = Jakobinermönch, Dominikaner; nach dem Versammlungsort des Klubs, dem ehem. Dominikanerkloster Saint Jacques in Paris]: *Mitglied des radikalsten u. wichtigsten politischen Klubs während der Französischen Revolution.*
Ja|ko|bi|ne|rin, die; -, -nen: w. Form zu † Jakobiner.
Ja|ko|bi|ner|tum, das; -s: *geistige Haltung der Jakobiner.*
ja|ko|bi|nisch ⟨Adj.⟩: *die Jakobiner betreffend.*
Ja|ko|bi|tag, der (selten): *Jakobstag.*
Ja|kobs|lei|ter, die: **1.** ⟨o. Pl.⟩ *Himmelsleiter* (1). **2.** (Seemannsspr.) *[mit Holzsprossen versehene] Strickleiter, die außen am Schiff frei herunterhängen kann.*
Ja|kobs|mu|schel, die [nach der in Darstellungen Jakobs von Compostela (†Jakob) abgebildeten Muschel, dann nach den von span. Pilgern im MA., die zu seinem Grabe zogen, als Trinkgefäße benutzten Muschelschalen]: *im Mittelmeer u. an der europäischen Atlantikküste vorkommende, essbare Kammmuschel:* gebratene -n.
Ja|kobs|tag, der: *Namenstag des Apostels Jakobus d. Ä. am 25. Juli, an dem nach altem Brauch die Ernte beginnt.*
Ja|ko|bus|brief, der ⟨o. Pl.⟩: *angeblich vom Apostel Jakobus geschriebener Brief im Neuen Testament.*

Ja|ku|te, der; -n, -n: *Angehöriger eines Turkvolks.*
Ja|ku|tin, die; -, -nen: w. Form zu † Jakute.
ja|ku|tisch ⟨Adj.⟩: *die Jakuten betreffend, von ihnen stammend, zu ihnen gehörend.*
Ja|lou|set|te [ʒalu'zɛtə], die; -, -n [französierende Vkl. von † Jalousie]: *Jalousie aus Leichtmetallod. Kunststofflamellen.*
Ja|lou|sie [ʒalu'zi:], die; -, -n [frz. jalousie, eigtl. = Eifersucht; die Benennung bezieht sich darauf, dass der eifersüchtige Ehemann seiner Frau zwar gestatten wollte, auf die Straße zu sehen, sie aber nicht den Blicken anderer preisgeben wollte; die Eigenart dieser Vorrichtung ist, den Durchblick von innen nach außen, aber nicht von außen nach innen zuzulassen; wohl nach dem Vorbild der typischen Fenstergitter in orientalischen Harems]: *zum Schutz gegen [zu starke] Sonne u. zur Verdunkelung dienende Vorrichtung an Fenstern, die meist aus [verstellbaren] Querleisten (aus Holz, Kunststoff, Leichtmetall o. Ä.) zusammengesetzt u. teilweise od. als Ganzes heruntergelassen ist:* die -n gegen bei Sonneneinstrahlung von selbst herunter; die J. herablassen, hochziehen; durch die Ritzen der -n nach draußen spähen.
Jam [dʒæm], das; -s, -s, auch: die; -, -s [engl. jam, viell. zu: to jam = kräftig pressen]: *englische Marmelade (außer Orangenkonfitüre).*
Ja|mai|ka [auch: dʒ...]; -s: *Inselstaat im Karibischen Meer.*
Ja|mai|ka-Ko|a|li|ti|on, Ja|mai|ka-Ko|a|li|ti|on, die [nach der Übereinstimmung der Parteifarben Schwarz (CDU/CSU), Gelb (FDP) und Grün (Bündnis 90/Die Grünen) mit den Farben der Nationalflagge Jamaikas] (Politik): *Koalition aus den Fraktionen von FDP u. Bündnis 90/Die Grünen mit CDU/CSU [od. CDU od. CSU].*
Ja|mai|ka|ner, der; -s, -: Ew.
Ja|mai|ka|ne|rin, die; -, -nen: w. Form zu † Jamaikaner.
ja|mai|ka|nisch ⟨Adj.⟩: *Jamaika, die Jamaikaner betreffend.*
Ja|mai|ka|rum, Ja|mai|ka-Rum, der ⟨o. Pl.⟩: *auf Jamaika od. einer der anderen Antilleninseln aus vergorenem Zuckerrohrsaft durch mehrmaliges Destillieren hergestellter hochprozentiger Rum.*
Ja|mai|ker, der; -s, -: *Jamaikaner.*
Ja|mai|ke|rin, die; -, -nen: w. Form zu † Jamaiker.
Jam|be: † Jambus.
Jam|ben|dich|tung, die (Literaturwiss.): *vorwiegend Schmäh- u. Spottgedichte umfassende antike Dichtung in meist jambischen Versmaßen.*
jam|bisch ⟨Adj.⟩ (Verslehre): *nach der Art des Jambus gestaltet, in Jamben.*
Jam|bo|ree [dʒɛmbə'riː], das; -s, -s [engl. jamboree, eigtl. = ziemlich laute (Fest)versammlung, Trinkgelage; seit 1920 Bez. für ein internationales Pfadfindertreffen, H. u.]: **1.** *internationales Pfadfindertreffen.* **2.** *Zusammenkunft zu einer Tanz- od. Unterhaltungsveranstaltung.*
Jam|bus, der; -, Jamben, (seltener:) Jambe, die; -, -n [lat. iambus < griech. iambos] (Verslehre): *Versfuß aus einer kurzen (unbetonten) u. einer folgenden langen (betonten) Silbe: ein Drama in Jamben.*
James Grieve ['dʒeɪms 'griːv], der; - -, - - [nach dem Namen des engl. Züchters James Grieve]: *mittelgroßer, hellgrüner, hellgelb u. rot geflammter, saftiger Tafelapfel.*
Jam|mer, der; -s [mhd. jāmer, ahd. jāmar = Traurigkeit, Herzeleid, schmerzliches Verlangen, Substantivierung von ahd. jāmar = traurig, betrübt, urspr. ein Schmerzensruf u. wahrsch. lautm.]: **a)** *Wehklage;* J. und Geschrei wurden laut; ihr J. um das Verlorene war groß; **b)** *mitleiderregender, beklagenswerter Zustand:* sei-

nen J. herausschreien; das Ausmaß des -s zeigte sich erst allmählich; sie war untröstlich in ihrem J., wusste vor J. nicht aus noch ein; * **ein J. sein** (ugs.; *im Hinblick auf jmdn., etw. äußerst bedauerlich sein:* es wäre ein J., wenn du nicht mitkämst; dass ich nicht eher daran gedacht habe, ist ein J.).
Jam|mer|bild, das: *Bild des Jammers* (b), *jammervoller Anblick:* die Stadt bot nach dem Erdbeben ein J.
Jam|mer|ge|schrei, das: *Geschrei aus Jammerlauten.*
Jam|mer|ge|stalt, die: **a)** *jmd., der aufgrund seiner äußeren Erscheinung den Eindruck eines bedauernswerten, elenden, armen Menschen macht:* ausgemergelte -en hockten am Straßenrand; **b)** (ugs. abwertend) *jmd., der bei etw. keine gute Figur macht, dem man keine Leistung zutraut:* mit solchen -en kann keine Partei Wahlen gewinnen.
Jam|mer|lap|pen, der [urspr. = Tuch zum Abwischen der Tränen, dann auf seinen Benutzer übertragen] (ugs. abwertend): *allzu ängstlicher, feiger Mensch, der sich alles gefallen lässt u. nicht aufzubegehren wagt:* dieser elende J. soll endlich mal den Mund aufmachen.
Jam|mer|laut, der: *Laut, Schrei des Schmerzes.*
jäm|mer|lich ⟨Adj.⟩ [mhd. jæmer-, jāmerlich, ahd. jāmarlīh]: **1. a)** *Jammer, großen Schmerz ausdrückend:* -es Weinen; **b)** *[durch fremde Schuld od. eigenes Unvermögen] elend u. beklagenswert:* ein -er Zustand; sie sind j. umgekommen; er sieht j. aus; Wer will uns als moralische Instanz noch jemals respektieren, wenn wir heute so j. versagen? (Hochhuth, Stellvertreter 80); **c)** *in mitleiderregender Weise ärmlich, dürftig:* in einer -en Dachkammer hausen; j. angezogene Kinder; **d)** (abwertend) *verachtenswert:* ein -er Feigling; sie hat heute j. gespielt; Ich hatte damals einen -en Lohn für eine -e Beschäftigung (Jahnn, Geschichten 164). **2. a)** *in seiner unangenehmen Wirkung sehr stark, groß:* eine -e Angst; es herrschte eine ganz -e Kälte; **b)** ⟨intensivierend bei Verben u. Adjektiven⟩ *sehr, überaus:* j. frieren; ich habe mich j. gelangweilt.
Jäm|mer|lich|keit, die; -, -en: **a)** ⟨o. Pl.⟩ *jämmerliche Art u. Weise, Beschaffenheit;* **b)** (selten) *jämmerliche Tat, jämmerlicher Umstand:* ein Leben voller Schwachheiten und -en.
Jäm|mer|ling, der; -s, -e (ugs. abwertend): *Schwächling; Jammerlappen.*
jam|mern ⟨sw. V.; hat⟩ [mhd. (j)ämern, ahd. āmarōn, zu † Jammer]: **1. a)** *laut klagen; unter Seufzen u. Stöhnen jmdm. seine Schmerzen, seinen Kummer zeigen:* das Kind jammerte viel; sie rieb sich das Knie und jammerte vor sich hin; ⟨subst.:⟩ es gab ein allgemeines Jammern und Klagen; **b)** *über etw. laut u. wortreich klagen; seiner Unzufriedenheit über etw. Ausdruck geben:* sie jammern immer und sind mit nichts zufrieden; sie jammerten über ihr Schicksal, über die Kälte; **c)** *in klagendem Ton nach jmdm., etw. verlangen:* die Kinder jammern nach Essen, nach der Mutter. **2.** (geh.) *jmds. Mitleid erregen; jmdm. im Innersten leidtun:* sie, ihr Elend jammert mich; Es war ihm gewiss, dass er sie nicht wiedersehen würde und schon jetzt wurden sie ihm unerreichbar; ihm kam vor, als wäre die Trennung bereits vollzogen, und es jammerte ihn nicht einmal (Gaiser, Jagd 161).
jam|mer|scha|de ⟨Adj.⟩: in den Verbindungen **j. sein** (ugs.; *im Hinblick auf jmdn., etw. äußerst bedauerlich sein;* aus der Wendung Jammer und Schade sei es ist j., dass du das nicht gesehen hast); **um jmdn. ist es j.** (ugs.; *jmd. hätte noch wesentlich mehr erreichen können [wenn er*

bzw. sie wirklich gewollt hätte od. wenn er bzw. sie nicht durch widrige Umstände daran gehindert worden wäre]).

Jam|mer|tal, das [mhd. jāmertal = Erde, Welt (als Tal des Jammers); Unglück; LÜ von lat. vallis lacrimarum in Ps. 84,7] (geh.): *Stätte der Not, des Elends, bes. die Welt als Ort des Leidens:* das irdische J.

jam|mer|voll ⟨Adj.⟩**: a)** *Jammer, großen Schmerz ausdrückend; jämmerlich* (1 a): -es Weinen, Klagen; **b)** *elend u. beklagenswert; jämmerlich* (1 b): er fand, sein Leben nahm ein -es Ende; **c)** *in mitleiderregender Weise ärmlich, dürftig; jämmerlich* (1 c): die Kinder leben in einer -en Umgebung; in j. aussehenden Häusern.

Jam|ses|sion, Jam-Ses|sion ['dʒæmsɛʃn], die; -, -s [engl. jam session, aus: to jam = frei improvisieren u. ²session, ↑²Session]: *zwanglose Zusammenkunft von Jazzmusiker(inne)n, bei der aus dem Stegreif gespielt wird.*

Jams|wur|zel, Yamswurzel ['jams...], die; -, -n [engl. yam < port. inhame, eigtl. = essbar, urspr. westafrik. Wort]: **a)** *in tropischen Gebieten angebaute rankende Pflanze mit essbaren Wurzelknollen;* **b)** *die Kartoffel ähnliche, große Knolle der Jamswurzel* (a).

Jan. = Januar.
Jän. = Jänner.
Jang: ↑ Yang.
Jang|t|se, Jang|t|se|ki|ang, der; -[s]: *Fluss in China.*

Ja|ni|t|schar, der; -en, -en [türk. yeniçeri, eigtl. = neue Streitmacht; urspr. = Bez. der bevorrechtigten Kriegerklasse im Osman. Reich]: *Soldat einer Kerntruppe des osmanischen Sultans (14.–18. Jh.).*

Ja|ni|t|scha|ren|mu|sik, die: **1.** ⟨o. Pl.⟩ *[türkische] Militärmusik mit Trommeln, Becken, Triangel, Schellenbaum o. Ä.* **2.** *charakteristisches Instrumentarium, Schlagzeug der Janitscharenmusik* (1).

Jan|ker, der; -s, - [viell. nasaliert aus ↑ Jacke, H. u.] (südd., österr.): *Trachtenjacke (mit farbigem Besatz u. Horn- od. Metallknöpfen).*

Jän|ner, der; -s, - ⟨Pl. selten⟩ [mhd. jen(n)er < vlat. Ienuarius] (österr., seltener südd., schweiz.): *Januar* (Abk.: Jän.): *zwischen J. und Juni; am 6. J.*

Ja|nu|ar, der; -[s], -e ⟨Pl. selten⟩ [lat. (mensis) Ianuarius, nach ↑ Janus (lat. Ianus)]: *erster Monat des Jahres* (Abk.: Jan.).

Ja|nus (röm. Mythol.): *Gott der Türen u. Tore u. des Anfangs (mit zwei in entgegengesetzter Richtung blickenden Gesichtern als Symbol für Zwiespältiges, Widersprüchliches).*

Ja|nus|ge|sicht, das: *Januskopf.*
Ja|nus|kopf, der: *Kopf mit zwei Gesichtern als bildliche Darstellung des Janus.*
ja|nus|köp|fig ⟨Adj.⟩ (bildungsspr.): *sich von zwei entgegengesetzten Seiten zeigend; doppelgesichtig* (b): die Politik erwies sich als j.
Ja|nus|köp|fig|keit, die; - (bildungsspr.): *das Janusköpfigsein.*
Ja|pan; -s: *Inselstaat in Ostasien.*
Ja|pa|ner, der; -s, -: Ew.
Ja|pa|ne|rin, die; -, -nen: w. Form zu ↑ Japaner.
ja|pa|nisch ⟨Adj.⟩: *Japan, die Japaner betreffend.*
Ja|pa|nisch, das; -[s], (nur mit best. Art.:) **Ja|pa|ni|sche,** das; -n: *japanische Sprache.*
Ja|pa|no|lo|ge, der; -n, -n [↑ -loge]: *Wissenschaftler auf dem Gebiet der Japanologie.*
Ja|pa|no|lo|gie, die; - [↑-logie]: *Wissenschaft von der japanischen Sprache u. Kultur.*
Ja|pa|no|lo|gin, die; -, -nen: w. Form zu ↑ Japanologe.
ja|pa|no|lo|gisch ⟨Adj.⟩: *die Japanologie betreffend.*
Ja|pan|pa|pier, das: *weiches, feines, zähes u.*

biegsames, handgeschöpftes Papier aus Bastfasern japanischer Pflanzen.

Ja|pan|sei|de, die: **a)** *feines, sehr dichtes u. gleichmäßiges Seidengewebe in Taftbindung (für Blusen, Kleider, Lampenschirme);* **b)** *feiner Seidenfaden, aus dem die Japanseide* (a) *gewebt wird.*

jap|sen ⟨sw. V.; hat⟩ [aus dem Niederd. < (m)niederd. gapen = den Mund aufsperren; das j beruht auf mundartl. (md.) Aussprache des g im Anlaut] (ugs.): **a)** *schwer, stoßweise atmen; mit offenem Mund mühsam Luft zu bekommen versuchen:* nach Luft j.; kaum noch j. können *(am Ende seiner Kraft sein);* **b)** *japsend* (a) *sagen, fragen:* »Ich kann nicht mehr«, japste er.

Jap|ser, der; -s, - (ugs.): *japsender Atemzug:* mit einem J. blieb er stehen.

Jar|di|ni|e|re [ʒar..., auch: ...'njɛ:rə], die; -, -n [frz. jardinière, zu: jardin = Garten]: *Schale für [Blüten]pflanzen.*

Jar|gon [ʒar'gõ:, auch: ʒar'gɔŋ], der; -s, -s [frz. jargon, eigtl. = unverständliches Gemurmel, auch: Vogelgezwitscher; urspr. wohl lautm.]: **a)** *Sondersprache bestimmter durch Beruf, Stand, Milieu geprägter Kreise mit speziellem [umgangssprachlichem] Wortschatz:* der J. der Mediziner; der Berliner J.; Mit einer unheimlichen Geschwindigkeit redet sich dieser kalte Geist, dieser nüchterne Schreibstubenmensch, um nur ja hinter den anderen nicht zurückzubleiben, in den blutrünstigen J. der Terroristen hinein (St. Zweig, Fouché 22); **b)** (abwertend) *saloppe, ungepflegte Ausdrucksweise:* er redet im ordinärsten J.

Jarl, der; -s, -s [anord. jarl, viell. zu jara = Streit, Kampf] (Geschichte): **a)** *skandinavischer Krieger;* **b)** *skandinavischer Adliger u. Heerführer; königlicher Statthalter einer skandinavischen Landschaft im MA.*

Jar|mul|ke, die; -, -s u. ...ka [jidd. jarmulke, yarmolke < poln. jarmułka]: *Samtkäppchen der Juden.*

Ja|sa|ger, der; -s, - (abwertend): *jmd., der den Plänen, Ansichten o. Ä. (eines Vorgesetzten, Stärkeren) immer sofort zustimmt.*

Ja|sa|ge|rin, die; -, -nen: w. Form zu ↑ Jasager.

Jas|min, der; -s, -e [span. jazmín < arab. yasmīn < pers. yāsaman]: **1.** *(zu den Ölbaumgewächsen gehörender) Zierstrauch mit gelben, weißen od. rosa, selten duftenden Blüten; Winterjasmin.* **2.** *(zu den Steinbrechgewächsen gehörender) Zierstrauch mit weißen, stark duftenden, traubigen Blüten; Falscher Jasmin.*

Jas|pis, der; - u. -ses, -se [mhd. jaspis < lat. iaspis < griech. íaspis]: *undurchsichtiges, intensiv grau, bläulich, gelb, rot od. braun gefärbtes, zum Teil gebändertes Mineral, das als Schmuckstein verwendet wird.*

Jass, der; -es [wahrsch. von schweiz. Söldnern aus den Niederlanden in die Schweiz gebracht; vgl. niederl. gleichbed. jassen]: *(bes. in der Schweiz u. in Vorarlberg beliebtes) Kartenspiel mit 36 Karten für 2–4 Personen.*

jas|sen ⟨sw. V.; hat⟩: *Jass spielen.*
Jas|ser, der; -s, -: *jmd., der Jass spielt.*
Jas|se|rin, die; -, -nen: w. Form zu ↑ Jasser.
Jas|set, der, auch: das; -s, -s (schweiz.): *das Jassen.*
Jass|spie|ler, der: *jmd., der Jass spielt.*
Jass|spie|le|rin, die: w. Form zu ↑ Jassspieler.

◆ **Jast, Jäst,** der; -[e]s, -e [eigtl. = Gärung, das Gären, zu mhd. jesen, ↑ gären]: *heftige Erregung, Zornesaufwallung:* Der dachte, ihren Jäst mit einem Schnak zu stillen (Mörike, Hutzelmännlein 131).

Ja|stim|me, die: *(bei einer Wahl o. Ä.) abgegebene Stimme* (6 a), *die für das zur Entscheidung Stehende votiert hat.*

jä|ten ⟨sw. V.; hat⟩ [mhd. jeten, geten, ahd. jetan, getan, H. u.]: **a)** *(Unkraut) aus dem Boden ziehend entfernen:* im Garten Unkraut j.; **b)** *von Unkraut befreien:* ein Beet j.

Jä|tung, die; -, -en: *das Jäten; das Gejätetwerden.*

Jau|che, die; -, -n [spätmhd. jūche, aus dem Westslaw., vgl. sorb. jucha = Brühe, Jauche]: **1.** *übel riechender, flüssiger Dünger aus tierischen Fäkalien, die aus den Ställen in eine dafür vorgesehene Sammelgrube ablaufen:* J. aufs Feld fahren. **2.** (ugs. abwertend) *bestimmte Flüssigkeit von äußerst schlechter Qualität:* das Bier, der Kaffee ist eine grässliche J.

Jau|che|fass, das: *Fass, in dem die Jauche aufs Feld gefahren wird.*
Jau|che|gru|be, die: *Grube, in der sich die aus Ställen ablaufende Jauche sammelt.*
Jau|che|kü|bel, der: *Kübel* (a), *in dem die Jauche aufs Feld gefahren wird.*
jau|chen ⟨sw. V.; hat⟩ (Landwirtsch.): *mit Jauche düngen:* die Äcker j.
Jau|che|wa|gen, der: *Wagen zum Transport von Jauche.*
jau|chig ⟨Adj.⟩: *nach Jauche, faulig riechend.*
jauch|zen ⟨sw. V.; hat⟩ [mhd. jūchezen, eigtl. = den Freudenruf »juch!« ausstoßen]: **a)** *seiner Freude, Begeisterung durch Rufe, Schreie Ausdruck geben; laut jubeln:* vor Wonne j.; sie jauchzte über diese Nachricht; das Publikum jauchzte *(war begeistert);* **b)** (veraltend) *jmdm. jubelnd seine Freude, seinen Dank sagen:* Jauchzet dem Herrn, alle Welt (Psalm 98, 4; 100, 1).
Jauch|zer, der; -s, -: *Freudenschrei:* einen J. ausstoßen.
jau|len ⟨sw. V.; hat⟩ [aus dem Niederd., lautm.]: *(von Hunden) laut u. misstönend winseln, heulen, klagen:* der Hund jaulte vor Schmerz; Ü ⟨subst.:⟩ das Jaulen der Motoren, der Gitarren.

◆ **Jau|ner,** der; -s, - [gaunerspr. im 15. Jh. Juoner, ↑ Gauner]: *Gauner:* Schafskopf von einem J.! Den Galgen hast du verdient (Schiller, Fiesco I, 9); Es ist ein Aufstreich in meinem Kopf: Pietisten – Quacksalber – Rezensenten und J. (Schiller, Räuber I, 2).

Jau|se, die; -, -n [mhd. jūs < slowen. južina = Mittagessen, Vesper] (österr.): **a)** *Zwischenmahlzeit [am Vor- od. Nachmittag], Nachmittagskaffee, kalte Abendmahlzeit:* eine J. machen; **b)** *Jausenbrot:* eine J. dabeihaben.
jau|sen [mhd. jūsen] (österr.): seltener für ↑ jausnen.
Jau|sen|brot, das (österr.): *für eine Zwischenmahlzeit in die Schule, zur Arbeit mitgebrachtes [belegtes] Brot.*
Jau|sen|sta|ti|on, die (österr.): *kleine Gaststätte.*
Jau|sen|zeit, die (österr.): *Frühstückspause, Vesperzeit:* um 9 Uhr ist J.
jaus|nen ⟨sw. V.; hat⟩ (österr.): **a)** *eine Zwischenmahlzeit einnehmen; Kaffee trinken:* um 9 Uhr wird gejausnet; **b)** *zur Jause* (a) *essen, trinken:* Wurst und Käse j.

¹Ja|va; -s: *kleinste der Großen Sundainseln.*
²Ja|va® [auch: 'dʒa:vɐ], das; -[s] ⟨meist ohne Art.⟩ (EDV): *systemunabhängige Programmiersprache, bes. für Anwendungen im Internet.*
ja|wohl ⟨Gesprächspartikel⟩ [mhd. ja wol = ja freilich; vgl. ↑ ¹wohl] (verstärkend): *ja:* »Verstanden?« – »Jawohl, Herr Leutnant«; das gilt für alle, j., für alle.
ja|woll ⟨Gesprächspartikel⟩ (ugs., auch scherzh. den militärischen Tonfall nachahmend): ↑ jawohl.
Ja|wort, das ⟨Pl. -e; Pl. selten⟩: *zustimmende Äußerung zur Eheschließung:* die beiden kannten sich kaum, als sie ihr J. hauchten.
Jazz [dʒæz, dʒɛs, auch: jats], der; - [engl.-amerik. jazz, H. u.]: *aus der Volksmusik der nordamerikanischen Afroamerikaner entstandene Musik*

mit charakteristischen Rhythmusinstrumenten u. mit Bläsergruppen, die [frei improvisierend] gegengerichtete melodisch-rhythmische Akzente geben: sie hörten die ganze Nacht J.; Elemente des J. in einer Komposition; ... sie brachte Brot und Wodka, der Lautsprecher spielte einen bürgerlich gezähmten J., der bürgerliche Jazz-Sänger sang ein sentimentales englisches Lied (Koeppen, Rußland 112).

Jazz|band, die: *aus zwei Instrumentalgruppen (mit rhythmischer u. melodischer Funktion) bestehende* ³*Band, die Jazz spielt.*

Jazz|be|sen, der: *Stahlbesen.*

Jazz|club: ↑ Jazzklub.

Jazz|dance ['dʒæzdaːns, 'dʒɛs..., amerik. Ausspr.: ...dæns], der; - [engl. jazz dance, eigtl. = Jazztanz]: *Fitnesstraining, das aus tänzerischen, rhythmisch zu Musik ausgeführten Bewegungen besteht.*

jaz|zen ['dʒɛsn̩, auch: 'jatsn̩] ⟨sw. V.; hat⟩: *Jazz spielen:* abends jazzt eine Band.

Jaz|zer ['dʒɛsɐ, auch: 'jatsɐ], der; -s, -: *Jazzmusiker.*

Jaz|ze|rin, die; -, -nen: w. Form zu ↑ Jazzer.

Jazz|fan, der: *begeisterter Anhänger, begeisterte Anhängerin des Jazz.*

Jazz|fes|ti|val, das: *Festival des Jazz.*

jaz|zig ['dʒɛsɪç, auch: 'jatsɪç] ⟨Adj.⟩ (ugs.): *wie Jazz wirkend, den Jazz nachahmend.*

Jazz|kel|ler, der: *Kellerraum, -lokal, in dem Jazz gespielt wird.*

Jazz|klub, Jazzclub, der: *Klub (4 a), in dem Jazz gespielt wird.*

Jazz|kon|zert, das: *Konzert mit Jazzmusik.*

Jazz|mu|sik, die: *Jazz.*

Jazz|mu|si|ker, der: *Musiker, der Jazz spielt.*

Jazz|mu|si|ke|rin, die: w. Form zu ↑ Jazzmusiker.

Jazz|trom|pe|te, die: *für den besonderen Klangcharakter des Jazz entwickelte Trompete, die häufigen Einsatz eines Dämpfers u. Vibratoblasen ermöglicht.*

¹**je** ⟨Adv.⟩ [mhd. ie, ahd. io, eo; geht zurück auf eine erstarrte Kasusform eines germ. Substantivs mit der Bed. »Zeit, Lebenszeit, Zeitalter«]: **1.** gibt eine unbestimmte Zeit an; *irgendwann, überhaupt [einmal]; jemals:* wer hätte das je gedacht!; das ist das Schlimmste, was ich je erlebt habe; es ging besser denn/als je [zuvor]. **2. a)** *jedes Mal in einer bestimmten Anzahl:* je 10 Personen; die Kinder stellen sich je zwei und zwei auf; je ein Exemplar der verschiedenen Bücher wurde ihr zugesandt; **b)** *jede einzelne Person od. Sache für sich genommen:* die Schränke sind je einen Meter breit; die Flaschen wurden zur Hälfte geleert. **3.** ⟨in Verbindung mit »nach«⟩ drückt aus, dass etwas von einer bestimmten Bedingung abhängt: je nach Geschmack; je nach Größe und Gewicht. **4.** * **je und je** (geh. veraltend; *dann u. wann; von Zeit zu Zeit; gelegentlich:* je und je trafen sie sich); **seit [eh und] je,** (seltener:) **von je** (*schon immer; so lange, wie die Erinnerung zurückreicht*).

²**je** ⟨Präp. mit Akk.⟩ [↑ ¹je]: *für jede einzelne Person od. Sache; pro:* die Kosten betragen 30 Euro je [angebrochene] Stunde, je beschäftigte Arbeitskraft; ⟨auch wie an Adv. gebraucht u. keine Rektion ausübend:⟩ je erwachsener Teilnehmer; je Studierende[r].

³**je** ⟨Konj.⟩ [↑ ¹je]: **1.** (mehrgliedrig) setzt zwei Komparative zueinander in Beziehung: je früher du kommst, desto mehr Zeit haben wir; je länger er unterwegs war, umso besser gefiel ihm das Land; je länger, je lieber. **2.** ⟨in Verbindung mit »nachdem«⟩ drückt aus, dass etw. von einem bestimmten Umstand abhängt: je nachdem, ob sie Zeit hat, kommt sie vorbei oder nicht; »Willst du mitgehen?« – »Je nach-

dem« (ugs.; *das hängt noch von Verschiedenem ab*).

⁴**je** ⟨Interj.⟩ [verhüll.; gek. aus dem Namen Jesu]: ⟨in Verbindung mit einer anderen Interj.⟩ *drückt Bedauern od. Erschrecken aus:* o je!; ach je, wie schade!

⁵**je** ⟨Adv.⟩ [Nebenf. von ↑ ja] (veraltend): *leitet in Verbindung mit* »nun« *eine einschränkende Äußerung ein: ja.*

Jeans [dʒiːns], die; -, - ⟨häufig auch im Pl. mit singularischer Bed.⟩ [engl. jeans, Pl. von: jean = geköperter Baumwollstoff, nach frz. Gênes, dem Namen der Stadt Genua, die früher ein wichtiger Ausfuhrhafen für Baumwolle war]: **a)** *saloppe Hose [aus Baumwollstoff] im Stil der Bluejeans:* sie trägt am liebsten schwarze J.; **b)** Kurzf. von ↑ Bluejeans: ein Paar echte J.; wo sind/ist denn bloß meine alten/alte J.?

Jeans|hemd, das: *Hemd aus Jeansstoff.*

Jeans|ja|cke, die: *Jacke aus Jeansstoff.*

Jeans|stoff, der: *derber, strapazierfähiger Baumwollstoff in verschiedenen Farben, aus dem Kleidungsstücke im Stil der Bluejeans hergestellt werden.*

jeck ⟨Adj.⟩ [mhd. (mittelfränk.) jeck < mniederd. geck, zu ↑ Geck] (rhein., meist abwertend): *närrisch* (1 a): du bist wohl j.!

Jeck, der; -en, -en (rhein.): **1.** (abwertend) *Narr* (1): so ein J.! **2.** *Karnevalist:* die -en ziehen durch die Straßen.

Je|ckin, die; -, -nen: w. Form zu ↑ Jeck.

je|de: ↑ jeder.

je|de|frau ⟨Indefinitpron. u. unbest. Zahlwort; nur allein stehend⟩ [geb. nach ↑ jedermann]: bes. im feministischen Sprachgebrauch, sonst oft scherzh. für jedermann, bes. wenn [ausschließlich] Frauen gemeint sind od. besonders hervorgehoben werden sollen: *Kleidung für jedermann u. j.*

je|den|falls ⟨Adv.⟩: **a)** *auf jeden Fall:* sie ist j. eine fähige Mitarbeiterin; Tatsache ist J., dass sie nicht kommen kann; **b)** *zumindest, wenigstens:* ich j. habe keine Lust mehr.

je|der, jede, jedes ⟨Indefinitpron. u. unbest. Zahlw.⟩ [mhd. ieweder, ahd. ioweder, eohwedar, aus ahd. io, eo = immer u. [h]wedar = wer von beiden, irgendeiner von beiden]: **1.** bezeichnet alle Einzelnen einer Gesamtheit ohne Ausnahme **a)** ⟨attr.⟩: jedes gesunde Kind; jeder Angestellte; die Rinde jedes alten Baumes; jeder Junge und jedes Mädchen bekommt/(seltener:) bekommen einen Luftbalon; jeder dritte, jeder u. jede einzelne Teilnehmende; der Zug fährt jeden Tag (*täglich*); er ist jedes Mal zu spät gekommen; am Anfang jedes/[eines] jeden Satzes; **b)** ⟨allein stehend⟩ jeder/(geh.:) ein jeder darf mitmachen; jeder, der mitmacht, ist willkommen; jede der Frauen; hier kennt jeder jeden (*alle kennen einander*); **c)** ⟨Neutr. Sg.; allein stehend⟩ (landsch.): die Schwestern haben jedes (*jeweils*) drei Kinder. **2.** ⟨bei Abstrakta im Sg.⟩ bezeichnet alle möglichen Arten o. Ä. je einzeln gesehen; *jeglicher, jedweder:* j. Hilfe kam zu spät; ohne jeden (*irgendeinen denkbaren*) Grund; die Sache ist bar jeden/jedes Sinnes (*ohne jeglichen Sinn*). **3.** ⟨mit Zeit- od. Maßangabe im Sg., seltener im Pl.⟩ *im Abstand von...; alle* (3): jede Stunde fliegt ein Flugzeug nach Berlin; jede 10 Minuten kommt eine Bahn.

je|der|art ⟨unbest. Gattungsz.; indekl.⟩: *jede Art von:* er ist bereit, j. Arbeit anzunehmen.

je|der|lei ⟨unbest. Gattungsz.; indekl.; nur attr.⟩ [↑ -lei] (geh.): *jede Art von, alle denkbaren Sorten o. Ä. von:* sie vergnügten sich auf j. Weise.

je|der|mann ⟨Indefinitpron. u. unbest. Zahlw.; nur allein stehend⟩ [spätmhd. jeder man] (nach-

drücklich): *jeder* (1 b), *jede:* j. weiß, wie schwie-

rig das ist; das ist für j. (*für alle ohne Unterschied*) einsichtig.

Je|der|manns|freund, der ⟨Pl. selten⟩ (veraltend, abwertend): *jmd., der es mit allen halten, mit niemandem verderben will.*

je|der|zeit ⟨Adv.⟩: **a)** drückt aus, dass etw. für einen nicht eingeschränkten Zeitraum in gleicher Weise besteht; *zu jeder Zeit; immer wieder jmd. möchte:* sie ist ein j. gern gesehener Gast; **b)** drückt aus, dass ständig mit etw. gerechnet werden muss; *in jedem Augenblick; schon im nächsten Moment:* sie war j. darauf gefasst.

je|der|zei|tig ⟨Adj.⟩: *zu jedem Zeitpunkt möglich, eintreffen könnend:* er muss mit einer -en Änderung der Verhältnisse rechnen.

je|des: ↑ jeder.

je|des Mal: s. jeder (1 a).

je|des|ma|lig ⟨Adj.⟩ (selten): *jedes Mal stattfindend, ablaufend o. Ä.; jeweilig.*

jed|mög|lich ⟨Adj.⟩ (selten): *jeder, jede, jedes Mögliche:* jmdm. -e Hilfen gewähren.

¹**je|doch** ⟨Adv.⟩ [mhd. iedoch, ahd. ie doh, aus ↑ ¹je u. ↑ ¹doch]: drückt Gegensätzlichkeit aus; *aber; doch:* die Sonne schien, es war j. kalt; er fand den Ausgang der Sache bedauerlich, entmutigen j. ließ er sich nicht/j. ließ er sich nicht entmutigen.

²**je|doch** ⟨Konj.⟩ [vgl. ¹jedoch]: *aber:* sie wollte anrufen, j. das Telefon war gestört; er versuchte es immer wieder, j. ohne Erfolg.

jed|we|de: ↑ jedweder.

jed|we|de, jedwede, jed|we|des ⟨Indefinitpron. u. unbest. Zahlw.⟩ [mhd. ietweder, iegeweder = jeder von beiden, jeder von vielen] (nachdrücklich): *jeder, jede, jedes* (1 a, b; 2): jedwedes neue Verfahren, jede Angestellte; der Ausgang jedweden/jedwedes weiteren Versuchs; jedwedem ist die Teilnahme erlaubt.

Jeep® [dʒiːp], der; -s, -s [amerik.; wohl nach den engl. ausgesprochenen Anfangsbuchstaben von: general purpose = Mehrzweck-]: (bes. als Militärfahrzeug gebrauchtes) *kleineres, meist offenes, geländegängiges Fahrzeug mit starkem Motor u. Allradantrieb.*

Jeg|gings, Jeg|gins ['dʒɛ...] ⟨Pl.⟩ [zusges. aus ↑ Jeans u. ↑ Leggings] (Textilind.): *sehr eng anliegende, wie eine Jeanshose wirkende Leggings.*

jeg|li|che: ↑ jeglicher.

jeg|li|cher, jegliche, jeg|li|ches ⟨Indefinitpron. u. unbest. Zahlw.⟩ [mhd. ieclich, iegelich, ahd. iogilih, zusger. aus: io, eo = immer (↑ ¹je) u. gilih = gleich (seinlich), jeder] (nachdrücklich): *jeder, jede, jedes* (1 a, b; 2).

je|her [auch: 'jeːheːɐ̯] ⟨Adv.⟩ [aus ↑ ¹je (1) u. ↑ her]: nur in den Verbindungen **seit/von j.** (*so lange, wie die Erinnerung zurückreicht:* es wurde seit/ von j. so gehandhabt).

Je|ho|va: auf falsche Vokalisation zurückgehende Form von Jahve: Zeugen -s (*Religionsgemeinschaft mit auf Bibelauslegung beruhenden chiliastischen Vorstellungen*).

jein ⟨Adv.⟩ [zusges. aus ↑ ja u. ↑ nein] (scherzh.): drückt eine Unentschiedenheit der sprechenden Person aus, die sich nicht zu einem Ja entschließen kann: er sagt immer j.

Jein, das; -s, -s ⟨abwertend, scherzh.⟩: *zwischen einem Ja u. einem Nein stehende Antwort:* auf die Frage, ob er bereit sei, antwortete er mit [einem klaren] J.

Je|ka|mi, das; -s, -s [Kurzwort aus: **je**der **ka**nn **mi**tmachen]: **1.** ⟨o. Art.⟩ *Motto, in dem zum Ausdruck kommt, dass etw. für alle offensteht:* J. ist die Devise unseres Vereins. **2.** (bes. schweiz.) *Veranstaltung, bei der jeder, ohne besondere Voraussetzungen erfüllen zu müssen, mitmachen kann.*

Je|ka|te|rin|burg: *Stadt in Russland.*

Je|län|ger|je|lie|ber, das; -s, - [die Pflanze duftet

immer lieblicher, je länger man daran riecht]: *(zu den Geißblattgewächsen gehörenden) kletternde Pflanze mit gelblich weißen, in dichten Büscheln wachsenden, stark duftenden Blüten.*

je|mals ⟨Adv.⟩ [zu ↑ ¹je u. ↑ ¹Mal]: *zu irgendeinem (in der Vergangenheit od. Zukunft liegenden) Zeitpunkt; irgendwann:* besser als j. zuvor; sie glaubte nicht, dass sie j. wieder gesund würde.

je|mand ⟨Indefinitpron.⟩ [mhd. ieman, ahd. ioman, eoman, aus: io, eo = immer u. man = Mann, Mensch]: **a)** *bezeichnet eine bestimmte, der sprechenden Person bekannte, aber von ihr nicht näher beschriebene Person; eine Person, ein Mensch:* ich kenne j./-en, der schon dort gewesen ist; ich treffe mich heute mit j./-em, der das Hotel schon kennt; sie ist j., die/der nicht so schnell aufgibt; **b)** *bezeichnet eine bestimmte, der sprechenden Person nicht bekannte Person:* da lag j.; ⟨attr. vor einem Pron. od. einem subst. Adj.:⟩ an der Tür stand j. ander[e]s (seltener: anderer), Fremdes; das habe ich von j. Unbekanntem gehört; an j. anders denken; ⟨subst.:⟩ das hat ein gewisser Jemand (scherzh.; *ein nicht Unbekannter*) gemacht, und der warst du; ⟨subst.:⟩ Zwei zerrten jemand aus der Hoteltür auf die Gasse, ich konnte aus der Art des Zerrens erkennen, dass dieser Jemand durch Handschellen mit den beiden verbunden war (Seghers, Transit 64); **c)** *bezeichnet eine unbestimmte, gesehene Person, die, in einem bestimmten Zusammenhang gesehen wird; irgendein Mensch; einer, eine, eines:* j. wird schon dafür Interesse haben; das wird kaum j. *(wird niemand)* wollen; er will nicht -[e]s Diener sein; sie wollte nicht j./-em gehorchen müssen; das kann man nicht j./-em machen lassen, der keine Ahnung hat.

Je|men, -s, auch: der; -[s]: Staat im Süden der Arabischen Halbinsel: die Küste -s/des J./des -s.

Je|me|nit, der; -en, -en: Ew.

Je|me|ni|tin, die; -, -nen: w. Form zu ↑ Jemenit.

je|me|ni|tisch ⟨Adj.⟩: *Jemen, die Jemeniten betreffend; aus Jemen stammend.*

je|mi|ne ⟨Interj.⟩ [entstellt aus lat. Jesu domine = o Herr Jesus!] (veraltend): *Ausruf des Erstaunens od. Erschreckens:* ach j.!

Jen: ↑ Yen.

Je|na: Stadt an der Saale.

¹Je|na|er, (auch:) ¹Jenenser, der; -s, -: Ew.

²Je|na|er, (auch:) ²Jenenser ⟨indekl. Adj.⟩: J. optische Geräte.

Je|na|e|rin, die; -, -nen: w. Form zu ↑ ¹Jenaer.

je|na|isch ⟨Adj.⟩: *Jena, die ¹Jenaer betreffend; aus Jena stammend.*

je|ne: ↑ jener.

¹Je|nen|ser: ↑ ¹Jenaer.

²Je|nen|ser: ↑ ²Jenaer.

Je|nen|se|rin, die; -, -nen: w. Form zu ↑ ¹Jenenser.

je|ner, jene, jenes ⟨Demonstrativpron.⟩ [mhd. (j)ener, ahd. (j)enēr] (geh., bes. schriftspr.): **1.** ⟨attributiv u. allein stehend⟩ *bezeichnet eine von der sprechenden Person räumlich entferntere Person od. Sache; der, die, das dort:* wegen jenes teuren Bildes; mit jener schönen Frau; dieses Buch kostet 20 Euro, jenes ist wesentlich teurer. **2.** ⟨attributiv u. allein stehend⟩ *bezeichnet einen zurückliegenden Zeitpunkt, auf den Bezug genommen wird, od. eine vorher erwähnte od. als bekannt vorausgesetzte Person od. Sache; der, die, das bekannte ..., bewusste ...:* jene berühmte Rede, die sie schon vor Jahren gehalten hat; seit jenen Tagen; zu jenem Zeitpunkt.

je|nisch ⟨Adj.⟩ [wahrsch. geb. zu einem Wort des Romani mit der Bed. »wissen«, also eigtl. = wissend, klug, H. u.]: **a)** *die Landfahrer betreffend, auf ihre Art:* eine -e Familie; die -e Sprache; j. sprechen; **b)** (Rotwelsch) *klug, gewitzt:* -e Leute.

jen|sei|tig [auch: 'jɛn...] ⟨Adj.⟩: **a)** *auf der gegenüberliegenden Seite gelegen:* am -en Seeufer; **b)** *dem Jenseits zugehörig, zugewandt; unirdisch:* die -e Welt; eine -e Einstellung; ⟨subst.:⟩ die Atmosphäre hatte etwas Jenseitiges; **c)** (selten) *abwesend* (2).

Jen|sei|tig|keit [auch: 'jɛn...], die; - (selten): *das Auf-das-Jenseits-gerichtet-Sein:* die J. seines Denkens.

¹jen|seits [auch: 'jɛn...] ⟨Präp. mit Gen.⟩ [mhd. jensīt, jene sīte]: *auf der gegenüberliegenden, anderen Seite:* j. des Ozeans; Ü er ist schon j. der vierzig *(ist schon über vierzig Jahre alt).*

²jen|seits [auch: 'jɛn...] ⟨Adv.⟩ [zu: ¹jenseits]: **1.** *auf der gegenüberliegenden, anderen Seite [gelegen]:* j. vom Rhein, vom Kaukasus. **2.** (selten) *auf das Jenseits, zum Jenseits hin:* ein j. gerichtetes Denken.

Jen|seits [auch: 'jɛn...], das; -: *in der religiösen Vorstellung existierender transzendenter Bereich jenseits der sichtbaren diesseitigen Welt, in den die Verstorbenen eingehen:* der Glaube an ein Weiterleben im J.; *** jmdn. ins J. befördern** (salopp: *jmdn. ohne Skrupel umbringen*).

Jen|seits|glau|be [auch: 'jɛn...], der: *Glaube an ein Jenseits als Bestandteil einer Religion.*

Je|re|wan: ↑ Eriwan.

Je|rez ['çe:rɛs, x...], der; - [nach der südspan. Stadt Jerez de la Frontera]: seltener für ↑ Sherry.

Je|rez|wein, der (selten): *Sherry.*

Je|ri|cho: Stadt im Westjordanland.

Je|ri|cho|ro|se, Je|richo-Ro|se, die [wohl geb. von Pilgern, die diese Pflanze aus Palästina mitbrachten, viell. nach Jesus Sirach 24, 18, wo die göttliche Weisheit mit den vor Jericho gepflanzten Rosen verglichen wird]: *Pflanze des Mittelmeerraums, die bei Trockenheit ihre Zweige in der Weise nach innen rollt, dass ein kugeliges Gebilde entsteht, das sich erst unter dem Einfluss von Feuchtigkeit wieder entrollt.*

¹Jer|sey ['dʒɜːɐ̯zi, 'dʒœrzi], der; -[s], -s [engl. jersey, nach der gleichnamigen englischen Kanalinsel] (Textilind.): *feinmaschig gewirkter od. gestrickter Kleiderstoff aus Wolle, Baumwolle od. Chemiefasern.*

²Jer|sey, das; -s, -s (Sport): *eng anliegendes Hemd aus Trikot.*

je|rum ⟨Interj.⟩ [entstellt aus lat. Jesu domine ↑ jemine] (veraltend): *Ausruf des Erschreckens, der Klage o. Ä.*

Je|ru|sa|lem: Hauptstadt von Israel.

Jes|ses, Jes|ses Ma|ria ⟨Interj.⟩ (ugs.): *Ausruf des Erschreckens, Erstaunens o. Ä.:* J., wir sind schon viel zu spät dran!

Je|su|it (österr. auch: ...zuɪt], der; -en, -en [mlat. Jesuita, zu lat. Jesus = Jesus]: **1.** *Angehöriger des Jesuitenordens:* **2.** (abwertend, oft als Schimpfwort) *Mensch, der trickreich u. oft wortverdrehend [in geschliffener Rede] zu argumentieren versteht u. den man für unaufrichtig hält:* er ist ein richtiger J.

Je|su|i|ten|dich|tung, die ⟨Pl. selten⟩ (Literaturwiss.): *(vom 16. bis 18. Jh.) hauptsächlich in lateinischer Sprache verfasste Dichtung (bes. Dramen u. geistliche Lieder) von Angehörigen des Jesuitenordens.*

Je|su|i|ten|mo|ral, die ⟨o. Pl.⟩ (abwertend): *moralische Haltung, die mit bestimmten Zügen der vermeintlichen jesuitischen Morallehre übereinstimmt (z. B. geistiger Vorbehalt, Heiligung der Mittel durch den Zweck).*

Je|su|i|ten|or|den, der ⟨o. Pl.⟩: *von Ignatius von Loyola 1534 gegründeter, besonders durch die Einrichtung von Schulen zu bedeutendem Einfluss gekommener Orden* (Abk.: SJ [= Societas Jesu]).

Je|su|i|ten|pa|ter, der: *dem Jesuitenorden angehörender Pater.*

Je|su|i|ten|tum, das; -s: *Geist u. Wesen des Jesuitenordens.*

♦ **Je|su|i|ter,** der; -s, -: *Jesuit:* Hab' den Kaufmann gesehn und den Ritter und den Handwerksmann und den J. (Schiller, Wallensteins Lager 11).

je|su|i|tisch [auch: ...'ɪtɪʃ] ⟨Adj.⟩: **1.** *die Jesuiten* (1) *betreffend; zu den Jesuiten* (1) *gehörend; in der Art der Jesuiten* (1): die -e Lehre, Moral. **2.** (abwertend) *in seiner Argumentationsweise o. Ä. sehr verschlagen u. durchtrieben; geneigt, andere durch Wortverdrehungen u. Spitzfindigkeiten zu übervorteilen:* er ist alzu j.

Je|sus ⟨Gen.: Jesu, Dativ: - u. Jesu, Akk.: - u. Jesum, Anredefall: - u. Jesu⟩: Kurzf. von ↑ Jesus Christus: die Jünger Jesu; * **J.!, J. Maria!, J., Maria und Josef!** (veraltend; Ausrufe des Erschreckens, Erstaunens o. Ä.)

Je|sus Chris|tus ⟨Gen.: Jesu Christi, Dativ: - - u. Jesu Christo, Akk.: - - u. Jesum Christum, Anredefall: - - u. Jesu Christe⟩: *Urheber u. zentrale Gestalt des Christentums.*

Je|sus|kind, das ⟨Pl. selten⟩: **1.** *Darstellung Jesu als Kind in der bildenden Kunst:* Maria mit dem J. auf dem Arm. **2.** *Darstellung Jesu als Kind in der Dichtung.*

Je|sus|kna|be, der ⟨Pl. selten⟩: *Jesuskind.*

Je|sus|knäb|lein, das ⟨Pl. selten⟩: *Jesuskind.*

Je|sus|lat|sche, die, **Je|sus|lat|schen,** der ⟨meist Pl.⟩ [wohl nach den einfachen Schuhwerk der Bettelordensmönche] (abwertend, scherzh.): *flache, schmucklose Sandale.*

Je|sus Na|za|re|nus Rex Ju|dae|o|rum: Jesus von Nazareth, König der Juden (Abk.: I.N.R.I.; lat. Inschrift am Kreuz Jesu).

Je|sus Peo|ple ['dʒiːzəs 'piːpl] ⟨Pl.⟩ [engl., eigtl. = Jesusleute]: *Angehörige der Jesus-People-Bewegung.*

Je|sus-Peo|ple-Be|we|gung, die ⟨o. Pl.⟩: *(um 1967 in Amerika unter Jugendlichen entstandene) ekstatisch-religiöse Bewegung, die u. a. durch eine spontane Form gemeinschaftlichen Betens u. bes. durch die Überzeugung von einem unmittelbaren Wirken des göttlichen Geistes in den Menschen einen neuen Zugang zum Glauben findet.*

Je|sus Si|rach [nach dem Namen des Verfassers Jeschua Ben Eleazar Ben Sira, eines Schriftgelehrten im 2. Jh. v. Chr.]: *Buch des Alten Testaments.*

¹Jet [dʒɛt], der; -[s], -s [engl. jet, gek. aus: jet (air)liner, jet plane, zu: jet = Düse, Strahl]: *Düsenflugzeug:* einen J. fliegen; mit einem J. fliegen, reisen.

²Jet: ↑ Jett.

Jet|bag ['dʒɛtbɛk], der; -s, -s [engl. jetbag, aus: jet = (Luft)strahl u. bag = (Reise)tasche]: *stromlinienförmiger Dachgepäckträger für Pkw.*

Jet|boot ['dʒɛt...], das: *schnelles motorisiertes Wasserfahrzeug mit Lenker u. Sitz wie bei einem Motorrad, das als Sportgerät od. zur Freizeitgestaltung auf dem Wasser verwendet wird.*

Jet|lag ['dʒɛtlæɡ], der [engl. jet lag, ↑ Lag]: *Störung des biologischen Rhythmus aufgrund der mit weiten Flugreisen verbundenen Zeitunterschiede.*

Jet|li|ner ['dʒɛtlaɪ̯nɐ], der [engl. jet liner, aus jet (↑ ¹Jet) u. liner (↑ Liner)]: *Düsenverkehrsflugzeug.*

Je|ton [ʒə'tõː], der; -s, -s [frz. jeton, zu: jeter = werfen; (durch Auswerfen der Rechensteine) berechnen, über das Vlat. zu lat. iactare = werfen]: **a)** *Spielgeld, Spielmarke;* **b)** *einer Münze ähnliche Marke, mit deren Hilfe ein Automat, ein Telefon, die Schranke eines Parkhauses o. Ä. betätigt werden kann.*

Jet|set, der; -[s], -s ⟨Pl. selten⟩ [engl. jet set, aus: jet (↑ ¹Jet) u. set = Gesellschaftsschicht]: *Schicht der internationalen Gesellschaft, die über genügend Geld verfügt, um sich – unter Benutzung des [Privat]jets – häufig an exklusiven Urlaubsorten od. anderen Treffpunkten, die in Mode sind, zu vergnügen:* zum J. gehören.

Jet|stream ['dʒɛtstriːm], der; -[s], -s [engl. jet stream, eigtl. = Strahlstrom] (Meteorol.): *starker Luftstrom in der Tropo- od. Stratosphäre.*

Jett, ²Jet [dʒɛt, auch: jet], der od. das; -[e]s [engl. jet < afrz. jaiet < lat. gagates] (Fachspr.): *Pechkohle, Gagat.*

jett|ar|tig ⟨Adj.⟩: *wie Jett aussehend, beschaffen.*

jet|ten ['dʒɛtn̩] ⟨sw. V.⟩ (ugs.): **a)** ⟨ist⟩ *mit einem ¹Jet fliegen:* an die Riviera, über den Atlantik j.; rund um den Erdball j.; **b)** ⟨hat⟩ *mit dem ¹Jet an einen bestimmten Ort bringen [lassen]:* von Deutschland jettete er 14 Journalistinnen nach Honolulu; **c)** ⟨ist⟩ *(von einem ¹Jet) fliegen* (2): die Düsenflugzeuge von heute jetten in wenigen Stunden über den großen Teich.

jet|zig ⟨Adj.⟩ [mhd. iezec]: *(von der sprechenden Person aus gesehen) zum augenblicklichen, gegenwärtigen Zeitpunkt existierend, bestehend o. Ä.:* der -e Stand der Forschung; die -e Leiterin der Bank; die -e Mode.

jet|zo ⟨Adv.⟩ [mhd. iezuo, ieze, iezō, zusgez. aus ie = immer u. zuo = zu] (veraltet): ¹*jetzt*: ♦ Du sollst mir j. fort, dein Schloss und deine Güter in vollkommnen Stand zu setzen (Goethe, Götz I).

¹**jetzt** ⟨Adv.⟩ [älter: i(e)tzt, mhd. iz(i)t, iez(e), ↑ jetzo]: **1.** *bezeichnet einen mehr od. weniger eng begrenzten Zeitraum in der Gegenwart, in dem etw. eintritt, stattfindet o. Ä.: in diesem Moment, in diesem Augenblick:* ich habe j. keine Zeit; ich habe bis j. *(bis zu diesem Augenblick)* gearbeitet; j. endlich ist er fertig geworden; ich gehe gleich j. mit; j. reicht es aber!; j. oder nie! (in Bezug auf etw., wofür der Augenblick zum Handeln zwingend gekommen ist); von j. auf nachher (ugs.; *von einem Augenblick auf den anderen*). **2.** *bezeichnet eine in der Gegenwart liegende Zeit, sofern sie sich von einer vorhergehenden, früheren in bestimmter Hinsicht unterscheidet; heute* (2); *heutigentags:* es gibt j. viel mehr Möglichkeiten als noch vor ein paar Jahren. **3.** *bezeichnet einen in der Gegenwart liegenden Zeitpunkt, zu dem ein bestimmter Zustand o. Ä. als eingetreten konstatiert wird; mittlerweile; inzwischen:* die Kinder gehen j. beide in die Schule. **4.** *nimmt häufig Bezug auf etw. vorher Gesagtes o. Ä., bezeichnet nur ganz allgemein den in der Gegenwart liegenden Zeitpunkt; nun:* man wird j. einwenden, dass sie ja doch nicht antworten wird; j. ist aber Schluss mit dem Geschwätz!; bist du j. fertig mit der Arbeit?

²**jetzt** ⟨Partikel; betont⟩ [zu: ↑ ¹jetzt] (ugs.): **1.** *drückt in Fragesätzen eine leichte Verärgerung, auch Verwunderung der sprechenden Person aus:* was machst du denn j. schon wieder?; wer kommt denn j. *(zu diesem ungünstigen o. ä. Zeitpunkt)* noch? **2.** *wirkt verstärkend in rhetorischen [von der sprechenden Person an sich selbst gerichteten] Fragen:* wo habe ich das j. wieder hingelegt?; von wem wird j. der Brief sein?

Jetzt, das; - (geh.): *Zeit, die nur als Gegenwart erlebt od. die im Gegensatz zu einer lange vergangenen Zeit gesehen wird:* das Einst und das J.

Jetzt|zeit, die ⟨o. Pl.⟩: *heutige Zeit, Gegenwart.*

♦ **jetz|und** ⟨Adv.⟩ [mhd. ietzunt]: *jetzt*: ... sie weint wohl j. auch wie du (Goethe, Äolsharfen).

Jeu [ʒøː], das; -s, -s [frz. jeu < lat. iocus = Spiel, Zeitvertreib; Scherz] (veraltet): *Glücksspiel; Kartenspiel.*

jeu|en ['ʒøːən] ⟨sw. V.; hat⟩ (selten): *das Glücksspiel betreiben.*

Jeu|nesse do|rée [ʒœnɛsdɔˈreː], die; - - [frz. jeunesse dorée, eigtl. = vergoldete Jugend, d. h. reiche junge Leute; nach dem Sturz Robespierres (1758–1794) als Propagandawort der Jakobiner Bez. für die männliche Jugend von Paris, die unter Führung des Politikers u. Publizisten L. Fréron (1754–1802) zur Gegenrevolution aufrief] (bildungsspr.): *Jugend, die zur begüterten Oberschicht gehört u. deren Leben durch Luxus u. Amüsement gekennzeichnet ist.*

je|wei|len ⟨Adv.⟩ [aus ↑ ¹je (2 a) u. Weilen = Dat. Pl. von: Weile] (schweiz., sonst veraltet): *jeweils; dann u. wann.*

je|wei|lig ⟨Adj.⟩: **a)** *zu einer bestimmten Zeit gerade bestehend, herrschend, vorhanden o. Ä.:* der -en Mode entsprechend; **b)** *in einem bestimmten Einzelfall, Zusammenhang gerade bestehend, herrschend, vorhanden, vorliegend o. Ä.;* speziell: sich den -en Bedürfnissen anpassen; den -en Umständen entsprechend.

je|weils ⟨Adv.⟩: **a)** *jedes Mal;* (in einem bestimmten Zusammenhang) *immer:* die Zeitschrift erscheint j. am 1. des Monats; **b)** *zu dem Zeitpunkt, von dem gerade die Rede ist:* ein Spiegel der j. herrschenden Moralvorstellungen.

Jg. = Jahrgang.

Jgg. = Jahrgänge.

Jh. = Jahrhundert.

jid|disch ⟨Adj.⟩ [gek. aus jidd. jidisch daitsch, also eigtl. = jüdisches Deutsch, Bez. für das Deutsch der Juden Osteuropas]: *das Jiddische betreffend;* die -e Sprache.

Jid|disch, das; -[s], (nur mit best. Art.:) **Jid|di|sche**, das; -n: *von den Juden in Osteuropa gesprochene u. (mit hebräischen Schriftzeichen) geschriebene Sprache, deren Wortschatz sich hauptsächlich aus mittelhochdeutschen, hebräisch-aramäischen u. slawischen Elementen zusammensetzt.*

Jid|di|stik, die; -: *jiddische Sprach- u. Literaturwissenschaft.*

Jie|per usw.: ↑ Gieper usw.

Jig|ger ['dʒɪɡɐ], der; -s, -[s] [engl. jigger]: **1.** (Golf) *Schläger mit schmalem, ein wenig geneigtem Blatt, der für bestimmte Schläge benutzt wird.* **2.** (Seemannsspr.) *Segel am hintersten Mast eines Viermasters.*

Jin: ↑ Yin.

Jin|gle ['dʒɪŋl, auch: 'dʒɪŋgl], der; -[s], -s [engl. jingle, eigtl. = Geklingel] (Werbespr.): *kurze, einprägsame Melodie, Tonfolge (z. B. als Bestandteil eines [gesungenen] Werbespots).*

Jin|go|is|mus, der; - [engl. jingoism]: engl. Bez. für: Chauvinismus, Nationalismus.

jip|pie: ↑ yippie.

Jit|ter|bug ['dʒɪtɐbag], der; -[s], -s [engl. jitterbug, aus: to jitter = zappelig sein u. bug = Insekt, Käfer]: *nordamerikanischer Gesellschaftstanz nach Jazzmusik mit akrobatischen Tanzfiguren.*

Jiu-Jit|su: ↑ Ju-Jutsu.

Jive [dʒaɪv], der; -[s], -[s] [engl. jive, H. u.]: **1.** *dem ¹Swing* (1 b) *ähnliche Musik.* **2.** *gemäßigte Form des Jitterbug als Turniertanz.*

j. L. = jugendfrei[e] Linie.

Job [dʒɔp], der; -s, -s [engl. job, H. u.]: **1.** (ugs.) **a)** *vorübergehende [einträgliche] Beschäftigung (zum Zweck des Geldverdienens):* für die Ferien sucht sie noch einen J.; **b)** *Arbeitsplatz, Stellung:* in dieser Gegend gibt es wenig attraktive -s; **c)** *berufliche Tätigkeit; Beruf:* dieser J. ist sehr anstrengend; **d)** *Aufgabe:* es ist mein J., mich um Sie zu kümmern; * einen guten, hervorragenden usw. J. machen *(etw. gut, hervorragend usw. machen, erledigen).* **2.** (EDV) *bestimmte Aufgabenstellung für den Computer.*

Job|ab|bau ['dʒɔp...], der (ugs.): *Stellenabbau.*

Job|an|ge|bot ['dʒɔp...], das (ugs.): *Stellenangebot.*

job|ben ['dʒɔbn̩] ⟨sw. V.; hat⟩ [engl. to job] (ugs.): *zum Zweck des Geldverdienens vorübergehend eine Arbeit verrichten; sich mit einem Job* (1 a) *Geld verdienen:* in den Ferien j.; jahrelang hat sie als Kellnerin gejobbt.

Job|ber ['dʒɔbɐ], der; -s, - [engl. jobber]: **1. a)** (Börsenw.) *Händler an der Londoner Börse, der nur in eigenem Namen Geschäfte abschließen darf;* **b)** (Börsenw. veraltend) *Börsenspekulant.* **2.** (ugs. abwertend) *skrupelloser Geschäftemacher.* **3.** (ugs.) *jmd., der sich durch Jobben Geld verdient.*

Job|be|rin, die; -, -nen: *w. Form zu ↑ Jobber.*

job|bern ['dʒɔbɐn] ⟨sw. V.; hat⟩ (ugs. abwertend): *sich als Jobber* (2) *betätigen.*

Job|bör|se ['dʒɔp...], die: *Einrichtung, Veranstaltung zur Stellenvermittlung.*

Job|cen|ter, Job-Cen|ter, das: *aus einem Zusammenschluss von Arbeitsagenturen u. Sozialämtern bestehende Einrichtung zur Betreuung von Arbeitslosengeld-II-Empfänger[inne]n.*

Jo|bel|jahr, das; -[e]s, -e [zu hebr. yôvel = Widderhorn (das zu Beginn eines solchen Jahres geblasen wurde)] (jüd. Rel.): *(nach 3. Mose 25, 8 ff.) alle 50 Jahre von den Juden des Alten Testaments zu feierndes heiliges Jahr mit Schuldenerlass, Freilassung der israelitischen Sklaven u. Rückgabe von verkauftem Boden.*

Job|floa|ter, Job-Floa|ter [...ˈfloʊtɐ], der; -s, - [zu ↑ Job u. engl. to float = flottmachen] (Wirtsch.): *Finanzierungshilfe für kleine und mittlere Unternehmen, die Arbeitslose dauerhaft einstellen.*

Job|ga|ran|tie, die (ugs.): *Arbeitsplatzgarantie.*

Job|hop|per, Job-Hop|per ['dʒɔphɔpɐ], der; -s, - (Jargon): *jmd., der häufig seine Stelle* (4) *wechselt [mit dem Ziel des Karrieremachens].*

Job|hop|pe|rin, Job-Hop|pe|rin, die; -, -nen: *w. Formen zu ↑ Jobhopper, Job-Hopper.*

Job|hop|ping, Job-Hop|ping [...hɔpɪŋ], das; -s [engl. job hopping, aus: job (↑ Job) u. hopping = das Hüpfen] (Jargon): *häufiger Stellenwechsel [mit dem Ziel des Karrieremachens].*

Job|kil|ler, der (Jargon): *etw., was zum Verlust von Arbeitsplätzen führt:* der Computer als J.

Job|ma|schi|ne, die (Jargon): *etw., was Arbeitsplätze schafft; treibende Kraft bei der Schaffung von Arbeitsplätzen:* die J. Ökotechnologie; die J. zum Laufen bringen.

Job|mo|tor, der; -s, -en (Jargon): *Jobmaschine.*

Job|ro|ta|tion [...ʁoʊteɪʃn̩], die; -, -s [engl., ↑ Rotation] (in einem Mitarbeiter, einer Mitarbeiterin zum Zwecke der Vorbereitung auf eine Führungsaufgabe) *das Durchlaufen der verschiedensten Arbeitsbereiche eines Unternehmens.* **2.** *zeitlich befristete Besetzung einer Arbeitsstelle mit einem bzw. einer Arbeitsuchenden während der Abwesenheit des Stelleninhabers bzw. der Stelleninhaberin.*

Job|sha|ring [...ˈʃɛːrɪŋ], das; -s [engl., zu: to share = teilen] (Wirtsch.): *Aufteilung eines Arbeitsplatzes, der normalerweise von einem Einzelnen besetzt ist, unter zwei od. mehrere Personen.*

Job|su|che, die ⟨Pl. selten⟩ (ugs.): *Suche nach einer Beschäftigung* (1 b).

Job|ti|cket, das: *Fahrkarte für die tägliche Fahrt (vor allem) zur Arbeitsstätte mit öffentlichen Verkehrsmitteln, die ein kommunales Verkehrsunternehmen einem Betrieb zu einem günstigen Tarif überlässt u. für deren Erwerb die Mitarbei-*

ter(innen) des Betriebes einen ermäßigten Preis zahlen.
Job|ver|mitt|lung, die (ugs.): *Vermittlung von [kurzzeitigen, befristeten] Beschäftigungsverhältnissen.*
Joch, das; -[e]s, -e [mhd. joch, ahd. joh, eigtl. = Zusammenbindendes]: **1.** *auf der Stirn bzw. dem Nacken aufliegender Teil des Geschirrs* (2) *(bei als Zugtieren eingespannten Ochsen od. Kühen):* einem Ochsen das J. auflegen, abnehmen; die Kühe ins, unters J. spannen; ***kaudinisches J.** (bildungsspr. nach dem aus Speeren gebildeten Joch, durch das die 321 v. Chr. bei Caudium [zw. Capua u. Benevent in Kampanien] geschlagenen Römer schreiten mussten). **2.** ⟨Pl. selten⟩ (geh.) *etw., dem man unterworfen u. wodurch die eigene Freiheit stark eingeschränkt ist:* (scherzh.:) das J. der Ehe; ein schweres, drückendes J. zu tragen haben; jmdm. ein schweres J. auferlegen; das J. der Fremdherrschaft abschütteln; jmdn. unter ein J. zwingen. **3.** *Gespann (von 2 Ochsen od. Kühen):* 2 J. Ochsen. **4.** *altes (in Österreich informell noch üblisches) Feldmaß von 30 bis 55 Ar, entsprechend der Größe eines Feldstücks, das mit einem Gespann Ochsen an einem Tag gepflügt werden kann:* viele tausend J. Land. **5.** (selten) Jochbein. **6.** (Geogr.) *Einsattelung im Kamm eines Gebirges; Pass:* im Winter sind die hoch gelegenen -e nicht passierbar. **7.** (Archit.) **a)** *(in durch Pfeiler od. Säulen gegliederten Räumen) jeweils durch vier Stützen gebildete räumliche Einheit; Travée;* **b)** *durch senkrechte Gliederung einer Wand zustande gekommene, sich mehrfach wiederholende Fläche.* **8.** (Bauw.) **a)** *Abschnitt zwischen zwei Brückenpfeilern;* **b)** *Zwischenpfeiler bei Holzbrücken;* **c)** *hölzerner Rahmen zum Abstützen beim Ausbau von Schächten u. Stollen bes. im Tunnel- u. Bergbau.*
Joch|bein, das [zu ↑ Joch (8)] (Anat.): *den Oberkiefer mit dem Schläfenbein verbindender Teil des Gesichtsschädels.*
Joch|bo|gen, der: **1.** (Anat.) *Teil des Jochbeins.* **2.** (Archit.) *Gewölbebogen über einem Joch* (7 a).
jo|chen ⟨sw. V.; hat⟩ [zu ↑ Joch (1)] (landsch.): *(Ochsen, Kühe) ins Joch spannen.*
Jo|ckei usw.: ↑ Jockey usw.
Jo|ckel, der; -s, - [eigtl. = Kurzf. von Jakob] (landsch. ugs.): *dummer, einfältiger Mensch:* so ein dummer J.!
Jo|ckey, Jockei ['dʒɔke, auch: 'dʒɔkaɪ, 'jɔkaɪ], der; -s, -s [engl. jockey, zu schott. Jock = Jakob, ältere Bez. für einen Stalljungen]: *berufsmäßiger Rennreiter, berufsmäßige Rennreiterin:* sie ist ein sehr erfolgreicher J.
Jod, (chem. fachspr. auch:) Iod, das; -[e]s [frz. iode, zu griech. iódēs = veilchenfarbig, nach dem bei Erhitzen von Jod auftretenden veilchenblauen Dampf]: *schwarzbraune, glänzende kristalline Substanz, die in bestimmten Lösungen bes. in der Medizin (z. B. zur Desinfektion u. Chemotherapie) verwendet wird (chemisches Element; Zeichen: J bzw. I).*
Jo|dat, (chem. fachspr. auch:) Iodat, das; -[e]s, -e: *Salz der Jodsäure.*
Jod|bad, das: **a)** *Badeort, der über Jodquellen verfügt;* **b)** *Bad in jodhaltigem Wasser.*
Jo|del, der; -s, - u. Jödel [zu ↑ jodeln] (mundartl.): *Jodler* (2 a).
jo|deln ⟨sw. V.; hat⟩ [in den dt. Alpenmundarten von dem Jodelruf »jo« abgeleitet; vgl. ↑ Jodler]: *auf bloße Lautsilben in schnellem [kunstvollem] Wechsel von Brust- u. Kopfstimme singen.*
jod|hal|tig ⟨Adj.⟩, (chem. fachspr. auch:) iodhaltig: *Jod enthaltend:* -es Wasser.
Jo|did, (chem. fachspr. auch:) Iodid, das; -[e]s, -e: *Salz der Jodwasserstoffsäure.*

jo|die|ren, (chem. fachspr. auch:) iodieren ⟨sw. V.; hat⟩: **a)** (Chemie) *Jodate, Jodite zusetzen:* jodiertes Speisesalz; **b)** (Med. früher) *zum Zweck der Desinfektion mit Jod bestreichen:* die Wunde j.
Jod|ler, der; -s, -: **1.** *jmd., der jodelt.* **2. a)** *Lied mit gejodeltem Kehrreim;* **b)** *kurzes Jodeln.*
Jod|le|rin, die; -, -nen: w. Form zu ↑ Jodler (1).
Jod|quel|le, die: *Heilquelle, deren Wasser einen bestimmten Gehalt an Jodid aufweist.*
Jod|salz, das: *jodhaltiges Speisesalz.*
Jod|sau|er|stoff|säu|re, (chem. fachspr. auch:) Iodsauerstoffsäure, die (Chemie): *Verbindung von Jod mit Sauerstoff u. Wasserstoff; Jodsäure.*
Jod|säu|re, (chem. fachspr. auch:) Iodsäure, die (Chemie): *Jodsauerstoffsäure.*
Jod|was|ser|stoff, (chem. fachspr. auch:) Iodwasserstoff, der (Chemie): *Verbindung aus Jod u. Wasserstoff in Form eines farblosen, stechend riechenden Gases.*
Jod|was|ser|stoff|säu|re, (chem. fachspr. auch:) Iodwasserstoffsäure, die ⟨o. Pl.⟩ (Chemie): *stark sauer reagierende Lösung von Jodwasserstoff in Wasser.*
Jo|ga usw.: ↑ Yoga usw.
jog|gen ['dʒɔɡn̩] ⟨sw. V.; hat/ist⟩: *Jogging betreiben:* sie joggt jeden Morgen fünf Kilometer.
Jog|ger ['dʒɔɡɐ], der; -s, -: *jmd., der Jogging betreibt.*
Jog|ge|rin, die; -, -nen: w. Form zu ↑ Jogger.
Jog|ging ['dʒɔɡɪŋ], das; -s [engl. jogging, zu: to jog = (dahin)trotten]: *Fitnesstraining, bei dem man entspannt in mäßigem Tempo läuft.*
Jog|ging|an|zug, der: *bes. zum Joggen getragener Sportanzug:* im J. vor dem Fernseher abhängen.
Jog|ging|ho|se, die: *bes. beim Joggen getragene Hose.*
Jog|ging|schuh, der: *bes. beim Joggen getragener Sportschuh.*
Jo|ghurt, der od., bes. österr. u. schweiz.: das; -[s], -[s], ugs. u. österr., bes. wiener. auch: die; -, - [s], Jogurt, der od., bes. österr.: das; -[s], -[s], ugs. u. österr., bes. wiener. auch: die; -, -[s] ['joːɡʊrt, türk. yoğurt]: *durch Zusetzen bestimmter Milchsäurebakterien gewonnene Art Sauermilch.*
Jo|gi, Jogin, der; -[s], -s [sanskr. yogi(n)]: ↑ Yogi, Yogin.
Jo|gurt: ↑ Joghurt.
Jo|han|nes, der; -, -se (salopp): *Penis.*
Jo|han|nes|burg: *größte Stadt der Republik Südafrika.*
Jo|han|nes|evan|ge|li|um, das ⟨o. Pl.⟩: *Evangelium* (2 b) *des Evangelisten Johannes.*
Jo|han|nes|pas|si|on, die: *Passion* (2 c) *auf der Grundlage des Johannesevangeliums:* die J. von Bach.
Jo|han|ni, Jo|han|nis, das; -⟨meist o. Art.⟩: *Johannistag.*
Jo|han|nis|bee|re, die [die Frucht reift um den Festtag des hl. Johannes d. Täufers (24. 6.)]: **a)** *(bes. in Gärten gezogener) Strauch mit kleinen, in Trauben wachsenden, roten, auch weißlichen od. schwarzen, angenehm säuerlich od. herb schmeckenden Beeren:* sie haben Weiße und Schwarze -n im Garten; **b)** *Beere der Johannisbeere* (a): -n pflücken; Gelee von -n.
Jo|han|nis|brot, das [nach der Legende soll sich Johannes der Täufer in der Wüste von dem süßen Mark der Früchte ernährt haben]: *dunkelbraune, leicht gebogene, längliche Frucht des Johannisbrotbaums, von der das zuckerhaltige Mark der Hülse u. die Kerne gegessen werden.*
Jo|han|nis|brot|baum, der: *im Mittelmeerraum wachsender Baum mit gefiederten Blättern, dessen getrocknete zuckerhaltige Frucht gegessen wird.*
Jo|han|nis|fün|kchen, das (landsch.): *Leuchtkäfer.*

Jo|han|nis|kä|fer, der (landsch.): *Leuchtkäfer.*
Jo|han|nis|kraut, das: *(auf Waldlichtungen, an Feldwegen u. a. wachsende) als Heilkraut verwendete Pflanze mit kleinen Blättern u. in Dolden wachsenden gelben Blüten.*
Jo|han|nis|tag, der: *Johannes dem Täufer geweihter Tag (24. Juni).*
Jo|han|nis|trieb, der: **1.** (Bot.) **a)** *unter bestimmten Bedingungen vorkommendes zweites Austreiben von Bäumen im Juni/Juli, bei dem die eigentlich erst für das folgende Frühjahr angelegten Knospen schon vorzeitig austreiben;* **b)** *Trieb eines Baumes, der im Sommer gewachsen ist.* **2.** ⟨o. Pl.⟩ (scherzh.) *gesteigertes Bedürfnis nach sexuellen Beziehungen bei Männern in vorgerücktem Alter.*
Jo|han|nis|vö|gel|chen, das (landsch.): *Leuchtkäfer.*
Jo|han|nis|würm|chen, das (landsch.): *Leuchtkäfer.*
Jo|han|ni|ter, der; -s, - [mlat. Johannita]: *Angehöriger des Johanniterordens.*
Jo|han|ni|ter|kreuz, das: *Malteserkreuz.*
Jo|han|ni|ter|or|den, der ⟨o. Pl.⟩: *um 1100 in Jerusalem ursprünglich zur Pflege kranker Pilger gegründeter geistlicher Ritterorden.*
Jo|han|ni|ter|un|fall|hil|fe, die ⟨o. Pl.⟩: *Hilfsdienst, dessen Personal in der Unfallhilfe tätig ist.*
joh|len ⟨sw. V.; hat⟩ [mhd. jõlen = vor Freude laut singen, grölen, aus dem lautmalenden Ruf »jo« abgeleitet, also eigtl. = »jo« schreien] (abwertend): **a)** *(meist von einer Menschenmenge) anhaltendes wildes, misstönendes [Freuden-, Triumph]geschrei ausstoßen:* eine jolende Horde zog durch die Straßen; ⟨subst.:⟩ Ich saß in der schmalen Reihe mit dem Rücken zur Theke und beobachtete auf der anderen Seite fünf junge Soldaten, die wirr redeten und regelmäßig in Johlen ausbrachen, wild von Bier (Johnson, Mutmaßungen 49); **b)** *johlend* (a) *hervorbringen, rufen o. Ä.:* Beifall, Pfuirufe j.
Joint [dʒɔynt], der; -s, -s [engl. joint, eigtl. = Verbindung; Gemeinschaft (↑ Joint Venture)]: *selbst gedrehte Zigarette, deren Tabak Haschisch od. Marihuana beigemengt ist:* einen J. nehmen, kreisen lassen.
Joint Ven|ture ['dʒɔynt 'vɛntʃɐ], das; - - [s], - -s [engl. joint venture = Gemeinschaftsunternehmen, aus: joint = gemeinsam, Gemeinschafts-; Gemeinschaft (< afrz. joint[e] < lat. iunctum, 2. Part. von: iungere, ↑ junktim) u. venture = Unternehmen, Unternehmung] (Wirtsch.): *Zusammenschluss von Unternehmen zum Zweck der gemeinsamen Durchführung von Projekten.*
Jo-Jo, Yo-Yo [joˈjo:, auch: ˈjo:jo], das; -s, -s [engl.-amerik. yo-yo, H. u.]: *Geschicklichkeitsspiel aus zwei durch einen kurzen Steg in der Mitte miteinander verbundenen kleinen Scheiben, die an einer an dem Steg befestigten Schnur hängen, die die Spielenden an einem Finger halten u. durch geschickte Armbewegungen dazu bringen, sich auf- und wieder abzuwickeln und die Scheiben entsprechend zu bewegen.*
Jo|jo|ba, die; -, -s [mex.]: *in Mexiko u. im südlichen Nordamerika vorkommendes Buchsbaumgewächs mit pflaumengroßen Kapselfrüchten.*
Jo-Jo-Ef|fekt, der; -[e]s, -e [nach der permanenten Abwärts- u. Aufwärtsbewegung des ↑ Jo-Jos]: *Gesetzmäßigkeit, der zufolge sich ein abwärtsgerichteter Trend an seinem Tiefpunkt gleichsam automatisch in sein Gegenteil verkehrt (bes. Gewichtsab- u. -wiederzunahme bei Diäten):* der sogenannte, berüchtigte J.
Joke [dʒoʊk], der; -s, -s [engl. joke < lat. iocus = Scherz] (ugs.): *Witz:* er macht gern mal einen J.
Jo|ker [ˈjoːkɐ, auch: ˈdʒoː...], der; -s, -: **1.** [engl.

Jokus – jubeln

joker = Spaßmacher, zu: joke = Spaß < lat. iocus] (Kartenspiele) *zusätzliche, für jede andere Karte einsetzbare Spielkarte mit der Abbildung eines Narren:* einen, den J. [gezogen] haben. **2.** [übertr. von 1] *Option bei Spielen (bes. im Rahmen eines Quiz), bei der der Spielende [einmalig] eine Hilfe in Anspruch nehmen darf:* drei J. zur Verfügung haben; den ersten J. nehmen.

Jo|kus, der; -, -se [lat. iocus] (ugs.): *Jux, Spaß [den sich jmd. mit einem anderen erlaubt]:* J. machen; seinen J. mit etw. haben.

Jol|le, die; -, -n [aus dem Niederd. < mniederd. jolle, H. u.]: **1.** *(Seemannsspr.) breites, flaches [Ruder]boot, das auf Schiffen als Beiboot mitgeführt wird.* **2.** *kleines, flaches, offenes Segelboot, das ein Schwert (2) anstelle eines Kiels hat [u. auf Binnengewässern gesegelt wird].*

Jom Kip|pur, der; - - [hebr. yôm kippûr = Tag der Versöhnung]: *höchster jüdischer Feiertag als letzter der 10 mit dem Neujahrstag einsetzenden Bußtage; Versöhnungsfest.*

Jo|na|than, der; -s, - [wahrsch. vom Züchter nach dem amerik. Juristen Jonathan Hasbrouck benannt]: *Winterapfel mit matt glänzender, gelb bis purpurrot gefleckter Schale.*

Jon|g|lage [ʒɔŋ'(g)la:ʒ, auch: ʒõ'gla:ʒ, österr. meist: ...ʃ], die; -, -n [französisierende Bildung zu ↑ jonglieren]: *Trick, Nummer* (2 a) *eines Jongleurs, einer Jongleurin.*

Jon|g|leur [ʒɔŋ(g)'løːɐ̯, auch: ʒõ'gløːɐ̯], der; -s, -e [frz. jongleur < afrz. joglere < lat. ioculator = Spaßmacher, zu: iocus = Spaß]: **1.** *Artist, der Kunststücke mit Reifen, Bällen u. a. Gegenständen zeigt, indem er sie in die Luft wirft u. mit großer Geschicklichkeit wieder auffängt:* als J. in einem Zirkus auftreten. **2.** *(Kunstkraftsport) jmd., der die Sportart des Jonglierens* (2) *ausübt.* **3.** *(im MA.) Spielmann u. Possenreißer.*

Jon|g|leu|rin [...'(g)løːrɪn], die; -, -nen: w. Form zu ↑ Jongleur.

jon|g|lie|ren ⟨sw. V.; hat⟩ [frz. jongler < afrz. jogler < lat. ioculari = scherzen, spaßen]: **1.** *mit artistischem Können mehrere Gegenstände gleichzeitig spielerisch werfen u. auffangen:* Teller j.; mit Ringen, Bällen j. **2.** *(Kunstkraftsport) mit Gewichten o. Ä. bestimmte Geschicklichkeitsübungen ausführen.* **3.** *[in verblüffender Weise] überaus geschickt mit jmdm., etw. umgehen:* mit Begriffen, Zahlen j.

Jon|ny ['dʒɔni], der; -s, -s [anglisierend nach engl. Jo(h)nny, Kosef. von John = Johannes] (salopp): *Penis.*

Jöpp|chen, das; -s, -: Vkl. zu ↑ Joppe.

Jop|pe, die; -, -n [mhd. jop(p)e < altital. giuppa < span. aljuba < arab. (al-)ǧubbaʰ = wollenes Unterkleid]: **a)** *(anstelle eines Mantels getragene) einfache Jacke [aus Loden] für Männer;* **b)** *Hausjacke für Männer.*

Jor|dan, der; -[s]: *Fluss in Israel u. Jordanien:* *über den J. gehen (verhüll.; *sterben; sein Leben bei etw. verlieren;* in der religiösen Literatur bez. des Pietismus wurde der Übergang der Israeliten über den Fluss Jordan oft als Eintritt ins Himmelreich aufgefasst u. damit zum Symbol des Sterbens; den Israeliten versprochene Gelobte Land wird mit dem Himmelreich verglichen).

Jor|da|ni|en, -s: *Staat in Vorderasien.*

Jor|da|ni|er, der; -s, -: Ew.

Jor|da|ni|e|rin, die; -, -nen: w. Form zu ↑ Jordanier.

jor|da|nisch ⟨Adj.⟩: *Jordanien, die Jordanier betreffend.*

Jo|se|phi|nis|mus, der; - [nach Kaiser Joseph II. (1765–1790)]: *aufgeklärte katholische Staatskirchenpolitik im Österreich des 18. u. 19. Jh.s, die auch noch die Staatsauffassung der österreichischen Beamten u. Offiziere des 19. Jh.s bestimmt.*

Jo|sephs|ehe, die; -, -n [nach Joseph, dem (gesetzlichen) Vater Jesu]: *eheliche Verbindung, in der die Partner [aus religiösen Gründen] auf den geschlechtlichen Vollzug der Ehe verzichten.*

Jot, das; -, - [lat. iota, griech. iōta, aus dem Semit., vgl. hebr. yôḏ]: *zehnter Buchstabe des deutschen Alphabets* (↑ J, J).

¹**Jo|ta,** Iota, das; -, -[s], -s [got. jōta < griech. iōta (↑ Jot), nach der got. Bibelübersetzung von Matth. 5, 18]: *neunter Buchstabe des griechischen Alphabets* (I, ι): * kein/nicht ein/um kein J. *(bes.) [in Bezug auf eine Meinung o. Ä. etw.] nicht im Allermindesten, im Geringsten);* [auch] nur ein J. *(geh.; auch nur im Allermindesten, Allergeringsten).*

²**Jo|ta** ['xɔta], die; -, -s [span. jota, H. u.]: *schneller spanischer Tanz im ⅜- od. ¾-Takt mit Kastagnettenbegleitung.*

Joule [von DIN u. anderen Organisationen festgelegte Aussspr. nur: dʒuːl, sonst auch: dʒaʊl], das; -[s], - [nach dem brit. Physiker J. P. Joule (1818–1889)] (Physik): *Maßeinheit für die Energie (z. B. des Energieumsatzes des menschlichen Körpers)* (1 cal = 4,186 Joule; Zeichen: J).

Jour [ʒuːɐ̯], der; -s, -s [frz. jour, eigtl. = Tag < spätlat. diurnum < lat. diurnum = der tägliche Bedarf an Nahrungsmitteln, zu: diurnus = täglich]: **1.** *(veraltend) [Wochen]tag, an dem regelmäßig Gäste empfangen werden:* sie haben alle vierzehn Tage J. **2.** *(veraltet) Tag, an dem jmd. Dienst hat, mit dem Dienst an der Reihe ist:* am Montag hat sie J.

Jour fixe [ʒuːɐ̯ˈfɪks], der; - -, -s -s [ʒuːɐ̯ˈfɪks] [frz. jour fixe, aus jour (↑ Jour) u. fixe = festgesetzt, ↑ ¹fix]: *regelmäßig [an einem bestimmten Wochentag] stattfindendes Treffen eines bestimmten Personenkreises:* die Mitglieder haben sich schon über zu viele Jours fixes beschwert.

Jour|nail|le [ʒʊrˈnaljə, auch: ...ˈnaɪ̯..., österr.: ...ˈnaɪ̯jə], die; - [wohl unter Einfluss von frz. canaille (↑ Kanaille) geb. zu ↑ ¹Journal] (veraltend abwertend): **a)** *Gesamtheit der Journalisten, bes. der für die Boulevardpresse arbeitenden Journalisten: für die J. war der Fall ein gefundenes Fressen;* **b)** *Gesamtheit der Journalisten, die Hetze betreiben, nur auf die Verbreitung verleumderischer u. ä. Meldungen aus sind.*

¹**Jour|nal** [ʒʊrˈnaːl], das; -s, -e: **1.** [frz. journal, eigtl. = jeden einzelnen Tag betreffend, zu: jour (↑ Jour)] *(veraltet) [Tages]zeitung.* **2.** [frz. journal, eigtl. = jeden einzelnen Tag betreffend, zu: jour (↑ Jour)] *(geh. veraltend) bebilderte Zeitschrift unterhaltenden od. informierenden Inhalts:* ein J. für Mode, Kunst. **3.** [ital. giornale < lat. (acta) diurna = Tagesbericht, zu: diurnus, ↑ Jour] *(veraltend) Tagebuch* (1, 2). **4.** [ital. giornale < lat. (acta) diurna = Tagesbericht, zu: diurnus, ↑ Jour] *Schiffstagebuch.* **5.** *(Kaufmannsspr.) in der Buchführung neben dem Hauptbuch zu führendes Tagebuch:* ein, das J. führen; etw. ins J. eintragen.

²**Jour|nal** [ˈdʒøːɐ̯n̩l, engl.: ˈdʒɜː.n(ə)l], das; -s, -s [engl. journal, urspr. = Verzeichnis der festgelegten Sprechstunden < afrz. journal (= frz. journal), ↑ ¹Journal (1, 2)]: *[englischsprachige] naturwissenschaftliche Fachzeitschrift.*

Jour|nal|be|am|ter ⟨vgl. Beamter⟩ (österr.): *diensthabender Beamter.*

Jour|nal|be|am|tin, die: w. Form zu ↑ Journalbeamter.

Jour|nal|dienst, der (österr.): *Bereitschaftsdienst.*

Jour|na|lis|mus, der; -: **1.** *Zeitungs-, Pressewesen:* im J. tätig sein; es kommt vom J. her (ist vom Hause aus Journalist, hat vorher als Journalist gearbeitet). **2. a)** *Tätigkeit von Journalist(inn)en:* dieses Land kennt keinen freien J.; **b)** *charakteristische Art der Zeitungsberichterstattung; für Journalist(inn)en typischer Schreibstil:* ein Beispiel von billigem J.

Jour|na|list, der; -en, -en [frz. journaliste]: *jmd., der als freier Mitarbeiter, als Auslandskorrespondent od. Mitglied einer Redaktion Artikel o. Ä. für Zeitungen od. andere Medien verfasst bzw. redigiert od. der als Fotograf Bildberichte liefert:* er ist freier J., arbeitet als J. beim Funk; der Star war von einem Schwarm [von] -en umlagert; eingebetteter J. *(in einem Krieg die Truppe begleitender u. dem militärischen Kommando unterstehender Berichterstatter;* LÜ *von engl.* embedded journalist).

Jour|na|lis|ten|preis, der: *für herausragende journalistische Leistungen verliehener Preis.*

Jour|na|lis|ten|schu|le, die: *Ausbildungsstätte für Journalisten.*

Jour|na|lis|ten|ver|band, der: *Berufsverband der Journalisten.*

Jour|na|lis|tik, die; -: *den Journalismus beinhaltendes Studienfach.*

Jour|na|lis|tin, die; -, -nen: w. Form zu ↑ Journalist.

jour|na|lis|tisch ⟨Adj.⟩: **1.** *den Bereich des Journalismus* (1) *betreffend:* eine -e Tätigkeit. **2.** *in der Art des Journalismus* (2 b) *verfasst:* -er Stil; sie hat eine -e Begabung (Begabung zum Schreiben in journalistischer Manier).

jo|vi|al [österr. u. schweiz. meist: ʒo...] ⟨Adj.⟩ [mlat. jovialis = im Sternbild des Jupiter geboren < lat. Iovialis = zu Jupiter gehörend; nach der ma. Astrologie galt der unter dem Planeten Jupiter Geborene als fröhlich u. heiter]: *im Umgang mit niedriger Stehenden betont wohlwollend:* ihre Vorgesetzte ist ein sehr -er Mensch; jmdm. auf die Schulter klopfen.

Jo|vi|a|li|tät, die; - [vgl. frz. jovialité]: *joviales Verhalten.*

Joy|stick ['dʒɔɪ̯stɪk], der; -s, -s [engl. joystick = Steuerknüppel]: *[Vorrichtung mit] Steuerhebel für Computerspiele.*

JPY = internationaler Währungscode für: Yen.

Ju|ba [ˈdʒuːba], Dschuba: *Hauptstadt Südsudans.*

Ju|bel, der; -s [kirchenlat. iubilus = lang gezogener, jubelnder Ausklang eines Kirchenliedes < spätlat. iubilum = Jauchzen, Frohlocken, zu lat. iubilare, ↑ jubilieren]: *laute Bekundung großer Freude durch Rufen, Jauchzen, Schreien:* J. brach los; die Menge brach in J. aus; er wurde mit großem J. empfangen; zum J. *(zur größten Freude)* der Kinder gab es Eis als Nachtisch; * J., Trubel, Heiterkeit (1. angeregte Stimmung, laute Fröhlichkeit. 2. oft abwertend; hektisches, lautes Treiben).

Ju|bel|braut, die [↑ Jubeljahr] (scherzh.): *Frau am Tag ihrer silbernen, goldenen usw. Hochzeit.*

Ju|bel|fei|er, die, **Ju|bel|fest,** das [↑ Jubeljahr] (scherzh.): *Feier, Fest anlässlich eines bestimmten Jubiläums.*

Ju|bel|greis, der (ugs. scherzh.): *lebenslustiger alter Mann.*

Ju|bel|jahr, das [mhd. jubeljār, volksetym. aus hebr. yôvel, ↑ Jobeljahr]: **1.** (jüd. Rel.) *Jobeljahr.* **2.** (kath. Kirche) *für die katholische Kirche bedeutsames Jahr, das alle 25 Jahre begangen wird u. der inneren Erneuerung der Gläubigen dienen soll:* * alle -e [(ein)mal] (ugs. scherzh.; *sehr selten:* sie besucht uns nur alle -e mal). **3.** *Jahr, in dem ein bestimmtes Jubiläum stattfindet:* das Land begeht 1977 das J. seines 25-jährigen Bestehens.

ju|beln ⟨sw. V.; hat⟩ [spätmhd. jubeln, zu ↑ Jubel]: *seiner Freude über etw. laut, stürmisch Ausdruck geben; in Jubel ausbrechen:* die Kinder jubelten über die Geschenke; das Publikum jubelte beim Erscheinen der Solistin; die Sieger jubelten *(zeigten ihre unverhohlene Freude);* eine jubelnde Menschenmenge; Ü *Das Motiv der Sehnsucht..., jetzt führt es, umspielt von den jubelnden Instrumenten des Orchesters, den melodiösen Zwiegesang der Männer* (Thieß, Legende 62).

Ju|bel|paar, das: *Ehepaar am Tag seiner silbernen, goldenen usw. Hochzeit.*

Ju|bel|per|ser, der [nach dem bei öffentlichen Auftritten des Schahs bestellten, ihm zujubelnden Persern (wie 1967 in Berlin)] (salopp abwertend): *Claqueur.*

Ju|bel|per|se|rin, die: w. Form zu ↑ Jubelperser.

Ju|bel|ruf, der: *Ruf des Jubels.*

Ju|bel|schrei, der: *einzelne laute Bekundung der Freude durch einen Schrei:* in laute -e ausbrechen.

Ju|bi|lar, der; -s, -e [unter Einfluss von ↑ Jubiläum < mlat. iubilarius = jmd., der 50 Jahre lang dem gleichen (geistlichen) Stand angehört, zu: iubilaeus (annus) = Jubeljahr]: *jmd., der ein Jubiläum begeht.*

Ju|bi|la|rin, die; -, -nen: w. Form zu ↑ Jubilar.

Ju|bi|la|te ⟨o. Art.; indekl.⟩ [lat. iubilate = frohlocket!; nach dem ersten Wort des Eingangsverses der Liturgie des Sonntags, Ps. 66, 1] (ev. Kirche): *dritter Sonntag nach Ostern.*

Ju|bi|lä|um, das; -s, ...läen [spätlat. iubilaeum = Jubelzeit, zu lat. iubilare, ↑ jubilieren]: *festlich begangener Jahrestag eines bestimmten Ereignisses:* das 150-jährige J. der Firma; das J. der 25-jährigen Betriebszugehörigkeit feiern, begehen, haben.

Ju|bi|lä|ums|aus|ga|be, die: *zu einem bestimmten Jubiläum (des Autors, der Autorin od. auch des Werks selbst) herausgebrachte Ausgabe eines Werks.*

Ju|bi|lä|ums|aus|stel|lung, die: *anlässlich eines Jubiläums (z. B. eines Künstlers) veranstaltete Ausstellung.*

Ju|bi|lä|ums|fei|er, die: *Feier anlässlich eines Jubiläums.*

Ju|bi|lä|ums|jahr, das: *Jahr, in dem ein Jubiläum gefeiert wird.*

Ju|bi|lä|ums|ver|an|stal|tung, die: *Veranstaltung anlässlich eines Jubiläums.*

Ju|bi|lee [ˈdʒuːbɪliː], das; -[s], -s ⟨engl. jubilee, eigtl. = Jubel(jahr)]: *religiöser hymnischer Gesang der Afroamerikaner.*

ju|bi|lie|ren ⟨sw. V.; hat⟩ [mhd. jubilieren (md. jubelēren) < lat. iubilare = jauchzen, lautm.]: **1.** (geh.) *seiner lebhaften Freude weniger laut als klingend Ausdruck verleihen:* seine Feinde jubilieren über ihn, seine Niederlage *(zeigten ihre unverhohlene Freude über sein Missgeschick);* die Vögel jubilierten *(sangen munter)* hoch in der Luft. **2.** (österr., sonst scherzh.) *ein Jubiläum begehen:* eine unserer Freundinnen jubiliert heute.

juch ⟨Interj.⟩ [mhd. juch] (veraltet): *juchhe.*

¹**Ju|chart,** der; -s, -e (südwestd.), ²**Ju|chart,** die; -, -en (schweiz.), **Ju|char|te,** die; -, -n (schweiz.), **Juchert,** der; -s, -e (südwestd.) [mhd. juchart, juchert, ahd. juchart, wohl < lat. iugerum, zu: iungere (↑ Junktim), iugum = Joch]: *Joch* (4).

ju|chen ⟨sw. V.; hat⟩ [md., (m)niederd. juchen, zu: juch, mhd. jūch = Ausruf ausgelassener Freude (mundartl.)]: *jauchzen.*

Ju|chert: ↑ ¹Juchart.

juch|he ⟨Interj.⟩ [wohl aus veraltet juch (↑ juchen) u. ↑ he]: *Ausruf ausgelassener Freude:* j., jetzt fahren wir!; ⟨subst.:⟩ ein lautes Juchhe.

¹**Juch|he,** das; -s, -s: **1.** [zu ↑ juchhe, wohl nach den oft lautstarken Beifalls- od. Missfallensäußerungen des meist anspruchsloseren Publikums, das früher auf der Galerie saß] (landsch. scherzh.) *Galerie im Theater.* **2.** [vgl. ²Juchhe] (österr.) *entfernter Platz in einem Haus o. Ä. [der von einem Beobachter nicht eingesehen werden kann].* **3.** [vgl. ²Juchhe] (landsch.) ²Juchhe.

²**Juch|he,** die; -, -s [mundartl. oft zur Bez. von etw. höher Gelegenem, wohl zu ↑ juchhe, nach der Vorstellung, dass Menschen nach dem Ersteigen einer Höhe gern in Jubel ausbrechen] (landsch.): *oberster Bereich eines Hauses; Dachgeschoss, -kammer:* sie wohnen in der J.

juch|hei, juch|hei|ras|sa, juch|hei|ras|sas|sa, juch|hei|sa [...za, auch: ...sa], **juch|hei|ßa** ⟨Interj.⟩ (veraltend): *Ausrufe ausgelassener Freude.*

juch|hu ⟨Interj.⟩: *Ausruf der Freude, des Jubels.*

juch|ten ⟨Adj.⟩ (selten): *aus Juchtenleder [gefertigt]:* -e Stiefel.

Juch|ten, der od. das; -s [aus dem Niederd., neben älterem Juften < mniederd. juften < russ. juft', über das Turkotatar. < pers. ğuft = Paar, weil die Häute paarweise gegerbt werden]: **1.** *Juchtenleder.* **2.** *Duftstoff, der dem Geruch von Juchtenleder ähnlich ist.*

Juch|ten|le|der, das: *als Oberleder für Schuhe verwendetes, in bestimmter Weise gegerbtes, wasserdichtes Leder.*

Juch|ten|stie|fel, der: *Stiefel aus Juchtenleder.*

juch|zen ⟨sw. V.; hat⟩ [Nebenf. von ↑ jauchzen] (ugs.): *einen Juchzer ausstoßen:* die Kinder juchzten vor Freude.

Juch|zer, der; -s, - (ugs.): *Freudenschrei; Jauchzer:* einen J. ausstoßen.

ju|ckeln ⟨sw. V.; hat⟩ [md. Abl. von ↑ jucken in der (bes. alemann.) älteren Bed. »hüpfen, springen«] (ugs.): **1.** ⟨hat⟩ *(bes. von Kindern) unruhig auf dem Stuhl o. Ä. hin u. her rutschen:* musst du immer j., statt ruhig am Tisch zu sitzen? **2.** ⟨ist⟩ **a)** *(in Bezug auf ein Fahrzeug) langsam, ohne Eile, holpernd, tuckernd o. ä. fahren:* ein altes Auto juckelte durch die Straßen; **b)** *langsam, zeitraubend mit einem Fahrzeug irgendwohin fahren.*

ju|cken ⟨sw. V.; hat⟩ [mhd. jucken, ahd. jucchen]: **1. a)** *von einem Juckreiz befallen sein:* meine Hand juckt; mir, mich juckt die Haut; ⟨auch unpers.:⟩ es juckt mir, mich auf dem Rücken; Spr wens juckt, der kratze sich *(wem etwas nicht passt, der soll sich wehren);* * **jmdm./jmdn. juckt der Buckel** (↑ Buckel 1); **jmdm./jmdn. juckt das Fell** (↑ Fell 1 a); **jmdm./jmdn. juckt es in den Fingern** (↑ Finger 1); **jmdm./jmdn. jucken die Finger nach etw.** (↑ Finger 1); **b)** *einen Juckreiz auf der Haut verursachen:* die Wolle, der Verband juckt [ihn], juckt ihm/ihn auf der Haut; ein juckendes Ekzem; ⟨subst.:⟩ der Ausschlag verursacht ein Jucken. **2.** (ugs.) **a)** *sich an einer juckenden Körperstelle kratzen, reiben o. Ä., um den Juckreiz entgegenzuwirken:* sich wegen eines Mückenstichs j.; **b)** *durch Jucken* (2 a) *seine Haut in einen bestimmten Zustand versetzen:* er hat sich blutig gejuckt. **3.** (ugs.) **a)** ⟨unpers.⟩ *jmdn. reizen, etw. Bestimmtes zu tun:* es juckte ihn, zu fragen, was vorgefallen war; **b)** *jmdn. als etw. Erstrebenswertes reizen:* ihn juckt das Geld, das es bei der Sache zu verdienen gibt; das juckt *(kümmert)* mich nicht; * **lass j.!** (landsch. salopp: *mach schon!, komm schon!;* Aufforderung, etw. Bestimmtes zu tun, z. B. etw. zu erzählen). ◆ **4.** ⟨ist⟩ [vgl. juckeln] (alemann.) *laufen, springen* (4 a): Dann juckte er vorwärts, nahm Schritte tat er (Gotthelf, Spinne 74).

jü|cken ⟨sw. V.; hat⟩ [spätmhd. jücken] (landsch., sonst veraltet): *jucken:* Wie ihn alle seine Sinne jücken (Goethe, Lilis Park).

Juck|pul|ver, das: *(als Scherzartikel verwendetes)* Pulver, das bei jmdm., der damit in Berührung kommt, einen heftigen Juckreiz hervorruft.

Juck|reiz, der: *prickelnder od. stechender Hautreiz, der Jucken verursacht.*

Ju|däa, -s: (in der griech.-römischen Antike) [Süd]palästina.

Ju|da|i|ka ⟨Pl.⟩ [nlat. Iudaica, zu lat. Iudaicus < griech. Ioudaïkós = jüdisch] (Verlagsw.): **a)** *jüdische Schriften;* **b)** *Bücher, Sammelobjekte der jüdischen Kultur u. Religion.*

Ju|da|is|mus, der; - [spätlat. Iudaismus < griech. Ioudaïsmós]: **1.** *jüdische Religion [Kultur, Geschichte]; Geist u. Wesen der jüdischen Religion; Judentum* (2). **2.** *(Geschichte) judenchristliche gesetzestreue Richtung im Urchristentum.*

Ju|da|is|tik, die; -: *Wissenschaft von der jüdischen Religion, Kultur, Geschichte.*

Ju|das, der; -, -se [nach Judas Ischariot im Neuen Testament] (abwertend): *jmd., der treulos an jmdm. handelt, ihn heuchlerisch verrät.*

Ju|das|kuss, der ⟨Pl. selten⟩ [nach dem Kuss, den Judas Ischariot Jesus in verräterischer Absicht bei der Gefangennahme gab; vgl. Matth. 26, 48 f.] (bildungsspr. abwertend): *hinterhältige, heuchlerische Freundlichkeit.*

Ju|das|lohn, der ⟨o. Pl.⟩ [nach der von den Hohen Priestern an Judas Ischariot gezahlten Geldsumme für den Verrat Jesu; vgl. Matth. 26, 15] (bildungsspr. abwertend): *Bezahlung, Lohn für eine verräterische o. ä. Tat.*

Ju|de, der; -n, -n [mhd. jude, jüde, ahd. jud(e)o < lat. Iudaeus < griech. Ioudaîos < hebr. yěhûḏî]: *Angehöriger eines semitischen Volkes, einer religions- u. volksmäßig zusammengehörenden, über die ganze Erde verstreuten Gemeinschaft:* europäische, russische -n; die brutale Verfolgung der -n.

> Gelegentlich wird die Bezeichnung *Jude, Jüdin* wegen der Erinnerung an den nationalsozialistischen Sprachgebrauch als diskriminierend empfunden. In diesen Fällen werden dann meist Formulierungen wie *jüdische Menschen, jüdische Mitbürgerinnen und Mitbürger* oder *Menschen jüdischen Glaubens* gewählt.

Ju|den|christ, der: **1.** *(im Urchristentum) Christ jüdischer Herkunft im Unterschied zum Heidenchristen.* **2.** *Jude, der zum Christentum übergetreten ist [ohne seinen jüdischen Glauben innerlich aufzugeben].*

Ju|den|chris|ten|tum, das: *Gesamtheit der Judenchristen.*

Ju|den|chris|tin, die: w. Form zu ↑ Judenchrist.

ju|den|christ|lich ⟨Adj.⟩: *die Judenchristen, das Judenchristentum betreffend.*

Ju|den|geg|ner, der: *Antisemit.*

Ju|den|geg|ne|rin, die: w. Form zu ↑ Judengegner.

Ju|den|hass, der: *gegen die Juden gerichteter Hass.*

Ju|den|heit, die; -: *Gesamtheit der Jüdinnen u. Juden:* der Holocaust kostete zwei Drittel der europäischen J. das Leben.

Ju|den|stern, der (nationalsoz.): *aus meist gelbem Stoff gefertigter Davidsstern, den die Juden während der Herrschaft des Nationalsozialismus (in Deutschland ab 1941) als Kennzeichen auf der Kleidung tragen mussten.*

Ju|den|tum, das; -s: **1.** *Gesamtheit der Juden in ihrer religions- u. volksmäßigen Zusammengehörigkeit; jüdisches Volk.* **2.** *Judaismus* (1). **3. a)** *Gesamtheit der durch Religion, Kultur, Geschichte geprägten jüdischen Eigenschaften, Eigenheiten; jüdisches Wesen:* sie fühlte sich dem J. entfremdet; **b)** *Zugehörigkeit, Gefühl der Zugehörigkeit zum jüdischen Volk, zur jüdischen Religion; das Judesein:* er hat sein J. nie verleugnet.

Judenverfolgung – Jugendlicher

Ju|den|ver|fol|gung, die: *(seit dem 5. Jh. v. Chr. bezeugte, bis in die Gegenwart, bes. unter der Herrschaft der Nationalsozialisten praktizierte) religiös, sozial, wirtschaftlich motivierte antisemitische, oft grausame Verfolgung von Juden.*

Ju|den|vier|tel, das *(früher): von Juden bewohntes Wohnviertel.*

Ju|di|ka, ⟨o. Art.; indekl.⟩ [lat. iudica = richte (↑judizieren), nach dem ersten Wort des Eingangsverses der Liturgie des Sonntags, Ps. 43, 1] (ev. Kirche): *fünfter Sonntag in der Passionszeit (vorletzter Sonntag vor Ostern).*

Ju|di|ka|ti|on, die; -, -en [lat. iudicatio] (Rechtsspr. veraltet): *richterliche Untersuchung, Beurteilung, Aburteilung.*

Ju|di|ka|ti|ve, die; -, -n (Politik, Rechtsspr.): *richterliche Gewalt im Staat* (vgl. Exekutive, Legislative).

ju|di|ka|to|risch ⟨Adj.⟩ [spätlat. iudicatorius] (Rechtsspr. veraltend): *richterlich.*

Ju|di|ka|tur, die; -, -en [zu lat. iudicatum, 2. Part. von: iudicare, ↑judizieren] (Rechtsspr.): *Rechtsprechung, richterliche Praxis.*

Jü|din, die; -, -nen [mhd. jüdin, jüdinne]: w. Form zu ↑Jude.

jü|disch ⟨Adj.⟩ [mhd. jüdisch, ahd. judeis < lat. Iuda(e)icus < griech. Ioudaïkós]: **a)** *die Juden, das Judentum* (1) *betreffend:* die -es Volk; ein -es Unternehmen; eine -e Familie; er ist -er Abstammung; **b)** *für die Juden charakteristisch; das Judentum* (3) *betreffend:* die -e Kultur; -er Witz; **c)** *die Juden, den Judaismus* (1) *betreffend:* die -e Religion; -e Studien.

ju|di|zi|ell ⟨Adj.⟩ [frz. judiciel < lat. iudicialis] (Politik, Rechtsspr.): *die Rechtsprechung betreffend, richterlich.*

ju|di|zie|ren ⟨sw. V.; hat⟩ [lat. iudicare = Recht sprechen, richten, zu: ius = Recht u. dicere = sprechen, sagen] (Rechtsspr.): *Recht sprechen, gerichtlich urteilen, entscheiden; richten:* ◆ ... ich säße gleichwohl auf dem Richterstuhl dort und ... judizier[t]' den Hals ins Eisen mir (Kleist, Krug 3).

Ju|di|zi|um, das; -s, ...ien [lat. iudicium = Urteil; gerichtliche Untersuchung, Urteilskraft]: *auf langjähriger Gerichtspraxis gegründetes Vermögen der Rechtsfindung.*

¹Ju|do (österr. meist: ˈdʒuːdo], das; -[s] [jap. jūdō, eigtl. = geschmeidiger Weg zur Geistesbildung]: *aus dem Ju-Jutsu entwickelte sportliche Disziplin, bei der es in einem Zweikampf ohne Waffen unter Ausschaltung aller gefährlichen Schläge gilt, den Gegner bes. durch überraschende, geschickt angewandte Griffe zu überwinden.*

²Ju|do, der; -s, -s: kurz für ↑Jungdemokrat.

¹Ju|do|ka (österr.: dʒuˈdoːka], der; -[s], -[s] [jap. jūdōka, zu ↑¹Judo u. jap. -ka = ...ist]: *männliche Person, die Judo als Sport betreibt.*

²Ju|do|ka, die; -, -[s]: *weibliche Person, die Judo als Sport betreibt.*

Ju|gend, die; - [mhd. jugent, ahd. jugund, Substantivbildung zu dem ↑jung zugrunde liegenden idg. Adj.]: **1. a)** *Zeit des Jungseins; Lebensabschnitt eines jungen Menschen:* eine sorglose J. gehabt haben; seine J. genießen; sie hat in ihrer J. viel Sport getrieben; sie ist von J. an/auf *(seit ihren Jugendjahren)* daran gewöhnt; Lächelnd und traurig erinnerte Narziß sich all der Szenen seit früher J. (Hesse, Narziß 401); **b)** (Biol., Med.) *Entwicklungszeit, erste Wachstumsphase eines Lebewesens von der Entstehung, Geburt an bis zur vollen Entwicklung; Jugendstadium:* die Blätter sind beim Farn in der J. stark eingerollt; Der Haarstern von heute, Nachkomme der früheren Seelilie, sitzt nur noch in seiner J. an einem Stiele im Grunde fest (Th. Mann, Krull 304). **2.** *Zustand des Jungseins; jugendliche Frische, Kraft:* ihn entschuldigt seine J. **3.** *Gesamtheit junger Menschen; die jungen Leute:* die studentische, heutige J.; die J. von heute; er spielt in der J. (Sportjargon; *Jugendmannschaft*); R J. kennt keine Tugend (veraltend; *junge Leute sind sehr schnell bereit, sich über moralische Bedenken hinwegzusetzen*); ◆ schnell fertig ist die J. mit dem Wort (*junge Leute urteilen impulsiv, vorschnell, unbedacht*; Schiller, Wallensteins Tod II, 2); * **die reifere J.** (oft scherzh., iron.; *die nicht mehr jungen, aber noch nicht alten Leute*).

Ju|gend|ab|tei|lung, die: *Abteilung für Jugendliche:* die J. des Sportvereins, der Bibliothek.

Ju|gend|al|ter, das ⟨o. Pl.⟩: *Altersstufe zwischen Kindheit u. Erwachsensein; jugendliches Alter.*

Ju|gend|amt, das: *für die Angelegenheiten der öffentlichen Jugendhilfe zuständige Behörde.*

Ju|gend|ar|beit, die: **1.** ⟨o. Pl.⟩ *Erwerbstätigkeit Jugendlicher.* **2.** ⟨o. Pl.⟩ *Gesamtheit aller von Staat, Kirchen, Gewerkschaften, Parteien durchgeführten Tätigkeiten, die sich mit Bildung u. Freizeitgestaltung von Jugendlichen befassen.* **3.** *frühes, in der Jugendzeit eines Künstlers, Wissenschaftlers o. Ä. entstandenes Werk.*

Ju|gend|ar|beits|lo|sig|keit, die: *Arbeitslosigkeit von Jugendlichen.*

Ju|gend|ar|beits|schutz|ge|setz, das: *Gesetz, das den Arbeitsschutz für jugendliche Arbeitnehmer(innen) regelt.*

Ju|gend|ar|rest, der: *(im Rahmen des Jugendstrafrechts erfolgender) kurzer Freiheitsentzug bei leichteren u. mittleren Straftaten Jugendlicher.*

Ju|gend|be|geg|nung, die: *Begegnung unter Jugendlichen im Rahmen von Reisen o. Ä.*

Ju|gend|be|reich, der: *Bereich der Jugend, der Jugendlichen.*

ju|gend|be|wegt ⟨Adj.⟩ (oft scherzh.): *von der Jugendbewegung beeinflusst, geprägt; sich den Zielen, Vorstellungen, Forderungen der Jugendbewegung entsprechend verhaltend.*

Ju|gend|be|we|gung, die ⟨o. Pl.⟩ [nach dem Untertitel des Buches »Wandervogel. Die Geschichte einer Jugendbewegung« von H. Blüher (1888–1955)]: *(um die Wende vom 19. zum 20. Jahrhundert im deutschsprachigen Raum entstandene) Bewegung, deren Anhänger, in vielen neu gegründeten Jugendgruppen zusammengeschlossen, nach einer neuen individuellen Lebensgestaltung in Einfachheit u. Naturverbundenheit streben, wobei sie bes. Wanderungen durchführen u. altes Volksgut pflegen.*

Ju|gend|bild, das: *Bild, das jmdn. als Jugendlichen zeigt.*

Ju|gend|bild|nis, das (geh.): *Bildnis, das jmdn. als Jugendlichen zeigt.*

Ju|gend|bri|ga|de, die (DDR): *Brigade* (3), *in der überwiegend junge Leute arbeiten.*

Ju|gend|buch, das: *Buch für Jugendliche.*

Ju|gend|club: ↑Jugendklub.

Ju|gend|ein|rich|tung, die: **1.** *für Jugendliche bestimmte, der Jugendarbeit dienende Einrichtung.* **2.** *Heim zur Unterbringung Jugendlicher.*

Ju|gend|er|in|ne|rung, die: *Erinnerung an die eigene Jugend.*

Ju|gend|för|de|rung, die: *Förderung der Jugend (z. B. durch finanzielle Unterstützung von Jugendarbeit).*

ju|gend|frei ⟨Adj.⟩: *für Jugendliche geeignet, zugelassen:* der Film ist nicht j.

Ju|gend|freund, der: **1.** *Freund aus der Jugendzeit:* er hat einen alten J. getroffen. **2.** (selten) *jmd., der sich gern mit Jugendlichen befasst, der Jugendliche gernhat.* **3.** (DDR) *Angehöriger der FDJ.*

Ju|gend|freun|din, die: w. Form zu ↑Jugendfreund.

ju|gend|frisch ⟨Adj.⟩ (geh.): *jugendlich frisch.*

Ju|gend|für|sor|ge, die (veraltend): *Fürsorge* (2 a) *zur Unterstützung Jugendlicher.*

ju|gend|ge|fähr|dend ⟨Adj.⟩: *Kinder u. Jugendliche sittlich gefährdend:* -e Schriften, Bücher.

Ju|gend|ge|fähr|te, der (geh.): *Gefährte aus der Jugendzeit.*

Ju|gend|ge|fähr|tin, die: w. Form zu ↑Jugendgefährte.

Ju|gend|ge|richt, das: *für die Straftaten Jugendlicher zuständiges* ¹*Gericht.*

Ju|gend|ge|richts|bar|keit, die: *dem Jugendgericht zuerteilte Gerichtsbarkeit* (1).

Ju|gend|ge|walt, die ⟨o. Pl.⟩: *von Jugendlichen ausgehende Gewalt, Gewalttätigkeit Jugendlicher.*

Ju|gend|grup|pe, die: ¹*Gruppe* (2) *von Jugendlichen [innerhalb einer größeren Institution]:* eine kirchliche J.; -n politischer Parteien.

Ju|gend|haus, das: *Jugendzentrum.*

Ju|gend|heim, das: *Heim, das der Erziehung, Freizeitgestaltung, Erholung Jugendlicher dient.*

Ju|gend|her|ber|ge, die: *einfach ausgestattete Unterkunftsstätte bes. für Jugendliche auf Wanderungen u. Reisen.*

Ju|gend|hil|fe, die ⟨Pl. selten⟩: *behördliche Einrichtung, die der Unterstützung junger Menschen dient.*

Ju|gend|hil|fe|aus|schuss, der (Amtsspr.): *zu einem Jugendamt gehörender Ausschuss, der über grundsätzliche Fragen der Jugendhilfe entscheidet.*

Ju|gend|jah|re ⟨Pl.⟩: *Jahre, Zeit der Jugend:* an seine J. zurückdenken.

Ju|gend|kam|mer, die: *Jugendgericht, dem drei Richter[innen] u. zwei Jugendschöff[inn]en vorsitzen.*

Ju|gend|klub, Jugendclub, der: *Klub, in dem sich Jugendliche in ihrer Freizeit treffen.*

Ju|gend|kri|mi|na|li|tät, die: *Gesamtheit der kriminellen Handlungen, die von Jugendlichen begangen werden.*

Ju|gend|kul|tur, die: *von Jugend getragene Subkultur.*

Ju|gend|la|ger, das ⟨Pl. ...lager⟩: *Lager, in dem Jugendliche o. Kinder ihre Ferien verbringen.*

Ju|gend|lei|ter, der: *in entsprechenden Lehrgängen ausgebildeter, meist ehrenamtlich tätiger Leiter einer Jugendgruppe.*

Ju|gend|lei|te|rin, die: **1.** *Erzieherin (mit abgeschlossener Ausbildung auf einer Fachschule), die in großen Kindergärten, Heimen, in der Erziehungsberatung o. auch als Lehrkraft für die Ausbildung von Erzieherinnen tätig ist* (Berufsbez.). **2.** w. Form zu ↑Jugendleiter.

ju|gend|lich ⟨Adj.⟩ [mhd. jugentlich, ahd. jugentlih]: **1.** *der Altersstufe zwischen Kindheit u. Erwachsensein; zur Jugend* (3) *gehörend:* die -en Zuschauerinnen und Zuschauer; ihr Sohn war in -em Alter *(als junger Mensch)* gestorben. **2. a)** *die Frische, Kraft eines jungen Menschen besitzend, erkennen lassend; für Jugendliche charakteristisch:* -er Schwung, Übermut; -e Begeisterung, Entdeckerfreude; **b)** *die Wirkung, Ausstrahlung eines jungen Menschen besitzend:* eine -e Erscheinung; er wirkt noch sehr j.; c) (geh. Werbespr.) *junges Aussehen, die Wirkung des Jungseins vermittelnd, verstärkend:* ein sehr -es Kleid; eine -e Frisur; sie kleidet sich oft ein wenig zu j.

Ju|gend|li|che, die/eine Jugendliche; der/einer Jugendlichen, Jugendlichen/zwei Jugendliche: **a)** *weibliche Person im Jugendalter;* **b)** (Rechtsspr.) *weibliche Person zwischen dem 14. u. 18. Lebensjahr.*

Ju|gend|li|cher, der Jugendliche/ein Jugendlicher; des/eines Jugendlichen, die Jugendlichen/ zwei Jugendliche: **a)** *männliche Person im Jugendalter:* die Veranstaltung wurde vorwiegend von Jugendlichen besucht; **b)** (Rechtsspr.) *männliche Person zwischen dem 14. u. 18. Lebensjahr:* der Film ist für Jugendliche unter 16 Jahren nicht zugelassen.

Ju|gend|lich|keit, die; -: **1.** *Zustand des Jungseins; jugendliches* (1) *Alter:* die J. des Täters muss bei der Beurteilung des Falles berücksichtigt werden. **2. a)** *jugendliche* (2 a) *Frische, Spannkraft:* der Politiker trat mit forscher J. auf; **b)** *jugendliches* (2 a) *Aussehen, jugendliche Wirkung im Äußeren:* die J. ihrer Erscheinung.

Ju|gend|lie|be, die: **1.** (ugs.) *Person, in die jmd. in seiner Jugendzeit verliebt war:* er hat nach vielen Jahren seine J. wieder getroffen; sie war eine seiner -n. **2.** ⟨o. Pl.⟩ (selten) *Liebe in der Jugendzeit.*

Ju|gend|li|te|ra|tur, die; -, -en ⟨Pl. selten⟩: *für Jugendliche geschaffene Literatur.*

Ju|gend|ma|ga|zin, das: **1.** *Magazin* (4 a) *für Jugendliche.* **2.** *Magazin* (4 b) *für Jugendliche.*

Ju|gend|mann|schaft, die (Sport): *aus Jugendlichen bestehende Mannschaft.*

Ju|gend|meis|ter, der (Sport): *Gewinner einer Meisterschaft für Jugendliche (zwischen 14 u. 18 Jahren) in einer Sportart.*

Ju|gend|meis|te|rin, die: w. Form zu ↑ Jugendmeister.

Ju|gend|meis|ter|schaft, die (Sport): *Juniorenmeisterschaft.*

Ju|gend|mu|sik, die: **1.** *von Kindern, Jugendlichen ausgeübte, dafür komponierte Musik.* **2.** ⟨o. Pl.⟩ *(meist von jüngeren Musikern gespielte) vor allem von Jugendlichen gern gehörte Musik.* **3.** (bes. schweiz.) *Verein zur Förderung der Musikpflege unter Kindern u. Jugendlichen.*

Ju|gend|mu|sik|schu|le, die: *Musikschule, schulähnliche Ausbildungsstätte, in der Kinder u. Jugendliche das Spielen von Instrumenten, das Singen, die Harmonielehre o. Ä. lernen.*

Ju|gend|or|ga|ni|sa|ti|on, die: *Organisation* (3 b), *der hauptsächlich Jugendliche angehören.*

Ju|gend|pfar|rer, der: *Pfarrer, der vorwiegend für die Belange Jugendlicher zuständig ist.*

Ju|gend|pfar|re|rin, die: w. Form zu ↑ Jugendpfarrer.

Ju|gend|pfle|ge, die; -, -n ⟨Pl. selten⟩: *Jugendarbeit* (2), *Jugendhilfe.*

Ju|gend|pfle|ger, der: *jmd., der in der Jugendarbeit* (2) *od. in der Jugendhilfe als Lehrer, Sozialarbeiter, Sozialpädagoge o. Ä. tätig ist* (Berufsbez.).

Ju|gend|pfle|ge|rin, die: w. Form zu ↑ Jugendpfleger.

Ju|gend|pro|gramm, das: *für Jugendliche bestimmtes Programm.*

Ju|gend|psy|ch|i|at|rie, die: **1.** ⟨o. Pl.⟩ *Teilgebiet der Psychiatrie, das sich mit der Erkennung u. Behandlung von geistigen u. psychischen Störungen bei Jugendlichen befasst.* **2.** *Abteilung, Klinik für Jugendpsychiatrie* (1).

Ju|gend|recht, das: **1.** ⟨o. Pl.⟩ *Gesamtheit rechtlicher Regelungen, die der Förderung u. dem Schutz der [benachteiligten, gefährdeten, in ihrer Entwicklung problematischen] Jugendlichen dienen.* **2.** *eines der Rechte, die Jugendlichen zustehen: die Kinder- u. -e.*

Ju|gend|rich|ter, der: *Richter, der an einem Jugendgericht tätig ist.*

Ju|gend|rich|te|rin, die: w. Form zu ↑ Jugendrichter.

Ju|gend|ring, der: *Ring* (4) *von Jugendverbänden, -organisationen.*

Ju|gend|schöf|fe, der: *Schöffe an einem Jugendgericht.*

Ju|gend|schöf|fen|ge|richt, das: *(dem Amtsgericht zugeordnetes) Jugendgericht mit einem Richter bzw. einer Richterin, einem Jugendschöffen u. einer Jugendschöffin.*

Ju|gend|schöf|fin, die: w. Form zu ↑ Jugendschöffe.

Ju|gend|schutz, der ⟨o. Pl.⟩: *Gesamtheit der Maßnahmen, gesetzlichen Vorschriften zum Schutz von Kindern u. Jugendlichen bes. vor schädlichen Einflüssen in der Öffentlichkeit.*

Ju|gend|schutz|ge|setz, das: *den Jugendschutz betreffendes Gesetz.*

Ju|gend|spra|che, die: *Jargon* (a), *Sondersprache der Jugendlichen.*

Ju|gend|sta|di|um, das: *Jugend* (1 b).

Ju|gend|stil, der ⟨o. Pl.⟩ [nach der von 1896 an in München erschienenen illustrierten Kulturzeitschrift »Jugend«]: *(um die Wende vom 19. zum 20. Jahrhundert entstandene) künstlerische Stilrichtung bes. im Kunsthandwerk, in Gestaltung u. Ausstattung des Innenraums, in der Architektur, in Malerei u. Grafik, die durch dekorativ geschwungene Linien, durch flächenhaft stilisierte pflanzliche od. abstrakte Ornamente gekennzeichnet ist.*

Ju|gend|straf|an|stalt, die: *Justizvollzugsanstalt, in der jugendliche Straftäter(innen) ihre Strafe verbüßen.*

Ju|gend|stra|fe, die: *gegen jugendliche Straftäter(innen) verhängter Freiheitsentzug.*

Ju|gend|straf|recht, das ⟨o. Pl.⟩: *für jugendliche Straftäter(innen), in bestimmten Fällen auch für Heranwachsende geltendes Strafrecht.*

Ju|gend|sün|de, die [wohl nach Ps. 25, 7]: **a)** *unüberlegte, leichtsinnige Handlung, Tat, die jmd. in seiner Jugend begeht u. an die er u. a. sich später meist nur ungern erinnert:* das war eine kleine J., die man ihm längst verziehen hatte; **b)** *etw., was jmd. in jungen Jahren schafft u. womit er sich später nicht mehr identifizieren kann:* ihre alten Filme bezeichnete die Schauspielerin als -n.

Ju|gend|te|le|fon, das: **a)** *direkte telefonische Verbindung, über die Jugendliche mit geschulten Beratern über ihre Probleme u. deren Lösung sprechen können;* **b)** *Stelle, Einrichtung mit einem Jugendtelefon* (a): Anrufe beim J. sind kostenlos.

Ju|gend|the|a|ter, das: *Theater* (1 a), *in dem Stücke für Jugendliche gespielt werden.*

Ju|gend|trai|ner, der: *Trainer, der (in einem Sportverein) Jugendliche, eine Jugendmannschaft betreut.*

Ju|gend|trai|ne|rin, die: w. Form zu ↑ Jugendtrainer.

Ju|gend|traum, der: *sehnlicher, häufig unerfüllter Wunsch aus der Jugendzeit:* seine Jugendträume sind zerronnen.

Ju|gend|treff, der: *Jugendzentrum od. ähnliche Einrichtung, wo sich Jugendliche treffen können.*

Ju|gend|ver|band, der: *Verband* (2) *von Jugendlichen, bes. von Jugendgruppen.*

Ju|gend|ver|bot, der: *Verbot, mit dem Jugendliche bis zu einer bestimmten Altersgrenze vom Besuch ungeeigneter Veranstaltungen ausgeschlossen werden:* das J. für diesen Film wurde aufgehoben.

Ju|gend|wahn, der (abwertend): *wahnhafte Überbewertung der Jugend, des Jungseins.*

Ju|gend|wart, der: *Interessenvertreter der Jugendlichen in einem Verein o. Ä.*

Ju|gend|war|tin, die: w. Form zu ↑ Jugendwart.

Ju|gend|wei|he, die: **1.** *von freireligiösen Vereinigungen veranstaltete Feier für aus der Hauptschule Entlassene (anstelle einer Konfirmation).* **2.** (bes. DDR) *Festakt zur Aufnahme der vierzehnjährigen Jungen u. Mädchen in die sozialistische Gesellschaft.*

Ju|gend|werk, das: **1.** *Jugendarbeit* (3): bei dieser Zeichnung handelt es sich um ein J. der Künstlerin. **2.** *Einrichtung zur Pflege internationaler Kontakte von Jugendlichen u. Jugendorganisationen* (z. B. das Deutsch-Polnische Jugendwerk).

Ju|gend|wohn|heim, das: *Wohnheim für berufstätige od. in Ausbildung stehende Jugendliche, die nicht zu Hause wohnen können.*

Ju|gend|zeit, die: *Jugend* (1 a).

Ju|gend|zeit|schrift, die: *Zeitschrift für Jugendliche.*

Ju|gend|zen|t|rum, das: *öffentliche Einrichtung, die Jugendlichen unterschiedliche Möglichkeiten zur Freizeitgestaltung bietet.*

Ju|gend|zim|mer, das: **1.** *Zimmer eines Jugendlichen.* **2.** *zur Einrichtung eines Jugendzimmers* (1) *bestimmtes Mobiliar.*

Ju|go|s|la|we, der; -n, -n (früher): Ew.

Ju|go|s|la|wi|en; -s (früher): Staat in Südosteuropa (bis 1991/92).

Ju|go|s|la|win, die; -, -nen: w. Form zu ↑ Jugoslawe.

ju|go|s|la|wisch ⟨Adj.⟩ (früher): *Jugoslawien, die Jugoslawen betreffend.*

ju|he; ↑ juchhe.

ju|hu ⟨Interj.⟩: **1.** [ju'hu:] *Ausruf der Freude, des Jubels:* j., wir haben gewonnen! **2.** ['ju:hu:] *Zuruf, mit dem die Aufmerksamkeit einer Person, die sich in einiger Entfernung befindet, erregt werden soll:* j., hier sind wir!

Juice [dʒu:s], der (österr. nur so) od. das; -, -s [...sɪs] ⟨engl. juice < frz. jus = Saft, Brühe < lat. ius, ↑ ²Jus] (bes. österr.): *[exotischer] Obst-, Gemüsesaft:* bringen Sie uns bitte zwei J. (zwei Gläser Juice).

Ju-Jut|su, (veraltend:) Jiu-Jitsu ['dʒi:u'dʒɪtsu], das; -[s] [jap. jūjutsu, eigtl. = sanfte Kunst]: *in Japan entwickelte Technik der Selbstverteidigung ohne Waffen, bei der bestimmte Hebelgriffe angewendet werden u. Schläge gegen empfindliche Körperstellen des Angreifers geführt werden, durch die man sich aus dessen Gewalt befreit.*

Juke|box ['dʒu:kbɔks], die; -, -es od. -en ⟨engl.-amerik. juke-box, aus amerik. (Jargon) juke = ungebärdig, außer Rand und Band u. engl. box = Kiste, also eigtl. = Musikkiste, Rappelkiste]: *Musikautomat, der nach Einwurf entsprechender Geldmünzen (u. Betätigung von Tasten o. Ä. zur Wahl) Schallplatten od. CDs mit Unterhaltungsmusik abspielt.*

Jul, das; -[s]: **1.** [anord. jol, H. u.] *germanisches Fest der Wintersonnenwende.* **2.** [dän., norw., schwed. jul < anord. jol] *(in Skandinavien) Weihnachtsfest, Weihnachten.*

Ju|lei [auch: 'ju:laɪ], der; -[s], -s ⟨Pl. selten⟩: *aus Gründen der Deutlichkeit gesprochene Form von ↑ ¹Juli.*

Jul|fei|er, die: **1.** *Feier anlässlich des Julfests.* **2.** *(in Skandinavien) Weihnachtsfeier.*

Jul|fest, das: *Jul.*

¹Ju|li, der; -[s], -s ⟨Pl. selten⟩ [lat. (mensis) Iulius, zu Ehren von Julius Caesar (etwa 100–44 v. Chr.) so benannt; Eindeutschung angewandt von Gen. Iulii]: *siebter Monat des Jahres.*

²Ju|li, der; -s, -s: kurz für ↑ Jungliberaler.

³Ju|li, die; -, -s: kurz für ↑ Jungliberale.

ju|li|a|nisch: ↑ Kalender (2).

Ju|li|en|ne [ʒy'liɛn], die; - [frz. julienne, viell. nach den Vorn. Julien (m.). Julienne (w.), frz. Form von Julian(a) < lat. Julianus (Juliana), zu: Julius, ↑ ¹Juli] (Kochkunst): *in feine Streifen geschnittenes, als Suppeneinlage u. in Soßen verwendetes Gemüse.*

Jul|klapp, der; -s [schwed. julklapp, aus: jul (↑Jul) u. klappa = klopfen, pochen; der Überbringer von Weihnachtsgeschenken klopfte nach altem Brauch an die Tür, wenn er kam]: *kleines, zum Scherz oft mehrfach verpacktes Weihnachtsgeschenk, das jmd. [im Rahmen einer Feier] von einem unbekannten Geber erhält od. das, nach skandinavischer Sitte, von einem unbekannten Geber nach lautem Klopfen, Rufen für jmdn. ins Zimmer geworfen wird.*

Jul|mo|nat, Jul|mond, der (veraltet): *Dezember.*

Jum|bo, der; -s, -s: Kurzf. von ↑Jumbojet.

Jum|bo|jet, Jum|bo-Jet, der; -[s], -s [engl. jumbo jet, eigtl. = Düsenriese, aus: jumbo = großes Ding; riesengroß (eigtl. Elefantenname) u. jet, ↑¹Jet]: *Großraumflugzeug.*

Ju|me|lage [ʒymɛˈlaːʒ, österr. meist: -ˈ...ʃ], die; -, -n [...ʒn] [frz. jumelage, eigtl. = Zusammenfügung, zu lat. gemellus = Zwillings-]: *Städtepartnerschaft.*

Jump [dʒamp], der; -s, -s: **1.** [engl. jump = Sprung] (Leichtathletik) *dritter Sprung beim Dreisprung* (vgl. ¹Hop, Stepp). **2.** ⟨o. Pl.⟩ [nach dem betont sprunghaften Rhythmus] *Jazz einer in Harlem entwickelten Stilform.*

jum|pen [ˈdʒampn̩, auch: ˈjʊmpn̩] ⟨sw. V.; ist⟩ [engl. to jump = springen] (ugs.): *irgendwohin springen.*

jun., jr. = junior.

jun. = junior.

jung ⟨Adj.; jünger, jüngste⟩ [mhd. junc, ahd. jung, gemeingerm. Weiterbildung zu einem gleichbed. idg. Adj.]: **1.** *(von Menschen, Tieren, Pflanzen) noch kein hohes Lebensalter habend; sich noch in der Entwicklung oder gerade am Ende der Entwicklung befindend:* ein -er Mann; ein -es Bäumchen; ein Gedicht des -en Goethe; die -en Leute von heute; einer der schönsten Momente meines -en *(noch nicht viele Jahre zählenden)* Lebens; j. *(in jungen Jahren)* verheiratet, vermählt, gefreit; sie ist sehr j. *(als sie noch sehr jung war)* gestorben; ⟨subst.:⟩ Der Mann ist auch nicht der Jüngste *(ist schon älter, schon in fortgeschrittenem Alter, schon ziemlich alt)* und hat zu tun und muss sich schuften (Döblin, Alexanderplatz 122); R wir werden alle/man wird auch nicht jünger; so j. kommen wir nicht mehr zusammen *(ermunternde Aufforderung, bei einem geselligen Beisammensein noch zu verweilen, noch etwas zu trinken);* ***Jung und Alt** (1. *jedermann.* 2. *Junge und Alte*); **von j. auf** (↑klein 2 b). **2. a)** *(im Vergleich zu einem anderen, zu anderen) die geringere, die geringste Anzahl von Lebensjahren habend:* die -e Generation; der -e [Herr] Meier (ugs.; *der Sohn des alten Herrn Meier);* mein jüngerer Bruder; unsere jüngste Tochter; ⟨subst.:⟩ unser Jüngster *(unser jüngster Sohn);* die Jüngeren unter euch können das nicht wissen; (als Ergänzung bei Eigennamen:) Lucas Cranach der Jüngere (Abk. d. J.); **b)** (ugs. scherzh.) *ein bestimmtes, noch nicht hohes Alter habend:* die siebzehn Jahre -e Schauspielerin. **3.** *das Aussehen, Auftreten, die Wirkung, Ausstrahlung, die innere Verfassung eines noch nicht im mittleren od. höheren Lebensalter stehenden Menschen besitzend; jung* (1) *wirkend; jugendlich frisch:* sie ist j. geblieben, fühlt sich noch sehr j.; sie sieht jünger aus als seine Frau; R man ist nur so j., wie man sich fühlt. **4. a)** *noch nicht lange, sondern erst seit Kurzem vorhanden, bestehend:* ein -er Staat; eine -e Ehe; das -e *(frische)* Laub, Grün; der -e Tag (geh.; *der Morgen);* **b)** *noch nicht lange zurückliegend; eben erst vergangen:* ein Ereignis der jüngsten Vergangenheit; die Entdeckung ist jüngeren Datums *(liegt noch nicht weit zurück);* in jüngster Zeit.

Jung|aka|de|mi|ker, der: *Akademiker, der seine Hochschul- od. Universitätsausbildung gerade, erst vor kurzer Zeit abgeschlossen, beendet hat.*

Jung|aka|de|mi|ke|rin, die: w. Form zu ↑Jungakademiker.

Jung|brun|nen, der: **1.** *(in der Sage, Mythologie) Brunnen, dessen Wasser eine Verjüngung bewirkt, [ewige] Jugend verleiht:* sie tranken vom Wasser des -s, badeten im J. **2.** *etw., was jmdm. neuen Schwung, neue Kräfte verleiht:* die Natur, der Aufenthalt am Meer ist ein [wahrer] J. für ihn.

Jung|bür|ger, der (österr., schweiz.): *jmd., der das Wahlalter erreicht hat.*

Jung|bür|ger|fei|er, die (bes. österr.): *Feier für junge Menschen, die das Wahlalter erreicht haben.*

Jung|bür|ge|rin, die: w. Form zu ↑Jungbürger.

Jung|chen, das; -s, - [zu ↑¹Junge] (landsch. fam.): ¹*Junge* (1 a, b): komm her, mein J., ich helfe dir.

Jung|de|mo|krat, der: *Mitglied der ehemaligen Jugendorganisation der FDP.*

Jung|de|mo|kra|tin, die: w. Form zu ↑Jungdemokrat.

Jung|deut|scher ⟨vgl. Deutscher⟩: *Vertreter des Jungen Deutschland, einer (gegen Klassik u. Romantik gerichteten) deutschen literarischen Bewegung mit politisch-zeitkritischer Tendenz (etwa von 1830–1850).*

Jun|ge, der; -n, -n u. Jungs, -, bes. nordd. u. md. Jungs, -ns [mhd. junge, ahd. jungo]: **1. a)** *(bes. nordd.) Kind männlichen Geschlechts; Knabe:* ein kleiner, lieber, wilder, kräftiger J.; du dummer J.; du bist doch schon ein großer J.; er treibt mit seinen drei -n *(Söhnen)* viel Sport; ***jmdn. wie einen dummen -n behandeln** *(jmdn. nicht ernst, nicht für voll nehmen u. ihm gegenüber in entsprechend unangemessener Weise auftreten);* **b)** (ugs.) *[junger] Mann:* ihr Mann ist ein netter, schlauer J.; er ist eben doch noch ein grüner J.; *(häufig als vertrauliche Anrede:)* na, [lieber, mein] J., wie geht es dir?; ***schwerer J.** (ugs. veraltend; *Gewaltverbrecher:* da sitzen die schweren -s ein); **die blauen Jungs** (ugs.; *die Matrosen;* nach der meist blauen Kleidung od. Uniform); **J., J., J.!** (ugs.; Ausruf des Staunens o. Ä.: J., J., da hat ihr der Glück gehabt); **c)** (bes. nordd. veraltend) Kurzf. von ↑Lehrjunge: der Bäcker hat seinem, seinem -n aufgetragen, die Brötchen auszufahren. **2.** (ugs.) *Bube* (2): er hat gleich mit den höchsten -n eingestochen.

Jün|gel|chen, das; -s, - (ugs. abwertend): *unreifer, nicht ernst zu nehmender junger Mann.*

jun|gen ⟨sw. V.; hat⟩: *(bes. von Haustieren) Junge zur Welt bringen; werfen:* die Katze wird bald j.

Jun|gen|ge|sicht, das: *Gesicht eines Jungen, wie es ein Junge hat.*

jun|gen|haft ⟨Adj.⟩: *von der Art wie bei einem Jungen; in der Art eines Jungen gehalten:* -er Charme; sein -es Lachen; er wirkt j.

Jun|gen|haf|tig|keit, die; -: *jungenhafte Art.*

Jun|gen|klas|se, die: *Klasse, die nur von Jungen besucht wird.*

Jun|gen|streich, der: *von einem od. mehreren Jungen verübter Streich.*

jün|ger ⟨Adj.⟩: **1.** ⟨absoluter Komp.⟩ *das mittlere Lebensalter noch nicht gerade erreicht habend:* der Abgeordnete ist ein -er Mann; die Direktorin war noch j. **2.** Komp. zu ↑jung.

Jün|ger, der; -s, - [mhd. junger, ahd. jungiro = Lehrling, Schüler, subst. Komp. zu ↑jung]: **1.** *einzelner Schüler, Anhänger Jesu (aus dem zunächst aus zwölf Männern bestehenden Kreis), der von diesen berufen wurde u. in seinem Auftrag als Apostel das Evangelium verkündete:* die zwölf J.; die J. Petrus und Johannes. **2.** *(geh.) überzeugter Anhänger einer Person, Sache:* ein J. Lenins; ein J. der Wissenschaft, der Kunst (oft spött.): der Professor betrat den Hörsaal, gefolgt von seinen [treuen] -n; Beide sind sie nüchterne, realistische Klardenker, Zyniker und rücksichtslose J. Machiavellis (St. Zweig, Fouché 130).

Jün|ge|rin, die; -, -nen: w. Form zu ↑Jünger (2).

Jün|ger|schaft, die; -, -en (selten): **1.** (oft spött.) *Gesamtheit von Jüngerinnen u. Jüngern* (2): die ganze J. spendete dem Meister Beifall. **2.** ⟨o. Pl.⟩ *das Jünger-, Anhängersein.*

Jun|ges, das Junge/ein Junges; des/eines Jungen, die Jungen/zwei Junge [mhd. junge, ahd. jungi]: **1.** *neugeborenes, noch nicht ausgewachsenes junges Tier:* das Meerschweinchen hat, kriegt Junge. **2.** ⟨o. Pl.⟩ (landsch., bes. südd., österr.) *Klein.*

Jung|fer, die; -, -n [spätmhd. junffer, jonffer, unter Abschwächung des 2. Bestandteils aus mhd. juncfrou(we), ↑Jungfrau]: **1. a)** (veraltet) *[junge] noch nicht verheiratete Frau:* eine schöne J.; (in Verbindung mit dem Vor- od. Nachnamen:) J. Martha, Kruse; ***J. im Grünen** *(zu den Hahnenfußgewächsen gehörende Pflanze mit blauen od. weißen, von einem Kranz feiner Fiederblätter umgebenen Blüten; die von den Blättern umgebene Blüte wird mit einem Mädchen, das in einem Busch o. Ä. sitzt, verglichen);* **b)** (abwertend) *ältere, prüde, zimperliche, unverheiratet gebliebene Frau:* sie ist eine richtige [alte] J. ♦ **2. a)** *Hausmädchen, Hausangestellte:* ... als das Mädchen ... antwortete: es sei ein arm Meitli, die Eltern seien ihm gestorben, so habe sie es in den Dörfern (Gotthelf, Elsi 120); **b)** *junge Herrin* (2); *frisch vermählte junge [Haus]frau:* Die ehr- und tugendsame Augsburger Bürgerstochter, J. Agnes Bernauer, ist meine Gemahlin (Hebbel, Agnes Bernauer III, 13). **3.** (österr. salopp) *[Stück vom] Jungfernbraten.*

jüng|fer|lich ⟨Adj.⟩: *jungfräulich.*

Jung|fern-: drückt in Bildungen mit Substantiven aus, dass etw. zum ersten Mal geschieht, stattfindet: Jungfernflug, -reise.

Jung|fern|fahrt, die: *erste planmäßige Fahrt eines Verkehrsmittels, besonders eines Schiffes.*

Jung|fern|flug, der: *erster planmäßiger Flug eines Flugzeugs.*

jung|fern|haft ⟨Adj.⟩: *jüngferlich.*

Jung|fern|häut|chen, das: ²*Hymen.*

Jung|fern|kranz, der (veraltet): *Brautkranz.*

Jung|fern|re|be, die [viell. nach dem Herkunftsland Virginia (USA), zu engl. virgin < lat. virgo (Gen.: virginis) = Jungfrau]: *Pflanze mit gelappten od. gefingerten Blättern, dunkelblauen bis schwarzen Beeren, die in mehreren Arten wegen ihrer auffallend roten Verfärbung im Herbst als Zierpflanze kultiviert wird.*

Jung|fern|re|de, die: *erste Rede eines Abgeordneten vor dem Parlament.*

Jung|fern|schaft, die; - (veraltet): *Jungfräulichkeit* (1).

Jung|fern|zeu|gung, die (Biol.): *Fortpflanzung, bei der aus unbefruchteten tierischen od. pflanzlichen Keimzellen Nachkommen hervorgehen (z. B. bei der Honigbiene, bei der Nachtkerze); Parthenogenese* (2).

Jung|fil|mer, der: *junger Filmemacher, der noch am Anfang seiner künstlerischen Entwicklung steht.*

Jung|fil|me|rin, die: w. Form zu ↑Jungfilmer.

Jung|fisch, der: *noch nicht geschlechtsreifer Fisch.*

Jung|frau, die [mhd. juncfrou(we), ahd. juncfrouwa = junge Herrin, Edelfräulein]: **1. a)** *(besonders weibliche) Person, die noch keinen Geschlechtsverkehr gehabt hat:* sie/er ist noch J., keine J. mehr; er wollte nur eine J. heiraten; die Heilige J., die J. Maria (kath. Kirche; *die Mutter Jesu*); * **eiserne J.** *(mittelalterliches Folterwerkzeug in Form eines Panzers, der innen mit Eisenspitzen versehen ist);* **zu etw. kommen wie die J. zum Kind** (ugs.; *ohne eigenes Zutun unerklärlicherweise zu etw. kommen*); **b)** (veraltet) *junges Mädchen, noch nicht verheiratete junge Frau:* eine liebliche, schöne J. **2.** (Astrol.) **a)** ⟨o. Pl.⟩ *Tierkreiszeichen für die Zeit vom 24. 8. bis 23. 9:* im Zeichen J. bin ich geboren; **b)** *jmd., der im Zeichen Jungfrau geboren ist:* er ist [eine] J. **3.** ⟨o. Pl.⟩ *Sternbild beiderseits des Himmelsäquators.* **4.** (Druckerspr.) *Fahne (3) mit dem Abzug eines fehlerfreien Textes.*

Jung|frau|en|ge|burt, die ⟨Pl. selten⟩ (Theol.): *Parthenogenese (1).*
jung|fräu|lich ⟨Adj.⟩ (geh.): **1.** *von der Art einer Jungfrau (1 a); eine Jungfrau (1 a) kennzeichnend; sexuell unberührt:* ein [noch] -es Mädchen; ein [noch] -er Knabe; (dichter.:) ihr -er Leib; die -e Ehre. **2.** *unberührt; noch von niemandem angetastet, bearbeitet, erschlossen:* -er Schnee; eine -e Landschaft; -e Erde; (oft scherzh.:) das Papier, auf das er den Artikel schreiben wollte, war am Abend immer noch j.
Jung|fräu|lich|keit, die; - (geh..): **1.** *das Jungfräulichsein (1); sexuelle Unberührtheit:* die Forderung nach J. der Frau bei der Eheschließung. **2.** *Unberührtheit, das Unangetastetsein:* die J. der Neuschneedecke.
Jung|ge|blie|be|ne, die/eine Junggebliebene; der/einer Junggebliebenen, die Junggebliebenen/zwei Junggebliebene, **jung Ge|blie|be|ne,** die/eine jung Gebliebene; der/einer jung Gebliebenen, die jung Gebliebenen/zwei jung Gebliebene: *Frau, die sich trotz fortgeschrittenen Alters nicht alt fühlt.*
Jung|ge|blie|be|ner, der Junggebliebene/ein Junggebliebener; des/eines Junggebliebenen, die Junggebliebenen/zwei Junggebliebene, **jung Ge|blie|be|ner,** der jung Gebliebene/ein jung Gebliebener; des/eines jung Gebliebenen, die jung Gebliebenen/zwei jung Gebliebene: *Mann, der sich trotz fortgeschrittenen Alters nicht alt fühlt.*
Jung|ge|sel|le, der [urspr. = junger Handwerksbursche, zu ↑ Geselle (1)]: *[noch] nicht verheirateter Mann:* ein eingefleischter J.; er ist noch J.
Jung|ge|sel|len|ab|schied, der: *(von meist jungen Männern begangenes) festliches od. fröhliches Abschiednehmen von der Jungesellenzeit kurz vor der Hochzeit.*
Jung|ge|sel|len|bu|de, die (ugs.): *[möbliertes] Zimmer eines Junggesellen.*
Jung|ge|sel|len|da|sein, das: *Dasein eines Junggesellen od. einer Junggesellin.*
Jung|ge|sel|len|wirt|schaft, die ⟨Pl. selten⟩ (ugs., oft scherzh.): *[ungeordneter] Haushalt eines Junggesellen.*
Jung|ge|sel|len|zeit, die: *Zeit, in der jmd. noch Junggeselle od. Junggesellin ist:* mit Wehmut dachte er an seine J. zurück.
Jung|ge|sel|lin, die: w. Form zu ↑ Junggeselle.
Jung|ge|sel|lin|nen|ab|schied, der: *(von meist jungen Frauen begangenes) festliches od. fröhliches Abschiednehmen von der Jungesellenzeit kurz vor der Hochzeit.*
Jung|holz, das ⟨Pl. ...hölzer⟩ (Forstwirtsch.): *junger Waldbestand.*
Jung|leh|rer, der: *Lehrer während seiner Lehrtätigkeit vor dem zweiten Staatsexamen.*
Jung|leh|rin, die: w. Form zu ↑ Junglehrer.
Jung|li|be|ra|le ⟨vgl. Liberale⟩: *weibliches Mitglied der Jugendorganisation der FDP.*
Jung|li|be|ra|ler ⟨vgl. Liberaler⟩: *männliches Mitglied der Jugendorganisation der FDP.*
Jüng|ling, der; -s, -e [mhd. jungelinc, ahd. jungaling]: **a)** (geh.) *noch nicht ganz erwach-*sener *junger Mann:* ein edler, schöner J.; **b)** (meist abwertend, iron.) *unreifer, unfertiger junger Mann, Heranwachsender:* ein schlaksiger J.
jüng|ling|haft: ↑ jünglingshaft.
Jüng|lings|al|ter, das ⟨o. Pl.⟩ (geh., bes. schriftspr.): *Jugendalter einer männlichen Person.*
jüng|lings|haft, jünglinghaft ⟨Adj.⟩ (geh.): *im Aussehen, Wesen, in der Art einem Jüngling (a) entsprechend, für ihn charakteristisch:* eine -e Gestalt; -e Träume.
Jung|mä|del, das (nationalsoz.): *einer zur Hitlerjugend gehörenden Organisation für Mädchen im Alter von 10 bis 14 Jahren angehörendes Mädchen.*
Jung|mann, der ⟨Pl. ...männer⟩: **1.** *junger Mann [als Mitglied einer Organisation].* **2.** (österr. Militär) *Rekrut ohne Dienstgrad.*
Jung|pflan|ze, die: *junge, gezogene Pflanze, die für ein weiteres Kultivieren [in anderen Betrieben] vorgesehen ist.*
Jung|schar, die: *kirchliche Jugendgruppe.*
Jung|sein, das: *Zustand, Dasein als junger Mensch; Jugend.*
Jung|so|zi|a|list, der: *Mitglied der Jugendorganisation der Sozialdemokratischen Partei.*
Jung|so|zi|a|lis|tin, die: w. Form zu ↑ Jungsozialist.
Jung|spund, der; -[e]s, -e (ugs.): *Spund; junger Spund.*
jüngst ⟨Adv.⟩ [mhd. (ze) jungest, ahd. zi jungist; Sup. zu ↑ jung (4 b)] (veraltend): *vor Kurzem:* erst j. habe ich sie getroffen.
Jung|star, der: *junger, jugendlicher* ²*Star (1 a).*
jüngs|te: ↑ jung.
Jüngs|te, die Jüngste/eine Jüngste; der Jüngsten/einer Jüngsten, die Jüngsten/zwei Jüngste: **1.** *jüngstes weibliches Mitglied einer Gemeinschaft.* **2.** *jüngste Tochter einer Familie:* die Jüngste musste immer die Klamotten der größeren Schwestern auftragen.
Jung|stein|zeit, die: *Neolithikum.*
Jüngs|ten|recht, das: *Minorat (1).*
jüngs|tens ⟨Adv.⟩ (veraltet): *jüngst.*
Jüngs|ter, der Jüngste/ein Jüngster; des/eines Jüngsten, die Jüngsten/zwei Jüngste: **1.** *jüngstes Mitglied einer Gemeinschaft.* **2.** *jüngster Sohn einer Familie:* unser Jüngster ist jetzt auch schon 20.
jüngst|hin ⟨Adv.⟩ (veraltend): *jüngst.*
Jung|stier, der: *noch nicht geschlechtsreifer Stier.*
Jung|tier, das: *junges Tier vor der Geschlechtsreife.*
Jung|un|ter|neh|mer, der: *[junger] Unternehmer, der noch nicht lange in seinem Beruf tätig ist.*
Jung|un|ter|neh|me|rin, die: w. Form zu ↑ Jungunternehmer.
jung|ver|hei|ra|tet ⟨Adj.⟩: *seit Kurzem verheiratet:* ein -es Paar.
Jung|ver|hei|ra|te|te ⟨vgl. Verheiratete⟩: *Frau, die gerade geheiratet hat.*
Jung|ver|hei|ra|te|ter ⟨vgl. Verheirateter⟩: *Mann, der gerade geheiratet hat.*
jung|ver|mählt ⟨Adj.⟩ (geh.): *jungverheiratet.*
Jung|ver|mähl|te ⟨vgl. Vermählte⟩ (geh.): *Jungverheiratete.*
Jung|ver|mähl|ter ⟨vgl. Vermählter⟩ (geh.): *Jungverheirateter.*
Jung|vieh, das: *Gesamtheit junger Rinder, bes. junger Kühe, die noch keine Milch geben.*
Jung|vo|gel, der: *noch nicht geschlechtsreifer Vogel.*
Jung|volk, das: **1.** ⟨Pl. selten⟩ (veraltend) *Gesamtheit junger Leute.* **2.** ⟨o. Pl.⟩ (nationalsoz.) *zur Hitlerjugend gehörende Organisation für Jungen im Alter von 10 bis 14 Jahren.* **3.** *junges Bienenvolk.*

Jung|wäh|ler, der: *junger Wähler im Alter von 18 bis 24 Jahren.*
Jung|wäh|le|rin, die: w. Form zu ↑ Jungwähler.
Jung|wild, das: *Wild (1 a) zählendes Jungtier.*
Ju|ni, der; -[s], -s ⟨Pl. selten⟩ [lat. (mensis) Iunius, zu Ehren der Göttin Juno so benannt; Eindeutschung ausgehend vom Gen. Iunii]: *sechster Monat des Jahres.*
Ju|ni|kä|fer, der: *bes. im Juni u. Juli schwärmender, dem Maikäfer ähnlicher kleinerer Käfer mit hellbraunen Flügeldecken.*
ju|ni|or ⟨indekl. Adj.⟩: *nur nachgestellt hinter Personennamen* [lat. iunior = jünger; der Jüngere, Komp. von: iuvenis = jung]: *dient der Bezeichnung des Sohnes zur Unterscheidung vom Vater, bes. bei Gleichheit von Vor- u. Zunamen; der Jüngere* (Abk.: jr., jun.): [Hans] Krause j.
Ju|ni|or, der; -s, ...oren: **1. a)** ⟨Pl. selten⟩ (oft scherzh.) *Sohn:* der J. schlägt ganz nach dem Vater; **b)** ⟨o. Pl.⟩ (ugs.) *jüngerer Teilhaber, bes. Sohn eines Firmeninhabers:* der J. übernimmt die Firmenleitung. **2.** (Sport) *junger Sportler im Alter von 18 (u. je nach Sportart) bis 20, 21 od. 23 Jahren.* **3.** ⟨meist Pl.⟩ *Jugendlicher, Heranwachsender [in der Werbespr. als Konsument].*
Ju|ni|o|rat, das; -[e]s, -e: *Minorat.*
Ju|ni|or|chef, der: *(in der Firma mitarbeitender) Sohn eines Firmeninhabers, einer Firmeninhaberin.*
Ju|ni|or|che|fin, die: w. Form zu ↑ Juniorchef.
Ju|ni|o|ren|meis|ter|schaft, die (Sport): *unter den Junior[inn]en einer Sportart ausgetragene Meisterschaft.*
Ju|ni|o|ren|ren|nen, das (Sport): *unter den Junior[inn]en einer Sportart ausgetragenes Rennen.*
Ju|ni|o|ren|welt|meis|ter|schaft, die (Sport): *Weltmeisterschaft der Junioren (in einer bestimmten Sportart).*
Ju|ni|o|ren-WM, die (Sport): *Juniorenweltmeisterschaft.*
Ju|ni|o|rin, die; -, -nen: w. Form zu ↑ Junior (1b, 2).
Ju|ni|or|part|ner, der: *mit weniger Rechten ausgestatteter [jüngerer] Geschäftspartner.*
Ju|ni|or|part|ne|rin, die: w. Form zu ↑ Juniorpartner.
Ju|ni|or|pro|fes|sor, der (Hochschulw.): *jmd., der eine Juniorprofessur innehat.*
Ju|ni|or|pro|fes|so|rin, die: w. Form zu ↑ Juniorprofessor.
Ju|ni|or|pro|fes|sur, die (Hochschulw.): *Professur an einer Hochschule, die jüngeren Wissenschaftlerinnen u. Wissenschaftlern ohne Habilitation eine akademische Laufbahn ermöglichen soll; das Modell der J. ist umstritten.*
Junk-Art [ˈdʒaŋklaːɐ̯t], die; - [engl. junk art, aus: junk = Plunder, Kram, wertloses Zeug; Schund u. art = Kunst]: *moderne Kunstrichtung, bei der vor allem Abfälle des Konsums als Materialien für Bilder u. Plastiken verwendet werden.*
Jun|ker, der; -s, - [mhd. juncherre = Edelknabe, Knappe; eigtl. = junger Herr]: **1.** *(früher) junger Edelmann.* **2.** *(früher, oft abwertend) adliger Besitzer eines Gutes, Großgrundbesitzer in Ostelbien.*
jun|ker|haft, jun|ker|lich ⟨Adj.⟩ (veraltend): *einem Junker entsprechend:* ein -es Auftreten, Gebaren.
Junk|food, Junk-Food [ˈdʒaŋkfuːd], das; -[s] [engl. junk food, aus: junk (↑Junk-Art) u. food = Essen, Nahrung] (abwertend): *minderwertige, ungesunde Nahrung.*
Jun|kie [ˈdʒaŋki], der; -s, -s [engl. junkie, zu: junk (↑Junk-Art) in der ugs. Bed. »Droge«] (Jargon): *in fortgeschrittenem Stadium drogenabhängige Person.*
Junk|mail [ˈdʒaŋkmeɪl], die; -, -s [engl. junk mail, aus: junk (↑Junk-Art) u. mail = Post]: **1.** *ein-*

Junktim – justiziabel

zelne unerwünscht eingehende E-Mail werbenden Inhalts. **2.** ⟨o. Pl.⟩ *Gesamtheit der Junkmails* (1); *Spam*: wehren Sie sich gegen J.

Junk|tim, das; -s, -s [subst. aus lat. iunctim = vereinigt, zu: iungere (2. Part.: iunctum) = verbinden, verknüpfen] (Dipl., Politik): *[wegen innerer Zusammengehörigkeit notwendige] Verknüpfung zweier od. mehrerer vertraglicher Abmachungen, Gesetzesvorlagen o. Ä., die nur zusammen beschlossen werden od. Gültigkeit haben können:* zwei Verträge in ein J. binden, in einem J. verknüpfen.

Junk|tims|vor|la|ge, die (Politik): *in einem Junktim festgelegter Gesetzesentwurf.*

Junk|tur, die; -, -en [lat. iunctura = Verbindung, Gelenk]: **1.** (veraltet) *Fuge, Verbindung.* **2.** (Med.) *Verbindung zwischen benachbarten Knochen des Skeletts* (z. B. Gelenk, Knorpel). **3.** (Sprachwiss.) *Grenze zwischen zwei aufeinanderfolgenden sprachlichen Einheiten, die in Form einer Sprechpause deutlich wird* (z. B. bei ver-eisen).

¹**Ju|no** [auch: ˈjuːno], der; -[s], -s ⟨Pl. selten⟩: *aus Gründen der Deutlichkeit gesprochene Form von* ↑ Juni.

²**Ju|no** (röm. Mythol.): *Göttin der Ehe; Gemahlin Jupiters.*

Jun|ta [ˈxʊnta, auch: ˈjʊnta], die; -, …ten [span. junta = Vereinigung, Versammlung, Rat, Kommission < lat. iunctus, adj. 2. Part. von: iungere, ↑ Junktim]: **a)** *(in Spanien, Portugal u. Lateinamerika) Regierungsausschuss, Staatsorgan, Verwaltungsbehörde;* **b)** *Kurzf. von* ↑ Militärjunta.

Jupe [ʒyːp; frz. jupe < altital. giuppa, ↑ Joppe]: **1.** ⟨der, seltener: das; -s, -s⟩ (schweiz.) *Rock.* **2.** ⟨die; -, -s⟩ (früher) *bis zu den Knöcheln reichender Unterrock mit Korsage.*

¹**Ju|pi|ter** (röm. Mythol.): *höchster Gott.*

²**Ju|pi|ter**, der; -s: *größter, (von der Sonne aus gerechnet) fünfter Planet unseres Sonnensystems.*

◆ **Jüp|pe**, die; -, -n (schweiz.): *Jupe:* … wenn solche Dinger heiraten, die die J. noch nicht allein anziehen und keine Suppe kochen können (Keller, Romeo 69).

¹**Ju|ra** ⟨o. Art.⟩ [lat. iura, Pl. von: ius, ↑ ¹Jus]: *Rechtswissenschaft als Studienfach:* J. studieren.

²**Ju|ra**, der; -s [nach ↑ ³Jura] (Geol.): *erdgeschichtliche Formation des Mesozoikums (die Lias, ¹Dogger u. Malm umfasst).*

³**Ju|ra**, der; -[s]: *Gebirge zwischen der Rhône östlich von Lyon u. dem Hochrhein bei Schaffhausen: der Schweizer J.*

⁴**Ju|ra**, der; -[s]: *Schweizer Kanton.*

Ju|ra|for|ma|ti|on, die ⟨o. Pl.⟩: ²*Jura.*

Ju|ra|pro|fes|sor, der: *Professor der Rechtswissenschaft.*

Ju|ra|pro|fes|so|rin, die: *w. Form zu* ↑ Juraprofessor.

Ju|ras|si|er, der; -s, -: *Ew. zu* ↑ ³Jura, ⁴Jura.

Ju|ras|si|e|rin, die; -, -nen: *w. Form zu* ↑ Jurassier.

ju|ras|sisch ⟨Adj.⟩: **1.** (Geol.) *den* ²*Jura betreffend, zu ihm gehörend.* **2.** *den* ⁴*Jura betreffend.*

Ju|ra|stu|dent, der: *jmd., der Jura studiert.*

Ju|ra|stu|den|tin, die: *w. Form zu* ↑ Jurastudent.

Ju|ra|stu|di|um, das ⟨o. Pl.⟩: *Studium der Rechtswissenschaft.*

ju|ri|disch ⟨Adj.⟩ [lat. iuridicus, zu: ius (Gen.: iuris, ↑ ¹Jus) u. dicere = sprechen, sagen] (österr., sonst veraltend): *juristisch.*

ju|rie|ren ⟨sw. V.; hat⟩: **a)** *in einer Jury* (1 a) *mitwirken, als deren Mitglied etw. beurteilen, eine Entscheidung fällen, ein Urteil abgeben:* bei dem Wettbewerb jurieren Preisrichter aus sechs verschiedenen Ländern; **b)** *als Mitglied einer Jury* (1 b) *Werke für eine Ausstellung,*

Filmfestspiele o. Ä. auswählen, zusammenstellen.

Ju|ris|dik|ti|on, die; -, -en ⟨Pl. selten⟩ [lat. iurisdictio = Zivilgerichtsbarkeit]: **1.** (bildungsspr.) *Rechtsprechung, Gerichtsbarkeit; Gerichtshoheit.* **2.** (kath. Kirche) *Vollmacht, Recht des Klerus zur Leitung der Mitglieder der Kirche (mit den Funktionen Gesetzgebung, Rechtsprechung, Verwaltung):* die päpstliche J.

Ju|ris|pru|denz, die; - [lat. iuris prudentia, zu: ius (↑ ¹Jus) u. prudentia = Einsicht, Klugheit, Wissenschaft] (bildungsspr.): *Rechtswissenschaft:* J. studieren.

Ju|rist, der; -en, -en [mlat. iurista, zu lat. ius, ↑ ¹Jus]: *jmd., der Rechtswissenschaften studiert hat bzw. auf diesem Gebiet arbeitet.*

Ju|ris|ten|deutsch, das (oft abwertend): *durch komplizierte, pedantisch genaue u. oft weitschweifige Formulierungen gekennzeichnete, schwer verständliche juristische Ausdrucksweise.*

Ju|ris|te|rei, die; - [dt. Bildung zu ↑ Jurist] (scherzh.): *Rechtswissenschaft; Tätigkeit der Jurist(inn)en.*

Ju|ris|tik, die; -: *Rechtswissenschaft:* J. studieren; die verschiedenen Sparten der J.

Ju|ris|tin, die; -, -nen: *w. Form zu* ↑ Jurist.

ju|ris|tisch ⟨Adj.⟩: **a)** *die Rechtswissenschaft, die Rechtsprechung betreffend:* eine Abhandlung, Ausbildung; die -e Fakultät einer Universität; **b)** *den Vorschriften der Rechtswissenschaft, Rechtsprechung genau entsprechend, ihre Mittel anwendend:* -e Argumente, Finessen; j. argumentieren, denken.

Ju|ror, der; -s, -…ọren ⟨meist Pl.⟩ [engl. juror]: *Mitglied einer Jury* (1).

Ju|ro|rin, die; -, -nen: *w. Form zu* ↑ Juror.

Jur|te, die; -, -n [russ. jurta, aus dem Turkotatar.]: *zerlegbares, rundes, mit Filzdecken belegtes Zelt der Nomaden in West- u. Zentralasien.*

Ju|ry [ʒyˈriː, auch: ˈʒyːri], die; -, -s [unter Einfluss von frz. jury < engl. jury < afrz. jurée = Versammlung der Geschworenen, zu lat. iurare = schwören, zu: ius, ↑ ¹Jus]: **1. a)** *Kollegium von Sachverständigen als Preisrichter bei sportlichen, künstlerischen Wettbewerben, bei Quizveranstaltungen o. Ä.:* der Preis wird von einer unabhängigen J. verliehen; **b)** *Kollegium von Fachleuten, das Werke für eine Ausstellung, für Filmfestspiele o. Ä. auswählt:* die J. bestand aus einem Gremium von 12 Museumsdirektoren und Kuratorinnen. **2.** *(in angelsächsischen Ländern) Versammlung, Kollegium der Geschworenen bei Prozessen des Schwurgerichts.*

Ju|ry|mit|glied, das: *Mitglied einer Jury.*

¹**Jus** [österr.: jʊs], das; - ⟨meist o. Art.⟩ [lat. ius = Recht, vgl. ¹Jura] (österr., schweiz., sonst veraltend): *Jura.*

²**Jus** [ʒyː], die; -, bes. südd. u. schweiz. auch: das; -, bes. schweiz.: der; - [frz. jus = Saft, Brühe < lat. ius]: **1.** *durch Kochen von Fleisch gewonnener [konzentrierter, eingedickter] Fleischsaft; Bratensaft.* **2.** (schweiz.) *Frucht-, Gemüsesaft.*

Jus di|vi|num, das; - - [lat., zu: ius (↑ ¹Jus) u. divinus = göttlich] (Rel.): *göttliches Recht; auf menschliches Verhalten bezogener göttlicher Wille.*

Jus na|tu|ra|le, das; - - [lat., zu: ius (↑ ¹Jus) u. naturalis, ↑ Naturalien]: *Naturrecht.*

¹**Ju|so**, der; -s, -s: *Kurzwort für* ↑ Jungsozialist.

²**Ju|so**, die; -, -s: *Kurzwort für* ↑ Jungsozialistin.

Jus pri|mae Noc|tis [- ˈpriːmɛ -], das; - - - [lat. = *Recht der ersten Nacht*]: *[im MA. gelegentlich bezeugtes] Recht eines Grundherrn auf die erste Nacht mit der neuvermählten Frau eines Hörigen, Leibeigenen.*

Jus|siv ⟨auch: …ˈsiːf⟩, der; -s, -e [zu lat. iussus =

Befehl, Geheiß] (Sprachwiss.): *imperativisch gebrauchter Konjunktiv* (z. B. er lebe hoch!)

Jus|stu|dent, der (österr.): *Jurastudent.*

Jus|stu|den|tin, die: *w. Form zu* ↑ Jusstudent.

just ⟨Adv.⟩ [lat. iuste = mit Recht, gehörig; gerade, Adv. von: iustus = gerecht; richtig, zu: ius, ↑ ¹Jus]: **1.** (geh. od. scherzh.) ³*gerade* (a), ²*genau,* ³*eben:* j. in diesem Augenblick; Und j. *(ausgerechnet)* dieser Mann gefiel meiner lieben alten Mutter (Roth, Kapuzinergruft 111).
◆ **2. a)** *in der richtigen Art u. Weise; so, wie es sein soll:* … seit einigen Wochen arbeitet etwas auf deinem Gesichte, das nicht geradezu j. dem Vaterland gilt (Schiller, Fiesco I, 3); **b)** in der Verbindung **nicht j.** (1. *nicht korrekt.* 2. *nicht ganz wohl, unbehaglich*).

Jus|ta|ge [jʊˈstaːʒə, österr. meist: …ʃ], die; -, -n [geb. mit dem frz. Suffix -age] (Fachspr.): *Justierung.*

jus|ta|ment ⟨Adv.⟩ [frz. justement] (veraltend, noch scherzh.): *[nun] gerade:* j. in diesem Augenblick.
◆ **jus|te|ment** ⟨Adv.⟩ [↑ justament]: *justament:* … wir haben schon immer das Licht nicht j. mit Scheffeln hier gehabt (Storm, Söhne 29).

jus|tie|ren ⟨sw. V.; hat⟩ [mlat. iustare = berichtigen, zu lat. iustus, ↑ just] (Physik, Technik): *(von technischen Geräten o. Ä.) [vor Gebrauch] genau einstellen, einrichten:* ein Messgerät, eine Waage j.

Jus|tie|rer, der; -s, -: *Fachmann, der beruflich mit dem Justieren von etw. beschäftigt ist.*

Jus|tie|re|rin, die; -, -nen: *w. Form zu* ↑ Justierer.

Jus|tie|rung, die; -, -en (Physik, Technik): *das Justieren.*

Jus|ti|fi|ka|ti|on, die; -, -en [lat. iustificatio = Rechtfertigung]: **1.** (bildungsspr.) *das Justifizieren* (1); *Rechtfertigung.* **2.** (selten) *das Justifizieren* (2).

jus|ti|fi|zie|ren ⟨sw. V.; hat⟩ [spätlat. iustificare = rechtfertigen, zu lat. iustus (↑ just) u. facere = machen]: **1.** (bildungsspr.) *rechtfertigen:* diese Handlungsweise lässt sich nicht j. **2.** (selten) *die Richtigkeit einer Rechnung nach erfolgter Prüfung anerkennen; nach Prüfung genehmigen.*

just in time [dʒʌst ɪn ˈtaɪm; engl. = *gerade (noch) rechtzeitig*] (Wirtsch.): *zeitlich aufeinander abgestimmt, gleichzeitig.*

Just-in-time-Pro|duk|ti|on, die (Wirtsch.): *Produktionsprinzip, bei dem Zuliefer- u. Produktionstermine genau aufeinander abgestimmt werden, um Lagerkosten zu vermeiden.*

Jus|ti|tia, die; -: **a)** (röm. Mythol.) *Göttin der Gerechtigkeit;* **b)** (geh.) *Verkörperung, Personifizierung, Sinnbild der Gerechtigkeit; als Person gedachte Gerechtigkeit:* bei diesem Handel war J. nicht zugegen; vor dem Gerichtsgebäude stand eine J. *eine figürliche Darstellung, eine Plastik der Justitia.*

jus|ti|ti|a|bel: ↑ justiziabel.

Jus|ti|ti|ar usw.: ↑ Justiziar usw.

Jus|tiz, die; - [zu lat. iustitia = Gerechtigkeit, Recht, zu: iustus, ↑ just]: **1.** *Rechtswesen, -pflege; Rechtsprechung; Recht sprechende Gewalt in einem Staat.* **2.** *Gesamtheit der Behörden, die für die Ausübung der Justiz* (1) *verantwortlich sind:* eine Vertreterin der J.; jmdn. der J. ausliefern.

Jus|tiz|an|stalt, die (österr.): *kurz für* ↑ Justizvollzugsanstalt.

Jus|tiz|be|am|ter, der ⟨vgl. Beamter⟩: *bei einer Justizbehörde tätiger Beamter.*

Jus|tiz|be|am|tin, die; -, -nen: *w. Form zu* ↑ Justizbeamter.

Jus|tiz|be|hör|de, die: *Behörde, die für die Ausübung der Justiz* (1) *verantwortlich ist.*

jus|ti|zi|a|bel, justiziabel ⟨Adj.⟩ [frz. justiciable < mlat. justitiabilis] (bildungsspr.): *einer rich-*

terlichen Entscheidung, einer Gerichtsbarkeit unterworfen: nicht mehr justiziable Straftaten.

Jus|ti|zi|ar, Justitiar, der; -s, -e [mlat. justitiarius = Richter]: *für alle Rechtsangelegenheiten zuständiger Mitarbeiter eines Unternehmens, einer Behörde, eines Verbandes o. Ä.*

Jus|ti|zi|a|rin, Justitiarin, die; -, -nen: w. Formen zu ↑ Justiziar, Justitiar.

Jus|tiz|irr|tum, der: *gerichtliches Fehlurteil:* Opfer eines -s werden.

Jus|tiz|mi|nis|ter, der: *für die Justiz (1) zuständiger Minister.*

Jus|tiz|mi|nis|te|rin, die: w. Form zu ↑ Justizminister.

Jus|tiz|mi|nis|te|ri|um, das: *für die Justiz (1) zuständiges Ministerium.*

Jus|tiz|mord, der (emotional): *Hinrichtung einer aufgrund eines Justizirrtums od. eines Rechtsmissbrauchs verurteilten, in Wirklichkeit aber unschuldigen Person.*

Jus|tiz|pa|last, der: *repräsentatives Gebäude, in dem Justizbehörden untergebracht sind.*

Jus|tiz|rat, der (früher): **a)** ⟨o. Pl.⟩ *an Richter, Rechtsanwälte u. Notare verliehener Titel;* **b)** *Träger des Titels Justizrat (a).*

Jus|tiz|rä|tin, die: w. Form zu ↑ Justizrat.

Jus|tiz|re|form, die: *Reform des Rechtswesens, des Rechtssystems.*

Jus|tiz|res|sort, das: **1.** *das Justizwesen umfassendes Ressort (a) (bes. als Zuständigkeitsbereich des Justizministeriums).* **2.** *Behörde, die ein Justizressort (1) verwaltet; Justizministerium.*

Jus|tiz|se|nat, der: *für die Justiz zuständiges Ressort in einem Senat (3 a).*

Jus|tiz|se|na|tor, der: *Leiter des Justizsenats.*

Jus|tiz|se|na|to|rin, die: w. Form zu ↑ Justizsenator.

Jus|tiz|ver|wal|tung, die: *Verwaltung der Gerichte, Staatsanwaltschaften u. bestimmter anderer Justizbehörden.*

Jus|tiz|voll|zugs|an|stalt, die (Amtsspr.): *Gefängnis* (Abk.: JVA).

Ju|te, die; - [engl. jute < bengal. juṭo]: **1.** *(in tropischen Gebieten heimische) hochwachsende Pflanze mit gesägten Blättern u. kleinen, gelben Blüten, deren Stängel Bast enthält.* **2.** *aus dem Stängel der Jute (1) gewonnene Bastfaser, die bes. zur Herstellung von Garn, Säcken o. Ä. verwendet wird.*

Ju|te|fa|ser, die: *Jute (2).*

Ju|te|pflan|ze, die: *Jute (1).*

Ju|te|sack, der: *Sack aus Jute (2).*

Ju|te|spin|ne|rei, die: *Betrieb, in dem aus Jute (2) Garn gesponnen wird.*

Jüt|land; -s: *festländischer Teil Dänemarks zwischen Nordsee u. Ostsee.*

◆ **jütsch** ⟨Adj.⟩ (nordd.): *jütisch:* Ein schwarzer -er Topf *(in Jütland hergestellter, schwarzer emaillierter Kochtopf;* Storm, Söhne 52).

ju|ve|na|lisch ⟨Adj.⟩ [nach dem röm. Satiriker Juvenal (etwa 58 bis 127 n. Chr.)] (bildungsspr.): *satirisch, spöttisch; von beißendem Spott.*

ju|ve|nil ⟨Adj.⟩ [frz. juvénil < lat. iuvenilis]: **1.** (bildungsspr.) *für junge Menschen, für das jugendliche Alter charakteristisch:* -e Schwärmereien. **2.** (Geol.) *direkt aus dem Erdinnern stammend, aufgestiegen:* -e Quellen; -es Magma.

¹**Ju|wel,** das, auch: der; -s, -en ⟨meist Pl.⟩ [unter Einfluss von mniederl. juweel < afrz. joël, über das Vlat. zu lat. iocus = Spaß, Scherz; also eigtl. = Kurzweiliges, Tändelei]: *wertvoller Schmuckstein; kostbares Schmuckstück:* funkelnde, blitzende -en; sie trägt viele -en.

²**Ju|wel,** das, -s, -e (emotional): *Person od. Sache, die für jmdn. besonders wertvoll ist:* ihre Großmutter ist ein J.; sie ist ein J. von einer Köchin

(ist eine sehr tüchtige Köchin); diese Kirche ist ein J. gotischer Baukunst.

◆ **ju|we|llen** ⟨Adj.⟩: *aus Juwelen bestehend:* Der Augen schwarzer Blitz, die Nacht der Locken, erheitert von juwelnem Band (Goethe, Faust II, 5543 f.).

Ju|we|lier, der; -s, -e: *jmd., der [als ausgebildeter Goldschmied, Uhrmacher o. Ä.] mit Schmuckwaren u. Ä. handelt.*

Ju|we|lier|ge|schäft, das: *Geschäft eines Juweliers.*

Ju|we|lie|rin, die; -, -nen: w. Form zu ↑ Juwelier.

Ju|we|lier|la|den, der: *Juweliergeschäft.*

Jux, der; -es, -e ⟨Pl. selten⟩ [studentenspr. Entstellung von lat. iocus = Scherz] (ugs.): *Spaß, Scherz, Ulk:* das war doch alles nur [ein] J.; sie hat es nur aus J. (zum Spaß) gesagt; Vielleicht hat sich jemand einen J. mit uns gemacht (Musil, Mann 1223); * **aus [lauter] J. und Tollerei** (ugs.: *nur so zum Spaß; aus lauter Übermut).*

ju|xen ⟨sw. V.; hat⟩ (ugs.): *Spaß, Späße machen; ulken:* sie lachten und juxten.

Jux|ta, die; -, ...ten, (österr.:) Juxte, die; -, -n [zu lat. iuxta = daneben]: *meist an der linken Seite von kleinen Wertpapieren, Losen o. Ä. befindlicher Streifen, der zur Kontrolle abgetrennt u. zurückbehalten werden kann.*

Jux|ta|po|si|ti|on, die: **1.** (Sprachwiss.) **a)** *Zusammenrückung der Glieder einer syntaktischen Fügung als besondere Form der Wortbildung* (z. B. in achtel Liter zu: ein Achtelliter); **b)** *bloße Nebeneinanderstellung im Unterschied zur Komposition, zur Zusammensetzung* (z. B. engl. football game = Fußballspiel). **2.** (Mineral.) *Ausbildung von zwei miteinander verwachsenen Kristallen, die eine Fläche gemeinsam haben.*

Jux|te: ↑ Juxta.

JVA [jɔtfauˈlaː], die; -, -[s] [Abk. für Justizvollzugsanstalt] = Justizvollzugsanstalt: *Strafanstalt, Gefängnis.*

jwd [jɔtveːˈdeː] ⟨Adv.⟩ [aus berlin. janz weit draußen] (ugs. scherzh.): *weit außerhalb [und nicht einfach, nicht ohne großen Zeitaufwand zu erreichen]:* sie wohnen j.; die Baustelle ist j.

K

k, K [kaː], das; - (ugs.: -s), - (ugs.: -s) [mhd., ahd. k, c]: *elfter Buchstabe des Alphabets, ein Konsonantenbuchstabe:* ein kleines k, ein großes K schreiben.

k = Kilo...

k. = *kaiserlich; königlich* (im ehemaligen Österreich-Ungarn).

K = Kalium; Kelvin.

κ, K: ↑ Kappa.

Ka|ba|le, die; -, -n [frz. cabale, eigtl. = jüdische Geheimlehre < hebr. qabbālā, ↑ Kabbala] (veraltend): *Intrige:* zum Opfer einer K. werden.

Ka|ban: ↑ Caban.

Ka|ba|nos|si, Cabanossi, die; -, - [H. u.]: *[fingerdicke] stark gewürzte, grobe, geräucherte Brühwurst.*

Ka|ba|rett [kabaˈrɛt, auch: ˈkaː..., ...ˈreː], das; -s, -s, bei eingedeutschter Aussprache auch: -e, (auch, bes. österr.:) Cabaret [kabaˈreː, auch: ˈkabarɛ] (früher), auch: -e, -s [frz. cabaret, auch = Restaurant; Satz Gläser mit Flasche < mniederl. cabret (Nebenf. von: cambret, cameret) »Gaststätte«, eigtl. = Kämmerchen, zu: camere = Raum, Kammer < lat. camera, ↑ Kammer]: **1.** ⟨o. Pl.⟩ *Kleinkunst (1) in Form von Sketchen u. Chansons, die in parodistischer, witziger Weise politische Zustände od. aktuelle Ereignisse kritisieren:* das politische, literarische K.; K. machen. **2. a)** *Kleinkunstbühne:* ins K. gehen; **b)** *Ensemble, das Kabarett (1) macht:* heute Abend gastiert ein tschechisches K. **3.** *[drehbare] mit kleinen Fächern od. Schüsselchen versehene Salat- od. Speiseplatte.*

Ka|ba|ret|tist, der; -en, -en: *Künstler des Kabaretts (1).*

Ka|ba|ret|tis|tin, die; -, -nen: w. Form zu ↑ Kabarettist.

ka|ba|ret|tis|tisch ⟨Adj.⟩: *in der Art des Kabaretts (1) gestaltet:* ein Stück mit -en Szenen.

Ka|bäus|chen, das; -s, - [zu ↑ Kabuse] (landsch.): *recht kleines Zimmer od. Häuschen.*

Kab|ba|la [auch: ...ˈlaː], die; - [hebr. qabbālā = Überlieferung]: **a)** *stark mit Buchstaben- u. Zahlendeutung arbeitende jüdische Geheimlehre u. Mystik* (vor allem im MA.); **b)** *auf der Kabbala (a) aufbauende esoterische u. theosophische Bewegung im Judentum.*

Kab|ba|lis|tik, die; -: *Lehre von der Kabbala, bes. von der Magie mit Buchstaben u. Zahlen.*

kab|ba|lis|tisch ⟨Adj.⟩: **1.** *die Kabbala betreffend:* die -e Lehre, Mystik. **2.** (bildungsspr.) *[für Uneingeweihte] unverständlich.*

kab|bel [zu ↑ kabbeln]: in der Verbindung **k. gehen** (Seemannsspr.) *kabbelig sein).*

Kab|bel|ei, die; -, -en (nordd. ugs.): *kleiner, harmloser Streit; Wortgefecht:* harmlose, ständige -en zwischen den Kindern.

kab|bel|lig ⟨Adj.⟩ (Seemannsspr.): *(von der See) durch gegeneinanderlaufende Wellen ungleichmäßig bewegt.*

kab|beln ⟨sw. V.; hat⟩: **1.** ⟨k. + sich⟩ [mniederd. kabbelen, H. u.] (landsch., bes. nordd. ugs.) *sich ein wenig streiten:* ich kabbele mich oft mit ihr. **2.** (übertr. von 1) (Seemannsspr.) *kabbelig sein:* die See kabbelt.

¹**Ka|bel,** das; -s, - [mhd. kabel = Ankertau, Schiffsseil < frz. câble < mlat. capulum = Fangseil, H. u.]: **1.** *biegsame, isolierte elektrische Leitung (meist aus mehreren gegeneinander isolierten Drähten):* ein dreiadriges K.; ein K. verlegen, an ein Gerät anschließen. **2. a)** (Seemannsspr.) *dickeres Tau aus Hanf od. Draht;* **b)** *Drahtseil, Stahltrosse:* das K. der Seilbahn ist gerissen. **3.** (veraltet) *Telegramm [nach Übersee]:* ein K. schicken. **4.** ⟨o. Pl.⟩ (ugs.) Kurzf. von ↑ Kabelfernsehen (1): habt ihr zu Hause K.?

²**Ka|bel,** das; -, -n [mniederd. kavele = Los, eigtl. = bearbeitetes Stück Holz zum Losen; vgl. anord. kefli = Holzstück] (nordd. veraltet): *Gewinnanteil, Losgewinn.*

Ka|bel|an|schluss, der: *Anschluss (1 a) an das Netz des Kabelfernsehens.*

Ka|bel|be|richt, der (veraltend): *telegrafisch übermittelter Bericht:* aus einem K. unseres Korrespondenten.

Ka|bel|brand, der: *Brand, der in defekten od. überlasteten ¹Kabeln (1) durch Überhitzung entsteht:* ein K. war die Unfallursache.

Ka|bel|fern|se|hen, das: **1.** *Übertragung von Fernsehprogrammen mithilfe von ¹Kabeln (1).* **2.** *Gesamtheit der Fernsehsendungen, -programme, die durch Kabelfernsehen (1) verbreitet wird.*

Ka|bel|gatt, Ka|bel|gat, das (Seemannsspr.): *(auf Schiffen) Raum zur Aufbewahrung von Tauwerk.*

Ka|bel|jau, der; -s, -e u. -s [mniederd. kabelow,

Kabelklemme – Kader

kabbelouw < mniederl. cabbeliau, H. u.]: *(bes. im Nordatlantik heimischer) großer, olivgrün gefleckter Raubfisch.*

Ka|bel|klem|me, die (Elektrot.): *Verbindungsstück für elektrische ¹Kabel (1).*

Ka|bel|kran, der: *Kran, bei dem Güter mithilfe eines Seils befördert werden, das zwischen zwei Türme gespannt ist.*

Ka|bel|län|ge, die (Seew.): *einer zehntel Seemeile entsprechende nautische Längeneinheit.*

Ka|bel|le|ger, der: *Spezialschiff, mit dem ¹Kabel (1) im Meer verlegt werden.*

ka|bel|los ⟨Adj.⟩: *ohne Kabel funktionierend.*

Ka|bel|man|tel, der: *isolierende Hülle um ein ¹Kabel (1).*

¹ka|beln ⟨sw. V.; hat⟩ [zu ↑¹Kabel (3)] (veraltend): *[eine offizielle Nachricht] nach Übersee telegrafieren:* die Börsenkurse nach New York k.

²ka|beln ⟨sw. V.; hat⟩ [mniederd. kavelen, zu ↑²Kabel] (nordd. veraltet): *verlosen, auslosen.*

Ka|bel|nach|richt, die (veraltet): *telegrafisch übermittelte Nachricht.*

Ka|bel|netz, das: *Netz (2 a) von ¹Kabeln (1) (z. B. für das Kabelfernsehen):* ein Programm in das K. einspeisen.

Ka|bel|netz|be|trei|ber, der: *Betreiber eines Kabelnetzes.*

Ka|bel|netz|be|trei|be|rin, die: *w. Form zu ↑Kabelnetzbetreiber.*

Ka|bel|rol|le, die: *[große] Rolle mit aufgerolltem ¹Kabel (1).*

Ka|bel|sa|lat, der (ugs.): *Durcheinander, Gewirr von Kabeln.*

Ka|bel|schuh, der (Elektrot.): *Metallteil, mit dem ein ¹Kabel (1) an ein elektrisches Gerät angeschlossen wird.*

Ka|bel|trom|mel, die: *trommelartige Vorrichtung zum Aufrollen von [Verlängerungs]kabeln.*

Ka|bel|tu|ner, der (Fernseht.): *Tuner (2) für den Empfang von Programmen des Kabelfernsehens.*

Ka|bel-TV, das: *Kabelfernsehen.*

Ka|bi|ne, die; -, -n [frz. cabine < engl. cabin < afrz. cabane, aprovenz. cabana < spätlat. capanna = Hütte (der Weinbergshüter)]: **1. a)** *Wohn- u. Schlafraum für Passagiere auf größeren [Fahrgast]schiffen;* **b)** *Raum, in dem in einem Flugzeug die Passagiere untergebracht werden:* der Pilot schaute in die K. **2. a)** *kleiner, abgeteilter Raum zum Aus- u. Ankleiden; Bade-, Umkleidekabine:* die Kleider in der K. lassen; **b)** *kleiner, abgeteilter Raum, kleines Häuschen für bestimmte Tätigkeiten, Verrichtungen einer einzelnen Person:* alle -n im Internetcafé sind besetzt; zum Wählen in eine K. gehen. **3.** *Gondel einer Seilbahn o. Ä.*

Ka|bi|nen|bahn, die: *Seilbahn, bei der die Fahrgäste in am Seil hängenden Kabinen (3) befördert werden.*

Ka|bi|nen|kof|fer, der: *großer, in Fächer unterteilter Koffer; Schrankkoffer.*

Ka|bi|nen|per|so|nal, das: *in der Kabine (1 b) eines Passagierflugzeugs arbeitendes Personal.*

Ka|bi|nett, das; -s, -e [frz. cabinet, eigtl. = kleines Gemach, Nebenzimmer, wohl zu afrz. cabine = Spielhaus, H. u.]: **1. a)** (veraltet) *abgeschlossener Beratungs- u. Arbeitsraum, bes. an Fürstenhöfen;* **b)** *kleinerer Museumsraum [für besonders wertvolle Objekte];* **c)** (österr.) *kleines, einfenstriges Zimmer.* **2. a)** *Kollegium der die Regierungsgeschäfte eines Staates führenden Ministerinnen u. Minister:* das neue K. bilden; die Kanzlerin stellt ihr neues K. vor; der Vorschlag wurde vom K. gebilligt; **b)** (früher) *engster Beraterkreis eines Fürsten.* **3.** (DDR) *Lehr- u. Beratungszentrum:* ein polytechnisches K. **4.** *(nach dem deutschen Weingesetz) Wein der untersten Kategorie der Qualitätsweine mit Prädikat.*

Ka|bi|nett|for|mat, das (früher): *sehr kleines Format von fotografischen Platten u. Bildern.*

Ka|bi|netts|be|schluss, der: *vom Kabinett (2 a) gefasster Beschluss.*

Ka|bi|netts|bil|dung, die: *Bildung eines Kabinetts (2 a).*

Ka|bi|netts|chef, der: *Vorsitzender eines Kabinetts (2 a).*

Ka|bi|netts|che|fin, die: *w. Form zu ↑Kabinettschef.*

Ka|bi|netts|ent|schei|dung, die: *vom Kabinett (2 a) gefasste Entscheidung.*

Ka|bi|netts|kol|le|ge, der: *jmd., der demselben Kabinett angehört (wie eine bestimmte andere Person).*

Ka|bi|netts|kol|le|gin, die: *w. Form zu ↑Kabinettskollege.*

Ka|bi|netts|lis|te, die: *Aufstellung der in einem neuen Kabinett (2 a) vertretenen Ministerinnen u. Minister.*

Ka|bi|netts|mit|glied, das: *Mitglied eines Kabinetts (2 a).*

Ka|bi|netts|pos|ten, der: *Posten (2 a) in einem Kabinett (2 a).*

Ka|bi|netts|sit|zung, die: *Sitzung eines Kabinetts (2 a).*

Ka|bi|netts|tisch, der: *Tisch, an dem das Kabinett (2 a) Platz nimmt:* sie saß 10 Jahre lang am K. (war 10 Jahre lang Ministerin).

Ka|bi|nett|stück, das: **1.** (veraltet) *bes. wertvoller, in seiner Art einmaliger Gegenstand; Prunkstück.* **2. a)** *bes. geschicktes, erfolgreiches Vorgehen, Handeln:* ein K. der Verhandlungskunst; **b)** (bes. Sport) *bes. geschickte, technisch brillante Leistung:* als K. bot die Nationalspielerin dem Publikum einen direkt verwandelten Eckball.

Ka|bi|nett|stück|chen, das: **1.** *kleines Kabinettstück (2 a).* **2.** (bes. Sport) *kleines Kabinettstück (2 b).*

Ka|bi|netts|um|bil|dung, die: *Umbildung eines Kabinetts (2 a).*

Ka|bi|netts|vor|la|ge, die: *zur Beratung im Kabinett (2 a) eingebrachte Vorlage.*

Ka|bi|nett|wein, der: *Kabinett (4).*

Ka|bis, der; - [mhd. kabeʒ, ahd. capuz < mlat. caputium = Weißkohl, zu lat. caput = Kopf] (südd., schweiz.): *Weißkohl.*

Ka|bri|o|lett [..'let, auch, österr. nur: ...'le:]; das; -s, -s [frz. cabriolet = leichter, einspänniger Wagen, zu: cabriole = Luftsprünge machen, zu: cabriole < ital. capriola, ↑Kapriole] (veraltet): *Cabriolet.*

Ka|buff, das; -s, -s [wohl aus dem Niederd.; viell. geb. zu ↑Kabuse unter Einfluss von niederl. kombof = Notküche; Abstellraum] (landsch. ugs., oft abwertend): *kleiner, dunkler, meist fensterloser [Neben]raum, Abstellraum:* sie wohnt in einem lichtlosen K. unterm Dach.

Ka|bul [auch: kaˈbuːl, kaˈbʊl]: *Hauptstadt von Afghanistan.*

Ka|bu|se, Ka|bü|se, die; -, -n [mniederd. kabuse, H. u.; vgl. Kombüse] (nordd.): **a)** *kleiner, enger [dunkler] Raum;* **b)** *Kombüse.*

Ka|by|lei, die; -: *Gebirgslandschaft in Nordalgerien.*

Ka|chel, die; -, -n [mhd. kachel(e), ahd. chachala = irdener Topf; irdenes Gefäß, zu einer vlat. Nebenf. von lat. caccabus = Tiegel, Pfanne < griech. kákkabos = (dreibeiniger) Kessel]: **1.** *(für Kachelöfen u. Wandverkleidungen) meist viereckige, glasierte Platte aus gebranntem Ton:* Delfter -n. **2.** (südd., schweiz.) *Schüssel, Topf aus Steingut.*

◆ **Ka|chel|bank,** der; -[e]s, ...bänke [zu ↑Kachel (2)] (alemann.): *¹Bord für Geschirr:*

...nahm vom blanken K. den ersten besten Teller (Gotthelf, Spinne 6).

ka|cheln ⟨sw. V.⟩: **1.** ⟨hat⟩ *mit Kacheln (1) verkleiden, auslegen:* wir lassen das Bad k.; eine grün gekachelte Wand. **2.** ⟨ist⟩ [H. u.] (ugs.) *sich fahrend rasch fort-, irgendwohin bewegen:* übers Wochenende nach München k.; mit 200 Sachen über die Autobahn k. **3.** ⟨hat⟩ [H. u.] (salopp) *koitieren.*

Ka|chel|ofen, der: *aus Schamottesteinen gemauerter, mit Kacheln belegter Ofen, der sehr lange die Wärme hält:* am K. sitzen.

kack|braun ⟨Adj.⟩ (derb): *hässlich braun.*

Ka|cke, die; - [zu ↑kacken] (derb): **1.** *Kot.* **2.** *schlechte, minderwertige Sache; unangenehme, Unwillen hervorrufende Angelegenheit:* so eine K.!; was er gemacht hat, ist alles K.; *die K. ist am Dampfen (derb; es gibt Unannehmlichkeiten, Schwierigkeiten).

ka|cken ⟨sw. V.; hat⟩ [spätmhd. kacken, Lallwort aus der Kindersprache, verw. z. B. mit gleichbd. lat. cacare] (derb): *Kot ausscheiden, seine große Notdurft verrichten.*

Ka|da|ver, der; -s, - [lat. cadaver, eigtl. = gefallener (tot daliegender) Körper, zu: cadere = (hin)fallen]: **1.** *toter Körper eines Tiers, auch menschliche Leiche:* ein verwesender K.; menschliche K.; verscharren; Fliegen umschwärmten den K. eines Hundes. **2.** (abwertend) *[verbrauchter, kraftloser] menschlicher Körper:* man muss seinem [alten] K. täglich neue Strapazen zumuten.

Ka|da|ver|ge|hor|sam, der [nach der Vorschrift aus den jesuitischen Ordensregeln des Ignatius von Loyola, sich von Gott und den Vorgesetzten leiten zu lassen »perinde ac si cadaver essent« = »als seien sie ein Leichnam« (der alles mit sich geschehen lässt)] (abwertend): *blinder Gehorsam.*

Ka|da|ver|mehl, das: *Gesamtheit gemahlener Knochen- od. Fleischrückstände verendeter Tiere, die als Futter od. Dünger verwendet wird.*

Ka|da|ver|ver|wer|tung, die: *Gewinnung von Nutzstoffen aus Kadavern (1).*

Kad|disch, das; -s [hebr. qaddīš = geheiligt; nach dem Anfangswort eines Gebetes] (jüd. Rel.): *jüdisches Gebet, das bes. um das Seelenheil Verstorbener während des Trauerjahres gesprochen wird.*

Ka|denz, die; -, -en [ital. cadenza, über das Vlat. zu lat. cadere = fallen]: **1.** (Musik) *Akkordfolge als Abschluss od. Gliederung eines Musikstücks.* **2.** (Musik) *improvisierte od. [vom Komponisten] ausgeschriebene solistische Ausschmückung eines Themas am Schluss [einzelner Sätze] eines Konzerts, die dem Künstler bzw. der Künstlerin die Möglichkeit bietet, ihr virtuoses Können zu zeigen.* **3.** (Sprachwiss.) *das Abfallen der Stimme.* **4.** (Verslehre) *metrische Form des Versschlusses.* **5.** (Waffent.) *Feuergeschwindigkeit.*

ka|den|zie|ren ⟨sw. V.; hat⟩ (Musik): **1.** *durch eine Kadenz (1) zu einem harmonischen Abschluss leiten.* **2. *eine Kadenz (2) ausführen.*

Ka|der, der; -s, -, (schweiz.:) das; -s, -: -: **1.** [frz. cadre < ital. quadro, eigtl. = viereckig < lat. quadrus]: **a)** *aus Offizieren u. Unteroffizieren bestehende Kerntruppe eines Heeres:* K. ausbilden, aufstellen; **b)** (Sport) *Stamm von Sportlerinnen bzw. Sportlern, die für ein Spiel, einen Wettkampf infrage kommen:* sie gehört zum K. der Nationalmannschaft. **2.** [russ. kadr < frz. cadre, ↑Kader (1 a)] *Gruppe von [bes. ausgebildeten od. geschulten] Personen, die wichtige Funktionen in Partei, Wirtschaft, Staat o. Ä. haben:* der K. einer Partei. **3.** [russ. kadr < frz. cadre, ↑Kader (1 a)] *Angehörige[r], Mitglied eines Kaders (2):* die jungen K.

Ka|der|ab|tei|lung, die (DDR): *Abteilung eines Betriebes, einer Verwaltung o. Ä., die für Einstellung u. Betreuung des Personals zuständig ist.*

Ka|der|lei|ter, der (DDR): *Leiter einer Kaderabteilung.*

Ka|der|lei|te|rin, die: w. Form zu ↑ Kaderleiter.

Ka|der|par|tei, die (marx.): *politische Partei, die aus Kadern (2) gebildet ist.*

Ka|der|schmie|de, die (Jargon): *Ort, an dem Kader (2) ausgebildet werden.*

¹**Ka|dett,** der; -en, -en [frz. cadet = Offiziersanwärter < gaskogn. capdet (= aprovenz. capdel) = (kleiner) Hauptmann, urspr. Bez. für Söhne gaskognischer Edelleute, die als Offiziere in den königlichen Dienst traten < lat. capitellum = Köpfchen, Vkl. von: caput = Kopf]: **1.** (früher) *Zögling einer Kadettenanstalt.* **2.** (schweiz. früher) *Mitglied einer uniformierten Jugendorganisation.* **3.** (ugs.) *Bursche (1): ihr seid mir vielleicht -en!*

²**Ka|dett,** der; -s, -s [zu ↑ ¹Kadett (1), nach der häufigen Verwendung dieses Stoffs in Militärschulen für die (Unter)kleidung der Kadetten]: *blauweiß od. schwarz-weiß gestreifter Baumwollstoff für Berufskleidung.*

Ka|det|ten|an|stalt, die (früher): *internatsähnliche Einrichtung, in der die Zöglinge speziell im Hinblick auf ihren späteren Dienst als Berufsoffizier unterrichtet u. erzogen werden.*

Ka|det|ten|korps, das (früher): *Gesamtheit der Zöglinge der Kadettenanstalten eines Landes: er trat ins K. ein.*

Ka|det|ten|schu|le, die (früher): *(im ehemaligen Österreich-Ungarn) Kadettenanstalt.*

Ka|di, der; -s, -s [arab. qāḍī]: **1.** *Richter in islamischen Ländern.* **2.** (ugs.) *richterliche Instanz, Gericht: sie schleppten, brachten ihn vor den K. (strengten einen Prozess gegen ihn an).*

kad|mie|ren (sw. V.; hat) [zu ↑ Kadmium]: *Metalle zum Schutz gegen Korrosion auf galvanischem Weg mit einer Kadmiumschicht überziehen;* verkadmen: Dazu: **Kad|mie|rung,** die; -, -en.

Kad|mi|um, (fachspr.:) Cadmium, das; -s [zu lat. cadmia = Zink(erz) < griech. kadmía]: *silberweiß glänzendes, leicht schneidbares Metall* (chemisches Element; Zeichen: Cd).

Kad|mi|um|le|gie|rung, die: *Legierung mit Kadmium als hauptsächlichem Metall.*

ka|du|zie|ren (sw. V.; hat) [zu lat. caducus = hinfällig, zu: cadere = fallen] (Rechtsspr.): *geleistete Einlagen in eine Aktiengesellschaft o. Ä. für verfallen erklären.* Dazu: **Ka|du|zie|rung,** die; -, -en.

Ka|far|na|um: ↑ Kapernaum.

Kä|fer, der; -s, - [mhd. kever, ahd. chevar, wahrsch. eigtl. = Kauer, Nager]: **1.** *(in vielen Arten vorkommendes) über die ganze Erde verbreitetes, zu den Insekten gehörendes Tier:* ein bunter, schädlicher K. surren, brummen, schwirren durch die Luft. **2.** (salopp) *junge Frau:* ein reizender, flotter K.

Kä|fer|samm|lung, die: *Sammlung von Käfern* [in Kästen].

¹**Kaff,** das; -s, Pl. -s, Käffer u. (selten) -e [Gaunerspr., wohl zu zigeunerisch gáw = Dorf; viell. beeinflusst von jidd. kefar < hebr. kĕfār = Dorf, vgl. ²Kaffer] (ugs. abwertend): *[abgelegene] kleine, langweilige Ortschaft; Nest:* ein elendes, ödes, trostloses K.

²**Kaff,** das; -[e]s [mhd., mniederd. kaf, eigtl. = Spreu, H. u.] (nordd.): **1.** *Spreu:* K. streuen. **2.** (ugs.) *wertloses Zeug, Plunder.*

Kaf|fee [auch, österr. nur: ka'fe:], der; -s, -s [frz. café, ital. caffè < türk. kahve < arab. qahwaʰ, auch = Wein]: **1.** *Kaffeepflanze, -strauch:* K. anbauen, [an]pflanzen. **2. a)** *bohnenförmiger Samen des Kaffeestrauches:* brasilianischer K.;

K. exportieren, rösten, brennen; **b)** *Menge gerösteter [gemahlener] Kaffeebohnen:* ein halbes Pfund K. kaufen; pro Tasse einen Teelöffel K. nehmen. **3.** *anregendes, leicht bitter schmeckendes, meist heiß getrunkenes Getränk von dunkelbrauner bis schwarzer Farbe aus gemahlenem, mit kochendem Wasser übergossenem Kaffee (2 b):* heißer, schwarzer, koffeinfreier K.; K. mit Milch [und Zucker]; K. verkehrt (landsch.; *Milchkaffee mit mehr Milch als Kaffee*); der K. ist stark; K. kochen, aufbrühen, filtern, eingießen, ausschenken, trinken; ich mache uns [einen] K.; eine Tasse, Kanne K.; Herr Ober, zwei K. *(Tassen Kaffee)* bitte; R *in den K. getan?* (ugs.; *du bist wohl nicht recht bei Verstand?*); * **kalter K.** (landsch.; *Erfrischungsgetränk aus Cola u. Limonade*); **kalter K. sein** (ugs.; *längst bekannt u. daher uninteressant sein*). **4. a)** *Zwischenmahlzeit (mit Kuchen o. Ä.) am Nachmittag, zu der man Kaffee (3) trinkt:* um 4 Uhr trinken wir K. *(unseren Nachmittagskaffee);* jmdn. zum K. einladen; **b)** (landsch.) *erste kleine Mahlzeit am Morgen, Frühstück mit Kaffee; Morgenkaffee (1):* nach dem K. brechen wir auf; jetzt muss ich erst mal K. trinken *(frühstücken).*

Kaf|fee|au|to|mat, der: *Kaffeemaschine.*

Kaf|fee|boh|ne, die [2. Bestandteil volksetym. zu Bohne umgedeutet aus arab. bunn = Kaffee(bohnen)]: *bohnenförmige od. rundlicher Samen der Kaffeepflanze, der nach dem Rösten dunkelbraun wird.*

kaf|fee|braun ⟨Adj.⟩: *braun wie Kaffee (3):* er erschien in einem scheußlichen -en Anzug.

Kaf|fee-Ern|te, Kaf|fee|ern|te, die: **a)** *das Ernten von Kaffee (2 a);* **b)** *Gesamtheit des geernteten Kaffees (2 a).*

Kaf|fee-Er|satz, Kaf|fee|er|satz, der: *aus gerösteten u. gemahlenen Pflanzenteilen gewonnenes Pulver, das im Geruch u. Geschmack dem Kaffee (2 b) ähnelt:* K. aus Gerste und Zichorie.

Kaf|fee-Ex|trakt, Kaf|fee|ex|trakt, der, auch: das: *aus gerösteten, gemahlenen Kaffeebohnen gewonnener Extrakt, aus dem durch Trocknung Pulverkaffee hergestellt wird.*

Kaf|fee|fahrt, die: **a)** *Ausflug zum, mit Nachmittagskaffee:* eine K. in den Odenwald machen; **b)** *von Werbefirmen [gratis] veranstaltete Fahrt mit Nachmittagskaffee, bei der versucht wird, den Teilnehmenden bestimmte Waren zu verkaufen.*

Kaf|fee|fleck, der: *von verschüttetem Kaffee (3) herrührender Fleck.*

Kaf|fee|ge|deck, das: **1.** *Gedeck (1) für den Nachmittagskaffee:* bring bitte noch ein K. **2.** *aus Kaffee (3) u. Kuchen bestehendes Gedeck.*

Kaf|fee|ge|schirr, das: *zum Kaffee (4 a) verwendetes Geschirr.*

Kaf|fee|grund, der ⟨o. Pl.⟩ (landsch.): *Kaffeesatz.*

Kaf|fee|haus, das [älter: Coffeehaus, LÜ von engl. coffeehouse] (bes. österr.): *Gaststätte bes. mit Ausschank von Kaffee (3) u. Tee, wo sich die Gäste mit Spielen, Zeitunglesen o. Ä. unterhalten:* den ganzen Tag im K. sitzen.

Kaf|fee|haus|be|sit|zer, der: *Besitzer eines Kaffeehauses.*

Kaf|fee|haus|be|sit|ze|rin, die: w. Form zu ↑ Kaffeehausbesitzer.

Kaf|fee|haus|li|te|ra|tur, die ⟨o. Pl.⟩ (abwertend): *vorwiegend in Kaffeehäusern geschriebene Literatur.*

Kaf|fee|haus|mu|sik, die ⟨o. Pl.⟩ (oft abwertend): *Unterhaltungsmusik, wie sie in Kaffeehäusern gespielt wird.*

Kaf|fee|kan|ne, die: *Kanne mit Henkel u. Deckel,*

in der Kaffee (3) bereitet u. serviert wird: eine bauchige K.; Kaffee in der K. aufbrühen.

Kaf|fee|kas|se, die: *Kasse (meist in Form einer aufgestellten Spardose o. Ä.), aus der die privaten Kosten für Kaffee o. Ä. bezahlt werden.*

Kaf|fee|kir|sche, die: *dunkelrote Frucht der Kaffeepflanze.*

◆ **Kaf|fee|klap|pe,** die (bes. berlin.): *schlechte [Keller]kneipe:* ... ganz Halensee verwünscht, das mit seiner K. diese häusliche Missstimmung ... heraufbeschworen habe (Fontane, Jenny Treibel 182).

Kaf|fee|klatsch, der ⟨o. Pl.⟩ (ugs. scherzh.): *gemütliches Zusammensein mit Plauderei bei Kaffee (3) u. Kuchen.*

Kaf|fee|kränz|chen, das: **a)** *[regelmäßiges] gemütliches Zusammentreffen einer Gruppe [von Frauen] zu Kaffee (3) u. Kuchen:* sie sich unterhalten, Handarbeiten machen o. Ä.: jeden Freitag trifft sie sich zum K. mit ihren Freundinnen; **b)** *Gruppe [von Frauen], die sich zum Kaffeekränzchen (a) trifft.*

Kaf|fee|ma|schi|ne, die: *elektrisches Haushaltsgerät zum Zubereiten von Kaffee (3).*

Kaf|fee|müh|le, die: *[elektrisches] Haushaltsgerät, in dem Kaffeebohnen gemahlen werden.*

Kaf|fee|pad, das: *zur Verwendung in bestimmten Kaffeemaschinen vorgesehener mit Kaffeepulver gefüllter kleiner geschlossener Beutel aus einem wasserdurchlässigen Material.*

Kaf|fee|pau|se, die: *kürzere Pause bes. zum Kaffeetrinken:* K. machen; in der K. rasch eine Besorgung machen.

Kaf|fee|pflan|ze, die: *(als Strauch od. Baum wachsende, in den Tropen heimische) Pflanzen mit lederartigen Blättern, kleinen weißen Blüten u. dunkelroten Früchten, die als Samen die Kaffeebohne enthalten.*

Kaf|fee|plan|ta|ge, die: *Plantage, auf der Kaffee (1) angebaut wird.*

Kaf|fee|rös|ter, der: **1.** *jmd., der Kaffee röstet, eine Kaffeerösterei betreibt.* **2.** (Jargon) *Unternehmen, das sich mit dem Rösten von Kaffee u. dem Verkauf des gerösteten Kaffees befasst.* **3.** *Gerät, Maschine zum Rösten von Kaffee.*

Kaf|fee|rös|te|rin, die; -, -nen: w. Form zu ↑ Kaffeeröster (1).

Kaf|fee|sah|ne, die: *halbfette Sahne für den Kaffee (3).*

Kaf|fee|satz, der ⟨Pl. selten⟩: *nach dem Aufbrühen von gemahlenem Kaffee (2b) zurückbleibender Bodensatz:* den K. wegschütten; aus dem K. wahrsagen.

Kaf|fee|scha|le, die: *große Kaffeetasse.*

Kaf|fee|ser|vice, das: *Service, aus dem Kaffee (4 a, b) benutzt wird:* ein geblümtes, sechsteiliges K.; ein K. für sechs Personen.

Kaf|fee|sie|der, der (österr. amtl., sonst meist scherzh. od. abwertend): *Besitzer eines Kaffeehauses.*

Kaf|fee|sie|de|rin, die: w. Form zu ↑ Kaffeesieder.

Kaf|fee|sor|te, die: *Sorte Kaffee (2 a):* eine dunkle, starke K.

Kaf|fee|strauch, der: *Kaffeepflanze.*

Kaf|fee|ta|fel, die: *festlich gedeckter Kaffeetisch.*

Kaf|fee|tas|se, die: *Tasse, aus der Kaffee (3) getrunken wird.*

Kaf|fee|tisch, der: *zum Kaffee (4 a) od. zum Frühstück gedeckter Tisch:* den K. decken; am K. sitzen.

Kaf|fee|trin|ken, das; -s: *das Trinken von Kaffee, das Zusichnehmen einer kleinen [Zwischen]mahlzeit, zu der Kaffee getrunken wird:* sich zum K. verabreden.

Kaf|fee|wär|mer, der; -s, -: *dick wattierte Haube, die über die Kaffeekanne gestülpt wird, um den Kaffee (3) warm zu halten.*

¹**Kaf|fer,** der; -s, -n [älter engl. Caffre, Caffer, Kaf-

fer < arab. kāfir = Ungläubiger]: **1.** frühere, bes. südafrikanische Bez. für einen Angehörigen eines bestimmten Bantustammes. **2.** frühere abwertende südafrikanische Bez. für einen Menschen mit sehr dunkler Hautfarbe.

²**Kaf|fer,** der; -s, - [aus dem Rotwelschen < jidd. kapher = Bauer, zu hebr. kĕfạr = Dorf; volksetym. auf ↑ ¹Kaffer bezogen] (Schimpfwort): *Dummkopf, blöder Mensch.*

Kä|fig, der; -s, -e [mhd. kevje, ahd. chevia < lat. cavea = Käfig, Behältnis]: **a)** *Raum für gefangen gehaltene größere Tiere, dessen Wände aus Gitterstäben, Drahtgitter o. Ä. bestehen:* der Löwe läuft im K. auf und ab; drei Affen sitzen im K.; **b)** *häuschenartiger Behälter mit festem Boden u. rundherum Gitterstäben od. Drahtgitter zur Haltung kleiner Tiere, bes. Vögel im Haus:* * **goldener K.** (*Unfreiheit, Gebundensein trotz großen Wohlstands, Reichtums:* im goldenen K. sitzen); **faradayscher K.** (↑ Faradaykäfig).

Kä|fig|hal|tung, die: *das Halten von Tieren in Käfigen.*

Kä|fig|stan|ge, die: *Stange eines Käfigs.*

Kä|fig|vo|gel, der: *im Käfig gehaltener Vogel.*

Ka|fir, der; -s, -n [arab. kāfir] (abwertend): *(im Islam) jmd., der nicht dem islamischen Glauben angehört.*

kaf|ka|esk ⟨Adj.⟩ [nach dem österr. Schriftsteller F. Kafka (1883–1924), ↑ -esk] (bildungsspr.): *in der Art der Schilderungen Kafkas; auf unergründliche Weise bedrohlich:* die Geschichte hat -e Züge.

Kaf|tan, der; -s, -e, österr. auch: -s [türk. kaftan < arab. quftan, pers. ḥaftān, urspr. = militär. Obergewand]: **1. a)** *vorn offenes, langes [orientalisches] Obergewand mit langen [weiten] Ärmeln, das oft mit einer breiten Schärpe zusammengehalten od. mit kleinen Knöpfen über der Brust geschlossen wird:* ein seidener K.; **b)** *langes, enges, vorn geknöpftes Obergewand der orthodoxen Juden.* **2.** (ugs.) *langes, weites Kleidungsstück.*

kahl ⟨Adj.⟩ [mhd. kal, ahd. chalo, verw. mit russ. golyj = nackt, bloß]: **1. a)** *keine sonst od. normalerweise vorhandene Haare, Federn o. Ä. aufweisend:* ein -er Schädel; der Pelzmantel hat viele -e Stellen; k. sein, werden (*eine Glatze haben, bekommen);* Schafe k. scheren; der Häftling hatte einen k. geschorenen, rasierten Kopf; **b)** *ohne Laub, unbelaubt:* -e Äste, Bäume; Heuschrecken haben die Sträucher k. gefressen *(die Blätter völlig abgefressen);* **c)** *ohne [sonst vorhandene] Bäume, Sträucher o. Ä. aufweisend:* eine -e Bergkuppe; einen Wald k. schlagen *(alle vorhandenen Bäume fällen).* **2.** *keine normalerweise vorhandene od. erwartete Ausstattung, Möblierung o. Ä. aufweisend:* eine -e Häuserfront; -e Wände; Das kleine, -e Zimmer roch nach Trostlosigkeit und November (Remarque, Triomphe 63).

Kahl|fraß, der: *das Kahlfressen; das Kahlgefressensein.*

kahl fres|sen, kahl|fres|sen ⟨st. V.; hat⟩: *so viel fressen, bis etw. kahl ist.*

Kahl|heit, die; -: *das Kahlsein.*

Kahl|hieb, der: *Kahlschlag* (1).

Kahl|hirsch, der (Jägerspr.): *Rothirsch, der kein Geweih bekommt.*

Kahl|kopf, der: **1.** *kahler Kopf:* nach der Chemotherapie hatte sie einen K. **2.** (ugs.) *Mann mit einer Glatze:* ein alter K.

kahl|köp|fig ⟨Adj.⟩: *ohne Kopfhaar; glatzköpfig:* Dazu: **Kahl|köp|fig|keit,** die; -.

kahl sche|ren, kahl|sche|ren ⟨st. V.; hat⟩: *so lange scheren, bis jmd., etw. kahl ist.*

Kahl|schlag, der: **1.** *das Schlagen, Fällen sämtlicher Bäume auf einer bestimmten Fläche:* Ü ein K. in der Jugendarbeit wäre verheerend. **2.** *Waldfläche, auf der alle Bäume gefällt wurden:* den K. wieder aufforsten. **3.** (ugs. scherzh.) *Glatze.*

kahl schla|gen, kahl|schla|gen ⟨st. V.; hat⟩: *einen Kahlschlag* (1) *veranstalten; von Bäumen frei machen:* die Hänge wurden rücksichtslos kahl geschlagen.

Kahl|schlag|sa|nie|rung, die (abwertend): *radikale, rücksichtslose Sanierung, die alles Alte restlos beseitigt.*

Kahl|wild, das (Jägerspr.): *weibliches od. junges Wild ohne Geweih.*

Kahm, der; -[e]s [mhd. kām, auch: kān(e), viell. zu lat. canus = (weiß)grau] (Fachspr.): *Gesamtheit der Bakterien, Pilze, die die Kahmhaut bilden.*

Kahm|haut, die (Fachspr.): *grauweißer Schimmel auf gärenden od. faulenden Flüssigkeiten:* auf dem Wein bildet sich eine K.

kah|mig ⟨Adj.⟩ [mhd. kāmic] (Fachspr.): *eine Kahmhaut bildend; schimmelig.*

Kahn, der; -[e]s, Kähne [aus dem Md. u. Niederd. < mniederd. kane = Boot, kleines Wasserfahrzeug, wahrsch. urspr. = (trogartiges) Gefäß]: **1.** *kleines, offenes, flaches Boot zum Rudern od. Staken:* der K. schaukelt; K. fahren; mit dem K. über den Fluss rudern. **2.** *breites, flaches Schiff ohne eigenen Antrieb zur Beförderung von Lasten; Schleppkahn:* die Kähne mit Kohle beladen. **3.** (ugs., oft abwertend) *Schiff:* mit diesem K. sollen wir nach Amerika fahren. **4.** ⟨Pl.⟩ (ugs.) *plumpe, [sehr zu] große Schuhe.* **5.** ⟨o. Pl.⟩ (ugs.) *Arrest, Gefängnis:* er sitzt im K. **6.** (ugs. scherzh.) *Bett:* in den K. gehen, steigen.

Kähn|chen, das; -s, -: Vkl. zu ↑ Kahn (1).

Kahn|fahrt, die: *Fahrt mit einem Kahn* (1): *eine K. machen.*

Kai [österr.: kei], der; -s, -s [niederl. kaai < frz. quai, aus dem Kelt., eigtl. = Umwallung, Zaun]: *durch Mauern befestigtes Ufer im Bereich eines Hafens, an dem die Schiffe anlegen u. be- u. entladen werden:* das Schiff macht am K. fest.

Kai|man, der; -s, -e [span. caimán, viell. aus einer Indianerspr. der Karibik]: *(bes. im tropischen Südamerika vorkommender) Alligator.*

Kai|man|in|seln ⟨Pl.⟩: *Inselgruppe in der Karibik.*

Kai|mau|er, die: *an der Wasserseite eines Kais errichtete Mauer.*

Kains|mal, das; -[e]s, -e [nach 1. Mos. 4, 15 Zeichen, das Kain nach dem Brudermord erhalten haben soll u. das ihn als nur von Gott zu Richtenden kennzeichnen sollte]: *Mal, Zeichen der Schuld, das jmd. [sichtbar] trägt, mit dem jmd. gezeichnet ist.*

Kai|ro: Hauptstadt von Ägypten.

¹**Kai|ro|er,** der; -s, -: Ew.

²**Kai|ro|er** ⟨indekl. Adj.⟩: die K. Innenstadt.

Kai|ro|e|rin, die; -, -nen: w. Form zu ↑ ¹Kairoer.

Kai|ros, der; -, Kairoi […ˈrɔy] [griech. kairós]: **1.** (bildungsspr.) *günstiger Zeitpunkt, der für etw. entscheidende, günstige Augenblick.* **2.** (Rel.) *Zeitpunkt der Entscheidung (z. B. zwischen Glauben u. Unglauben).*

Kai|ser, der; -s, - [mhd. keiser, ahd. keisar < got. kaisar, den von den Germanen als Gattungsnamen übernommenen Familiennamen des röm. Staatsmannes [G. Julius] Caesar (etwa 100–44 v. Chr.)]: **1.** ⟨o. Pl.⟩ *Titel des höchsten weltlichen Herrschers in bestimmten Monarchien:* er wurde K.; er wurde zum K. gekrönt. **2.** *Herrscher, Träger des Titels Kaiser:* **a)** *der deutsche K.;* am Hofe K. Karls des Großen, des -s Karl des Großen; die K. Friedrich I. und Friedrich II; * **dem K. geben, was des -s ist** (*seine Pflicht gegenüber der Obrigkeit erfüllen;* nach Matth. 22, 21); **ein Streit um des -s Bart** (*ein Streit um Nichtigkeiten*); **[sich] um des -s Bart streiten** (*sich um Nichtigkeiten streiten;* wohl wegen der Lautähnlichkeit umgedeutet aus: den Geiß[en]bart streiten, der scherzh.

Streitfrage in den Episteln [I, 18, 15] des röm. Dichters Horaz [65–8 v. Chr.], ob man Ziegenhaare als Wolle, entsprechend dem Schaffell, bezeichnen dürfe; dann bezogen auf die Streitereien von Gelehrten darüber, ob bestimmte deutsche Kaiser einen Bart getragen hatten od. nicht); ♦ **auf/über den alten K.** (*ohne an die Folgen zu denken; die Konsequenzen außer Betracht lassend;* eigtl. »auf den alten Kaiser leben« = leben, ohne an die Rückzahlung seiner Schulden zu denken; wohl bezogen auf den nach der Sage im Kyffhäuser hausenden Kaiser Friedrich I. Barbarossa [1122–1190], der nach seiner Wiederkehr eine neue Ordnung errichten u. damit auch die alten Schulden tilgen würde: Und nebenher hatten unsere Kerls noch das gefundene Fressen, über den alten K. zu plündern [Schiller, Räuber II, 3]).

Kai|ser|ad|ler, der [1. Bestandteil in Zus. oft zur Bez. von Außergewöhnlichem, Besonderem, des Besten, Größten seiner Art]: *großer, schwarzbrauner Adler im Mittelmeerraum u. in Osteuropa.*

Kai|ser|bröt|chen, das [1. Bestandteil in Namen von Speisen (bes. im Südd. u. Österr.) zur Bez. von Außergewöhnlichem, Besonderem, des Besten, Größten seiner Art]: *rundes Brötchen mit vier od. fünf bogenförmigen Einkerbungen.*

Kai|ser|haus, das: *Familie, deren Oberhaupt die Kaiserwürde hat:* das japanische, deutsche K.

Kai|se|rin, die; -, -nen [mhd. keiserinne]: **1.** w. Form zu ↑ Kaiser. **2.** *Gemahlin eines Kaisers.*

Kai|se|rin|mut|ter, die ⟨Pl. ...mütter⟩: *Mutter eines Kaisers od. einer Kaiserin.*

Kai|ser|kro|ne, die: **1.** *Krone eines Kaisers od. der Kaiserin.* **2.** *(zu den Liliengewächsen gehörende) Pflanze mit großen, orangefarbenen, an der Spitze des Stängels unter einem Blätterschopf sitzenden, nach unten geneigten Blüten.*

Kai|ser|krö|nung, die: *Krönung zum Kaiser od. zur Kaiserin.*

kai|ser|lich ⟨Adj.⟩ [mhd. keiserlich, ahd. cheiserlich = herrlich, erhaben]: **a)** *zu einem Kaiser, zu einer Kaiserin gehörend:* der -e Hof; **b)** *einem Kaiser, einer Kaiserin entsprechend vornehm;* **c)** *unter der Herrschaft eines Kaisers od. einer Kaiserin stehend:* im -en Deutschland; **d)** *(veraltet) kaiserlich-königlich:* k. gesinnt sein.

kai|ser|lich-kö|nig|lich ⟨Adj.⟩: *ein Land, eine Institution o. Ä. betreffend, wo der bzw. die Herrschende Kaiser[in] u. König[in] zugleich ist:* die -e Monarchie (*österreichisch-ungarische Monarchie).*

kai|ser|los ⟨Adj.⟩: *(bezogen auf eine Zeitspanne) ohne Kaiser:* ♦ Denn geendigt nach langem verderblichen Streit war die -e, die schreckliche Zeit (Schiller, Der Graf von Habsburg).

Kai|ser|pa|last, der: *kaiserlicher Palast.*

Kai|ser|pin|gu|in, der (Vgl. ↑ Kaiseradler): *größter, in der Antarktis lebender Pinguin.*

Kai|ser|reich, das: *Reich, das von einem Kaiser od. einer Kaiserin regiert wird:* das deutsche K.

Kai|ser|schmar|ren, der [vgl. Kaiserbrötchen] (Kochkunst österr.): *mit Zucker bestreute, mit zwei Gabeln in kleine Stücke gerissene Eierkuchen [mit Rosinen].*

Kai|ser|schnitt, der [LÜ von mlat. sectio caesarea, nach der von dem röm. Schriftsteller Plinius (23–79) versuchten Erklärung des Namens Caesar als »der aus dem Mutterleib Geschnittene«, zu lat. caesum, 2. Part. von: caedere = herausschneiden]: *Schnitt, durch den die Gebärmutter vom Bauch aus geöffnet wird, um eine Entbindung zu ermöglichen:* das Kind wurde mit K. entbunden.

¹**Kai|sers|lau|te|rer,** der; -s, -: Ew.

²**Kai|sers|lau|te|rer,** Kaiserslauterner ⟨indekl. Adj.⟩: die Kaiserslauterner Senke.

Kai|sers|lau|te|rin, die; -, -nen: w. Form zu ↑¹Kaiserslauterer.
Kai|sers|lau|tern: Stadt in Rheinland-Pfalz.
Kai|sers|lau|ter|ner: ↑²Kaiserslauterer.
Kai|ser|stadt, die: (bes. im MA.) Stadt, in der ein Kaiser residiert.
Kai|ser|stuhl, der; -[e]s: Bergland in Baden-Württemberg.
kai|ser|treu ⟨Adj.⟩: dem Kaiser, der Kaiserin treu: -e Soldaten.
Kai|ser|tum, das; -s, ...tümer [mhd. keisertuom, ahd. cheisertuom]: **1.** ⟨o. Pl.⟩ monarchische Staats-, Regierungsform mit einem Kaiser, einer Kaiserin an der Spitze. **2.** (selten) Kaiserreich.
Kai|ser|wet|ter, das ⟨o. Pl.⟩ [urspr. nach dem meist strahlenden Sonnenschein am 18. August, dem Geburtstag Kaiser Franz Josephs I. von Österreich] (scherzh.): strahlendes Sonnenwetter [bei festlichen Anlässen].
Kai|ser|wür|de, die: kaiserliche Würde (2).
Kai|ser|zeit, die: Zeit, Ära, in der ein Kaiser bzw. eine Kaiserin regiert.
Kai|zen [...zen], das; - [jap. kaizen = Verbesserung]: (aus Japan stammendes, auf einer Philosophie der ewigen Veränderung beruhendes) Konzept der Unternehmensführung, das darin besteht, einen kontinuierlichen Verbesserungsprozess in Gang zu halten.
Ka|jak, das, auch: der; -s, -s [eskim. qajaq]: **1.** schmales, einsitziges, urspr. geschlossenes, nur von Männern benutztes Boot der Inuit. **2.** ein- od. mehrsitziges Sportpaddelboot, das mit Doppelpaddel vorwärtsbewegt wird: K. fahren.
Ka|jal, das; -[s] [sanskr.]: als Kosmetikum zum Umranden der Augen verwendete [schwarze] Farbe.
Ka|jal|stift, der: Stift zum Umranden der Augen mit Kajal.
Ka|je, die; -, -n [mniederd. kaje] (nordd.): Kai.
Ka|jüt|deck, das: Deck auf größeren Schiffen, auf dem sich die Kajüten befinden.
Ka|jü|te, die; -, -n [aus dem Niederd. < mniederd. kajüte, H. u.]: Wohn- u. Schlafraum auf Booten u. Schiffen: eine enge, niedrige K.; der Kapitän ist in seiner K.
Ka|jü|ten|platz, der: Schlafplatz in einer Kajüte für Passagiere auf Schiffen.

kak-, Kak-: ↑ kako-, Kako-.

Ka|ka|du [auch, bes. österr.: ...'du:], der; -s, -s [niederl. kaketoe < malai. kaka(k)tua, wohl lautm.]: (bes. in Australien heimischer) großer Papagei mit weißem, schwarzem od. rosenrotem Gefieder, einem kräftigen Schnabel u. einem Schopf aus Federn auf dem Kopf.
Ka|kao [ka'kau, auch: ka'ka:o], der; -s, -s [span. cacao < aztek. cacauatl = Kakaokern]: **1.** Kakaobaum, -pflanze: K. anbauen. **2.** Samen des Kakaobaumes: K. rösten, mahlen. **3.** aus gemahlenen Kakaobohnen hergestelltes Pulver: stark entölter K. **4.** aus Kakaopulver, Milch u. Zucker bereitetes Getränk: K. kochen; die Kinder bekamen [eine Tasse] K.; * **jmdn., etw. durch den K. ziehen** (ugs.: jmdn., etw. [auf gutmütige, lustige Weise] verspotten, lächerlich machen; »Kakao« steht hier wahrsch. verhüll. für »Kacke«).
Ka|kao|baum, der: (in den Tropen wachsender) Baum mit immergrünen Blättern u. großen, gurkenähnlichen Früchten, die braune Samen, die Kakaobohnen, enthalten.
Ka|kao|boh|ne, die: brauner Samen des Kakaobaumes.
Ka|kao|but|ter, die: aus Kakaobohnen gewonnenes Pflanzenfett, das zur Herstellung von Schokolade u. in Kosmetik verwendet wird.

Ka|kao|mas|se, die: aus Kakaobohnen durch Mahlen gewonnene Masse, die Ausgangsprodukt für die Herstellung von Schokolade u. Kakaopulver ist.
Ka|kao|pflan|ze, die: Kakaobaum.
Ka|kao|pul|ver, das: aus Kakaomasse gewonnenes braunes Pulver.
ka|keln ⟨sw. V.; hat⟩ [mniederd. käkelen, lautm.] (nordd.): **1.** gackern: eine kakelnde Henne. **2.** (ugs.) über etw. Belangloses schwatzen: sie standen vor der Haustür und kakelten.
Ka|ker|lak, der; -s u. -en, -en, **Ka|ker|la|ke,** die; -, -n [16. Jh., H. u.]: **1.** Küchenschabe. **2.** (von Tieren) lichtempfindlicher Albino (a).
ka|ki, khaki ⟨indekl. Adj.⟩: kakifarben: ein k. Hemd.
¹Ka|ki, ¹Khaki, das; -[s] [engl. khaki ⟨Adj.⟩ < persisch-Hindi khākī = staub-, erdfarben, zu pers. hāk = Staub, Erde]: ins Gelbliche übergehendes Erdbraun: eine Jacke in K.
²Ka|ki, ²Khaki, der; -[s]: gelbbrauner Stoff für leichte u. strapazierfähige Tropenkleidung, bes. Uniformen.
³Ka|ki, die; -, -s [jap. Kaki]: Frucht des Kakibaums; Kakifrucht; Kakipflaume.
Ka|ki|baum, der; -[e]s, ...bäume [jap. kaki]: (zu den Ebenholzgewächsen gehörender) in China u. Japan wachsender Baum mit gelben od. orangefarbenen, süßen, tomatenähnlichen Früchten.
Ka|ki|dro|se, Ka|ki|d|ro|sis, die; - [zu griech. kakós (↑kako-, Kako-) u. hídrōsis = das Schwitzen] (Med.): Absonderung übel riechenden Schweißes, bes. an den Füßen.
ka|ki|far|ben, ka|ki|far|big, khakifarben, khakifarbig ⟨Adj.⟩: die Farbe des Kakis aufweisend.
Ka|ki|ja|cke, Khakijacke, die: kurzärmelige, kakifarbene [Uniform]jacke.
Ka|ki|pflau|me, die; -, -n [jap. kaki]: ³Kaki.
Ka|ki|uni|form, Khakiuniform, die: Uniform aus ²Kaki.

kako-, Kako-, (vor Vokalen auch:) kak-. Kak- [griech. kakós]: Best. in Zus. mit der Bed. schlecht, übel, miss... (z. B. Kakofonie, Kakidrose).

ka|ko|fon, kakophon ⟨Adj.⟩ (Musik, Sprachwiss.): die Kakofonie betreffend; misstönend.
Ka|ko|fo|nie, Kakophonie, die; -, -n [griech. kakophōnía, zu: kakós (↑kako-, Kako-) u. phōnḗ = Klang, Ton]: **1.** (Sprachwiss.) schlecht klingende Folge von Lauten. **2.** (Musik) Missklang, Dissonanz (1): eine Komposition mit -n; Ü die K. innerhalb der Partei beenden.
ka|ko|phon usw.: ↑ kakofon usw.
Kak|ta|ze|en ⟨Pl.⟩ [zu ↑Kaktus] (Bot.): Kaktusgewächse.
Kak|tee, die; -, -n: Kaktus.
Kak|tus, der; -, ugs. u. österr. auch: -ses; ...teen, ugs. auch: -se: **1.** [lat. cactus < griech. káktos] (in vielen Arten in Trockengebieten vorkommende) meist säulen- od. kugelförmige Pflanze, die in ihrem verdickten Stamm Wasser speichert u. meist Dornen trägt: ein stacheliger, blühender K.; Kakteen züchten. **2.** [unter Anlehnung an ↑ kacken] (ugs. scherzh.) Kothaufen.
Kak|tus|fei|ge, die: **1.** Feigenkaktus. **2.** Frucht des Feigenkaktus.
Kak|tus|ge|wächs, das: Kaktus (1).
Ka|ku|ro, das; -[s], -[s] [jap. kakuro, zusgez. aus: kasan kurosu, aus: kasan = Summe u. kurosu = jap. phonetische Wiedergabe von engl. cross = schräg, quer (das Rätsel ist zuerst unter seinem engl. Namen Cross Sums bzw. Additions bekannt geworden)]: einem Kreuzworträtsel ähnliches Zahlenrätsel, das anstatt Buchstaben Ziffern u. anstatt Wortdefinitionen Summen enthält; Kreuzsummenrätsel.

Ka|la|bas|se: ↑ Kalebasse.
Ka|la|bre|se, der; -n, -n: Kalabrier.
Ka|la|b|re|sin, die; -, -nen: w. Form zu ↑ Kalabrese.
Ka|la|b|ri|en; -s: südlichste Region des ital. Festlandes.
Ka|la|b|ri|er, der; -s, -: Ew.
Ka|la|b|ri|e|rin, die; -, -nen: w. Form zu ↑ Kalabrier.
ka|la|b|risch ⟨Adj.⟩: Kalabrien, die Kalabrier betreffend.
Ka|la|ha|ri, die; -: Landschaft im südlichen Afrika.
Ka|la|mi|tät, die; -, -en [lat. calamitas = Schaden, Unglück]: **1.** schlimme, missliche Lage: wir müssen aus den wirtschaftlichen -en herauskommen. **2.** (Biol.) durch Schädlinge, Hagel, Sturm o. Ä. hervorgerufener schwerer Schaden in Pflanzenkulturen: -en in den Nutzwäldern.
Ka|lan|der, der; -s, - [frz. calandre, viell. < mniederl. calander, H. u.] (Technik): Maschine mit verschiedenen Walzen zum Glätten od. Prägen von Stoff, Papier, Folie o. Ä.
ka|lan|dern, ka|lan|d|rie|ren ⟨sw. V.; hat⟩ (Fachspr.): mit dem Kalander bearbeiten.
Ka|la|sch|ni|kow, die; -, -s [nach dem russ. Konstrukteur M. T. Kalaschnikow (geb. 1919)]: automatisches Gewehr von geringer Länge mit langem, nach vorn gebogenem Magazin.
Ka|lau|er, der; -s, - [unter Anlehnung an frz. calembour(g) = Wortspiel, geb. nach dem Namen der Stadt Calau bei Cottbus]: nicht sehr geistreicher, meist auf einem Wortspiel beruhender Witz: einen K. erzählen.
ka|lau|ern ⟨sw. V.; hat⟩: Kalauer erzählen: der Conférencier kalauerte.
Kalb, das; -[e]s, Kälber [mhd. kalp, ahd. chalp, wohl eigtl. = Leibesfrucht, Junges]: **1. a)** junges Rind: ein neugeborenes K.; die Kuh hat ein K. bekommen; * **glotzen, Augen machen wie ein [ab]gestochenes K.** (ugs.: dümmlich, verwundert dreinblicken); **das Goldene K. anbeten/um das Goldene K. tanzen** (geh.: den Wert, die Macht des Geldes unverhältnismäßig hoch schätzen; nach 2. Mos. 32); **b)** Junges (1) von größeren Säugetieren, bes. Hirsch, Giraffe, Elefant. **2.** ⟨o. Pl.⟩ Kurzf. von ↑ Kalbfleisch: ich esse kein K., nicht gerne K. **3. a)** jmd., der als dumm angesehen wird (oft Schimpfwort): dieses K. hat ihr auch noch Geld geliehen; **b)** jmd., der als noch nicht voll erwachsen, als albern angesehen wird: mit diesen Kälbern ist kein ernsthaftes Wort zu reden. **4.** (Seemannsspr.) weiche Auflage aus Holz für Tauwerk.
Kälb|chen, das; -s, -: Vkl. zu Kalb.
Kal|be, die; -, -n [mhd. kalbe, ahd. kalba]: Färse.
kal|ben ⟨sw. V.; hat⟩: **1.** [mhd. kalben] ein Kalb (1) gebären. **2.** (Geogr.) (in Bezug auf einen Gletscher od. eine Inlandeismasse) große Eisschollen abbrechen u. ins Meer od. in ein Binnenwässer stürzen lassen.
Kal|be|rei, Käl|be|rei, die; -, -en (ugs.): albernes Benehmen; Alberei.
kal|bern ⟨sw. V.; hat⟩: **1.** [eigtl. = wie ein junges Kalb (1 a) umhertollen] (ugs.) sich albern benehmen; ¹albern: die Kinder kalberten den ganzen Vormittag. **2.** (schweiz.) kalben (1). **3.** [wohl nach der Ähnlichkeit des hierbei hervorgerufenen Geräuschs mit dem Blöken junger Kälber] (landsch. veraltend) sich übergeben, erbrechen.
¹käl|bern ⟨sw. V.; hat⟩: **1.** kalbern (1). **2.** (südd., österr.) kalben (1). **3.** (ugs.) kalbern (3).
²käl|bern ⟨Adj.⟩ [mhd. kelberīn] (südd., österr.): aus Kalbfleisch.
Kalb|fell, das: **1.** Fell eines Kalbs: ein Mantel aus K. **2.** Kalbsfell (2).
Kalb|fleisch, das: Fleisch vom Kalb (1 a): eingemachtes K. (südd., österr.; Gericht aus kleinen Stücken von Kalbfleisch in einer hellen Soße).

Kalb|le|der, Kalbsleder, das: *Leder aus Kalbfell.*
Kalbs|bries, das (Kochkunst): *Bries vom Kalb.*
Kalbs|brust, die (Kochkunst): *Brustfleisch vom Kalb:* gefüllte K. *(Gericht aus mit Hackfleisch gefüllter Kalbsbrust).*
Kalbs|fell, das: **1.** ↑ Kalbfell (1). **2.** (veraltet) *Trommel.*
Kalbs|fuß, der ⟨meist Pl.⟩ (Kochkunst): *als Gericht zubereiteter Fuß vom Kalb.*
Kalbs|hach|se, die (Kochkunst): *Hachse (a) vom Kalb.*
Kalbs|herz, das (Kochkunst): *Herz (1 b) vom Kalb.*
Kalbs|keu|le, die (Kochkunst): *Keule (2) vom Kalb.*
Kalbs|kopf, der: **1.** *(als Speise zubereiteter) Kopf des geschlachteten Kalbes.* **2.** (ugs.) *dummer, einfältiger Mensch.*
Kalbs|le|ber|wurst, die: *feine Streichwurst aus Kalbs- u. Schweineleber.*
Kalbs|le|der: ↑ Kalbleder.
Kalbs|me|dail|lon, das (Kochkunst): *Medaillon (3) vom Kalb.*
Kalbs|milch, die (Kochkunst): *Kalbsbries.*
Kalbs|nie|ren|bra|ten, der (Kochkunst): *Braten aus dem Rückenstück des Kalbes, das mit den Nieren zusammengerollt wird.*
Kalbs|nuss, die (Kochkunst): *rundes Fleischstück aus der Kalbskeule.*
Kalbs|schle|gel, der (Kochkunst): *Kalbskeule.*
Kalbs|steak, das (Kochkunst): *Steak vom Kalb.*
Kalbs|stel|ze, die (Kochkunst österr.): *Kalbshachse.*
Kalbs|vö|gerl, das [eigtl. = Kalbsvögelchen, weil das Fleischstück die Größe eines kleinen Vogels hat] (Kochkunst österr.): *von der Kalbshachse abgelöstes Fleisch (als Gericht).*
Kal|da|ri|um, das; -s, ...ien [lat. caldarium, zu: cal(i)dus = warm]: **1.** *altrömisches Warmwasserbad.* **2.** (veraltet) *warmes Gewächshaus.*
Kal|dau|ne, die; -, -n ⟨meist Pl.⟩ [mhd., mniederd. kaldune < mlat. calduna, caldumen, wohl zu lat. cal(i)dus = warm, eigtl. = die noch dampfenden Eingeweide geschlachteter Tiere]: **a)** *Kuttel;* **b)** (salopp) *Stück der Eingeweide des Menschen:* sich die -n vollschlagen.
Kal|de|ra: ↑ Caldera.
Ka|le|bas|se, Kalabasse, die; -, -n [frz. calebasse < span. calabaza, über das Maurische viell. zu arab. qarʿaʰ]: *aus den Früchten des Flaschenkürbisses od. des Kalebassenbaumes hergestelltes bauchiges Gefäß (mit langem Hals).*
Ka|le|bas|sen|baum, der: *(im tropischen Amerika heimischer) Baum mit am Stamm sitzenden Blüten, aus denen sich große, kugelige bis eiförmige, hartschalige Früchte entwickeln.*
Ka|le|do|ni|en; -s (veraltet, dichter.): *nördliches Schottland.*
Ka|le|do|ni|er, der; -s, -: *Ew.*
Ka|le|do|ni|e|rin, die; -, -nen: w. Form zu ↑ Kaledonier.
Ka|lei|do|s|kop, das; -s, -e [engl. kaleidoscope, eigtl. = Schönbildschauer, zu griech. kalós = schön, eîdos = Gestalt, Bild u. skopeîn = betrachten, schauen]: **1.** *optisches, in seiner Form an ein Fernrohr erinnerndes Spielzeug, bei dem durch mehrfache Spiegelung von bunten Glassteinchen im Innern, die sich beim Drehen jeweils anders zusammenfügen, wechselnde geometrische Bilder u. Muster erscheinen.* **2.** (bildungsspr.) *lebendig-bunte [Bilder]folge; buntes Allerlei, bunter Wechsel bei etw.:* ein [buntes] K. von Stimmen, Farben, Eindrücken.
ka|len|da|risch ⟨Adj.⟩ [zu ↑ Kalendarium]: *einem im Kalender angegebenen Datum entsprechend; nach dem Kalender:* der -e Beginn des Frühlings.

Ka|len|da|ri|um, das; -s, ...ien [mlat. kalendarium < spätlat. calendarium = Schuldregister der Geldverleiher, zu: Calendae, ↑ Kalender]: **1.** *[offizielles, von den Bistümern herausgegebenes] Verzeichnis der kirchlichen Gedenk- u. Festtage.* **2.** *Verzeichnis der Tage des Jahres, das je nach Art des Kalenders nach Wochen, Monaten o. Ä. gegliedert od. den einzelnen Tagen nach eingeteilt ist:* ein Kunstkalender mit dreisprachigem K. **3.** *(im alten Rom) Verzeichnis der am Ersten des Monats fälligen Zinsen, Schulden.*
Kal|en|den ⟨Pl.⟩ [lat. Calendae, ↑ Kalender]: *erster Tag des altrömischen Monats.*
Ka|len|der, der; -s, - [spätmhd. kalender < mlat. calendarium < spätlat. calendarium, zu lat. calendae = der erste Tag des Monats (Zahlungstermin bei den Römern)]: **1.** *als einzelnes Blatt, als Block, Heft, Buch o. Ä. gestaltetes Verzeichnis der Tage, Wochen, Monate des Jahres in zeitlicher Aufeinanderfolge (oft mit zusätzlichen Angaben über Feiertage, Sonnenaufgänge u. -untergänge o. Ä.):* ein literarischer K.; ein K. aus dem Jahre 1990, von 1990; ein K. für [das Jahr] 2007; ein K. für den Blumenfreund; den K. *(vom Abreißkalender ein Blatt)* abreißen; etw. im K. nachsehen; die Termine im K. notieren, vormerken; * **hundertjähriger K.** *(einen Zeitraum von hundert Jahren umfassendes, erstmals für die Zeit von 1701 bis 1801 zusammengestelltes kalendarisches Verzeichnis mit astrologisch begründeten u. nach Bauernregeln verwendenden Wettervorhersagen);* sich ⟨Dativ⟩ etw./einen Tag im K. [rot] anstreichen *(oft spött.; etw., einen bestimmten Tag als Seltenheit vermerken: wenn ihr einmal pünktlich kommt, müssen wir uns das, müssen wir uns den Tag im K. [rot] anstreichen).* **2.** *Zeitrechnung mithilfe astronomischer Zeiteinheiten wie Tag, Monat, Jahr:* der altrömische, jüdische, chinesische, islamische K.; * **der gregorianische K.** *(die auf dem julianischen Kalender fußende, seit 1582 gültige Zeitrechnung; nach Papst Gregor XIII. [1502–1585]);* **der julianische K.** *(die 46 v. Chr. eingeführte, von der Gründung der Stadt Rom an zählende Zeitrechnung, auf der mit ihrer Einteilung des Jahres in 365 Tage, der Länge der Monate u. einem Schalttag alle vier Jahre die heutige Zeitrechnung beruht; nach dem römischen Staatsmann G. Julius Caesar [etwa 100–44 v. Chr.]).*
Ka|len|der|blatt, das: *Blatt eines Kalenders (das leicht abgetrennt werden kann, z. B. bei einem Abreißkalender, Kunstkalender).*
Ka|len|der|ge|schich|te, die: *ursprünglich in Kalendern veröffentlichte, kurze, volkstümliche, anekdotische o. ä. Erzählung mit belehrendem Inhalt.*
Ka|len|der|jahr, das: *im Kalender festgelegtes Jahr vom 1. Januar bis zum 31. Dezember (im Unterschied zu Geschäftsjahr, Schuljahr, Kirchenjahr o. Ä.).*
Ka|len|der|spruch, der: *Spruch, Sprichwort o. Ä. auf einem Kalenderblatt.*
Ka|len|der|tag, der: *im Kalender festgelegter Tag von 0 bis 24 Uhr.*
ka|len|der|täg|lich ⟨Adj.⟩: *an jedem Kalendertag [erfolgend, stattfindend], pro Kalendertag.*
Ka|len|der|wo|che, die: *im Kalender festgelegte Woche von Montag bis Sonntag (Abk.: KW).*
♦ **Ka|les|se,** die; -, -n [ital. calesse (älter: calesce) < frz. calèche < dt. Kalesche]: *Kalesche:* Wir fuhren auf zwei -n (Goethe, Italien. Reise 6. 3. 1787 [Neapel]).
Kal|fak|ter, der; -s, -, Kalfaktor, der; -s, ...oren [mlat. cal(e)factor = Einheizer; mit dem Einheizen der Öfen betrauter Schüler, Hausmeister o. Ä., zu lat. cal(e)facere = warm machen, einheizen]: **1.** (veraltend, oft leicht abwertend)

jmd., der für jmdn. verschiedenste untergeordnete Hilfsdienste verrichtet; **b)** (oft abwertend) *Häftling, der in der Strafanstalt den Aufsehern Hilfsdienste leistet.* **2.** (landsch. abwertend) *jmd., der andere aushorcht.*
Kal|fak|te|rin, Kalfaktorin, die; -, -nen: w. Formen zu ↑ Kalfakter, Kalfaktor.
Kal|fak|tor usw.: ↑ Kalfakter usw.
kal|fa|tern ⟨sw. V.; hat⟩ [niederl. kalfateren < frz. calfater (od. ital. calafatare, span. calafatear) < mgriech. kalphateïn, zu arab. qafr = Asphalt] (Seemannsspr.): *(die hölzernen Wände, das Deck eines Schiffes) in den Fugen mit Werg u. Teer od. Kitt abdichten.*
Ka|li, das; -s, -s ⟨Pl. selten⟩ [rückgeb. aus ↑ Alkali]: **1.** *bes. als Dünge- u. Ätzmittel verwendetes, natürlich vorkommendes Kalisalz.* **2.** *kurz für* ↑ Kalium.
Ka|li|ber, das; -s, - [frz. calibre < arab. qālib = Schusterleisten; Form, Modell < griech. kalopódion = Schusterleisten < kalós = Holzfüßchen]: **1. a)** (Technik, Waffent.) *innerer Durchmesser von Rohren, Bohrungen o. Ä., bes. des Laufs, Rohres von Feuerwaffen:* das Rohr hat ein K. von 12,5 mm; Waffen aller, verschiedener K.; **b)** (Waffent.) *äußerer Durchmesser eines Geschosses:* Geschosse großen -s; sie schossen mit schweren -n *(Geschossen großen Kalibers).* **2.** (Metallbearb. veraltend) *Messgerät zum genauen Bestimmen des inneren od. äußeren Durchmessers an Werkstücken.* **3.** (Uhrmacherei) **a)** *Form eines Uhrwerks (z. B. rund, quadratisch);* **b)** *Durchmesser eines Uhrgehäuses.* **4.** (Technik) *Aussparung, Abstand zwischen zwei Walzen bei einem Walzwerk.* **5.** (ugs., häufig abwertend) *Art, Sorte:* ein Verbrecher tollsten -s; einem Politiker von solchem K. *(Format)* war das nicht zuzutrauen; Die Clique, die klatscht, ist das gleiche K. *(ist vom gleichen Schlag)* wie die Clique, die pfeift (Benn, Leben 47).
Ka|li|berg|bau, der: *zur Gewinnung von Kalisalzen betriebener Bergbau.*
ka|li|b|rie|ren ⟨sw. V.; hat⟩ (Fachspr.): **1.** *das Kaliber (1 a) bestimmen, messen.* **2. a)** (bes. von Werkstücken) *auf ein genaues Maß bringen, ausrichten;* **b)** *auf eine einheitliche, genormte Größe bringen.* **3.** *(von Messgeräten, ihren Funktionen o. Ä.) durch Vergleichen bestimmter Messdaten mit geeichten Normalen kontrollieren, prüfen u. mit der Norm in Übereinstimmung bringen.*
Ka|li|dün|ge|mit|tel, das, **Ka|li|dün|ger,** der: *Düngemittel, das bes. Kalium in verschiedenen Verbindungen enthält.*
Ka|lif, der; -en, -en [mhd. kalif < arab. ḫalīfaʰ = Nachfolger, Stellvertreter] (Geschichte): **a)** ⟨o. Pl.⟩ *Titel islamischer Herrscher als Nachfolger Mohammeds;* **b)** *Träger des Titels Kalif* (a).
Ka|li|fat, das; -[e]s, -e (Geschichte): **1.** *Amt, Herrschaft eines Kalifen.* **2.** *Reich, Herrschaftsgebiet eines Kalifen.*
Ka|li|for|ni|en; -s: *Bundesstaat der USA.*
ka|li|for|nisch ⟨Adj.⟩: *Kalifornien betreffend:* -er Wein.
Ka|li|la|ger, das ⟨Pl. -⟩: *Salzlager, Lagerstätte mit überwiegendem Vorkommen von Kalisalzen.*
Ka|li|lau|ge, die: *durch Lösung von Kaliumhydroxid in Wasser entstehende farblose, ätzende Flüssigkeit, die bes. in der Waschmittel- u. Farbenindustrie verwendet wird.*
Ka|li|nin|grad: *russische Stadt am Pregel (früher Königsberg).*
Ka|li|sal|pe|ter, der: *bes. als Düngemittel u. bei der Herstellung von Feuerwerkskörpern, Glas u. Porzellan verwendetes Salz der Salpetersäure.*
Ka|li|salz, das ⟨meist Pl.⟩: *Doppelsalz od. Gemisch*

von Verbindungen des Kaliums, Natriums, Kalziums u. Magnesiums, das bes. als Düngemittel u. als Rohstoff in der chemischen Industrie verwendet wird.

Ka|li|um, das; -s [zu ↑ Alkali]: *sehr weiches, (an frischen Schnittstellen) silbrig glänzendes, mit Wasser u. an der Luft schnell reagierendes Alkalimetall, das in der Natur nur in Verbindungen vorkommt* (chemisches Element; Zeichen: K).

Ka|li|um|chlo|rid, das: *chemische Verbindung von Kalium mit Chlor, die bes. zur Herstellung von Kalidüngern verwendet wird.*

Ka|li|um|kar|bo|nat, das: *aus Kalium u. Kohlensäure entstehendes Salz, das ein weißes, leicht in Wasser lösliches Pulver bildet u. bes. zur Herstellung von Seifen u. Glas verwendet wird;* Pottasche.

Ka|li|um|per|man|ga|nat, das: *dunkelviolett glänzende, Kristalle bildende chemische Verbindung, die bes. als Desinfektions- u. Bleichmittel, zum Beizen von Holz u. Ä. verwendet wird.*

Ka|li|um|salz, das: *Salz, das Kalium als Kation enthält.*

Ka|li|um|sul|fat, das: *als Düngemittel verwendetes Salz aus Kalium u. Schwefelsäure.*

Ka|li|um|ver|bin|dung, die: *mit Kalium gebildete chemische Verbindung.*

Kalk, der; -[e]s, -e [mhd. kalc, ahd. kalk = Kalk, Tünche < lat. calx (Gen.: calcis), wohl verw. mit griech. chálix = Kalk(stein)]: **1. a)** *(in der Natur als Kalkstein, Kreide u. Marmor vorkommendes) Kalziumkarbonat:* im Wasserkessel hat sich K. abgesetzt; das Wasser enthält [viel] K.; **b)** *aus Kalkstein gewonnener weißer [pulveriger] Baustoff;* Branntkalk, Löschkalk: gebrannter, [un]gelöschter K.; K. brennen, löschen; den Boden mit K. *(Kalkdünger)* bestreuen; die Wände mit K. *(Kalkmörtel)* bewerfen, mit K. *(Kalkmilch)* streichen; sie ist Gesicht wurde weiß, blass wie K. *(sehr, auffallend bleich);* *** bei jmdm. rieselt [schon] der K.** (salopp; *jmd. wird senil, geistig unbeweglich).* **2.** *als Knochensubstanz vorkommendes, im Blut enthaltenes Kalzium:* die schlechten Zähne sind auf einen Mangel an K. zurückzuführen.

Kalk|ab|la|ge|rung, die: **1.** (Med.) *Ablagerung von Kristallen aus Kalk im Körpergewebe.* **2.** *Ablagerung von porösem Kalkstein:* den Wasserkessel von den -en befreien.

kalk|arm ⟨Adj.⟩: *wenig Kalk enthaltend:* -e Böden.

Kalk|dün|ger, der: *Düngemittel, das vornehmlich Kalzium enthält.*

kal|ken ⟨sw. V.; hat⟩: **1.** [mhd. kelken; ahd. (2. Part.) gichalct] *mit einer Mischung aus gelöschtem Kalk u. Wasser [mit Farbstoffen] streichen:* Wände, Bäume k. **2.** *mit Kalkdünger düngen:* den Boden k. **3.** *(zur Entsäuerung) mit Kalk versehen:* den Waldboden k.

käl|ken ⟨sw. V.; hat⟩ (landsch.): kalken.

Kalk|far|be, die: *Anstrichfarbe aus Kalkmilch u. Farbstoffen.*

Kalk|fel|sen, der: *vorwiegend aus Kalkstein bestehender Felsen.*

Kalk|ge|bir|ge, das: *vorwiegend aus Kalkstein bestehendes Gebirge.*

Kalk|ge|stein, das: *vorwiegend aus Kalkspat bestehendes Sedimentgestein.*

kalk|hal|tig ⟨Adj.⟩ (bes. Geol., Mineral.): *Kalk enthaltend:* -er Boden; -es Gestein, Wasser.

kal|kig ⟨Adj.⟩: **1.** *im Farbton dem Kalk ähnlich; sehr fahl:* -es Licht. **2.** *kalkhaltig:* -es Wasser. **3.** *weiß von Kalk:* dein Ärmel ist vom Streichen ganz k.

Kalk|milch, die: *zum Anstreichen u. Desinfizieren verwendete Mischung aus gelöschtem Kalk u. Wasser.*

Kalk|mör|tel, der: *zum Bauen u. Verputzen verwendeter, aus gebranntem Kalk, Sand u. Wasser angerührter Mörtel.*

kalk|reich ⟨Adj.⟩: *viel Kalk enthaltend.*

Kalk|sand|stein, der: *im Baugewerbe verwendeter, aus Quarzsand u. gebranntem Kalk gepresster, unter Dampfdruck gehärteter Mauerstein.*

Kalk|sin|ter, der: *poröser Kalkstein, der durch Ablagerung aus kalkhaltigen Quellen od. schnell fließenden Gewässern entstanden ist.*

Kalk|spat, der; -[e]s, -e u. Kalkspäte: *formenreiches, weitverbreitetes, farbloses bis gelbliches, wasserklares bis undurchsichtiges Mineral;* Kalzit.

Kalk|stein, der: *meist aus [Meer]wasser abgesetztes, vorwiegend aus Kalkspat bestehendes Sedimentgestein, das als Rohstoff bes. in der chemischen u. der Bauindustrie Verwendung findet.*

Kalk|stein|bruch, der: *Steinbruch, in dem Kalkstein abgebaut wird.*

Kalk|tuff, der: *Kalksinter.*

¹Kal|kül, das, auch: der; -s, -e [frz. calcul, zu: calculer < lat. calculare = mit Rechensteinen rechnen, berechnen, zu: calculus = Rechenstein; (Be)rechnung, Vkl. von: calx, ↑ Kalk] (bildungsspr.): *etw. im Voraus abschätzende, einschätzende Berechnung, Überlegung; aus taktischem, ökonomischem K.; etw. ins K. [einbe]ziehen (von vornherein mit berücksichtigen);* man darf an eine solche Sache nicht mit logischem K. herangehen.

²Kal|kül, der; -s, -e (Math.): *durch ein System von Regeln festgelegte Methode, mit deren Hilfe bestimmte mathematische Probleme systematisch behandelt u. automatisch gelöst werden können* (z. B. Verfahren zur Auflösung linearer u. quadratischer Gleichungen).

Kal|ku|la|ti|on, die; -, -en [spätlat. calculatio = Berechnung]: **1.** (bes. Kaufmannsspr.) *Vorausberechnung entstehender Kosten:* eine genaue K. der Kosten, Preise; die K. stimmt nicht, geht nicht auf. **2.** *in Bezug auf etw. angestellte Überlegung; Schätzung:* etw. in seine K. mit einbeziehen.

kal|ku|la|to|risch ⟨Adj.⟩: (bes. Kaufmannsspr.) *mithilfe einer Kalkulation* (1); *rechnerisch:* -e Kosten, Zinsen; Begriffsdefinition der -en Buchhaltung.

kal|ku|lier|bar ⟨Adj.⟩: *in seinen Ausmaßen berechenbar:* das Risiko ist nicht k. Dazu: **Kal|ku|lier|bar|keit,** die; -.

kal|ku|lie|ren ⟨sw. V.; hat⟩ [lat. calculare, ↑ ¹Kalkül]: **1.** (bes. Kaufmannsspr.) *(bes. die für etw. voraussichtlich entstehenden Kosten) im Voraus berechnen:* knapp, großzügig k.; Kosten, Preise k. **2.** *(eine Situation) in bestimmten Weise einschätzen:* [blitz]schnell, scharf, richtig k.; [ich] kalkuliere (ugs.; *vermute),* er hat jetzt ausgespielt.

Kalk|kut|ta; ↑ Kolkata.

kalk|weiß ⟨Adj.⟩ (emotional): **a)** *weiß wie Kalk;* **b)** *vor Erregung od. Angst [plötzlich, als Ausdruck der eigenen Ohnmacht] sehr bleich:* sie lehnte mit -em Gesicht, k. an der Wand.

Kal|la; ↑ Calla.

Kal|le, die; -, -n [jidd. kalle < hebr. kallā = Braut] (Gaunerspr.): **1. a)** *Braut;* **b)** *Geliebte.* **2.** *Prostituierte.*

Kal|li|gra|fie, Kalligraphie, die; -, -n [griech. kalligraphía, zu: kalli- (in Zus.) = schön, zu: kalós = schön u. gráphein = schreiben]: **1.** (o. Pl.) *Kunst des Schönschreibens.* **2.** *kalligrafisches Werk.*

kal|li|gra|fisch, kalligraphisch ⟨Adj.⟩: **a)** *die Kalligrafie betreffend;* **b)** *in [kunstvoller] Schönschrift [abgefasst].*

Kal|li|gra|phie usw.: ↑ Kalligrafie usw.

Kal|li|o|pe (griech. Mythol.): *Muse der erzählenden Dichtkunst.*

♦ **Kal|li|pä|die,** die; - [zu griech. kállos = Schönheit u. paideía = Lehre, Ausbildung]: *Erziehung zu Schönem:* Die Schulmeisterin, der, wenn irgendeinem Menschen, die K. der Töchterschule anvertraut werden kann (Jean Paul, Wutz 21).

Kal|lus, der; -, -se [lat. callus = Verhärtung]: **1.** (Bot.) *an Wundrändern von Pflanzen durch vermehrte Teilung entstehendes Gewebe.* **2.** (Med.) **a)** *Schwiele;* **b)** *nach Knochenbrüchen neu gebildetes Gewebe.*

♦ **Kal|mank,** der; -s [H. u.; vgl. engl. calamanco, frz. calmande]: *gemusterter Wollstoff:* Seine Schlafröcke von K. oder Damast waren durchaus sehr sauber (Goethe, Dichtung u. Wahrheit 4).

♦ **kal|man|ken** ⟨Adj.⟩: *aus Kalmank:* Kein »redlicher Greis in gestreifter -er Jacke« würde euch mehr verschonen »zur Wintergesellschaft« (Raabe, Chronik 146).

Kal|mar, der; -s, ...are [frz. calmar < mlat. calamare = Tintenfisch, zu: calamaris = zum Schreibzeug gehörig < lat. calamarius = zum (Schreib)rohr gehörig (zu: calamus, ↑ Kalmus), wohl wegen der röhrenartigen Arme]: *zehnarmiger Tintenfisch.*

Kal|me, die; -, -n [frz. calme < ital. calma = Windstille < spätlat. cauma < griech. kaũma = (Sommer)hitze] (Meteorol.): *völlige Windstille.*

Kal|men|gür|tel, der (Meteorol.): *Gebiet häufiger Windstillen [über den Meeren].*

Kal|men|zo|ne, die (Meteorol.): *Zone völliger Windstille in der Nähe des Äquators.*

Kal|mück, der; -en, -en, **Kal|mü|cke,** der; -n, -n: *Angehöriger eines westmongolischen Volkes.*

Kal|mü|ckin, die; -, -nen: w. Form zu ↑ Kalmück, Kalmücke.

Kal|mus, der; -, -se [spätmhd. kalmus < lat. calamus < griech. kálamos = Rohr (1 a)]: *schilfartige Pflanze mit schwertförmigen Blättern u. grünen Blütenkolben, aus deren Wurzelstock ein ätherisches Öl gewonnen wird.*

Ka|lo|rie, die; -, -n [frz. calorie, zu lat. calor (Gen.: caloris) = Wärme, Hitze, Glut, zu: calere = warm, heiß sein; glühen]: **1.** (meist Pl.) (früher) *Maßeinheit für den Nährwert von Lebensmitteln* (Zeichen: cal): das Gemüse hat 300 -n; **b)** (ugs.) *(in Kalorien 1 a ausgedrückte) Menge des den Lebensmitteln innewohnenden Nährwerts:* auf die -n achten; der tägliche Bedarf an -n. **2.** (Physik früher) *physikalische Maßeinheit für die Wärmemenge, die 1 Gramm Wasser von 14,5° auf 15,5° Celsius erwärmt* (Zeichen: cal).

ka|lo|ri|en|arm ⟨Adj.⟩: *wenig Kalorien* (1 b) *enthaltend:* sie legt Wert auf -e Kost.

ka|lo|ri|en|be|wusst ⟨Adj.⟩: *darauf achtend, dass dem Körper keine überflüssigen Kalorien* (1 b) *zugeführt werden:* sich k. ernähren.

Ka|lo|ri|en|bom|be, die (ugs.): *etw., was viele Kalorien* (1 b) *enthält, sehr nahrhaft ist.*

ka|lo|ri|en|re|du|ziert ⟨Adj.⟩: *weniger Kalorien* (1 b) *enthaltend:* -e Lebensmittel.

ka|lo|ri|en|reich ⟨Adj.⟩: *viele Kalorien* (1 b) *enthaltend:* k. kochen, essen.

Ka|lo|rik, die; - (Physik): *Wärmelehre.*

Ka|lo|ri|me|ter, das; -s, - (Physik): *Gerät zur Bestimmung von Wärmemengen.*

Ka|lo|ri|me|t|rie, die; - (Physik): *[Lehre von der] Messung von Wärmemengen.*

ka|lo|risch ⟨Adj.⟩: **1.** [frz. calorique] (Physik) *die Wärme betreffend:* -e Kraftwerke; eine -e Maschine *(ein Generator mit Wärmeantrieb).* **2.** *die Kalorien* (1) *betreffend.*

kalt ⟨Adj.; kälter, kälteste⟩ [mhd., ahd. kalt, eigtl. = abgekühlt, gefroren u. urspr. adj. 2. Part. eines untergegangenen Verbs mit der Bed.

»abkühlen, frieren«]: **1.** *wenig od. keine Wärme enthaltend, ausstrahlend; von niedriger Temperatur:* -es Wasser; -er Wind; -e Wintertage; -e Füße haben; -e Umschläge machen; in der -en Jahreszeit *(im Winter);* -en *(nach der Zubereitung erkalteten)* Braten essen; -e Miete (ugs.; *Kaltmiete);* -es Licht (Physik; *Leuchterscheinung, die nicht durch hohe Temperaturen ausgelöst wird* [z. B. Fluoreszenz]); eine -e Fährte (Jägerspr.; *Fährte, die mehr als zwei Stunden alt ist);* der -e Schweiß *(Angstschweiß;* wohl nach der alten Vorstellung, dass Angst u. Schrecken den Körper mit einem plötzlichen Kältegefühl reagieren lassen) stand ihr auf der Stirn; der Ofen ist k.; die Suppe wird k.; mir ist k. *(ich friere);* draußen ist es k.; ich habe k. (landsch.; *mir ist kalt, ich friere);* die Wohnung ist k. *(nicht od. schlecht geheizt);* der Motor ist noch k. *(hat noch nicht seine Betriebstemperatur);* der Sekt muss k. gestellt *(gekühlt)* werden; k. *(im ungeheizten Zimmer)* schlafen; k. *(mit kaltem Wasser)* duschen; abends essen wir meistens k. *(kochen wir meistens nicht, sondern essen kalte Speisen);* Ü -e *(bläuliche od. weißliche, einen Eindruck von Kälte entstehen lassende)* Farben; ein -es *(weißliches, fahles u. dadurch einen Eindruck von Kälte entstehen lassendes)* Licht; ‹subst.:› im Kalten *(im ungeheizten Zimmer)* sitzen; es überlief mich k. *(es schauderte mich);* * jmdn. k. erwischen (Sportjargon; *jmdn., der sich noch nicht richtig auf seinen Gegner eingestellt hat, noch nicht richtig ins Spiel gekommen ist, überrumpeln od. schlagen).* **2. a)** *vom Gefühl unbeeinflusst; nüchtern:* mit -er Berechnung; er hat sich von ihren Tränen nicht bewegen lassen, sondern ist bis zum Schluss k. geblieben; k. lächelnd *(skrupellos)* legte er Bomben; Niemals sieht man so klar und k. wie in einer Stunde, in der man vor sich den schwarzen Abgrund fühlt (Roth, Beichte 88); **b)** *abweisend; ohne jedes Mitgefühl:* ein -er Empfang; jmdn. mit -en Blicken, -er Miene messen; ihre Stimme war hart und k.; jmdn. k. anblicken; sie begrüßte uns k. lächelnd; sie fragte mich k., was ich wünsche. **3.** *(von negativen Gefühlen)* groß, unbändig: -es Grausen, -e Furcht; -e Wut packte ihn.

Kalt|ak|qui|se, die (Wirtsch.): *Akquise, die durch eine [telefonische] Kontaktaufnahme ohne vorherige Geschäftsbeziehung od. vorherige Einwilligung des potenziellen Kunden erfolgt.*

Kalt|blut, das [wohl wegen des ruhigen Temperaments der Tiere]: *bes. als Zug- u. Lastpferd geeignetes schweres, starkes Pferd mit ruhigem Temperament.*

Kalt|blü|ter, der; -s, - (Zool.): *wechselwarmes Tier, dessen Körpertemperatur entsprechend der Temperatur der Umgebung wechselt:* Fische sind K.

kalt|blü|tig ‹Adj.›: **1. a)** *in einer kritischen Lage fähig, sich von Verwirrung u. Unsachlichkeit frei zu halten u. das Richtige zu tun; von dieser Fähigkeit zeugend:* der Gefahr k. ins Auge sehen; Mit einem Gemisch von Zorn und Bewunderung blickt Bonaparte auf den eisernen Redner, der wieder einmal mit seinen -en Kalkulationen recht behalten hat (St. Zweig, Fouché 113); **b)** *(emotional abwertend) sich nicht durch irgendwelche Skrupel od. etwaiges Mitgefühl od. zurückhalten lassend:* ein -er Mord; sie lieferte ihn k. ans Messer; jmdn. k. töten. **2.** (Zool.) *seine Körpertemperatur entsprechend der Temperatur der Umgebung wechselnd; wechselwarm:* Eidechsen sind k.

Kalt|blü|tig|keit, die; -: *kaltblütige* (1) *Art.*

Käl|te, die; - [mhd. kelte, ahd. chalti]: **1.** *als niedrige [Außen]temperatur messbare Kaltsein der Luft, wobei man einen starken Mangel an Wärme empfindet:* [eine] eisige, strenge, grimmige, beißende, schneidende K.; es herrscht arktische, sibirische K.; die K. dringt durch die schlecht isolierten Fenster; die Fliesen strömen K. aus; heute Nacht hatten wir 10 Grad K. *(unter dem Gefrierpunkt);* vor K. zittern. **2. a)** *Unverbindlichkeit, Unfreundlichkeit aus Mangel an innerer Teilnahme:* Senioren beklagen die soziale K.; jmdn. mit spürbarer K. empfangen; **b)** *Unbehaglichkeit einer Räumlichkeit o. Ä.:* die K. eines Raums, einer Einrichtung empfinden.

Käl|te|be|hand|lung, die (Med.): *Kryotherapie.*

Käl|te|chi|r|ur|gie, die ‹o. Pl.› (Med.): *gezielte örtliche Zerstörung od. Entfernung von Gewebe mit stark gekühlten Instrumenten.*

Käl|te|ein|bruch, der (Meteorol.): *plötzliches Absinken der Lufttemperatur.*

Käl|te|ein|wir|kung, die: *Einwirkung von Kälte.*

käl|te|emp|find|lich ‹Adj.›: *gegen Kälte nicht sehr widerstandsfähig:* -e Pflanzen, Tiere.

Käl|te|ge|fühl, die ‹o. Pl.›: *Gefühl von Kälte:* ein K. haben, empfinden.

Käl|te|ma|schi|ne, die (Technik): *Maschine zur Erzeugung tiefer Temperaturen.*

Käl|te|mit|tel, das (Technik): *Stoff in Kältemaschinen zur Erzeugung von Kälte.*

käl|ten ‹sw. V.; hat› [mhd. kelten]: *aufgrund seiner Beschaffenheit bei jmdm. das Gefühl unangenehmer Kälte hervorrufen:* diese Stoffe kälten [auf der Haut]; ◆ ... ein inneres Grauen stieg kältend in ihr auf (Heine, Rabbi 456).

Käl|ter, der; -s, - [spätmhd. kalter, aus älterem gehalter, eigtl. = Behälter, zu: gehalten = aufbewahren] (südd., österr.): *kastenförmiger, tragbarer Behälter [für Fische].*

käl|ter: ↑ kalt.

Käl|te|schau|er, der: *durch Kälte verursachtes Schauern:* ein K. lief ihr über den Rücken.

Käl|te|schutz, der: **1.** ‹o. Pl.› *Schutz gegen Kälte.* **2.** *etw., was zum Kälteschutz* (1) *dient.*

Käl|te|star|re, die: **a)** (Zool.) *durch tiefe Temperaturen verursachte Herabsetzung des Stoffwechsels bes. bei Kaltblütern, die zu einer Muskelstarre führt;* **b)** (Bot.) *Hemmung des Stoffwechsels u. dadurch bewirkte Versteifung bestimmter Pflanzen u. Pflanzenteile bei Temperaturen.*

käl|tes|te: ↑ kalt.

Käl|te|step|pe, die: *Tundra.*

Käl|te|sturz, der ‹Plural ...stürze› (Meteorol.): *plötzliches starkes Absinken der Lufttemperatur.*

Käl|te|tech|nik, die: *technische Disziplin, die sich mit der Erzeugung u. Anwendung künstlicher Kälte u. mit der Konstruktion u. Instandhaltung aller dafür benötigten Maschinen befasst.*

Käl|te|wel|le, die: *länger andauernde heftige Kälte, die spürbar in das Alltagsleben eingreift:* die K. hat bereits Todesopfer gefordert.

Kalt|for|mung, die (Metallbearb.): *ohne Wärmeeinwirkung meist bei Raumtemperatur durchgeführtes Verfahren, Metall zu formen.*

Kalt|front, die (Meteorol.): *Linie, die die gegen Warmluft vordringende Kaltluft begrenzt.*

kalt ge|presst, kalt|ge|presst ‹Adj.› (Fachspr.): *(von Speiseölen) durch kalte Pressung gewonnen.*

kalt ge|schla|gen, kalt|ge|schla|gen ‹Adj.› (Fachspr.): *(von Speiseölen) ohne Wärmeeinwirkung durch Schlagen gewonnen.*

Kalt|haus, das (Gartenbau): *bes. zum Überwintern südländischer Pflanzen dienendes Gewächshaus.*

kalt|her|zig ‹Adj.›: *ohne Herzenswärme, unfähig zur Liebe od. Freundschaft:* sie ist eine -e und egoistische Frau. *Dazu:* **Kalt|her|zig|keit,** die; -.

kalt lä|chelnd, kalt|lä|chelnd ‹Adj.›: *ohne Mitgefühl, ohne Skrupel, ungerührt:* k. l. hatte sie ein Flugzeug in die Luft gejagt.

kalt|las|sen ‹st. V.; hat› (ugs.): *innerlich unberührt, unbeeindruckt lassen:* sein Pathos ließ mich kalt.

Kalt|leim, der: *bei der Holzverarbeitung verwendeter Leim, der bei normaler Temperatur abbindet* (6).

Kalt|luft, die ‹o. Pl.› (Meteorol.): *kalte Luft:* polare K. überquert ganz Deutschland.

kalt|ma|chen ‹sw. V.; hat› (salopp): *skrupellos töten:* er macht dich kalt, wenn du ihm über den Weg läufst; Denn indem sie diesen überlegenen Mann kaltmachen, haben sie doch nichts gewollt, als sich eines unbequemen Tugendbolds zu entledigen, der ihnen zu genau auf die Finger passte (St. Zweig, Fouché 74).

Kalt|mam|sell, die: *Angestellte, die in einem Gaststättenbetrieb für die Zubereitung u. die Ausgabe der kalten Speisen verantwortlich ist; kalte Mamsell (Berufsbez.).*

Kalt|mie|te, die: ¹*Miete* (1) *ohne Heiz- u. andere Nebenkosten.*

Kalt|na|del, die (bild. Kunst): *Nadel aus Diamant od. Stahl zur Herstellung von Kaltnadelradierungen.*

Kalt|na|del|ra|die|rung, die (bild. Kunst): *Radierung, bei der die Zeichnung nicht eingeätzt, sondern mit einer Kaltnadel eingeritzt wird.*

Kalt|re|ser|ve, die (Fachspr.): *abgeschaltetes, aber nicht stillgelegtes Kraftwerk, das wieder angefahren werden kann, wenn alternativ erzeugter Strom nicht ausreicht.*

Kalt|schale, die: *kalt servierte süße Suppe.*

kalt|schnäu|zig ‹Adj.› (ugs.): *Mangel an innerer Teilnahme, Gleichgültigkeit den Problemen anderer gegenüber zum Ausdruck bringend:* eine -e Antwort; jmdn. k. abfertigen.

Kalt|schnäu|zig|keit, die; - (ugs.): *kaltschnäuzige Art.*

kalt|schwei|ßen ‹sw. V.; hat; nur im Inf. u. 2. Part. gebr.› (Metallbearb.): *metallische Werkstoffe bei Raumtemperatur ohne weitere Wärmezufuhr durch sehr hohen Druck miteinander verschweißen.*

Kalt|start, der: **1.** (Kfz-Wesen) *Start mit kaltem Motor bei niedrigen Temperaturen.* **2.** (EDV) *das Booten.*

¹**kalt|stel|len** ‹sw. V.; hat› (ugs.): *durch bestimmte Maßnahmen seines Einflusses, seiner Entfaltungsmöglichkeiten berauben:* eine lästige Konkurrentin k., unbequeme Journalisten k.

kalt stel|len, ²**kalt|stel|len** ‹sw. V.; hat›: *(etw.) irgendwohin, so stellen, dass es kalt wird.*

Kalt|ver|for|mung, die (Metallbearb.): *Kaltformung.*

Kalt|ver|pfle|gung, die ‹Pl. selten›: *im Unterschied zum warmen Essen Verpflegung mit Brot, Aufschnitt o. Ä.*

kalt|wal|zen ‹sw. V.; hat; nur im Inf. u. 2. Part. gebr.› (Metallbearb.): *zur Feinbearbeitung Bleche u. Bänder bei Raumtemperatur auf Kaltwalzwerken auswalzen.*

Kalt|walz|werk, das (Metallbearb.): *Walzwerk zum Kaltwalzen.*

Kalt|was|ser [auch: 'k...'v...], das ‹o. Pl.›: *kaltes Wasser (aus der Wasserleitung).*

Kalt|was|ser|be|hand|lung, die (Med.): *Behandlung mit kaltem Wasser.*

Kalt|was|ser|kur, die (Med.): *Kur, in deren Verlauf der Patient od. die Patientin sich regelmäßigen Kaltwasserbehandlungen unterzieht.*

Kalt|wel|le, die: *ohne Erhitzung der Wickler mithilfe von Chemikalien hervorgebrachte Dauerwelle.*

Ka|lu|met [auch: kaly'mɛ], das; -s, -s [frz. calumet. – norm. Form von frz. chalumeau, zu spätlat. calamellus = Röhrchen; Bez. der frz. Siedler in Nordamerika für die indian. Pfeife] (Völker-

Kaluppe – Kameruner

kunde): Friedenspfeife der nordamerikanischen Indianer.

Ka|lup|pe, die; -, -n [tschech. chalupa = Hütte; vgl. poln. chałupa] (landsch., ostösterr. ugs.): baufälliges altes Haus; Hütte.

Kal|va|ri|en|berg, der; -[e]s, -e [spätlat. calvariae (locus) = Schädelstätte, zu lat. calvaria = Hirnschale, Schädel]: *(bes. an katholischen Wallfahrtsorten als Nachbildung Golgathas) hügelartige Erhöhung mit plastischer Darstellung einer Kreuzigungsgruppe, zu der Kreuzwegstationen hinaufführen.*

kal|vi|nisch: ↑ calvinisch.

Kal|vi|nis|mus usw.: ↑ Calvinismus usw.

Kal|vi|nis|tin: ↑ Calvinistin.

Kal|lyp|so (griech. Mythol.): griechische Nymphe.

kal|zi|fi|zie|ren ⟨sw. V.; ist⟩ [zu lat. calx (Gen.: calcis, ↑ Kalk) u. facere = machen] (Physiol.): *Kalke bilden, verkalken.*

kal|zi|nie|ren ⟨sw. V.; hat⟩ (Chemie): *aus einer chemischen Verbindung durch Erhitzen Wasser od. Kohlendioxid austreiben.*

Kal|zit, Calcit [auch: ...'tsɪt], der; -s, -e: *Kalkspat.*

Kal|zi|um, (fachspr.) Calcium, das; -s [engl. calcium, zu lat. calx (Gen.: calcis), ↑ Kalk]: *(nur in Verbindungen vorkommendes) silberglänzendes, sehr weiches Leichtmetall (chemisches Element; Zeichen: Ca).*

Kal|zi|um|chlo|rid, (fachspr.:) Calciumchlorid, das ⟨o. Pl.⟩: *als Trockenmittel, Frostschutzmittel, zum Binden von Staub u. in der Medizin verwendete Verbindung des Chlors mit Kalzium.*

Kal|zi|um|kar|bid, das ⟨o. Pl.⟩: *Karbid (2).*

Kal|zi|um|kar|bo|nat, (fachspr.:) Calciumcarbonat, das: *kohlensaures Kalzium (z. B. Kalkstein).*

Kal|zi|um|phos|phat, (Fachspr.:) Calciumphosphat, das: *als Düngemittel, bei der Herstellung von Backpulver u. in der Medizin verwendetes Kalziumsalz der Phosphorsäure.*

Kal|zi|um|salz, das ⟨meist Pl.⟩: *Salz des Kalziums.*

Kal|zi|um|spie|gel, der ⟨o. Pl.⟩ (Physiol.): *Stärke der Konzentration von Kalzium in Körperflüssigkeiten.*

kam: ↑ kommen.

Ka|mal|du|len|ser, der; -s, - [nach dem Kloster Camaldoli bei Arezzo (Italien)]: *Angehöriger eines auf der Grundlage der Benediktinerregel Gemeinschafts- u. Einsiedlerleben verbindenden katholischen Ordens.*

Ka|ma|ra|de|rie: ↑ Kameraderie.

Ka|ma|ril|la [kama'rɪlja, auch: ...'rɪla], die; -, ...llen [span. camarilla = Privatkabinett des Königs, eigtl. = Kämmerchen, Vkl. von: cámara, über das Vlat. zu lat. camera, ↑ Kammer]: *Gruppe von Personen in der unmittelbaren Umgebung eines Herrschers, die ohne Befugnis od. Verantwortung unkontrollierbaren Einfluss auf diesen ausübt.*

◆ **Ka|ma|sche**: ↑ Gamasche: *... seine gewöhnlichen Tageskleider, welche in einem kurzen polnischen Schnürrocke ..., in strohfarbenen kurzen Hosen und schwarzen -n bestanden* (Immermann, Münchhausen 332).

Ka|ma|sut|ra, das; -[s] [sanskr. = Leitfaden der Liebe, aus: kāma =Liebe u. sūtra = (Leit)faden]: *aus dem 4. Jh. stammendes altindisches Lehrbuch der Liebeskunst.*

Kam|bi|um, das; -s, ...ien [zu spätlat. cambiare = tauschen, wechseln, aus dem Gall.] (Bot.): *teilungsfähig bleibendes Pflanzengewebe, das bei Nadelbäumen u. zweikeimblättrigen Laubbäumen das Dickenwachstum bewirkt.*

Kam|bo|d|scha; -s: *Staat in Hinterindien.*

Kam|bo|d|scha|ner, der; -s, -: *Ew.*

Kam|bo|d|scha|ne|rin, die; -, -nen: w. Form zu ↑ Kambodschaner.

kam|bo|d|scha|nisch ⟨Adj.⟩: *Kambodscha, die Kambodschaner betreffend.*

Kam|b|ri|um, das; -s [zu mlat. Cambria = Nordwales, nach den hier gemachten Gesteinsfunden] (Geol.): *älteste Formation des Paläozoikums.*

kä|me: ↑ kommen.

Ka|mee [ka'me:(ə)], die; -, -n [...e:ən] [frz. camée < ital. cammeo, H. u.]: *[Edel]stein mit erhaben geschnittener figürlicher Darstellung.*

Ka|mel, das; -[e]s, -e [mhd. kamel, kem(m)el < (m)griech. kámēlos, aus dem Semit.; heutige Endbetonung durch Angleichung an lat. camelus]: **1. a)** *(in Wüsten- u. Steppengebieten beheimatetes) großes Säugetier [mit einem od. zwei Höckern], das als Last- und Reittier verwendet wird [u. dessen zottiges Haar für Wolle genutzt wird]:* das Dromedar ist ein einhöckriges K.; die -e belacen; auf -en reiten; R eher geht ein K. durch ein Nadelöhr (das ist so gut wie unmöglich, wird sicherlich nicht geschehen; nach Matth. 19, 24); **b)** *Trampeltier.* **2.** (salopp abwertend) *Dummkopf, Trottel:* so ein K.!; ich K. habe ihr noch Geld geliehen!

Ka|mel|foh|len, das: *junges Kamel.*

Ka|mel|haar, das: *zu Decken, Mänteln u. a. verarbeitetes Gewebe aus den graugelben bis dunkelbraunen, teils groben u. steifen, teils weichen u. feinen Haaren der Kamele.*

Ka|mel|haar|man|tel, der: *Mantel aus Kamelhaar.*

Ka|mel|lie, die; -, -n [nach dem Brünner Jesuitenpater u. Missionar J. Camel (1661–1706), der diese Pflanze aus Japan nach Europa brachte]: **a)** *als Strauch wachsende Pflanze mit immergrünen, ledrigen Blättern u. roten bis weißen, rosenähnlichen Blüten;* **b)** *Blüte der Kamellie (a).*

Ka|mel|le, die; -, -n [mundartl. entstellt aus ↑ Karamelle] (rhein.): *Karamellbonbon.*

Ka|mel|len ⟨Pl.⟩: nur in der Fügung *alte/olle K.* (ugs.: *alte Geschichten, Altbekanntes;* niederd.: Kamelle = Kamille; durch langes Lagern verliert die Pflanze ihre Heilkraft).

Ka|mel|lott, der; -s, -e [frz. camelot < afrz. chamelot = Kamelhaar, zu: chameil, chamel < lat. camelus < griech. kámēlos, ↑ Kamel] (Textilind.): **1.** *feines Kammgarngewebe.* **2.** *[Halb]seidengewebe in Taftbindung.*

Ka|mel|trei|ber, der: *jmd., der Kamele hält u. führt.*

Ka|mel|trei|be|rin, die: w. Form zu ↑ Kameltreiber.

Ka|me|ra, die; -, -s [Kurzf. von ↑ Camera obscura]: **a)** *Aufnahmegerät für Filmaufnahmen; Fernsehkamera:* die K. läuft, surrt, schwenkt in den Zuschauerraum; die -s aufbauen; mit versteckter K. filmen; * **vor der K. stehen** (als Schauspieler[in] o. Ä. bei Film- od. Fernsehaufnahmen mitwirken); **b)** *Fotoapparat:* eine einfache K.; die K. zücken.

Ka|me|rad, der; -en, -en [frz. camarade (unter Einfluss von span. camarada) < ital. camerata = Kammergemeinschaft, Stubengemeinschaft; Genosse, Gefährte, zu: camera < lat. camera, ↑ Kammer]: *Person, mit der jmd. durch die Gemeinsamkeit der Arbeit, des Schulbesuchs, des Spiels, bes. auch des Militärdienstes verbunden ist:* ein guter K.; seinen -en im Stich lassen; seine Frau war ihm ein guter K. (Lebensgefährte).

Ka|me|ra|den|dieb|stahl, der (bes. Militär): *Diebstahl, der an einem Kameraden begangen wird.*

Ka|me|ra|den|schwein, das (derb abwertend): *jmd., der sich unkameradschaftlich, unsolidarisch verhält.*

Ka|me|ra|de|rie, die; - [frz. camaraderie, urspr. = Freundschaft] (meist abwertend): *[gekünstelte, unechte, übertriebene, zur Schau getragene]*

Kameradschaft (1): *aus falscher, falsch verstandener K. lügen.*

Ka|me|ra|din, die; -, -nen: w. Form zu ↑ Kamerad.

◆ **Ka|me|ra|din**: ↑ Kameradin: *... ein junges Dienstmädchen, das ... sich umsah, ob keine K. kommen wollte* (Goethe, Werther I, 15. Mai).

Ka|me|rad|schaft, die; -, -en: **1.** ⟨o. Pl.⟩ *vertrautes Verhältnis zwischen Kamerad(inn)en:* K. schließen, halten, beweisen; aus K. bei etw. mitmachen; *Wir wollen einen Becher miteinander leeren, mein Junge, auf gute K.* (Hesse, Narziß 73). **2.** *Kreis, Gruppe von Kamerad(inn)en:* in seiner K. genießt er hohe Achtung.

ka|me|rad|schaft|lich ⟨Adj.⟩: *auf Kameradschaft* (1) *gegründet:* ein -es Verhältnis; die norwegischen Sportler sind sehr k. (zu den anderen Läufern); *unsere Beziehungen sind rein k. (nicht erotischer Art).*

Ka|me|rad|schaft|lich|keit, die; -: *kameradschaftliches Verhalten.*

Ka|me|rad|schafts|ehe, die: *Ehe, die in erster Linie auf eine kameradschaftliche Partnerschaft u. weniger auf Liebe gegründet ist.*

Ka|me|rad|schafts|geist, der ⟨o. Pl.⟩: *kameradschaftliche Gesinnung, Haltung.*

Ka|me|rad|schafts|sinn, der ⟨o. Pl.⟩: *Kameradschaftsgeist.*

Ka|me|ra|ein|stel|lung, die (Film): *Einstellung* (3).

Ka|me|ra|fahrt, die (Film): *Einstellung, bei der die Kamera kontinuierlich fortbewegt wird, sodass der Bildausschnitt sich stetig verändert.*

Ka|me|ra|frau, die: *Frau, die über eine fotografische Ausbildung verfügt u. bei Film- u. Fernsehaufnahmen die Kamera führt* (Berufsbez.).

Ka|me|ra|füh|rung, die (Film): *Führung* (5) *der Kamera beim Filmen.*

Ka|me|ra|leu|te ⟨Pl.⟩: **1.** Pl. von ↑ Kameramann. **2.** *Gesamtheit von Kamerafrauen u. Kameramännern.*

Ka|me|ra|lia ⟨Pl.⟩ [zu mlat. cameralius = Kämmerer, zu: camera = wirtschaftliche Verwaltung; Vermögen, Vorrats-, Wirtschaftsraum < lat. camera, ↑ Kammer] (veraltet): *Politik- u. Wirtschaftswissenschaften.*

Ka|me|ra|lis|tik, die; -: **1.** (veraltet) *Finanzwissenschaft.* **2.** (Wirtsch.) *auf den Nachweis von Einnahmen u. Ausgaben sowie den Vergleich mit dem Haushaltsplan ausgerichtete Buchführung.*

ka|me|ra|lis|tisch ⟨Adj.⟩: **1.** (veraltet) *staatswirtschaftlich; staatswissenschaftlich.* **2.** (Wirtsch.) *die Kameralistik* (2) *betreffend.*

Ka|me|ral|wis|sen|schaf|ten ⟨Pl.⟩ (veraltet): *Politik- und Wirtschaftswissenschaften.*

Ka|me|ra|mann, der ⟨Pl. ...männer u. ...leute⟩: *männliche Person, die über eine fotografische Ausbildung verfügt u. bei Film- u. Fernsehaufnahmen die Kamera führt* (Berufsbez.).

Ka|me|ra|re|cor|der: ↑ Kamerarekorder.

Ka|me|ra|re|kor|der, Kamerarecorder, der: *Kamera zur Aufnahme von Filmen, deren Wiedergabe auf dem Fernsehschirm durch unmittelbaren Anschluss an das Fernsehgerät erfolgt.*

ka|me|ra|scheu ⟨Adj.⟩: *(in Bezug auf eine in der Öffentlichkeit stehende Person) sich nicht gerne fotografieren od. filmen lassend:* ein -er Autor.

Ka|me|ra|team, das: *Team aus Kameramann od. Kamerafrau u. Assistent(inn)en.*

Ka|me|ra|ver|schluss, der (Fotogr.): *Teil des Fotoapparats, der die Belichtungszeit regelt.*

Ka|me|run [...ru:n, auch: ...'ru:n]; -s: *Staat im Westen Zentralafrikas.*

¹**Ka|me|ru|ner** [auch: ...'ru:...], der; -s, -: **1.** Ew. **2.** [zu ²Kameruner, wegen der erdnussähnlichen Form] (landsch., bes. berlin.) *in Fett gebackenes, mit Zucker bestreutes Hefegebäck [von der Form einer Acht].*

²**Ka|me|ru|ner** [auch: …'ru:…], die; -, - [wohl nach den Importen aus Kamerun während der dt. Kolonialzeit 1884–1916] (landsch.): *Erdnuss.*

Ka|me|ru|ne|rin [auch: 'ka…], die; -, -nen: w. Form zu ¹Kameruner (1).

ka|me|ru|nisch [auch: …'ru:…] ⟨Adj.⟩: *Kamerun, die Kameruner betreffend.*

ka|mie|ren, kaminieren ⟨sw. V.; hat⟩ [ital. camminare = gehen, laufen] (Fechten): *die gegnerische Klinge mit der eigenen umgehen.*

◆ **ka|mig** (landsch.): ↑ kahmig: … *das halbe Seidel Wein war lau und k.* (Rosegger, Waldbauernbub 157).

Ka|mi|ka|ze, der; -[s], -[s] [jap. kamikaze, aus: kami = (Schinto-)Gott u. kaze = Wind, also eigtl. = göttlicher Wind]: **1.** *(im Zweiten Weltkrieg) japanischer Flieger, der sich mit seinem Bombenflugzeug auf das feindliche Ziel stürzt.* **2.** (ugs.) *Tun, bei dem jmd. bewusst ein sehr hohes Risiko in Kauf nimmt.*

Ka|mi|ka|ze|un|ter|neh|men, das (ugs.): *mit sehr hohen Risiken verbundenes Unternehmen.*

Ka|mil|le, die; -, -n [mhd. kamille < mlat. camomilla < lat. chamaemelon < griech. chamaímēlon, eigtl. = Blüte der Kamille. Der aromatische, wohl nach dem apfelähnlichen Duft der Blüten]: *(zu den Korbblütlern gehörende) Pflanze mit gefiederten Blättern u. kleinen [würzig duftenden, für medizinische u. kosmetische Zwecke verwendeten] Blüten mit gelbem Körbchen u. schmalen, weißen Blütenblättern.*

Ka|mil|len|bad, das: **a)** *aus einem Aufguss aus getrockneten Kamillenblüten bereitetes Dampfbad* (b); **b)** *Bad mit Kamillenöl.*

Ka|mil|len|blü|te, die: *Blüte der Kamille.*

Ka|mil|len|öl, das: *aus Kamillenblüten gewonnenes, in der Medizin u. für die Herstellung kosmetischer Präparate verwendetes ätherisches Öl.*

Ka|mil|len|tee, der: *Tee aus getrockneten Kamillenblüten mit entzündungshemmender u. krampflösender Wirkung.*

Ka|min, der, schweiz. meist: das; -s, -e [mhd. kamin, kemīn, ahd. kemīn < lat. caminus = Feuerstätte < griech. káminos = Brat-, Schmelzofen]: **1.** *in die Wand eines Wohnraums eingebaute offene Feuerstelle mit Rauchabzug:* am, vor dem K. sitzen. **2.** (bes. südd., westösterr., schweiz.): *Schornstein:* die Rauchgase werden über ein K. abgeleitet; * **etw. in den K. schreiben** (ugs.: *etw., bes. Geld, als verloren betrachten;* ↑ Schornstein). **3.** (Bergsteigen) *schmaler Felsspalt zwischen zwei steilen Felswänden.*

Ka|min|fe|ger, der (landsch., schweiz.): *Schornsteinfeger.*

Ka|min|fe|ge|rin, die: w. Form zu ↑ Kaminfeger.

Ka|min|feu|er, das: *offenes Feuer eines Kamins.*

¹**ka|mi|nie|ren** ⟨sw. V.; hat⟩ (Bergsteigen): *im Kamin* (3), *zwischen überhängenden Felsen klettern.*

²**ka|mi|nie|ren:** ↑ kamieren.

Ka|min|keh|rer, der; -s, - (landsch., westösterr.): *Schornsteinfeger.*

Ka|min|keh|re|rin, die; -, -nen: w. Form zu ↑ Kaminkehrer.

Ka|min|sims, der od. das: *Sims über einem Kamin* (1).

Ka|mi|sol, das; -s, -e [frz. camisole < provenz. camisola = Vkl. von: camisa < ital. camicia < spätlat. camis(i)a = langes Unterhemd] (veraltet): *eng anliegende Jacke [bei Trachten]; Unterjacke; Mieder* (2): ◆ Er … stand in einem weißen K. vor mir (Eichendorff, Taugenichts 29).

Kamm, der; -[e]s, Kämme [mhd. kam(p), ahd. kamb, eigtl. = (Gesamtheit der) Zähne]: **1.** *mit Zinken versehenes, handliches Gerät zum Glätten u. Ordnen, auch zum Feststecken des Haars:*

K. und Bürste; ein K. aus Horn, Zelluloid; sich einen K. ins Haar, in die Seitentasche der Hose stecken; mit dem K. einen Scheitel ziehen; auf dem K. blasen *(auf dem mit Pergamentpapier belegten Kamm blasend Töne hervorbringen);* * **alle[s] über einen K. scheren** *(alle[s] gleich behandeln u. dabei wichtige Unterschiede nicht beachten;* wohl nach der Gewohnheit früherer Bader, für alle Kunden denselben Kamm zu benutzen). **2. a)** *roter, gezackter fleischiger Auswuchs, Hautlappen auf dem Kopf von Hühnervögeln:* der Hahn hat einen roten K.; * **jmdm. schwillt der K.** (ugs.: *jmd. wird übermütig. jmd. gerät in Zorn)* [nach dem Bild des beim Balzen u. bei Erregungszuständen schwellenden Kammes beim Hahn u. beim männlichen Tier verschiedener Vögel]; **b)** (Zool.) *gezackte Auffaltung der Rückenhaut, hochstehende Horn- oder Knochenbildungen auf dem Rücken von Amphibien u. Reptilien.* **3. a)** *Nackenstück von Schlachtvieh;* **b)** *oberer, die Mähne tragender Teil des Pferdehalses;* **c)** (Jägerspr.) *Nacken u. vorderer Rücken mit den langen Borsten des Schwarzwildes.* **4. a)** *oberster (meist dachartig abfallender) Teil einer lang gestreckten Erhebung einer Reihe von Hügeln od. Felsen:* auf dem K. entlanggehen; **b)** *oberster Teil einer Welle; Wellenkamm:* Sie hockte vor dem Eingang der Höhle oder am Strand, sprang plötzlich auf und lief im seichten Wasser die Kämme der Brandung entlang (Ransmayr, Zelt 37). **5.** (Weberei) Kurzf. von ↑ Weberkamm. **6.** (Textilind.) *einem Kamm* (1) *ähnliche Vorrichtung an der Kämmmaschine.* **7.** (Bauw.) *Querverbindung ungleich hoch liegender Hölzer.* **8.** (Winzerspr.) *Fruchtstand einer Weintraube nach der Entfernung der Beeren.*

kamm|ar|tig ⟨Adj.⟩: *von der Art eines Kammes* (1); *wie ein Kamm aussehend.*

kämm|bar ⟨Adj.⟩: *sich kämmen* (1 a) *lassend.*

Kämm|bar|keit, die; -: *das Kämmbarsein.*

Kämm|chen, das; -s, -: Vkl. zu ↑ Kamm.

käm|men ⟨sw. V.; hat⟩ [mhd. kemben, ahd. chempen]: **1. a)** *bei jmdm., sich das Haar mit einem Kamm* (1) *ordnend glätten, in die gewünschte Form bringen:* die Mutter kämmt das Kind; sie kämmt sich; du musst dir noch die Haare k.; **b)** *mit einem Kamm* (1) *aus den Haaren entfernen:* zuerst musst du, [dem Kind, dir] den Staub aus den Haaren k.; **c)** *bei jmdm., sich durch Kämmen* (1 a) *hervorbringen:* sie ließ sich von der Friseurin einen Pony k. **2.** (Textilind.) *(Wolle, Baumwolle, Flachs o. Ä.) mit der Kämmmaschine von den kurzen Fasern u. Verunreinigungen befreien, glätten u. möglichst parallel ordnen.*

Kam|mer, die; -, -n [mhd. kamer(e), ahd. chamara < lat. camera = gewölbte Decke; Raum mit gewölbter Decke < griech. kamára]: **1. a)** (früher) *(meist außerhalb des eigentlichen Wohnbereichs eines Hauses gelegener) kleinerer [einfach ausgestatteter] Raum zum Schlafen:* eine schmale K.; der K.; Das Dienstmädchen, … jeder sagt, seine K. sei kalt und der Schnee treibe unter den Ziegeln herein, und da schlafen wir nun alle drunten in der Küche (Frisch, Cruz 22); **b)** *kleiner Raum in einer Wohnung, einem Haus zum Abstellen* (2 a): der Staubsauger steht in der K. **2.** (Seemannsspr.) *Wohn- u. Schlafraum an Bord eines Schiffes.* **3.** (Militär) *Raum, Aufbewahrungsort für Bekleidung u. Ausrüstungsgegenstände o. Ä.:* wegen der Ersatzteile musste er zur K. gehen. **4. a)** (Biol., Med.) *(der Scheidewände) abgeteilter Hohlraum in bestimmten Organen, Pflanzenteilen o. Ä.:* die Samenkapseln sind in n eingeteilt; Die Wiederkäuer haben, nach allem, was ich davon weiß, den merkwürdigsten Magen. Er hat verschiedene -n,

und aus einer davon stoßen sie das Gefressene wieder auf ins Maul (Th. Mann, Krull 345/346); **b)** (Technik) *[von einer Wandung umgebener] Raum in technischen Anlagen, Geräten, in Motoren, Öfen o. Ä.:* die K. des Brennofens. **5.** (Waffent.) **a)** *zylindrisch geformter Teil bestimmter Handfeuerwaffen, der das Schloss enthält;* **b)** *Patronenkammer.* **6.** (Bergbau) *durch Abbau* (6 a) *entstehender Raum von meist rechteckigem Grundriss innerhalb einer Lagerstätte.* **7.** (Jägerspr.) *erweiterter Raum nach der Eingangsröhre in einem Bau* (5 a); *Kessel* (5 a); **b)** *Kessel* (4 a). **8. a)** (Verfassungsw., Politik) *gesetzgebende Körperschaft der Volksvertretung: die erste, zweite K. , die beiden -n des Parlaments;* **b)** (Rechtsspr.) *Gremium mehrerer Richter(innen), das für bestimmte Bereiche bei Land- u. Verwaltungsgerichten zuständig ist:* die K. für Strafsachen des Oberlandesgerichts; **c)** *berufsständische Körperschaft:* in der K. der Apotheker sein.

◆ **Kam|mer|bul|le,** der (Soldatenspr., oft abwertend): *Soldat, meist Unteroffizier, der die Kammer* (3) *verwaltet.*

Käm|mer|chen, das; -s, -: Vkl. zu ↑ Kammer (1).

Kam|mer|chor, der: *kleiner, oft nur solistisch besetzter Chor, der Kammermusik singt.*

Kam|mer|die|ner, der [zu ↑ Kammer in der urspr. Bed. »fürstliches privates Gemach«] (früher): *Diener für die persönlichen Dienste eines Fürsten, einer hochgestellten Persönlichkeit.*

Kam|mer|die|ne|rin, die: *Kammerfrau.*

Käm|me|rei, die; -, -en [zu ↑ Kammer in der urspr. Bed. »Schatzkammer, Finanzverwaltung, -behörde«]: *Finanzverwaltung einer städtischen Gemeinde.*

Käm|me|rer, der; -s, - [mhd. kamerære, kamerer, ahd. chamarāri = Verwalter über die fürstliche Vorrats- u. Schatzkammer]: *Stadtkämmerer.*

Kam|mer|flim|mern, das; -s (Med.): *Herzflimmern, bes. im Bereich der Herzkammern.*

Kam|mer|frau, die (früher): *Dienerin für die persönlichen Dienste, Zofe einer Fürstin, einer hochgestellten Dame.*

Kam|mer|ge|richt, das: *(im MA.) höchstes Gericht eines Fürsten, des Königs.*

Kam|mer|herr, der (früher): *Adliger am Hof eines Fürsten, zu dessen Hofamt die Aufsicht über die Räume des Fürsten u. den Dienst beim Fürsten gehört.*

◆ **Käm|me|rier,** der; -s, -e [ital. cameriere = Kammerdiener, zu: camera < lat. camera, ↑ Kammer]: *Beamter, der die Privatgelder eines Fürsten in Verwahrung hat:* Nur mit Mühe erforschten wir von einigen der Gegend, wo wir das Herzogl. Weimarische Regiment finden könnten, erreichten endlich die Stelle, sahen bekannte Gesichter … K. Wagner und sein schwarzer Pudel waren die ersten Begrüßenden (Goethe, Kampagne in Frankreich, 23. 8. 1792).

Käm|me|rin, die; -, -nen: w. Form zu ↑ Kämmerer.

Kam|mer|jä|ger, der: **1.** (früher) *im persönlichen Dienst eines Fürsten stehender Jäger.* **2.** *jmd., der beruflich Ungeziefer innerhalb von Gebäuden vernichtet.*

Kam|mer|jä|ge|rin, die: w. Form zu ↑ Kammerjäger (2).

Kam|mer|jung|fer, die (früher): *[junge] unverheiratete Kammerfrau.*

Kam|mer|kätz|chen, das (veraltet scherzh.): *Kammermädchen;* ◆ … die Tür geht auf. Wie gewünscht! das K. (Lessing, Minna III, 1).

Kam|mer|kon|zert, das [vgl. Kammermusik]: *Konzert, bei dem Kammermusik gespielt wird.*

Käm|mer|lein, das; -s, -: Vkl. zu ↑ Kammer (1): * **im stillen K.** (oft scherzh.: *für sich allein, wenn andere keinen Einblick nehmen können).*

Käm|mer|ling, der; -s, -e [mhd. kemerlinc, ahd.

chamerling] (veraltet): *Kammerdiener:*
♦ Leuchte, K. (Schiller, Wallensteins Tod V, 5).
Kam|mer|mu|sik, die [eigtl. = die in den fürstlichen Gemächern dargebotene Musik, LÜ von ital. musica da camera]: *ernste Musik für eine kleine, in den einzelnen Stimmen oft nur solistisch besetzte Gruppe von Instrumentalmusikern od. Sänger.*
kam|mer|mu|si|ka|lisch ⟨Adj.⟩: *die Kammermusik betreffend, dazu gehörend:* eine -e Darbietung.
Kam|mer|mu|si|ker, der: **1. a)** ⟨o. Pl.⟩ *an hervorragende Musiker einer Oper, eines Konzertinstituts verliehener Titel;* **b)** *Träger dieses Titels:* er ist K., wurde zum K. ernannt. **2.** *Musiker, der Kammermusik spielt.*
Kam|mer|mu|si|ke|rin, die: w. Form zu ↑ Kammermusiker.
Kam|mer|oper, die (Musik): *für eine kleinere Besetzung geschriebene Oper.*
Kam|mer|or|ches|ter, das: *kleineres Orchester, das vorwiegend Kammermusik spielt.*
Kam|mer|sän|ger, der: **1.** ⟨o. Pl.⟩ *an hervorragende Sänger verliehener Titel.* **2.** *Träger des Titels »Kammersänger«.*
Kam|mer|sän|ge|rin, die: w. Form zu ↑ Kammersänger.
Kam|mer|schau|spie|ler, der (bes. österr.): **1.** ⟨o. Pl.⟩ *an hervorragende Schauspieler verliehener Titel.* **2.** *Träger des Titels »Kammerschauspieler«.*
Kam|mer|schau|spie|le|rin, die: w. Form zu ↑ Kammerschauspieler.
Kam|mer|spiel, das [wohl geb. nach ↑ Kammermusik]: **1.** *Theaterstück mit wenigen handelnden Personen für eine Aufführung in kleinerem Rahmen, bei dem die Führung des Dialogs im Vordergrund steht.* **2.** ⟨Pl.⟩ *kleines, intim wirkendes Theater mit geringem bühnentechnischem Aufwand, das vorwiegend für die Aufführung von Kammerspielen* (1) *vorgesehen ist.*
Kam|mer|ton, der ⟨Pl. selten⟩ [zu ↑ Kammermusik, für die der Kammerton zunächst galt, im Unterschied zu dem Ton, der für die tiefere Stimmung bei der Orgel ausschlaggebend war] (Musik): *auf eine Schwingungszahl von 440 Hz festgelegter Ton, nach dem im Allgemeinen die Musikinstrumente gestimmt werden.*
Kam|mer|zo|fe, die (früher): *Zofe einer Fürstin, einer hochgestellten Dame.*
Kamm|fett, das: *Fett aus dem Kamm* (3 b) *des Pferdes zum Einfetten von Leder.*
Kamm|garn, das (Textilind.): **1.** *feines, glattes Garn [aus Wolle], dessen glatte Oberfläche durch Kämmen* (2) *entsteht.* **2.** *festes, strapazierfähiges Gewebe aus Kammgarn* (1).
Kamm|garn|ge|we|be, das (Textilind.): *Kammgarn* (2).
Kamm|ge|bir|ge, das (Geogr.): *lang gestrecktes Gebirge mit scharf hervortretender Kammlinie.*
Kamm|griff, der ⟨o. Pl.⟩ (Turnen): *Griff beim Geräteturnen am Reck u. Barren, wobei die Handteller nach oben zeigen u. die kleinen Finger einander zugewandt sind.*
Kamm|li|nie, die (Geogr.): *ein Gebirge, einen Gebirgszug nach oben abschließende Kante, Linie (von der die oberen Teile des Gebirges beiderseits [dachartig] abfallen).*
Kamm|ma|cher, Kamm-Ma|cher, der (früher): *Handwerker, der Kämme herstellt.*
Kamm|ma|che|rin, Kamm-Ma|che|rin, die: w. Formen zu ↑ Kammmacher, Kamm-Macher.
Kämm|ma|schi|ne, Kämm-Ma|schi|ne, die (Textilind.): *Maschine, mit der durch einen Kamm* (1) *od. ähnliche Vorrichtungen die kurzen Fasern u. Verunreinigungen entfernt u. die langen Fasern geglättet u. möglichst parallel geordnet werden.*
Kamm|mu|schel, Kamm-Mu|schel, die: *im Meer lebende Muschel mit gerippten, an die Zinken eines Kamms erinnernden Schalen.*
Kamm|rad, das (früher): *Zahnrad mit [eingesetzten, hölzernen] Stiften als Zähnen.*
Kamm|stück, das: *Kamm* (3 a).
Kamm|weg, der: *auf dem Kamm* (4 a) *verlaufender Weg.*
Ka|mor|ra: ↑ Camorra.
Kamp, der; -s, Kämpe [spätmhd. kamp, mniederd. kamp < lat. campus = flaches Feld]: **1.** (landsch.) *eingehegtes Feld, Stück Land; Grasplatz [bei einem Bauernhaus].* **2.** (Forstwirtsch.) *[eingezäunte] kleinere Baumschule.*
Kam|pa|gne, Campagne [kam'panjə], die; -, -n: **1.** *gemeinschaftliche Aktion für od. gegen jmdn., etw. (bei der ideologische, politische Ziele im Vordergrund stehen); Feldzug* (2): *eine K. für die Wiedereinführung der Todesstrafe, gegen einen Politiker.* **2.** *Zeit, in der in einem von der Saison abhängenden Unternehmen, in einem landwirtschaftlichen Betrieb die meiste Arbeit anfällt:* sie haben während der K. in der Zuckerfabrik gearbeitet. **3.** (Archäol.) *Arbeitsabschnitt bei archäologischen Ausgrabungen.* **4.** (landsch.) *Fastnachtszeit mit Umzügen, Sitzungen, Kostümfesten, Maskenbällen u. Ä.* **5.** (veraltet) *Feldzug* (1).
Kam|pa|la: Hauptstadt von Uganda.
Kam|pa|ni|le, (bes. österr.:) Campanile, der; -[s], -[s] [ital. campanile, zu: campana = Glocke < mlat. campana, eigtl. = Metallgerät aus der Campania (= aus Kampanien)]: *(bes. in Italien) frei stehender Glockenturm einer Kirche.*
Käm|pe, der; -n, -n [aus dem Niederd. < mniederd. kempe, kampe = Kämpfer, Held, Entsprechung von mhd. kempfe, ↑ ¹Kämpfer] (veraltet, noch scherzh. od. iron.): *Krieger; tapferer Streiter:* ein verletzter K.
kam|peln, sich ⟨sw. V.; hat⟩ [wohl zu spätmhd. kempel = Streitigkeit, Zank, viell. verw. mit ↑ kabbeln, dann angelehnt an ↑ Kampf, kämpfen] (landsch.): *sich zanken, streiten.*
Kampf, der; -[e]s, Kämpfe [mhd. kampf = Zweikampf, Kampfspiel; Kampf, ahd. champf, wohl zu lat. campus = Feld; Schlachtfeld]: **1.** *größere militärische Auseinandersetzung feindlicher Truppen:* schwere Kämpfe tobten an der Front; um den Brückenkopf entbrannte ein blutiger K.; er ist im K. gefallen. **2. a)** *handgreifliche, auch mit Waffen geführte, heftige Auseinandersetzung zwischen zwei od. mehreren [persönlichen] Gegnern:* ein K. Mann gegen Mann; ein K. auf Leben und Tod; er hat sich dem K. gestellt; aus diesem K. ging keiner als Sieger hervor; er hat ihn zum K. herausgefordert; Ü der K. gegen die Naturgewalten; ihr K. gegen den, mit dem Schlaf (ihre Bemühungen, Versuche, wach zu bleiben); **b)** *heftig ausgetragene Kontroverse zwischen Gegnern hinsichtlich ihrer Auffassungen, Interessen, Ziele:* ein ideologischer K.; der K. (Streit) zwischen den beiden Gelehrten ist noch nicht ausgefochten; **c)** (Sport) *sportlicher Wettkampf:* der K. einer Mannschaft gegen den Abstieg, um Punkte; einen K. bestreiten, abbrechen, fortsetzen; die beiden Mannschaften lieferten sich einen spannenden K. **3.** *fortgesetzte angestrengte Bemühung zur Erreichung od. Verhinderung von etw.:* der K. für eine bessere Zukunft, gegen den Hunger, um höhere Löhne; den K. gegen die Kriminalität aufnehmen, weiterführen, nicht aufgeben; * **jmdm., einer Sache den K. ansagen** (deutlich machen, dass gegen jmdn., etw. Maßnahmen ergriffen werden): der Inflation den K. ansagen); **einen guten K. kämpfen** (sich für eine gute Sache mit seiner ganzen Person einsetzen; nach 1. Timotheus 6, 12 u. 2. Timotheus 4, 7). **4.** *innerer Zwiespalt, inneres Ringen um etw.:* einen K. mit sich [selbst] ausfechten.
Kampf|ab|schnitt, der: **1.** (Militär) *Kampfgebiet.* **2.** (Sport) *Abschnitt* (3) *eines sportlichen Kampfes von bestimmter Zeitdauer.*
Kampf|ab|stim|mung, die (Politik): *Abstimmung, bei der sich zwei Gruppierungen mit etwa gleichen Aussichten auf Annahme od. Ablehnung gegenüberstehen.*
Kampf|an|sa|ge, die: *unmissverständliches Deutlichmachen einer Gegnerschaft; offene Herausforderung zu einer Auseinandersetzung:* eine offene K. an den Terrorismus, an die Radikalen.
Kampf|an|zug, der (Militär): *bes. für die Gefechtsausbildung u. den Einsatz vorgesehene Uniform eines Soldaten, einer Soldatin.*
Kampf|art, die (Militär): *Form des Kampfes* (1) (z. B. Angriff, Verteidigung, Verfolgung, Rückzug).
Kampf|auf|trag, der (Militär): *in kurzer Form gegebener, nur die notwendigsten Angaben enthaltender Gefechtsbefehl.*
Kampf|aus|bil|dung, die (Militär): *Gefechtsausbildung.*
Kampf|bahn, die (seltener): *Arena, Wettkampfstätte.*
Kampf|be|griff, der: *als Instrument des politischen Meinungskampfes dienender Begriff.*
kampf|be|reit ⟨Adj.⟩: *zum Kampf bereit:* -e Truppen. Dazu: **Kampf|be|reit|schaft**, die ⟨o. Pl.⟩.
kampf|be|tont ⟨Adj.⟩ (Sport): *von großem körperlichem Einsatz zeugend, bestimmt:* die beiden Mannschaften lieferten sich eine sehr -e Partie; sie spielen sehr k.
Kampf|blatt, das: *Blatt* (3), *das zum Kampf für od. gegen etw. aufruft.*
Kampf|bund, der: *politische Vereinigung, Gruppierung, die für, gegen etw. kämpft.*
Kampf|bünd|nis, das: *Kampfbund.*
Kampf|ein|heit, die (Militär): *ausgebildete Spezialeinheit, die bei bestimmten Kampfhandlungen in vorderster Front eingesetzt wird.*
Kampf|ein|satz, der: *Einsatz* (4) *im Kampf:* ein K. deutscher Soldaten; ein dreimonatiger K.
kämp|fen ⟨sw. V.; hat⟩ mhd. kempfen, ahd. chamfan, zu ↑ Kampf]: **1.** *mit Waffen, unter Einsatz der verschiedensten Kampfmittel einen Kampf* (1), *eine kriegerische Auseinandersetzung führen:* erbittert, hart, bis zum letzten Mann k.; an der vordersten Front, für das Vaterland, um den Brückenkopf k. **2. a)** *sich handgreiflich mit jmdm. auseinandersetzen; tätlich gegen einen Gegner vorgehen, um ihn zu bezwingen:* gegen jmdn., mit jmdm. k.; um etw. k.; er kämpfte mit dem Rücken zur Wand, auf verlorenem Posten; wie eine Verzweifelte, eine Löwenmutter k.; kämpfende Rehböcke; Ü der Schwimmer kämpfte gegen die Strömung, mit den Wellen; der Alte kämpft mit dem Tod (liegt im Sterben); sie kämpfte mit den Tränen (versuchte sie zu unterdrücken); sie kämpfte mit dem Schlaf (versuchte wach zu bleiben); Der junge Anstaltsarzt begleitete Moosbruggers breitspurige Erzählung mit Lächeln, in dem Gesicht des Pfarrers kämpfte Bedauern mit Heiterkeit (Musil, Mann 1393); **b)** *sich (mit den verschiedensten Mitteln) heftig mit einem Gegner auseinandersetzen, streiten; im Kampf* (2 b) *mit jmdm. stehen:* gegen einen politischen Widersacher, mit einer politischen Gegnerin k.; ⟨oft mit einem Subst. des gleichen Stammes als Obj.:⟩ ... wie der gedankenvolle einsame Mann ..., der damals schon erbittert und verkannt seinen aussichtslosen Kampf gegen die oberste Führung kämpfte, den Schwätzer ankommen ließ

Kampfer – Kampfsportart

(Gaiser, Jagd 146). **3.** (Sport) **a)** *sich in einem sportlichen Wettkampf mit einem Konkurrenten, Gegner messen:* die Mannschaft kämpft gegen einen sehr starken Gegner, um den Einzug ins Halbfinale; **b)** *sich in einem sportlichen Wettkampf, in einem Spiel körperlich voll einsetzen:* beide Ringer kämpften verbissen; die Mannschaft verstehet zu k., kämpfte bis zum Ende. **4.** *sich unter Einsatz aller Kräfte, der verschiedensten Mittel fortgesetzt bemühen, etw. Bestimmtes zu erreichen:* für eine bessere Zukunft, für ein geeintes Europa k.; gegen den Krieg, gegen den Hunger k.; um sein Recht, seine Rehabilitierung k.; er hatte [schwer] zu k. **5.** *innerlich um eine Entscheidung, einen Entschluss ringen:* sie kämpfte noch, ob sie hingehen sollte oder nicht. **6.** (k. + sich) *einen Weg, eine Strecke unter widrigen Umständen, unter großer Mühe zurücklegen:* sie kämpften sich [mühsam] durch Dornen und Gestrüpp; Ü sie hat sich im Lauf der Jahre nach oben gekämpft (*sich wirtschaftlich, sozial hochgearbeitet*).

Kamp|fer, der; -s [mhd. kampfer < mlat. camphore < arab. kāfūr = Kampferbaum < aind. karpúra]: *weiße, durchscheinende, harzartige Masse mit durchdringendem Geruch, die bes. in der Medizin u. der chemischen Industrie verwendet wird.*

¹Kämp|fer, der; -s, - [spätmhd. kempfer = (Zwei)kämpfer, mhd. kempfe]: **1. a)** *Soldat, der im Kampf* (1)*, in der Schlacht steht:* tapfere, schlecht ausgerüstete K.; die K. von Stalingrad; **b)** (DDR) *Mitglied einer Betriebskampfgruppe.* **2.** *jmd., der sich mit Heftigkeit handgreiflich mit jmdm. auseinandersetzt, mit einem Gegner kämpft* (2 a)*, um ihn zu bezwingen:* er versuchte vergeblich, die beiden K. von der Unsinnigkeit ihres Tuns zu überzeugen. **3.** (Sport) **a)** *Sportler, der mit seinem Gegner, seinem Gegnern um den Sieg kämpft:* die Boxer dieser Staffel sind alle talentierte K.; **b)** *Sportler, der sich in einem Wettkampf, in einem Spiel körperlich voll einsetzt:* sein Gegenspieler ist ein richtiger, echter, zäher K. **4.** *jmd., der sich mit großem Engagement für ein Ziel einsetzt:* ein K. für die Freiheit, gegen den Hunger in der Welt.

²Kämp|fer, der; -s, - [älter: Käpfer, mhd. kepfer, viell. über das Roman. zu lat. capreolus = Stützbalken, zu: caper = Bock]: **1. a)** (Archit.) *oberste, meist vorspringende Platte einer Säule od. eines Pfeilers, auf der der Ansatz eines von der Säule od. dem Pfeiler getragenen Bogens od. Gewölbes aufliegt;* **b)** (Bauw., Technik) *Stelle des Auflagers beim Bogen einer Brücke.* **2.** (Bauw.) *in einen Fensterrahmen fest eingebautes waagerechtes Verbindungsstück, das die oberen u. die unteren Flügel des Fensters voneinander trennt.*

Kampf|fer|baum, der: *in China u. Japan heimischer, sehr hoher Baum mit lederartigen, glänzenden, an langen Stielen sitzenden Blättern, aus dessen Holz Kampfer gewonnen wird.*

Kämp|fe|rin, die; -, -nen [spätmhd. kämpferinne]: w. Form zu ↑ Kämpfer.

kämp|fe|risch ⟨Adj.⟩: **1.** *den Kampf* (1) *betreffend, zu ihm gehörend, für ihn notwendig, ihm dienend:* die -en Mittel; die Truppen haben sich k. bewährt, hervorgetan. **2.** *in einem sportlichen Wettkampf, in einem Spiel hohen körperlichen Einsatz zeigend; den hohen körperlichen Einsatz, die Einsatzfreude betreffend, davon zeugend:* in ihrem Spiel überwogen die -en Elemente; die Mannschaft hat k. eine gute Leistung, war k. sehr stark. **3.** *den Willen, die unbedingte Bereitschaft besitzend, für od. um etw. zu kämpfen* (4); *voller Kampfgeist:* eine -e Natur; sie gab sich k.; sich k. mit etw. auseinandersetzen.

Kämp|fer|na|tur, die: *jmd., der die unbedingte Bereitschaft besitzt zu kämpfen, sich voll einzusetzen:* sie ist eine richtige K.

kampf|er|probt ⟨Adj.⟩: *im Kampf erprobt, erfahren.*

kampf|es|lus|tig: ↑ kampflustig.

Kampf|es|wil|le: ↑ Kampfwille.

kampf|fä|hig ⟨Adj.⟩: *fähig, imstande zu kämpfen:* der Boxer ist nicht mehr k. Dazu: **Kampf|fä|hig|keit,** die; -.

Kampf|fahr|zeug, das (Militär): *Fahrzeug, das für den Einsatz im Kampfgebiet bestimmt u. dafür besonders ausgerüstet ist.*

Kampf|flie|ger, der: **1.** (Militär) *Pilot eines Kampfflugzeugs.* **2.** (ugs.) *Kampfflugzeug.*

Kampf|flie|ge|rin, die: w. Form zu ↑ Kampfflieger (1).

Kampf|flug|zeug, das (Militär): *mit Bomben, Bordwaffen, Raketen ausgerüstetes Flugzeug bes. zum Einsatz gegen Ziele am Boden.*

Kampf|gas, das (Militär): *gasförmiger chemischer Kampfstoff.*

Kampf|ge|biet, das (Militär): *Gebiet, in dem Kampfhandlungen stattfinden.*

Kampf|ge|fähr|te, der: *jmd., mit dem man gemeinsam für, gegen etw. kämpft.*

Kampf|ge|fähr|tin, die; -, -nen: w. Form zu ↑ Kampfgefährte.

Kampf|geist, der ⟨o. Pl.⟩: *unbedingte Bereitschaft zum Einsatz; kämpferische Haltung:* in ihm erwacht der K.

Kampf|ge|nos|se, der: *Kampfgefährte.*

Kampf|ge|nos|sin, die: w. Form zu ↑ Kampfgenosse.

Kampf|ge|richt, das (Sport): *Gremium von Kampfrichter(inne)n, Sachverständigen o. Ä., das einen sportlichen Wettkampf leitet, beaufsichtigt [u. die sportlichen Leistungen bewertet].*

Kampf|ge|sche|hen, das: *im Gange befindlicher Kampf* (1, 2 a, c)*; Kampf in seinem Ablauf.*

Kampf|ge|schwa|der, das (Militär): *Geschwader von Kampfflugzeugen.*

Kampf|ge|tüm|mel, das: *während eines Kampfes* (1, 2 a, c) *entstehendes Getümmel.*

Kampf|ge|wicht, das (Boxen, Budo, Gewichtheben, Ringen): *Gewicht, das ein Sportler, eine Sportlerin zu Beginn eines Wettkampfs hat:* Ü er bringt ein K. von zwei Zentnern auf die Waage (scherzh.; *er wiegt zwei Zentner*) und will deshalb jetzt eine Diät machen.

Kampf|grup|pe, die: **1.** (Militär veraltet) *Brigade.* **2.** (DDR) *aus Betriebsangehörigen gebildete paramilitärische Einheit, die bei Bedarf zur Unterstützung der Armee herangezogen wird:* -n der Arbeiterklasse.

Kampf|hahn, der ⟨Pl. ...hähne⟩: **1.** *Hahn, der für den Hahnenkampf abgerichtet ist.* **2.** ⟨meist Pl.⟩ (ugs., oft scherzh.) *jmd., der sich mit einem anderen streitet, prügelt, der leicht mit jmdm. in Streit, in eine Prügelei gerät:* die beiden Kampfhähne gingen schon wieder aufeinander los.

Kampf|hand|lung, die ⟨meist Pl.⟩: *zu einem Kampf* (1) *gehörende, während eines Kampfes* (1) *stattfindende Aktion:* die -en einstellen.

Kampf|hub|schrau|ber, der (Militär): *mit Waffen zur Bekämpfung gegnerischer Ziele ausgerüsteter Hubschrauber.*

Kampf|hund, der: *für den Kampf* (2 a) *gezüchteter u. abgerichteter Hund.*

Kampf|jet, der (Militär): *Kampfflugzeug mit Düsenantrieb.*

Kampf|kan|di|da|tur, die: *Kandidatur gegen einen Kontrahenten mit etwa gleich guten Erfolgsaussichten.*

Kampf|kraft, die: **1.** ⟨Pl. selten⟩ *Gesamtheit der vorhandenen Möglichkeiten (an Leistungsfähigkeit, Stärke, Kraft, Willen o. Ä.), die zum Kampf, zum Kämpfen befähigen:* die K. der Armee ist ungebrochen; die K. der Truppen erhöhen. **2.** ⟨Pl.⟩ *im Kampf eingesetzte, für Kampfeinsätze bereit stehende Personen.*

Kampf|kunst, die: *Kunst des Kämpfens mit bestimmten Techniken u. nach bestimmten Regeln.*

Kampf|läu|fer, der: *(vor allem auf feuchten Wiesen lebender) Watvogel, bei dem das Männchen in der Zeit der Balz ein prächtiges Gefieder trägt u. Kämpfe austrägt.*

Kampf|lied, das: *von Kampfgeist erfülltes Lied, das bes. den politischen Kampf zum Inhalt hat.*

Kampf|li|nie, die: *Linie* (5 a)*.*

kampf|los ⟨Adj.⟩: **1.** *ohne militärische Auseinandersetzung, ohne dass ein Kampf* (1) *stattfindet:* die -e Übergabe der Stadt. **2.** *ohne dass eine Auseinandersetzung, Kontroverse stattfindet; ohne Gegenwehr; widerstandslos:* die Stellenkürzungen wurden nicht k. akzeptiert.

kampf|lus|tig, kampfeslustig ⟨Adj.⟩: *bereit, sich mit jmdm. auseinanderzusetzen, einen Streit zu beginnen:* sie blickte ihn k. an.

Kampf|ma|schi|ne, die: **1.** *Maschine, Roboter o. Ä. für Kampfeinsätze:* Ü zu -n abgerichtete Hunde. **2.** *Kampfflugzeug.*

Kampf|maß|nah|me, die ⟨meist Pl.⟩: *Maßnahme, die im Rahmen von Auseinandersetzungen bes. zwischen Arbeitgebern u. Gewerkschaften ergriffen wird* (z. B. Streik, Aussperrung): eine K. zur Durchsetzung höherer Löhne.

Kampf|mit|tel, das: **1.** ⟨meist Pl.⟩ (Völkerrecht, Militär) *in einem bewaffneten Konflikt zur Durchsetzung des Kriegszieles verwendetes Mittel wie Waffe, Kampfstoff o. Ä.* **2.** *[taktisches] Mittel in einem politischen Kampf.*

Kampf|mo|ral, die: *kämpferische Einstellung, Haltung; Bereitschaft zu kämpfen.*

Kampf|pan|zer, der (Militär): *schwerer Panzer mit einem in einem drehbaren Turm eingebauten Schnellfeuergeschütz.*

Kampf|pau|se, die: *Pause während eines Kampfes* (1, 2 a, c)*.*

Kampf|pi|lot, der (Militär): *Pilot eines Kampfflugzeugs; Kampfflieger.*

Kampf|pi|lo|tin, die: w. Form zu ↑ Kampfpilot.

Kampf|platz, der: *Platz, auf dem ein Kampf stattfindet.*

Kampf|preis, der (Wirtsch.): *Dumpingpreis, der dem Unternehmen, das ihn festsetzt, Vorteile im Wettbewerb bringen soll:* sie verschleudern die Geräte zu einem K.

Kampf|rich|ter, der (Sport): *jmd., der [als Mitglied eines Kampfgerichts, mit anderen zusammen] einen sportlichen Wettkampf leitet, beaufsichtigt [u. die sportlichen Leistungen bewertet].*

Kampf|rich|te|rin, die: w. Form zu ↑ Kampfrichter.

Kampf|schrift, die: *Abhandlung, die zum Kampf für od. gegen etw. aufruft.*

Kampf|schwim|mer, der (Militär): *zur Marine gehörender Einzelkämpfer, der dazu ausgebildet ist, unter Wasser an gegnerische Ziele heranzuschwimmen, um sie zu erkunden od. zu zerstören.*

Kampf|schwim|me|rin, die: w. Form zu ↑ Kampfschwimmer.

Kampf|spiel, das (Sport): **1.** *mit körperlichem Einsatz in unmittelbarem Kontakt mit dem Gegner ausgetragenes Ballspiel zwischen zwei gegeneinander kämpfenden Mannschaften:* Fußball, Handball, Rugby, Hockey sind -e. **2.** *durch hohen kämpferischen Einsatz der Spieler gekennzeichnetes Spiel:* in einem mitreißenden K. wurde der Gegner schließlich bezwungen.

Kampf|sport, der: *Ausübung einer Kampfsportart.*

Kampf|sport|art, die: *Sportart, in der Zwei-*

kämpfe ausgetragen werden (z. B. Boxen, Ringen, Judo).
kampf|stark ⟨Adj.⟩: *Kampfstärke besitzend:* der Feldherr verfügt über -e Truppen.
Kampf|stär|ke, die: *hoher Grad an Leistungskraft, Stärke, die zum Kampf, zum Kämpfen befähigt.*
Kampf|stät|te, die ⟨meist Pl.⟩: *Stätte, an der ein Kampf stattfindet, ausgetragen wird; Anlage für sportliche Wettkämpfe.*
Kampf|stier, der: *für den Stierkampf gezüchteter Stier.*
Kampf|stoff, der: *radioaktives Material, giftige chemische od. krankheitserregende biologische Substanz als Kampfmittel* (1).
Kampf|sze|ne, die: *während eines Kampfes sich abspielende Szene.*
Kampf|tag, der: **1.** *Tag, an dem Kampfhandlungen stattfinden.* **2.** *Tag, an dem im Rahmen einer politischen Auseinandersetzung Demonstrationen, Streiks od. andere Aktionen stattfinden.* **3.** (Sport) *Tag, an dem Kämpfe* (2 c) *ausgetragen werden* (bes. in den Kampfsportarten).
Kampf|trin|ken, das; -s (ugs.): *das Trinken von großen Mengen Alkohols um die Wette, um so die Trinkfestigkeit unter Beweis zu stellen:* K. bis zum Umfallen.
Kampf|trin|ker, der (ugs.): *jmd., der (zusammen mit anderen) gerne u. häufig große Mengen alkoholischer Getränke zu sich nimmt.*
Kampf|trin|ke|rin, die: w. Form zu ↑ Kampftrinker.
Kampf|trup|pe, die: **1.** (Militär) *Truppe des Heeres, der z. B. die Jäger, Fallschirmjäger u. die Panzertruppe angehören.* **2.** *kampfbereite, für eine tätliche Auseinandersetzung gerüstete Gruppe von Personen.*
kampf|un|fä|hig ⟨Adj.⟩: *nicht fähig, nicht imstande zu kämpfen:* -e Truppen; der Boxer schlug seinen Gegner k. Dazu: **Kampf|un|fä|hig|keit,** die ⟨o. Pl.⟩.
Kampf|ver|band, der (Militär): *für den Kampf* (1) *ausgebildeter u. ausgerüsteter militärischer Verband.*
Kampf|wei|se, die: *Art u. Weise, in der ein Kampf geführt wird.*
Kampf|wil|le, Kampfeswille, der: *Wille, Bestreben zu kämpfen.*
Kampf|ge|biet, das: *Kampfgebiet.*
kam|pie|ren ⟨sw. V.; hat⟩ [frz. camper, ↑ campen]: **a)** *sich an einem bestimmten Ort (im Freien) für einige Zeit niederlassen, ein Lager aufschlagen, lagern:* auf freiem Feld k.; **b)** (ugs.) *irgendwo behelfsmäßig untergebracht sein, wohnen, eine notdürftige Unterkunft, Lagerstatt haben.*
Kam|sin, der; -s, -e [arab. ḥamsīn] (Geogr.): *heißer, trockener Wüstenwind in Ägypten.*
Kam|t|schat|ka; -s: *nordostasiatische Halbinsel.*
Ka|muf|fel, das; -s, - [zu älter = Kamuff = Halunke, Schuft < älter ital. camuffo = Betrüger, Halunke, zu: camuffare = betrügen, täuschen] (Schimpfwort): *jmd., der als dumm, beschränkt angesehen wird; Dummkopf:* so ein K.!
Ka|na: biblischer Ort in der Nähe von Nazaret.
Ka|na|an; -s: *das vorisraelitische Palästina.*
ka|na|a|nä|isch ⟨Adj.⟩: *Kanaan betreffend; aus Kanaan stammend.*
Ka|na|a|ni|ter, der; -s, -: Ew. zu ↑ Kanaan.
Ka|na|a|ni|te|rin, die; -, -nen: w. Form zu ↑ Kanaaniter.
ka|na|a|ni|tisch [auch: …'nɪ…] ⟨Adj.⟩: *Kanaan, die Kanaaniter betreffend; aus Kanaan stammend.*
Ka|na|da; -s: *Staat in Nordamerika.*
Ka|na|di|er, der; -s, - [urspr. Bez. für das Kanu der kanad. Indianer]: **1.** Ew. zu ↑ Kanada. **2.** *offenes*

Sportboot [mit gerundeten Steven], das [in halb kniender Haltung] mit einem Stechpaddel vorwärtsbewegt wird.
Ka|na|di|e|rin, die; -, -nen: w. Form zu ↑ Kanadier (1).
ka|na|disch ⟨Adj.⟩: *Kanada, die Kanadier betreffend; aus Kanada stammend.*
Ka|nail|le, Canaille [kaˈnaljə, österr.: …ˈnaɪ̯(ə)], die; -, -n [frz. canaille = Hundepack, Gesindel < ital. canaglia, zu lat. canis = Hund]: **1.** (abwertend) *jmd., der als böse, schurkisch angesehen wird:* so eine Kanaille! **2.** ⟨o. Pl.⟩ (abwertend veraltend) *Gruppe von Menschen, die als asozial, verbrecherisch o. ä. angesehen wird:* die mordgierige Kanaille.
Ka|na|ke, der; -n, -n [polynes. kanaka = Mensch]: **1.** *Ureinwohner der Südseeinseln, bes. Neukaledoniens.* **2.** [meist: kaˈnakə] (derb abwertend) *Ausländer, Angehöriger einer anderen, fremden Ethnie* (diskriminierendes Schimpfwort). **3.** [meist: kaˈnakə] (ugs. abwertend) *verachtenswerter, hassenswerter Mensch* (oft als Schimpfwort).
Ka|na|kin, die; -, -nen: w. Form zu ↑ Kanake.
Ka|nal, der; -s, Kanäle [ital. canale = Leitungsröhre, Kanal < lat. canalis = Röhre, Rinne, Wasserlauf, Kanal, zu: canna = kleines Rohr, Röhre < griech. kánna = Rohr(geflecht), aus dem Semit.]: **1.** *künstlicher schiffbarer Wasserlauf als Verbindung zwischen Meeren, Flüssen, Seen:* Kanäle durchziehen das Land; einen K. anlegen, bauen. **2.** *offener Wasserlauf od. unterirdisch geführte Rohrleitung für Abwässer, Bewässerung od. Entwässerung:* der K. ist verstopft; infolge des anhaltenden Regens laufen die Kanäle über. **3.** (Anat.) *röhrenförmiger Verbindungsgang, Durchgang:* …das Zäpfchen im Halse war weh und wund, die Luft ging ihm nicht wie sonst durch den von der Natur hierzu vorgesehenen K. (Th. Mann, Zauberberg 232); * den K. voll haben (salopp: **1.** *betrunken sein.* **2.** *einer Sache gründlich überdrüssig sein*). **4.** (Rundfunk, Fernsehen) *bestimmter Frequenzbereich eines Senders:* einen K. wählen, einschalten; einen anderen K. sehen; was läuft im andern K.? **5.** *Weg, auf dem etw. (bes. Informationen) weitergeleitet wird:* diplomatische, dunkle, geheime Kanäle. **6.** * **der K.** (zum Atlantischen Ozean gehörendes, durch die Straße von Dover mit der Nordsee verbundenes Meeresgebiet zwischen Großbritannien u. dem europäischen Festland; der Ärmelkanal).
Ka|nal|ar|bei|ter, der: **1.** *Arbeiter im Bereich der Kanalisation.* **2.** (Politikjargon) *jmd., der für jmdn., etw. tätig ist, ohne dabei selbst besonders in Erscheinung zu treten:* der Kanzler kann sich auf seine Riege der K. verlassen.
Ka|nal|ar|bei|te|rin, die: w. Form zu ↑ Kanalarbeiter.
Ka|nal|bau, der ⟨Pl. -ten⟩: *der Bau von Kanälen* (1, 2).
Ka|nal|bett, das ⟨Pl. -en, selten: -e⟩: *Rinne, in der der Kanal* (1) *fließt.*
Ka|nal|de|ckel, der: *Deckel über einem Abflussrohr der Kanalisation.*
Ka|nal|in|sel, die: **1.** ⟨Pl.⟩ *Inselgruppe im Ärmelkanal vor der Küste Nordfrankreichs.* **2.** *zu den Kanalinseln* (1) *gehörende Insel.*
Ka|na|li|sa|ti|on, die; -, -en: **1. a)** *System von [unterirdischen] Rohrleitungen zu Kanälen* (2) *zum Ableiten der Abwässer:* die städtische K.; die ausgetretenen Chemikalien flossen in die K.; **b)** *Bau von [unterirdischen] Rohrleitungen zu Kanälen* (2) *zum Ableiten der Abwässer.* **2.** *Ausbau eines Flusses zu einem schiffbaren Kanal* (1).
Ka|na|li|sa|ti|ons|netz, das: *Kanalisationssystem.*

Ka|na|li|sa|ti|ons|sys|tem, das: *Kanalisation* (1 a).
ka|na|li|sie|ren ⟨sw. V.; hat⟩: **1.** *mit einer Kanalisation* (1 a) *versehen:* einen Ort k. **2.** *schiffbar machen:* einen Fluss k. **3.** *gezielt in bestimmte Bahnen, in eine bestimmte Richtung lenken u. dadurch ein bestehendes Problem bewältigen:* eine politische Bewegung, einen Trieb k.
Ka|na|li|sie|rung, die; -, -en: *das Kanalisieren; das Kanalisiertwerden.*
Ka|nal|netz, das: *Netz aus Kanälen, Kanalisationssystem.*
Ka|nal|rat|te, die: **1.** *Ratte, die in der Kanalisation lebt.* **2.** (salopp abwertend, oft als Schimpfwort) *jmd., der als sittlich verwahrlost, moralisch heruntergekommen u. Ekel hervorrufend angesehen wird.*
Ka|nal|räu|mer, der: *jmd., der die Kanalisation reinigt.*
Ka|nal|räu|me|rin, die: w. Form zu ↑ Kanalräumer.
Ka|nal|schleu|se, die: *Schleuse eines Kanals* (1).
Ka|nal|schwim|mer, der: *Schwimmer, der den Kanal* (6) *(an dessen schmalster Stelle) durchschwimmt.*
Ka|nal|schwim|me|rin, die: w. Form zu ↑ Kanalschwimmer.
Ka|nal|sys|tem, das: *System von Kanälen* (1) (bes. zur Bewässerung).
Ka|nal|tun|nel, der ⟨o. Pl.⟩: *Eisenbahntunnel unter dem Ärmelkanal, der Großbritannien mit dem europäischen Festland verbindet.*
Ka|na|pee [ˈkanape, österr.: …ˈpeː], Canapé [ˈkanape, …ˈpeː], das; -s, -s **1.** [frz. canapé < mlat. canopeum = Mückenschleier; Himmelbett (mit einem Mückenschleier) < lat. conopeum < griech. könōpeîon] (veraltend, noch iron.) *Sofa;* ♦ (auch der:) …schwoll unter ihr mit Polstern von Damast der weichste Kanapee (Wieland, Aspasia 16 f.) **2.** ⟨meist Pl.⟩ [frz. canapé, die Form erinnert an ein Kanapee (1)] *mit Delikatessen belegtes, garniertes [getoastetes] Weißbrotschnittchen.*
Ka|na|ren ⟨Pl.⟩: *Kanarische Inseln.*
Ka|na|ri, der; -s, - [frz. canari, nach den Kanarischen Inseln] (südd., österr. ugs.): *Kanarienvogel.*
ka|na|ri|en|gelb ⟨Adj.⟩: *hellgelb.*
Ka|na|ri|en|vo|gel, der: *(auf den Kanarischen Inseln heimischer, meist im Käfig gehaltener) kleiner, gelber od. orangefarbener Vogel mit schönem Gesang.*
Ka|na|ri|er, der; -s, -: Ew. zu ↑ Kanarische Inseln.
Ka|na|ri|e|rin, die; -, -nen: w. Form zu ↑ Kanarier.
ka|na|risch ⟨Adj.⟩: *die Kanarischen Inseln, die Kanarier betreffend.*
Ka|na|ri|sche In|seln ⟨Pl.⟩: *Inselgruppe im Atlantischen Ozean.*
Kan|da|re, [auch: kanˈdaːrə], die; -, -n [ung. kantár = Zaum, Zügel]: *zum Zaumzeug des Pferdes gehörende Gebissstange:* dem Pferd die K. anlegen; sie ritt das Pferd auf K.; * **jmdn. an die K. nehmen/bekommen/bringen, [bei] jmdm. die K. anziehen** (jmdn. unter Kontrolle stellen, seine Freiheit einschränken); **jmdn. an der K. haben/halten** (jmdn. unter Kontrolle haben, ihm keine Freiheit lassen).
Kan|del, der; -s, -, od. die; -, -n [mhd. kandel, kanel, ahd. kanали < lat. canalis, ↑ Kanal] (landsch.): *Dachrinne, Regenrinne.*
Kan|de|la|ber, der; -s, - [frz. candélabre < lat. candelabrum = Leuchter]: **a)** *mehrarmiger, säulenartiger Ständer für Kerzen, Lampen:* ein vergoldeter K.; **b)** *mehrarmiger, säulenartiger Ständer für die Straßenbeleuchtung.*
Kan|di|dat, der; -en, -en [lat. candidatus = weiß Gekleideter (Amtsbewerber, der sich dem Volk in der toga candida, der glänzend weißen Toga,

Kandidatenkür – Kanone

vorstellte), zu: candidus = glänzend, weiß]: **1. a)** *jmd., der sich um etw. bewirbt, sich zur Wahl stellt:* jmdn. als -en aufstellen; einen -en bezeichnen, wählen, durchbringen, von der Liste streichen; **b)** *(in sozialistischen Ländern, bes. früher in der DDR) Anwärter auf die Mitgliedschaft in einer Partei.* **2. a)** *Student höheren Semesters* (Abk.: cand.): die -en der Theologie; **b)** *Prüfling im abschließenden Examen an einer Universität;* **c)** 〈o. Pl.〉 *(in sozialistischen Ländern, bes. früher in der UdSSR) akademischer Grad:* K. der physikalisch-mathematischen Wissenschaften der Sowjetunion.
Kan|di|da|ten|kür, die: *Wahl, Auswahl, Nominierung der Kandidaten für eine Wahl.*
Kan|di|da|ten|land, das: *Land, das Beitrittskandidat ist:* die drei Kandidatenländer wollen der EU schon im nächsten Jahr beitreten.
Kan|di|da|ten|lis|te, die: *Liste der Kandidaten* (1 a).
Kan|di|da|ten|tur|nier, das: *internationales Schachturnier, dessen Sieger den Schachweltmeister herausfordern kann.*
Kan|di|da|tin, die; -, -nen: w. Form zu ↑Kandidat.
Kan|di|da|t(inn)en: Kurzform für: Kandidatinnen und Kandidaten.
Kan|di|da|tur, die; -, -en [frz. candidature, zu: candidat = Kandidat]: *Aufstellung als Kandidat für eine Wahl, Anwartschaft auf eine Wahl:* seine K. anmelden, zurückziehen.
kan|di|die|ren 〈sw. V.; hat〉: *sich um etw. bewerben, sich zur Wahl stellen:* für ein Amt k.; bei den Wahlen kandidiert sie gegen den Amtsinhaber.
kan|die|ren 〈sw. V.; hat〉 [frz. candir = einzuckern < ital. candire, zu: cand, ↑Kandis]: *mit einer Zuckerlösung überziehen u. dadurch haltbar machen:* Zitronenscheiben k.; kandierte Früchte.
Kan|dis, der; - [ital. zucchero candito, älter: candi < arab. qandī = aus Rohrzucker, zu: qand = Rohrzucker]: *Kandiszucker.*
Kan|dis|zu|cker, der: *in großen Stücken an Fäden auskristallisierter weißer od. brauner Zucker.*
Kan|di|ten 〈Pl.〉 [ital. candito = kandierte Frucht, zu: candire, ↑Kandis] (österr.): **a)** *kandierte Früchte;* **b)** (ugs.) *Süßigkeiten.*
Ka|neel, der; -s, -e [frz. cannelle = Zimt < mlat. cannella = Röhrchen, zu lat. canna = Rohr (nach der Form der Zimtstange)]: *aus der Rinde des ceylonesischen Zimtbaums gewonnener Zimt.*
Ka|ne|vas, der; -, auch: -ses, -, auch: -se [frz. canevas, eigtl. = grobes Segeltuch, Sackleinen < provenz. canabas = Tuch aus Hanffasern, zu spätlat. cannabus = Hanf] (Textilind.): *gitterartiges, stark appretiertes Gewebe in Leinwandbindung für Stickereien:* auf K. sticken.
ka|ne|vas|sen 〈Adj.〉: *aus Kanevas bestehend.*
Kän|gu|ru, das; -s, -s [engl. kangaroo, aus einer Spr. der Ureinwohner Australiens]: *(bes. in Australien heimisches) Beuteltier mit kleinem Kopf, langem Schwanz, kurzen Vorderbeinen u. langen, kräftigen Hinterbeinen, auf denen es sich hüpfend fortbewegt.*
Kän|gu|ruh: frühere Schreibung für ↑Känguru.
◆ **Ka|ni|ku|lar|fe|ri|en** 〈Pl.〉 [zu spätlat. canicularis = den Hundsstern betreffend, vgl. Hundstage; eigtl. = Ferien während der Hundstage]: *Sommerferien:* Seine K. sind aber vielleicht nirgend deutlicher beschrieben als in seinen »Werthers Freuden« (Jean Paul, Wutz 16).
Ka|nin, das; -s, -e [Fachspr.: *Fell von Wild- u. Hauskaninchen*]: eine Jacke aus K.
Ka|nin|chen, das; -s, - [Vkl. von veraltet Kanin = Kaninchen < mniederd. kanīn < afrz. conin < lat. cuniculus = *wild lebendes, wegen seines Fells u. seines Fleisches in verschiedenen Zuchtfor-*

men auch als Haustier gehaltenes, dem Hasen ähnliches Tier mit graubraunem, grauem, weißem od. schwarzem Fell: das K. schnuppert; K. halten; sie vermehren sich wie die K. (ugs. abwertend); *die K. (ugs.; sehr stark).*
Ka|nin|chen|bau, der 〈Pl. -e〉: *Bau* (5 a) *von Kaninchen.*
Ka|nin|chen|jagd, die: *Jagd auf Kaninchen.*
Ka|nin|chen|stall, der: *Stall für Kaninchen.*
Ka|nin|chen|zucht, die: *Zucht von Kaninchen.*
Ka|nin|chen|züch|ter, der: *Züchter von Kaninchen.*
Ka|nin|chen|züch|te|rin, die: w. Form zu ↑Kaninchenzüchter.
Ka|nis|ter, der; -s, - [urspr. = Korb, unter Einfluss von engl. canister = tragbarer Behälter für Flüssigkeiten < ital. canestro = Korb < lat. canistrum < griech. kánistron = rohrgeflochtener Korb, zu: kánna, ↑Kanal]: *tragbarer viereckiger Behälter aus Blech od. Kunststoff zur Aufbewahrung von Flüssigkeiten:* ein K. [mit] Öl, Benzin, Trinkwasser.
kann: ↑können.
Kan|na|bi|nol, das; -s [zu lat. cannabis, ↑Cannabis] (Chemie): *wichtiger Bestandteil des Haschischs.*
Kạnn|be|stim|mung, Kạnn-Be|stim|mung, die; -, -en: *Bestimmung* (1 b), *nach der im Einzelfall verfahren werden kann, aber nicht verfahren werden muss.*
Känn|chen, das; -s, - Vkl. zu ↑Kanne (1): ein K. Milch; ein K. Kaffee.
Kạn|ne, die; -, -n [mhd. kanne, ahd. channa < lat. canna, ↑Kanal]: **1. a)** *für Flüssigkeiten bestimmtes Gefäß mit Henkel, Schnabel* (3) *u. meist auch Deckel:* eine silberne K., eine K. aus Porzellan, Steingut, Zinn; eine K. Kaffee, [mit] Wein; die K. ausgießen, [nach]füllen, ausspülen; ***in die K. steigen*** (1. Verbindungsspr.; *sein Bier austrinken.* ugs.; *gehörig dem Alkohol zusprechen*); **volle K.** (ugs.; *mit äußerster Kraft, höchster Leistung, Geschwindigkeit o. Ä.*); **b)** *zylindrisches Gefäß mit Deckel u. beweglichem Henkel zum Transport von Flüssigkeiten (bes. Milch):* Milch in der K. holen; es gießt wie aus/mit -n (ugs.; *es regnet heftig, in Strömen*). **2.** (Jazzjargon) *Saxofon:* *eine heiße/stolze K. blasen (ugs.; *hervorragend [in einer Jazzband] Saxofon spielen*).
Kan|ne|gie|ßer, der [nach der Figur eines ohne Sachverstand politisierenden Zinngießers aus der Komödie »Der politische Kannegießer« des dänischen Dichters u. Historikers Ludwig v. Holberg (1684–1754)] (veraltend iron.): *Stammtischpolitiker; [politischer] Schwätzer.*
Kan|ne|gie|ße|rin, die; -, -nen: w. Form zu ↑Kannegießer.
kan|ne|lie|ren 〈sw. V.; hat〉 [frz. canneler] (bild. Kunst): *(Säulen, Pfeiler) mit senkrechten Rillen versehen:* kannelierte Säulen eines griechischen Tempels.
Kan|ne|lie|rung, die; -, -en: **1.** (bild. Kunst) *Gestaltung der Oberfläche einer Säule od. eines Pfeilers mit Kanneluren.* **2.** (Geol.) *(durch Wasser od. Wind verursachte) Rinnen- u. Furchenbildung auf der Oberfläche von Kalk- u. Sandsteinen.*
Kan|ne|lur, die; -, -en, **Kan|ne|lü|re,** die; -, -n [frz. cannelure < älter ital. cannellatura, zu mlat. canella = Röhrchen, zu lat. canna, ↑Kanal] (bild. Kunst): *senkrechte Rille an Säulenschaften.*
kạn|nen|wei|se 〈Adv.〉: **a)** *in Kannen abgefüllt:* die Milch wurde k. abgeliefert; **b)** *in großer, nach Kannen messbarer Menge:* k. Kaffee trinken.
Kan|ni|ba|le, der; -n, -n [im 16. Jh. Canibali (Pl.) < span. caníbales, älter: caríbales (beide Pl.), nach dem Stammesnamen der Kariben]: **1.** *jmd., der Menschenfleisch verzehrt; Angehöriger eines*

Naturvolkes, bei dem Kannibalismus herrscht: auf diesen Inseln lebten damals noch -n. **2.** (abwertend) *roher, brutaler Mensch:* das ist ein richtiger K.!
Kan|ni|ba|lin, die; -, -nen: w. Form zu ↑Kannibale.
kan|ni|ba|lisch 〈Adj.〉: **1.** *die Kannibalen, den Kannibalismus betreffend:* -e Riten. **2.** (abwertend) *roh, grausam u. brutal:* sich jmdm. gegenüber k. benehmen. **3.** 〈intensivierend bei Adjektiven u. Verben〉 (ugs.) *überaus, sehr:* sich k. wohlfühlen.
kan|ni|ba|li|sie|ren 〈sw. V.; hat〉: **1.** (Zool.) *(bei einem Tier) Kannibalismus* (2) *hervorrufen.* **2.** (Jargon) *einer Sache in hohem Maß schaden, sie ruinieren, indem eine andere verstärkt, ausgebaut o. Ä. wird:* dieses Produkt kannibalisiert den Markt.
Kan|ni|ba|li|sie|rung, die; -, -en: *das Kannibalisieren, Kannibalisiertwerden.*
Kan|ni|ba|lis|mus, der; -: **1.** *Verzehr von Menschenfleisch [als kultischer Brauch bei bestimmten Naturvölkern]:* in dieser Gegend gibt es noch K. **2.** (Zool.) *das Auffressen von Artgenossen.*
kannst: ↑können.
kann|te: ↑kennen.
Kạnn|vor|schrift, Kạnn-Vor|schrift, die; -, -en: *Vorschrift, nach der im Einzelfall verfahren werden kann, aber nicht verfahren werden muss.*
¹**Ka|non,** der; -s, -s [spätlat. canon = Glaubensregel; kirchliches Disziplinargesetz < lat. canon = Regel, Norm, Richtschnur, Messstab < griech. kanōn, wohl urspr. = Rohrstock, -stab, zu: kánna, ↑Kanal]: **1.** (Musik) **a)** *Lied, bei dem in einem bestimmten Abstand zwei od. mehrere Stimmen nacheinander mit der Melodie einsetzen, sodass ein mehrstimmiger Gesang entsteht;* **b)** *Musikstück mit einem Thema, das nacheinander in allen Stimmen kontrapunktisch durchgeführt wird.* **2. a)** (bildungsspr.) *Richtschnur, Leitfaden für jmds. Verhalten:* b) *Gesamtheit der für einen bestimmten Bereich geltenden Regeln u. Vereinbarungen:* Hiermit verlasse ich den K. des Schicklichen keinen Augenblick durchbrochen zu haben glaube (Th. Mann, Krull 64). **3. a)** (bildungsspr.) *Liste mustergültiger Autoren, Werke:* für die Schule K. der Klassiker zusammenstellen; **b)** 〈o. Pl.〉 (Theol.) *Liste der kirchlich für verbindlich erklärten biblischen Schriften, der Bücher des Alten u. des Neuen Testaments.* **4.** 〈Pl. fachspr.: -es [...ne:s]〉 *kirchenrechtliche Norm.* **5.** (kath. Kirche) *textlich festgelegtes, feierliches Gebet beim Vollzug der Eucharistie.* **6.** 〈o. Pl.〉 (kath. Kirche) *kirchenamtliches Verzeichnis der Heiligen.* **7.** (bild. Kunst, Archit.) *Regel für die Proportionen [der menschlichen Figur].* **8.** (Math.) *allgemeine Lösung einer mathematischen Aufgabe, nach der dann besondere Probleme gelöst werden können.* **9.** (Astron.) **a)** *Tafel für die Bewegungen der Himmelskörper;* **b)** *Zusammenstellung aller Mond- u. Sonnenfinsternisse.* **10.** (im Mittelalter) *abgaberechtliche Grundzins; Abgabe des Lehnsmannes an den Lehnsherrn.*
²**Ka|non,** die; - [nach dem canon missae, dem häufig gedruckten Haupttitel des kath. Messbuches] (Druckw. veraltet): *Schriftgrad von 36 Punkt.*
Ka|no|na|de, die; -, -n [frz. cannonade, zu: canon = Geschütz < ital. cannone, ↑Kanone]: *schweres Geschützfeuer:* die K. von Valmy; Ü eine K. (ugs.; *Flut*) von Flüchen, Schimpfwörtern.
Ka|no|ne, die; -, -n [ital. cannone = Geschütz, eigtl. = großes Rohr, Vgr. von: canna = Rohr < lat. canna, ↑Kanal]: **1.** *[schweres] Geschütz mit*

Kanonenboot – Kantonist

langem Rohr, das dem Geschoss eine flache Flugbahn gibt u. eine große Reichweite hat: die -n donnern, feuern; eine K. laden, richten, abfeuern; * *mit -n auf/nach Spatzen schießen (mit unverhältnismäßigen Maßnahmen gegen etw. Harmloses od. Belangloses vorgehen); unter aller K. sein* (ugs.; *sehr schlecht sein;* eigtl. scherzh. schülersprachliche Übers. von lat. sub omni canone = [Leistung] unter jeglicher Richtschnur, zu lat. canon, ↑ ¹Kanon: die Autostraßen sind dort unter aller K.). **2.** (ugs.) *Könner auf einem Gebiet; sportliche Größe:* sie ist eine K. [im Tennis]. **3.** (salopp scherzh.) *Revolver:* er schleppt immer eine K. mit sich herum.
Ka|no|nen|boot, das: *mit Kanonen bestücktes Kriegsschiff für Einsätze im Küstengebiet u. auf Binnengewässern.*
Ka|no|nen|don|ner, der: *Lärm von feuernden Kanonen.*
Ka|no|nen|fut|ter, das [wohl nach der engl. Wendung »food for powder« in W. Shakespeares (1564–1616) Drama »Heinrich IV.« (1. Teil, 4, 2)] (salopp abwertend): *im Krieg sinnlos u. gewissenlos geopferte Soldaten.*
Ka|no|nen|ku|gel, die: *Kugel, die aus einer Kanone geschossen wird.*
Ka|no|nen|rohr, das: **1.** *Rohr einer Kanone:* * *[ach du] heiliges K.!* (ugs. Ausdruck der erstaunten od. erschreckten Betroffenheit; *[ach] du meine Güte!;* scherzh. statt eines Heiligennamens, den man nicht missbrauchen will). **2.** (ugs.) *Kanonenstiefel.*
Ka|no|nen|schuss, der: *Schuss aus einer Kanone* (1).
Ka|no|nen|stie|fel, der: *langer Schaft-, Stulpenstiefel.*
Ka|no|nes: Pl. von ↑ ¹Kanon (4).
Ka|no|nier, der; -s, -e [frz. canonnier]: **1.** *Soldat der Artillerie im niedrigsten Dienstgrad, der ein Geschütz bedient.* **2.** (Ballspiele Jargon) *besonders erfolgreicher Torschütze, der über einen wuchtigen Schuss, Wurf verfügt.*
Ka|no|nie|rin, die; -, -nen: w. Form zu ↑ Kanonier.
Ka|no|ni|kat, das; -[e]s, -e [zu ↑ Kanonikus]: *Amt eines Kanonikers in einem Stifts- od. Domkapitel.*
Ka|no|ni|ker, der; -s, -, **Ka|no|ni|kus,** der; -, ...ker [kirchenlat. canonicus, zu lat. canon, ↑ ¹Kanon]: **1.** *Mitglied eines Stifts- od. Domkapitels.* **2.** *Chorherr* (2).
Ka|no|ni|sa|ti|on, die; -, -en (kath. Kirche): *Aufnahme in den* ¹*Kanon* (6)*; Heiligsprechung.*
ka|no|nisch ⟨Adj.⟩ [lat. canonicus = regelmäßig]: **1.** *als Richtschnur, klassisches Muster dienend:* ein -es Werk der Bildhauerei. **2. a)** (kath. Kirche) *den kirchlichen [Rechts]bestimmungen gemäß:* die Frage wurde nach -em Recht (*katholischen Kirchenrecht*) entschieden; **b)** (Theol.) *zum* ¹*Kanon* (3 b) *gehörend:* die -en Schriften des Alten und des Neuen Testaments. **3.** (Musik) *den* ¹*Kanon* (1 b) *betreffend, ihm entsprechend.*
ka|no|ni|sie|ren ⟨sw. V.; hat⟩ [kirchenlat. canonizare < spätgriech. kanōnízein]: **1.** *heiligsprechen:* die Märtyrerin wurde kanonisiert. **2.** (bildungsspr.) **a)** *zum* ¹*Kanon* (2) *machen:* eine kanonisierte Auffassung, Theorie; **b)** *in eine Liste mustergültiger Autoren, Werke aufnehmen.*
Ka|no|ni|sie|rung, die; -, -en: *das Kanonisieren, Kanonisiertwerden.*
Ka|no|nis|tik, die; -: *Lehre vom kanonischen Recht.*
Ka|nos|sa: ↑ Canossa.
Ka|nos|sa|gang: ↑ Canossagang.
Kä|no|zo|i|kum, das; -s [zu griech. kainós = neu u. zōon = Lebewesen] (Geol.): *erdgeschichtliche Neuzeit, die Tertiär u. Quartär umfasst.*
Kan|sas; Kansas': *Bundesstaat der USA.*

kan|ta|bel ⟨Adj.; kantabler, -ste⟩ [ital. cantabile = singbar < spätlat. cantabilis = besingenswert, zu lat. cantare, ↑ ¹Kantate] (Musik): **1.** *gesanglich vorgetragen, klingend.* **2.** *sangbar.*
Kan|ta|bi|le, das; -, - [ital. cantabile] (Musik): *ernstes, getragenes, kantables Musikstück.*
Kan|ta|bi|li|tät, die; - (Musik): **1.** *gesanglicher Vortrag, Ausdruck.* **2.** *Sangbarkeit; melodische Schönheit:* die K. des Andante.
¹Kan|ta|te, die; -, -n [ital. cantata, zu: cantare < lat. cantare = singen]: *Gesangsstück für Einzelstimmen u. Chor, das von einem [kleinen] Orchester begleitet wird:* Bachs geistliche und weltliche -n; eine K. singen; in einer K. mitwirken, mitsingen, mitspielen.
²Kan|ta|te ⟨o. Art.; indekl.⟩ [lat. cantate = singet! (nach dem ersten Wort des Eingangsverses der Liturgie des Sonntags, Ps. 98, 1)] (ev. Kirche): *vierter Sonntag nach Ostern:* das Evangelium zum Sonntag K.
Kan|te, die; -, -n [aus dem Niederd. < mniederd. kant(e) = Ecke < afrz. cant = Ecke < lat. cant[h]us = eiserner Reif um ein Rad]: **1.** *durch zwei aneinanderstoßende Ebenen od. Flächen gebildete Linie:* eine scharfe, harte, vorspringende K.; ich habe mich an der K. des Schreibtisches gestoßen; Stanislaus' Gedicht lag in der Form eines dicken gelben Briefes neben den streng auf K. geschichteten Hemden und Unterhosen, ein Stück über das Fach mit dem Marmeladenglas (Strittmatter, Wundertäter 340). **2.** *Rand, äußere Begrenzung einer Fläche:* die K. an der Kufe des Schlittschuhs; sie setzte sich auf die K. [des Bettes, des Sessels]; * *etw. auf die [hohe] K. legen* (ugs.; *Geld in vorsorgender Absicht beiseitelegen, sparen;* wohl mit Bezug auf eine gewisser Höhe befindliche Konsole, Ablage, auf der früher oft Geld beiseitegelegt wurde); *etw. auf der [hohen] K. haben* (ugs.; *einen bestimmten Geldbetrag gespart haben*); *auf der K. stehen* (ugs.; *mit einer gewissen Unsicherheit verbunden sein; gefährdet sein:* es steht auf der K., ob sie die Prüfung besteht); *[die] klare Kante zeigen* (ugs.; *einen eindeutigen Standpunkt einnehmen und sich dazu bekennen*). **3.** *Webkante; Rand an Kleidungsstücken:* die -n der Ärmel sind durchgescheuert; * *etw. auf Kante nähen* (etw. *sehr knapp kalkulieren:* der Haushalt war so knapp auf K. genäht, dass ihn die ersten Steuerausfälle bereits kippten). **4.** (Bergsteigen) *schmaler Felsgrat mit auf beiden Seiten steil abfallenden Hängen.* **5.** (landsch.) *Gegend:* in dieser K. Deutschlands; dass die Sache aus der K. (*derjenigen Ecke, demjenigen Bereich, von derjenigen Stelle*) kommt, das hat sie gleich gedacht. **6.** (Math., Informatik, Sprachwiss.) *zwei Knoten verbindende Linie in einem Diagramm.* **7.** * *sich* ⟨Dativ⟩ *die K. geben* (ugs.; *sich betrinken;* wohl zu veraltet, noch landsch. Kante, mhd. kante, ahd. kan(na)ta = Gefäß, Kanne, viell. letztlich aus dem Anord.).
¹Kan|tel, der; -s, -n: *Holzstück mit quadratischem od. rechteckigem Querschnitt.*
²Kan|tel, der od. das; -s, - [zu ↑ Kante] (veraltet): *kleines hölzernes Lineal mit viereckigem Querschnitt.*
kan|ten ⟨sw. V.; hat⟩ [zu ↑ Kante]: **1.** *auf die Kante stellen:* eine Kiste beim Transport k. **2.** (Skisport) *[Stahl]kanten der Skier einsetzen.*
Kan|ten, der; -s, - [aus dem Niederl., zu ↑ Kante] (bes. nordd.): **a)** *Anschnitt od. Endstück eines Brotes;* **b)** *unförmiges, dickes Stück Brot.*
Kan|ten|füh|rung, die (Eiskunstlauf): *Führung der Schlittschuhkanten beim Figurenlaufen:* eine saubere K.
Kan|ten|län|ge, die: *Länge einer Kante (bes. eines geometrischen Körpers):* der Würfel, das

Tetraeder hat eine K. von 12 cm (*jede der Kanten des Würfels, des Tetraeders ist 12 cm lang*).
¹Kan|ter, der; -s, - [spätmhd. kanter < ital. cantiere, frz. chantier, cantier = hölzerne Unterlage < lat. cantherius = (Dach)balken]: **1.** *Vorrichtung, die Fässer o. Ä. kantet, in die gewünschte Lage kippt.* **2.** *Verschlag.* **3.** (veraltet) *Kellerlager.*
²Kan|ter [auch: ˈkɛntɐ], der; -s, - [engl. canter, gek. aus: Canterbury gallop, nach dem nach der engl. Stadt Canterbury reitenden Pilger] (Reiten): *kurzer, leichter Galopp.*
Kan|ter|sieg, der [nach engl. to win in a canter = mühelos siegen, eigtl. = ein Pferderennen nur leicht galoppierend gewinnen, zu: canter, ↑ ²Kanter] (Sport): *müheloser, hoher Sieg.*
Kant|ha|ken, der: *Holzstange mit eisernem Haken zum Kanten u. Fortbewegen von Lasten (z. B. Balken, Baumstämmen):* * *jmdn. am, beim K. nehmen/kriegen/packen* (ugs.; *jmdn. zur Rede stellen; sich jmdn. vornehmen;* für älteres jmdn. beim Kamm [= Nacken, Genick] nehmen); *etw. am K. packen* (salopp; *etw. Schwieriges bewältigen, richtig anpacken*).
Kant|holz, das ⟨Pl. ...hölzer⟩: *Schnittholz von quadratischem od. rechteckigem Querschnitt.*
Kan|ti|a|ner, der; -s, -: *Anhänger der Philosophie Immanuel Kants (1724–1804).*
Kan|ti|a|ne|rin, die; -, -nen: w. Form zu ↑ Kantianer.
kan|tig ⟨Adj.⟩ [zu ↑ Kante]: **a)** *Kanten aufweisend:* -e Felsgipfel; ein -es (*scharf geschnittenes*) Gesicht; Ü ein -er (*eigenwilliger, nicht leicht zugänglicher*) Charakter, Typ; Mit zwanzig Pferden führen sie -e Quader ... herbei (Jahnn, Geschichten 97); **b)** *von, in der Form einer Kante:* ein -es Kinn; eine -e Nase.
Kan|ti|le|ne, die; -, -n [ital. cantilena < spätlat. cantilena = Singsang, Lied] (Musik): *getragene, gesangartige Melodie.*
Kan|til|le [kanˈtɪl(j)ə], die; -, -n [frz. cannetille < span. cañutillo, Vkl. von: cañuto = kurze Röhre, zu: caña = Halm, Rohr < lat. canna, ↑ Kanal]: *vergoldeter od. versilberter Draht zur Herstellung von Borten u. Tressen.*
Kan|ti|ne, die; -, -n [frz. cantine = Soldatenschenke, eigtl. < ital. cantina = Keller]: **a)** *restaurantähnliche Einrichtung in Betrieben, Kasernen o. Ä.:* in der K. essen; in die K. gehen; die Feier fand in der K. statt; ◆ **b)** *Kasten für Trinkflaschen:* Wenn an einem heißen Tage ... sich Ihr Reitknecht mit den -n verloren hatte und Sie zu mir kamen und sagten: »Werner, hast du nichts zu trinken?« und ich Ihnen meine Feldflasche reichte ... (Lessing, Minna III, 7).
Kan|ti|nen|es|sen, das: *in der Kantine angebotenes Essen.*
¹Kan|ton: *südchinesische Stadt.*
²Kan|ton, der; -s, -e [frz. canton = Ecke, Winkel, Bezirk < ital. cantone, Vgr. von: canto = Winkel, Ecke < lat. cantus, ↑ Kante]: **1.** ⟨schweiz. auch: das⟩ *Bundesland der Schweiz (Abk.: Kt.).* **2.** *Bezirk, Kreis (in Frankreich u. Belgien).* **3.** (Geschichte) *Wehrverwaltungsbezirk (in Preußen).*
kan|to|nal ⟨Adj.⟩ [frz. cantonal]: *den Kanton betreffend; zu einem Kanton gehörend.*
Kan|to|nal|bank, die ⟨Pl. -en⟩ (schweiz.): *Bank, die ihr Geschäftsgebiet auf den jeweiligen* ²*Kanton* (1) *beschränkt.*
kan|to|na|li|sie|ren ⟨sw. V.; hat⟩ (schweiz.): *der Verantwortung des* ²*Kantons* (1) *unterstellen:* die Schulen k.
Kan|to|nist, der; -en, -en [zu ↑ ²Kanton (3)] (veraltet): *ausgehobener Rekrut:* * *unsicherer K.* (ugs.; *Mensch, auf den kein Verlass ist, der wankelmütig, unzuverlässig ist;* eigtl. = Rekrut, der sich der Aushebung zu entziehen versucht).

Kantönligeist – Kapazitätsgrenze

Kan|tön|li|geist, der; -[e]s (schweiz. abwertend): *engstirniges, provinzielles Denken.*

Kan|ton|ne|ment [kantɔnəˈmãː, ...ˈment], das; -s, -s, schweiz. auch: -e [frz. cantonnement] (schweiz., sonst veraltet): *Truppenunterkunft.*

Kan|tons|bür|ger|recht, das (schweiz.): *Recht, das jmdm. die Zugehörigkeit als Bürger zu einem ²Kanton (1) sichert.*

Kan|tons|ge|richt, das (schweiz.): *höchstes ordentliches Gericht eines ²Kantons (1).*

Kan|tons|par|la|ment, das (schweiz.): *Parlament eines ²Kantons (1).*

Kan|tons|po|li|zei, die (schweiz.): *Polizei eines ²Kantons (1).*

Kan|tons|rat, der (schweiz.): **1.** *Parlament (1) eines ²Kantons (1).* **2.** *Mitglied eines Kantonsrats (1).*

Kan|tons|rä|tin, die: w. Form zu ↑ Kantonsrat (2).

Kan|tons|re|gie|rung, die (schweiz.): *Regierung eines ²Kantons (1).*

Kan|tons|schu|le, die (schweiz.): *kantonale höhere Schule.*

Kan|tons|spi|tal, das, schweiz. ugs. auch: der (schweiz.): *kantonales Krankenhaus.*

Kan|tons|ver|fas|sung, die (schweiz.): *Verfassung eines ²Kantons (1).*

Kan|tor, der; -s, ...oren: **1.** *Organist u. Leiter des Kirchenchors.* **2.** [mlat. cantor < lat. cantor = Sänger, Schauspieler, zu: canere = singen] (*im MA.*) *Vorsänger u. Leiter des Chores im gregorianischen Choral.*

Kan|to|rei, die; -, -en: **1.** *Chor einer evangelischen Kirchengemeinde.* **2.** (selten) *kleine Singgemeinschaft.*

Kan|to|rin, die; -, -nen: w. Form zu ↑ Kantor (1).

Kant|wurst, die (österr.): *eine salamiähnliche Dauerwurst in eckiger Form.*

Ka|nu [auch, österr. nur: kaˈnuː], das; -s, -s [engl. canoe < frz. canot, span. canoa < karib. can(a)oa = Einbaum]: **1. a)** *leichtes Boot der Indianer mit gerundeten, hochgezogenen Steven, das mit einem Stechpaddel vorwärtsbewegt wird;* **b)** *Einbaum.* **2.** (Sport) *Kajak (2) od. Kanadier (2).*

Ka|nu|fah|rer, der: *jmd., der Kanu fährt.*

Ka|nu|fah|re|rin, die: w. Form zu ↑ Kanufahrer.

Ka|nü|le, die; -, -n [frz. canule < spätlat. cannula = kleines Rohr, Vkl. von lat. canna, ↑ Kanal] (Med.): **1.** *Hohlnadel an einer Injektionsspritze.* **2.** *Röhrchen zum Einführen od. Ableiten von Luft od. Flüssigkeit aus einem Körperbereich (bes. nach einem Luftröhrenschnitt).*

Ka|nu|sla|lom, der: *Slalom, bei dem auf einer wildwasserähnlichen Strecke künstliche u. natürliche Hindernisse im Kanu durchfahren werden müssen.*

Ka|nu|sport, der: *als Sport betriebenes Kanufahren.*

Ka|nu|te, der; -n, -n [zu ↑ Kanu] (Sport): *jmd., der den Kanusport betreibt.*

Ka|nu|tin, die; -, -nen: w. Form zu ↑ Kanute.

Kan|zel, die; -, -n [mhd. kanzel, ahd. kancella < lat. cancelli (Pl.) = Einzäunung, Schranken, zu: cancer = Gitter, wohl dissimiliert aus: carcer, ↑ Kerker]: **1.** *auf einer Säule ruhende od. erhöht an einem Pfeiler angebrachte, von einer Brüstung umgebene kleine Plattform im vorderen Teil der Kirche, von der aus der Geistliche predigt: eine reich mit Schnitzereien versehene K.; auf die K. steigen.* **2.** *Cockpit (1).* **3.** (selten) *kleiner, erhöhter Pavillon auf einer Verkehrsinsel für Polizisten, die den Straßenverkehr regeln: Der Verkehrspolizist, den man von seiner K. gerufen hatte, konnte da nichts ausrichten (Frisch, Gantenbein 494).* **4.** (veraltet) *Rednerpult, Katheder.* **5.** (Bergsteigen) *Vorsprung in einer Felswand.* **6.** (Jägerspr.) *Hochsitz.*

Kan|zel|red|ner, der: *Prediger im Hinblick auf seine rednerischen Fähigkeiten: er ist ein guter, schlechter K.*

Kan|zel|red|ne|rin, die: w. Form zu ↑ Kanzelredner.

Kan|zel|ton, der: **1.** ⟨o. Pl.⟩ *typischer Stil u. Tonfall eines Predigers.* **2.** ⟨Pl.⟩ *(von der Kanzel herab) verkündete Worte.*

kan|ze|ro|gen ⟨Adj.⟩ [zu lat. cancer = Krebs(geschwür) u. ↑-gen] (Med.): *Krebs erzeugend.*

kan|ze|rös ⟨Adj.⟩ [zu spätlat. cancerosus = voller Krebsgeschwüre] (Med.): *krebsartig.*

Kanz|lei, die; -, -en [mhd. kanzelie < lat. cancelli, ↑ Kanzel, urspr. Bez. für einen mit Schranken umgebenen Dienstraum für Beamte u. Schreiber von Behörden u. Gerichten]: **1.** (früher) *Behörde eines Regenten od. einer Stadt, der die Ausfertigung von Urkunden u. die Durchführung des Schriftverkehrs obliegen.* **2.** *Büro eines Rechtsanwalts od. einer Behörde.*

Kanz|lei|deutsch, das (abwertend): *Amtsdeutsch.*

Kanz|lei|schrift, die: *Frakturschrift, die früher in Kanzleien (1) üblich war.*

Kanz|lei|spra|che, die: **1.** *Form der deutschen Sprache im geschäftlichen Schriftverkehr (seit der 1. Hälfte des 13. Jh.s) bes. in Urkunden, Akten u. Rechtsvorschriften: die kursächsische K. wurde durch Luthers Bibelübersetzung zur Grundlage der deutschen Schriftsprache.* **2.** ⟨o. Pl.⟩ *Amtssprache (2).*

Kanz|ler, der; -s, - [mhd. kanzelære, ahd. kanzellāri < spätlat. cancellarius = hoher Beamter, der insbesondere für die Ausfertigung von Staatsurkunden zuständig ist]: **1. a)** *Kurzf. von ↑ Bundeskanzler (1,2): welche Partei stellte den K.?;* **b)** *Kurzf. von ↑ Reichskanzler (1, 2a, 2b).* **2.** *Beamter einer diplomatischen Vertretung, der für die Abwicklung administrativer Angelegenheiten zuständig ist.* **3.** *leitender Beamter in der Verwaltung einer Hochschule.* **4.** (früher) *hoher geistlicher Würdenträger, der mit der Ausfertigung öffentlicher Urkunden eines Herrschers betraut war.*

Kanz|ler|amt, das: **1.** *Bundeskanzleramt.* **2.** ⟨o. Pl.⟩ *Amt (1) des Kanzlers (1 a).*

Kanz|ler|amts|chef, der: *Leiter des Kanzleramts (1).*

Kanz|ler|amts|che|fin, die: w. Form zu ↑ Kanzleramtschef.

Kanz|ler|amts|mi|nis|ter, der: *Leiter des Bundeskanzleramts (1).*

Kanz|ler|amts|mi|nis|te|rin, die: w. Form zu ↑ Kanzleramtsminister.

Kanz|ler|be|ra|ter, der: *Berater eines Kanzlers.*

Kanz|ler|be|ra|te|rin, die: w. Form zu ↑ Kanzlerberater.

Kanz|ler|de|mo|kra|tie, die (Politik): *parlamentarisches Regierungssystem, das durch die besonders starke Stellung des Kanzlers (1 a) geprägt ist.*

Kanz|ler|gat|tin, die: *Ehefrau eines Kanzlers, bes. des amtierenden Bundeskanzlers.*

Kanz|le|rin, die; -, -nen: w. Form zu ↑ Kanzler.

Kanz|ler|kan|di|dat, der: *jmd., der von einer Partei als Kandidat für das Amt (1 a) des Kanzlers (1 a) nominiert ist.*

Kanz|ler|kan|di|da|tin, die: w. Form zu ↑ Kanzlerkandidat.

Kanz|ler|kan|di|da|tur, die: *Kandidatur für die Kanzlerschaft.*

Kanz|ler|mehr|heit, die (Jargon): *Mehrheit der Mitglieder des Bundestags.*

Kanz|ler|par|tei, die: *Partei, der die amtierende Kanzler angehört.*

Kanz|ler|run|de, die (Politikjargon): **a)** *Zusammenkunft des Bundeskanzlers mit einem kleineren Kreis von Experten zur Diskussion bestimmter [akuter] politischer Fragen;* **b)** *Gesamtheit der Teilnehmer an der Kanzlerrunde (a).*

Kanz|ler|schaft, die; -, -en ⟨Pl. selten⟩: **1.** *Amt des Kanzlers, der Kanzlerin; die K. anstreben.* **2.** *Amtszeit eines Kanzlers, einer Kanzlerin.*

Kan|zo|ne, die; -, -n [ital. canzone = Gesang, Lied < lat. cantio (Gen.: cantionis), zu: canere = singen]: **1.** *Gedichtform der provenzalischen u. nordfranzösischen Dichtung mit gleich geformten Strophen.* **2.** *liedhafte Instrumentalkomposition (seit dem 16. Jh.) für Orgel, Laute, Klavier od. kleine Streicherbesetzung.* **3.** *kontrapunktisch gesetzter A-cappella-Chorgesang (im 16. Jh. in Frankreich).* **4.** *leichtes, heiteres, oft gefühlvolles Lied.*

Kan|zo|net|ta, die; -, ...tten, **Kan|zo|net|te,** die; -, -n [ital. canzonetta, Vkl. von: canzone, ↑ Kanzone]: *kleines Gesang- od. Instrumentalstück.*

Ka|o|lin, das, fachspr.: der; -s, -e [nach dem chin. Berg Kaoling, einem Fundort]: *durch Zersetzung von Feldspaten entstandener Ton, der zur Herstellung von Porzellan verwendet wird; Porzellanerde.*

Ka|o|li|nit [auch: ...ˈnɪt], der; -s, -e: *in reinem Zustand als weiße, aus vielen kleinen Kristallen bestehende Masse auftretender Hauptbestandteil des Kaolins.*

Kap, das; -s, -s [aus dem Niederd. < niederl. kaap < frz. cap < ital. capo, zu lat. caput = Kopf, Spitze]: **1.** *vorspringender Teil einer Felsenküste; Vorgebirge.* **2.** *kurz für ↑ Kap der Guten Hoffnung.*

Kap. = Kapitel.

Kap Ar|ko|na, - -s: ↑ Arkona.

Ka|paun, der; -s, -e [mhd. kappun (älter: kappe, ahd. kappo) < frz. (mundartl.) capon, zu spätlat. capo = verschnittener Hahn]: *kastrierter, gemästeter Hahn.*

Ka|pa|zi|tanz, die; -, -en [zu ↑ Kapazität] (Elektrot.): *Wechselstromwiderstand einer Kapazität (1 b).*

Ka|pa|zi|tät, die; -, -en [zu lat. capacitas (Gen.: capacitatis) = Fassungsvermögen, geistige Fassungskraft, zu: capax = viel fassend u. tauglich, zu: capere, ↑ kapieren]: **1.** (Physik) **a)** *Fähigkeit (eines Kondensators), [elektrische] Ladung aufzunehmen u. zu speichern;* **b)** *Kondensator od. ähnlich wirkendes Element einer elektrischen Schaltung.* **2.** (Wirtsch.) ⟨Pl. selten⟩ *maximale Leistung in der Produktion eines Unternehmens [für einen bestimmten Zeitraum]: die K. der Fabrik ist erschöpft; die Firma hat eine K. von ungefähr einer Million Wagen im Jahr;* **b)** ⟨meist Pl.⟩ *Gesamtheit der die Kapazität (2 a) bestimmenden Einrichtungen u. Arbeitskräfte: ausgelastete, nicht ausgenutzte -en.* **3.** ⟨Pl. selten⟩ **a)** *räumliches Fassungsvermögen: Der Kessel hat eine K. von 5 000 Litern;* **b)** *Fähigkeit, etw. zu begreifen; geistige Fähigkeit: die komplizierten Formeln übersteigen die K. der Schüler.* **4.** *hervorragender Fachmann; Experte: eine K. [als Chirurg] sein; diese Forscher sind -en in der Chemie, auf dem Gebiet der Chemie.*

ka|pa|zi|tal|tiv, kapazitiv ⟨Adj.⟩: **1.** *die Kapazität (1 a) eines Kondensators betreffend: -er Widerstand (Elektrot.; Kapazitanz).* **2.** *die Kapazität (2, 3) betreffend.*

Ka|pa|zi|täts|aus|las|tung, die (Wirtsch.): *Auslastung der Kapazität (2 b).*

Ka|pa|zi|täts|eng|pass, der: **1.** (bes. Wirtsch.) *Situation, in der die vorhandenen Kapazitäten (2 b) nicht ausreichen.* **2.** (EDV) *Situation, in der die vorhandene Speicherkapazität nicht ausreicht.*

Ka|pa|zi|täts|er|wei|te|rung, die (Wirtsch.): *Erweiterung der Kapazität (2 a).*

Ka|pa|zi|täts|gren|ze, die (Wirtsch.): *Grenze der Kapazität (2 a).*

ka|pa|zi|tiv: ↑ kapazitativ.

Kap der Gu|ten Hoff|nung, das; -s - - -: Südspitze Afrikas.

Ka|pee [mit französierender Endung geb. zu ↑ kapieren]: in der Wendung **schwer von K. sein** (ugs.; begriffsstutzig sein).

Ka|pe|lan, der; -s, -e [frz. capelan < provenz. cap(e)lan < mlat. capellanus, ↑ Kaplan; wohl nach der dunklen u. weißen Färbung, die an das Kleid eines Priesters erinnert]: in großen Schwärmen im nördlichen Atlantik vorkommender kleiner Lachsfisch.

Ka|pel|la, Capella, die; -: Stern im Sternbild Fuhrmann.

Ka|pell|chen, das; -s, -: Vkl. zu ↑ ¹Kapelle.

¹Ka|pel|le, die; -, -n: **1.** [mhd. kap(p)elle, ahd. kapella < mlat. cap(p)ella = kleines Gotteshaus, eigtl. = kleiner Mantel (zu spätlat. cappa = Mantel mit Kapuze, ↑ Kappe), zuerst vom Aufbewahrungsort des Mantels des hl. Martin (Bischof von Tours, etwa 316–397) im merowingischen Frankenreich, später auch alle kleineren Gotteshäuser übertr.] kleineres, einfaches, meist nur für eine Andacht u. nicht für regelmäßige Gottesdienste einer Gemeinde bestimmtes Gotteshaus. **2.** abgeteilter Raum in einer größeren Kirche od. einem größeren profanen Gebäude (z. B. Schloss, Krankenhaus) für Gottesdienste, Taufen o. Ä.

²Ka|pel|le, die; -, -n [ital. cappella = Musikergesellschaft, eigtl. = Musiker- u. Sängerchor in einer Schlosskapelle]: **1.** (im MA.) Sängerchor in der Kirche, der die reine Gesangsmusik pflegt. **2.** kleineres Orchester, das bes. Unterhaltungs- u. Tanzmusik spielt: Die K. ist zurzeit ein Akkordeonist, ein Geiger, der Schlagzeuger. Sie spielen einen Tusch (Hacks, Stücke 310).

Ka|pell|meis|ter, der: **a)** Leiter einer ²Kapelle (2); **b)** nach dem [General]musikdirektor rangierender Orchesterdirigent: erster, zweiter K.; **c)** Dirigent (1).

Ka|pell|meis|te|rin, die: w. Form zu ↑ Kapellmeister.

¹Ka|per, die; -, -n ⟨meist Pl.⟩ [frz. câpre, ital. cappero < lat. capparis < griech. kápparis = Kaper(nstrauch)]: [in Essig eingelegte] Blütenknospe des Kapernstrauches.

²Ka|per, der; -s, - [niederl. kaper, zu: kapen = durch Freibeuterei erwerben, kapern, wahrsch. zu afries. käp = Kauf (verhüll. für: Seeraub)] (früher): **1.** Schiff, das (im Seekrieg) feindliche Handelsschiffe erbeutet. **2.** Freibeuter (a); Seeräuber.

Ka|per|brief, der (früher): staatliche Vollmacht, die private Unternehmer zur Erbeutung von feindlichen Handelsschiffen (im Seekrieg) ermächtigt.

Ka|pe|rei, die; -, -en [zu ↑ ²Kaper] (früher): das Erbeuten feindlicher Handelsschiffe durch private Unternehmer aufgrund des Kaperbriefs.

ka|pern ⟨sw. V.; hat⟩: **1. a)** (ein [Handels]schiff) auf See erbeuten; **b)** (ein Flugzeug, einen Zug o. Ä.) in seine Gewalt bringen u. entführen. **2.** (ugs.) jmdn. [wider seinen Willen] für etw. gewinnen; sich jmds., einer Sache bemächtigen: sie hat sich einen Millionär gekapert (hat es verstanden, einen Millionär als Ehemann zu bekommen).

Ka|per|na|um, Kafarnaum: biblischer Ort am See Genezareth.

Ka|pern|sau|ce: ↑ Kapernsoße.

Ka|pern|so|ße, Kapernsauce, die: helle Soße mit ¹Kapern.

Ka|pern|strauch, der: dorniger, auf felsigem Boden wachsender Strauch mit bläulich grünen Blättern u. großen weißen Blüten, dessen grüne Knospen die ¹Kapern liefern.

Kap Hoorn; - -s: Südspitze Südamerikas.

ka|pie|ren ⟨sw. V.; hat⟩ [aus der Schülerspr., zu lat. capere = nehmen, fassen; begreifen] (ugs.): etw., was man geistig erfassen soll, verstehen [u. geistig verarbeiten]: ich habe die Matheaufgabe nicht kapiert; kapierst du endlich?

ka|pil|lar ⟨Adj.⟩ [spätlat. capillaris = zum Haar gehörend, zu lat. capillus = Haar] (Med.): **1.** (bes. von feinsten Verzweigungen der Blut- u. Lymphgefäße) haarfein. **2.** die Kapillaren betreffend: die -e Durchblutung.

Ka|pil|la|re, die; -, -n [↑ kapillar]: **1.** (Biol., Med.) feinste Verzweigung der Blut- u. Lymphgefäße; Haargefäß. **2.** (Physik) Glasröhrchen mit sehr kleinem Durchmesser; Haarröhrchen.

Ka|pil|lar|ge|fäß, das: **1.** (Biol., Med.) Kapillare (1). **2.** (Physik) Kapillare (2).

ka|pi|tal ⟨Adj.⟩ [lat. capitalis = vorzüglich, hauptsächlich, zu: caput, ↑ Kapitän]: **a)** (ugs.) ungewöhnlich in seinem Ausmaß, seiner Größe, seinem Umfang; sehr groß [im negativen Sinn]; alles Vergleichbare übersteigend: ein -er Fehler; eine -e Schlamperei; **b)** (Jägerspr.) außerordentlich groß, stark: ein -er Bulle; ein -er (in besonders schönes, kräftiges Geweih mit sehr vielen Enden tragender) Hirsch; Ü Die Ringerinnen erheben sich lässig und machen ein paar Griffe. Willy sieht interessiert zu. »Kapitale Weiber«, flüstert er (Remarque, Obelisk 100).

Ka|pi|tal, das; -s, -e, auch, österr. nur: -ien [ital. capitale < mlat. capitale = Grundsumme, Kapital, zu lat. capitalis, ↑ kapital]: **1. a)** ⟨o. Pl.⟩ alle Geld- u. Sachwerte, die zu einer Produktion verwendet werden, die Gewinn abwirft; **b)** Vermögen eines Unternehmens; Grundkapital; Anlagekapital: die Gesellschaft erhöht ihr K.; er ist an mehreren Kapitalien, Kapitalen beteiligt. **2. a)** verfügbare Geldsumme, die bei entsprechendem Einsatz geeignet ist, dem Besitzer od. Nutznießer nennenswerten Gewinn zu bringen: ein bescheidenes, ausreichendes, sicheres K.; sein K. [gut, äußerst gewinnbringend] anlegen, flüssigmachen; das K. angreifen, in ein Geschäft stecken, aus dem Betrieb ziehen; wir müssen K. (einen Kredit) aufnehmen; Ü geistiges K. (geistiges Leistungsvermögen; Wissen, Kenntnisse); totes K. (erworbenes Wissen, Können, das nicht genutzt wird); * **K. aus etw. schlagen** (aus etw. Vorteil, Gewinn ziehen); **b)** kleinerer Betrag an Bargeld, den man für etw. verfügbar hat. **3.** ⟨o. Pl.⟩ Gesamtheit aller Kapitalisten: diese Leute gehören zum K. **4.** [zu mlat. capitale = Kopfende] (Buchw.) gewebtes [buntes] Band, das vom Buchbinder an die Ober- u. Unterkante des Buchblockrückens geklebt wird.

Ka|pi|tal|ab|wan|de|rung, die (Wirtsch.): Kapitalflucht.

Ka|pi|tal|an|la|ge, die (Wirtsch.): Einsatz von Geldmitteln in Beteiligungen, Sachwerten o. Ä. zur Erzielung von Gewinn.

Ka|pi|tal|an|la|ge|ge|sell|schaft, die: Kreditinstitut, das sich vor allem mit der Verwaltung von in Investmentfonds angelegtem Geld befasst; Investmentgesellschaft.

Ka|pi|tal|an|le|ger, der: Investor.

Ka|pi|tal|an|le|ge|rin, die: w. Form zu ↑ Kapitalanleger.

Ka|pi|tal|an|teil, der (Wirtsch.): Anteil, mit dem ein Gesellschafter an einer Handelsgesellschaft beteiligt ist.

Ka|pi|tal|auf|sto|ckung, die (Wirtsch.): Erhöhung des Kapitals einer Gesellschaft.

Ka|pi|tal|band, Kaptalband, das ⟨Pl. ...bänder⟩ (Buchw.): Kapital (4).

Ka|pi|tal|be|tei|li|gung, die (Wirtsch.): Beteiligung am Kapital eines Unternehmens durch Erwerb von Aktien.

Ka|pi|tal|be|we|gung, die ⟨meist Pl.⟩ (Wirtsch.): Kauf bzw. Verkauf von Forderungen (1 c) zwi-

schen Unternehmen, Banken o. Ä.: internationale -en.

Ka|pi|tal|bil|dung, die (Wirtsch.): Vergrößerung des Kapitals durch Sparen od. Investieren.

Ka|pi|täl|chen, das; -s, - (Druckw.): Großbuchstabe in der Höhe der kleinen Buchstaben.

Ka|pi|ta|le, die; -, -n [frz. capitale, subst. Fem. von: capital < lat. capitalis, ↑ kapital]: **1.** (veraltend) Hauptstadt eines Landes. **2.** (Druckw.) Majuskelschrift.

Ka|pi|tal|ein|künf|te ⟨Pl.⟩: Einkünfte aus angelegtem Kapital.

Ka|pi|tal|ein|satz, der (Wirtsch.): das Einsetzen, das Investieren von Kapital.

Ka|pi|tal|er|hö|hung, die (Wirtsch.): **a)** Erhöhung des Grundkapitals einer Aktiengesellschaft; **b)** Erhöhung des Stammkapitals einer Gesellschaft mit beschränkter Haftung.

Ka|pi|tal|er|trag, der (Wirtsch.): Zinsen, Dividenden, Gewinn aus Kapitalanlagen.

Ka|pi|tal|er|trags|steu|er, (Steuerw.:) **Ka|pi|tal|er|trag|steu|er,** die (Wirtsch.): Steuer auf Erträge aus Wertpapieren o. Ä.

Ka|pi|tal|feh|ler, der: großer, schwerwiegender Fehler, den jmd. gemacht hat.

Ka|pi|tal|flucht, die (Wirtsch.): Verbringen von Kapital ins Ausland (z. B. bei politischer Instabilität, ungünstigen Steuergesetzen).

Ka|pi|tal|fluss, der (Wirtsch.): Kapitalbewegung.

Ka|pi|tal|ge|ber, der (Wirtsch.): jmd., der [Geld]mittel für ein Unternehmen aufbringt.

Ka|pi|tal|ge|be|rin, die: w. Form zu ↑ Kapitalgeber.

ka|pi|tal|ge|deckt ⟨Adj.⟩: durch ein vorhandenes Kapital gedeckt: eine -e Rente, Vorsorge.

Ka|pi|tal|ge|sell|schaft, die (Wirtsch.): Handelsgesellschaft, bei der die Beteiligung der Gesellschafter mit einem bestimmten Kapital im Vordergrund steht.

ka|pi|tal|in|ten|siv ⟨Adj.⟩: (in Bezug auf die Kostenstruktur eines Unternehmens) von Abschreibungen, kalkulatorischen Zinsen o. Ä. gekennzeichnet.

ka|pi|ta|li|sie|ren ⟨sw. V.; hat⟩ [frz. capitaliser] (Wirtsch.): in eine Geldsumme umwandeln: Dazu: **Ka|pi|ta|li|sie|rung,** die; -, -en.

Ka|pi|ta|lis|mus, der; -, ...men ⟨Pl. selten⟩: Wirtschaftsform, die durch Privateigentum an Produktionsmitteln u. Steuerung des Wirtschaftsgeschehens über den Markt gekennzeichnet ist.

Ka|pi|ta|lis|mus|kri|tik, die: Kritik am Kapitalismus.

Ka|pi|ta|list, der; -en, -en: **1.** (oft abwertend) **a)** jmd., der Kapital (1) besitzt: K. sein; Ü (ugs. scherzh.:) am Letzten des Monats zahlt er mit einem Hundterteuroschein, nun sieh dir mal diesen -en an!; **b)** Anhänger des Kapitalismus. **2.** (veraltet) jmd., dessen Einkommen [überwiegend] aus Zinsen, Renten od. Gewinnen besteht.

Ka|pi|ta|lis|tin, die; -, -nen: w. Form zu ↑ Kapitalist.

ka|pi|ta|lis|tisch ⟨Adj.⟩: auf dem Kapitalismus beruhend, den Kapitalismus betreffend: ein -es Wirtschaftssystem; die -e Gesellschaftsordnung; das Land wird immer -er; k. denken.

Ka|pi|tal|kos|ten ⟨Pl.⟩ (Wirtsch.): durch die Beschaffung von Kapital entstehende Kosten.

ka|pi|tal|kräf|tig ⟨Adj.⟩ (Wirtsch.): mit großem Vermögen ausgestattet.

Ka|pi|tal|le|bens|ver|si|che|rung, die: kapitalbildende Lebensversicherung.

Ka|pi|tal|markt, der (Wirtsch.): Markt für langfristige Kredite u. Kapitalanlagen.

Ka|pi|tal|markt|zins, der; -es, -en: am Kapitalmarkt üblicher Zinssatz.

Ka|pi|tal|ren|di|te, die: mit einem Kapital erwirtschaftete Rendite.

Ka|pi|tal|schnitt, der (Wirtsch.): Verminderung

Kapitalspritze – Kapsel

des Eigenkapitals: die Aktionäre verweigerten einem K. die Zustimmung.

Ka|pi|tal|sprit|ze, die (Wirtschaftsjargon): *Kapitalerhöhung.*

Ka|pi|tal|stock, der (Wirtsch.): *für einen bestimmten Zweck angesammeltes, angespartes Kapital.*

Ka|pi|tal|ver|bre|chen, das: *schwere Straftat wie Mord, schwerer Raub o. Ä.*

Ka|pi|tal|ver|flech|tung, die (Wirtsch.): *Verbindung zwischen Kapitalgesellschaften durch Beteiligungen.*

Ka|pi|tal|ver|kehr, der (Wirtsch.): *Gesamtheit aller finanziellen Transaktionen.*

Ka|pi|tal|ver|mö|gen, das: a) (Wirtsch.) *Eigentum, das aus gewinnbringenden Anlagen stammt, in Anteilen an einer Gesellschaft od. in Wertpapieren besteht;* b) (Finanzw.) *Erträge aus Beteiligungen der öffentlichen Hand an privaten Unternehmen.*

Ka|pi|tal|wert, der (Wirtsch.): *Summe aller zu einem bestimmten Zeitpunkt abgezinsten Ein- und Auszahlungen als Gesamtwert des Kapitals* (1 b) *zu diesem Zeitpunkt.*

Ka|pi|tal|zins, der; -es, -en ⟨meist Pl.⟩ (Wirtsch.): *Zinsgewinn aus Kapital.*

Ka|pi|tal|zu|fluss, der: *Zufluss* (3) *von Kapital.*

Ka|pi|tän, der; -s, -e [älter: Capitan = Schiffsführer < ital. capitano; schon mhd. kapitân < afrz. capitaine, zu spätlat. capitaneus = durch Größe hervortretend, zu lat. caput = Kopf, Spitze, Haupt]: **1.** *Kommandant eines Schiffes:* K. zur See *(Marineoffizier im Range eines Obersts);* * *K. der Landstraße* (ugs.; *Fahrer eines Fernlastwagens).* **2.** Kurzf. von ↑ Flugkapitän. **3.** (Sport) *Mitglied einer Mannschaft, das die Mannschaft vertritt, repräsentiert:* er ist K. der Nationalelf.

Ka|pi|tä|nin, die; -, -nen: w. Form zu ↑ Kapitän.

Ka|pi|tän|leut|nant, der (Militär): a) *dem Hauptmann entsprechender Dienstgrad (bei der Marine);* b) *Offizier dieses Dienstgrades.*

Ka|pi|täns|pa|tent, das: *amtliches Zeugnis, das jmdn. zur Führung eines Schiffes berechtigt.*

Ka|pi|tel, das; -s, -: **1.** [mlat. capitulum = Kapitel(überschrift) < lat. capitulum = Köpfchen; Hauptabschnitt, zu: caput, ↑ Kapitän] *Abschnitt eines Textes in einem Schrift- od. Druckwerk* (Abk.: Kap.): das erste, zweite K.; ein K. des Romans; Ü ein schmerzliches, trauriges, finsteres K. seines Lebens, in seinem Leben; das ist ein anderes K. *(hat damit nichts zu tun, gehört nicht in diesen Zusammenhang);* * **K. für sich sein** *(eine unerfreuliche, durch mancherlei Schwierigkeiten gekennzeichnete Angelegenheit sein [über die man hier besser schweigt]).* **2.** [mhd. kapitel = (feierliche) Hauptversammlung einer geistlichen Körperschaft] a) *Körperschaft der Geistlichen einer Dom- od. Stiftskirche od. eines Kirchenbezirks;* b) *Versammlung eines geistlichen Ordens.*

Ka|pi|tell, das; -s, -e [spätlat. capitellum = Köpfchen, zu: caput = Kopf]: *oberer Abschluss einer Säule, eines Pfeilers od. eines Pilasters.*

◆ **Ka|pi|tels|herr,** der [zu ↑ Kapitel (2 a)]: *Stiftsherr:* ... so hab' ich ... nur Generäle und -en essen sehen (Keller, Kleider 11).

Ka|pi|tel|über|schrift, die: *Überschrift eines Kapitels* (1).

Ka|pi|tu|lar, der; -s, -e [mlat. capitularis]: *Mitglied eines Kapitels* (2) (z. B. Domherr).

Ka|pi|tu|la|ti|on, die; -, -en [frz. capitulation, zu: capituler, ↑ kapitulieren]: **1.** a) *das Kapitulieren* (1): eine bedingungslose K. Deutschlands; b) *Vertrag über die Kapitulation* (1 a): die K. unterzeichnen. **2.** *das Kapitulieren* (2); *resignierendes Nachgeben, Aufgeben.* **3.** (veraltet) *Vertrag, den der Dienst eines Soldaten verlängert:* ◆ Wie die K. um war, adieu, Herr Hauptmann, macht' ich und ging nach Hause (Goethe, Jery u. Bätely).

ka|pi|tu|lie|ren ⟨sw. V.; hat⟩ [frz. capituler, eigtl. = bezüglich eines Vertrages verhandeln < mlat. capitulare = verhandeln, zu: capitulum = Vertrag, Beschluss, Artikel, zu lat. capitulum, ↑ Kapitel]: **1.** *sich dem Feind ergeben; sich für besiegt erklären:* die Armee, das Land hat kapituliert. **2.** *(angesichts einer Sache) resignierend aufgeben, nachgeben, die Waffen strecken:* vor einer Aufgabe, vor Schwierigkeiten k. **3.** a) (veraltet) *eine Kapitulation* (3) *abschließen;* ◆ b) *verhandeln, unterhandeln:* ... ein Ball ..., über dessen Herausgabe Gustav mit dem unvorsichtigen Besitzer kapituliert (Raabe, Chronik 156).

Ka|p|lan, der; -s, Kapläne [mhd. kaplân, ka(p)pellân < mlat. capellanus = Geistlicher, der den Gottesdienst in einer (Hof)kapelle hält, zu: cap(p)ella, ↑ ¹Kapelle] (kath. Kirche): a) *einem Pfarrer untergeordneter Hilfsgeistlicher;* b) *Geistlicher mit besonderen Aufgaben.*

Kap|land, das; -[e]s (ugs.): *Gebiet um Kapstadt und das Kap der Guten Hoffnung.*

Ka|po, der; -s, -s [Kurzf. von frz. caporal = Hauptmann, Anführer, Korporal]: **1.** (Soldatenspr.) *Unteroffizier.* **2.** (Jargon) *Häftling eines Straflagers o. Ä., der als Aufsicht über andere Häftlinge eingesetzt ist.* **3.** (südd., österr.) *Vorarbeiter.*

Ka|po|das|ter, der; -s, - [ital. capotasto = Hauptbund, aus: capo- = Haupt- (< lat. caput, ↑ Kapitän) u. tasto = ¹Bund (3), eigtl. = Taste] (Musik): *(bei einer Gitarre od. Laute) beweglicher, aufsetzbarer Sattel, mit dem die Grundstimmung der Saiten verändert werden kann.*

Ka|pok [auch: ˈkaːpɔk], der; -s [malai. kapuk]: *watteartiges weißgraues od. gelbliches Material aus den Fasern des Kapokbaums, das bes. für Polsterfüllungen verwendet wird:* K. ist das ideale Füllmaterial für Allergikermatratzen.

Ka|pok|baum, der: *Baum der tropischen Regenwälder mit hoch reichenden, verzweigten Wurzeln und großen Samenkapseln.*

Kap|pa, das; -[s], -s [griech. káppa, aus dem Semit., vgl. hebr. kaf]: *zehnter Buchstabe des griechischen Alphabets* (K, κ).

Kap|pa|do|ki|en usw.: ↑ Kappadozien usw.

Kap|pa|do|zi|en, Kappadokien; -s: *Landschaft in der Türkei.*

Kap|pa|do|zi|er, Kappadokier, der; -s, -: Ew.

Kap|pa|do|zi|e|rin, Kappadokierin, die; -, -nen: w. Formen zu ↑ Kappadozier.

kap|pa|do|zisch, kappadokisch ⟨Adj.⟩: *Kappadozien, die Kappadozier betreffend; aus Kappadozien stammend.*

Käpp|chen, das; -s, -: Vkl. zu ↑ Kappe (1).

Kap|pe, die; -, -n [mhd. kappe = Mantel mit Kapuze/Mütze, Kappe, ahd. kappa = Mantel mit Kapuze < spätlat. cappa = (Mantel mit Kapuze, H. u.]: **1.** *eng am Kopf anliegende Kopfbedeckung mit od. ohne Schirm:* eine K. aus Wolle, Samt, Pelz; Ü der Berg hat eine weiße K. *(ist schneebedeckt);* * *jmdm. etwas auf die K. geben/jmdm. auf die K. kommen* (landsch., bes. rhein. *verprügeln*); * *etw. auf seine [eigene] K. nehmen* (*für eventuelle negative Folgen von etw. die Verantwortung übernehmen; wahrscheinlich zurückgehend auf die Bedeutung der Kappe als Teil der Amtstracht, z. B. des Richters*); *auf jmds. K. kommen/gehen* (ugs.; *von jmdm. verantwortet werden müssen*). **2.** a) *Abdeckung od. Schutzvorrichtung an Maschinen u. Maschinenteilen* (z. B. Radkappe); b) *abnehmbarer, aufdrehbarer od. aufklappbarer Verschluss von Schachteln, Flaschen od. anderen Behältnissen;* c) (Bergbau, Bauw., Archit.) *deckendes Gewölbe über einem Stollen,* [Keller]raum o. Ä.; d) *fester [aufgesetzter] Teil vorn u. hinten am Schuh, der die Wölbung formt u. versteift;* e) (landsch.) *Anschnitt od. Endstück eines Brotes.* **3.** (Math.) *zur Oberfläche einer Kugel gehörender Teil f eines Kugelsegments.* **4.** (Tabakind.) *oberster, noch nicht eingerollter Teil des Deckblattes von Zigarren, mit dem der Kopf der Zigarre fest verschlossen wird.*

Kap|pel, Kappl, das; -s, -n (österr. ugs.): *Kappe* (1).

kap|pen ⟨sw. V.; hat⟩ [aus dem Niederd. < mniederd. kappen < mniederl. cappen = abhauen, viell. aus dem Roman., vgl. mlat. cappare = schneiden, span. capar = verschneiden, kastrieren]: **1.** (bes. Seemannsspr.) *durchschneiden; ab-, zerschneiden:* die Leinen, Trossen k.; eine Leitung k.; jmdm. das Telefon k. *(jmds. Telefonanschluss abschalten).* **2.** a) *(Bäume, Sträucher) beschneiden, zurückschneiden; stutzen:* die Pappeln k.; Ü die Finanzwünsche sind um einige Tausend Euro gekappt worden; b) *die Spitze, überflüssige Triebe u. Ä. bei Bäumen abschneiden:* die Kronen der Platanen wurden gekappt. **3.** (Geflügelzucht) a) *beschneiden, kastrieren:* die zur Mast bestimmten Junghähne k.; b) *begatten:* die Henne ist [vom Hahn] gekappt worden. **4.** (ugs.) *(einen straffällig Gewordenen) fangen, fassen.*

Kap|pes (westmdt.), **Kappus** (westmdt.), der; -: **1.** [mhd. kabeʒ, ahd. kabuʒ = (Weiß)kohl, Kohlkopf < mlat. caputia = Kohlkopf, zu lat. caput = Kopf, Spitze] *Weißkohl.* **2.** *Unsinn, dummes Zeug:* rede nicht solchen K.!

◆ **Kapp|fens|ter:** * *Kapfenster:* ... sah am obern K. den Widerschein des Monds (Jean Paul, Wutz 17).

Käp|pi, das; -s, -s [im 19. Jh. aus dem Schweizerischen übernommene Vkl. von ↑ Kappe]: *kleine, längliche [Uniform]mütze; Schiffchen.*

Kappl: ↑ Kappel.

Kapp|naht, die (Schneiderei): *doppelt gesteppte Naht.*

Kap|pro|vinz, die; - (vor 1994) *Provinz der Republik Südafrika.*

Kap|pung, die; -, -en: *das Kappen.*

Kap|pus: ↑ Kappes.

Ka|p|ri|ce, die; -: ↑ Kaprize: ↑ Caprice.

Ka|p|ri|o|le, die; -, -n [urspr. = kunstvoller Sprung ital. Tänzer, zu ital. capriola = Bocksprung, zu: capro < lat. caper = Bock]: **1.** [drolliger] *Luftsprung:* -n schlagen (*Luftsprünge machen*). **2.** *launenhafter, toller Einfall; übermütiger Streich:* sie steckt voller -n; Ü eine K. des Wetters. **3.** (Reiten) *Sprung auf der Stelle, bei dem das Pferd fast senkrecht emporschnellt u. mit der Hinterhand ausschlägt.*

Ka|p|ri|ze: ↑ Caprice.

ka|p|ri|zie|ren, sich ⟨sw. V.; hat⟩ [zu ↑ Kaprice]: *eigensinnig auf etw. bestehen; sich auf etw. festlegen:* sich auf etw. k.

ka|p|ri|zi|ös ⟨Adj.⟩ [frz. capricieux]: *launenhaft, eigenwillig:* sie ist ein -es Geschöpf.

Kap|sel, die; -, -n [spätmhd. kapsel < lat. capsula = Kästchen, ↑ Kassa]: **1.** *kleiner, runder od. ovaler Behälter:* Diese kleine luftdichte K. ..., von der sie sich niemals trennte, enthielt eine winzige Menge einer missfarbigen Substanz, von der man ihr versprochen hatte, dass sie schweres Gift sei (Musil, Mann 854). **2.** *Arzneimittel, dessen feste od. flüssige Bestandteile von einer Masse aus verdaulichem Stoff (z. B. Gelatine) umschlossen sind.* **3.** (Bot.) *aus zwei od. mehr miteinander verwachsenen Fruchtblättern gebildete Hülle, die nach der Reife aufspringt, sodass die Samenkörner herausfallen.* **4.** (Med.) *durch körpereigene Abwehrstoffe entstandene Umhüllung eines Fremdkörpers, fremden Gewebes o. Ä., die deren Ausbreitung verhindern soll.*

Käp|sel|chen, das; -s, -: Vkl. zu ↑ Kapsel.
kap|sel|för|mig ⟨Adj.⟩ (selten): *in der Form einer Kapsel:* eine -e Frucht.
Kap|sel|frucht, die (Bot.): *Kapsel* (3).
Kap|sel|he|ber, der; -s, -: *Gerät zum Öffnen von mit Kronkorken verschlossenen Flaschen; Flaschenöffner.*
kap|seln ⟨sw. V.; hat⟩ (Technik): *mit einer Kapsel umschließen; in eine Kapsel legen.*
Kap|sel|riss, der (Med.): *Infraktion einer Gelenkkapsel.*
Kap|stadt: Stadt in der Republik Südafrika.
Kap|tal, das; -s, -e, **Kap|tal|band**, das ⟨Pl. ...bänder⟩ (Buchw.): *Kapital* (4).
Kap|tein, der; -s, -s, **Käp|ten**, der; -s, -s, **Käpt'n**, der; -[s], -s [mniederd. kapteyn, ↑ Kapitän] (nordd. ugs.): *Kapitän* (1).
Käpt'n: ↑ Kaptein.
Ka|put, der; -s, -e [aus dem Roman., vgl. frz. capot, ital. cappotto, zu: cappa < spätlat. cappa, ↑ Kappe] (veraltend.): *Soldatenmantel.*
◆ **Ka|put|rock**, der: *Kapuzenmantel:* ...erblickte ich... einen... Jüngling mit einem langen, braunen K. (Eichendorff, Taugenichts 53).
ka|putt [zuerst in der Wendung: caput (capot) machen < frz. (Kartenspiel) être/faire capot = ohne Stich sein, H. u.] (ugs.): **1.** *entzwei; defekt; nicht mehr funktionierend:* -es Spielzeug, Geschirr; ⟨nicht standardspr. auch mit erweiterter Endung:⟩ -ene Schuhe; ein -es (scherzh.; *gebrochenes*) Bein; das -e (*völlig zerstörte*) Berlin; die Uhr ist k.; die Birne ist k. (*durchgebrannt*); er hat den Wagen k. gefahren; das Spielzeug k. machen, schlagen, hauen, trampeln, treten; das Spielzeug kann noch so stabil aussehen, Kinder kriegen es doch k.; Ü ein -er Typ (*nicht mehr in der bürgerlichen Gesellschaft verankerter Mensch, dessen Persönlichkeit zu einem Teil zerstört ist*); seine Ehe ist k. (*völlig zerrüttet*); der Geschäftsmann ist k. (*geschäftlich ruiniert; pleite*); R was ist denn jetzt k.? (salopp; *was ist denn jetzt passiert?*); * **bei jmdm. ist was k.** (salopp; *jmd. ist leicht verrückt*). **2.** *müde, erschöpft:* er machte einen -en Eindruck; ich bin ganz k., fühle mich k.
ka|putt fah|ren, ka|putt|fah|ren ⟨st. V.; hat⟩ (ugs.): *als Fahrer eines Fahrzeugs [bei einem Unfall] erheblich beschädigen:* er hat seinen Wagen kaputt gefahren.
ka|putt|ge|hen ⟨unr. V.; ist⟩ (ugs.): **1.** *schadhaft werden, entzweigehen:* im Haushalt ist mir der Zeit viel kaputtgegangen; der Pullover geht kaputt (*bekommt Löcher*); viele Pflanzen sind durch den Frost kaputtgegangen (*eingegangen*). **2.** *[wirtschaftlich] ruiniert werden, zugrunde gehen:* das Geschäft ging kaputt.
ka|putt krie|gen, ka|putt|krie|gen ⟨sw. V.; hat⟩ (ugs.): *es schaffen, etw. kaputt zu machen:* die Kinder kriegen einfach alles kaputt.
ka|putt|la|chen, sich ⟨sw. V.⟩ (ugs.): *übermäßig lachen:* sich über etw., einen Witz k.; du lachst dich kaputt!
¹**ka|putt|ma|chen** ⟨sw. V.; hat⟩: **a)** ⟨k. + sich⟩ (ugs.) *sich selbst, seine Gesundheit, seine Nerven ruinieren:* sie hat sich für andere abgerackert und sich dabei kaputtgemacht; **b)** (Gaunerspr.) *niederschlagen u. umbringen;* **c)** (ugs.) *zerstören:* er will unsere Eh k.; **d)** (ugs.) *ruinieren, zugrunde richten:* die Supermarktketten machen die kleinen Einzelhändler kaputt.
ka|putt ma|chen, ²**ka|putt|ma|chen** ⟨sw. V.; hat⟩ (ugs.): *erheblich beschädigen, zerstören:* pass auf, dass du die Schraube nicht kaputt machst.
ka|putt|re|den ⟨sw. V.; hat⟩ (ugs.): *zerreden:* der Redner forderte die Parteistagsteilnehmer auf, sich den Aufschwung nicht k. zu lassen.
ka|putt schla|gen, ka|putt|schla|gen ⟨st. V.; hat⟩

(ugs.): *zerschlagen:* er hat die Fensterscheibe kaputt geschlagen.
ka|putt|spa|ren ⟨sw. V.; hat⟩ (emotional): *durch zu starke Einsparungen über Gebühr beeinträchtigen, beschädigen od. gänzlich ruinieren:* bei Unwirtschaftlichkeiten zu sparen bedeute nicht gleich, das Gesundheitswesen kaputtzusparen, betonte der Redner.
ka|putt tre|ten, ka|putt|tre|ten ⟨st. V.; hat⟩ (ugs.): *zertreten:* er hat mir meine Sandburg kaputt getreten.
Ka|pu|ze, die; -, -n [ital. cappuccio, wahrsch. Abl. von: cappa < spätlat. cappa, ↑ Kappe]: *an einem Mantel, Anorak, einer Jacke o. Ä. angenähte od. angeknöpfte Kopfbedeckung, die sich (als Regen- u. Kälteschutz) ganz über den Kopf ziehen lässt:* die K. hochziehen.
ka|pu|zen|för|mig ⟨Adj.⟩: *die Form einer Kapuze aufweisend.*
Ka|pu|zen|man|tel, der: *Mantel mit einer Kapuze.*
Ka|pu|zi|ner, der; -s, - [ital. cappuccino, zu: cappuccio, ↑ Kapuze]: **1.** *Angehöriger des Kapuzinerordens* (Abk.: O. F. M. Cap., OFMCap). **2.** [nach dem durch die Milch bewirkten Farbe des Kaffees, die dem Braun der Kutten von Kapuzinern gleichen soll] (österr. veraltend) *Kaffee mit etwas Milch.* **3.** *Kapuzineraffe.* **4.** [nach der graubraunen Farbe des Pilzhutes, vgl. Kapuziner (2)] (landsch.) *Birkenröhrling.*
Ka|pu|zi|ner|af|fe, der [nach der schwarzen, einer Kapuze ähnlichen Kopfbehaarung]: *(in Südamerika heimischer) Affe mit langem Schwanz, dunklem Fell u. hellem, fast weißlichem Gesicht.*
Ka|pu|zi|ner|kres|se, die [wohl nach der Farbe der Blüten]: *[kletternde] Pflanze mit schildförmigen Blättern u. goldgelben bis orangeroten, einzeln auf langen Stielen sitzenden Blüten mit einem Sporn.*
Ka|pu|zi|ner|mönch, der: *Mönch des Kapuzinerordens.*
Ka|pu|zi|ner|or|den, der ⟨o. Pl.⟩: *im frühen 16. Jh. nach den Regeln des hl. Franz v. Assisi gegründeter Orden.*
¹**Kap Ver|de**, das; – –: Westspitze Afrikas.
²**Kap Ver|de**, - -s: Staat auf den Kapverdischen Inseln.
Kap|ver|den ⟨Pl.⟩: **1.** Kapverdische Inseln. **2.** (bes. schweiz.) ↑ ²Kap Verde.
Kap|ver|di|er, der; -s, -, **Kap-Ver|di|er**, der; -s, -, **Kap Ver|di|er**, der; -s, -: Ew.
Kap|ver|di|e|rin, die; -, -nen: w. Form zu ↑ Kapverdier.
Kap Ver|di|e|rin, die; – –, – –nen: w. Form zu ↑ Kap Verdier.
Kap-Ver|di|e|rin, die; -, -nen: w. Form zu ↑ Kap-Verdier.
kap|ver|disch, kap-ver|disch ⟨Adj.⟩: *die Kapverdischen Inseln, die Kapverdier betreffend.*
Kap|ver|di|sche In|seln ⟨Pl.⟩: Inselgruppe vor dem ¹Kap Verde.
Kar, das; -[e]s, -e [mhd. kar, ahd. char = Schüssel, Geschirr, urspr. = Gefäß, wahrsch. aus einer kleinasiat. Spr.]: *Mulde od. Kessel zwischen Steilwänden im Hochgebirge, dessen früher vergletscherter Boden mit Geröll bedeckt ist.*
Ka|ra|bach, Ka|ra|bagh [...x], der; -[s], -s: *meist rot- od. blaugrundiger, vielfach gemusterter Orientteppich aus der gleichnamigen aserbaidschanischen Landschaft.*
Ka|ra|bi|ner, der; -s, - [frz. carabine = kurze Reiterflinte, zu: carabin = Reiter, H. u.]: **1.** *Gewehr mit kurzem Lauf.* **2.** (österr.) *Karabinerhaken.*
Ka|ra|bi|ner|ha|ken, der: *Haken, der durch einen Verschluss mit fest zuschnappender Feder (3) gesichert ist.*
Ka|ra|bi|ni|e|re [...'nje:], der; -s, -s (Geschichte):

1. *[mit einem Karabiner (1) ausgerüsteter] Reiter:* ◆ Konstabler (tritt zum Wachtmeister): Wie ist's Bruder K.? (Schiller, Wallensteins Lager 4); ◆ ⟨Pl. -en:⟩ Sind einheimische, geborne Böhmen, von den Terschkas -en (Schiller, Wallensteins Lager 1). **2.** *Jäger zu Fuß.*
Ka|ra|bi|ni|e|re: ↑ Carabiniere.
Ka|ra|cho, das; -s [span. carajo = (zum) Donnerwetter!, im Span. derber Fluch, eigtl. = Penis, H. u.] (ugs.): *große Geschwindigkeit, Rasanz:* * **mit K.** (*mit großem Tempo*).
Ka|raf|fe, die; -, -n [frz. carafe < ital. caraffa, span. garrafa < arab. (maghrebinisch) ġarrāfa^h = bauchige Flasche, zu: ġarafa = schöpfen]: *bauchige [geschliffene] Glasflasche [mit Verschluss]:* aus einer K. Saft, Likör einschenken; ... in meinem Zimmer standen statt des Trinkwassers gefüllte blinkende -n mit rotem und weißem Wein (Hauptmann, Schuß 12).
Ka|ra|kal, der; -s -s u. -e [türk. karakulak, eigtl. = Schwarzohr, aus: kara = schwarz u. kulak = Ohr]: *(in Afrika u. Südwestasien heimische) luchsähnliche Katzenart mit graugelbem Fell u. großen Pinselohren; Wüstenluchs.*
Ka|ra|ko|rum [auch: ...'rʊm], der; -[s]: Hochgebirge in Mittelasien.
Ka|ra|kul|schaf, das [russ. karakul, nach einem See im Hochland von Pamir]: *Fettschwanzschaf, dessen Lämmer den Persianerpelz liefern.*
Ka|ra|kum, die; -: *Wüstengebiet im Süden des Tieflands von Turan.*
Ka|ra|man, der; -[s], -s [nach der türk. Stadt Karaman]: **a)** *Knüpfteppich mit großformatigen geometrischen Mustern;* **b)** *aus mehreren schmalen Kelims zusammengenähter Teppich.*
Ka|ram|bo|la|ge [...'laːʒə, österr. meist: ...ʃ], die; -, -n [urspr. = Zusammenstoß der Kugeln im Billardspiel; frz. carambolage, zu: caramboler = zusammenstoßen, zu: carambole = rote Billardkugel, H. u.]: **1. a)** (ugs.) *Zusammenstoß [von Fahrzeugen]:* fast wäre es zu einer K. gekommen; **b)** (veraltend) *heftige Auseinandersetzung, Streit:* Aus allen Winkeln und Gassen, aus der Altstadt, den Vorstädten, den umliegenden Dörfern strömte Stadt- und Landvolk, ... in gesetzter Stimmung, so schien mir, ohne Lärm und Geschrei, ohne zänkische -n (Th. Mann, Krull 27). **2.** (Billard) **a)** *das Anstoßen des [roten] Spielballes an die beiden anderen Bälle:* eine K. ausführen; **b)** *Sammelbezeichnung für alle Arten von Billard, bei denen die Kugeln nicht wie beim Poolbillard in Löcher gespielt werden.*
¹**Ka|ram|bo|le**, die; -, -n [frz. carambole, ↑ Karambolage] (Billard): *Spielball; roter Ball.*
²**Ka|ram|bo|le**, die; -, -n: *essbare längliche Beerenfrucht eines tropischen Sauerkleegewächses.*
ka|ram|bo|lie|ren ⟨sw. V.⟩ [frz. caramboler]: **1.** ⟨hat/ist⟩ (selten) *zusammenstoßen, aufeinanderprallen.* **2.** ⟨hat⟩ (Billard) *mit dem Spielball die beiden anderen Bälle treffen.*
ka|ra|mel usw.: frühere Schreibung für ↑ karamell usw.
ka|ra|mell ⟨indekl. Adj.⟩: *bräunlich gelb.*
Ka|ra|mell, der, schweiz. auch: das; -s [frz. caramel < span., port. caramelo = Zuckerrohr; gebrannter Zucker < lat. calamellus = Röhrchen, Vkl. von: calamus, ↑ Kalmus]: *zu einer dickflüssigen Masse zergangener Zucker von charakteristischem Geschmack:* K. mit abgekochter Milch ablöschen.
Ka|ra|mell|bon|bon, der od. das: *aus Karamell u. Milch od. Sahne hergestellter Bonbon.*
Ka|ra|mel|le, die; -, -n ⟨meist Pl.⟩: *Karamellbonbon.*
ka|ra|mell|lie|ren ⟨sw. V.; hat⟩: *(von Zucker) zu Karamell werden.*
ka|ra|mel|li|sie|ren ⟨sw. V.; hat⟩ [frz. caraméli-

Karamellpudding – Kardio-

ser]: **1.** *Zucker zu Karamell brennen.* **2.** *(Speisen, bes. Früchte) mit gebranntem Zucker übergießen od. in Zucker rösten.*

Ka|ra|mell|pud|ding, der: *Pudding mit Karamellzucker.*

Ka|ra|mell|zu|cker, der: *zu Karamell gewordener, karamellisierter Zucker.*

Ka|ra|o|ke, das; -[s] [jap. karaoke, eigtl. = leeres Orchester]: **1.** *Form der Unterhaltung, bei der zur (vom Band abgespielten) Instrumentalmusik eines Schlagers dessen Text (von nicht berufsmäßigen Sängern) gesungen wird.* **2.** *für Karaoke (1) geeignete Musikaufnahme.*

Ka|rat, das; -[e]s, -e (aber: 5 Karat) [frz. carat = Edelstein- u. Goldgewicht < mlat. carratus < arab. qīrāṭ < griech. kerátion = Hörnchen, Same des Johannisbrotbaumes; diese Samenkörner wurden früher zum Wiegen von Gold u. Edelsteinen benutzt]: **1.** *Einheit für die Gewichtsbestimmung von Edelsteinen: ein K. entspricht einem Gewicht von 0,2 g.* **2.** *Einheit der (in 24 Stufen eingeteilten) Skala für den Goldgehalt einer Legierung: reines Gold hat 24 K.*

Ka|ra|te, das; -[s] [jap. karate, eigtl. = leere Hand]: *sportliche Disziplin u. Methode der waffenlosen Selbstverteidigung, die in erster Linie auf Techniken des Schlagens u. Stoßens beruht: K. lernen.*

¹**Ka|ra|te|ka,** der; -[s], -[s]: *jmd., der Karate betreibt.*

²**Ka|ra|te|ka,** die; -, -[s]: *weibliche Person, die Karate betreibt.*

-ka|rä|tig, (österr. auch:) **-ka|ra|tig:** in Zusb., z. B. zehnkarätig (mit Ziffern: 10-karätig).

Ka|ra|t|schi: pakistanische Hafenstadt.

Ka|rau|sche, die; -, -n [lit. karõsas, aus dem Slaw., vgl. russ. karas' = Karausche]: *(zu den Karpfenfischen gehörender) Süßwasserfisch mit hohem olivgrünem Rücken u. goldbraunen Seiten.*

Ka|ra|vel|le, die; -, -n [frz. caravelle < port. caravela, zu älter: caravo = Küstenschiff < spätlat. carabus = geflochtener Kahn]: *im MA. u. in der Zeit der Entdeckungsfahrten benutztes leichtes Segelschiff mit geringem Tiefgang u. hohen Aufbauten am Heck.*

Ka|ra|wa|ne, die; -, -n [mhd. (md.) karabane = Heeresgepäck, auch: Ort der Aufbewahrung desselben < ital. caravana < mlat. caravanna < pers. kārwān = Kamelzug, Reisegesellschaft]: **1.** *durch unbewohnte Gebiete [Asiens od. Afrikas] ziehende Gruppe von Reisenden, Kaufleuten, Forschern o. Ä. [mit Kamelen als Lasttieren]: R die Hunde bellen, aber die K. zieht weiter (unbeirrt von Widerstand od. Kritik gehen wir auf dem eingeschlagenen, für richtig befundenen Weg weiter; wohl Übersetzung des gleichbed. türk. Sprichworts it ürür, kervan yürür).* **2.** *größere Anzahl, Kolonne von Personen od. Fahrzeugen, die sich in einem langen Zug hintereinander fortbewegen: Die berühmten riesigen -n mit Gemüse, Milch, Fleisch fingen jetzt in den Stunden der ersten Dämmerung an, sich auf die Hauptstadt zuzubewegen, von allen Seiten des fruchtbaren Landes (Brecht, Geschichten 93).*

Ka|ra|wa|nen|stra|ße, die: *bevorzugt von Karawanen (1) benutzte Route.*

Ka|ra|wan|se|rei, die; -, -en [pers. kārwānsarāy, aus: kārwān (↑ Karawane) u. sarāy, ↑ Serail]: *Rasthaus, Übernachtungsstation [u. Warenumschlagplatz] an einer Karawanenstraße.*

karb-, Karb-: ↑ karbo-, Karbo-.

Kar|bid, (fachspr.) Carbid, das; -[e]s, -e [zu lat. carbo, ↑ karbo-] (Chemie): **1.** *Verbindung aus Kohlenstoff u. einem Metall od. Halbmetall.* **2.** ⟨o. Pl.⟩ *aus in reinem Zustand weißen, durch Verunreinigungen [dunkel]grau gefärbten Kristallen bestehende Masse mit intensivem, stechendem Geruch, die mit Wasser unter Zersetzung reagiert u. als Reduktionsmittel sowie zur Gewinnung von Azetylen gebraucht wird.*

Kar|bid|lam|pe, die: *Lampe, in der aus Karbid u. Wasser entstehendes Azetylen mit heller Flamme verbrennt.*

kar|bo-, Kar|bo-, (chem. fachspr.:) carbo-, Carbo-, (vor Vokalen auch:) karb-, Karb-, (chem. fachspr.:) carb-, Carb- [zu lat. carbo (Gen.: carbonis) = (Holz)kohle] (Best. in [fachspr.] Zus. mit der Bed.) *Kohle, Kohlenstoff (z. B. Karbolineum, karbonisieren).*

Kar|bol, das; -s [zu lat. carbo (↑ karbo-, Karbo-) u. ↑ Alkohol]: *früher als Desinfektionsmittel gebrauchter, einfachster aromatischer Alkohol mit durchdringendem Geruch.*

Kar|bo|li|ne|um, (chem. fachspr.:) Carbolineum, das; -s [zu lat. oleum = Öl, also eigtl. = Kohlenöl]: *braunrotes, nach Teer riechendes Öl, das als Schutzanstrich für Holz u. in verdünnter Form als Mittel zur Schädlingsbekämpfung an Obstbäumen dient.*

Kar|bol|säu|re, die ⟨o. Pl.⟩: *Karbol.*

Kar|bon, das; -s [zu lat. carbo = Kohle, nach der in dieser Zeit vorherrschenden Kohlebildung] (Geol.): *vorletzte Formation des Erdaltertums.*

Kar|bo|na|do, der; -s, -s [span. carbonado] (Mineral.): *grauschwarze Abart des Diamanten, die hauptsächlich in der Technik verwendet wird.*

¹**Kar|bo|nat,** (fachspr.:) Carbonat, der; -[e]s, -e (Mineral.): *Karbonatlo.*

²**Kar|bo|nat,** (fachspr.:) Carbonat, das; -[e]s, -e (Chemie): *Salz der Kohlensäure.*

kar|bo|na|tisch ⟨Adj.⟩ (Chemie): *von einem ²Karbonat abgeleitet; ²Karbonat enthaltend: -e Gesteine.*

kar|bo|nisch ⟨Adj.⟩ (Geol.): *das Karbon betreffend, im Karbon entstanden: -es Gebirge.*

Kar|bon|säu|re, (fachspr.:) Carbonsäure, die (Chemie): *Säure, die eine bestimmte organische Gruppe mit einem leicht abzuspaltenden Wasserstoffatom enthält.*

Kar|bun|kel, der; -s, - [lat. carbunculus = fressendes Geschwür, eigtl. = kleine Kohle, Vkl. von: carbo = Kohle] (Med.): *Ansammlung mehrerer ineinander übergehender Furunkel.*

Kar|da|mom [auch: ˈkardamɔm], der od. das; -s, -e[n] ⟨Pl. selten⟩ [mhd. kardamōm < lat. cardamomum < griech. kardámōmon]: **1.** *(zu den Ingwergewächsen gehörende) Pflanze mit gelbweißen Blüten an langen Sprossen u. braunen Kapselfrüchten.* **2.** *Samen des Kardamoms (1), die getrocknet u. gemahlen als Gewürz bes. für Lebkuchen u. Spekulatius verwendet werden.*

Kar|dan [auch: ˈkar-], der; -s, -e [nach dem ital. Erfinder G. Cardano (1501–1576)] (Kfz-Technik-Jargon): *Kardanwelle.*

Kar|dan|ge|lenk, das (Technik): *bewegliche Verbindung zweier Wellen, durch die die Übertragung von Drehmomenten unter wechselnden Winkeln ermöglicht wird.*

kar|da|nisch ⟨Adj.⟩: *in der Fügung* **kardanische Aufhängung** (Technik; *Vorrichtung zur Aufhängung von Lampen, Schiffskompassen u. Ä. in einem System von drei um ihre Achse drehbaren Ringen, wodurch der aufgehängte Körper bei Schwankungen im Raum seine vorgegebene [senkrechte] Lage beibehält*).

Kar|dan|wel|le, die: *zwischen Kardangelenken angebrachte od. durch Kardangelenk[e] unterteilte Welle.*

Kar|dät|sche, die; -, -n [zu älter ital. cardeggiare = Wolle kämmen, zu lat. carduus, ↑ Karde]: *ovale Pferdebürste mit kurzen, dichten Borsten.*

Kar|de, die; -, -n: **1.** [mhd. karte < ital. cardo < mlat. cardus < lat. carduus = Kardendistel] *hochwachsende, distelartige Pflanze mit spitzen, stechenden Blättern u. stachligen, violetten od. gelblich weißen Blütenköpfen.* **2.** [mhd. karte] (Spinnerei) *Vorrichtung, mit der die büscheligen Fasern des zu spinnenden Materials geglättet werden.*

Kar|deel, das; -s, -e [niederl. kardeel < afrz. cordel = Tau, zu lat. chorda = Darmsaite] (Seemannsspr.): *Strang eines starken Taues, einer Trosse.*

kar|den ⟨sw. V.; hat⟩ [spätmhd. karten] (Textilind.): *mit der Karde (2) bearbeiten.*

Kar|den|dis|tel, die: *Karde (1).*

Kar|di|a|kum, das; -s, ...ka [zu griech. kardía, ↑ kardio-, Kardio-] (Med.): *herzstärkendes Medikament.*

kar|di|al ⟨Adj.⟩ (Med.): *das Herz betreffend, von ihm ausgehend: -e Beschwerden.*

Kar|di|al|gie, die; -, -n [zu griech. álgos = Schmerz] (Med.): **1.** *Schmerzen im Bereich des Herzens.* **2.** *Krampf der Muskulatur am Mageneingang.*

kar|di|nal ⟨Adj.⟩ [(spät)lat. cardinalis = vorzüglich, den Haupt-, Angelpunkt bildend, zu: cardo = Türangel, Dreh-, Angelpunkt] (bildungsspr.): *besonders wichtig; hauptsächlich, grundlegend: ein -es Problem.*

Kar|di|nal, der; -s, ...näle: **1.** [mhd. kardinâl < kirchenlat. cardinalis episcopus = wichtigster, der Hauptkirche in Rom am nächsten stehender Geistlicher, zu (spät)lat. cardinalis, ↑ kardinal] (kath. Kirche) *höchster Würdenträger nach dem Papst, Mitglied des Kardinalkollegiums: die Kardinäle wählen den Papst; er wurde zum K. ernannt.* **2.** [nach der dem Ornat eines Kardinals ähnlichen Farbenpracht des Gefieders] *farbenprächtiger Singvogel, der häufig als Käfigvogel gehalten wird.* **3.** [engl. cardinal] *kaltes Getränk aus Weißwein, Zucker u. der Schale von Pomeranzen.*

Kar|di|nal|bi|schof, der (kath. Kirche): *Bischof im Rang eines Kardinals (1).*

Kar|di|nal|le, das; -[s], ...lia ⟨meist Pl.⟩: *Kardinalzahl.*

Kar|di|nal|far|be, die: *Grundfarbe (1).*

Kar|di|nal|feh|ler, der: *schwerwiegender, grundlegender Fehler.*

Kar|di|nal|fra|ge, die: *Hauptfrage.*

Kar|di|nals|hut, der: *meist roter, flacher Hut mit breiter Krempe als Zeichen der Kardinalswürde.*

Kar|di|nals|kol|le|gi|um, das (kath. Kirche): *sich aus den Kardinälen (1) zusammensetzender Senat des Papstes.*

Kar|di|nals|kon|gre|ga|ti|on, die (kath. Kirche): *Kurienkongregation.*

Kar|di|nals|wür|de, die (kath. Kirche): *Würde (2) eines Kardinals.*

Kar|di|nal|tu|gend, die ⟨meist Pl.⟩ [LÜ von spätlat. virtutes cardinales (Pl.)]: *jede der vier wichtigsten der christlichen Sittenlehre u. der philosophischen Ethik (Klugheit, Gerechtigkeit, Besonnenheit, Tapferkeit).*

Kar|di|nal|zahl, die [LÜ von spätlat. numerus cardinalis]: *Zahlwort, mit dem etwas Gezähltes ausgedrückt wird; natürliche Zahl; Grundzahl (1).*

kar|dio-, Kar|dio- [zu griech. kardía, verw. mit ↑ Herz]: Best. in Zus. mit der Bed. *Herz; auch: Magen[eingang] (z. B. Kardiogramm, Kardioide, Kardiospasmus).*

Kar|dio|graf, Kardiograph, der; -en, -en [↑ -graf] (Med.): *Gerät, das die Schwingungen des Herzens aufzeichnet.*
Kar|dio|gramm, das; -s, -e [↑ -gramm] (Med.): **a)** *Elektrokardiogramm;* **b)** *grafische Darstellung, Kurve der die Bewegung des Herzens anzeigenden Schwingungen des Brustkorbs.*
Kar|dio|graph: ↑ Kardiograf.
Kar|di|o|i|de, die; -, -n [zu griech. -oeidés = ähnlich] (Math.): *herzförmige Kurve, die ein auf einem Kreis liegender Punkt beschreibt, wenn der Kreis auf einem zweiten, gleich großen festen Kreis abrollt; Herzkurve.*
Kar|dio|lo|ge, der; -n, -n [↑ -loge]: *Facharzt u. Wissenschaftler auf dem Gebiet der Kardiologie; Herzspezialist.*
Kar|dio|lo|gie, die; - [↑ -logie]: *Teilgebiet der Medizin, das sich mit der Funktion u. den Erkrankungen des Herzens befasst.*
Kar|dio|lo|gin, die; -, -nen: *w. Form zu* ↑ Kardiologe.
kar|dio|lo|gisch ⟨Adj.⟩: *die Kardiologie betreffend, auf ihr beruhend.*
Kar|dio|to|ko|gra|fie, Kar|dio|to|ko|gra|phie, die; -, -n (Med.): *Aufzeichnung der kindlichen Herztöne u. der Wehen vor u. bei einer Geburt.*
kar|dio|vas|ku|lär ⟨Adj.⟩ (Med.): *Herz u. Gefäße betreffend.*
Kar|di|tis, die; -, ...itiden (Med.): *entzündliche Erkrankung des Herzens.*
Ka|re|li|en; -s: nordosteuropäische Landschaft.
Ka|re|li|er, der; -s, -: *Angehöriger eines finnischen Volksstammes.*
Ka|re|li|e|rin, die; -, -nen: *w. Form zu* ↑ Karelier.
ka|re|lisch ⟨Adj.⟩: *Karelien, die Karelier betreffend; aus Karelien stammend.*
Ka|renz, die; -, -en [spätlat. carentia = das Nichthaben, das Entbehren, zu lat. carere = frei sein (von), nicht haben, entbehren]: **1.** *(bes. Versicherungsw.) Karenzzeit.* **2.** *(Med.) Enthaltsamkeit, Verzicht.* **4.** *(österr.) Karenzurlaub.*
Ka|renz|frist, die: *Wartezeit* (2).
Ka|renz|geld, das; -[e]s (österr.): *Geld für Weiterbildung im Rahmen eines Bildungsurlaubs in Höhe des Kinderbetreuungsgeldes.*
ka|ren|zie|ren ⟨sw. V.; hat⟩ (österr.): *für unbezahlten Urlaub freistellen.*
Ka|renz|ur|laub, der; -[e]s, -e (österr.): **a)** *unbezahlter Urlaub;* **b)** *vollständige od. teilweise berufliche Freistellung, die Mütter od. wahlweise Väter nach der Geburt eines Kindes beanspruchen können; Elternzeit.*
Ka|renz|zeit, die (bes. Versicherungsw.): *Wartezeit, Sperrfrist, vor deren Ablauf eine bestimmte Erlaubnis nicht erteilt wird bzw. ein bestimmter Anspruch nicht geltend gemacht werden kann.*
ka|res|sie|ren ⟨sw. V.; hat⟩ [frz. caresser < ital. carezzare = liebkosen, zu: caro < lat. carus = lieb, wert, teuer] (landsch., sonst veraltet): **a)** *liebkosen;* ◆ ⟨subst.:⟩ *... und sie trieben ein solches Karessieren* (Keller, Liebesbriefe 49); **b)** *mit jmdm. eine Liebschaft haben:* er karessiert mit ihr.
Ka|rez|za, die; - [ital. carezza = Liebkosung, zu: carezzare, ↑ karessieren]: *Form des Geschlechtsverkehrs, bei der der Samenerguss [bewusst] vermieden wird.*
Kar|fi|ol, der; -s [zu ital. cavolfiore = Kohlblume, zu: cavolo = Kohl u. fiore = Blume] (österr.): *Blumenkohl.*
Kar|frei|tag, der; -[e]s, -e [mhd. karvrītac, zu mhd. kar, ahd. chara = Wehklage, Trauer, zu einem lautm. Verbstamm mit der Bed. »rufen, schreien, jammern«]: *Freitag vor Ostern; Tag, an dem der Kreuzigung Christi gedacht wird.*
Kar|fun|kel, der; -s, - [mhd. karfunkel, karvunkel (unter Anlehnung an: vunke = Funke) < lat. carbunculus, ↑ Karbunkel]: **1.** *feuerroter Edelstein (der im Märchen durch die Kraft ausgezeichnet ist, den Träger unsichtbar zu machen).* **2.** *(volkstüml.) Karbunkel.*
Kar|fun|kel|stein, der: *Karfunkel* (1).
karg ⟨Adj.; karger/(seltener:) kärger, kargste/(seltener:) kärgste⟩ [mhd. karc, ahd. karag, urspr. = traurig, bekümmert, besorgt, zu mhd. kar, ahd. chara, ↑ Karfreitag]: **1.** *(in Bezug auf die Menge, in der etw. Bestimmtes vorhanden ist o. Ä.) nicht üppig od. reichlich:* -e Mahlzeiten; -er Lohn; k. bemessen sein. **2.** *sehr schmuckles, ohne jeden äußeren Aufwand:* der Raum sieht sehr k. aus; * **mit etw. k. sein** *(mit etw. kargen:* er ist immer k. mit Anerkennung). **3.** *(in Bezug auf eine Landschaft u. ihren Boden) wenig fruchtbar:* ein -er Boden; -e Erde. ◆ **4.** *sparsam; geizig:* Der hohe Herr war auch nicht k. und gleich bereit, so seltene Zier ... für seine Frau zu nehmen (Mörike, Hutzelmännlein 138); ⟨subst.:⟩ Kein Karger ... ist's, dem Ihr Euch verpflichtet (Schiller, Piccolomini IV, 4).
kar|gen ⟨sw. V.; hat⟩ [mhd. kargen, zu ↑ karg] (geh.): *mit etw. sparsam sein; geizen:* mit Geld, mit Worten, Anerkennung [nicht] k.
Karg|heit, die; - (geh.): *karge Beschaffenheit.*
kärg|lich ⟨Adj.⟩ [mhd. kerclich = sparsam, knapp]: *in bedauerlicher Weise wenig, gering, ärmlich; armselig:* ein -es Leben führen; das ist der -e Rest; der Lohn ist k.
Kärg|lich|keit, die; -: *das Kärglichsein.*
Kar|go: ↑ Cargo.
Ka|ri|be, der; -n, -n: *Angehöriger eines Indianervolkes in Mittel- u. Südamerika.*
ka|ri|bik, die; -: *von den das Karibische Meer begrenzenden Inseln u. Inselgruppen sowie dem Karibischen Meer selbst u. den darin gelegenen Inseln gebildete Region; karibischer Raum.*
Ka|ri|bin, die; -, -nen: *w. Form zu* ↑ Karibe.
ka|ri|bisch ⟨Adj.⟩: *das Karibische Meer betreffend, zu ihm gehörend:* ein -er Inselstaat; die -e Küste von Honduras.
Ka|ri|bisches Meer, das: *Karibische Meer; des Karibischen Meer[e]s: Nebenmeer des Atlantischen Ozeans zwischen Zentralamerika, dem nördlichen Südamerika und den Antillen.*
Ka|ri|bu [auch: 'kar...], das, auch: der; -s, -s [frz. caribou, aus einer nordamerik. Indianerspr.]: *(vor allem in Kanada vorkommendes) Ren.*
Ka|ri|en; -s: historische Landschaft in Kleinasien.
ka|riert ⟨Adj.⟩: **1.** *(von Geweben) mit Karos gemustert:* eine [blau] -e Bluse; der Stoff ist k. **2.** *(von bestimmtem Papier) durch aufgedruckte waagrechte u. senkrechte Linien in gleichmäßige Quadrate geteilt. Rechtecke aufgegliedert:* -es Papier für maßstabgetreue Zeichnungen. **3.** *(ugs. abwertend) wirr; ohne erkennbaren Sinn:* k. (verwirrt, verständnislos) gucken; Drei Mann sind da, die haben graue Gesichter, und richtig, sind Sträflinge, sind wohl ausgerückt, quatschen in einer Tour, quatschen k. (Döblin, Alexanderplatz 439).
Ka|ri|es [...ies, ...je:s], die; - [lat. caries = Morschheit, Fäulnis] (Zahnmed.): *akuter od. chronischer Zerfall der harten Substanz der Zähne.*
Ka|ri|ka|tur, die; -, -en [ital. caricatura, eigtl. = Überladung, zu: caricare = übertrieben komisch darstellen, eigtl. = be-, überladen < vlat. carricare, ↑ Cargo]: **1. a)** *Zeichnung o. Ä., die durch satirische Hervorhebung charakteristischer Züge eine Person, eine Sache od. ein Geschehen der Lächerlichkeit preisgibt:* politische -en; eine K. des Ministers; -en zeichnen; **b)** ⟨o. Pl.⟩ *das Karikieren; Kunst der Karikatur* (1a): *diese Gestalt entzieht sich der K. (lässt sich nicht karikieren).* **2.** *(abwertend) Zerr-, Spottbild* (b).
ka|ri|ka|tur|ar|tig ⟨Adj.⟩: *in der Art einer Karikatur.*
Ka|ri|ka|tu|rist, der; -en, -en [ital. caricaturista]: *jmd., der Karikaturen zeichnet.*
Ka|ri|ka|tu|ris|tin, die; -, -nen: *w. Form zu* ↑ Karikaturist.
ka|ri|ka|tu|ris|tisch ⟨Adj.⟩: *in der Art einer Karikatur; karikierend:* eine -e Übertreibung.
ka|ri|kie|ren ⟨sw. V.; hat⟩ [ital. caricare, ↑ Karikatur]: *als Karikatur zeichnen, darstellen:* Politiker werden häufig karikiert; etw. verzerrt und karikiert wiedergeben.
ka|ri|o|gen ⟨Adj.⟩ [zu ↑ Karies u. ↑ -gen] (Med., Zahnmed.): *Karies verursachend, hervorrufend.*
ka|ri|ös ⟨Adj.⟩ [lat. cariosus = morsch, faul] (Med., Zahnmed.): *von Karies befallen.*
ka|risch ⟨Adj.⟩: *Karien betreffend, zu Karien gehörend.*
Ka|ri|tas, die; - [lat. caritas = Liebe, zu: carus = lieb, wert] (bildungsspr. selten): *christliche Nächstenliebe; Wohltätigkeit.*
ka|ri|ta|tiv ⟨Adj.⟩: *von Nächstenliebe bestimmt; wohltätig:* die Sammlung dient -en Zwecken.
Karl-Marx-Stadt: Name für Chemnitz 1953–1990.
Karls|bad: Kurort in der Tschechischen Republik (tschech. Karlovy Vary).
¹**Karls|ba|der,** der; -s, -: Ew.
²**Karls|ba|der** ⟨indekl. Adj.⟩: K. Oblaten; K. Hörnchen.
Karls|ba|de|rin, die; -, -nen: *w. Form zu* ↑ ¹Karlsbader.
Karls|ru|he: Stadt in Baden-Württemberg.
¹**Karls|ru|her,** der; -s, -: Ew.
²**Karls|ru|her** ⟨indekl. Adj.⟩: die K. Universität.
Karls|ru|he|rin, die; -, -nen: *w. Form zu* ↑ ¹Karlsruher.
Kar|ma, das; -s, -s ⟨Pl. selten⟩, **Kar|man,** das; -s [sanskr. karma(n)] (Buddhismus, Hinduismus, Jainismus): *das die Form der Wiedergeburt eines Menschen bestimmende Handeln bzw. das durch früheres Handeln bedingte gegenwärtige Schicksal.*
Kar|me|lit [auch: ...'lit], der; -en, -en, **Kar|me|li|ter** [auch: ...'li:t...], den; -s, - [nach dem Gebirgszug Karmel im Norden des heutigen Israels]: *Angehöriger eines katholischen, teils streng kontemplativ lebenden, teils seelsorgerisch u. missionarisch tätigen Bettelordens.*
Kar|me|li|te|rin, die; -, -nen: Karmelitin.
Kar|me|li|ter|or|den, der: Orden der Karmeliten.
Kar|me|li|tin, die; -, -nen: *Angehörige des weiblichen Zweiges des Karmelitenordens.*
Kar|me|sin, das; -s [ital. carmesino = Hochrot < arab. qirmizī = (roter Farbstoff der) Schildlaus]: Karmin.
kar|me|sin|rot ⟨Adj.⟩: karminrot.
Kar|min, das; -s: **a)** *Farbstoff von kräftigem Rot;* **b)** *die rote Farbe des Karmins* (a).
kar|min|rot ⟨Adj.⟩ [zu ↑ Karmin]: *kräftig rot, leuchtend rot.*
◆ **kar|moi|sin|rot** [...mŏa...] ⟨Adj.⟩ [französierende Bildung]: *karmesinrot:* ... in -e, leuchtende Seide ... gekleidet (Mörike, Mozart 234).
Karn, das; -s [nach den Karnischen Alpen] (Geol.): *Stufe der alpinen Trias.*
Kar|nal|lit: ↑ Carnallit.
Kar|ne|ol, der; -s, -e [ital. corniola, zu lat. corneolus = hornartig]: *ein durch Eisenoxide blutrot bis gelblich gefärbter Schmuckstein.*
Kar|ne|val, der; -s, -e u. -s [ital. carnevale, H. u.; viell. Kürzung von mlat. de carne levare ieiunium (etwa = Fasten durch Fleischwegnahme) zu älter ital. carne vale = Fleisch, lebe wohl! (ital. carne = Fleisch, vale = lebe wohl!)]: *Zeit des Narrentreibens, der Kostüm- u. Maskenfeste; Fastnacht[szeit]:* der rheinische K.; K. in Rio; K. feiern; die Hochburgen des -s; [an, zu] K.;

auf den K. *(zu einer Karnevalsveranstaltung)* gehen.

kar|ne|va|lesk ⟨Adj.⟩ (bildungsspr.): *aus dem Karneval stammend, dem Karneval verwandt, in der Art des Karnevals.*

Kar|ne|va|list, der; -en, -en: *jmd., der sich aktiv am Karneval, bes. als Vortragender bei Karnevalssitzungen, beteiligt.*

Kar|ne|va|lis|tin, die; -, -nen: w. Form zu ↑ Karnevalist.

kar|ne|va|lis|tisch ⟨Adj.⟩: *den Karneval betreffend, zum Karneval gehörend:* eine -e Veranstaltung.

Kar|ne|vals|ge|sell|schaft, die: *Karnevalsverein.*

Kar|ne|vals|kos|tüm, das: *Kostüm (3 b), Verkleidung, die [bei einer Veranstaltung] an Karneval getragen wird.*

Kar|ne|vals|prinz, der: *von einem Karnevalsverein für eine Saison gewählter, in einem Prinzenkostüm auftretender Repräsentant des närrischen Treibens.*

Kar|ne|vals|prin|zes|sin, die: w. Form zu ↑ Karnevalsprinz.

Kar|ne|vals|sit|zung, die: *von einem Karnevalsverein ausgerichtete [öffentliche] Veranstaltung mit Büttenreden, Liedern, Tanzgruppen u. anderen Vorführungen.*

Kar|ne|vals|trei|ben, das ⟨o. Pl.⟩: *fröhliches Umherziehen kostümierter Gestalten auf den Straßen.*

Kar|ne|vals|um|zug, der: *Umzug während der Karnevalszeit.*

Kar|ne|vals|ver|an|stal|tung, die: *öffentliche Veranstaltung im Zeichen des Karnevals.*

Kar|ne|vals|ver|ein, der: *Verein zur Pflege karnevalistischen Brauchtums.*

Kar|ne|vals|zeit, die: *sich über einige Wochen erstreckende Zeit vor Aschermittwoch.*

Kar|ne|val|zug, der: *Karnevalsumzug.*

Kar|ni|ckel, das; -s, -: **1.** [niederd., md.; älter: Ka(r)nickelgen, zu mniederd. kanineken, Vkl. von: kanin, ↑ Kaninchen] (landsch.) *Kaninchen.* **2.** (ugs.) **a)** [nach einer Anekdote, in der ein von einem Hund getötetes Kaninchen angeblich den ungleichen Kampf angefangen hatte] *Sündenbock:* immer bin ich das K.!; **b)** *Dummkopf.*

kar|nisch ⟨Adj.⟩ (Geol.): *zum Karn gehörend; im Karn entstanden:* die -e Stufe *(das Karn);* die Karnischen Alpen.

kar|ni|vor ⟨Adj.⟩ [lat. carnivorus, zu: caro (Gen.: carnis) = Fleisch u. vorare = verschlingen] (Biol.): *(von bestimmten Tieren u. Pflanzen) fleischfressend; sich hauptsächlich von Fleisch ernährend.*

¹Kar|ni|vo|re, der; -n, -n (Zool.): *fleischfressendes Tier, vor allem Raubtier.*

²Kar|ni|vo|re, die; -[n], -n ⟨meist Pl.⟩ (Bot.): *fleischfressende Pflanze.*

Kar|nöf|fel, der; -s, - [spätmhd. (md.) carnuffel, eigtl. = Hodenbruch, viell. aus dem Frz.]: **a)** *ein altes Kartenspiel;* **b)** *wichtige Karte im Karnöffel (a) mit dem Bild eines Landsknechts, Bauern o. Ä.*

Kärn|ten; -s: *österreichisches Bundesland.*

kärn|tisch ⟨Adj.⟩ (selten): *kärntnerisch.*

Kärnt|ner, der; -s, - : Ew.

Kärnt|ne|rin, die; -, -nen: w. Form zu ↑ Kärntner.

kärnt|ne|risch ⟨Adj.⟩: *Kärnten, die Kärntner betreffend; aus Kärnten stammend.*

kar|nüf|fel: ↑ Karnöffel.

Ka|ro, das; -s, -s [frz. carreau, zu spätlat. quadrum = Viereck, zu lat. quadrus, ↑ Quader]: **1.** *[auf der Spitze stehendes] Viereck:* eine silberne Krawatte mit blauen -s; sie trägt gern K. *(mit Karos gemusterte Kleidung);* ein Anzug in feinem braunem K. *(Karomuster);* ein Hemd in kleinem K. *(ein klein kariertes Hemd).* **2.** (Kartenspiele) **a)** ⟨meist ohne Art.; ohne Pl.⟩ *[nied-*

rigste] Farbe im Kartenspiel; Eckstein; **b)** ⟨Pl. Karo⟩ *Spiel, bei dem die Farbe Karo Trumpf ist;* **c)** ⟨Pl. Karo⟩ *Karte der Farbe Karo.*

Ka|ro|acht, Ka|ro-Acht [auch: ˈkaː...], die (Kartenspiele): *Acht der Farbe Karo.*

Ka|ro|ass, Ka|ro-Ass [auch: ˈkaː...], das (Kartenspiele): *Ass (1) der Farbe Karo.*

Ka|ro|bu|be, Ka|ro-Bu|be [auch: ˈkaː...], der (Kartenspiele): *Bube der Farbe Karo.*

Ka|ro|da|me, Ka|ro-Da|me [auch: ˈkaː...], die (Kartenspiele): *Dame der Farbe Karo.*

Ka|ro|kö|nig, Ka|ro-Kö|nig [auch: ˈkaː...], der (Kartenspiele): *König der Farbe Karo.*

♦ **Ka|ro|lin,** der; -s, -e u. -s, auch: die; -, -en u. -s [nach dem pfälzischen Kurfürsten Karl Theodor, der die Münze 1732 mit dem Kopf des Kurfürsten Karl Philipp darauf prägen ließ]: *pfälzische Goldmünze:* ... was verschlägt es denn Ihm, ob er die K. frisch aus der Münze oder vom Bankier bekommt (Schiller, Kabale I, 5).

Ka|ro|li|nen ⟨Pl.⟩: *Inselgruppe im Pazifischen Ozean.*

ka|ro|lin|gisch: ↑ Minuskel.

Ka|ro|mus|ter, das: *Muster, das Karos (1) aufweist, aus Karos (1) besteht.*

Ka|ro|neun, Ka|ro-Neun [auch: ˈkaː...], die (Kartenspiele): *Neun der Farbe Karo.*

Ka|ro|sie|ben, Ka|ro-Sie|ben [auch: ˈkaː...], die (Kartenspiele): *Sieben der Farbe Karo.*

Ka|ros|se, die; -, -n [frz. carrosse < ital. carrozza, zu: carro < lat. carrus, ↑ ¹Karre]: **1.** *prunkvoll ausgestattete Kutsche; Staatskarosse:* die K. der Königin. **2.** (ugs.) *Karosserie.*

Ka|ros|se|rie, die; -, -n [frz. carrosserie]: *Aufbau von Kraftwagen (oberhalb des Fahrgestells):* eine schnittige K.

Ka|ros|se|rie|bau, der ⟨o. Pl.⟩: **a)** *das Herstellen von Karosserien;* **b)** *Industriezweig, der sich mit dem Bau von Karosserien beschäftigt.*

Ka|ros|se|rie|bau|er, der; -s, -: *für den Karosseriebau ausgebildeter Facharbeiter (Berufsbez.).* ↑ Karosseriebauer.

Ka|ros|se|rie|bau|e|rin, die; -, -nen: w. Form zu ↑ Karosseriebauer.

Ka|ros|se|rie|speng|ler, der (österr.): *Karosserieschlosser.*

Ka|ros|se|rie|speng|le|rin, die; -, -nen: w. Form zu ↑ Karosseriespengler.

Ka|ros|seur […ˈsøːɐ̯], der; -s, -e (österr.): *Karosseriebauer.*

Ka|ros|seu|rin [karɔˈsøːrɪn], die; -, -nen: w. Form zu ↑ Karosseur.

Ka|ros|si|er […ˈsjeː], der; -s, -s [frz. carrossier]: **1.** *Entwerfer von Karosserien.* **2.** (veraltet) *Kutschpferd.*

Ka|ro|tin, Carotin, das; -s, -e [zu lat. carota, ↑ Karotte] (Biochemie): *rote Kristalle bildende Substanz, die eine wichtige Vorstufe von Vitaminen darstellt.*

Ka|rot|te, die; -, -n: **1.** [älter niederl. karote < frz. carotte < lat. carota < griech. karóton = Möhre, Karotte] *[zarte, junge] Möhre [einer kleinen, runden Art]:* Leipziger Allerlei aus Erbsen, -n und Spargelabschnitten. **2.** (rhein.) *Rote Rübe, Rote Bete.*

Ka|rot|ten|saft, der: *Möhrensaft.*

Ka|ro|zehn, Ka|ro-Zehn [auch: ˈkaː...], die (Kartenspiele): *Zehn der Farbe Karo.*

Kar|pa|ten ⟨Pl.⟩: *Gebirge in Mitteleuropa.*

kar|pa|tisch ⟨Adj.⟩: *die Karpaten betreffend, aus den Karpaten stammend.*

Karp|fen, der; -s, - [mhd. karpfe, ahd. karpho, wahrsch. aus einer Spr. des Alpen- u. Donaugebietes]: *großer Süßwasserfisch mit hohem, blauem bis blaugrünem Rücken, hellem, oft goldgelb glänzenden Seiten u. einem vorgestülpten Maul mit vier Barteln:* Silvester essen wir K.; K. blau (vgl. Aal blau).

Karp|fen|fisch, der (Zool.): *zu einer artenreichen*

Familie von Süßwasserfischen gehörender Fisch (z. B. Elritze, Karausche, Karpfen, Schleie).

Karp|fen|teich, der: *Teich, in dem Karpfen gezüchtet werden.*

Kar|ra|geen, Kar|ra|gheen, das; -[s] [nach dem irischen Ort Carragheen]: *getrocknete Rotalgen nördlicher Meere, die u. a. als Heilmittel verwendet werden; Irländisches Moos.*

Kar|ra|ra: ↑ Carrara.

kar|ra|risch: ↑ carrarisch.

¹Kar|re, die; -, -n (bes. md., nordd.), *Karren,* der; -s, - (bes. südd., österr.) [mhd. karre, ahd. karro < lat. carrus = vierrädriger Wagen, Karre; wohl aus dem Kelt.]: **1. a)** *kleiner ein-, zwei- od. dreirädriger Wagen zum Schieben od. Ziehen:* die Karre, den Karren beladen, schieben, ziehen; wir holten drei Karren [voll] Sand; * **die Karre/den Karren in den Dreck führen/fahren/schieben** (ugs.; *eine Sache gründlich verderben*); **die Karre/den Karren [für jmdn.] aus dem Dreck ziehen** (ugs.; *eine verfahrene Angelegenheit [die ein anderer verschuldet hat] bereinigen*); **die Karre/den Karren [einfach] laufen lassen** (ugs.; *sich um eine Sache nicht [mehr weiter] kümmern*); **jmdm. an die Karre/den Karren fahren**/(salopp:) **pinkeln**/(derb:) **pissen** (grob, massiv gegen jmdn. vorgehen; scharfe Kritik an jmdm. üben); **b)** ⟨meist Karren⟩ *hölzerner Kastenwagen [für Zugtiere] mit zwei meist großen Rädern:* ein Pferd, Ochse zieht den Karren; R **die Karre/der Karren ist total verfahren** (ugs.; *die Situation ist ausweglos*); * **mit jmdm. an einem Karren ziehen** (mit jmdm. zusammen die gleichen Interessen u. Ziele verfolgen, das gleiche Schicksal haben); **unter den Karren kommen** (ugs.; ↑ ²Rad 1); **jmdm. vor seinen Karren spannen** (jmdn. für seine eigenen Interessen einsetzen); **sich nicht vor jmds. Karren spannen lassen** (sich nicht für Ziele u. Zwecke eines andern [mit denen man nicht einverstanden ist] benutzen, einsetzen lassen). **2.** (abwertend) *altes, schlechtes Fahrzeug (bes. Auto):* die Karre, der Karren springt nicht an.

²Kar|re, die; -, -n ⟨meist Pl.⟩ [landsch. Karre = napfartiges Gefäß, zu ↑ Kar] (Geol.): *durch Verwitterung, Schmelzwasser o. Ä. entstandene Rinne od. Furche in Kalkgestein:* das Gelände ist von tiefen -n zerfurcht.

Kar|ree, das; -s, -s [frz. carré, subst. 2. Part. von: carrer = quadratisch machen]: **1.** *Viereck, Geviert:* ein K. bilden; sich um K. aufstellen; ums K. (um den Häuserblock) gehen. **2.** (Kochkunst, bes. österr.) *Rippenstück (von Schwein, Kalb od. Lamm).* **3.** *eine Schliffform für Diamanten.*

kar|ren (sw. V.): **1.** ⟨hat⟩ *[mit einer Karre, einem Karren] befördern:* Mist auf den Misthaufen k. **2.** ⟨ist⟩ (ugs.) *mit einem Gefährt fahren:* im Auto durch die Gegend k.

Kar|ren: ↑ ¹Karre.

Kar|ren|feld, das: *von vielen ²Karren durchzogenes, zerklüftetes Gelände.*

Kar|ret|te, die; -, -n [ital. carretta, zu mlat. carra < lat. carrus, ↑ ¹Karre]: **a)** (schweiz., westösterr.) *Schubkarren; zweirädriger Karren;* **b)** (schweiz.) *zweirädriger kleiner Einkaufskarren, der an einem Griff gezogen od. geschoben wird.*

Kar|ri|e|re, die; -, -n [frz. carrière = Rennbahn, Laufbahn, zu spätlat. (via) carraria = Fahrweg, zu lat. carrus, ↑ ¹Karre]: **1.** *erfolgreicher Aufstieg im Beruf:* eine steile K.; seine K. verfolgen, aufgeben; am Anfang einer großen K. stehen; eine K. (berufliche Laufbahn) als Manager; Der Das also ist Sturzenegger, Freund von Stiller, ehedem junger Architekt, der von konsequenter Modernität schwärmte, heute ein Mann von K. (der Karriere gemacht hat), ein Mann der fidelen Resignation (Frisch, Stiller 285); * **K.**

Karrierechance – Kartellgesetz

machen *([rasch] zu beruflichem Erfolg, Ehre u. Anerkennung gelangen).* **2.** (Reiten) *schnellste Gangart des Pferdes, gestreckter Galopp:* K. reiten; ♦ ⟨auch das; -s, -n:⟩ Ich bin ein schlechter Reiter, ich konnte den Grossinger nicht einholen, er flog im schnellsten K. (Cl. Brentano, Kasperl 373).

Kar|ri|e|re|chan|ce, die: *Chance auf eine Karriere.*

Kar|ri|e|re|en|de, das: *Ende von jmds. Karriere.*

Kar|ri|e|re|frau, die: **a)** *Frau, die dabei ist, Karriere zu machen, bzw. die eine wichtige berufliche Stellung errungen hat;* **b)** *(oft abwertend) Frau, die ohne Rücksicht auf ihr Privatleben, ihre Familie ihren Aufstieg erkämpft [hat].*

Kar|ri|e|re|hin|der|nis, das: *etw., was der beruflichen Karriere (1) im Wege steht.*

Kar|ri|e|re|kil|ler, der (ugs. emotional übertreibend): *Karrierehindernis.*

Kar|ri|e|re|knick, der: *[vorläufige] Unterbrechung der Karriere:* Kinder bedeuten unter heutigen Bedingungen für Frauen in der Regel einen K.

Kar|ri|e|re|lei|ter, die: *Weg, Stufenleiter des beruflichen Aufstiegs:* die K. erklimmen.

Kar|ri|e|re|mann, der ⟨Pl. ...männer⟩: *Mann, der Karriere gemacht hat od. dabei ist, Karriere zu machen.*

Kar|ri|e|re|pla|nung, die: *Planung einer Karriere.*

Kar|ri|e|re|sprung, der: *großer Fortschritt im Verlauf einer Karriere.*

Kar|ri|e|ris|mus, der; - (abwertend): *rücksichtsloses Streben nach Erfolg im Beruf, nach einer schnellen Karriere.*

Kar|ri|e|rist, der; -en, -en (abwertend): *jmd., der in rücksichtsloser Weise seinen Aufstieg erkämpft [hat].*

Kar|ri|e|ris|tin, die; -, -nen: w. Form zu ↑ Karrierist.

kar|ri|e|ris|tisch ⟨Adj.⟩ (abwertend): *nach Art eines Karrieristen, auf eine Karriere ausgerichtet:* -es Verhalten.

Kärr|ner, der; -s, - [zu ↑¹Karre] (veraltet): *Arbeiter, der harte körperliche Arbeit verrichten muss.*

Kärr|ner|ar|beit, die (abwertend): *harte [Klein]arbeit [ohne sichtbaren Erfolg].*

Kärr|ne|rin, die; -, -nen: w. Form zu ↑ Kärrner.

Kar|sams|tag, der; -[e]s, -e [zum 1. Bestandteil vgl. Karfreitag]: *Samstag der Karwoche.*

¹Karst, der; -[e]s, -e [spätmhd. karst, H. u.] (landsch., schweiz.): *[zweizinkige] Hacke zum Aufbrechen des Bodens.*

²Karst, der; -[e]s, -e [nach der gleichnamigen Landschaft, einem Teil der Dinarischen Alpen] (Geol.): *durch Wasser ausgelaugte, an der Oberfläche meist kahle Gebirgslandschaft aus Kalkstein.*

Karst|bo|den, der: *durchlässiger Boden, in dem alles Wasser sofort versickert.*

Karst|ge|biet, das: *karstiges, verkarstetes Gebiet.*

kars|tig ⟨Adj.⟩: *²Karst aufweisend:* -er Boden.

Karst|land|schaft, die: *²Karst.*

kart. = kartoniert.

Kart, der; -[s], -s [engl. cart < ¹Karre]: *kurz für* ↑ Gokart [1].

Kar|tät|sche, die; -, -n [unter Einfluss von älter engl. cartage < ital. cartaccia = grobes Papier, cartoccio = Tüte, Flintenpatrone]: **1.** (früher) *mit Bleikugeln gefülltes (auf kurze Entfernungen verwendetes) Artilleriegeschoss.* **2.** (Bauw.) *[schmales] Brett mit Handgriff zum Verreiben des Putzes.*

Kar|tau|se, die; -, -n [spätmhd. karthūs (unter Anlehnung an: hūs = Haus), älter: chartusey < mlat. Cartusia, nach dem südfranzösischen Kloster Chartreuse bei Grenoble]: *[aus Einzel-* häusern bestehendes] *Kloster der Kartäusermönche.*

Kar|täu|ser, der; -s, -: **1.** *Angehöriger des Kartäuserordens.* **2.** *Kartäuserlikör.*

Kar|täu|se|rin, die; -, -nen: *Angehörige des weiblichen Zweiges des Kartäuserordens.*

Kar|täu|ser|kat|ze, die: *Katze mit gedrungenem Körper, rundem Kopf u. dichtem seidigem Haar in Blautönen.*

Kar|täu|ser|kloß, der: *aus in Milch eingeweichten trockenen Brötchen u. weiteren Zutaten hergestellter, in Fett gebackener u. meist mit Puderzucker bestreuter Kloß.*

Kar|täu|ser|li|kör, der: *Kräuterlikör in der Art des ¹Chartreuse.*

Kar|täu|ser|mönch, der: *Kartäuser (1).*

Kar|täu|ser|nel|ke, die *[entweder weil sie mit Vorliebe in Klostergärten gezogen wurde od. weil man den botanischen Studien des Ordens ein Denkmal setzen wollte]: Wildform der Nelke, die auf trockenen, kalkreichen Böden wächst.*

Kar|täu|ser|or|den, der ⟨o. Pl.⟩: *(1084 in der Grande Chartreuse bei Grenoble gegründeter) kontemplativer katholischer Orden* (Abk.: O. Cart.)

Kärt|chen, das; -s, -: Vkl. zu ↑ Karte.

Kar|te, die; -, -n [spätmhd. karte = steifes Blatt Papier < frz. carte < lat. charta < griech. chártēs = Blatt der ägypt. Papyrusstaude, daraus zubereitetes Papier, dünnes Blatt usw.; wohl aus dem Ägypt.]: **1.** *rechteckiges Blatt aus dünnem Karton, das verschiedene Funktionen erfüllt, z. B. für handschriftliche od. maschinelle Eintragungen, Lochungen o. Ä. verwendet wird -n [im Format] DIN A 6;* ***** **Gelbe/gelbe K.** (bes. Fußball; *Karte in gelber Farbe, die vom Schiedsrichter nach einem Foul als optisches Zeichen für die Verwarnung eines Spielers in die Höhe gehalten wird*); **Rote/rote K.** (bes. Fußball; *Karte in roter Farbe, die vom Schiedsrichter nach einem groben Foul o. Ä. als optisches Zeichen für das Verweisen eines Spielers vom Spielfeld in die Höhe gehalten wird*); **Gelb-Rote/gelb-rote K.** (Fußball; *Ampelkarte*); **die grüne K.** (Verkehrsw.; *von Versicherungsverband ausgestellter Ausweis in grüner Farbe, mit dem ein Kraftfahrer z. B. beim Grenzübertritt nachweist, dass er ordnungsgemäß haftpflichtversichert ist*). **2.** *Kurzf. von* ↑ Postkarte (a), ↑ Ansichtskarte: eine K. aus dem Urlaub schicken. **3. a)** *Kurzf. von* ↑ Visitenkarte: sie tauschten ihre -n aus; **b)** *Kurzf. von* ↑ Einladungskarte, Verlobungskarte o. Ä.; **c)** *Kurzf. von* ↑ Speisekarte: nach der K. essen (*nicht das angebotene Menü nehmen, sondern Einzelgerichte aus der Speisekarte bestellen*). **4. a)** *Kurzf. von* ↑ Flugkarte (2), ↑ Fahrkarte; **b)** *Kurzf. von* ↑ Eintrittskarte: -n für die Oper bestellen; **c)** *Kurzf. von* ↑ Lebensmittelkarte: auch Brot gab es nur auf -n; Wir können doch nicht noch einen Menschen von unseren beiden -n ernähren! (Fallada, Jeder 312). **5. a)** *Spielkarte:* ein Spiel, Satz -n; gute -n in/(Jargon:) auf der Hand haben; die -n neu mischen; -n spielen (*ein Kartenspiel spielen*); Sie grübelte über meinen Dossier. Sie glich einer Wahrsagerin, die über n brütet (Seghers, Transit 261); R diese K. sticht nicht [mehr] (*dieses Argument überzeugt nicht [mehr]*); ***** **wissen, wie die -n fallen** (*kommende Ereignisse vorausahnen*); **die/seine -n aufdecken/[offen] auf den Tisch legen** (*seine Absichten, Pläne enthüllen [u. dabei die vorhandenen eigenen Mittel u. Möglichkeiten offenbaren]*); **alle -n in der Hand haben** (*über alle [Macht]mittel u. Möglichkeiten verfügen*); **die letzte K. ausspielen** (*mit dem letzten Mittel noch einmal den Versuch machen, ein bestimmtes Ziel zu erreichen*); jmdm. die -n legen/(landsch.:) schlagen (*aus den Karten jmds. angebliches Schicksal voraussagen u. deuten*); **alles auf eine K. setzen** (*alles riskieren*); **auf die falsche K. setzen** (*eine Sache unterstützen, die sich als falsch od. erfolglos erweist*); jmdm. in die -n sehen/schauen/ (ugs.:) gucken (*heimlich in jmds. Pläne Einblick nehmen*); sich ⟨Dativ⟩ **nicht in die -n sehen/schauen/gucken lassen** (*seine Absichten geheim zu halten wissen*); **mit gezinkten -n spielen** (*seine Pläne, Ziele mit unlauteren Mitteln verfolgen*); **mit offenen/verdeckten -n spielen** (*etw. offen u. ohne Hintergedanken/mit heimlichen Nebenabsichten tun*); **b)** ⟨o. Pl.⟩ *vollständiges, zusammengehörendes Spiel von Spielkarten; Kartenspiel* (2): die französische K. (*Kartenspiel mit den Farben Kreuz, Pik, Herz u. Karo*); die deutsche K. (*Kartenspiel mit den Farben Eicheln, Grün, Herz u. Schellen*); eine K. besteht aus 32 oder 52 Blättern; **c)** ⟨o. Pl.⟩ *bestimmte Anzahl von Spielkarten, die zu einem Kartenspiel gehören od. die an die einzelnen Spieler ausgegeben wurden:* eine gute K., schlechte -n haben; ich habe heute keine K. (Jargon; *ganz Auskunft*). **6.** *Kurzf. von* ↑ Himmelskarte, ↑ Landkarte, ↑ Sternkarte: eine physikalische (*die natürlichen Formen, Ebenen, Gebirge usw. in der Farbgebung herausarbeitende*), eine politische (*viele Ortschaften sowie die Staaten u. ihre Grenzen verzeichnende*), eine historische (*historische, ehemalige Verhältnisse, Gegebenheiten verzeichnende*) K.; die K. von Europa; -n zeichnen; eine K. ausbreiten, zusammenfalten; etw. in eine K. eintragen. **7.** (EDV) *Kurzf. von* ↑ Steckkarte. **8.** *Kurzf. von* ↑ Scheckkarte, ↑ Kreditkarte: zahlen Sie bar oder mit [der] K.?

Kar|tei, die; -, -en [urspr. Warenzeichen, geb. nach ↑ Auskunftei]: *Sammlung von Karten gleicher Größe u. gleichen Formats für einheitliche Aufzeichnungen, die nach bestimmten Ordnungsprinzipien wie Sachgruppen, Alphabet o. Ä. sortiert sind u. in [Schub]kästen zur Einsichtnahme aufbewahrt werden:* eine K. anlegen, führen; in der K. nachsehen, blättern.

Kar|tei|kar|te, die: *Karte, die zu einer Kartei gehört.*

Kar|tei|kas|ten, der: *Kasten für Karteikarten.*

Kar|tei|lei|che, die (scherzh.): **a)** *Karteikarte, deren Stichwort keiner wirklichen Person od. Sache, keinem tatsächlichen Vorgang mehr entspricht;* **b)** *registriertes, aber nicht aktives Mitglied einer Organisation.*

Kar|tell, das; -s, -e [urspr. = schriftl. Vereinbarung der Kampfbedingungen im Turnier, später = schriftl. Vertrag (zwischen Kriegführenden) < frz. cartel = Vertrag, Zusammenschluss < ital. cartello = (Anschlag)zettel, kleines Schreiben, zu: carta < lat. charta, ↑ Karte]: **1.** (Wirtsch.) *Zusammenschluss von Unternehmen, die rechtlich u. wirtschaftlich weitgehend selbstständig bleiben, aber durch Preisabsprachen o. Ä. den Wettbewerb ausschalten:* ein K. bilden. **2.** *Zusammenschluss von studentischen Verbindungen mit gleicher Zielsetzung.* **3.** (Politik) *befristetes Bündnis mehrerer Parteien [im Wahlkampf].*

Kar|tell|amt, das: *Behörde, die die Einhaltung der kartellrechtlichen Bestimmungen überwacht.*

kar|tell|ar|tig ⟨Adj.⟩: *einem Kartell ähnlich; wie ein Kartell.*

Kar|tell|be|hör|de, die: *Kartellamt.*

Kar|tell|bil|dung, die: *Zusammenschluss zu einem Kartell.*

Kar|tell|ge|richt, das (österr.): *für kartellrechtliche Angelegenheiten zuständiges Gericht.*

Kar|tell|ge|setz, das: *Gesetz zur Verhinderung von Kartellbildungen in Industrie u. Wirtschaft.*

kar|tel|lie|ren ⟨sw. V.; hat⟩ (Wirtsch.): *in Kartellen* (1) *zusammenfassen:* kartellierte *(durch ein Kartell festgelegte)* Preise.
Kar|tell|recht, das: *Rechtsbestimmungen zur Vereinbarung der Bildung von wirtschaftlichen Kartellen.*
kar|tell|recht|lich ⟨Adj.⟩: *das Kartellrecht betreffend:* -e Bestimmungen.
Kar|tell|ver|fah|ren, das: *Verfahren* (2) *in einer kartellrechtlichen Angelegenheit.*
Kar|tell|wäch|ter, der (Jargon): *jmd., der in einer Kartellbehörde eine verantwortliche Position innehat.*
Kar|tell|wäch|te|rin, die: w. Form zu ↑ Kartellwächter.
♦ **kar|teln** ⟨sw. V.; hat⟩ (landsch.): *Karten spielen:* ... wir setzten uns an den großen Tisch und kartelten (Rosegger, Waldbauernbub 24).
kar|ten ⟨sw. V.; hat⟩ [spätmhd. karten] (ugs.): *Karten spielen.*
Kar|ten|bild, das: *Gesamtbild, Übersicht auf einer geografischen Karte.*
Kar|ten|blatt, das: a) *Blatt* (4 a); b) *Blatt* (4 b); c) *Blatt* (4 c).
Kar|ten|gruß, der: *Gruß, kurze Mitteilung auf einer [Ansichts]postkarte.*
Kar|ten|haus, der: **1.** *aus Spielkarten aufgebautes Häuschen, das beim kleinsten Anstoß od. Luftzug in sich zusammenfällt:* die Kinder bauen Kartenhäuser; * **einstürzen, in sich zusammenfallen wie ein K.** *(sich als unrealistisch erweisen; sich in ein Nichts auflösen).* **2.** (Seew.) *Raum auf der Kommandobrücke eines Schiffes, in dem die Seekarten u. nautischen Instrumente aufbewahrt u. benutzt werden.*
Kar|ten|in|ha|ber, der: *Inhaber einer Karte, bes. einer Eintrittskarte, einer Kreditkarte od. dgl.*
Kar|ten|in|ha|be|rin, die: w. Form zu ↑ Karteninhaber.
Kar|ten|kun|de, die: **1.** *Kartografie.* **2.** *Lehre vom Lesen u. Verstehen von Landkarten.*
Kar|ten|kunst|stück, das: *Zauberkunststück mit Spielkarten.*
Kar|ten|le|gen, das; -s: *Wahrsagen aus Spielkarten.*
Kar|ten|le|ge|rin, die: *Wahrsagerin, die aus den Karten prophezeit.*
Kar|ten|le|se|ge|rät, das (EDV): *(als externe Hardware an einen Computer anzuschließendes) Lesegerät* (2), *mit dem die Chipkarten u. Speicherchips gelesen [u. auch beschriftet] werden können.*
Kar|ten|le|ser, der (EDV): *Kartenlesegerät.*
Kar|ten|ma|te|ri|al, das: *aus Karten* (6) *bestehendes Material.*
Kar|ten|netz, das (Geogr.): *System der Längen- u. Breitenkreise auf einer geografischen Karte.*
Kar|ten|netz|ent|wurf, der (Geogr.): *Projektion des Systems von Längen- u. Breitenkreisen auf die Fläche einer Karte.*
Kar|ten|re|ser|vie|rung, die: *Reservierung von Eintrittskarten:* K. unter Tel. 112233.
Kar|ten|spiel, das; -s: **1.** *Spiel mit Spielkarten:* ein K. machen. **2.** *Gesamtheit der zu einem Spiel nötigen Spielkarten:* ein K. mit 32 Karten; zu dieser Patience braucht man zwei -e.
Kar|ten|spie|ler, der: *jmd., der Karten* (5 a) *spielt:* ein guter, schlechter, passionierter K.
Kar|ten|spie|le|rin, die: w. Form zu ↑ Kartenspieler.
Kar|ten|stock, der: *Talon* (2 b).
Kar|ten|ta|sche, die: a) *umzuhängendes od. am Gürtel zu befestigendes flaches Behältnis mit durchsichtigem Deckblatt für die (z. B. in der militärischen Ausrüstung) griffbereit mitgeführte Landkarte;* b) *in Kraftwagen an Türen, Sonnenblenden o. Ä. angebrachte Vor-* richtung zur Aufbewahrung von Straßenkarten.
Kar|ten|te|le|fon, das: *öffentliches Telefon, das nicht mit Münzen, sondern mit einer Telefonkarte zu benutzen ist.*
Kar|ten|ver|kauf, der: *Verkauf von Eintritts- od. Fahrkarten.*
Kar|ten|vor|ver|kauf, der; -[e]s, ...käufe: *eine bestimmte Zeit im Voraus stattfindender Kartenverkauf.*
Kar|ten|werk, das: *Gesamtheit der Karten* (6) *(z. B. topografischer Karten) von einheitlicher Gestaltung u. in gleichem Maßstab, die ein bestimmtes Gebiet abdecken.*
Kar|ten|zah|ler, der: *Person, die mit EC- od. Kreditkarte zahlt.*
Kar|ten|zah|le|rin, die: w. Form zu ↑ Kartenzahler.
Kar|ten|zah|lung, die: *das Bezahlen mit EC- od. Kreditkarte.*
Kar|ten|zei|chen, das (Kartografie): *kartografisches Zeichen, Symbol für die Darstellung bestimmter Gegebenheiten auf einer Landkarte.*
kar|te|si|a|nisch, cartesianisch, kartesisch, cartesisch ⟨Adj.⟩ [nach Cartesius, dem latinisierten Namen des frz. Philosophen R. Descartes (1596 – 1650)]: *von Descartes eingeführt, nach ihm benannt:* -e Koordinaten (Math.; rechtwinklige Koordinaten); -er Teufel, Taucher (Physik; *im Wasser schwimmende hohle [Glas]figur mit einer kleinen Öffnung, mit der Sinken u. Wiederauftauchen durch Erhöhung bzw. Verminderung des äußeren Luftdrucks demonstriert werden kann).*
Kar|te|si|a|nis|mus, Cartesianismus, der; -: *die Philosophie von Descartes u. seinen Nachfolgern, die von der Selbstgewissheit des Bewusstseins ausgeht u. durch die Vorstellung eines Leib-Seele-Dualismus sowie durch mathematischen Rationalismus gekennzeichnet ist.*
kar|te|sisch: ↑ kartesianisch.
Kar|tha|ger, der; -s, -: Ew. zu ↑ Karthago.
Kar|tha|ge|rin, die; -, -nen: w. Form zu ↑ Karthager.
kar|tha|gisch ⟨Adj.⟩: *Karthago, die Karthager betreffend; aus Karthago stammend.*
Kar|tha|go: *phönizische Stadt in Nordafrika.*
kar|tie|ren ⟨sw. V.; hat⟩: **1.** [zu ↑ Karte] (Geogr.) *(ein Gebiet, eine Landschaft) auf einer Karte* (6) *darstellen.* **2.** [zu ↑ Kartei] *[auf einer Karteikarte vermerken u.] in eine Kartei einordnen.*
Kar|tie|rung, die; -, -en: *das Kartieren.*
Kar|ting, das; -s [engl. karting]: *das Fahren mit dem Gokart; Wettbewerb im Gokartfahren.*
Kart|ler, der; -s, -: *Gokartfahrer.*
Kar|tof|fel, die; -, -n [dissimiliert aus älterem Tartuffel, Tartüffel < älter ital. tartufo, tartufolo, eigtl. = Trüffel < spätlat. terrae tuber = Trüffel, Erdknolle; das Wort wurde zur Bez. für die (zuerst von den Spaniern aus Amerika nach Europa gebrachte) Kartoffel durch eine Verwechslung ihrer Wurzelknollen mit den unterirdisch wachsenden knollenartigen Fruchtkörpern der Trüffel]: **1.** *krautige Pflanze mit gefiederten Blättern u. weißen, rosa od. violetten Blüten, die wegen der essbaren Knollen, die sich an unterirdischen Sprossen befinden, angebaut wird:* frühe, späte -n; -n pflanzen, [an]bauen, hacken, häufeln; R rein in die -n, raus aus den -n (ugs.; *erst lautet die Anordnung so, dann genau umgekehrt;* 19. Jh.; urspr. militär.; bezieht sich darauf, dass Truppen, die beim Manöver durch Kartoffeläcker vorrücken sollten, zur Vermeidung von Flurschäden wieder zurückbeordert wurden). **2.** *essbare Knolle der Kartoffel* (1): gelbe, runde, mehlige, glasige, festkochende -n; rohe, gekochte, gedämpfte, gedünstete -n; neue -n *(aus neuer Ernte stammende Frühkartoffeln);* gequellte -n (westd., südwestd.; *Pellkartoffeln*); gesottene -n (bayr.; *Pellkartoffeln*); -n ernten, schälen, pellen, abgießen. **3.** (ugs. scherzh.) *knollige Nase.* **4.** (ugs. scherzh.) *(große) Taschenuhr od. Armbanduhr.* **5.** (ugs. scherzh.) *großes Loch, bes. im Strumpf.* **6.** (ugs. scherzh.) *minderwertiger, weicher [Fuß]ball.*
Kar|tof|fel|acker, der: *Acker, auf dem Kartoffeln gezogen werden.*
Kar|tof|fel|bo|fist, Kar|tof|fel|bo|vist, der: *runder Bofist, der in der Farbe u. Form einer Kartoffel ähnlich ist u. übel riechenden, grünlichen, im Alter fast schwarzen Sporenstaub hat.*
Kar|tof|fel|brei, der: *aus weich gekochten, zerquetschten Kartoffeln mit Milch, Butter und Gewürzen hergestellter Brei.*
Kar|töf|fel|chen, das; -s, -: Vkl. zu ↑ Kartoffel.
Kar|tof|fel|chip, der ⟨meist Pl.⟩: *Chip* (2).
Kar|tof|fel|ern|te, die: *das Ernten der Kartoffeln.*
Kar|tof|fel|feu|er, das: *Feuer, bei dem das Kartoffelkraut auf dem abgeernteten Feld verbrannt wird.*
Kar|tof|fel|kä|fer, der: *an Kartoffeln* (1) *als Schädling auftretender kleiner, gelb-schwarz gestreifter Käfer.*
Kar|tof|fel|kloß, der: *aus einem Teig von geriebenen rohen od. gekochten Kartoffeln hergestellter Kloß.*
Kar|tof|fel|knö|del, der (südd.): *Kartoffelkloß.*
Kar|tof|fel|knol|le, die: *Kartoffel* (2).
Kar|tof|fel|kraut, das: *krautiger Teil der Kartoffelpflanze.*
Kar|tof|fel|mehl, das ⟨o. Pl.⟩: *Stärkemehl aus Kartoffeln.*
Kar|tof|fel|pfann|ku|chen, der (landsch.): *Kartoffelpuffer.*
Kar|tof|fel|pflan|ze, die: *Kartoffel* (1).
Kar|tof|fel|pres|se, die: *Küchengerät, mit dem durch Zusammendrücken von zwei siebartigen Teilen gekochte Kartoffeln zerquetscht werden.*
Kar|tof|fel|puf|fer, der [nach dem »puffenden« Geräusch des Kartoffelteigs beim Backen]: *in heißem Fett von beiden Seiten knusprig braun gebackener Fladen aus einem Teig von geriebenen rohen Kartoffeln.*
Kar|tof|fel|pü|ree, das: *Kartoffelbrei.*
Kar|tof|fel|sa|lat, der: *Salat aus gekochten, in Scheiben geschnittenen Kartoffeln.*
Kar|tof|fel|schä|ler, der; -s, -: *kleines, wie ein Messer zu handhabendes Küchengerät zum Schälen roher Kartoffeln.*
Kar|tof|fel|sor|te, die: *Sorte von Kartoffeln.*
Kar|tof|fel|sup|pe, die: u. a. *pürierten od. gewürfelten Kartoffeln bereitete Suppe.*
Kar|tof|fel|teig, der: *aus geriebenen rohen od. gekochten zerquetschten Kartoffeln hergestellter Teig für Kartoffelklöße, -puffer o. Ä.*
Kar|to|graf, Kartograph, der; -en, -en [zu griech. gráphein = schreiben]: **1.** *Grafiker, der topografische u. thematische Karten (als Druckvorlagen) zeichnet (Berufsbez.).* **2.** *Ingenieur der Landkartentechnik, der Inhalt u. Aufbau von [geografischen] Karten festlegt.*
Kar|to|gra|fie, Kartographie, die; -: *Wissenschaft, Technik der Herstellung von [Land]karten.*
kar|to|gra|fie|ren, kartographieren ⟨sw. V.; hat⟩: *kartografisch darstellen.*
Kar|to|gra|fin, Kartographin, die; -, -nen: w. Formen zu ↑ Kartograf, Kartograph.
kar|to|gra|fisch, kartographisch ⟨Adj.⟩: *die Kartografie betreffend; mit den Mitteln der Kartografie.*
Kar|to|graph usw.: ↑ Kartograf usw.
Kar|ton [karˈtɔŋ, ...ˈtõː, auch, bes. südd.: österr.: ...ˈtoːn], der; -s, -s u. (seltener) -e [...ˈtoːnə] ⟨als Maßangabe auch: -⟩ [frz. carton < ital. cartone,

Vgr. von: carta, ↑Karte]: **1.** *dünne Pappe; steifes Papier:* ein Bogen weißer K./(geh.:) weißen -s. **2.** *Behälter aus Pappe:* Ware in -s verpacken; fünf K./-s Seife; mit drei -s badischem Wein/ (geh.:) badischen Weins; R es knallt im K. (salopp; *es gibt eine gehörige Zurechtweisung*); * **bei jmdm. rappelts im K.** (salopp; *jmd. ist nicht recht bei Verstand*). **3.** (Kunstwiss.) *letzter Entwurf für Wand-, Glasmalereien, Bildteppiche o. Ä. in Originalgröße auf starkem Papier (mit Kohle, Kreide od. Bleistift).*

Kar|to|na|ge [...'naːʒə, österr. meist: ...ʃ], die; -, -n [frz. cartonnage = Papparbeit]: **1.** *Verpackungsmaterial aus Pappe od. Karton.* **2.** (Buchbinderei) *Einband, bei dem Deckel u. Rücken eines Buches aus starkem Karton bestehen.*

kar|to|nie|ren ⟨sw. V.; hat⟩ [frz. cartonner] (Buchbinderei): *(ein Buch) mit einem Pappeinband versehen* (Abk.: kart.): ⟨meist im 2. Part.:⟩ kartonierte Bücher; die kartonierte Ausgabe.

Kar|tu|sche, die; -, -n [frz. cartouche < ital. cartoccio = Paprolle, zylindrischer Behälter, Tüte zur Aufnahme einer Pulverladung, zu: carta, ↑Karte]: **1. a)** (Militär) *Metallhülse (für die Pulverladung der Artilleriegeschosse);* **b)** (Militär) *Hülse mit Pulver als Treibladung von Artilleriegeschossen;* **c)** *spezieller Behälter, in dem für den Betrieb bestimmter Geräte benötigte Stoffe (z. B. Gas für Gaskocher, Toner für Kopiergeräte) in den Handel gebracht werden.* **2.** (Kunstwiss.) *von reich dekoriertem Rahmen umgebene schildartige Fläche (zur Aufnahme von Inschriften, Wappen, Initialen o. Ä.) als Form des Ornaments in Renaissance u. Barock.* **3.** (Archäol.) *die ovale Umrahmung der Königsnamen in altägyptischen Hieroglypheninschriften in Form einer als magische Schutzringe doppelt gelegten Schnur.*

Ka|run|kel, die; -, -n [lat. caruncula = kleines Stück Fleisch] (Med.): *von der Haut od. Schleimhaut ausgehende kleine Warze aus gefäßreichem Bindegewebe.*

Ka|rus|sell, das; -s -s u. -e [frz. carrousel < ital. carosello, eigtl. = Reiterspiel mit Ringelstechen, H. u.]: *auf Jahrmärkten od. Volksfesten aufgestellte, sich im Kreis drehende große Scheibe mit verschiedenartigen Aufbauten (Pferden, Fahrzeugen u. a.) od. mit aufgehängten Sitzen für Fahrgäste, bes. Kinder:* [mit dem] K. fahren; * **mit jmdm. K. fahren** (1. Soldatenspr.; *jmdn. um den Exerzierplatz jagen.* ugs.; *jmdn. heftig tadeln, heruntermachen*).

Kar|wen|del|ge|bir|ge, das; -s: Gebirgsgruppe der Tirolisch-Bayerischen Kalkalpen.

Kar|wo|che, die; -, -n [zum 1. Bestandteil vgl. Karfreitag]: *mit dem Palmsonntag beginnende Woche.*

Ka|ryo|lo|gie, die; - [↑-logie] (Biol.): *Wissenschaft vom Zellkern u. von den in ihm enthaltenen Chromosomen.*

Kar|zer, der; -s, - [lat. carcer, ↑Kerker] (früher): **1.** *Arrestraum in Universitäten u. Gymnasien;* ♦ ⟨auch: das; -s, -:⟩ Wollten ihn ... mir nichts, dir nichts in K. sperren (Schiller, Wallensteins Lager 7). **2.** ⟨o. Pl.⟩ *Haftstrafe an Schulen u. Universitäten; Arrest:* drei Tage K. bekommen, absitzen.

kar|zi|no|gen ⟨Adj.⟩ [zu ↑Karzinom u. ↑-gen] (Med.): *krebserzeugend; Krebsgeschwülste verursachend, auslösend:* -e Faktoren, Stoffe, Substanzen.

Kar|zi|no|gen, das; -s, -e (Med.): *Substanz, Stoff, Strahlung o. Ä., von der eine krebserzeugende Wirkung ausgeht.*

Kar|zi|no|lo|ge, der; -n, -n [↑-loge]: *Spezialist auf dem Gebiet der Karzinologie.*

Kar|zi|no|lo|gie, die; - [↑-logie]: **1.** (Med.) *wissenschaftliche Erforschung der Krebserkrankungen u. der Möglichkeiten ihrer Heilung als Teilgebiet der Medizin.* **2.** (Zool.) *Lehre von den Krebsen* (1 a).

Kar|zi|no|lo|gin, die; -, -nen: w. Form zu ↑Karzinologe.

kar|zi|no|lo|gisch ⟨Adj.⟩: *die Karzinologie* (1, 2) *betreffend.*

Kar|zi|nom, das; -s, -e [lat. carcinoma < griech. karkínōma, zu: karkínos = Krebs] (Med.): *bösartige Geschwulst; Tumor, Krebs* (Abk.: Ca.)

Ka|sa|che, der; -n, -n: *Angehöriger eines Turkvolks in Mittelasien.*

Ka|sa|chin, die; -, -nen: w. Form zu ↑Kasache.

ka|sa|chisch ⟨Adj.⟩: *Kasachstan, die Kasachen betreffend; aus Kasachstan stammend.*

Ka|sach|s|tan, -s: Staat in Mittelasien.

Ka|sack, der; -s, -s [frz. casaque = Reiserock, Damenmantel, H. u.]: *dreiviertellange Damenbluse, die über Rock od. langer Hose getragen wird.*

Ka|sat|schok, der; -s, -s [russ. kazačok; zu: kazak = Kosake]: *russischer Volkstanz, bei dem mit verschränkten Armen aus der Hocke die Beine abwechselnd in immer schneller werdendem Rhythmus nach vorn geworfen werden.*

Kas|bah, Kas|ba, die; -, -s u. Ksạbi [arab. qasaba[h]]: **1.** *Burg, Schloss in arabischen Städten.* **2.** *Altstadt, arabisches Viertel in nordafrikanischen Städten.*

Ka|schem|me, die; -, -n [gaunerspr., zu Romani katšīma = Wirtshaus] (abwertend): *übel beleumdetes Lokal.*

ka|schen ⟨sw. V.; hat⟩ [H.u.] (salopp): **1.** *jmdn. gefangen nehmen, verhaften.* **2.** *sich widerrechtlich etw. aneignen:* du hast [dir] einfach ein Mofa gekascht und bist abgehauen.

Käscher: ↑Kescher.

Ka|scheur [kaˈʃøːɐ̯], der; -s, -e [zu ↑kaschieren] (Theater): *jmd., der plastische Teile der Bühnendekoration (mithilfe von Holz, Leinwand, Pappe, Gips o. Ä.) herstellt* (Berufsbez.).

Ka|scheu|rin [...ˈʃøːrɪn], die; -, -nen: w. Form zu ↑Kascheur.

ka|schie|ren ⟨sw. V.; hat⟩ [frz. cacher, über das Galloroman. zu lat. coactare = mit Gewalt zwingen, zusammendrücken]: **1.** *so darstellen, verändern, dass eine positive Wirkung erzielt wird, bestimmte Mängel nicht erkennbar, nicht sichtbar werden:* seine Unkenntnis, Verlegenheit k. **2.** (Theater) *plastische Teile der Bühnendekoration (mit Holz, Leinwand, Pappe, Gips o. Ä.) herstellen.* **3.** (Fachspr.) *Pappe o. Ä. bes. für Bucheinbände mit buntem od. bedrucktem Papier bekleben.* **4.** (Textilind.) *zwei Gewebe miteinander verbinden, indem man einen Klebstoff als Bindemittel dazwischen einlagert.*

¹Kasch|mir, -s: zwischen Indien u. Pakistan geteiltes Gebiet im Himalaja.

²Kasch|mir, der; -s, -e [nach ¹Kaschmir]: **1.** (Textilind.) *feines, weiches, bes. glattes, glänzendes Kammgarngewebe.* **2.** Kaschmirwolle.

Kasch|mi|ri, der; -[s], -[s]: Ew.

²Kasch|mi|ri, die; -, -[s]: Ew.

Kasch|mir|schal, der: *Schal aus Kaschmirwolle.*

Kasch|mir|wol|le, die: *von Kaschmirziegen stammende Wolle.*

Kasch|mir|zie|ge, die: *Ziege mit sehr weichem, feinem, flaumartigem Fell, dessen Haare zur Herstellung sehr feiner Gewebe verwendet werden.*

Ka|schu|be, der; -n, -n: **1.** *Angehöriger eines westslaw. Stammes.* **2.** (berlin.) *bäurischer Mensch; Hinterwäldler.*

Ka|schu|bei, die; -: *Wohngebiet der Kaschuben.*

Ka|schu|bin, die; -, -nen: w. Form zu ↑Kaschube.

ka|schu|bisch ⟨Adj.⟩: *die Kaschubei, die Kaschuben betreffend; aus Kaschubei stammend.*

Kä|se, der; -s, - [mhd. kæse, ahd. chāsi, käsi < lat. caseus, eigtl. = Gegorenes, sauer Gewordenes]: **1.** *aus Milch (von Kühen, Schafen od. Ziegen) hergestelltes Nahrungsmittel, das als Brotbelag od. auch -aufstrich gegessen wird:* vollfetter, scharfer K.; weißer K. (landsch.; *Quark*); Schweizer K.; der K. ist gut durchgezogen, (ugs.:) durch; etw. mit K. überbacken; R K. schließt den Magen (scherzh.; *nun noch Käse zum Abschluss des Essens*). **2.** (ugs. abwertend) *Unsinn, dummes Zeug:* das ist doch alles K.

Kä|se|auf|schnitt, der: *in Scheiben geschnittener Käse [verschiedener Sorten].*

Kä|se|blatt, das (salopp abwertend): **1.** *kleine, unbedeutende Zeitung.* **2.** (Schülerspr.) *Zeugnis.*

Kä|se|bröt|chen, das: **1.** *in der Mitte auseinandergeschnittenes u. mit Käse belegtes od. bestrichenes Brötchen.* **2.** *mit Käse überbackenes Brötchen.*

Kä|se|ecke, die: *verpackte Ecke* (1 c) *Schmelzkäse, Weichkäse.*

Kä|se|fon|due, das: *Fondue* (a).

Kä|se|fuß, der ⟨meist Pl.⟩ (salopp abwertend): *Fuß mit starker, übel riechender Schweißabsonderung.*

Kä|se|glo|cke, die: *Glocke* (5) *zum Aufbewahren von Käse.*

Ka|se|in, (fachspr.:) Casein, das; -s, -e [zu lat. caseus = Käse] (Biochemie): *wichtigster Bestandteil des Eiweißes in der Milch.*

Kä|se|ku|chen, der: *Kuchen mit einer Auflage von süß angerührtem Quark.*

Ka|sel, die; -, -n [mlat. casula = Mönchskutte, Messgewand < spätlat. casula = Kapuzenmantel]: *seidenes Messgewand, das der Priester über anderen Gewändern trägt.*

Ka|se|mat|te, die; -, -n [frz. casemate < ital. casamatta < ital./vulgärlat., zu griech. chásma (Pl. chásmata) = Spalte, Erdkluft] (Militär): **1.** *durch starkes Mauerwerk [u. Aufschüttung von Erde] gegen feindlichen Beschuss gesicherter Raum (Gewölbe) in Festungen* (1). **2.** *durch Panzerwände gesicherter Raum zur Aufstellung von Geschützen in einem Kriegsschiff.*

Kä|se|mau|ke, die (landsch.) ⟨meist Pl.⟩ (abwertend. ugs.): *[nach Fußschweiß riechender] Fuß.*

Kä|se|mes|ser, das: **1.** *zum Abschneiden von Käse bestimmtes Messer.* **2.** (landsch. abwertend) *schlecht schneidendes Messer.* **3.** (Soldatenspr.) *Seitengewehr.*

kä|sen ⟨sw. V.⟩: **1.** ⟨hat⟩ *Käse bereiten, herstellen.* **2.** ⟨hat/ist⟩ *(von Milch o. Ä.) gerinnen, zu Käse werden.*

Kä|se|plat|te, die: *Platte, auf der die verschiedene Sorten Käse [aufgeschnitten] angerichtet sind.*

Kä|ser, der; -s, -: **1.** *Molkereifachmann, der mit der Herstellung von Käse beschäftigt ist* (Berufsbez.). **2.** (landsch.) *jmd., der mit Käse handelt.* **3.** (salopp abwertend) *Käsefuß.*

Kä|se|rei, die; -, -en: ⟨o. Pl.⟩ *das Herstellen von Käse.* **2.** *Betrieb, in dem Käse hergestellt wird.*

Kä|se|rin, die; -, -nen: w. Form zu ↑Käser (1, 2).

Ka|ser|ne, die; -, -n [frz. caserne < provenz. cazerna = Wachhaus für vier Soldaten, zu lat. quaterni = je vier, zu: quattuor = vier]: *Gebäude, Gebäudekomplex für die dauernde Unterkunft von Truppen.*

Ka|ser|nen|hof, der: *unmittelbar bei od. innerhalb einer Kaserne liegender, zu ihr gehörender Platz, Hof.*

Ka|ser|nen|hof|ton, der (abwertend): *lauter, grober, herrischer Ton, in dem jmd. redet.*

ka|ser|nie|ren ⟨sw. V.; hat⟩ (bes. Militär): *in Kasernen unterbringen:* Soldaten, Truppen k.; kasernierte Bereitschaftspolizei.

Ka|ser|nie|rung, die; -, -en: *das Kasernieren;* die K. der Truppen.

Kä|se|sah|ne|tor|te, die: *Torte aus Biskuitteig,*

die mit einer süßen Creme aus Quark u. Sahne gefüllt ist.
Kä|se|sor|te, die: *Sorte Käse.*
kä|se|weiß ⟨Adj.⟩ (ugs.): *sehr blass (im Gesicht).*
kä|sig ⟨Adj.⟩: **1.** *von einer dem Käse ähnlichen Beschaffenheit.* **2.** (ugs.) *(von der Hautfarbe) auffallend blass:* ein -es Gesicht. **3.** (landsch.) *frech:* werd bloß nicht k.!
Ka|si|no, *das; -s, -s* [ital. casino = Gesellschaftshaus, Vkl. von: casa = Haus, Hütte < lat. casa]: **1.** *Gebäude mit Räumen für gesellige Zusammenkünfte.* **2. a)** *Speiseraum für Offiziere;* **b)** *Speiseraum in einem Betrieb, Bürohaus.* **3.** Kurzf. von ↑Spielkasino.
Kas|ka|de, die; -, -n [frz. cascade < ital. cascata = Wasserfall, zu: cascare = fallen, über das Vlat. zu lat. cadere = fallen]: **1.** *in Form von Stufen künstlich angelegter Wasserfall:* ein Park mit -n; Ü eine K. (geh.; *Flut, Unzahl*) von Verwünschungen. **2.** *wagemutiger Sprung, bei dem der Artist einen Absturz vortäuscht.* **3.** (chem. Technik) *Anordnung hintereinandergeschalteter, gleichartiger Gefäße.*
kas|ka|den|för|mig ⟨Adj.⟩: *die Form einer Kaskade* (1) *aufweisend.*
Kas|ka|deur [...'døːɐ̯], der; -s, -e [frz. cascadeur, zu: cascade, ↑Kaskade]: *Artist, der Kaskaden* (2) *ausführt.*
Kas|ka|deu|rin [...'døːrɪn], die; -, -nen: w. Form zu ↑Kaskadeur.
¹Kas|ko, der; -s, -s [span. casco = eigtl. Scherbe, abgebrochenes Stück, zu: cascar = zerbrechen, über das Vlat. zu lat. quassus = zerbrochen, adj. 2. Part. von: quatere = (zer)schlagen]: **a)** (Seemannsspr.) *Schiff (als Transportmittel) im Unterschied zur Ladung;* **b)** *Fahrzeug (als Transportmittel) im Unterschied zur Ladung.*
²Kas|ko, die; -, -s (ugs.): Kurzf. von ↑Kaskoversicherung.
Kas|ko|scha|den, der (Versicherungsw.): *am eigenen Fahrzeug [vom Fahrer] verursachter Schaden, der von der Kaskoversicherung übernommen wird.*
kas|ko|ver|si|chern ⟨sw. V.; hat; nur im Inf. u. 2. Part.⟩ (Versicherungsw.): *gegen vom Fahrer od. Halter am eigenen Fahrzeug verursachte Schäden versichern:* einen Neuwagen würde ich schon k.; der Wagen ist kaskoversichert.
Kas|ko|ver|si|che|rung, die [zu ↑¹Kasko (b)] (Versicherungsw.): *Versicherung* (2 a) *für Kaskoschäden.*
Kas|per, der; -s, - [nach dem m. Vorn. Kaspar, dem Namen eines der drei Könige in den ma. Dreikönigsspielen, dessen Gestalt sich später zum lustigen, schmeichlerisch gewandten u. schlauen Schelm, aber auch dauernd gehänselten, tölpelhaften Narren weiterentwickelte]: **1.** *lustige, mit Mutterwitz ausgestattete männliche Hauptfigur des Puppenspiels (mit Zipfelmütze, großer Nase u. lachendem Mund).* **2.** (ugs. scherzh.) *jmd., der gern albert.*
Kas|pe|rei, die; -, -en: *das Kaspern.*
Kas|perl, der; -s, - [n] (österr.): *Kasper.*
Kas|per|le, das, auch: der; -s, -: *Kasper* (1).
Kas|per|le|pup|pe, die: *Kasperpuppe.*
Kas|per|le|spiel, das: *Stück, Puppenspiel, das in einem Kasperletheater aufgeführt wird.*
Kas|per|le|the|a|ter, das: *Puppenbühne, die mit Handpuppen Stücke aufführt, in denen der Held Kasper das Gute verkörpert, mit unermüdlicher Fröhlichkeit, tapfer u. mutig das Böse bekämpft u. besiegt.*
Kas|per|li, der; -[s], -[s] (schweiz.): *Kasper* (1).
Kas|perl|pup|pe, die (österr.): *Kasperpuppe.*
Kas|perl|the|a|ter, das (österr.): *Kasperletheater.*
kas|pern ⟨sw. V.; hat⟩ (ugs.): ¹*albern:* hör auf zu k.
Kas|per|pup|pe, die: **1.** *Handpuppe, die bei einem Kasperlespiel als Kasper* (1) *auftritt.*

2. *Handpuppe, die bei einem Kasperlespiel auftritt.*
Kas|per|the|a|ter, das: *Kasperletheater.*
Kas|pi|sches Meer, das Kaspische Meer; des Kaspischen Meer[e]s, **Kas|pi|see,** der; -s: See im Südwesten Asiens.
Kas|sa, die; -, Kassen [ital. cassa, eigtl. = Behältnis < lat. capsa = Behältnis, Kasten (für Bücherrollen), eigtl. = Gefäß] (österr.): *Kasse.*
Kas|sa|ge|schäft, das: **1.** (Börsenw.) *Abschluss* (4 b) *an der Börse, der sofort od. kurzfristig erfüllt werden muss.* **2.** (Wirtsch.) *Bargeschäft im Handelsverkehr, das Zug um Zug abgewickelt wird.*
Kas|sa|kurs, der (Börsenw.): *Börsenkurs für die Umsätze im Kassageschäft* (1).
Kas|sa|markt, der (Börsenw.): *Markt der Wertpapiere, die nur im Kassageschäft* (1) *gehandelt werden.*
Kas|san|dra, die; -, ...dren [nach der Seherin Kassandra (griech. Kassándra) in der griech. Sage] (bildungsspr.): *jmd., der gegenüber etw. Bevorstehendem eine pessimistische Grundhaltung zeigt u. davor warnt.*
Kas|san|dra|ruf, der (bildungsspr.): *Warnung vor kommendem Unheil:* nicht auf die -e der Opposition hören.
Kas|sa|ti|on, die; -, -en [zu spätlat. cassare, ↑²kassieren]: **1.** *Ungültigkeitserklärung (von Urkunden).* **2.** (Rechtsspr.) *Aufhebung eines Gerichtsurteils durch die nächsthöhere Instanz.* **3.** (veraltet) *unehrenhafte Entlassung aus dem Militärdienst od. aus dem Beamtenverhältnis.*
Kas|sa|ti|ons|be|schwer|de, die (schweiz. Rechtsspr.): *Rechtsmittel, mit dem Berufung gegen gerichtliche Entscheidungen eingelegt werden kann.*
Kas|sa|ti|ons|ge|richt, das (schweiz. Rechtsspr.): *oberster kantonaler Gerichtshof, der in Zivil- u. Strafsachen über Kassationsbeschwerden entscheidet.*
Kas|sa|ti|ons|hof, der (Rechtswiss.): **1.** *höheres Gericht, das die Entscheidungen anderer Gerichte bestätigen od. aufheben, aber nicht durch eigene Urteile ersetzen kann.* **2.** (schweiz.) *Abteilung des Bundesgerichts, die bei Kassationsbeschwerde über die Verletzung des Bundesrechts durch kantonale Gerichte entscheidet.*
kas|sa|to|risch ⟨Adj.⟩: *die ²Kassation betreffend.*
Kas|se, die; -, -n [älter: Cassa, ↑Kassa]: **1.** *kastenförmiger, verschließbarer Behälter (aus Stahl), in dem Geld aufbewahrt wird:* die K. öffnen, verschließen; Ü meine K. ist leer, in meiner K. ist/herrscht Ebbe (ugs.; *ich habe kein Geld*); Das Geld wurde zusammengetan, und Rabbi Schmul hielt die K. (verwaltete das Geld; Buber, Gog 175); * **in die K. greifen/einen Griff in die K. tun** (ugs.; verhüll.; *Geld entwenden, stehlen*). **2. a)** *Ladenkasse, Registrierkasse:* der Ausverkauf brachte gefüllte -n; (Ruf nach jmdm., der befugt ist, Geld für die Ware entgegenzunehmen) K. bitte!; die Chefin selbst sitzt hinter der K.; * **die K. klingelt/die -n klingeln** (ugs.; *es wird viel Geld eingenommen, ein großer Umsatz gemacht;* nach dem [früher üblichen] Klingelzeichen beim Öffnen der Registrierkasse); **K. machen** (Kaufmannsspr.; *die über einen bestimmten Zeitraum eingegangenen u. ausgezahlten Beträge ausrechnen*); **b)** *Bereich in einem Geschäft, wo sich die Kasse* (2 a) *befindet u. die von jmdm. ausgewählten Waren bezahlt werden müssen (u. verpackt werden):* Waren bitte an der K. zahlen; * **jmdn. zur K. bitten** (ugs.; *von jmdm. Geld fordern*). **3. a)** *jmdm. zur Verfügung stehendes Geld:* gemeinsame K. führen, machen (Ausgaben gemeinschaftlich bestreiten); wir haben getrennte K. (bezahlen jeder für sich);

R Hauptsache, die K. stimmt (die Hauptsache ist, dass der Gewinn so ist, wie man ihn erstrebt); * **K. machen** (ugs.; *viel Geld verdienen, erwirtschaften o. Ä.*); **[gut, schlecht/knapp] bei K. sein** (ugs.; *[reichlich, wenig] Geld zur Verfügung haben*); **ein [großes, gewaltiges, tiefes] Loch in jmds. K. reißen** (ugs.; *jmdn. [sehr] viel Geld kosten*); **b)** (Kaufmannsspr.) *Barzahlung:* zahlbar rein netto K. (in bar ohne Abzug); wir liefern gegen K. **4. a)** *Abteilung einer Behörde od. eines Unternehmens, die Zahlungen entgegennimmt od. leistet:* die Gehälter werden nicht mehr von der K. ausbezahlt, sondern auf Konten überwiesen; **b)** *Raum, in dem sich die Kasse* (4 a) *befindet:* die K. ist schon geschlossen; Geld an der K. (am Schalter der Kasse) einzahlen, abholen; **c)** (in einem Theater, Kino, Stadion, Schwimmbad o. Ä.) *kleiner Raum in der Vorhalle od. am Eingang, in dem Eintrittskarten verkauft werden:* die reservierten Karten können an der K. (am Schalter der Kasse) abgeholt werden. **5.** (ugs.) **a)** *Sparkasse, Bank, Kreditinstitut:* Geld auf der K. haben, von der K. holen, zur K. bringen; **b)** *Krankenkasse:* die K. zahlt nur wenig, hat alle Kosten übernommen; die Kur geht auf K. (ugs.; *wird von der Krankenkasse bezahlt*).
Kas|sel: Stadt an der Fulda.
Kas|se|la|ner: ↑²Kasseler.
Kas|se|la|ne|rin, die; -, -nen: w. Form zu ↑Kasselaner.
¹Kas|se|ler, ¹Kassler, Kasselaner, der; -s, -: Ew.
²Kas|se|ler, ²Kassler ⟨indekl. Adj.⟩: *die K. Innenstadt.*
³Kas|se|ler, ³Kassler, das; -s, - [H. u.; vielleicht nach der Stadt Kassel]: *gepökeltes u. geräuchertes Schweinefleisch von Rippe, Kamm, Schulter od. Bauch.*
Kas|se|le|rin, die; -, -nen: w. Form zu ↑¹Kasseler.
Kas|sen|an|wei|sung, die: *Anweisung für den Kassierer einer Bank, Sparkasse o. Ä., eine bestimmte Summe auszuzahlen.*
Kas|sen|arzt, der: *Arzt, der das Recht u. die Verpflichtung hat, Mitglieder einer gesetzlichen Krankenkasse zu behandeln.*
Kas|sen|ärz|tin, die: w. Form zu ↑Kassenarzt.
kas|sen|ärzt|lich ⟨Adj.⟩: *den Kassenarzt betreffend.*
Kas|sen|bei|trag, der (ugs.): *Krankenkassenbeitrag.*
Kas|sen|be|richt, der (Wirtsch.): *schriftliche Aufzeichnung über Kassenbestand, Einnahmen u. Ausgaben.*
Kas|sen|be|stand, der: *Bestand an Bargeld in einer Kasse* (1, 2 a).
Kas|sen|bon, der: *Bon* (2).
Kas|sen|buch, das: *dickes Heft, in das Bareinnahmen u. -ausgaben eingetragen werden.*
Kas|sen|er|folg, der: *Theater- od. Bühnenwerk, dessen Aufführung viel Geld einbringt.*
Kas|sen|ge|stell, das (ugs. veraltend): *von der Krankenkasse bezahltes Brillengestell einfacher Ausführung.*
Kas|sen|häus|chen, das: *Häuschen, in dem eine Kasse* (4 c) *untergebracht ist.*
Kas|sen|la|ge, die: *die finanzielle Lage:* die Frage ist so wichtig, um sie [ausschließlich] nach K. zu entscheiden.
Kas|sen|ma|g|net, der (ugs.): *(im Showgeschäft, im Filmgeschäft o. Ä.) Person od. Sache, die ein großes Publikum anzieht:* der Film, die Sängerin ist ein K.
Kas|sen|pa|ti|ent, der: *Patient, der bei einer gesetzlichen Krankenkasse versichert ist.*
Kas|sen|pa|ti|en|tin, die: w. Form zu ↑Kassenpatient.
Kas|sen|raum, der: *Raum, in dem sich die Kassenschalter befinden.*

Kas|sen|schla|ger, der (ugs.): a) *Kassenmagnet;* b) *Ware, Artikel o. Ä. mit überdurchschnittlich gutem Absatz.*

Kas|sen|sturz, der (ugs.): *das Feststellen des vorhandenen Bargeldes:* K. machen *(prüfen, wie viel Bargeld man zur Verfügung hat);* Ü *die Regierung machte K.*

Kas|sen|wart, der: *jmd., der die Kasse, die Finanzen eines Vereins verwaltet.*

Kas|sen|war|tin, die: w. Form zu ↑ Kassenwart.

Kas|sen|zet|tel, der: a) *als Quittung dienender Zettel, auf dem der Verkäufer alle notwendigen Angaben zu einer Ware schreibt;* b) *Kassenbon.*

Kas|se|rol, das; -s, -e (landsch.), **Kas|se|rol|le**, die; -, -n [frz. casserole, zu mundartl. casse = Pfanne < provenz. casa < vlat. cattia = Kelle, Schöpflöffel]: *[flacher] Topf mit Stiel [zum Braten u. Schmoren].*

Kas|set|te, die; -, -n [frz. cassette, ital. cassetta = Kästchen, Vkl. von: cassa, ↑ Kassa]: 1. *kleiner, verschließbarer Kasten aus Metall, Holz od. Leder zur Aufbewahrung von Geld od. Wertsachen:* die K. enthielt wertvollen Schmuck. 2. a) *flacher, fester Karton mit zusammengestelltem Briefpapier, zusammengehörenden Abbildungen, Schallplatten:* jmdm. eine K. mit Bachs Orgelwerk, eine K. Briefpapier schenken; Schuberts Klaviersonaten gibt es auch als K.; b) *die Buchrücken frei lassender, fester Karton mit einer mehrbändigen Werkausgabe o. Ä.:* eine K. mit Werken von Carl Zuckmayer. 3. *Magnetband u. zwei kleine Spulen, die sich in ein kleines, flaches, rechteckiges Gehäuse aus Kunststoff eingebaut sind:* Musik auf K. aufnehmen. 4. (Fotogr.) *kleines, flaches Gehäuse für Filme od. Platten.* 5. (Archit.) *vertieftes viereckiges Feld in einer Decke* (3).

Kas|set|ten|deck, das; -s, -s: *Kassettenrekorder ohne Verstärker u. Lautsprecher.*

Kas|set|ten|de|cke, die (Archit.): *Decke* (3) *mit vertieften, meist verzierten Feldern.*

Kas|set|ten|fach, das: *Fach* (1) *eines Kassetten- od. Videorekorders, in das eine Kassette* (3) *eingelegt wird.*

Kas|set|ten|ge|rät, das: *Tonbandgerät für Kassetten* (3).

Kas|set|ten|re|kor|der, **Kas|set|ten|re|cor|der**, der: *Kassettengerät, mit dem Kassetten* (3) *abgespielt u. bespielt werden können.*

Kas|sia, Kassie, die; -, ...ien [lat. cas(s)ia < griech. kasía, aus dem Semit.]: *als Baum, Strauch od. Kraut wachsende Pflanze mit gefiederten Blättern, kleinen, meist gelben Blüten u. röhrenförmigen od. flachen Hülsen als Früchten.*

Kas|sia|öl, das ⟨o. Pl.⟩: *aus den Blättern u. der Rinde des Zimtbaumes hergestelltes ätherisches Öl, das als Gewürz u. zur Seifenherstellung verwendet wird.*

Kas|si|ber, der; -s, - [über gaunerspr. kassiwe = Brief, Ausweis < jidd. kessaw (Pl. kessowim) = Brief, Geschriebenes < hebr. kĕṯavim = Schriftstücke] (Gaunerspr.): *heimliches Schreiben od. unerlaubte schriftliche Mitteilung eines Häftlings an einen anderen od. an Außenstehende:* einen K. schreiben, aus der Zelle schmuggeln.

Kas|sie: ↑ Kassia.

Kas|sier, der; -s, -e [ital. cassiere, zu: cassa, ↑ Kassa] (südd., österr., schweiz.): *Kassierer.*

¹kas|sie|ren ⟨sw. V.; hat⟩ [für älter: einkassieren, LÜ von ital. incassare, ↑ Inkasso]: 1. a) *(einen zur Zahlung fälligen Betrag) einziehen:* die Miete k.; er hat zwei Euro kassiert ⟨auch ohne Akk.-Obj.:⟩ *der Kellner hat schon kassiert;* b) (ugs.) *jmdm. einen fälligen Betrag abverlangen:* der Kellner muss noch zwei Gäste k. 2. (ugs.) a) *einnehmen:* hohe Prämien, Zinsen k.; er kassiert ein ansehnliches Honorar; Ü Lob, Anerkennung k.; b) *(etw. Unangenehmes) hinnehmen müssen:* Strafpunkte, ein Tor k.; während einer Prügelei einen Schlag, ein blaues Auge k.; unsere Mannschaft kassierte Kritik, eine Niederlage; Ein schöner Polizist läuft über die Aschenbahn, versucht unter Gelächter einen dreckigen Jugen zu fangen; der Junge entkommt, und der Polizist kassiert seinen Spott (Lenz, Brot 35). 3. (ugs.) a) *jmdm. etw. wegnehmen; beschlagnahmen; sich aneignen:* die Polizei kassierte seinen Führerschein; der Konzern versucht die kleineren Betriebe zu k. *(aufzukaufen);* b) *gefangen nehmen:* der Bankräuber wurde gestern kassiert.

²kas|sie|ren ⟨sw. V.; hat⟩ [spätlat. cassare = aufheben, annullieren, zu lat. cassus = leer, nichtig): 1. *seines Amtes entheben, unehrenvoll aus dem Dienst entlassen.* 2. (Rechtsspr.) *(ein Gerichtsurteil) aufheben.*

Kas|sie|rer, der; -s, - [↑ Kassier]: a) *Angestellter eines Unternehmens, der die Kasse führt;* b) *Kassenwart.*

Kas|sie|re|rin, die; -, -nen: w. Form zu ↑ Kassierer.

Kas|sie|rin, die; -, -nen (südd., österr., schweiz.): w. Form zu ↑ Kassier.

Kas|si|o|peia, die; -: *Sternbild am nördlichen Sternenhimmel.*

¹Kass|ler: ↑ ¹Kasseler.

²Kass|ler: ↑ ²Kasseler.

³Kass|ler: ↑ ³Kasseler.

Kass|le|rin, die; -, -nen: w. Form zu ↑ ¹Kassler.

Kas|ta|g|net|te [...tanˈjɛtə], die; -, -n [span. castañeta, Vkl. von: castaña = Kastanie (nach der Ähnlichkeit)]: *(gewöhnlich paarweise geschlagenes) kleines Musikinstrument aus zwei ausgehöhlten Schälchen aus hartem Holz, die durch ein über den Daumen od. die Mittelhand gestreiftes Band gehalten u. mit den Fingern gegeneinandergeschlagen werden, sodass ein rhythmisches Klappern entsteht.*

◆ **Kas|ta|li|sche Flut**, die; -n -: *Kastalische Quelle:* »Apollo möge aber dann zusehen«, lachte Franziska, »wie er es wahrt künftig, seinen neuen französischen Hauswirt mit Anstand in die K. F. zu tauchen!« (Mörike, Mozart 251).

Kas|ta|nie, die; -, -n [spätmhd. kastanie < lat. castanea < griech. kástanon = Frucht des Kastanienbaums, zu: kástanon = Kastanienbaum; älter mhd. kesten(e), ahd. chestin(na)]: 1. a) *Edelkastanie;* b) *Rosskastanie.* 2. a) *flache, runde bis ovale, essbare Frucht der Edelkastanie, die von einer braunen Schale umgeben ist u. mit zwei bis drei anderen in einer bräunlich gelben Hülle mit vielen langen Stacheln reift: Esskastanie:* eine Tüte heiße -n kaufen; ** für jmdn.] die -n aus dem Feuer holen (ugs.: für einen anderen eine unangenehme Sache erledigen u. sich dabei selbst in Gefahr bringen; nach einer Fabel von La Fontaine, in der ein Affe geröstete Kastanien fressen will u. sie von einer Katze aus der Glut holen lässt);* b) *rundliche Frucht der Rosskastanie, die von einer harten, braunen, glänzenden Schale umgeben ist u. in einer festen, grünen, stacheligen Hülle reift: das Wild im Winter mit -n füttern.*

Kas|ta|ni|en|al|lee, die: *Allee mit Kastanienbäumen.*

Kas|ta|ni|en|baum, der: *Kastanie* (1).

kas|ta|ni|en|braun ⟨Adj.⟩: *mittel- bis dunkelbraun mit rötlichem Schimmer:* -es Haar.

Käst|chen, das; -s, - 1. Vkl. zu ↑ Kasten. 2. *kleines, auf [Rechen]papier gedrucktes Quadrat od. Rechteck.*

Kas|te, die; -, -n [frz. caste < port. casta = Bez. für die abgeschlossenen Stände Indiens, zu: casto < lat. castus = keusch, rein]: 1. *(bes. innerhalb der hinduistischen Gesellschaftsordnung) sich streng abschließende Schicht mit besonderen Sitten u. Heiratsverbot außerhalb ihrer selbst.* 2. *sich streng absondernde Gruppe, Gesellschaftsschicht [deren Angehörige ein übertriebenes Standesbewusstsein pflegen].*

kas|tei|en, sich ⟨sw. V.; hat⟩ [spätmhd. kastyen, kesteyen, mhd. kastīgen, ahd. chestigōn < (m)lat. castigare = strafen, zurechtweisen, züchtigen]: a) *sich als Bußübung Schmerzen, Entbehrungen auferlegen;* b) *enthaltsam leben, sich Entbehrungen auferlegen.*

Kas|tei|ung, die; -, -en: *das Sichkasteien.*

Kas|tell, das; -s, -e [spätmhd. kastell < lat. castellum = Festung, Vkl. von: castrum = befestigtes Lager]: 1. *(Geschichte) kleines, befestigtes römisches Truppenlager an der Grenze.* 2. *Burg, Schloss* (bes. in Südeuropa).

Kas|tel|lan, der; -s, -e [mhd. kastellān < mlat. castellanus = Burgvogt, zu lat. castellanus = zum Kastell gehörig]: 1. *Kommandant einer Burg im MA.* 2. *Verwalter, Aufsichtsbeamter von Schlössern u. anderen öffentlichen Gebäuden.*

Kas|tel|la|nin, die; -, -nen: w. Form zu ↑ Kastellan (2).

käs|teln ⟨sw. V.; hat⟩ [zu ↑ Kasten]: *mit Kästchen* (2) *versehen.*

Kas|ten, der; -s, Kästen, selten auch: - [mhd. kaste, ahd. kasto, wahrsch. verw. mit ↑ Kar]: 1. *rechteckiger, aus Holz od. einem anderen festen Material hergestellter [verschließbarer] Behälter zum Aufnehmen od. Aufbewahren von etw.:* ein hölzerner K.; ein K. aus Blech, für die Asche; der K. steht offen, ist verschlossen. 2. *zum Transport von Flaschen vorgesehener, in einzelne Fächer unterteilter offener Behälter:* Kästen mit Bier und Limonade; ein K. Limonade; ein K. bayerisches Bier; mit zwei Kästen bayerischem Bier/(geh.:) bayerischen Biers. 3. Kurzf. von ↑ Aushängekasten, ↑ Schaukasten: im K. hängen (landsch.; *[vom Aufgebot* (2)] *im Aushängekasten hängen, um öffentlich bekannt gemacht zu werden).* 4. (ugs.) Kurzf. von ↑ Briefkasten (a): der K. wird morgen früh geleert; einen Brief in den K. stecken, werfen, zum K. bringen. 5. (landsch.) Kurzf. von ↑ Schubkasten: den K. herausziehen. 6. (ugs. abwertend) a) *großes, unschönes Gebäude;* b) *großes, unförmiges, meist altes Verkehrsmittel.* 7. *kastenförmiger Aufsatz auf dem Fahrgestell bestimmter Kraftfahrzeuge u. Pferdewagen.* 8. (ugs. abwertend) *kastenförmiges, meist größeres [u. älteres] Gerät* (z. B. Radio, Fernsehapparat, Kamera o. Ä.): mach doch endlich den K. aus! 9. (südd., österr., schweiz.) *Schrank.* 10. (Soldatenspr.) *Bau* (5 c). 11. (Turnen) *kastenförmiges Turngerät mit gepolsterter u. mit Leder bezogener Oberseite, an dem verschiedene Sprungübungen durchgeführt werden; Sprungkasten:* ein Grätsche, Hocke über den K. springen. 12. (Ballspiele Jargon) *Tor:* der Ball ging knapp am K. vorbei; in den K. stellen *(als Torwart spielen).* 13. *durch eine Umrandung abgegrenzter u. herausgehobener Text:* die Regeln stehen in einem K., in Kästen. 14. ** etw. auf dem K. haben (ugs.; *intelligent, befähigt sein;* wohl in Anspielung auf den Kopf als Kasten, in dem der Verstand sitzt, vgl. Gehirnkasten). ◆ **15.** *Fassung* (1a) *eines Schmucksteins:* Wir kein Recht an diesem Ringe? – Inwärts ist der K. muss der Fräulein verzogner Name stehn (Lessing, Minna II, 2).

Kas|ten|brot, das: *in einer Kastenform gebackenes Brot.*

Kas|ten|form, die: *längliche rechteckige Backform mit hohen Seitenwänden.*

kas|ten|för|mig ⟨Adj.⟩: *die Form eines Kastens* (1) *aufweisend.*

Kas|ten|schloss, das: *Schloss, dessen Mechanismus sich in einem Gehäuse aus Metall befindet, das auf der Innenseite einer Tür befestigt ist.*

Kastenwagen – Katastrophenfilm

Kas|ten|wa|gen, der: **1.** (bes. in der Landwirtschaft gebräuchlicher) Pferdewagen mit Kasten (7). **2.** kastenförmiger Lieferwagen.

Kas|ten|we|sen, das [↑Kaste]: Bereich dessen, was mit Kasten, mit der Gliederung in Kasten zusammenhängt.

Kas|ti|li|en; -s: historisches Reich in Spanien.

kas|ti|lisch ⟨Adj.⟩: Kastilien betreffend.

¹Kas|tor (griech. Mythol.): Held der griechischen Sage: *wie K. und Pollux sein (bildungsspr. veraltet; [von Männern] eng befreundet, unzertrennlich sein).

²Kas|tor, der; -s: Stern im Sternbild Zwillinge.

Kast|rat, der; -en, -en [ital. castrato, zu: castrare < lat. castrare, ↑kastrieren]: **1.** (veraltet) kastrierter Mann. **2.** (Musik früher) Sänger mit Kastratenstimme (a): Während die Musiker, außer den an den Höfen besonders attachierten Maestri, Primadonnen und -en, gering geschätzt waren (Adorno, Prismen 32).

Kas|t|ra|ten|stim|me, die: **a)** (Musik) sehr hohe, dabei umfangreiche Alt- od. Sopranstimme eines Sängers, der in der Jugend kastriert wurde; **b)** (abwertend) ungewöhnlich hohe Männerstimme.

Kas|t|ra|ti|on, die; -, -en [lat. castratio]: **1.** (Med.) Entfernung od. Ausschaltung der Keimdrüsen (Hoden od. Eierstöcke) beim Menschen. **2.** (Fachspr.) Entfernung der Fortpflanzungsorgane bei Tieren u. Pflanzen.

kas|t|rie|ren ⟨sw. V.; hat⟩ [lat. castrare, wohl zu einem Subst. mit der Bed. »Messer, Schneidewerkzeug«]: **1.** eine Kastration vornehmen: einen Kater k. lassen. **2.** (ugs. scherzh.) bestimmter gefährlicher, unerwünschter o. ä. [Bestand]teile, Wirkstoffe berauben u. damit harmlos od. wirkungslos machen: eine kastrierte (von anstößigen Stellen gereinigte) Ausgabe von Ovid.

Ka|su|a|li|en ⟨Pl.⟩ [zu spätlat. casualis = zufällig, zu lat. casus, ↑Kasus]: **1.** (bildungsspr. selten) nicht vorhersehbare Ereignisse; Zufälligkeiten. **2.** (christl. Kirche) geistliche Amtshandlungen aus besonderem Anlass.

◆ **Ka|su|al|re|de,** die: Rede zu einem besonderen Anlass: Ja, seine -n, das geht. Aber seine Predigten kann er vor Gott und den Menschen nicht verantworten (Fontane, Effi Briest 95).

Ka|su|ist, der; -en, -en [zu lat. casus, ↑Kasus]: **1.** Vertreter der Kasuistik (1). **2.** (bildungsspr.) jmd., der spitzfindig argumentiert; Wortverdreher.

Ka|su|is|tik, die; -: **1.** (in der philosophischen Ethik u. in der katholischen Moraltheologie) Teil der Sittenlehre, der für mögliche Fälle des praktischen Lebens anhand eines Systems von Geboten das rechte Verhalten bestimmt. **2.** (Rechtsspr.) Versuch u. Methode einer Rechtsfindung, die nicht von allgemeinen, umfassenden, sondern von spezifischen, für möglichst viele Einzelfälle gesetzlich geregelten Tatbeständen ausgeht. **3.** (Med.) Beschreibung von Krankheitsfällen. **4.** (bildungsspr.) spitzfindige Argumentation; Haarspalterei; Wortverdreherei: Hinter der K. der Briefe stehen Fragen des Prestiges (Adorno, Prismen 212).

Ka|su|is|tin, die; -, -nen: w. Form zu ↑Kasuist.

ka|su|is|tisch ⟨Adj.⟩: **1.** Grundsätze bzw. Methoden der Kasuistik (1, 2) befolgend. **2.** (bildungsspr.) spitzfindig argumentierend, haarspalterisch.

Ka|sus, der; -, - [...u:s]: **1.** [lat. casus, zu: cadere = fallen] (bildungsspr. selten) ¹Fall (2 b); Vorkommnis. **2.** [lat. casus, Lehnbedeutung von griech. ptōsis = Kasus, Fall, zu: píptein = fallen] (Sprachwiss.) Fall (vgl. Casus).

Ka|sus|en|dung, die (Sprachwiss.): zur Bildung eines Kasus (2) dienende Endung.

Kat, der; -[s], -s (Kfz-Technik-Jargon): Kurzf. von ↑Katalysator (2).

Ka|ta|bo|lie, die; - [griech. katabolé = das Niederlegen] (Biol., Med.): Abbau von Substanzen im Körper durch den Stoffwechsel.

Ka|ta|chre|se [kata'çre:zə], **Ka|ta|chre|sis** [ka'ta-çrezɪs], die; -, ...esen [griech. katáchrēsis = Missbrauch] (Rhet., Stilkunde): **1.** verblasste Bildlichkeit, gelöschte Metapher (z. B. Bein des Tisches). **2.** Vermengung von nicht zusammengehörigen Metaphern; Bildbruch (z. B. das schlägt dem Fass die Krone ins Gesicht).

ka|ta|chres|tisch ⟨Adj.⟩ (Rhet., Stilkunde): in Form einer Katachrese.

Ka|ta|falk, der; -s, -e [frz. catafalque < ital. catafalco, über das Vlat. zu lat. catasta = Gerüst u. fala = hohes Gerüst]: schwarz verhängtes Gerüst, auf dem der Sarg während der Trauerfeier steht.

Ka|ta|klys|mus, der; -, ...men [spätlat. cataclysmus < griech. kataklysmós = Überschwemmung] (Geol.): erdgeschichtliche Katastrophe.

Ka|ta|kom|be, die; -, -n ⟨meist Pl.⟩ [ital. catacombe (Pl.) < spätlat. catacumbae (Pl.), H. u.]: (in frühchristlicher Zeit) unterirdische Anlage zur Beisetzung von Toten.

Ka|ta|la|ne, der; -n, -n: Ew. zu ↑Katalonien.

Ka|ta|la|nin, die; -, -nen: w. Form zu ↑Katalane.

ka|ta|la|nisch ⟨Adj.⟩: **a)** Katalonien, die Katalanen betreffend; aus Katalonien stammend; **b)** in der Sprache der Katalanen.

Ka|ta|la|nisch, das; -[s], ⟨nur mit best. Art.⟩: **Ka|ta|la|ni|sche,** das; -n: die katalanische Sprache.

Ka|ta|log, der; -[e]s, -e [spätlat. catalogus < griech. katálogos = Aufzählung, Verzeichnis, zu: katá légein = hersagen, aufzählen]: **1.** nach einem bestimmten System geordnetes Verzeichnis von Gegenständen, Namen o. Ä.: der K. einer Bibliothek, eines Versandhauses, einer Ausstellung; einen K. durchblättern. **2.** lange Reihe, große Anzahl, zusammenfassende Aufzählung: ein K. wirtschaftspolitischer Maßnahmen.

ka|ta|lo|gi|sie|ren ⟨sw. V.; hat⟩: in einen Katalog (1) aufnehmen: Dazu: **Ka|ta|lo|gi|sie|rung,** die; -, -en.

Ka|ta|log|num|mer, die: Nummer, mit der etw. im [Ausstellungs]katalog ausgezeichnet ist.

Ka|ta|lo|ni|en; -s: **1.** autonome Region in Nordostspanien. **2.** historische Provinz in Nordostspanien.

Ka|ta|lo|ni|er, der; -s, - (veraltet): Katalane.

Ka|ta|lo|ni|e|rin, die; -, -nen: w. Form zu ↑Katalonier.

ka|ta|lo|nisch ⟨Adj.⟩ (veraltet): katalanisch.

Ka|ta|ly|sa|tor, der; -s, ...oren [zu ↑Katalyse]: **1.** (Chemie) Stoff, der chemische Reaktionen herbeiführt od. beeinflusst, selbst aber unverändert bleibt: der K. erhöht die Reaktion. **2.** (Kfz-Technik) Vorrichtung in Kraftfahrzeugen, mit deren Hilfe das Abgas von umweltschädlichen Stoffen gereinigt wird: geregelte -en.

Ka|ta|ly|se, die; -, -n [griech. katálysis = Auflösung, zu: katalýein = auflösen] (Chemie): Herbeiführung, Beschleunigung od. Verlangsamung einer Stoffumsetzung durch einen Katalysator.

ka|ta|ly|sie|ren ⟨sw. V.; hat⟩ (Chemie): eine chemische Reaktion durch einen Katalysator herbeiführen od. beeinflussen.

ka|ta|ly|tisch ⟨Adj.⟩ (Chemie): durch eine Katalyse od. deren Wirkung bewirkt.

Ka|ta|ma|ran, der; -s, -e [engl. catamaran = Auslegerboot, Floß < tamil. kattumaram, zu: kattu = binden u. maram = Baumstamm]: **1.** schnelles [offenes Segel]boot mit zwei Rümpfen (die durch Decks[aufbauten] verbunden sind). **2.** [südostasiatisches] Segelboot mit zwei parallelen, durch Querstangen verbundenen Rümpfen. **3.** in der Art eines Katamarans (1)

gebautes Schiff, das in der Handelsschifffahrt eingesetzt wird (z. B. als Fischerei- od. Fährschiff).

Ka|ta|mne|se, die; -, -n ⟨geb. nach ↑Anamnese, zu griech. katá = gänzlich u. mnēsis = das Erinnern⟩ (Med.): abschließender Krankenbericht.

Ka|ta|pho|re|se, die; -, -n [zu griech. kataphoreīn = herabbewegen] (Physik): Bewegung positiv elektrisch geladener Teilchen in Richtung der Kathode.

Ka|ta|pult, das, auch: der; -[e]s, -e [lat. catapulta = Wurfmaschine mit Bogensehne < griech. katapéltēs]: **1.** Steinschleuder. **2.** (Technik) Vorrichtung zum Starten von Flugzeugen o. Ä. mittels der Schnellkraft. **3.** (Geschichte) nach dem Prinzip der Armbrust arbeitende Wurfmaschine.

ka|ta|pul|tie|ren ⟨sw. V.; hat⟩ [↑Katapult]: [mithilfe eines Katapults] schleudern, schnellen: sich aus dem brennenden Flugzeug k.; Ü sich an die Tabellenspitze, auf den ersten Platz k.

Ka|ta|pult|start, der: Start eines Flugkörpers mithilfe eines Katapults (2).

Ka|tar [auch: 'ka:..., ...'tar]; -s: Staat am Persischen Golf.

¹Ka|ta|rakt, der; -[e]s, -e [lat. cataracta, cataractes = Wasserfall, Schleuse < griech. kata(r)rháktēs, zu: katarrháttein = herabstürzen]: **1.** Stromschnelle. **2.** Wasserfall.

²Ka|ta|rakt, die; -, -e, **Ka|ta|rak|ta,** die; -, ...ten [zu ↑¹Katarakt, wohl weil die graue Trübung der Augenlinse einer über das Auge herunterfließenden Schicht ähnlich ist] (Med.): Trübung der Augenlinse, grauer Star.

Ka|ta|rer, der; -s, -: Ew. zu ↑Katar.

Ka|ta|re|rin, die; -, -nen: w. Form zu ↑Katarer.

ka|ta|risch ⟨Adj.⟩: Katar, die Katarer betreffend; aus Katar stammend.

Ka|tarrh, der; -s, -e [lat. catarrhus = Schnupfen < griech. katárrhous, eigtl. = Herabfluss, da nach antiker Vorstellung ein aus dem Gehirn herabfließender Schleim die Ursache dieser Krankheit war] (Med.): Schleimhautentzündung (bes. der Atmungsorgane) mit meist reichlichen schleimigen, eitrigen od. serösen Absonderungen.

Ka|ta|s|ter, der (österr. nur so), auch: das; -s, - [älter ital. catastro = Zins-, Steuerregister, H. u.]: amtliches Grundstücksverzeichnis.

Ka|ta|s|ter|amt, das: amtliche Stelle, die Register über alle Grundstücke eines bestimmten Bezirks führt.

Ka|tas|ter|kar|te, die: Karte, die den Grundriss einer Gemarkung in großem Maßstab wiedergibt u. die Grenzen u. Nummern der Flurstücke u. andere Angaben enthält.

ka|ta|s|t|ro|phal ⟨Adj.⟩: einer Katastrophe gleichkommend, ähnelnd; verhängnisvoll, entsetzlich: eine -e Wirkung, Niederlage; dort herrschen -e Zustände; die Folgen der Krise waren k.

Ka|ta|s|t|ro|phe, die; -, -n [lat. catastropha < griech. katastrophē = Umkehr, Wendung]: **1.** schweres Unglück, Naturereignis mit verheerenden Folgen: eine furchtbare, unvorhergesehene, wirtschaftliche K.; es kam zu einer politischen K. **2.** (Literaturwiss.) entscheidende Wendung [zum Schlimmen] als Schlusshandlung im [antiken] Drama.

Ka|ta|s|t|ro|phen|alarm, der: Alarm, der bei einer [sich ankündigenden] Katastrophe ausgelöst wird.

Ka|ta|s|t|ro|phen|dienst, der: Gruppe, Organisation, die im Katastrophenfall einsatzbereit ist.

Ka|ta|s|t|ro|phen|fall, der: Fall einer Katastrophe.

Ka|ta|s|t|ro|phen|film, der: Spielfilm, dessen Thema eine Katastrophe ist.

Katastrophengebiet – katholisch

Ka|ta|s|t|ro|phen|ge|biet, das: *Gebiet, in dem sich eine Katastrophe ereignet hat.*
Ka|ta|s|t|ro|phen|hil|fe, die: **1.** *Hilfe bei der Bewältigung der Folgen einer Katastrophe.* **2.** *zur Unterstützung der Opfer einer Katastrophe gezahltes Geld.*
Ka|ta|s|t|ro|phen|schutz, der ⟨o. Pl.⟩: **a)** *Organisation, die bei der Gefährdung durch eine Katastrophe zur Hilfeleistung angefordert u. eingesetzt wird;* **b)** *vorbeugende Maßnahme, um eine Katastrophe zu verhindern.*
Ka|ta|s|t|ro|phen|the|o|rie, die (Astron.): *eine Theorie über die Entstehung der Planeten.*
Ka|ta|s|t|ro|phen|tou|ris|mus, der: *das Anreisen Schaulustiger aus größeren Entfernungen bei Naturkatastrophen o. Ä.*
ka|ta|s|t|ro|phisch ⟨Adj.⟩: *unheilvoll, verhängnisvoll.*
Ka|ta|to|nie, die; -, -n [zu griech. katátonos = abwärtsgespannt] (Med.): *Schizophrenie mit Krampfzuständen der Muskulatur u. Wahnideen.*
Kat|boot: ↑ Catboot.
Ka|te, die; -, -n [aus dem Niederd., Nebenf. von: ↑²Kote < mniederd. kote, urspr. = Höhle, Loch, mit Flechtwerk abgedeckte Wohngrube]: *kleines, ärmliches Haus [aus Holz].*
Ka|te|che|se, die; -, -n [kirchenlat. catechesis = Unterricht der Katechumenen < griech. katéchēsis = mündlicher Unterricht, zu: katēchízein = unterrichten, lehren] (christl. Kirche): **a)** *die Vermittlung der christlichen Botschaft [an Ungetaufte];* **b)** *Religionsunterricht.*
Ka|te|chet, der; -en, -en (christl. Kirche): *Religionslehrer, bes. für kirchliche Christenlehre außerhalb der Schule (Berufsbez.).*
Ka|te|che|tik, die; - (christl. Kirche): *wissenschaftliche Theorie der Katechese.*
Ka|te|che|tin, die; -, -nen: *w. Form zu* ↑ Katechet (Berufsbez.).
ka|te|che|tisch ⟨Adj.⟩ (christl. Kirche): *die Katechese betreffend.*
Ka|te|chis|mus, der; -, ...men [kirchenlat. catechismus = Buch für den ersten Religionsunterricht < griech. katēchismós = Unterricht, Lehre] (christl. Kirche): **1.** *Lehrbuch für den christlichen Glaubensunterricht, das in Fragen u. Antworten angelegt ist.* **2.** *Glaubensunterricht für Katechumenen* (1).
Ka|te|chist, der; -en, -en [kirchenlat. catechista < griech. katēchistés = Lehrer] (kath. Kirche): *einheimischer Laienhelfer in der katholischen Mission.*
Ka|te|chis|tin, die; -, -nen: *w. Form zu* ↑ Katechist.
Ka|te|chu|me|nat, das, fachspr. auch: der; -[e]s [zu ↑ Katechumene] (christl. Kirche): **a)** *Vorbereitung der [erwachsenen] Taufbewerber;* **b)** *kirchlicher Glaubensunterricht in Gemeinde, Schule u. Elternhaus.*
Ka|te|chu|me|ne [auch: ...çu:...], der; -n, -n [kirchenlat. catechumenus = jmd., der in der christl. Religion unterrichtet wird < griech. katēchoúmenos = jmd., der unterrichtet wird] (christl. Kirche): **1.** *[erwachsener] Taufbewerber im Vorbereitungsunterricht.* **2.** *Konfirmand, bes. im ersten Jahr des Konfirmandenunterrichts.*
Ka|te|chu|me|nen|un|ter|richt, der (ev. Kirche): *Konfirmandenunterricht für Katechumenen* (2).
Ka|te|chu|me|nin, die; -, -nen: *w. Form zu* ↑ Katechumene.
ka|te|go|ri|al ⟨Adj.⟩ [↑ Kategorie] (bildungsspr.): *Kategorien betreffend; in, nach Kategorien.*
Ka|te|go|rie, die; -, -n [lat. categoria < griech. katēgoría = Grundaussage, zu: agoreúein = sagen, reden, zu: agorá = Markt, also eigtl. = auf dem Markte (= öffentlich) reden]: **1.** (Philos.) *(nach Aristoteles) eine der zehn möglichen Arten von Aussagen über einen realen Gegenstand.* **2.** (Philos.) *eines der Prädikamente der scholastischen Logik u. Ontologie.* **3.** (Philos.) *(nach Kant) einer der zwölf reinen, dem Verstand entspringenden Begriffe, die die Erkenntnis u. die Erfassung von Wahrnehmungsinhalten durch das Denken erst ermöglichen.* **4.** *Gruppe, in die jmd. od. etw. eingeordnet wird; Klasse, Gattung:* einer K. angehören; jmdn. in eine K. einreihen, in, unter eine K. einordnen; das gehört nicht in diese K., zu dieser K.; das fällt unter eine andere K.; die systematischen -n *(Taxa)* der botanischen Taxonomie.
ka|te|go|risch ⟨Adj.⟩ [spätlat. categoricus = zur Aussage gehörend]: *keinen Widerspruch duldend; mit Nachdruck u. bestimmt:* eine -e Feststellung, Behauptung; ein -es Nein; etw. k. fordern, ablehnen; -es Urteil (Philos.; *einfache, nicht an Bedingungen geknüpfte Behauptung).*
ka|te|go|ri|sie|ren (sw. V.; hat) (bildungsspr.): *etw. nach Kategorien (4) ordnen, einordnen:* Testergebnisse k.
Ka|te|go|ri|sie|rung, die; -, -en: *das Kategorisieren.*
Ka|ten, der; -s, - (landsch.): *Kate.*
Ka|ten|brot, das: *dunkles, grobes, kräftig schmeckendes, nach einem besonderen Verfahren hergestelltes Brot.*
Ka|ten|rauch|mett|wurst, Ka|ten|rauch|wurst, Katenwurst, die: *grobe, nach einem bestimmten Verfahren geräucherte Dauerwurst.*
Ka|ten|schin|ken, der: *nach einem bestimmten Verfahren geräucherter Schinken.*
Ka|ten|wurst: ↑ Katenrauchmettwurst.
¹Ka|ter, der; -s, - [mhd. kater(e), ahd. kataro, H. u.]: **1.** *männliche Katze (1 a):* ein schwarzer K.; er streicht um sie herum wie ein verliebter K.; * dreimal schwarzer K. (scherzh. Zauberformel; nach altem Volksglauben gehört die Drei zu den sog. magischen Zahlen, ebenso gelten Kater u. Katze, bes. mit schwarzem Fell, als Begleiter von Teufel u. Hexen). **2.** (Jägerspr.) *männliches Tier von Wildkatze u. Luchs.*
²Ka|ter, der; -s, - ⟨Pl. selten⟩ [aus der Studentenspr., wohl volkseymm. Eindeutschung von Katarrh] (ugs.): *schlechte körperliche u. seelische Verfassung nach [über]reichlichem Alkoholgenuss:* einen K. haben; er wachte, stand mit einem fürchterlichen K. auf; Ü Enderlin im Alter von 42 Jahren und 11 Monaten und 17 Tagen genau; sein K. *(seine Niedergeschlagenheit)* darüber, dass er dieselbe geblieben ist – ... (Frisch, Gantenbein 243).
Ka|ter|früh|stück, das (ugs.): *kräftige kleine Mahlzeit meist mit saurem Hering u. sauren Gurken [als Frühstück], die nach reichlichem Alkoholgenuss den ²Kater vertreiben soll.*
Ka|ter|stim|mung, die: **1.** *²Kater.* **2.** *durch eine Enttäuschung, eine Ernüchterung, einen Misserfolg o. Ä. bewirkte Niedergeschlagenheit:* bei den Verlierern der Wahl herrschte K.
kat|exo|chen ⟨Adv.⟩ [griech. kat' exochén, zu: exochḗ = das Hervorragen] (bildungsspr.): *schlechthin, im eigentlichen Sinne:* ein Pazifist k.
Kat|gut [...gʊt, auch: ˈkɛtgat], das; -s [engl. catgut = Darmsaite, eigtl. = Katzendarm, aus: cat = Katze u. gut = Darm, Eingeweide] (Med.): *Faden für chirurgisches Nähen, der sich während des Heilungsprozesses im Körper auflöst.*
kath. = katholisch.
Ka|tha|rer [auch: ˈka(:)tarɐ], der; -s, - [mlat. cathari (Pl.), eigtl. = die Reinen, zu: catharus < griech. katharós = rein]: *Angehöriger einer streng asketischen Sekte des Mittelalters.*
Ka|tha|re|rin [auch: ˈka(:)...], die; -, -nen: *w. Form zu* ↑ Katharer.
Ka|thar|sis [ˈka(:)tarzɪs, auch: kaˈtarzɪs], die; - [griech. kátharsis = (kultische) Reinigung]: **1.** (Literaturwiss.) *Läuterung der Seele von Leidenschaften als Wirkung des [antiken] Trauerspiels.* **2.** (Psychol.) *das Sichbefreien von psychischen Konflikten u. inneren Spannungen durch emotionales Abreagieren.*
ka|thar|tisch ⟨Adj.⟩: *die Katharsis betreffend: eine -e Wirkung.*
Ka|the|der, das, auch, österr. nur: der; -s, - [mlat. cathedra = Lehrstuhl, Bischofssitz < lat. cathedra < griech. kathédra = Stuhl, Sessel]: *[Lehrer]pult, Podium.*
Ka|the|der|weis|heit, die: *nur aus Büchern angelerntes theoretisches Wissen.*
Ka|the|d|ra|le, die; -, -n [zu mlat. ecclesia cathedralis = zum Bischofssitz gehörende Kirche, zu: cathedra, ↑ Katheder]: **a)** *[erz]bischöfliche Hauptkirche (bes. in England, Frankreich u. Spanien);* **b)** *große u. alte, künstlerisch gestaltete Kirche.*
Ka|the|d|ral|glas, das: *[buntes] gegossenes, lichtdurchlässiges Glas mit unebener Oberfläche.*
Ka|the|te, die; -, -n [lat. cathetus = senkrechte Linie < griech. káthetos (grammḗ), zu: kathiénai = hinablassen] (Math.): *eine der beiden Seiten eines rechtwinkligen Dreiecks, die die Schenkel des rechten Winkels bilden (vgl. Hypotenuse).*
Ka|the|ter, der; -s - [lat. catheter < griech. kathetḗr] (Med.): *Röhrchen aus Metall, Glas, Kunststoff od. Gummi zur Einführung in Körperorgane (z. B. in die Harnblase), um sie zu entleeren, zu füllen, zu spülen od. zu untersuchen:* einen K. in die Blase einführen; einen K. anlegen.

ka|the|te|ri|sie|ren ⟨sw. V.; hat⟩ (Med.): **1. a)** *(bei jmdm.) einen Katheter einführen:* der Arzt hat ihn sofort katheterisiert; **b)** *einen Katheter (in ein Körperorgan) einführen:* die Harnblase k. **2.** *durch einen Katheter Flüssigkeit ableiten.*
ka|the|tern ⟨sw. V.; hat⟩ (Med.): *katheterisieren.*
Kath|man|du: *Hauptstadt von Nepal.*
Ka|tho|de, (fachspr. auch:) Katode, die; -, -n [engl. cathode < griech. káthodos = Hinabweg, zu: katá = herab, abwärts u. hodós = Weg; von Faraday (vgl. Farad) 1834 eingeführt] (Physik): *negativ geladene Elektrode (Minuspol) in einer elektrolytischen Zelle.*
Ka|tho|den|strahl, (fachspr. auch:) Katodenstrahl, der ⟨meist Pl.⟩ (Physik): *Elektronenstrahl, der von der Kathode ausgeht.*
Ka|tho|den|strahl|os|zil|lo|graf, Ka|tho|den|strahl|os|zil|lo|graph, (fachspr. auch:) Katodenstrahloszillograf, (fachspr. auch:) Katodenstrahloszillograph, der (Physik): *Gerät, das auf einem Bildschirm Formen von elektrischen Schwingungen anzeigt.*
ka|tho|disch, (fachspr. auch:) katodisch ⟨Adj.⟩ (Physik): *die Kathode betreffend; an der Kathode erfolgend.*
Ka|tho|le, der; -n, -n [zu ↑ katholisch] (ugs. abwertend): *Katholik.*
Ka|tho|lik [auch, österr. nur: ...ˈlɪk], der; -en, -en: *Angehöriger der katholischen Kirche.*
Ka|tho|li|ken|tag, der: *Generalversammlung der Katholiken eines Landes.*
Ka|tho|li|kin, die; -, -nen: *w. Form zu* ↑ Katholik.
Ka|tho|lin, die; -, -nen: *w. Form zu* ↑ Kathole.
ka|tho|lisch ⟨Adj.⟩ [kirchenlat. catholicus < griech. katholikós = das Ganze, alle betreffend; allgemein, zu: hólos = ganz] (christl. Rel.): **1.** *sich zu derjenigen christlichen Kirche u. ihrem Glauben bekennend, die beansprucht, allein selig machend zu sein, u. die das Dogma der Unfehlbarkeit des Papstes, ihres als Stellvertreter Christi allgemein anerkannten Oberhauptes, vertritt* (Abk.: kath.): ein -er Geistlicher; die -e Kirche; er ist k. **2.** *(von der Kirche Christi) allgemein, [die*

ganze Erde] umfassend: -e Briefe (an die Allgemeinheit, nicht an bestimmte Empfänger gerichtete neutestamentliche Briefe der Apostel).

ka|tho|lisch-apos|to|lisch ⟨Adj.⟩ (Rel.): einer am Anfang des 19. Jh.s entstandenen Sekte angehörend, die die baldige Wiederkunft Christi annahm und Ämter und Ordnungen der Urkirche wiederherstellen wollte.

ka|tho|li|sie|ren ⟨sw. V.; hat⟩: für die katholische Kirche gewinnen.

Ka|tho|li|zis|mus, der; -: Geist u. Lehre des katholischen Glaubens.

Ka|tho|li|zi|tät, die; -: Rechtgläubigkeit im Sinne der katholischen Kirche.

Kat|ion ['katjo:n], das; -s, ...onen [zu griech. katá = herab, entlang u. ↑ Ion] (Physik): positiv geladenes Ion, das bei der Elektrolyse zur Kathode wandert.

Kät|ner, der; -s, - [↑ Kate]: Bewohner einer Kate.

Kät|ne|rin, die; -, -nen: w. Form zu ↑ Kätner.

Ka|to|de usw.: ↑ Kathode usw.

Kat|te|gat, das; -s: Teil der Ostsee zwischen Jütland und Schweden.

Kat|tun, der; -s, -e [niederl. katoen < arab. quṭun = Baumwolle]: sehr festes Gewebe aus Baumwolle.

Kat|tun|druck, der: Kattun mit aufgedruckten Mustern.

kat|tu|nen ⟨Adj.⟩: aus Kattun: eine -e Tischdecke.

Katz: in den Wendungen K. und Maus [mit jmdm., miteinander] spielen (ugs.; jmdn. hinhalten u. über eine [letztlich doch für ihn negativ ausfallende] Entscheidung im Unklaren lassen; nach dem Spiel, das die Katze mit der gefangenen Maus zu treiben scheint, bevor sie sie frisst); für die K. sein (salopp; umsonst, vergebens sein, nichts nützen; der Katze warf man das hin, was nichts wert war bzw. was nichts taugte: alle Mühe war für die K.); ◆ K. aushalten (in unangenehmer Lage, Stellung verharren).

katz|bal|gen, sich ⟨sw. V.; hat⟩ [wohl nach dem Spiel der Katzenmutter mit ihren Jungen] (ugs.): sich raufen.

Katz|bu|cke|lei, die; -, -en (abwertend): das Katzbuckeln.

katz|bu|ckeln ⟨sw. V.; hat⟩ [der dienstfertig gekrümmte Rücken wurde mit dem Buckel, den Katzen häufig machen, verglichen u. galt als Zeichen von Unterwürfigkeit u. Schmeichelei] (abwertend): sich unterwürfig zeigen: vor dem Chef k.

Kätz|chen, das; -s, -: 1. Vkl. zu ↑ Katze. 2. (ugs.) weibliche Person (in ihrer Eigenschaft als Partnerin, Freundin o. Ä.). 3. (salopp) Vulva. 4. ⟨meist Pl.⟩ [spätmhd. ketzgin, nach den weichen u. wolligen Blütenhaaren, die mit jungen Katzen verglichen werden] Blütenstand der Birke, der Erle, des Haselstrauchs, der Weide u. a.

Kat|ze, die; -, -n [mhd. katze, ahd. kazza, gemeineuropäisches Wanderwort, H. u.]: 1. a) Hauskatze: eine graue, getigerte, wildernde, herumstreunende, zugelaufene K.; die K. schnurrt, spielt, kratzt, faucht, miaut, macht einen Buckel, putzt sich, leckt sich; sie spielt mit ihm wie die K. mit der Maus; R da beißt sich die K. in den Schwanz (dabei bedingen sich Ursache u. Wirkung wechselseitig); das trägt die K. auf dem Schwanz fort (das ist eine unbedeutende Kleinigkeit); Spr die K. lässt das Mausen nicht (alte Gewohnheiten kann man nicht ablegen); in der Nacht sind alle -n grau (es lassen im Dunkeln fallen Besonderheiten nicht auf); wenn die K. aus dem Haus ist, tanzen die Mäuse [auf dem Tisch] (jmd., der es gewohnt ist, beaufsichtigt zu werden, nutzt es aus, wenn er eine Weile ohne Aufsicht ist); * der K. die Schelle umhängen (ugs.; einen

gefährlichen od. unangenehmen Auftrag ausführen, aus dem auch noch andere einen Nutzen ziehen; nach einer Tierfabel, in der die Mäuse beschließen, der Katze eine Schelle umzuhängen, damit sie sie rechtzeitig hören können); **die K. aus dem Sack lassen** (ugs.; eine Absicht, einen Plan, den man bisher absichtlich verschwiegen hat, anderen zur Kenntnis bringen); **die K. im Sack kaufen** (ugs.; etw. kaufen, ohne sich vorher von dessen Güte od. Zweckmäßigkeit überzeugt zu haben; etw. übernehmen, sich etw. bieten lassen, ohne es vorher geprüft zu haben; früher wurde auf Märkten oft eine Katze anstelle eines Ferkels, Kaninchens od. Hasen in den Sack getan, um den unachtsamen Käufer hereinzulegen); **K. und Maus [mit jmdm., miteinander] spielen** (ugs.; ↑ Katz); **um etw. herumgehen wie die K. um den heißen Brei** (ugs.; über etw. reden, ohne aber auf den eigentlichen Kern der Sache zu sprechen zu kommen); b) weibliche Katze (1 a); c) (Jägerspr.) weibliches Tier von Wildkatze, Luchs od. Murmeltier. 2. (bes. Zool.) in zahlreichen Arten fast weltweit verbreitetes katzenartiges Raubtier (z. B. Löwe, Tiger). 3. [viell. wegen der länglichen Form, die einer sich anschmiegenden Katze ähnelt od. nach der in der Sage häufigen Darstellung der Katze als Hüterin von Schätzen] (landsch., sonst veraltet) Geldbeutel. **4. * neunschwänzige K.** (Peitsche aus neun Schnüren od. neun ledernen Riemen mit je einem Knoten).

Kat|zel|ma|cher, der [urspr. Bez. für eingewanderte ital. Handwerker, die Küchengeräte, bes. Löffel, herstellten, zu mundartl. Gatz(el) = Schöpfkelle < venez. cazza = Zinnlöffel < spätlat. cattia] (bes. bayr., österr. abwertend): Italiener.

kat|zen|ar|tig ⟨Adj.⟩: wie eine Katze, einer Katze ähnlich: ein -es Tier; sich k. bewegen.

Kat|zen|au|ge, das: 1. Auge einer Katze. 2. (ugs.) Rückstrahler am Fahrrad od. Auto. 3. (Mineral.) bräunliches od. graugrünes Mineral, das Licht reflektiert.

Kat|zen|bu|ckel, der: 1. leicht vorwärtsgebeugter Rumpf mit nach oben durchgedrücktem Rücken, ähnlich dem der Katze, bevor sie sich streckt: einen K. machen. 2. (Gymnastik) Übung, bei der man im Hockstütz die Hände dicht vor od. neben die Fußspitzen stützt u. die Knie streckt, sodass der Rumpf einen nach oben gewölbten Bogen bildet.

Kat|zen|dreck, der (ugs.): 1. Kot einer Katze. 2. etw. Wertloses; Kleinigkeit ohne besonderen Wert: so etwas ist kein K.

Kat|zen|fell, das: Fell einer Katze.

kat|zen|freund|lich ⟨Adj.⟩ (ugs. abwertend): von einer falschen Freundlichkeit [seiend, zeugend]: meine Wirtin ist mir zu k.

Kat|zen|gold, das [eigtl. = falsches Gold]: 1. rötlich gelbe, metallisch glänzende Verwitterungsprodukte verschiedener Mineralien. 2. goldgelber Pyrit.

kat|zen|haft ⟨Adj.⟩: katzenartig.

Kat|zen|hai, der: kleiner, in Küstengewässern lebender, Eier legender Hai mit gefleckter Haut.

Kat|zen|jam|mer, der [aus den Studentenspr., anspielend auf die an Wehklagen erinnernden Laute der Katze, bes. in der Paarungszeit] (ugs.): 1. mit großer Ernüchterung einhergehende Niedergeschlagenheit nach einem Rausch, nach Ausschweifungen: am nächsten Morgen kam der große K. 2. Katerstimmung (2): der K. der Opposition nach der verlorenen Wahl.

Kat|zen|klo, das (ugs.): spezielle Vorrichtung für Innenräume, die die Katzen (1 a) dazu benutzen sollen, dort ihre Notdurft zu verrichten.

Kat|zen|kopf, der (ugs.): 1. [viell. wegen der Härte des Schlages auf Katzenkopf (2) anspielend]

kurzer, kräftiger Schlag mit der Hand auf den [Hinter]kopf. 2. [das Gestein ist so hart, dass beim Brechen die Stücke nicht kleiner als ein Katzenkopf sind] rundlicher, aus Naturstein gehauener Pflasterstein. ◆ 3. (landsch.) Böller (1): So endigte denn der Krieg mit einer Hochzeit, an welcher die Seldwyler mit ihren sogenannten Katzenköpfen gewaltig schossen (Keller, Kleider 57).

Kat|zen|kopf|pflas|ter, das (ugs.): grobes Pflaster aus rundlich gehauenen Natursteinen; Kopfsteinpflaster.

Kat|zen|ma|chen: in der Wendung **gehen wies K.** (ugs.; sich schnell u. ohne große Mühe durchführen lassen, nicht viel Zeit beanspruchen).

Kat|zen|min|ze, die: gelblich od. rötlich weiß blühendes Kraut, das auch als Zierpflanze kultiviert wird.

Kat|zen|mu|sik, die [aus der Studentenspr.; vgl. ↑ Katzenjammer] (ugs. abwertend): misstönende Musik mit Disharmonien u. jaulenden Tönen.

Kat|zen|pfo|te, die: 1. Pfote einer Katze. 2. [viell. weil die weißen Schaumkronen auf dem graugrünen od. blauen Wasser an die oftmals helleren Zehen der Pfoten von dunklen Katzen erinnern] (Seemannsspr.) leichte, flüchtige Kräuselung, die sich auf glattem Wasser zeigt, sobald eine Brise aufkommt.

Kat|zen|sil|ber, das [vgl. ↑ Katzengold]: silbrig verwitternder Glimmer.

Kat|zen|sprung, der: 1. (ugs.) geringe Entfernung: das war nur ein K.; nach Köln ist es nur ein K.; sie wohnen einen K. von hier. 2. (Turnen) Grätsche am Langpferd, bei der die Beine um die stützenden Arme herum zum anschließenden Hockstand od. Absprung gegrätscht werden.

Kat|zen|streu, die: saugfähiges Granulat o. Ä., auf das im Haus gehaltene Katzen ihre Notdurft verrichten sollen.

Kat|zen|tisch, der [urspr. scherzh. Bez. für den Fußboden, später Bez. für einen (niedrigen) Tisch, an dem geringere Gäste sitzen, dann Kindertisch] (ugs.): kleiner, etw. abseits einer [Fest]tafel stehender Tisch.

Kat|zen|wä|sche, die ⟨Pl. selten⟩ [die Katze säubert sich scheinbar nur durch schnelles Ablecken ihrer Pfoten u. ihres Felles] (ugs.): kurzes, oberflächliches Sichwaschen: heute Abend mache ich nur K.

Kat|zen|zun|ge, die: 1. Zunge einer Katze. 2. aus Schokolade hergestellte kleine Süßigkeit, die flach, länglich u. an den breiter werdenden Enden abgerundet ist.

Kät|zin, die; -, -nen: weibliche Katze.

Katz-und-Maus-Spiel, das: Verhalten, bei dem man jmdn. hinhält u. über eine [letztlich doch für ihn negativ ausfallende] Entscheidung im Unklaren lässt.

Kau|ap|pa|rat, der (Med.): alle beim Kauen beteiligten Organe u. Gewebe.

kau|bar ⟨Adj.⟩: sich kauen lassend: eine nur schwer -e Masse.

Kau|be|we|gung, die: kauende Bewegung.

Kau|bon|bon, der od. das: Bonbon, das nicht gelutscht, sondern gekaut wird.

kau|dal ⟨Adj.⟩ [zu lat. cauda = Schwanz, Schweif]: 1. (Med.) nach dem unteren Körperende od. nach dem unteren Ende eines Organs zu gelegen. 2. (Zool.) in der Schwanzregion gelegen.

kau|dern ⟨sw. V.; hat⟩ [urspr. = wie ein Truthahn kollern, wohl lautm.] (veraltet, noch landsch.): unverständlich sprechen.

kau|der|welsch ⟨Adj.⟩ [unter Einfluss von mundartl. kaudern = plappern, geb. aus: kaurerwelsch = welsch (= romanisch, d. h. unverständlich), wie in Kauer (= tirol. für Chur in Graubünden) gesprochen wird]: (vom Sprechen)

aus mehreren Sprachen gemischt u. daher unverständlich: -es Zeug reden; k. reden.
Kau|der|welsch, das; -[s]: **a)** *aus mehreren Sprachen gemischte, unverständliche Sprache, Sprechweise:* ein fürchterliches, unverständliches K.; ein K. aus Deutsch und Englisch; **b)** *aufgrund von zu vielen Fremdwörtern, Fachausdrücken o. Ä. unverständliche od. schwer verständliche Ausdrucksweise:* sein juristisches K. kann niemand verstehen.
kau|dj|nisch: ↑ Joch (1).
kau|en ⟨sw. V.; hat⟩ [mhd. (md.) kūwen (= mhd. kiuwen, ahd. kiuwan, erhalten in »wiederkäuen«)]: **1. a)** *[Essbares] mit den Zähnen o. Ä. zerkleinern:* gut, gründlich, langsam k.; mit, auf vollen, beiden Backen k. (ugs.); *den Mund sehr voll haben u. kauen);* sie kaute das Brot, das Fleisch; die Kinder kauten Kaugummi; kauende Mundwerkzeuge (Fachspr.; *zum Kauen bestimmte Mundwerkzeuge);* R gut gekaut ist halb verdaut; **b)** *etw. lange u. mühevoll mit den Zähnen zu zerkleinern suchen:* an einem zähen Stück Fleisch k.; Ü an einem Problem, an einer Aufgabe k. (ugs.; *Schwierigkeiten mit der Bewältigung haben*). **2.** *an etw. nagen, knabbern:* am, auf dem Bleistift, an den Fingernägeln k.; er kaute nervös auf den, an den Lippen; sie kaut [die] Nägel *(kaut sich gewohnheitsmäßig die Fingernägel ab).*
kau|ern ⟨sw. V.⟩ [aus dem Niederd. < mniederd. kūren = lauern, urspr. = sich bücken, sich ducken, gekrümmt dasitzen]: **1.** ⟨hat, (südd., österr., schweiz.:) ist⟩ *zusammengekrümmt hocken:* reglos am Boden, hinter einem Busch k.; Bettler kauerten auf den Treppenstufen; Ü das Dorf kauert in der Talsenke. **2.** ⟨k. + sich; hat⟩ *sich niederhocken, ducken [um sich zu verstecken]:* sich hinter einen Busch k.; der Hase kauert sich in die Ackerfurche; Ü ein windschiefer Schuppen kauerte sich an die Hauswand; Hortense, in einen Sessel gekauert, zog den Zettel zu sich herüber und setzte ihre Lektüre fort (Langgässer, Siegel 416). ◆ **3.** ⟨hat⟩ *sich in kauernder* (1) *Stellung an einen bestimmten Platz setzen:* ... die Kinder, welche verwundert in den Winkel kauerten (Raabe, Chronik 170).
Kau|er|stel|lung, die: *kauernde Körperstellung.*
Kauf, der; -[e]s, Käufe [mhd., ahd. kouf, urspr. = Handel, Vertrag, Geschäft, rückgeb. aus ↑ kaufen]: **1.** *das Kaufen:* der K. eines Autos; ein K. auf Raten, Kredit; ein K. auf, zur Probe; das Kleid war ein günstiger, guter K. *(es wurde zu einem günstigen Preis gekauft);* einen K. abschließen, rückgängig machen; von einem K. zurücktreten; jmdn. zum K. ermuntern, veranlassen; das Grundstück steht zum K. [aus]; jmdm. etw. zum K. anbieten; Matern hatte, während Amsel gleichgültig tat, den Kaufpreis zu nennen, den K. durch Handschlag nach Viehhändlermanier zu besiegeln und den Münzen einzustreichen (Grass, Hundejahre 72); ◆ ... wo in einer Bude alte und neue Stiefel zu K. standen *(zum Verkauf angeboten wurden;* Chamisso, Schlemihl 169); * **etw. in K. nehmen** *(etw., was an sich unerwünscht ist, um bestimmter Vorteile willen od. notgedrungen dennoch hinnehmen:* materielle Einbußen in K. nehmen; Risiken in K. nehmen); **jmdn. in K. nehmen** (ugs.; *sich mit der als unangenehm, lästig empfundenen Anwesenheit von jmdm. abfinden);* **leichten -s** (geh. veraltend; *mit nur geringem Schaden:* diesmal ist er leichten -s davongekommen); ◆ **auf den K.** (als Anzahlung: ◆ ... hier sind hundert Dukaten, die ich ihnen auf den K. bekommen [Lessing, Minna I, 12]). **2.** (ugs.) *Bestechung:* der K. von Zeugen.
Kauf|an|ge|bot, das: *Angebot, jmdm. etw. Bestimmtes abzukaufen.*

Kauf|an|reiz, der: *Anreiz zum Kauf.*
Kauf|auf|trag, der: *Auftrag an jmdn., etw. zu kaufen:* der Bank einen K. geben.
Kauf|boy|kott, der: *das Boykottieren des Kaufs einer Ware.*
Kauf|emp|feh|lung, die (Börsenw.): *Empfehlung, ein bestimmtes Wertpapier zu kaufen.*
kau|fen ⟨sw. V.; hat⟩ [mhd. koufen, ahd. koufōn, zu lat. caupo = Wirt, Händler (H. u.) od. dem davon abgeleiteten spätlat. cauponari = verhökern, verschachern]: **1. a)** (ugs.) *etw. gegen Bezahlung erwerben:* billig, günstig, zu teuer k.; ein Auto, ein Haus, Lebensmittel k.; sich, jmdm. etw. k.; auf Raten, Pump k.; etw. aus zweiter Hand k.; ich habe den Senf beim Fleischer gekauft; etw. für viel, teures Geld k.; sie hat sich mit dem Geld, von dem Geld eine CD gekauft; diese Marke wird viel, gern gekauft; ein gekaufter Adelstitel; R dafür kaufe ich mir nichts, kann ich mir nichts k. (ugs.; *damit kann ich nicht viel anfangen, das nützt mir nichts);* * **sich** ⟨Dativ⟩ **jmdn. k.** (ugs; *jmdn. bei nächster Gelegenheit zur Rede stellen, zurechtweisen:* den Burschen kaufe ich mir!); **b)** *einkaufen:* im Supermarkt, nur im Fachgeschäft k.; in diesem Laden kaufe ich nicht mehr. **2.** (ugs.) *bestechen:* einen Beamten k.; die Zeugen waren gekauft; Stimmen k. *(durch Bestechung gewinnen);* die Studie ist gekauft *(durch Bestechung zum gewünschten Ergebnis gekommen).*
kau|fens|wert ⟨Adj.⟩: *(als Ware) so beschaffen, dass sich ein Kauf lohnt.*
Kauf|ent|scheid, der (bes. schweiz.), **Kauf|ent|schei|dung,** die: *Entscheidung, etw. zu kaufen:* auch das Aussehen eines Computers spielt beim Kaufentscheid eine Rolle.
Käu|fer, der; -s, - [mhd. koufer, keufer, ahd. choufari]: *jmd., der etw. kauft, gekauft hat:* ein kritischer, scharf rechnender, geiziger K.; als K. auftreten; er sucht einen K. für ihr Haus; das Auto hat einen/seinen K. gefunden; einen K. an der Hand haben.
Käu|fer|grup|pe, die: *Käuferschicht.*
Käu|fe|rin, die; -, -nen: w. Form zu ↑ Käufer.
Käu|fer|kreis, der: *Kreis der Käufer (einer bestimmten Ware).*
Käu|fer|schicht, die: *Schicht, Gruppe von Menschen, die eine bestimmte Ware kauft:* dieses Fabrikat spricht eine ganz bestimmte K. an; neue -en erschließen.
Kauf|frau, die: **1.** *Frau, die im Handelsregister als selbstständige Handeltreibende eingetragen ist* (Abk.: Kffr., Kfr.). **2.** *Frau, die [eine kaufmännische Lehre abgeschlossen hat u.] beruflich Handel, Kauf u. Verkauf betreibt* (Abk.: Kffr., Kfr.).
Kauf|ge|gen|stand, der: *Kaufobjekt.*
Kauf|ge|such, das: *Annonce, Anzeige o. Ä., mit der jmd. eine bestimmte Sache zu kaufen sucht.*
Kauf|hal|le, die (DDR): *eingeschossiges großes Lebensmittel- und Haushaltswarengeschäft mit Selbstbedienung.*
Kauf|hand|lung, die (Wirtsch.): *Akt des Kaufens einer Ware.*
Kauf|haus, das: *großes Geschäft des Einzelhandels, in dem Waren aller Art verkauft werden:* im K. einkaufen.
Kauf|haus|de|tek|tiv, der: *von einem Kaufhaus angestellter Detektiv, der die Kunden beobachtet u. Diebstähle verhindern od. anzeigen soll.*
Kauf|haus|de|tek|ti|vin, die: w. Form zu ↑ Kaufhausdetektiv.
Kauf|haus|ket|te, die: *Kette* (2 d) *von Kaufhäusern.*
Kauf|hei|rat, die (Völkerkunde): *Form der Heirat, bei der der Bräutigam eine bestimmte Summe an den Vater der Braut zahlen muss.*
Kauf|in|te|r|es|se, das: *Interesse, etw. zu kaufen:* es besteht nur geringes K. für diese Ware.

Kauf|in|te|r|es|sent, der: *jmd., der Kaufinteresse hat.*
Kauf|in|te|r|es|sen|tin, die: w. Form zu ↑ Kaufinteressent.
Kauf|kraft, die (Wirtsch.): **1.** *Wert des Geldes, einer Währung in Bezug auf die Menge der Waren, die dafür gekauft werden können:* die K. des Euros ist gestiegen. **2.** *jmds. Vermögen, Waren, Dienstleistungen o. Ä. zu bezahlen; Zahlungsfähigkeit:* eine Steigerung der Löhne erhöht die K. der Arbeitnehmer.
kauf|kräf|tig ⟨Adj.⟩: *über viel Geld verfügend; zahlungskräftig:* -e Kunden.
Kau|flä|che, die: *breite Oberseite eines Backenzahns.*
Kauf|la|den, der ⟨Pl. ...läden⟩: **1.** (veraltend) *[kleiner] Laden, Geschäft.* **2.** *kleine Nachbildung eines [Lebensmittel]ladens als Kinderspielzeug:* die Kinder bekamen zu Weihnachten einen K.
Kauf|lau|ne, die ⟨Pl. selten⟩: *Neigung zu kaufen:* von der Rezession lassen sich die Verbraucher die K. bislang nicht verderben.
Kauf|leu|te ⟨Pl.⟩: **1.** Pl. von ↑ Kaufmann. **2.** *Gesamtheit von Personen, die Kauffrau od. Kaufmann sind.*
käuf|lich ⟨Adj.⟩ [mhd. kouflich, ahd. chouflīh = dem Handel entsprechend; im Handel erworben]: **1.** *durch Kauf zu erwerben, gegen Bezahlung erhältlich:* das Bild ist nicht k.; etw. k. erwerben; ein -es Mädchen (↑ Mädchen 1 b); -e Liebe (↑ Liebe 1 c). **2.** *bestechlich:* ein -er Beamter; auch er ist k.; ... wenn jemand, die Cousine zum Beispiel, ihr vorhält, der Mensch sei k., kann sie nur die Augenbrauen hochziehen, was sehr arrogant aussieht (Chr. Wolf, Nachdenken 167).
Käuf|lich|keit, die; -: *das Käuflichsein.*
Kauf|lust, die: *Neigung, Bereitschaft, etw. zu kaufen:* Sonderangebote wecken die K.
Kauf|mann, der ⟨Pl. ...leute u. ...männer⟩: **1.** *jmd., der [eine kaufmännische Lehre abgeschlossen hat u.] beruflich Handel, Kauf u. Verkauf betreibt:* ein guter, schlechter, geschäftstüchtiger K.; seine Vorfahren waren Kaufleute; er verdient sein Geld als selbstständiger K.; er lernt K. *(macht eine kaufmännische Lehre).* **2.** (veraltend, noch landsch.) *Besitzer eines Kaufladens* (1): zum K. gehen und Mehl holen. ◆ **Kauf|män|nin,** die; -, -nen: *Frau, die den K. ... sofort meine vollständige Zahlungsunfähigkeit an* (Rosegger, Waldbauernbub 209).
kauf|män|nisch ⟨Adj.⟩: **1.** *den Beruf des Kaufmanns betreffend:* -es Rechnen; -e Buchführung; er ist -er Angestellter; sie macht eine -e Lehre. **2.** *in der Art eines Kaufmanns, das Verkaufen betreffend:* -es Geschick; der -e Leiter des Betriebs; k. begabt sein.
Kauf|mann|schaft, die [mhd. koufmanschaft, auch = Handelsware]: *Gesamtheit der Kaufleute.*
Kauf|manns|gil|de, die (früher): *Gilde der Kaufleute.*
Kauf|manns|spra|che, die: *Fachsprache der Kaufleute.*
Kauf|ob|jekt, das: *Sache, die gekauft wird; Objekt eines Kaufs.*
Kauf|op|ti|on, die (Wirtsch.): *vertraglich zugesichertes Recht, etw. Bestimmtes zu vorher festgelegten Bedingungen zu kaufen:* eine zweijährige K. für einen Aktienanteil erhalten; eine K. sichern; über eine K. verfügen.
Kauf|or|der, die ⟨Pl. -s⟩ (Bankw.): *Order, eine Aktie o. Ä. zu kaufen.*
Kauf|preis, der: *Preis, der für eine Ware bezahlt werden muss.*
Kauf|rausch, der (oft scherzh.): *gesteigerte Kauflust:* einem K. erliegen.

Kauf|sa|che, die (Rechtsspr.): *Sache, die gekauft wird; Gegenstand eines Kaufs.*
Kauf|sum|me, die: *Geldsumme, die für eine Sache bezahlt werden muss.*
Kauf|ver|hal|ten, das: *Verhalten von Käufern:* aufgrund des geänderten -s.
Kauf|ver|trag, der: *Vertrag, der zwischen Verkäufer u. Käufer geschlossen wird.*
Kauf|wert, der: *Wert einer Sache beim Kauf.*
kauf|wil|lig ⟨Adj.⟩: *zum Kauf bereit, entschlossen:* -e Kunden, Interessentinnen.
Kauf|zu|rück|hal|tung, die: *Zurückhaltung beim Kaufen:* die nach Weihnachten einsetzende K. der Verbraucher.
Kauf|zwang, der: *Zwang, eine Sache zu kaufen:* dieses Buch kann man sich ohne K. zur Ansicht schicken lassen.
Kau|gum|mi, der, auch das; -s, -s: *beim Kauen weich u. gummiartig werdende Masse mit Frucht- od. Pfefferminzgeschmack:* K. kauen.
Kau|gum|mi|bla|se, die: *durch Ausstoßen des Atems entstandene Blase aus Kaugummi vor dem Mund:* er grinste breit und ließ seine K. platzen.
Kau|ka|si|en; -s: Gebiet zwischen Schwarzem Meer u. Kaspischem Meer.
Kau|ka|si|er, der; -s, -: Ew.
Kau|ka|si|e|rin, die; -, -nen: w. Form zu ↑ Kaukasier.
kau|ka|sisch ⟨Adj.⟩: *Kaukasien, die Kaukasier betreffend; aus Kaukasien stammend.*
Kau|ka|sus, der; -: Hochgebirge in Kaukasien.
Kaul|barsch, der [zu ↑ Kaule, wegen der gedrungenen Gestalt des Fisches]: *(in Schwärmen lebender) oberseits olivgrüner Barsch mit stachliger Rückenflosse u. rundlichem, dickem Kopf.*
Kau|le, die; -, -n [mhd. küle = Kugel(förmiges), zugez. aus mhd. kugel(e), ↑ Kugel] (mundartl.): **1.** *Kugel.* **2.** *Grube, Loch; rundliche Vertiefung.*
Kau|leis|te, die: **1.** (ugs.) *Zahnreihe.* **2.** (salopp, meist abwertend) *Mund:* die K. zumachen *(zu reden aufhören).* **3.** (derb) *Gesicht:* * jmdm. die K. polieren/einschlagen (↑ Fresse 2).
kau|li|flor ⟨Adj.⟩ [zu griech. kaulós = Stängel, Stiel u. lat. flos (Gen.: floris) = Blume, Blüte] (Bot.): *(von Blüten) unmittelbar am Stamm der Pflanze ansetzend.*
Kaul|quap|pe, die [zu ↑ Kaule u. ↑ Quappe]: *im Wasser lebende, schwarze, kugelige Larve eines Froschlurchs, die einen Schwanz hat, der sich im Laufe der Entwicklung zum erwachsenen Tier zurückbildet.*
kaum ⟨Adv.⟩ [mhd. küm(e), ahd. kümo, zu: küma = (Weh)klage, kümig = schwach, gebrechlich (eigtl. = kläglich, jämmerlich), urspr. lautm.]: **1. a)** *fast gar nicht:* ich habe k. geschlafen; ich kenne sie k.; das spielt k. [noch] eine Rolle; es war k. jemand *(fast niemand)* da; sie ist k. älter als ich; die Mauer ist k. *(nicht einmal ganz)* drei Meter hoch. In jenen Jahren hatte W., wenn ich nicht irre, k. andere *(fast keine anderen)* Freunde (Frisch, Montauk 41); **b)** *nur mit Mühe; unter Anstrengungen:* das ist k. zu glauben; sie konnten es k. erwarten; ich bin mit der Arbeit k. fertig geworden; **c)** *vermutlich nicht, wohl nicht:* sie wird jetzt k. noch kommen; »Glaubst du, du kannst den Vorschlag zustimmen?« – »[Wohl] k.«; ohne sie hätten wir den Weg [wohl] k. gefunden. **2.** *gerade [erst]; in dem Augenblick [als]:* sie war k. aus der Tür, da das Telefon klingelte; er war k. gekommen, da wollte er schon wieder gehen; k. hatte sie Platz genommen, da bestürmte man sie mit Fragen. **3.** ⟨in Verbindung mit »dass«⟩ (veraltend) **a)** *nicht lange nachdem:* k. dass die Mutter aus dem Haus war, begannen die Kinder zu streiten; der Regen war, k. dass es angefangen hatte, auch schon wieder vorüber; **b)** *mit knap-*

per Mühe noch; gerade noch: ich habe alle Namen vergessen, k. dass ich mich [noch] an die Landschaft erinnere.
Kau|ma|gen, der: *Teil des Verdauungsapparates bei bestimmten Tieren, in dem die Nahrung zerkleinert wird.*
Kau|mus|kel, der: *Muskel, mit dem beim Kauen der Unterkiefer bewegt wird.*
kau|sal ⟨Adj.⟩ [spätlat. causalis, zu: causa = Grund, Ursache, Sache]: **1.** (bildungsspr.) *auf dem Verhältnis zwischen Ursache u. Wirkung beruhend; ursächlich:* ein -er Zusammenhang; -e Beziehungen, Abhängigkeiten; etwas hängt k. mit etwas zusammen. **2.** (Sprachwiss.) *begründend:* -e Konjunktion (Kausalkonjunktion).
Kau|sal|ad|verb, das (Sprachwiss.): *Adverb, das eine Begründung bezeichnet* (z. B. »deshalb«).
Kau|sal|be|stim|mung, die (Sprachwiss.): *Umstandsangabe des Grundes* (z. B. »aus Eifersucht«).
Kau|sal|ge|setz, das ⟨o. Pl.⟩ (bes. Philos., Logik): *aus dem Kausalprinzip abgeleitetes Gesetz, wonach jedes Ereignis eine Ursache hat u. selbst wiederum Ursache für andere Ereignisse ist u. wonach gleiche Ursachen gleiche Wirkungen haben.*
Kau|sa|li|tät, die; -, -en [mlat. causalitas] (bildungsspr.): *kausaler Zusammenhang; Ursächlichkeit:* im Verhältnis der K. zueinander stehen.
Kau|sal|ket|te, die (bes. Philos., Logik): *Kette von Kausalzusammenhängen.*
Kau|sal|kon|junk|ti|on, die (Sprachwiss.): *begründende Konjunktion* (z. B. »weil«).
Kau|sal|ne|xus, der (bildungsspr.): *Kausalzusammenhang.*
Kau|sal|prin|zip, das ⟨o. Pl.⟩ (bes. Philos., Logik): *philosophisches Prinzip, wonach jedes Geschehen eine Ursache hat.*
Kau|sal|satz, der (Sprachwiss.): *Umstandssatz, der eine Ursache, einen Grund angibt; Begründungssatz.*
Kau|sal|zu|sam|men|hang, der (bes. Philos., Logik): *auf dem Prinzip von Ursache u. Wirkung beruhender Zusammenhang von Ereignissen:* zwischen diesen Ereignissen besteht ein K.
kau|sa|tiv [auch: ˈ...tiːf] ⟨Adj.⟩ (Sprachwiss.): *das Veranlassen ausdrückend:* -es Verb (Kausativ).
Kau|sa|tiv [auch: ˈ...tiːf], das; -s, -e [zu lat. causativus = ursächlich] (Sprachwiss.): *Verb des Veranlassens* (z. B. »tränken« = trinken machen).
Kau|sa|tiv|bil|dung, die (Sprachwiss.): *kausative Bildung.*
Kaus|tik, die; -, -en [zu ↑ kaustisch]: **1.** (Optik) *Fläche einer Linse* (2 a) *od. eines Hohlspiegels, auf der sich die Schnittpunkte benachbarter Parallelstrahlen nach der Brechung* (1) *bzw. nach der Reflexion* (1) *befinden.* **2.** (Med.) *Kauterisation.*
Kaus|ti|kum, das; -s, ...ka [lat. causticum; vgl. kaustisch] (Med.): *ätzendes Mittel, mit dem schlecht heilende Narben, Wunden o. Ä. behandelt werden* (z. B. H. Höllenstein).
kaus|tisch ⟨Adj.⟩ [lat. causticus = brennend, ätzend < griech. kaustikós = brennend, zu: kaíein = brennen, verbrennen]: **a)** (Chemie) *scharf, ätzend:* -e Alkalien; **b)** (bildungsspr.) *sarkastisch, spöttisch:* sein -er Witz.
Kau|tal|bak, der: *gepresster Tabak zum Kauen; Priem:* eine Stange K.
Kau|tel, die; -, - ⟨meist Pl.⟩ [spätlat. cautela = Schutz, Sicherstellung, eigtl. = Vorsicht, zu lat. cautum, 2. Part. von: cavere, ↑ Kaution] (Rechtsspr.): *[vertragliche] Vorbehalt; Absicherung, Sicherheitsvorkehrung:* -en, eine K. in einen Vertrag einbauen.
Kau|ter, der; -s, - [lat. cauter < griech. kautḗr = Brenneisen, zu: kaíein, ↑ kaustisch]

(Med.): *chirurgisches Instrument zum Ausbrennen von Gewebsteilen.*
Kau|te|ri|sa|ti|on, die; -, -en (Med.): *Zerstörung (von krankem Gewebe) durch Brennen od. Ätzen.*
Kau|ti|on, die; -, -en [lat. cautio (Gen.: cautionis), eigtl. = Vorsicht, zu: cavere = sich hüten; Bürgschaft leisten]: **a)** *größere Geldsumme, die als Bürgschaft, Sicherheitsleistung für die Freilassung eines [Untersuchungs]häftlings hinterlegt werden muss:* eine K. für jmdn. hinterlegen, stellen, zahlen, festsetzen; er kam gegen eine K. von tausend Euro frei; **b)** *Geldsumme, die man als Sicherheit beim Mieten einer Wohnung o. Ä. zahlen muss:* zwei Monatsmieten K. zahlen; der Vermieter hat die K. einbehalten.
Kau|ti|ons|sum|me, die: *als Kaution zu zahlende, gezahlte Summe.*
Kaut|schuk, der; -s, -e [frz. caoutchouc < älter span. cauchuc, aus einer peruanischen Indianerspr.]: *aus dem milchigen Saft verschiedener tropischer Pflanzen gewonnene, zähe, elastische Masse, die den Rohstoff für die Herstellung von Gummi darstellt:* natürlicher, synthetischer K.; K. vulkanisieren, zu Gummi verarbeiten.
Kaut|schuk|baum, der: *Baum, aus dessen eingeritzter Rinde ein milchiger Saft fließt, der zu Kautschuk verarbeitet wird.*
Kaut|schuk|milch, die: *milchiger Saft aus der Rinde des Kautschukbaumes.*
Kau|werk|zeu|ge ⟨Pl.⟩ (Biol.): *zum Kauen dienende Organe.*
Kauz, der; -es, Käuze: **1.** [spätmhd. kūz(e), lautm.] *zu den Eulen gehörender Vogel* (z. B. Steinkauz, Waldkauz): *der nächtliche Ruf eines -es;* im Wald schrie ein K. **2.** [da der Kauz ein Nachtvogel ist, scheint er sich von anderen Vögeln abzusondern u. wirkt wie ein Einzelgänger] *auf liebenswerte Weise sonderbarer, eigenbrötlerischer Mann:* ein komischer, wunderlicher K.; Ein völlig närrischer K., aber ich hatte ihn von der ersten Minute an gern gemocht (Fallada, Herr 89). **3.** (nordd., sonst eher in Ähnlichkeit) (landsch.) *Haarknoten:* das Haar zu einem K. aufgesteckt tragen.
Käuz|chen, das; -s, -: Vkl. zu ↑ Kauz.
◆ **kau|zen** (sw. V.; hat) [Iterativbildung zu kauern]: *kauern* (1): ...sah ich ... eine Anzahl zerlumpter Knaben im Kreise kauzend (Goethe, Italien. Reise 12. 3. 1787 [Neapel]).
kau|zig ⟨Adj.⟩: *in der Art eines Kauzes* (2); *wunderlich, sonderbar:* ein -er Alter.
Ka|val, der; -s, -s [ital. cavallo, ↑ Kavalier]: *Spielkarte im Tarockspiel.*
Ka|va|lier, der; -s, -e [frz. cavalier < ital. cavaliere = Reiter, Ritter, zu: cavallo = Pferd < lat. caballus]: **1.** *Mann, der bes. Frauen gegenüber taktvoll, hilfsbereit u. höflich ist u. dadurch angenehm auffällt:* ein eleganter, vollendeter K.; ein K. von Scheitel bis zur Sohle; den K. spielen; ich gebe Ihnen mein Ehrenwort als K.; R der K. genießt und schweigt (*ein Kavalier kompromittiert eine Dame, mit der er ein Liebesabenteuer hatte, nicht, indem er darüber redet*); * K. der alten Schule (*Mann, der sich durch bes. höfliches, taktvolles, rücksichtsvolles Benehmen auszeichnet*). **2.** (scherzh., veraltet) *Freund, Begleiter eines Mädchens:* ihr K. holte sie zu Hause ab. **3.** *Edelmann.*
ka|va|lier|mä|ßig ⟨Adj.⟩: *höflich, zuvorkommend, wie ein Kavalier* (1).
Ka|va|liers|de|likt, das: *unerlaubte [strafbare] Handlung, die von der Gesellschaft, von der Umwelt als nicht ehrenrührig, als weniger schlimm angesehen wird:* Steuerbetrug wird oft als K. angesehen; Trunkenheit am Steuer ist kein K.
ka|va|liers|mä|ßig: ↑ kavaliermäßig.

Ka|va|lier|spitz, der [das Fleisch ist von so guter Qualität, dass man es sogar einem »Kavalier« (= einem vornehmen Herrn) vorsetzen kann] (österr.): *bestimmtes, zum Kochen geeignetes Rindfleisch.*

Ka|va|liers|start, (auch:) **Ka|va|lier|start,** der [wohl unter Anspielung auf die Anfangszeit der Motorisierung, in der sich nur jmd. aus höheren Gesellschaftskreisen einen schnellen Wagen leisten konnte u. beim Start durch geräuschvolles, schnelles Anfahren auf sich u. sein Fahrzeug aufmerksam machte]: *schnelles, geräuschvolles Anfahren mit einem Auto [um zu imponieren].*

Ka|va|liers|tuch, (auch:) **Ka|va|lier|tuch,** das ⟨Pl. ...tücher⟩: *als Schmuck in der äußeren Brusttasche des Herrenjacketts getragenes kleines Tuch, das so gefaltet u. eingesteckt ist, dass einige Spitzen davon zu sehen sind.*

Ka|val|ka|de, die; -, -n [frz. cavalcade < ital. cavalcata, zu: cavalcare < spätlat. caballicare = reiten, zu lat. caballus = Pferd] (veraltend): *[bei einem festlichen Anlass auftretende] Gruppe von Reitern.*

Ka|val|le|rie [kavalə'riː, auch: 'kavalɐi], die; -, -n [frz. cavalerie < ital. cavalleria, zu: cavaliere, ↑ Kavalier] (Militär früher): **a)** *zu Pferd kämpfende Truppe; Reiterei: schwere, leichte K.*; er war bei der K.; **b)** ⟨o. Pl.⟩ *Soldaten der Kavallerie* (a): *K. einsetzen.*

Ka|val|le|rie|re|gi|ment, das (Militär früher): *Regiment der Kavallerie* (a).

Ka|val|le|rist [auch: 'ka...], der; -en, -en (Militär früher): *Soldat der Kavallerie* (a).

Ka|vel|ling, die; -, -en [niederl. kaveling, eigtl. = Los, zu: kavelen = losen, durch ein Los zuweisen, vgl. ↑ ²kabeln] (Wirtsch.): *Mindestmenge, die ein Käufer auf einer Auktion erwerben muss.*

Ka|vents|mann, der ⟨Pl. ...männer⟩ [H. u.]: **1.** (landsch.) *jmd., etw., was durch seine Größe beeindruckt:* der Hecht, den ich heute gefangen habe, war ein richtiger, so ein K. **2.** [viell. übertr. von *5* wegen der ungewöhnlichen Größe des Wellenbergs] (Seemannsspr.) *Wellenberg, der aus zwei aus verschiedenen Richtungen anbrandenden Wellen besteht u. für Schiffe sehr gefährlich sein kann.*

Ka|ver|ne, die; -, -n [lat. caverna = Höhle, zu: cavus = Höhlung, Vertiefung]: **1.** *[künstlich angelegter] unterirdischer Hohlraum: eine K. zur Lagerung von Atommüll.* **2.** (Med.) *durch einen krankhaften Vorgang entstandener Hohlraum im Körpergewebe:* vernarbte -n.

Ka|ver|nen|kraft|werk, das (Technik): *in einer Kaverne* (1) *gebautes Kraftwerk.*

Ka|ver|nom, das; -s, -e [zu ↑ Kaverne] (Med.): *Geschwulst aus Blutgefäßen.*

Ka|vi|ar, der; -s, -e [viell. unter Einfluss von älter ital. caviaro < türk. havyar (älter: chaviyar)]: *als besondere Delikatesse geltender, mit Salz konservierter Rogen verschiedener Störarten: schwarzer, russischer, echter K.; auf dem Empfang gab es K. und Sekt.*

Ka|vi|ar|bröt|chen, das: *mit Kaviar belegtes Brötchen.*

Ka|vi|tät, die; -, -en [spätlat. cavitas = Höhlung, Hohlraum, zu lat. cavus, ↑ Kaverne]: **1.** (Anat.) *Höhlung, Hohlraum in einem Körperorgan od. im Gewebe.* **2.** (Zahnmed.) *durch Karies entstandener Hohlraum in einem Zahn.*

Ka|wass, Ka|was|se, der; Kawassen, Kawassen [türk. kavas < arab. qawwās, eigtl. = Bogenschütze] (früher): **1.** *Ehrenwächter (für Diplomaten) in der Türkei.* **2.** *Wächter u. Bote in Gesandtschaften im Vorderen Orient.*

Kay|se|ri, der; -[s], -s [nach der gleichnamigen türkischen Stadt]: *einfacher, kleinformatiger Orientteppich.*

Ka|zi|ke, der; -n, -n [span. cacique, aus dem Taino (westindische Indianerspr.)]: **1.** *Häuptling bei den Indianern Süd- u. Mittelamerikas.* **2. a)** ⟨o. Pl.⟩ *Titel eines indianischen Ortsvorstehers in Mexiko u. Guatemala;* **b)** *Träger dieses Titels.*

Ka|zoo [kəˈzuː], das; -[s], -s [engl. kazoo, wohl lautm. für den Ton des Instruments]: *einfaches flötenförmiges Rohrblasinstrument.*

kBit = Kilobit.
kByte, KByte = Kilobyte.
Kč = tschechische Krone.
kcal = Kilokalorie.

Ke|bab, Ke|bap, der; -[s], -s [gek. aus türk. şiş kebap, aus: şiş = Bratspieß und kebap < arab. kabāb (Spieß)braten] (Kochkunst): *[südosteuropäisches u. orientalisches Gericht aus kleinen, am Spieß gebratenen [Hammel]fleischstückchen.*

Keb|se, die; -, -n [mhd. keb(e)se, ahd. kebis(a), H. u., viell. eigtl. = Sklavin, Dienerin] (veraltet): *Nebenfrau, Konkubine.*

Kebs|frau, die, **Kebs|weib,** das (veraltet): *Kebse.*

keck ⟨Adj.⟩ [mhd. kec, quec = lebendig, munter, stark, mutig, ahd. chec(h), quec(h)n = lebhaft; vgl. erquicken]: *in einer charmanten, nicht unsympathischen Weise unbekümmert, respektlos, ein bisschen frech od. vorlaut [wirkend]: ein -er Bursche; ein Kleidungsstück mit -es* (Unternehmungslust erkennen lassendes, ein wenig verwegenes, flottes) *Bärtchen, Hütchen; das war ein bisschen zu k. von ihr; ihre Augen blitzten k. und herausfordernd;* ... fühlte sich der Angestellte durch die Freundlichkeit, mit der ihn die Frau behandelte, gezwungen, zu sagen, er benome sich so k. (*so wenig respektvoll*) gegen Frau Tobler benommen zu haben (R. Walser, Gehülfe 96).

ke|ckern ⟨sw. V.; hat⟩ [zu älter: kecken (Jägerspr.), lautm.]: (bes. von Fuchs, Dachs, Marder, Iltis) *in der Erregung, Gereiztheit einige kurz abgehackte Laute in rascher Folge ausstoßen:* der Dachs keckerte; Ü im Baum keckerte eine Elster.

Keck|heit, die; -, -en: **1.** ⟨o. Pl.⟩ *das Kecksein; keckes Auftreten.* **2.** *kecke Tat od. Äußerung:* sich allerhand -en erlauben.

keck|lich ⟨Adj.⟩ (veraltet): *keck:* ♦ »Ein schlechts Schweinsschmalz hast, Bäuerin!«, rief sie k. aus (Rosegger, Waldbauernbub 155).

Keep, die; -, -en [aus dem Niederd. < mniederd. kēp, wohl verw. mit ↑ kappen] (Seemannsspr.): *Rille, Kerbe (in einer Boje, einem Block, Mast o. Ä.), die einem darumgelegten Tau Halt gibt.*

Kee|per ['kiːpɐ], der; -s, - [engl. keeper = Hüter, Wächter, zu: to keep = (be)hüten]: **1.** (Fußball, bes. österr. u. schweiz.) *Tormann, -hüter.* **2.** Kurzf. von ↑ Barkeeper.

Kee|pe|rin, die; -, -nen: w. Form zu ↑ Keeper.

keep smi|ling ['kiːp ˈsmaɪlɪŋ; engl. = (immer) weiterlächeln]: *nimms leicht; immer nur lächeln* (u. nicht zeigen, wie einem wirklich zumute ist).

Keep|smi|ling ['kiːpˌsmaɪlɪŋ], das; -: *bejahende Lebenseinstellung, zur Schau getragener Optimismus.*

Kees, das; -es, -e [mhd. nicht belegt, ahd. chēs = Eis, Frost, H. u.] (österr. landsch.): *Gletscher.*

Ke|fir, der; -s [russ. kefir (kaukas. Wort)]: *aus [Stuten]milch durch Gärung gewonnenes Getränk mit säuerlichem, prickelndem Geschmack u. geringem Alkoholgehalt.*

Ke|gel, der; -s, - [mhd. kegel = Knüppel, Stock; Holzfigur im Kegelspiel; Eiszapfen; uneheliches Kind; ahd. chegil = Pflock, Pfahl, eigtl. = Ästchen, Stämmchen, kleiner Pfahl, Vkl. zu einem germ. Subst. mit der Bed. »Ast, Pfahl, Stamm«]: **1.** (Geom.) *geometrischer Körper, dessen Oberfläche von einer in einer Spitze endenden, gleichmäßig gekrümmten Fläche über einer kreisförmigen od. elliptischen Grundfläche gebildet wird:* ein spitzer, stumpfer K.; das Volumen eines -s berechnen. **2. a)** *kegelförmiges Gebilde:* der K. des Vulkans; der K. *(Lichtkegel)* der Taschenlampe, der Scheinwerfer; **b)** (Technik) *Bauelement im Maschinenbau in Form eines stumpfen Kegels* (1); **c)** (Jägerspr.) *Hase od. Kaninchen in einer aufgerichteter Haltung (wobei die Vorderläufe den Boden nicht mehr berühren).* **3.** *zum Kegelspiel gehörende, flaschenartig geformte Figur aus Holz od. Kunststoff:* wie viele K. sind gefallen?; die K. aufsetzen, aufstellen, abräumen, umwerfen; K. spielen; K. schieben (landsch.; *kegeln*); K. scheiben (bayr., österr.; *kegeln*). **4.** (Druckw.) *Ausdehnung einer Drucktype, durch die die Größe der gedruckten Schrift bestimmt wird.* **5.** * **mit Kind und K.** (↑ Kind 1 b).

Ke|gel|abend, der: *mit Kegeln verbrachter Abend.*

Ke|gel|bahn, die: **a)** *Anlage zum Kegeln:* die Gaststätte hat eine K.; auf die K. gehen; **b)** *Bahn, auf der beim Kegeln die Kugel rollt.*

Ke|gel|bru|der, der: **1.** (ugs.) *jmd., der viel u. gern kegelt.* **2.** *jmd., mit dem man sich regelmäßig zum Kegeln trifft.*

Ke|gel|club: ↑ Kegelklub.
Ke|gel|form, die: *Form eines Kegels* (1).
ke|gel|för|mig ⟨Adj.⟩: *die Form eines Kegels* (1) *aufweisend:* ein -er Berg.
ke|ge|lig, keglig ⟨Adj.⟩: *kegelförmig.*

Ke|gel|klub, Kegelclub, der: **1.** *Zusammenschluss von Personen, die regelmäßig in einen K. eintreten.* **2.** *Gesamtheit der Mitglieder eines Kegelklubs* (1): der K. macht einen Ausflug.

Ke|gel|ku|gel, die: *Kugel aus Holz- oder Kunststoff zum Kegeln.*

Ke|gel|man|tel, der (Geom.): *Oberfläche eines Kegels ohne die Grundfläche.*

ke|geln ⟨sw. V.⟩: **1.** ⟨hat⟩ [mhd. kegelen] **a)** *(beim Kegelspiel) eine Kugel mit gezieltem Schwung so spielen, dass sie über die vorgeschriebene Bahn rollt u. von den am Ende der Bahn aufgestellten neun (bzw. zehn) Kegeln möglichst viele umwirft:* sie kegelt gut, nur mit ihrer eigenen Kugel; ich keg[e]le jeden Freitag; k. gehen; **b)** *(ein bestimmtes Spiel) durch Kegeln* (1 a) *ausführen:* eine Partie k.; was, welches Spiel wollen wir jetzt k.?; **c)** *(ein bestimmtes Ergebnis) durch Kegeln* (1 a) *erzielen:* er hat eine Neun, einen Kranz gekegelt. **2.** ⟨ist⟩ (ugs.) *umfallen, hinfallen (wie ein Kegel), purzeln:* beinahe wärst du [vom Stuhl] gekegelt! **3.** ⟨hat⟩ (Jägerspr.) *einen Kegel* (2 c) *machen:* dort kegelt ein Hase; ⟨auch k. + sich:⟩ die Kaninchen kegeln sich.

Ke|gel|par|tie, die: *Wettkampf im Kegeln.*
Ke|gel|pro|jek|ti|on, die (Kartografie): *Projektion der Erdoberfläche od. eines Erdabschnitts auf einen Kegelmantel, der dann auf einer Fläche ausgebreitet wird.*
Ke|gel|schei|ben, das; -s (bayr., österr.): *das Kegeln* (1 a).
Ke|gel|schie|ben, das; -s (landsch.): *das Kegeln* (1 a).
Ke|gel|schnitt, der (Geom.): *Kurve, die beim Schnitt einer Ebene mit einem Kegel entsteht: Ellipse, Parabel, Hyperbel sind wichtige -e.*
Ke|gel|spiel, das: **a)** *Sportart des Kegelns;* **b)** *Wettkampf im Kegeln:* ein K. machen; **c)** *Abschnitt einer Kegelpartie.*
Ke|gel|stumpf, der (Geom.): *durch einen parallel zur Grundfläche geführten Schnitt entstandener Teil eines Kegels ohne Spitze.*

Keg|ler, der; -s, -: *jmd., der kegelt* (1 a).
Keg|le|rin, die; -, -nen: w. Form zu ↑ Kegler.
keg|lig: ↑ kegelig.

Kehl|chen, das; -s, -: Vkl. zu ↑ Kehle.
Keh|le, die; -, -n [mhd. kel(e), ahd. kela, eigtl. =

kehlen–Keilerin

die Verschlingende]: **1.** *vorderer (Kehlkopf u. Schlund umschließender), äußerer Teil des Halses unter dem Kinn; Gurgel* (a): jmdm. die K. durchschneiden, abdrücken, zusammenpressen; der Hund wäre ihm fast an die K. gesprungen; Sein Atem stockte, als ob ihm die K. von der Würgefaust eines Riesen plötzlich zusammengepresst und abgedrosselt würde (Langgässer, Siegel 250); * **jmdm. die K. zuschnüren/zusammenschnüren** *(bei jmdm. ein Gefühl der Beklemmung verursachen);* **es geht jmdm. an die K.** *(jmdm. droht große Gefahr).* **2.** *Luft- u. Speiseröhre, Kehlkopf:* eine trockene, ausgedörrte, empfindliche, entzündete, heisere K.; sie brüllten sich die -n heiser; eine raue K. haben *(heiser sein);* eine Gräte blieb ihr in der K. stecken; ein Krümel war ihm in die falsche K. *(in die Luftröhre statt in die Speiseröhre) geraten;* ... und in dem ungeheuren Schluchzen, das ihr die K. sprengte, fühlte sie das größte Glück ihres Lebens hervorbrechen (H. Mann, Stadt 305); * **eine trockene K. haben** (ugs.; *gern, viel Alkohol trinken);* **sich** ⟨Dativ⟩ **die K. schmieren/ölen/anfeuchten** (↑ Gurgel b); **sich** ⟨Dativ⟩ **die K. aus dem Hals schreien** (ugs.; *anhaltend laut schreien*); **jmdm.** (↑ ¹Hals 2); **etw. durch die K. jagen** (ugs.; ↑ Gurgel b); **jmdm. in der K. stecken bleiben** *(jmdm. vor Schreck, Überraschung nicht über die Lippen kommen);* **etw. in die falsche K. bekommen** (ugs.; ↑ ¹Hals 2). **3.** (Archit.) Hohlkehle (1). **4.** (Militär früher) Rück-, Hinterseite eines Forts od. einer Schanze.

keh|len ⟨sw. V.; hat⟩: **1.** (Bauw., Tischlerei) *eine Hohlkehle herstellen:* mit einem Kreissäge kann man auch k.; eine gekehlte Leiste. **2.** (Fische) *an der Kehle aufschneiden u. ausnehmen:* Heringe werden oft schon auf hoher See gekehlt und in Fässern eingesalzen.

keh|lig ⟨Adj.⟩: *(vom Sprechen od. Singen) in der Kehle gebildet, mit tief aus der Kehle kommender Resonanz:* -e Laute; mit -er Stimme sprechen; ein -er Alt; k. sprechen.

Kehl|kopf, der (Anat.): *vor allem der Erzeugung von Lauten dienendes knorpeliges Organ, das den obersten Teil der Luftröhre bildet.*

Kehl|kopf|laut, der (Sprachwiss.): Glottal.

Kehl|kopf|spie|gel, der (Med.): *kleiner Spiegel zur Betrachtung des Kehlkopfs.*

Kehl|laut, der: **a)** (Sprachwiss.) Glottal; **b)** kehliger Laut.

Kehl|sack, der (Zool.): **1.** *Ausstülpung zwischen den Knorpeln des Kehlkopfs bei einigen Säugetieren (z. B. dem Orang-Utan), der Verstärkung hervorgebrachter Laute dient.* **2.** *sackartige Ausstülpung zur Mitnahme von Nahrungsvorräten bei vielen Vögeln.*

Keh|lung, die; -, -en: **1.** (Archit., Tischlerei) *Hohlkehle* (1): eine K. anbringen. **2.** *Aushöhlung, Einbuchtung.*

Kehr|aus, der; - [zu ↑ auskehren, da die Tänzerinnen des letzten Tanzes gewissermaßen mit ihren (langen) Kleidern den Tanzboden auskehren]: **1.** *letzter Tanz einer Tanzveranstaltung:* den K. tanzen; ein Walzer bildete den K. **2.** *Schluss (einer Veranstaltung), das große Aufräumen (nach einem Fest):* [den] K. machen, feiern.

Kehr|be|sen, der (südd.): Besen (1).

Keh|re, die; -, -n [mhd. kēr(e), ahd. kēr(a), rückgeb. aus ↑¹kehren]: **1.** *Wendung, scharfe Kurve [einer Straße] (sodass nach deren Passieren [fast] die Gegenrichtung erreicht wird):* eine flach ansteigende K.; die Straße führt in 14 -n zur Passhöhe. **2.** (Turnen) *an Barren, Reck od. Pferd) Schwung über das Gerät od. vom Gerät herunter, wobei die Beine vorwärtsschwingen.*

¹keh|ren ⟨sw. V.⟩ [mhd. kēren, ahd. kēran, H. u.]: **1.** ⟨hat⟩ **a)** *in eine bestimmte Richtung drehen, wenden:* die Handflächen, das Futter der Taschen nach außen k.; das Gesicht nach Osten, zur Sonne k.; Ü das Schicksal hat alles zum Besten gekehrt *(hat alles glücklich enden lassen);* ... wie beständig heiter und nach außen gekehrt *(extravertiert)* er auftritt (Handke, Niemandsbucht 174); **b)** ⟨k. + sich⟩ *sich in eine bestimmte Richtung wenden, gegen jmdn., etw. richten:* das Segel kehrt sich nach dem Wind; Ü diese Maßnahme kehrte sich schließlich gegen ihn selbst; das hat sich zum Guten gekehrt *(endete gut);* * **sich an etw.** ⟨Akk.⟩ **nicht k.** *(sich um etwas nicht kümmern, sich nichts machen:* lass die Leute reden, wir kehren uns nicht an das Geschwätz!) **2.** ⟨hat⟩ (selten) *umdrehen, kehrtmachen, die Gegenrichtung einschlagen:* der Zug fährt nur bis Frankfurt und kehrt dort; [ganze] Abteilung kehrt! **3.** ⟨ist⟩ (geh.) *zurückkehren:* mit leeren Händen nach Hause k.; * **in sich** ⟨Akk.⟩ **gekehrt** *(versunken, nach innen gewandt u. kaum etwas wahrnehmend von dem, was um einen herum geschieht:* sie saß [ganz] in sich gekehrt in einer Ecke). **4.** ⟨hat/ist⟩ (Turnen) *eine Kehre* (2) *machen.*

²keh|ren ⟨sw. V.; hat⟩ [mhd. ker[e]n, ahd. kerian, cherren, urspr. = (zusammen)scharren (bes. südd.): *fegen* (1).

Kehr|icht, der, auch: das; -s [älter: kerecht, keracht, spätmhd. kerach]: **1.** *[mit dem Besen zusammengefegter] Schmutz, Unrat:* den K. auf die Schaufel nehmen, in den Mülleimer schütten; * **jmdn. einen feuchten K. angehen** (salopp; *jmdn. überhaupt nichts angehen*); **sich einen feuchten K. um etw. kümmern** (salopp; *sich überhaupt nicht um etw. kümmern*). **2.** (schweiz.) *Müll, Abfall:* den K. abfahren.

Kehr|icht|schau|fel, die: *kleine Handschaufel, mit der zusammengefegte Staub u. Schmutz aufgenommen wird.*

◆ **Kehr|rig:** ↑ Kehricht: Der Gerichtsbote! – Esel der Gerechtigkeit! Schleppt ihre Säcke zur Mühle und ihren K. aufs Feld (Goethe, Götz IV).

Kehr|ma|schi|ne, die: *[fahrbares] Gerät mit rotierenden Besen zum Fegen (bes. von Straßen).*

Kehr|ord|nung, die [zu ↑¹kehren] (schweiz.): *feste Reihenfolge; Turnus* (1): die K. festlegen.

Kehr|reim, der [für frz. refrain]: *(bei Gedichten u. Liedern) regelmäßig zum Ende einer Strophe wiederkehrende Folge von Worten od. Lauten.*

Kehr|schau|fel, die (südd., westösterr.): Kehrichtschaufel.

Kehr|sei|te, die [LÜ von niederl. keerzijde, zuerst für die Rückseite von Münzen gebraucht]: **1. a)** *Rückseite:* die K. eines Bildes; R das ist die K. der Medaille *(das ist der negative Aspekt der Sache);* **b)** (scherzh.) *Rücken, Gesäß:* jmdm. die K. zuwenden; auf die K. fallen. **2.** *Schattenseite* (2): Absatzschwierigkeiten sind die K. der Expansion.

kehrt|ma|chen ⟨sw. V.; hat⟩: **1.** (ugs.) *sich [rasch] umdrehen, [spontan] umkehren:* bei dem Anblick machte sie voller Schrecken kehrt; Ü es wäre feige, jetzt kehrtzumachen, wir müssen die Sache durchstehen. **2.** (bes. Militär) *eine Wendung in die Gegenrichtung machen:* die Kompanie macht kehrt.

Kehrt|wen|de, die: *extremer [unerwarteter] Richtungs-, Kurswechsel:* man fragt sich, was den Minister zu dieser überraschenden K. veranlasst hat.

Kehrt|wen|dung, die: *halbe Drehung um sich selbst:* eine K. machen; Ü die Franzosen machten plötzlich eine K. in der Europapolitik.

Kehr|wert, der (Math.): *Wert, der sich durch Vertauschen von Zähler und Nenner eines Bruches ergibt.*

Kehr|wo|che, die ⟨Pl. selten⟩ (südd., bes. schwäb.): *Woche, in der eine Mietpartei verpflichtet ist, die Treppe [den Bürgersteig o. Ä.] zu reinigen.*

◆ **Kei|che,** die; -, -n [mhd. kīche, wohl zu ↑ keichen u. eigtl. = Ort, der einem den Atem nimmt, das Atmen erschwert] (bayr., österr.): *Gefängnis:* Bist du nicht einmal in der -n gesessen (Rosegger, Waldbauernbub 226).

◆ **kei|chen:** ↑ keuchen: Nun gehts im schärfsten Trott, dass Ross und Reiter keichen (Wieland, Oberon 4, 34).

kei|fen ⟨sw. V.; hat⟩ [spätmhd. kīben, mniederd. kīven] zu mhd. kībe, H. u.] (abwertend): *laut u. grob, mit schriller, sich überschlagender Stimme [mit jmdm.] schimpfen:* sie keift den ganzen Tag; ⟨subst.:⟩ das Keifen der Marktfrauen.

Kei|fe|rei, die; -, -en (abwertend): *anhaltendes Keifen; Gekeife.*

Keil, der; -[e]s, -e [mhd., ahd. kīl, wahrsch. im Sinne von »Gerät zum Spalten« zu einem Verb mit der Bed. »(sich) spalten; aufbrechen«]: **1. a)** *nach hinten breiter werdendes Stück od. Werkzeug aus Holz od. Metall mit einer zugespitzten Kante, das zum Spalten von Holz benutzt wird:* einen K. in den Stamm treiben; den Spalt mit einem K. erweitern; **b)** *keilförmiger Bremsklotz:* -e unter die Räder legen. **2. a)** *keilförmige Formation (von Menschen, Tieren, Fahrzeugen, Flugzeugen);* **b)** (Schneiderei) *dreieckiges, spitz zulaufendes Stoffstück:* ein Rock mit eingesetzten bunten -en.

Keil|ab|satz, der: *keilförmiger Absatz eines Schuhs, der mit der Sohle in einem Stück gearbeitet ist.*

Kei|le, die; - [zu ↑ keilen (4)] (landsch. ugs.): *Prügel* (2), *Schläge:* K. kriegen, bekommen; es gab K.

kei|len ⟨sw. V.; hat⟩ [spätmhd. kīlen = Keile eintreiben (in etwas), u. zu spalten od. zu befestigen]: **1. a)** (Fachspr.) *mit einem Keil spalten:* Bäume, Stämme k.; **b)** *als Keil hineinschlagen:* einen Pflock in den Boden k. **2. a)** ⟨k. + sich⟩ *sich durch eine dicht gedrängte Menge (Personen od. Dinge) hindurchschieben, hindurchdrängen:* sich durch eine Menschenmenge k.; **b)** *gewaltsam schieben, drängen:* die Menge keilte ihn in eine Ecke; ◆ **c)** *einkeilen* (2): ⟨meist im 2. Part.:⟩ Nicht vorwärts konnten sie, auch nicht zurück, gekeilt in drangvoll fürchterliche Enge (Schiller, Wallensteins Tod IV, 10). **3.** *(von bestimmten Tieren) plötzlich mit dem Bein, dem Huf [aus]schlagen, zustoßen:* Vorsicht, das Pferd keilt gern! **4.** ⟨k. + sich⟩ [in der übertr. Bed. aus der Gaunerspr. in die Studentenspr. übernommen] (ugs.) *sich prügeln:* sie keilten sich [um die Bonbons]. **5.** [in der übertr. Bed. aus der Gaunerspr. in die Studentenspr. übernommen] **a)** (ugs.) *für einen Verein, eine bestimmte Gruppe, Partei o. Ä. anwerben, zu gewinnen versuchen:* Jugendliche für den Klub k.; sie ließ sich als Mitglied k.; ⟨Verbindungsw.:⟩ die Verbindung hat drei neue Füchse gekeilt; **b)** (österr. abwertend) *[mit aggressiven Methoden] Kunden anwerben (z. B. für Versicherungen od. Zeitungsabonnements).*
◆ **6.** *stoßen, schlagen:* O du barbarisch Herz! Du Mensch von Erz, auf einem Amboss keilend ausgeprägt (Kleist, Amphitryon III, 8).

Kei|ler, der; -s, - [zu ↑ keilen (3), wegen der mächtigen Hauer des Wildebers] (Jägerspr.): *männliches Wildschwein.* **2.** (österr. abwertend) *Kundenwerber mit aggressiven Methoden.*

Kei|le|rei, die; -, -en [zu ↑ keilen (4)] (ugs.): *heftige Schlägerei, Prügelei:* eine K. im Wirtshaus; -en zwischen Rivalen; es kam zu einer K.

Kei|le|rin, die; -, -nen: w. Form zu ↑ Keiler (2).

keil|för|mig ⟨Adj.⟩: *die Form eines Keils aufweisend;* ein -es Stück Holz; -e Schriftzeichen.
Keil|ho|se, die: *Hose mit keilförmig geschnittenen, unten engen Beinen.*
Keil|kis|sen, das: *kleine keilförmige Matratze.*
Keil|rie|men, der (Technik): *zur Kraftübertragung gebrauchter, aus Gummi o. Ä. bestehender Riemen mit trapezförmigem Querschnitt.*
Keil|schrift, die: *aus einer Bilderschrift entwickelte, aus keilförmigen Zeichen bestehende Schrift bes. der Babylonier u. Assyrer.*
Keim, der; -[e]s, -e [mhd. kīm[e], ahd. kīmo, eigtl. = der Aufbrechende u. zu dem unter ↑ Keil erwähnten Verb gehörend]: **1.** (Biol.) **a)** *erster, aus dem Samen od. der Wurzel einer Pflanze sich entwickelnder Trieb, aus dem eine neue Pflanze entsteht:* die Bohnen, Erbsen, Kartoffeln haben -e gebildet, getrieben; **b)** *befruchtete Eizelle u. Embryo vor allem während der ersten Entwicklungsstufe:* der menschliche K.; die Ernährung des -s durch die Plazenta. **2.** *Ursprung, Ausgangspunkt, erstes erkennbares Anzeichen, Ursache von etw.:* ein K. der Hoffnung, der Liebe, der Zwietracht; man vermutete in den Märchen einen K. Wirklichkeit; diese Erklärung legte den K. zu langer Krankheit; * **etw. im K. ersticken** *(etw. schon im Entstehen unterdrücken, nicht zur Entfaltung kommen lassen: der Aufstand wurde im K. erstickt).* **3.** ⟨meist Pl.⟩ (Biol., Med.) *Krankheitserreger:* resistente, virulente -e; die -e abtöten; Impfung mit abgeschwächten -en. **4.** (Physik) *meist mikroskopisch kleines Teilchen in einem Gas od. in einer Flüssigkeit, an dem die Kondensation bzw. die Erstarrung einsetzt.*
Keim|bahn, die (Biol.): *direkte Entwicklung von der befruchteten Eizelle bis zur Keimzelle des neuen, geschlechtsreifen Organismus.*
Keim|blatt, das: **1.** (Bot.) *erstes hervortretendes, aber schon im pflanzlichen Keimling angelegtes Blatt.* **2.** (Biol., Med.) *Gewebsschicht im Keim* (1 b) (vgl. Ektoderm, Entoderm, Mesoderm).
Keim|drü|se, die (Med., Zool.): *Organ, in dem sich die Keimzellen entwickeln (Hoden od. Eierstock); Gonade.*
Keim|drü|sen|hor|mon, das: *in einer Keimdrüse gebildetes Hormon* (z. B. Geschlechtshormon).
kei|men ⟨sw. V.; hat⟩ [mhd. kīmen, zu ↑ Keim]: **1.** *Keime ausbilden, zu sprießen beginnen:* die Kartoffeln, Bohnen keimen; die Saat beginnt zu k.; keimendes *(neu entstehendes)* Leben; Die Luft war so warm und schwer, dass noch in den dünnsten Krumen und Nährböden Sporen keimten (Ransmayr, Welt 270). **2.** *sich zu bilden beginnen:* in ihm keimte die Hoffnung auf eine bessere Zukunft; keimende Liebe, Sehnsucht.
keim|fä|hig ⟨Adj.⟩: *fähig, geeignet zu keimen:* -e Samen.
keim|frei ⟨Adj.⟩: *frei von Keimen* (3); *steril:* -er Verbandmull; die Instrumente werden durch Sterilisieren k. gemacht; Lebensmittel k. verpacken.
Keim|frei|heit, die ⟨o. Pl.⟩: *Eigenschaft, keimfrei zu sein.*
keim|haft ⟨Adj.⟩ (geh.): *als Keim; eine erste Andeutung beinhaltend:* -e Zeichen einer Besserung.
Keim|herd, der: *Ort, Gegenstand, an dem sich Keime entwickeln, sammeln, von dem sie stammen:* Putzlappen erweisen sich immer wieder als wahre -e.
Keim|ling, der; -s, -e: **1.** (Bot.) *junge, gerade aus dem Keim sich entwickelnde Pflanze:* die -e vor Frost schützen. **2.** (Biol., Med.) *Embryo.*
Keim|schei|be, die (Biol.): *scheibenförmige Plasmaschicht auf dem Eidotter, die den [befruchteten] Zellkern enthält.*

Keim|schicht, die (Med., Zool.): *(bei den Wirbeltieren u. beim Menschen) lebende Hautschicht unmittelbar unter den abgestorbenen Zellen der Hornschicht, aber noch über der Lederhaut.*
keim|tö|tend ⟨Adj.⟩: *Keime* (3) *abtötend, sterilisierend.*
Kei|mung, die; -, -en: *das Keimen* (1); *Vorgang des Keimens:* die K. hat schon begonnen.
Keim|zel|le, die: **1.** (Biol.) *Gamet.* **2.** *Ausgangspunkt, allererster Anfang von etw., aus dem sich ein größeres Ganzes entwickelt:* diese kleine Gruppe wurde zur K. einer internationalen Bewegung; die Familie als K. *(elementare Einheit)* des Staates.
kein ⟨Indefinitpron.⟩ [mhd. kein, vermischt aus: de(c)hein = irgendeiner (ahd. dehein) u. älter: ne(c)hein = (auch) nicht einer (ahd. nihein)]: **1.** ⟨attr.⟩ **a)** *nicht [irgend]ein:* k. Wort sagen; -e Arbeit finden; das ist k. Vergnügen, k. unterhaltsames Spiel; das sind -e guten Aussichten; ich bin k. Fachmann; sie erhob -en Anspruch darauf; mit -em Angestellten ist sie zufrieden; k. Mensch, k. Einziger *(niemand)* kümmerte sich darum; es gab k. Haus, das nicht beschädigt gewesen wäre; -es bösen Gedankens fähig sein; k. Bild und k. Buch war zu finden; es kommt k. Haus infrage außer diesem; ich beteilige mich auf -en Fall; unter -en Umständen; in -er/(nicht standardspr., oft scherzh.) -ster Weise; **b)** *nichts an:* k. Geld, -e Zeit, -e Lust haben; -en Schlaf finden; -e Aufregung vertragen; sie kann k. Englisch; er hat -e Beschwerden, macht sich k. Sorgen, stellt -e Ansprüche, sammelt -e Briefmarken; -e Angst, k. Mitgefühl kennen *(Angst, Mitgefühl nicht kennen);* **c)** kehrt das zugehörige Adj. ins Gegenteil: k. dummer *(ein kluger)* Gedanke; sie ist -e schlechte *(eine relativ gute)* Schülerin; das ist k. großer *(kaum ein)* Unterschied; k. anderer als er *(nur er)* kann es gewesen sein; **d)** ⟨ugs.⟩ vor Zahlwörtern: *nicht ganz, [noch] nicht einmal:* sie ist noch -e zehn Jahre alt; es dauert -e fünf Minuten; es ist noch k. halbes Jahr her. **2.** ⟨allein stehend⟩ *niemand, nichts:* -er rührte sich; ich kenne -en, der das tut; -s von beiden Problemen; -er der Anwesenden; -e weiß das besser als du; ⟨landsch., sonst veraltet im Neutr. Sg. mit Bezug auf Personen beiderlei Geschlechts:⟩ -s *(keine, keiner)* hatte sich verletzt; ♦ Nein, -es muss das andere weder glücklicher noch unglücklicher machen (Lessing, Minna IV, 6); **b)** ⟨allein stehend⟩ *durch hervorhebende Umstellung aus eigtl. attributivem Gebrauch verselbstständigt; [überhaupt] nicht:* Geld hat er -s; Post ist -e da; Lust hab ich -e; Gerne hätte ich für Maria in einem der vielen Beischlagläden eine Bernsteinkette gekauft. Schmuck trage sie -en mehr, sagte Maria (Grass, Butt 691).
kei|ner|lei ⟨unbest. Gattungsz.; indekl.⟩ [mhd. keiner (deheiner) lei(e), 1 -lei]: *nicht der, die, das, geringste; keine Art von:* k. Anstrengungen machen; das hat k. Wirkung; k. Reue zeigen; k. Verlangen nach etwas haben.
kei|nes|falls ⟨Adv.⟩: *auf keinen Fall:* es darf k. später als sechs Uhr werden; die Aufgabe ist schwer, aber k. unlösbar; Enttäuscht werden konnte er k., weil er nichts erhoffte (Kronauer, Bogenschütze 353).
kei|nes|wegs ⟨Adv.⟩ [mhd. keins (deheines) wegs]: *durchaus nicht, nicht im Geringsten:* das ist k. besser; das war k. böse Absicht; ihr Einfluss darf k. unterschätzt werden.
kein|mal ⟨Adv.⟩: *nicht ein einziges Mal:* sie hat noch k. gefehlt.
Kei|rin [ˈkeː...], das; -[s] [jap., aus: kei = Wettkampf u. rin = (Fahr)rad] (Radsport): *Bahnwettbewerb hinter Schrittmachermaschinen mit anschließendem freiem Endspurt.*

-keit, die; -, -en [mhd. -keit, Nebenf. von ↑ -heit, die sich aus der Abl. der Adj. auf -ig (mhd. -ec) entwickelt hat, z. B. mhd. ēwecheit, ēwekeit]: bildet mit bestimmten Adjektiven die entsprechenden Substantive, die dann einen Zustand, eine Beschaffenheit, Eigenschaft ausdrücken: Betriebsamkeit, Ganzheitlichkeit, Hagerkeit, Linkischkeit, Pulverigkeit, Wünschbarkeit.
Keks, der, seltener: das; - u. -es, - u. -e, österr.: das; -[es], -[e] [engl. cakes, Pl. von: cake = Kuchen]: **1. a)** ⟨o. Pl.⟩ *trockenes, haltbares Kleingebäck:* K. backen, essen; eine Dose K.; **b)** *Stück Keks* (1 a): -e backen; einen K. essen; eine Dose -e. **2.** (salopp) *Kopf:* sich den K. stoßen; * **einen weichen K. haben** *(nicht recht bei Verstand sein, verrückt sein);* **jmdm. auf den K. gehen** (↑ Nerv 3: das geht mir langsam auf den K.).
Keks|do|se, die: *[Metall]dose zum Aufbewahren von Keksen.*
Kelch, der; -[e]s, -e [mhd. kelch, ahd. kelich < lat. calix (Gen.: calicis) = tiefe Schale; Becher, Kelch]: **1. a)** *kostbares, glockenförmiges [Trink]gefäß mit schlankem Stiel u. breiterem, kreisrundem Fuß:* ein bauchiger K.; geschliffene -e; Wein aus spitzen -en trinken; * **den [bitteren] K. bis auf den Grund/bis zur Neige leeren [müssen]** (geh.; *alles Erdenkliche an Not u. Leiden erdulden [müssen]*); **der K. ist an jmdm. vorübergegangen** (geh.; *ein drohendes schweres Schicksal, Leiden konnte abgewendet werden;* nach Matth. 26, 39 u. 42); **b)** *etwas, das Getränk, die Flüssigkeit aufnehmender Teil eines Kelchs* (1 a): Sektgläser mit schlanken -en; **c)** (christl. Kirche) *Kurzf. von* ↑ Abendmahlskelch, ↑ Messkelch. **2.** (Bot.) *Blütenkelch.*
Kelch|blatt, das (Bot.): *Blatt eines Blütenkelchs.*
kelch|för|mig ⟨Adj.⟩: *die Form eines Kelches aufweisend.*
Kelch|glas, das: *kelchförmiges Glasgefäß.*
Kelch|kom|mu|ni|on, die (kath. Kirche): *(bei der Kommunion* 1) *das Darreichen von konsekriertem Wein.*
Ke|lim, Kilim, der; -s, -s [türk. kilim, aus dem Pers.]: *gewebter orientalischer [Wand]teppich mit einem auf Vorder- u. Rückseite gleichen Webmuster [u. Stickerei].*
Kel|le, die; -, -n [mhd. kelle, ahd. kella, H. u.]: **1.** *Schöpfgerät, großer Schöpflöffel in der Form einer Halbkugel o. Ä. mit langem Stiel; Schöpfkelle:* Suppe mit der K. ausgeben; * **mit der großen K. anrichten** (schweiz.; *großzügig sein, nicht sparsam wirtschaften*). **2.** *aus einer flachen, runden Scheibe an einem Stiel bestehendes Gerät, mit dem bestimmte, auf größere Entfernung sichtbare Signale gegeben werden können:* der Polizist hebt die K.; auf dem Schießstand die Treffer mit der K. anzeigen; mit der K. das Abfahrtszeichen geben. **3.** *zum Auftragen des Mörtels u. zum Glätten dienendes Werkzeug des Maurers, das aus einem etwa handgroßen, flachen, trapezförmigen od. dreieckigen Stück Stahlblech mit s-förmig gekrümmtem Stiel u. Griff besteht; Maurerkelle:* um Punkt vier lassen die Maurer die K. fallen *(hören sie abrupt auf zu arbeiten).* **4.** (Jägerspr.) *Schwanz des Bibers.*
Kel|ler, der; -s, - [mhd. keller, ahd. kellari < spätlat. cellarium = Speise-, Vorratskammer, zu lat. cella = Vorratskammer, enger Wohnraum; vgl. Zelle]: **1. a)** *teilweise od. ganz unter der Erde liegendes Geschoss eines Gebäudes:* ein dunkler, tiefer, feuchter K.; den K. ausbauen; Ü der Umsatz, der Kurs ist in den K. (ugs.; *sehr tief*) gefallen; im K. sein (Skatjargon; *Minuspunkte haben*); * **im K. sein** (1. Sport ugs.; *am Tabellenende stehen.* 2. Skatjargon; *Minuspunkte*

haben); **b)** *abgeteilter Raum in einem Keller* (1 a), *Kellerraum, bes. als Aufbewahrungsod. Vorratsraum:* jede Mietpartei hat Anspruch auf einen K.; seinen K. als Hobbyraum einrichten; Kartoffeln aus dem K. holen; in den K. gehen, [herab]steigen. **2.** (ugs.) *im Keller* (1 a) *lagernder Vorrat an Wein; Weinkeller:* einen guten K. haben. **3.** Kurzf. von ↑ Luftschutzkeller: ein splittersicherer K.; den K. aufsuchen. **4.** meist in Verbindung mit einem Namen; *Lokal, Diskothek, Klubraum o. Ä. in einem hierfür hergerichteten Keller[raum]:* Auerbachs K.; die Bar ist ein gemütlicher K. ◆ **5.** *Kellermeister:* Das ist just so ein Musje, wie sie in der Leute Häuser herumriechen, über K. und Koch räsonieren (Schiller, Kabale I, 2).

Kel|ler|as|sel, die: *an feuchten, dunklen Stellen in Gebäuden, Gärten, Gewächshäusern o. Ä. lebende Assel.*

Kel|ler|bar, die: *in einem Kellergeschoss untergebrachte Bar.*

Kel|ler|du|ell, das (Sportjargon): *Spiel zwischen zwei abstiegsgefährdeten Mannschaften.*

Kel|le|rei, die; -, -en: *Betrieb, Weingut mit großen Lagerkellern, in denen Wein od. Sekt behandelt u. gelagert wird.*

Kel|ler|fal|te, die (Schneiderei): *tiefe Falte in einem Kleidungsstück, bei der zwei Brüche so gegeneinanderstoßen, dass eine relativ breite Stoffbahn bedeckt ist:* ein Mantel mit langer K. hinten.

Kel|ler|fens|ter, das: *meist dicht unter der Decke liegendes Fenster im Kellergeschoss.*

Kel|ler|ge|schoss [...gəʃɔs], (südd., österr.:) **Kel|ler|ge|schoß** [...gəʃoːs], das: *Keller* (1 a), *Souterrain.*

Kel|ler|ge|wöl|be, das: **1.** *Gewölbe* (1) *eines Kellers* (1 a). **2.** *Keller mit gewölbter Decke.*

Kel|ler|kind, das [eigtl. = jmd., der in einer Kellerwohnung aufgewachsen ist] (ugs.): *sozial benachteiligtes Kind; jmd., der in ärmlichen Verhältnissen aufwächst od. aufgewachsen ist:* als K. der Nachkriegszeit geboren; Ü das Duell der -er *(der Tabellenletzten).*

Kel|ler|loch, das: (abwertend) *kleiner, dunkler, muffiger Kellerraum, in dem jmd. leben muss.*

Kel|ler|meis|ter, der: *Weinbauer od. Weinküfer, der als Fachmann für die Behandlung der Weine in der Kellerei bis zu ihrer Abfüllung in Flaschen sorgt* (Berufsbez.).

Kel|ler|meis|te|rin, die: w. Form zu ↑ Kellermeister.

Kel|ler|raum, der: *Raum im Kellergeschoss.*

Kel|ler|stie|ge (südd., österr.), **Kel|ler|trep|pe,** die: *in den Keller* (1 a, b) *führende Treppe.*

Kel|ler|tür, die: *Tür zum Keller* (1 a), *zu einem Kellerraum.*

Kel|ler|woh|nung, die: *im Kellergeschoss liegende Wohnung.*

Kell|ner, der; -s, - [mhd. kelnære, ahd. kelnāri = Kellermeister, Verwalter des [Wein]kellers < mlat. cellenarius < kirchenlat. cellararius = Kellermeister, zu spätlat. cellarium, ↑ Keller]: **1.** *Angestellter in einer Gaststätte, der die Gäste bedient* (Berufsbez.): ein höflicher, aufmerksamer K.; den K./nach dem K. rufen; den K. um die Rechnung bitten. ◆ **2.** *Keller-, Haushofmeister:* Koch! Nicht K. auch? (Lessing, Nathan I, 3).

Kell|ne|rin, die; -, -nen [mhd. kelnærinne = Hausmagd, Wirtschafterin]: w. Form zu ↑ Kellner.

kell|nern ⟨sw. V.; hat⟩ (ugs.): *[aushilfsweise] als Kellner, Kellnerin arbeiten.*

¹**Kelt,** der; -s [engl. kelt < gäl. cealt = Stoff, Kleidung] (Textilind.): *grober, schwarzer Wollstoff aus Schottland.*

²**Kelt,** der; -[e]s, -e [zu spätlat. celtis = Meißel] (veraltet): *bronzezeitliches Beil.*

Kel|te, der; -n, -n: *Angehöriger eines indogermanischen Volkes.*

Kel|ter, die; -, -n [mhd. kelter, ahd. calcture < lat. calcatura, zu: calcare = mit den Füßen stampfen, zu: calx (Gen.: calcis) = Ferse, Fuß (weil der Saft aus den Trauben mit den Füßen herausgestampft wurde)]: *Presse zur Gewinnung von Traubensaft od. Obstsäften:* Trauben in der K. pressen.

Kel|te|rei, die; -, -en: *Betrieb, in dem gekeltert wird.*

Kel|te|rer, der; -s, -: *jmd., der etw. keltert.*

Kel|te|rin, die; -, -nen: w. Form zu ↑ Kelterer.

kel|tern ⟨sw. V.; hat⟩ [spätmhd. keltern]: **a)** *(Obst, bes. Weintrauben) in der Kelter [aus]pressen:* Trauben, Beeren k.; **b)** *durch [Aus]pressen in der Kelter gewinnen, herstellen:* Most k.; aus Riesling und Silvaner gekelterter Wein.

Kelt|ibe|rer, der: *Angehöriger eines durch die Vermischung von Kelten u. Iberern in Spanien entstandenen Volks.*

Kelt|ibe|re|rin, die: w. Form zu ↑ Keltiberer.

kelt|ibe|risch ⟨Adj.⟩: *die Keltiberer betreffend.*

Kel|tin, die; -, -nen: w. Form zu ↑ Kelte.

kel|tisch ⟨Adj.⟩: **a)** *die Kelten betreffend; von den Kelten stammend, zu ihnen gehörend;* **b)** *in der Sprache der Kelten.*

Kel|tisch, das; -[s], (nur mit best. Art.:) **Kel|ti|sche,** das; -n: *die keltische Sprache.*

Kel|to|lo|ge, der; -n, -n [↑ -loge]: *Wissenschaftler auf dem Gebiet der Keltologie.*

Kel|to|lo|gie, die; - [↑ -logie]: *Wissenschaft von den keltischen Sprachen u. Kulturen.*

Kel|to|lo|gin, die; -, -nen: w. Form zu ↑ Keltologe.

kel|to|lo|gisch ⟨Adj.⟩: *die Keltologie betreffend.*

kel|to|ro|ma|nisch ⟨Adj.⟩: *keltisch-romanisch:* das -e Erbe.

Kel|vin, das; -[s], - [nach dem brit. Physiker Lord Kelvin (1824–1907)] (Physik): *Maßeinheit der absoluten Temperaturskala* (Zeichen: K).

Ke|ma|lis|mus, der; - [nach dem türk. Präsidenten Kemal Atatürk (1881–1938), dem Gründer dieser Bewegung]: *Bewegung in der Türkei, die die politische u. kulturelle Anlehnung an Europa u. eine allgemeine Modernisierung (unter Ablehnung islamischer Ideologien) anstrebt.*

Ke|ma|list, der; -en, -en: *Anhänger des Kemalismus.*

Ke|ma|lis|tin, die; -, -nen: w. Form zu ↑ Kemalist.

ke|ma|lis|tisch ⟨Adj.⟩: *den Kemalismus betreffend.*

Ke|me|na|te, die; -, -n [mhd. kem(e)nāte, ahd. cheminata < mlat. caminata = heizbares Zimmer, zu lat. caminatum, 2. Part. von: caminare = mit einem Kamin versehen, zu: caminus, ↑ Kamin]: **1.** *mit einem Kamin ausgestattetes Wohngemach, bes. Frauengemach in Burgen des Mittelalters.* **2.** (ugs. scherzh.) *intimer kleiner Raum, den jmd. als seinen eigenen persönlichen Bereich hat:* sich in seine K. zurückziehen.

Ken, das; -, - [jap. ken]: *Verwaltungsbezirk in Japan.*

Ken|do, das; -[s] [jap. kendō = Weg des Schwertes]: *japanische Form des Schwertkampfs mit zusammengebundenen, elastischen Bambusstäben, bei der nur die geschützten Körperstellen des Gegners getroffen werden dürfen.*

Ken|do|ka, der; -s, -s: *jmd., der Kendo betreibt.*

Ke|nia, -s: Staat in Ostafrika. Dazu: **Ke|ni|a|ner,** der; -s, -; **Ke|ni|a|ne|rin,** die; -, -nen; **ke|ni|a|nisch** ⟨Adj.⟩.

kenn|bar ⟨Adj.⟩ (schweiz., sonst veraltet): *erkennbar, kenntlich:* ◆ ...als er aber auf der neu gescheuerten Platte den noch -en Blutfleck sah (Storm, Schimmelreiter 22).

Kenn|buch|sta|be, der: *als Kennzeichen, zur Kennzeichnung dienender Buchstabe.*

Kenn|da|ten ⟨Pl.⟩ (Fachspr.): *kennzeichnende Daten:* aussagekräftige, audiometrische, elektrische K.

ken|nen ⟨unr. V.; hat⟩ [mhd. kennen = (er)kennen, ahd. (in Zus.) -chennan, Kausativbildung zu ↑ können in dessen urspr. Bed. »wissen, verstehen« u. eigtl. = verstehen machen]: **1. a)** *mit jmdm., etw. (in seinen charakteristischen Eigenschaften) bekannt geworden sein u. im Bewusstsein [behalten] haben; mit jmdm. vertraut sein; über jmdn., sich, etw. Bescheid wissen:* etw. gut, genau, gründlich, oberflächlich, flüchtig, nur vom Hörensagen, nur vom Sehen, aus eigener Anschauung, bis ins Kleinste, von Grund auf k.; die Welt, das Leben, seine Heimat k.; wir kennen ihn Not; ich kenne sie, ihre Vorzüge und Schwächen, genau; ich kenne mich [selbst] gut genug; da kennst du mich aber schlecht (ugs.; schätzt du mich falsch ein); von diesem Schriftsteller kenne ich nichts *(habe ich nichts gelesen);* R das kennen wir [schon] (ugs. abwertend; *das haben wir schon öfter gehört, erlebt; diese schlechte Erfahrung haben wir schon öfter gemacht; das ist uns [leider] nichts Neues;* **b)** *jmdm. in bestimmter Weise, durch bestimmte Eigenschaften, als jmd., der durch bestimmte Eigenschaften gekennzeichnet ist, bekannt sein:* wie ich sie kenne, tut sie genau das Gegenteil; wir kannten ihn bisher nur als Schriftsteller, nicht als Komponisten; von dieser Seite kannten wir dich noch nicht; wir kennen sie nur als zuverlässige Person; ◆ Du beleidigst mich, Weislingen. Kennst du mich nicht (Goethe, Götz 4); * sich [vor etw. ⟨Dativ⟩] nicht mehr k. ([*aufgrund von etw.] außer sich sein:* sich vor Wut nicht mehr k.); **c)** *mit jmdm. bekannt sein:* wir kennen uns schon lange; jmdn. nur flüchtig k.; er kennt mich persönlich; ich kenne ihn von früher, von der Schule, vom Dienst her; woher kennen wir uns?; wir kennen uns schon *(wir sind miteinander bekannt [gemacht worden]);* die beiden kennen sich nicht mehr *(sind miteinander verfeindet u. beachten sich deswegen nicht mehr, wenn sie sich begegnen);* nach dem Vorfall will sie ihn nicht mehr k. *(verleugnet sie die Bekanntschaft mit ihm, tut sie so, als kenne sie ihn nicht).* **2.** *verstehen, beherrschen:* sein Handwerk k.; das Schachspiel k. **3.** *[wieder]erkennen [können]:* ich kenne sie am Gang, an der Stimme, (bayr., österr. ugs.:) er hat sie in ihrer Maske nicht gekannt. **4.** *anzugeben, zu bezeichnen wissen:* jmds. Namen, Alter k.; kennst du den Grund für sein Verhalten?; ich kenne ein gutes Mittel gegen Schnupfen; kennst du ein gutes Restaurant?; kennst du einen Arzt, der mir helfen könnte?; sie allein kannte die Stelle, an der der Schatz vergraben war; jeder kennt seinen Platz *(weiß, wo sein Platz ist).* **5.** *mit etw. in Berührung gekommen sein u. daher [wissen u.] Erfahrung darin haben, was u. wie etw. ist:* in diesem Land kennt man keinen Winter; die Eingeborenen kennen keine festen Behausungen; eine Katastrophe von nie gekanntem (erlebtem) Ausmaß; Ü die Gegend kennt *(in der Gegend gibt es)* lange, harte Winter. **6. a)** *sich einer Sache, die Berücksichtigung od. Verwirklichung nahelegt, bewusst sein:* Verständnis für etw. k.; **b)** *sich in seinem Handeln (von etw.) bestimmen, beeinflussen lassen; in seinem Handeln (von etw.) bestimmt, beeinflusst sein* (meist verneint): sie kennt kein Mitleid, keine Rücksicht, keine Gnade, keine Skrupel, keine Hemmungen, keine Unterschiede; er kennt keine Grenzen, kein Maß *(schreckt vor nichts zurück);* sie kennt nur ihre Arbeit; R da kenne ich nichts (ugs.; *das lasse ich mir nicht nehmen, davon lasse ich mich nicht abhalten).* **7.** s. kennenlernen. **8.** * **ums K.** (südd., österr. und schweiz. ugs.;

gerade noch, gerade nicht mehr, nur geringfügig).
ken|nen|ler|nen, ken|nen ler|nen ⟨sw. V.; hat⟩:
1. a) *[Erfahrungs]wissen, Kenntnis[se] erlangen in Bezug auf jmdn., etw.; mit etw. bekannt werden; durch unmittelbaren Kontakt wissen, wie etw. ist:* ein Buch, eine fremde Stadt k.; das Leben, seine Heimat gründlich k.; jmds. Vorzüge, Schwächen näher k.; ich wollte ihre Ansicht, sie von einer anderen Seite k.; **b)** *mit jmdm. bekannt werden; jmds. Bekanntschaft machen:* jmdn. persönlich k.; wir haben uns im Urlaub kennengelernt; [es] freut mich, Sie kennenzulernen (Formel bei der Vorstellung); jmdn. kennen- und lieben lernen. **2.** *mit etw. in Berührung gebracht werden, damit konfrontiert werden:* jmds. Großzügigkeit, Brutalität k.; R du wirst mich noch k.! (*du wirst noch merken, dass mit mir nicht zu spaßen ist*; als Warnung).
Ken|nen|lern|preis, der (Werbespr.): *ermäßigter Preis, der für potenzielle Kundschaft einen Anreiz darstellen soll, ein bestimmtes [neues] Produkt auszuprobieren.*
Ken|nen|lern|ter|min, der: *Zeitpunkt, zu dem sich zwei od. mehrere Personen kennenlernen.*
Ken|ner, der; -s, -: **a)** *jmd., der etw. Bestimmtes gut kennt* (1 a): ein gründlicher, hervorragender K. der Antike; **b)** *jmd., der auf einem bestimmten Sach- od. Wissensgebiet überdurchschnittliche Kenntnisse besitzt:* K. bevorzugen diese Weinsorte; das Urteil des -s respektieren.
Ken|ner|blick, der: *Blick eines Kenners, Kennerschaft verratender Blick:* -e auf etw. werfen; ein Bild mit K. betrachten.
ken|ner|haft ⟨Adj.⟩ (oft abwertend): *nach Art, in der Art eines Kenners; einem Kenner entsprechend:* k. lächeln, nicken.
Ken|ne|rin, die; -, -nen: w. Form zu ↑Kenner.
Ken|ner|mie|ne, die: *Miene eines Kenners, Kennerschaft verratende Miene.*
Ken|ner|schaft, die; -: *Erfahrung, Wissen u. Urteils-, Einschätzungsvermögen eines Kenners:* seine K. unter Beweis stellen; etw. mit [großer] K. (*Sachkenntnis*) prüfen, auswählen.
Kenn|grö|ße, die: **1.** *betriebswirtschaftliche Kennzahl:* die K. steigt, wenn das Eigenkapital reduziert wird. **2.** (Physik) *dimensionslose Größe, die für einen bestimmten physikalischen Vorgang charakteristisch ist.*
Ken|ning, die; -, -ar [...ŋgar] u. -e [anord. kenning, eigtl. = Erkennung] (Literaturwiss.): *(in der altgermanischen Dichtung) bildliche Umschreibung eines Begriffes durch eine mehrgliedrige Benennung* (z. B. »das Tosen der Pfeile« für »Kampf«; vgl. Heiti).
Kenn|li|nie, die (Fachspr.): *Linie, Kurve, die Veränderung u. Abhängigkeitszusammenhang wichtiger technischer Größen grafisch darstellt.*
Kenn|me|lo|die, die (Rundfunk): *Melodie als Erkennungszeichen für einen bestimmten Sender, ein bestimmtes Programm o. Ä.*
Kenn|num|mer, Kenn-Num|mer, die: *kennzeichnende Nummer.*
Kenn|si|gnal, das: *(vom Fernsehstudio gesendetes) Signal für die Einschaltung des vorprogrammierten Videorekorders.*
kennt|lich ⟨Adj.⟩ [spätmhd. (md.) kentlich, mhd. ken(ne)lich = erkennbar, bekannt, zu ↑kennen]: *in den Verbindungen* **k. sein** (*wahrnehmbar, unterscheidbar [u. als das, was er, sie, es ist], erkennbar sein:* sie war an ihrer Stimme k.; ⟨auch attr.:⟩ ein weithin -es Zeichen; das Zeichen war weithin k.), **jmdn., etw. k. machen** (*jmdn., etw. wahrnehmbar, unterscheidbar, erkennbar machen; kennzeichnen:* sich [als jmdn., als etw.] k. machen; ein Hindernis durch Leuchtfarbe k. machen; das Strychnin war durch ein rotes Etikett als Gift k. gemacht).

Kennt|lich|keit, die; -: *das Kenntlichsein.*
Kennt|lich|ma|chung, die; -, -en: *das Kenntlichmachen.*
Kennt|nis, die; -, -se [mhd. kentnisse = (Er)kenntnis, geb. zum 2. Part. von mhd. kennen, ↑kennen]: **1.** ⟨o. Pl.⟩ *das Kennen einer [Tat]sache, das Wissen von etw.:* die K. der Beweggründe fehlt noch; eine ganz genaue K. der Gegend mitbringen; K. über diese Vorfälle/ von diesen Vorfällen haben; die eingehende K. von etw. voraussetzen; das entzieht sich meiner K.; wir konnten uns aus eigener K. ein Bild machen; ohne K. der Sachlage handeln; von etw. K. bekommen, erhalten, erlangen (*etw. erfahren*); von etw. K. nehmen; jmdn. von etw. in K. setzen; Ihre Mitteilung vom 9. Juli dieses Jahres haben wir zur K. genommen (*entgegengenommen, registriert*); sie nahm diese Anordnung nicht zur K. (*kümmerte sich nicht darum*): jmdn. zur K. nehmen (*jmdn. beachten*). **2.** ⟨Pl.⟩ *[Fach]wissen, Sach- u. Erfahrungswissen:* umfassende, gründliche, gediegene, besondere, ausreichende, begrenzte, oberflächliche, mangelhafte, lückenhafte -se [in etw.]; seine -se in Fremdsprachen sind nicht ausreichend; -se anhäufen, sammeln, gewinnen, haben, vermitteln; seine -se erweitern, vertiefen, auffrischen; etw. erfordert fachliche, medizinische -se.
Kennt|nis|nah|me, die; - [zum 2. Bestandteil vgl. ↑Abnahme] (Amtsspr.): *das Zur-Kenntnis-Nehmen:* nach K. der Akten; um gefällige K. [der Akten] wird gebeten; jmdn. ein Schreiben zur K. vorlegen.
kennt|nis|reich ⟨Adj.⟩: *über umfangreiche Kenntnisse auf einem bestimmten Gebiet verfügend; sachkundig:* ein ungemein -er Autor; ein Thema k. abhandeln.
Kennt|nis|stand, der ⟨o. Pl.⟩: *Stand der Kenntnis bzw. der Erkenntnisse in Bezug auf jmdn. od. etw.:* diese Darstellung entspricht dem neuesten K.
Ken|nung, die; -, -en [mhd. kennunge = Erkennung, Erkenntnis]: **1.** (Fachspr.) *charakteristisches Merkmal, Zeichen od. Gesamtheit charakteristischer Merkmale, Zeichen zur eindeutigen Identifizierung von etw.* **2.** (Seew., Flugw.) *charakteristische Folge der Lichtsignale bei einem Leuchtfeuer o. Ä.* **3.** (Funkw.) *Signal, an dem eine Station zu erkennen, zu identifizieren ist.* **4.** (Seew., Geogr.) *Landmarke.*
Kenn|wert, der (Fachspr.): *charakteristischer Zahlenwert.*
Kenn|wort, das ⟨Pl. ...wörter⟩: **1.** *als Erkennungszeichen für etw. benutztes Wort:* Zuschriften unter dem K. »Wassermann« erbeten. **2. a)** *nur Eingeweihten bekanntes Wort, durch das sich jmd. ausweist, dass er zu einem bestimmten Personenkreis gehört:* das K. nennen und eingelassen werden; das K. verlangen; das K. (Militär; *die Losung, die Parole*) hieß »Löwenzahn«; **b)** *nur Eingeweihten bekanntes Wort, das den Gebrauch einer Sache, den Zugang zu ihr ermöglicht u. sie gegen den Missbrauch durch Außenstehende schützen soll:* ein Sparbuch mit K.
Kenn|zahl, die: **1.** *Kennziffer* (1). **2.** (Telefonie) *Vorwählnummer.* **3.** (Fachspr.) *charakteristischer Zahlenwert, insbesondere charakteristische Verhältniszahl:* die K. der Rentabilität eines Betriebes.
Kenn|zei|chen, das: **1.** *charakteristisches Merkmal; Zeichen, an dem jmd., etw. zu erkennen ist:* ein auffälliges, sicheres K.; besondere K. des Gesuchten: Narbe am linken Unterarm; die Krankheit hat untrügliche K. **2. a)** *beigegebenes, zugeteiltes, an etw. angebrachtes Zeichen, das dazu dient, etw. kenntlich zu machen; von Gleichartigem zu unterscheiden:* sie trug das K.

ihrer Gruppe am Revers; einen Behälter mit einem K. versehen; **b)** *an einem Land- od. Wasserfahrzeug angebrachtes, amtlich zugeteiltes Zeichen (aus Buchstaben, Ziffern), das seine Identifizierung ermöglicht u. seine Herkunft erkennen lässt:* das polizeiliche K. des Wagens; M ist das K. Münchens; für München; ein Fahrzeug mit ausländischem K.
Kenn|zei|chen|leuch|te, die (Kfz-Wesen): *Leuchte, die das Kennzeichen* (2 b) *bei Dunkelheit sichtbar macht.*
Kenn|zei|chen|schild, das ⟨Pl. -er⟩: *Schild mit dem Kennzeichen* (5).
kenn|zeich|nen ⟨sw. V.; hat⟩: **1.** *mit einem Kennzeichen* (2 a) *versehen:* Waren, Tiere k.; einen Weg durch Schilder/mit Schildern k.; etw. durch eine Aufschrift [als etw.] k. **2. a)** *jmdn., etw. durch Aufzeigen seiner Kennzeichen* (1) *in seiner Eigenart beschreiben, darstellen; charakterisieren:* jmdn. als fleißig, mutig k.; dieses Wort ist als umgangssprachlich zu k.; durch etw. gekennzeichnet sein (*sich durch etw. auszeichnen*); die Autorin hat diese Figuren scharf gekennzeichnet; **b)** *ein Kennzeichen sein, das jmdn., etw. in seiner Eigenart zeigt, erkennen lässt:* ihr Verhalten kennzeichnet sie als integre, vertrauenswürdige Person; diese Tat kennzeichnet seinen Charakter; ⟨auch k. + sich:⟩ ihr Denken kennzeichnet sich durch logische Schärfe.
kenn|zeich|nend ⟨Adj.⟩: *charakteristisch, typisch:* -e Eigenschaften, Unterschiede, Merkmale; Härte ist für diese Mannschaft k.; k. dafür ist folgender Vorfall; Amseln, falls es Amseln sind, zwitschern, falls Ornithologen für die Äußerungen der Amseln kein -eres Verb empfehlen, und falls dies jetzt Amseln sind (Wohmann, Absicht 311).
kenn|zeich|nen|der|wei|se ⟨Adv.⟩: *charakteristischerweise, typischerweise.*
Kenn|zeich|nung, die; -, -en: **1.** *das Kennzeichnen* (1, 2 a). **2. a)** *etw., wodurch etw. gekennzeichnet* (1) *wird;* **b)** *etw., wodurch jmd., etw. gekennzeichnet* (2 a) *wird; Charakterisierung:* dies sind die auffallendsten -en seines Stils. **3.** (math. Logik) **a)** *eindeutige Festlegung eines Gegenstandes durch eine Aussageform, die gesichertmaßen nur einem Gegenstand zutrifft:* die Methode der K.; **b)** *durch Kennzeichnung* (3 a) *gebildeter Ausdruck für einen bestimmten einzelnen Gegenstand.*
Kenn|zeich|nungs|pflicht, die: *Verpflichtung zur Kennzeichnung:* K. für gentechnisch veränderte Lebensmittel.
kenn|zeich|nungs|pflich|tig ⟨Adj.⟩: *mit einer Kennzeichnung* (2 a) *zu versehen.*
Kenn|zif|fer, die: **1.** *einer Sache als Kennzeichen* (2) *zugeteilte Ziffer, Zifferngruppe.* **2.** (Math.) *Zahl, die im Logarithmus vor dem Komma steht.* **3.** (DDR Wirtsch.) *Zahl, die für wichtige Elemente der Planung, Durchführung u. Fertigung im Produktionsprozess steht:* ökonomische, statistische -n.
Ke|no|taph, Zenotaph, das; -s, -e [lat. cenotaphium < griech. kenotáphion, zu: kenós = leer u. táphos = Grab]: *leeres Grabmal zur Erinnerung an einen Toten, der an anderer Stelle begraben ist.*
Ken|taur: ↑Zentaur.
ken|tern ⟨sw. V.⟩ [niederd. kenteren, kanteren, eigtl. = auf die (andere) Seite legen, umwälzen, zu ↑Kante]: **1.** ⟨ist⟩ *(von Wasserfahrzeugen) sich seitwärtsneigend aus der normalen Lage geraten u. auf die Seite od. kieloben zu liegen kommen:* das Schiff ist gekentert; wir sind mit dem Boot gekentert; ⟨subst.:⟩ der Sturm hat das Boot zum Kentern gebracht. **2.** ⟨hat⟩ (Seemannsspr.) *(von Strömungen o. Ä.) anfangen, sich in umge-*

kehrter Richtung zu bewegen: *der Wind kentert; die Flut kentert (die Ebbe setzt ein); der Kapitän entschloss sich, mit kenterndem Wasser (bei einsetzender Ebbe) auszulaufen.*

Ken|tu|cky [...'t.ki]; -s: Bundesstaat der USA.

Ken|tum|spra|che, die [nach der Aussprache des anlautenden c in lat. centum (= hundert) als k] (Sprachwiss.): *Sprache aus der Gruppe der westindogermanischen Sprachen, in denen sich bestimmte Verschlusslaute (bes. g u. k) zunächst erhalten haben.*

Ke|pheus, der; -: Sternbild am nördlichen Sternenhimmel.

Ke|ra|mik, die; -, -en [frz. céramique < griech. keramikḗ (téchnē) = Töpfer(kunst), zu: kéramos = Töpferton, -ware]: **1. a)** ⟨o. Pl.⟩ *Erzeugnisse aus gebranntem Ton od. (seltener) aus Porzellan:* die Ausstellung zeigt K. *(künstlerische Keramik)* des Barocks; **b)** *künstlerisch, kunsthandwerklich gestalteter Gegenstand aus Keramik* (2): *eine wertvolle chinesische K.* **2.** *gebrannter Ton, aus dem Keramik* (1 a) *hergestellt ist:* die Vase ist aus K.; ist das K.? **3.** ⟨o. Pl.⟩ *Technik der Herstellung von Keramik* (1 a) *u. das entsprechende [Kunst]handwerk, die entsprechende Industrie:* die minoische K.

Ke|ra|mi|ker, der; -s, -: *jmd., der sich mit der Herstellung u. Bearbeitung keramischer Erzeugnisse befasst* (Berufsbez.).

Ke|ra|mi|ke|rin, die; -, -nen: w. Form zu ↑ Keramiker.

ke|ra|misch ⟨Adj.⟩: **1.** *die Keramik* (1) *betreffend, zu ihr gehörend:* -e Farben *(in Keramik eingebrannte, hitzebeständige Farben);* -er Druck (Fachspr.: *Steindruckverfahren zur Übertragung von Ornamenten u. Bildern auf Porzellan u. Steingut).* **2.** *die Keramik* (2) *betreffend, aus Keramik hergestellt:* eine Ausstellung -er Vasen, Arbeiten, Erzeugnisse; *eine -e Sammlung (Sammlung künstlerischer, kunstgewerblicher Keramik);* -er Ofen (Fachspr.: *bei der Herstellung u. Bearbeitung von Keramik benutzter Brennofen).* **3.** *die Keramik* (3) *betreffend:* das -e Gewerbe; die -e Technik, Industrie.

Ke|ra|tin, das; -s, -e [vgl. ↑ Kerato-] (Biochemie): *schwefelhaltige Substanz in Haaren, Hörnern, Geweihen, Nägeln, Hufen o. Ä.*

Ke|ra|ti|tis, die; -, ...titiden (Med.): *Hornhautentzündung.*

Ke|ra|to- [zu griech. kéras (Gen.: kératos) = Horn]: Best. in Zus. mit der Bed. *Horn...* (z. B. Keratoplastik).

Ke|ra|tom, das; -s, -e (Med.): *geschwulstartiger Auswuchs der Hornschicht der Haut.*

Ke|ra|to|plas|tik, die (Med.): *operative Hornhautüberpflanzung zum Ersatz erkrankter Hornhaut.*

Ker|be, die; -, -n [mhd. kerbe, zu ↑ kerben]: *schmale, nach innen (unten) spitz zulaufende Vertiefung:* eine K. im Holz; mit dem Messer eine K. in einen Stock schneiden; *** in dieselbe/die gleiche K. hauen/schlagen** (ugs.: *inhaltlich dasselbe sagen, die gleiche kritische Meinung vertreten, die zuvor schon ein anderer geäußert hat, u. damit dasselbe Ziel o. Ä. wie dieser verfolgen;* beim Holzfällen wird ein Baum durch das Einschlagen der Axt immer in die gleiche Kerbe ausgeschnitten gefällt: ausgerechnet sie hieb in dieselbe K.).

Ker|bel, der; -s [mhd. kervel(e), ahd. kervola < lat. caerefolium < griech. chairéphyllon, eigtl. = liebliches, angenehmes Blatt, wegen des Duftes u. Geschmacks]: *(zu den Doldengewächsen gehörende) als Gewürz verwendete Pflanze mit gelblich od. grünlich weißen Blüten.*

Ker|bel|kraut, das ⟨o. Pl.⟩: *in Gärten angebaute Art des Kerbels.*

ker|ben ⟨sw. V.; hat⟩ [mhd. kerben, urspr. = ritzen, kratzen, verw. mit griech. gráphein = (ein)ritzen; schreiben]: **1.** *mit einer od. mehreren Kerben versehen:* eine Leiste k. **2.** *durch das Anbringen von Kerben etw. erzeugen:* ein Muster in Holz k.; eine gekerbte Struktur.

Kerb|holz, das ⟨Pl. ...hölzer⟩: in der Wendung **etw. auf dem/** (bayr., österr. auch:) **am K. haben** (ugs.; *etw. Unerlaubtes, Unrechtes, eine Straftat o. Ä. begangen haben;* eigtl. = Schulden haben; nach dem Holzstab, in den Kerben als Nachweis z. B. für Schulden eingeschnitten wurden).

ker|big ⟨Adj.⟩: *mit zahlreichen Kerben versehen:* ein -er Stock.

Kerb|schnitt, der ([Kunst]handwerk): *[Technik der] [Holz]verzierung durch eingekerbte Muster.*

Kerb|schnit|ze|rei, die ([Kunst]handwerk): **1.** *eingekerbte Holzverzierung.* **2.** ⟨o. Pl.⟩ *Kunst u. Technik des Kerbschnitts.*

Kerb|tier, das [eindeutschend für ↑ Insekt] (Zool., seltener): *Insekt.*

Ker|bung, die; -, -en: **1.** *das Kerben.* **2.** *Kerbe, gekerbte Stelle.*

Ke|ren ⟨Pl.⟩ (griech. Mythol.): *griechische Schicksalsgöttinnen.*

Ker|ker, der; -s, - [mhd. kerker, karkære, ahd. karkāri < lat. carcer]: **1.** (früher) **a)** *sehr festes [unterirdisches] Gefängnis:* jmdn. aus dem K. befreien; im K. liegen, schmachten (geh. emotional; *eine Freiheitsstrafe [unter erschwerten Bedingungen] verbüßen);* Ü Dieser Gottkaiser, eingeschlossen in dem goldenen K., den er nun sich selbst errichtet hat, da steht er in ihm wie das starre Bild eines Götzen (Thieß, Reich 242); **b)** *Kerkerhaft: zu lebenslänglichem K. verurteilt werden.* **2.** (österr. früher Amtsspr., sonst österr. ugs.) *Freiheitsstrafe:* er wurde zu zwei Jahren [einfachem, schwerem] K. verurteilt.

Ker|ker|haft, die; (früher): *Haft in einem Kerker* (1 a).

Ker|ker|meis|ter, der; (früher): *Gefangenenaufseher im Kerker* (1 a).

Ker|ker|meis|te|rin, die: w. Form zu ↑ Kerkermeister.

ker|kern ⟨sw. V.; hat⟩ [mhd. kerkern] (veraltet, geh.): *in etw. einsperren, einschließen:* Platon behauptete, die Seele sei in den Leib gekerkert; ◆ Ist im Palast der freie Geist gekerkert? (Goethe, Torquato Tasso II, 3).

Kerl, der; -s, -e, nordd. ugs. auch: -s [aus dem Niederd. < mniederd. kerle = freier Mann nicht ritterlichen Standes; großschlächtiger Mann; im Ablaut zu mhd. karl(e), ahd. karal = (Ehe)mann; vgl. anord. karl = alter Mann]: **1.** (ugs.) **a)** *männliche Person, Mann, Bursche:* ein junger, kräftiger, großer, langer K.; ein tüchtiger, anständiger, ehrlicher, forscher K.; ein unverschämter, frecher, gemeiner, widerlicher, grober, langweiliger, dummer, komischer, alberner K.; er ist der [richtige] K. dazu; (drückt wohlwollendes Erstaunen aus) das ist ein K.!; wir brauchen ganze -e *(Männer, die sich, wenn es darauf ankommt, bewähren);* er hat gezeigt, was für ein K. in ihm steckt *(was er leisten kann);* ich kann den K. nicht leiden!; schmeißt die -e -/ (nordd., md.:) -s hinaus!; (Schimpfwort) du blöder K.!; (als saloppe Anrede) Mann od. als Ausruf der Überraschung o. Ä.:) K., wie siehst du denn aus!; sie hat noch keinen K. ⟨Pl. -, selten auch -es⟩ ... er hat auch schon brave K. angelockt (Schiller, Räuber III, 3); ◆ Das ist ein Korps -e, Bruder, deliziöse Burschen, sag ich dir (Schiller, Räuber III, 2); *** die Langen Kerls** *(von Friedrich Wilhelm I. von Preußen geschaffene Leibgarde, in die nur besonders große Männer aufgenommen wurden);* **b)** *Liebhaber:*

einen K. haben, sich einen K. nehmen; sie lag mit ihrem K. im Bett. **2.** *(durch bestimmte [positive Charakter]eigenschaften charakterisierter) Mensch:* ein patenter K.; sie ist ein feiner, netter, prächtiger, guter K.; ein lieber, goldiger, tapferer K. *(Junge);* der Großvater nahm den kleinen K. *(das Baby)* auf den Arm. **3.** (veraltet) *Diener.* **4.** (ugs.) *besonders großes Exemplar, Prachtexemplar:* wir haben Äpfel gepflückt, solche -e!

Kerl|chen, das; -s, -: **1.** Vkl. zu ↑ Kerl (1 a). **2.** *kleiner Junge:* ein goldiges K.; so ein freches K.!

Kern, der; -[e]s, -e [mhd. kerne, ahd. kerno, wohl ablautende Bildung zu ↑ Korn]: **1. a)** *fester innerer Teil einer Frucht; [hartschaliger] Samen [in] einer Frucht:* der K. der Pflaume, des Pfirsichs; die schwarzen -e des Apfels; **b)** *das Innere des hartschaligen Fruchtkerns od. der festen Fruchthülle:* der K. einer Nuss, einer Mandel; Ü das ist der K. *(das Wesentliche)* des Problems, ihres Vorschlags; diese Behauptung hat, birgt einen wahren K.; mit dieser Behauptung hat sie den K. der Sache getroffen; der Vorschlag ist im K., in seinem K. *(im Wesentlichen)* brauchbar; zum K. der Sache kommen; es steckt ein guter K. *(Charakter)* in ihm; **c)** (südd.) *Getreide, bes. Dinkel in enthülstem Zustand.* **2.** (Biol.) Kurzf. von ↑ Zellkern. **3.** (Physik) Kurzf. von ↑ Atomkern: *leichte -e (Atomkerne mit wenigen Protonen u. Neutronen);* schwere -e *(Atomkerne mit vielen Protonen u. Neutronen);* der K. eines Atoms spalten. **4. a)** (Gießerei) *in eine Gießform eingebrachtes Teil, durch das im Gussstück eine Aussparung von bestimmter Form erzeugt werden soll;* **b)** (Technik) Kurzf. von ↑ Reaktorkern; **c)** (Fachspr.) *in das Mundstück der Blockflöte eingelegter, runder Teil;* **d)** (Elektrot.) Kurzf. von ↑ Eisenkern; **e)** (Fachspr.) *innerer Teil (zwischen Körper u. Fuß) in bestimmten Orgelpfeifen;* **f)** (Bauw.) *(bei Staudämmen) innerer Teil aus abdichtendem Material.* **5. a)** (Holzverarb.) *innerer, härterer (u. wertvollerer) Teil des Stamms (bei bestimmten Bäumen);* **b)** (Jägerspr.) *(beim Raubwild) der Fleischkörper ohne Balg;* **c)** (Gerberei) *feste, gleichmäßige Struktur aufweisendes, wertvollstes Stück, Kernstück (bes. Rückenteil) einer gegerbten Rindshaut.* **6. a)** *wichtiger Teil einer Sache, der Grundstock, das Wesentliche, Entscheidende von etw.; Ausgangspunkt für Erweiterung, weitere Entwicklung;* Zentrum: der K. der Stadt *(Stadtkern);* (Meteorol.:) ein Tief mit K. über Schottland; der K. des Mondschattens (Astron.; *Kernschatten des Mondes)* bei einer Sonnenfinsternis; **b)** (Biol., Med.) Kurzf. von ↑ Nervenkern. **7.** *wichtigster, aktivster Teil einer Gruppe:* der K. der Truppe, der Organisation; *** der harte K.** (1. *derjenige Teil einer aggressiven, bes. kriminellen Gruppe, der sich mit ihren Zielen u. Handlungen unbedingt identifiziert u. sich an ihren Aktionen in besonderem Maße beteiligt.* scherzh.; *derjenige Teil einer Gruppe, der bes. stark betroffen ist, sich bes. stark engagiert, der im Zentrum steht o. Ä.:* der harte K. der Fans).

Kern|ak|ti|vi|tät, die (bes. Wirtsch.): *wesentliche, hauptsächliche Aktivität.*

Kern|auf|ga|be, die: *wesentliche, zentrale Aufgabe, Hauptaufgabe:* die Verkehrsüberwachung sollte K. des Staates bleiben.

Kern|aus|sa|ge, die: *wesentliche, wichtigste Aussage in einem bestimmten Zusammenhang:* das Buch ist in seinen -n heute noch aktuell.

Kern|bau|stein, der (Physik): *eines der Elementarteilchen, aus denen sich ein Atomkern aufbaut.*

Kern|bei|ßer, der: *(zu den Finken gehörender) Vogel mit vorwiegend olivgrünem Gefieder u. einem kegelförmigen Schnabel, mit dem er hartschalige Früchte od. Samen (bes. Kirsch- u. Pflaumenkerne) aufhackt.*

Kern|be|reich, der: *Bereich, der den Kern* (6 a) *bildet.*

Kern|brenn|stoff, der (Technik): *Stoff, der spaltbares Material enthält, durch das in einem Kernreaktor eine gesteuerte Kernkettenreaktion aufrechterhalten wird.*

Kern|che|mie, die (Physik): *Teilgebiet der Kernphysik, das sich bes. mit den Kernumwandlungen u. den Eigenschaften ihrer Produkte befasst.*

Kern|ele|ment, das: **1.** *wichtigstes Element, Kernstück.* **2.** (Kernt.) *Brennelement.*

Kern|ener|gie, die: **1.** *Atomenergie:* die friedliche Nutzung der K. **2.** (Physik) *zur Auflösung der Bindung* (4 b) *der Kernbausteine erforderliche Energie.*

Ker|ner, der; -s, - [nach dem dt. Dichter J. Kerner (1786–1862)]: **a)** ⟨o. Pl.⟩ *aus blauem Trollinger u. weißem Riesling gezüchtete Rebsorte;* **b)** *Wein aus Kerner* (1).

Kern|eu|ro|pa; -s (Politik): *Gruppe von Staaten innerhalb der Europäischen Union, die eine weiter gehende Integration anstreben als die übrigen:* die Euroländer als K.

Kern|ex|plo|si|on, die: **1.** *Explosion eines atomaren Sprengkörpers.* **2.** (Physik) *durch Auftreffen eines sehr energiereichen Teilchens verursachtes plötzliches Zerfallen eines Atomkerns in kleinere od. kleinste Bruchstücke.*

Kern|fach, das (Schule): *wichtiges Unterrichtsfach, das für Schüler[innen] aller höheren Schulen verbindlich ist.*

Kern|fa|mi|lie, die (Soziol.): *Familie* (1 a) *(bes. im Unterschied zur Großfamilie, Kommune o. Ä.).*

Kern|fäu|le, die (Fachspr.): *Fäule, Zersetzung des Kernholzes lebender Bäume, die eine Aushöhlung bewirkt.*

Kern|for|de|rung, die: *zentrale Forderung, Hauptforderung.*

Kern|for|schung, die: *Forschung auf dem Gebiet der Kernphysik.*

Kern|fra|ge, die: *wesentliche Frage, Hauptfrage.*

Kern|frucht, die (Bot.): *Frucht mit Samenkernen* (z. B. Apfel, Birne, Quitte).

Kern|fu|si|on, die: **1.** (Physik) *Fusion* (4) *von Atomkernen.* **2.** (Biol.) *Kernverschmelzung.*

Kern|ge|biet, das: **1.** *Gebiet* (1), *das den Kern* (6 a) *bildet.* **2.** *wichtiges Gebiet* (1, 2); *Hauptgebiet.*

Kern|ge|dan|ke, der: *wesentlicher, wichtigster Gedanke in einem bestimmten gedanklichen Zusammenhang.*

Kern|ge|häu|se, das: *die Samenkerne enthaltender innerer Teil beim Kernobst.*

Kern|ge|schäft, das: *wichtigster, zentraler geschäftlicher Bereich; Geschäftsfeld, auf das sich ein Unternehmen o. Ä. spezialisiert.*

Kern|ge|schäfts|feld, das: *zum Kerngeschäft gehörendes Geschäftsfeld.*

kern|ge|sund ⟨Adj.⟩: *durch u. durch gesund* (1 a).

Kern|haus, das: *Kerngehäuse.*

Kern|holz, das ⟨Pl. ...hölzer⟩ (Holzverarb.): *Holz des Kerns* (5 a).

ker|nig ⟨Adj.⟩: **1. a)** *fest u. kraftvoll; urwüchsig, markig:* ein -er Mann; eine -e Sprache, Rede; -e Sprüche; eine -e (*starke, robuste*) Natur, Gesundheit haben; **b)** *von kräftigem Geschmack:* ein -er Wein. **2.** *bis in den Kern fest u. stark; derb:* -es Holz, Leder. **3.** (ugs.) *voll sportlich-frischer Spannkraft u. attraktiv:* sie schwärmt für -e Typen. **4.** (ugs.) *(in besonderer Weise) vortrefflich, hervorragend:* das Geschäft läuft k. **5.** *Kerne enthaltend, voller Kerne:* -e Orangen.

Kern|ket|ten|re|ak|ti|on, die (Physik): *Kette, Folge von Kernspaltungen, bei der frei werdenden Neutronen jeweils weitere Kernspaltungen bewirken.*

Kern|kom|pe|tenz, die: *stärkste Kompetenz; grundlegende, wesentlichste Fähigkeit.*

Kern|kraft, die: **1.** *Kernenergie, Atomenergie.* **2.** ⟨Pl.⟩ (Physik) *Kräfte, die den Zusammenhalt der Bausteine des Atomkerns bewirken.*

Kern|kraft|geg|ner, der: *jmd., der die Gewinnung u. Nutzung von Atomenergie aus bestimmten Gründen ablehnt.*

Kern|kraft|geg|ne|rin, die: w. Form zu ↑ Kernkraftgegner.

Kern|kraft|werk, das: *Atomkraftwerk* (Abk.: KKW).

Kern|kraft|werk|be|trei|ber: ↑ Kernkraftwerksbetreiber.

Kern|kraft|werk|be|trei|be|rin, die: w. Form zu ↑ Kernkraftwerkbetreiber.

Kern|kraft|werks|be|trei|ber, Kernkraftwerkbetreiber, der: *Betreiber eines Kernkraftwerks.*

Kern|kraft|werks|be|trei|be|rin, die: w. Form zu ↑ Kernkraftwerksbetreiber.

Kern|la|dungs|zahl, die: *(der Protonenzahl entsprechende) Anzahl der Elementarladungen, die ein Atomkern trägt.*

Kern|land, das ⟨Pl. ...länder⟩: *Land, Gebiet, das den Kern* (6 a) *eines größeren Gebietes darstellt.*

kern|los ⟨Adj.⟩: *ohne Kerne* (1 b); *keine Kerne aufweisend:* -e Orangen, Weintrauben.

Kern|mann|schaft, die (Sport): *Kern einer Mannschaft (bestehend aus den besten Spielern, die nach Möglichkeit nicht ersetzt werden):* zur K. des Klubs gehören.

Kern|mem|b|ran, die (Biol.): *Membran, die den Zellkern gegen das ihn umgebende [Protoplasma abgrenzt.]*

Kern|mo|dell, das (Physik): *anschauliche Modellvorstellung vom Atomkern u. seinem inneren Aufbau, die die an Atomkernen beobachteten Eigenschaften weitgehend wiedergibt u. vorzustellen bzw. zu berechnen erlaubt.*

Kern|obst, das: *Obst mit weichschaligen Kernen* (1 a).

Kern|phy|sik, die: *Physik der Atomkerne u. ihres Aufbaus.*

kern|phy|si|ka|lisch ⟨Adj.⟩: *physikalisch auf dem Gebiet der Kernphysik.*

Kern|phy|si|ker, der: *auf Kernphysik spezialisierter Physiker.*

Kern|phy|si|ke|rin, die: w. Form zu ↑ Kernphysiker.

Kern|pro|b|lem, das: *wesentliches Problem, Hauptproblem.*

Kern|punkt, der: *wesentlicher, wichtigster Punkt, Hauptpunkt:* zum K. des Problems kommen.

Kern|re|ak|ti|on, die (Physik): *natürlicher od. künstlicher, zur Umwandlung eines Atomkerns führender kernphysikalischer Prozess.*

Kern|re|ak|tor, der: *Anlage, in der die geregelte Kernkettenreaktion zur Gewinnung von Energie od. von bestimmten radioaktiven Stoffen genutzt wird:* Energieerzeugung durch -en.

Kern|satz, der: **1.** *wesentlicher, wichtigster Satz in einem bestimmten Zusammenhang:* der K., die Kernsätze einer Lehre. **2.** (Sprachwiss.) *Satz, dessen besonders einfache Struktur Grundlage für die Ableitung anderer (insbesondere komplexer) Satzstrukturen u. Sätze ist.* **3.** (Sprachwiss. selten) *Satz mit der Personalform des Verbs in Zweitstellung.*

Kern|schat|ten, der (Optik, Astron.): *völliger Schatten; Bereich, in dem eine hinter einem lichtundurchlässigen Körper befindliche Lichtquelle nicht sichtbar ist, weil sie von dem Körper vollständig verdeckt wird.*

Kern|schmel|ze, die (Physik): *das in einem Kernreaktor beim Ausfall der Systeme für die Kühlung mögliche Durchschmelzen des Reaktorkerns.*

Kern|sei|fe, die [zunächst »beste Seife«, dann »feste Seife« im Ggs. zur Schmierseife]: *einfache Seife ohne Zusätze wie Farbstoff, Parfümöl.*

Kern|spal|tung, die (Physik): *(bes. durch äußere Einwirkung, z. B. durch schnelle Neutronen, durch energiereiche Gammastrahlen, [künstlich] verursachte) Zerlegung von Atomkernen unter Freisetzung extrem hoher Energiemengen:* die K. des Urans; die Gewinnung radioaktiver Elemente durch K.

Kern|spin|to|mo|gra|fie, Kernspintomographie, die; -, -n (Med.): **1.** *mithilfe elektromagnetischer Wellen erfolgendes, die dreidimensionale Darstellung von Körperschichten auf dem Bildschirm ermöglichendes Verfahren.* **2.** *Kernspintomogramm.*

Kern|spin|to|mo|gramm, das (Med.): *durch Kernspintomografie* (1) *erzeugtes Diagnosebild.*

Kern|spin|to|mo|gra|phie: ↑ Kernspintomografie.

Kern|spruch, der: *[markiger] Spruch, der den Kern, das Wesentliche treffen soll.*

Kern|stadt, die: *Teil einer Stadt, der den Kern* (6 a) *bildet, aber über den Innenstadtbereich hinausgeht.*

Kern|strah|lung, die (Physik): *bei Kernreaktionen entstehende Strahlung.*

Kern|stück, das: **1.** *etw., was den Kern einer Sache ausmacht, was der wichtigste Bestandteil von etw. ist:* das K. der Finanzpolitik. **2.** *Kern* (5 b).

Kern|tech|nik, die: *Technik auf dem Gebiet der Gewinnung, Nutzbarmachung u. Anwendung von Kernenergie u. radioaktiven Stoffen.*

kern|tech|nisch ⟨Adj.⟩: *die Kerntechnik betreffend, zu ihr gehörend, auf ihr beruhend, ihr eigentümlich, gemäß.*

Kern|tei|lung, die (Biol.): *Teilung des Zellkerns [die zu einer Zellteilung führt].*

Kern|the|ma, das: *besonders wichtiges od. wichtigstes, zentrales Thema:* Rückbesinnung auf die Kernthemen der Reform.

Kern|the|se, die: *zentrale These.*

Kern|trup|pe, die: *Teil der Truppe, der die beste Ausbildung u. die meiste militärische Erfahrung hat.*

Kern|um|wand|lung, die (Physik): *Umwandlung eines Atomkerns, insbesondere durch äußere Einwirkung (durch Kernspaltung, im weiteren Sinne auch durch Kernzerfall).*

Kern|ver|schmel|zung, die: **1.** (Physik) *Kernfusion* (1). **2.** (Biol.) *Verschmelzung, Vereinigung von Zellkernen (z. B. von Ei- u. Samenzellkern bei der Befruchtung).*

Kern|waf|fe, die ⟨meist Pl.⟩: *Atomwaffe:* taktische, strategische -n.

kern|waf|fen|frei ⟨Adj.⟩: *atomwaffenfrei.*

Kern|waf|fen|ver|zicht, der: *Verzicht (eines Staats) auf den Besitz von Kernwaffen.*

Kern|zeit, die: **1.** *Fixzeit.* **2.** *Zeitspanne im Verlauf eines Tages, die als zentral, wesentlich angesehen wird.*

Kern|zeit|be|treu|ung, die: *Beaufsichtigung u. Betreuung von Schülern u. Schülerinnen während einer bestimmten Kernzeit* (2).

Kern|zer|fall, der (Physik): *spontaner Zerfall der Atomkerne eines radioaktiven Elements in Kerne eines anderen radioaktiven od. stabilen Elements.*

Kern|ziel|grup|pe, die: *wichtigster, zentraler Teil einer Zielgruppe:* junge Familie mit Kindern als K.

Kern|zo|ne, die: *Zone, die den Kern* (6 a) *bildet; Hauptzone:* die K. der Zerstörung.

Ke|ro|plas|tik: ↑ Zeroplastik.

Ke|ro|sin, das; -s, -e [engl. kerosine, kerosene]: *im Erdöl enthaltenes Petroleum, das besonders als Treibstoff für Flugzeug- u. Raketentriebwerke verwendet wird.*

Kerr-Ef|fekt, Kerr|ef|fekt, der; -[e]s [nach dem schott. Physiker J. Kerr (1824–1907)] (Physik): *unter der Einwirkung eines elektrischen Feldes auftretende Doppelbrechung von Lichtstrahlen.*

Ke|rub: ↑ Cherub.

Ker|we, die; -, -n [zu ↑ Kirmes] (hess., pfälz.): *Kirchweih.*

Ke|ryg|ma, das; -s [griech. kérygma = das durch den Herold (= griech. kéryx) Ausgerufene] (Theol.): *Verkündigung (bes. des Evangeliums).*

ke|ryg|ma|tisch ⟨Adj.⟩ (Theol.): *zur Verkündigung gehörend; verkündigend, predigend:* -e *Theologie.*

Ker|ze, die; -, -n [mhd. kerze, ahd. charza, kerza, H. u.]: **1.** *meist zylindrisches Gebilde aus gegossenem Wachs, Stearin, Paraffin o. Ä. mit einem Docht in der Mitte, der mit offener Flamme brennend Licht gibt:* eine dicke, wächserne K.; die K. flackert, tropft; die K. brennt herunter, brennt hell, unruhig; eine K. anzünden, anstecken, auslöschen, auspusten, ausmachen; -n gießen, ziehen; Ü die -n *(Blütenstände)* der Kastanien. **2.** Kurzf. von ↑ Zündkerze. **3.** (Turnerjargon) *Nackenstand:* eine K. machen. **4.** (Fußballjargon) *steil in die Höhe geschossener Ball:* eine K. schießen. **5.** (Physik veraltet) *Candela.*

Ker|zen|be|leuch|tung, die: *Beleuchtung durch eine od. mehrere brennende Kerzen* (1): bei K. zu Abend essen.

Ker|zen|docht, der: *Docht einer Kerze.*

ker|zen|ge|ra|de, kerzengrade ⟨Adj.⟩: *(meist von etwas Aufrechtem) [auf steife, starre Weise] vollkommen gerade:* ein -r Baum; sie hält sich k.

Ker|zen|gie|ßer, der: *Handwerker, der Kerzen* (1) *gießt* (Berufsbez.).

Ker|zen|gie|ße|rin, die: w. Form zu ↑ Kerzengießer.

ker|zen|gra|de: ↑ kerzengerade.

Ker|zen|hal|ter, der: **1.** *kleine metallene Vorrichtung, mit der Kerzen* (1) *am Weihnachtsbaum befestigt werden.* **2.** *Halter* (1 a) *für eine od. mehrere Kerzen; Kerzenleuchter.*

ker|zen|hell ⟨Adj.⟩: *hell von Kerzenlicht:* ein -er Raum.

Ker|zen|leuch|ter, der: *Kerzenhalter* (2).

Ker|zen|licht, das: *Licht einer od. mehrerer brennender Kerzen* (1): bei K. lesen.

Ker|zen|schein, der: *Schein einer od. mehrerer brennender Kerzen.*

Ker|zen|schim|mer, der (geh.): *Kerzenlicht.*

Ker|zen|stän|der, der: *Kerzenleuchter.*

Ker|zen|stum|mel, der: *Stummel einer Kerze* (1).

Ker|zen|stumpf, der: *Stumpf einer Kerze* (1).

Ker|zen|wachs, das: *Wachs zum Herstellen von Kerzen.*

Ke|scher, der; -s, - [aus dem Niederd. (ostniederd.) < mniederd. kesser, H. u.]: *um einen Ring mit Griff gespanntes Netz zum Fangen von Fischen, Krebsen, Insekten o. Ä.*

ke|schern ⟨sw. V.; hat⟩: *mit einem Kescher fangen, herausholen.*

kess ⟨Adj.⟩ [aus der Gaunerspr., eigtl. = im Stehlen erfahren]: **a)** *jung u. hübsch u. dabei unbekümmert:* ein -es Mädchen; (salopp veraltend:) eine -e Biene; **b)** *[auf nicht verletzende Weise] frech, respektlos, ein bisschen vorlaut:* -e Antworten, Bemerkungen; Bereits der erste, k. hingehauene und sentimental verbrämte Skandalroman schockierte das internationale Publikum (Enzensberger, Einzelheiten I, 79); **c)** *auf freche Weise modisch, flott:* ein -er Pulli; k. aussehen; ein k. ins Gesicht fallender Pony.

Kes|sel, der; -s, - [mhd. keʒʒel, ahd. keʒʒil < lat. catillus = Schüsselchen, Vkl. von: catinus = Napf, flache Schüssel]: **1. a)** *Kurzf. von* ↑ *Wasserkessel:* der K. pfeift; den K. aufsetzen; **b)** *sehr großer Topf, großes Metallgefäß zum Kochen:* ein kupferner K.; Suppe in großen, riesigen -n; die Wäsche wurde im K. *(Waschkessel)* gekocht. **2. a)** Kurzf. von ↑ Dampfkessel; **b)** Kurzf. von ↑ Heizkessel: der K. der Zentralheizung; **c)** Kurzf. von ↑ Gaskessel. **3.** *von Bergen ringsum eingeschlossenes Tal:* die Stadt liegt in einem K. **4. a)** (Jägerspr.) *bei der Treibjagd von Jägern u. Treibern gebildeter Kreis, in den das Wild getrieben wird:* einige Hasen sind dem K. entkommen; Ü die Demonstranten wurden in einen K. getrieben; **b)** (Militär) *Gebiet, in dem im Krieg Truppen eingeschlossen sind:* aus dem K. ausbrechen; den Feind im K. einschließen. **5.** (Jägerspr.) **a)** *ausgeweiteter Raum hinter der Eingangsröhre im Fuchs- od. Dachsbau;* **b)** *Lager von Wildschweinen;* **c)** *Stelle, an der Rebhühner od. Fasanen im Sand gebadet haben.*

Kes|sel|an|la|ge, die (Technik): *Anlage mit mehreren Dampfkesseln.*

Kes|sel|druck, der ⟨Pl. ...drücke, seltener: ...drucke⟩: [1]*Druck* (1) *in einem Dampfkessel:* der K. war zu hoch.

Kes|sel|fleisch, das (landsch.): *Wellfleisch.*

Kes|sel|fli|cker, der; -s, - (früher): *jmd., der Kessel* (1) *repariert:* * *schimpfen, fluchen, sich streiten, zanken* o. Ä. *wie ein K.* (ugs.; *heftig, laut schimpfen, sich fluchen, streiten, zanken* o. Ä.).

kes|seln ⟨sw. V.; hat⟩: **1.** (Jägerspr.) *ein Kesseltreiben* (1) *veranstalten.* **2.** (Jägerspr.) *(von Wildschweinen) im Kessel* (5 b) *liegen.* **3.** (Jägerspr.) *hudern* (b). **4.** (unpers.) (nordd. ugs.) *hoch hergehen.*

Kes|sel|pau|ke, die: *Pauke.*

Kes|sel|schlacht, die (Militär): *Schlacht, bei der der Gegner eingekesselt wird.*

Kes|sel|schmied, der: *Handwerker, der Kessel herstellt* (Berufsbez.).

Kes|sel|schmie|din, die: w. Form zu ↑ Kesselschmied.

Kes|sel|stein, der ⟨o. Pl.⟩: *harte, steinartige Ablagerung, die sich in Gefäßen bildet, in denen Wasser erhitzt wird:* den K. entfernen.

◆ **Kes|sel|stel|le,** die [zu ↑ Kessel (3)]: *(bei einem Polstermöbel) durch häufiges Daraufsitzen eingedrückte Stelle:* Schmidt ... bat sie, auf seinem Sofa, einst tiefste K. durch ein großes Lederkissen einigermaßen applaniert war, Platz zu nehmen (Fontane, Jenny Treibel 174).

Kes|sel|trei|ben, das: **1.** (Jägerspr.) *Treibjagd auf Hasen, bei der die Hasen in einen Kessel* (4 a) *getrieben werden.* **2.** *systematische Hetz- u. Verleumdungskampagne gegen jmdn.:* ein erbittertes, regelrechtes K. gegen den Politiker.

◆ **Kes|sel|volk,** das [eigtl. abwertende Bez. für die umherziehenden Kesselflicker]: [2]*Pack, Gesindel:* Haben sich seine Eltern einmal unter die Heimatlosen begeben, so mag er auch dableiben und dem K. das Geigelein streichen (Keller, Romeo 7).

Kes|sel|wa|gen, der (Eisenbahn): *Güterwagen mit einem großen Metallbehälter zum Transport von Flüssigkeiten.*

Kess|heit, die; -: *kesses Wesen, Aussehen, Auftreten.*

Ket|ch|up, Ketschup ['kɛtʃap, auch: 'kɛtʃʊp, 'kɛtʃəp], der od. das; -[s], -s [engl. ketchup < malai. kēchap = gewürzte Fischsoße]: *pikante dickflüssige [Tomaten]soße zum Würzen von Speisen.*

Ke|ton, das; -s, -e [von ↑ Azeton hergeleitet] (Chemie): *organische Verbindung in ätherischen Ölen, Pflanzenwurzeln u. in Rinde (z. B. Kampfer).*

Ket|schua: ↑ [1]Quechua, [2]Quechua, [3]Quechua.

Ket|schup: ↑ Ketchup.

Kett|baum, der (Weberei): *Walze am Webstuhl, auf dem die Kettfäden aufgewickelt sind.*

Kett|car®, der od. das; -s, -s [zu dem Firmennamen Kettler [mit Assoziation des Kettentriebs] u. engl. car = Fahrzeug]: *mit Pedalen über eine Kette angetriebenes Kinderfahrzeug.*

Kett|chen, das; -s, -: Vkl. zu ↑ Kette (1 b).

Ket|te, die; -, -n: **1.** [mhd. keten(e), ahd. ketina < lat. catena] **a)** *Reihe aus beweglich ineinandergefügten od. mit Gelenken verbundenen [Metall]gliedern:* die eiserne, stählerne K.; die -n der Panzer; die -n ölen; die K. *(Sicherheitskette)* an der Haustür vorlegen; der Hofhund liegt an der K.; der Anker ist mit einer K. befestigt; das Fahrrad wird mit einer K. angetrieben; Ü die -n abwerfen, sprengen, zerreißen (geh.; *sich [von Unterdrückung] befreien*); * **jmdn. an die K. legen** *(jmdn. in seiner [Bewegungs]freiheit einschränken);* **b)** *[Hals]schmuck aus beweglich ineinandergefügten Metallgliedern, miteinander verbundenen Plättchen, auf eine Schnur aufgereihten Perlen, Schmucksteinen o. Ä.:* eine goldene K.; sie trug eine K. aus Korallen um den Hals; der Anhänger hängt an einer silbernen K.; der Bürgermeister hatte die K. *(Amtskette)* umgehängt. **2.** [mhd. keten(e), ahd. ketina < lat. catena] **a)** *Reihe von Menschen, die sich an den Händen fassen, unterhaken o. Ä.* [u. die etw. von einem zum anderen geben]: die Polizisten bildeten eine, standen in einer K.; **b)** *ununterbrochene Reihe von gleichartigen Dingen:* die K. der Berge; eine K. von Autos, von Molekülen; * **K. rauchen** (ugs.; *Kettenraucher[in] sein*); **c)** *Aufeinanderfolge von gleichartigen Ereignissen, Geschehnissen, Handlungen o. Ä.:* eine K. von Unfällen; die K. der Enttäuschungen wollte nicht abreißen; die K. von Ursache und Wirkung lässt sich kaum überblicken; er ist ein Glied in der K. der Generationen; **d)** *Gesamtheit von gleichartigen u. unter gleichem Namen geführten Betrieben, die sich an verschiedenen Orten befinden, aber zu demselben Unternehmen gehören:* eine K. von Läden, Kinos, Hotels; die Übernahme der K.; **e)** (Sprachwiss.) *syntaktisch zusammengehörende Wortgruppe.* **3.** [mhd. keten(e), ahd. ketina < lat. catena] *Gesamtheit der in Längsrichtung verlaufenden Fäden in einem Gewebe od. der in Längsrichtung aufgespannten Fäden an einem Webstuhl;* [1]*Zettel:* eine K. aus Baumwolle; die K. am Webstuhl aufziehen. **4.** [mhd. kütti, ahd. kutti, H. u., heute als identisch mit Kitte (1–3) empfunden] **a)** (Jägerspr.) *Familie von Rebhühnern:* eine K. aufscheuchen; **b)** (Militär) *Gruppe von drei in Formation fliegenden Flugzeugen.*

ket|teln ⟨sw. V.; hat⟩ [zu ↑ ketten] (Textilind.): **a)** *(Ränder von Strick- od. Wirkwaren) mit einer elastischen Naht kettenähnlich verbinden;* **b)** *(bei Strick- od. Wirkwaren) die letzte Maschenreihe zu einem festen Rand verbinden:* ein gekettelter Rand.

ket|ten ⟨sw. V.; hat⟩: **1.** [mhd. ketenen] *mit einer Kette anbinden, an etw. befestigen:* den Hund an einen Pflock, das Boot an einen Pfahl k.; der Gefangene war an die Mauer gekettet. **2.** *sehr fest, unauflöslich binden:* die Erinnerung kettet ihn an diesen Ort; ich will mich ganz und gar an, an dieses Unternehmen k.

Ket|ten|an|trieb, der: *Antrieb eines Fahrzeugs über Ketten* (1 a).

Ket|ten|ar|beits|ver|trag, der (Arbeitsrecht): *Arbeitsvertrag, bei dem mehrere befristete Arbeitsverträge hintereinander abgeschlossen werden.*

ket|ten|ar|tig ⟨Adj.⟩: *in der Art einer Kette; wie eine Kette hintereinanderegereiht.*

Ket|ten|brief, der: *Brief, der vom Empfänger mehrmals kopiert u. an andere weitergeschickt wird.*

Ket|ten|bruch, der (Math.): *Bruch, dessen Nen-*

ner die Summe aus einer ganzen Zahl u. einem Bruch ist, dessen Nenner wiederum die Summe aus einer ganzen Zahl u. einem Bruch ist usw.
Ket|ten|fahr|zeug, das (Technik): Raupenfahrzeug.
Ket|ten|glied, das: *Glied einer Kette* (1): *ein K. ist gebrochen.*
Ket|ten|hemd, das: *aus ineinandergefügten Eisenringen od. geflochtenem Eisendraht bestehender hemdartiger Schutz des Oberkörpers als Teil der Rüstung eines Kriegers.*
Ket|ten|hund, das: *Hof-, Wachhund, der an einer Kette* (1 a) *gehalten wird.*
Ket|ten|ka|rus|sell, das: *Karussell, bei dem die Sitze an langen Ketten* (1 a) *hängen.*
Ket|ten|pan|zer, der: *Kettenhemd.*
Ket|ten|rad, das (Technik): *Zahnrad, in dessen Zähne die Glieder einer Kette* (1 a) *greifen.*
Ket|ten|rau|cher, der: *jmd., der nahezu ständig Zigaretten raucht.*
Ket|ten|rau|che|rin, die: w. Form zu ↑ Kettenraucher.
Ket|ten|re|ak|ti|on, die: **1.** (Physik, Chemie) *chemischer, physikalischer od. biologischer Vorgang, der sich nach einmaliger Einleitung von selbst fortsetzt: eine K. von Kernspaltungen.* **2.** *Folge von [sich steigernden] Ereignissen, die durch ein gleichartiges Ereignis ausgelöst wird: eine K. von Tätlichkeiten.*
Ket|ten|res|tau|rant, das: *zu einer Restaurantkette gehörendes Restaurant.*
Ket|ten|sä|ge, die (Technik): *Motorsäge, bei der auf einer endlosen Kette* (1 a) *Sägezähne angebracht sind.*
Ket|ten|schal|tung, die (Technik): *(beim Fahrrad) Gangschaltung, bei der die Übersetzung* (2) *sich dadurch verändert, dass die Fahrradkette zwischen verschieden großen Kettenrädern wechselt.*
Ket|ten|schutz, der: *Schutzblech bei Fahrrädern, Motorrädern o. Ä.*
Ket|ten|stich, der (Handarb.): *Zierstich mit kettenartig aneinandergereihten Schlaufen.*
Ket|ten|ver|trag, der (Arbeitsrecht): *Kettenarbeitsvertrag.*
Kett|fa|den, der (Weberei): *in Längsrichtung laufender Faden in einem Gewebe.*
Ket|tung, die; -, -en: *das Ketten; das Gekettetwerden.*
Ket|zer, der; -s, - [mhd. ketzer, kether < mlat. catharus, ↑ Katharer]: **1.** (kath. Kirche) *Häretiker* (1): *die Inquisition ließ Tausende von -n verbrennen.* **2.** *jmd., der öffentlich eine andere als die in bestimmten Angelegenheiten für gültig erklärte Meinung vertritt: die Partei ging scharf gegen die K. vor.*
Ket|ze|rei, die; -, -en [mhd. ketzerīe, ketherīe]: **1.** (kath. Kirche) *Häresie* (1): *der Priester wurde der K. verdächtigt;* ♦ *Da sollen wir nun der neuen Psalmen nicht singen ... Es seien -en drin, sagen sie* (Goethe, Egmont I). **2.** *das Abweichen von einer allgemein als gültig erklärten Meinung.*
Ket|ze|rin, die; -, -nen: w. Form zu ↑ Ketzer.
ket|ze|risch ⟨Adj.⟩ [spätmhd. ketzerisch, mhd. ketzerlich]: **1.** (kath. Kirche) *häretisch* (1): *eine -e Lehre.* **2.** *von einer allgemein als gültig erklärten Meinung, Verhaltensnorm abweichend* [u. andere dadurch in Verlegenheit, in eine unangenehme Situation bringend]: *für keinen Ketzer* (2) *typisch:* -e *Gedanken.*
ket|zern ⟨sw. V.; hat⟩ (abwertend): *ketzerisch reden, schreiben.*
♦ **Keuch,** der; -[e]s [mhd. kīche]: *Asthma; Keuchhusten: Meine Mutter liegt am bösen K., mein Kind am Wind und schwerer Seuch'* (Goethe, Parabolisch 13).
keu|chen ⟨sw. V.⟩ [Vermischung aus mhd. kuchen

(= hauchen) u. kīchen (= schwer atmen), lautm.]: **1.** ⟨hat⟩ **a)** *schwer, mit Mühe u. geräuschvoll atmen:* er keuchte unter der Last, vor Anstrengung; mit keuchendem Atem; sie rannte keuchend auf das Haus zu; Ü *das alte Auto, die Dampflokomotive keucht (macht ein keuchendes Geräusch);* **b)** *etw. schwer atmend, mit Mühe sagen.* **2.** ⟨ist⟩ *sich schwer, geräuschvoll atmend fortbewegen:* durch den Schnee k.
Keuch|hus|ten, der: *[bei Kindern auftretende] Infektionskrankheit der Schleimhäute mit schweren, krampfartigen Hustenanfällen.*
Keu|le, die; -, -n [mhd. kiule, eigtl. = Gebogenes, Gekrümmtes; Wölbung, Höhlung]: **1. a)** *[hölzerne] Schlagwaffe mit einem verdickten Ende:* die Eingeborenen schlugen den Forscher mit -n tot; Ü *wenn ihm die Argumente ausgehen, greift er zur verbalen K.;* * **chemische K.** (1. *bes. bei Polizeieinsätzen verwendetes Gerät zum Versprühen von Reizstoffen, die vorübergehend kampfunfähig machen.* 2. *in einem Sprühgerät sich befindender, vorübergehend kampfunfähig machender Reizstoff, der bes. bei Polizeieinsätzen verwendet wird.* 3. *übermäßiger Einsatz von Chemikalien, chemischen Substanzen)* [LÜ von engl. chemical mace]; **b)** *(Gymnastik) hölzernes, flaschenförmiges Sportgerät, das in der Hand gehalten wird:* Übungen mit der K. machen. **2.** *Schenkel beim größeren Geflügel, bei Wild u. kleinerem Schlachtvieh:* eine gebratene, gegrillte K.; die K. von Gans, Hammel, Hase, Reh, Huhn; ein saftiges Stück Fleisch aus der K.; Ü *die -n (Beine) einziehen; schwing die -n! (beeil dich!).*
keu|len ⟨sw. V.; hat⟩ [eigtl. = mit der Keule niederschlagen] (Tiermed.): *Nutztiere töten, um Tierseuchen zu verhindern od. einzudämmen.*
Keu|len|är|mel, der: *Ärmel an Kleidern, Blusen o. Ä., der oben sehr weit ist u. nach unten eng wird.*
keu|len|för|mig ⟨Adj.⟩: *die Form einer Keule aufweisend.*
Keu|len|gym|nas|tik, die ⟨o. Pl.⟩: *mit Keulen* (1 b) *durchgeführte Gymnastik.*
Keu|len|schlag, der: *Schlag mit einer Keule* (1 a): *mit einem wuchtigen K. streckte er den Gegner nieder;* Ü *die Nachricht war ein K. (ein besonders schwerer Schlag 5) für sie.*
Keu|lung, die; -, -en (Tiermed.): *das Keulen; das Gekeultwerden.*
keusch ⟨Adj.⟩ [mhd. kiusch(e), ahd. kūski, aus einem got. Adj. mit der Bed. »der christlichen Lehre bewusst« < lat. conscius = eingeweiht, bewusst]: **a)** *sexuell enthaltsam; frei von sexuellen Bedürfnissen:* eine -e Nonne; Mönche müssen k. leben; **b)** *(geh. veraltend) schamhaft zurückhaltend; bestimmten, einschränkenden sexuellen u. moralischen Normen entsprechend; sittsam: die mädchenhaft -e Nausikaa; er ist ein -er Joseph,* h. wie Joseph *(scherzh. veraltend) lehnt sexuelle Angebote ab;* nach 1. Mos. 39); sie schlug k. die Augen nieder; **c)** *(geh. veraltend) von großer sittlicher u. moralischer Reinheit: ... und dann von der heiligmachenden Gnade sprach, von Reinheit des Herzens und einer -en Seele* (Böll, Haus 40).
Keu|sche, die; -, -n [aus dem Slaw.] (österr.): **a)** *kleines Bauernhaus;* **b)** (abwertend) *baufälliges Haus.*
Keusch|heit, die; - [mhd. kiusch(e)heit]: **a)** *sexuelle Enthaltsamkeit:* ein Priester muss K. geloben; **b)** *Sittsamkeit;* **c)** *moralische Reinheit, Integrität.*
Keusch|heits|ge|lüb|de, das: *(von Priestern, Mönchen, Nonnen abzulegendes) Versprechen, sexuell enthaltsam zu leben.*
Keusch|heits|gür|tel, der (früher): *mit einem Schloss u. einem die Genitalien bedeckenden*

Steg versehener, metallener Gürtel für Frauen, der gewährleisten soll, dass sie bei längerer Abwesenheit des Ehemannes mit keinem anderen Mann Geschlechtsverkehr ausüben.
Keusch|ler, der; -s, - [zu ↑ Keusche] (österr.): *jmd., der in einer Keusche* (a) *lebt.*
Keusch|le|rin, die; -, -nen: w. Form zu ↑ Keuschler.
Key-Ac|count-Ma|nage|ment ['kiːəkaʊnt...], das; -s, -s [aus engl. key account = Hauptkunde (aus: key = Schlüssel; Haupt- u. account = wichtiger Geschäftspartner, Kreditkunde) u. ↑ Management] (Wirtsch.): **1.** ⟨o. Pl.⟩ *Management* (1), *das für den Kontakt zu Partnerunternehmen u. Großkunden u. die Ausweitung der Geschäftsbeziehungen mit diesen zuständig ist.* **2.** *Gesamtheit der Führungskräfte des Key-Account-Managements* (1).
Key-Ac|count-Ma|na|ger, der; -s, -: *jmd., der als leitende Persönlichkeit im Key-Account-Management* (1) *tätig ist.*
Key-Ac|count-Ma|na|ge|rin, die; -, -nen: w. Form zu ↑ Key-Account-Manager.
Key|board ['kiːbɔːd], das; -s, -s [engl. keyboard, eigtl. = Klaviatur, Tastatur, aus: key = Taste (eigtl. = Schlüssel, wohl in der Bed. beeinflusst von mlat. clavis, ↑ Klavier) u. board = Brett]: **1.** *elektronisch verstärktes Tasteninstrument.* **2.** *[Geräteteil mit der] Tastatur* (b) *eines Personal Computers.*
Key|boar|der, der; -s, -: *jmd., der Keyboard spielt.*
Key|boar|de|rin, die; -, -nen: w. Form zu ↑ Keyboarder.
Key|ne|si|a|nis|mus [keɪnz...], der; -: *auf der Lehre des britischen Volkswirtschaftlers J. M. Keynes (1883–1946) beruhende wirtschaftstheoretische u. wirtschaftspolitische Konzeption.*
KFOR, Kfor ['kaːfoːɐ̯, ...fɔr], der; - [engl.; Kurzwort für Kosovo Force]: *von der NATO aufgestellte Einsatztruppe für Kosovo.*
KFOR-Sol|dat, Kfor-Sol|dat, der: *zur KFOR gehörender Soldat.*
KFOR-Sol|da|tin, Kfor-Sol|da|tin, die: w. Formen zu ↑ KFOR-Soldat, Kfor-Soldat.
KFOR-Trup|pe, Kfor-Trup|pe, die: **1. a)** ⟨o. Pl.⟩ *KFOR: die internationale KFOR-Truppe;* **b)** *zur KFOR gehörende Einheit: die deutsche KFOR-Truppe.* **2.** ⟨Pl.⟩ *Truppen, Streitkräfte der KFOR:* KFOR-Truppen in Krisengebieten.
K-Fra|ge ['kaː...], die [nach dem **K** für »Kanzlerkandidat(in)«] (ugs.): *Frage, wer Kanzlerkandidat bzw. -kandidatin wird.*
Kfz [kaːʔɛfˈtsɛt], das; -, -, selten -s: Kraftfahrzeug.
Kfz-An|zei|ge, die: *Anzeige, durch die der Kauf bzw. der Verkauf eines Kraftfahrzeugs vermittelt werden soll.*
Kfz-Me|cha|ni|ker, der: *Kraftfahrzeugmechaniker.*
Kfz-Me|cha|ni|ke|rin, die: w. Form zu ↑ Kfz-Mechaniker.
Kfz-Steu|er, die: *Kraftfahrzeugsteuer.*
Kfz-Ver|si|che|rung, die: *Kraftfahrzeugversicherung.*
Kfz-Werk|statt, die: *Reparaturwerkstatt für Kraftfahrzeuge.*
Kfz-Werk|stät|te, die (bayr., österr.): *Kfz-Werkstatt.*
kg = Kilogramm.
KG = Kommanditgesellschaft.
KGB [kageːˈbeː], der; -[s] [Abk. von russ. Komitet Gosudarstvennoj Bezopasnosti = Komitee für Staatssicherheit]: *Geheimdienst der Sowjetunion.*
kgl. = königlich, im Titel: Kgl.
K-Grup|pe ['kaː...], die ⟨meist Pl.⟩ [nach dem **K** für »kommunistisch« in den abgekürzten Namen der meisten dieser Organisationen (z. B. KBW)]: *(bes. in den 1960er- u. 1970er-Jahren) antisowjetische kommunistische Organisation,*

khaki – Kiellegung

die den Marxismus-Leninismus[-Maoismus] vertritt.

kha|ki: ↑ kaki.
¹Kha|ki: ↑ ¹Kaki.
²Kha|ki: ↑ ²Kaki.
Kha|ki|ja|cke usw.: ↑ Kakijacke usw.
Khan, der; -s, -e [türk. han, älter: hakān, aus dem Mongol.] (Geschichte): **1. a)** ⟨o. Pl.⟩ *Titel mongolisch-türkischer Herrscher;* **b)** *Träger des Titels (dem Namen nachgestellt).* **2.** *hoher staatlicher Würdenträger in Persien.*
Khar|toum [ˈkartʊm, auch: karˈtuːm]: Hauptstadt von Sudan.
¹Khmer, der; -, -: *Angehöriger eines Volks in Kambodscha.*
²Khmer, das; -: *Sprache der ¹Khmer.*
³Khmer, die; -, -: w. Form zu ↑ ¹Khmer.
kHz = Kilohertz.
KI [kaˈʔiː] = künstliche Intelligenz.
Kib|buz [auch: ˈkɪbʊts], der; -, -im u. -e [hebr. qibbûẓ, eigtl. = Versammlung, Gemeinschaft]: *ländliche Siedlung mit kollektiver Wirtschaft u. Lebensweise in Israel.*
Kib|buz|nik, der; -s, -s [hebr. qibûẓniyq]: *Mitglied eines Kibbuz.*
Ki|cher|erb|se, die [verdeutlichende Zus. mit kicher, mhd. kicher, ahd. kichera < lat. cicer, H. u.]: *(bes. im Mittelmeergebiet u. im Orient angebaute) Pflanze mit gefiederten Blättern, weißen bis violetten Blüten u. Früchten, deren Samen wie Erbsen als Gemüse gegessen werden.*
ki|chern ⟨sw. V.; hat⟩ [lautm.]: *leise, gedämpft, unterdrückt u. mit hoher Stimme [vor sich hin] lachen:* die Kinder kicherten verlegen; ⟨subst.:⟩ ich finde das zum Kichern *(sehr komisch);* R dass ist nicht kichere! (ugs.: *das ist doch lächerlich, lachhaft).*
Kick, der; -s, -s [engl. kick, zu: to kick = stoßen, treten]: **1.** *(Fußballjargon) Tritt, Stoß mit dem Fuß:* mit einem K. den Ball wegschlagen. **2. a)** *(salopp) [Nerven]kitzel, Vergnügen, Erregung:* der ultimative K.; Horrorfilme verschaffen ihr einen K.; **b)** *durch Drogen hervorgerufener euphorieähnlicher Zustand.*
Kick-and-rush [...ənd'rʌʃ, der u. das; - [engl. kick and rush = schießen und stürmen] (Fußball): *planloses Nach-vorn-Spielen des Balls (bes. im britischen u. irischen Fußball).*
Kick|board [...bɔːd], das; -s, -s [zu engl. to kick = treten u. board = Brett]: *Kombination aus Skateboard u. Tretroller mit schmaler Stehfläche, zwei Vorderrädern u. einem Hinterrad sowie Lenkstange u. Hinterradbremse.*
Kick|bo|xen, das; -s: *asiatischer Kampfsport, bei dem die Gegner sowohl boxen (1 a) als auch mit bloßen Füßen treten dürfen.*
Kick|bo|xer, der: *jmd., der Kickboxen betreibt.*
Kick|bo|xe|rin, die: w. Form zu ↑ Kickboxer.
Kick-down, Kick|down [auch: kɪkˈdaʊn], der u. das; -s, -s [engl. kickdown, zu: to kick down = niedertreten] (Kfz-Technik): *plötzliches kräftiges Durchtreten des Gaspedals, um bei automatischem Getriebe eine schnelle Beschleunigung zu erreichen.*
ki|cken ⟨sw. V.; hat⟩ [engl. to kick, ↑ Kick] (ugs.): **1.** *Fußball spielen:* die Kinder gehen k. **2.** *(einen Ball) mit dem Fuß stoßen, schießen:* den Ball ins Tor k.; Ü kick den Stock zum Hund!
ki|ckend ⟨Adj.⟩ (Jargon): *[professionell] Fußball spielend, einer Fußballmannschaft angehörend:* Eröffnungsgala mit viel -er Prominenz.
Ki|cker, der; -s, - (ugs.): **1.** *Fußballspieler.* **2.** *Standfußballspiel.*
Ki|cke|rin, die; -, -nen: w. Form zu ↑ Kicker.
ki|ckern ⟨sw. V.; hat⟩ (ugs.): *mit dem Kicker (2) spielen.*
Kick-off, Kick|off [auch: ...ˈɒf], der; -[s] -s [engl.

kickoff, zu: to kick off = wegstoßen, wegschlagen] (schweiz.): *Anstoß* (2).
Kick-off-Mee|ting, Kick|off|mee|ting, das (Jargon): *Zusammenkunft aller Beteiligten zu Beginn der Arbeit an einem Projekt.*
Kick-off-Ver|an|stal|tung, Kick|off|ver|an|stal|tung, die (Jargon): *Veranstaltung, mit der die Planung u. Realisierung eines bedeutenden Projektes beginnt.*
Kick|star|ter, der [zu engl. to kick, ↑ Kick] (Kfz-Technik): *[schwenkbarer] Fußhebel bei Motorrädern, der zum Anwerfen des Motors kräftig heruntergetreten wird.*
Kid, das; -s, -s ⟨meist Pl.⟩ [engl. kid, eigtl. = Kitz] (Jargon): *Kind; Jugendliche[r].*
Kid|die, das; -s, -s [engl. kiddie] (Jargon): *Kind; Jugendliche[r].*
kid|nap|pen [ˈkɪtnɛpn̩] ⟨sw. V.; hat⟩ [engl. to kidnap, eigtl. = Kinder stehlen, zu: kid (↑ Kid), 2. Bestandteil H. u.]: *(einen Menschen) entführen [um Lösegeld zu erpressen od. politische Forderungen zu stellen]:* ein Kind auf dem Schulweg k.
Kid|nap|per, der; -s, - [engl. kidnap(p)er]: *jmd., der einen Menschen kidnappt:* die K. fordern Lösegeld.
Kid|nap|pe|rin, die; -, -nen: w. Form zu ↑ Kidnapper.
Kid|nap|ping, das; -s, -s [engl. kidnap(p)ing]: *Entführung eines Menschen; Menschen-, Kindesraub.*
Kid|ney|boh|ne [ˈkɪtni...], die; -, -n [nach engl. kidney bean = Nierenbohne, nach der Form u. Farbe]: *(aus Amerika stammende, als Nahrungsmittel kultivierte) dunkelrote nierenförmige Hülsenfrucht.*
kie|big ⟨Adj.⟩ [mhd. (md.) kībic = zänkisch, zu: kīben, ↑ keifen] (bes. nordd.): **a)** *vorlaut, frech:* -e Bemerkungen; die Kleine ist ganz schön k.; **b)** *gereizt, aufgebracht.*
Kie|bitz, der; -es, -e **1.** [nach dem mit »kiwit« wiedergegebenen Lockruf des Vogels; urspr. ostmd. Vogelname mit slaw. Endung] *Vogel mit schwarzem, metallisch grün u. violett schimmerndem, am Bauch weißem Gefieder u. schwarzer Federhaube.* **2.** [zu ¹ kiebitzen mit volkstüml. Anlehnung an den Vogelnamen] (ugs.) *neugieriger, oft mit unerwünschten Ratschlägen sich einmischender Zuschauer beim Kartenspiel, Schach o. Ä.:* nichts stört mehr beim Skat als ein K.
kie|bit|zen ⟨sw. V.; hat⟩ [gaunerspr. kiebitschen = unter-, durchsuchen] (ugs. scherzh.): **a)** *als Kiebitz (2) dabeistehen:* sie kiebitzte beim Poker; **b)** *jmdn., etw. bei etw. neugierig beobachten:* jmdm. über die Schulter k.
¹Kie|fer, der, bayr./österr. ugs. auch: das; -s, - [mhd. kiver, auch: kivel, eigtl. = Nager, Esser, verw. mit ↑ Käfer]: *Schädelknochen, in dem die Zähne sitzen u. dessen oberer Teil mit dem Gesichtsschädel fest verwachsen ist, während der untere sich über ein Gelenk auf u. ab bewegen u. der Zugang zur Mundhöhle öffnen u. schließen kann; Ober- u. Unterkiefer:* ein kräftiger, zahnloser, vorspringender K.; mit schlaff herabhängendem K. *(Unterkiefer);* * jmdm. fällt/klappt der K. [he]runter, jmds. K. fällt/klappt [he]runter (ugs.; ↑ Unterkiefer).
²Kie|fer, die; -, -n [wahrsch. verdunkelte Zus. aus ↑ Kien u. ↑ Föhre; vgl. ahd. kienforha = Kiefer]: **1.** *auf sandigem Boden wachsender, harzreicher Nadelbaum mit langen, kantigen, in Bündeln wachsenden Nadeln u. kugeligen bis walzenförmigen, meist hängenden Zapfen.* **2.** ⟨o. Pl.⟩ *[vielseitig als Bauholz verwendbares] Holz der Kiefer.*
Kie|fer|ano|ma|lie, die (Med.): *Anomalie des ¹Kiefers.*

Kie|fer|chi|r|ur|gie, die: *zahnmedizinisch-chirurgisches Fachgebiet, das sich mit der operativen Behandlung von Verletzungen od. anderen Erkrankungen des Gebisses, des Kiefers u. der Kieferhöhlen befasst.*
Kie|fer|ge|lenk, das (Anat.): *Gelenk, das den Unterkiefer gegen den Oberkiefer bewegt.*
Kie|fer|höh|le, die (Anat., Med.): *im Bogen des Oberkiefers gelegene, in die Nase mündende Nebenhöhle.*
Kie|fer|klem|me, die (Med.): *Unfähigkeit zum Öffnen des Mundes u. zum Auseinanderbringen der Zähne.*
Kie|fer|kno|chen, der: ¹Kiefer.
kie|fern ⟨Adj.⟩ [zu ↑ ²Kiefer]: *aus Kiefernholz bestehend.*
Kie|fern|holz, das ⟨Pl. ...hölzer⟩: *Holz der ²Kiefer.*
Kie|fern|na|del, die: *Nadel der ²Kiefer.*
Kie|fern|wald, der: *Wald aus ²Kiefern.*
Kie|fern|zap|fen, der: *verholzter Fruchtstand der ²Kiefer, bei dem die Samen schuppenartig rund um eine Achse angeordnet sind.*
Kie|fer|or|tho|pä|die, die (Zahnmed.): *Teilgebiet der Zahnheilkunde, das sich mit der Behandlung von Gebiss-, Kieferanomalien befasst.*
Kie|fer|spal|te, die (Med.): *angeborene Fehlbildung des Oberkiefers, die oft zusammen mit einer Gaumenspalte vorkommt.*
kie|ken ⟨sw. V.; hat⟩ [mniederd. kiken, H. u.] (nordd.): *nach etw. schauen, [neugierig] Ausschau halten:* nach oben, um die Ecke k.; ich kann nicht mehr so gut k. *(sehen);* da kiekste (berlin. salopp; *staunst du*), wat?; R ich kieke einmal, ich kieke zweimal (Ausdruck der Verwunderung).
Kie|ker, der; -s, - [zu ↑ kieken]: **1.** (nordd., bes. Seemannsspr.) *Fernglas, Fernrohr.* **2.** * jmdn., etw. auf dem K. haben (ugs.: 1. *misstrauisch [längere Zeit] beobachten:* die Straße auf dem K. haben. *jmdn. dauernd kritisieren, ihn für alles verantwortlich machen, an ihm herumnörgeln.* 3. *großes Interesse an jmdm., etw. haben).*
¹Kiel, der; -[e]s, -e [mhd. kil, H. u.]: **1. a)** *mittlerer, harter Teil der Vogelfeder;* **b)** (veraltet) *Pflanzenstängel, hohles [Schilf]rohr.* **2.** (früher) *Gänsefeder zum Schreiben:* mit dem K. zurechtschneiden.
²Kiel, der; -[e]s, -e [aus dem Niederd. < niederd. kil, kel, wahrsch. verw. mit ↑ Kehle im Sinne von »halsförmig Geschwungenes«]: **a)** *unterster, in der Mitte des Schiffsrumpfs liegender Balken od. verstärkter Boden aus Stahlplatten:* der K. berührte den Grund; * etw. auf K. legen (Schiffbau; *mit dem Bau eines Schiffes beginnen, den Anfang machen:* ein neuer Tanker wurde auf K. gelegt); **b)** *trapezförmig o. ä. nach unten gezogener Teil des Schiffsrumpfs, der dem Schiff Stabilität gibt, es besser auf Kurs hält u. nicht (so leicht) kentern lässt.*
³Kiel: Landeshauptstadt von Schleswig-Holstein.
Kiel|boot, das: *Segelboot mit einem ²Kiel (1 b).*
¹Kie|ler, der; -s, - : Ew. zu ↑ ³Kiel.
²Kie|ler ⟨indekl. Adj.⟩ [zu ↑ ³Kiel]: K. Förde.
Kie|le|rin, die; -, -nen: w. Form zu ↑ ¹Kieler.
Kiel|fe|der, die: *größere Vogelfeder, die einen festen ¹Kiel (1 a) hat.*
kiel|ho|len ⟨sw. V.; hat⟩ [niederd. kilhalen; weil der Kiel teilweise aus dem Wasser ragt] (Seemannsspr.): **1.** *ein Schiff zu Reinigungs- u. Reparaturarbeiten auf die Seite legen:* die Jacht wurde gekielholt. **2.** *(zur Strafe) über Bord werfen u. mithilfe eines langen Taus unter dem Schiff hindurchziehen:* drei Mann wurden gekielholt.
Kiel|in|stru|ment, das [zu ↑ ¹Kiel]: *Musikinstrument, bei dem die Saiten durch mechanisch bewegte ¹Kiele angerissen werden (z. B. Spinett).*
Kiel|le|gung, die; -, -en [zu ↑ ²Kiel (a)] (Schiffbau): *[symbolischer] Baubeginn eines Schiffes auf der Helling.*

Kiel|li|nie, die: **1.** *Linie, die von genau hintereinanderfahrenden Schiffen gebildet wird:* [in] K. fahren. **2.** (selten) *Linie, bis zu der ein Schiff üblicherweise im Wasser liegt.*
kiel|oben ⟨Adv.⟩: *mit dem ²Kiel nach oben, umgedreht:* das Boot treibt k. im Wasser.
Kiel|raum, der: *unten, unmittelbar über dem ²Kiel gelegener Raum im Schiff.*
Kiel|was|ser, das ⟨Pl. ...wasser⟩: *Fahrspur, die sich hinter einem fahrenden Schiff auf dem Wasser bildet:* schäumendes K.; das Boot schaukelte im K. des Frachters; * **in jmds. K. segeln, schwimmen/sich in jmds. K. halten** (sich jmdm. in seinem Vorgehen u. seinen Ansichten anschließen u. davon profitieren).
Kie|me, die; -, -n [md. niederd. Form von ↑Kimme, also eigtl. = Einschnitt, Kerbe]: *dünnhäutiges Atmungsorgan vieler Wassertiere, durch das Sauerstoff dem Wasser entnommen u. Kohlendioxid abgegeben werden kann:* Fische atmen durch -n; Ü du bekommst gleich eins auf/vor die -n (ugs.; *einen Schlag ins Gesicht*); ich schlag dir die -n (derb; *die Zähne*) ein; * **die -n nicht auseinanderkriegen** (ugs.; *nichts sagen, wortkarg sein*); **etw. zwischen die -n kriegen/bekommen** (ugs.; *etw. zu essen bekommen*); **sich etw. zwischen die -n schieben** (ugs.; *etw. essen*).
Kie|men|at|mer, der; -s, - (Zool.): *Tier, das durch Kiemen atmet.*
Kie|men|at|mung, die (Zool.): *Atmung durch Kiemen.*
Kie|men|de|ckel, der (Zool.): *die Kiemen als Schutz überdeckende, bewegliche Haut[falte].*
Kie|men|spal|te, die ⟨meist Pl.⟩ (Zool.): *Spalte, Öffnung zwischen den Kiemen, durch die das für die Atmung aufgenommene Wasser wieder abströmen kann.*
Kien, der; -[e]s [mhd. kien, ahd. chien = Kienspan, Fackel, eigtl. = abgespaltenes Holzstück]: *viel Harz enthaltendes [Kiefern]holz:* * **auf dem K. sein** (landsch., bes. berlin.; *wachsam sein, scharf aufpassen; immer vornan sein u. Bescheid wissen;* H. u., viell. weil man auf das leicht entzündbare harzreiche Holz besonders achtgeben musste).
Kien|holz, das ⟨Pl. ...hölzer⟩: *[harziges] Kiefernholz.*
Kien|span, der: *Span aus Kiefernholz.*
Kie|pe, die; -, -n [mniederd. kipe, küpe, viell. unter Einfluss von lat. cupa = Tonne, Fass) (nordd., md.): *hoher Tragkorb, der auf dem Rücken getragen u. mit Schulterriemen befestigt wird:* eine K. voll Reisig, Torf.
Kies, der; -es, -e: **1.** [mhd. kis = grobkörniger od. steiniger Sand, H. u.] *kleine, meist runde Steine, die in großer Zahl als Ablagerungen (vor allem an Flüssen, im Erdboden) auftreten:* weißer K.; der K. knirschte unter ihren Schritten. **2.** (Fachspr.) *schwefel- od. arsenhaltiges, hartes u. schwer zu spaltendes Erz in hellen Farben mit starkem Metallglanz.* **3.** [aus der Gaunerspr., eigtl. = (Silber)geld, wahrsch. Umdeutung von 1] (salopp) *Geld [in großer Menge]:* ein Haufen K.; damit kann man K. machen!
Kies|bett, das ⟨Pl. -en, auch: -e⟩: **1.** *mit Kies bedecktes Gewässerbett.* **2.** *zu einem bestimmten Zweck auf eine begrenzte Fläche aufgebrachte Schicht aus Kies.*
Kies|bo|den, der: *Boden, der aus Kies besteht, viel Kies enthält.*
Kie|sel, der; -s, - [mhd. kisel, ahd. kisil, zu ↑Kies]: **1.** *kleiner, durch Strömungen im Wasser [rund] abgeschliffener Quarz od. quarzreicher Stein:* bunte K. schimmern im Bachbett; einen flachen K. über die Wasseroberfläche schnellen lassen. **2.** (landsch.) *Hagel[korn].* **3.** (Chemie veraltet) *elementares* (3) *Silizium.*

Kie|sel|al|ge, die ⟨meist Pl.⟩ [zu ↑Kiesel (3)]: *mikroskopisch kleine, einzellige Alge mit einem Panzer aus Kieselsäure.*
Kie|sel|gel, das [zu ↑Kiesel (3)] (Chemie): *reine, nicht kristalline Kieselsäure, die als Adsorbens für Gase, Dämpfe u. Flüssigkeiten verwendet wird.*
Kie|sel|säu|re, die [zu ↑Kiesel (3)] (Chemie): *Sauerstoffsäure des Siliziums.*
Kie|sel|stein, der: *Kiesel* (1).
¹kie|sen ⟨sw. V.; hat⟩: *mit Kies bestreuen, belegen:* die Gartenwege k.; ⟨meist im 2. Part.:⟩ ein gekiester Platz.
²kie|sen ⟨unr. V.; hat⟩ [mhd. kiesen, ahd. kiosan; die Formen dieses st. Verbs haben sich mit den sw. Formen von ↑küren vermischt] (veraltet): *prüfend wählen:* du kor[e]st dir etwas Gutes.
Kies|gru|be, die: *Grube, Abbaustelle, aus der Kies geholt wird.*
kie|sig ⟨Adj.⟩: *mit Kies bedeckt:* der Strand ist k.
Kies|sand, der: *mit Kies vermischter Sand.*
Kies|weg, der: *mit Kies bestreuter Weg.*
Kiew ['ki:ɛf]: *Hauptstadt der Ukraine.*
¹Ki|e|wer, der; -s, -: Ew.
²Ki|e|wer ⟨indekl. Adj.⟩: *die K. Innenstadt.*
Ki|e|we|rin, die; -, -nen: w. Form zu ↑¹Kiewer.
Kiez, der; -es, -e [H. u.]: **1.** (nordostd., bes. berlin.) *Stadtteil, [abgelegener] Ort:* sie kennt ihren K. genau. **2.** (Jargon) *Rotlicht-, Amüsier-, Vergnügungsviertel:* in einem Hotel auf dem K.
Kif, der; -[s] [engl. kif, kef < arab. kayf, eigtl. = Wohlbefinden]: *Haschisch, Marihuana.*
kif|fen ⟨sw. V.; hat⟩ (Jargon): *Haschisch od. Marihuana rauchen.*
Kif|fer, der; -s, - (Jargon): *jmd., der Haschisch od. Marihuana raucht.*
Kif|fe|rin, die; -, -nen: w. Form zu ↑Kiffer.
Ki|ga, der; kurz für ↑Kindergarten.
Ki|gal|li: *Hauptstadt von Ruanda.*
ki|ke|ri|ki ⟨Interj.⟩ (Kinderspr.): *lautm. für den Ruf des Hahns.*
¹Ki|ke|ri|ki, das; -s, -s: *Ruf des Hahns:* das morgendliche K. hatte sie geweckt.
²Ki|ke|ri|ki, der; -s, -s (Kinderspr.): *Hahn:* guck mal, ein K.!
Ki|ki, der; -s [H. u.] (ugs. abwertend): **1.** *überflüssiges od. wertloses Zeug:* an der Bluse ist mir zu viel K. **2.** *Unsinn; törichtes Gerede:* so ein K.!
Kil|bi, der; -, K¡lbenen [zu alemann. Kilche = Kirche] (schweiz. mundartl., westösterr.): **1.** *Kirchweih.* ♦ **2.** *Fest, [private] Feier:* Als endlich das Haus erbaut war, zogen sie hinüber ... und gaben als ... Hausräuki eine K., die drei Tage lang dauerte (Gotthelf, Spinne 103).
♦ **Kilch|stal|den,** der; -s, - [zu alemann. Kilche = Kirche u. Stalden = steiler Weg, Abhang, mhd. stalde, eigtl. wohl = Ort, wo man »gestellt« (= gehemmt) wird]: *zur Kirche führender [ansteigender] Weg: ...denn an den K. konnten sie die Buchen führen, ohne dass ihre Landarbeit darüber versäumt wurde und sie zugrunde gingen* (Gotthelf, Spinne 36).
Ki|li|ki|en; -s: *antike Landschaft in Kleinasien.*
Ki|lim: ↑Kelim.
Ki|li|ma|nd|scha|ro, der; -[s]: *höchster Berg Afrikas.*
kil|le|kil|le ⟨Interj.⟩ (Kinderspr.): *als scherzender Ausdruck, wenn man ein Kind kitzelt:* bei einem Kind k. machen (*es [unterm Kinn] kitzeln*).
kil|len ⟨sw. V.; hat⟩ [engl. to kill, H. u.] (salopp): *kaltblütig, ohne Skrupel umbringen:* der Gangsterboss wurde von den eigenen Leuten gekillt; Ü Jobs k. (*vernichten*).
Kil|ler, der; -s, - [engl. killer, zu ↑killen] (ugs.): *jmd., der einen anderen ohne Skrupel [gegen Bezahlung] umbringt; [bezahlter] Mörder:* gedungene, bezahlte K.; [für den Anschlag] einen K. anheuern, engagieren.

Kil|ler- (Jargon): *drückt in Bildungen mit Substantiven aus, dass etw. als tödlich, als schädlich, als zerstörend wirkend angesehen wird:* Killeralge, -virus, -vulkan.
-kil|ler, der; -s, - (Jargon): *kennzeichnet in Bildungen mit Substantiven eine Sache, eine Substanz o. Ä., die etw. zerstört, beseitigt, für etw. schädlich ist:* Bakterienkiller, Lackkiller, Staubkiller.
Kil|ler|ap|pli|ka|ti|on, die [nach gleichbed. engl. killer application, aus killer (↑Killer) u. application = Applikation (7)] (EDV-Jargon): *Anwendung* (3), *die zahlreiche Nutzer bzw. Käufer findet und dadurch einer neuen Technologie zum Durchbruch verhilft:* E-Mail ist die K. des Internets.
Kil|le|rin, die; -, -nen: w. Form zu ↑Killer.
Kil|ler|kom|man|do, das (ugs.): *Kommando* (3 a), *das den Auftrag hat, jmdn. zu töten.*
kil|lern ⟨sw. V.; hat⟩ (Schülerspr.): *mit dem Tintenkiller löschen:* falsch Geschriebenes k.
Kil|ler|spiel, das (ugs.): *Computerspiel, bei dem die simulierte Tötung von Menschen od. menschenähnlichen Wesen eine wesentliche Rolle spielt.*
Kil|ler|vi|rus, das, auch: der (ugs.): **1.** *lebensbedrohendes Virus.* **2.** *besonders schädliches, gefährliches Computervirus.*
Kil|ler|wal, der [wohl nach engl. killer whale] (Jargon): *Schwertwal.*
Kil|ler|zel|le, die (Biol., Med.): *Zelle, die die Zellsubstanz körperfremder Zellen schädigt.*
Ki|lo, das, österr. ugs. auch: der; -s, -[s]: *Kurzf. von* ↑Kilogramm: das Baby wiegt genau vier K.

Ki|lo- [frz. kilo-, zu griech. chílioi = tausend]: *Best. in Zus. mit der Bed. das Tausendfache einer Einheit; tausend* (z. B. Kilogramm, Kilowatt.)
Ki|lo|bit [auch: 'ki:lo...], das (EDV): *Einheit von 1 024 Bit* (Zeichen: KBit, Kbit, kBit, kbit).
Ki|lo|byte [...'bait, auch: 'ki:lobait], das (EDV): *Einheit von 1 024 Byte* (Zeichen: KB, kB, KByte, kByte).
Ki|lo|gramm [auch: 'ki:lo...], das [frz. kilogramme, zu griech. chílioi = tausend u. ↑Gramm]: *tausend Gramm (Maßeinheit; Einheit der Masse; Zeichen: kg):* zwei K. Mehl; zwei Pfund sind ein K.; der Preis eines K. Fleischs/eines -s Fleisch.
Ki|lo|hertz [auch: 'ki:lo...], das (Physik): *tausend Hertz* (Zeichen: kHz).
Ki|lo|joule [...'dʒu:l, ...'dʒaul, auch: 'ki:lo...], das (Physik): *tausend Joule* (Zeichen: kJ).
Ki|lo|ka|lo|rie [auch: 'ki:lo...], die (Physik veraltet): *tausend Kalorien* (Zeichen: kcal).
Ki|lo|me|ter [auch: 'ki:lo...], der [frz. kilomètre, zu griech. chílioi = tausend u. ↑Meter]: *tausend Meter* (Zeichen: km): *die Entfernung beträgt zehn K.;* was kostet der K. *(die Fahrt pro Kilometer)?;* auf dieser Strecke sind nur 80 K. (ugs.; *ist nur eine Geschwindigkeit von höchstens 80 Kilometern pro Stunde*) erlaubt; ein Stau von 10 -n/von 10 K. Länge.
Ki|lo|me|ter|fres|ser, der (ugs. abwertend, ugs. scherzh.): *jmd., der mit dem Auto durch schnelles Fahren ohne Pause lange Strecken zurücklegt.*
Ki|lo|me|ter|fres|se|rin, die: w. Form zu ↑Kilometerfresser.
Ki|lo|me|ter|geld, das: *Geldbetrag, der für einen in dienstlichem Auftrag im eigenen Fahrzeug*

Kilometergeldpauschale – Kinderbeauftragte

zurückgelegten Weg pro gefahrenen Kilometer erstattet wird.

Ki|lo|me|ter|geld|pau|scha|le, die: Kilometerpauschale.

ki|lo|me|ter|lang ⟨Adj.⟩: mehrere, viele Kilometer lang: ein -er Stau.

Ki|lo|me|ter|pau|scha|le, die (Steuerw.): Betrag, den jmd., der täglich mit dem eigenen Kraftfahrzeug zu seiner Arbeitsstätte fährt, steuerlich absetzen kann.

Ki|lo|me|ter|stand, der: auf dem Kilometerzähler angezeigte Anzahl der Kilometer, die ein Fahrzeug zurückgelegt hat: den K. prüfen, ablesen.

Ki|lo|me|ter|stein, der: am Rand einer Straße, am Ufer eines Flusses aufgestellter Stein, auf dem die Entfernung, die Weglänge in Kilometern angegeben wird.

ki|lo|me|ter|weit ⟨Adj.⟩: mehrere Kilometer weit: k. laufen.

Ki|lo|me|ter|zäh|ler, der: Gerät, das bei einem Fahrzeug die Anzahl der zurückgelegten Kilometer anzeigt.

Ki|lo|ohm [auch: ˈkiːloː...], das (Physik): tausend Ohm (Zeichen: kΩ).

Ki|lo|pond [auch: ˈkiːloː...], das (Physik früher): Einheit der Kraft (Zeichen: kp).

Ki|lo|pond|me|ter, das; -s, - (Physik): Arbeit (5), die erforderlich ist, um ein Kilopond einen Meter hochzuheben (Maßeinheit; Einheit der Energie; Zeichen: kpm).

Ki|lo|volt [auch: ˈkiːloː...], das (Physik): tausend Volt (Zeichen: kV).

Ki|lo|volt|am|pere [...ˈpɛːɐ̯, ˈkiːloː...], das (Physik): tausend Voltampere (Zeichen: kVA).

Ki|lo|watt [auch: ˈkiːloː...], das; -s, - (Physik, Technik): tausend Watt (Zeichen: kW).

Ki|lo|watt|stun|de, die (Physik, Elektrot.): [elektrische] Energie, die bei einer Leistung von einem Kilowatt während einer Stunde verbraucht wird (Maßeinheit; Einheit der elektrischen Energie; Zeichen: kWh).

ki|lo|wei|se ⟨Adv.⟩: in Mengen von mehreren Kilogramm: er hatte k. Kokain geschmuggelt; die Ermittler stellten k. Schmuck und Kunstwerke sicher.

Kilt, der; -[e]s, -s ⟨engl. kilt, zu: to kilt = aufschürzen⟩: **1.** zur schottischen Tracht der Männer gehörender, bunt karierter, bis zu den Knien reichender Faltenrock aus festem Wollstoff. **2.** karierter Faltenrock für Frauen.

Kim|ber usw.: ↑ Zimber usw.

Kimm, die; - [zu ↑ Kimme] (Seemannsspr.): **1.** von Himmel u. Meer gebildete Linie des Horizonts. **2.** (bei einem Schiff) gekrümmter, auch kantiger Übergang vom Boden in die Wand (zu beiden Seiten).

Kim|me, die; -, -n [urspr. = Kimme (3); verw. mit ↑ Kamm, die scharfe, zackige Rand mit den Zähnen eines Kammes verglichen werden kann]: **1.** Einschnitt im Visier einer Handfeuerwaffe, durch den der Schütze beim Zielen nach dem Korn nach dem Zielpunkt sieht: er nahm K. und Korn (visierte, zielte genau) und schoss; durch die K. sehen; über K. und Korn zielen; * **jmdn. auf der K. haben** (ugs.; mit jmdm. etw. vorhaben; es auf jmdn. abgesehen haben). **2.** (Böttcherei) Kerbe, Einschnitt in den Dauben, in dem der Boden eines Fasses gehalten wird. **3.** (salopp) Gesäßspalte.

Ki|mo|no [ˈkiːmoːno, auch, österr. nur: ˈkiːmono, auch: ˈkɪmono], der; -s, -s [jap. kimono = Gewand]: langes, von einem Gürtel gehaltenes japanisches Kleidungsstück mit weiten, angeschnittenen Ärmeln.

Ki|mo|no|är|mel, der (Mode): weiter, angeschnittener Ärmel.

Ki|mo|no|blu|se, die: wie ein Kimono geschnittene Bluse.

Ki|näs|the|sie, die; - [zu griech. kineīn = bewegen u. aísthēsis = Sinneswahrnehmung] (Med., Zool.): Fähigkeit, Bewegungen der Körperteile unbewusst zu kontrollieren u. zu steuern.

Ki|näs|the|tik, die; - (Med., Zool.): Lehre von der Kinästhesie.

ki|näs|the|tisch ⟨Adj.⟩ (Med., Zool.): die Kinästhesie betreffend.

Kind, das; -[e]s, -er [mhd. kint, ahd. kind, eigtl. = Gezeugtes, Geborenes, subst. 2. Part. eines Verbstammes mit der Bed. »gebären, erzeugen«]: **1. a)** noch nicht geborenes, gerade od. vor noch nicht langer Zeit zur Welt gekommenes menschliches Lebewesen; Neugeborenes, Baby, Kleinkind: ein gesundes, kräftiges, neugeborenes, tot geborenes, ungewolltes, unerwünschtes, lang ersehntes K.; das K. im Mutterleib; ein K. wird geboren, kommt zur Welt; das K. ist ein Mädchen, ein Junge; ein K. [von jmdm.] haben wollen; wie soll das K. heißen?; ein K. zeugen, erwarten, zur Welt bringen, austragen, abtreiben; sie bekommt, kriegt gerade ihr K.; sie bekommt, kriegt ein K. (ist schwanger); das K. füttern, stillen, trockenlegen, wickeln; sie wurde von einem gesunden K. entbunden; er ist der Vater ihres -es; R das K. muss [doch] einen Namen haben (für die Sache muss eine Rechtfertigung, ein Vorwand gefunden werden); wir werden das K. schon [richtig] schaukeln (ugs.; wir werden die Sache schon in Ordnung bringen, bewältigen); * **ein tot geborenes K. sein** (ugs.; von Anfang an, schon bei seiner Entstehung zum Scheitern, Misslingen verurteilt sein; aussichtslos sein: dieses Unternehmen war ein tot geborenes K.); **unschuldig wie ein neugeborenes K. sein** (völlig, ganz und gar unschuldig sein); **jmdm. ein K. machen/andrehen** (ugs.; eine Frau schwängern); **jmdm. ein K. in den Bauch reden** (ugs.; jmdm. etw. einreden, ihn mit großer Überredungskunst von etwas ganz Unwahrscheinlichem überzeugen wollen); **ein K. unter dem Herzen tragen** (geh.; schwanger sein); **das K. mit dem Bade ausschütten** (übereilt, im Übereifer das Gute mit dem Schlechten verwerfen); **b)** Mensch, der sich noch im Lebensabschnitt der Kindheit befindet (etwa bis zum Eintritt der Geschlechtsreife); noch kein Jugendlicher; noch nicht erwachsener Mensch: ein kleines, elfjähriges, halbwüchsiges K.; ein minderjähriges, unmündiges K.; ein aufgewecktes, begabtes, frühreifes, verwöhntes, verzogenes, schwieriges, zurückgebliebenes K.; -er bis zu 12 Jahren/bis 12 Jahre; ein K. von vier Jahren; die -er spielen, toben, gehen zur Schule; die -er wachsen heran, sind groß geworden; als wir noch -er waren, sie ist kein K. mehr (ist erwachsen); sie weiß, kann doch jedes K. (ist doch ganz einfach, kann doch jeder); Namen, die hier jedes K. kennt (die so allgemein bekannt sind, dass jeder sie weiß); es ist noch ein großes K. (hat ein kindliches Gemüt, die Naivität eines Kindes); sie war schon als K. sehr still; sie freute sich wie ein K.; ein K. großziehen, ernähren; das K. an die Hand nehmen; er behandelt sie wie ein [kleines] K. (bevormundet sie); den -ern etwas beibringen; die Erzieherin ist bei ihren -ern (ihren Schützlingen) sehr beliebt; für -er und Erwachsene; er kennt sie von K. an/von K. auf (seit ihrer Kindheit); R wenn das K. in den Brunnen gefallen ist [deckt man ihn zu] (erst wenn es zu spät ist [wird etwas unternommen]); du bist als K. [wohl] zu heiß gebadet worden (du bist nicht recht bei Sinnen); wie sag ichs meinem -e (wie bringe ich einer bestimmten Person das am geschicktesten bei); aus -ern werden Leute (die Kinder werden erwachsen); das ist nichts für kleine -er (ugs.; das geht dich nichts an, ist nichts für dich); Spr -er und Narren sagen die Wahrheit; [ein] gebranntes K. scheut das Feuer; * **das K. im Manne** (meist scherzh.; die Freude am Spiel, der Spieltrieb beim Mann; nach einer Stelle in dem Werk »Also sprach Zarathustra« des dt. Philosophen Fr. Nietzsche, 1844–1900); **Kind[er] und Kindeskinder** (die gesamte Nachkommenschaft); **bei jmdm. lieb K. sein** (ugs.; bei jmdm. in gutem Ansehen stehen [u. dadurch Vorteile haben]); **sich bei jmdm. lieb K. machen** (ugs.; sich bei jmdm. einschmeicheln); **das K. beim [rechten] Namen nennen** (ugs.; etw. ganz offen, deutlich aussprechen); **mit K. und Kegel** (mit der gesamten Familie; mhd. kegel, kekel = uneheliches Kind, wohl identisch mit kegel = Knüppel, Stock, ↑ Kegel). **2.** von jmdm. leiblich abstammende Person; unmittelbarer Nachkomme: ein eheliches, uneheliches, eigenes, leibliches K.; ihr erstes, zweites K.; das gemeinsame K.; sie ist einfacher Leute K.; wenn die -er aus dem Haus sind; sie ist das einzige K. [ihrer Eltern]; sie waren drei -er zu Hause; wir haben drei -er; sie wollen sich keine -er, nur ein K. anschaffen; willst du wirklich -er in die Welt setzen?; er hat für seine -er gesorgt; Ü wir sind alle -er Gottes; er ist ein K. des 19. Jahrhunderts (ist von dieser Zeit geprägt); ein K. des Todes (geh.; ein äußerst gefährdeter, dem Tode naher, geweihter Mensch); sie ist ein [echtes] Berliner K. (sie stammt aus Berlin, ist eine richtige Berlinerin); R -er können nichts für ihre Eltern; Spr kleine -er, kleine Sorgen – große -er, große Sorgen; * **K. der Liebe** (geh. veraltend, verhüll.; uneheliches Kind); **kein K. von Traurigkeit sein** (ugs.; ein lebenslustiger Mensch sein); **jmds. liebstes K. sein** (jmds. besondere Vorliebe genießen, von jmdm. bevorzugt werden); **jmdn. an -es statt annehmen** (adoptieren). **3.** (fam.) **a)** ⟨o. Pl.⟩ Anrede an eine [jüngere] weibliche Person: mein K., besuche mich bald wieder; das, liebes K., ist nicht wahr; **b)** ⟨Pl.⟩ Anrede an mehrere Personen: -er, hört mal alle her!

Kind|bett, das ⟨Pl. selten⟩ [mhd. kintbette, ahd. chintpett] (veraltend): Wochenbett.

Kind|bet|te|rin, die; -, -nen (veraltet): Wöchnerin. ◆ -en darzu, und hochschwangere Weiber (Schiller, Räuber II, 3).

Kind|bett|fie|ber, das ⟨o. Pl.⟩ (veraltend): Wochenbettfieber.

◆ **Kind|bett|ti,** die; -, ...tenen [eigtl. = Kindbett] (schweiz.): Kindtaufe (2): ... letzthin habe sein Nachbar K. haben müssen (Gotthelf, Spinne 12).

◆ **Kind|bett|ti|mann,** der ⟨Pl. ...männer⟩ (schweiz.): Vater des Täuflings: ... der alte Götti ... hatte allerlei Späße mit dem K. (Gotthelf, Spinne 12).

Kind|chen, das; -s, - u. Kinderchen: Vkl. zu ↑ Kind (1 a, 3).

Kind|chen|sche|ma, das ⟨o. Pl.⟩ (Verhaltensf., Psychol.): Gesamtheit der für ein Kleinkind typischen körperlichen od. verhaltensmäßigen Merkmale (z. B. große Augen, tollpatschige Bewegungen), die beim Erwachsenen eine emotionale Zuwendung, den Trieb zur Pflege o. Ä. auslösen.

Kin|der|ar|beit, die ⟨o. Pl.⟩: von Kindern zu Erwerbszwecken verrichtete Arbeit.

Kin|der|ar|mut, die: Armut bei Kindern.

Kin|der|arzt, der: Facharzt für Krankheiten, die im Säuglings- u. Kindesalter auftreten.

Kin|der|ärz|tin, die: w. Form zu ↑ Kinderarzt.

Kin|der|au|ge, das ⟨meist Pl.⟩: Auge eines Kindes: große, staunende -n sahen sie an.

Kin|der|bal|lett, das: Ballett (2), in dem nur Kinder tanzen.

Kin|der|be|auf|trag|te ⟨vgl. Beauftragte⟩: weibli-

Kinderbeauftragter – Kindermädchen

che Person, die damit beauftragt ist, sich in einem bestimmten Bereich um die Belange der Kinder zu kümmern.

Kin|der|be|auf|trag|ter ⟨vgl. Beauftragter⟩: *jmd., der damit beauftragt ist, sich in einem bestimmten Bereich um die Belange der Kinder zu kümmern.*

Kin|der|be|klei|dung, die: *für Kinder hergestellte, in Größe u. Ausführung den Bedürfnissen von Kindern angepasste Bekleidung.*

Kin|der|be|steck, das: *kleineres, für Kinder geeignetes Besteck (1 a).*

Kin|der|be|treu|ung, die: *Betreuung (1) kleiner Kinder:* mehr Geld für K.

Kin|der|be|treu|ungs|ein|rich|tung, die: *öffentliche od. private Einrichtung für die Betreuung von Kindern:* Ausbau und Förderung von -en.

Kin|der|be|treu|ungs|geld, das (österr.): *Elterngeld.*

Kin|der|be|treu|ungs|kos|ten ⟨Pl.⟩: *Kosten, die Eltern für die Betreuung ihres Kindes, ihrer Kinder entstehen:* erwerbsbedingte und private K.

Kin|der|bett, das: *kleines Bett für Kinder, bes. für Kleinkinder.*

Kin|der|bild, das: *Bild, das jmdn. als Kind zeigt, auf dem ein Kind dargestellt ist.*

Kin|der|bou|tique, die: *Boutique für Kinderbekleidung.*

Kin|der|buch, das: *für Kinder geschriebenes u. gestaltetes Buch.*

Kin|der|buch|au|tor, der: *Autor von Kinderbüchern.*

Kin|der|buch|au|to|rin, die: *w. Form zu ↑ Kinderbuchautor:* Astrid Lindgren gilt als die bekannteste K. der Welt.

Kin|der|chen: Pl. von ↑ Kindchen.

Kin|der|chor, der: *aus Kindern [u. Jugendlichen] bestehender Chor.*

Kin|der|club: ↑ Kinderklub.

Kin|der|dorf, das: *Einrichtung zur ständigen Betreuung, Erziehung u. Ausbildung elternloser od. nicht ausreichend versorgter Kinder in einer aus familienähnlichen Hausgemeinschaften bestehenden kleineren Siedlung.*

Kin|de|rei, die; -, -en: *albernes, kindisches Benehmen, kindischer Spaß.*

Kin|der|er|mä|ßi|gung, die: *von der Anzahl der Kinder in einer Familie abhängende Ermäßigung, Vergünstigung bei Steuern, Fahrpreisen o. Ä.*

Kin|der|er|zie|hung, die: *das Erziehen (1 a) von Kindern.*

Kin|der|er|zie|hungs|zeit, die ⟨meist Pl.⟩ (Rentenvers.): *(bei der Berechnung der Rente zu berücksichtigende) Zeit, in der ein Elternteil wegen der Kindererziehung nicht erwerbstätig ist.*

Kin|der|fahr|rad, das: *kleines Fahrrad für Kinder.*

Kin|der|fa|sching, der (bes. bayr., österr.): *für Kinder veranstaltetes Faschingsfest.*

Kin|der|fas|nacht, (häufiger:) **Kin|der|fast|nacht**, die (landsch.): *Kinderkarneval.*

kin|der|feind|lich ⟨Adj.⟩: *Kindern gegenüber nicht positiv, nicht wohlwollend eingestellt; für Kinder, für ihre Entwicklung schädlich:* eine -e Gesellschaft, Politik.

Kin|der|feind|lich|keit, die ⟨o. Pl.⟩: *kinderfeindliche Einstellung.*

Kin|der|fern|se|hen, das: **1.** *für Kinder produzierte Fernsehsendung; für Kinder gestaltetes Fernsehprogramm.* **2.** *Abteilung einer Fernsehanstalt, in der die Sendungen für Kinder produziert werden:* sie ist Moderatorin beim K.

Kin|der|fest, das: *für Kinder veranstaltetes Fest.*

Kin|der|film, der: *für Kinder hergestellter Film.*

Kin|der|frau, die: *Frau, die in einer Familie zur Betreuung der Kinder angestellt ist.*

Kin|der|frei|be|trag, der (Steuerw.): *Arbeitnehmern mit Kindern gewährter Freibetrag.*

kin|der|freund|lich ⟨Adj.⟩: **a)** *Kindern gegenüber positiv eingestellt, ihnen wohlgesinnt:* -e Hotels; **b)** *für Kinder förderlich:* eine -e Umgebung.

Kin|der|freund|lich|keit, die ⟨o. Pl.⟩: *kinderfreundliche Einstellung.*

Kin|der|gar|ten, der [1840 eingef. von dem dt. Pädagogen F. Fröbel (1782–1852)]: *öffentliche Einrichtung (in einem Raum, einem Gebäude) zur Betreuung u. zur Förderung der Entwicklung von Kindern im Vorschulalter:* die Kleine besucht schon den K., geht schon in den K.

Kin|der|gar|ten|al|ter, das ⟨o. Pl.⟩: *Vorschulalter.*

Kin|der|gar|ten|grup|pe, die: *Gruppe von Kindergartenkindern, die gemeinsam betreut werden:* eine deutsch-französische K.; Raum für eine weitere K.

Kin|der|gar|ten|jahr, das: **1.** *mit demjenigen Termin im Jahr, an dem regelmäßig Kinder neu in einen Kindergarten aufgenommen werden, beginnender Zeitraum von einem Jahr.* **2.** *meist in Verbindung mit einer Ordinalzahl; Jahr, während dessen ein Kind einen Kindergarten besucht:* Kinder im ersten K.

Kin|der|gar|ten|kind, das: *Kind, das den Kindergarten besucht.*

Kin|der|gar|ten|platz, der: *Platz (4) in einem Kindergarten:* einen K. haben; Rechtsanspruch auf einen K.

Kin|der|gärt|ne|rin, die: *Erzieherin von Kleinkindern in Kindergärten u. Ä.*

Kin|der|ge|burts|tag, der: *für Kinder veranstaltete Geburtstagsfeier anlässlich des Geburtstags eines Kindes.*

Kin|der|geld, das: **1.** *finanzielle Unterstützung, die der Staat Familien mit Kindern (in je nach Anzahl der Kinder gestaffelten Beträgen) zahlt.* **2.** (österr. ugs.) *Kinderbetreuungsgeld.*

Kin|der|geld|er|hö|hung, die: *Erhöhung des Kindergelds.*

Kin|der|ge|schich|te, die: **1.** *Geschichte für Kinder.* **2.** *von Kindern handelnde, aus jmds. Kinderzeit berichtende Geschichte.*

Kin|der|ge|schrei, das (oft abwertend): *Geschrei eines od. mehrerer Kinder.*

Kin|der|glau|be, der: *naive Vorstellung; kritiklose Haltung jmdm., einer Sache gegenüber.*

Kin|der|got|tes|dienst, der: *Gottesdienst für Kinder (in einer leicht verständlichen, kindgemäßen Form).*

Kin|der|grup|pe, die: **1.** *Gruppe von Kindern:* an der Ampel wartete eine K. **2.** *der Kinderbetreuung dienende Einrichtung, in der mehrere Kinder zusammen beaufsichtigt, beschäftigt u. betreut werden:* sein Kind in die K. bringen.

Kin|der|hand, die: *Hand eines Kindes:* eine Zeichnung von K.

Kin|der|han|del, der ⟨o. Pl.⟩ (Rechtsspr.): *Handel mit Kindern zum Zweck ihrer Ausbeutung od. Adoption:* Verbrechen K.

Kin|der|haus, das: **1.** *Haus, in dem Kinder wohnen u. betreut werden (z. B. in einem Kinderdorf).* **2.** *Haus, in dem eine od. mehrere Einrichtungen zur Kinderbetreuung (wie Krippe, Kindergarten, Hort) untergebracht sind.*

Kin|der|heil|kun|de, die: *Teilgebiet der Medizin, das sich mit der Erkennung, Behandlung, Vorbeugung von bes. im Säuglings- u. Kindesalter auftretenden Krankheiten beschäftigt.*

Kin|der|heim, das: **1.** *Erholungsheim für Kinder.* **2.** *Heim zur Unterbringung von Waisenkindern, von geistig od. körperlich behinderten Kindern o. Ä.*

Kin|der|herz, das: *Gefühlswelt, Empfindungen, Gemüt eines Kindes:* -en erfreuen; der Clown lässt ein K., lässt die -en höherschlagen (versetzt

ein Kind in freudige Erregung, löst bei Kindern Freude, Begeisterung aus).

Kin|der|hort, der: *Einrichtung in einem Gebäude, Heim zur Betreuung schulpflichtiger Kinder im Grundschulalter.*

Kin|der|hos|piz, das: *Hospiz (3) für schwer kranke sterbende Kinder u. Jugendliche:* das Geld soll einem K. zugutekommen.

Kin|der|ka|nal, der: *Radio-, Fernsehprogramm für Kinder u. Jugendliche.*

Kin|der|kar|ne|val, der: *Karnevalsfest für Kinder.*

Kin|der|ki|no, das: *Kino für Kinder.*

Kin|der|kleid, das: *Kleid für ein Kind.*

Kin|der|klei|dung, die: *Kinderbekleidung.*

Kin|der|kli|nik, die: *Kinderkrankenhaus.*

Kin|der|klub, Kinderclub, der: *(bes. als Service für Touristen angebotene) Einrichtung zur Unterbringung u. Beschäftigung von Kindern:* komfortables Ferienhaus mit Schwimmbad, Sportanlagen und K.

Kin|der|kopf, der: *Kopf eines Kindes.*

Kin|der|kran|ken|haus, das: *Krankenhaus, in das nur Kinder aufgenommen werden, in dem nur Kinder behandelt werden.*

Kin|der|kran|ken|schwes|ter, die: *Kinderschwester.*

Kin|der|krank|heit, die: **1.** *Krankheit, bes. Infektionskrankheit (wie Masern, Keuchhusten), die vorwiegend od. ausschließlich bei Kindern vorkommt.* **2.** ⟨meist Pl.⟩ *anfänglich bei etw. auftretender Mangel, der mit der Zeit verschwindet, später behoben wird; Anfangsschwierigkeit.*

Kin|der|krie|gen, das; -s (ugs.): *das Gebären von Kindern:* R das/es ist [ja] zum K. (ugs.; es ist zum Verzweifeln, um Verrücktwerden).

Kin|der|kri|mi|na|li|tät, die: *Gesamtheit der kriminellen Handlungen, die von Kindern begangen werden.*

Kin|der|krip|pe, die: *Einrichtung in einem Gebäude, Heim zur Betreuung von Säuglingen u. Kleinkindern berufstätiger Eltern, alleinstehender berufstätiger Mütter o. Ä.*

Kin|der|la|chen, das: *das Lachen von Kindern:* man hörte vergnügtes K.

Kin|der|la|den, der ⟨Pl. ...läden⟩: **1.** *Laden, Geschäft, in dem Artikel für Kinder verkauft werden.* **2.** *[nach der anfänglichen Unterbringung in ehemaligen Läden] aus privater Initiative entstandener, nicht autoritär geleiteter Kindergarten.*

Kin|der|läh|mung, die (Med.): *Infektionskrankheit, die bes. Kinder befällt u. schwere Lähmungen verursachen kann:* die Schutzimpfung gegen [spinale] K.

Kin|der|land|ver|schi|ckung, die (nationalsoz.): *Verschickung von Kindern zur Erholung in Schullandheime, bes. klassen- u. schulweises Evakuieren von Kindern aus bombengefährdeten Gebieten in den letzten Jahren des Zweiten Weltkriegs.*

Kin|der|lärm, der: *von Kindern [beim Spielen] verursachter Lärm.*

kin|der|leicht ⟨Adj.⟩ (fam.): *sehr leicht, ganz einfach; völlig mühelos:* ein -es Rätsel; das Gerät ist k. zu bedienen.

kin|der|lieb ⟨Adj.⟩: *Kindern sehr zugetan, sich gern mit Kindern befassend:* -e Nachbarn; sie sind beide sehr k.

Kin|der|lied, das: *einfaches, leicht fassliches Lied für Kinder.*

Kin|der|li|te|ra|tur, die; -, -en ⟨Pl. selten⟩: *Literatur für Kinder.*

kin|der|los ⟨Adj.⟩: *kein Kind habend, ohne Kinder [geblieben]:* ein -es Paar; die Ehe ist k. geblieben.

Kin|der|lo|sig|keit, die ⟨o. Pl.⟩: *das Kinderlossein.*

Kin|der|mäd|chen, das: *[jüngere] weibliche Person, die in einer Familie zur Betreuung der Kinder angestellt ist.*

Kin|der|mö|bel, das ⟨meist Pl.⟩: kleinere, in Ausführung u. Größe den Bedürfnissen von Kindern angepasste Möbel.

Kin|der|mo|de, die: modische Kinderbekleidung.

Kin|der|mord, der: Mord an einem Kind, an Kindern.

Kin|der|mör|der, der: jmd., der einen Kindermord begangen hat.

Kin|der|mör|de|rin, die: w. Form zu ↑ Kindermörder.

Kin|der|mund, der: Mund eines Kindes: ein lachender K.; das war eine typische Äußerung aus K. (eine kindliche, durch Altklugheit, Unverstelltheit verblüffende u. erheiternde Äußerung); Spr K. tut Wahrheit kund (Kinder äußern sich in aller Harmlosigkeit viel unverstellter, direkter als Erwachsene).

Kin|der|nah|rung, die: Nahrung für Kinder.

Kin|der|narr, der: jmd., der sich ausgesprochen gern mit Kindern befasst, Kinder besonders gernhat.

Kin|der|när|rin, die: w. Form zu ↑ Kindernarr.

Kin|der|pa|ra|dies, das: Ort, an dem es für Kinder vielerlei Möglichkeiten zur Unterhaltung, zum Spiel o. Ä. gibt, an dem sich Kinder wohlfühlen.

Kin|der|pfle|ger, der: jmd., der in einer Familie, in einem Kindergarten, Kinderkrankenhaus o. Ä. für die Pflege, Betreuung von Kindern verantwortlich ist (Berufsbez.).

Kin|der|pfle|ge|rin, die: w. Form zu ↑ Kinderpfleger.

Kin|der|po|po, der (ugs.): Gesäß eines Kindes: rosig, glatt wie ein K.

Kin|der|por|no, der (ugs.): Pornofilm od. -video, in dem Kinderpornografie dargestellt wird: Schlag gegen K.

Kin|der|por|no|gra|fie, Kin|der|por|no|gra|phie, die ⟨o. Pl.⟩: Pornografie (1), deren Darstellungsobjekte Kinder sind.

Kin|der|por|trät, das: Porträt eines Kindes.

Kin|der|pro|gramm, das: für Kinder bestimmtes Programm.

Kin|der|pros|ti|tu|ti|on, die: Form der Prostitution, bei der Kinder als Sexualobjekt angeboten werden.

Kin|der|psy|cho|lo|ge, der: Wissenschaftler auf dem Gebiet der Kinderpsychologie.

Kin|der|psy|cho|lo|gie, die ⟨o. Pl.⟩: Teilgebiet der Psychologie, das sich mit dem Verhalten, der Entwicklung, der geistig-psychischen Verfassung von Kindern befasst.

Kin|der|psy|cho|lo|gin, die: w. Form zu ↑ Kinderpsychologe.

Kin|der|pu|der, der: bes. verträglicher, keimtötender Puder für die Pflege von Säuglingen u. Kleinkindern.

kin|der|reich ⟨Adj.⟩: viele Kinder habend: -e Familien; Übrigens habe ich tatsächlich eine sehr große Familie. Sechs Geschwister, alle k. verheiratet (Fallada, Jeder 209).

Kin|der|reich|tum, der ⟨o. Pl.⟩: das Kinderreichsein.

Kin|der|reim, der: einfacher, einprägsamer Reim; Vers für Kinder.

Kin|der|sarg, der: **1.** kleiner, oft weißer Sarg für die Bestattung eines Kindes. **2.** (salopp scherzh.) besonders großer Schuh.

Kin|der|schän|der, der: jmd., der ein Kind sexuell missbraucht.

Kin|der|schän|de|rin, die: w. Form zu ↑ Kinderschänder.

Kin|der|schar, die: Schar von Kindern.

Kin|der|schreck, der; -s, -e: erdachte unheimliche Gestalt, unheimlich wirkende Person, vor der sich Kinder fürchten.

Kin|der|schuh, der: Schuh für ein Kind: * die -e ausgetreten/ausgezogen/abgestreift haben,

sich ⟨Dativ⟩ die -e abgelaufen haben, den -en entwachsen sein (herangewachsen, erwachsen, kein Kind mehr sein, die kindlichen Gewohnheiten abgelegt haben); noch in den -en stecken (noch in der Entwicklung begriffen, im Anfangsstadium, noch nicht ausgereift sein).

Kin|der|schutz, der ⟨o. Pl.⟩: Schutz von Kindern bes. vor Ausbeutung, Misshandlung, Missbrauch od. sonstigen Übergriffen od. schädlichen Einflüssen: präventiver K.

Kin|der|schwes|ter, die: Krankenschwester, die bes. auf die Pflege von Säuglingen u. Kleinkindern spezialisiert ist.

Kin|der|se|gen, der ⟨o. Pl.⟩ (oft scherzh.): das Vorhandensein von [zahlreichen] Kindern in einer Familie.

Kin|der|sei|te, die: Seite in einer Illustrierten, Zeitung o. Ä., die speziell für Kinder gemachte od. zusammengestellte Beiträge enthält.

Kin|der|sen|dung, die: für Kinder geschaffene [belehrende] Fernseh-, Rundfunksendung.

kin|der|si|cher ⟨Adj.⟩: Kinder nicht gefährdend; den Sicherheitsanforderungen für Kinder genügend: ein -er Verschluss.

Kin|der|si|che|rung, die: **1.** (Kfz-Technik) Vorrichtung an den Hintertüren eines Autos, die es ermöglicht, die Türen so zu verriegeln, dass sie nur von außen geöffnet werden können. **2.** Schutz[vorrichtung], die Kinder vor möglichen Gefahren od. Verletzungen schützen soll: Medikamente und Reinigungsmittel mit K.; Informationen zu Herdschutzgitter und K.; die Steckdose wird gleich mit K. ausgestattet. **3.** Software, die Kindern den Zugang zu ungeeigneten Seiten im Internet sperren soll: K. schützt kritische Datenbereiche; die K. sorgt dafür, dass Kinder nur eine vorgegebene Zeit am Computer verbringen können.

Kin|der|sitz, der: auf den Sitzen von Pkws u. an Fahrrädern zu befestigender besonderer Sitz (1 a) für Kleinkinder.

Kin|der|sol|dat, der: als Soldat eingesetzter Minderjähriger: von Rebellen rekrutierte -en.

Kin|der|sol|da|tin, die: w. Form zu ↑ Kindersoldat: das Tagebuch einer K.

Kin|der|spiel, das: für Kinder erdachtes, den Ansprüchen, Bedürfnissen von Kindern entgegenkommendes Spiel: * [für jmdn.] ein K. sein ([für jmdn.] ganz leicht sein, kein Problem darstellen).

Kin|der|spiel|platz, der: Spielplatz.

Kin|der|spiel|zeug, das: Spielzeug für Kinder.

Kin|der|star, der: Kind, das im Showgeschäft, bes. beim Film, bekannt u. beliebt ist.

Kin|der|sta|ti|on, die: Station für Kinder in einem Krankenhaus.

Kin|der|sterb|lich|keit, die: Anzahl der Sterbefälle von Kindern (in einem Gebiet, Land während eines bestimmten Zeitraums).

Kin|der|stim|me, die: Stimme eines Kindes, wie sie Kinder haben: laute -n.

Kin|der|stu|be, die: **1.** (veraltet, noch landsch.) Kinderzimmer. **2.** ⟨o. Pl.⟩ [urspr. = Schule] im Elternhaus genossene Erziehung, die sich bes. in jmds. Benehmen, Umgangsformen erkennen lässt: eine gute, schlechte K. gehabt haben (gut, schlecht erzogen worden sein); hast du denn keine K.?

Kin|der|tag, der: **1.** Tag, der den Kindern in besonderer Weise gewidmet ist, an dem die Kinder bei bestimmten Veranstaltungen o. Ä. im Mittelpunkt stehen: im Stadtpark ist heute K. **2.** ⟨Pl.⟩ Zeit der Kindheit [die hinter jmdm. liegt]: ein Bild aus -en.

Kin|der|ta|ges|heim, das (seltener), **Kin|der|ta|ges|stät|te,** die: Einrichtung, in die Kinder ganztägig betreut werden; Kurzwort: Kita.

Kin|der|tel|ler, der: auf einem Teller angerichtete

kleinere Portion eines für Kinder geeigneten Gerichts, das in Gaststätten serviert wird.

Kin|der|the|a|ter, das: **1.** Theater (1), in dem Stücke für Kinder gespielt werden. **2.** Theater (2) für Kinder.

Kin|der|traum, der: Traum (2 a), den ein Kind hat, den jmd. [schon] als Kind hatte.

Kin|der|trom|mel, die: kleinere Nachbildung einer Trommel für Kinder.

Kin|der|uhr, die: kleine [Armband]uhr für Kinder.

Kin|der|vor|stel|lung, die: für Kinder veranstaltete Theater-, Filmvorstellung.

Kin|der|wa|gen, der: kleiner, meist vierrädriger Wagen zum Schieben, in dem ein Säugling od. ein Kleinkind ausgefahren wird.

Kin|der|welt, die: **1.** Dasein, Lebensbereich eines Kindes; Umwelt, wie ein Kind sie sieht, erlebt, empfindet: der kleinste seiner Söhne lebt noch ganz in der, in seiner K. **2.** (selten) Gesamtheit der [irgendwo anwesenden] Kinder: ein Spielplatz so recht zum Vergnügen der K.

Kin|der|wunsch, der: **1.** Wunsch, Bedürfnis, eigene Kinder zu haben: der unerfüllte K. vieler Paare. **2.** Wunsch, den Kinder haben: der K. nach Süßigkeiten.

Kin|der|zahl, die: Anzahl der Kinder in einer Familie.

Kin|der|zeit, die: Kindheit: es war wieder wie in -en.

Kin|der|zim|mer, das: **1.** in der Ausgestaltung, Möblierung o. Ä. den Bedürfnissen von Kindern entsprechendes Zimmer für das Kind, die Kinder einer Familie. **2.** Einrichtung eines Kinderzimmers (1).

Kin|der|zu|la|ge, die, **Kin|der|zu|schlag,** der: staatlicher Zuschuss, den Personen mit Kindern unter bestimmten Voraussetzungen erhalten können.

Kin|des|al|ter, das ⟨o. Pl.⟩: Altersstufe eines Menschen bis zur Geschlechtsreife; Alter, in dem jmd. ein Kind ist.

Kin|des|an|nah|me, die: Adoption.

Kin|des|aus|set|zung, die: das Aussetzen (1 a) eines kleinen Kindes.

Kin|des|bei|ne ⟨Pl.⟩: nur in der Fügung von -n an (von frühester Jugend, von Kindheit an): wir kennen uns von -n an).

Kin|des|ent|füh|rung, die: Entführung eines Kindes [in erpresserischer Absicht].

Kin|des|ent|zie|hung, die (Rechtsspr.): Entführung eines Kindes durch einen Elternteil, um es der Obhut des anderen Elternteils, des Vormunds o. Ä. zu entziehen.

Kin|des|kind, das (veraltet): Enkel, Enkelin; Enkelkind.

Kin|des|lie|be, die (geh.): Liebe eines Kindes zu seinen Eltern.

Kin|des|miss|brauch, der: das Missbrauchen (2), Vergewaltigung von Kindern.

Kin|des|miss|hand|lung, die (Rechtsspr.): Misshandlung, böswillige Vernachlässigung, das Quälen eines Kindes durch die Eltern, den Vormund o. Ä.

Kin|des|mord, Kindsmord, der: Mord an einem, bes. einem eigenen Kind.

Kin|des|mör|de|rin, Kindsmörderin, die: Kindermörderin, bes. Frau, die ihr neugeborenes Kind getötet hat.

Kin|des|mut|ter, Kindsmutter, die (Amtsspr.): Mutter (von einem bestimmten Kind).

Kin|des|raub, der: Kindesentführung.

Kin|des|tö|tung, die (Rechtsspr.): Tötung eines Kindes durch die Mutter während od. nach der Geburt.

Kin|des|un|ter|schie|bung, die (Rechtsspr.): absichtliche Vertauschung zweier Kinder gleich nach der Geburt.

Kin|des|va|ter, Kindsvater, der (Amtsspr.): *Vater (in Bezug auf ein bestimmtes Kind).*
Kin|des|wohl, das (Rechtsspr.): *das Wohl[ergehen] eines Kindes.*
◆ **Kin|des|zeit,** die ⟨o. Pl.⟩: *Kinderzeit: Zu meiner K. ragte über die Fichten- und Föhrenwipfel dieses Waldes das Gerippe einer Tanne empor* (Rosegger, Waldbauernbub 5).
Kind|frau, die: **1.** *Mädchen, das zugleich unschuldig u. raffiniert, naiv u. verführerisch wirkt.* **2.** *junge, jüngere Frau, die noch sehr kindlich wirkt, in Denken u. Handeln unselbstständig ist.*
kind|ge|mäß ⟨Adj.⟩: *für ein Kind passend; dem Alter, der Entwicklungsstufe von Kindern angemessen:* eine -e Umgebung.
kind|ge|recht ⟨Adj.⟩: *einem Kind entsprechend; kindgemäß.*
kind|haft ⟨Adj.⟩: *in Art, Wesen, Ausdruck, Aussehen einem Kind ähnlich, wie ein Kind wirkend:* sie war von -er Naivität; ein -es Lächeln.
Kind|heit, die; - [mhd. kintheit, ahd. kindheit]: *Zeit, in der jmd. aufwächst, heranwächst; Lebensabschnitt eines Menschen als Kind:* eine fröhliche, unbeschwerte, sorglose, wohlbehütete, schwere K.; er verbrachte, verlebte seine K. auf dem Lande; aus seiner K. erzählen; er kennt sie seit frühester K.; sie haben sich seit ihrer K. nicht mehr gesehen; er ist von K. an *(schon als Kind)* daran gewöhnt worden.
Kind|heits|er|in|ne|rung, die: *Erinnerung an Personen, Ereignisse, die mit der eigenen Kindheit verbunden sind:* gemeinsame -en.
Kind|heits|er|leb|nis, das: *Erlebnis, das mit der eigenen Kindheit verbunden ist.*
kin|disch ⟨Adj.⟩ [mhd. kindisch, ahd. kindisc = jung, kindhaft, kindlich] (meist abwertend): *sich in unangemessener, für einen Erwachsenen unpassender Weise wie ein Kind benehmend; töricht, albern, unreif:* ein -es Benehmen, Verhalten; -e Pläne, Träume; ein -es Vergnügen an etw. haben; er hatte eine -e Freude an diesem Spiel; sei nicht so k.!; sie ist im Alter k. *(in ihren Verhaltensweisen wieder wie ein Kind)* geworden; sich k. aufführen; ... sie werde die Reparaturen bezahlen. Wie Nella annahm, entsprang dieser Entschluss ihrer Vorliebe für ihr Scheckbuch, dessen sie sich mit einem -en Stolz *(Stolz, wie ihn Kinder haben)* bediente (Böll, Haus 88).
kind|lich ⟨Adj.⟩ [mhd. kintlich, ahd. chindlih]: *in Art, Wesen, Ausdruck, Aussehen einem Kind gemäß, entsprechend zu ihm passend, ihm zugehörend:* ein -es Gesicht, Aussehen, Gemüt; -e Freude, Neugier, Naivität, Unschuld, Natürlichkeit; eine -e Handschrift, Stimme; der -e Gehorsam *(Gehorsam des Kindes gegenüber den Eltern)*; in -em Alter *(als Kind)*; sie ist, wirkt noch ein wenig k., sieht noch k. aus; seine Stimme klingt noch k.
Kind|lich|keit, die; -: *das Kindlichsein; kindliches Verhalten.*
Kinds|be|we|gung, die (Med.): *Bewegung eines Kindes, Fetus im Mutterleib.*
Kind|schaft, die; - (geh.): *Dasein als Kind im Verhältnis zu den Eltern.*
Kinds|kopf, der: *jmd., der sich kindisch benimmt, der zu Albernheiten, Kindereien neigt:* Das hieß nicht wie ein Mann wählen und handeln, sondern wie ein K. Reife Vernunft hatte dazwischenzutreten, bevor es zu spät war (Th. Mann, Krull 441).
kinds|köp|fig ⟨Adj.⟩: *zu Albernheiten, Kindereien neigend; kindisch.*
Kinds|la|ge, die (Med.): *Lage eines Kindes, Fetus im Mutterleib während Schwangerschaft u. Geburt; Geburtslage.*
◆ **Kinds|magd,** die (landsch. veraltend): *Kindermädchen: Die K. kam todblass und ganz zitternd* (Büchner, Lenz 103).
Kinds|mord, ↑ Kindesmord.
Kinds|mör|de|rin, ↑ Kindesmörderin.
Kinds|mut|ter, ↑ Kindesmutter.
Kinds|pech, das (Med.): *vor der ersten Aufnahme von Nahrung erfolgender schwärzlicher Stuhlgang eines neugeborenen Kindes.*
Kinds|tau|fe, ↑ Kindtaufe.
Kinds|tod: in der Fügung **plötzlicher K.** (Med.; *plötzlich eintretender Tod bei Kindern im Säuglings- u. Kleinkindalter).*
Kinds|va|ter, ↑ Kindesvater.
Kind|tau|fe, (bes. südd., österr., schweiz.:) **Kindstaufe,** die: **1.** *Taufe eines Säuglings, Kleinkindes.* **2.** *[Familien]feier am Tag der Kindtaufe* (1).
Ki|ne|ma|to|graf, Kinematograph, der; -en, -en [frz. cinématographe, zu griech. kínēma = Bewegung u. gráphein = schreiben] (früher): *Apparat zur Aufnahme u. Wiedergabe bewegter Bilder.*
Ki|ne|ma|to|gra|fie, Kinematographie, die; -: *Gebiet, das die Gesamtheit der Grundlagen u. Verfahren bei Aufnahme u. Wiedergabe von Filmen umfasst; Filmtechnik, -wissenschaft, -kunst.*
Ki|ne|ma|to|graph: ↑ Kinematograf.
Ki|ne|tik, die; - [zu griech. kinētikós = die Bewegung betreffend]: **1.** (Physik) *Teilgebiet der Mechanik, das die Lehre von den Bewegungen unter den Einfluss innerer od. äußerer Kräfte umfasst.* **2.** (bild. Kunst) *Richtung der modernen Kunst, in der mit beweglichen Objekten, Bewegungen u. Spiegelungen von Licht o. Ä. optisch variable Erscheinungsbilder erzeugt werden.*
Ki|ne|ti|ker, der; -s, -: *Künstler auf dem Gebiet der Kinetik* (2).
Ki|ne|ti|ke|rin, die; -, -nen: w. Form zu ↑ Kinetiker.
ki|ne|tisch ⟨Adj.⟩: **1.** (Physik) *die Kinetik* (1) *betreffend;* -e Gesetzmäßigkeiten; -e Energie *(Bewegungsenergie).* **2.** (bild. Kunst) *die Kinetik* (2) *betreffend; mit der Bewegung als Kunstmittel:* -e Objekte; die -e Kunst *(Kinetik 2).*
King, der; -[s], -s [engl. king = König] (ugs.): *jmd., der in einer Gruppe als Anführer gilt, bei den anderen das größte Ansehen genießt:* er meint, er wäre der K.
King|size [ˈkɪŋsaɪz], die, auch: das; - [engl. king-size (Adj.), eigtl. = Königsformat]: *(von bestimmten Waren, bes. Filterzigaretten) besonders großes Format.*
Kings|ton [...st(ə)n]: *Hauptstadt von Jamaika.*
Kin|ker|litz|chen ⟨Pl.⟩ [H. u.] (ugs.): *Kleinigkeiten, Nichtigkeiten:* mit solchen K. gibt sie sich nicht ab.
Kinn, das; -[e]s, -e [mhd. kinne, ahd. kinni, gemeingerm. Wort]: *halbrunder, nach vorn gewölbter Teil des Gesichts unterhalb des Mundes beim Menschen:* ein breites, kräftiges, spitzes, vorspringendes, fliehendes K.; ein bärtiges, glattes, glatt rasiertes K.; das K. hochrecken; die K. aufstützen, in die Hand stützen; sie rieb sich nachdenklich das K.; er traf ihn genau am K.
Kinn|ba|cke, die, (südd.:) **Kinn|ba|cken,** der: *seitlich ans Kinn anschließender, die Wange nach unten begrenzender Teil des Gesichts.*
Kinn|bart, der: *das Kinn bedeckender Bart.*
Kinn|ha|ken, der: *gegen die Kinnspitze geführter Schlag mit der Faust.*
Kinn|la|de, die [zu ↑ Lade = Behältnis, also eigtl. = Behältnis der Zähne]: *Unterkiefer.*
Kinn|rie|men, der: *Riemen, mit dem ein Helm unter dem Kinn befestigt wird.*
Kinn|spit|ze, die: *unterer Teil des Kinns:* er traf ihn genau auf die K.
Ki|no, das; -s, -s [Kurzwort für ↑ Kinematograf]: **1.** *Raum, Gebäude, in dem vor einem Publikum Filme gezeigt werden, in dem Filmvorführungen stattfinden:* ein klimatisiertes K.; das K. war leer, voll, gut besetzt, füllt sich allmählich; dieser Film kommt jetzt in die -s, läuft morgen in den -s an; was wird heute im K. gespielt, gegeben? *(wie ist das heutige Kinoprogramm?).* **2.** ⟨Pl. selten⟩ *Vorstellung, Vorführung eines Films im Kino* (1); *Filmvorstellung, -veranstaltung:* das K. ist ausverkauft, ist aus; jmdn. ins K. einladen; sie geht gern, oft ins K. **3.** ⟨o. Pl.⟩ (seltener) *Film als Medium, als gesamte Einrichtung:* das K. der Dreißigerjahre, in Frankreich.
Ki|no|be|sit|zer, der: *jmd., der ein Kino besitzt.*
Ki|no|be|sit|ze|rin, die: w. Form zu ↑ Kinobesitzer.
Ki|no|be|such, der: *Besuch einer Filmvorführung.*
Ki|no|be|su|cher, der: *jmd., der eine Filmvorführung besucht.*
Ki|no|be|su|che|rin, die: w. Form zu ↑ Kinobesucher.
Ki|no|cen|ter, das: *Gebäude, in dem mehrere Kinos untergebracht sind.*
Ki|no|er|folg, der: *durch große Besucherzahlen bewirkter Erfolg eines Films im Kino.*
Ki|no|film, der: *für die Aufführung im Kino produzierter Film:* er hat seinen ersten K. gedreht.
Ki|no|gän|ger, der; -s, -: *jmd., der [öfter] ins Kino geht:* ein eifriger K.
Ki|no|gän|ge|rin, die; -, -nen: w. Form zu ↑ Kinogänger.
Ki|no|kar|te, die: *Eintrittskarte für eine Filmvorstellung.*
Ki|no|kas|se, die: *Kasse eines Kinos.*
Ki|no|ket|te, die: *Kette* (2 d) *von Kinos.*
Ki|no|lein|wand, die: *Filmleinwand.*
Ki|no|pro|gramm, das: *Programm der in einer bestimmten Zeit zur Vorführung gelangenden Filme.*
Ki|no|pu|bli|kum, das: *Publikum, das [öfter] ins Kino geht, [regelmäßig] Filmvorführungen besucht.*
Ki|no|saal, der: *Saal für Filmvorführungen.*
Kin|sha|sa [...ˈʃa:za]: *Hauptstadt der Demokratischen Republik Kongo.*
Ki|no|topp, der, auch: das; -s, -s, auch: ...töppe [scherzh. berlin. ugs. für ↑ Kinematograf] (ugs., oft scherzh. od. iron.): *Kino.*
Ki|osk [kjɔsk, auch: ˈki:ɔsk], der; -[e]s, -e [frz. kiosque < türk. köşk = Gartenpavillon < pers. kušk]: *Verkaufsstelle (oft in einem leicht gebauten Häuschen) für Zeitschriften, Getränke, Süßigkeiten, Zigaretten o. Ä.*
Ki|o|wa [ˈkaɪəwa:], der; -[s], -[s]: *Angehöriger eines nordamerikanischen Indianerstammes.*
Kip|fel, Kip|ferl, das; -s, -[n] [zu mhd. kipf(e), ahd. kipf(a) = Wagenrunge < lat. cippus = Pfahl; nach der länglichen Form] (österr.): *Hörnchen* (2).
kipp|bar ⟨Adj.⟩: *sich kippen lassend.*
¹**Kip|pe,** die; -, -n [niederd.-md. Kippe = Spitze, Kante, Ecke, frühnhd. kipfe = Spitze] (ugs.): **1.** *Rest einer Zigarette; Zigarettenstummel:* eine glimmende K. setzte die Decke in Brand; die K. austreten, -n aufheben, sammeln, in der Pfeife rauchen; der Aschenbecher ist voller -n. **2.** *Zigarette:* haste mal 'ne Kippe [für mich]?
²**Kip|pe,** die; -, -n [zu ↑ kippen]: **1. a)** (Bergmannsspr.) *Stelle für die Lagerung von Abraum; Abraumkippe, -halde;* **b)** Kurzf. von ↑ *Müllkippe.* **2.** [gepr. von dem dt. Erzieher F. L. Jahn (1778–1852)] (Turnen) *Übung an Reck, Barren, Ringen u. im Bodenturnen, bei der durch einen Schwung in der Hüfte abgeknicktem Körper u. gestreckten Armen eine Stellung im Stütz od. im Stand erreicht wird.* **3.** * **auf der K. stehen** (ugs.: 1. *zu kippen u. herunterzustürzen, umzufallen drohen:* die Tasse steht fast auf der K.

kippelig – kirchenmusikalisch

2. *gefährdet sein, sich in einer kritischen Lage, Situation befinden:* drei Schüler der Klasse stehen auf der K.; der Kranke steht, mit dem Kranken steht es auf der K. 3. *noch unsicher, noch nicht entschieden sein:* ob sie wiedergewählt wird/ihre Wiederwahl steht auf der K.).

kip|pe|lig, kipplig ⟨Adj.⟩ [zu ↑ kippen] (ugs.): *nicht ganz fest stehend; leicht wackelnd:* ein -er Stuhl.

kip|peln ⟨sw. V.; hat⟩ (ugs.): **1.** *nicht ganz fest stehen, leicht wackeln:* der Tisch kippelt. **2.** *mit dem Stuhl, auf den beiden hinteren Stuhlbeinen schaukeln, wippen:* hör auf zu k.!

kip|pen ⟨sw. V.⟩ [aus dem Niederd.-Md., viell. zu ↑ ¹Kippe]: **1.** ⟨ist⟩ **a)** *sich neigen, das Übergewicht bekommen [u. umfallen, herunterfallen, stürzen]:* der Schrank, die Kiste, das Boot kippt; der Wagen kippt auf die Seite, nach vorn, seitwärts; er ist aus der Schulbank, vom Stuhl, vom Pferd gekippt; Ü ihr Lachen, ihre Stimme kippte *(schlug um);* die Lage ist gekippt; **b)** (Jargon) umkippen (1 f.). **2.** ⟨hat⟩ *aus seiner ruhenden Lage in eine schräge Stellung bringen:* wir müssen den Schrank k.; ein gekipptes Fenster. **3.** ⟨hat⟩ *(den Inhalt von etw.) durch Neigen, Schrägstellen des Behältnisses ausschütten, an eine bestimmte Stelle schütten:* den Sand [vom Lastwagen] auf die Straße, den Müll in die Grube, Säure in den Fluss k. **4.** ⟨hat⟩ (ugs.) *(ein [scharfes] alkoholisches Getränk) meist schnell, mit einem Zug trinken:* einen Schnaps k.; er hat ein Glas nach dem anderen, ein paar Gläschen gekippt; *** einen k.** (ugs.: *ein alkoholisches Getränk zu sich nehmen, etw. Alkoholisches trinken:* gehen wir noch einen k.?) **5.** ⟨hat⟩ (ugs.) *zurückziehen, zurücknehmen, rückgängig machen, zum Scheitern bringen:* eine Sendung [aus dem Programm] k.; ein Gesetz k. **6.** ⟨hat⟩ (ugs.) *absetzen, entlassen:* der Juniorchef wurde gekippt; die Regierung k. *(zu Fall bringen).*

◆ **Kip|pe|rin und Wip|pe|rin,** die; - - -, -nen - -nen: w. Form zu ↑ Kipper und Wipper: Ü ...von den heillosen Kipperinnen und Wipperinnen der Kindheit, denen wir ebenso viel lahme Beine als lahme Herzen zu danken haben ..., Mägden und Ammen (Jean Paul, zitiert nach: Deutsches Wörterbuch von J. u. W. Grimm, 5. Band, Leipzig 1873, Sp. 789).

◆ **Kip|per und Wip|per,** der; -s -s, - - - [wohl zu: Kippe = Goldwaage (später angelehnt an mundartl. kippen = die Spitze abschneiden) u. wippen = (vom Waagebalken) sich auf u. ab bewegen; eigtl. =, der etw. von den Münzen abschneidet u. sie dann heftig in die Waagschale wirft, damit diese wie unter einem großen Gewicht sinkt]: *jmd., der Münzen mit zu geringem Edelmetallgehalt in Umlauf bringt; Münzfälscher:* Ü ...da sie selber an Leibgeber wenig Behagen und an ihm nur den Kippern und Wippern ihres Mannes gefunden, der diesen noch eckiger zuschnitt, als er schon war (Jean Paul, Siebenkäs 328).

Kipp|fens|ter, Kipp|flü|gel|fens|ter, das: *Fenster, dessen Flügel um eine waagerechte Achse unter od. in der Mitte gekippt werden kann.*

kipp|lig: ↑ kippelig.

Kipp|schal|ter, der (Elektrot.): *[Licht]schalter, bei dessen Betätigung ein kleiner Hebel gekippt wird.*

Kipp|schal|tung, die (Elektrot.): *elektrische od. elektronische Schaltung, die eine angelegte Spannung sprunghaft od. nach bestimmten Gesetzmäßigkeiten zwischen zwei Werten ändert.*

kipp|si|cher ⟨Adj.⟩: *so aufgestellt, angebracht, gebaut, dass ein unvorhergesehenes Kippen nicht möglich ist:* -e Drehstühle.

Kipp|vor|rich|tung, die: *Vorrichtung, mit deren Hilfe etw. gekippt, in Schrägstellung gebracht werden kann.*

Kir [auch: kɪr], der; -[s], -s (aber: 3 -) [nach dem Kanonikus F. Kir (1876–1968), Bürgermeister der frz. Stadt Dijon von 1945 bis 1968]: *aus Johannisbeerlikör u. trockenem Weißwein bestehendes Getränk.*

Kir|che, die; -, -n [mhd. kirche, ahd. kiricha < spätgriech. kyrikón = Gotteshaus, zu älter: kyriakón, eigtl. = das zum Herrn gehörende (Haus), zu: kýrios = Herr]: **1.** *geweihtes Gebäude mit einem od. mehreren [Glocken]türmen, in dem die Mitglieder einer christlichen Glaubensgemeinschaft Gottesdienst abhalten, beten, liturgische Handlungen vollziehen u. a.:* eine kleine, katholische, evangelische, gotische, romanische K.; eine K. bauen, einweihen, besichtigen; in der K. riecht es nach Weihrauch; *** die K. im Dorf lassen** *(eine Sache in einem vernünftigen Rahmen betrachten, nicht übertreiben);* **die K. ums Dorf tragen** *(unnötig umständlich, kompliziert vorgehen);* **mit der K. ums Dorf laufen/fahren** *(unnötige Umstände machen, die Abwicklung, das Verfahren in einer Angelegenheit unnötig komplizieren):* warum hast du mich nicht gleich gefragt und bist erst mit der K. ums Dorf gefahren? **2.** ⟨o. Pl.⟩ *Gottesdienst:* die K. fängt um 10 Uhr an; die K. ist aus, zu Ende; sonntags in die K. gehen; ich war schon lange nicht mehr in der K. **3.** *einer bestimmten Konfession angehörende, in einer festen Organisationsform zusammengeschlossene christliche Glaubensgemeinschaft:* die katholische, evangelische, orthodoxe K.; (kath. Rel.:) die allein selig machende, heilige K.; der Zusammenschluss aller -n in der Ökumene; aus der K. austreten; wieder in den Schoß der K. zurückkehren (geh.; *sich der christlichen Glaubensgemeinschaft wieder anschließen).* **4.** *durch die Geistlichen, den Klerus repräsentierte, auf bestimmte Weise organisierte u. verwaltete Institution der christlichen Glaubensgemeinschaft:* die K. hat sich zu dieser Frage nicht geäußert; die Macht der K. im Mittelalter; die Trennung von K. und Staat.

Kir|chen|äl|tes|te, der ⟨vgl. Älteste⟩ (ev. Kirche): *Presbyterin.*

Kir|che|näl|tes|ter, der ⟨vgl. Ältester⟩ (ev. Kirche): *Presbyter (2).*

Kir|chen|amt, das: **1.** *Stellung, Amt innerhalb der kirchlichen Hierarchie:* ein K. innehaben. **2.** *Amt zur Durchführung bestimmter kirchlicher Aufgaben.*

Kir|chen|asyl, das: *jmdm. (bes. von der Ausweisung bedrohten Asylbewerbern) in kirchlichen Gebäuden vorübergehend gewährtes Asyl (1).*

Kir|chen|aus|tritt, der: *Austritt aus der Kirche (3, 4).*

Kir|chen|bank, die ⟨Pl. ...bänke⟩: *Sitzbank in der Kirche (1).*

Kir|chen|bann, der (kath. Kirche): *Exkommunikation; Verurteilung von Irrlehren.*

Kir|chen|bau, der ⟨Pl. -ten⟩: **1.** ⟨o. Pl.⟩ *das Bauen von Kirchen (1).* **2.** *Kirche (1):* moderne -ten.

Kir|chen|bau|meis|ter, der (früher): *Architekt, Erbauer von Kirchenbauten.*

Kir|chen|bei|trag, der (österr.): *Kirchensteuer.*

Kir|chen|be|such, der: *Teilnahme am Gottesdienst.*

Kir|chen|be|su|cher, der: *jmd., der am Gottesdienst teilnimmt.*

Kir|chen|be|su|che|rin, die: w. Form zu ↑ Kirchenbesucher.

Kir|chen|blatt, das: *von der Kirche (3, 4) herausgegebene Zeitung.*

Kir|chen|buch, das: *von der Pfarrgemeinde geführtes Verzeichnis über Taufe, Konfirmation, Eheschließung u. Tod von Gemeindemitgliedern.*

Kir|chen|chor, der: *aus Mitgliedern der Kirchengemeinde gebildeter Chor, der bes. während der Gottesdienste singt.*

Kir|chen|dach, das: *Dach einer Kirche (1).*

Kir|chen|die|ner, der: *jmd., der von der Kirche (4) angestellt ist u. der für Instandhaltung, Reinigung u. Ä. einer Kirche (1) u. für den äußeren Ablauf des Gottesdienstes u. Ä. verantwortlich ist (Berufsbez.).*

Kir|chen|die|ne|rin, die: w. Form zu ↑ Kirchendiener.

kir|chen|feind|lich ⟨Adj.⟩: *der Kirche (3,4) feindlich, ablehnend gegenüberstehend.*

Kir|chen|fens|ter, das: *oft mit buntem Glas gestaltetes Fenster einer Kirche (1).*

Kir|chen|frau, die: *Frau in einer hohen kirchlichen Position.*

Kir|chen|füh|rer, der: **1.** *jmd., der eine führende Rolle in der Kirche (3, 4) spielt.* **2.** *Reiseführer, in dem hauptsächlich Kirchen (1) beschrieben sind.*

Kir|chen|füh|re|rin, die: w. Form zu ↑ Kirchenführer (1).

Kir|chen|fürst, der (geh.): *hoher geistlicher Würdenträger (bes. Bischof, Erzbischof, Kardinal).*

Kir|chen|ge|mein|de, die (bes. schweiz.): Kirchgemeinde, die: *Gemeinde (1 b, 2 b).*

Kir|chen|ge|schich|te, die: **1.** ⟨o. Pl.⟩ **a)** *Geschichte der christlichen Kirche (3);* **b)** *Wissenschaft, die sich mit Kirchengeschichte (a) befasst.* **2.** *Handbuch, Lehrbuch der Kirchengeschichte (a).*

Kir|chen|ge|walt, die (christl. Kirche): *dem Klerus zukommendes Recht, die Kirche (3, 4) zu führen u. Sakramente zu geben.*

Kir|chen|glo|cke, die: *Glocke in einem Kirchturm.*

Kir|chen|ho|heit, die: *Recht (des Staates), sich in bestimmte, äußere Angelegenheiten einer Kirche (4) einzumischen.*

Kir|chen|jahr, das: *(in den abendländischen Kirchen) am 1. Advent beginnendes Jahr mit allen Sonn- u. Feiertagen u. kirchlichen Festen.*

Kir|chen|kampf, der: *Auseinandersetzung zwischen Kirche (4) u. Staat.*

Kir|chen|kon|zert, das: *Konzert mit geistlicher Musik in einer Kirche (1).*

Kir|chen|la|tein, das: *als Amtssprache der katholischen Kirche (4) für offizielle Verlautbarungen u. für die Liturgie verwendetes Latein.*

Kir|chen|leh|re, die: *von der Kirche (4) verbreitete Lehre.*

Kir|chen|leh|rer, der (kath. Kirche): *heiligmäßiger, gelehrter Theologe, der die christliche Lehre weiterentwickelt:* die K. des frühen Mittelalters.

Kir|chen|lei|tung, die: *Leitung der Kirche (3, 4).*

Kir|chen|licht, das ⟨Pl. -er⟩: *meist in verneinten Wendungen wie* kein/nicht gerade ein [großes] K. sein (ugs. scherzh.; *nicht sehr klug, gescheit sein;* LÜ von kirchenlat. lumen ecclesiae, urspr. = hervorragender Mann der Kirche).

Kir|chen|lied, das: *für das Singen im Gottesdienst bestimmtes geistliches Lied.*

Kir|chen|ma|le|rei, die: *Malerei in der Kirche (1).*

Kir|chen|mann, der ⟨Pl. ...männer u. ...leute⟩: *Mann in einer hohen kirchlichen Position.*

Kir|chen|maus: in der Wendung **arm sein wie eine K.** (ugs. scherzh.; *sehr arm sein;* weil eine Maus in einer Kirche nur schwer etw. Essbares findet).

Kir|chen|mit|glied, das: *Mitglied der Kirche (3).*

Kir|chen|mu|sik, die: **1.** ⟨o. Pl.⟩ *für den Gottesdienst bestimmte Musik.* **2.** *der Kirchenmusik (1) zuzurechnendes Musikstück.*

kir|chen|mu|si|ka|lisch ⟨Adj.⟩: *die Kirchenmusik betreffend.*

Kir|chen|ober|haupt, das: *Oberhaupt der Kirche (3, 4).*
Kir|chen|ord|nung, die: *Sammlung von Anweisungen u. Regeln, die die Aufgaben u. die Verwaltung einer Kirche (3, 4) betreffen.*
Kir|chen|or|gel, die: *Orgel in der Kirche (1).*
Kir|chen|pfle|ger, der: *Verwaltungsangestellter in der evangelischen Kirche (3, 4).*
Kir|chen|pfle|ge|rin, die: w. Form zu ↑ Kirchenpfleger.
Kir|chen|po|li|tik, die: *Gesamtheit der Maßnahmen eines Staates in Bezug auf die Kirche (4).*
kir|chen|po|li|tisch ⟨Adj.⟩: *die Kirchenpolitik betreffend.*
Kir|chen|por|tal, das: *Portal einer Kirche (1).*
Kir|chen|prä|si|dent, der: *Leiter einer evangelischen Landeskirche.*
Kir|chen|prä|si|den|tin, die: w. Form zu ↑ Kirchenpräsident.
Kir|chen|pro|vinz, die: *Verwaltungseinheit aus Bistümern, die unter der Leitung eines Erzbischofs steht.*
Kir|chen|rat, der (ev. Kirche): **1. a)** *überregionales Organ der Selbstverwaltung einer evangelischen Landeskirche;* **b)** *Mitglied des Kirchenrats (1 a).* **2. a)** ⟨o. Pl.⟩ *Titel für einen evangelischen Pfarrer, der hauptamtlich im Dienst der Landeskirche tätig ist;* **b)** *Träger dieses Titels.*
Kir|chen|rä|tin, die: w. Form zu ↑ Kirchenrat.
Kir|chen|raub, der: *Diebstahl von [geweihten] Gegenständen aus einer Kirche (1).*
Kir|chen|räu|ber, der: *jmd., der einen Kirchenraub begeht.*
Kir|chen|räu|be|rin, die: w. Form zu ↑ Kirchenräuber.
Kir|chen|recht, das: **1.** *Gesamtheit der Rechtsvorschriften, die das kirchliche Gemeinschaftsleben regeln.* **2.** *eines der Rechte, die die Kirche zustehen.*
kir|chen|recht|lich ⟨Adj.⟩: *das Kirchenrecht betreffend.*
Kir|chen|schän|dung, die: *Entweihung einer Kirche (1) durch mutwillige Zerstörung o. Ä.*
Kir|chen|schatz, der: **1.** (kath. Kirche) *durch das Leben u. Sterben Christi erwirkte Gnade, die der Kirche (4) die Möglichkeit gibt, Ablass zu erteilen.* **2.** *Domschatz.*
Kir|chen|schiff, das (Archit.): *mittlerer Längsbau in einer Kirche (1).*
Kir|chen|spal|tung, die: *Spaltung der kirchlichen Einheit; Schisma.*
Kir|chen|spra|che, die: *von der Kirche (3, 4) im Gottesdienst u. a. verwendete Sondersprache.*
Kir|chen|spren|gel: ↑ Kirchsprengel.
Kir|chen|staat, der ⟨o. Pl.⟩: *unter der Oberhoheit des Papstes stehendes Gebiet in Italien (bis 1870).*
Kir|chen|steu|er, die: *von den Kirchen (4) von ihren Mitgliedern erhobene, vom Staat eingezogene Steuer.*
Kir|chen|stif|tung, die: *einer Kirche (4) gehörendes materielles Vermögen.*
Kir|chen|tag, der: *Großveranstaltung, bei der sich die Angehörigen einer Kirche (3) treffen.*
Kir|chen|ton, der (Musik): *Kirchenton art.*
Kir|chen|ton|art, die (Musik): *zu den acht in der mittelalterlichen Musik üblichen Tonarten gehörende, durch eine bestimmte melodische Floskel gekennzeichnete Tonart mit einer Stufenfolge von Tönen ohne Erhöhungen u. Erniedrigungen.*
kir|chen|treu ⟨Adj.⟩: *der Kirche (3, 4) treu ergeben.*
Kir|chen|tür, die: *Tür einer Kirche (1).*
Kir|chen|uhr: *Kirchturmuhr.*
Kir|chen|va|ter, der [nach kirchenlat. patres ecclesiae = Väter der Kirche]: *Verfasser einer grundlegenden kirchlichen Schrift in der Anfangszeit der christlichen Kirche (3).*
Kir|chen|ver|mö|gen, das: *Vermögen der Kirche (4).*
Kir|chen|vi|si|ta|ti|on, die: *Besuch eines vorgesetzten Geistlichen in der ihm unterstellten Gemeinde.*
Kir|chen|volk, das ⟨Pl. selten⟩: *Gesamtheit der Kirchenmitglieder.*
Kir|chen|vor|stand, der: *Presbyterium (1 a).*
Kir|chen|zei|tung, die: *Kirchenblatt.*
Kirch|gang, der: *Gang zur Kirche (1), um den Gottesdienst zu besuchen: der sonntägliche K.; nach dem K. (Gottesdienst) noch herumstehen.*
Kirch|gän|ger, der: *jmd., der [regelmäßig] den Gottesdienst besucht: ein eifriger K.*
Kirch|gän|ge|rin, die: *-, -nen:* w. Form zu ↑ Kirchgänger.
Kirch|ge|mein|de: ↑ Kirchengemeinde.
Kirch|hof, der (veraltend): *Friedhof bei einer Kirche (1).*
Kirch|lein, das; *-s, -:* Vkl. zu ↑ Kirche (1).
kirch|lich ⟨Adj.⟩: **1.** *die Kirche (3, 4) betreffend, zur Kirche gehörend, von der Kirche (3, 4) ausgehend: ein -es Amt; -e Würdenträger; ein -er Feiertag (Feiertag mit religiöser Grundlage).* **2.** *den Geboten, Bräuchen, Riten der Kirche (3, 4) entsprechend: eine -e Trauung; k. begraben werden.* **3.** *kirchenfromm: Dabei war der Alte Herr nie sehr k. gewesen* (Kempowski, Tadellöser 103).
Kirch|platz, der: *Platz vor einer Kirche (1).*
Kirch|spren|gel, Kirchensprengel, der: *Sprengel (a).*
Kirch|tag, der (bayr., österr.): *Kirchweihfest.*
Kirch|turm, der: *Turm einer Kirche (1).*
Kirch|turm|po|li|tik, die ⟨o. Pl.⟩ [nach O. v. Bismarck (1815–1898)] (abwertend): *auf einen engen Gesichtskreis beschränkte, konservative Politik.*
Kirch|turm|spit|ze, die: *Spitze eines Kirchturms.*
Kirch|turm|uhr, die: *große, weithin sichtbare Uhr oben an einem Kirchturm.*
Kirch|weih, die; *-, -en* [vgl. ↑ Kirchweihe]: *[jährlich gefeiertes] Fest [auf dem Land] mit Jahrmarkt u. anderen Vergnügungen, das zur Erinnerung an die Einweihung der Kirche (1) gefeiert wird.*
Kirch|wei|he, die [mhd. kirchwīhe, ahd. chirichwīhī, urspr. = (Fest anlässlich der) Einweihung einer Kirche, dann: Fest zur Erinnerung an die Kirchweihe]: *feierliche Einweihung einer Kirche (1).*
Kir|gi|se, der; *-n, -n:* **1.** *Angehöriger eines mongoliden Volkes in Mittelasien.* **2.** Ew. zu ↑ Kirgisien.
Kir|gi|si|en; *-s:* Kirgisistan.
Kir|gi|sin, die; *-, -nen:* w. Form zu ↑ Kirgise.
kir|gi|sisch ⟨Adj.⟩: *Kirgisien, die Kirgisen betreffend.*
Kir|gi|sis|tan; *-s:* Staat in Mittelasien.
Kir|gis|tan; *-s:* Kirgisistan.
Ki|ri|ba|ti; *-s:* Inselstaat im Pazifischen Ozean.
Kir|ke: ↑ ¹Circe.
Kir|mes, die; *-, ...messen* [mhd. kirmesse, eigtl. = ¹Messe (1) zur Einweihung der Kirche] (bes. westmd.): *Kirchweih.*
kir|re ⟨Adj.⟩ [aus dem Ostmd., mhd. (md.) kirre, mhd. kürre, H. u.]: **a)** (veraltend) *gefügig, zahm: k. werden;* »Insgeheim«, sagte sie, »denkst du, dass ich k. werde und dich heirate, aber du täuschst dich« (Böll, Haus 79); **b) *jmdm. k. machen/kirremachen** (ugs.; jmdn. nervös, verrückt, verwirrt machen: du machst mich ganz k.).
kir|re ma|chen, kir|re|ma|chen ⟨sw. V.; hat⟩: s. kirre (b).
Kir ro|y|al [- ro̯a'jal], der; *- -[s], -s -s* [- ...'ja:l]: *mit Schaumwein zubereiteter Kir.*

Kirsch, der; *-[e]s,* (Sorten:) *-e:* Kurzf. von ↑ Kirschwasser.
Kirsch|baum, Kirschenbaum, der: **1.** *weiß blühender Obstbaum mit Kirschen als Früchten.* **2.** ⟨o. Pl.⟩ *Holz des Kirschbaums (1).*
Kirsch|baum|fur|nier, das: *Furnier aus Kirschbaum.*
Kirsch|blü|te, die: **a)** *Blüte des Kirschbaums;* **b)** *Zeit, in der die Kirschbäume blühen; das Blühen der Kirschbäume.*
Kir|sche, die; *-, -n* [mhd. kirse, ahd. chirsa < vlat. ceresia, zu lat. cerasus < griech. kérasos = Süßkirschbaum]: **1.** *kleine, runde, meist rote, süß od. säuerlich schmeckende Frucht mit langem Stiel u. hartem, rundlichem Kern; Frucht des Kirschbaums: reife, saure -n; die -n sind reif; -n ernten, pflücken, entsteinen;* * *mit jmdm. ist nicht gut -n essen* (ugs.; *mit jmdm. ist nicht gut auszukommen;* gek. aus älterem: *mit hohen Herren ist nicht gut -n essen, sie spucken [werfen] einem die Kerne [Stiele] ins Gesicht).* **2.** *Kirschbaum:* die -n blühen schon.
Kir|schen|au|gen ⟨Pl.⟩: *große, dunkle Augen.*
Kir|schen|baum: ↑ Kirschbaum.
Kir|schen|knö|del, Kirschknödel, der (österr.): *Knödel mit Kirschen in der Teigmasse.*
Kir|schen|mund, der (dichter.): *voller, leuchtend roter Mund.*
Kir|schen|zeit, die: *Zeit, in der die Kirschen reif sind.*
Kirsch|geist, der ⟨Pl. -e⟩: *Branntwein aus Kirschen; Kirschwasser.*
kirsch|groß ⟨Adj.⟩: *so groß wie eine Kirsche:* -e Hagelkörner.
Kirsch|kern, der: *Stein einer Kirsche:* die -e ausspucken.
Kirsch|knö|del: ↑ Kirschenknödel.
Kirsch|ku|chen, der: *mit Kirschen belegter [u. mit Tortenguss überzogener] Kuchen.*
Kirsch|li|kör, der: *mit Kirschen hergestellter Likör.*
Kirsch|mar|me|la|de, die: *aus Kirschen hergestellte Marmelade.*
kirsch|rot ⟨Adj.⟩: *leuchtend rot:* ein -er Mund.
Kirsch|saft, der: *aus ausgepressten Kirschen gewonnener Saft.*
Kirsch|sor|te, die: *Sorte von Kirschen.*
Kirsch|tor|te, die: *unter Verwendung von Kirschen hergestellte Torte:* Schwarzwälder K.
Kirsch|was|ser, das ⟨Pl. (Sorten) ...wässer u. ...wasser⟩: *Branntwein aus Kirschen.*
Kir|tag, der [vgl. ↑ Kirmes] (österr.): *Kirchweih.*
Kis|met, das; *-s* [türk. kısmet < arab. qismaʰ = Zugeteiltes] (islam. Rel.): *dem Menschen von Gott zugeteiltes Los, dem er nicht entgehen kann:* Ü K.! (*da ist nichts zu machen!*).
Kis|sen, das; *-s, -* [mhd. küssen, küssī(n), ahd. kussī(n) < afrz. coissin, cussin, über ein galloroman. Subst. mit der Bed. »Kissen für die Hüfte« zu lat. coxa = Hüfte]: *mit weichem Material (Federn, Schaumgummi o. Ä.) gefüllte Stoffhülle, die als weiche Unterlage, als Polster für etw. dient: ein rundes, flaches, hartes, weiches K.; zerwühlte K.; ein K. mit Federn, Rosshaar füllen; die K. aufschütteln; dem Kranken ein K. unter den Kopf schieben; in die K. zurücksinken; die Orden liegen auf einem schwarzen K. aus Samt; ... wie ein Nachtwandler, den man bei Namen ruft, erwachte er aus seiner Betäubung, stotterte einige verwirrte Worte, warf sich in die K. zurück und zog das Deckbett über die Ohren* (Hauptmann, Thiel 31).
Kis|sen|be|zug, der: *Bezug, Überzug für ein Kissen.*
Kis|sen|fül|lung, die: *weiches Material, womit ein Kissen gefüllt ist.*
Kis|sen|hül|le, die: *Kissenbezug.*
Kis|sen|schlacht, die (ugs.): *spaßhaftes, lustiges*

gegenseitiges Sichbewerfen mit [Kopf]kissen: die Kinder lieferten sich, machten eine K.
Kist|chen, das; -s, -: Vkl. zu ↑ Kiste (1).
Kis|te, die; -, -n [mhd. kiste, ahd. kista < lat. cista < griech. kístē = Korb; Kiste]: **1.** größerer, rechteckiger, aus festem Material bestehender [oben verschließbarer] Behälter für Waren o. Ä.: eine stabile, leere, schwere K.; eine K. [badischer] Wein/(geh.:) badischen Wein[e]s bestellen; die K. zunageln, öffnen; sie hat drei -n Äpfel gekauft; eine K. Zigarren geschenkt bekommen; Bücher in -n packen; Ü ich gehe jetzt in die K. (ugs.; ins Bett). **2.** (salopp) Fahrzeug, in das sich jmd. setzen kann: meine alte K. (Auto) springt nicht an; die K. (das Boot) ist beinahe abgesoffen. **3.** (ugs.) Sache, Angelegenheit: das ist eine schwierige, faule, völlig verfahrene K.
kis|ten|wei|se ⟨Adv.⟩: **a)** in einer Kiste verpackt: diese Ware wird k. geliefert; **b)** in großer, in Kisten gemessener Menge: Orangen k. ins Meer schütten.
Ki|su|a|he|li, Ki|swa|hi|li, das; -[s]: Sprache der Suaheli.
Kit, das od. der; -[s], -s [engl. kit < mittelniederl. kitte = hölzernes Gefäß, H. u.]: Satz (6).
Ki|ta, die; -, -s: kurz für ↑ Kindertagesstätte.
Kit|che|net|te [kɪtʃəˈnɛt], die; -, -s [engl. kitchenette, zu: kitchen = Küche] (seltener): Kochnische: eine Ferienwohnung mit K.
Ki|tha|ra, die; -, -s u. …tharen [lat. cithara < griech. kithára, H. u.] (Musik): altgriechisches Zupfinstrument mit kastenförmigem Resonanzkörper.
Kitsch, der; -[e]s [wohl zu mundartl. veraltend kitschen = schmieren, eigtl. = Geschmiertes]: aus einem bestimmten Kunstverständnis heraus als geschmacklos [u. sentimental] empfundenes Produkt der darstellenden Kunst, der Musik od. Literatur; geschmacklos gestalteter, aufgemachter Gebrauchsgegenstand: literarischer, religiöser K.; der Film ist reiner K.; sie hat allen möglichen K. herumstehen.
kit|schig ⟨Adj.⟩: **a)** auf geschmacklos empfundene Weise gestaltet, einen künstlerischen Wert vortäuschend: eine -e Vase, Lampe; ein fast k. blauer Himmel; **b)** rührselig-sentimental; auf unechte Weise gefühlvoll: sich einen -en Film ansehen.
Kitt, der; -[e]s, -e [mhd. küte, ahd. kuti, quiti, urspr. = Harz]: **1.** zum Kleben, Dichten o. Ä. verwendete, knetbare od. zähflüssige Masse, die an der Luft erhärtet: K. bröckelt; die Ritzen mit K. ausfüllen; Ü ein Kind ist kein K. (Bindemittel; etw., was den Zusammenhalt erhält) für eine Ehe. **2.** (ugs. abwertend) Zeug, Kram.
Kitt|chen, das; -s, - [aus der Gaunerspr., zu älterem Kitt(e), Kütte = Haus, Herberge; Gefängnis] (ugs.): Gefängnis.
Kit|tel, der; -s, - [mhd. kit(t)el, H. u.]: **1.** mantelartiges Kleidungsstück aus leichtem Stoff, das zum Schutz od. aus hygienischen Gründen während der Arbeit getragen wird: ein blauer, schmutziger K.; der K. ist frisch gestärkt, gewaschen; der Arzt, die Schwester trägt einen weißen K. **2.** weite, hemdartige Bluse, die über Rock od. Hose getragen wird: ein besticktert K.; zur Tracht der Männer gehört ein blauer K. **3.** (südd.) Jackett: der K. passt nicht zur Hose. **4.** (österr. veraltend) Damenrock.
kit|tel|ar|tig ⟨Adj.⟩: wie ein Kittel (1) geartet: ein -es Kleid.
Kit|tel|kleid, das: einfaches, vorn geknöpftes Kleid.
Kit|tel|schür|ze, die: Schürze in Form eines ärmellosen, vorn geknöpften Kittels.
Kit|tel|ta|sche, die: Tasche (2 a) in einem Kittel.
kit|ten ⟨sw. V.; hat⟩ [zu ↑ Kitt]: **1.** mit Kitt kleben, wieder verbinden: die zerbrochene Vase k.; die Tasse ist gekittet; Ü ihre Ehe lässt sich nicht mehr k. **2.** etw. mit Kitt an etw. befestigen: den Henkel an die Kanne k.

Kitz, das; -es, -e, **Kit|ze**, die; -, -n [mhd. kiz, kitze, ahd chizzi(n), Vkl. zu einem germ. Wort mit der Bed. »Tierjunges« u. urspr. wohl Lockruf]: Junges von Reh, Gämse, Ziege.
Kit|zel, der; -s, - [zu ↑ kitzeln]: **1.** ⟨Pl. selten⟩ durch leichte Berührung auf der Haut od. den Schleimhäuten hervorgerufene, dem Juckreiz ähnliche Reizempfindung: einen unangenehmen K. im Hals verspüren; Staub in der Nase verursacht K. **2.** mit angenehmen Gefühlen verbundenes Verlangen, etw. zu tun, was sich eigentlich nicht gehört, was eigentlich nicht statthaft, was gefährlich, verboten ist: einen K. nach etw. verspüren; es bereite ihr einen K., die Männer hereinzulegen.
kit|ze|lig: ↑ kitzlig.
kit|zeln ⟨sw. V.; hat⟩ [mhd. kitzeln, ahd. kizzilōn, wahrsch. laut- bzw. bewegungsnachahmend]: **1. a)** bei jmdm. durch wiederholtes Berühren an bestimmten, empfindlichen Körperstellen eine Empfindung auslösen, die meist zum Lachen reizt: jmdn. k.; jmds. Fußsohlen k.; jmdn. an den Zehen, unter den Armen k.; sie kitzelte ihn mit einem Grashalm in der Nase; Ü er hat ihn mit dem Messer zwischen den Rippen gekitzelt (salopp; mit Messerstichen verletzt); **b)** durch leichtes [unabsichtliches] Berühren eine leicht juckende Empfindung hervorrufen, verursachen: die Wolle kitzelt; die Haare kitzeln [im Nacken]; ein kitzelnder Schnurrbart; ◆ …im Schauspiel, … das Tränen in deine Augen lockt, wenn es dein Zwerchfell zum Gelächter kitzelt (Schiller, Räuber III, 2). **2. a)** einen angenehmen Sinnesreiz hervorrufen: der Duft aus der Küche kitzelte ihn in der Nase, kitzelte seine Nase; gutes Essen kitzelt den Gaumen; jmds. Eitelkeit k. (jmdm. schmeicheln); ◆ Es steht dem Verführer so schön, an seinem Verbrechen seinen Witz noch zu k. (Schiller, Kabale V, 2); einen Kitzel (2) hervorrufen, verursachen: es kitzelt mich (reizt, gelüstet mich), ihm zu widersprechen; der Gedanke an das Abenteuer kitzelt ihn; Er sagte es mit einer Art fürchterlichen Flehens, das sie noch nicht kannte, das sie grausig kitzelte, wie erwartungsvoll ängstete (H. Mann, Unrat 142); ◆ **c)** jucken (1 a): … wenn ihm doch auch einmal die Sohle kitzelt (Goethe, Faust I, 4983). **3.** herauskitzeln.
Kitz|ler, der; -s, - [zu ↑ kitzeln; eigtl. = Organ, das bei Berührung einen Sinnesreiz auslöst] (Anat.): am oberen Ende der kleinen Schamlippen gelegenes weibliches Geschlechtsorgan, das sich bei sexueller Erregung aufrichtet: Klitoris.
kitz|lig, kitzelig ⟨Adj.⟩: **1. a)** empfindlich gegen Kitzeln (1): eine -e Stelle; ich bin nicht k. [an den Füßen]; **b)** empfindlich reagierend: in diesem Punkt ist er sehr k. **2.** behutsame Behandlung erfordernd; heikel, prekär: eine -e Frage, Angelegenheit; die Situation wurde für sie k. (unangenehm, bedenklich).
¹Ki|wi, der; -s, -s [engl. kiwi, aus dem Maori, lautm.] (auf Neuseeland beheimateter) flugunfähiger Laufvogel. **2.** [engl. Kiwi, übertr. von ↑ ¹Kiwi] (Jargon) Neuseeländer.
²Ki|wi, die; -, -s [engl. kiwi, kurz für: kiwi fruit zu ↑ ¹Kiwi (2)]: kugelige od. eiförmige, behaarte Frucht mit saftigem, säuerlichem, glasigem Fruchtfleisch.
kJ = Kilojoule.
KKW, das; -[s], -[s]: Kernkraftwerk.
Kl. = Klasse; Klappe.
Kla|bau|ter|mann, der; ⟨Pl. …männer⟩ [wahrsch. zu kalfatern, da nach dem Volksglauben der Geist dadurch an die hölzernen Schiffswände klopft, um zur Ausbesserung zu mahnen od. den Untergang des Schiffes anzukündigen] (nordd.): **a)** guter Geist, der in schwierigen Lagen hilft; **b)** Kobold, der einem Schiff Unglück ankündigt.
klack ⟨Interj.⟩: **a)** lautm. für einen kurzen, hellen Ton, wenn zwei harte Gegenstände aufeinandertreffen; **b)** lautm. für das Auftreffen breiiger od. dickflüssiger Tropfen auf etw. Festem.
kla|cken ⟨sw. V.; hat⟩ [lautm. für einen dunkleren Klang]: (ugs.) einen kurzen, metallischen, harten Ton von sich geben: ihre Stöckelschuhe klackten auf den Stufen.
kla|ckern ⟨sw. V.⟩ (landsch.): **1. a)** kleckern; **b)** gluckern. **2. a)** mehrmals nacheinander einen kurzen, harten Ton von sich geben: der Projektor klackerte; **b)** mehrmals nacheinander mit einem kurzen, harten Ton auftreffen: ihre Absätze klackerten auf dem Asphalt.
klacks ⟨Interj.⟩: klack.
Klacks, der; -es, -e (ugs.): Klecks (2): ein K. Senf, Marmelade; * **ein K. sein** (**1.** problemlos, sehr leicht sein: die Prüfung ist doch für dich ein K. **2.** sehr wenig, ein geringer Betrag sein: die 80 Euro als Strafe sind ein K. für sie).
Klad|de, die; -, -n [viell. gek. aus: Kladdebuch, aus dem Niederd. < niederd. kladde = Schmutz, also eigtl. = Schmiererei] (landsch.): **1. a)** [Schmier]heft, meist für einen ersten Entwurf; **b)** Geschäftsbuch für vorläufige Eintragungen. **2.** vorläufiger Entwurf, Konzept: der Artikel liegt bisher nur als K. vor.
klad|de|ra|datsch ⟨Interj.⟩: lautm. für das Krachen u. Klirren, das zu hören ist, wenn etw. Festes, Hartes [zu Boden] fällt.
Klad|de|ra|datsch, der; -[e]s, -e [weitere Verbreitung des Wortes durch das 1848 gegr. gleichnamige polit.-satirische Wochenblatt]: **1.** Chaos, heilloses Durcheinander nach einem Zusammenbruch: seine Geschäfte endeten mit einem großen K. **2.** Skandal, Aufregung: es gab deswegen einen großen K. in unserem Ort.
◆ **Klaff**, der; -[e]s, -e [mhd. klaf, zu ↑ klaffen]: Spalt, Öffnung: Mädchen öffnet leis' den Schalter, lauscht am K. des Schalters (Goethe, Pandora 511 f.)
klaf|fen ⟨sw. V.; hat⟩ [mhd. klaffen = schallen, klappern, schwatzen, eigtl. = mit Krachen bersten, öffnen; ahd. klaffōn = zusammenschlagen, krachen, schallen]: **1.** einen auffallend großen Zwischenraum, eine tiefere Spalte o. Ä. in einer üblicherweise geschlossenen Decke, Fläche bilden: Risse, Löcher klaffen in der Mauer, im Boden, in der Decke; an seiner Stirn klaffte eine Platzwunde; vor uns klafft ein Abgrund (tut sich ein Abgrund auf); Ü Welten klaffen zwischen Ost und West. **2.** (nordd. ugs.) laut u. viel schwatzen, plappern. ◆ **3. a)** (von Tieren) das Maul, den Rachen weit offen stehen haben: … der Haifisch klafft, du lachst ihm in den Rachen (Goethe, Faust II, 6018); Ü Eckzähne klaffen; dem Gewölb des Schlundes entquillt der Feuerstrom in Wut (Goethe, Faust II, 1644 f.); **b)** kläffen: … ein Fleischerhund bemächtigte sich des Throns … hauste hündisch im Reich, klaffte, biss (Schiller, Fiesco VII, 8).
kläf|fen ⟨sw. V.; hat⟩ [Nebenf. von ↑ klaffen] (abwertend): **1.** (vom Hund) mit hellen, kurzen, abgehackten Tönen bellen. **2.** (ugs.) mit hoher Stimme schimpfen.
kläf|fend ⟨Adj.⟩: (von Öffnungen, Lücken, Rissen, Spalten o. Ä.) auffallend groß: eine -e Wunde, Lücke; Ü angesichts klaffender Löcher in den Gesundheitskassen.
Kläf|fer, der; -s, - (ugs. abwertend): [kleiner] Hund, der viel kläfft.
Klaf|ter, der, auch: das; -s, -, veraltet selten: die; -, -n [mhd. kläfter, ahd. kläftra, eigtl. = ein Armvoll, Armspanne, zu einem untergegangenen Verb mit der Bed. »umfassen, umarmen«]:

1. a) (früher) *Längeneinheit von ungefähr der Länge, die ein Erwachsener mit ausgebreiteten Armen greifen kann:* ♦ *... ein Stübchen ... Es war eine K. lang und breit* (Ebner-Eschenbach, Gemeindekind 11); **b)** *Raummaß für Holz, das einem Würfel mit einem Klafter* (1 a) *Kantenlänge entspricht:* drei K. Holz; mit 3 K., 3 -n Holz. **2.** (landsch., Seemannsspr.) *Faden, Leine.*

klaf|ter|tief ⟨Adj.⟩ (veraltend): *so tief wie ein Klafter; sehr tief:* -er Matsch.

♦ **Klag|ar|ti|kel**, der: *Artikel, Absatz einer Anklageschrift:* Seine Feinde werden lügenhafte K. schmieden (Goethe, Götz V).

Kla|ge, die; -, -n [mhd. klage, ahd. klaga]: **1.** (geh.) *[mit ausgeprägten Gesten verbundene] Äußerung (Worte, Laute), durch die jmd. Schmerz, Kummer, Trauer zum Ausdruck bringt:* eine verzweifelte K. über die Verstorbene; die stille, stumme K. der Mutter über den Tod ihres Kindes; in laute -n ausbrechen; sich in endlosen -n ergehen. **2.** *Äußerung od. Worte, durch die jmd. Missmut, Unmut, Ärger, Beschwerden zum Ausdruck bringt:* die -n über den Nachbar; -n über schlechte Bedienung, wegen dauernder Störungen; es wurden keine neuen -n laut; über eine K. führen; -n vorbringen; ich will keine -n hören! (scherzh.; benimm dich so, dass sich niemand über dich beklagt!); [keinen] Anlass, Grund zur K. geben, haben. **3.** (Rechtsspr.) *bei Gericht vorgebrachte Beschwerde u. das Geltendmachen eines Anspruchs durch ein gerichtliches Verfahren:* eine verfassungsrechtliche K.; eine K. auf Zahlung der Schulden; die K. ist zulässig; die K. *(das Verfahren)* läuft [noch]; eine K. prüfen, entscheiden, abweisen, zurückweisen; eine K. *(Klageschrift)* abfassen, einreichen; eine K. *(einen Prozess)* [gegen jmdn.] anstrengen, führen; [gegen jmdn.] K. erheben *(ein Verfahren einleiten);* das Gericht hat der K. stattgegeben.

Kla|ge|ab|wei|sung, die (Rechtsspr.): *Zurückweisung einer Klage durch gerichtliche Entscheidung.*

Kla|ge|be|geh|ren, das (Rechtsspr.): *in Form einer Klage erhobenes, durch den Klageantrag inhaltlich bestimmtes Verlangen nach Rechtsschutz.*

Kla|ge|er|he|bung, (BGB:) Klagerhebung, die (Rechtsspr.): *Einreichung einer Klage (3) beim Prozessgericht.*

Kla|ge|laut, der: *Laut, Ton, mit dem jmd. einem Schmerz, Kummer Ausdruck gibt.*

Kla|ge|lied, das: *melancholisches, wehmütiges Lied; Gedicht, mit dem jmd. einem Schmerz Ausdruck verleiht:* * **ein K.** [**über jmdn., etw.**] **anstimmen, singen** *(seine Unzufriedenheit mit jmdm., etw., seinen Unmut über jmdn., etw. zum Ausdruck bringen).*

Kla|ge|mau|er, die [nach den Gebeten, die die Zerstörung des Tempels durch die Römer 70 n. Chr. beklagen]: *Teil der Westmauer des Tempels in Jerusalem, der den Juden als Gebetsstätte dient.*

kla|gen ⟨sw. V.; hat⟩ [mhd. klagen, ahd. klagōn, urspr. lautm.]: **1. a)** (geh.) *jammernd [mit entsprechenden Gebärden] den Schmerz, die Trauer laut äußern:* schon von Weitem hörte man die alten Frauen k.; sich klagend die Haare raufen; **b)** *sich über sein Leiden an etw. (Schmerzen, Beschwerden) äußern:* über Rückenschmerzen, Kopfschmerzen k.; **c)** *Unmut, Ärger äußern, sich beschweren:* über die unwürdige Behandlung, über den unverschämten Hausverwalter k.; sie hatte nie darüber geklagt, dass der Lärm von Tag zu Tag stärker wurde; **d)** *Unzufriedenheit in bekümmertem Tonfall äußern:* er klagt, wann immer ich ihn treffe; über schlechte Geschäfte k.; »Wie gehts?« – »Ich kann nicht k.« *(mir geht es ganz gut, ich habe keinen Grund, mich zu beschweren);* ⟨subst.:⟩ sein ständiges Klagen ist nervtötend; **e)** *jmdm. (etw., was einen bedrückt, was einem Sorgen macht) mitteilen:* jmdm. sein Leid, sein Missgeschick, seine Not k.; So klagte mein Bruder Jehuda mir jüngst vertraulich, dass sie zumeist die Rädchen am Dreschwagen nicht ordentlich wetzen: da quatschen sie nur, statt zu schneiden (Th. Mann, Joseph 517); **f)** (geh.) *den Verlust von jmdm., etw. stark empfinden u. bedauern:* sie klagt über den Tod ihres Kindes, um ihr verlorenes Glück; ♦ ⟨mit Akk.-Obj.:⟩ ...alle gute, schöne Seelen klagen teilnehmend deines Ruhmes Fall (Schiller, Die unüberwindliche Flotte). **2. a)** *(von Vögeln) in gedämpftem Tonfall rufen, schreien:* ...und ging langsam zum Strom hinunter und am Wasser entlang, wo das Schilf nun schon grün wurde und die Kiebitze über den Wiesen klagten (Wiechert, Jeromin-Kinder 699); **b)** (Jägerspr.) *(von bestimmten Tieren) aus Angst od. Schmerz kläglich-schwache Laute von sich geben:* das angeschossene Reh klagt im Dickicht. **3.** [nach dem alten Brauch, beim Ertappen eines Verbrechers laut um Hilfe zu schreien u. den Täter dann vor Gericht mit Geschrei u. Gejammer zu beschuldigen] **a)** *bei Gericht Klage* (3) *führen:* er will [gegen die Firma] k.; auf Schadensersatz k.; die klagende Partei; ♦ Hätte er, auf den ich klage, sich bei mir ausrüsten lassen (Kleist, Käthchen I, 1); **b)** (österr.) *verklagen.*

Kla|gen|furt am Wör|ther|see: Landeshauptstadt von Kärnten.

Kla|ge|punkt, der (Rechtsspr.): *Gegenstand der Klage* (3).

Klä|ger, der; -s, - [mhd. kleger, spätahd. clagare] (Rechtsspr.): *Person, Institution, Firma o. Ä., die (im Zivilprozess) Klage* (3) *führt:* Spr wo kein K. ist, ist auch kein Richter *(wenn niemand an eines anderen nicht korrekter Handlungsweise Anstoß nimmt, wird dieser auch nicht zur Verantwortung gezogen).*

Klä|ger|he|bung: ↑ Klageerhebung.

Klä|ge|rin, die; -, -nen: w. Form zu ↑ Kläger.

klä|ge|risch ⟨Adj.⟩ (Rechtsspr., bes. schweiz.): *[gerichtliche] Klage führend.*

Klä|ger|schaft, die; -, -en (bes. schweiz. Rechtsspr.): **1.** *Gesamtheit der Kläger.* **2.** *Anklage [vor Gericht].*

Kla|ge|ruf, der: *Ausruf, mit dem jmd. seinem Schmerz Ausdruck gibt.*

Kla|ge|schrift, die (Rechtsspr.): *förmlicher, bei Gericht einzureichender Schriftsatz, der die Klage u. alle sie betreffenden Angaben enthält.*

Kla|ge|weg, der (Rechtsspr.): *das Klagen* (3 a) *als Mittel, Möglichkeit:* den K. beschreiten *(klagen);* die Miete auf dem K. eintreiben.

Kla|ge|weib, das (veraltend): *Frau, die [gegen Bezahlung] einen Toten laut beweint, solange er aufgebahrt ist.*

kläg|lich ⟨Adj.⟩ [mhd. klagelich, ahd. clagalīh = klagend; beklagenswert]: **1.** *hilflosen Jammer, hilflose Angst ausdrückend:* das -e Geblöke der verirrten Tiere; eine -e Miene zeigen; sie lächelte k. *(unglücklich u. hilflos).* **2. a)** *mitleidererregend, beklagenswert:* einen -en Anblick bieten; in -em Zustand; er nahm ein -es Ende; k. umkommen; **b)** (oft abwertend) *[durch das Unvermögen Beteiligter] ohne besondere Bedeutung, minderwertig; geringwertig:* ein -es Ergebnis; eine -e Leistung; es blieb nur ein -er *(spärlicher)* Rest; die Gehaltserhöhung fiel [ziemlich] k. aus; **c)** (oft abwertend) *in beschämender Weise [erbärmlich, jämmerlich]:* eine -e Rolle spielen; sie hat k. verloren, versagt.

klag|los ⟨Adj.⟩: **1.** *ohne Klage; keine Klage vorbringend; ohne zu klagen.* **2.** (bes. österr.) *keinen Anlass zur Klage bietend; ohne Schwierigkeiten:* das Experiment verläuft k.

klag|sam ⟨Adj.⟩ (bes. Psychol.): *zum Klagen, Jammern über das eigene Leid neigend:* der Patient ist sehr k.

Klag|sam|keit, die; - (bes. Psychol.): *das Klagsamsein.*

Kla|mauk, der; -s [aus dem Berlin., vermutl. aus einer lautm. Interjektion entwickelt] (ugs.): *[mit viel Bewegung, ausgelassenem Herumtollen verbundener] Lärm, Krach:* macht nicht so einen fürchterlichen K.!; in dem Film gibt es viel K. *(billige, turbulente Komik).*

klamm ⟨Adj.⟩ [mhd., mniederd. klam = eng, dicht zusammengepresst, verw. mit ↑ klemmen]: **1.** *[noch] leicht feucht [u. daher auch unangenehm kühl]:* -e Wäsche; die Betten waren k. von Kälte; Auch wenn ein Tropfen Regen wird der Park am Abend k. (Wohmann, Absicht 197). **2.** *durch Kälte steif, in der Beweglichkeit beeinträchtigt:* -e Finger haben; k. vor Kälte sein; Ich bin ganz k. vor Kälte (Andersch, Sansibar 142). **3.** (salopp) *über kein od. nur wenig Geld verfügend:* die finanziell -e Firma; ich bin im Moment ziemlich k.

Klamm, die; -, -en [mhd. klam, identisch mit: klam = Klemme; Beklemmung u. eigtl. = Klemme, Enge, zu ↑ klemmen]: *enge, tiefe Schlucht in Felsen [mit einem Wildbach].*

Klam|mer, die; -, -n [mhd. klam[m]er, verw. mit ↑ klemmen]: **1.** *Gegenstand, der dem Zweck dient, zwei Sachen zusammenzuhalten od. etw. an etw. zu befestigen:* wenn die Wunde geheilt ist, werden die -n *(Wundklammern)* entfernt; die Kleine bekommt eine K. *(Zahnklammer);* die Balken werden durch eiserne -n *(Bauklammern)* zusammengehalten; die Wäsche auf der Leine mit -n *(Wäscheklammern)* befestigen; Ü eine eiserne K. legte sich um seinen Hals. **2. a)** *paarweise angeordnetes Schriftzeichen in Form eines halbrunden (od. entsprechend abgewandelten) Kreises von den nach unten od. etw. vorderer bzw. hinterer Teil dieses Schriftzeichens:* runde, eckige, spitze, geschweifte -n; K. auf..., K. zu (beim Diktieren; vordere Klammer..., hintere Klammer); etw. in K./in -n setzen; Erklärungen stehen in -n; ich löse zuerst die K. auf (Math.: *rechne zuerst das, was in der Klammer steht);* **b)** *in Klammern eingeschlossener Text:* lesen Sie die K. mit! **3.** *Griff, mit dem jmd. mit beiden Armen umfasst u. festgehalten wird:* jmdn. in K. nehmen.

Klam|mer|af|fe, der: **1.** *(in Mittel- u. Südamerika heimischer) Affe, der sich mit seinem Greifschwanz bzw. mit seinen langen, dünnen Gliedmaßen festklammern kann.* **2.** (ugs. scherzh.) *jmd., der sich mit Armen u. Beinen an einem Halt festklammert.* **3.** (EDV-Jargon) *At-Zeichen* (@). **4.** (scherzh.) *Kletterer.*

Klam|mer|aus|druck, der (Math.): ¹*Ausdruck* (5), *der in Klammern gesetzt ist.*

Klam|mer|beu|tel, der: *Beutel zum Aufbewahren von Wäscheklammern:* * **mit dem K. gepudert sein** (salopp; *nicht recht bei Verstand sein*).

Kläm|mer|chen, das; -s, -: Vkl. zu ↑ Klammer (1).

Klam|mer|griff, der: *vgl. Klammer* (3).

klam|mern ⟨sw. V.; hat⟩: **1. a)** ⟨k. + sich⟩ *jmdn., etw. mit den Fingern od. Armen [u. Beinen] fest umschließen u. sich so festzuhalten suchen:* eine Hand klammert sich um mein Handgelenk; sie klammerte sich an die Freundin, an die Reling; Ü sich an eine Hoffnung, an einen Gedanken k., sich ans Leben k. *(am Leben hängen);* **b)** *(die Finger, die Hand) wie eine Klammer* (1) *um etw. legen:* die Hand um die Stange k. **2.** *mit einer Klammer* (1) *zusammenhalten:* eine Wunde k. **3.** *an etw. mit einer Klammer* (1) *befestigen:* einen Zettel an das Buch k.

klammheimlich – Klappladen

4. (Boxen) *die Arme um den Gegner legen u. ihn an sich ziehen.*

klamm|heim|lich ⟨Adj.⟩ [aus dem Nordostd., H. u.; wahrsch. zu lat. clam = heimlich u. dann tautologische Bildung] (ugs.): *auf ganz heimliche, geschickt-unauffällige Weise [geschehend, etw. ausführend], sodass niemand weiß, wie es zugegangen ist:* sein -es Verschwinden wurde erst nach Stunden entdeckt; k. die Tischkarten austauschen.

Kla|mot|te, die; -, -n [gaunerspr., eigtl. = zerbrochener Mauer-, Ziegelstein, dann übertr. zur Bez. eines wertlosen Gegenstandes; H. u.]: **1.** (salopp) **a)** ⟨Pl.⟩ *Kleidung:* alte, schäbige -n; sie kauft sich immer die teuersten -n; zwei Tage bin ich nicht aus den -n herausgekommen (war ich ununterbrochen im Einsatz, im Dienst); Ü jmdm. nicht an die -n (Jargon; *nichts anhaben*) können; »Was trägst denn du für -n? Prima Kluft.« (Dürrenmatt, Grieche 65); **b)** ⟨meist Pl.⟩ *alter, wertloser Gegenstand:* pack deine -n (*Sachen*) und dann raus! **2.** (ugs. abwertend) *älteres, kaum noch bekanntes unterhaltsames Theaterstück; derber Schwank mit groben Späßen u. ohne besonderes geistiges Niveau:* eine K. bringen.

Kla|mot|ten|kis|te, die; (ugs.): *Kiste, in der Klamotten (1) aufbewahrt werden:* in der K. kramen; Ü aus Omas K. (*altmodisch u. verstaubt*).

Klamp|fe, die; -, -n (oberd., zu mhd. klimpfen = zusammendrücken, -ziehen od. zu: Klampfe = Klammer, Haken]: **1.** (ugs.) *einfache Gitarre:* die K. zupfen; sie zogen mit K. und Rucksack in die Natur. **2.** (österr.) *Bauklammer.*

kla|mü|sern ⟨sw. V.; hat⟩ [zu: Kalmäuser = jmd., der seinen Gedanken nachhängt, H. u.] (nordd.): *einer Sache nachsinnen, sie genau studieren.*

Klan, der; -s, -e [↑Clan]: **a)** ⟨Völkerkunde⟩ *Gruppe eines Stammes, die sich von gleichen Vorfahren herleitet;* **b)** ↑*Clan* (2).

klan|des|tin ⟨Adj.⟩ [frz. clandestin < lat. clandestinus] (bildungsspr.): *heimlich, geheim:* ein -es Treffen; -e Ehe (veraltet; *Ehe, die nicht nach kanonischer Vorschrift geschlossen ist*).

¹**klang:** ↑*klingen.*
²**klang:** ↑*kling, klang.*

Klang, der; -[e]s, Klänge [mhd. klanc, zu ↑klingen]: **1. a)** *etw., was akustisch in reiner, dem Ohr wohlgefälliger Weise wahrgenommen wird u. über eine kürzere Zeit hin, aber allmählich schwächer werdend, andauert; Ton, der durch das harmonische Zusammenklingen meist heller, reiner Töne entsteht:* ein heller, tiefer, metallischer, lieblicher K.; der K. der Glocken; **b)** *bestimmtes Eigenheit der Töne einer Stimme, eines Instrumentes o. Ä.:* der weiche, warme K. ihrer Stimme; das Orchester hat einen vollen, dunklen K.; jmdn. am K. der Stimme erkennen; Ü seine Worte hatten einen bitteren K. (*es schwang ein bitterer Unterton mit*). **2.** ⟨Pl.⟩ *Folge harmonisch aneinandergereihter Töne, die eine Melodie ergeben; Musik:* altbekannte, moderne Klänge; die Klänge Mozarts; nach den Klängen eines Walzers tanzen.

Klang|bild, das (Fachspr.): *Gesamteindruck eines Klanges* (1 a).

Klang|ef|fekt, der: *durch [bestimmte] Klänge* (1 a) *bewirkter Effekt.*

Klang|far|be, die (Musik): *für einen bestimmten Klang* (1 a) *charakteristische Art u. Weise.*

Klang|fül|le, die: *Intensität, Fülle an Klängen* (1 a).

Klang|kör|per, der: **1.** (Fachspr.) *Hohlkörper, der durch Einwirkung von Schwingungen einen Klang* (1 a) *erzeugt.* **2.** (geh.) *Gesamtheit der Musiker eines Orchesters; Orchester.*

Klang|ku|lis|se, die: *klangliche Untermalung;*

aus bestimmten Klängen bestehende Hintergrundmusik.

klang|lich ⟨Adj.⟩: *den Klang* (1) *betreffend:* die -e Qualität; k. gut aufeinander abgestimmt sein.

klang|los ⟨Adj.⟩: *ohne Klang* (1 b); *tonlos:* eine -e Stimme.

Klang|qua|li|tät, die: *klangliche Qualität einer musikalischen Wiedergabe.*

klang|rein ⟨Adj.⟩: *einen reinen Klang* (1) *aufweisend.*

Klang|rein|heit, die: *das Klangreinsein.*

klang|schön ⟨Adj.⟩: *durch einen schönen Klang gekennzeichnet.*

Klang|schön|heit, die ⟨o. Pl.⟩: *das Klangschönsein.*

Klang|tep|pich, der (Musik): *Gesamtheit, Folge von Klängen u. Tönen, die einen akustischen Hintergrund, eine Klangkulisse bildet od. Teil eines musikalischen Werks ist.*

Klang|treue, die: *Übereinstimmung eines durch Lautsprecher wiedergegebenen Klanges mit dem originalen Klang.*

klang|voll ⟨Adj.⟩: **1.** *einen vollen, reichen Klang* (1 b) *aufweisend.* **2.** *durch Renommee, guten Ruf bekannt, berühmt:* er hatte als Kritiker einen -en Namen.

klapp ⟨Interj.⟩: lautm. für einen kurzen, stumpfen Ton durch einen leichten Schlag od. für einen leichten Knall.

Klapp|bank, die ⟨Pl. ...bänke⟩: *Bank, die hoch- od. heruntergeklappt werden kann.*

klapp|bar ⟨Adj.⟩: *sich nach oben, nach unten o. ä. klappen lassend:* -e Rücksitze.

Klapp|bett, das: *Bett, das (tagsüber) hochgeklappt werden kann.*

Klapp|brü|cke, die (Technik): *Brücke, die in der Mitte geteilt ist u. hochgeklappt werden kann, damit Schiffe mit hohen Aufbauten passieren können.*

Klap|pe, die; -, -n [aus dem Niederd. < mniederd. klappe = Klapper, eigtl. = Gegenstand, der mit einem Geräusch etw. auftrifft]: **1.** *bewegliche Vorrichtung zum Schließen einer Öffnung; Gegenstand, mit dem sich etw. verdecken, auf- u. zumachen lässt:* die K. ist, steht offen; die K. einer Trompete; die K. am Briefkasten, an der Manteltasche; die K. fällt (Film Jargon; *die Filmaufnahmen beginnen*); die K. öffnen, schließen, herunterlassen; das Herz hat -n, die sich nur in Richtung des Blutstroms öffnen; nach der letzten K. (Film Jargon; *nach Abschluss der Dreharbeiten*); Ü bei mir ist die, eine K. runtergegangen (ugs.; *ich sperre mich dagegen [u. höre nichts mehr zu]*); R K zu, Affe tot (salopp; *das ist abgeschlossen, die Sache ist erledigt*). **2.** (ugs.) *Bett:* sich früh in die K. legen, (salopp) hauen. **3.** (salopp, meist abwertend) *Mund, Mundwerk:* du musst die K. aufreißen und nicht alles so hinnehmen; * eine große, freche K. haben/die große K. schwingen (salopp abwertend; *großsprecherisch, frech sein*); die/seine K. halten (salopp; *zu reden aufhören, stillschweigen*). **4.** (österr.) *Nebenstelle, Anschluss, Apparat einer zentralen Telefonanlage* (Abk.: Kl.) **5.** (Jargon) *Bedürfnisanstalt, Pissoir* (als Ort für homosexuelle Kontakte). **6.** Kurzf. von ↑*Babyklappe.*

klap|pen ⟨sw. V.; hat⟩ [aus dem Niederd.-Md. < mniederd. klappen = klatschen; schallen; plappern, lautm.]: **1.** *etw., was mit etw. auf einer Seite verbunden ist, in eine bestimmte Richtung bewegen:* den Deckel nach oben, nach unten k.; den Kragen in die Höhe k. **2. a)** *ein kurzes, meist dumpfes Geräusch, wie es bei einem Schlag entsteht, verursachen:* ihre Stiefel klappten auf dem Steinboden; man hörte die Fensterläden k.; die Kinder klappen mit den Türen; **b)** *mit einem kurzen, dumpfen Geräusch gegen etw. schlagen,*

stoßen: die Fensterläden klappen an die Mauer. **3.** [nach der Vorstellung, dass ein Vorgang mit einem klappenden (2 a) Geräusch beendet wird] (ugs.) *durchgeführt werden können, glücken, gelingen [wie es geplant war]:* wenn alles klappt; die Umstellung klappte problemlos; das Zusammenspiel klappt noch nicht (*ist noch nicht gut*); ⟨unpers.:⟩ wir hoffen, dass es mit dem Termin klappt (*dass der Termin allen passt, nicht geändert werden muss*); wenn es im Bett nicht richtig klappt (*wenn der sexuelle Kontakt unbefriedigend verläuft*).

Klap|pen|text, der (Buchw.): *auf einer od. beiden Klappen* (1) *des Schutzumschlags gedruckter Werbetext für das betreffende Buch.*

Klap|per, die; -, -n [zu ↑klappern]: **1.** *kleiner Gegenstand mit zwei od. mehreren beweglichen Teilen, die ein Geräusch verursachen, wenn sie aneinanderschlagen.* **2.** *Rassel.*

♦ **Klap|per|blech,** das: *dem Becken* (2 d) *ähnliches Musikinstrument:* Wie sie mit den -en selbst voraus im Takte ziehen (Goethe, Deutscher Parnaß 154 f.).

klap|per|dürr ⟨Adj.⟩ (ugs. emotional): *besonders hager; so dünn, dass Knochen u. Rippen deutlich zu sehen sind.*

Klap|per|ge|stell, das (ugs.): **1.** (emotional) *sehr hagerer Mensch.* **2.** (scherzh.) *altes, klapperndes Fahrzeug.*

klap|pe|rig: ↑*klapprig.*

Klap|per|kas|ten, der (ugs.): *altes, [durch Klappern] lästige Geräusche verursachendes Gerät, Fahrzeug, Behältnis o. ä.:* stell doch bitte mal den K. ab!; auf einem alten K. tippen; mit dem K. kommst du nicht mehr weit.

Klap|per|kis|te, die (ugs.): *Klapperkasten.*

klap|pern ⟨sw. V.⟩ [mhd. klappern, lautm.]: **1.** ⟨hat⟩ **a)** *immer wieder ein helles, hartes Geräusch durch Aneinanderschlagen zweier od. mehrerer fester Gegenstände von sich geben:* das Fenster, die Tür klappert; Stricknadeln klapperten; bei ihr klappern ja die Knochen; ihre Absätze klappern auf der Treppe; ihre Zähne klappern vor Kälte; ihm klappern die Zähne vor Angst; **b)** *ein Klappern* (1 a) *verursachen:* mit Geschirr, mit der Sammelbüchse k.; die Störche klappern mit den Schnäbeln; vor Angst, Kälte klapperten sie erbärmlich mit den Zähnen; die Sekretärin klapperte (ugs.; *schrieb*) auf der Schreibmaschine; mit den Augen[deckeln] k. (ugs.; *oft hintereinander die Augenlider auf und ab bewegen*). **2.** ⟨ist⟩ *sich mit klapperndem* (1 a) *Geräusch irgendwohin bewegen:* der Wagen klapperte durch die holprige Gasse.

kläp|pern ⟨sw. V.; hat⟩ (landsch.): **1.** *klappern.* **2.** *mit dem Rührlöffel o. Ä. [zer]quirlen, [zer]schlagen:* Eigelb in Rotwein gekläppert. **3.** *klimpern:* Münzen in der Tasche k. hören.

Klap|per|schlan|ge, die: *Giftschlange mit harten, lose miteinander verbundenen Hornringen am Schwanzende, mit denen sie ein durchdringendes klapperndes Geräusch erzeugt:* Ü sie ist eine richtige K. (ugs. scherzh.; *eine bösartige Frau*).

Klap|per|storch, der [nach dem Klappern, das Störche in der Paarungszeit mit dem Schnabel hervorbringen] (Kinderspr.): *Storch:* zur Nachbarsfamilie ist der K. gekommen (fam.; *die Nachbarsfamilie hat ein Baby bekommen;* nach der Erklärung, die man früher Kindern gab, dass die Neugeborenen bringe der Storch).

Klapp|fahr|rad, das: *Klapprad.*

Klapp|fens|ter, das: *Fenster, das hochgeklappt werden kann.*

Klapp|han|dy, das: *Handy, das zusammengeklappt werden kann.*

Klapp|la|den, der ⟨Pl. ...läden, seltener: -⟩: *aufklappbarer [Fenster]laden.*

Klapp|lei|ter, die: *[Feuer]leiter, die hoch-, zusammengeklappt werden kann.*
Klapp|mes|ser, das: *Messer, dessen Klinge in eine Fuge des ¹Heftes geklappt werden kann.*
Klapp|rad, das: *Fahrrad, das zusammengeklappt werden kann.*
klapp|rig, klapperig ⟨Adj.⟩: **1. a)** *alt, durch längeren Gebrauch abgenutzt u. nicht mehr sehr stabil, intakt:* ein -er Bus; **b)** (fam.) *körperlich hinfällig u. kraftlos:* ein -er Gaul; nach der Krankheit ist sie noch etwas k. **2.** *wenig stabil u. wenig solide hergestellt.*
Klapp|rig|keit, die; -: *das Klapprigsein; klapprige Beschaffenheit.*
Klapp|sitz, der: *Sitz, der nach oben od. nach unten geklappt werden kann.*
Klapp|spa|ten, der: *kleinerer Spaten mit umklappbarem Blatt* (5).
Klapp|stuhl, der: *Stuhl, der zusammengeklappt werden kann.*
Klapp|tisch, der: *Tisch, der zusammengeklappt werden kann.*
klaps ⟨Interj.⟩: lautm. für ein leises klatschendes Geräusch.
Klaps, der; -es, -e [wohl zu ↑ klappen]: **1.** (ugs.) *leichter Schlag auf einen Körperteil:* ein freundlicher, aufmunternder, kräftiger K.; einen K. auf den Po bekommen. **2.** (salopp) *etw., was sich anderen als Verrücktheit, Unvernünftigkeit darstellt:* einen K. haben, bekommen, kriegen.
Kläps|chen, das; -s, -: Vkl. zu ↑ Klaps.
Klaps|müh|le, die (salopp): *psychiatrische Klinik:* in die K. kommen; sie landet noch in der K.!
¹klar ⟨Adj.⟩ [mhd. klar < lat. clarus = laut schallend; hell; klar; berühmt]: **1. a)** *durchsichtig, nicht trübe:* -es Wasser; ein -er Bach; etw. ist k. wie Kristall; eine -e (nicht gebundene) Ochsenschwanzsuppe; -e (nicht gemischte) Farben; sie sah ihn mit -en (nicht müden, nicht trüben) Augen an; **b)** *nicht durch Nebel, Wolken o. Ä. getrübt:* -e Sicht haben; ein -er Sternenhimmel; die Luft, die Nacht, das Wetter ist k.; der Mond scheint k.; Ü in -en Momenten *(Momenten bei vollem Bewusstsein);* **c)** *deutlich, genau erkennbar, unterscheidbar:* -e Umrisse; ein -es Foul; einen -en Vorsprung haben; mit einem -en Ergebnis *(mit großem Punkte-, Torvorsprung)* gewinnen; jmdn. k. besiegen; sie war ihren Gegnerinnen k. überlegen. **2.** *nicht heiser, rau, belegt, sondern wohlklingend u. deutlich vernehmbar:* eine -e Stimme; ein -er Ton; k. [und deutlich] sprechen. **3.** *sachlich-nüchtern, überlegt; von Einsicht u. Vernunft zeugend u. zu scharfem Urteilsvermögen befähigt:* ein -er Verstand; einen -en Blick für etw. haben; keinen -en Gedanken fassen können; nach Alkoholgenuss nicht mehr k. [im Kopf] sein; heute kann ich einfach nicht mehr k. denken; ein k. denkender, blickender Mensch hätte so etwas nie getan. **4.** *fest umrissen, eindeutig, für jedermann übersichtlich u. verständlich:* eine -e Antwort, Auskunft, Frage; eine -e Entscheidung treffen; der Arbeit fehlt die -e Linie; -e Vorstellungen von etw. haben; ein -es (bestimmtes, festes) Ziel vor Augen haben; für -e (geordnete, sauber abgegrenzte) Verhältnisse sorgen; [ist] alles k.? *(wurde alles verstanden?);* ihm ist noch nicht k. [geworden] *(er hat noch nicht begriffen, verstanden),* worauf es ankommt; das ist [doch ganz] k. (ugs.: *das versteht sich von selbst);* etw. k. und deutlich *(unmissverständlich)* sagen;
* **sich über etw. k./im Klaren sein** *(genau wissen, welche Folgen sich [aus einer Entscheidung, aus einer Tätigkeit] ergeben werden);* **sich über etw. k. werden/klarwerden** *(Klarheit, Gewissheit über etw. erlangen).* **5.** *in vorschriftsmäßigem Zustand u. bereit, fertig (zum Einsatz):* alle Boote sind k.; das Flugzeug ist k. zum

Start; das Schiff ist k. zum Auslaufen; [Schiff] k. zum Gefecht (Marine; *[das Schiff ist] gefechtsbereit, -klar).* **6.** (landsch.) *fein, stark zerkleinert, nicht grob:* -er Zucker, Sand.
²klar ⟨Adv.⟩ (ugs.): *gewiss, sicher, selbstverständlich:* k. bin ich einverstanden; »Darf ich mitkommen?« – »[Na] k.!«; aber k. warten wir auf euch.
Klär|an|la|ge, die (Technik): *Anlage zur Reinigung von Abwasser.*
Klär|be|cken, das (Technik): *Becken* (2 a) *als Teil einer Kläranlage, in das Abwasser o. Ä. zur Klärung eingeleitet wird.*
Klar|blick, der: *das Erkennen des großen Zusammenhangs:* es fehlte ihm an K.
klar bli|ckend, klar|bli|ckend ⟨Adj.⟩: *sachlichnüchtern:* ein klar blickender Mensch.
klar den|kend, klar|den|kend ⟨Adj.⟩: *nüchtern, vernünftig abwägend, denkend:* ein klar denkender Mensch.
◆ **Klä|re,** die; - [mhd. klære]: *Klarheit:* ... denn Lieb' ist stark der Verdacht gewürzt. Wenn sie verdrießlich dann das Aug' umwölkt, des Himmels K. widerwärtig schwärzt (Goethe, Aus einem Stammbuch von 1604).
klä|ren ⟨sw. V.; hat⟩ [mhd. klæren]: **1. a)** *durch Untersuchungen o. Ä. feststellen, wie etw. bis dahin Ungeklärtes sich wirklich verhält:* eine Frage, einen Tatbestand k.; die Unfallursache muss noch geklärt werden; **b)** ⟨k. + sich⟩ *klar werden; sich herausstellen, wie etw., was bisher nicht klar, deutlich war, ist:* die strittigen Fragen haben sich bald geklärt; schließlich hat sich alles doch noch geklärt; die Trainerfrage wird sich bald k. *(es wird sich bald herausstellen, wer Trainer wird).* **2. a)** *von Schmutz befreien, reinigen:* Abwässer k.; das Gewitter klärt die Luft; **b)** ⟨k. + sich⟩ *werden:* das Wasser klärt sich. **3.** (Ballspiele) *den Ball vor dem eigenen Tor wegschlagen u. eine gefährliche Situation bereinigen:* der Libero konnte auf der Linie k.; er klärte zur Ecke *(schlug den Ball ins eigene Toraus, sodass die gegnerische Mannschaft einen Eckball zugesprochen bekam).*
Klä|rer, der Klare/ein Klarer; des/eines Klaren; die Klaren/zwei Klare [zu ↑ ¹klar]: *Schnaps, bes. Korn:* einen Klaren trinken; Herr Ober, zwei Klare bitte!
klar|ge|hen ⟨unr. V.; ist⟩ (ugs.): *ohne Schwierigkeiten verlaufen; reibungslos erledigt werden:* ist alles klargegangen?
Klär|gru|be, die (Technik): *Grube zur behelfsmäßigen Reinigung kleiner Abwassermengen.*
Klar|heit, die; -, -en ⟨Pl. selten⟩ [mhd. klārheit = Helligkeit, Reinheit; Deutlichkeit]: **1.** ⟨o. Pl.⟩ **a)** *das Ungetrübtsein:* die K. des Wassers, des Weins; **b)** *durch Nebel, Wolken o. Ä. nicht getrübter Zustand:* die K. der Nacht, des Himmels; **c)** *deutliche, klare Unterscheidbarkeit:* die K. der Umrisse. **2.** ⟨o. Pl.⟩ *deutliche Vernehmbarkeit:* die K. ihrer Stimme. **3.** *ungetrübte, zu scharfem Urteilsvermögen befähigende Auffassungsgabe:* die K. ihres Geistes, ihres Verstandes. **4.** ⟨o. Pl.⟩ *durch Eindeutigkeit u. Übersichtlichkeit bewirkte Verständlichkeit:* die K. der Formulierungen. **5.** ⟨o. Pl.⟩ *mit der Klärung einer Sache verbundene Gewissheit:* darüber besteht K.; sich über etw. K. verschaffen; K. (*klare Verhältnisse)* schaffen; völlige K. *(vollständige Aufklärung)* suchen, verlangen; für K. sorgen. **6.** *klare Vorstellung:* alle -en restlos beseitigt (ugs. scherzh.; *nun herrscht totale Verwirrung).*
Kla|ri|nett|blä|ser, der (österr.): *Klarinettist.*
Kla|ri|nett|blä|se|rin, die: w. Form zu ↑ Klarinettbläser.
Kla|ri|net|te, die; -, -n [frz. clarinette < ital. clarinetto, Vkl. von: clarino = hohe Trompete, zu:

älter ital. claro = hell tönend < lat. clarus, ↑ ¹klar]: *Blasinstrument in Form einer langen, schlanken Röhre aus Holz, dessen Tonlöcher mit Klappen geschlossen werden.*
Kla|ri|net|tist, der; -en, -en: *jmd., der [berufsmäßig] Klarinette spielt.*
Kla|ri|net|tis|tin, die; -, -nen: w. Form zu ↑ Klarinettist.
klar|kom|men ⟨st. V.; ist⟩ (ugs.): *[mit jmdm., etw.] gut zurechtkommen; etw. ohne Schwierigkeiten bewältigen:* kommst du mit dem neuen Auto klar?; mit meinen Brüdern komme ich gut klar (verstehe ich mich gut).
klar|krie|gen ⟨sw. V.; hat⟩ (ugs.): *in Ordnung bringen, regeln:* keine Sorge, das kriegen wir schon wieder klar.
klar|le|gen ⟨sw. V.; hat⟩: *durch ausführliche Darlegung näher erklären.*
Klar|le|gung, die; -, -en: *das Klarlegen.*
klar|ma|chen ⟨sw. V.; hat⟩: **1.** (Seemannsspr.) *zu einem bestimmten Zweck fertig, einsatzbereit machen:* die Leinen k.!; k. zum Aussteigen. **2.** (ugs.) *bezahlen:* lass nur, ich mach das schon klar. **3.** (ugs.) *deutlich machen, vor Augen führen:* jmdm. seinen Standpunkt, die Folgen einer Handlung k.
Klar|na|me, der: *richtiger Name (im Gegensatz zum Decknamen):* der K. des Informanten.
Klar|schiff, das ⟨o. Pl.⟩ (Seemannsspr.): *Gefechtsbereitschaft.*
Klär|schlamm, der (Technik): *Schlamm, der in Kläranlagen durch die Reinigung der Abwässer anfällt.*
klar|se|hen ⟨st. V.; hat⟩ (ugs.): *die Zusammenhänge erkennen u. Bescheid wissen, verstehen:* jetzt sehe ich endlich klar.
Klar|sicht, die: *Klarblick.*
Klar|sicht|fo|lie, die: *durchsichtige Folie.*
Klar|sicht|hül|le, die: *Hülle* (1 b) *aus durchsichtigem dünnen Kunststoff zur Aufbewahrung von Schriftstücken o. Ä.*
klar|sich|tig ⟨Adj.⟩: *klar blickend.*
Klar|spü|ler, der, **Klar|spül|mit|tel,** das: *Spülmittel* (1), *das dazu dient, Gläser o. Ä. bes. klar zu spülen.*
klar|stel|len ⟨sw. V.; hat⟩: *nachdrücklich ein Missverständnis beseitigen, einer falschen Darstellung entgegentreten; klären:* ich muss hier k., dass diese Aussage nicht von mir stammt.
Klar|stel|lung, die; -, -en: *das Klarstellen.*
Klar|text, der: **1.** *nicht verschlüsselter, jedermann verständlicher Text:* Ü im nicht mal im K. (*genauer, verständlicher);* * **K. reden/sprechen** *(unverhüllt seine Meinung sagen, ganz offen sprechen).* **2.** (EDV) *normale, nicht verschlüsselte Schrift:* Zeichen im K. ausdrucken.
Klä|rung, die; -, -en: **1.** [spätmhd. klærunge] *Beseitigung einer Unsicherheit, einer Ungewissheit:* eine sofortige, schnelle K. des Problems; die Aussprache ergab, brachte noch keine K., hat zur K. der Missverständnisse beigetragen. **2.** *Reinigung, Säuberung von sichtbarem Schmutz.*
Klä|rungs|be|darf, der: *Notwendigkeit, Bedürfnis, etw. Bestimmtes zu klären.*
klar wer|den, klar|wer|den ⟨unr. V.; ist; 2. Part.: klar geworden/klargeworden⟩: s. ¹klar (4).
klass ⟨Adj.⟩ [zu ↑ Klasse (8)] (ostösterr. ugs.): *klasse.*
klas|se ⟨indekl. Adj.⟩ [zu ↑ Klasse (8)] (ugs.): *großartig, hervorragend:* eine k. Idee; k. sein, aussehen; der Film war einfach k. gemacht; die Musik passt k. zu den Bildern; ich finde das k.; ... beteuern, dass sie erst im Laufe der Jahre eingesehen hätten, was er für ein k. Lehrer gewesen sei (M. Walser, Pferd 20).
Klas|se, die; -, -n [älter = (geordnete) Abteilung < lat. classis, eigtl. = herbeigerufene Volksmasse;

Klasse- – klassisch

unter Einfluss von frz. classe erweitert zur Bed. »Gruppe mit besonderen Merkmalen«]: **1. a)** *Gruppe von [ungefähr gleichaltrigen] Schülern, die zu gemeinsamem Unterricht zusammengefasst sind:* eine große, ruhige, wilde K.; die K. hat 23 Schüler(innen); die K. macht einen Ausflug; eine K. übernehmen, abgeben, [zum Abitur] führen, [in Deutsch] unterrichten; **b)** *ein ganzes Jahr umfassende Stufe innerhalb des Schulaufbaus:* sie besucht die vierte K., geht in die vierte K.; eine K. wiederholen, überspringen; er ist zwei -n über mir; die Schüler in den höheren, oberen -n; **c)** *Klassenzimmer:* der Lehrer betritt die K.; die Schüler gehen in ihre -n; **d)** (Fachspr.) *Abteilung, Fakultät (einer Universität).* **2.** (Soziol.) *Gruppe der Bevölkerung, deren Angehörige sich in der gleichen ökonomischen u. sozialen Lage befinden:* die unterdrückte, ausgebeutete, besitzende, herrschende, bürgerliche, kapitalistische K.; die K. der Arbeiter, der Werktätigen; die oberen -n *(Schichten)* der Gesellschaft; die Lage der arbeitenden K.; der K. der Besitzlosen angehören, Ü es gibt zwei -n *(Arten, Typen)* von Autofahrerinnen. **3.** (bes. Biol.) *Gruppe, Einheit mit gemeinsamen, sich von anderen unterscheidenden Merkmalen [im System der Lebewesen (zwischen Stamm u. Ordnung)]:* die K. der Knochenfische, der Bärlappgewächse; die Wale gehören in die K., zur K. der Säugetiere. **4.** (Sport) *Gruppe von Sportlern od. Mannschaften, die nach Alter, Gewicht od. Leistung zusammengefasst sind:* in der K. der Senioren starten; er ist Meister aller -n. **5. a)** *Gruppe von Fahrzeugen, die nach bestimmten Anforderungen an den Motor u. a. zusammengefasst ist:* ein alter Führerschein K. III; **b)** *Gruppe von Segelbooten, die nach Bauvorschrift, Verbreitung, Alter od. Zulassung zu internationalen Regatten eingeteilt sind.* **6.** *Einteilung der Ziehungen in der Klassenlotterie.* **7. a)** *Qualitätsstufe (bei [Dienst]leistungen):* im Abteil erster, zweiter K.; **b)** *Teil einer Rang-, Wertskala:* der Verdienstorden erster K.; Ü man behandelt sie als Menschen zweiter K. **8.** ⟨o. Pl.⟩ (ugs.) *Güte, Qualität (in Bezug auf besonders hervorragende Leistungen):* der Boxer bewies seine K.; ein Künstler, eine Mannschaft erster K.; im Stellungsspiel liegt ihre K.; die Sängerin war internationale K., war eine K. für sich; das ist einsame, ganz große K.!

Klas|se- (ugs. emotional verstärkend): drückt in Bildungen mit Substantiven aus, dass jmd. oder etw. als ausgezeichnet, hervorragend, großartig angesehen wird: Klassefahrrad, Klasseläufer, Klasseleistung.

Klas|se|frau, die (ugs. emotional verstärkend): *Begeisterung, Bewunderung hervorrufende Frau.*
Klas|se|mann, der ⟨Pl. ...männer u. ...leute⟩ (ugs. emotional verstärkend): *Begeisterung, Bewunderung hervorrufender Mann.*
Klas|se|ment [klasəˈmã:, ...ˈmɛnt], das; -s, -s, schweiz. auch: -e [frz. classement, zu: classe < lat. classis, ↑ Klasse]: **1.** *Ordnung, Einteilung.* **2.** (Sport) *Rangliste, Reihenfolge.*
Klas|sen|ar|beit, die: *schriftliche Arbeit, die von der Klasse (1 a) während des Unterrichts selbstständig als Leistungsnachweis angefertigt und zur Beurteilung durch den Lehrer abgegeben wird:* eine K. schreiben; eine Eins in der K. haben.
Klas|sen|auf|satz, der: *als Klassenarbeit geschriebener Aufsatz.*
Klas|sen|aus|flug, der: *Ausflug, den eine Klasse (1 a) gemeinsam unternimmt.*
Klas|sen|bes|te, die/eine Klassenbeste; der/einer Klassenbesten, die Klassenbesten/zwei Klassenbeste: *beste Schülerin einer Klasse (1 a).*
Klas|sen|bes|ter, der Klassenbeste/ein Klassenbester; des/eines Klassenbesten, die Klassenbesten/zwei Klassenbeste: *bester Schüler einer Klasse (1 a).*
klas|sen|be|wusst ⟨Adj.⟩: *sich der materiellen Bedingungen, der Interessen u. der Beziehungen seiner Klasse (2) zu anderen Klassen (2) bewusst:* -e Arbeiter.
Klas|sen|be|wusst|sein, das: *klassenbewusste Haltung, Gesinnung.*
klas|sen|bil|dend ⟨Adj.⟩ (Sprachwiss.): *eine Klasse (3) bildend.*
Klas|sen|buch, das: *vom Lehrkörper geführtes Buch mit allen Daten der Klasse (1 a) und für alle die Klasse betreffenden Eintragungen:* die abwesenden Schüler ins K. eintragen.
Klas|sen|clown, der: *Klassenkasper.*
Klas|sen|er|halt, der (Sport): *das Verbleiben in einer bestimmten Spielklasse:* um den K. bangen, kämpfen.
Klas|sen|fahrt, die: *Fahrt, die eine Klasse (1 a) gemeinsam unternimmt.*
Klas|sen|feind, der (marx.): *Feind der Arbeiterklasse.*
Klas|sen|fein|din, die: w. Form zu ↑ Klassenfeind.
Klas|sen|fo|to, das, schweiz. auch: die: *Foto einer Klasse (1 a) [mit dem Klassenlehrer].*
Klas|sen|ge|gen|satz, der: *Gegensatz zwischen den verschiedenen Klassen (2) der Gesellschaft.*
Klas|sen|ge|sell|schaft, die: *Gesellschaft mit verschiedenen Klassen (2).*
Klas|sen|grö|ße, die: *Klassenstärke:* die durchschnittliche K. liegt bei 27 Schülerinnen u. Schülern.
Klas|sen|hass, der: *Hass verschiedener sozialer Klassen (2) gegeneinander.*
Klas|sen|jus|tiz, die: *Rechtssystem einer Klassengesellschaft, das Angehörige der niederen Klassen benachteiligt.*
Klas|sen|ka|me|rad, der: *Mitschüler.*
Klas|sen|ka|me|ra|din, die: w. Form zu ↑ Klassenkamerad.
Klas|sen|kampf, der [von K. Marx geprägt für frz. lutte des classes]: *Kampf zwischen den gegensätzlichen Klassen (2) um die Entscheidungsgewalt in der Gesellschaft.*
klas|sen|kämp|fe|risch ⟨Adj.⟩: *in der Art eines Klassenkämpfers/einer Klassenkämpferin; für Klassenkampf charakteristisch.*
Klas|sen|kas|per, der: *Schüler, der zur Belustigung seiner Mitschüler viel albert.*
Klas|sen|kei|le, die (bes. Schülerspr.): *Prügel, die ein Schüler von seinen Mitschülern bekommt:* Ü die Parteivorsitzenden übten sich in verbaler K.
Klas|sen|kon|flikt, der: *Konflikt zwischen einzelnen Klassen (2).*
Klas|sen|leh|rer, der: *Lehrer, der für die pädagogische Betreuung u. die organisatorische Leitung einer Klasse (1 a) verantwortlich ist.*
Klas|sen|leh|re|rin, die: w. Form zu ↑ Klassenlehrer.
klas|sen|los ⟨Adj.⟩: **1.** *nicht in Klassen (2) geteilt:* die -e Gesellschaft. **2.** (Fachspr.) *nicht in Klassen (7 a) eingeteilt:* ein -es Krankenhaus.
Klas|sen|lot|te|rie, die [zu ↑ Klasse (6)]: *Lotterie, deren Gewinne an verschiedenen Tagen gezogen werden u. bei der für jede Ziehung neue Lose verkauft werden.*
Klas|sen|pri|ma, die; -, ...mae: *Klassenbeste, bes. einer höheren Schule.*
Klas|sen|pri|mus, der: **1.** *Klassenbester, bes. an einer höheren Schule.* **2.** [Übertragung zu (1)] *Primus.*
Klas|sen|raum, der: *Klassenzimmer.*
Klas|sen|rei|se, die: *Klassenfahrt.*
Klas|sen|spre|cher, der: *von der Klasse (1 a) gewählter Mitschüler, der die Interessen der Klasse vertritt.*
Klas|sen|spre|che|rin, die: w. Form zu ↑ Klassensprecher.
Klas|sen|stär|ke, die: *Gesamtzahl der Schülerinnen u. Schüler einer Klasse (1 a).*
Klas|sen|stu|fe, die: *Klasse (1 b).*
Klas|sen|tei|ler, der (Schule): *bestimmte Schülerzahl einer Klasse, bei deren Überschreiten die Klasse geteilt wird.*
Klas|sen|tref|fen, das: *arrangiertes Zusammentreffen der Schülerinnen u. Schüler einer Klasse (1 a) [nach dem Schulabschluss].*
Klas|sen|un|ter|schied, der: **1.** *Unterschied aufgrund der Zugehörigkeit zu verschiedenen sozialen Klassen (2).* **2.** (Sport) *Unterschied in der Leistung, wie er Angehörigen verschiedener Spielklassen entspricht.*
Klas|sen|ver|bleib, der (Sport): *Klassenerhalt.*
Klas|sen|vor|stand, der (österr.): *Klassenlehrer, Klassenlehrerin.*
klas|sen|wei|se ⟨Adv.⟩: *in Klassen (1 a); nach Klassen getrennt, geordnet:* die Kinder stellten sich k. auf.
Klas|sen|ziel, das: **1.** *vom Lehrplan vorgeschlagener, bis zum Ende eines Schuljahres angestrebter Umfang an Wissen einer Klasse (1 a):* das K. nicht erreichen *(nicht versetzt werden)*; Ü die Serie hat das K. 5 Millionen Zuschauer verfehlt. **2.** (Sportjargon) *angestrebte Leistung, angestrebtes Ergebnis, Ziel.*
Klas|sen|zim|mer, das: *Zimmer, Raum, in dem eine Klasse (1 a) unterrichtet wird.*
Klas|se|weib, das (ugs. emotional verstärkend): *Klassefrau.*
klas|si|e|ren ⟨sw. V.; hat⟩ [frz. classer = in Klassen einteilen, ordnen, zu: classe, ↑ Klasse]: *nach bestimmten Merkmalen einer Klasse zuordnen.*
Klas|si|fi|ka|ti|on, die; -, -en [frz. classification]: **1.** *das Klassifizieren; das Einordnen, die Einteilung [in aufgestellte Klassen].* **2.** *etw. Klassifiziertes.*
klas|si|fi|zier|bar ⟨Adj.⟩: *sich klassifizieren, untergliedern lassend.*
klas|si|fi|zie|ren ⟨sw. V.; hat⟩ [zu lat. classis (↑ Klasse) u. facere = machen]: *(eine gegebene Menge) nach aufgestellten Klassen (3) einteilen:* Tiere, Pflanzen nach der Gattung k.; Ü jmdn. als Feigling, als dumm, als vermögend k.
Klas|si|fi|zie|rung, die; -, -en: *Klassifikation.*
Klas|sik, die; -; -en [zu ↑ klassisch]: **1.** ⟨o. Pl.⟩ *Kultur u. Kunst der griechisch-römischen Antike.* **2.** ⟨o. Pl.⟩ *Epoche, die sich Kultur u. Kunst der Antike zum Vorbild genommen hat.* **3.** *Epoche kultureller Höchstleistung.*
Klas|si|ker, der; -s, - [nach lat. classicus scriptor = Schriftsteller von höchstem Rang]: **1.** *Vertreter der Klassik (1, 2).* **2.** *Künstler od. Wissenschaftler, dessen Werke, Arbeiten als mustergültig u. bleibend angesehen werden.* **3.** *klassisches (3, 4) Werk; etw., was klassisch (3, 4) geworden ist:* der K. von Edgar Wallace; K. wie Puppen oder Lego.
Klas|si|ke|rin, die; -, -nen: w. Form zu ↑ Klassiker (2).
klas|sisch ⟨Adj.⟩ [lat. classicus = die (ersten) Bürgerklassen betreffend; ersten Ranges, mustergültig, zu: classis, ↑ Klasse]: **1.** *die antike Klassik betreffend:* das -e Altertum; -e Sprachen lernen; -e Philologie *(Griechisch u. Latein);* ein -es Profil *(ein Profil, das dem bei griechischen Kunstwerken der Antike entspricht).* **2.** *die Merkmale der Klassik (2) tragend, die Klassik betreffend:* -e Musik, Autoren; -es Ballett *(europäischer Kunsttanz, besonders seit dem 18. Jahrhundert, im Gegensatz zum moderneren [Ausdrucks]tanz).* **3.** *(in Bezug auf Aussehen od. For-*

men) in [althergebrachter] mustergültiger Weise [ausgeführt], vollendet, zeitlos: ein -es Kostüm; eine Frau von -er Schönheit; dieser Fall ist geradezu k. *(ist ganz typisch).* **4.** *herkömmlich, in bestimmter Weise traditionell festgelegt u. so als Maßstab geltend:* die -e Rollenverteilung; -e Frauenberufe. **5.** (ugs.) *klasse:* das ist ja k.!

Klas|si|zis|mus, der; -, ...men: **1.** ⟨o. Pl.⟩ *Stilform, die im Anschluss an antike, besonders römische Vorbilder Klarheit u. Strenge der Gliederung, Geradlinigkeit u. die Gesetzmäßigkeit der Verhältnisse betont.* **2.** *klassizistisches Stilmerkmal.*

klas|si|zis|tisch ⟨Adj.⟩: *den Klassizismus* (1) *betreffend, zu ihm gehörend.*

Klas|si|zi|tät, die; -: *klassische Mustergültigkeit, klassische Merkmale aufweisende Beschaffenheit:* Freuds K.

Klass|leh|rer, der (südd., österr.): *Klassenlehrer.*
Klass|leh|re|rin, die: w. Form zu ↑Klasslehrer.
Klass|zim|mer, das (südd., österr.): *Klassenzimmer.*

klas|tisch ⟨Adj.⟩ [zu griech. klastós = (ab)gebrochen, zu: klān = (ab)brechen] (Geol.): *(von Sedimentgestein) aus den Trümmern anderer Gesteine stammend.*

klatsch ⟨Interj.⟩ [zu ↑klatschen]: lautm. für ein Geräusch, das entsteht, wenn man die Hände zusammenschlägt od. wenn etw. [weiches] Schweres flach auf etw. Hartes fällt.

Klatsch, der; -[e]s, -e: **1.** *klatschendes Geräusch:* sie gab ihm einen K. auf den Hintern. **2.** ⟨o. Pl.⟩ (ugs.) **a)** (abwertend) *[übles, gehässiges] Gerede [hinter jmds. Rücken]; der Neugier entgegenkommende Neuigkeiten aus dem Bereich anderer:* das ist doch alles nur K. [u. Tratsch]; der K. blüht; jmdm. Anlass zum K. geben; Kümmern Sie sich doch nicht um das, was die Nachbarn sagen. Das ist immer bösartiger K. (Remarque, Obelisk 62); **b)** *Plauderei, Gespräch über [weniger wichtige] private Dinge:* ein gemütlicher K. bei einer Tasse Kaffee.

Klatsch|ba|se, die (ugs. abwertend): *jmd., der gern klatscht* (4a): ihr Freund ist eine richtige K.

Klat|sche, die; -, -n: *Fliegenklatsche:* Ü eine K. bekommen, kriegen, kassieren (ugs.; Sportjargon; *eine Niederlage einstecken müssen*) [eigtl. = einen Schlag mit der Klatsche bekommen].

klat|schen ⟨sw. V.; hat⟩ [lautm.]: **1. a)** *ein [helles] schallendes Geräusch durch das Aufschlagen von etw. [weichem] Schwerem auf etw. Hartes von sich geben:* die Wellen klatschten; der Regen klatscht auf das Dach; die nassen Segel klatschten gegen den Mast; ⟨unpers.:⟩ er bekam eine Ohrfeige, dass es nur so klatschte; **b)** (ugs.) *(etw. Feuchtes o. Ä.) durch Werfen o. Ä. klatschend* (1a) *auf etw. auftreffen lassen:* Mörtel an die Wand k.; Ü Betonbauten in die Landschaft k.; Wer wollte, bekam gegen Aufpreis bulgarischen Tomatenketschup auf den Teller geklatscht (Grass, Butt 156). **2. a)** *die Innenflächen der Hände [wiederholt] gegeneinanderschlagen:* das Kind klatschte vor Freude in die Hände; **b)** *durch Klatschen* (2a) *angeben:* den Takt, den Rhythmus k.; **c)** *durch Klatschen* (2a) *seine Zustimmung, Begeisterung ausdrücken; applaudieren:* zurückhaltend, lange, stürmisch, im Takt k.; einige Abgeordnete der Opposition klatschten; ⟨auch mit Akk.-Obj.:⟩ sie klatschten [dem Solisten] begeistert Beifall. **3. a)** *mit der flachen Hand klatschend* (1a) *schlagen:* ich klatschte ihm, mir vor Begeisterung auf die Schenkel; ** jmdm. eine k.* (salopp; *jmdm. eine Ohrfeige geben*); **b)** ⟨Jugendspr.⟩ *verprügeln, fertigmachen:* die Fans des gegnerischen Vereins k. wollen; **c)** ⟨k. + sich⟩ ⟨Jugendspr.⟩ *sich prügeln* (2): er hat sich mit seinem Freund geklatscht. **4. a)** (ugs. abwertend) *in geschwätziger Weise [über nicht Anwesende] reden:* mit jmdm. k.; über die neuen Nachbarn k.; **b)** (landsch. ugs.) *etw. verraten, petzen:* er lief sofort zum Lehrer, um zu k.

◆ **Klät|sche|rei:** ↑Klatscherei: Bayles Wörterbuch, ... das wegen Gelehrsamkeit und Scharfsinn ebenso schätzbar und nützlich, als wegen K. und Salbaderei lächerlich und schädlich ist (Goethe, Dichtung u. Wahrheit 16).

Klatsch|ge|schich|te, die (abwertend): *Geschichte, die auf Klatsch* (2a) *basiert.*

klatsch|haft ⟨Adj.⟩ (ugs. abwertend): *zum Klatschen* (4a) *neigend und viel redend.*

Klatsch|ko|lum|nist, der (abwertend): *jmd., der regelmäßig für eine bestimmte Zeitung Artikel schreibt, die gesellschaftlichen Klatsch* (2a) *zum Inhalt haben.*

Klatsch|ko|lum|nis|tin, die: w. Form zu ↑Klatschkolumnist.

Klatsch|maul, das (salopp abwertend): *Klatschbase.*

Klatsch|mohn, der ⟨o. Pl.⟩ [bezogen auf das Geräusch, das entsteht, wenn man ein Blütenblatt in bestimmter Weise zusammenlegt u. auf den Handrücken od. gegen die Stirn schlägt]: *Mohn mit leuchtend roten, sehr zarte, schnell abfallende Blütenblätter aufweisenden Blüten u. hellgrünen, gefiederten Blättern.*

klatsch|nass ⟨Adj.⟩ (ugs. emotional): *völlig, durch und durch nass:* -e Haare; wir sind gestern k. geworden.

Klatsch|spal|te, die (ugs. abwertend): *Teil der Zeitung, in dem der gesellschaftliche Klatsch* (2a) *steht:* ihr Name taucht oft in den -n auf.

Klatsch|sucht, die ⟨o. Pl.⟩ (abwertend): *übersteigertes Bedürfnis zu klatschen* (4a), *Klatsch* (2a) *zu verbreiten.*

klatsch|süch|tig ⟨Adj.⟩: *sehr klatschhaft.*

Klatsch|tan|te, die (ugs. abwertend): *Klatschbase.*

Klatsch|weib, das (ugs. abwertend): *Klatschbase.*

Klau, der; -s (ugs.): *Diebstahl.*

klau|ben ⟨sw. V.; hat⟩ [mhd. klūben, ahd. klūbōn, ablautend zu ↑klieben]: **1. a)** (landsch.) *mühsam u. einzeln, eins nach dem anderen [mit Fingerspitzen] aus od. von etw. entfernen:* Rosinen aus dem Kuchen, Krümel vom Polster k.; Ü den eigentlichen Sinn aus einer Rede k.; **b)** (Bergmannsspr.) *(brauchbare Stücke) aussondern:* Kohle aus dem Geförderten k. **2. a)** (bes. südd., österr.) *Stück für Stück aufwegnehmen:* Kartoffeln, Beeren k.; Holz, Reisig k.; **b)** (landsch.) *durch Klauben* (1 a) *[aus]sortieren, [aus]lesen:* Erbsen, Bohnen k.

Klaue, die; -, -n [mhd. klā(we), ahd. klāwa = Kralle; Tatze, eigtl. = die Packende; die Geballte]: **1. a)** *(bei Haarraubwild u. Raubvögeln) Kralle:* die scharfen -n des Löwen, des Adlers; die -n (Jägerspr.; *Pfoten*) des Hundes; Ü jmdn. den -n des Todes entreißen (geh.; *aus Todesgefahr retten*); jmdn. aus jmds. -n befreien; in jmds. -n/jmdm. in die -n geraten; jmdn. in seine -n bekommen; **b)** (salopp, oft abwertend) *Hand:* nimm deine schmutzigen -n da weg!; **c)** ⟨o. Pl.⟩ (salopp abwertend) *(schlechte, unleserliche) Handschrift:* eine fürchterliche K. haben; jmds. K. nicht lesen können. **2.** *(bei Paarhufern) Hälfte des hufartigen Fußes.* **3.** *(bes. bei Insekten) scheren-, zangenähnlicher Fortsatz des Fußes.* **4.** *(bes. Handwerk, Technik)* **a)** *bei verschiedenen Werkzeugen, Geräten, Vorrichtungen) Teil von hakenartiger Form, bes. mit dem Zweck des Fassens, Greifens;* **b)** *dreieckförmige Aussparung an der Verbindungsstelle zweier Balken;* **c)** *Ansatz an einem Maschinenteil, der bei Eindrücken od. Eingreifen in eine entsprechend geformte Aussparung in einem anderen Maschinenteil mit diesem eine lösbare Verbindung herstellt.*

klau|en ⟨sw. V.; hat⟩ [eigtl. (noch mundartl.) = mit den Klauen fassen, kratzen; vgl. niederdt. klouwen, ahd. klāwēn = krallen, kratzen; zu ↑¹Klaue] (salopp): *[kleinere Dinge] stehlen:* beim Nachbarn Kirschen k.; jmdm. den Geldbeutel aus der Tasche k.; in einem geklauten Auto fahren; Ü die Melodie ist geklaut (ugs.; *ist ein Plagiat*).

Klau|kind, das (ugs.): *Kind, das auf Anweisung Erwachsener Diebstähle (meist in organisierter Form) begeht.*

Klaus, der; -, -e od. Kläuse [nach dem m. Vorn. Klaus, Kurzf. von Nikolaus]: **1.** (schweiz. ugs.) *Dummkopf.* **2.** (schweiz., sonst landsch.) *Nikolaus.* **3.** (Gaunerspr.) *Dietrich.*

Kläus|chen, das; -s, -: Vkl. zu ↑Klaus (3).

Klau|se, die; -, -n [mhd. klūse, ahd. klūsa < mlat. clusa = (Kloster)zelle, Einsiedelei, zu lat. cl(a)usum, 2. Part. von: claudere = (ver)schließen]: **1.** *Behausung eines Einsiedlers; Einsiedelei.* **2.** *Klosterzelle.* **3.** *kleinere Wohnung, Zimmer (als Ort der Ruhe, des Ungestörtseins für den darin Wohnenden):* in seiner stillen K. lesen, arbeiten. **4.** *Schlucht, Talenge (bes. in den Alpen).*

Klau|sel, die; -, -n [lat. clausula = Schluss(satz), Schluss-, Gesetzesformel, zu: claudere, ↑Klause]: **1.** *[als Einschränkung] eingefügte od. hinzugesetzte Bestimmung, Bedingung, bes. in einem Vertrag:* eine einschränkende, aufhebende K.; eine K. in einen Vertrag einfügen, einsetzen; eine K. enthalten, anwenden. **2.** (Rhet.) *(in der antiken Prosa) rhythmischer Satzschluss in einer der festliegenden metrischen Formen.* **3.** *(in der mittelalterlichen Musik) formelhafte melodische Schlusswendung.*

Klaus|ner, der; -s, - [mhd. klūsenære, zu ↑Klause]: *Bewohner einer Klause* (1); *Einsiedler.*

Klaus|ne|rin, die; -, -nen: w. Form zu ↑Klausner.

Klaust|ro|pho|bie, die; -, -n [zu lat. claustrum = Schloss; Gewahrsam u. ↑Phobie] (Psychol.): *krankhafte Angst vor dem Aufenthalt in geschlossenen Räumen.*

klaus|t|ro|pho|bisch ⟨Adj.⟩: *die Klaustrophobie betreffend, an Klaustrophobie leidend.*

Klau|sur, die; -, -en [spätlat. clausura = Einschließung, zu lat. claudere (ab-, ver)schließen]: **1.** ⟨o. Pl.⟩ *Abgeschlossenheit [gemäß einer Ordensregel od. Vorschrift]:* jmdm. K. auferlegen; in strenger K. leben; in K. verhandeln, tagen; in K. gehen *(sich zurückziehen).* **2.** *Bereich in einem Kloster, für den Abgeschlossenheit vorgeschrieben ist:* Fremde haben keinen Zutritt zur K. **3.** *Klausurarbeit:* eine K. schreiben. **4.** *Klausurtagung.*

Klau|sur|ar|beit, die: *unter Aufsicht zu schreibende [wissenschaftliche] Arbeit, die mit einer Leistungsnote bewertet wird.*

Klau|sur|ta|gung, die: *Tagung unter Ausschluss der Öffentlichkeit.*

Kla|vi|a|tur, die; -, -en [latinisierend zu ↑Klavier in der alten Bed. »Tastatur«]: **1.** *(bei Tasteninstrumenten) Gesamtheit der Tasten.* **2.** *Vielfalt, breite Skala der Möglichkeiten, Spielarten, Formen von etw.:* die K. der Gefühle.

Kla|vier, das; -s, -e [frz. clavier = Tastenreihe, Tastenbrett, zu mlat. clavis = Taste < lat. clavis = Schlüssel, zu: claudere = schließen]: *Musikinstrument mit Tasten, mit denen die senkrecht zur Tastatur angeordneten Saiten über eine Mechanik mittels mit Filz überzogener Hämmerchen angeschlagen werden:* ein mechanisches, elektrisches K. (Pianola); ein elektronisches K. *(Klavier, bei dem die angeschlagenen Töne elektroakustisch erzeugt werden);* das K.

Klavierabend – Kleid

stimmen; K. spielen *(auf einem Klavier od. Flügel spielen);* jmdn., jmds. Vortrag auf dem K., am K. begleiten; ein Konzert für K. und Orchester; Ü du spielst auf meinen Nerven K. (ugs.; *deine Vorgehensweise wird mir äußerst lästig).*

Kla|vier|abend, der: *Abendveranstaltung, bei der Klaviermusik vorgetragen wird.*

Kla|vier|aus|zug, der (Musik): *Einrichtung, Bearbeitung einer vielstimmigen Komposition für die Wiedergabe auf dem Klavier (bes. zum Zweck des Einstudierens von Gesangspartien).*

Kla|vier|be|glei|tung, die: *Begleitung auf dem Klavier.*

Kla|vier|kon|zert, das (Musik): **1.** *für Klavier u. Orchester komponiertes Konzert.* **2.** *Konzertveranstaltung, bei der Klaviermusik vorgetragen wird.*

Kla|vier|leh|rer, der: *Lehrer, der das Klavierspiel lehrt.*

Kla|vier|leh|re|rin, die: w. Form zu ↑Klavierlehrer.

Kla|vier|mu|sik, die: **1.** ⟨o. Pl.⟩ *Musik für Klavier:* sie spielt K. von Chopin. **2.** ⟨o. Pl.⟩ *auf einem Klavier gespielte Musik.* **3.** *Klavierstück.*

Kla|vier|quar|tett, das (Musik): **1.** *Quartett für Klavier u. drei Streichinstrumente.* **2.** *Ensemble, das ein Klavierquartett (1) od. ein Stück gleicher Besetzung aufführt.*

Kla|vier|sai|te, die: *Saite eines Klaviers.*

Kla|vier|sche|mel, der: *[drehbarer u. in der Höhe verstellbarer] Schemel, auf dem jmd. beim Klavierspielen sitzt.*

Kla|vier|so|na|te, die (Musik): *Sonate für Klavier.*

Kla|vier|spiel, das: *das Spielen auf dem Klavier.*

Kla|vier|spie|ler, der: *jmd., der Klavier spielt od. spielen kann.*

Kla|vier|spie|le|rin, die: w. Form zu ↑Klavierspieler.

Kla|vier|stück, das: *Musikstück für Klavier.*

Kla|vier|stun|de, die: *Unterrichtsstunde im Klavierspiel:* K. nehmen, erteilen.

Kla|vier|un|ter|richt, der: *Unterricht im Klavierspiel.*

Kle|be, die, -, -n ⟨Pl. selten⟩ **1.** [zu ↑kleben (1)] (ugs.) *Klebstoff.* **2.** [zu ↑kleben (8)] (Fußballjargon) *Fuß, Bein, in dem sehr viel Schusskraft steckt.*

Kle|be|band, das ⟨Pl. ...bänder⟩: *Kunststoff-, Papierband od. -streifen mit einer Klebstoffschicht.*

Kle|be|fleisch, das; -[e]s: *aus kleineren Stücken Fleisch zusammengepresstes u. -geklebtes Stück Fleisch, das den Eindruck eines gewachsenen größeren Stücks erweckt.*

Kle|be|mit|tel, das: *zum Kleben dienendes Mittel; Klebstoff.*

kle|ben ⟨sw. V.; hat⟩ [mhd. kleben, ahd. klebēn = kleben, anhaften, zu mhd. klīben, ahd. klīban = anhaften, (an)kleben, verw. mit ↑Klei]: **1.** *durch die Wirkung eines Klebstoffes od. aufgrund eigner Klebkraft fest an etw. hängen, an, auf etw. haften:* an die Litfaßsäule kleben Plakate; an seiner Backe, auf der Tischplatte klebt Marmelade; die feuchten Haare kleben ihr im Gesicht; das Hemd klebt ihm am Körper; die Fliege ist am, auf dem Leim k. geblieben; Ü am Computer, Fernseher k.; jmdm. am Auspuff k. (salopp; *[in einer Kolonne] dicht hinter jmdm. herfahren);* drei Wochen kleben wir nun schon in diesem Nest (ugs.; *sitzen wir fest);* wegen eines Maschinenschadens sind wir hier k. geblieben; die Unterschrift klebt in der rechten unteren Ecke; jmds. Blicke kleben an jmdm., etw. *(sind unablässig auf jmdn., etw. gerichtet, geheftet);* der Torwart klebte zu sehr an der Linie (Sport; *bewegte sich nicht aus dem Tor heraus);* er bleibt an ihm (salopp; *hängt an ihm u. kann sich nicht von ihm trennen);* * **jmdm. eine k.** (salopp; *jmdm. eine Ohrfeige geben).* **2.** *Klebkraft haben:* sehr fest, gut k.; das Pflaster klebt nicht mehr. **3.** (ugs.) **a)** *(an der Oberfläche) in einem Zustand sein, der das Klebenbleiben von etw. od. an etw. bewirkt; klebrig sein:* die Bonbons kleben; meine Hände kleben vor Dreck; mein Hemd klebt *(ist feucht u. klebt mir am Körper);* sie klebte [am ganzen Körper] *(schwitzte, u. ihre Kleider klebten ihr am Körper fest);* **b)** *etw. (Anklebendes) an sich hängen haben:* der Fliegenfänger klebt voller Fliegen. **4.** (ugs.) *sich nicht überwinden, entschließen können, etw. aufzugeben, sich von etw. zu trennen, zu lösen, loszureißen:* im Wirtshaus k.; die Besucher klebten an ihren Stühlen; k. an Amt od. Äußerlichkeiten k. **5.** *mit etw. verbunden sein:* an dieser Arbeit klebt viel Schweiß; an dieser Plastik kleben viele Erinnerungen. **6. a)** *so an, in, auf usw. etw. anbringen, befestigen, dass es daran, darin, darauf usw. klebt:* Plakate, Tapeten an die Wand k.; eine Marke auf den Brief k.; Fotos ins Album k.; **b)** *mit Klebstoff o. Ä. reparieren, wieder zusammenfügen:* einen gerissenen Film k.; einen Riss k. *(mit Klebstoff schließen).* **7.** (ugs. früher) *Sozialversicherungsbeiträge entrichten [u. die entsprechenden Marken als Beleg in ein Heft kleben]:* er hat bereits in jungen Jahren geklebt. **8.** (bes. Fußball) *wuchtig schießen, werfen:* den Ball in die linke obere Ecke k.

kle|ben blei|ben, kle|ben|blei|ben ⟨st. V.; ist⟩ (salopp): *in der Schule nicht versetzt werden.*

Kle|ber, der; -s, -: **1.** [mhd. kleber = Gummi; Baumharz, Schleim] (ugs., Fachspr.) *Klebstoff.* **2.** (Fachspr.) *die Backfähigkeit des Mehls bedingende, klebrige, zähe Eiweißmasse im Getreidekorn.*

Kle|ber|ei|weiß, das (Fachspr.): *Kleber (2).*

Kle|be|stift, der: *fester Klebstoff in Form eines Stiftes, der aus einer Hülse herausgedreht werden kann.*

Kle|be|strei|fen: ↑Klebstreifen.

kleb|rig ⟨Adj.⟩ [zu mhd. kleber = klebend]: **1.** *klebend; mit Klebstoff, mit etwas Zähflüssigem behaftet:* -e Hände; -er Likör; die Bonbons sind k.; ... der Mann selber war sichtlich verängstigt, die grauen Löckchen an seinem Hinterkopf waren k. von Schweiß (Heym, Schwarzenberg 173). **2.** (abwertend) *schmierig, aufdringlich-widerlich, zweideutig u. gemein:* ein -er Schleimer.

Kleb|rig|keit, die; -: **1.** *klebrige (1) Beschaffenheit.* **2.** *klebriges (2) Wesen.*

Kleb|stoff, der: *[zähflüssiger] Stoff, der dazu dient, etw. mit etw. an der Oberfläche mehr od. weniger fest zu vereinigen, zu verkleben, etw. an etw. zu kleben:* Dazu: **Kleb|stoff|schicht,** die.

Kleb|strei|fen, der (Klebstreifen, der: *Papier-, Kunststoffstreifen mit Klebstoffschicht.*

Kle|cker|frit|ze, der; -n, -n (ugs. abwertend): *jmd., bes. kleiner Junge, der beim Essen kleckert (1 a).*

Kle|cker|kram, der (ugs. abwertend): *aus vielen unbedeutenden, kleinen Teilen [nach u. nach] Zusammenkommendes, das kein richtiges, kein ins Gewicht fallendes Ganzes ergibt.*

Kle|cker|lie|se, die (zum 2. Bestandteil vgl. ↑Heulliese] (ugs. abwertend): *jmd., bes. kleines Mädchen, das beim Essen kleckert (1 a).*

kle|ckern ⟨sw. V.⟩ [Iterativbildung zu veraltet klecken, ↑Klecks] (ugs.): **1.** ⟨hat⟩ **a)** *mit heruntertropfender, -laufender Flüssigkeit o. Ä. Flecken machen:* beim Essen, beim Malen k.; auf den Teppich k.; **b)** *kleckernd verschütten, laufen, tropfen lassen:* Suppe auf den Boden k. **2.** ⟨hat⟩ **a)** *zögernd, mit vielen Unterbrechungen verlaufen, vorangehen o. Ä.:* die Arbeit kleckert nur; die Bestellungen kleckern *(kommen nur zögernd herein);* Sie bekam nur kleckernden Beifall (Grass, Butt 550); **b)** *nur geringe Mittel für etw. aufwenden:* bei diesem Vorhaben will er nicht k., sondern klotzen.

kle|ckern|wei|se ⟨Adv.⟩ (ugs.): *in vielen kleinen, [zögernd] aufeinanderfolgenden Teilen, Schritten; in [zögernder] oft unterbrochener Folge:* seine Schulden k. bezahlen; die Teilnehmenden trafen k. ein; ⟨mit Verbalsubstantiven auch attr.:⟩ k. Erledigung.

Klecks, der; -es, -e [zu veraltet Kleck = Fleck, Klümpchen, rückgeb. aus veraltet klecken, mhd., ahd. klecken = klatschen, zu ↑klack]: **1.** *Farb-, Tintenfleck:* ein K. auf der Leinwand; -e ins Heft machen; Ü die Sonne malt gelbe -e auf den Boden. **2.** (ugs.) *kleine Menge einer weichen zum Gebrauch irgendwohin beförderten Masse:* ein K. Marmelade, Butter, Senf.

Klecks|bild, das: *aus Klecksen erzeugtes Bild.*

kleck|sen ⟨sw. V.; hat⟩ [zu ↑Klecks]: **1. a)** *Kleckse (1) machen:* der Füller kleckst; **b)** (ugs. abwertend) *schlecht malen; schlecht (mit Tinte) schreiben:* ein Männchen, einen Spruch ins Heft k. **2.** (ugs.) *eine kleine Menge einer weichen od. dickflüssigen Masse irgendwohin fallen lassen:* Marmelade aufs Brot k.; die Butter aufs Brot k.

Kleck|ser, der; -s, - (ugs.): *Klecks (1):* das Blatt war voller K.

Kleck|se|rei, die; -, -en (ugs. abwertend): **1.** ⟨o. Pl.⟩ *dauerndes Klecksen (1, 2).* **2. a)** *etw. [Hin]gekleckstes;* **b)** *schlecht gemaltes Bild.*

Kle|da|ge [kleˈdaːʒə, österr. meist: ...ʃ], **Kle|da|sche** [scherzh. französierende Bildung zu ↑Kleid u. dem frz. Suffix -age], die; -, -n ⟨Pl. selten⟩ (landsch., oft abwertend): *Kleidung, Kleider.*

Klee, der; -s [mhd. klē, ahd. chlēo]: *(zu den Schmetterlingsblütlern gehörende) krautige Pflanze mit meist drei-, selten vierteiligen Blättern u. kugeligen weißen, gelblichen od. rötlich violetten Blüten:* * **jmdn., etw. über den grünen K. loben** (ugs.; *übertrieben, übermäßig loben;* eigtl. = noch mehr loben als der Dichter den grünen Klee; nach der häufigen Verwendung des Klees [als Inbegriff des Frischen, Frühlingshaften] in Vergleichen bei mhd. Dichtern).

Klee|blatt, das: **1.** *Blatt des Klees:* ein vierblättriges K. suchen. **2.** (ugs.) *Gruppe von drei (oft auch vier) Personen, die als zusammengehörig angesehen werden u. gemeinsam auftreten, handeln.* **3.** (Verkehrsw.) *Straßenkreuz, bei dem zwei quer zueinander in verschiedenen Ebenen geführte Straßen durch Rampen verbunden sind.*

klee|blatt|för|mig ⟨Adj.⟩: *die Form eines drei-, seltener auch vierblättrigen Kleeblattes aufweisend.*

Klee|feld, das: *Feld mit Klee.*

Klei, der; -[e]s [mniederd., asächs. klei, zu einem Verbstamm mit der Bed. »kleben; schmieren« (bes. nordd.): *entwässerter Schlick, der einen Hauptbestandteil schwerer Marschböden darstellt:* ◆ Schad nur ..., dass der Bengel nicht den gehörigen K. unter den Füßen hat *(nicht genügend Land besitzt;* Storm, Schimmelreiter 35).

Klei|ber, der; -s, - [mhd. kleiber = einer, der eine Lehmwand herstellt, weil der Vogel den Eingang zu seiner Bruthöhle mit Lehm enger macht]: *kleiner, auf der Oberseite blaugrauer Vogel mit einem dem Specht ähnlichen Verhalten.*

Kleid, das; -[e]s, -er [mhd. kleit, wohl eigtl. = das mit Klei gewalkte (Tuch)]: **1.** *zur Oberbekleidung von Frauen u. Mädchen gehörendes, einteiliges Kleidungsstück, das den Ober- u. Unterkörper [sowie die Arme] u. die Beine (in unterschiedlicher Länge) bedeckt:* ein hochgeschlossenes, schulterfreies, ärmelloses, trägerloses, kurzes, knöchellanges, weites, eng

anliegendes, elegantes K.; ein K. mit Reißverschluss, zum Durchknöpfen; ein K. nähen, ändern; das K. anziehen, ausziehen, überziehen, überstreifen, auf-, zuknöpfen, auf den Bügel hängen; ein rotes K. tragen; in einem neuen K. zur Arbeit gehen; Ü das bunte K. des Herbstes (geh.; *die herbstliche Laubfärbung*); die Natur trägt ein grünes, weißes K. (geh.; *ist begrünt, ist mit Schnee bedeckt*); die Stadt hat ein festliches K. angelegt (geh.; *ist festlich geschmückt*). **2.** ⟨Pl.⟩ *bes. über der Wäsche getragene Bekleidung:* die -er kleben mir am Körper; seine -er ablegen; jmdm. die -er vom Leib reißen; an seinen -ern ist, klebt Blut; den Staub aus den -ern bürsten; nicht aus den -ern [heraus]kommen *(keine Möglichkeit finden, ins Bett zu gehen);* in die -er schlüpfen, fahren; in den -ern schlafen; Spr -er machen Leute *(gepflegte, gute Kleidung fördert das Ansehen);* * **[jmdm.] nicht in den -ern hängen bleiben** (*[für jmdm.] eine seelische Belastung sein:* dass sie so im Stich gelassen wurde, ist ihr natürlich nicht in den -ern hängen geblieben). **3. a)** (veraltet) *Uniform, Tracht;* **b)** (schweiz. veraltend) *[Herren]anzug*. **4.** (bes. Jägerspr., Zool.) **a)** *Gefieder;* **b)** *Fell (z. B. des Hasen, Hermelins)*.
Kleid|chen, das; -s, - u. (ugs.:) Kleiderchen: **1.** Vkl. zu ↑ Kleid (1). **2.** (ugs.) *einfaches, leichtes Kleid.* **3.** *Kinder-, Puppenkleid.*
klei|den ⟨sw. V.; hat⟩ [mhd. kleiden, zu ↑ Kleid]: **1. a)** *mit Kleidung versehen; in bestimmter Weise anziehen:* ein Kind zweckmäßig k.; sich sportlich, modern, elegant, jugendlich, auffällig, nach der neuesten Mode k.; sich in Schwarz, in Samt u. Seide k.; immer korrekt gekleidet sein; Ü die Natur kleidet sich in neues Grün (geh.; *wird wieder grün*); **b)** *(bes. als Teil, Zubehör der Kleidung) jmdm. stehen, zu jmdm. passen:* diese Farbe, dieser Hut kleidet dich/(ugs., bes. nordd.:) dir gut. **2. a)** *in eine bestimmte Mitteilungs-, Ausdrucksform bringen:* seine Gedanken in Worte, in eine gut sprachliche Form k.; **b)** ⟨k. + sich⟩ (seltener) *in eine bestimmte Mitteilungs-, Ausdrucksform gebracht werden.*
Klei|der|bad, das: *weniger aufwendige chemische Reinigung nur leicht verschmutzter Kleidungsstücke u. anderer Textilien.*
Klei|der|bü|gel, der: *mit einem Haken versehener, zu einem Bogen o. Ä. gekrümmter schmaler Gegenstand zum Aufhängen von Kleidungsstücken.*
Klei|der|bürs|te, die: *Bürste zum Abbürsten von Kleidern.*
Klei|der|chen: Pl. von ↑ Kleidchen.
Klei|der|ge|schäft, das: *Geschäft, in dem hauptsächlich Kleidungsstücke verkauft werden.*
Klei|der|grö|ße, die: *genormte Größe für Kleidungsstücke.*
Klei|der|ha|ken, der: *[Wand]haken zum Aufhängen von Kleidungsstücken.*
Klei|der|kam|mer, die (bes. Militär): *Aufbewahrungsraum, -ort für [vorrätige] Kleidungsstücke o. Ä.*
Klei|der|kas|ten, der (südd., österr., schweiz.): *Kleiderschrank.*
Klei|der|mo|de, die: *Mode, die Art, Schnitt, Beschaffenheit der Kleider* (1,2), *der [Ober]bekleidung bestimmt.*
Klei|der|ord|nung, die: *Gesamtheit von [amtlichen] Vorschriften u. Verboten od. auch Gewohnheiten, Gepflogenheiten, die sich auf Art u. Beschaffenheit der Kleidung beziehen:* Ü den Präsidenten zu informieren ist eine Frage der K. (ugs.; *Etikette*).
Klei|der|rock, der: *ärmelloses, ausgeschnittenes Kleid, unter dem eine Bluse getragen wird.*
Klei|der|sack, der (bes. Militär): *als Gepäck mitgeführter Sack für Kleider o. Ä.*

Klei|der|schrank, der: *Schrank zum Aufhängen u. Aufbewahren von Kleidungsstücken:* Ü er ist ein K. (ugs.; *ein großer, breitschultriger, kräftiger Mann*).
Klei|der|stän|der, der: *Ständer mit Haken zum Aufhängen von Kleidungsstücken.*
Klei|der|stan|ge, die: *Stange (bes. im Kleiderschrank), an der Kleidungsstücke mithilfe von Kleiderbügeln aufgehängt werden können.*
Klei|der|stoff, der: *Stoff für Kleider* (1, 2).
Klei|der|vor|schrift, die: *(in einem bestimmten Bereich) Vorschrift über die Art der zu tragenden Kleidung.*
kleid|sam ⟨Adj.⟩ (geh. veraltend): *jmdn. gut kleidend, zu jmdn. passend, jmdn. gut stehend:* ein -er Stil; die Frisur ist sehr k.; ... so wurde ich wohl zu Bette geschickt, aber da Musik und Getümmel mich nicht schlafen ließen, so stand ich meist wieder auf, hüllte mich in meine rotwollene Bettdecke und kehrte, so k. vermummt, zum Jubel der Frauen in die Gesellschaft zurück (Th. Mann, Krull 24). Dazu: **Kleid|sam|keit,** die.
Klei|dung, die; -, -en ⟨Pl. selten⟩ [spätmhd. kleidunge, zu ↑ kleiden]: *Gesamtheit der Kleider* (1, 2): leichte, warme, zweckmäßige K. tragen; neue K. für den Winter kaufen; viel Geld für K. ausgeben; ein Mensch in abgerissener, abgetragener K.; Da steht: Man beliebe vor Verlassen des Abortes die K. zu ordnen (Nossack, Begegnung 225).
Klei|dungs|stück, das: *zur Kleidung gehörendes Teil:* ein K. aus elastischem Material.
Kleie, die; -, -n [mhd. klī(w)e, ahd. klī(w)a, eigtl. = *klebrige Masse*, verw. mit ↑ Klei]: *beim Mahlen von Getreide entstehendes Abfallprodukt aus Schalen, Spelzen o. Ä.*
klein ⟨Adj.⟩ [mhd. kleine, ahd. kleini, wohl urspr. = (mit Fett) bestrichen od. verschmiert]: **1.** *in Ausdehnung, Umfang unter dem Durchschnitt od. einem Vergleichswert bleibend:* ein [verschwindend, mikroskopisch] -es Loch, Löchlein; Kleider in -en Größen; eine -e[r]] Stadt; etw. auf -er Flamme *(mit geringer Hitze)* kochen; der -e Zeiger *(Stundenzeiger)* der Uhr; ein -es Bier *(Glas mit etwa einem viertel Liter Bier);* -e *(kurze)* Schritte machen; die -en Buchstaben *(Kleinbuchstaben)* des Alphabets; ein -es Geschäft/k. machen [müssen] (fam.; *Wasser lassen [müssen]*); die Schuhe sind ihm zu k. geworden; -e Augen haben, machen vor Müdigkeit; das Kleid wirkt [dir zwei Nummern] zu k.; in dem Mantel wirkst du/der Mantel macht dich k.; der Junge ist sehr k. *(hat eine verhältnismäßig sehr geringe Körpergröße, -länge)* für sein Alter; ich bin [einen Kopf] -er als sie; das Schiff wurde klein[er] und *(seine Größe nahm mit der Entfernung scheinbar stetig ab);* die [Gas]flamme etwas -er, [auf] k. stellen, drehen *(auf eine etwas geringere, auf eine geringe Stärke einstellen);* die Bemerkung stand winzig k. in der linken unteren Ecke; weil sie sehr k. schreibt *(eine sehr kleine Schrift hat);* kann man es nicht lesen; k. gedruckte Anmerkungen; ein [ganz] k. karierter, gemusterter, geblümter Stoff; etw. [ganz] k., [noch] -er schneiden; ⟨subst.:⟩ eine Welt im Kleinen *(von kleineren Abmessungen, aber sonst entsprechend od. vergleichbar);* immer auch der [ganz] k. Gedruckte lesen!; Holz k. machen, hacken; sag mir Bescheid, wenn du das Holz k. hast (ugs.; *es klein gemacht hast, mit dem Holzhacken fertig bist);* ⟨subst.:⟩ Pippin der Kleine; * **k., aber oho** (ugs. scherzh.; *klein, aber beachtlich, energisch, selbstbewusst, leistungsfähig usw.*); **k., aber fein** *(nicht sehr groß, aber sehr gut).* **2. a)** *(von Kindern) eine niedrigere Anzahl von Lebensjahren habend, jünger:* mein -er Bruder; als du noch -er warst, musstest du früher ins Bett; ⟨subst.:⟩

unsere Kleine *(jüngere Tochter, Schwester);* **b)** *(bes. von Kindern, Tieren) sehr jung [u. noch klein von Gestalt]:* -e Kinder, Hunde; er benimmt sich wie ein -er Junge; Klein Paul *(der kleine Paul),* Klein Lena *(die kleine Lena);* sich mit -en (ugs.; *jungen*) Mädchen abgeben; ihre Kinder sind alle noch k.; ⟨subst.:⟩ Spielzeug für die Klein[st]en; ⟨subst.:⟩ Kleine und Große *(Kinder u. Erwachsene);* sie hat etwas Kleines (ugs.; *ein Baby*) bekommen; * **von k. auf** *(von Kindheit an).* **3.** *verhältnismäßig wenig Zeit beanspruchend, von verhältnismäßig kurzer Dauer:* eine -e Weile, Pause; einen -en Augenblick lang; nach einer -eren Verzögerung; die Schülerinnen u. Schüler durften in der -en Pause *(Fünfminutenpause)* in der Klasse bleiben; eine -e Rede halten. **4.** *von verhältnismäßig geringer Menge, Anzahl; sich aus wenigen Elementen zusammensetzend:* eine -e[r]] Leserschaft; wir sind eine -e Familie; -e Zahlen, Summen; -e *(niedrige)* Beträge, Kosten, Preise; eine -e Auswahl; kein -es Geld *(Kleingeld)* haben; -e Münzen *(Münzen von geringem Nennwert);* haben Sie es k. (ugs.; *in abgezähltem Geld, passend*), -er (ugs.; *in kleineren Geldscheinen od. Münzen*)?; ⟨subst.:⟩ im Kleinen *(en détail)* verkaufen; im Kleinen *(in kleinem Umfang, bei geringen Mengen)* war die Methode erfolgreich. **5.** *von geringerem Ausmaß, Umfang, Grad; von geringerer Bedeutung, nicht ganz so erheblich:* eine -e Feier; der -ste *(geringste)* Zweifel; die tausend -en Dinge des täglichen Bedarfs; mir ist ein -es Missgeschick passiert; beim -sten Geräusch erschrecken; das ist meine -ste Sorge *(macht mir von allem am wenigsten Sorge);* jmdm. eine -e Freude machen *(jmdn. mit einer Kleinigkeit erfreuen);* das ist kein -es *(ein großes)* Verdienst; das -e Schwarze *(kurzes schwarzes, schickes, aber nicht hochelegantes Kleid);* das -ere von zwei Übeln, das -ere Übel wählen; er ist ein -er *(in seinem bescheideneren Bereich so etwas wie ein)* König; (fam. abschwächend:) na, du -er Schwindler!; wie wärs mit einem -en Spielchen?; ein k. wenig *(etwas);* ⟨subst.:⟩ im Kleinen wie im Großen *(in allen Dingen)* korrekt sein; er ist bis ins Kleinste *(bis ins Detail)* genau; ein klein[es] bisschen *(ein wenig);* Nein, sein Bett konnte er unmöglich verlassen, die geringste Bewegung in der Kälte, das geringfügigste Anstoßen an der Welt erzeugte Schmerz (Kronauer, Bogenschütze 399). **6. a)** *unbedeutend, bescheiden, einfach:* ein -er Student, Beamter; in -en *(beschränkten)* Verhältnissen leben; ⟨subst.:⟩ die Kleinen *(die weniger bedeutenden Firmen)* der Autoindustrie; Spr die Kleinen hängt man, die Großen lässt man laufen *(die Unbedeutenden, die Mitläufer werden bestraft, während man die Hauptschuldigen unbehelligt lässt);* * **k. anfangen** (ugs.; *von der untersten Stufe, bes. ohne Vermögen, beginnen*); **b)** (ugs.) *[niedergeschlagen, kleinlaut.]* *bereit nachzugeben, sich zu beugen:* [ganz] k. (und hässlich) werden; als man ihn daran erinnerte, wurde er so (mit einer entsprechenden Geste von Daumen u. Zeigefinger:) k.!; da wurde er so k. mit Hut! (verstärkend; *ganz klein; d. h. ohne Hut noch einmal ein Stück kleiner);* * **k. beigeben** (↑ beigeben c). **7.** *kleinlich, engstirnig, beschränkt:* ein -er Geist; k. und niedrig [von jmdm.] denken.
Klein, das; -s (Kochkunst): Kurzf. von ↑ Hasenklein (1), ↑ Gänseklein (1), ↑ Hühnerklein.
Klein|ak|ti|o|när, der (Wirtsch.): *Aktionär, dem nur ein unbedeutender Teil des Grundkapitals einer Aktiengesellschaft gehört.*
Klein|ak|ti|o|nä|rin, die: w. Form zu ↑ Kleinaktionär.
Klein|an|le|ger, der (Wirtsch.): *Anleger, der kleine Beträge anlegt.*

Kleinanlegerin – Kleinkredit

Klein|an|le|ge|rin, die: w. Form zu ↑ Kleinanleger.

Klein|an|zei|ge, die (Zeitungsw.): *im Inseratenteil einer Zeitung erscheinende kleine, einspaltige Anzeige.*

Klein|ar|beit, die ⟨o. Pl.⟩: *mühevolle Arbeit, die ins Einzelne geht:* intensive, mühselige K.; kriminalistische K. leisten; etw. in sorgfältiger K. ermitteln.

klein|asi|a|tisch [österr. auch: …a'zjatɪʃ] ⟨Adj.⟩: *Kleinasien betreffend.*

Klein|asi|en; -s: Halbinsel zwischen Schwarzem Meer u. Mittelmeer.

Klein|bahn, die: *[schmalspurige] Eisenbahn von nur lokaler Bedeutung.*

Klein|bau|er, der; -n (selten: -s), -n: *[nebenberuflich tätiger] Bauer, dessen landwirtschaftlicher Betrieb sehr klein ist.*

Klein|bäu|e|rin, die: w. Form zu ↑ Kleinbauer.

klein|bäu|er|lich ⟨Adj.⟩: *Kleinbauern, Kleinbäuerinnen betreffend.*

klein|be|kom|men ⟨st. V.; hat⟩: kleinkriegen (1, 2).

Klein|be|trieb, der: **a)** *kleiner Gewerbe- od. Industriebetrieb;* **b)** *kleiner landwirtschaftlicher Betrieb.*

Klein|bild, das (Fotogr.): *kleinformatiges Bild.*

Klein|bild|ka|me|ra, die (Fotogr.): *Kamera für Aufnahmen im Kleinformat.*

Klein|buch|sta|be, der: *Buchstabe aus der Reihe der kleinen Buchstaben eines Alphabets.*

Klein|bür|ger, der [urspr. (landsch.) = Arbeiter]: **1.** *Angehöriger des unteren Mittelstandes.* **2.** (abwertend) *Spießbürger.*

Klein|bür|ge|rin, die: w. Form zu ↑ Kleinbürger.

klein|bür|ger|lich ⟨Adj.⟩: **1.** *das Kleinbürgertum betreffend.* **2.** (abwertend) *spießbürgerlich.*

Klein|bür|ger|tum, das: *unterer Mittelstand.*

Klein|bus, der: *kleiner Omnibus.*

Klein|chen, das; -s, - (Pl. selten): Vkl. zu ↑ Kleine, Kleiner.

Klein|com|pu|ter, der: *Kleinrechner; Personal Computer.*

Klein|dar|stel|ler, der: *Darsteller, Schauspieler mit nur kleineren Aufgaben.*

Klein|dar|stel|le|rin, die: w. Form zu ↑ Kleindarsteller.

klein|den|kend ⟨Adj.⟩ (geh.): *kleinlich, unedel denkend:* in -er Mensch.

klein|deutsch ⟨Adj.⟩: *im 19. Jh. ein deutsches Reich ohne Österreich durch den Zusammenschluss der deutschen Staaten anstrebend:* die -e Lösung.

klein dre|hen, klein|dre|hen ⟨sw. V.; hat⟩ (ugs.): *auf eine niedrigere Stufe einstellen; herunterschalten:* die Herdplatte k. d.

Klei|ne, die/eine Kleine; der/einer Kleinen, die Kleinen/zwei Kleine [zu ↑ klein (2 b)]: **1.** *kleines Mädchen:* die K. spricht schon; unsere K. (unsere kleine Tochter, Schwester o. Ä.) **2.** (salopp) *junge Frau.*

Klei|ner, der Kleine/ein Kleiner; des/eines Kleinen, die Kleinen/zwei Kleine [zu ↑ klein]: **1.** *kleiner Junge:* der Kleine läuft schon; unser K. (unser kleiner Sohn, Bruder o. Ä.). **2.** (ugs. scherzh.) *meist in vertraulicher Anrede: junger Mann:* na, K.!

klei|ne|ren|teils, klei|nern|teils ⟨Adv.⟩: *zum kleineren Teil.*

Klei|nes, das Kleine/ein Kleines; des/eines Kleinen, die Kleinen/zwei Kleine [zu ↑ klein (2 b)]: **1.** (ugs. scherzh.) *kleines Kind:* das Kleine weinte; (iron.:) ja, ja, die lieben Kleinen! **2.** *Junges.*

Klein|fa|mi|lie, die (Soziol.): *aus Angehörigen zweier Generationen bestehende Familie* (1 a), *in der nur den Elternpaar mit seinen Kindern zusammenlebt.*

Klein|feld, das (Handball, Hockey): *kleineres Spielfeld, wie es für das Spiel in der Halle vorgeschrieben ist.*

Klein|flug|zeug, das: *kleines Flugzeug.*

Klein|for|mat, das: *kleines Format:* eine Aufnahme im K.

klein|for|ma|tig ⟨Adj.⟩: *ein kleines Format aufweisend:* -e Fotos.

◆ **klein|fü|gig** ⟨Adj.⟩ [erweitert aus: kleinfüge, mhd. kleinvüege = gering(füge), klein, 2. Bestandteil zu ↑fügen]: *gering[fügig], unbedeutend:* … wie ein Perikles unter den -en Bemühungen, Athen zur Meisterin von Griechenland zu machen, habe übersehen können, wie viel leichter es sei, es zum Tempel eines ewigen Friedens und der allgemeinen Glückseligkeit der Welt zu machen (Wieland, Agathon 7, 9).

Klein|gar|ten, der: *kleiner, [zusammen mit gleichartigen Gärten] für sich liegender Garten.*

Klein|gar|ten|an|la|ge, die: *aus Kleingärten bestehende Anlage.*

Klein|gärt|ner, der: *jmd., der einen Kleingarten besitzt, gepachtet hat:* * **geistiger K.** (salopp abwertend; ↑Kleinrentner).

Klein|gärt|ne|rin, die: w. Form zu ↑ Kleingärtner.

Klein|ge|bäck, das (Fachspr.): *Gebäck von geringer Größe u. geringem Gewicht (z. B. Brötchen).*

klein ge|blümt, klein|ge|blümt ⟨Adj.⟩: *mit kleinem Blumenmuster versehen.*

klein ge|druckt, klein|ge|druckt ⟨Adj.⟩: *in kleiner Schrift gedruckt.*

Klein|ge|druck|tes, das Kleingedruckte/ein Kleingedrucktes; des/eines Kleingedruckten: *(leicht zu übersehende u. zu unterschätzende, scheinbar beiläufige) klein gedruckte Zusätze, hinzugesetzte Bestimmungen, Bedingungen, bes. in Verträgen:* auf das Kleingedruckte achten.

Klein|geist, der ⟨Pl. -er⟩ (abwertend): *beschränkter, engstirniger Mensch.*

klein|geis|tig ⟨Adj.⟩ (abwertend): *beschränkt, engstirnig, borniert.*

Klein|geld, das ⟨o. Pl.⟩: *Geld, bes. in Münzen, zum Bezahlen kleinerer Beträge, zum Herausgeben od. zum Wechseln:* ich habe kein K. [bei mir]; bitte K. bereithalten!; ich hatte mir genügend K. eingesteckt; für einen Wagen fehlt ihm das nötige, entsprechende K. (iron.; *die nötige, entsprechende größere Geldsumme*); ihr ist das K. (scherzh.; *Geld*) ausgegangen.

klein ge|mus|tert, klein|ge|mus|tert ⟨Adj.⟩: *mit kleinem Muster versehen.*

Klein|ge|rät, das: **1.** *kleinerer beweglicher Gegenstand, mit dessen Hilfe etw. bearbeitet, bewirkt od. hergestellt wird:* elektrische, mobile, tragbare -e. **2.** ⟨o. Pl.⟩ *Gesamtheit von Kleingeräten* (1); *mobile Ausrüstung:* Basismedikamente und medizinisches K.

Klein|ge|wer|be, das: *kleines, mittelständisches Gewerbe.*

klein|gläu|big ⟨Adj.⟩ (geh. abwertend): *ohne festes Vertrauen ängstlich-zweifelnd:* -e Menschen; ⟨subst.:⟩ die Kleingläubigen verließen uns.

Klein|grup|pe, die: **1.** *kleine* ¹Gruppe (1 a): *Hausaufgabenbetreuung in -n.* **2.** *kleine* ¹Gruppe (2): auf dem Kongress waren viele -n vertreten.

klein ha|cken, klein|ha|cken ⟨sw. V.; hat⟩: *in kleine Stücke hacken.*

Klein|han|del, der: *Handel im Kleinen; Einzelhandel.*

Klein|händ|ler, der: *Einzelhändler.*

Klein|händ|le|rin, die: w. Form zu ↑ Kleinhändler.

Klein|häus|ler, der (österr.): *Kleinbauer.*

Klein|häus|le|rin, die: w. Form zu ↑ Kleinhäusler.

Klein|heit, die; - [mhd. kleinheit = Kleinheit, Feinheit]: *geringe Größe, geringes Ausmaß, geringer Umfang.*

Klein|hirn, das (Med.): *Hirnabschnitt zwischen Großhirn u. Nachhirn.*

Klein|holz, das; -es, …hölzer ⟨Pl. selten⟩: *klein gehacktes Holz:* K. machen (*Holz klein machen*); * **K. machen** (1. ugs.; *die Einrichtung zertrümmern. Fliegerspr.; eine Bruchlandung machen*); **K. aus etw. machen/etw. zu K. machen** (ugs.; *ein bisschen*); **K. verarbeiten/etw. in K. verwandeln** (ugs.; *etw. zertrümmern, zerstören; aus der Einrichtung K. machen*); **K. aus jmdm. machen/jmdn. zu K. machen** usw. (ugs.; *jmdn. zusammenschlagen, verprügeln, übel zurichten*).

Klei|nig|keit, die; -, -en [mhd. kleinecheit = Kleines, Kleinheit]: **a)** *kleine, unbedeutende Sache:* einige -en besorgen, kaufen; jmdm. eine K. schenken (*ein kleines Geschenk machen*); eine K. (ugs.; *etwas Geld*) nebenher verdienen; das kostet eine K. (iron.; *ziemlich viel*), die K. von 3 000 Euro; eine K. (ugs.; *ein bisschen*) zu viel; das ist keine K. (ugs.; *das ist wichtig; das ist nicht so einfach*); sich an -en stoßen; sich nicht mit -en abgeben; sich um jede K. selbst kümmern müssen; Im vorigen Krieg ein Bein verloren, auch keine K. (Kempowski, Tadellöser 198); **b)** *wenig Mühe verursachende Aufgabe, Angelegenheit:* das ist für dich eine K. (ugs.; *fällt dir leicht*); etw. ist für jmdn. keine K. (ugs.; *fordert jmds. Kräfte, Fähigkeiten*).

Klein|in|dus|t|rie, die: *Gesamtheit von kleineren Industriebetrieben.*

Klein|ka|li|ber, das: *kleines Kaliber, bes. bei Sport- u. Jagdwaffen.*

Klein|ka|li|ber|ge|wehr, das: *Gewehr mit Kleinkaliber.*

Klein|ka|li|ber|schie|ßen, das: *einer der sportlichen Wettbewerbe für kleinkalibrige Waffen.*

klein|ka|li|b|rig ⟨Adj.⟩: *ein kleines Kaliber aufweisend:* ein -es Gewehr.

¹**klein|ka|riert** ⟨Adj.⟩ [nach dem Vergleich eines kleinlichen Menschen mit dem Linienmuster auf Millimeterpapier] (ugs. abwertend): *kleinlich, engstirnig, ohne jede Großzügigkeit, spießbürgerlich:* -e Kritik, Leute; er ist mir zu k.

klein ka|riert, ²**klein|ka|riert** ⟨Adj.⟩: *mit kleinem Karomuster versehen.*

Klein|ka|riert|heit, die; -, -en: **1.** ⟨o. Pl.⟩ ¹*kleinkarierte [Wesens]art, Eigenart.* **2.** ¹*kleinkarierte Eigenheit, Äußerung, Handlung.*

Klein|kind, das (bes. Amtsspr.): *kleines Kind [vom dritten] bis zum sechsten Lebensjahr.*

Klein|kle|ckers|dorf [erfundener Ortsn.] (ugs.): *Spottname für einen kleinen, unbedeutenden Ort.*

klein-klein ⟨Adv.⟩: *in der Wendung* **k. spielen** (Sportjargon; *sich den Ball immer wieder auf zu engem Raum zuspielen*).

Klein-Klein, das; -s: **1.** (Sportjargon) *zu kurzes Zuspiel; Zuspiel auf zu engem Raum.* **2.** (ugs. abwertend) *kleinliches Sichverlieren in unwesentlichen Alltagsdingen:* das alltägliche K.

Klein|kli|ma, das (Meteorol.): *örtlich u. stellenweise stark unterschiedliches, bodennahes Klima.*

Klein|knecht, der (früher): *junger Knecht.*

Klein|kraft|rad, das (Verkehrsw.): *Kraftrad mit kleinem Hubraum u. einer Höchstgeschwindigkeit von 50 km/h.*

Klein|kram, der (ugs., meist abwertend): **a)** *Gesamtheit kleiner Dinge, kleiner Gegenstände:* wir haben nur K. für den Flohmarkt; **b)** *aus Kleinigkeiten bestehende Angelegenheit:* der ewige, tägliche K.; sich mit K. beschäftigen.

Klein|krä|mer, der (abwertend): *kleinlicher, pedantischer Mensch.*

Klein|krä|me|rin, die: w. Form zu ↑ Kleinkrämer.

Klein|kre|dit, der (Finanzw.): *kleiner, für kürzere*

Kleinkrieg – Klemmer

Zeit gewährter Kredit, der in bar ausgezahlt wird.
Klein|krieg, der: **1.** *Krieg im Rücken des Feindes mit kleinen Einheiten; Guerillakrieg.* **2.** *dauernder Streit um Kleinigkeiten, ständige Reibereien:* ein K. um die Kinder.
klein|krie|gen ⟨sw. V.; hat⟩ (ugs.): **1.** *es fertigbringen, etw. zu zerkleinern, zu zerstören, unbrauchbar zu machen:* der Junge kriegt jedes Spielzeug klein; der Teppich ist nicht kleinzukriegen *(ist sehr strapazierfähig, haltbar).* **2.** *auf-, verbrauchen:* den Kuchen, das Erbteil k. **3.** *unterwerfen, unterkriegen, gefügig machen, entmutigen:* ich werde dich schon k.!; lass mich nicht k.
Klein|kri|mi|na|li|tät, die: *Gesamtheit der strafbaren Handlungen im Bereich der Bagatelldelikte bzw. der Delikte, die als weniger schwer angesehen werden.*
klein|kri|mi|nell ⟨Adj.⟩: *zu kleineren Delikten, z. B. Ladendiebstahl, Schwarzfahren, neigend:* -e Jugendliche.
Klein|kri|mi|nel|le ⟨vgl. Kriminelle⟩: *weibliche Person, die kleinere Delikte begangen hat.*
Klein|kri|mi|nel|ler ⟨vgl. Krimineller⟩: *jmd., der kleinere Delikte begangen hat.*
Klein|kunst, die ⟨o. Pl.⟩: **1.** *in kleinen künstlerischen Darbietungen od. Schöpfungen, bes. in kabarettistischen Darbietungen, bestehende Kunst.* **2.** *Kunsthandwerk.*
Klein|kunst|büh|ne, die: *Bühne, die Kleinkunst* (1) *darbietet; Kabarett.*
Klein|las|ter, der (ugs.): *Kleintransporter.*
klein|laut ⟨Adj.⟩: *in Ausdruck u. Verhalten plötzlich sehr gedämpft, sehr bescheiden (im Vergleich zum vorherigen vorlauten od. selbstsicheren Verhalten):* eine -e Antwort; k. um Verzeihung bitten.
Klein|le|be|we|sen, das: *[sehr] kleiner Organismus:* Ratten, Mäuse u. andere K.
klein|lich ⟨Adj.⟩ [mhd. kleinlich = fein; genau, ahd. kleinlīhho (Adv.)] (abwertend): *Kleinigkeiten übertrieben wichtig nehmend, engstirnig od. engherzig, ohne jede Großzügigkeit:* ein -er Mensch; -e Bestimmungen, Verdächtigungen; in Geldsachen k. sein.
Klein|lich|keit, die; -, -en (abwertend): **1.** ⟨o. Pl.⟩ *kleinliche [Wesens]art.* **2.** *kleinliche Handlung, kleinlicher Einwand:* ärgerliche -en.
¹**klein|ma|chen** ⟨sw. V.; hat⟩: **1.** (ugs.) *aufbrauchen, durchbringen:* eine Erbschaft k. **2.** (ugs.) *wechseln:* einen Fünfzigeuroschein k. **3.** ⟨k. + sich⟩ *sich ducken, unterwürfig sein.*
klein ma|chen, ²**klein|ma|chen** ⟨sw. V.; hat⟩ (ugs.): *zerkleinern.*
klein|ma|schig ⟨Adj.⟩: *mit engen Maschen versehen:* ein -es Netz.
Klein|mö|bel, das (Fachspr.): *kleines Möbel, möbelartiges Einrichtungsstück.*
Klein|mut, der [zu † kleinmütig] (geh.): *Mangel an Selbstvertrauen u. Entschlusskraft; Verzagtheit.*
klein|mü|tig ⟨Adj.⟩ [mhd. kleinmuotic] (geh.): *voll Kleinmut; Kleinmut zeigend:* ein -er Mensch; k. werden; k. aufgeben.
Klein|mü|tig|keit, die; -, -en (geh.): **1.** *Kleinmut.* **2.** *etw. kleinmütig Wirkendes.*
Klein|od, das; -[e]s, -e u. ...odien [mhd. kleinōt, zu † klein mit dem Suffix -ōti] (geh.): **1.** ⟨Pl. -ien⟩ *kostbares Schmuckstück:* ein K. aus Brillanten; etw. wie ein K. hüten. **2.** *Kostbarkeit, Juwel:* ein architektonisches K.; -e, -ien aus der gotischen Baukunst.
Klein|par|tei, die (Jargon): *Partei, deren Wählerschaft od. Mitgliederschaft klein ist.*
Klein|plas|tik, die (bild. Kunst): *bildhauerische Arbeit von kleinem Format.*
klein|räu|mig ⟨Adj.⟩: **1.** *kleinere Gebiete, ein kleines Gebiet betreffend:* das -e Klima. **2.** *wenig*

Raum bietend od. beanspruchend: eine -e Wohnung.
Klein|rech|ner, der (EDV): *Rechner* (2) *mit (im Vergleich zum Großrechner) geringerer Leistung u. Speicherkapazität.*
klein|re|den ⟨sw. V.; hat⟩: *herabsetzen* (2); *herunterspielen* (2).
Klein|rent|ner, der: *Rentner, der von einer kleinen Rente lebt:* * *geistiger K.* (salopp abwertend; *beschränkter, geistig anspruchsloser Mensch*).
Klein|rent|ne|rin, die: w. Form zu † Kleinrentner.
klein schnei|den, **klein|schnei|den** ⟨unr. V.; hat⟩: *in Stücke schneiden.*
klein|schrei|ben ⟨st. V.; hat⟩: **1.** *mit kleinem Anfangsbuchstaben schreiben:* Adverbien werden kleingeschrieben. **2.** (ugs.) *für unwichtig erachten:* Respekt wird bei ihm kleingeschrieben.
Klein|schrei|bung, die: *das Schreiben mit kleinen Anfangsbuchstaben:* gemäßigte, radikale K.
Klein|se|rie, die: *geringe Anzahl in gleicher Ausführung gefertigter Erzeugnisse der gleichen Art:* ein Modell in K. fertigen.
Klein|spa|rer, der (Finanzw.): *Sparer kleiner Beträge.*
Klein|spa|re|rin, die: w. Form zu † Kleinsparer.
Klein|staat, der: *kleiner, zwar souveräner, aber außenpolitisch weitgehend einflussloser od. abhängiger Staat.*
Klein|staa|te|rei, die; - (bes. Geschichte): *politische Zerrissenheit durch Aufspaltung in Kleinstaaten:* die deutsche K. im 19. Jahrhundert.
Klein|stadt, die: *Stadt mit einer Einwohnerzahl zwischen 5 000 u. 20 000 u. überschaubaren, aber auch beschränkteren Verhältnissen.*
Klein|städ|ter, der (oft abwertend): *jmd., der in einer Kleinstadt wohnt u. von ihr geprägt ist.*
Klein|städ|te|rin, die: w. Form zu † Kleinstädter.
klein|städ|tisch ⟨Adj.⟩ (oft abwertend): *zu einer Kleinstadt gehörend, einer Kleinstadt, dem Leben in einer Kleinstadt entsprechend:* -e Enge.
klein stel|len, **klein|stel|len** ⟨sw. V.; hat⟩ (ugs.): *auf eine niedrigere Stufe stellen.*
Kleinst|kind, das (bes. Amtsspr.): *kleines Kind bis zum zweiten Lebensjahr.*
Kleinst|le|be|we|sen, das: *mikroskopisch kleines Lebewesen, Mikroorganismus.*
kleinst|mög|lich ⟨Adj.⟩: *so klein wie möglich:* das -e Format.
klein|tei|lig ⟨Adj.⟩ (Fachspr.): *in viele kleine Teile, Abschnitte, Felder usw. gegliedert:* ein -es Relief; -e Landschaft.
Klein|tier, das: *kleineres Haustier (z. B. Hund, Katze, Papagei).*
Klein|tier|hal|ter, der: *jmd., der Kleintiere hält.*
Klein|tier|hal|te|rin, die: w. Form zu † Kleintierhalter.
Klein|tier|hal|tung, die: *das Halten von Kleintieren.*
Klein|tier|zucht, die: *Zucht von Kleintieren:* Dazu: **Klein|tier|zucht|ver|ein**, der.
Klein|trans|por|ter, der: *kleiner Lastwagen.*
Klein|un|ter|neh|men, das: *kleineres Unternehmen* (2).
Klein|un|ter|neh|mer, der: *Betreiber eines Kleinunternehmens.*
Klein|un|ter|neh|me|rin, die: w. Form zu † Kleinunternehmer.
Klein|ver|brau|cher, der: *Verbraucher, der Waren o. Ä. nur in kleineren Mengen benötigt u. bezieht.*
Klein|ver|brau|che|rin, die: w. Form zu † Kleinverbraucher.
Klein|ver|die|ner, der: *jmd., der wenig Geld verdient, der nur ein kleines Einkommen hat.*
Klein|ver|die|ne|rin, die: w. Form zu † Kleinverdiener.

Klein|vieh, das: *Gesamtheit der kleinen Nutztiere wie Kaninchen, Geflügel u. a.:* er hält nebenher noch etwas K.; R K. macht auch Mist (ugs.; *auch kleinere Erträge sind von Nutzen [weil sie sich zu größeren summieren]*).
Klein|wa|gen, der: *kleines Auto (mit einem kleinen Hubraum).*
klein|weis, **klein|wei|se** ⟨Adv.⟩ (bayr., österr. ugs.): *Stück für Stück, in kleinen Schritten, ganz allmählich.*
klein|win|zig ⟨Adj.⟩ (fam.): *winzig klein:* ein -es Häuschen.
Klein|woh|nung, die: *kleine Wohnung.*
Klein|wuchs, der (Med.): *stark vermindertes Körperwachstum, das zu einer Körpergröße von unter 140 cm (bei Frauen) bzw. unter 150 cm (bei Männern) führt.*
klein|wüch|sig ⟨Adj.⟩: **1.** *von kleinem Wuchs; einen kleinen Wuchs aufweisend:* -e Exemplare einer Pflanze, eines Tieres. **2.** (Med.) *von Kleinwuchs betroffen.*
Kleis|ter, der; -s, - [mhd. klīster, eigtl. = klebrige Masse, zu † Klei]: *Klebstoff aus Stärke (od. Mehl) u. Wasser:* Ü dünner K. (ugs. abwertend; *dicken, zähen Brei*) esse ich nicht.
kleis|tern ⟨sw. V.; hat⟩ [mniederd. klīsteren] (ugs.): **1. a)** *[mit Kleister] an, auf, in usw. etw. kleben:* ein Plakat an die Wand k.; * *jmdm.* eine k. († kleben 1); **b)** *[mit Kleister] kleben, reparieren:* eine schadhafte Stelle k. **2.** *dick auf, an, in etw. schmieren, dick auftragen:* die Butter aufs Brötchen k.
Kle|ma|tis, (fachspr.:) Clematis, die; -, - [lat. clematis < griech. klēmatís = biegsame Ranke, zu: klēma = Zweig der Weinrebe]: *Gattung rankender Pflanzen mit meist sternartigen Blüten in verschiedenen Farben.*
Kle|men|ti|ne: † Clementine.
Klem|me, die; -, -n [mhd. klemme, klemde = Klemmung, Einengung]: **1. a)** *[kleinerer] Gegenstand mit zwei elastischen parallelen Teilen zum Fest- od. Abklemmen von etw.:* -n im Haar; **b)** *Hülse* (1) *mit einer Schraube;* **c)** (Med.) *Klammer* (1). **2.** (ugs.) *peinliche od. schwierige Situation, Lage, in der sich jmd. befindet:* jmdn. aus der K. ziehen; in die K. geraten, kommen; in einer furchtbaren K. sein, sitzen, stecken.
klem|men ⟨sw. V.; hat⟩ [mhd. klemmen, zu einem untergegangenen Verb mit der Bed. »zusammendrücken«]: **1.** *[durch Drücken] bewirken, dass etw. zwischen, auf, an, unter etw. festsitzt, festgehalten wird:* den Kneifer an die Nase, die Klipse an die Ohren k.; die Bücher, Handtücher unter den Arm k.; der Hund klemmt seinen Schwanz zwischen die Hinterbeine; Ich trank, meinen Handkoffer zwischen die Beine geklemmt, einen Kaffee im Stehen (Seghers, Transit 43); * *sich hinter etw. k.* (ugs.; *um der Erreichung eines bestimmten Zieles willen etw. mit Nachdruck betreiben*); *sich hinter jmdn. k.* (ugs.; *bei jmdm. Unterstützung, Hilfe zu erhalten suchen*). **2. a)** *in etw., zwischen etw. zwängen:* den Fuß zwischen die Tür k.; Wir klemmen uns in die Masse auf der Tanzfläche (Remarque, Obelisk 55); **b)** *sich quetschen:* ich habe mir den Finger, den Fuß geklemmt. **3. a)** *beim Öffnen, Schließen, Ziehen, Schieben nur mit Mühe zu bewegen sein:* die Tür, die Schublade, das Fenster klemmt; Ü wo klemmt es denn? (ugs.; *was macht denn Schwierigkeiten?*); ♦ **b)** ⟨k. + sich; unpers.⟩ *hapern:* ... es klemmt sich allerorten, es fehlt bald da, bald dort (Lessing, Nathan II, 1). **4.** [wahrsch. aus der Studentenspr., zur urspr. Bed. »etw. mit der Faust packen«] (salopp) *bei günstiger Gelegenheit meist kleinere Dinge, die sich leicht mitnehmen lassen, stehlen.*
Klem|mer, der; -s, - [gek. aus: Nasenklemmer, LÜ von frz. pince-nez] (landsch.): *Kneifer, Zwicker.*

Klemmmappe – Klimagerät

Klemm|map|pe, Klemm-Map|pe, die: *Mappe, in der die eingelegten Blätter festgeklemmt werden.*
klem|pern ⟨sw. V.; hat⟩ [lautm.] (nordd.): a) *Blech hämmern;* b) *ein klapperndes Geräusch verursachen.*
Klemp|ner, der; -s, - [älter: Klemperer, zu ↑ klempern]: *Handwerker, der Gegenstände aus Metall, bes. aus Blech bearbeitet od. herstellt* (Berufsbez.).
Klemp|ner|ar|beit, die: *Arbeit, die von einem Klempner, einer Klempnerin zu verrichten ist.*
Klemp|ner|hand|werk, das: *Handwerk des Klempners, der Klempnerin.*
Klemp|ne|rin, die; -, -nen: w. Form zu ↑ Klempner.
klemp|nern ⟨sw. V.; hat⟩: *nicht berufsmäßig Klempnerarbeiten verrichten.*
Klep|per, der; -s, - [spätmhd. (md.) klepper = Reitpferd, zu: kleppe[r]n, mhd. klepfern = klappern, wohl nach dem klappernden Geräusch der Hufe] (ugs. abwertend): *ausgemergeltes Pferd.*
Klep|to|ma|ne, der; -n, -n (Psychol.): *jmd., der an Kleptomanie leidet.*
Klep|to|ma|nie, die ⟨o. Pl.⟩ [zu griech. kléptein = stehlen u. ↑ Manie] (Psychol.): *zwanghafter Trieb zum Stehlen.*
Klep|to|ma|nin, die; -, -nen: w. Form zu ↑ Kleptomane.
klep|to|ma|nisch ⟨Adj.⟩ (Psychol.): *die Kleptomanie betreffend, auf ihr beruhend, an ihr leidend.*
kle|ri|kal ⟨Adj.⟩ [kirchenlat. clericalis = priesterlich, zu: clerus, ↑ Klerus]: a) *zum Stand der katholischen Geistlichen, zum Klerus gehörend;* b) *in der Gesinnung unbeirrbar, konsequent den Standpunkt des katholischen Priesterstandes vertretend; Ansprüche des Klerus fördernd, unterstützend.*
Kle|ri|ka|lis|mus, der; -: *[politische] Richtung, Bestrebung, die den Einfluss der katholischen Kirche auf das gesamte öffentliche Leben ausdehnen, stärken will.*
Kle|ri|ker, der; -s, - [mhd. cleric, klerke < kirchenlat. clericus]: *Angehöriger des Klerus.*
Kle|rus, der; - [kirchenlat. clerus < spätgriech. klērós = Geistlichkeit, griech. = Los, Anteil, Erbteil, also eigtl. = Stand der Ausgelosten, Auserwählten]: *katholische Geistlichkeit; Priesterschaft: niederer, hoher K.*
Klet|te, die; -, -n [mhd. klette, ahd. cletha, eigtl. = die Klebende, nach den anhaftenden Blütenköpfen, verw. mit ↑Klei]: a) *(an Wegrändern u. auf Schuttplätzen wachsende) Pflanze mit kugeligen, meist rötlichen, mit Widerhaken versehenen Blütenköpfen;* b) *Blütenkopf einer Klette* (a): *die Jungen warfen dem Mädchen -n ins Haar; du hast dich wie eine K. an ihn gehängt* (ugs.; *[in lästiger Weise] an ihn geklammert); der Hunden hängen sich wie die -n an sie (suchen stets ihre Nähe); sie halten, hängen, kleben zusammen wie* [die] -n (ugs.; *sind unzertrennlich*); Ü *er ist eine richtige K.* (ugs.; *Person, die durch ihre Anhänglichkeit lästig ist*).
Klet|te|rei, die; -, -en (ugs.): a) (oft abwertend) *[dauerndes] Herumklettern;* b) (Bergsteigen) *das Klettern.*
Klet|te|rer, der; -s, -: a) *jmd., der bzw. Tier, das gut klettert: er, die Gämse ist ein vorzüglicher K.;* b) (Sportjargon) *Rennfahrer, der gut steile, bergige Strecken fährt.*
Klet|ter|gar|ten, der: *Trainingsgelände für Personen, die klettern.*
Klet|ter|ge|rät, das: *Vorrichtung [für Kinder] zum Klettern.*
Klet|ter|ge|rüst, das: *aus Stangen, Brettern o. Ä. errichtetes Klettergerät.*
Klet|te|rin, die; -, -nen: w. Form zu ↑ Kletterer.
Klet|ter|max, der; -es, -e, **Klet|ter|ma|xe,** der; -n,

-n (ugs. scherzh.): a) *Fassadenkletterer;* b) *gewandter Kletterer.*
klet|tern ⟨sw. V.⟩ [spätmhd. klettern, urspr. = sich anklammern u. verw. mit dem unter ↑ Klei genannten Verb mit der Bed. »kleben«]: a) ⟨ist⟩ *nach oben, über ein Hindernis gelangen, wobei Hände, Füße, Beine zum Festhalten, Festklammern benutzt werden: auf einen Baum, über den Zaun k.; an Deck k.;* Ü *eine kletternde Pflanze* (Bot.; *Kletterpflanze*); *die Ladenpreise klettern* (steigen) *nach oben; der Tachometer kletterte* (stieg) *auf neunzig;* b) ⟨ist⟩ (ugs.) *ein wenig mühsam [über etw. steigend, sich stützend] in etw. hinein- od. aus etw. heraussgelangen: in das, aus dem Auto k.; aus dem Bett k.* (aufstehen); c) *das Klettern als Sport betreiben: er ist in seiner Jugend viel geklettert; er ist/hat an den Seilen geklettert.*
Klet|ter|par|tie, die: a) (Bergsteigen) *schwierige Strecke an einem steilen Hang;* b) (ugs.) *Wanderung, auf der viel geklettert wird.*
Klet|ter|pflan|ze, die: *Pflanze (Schlingpflanze, rankende Pflanze), die an etw. in die Höhe wächst.*
Klet|ter|seil, das: a) (Turnen) *herabhängendes Seil zum Klettern;* b) (Bergsteigen) *Seil, mit dem sich Bergsteiger gegen Absturz sichern.*
Klet|ter|stan|ge, die (Turnen): *befestigte Stange [aus Stahl] zum Klettern.*
Klet|ter|steig, der (Bergsteigen): *zum Klettern benutzter u. gesicherter steiler schmaler Gebirgspfad.*
Klet|ter|tour, die: *Wanderung, auf der viel geklettert wird.*
Klet|ter|wand, die (Turnen): *Turngerät mit Sprossen zum Klettern.*
Klett|ver|schluss, der [nach der Haftfähigkeit der Klette]: *haftender Verschluss an Kleidungsstücken, Schuhen o. Ä. aus zwei Bändern, bei dem das eine Band mit einem Belag aus kleinen Widerhaken und das andere mit einer flauschigen Schicht versehen ist.*
Kle|wi|an, der; -[e]s, -e, auch: die; -, -en [Kurzwort für **kle**ine **Wi**ndenergie**an**lage, geb. nach ↑ Growian]: *kleinere Anlage zur Erzeugung von Elektrizität durch Windenergie.*
¹Klez|mer ['kles...], die; - od. der; -s [↑²Klezmer]: *aus Osteuropa stammende traditionelle jüdische Instrumentalmusik.*
²Klez|mer, der; -s, - [jidd. klesmer = Musikant, zusgez. aus hebr. kēlē ẕemēr = Musikanten; Musikinstrumente]: *Musiker, der ¹Klezmer spielt.*
Klez|me|rin, die; -, -nen: w. Form zu ↑²Klezmer.
klick ⟨Interj.⟩: lautm. für ein klickendes Geräusch: Ü *da machte es bei ihm k.* (ugs.; *da begriff er plötzlich*).
Klick, der; -s, -s [engl. click, lautm.]: a) ⟨meist Pl.⟩ (Sprachwiss.) *Schnalzlaut;* b) (EDV) Kurzf. von ↑Mausklick.
kli|cken ⟨sw. V.; hat⟩ [lautm. für einen hellen Klang (im Unterschied zu ↑klacken)]: **1. a)** *einen kurzen, feinen, metallisch klingenden Ton von sich geben: die Kamera klickte; Handschellen klickten;* b) *ein klickendes* (1 a) *Geräusch verursachen: mit dem Kugelschreiber k.; die Fotografen klickten (fotografierten) ununterbrochen.*
2. (EDV) a) *(ein Programm, Bild, einen Link o. Ä.) auf der Benutzeroberfläche mithilfe der Maus* (5) *markieren od. anwählen: auf ein Programm k.; sich durch ein Menü k. (über ein Menü das gesuchte Programm finden);* b) ⟨k. + sich⟩ *sich durchklicken.*
Kli|cker, der; -s, - [urspr. wohl lautm., vgl. klick] (landsch.): *Murmel: Als seiest du unter den Knaben gewesen, mit denen ich K. gespielt habe in unserem kühlen Hof* (Seghers, Transit 275).
klie|ben ⟨unr. V.⟩; kliebte/klob, hat gekliebt/gekloben) [mhd. klieben, ahd. chliuban; vgl. klauben, Kloben] (südd., österr. ugs.): *spalten: Holz k.*

Kli|ent, der; -en, -en [lat. cliens (Gen.: clientis) = der Hörige, zu einem Verb mit der Bed. »biegen, beugen, neigen« u. eigtl. = jmd., der Anlehnung gefunden hat]: *jmd., der [gegen Bezahlung] Rat, Hilfe bei jmdm. sucht, der jmdn. beauftragt, seine Interessen wahrzunehmen: die -en unserer Beratungsfirma.*
Kli|en|tel, die; -, -en [lat. clientela = Gesamtheit der Interessen bestimmter Gruppen vertretende Klienten: Arztromane haben eine weibliche K. (Leserschaft); wir dürfen die Erwartungen unserer K. (Anhängerschaft, Kundinnen u. Kunden) nicht enttäuschen.*
Kli|en|tel|le, die; -, -n (schweiz.): w. Form zu ↑ Klientel.
Kli|en|tel|po|li|tik, die (abwertend): *[einseitig] die Interessen bestimmter Gruppen vertretende Politik* (1): *reine, klassische K.; K. betreiben; K. für Kraftwerksbetreiber.*
Kli|en|tin, die; -, -nen: w. Form zu ↑ Klient.
klie|ren ⟨sw. V.; hat⟩ [H. u.] (landsch., bes. nordd.): *schlecht, unleserlich schreiben: klier nicht so!; etw. an die Tafel k.*
Klietsch, der; -[e]s [Nebenf. von ↑Klitsch] (bes. berlin.): *unausgebackener Teig von Brot, Kuchen o. Ä.; teigiger, nicht recht aufgegangener Teil eines Gebäcks* (z. B. ein Wasserstreifen im Brot).
Kliff, das; -[e]s, -e [mniederd. klif = schroffer Felsen, wahrsch. im Sinne von »glatter, schlüpfriger Felsen« zu dem unter ↑ Klei genannten Verb mit der Bed. »kleben; schmieren«] (bes. nordd.): *steiler Abfall einer [felsigen] Küste.*
Kli|ma, das; -s, -ta, selten: -s, bes. fachspr.: ...ma̱te [spätlat. clima < griech. klíma (Gen.: klímatos) = Abhang; geneigte Fläche; (geografische) Zone, zu: klínein, ↑ Klinik]: **1. a)** (Meteorol.) *für ein bestimmtes geografisches Gebiet typischer jährlicher Ablauf der Witterung: ein mildes, raues, gemäßigtes, tropisches K.; das K. an der Ostsee; das K. schützen;* b) *künstlich geschaffenes Verhältnis zwischen Temperatur u. Luftfeuchtigkeit in einem geschlossenen Raum.*
2. *durch bestimmte Ereignisse od. Umstände hervorgerufene Atmosphäre od. Beziehungen zwischen Personen, Gruppen, Staaten o. Ä.: unter den Kollegen herrscht ein angenehmes K.; das wirtschaftliche, politische, geistige K. hat sich verändert; ein K. der Toleranz; das K. zwischen den beiden Staaten.*
Kli|ma|än|de|rung, die: *Änderung* (2) *des Klimas* (1 a).
Kli|ma|an|la|ge, die (Technik): *Anlage* (4) *zur Klimatisierung von [größeren] Räumlichkeiten od. Fahrzeugen.*
Kli|ma|au|to|ma|tik, die (Kfz-Technik): *mit einer Automatik* (a) *arbeitende Klimaanlage: erweiterte Ausstattung mit serienmäßiger K.*
Kli|ma|er|wär|mung, die: *durch ein Ansteigen der durchschnittlichen Temperaturen gekennzeichnete Klimaänderung: eine drastische, globale, fortschreitende K.*
Kli|ma|ex|per|te, der: *[für eine best. Einrichtung tätiger] Klimatologe.*
Kli|ma|ex|per|tin, die: w. Form zu ↑ Klimaexperte.
Kli|ma|for|schung, die: *Forschung auf dem Gebiet der Klimatologie.*
kli|ma|freund|lich ⟨Adj.⟩: *wenig od. keinen schädlichen Einfluss auf das Klima* (1 a) *u. seine Entwicklung habend: -e Energie; -e Techniken, Technologien; der -ere Brennstoff Erdgas.*
Kli|ma|gas, das (ugs.): *Gas, das zur Schädigung des Klimas* (1 a) *beiträgt, bes. Kohlendioxid: den Ausstoß von -en reduzieren.*
Kli|ma|ge|rät, das (Technik): *Gerät zur Klimatisierung von [kleineren] Räumlichkeiten.*

Klimagipfel–klingen

Kli|ma|gip|fel, der (Politikjargon): *Gipfelkonferenz, Gipfeltreffen zum Klimaschutz.*

Kli|ma|kam|mer, die: *Raum, in dem zu Versuchs- u. Heilzwecken künstliche klimatische Verhältnisse geschaffen werden können.*

Kli|ma|kar|te, die: *kartografische Darstellung der verschiedenen Klimate in verschiedenen geografischen Gebieten.*

Kli|ma|ka|ta|s|t|ro|phe, die: *Klimaänderung mit katastrophaler Auswirkung.*

Kli|ma|kil|ler, der (ugs.): *Faktor, der erheblich zur Schädigung des Klimas (1 a) beiträgt:* Kohlendioxid gilt als schlimmster K.

kli|mak|te|risch ⟨Adj.⟩ [lat. climactericus = zur gefährlichen Epoche im menschlichen Leben gehörend < griech. klimaktērikós] (Med.): **a)** *durch die Wechseljahre bedingt:* ein -er Zustand; **b)** *sich in den Wechseljahren befindend:* eine -e Frau.

Kli|mak|te|ri|um, das; -s [zu lat. climacter = Stufenleiter; kritische, gefährliche Epoche im menschlichen Leben < griech. klimaktḗr, zu: klī́max, ↑ Klimax] (Med.): *Wechseljahre:* ins K. kommen; im K. sein.

kli|ma|neu|t|ral ⟨Adj.⟩: *das Klima (1 a) weder positiv noch negativ beeinflussend:* -e Kraftwerke.

Kli|ma|po|li|tik, die: *Politik, die darauf abzielt, die Entwicklung des Klimas (1 a) zu beeinflussen:* die nationale, internationale, weltweite K.

kli|ma|po|li|tisch ⟨Adj.⟩: *die Klimapolitik betreffend:* der -e Sprecher der Fraktion.

kli|ma|schäd|lich ⟨Adj.⟩: *ungünstigen Einfluss auf das Klima habend:* -es Kohlendioxid.

kli|ma|scho|nend ⟨Adj.⟩: *das Klima (1 a) nicht negativ beeinflussend:* -e Formen der Energiegewinnung.

Kli|ma|schutz, der ⟨o. Pl.⟩: *Gesamtheit der Maßnahmen zur Vermeidung unerwünschter Klimaänderungen.*

Kli|ma|schwan|kung, die: *Schwankung des Klimas (1 a).*

Kli|ma|sün|der, der (ugs.): *jmd., der absichtlich das Klima schädigt, den Klimaschutz bewusst missachtet:* K. Amerika.

Kli|ma|ta: Pl. von ↑ Klima.

Kli|ma|te: Pl. von ↑ Klima.

Kli|ma|tech|nik, die ⟨Pl. selten⟩: *Teilgebiet der Technik, das sich damit befasst, in Räumlichkeiten einen bestimmten Luftzustand unabhängig von äußeren Einflüssen herzustellen u. aufrechtzuerhalten.*

Kli|ma|tech|ni|ker, der: *Fachmann auf dem Gebiet der Klimatechnik.*

Kli|ma|tech|ni|ke|rin, die: w. Form zu ↑ Klimatechniker.

kli|ma|tech|nisch ⟨Adj.⟩: *die Klimatechnik betreffend, dazu gehörend, darauf beruhend.*

kli|ma|tisch [österr. auch: ...'mat...] ⟨Adj.⟩: *das Klima betreffend; durch das Klima bedingt:* die -en Verhältnisse.

kli|ma|ti|sie|ren ⟨sw. V.; hat⟩: *Temperatur u. Luftfeuchtigkeit in geschlossenen Räumen in ein bestimmtes Verhältnis bringen.*

Kli|ma|ti|sie|rung, die; -, -en: *das Klimatisieren; das Klimatisiertwerden.*

Kli|ma|to|lo|ge, der; -n, -n [↑-loge]: *Wissenschaftler auf dem Gebiet der Klimatologie.*

Kli|ma|to|lo|gie, die; - [↑-logie]: *Wissenschaft u. Lehre vom Klima (1 a).*

Kli|ma|to|lo|gin, die; -, -nen: w. Form zu ↑ Klimatologe.

kli|ma|to|lo|gisch ⟨Adj.⟩: *die Klimatologie betreffend, dazu gehörend, darauf beruhend.*

Kli|ma|ver|än|de|rung, die: **1.** *Veränderung des Klimas.* **2.** *Veränderung des Klimas (2).*

Kli|ma|ver|bes|se|rung, die: **1.** *Verbesserung des Klimas (1 a).* **2.** *Verbesserung eines Raumklimas.* **3.** *Verbesserung des Klimas (2).*

Kli|ma|ver|schlech|te|rung, die: **1.** *Verschlechterung des Klimas (1 a).* **2.** *Verschlechterung des Klimas (2).*

Kli|ma|wan|del, der: *Wandel des Klimas (1 a):* ein deutlicher, dramatischer, globaler, unaufhaltsamer, weltweiter K.; die Gefahren des -s.

Kli|ma|wech|sel, der: *Wechsel an einen Ort mit anderen klimatischen Bedingungen:* der Arzt empfahl einen K.

Kli|max, die; -, -e ⟨Pl. selten⟩ [lat. climax = Steigerung des Ausdrucks < griech. klī́max, eigtl. = Leiter, Treppe, zu: klínein, ↑ Klinik]: **1. a)** (bildungsspr.) *Höhepunkt:* die K. der Emanzipation; **b)** (Stilkunde) *Übergang vom schwächeren zum stärkeren Ausdruck, vom weniger Wichtigen zum Wichtigeren.* **2.** (Med.) *Klimakterium.*

Kli|ma|zo|ne, die (Geogr.): *Gesamtheit der Gebiete mit gleichartigem Klima:* kältere, wärmere, alpine -n.

Klim|bim, der; -s [lautm., urspr. bes. berlin. abwertend für Musik, dann für alles Unwesentliche] (ugs.): *überflüssiger, unnützer Kram:* in der Schublade ist lauter K.; Ü mit gesellschaftlichem K. nichts zu tun haben.

klim|men ⟨st., auch: sw. V.; ist⟩ [mhd. klimmen = klettern, steigen]: **a)** (geh.) *mit [großem] Kraftaufwand in die Höhe, nach oben klettern, hinaufsteigen:* auf den Gipfel, höher k.; **b)** (veraltend) *klettern.*

Klimm|zug, der (Turnen): *Übung, bei der der gestreckte Körper mit den Armen an einer horizontal angebrachten Stange hochgezogen wird:* Klimmzüge machen; Ü geistige Klimmzüge (*Anstrengungen*).

Klim|pe|rei, die; -, -en [zu ↑ klimpern] (ugs. abwertend): *Geklimper.*

Klim|pe|rer, der; -s, - (ugs. abwertend): *jmd., der klimpert (2 b).*

Klim|pe|rin, die; -, -nen: w. Form zu ↑ Klimperer.

Klim|per|kas|ten, der ⟨Pl. ...kästen⟩ (ugs. abwertend): *Klavier.*

klim|pern ⟨sw. V.; hat⟩ [lautm., eigtl. = stümperhaft Klavier spielen]: **1. a)** *(von kleinen metallischen Gegenständen) aufeinander-, durcheinanderfallend ein helles Geräusch von sich geben:* die Münzen klimperten im Klingelbeutel; **b)** *mit mehreren kleinen metallischen Gegenständen ein helles Geräusch verursachen:* mit Kleingeld, den Schlüsseln in der Hosentasche k. **2.** (ugs.) **a)** *nur einzelne, zusammenhanglose [hohe] Töne hervorbringen, anschlagen:* auf der Gitarre, dem Klavier k.; **b)** (abwertend) *ausdruckslos, stümperhaft, schlecht spielen:* eine Etüde, einen Schlager auf dem Klavier k.

kling ⟨Interj.⟩: lautm. für einen feinen, hellen Ton.

Klin|ge, die; -, -n [mhd. klinge = Schwertschneide, Schwert, zu ↑ klingen, nach dem hellen Klang, den die Klinge beim Auftreffen auf Helm od. Panzer verursacht]: **1. a)** *flacher, aus Stahl, Eisen bestehender, geschliffener Teil eines zum Schneiden, Stechen dienenden Werkzeugs, Gerätes:* eine scharfe, stumpfe, blanke, verrostete K.; die K. fährt blitzschnell aus dem Messer heraus; eine neue K. (*Rasierklinge*) in den Rasierer einlegen; **b)** (geh. veraltend) *Waffe mit einer Klinge* (z. B. Degen, Säbel): Man ging vom Stoß auf das Hiebfechten über ... und beim Militär galt von geringfügigen Abwandlungen die aus Italien stammende, zu beiden Arten des Gebrauchs geschickte leichte K. (Bergengruen, Rittmeisterin 206); * **mit jmdm. die -n (auch:) die K. kreuzen** (geh.: 1. *mit jmdm. fechten.* 2. *mit jmdm. ein Streitgespräch führen, eine Kontroverse austragen*); **eine scharfe K. führen** (geh.: *in Auseinandersetzungen, Diskussionen scharf auftreten, ein gefährlicher Gegner sein*); **jmdn. über die K. springen lassen** (1. Militär; *[wehrlose Feinde, Gefangene, Zivilisten] töten;* nach der Vorstellung, dass bei der Hinrichtung durch das Schwert der Kopf des Delinquenten gleichsam über die Klinge springt. ugs.; *jmdn. mit Vorsatz zugrunde richten, ruinieren.* 3. Sportjargon; *[einen Gegenspieler, eine Gegenspielerin] foulen*). **2.** (landsch.) *tiefe, enge Schlucht.*

Klin|gel, die; -, -n [rückgeb. aus ↑ klingeln]: **1.** *Vorrichtung zum Klingeln:* eine laute, elektrische K.; die K. funktioniert nicht, ging viermal; die K. abstellen; auf die K. (ugs.; *den Klingelknopf*) drücken; (früher:) an einer K. ziehen. **2.** *kleine Glocke (1 a) zum Klingeln:* die Vorsitzende griff zur K.

Klin|gel|beu|tel, der: *[an einem langen Stiel befestigter] Beutel [mit Glöckchen] zum Einsammeln der Kollekte:* den K. herumgehen lassen; * **mit dem K. herumgehen/unterwegs sein** (*Spenden sammeln, bes. für politische Zwecke*).

Klin|ge|lei, die; -, -en: *Geklingel.*

Klin|gel|gangs|ter, der: *jmd., der an einer Wohnungstür klingelt, den Öffnenden überfällt u. in die Wohnung eindringt, um sie auszurauben.*

Klin|gel|gangs|te|rin, die: w. Form zu ↑ Klingelgangster.

klin|ge|lin|ge|ling ⟨Interj.⟩: lautm. für den Klang von Klingel od. Glöckchen.

Klin|gel|knopf, der: *Knopf zur Betätigung einer elektrischen Klingel:* auf den K. drücken.

klin|geln ⟨sw. V.; hat⟩ [mhd. klingelen, ahd. klingilōn, Verkleinerungsbildung zu ↑ klingen]: **a)** *metallisch, hell, oft schrill klingende Töne sehr schnell hintereinander von sich geben:* das Telefon, der Wecker klingelt; ⟨unpers.:⟩ es hat geklingelt; Ü Geld klingelt in der Spendenkasse (ugs.; *wird eingenommen*); * **es klingelt** (Sportjargon; *es ist ein Tor geschossen worden*); **es klingelt bei jmdm.** (ugs.: *jmd. begreift, bekommt endlich einen Einfall*); **b)** *die Klingel betätigen:* kurz, laut, stürmisch an der Tür k.; der Radfahrer klingelte ununterbrochen; **c)** *durch Klingeln (a, b) bewirken, dass sich jmd. zu einer Reaktion aufgefordert fühlt:* [nach] dem Zimmerkellner, der Sekretärin k.; jmdn. aus dem Bett, aus dem Schlaf k.; nachts aus der Wohnung k.; ⟨unpers.:⟩ es hat zum Unterricht geklingelt; **d)** (Kfz-Wesen-Jargon) *metallisch klingend klopfen (2):* der Motor klingelt.

Klin|gel|schnur, die (früher): *Schnur zur Betätigung einer Klingel.*

Klin|gel|ton, der: *Signal, durch das bei Telefon u. Handy ein eingehender Anruf [od. eine eingehende SMS] gemeldet wird:* individuelle, polyfone Klingeltöne; sich einen K. aufs Handy laden.

Klin|gel|zei|chen, das: *als Zeichen für etw. Bestimmtes ertönendes Klingeln.*

Klin|gel|zug, der (früher): *Vorrichtung zum Betätigen einer Klingel durch Ziehen.*

klin|gen ⟨st. V.; hat⟩ [mhd. klingen, ahd. klingan, lautm.]: **1. a)** *kürzere Zeit anhaltende, meist helle, reine, dem Ohr wohlgefällige Töne von sich geben, hervorbringen:* die Gläser, Glocken klingen; die Stimmen klingen durch das ganze Haus (*sind im ganzen Haus zu hören*); eine klingende (*wohltönende*) Stimme haben; **b)** *einen bestimmten Klang haben:* das Klavier klingt verstimmt; die Wand klang hohl, dumpf; das Instrument klingt nicht (*hat keinen schönen Ton*). **2. a)** *sich in bestimmter Weise anhören, einen bestimmten Beiklang, Unterton haben:* ihre Stimme klingt ernst, ruhig; die Geschichte klingt unglaublich; seine Worte haben spöttisch, nach Groll, wie wütendes Gebell geklungen; das Gedicht klingt nach Hesse (*hört sich so*

klingend – Klobrille

an, als ob es von Hesse wäre); der Song klingt nach nichts *(ist nichts Besonderes);* ⟨unpers.:⟩ es klang, als ob geschossen würde; sie sprach ein ulkig klingendes Deutsch; **b)** *wahrnehmbar, herauszuhören sein, sich äußern:* aus ihren Worten klingt Angst, Verachtung.

klin|gend ⟨Adj.⟩ (Verslehre): *zweisilbig:* ein -er Reim.

Klin|gen|la|ge, die (Fechten): *bestimmte Stellung der Klinge im Hinblick auf den Gegner.*

kling, klang ⟨Interj.⟩: lautm. für hellere Töne, die in der Tonhöhe wechseln.

Kling|klang, der ⟨o. Pl.⟩: *helles, wohltönendes Klingen:* der K. der Gläser.

Kli|nik, die, -, -en [lat. clinice = Heilkunst für bettlägerig Kranke < griech. klinikḗ (téchnē), zu: klínē = Bett, zu: klínein = (sich) neigen, (an)lehnen; beugen]: **1.** *Krankenhaus [das auf die Behandlung bestimmter Erkrankungen spezialisiert ist]:* eine chirurgische, orthopädische K.; eine K. für Herzkrankheiten. **2.** ⟨o. Pl.⟩ (Med.) *praktischer Unterricht im Krankenhaus [für Medizinstudierende].*

Kli|nik|arzt, der: *in einer Klinik beschäftigter Arzt.*

Kli|nik|ärz|tin, die: w. Form zu ↑ Klinikarzt.

Kli|nik|auf|ent|halt, der: *Aufenthalt als Patientin bzw. Patient in einer Klinik:* ein mehrwöchiger K.; e vermeiden.

Kli|nik|bett, das: *Bett in einer Klinik (bes. als Platz für eine Patientin, einen Patienten).*

Kli|ni|ker, der; -s, - (Med.): **1.** *in einer [Universitäts]klinik tätiger Arzt, der auch unterrichtet, lehrt u. forscht.* **2.** *Medizinstudent während seiner Ausbildung in der Klinik.*

Kli|ni|ke|rin, die; -, -nen: w. Form zu ↑ Kliniker.

Kli|nik|ge|burt, die: *Geburt, bei der die Frau (im Unterschied zur Hausgeburt) in der Klinik, im Krankenhaus entbindet.*

Kli|nik|ge|län|de, das: *Gelände einer Klinik.*

Kli|nik|seel|sor|ge, die: vgl. Krankenhausseelsorge.

Kli|ni|kum, das; -s, ...ka, auch: ...ken: **1.** ⟨o. Pl.⟩ (Med.) *Ausbildung für Medizinstudierende in einem Krankenhaus.* **2.** *Zusammenschluss mehrerer [Universitäts]kliniken unter einheitlicher Leitung.*

kli|nisch ⟨Adj.⟩ (Med.): **1. a)** *in der Klinik stattfindend:* ein -es Semester; -er Fall *(Fall, der in der Klinik behandelt werden muss);* das -e Stadium *(in einer Klinik o. Ä. an Patient[inn]en stattfindende Erprobungsphase)* der Entwicklung eines Medikaments; **b)** *kühl, sachlich wirkend, steril* (3 b): ein Haus in einem -en Weiß; k. sauber. **2.** *auf eine Krankheit bezogen, eine Krankheit betreffend, einen Krankheitsablauf betreffend:* -e Erscheinungen, Symptome; eine -e Diagnose; -e *(sich mit psychischen Störungen u. Erkrankungen beschäftigend)* Psychologie. **3.** *durch ärztliche Untersuchung feststellbar od. festgestellt:* im dritten -en Stadium der Alzheimerkrankheit; der Patient ist k. tot *(Herzschlag, Atmung u. Kreislauf haben ausgesetzt).*

Klin|ke, die; -, -n [mhd. (md.) klinke = Türriegel, zu: klinken = klingen, nach dem klingenden Geräusch des Türriegels beim Schließen der Tür]: **1.** *beweglicher, hebelartiger Griff zum Schließen od. Öffnen einer Tür:* die K. nieder-, herunterdrücken; der Bewerber gaben sich die K. in die Hand (ugs.; *viele Bewerber hatten ein Vorstellungsgespräch);* *-n putzen (ugs.; *sich in intensiver Weise bei vielen Ansprechpartnern um etw., bes. um Geld, eine Anstellung o. Ä., bemühen;* eigtl. = von Tür zu Tür gehen); jmdm. die K. in die Hand drücken (ugs.; *jmdn. hinauswerfen).* **2.** (Fachspr.) *Hebel an einer technischen Vorrichtung, Maschine; Sperrhebel, Schalthebel o. Ä.*

Klin|ken|put|zer, der (ugs.): **1.** *jmd., der an der Haustür etw. zum Kauf anbietet; Vertreter; Drücker* (6). **2.** *jmd., der sich in intensiver Weise bei vielen Ansprechpartnern um etw., bes. um Geld, eine Anstellung o. Ä., bemüht.*

Klin|ken|put|ze|rin, die: w. Form zu ↑ Klinkenputzer.

Klin|ker, der; -s, - [aus dem Niederd. < niederl. klinker(t), zu: klinken = klingen, nach dem hellen Klang, der beim Schlagen gegen den Klinker entsteht]: *kleiner, sehr hart gebrannter, oft glasierter Ziegelstein.*

Klin|ker|bau, der: **1.** ⟨Pl. -ten⟩ *Gebäude aus Klinkern.* **2.** ⟨o. Pl.⟩ (Schiffbau) *dachziegelartige Anordnung der äußeren Planken bei Holzbooten.*

klin|kern ⟨sw. V.; hat⟩: ⟨meist im 2. Part.⟩ *(ein Gebäude o. Ä.) mit Klinkern versehen:* ein geklinkertes Wasserbecken.

Klin|ker|stein, der: *Klinker.*

klipp: in der Wendung **k. und klar** (ugs.; *völlig klar; unmissverständlich;* aus dem Niederd., niederd. klipp = passend, zu klippen, das landsch. ugs. auch »klappen« bedeutet): ich habe ihm k. und klar die Meinung gesagt).

Klipp: ↑ ¹Clip.

Klip|pe, die; -, -n [mniederd. clippe, verw. mit ↑ Kliff]: *großer Felsblock im Meer in der Nähe der Küste:* eine K. ragt aus dem Meer heraus; an den -n zerschellen; ein Schiff durch tückische -n steuern; Ü in der Prüfung alle -n *(Schwierigkeiten)* geschickt umgehen, umschiffen, überwinden.

Klip|pen|rand, der: *Rand einer Klippe.*

Klip|per, der; -s, - [engl. clipper, zu: to clip, eigtl. = schneiden, also eigtl. = schnittig gebautes Schiff] (früher): *schnelles Segelschiff (vgl. Clipper).*

klipp, klapp ⟨Interj.⟩: lautm. für ein klapperndes Geräusch.

Klipp|klapp, das; -s: *klapperndes Geräusch.*

Klipp|schu|le, die: **a)** (nordd.) *Grundschule;* **b)** (abwertend) *Schule, Lehranstalt mit niedrigem Niveau.*

Klipp|schü|ler, der: **a)** (nordd.) *Grundschüler;* **b)** (abwertend) *Schüler einer Klippschule* (b).

Klipp|schü|le|rin, die: w. Form zu ↑ Klippschüler.

Klips, Clips, der; -es, -e **1.** *[modisches] Schmuckstück, das [am Ohrläppchen] festgeklemmt wird.* **2.** *Haarklammer.*

klirr ⟨Interj.⟩: lautm. für ein klirrendes Geräusch.

klir|ren ⟨sw. V.; hat⟩ [aus dem Ostmd., lautm.]: **a)** *(von zerbrechlichen od. metallischen Gegenständen) durch Aneinanderstoßen, Zerschellen einen hellen, vibrierenden Ton von sich geben:* die Ketten, die Säbel klirren; von der Explosion haben die Scheiben, das Geschirr im Schrank geklirrt; die Gläser fielen klirrend zu Boden; **b)** *ein klirrendes Geräusch verursachen:* mit dem Schlüsselbund k.; Ü die Kälte klirrte *(es war eisig kalt);* ⟨unpers.:⟩ es klirrte vor Kälte ⟨oft im 1. Part.:⟩ es war klirrend *(eisig)* kalt; klirrender *(sehr strenger)* Frost.

Klirr|fak|tor, der (Elektrot.): *Maß für die Verzerrung bei akustischen Übertragungen.*

Kli|schee, das; -s, -s [frz. cliché = Abklatsch, subst. 2. Part. von: clicher = abklatschen, urspr. wohl lautm.]: **1.** (Druckw. Jargon) *Druckstock.* **2.** (bildungsspr. abwertend) *oberflächliche Nachbildung; Abklatsch:* der Roman enthält eine Unzahl literarischer -s; **b)** *eingefahrene, überkommene Vorstellung:* das K. einer bürgerlichen Ehe; in -s denken; **c)** *abgegriffene Redensart, Redewendung:* in -s reden.

kli|schee|haft ⟨Adj.⟩ (bildungsspr. abwertend): *ein Klischee* (2) *darstellend:* -es Verhalten.

Kli|schee|vor|stel|lung, die (bildungsspr. abwertend): *Klischee* (2 b).

kli|schie|ren ⟨sw. V.; hat⟩ [zu frz. clicher, ↑ Klischee]: **1.** (Druckw.) *ein Klischee* (1) *herstellen.* **2.** (bildungsspr. abwertend) *unschöpferisch, talentlos nachahmen, nachbilden, klischeehaft darstellen.*

Klis|tier, das; -s, -e [mhd. klistier, klystier < spätlat. clysterium < griech. klystḗrion = Spülung] (Med.): *Einlauf* (2): jmdm. ein K. geben.

klis|tie|ren ⟨sw. V.; hat⟩ [mhd. klistieren] (Med.): *ein Klistier geben.*

kli|to|ral ⟨Adj.⟩ (Anat.): *die Klitoris betreffend:* der -e Orgasmus.

Kli|to|ris, die; -, - u. ...ides [kli'to:ride:s] [griech. kleitorís, eigtl. = kleiner Hügel] (Anat.): *am oberen Ende der kleinen Schamlippen gelegenes weibliches Geschlechtsorgan, das sich bei sexueller Erregung aufrichtet; Kitzler.*

klitsch ⟨Interj.⟩: lautm. für ein helleres klatschendes Geräusch; vgl. klitsch, klatsch.

Klitsch, der; -[e]s, -e: **1. a)** (landsch.) *breiige Masse;* **b)** (ugs. landsch.) *nicht durchgebackenes Gebäck; nicht durchgebackener Kuchen.* **2.** (landsch.) *leichter Schlag.*

Klit|sche, die; -, -n (ugs.): **1.** *ärmlicher kleiner Betrieb, Bauernhof o. Ä.* **2.** *Schmierentheater.*

klit|sche|nass: ↑ klitschnass.

klitsch, klatsch ⟨Interj.⟩: lautm. für ein klatschendes Geräusch.

klitsch|nass, klitschenass ⟨Adj.⟩ (ugs.): *ganz und gar durchnässt:* -e Kleider.

klit|tern ⟨sw. V.; hat⟩ [wahrsch. lautm.]: **1.** [wohl in Anlehnung an ↑ Geschichtsklitterung] (bildungsspr. abwertend) **a)** *(ein Werk) zusammenstückeln;* **b)** *etw. [aus dem Zusammenhang reißen u.] verfälschend wiedergeben:* in Film, Rundfunk und klittert. **2.** (landsch.) **a)** *zerkleinern;* **b)** *schlecht schreiben; schmieren.*

Klit|te|rung, die; -, -en (bildungsspr. abwertend): **1.** *das Klittern* (1). **2.** *etw. Geklittertes.*

klit|ze|klein ⟨Adj.⟩ (ugs.): **1.** *winzig:* ein -es Zimmer; der Unterschied ist k. **2.** *ganz genau:* jmdm. etw. k. erklären.

Kli|vie: ↑ Clivia.

KLM, die; - [Abk. für niederl. Koninklijke Luchtvaart Maatschappij]: *niederländische Luftfahrtgesellschaft.*

Klo, das; -s, -s [Kurzf. von ↑ Klosett] (ugs.): **a)** *Toilette* (2 a): eine schäbige Wohnung mit K. und Küche; *Toilettenbecken:* das K. putzen; aufs K. müssen, gehen; auf dem K. sitzen; nach dem K. *(nach der Toilettenbenutzung)* immer Hände waschen; * **ein Griff ins K.** (↑ Griff).

◆ **Klo|ak,** das; -[e]s, -e: *Kloake:* So wollt' ich doch, dass du im K. ersticktest (Schiller, Räuber II, 3).

Klo|a|ke, die; -, -n [lat. cloaca = Abzugskanal, zu: cluere = reinigen]: **1.** *[unterirdischer] Abzugskanal für Abwässer.* **2.** (Zool.) *gemeinsamer Ausgang für Darm, Harnblase u. Geschlechtsorgane bei bestimmten Tieren.*

klob: ↑ klieben.

Klo|bas|se, Klo|bas|si, die; -, ...ssen [aus dem Slaw., vgl. tschech., slowak. klobása = Wurst] (österr.): *grobe, gewürzte Wurst.*

klö|be: ↑ klieben.

Klo|be|cken, das (ugs.): *Toilettenbecken.*

Klo|ben, der; -s, - [mhd. klobe, ahd. klobo = gespaltenes Holz (zum Fangen von Vögeln); Fußfessel, zu ↑ klieben]: **1.** *grober Holzklotz:* den K. mit der Axt spalten; Ü er ist ein richtiger K. (ugs.; *ein ungehobelter, unhöflicher Mensch).* **2.** (Handwerk) *kleiner Schraubstock.* **3. a)** *Eisenhaken;* **b)** *Angel* (2).

klo|big ⟨Adj.⟩: *eine grobe, kantige Form habend; unförmig wie ein Klotz:* ein -er Tisch, Quader; -e Stiefel, Hände, Finger; **b)** *plump* (a) u. *unbeholfen:* ein -er Muskelprotz; **c)** *plump* (c): eine -e Ausdrucksweise.

Klo|bril|le, die (ugs.): *Toilettensitz.*

Klobürste–Klotz

Klo|bürs|te, die (ugs.): Toilettenbürste.
Klö|chen, das; -s, - [Vkl. zu ↑ Klo] (fam.): Toilette.
Klo|de|ckel, der (ugs.): Deckel der Toilette (2 b).
Klo|fens|ter, das (ugs.): Toilettenfenster.
Klo|frau, die (ugs.): Toilettenfrau.
klomm: ↑ klimmen.
klöm|me: ↑ klimmen.
Klo|mu|schel, die (bes. österr. ugs.): Toilettenbecken.
Klon, der; -s, -e [engl. clone < griech. klṓn = Sprössling] (Biol.): durch Klonen entstandenes Lebewesen.
klo|nen ⟨sw. V.; hat⟩ (Biol.): durch künstlich herbeigeführte ungeschlechtliche Vermehrung genetisch identische Kopien von Lebewesen herstellen.
klö|nen ⟨sw. V.; hat⟩ [wahrsch. lautm., älter niederd. klönen = tönen; durchdringend od. weitschweifend reden] (nordd.): gemütlich plaudern: noch ein bisschen k. wollen; über alte Zeiten k.
klo|nie|ren ⟨sw. V.; hat⟩ [zu ↑ Klon] (Biol.): ein einzelnes Gen aus einer Zelle isolieren und weiterverarbeiten.
Klo|nie|rung, die; -, -en (Biol.): 1. das Klonieren. 2. das Klonen: die K. von Tieren.
Klön|schnack, der [zu ↑ klönen] (nordd.): gemütliche Plauderei.
Klon|ver|bot, das: Verbot zu klonen: ein internationales, mehrjähriges, strenges, totales, umfassendes, weltweites K.; ein K. einfordern, erlassen, verabschieden.
Klo|pa|pier, das (ugs.): Toilettenpapier.
klop|fen ⟨sw. V.; hat⟩ [mhd. klopfen, ahd. clophōn, urspr. lautm.]: **1. a)** mehrmals leicht gegen, auf, an etw. schlagen: an die Wand/an der Wand k.; mit dem Finger leicht an das Barometer k.; er klopfte an das Glas, um sich Gehör für eine Rede bei Tisch zu verschaffen; Regentropfen klopfen ans Fenster; jmdm./(auch:) jmdn. auf die Schulter, auf den Rücken k.; der Reiter klopft seinem Pferd [liebevoll, anerkennend] den Hals; der Specht klopft (schlägt mit dem Schnabel gegen den Baumstamm); **b)** durch Klopfen kundtun, ausdrücken: Beifall k.; den Takt der Musik k.; **c)** anklopfen: bitte k.!; jmdn. aus dem Bett k. (durch Anklopfen wecken u. zum Aufstehen veranlassen). **2.** in pulsierender Bewegung sein [u. dabei ein schlagendes Geräusch von sich geben]: der Puls klopfte unregelmäßig; ihr Herz klopfte vor Freude, Schrecken bis zum Hals; mit klopfendem Herzen; der Motor klopft (Fachspr.; gibt infolge ungleichmäßiger Verbrennung des Kraftstoff-Luft-Gemischs klopfende 1 a Geräusche von sich).
Klop|fer, der; -s, -: **1.** Kurzf. von ↑ Teppichklopfer. **2.** Kurzf. von ↑ Türklopfer.
♦ **klopf|fech|ten** ⟨st. V.; nur im Inf. gebr.⟩: in der Art eines Klopffechters disputieren: ⟨subst.:⟩ ... da ich ihm denn durch dialektisches Klopffechten großes Behagen und in freundliches Lächeln bereitete (Goethe, Dichtung u. Wahrheit 16).
klopf|fest ⟨Adj.⟩ (Fachspr.): das Klopfen (2) von Motoren verhindernd: -es Benzin.
Klopf|fes|tig|keit, die: klopffeste Beschaffenheit.
Klopf|geist, der ⟨Pl. -er⟩: Spukgestalt des Volksglaubens, das sich durch Klopfzeichen bemerkbar macht.
Klopf|sau|ger, der: Teppichklopfmaschine.
Klopf|zei|chen, das: Zeichen durch Klopfen: K. geben; sich durch K. verständigen, bemerkbar machen.
Klop|pe, die; - [zu ↑ kloppen] (nordd., md.): Prügel: K. kriegen.
Klöp|pel, der; -s, - [aus dem (Ost)md., zu ↑ kloppen, eigtl. = Klopfer]: **1. a)** im Innern einer Glocke (1) lose befestigter Stab mit verdicktem Ende, der beim Läuten an die Wand der Glocke schlägt u. den Klang erzeugt; **b)** [an einem Ende verdickter] Stab zum Anschlagen von etw.: in der linken Hand hielt er den Gong und in der rechten den K. **2.** Spule aus Holz für Klöppelarbeiten.
Klöp|pel|ar|beit, die: **a)** ⟨o. Pl.⟩ das Klöppeln; **b)** etw. Geklöppeltes.
Klöp|pel|de|cke, die: geklöppelte Decke.
klöp|peln ⟨sw. V.; hat⟩: Spitze[n] herstellen durch Kreuzen, Drehen o. Ä. von Fäden, die auf Klöppel (2) gewickelt sind: Bänder k.; ein geklöppeltes Deckchen.
Klöp|pel|spit|ze, die: geklöppelte Spitze.
klop|pen ⟨sw. V.; hat⟩ [mniederd. kloppen, zu ↑ klopfen]: **1.** (nordd., md.) schlagen: jmdm. die Fresse blutig k.; jmdn. krankenhausreif k.; einen Nagel in die Wand k.; einen Backstein in Stücke k. **2.** ⟨k. + sich⟩ (ugs.) sich prügeln: sie kloppten sich gerade, als der Rektor hereinkam.
Klop|pe|rei, die; -, -en: **1.** (nordd., md.) dauerndes Klopfen, Schlagen. **2.** (ugs.) Prügelei.
Klöpp|le|rin, die; -, -nen: weibliche Person, die [berufsmäßig] klöppelt.
Klops, der; -es, -e, auch: Klöpse [im 18. Jh. im Ostpreuß., H. u.]: **1.** (nordostd.) kleiner Kloß aus Hackfleisch: gekochter, gebratener K.; Königsberger Klops[e] (Kochkunst): gekochte Fleischklößchen in Kapernsoße); Ü er ist ein richtiger K. (ugs.; dick u. rund). **2.** ⟨Pl. meist: Klöpse⟩ (ugs.) grober, schwerwiegender Fehler: die dicksten Klöpse konnten beseitigt werden.
Klo|schüs|sel, die (ugs.): Toilette (2 b).
Klo|sett, das; -s, -s, auch: -e [gek. aus: Wasserklosett, älter: Watercloset < engl. water closet, zu: water = Wasser u. closet = abgeschlossener Raum < afrz. closet = kleine Klause, zu ↑ Klause] (veraltend): **a)** Toilettenraum: das K. ist besetzt; **b)** Toilettenbecken; ♦ **c)** kleiner, abgeschlossener Raum; Kabinett (1 a): ... wie sie in dem aus der unabsehlichen Gewölbe des Universums herausgeschnittenen oder hineingebauten K. ihrer Stube so beschirmet waren (Jean Paul, Werke 5).
Klo|sett|pa|pier, das: Toilettenpapier.
Klo|sett|schüs|sel, die (veraltend): Toilettenbecken.
Klo|spruch, der (ugs.): Toilettenspruch.
Kloß, der; -es, Klöße [mhd., ahd. klōʒ = Klumpen; Knäuel; Kugel, urspr. = zusammengeballte Masse, verw. mit ↑ Kolben] (bes. nordd., md.): **1.** aus einer Teigmasse bestehende kugelförmige Speise: Klöße aus Grieß, Fleisch, Semmeln; Ü als ich zwölf war, war ich ein [richtiger] K. (ugs.; war ich dick u. unbeholfen); * **einen K. im Hals haben** (ugs.: [vor Erregung] ein würgendes Gefühl verspüren [u. kaum sprechen können]); **einen K. im Mund[e] haben** (undeutlich sprechen). **2.** (veraltend) Klumpen: ein K. Lehm.
Kloß|brü|he, die: Brühe, die beim Kochen von Klößen entsteht; * **klar wie K. sein** (ugs.; ganz klar u. eindeutig sein, sich von selbst verstehen: das ist doch klar wie K.!)
Klöß|chen, das; -s, -: Vkl. zu ↑ Kloß.
Klos|ter, das; -s, Klöster [mhd. klōster, ahd. klōstar < vlat. clostrum < (kirchen)lat. claustrum = (abgeschlossener) Raum (für Mönche u. Nonnen), zu lat. claudere = verschließen]: **a)** Gebäude[komplex], in dem Mönche od. Nonnen von der Welt abgesondert leben: ein altes, katholisches, lamaistisches K.; ein K. gründen; ins K. gehen (Nonne, Mönch werden); **b)** Gesamtheit der in einem Kloster (1 a) lebenden Personen: das ganze K. lief zusammen.
Klos|ter|an|la|ge, die: Gesamtheit von Gebäuden, Einrichtungen u. dem Gelände eines Klosters.
Klos|ter|bi|b|lio|thek, die: Bibliothek, die zu einem Kloster gehört.
Klos|ter|bru|der, der: Laienbruder.
Klos|ter|gar|ten, der: Garten, der zu einem Kloster gehört.
Klos|ter|hof, der: Hof eines Klosters.
Klos|ter|kel|ler, der: [Wein]keller eines Klosters.
Klos|ter|kip|ferl, das [1. Bestandteil dient als aufwertender Zusatz, da Erzeugnisse aus Klöstern von hoher Qualität waren] (österr.): mit Schokolade überzogenes [Weihnachts]gebäck in Form eines Hörnchens.
Klos|ter|kir|che, die: Kirche eines Klosters.
klös|ter|lich ⟨Adj.⟩ [mhd. klösterlich): **a)** einem Kloster gehörend: -er Grundbesitz; **b)** einem Kloster entsprechend: -e Stille, Ruhe; ein -es Leben.
Klos|ter|mau|er, die: Mauer, die ein Kloster umschließt.
♦ **Klos|ter|mei|er,** der [zu ↑ Meier (2)]: Verwalter eines Klostergutes: Das ist der K. von Mörlischachen, der hier den Brautlauf hält (Schiller, Tell IV, 3).
Klos|ter|pfor|te, die: Pforte (1 b) eines Klosters.
Klos|ter|re|gel, die: Ordnung, nach der die Mönche od. Nonnen eines bestimmten Klosters leben.
Klos|ter|schen|ke, Klos|ter|schän|ke, die: zu einer Klosteranlage gehörendes öffentliches Gasthaus.
Klos|ter|schu|le, die: Schule, die einem Kloster untersteht.
Klos|ter|schü|ler, der: jmd., der eine Klosterschule besucht.
Klos|ter|schü|le|rin, die: w. Form zu ↑ Klosterschüler.
Klos|ter|zel|le, die: kleines, sehr einfach eingerichtetes Zimmer in einem Kloster.
klö|tern ⟨sw. V.; hat⟩ [vgl. (m)niederl. kloteren = klappern; schlagen, lautm.] (nordd. ugs.): klappernde, rasselnde Geräusche von sich geben: was klötert denn da hinten im Kofferraum?
Klo|tür, die (ugs.): Toilettentür.
Klotz, der; -es, Klötze u. (ugs.:) Klötzer [mhd. kloz = Klumpen; Kugel, Baumstumpf, ablautende Bildung zu ↑ Kloß]: **1. a)** großes, dickes, unbearbeitetes Stück aus Holz o. Ä.; Stück eines Baumstammes: Klötze spalten; er stand, lag da wie ein K. (steif, unbewegt, hölzern); wie ein K. (ugs.; sehr tief) schlafen; Ü ein K. (ugs.; großes [unförmiges] Gebäude) aus grauem Beton; Spr auf einen groben K. gehört ein grober Keil (Grobheit muss mit Grobheit beantwortet werden); * [in den folgenden Wendungen an den Klotz gedacht, der Tieren auf der Weide ans Bein gebunden wurde, damit sie nicht weglaufen können] **jmdm. ein K. am Bein sein** (ugs.; jmdm. hinderlich, für jmdn. eine Last sein: er ist ihr nur noch ein K. am Bein); **sich** ⟨Dativ⟩ **mit jmdm., etw. einen K. ans Bein binden/hängen** (ugs.; sich belasten); **einen K. am Bein haben** (ugs.; eine Last zu tragen haben); **b)** kleiner, eckiger Gegenstand aus Holz; **c)** Kurzf. von ↑ Bauklotz. **2.** ⟨Pl. Klötze⟩ (salopp abwertend) grober, unbeholfener, rüpelhafter Mensch. **3.** ⟨o. Pl.⟩ (schweiz. salopp) Geld: Mann, hat der K.!

Klötz|chen, das; -s, -: Vkl. zu ↑ Klotz.
klot|zen ⟨sw. V.; hat⟩ [zu ↑ Klotz] (ugs.): ⟨hat⟩ **a)** *etw. in beeindruckenden Ausmaßen mit den entsprechenden Mitteln ausführen, ins Werk setzen:* der Veranstalter des Festes hat mächtig geklotzt; er will nicht kleckern, sondern k.; **b)** *hart arbeiten:* jetzt muss kräftig geklotzt werden.
klot|zig ⟨Adj.⟩: **a)** *(abwertend) unförmig wie ein Klotz, eine grobe, kantige Form habend:* ein -es Gebäude; ein -er Schreibtisch; **b)** (ugs. emotional) *gewaltig, enorm; sehr:* eine -e Villa; er verdient k. [viel Geld].
Klotz|kopf, der (ugs. abwertend): *Dickkopf* (a).
Klub, Club, der; -s, -s [engl. club < mengl. clubbe, eigtl. = Keule, Knüppel, wohl zu aisl. klubba = Knüppel, (Kerb)stock (verw. mit ↑ Klumpen); nach dem alten Brauch, Einladungen zu Zusammenkünften durch Herumsenden eines Kerbstocks od. einer Keule zu übermitteln]: **1. a)** *Vereinigung von Menschen mit bestimmten gemeinsamen Interessen u. Zielen (z. B. auf sportlichem, gesellschaftlichem, politischem, kulturellem Gebiet):* K. der Langen; ein K. von Fotofreunden; einen K. gründen; Mitglieder eines deutsch-englischen -s; **b)** *Clique* (b): da hat sich ja der richtige K. zusammengefunden! **2.** *Haus od. Raum, in dem Mitglieder eines Klubs zusammenkommen; Klubhaus, Vereinslokal:* wir essen heute im K. **3.** (österr.) *Fraktion* (1 a). **4. a)** *Lokal, in dem regelmäßig Musiker, bes. Jazzmusiker auftreten;* **b)** *Disco.*
Klub|bei|trag, Clubbeitrag, der: *von den Mitgliedern eines Klubs regelmäßig zu zahlender Beitrag.*
klub|ei|gen, clubeigen ⟨Adj.⟩: *dem Klub selbst gehörend:* im -en Stadion.
Klub|haus, Clubhaus, das: *Klub* (2).
Klub|ja|cke, Clubjacke, die: *sportliches (manchmal von Mitgliedern eines Klubs in gleicher Farbe u. Ausführung getragenes) Jackett, meist mit gemusterten Metallknöpfen.*
Klub|mit|glied, Clubmitglied, das: *Mitglied eines Klubs.*
Klub|ob|frau, Clubobfrau, die (österr.): *Fraktionsvorsitzende.*
Klub|ob|mann, Clubobmann, der (österr.): *Fraktionsvorsitzender.*
Klub|raum, Clubraum, der: *Raum, in dem Mitglieder eines Klubs zusammenkommen.*
Klub|ses|sel, Clubsessel, der: *tiefer, bequemer Polstersessel in repräsentativer Ausstattung.*
Klub|sit|zung, Clubsitzung, die (österr.): *Fraktionssitzung.*
Klub|zwang, Clubzwang, der (österr.): *Fraktionszwang.*
klu|ckern: ↑ gluckern.
¹Kluft, die; -, -en [aus dem Rotwelschen in die Studenten- u. Soldatenspr. übernommen, vielI. zu hebr. qillûf = das Schälen, zu: qēlippā = Schale, Rinde] (ugs.): **a)** *uniformartige, die Zugehörigkeit zu einer bestimmten Gruppe kennzeichnende Kleidung:* die K. der Pfadfinder; **b)** *Kleidung für einen bestimmten Zweck (z. B. Arbeits-, Festkleidung):* er zog seine beste K. an; Einmal waren wir beide gleich. Beide: Proleten ... in gleicher verschwitzter K. (Tucholsky, Zwischen 97).
²Kluft, die; -, Klüfte [mhd., ahd. kluft, auch: Zange, Schere, eigtI. = gespaltenes (Holzstück), zu ↑ klieben]: **1.** *[Fels]spalte, tiefer Riss im Gestein:* Klüfte und Schrunden; sie war in eine tiefe K. gestürzt. **2.** *scharfer Gegensatz:* die K. zwischen Ost und West, Nord und Süd; zwischen ihnen tat sich eine K. auf, besteht eine tiefe K.; eine K. überbrücken, überwinden.
klug ⟨Adj.⟩ [klüger, klügste] [mhd. kluoc, aus dem Niederrhein., H. u.]: **a)** *mit scharfem Verstand, logischem Denkvermögen begabt, davon zeugend; intelligent:* ein -er Mensch, Kopf; -e Schüler; eine -e *(von Klugheit zeugende)* Antwort; -e *(Klugheit verratende)* Augen; Du bist ja dumm, Paulchen. ... Dass ich noch nicht darauf gekommen bin! Weil du k. redest, k. daherkommst (Seghers, Transit 74); **b)** *gebildet, gelehrt, lebenserfahren, weise:* eine -e Alte; die -en *(an Informationen reichen)* Bücher hatten ihm sehr geholfen; so k. wie vorher/zuvor sein *(nicht mehr wissen als vorher);* musst du immer so k. (ugs.; *besserwisserisch*) daherreden?; R hinterher ist man immer klüger *(im Nachhinein sieht man, wie man etwas besser, geschickter hätte anfangen können);* * **aus etw. nicht k. werden** *(etw. nicht verstehen);* **aus jmdm. nicht k. werden** *(jmdn. nicht durchschauen, nicht richtig einschätzen können);* **c)** *vernünftig, sinnvoll [taktisch] geschickt u. diplomatisch [vorgehend]; schlau:* ein -er Rat; -e Politikerinnen; ein -er Schachzug; er war k. genug, es einzusehen; das hat er k. angefangen; ⟨subst.:⟩ sie tat das Klügste, was hier möglich war; ich halte es für das Klügste, erst einmal abzuwarten; Spr der Klügere gibt nach.
klü|geln ⟨sw. V.; hat⟩ (selten): *nachsinnen; scharf, grübelnd nachdenken:* ich klüg[e]le schon lange an diesem Problem; ♦ Und da gehorcht Ihr denn auch, ohne viel zu k.? (Lessing, Nathan I, 5).
klü|ger: ↑ klug.
klu|ger|wei|se ⟨Adv.⟩: *in kluger* (c) *Weise; wie es, was klug* (c), *intelligent ist:* sie hat k. geschwiegen.
Klug|heit, die; -, -en [mhd. kluocheit = Feinheit, Zierlichkeit; höfisches Benehmen; List]: **1.** ⟨o. Pl.⟩ **a)** *scharfer Verstand, Intelligenz:* sich durch ungewöhnliche K. auszeichnen; ein Mann von großer K.; Aber obwohl noch jung, stand doch nicht umsonst helle K. in den Augen des mageren Adjutanten (A. Zweig, Grischa 100); **b)** *kluges Verhalten, Umsicht, Vernunft:* praktische K.; mit höchster K. vorgehen. **2.** ⟨Pl.⟩ (meist iron.) *[angeblich] kluge Bemerkungen, weise Sprüche:* deine -en kannst du dir sparen.
klug|re|den ⟨sw. V.; hat⟩ (abwertend): *besserwisserisch daherreden:* er kann nur k.
Klug|red|ner, der (abwertend): *Besserwisser.*
Klug|red|ne|rin, die: w. Form zu ↑ Klugredner.
klug|schei|ßen ⟨st. V.; hat⟩ (ugs. abwertend): *besserwisserisch daherreden.*
Klug|schei|ßer, der: *Klugredner.*
Klug|schei|ße|rin, die; -, -nen: w. Form zu ↑ Klugscheißer.
klug|schna|cken ⟨sw. V.; hat⟩ (nordd. abwertend): *klugreden.*
Klug|schwät|zer, der (ugs. abwertend): *Klugredner.*
Klug|schwät|ze|rin, die: w. Form zu ↑ Klugschwätzer.
klügs|te: ↑ klug.
Klump, der [mniederd. klumpe, ↑ Klumpen]: in den Wendungen *etw.* (bes. ein Fahrzeug) **in/zu K. fahren** (ugs.; *durch einen Unfall] zu Schrott fahren, völlig zerstören);* **in K. schlagen, schmeißen, werfen** (ugs.; *mutwillig u. im Zorn zerschlagen, zerstören);* **in K. gehen** (ugs.; *zerstört werden).*
Klum|patsch, der; -[e]s [wohl zusgez. aus ↑ Klumpen u. nordd. Quatsch = breiartige Masse] (salopp abwertend): *Menge, Haufen, wertloses Zeug, unerquickliche Dinge:* du kannst den ganzen K. wegschmeißen; ich will von dem K. nichts mehr wissen.
Klümp|chen, das; -s, -: **1.** Vkl. zu ↑ Klumpen (1): die Milch rühren, damit sich keine K. bilden. **2.** (landsch.) *Bonbon.*
klum|pen ⟨sw. V.; hat⟩: *Klumpen bilden, sich zu Klümpchen, Flocken zusammenziehen; gerinnen:* Mehl klumpt leicht; klumpendes Blut.
Klum|pen, der; -s, - [aus dem Niederd. < mniederd. klumpe]: *meist feuchte, formbare Masse ohne bestimmte Form:* ein K. Lehm, Butter, Gold, Blei; ein unförmiger K. rohen Fleisches.
Klumpfuß, der (Med.): *[angeborene] Fehlbildung, bei der die Fußsohle nach innen u. oben gedreht ist:* er hat einen K.
klump|fü|ßig ⟨Adj.⟩: *einen Klumpfuß, Klumpfüße habend:* ein -er Mann.
klum|pig ⟨Adj.⟩: **a)** *in Klumpen, voller Klumpen:* -es Mehl; **b)** *unförmig wie ein Klumpen:* eine -e Gestalt.
Klün|gel, der; -s, - [spätmhd. klüngel, klungel = kleines Knäuel, mhd. klungelīn, ahd. clungilīn, Vkl. von: clunga = Knäuel, im Sinne von »(Zusammen)geballtes«, verw. mit ↑ Kolben]: **1.** [im 19. Jh. aus dem Rhein.] (abwertend) *Gruppe von Personen, die sich gegenseitig Vorteile verschaffen; Clique* ⟨a⟩: der Diktator und sein K.; einen K. bilden; gegen diesen K. einflussreicher Geschäftsleute ist ein Außenstehender machtlos. **2.** (landsch.) *traubiger Blütenstand, Rispe:* ein K. Trauben, Johannisbeeren.
Klün|ge|lei, die; -, -en: **1.** (abwertend) *[dauerndes] Klüngeln; Partei-, Vetternwirtschaft.* **2.** ⟨o. Pl.⟩ (landsch.) *langsames Arbeiten; Trödeln.*
klün|geln ⟨sw. V.; hat⟩: **1.** (ugs.) *einen Klüngel* ⟨a⟩ *bilden, sich zu einer ganz auf die Vorteile ihrer Mitglieder eingestellten Interessengruppe zusammenschließen:* sie klüngelten und teilten die Pöstchen unter sich auf. **2.** (landsch.) *trödeln* (1 a).
Klün|gel|wirt|schaft, die (abwertend): *Klüngelei* (1).
Klun|ker, der; -s, -n od. der; -s, - [mniederd., md., verw. mit ↑ Klüngel] (ugs.): *großer Schmuckstein, Brillant:* Mensch, hat die -n; sie legte ihre K. an.
Klup|pe, die; -, -n [mhd. kluppe = Zange; abgespaltenes Stück (Holz), zu ↑ klieben]: **a)** *mit Backen od. Klammern versehenes Werkzeug zum Messen (z. B. der Stärke von Baumstämmen), zum Festhalten o. Ä.;* **b)** (bayr., österr.) *Wäscheklammer;* ♦ **c)** * **jmdn. in die - bekommen/kriegen** *(jmdn. zu fassen kriegen, jmds. habhaft werden);* **jmdn. in der -, in der -n haben** (ugs.; *jmdn. in seiner Gewalt haben, gegen jmdn. etw. in der Hand haben, wodurch man ihn unter Druck setzen kann*); **jmdn. in die - nehmen** *(jmdn. unter Druck setzen; jmdn. scharf anfassen, mit jmdm. streng verfahren).*
Klup|pen, die (Bauw.): »Vorrichtung zum Festhalten, Einklemmen«.
Klus, die; -, -en, **Klu|se,** die; -, -n [mhd. klus(e), ↑ Klause] (schweiz.): *enger Taldurchbruch, Schlucht:* im Jura gibt es viele Klusen.
Klü|ver, der; -s, - [älter niederl. kluver, zu: kluif = Klaue (so heißt auch der Leitring, an dem das Segel fährt) od. im Sinne von »Keil(förmiges)« (eigtl. = Spalter) zu: kluiven = von etw. abtrennen (verw. mit ↑ klieben)] (Seemannsspr.): *ein dreieckiges Vorsegel.*
Klü|ver|baum, der (Seemannsspr.): *über den Bug hinausragendes, einziehbares Rundholz zum Befestigen des Klüvers.*
km = Kilometer.
km² = Quadratkilometer.
km³ = Kubikkilometer.
km/h, km/st = Kilometer je Stunde.
KMK, die; -: Kultusministerkonferenz.
KMU [ka:lɛmˈlu:], das; -[s], -[s] [Abk. für: kleine und mittlere Unternehmen] (Wirtsch.): *kleines od. mittleres Unternehmen:* in einem KMU arbeiten.
kn = Knoten.
Knab|be|rei, die; -, -en: **1.** ⟨o. Pl.⟩ *[dauerndes] Knabbern.* **2.** *Knabbergebäck:* -en auf den Tisch stellen.
Knab|ber|ge|bäck, das: *Kleingebäck wie Salzstangen, Cracker o. Ä.*
knab|bern ⟨sw. V.; hat⟩ [aus dem Niederd., zu ver-

altet knappen = nagen, fressen, schnappen, lautm.]: **a)** *etwas Hartes od. Knuspriges essen, indem man kleine Stückchen davon nimmt od. abbeißt:* Nüsse, Kekse, Salzstangen, Konfekt k.; beim Wein etwas zu k. haben; ⟨subst.:⟩ wir holten etwas zum Knabbern; **b)** *(von Menschen u. Tieren, bes. Nagetieren) an etwas [Größerem, Festsitzendem] nagen, kleine Stückchen davon ablösen:* an den Fingernägeln k.; * **an etw. zu k. haben** (1. *sich mit etw. lange u. schwer plagen, sich anstrengen müssen.* 2. *unter den Folgen von etw. leiden müssen).*

Knab|ber|zeug, das ⟨o. Pl.⟩ (ugs.): *süßes od. salziges Knabbergebäck, Nüsse o. Ä.*

Kna|be, der; -n, -n [mhd. knabe = Junge; Diener, ahd. knabo = kleiner Junge, Kind; eigtl. = Pflock, Knüppel, verw. mit ↑ Knebel; zur Bedeutungsentwicklung vgl. Bengel, Flegel]: **1.** (veraltend, sonst geh., Amtsspr., schweiz., österr.) *Junge:* ein blonder, aufgeweckter, verschlossener K.; -n und Mädchen; er unterrichtet ausschließlich -n; die Geburt eines gesunden -n zeigen an ...; Anzüge für -n; ◆ Vater, wo gehst du hin? – Nach Altorf, K., zum Ehnel (Schiller, Tell II, 1). **2.** (ugs., oft scherzh.) *Bursche, Kerl, Mann:* ein lustiger K.; hallo, alter K.! ◆ **3.** *Bediensteter* (2): Das Erscheinen von Werthers -n setzte sie in die größte Verlegenheit (Goethe, Werther II, Der Herausgeber an den Leser).

Kna|ben|alt, der (Musik): *Altstimme eines Knaben (vor dem Stimmbruch).*

Kna|ben|al|ter, das ⟨o. Pl.⟩ (geh.): *Altersstufe vor der Pubertät eines Jungen.*

Kna|ben|chor, der: *Chor, der nur aus Knabenstimmen besteht.*

kna|ben|haft ⟨Adj.⟩: **a)** *einem Knaben ähnlich, wie ein Knabe aussehend:* eine -e, k. aussehende, k. wirkende junge Frau; eine -e Figur; **b)** (selten) *für einen Knaben charakteristisch, sich wie ein Knabe benehmend:* -e Freude; Nach einigem fast -em Geschrei wegen der plötzlichen Kälte des Wassers ... sind alle sehr still, frottieren sich und haben Gesichter von säuglinghafter Rosigkeit (Frisch, Stiller 38).

Kna|ben|haf|tig|keit, die; -: *das Knabenhaftsein.*

Kna|ben|kraut, das [nach dem hodenförmigen Wurzelknollen]: *(zu den Orchideen gehörende) Pflanze mit länglichen [gefleckten] Blättern u. meist rosafarbenen Blüten in einer dichten Traube.*

Kna|ben|so|p|ran, der (Musik): *Sopranstimme eines Knaben (vor dem Stimmbruch).*

Kna|ben|stim|me, die (bes. Musik): *[Sing]stimme eines Knaben.*

Knäb|lein, das; -s, -: Vkl. zu ↑ Knabe.

knack: ↑ knacks.

Knack, der; -[e]s, -e [spätmhd. knacke, Rückbildung zu ↑ knacken od. subst. zu ↑ knack]: *Knacks* (1): es gab einen leichten K., und das Glas hatte einen Sprung.

Knack|arsch, der (ugs.): **a)** *wohlgeformtes u. dadurch sexuell u. erotisierend wirkendes Gesäß:* einen K. haben; **b)** *Person mit einem wohlgeformten u. dadurch erotisierend wirkenden Gesäß.*

Knä|cke|brot, das [schwed. knäckebröd, zu: knäcka = knacken, krachen, eigtl. = Knackbrot, wegen des knackenden Geräusches beim Hineinbeißen]: **a)** *aus Roggen- od. Weizenschrot gebackenes, sehr knuspriges Brot mit geringem Wassergehalt, meist in rechteckigen, dünnen Scheiben:* K. ist leicht verdaulich und sehr nahrhaft; **b)** *Scheibe Knäckebrot* (a): ein K. mit Butter.

kna|cken ⟨sw. V.⟩ [mhd. knacken = krachen, platzen, einen Riss, einen Sprung bekommen; lautm.]: **1.** ⟨hat⟩ **a)** *einen kurzen, harten, hellen Ton von sich geben:* das Bett, der Fußboden knackte; der Boden knackt unter seinen Schritten; das Radio, das Telefon, das Gebälk knackt; ⟨unpers.:⟩ es knackt im Radio, im Telefon, im Gebälk; ... setzte er den Koffer nieder, zog an den Fingern, dass die Knöchel knackten, und sagte: »So, Herr, hier können wir in aller Ruhe reden« (Fallada, Trinker 73); **b)** *mit etw. einen kurzen, harten, hellen Ton erzeugen:* er knackt mit den Fingern, mit den Zähnen. **2.** ⟨ist⟩ (ugs.) *mit einem kurzen, harten, hellen Ton zerbrechen od. zerspringen:* dies Material ist sehr spröde und knackt leicht. **3.** ⟨hat⟩ **a)** *[mit einem geeigneten Werkzeug] so zusammenpressen, dass es mit einem kurzen, harten, hellen Ton zerspringt u. seinen Inhalt freigibt:* Nüsse, Mandeln k.; Ü ein Rätsel k. (*lösen*); einen Geheimcode k. (*entschlüsseln*); den Jackpot k. (ugs.; *gewinnen*); daran wird er noch lange zu k. haben (*damit, mit dessen Folgen wird er noch lange zu tun haben*); **b)** (salopp) *zerdrücken u. damit vernichten, unschädlich machen:* Läuse, Wanzen, Flöhe k.; **c)** (salopp) *gewaltsam aufbrechen (um den Inhalt od. die Sache selbst zu zerstören, zu stehlen, unberechtigt zu benutzen):* das Schloss, einen Geldschrank, Autos, Automaten k. **4.** ⟨hat⟩ (ugs.) *schlafen:* er liegt im Bett und knackt.

kna|ckend ⟨Adv.⟩ (ugs.): *sehr, übermäßig:* der Raum ist k. voll; es ist k. heiß hier.

knack|eng ⟨Adj.⟩ (salopp): *extrem eng:* -e Jeans.

Kna|cker, der; -s, -: **1.** *meist in der Fügung* **alter K.** (salopp abwertend; *älterer Mann*). **2.** (landsch.) *Knackwurst:* drei Paar K.

◆ **kna|ckern** ⟨sw. V.; hat⟩ *[Weiterbildung zu ↑ knacken]:* [wiederholt] knacken: ... hörst du es k., Evchen (Kleist, Krug 7).

knack|er|voll ⟨Adj.⟩ (salopp): *sehr voll:* die Straßenbahn war k.

knack|frisch ⟨Adj.⟩ (ugs.): *ganz frisch und knackig* (a): -e Äpfel.

Kna|cki, der; -s, -s [zu gaunerspr. knacken = jmdn. verhaften, unschädlich machen; vgl. verknacken; ↑ -i] (Jargon): *jmd., der eine Gefängnisstrafe verbüßt od. verbüßt hat.*

kna|ckig ⟨Adj.⟩ (ugs.): **a)** *beim Hineinbeißen od. Eindrücken einen kurzen, harten, hellen Ton hervorbringend; fest u. knusprig:* -e Brötchen, Möhren; der Salat ist noch k.; k. frisches Gemüse; Ü es ist k. (*sehr*) kalt; **b)** *wohlgeformt, jugendlich frisch u. dadurch anziehend u. erotisierend:* -e Mädchen, Typen; ein -er Arsch; eine -e *(ein knackiges Aussehen verleihende)* Bräune, Hose; k. braune Strandschönheiten; **c)** *kraftvoll, schwungvoll:* -e Rockmusik; der Sound ist echt k.; **d)** *prägnant, zackig, energisch:* ein kurzes, -es Statement.

Kna|ckig|keit, die; -: *knackige Beschaffenheit.*

Knack|laut, der: **1.** *kurzer, knackender Laut.* **2.** (Sprachwiss.) *der harte, plötzliche Ansatz von Vokalen beim Sprechen u. Singen.*

Knack|punkt, der (ugs.): *entscheidender Punkt, von dem etw. Bestimmtes abhängt.*

knacks, knack ⟨Interj.⟩: *lautm. für einen kurzen, harten, hellen Ton, wenn etwas bricht od. springt:* k., da hat das Glas einen Sprung!; der Ast machte k. und brach herunter; knicks, knacks.

Knacks, der; -es, -e [zu ↑ knacken, ↑ Knack od. rückgeb. aus ↑ knacksen]: **1.** *knackender Ton:* man hörte einen leisen, hellen, kurzen K. **2.** (ugs.) **a)** *Riss, Sprung:* die Fensterscheibe, die Vase hat einen K.; Ü durch diese Enttäuschung bekam die Ehe einen K.; **b)** *physischer od. psychischer Defekt:* ein K. am Herzen; sie hat einen [seelischen] K. abbekommen.

knack|sen ⟨sw. V.; hat/ist⟩ [Intensivbildung zu ↑ knacken od. zu ↑ Knacks] (ugs.): *knacken* (1 a, 2).

Knack|wurst, die [nach dem knackenden Geräusch, das beim Hineinbeißen in die Wurst entsteht]: *kleine Brühwurst aus Rindfleisch, Schweinefleisch u. Fettgewebe.*

Knall, der; -[e]s, -e [zu mhd. (er-, zer)knellen = schallen, hallen, krachen, wahrsch. lautm.]: *plötzlicher, sehr harter, heftiger Laut von einem Schuss, einer Explosion o. Ä.:* ein heller, dumpfer, scharfer, furchtbarer K.; der K. des Donners, der Peitsche; mit einem K. fiel die Tür ins Schloss; Ü es gab einen großen K. (*Krach, Skandal*); die Ehe endete mit einem K.; * **K. und Fall/K. auf Fall** (ugs.; *plötzlich, unvermittelt; auf der Stelle;* urspr. Jägersprache in der Bed. »so schnell, wie das Wild nach dem Knall der Büchse umfällt«: jmdn. K. und Fall entlassen); **einen K. haben** (salopp; *nicht bei heftigem Laut von einem Schuss, einer Explosion o. Ä.*); *ein knallender Schlag an den Kopf erschüttert das Gehirn so, dass der Betroffene seines Verstandes nicht mehr mächtig ist*).

knall- (ugs. emotional verstärkend): **a)** *drückt in Bildungen mit Adjektiven eine Verstärkung aus; sehr, überaus:* knalldumm, -sympathisch; **b)** *drückt in Bildungen mit Farbadjektiven eine Verstärkung aus; auffallend, grell:* knallgrün, -lila.

knall|blau ⟨Adj.⟩ (ugs.): *kräftig, knallig blau; grellblau:* ein -er Himmel.

Knall|bon|bon, der od. das: *eine kleine Überraschung enthaltende, bunte Papierrolle mit zwei Griffenden u. eingelegtem, beim Auseinanderreißen der Rolle einen Knall auslösendem Zündstreifen.*

knall|bunt ⟨Adj.⟩ (ugs. emotional verstärkend): *sehr grell, auffallend bunt:* ein -es Kleid.

Knall|char|ge, die: **a)** *Rolle, Figur, die durch plumpe, derbe Komik u. durch Übertreibung gekennzeichnet ist;* **b)** *Schauspieler in seiner Rolle als Knallcharge.*

Knall|ef|fekt, der [urspr. vom Feuerwerk] (ugs.): *das völlig Überraschende, verblüffende Wirkung, Pointe:* dann kam der K. der Geschichte; der K. war, dass ...; für den K. sorgen.

knal|len ⟨sw. V.⟩ [zu ↑ Knall]: **1.** ⟨hat⟩ **a)** *einen Knall von sich geben:* die Peitsche knallt; Schüsse knallen; ich höre eine Tür k.; Sektkorken k. lassen; ⟨unpers.:⟩ irgendwo hat es geknallt (*hat es einen Zusammenstoß gegeben*); Ü in der Familie hat es mal wieder geknallt (ugs.; *heftigen Streit gegeben*); **b)** *mit etw. einen Knall erzeugen, verursachen:* mit der Peitsche k.; sie knallen mit den Türen; der Soldat knallte mit den Hacken (*stand stramm, indem er die Hacken zusammenschlug*). **2.** ⟨hat⟩ (ugs.) **a)** *[mit lautem Knall] schießen:* in die Luft, wild um sich k.; jmdm., sich eine Kugel in den Kopf k.; **b)** *mit Wucht in eine bestimmte Richtung schießen:* aufs Tor k.; den Ball ins Tor k.; **c)** *[mit einem Knall] schlagen:* jmdm. die Faust, einen nassen Lappen ins Gesicht k.; * **jmdm. eine k.** (ugs.; *jmdm. eine Ohrfeige geben*); **eine geknallt kriegen** (ugs.; *eine Ohrfeige bekommen*); **d)** *mit Wucht irgendwohin befördern, werfen, irgendwo hart aufsetzen:* die Schuhe in die Ecke k.; den Hörer auf die Gabel k.; **e)** ⟨k. + sich⟩ *sich mit Wucht irgendwohin fallen lassen:* sich aufs Bett, in den Sessel k. **3.** ⟨ist⟩ (ugs.) *[mit einem Knall] gegen etw. prallen, laut u. heftig anstoßen:* er knallte [mit dem Kopf] gegen die Tür; der Wagen ist an die Leitplanke geknallt; der Krug knallte auf den Steinfußboden. **4.** ⟨ist⟩ *mit einem Knall zerspringen, platzen:* der Luftballon, ein Reifen ist geknallt. **5.** ⟨hat⟩ (ugs.) *heiß, brennend scheinen:* die Sonne knallte vom Himmel, ihm auf den Kopf. **6.** ⟨hat⟩ (ugs.) *grell, auffallend sein u. in die Augen stechen:* grelle Farben knallen uns in die Augen; knallende Leuchtreklamen, Farben; Hier in Bronnbach steht eine schöne Kirche; darin knallt das Gold des alten Barock auf weiß getünchten Mauern (Tucholsky, Werke I, 450).

knall|eng ⟨Adj.⟩ (ugs.): *sehr eng*: ein -er Rock.

Knal|ler, der; -s, -: **1.** (ugs.) *Knallkörper*. **2.** (ugs.) *Knüller*.

Knall|erb|se, die: *kleine, mit einem Explosionsstoff gefüllte u. beim Aufprall mit einem Knall zerspringende Kugel*.

Knal|le|rei, die; -, -en (ugs.): *dauerndes, lästiges Knallen* (1, 2 a).

Knall|frosch, der; -[e]s: *in kurz aufeinanderfolgenden Schlägen explodierender u. dabei in verschiedenen Richtungen umherspringender kleiner Feuerwerkskörper*.

Knall|gas, das (Chemie): *Gasgemisch, das schon bei niedrigen Temperaturen explosionsartig verbrennt*.

knall|gelb ⟨Adj.⟩ (ugs.): *grellgelb*: ein -es Hemd.

knall|hart ⟨Adj.⟩ (ugs. emotional verstärkend): **a)** *unerbittlich die ganze Kraft eines Menschen beanspruchend, den ganzen persönlichen Einsatz erfordernd*: die Showbranche ist ein -es Geschäft; -e Konkurrenz; **b)** *unerbittlich hart, rücksichtslos bis zur Brutalität*: ein -er Bursche, Geschäftsmann; **c)** *überaus, in schonungsloser Weise hart; unmissverständlich, an Deutlichkeit nicht zu übertreffen*: -e Werbung; ein -er Thriller; k. fragen, formulieren; jmdm. k. die Wahrheit, die Meinung sagen; **d)** (Sport) *besonders hart, stark, kraftvoll*: ein -er Aufschlag; k. aufschlagen, einschießen.

knall|heiß ⟨Adj.⟩ (ugs. emotional verstärkend): *sehr heiß* (1).

knal|lig ⟨Adj.⟩ (ugs.): **1.** *(von Farben u. Tönen) grell, auffallend, schreiend*: ein -es Gelb; -e Musik; die Farben sind mir zu k.; Ü die Meldung war k. aufgemacht; »Frau Haak«, sagt sie, »hat ihre Amerikaschwärmerei endgültig aufgegeben. Sie erwähnt das mit keiner Silbe mehr. Zieht sich auch längst nicht so k. an wie früher …« (Kronauer, Bogenschütze 401). **2.** (intensivierend bei Adjektiven u. Verben) *sehr, übermäßig*: es ist k. heiß hier; sich k. amüsieren. **3.** *sehr eng anliegend*: -e Jeans.

Knall|kopf, der, **Knall|kopp,** der; -s, …köppe (salopp): *Dummkopf* (oft als Schimpfwort).

Knall|kör|per, der: *Scherzartikel, der bei Erhöhung der Temperatur, Druck, Aufprall o. Ä. mit heftigem Knall explodiert*.

knall|rot ⟨Adj.⟩ (ugs. emotional verstärkend): *kräftig, auffallend, knallig rot; grellrot*: k. lackierte Fingernägel; er war k. vor Wut.

Knall|tü|te, die (salopp): *Knallcharge* (b).

knall|voll ⟨Adj.⟩ (ugs. emotional verstärkend): **a)** *prall gefüllt*; **b)** *stark betrunken*.

knapp ⟨Adj.⟩ [aus dem Niederd., niederd. knap(p) = kurz, eng, gering, H. u.]: **1.** *in nur sehr geringer, kaum ausreichender Menge vorhanden*: -er Lohn; die Mahlzeiten waren zu k. [bemessen]; Getreide ist für Entwicklungsländer k. und teuer geworden; das Geld ist äußerst k.; ich bin k. mit der Zeit *(mir reicht die Zeit kaum aus)*; die Mittel reichen nur ganz k.; es wird, k. gerechnet, fünfzig Euro kosten; im Urlaub wollen wir wandern, und das muss nicht zu k. *(reichlich, ausgiebig)* sein. **2.** *gerade ausreichend, eben noch [erreicht]*: ein -er Sieg; eine -e Entscheidung; der Wahlausgang war sehr k.; seine Leistungen wurden mit »k. befriedigend« benotet; der Sprit hat k. gereicht; Als wir den Korb nach genügend Zeit aus dem Fluss hievten, gelang es ihnen mit »k. drei lebenden Aalen, k. zu entkommen« (Grass, Butt 19). **3.** *etwas weniger (als die genannte Zahl, Zeitspanne o. Ä.); nicht ganz, kaum*: die Fahrt endete bereits nach einem -en Kilometer; vor einer -en Stunde/vor k. einer Stunde; es dauerte k. zehn Minuten/-e zehn Minuten; sie wird k. fünfzig [Jahre alt] sein; k. mannshohes Gras. **4.** *sehr nahe, dicht*: k. nach Abfahrt des Zuges. **5.** *(von Kleidung) eng, fest anliegend*: ein -er Pullover; der Anzug ist sehr k. [geschnitten]; k. sitzende Hosen; der Schuhe sitzen zu k. **6.** *gerafft, auf das Wesentliche beschränkt, konzentriert*: eine -e Auskunft; etw. mit -en Worten schildern; die Begrüßung war k.; etwas kurz und k. mitteilen; eine k. gehaltene Beschreibung. **7.** *kurz, klein, nicht ausladend, minimal*: eine -e Geste, Verbeugung; Ohne ein Wort, nur mit einer jähen, -en Handbewegung, die kaum heftiger schien als das Abschütteln einer Stubenfliege, hatte Augustus den Berichterstatter unterbrochen (Ransmayr, Welt 72).

Knap|pe, der; -n, -n [mhd. knappe = Knabe; Knappe (2); Geselle (im Bergbau), ahd. knappo = Knabe, Nebenf. von ↑Knabe]: **1.** *Bergmann mit abgeschlossener Lehre (Berufsbez.)*. **2.** (Geschichte) bes. zur Waffenausbildung im Dienst eines Ritters stehender junger Mann.

knapp ge|hal|ten, knapp|ge|hal|ten ⟨Adj.⟩: *kurz; auf das Wesentliche beschränkt*.

knapp|hal|ten ⟨st. V.; hat⟩ (ugs.): *jmdm. nur wenig, nur das Nötigste von etw. zur Verfügung stellen*: in unserer Jugend wurden wir knappgehalten.

Knapp|heit, die; -: **a)** *Mangel, Vorhandensein nur kleiner Mengen*: K. an Devisen, an Lebensmitteln; **b)** *Kürze, Gedrängtheit [u. Prägnanz]*: sich um K. des Ausdrucks, im Ausdruck bemühen.

Knapp|schaft, die; -, -en [zu ↑Knappe]: **a)** *Gesamtheit der Knappen eines Reviers, einer Grube*; **b)** *Organisation, zunftmäßiger Zusammenschluss der Knappen*.

knapp|schaft|lich ⟨Adj.⟩: *die Knappschaft betreffend*: die -e Rentenversicherung; die Zechen sind k. organisiert.

Knapp|schafts|kas|se, die: *Kranken- u. Rentenversicherung für Bergleute*.

Knapp|schafts|ren|te, die: *bei Berufs- od. Erwerbsunfähigkeit eines Bergmanns gezahlte Rente*.

Knapp|schafts|ver|si|che|rung, die: *Knappschaftskasse*.

knapp sit|zend, knapp|sit|zend ⟨Adj.⟩: *(von Kleidung) eng anliegend*.

knap|sen ⟨sw. V.; hat⟩ [zu veraltet knappen im Sinne von ↑abknappen, abknapsen, volksetym. beeinflusst von ↑knapp] (ugs.): *[übertrieben] sparsam sein*: zum Monatsende hin k. müssen.

Knar|re, die; -, -n [zu ↑knarren]: **1.** *kleines Gerät, mit dem [durch Drehbewegungen] ein lautes Knarren erzeugt werden kann*: die Kinder zogen mit ihren -n von Tür zu Tür. **2.** (salopp) *Gewehr*: die K. schultern, laden.

knar|ren ⟨sw. V.; hat⟩ [spätmhd. knarren, mhd. (md.) gnarren, lautm.]: *ein ächzendes, mit Knacken verbundenes Geräusch ohne eigentlichen Klang von sich geben*: das Bett, die Treppe knarrt; die Fensterläden, die Ruder knarren; die Gartenpforte knarrte in den Angeln; die Bäume knarren u. ächzen im Wind; mit knarrender Stimme sprechen.

knar|zen ⟨sw. V.; hat⟩ [gek. aus älterem knarrezen (vgl. spätmhd. knarrazen = knarren), zu ↑knarren] (landsch.): *knarren*: die Dielen k.

Knast, der; -[e]s, Knäste, auch: -e [aus der Gaunerspr.; vgl. jidd. knas, hebr. gĕnas = Geldstrafe] (ugs.): **a)** ⟨o. Pl.⟩ *Haftstrafe*: er bekam fünf Jahre K. [aufgebrummt]; * **K. schieben** (salopp) *eine Gefängnisstrafe verbüßen*); **b)** *Gefängnis*: im K. sitzen.

Knast|auf|ent|halt, der: *Aufenthalt im Gefängnis*.

Knast|bru|der, der (ugs.): *[ehemaliger] Gefängnisinsasse*.

Knas|ter, der; -s, - [gek. aus Canasterrobac, Knastertobak; urspr. = edler, würziger Tabak, der in »Rohrkörben« gehandelt wird, zu niederl. knaster < span. canasto < griech. kánastron = Korb] (ugs. abwertend): *billiger, übel riechender Tabak*: was für einen K. rauchst du denn da?; Auf dem ovalen Tische … lag eine Pfeife und blättriger, großgeschnittener Tabak. Das ganze Zimmer hatte davon einen Geruch nach billigem K. (Musil, Törleß 79).

Knäs|ti, der; -s, -s [zu ↑Knast; ↑-i (2 a)] (Jargon): *jmd., der eine Gefängnisstrafe verbüßt [hat]*.

Knast|jar|gon, der (ugs.): *besondere Ausdrucksweise, Sondersprache im Gefängnis*.

Knast|kum|pel, der (ugs.): *Knastbruder*.

Knast|schwes|ter, die (ugs.): *[ehemalige] Gefängnisinsassin*.

Knast|zeit, die (ugs.): *Haftzeit*.

Knast|zei|tung, die (ugs.): *von Gefangenen für Gefangene herausgegebene Zeitung*.

Knatsch, der; -[e]s [zu landsch. knatschen, urspr. wohl lautm. für ein beim Zerdrücken von etw. Weichem entstehendes Geräusch]: *Ärger, Streit, Aufregung u. Unannehmlichkeiten*: mit jmdm. [großen] K. haben; bei ihm zu Hause gibt es öfter K.

knat|schig ⟨Adj.⟩: **a)** *(von kleinen Kindern) quengelig*; **b)** *verärgert, mürrisch*.

knat|tern ⟨sw. V.⟩ [lautm. (im Ggs. zu ↑knittern) für einen dunkleren Klang]. **1.** ⟨hat⟩ *rasch aufeinanderfolgende harte, knallende Laute von sich geben*: Maschinengewehre knattern; die nassen Fahnen knattern im Wind; ein knatterndes Motorrad. **2.** ⟨ist⟩ *sich mit knatterndem Geräusch fortbewegen*: sie knattern mit Motorrädern durchs Dorf. **3.** (salopp) *mit jmdm. Geschlechtsverkehr haben*.

◆ **knät|tern:** Nebenf. von ↑knattern: … und der Wind dazwischen pfiff durch das knatternde Tauwerk (E. T. A. Hoffmann, Bergwerke 9).

Knäu|el, der od. das; -s, - [mhd. kniuwel(in), dissimiliert aus: kliuwel(in), Vkl. von: kliuwe = Kugel, kugelförmige Masse, ahd. kliuwa, verw. mit ↑Kloß]: *zu einer Kugel aufgewickelter Faden (Garn, Wolle u. Ä.)*: ein K. Wolle; ein unentwirrbarer/unentwirrbares K.; ein locker gewickeltes K.; ein[en] K. aufrollen; Papier zu einem K. zusammenknüllen; Ü ein K. *(eine eng zusammengedrängte Masse)* von Menschen.

Knauf, der; -[e]s, Knäufe [mhd. knouf, ablautend zu ↑Knopf]: *[verziertes] Ende an einem Gegenstand etwa in der Form einer Kugel*: der K. einer Waffe; das Bett hatte Knäufe aus Messing; ein Spazierstock mit geschnitztem K.

Knäul|chen, das; -s, -: Vkl. zu ↑Knäuel.

Knau|ser, der; -s, - [aus dem Ostmd. (Schles.), wahrsch. zu frühnhd. knaus = hochfahrend, mhd. knūʒ, auch: keck; waghalsig, also eigtl. = Mensch, der hochfahrend gegenüber den Armen ist] (ugs. abwertend): *übertrieben sparsamer, geiziger Mensch*: ein alter K.

Knau|se|rei, die; -, -en (ugs. abwertend): *das Knausern; knauseriges Handeln*.

knau|se|rig, knaus|rig ⟨Adj.⟩ (ugs. abwertend): *geizig, kleinlich sparend auch in allen Dingen des täglichen Haushalts*: ein -er Verwalter; sei doch nicht so k.!; … und auch das Dienstmädchen fragte er dauernd, ob denn genug Kuchen und genug Kakao da wären, es sollte bloß nicht knauserig sein und sollte allen genug geben (Schnurre, Bart 18).

Knau|se|rig|keit, Knausrigkeit, die; -, -en (ugs. abwertend): *das Knauserigsein; knauseriges Handeln*.

Knau|se|rin, die; -, -nen: w. Form zu ↑Knauser.

knau|sern ⟨sw. V.; hat⟩ [zu ↑Knauser] (ugs. abwertend): *übertrieben sparsam, kleinlich sein:* wir brauchen nicht zu k.; mit dem Geld k.; Ü mit Informationen, Lob k.

knaus|rig: ↑ knauserig.

Knaus|rig|keit: ↑ Knauserigkeit.

knaut|schen ⟨sw. V.; hat⟩ [verhochdeutschte Form von ↑ knutschen] (ugs.): **1.** *zusammendrücken, knüllen:* die Zeitung, das Kopfkissen k.; ich habe [mir] mein Kleid geknautscht. **2.** *Falten bilden, knittern:* der Stoff knautscht leicht.

knaut|schig ⟨Adj.⟩ (ugs.): *verknittert, zerknautscht, leicht zu knautschen:* -er Stoff.

Knautsch|lack, der, **Knautsch|le|der,** das: *[Nappa]leder mit durch Walken hervorgerufenen Falten und einer elastischen, wetterbeständigen Schicht aus Kunststofflack.*

Knautsch|zo|ne, die (Kfz-Technik): *jeweils am vorderen u. hinteren Ende eines Wagens befindlicher Teil der Karosserie, der bei einem Unfall die Kräfte des Zusammenpralls abfangen soll:* Ü *geologische K. (aus den Rändern sich aufeinander zu bewegender großer Kontinentalplatten bestehendes Gebiet [woraus sich durch Über- u. Untereinanderschieben Gebirgsketten gebildet haben]).*

Kne|bel, der; -s, - [mhd. knebel, ahd. knebil = Holzstück, Querholz, urspr. = Stock, Knüppel, Klotz, verw. mit ↑ Knabe]: **1.** *zusammengedrehtes od. -gedrücktes Tuch, das jmdm. in den Mund gesteckt wird, um ihn am Schreien zu hindern:* einen K. im Mund haben. **2.** *Querholz, mit dem etw. gehalten, verspannt od. festgezogen werden kann:* den Druckverband mit einem K. befestigen.

Kne|bel|bart, der [wohl weil die beiden gedrehten Schnurrbartseiten mit Knebeln vergleichbar sind]: *gedrehter Bart an Kinn od. Oberlippe.*

kne|beln ⟨sw. V.; hat⟩ [zu ↑ Knebel]: **a)** *jmdm. etw. in den Mund stecken u. ihn dadurch am Sprechen u. Schreien hindern:* der Überfallene wurde gefesselt und geknebelt; Ü ... seine Unfähigkeit, sich auszudrücken und einen gehobenen Ausdruck für seine Gefühle zu finden, knebelte ihm den Mund (Langgässer, Siegel 183); **b)** *daran hindern, sich zu entfalten; unterdrücken:* das öffentliche Leben, den Fortschritt k.

Kne|be|lung, (seltener:) Kneblung, die; -, -en: *das Knebeln.*

Kne|bel|ver|trag, der: *Vertrag, der für einen der Vertragspartner einengend u. nur sehr schwer kündbar ist.*

Kneb|lung: ↑ Knebelung.

Knecht, der; -[e]s, -e [mhd., ahd. kneht = Knabe; Jüngling; Diener; urspr. viell. = Stock, Knüppel, Klotz, verw. mit Knagge(n); zur Bedeutungsentwicklung vgl. Bengel, Flegel]: **1.** (veraltend) *männliche Person, die für einen Bauern arbeitet, auf einem Bauernhof angestellt ist:* der Hof beschäftigt drei -e; sich als K. verdingen. **2.** (meist abwertend) *jmd., der [willenlos] Befehlen od. Zwängen zu gehorchen hat:* Herr und K.; ein K. der Reichen, der Herrschenden sein; Polizisten werden oft als -e der Staatsgewalt angesehen; Ü er war in K. seiner Leidenschaften.

knech|ten ⟨sw. V.; hat⟩ (geh. abwertend): *unterdrücken, versklaven; willenlos u. gefügig machen:* jmdn., ein Land k.; ⟨oft im 2. Part.:⟩ ein geknechtetes Volk; geknebelt und geknechtet; ⟨subst. 2. Part.:⟩ Geknechtete und Unterjochte.

knech|tisch ⟨Adj.⟩ (geh. abwertend): *keinen eigenen Willen, keine eigene Meinung habend, unterwürfig, kriecherisch:* -e Subjekte; -er Gehorsam; eine -e Gesinnung, Unterwürfigkeit.

Knecht|schaft, die; -, -en ⟨Pl. selten⟩ (geh. abwertend): *Unfreiheit; Leben in Unterdrückung, Gefangenschaft:* die K. dauert schon lange;

jmdn. aus der K. befreien; ein Volk in die K. führen, stürzen.

Knech|tung, die; -, -en (geh. abwertend): *das Knechten; Geknechtetsein:* die K. der arbeitenden Massen.

knei|fen ⟨st. V.; hat⟩ [verhochdeutschte Form von ↑ kneipen]: **1.** *jmdm. ein Stückchen Haut u. Fleisch so [zwischen den Fingern] zusammenpressen, dass es schmerzt; zwicken:* hör auf, mich dauernd zu k.!; er kniff mir/mich in den Arm; sich ins Bein k. (salopp scherzh.; *über etw. so erstaunt sein, dass man am körperlichen Schmerz nachprüfen will, ob man nicht träumt*); ◆ ⟨auch sw. V.:⟩ ... sah dann noch verlangend nach der Hand, die ihn geschlagen und gekneift (Keller, Spiegel 254). **2. a)** *(bes. von zu engen Kleidungsstücken) sich schmerzhaft in die Haut eindrücken:* die Hose, das Gummiband kneift; **b)** (ugs. veraltend) *Schmerzen machen, wehtun:* sie hat zu viel gegessen, nun kneift ihr Bauch/sie den Bauch. **3.** *zusammenpressen, -drücken, zukneifen:* die Augen, die Lippen k. **4.** [urspr. Studentenspr., eigtl. = bei der Mensur den Kopf (aus Angst vor dem Hieb) einziehen] (ugs. abwertend) *sich einer Sache nicht stellen; sich [vor etw.] drücken:* vor einem Vorgesetzten, vor einer Aufgabe k.; hier wird nicht gekniffen!

Knei|fer, der; -s, - [Lehnübertragung von frz. pince-nez]: *Brille ohne Bügel, die auf die Nase geklemmt wird: die auf die Nase klemmen.*

Kneif|zan|ge, die: *Beißzange* (1).

Knei|pe, die; -, -n [aus studentenspr. Kneipschenke = schlechte, kleine Schenke u. das dort abgehaltene Trinkgelage, auch: (enges) Zimmer des Studenten; wahrscheinlich im Sinne von »enger Raum«, zu ↑ kneipen]: **1.** (ugs.) *kleines, einfaches, aber auch gemütliches Lokal, das man v. a. aufsucht u. dort etwas Alkoholisches zu trinken:* eine dunkle, rauchige, anrüchige, altmodische, gemütliche K.; die K. an der Ecke; dauernd in der K. sitzen; sie blieben in einer K. hängen, zogen von K. zu K. **2.** (Verbindungsw.) **a)** *(in einer studentischen Verbindung) Abend mit Trinken u. Singen;* **b)** *für solche Veranstaltungen vorgesehener Raum.*

knei|pen ⟨st. u. sw. V.; knipp/kneipte, hat geknippen/gekneipt⟩ [mniederd. knīpen = (ab)klemmen, zwicken; verw., wahrsch. lautm.] (landsch.): *kneifen* (1-3).

Knei|pen|be|sit|zer, der (ugs.): *Besitzer einer Kneipe* (1).

Knei|pen|be|sit|ze|rin, die: w. Form zu ↑ Kneipenbesitzer.

Knei|pen|gän|ger, der; -s, - (ugs.): *jmd., der regelmäßig Kneipen* (1) *besucht.*

Knei|pen|gän|ge|rin, die; -, -nen: w. Form zu ↑ Kneipengänger.

Knei|pen|tour, die (ugs.): *das Umherziehen von einer Kneipe* (1) *zur anderen.*

Knei|pen|wirt, der: *Wirt einer Kneipe* (1).

Knei|pen|wir|tin, die: w. Form zu ↑ Kneipenwirt.

Knei|pi|er [...'pi̯eː], der; -s, -s [↑ -ier] (ugs.): *Kneipenwirt.*

kneip|pen ⟨sw. V.; hat⟩ (ugs.): *eine Kneippkur machen.*

Kneipp|kur, die [nach dem kath. Geistlichen u. Naturheilkundigen S. Kneipp (1821–1897)] (Med.): *Kur, die vor allem in gezielten Behandlungen mit Wasser besteht.*

Knes|set, Knes|seth, die; - [hebr. kenæsæt, eigtl. = Versammlung]: *israelisches Parlament:* Wahlen zur K.

knet|bar ⟨Adj.⟩: *sich kneten lassend:* eine -e Masse.

Kne|te, die; -: **1.** (ugs.) *Knetmasse.* **2.** (salopp) *Geld:* dazu fehlt mir leider die K.

kne|ten ⟨sw. V.; hat⟩ [mhd. kneten, ahd. knetan =

vgl. Knopf]: **a)** *eine weiche Masse drückend [mit den Händen] bearbeiten:* den Teig k.; die Physiotherapeutin knetet die verkrampften Muskeln; **b)** *aus einer weichen Masse formen:* Figuren aus Lehm, aus Plastilin k.

Knet|gum|mi, der od. das; -s, -s: *Knetmasse.*

Knet|mas|se, die: *[in warmem Zustand] weiche, wachsartige Masse in verschiedenen Färbungen, aus der sich Figuren formen lassen.*

Knick, der; -[e]s -e u. -s [aus dem Niederd. < mniederd. knick, zu ↑ knicken]: **1.** ⟨Pl. -e⟩ *Stelle, an der etw. [aus einem geraden Verlauf] stark abgewinkelt, abgebogen ist:* das Rohr hat einen K.; die Straße macht einen K.; * *einen K. im Auge/in der Linse/in der Optik haben* (ugs. scherzh.: 1. *schielen.* 2. *nicht richtig sehen*). **2.** ⟨Pl. -e⟩ *[unbeabsichtigter] scharfer Falz, Bruch:* ein K. im Papier; der Rock bekam beim Sitzen viele -e. **3.** ⟨Pl. -s⟩ [mniederd. knick, zu: knicken = die Zweige einer Wallhecke abknicken] (nordd.) *mit einer Hecke bewachsener Erdwall.*

Knick|ei, das: *Ei mit leichter Beschädigung der Schale (das nur für industrielle Zwecke verwendet werden darf).*

kni|cken ⟨sw. V.; hat⟩ [aus dem Niederd. < mniederd. knicken; lautm. für einen hellen Klang, verw. mit aisl. kneikja = biegen, zusammendrücken; älter = eine Verbeugung (durch Einknicken der Knie) machen; auch = geizig sein, eigtl. = etw. von einem zu zahlenden Betrag abknicken (= wegnehmen), u. für sich zurückhalten]: **1. a)** *etw. Steifes, Sprödes so brechen, dass die noch zusammenhängenden Teile einen scharfen Winkel bilden:* ein Streichholz, Zweige k.; die Last des Schnees hat viele Bäume geknickt; **b)** *[unabsichtlich] falten, falzen:* die Seiten im Buch k.; bitte nicht k., sind sind Fotos im Umschlag. **2. a)** *sich scharf umbiegen, ohne ab- od. auseinanderzubrechen:* im Sturm knickten die Bäume wie Streichhölzer; **b)** *sich vertreten; einknicken:* ich habe mir beim Klettern den Fuß geknickt. **3.** *in seiner bisherigen Kraft, Stärke o. Ä. entscheidend schwächen; brechen:* jmds. Stolz k.; * *etw. k. können* (salopp; ↑ *vergessen* 2).

Kni|cker, der; -s, - [zu veraltet knicken = geizig sein, ↑ knicken] (ugs.): *geiziger, kleinlicher Mensch.*

Kni|cker|bo|cker, Kni|cker|bo|ckers [auch: 'nɪkɐ...] ⟨Pl.⟩ [engl. knickerbockers (Pl.), nach der Romangestalt D. Knickerbocker im Roman »History of New York« von W. Irving (1783–1859), der als typischer Vertreter der aus Holland stammenden ersten Siedler New Yorks galt (weite Kniehosen gehörten zu charakteristischen Kleidung der Holländer)]: *halblange, weite Pumphose mit Bündchen unterm Knie.*

Kni|cke|rei, die; -, -en [zu ↑ knickern] (ugs. abwertend): *Knauserei.*

kni|cke|rig, knick|rig ⟨Adj.⟩ (ugs. abwertend): *knauserig:* ein -er Mensch; sei doch nicht so k.!

Kni|cke|rig|keit, Knickrigkeit, die; -: *das Knickerigsein.*

kni|ckern ⟨sw. V.; hat⟩ [zu veraltet knickern = geizig sein, ↑ knickern] (ugs. abwertend): *übertrieben sparsam, geizig sein.*

Knick|fuß, der (Med.): *Fehlstellung des Fußes, bei der der Mittelfuß nach innen abgeknickt ist.*

knick|rig: ↑ knickerig.

Knick|rig|keit: ↑ Knickerigkeit.

knicks ⟨Interj.⟩: *lautm. für ein Geräusch, das beim Knicken von Holz o. Ä. entsteht:* es machte k.

Knicks, der; -es, -e [zu veraltet knicken = eine Verbeugung (durch Kniebeuge) machen, ↑ knicken]: *das Zurücksetzen eines Fußes u. das Beugen der Knie als Zeichen der Begrüßung od.

knicksen–knistern

Ehrerbietung von Mädchen od. Frauen: sie machte einen tiefen K. vor der Fürstin.
knick|sen ⟨sw. V.; hat⟩: *einen Knicks machen:* sie knicksten tief.
Kni|ckung, die; -, -en: *das Geknicktsein.*
Knie, das; -s, - ['kniːə, auch kniː] [mhd. knie, ahd. kneo, verw. mit lat. genu, griech. góny = Knie]: **1. a)** *vorderer Teil des Kniegelenks mit der Kniescheibe:* spitze, knochige, runde, zitternde, schlotternde K.; ihm zittern die K.; die K. durchdrücken; sich das K. aufschlagen; sie standen bis an die K. im Wasser; auf das/auf die K. fallen *(niederknien);* sie warf sich vor ihr auf die K.; die Kleine saß auf seinen -n; der Rock reicht bis ans, bis zum, knapp übers K.; sich eine Decke auf die, über die K. legen; du kannst Gott auf [den] -n danken, dass dir nichts passiert ist; * **weiche K.** (ugs.; *mit einem Gefühl körperlicher Schwäche verbundene große Angst:* weiche K. bekommen, haben; mit weichen -n ging er zum Chef); **jmdn. auf/in die K. zwingen** (geh.; *jmdn. unterwerfen; jmds. Widerstand brechen*); **in die K. gehen** (1. *langsam mit einknickenden Knien umfallen:* der Boxer ging in die K. 2. *eine Kniebeuge machen.* 3. *sich einer Übermacht beugen:* vor Ehrfurcht in die K. gehen. 4. *wirtschaftlich zusammenbrechen*); **jmdn. übers K. legen** (ugs.; *jmdm. Schläge aufs Gesäß geben, eine Tracht Prügel geben*); **etw. übers K. brechen** (ugs.; *etw. übereilt erledigen, entscheiden;* dünneres Holz, das rasch zerkleinert werden soll, zerbricht man über dem gebeugten Knie, statt es zu zersägen, wobei allerdings eine genaue Teilung des Holzes nicht möglich ist u. so der Eindruck von Ungenauigkeit, Flüchtigkeit entstehen kann); **b)** *Stelle des Knies (1 a) in einem Hosenbein od. Strumpf:* das K. ist durchgescheuert; Flicken auf die K. setzen. **2. a)** *[rechtwinklig] gebogenes Stück:* ein K. ins Ofenrohr einsetzen; **b)** *[Fluss]biegung.* **3.** (Technik) *mechanisches Gelenk, das sich wie ein menschliches Knie bewegen lässt.*
Knie|bank, die ⟨Pl. ...bänke⟩: *niedrige ¹Bank* (1), *auf der man bequem knien kann.*
Knie|beu|ge, die, (bes. Turnen): *Bewegung, bei der man mit geradem Oberkörper in die Hocke geht u. wieder aufsteht:* zehn -n machen; in die K. gehen.
♦ **Knie|beu|gung,** die: *Kniebeuge:* Ü In einer K. *(im gleichen Moment, gleichzeitig)* verrätst du Freundschaft und Liebe (Schiller, Fiesco II, 3).
Knie|bund|ho|se, die: *bis knapp unter das Knie reichende und dort mit einem Bund abschließende Hose; Bundhose.*
Knie|fall, der [zu mhd. knievallen = auf die Knie stürzen]: *das Fallen auf beide Knie als Zeichen der Verehrung od. Unterwerfung:* einen K. tun; er machte einen K. vor dem Altar; Ü das neue Arzneimittelgesetz ist ein K. vor der Pharmaindustrie.
knie|fäl|lig ⟨Adj.⟩: *demütig, flehentlich:* jmdn. k. [um etw.] bitten.
knie|frei ⟨Adj.⟩: *(von Kleidungsstücken) die Knie frei lassend:* ein -er Rock.
Knie|gei|ge, die: *Gambe.*
Knie|ge|lenk, das: *Gelenk zwischen Ober- u. Unterschenkel.*
knie|hoch ⟨Adj.⟩: *von unten her bis ans Knie reichend:* kniehohe Stiefel; eine kniehohe Mauer; das Gras, der Schnee ist k.
Knie|hö|he, die ⟨o. Pl.⟩: *nur in der Fügung* **in K.** *(in Höhe der Knie:* der Ball ging in K. ins Tor).
Knie|ho|se, die: *bis kurz übers Knie reichende Hose.*
Knie|keh|le, die [zu ↑ Kehle (3)]: *Höhlung auf der Rückseite des Knies:* jmdn. in den -n kitzeln.
knie|kurz ⟨Adj.⟩: *von oben her nur bis ans Knie reichend:* ein -es Kleid.

knie|lang ⟨Adj.⟩: *von oben her bis ans Knie reichend:* ein -er Mantel.
kni|en [kniːn, auch: 'kniːən] ⟨sw. V.⟩ [mhd. knie(we)n, ahd. kniuwen]: **1. a)** ⟨hat/(südd., österr., schweiz.:) ist⟩ *eine Haltung einnehmen, bei der das Körpergewicht bei abgewinkelten Beinen auf einem od. beiden Knien ruht:* auf dem Boden k.; sie kniete vor dem Altar und betete; diese Arbeit muss man kniend verrichten; **b)** ⟨k. + sich; hat⟩ *sich auf die Knie niederlassen:* ich musste mich k.; er kniete sich neben mich. **2.** ⟨k. + sich; hat⟩ (ugs.) *sich intensiv mit einer Sache beschäftigen:* sich in die Arbeit k.
Knie|ope|ra|ti|on, die: *Operation am Knie:* der Fußballer musste sich erneut einer K. unterziehen.
Knie|pro|b|lem, das ⟨meist Pl.⟩: *ein Knie od. beide Knie betreffendes gesundheitliches Problem:* von - en geplagt sein.
Knies, der; -es [aus dem Niederd., wohl ablautend zu mhd. knûz, ↑ Knauser] (ugs.): *verhaltener, nicht offen ausgetragener Streit, Meinungsverschiedenheit; Unstimmigkeit in der Beziehung zu jmdm.:* K. mit jmdm. haben, anfangen.
Knie|schei|be, die (Anat.): *rundlicher, flacher Knochen vor dem Kniegelenk.*
Knie|scho|ner, der: *Knieschützer.*
Knie|schüt|zer, der; -s, - (bes. Sport): *Bandage o. Ä. zum Schutz der Knie.*
Knie|seh|nen|re|flex, der (Med.): *Reflex, bei dem sich der Unterschenkel ruckartig nach oben bewegt, wenn man eine Sehne unterhalb der Kniescheibe einen Schlag versetzt.*
Knie|strumpf, der: *Strumpf, der bis ans Knie reicht.*
Knie|stück, das: *rechtwinklig gebogenes Rohr.*
knie|tief ⟨Adj.⟩: *bis zum Knie:* -es Wasser; sie stand k. im Morast; * **k. im Dispo sein/stecken** (↑ Dispo).
Knie|ver|let|zung, die: *Verletzung am Knie.*
Knie|wär|mer, der; -s, - : *aus Wolle gestricktes, schlauchartiges Kleidungsstück, das über das Knie gezogen wird.*
Kniff, der; -[e]s, -e [zu ↑ kneifen]: **1.** *das Kneifen:* er spürte sie mit -en und Püffen. **2.** *scharf umgebogene Stelle in Papier od. Stoff, Falte, Knick:* einen K. in das Papier machen; vom Sitzen hat der Rock lauter -e. **3.** [nach der betrügerischen Kennzeichnung einer Spielkarte durch Einkneifen am Rand] **a)** *bestimmte, praktische Methode, Handhabung von etw. zur Erleichterung od. geschickteren Ausführung einer Arbeit:* -e für den Heimwerker; alle -e kennen; **b)** *kleiner [unerlaubter] Kunstgriff, kleines Täuschungsmanöver, Manipulation o. Ä. zur Erreichung eines Vorteils; Trick:* ein raffinierter K.; Er sucht sein Vaterland mit allen -en aus dem Konflikt herauszuhalten – ein Patriot (Hochhuth, Stellvertreter 65).
knif|fe|lig: ↑ knifflig.
knif|fen ⟨sw. V.; hat⟩ [zu ↑ Kniff]: *Papier, Stoff o. Ä. scharf falten, falzen:* den Zettel zweimal k.; den Rocksaum k.
kniff|lig, kniffelig ⟨Adj.⟩ [zu landsch. kniffeln = mühselige Arbeit verrichten, heute als zu ↑ Kniff gehörend empfunden] **a)** *Geduld, Geschicklichkeit, Intelligenz bei der Ausführung, Beantwortung o. Ä. erfordernd; schwierig:* eine -e Arbeit, Frage; das Rätsel ist k.; **b)** *Vorsicht, Fingerspitzengefühl in der Behandlung erfordernd; heikel:* eine -e Situation, Angelegenheit.
Knig|ge, der; -[s], -[s] [nach der Sammlung von Verhaltensregeln für den täglichen Gebrauch »Über den Umgang mit Menschen« des dt. Schriftstellers A. Freiherr v. Knigge (1752–1796)]: *Buch mit Verhaltensregeln in einem bestimmten Bereich:* ein K. für Handelsvertreter.

Knilch, Knülch, der; -s, -e [wahrscheinlich aus dem Rotwelschen, zu: knollig (älter: knollicht) = bäuerisch, grob, zu ↑ Knolle, also eigtl. = grober, ungeschliffener Kerl] (salopp abwertend): *unangenehmer, verachtenswerter Mann, Kerl:* mach, dass du verschwindest, du K.!
♦ **Knipp|kü|gel|chen,** das; -s, - [zu landsch. knippen = schnippen, lautm.] (landsch.): *Murmel:* Ich hätte meine Augen hingegeben, K., wer will, damit zu spielen (Kleist, Krug 7).
knips ⟨Interj.⟩: lautm. für ein Geräusch, das beim Knipsen entsteht.
♦ **Knips,** der; -es, -e [mniederd. knīpen, ↑ kneipen; wohl volkstümlich derb-scherzhaft bezogen auf das Foltern mit glühenden Zangen]: *Henker, Scharfrichter:* ...als ihn hungern tät, da schnitt der K., mit Höllenqual, rohes Leib ihm Glied vor Glied und briet es ihm zum Mahl (Bürger, Raubgraf).
knip|sen ⟨sw. V.; hat⟩ [lautm.; in der Verwendung teilweise vermischt mit ↑ kneipen] (ugs.): **1. a)** *etw. [mit den Fingern] tun, wobei ein kurzer, heller Laut entsteht:* mit den Fingernägeln k.; **b)** *einen Schalter [mit dem knipsenden (1 a) Geräusch] betätigen u. dadurch etw. ein- od. ausschalten:* den Schalter, das Blinklicht k.; ⟨auch ohne Akk.-Obj.:⟩ an Lichtschalter k.; **c)** *mit den Fingern wegschnellen:* Krümel vom Tisch k.; Der Pastor knipste mit seinem Rock ein Marienkäferchen von seinem Rock (Strittmatter, Wundertäter 18). **2.** *eine Fahrkarte, Eintrittskarte o. Ä. lochen [u. dadurch entwerten]:* der Schaffner knipst die Fahrkarten. **3. a)** *[als Amateur] fotografieren* (2): ich habe im Urlaub viel geknipst; **b)** *durch Knipsen* (3 a) *aufnehmen [u. abbilden]:* die Kirche, das Schloss k.; **c)** *durch Knipsen* (3 a) *herstellen:* ein Bild, in ein paar Aufnahmen k.
Knip|ser, der; -s, - (ugs.): **1.** *kleineres Gerät, Klammer, Zange, Schalter o. Ä., das beim Betätigen ein knipsendes* (1) *Geräusch macht.* **2.** *jmd., der Fahrkarten o. Ä. knipst* (2). **3.** *Amateurfotograf.* **4.** (Fußballjargon) *instinktreicher Torjäger.*
Knip|se|rin, die; -, -nen: w. Form zu ↑ Knipser (2, 3, 4).
Knirps, der; -es, -e [aus dem Ostmd., H. u.] (ugs.): **1. a)** *kleiner Junge:* ein drolliger, netter K.; als zweijähriger K. durfte ich schon in den Zirkus; **b)** (abwertend) *kleiner, unscheinbarer, unbedeutender Mann.* **2.** ⟨als ®⟩ *zusammenschiebbarer Regenschirm.*
♦ **knir|ren** ⟨sw. V.; hat⟩ [lautm. für einen helleren Klang im Unterschied zu ↑ knarren, ↑ knurren]: **a)** *knirschen:* Er knirrte mit den Zähnen und sah ihn düster an (Goethe, Werther II, Der Herausgeber an den Leser); **b)** *(mit hellerem Ton) knarren:* Wenn Stürme durch Zweige und Blätter sausten, sich Ast und Wipfel knirrend bewegten (Goethe, Egmont V).
knir|schen ⟨sw. V.; hat⟩ [weitergeb. aus ↑ knirren]: **a)** *ein hartes, mahlendes, reibendes Geräusch von sich geben:* der Schnee knirscht unter den Schuhen; die Autoräder knirschen auf dem Kiesweg; **b)** *ein hartes, mahlendes Geräusch verursachen, hervorbringen:* im Schlaf mit den Zähnen k.; ♦ **c)** *knirschend* (a) *beißen:* ...so knirscht es (= das Pferd) in des Zügels Band (Schiller, Pegasus im Joche).
knis|tern ⟨sw. V.; hat⟩ [lautm. für einen helleren Klang]: **a)** *ein [durch Bewegung verursachtes] helles, kurzes, leise raschelndes Geräusch von sich geben:* Papier, Seide knistert; das Feuer knistert im Ofen; in meiner Brusttasche knistert ein Scheck; ein knisternder Taftrock; ⟨auch unpers.:⟩ ich höre knistert es; Ü zwischen den beiden knistert es *(herrscht eine erotische Spannung);* es herrschte eine knisternde

(erregte, prickelnde) Spannung, Atmosphäre; **b)** *ein helles, kurzes, leise raschelndes Geräusch hervorrufen, verursachen:* er knistert mit Papier.

Knit|tel|vers, (auch:) Knüttelvers, der [Knittel, Knüttel = Reim (vgl. engl. staff = Stock, Stab, auch: Vers, Stanze)] (Metrik): *vierhebiger, paarweise gereimter Vers mit unregelmäßigen Senkungen.*

Knit|ter, der; -s, - ⟨meist Pl.⟩ [zu ↑ knittern]: *unregelmäßige, durch Sitzen od. Drücken entstandene kleine Falte bes. in einem Stoff:* die Tischdecke ist voller K.; die K. ausbügeln.

knit|ter|arm ⟨Adj.⟩: *nur wenig, nicht leicht knitternd:* -es Gewebe; eine Bluse aus -er Baumwolle.

Knit|ter|fal|te, die: *Knitter.*
knit|ter|fest ⟨Adj.⟩: *nicht knitternd.*
knit|ter|frei ⟨Adj.⟩: *nicht knitternd.*
knit|te|rig: ↑ knittrig.

knit|tern ⟨sw. V.; hat⟩ [urspr. lautm., vgl. ↑ knattern]: **1.** *Knitter bilden:* der Stoff knittert [leicht]. **2.** *Knitter in etw. machen:* Seidenpapier k.; pass auf, dass du beim Nähen den Stoff nicht knitterst.

knitt|rig, knitterig ⟨Adj.⟩: *viele Knitter aufweisend:* ein -er Zettel; das Leintuch ist ganz k.; Ü ein -es Gesicht *(ein Gesicht mit vielen kleinen Falten).*

Knit|wear [ˈnɪtwɛːɐ̯], der od. das; -[s] [engl. knitwear = Strickwaren, zu: to knit = stricken u. wear = Kleidung]: *modische Strickkleidung.*

◆ **kni|xen:** ↑ knicksen: Die Dienerschaft drängte sich grüßend und knixend um den Wagen (Ebner-Eschenbach, Gemeindekind 24).

Kno|bel|be|cher, der: **1.** *Würfelbecher.* **2.** (Soldatenspr.) *Stiefel mit kurzem Schaft:* Ich musste mich mit meinen zivilen Schnürstiefeln zufriedengeben und bekam keine K. (Grass, Blechtrommel 402).

kno|beln ⟨sw. V.; hat⟩ [aus der Studentenspr., zu landsch. Knobel = Knöchel, (aus Knöcheln geschnittener) Würfel, zu ↑ Knochen]: **1. a)** *mithilfe von Würfeln, Streichhölzern, Handzeichen o. Ä. eine Entscheidung herbeiführen, wer etw. Bestimmtes tun soll od. darf:* wir knobeln mit Streichhölzern, wer das Bier bezahlen muss; mit jmdm. um eine Runde Schnaps k.; die Kinder knobelten um das letzte Stück Kuchen; **b)** *zum Zeitvertreib bestimmte, beim Knobeln (1 a) verwendete Spiele machen:* während einer langen Bahnfahrt k.; wir knobeln abends gerne. **2.** (ugs.) *angestrengt über die Lösung eines Problems nachdenken:* wir knobelten, wie man es machen könnte; an Verbesserungen, an einer neuen Methode k.; an diesem Rätsel habe ich lange geknobelt.

Kno|bi, der; -s [↑ -i (2 a)] (ugs. scherzh.): *Knoblauch.*

Knob|lauch [auch: ˈknɔp...], der; -[e]s [mhd. knobelou(c)h, spätahd. cnufloch, dissimiliert aus: chlobi-, chlofalouh, eigtl. = gespaltener Lauch, zu ↑ Kloben u. ↑ Lauch]: **a)** *(zu den Lauchen gehörende) Pflanze mit Doldenblüten, die zahlreiche um die Sprossachse herum angeordnete Brutzwiebeln ausbildet:* K. anbauen; **b)** *als Gewürz u. Heilmittel verwendete Brutzwiebeln des Knoblauchs (a) mit strengem, durchdringendem Geruch u. Geschmack:* K. an den Salat geben; sie mag keinen K.

Knob|lauch|but|ter, die (Kochkunst): *mit Knoblauch gewürzte Butter.*
Knob|lauch|ge|ruch, der: *Geruch nach Knoblauch.*
Knob|lauch|pil|le, die: *Knoblauch enthaltende Pille.*
Knob|lauch|pul|ver, das: *als Gewürz verwendetes Pulver aus getrocknetem Knoblauch.*
Knob|lauch|sau|ce: ↑ Knoblauchsoße.
Knob|lauch|so|ße, Knoblauchsauce, die (Kochkunst): *mit Knoblauch gewürzte Soße.*
Knob|lauch|wurst, die: *mit Knoblauch gewürzte Wurst.*
Knob|lauch|ze|he, die: *Brutzwiebel des Knoblauchs* (a).
Knob|lauch|zwie|bel, die: *die Brutzwiebeln enthaltendes zwiebelartiges Gebilde des Knoblauchs* (a).

Knob|ler, der; -s, - (ugs.): *jmd., der gern knobelt* (2).
Knob|le|rin, die; -, -nen: w. Form zu ↑ Knobler.

Knö|chel, der; -s, - [spätmhd. knöchel, knochel, Vkl. von ↑ Knochen]: **1.** *Fußknöchel:* sich den K. brechen, verstauchen, verknacksen; das Kleid reicht bis zum K.; bis an, über die K. im Schlamm versinken. **2.** *Fingerknöchel: zarte, spitze K.;* mit dem K. auf den Tisch klopfen.

Knö|chel|bruch, der: *Bruch des Fußknöchels.*
Knö|chel|chen, das; -s, -: Vkl. zu ↑ Knochen (1 a, b).
knö|chel|frei ⟨Adj.⟩: *die Knöchel nicht bedeckend:* -e Schuhe.
knö|chel|hoch ⟨Adj.⟩: *von unten her bis an die Knöchel reichend:* knöchelhohe Schuhe.
knö|chel|lang ⟨Adj.⟩: *von oben her bis zu den Knöcheln reichend.*
knö|chel|tief ⟨Adj.⟩: *eine der Höhe der Knöchel entsprechende Tiefe aufweisend:* -e Wasserlachen; k. im Matsch stehen.
Knö|chel|ver|let|zung, die: *Verletzung am Fußknöchel:* wegen K. beim Turnier ausfallen.

Kno|chen, der; -s, - [mhd. knoche, so: knochen = drücken, pressen, eigtl. = das, womit man gegen etw. schlägt, zu einer urspr. lautm. Verb, das mit ↑ knacken verwandt ist (vgl. mhd. knochen = drücken, pressen; engl. to knock = schlagen, stoßen)]: **1. a)** *harter, hauptsächlich aus Kalk bestehender Teil des Skeletts:* schwere, feste, zierliche, kräftige K.; der K. ist gebrochen, ist wieder gut zusammengewachsen; sich einen K. brechen; jmdm. die K. zusammenschlagen, kaputt schlagen (salopp: *jmdn. verprügeln);* die Wunde geht bis auf den K.; R du kannst dir die K. nummerieren lassen (derb; Drohung, jmdn. heftig zu verprügeln); * **bis auf/in die K.** (ugs.): *bis ins Innerste, durch u. durch:* wir wurden nass bis auf die K.; sein Opa war Nazi bis auf die K.; sie hat sich bis auf die K. blamiert); **b)** *Knochen* (1 a) *von Schlachttieren:* der Fleischer löst den K. aus der Keule; der Hund nagt an einem K.; aus den K. eine Suppe kochen; ein Pfund Fleisch mit, ohne K. *(ist sehr weich u. zart);* **c)** ⟨o. Pl.⟩ *Knochensubstanz:* Kalk hat K. bildende Wirkung; eine aus K. geschnitzte Figur. **2.** ⟨Pl.⟩ (ugs.) *Glieder, Gliedmaßen:* mir tun sämtliche K. weh; die alten K. *(der alte Körper)* wollen nicht mehr; hoffentlich hast du dir keine K. gebrochen; mit heilen K. *(unversehrt)* davonkommen; * **[für jmdn., etw.] die/seine K. hinhalten** *([für jmdn., etw.] einstehen, Leid auf sich nehmen, sich opfern);* **auf die K. gehen** (ugs.; *sehr anstrengend sein: diese Arbeit geht auf die K.);* **jmdm. in die K. fahren** *(jmdn. sehr berühren, von jmdm. stark gespürt werden:* ihm war die Angst in die K. gefahren); **jmdm. in den K. stecken/sitzen/liegen** *(von jmdm. noch gespürt werden, in jmdm. nachwirken:* der Schreck steckt ihr noch tief in den K.). **3.** (ugs. abwertend) *männliche Person:* er ist ein elender, fauler, zäher, reaktionärer, autoritärer K.; das kann man dem alten K. nicht mehr beibringen. **4.** (ugs.) *Schraubenschlüssel in Form eines Knochens mit zwei verdickten Enden.*

Kno|chen|ar|beit, die (ugs.): *sehr anstrengende körperliche Arbeit.*
Kno|chen|bau, der ⟨o. Pl.⟩: *Beschaffenheit des Knochengerüsts:* ein kräftiger, zarter K.
Kno|chen|bil|dung, die: *Bildung* (3) *von Knochen.*
Kno|chen|bre|cher, der (ugs.): *gewalttätiger Mensch, Schläger.*
Kno|chen|bre|che|rin, die; -, -en: w. Form zu ↑ Knochenbrecher.
Kno|chen|bruch, der: *das Brechen* (1), *Gebrochensein eines Knochens* (1 a): *ein komplizierter, zweifacher K.;* er zog sich mehrere Knochenbrüche zu.
Kno|chen|brü|he, die (Kochkunst): *Brühe aus Knochen* (1 b).
Kno|chen|er|wei|chung, die (Med.): *Erkrankung des Knochens* (1 a) *infolge Kalkverlusts.*
Kno|chen|fisch, der (Zool.): *Fisch mit verknöchertem Skelett u. meist mit Schuppen bedeckter Haut.*
Kno|chen|fort|satz, der (Med.): *Fortsatz an einem Knochen* (1 a).
Kno|chen|ge|rüst, das: *Skelett.*
Kno|chen|ge|we|be, das (Med.): *Gewebe, aus dem ein Knochen* (1 a) *besteht.*
kno|chen|hart ⟨Adj.⟩ (ugs. emotional verstärkend): *sehr hart:* ein -er Boden; Ü -e Burschen.
Kno|chen|haut, die (Med.): *den Knochen* (1 a) *umgebende Haut.*
Kno|chen|haut|ent|zün|dung, die (Med.): *Ostitis.*
Kno|chen|job, der (ugs.): *bes. anstrengende, unangenehme od. undankbare Beschäftigung.*
Kno|chen|kot|zen: in der Wendung **es ist zum K.** *(derb; es ist zum Verzweifeln;* verstärkend für: es ist zum Kotzen).
Kno|chen|krebs, der (ugs.): *Osteosarkom.*
Kno|chen|leim, der: *aus Rinderknochen gewonnener Leim.*
kno|chen|los ⟨Adj.⟩ (selten): *ohne Knochen* (1 a, b): *-es Fleisch.*
Kno|chen|mann, der ⟨Pl. ...männer⟩ (bildungsspr.): *personifizierter Tod in Gestalt eines Skeletts.*
Kno|chen|mark, das (Anat.): *weiches Gewebe in den Hohlräumen von Röhrenknochen.*
Kno|chen|mark|spen|der, der (Med.): *jmd., der Knochenmark zum Zweck der Transplantation spendet.*
Kno|chen|mark|spen|de|rin, die: w. Form zu ↑ Knochenmarkspender.
Kno|chen|marks|spen|der, der (Med.): *Knochenmarkspender.*
Kno|chen|marks|spen|de|rin, die: w. Form zu ↑ Knochenmarksspender.
Kno|chen|mark|trans|plan|ta|ti|on, die (Med.): *Transplantation von (gespendetem) Knochenmark (zur Behandlung von Leukämie o. Ä.).*
Kno|chen|mehl, das: *aus gemahlenen Knochen* (1 b) *gewonnenes Produkt, das als Dünge- u. Futtermittel dient.*
Kno|chen|müh|le, die: **1.** *Mühle, in der Knochen* (1 b) *gemahlen werden.* **2.** (ugs.) *Ort, an dem körperlich sehr anstrengende Arbeit geleistet werden muss:* morgen muss ich wieder in den Betrieb, die alte K.
Kno|chen|schin|ken, der: *mit dem Knochen* (1 b) *gekochter od. geräucherter Schinken.*
Kno|chen|schwund, der (Med.): *verminderte Neubildung u. Abbau von Knochensubstanz.*
Kno|chen|split|ter, der: *Splitter eines Knochens.*
Kno|chen|sub|s|tanz, die (Med.): *kalkhaltige Substanz, aus der ein Knochen* (1 a) *besteht.*
kno|chen|tro|cken ⟨Adj.⟩ (ugs. emotional verstärkend): *sehr trocken:* -es Holz; Ü in -er Humor.
Kno|chen|tu|mor, der (Med.): *gutartige od. bösartige Knochengeschwulst.*
Kno|chen|wachs|tum, das: *Wachstum der Knochen.*
knö|chern ⟨Adj.⟩: **1.** *aus Knochen bestehend:* ein

knochig – Knoten

-es Skelett; -e Werkzeuge. **2.** *steif* (5): *ein -er Typ; er wirkt immer sehr k.*
kno|chig ⟨Adj.⟩: *mit starken, deutlich hervortretenden Knochen:* ein *-es Gesicht, -er Körper; ein k. gebauter Typ.*
Kno|chig|keit, die; -: *das Knochigsein.*
Knöch|lein, das; -s, -: Vkl. zu ↑ Knochen (1 a, b).
knock-down, knock|down [nɔkˈdaʊn] ⟨Adj.⟩ [zu engl. to knock down = niederschlagen] (Boxen): *niedergeschlagen, aber nicht kampfunfähig.*
knock-out, knock|out [nɔkˈlaʊt, auch: ˈnɔklaʊt] ⟨indekl. Adj.⟩ [zu engl. to knock out (of time) = jmdn. beim Boxen so treffen, dass der Gegner unfähig ist, weiterzukämpfen, wenn der Schiedsrichter »time!« (= aus!) ruft, eigtl. = herausschlagen, zu: to knock = schlagen, verw. mit ↑ knacken, vgl. Knochen] (Boxen): *k. o* (1): *er hat seinen Gegner k. geschlagen.*
Knock-out, Knock|out, der; -[s], -s: *K. o.*
Knö|del, der; -s, - [spätmhd. knödel, Vkl. von mhd. knode, knote, ↑ Knoten] (bes. südd., österr.): *Kloß:* Schweinshaxe *mit -n;* * **einen K. im Hals haben** (↑ Kloß).
knö|deln ⟨sw. V.; hat⟩ (ugs.): *undeutlich u. sehr kehlig singen, sprechen:* der Tenor knödelte entsetzlich.
Kno|fel, der; -s [landsch., österr. ugs.]: *Knoblauch.*
Kno|fi, der; -s [↑-i (2 a)] (ugs. scherzh.): *Knoblauch.*
Knöll|chen, das; -s, -: **1.** Vkl. zu ↑ Knolle, Knollen. **2.** [wohl umgeformt aus der landsch. (bes. rhein.) Vkl. (Proto)köllchen von ↑ Protokoll (4) unter scherzh. Anlehnung an ↑ Knolle] (landsch. ugs.) *Strafmandat* (a): *ein K. bekommen, bezahlen.*
Knol|le, die; -, -n [mhd. knolle = Klumpen, Erdscholle; plumper Mensch, urspr. = zusammengeballte Masse, verw. mit ↑ knüllen u. mit den unter ↑ Knopf genannten kn-Bildungen]: **1.** *fleischige Verdickung eines oberirdischen od. unterirdischen Pflanzenteiles, in der Nährstoffe gespeichert sind* (z. B. Kartoffel, Dahlienknolle, Radieschen). **2.** (ugs.) *rundlicher Auswuchs an etw., Verdickung:* der Baum hat eine K. am Stamm; was hat er für eine K. im Gesicht *(was hat er für eine Knollennase).* **3.** [entstellt aus ↑ Protokoll (»Protoknoll«)] (ugs.) *Strafmandat.*
Knol|len, des; -s, - [↑ Knolle (3)] (landsch.): *Strafmandat:* einen *K. bekommen.*
Knol|len|blät|ter|pilz, der: *sehr giftiger Pilz mit weißem od. grünlichem Hut u. einer knolligen Verdickung am unteren Stielende.*
knol|len|för|mig ⟨Adj.⟩: *die Form einer Knolle aufweisend.*
Knol|len|frucht, die: **1.** *Kulturpflanze mit essbaren Knollen* (1) (z. B. Kartoffel, Jamswurzel, Topinambur). **2.** *Knolle einer Knollenfrucht* (1).
Knol|len|ge|wächs, das: *Pflanze, die Knollen bildet.*
Knol|len|na|se, die: *große, dicke, knollige Nase.*
knol|len|na|sig ⟨Adj.⟩: *eine Knollennase habend.*
◆ **Knoll|fink,** der; -en, -en, **Knöll|fin|ke,** der; -n, -n [vgl. Fink (2)]: *grober, plumper Mensch:* Aber der Knollfink scherte sich gar nichts darum (Eichendorff, Taugenichts 29).
knol|lig ⟨Adj.⟩: *in der Form einer Knolle; rundlich* [verdickt]: *eine -e Nase.*
◆ **kno|pern** ⟨sw. V.; hat⟩ (landsch.): *knabbern:* ... die ... an den dünnen Paschabröten knoperten (Heine, Rabbi 457).
Knopf, der; -[e]s, Knöpfe [mhd. knopf = Knorren, Knospe; Knauf; Knoten, Schlinge, ahd. knopf = Knoten, Knorren, urspr. = Zusammengeballtes; zu einer umfangreichen Wortgruppe germ. Wörter gehörend, die mit kn- anlauten u. von einer Grundbed. »zusammendrücken, -ballen, pressen, klemmen« ausgehen; vgl. z. B. ↑ kneten, ↑ knüllen, ↑ knutschen]: **1.** *kleiner, meist runder, flacher, kugeliger od. halbkugeliger Gegenstand aus festem Material an Kleidungsstücken, der zusammen mit dem Knopfloch, durch das er hindurchgesteckt wird, als Verschluss dient od. der zur Zierde angebracht ist:* ein runder, flacher, bezogener K.; ein K. aus Perlmutter, Horn; ein K. ist ab, auf, zu; alle Knöpfe sind abgerissen; einen K. annähen, verlieren; den K. auf-, zumachen, öffnen, schließen; * [**sich** ⟨Dativ⟩] **etw. an den Knöpfen abzählen** (ugs. scherzh.; *die Entscheidung über etw. Unwesentliches dem Zufall überlassen* [indem man die Knöpfe eines Kleidungsstücks abwechselnd mit Ja od. Nein belegt u. den letzten entscheidend sein lässt]). **2.** *meist runder Teil eines* [elektrischen] *Geräts, mit dem man durch Drücken od. Drehen etw. ein- od. ausschaltet, in Gang setzt, regelt:* der linke K. ist für die Lautstärke; den/auf den K. drücken; einen K. drehen; an einem K. drehen; er betätigte viele weiße Knöpfe; durch einen Druck auf einen K. etw. in Bewegung setzen. **3.** *kugelig verdicktes Ende von etw.; rundlicher Griff; Knauf:* der K. am Spazierstock, am Degen, an der Stecknadel; neue Knöpfe an den Schubladen machen. **4. a)** (ugs., oft abwertend) [*kleiner*] *Mann:* ein geiziger, komischer, reicher K.; **b)** (ugs.) *niedliches, kleines Kind:* die Töchterchen ist ja ein süßer K. **5.** (südd., österr., schweiz.) *Knoten* (1 a): *einen K. in den Faden machen.*
Knopf|au|ge, das ⟨meist Pl.⟩: *rundes, glänzendes Auge:* lustige, schwarze *-n;* ein kleiner alter Mann mit *-n.*
Knöpf|chen, das; -s, -: Vkl. zu ↑ Knopf (1, 2).
Knopf|druck, der ⟨Pl. ...drücke⟩: *das Drücken auf einen Knopf* (2): ein K. genügt, und die Maschine läuft; die Waschmaschinentür öffnet sich *auf K.*
knöp|fen ⟨sw. V.; hat⟩: **a)** *mit Knöpfen* (1) *öffnen od. schließen:* das Kleid k.; die Bluse wird vorn, hinten, seitlich geknöpft; die Jacke ist falsch geknöpft; **b)** *etw. mit Knöpfen* (1) *befestigen:* das Futter in den Mantel k.; die Kapuze an die Jacke k.
Knopf|leis|te, die: *verstärkter Stoffstreifen* [an einem Kleidungsstück], *auf dem Knöpfe aufgenäht sind:* ein Mantel mit verdeckter K.
Knöpf|li ⟨Pl.⟩ (schweiz.): *den Spätzle ähnliche Mehlspeise.*
Knopf|loch, das: *an den Rändern eingefasster Schlitz, Einschnitt, durch den der Knopf* (1) *gesteckt wird:* ein gesticktes K.; das K. ist ausgerissen; Knopflöcher [aus]nähen; er trägt eine Nelke im K.; * **aus allen/sämtlichen Knopflöchern platzen** (ugs.; *zu dick geworden sein*); **aus allen/sämtlichen Knopflöchern schwitzen, stinken** (ugs.; *sehr schwitzen, stinken*); **jmdm. aus allen/sämtlichen Knopflöchern gucken, scheinen** (ugs.; *jmdm. schon von Weitem anzusehen sein:* die Freude, die Neugier, die Eitelkeit, der Reichtum guckt ihm aus allen Knopflöchern).
Knopf|loch|chi|r|ur|gie, die [die operativ geschaffenen Öffnungen sind nur so groß wie Knopflöcher] (Med.): *minimalinvasive Chirurgie; Schlüssellochchirurgie.*
Knopf|rei|he, die: *Reihe, in der Knöpfe* [auf einem Kleidungsstück] *aufgenäht sind:* ein Jackett mit doppelter K.
Knopf|ver|schluss, der: *Vorrichtung zum Verschließen, Zumachen von etw. mithilfe von Knöpfen:* eine Hose *mit K.*
Knopf|zel|le, die: *kleine flache u. runde Batterie.*
knor|ke ⟨Adj.⟩ [H. u., viell. gepr. von der dt. Kabarettisin Cl. Waldoff (1884–1957)] (bes. berlin.): *fabelhaft, prima:* ein *-r Typ, Film, Jazzkeller;* die Party war *k.*
Knor|pel, der; -s, - [im 15. Jh. in der Zus. knorpel-bein = Knorpel (beim Tier), wohl verw. mit ↑ Knirps u. ↑ Knorren] (Anat.): **1.** ⟨o. Pl.⟩ *festes, elastisches Bindegewebe, das das Skelett stützt, Knochen od. Gelenke verbindet:* die Ohrmuschel ist aus K. **2.** *aus Knorpel* (1) *bestehendes Gebilde:* der K. zwischen Rippe und Brustbein.
Knor|pel|fisch, der (Zool.): *Fisch, dessen Skelett aus Knorpel besteht.*
knor|pe|lig, knorp|lig ⟨Adj.⟩: *aus Knorpel bestehend, Knorpel enthaltend:* -es Fleisch.
◆ **Knorr,** der; -en, -en [Nebenf. von ↑ Knorren]: *kleiner Mensch:* Nur muss der eine nicht den andern mäkeln; nur muss der K. den Knubben hübsch vertragen (Lessing, Nathan II, 5).
Knorr-Brem|se®, die; -, -n [nach dem dt. Ingenieur G. Knorr (1859–1911)] (Technik): *selbsttätige Luftdruckbremse bei Eisenbahnen.*
Knor|ren, der; -s, - [mhd. knorre = knotenförmige Verdickung, verw. mit ↑ Knirps, ↑ Knorpel] (landsch.): **1.** *krummer Teil eines Asts od. Baumstamms mit vielen Verdickungen.* **2.** *Baumstumpf, Holzklotz.* ◆ **3.** *Knöchel* (1): An den vorderen Füßen verlor Herr Isegrim also seine Schuhe bis an die K. (*wurde ihm das Fell bis an die Knöchel abgezogen;* Goethe, Reineke Fuchs 6, 62 f.)
knor|rig ⟨Adj.⟩: **1.** (*von Bäumen*) *krumm gewachsen u. mit vielen Verdickungen u. Ästen:* eine -e Eiche; Meistens führe ich einen -en Stecken bei mir, wenn ich im Wald rumgehe, ich habe Angst vor den Kreuzottern (Winkler, Kärnten 682); Knorrig und kahl stehen die gedrungenen, beschnittenen Apfelbäume (Strauß, Niemand 212). **2.** [alt u.] *wenig umgänglich; spröde* (3 b): ein -er Alter.
Knös|p|chen, das; -s, -: Vkl. zu ↑ Knospe (1).
Knos|pe, die; -, -n [spätmhd. knospe = Knorren; wahrsch. zu: knopf (↑ Knopf) = Knospe]: **1.** *Teil einer Pflanze, aus dem sich eine Blüte od. Blätter entwickelt:* dicke, feste, schwellende *-n;* die *-n* sprießen, platzen, blühen auf, gehen auf; der Baum setzt -n an, treibt -n; Ü eine K. (geh.; *Anfang*) ihrer Liebe. **2.** (Biol.) *bei der Knospung* (2) *abgeschnürter Teil eines Organismus.*
knos|pen ⟨sw. V.; hat⟩: *Knospen treiben:* die Bäume fangen an zu k.; knospende Zweige; Ü ihre knospenden Brüste; ... das schon welke Leben begann – sacht, versteht sich – wieder zu k., das Fieber blieb langsam weg und schließlich auch die anderen Übelkeiten (Lenz, Suleyken 113).
Knos|pung, die; -, -en: **1.** *das Knospen.* **2.** (Biol.) *ungeschlechtliche Vermehrung bei verschiedenen niederen Lebewesen, bei der sich Auswüchse abschnüren u. ein neues Lebewesen bilden.*
Knöt|chen, das; -s, -: Vkl. zu ↑ Knoten (1, 2).
Knöt|chen|aus|schlag, der (Med.): *Hautausschlag, bei dem sich kleine Knoten* (2 c) *bilden; Lichen.*
kno|ten ⟨sw. V.; hat⟩ [mhd. (md.) in: entknoten = den Knoten lösen]: **a)** (*ein Band, einen Faden, eine Schnur o. Ä.*) *um etw. legen u. zu einem Knoten schlingen:* die Krawatte k.; sich ein Tuch um den Hals, um den Arm k.; eine Schnur an den Schlitten k.; ich knotete mir eine Schleife ins Haar; **b)** *die beiden Enden eines Bandes, eines Fadens, einer Schnur o. Ä. durch einen Knoten miteinander verbinden, verknüpfen:* die Schnürsenkel [fester] k.
Kno|ten, der; -s, - [mhd. knote (auch: knode), ahd. knoto (auch: knodo) = knotenförmige Verdickung, zu einer umfangreichen Gruppe germ. Wörter, die mit kn- anlauten u. von einer Bed. »zusammendrücken, -ballen, pressen, klemmen« ausgehen; vgl. auch ↑ Knopf]: **1. a)** *festgezogene Verschlingung von Bändern,*

Fäden, Schnüren o. Ä.: ein fester, loser, doppelter K.; der K. lockert sich, geht auf; einen K. machen, schlingen, lösen, aufmachen, nicht aufkriegen; einen K. in die Schnur machen; [sich ⟨Dativ⟩] einen K. ins Taschentuch machen; Ü den K. des Dramas schürzen *(es zu dramatischen Verwicklungen kommen lassen)*; * **den [gordischen] K. durchhauen** *(eine Schwierigkeit auf verblüffend einfache Weise lösen; nach Alexander d. Gr. [356–323 v. Chr.], der den als unentwirrbar geltenden Gordischen Knoten [nach der antiken Stadt Gordion] dadurch löste, dass er ihn mit dem Schwert durchschlug)*; **b)** *langes, geschlungenes, am [Hinter]kopf festgestecktes Haar [als Haartracht]:* sie trägt einen K.; die Haare zu einem K. aufstecken. **2. a)** (Bot.) *rundliche Verdickung an Pflanzenteilen:* die K. am Weinstock, an Grashalmen; **b)** *Ast* (2); **c)** (Med.) *[krankhafte] Verdickung von Gewebe:* die Gicht verursacht K. an den Fingern; sie hat K. in der Brust. **3.** [engl. knot = Knoten in der Logleine] *Maßeinheit für die Geschwindigkeit bei Schiffen* (eine Seemeile pro Stunde; Zeichen: kn): das Schiff macht 20 K., fährt [mit] 15 K. **4.** (Fachspr.) *Punkt, Stelle, an der sich Linien, Kurven [eines Diagramms] treffen od. von wo aus sie sich verzweigen.* **5.** *Knotenpunkt.*

kno|ten|ar|tig ⟨Adj.⟩: *wie [ein] Knoten, in der Art eines Knotens:* -e Verdickungen.

kno|ten|för|mig ⟨Adj.⟩: *von der Form eines Knotens, wie ein Knoten aussehend o. ä.:* ein -es Gebilde.

Kno|ten|punkt, der: **a)** *Ort, in dem wichtige Verkehrswege zusammentreffen:* ein innerstädtischer, unterirdischer K.; die Stadt ist K. wichtiger Eisenbahnlinien; **b)** (bes. Fachspr.) *Punkt, Stelle, an der Linien, Leitungen o. Ä. zusammentreffen od. sich verzweigen:* ein K. im Fernsprechnetz.

Kno|ten|schrift, die: *von den Inkas entwickelte Vorform einer Schrift, bei der verschiedene Schnüre mit bestimmten Knoten Zahlen u. Zeichen ausdrückten; Quipu.*

Kno|ten|stock, der: ¹*Stock* (1 a) *mit Verdickungen* (2).

Knö|te|rich, der; -s, -e [zu ↑ Knoten u. der in bot. Namen häufigen Endung -rich zur Bez. eines bestimmten Aussehens od. Standortes, vgl. Wegerich]: *(in vielen Arten vorkommende) Pflanze mit ganzrandigen Blättern, knotigem Stängel u. unscheinbaren Blüten.*

kno|tig ⟨Adj.⟩: **a)** *[viele] Knoten aufweisend:* ein -er Stock; -e Gewebe; magere, -e Hände; **b)** *die Form eines Knotens, einer Verdickung aufweisend:* eine -e Geschwulst.

Know-how, Know|how [nou'hau, 'nouhau], das; -[s] [engl. know-how, eigtl. = wissen, wie]: *das Wissen, wie man eine Sache praktisch verwirklicht, anwendet o. Ä.:* das technische, technologische K.; das K. der Hochschulen; mit den Maschinen auch das K. verkaufen.

Know-how-Trans|fer, Know|how|trans|fer, der: *Übermittlung, Weitergabe von Know-how.*

Know-how-Ver|ein|ba|rung, Know|how|ver|ein|ba|rung, die (Rechtsspr.): *(bes. als Teil von Lizenzverträgen übliche) vertragliche Vereinbarung, durch die der Lizenzgeber dem Lizenznehmer sein Know-how zur Verfügung stellt.*

Know|ledge-Ma|nage|ment, Know|ledge|ma|nage|ment ['nɔlɪdʒmænɪdʒmənt, ...mənt], das; [engl. knowledge management, aus: knowledge = Wissen u. management, ↑ Management]: *Gesamtheit der Maßnahmen, die zum Zweck der optimalen Nutzung des Wissens, der Erfahrung u. der Ideen der Mitarbeiter*

rinnen u. Mitarbeiter *(eines Unternehmens o. Ä.) angewendet werden.*

Knub|bel, der; -s, - [zu ↑ knubbeln] (landsch.): *knotenähnliche Verdickung:* ich habe einen K. am Arm.

knub|be|lig, knubblig ⟨Adj.⟩ (landsch.): *rundlich dick, mit Knubbeln:* -e Hände, Knie; eine kleine, -e Nase.

knub|beln ⟨sw. V.; hat⟩ [vgl. ↑ Knopf]: **1.** (landsch.) *an etw. herumfingern:* an einem Knoten k. **2.** ⟨k. + sich⟩ (ugs.) *sich ballen:* vor der Bühne knubbelten sich mehrere Tausend Fans.

Knub|bel|na|se, die; -, -n (landsch.): *Knollennase.*

Knub|ben, der; -s, - [vgl. ↑ Knopf]: **1.** *Knubbe.* **2.** *kleiner Mensch:* ♦ Nur muss der eine nicht den andern mäkeln; nur muss der Knorr den K. hübsch vertragen (Lessing, Nathan II, 5).

knub|blig: ↑ knubbelig.

knud|de|lig ⟨Adj.⟩ (landsch.): *niedlich, putzig, zum Knuddeln:* in diesem Alter sind Babys so k.

knud|deln ⟨sw. V.; hat⟩ [vgl. ↑ Knoten] (landsch.): **a)** *zerknüllen;* **b)** *(bes. ein Kind) umarmen, drücken u. küssen:* ich könnte ihn die ganze Zeit k.; ⟨subst.:⟩ *das Kleine ist zum Knuddeln.*

Knuff, der; -[e]s, Knüffe (ugs.): *leichter Stoß mit der Faust od. dem Ellbogen:* jmdm. einen freundschaftlichen, auffordernden K. geben, versetzen; es setzte Knüffe und Püffe.

knuf|fen ⟨sw. V.; hat⟩ [aus dem Niederd., lautm. od. zu den unter ↑ Knopf genannten kn-Bildungen gehörend] (ugs.): *jmdm. einen od. mehrere Knüffe geben:* jmdn. heimlich k.; er knuffte mir/mich in den Arm, den Rücken, die Seite.

knuf|fig ⟨Adj.⟩ (ugs.): **a)** *niedlich, putzig, liebenswert:* -e Hundebabys; ein -er Gartenzwerg; **b)** *gemütlich* (a): in der Hütte ist es k. warm.

Knülch: ↑ Knilch.

knül|le ⟨Adj.⟩ [aus der Studentenspr., viell. zu ↑ knüllen]: **1.** (ugs.) *betrunken:* er war völlig k. **2.** (landsch.) *erschöpft:* diese Arbeit hat mich k. gemacht.

knül|len ⟨sw. V.; hat⟩ [mhd. knüllen = stoßen, (er)schlagen, verw. mit ↑ Knolle]: **1.** *in der Hand zusammendrücken; zerknüllen, zerknittern:* ein Stück Papier, das Taschentuch k.; etw. zu einem Ball k. **2.** *knittern* (1): der Stoff knüllt leicht.

Knül|ler, der; -s, - [wahrsch. aus der Journalistensprache, zu mundartl. knüllen = schlagen (viell. nach engl. striker, zu: to strike = schlagen, verblüffen)] (ugs.): *etw., was großes Aufsehen erregt, großen Anklang findet, als sensationell empfunden wird:* die Meldung war im K.; der Ausverkauf hält viele K. bereit.

Knüpf|ar|beit, die: *Handarbeit aus [kunstvoll] miteinander verknüpften Fäden, Schnüren o. Ä.*

knüp|fen ⟨sw. V.; hat⟩ [mhd. knüpfen, ahd. knupfen, zu ↑ Knopf in dessen alter Bed. »Knoten, Schlinge«]: **1. a)** *knoten* (a): sich die Krawatte k.; **b)** *knoten* (b): das Schuhband k.; Ü Bande der Freundschaft k.; Kontakte k.; **c)** *anknüpfen* (1): einen neuen Faden an den abgerissenen k. **2. a)** (selten) *durch Verknoten, Verknüpfen von Bändern, Fäden, Schnüren o. Ä. entstehen lassen:* eine Schleife, einen besonderen Knoten k.; **b)** *etw. in einer bestimmten Knüpftechnik herstellen:* Netze, Teppiche k.; von Hand geknüpfte Teppiche. **3. a)** *gedanklich mit etw. verbinden:* große Hoffnungen, Erwartungen an etw. k.; *Bedingungen an etw. k. (etw. von bestimmten Bedingungen abhängig machen);* Hans Castorp, den Kummer und Herzensnot nicht hinderten, das Phänomen mit Sachlichkeit ins Auge zu fassen, knüpfte unbeholfene daran (Th. Mann, Zauberberg 740); **b)** ⟨k. + sich⟩ *mit etw. verbunden sein; [notwendigerweise] zu gleicher Zeit auftreten, erscheinen:*

an dieses Haus knüpfen sich für mich viele schöne Erinnerungen.

Knüpf|kunst, die: *Kunst des Knüpfens* (2 b): dieser Teppich ist ein Beispiel orientalischer K.

Knüpf|tech|nik, die: *Technik* (2) *von Knüpfarbeiten.*

Knüpf|tep|pich, der: *geknüpfter Teppich.*

Knüp|fung, die; -, -en ⟨Pl. selten⟩: *Art, in der etw. geknüpft ist:* ein Teppich mit feiner K.

Knüp|pel, der; -s, - [aus dem Niederd., (Ost)md. (dafür mhd. knüpfel), im Sinne von »Knotenstock, Knorren« verw. mit ↑ Knopf; in niederd. Lautung im Hochdeutschen vermischt mit älterem Klüppel = Gerät zum Klopfen, mhd. (md.) klüppel, zu ↑ klopfen, kloppen; vgl. Klöppel]: **1. a)** *kurzer, dicker Stock:* ein K. aus Hartgummi; die Polizei trieb die Demonstranten mit -n auseinander; einen Hund mit einem K. erschlagen; da möchte man doch gleich/am liebsten mit dem K. dreinschlagen, den K. nehmen (ugs.; *mit Gewalt Ordnung schaffen*); R da liegt der K. beim Hund (ugs.; *das ist die notwendige unangenehme Folge*); * **jmdm. ein K. am Bein sein** (↑ Klotz); ⟨Dativ⟩ **einen K. ans Bein binden, hängen** (↑ Klotz); **einen K. am Bein haben** (↑ Klotz); **jmdm. K./einen K. zwischen die Beine werfen** (ugs.; *jmdm. Schwierigkeiten bereiten*); **b)** *etwa armdickes Rundholz in bestimmter Länge;* **c)** (Metallbearb.) *vierkantiger gewalzter Stahl.* **2. a)** *Kurzf. von* ↑ *Steuerknüppel:* Wer getroffen war, sackte über dem K. zusammen, er sank in den Gurten seitwärts und seine Maschine legte sich auch schräg und strich schmiernd ab (Gaiser, Jagd 190); **b)** *Kurzf. von* ↑ *Schaltknüppel.* **3.** (landsch.) *längliches Brötchen.* **4.** (derb) *Penis.*

Knüp|pel|damm, der: *aus Knüppeln* (1 b) *gebauter Weg über einen Sumpf.*

knüp|pel|dick ⟨Adj.⟩ (ugs.): *sehr schlimm:* es kam k.; die Straßenbahn, der Saal war k. *(übermäßig)* voll.

knüp|pel|hart ⟨Adj.⟩ (ugs. emotional verstärkend): *sehr hart:* -e Matratzen; Ü -e Verhandlungen.

Knüp|pel|hieb, der: *Hieb mit einem Knüppel.*

knüp|peln ⟨sw. V.; hat⟩ [aus dem Niederd. < mniederd. knüppelen, knuppelen, zu ↑ Knüppel]: *brutal mit einem Knüppel schlagen:* die Polizisten knüppelten die Demonstranten; die Polizei begann sofort zu k.

Knüp|pel|schal|tung, die (Kfz-Technik): *Gangschaltung in einem Auto mit einem am Boden rechts [od. links] vom Fahrersitz angebrachten Schalthebel:* das Auto hat K.

knüp|pel|voll ⟨Adj.⟩ (ugs. emotional verstärkend): *sehr, gedrängt voll.*

knur|ren ⟨sw. V.; hat⟩ [lautm. für einen dunklen Klang]: **1.** *(von bestimmten Tieren) als Zeichen von Feindseligkeit brummende, rollende Laute von sich geben:* der Hund knurrte böse; ⟨subst.:⟩ ein wütendes Knurren war zu hören; Ü der Magen knurrt [mir] *(bringt gurgelnde Laute hervor als Begleiterscheinung von Hunger);* mit knurrendem Magen *(sehr hungrig);* ...die fetten, schöngekleideten, duftenden Reiche, die mit Hilfe der Maschinen das Fett aus den andern pressten, samt ihren großen, hustenden, böse knurrenden, fistelnd schnurrenden Automobilen (Hesse, Steppenwolf 213). **2. a)** *seiner Unzufriedenheit über etw. Ausdruck geben; murren:* er knurrte über die neue Anordnung, über das Essen; k. + sich gegen etw.; **b)** *brummend, aus ärgerlicher Stimmung heraus sagen:* »Bist du fertig mit dem Rechtsverdreher?«, knurrte er (Fallada, Herr 208).

Knurr|hahn, der ⟨Pl. ...hähne⟩: *in mehreren Arten vorkommender, im Meer lebender, mit großem Kopf u. großen Brustflossen ausgestatteter Kno-*

knurrig – Koch

chenfisch, bei dem viele Arten knurrende Laute von sich geben können: Ü er ist ein richtiger K. *(mürrischer, verdrießlicher Mensch).*
knur|rig ⟨Adj.⟩ *[eigtl. = (von einem Hund) gern u. oft knurrend]: mürrisch, verdrießlich:* ein -er Alter. Dazu: **Knur|rig|keit,** die.
◆ **knur|risch** ⟨Adj.⟩: *(von einem Hund) gern u. oft knurrend; bösartig:* ... das Gebell des -en Hofhundes Gewissen (Goethe, Götz II).
Knus|per|häus|chen, das: *aus Lebkuchen hergestelltes Hexenhäuschen.*
knus|pe|rig: ↑ knusprig.
knus|pe|rig: ↑ knusprig.
knus|pern ⟨sw. V.; hat⟩ [lautm.] (landsch.):
a) *geräuschvoll knabbern:* Nüsse k.; b) *geräuschvoll an etw. knabbern:* an einem Keks k.
knusp|rig, knusperig ⟨Adj.⟩: 1. *frisch gebacken u. gebraten u. mit harter, leicht platzender Kruste:* -es Brot, Gebäck; die Brötchen sind schön k.; eine k. gebratene Gans. 2. (ugs.): *jung u. frisch aussehend:* sie sieht richtig k. aus; als wir noch jung und k. waren *(früher).*
Knust, der; -[e]s, -e Knüste [mniederd. knust = Knorren, zu einer umfangreichen Gruppe germ. Wörter, die mit kn- anlauten u. von einer Bed. »zusammendrücken, ballen, pressen, klemmen« ausgehen; vgl. Knolle, Knopf, Knoten u. verknusen] (landsch.): *Anfangs- bzw. Endstück eines Brotlaibs:* ich mag am liebsten den K.
Knüst|chen, das; -s, -: Vkl. zu ↑ Knust.
Knu|te, die; -, -n: 1. [russ. knut < anord. knútr = Knoten, Knorren, verw. mit ↑ Knoten] *Peitsche mit kurzem Griff u. angeflochtenen Lederriemen:* als Strafe bekam er zehn Hiebe mit der K. 2. ⟨o. Pl.⟩ *Fuchtel* (2): unter jmds. K. stehen, leben, seufzen; sich unter die K. des Herrschers ducken.
knu|ten ⟨sw. V.; hat⟩: 1. a) *[mit der Knute] prügeln:* die Leibeigenen wurden geknutet; b) *durch Prügel zu etw. veranlassen, irgendwohin treiben:* jmdn. zur Arbeit k. 2. *brutal unterdrücken, knechten.*
Knutsch|ecke, die (ugs.): *dunkle Ecke in einem Lokal, einer Diskothek o. Ä., in der man knutschen kann.*
knut|schen ⟨sw. V.; hat⟩ [urspr. = (zusammen)drücken, pressen (vgl. mhd. knutzen = drücken, quetschen), vgl. Knopf] (ugs.): *heftig umarmen, küssen o. Ä.:* jmdn. k.; sich knutschen sich; [mit jmdm.] k. *(knutschend Zärtlichkeiten austauschen);* Die Stullen der Dicken schlingt er herunter, er bestellt noch im Kauen Schweinsohren mit Erbsen für alle drei nach. Die Dicke knutscht er so, daß sie nach den Schweinsohren glühröt ablatscht (Döblin, Alexanderplatz 91).
Knut|sche|rei, die; -, -en (ugs.): *das Knutschen.*
Knutsch|fleck, der (ugs.): *durch Saugen entstandene blutunterlaufene Stelle auf der Haut:* er hatte einen K. am Hals; jmdm. einen K. machen.
Knüt|tel, der; -s, - [mhd. knüt(t)el, ahd. chnutil, zu ↑ Knoten in dessen älterer Bed. »Knorren«]: *Knüppel.*
Knüt|tel|vers: ↑ Knittelvers.
k. o. [ka:'lo:] ⟨indekl. Adj.⟩ [↑ knock-out]:
1. (Boxen) *nach einem Niederschlag kampfunfähig u. besiegt:* k. o. sein; den Gegner k. schlagen; k. o. gehen *(k. o. geschlagen werden).*
2. (ugs.) *(nach einer großen Anstrengung o. Ä.) körperlich völlig erschöpft, übermüdet:* nach der langen Reise war er völlig k. o.; die Kinder sanken total k. o. in die Betten.
K. o., der; -, - [↑ Knock-out] (Boxen): *Niederschlag, nach dem der Gegner, die Gegnerin kampfunfähig ist, ausgezählt wird u. den Kampf verliert;* technischer K. o. *(Abbruch des Kampfes durch den Ringrichter wegen sportlicher Unterlegenheit, Verteidigungsunfähigkeit od. Verletzung eines Boxers, einer Boxerin):* sie wurde Siegerin durch K. o.; durch K. o. gewinnen, verlieren.

ko-, Ko- [lat. co(n)- (< com-, cum) = mit-]: drückt in Bildungen mit Substantiven, Adjektiven und Verben ein partnerschaftliches Verhältnis, ein Mit- oder ein Nebeneinander aus: Kodirektor, Koedition, koexistent, koexistieren.

kΩ = Kiloohm.
Ko|agu|la|ti|on, die; -, -en [lat. coagulatio = das Gerinnen] (Chemie): *das Koagulieren.*
ko|agu|lie|ren ⟨sw. V.⟩ (Chemie): a) ⟨ist⟩ *ausflocken* (b), *gerinnen;* b) ⟨hat⟩ *ausflocken* (a).
Ko|a|la, der; -s, -s [aus einer Spr. der australischen Ureinwohner]: *(zu den Beuteltieren gehörendes) Säugetier mit dichtem, oberseits grauem, unterseits gelblich weißem, wolligem Pelz, großem Kopf u. Stummelschwanz:* Dazu: **Ko|a|la|bär,** der.
ko|a|lie|ren ⟨sw. V.; hat⟩ [zu frz. coaliser, zu: coalition, ↑ Koalition]: *(von Bündnispartnern, bes. Parteien) sich zu einer Koalition zusammenschließen, -geschlossen haben; eine Koalition bilden:* mit einer Partei k.; die beiden Parteien wollen k.
Ko|a|li|ti|on, die; -, -en [frz. coalition < engl. coalition < mlat. coalitio, eigtl. = das Zusammenwachsen, Sichvereinigen, zu lat. coalescere = zusammenwachsen, sich vereinigen]: *(zum Zweck der Durchsetzung gemeinsamer Ziele geschlossenes) Bündnis besonders von politischen Parteien:* eine K. mit jmdm. bilden, eingehen; die K. gegen Irak beteiligten Staaten; Große K. (Politik: *Koalition der [beiden] meist zahlenmäßig stärksten Parteien in einem Parlament);* Kleine K. (Politik, *Koalition von Parteien in einem Parlament, die zahlenmäßig nur einen geringfügigen Vorsprung gegenüber der Opposition hat).*
Ko|a|li|ti|o|när, der; -s, -e: *Koalitionspartner.*
Ko|a|li|ti|o|nä|rin, die; -, -nen: w. Form zu ↑ Koalitionär.
Ko|a|li|ti|ons|ab|kom|men, das: *Abkommen über die Bildung einer Koalition.*
Ko|a|li|ti|ons|ab|spra|che, die: *Absprache, Vereinbarung unter Koalitionspartnern.*
Ko|a|li|ti|ons|aus|sa|ge, die: *Erklärung einer Partei, ob sie mit einer anderen koalieren will.*
Ko|a|li|ti|ons|aus|schuss, der (Politik): *von einer Regierungskoalition zur Koordinierung ihrer Politik und zur Beilegung eventueller Streitigkeiten gebildetes Gremium:* der K. tagt, berät, ...
Ko|a|li|ti|ons|bil|dung, die: *Bildung einer Koalition.*
ko|a|li|ti|ons|fä|hig ⟨Adj.⟩: *geeignet, eine Koalition einzugehen.*
Ko|a|li|ti|ons|frak|ti|on, die: *Fraktion* (1 a) *einer Koalitionspartei.*
Ko|a|li|ti|ons|frei|heit, die: *das Recht, Vereine u. Gesellschaften zu gründen, bes. im Rahmen des Arbeitslebens das Recht der Arbeitnehmer u. Arbeitgeber, sich zur Vertretung ihrer sozialen Interessen in Vereinigungen zusammenzuschließen; Vereinigungsfreiheit.*
Ko|a|li|ti|ons|ge|spräch, das ⟨meist Pl.⟩ (Politik): *Gespräch zwischen möglichen Koalitionspartnern über die [eventuelle] Bildung einer Regierungskoalition:* -e führen.
Ko|a|li|ti|ons|krieg, der: *Krieg, den mehrere Verbündete gegen einen gemeinsamen Feind führen (bes. die der Kriege der verbündeten europäischen Monarchien gegen das revolutionäre Frankreich von 1792 bis 1807).*
Ko|a|li|ti|ons|par|tei, die: *an einer Koalition beteiligte Partei.*
Ko|a|li|ti|ons|part|ner, der: *an einer Koalition beteiligter Partner:* der kleine K. *(die kleinere Koalitionspartei);* darin sind sich die K. einig.

Ko|a|li|ti|ons|part|ne|rin, die: w. Form zu ↑ Koalitionspartner.
Ko|a|li|ti|ons|po|li|ti|ker, der: *Politiker einer Koalitionspartei.*
Ko|a|li|ti|ons|po|li|ti|ke|rin, die: w. Form zu ↑ Koalitionspolitiker.
Ko|a|li|ti|ons|recht, das: *Koalitionsfreiheit.*
Ko|a|li|ti|ons|re|gie|rung, die: *Regierung, die von einer Koalition von Parteien gestellt wird.*
Ko|a|li|ti|ons|ver|ein|ba|rung, die: *Vereinbarung über die Bildung einer Regierungskoalition.*
Ko|a|li|ti|ons|ver|hand|lung, die ⟨meist Pl.⟩ (Politik): *Verhandlung über die Bildung einer Regierungskoalition:* -en führen.
Ko|a|li|ti|ons|ver|trag, der (Politik): *Vertrag über die Bildung einer Regierungskoalition:* ein schwarz-gelber, rot-grüner K.; einen K. unterzeichnen.
Ko|a|li|ti|ons|wech|sel, der: *Aufkündigung einer bestehenden u. gleichzeitiges Eingehen einer neuen Koalition.*
Ko|au|tor, der; -s, -en [zu lat. con- = mit- u. ↑ Autor]: *Mitautor.*
Ko|au|to|rin, die; -, -nen: w. Form zu ↑ Koautor.
ko|axi|al ⟨Adj.⟩ [zu lat. con- = mit- u. ↑ axial] (Technik): *eine gemeinsame Achse habend.*
Ko|axi|al|ka|bel, das (Technik): *aus einem zylindrischen inneren u. einem rohrförmigen äußeren Leiter bestehendes elektrisches Kabel.*
Ko|balt, Cobalt, das; -s [Umbildung von ↑ Kobold; urspr. glaubte man, das Mineral sei wertlos u. ein Berggeist habe es böswillig unter die wertvolleren Erze gemischt]: *dem Nickel ähnliches, glänzendes, magnetisches Metall (chemisches Element; Zeichen: Co).*
ko|balt|blau ⟨Adj.⟩: *von der Farbe des Kobaltblaus.*
Ko|balt|blau, das ⟨o. Pl.⟩: *leuchtend blaues, aus einer Kobaltverbindung bestehendes Pigment, das bes. in der Öl-, Glas- u. Porzellanmalerei verwendet wird.*
Ko|balt|le|gie|rung, die: *Legierung mit Kobalt als hauptsächlichem Bestandteil.*
Ko|balt|ver|bin|dung, die: *chemische Verbindung des Kobalts.*
Ko|bel, der; -s, - [mhd. (md.) kobe(l), zu ↑ Koben]: 1. (südd., österr.) *Verschlag; kleiner Stall für Haustiere.* 2. (Jägerspr.) *Nest des Eichhörnchens.*
Ko|ben, der; -s, - [mhd. kobe = (Schweine)stall, Verschlag, Käfig; vielleicht zu einem mit »Erdhöhle, mit Flechtwerk überdeckte Grube« verw. mit ↑ Keule (urspr. = Höhlung, Wölbung)]: *Verschlag; Stall, bes. für Schweine.*
Kø|ben|havn [kø:bən'hau'n]: dän. Name von ↑ Kopenhagen.
Köl|bes, der; -, - (rhein.): *Kellner (mit besonderer Berufskleidung) in einem altkölnischen Bierlokal.*
Ko|bold, der; -[e]s, -e [mhd. kobolt, 1. Bestandteil wahrsch. mhd. kobe (↑ Koben), 2. Bestandteil mhd. holt (↑ hold) od. ↑ walten, also eigtl. = Stall-, Hausgeist od. Stall-, Hausverwalter: *(im Volksglauben existierender) sich in Haus u. Hof aufhaltender, gutmütiger Geist, der zu lustigen Streichen aufgelegt, zuweilen auch böse u. tückisch ist:* Ü das Kind ist ein kleiner K. *(ein lebhaftes, wildes Kind).*
ko|bold|haft ⟨Adj.⟩: *einem Kobold ähnlich:* sie sprang k. umher.
Ko|bra, die; -, -s [port. cobra (de capelo) = (Kappen)schlange < lat. colubra = Schlange]: *Brillenschlange* (a).
Koch, der; -[e]s, Köche [mhd. koch, ahd. choch < lat. coquus (vlat. cocus) = Koch, vgl. kochen]: *jmd., der im Kochen, Zubereiten von Speisen ausgebildet ist, der berufsmäßig kocht (Berufs-*

bez.): K. sein, werden; als K. in einer Kantine arbeiten; K. lernen; er ist ein guter, begeisterter K. *(kocht gut, gerne);* **Spr** *viele Köche verderben den Brei (aus einer Sache, bei der zu viele Leute mitreden u. mitentscheiden, wird nichts Gutes).*

Koch|an|lei|tung, die: *Anleitung zur Zubereitung einer warmen Speise.*

Koch|an|wei|sung, die: *Anweisung zur Zubereitung einer warmen Speise.*

Koch|ba|na|ne, die: *Banane einer Bananenart, die nur gekocht od. gebraten genießbar ist.*

Koch|beu|tel, der: *Beutel aus hitzebeständiger Folie, in dem Lebensmittel in kochendem Wasser gegart werden können:* Reis im K.

Koch|buch, das: *Buch, das eine Zusammenstellung von Rezepten u. Anleitungen für die Zubereitung von Speisen verschiedener Art enthält; handschriftliche Sammlung von Kochrezepten.*

Kö|che: Pl. von ↑ Koch.

koch|echt ⟨Adj.⟩ (Textilind.): *(von Textilien) sich kochen (4) lassend; kochfest; kochbeständig:* -e Wäsche; das Gewebe ist nicht k. Dazu: **Kochecht|heit,** die.

Koch|ecke, die: *Ecke eines [Wohn]raumes, die anstelle einer Küche zum Kochen eingerichtet ist.*

kö|cheln ⟨sw. V.; hat⟩: *(von Speisen) bei schwacher Hitze leicht kochen:* die Soße muss zwei Stunden k.

ko|chen ⟨sw. V.; hat⟩ [mhd. kochen, ahd. kochōn < lat. coquere (vlat. cocere) = kochen, sieden]: **1. a)** *(ein festes Nahrungsmittel) auf dem Herd, auf einer Feuerstelle o. Ä. durch Hitze in einer od. unter Zusatz einer Flüssigkeit gar werden lassen:* Fleisch, Gemüse, Kartoffeln k.; diese Früchte müssen gekocht werden *(sind nur in gekochtem Zustand genießbar);* etw. lange, auf kleiner Flamme, bei mittlerer Hitze k.; gekochtes Gemüse; gekochte Eier; **b)** *eine Speise durch Kochen (1 a) zubereiten:* eine Suppe, Pudding k.; für das Kind/dem Kind einen Brei k.; das Mittagessen ist schon fertig gekocht; Marmelade k.; Tee, Kaffee k. *(durch Übergießen mit kochendem Wasser zubereiten);* Ü Stahl k. *(herstellen);* **c)** *(einem Nahrungsmittel) durch Kochen (1 a) eine bestimmte Beschaffenheit verleihen:* etw. gar, weich k.; die Eier hart, den Reis körnig, die Nudeln al dente k. **2. a)** *Speisen durch Kochen (1 a) zubereiten, herstellen:* wer kocht heute?; er kocht in einer Kantine; sie hat bei ihrer Mutter k. gelernt; sie kann nicht k.; ⟨subst.:⟩ das Kochen macht ihm Spaß; sie versteht sich aufs Kochen; **b)** *in bestimmter Weise kochen (2 a):* gut, vorzüglich k.; sie kocht gerne; er kocht viel mit Reis, Knoblauch, du kochst zu fett; sie hat mit Liebe *(mit großer Sorgfalt)* gekocht. **3. a)** *bis zum Siedepunkt erhitzt u. unter Dampfentwicklung in wallender Bewegung sein:* das [Kaffee]wasser, die Milch, der Brei, die Suppe kocht; kochendes Wasser; kochend heißes Wasser; ⟨subst.:⟩ die Milch zum Kochen bringen; Ü das Blut kochte in seinen Adern *(er befand sich in einem Zustand höchster Erregung);* die See kochte *(war wild bewegt);* **b)** *zum Zweck des Garwerdens in kochendem Wasser liegen:* die Kartoffeln kochen; der Reis muss 20 Minuten k.; fest, mehlig kochende Kartoffeln *(Kartoffeln, die nach dem Kochen feste, mehlige Konsistenz haben);* ⟨subst.:⟩ die Äpfel eignen sich zum Kochen. **4.** *(Textilien) bei einer Temperatur knapp unter dem Siedepunkt waschen:* die Handtücher können gekocht werden. **5.** *durch starkes Erhitzen verflüssigen:* Teer, Leim k. **6.** (ugs.) *innerlich sehr erregt, wütend sein:* [vor Wut oder Zorn] k.; die Volksseele kocht *(die Bevölkerung ist aufgebracht).*

Ko|cher, der; -s, -: *eines kleines Gerät, auf dem gekocht werden kann:* ein elektrischer K.; Spiritus in den K. füllen.

Kö|cher, der; -s, - [mhd. kocher, kochære, ahd. kochar, chochāri, H. u.]: **1.** *längliches Behältnis zum Aufbewahren der Pfeile (1):* er nahm einen Pfeil aus dem K. **2.** *Behälter, Futteral für ein Fernglas, ein Objektiv.*

Ko|che|rei, die; -, -en (ugs., meist abwertend): *[dauerndes] Kochen:* die K. kostet so viel Zeit.

Koch|feld, das: *aus einer Platte aus Glaskeramik bestehende Kochmulde.*

koch|fer|tig ⟨Adj.⟩: *(von einem Lebensmittel, einem Gericht) so weit vorbereitet, dass es nur noch gekocht zu werden braucht:* -es Gemüse; einen Fisch k. machen.

koch|fest ⟨Adj.⟩ (Textilind.): kochecht.

Koch|fleisch, das (landsch.): **a)** *Suppenfleisch;* **b)** *gekochtes Rindfleisch als Speise:* heute gibt es K. mit Meerrettichsoße.

Koch|frau, die (landsch.): *im Kochen erfahrene Frau, die bei Familienfesten o. Ä. zum Zubereiten des Essens engagiert wird:* ♦ ... die K. war eben angelangt, und der Bratenwender sollte aufgestellt werden (Storm, Söhne 32).

Koch|ge|le|gen|heit, die: *Möglichkeit zum Kochen, die an einem bestimmten Ort gegeben ist od. jmdm. gewährt wird:* ein Zimmer mit K.

Koch|ge|schirr, das: **1.** *(bes. als Teil der soldatischen Ausrüstung verwendeter) kleinerer Behälter mit Deckel zur Aufnahme u. zum Transport von Essensportionen o. Ä.* **2.** *(selten) Gesamtheit des Geschirrs, das beim Kochen gebraucht wird.*

Koch|herd, der: *Herd* (1).

Kö|chin, die; -, -nen: w. Form zu ↑ Koch.

Koch|kä|se, der: *aus Quark, Salz u. Gewürzen durch Erhitzen hergestellter Käse.*

Koch|kis|te, die: *mit wärmeisolierenden Stoffen ausgekleideter Behälter, in dem angekochte Speisen im Kochtopf fertig gegart werden.*

Koch|kunst, die: *die Kunst des Zubereitens von Speisen; Gastronomie* (2).

Koch|kurs, (selten:) **Koch|kur|sus,** der: *Kurs der allgemeine od. spezielle Kenntnisse im Kochen vermittelt.*

Koch|löf|fel, der: *Löffel aus Holz od. Kunststoff mit langem Stiel [u. sehr flacher Vertiefung], der besonders zum Umrühren der Speisen beim Kochen verwendet wird:* * **den K. schwingen** (scherzh.; *Essen zubereiten; kochen).*

Koch|mul|de, die: *(bei einer Einbauküche) Fläche mit mehreren Kochplatten, die in die Arbeitsplatte eingelassen ist.*

Koch|müt|ze, die: *hohe weiße Mütze als Teil der Berufskleidung der Köchinnen u. Köche.*

Koch|ni|sche, die: *meist von einem Wohnraum abgetrennte Nische, in der sich auf engem Raum die notwendigste Kücheneinrichtung befindet:* eine Einzimmerwohnung mit K.

Koch|plat|te, die: **a)** *Platte eines Elektroherds;* **b)** *kleiner elektrischer Kocher mit einer od. zwei Heizplatten.*

Koch|re|zept, das: *Rezept, nach dem eine Speise zubereitet werden kann.*

Koch|salz, das ⟨o. Pl.⟩: *Natriumchlorid.*

koch|salz|arm ⟨Adj.⟩: *salzarm; nur wenig Kochsalz enthaltend; mit nur wenig Kochsalz.*

koch|salz|hal|tig ⟨Adj.⟩: *Kochsalz enthaltend:* eine -e Quelle.

Koch|salz|lö|sung, die: *Lösung von Kochsalz in Wasser:* physiologische K. (Med.); *wässrige Lösung von Kochsalz, die dem Körper vorübergehend als Ersatz von Blut zugeführt werden kann).*

Koch|schin|ken, der: *gepökelter, geräucherter u. gekochter Schinken.*

Koch|schu|le, die: **1.** *Einrichtung, in der man das* Kochen lernen kann. **2.** *Lehrgang, Schulung zum Lernen, wie man [besser] kocht.*

Koch|sen|dung, die: *Fernsehsendung, in der gekocht wird.*

Koch|show: *Fernsehshow zum Thema Kochen.*

Koch|stel|le, die: **1.** *Feuerstelle.* **2.** *Kochplatte* (a).

Koch|topf, der: *beim Kochen verwendeter Topf (aus Metall) mit Henkel [u. Deckel]:* ein emaillierter K.; Kochtöpfe aus Edelstahl; das Huhn ist in den K. gewandert (scherzh.; *ist geschlachtet, gekocht u. verzehrt worden).*

Koch|wä|sche, die: *Wäsche, die gekocht* (4) *wird:* die Handtücher kommen zur K.

Koch|was|ser, das ⟨o. Pl.⟩: *Wasser, in dem etw., bes. ein Nahrungsmittel, gekocht wird:* das K. abgießen.

Koch|wurst, die: *Wurst, deren Masse vor dem Einfüllen in den Darm gekocht wird u. die vor dem Verzehr nochmals erhitzt wird.*

Koch|zeit, die (Kochkunst): *Zeit, während der etw. Bestimmtes kocht; Zeit, die es dauert, etw. Bestimmtes zu kochen.*

Ko|da, die: ↑ Coda.

Kod|der|schnau|ze, die (salopp, bes. berlin.): **a)** *[unbekümmert] freches Mundwerk:* sie hat eine richtige K.; **b)** *jmd., der eine Kodderschnauze (a) hat:* er ist vielleicht eine K.!

Kode usw.: ↑ Code usw.

Ko|de|in: ↑ Codein.

Kö|der, der; -s, - [mhd. kö[r]der, querder, ahd. querdar, wahrsch. eigtl. = Fraß; Speise]: *etw., was beim Fangen bestimmter Tiere als Lockmittel dient (z. B. ein einem Angelhaken befestigter Wurm, ein in einer Mausefalle ausgelegtes Stück Käse):* ein lebender K.; auf einen K. anbeißen; Agathe fühlte sich ... gleich im ersten Augenblick dieses Beisammenseins tief gesunken, dann aber auf festem Boden; sie legte dort das Wort Scheidung wie einen K. aus (Musil, Mann 1073).

Kö|der|fisch, der (Angeln): *Fisch, der beim Angeln als Köder dient.*

kö|dern ⟨sw. V.; hat⟩ [mhd. kerdern, querdern]: **a)** *mit einem Köder anlocken, fangen:* Fische [mit Würmern] k.; ... und zwei Hände voll stockiger Haferflocken – die hatte die Küche freigegeben – sollten, über die Türschwelle gestreut, Ratten k. (Grass, Hundejahre 363); **b)** (ugs.) *jmdn. durch Versprechungen, Zuwendungen o. Ä. verlocken, etw. Bestimmtes zu tun, sich in bestimmter Weise zu verhalten:* mit Freiexemplaren neue Abonnenten k.; sich [mit Geld] nicht k. lassen.

Kö|der|wurm, der (Angeln): *(als Köder verwendeter) bräunlicher bis grünlicher Ringelwurm, der im Schlick der europäischen Küsten lebt.*

Ko|dex, der; -es u. -, -e u. ...dizes [...diʦəs], Codex, der; -, -dices [...diʦeːs] [lat. codex (älter: caudex) = Schreibtafel, Schreibheft, eigtl. = Baumstamm, Klotz, dann: zu Schreibtafeln gespaltenes Holz, zu: cudere = schlagen]: **1. a)** *(in der Antike) Anzahl zusammengebundener, mit Wachs überzogener hölzerner Schreibtäfelchen;* **b)** *(im MA.) Sammlung von Handschriften* (3), *die zwischen Holzdeckeln zu einer Art Buch zusammengefügt sind.* **2.** *(im römischen Recht) Gesetzessammlung.* **3.** *Sammlung von Normen, Regeln eines Sachbereichs:* ein K. der Normen, Begriffe. **4.** *ungeschriebene Regeln des Verhaltens, des Handelns, an denen sich eine [gesellschaftliche] Gruppe orientiert; Verhaltenskodex:* der K. ehrbarer Kaufleute.

Ko|di|e|ren usw.: ↑ codieren usw.

Ko|di|fi|ka|ti|on, die; -, -en [zu ↑ kodifizieren]: *das Kodifizieren* (1, 2).

ko|di|fi|zie|ren ⟨sw. V.; hat⟩ [zu ↑ Kodex u. lat. facere = machen]: **1.** (Rechtsspr.) *Gesetze, Rechtsnormen in einem Gesetzeswerk zusam-*

menfassen: Gesetze k.; kodifiziertes Recht. **2.** *in einem Kodex* (3) *festlegen:* Normen k.

Ko|di|fi|zie|rung, die; -, -en: *Kodifikation.*

Ko|di|zes: Pl. von ↑ Kodex.

Ko|edu|ka|ti|on [...ˈtsi̯oːn], die; - [engl. coeducation, aus: co- (< lat. con-, ↑ ko-, Ko-) u. education = Erziehung] (Päd.): *gemeinsamer Schulunterricht für Mädchen u. Jungen.*

ko|edu|ka|tiv ⟨Adj.⟩ (Päd.): *mit, in Koedukation:* -e Schulen; die Erziehung ist k.

Ko|ef|fi|zi|ent, der; -en, -en [zu lat. con- = mit- u. efficiens (Gen.: efficientis), 1. Part. von: efficere, ↑ effizieren; in der nlat. Form coefficiens geb. von dem frz. Mathematiker F. Viète (1540–1603)]: **1.** (Math.) *konstanter Faktor vor einer veränderlichen Größe.* **2.** (Physik, Technik) *kennzeichnende Größe für bestimmte physikalische od. technische Vorgänge.*

Ko|evo|lu|ti|on, (fachspr.:) Coevolution, die [zu lat. con- = mit u. ↑ Evolution]: *Evolution* (2) *unter wechselseitiger Beeinflussung:* die K. von Wirtstier und Parasit.

Ko|exis|tenz [auch: ...ˈtɛnts], die ⟨o. Pl.⟩ [mlat. coexistentia = gleichzeitiges Bestehen, zu kirchenlat. coexistere = zugleich vorhanden sein] (bildungsspr.): *das gleichzeitige Vorhandensein, Existieren; das Nebeneinanderbestehen [von Verschiedenartigem]:* eine (friedliche) K. unterschiedlicher Lebensformen, Religionen, Konfessionen.

ko|exis|tie|ren [auch: ...ˈtiː...] ⟨sw. V.; hat⟩ (bildungsspr.): *nebeneinander, miteinander vorhanden sein, existieren:* friedlich k.

Kof|fe|in, Coffein, das; -s [fachspr. Bildung zu engl. coffee = Kaffee]: *vor allem in Kaffee, Tee u. Kolanüssen enthaltener bitter schmeckender Stoff mit anregender Wirkung.*

kof|fe|in|frei ⟨Adj.⟩: *kein Koffein enthaltend:* -er Kaffee; die Limonade ist k.

kof|fe|in|hal|tig ⟨Adj.⟩: *Koffein enthaltend:* -e Getränke.

Kof|fer, der; -s, - [spätmhd. coffer, über das Niederl. < frz. coffre = Kasten, Truhe; Koffer, wahrsch. < spätlat. cophinus = Weidenkorb < griech. kóphinos]: *größeres rechteckiges Behältnis mit aufklappbarem Deckel u. Handgriff zum Tragen an einer Schmalseite, das dazu bestimmt ist, Kleider u. andere für die Reise notwendige Dinge aufzunehmen:* ein großer, schwerer, handlicher, lederner, schwarzer K.; ein K. aus Leder, Pappe, Kunststoff, Aluminium; ein praktischer K. für das Werkzeug, die Bohrmaschine, die Fotoausrüstung, den Schmuck; ein K. voll Geld; die K. packen, auspacken; einen K. aufgeben; etw. in den K. packen, tun; * **die K. packen** (*abreisen:* wenn es weiter so regnet, packen wir die K.; wer beim Turnier die Vorrunde nicht übersteht, kann gleich wieder die K. packen); **einen K. stehen lassen** (ugs. scherzh.; *eine Blähung abgehen lassen*); **aus dem K. leben** ([aus beruflichen Gründen] viel, dauernd unterwegs sein).

Kof|fer|an|hän|ger, der: *Anhänger* (4) *am Koffer.*

Kof|fer|bom|be, die: *in einem Koffer verborgener Sprengsatz.*

Köf|fer|chen, das; -s, -: Vkl. zu ↑ Koffer.

Kof|fer|de|ckel, der: *Deckel eines Koffers.*

Kof|fer|ku|li, der: *(für die Reisenden am Bahnhof, bes. auf den Bahnsteigen bereitstehender) kleiner Wagen zum Transportieren des Reisegepäcks.*

Kof|fer|ra|dio, das: *kleines Radio mit flachem Gehäuse u. Bügel zum Tragen.*

Kof|fer|raum, der: *von außen zugänglicher Bereich, meist im Heck des Pkws, in dem größeres Gepäck (Koffer o. Ä.) verstaut werden kann:* Dazu: **Kof|fer|raum|vo|lu|men,** das.

Kof|fer|schloss, das: *Schloss an einem Koffer.*

Kof|fer|schlüs|sel, der: *Schlüssel für einen Koffer.*

Kof|fer|trä|ger, der: **1.** *Gepäckträger* (1). **2.** (bes. Politik-, Sportjargon) *Wasserträger* (2).

Ko|fi|nan|zie|rung, die (Wirtsch.): *gemeinsame Finanzierung, Beteiligung an einer Finanzierung.*

Köf|te, die; -, - od. das; -[s], - [türk. köfte] (Kochkunst): *gegrilltes od. gebratenes Hackfleischbällchen.*

Kog: ↑ Koog.

Kö|ge: Pl. von ↑ Koog.

Ko|gel, der; -s, - [verw. mit ↑ Kugel] (südd., österr.): *Bergkuppe.*

Kog|ge, die; -, -n [aus dem Niederd. < mniederd. kogge, wohl eigtl. = kugelförmiges Schiff, verw. mit ↑ Kugel]: *vom 13. bis 15. Jh. als Handels- u. Kriegsschiff verwendetes, bauchiges Segelschiff mit hohen Aufbauten auf Bug u. Heck.*

Ko|g|nak [ˈkɔnjak], der; -s, -s [nach der frz. Stadt Cognac]: *Weinbrand* (vgl. Cognac): *eine Flasche K.; er trank fünf K.* (*fünf Gläser Kognak*).

Ko|g|nak|boh|ne, die: *mit Kognak gefüllte Praline von länglicher, leicht gebogener Form.*

Ko|g|nak|glas, das ⟨Pl. ...gläser⟩: *bes. für Kognak vorgesehenes Trinkglas.*

Ko|g|nak|schwen|ker, der: *bauchiges, sich nach oben verengendes Glas mit kurzem Stiel, aus dem Kognak getrunken wird.*

Ko|g|ni|ti|on, die; -, -en [lat. cognitio = Kennenlernen, Erkennen, zu: cognoscere (2. Part.: cognitum) = erkennen] (bes. Psychol., Päd.): *Gesamtheit aller Prozesse, die mit dem Wahrnehmen u. Erkennen zusammenhängen.* Dazu: **Ko|g|ni|ti|ons|wis|sen|schaft,** die.

ko|g|ni|tiv [auch: ˈkɔ...] ⟨Adj.⟩ (bes. Päd., Psychol.): *das Wahrnehmen, Denken, Erkennen betreffend:* -e Fähigkeiten; -es Lernen.

Ko|ha|bi|ta|ti|on, die; -, -en: **1.** [kirchenlat. cohabitatio = das Beisammenwohnen] (bildungsspr.) *Geschlechtsverkehr.* **2.** [frz. cohabitation < kirchenlat. cohabitatio] *(in Frankreich) Zusammenarbeit des Staatspräsidenten mit einer Regierung einer anderen politischen Richtung.*

ko|hä|rent ⟨Adj.⟩ [lat. cohaerens (Gen.: cohaerentis), adj. 1. Part. von: cohaerere = zusammenhängen] (Psychol., Päd.): *zusammenhängend:* ein -er Text; Grundlagen einer -en Politik.

Ko|hä|renz, die; - (bildungsspr.): *Zusammenhang; theoretische, historische Z.; die innere K.*

ko|hä|rie|ren ⟨sw. V.; hat⟩ [lat. cohaerere = zusammenhängen] (bildungsspr.): *zusammenhängen.*

Ko|hä|si|on, die; -, -en ⟨Pl. selten⟩ [zu lat. cohaesum, 2. Part. von: cohaerere = zusammenhängen]: **1.** (bildungsspr.) *innerer Zusammenhalt.* **2.** (Physik) *durch die Kraft der Anziehung bewirkter innerer Zusammenhalt der Atome, Ionen od. Moleküle in einem festen od. flüssigen Stoff.*

Ko|hä|si|ons|fonds, der; - (Politik): *von der EU eingerichteter Fonds, mit dem der Ausbau von Verkehrswegen u. der Schutz der Umwelt in wirtschaftlich schwächeren EU-Staaten gefördert werden.*

Kohl, der; -[e]s, -e. **1.** [mhd. kōl, koel(e), ahd. kōl(i) < lat. caulis = Kohl, eigtl. = Strunk] **a)** *in vielen Arten vorkommende, zu den Kreuzblütlern gehörende Gemüsepflanze:* ein Kopf K.; K. pflanzen, anbauen; R das macht den K. [auch] nicht fett (ugs.; *das nützt auch nichts, macht etwas nicht besser*); **b)** *Gericht aus Kohl* (1 a): K. und Pinkel. **2.** ⟨o. Pl.⟩ [aus der Studentenspr., zu hebr. qōl = Gerücht, eigtl. = Rede; schon früh an Kohl (1 a) angelehnt] (ugs. abwertend) *ungereimtes Zeug, Unsinn:* das ist doch alles K.!; K. reden, quatschen.

Kohl|art, die: *Art des Kohls* (1 a).

Kohl|blatt, das: *Blatt eines Kohlkopfs.*

Kohl|dampf, der ⟨o. Pl.⟩ [urspr. Soldatenspr., aus dem Rotwelschen, zu: Kohler, Koller = Hunger u. Dampf = Hunger; tautologische Zusammensetzung] (ugs.): *starkes Hungergefühl; großer Hunger,* von dem jmd. befallen ist: K. haben; * **K. schieben** (*über längere Zeit nichts zu essen haben, Hunger leiden*).

Koh|le, die; -, -n [mhd. kol, ahd. kol(o), urspr. = Holzkohle, H. u.]: **1. a)** *im Bergbau gewonnener brauner bis schwarz glänzender fester Brennstoff* (Braun-, Steinkohle u. a.): K. abbauen, fördern, auf Halde legen; K. führende Flöze; die Kohle fördernde Industrie; Ü weiße K. (*Wasserkraft*); **b)** ⟨häufig Pl.⟩ *als Heiz-, Brennmaterial für Öfen, Herde, technische Anlagen u. a. verwendete Kohle* (1 a): -[n] feuern, einkellern; mit -[n] heizen; * **[wie] auf [glühenden] -n sitzen** (*in einer bestimmten Situation in Erwartung von etw., durch eine Verzögerung, Behinderung o. Ä. voller Unruhe sein*). **2. a)** ⟨o. Pl.⟩ Kurzf. von ↑ Aktivkohle; **b)** ⟨o. Pl.⟩ Kurzf. von ↑ Zeichenkohle: in, mit K. zeichnen; **c)** *Bürste* (2). **3.** (salopp) *Geld:* viel, wenig, nicht genug, keine K. haben.

Koh|le|berg|bau, der, Kohlenbergbau, der: *Bergbau, der Kohle fördert.*

Koh|le|che|mie, die: *Bereich der Chemie, der sich mit der Veredelung der Kohle befasst.*

Koh|le|fa|ser, die: *zur Herstellung von Kunststoffen verwendete, aus kohlenstoffhaltigem Material hergestellte Faser* (1): Dazu: **koh|le|fa|ser|ver|stärkt** ⟨Adj.⟩.

Koh|le|flöz, Kohlenflöz, das, veraltet auch: der (Bergbau): *Kohle führendes Flöz.*

koh|le|för|dernd ⟨Adj.⟩: *Kohleförderung betreibend:* -e Betriebe.

Koh|le|för|de|rung, Kohlenförderung, die: *Förderung von Kohle* (1 a).

Koh|le|gru|be, die, Kohlengrube, die: *Grube* (3), *in der Kohle gefördert wird.*

Koh|le|hal|de, die, Kohlenhalde, die: *Halde* (2 b).

koh|le|hal|tig, (österr.:) **koh|le|häl|tig** ⟨Adj.⟩: *Kohle enthaltend:* -e Schichten.

Koh|le|herd, die, Kohlenherd, der: *Küchenherd, der mit Kohle beheizt wird.*

Koh|le|hy|d|rat: ↑ Kohlenhydrat.

Koh|le|in|dus|t|rie, Kohlenindustrie, die: *Industrie, in der Kohle verarbeitet wird.*

Koh|le|kraft|werk, das: *Kraftwerk, in dem Kohle in Strom umgewandelt wird.*

Koh|le|la|ger|stät|te, die: *Kohlevorkommen.*

Koh|le|mei|ler, der, Kohlenmeiler, der: *mit Erde u. Rasenstücken abgedeckter, rund aufgeschichteter, großer Stapel von Holzscheiten, aus denen durch langsames Verbrennen Holzkohle entsteht.*

¹**koh|len** ⟨sw. V.; hat⟩: *schwelend brennen u. dabei verkohlen, zu Kohle werden:* das Holz im Kamin kohlte, der verkohlte Docht.

²**koh|len** ⟨sw. V.; hat⟩ [zu ↑ Kohl (2)] (ugs.): *aufschneidend od. übertreibend von etw. erzählen; schwindeln:* da kohlst du doch wieder.

Koh|len|berg|bau: ↑ Kohlebergbau.

Koh|len|di|o|xid [auch: ...ˈksiːt, ˈk...], **Koh|len|di|oxyd** [auch: ...ˈksyːt, ˈk...], das (Chemie): *farb-, geruch- u. geschmackloses Gas, das z. B. bei der vollständigen Verbrennung kohlenstoffhaltiger Brennstoffe entsteht* (Zeichen: CO_2).

Koh|len|di|o|xid|aus|stoß, Koh|len|di|oxyd|aus|stoß, der: *durch Emission in die Erdatmosphäre gelangende Menge Kohlendioxid.*

Koh|len|feu|er, das: *Feuer, das mit Kohlen unterhalten wird.*

Koh|len|feu|e|rung, die: *das Heizen mit Kohle:* eine Heizung für, mit K.

Koh|len|flöz: ↑ Kohleflöz.

Koh|len|för|de|rung: ↑ Kohleförderung.

Koh|len|gru|be: ↑ Kohlegrube.

Kohlenhalde – Kokkus

Koh|len|hal|de: ↑ Kohlehalde.
Koh|len|händ|ler, der: *Händler, der mit Kohlen handelt.*
Koh|len|händ|le|rin, die; -, -nen: w. Form zu ↑ Kohlenhändler.
Koh|len|hand|lung, die: *Unternehmen, das Kohlen für Heizzwecke verkauft.*
Koh|len|herd: ↑ Kohleherd.
Koh|len|hy|d|rat, Kohlehydrat, das (Chemie): *aus Kohlenstoff, Sauerstoff u. Wasserstoff bestehende organische Verbindung.*
Koh|len|in|dus|t|rie: ↑ Kohleindustrie.
Koh|len|kel|ler, der: *Kellerraum, in dem Kohlen für den Bedarf im Haus gelagert werden.*
Koh|len|mei|ler: ↑ Kohlemeiler.
Koh|len|mo|n|o|xid, Kohlenmonoxyd, das (Chemie): *farb-, geruch- u. geschmackloses, sehr giftiges Gas, das bei der Verbrennung kohlenstoffhaltiger Brennstoffe entsteht (Zeichen: CO).*
Koh|len|mo|n|o|xid|ver|gif|tung, die: *Vergiftung durch Einatmen von Kohlenmonoxid (z. B. in Form von Auspuffgasen).*
Koh|len|mo|n|o|xyd usw.: ↑ Kohlenmonoxid usw.
Koh|len|ofen: ↑ Kohleofen.
Koh|len|pott, der; -s (ugs.): *Ruhrgebiet.*
◆ **Koh|len|rai|tung,** die; -, -en [2. Bestandteil Nebenf. von: Reitung = Ab-, Verrechnung, mhd. reitunge = Rechnung; Rechenschaft, zu: reiten = zählen, (be)rechnen; zurüsten, bereiten] (landsch.): *Abrechnung über gelieferte Kohle:* ... so bittest den Herrn Doppelreiter, er möcht die Sachen derweil borgen, und zu Ostern, wann die K. ist, wollt ich schon fleißig zahlen (Rosegger, Waldbauernbub 206).
Koh|len|re|vier: ↑ Kohlerevier.
Koh|len|säu|re, die (Chemie): *schwache Säure, die eine Lösung von Kohlendioxid in Wasser darstellt: Mineralwasser mit, ohne K.*
koh|len|säu|re|hal|tig ⟨Adj.⟩: *Kohlensäure enthaltend.*
Koh|len|schau|fel, Kohleschaufel, die: *Schaufel* (1 a) *zum Füllen von Kohleherd od. -ofen.*
Koh|len|staub, Kohlestaub, der: *zu Staub zermahlene Kohle.*
Koh|len|staub|ex|plo|si|on, die: *plötzliche, explosionsartige Entzündung von in der Luft schwebendem Kohlenstaub.*
Koh|len|stift, der (Elektrot.): *stiftförmiges Kohlestück als Elektrode in Bogenlampen u. Elektromotoren.*
Koh|len|stoff, der ⟨o. Pl.⟩: *in vielen Verbindungen enthaltenes nicht metallisches Element, das elementar als Diamant u. Grafit vorkommt (Zeichen: C).*
Koh|len|stoff|atom, das: *Atom des Kohlenstoffs.*
Koh|len|stoff|ring, der (Chemie): *ringförmig geschlossene Anordnung von Kohlenstoffatomen innerhalb einer organischen Verbindung.*
Koh|len|stoff|ver|bin|dung, die (Chemie): *Verbindung von Kohlenstoff mit anderen Elementen.*
Koh|len|was|ser|stoff, der (Chemie): *organische Verbindung, die ausschließlich aus Kohlenstoff u. Wasserstoff besteht.*
Koh|len|was|ser|stoff|rest, der ⟨Pl. -e⟩ (Chemie): *Molekül eines Kohlenwasserstoffs, an dem z. B. ein Wasserstoffatom fehlt.*
Koh|len|zan|ge, die: *eiserne Zange zum Ergreifen von Kohlen.*
Koh|le|ofen, Kohlenofen, der: *mit Kohle beheizter Ofen* (1).
Koh|le|pa|pier, das: *auf einer Seite mit einer Farbschicht versehenes Papier, mit dessen Hilfe Durchschriften hergestellt werden können.*
Köh|ler, der; -s, -: **1.** [mhd. koler, köler] *jmd., der im Kohlenmeiler Holzkohle herstellt.* **2.** [nach der schwärzlichen Färbung des Rückens] *(zu den Dorschen gehörender) Fisch mit dunkelgrünem bis schwärzlichem Rücken u. grauen bis weißen Seiten; Seelachs.*
Köh|le|rei, die; -, -en: **1.** *Ort, an dem der Köhler* (1) *sein Handwerk ausübt.* **2.** ⟨o. Pl.⟩ *die Gewinnung von Holzkohle aus Kohlenmeilern.*
Koh|le|re|vier, Kohlenrevier, das: *größeres Gebiet, in dem Kohle gefördert wird.*
Köh|ler|glau|be, der [nach älteren Erzählungen soll ein Köhler auf die Frage nach seinem Glauben eine in ihrer Einfalt sehr klare Antwort gegeben haben] (bildungsspr. veraltend): *blinder Glaube.*
Koh|le|schau|fel: ↑ Kohlenschaufel.
Koh|le|staub: ↑ Kohlenstaub.
Koh|le|stift, der: *Zeichenstift aus Holzkohle.*
Koh|le|strom, der: *in Kohlekraftwerken erzeugter Strom.*
Koh|le|sub|ven|ti|on, die: *zur Förderung des Kohlebergbaus gezahlte Subvention.*
Koh|le|vor|kom|men, das: *Vorkommen* (b) *von Kohle.*
Koh|le|vor|rat, der: **1.** ⟨Pl.⟩ *Vorrat von Kohlevorkommen.* **2.** *Vorrat an Kohlen* (1 b).
Koh|le|zeich|nung, die: *künstlerische Zeichnung mit dem Kohlestift.*
◆ **Kohl|fuchs,** der: *dunkelrotbraunes Pferd:* ... war kürzlich mit zwei Kohlfüchsen zur Prämiierung ... gefahren (Ebner-Eschenbach, Gemeindekind 130).
Kohl|ge|mü|se, das ⟨o. Pl.⟩: *Gemüse, das zu den Kohlarten gehört: K. anbauen; wir essen gerne K.*
Kohl|kopf, der: *Kopf* (5 b) *einer Kohlpflanze.*
Kohl|mei|se, die [mhd. kolemeise, nach dem schwarzen Kopf]: *Meise mit blauschwarzem Hals u. Kopf, olivgrüner Oberseite u. gelber, in Längsrichtung von einem schwarzen Streifen unterteilter Unterseite.*
kohl|pech|ra|ben|schwarz ⟨Adj.⟩: *kohlrabenschwarz.*
Kohl|räb|chen, das; -s, -: *zarter, junger Kohlrabi.*
kohl|ra|ben|schwarz ⟨Adj.⟩: **a)** *tiefschwarz:* -es Haar; **b)** *völlig dunkel:* eine -e Nacht; **c)** *sehr schmutzig; schwarz von Schmutz:* er hatte -e Hände.
Kohl|ra|bi, der; -[s], -[s] [älter: Kaulirabi, zu ital. cavoli rape (Pl.), zu: cavolo = Kohl u. rapa = Rübe]: *Kohlart, bei der der Stängel zu einer rundlichen, als Gemüse gegessenen Knolle verdickt ist.*
Kohl|rou|la|de, die: *Gericht aus mit Hackfleisch gefüllten zusammengerollten Weißkohlblättern, die in einer Soße geschmort werden.*
Kohl|rü|be, die: **1.** *Rübe mit gelbfleischiger Wurzel; Steckrübe.* **2.** österr. auch für ↑ Kohlrabi.
kohl|schwarz ⟨Adj.⟩: *kohlrabenschwarz.*
Kohl|spros|se, die (österr.): *Rosenkohlröschen:* nimm doch noch ein paar -n (etwas Rosenkohl).
Kohl|strunk, der: *Strunk einer Kohlpflanze.*
Kohl|sup|pe, die: *vorwiegend aus Kohl bestehende Gemüsesuppe.*
Kohl|weiß|ling, der: *gelblich weißer Schmetterling mit schwarzer Zeichnung an den Spitzen der Flügel, dessen gelbgrüne Raupen in großer Zahl als Schädlinge an Kohl* (1 a) *auftreten.*
Ko|hor|te, die; -, -n [lat. cohors (Gen.: cohortis), eigtl. = Hof; eingeschlossener Haufe, Schar (↑ Gardine)]: *den zehnten Teil einer Legion umfassende Einheit des altrömischen Heeres.*
Koi [jap. koi = Karpfen]: *als Zierfisch in vielen Farbkombinationen gezüchteter japanischer Karpfen.*
Ko|in|zi|denz, die; -, -en (bildungsspr.): *das Zusammenfallen, -treffen zweier Ereignisse o. Ä. / der K. der Ereignisse.* Dazu: **ko|in|zi|die|ren** ⟨sw. V.; ist/hat⟩.
ko|i|tie|ren ⟨sw. V.; hat⟩ [zu ↑ Koitus]: *Geschlechtsverkehr ausüben:* mit jmdm. k.; zwei koitierende Hunde.
Ko|i|tus, Coitus, der; -, - [...tu:s] u. -se [lat. coitus, zu: coire = zusammengehen]: *intimer sexueller Kontakt, bes. die genitale Vereinigung eines Mannes u. einer Frau; Beischlaf.*
Ko|je, die; -, -n [aus dem Niederd. < mniederd., mniederl. koye < lat. cavea = Käfig, Behältnis]: **1.** (Seemannsspr.) *schmales, fest eingebautes Bett auf einem Schiff.* **2.** (ugs. scherzh.) *Bett:* in der K. liegen. **3.** *nach oben u. nach der Vorderseite hin offener, durch provisorische Wände abgeteilter Bereich in einem größeren Raum, der für einen bestimmten Zweck eingerichtet ist.*
Ko|jo|te, Coyote [ko'jo:tə], der; -n, -n [span. (mex.) coyote < aztek. coyotl]: **1.** *Präriewolf.* **2.** (abwertend) *Schuft.*
¹Ko|ka, die; -, - [span. coca < Ketschua (südamerik. Indianerspr.) cuca, coca < Aimara (südamerik. Indianerspr.) koka = ein Baum]: *Kurzf. von* ↑ Kokastrauch.
²Ko|ka, das; -[s], -s: *kurz für* ↑ Kokablatt.
Ko|ka|bau|er, der; -n (selten: -s), -n: *Landwirt, der Koka anbaut.*
Ko|ka|bäu|e|rin, die: w. Form zu ↑ Kokabauer.
Ko|ka|blatt, das: *Blatt des Kokastrauches.*
Ko|ka|in, das; -s; -s: *(als Betäubungsmittel u. als Rauschgift verwendetes) Alkaloid aus den Blättern des Kokastrauchs:* K. schnupfen.
Ko|ka|in|sucht, die ⟨o. Pl.⟩: *krankhafte Sucht nach Kokain.* Dazu: **ko|ka|in|süch|tig** ⟨Adj.⟩.
Ko|kar|de, die; -, -n [frz. cocarde, eigtl. = Bandschleife, zu afrz. coquard = eitel, zu: coq, ↑ koket]: *rosettenförmige od. runde Hoheitszeichen in den Landes- od. Stadtfarben an Kopfbedeckungen von Uniformen od. an Militärflugzeugen.*
Ko|ka|strauch, der [↑ ¹Koka]: *immergrüner Strauch mit kleinen, gelblichen od. grünlich weißen Blüten u. kleinen, ovalen, Kokain enthaltenden Blättern.*
ko|keln ⟨sw. V.; hat⟩ (landsch.): *unvorsichtig mit Feuer umgehen, spielen.*
Ko|ke|rei, die; -, -en: *Betrieb, in dem Steinkohle zu ¹Koks verarbeitet wird.*
ko|kett ⟨Adj.⟩ [frz. coquet, eigtl. = hahnenhaft, zu: coq = Hahn, zu: coco, lautm. für den Naturlaut der Hühner]: *von eitel-selbstgefälligem Wesen; bestrebt, die Aufmerksamkeit anderer zu erregen u. zu gefallen:* -es Kind; ein -er Blick; jmdm. k. zulächeln; Das Mädchen ... war bereits eine -e Halbwüchsige von einer gewissen lässigen Eleganz (Krolow, Nacht-Leben 94).
Ko|ket|te, die; -, -n [frz. coquette, subst. Fem. von: coquet, ↑ kokett] (bildungsspr. veraltet): *Frau, die darauf bedacht ist, auf Männer zu wirken:* ◆ Weißt du, dass du eine kleine K. bist (Fontane, Effi Briest 100).
Ko|ket|te|rie, die; - [frz. coquetterie]: **1.** ⟨o. Pl.⟩ *kokette Art.* **2.** *kokettierendes Verhalten:* die K. mit der politischen Macht.
ko|ket|tie|ren ⟨sw. V.; hat⟩ [frz. coqueter]: **1.** *sich jmdm. gegenüber kokett benehmen u. erotisches Interesse zu erregen suchen:* sie kokettierte mit ihm. **2.** *mit etw. nur spielen; sich nicht wirklich auf etw. einlassen:* er kokettiert mit seiner Rolle als Teenageridol. **3.** *mit etw. im Zusammenhang mit der eigenen Person hinweisen, um sich damit interessant zu machen:* mit seinem Alter k.; ◆ ⟨k. + sich:⟩ Künstler, die sich in ihrem Werk kokettieren, wär' es auch noch so hässlich (Schiller, Räuber I, 1).
Ko|kil|le, die; -, -n [frz. coquille, ↑ Coquille] (Hüttenw.): *metallische, wiederholt verwendbare Gussform.*
Kok|ke, die; -, -n, **Kok|kus,** der; -, Kokken ⟨meist

Kokolores – kollationieren

Pl.) [spätlat. coccus, ↑ Kokosnuss]: *kugelförmige Bakterie.*

Ko|ko|lo|res, der; - [H. u., urspr. wohl in der Bed. b, umgebildet aus einer pseudolat. Bildung (zu ↑ kakeln) als Bez. für den Hahn, mit späterer Bedeutungserweiterung] (ugs.): **a)** *Unsinn, Unfug: das ist doch alles K.;* **b)** *Getue, Aufheben.*

Ko|kon [ko'kõ:, auch: ko'kɔŋ, österr.: ko'ko:n], der; -s, -s u. -e [ko'ko:nə] [frz. cocon = Seidenraupengespinst < provenz. coucon = Eierschale, zu: coco = Hahn, vgl. kokett]: *Gespinst, mit dem bes. bestimmte Insekten ihre Eier umhüllen bzw. in das sie sich selbst bei der Verpuppung einspinnen.*

♦ **Ko|kos,** die; -, - [↑ Kokosnuss]: *Kokosnuss:* Und so modelt der Wilde mit abenteuerlichen Zügen, grässlichen Gestalten, hohen Farben, seine K., seine Federn und seinen Körper (Goethe, Von deutscher Baukunst 23 f.)

Ko|kos|bus|serl, das (österr.): *einer Kokosmakrone ähnliches Gebäck.*

Ko|ko|sette [...'zɛt], das; -s [geb. nach ↑ Noisette (1) zu frz. cocos = Kokosnuss] (österr.): *geraspeltes Kokosfleisch.*

Ko|kos|fa|ser, die: *für Seile, Netze, Matten o. Ä. verwendete elastische Faser der Kokosnuss.*

Ko|kos|fett, das: *aus Kopra gewonnenes, als Speisefett, für Kerzen, Seife o. Ä. verwendbares Fett.*

Ko|kos|flo|cken ⟨Pl.⟩: *mit geraspelter Kokosnuss vermischte Fondantmasse.*

Ko|kos|ma|kro|ne, die: *unter Verwendung von Kokosraspeln, Kokosflocken hergestellte Makrone.*

Ko|kos|mat|te, die: *Matte aus Kokosfasern.*

Ko|kos|milch, die: *trinkbare wässrige Flüssigkeit im Innern der Kokosnuss.*

Ko|kos|nuss, die [verdeutlichende Zus. für älter Kokos < span. coco, port. coco, eigtl. = Kinderschreck, Maske (aus der Schale wurden oft Gesichtsmasken geschnitten) < spätlat. coccus (lat. coccum) < griech. kókkos = Kern, Beere]: *Frucht der Kokospalme.*

Ko|kos|öl, das: *aus Kopra gewonnenes Öl, das für Glyzerin u. Kunstharze verwendet wird.*

Ko|kos|pal|me, die: *Palme mit einer Krone aus langen Fiederblättern u. großen, braunen Früchten mit sehr harter, mit einer Faserschicht bedeckten Schale, die eine wässrige Flüssigkeit u. eine weiße, fleischige Schicht enthalten.*

Ko|kos|ras|pel, der ⟨meist Pl.⟩: *durch Raspeln entstandenes Stückchen Kokosnuss.*

Ko|kot|te, die; -, -n [frz. cocotte, eigtl. kinderspr. lautm. = Henne, Hühnchen, vgl. kokett] (bildungsspr. veraltend): *elegante Frau mit guten Umgangsformen, die mit Männern sexuell verkehrt und sich von ihnen aushalten lässt.*

¹Koks, der; -es, -e [engl. cokes (Pl.) < mengl. colk = Mark, Kern(gehäuse), verw. mit ↑ Kolben]: **1.** ⟨Pl. selten⟩ *durch Erhitzen unter Luftabschluss gewonnener Brennstoff aus Stein- od. Braunkohle:* K. feuern; mit K. heizen. **2.** ⟨o. Pl.⟩ (salopp scherzh.) *[zur Verfügung stehendes Bar]geld:* viel, nicht genug K. haben.

²Koks, das, auch: der; -es (Jargon): *Kokain.*

kok|sen ⟨sw. V.; hat⟩ [zu ↑ ²Koks] (Jargon): *Kokain nehmen:* Dazu: **Kok|ser,** der; -s, -; **Kok|se|rin,** die; -, -nen.

Koks|koh|le, die: *zur Herstellung von ¹Koks (1) besonders geeignete Kohle.*

¹Ko|la, Pl. von ↑ Kolon.

²Ko|la, die; -, -s: *Kolanuss.*

Ko|la|baum, der [westafrik. (Temne, Mandingo) kola, kolo]: *(im tropischen Afrika heimischer) Baum mit ledrigen Blättern, der wegen seiner Samen, der Kolanüsse, kultiviert wird.*

Ko|la|nuss, die: *Koffein enthaltender Same des Kolabaumes.*

Kol|lat|sche, die; -, -n [tschech. koláč] (österr.): *kleines, meist quadratisches, gefülltes [Hefe]gebäckstück.*

Kol|ben, der; -s, - [mhd. kolbe, ahd. kolbo = Keule, eigtl. = Stock od. Stiel mit dickem Ende, klumpenförmigem Gegenstand, urspr. = Geballtes]: **1.** (Technik) **a)** *zylindrisches Maschinenteil, das sich im Zylinder hin u. her bewegt u. Druck- in Bewegungsenergie umsetzt:* der K. einer Pumpe; (ugs.:) im Motor hat sich der K. festgefressen; **b)** *bewegliches Teil im Zylinder einer Injektionsspritze, eines Füllhalters o. Ä.* **2.** (Chemie) *hitzebeständiges, bauchiges Glasgefäß mit längerem Hals, das zum Destillieren od. Erhitzen von Flüssigkeiten verwendet wird.* **3.** Kurzf. von ↑ Gewehrkolben: *der K. eines Karabiners;* Gefangene wurden mit dem K. geschlagen, gestoßen. **4.** *walzenförmiger Blüten- od. Fruchtstand mit fleischig verdichteter Achse, an der dicht gedrängt die einzelnen Blüten od. Früchte stehen:* Fremd waren auch die Maisfelder mit ihren dicken K., zu denen Scharen schwarzer Vögel herumpickten, die träge aufflogen (Böll, Adam 9). **5.** (Jägerspr.) *Geweih od. Gehörn des Hirschen u. Rehen, das im Wachsen noch mit Bast (2) überzogen ist.*

Kol|ben|fres|ser, der (Kfz-Technik-Jargon): *durch längeres Fahren mit zu wenig Motoröl, durch falsche Schmieröl, undichte Kolbenringe u. a. hervorgerufene Reibung eines Kolbens (1 a) an der Zylinderwand, die schließlich zum völligen Festsitzen des Kolbens führt.*

Kol|ben|hieb, der: *Hieb mit dem Kolben (3).*

Kol|ben|hir|se, die: **a)** *(in Indien u. Ostasien als Getreide angebaute) Pflanze mit Ährenrispen u. hirsekorngroßen Früchten;* **b)** *als Nahrungsmittel u. Vogelfutter verwendete Früchte der Kolbenhirse (a).*

Kol|ben|hub, der (Technik): *Weg, den ein Kolben (1 a) in einer Kolbenmaschine zwischen dem oberen u. unteren od. dem unteren u. oberen Totpunkt zurücklegt.*

Kol|ben|ma|schi|ne, die (Technik): *Maschine mit einem in einem Zylinder hin u. her gehenden od. rotierenden Kolben (1 a).*

Kol|ben|mo|tor, der; -s, -en, auch: -e (Technik): *Motor, bei dem ein Kolben (1 a) von Druckluft od. von einem verbrennenden Luft-Kraftstoff-Gemisch in einem Zylinder o. Ä. hin u. her bewegt wird od. rotiert.*

Kol|ben|ring, der (Technik): *Dichtungsring zwischen Kolben (1 a) u. Zylinder.*

Kol|chos, der, selten: -; ...ose [russ. kolchoz, gek. aus: **kollektivnoe chozjajstvo** = Kollektivwirtschaft]: ↑ Kolchose; Dazu: **Kol|chos|bau|er,** der; **Kol|chos|bäu|e|rin,** die.

Kol|cho|se, die; -, -n [↑ Kolchos] (früher): *landwirtschaftliche Produktionsgenossenschaft in der Sowjetunion: in der K. arbeiten.*

Ko|li|bak|te|rie, die ⟨meist Pl.⟩ [zu griech. kólon = Darm u. ↑ Bakterie]: *Bakterie in Dick- u. Dünndarm, die Kohlenhydrate zersetzt u. außerhalb des Darms auch als Krankheitserreger auftritt.*

Ko|li|b|ri, der; -s, -s [frz. colibri (wohl karib. Wort)]: *(in Amerika vorkommender) sehr kleiner Vogel mit metallisch schimmerndem Gefieder, langen, spitzen Flügeln u. langer, gespaltener Zunge in einem röhrenförmigen Schnabel.*

Ko|lik [auch: ko'li:k], die; -, -en [griech. kõliké (nósos) = Darmleiden, zu: kõlon = Darm]: *Anfall von [krampfartigen] Leibschmerzen: eine K. bekommen, haben.*

Ko|li|tis, die; -, ...itiden (Med.): *meist durch Bakterien verursachte, mit Diarrhö einhergehende Entzündung des Dickdarms.*

Kolk, der; -[e]s, -e [aus dem Niederd. < mniederd. kolk, kulk, afries. kolk = Wasserloch, verw. mit ↑ Kehle] (Geol.): **a)** *durch strudelndes Geröll entstandene Vertiefung in einem Flussbett, an Küsten od. am Untergrund von Gletschern;* **b)** *in Vertiefungen stehendes braun gefärbtes Wasser (in Hochmooren).*

Kol|ka|ta: *Stadt in Indien (früher Kalkutta).*

Kolk|ra|be, der; -n, -n [lautm., nach dem dunklen Ruflaut]: *schwarz glänzende Rabe mit keilförmigem Schwanz u. großem, gebogenem Schnabel.*

kol|la|bie|ren ⟨sw. V.; ist⟩ [lat. collabi (2. Part.: collapsum) = zusammensinken]: **1.** (Med.) *einen Kollaps (1) erleiden:* der Patient ist kollabiert. **2.** (Astron.) *einen Kollaps (2) erleiden:* ein kollabierender Stern.

Kol|la|bo|ra|teur [...'tø:ɐ̯], der; -s, -e [frz. collaborateur, eigtl. = Mitarbeiter, zu: collaborer = mitarbeiten < spätlat. collaborare, zu lat. laborare, ↑ laborieren]: *jmd., der mit dem Kriegsgegner, der Besatzungsmacht gegen die Interessen des eigenen Landes zusammenarbeitet.*

Kol|la|bo|ra|teu|rin [...'tø:rɪn], die; -, -nen: w. Form zu ↑ Kollaborateur.

Kol|la|bo|ra|ti|on, die; -, -en [frz. collaboration]: *gegen die Interessen des eigenen Landes gerichtete Zusammenarbeit mit dem Kriegsgegner, mit der Besatzungsmacht.*

Kol|la|bo|ra|tor, der; -s, ...oren (veraltet): *Hilfslehrer, -geistlicher:* ♦ Ich ging und überließ es besser gewachsenen Oberlehrern und -en, die blonde und blauäugige Jugend der Germanen zum Einjährig-Freiwilligen-Dienst ... vorzubereiten (Raabe, Alte Nester 78).

kol|la|bo|rie|ren ⟨sw. V.; hat⟩ [frz. collaborer, eigtl. = mitarbeiten < spätlat. collaborare, ↑ Kollaborateur]: *mit dem Gegner, der Besatzungsmacht gegen die Interessen des eigenen Landes zusammenarbeiten:* mit den Besatzern k.

kol|la|gen ⟨Adj.⟩ (Biol., Med.): *aus Kollagenen bestehend.*

Kol|la|gen, das; -s, -e (Biol.): *(in Bindegewebe, Knorpeln u. Knochen vorkommender) leimartiger, in Wasser quellender Eiweißstoff.*

Kol|laps [auch: ...'laps], der; -es, -e [mlat. collapsus, zu lat. collabi, ↑ kollabieren]: **1.** (Med.) *plötzlicher Schwächeanfall infolge Versagens des peripheren Kreislaufs u. verminderter Hirndurchblutung:* einen K. bekommen, erleiden. **2.** (Astron.) *Endphase der Sternentwicklung, in der der Stern durch die eigene Gravitation in sich zusammenfällt.* **3.** *[wirtschaftlicher] Zusammenbruch.*

Kol|la|te|ral|scha|den, der [nach engl. collateral = nebensächlich; zusätzlich] (Militär verhüll.): *bei einer militärischen Aktion entstehender [schwererer] Schaden, der nicht beabsichtigt ist. nicht in unmittelbarem Zusammenhang mit dem Ziel der Aktion steht, aber dennoch in Kauf genommen wird.*

Kol|la|ti|on, die; -, -en [lat. collatio = das Zusammenbringen, die Vergleichung, zu: collatum, 2. Part. von: conferre = zusammentragen]: **1.** *das Kollationieren (1).* **2.** (bes. Buchbinderei) *das Kollationieren (2).* **3.** (kath. Kirche) *Übertragung eines frei gewordenen kirchlichen Amts.* **4.** [mlat. collatio = abendliche Lesung im Kloster u. das Essen od. der Trunk danach] **a)** (kath. Kirche) *kleine erlaubte Stärkung an Fasttagen od. für einen Gast im Kloster;* **b)** (landsch., sonst veraltet) *Imbiss; kleine Zwischenmahlzeit:* ♦ Aber will der Herr nicht eine kleine K. mit uns einnehmen? (Eichendorff, Taugenichts 86). **5.** (Rechtsspr. veraltet) *Hinzufügung der Vorausleistungen des Erblassers (an einen Erben) zum Gesamtnachlass.*

kol|la|ti|o|nie|ren ⟨sw. V.; hat⟩: **1.** [mlat. collationare] *eine Abschrift, einen Text mit der Urschrift, Textvorlage prüfend vergleichen:*

Druckfahnen [mit dem Manuskript] k. **2.** (bes. Buchbinderei) *Druckbogen od. Seiten eines Buches auf Vollzähligkeit prüfen.*

kol|lau|die|ren ⟨sw. V.; hat⟩ [lat. collaudare = loben, zu: laudare, ↑ Laudatio] (schweiz., österr. Amtsspr.): *einen Bau nach Fertigstellung abnehmen u. die Übergabe an seine Bestimmung baubehördlich genehmigen.*

Kol|lau|die|rung, die; -, -en (schweiz., österr. Amtsspr.): *das Kollaudieren.*

Kol|leg, das; -s, -s, selten: -ien [lat. collegium = (Amts)genossenschaft]: **1.** (veraltend) *akademische Vorlesung: ein vierstündiges (vier Wochenstunden umfassendes) germanistisches K.; ein K. belegen, besuchen, hören; ein K. über etw. halten.* **2.** *Einrichtung, über die im Rahmen des zweiten Bildungsweges die Hochschulreife erworben werden kann.* **3.** *kirchliche Studienanstalt für katholische Theologen; Gymnasium bes. der Jesuiten [mit Internat].* **4.** ⟨Pl. -s⟩ (österr.) *Lehrgang, Kurzstudium nach der Reifeprüfung.*

Kol|le|ga, der; -[s], -s: meist als Anrede; *Kollege* (a).

Kol|le|ge, der; -n, -n [lat. collega = Amtsgenosse, eigtl. = Mitabgeordneter, zu: legare, ↑ Legat]: **a)** *jmd., der mit anderen zusammen im gleichen Beruf tätig ist:* ein K. aus den USA; (mündliche Anrede:) Herr K.!; die Herren -n von der Opposition; der Arzt, Pfarrer, Physiker, Studienrat, Diplomat beriet sich mit seinen -n; **b)** *jmd., der mit anderen zusammen im gleichen Betrieb tätig ist; Arbeitskollege:* ein früherer K. meiner Frau, von mir; haben Sie K./-n Meier gesehen?; **c)** *jmd., der mit anderen zusammen der gleichen Einrichtung, Organisation (z. B. der Gewerkschaft) angehört;* **d)** (DDR) *Genosse* (2), *Werktätiger;* **e)** saloppe Anrede an einen Unbekannten: K., gib mir bitte mal Feuer!

Kol|le|gen|kreis, der: *Kreis* (3 b) *von [Kolleginnen u.] Kollegen* (a, b): wir haben das Problem noch im K. besprochen.

Kol|le|gen|schaft, die; -: *Gesamtheit der Kolleginnen u. Kollegen* (a, b).

kol|le|gi|al ⟨Adj.⟩ [lat. collegialis = das Kollegium betreffend]: *dem (guten) Verhältnis zwischen Kolleginnen u. Kollegen entsprechend:* er hat eine sehr -e Art; mit -em Gruß (einem Gruß von Kollegin/Kollege zu Kollegin/Kollege); das war nicht sehr k. von ihm; sie hat sich immer sehr k. [gegenüber den anderen] verhalten.

Kol|le|gi|al|be|hör|de, die; -, -n: *Behörde aus mehreren gleichrangigen Mitgliedern, die sich prinzipiell die Gesamtzuständigkeit teilen.*

Kol|le|gi|al|ge|richt, das (Rechtsspr.): *mit mehreren gemeinsam entscheidenden Richtern besetztes Gericht.*

Kol|le|gi|a|li|tät, die; -: *gutes Einvernehmen unter Kolleg[inn]en; kollegiales Verhalten:* sein Verhalten zeugt nicht von K.

Kol|le|gi|al|prin|zip (bes. schweiz.), **Kol|le|gi|al|prin|zip,** das ⟨o. Pl.⟩: *gemeinsame Beschlussfassung von gleichberechtigten Personen.*

Kol|le|gi|at, der; -en, -en: *jmd., der ein Kolleg* (2) *besucht; Teilnehmer an einem Funk- od. Telekolleg.*

Kol|le|gi|a|tin, die; -, -nen: w. Form zu ↑ Kollegiat.

Kol|le|gin, die; -, -nen: w. Form zu ↑ Kollege.

Kol|leg(inn)en: Kurzform für: Kolleginnen und Kollegen.

Kol|le|gi|um, das; -s, ...ien [lat. collegium, ↑ Kolleg]: **a)** *Gruppe von Personen mit gleichem Amt od. Beruf:* ein K. von Ärztinnen u. Ärzten; **b)** *Gesamtheit der Lehrerinnen u. Lehrer einer Schule.*

Kol|leg|map|pe, die: *mit Reißverschluss zu-*schließende, leichte, flache [grifflose] Tasche im Aktenformat.

Kol|leg|stu|fe, die: *Schulform mit Kurssystem, in der alle Schüler der Klassen 11 bis 13 in einer gemeinsamen Schule mit berufs- u. studienorientierter Abteilung unterrichtet werden.*

Kol|lek|te, die; -, -n [lat. collecta = Geldsammlung, zu: colligere (2. Part.: collectum) = (ein)sammeln]: *Sammlung von Geldspenden in od. nach dem Gottesdienst.*

Kol|lek|teur [...ˈtøːɐ̯], der; -s, -e [frz. collecteur < afrz. collecteur = Steuereinnehmer] (veraltet): **a)** *Lotterieeinnehmer:* ◆ ...hatte er ... ein paar Gulden gewonnen und dieselben sofort wieder zum Erwerb neuer Lose verwendet, als er eines Tages von einem fremden K. ... eine namhafte Summe empfing (Keller, Kleider 28); **b)** *jmd., der für wohltätige Zwecke sammelt.*

Kol|lek|ti|on, die; -, -en [frz. collection < lat. collectio = das Aufsammeln]: **a)** *Mustersammlung von Waren, bes. der neuesten Modelle der Textilbranche:* die Modeschöpfer zeigten ihre neuen -en; **b)** *für einen bestimmten Zweck zusammengestellte Sammlung, Auswahl;* **c)** *aus Neigung zusammengetragene Sammlung:* die Spieluhr stammt aus der K. meiner Mutter.

kol|lek|tiv ⟨Adj.⟩ [lat. collectivus = angesammelt]: **a)** *gemeinschaftlich:* eine -e Lebens-, Wohnform, Wirtschaft; -es Handeln, Misstrauen; das -e Gedächtnis (einer Gruppe unterstellte, für alle Mitglieder geltende Gedächtnisleistung); **b)** *alle Beteiligten betreffend, erfassend; umfassend:* -e Interessen.

Kol|lek|tiv, das; -s, -e, auch: -s: **1.** ⟨Pl. -e⟩ **a)** *Gruppe, in der Menschen in einer Gemeinschaft zusammenleben;* **b)** *Gruppe, in der Menschen zusammenarbeiten; Team:* solche Aufgaben lassen sich nur in einem K. bewältigen. **2.** [russ. kollektiv] (in sozialistischen Staaten übliche) *von gemeinsamen Zielvorstellungen u. Überzeugungen getragene Arbeits- od. Produktionsgemeinschaft.*

Kol|lek|tiv|ar|beit, die: *im Kollektiv* (1 b, 2) *geleistete Arbeit.*

Kol|lek|tiv|be|wusst|sein, das: *Gesamtheit der Anschauungen u. Gefühle, die der Durchschnitt der Mitglieder einer Gesellschaft hegt.*

Kol|lek|tiv|bil|dung, die (Sprachwiss.): *Kollektivum.*

Kol|lek|ti|vei|gen|tum, das: *Eigentum eines Kollektivs* (1 a, 2).

Kol|lek|tiv|geist, der ⟨o. Pl.⟩: *starkes Gefühl des Integriertseins in ein Kollektiv* (1 a, 2).

Kol|lek|tiv|haf|tung, die: ²*Haftung* (1), *die eine Gruppe als Gesamtheit übernimmt.*

kol|lek|ti|vie|ren ⟨sw. V.; hat⟩: *in Kollektive* (2) *überführen:* Dazu: **Kol|lek|ti|vie|rung,** die; -, -en.

Kol|lek|ti|vis|mus, der; -: **1.** *Anschauung, die dem Kollektiv* (1 a, 2) *unbedingten Vorrang gegenüber dem Individuum einräumt.* **2.** *kollektive Wirtschaftslenkung mit Vergesellschaftung des Privateigentums.*

Kol|lek|ti|vist, der; -en, -en: *Anhänger des Kollektivismus.*

Kol|lek|ti|vis|tin, die; -, -nen: w. Form zu ↑ Kollektivist.

kol|lek|ti|vis|tisch ⟨Adj.⟩: *den Kollektivismus betreffend, in seinem Sinne.*

Kol|lek|ti|vi|tät, die; -: **1.** *Gemeinschaftlichkeit.* **2.** *Gemeinschaft* (2).

Kol|lek|tiv|schuld, die ⟨o. Pl.⟩: *moralische Schuld einer Personengemeinschaft als Gesamtheit.*

Kol|lek|tiv|stra|fe, die: *Strafe, die allen zu einer bestimmten Gruppe gehörenden Personen auferlegt wird.*

Kol|lek|ti|vum, das; -s, ...va [lat. nomen collectivum] (Sprachwiss.): *Bezeichnung, die mehrere*
gleichartige Gegenstände, Lebewesen od. Sachverhalte zusammenfasst; Sammelbezeichnung, -name (z. B. Herde, Gebirge).

Kol|lek|tiv|ver|trag, der (bes. österr.): *arbeitsrechtlicher Vertrag zwischen einer od. mehreren Gewerkschaften einerseits u. einem od. mehreren Arbeitgeberverbänden andererseits; Tarifvertrag:* Dazu: **Kol|lek|tiv|ver|trags|ver|hand|lun|gen** ⟨Pl.⟩.

Kol|lek|tiv|wirt|schaft, die: (in sozialistischen Staaten, bes. früher in der Sowjetunion übliche) *landwirtschaftliche Produktionsgenossenschaft; Kolchose.*

Kol|lek|tor, der; -s, ...oren [zu lat. colligere, ↑ Kollekte]: **1.** (Elektrot.) *auf der Welle einer elektrischen Maschine aufsitzendes Bauteil für die Zufuhr od. Aufnahme von Strom.* **2.** (Physik) *Vorrichtung, in der [unter Ausnutzung der Sonnenstrahlung] Strahlungsenergie gesammelt wird.*

Kol|lek|tur, die; -, -en (österr. Amtsspr., sonst veraltet): Kurzf. von ↑ Lottokollektur.

Kol|ler, der; -s, - [mhd. kolre, ahd. kolero = Wut < mlat. cholera = Zornausbruch < lat. cholera, ↑ Cholera]: **1.** (ugs.) *Zornausbruch; anfallartiger Zustand, in dem sich Emotionen entladen:* einen K. haben, kriegen; Dann überfällt sie der K. des Alleinseins, die wilde Lust, aus der Stadt auszubrechen (Fussenegger, Zeit 286). **2.** (Tiermed.) Kurzf. von ↑ Dummkoller.

¹**kol|lern** ⟨sw. V.; hat⟩ [wohl lautm.]: (bes. vom Truthahn) *rollende, gurgelnde [kräftige] Laute ausstoßen:* der Truthahn kollert; Ü in meinem Bauch kollert es; kollernd auflachen; ⟨subst.:⟩ das Kollern in den Gedärmen.

²**kol|lern** ⟨sw. V.; hat⟩ [zu ↑ Koller] (Tiermed.): (vom Pferd) *den Koller* (2), *Dummkoller haben.*

³**kol|lern** ⟨sw. V.; ist⟩ [zu (ost)md. Koller = Kugel, (bes. schles.:) Rolle, Walze; Weiterbildung von: Kulle < mhd. kugele = Kugel] (bes. südd., österr., schweiz.): *purzeln, rollen; kullern:* Steine, Früchte kollern zu Boden.

Kol|li: Pl. von ↑ Kollo.

kol|li|die|ren ⟨sw. V.⟩ [lat. collidere = zusammenprallen, zu: laedere, ↑ lädieren]: **1.** ⟨ist⟩ (von Fahrzeugen) *zusammenstoßen:* mehrere Fahrzeuge kollidierten [miteinander] in dichtem Nebel; die beiden Flugzeuge wären um ein Haar kollidiert. **2.** ⟨ist od. hat⟩ *mit anderen [ebenso berechtigten] Interessen, Ansprüchen o. Ä. zusammenprallen [u. nicht zu vereinen sein, im Widerspruch dazu stehen]:* hier kollidieren die Interessen der Beteiligten; die beiden Veranstaltungen kollidieren miteinander (finden zur gleichen Zeit statt, überschneiden sich, sodass man nicht beide besuchen kann).

Kol|li|er: ↑ Collier.

Kol|li|ma|ti|on, die; -, -en [zu nlat. collimare, verderbte Form von lat. collineare = in eine gerade Linie bringen] (Fachspr.): *das Zusammenfallen zweier Linien an einem Messgerät (z. B. beim Einstellen eines Fernrohrs).*

Kol|li|si|on, die; -, -en [lat. collisio = das Zusammenstoßen, zu: collidere, ↑ kollidieren]: **1.** *das Kollidieren* (1): die K. eines Vergnügungsdampfers mit einem Frachtschiff; auf der Autobahn kam es wegen Glatteis zu zahlreichen -en. **2.** *das Kollidieren* (2) *mit jmdm., etw.;* [Wider]streit.

Kol|li|si|ons|kurs, der ⟨Pl. selten⟩: *eingeschlagene Verhaltensrichtung, bei der Kollisionen* (2) *mit jmdm., etw. in Kauf genommen werden.*

Kol|lo, das; -s u. Kolli [ital. collo, auch: Hals, Nacken < lat. collum, also eigtl. = das, was auf dem Nacken getragen wird] (Transportwesen): *Frachtstück* (z. B. Ballen, Kiste).

kol|lo|id, kolloidal ⟨Adj.⟩ [engl. colloidal] (Chemie): **a)** *in einer Flüssigkeit od. einem Gas sehr*

Kolloid–Koloss

fein verteilt: -er Schwefel; k. gelöste Stoffe; **b)** *Stoffe in feinster Verteilung enthaltend:* eine -e Lösung.

Kol|lo|id, das; -[e]s, -e [engl. colloid, zu griech. kólla = Leim u. -oeidés = ähnlich] (Chemie): *Stoff, der sich in feinster Verteilung in einer Flüssigkeit od. einem Gas befindet.*

kol|lo|i|dal: ↑ kolloid.

Kol|lo|ka|ti|on, die; -, -en [lat. collocatio = Anordnung, zu: collocare = (an)ordnen] (Sprachwiss.): *inhaltliche Kombinierbarkeit sprachlicher Einheiten (z. B. dick + Buch, aber nicht: dick + Haus).*

Kol|lo|ka|ti|ons|plan, der (schweiz. Rechtsspr.): *von der Konkursverwaltung angefertigtes Verzeichnis der Konkursforderungen.*

kol|lo|qui|al ⟨Adj.⟩ [zu ↑ Kolloquium] (Sprachwiss.): *für die Redeweise im Gespräch charakteristisch:* in -em Stil, Ton schreiben.

Kol|lo|qui|um, das; -s, ...ien [lat. colloquium = Gespräch]: **a)** *zeitlich festgesetztes wissenschaftliches Gespräch [zwischen Hochschullehrern u. Studierenden]:* das K. als Bestandteil der Habilitation; ein K. abhalten; **b)** *Zusammenkunft von Wissenschaftlern, Politikern zur Erörterung bestimmter Probleme:* ein K. über Völkerrecht; **c)** (österr., schweiz.) *kleinere mündliche od. schriftliche Prüfung an einer Hochschule, bes. über eine einzelne Vorlesung.*

Kol|lu|si|on, die; -, -en [lat. collusio = geheimes Einverständnis, zu: colludere = mit jmdm. unter einer Decke stecken, eigtl. = mit jmdm. spielen] (Rechtsspr.): *unerlaubtes gemeinsames Vorgehen zum Schaden eines Dritten.*

Köln: Stadt am Rhein.

¹**Köl|ner,** der; -s, -: Ew.

²**Köl|ner** ⟨indekl. Adj.⟩: der K. Dom.

Köl|ne|rin, die; -, -nen: w. Form zu ↑ ¹Kölner.

köl|nisch ⟨Adj.⟩: *aus Köln stammend; zu Köln gehörend:* k. Wasser (Kölnischwasser).

Köl|nisch|was|ser, das ⟨Pl. ...wässer⟩: *(ursprünglich aus Köln stammendes) unter Verwendung verschiedener ätherischer Öle hergestelltes Duftwasser.*

Ko|lom|bi|ne, Kolumbine, die; -, -n [ital. Colombina, eigtl. = Täubchen]: *als kokette Zofe u. Partnerin des Harlekins auftretende weibliche Hauptfigur der Commedia dell'Arte.*

Ko|lon, das; -s, -s u. Kola [lat. colon < griech. kōlon = (Satz)glied; Darm]: **1.** (veraltet) *Doppelpunkt.* **2.** (Anat.) *Grimmdarm.*

ko|lo|ni|al ⟨Adj.⟩ [frz. colonial, zu: colonie < lat. colonia, ↑ Kolonie]: *die Kolonien betreffend, kennzeichnend:* -e Unterdrückung, Ausbeutung.

Ko|lo|ni|al|bau, der ⟨Pl. -ten⟩: *in einer Kolonie (1) von den Kolonialherren errichteter [repräsentativer] Bau (4).*

Ko|lo|ni|al|be|sitz, der: *Kolonie (1).*

Ko|lo|ni|al|ge|biet, das: *Kolonie (1).*

Ko|lo|ni|al|ge|schich|te, die; -: *Geschichte (1 a) der Kolonisierung u. Kolonialherrschaft.*

Ko|lo|ni|al|herr, der: *Vertreter der in einer Kolonie herrschenden ausländischen Staatsmacht.*

Ko|lo|ni|al|her|rin, die: w. Form zu ↑ Kolonialherr: die einstige K. England.

Ko|lo|ni|al|herr|schaft, die: *Herrschaft einer ausländischen Staatsmacht in einer Kolonie.*

ko|lo|ni|a|li|sie|ren ⟨sw. V.; hat⟩: *in koloniale Abhängigkeit bringen.*

Ko|lo|ni|a|li|sie|rung, die; -, -en: *das Kolonialisieren, Kolonialisiertwerden.*

Ko|lo|ni|a|lis|mus, der; -: *auf Erwerb u. Ausbau von Kolonien (1) gerichtete Politik unter dem Gesichtspunkt des wirtschaftlichen, militärischen u. machtpolitischen Nutzens für das Mutterland bei gleichzeitiger politischer Unterdrückung u. wirtschaftlicher Ausbeutung der abhängigen Völker:* Dazu: **Ko|lo|ni|a|list,** der; -en, -en; **Ko|lo|ni|a|lis|tin,** die; -, -nen; **ko|lo|ni|a|lis|tisch** ⟨Adj.⟩.

Ko|lo|ni|al|krieg, der: *um den Erwerb od. die Sicherung von Kolonien geführter Krieg.*

Ko|lo|ni|al|macht, die: *durch den Besitz von Kolonien einflussreiche Macht (4 a).*

Ko|lo|ni|al|po|li|tik, die: *auf den Erwerb u. die Sicherung von Kolonien gerichtete Politik.*

Ko|lo|ni|al|reich, das: *großes Kolonialgebiet.*

Ko|lo|ni|al|stil, der ⟨o. Pl.⟩: *vom [britischen] Mutterland geprägter, klassizistischer Architekturstil in den ehemaligen Kolonien.*

Ko|lo|ni|al|trup|pe, die: *Truppe der in einer Kolonie herrschenden ausländischen Staatsmacht.*

Ko|lo|ni|al|wa|ren ⟨Pl.⟩ (veraltet): *Lebens- u. Genussmittel [aus Übersee].*

Ko|lo|ni|al|wa|ren|ge|schäft, das (veraltend): *Lebensmittelgeschäft.*

Ko|lo|ni|al|wa|ren|händ|ler, der (veraltend): *Lebensmittelhändler.*

Ko|lo|ni|al|wa|ren|händ|le|rin, die: w. Form zu ↑ Kolonialwarenhändler.

Ko|lo|ni|al|wa|ren|la|den, der (veraltend): *Lebensmittelladen.*

Ko|lo|ni|al|zeit, die: *Zeit, in der es in einer bestimmten Region Kolonien gibt, in der ein bestimmtes Land den Status einer Kolonie hat.*

Ko|lo|nie, die; -, -n [lat. colonia = Ländereien, Ansiedlung, Kolonie, zu: colere = bebauen, (be)wohnen bzw. zu: colonus = Bauer, Siedler]: **1.** *auswärtige Besitzung eines Staates, die politisch u. wirtschaftlich von ihm abhängig ist:* die ehemaligen französischen -n in Afrika. **2.** *Gruppe von Personen gleicher Nationalität, die im Ausland [am gleichen Ort] lebt u. dort die Traditionen des eigenen Landes pflegt:* die deutsche K. in Rom. **3.** *Siedlung:* an der Küste gab es noch einige kleine -n der Ureinwohner; Diese K. war in den Elendsjahren nach dem Weltkriege aus einem Barackenlager entstanden (Fallada, Trinker 52). **4.** (Biol.) *mehr od. weniger lockerer Verband ein- u. mehrzelliger pflanzlicher od. tierischer Individuen einer Art:* Möwen brüten in -n. **5.** Kurzf. von ↑ Ferienkolonie.

Ko|lo|nie|brü|ter, der (Zool.): *Vogel, der in einer Kolonie (4) brütet.*

Ko|lo|ni|sa|ti|on, die; -, -en [frz. colonisation, engl. colonisation]: **1.** *Gründung u. Entwicklung von Kolonien (1).* **2. a)** *das Kolonisieren (2):* die K. des Ostens; **b)** *wirtschaftliche Entwicklung rückständiger Gebiete des eigenen Staates.*

Ko|lo|ni|sa|tor, der; -s, ...oren [zu ↑ kolonisieren]: **1.** *jmd., der führend an der Gründung u. Entwicklung von Kolonien (1) beteiligt ist.* **2.** *jmd., der ein Gebiet kolonisiert (2).*

Ko|lo|ni|sa|to|rin, die; -, -nen: w. Form zu ↑ Kolonisator.

ko|lo|ni|sie|ren ⟨sw. V.; hat⟩ [frz. (engl. to colonize), zu frz. colonie, ↑ Kolonie]: **1.** *(ein Gebiet) zu einer Kolonie (1) machen.* **2.** *urbar machen, besiedeln u. wirtschaftlich erschließen:* ein Stück Land k.

Ko|lo|ni|sie|rung, die; -, -en: *das Kolonisieren.*

Ko|lo|nist, der; -en, -en [engl. colonist]: **1.** *europäischer Siedler in einer Kolonie (1).* **2.** *jmd., der kolonisiert (2).* **3.** *jmd., der in einer Kolonie (3) wohnt.*

Ko|lo|nis|tin, die; -, -nen: w. Form zu ↑ Kolonist.

Ko|lon|na|de, die; -, -n [frz. colonnade < ital. colonnato, zu: colonna = Säule < lat. columna]: *Säulengang, bei dem (im Unterschied zu Arkaden) das die Säulen verbindende Gebälk gerade ist.*

Ko|lon|ne, die; -, -n [frz. colonne, eigtl. = Säule < lat. columna]. **1. a)** *in langer Formation mar-*schierende Truppe: eine feindliche K.; * **die fünfte K.** (*politische Gruppe, die im Krieg o. Ä. mit dem Gegner des eigenen Landes zusammenarbeitet;* nach der Antwort des Generals Mola im spanischen Bürgerkrieg auf die Frage, welche seiner vier Kolonnen Madrid einnehmen werde, wobei er mit der fünften Kolonne die Nationalen in der Stadt meinte); **b)** *lange Formation in gleichmäßigen Abständen hintereinanderfahrender [militärischer] Fahrzeuge:* eine lange K. von Lastwagen, Panzern; K. fahren (*durch einen Verkehrsstau o. Ä. bedingt im Schritttempo hintereinanderfahren*); **c)** *in langer Formation sich fortbewegende Gruppe von Menschen:* lange -n von Flüchtlingen; eine K. bilden; **d)** *für bestimmte Arbeiten im Freien zusammengestellter Trupp:* eine K. von Gleisarbeitern. **2.** *senkrechte Reihe untereinandergeschriebener Zahlen, Zeichen od. Wörter [einer Tabelle].*

Ko|lon|nen|fah|ren, das; -s: *das Fahren in der Kolonne (1 b).*

Ko|lon|nen|sprin|ger, der (ugs.): *in einer Kolonne (1 b) fahrender Autofahrer, der ständig überholt u. dabei die Lücken zwischen den Fahrzeugen zum Ein- bzw. Ausscheren nutzt.*

Ko|lon|nen|sprin|ge|rin, die: w. Form zu ↑ Kolonnenspringer.

Ko|lo|pho|ni|um, das; -s [griech. (hē) Kolophōnía (rhētínē) = kolophonisch(es Harz), nach der griech. Stadt Kolophon (eigtl. = Gipfel) in Kleinasien]: *gelbes bis schwarzbraunes Harz, das u. a. als Geigenharz verwendet wird.*

Ko|lo|ra|tur, die; -, -en [ital. coloratura = Ausmalung, Verzierung, zu: colorare, ↑ kolorieren] (Musik): *mit Läufen u. Sprüngen versehene Passage einer Arie:* die Partie der »Königin der Nacht« enthält viele -en; K. singen (*im Gesang Koloraturen ausführen*).

Ko|lo|ra|tur|alt, der (Musik). **1.** *für Koloraturen besonders geeignete Altstimme.* **2.** *Sängerin mit einem Koloraturalt (1).*

Ko|lo|ra|tur|arie, die (Musik): *stark durch Koloraturen gekennzeichnete Arie.*

Ko|lo|ra|tur|ge|sang, der ⟨o. Pl.⟩ (Musik): *das Singen von Koloraturen.*

Ko|lo|ra|tur|sän|ge|rin, die (Musik): *im Koloraturgesang ausgebildete Sängerin.*

Ko|lo|ra|tur|so|pran, der (Musik). **1.** *für Koloraturen besonders geeignete hohe Sopranstimme:* sie hat einen K.; K. singen (*in hoher, für Koloraturen geeigneter Sopranlage singen*). **2.** *Sängerin mit einem Koloratursopran (1).*

ko|lo|rie|ren ⟨sw. V.; hat⟩ [ital. colorare (auch: colorire) < lat. colorare = färben, zu: color = Farbe]: *eine Zeichnung od. Druckgrafik [mit Wasserfarben] ausmalen:* Stiche k.; eine kolorierte Stadtansicht. Dazu: **Ko|lo|rie|rung,** die; -, -en.

Ko|lo|rist, der; -en, -en: *jmd., der eine Zeichnung od. Druckgrafik koloriert.*

Ko|lo|ris|tin, die; -, -nen: w. Form zu ↑ Kolorist.

Ko|lo|rit [auch: ...'rɪt], das; -[e]s, -e, auch: -s [ital. colorito, zu: colorire; ↑ kolorieren]: **1.** (Malerei) *Farbgebung in der Malerei:* ein tiefbraunes, warmes, blasses, heiteres K.; das K. eines Malers. **2.** (Musik) *durch Instrumentation u. Harmonik bedingte Klangfarbe.* **3.** *eigentümliche Atmosphäre; ausgeprägter besonderer Charakter:* das K. einer Stadt.

Ko|lo|s|ko|pie, die; -, -n [zu ↑ Kolon u. griech. skopía = Beobachtung] (Med.): *Darmspiegelung.*

Ko|loss [auch: 'kɔ...], der; -es, -e [lat. colossus < griech. kolossós = Riesenstatue]: **a)** *Gebilde von gewaltigem Ausmaß:* ein K. aus Stahl; **b)** (ugs. scherzh.) *große, schwergewichtige Person:* er ist

vielleicht ein K.!; c) *Riesenstandbild:* der K. von Rhodos, von Barletta.
ko|los|sal ⟨Adj.⟩ [frz. colossal, zu: colosse < lat. colossus, ↑ Koloss]: **1.** *in seiner Art von riesenhafter Größe [u. beeindruckender Wucht]:* -e Bauten; eine -e Plastik; eine -e Hornbrille. **2.** (ugs. emotional) **a)** *sehr groß, stark in Bezug auf Ausmaß, Grad, Intensität, Wirkung:* -es Glück haben; einen -en Schrecken bekommen; **b)** ⟨intensivierend bei Adjektiven u. Verben⟩ *sehr, in beeindruckendem Maß:* eine k. verfahrene Situation; das hat uns k. beflügelt; Sonne jedoch gab es Schnee, Schnee in Massen, so k. viel Schnee, wie Hans Castorp in seinem Leben noch nicht gesehen (Th. Mann, Zauberberg 649).
Ko|los|sal|bau, der ⟨Pl. -ten⟩: *Bau von kolossalen Ausmaßen.*
Ko|los|sal|film, der: *Film [mit Überlänge], der große historische, biblische o. ä. Themen hauptsächlich in Massenszenen darstellt.*
Ko|los|sal|ge|mäl|de, das: *Gemälde von kolossalen Ausmaßen.*
Ko|los|sal|sta|tue, die: *Statue von kolossalen Ausmaßen.*
Ko|los|ser|brief, der ⟨o. Pl.⟩: *Brief des Apostels Paulus an die Christen in der phrygischen Stadt Kolossä.*
Ko|los|se|um, das; -s: *antikes Amphitheater in Rom.*
Ko|los|t|ral|milch, die; -, **Ko|los|t|rum,** das; -s [lat. colostrum = Biestmilch] (Med.): *milchartiges Sekret der weiblichen Brustdrüsen, das vor u. noch einige Tage nach einer Geburt (1 a) abgesondert wird.*
Kol|ping|haus, das; -es, ...häuser [nach dem dt. kath. Theologen A. Kolping (1813–1865), dem Gründer des Kolpingwerks, einer internationalen Bildungs- u. Aktionsgemeinschaft von kath. Laien]: *dem Kolpingwerk angeschlossenes Jugendwohnheim.*
Kol|por|ta|ge [...'taːʒə, österr. meist: ...ʃ], die; -, -n [frz. colportage, zu: colporter, ↑ kolportieren]: **1.** (bildungsspr.) *literarisch minderwertiger, auf billige Wirkung abzielender Bericht:* reißerische -n; sein Genre ist die K. **2.** (bildungsspr.) *Verbreitung von Gerüchten.*
kol|por|ta|ge|haft ⟨Adj.⟩: *in der Art der Kolportage* (1) *gehalten:* eine -e Handlung.
Kol|por|ta|ge|ro|man, der: *literarisch wertloser Roman [in Fortsetzungen].*
Kol|por|teur [...'tøːɐ̯], der; -s, -e [frz. colporteur = Hausierer] (bildungsspr.): *jmd., der Gerüchte verbreitet.*
Kol|por|teu|rin [...'tøːrɪn], die; -, -nen: w. Form zu ↑ Kolporteur.
kol|por|tie|ren ⟨sw. V.; hat⟩ [frz. colporter = hausieren, älter: comporter < lat. comportare = zusammentragen] (bildungsspr.): *eine ungesicherte, unzutreffende Information verbreiten:* ein Gerücht, eine Anekdote k.
Kölsch, das; -[s] [rhein. kölsch = kölnisch, aus Köln, spätmhd. (altkölnisch) coelsch]: **1.** *in Köln gebrautes kohlensäurearmes, obergäriges Bier mit starkem Hopfengehalt.* **2.** *Kölner Mundart.*
Ko|lum|bi|a|ner, der; -s, -: Ew. zu ↑ Kolumbien.
Ko|lum|bi|a|ne|rin, die; -, -nen: w. Form zu ↑ Kolumbianer.
ko|lum|bi|a|nisch ⟨Adj.⟩: *aus Kolumbien stammend; zu Kolumbien gehörend.*
Ko|lum|bi|en; -s: *Staat in Südamerika.*
Ko|lum|bi|ne: ↑ Kolombine.
Ko|lum|ne, die; -, -n [lat. columna = Säule]: **1.** (Druckw.) *Druckspalte.* **2.** *von stets demselben [prominenten] Journalisten verfasster, regelmäßig an bestimmter Stelle einer Zeitung od. Zeitschrift veröffentlichter Meinungsbeitrag.*
Ko|lum|nen|ti|tel, der (Druckw.): *am Kopf od.*

Fuß einer Kolumne (1) *od. Seite angebrachter Hinweis:* toter K. *(Seitenzahl);* lebender K. *(Hinweis auf den Inhalt eines Kapitels od. einer Seite).*
Ko|lum|nist, der; -en, -en: *[prominenter] Journalist, der Kolumnen* (2) *schreibt.*
Ko|lum|nis|tin, die; -, -nen: w. Form zu ↑ Kolumnist.
Köm, der; -s, -s [mniederd. köme, kamīn, kome(n) < lat. cuminum, ↑ Kümmel] (nordd.): *Kümmel* (3): *ein, zwei K. (ein, zwei Glas Kümmel).*
¹**Ko|ma,** das; -s, -s u. -ta [griech. kōma = tiefer Schlaf] (Med.): *tiefe [durch keine äußeren Reize zu unterbrechende] Bewusstlosigkeit:* im K. liegen.
²**Ko|ma,** die; -, -s [lat. coma < griech. kómē, ↑ Komet] (Astron.): *lang gestreckte, schweifartige Nebelhülle um den Kern eines Kometen.*
Ko|ma|pa|ti|ent, der (Med.): *Patient, der im* ¹*Koma liegt.*
Ko|ma|pa|ti|en|tin, die: w. Form zu ↑ Komapatient.
Ko|ma|sau|fen, das; -s (salopp): *Rauschtrinken.*
ko|ma|tös ⟨Adj.⟩ (Med.): *ein* ¹*Koma aufweisend; im* ¹*Koma liegend:* in -em Zustand; -e Patienten.
Ko|ma|trin|ken, das; -s (ugs.): *Rauschtrinken.*
Kom|bat|tant, der; -en, -en [frz. combattant, subst. 1. Part. von: combattre = kämpfen < spätlat. combatt(u)ere, eigtl. = zusammenschlagen]: **1.** *[Mit]kämpfer, Kampfteilnehmer.* **2.** *Angehöriger der Kampftruppen, die nach dem Völkerrecht zur Durchführung von Kampfhandlungen allein berechtigt sind.*
¹**Kom|bi,** der; -[s], -s: Kurzf. von ↑ Kombiwagen.
²**Kom|bi,** die; -, -s: Kurzf. von ↑ Kombination.
Kom|bi|bad, das: *öffentliche Badeanstalt mit Hallen- u. Freibad.*
Kom|bi|lohn, der: *staatlich bezuschusster Lohn zur Verminderung von Arbeitslosigkeit.*
Kom|bi|nat, das; -[e]s, -e [russ. kombinat < spätlat. combinatum, 2. Part. von: combinare, ↑ kombinieren]: *(in sozialistischen Ländern üblicher) Großbetrieb, in dem Betriebe produktionsmäßig eng zusammengehörender Industriezweige zusammengeschlossen sind.*
¹**Kom|bi|na|ti|on,** die; -, -en [spätlat. combinatio = Vereinigung]: **1. a)** *[zweckgerichtete] Verbindung zu einer Einheit:* eine K. verschiedener Eigenschaften, von Wörtern im Satz, von Stärke und Verhandlungsbereitschaft; **b)** *zu einer bestimmten Mutmaßung, Vorstellung, Ansicht führende gedankliche Verknüpfung:* eine scharfsinnige, kühne K.; in einer glücklichen (kombinieren 2); Darum gelten Kindheit, Zirkusjahre und Wanderleben Theodoras heute als so gut wie erwiesen, und das muss nicht belegt ist, kann man ohne halsbrecherische -en aus den Umständen erschließen (Thieß, Reich 468). **2.** *in der Farbe aufeinander abgestimmte u. zusammen zu tragende mehrteilige Kleidung:* eine K. aus grauer Hose und schwarzem Sakko, aus Kleid und Jacke. **3. a)** *(Schach) Folge von Zügen mit häufig überraschenden Effekten zur Erreichung eines bestimmten Ziels;* **b)** *(Ballspiele) Aktion, bei der mehrere Spielende planvoll zusammenspielen;* **c)** *(Ski) mehreren Disziplinen bestehender Wettkampf:* nordische K. *(Sprunglauf u. 15-km-Langlauf).* **4.** *(Math.) willkürliche Zusammenstellung einer bestimmten Anzahl aus gegebenen Dingen.*
²**Kom|bi|na|ti|on** [auch: kɔmbiˈneɪʃn̩], die; -, -en, bei engl. Aussprr. -s [engl. combination): *einteiliger [Schutz-, Arbeits]anzug [der Rennfahrer, Motorradfahrer].*
Kom|bi|na|ti|ons|fuß|ball, der ⟨o. Pl.⟩: *Fußball* (2)*, der gutes Kombinationsspiel* (1) *zeigt.*
Kom|bi|na|ti|ons|ga|be, die ⟨Pl. selten⟩: *besondere Fähigkeit zu kombinieren* (2).

Kom|bi|na|ti|ons|mög|lich|keit, die: *Möglichkeit zu kombinieren* (1).
Kom|bi|na|ti|ons|prä|pa|rat, das: *Arzneimittel, das zwei od. mehr Wirkstoffe enthält.*
Kom|bi|na|ti|ons|schloss, das: *Schloss, das durch von außen verstellbare, nebeneinander angeordnete Ringe mit Zahlen- od. Buchstabenreihen, die sich in bestimmter* ¹*Kombination* (1 a) *befinden müssen, geöffnet od. geschlossen wird.*
Kom|bi|na|ti|ons|spiel, das (Ballspiele): **1.** ⟨o. Pl.⟩ *Spielweise des planvollen, harmonischen Zusammenspiels.* **2.** *Mannschaftsspiel, bei dem es ein Zusammenspiel, ein Zuspielen des Balles gibt:* Fußball ist ein K.
Kom|bi|na|ti|ons|the|ra|pie, die (Med.): *Therapie, bei der mehrere Heilmittel eingesetzt werden.*
Kom|bi|na|ti|ons|ver|mö|gen, das ⟨o. Pl.⟩: *Kombinationsgabe.*
Kom|bi|na|to|rik, die; - (Math.): *Teilgebiet der Mathematik, das sich mit den möglichen* ¹*Kombinationen* (4) *gegebener Dinge (Elemente) befasst.*
kom|bi|na|to|risch ⟨Adj.⟩: *das Kombinieren* (2) *betreffend; durch Kombinieren:* -e Begabung; die -e Leistung des Gehirns.
kom|bi|nier|bar ⟨Adj.⟩: *sich kombinieren* (1 a) *lassend:* vielfältig -e Kleidungsstücke.
kom|bi|nie|ren ⟨sw. V.; hat⟩ [spätlat. combinare = vereinigen, eigtl. = je zwei zusammenbringen]: **1.** *für bestimmte [Gebrauchs]zwecke zu einer Einheit zusammenstellen:* verschiedene Kleidungsstücke, Farben [miteinander] k. **2.** *gedankliche Beziehungen zwischen verschiedenen Dingen herstellen:* blitzschnell, richtig, falsch k.
Kom|bi|nie|rer, der; -s, -: *Sportler, der an einer* ¹*Kombination* (3 c) *teilnimmt.*
Kom|bi|nie|re|rin, die; -, -nen: w. Form zu ↑ Kombinierer.
Kom|bi|nie|rung, die; -, -en: *das Kombinieren* (1).
Kom|bi|ti|cket, das: **a)** *Eintrittskarte, die für mehrere Museen, Ausstellungen, Aufführungen o. Ä. gilt;* **b)** *Fahrkarte, die für mehrere öffentliche Verkehrsmittel gilt;* **c)** *Fahrkarte, die gleichzeitig Eintrittskarte für eine Veranstaltung ist.*
Kom|bi|wa|gen, der [gek. aus: Kombinationskraftwagen]: *kombinierter Personen- u. Lieferwagen, dessen [kastenförmig] erweiterter Gepäckraum über eine Hecktür beladen wird.*
Kom|bi|zan|ge, die: *kombinierte Zange, die als Kneif-, Flach- u. Rohrzange benutzt werden kann.*
Kom|bu|cha, der; -s [H. u., viell. aus dem Jap. unter fälschlicher Anlehnung an ein gleichlautendes jap. Wort mit der Bed. »Hefetee« (nach der farblichen u. geschmacklichen Ähnlichkeit) u. letztlich viell. aus dem Chin.; vgl. chin. (Pinyin) cha = Tee]: **1.** *(fachspr. auch: die; -) feste, bräunliche, Milchsäurebakterien und Hefen enthaltende Masse, mit deren Hilfe Tee vergoren werden kann; Teepilz.* **2.** *(auch: das; -s) mit Kombucha* (1) *vergorener Tee.*
Kom|bü|se, die; -, -n [niederd. kambüse < mniederd. kabūse = Bretterverschlag auf dem Deck, der zum Kochen u. Schlafen dient, H. u.] (Seemannsspr.): *Schiffsküche.*
Ko|met, der; -en, -en [mhd. komēte < lat. cometa, cometes < griech. komḗtēs = Haarstern, zu: kómē = (Haupt)haar]: *nicht scharf konturierter Himmelskörper, der aus Kern, Nebelhülle u. Schweif besteht u. sich auf lang gestreckter Bahn um die Sonne bewegt.*
Ko|me|ten|bahn, die: *Bahn* (2) *eines Kometen.*
ko|me|ten|haft ⟨Adj.⟩: *(in Bezug auf die Schnelligkeit einer Entwicklung o. Ä.) sich sehr schnell*

vollziehend: der *-e Aufstieg eines Politikers, einer Autorin, Künstlerin.*
Ko|me|ten|schweif, der: *aus Gasmolekülen u. Staubpartikeln bestehender schweifartiger leuchtender Teil eines in der Nähe der Sonne befindlichen Kometen.*
Kom|fort […ˈfoːɐ̯], der; -s [engl. comfort = Behaglichkeit, Bequemlichkeit; eigtl. = Trost, Stärkung; Zufriedenheit < frz., afrz. confort, zu afrz. conforter = stärken, trösten < spätlat. confortare, zu lat. fortis = stark, kräftig, fest]: *auf technisch ausgereiften Einrichtungen beruhende Bequemlichkeiten, Annehmlichkeiten; einen bestimmten Luxus bietende Ausstattung:* der K. eines Hotels; das Ferienhaus bietet allen K.; die Räume sind mit allem K. ausgestattet.
kom|for|ta|bel ⟨Adj.; …bler, -ste⟩ [engl. comfortable < afrz. confortable = Trost, Stärkung bringend): **a)** *mit allem durch technischen Fortschritt möglichen Komfort ausgestattet:* ein komfortables Hotel, Auto; eine komfortable Polsterung; k. eingerichtete Zimmer; sich k. fühlen (sich wohlfühlen); Ü die Mannschaft geht mit einem komfortablen (kaum aufholbaren) Vorsprung in das Rückspiel; **b)** *keine Anstrengung verursachend; ohne Mühe benutzbar o. Ä.:* eine sehr komfortable Software, Fernbedienung.
Kom|fort|funk|ti|on, die: *über die Grundfunktionen eines Gerätes hinausgehende, für dessen Nutzung angenehme od. interessante zusätzliche Funktion:* ein Auto mit vielen verschiedenen -en.
Kom|fort|klas|se, die: *[besonderen] Komfort bietende Klasse (7 a):* ein Hotel, ein Wohnmobil der K.
Ko|mik, die; - [frz. le comique = das Komische, Substantivierung von: comique, ↑ komisch]: *(von Worten, Gesten, einer Situation, Handlung o. Ä. ausgehende) komische (1) Wirkung:* unfreiwillige K.; eine Szene voller K., von zwerchfellerschütternder K.
Ko|mi|ker, der; -s, -: **a)** *in Varieté od. Kabarett auf witzige Art unterhaltender Vortragskünstler:* Ü was will dieser K. (abwertend; *Kerl*) hier?; **b)** *Darsteller komischer Rollen auf der Bühne od. im Film.*
Ko|mi|ke|rin, die; -, -nen: w. Form zu ↑ Komiker.
ko|misch ⟨Adj.⟩ [frz. comique < lat. comicus < griech. kōmikós = zur Komödie gehörend; lächerlich, zu: kōmos, ↑ Komödie]: **1.** *durch eigenartige Wesenszüge belustigend in seiner Wirkung, zum Lachen reizend:* ein -es Aussehen; ein -es Gesicht machen; er macht eine -e Figur; er konnte sehr k. sein; was ist daran so k.?; Sein Lächeln zeigte an, dass er sich bemühte, die Sache k. zu finden (Frisch, Stiller 348). **2.** *sonderbar, seltsam; mit jmds. Vorstellungen, Erwartungen nicht in Einklang zu bringen:* ein -er Mensch, Kauz; ein -es Gefühl haben; ein -es Benehmen; -e Ansichten; k., was?; k. [ist nur], dass sie nichts sagte; das kommt mir [doch allmählich] k. vor; Kann einer eine Zigarette abgeben? Mir ist verdammt k. (*flau*; Gaiser, Jagd 141).
ko|mi|scher|wei|se ⟨Adv.⟩ (ugs.): *aus unverständlichen Gründen; seltsamerweise:* es hat k. überhaupt nicht wehgetan.
Ko|mi|tee, das; -s, -s [frz. comité < engl. committee, zu: to commit = anvertrauen, übertragen < frz. committere < lat. committere = ausüben; anvertrauen, zu: mittere = schicken, beauftragen; [leitender] Ausschuss, der [von den Mitgliedern einer Gruppe] mit einer bestimmten Aufgabe betraut ist: ein vorbereitendes K.; K. für Frieden und Abrüstung. Dazu: **Ko|mi|tee|mit|glied,** das.
Kom|ma, das; -s, -s u. -ta [lat. comma < griech. kómma = Schlag; Abschnitt, Einschnitt, zu:

kóptein = schlagen, stoßen]: *Zeichen in Form eines kleinen geschwungenen Strichs, mit dem Sätze od. Satzteile voneinander getrennt od. bei der Zifferschreibung die Dezimalstellen abgetrennt werden:* an dieser Stelle muss ein K. stehen; ein K. setzen; eine Apposition in -s einschließen; die Differenz bis auf zwei Stellen nach, hinter dem K. ausrechnen; bei Tarifverhandlungen eine 5 vor dem K. *(mindestens 5 % Gehaltserhöhung)* verlangen.
Kom|ma|feh|ler, der: *Fehler in der Zeichensetzung in Bezug auf ein Komma.*
Kom|man|dant, der; -en, -en [frz. commandant, zu: commander, ↑ kommandieren] (Militär): **1.** *militärischer Befehlshaber eines Truppenübungsplatzes, Standorts, einer Festung, eines Schiffs, Flugzeugs od. Panzers.* **2.** (österr., schweiz.) *Kommandeur.*
Kom|man|dan|tin, die; -, -nen: w. Form zu ↑ Kommandant.
Kom|man|dan|tur, die; -, -en (Militär): *vom Kommandanten eines Truppenübungsplatzes, Standorts, einer Festung geleitete Behörde, Dienststelle:* sich auf/in der K. erkundigen, melden.
Kom|man|deur […ˈdøːɐ̯], der; -s, -e [frz. commandeur = Vorsteher] (Militär): *Befehlshaber eines größeren Truppenteils (vom Bataillon bis zur Division).*
Kom|man|deu|rin […ˈdøːrɪn], die; -, -nen: w. Form zu ↑ Kommandeur.
kom|man|die|ren ⟨sw. V.; hat⟩ [frz. commander < lat. commendare = anvertrauen, übergeben; empfehlen, zu: mandare, ↑ Mandant]: **1. a)** *die Befehlsgewalt in Bezug auf jmdn., etw. ausüben:* eine Kompanie, eine Flotte k.; **b)** *zur Erfüllung einer Aufgabe an einen Ort entsenden:* jmdn. an die Front, zu einer anderen Abteilung k.; Er sorgt sogar dafür, dass wir für die nächsten drei Tage in die Küche zum Kartoffel- und Steckrübenschälen kommandiert werden (Remarque, Westen 101); **c)** *einen bestimmten [militärischen] Auftrag erteilen; eine bestimmte [militärische] Anordnung geben:* den Rückzug k. **2.** *(ugs.) jmdm. Befehlston Anweisungen geben:* seine Umgebung k.; ich lasse mich [von dir] nicht k.
Kom|man|di|tär, der; -s, -e [frz. commanditaire, zu: commandite = Geschäftsanteil < ital. accomandita, zu lat. commendare = anvertrauen] (schweiz.): *Kommanditist.*
Kom|man|di|tä|rin, die; -, -nen: w. Form zu ↑ Kommanditär.
Kom|man|dit|ge|sell|schaft, die (Wirtsch.): *Handelsgesellschaft, die unter gemeinschaftlicher Firma ein Handelsgewerbe betreibt u. bei der mindestens ein Gesellschafter unbeschränkt u. mindestens einer nur mit seiner Einlage haftet* (Abk.: KG).
Kom|man|di|tist, der; -en, -en (Wirtsch.): *Gesellschafter einer Kommanditgesellschaft, dessen Haftung auf seine Einlage beschränkt ist.*
Kom|man|di|tis|tin, die; -, -nen: w. Form zu ↑ Kommanditist.
Kom|man|do, das; -s, -s, österr. auch: …den [ital. comando, zu: comandare = befehlen < lat. commendare, ↑ kommandieren]: **1. a)** *kurzer [in seinem Wortlaut festgelegter, militärischer] Befehl:* ein scharfes, militärisches K.; ein K. geben; der Kanarienvogel fing wie auf K. an zu singen; **b)** *durch einen Befehl erteilter [militärischer] Auftrag.* **2.** ⟨o. Pl.⟩ *Befehlsgewalt bei der Durchführung einer [militärischen] Aufgabe:* das K. über eine Einheit haben, an jmdn. übergeben; die Division steht unter dem K. von … **3. a)** *zur Übernahme bestimmter Dienstpflichten, Aufgaben zusammengestellte Einheit, Gruppe:* einem K. angehören; **b)** *höhere militärische Dienst-*

stelle: militärische -s mit den ihnen zugeteilten Stäben.
Kom|man|do|brü|cke, die (Schiffbau): *auf Schiffen meist in der Mitte befindliche Deckaufbauten für die Schiffsführung.*
Kom|man|do|ebe|ne, die: *das Kommando* (2) *innehabende Personengruppe.*
Kom|man|do|ge|walt, die (Militär): *Befehlsgewalt.*
Kom|man|do|ruf, der: *Ruf, der ein Kommando beinhaltet:* -e hallten über den Kasernenhof.
Kom|man|do|sa|che, die: in der Fügung **geheime K.** *(etw., was geheim gehalten werden muss).*
Kom|man|do|stab, der (Militär): *den Kommandeur einer Truppe od. militärischen Dienststelle unterstützendes Führungsorgan.*
Kom|man|do|stand, der (Militär): *Befehlsstelle einer Geschütz- od. größeren Truppeneinheit.*
Kom|man|do|stel|le, die (Militär): *Sitz des Kommandostabes.*
Kom|man|do|stim|me, die: *Stimme im Befehlston:* etw. mit K. verkünden.
Kom|man|do|struk|tur, die (bes. Militär): *Struktur* (1), *die hinsichtlich eines Kommandos* (2) *festlegt, wer Befehle erteilt und wer sie ausführt.*
Kom|man|do|ton, der ⟨Pl. selten⟩: *Befehlston.*
Kom|man|do|un|ter|neh|men, das: *Unternehmen eines Kommandos* (3 a).
Kom|man|do|zei|le, die (EDV): *auf dem Bildschirm gekennzeichnete Stelle, an der man Kommandos (zum Starten von Programmen) eingeben kann.*
Kom|man|do|zen|tra|le, die: *Zentrale, von der etw. befehligt, geführt, gelenkt wird.*
Kom|ma|stel|le, die: *Stelle* (3 b) *hinter dem Komma; Dezimalstelle:* etwas bis auf die dritte K. genau berechnen.
Kom|ma|ta. Pl. von ↑ Komma.
Kom|me|mo|ra|ti|on, die; -, -en [lat. commemoratio, zu: commemorare, zu: memorare, † memorieren] (kath. Kirche): **a)** *Gedächtnis, Fürbitte in der Messe;* **b)** *Gedächtnisfeier in der Liturgie (z. B. zu Allerseelen).*
kọm|men ⟨st. V.; ist⟩ [mhd. komen, ahd. koman, gemeingerm. Vw.]: **1.** *sich auf ein Ziel hin bewegen [u. dorthin gelangen]; anlangen, eintreffen:* pünktlich, zu spät k.; wir sind auch erst vor einer Stunde gekommen; ich komme gleich *(mache mich gleich auf den Weg u. bin entsprechend schnell da);* dort kommt die Bahn; der Zug kommt erst in einer halben Stunde; wann kommt der nächste Bus?; mit der Bahn, dem Flugzeug, dem Auto k.; wir sind diesmal zu Fuß gekommen; der Monteur kommt wegen der Heizung; ans Ziel k.; von hier aus k. wir helfen, wie komme ich schnell auf die Autobahn?; nach Hause k.; komme ich hier zum Bahnhof?; durch Frankfurt k. *(auf seinem Weg Frankfurt berühren);* kommt der Zug durch Mannheim? *(liegt Mannheim auf der Route des Zuges?);* leider sind wir nicht durch, über Paris gekommen *(hat uns unser Weg nicht durch Paris geführt);* aus dem Theater, Kino k. *(das Theater, Kino verlassen u. sich auf den Heimweg machen; im Theater, Kino gewesen sein);* die Kinder kommen aus der Schule *(sind von der Schule auf dem Heimweg);* sie kam gerade aus der Bank, aus der Post *(verließ gerade die Bank, die Post);* die Arbeiter kommen aus der Fabrik *(verlassen die Fabrik [u. machen sich auf den Heimweg]);* von einer Veranstaltung, von einem Besuch k. *(zurückkehren, heimkommen);* von der Arbeit k. *(die Arbeitsstelle verlassen u. sich auf den Heimweg befinden);* das Auto kommt *(fährt heran)* von rechts; der Wind kommt *(weht)* von [der] See; von der Tribüne kamen Buhrufe *(drangen Buhrufe herüber);* den Gegner k. *(angreifen)* lassen; die Kupplung k. lassen *(einkuppeln);* ⟨in Verbin-

dung mit einem Verb der Bewegung im 2. Part.:⟩ angefahren, angerannt, angeritten, angeradelt, angebraust k.; ⟨subst.:⟩ ein ständiges Kommen und Gehen; Ü zum Schluss k.; auf etwas zu sprechen k.; wie sind wir auf dieses Thema gekommen? *(was hat uns dazu veranlasst, darüber zu reden?);* ◆ ⟨3. Pers. Sg. kömmt:⟩ ... sie kömmt sechs Meilen Weges vom Lande (Cl. Brentano, Kasperl 345); ◆ Der Herr Gerichtsrat Walter kömmt, aus Utrecht (Kleist, Krug 1); ◆ ⟨2. Part. kommen:⟩ So wollt' ich, Ihr wär't eher kommen (Goethe, Götz III); ◆ ... als ich bemerkte, dass ich aus dem Weg gekommen *(vom Weg abgekommen)* war (Chamisso, Schlemihl 70); R komm ich heut nicht, komm ich morgen (spött.; zu jmdm., der allzu langsam in seinen Bewegungen u. seiner Arbeit ist). **2. a)** *zu etw. erscheinen, an etw. teilnehmen:* zu einer Tagung k.; wie viele Leute werden k.?; ich weiß nicht, ob ich morgen k. kann; **b)** *jmdn. aufsuchen, besuchen:* die Ärztin kommt zu dem Kranken; morgen wird ein Vertreter zu uns k.; ⟨k. + lassen:⟩ den Arzt k. lassen; wir ließen [uns] ein Taxi k. *(bestellten ein Taxi).* **3.** *gebracht werden:* ist eine Nachricht gekommen?; für dich ist keine Post gekommen; das Essen kommt gleich auf den Tisch *(wird gleich aufgetragen);* Ü die Streitigkeiten kamen vor den Richter; der Hehler kam vor Gericht; an die Öffentlichkeit k. **4. a)** *sich als Geschehen, Ereignis jmdm. in bestimmter Weise darstellen:* das kommt mir sehr gelegen; mein Besuch kommt dir wohl überraschend?; **b)** (ugs.) *sich in bestimmter Weise gegen jmdn. benehmen:* er kam seinem Vater frech; so/in diesem Ton kann er mir nicht k.!; **c)** (ugs.) *sich [in belästigender Weise] an jmdn. wenden:* komm mir doch nicht immer mit Ausreden!; **d)** * *auf jmdn. nichts k. lassen (nicht dulden, dass Schlechtes über jmdn. gesagt wird).* **5.** *hervortreten, [bei jmdm.] in Erscheinung treten:* die ersten Blüten kommen; die Saat ist nicht gekommen *(nicht aufgegangen);* bei unserer Kleinen kommt der erste Zahn; ihm kam der Gedanke *(er hatte den Gedanken, Einfall), dass ...;* seine Reue kam zu spät; ihm/bei ihm kommen immer gleich die Tränen; die Antwort kam spontan, wie aus der Pistole geschossen; es kam ihr (ugs.; *fiel ihr ein),* dass sie noch etwas besorgen wollte; meine Glückwünsche kommen von Herzen; von ihm kommt keine Hilfe *(wird sie uns nicht zuteil).* **6.** *irgendwo aufgenommen, untergebracht, eingestellt o. Ä. werden:* zur Schule, aufs Gymnasium, ins Gefängnis k.; in die Lehre k. *(mit einer bestimmten Lehre beginnen);* der Film kommt jetzt in die Kinos *(wird im Kino gezeigt);* Ü in den Himmel, in die Hölle k. **7. a)** *ordnungsgemäß an einen bestimmten Platz gestellt, gelegt werden:* das Buch kommt ins Regal; wohin kommen die Müllsäcke?; diese Löffel kommen *(gehören)* rechts ins Fach; **b)** *irgendwo seinen Platz erhalten:* der Aufsatz kommt in die nächste Nummer der Zeitschrift; die Amerikanerin kommt auf den ersten Platz in der Rangliste. **8.** *in einen Zustand, eine Verfassung, eine bestimmte Lage geraten:* in Gefahr, Not, Bedrängnis, Verlegenheit k.; die Kinder kamen in Versuchung; er kam in den Verdacht, das Geld gestohlen zu haben; in Schwung, Stimmung, Wut, Zorn k.; ins Sinnieren, ins Schwärmen k.; der Verkehr kam ins Stocken, zum Erliegen; plötzlich kam ich ins Rutschen; er kam unters Auto, unter die Straßenbahn *(wurde vom Auto, von der Straßenbahn überfahren);* ⟨k. + Infinitiv mit zu:⟩ sie kam neben den Minister zu sitzen; der Wagen überschlug sich, kam aber schließlich auf die Räder zu stehen; Sie kommen in Eifer, die Groß-

tante (Strittmatter, Der Laden 69/70). **9.** *(von Stimmungen, geistigen Zuständen) jmdn. erfassen, zu beherrschen beginnen:* ein Gefühl der Verzweiflung, Zufriedenheit kam über ihn. **10.** *Zeit, Gelegenheit für etw. finden:* endlich komme ich dazu, dir zu schreiben; zum Waschen des Wagens, zum Reparieren des Radios bin ich noch nicht gekommen; sie ist die ganze Nacht nicht zum Schlafen gekommen; nicht aus dem Haus, nur selten ins Theater k. *(nicht, nur selten die Zeit od. Gelegenheit finden, das Haus zu verlassen, das Theater zu besuchen);* nicht aus den Kleidern k. *(keine Zeit finden, die Kleider auszuziehen [u. sich auszuruhen]).* **11.** *(langsam herankommend) eintreten, sich ereignen:* die Flut kommt; sie hielt den Zeitpunkt zum Eingreifen für gekommen; das Ende wird bald k.; der nächste Winter kommt bestimmt; ein Gewitter kommt; das kam für mich völlig überraschend; es kam alles ganz anders; der Tag, die Nacht kommt (geh.; *es wird Tag, Nacht);* es kommt noch so weit *(es wird noch so),* dass ...; ich sehe [es] schon k., dass ...; dieses Unglück habe ich schon lange k. sehen; was auch immer k. mag, ich bleibe bei dir; in den Betrieben kam es zu Kurzarbeit, zu Entlassungen; es kommt zum Streit, zum Krieg, zu einem Vergleich; das durfte jetzt nicht k. (ugs., meist spött.; *das kam jetzt zu sagen);* so weit kommt es noch! (ugs. iron.; *dazu darf es auf keinen Fall kommen!);* R wies kommt, so kommts/wies kommt, so wirds genommen (ugs.; *wie es vom Schicksal bestimmt ist, nehmen wir es hin; damit müssen wir uns abfinden);* * ⟨subst.:⟩ **im Kommen sein** *([wieder] modern, populär werden):* Spitzen und Rüschen sind [wieder] im Kommen). **12.** *etw. [wieder]erlangen:* zu Geld, Reichtum, großen Ehren k.; zur Besinnung, Ruhe k.; nach der langen Krankheit kommt sie allmählich wieder zu Kräften; wenn du dich nicht anstrengst, wirst du nie zu etwas k. (ugs.; *nie Besitz o. Ä. erwerben);* wieder zu ⟨Dativ⟩ kommen *(nach einer Ohnmacht o. Ä. das Bewusstsein wiedererlangen);* Sie war hübsch, und er kam dabei zu Haus und Hof, der Bettelmann (Jahnn, Geschichten 222). **13.** *etw. Grundlegendes, äußerst Wichtiges verlieren:* um seine Ersparnisse, ums Leben k.; sie kam ständig um ihren Schlaf; er ist in seinem Leben um das Beste gekommen *(hat es versäumt).* **14. a)** *durch eigene Anstrengung etw. verborgen Gebliebenes erfahren:* jmdm. auf die Spur k.; hinter jmds. Schliche, hinter das Geheimnis k.; wie kommst du darauf? *(woher hast du diesen Gedanken, diese Vermutung?);* Er glaubte ja hinter den Trick gekommen zu sein (Johnson, Ansichten 145); **b)** *durch eigene Anstrengung sich in den Besitz von etw. bringen, etw. für sich erreichen:* wie bist du an das Foto, an das Engagement gekommen? **15. a)** *an der Reihe sein, folgen:* wenn Sie diese Straße entlanggehen, kommt erst eine Schule, dann das Rathaus; jetzt komme ich [an die Reihe] *(bin ich dran);* **b)** *in einem bestimmten Zahlenverhältnis entfallen:* auf hundert Berufstätige kommen zurzeit sieben Arbeitslose; bald wird auf jeden zweiten Einwohner ein Auto k. **16. a)** *von etw. herstammen; seinen Ursprung, Grund in etw. haben:* woher kommt das viele Geld?; sein Husten kommt vom vielen Rauchen; »Kunst« kommt von »können«; wie kommt es, dass du noch nichts unternommen hast? *(warum hast du ...?);* aus einfachen Verhältnissen k.; R das kommt davon! *(das ist die Folge [deiner Handlungsweise]);* **b)** *von einer Generation zur anderen weitergegeben, vererbt werden:* das Schmuckstück ist von der Großmutter auf sie gekom-

men; diese Wertvorstellungen sind aus dem 19. Jh. auf uns gekommen. **17.** (salopp) *einen Orgasmus haben.* **18.** (ugs.) *einen bestimmten Preis haben, kosten:* die Reparatur kommt [mich] auf etwa 50 Euro; deine Ansprüche kommen aber teuer! **19.** *(von Säuglingen) zur Einnahme einer Mahlzeit aufwachen:* die Kleine kommt dreimal pro Nacht. **20.** verblasst in festen Verbindungen mit Verbalabstrakta zur Umschreibung des entsprechenden Verbs (bes. des Passivs): zur Anwendung, Aufführung k. *(angewendet, aufgeführt werden);* zum Einsatz k. *(eingesetzt werden);* zu Fall k. *(fallen).* **21.** ⟨Imperativ⟩ (ugs.) drückt eine Aufforderung aus: komm, werd nicht frech!; komm, wir gehen!

kom|mend ⟨Adj.⟩: *bevorstehend, nächst...:* die -e Woche; -es/am -en Wochenende; er ist der -e Mann *(der Mann, der sich durchsetzen wird).*

◆ **Kom|men|dant**, der, -en, -en [zu lat. commendare, ↑kommandieren]: *Kommandant:* Die Dame ... war die Tochter des Herrn von G. ..., -en der Citadelle bei M. (Kleist, Marquise 249); Die Herren Generäle und -en (Schiller, Wallensteins Lager 2).

◆ **Kom|men|dan|ten|haus**, das: *Haus [u. Dienststelle] des Kommendanten:* ... und war, mit ihren beiden Kindern, in das K., zu ihrem Vater, zurückgekehrt (Kleist, Marquise 249).

kom|men las|sen, kom|men|las|sen ⟨st. V.; hat⟩: **1.** *einkuppeln:* die Kupplung k. l. **2.** *zunächst angreifen lassen:* sie ließ ihre Gegnerin kommen und beschränkte sich auf eine konzentrierte Verteidigung.

kom|men|su|ra|bel ⟨Adj.; ...abler, -ste⟩ [spätlat. commensurabilis, zu lat. commetiri (2. Part.: commensum) = ausmessen, zu: metiri, ↑Mensur] (bildungsspr.): *mit gleichem Maß messbar; vergleichbar:* kommensurable Verhältnisse, Werte. Dazu: **Kom|men|su|ra|bi|li|tät**, die; -.

Kom|ment [kɔˈmɑ̃:], der; -s, -s [zu frz. comment = wie, also eigtl. = das Wie, die Art u. Weise, etw. zu tun] (Verbindungsw.): *Brauch, Sitte, Regel [des studentischen Lebens]:* es herrschte strenger K.; dem K. folgen.

Kom|men|tar, der; -s, -e [lat. (liber) commentarius = Notizbuch, Niederschrift, zu: commentari, ↑kommentieren]: **1.** *Zusatz[werk] mit Erläuterungen u. kritischen Anmerkungen zu einem Gesetzeswerk, einer Dichtung, wissenschaftlichen Ausgabe o. Ä.:* ein K. zur Bibel, zum Grundgesetz; im K. nachschlagen; eine kritische Werkausgabe mit ausführlichem K. **2.** *kritische Stellungnahme zu einem aktuellen Ereignis od. Thema (in Presse, Rundfunk o. Ä.):* ein politischer, wirtschaftlicher K.; nach den Nachrichten folgt der K.; kein K.! *(ich lehne eine [offizielle] Stellungnahme ab).* **3.** *persönliche Anmerkung:* er würdigte diese Bemerkung keines -s; K. überflüssig!

kom|men|tar|los ⟨Adj.⟩: *ohne Stellungnahme:* die -e Wiedergabe; etwas k. zur Kenntnis nehmen.

Kom|men|ta|ti|on, die; -, -en (veraltet): *Sammlung von gelehrten Schriften meist kritischen Inhalts:* ◆ ... das schlappe Kastratenjahrhundert, zu nichts nütze, als die Taten der Vorzeit wiederzukäuen und die Helden des Altertums mit -en zu schinden (Schiller, Räuber I, 2).

Kom|men|ta|tor, der; -s, ...oren [lat. commentator = Erfinder, Erklärer, Ausleger]: **1.** *Verfasser eines [wissenschaftlichen] Kommentars* (1). **2.** *Journalist, Mitarbeiter beim Rundfunk, Fernsehen usw., der [regelmäßig] aktuelle Ereignisse kommentiert* (2): ein politischer K.

Kom|men|ta|to|rin, die; -, -nen: w. Form zu ↑Kommentator.

kom|men|tie|ren ⟨sw. V.; hat⟩ [lat. commentari = überdenken, erläutern, auslegen]: **1.** *ein Druck-*

werk (z. B. einen Gesetzestext, eine wissenschaftliche Abhandlung o. Ä.) mit erläuternden u. kritischen Anmerkungen versehen: ein Gesetz, einen Paragrafen k. **2.** *zu Tagesereignissen (in Presse, Rundfunk, Fernsehen) kritisch Stellung nehmen:* die Regierungserklärung wurde unterschiedlich kommentiert. **3.** *persönliche Anmerkungen zu etwas machen:* sie pflegte alles und jedes auf ihre Art zu k.

Kom|men|tie|rung, die; -, -en: *das Kommentieren.*

Kom|mers, der; -es, -e [zu frz. commerce, ↑ Kommerz; urspr. Bezeichnung für jede Art von geräuschvoller Veranstaltung] (Verbindungsw.): *aus besonderem Anlass abgehaltener abendlicher Umtrunk in feierlichem Rahmen.*

Kom|merz, der; -es [frz. commerce < lat. commercium = Handel u. Verkehr] (meist abwertend): **a)** *Wirtschaft, Handel u. Geschäftsverkehr:* das Stadtzentrum wird gleichermaßen von Kultur und K. geprägt; **b)** *Gewinn; Profit[streben]:* eine nur am K. orientierte Filmindustrie.

kom|mer|zi|a|li|sie|ren ⟨sw. V.; hat⟩ [frz. commercialiser = handelsfähig machen, zu: commerce, ↑ Kommerz]: *kulturelle Werte wirtschaftlichen Interessen unterordnen, dem Streben nach Gewinn dienstbar machen:* altes Brauchtum wurde kommerzialisiert; ⟨häufig im 2. Part.:⟩ der kommerzialisierte Sport; ... eine enorme finanzielle Transaktion. Hierfür brauche ich Euch und Euren Plan. Man muss das Genie k. (Hacks, Stücke 131). Dazu: **Kom|mer|zi|a|li|sie|rung,** die; -, -en ⟨Pl. selten⟩.

Kom|mer|zi|al|rat, der [zu veraltet kommerzial < lat. commercialis = den Kommerz betreffend] (österr.): *Kommerzienrat.*

Kom|mer|zi|al|rä|tin, die: w. Form zu ↑ Kommerzialrat.

kom|mer|zi|ell ⟨Adj.⟩ [mit französierender Endung]: **a)** *den Handel betreffend, geschäftlich:* -e Betriebe; eine Erfindung k. nutzen; **b)** *Geschäftsinteressen wahrnehmend, auf Gewinn bedacht:* er hat sich von -en Überlegungen leiten lassen.

Kom|mer|zi|en|rat, der (früher): **a)** ⟨o. Pl.⟩ *Ehrentitel für einen Wirtschaftsfachmann;* **b)** *Träger des Titels Kommerzienrat* (a).

Kom|mer|zi|en|rä|tin, die: *Frau eines Kommerzienrats* (b).

Kom|mi|li|to|ne, der; -n, -n [lat. commilito (Gen.: commilitonis) = Mitsoldat, Waffenbruder, zu: militare, ↑ militant] (Studentenspr.): *jmd., mit dem man zusammen studiert [hat]; Studienkollege.*

Kom|mi|li|to|nin, die; -, -nen: w. Form zu ↑ Kommilitone.

Kom|mi|li|to|n(inn)en: Kurzform für: Kommilitoninnen und Kommilitonen.

Kom|miss, der; -es [urspr. = Heeresvorräte; wohl zu lat. commissa (Pl. von: commissum) = anvertrautes Gut, subst. 2. Part. von: committere = ausüben; anvertrauen; zu: mittere = schicken, beauftragen] (ugs.): *Militär, Militärdienst:* er ist beim, muss zum K.

Kom|mis|sar, der; -s, -e [spätmhd. commissari (Pl.) < mlat. commissarius = Beauftragter; zu: lat. committere = ausüben; anvertrauen; zu: mittere = schicken, beauftragen]: **1.** *jmd., der von einem Staat mit einem besonderen Auftrag ausgestattet ist u. spezielle Vollmachten hat:* das Gebiet wird von einem K. verwaltet. **2.** ⟨o. Pl.⟩ *Dienstgrad, Dienstrang, bes. bei der Polizei;* **b)** *Träger des Dienstgrades Kommissar* (2 a): der K. tappt noch im Dunkeln; * *K. Zufall (Zufall, der zur Aufklärung eines Verbrechens führt).*

Kom|mis|sär, der; -s, -e (südd., österr., schweiz.): *Kommissar.*

Kom|mis|sa|ri|at, das; -[e]s, -e: **1.** *Amt[szimmer] eines Kommissars* (2 b). **2.** (österr.) *Polizeidienststelle, -revier.*

Kom|mis|sa|rin, die; -, -nen: w. Form zu ↑ Kommissar.

Kom|mis|sä|rin, die; -, -nen: w. Form zu ↑ Kommissar.

kom|mis|sa|risch ⟨Adj.⟩: *vorübergehend, in Vertretung [ein Amt verwaltend]:* der -e Leiter der Dienststelle; sie hat das Amt k. übernommen, verwaltet, geleitet.

◆ **Kom|mis|sa|ri|us,** der; -, ...ien u. ...rii [mlat. commissarius, ↑ Kommissar]: *Kommissar* (1): Der gute Mann hielt ... sein Eigentum für verloren, wenigstens erwartete er, dass der feindliche Kriegsmann eine namhafte Teilung ohne Inventarium und ohne K. vornehmen werde (Hebel, Schatzkästlein 17).

Kom|miss|brot, das: *rechteckiges, dunkles Brot aus grob gemahlenem Mehl.*

Kom|mis|si|on, die; -, -en [mlat. commissio = Auftrag, Vorladung < lat. commissio = Vereinigung, Verbindung; zu: committere = ausüben; anvertrauen, zu: mittere = schicken, beauftragen]: **1. a)** *mit einer bestimmten Aufgabe offiziell betrautes Gremium:* eine ständige K. einsetzen; sie ist Mitglied einer K. für Fragen des Umweltschutzes; **b)** *Gremium von Sachverständigen, Fachleuten:* eine K. von Experten prüfte den Fall. **2.** (Kaufmannsspr. veraltend) *Bestellung von Ware:* eine K. annehmen; * *etw. in K. geben, nehmen, haben* (Wirtsch.; *etwas in Auftrag geben, nehmen, haben, damit es für den Besitzer verkauft werden kann*).

Kom|mis|si|o|när, der; -s, -e [frz. commissionnaire] (Wirtsch.): *Kaufmann, der Waren od. Wertpapiere in eigenem Namen für fremde Rechnung an- od. verkauft.*

Kom|mis|si|o|nä|rin, die; -, -nen: w. Form zu ↑ Kommissionär.

kom|mis|si|o|nie|ren ⟨sw. V.; hat⟩: **1.** (österr. Amtsspr.) *als staatliche Kommission einen Neubau o. Ä. abnehmen* (5). **2.** (Wirtsch.) *nach vorgegebenen Aufträgen Güter u. Waren zusammenstellen:* wir fertigen und kommissionieren Büromöbel nach Ihren Wünschen.

Kom|mis|si|ons|ge|schäft, das (Wirtsch.): *im eigenen Namen für fremde Rechnung abgeschlossenes Geschäft.*

Kom|mis|si|ons|mit|glied, das: *Mitglied einer Kommission* (1).

Kom|mis|si|ons|prä|si|dent, der: *Präsident* (2 a) *einer Kommission* (1 a), *bes. der Europäischen Kommission.*

Kom|mis|si|ons|prä|si|den|tin, die: w. Form zu ↑ Kommissionspräsident.

Kom|mis|si|ons|sit|zung, die: *Sitzung einer Kommission* (1).

Kom|mis|si|ons|wa|re, die (Wirtsch.): *in Kommission* (2) *gegebene od. genommene Ware.*

Kom|miss|ton, der ⟨o. Pl.⟩ (abwertend): *Befehlston.*

Kom|mit|tent, der; -en, -en [zu lat. committens (Gen.: committentis), 1. Part. von: committere = ausüben; anvertrauen; zu: mittere = schicken, beauftragen] (Wirtsch.): *Auftraggeber eines Kommissionärs.*

Kom|mit|ten|tin, die; -, -nen (selten): w. Form von ↑ Kommittent.

◆ **kom|mit|lich** ⟨Adj.⟩ [mhd. komlich, zu: komen, ↑ kommen]: *bekömmlich, zuträglich; bequem:* ... kommt in die Hütte, Vater, es ist nicht k., hier im Freien hausen (Schiller, Tell IV, 1).

kom|mod ⟨Adj.⟩ [frz. commode < lat. commodus = angemessen, zweckmäßig; bequem]

(geh.): *bequem* (1, 2): ein -er Wagen; es sich k. machen.

◆ **Kom|mo|da|tor,** der; -s, -en [spätlat. commodator, zu: commodare = (aus Gefälligkeit) leihen, überlassen; sich gefällig zeigen, zu: commodus, ↑ kommod]: *Verleiher:* ... rennt der Bräutigam auffallend in zwei corporibus piis aus und ein, im Pfarr- und im Schulhaus, um vier Sessel aus jenem in dieses zu schaffen. Er borgte diese Gestelle dem Senior ab, um den K. selbst darauf zu weisen als seinen Fürstbischof (Jean Paul, Wutz 32).

Kom|mo|de, die; -, -n [frz. commode, subst. w. Form von: commode (↑ kommod), also eigtl. = die Bequeme, Zweckmäßige]: *kastenförmiges Möbelstück mit Schubladen:* Dazu: **Kom|mo|den|schub|la|de,** die.

Kom|mo|do|re, der; -[s], -n u. -s [engl. commodore, älter: commandore < frz. commandeur, ↑ Kommandeur]: **1.** *Führer eines Geschwaders bei Kriegsmarine od. Luftwaffe.* **2. a)** *an verdiente Kapitäne der Handelsmarine verliehener Ehrentitel;* **b)** *Träger des Ehrentitels Kommodore* (2 a).

kom|mun ⟨Adj.⟩ [lat. communis = allen od. mehreren gemeinsam, allgemein; urspr. wohl = mitverpflichtet, mitleistend, zu: com- (< cum) = mit u. munus = Leistung, Amt; munia = Leistungen, Pflichten] (bildungsspr. veraltend): *gemeinschaftlich, gemein:* das sind ganz -e Geschichten; sich mit jmdm. k. machen.

kom|mu|nal ⟨Adj.⟩ [lat. communalis = zur ganzen Gemeinde gehörend, Gemeinde-]: *die Kommune, die Gemeinde[n] betreffend:* die -e Verwaltung, Selbstverwaltung, -e Angelegenheiten; auf -er Ebene.

Kom|mu|nal|ab|ga|be, die: *Abgabe* (2), *die von der Gemeinde erhoben wird.*

Kom|mu|nal|auf|sicht, die: ⟨o. Pl.⟩ (Politik): *der Landesregierung unterstellte Behörde, die darüber wacht, dass die kommunalen Verwaltungen im Rahmen der bestehenden Gesetze handeln.*

Kom|mu|nal|be|hör|de, die: *örtliche Verwaltung, Ortsbehörde.*

kom|mu|na|li|sie|ren ⟨sw. V.; hat⟩: *(Privatbesitz, private Unternehmen) in Gemeindebesitz u. gemeindliche Verwaltung überführen:* Verkehrs- und Versorgungsbetriebe k. Dazu: **Kom|mu|na|li|sie|rung,** die; -, -en.

Kom|mu|nal|kre|dit, der: *von Gemeinden od. Gemeindeverbänden aufgenommener Kredit.*

Kom|mu|nal|ob|li|ga|ti|on, die: *von einer Gemeinde aufgenommene öffentliche Anleihe.*

Kom|mu|nal|par|la|ment, das: *Gremium der gewählten Gemeinde- od. Stadträte.*

Kom|mu|nal|po|li|tik, die: *die Belange einer Kommune* (1) *betreffende Politik:* Dazu: **Kom|mu|nal|po|li|ti|ker,** der; **Kom|mu|nal|po|li|ti|ke|rin,** die; **kom|mu|nal|po|li|tisch** ⟨Adj.⟩.

Kom|mu|nal|recht, das ⟨o. Pl.⟩: *rechtliche Vorschriften, die die Zuständigkeit der Gemeinden betreffen.*

Kom|mu|nal|ver|band, der: *verwaltungsmäßiger Zusammenschluss mehrerer Gemeinden.*

Kom|mu|nal|ver|fas|sung, die: *Verfassung einer Kommune* (1).

Kom|mu|nal|ver|wal|tung, die: *Verwaltung einer Kommune* (1).

Kom|mu|nal|wahl, die: *Wahl der Gemeinde- od. Stadträte.*

Kom|mu|nal|wahl|kampf, der: *anlässlich einer bevorstehenden Kommunalwahl stattfindender Wahlkampf.*

Kom|mu|nar|de, der; -n, -n [frz. communard = Anhänger der historischen Pariser Kommune]: *Mitglied einer Kommune* (2).

Kom|mu|nar|din, die; -, -nen: w. Form zu ↑ Kommunarde.

Kommune – Komp.

Kom|mu|ne, die; -, -n: **1.** [mhd. com(m)ūne = Gemeinde < (a)frz. commune < (v)lat. communia, eigtl. Neutr. Pl. von: communis = allen gemeinsam, allgemein] (Verwaltungsspr.) *Gemeinde (Dorf, Stadt o. Ä.) als unterste Verwaltungseinheit:* Bund, Länder und -n. **2.** *Wohngemeinschaft, die bürgerliche Vorstellungen hinsichtlich Eigentum, Leistung, Konkurrenz u. Moral ablehnt:* eine K. gründen; sie trat einer K. bei; in einer K. leben.

Kom|mu|ni|kant, der; -en, -en [kirchenlat. communicans (Gen.: communicantis) = Teilnehmer am Abendmahl, zu lat. communicare, ↑ kommunizieren (3)] (kath. Kirche): *jmd., der [zum ersten Mal] kommuniziert* (3).

Kom|mu|ni|kan|tin, die; -, -nen: w. Form zu ↑ Kommunikant.

Kom|mu|ni|ka|ti|on, die; -, -en [lat. communicatio = Mitteilung, Unterredung]: *Verständigung untereinander; zwischenmenschlicher Verkehr bes. mithilfe von Sprache, Zeichen:* sprachliche, nonverbale K.; K. durch Sprache; die K. stören, verbessern.

Kom|mu|ni|ka|ti|ons|bran|che, die: *Branche der Kommunikationsdienste u. der Kommunikationstechnik.*

Kom|mu|ni|ka|ti|ons|chef, der: *Leiter einer [größeren] Abteilung für Öffentlichkeitsarbeit.*

Kom|mu|ni|ka|ti|ons|che|fin, die: w. Form zu ↑ Kommunikationschef.

Kom|mu|ni|ka|ti|ons|dienst, der: *Betreiber einer der Kommunikation dienenden Einrichtung wie Telefonnetz, E-Mail u. a.*

Kom|mu|ni|ka|ti|ons|elek|t|ro|ni|ker, der: *Elektroniker, der im Bereich der Kommunikationstechnik verwendete Geräte, Anlagen u. Systeme fertigt, prüft, wartet u. repariert* (Berufsbez.).

Kom|mu|ni|ka|ti|ons|elek|t|ro|ni|ke|rin, die: w. Form zu ↑ Kommunikationselektroniker.

Kom|mu|ni|ka|ti|ons|fä|hig|keit, die: *Fähigkeit, innere Bereitschaft, mit anderen in Kommunikation zu treten.*

Kom|mu|ni|ka|ti|ons|form, die: *Form* (1 c) *der Kommunikation:* im elektronischen Zeitalter eröffnen sich völlig neue -en.

Kom|mu|ni|ka|ti|ons|for|schung, die ⟨Pl. selten⟩ (Soziol., Sprachwiss., Technik u. a.): *wissenschaftliche Erforschung des Wesens [menschlicher] Kommunikation u. der dazu benötigten Mittel.*

Kom|mu|ni|ka|ti|ons|me|di|um, das: ¹*Medium* (2 a).

Kom|mu|ni|ka|ti|ons|mit|tel, das: *[technisches] Hilfsmittel, das der allgemeinen Kommunikation dient;* ¹*Medium* (2 b).

Kom|mu|ni|ka|ti|ons|netz, das: *Netz* (2 a) *zur Übermittlung von Daten, Sprache, Bildern; Nachrichtennetz.*

Kom|mu|ni|ka|ti|ons|platt|form, die (bes. EDV): *Einrichtung in einem* ¹*Medium* (2 a), *die der Vermittlung u. dem Austausch von Informationen u. Meinungen dient.*

Kom|mu|ni|ka|ti|ons|pro|b|lem, das: *Problem* (2), *sich erfolgreich zu verständigen, Informationen angemessen zu vermitteln.*

Kom|mu|ni|ka|ti|ons|sa|tel|lit, der: *der Übertragung von Rundfunk, Fernsehen u. Telefonverkehr dienender Satellit.*

Kom|mu|ni|ka|ti|ons|schwie|rig|keit, die ⟨meist Pl.⟩: *[psychisch bedingte] Unfähigkeit zur Kommunikation.*

Kom|mu|ni|ka|ti|ons|soft|ware, die (EDV): *Software, die einem Kommunikationsmedium eingesetzt wird.*

Kom|mu|ni|ka|ti|ons|stö|rung, die: **1.** *psychische Störung, die mit erheblichen Kommunikationsschwierigkeiten einhergeht.* **2.** *Störung in einer Kommunikation.*

Kom|mu|ni|ka|ti|ons|sys|tem, das: *aus Kommunikationsanlagen u. -netzen bestehendes technisches System.*

Kom|mu|ni|ka|ti|ons|tech|nik, die: *der Kommunikation dienende Technik:* Dazu: **kom|mu|ni|ka|ti|ons|tech|nisch** ⟨Adj.⟩.

Kom|mu|ni|ka|ti|ons|tech|no|lo|gie, die: *Kommunikationstechnik.*

Kom|mu|ni|ka|ti|ons|wis|sen|schaft, die: vgl. *Kommunikationsforschung:* Dazu: **Kom|mu|ni|ka|ti|ons|wis|sen|schaft|ler,** der; **Kom|mu|ni|ka|ti|ons|wis|sen|schaft|le|rin,** die.

Kom|mu|ni|ka|ti|ons|zen|t|rum, das: *zentraler Ort der Begegnung von Menschen u. Gruppen.*

kom|mu|ni|ka|tiv ⟨Adj.⟩: **a)** *die Kommunikation betreffend:* -e Fähigkeiten; **b)** *mitteilsam:* sie verhielt sich sehr k.

Kom|mu|ni|ka|tor, der; -s, ...oren [zu ↑ Kommunikation geb. mit dem Suffix -ator (nach dem Muster von Organisation – Organisator u. a.)]: **a)** *jmd., der mit anderen [erfolgreich] kommuniziert* (2); **b)** *Gerät, das Kommunikation ermöglicht.*

Kom|mu|ni|ka|to|rin, die; -, -nen: w. Form zu ↑ Kommunikator (a).

Kom|mu|ni|on, die; -, -en [kirchenlat. communio = das heilige Abendmahl < lat. communio = Gemeinschaft, zu: communis = allen od. mehreren gemeinsam, allgemein] (kath. Kirche): **1.** *Gemeinschaftsmahl der Gläubigen mit Christus durch den Empfang der im Messopfer nach der Wandlung ausgeteilten Hostie:* die heilige K. empfangen; zur K. gehen; die K. (die Hostie) austeilen. **2.** *Erstkommunion:* sie hat dieses Jahr K.

Kom|mu|ni|on|an|zug, der (kath. Kirche): *von Jungen zur Erstkommunion getragener festlicher Anzug.*

Kom|mu|ni|on|bank, die ⟨Pl. ...bänke⟩ (kath. Kirche): *Bank vor dem Altarraum, auf die die Gläubigen zum Empfang der Kommunion niederknien.*

Kom|mu|ni|on|ker|ze, die (kath. Kirche): *von Jungen u. Mädchen bei der Erstkommunion mitgeführte lange, weiße, geschmückte Kerze.*

Kom|mu|ni|on|kind, das (kath. Kirche): *Kind, das zum ersten Mal die Kommunion* (1) *empfängt.*

Kom|mu|ni|on|kleid, das (kath. Kirche): *von Mädchen zur Erstkommunion getragenes festliches weißes Kleid.*

Kom|mu|ni|on|un|ter|richt, Kom|mu|ni|on|un|ter|richt, der (kath. Kirche): *Unterricht zur Vorbereitung auf die Erstkommunion.*

Kom|mu|ni|qué [kɔmyni'keː, auch: kɔmu...], *Kommunikee,* das; -s, -s [frz. communiqué, zu: communiquer < lat. communicare, ↑ kommunizieren]: **a)** *[regierungs]amtliche Mitteilung:* zum Abschluss des Staatsbesuches wurde ein gemeinsames K. herausgegeben; **b)** *[amtliche] Denkschrift:* ein K. über die Lage auf dem Arbeitsmarkt.

Kom|mu|nis|mus, der; - [(wohl über frz. communisme <) engl. communism, zu lat. communis = allen od. mehreren gemeinsam, allgemein]: **1.** *nach Karl Marx die auf den Sozialismus folgende Entwicklungsstufe, in der alle Produktionsmittel u. Erzeugnisse das gemeinsame Eigentum der Staatsbürger übergehen u. alle Klassengegensätze überwunden sind.* **2.** *politische Richtung, Bewegung, die sich gegen den Kapitalismus wendet u. eine zentral gelenkte Wirtschafts- u. Sozialordnung verficht:* der internationale K.; unter dem, im K. leben.

Kom|mu|nist, der; -en, -en: **a)** *Anhänger, Verfechter des Kommunismus:* er ist K.; **b)** *Mitglied einer kommunistischen Partei:* die -en sind an der Regierung.

Kom|mu|nis|tin, die; -, -nen: w. Form zu ↑ Kommunist.

kom|mu|nis|tisch ⟨Adj.⟩: *den Kommunismus betreffend; zum Kommunismus gehörend; in der Art des Kommunismus:* -e Ideale; die -e Weltrevolution; k. regierte Länder.

Kom|mu|ni|ta|ris|mus, der; - [engl. communitarism, zu: communitarian = Mitglied einer Gemeinschaft mit sozialistisch-kommunistischer Zielsetzung (wie sie im 19. Jh. in Großbritannien häufig gegründet wurden)] (Philos., Politik): *gesellschaftspolitische Strömung, die bes. Gemeinsinn u. soziale Tugenden in den Vordergrund stellt u. eine am Gemeinwohl orientierte Erneuerung gesellschaftlicher Institutionen jenseits liberaler u. staatlicher Programme anstrebt:* Dazu: **Kom|mu|ni|ta|rist,** der; -en, -en; **Kom|mu|ni|ta|ris|tin,** die; -, -nen; **kom|mu|ni|ta|ris|tisch** ⟨Adj.⟩.

kom|mu|ni|zier|bar ⟨Adj.⟩ (bildungsspr.): *sich kommunizieren, sich vermitteln* (4) *lassend; vermittelbar.*

kom|mu|ni|zie|ren ⟨sw. V.; hat⟩ [lat. communicare = gemeinschaftlich tun, mitteilen, zu: communis = allen od. mehreren gemeinsam, allgemein]: **1.** (bildungsspr.) *in Verbindung stehen; zusammenhängen:* kommunizierende Röhren (↑ Röhre 1). **2.** (bildungsspr.) **a)** *sich verständigen, miteinander sprechen:* mit jmdm. k.; sie kommunizieren per E-Mail miteinander; **b)** *mitteilen:* Informationen, Wissen, Fakten k. **3.** (kath. Kirche) *zur Kommunion gehen; Kommunion empfangen:* Karl ging zwar nie beichten, ging nie k., aber Karl ging in die Kirche und wusste über alles Bescheid (Böll, Haus 63).

Ko|mö|di|ant, der; -en, -en [über das Engl. ⟨engl. comedian⟩ < ital. commediante = Schauspieler, zu: commedia = Komödie]: **1.** *Schauspieler:* die -en einer Wanderbühne; er ist ein glänzender K. **2.** (abwertend) *jmd., der Komödie* (3) *spielt.*

ko|mö|di|an|ten|haft ⟨Adj.⟩: *von, in der Art eines Komödianten* (1); *wie ein Komödiant geartet.*

Ko|mö|di|an|ten|trup|pe, die: *Truppe von Komödianten* (1).

Ko|mö|di|an|tin, die; -, -nen: w. Form zu ↑ Komödiant.

ko|mö|di|an|tisch ⟨Adj.⟩: *schauspielerisch [begabt]; dem Wesen des Theaters gemäß:* ein -es Spiel.

Ko|mö|die, die; -, -n [lat. comoedia < griech. kōmōdía, eigtl. = Gesang bei einem frohen Gelage, zu: kõmos = Festumzug mit Gelage u. Gesang für den Gott Dionysos u. ōdé, ↑ Ode]: **1. a)** ⟨o. Pl.⟩ *dramatische Gattung, in der menschliche Schwächen dargestellt u. [scheinbare] Konflikte heiter überlegen gelöst werden;* **b)** *Bühnenstück mit heiterem Inhalt:* eine K. aus den 20er-Jahren; Ü die Sitzung des Ausschusses war eine einzige K. **2.** ⟨o. Pl.⟩ *kleines Theater, in dem fast nur Lustspiele aufgeführt werden.* **3.** ⟨Pl. selten⟩ *sich in unechtem, theatralischem Gebaren äußernde Vortäuschung von nicht wirklich Empfundenem, Vorhandenem:* ich habe die K. gleich durchschaut.

Ko|mö|di|en|dich|ter, der: *jmd., der Komödien schreibt.*

Ko|mö|di|en|dich|te|rin, die: w. Form zu ↑ Komödiendichter.

Ko|mö|di|en|haus, das: *Komödie* (2).

Ko|mo|do|wa|ran, der [nach der Insel Komodo (Kleine Sundainseln)]: *größte, auf der Insel Komodo noch lebende Echse.*

Ko|mo|ren ⟨Pl.⟩: *Inselgruppe und Staat im Indischen Ozean.* Dazu: **Ko|mo|rer,** der; -s, -; **Ko|mo|re|rin,** die; -, -nen; **ko|mo|risch** ⟨Adj.⟩.

Komp., Co, Co. = Kompanie.

Kom|pa|gnon [kɔmpanˈjõː, ˈkɔmpanjõ, auch: ˈkɔmpanjɔŋ], der; -s, -s [frz. compagnon = Genosse < spätlat. companio, ↑ Kumpan]: **1.** (Wirtsch.) *Teilhaber, Mitinhaber eines Geschäfts, Handelsunternehmens o. Ä.:* mein K.; sie sind -s. **2.** *Kamerad bei bestimmten Unternehmungen.*

kom|pakt ⟨Adj.⟩ [frz. compact = dicht, derb, fest < lat. compactum, 2. Part. von: compingere = zusammenschlagen, -fügen]: **a)** *fest gefügt:* ein -es Mauerwerk; -e Werkstoffe; Ü ein -er Sound; **b)** (ugs.) *gedrungen, massig:* ein -er Körperbau; **c)** *durch eine raumsparende Anordnung der Teile als Ganzes verhältnismäßig klein, wenig Platz beanspruchend u. eine kleinere äußere Form aufweisend:* eine -e Limousine, Kamera, Bauweise; Ü ein -es Design.

Kom|pakt|an|la|ge, die: *kompakt (c) gebaute, wenig Raum beanspruchende Stereoanlage.*

Kom|pakt|au|to, das: *wenig Raum beanspruchendes Auto.*

Kom|pakt|heit, die; -: *kompakte Beschaffenheit.*

Kom|pakt|ka|me|ra, die: *kleine u. handliche Kamera [mit allen wichtigen Funktionen].*

Kom|pakt|klas|se, die: *Klasse (5 a) der Kompaktwagen.*

Kom|pakt|se|mi|nar, das: *auf wenige Tage od. Stunden konzentrierte Lehr- od. Informationsveranstaltung.*

Kom|pakt|van, der: *kompakt gebauter Van.*

Kom|pakt|wa|gen, der: *Kompaktauto.*

Kom|pa|nie, die; -, -n: **1.** [frz. compagnie, eigtl. = Gesellschaft < afrz. compaignie < mlat. compagn(i)a] (Militär) *aus mehreren Zügen bestehende untere Einheit von etwa 100 bis 250 Mann* (Abk.: Komp., schweiz. Kp): die K. ist angetreten; Ü Wein stand dort, einige -n von Flaschen (Fallada, Herr 135). **2.** [ital. compagnia < mlat. compagn(i)a; schon mniederd. companie, cumpenie, kumpenige = (befristete) Handelsgemeinschaft; auch schon mhd. kompānīe = Genossenschaft; alle Formen über das Mlat. u. Vlat. zu lat. con- = mit- u. panis = Brot, also eigtl. = Brotgemeinschaft] (veraltet) *Handelsgesellschaft* (Abk.: Cie., Co, Co., Comp.) **3.** *große Ballettruppe.*

Kom|pa|nie|chef, der (Militär): *[im Range eines Hauptmanns od. Majors stehender] Führer einer Kompanie (1).*

Kom|pa|nie|feld|we|bel, der (Militär): *für den inneren Dienst in einer Kompanie (1) verantwortlicher Hauptfeldwebel.*

Kom|pa|nie|füh|rer, der: *Kompaniechef.*

Kom|pa|nie|stär|ke, die (Militär): *etwa einer Kompanie (1) entsprechende Anzahl:* in K. antreten; Ü du wolltest nur ein paar Freunde mitbringen, und jetzt kommt ihr gleich in K.!

kom|pa|ra|bel ⟨Adj.; komparabler, -ste⟩ [lat. comparabilis, zu: comparare = gleichmachen, vergleichen] (bildungsspr.): *vergleichbar:* komparable Größen.

Kom|pa|ra|ti|on, die; -, -en (Sprachwiss.): *Steigerung des Adjektivs, Adverbs.*

Kom|pa|ra|tist, der; -en, -en: *Vertreter der Komparatistik.*

Kom|pa|ra|tis|tik, die; -: *vergleichende Literatur- od. Sprachwissenschaft.*

Kom|pa|ra|tis|tin, die; -, -nen: w. Form zu ↑ Komparatist.

kom|pa|ra|tis|tisch ⟨Adj.⟩: *die Komparatistik betreffend, mit den Methoden der Komparatistik, vergleichend:* eine -e Betrachtung.

Kom|pa|ra|tiv [auch: ...ˈtiːf], der; -s, -e [lat. (gradus) comparativus = zum Vergleichen geeignet(er Steigerungsgrad)] (Sprachwiss.): *erste Steigerungsstufe beim Adjektiv* (z. B. schöner, besser).

Kom|pa|ra|tiv|satz [auch: ...ˈtiːf...], der (Sprachwiss.): *Nebensatz, der einen Vergleich enthält; Vergleichssatz.*

Kom|par|se, der; -n, -n [ital. comparsa, zu: comparire < lat. comparere = erscheinen, also eigtl. = Darsteller, der nur stumm auf der Bühne »in Erscheinung« tritt] (Film, Theater): *[in Massenszenen auftretende] Person ohne Sprechrolle.*

Kom|par|se|rie, die; -, -n [ital. comparseria] (Film, Theater): *Gesamtheit der mitwirkenden Komparsen.*

Kom|par|sin, die; -, -nen: w. Form zu ↑ Komparse.

Kom|par|ti|ment, das; -s, -e (Biol.): *durch eine Membran abgeteilter Bereich in einer Zelle.*

Kom|pass, der; -es, -e [spätmhd. compas < ital. compasso, zu: compassare = ringsum abschreiten, abmessen, über das Vlat. zu lat. passus = Schritt]: *Gerät zum Bestimmen der Himmelsrichtung [mithilfe eines Magneten]:* nach dem K. marschieren.

Kom|pass|na|del, die: *zum magnetischen Nordpol hin sich einpendelnder Zeiger des Kompasses.*

Kom|pass|ro|se, die: *Windrose auf dem Kompass.*

kom|pa|ti|bel ⟨Adj.; kompatibler, -ste⟩ [engl. compatible < frz. compatible, zu: compatir = übereinstimmen < spätlat. compati = mitfühlen]: **1.** (Med.) *(von Medikamenten od. Blutgruppen) verträglich.* **2.** (bes. Technik, EDV) *(von Geräten, Hard- u. Softwarekomponenten u. dgl.) zusammenpassend, sich kombinieren lassend, zu einem System zusammensetzbar.* **3.** *miteinander vereinbar, zusammenpassend:* Ökologie und wirtschaftliche Interessen sind oft nicht k.

Kom|pa|ti|bi|li|tät, die; -, -en: **1.** (Med.) *Verträglichkeit verschiedener Medikamente od. Blutgruppen.* **2.** (bes. Technik, EDV) *kompatible (2) Beschaffenheit.* **3.** (bildungsspr.) *Vereinbarkeit.*

kom|pen|di|ös ⟨Adj.⟩ (bildungsspr. veraltet): *in der Art eines Kompendiums [abgefasst], gedrängt, zusammengefasst:* Ü ◆ ... zu einem Kanonikus, dessen großes Haus und weitläufiges Gehöfte mich und meine -e *(handlich verpackte, nicht viel Platz wegnehmende)* Equipage ... aufnahm (Goethe, Kampagne in Frankreich 1792, 23. August).

Kom|pen|di|um, das; -s, ...ien [mlat. compendium = Kurzfassung, Zusammenfassung; Überblick < lat. compendium = Ersparnis, Abkürzung, zu: compendere = zusammen abwiegen, mitwiegen, zu: com- (< cum) = mit- u. pendere, ↑ Pensum] (bildungsspr.): *Abriss (3), kurz gefasstes Lehrbuch:* ein K. der Rosenzucht.

Kom|pen|sa|ti|on, die; -, -en [lat. compensatio = Ausgleichung, Gegenzählung, zu: compensare, ↑ kompensieren] (bildungsspr., Fachspr., bes. Med., Physik, Psychol., Wirtsch.): *Kompensierung, Ausgleich.*

Kom|pen|sa|ti|ons|ge|schäft, das (Wirtsch.): **a)** *Tauschgeschäft;* **b)** *Ausgleichsgeschäft, bes. zur Aufrechterhaltung von Kauf- u. Verkaufsaufträgen bei Wertpapieren.*

Kom|pen|sa|ti|ons|zah|lung, die (Politik, Wirtsch.): *Ausgleichszahlung.*

kom|pen|sa|to|risch ⟨Adj.⟩ (Fachspr.): *eine Kompensation bezweckend; ausgleichend:* -e Reaktionen, Maßnahmen.

kom|pen|sie|ren ⟨sw. V.; hat⟩ [lat. compensare = gegeneinander abwägen, ausgleichen, zu: pensare = (ab)wägen, vergleichen, Intensivbildung von: pendere, ↑ Pensum] (bildungsspr., Fachspr.): *ausgleichen, durch Gegenwirkung aufheben:* Angst durch/mit Forschheit k.; einen Verlust, Schaden, Mangel k. Dazu: **Kom|pen|sie|rung**, die; -, -en.

kom|pe|tent ⟨Adj.⟩ [zu lat. competens (Gen. competentis), zu: competere = zusammentreffen, entsprechen]: **a)** *sachverständig; befähigt:* ein -es Urteil; sich für k. halten; **b)** (bes. Rechtsspr.) *zuständig; befugt:* für solche Fälle sind die ordentlichen Gerichte k.

Kom|pe|tenz, die; -, -en: **1.** [lat. competentia = Zusammentreffen] **a)** *Sachverstand; Fähigkeiten:* seine große fachliche, wissenschaftliche, kommunikative, soziale K.; ihre K. in Fragen der Phonetik ist unbestritten; **b)** (bes. Rechtsspr.) *Zuständigkeit:* bestimmte -en haben; seine -en überschreiten; die Verteilung der -en; das liegt außerhalb meiner K.; das fällt in die K. der Behörden. **2.** [engl. competence, nach dem amerik. Sprachwissenschaftler N. Chomsky (geboren 1928)] (Sprachwiss.) *Summe aller sprachlichen Fähigkeiten, die ein Muttersprachler besitzt.*

Kom|pe|tenz|be|reich, der: *Bereich von Zuständigkeiten.*

Kom|pe|tenz|fra|ge, die: *Frage der Kompetenz (1 b).*

Kom|pe|tenz|ge|ran|gel, das (ugs. abwertend): *Kompetenzstreitigkeit.*

Kom|pe|tenz|kon|flikt, der, **Kom|pe|tenz|streit**, der, **Kom|pe|tenz|strei|tig|keit**, die ⟨meist Pl.⟩: *Konflikt, Streit[igkeit] hinsichtlich der Kompetenz (1 b), der Zuordnung bestimmter Aufgabenbereiche.*

Kom|pe|tenz|team, das: *für eine bestimmte Aufgabe aus einer Anzahl besonders geeigneter Personen zusammengestelltes Team.*

Kom|pe|tenz|über|schrei|tung, die: *Überschreitung der Kompetenz (1 b).*

Kom|pe|tenz|ver|lust, der: *Verlust der Kompetenz (1 b).*

Kom|pe|tenz|ver|tei|lung, die: *Verteilung der Kompetenzen (1 b).*

Kom|pe|tenz|zen|t|rum, das: *[besonders gefördertes] Einrichtung, in der Fachleute in einem bestimmten Aufgabenbereich gemeinsam arbeiten.*

kom|pe|ti|tiv ⟨Adj.⟩: **1.** *auf Wettbewerb ausgerichtet; in einem Wettbewerb bestehen könnend:* ein -es Wirtschaftssystem. **2.** (Fachspr.) *eine notwendige Ergänzung fordernd* (z. B. von chemischen Reaktionen, die zu ihrem Ablauf ein weiteres Reagens erfordern).

Kom|pi|la|ti|on, die; -, -en [lat. compilatio = Plünderung, zu: compilare, ↑ kompilieren] (bildungsspr., oft abwertend): **a)** *das Kompilieren;* **b)** *durch Kompilation (a) entstandenes Werk.*

kom|pi|lie|ren ⟨sw. V.; hat⟩ [lat. compilare = ausplündern, berauben, eigtl. = der Haare berauben, zu: pilus = Haar]: **1.** (bildungsspr., oft abwertend) *aus anderen Werken zusammenstellen, dass daraus ein Bericht o. Ä. entsteht:* ein Nachschlagewerk k. **2.** [nach engl. to compile, vgl. Compiler] (EDV) *von einer höheren Programmiersprache in die Maschinensprache eines bestimmten Computers übersetzen:* ein Programm k.

Kom|ple|ment, das; -[e]s, -e [lat. complementum = Vervollständigung(smittel), Ergänzung, zu: complere = ausfüllen, vervollständigen, vollenden]: **1.** (bildungsspr.) *Ergänzung[sstück]:* ein logisches K. **2.** (Math.) *Menge, die eine Differenz wieder zur ursprünglichen Menge hin ergänzt.* **3.** (Med.) *Serumbestandteil, der die spezifische Wirkung eines Antikörpers ergänzt u. aktiviert.*

kom|ple|men|tär ⟨Adj.⟩ [frz. complémentaire] (bildungsspr.): *den anderen, das andere ergänzend (3):* -e Begriffe; sich k. zueinander verhalten; Huxley erkennt das -e Verhältnis von Kollektivierung und Atomisierung (Adorno, Prismen 100).

Kom|ple|men|tär, der; -s, -e (Wirtsch.): *persön-*

lich haftender Gesellschafter einer Kommanditgesellschaft.

Kom|ple|men|tär|far|be, die (Optik): *Farbe, die mit einer bestimmten anderen Farbe gemischt einen grauen Farbton ergibt:* die K. von Grün ist Magenta.

Kom|ple|men|tä|rin, die; -, -nen: w. Form zu ↑Komplementär.

Kom|ple|men|ta|ri|tät, die; -, -en [zu ↑komplementär] (bildungsspr.): *wechselseitige Entsprechung, Ergänzung:* die K. zweier Begriffe.

Kom|ple|men|tär|men|ge, die (Math.): *Komplement* (2).

kom|ple|men|tie|ren ⟨sw. V.; hat⟩ (bildungsspr.): *ergänzen; vervollständigen:* Kleider mit Accessoires k. Dazu: **Kom|ple|men|tie|rung,** die; -, -en.

Kom|ple|ment|win|kel, der; -s, - (Math.): *Winkel, der einen anderen zu 90° ergänzt:* im rechtwinkligen Dreieck sind die beiden spitzen Winkel K.

¹Kom|plet [kɔmˈpleː, auch: kõˈpleː], das; -[s], -s [frz. complet = vollständiger Anzug, eigtl. = Vollständigkeit, zu: complet, ↑komplett]: *Kleid mit Mantel od. Jacke aus dem gleichen Stoff.*

²Kom|plet, die; -, -e [kirchenlat. completa, completum, zu lat. completus, ↑komplett] (kath. Kirche): *Abend- u. Schlussgebet des Stundengebets.*

kom|plett ⟨Adj.⟩ [frz. complet < lat. completus = vollständig, zu: complere, ↑Komplement]:
a) *vollständig:* eine -e Einrichtung; meine Ausrüstung ist k.; ein k. möbliertes Apartment;
b) *als Ganzes [vorhanden]:* die -e Bücherei verkaufen; das Werk kann nur k. abgegeben werden; das Schlafzimmer kostet k. 4 498 Euro; der Wagen muss k. *(in allen Teilen)* überholt werden; heute sind wir k. (ugs.; *vollzählig*); **c)** (ugs., oft emotional übertreibend od. scherzh.) *absolut, völlig:* das ist -er Blödsinn, Wahnsinn; wir haben k. versagt.

Kom|plett|an|bie|ter, der: *Firma, die eine umfassende Gesamtheit von Produkten od. eines Produkts verkauft:* die Baufirma bringt das Niedrigenergiehaus als K. schlüsselfertig auf den Markt.

kom|plet|tie|ren ⟨sw. V.; hat⟩ (bildungsspr.): *vervollständigen, ergänzen:* Dazu: **Kom|plet|tie|rung,** die; -, -en.

Kom|plett|lö|sung, die: *etw., dessen Vorhandensein ein bestimmtes Problem vollständig löst.*

Kom|plett|preis, der (bes. Werbespr.): *Preis ohne zusätzliche Kosten.*

kom|plex ⟨Adj.⟩ [lat. complexum, 2. Part. von: complecti = umschlingen, umfassen, zusammenfassen] (bildungsspr.): **a)** *vielschichtig; viele verschiedene Dinge umfassend:* die Medizin ist ein sehr -es Gebiet; seine Romanfiguren sind -e Charaktere; **b)** [LÜ von russ. kompleksnyj] (bes. DDR) *allseitig, umfassend:* eine -e Automatisierung; -e Reparaturen; **c)** *zusammengesetzt; nicht allein für sich auftretend, ineinandergreifend, nicht auflösbar:* -e Moleküle; eine -e Zahl (Math.; *nur noch als Summe aus einer reellen u. einer imaginären Zahl darstellbare Zahl*).

Kom|plex, der; -es, -e [lat. complexus = das Umfassen, die Verknüpfung]: **1. a)** *geschlossenes Ganzes, dessen Teile vielfältig verknüpft sind:* ein K. von Fragen; der große K. der Naturwissenschaften; * **im K.** (regional; *umfassend, allseitig:* die Hauptthemen der Landwirtschaft im K. lösen); **b)** *in sich geschlossene Einheit von Gebäuden:* der K. des Schlosses; das Krankenhaus ist ein weiträumiger K. **2. a)** (Psychol.) *Einheit aus unbewussten, mit starken Gefühlen behafteten Vorstellungen u. Gedanken, die das Verhalten prägt;* **b)** *bedrückende, negative Vorstellung in Bezug auf sich selbst:* -e haben,

bekommen; an -en leiden. **3.** (Chemie) *chemische Vereinigung mehrerer Atome zu einer Gruppe, die freie Valenzen* (2) *hat u. andere Reaktionen zeigen kann als die ihre Art bestimmende Ion.* **4.** (Med.) *Syndrom.*

kom|plex|be|la|den ⟨Adj.⟩: *von Komplexen* (2) *belastet, voller Komplexe.*

Kom|ple|xi|tät, die; - (bildungsspr.): *Vielschichtigkeit; das Ineinander vieler Merkmale:* die K. der gesellschaftlichen Verhältnisse, des menschlichen Charakters.

Kom|plex|ver|bin|dung, die (Chemie): *Verbindung, in der ein zentrales Atom od. Ion von mehreren anderen Atomen, Ionen od. Molekülen in räumlich regelmäßiger Anordnung umgeben ist.*

Kom|pli|ce usw.: ↑Komplize usw.

Kom|pli|cin [...ˈpliːtsɪn, auch: ...ˈpliːsɪn], die; -, -nen: w. Form zu ↑Komplice.

Kom|pli|ka|ti|on, die; -, -en [spätlat. complicatio = das Zusammenwickeln, Verwickeln, zu lat. complicare, ↑komplizieren]: **1.** *Schwierigkeit, [plötzlich auftretende] Erschwerung, Verwicklung:* ergeben sich daraus ein?; es gab -en; es kam zu allerlei -en. **2.** (Med.) *Verschlimmerung eines Krankheitszustandes, unvorhergesehene Schwierigkeit bei einem chirurgischen Eingriff od. in einem biologischen Prozess:* die Geburt verlief ohne -en.

Kom|pli|ka|ti|ons|los ⟨Adj.⟩: *ohne Komplikationen [verlaufend].*

Kom|pli|ment, das; -[e]s, -e [frz. compliment < älter span. complimiento, eigtl. = Fülle; Übertreibung, zu: complir < lat. complere = ausfüllen]: **1.** *lobende, schmeichelhafte Äußerung, die jmd. an eine Person richtet, um ihr etw. Angenehmes zu sagen, ihr zu gefallen:* ein nettes, geistreiches K.; übertriebene -e; jmdm. [für etw.] -e machen; ein K. erwidern; eine Frau mit -en [über ihr Aussehen] überschütten; mein K.! *(meine Hochachtung!);* Ü diese Arbeit ist kein K. für sie *(mit dieser Arbeit zeigt sie sich nicht gerade von ihrer besten Seite);* * **nach -en fischen** (ugs. scherzh.; *darauf aus sein, [durch Betonen eigener Schwächen] Widerspruch herauszufordern] ein Kompliment zu erhalten;* LÜ von engl. to fish for compliments). **2.** (veraltet) *Gruß:* richten Sie bitte meine -e aus!; ♦ Am Ende des Korridors machte ihm ein Hauptmann das K. (iron.; *erwies ihm die Ehrenbezeugung*) und folgte ihm mit zwölf Mann (Hauff, Jud Süß 446).

kom|pli|men|tie|ren ⟨sw. V.; hat⟩: **1.** (geh.) *jmdn. mit höflichen Gesten u. Redensarten irgendwohin geleiten:* jmdn. in den Sessel k.; jmdn. aus dem Zimmer k. (verhüll.; *höflich aus dem Zimmer weisen*). **2.** (veraltet) *willkommen heißen.*

Kom|pli|ze, Komplice [...ˈpliːtsə, auch: ...ˈpliːsə], der; -n, -n [frz. complice < spätlat. complex (Gen.: complicis) = eng verbunden; Verbündeter, zu lat. com- (< cum) = mit- u. plectere (2. Part.: plexum) = flechten, ineinanderfügen] (abwertend): *Mittäter, Helfershelfer bei einer Straftat:* jmdn. zu seinem -n machen.

Kom|pli|zen|schaft, die; -, -en, **Kom|pli|zen|tum,** Komplicentum, das; - [...ˈpliːts..., auch: ...ˈpliːs...]: **1.** *kriminelle Gemeinsamkeit.* **2.** *Gemeinsamkeit, die sich in Zusammenarbeit u. gegenseitiger Begünstigung ausdrückt.*

kom|pli|zie|ren ⟨sw. V.; hat⟩ [wohl rückgeb. aus ↑kompliziert] **a)** *schwierig machen, schwierig gestalten:* das kompliziert die Sache außerordentlich; **b)** ⟨k. + sich⟩ *kompliziert werden, sich schwierig gestalten:* die politische Lage kompliziert sich immer mehr.

kom|pli|ziert ⟨Adj.⟩ [wohl zu frz. compliqué od. lat. complicatum, Nebenf. von: complicatus =

2. Part. von complicare = zusammenfalten, verwickeln, verwirren]: *schwierig; verwickelt; [aus vielen Einzelheiten bestehend u. daher] schwer zu durchschauen u. zu handhaben:* ein -er Charakter, -e Apparate, Berechnungen; ein -er (Med.; *mit einer offenen Wunde in Zusammenhang stehender*) Bruch; sich k. ausdrücken.

Kom|pli|ziert|heit, die; -, -en: **1.** ⟨o. Pl.⟩ *das Kompliziertsein.* **2.** *etw. Kompliziertes.*

Kom|pli|zie|rung, die; -, -en: *das Kompliziertmachen; das Kompliziertwerden.*

Kom|pli|zin, die; -, -nen: w. Form zu ↑Komplize.

Kom|plott, das, ugs. auch: der; -[e]s, -e [frz. complot, urspr. = Gedränge, Menschenmenge; H. u.]: *geheime Planung eines Anschlags gegen eine Regierung, auch eine Privatperson:* ein K. aufdecken, durchschauen; mit im K. stehen, sein; * **ein K. schmieden** (*heimlich gemeinsam einen Anschlag vorbereiten*).

kom|plot|tie|ren ⟨sw. V.; hat⟩ [frz. comploter] (veraltet): *ein Komplott anzetteln, sich verschwören.*

Kom|po|nen|te, die; -, -n [zu lat. componens (Gen.: componentis), 1. Part. von: componere, ↑komponieren]: *Bestandteil, Element eines Ganzen:* die chemischen -n eines Stoffes; Ü die historische K.

kom|po|nie|ren ⟨sw. V.; hat⟩ [lat. componere = zusammenstellen, zu: ponere, ↑Position]: **1.** *eine Komposition* (1 b), *Kompositionen* (1 b) *schaffen:* eine Symphonie, eine Oper, einen Schlager k. **2.** (bildungsspr.) *nach bestimmten Gesichtspunkten [kunstvoll] gestalten:* Farbwirkungen harmonisch k.; ⟨häufig im 2. Part.:⟩ ein geschickt komponierter Roman, Bildband.

Kom|po|nist, der; -en, -en: *jmd., der komponiert* (1).

Kom|po|nis|tin, die; -, -nen: w. Form zu ↑Komponist.

Kom|po|si|ta: Pl. von ↑Kompositum.

Kom|po|si|te, die; -, -n ⟨meist Pl.⟩ [vgl. Kompositum] (Bot.): *Korbblütler.*

Kom|po|si|ten: Pl. von ↑Komposite u. ↑Kompositum.

Kom|po|si|teur [...ˈtøːɐ], der; -s, -e [frz. compositeur, zu: composer = komponieren] (veraltet): *Komponist.*

Kom|po|si|teu|rin [...ˈtøːrɪn], die; -, -nen: w. Form zu ↑Kompositeur.

Kom|po|si|ti|on, die; -, -en [lat. compositio = Zusammenstellung, -setzung]: **1. a)** ⟨o. Pl.⟩ *das Komponieren* (1): sie wurde mit der Komposition einer neuen Oper betraut; ein Lehrstuhl für K. *(Kompositionslehre);* **b)** *in Noten fixiertes [u. vervielfältigtes] musikalisches Werk:* eine K. aus dem Nachlass. **2.** (bildungsspr.) **a)** *nach bestimmten Gesichtspunkten erfolgte kunstvolle Gestaltung, Zusammenstellung:* klassische, moderne K. kostbarer Essenzen; ein Roman in einer hervorragenden K.; **b)** *nach bestimmten Gesichtspunkten kunstvoll Gestaltetes, Zusammengestelltes:* eine K. aus Beton und Glas. **3.** (Sprachwiss.) *Zusammensetzung eines Wortes aus selbstständig vorkommenden Wörtern (als Art od. Vorgang der Wortbildung).*

Kom|po|si|ti|o|nell ⟨Adj.⟩ (bildungsspr.): *die Komposition* (2), *die künstlerische Gestaltung betreffend; kompositorisch* (2).

Kom|po|si|ti|ons|fu|ge, die (Sprachwiss.): ¹Fuge (2).

Kom|po|si|ti|ons|leh|re, die ⟨o. Pl.⟩ (Musik): *Lehre vom Aufbau einer Komposition, von der Harmonik, Rhythmik, den musikalischen Formen, Möglichkeiten der Instrumentierung u. Ä.*

Kom|po|si|ti|ons|stil, der (Musik): *Stil der Komposition* (1 a).

Kom|po|si|ti|ons|tech|nik, die (Musik): *Technik der Komposition* (1 a).

kompositorisch – Kondenstrockner

kom|po|si|to|risch ⟨Adj.⟩: **1.** *die Komposition* (1 a) *betreffend.* **2.** *die Komposition* (2) *betreffend; gestalterisch.*

Kom|po|si|tum, das; -s, ...ta, seltener: ...iten [zu lat. compositum = Zusammengesetztes, subst. 2. Part. von: componere, ↑ komponieren] (Sprachwiss.): *zusammengesetztes Wort; Zusammensetzung.*

Kom|po|sit|werk|stoff, der (Technik): *aus verschiedenen, fest miteinander verbundenen Materialien hergestellter Werkstoff; Verbundwerkstoff.*

Kom|post [auch: ˈkɔm...], der; -[e]s, -e [frz. compost < mlat. compostum = Misthaufen, Dünger, zu lat. compositum, ↑ komponieren]: *als Dünger verwendetes Produkt aus pflanzlichen Abfällen [mit Erde]: K. untergraben; Asche gehört nicht auf den K. (Komposthaufen); mit K. düngen.*

Kom|post|er|de, die: *Erde, die viel Kompost enthält.*

Kom|post|hau|fen, der: *Abfallhaufen für Pflanzenreste, Laub o. Ä. zur Gewinnung von Kompost.*

kom|pos|tier|bar ⟨Adj.⟩: *sich kompostieren* (1) *lassend:* -e *Küchenabfälle.*

kom|pos|tie|ren ⟨sw. V.; hat⟩ [frz. composter, zu: compost, ↑ Kompost]: **1.** *zu Kompost verarbeiten.* **2.** *mit Kompost düngen: das Erdbeerbeet k.*

Kom|pos|tie|rung, die; -, -en: *das Kompostieren; das Kompostiertwerden.*

Kom|pos|tie|rungs|an|la|ge, die: *Anlage für die Kompostierung von Abfall, Müll.*

Kom|post|müll, der: *als Kompost zu verwendender Müll.*

Kom|pott, das; -[e]s, -e [frz. compote = Eingemachtes, über das Vlat. < lat. compositum, ↑ Kompositum]: *gekochtes Obst, das als Nachtisch od. zu bestimmten Gerichten gegessen wird.*

Kom|pott|scha|le, die: *kleine Schale für Kompott.*

kom|press ⟨Adj.⟩ [lat. compressus, adj. 2. Part. von: comprimere, ↑ komprimieren]: **1.** (veraltet) *eng zusammengedrängt.* **2.** (Druckw.) *ohne Durchschuss* (2), *in engem Zeilenabstand [gesetzt]: einen Text k. setzen.*

Kom|pres|se, die; -, -n [frz. compresse = Umschlag, kleiner Bausch, zu: älter: compresser < spätlat. compressare, Intensivbildung von lat. comprimere, ↑ komprimieren] (Med.): **1.** *feuchter Umschlag: heiße, kalte -n.* **2.** *zusammengelegtes Mullstück als Unterlage für einen Druckverband.*

kom|pres|si|bel ⟨Adj.⟩ [mlat. compressibilis, zu spätlat. compressare, ↑ Kompresse] (Physik): *(bes. von Gasen) zusammendrückbar, sich verdichten, komprimieren lassend.*

Kom|pres|si|bi|li|tät, die; - (Physik): *das Kompressibelsein.*

Kom|pres|si|on, die; -, -en [lat. compressio = das Zusammendrücken, zu: comprimere, ↑ komprimieren]: **1.** (Physik, Technik) *Zusammenpressung (z. B. von Gasen) mit Erhöhung des Drucks u. Verkleinerung des Volumens:* die K. *verringern; die des Motors prüfen* (Kfz-Technik; *durch die Messung der durch die Kolben erzeugten Kompression in den Zylindern die Leistung eines Motors überprüfen).* **2.** (Med.) **a)** *Quetschung eines Organs od. einer Körperstelle durch mechanische Einwirkung;* **b)** *mechanisches Abdrücken eines blutenden Gefäßes.* **3.** (Ski) *Teil einer Abfahrtsstrecke, bei der aus einem Steilhang kommende Fahrer in ein flaches Teilstück hineingepresst wird.*

Kom|pres|si|ons|strumpf, der (Med.): *elastischer Stützstrumpf (od. schlauchartiges Teilstück, z. B. für ein Knie) mit Gummifäden od. Kräuselkrepp.*

Kom|pres|si|ons|ver|band, der (Med.): *Druckverband.*

Kom|pres|sor, der; -s, ...oren [↑ Kompression] (Technik): *Apparat zum Verdichten von Gasen u. Dämpfen (z. B. für Kühlmaschinen).*

kom|pri|mier|bar ⟨Adj.⟩: *sich komprimieren lassend.*

kom|pri|mie|ren ⟨sw. Verb; hat⟩ [lat. comprimere = zusammendrücken]: **a)** *zusammenpressen: die beiden Halsschlagadern k.;* **b)** (Physik, Technik) *(Gase, Dämpfe o. Ä.) zusammenpressen, verdichten;* **c)** (EDV) *in eine weniger Speicherplatz erfordernde Form bringen: eine Datei k.*

kom|pri|miert ⟨Adj.⟩: *in gedrängter Kürze [dargestellt], nur das Wesentliche enthaltend: eine -e Wiedergabe; sich k. ausdrücken; ... sein Interesse galt ausschließlich dem, was Reinsiepe in sehr -er Form über Schwarzenberg und über die Gründe für meine Mission referierte* (Heym, Schwarzenberg 107).

Kom|pri|mie|rung, die; -, -en: *das Komprimieren; das Komprimiertwerden.*

Kom|pro|miss, der, selten: das; -es, -e [spätmhd. (Rechtsspr.) compromiss = gegenseitige Übereinkunft vor Gericht, sich einem Schiedsspruch zu unterwerfen < lat. compromissum, zu: compromittere, ↑ kompromittieren]: *Übereinkunft durch gegenseitige Zugeständnisse: ein fairer, fauler K.; keine -e!; mit jmdm. einen K. schließen; dieses Modell ist ein K. (Mittelding) zwischen Sportwagen und Limousine.*

kom|pro|miss|be|reit ⟨Adj.⟩: *bereit, Kompromisse zu schließen.*

Kom|pro|miss|be|reit|schaft, die ⟨Pl. selten⟩: *Bereitschaft zu Kompromissen.*

Kom|pro|miss|for|mel, die: *Formel, auf die sich zwei od. mehrere Verhandlungspartner als Kompromiss einigen.*

Kom|pro|miss|kan|di|dat, der (bes. Politikerjargon): *für eine Wahl vorgeschlagener Kandidat, der nur bedingt den eigentlichen Wünschen od. Erfordernissen entspricht.*

Kom|pro|miss|kan|di|da|tin, die: w. Form zu ↑ Kompromisskandidat.

kom|pro|miss|le|risch ⟨Adj.⟩ (abwertend): *zu Kompromissen neigend; allzu kompromissbereit, nachgiebig:* eine -e *Haltung.*

kom|pro|miss|los ⟨Adj.⟩: *ohne [Bereitschaft zu einem] Kompromiss; keine Kompromissbereitschaft zeigend:* ein -er *Kämpfer.*

Kom|pro|miss|lo|sig|keit, die; -, -en: *kompromisslose Haltung.*

Kom|pro|miss|lö|sung, die: *Lösung eines Streits durch einen Kompromiss.*

Kom|pro|miss|pa|pier, das ⟨Jargon⟩: *Papier* (2), *das einen Kompromiss dokumentiert.*

Kom|pro|miss|vor|schlag, der: *Vorschlag, der dazu dient, einen Kompromiss zu finden.*

kom|pro|mit|tie|ren ⟨sw. V.; hat⟩ [frz. compromettre = bloßstellen, jmdn. in eine kritische Lage bringen (indem man ihn dem Urteil eines Dritten aussetzt) < lat. compromittere = sich gegenseitig versprechen, einem Schiedsspruch abzuwarten]: *durch eine Äußerung od. ein Verhalten jmds., dem eigenen Ansehen schaden; bloßstellen:* jmdn., *sich durch etw. k.*

kom|pro|mit|tie|rend ⟨Adj.⟩: *eine Kompromittierung bedeutend:* -es *Material.*

Kom|so|mol, der; - [russ. komsomol, gek. aus: **kommunističeskij sojuz molodeži**]: *kommunistische Jugendorganisation in der früheren UdSSR.*

Kom|so|mol|ze, der; -n, -n [russ. komsomolec]: *Mitglied des Komsomol.*

Kom|so|mol|zin, die; -, -nen: w. Form zu ↑ Komsomolze.

Kom|tess [auch: kõˈtɛs], **Kom|tes|se** [kɔmˈtɛs(ə), auch: kõˈtɛs], die; -, ...essen [...sn̩] [frz. comtesse, zu: comte, ↑ Comte] (bes. südd., österr.): *unverheiratete Gräfin (unter 30 Jahren).*

Ko|nak, der; -s, -e [türk. konak, zu: konmak = sich setzen, sich niederlassen]: *(in der Türkei) palastartiges [Amts]gebäude.*

Kon|au|tor: ↑ Koautor.

Kon|au|to|rin, die; -, -nen: w. Form zu ↑ Konautorin.

Kon|cha, Concha, die; -, -s u. ...chen [lat. concha = Muschel < griech. kógchē]: **1.** (Archit.) *Konche* (1). **2.** (Anat.) *muschelähnlicher Teil eines Organs.*

Kon|che, die; -, -n. **1.** (Archit.) *(in frühchristlichen u. mittelalterlichen Kirchen) halbkreisförmige Apsis; Halbkuppel einer Apsis.* **2.** ↑ Conche.

Kon|chi|fe|re, die; -, -n [zu ↑ Koncha u. lat. ferre = tragen] (Zool.): *Schalenweichtier.*

kon|chi|form ⟨Adj.⟩ [zu lat. forma = Form, Gestalt] (bes. Kunstwiss.): *muschelförmig.*

Kon|chy|lie, die; -, -n ⟨meist Pl.⟩ [zu ↑ Koncha u. griech. hýlē = Stoff, Materie] (Zool.): *Schale der Weichtiere.*

Kon|dem|na|ti|on, die; -, -en [lat. condemnatio] (bildungsspr. veraltet): *Verdammung, Verurteilung.*

Kon|den|sat, das; -[e]s, -e [zu lat. condensatum, 2. Part. von: condensare, ↑ kondensieren] (Physik): *bei der Kondensation* (1) *entstandene Flüssigkeit.*

Kon|den|sa|ti|on, die; -, -en [spätlat. condensatio = Verdichtung]: **1.** (bes. Physik) *Übergang eines Stoffes vom gasförmigen in den flüssigen Zustand; Verdichtung von Gas, Dampf zu Flüssigkeit (durch Abkühlung od. Druck).* **2.** (Chemie) *Reaktion, bei der sich zwei Moleküle (des gleichen Stoffes od. verschiedener Stoffe) zu einem größeren Molekül vereinigen, wobei ein Molekül einer chemisch einfachen Substanz (z. B. Wasser) abgespalten wird.*

Kon|den|sa|ti|ons|punkt, der (Physik): *Temperatur, bei der (abhängig vom herrschenden Druck) ein Stoff vom gasförmigen in den flüssigen Zustand übergeht: der K. der Luft.*

Kon|den|sa|tor, der; -s, ...oren [zu ↑ kondensieren]: **1.** (Elektrot.) *Gerät, elektrisches Bauelement zum Speichern elektrischer Ladungen.* **2.** (Technik) *Vorrichtung zur Kondensation* (1) *von Dämpfen (z. B. bei Dampf- od. Kältemaschinen).*

kon|den|sie|ren ⟨sw. V.⟩ [lat. condensare = verdichten, zusammenpressen, zu: densus = dicht]: **1.** (Physik) **a)** ⟨hat⟩ *(gasförmige Stoffe) durch Abkühlung od. Druck verflüssigen: der Abdampf muss kondensiert werden;* **b)** ⟨hat/ist⟩ *aus dem gasförmigen in einen flüssigen Zustand übergehen: sich verflüssigen.* **2.** ⟨hat⟩ *durch Verdampfen eindicken [u. dadurch haltbar machen]: Fruchtsaft k.; kondensierte Milch (Kondensmilch).*

Kon|den|sie|rung, die; -, -en: *das Kondensieren; das Kondensiertwerden.*

Kon|dens|milch, die: *durch Entzug von Wasser eingedickte, in kleineren Behältnissen abgefüllte sterile Milch.*

Kon|den|sor, der; -s, ...oren [zu ↑ kondensieren] (Optik, Technik): *System von Linsen in optischen Apparaten, mit dem eine helle u. gleichmäßige Ausleuchtung erreicht wird.*

Kon|dens|strei|fen, der: *am Himmel sichtbarer schmaler weißer Streifen, der sich bei ausreichend kalter u. feuchter Luft durch Kondensation* (1) *von Wasserdampf in den Abgasen eines Flugzeugs bildet.*

Kon|dens|trock|ner, der: *Wäschetrockner* (1), *der die Feuchtigkeit aus der abgekühlten*

Warmluft in einem Wasserbehälter sammelt od. mit einer Ablaufpumpe in den Abfluss befördert.
Kon|dens|was|ser, das ⟨o. Pl.⟩: *durch Kondensation* (1) *entstehendes Wasser, das sich an etw. niederschlägt.*
◆ **Kon|dis|zi|pel**, der; -s, -[s] [lat. condiscipulus, aus con- = mit- u. discipulus, ↑ Disziplin]: *Mitschüler, Mitstudent:* Teuerste -s, da müssen wir hin (Eichendorff, Taugenichts 89).
kon|di|tern ⟨sw. V.; hat⟩ [zu ↑ Konditor]: **1.** (ugs.) *Konditorwaren herstellen.* **2.** (landsch.) *ein Café, eine Konditorei besuchen.*
Kon|di|ti|on, die; -, -en [mlat. conditio < vlat. conditio, Nebenf. von lat. condicio = Beschaffenheit, Zustand; Bedingung, zu: condicere = verabreden, übereinkommen]: **1.** ⟨meist Pl.⟩ (bes. Kaufmannsspr., Bankw.) *Lieferungs-, Zahlungsbedingung (im Geschäftsverkehr).* **2.** ⟨o. Pl.⟩ **a)** *körperlich-seelische Verfassung eines Menschen:* die K. des Kranken bessert sich allmählich; **b)** (bes. Sport) *[gute] körperliche Leistungsfähigkeit, Ausdauer (bes. eines Sportlers, einer Sportlerin); Fähigkeit, über eine bestimmte Zeit hin eine körperlich anstrengende Tätigkeit auszuführen:* eine ausgezeichnete, schlechte K. haben; seine K. halten, verbessern; keine K. haben; K. bolzen (Sportjargon; *Konditionstraining betreiben*). **3.** (veraltet) *[An]stellung, Dienst* (1 b): ◆ ... und doch vorhin schon eine K. für mich wussten (Schiller, Kabale IV, 7); ◆ Sie erzählte ..., dass sie nun zum ersten Mal von Hause in K. komme (Eichendorff, Taugenichts 92).
kon|di|ti|o|nal ⟨Adj.⟩ [lat. (Rechtsspr.) condicionalis = bedingungsweise angenommen] (Sprachwiss.): *eine Bedingung kennzeichnend; bedingend:* ein -er Satz; -e Konjunktionen.
Kon|di|ti|o|nal, der; -s, -e, **Kon|di|ti|o|na|lis**, der; -, ...les [...le:s] (Sprachwiss.): *Modus* (2), *der die Bedingung ausdrückt* (z. B. ich käme, ich würde kommen, wenn ...)
Kon|di|ti|o|na|lis|mus, Konditionismus, der; - (Philos.): *erkenntnistheoretische Lehre, bei der nicht von der selbstständigen Ursache eines Ereignisses, sondern von der Gesamtheit seiner Bedingungen ausgegangen wird.*
Kon|di|ti|o|nal|satz, der (Sprachwiss.): *Nebensatz, der eine Bedingung angibt; Bedingungssatz.*
kon|di|ti|o|nell ⟨Adj.⟩ [frz. conditionnel]: *die Kondition* (2 b) *betreffend.*
kon|di|ti|o|nie|ren ⟨sw. V.; hat⟩: **1.** [frz. conditionner] (Fachspr.) *Werkstoffe o. Ä. vor der Verarbeitung an die erforderliche Bedingungen anpassen (z. B. Papier vor dem Drucken an Feuchtigkeit u. Temperatur des Raumes).* **2.** [nach engl. to condition] (Psychol.) *bewirken, dass eine Reaktion auch dann eintritt, wenn an die Stelle des ursprünglich auslösenden Reizes ein anderer tritt:* ein konditionierter *(bedingter)* Reflex.
Kon|di|ti|o|nie|rung, die; -, -en: *das Konditionieren; das Konditioniertwerden.*
Kon|di|ti|o|nis|mus: ↑ Konditionalismus.
kon|di|ti|ons|schwach ⟨Adj.⟩ (bes. Sport): *schwache Kondition* (2 b) *besitzend; konditionell schwach:* -e Spieler.
Kon|di|ti|ons|schwä|che, die (bes. Sport): *Mangel an Kondition* (2 b); *konditionelle Schwäche.*
Kon|di|ti|ons|stark ⟨Adj.⟩ (bes. Sport): *eine sehr gute Kondition* (2 b) *besitzend; konditionell stark:* eine -e Mannschaft.
Kon|di|ti|ons|stär|ke, die (bes. Sport): *konditionelle Stärke.*
Kon|di|ti|ons|trai|ner, der (bes. Sport): *Trainer für ein Konditionstraining.*
Kon|di|ti|ons|trai|ne|rin, die: w. Form zu ↑ Konditionstrainer.

Kon|di|ti|ons|trai|ning, das (bes. Sport): *auf die Verbesserung der Kondition* (2 b) *ausgerichtetes Training.*
Kon|di|tor, der; -s, ...oren [lat. conditor = Hersteller würziger Speisen, zu: condire = lecker zubereiten]: *jmd., der Feingebäck herstellt; Feinbäcker (Berufsbez.).*
Kon|di|to|rei, die; -, -en: **1.** *Betrieb, in dem Feingebäck hergestellt u. verkauft wird u. zu dem oft ein Café gehört.* **2.** ⟨o. Pl.⟩ *das Herstellen von Feingebäck.*
Kon|di|to|rin [auch: kɔn'di:...], die; -, -nen: w. Form zu ↑ Konditor.
Kon|di|tor|meis|ter, der: *Meister im Handwerk der Konditorei* (2) *(Berufsbez.).*
Kon|di|tor|meis|te|rin, die: w. Form zu ↑ Konditormeister.
Kon|di|tor|wa|re ⟨meist Pl.⟩: *Feingebäck.*
Kon|do|lenz, die; -, -en [zu ↑ kondolieren] (geh.): **a)** ⟨o. Pl.⟩ *Beileid;* **b)** *Beileidsbezeigung.*
Kon|do|lenz|be|such, der: *Beileidsbesuch.*
Kon|do|lenz|brief, der: *Brief, in dem jmd. bei einem Todesfall seine Anteilnahme ausdrückt.*
Kon|do|lenz|buch, das: *Buch, das beim Tod einer Person bei der Begräbnisfeier ausgelegt wird u. in das sich die Kondolierenden eintragen können.*
Kon|do|lenz|kar|te, die: vgl. Kondolenzbrief.
Kon|do|lenz|schrei|ben, das: vgl. Kondolenzbrief.
kon|do|lie|ren ⟨sw. V.; hat⟩ [lat. condolere = Mitgefühl haben, zu: con- (< cum) = mit- u. dolere = Schmerz empfinden]: *jmdm. sein Beileid aussprechen:* sie hat ihm [zum Tode seines Vaters] kondoliert.
Kon|dom, das od. der; -s, -e, selten: -s [engl. condom, H. u.]: *Präservativ:* das K. ist gerissen, geplatzt; ein K. benutzen, überstreifen.
Kon|do|mi|nat, das od. der; -[e]s, -e [zu lat. con- = mit- u. dominatus = Herrschaft]: Kondominium.
Kon|do|mi|ni|um, das; -s, ...ien [aus lat. con- = mit- u. dominium = Herrschaft, Eigentum, Besitz] (Völkerrecht): **1.** *Herrschaft mehrerer Staaten über ein Gebiet.* **2.** *Gebiet, das unter der gemeinsamen Herrschaft mehrerer Staaten steht.*
Kon|dor, der; -s, -e [span. condor < Ketschua (südamerik. Indianerspr.) cuntur]: *in Südamerika heimischer, sehr großer Geier mit überwiegend schwarzem Gefieder, nacktem fleischfarbenen Kopf u. Hals u. einer weißen Halskrause.*
Kon|du|i|te [auch: kõ'dyi:t(ə)], die; - [frz. conduite, zu: conduire = führen] (veraltet): *Führung* (4), *Betragen:* ◆ Ich hätte dem Manne mehr K. zugetraut (Eichendorff, Taugenichts 27).
Kon|dukt, der; -[e]s, -e [mlat. conductus = Schutz, Geleit, zu lat. conducere = zusammenführen, geleiten; mieten, pachten] (bildungsspr. veraltend): *feierliches Geleit; Leichenzug.*
Kon|duk|teur [...'tø:ɐ̯, 'kɔn...], der; -s, -e [frz. conducteur, eigtl. = Leiter, Aufseher < lat. conductor = Mieter, Pächter, zu: conducere, ↑ Kondukt] (schweiz., sonst veraltet): *Schaffner in Eisenbahn u. Straßenbahn.*
Kon|duk|teu|rin [...'tø:rɪn], die; -, -nen: w. Form zu ↑ Kondukteur.
Kon|duk|tor, der; -s, ...oren: **1.** (Elektrot.) *elektrischer Leiter, bes. in Form einer isoliert aufgestellten Kugel aus Metall als Speicher für elektrische Ladungen.* **2.** (Med.) *selbst gesund bleibender Überträger einer Erbkrankheit.*
Kon|duk|to|rin, die; -, -nen: w. Form zu ↑ Konduktor (2).
Kon|duk|tus: ↑ Conductus.
Ko|nen: Pl. von ↑ Konus.

Kon|fa|bu|la|ti|on, die; -, -en [spätlat. confabulatio = Gespräch, Unterredung] (Psychol.): *auf Erinnerungstäuschung beruhender Bericht über vermeintlich erlebte Vorgänge.*
Kon|fekt, das; -[e]s, -e [spätmhd. confect = (zu Heilzwecken) eingemachtes Obst < mlat. confectum = mit Zucker eingemachtes Obst < lat. confectum, 2. Part. von: conficere = fertig machen, zubereiten]: **1.** *Gesamtheit von Pralinen o. Ä.* **2.** (bes. südd., österr., schweiz.) *Teegebäck.*
Kon|fek|ti|on, die; -, -en ⟨Pl. selten⟩ [frz. (vêtements de) confection < lat. confectio = Herstellung, Anfertigung]: **1.** *serienmäßige Anfertigung von Kleidungsstücken:* die K. von Schürzen. **2.** *in Konfektion* (1) *hergestellte Kleidung:* sie trägt nur K. **3.** Kurzf. von ↑ Konfektionsindustrie.
Kon|fek|ti|o|när, der; -s, -e: *jmd., der Konfektion* (2) *herstellt, entwirft.*
Kon|fek|ti|o|nä|rin, die; -, -nen: w. Form zu ↑ Konfektionär.
kon|fek|ti|o|nie|ren ⟨sw. V.; hat⟩ [frz. confectionner] (Fachspr.): **1.** *serienmäßig herstellen.* **2.** *die letzte Stufe eines Produktionsprozesses ausführen, die letzten Arbeitsgänge durchführen (z. B. Bücher zum Versand fertig machen, verpacken).*
Kon|fek|ti|o|nie|rung, die; -, -en (Fachspr.): **1.** *das Konfektionieren.* **2.** *Ausführung, in der etw. [serienmäßig] hergestellt wird.*
Kon|fek|ti|ons|an|zug, der: *in Konfektion* (1) *hergestellter Anzug.*
Kon|fek|ti|ons|be|trieb, der: *Betrieb, in dem Konfektion* (2) *hergestellt wird.*
Kon|fek|ti|ons|ge|schäft, das: *Geschäft, in dem Konfektion* (2) *verkauft wird.*
Kon|fek|ti|ons|grö|ße, die: *genormte Größe in der Bekleidungsindustrie.*
Kon|fek|ti|ons|in|dus|t|rie, die: *Bekleidungsindustrie.*
Kon|fek|ti|ons|klei|dung, die: *Konfektion* (2).
Kon|fe|renz, die; -, -en [mlat. conferentia = Besprechung, zu lat. conferre, ↑ konferieren]: **1.** *Besprechung mehrerer Personen über fachliche, organisatorische o. Ä. Fragen:* sie ist in einer K. **2.** *Zusammenkunft eines Kreises von Experten zur Beratung politischer, wirtschaftlicher o. ä. Fragen:* eine internationale K.; eine K. der Außenminister. **3.** [engl. conference] *kartellartiger Zusammenschluss von Reedereien im Überseegeschäft.* **4.** (Rundfunk, Fernsehen) Kurzf. von ↑ Konferenzsendung: wir fassen die fünf wichtigsten Spiele der 1. Liga in einer K. zusammen.
Kon|fe|renz|be|schluss, der: *von einer Konferenz gefasster Beschluss.*
Kon|fe|renz|raum, der: *Raum, der für Konferenzen vorgesehen ist, in dem eine Konferenz stattfindet.*
Kon|fe|renz|saal, der: *Saal, der für Konferenzen vorgesehen ist, in dem eine Konferenz stattfindet.*
Kon|fe|renz|schal|tung, die (Nachrichtent.): *drahtlose od. telefonische Zusammenschaltung verschiedener Teilnehmer (an verschiedenen Orten), bei der jeder mit allen in Kontakt treten kann.*
Kon|fe|renz|sen|dung, die (Rundfunk, Fernsehen): *Rundfunk- od. Fernsehsendung mit Konferenzschaltung.*
Kon|fe|renz|spra|che, die: *offizielle Verhandlungssprache einer internationalen Konferenz:* die K. ist Französisch; Englisch als K.
Kon|fe|renz|teil|neh|mer, der: *Teilnehmer an einer Konferenz.*
Kon|fe|renz|teil|neh|me|rin, die: w. Form zu ↑ Konferenzteilnehmer.
Kon|fe|renz|tisch, der: *großer Tisch, an dem die*

Konferenzteilnehmer sitzen: die Frage muss am K. *(in einer Konferenz) entschieden werden.*
kon|fe|rie|ren ⟨sw. V.; hat⟩ [frz. conférer < lat. conferre = zusammentragen, sich besprechen]: **1. a)** *mit jmdm. aus bestimmtem Anlass über etw. [im Rahmen einer Konferenz 1] sprechen, beraten:* nach dem Unterricht konferierten die Lehrer; sie hat über diese Sache, wegen dieser Sache schon mehrmals [telefonisch] mit ihrem Vorgesetzten konferiert; **b)** *im Rahmen einer Konferenz (2) beraten.* **2.** *die Conférence bei einer Veranstaltung haben:* wer konferiert diese Sendung, bei dieser Sendung?
Kon|fes|si|on, die; -, -en [lat. confessio = Geständnis, Bekenntnis, zu: confiteri = eingestehen, bekennen]: **1. a)** (Theol.) *Zusammenfassung von Glaubenssätzen; Bekenntnisbuch, -schrift:* die Augsburgische K.; **b)** (geh.) *Bekenntnis, Geständnis:* Die Wirksamkeit scheinbarer -en auf den Mitteilungstrieb des anderen ist fast immer unfehlbar (Nossack, Begegnung 69). **2.** *religiöse Gemeinschaft mit einer bestimmten Konfession (1):* die christlichen -en.
kon|fes|si|o|na|li|sie|ren ⟨sw. V.; hat⟩ (bildungsspr.): *einer Konfession (2) zuordnen.*
Kon|fes|si|o|na|lis|mus, der; -: **1.** *[übermäßige] Betonung der eigenen Konfession.* **2.** *theologische Richtung, die die konfessionellen Unterschiede betont u. die Aufspaltung der Christenheit in verschiedene Konfessionen bejaht.*
kon|fes|si|o|nell ⟨Adj.⟩: *die Konfession (2) betreffend.*
kon|fes|si|ons|los ⟨Adj.⟩: *keiner Konfession (2) angehörend.*
Kon|fes|si|ons|schu|le, die: *Bekenntnisschule.*
Kon|fes|si|ons|ver|schie|den ⟨Adj.⟩: *verschieden in der Konfession (2):* -e Ehe *(Ehe zwischen Partnern verschiedener Konfession).*
Kon|fes|si|ons|wech|sel, der: *Konversion (1).*
Kon|fet|ti, das; -[s] [ital. confetti, Pl. von: confetto = Bonbon; nach den beim Karneval unter die Menge geworfenen Bonbons, die später durch bunte Papierschnitzel ersetzt wurden]: **1.** *bunte Papierblättchen, die bes. bei Faschingsveranstaltungen geworfen werden.* **2.** (österr. veraltet) *Süßigkeiten, Konfekt (1).*
Kon|fet|ti|pa|ra|de, die: *(bes. in den USA) Umzug, bei dem eine Persönlichkeit des öffentlichen Lebens gefeiert wird u. bei dem große Mengen von Konfetti geworfen werden.*
¹Kon|fi, der; -s, -s (Jargon): *Kurzf. von* ↑ Konfirmand.
²Kon|fi, die; -, -s (Jargon): **1.** *Kurzf. von* ↑ Konfirmation: zur K. hatten die Eltern mir ein Smartphone geschenkt. **2.** *Kurzf. von* ↑ Konfirmandin: auf dem Foto war sie als fröhliche K. zu sehen.
◆ **Kon|fi|dence** [...'dã:s], die; -: *Konfidenz:* Meinst du, er habe mich ... in seine K. gezogen (Hauff, Jud Süß 400).
Kon|fi|dent, der; -en, -en [frz. confident = Vertrauter; vertraut, zu lat. confidere = vertrauen]: **1.** (bildungsspr. veraltend) *Vertrauter, Freund.* **2.** (österr.) *[Polizei]spitzel.*
kon|fi|den|ti|ell: ↑ konfidenziell.
Kon|fi|den|tin, die; -, -nen: w. Form zu ↑ Konfident.
kon|fi|den|zi|ell, konfidentiell ⟨Adj.⟩ [frz. confidentiel] (bildungsspr. veraltend): *vertraulich (bes. von Schriftstücken).*
Kon|fi|gu|ra|ti|on, die; -, -en [lat. configuratio, zu: configurare = gleichförmig bilden, zu: figurare, ↑ figurieren]: **1.** (bildungsspr.) *bestimmte Art der Gestaltung.* **2.** (Physik, Chemie) *räumliche Anordnung der Atome eines Moleküls, der Elementarteilchen eines Atoms.* **3.** (Astron., Astrol.) *Stellung von Gestirnen.* **4.** (Med.)

a) *Gestalt eines Organs, Körperteils;* **b)** *Verformung eines Organs, Körperteils:* die K. des kindlichen Schädels bei der Geburt. **5.** (Sprachwiss.) *Gruppe syntaktisch verbundener Wörter.* **6.** (EDV) *Zusammenstellung einer Rechenanlage aus verschiedenen Geräten; Auswahl, Zusammenstellung u. Verknüpfung der Software für einen Rechner, eine Rechenanlage.*
Kon|fi|gu|ra|ti|ons|da|tei, die (EDV): *eine Konfiguration enthaltende Datei.*
Kon|fi|gu|ra|tor, der; -s, ...oren (EDV): *Website eines Herstellers, auf der der Kunde die Ausstattung eines Produkts, z. B. eines Autos, nach eigenem Wunsch zusammenstellen kann.*
kon|fi|gu|rier|bar ⟨Adj.⟩ (EDV): *sich konfigurieren (2 a) lassend.*
kon|fi|gu|rie|ren ⟨sw. V.; hat⟩ [lat. configurare, ↑ Konfiguration]: **1.** (bildungsspr., Fachspr.) *gestalten, ausgestalten.* **2.** (EDV) **a)** *aus verschiedenen Bauteilen einen Computer zusammenstellen;* **b)** *die Software eines Computers oder eines elektronischen Gerätes an die Voraussetzungen des Systems und die Bedürfnisse des Benutzers anpassen.*
Kon|fir|mand, der; -en, -en [zu lat. confirmandus = der zu Bestärkende, zu: confirmare, ↑ konfirmieren] (ev. Kirche): *Jugendlicher, der den Konfirmandenunterricht besucht od. konfirmiert wird, gerade konfirmiert worden ist.*
Kon|fir|man|den|un|ter|richt, der (ev. Kirche): *(meist vom Pfarrer erteilter) Unterricht für Jugendliche zur Vorbereitung auf die Konfirmation.*
Kon|fir|man|din, die; -, -nen: w. Form zu ↑ Konfirmand.
Kon|fir|ma|ti|on, die; -, -en [kirchenlat. confirmatio = Bestätigung des bei der Taufe abgegebenen Glaubensbekenntnisses < lat. confirmatio = Bestärkung, Ermutigung] (ev. Kirche): *im Rahmen einer gottesdienstlichen Feier vollzogene Aufnahme jugendlicher evangelischer Christen in die Gemeinde der Erwachsenen:* [jmds.] K. feiern; jmdm. etw. zur K. schenken; * **goldene K.** *(50. Jahrestag der Konfirmation).*
kon|fir|mie|ren ⟨sw. V.; hat⟩ [lat. confirmare = (be)stärken, zu: firmare, ↑ Firma] (ev. Kirche): *(einen jugendlichen evangelischen Christen) nach einer Vorbereitung im Rahmen einer gottesdienstlichen Feier in die Gemeinde der Erwachsenen aufnehmen.*
Kon|fi|se|rie: ↑ Confiserie.
Kon|fi|seur: ↑ Confiseur.
Kon|fi|seu|rin [...'zø:rɪn], die; -, -nen: w. Form zu ↑ Konfiseur.
Kon|fis|ka|ti|on, die; -, -en [lat. confiscatio] (Rechtsspr.): **a)** *das Konfiszieren;* **b)** *entschädigungslose staatliche Enteignung einer Person od. Gruppe.*
kon|fis|zie|ren ⟨sw. V.; hat⟩ [lat. confiscare = in der Kasse aufbewahren, zu: fiscus, ↑ Fiskus] (bes. Rechtsspr.): *gerichtlich, von Staats wegen einziehen, beschlagnahmen:* jmds. Vermögen, gestohlene Waren k.; die Bücher wurden von der Polizei konfisziert.
◆ **kon|fis|ziert** ⟨Adj.⟩ [eigtl. = zu konfiszieren]: *verdächtig:* Ein -er, widriger Kerl (Schiller, Kabale I, 2).
Kon|fis|zie|rung, die; -, -en (bes. Rechtsspr.): *das Konfiszieren; Konfisziertwerden.*
Kon|fi|tü|re, die; -, -n [frz. confiture = Eingemachtes, zu afrz. confit = Brühe zum Einmachen von Früchten, zu: confire < lat. conficere, ↑ Konfekt]: *Marmelade aus einer einzigen Obstsorte [mit Früchten od. Fruchtstücken].*
Kon|flikt, der; -[e]s, -e [lat. conflictus = Zusammenstoß, zu: configere (2. Part.: conflictum) = zusammenschlagen, -prallen]: **1. a)** *durch das Aufeinanderprallen widerstreitender Auffas-*

sungen, Interessen o. Ä. entstandene schwierige Situation, die zum Zerwürfnis führen kann: ein schwelender, politischer, sozialer, innerbetrieblicher K.; einen K. heraufbeschwören, auslösen, schlichten, beilegen, beenden; in der Parteiführung kam es zum offenen K.; * **mit etw. in K. geraten/kommen** *(gegen etw. verstoßen, Schwierigkeiten mit etw. bekommen);* **b)** *mit kriegerischen Mitteln ausgetragene Auseinandersetzung zwischen Gegnern:* ein bewaffneter, militärischer K.; sich aus einem K. zwischen zwei Staaten heraushalten. **2.** *Zwiespalt, Widerstreit aufgrund innerer Probleme:* ein psychischer, persönlicher, manifester, latenter K.; das bringt mich in -e, in einen ernsthaften K. mit meinem Gewissen.
kon|flik|tär ⟨Adj.⟩ (bildungsspr.): *einen Konflikt enthaltend, voller Konflikte:* eine -e Situation.
Kon|flikt|fä|hig ⟨Adj.⟩: *fähig, einen Konflikt auszuhalten u. auszutragen.*
Kon|flikt|fä|hig|keit, die ⟨Pl. selten⟩: *das Konfliktfähigsein.*
Kon|flikt|fall, der: *das Auftreten eines Konflikts:* im K. *(falls sich ein Konflikt ergibt).*
Kon|flikt|for|schung, die: *wissenschaftliche Erforschung politischer Konflikte.*
kon|flikt|frei ⟨Adj.⟩: *frei von Konflikten.*
kon|flikt|ge|la|den ⟨Adj.⟩: *Konflikte in sich bergend:* -e Begegnungen.
Kon|flikt|herd, der: *Ort, Stelle als Ausgangspunkt für Konflikte.*
kon|flikt|los ⟨Adj.⟩: *konfliktfrei.*
Kon|flikt|lö|sung, die: **1.** *das Lösen eines Konflikts, von Konflikten.* **2.** *Lösung für einen Konflikt:* nach -en suchen.
Kon|flikt|par|tei, die: *Person, Gruppe o. Ä., die mit [einer] anderen einen Konflikt austrägt.*
Kon|flikt|po|ten|zi|al, Kon|flikt|po|ten|ti|al, das (bildungsspr.): *Potenzial für einen Konflikt, für Konflikte.*
kon|flikt|reich ⟨Adj.⟩: *reich an Konflikten.*
kon|flikt|scheu ⟨Adj.⟩: *Konflikten aus dem Wege gehend:* sie ist ein -er Mensch.
Kon|flikt|si|tu|a|ti|on, die: *Situation eines Konflikts (1 a).*
Kon|flikt|stoff, der: *etw., woraus sehr leicht ein Konflikt entstehen kann.*
Kon|flikt|stra|te|gie, die (Psychol.): *Methode der Bewältigung eines Konflikts.*
Kon|flikt|theo|rie, die (Soziol.): *Theorie, die die Konflikte einer Gesellschaft zur Erklärung sozialer Prozesse heranzieht.*
kon|flikt|träch|tig ⟨Adj.⟩: *konfliktgeladen:* eine -e Situation.
Kon|flu|enz, die; -, -en [spätlat. confluentia = Zusammenfluss] (Geol.): *Zusammenfluss zweier Gletscher.*
Kon|fö|de|ra|ti|on, die; -, -en [spätlat. confoederatio = Bündnis, zu lat. confoederare, ↑ Föderation]: *Zusammenschluss von Staaten, bei dem diese gleichberechtigt nebeneinander bestehen bleiben; Staatenbund:* eine K. bilden, auflösen.
kon|fö|de|rie|ren ⟨sw. V.; hat⟩ [spätlat. confoederare = sich verbünden] (bildungsspr.): *sich verbünden, zusammenschließen:* beide Staaten sollten k.; ⟨auch k. + sich:⟩ die Staaten wollen sich k.; ⟨subst. 2. Part.:⟩ aufseiten der Konföderierten (Geschichte; *der von den USA abgefallenen verbündeten Südstaaten, der Truppen der Südstaaten im Sezessionskrieg) kämpfen.*
kon|fo|kal ⟨Adj.⟩ [zu lat. con- = mit- u. ↑ fokal] (Physik): *einen od. zwei gemeinsame Brennpunkte besitzend:* -e Kegelschnitte.
kon|form ⟨Adj.⟩ [spätlat. conformis = gleichförmig, ähnlich, zu lat. forma, ↑ Form]: *übereinstimmend, gleich:* -e Ansichten, Vorschläge; diese Wahlkreise sind nicht völlig k.; -e Abbildung (Math.; *[durch eine differenzierbare Funk-*

tion mit komplexem Argument darstellbare] winkeltreue Abbildung); * *mit jmdm., etw.* **k. gehen/konformgehen** *(mit jmdm., etw. völlig übereinstimmen:* in diesem Punkt gehe ich mit Ihnen k.).

-kon|form: drückt in Bildungen mit Substantiven aus, dass die beschriebene Sache mit etw. übereinstimmt: parteikonform, regelkonform, rollenkonform, umweltkonform.

Kon|for|ma|ti|on, die; -, -en [engl. conformation < lat. conformatio = entsprechende Form, Gestalt, zu: conformare = entsprechend formen, gestalten, zu: formare, ↑ formieren] (Chemie): *räumliche Anordnung der Atome eines Moleküls, die sich durch Drehung um eine einfache Achse ergibt.*

kon|form ge|hen, kon|form|ge|hen ⟨unr. V.; ist⟩: s. konform.

Kon|for|mis|mus, der; - [engl. conformism] (bildungsspr.): *Haltung, die durch Angleichung der eigenen Einstellung an die herrschende Meinung, durch Anpassung an die bestehenden Verhältnisse gekennzeichnet ist.*

Kon|for|mist, der; -en, -en: **1.** *(bildungsspr.) jmd., der Konformismus zeigt.* **2.** [engl. conformist] *Anhänger der anglikanischen Staatskirche.*

Kon|for|mis|tin, die; -, -nen: w. Form zu ↑ Konformist.

kon|for|mis|tisch ⟨Adj.⟩: **1.** *(bildungsspr.) den Konformismus betreffend, ihm entsprechend.* **2.** *die anglikanische Kirche betreffend, zu ihr gehörend:* -e Geistliche, Schriften.

Kon|for|mi|tät, die; -: **1.** *(bildungsspr.) Übereinstimmung mit der Einstellung, dem Verhalten der andern.* **2.** (Technik) *Übereinstimmung eines Messgeräts mit der gesetzlich geregelten Norm.*

Kon|fra|ter, der; -s, ...fratres [...re:s] [mlat. confrater = Mitbruder, zu lat. frater = Bruder]: *Amtsbruder innerhalb der katholischen Geistlichkeit.*

Kon|fron|ta|ti|on, die; -, -en [mlat. confrontatio = Gegenüberstellung, zu: ↑ konfrontieren]: **1.** *Gegenüberstellung nicht übereinstimmender Personen, Meinungen, Sachverhalte:* die unerwartete K. des Angeklagten mit den Zeugen verfehlte nicht ihre Wirkung; die K. von Geschichte und Gegenwart. **2.** *Auseinandersetzung zwischen Gegnern:* es kam zu einer K. zwischen Demonstranten und der Polizei.

Kon|fron|ta|ti|ons|kurs, der ⟨o. Pl.⟩: *Verhaltensweise, Vorgehen o. Ä., durch auch eine Konfrontation (2), ein Konflikt in Kauf genommen wird:* einen K. steuern; auf K. gehen.

kon|fron|ta|tiv ⟨Adj.⟩: **1.** *auf Konfrontation ausgerichtet.* **2.** (Sprachwiss.) *kontrastiv:* -e Sprachwissenschaft, Grammatik.

kon|fron|tie|ren ⟨sw. V.; hat⟩ [mlat. confrontare = (Stirn gegen Stirn) gegenüberstellen, zu lat. frons (Gen.: frontis) = Stirn]: **a)** *jmdn. jmdm. gegenüberstellen, bes. um etw. aufzuklären:* der Angeklagte wird mit der Zeugin konfrontiert; er sah sich plötzlich mit einem seiner politischen Gegner konfrontiert *(begegnete ihm unversehens);* **b)** *in eine Situation bringen, die zur Auseinandersetzung mit etw. [Unangenehmem] zwingt:* jmdn. mit einem Problem, mit der Realität k.; **c)** *als Kontrast, zum Vergleich einer anderen Sache gegenüberstellen:* auf den Fotos der Ausstellung werden Vergangenheit und Zukunft [miteinander] konfrontiert.

Kon|fron|tie|rung, die; -, -en: *das Konfrontieren; das Konfrontiertwerden.*

kon|fus ⟨Adj.⟩ [lat. confusus = verwirrt, eigtl. = ineinandergegossen, adj. 2. Part. von: confun-

dere = zusammengießen, vermischen]: **a)** *in Inhalt, Form nicht klar; verworren:* -e Sätze; das -este Zeug reden; der Aufsatz ist ziemlich k.; **b)** *verwirrt, durcheinander:* er war, das machte ihn ganz k.; sie antwortete etwas k.

Kon|fu|si|on, die; -, -en [lat. confusio]: **1. a)** *Verwirrung, Durcheinander:* nach ihren Worten gab es, herrschte eine große K.; **b)** *Verworrenheit, Unklarheit:* ihre Rede war von einiger K. **2.** (Rechtsspr.) *das Erlöschen eines Rechtes, wenn Berechtigung u. Verpflichtung in einer Person zusammenfallen (z. B. durch Kauf, Erbschaft).*

kon|fu|zi|a|nisch ⟨Adj.⟩: *nach Art des Konfuzius gehalten; die -e Philosophie.*

Kon|fu|zi|a|nis|mus, der; -: *auf der Lehre des chinesischen Philosophen Konfuzius (551–479 v. Chr.) u. seiner Schüler beruhende ethische, weltanschauliche, staatspolitische Geisteshaltung in China u. Ostasien.*

kon|fu|zi|a|nis|tisch ⟨Adj.⟩: *den Konfuzianismus betreffend, ihm entsprechend.*

Kon|ga: ↑ Conga.

kon|ge|ni|al [auch: 'ko...] ⟨Adj.⟩ [zu lat. con- = mit- u. ↑ genial] (bildungsspr.): **1.** *geistig oder künstlerisch [einem genialen Menschen] ebenbürtig:* die Sängerin hatte in dem Pianisten einen -en Partner gefunden. **2.** *geistig oder künstlerisch dem hohen Niveau [eines genialen Werks] angemessen:* die -e Übersetzung eines Gedichtes; die Pianistin spielt, interpretiert die Werke des Komponisten.

Kon|ge|ni|a|li|tät [auch: 'ko...], die; - (bildungsspr.): *Gleichrangigkeit hinsichtlich der Interpretation eines genialen Werks.*

kon|ge|ni|tal ⟨Adj.⟩ [zu lat. con- = mit- u. genitum, 2. Part. von: gignere = zeugen, gebären] (bes. Med.): *aufgrund einer Erbanlage bei der Geburt vorhanden:* -e Fehlbildungen.

Kon|glo|me|rat, das; -[e]s, -e [frz. conglomérat, zu: conglomérer = zusammenrollen, -ballen < lat. conglomerare, aus: con- = mit-, zusammenu. glomus = Kloß, Knäuel]: **1.** (bildungsspr.) *Gemisch [aus sehr Verschiedenartigem]; Zusammenballung:* die Hauptstadt ist ein K. aller möglichen Nationalitäten. **2.** (Geol.) *grobkörniges Sedimentgestein aus Geröllen, die durch kalkige, kiesartige o. ä. Bindemittel verkittet sind.*

¹Kon|go, der; -[s]: *Fluss in Zentralafrika.*

²Kon|go, -s, auch: der; -[s]: **1.** *Staat in Zentralafrika:* die Republik K., die Regierung -s/von K./des K./des -s. **2.** *kurz für:* Demokratische Republik Kongo: die Bevölkerung -s/von K./des K.

Kon|go|le|se, der; -n, -n: Ew.

Kon|go|le|sin, die; -, -nen: w. Form zu ↑ Kongolese.

kon|go|le|sisch ⟨Adj.⟩: *den ²Kongo, die Kongolesen betreffend; von den Kongolesen stammend, zu ihnen gehörend.*

Kon|gre|ga|ti|on, die; -, -en [lat. congregatio = Versammlung, Vereinigung, zu: congregare = sich versammeln] (kath. Kirche): **1.** *(in den alten Mönchsorden) Zusammenschluss mehrerer selbstständiger Klöster unter einem Oberen.* **2.** *Ordensgemeinschaft, deren Mitglieder nur einfache Gelübde abgelegt haben.* **3.** *Kurzf. von* ↑ Kardinalskongregation.

Kon|gre|ga|ti|o|na|list, der; -en, -en [engl. congregationalist]: *Angehöriger einer englischnordamerikanischen Kirchengemeinschaft.*

Kon|gre|ga|ti|o|na|lis|tin, die; -, -nen: w. Form zu ↑ Kongregationalist.

Kon|gre|ga|ti|o|nist, der; -en, -en: *Angehöriger einer Kongregation (2).*

Kon|gre|ga|ti|o|nis|tin, die; -, -nen: w. Form zu ↑ Kongregationist.

Kon|gress, der; -es, -e [lat. congressus = Zusammenkunft; Gesellschaft, zu: congredi (2. Part.: congressum) = zusammenkommen, -treffen]: **1. a)** *Tagung von Vertretern fachlicher Verbände, politischer Gruppierungen, Parteien o. Ä.:* ein medizinischer K.; der K. tagt vom 3. bis zum 8. Mai, findet in Wien statt; **b)** *Gesamtheit der Kongressteilnehmer:* der K. beschloss ein Hilfsprogramm. **2.** ⟨o. Pl.⟩ [engl. Congress] *(aus Senat u. Repräsentantenhaus bestehendes) Parlament der USA.*

Kon|gress|hal|le, die: *Halle für Kongresse (1); Halle, in der ein Kongress stattfindet.*

Kon|gress|saal, Kon|gress-Saal, der: vgl. Kongresshalle.

Kon|gress|stadt, Kon|gress-Stadt, die: *Stadt, in der häufig Kongresse stattfinden.*

Kon|gress|teil|neh|mer, der: *Teilnehmer an einem Kongress (1).*

Kon|gress|teil|neh|me|rin, die: w. Form zu ↑ Kongressteilnehmer.

Kon|gress|zen|t|rum, das: *für Kongresse eingerichteter Gebäudekomplex mit großen Sälen, Restaurants, Hotels usw.*

kon|gru|ent ⟨Adj.⟩ [lat. congruens (Gen.: congruentis) = übereinstimmend, entsprechend, adj. 1. Part. von: congruere, ↑ kongruieren]: **1.** (bildungsspr.) *in allen Punkten übereinstimmend, völlig gleich:* -e Begriffe. **2.** (Math.) **a)** *(von geometrischen Figuren) völlig übereinstimmend; deckungsgleich;* **b)** *(von zwei Zahlen, die, durch eine dritte geteilt, gleiche Reste liefern) übereinstimmend.*

Kon|gru|enz, die; -, -en ⟨Pl. selten⟩: **1.** (bildungsspr.) *Kongruentsein (1).* **2.** (Math.) *das Kongruentsein (2).* **3.** (Sprachwiss.) **a)** *formale Übereinstimmung zusammengehörender Teile im Satz (in Kasus, Numerus, Genus u. Person);* **b)** *inhaltlich sinnvolle Vereinbarkeit des Verbs mit anderen Satzgliedern.*

Kon|gru|enz|satz, der (Math.): *Lehrsatz, nach dem Dreiecke, die bestimmte Bedingungen erfüllen, kongruent sind.*

kon|gru|ie|ren ⟨sw. V.; hat⟩ [lat. congruere = zusammentreffen, übereinstimmen]: **1.** (bildungsspr.) *in allen Punkten übereinstimmen, völlig gleich sein:* ihre Meinungen kongruieren keineswegs. **2.** (Math.) *kongruent (2 a), deckungsgleich sein.* **3.** (Sprachwiss.) *Kongruenz (3) aufweisen.*

Ko|ni|die [...jə], die; -, -n ⟨meist Pl.⟩ [zu griech. kónis = Staub] (Bot.): *ungeschlechtlich entstehende Keimzelle von Pilzen, der Verbreitung dient.*

K.-o.-Nie|der|la|ge, die (Boxen): *Niederlage durch K. o.*

Ko|ni|fe|re, die; -, -n [zu lat. conifer = Zapfen tragend] (Bot.): *Nadelholz (2).*

Kö|nig, der; -s, -e [mhd. künic, ahd. kuning, eigtl. = aus vornehmem Geschlecht stammender Mann]: **1. a)** ⟨o. Pl.⟩ *Titel des [nach dem Kaiser] höchsten weltlichen Herrschers od. Repräsentanten in bestimmten Monarchien:* Georg III., K. von Großbritannien und Irland; **b)** *Träger des Königstitels:* die preußischen -e; der K. regiert sein Land, dankte ab; das Erbe K. Ludwigs des Heiligen/des -s Ludwig des Heiligen; Ü der K. der Wüste (dichter.; *der Löwe);* der K. der Vögel, der Lüfte (dichter.; *der Adler);* der [ungekrönte] K. *(der Beste)* unter den Spielern. **2. a)** *wichtigste Figur im Schachspiel (auf deren Mattsetzen eine Schachpartie angelegt ist):* die K. in vielen geläufigen Kartenspielen) in der Rangfolge an zweiter Stelle stehende Spielkarte: den K. ausspielen; mit dem K. stechen; **c)** *in der Mitte stehender Kegel beim Kegelspiel.*

Kö|ni|gin, die; -, -nen [mhd. küniginne, ahd. kuningin(na)]: **1. a)** w. Form zu ↑ König (1 a);

b) w. Form zu ↑ König (1 b): die K. von England; Ü die K. der Blumen (geh.; *die Rose*); die K. der Instrumente (geh.; *die Orgel*); sie war die K. (geh.; *die schönste Frau*) des Festes; * **K. der Nacht** *(in Mittel- u. Südamerika heimische, zu den Kakteen gehörende Pflanze mit Dornen tragenden, rankenden Trieben, deren große, weiße, duftende Blüten sich nur für eine Nacht öffnen);* **c)** *Gemahlin, Ehefrau eines Königs.* **2.** Kurzf. von ↑ Bienenkönigin. **3.** ¹*Dame* (2 a).
Kö|ni|gin|mut|ter, die: *Mutter eines Königs, einer Königin.*
Kö|ni|gin|pas|te|te, die [LÜ von frz. bouchée à la reine] (Kochkunst): *Pastete* (1 a) *mit einer in einer weißen Soße gebundenen Füllung aus gewürfeltem Hühnerfleisch, Champignons u. anderen Zutaten.*
Kö|ni|gin|wit|we, die: *Witwe eines Königs.*
kö|nig|lich ⟨Adj.⟩ [mhd. küniclich, ahd. kuni(n)glīh]: **1. a)** *[zu] einem König gehörend* (Abk.: kgl.): die -e Familie; ein -er *(vom König ausgehender)* Erlass; **b)** *einem König entsprechend; hoheitsvoll; wie ein König*: er schritt in -er Haltung durch den Saal. **2.** *sehr großzügig, reichlich*: eine -e Bewirtung; jmdn. k. belohnen. **3.** (ugs.) *außerordentlich*: ein -es Vergnügen; sich k. amüsieren.
Kö|nig|reich, das [mhd. künicrīche, ahd. kunningrīchi]: *Reich, das von einem König regiert wird*: * **in K. für …** *(ich gebe, biete alles für …;* nach Shakespeare, King Richard III., V, 4; A horse! My kingdom for a horse!)
Kö|nigs|ad|ler, der [vgl. Königsfarn] (volkstüml.): *Steinadler.*
Kö|nigs|berg: früherer Name ↑ Kaliningrads.
¹**Kö|nigs|ber|ger,** der; -s, -: Ew.
²**Kö|nigs|ber|ger** ⟨indekl. Adj.⟩: K. Klopse.
Kö|nigs|ber|ge|rin, die; -, -nen: w. Form zu ↑¹Königsberger.
kö|nigs|blau ⟨Adj.⟩ [die Farbe wurde unter König Ludwig XIV. von Frankreich (1638–1715) eingeführt]: *kräftig, leuchtend [hell]blau.*
Kö|nigs|dis|zi|p|lin, die: *anspruchsvollste in einer Gruppe von Disziplinen od. Fertigkeiten*: der Marathon ist die K. des Laufsports.
Kö|nigs|fa|mi|lie, die: *königliche Familie.*
Kö|nigs|farn, der [1. Bestandteil in Zus. oft zur Bez. von Außergewöhnlichem, Besonderem, des Besten, Größten, Schönsten seiner Art]: *(in feuchten Wäldern wachsender) hoher Farn mit doppelt gefiederten Wedeln.*
Kö|nigs|ge|schlecht, das: *Geschlecht* (3 c), *das eine Reihe von Königinnen u. Königen hervorgebracht hat.*
Kö|nigs|haus, das: *königliches Herrscherhaus.*
Kö|nigs|hof, der: *königlicher Hof* (3 a).
Kö|nigs|ker|ze, die [vgl. Königsfarn]: *meist behaarte Pflanze mit blassgrünen, länglich-eiförmigen Blättern u. meist gelben Blüten in hoch aufragenden Rispen od. Trauben.*
Kö|nigs|kind, das: *(bes. in Märchen, Sagen o. Ä.) Kind eines Königs.*
Kö|nigs|klas|se, die (Sport): *höchste, oberste Klasse*: die Formel 1 gilt als die K. des Motorsports.
Kö|nigs|ko|b|ra, die [vgl. Königsfarn]: *(als größte Giftschlange in Indien heimische) dunkelbraune bis olivfarbene, hell geringelte Kobra, die sich überwiegend von anderen Schlangen ernährt.*
Kö|nigs|kro|ne, die: *Krone eines Königs als Zeichen seiner Würde.*
Kö|nigs|ma|cher, der (Jargon): *jmd., der (dank seiner eigenen einflussreichen Position) in der Lage ist, jmdm., einer politischen Gruppierung o. Ä. zur Macht zu verhelfen.*
Kö|nigs|ma|che|rin, die: w. Form zu ↑ Königsmacher.

Kö|nigs|paar, das: *aus König u. Königin bestehendes Paar.*
Kö|nigs|pa|last, der: *Palast eines Königs, einer Königsfamilie.*
Kö|nigs|pal|me, die [vgl. Königsfarn]: *(im tropischen Amerika heimische) Palme mit leicht bauchigem Stamm u. sehr großen Fiederblättern.*
Kö|nigs|schie|ßen, das: *Wettbewerb im Schießen, bei dem ein Schützenkönig ermittelt wird.*
Kö|nigs|schloss, das: *Schloss, in dem ein König residiert.*
Kö|nigs|sohn, der: *(bes. in Märchen, Sagen o. Ä.) Sohn eines Königs.*
Kö|nigs|thron, der: *Thron* (1) *eines Königs.*
Kö|nigs|ti|ger, der [vgl. Königsfarn]: *(in Indien heimischer) sehr großer Tiger mit kurzhaarigem, glänzendem, gelblich braunem Fell mit tiefschwarzen Streifen.*
Kö|nigs|toch|ter, die: *(bes. in Märchen, Sagen o. Ä.) Tochter eines Königs.*
kö|nigs|treu ⟨Adj.⟩: *dem König treu; royalistisch.*
Kö|nigs|was|ser, das ⟨o. Pl.⟩ [das Gemisch löst sogar Gold, den »König« der Metalle] (Chemie): *Gemisch aus Salzsäure u. Salpetersäure, in dem (neben den anderen Edelmetallen) auch Gold löslich ist.*
Kö|nigs|weg, der [H. u.; viell. nach Überlieferungen antiker Autoren, wonach Herrscher berühmte Mathematiker befragten, ob es nicht für sie einen leichteren u. schnelleren Zugang zu den Geheimnissen der Mathematik gäbe, zur Antwort erhielten, dass auch Könige nur durch eifriges Lernen zum Ziel kommen könnten, es also keinen »Königsweg« gebe]: *idealer Weg zu einem hohen Ziel.*
Kö|nig|tum, das; -s, …tümer: **1.** ⟨o. Pl.⟩ [LÜ von frz. royauté] *monarchische Staats-, Regierungsform mit einem König an der Spitze.* **2.** (veraltet) *Königreich.*
ko|nisch ⟨Adj.⟩ [zu ↑ Konus]: *kegelförmig.*
Konj. = Konjunktiv; Konjunktion.
Kon|jek|tur, die; -, -en [lat. coniectura = Vermutung, zu: conicere, ↑ konjizieren]: **a)** (Literaturwiss.) *verbessernder Eingriff eines Herausgebers in einem nicht einwandfrei überlieferten Text;* **b)** (veraltet) *Vermutung*: ◆ … verwickelte den Amtmann in mancherlei politische -en darüber (Kleist, Kohlhaas 25).
Kon|ju|ga|ti|on, die; -, -en [lat. coniugatio, eigtl. = Verbindung, zu: coniugare, ↑ konjugieren]: **1.** (Sprachwiss.) *Abwandlung, Beugung, Flexion eines Verbs in seinen grammatischen Formen.* **2.** (Biol.) **a)** *Vereinigung der Keimzellen bei der Befruchtung;* **b)** *Vorgang der Paarung von Chromosomen;* **c)** *bei den Wimpertierchen vorkommende Art der Befruchtung durch Austausch der Zellkerne.*
Kon|ju|ga|ti|ons|en|dung, die (Sprachwiss.): *Flexionsendung bei der Konjugation* (z. B. -te bei »liebte«).
kon|ju|gier|bar ⟨Adj.⟩ (Sprachwiss.): *sich konjugieren lassend.*
kon|ju|gie|ren ⟨sw. V.; hat⟩ [lat. coniugare = verbinden; verheiraten] (Sprachwiss.): *(ein Verb) in seinen grammatischen Formen abwandeln, beugen, flektieren.*
kon|ju|giert ⟨Adj.⟩ (Math.): *(von Zahlen, Punkten, Geraden o. Ä.) einander zugeordnet, zusammengehörend.*
Kon|junk|ti|on, die; -, -en [lat. coniunctio = Verbindung; Bindewort]: **1.** (Sprachwiss.) *Wort, das [Glied]sätze, Haupt- u. Gliedsatz od. Satzglieder verbindet* (Abk.: Konj.). **2.** (Astron.) *Stellung zweier Gestirne in einer Linie mit der Erde.* **3.** (Astrol.) *das Zusammentreffen mehrerer Planeten im gleichen Tierkreiszeichen.* **4.** (Logik) *Verknüpfung zweier od. mehrerer Aussagen*

durch (die logische Partikel) »und«. ◆ **5.** *Verbindung, Zusammenschluss:* Doch Eger muss vor allem sich uns öffnen, eh' an K. zu denken ist (Schiller, Wallensteins Tod I, 5).
kon|junk|ti|o|nal ⟨Adj.⟩ (Sprachwiss.): *die Konjunktion* (1) *betreffend, durch sie ausgedrückt.*
Kon|junk|ti|o|nal|ad|verb, das (Sprachwiss.): *Adverb, das dazu geeignet ist, die Funktion einer Konjunktion* (1) *zu übernehmen* (z. B. außerdem, dagegen, deshalb, trotzdem).
Kon|junk|ti|o|nal|satz, der (Sprachwiss.): *durch eine Konjunktion* (1) *eingeleiteter [Glied]satz.*
Kon|junk|tiv, der; -s, -e [spätlat. (modus) coniunctivus = verbindend(er Modus)] (Sprachwiss.): *Modus* (2), *mit dem etw. nur mittelbar u. ohne Gewähr wiedergegeben, als möglich vorgestellt, irreal dargestellt wird; Möglichkeitsform* (z. B. sie sagte, sie sei krank; wenn er Zeit hätte, käme er noch; Abk.: Konj.)
Kon|junk|ti|va, die; -, …vä [zu spätlat. coniunctivus = verbindend] (Med.): *Bindehaut.*
kon|junk|ti|visch ⟨Adj.⟩ (Sprachwiss.): *im Konjunktiv [stehend], mit dem Konjunktiv [gebildet]:* eine -e Verbform; etw. k. ausdrücken.
Kon|junk|ti|vi|tis, die; -, …itiden [zu ↑ Konjunktiva] (Med.): *Bindehautentzündung.*
Kon|junk|tiv|satz, der (Sprachwiss.): *Satz, dessen Prädikat im Konjunktiv steht.*
Kon|junk|tor, der; -s [zu lat. coniungere = verbinden] (Logik): *»und« als logische Partikel zur Herstellung einer Konjunktion* (4).
Kon|junk|tur, die; -, -en [urspr. = sich aus der Verbindung verschiedener Erscheinungen ergebende Lage < mlat. coniunctura = Verbindung, zu lat. coniungere = verbinden] (Wirtsch.): **a)** *gesamtwirtschaftliche Lage (mit bestimmter Entwicklungstendenz)*: eine steigende, rückläufige K. zur K. beleben, fördern, dämpfen; **b)** *Hochkonjunktur*: die K. ausnutzen; Ü solche Artikel haben im Augenblick K. *(werden viel gekauft);* diese Handwerker haben jetzt wieder K. *(sind wieder sehr beschäftigt).*
kon|junk|tur|ab|hän|gig ⟨Adj.⟩ (Wirtsch.): *von der Konjunktur abhängig; auf eine günstige Konjunktur angewiesen:* -e Betriebe.
Kon|junk|tur|auf|schwung, der (Wirtsch.): *Aufschwung der Konjunktur.*
Kon|junk|tur|aus|sicht, die ⟨meist Pl.⟩ (Wirtsch.): *die Konjunkturentwicklung betreffende Aussicht.*
Kon|junk|tur|ba|ro|me|ter, das (Wirtsch.): **1.** *grafische Darstellung der wirtschaftlichen Entwicklung in bestimmten, für die gesamte wirtschaftliche Entwicklung wichtigen, charakteristischen Bereichen.* **2.** *etw., was als Anhaltspunkt, als Kennzeichen für die Entwicklung der wirtschaftlichen Lage dient, gelten kann:* der Auftragseingang in diesem Industriezweig ist ein K. für die gesamte Wirtschaft des Landes.
Kon|junk|tur|be|dingt ⟨Adj.⟩ (Wirtsch.): *von der Konjunktur abhängig:* -e Absatzkrisen.
Kon|junk|tur|be|le|bung, die (Wirtsch.): *Belebung der Konjunktur.*
Kon|junk|tur|be|richt, der (Wirtsch.): *Bericht über die Konjunkturlage.*
Kon|junk|tur|da|ten ⟨Pl.⟩ (Wirtsch.): *die Konjunktur betreffende wirtschaftliche Daten.*
Kon|junk|tur|ein|bruch, der (Wirtsch.): *plötzlicher starker Konjunkturrückgang.*
kon|junk|tu|rell ⟨Adj.⟩ (Wirtsch.): *die Konjunktur betreffend:* die -e Situation.
Kon|junk|tur|ent|wick|lung, die (Wirtsch.): *Entwicklung der Konjunktur.*
Kon|junk|tur|er|ho|lung, die (Wirtsch.): *Erholung der Konjunktur.*
Kon|junk|tur|flau|te, die (Wirtsch.): *konjunkturelle Flaute.*

Kon|junk|tur|for|schung, die (Wirtsch.): *Erforschung, Beobachtung, Analyse der Konjunktur, der konjunkturellen Schwankungen.*
Kon|junk|tur|in|di|ka|tor, der (Wirtsch.): *Kennzahl, die den Zustand u. die Entwicklung der gesamtwirtschaftlichen Konjunktur abbilden soll.*
Kon|junk|tur|kri|se, die: *Verschlechterung der Wirtschaftslage, Verlangsamung der wirtschaftlichen Entwicklung.*
Kon|junk|tur|la|ge, die (Wirtsch.): *konjunkturelle Lage.*
Kon|junk|tur|mo|tor, der; -s, -en (Wirtschaftsjargon): *etw., was die Konjunktur fördert.*
Kon|junk|tur|pa|ket, das (Politik): *größere Gesamtheit von Maßnahmen u. finanziellen Hilfen zur Steigerung der Konjunktur.*
Kon|junk|tur|po|li|tik, die (Wirtsch.): *Gesamtheit wirtschaftspolitischer Maßnahmen, durch die übermäßige Schwankungen der Konjunktur vermieden werden sollen.*
kon|junk|tur|po|li|tisch ⟨Adj.⟩ (Wirtsch.): *die Konjunkturpolitik betreffend.*
Kon|junk|tur|pro|gramm, das (Wirtsch.): *von der Regierung aufgelegtes Programm zur Belebung der Konjunktur.*
Kon|junk|tur|rit|ter, der (abwertend): *jmd., der eine günstige Situation rasch zu seinem Vorteil nutzt.*
Kon|junk|tur|rück|gang, der (Wirtsch.): *Rückgang der Konjunktur.*
Kon|junk|tur|schwä|che, die (Wirtsch.): *spürbarer Rückgang der Konjunktur.*
Kon|junk|tur|schwan|kung, die: *konjunkturelle Schwankung.*
Kon|junk|tur|sprit|ze, die (Wirtschaftsjargon): *finanzielle Maßnahme im Rahmen der Wirtschaftspolitik zur Belebung der Konjunktur.*
Kon|junk|tur|tief, das: *konjunkturelles Tief.*
Kon|junk|tur|ver|lauf, der (Wirtsch.): *Verlauf der Konjunktur, der konjunkturellen Entwicklung.*
Kon|junk|tur|zu|schlag, der (Wirtsch.): *für begrenzte Zeit zusätzlich erhobene Steuer zur Dämpfung bzw. Ankurbelung der Konjunktur.*
Kon|junk|tur|zyk|lus, der (Wirtsch.): *zyklischer Wechsel von Perioden des Aufschwungs u. des Nachlassens der Konjunktur.*
kon|kav ⟨Adj.⟩ [lat. concavus = gewölbt] (Optik): *nach innen gewölbt:* -*e Spiegel; die Linse ist k.*
Kon|ka|vi|tät, die; - [spätlat. concavitas = Höhlung] (Optik): *das Konkavsein.*
Kon|kav|lin|se, die (Optik): *Linse, die konkav gekrümmt ist.*
Kon|kla|ve, das; -s, -n [lat. conclave = verschließbares Gemach, eigtl. = Verschluss, Verschließbares, zu: clavis = Schlüssel] (kath. Kirche): **1.** *streng abgeschlossener Versammlungsraum [im Vatikan] für die Kardinäle bei der Wahl eines Papstes.* **2.** *Versammlung der Kardinäle zur Wahl des Papstes.*
◆ **Kon|kla|vist,** der; -en, -en: *Teilnehmer an einem Konklave* (2): *... die Vorwelt der Schulpforten denn insgesamt wahre Knechte der Knechte sind* (Jean Paul, Wutz 12).
kon|klu|dent ⟨Adj.⟩ [zu lat. concludens (Gen.: concludentis), 1. Part. von: concludere, ↑ konkludieren] (bes. Philos.): *eine Konklusion zulassend: eine* -*e Äußerung;* -*es Handeln, Verhalten* (Rechtsspr.; *Handeln, Verhalten, das einen bestimmten Willen schließen lässt u. eine ausdrückliche Willenserklärung rechtlich ersetzt*).
kon|klu|die|ren ⟨sw. V.; hat⟩ [lat. concludere, eigtl. = ab-, verschließen] (bes. Philos.): *aus etw. einen Schluss ziehen.*
Kon|klu|si|on, die; -, -en [lat. conclusio] (bes. Philos.): *Satz, der im [syllogistischen] Schluss* (2 b) *die Folgerung enthält.*

kon|klu|siv ⟨Adj.⟩: **1.** (bes. Philos.) *auf einer Konklusion beruhend; folgernd.* **2.** (Sprachwiss.) *(von Verben) den allmählichen Abschluss eines Geschehens kennzeichnend* (z. B. *verklingen, verblühen*).
◆ **Kon|klu|sum,** das; -s, ...sa [lat. conclusum, subst. 2. Part. von: concludere, ↑ konkludieren]: *Beschluss: ... ihm zur Linken, mit dem K. des Dresdner Hofgerichts, erschien sein eigener Anwalt* (Kleist, Kohlhaas 116); *Ich trage darauf an, bevor wir ein K. fassen, im Haag bei der Synode anzufragen* (Kleist, Krug 11).
kon|kor|dant ⟨Adj.⟩ [zu lat. concordans (Gen.: concordantis), 1. Part. von: concordare = übereinstimmen]: **1.** (bildungsspr.) *übereinstimmend.* **2.** (Geol.) *(von Gesteinsschichten) gleichlaufend übereinandergelagert.*
Kon|kor|danz, die; -, -en [mlat. concordantia = Übereinstimmung, Register]: **1.** (Wissensch.) **a)** *alphabetisches Verzeichnis der in einem Buch vorkommenden Wörter u. Begriffe* (bes. *als Bibelkonkordanz*); **b)** *Tabelle mit den Seitenzählungen verschiedener Ausgaben eines Werkes.* **2.** (Geol.) *gleichlaufende Lagerung mehrerer Gesteinsschichten übereinander.* **3.** (Genetik) *Übereinstimmung der Merkmale bei eineiigen Zwillingen.* **4.** (schweiz.) *Koalitionsregierung.*
Kon|kor|dat, das; -[e]s, -e [mlat. concordatum, zu lat. concordare, ↑ konkordant]: **1.** *Vertrag zwischen einem Staat u. dem Vatikan.* **2.** (österr., schweiz.) *Vertrag zwischen dem Bund u. den Bundesländern bzw. Kantonen.*
Kon|kre|ment, das; -[e]s, -e [mlat. concrementum = An-, Zusammenhäufung, zu: concrescere, ↑ konkret] (Med.): *hauptsächlich aus Salzen bestehendes festes Gebilde, das im Körper durch Abscheidung entsteht* (z. B. *Gallen-, Nierenstein*).
kon|kret ⟨Adj.⟩ [lat. concretus = zusammengewachsen, verdichtet, adj. 2. Part. von: concrescere = zusammenwachsen]: **1. a)** *als etw. sinnlich, anschaulich Gegebenes erfahrbar: die* -*en Dinge des Alltags; die* -*e Wirklichkeit, Welt;* -*e Kunst* (*Richtung der modernen Kunst, der Malerei, deren bildnerische Elemente nur sich selbst bedeuten wollen;* LÜ *von frz.* art concret); -*e Literatur, Poesie* (*Richtung der modernen Literatur, die versucht, mit sprachlichen Mitteln, losgelöst von syntaktischen Zusammenhängen, rein visuell od. akustisch eine Aussage zu gestalten*); -*e Musik* (*Richtung der modernen Musik, bei der Geräusche aus dem täglichen Leben in elektronischer Verarbeitung im Vordergrund stehen;* LÜ *von frz.* musique concrète); -*es Substantiv* (Sprachwiss.; *Konkretum*); *der See ist keine Fata Morgana, sondern ist k. vorhanden;* **b)** *auf einen infrage stehenden Einzelfall bezogen: wie ist deine* -*e Meinung dazu?; was heißt das k.?; worum geht es k.?;* **c)** *gerade anstehend, im Augenblick so gegeben: ein* -*er Anlass; in einer* -*en Situation.* **2.** *bestimmt u. dabei präzise; deutlich:* -*e Forderungen, Fortschritte, Vereinbarungen; eine* -*e Frage,* -*e Pläne haben;* -*e Angaben machen; deine Vorschläge sind nicht k. genug; muss ich noch* -*er werden (noch mehr sagen)?; so k. weiß ich das auch nicht.*
Kon|kret|heit, die; -, -en ⟨Pl. selten⟩: *das Konkretsein.*
Kon|kre|ti|on, die; -, -en [lat. concretio = Verdichtung]: **1.** (bildungsspr.) *Vergegenständlichung.* **2.** (Geol.) *knolliger, kugeliger, nieren- od. linsenförmiger mineralischer Körper in Gesteinen.* **3.** (Med.) *Verwachsung, Verklebung* (bes. *von serösen Häuten*).
kon|kre|ti|sie|ren ⟨sw. V.; hat⟩: *im Einzelnen aus-*

führen, näher bestimmen, verdeutlichen: seine Vorstellungen, Vorschläge k.
Kon|kre|ti|sie|rung, die; -, -en: *das Konkretisieren; das Konkretisiertwerden.*
Kon|kre|tum, das; -s, ...ta (Sprachwiss.): *Substantiv, das etw. Gegenständliches benennt:* »*Tisch*« *ist ein K.*
Kon|ku|bi|nat, das; -[e]s, -e [lat. concubinatus, zu: concubinus = Beischläfer, zu: cubare = liegen; mit jmdm. schlafen; urspr. = gesetzlich erlaubte außereheliche Gemeinschaft für Personen, die nach röm. Recht eine rechtsgültige Ehe nicht eingehen konnten, z. B. Freigelassene] (Rechtsspr.): *eheähnliche Gemeinschaft ohne Eheschließung:* im K. *leben.*
Kon|ku|bi|ne, die; -, -n [lat. concubina = Beischläferin, w. Form zu: concubinus, ↑ Konkubinat]: **1.** (früher) *im Konkubinat lebende Frau.* **2.** (veraltet abwertend) ²*Geliebte* (1 a).
Kon|kur|rent, der; -en, -en [zu lat. concurrens (Gen.: concurrentis), 1. Part. von: concurrere, ↑ konkurrieren]: *jmd., der auf einem bestimmten Gebiet mit jmdm. konkurriert; Rivale* (*im geschäftlichen Bereich, in einer sportlichen Disziplin o. Ä.*): *ein gefährlicher K.; sein größter K. in diesem Lauf startete auf der Innenbahn.*
Kon|kur|ren|tin, die; -, -nen: w. Form zu ↑ Konkurrent.
Kon|kur|renz, die; -, -en [mlat. concurrentia = Mitbewerbung, zu lat. concurrere, ↑ konkurrieren]: **1.** ⟨o. Pl.⟩ *das Konkurrieren, bes. im wirtschaftlichen Bereich: eine starke K.; die beiden Firmen machen sich, einander K.* (*sind aufgrund bestimmter Umstände Konkurrenten*); *mit jmdm. in K. treten, stehen, liegen.* **2.** *auf einem bestimmten Gebiet, bes. in einer sportlichen Disziplin, stattfindender Wettkampf, Wettbewerb: an einer K. teilnehmen; sie startet in verschiedenen* -*en;* * *außer K.* ([*als Teilnehmer an einem Wettbewerb, Wettkampf*] *außerhalb der offiziellen Wertung*): *sie startet bei dem Rennen außer K.*). **3.** ⟨o. Pl.⟩ *einzelner Konkurrent, Gesamtheit der Konkurrenten: die K. eines chemischen Werks; die K. schläft nicht; der Arzt hat in dem Ort kaum K.; die K. ausschalten; sie kaufen bei der K.; sie hat den Wettbewerb gegen starke K. gewonnen.* ◆ **4.** ⟨o. Pl.⟩ *das Zusammentreffen bestimmter Umstände, Konstellation* (1): *Die K. ist, die Gelegenheit zu unsrer Gunst, im Krieg gilt jeder Vorteil* (Schiller, Wallensteins Tod I, 5).
Kon|kur|renz|be|trieb, der: *(mit einem bestimmten Betrieb) konkurrierender Betrieb.*
Kon|kur|renz|druck, der ⟨o. Pl.⟩: *durch starke Konkurrenz* (1) *entstehender Zwang, Druck.*
kon|kur|renz|fä|hig ⟨Adj.⟩: *wettbewerbsfähig: der Betrieb ist nicht mehr k.*
Kon|kur|renz|fä|hig|keit, die ⟨Pl. selten⟩: *das Konkurrenzfähigsein.*
Kon|kur|ren|zie|ren ⟨sw. V.; hat⟩ (südd., österr., schweiz.): *jmdm., einer Sache Konkurrenz machen.*
Kon|kur|ren|zie|rung, die; -, -en (südd., österr., schweiz.): *das Konkurrenzieren.*
Kon|kur|renz|kampf, der ⟨Pl. selten⟩: *Kampf* (3) *zwischen Konkurrenten* (bes. *im wirtschaftlichen Bereich*): *ein harter K.*
kon|kur|renz|los ⟨Adj.⟩: *keine Konkurrenz* (3) *habend; ohne Konkurrenz: ein* -*es Unternehmen;* -*e Produkte; sie steht k. da.*
Kon|kur|renz|pro|dukt, das: *Produkt, mit dem ein Hersteller einem anderen Konkurrenz macht.*
Kon|kur|renz|si|tu|a|ti|on, die: *durch Konkurrenz* (1) *gekennzeichnete Situation.*
Kon|kur|renz|un|ter|neh|men, das: vgl. Konkurrenzbetrieb.
kon|kur|rie|ren ⟨sw. V.; hat⟩ [lat. concurrere =

zusammenlaufen, -treffen, (feindlich) aufeinanderstoßen, zu: currere = laufen; zuerst im 16. Jh. in der allgemeinen Bed. »zusammentreffen«, die heutige Bed. seit dem 18. Jh.]: **a)** *mit andern in Wettbewerb treten; sich gleichzeitig mit andern um etw. bewerben:* auf dem Weltmarkt konkurrieren viele Produkte dieser Art; mit diesen großen Firmen, mit solchen Preisen können wir nicht k.; die beiden konkurrieren um diesen Posten; konkurrierende Gesetzgebung (Rechtsspr.): *in einem Bundesstaat der Bereich der Gesetzgebung, für den der Gesamtstaat u. die Gliedstaaten nebeneinander zuständig sind);* ♦ **b)** *an einer Konkurrenz* (2) *teilnehmen:* Auch konkurrierte er heimlich bei allen ausgeschriebenen Preisnovellen (Keller, Liebesbriefe 8); **c)** (Rechtsspr.): *(von mehreren strafrechtlichen Tatbeständen in einer strafbaren Handlung od. von mehreren strafbaren Handlungen eines Täters) zusammentreffen.*
Kon|kurs, der; -es, -e [lat. concursus = das Zusammenlaufen (der Gläubiger); das Zusammentreffen zweier Rechtsansprüche]: **1.** *Einstellung aller Zahlungen einer Firma, eines Unternehmens wegen Zahlungsunfähigkeit:* den drohenden K. abzuwenden versuchen; in K. gehen; die Firma hat K. gemacht, steht vor dem K. **2.** (Rechtsspr. früher) *gerichtliches Verfahren, bei dem das Vermögen eines Unternehmens, das die Zahlungen eingestellt hat, möglichst anteilmäßig an die Gläubiger verteilt wird:* den K. eröffnen, durchführen, abwickeln.
Kon|kurs|an|trag, der (Rechtsspr.): *Antrag auf Eröffnung eines Konkursverfahrens.*
Kon|kurs|er|öff|nung, die (Rechtsspr.): *Eröffnung eines Konkurses* (2).
Kon|kurs|gläu|bi|ger, der (Rechtsspr.): *Gläubiger, der bei einem Konkursverfahren Anspruch auf einen Teil des Vermögens des zahlungsunfähigen Unternehmens hat.*
Kon|kurs|gläu|bi|ge|rin, die: w. Form zu ↑ Konkursgläubiger.
Kon|kurs|mas|se, die (Rechtsspr.): *bei der Eröffnung eines Konkurses* (2) *vorhandenes Vermögen des zahlungsunfähigen Unternehmens.*
Kon|kurs|pro|zess, der, **Kon|kurs|ver|fah|ren,** das (Rechtsspr.): *Konkurs* (2).
Kon|kurs|ver|wal|ter, der (Rechtsspr.): *gerichtlich Bevollmächtigter für die Durchführung eines Konkursverfahrens.*
Kon|kurs|ver|wal|te|rin, die: w. Form zu ↑ Konkursverwalter.
Kon|nek|tor, der; -s, ...oren [engl. connector, connecter, zu lat. co(n)nectere, ↑ Konnex]: **1.** (EDV) *Symbol in Flussdiagrammen, das auf die Stelle verweist, an der dem Programmablauf fortgesetzt werden soll.* **2.** (Sprachwiss.) *für den Textzusammenhang wichtiges Verknüpfungselement.*
kön|nen ⟨unr. V.; hat⟩ [mhd. künnen, kunnen, ahd. kunnan = (geistig) vermögen, wissen, verstehen, urspr. = kennen, wissen]: **1.** ⟨mit Inf. als Modalverb: können, hat ... können⟩ **a)** *imstande sein, etw. zu tun; etw. zu tun vermögen:* sie kann gut turnen, Auto fahren; ich konnte vor Schmerzen nicht schlafen; ich konnte das nicht mit ansehen; ich kann hier nicht bleiben *(sehe mich nicht dazu imstande);* ich kann das nicht mehr hören (ugs.; *es ist mir zuwider, das weiterhin zu hören);* ich kann mir [gut] vorstellen *(ich halte die Vermutung für naheliegend),* dass er es getan hat; R das war ein Tag, ich kann dir sagen! (ugs., emotional bekräftigend; *das war wirklich ein anstrengender, schlimmer, aufregender od. dgl. Tag);* **b)** *(aufgrund entsprechender Beschaffenheit, Umstände o. Ä.) die Möglichkeit haben, etw. zu tun:* das Flugzeug kann bis zu 300 * Passagiere aufnehmen; ich habe nicht kommen können; Vorsicht kann nie schaden *(ist immer ratsam);* da kann man nichts machen!; es kann sich nicht darum handeln *(es ist nicht unsere Aufgabe),* hier einzugreifen; man kann nie wissen *(weiß es nie);* ich habe sehen können *(gesehen),* wie er die Hand hob; (ugs.; als Drohung:) du kannst was erleben!; man konnte ihn so laut rufen *(wenn man auch noch so laut rief),* sie hörte nichts; es konnte geschehen *(geschah mitunter),* dass sie vollkommen überstürzt aufbrach; (in einer höflichen [Anteil nehmenden] Frage:) kann ich Ihnen helfen?; können Sie mal einen Augenblick zur Seite gehen?; (in einer höflichen Frage, in die eine Bitte, Aufforderung gekleidet ist:) können Sie mir bitte sagen, wie spät es ist?; kannst du nicht aufpassen? (in einer Frage, in die ein Tadel gekleidet ist: *pass doch auf!);* können Sie nicht anklopfen? *(ich möchte, dass Sie anklopfen!);* **c)** *aufgrund bestimmter Umstände die Berechtigung zu einem Verhalten o. Ä. haben; in bestimmten Gegebenheiten die Voraussetzungen für ein Verhalten o. Ä. finden:* du kannst ohne Sorge sein; in diesem Kontext kann man beide Wörter gebrauchen; darauf kannst du dich verlassen! *(verlass dich darauf!);* du kannst doch nachher noch abtrocknen *(trockne doch bitte nachher ab);* nun kann ich mich auch noch entschuldigen (ugs.; *nun bleibt mir auch noch die unangenehme Aufgabe, mich zu entschuldigen);* sie kann einem leidtun (ugs.; *sie ist zu bedauern);* darin kann ich Ihnen nur *(muss ich Ihnen)* zustimmen; ⟨elliptisch:⟩ Sie können mich mal (salopp verhüll.; *Sie können mich mal am Arsch lecken);* können wir? (ugs.; *können wir gehen, anfangen usw.?);* **d)** *schwächer als »dürfen«; insofern es freisteht, zugelassen ist, die Möglichkeit haben, etw. zu tun:* Sie können hier telefonieren; kann ich jetzt gehen?; das kannst du [meinetwegen] tun *(es steht dir [soweit ich das zu bestimmen habe] frei, das zu tun);* so etwas kannst du doch nicht machen! *(es geht nicht an, dass du so etwas tust!);* **e)** *möglicherweise der Fall sein, in Betracht kommen:* das Paket kann verloren gegangen sein; der Arzt kann jeden Augenblick kommen; dieser Einfall könnte von dir sein *(er ist nicht von dir, aber seiner Art nach könnte er es sein).* **2.** ⟨Vollverb: konnte, hat gekonnt⟩ **a)** *fähig, in der Lage sein, etw. auszuführen, zu leisten; etw. beherrschen:* sie kann etwas, viel, alles, gar nichts; was kannst du eigentlich?; der Schüler kann das Gedicht immer noch nicht [auswendig]; er kann [gut] Russisch, kein Russisch; sie wollte sich beherrschen, hat es aber nicht gekonnt; R mir, uns kann keiner etwas anhaben); * **für etw., nichts o. Ä. k.** (ugs.; *für etw. verantwortlich sein, an etw. nicht schuld sein: kann er etwas für unsere Versäumnisse?; für diesen Fehler kann sie nichts);* **b)** *in bestimmter Weise zu etw. fähig, in der Lage sein:* er lief so schnell, wie er konnte; sie verschwand, so schnell sie konnte; er lief, was er konnte; ich kann nicht anders *(ich muss mich so verhalten),* ich kann nicht anders als ablehnen *(muss ablehnen);* R [erst einmal] k. vor Lachen *(ich würde es ja gerne tun, aber ich bin dazu leider nicht in der Lage);* * [es] **mit jmdm.** [gut] k. (ugs.; *mit jmdm. im persönlichen Umgang gut zurechtkommen: die beiden können einfach nicht miteinander);* **c)** *die Möglichkeit, Erlaubnis haben, etw. zu tun; dürfen* (2): Mutti, kann ich auf den Markt?; **d)** (ugs.) *weiterhin Kraft zu etw. haben:* kannst du noch?; der Läufer konnte nicht mehr; (übertreibend:) wir konnten nicht mehr vor Lachen; sie aß, bis sie nicht mehr konnte *(übersatt war).*

Kön|nen, das; -s: *erworbenes Vermögen, auf einem bestimmten Gebiet mit Sachverstand, Kunst[fertigkeit] o. Ä. etw. [Besonderes] zu leisten:* schriftstellerisches, handwerkliches K.
Kön|ner, der; -s, -: *jmd. mit bestimmtem Können:* diese Skiabfahrt ist nur etwas für K.
Kön|ne|rin, die; -, -nen: w. Form zu ↑ Könner.
Kön|ner|schaft, die; -, -en ⟨Pl. selten⟩: *Qualifikation in Bezug auf entsprechendes Können; aus der entsprechenden Beschaffenheit ersichtliches besonderes Können.*
Kon|ne|ta|bel, der; -s, -s [frz. connétable < mlat. con(n)estabilis < spätlat. comes stabuli = für die Pferdeställe zuständiger Hofbeamter]: *(bis zum Anfang des 17. Jh.s)* Oberfeldherr des französischen Königs.
Kon|nex, der; -es, -e [lat. co(n)nexus = Verknüpfung, zu: co(n)nectere (2. Part.: con(n)exum) = verbinden] (bildungsspr.): **1.** *zwischen Dingen bestehende Verbindung, bestehender Zusammenhang.* **2.** *persönlicher Kontakt:* mit jmdm. in [näheren] K. kommen.
Kon|ne|xi|on, die; -, -en [frz. connexion < lat. co(n)nexio = Verbindung]: **1.** ⟨meist Pl.⟩ (geh.) *vorteilhafte Beziehung, Verbindung:* -en haben, anknüpfen. **2.** (Sprachwiss.) *(in der Dependenzgrammatik) Beziehung zwischen dem regierenden u. dem regierten Element eines Satzes.*
Kon|ne|xi|täts|prin|zip, das (Rechtswiss.): *Verpflichtung einer staatlichen Ebene, für finanziellen Ausgleich zu sorgen, wenn sie Aufgaben an eine andere Ebene überträgt.*
Kon|nos|se|ment, das; -[e]s, -e [Mischbildung aus ital. conoscimento = Erkenntnis u. frz. connaissement = Frachtbrief, zu: connaître, ital. conoscere < lat. cognoscere = erkennen] (Seew.): *Frachtbrief.*
Kon|no|tat, das; -[e]s, -e (Sprachwiss.): **1.** *vom Sprecher bezeichneter Begriffsinhalt (im Gegensatz zu den entsprechenden Gegenständen in der außersprachlichen Wirklichkeit).* **2.** *konnotative [Neben]bedeutung.*
Kon|no|ta|ti|on, die; -, -en: **1.** [zu lat. con- = mit- u. notatio, ↑ Notation] (Logik) *Begriffsinhalt (im Gegensatz zum Umfang).* **2.** [engl. connotation] (Sprachwiss.) **a)** *assoziative, emotionale, stilistische, wertende [Neben]bedeutung, Begleitvorstellung;* **b)** *Beziehung zwischen Zeichen u. Zeichenbenutzer.*
kon|no|ta|tiv [auch: ˈkɔn...] ⟨Adj.⟩ [engl. connotative] (Sprachwiss.): *die assoziative, emotionale, stilistische, wertende [Neben]bedeutung eines sprachlichen Zeichens betreffend.*
kon|no|tie|ren ⟨sw. V.; hat⟩ (Sprachwiss.): *eine Konnotation hervorrufen.*
kon|n|te: ↑ können.
könn|te: ↑ können.
Kon|quis|ta|dor, der; -en, -en [span. conquistador = Eroberer, zu: conquistar = erobern < lat. conquirere (2. Part.: conquisitum) = zusammensuchen, einsammeln]: *Teilnehmer an der spanischen Eroberung Süd- u. Mittelamerikas im 16. Jh.*
Kon|rek|tor, der; -s, ...oren [aus lat. con- = mit- u. ↑ Rektor] (Schule): *Stellvertreter des Rektors [einer Grund-, Haupt- od. Realschule].*
Kon|rek|to|rin, die; -, -nen: w. Form zu ↑ Konrektor.
Kon|se|k|ra|ti|on, die; -, -en [lat. consecratio = Weihe, zu: consecrare, ↑ konsekrieren] (kath. Kirche): **1.** *liturgische Weihe einer Person od. Sache* (z. B. Bischofs-, Priester-, Altarweihe). **2.** *liturgische Weihe von Brot u. Wein durch Verwandlung in Leib u. Blut Christi (entsprechend dem christlichen Glauben):* die K. der Hostie.
kon|se|k|rie|ren ⟨sw. V.; hat⟩ [lat. consecrare = weihen] (kath. Kirche): *durch Konsekration liturgisch weihen.*

kon|se|ku|tiv [auch: ˈkɔn...] ⟨Adj.⟩ [zu lat. consecutio = Folge, Wirkung, zu: consequi, ↑ konsequent]: **1.** (Fachspr.) *zeitlich folgend:* -es Dolmetschen *(zeitlich nachgetragenes Dolmetschen).* **2.** (Sprachwiss.) *die Folge kennzeichnend, angebend:* eine -e Konjunktion. **3.** (Philos.) *aus einem konstitutiven Begriffsmerkmal [mit] folgend, abgeleitet:* ein -es Merkmal.

Kon|se|ku|tiv|dol|met|schen, das; -s (Fachspr.): *konsekutives Dolmetschen.*

Kon|se|ku|tiv|satz, der (Sprachwiss.): *Nebensatz, der die Folge, die Wirkung des im übergeordneten Satz genannten Sachverhalts angibt.*

Kon|sens, der; -es, -e ⟨Pl. selten⟩ [lat. consensus, zu: consentire, ↑ konsentieren] (bildungsspr.): **1.** *Übereinstimmung der Meinungen:* zu einem K. kommen; es besteht [kein] K. darüber, dass. **2.** (veraltend) *Zustimmung, Einwilligung:* seinen K. [zu etw.] geben; etw. mit [dem] K. des Vorgesetzten tun.

kon|sens|fä|hig ⟨Adj.⟩: *einen Konsens ermöglichend.*

Kon|sens|ge|sell|schaft, die: *Gesellschaft, in der gesellschaftliche Probleme in der Regel einvernehmlich gelöst werden.*

Kon|sens|ge|spräch, das: *mit dem Ziel, einen Konsens zu erreichen, geführtes Gespräch.*

Kon|sen|sus, der; -, - [...nzu:s] ⟨Pl. selten⟩ (bildungsspr.): *Konsens.*

kon|sen|tie|ren ⟨sw. V.; hat⟩ [lat. consentire (2. Part.: consensum) = übereinstimmen, zu: sentire, ↑ Sentenz] (bildungsspr. veraltet): **1.** *in seiner Auffassung mit jmdm. übereinstimmen.* **2.** *genehmigen;* etw. k.

kon|se|quent ⟨Adj.⟩ [lat. consequens (Gen.: sequentis) = folgerichtig, adj. 1. Part. von: consequi = nachfolgen]: **1.** *(in Bezug auf jmds. Vorgehen o. Ä.) folgerichtig; [sachlich u.] logisch zwingend:* die -e Weiterentwicklung eines Modells; k. denken, handeln. **2.** *unbeirrbar, [fest] entschlossen:* ein -er Gegner des Regimes; sein Ziel k. verfolgen; du musst k. bleiben! *(du darfst dich nicht beirren, von deinem Entschluss abbringen lassen);* k. *(beharrlich)* schweigen; einen Stürmer k. (Sport; *scharf, genau*) decken. **3.** (Geol.) *(von Flüssen) der Abdachung eines Gebietes od. einer tektonischen Linie folgend.*

kon|se|quen|ter|ma|ßen, kon|se|quen|ter|wei|se ⟨Adv.⟩: *so wie es einem konsequenten (1) Verhalten auch entspricht.*

Kon|se|quenz, die; -, -en [lat. consequentia, zu: consequi, ↑ konsequent]: **1.** ⟨o. Pl.⟩ **a)** *Folgerichtigkeit, Schlüssigkeit:* seiner Argumentation fehlt noch die letzte K.; etw. entwickelt sich mit logischer K.; **b)** *Unbeirrbarkeit, [feste] Entschlossenheit:* ein Ziel mit äußerster, aller K. verfolgen; sie ist aus K. *(aus Prinzip)* sparsam. **2.** *Folge, Auswirkung:* die -en sind noch nicht abzusehen; die Wahlniederlage war die natürliche K. einer verfehlten Parteipolitik; etw. hat weitreichende -en [für jmdn.]; alle -en [einer Tat] tragen müssen; den Kampf bis zur letzten K. *(bis zum Äußersten)* führen; etw. liegt in der K. einer Sache *(ist als Folge[rung] darin beschlossen);* aus diesen Sätzen ergibt sich folgende logische K. *([Schluss]folgerung);* als letzte K. *(zu ziehende Folgerung)* bleibt [ihr] nur der Rücktritt; ⧫ *aus etw.* **[die] -en ziehen** *(aus etw. Negatives lernen u. daraus die Folgerungen ziehen, sich dementsprechend verhalten);* **die -en ziehen** *(seinen Posten zur Verfügung stellen):* der Minister zog die -en).

Kon|ser|va|tis|mus, der; - [engl. conservatism] (bes. Politik): *Konservativismus.*

kon|ser|va|tiv [auch: ˈkɔ...] ⟨Adj.⟩ [engl. conservative < mlat. conservativus, zu lat. conservare, ↑ konservieren]: **1. a)** *am Hergebrachten festhal-* *tend:* eine -e Haltung; sie ist in ihren Ansichten sehr k.; k. eingestellt sein; **b)** *althergebracht:* -e Techniken; **c)** *vorsichtig, zurückhaltend.* **2.** *politisch dem Konservatismus zugehörend:* eine -e Partei; -es Gedankengut. **3.** (Med.) *nicht operativ, sondern durch eine entsprechende Behandlung das Gewebe des verletzten, erkrankten Organs erhaltend:* eine -e Behandlung; die -e Orthopädie.

Kon|ser|va|ti|ve [auch: ˈkɔn...], die/eine Konservative; der/einer Konservativen, die Konservativen/zwei Konservative: *Anhängerin des Konservativismus, einer konservativen Partei.*

Kon|ser|va|ti|ver, der Konservative/ein Konservativer; des/eines Konservativen, die Konservativen/zwei Konservative: *Anhänger des Konservativismus, einer konservativen Partei:* die Konservativen verloren *(die konservative Partei verlor)* mehrere Parlamentssitze.

Kon|ser|va|ti|vis|mus, der; -: **1. a)** *am Hergebrachten, Überlieferten orientierte Einstellung:* der K. in der Mode; **b)** (Politik) *politische Grundhaltung, die auf weitgehende Erhaltung der bestehenden Ordnung gerichtet ist.* **2.** (Politik) *Gesamtheit der konservativen politischen Bewegungen, Parteien o. Ä.:* der österreichische K.

Kon|ser|va|ti|vi|tät, die; - (bildungsspr.): *konservative* (1 a) *Art.*

Kon|ser|va|tor, der; -s, ...oren [lat. conservator = Bewahrer, Erhalter]: *mit der Erhaltung von Kunstwerken, Kulturdenkmälern o. Ä. betrauter Beamter od. Angestellter* (Berufsbez.).

Kon|ser|va|to|rin, die; -, -nen: w. Form zu ↑ Konservator.

kon|ser|va|to|risch ⟨Adj.⟩: **1.** (Fachspr.) *die Bewahrung u. Erhaltung (z. B. von Kunstwerken) betreffend.* **2.** *das Konservatorium betreffend.*

Kon|ser|va|to|ri|um, das; -s, ...ien [ital. conservatorio, eigtl. = Stätte zur Pflege u. Erhaltung (musikalischer Tradition), urspr. = Pflegeheim für musikalisch begabte Waisenkinder, zu: conservare < lat. conservare, ↑ konservieren]: *Lehrinstitut für die musikalische Laien- od. Berufsausbildung:* das K. besuchen; das K. studieren.

Kon|ser|ve, die; -, -n [mlat. conserva = zur Haltbarmachung in Zucker eingelegte Kräuter od. Früchte (im 16. Jh. Wort der Apothekerspr.), zu lat. conservare, ↑ konservieren]: **1. a)** *Konservenbüchse od. -glas mit Lebensmitteln o. Ä.:* -n herstellen; eine K. öffnen; Ü Musik aus der K. (ugs.; *vom Tonband, von einer Schallplatte, CD*); **b)** *in einer Konservenbüchse od. einem Konservenglas enthaltenes konserviertes Lebensmittel o. Ä.:* von -n leben. **2.** (Med.) Kurzf. von ↑ Blutkonserve. **3.** (ugs.) *Aufzeichnung auf einem Bild- od. Tonträger:* das Fußballspiel wird vom Fernsehen nicht als K. gesendet, ausgestrahlt.

Kon|ser|ven|büch|se, Kon|ser|ven|do|se, die: *Blechdose, in der Lebens-, Genussmittel luftdicht verschlossen konserviert werden.*

Kon|ser|ven|fa|b|rik, die: *Fabrik, die Konserven* (1 b) *produziert.*

Kon|ser|ven|glas, das ⟨Pl. ...gläser⟩: [1] *Glas* (2 b) *mit [Blech]deckel, in dem Lebensmittel o. Ä. konserviert werden.*

Kon|ser|ven|öff|ner, der: *Dosenöffner; Büchsenöffner.*

Kon|ser|ven|ver|gif|tung, die (Med.): *bakterielle Lebensmittelvergiftung nach dem Genuss von Konserven* (1 b).

kon|ser|vier|bar ⟨Adj.⟩: *sich konservieren lassend.*

kon|ser|vie|ren ⟨sw. V.; hat⟩ [lat. conservare = bewahren, erhalten]: **1.** *(besonders Lebensmittel) durch spezielle Behandlung haltbar machen:* Fleisch, Gemüse k.; (Med.:) Blut- *plasma k.;* Gurken in Essig k.; ⟨subst. 2. Part.:⟩ *Konserviertes (Konserven od. Eingemachtes) essen.* **2.** *durch besondere Behandlung, Pflege erhalten:* ein Gemälde, ein Gebäude k.; konservierende (Med.; *konservative* 3) Behandlung; Ü ältere Sprachzustände k. *(beibehalten).*

Kon|ser|vie|rung, die; -, -en: *das Konservieren; das Konserviertwerden.*

Kon|ser|vie|rungs|me|tho|de, die: *Methode der Konservierung.*

Kon|ser|vie|rungs|mit|tel, das: *Konservierungsstoff.*

Kon|ser|vie|rungs|stoff, der: *bei Konservierungsverfahren verwendete Chemikalie.*

Kon|ser|vie|rungs|ver|fah|ren, das: *Verfahren zur Konservierung (z. B. von Lebensmitteln).*

⧫ **kon|si|de|ra|ti|on,** die; -, -en [lat. consideratio, zu: considerare, ↑ konsiderabel]: *Betrachtung, Erwägung:* ⧫ **jmdn., etw. in K. ziehen** *(jmdn., etw. berücksichtigen, etw. erwägen).*

Kon|si|li|um, das; -s, ...ien [lat. consilium = Beratung, Rat(schlag)] (bes. Med.): **1.** *Beratung [mehrerer Ärzte meist aus verschiedenen Fachbereichen über einen Krankheitsfall].* **2.** *Gruppe von Beratenden.*

kon|sis|tent ⟨Adj.⟩ [lat. consistens (Gen.: consistentis), 1. Part. von: consistere = sich hinstellen, stillstehen; dicht werden] (bildungsspr.): **1. a)** *fest [zusammenhängend]:* -es Material; **b)** *(z. B. in Form, Aufbau) von festem Zusammenhalt; in sich stabil, beständig:* die Ehe als k. bleibende Form des Zusammenlebens. **2.** (bes. Logik) *zusammenhängend in der Gedankenführung:* -e Begriffe.

Kon|sis|tenz, die; -: **1. a)** (bes. Fachspr.) *Grad u. Art des Zusammenhalts eines Stoffes:* von fester, hoher K. sein; **b)** (bildungsspr.) *konsistente* (1 b) *Beschaffenheit.* **2.** (bes. Logik) *strenger gedanklicher Zusammenhang:* die K. der Argumentationsführung.

kon|sis|to|ri|al ⟨Adj.⟩: *zum Konsistorium gehörend, es betreffend; nach Art, in Form eines Konsistoriums.*

Kon|sis|to|ri|al|rat, der (ev. Kirche): *[Amtstitel für ein] Mitglied des Konsistoriums* (2) *einer konsistorial verfassten Landeskirche.*

Kon|sis|to|ri|al|rä|tin, die: w. Form zu ↑ Konsistorialrat.

Kon|sis|to|ri|um, das; -s, ...ien [spätlat. consistorium = (Beratungszimmer für) das kaiserliche Kabinett, lat. = Versammlungsort]: **1.** (kath. Kirche) **a)** *Plenarversammlung der Kardinäle unter Vorsitz des Papstes;* **b)** *(in Österreich) Verwaltungsbehörde einer Diözese;* **c)** (selten) *bischöfliches Gericht.* **2.** (ev. Kirche) *(in bestimmten evangelischen Landeskirchen) oberste Verwaltungsbehörde.*

Kon|skrip|ti|on, die; -, -en [lat. conscriptio = Liste] (früher): *das Konskribieren:* ⧫ *Ich muss euch sagen, ... dass Ruprecht zur K. gehört (zu denen gehört, die einberufen worden sind), in wenig Tagen soll er den Eid zur Fahn' in Utrecht schwören* (Kleist, Krug 9).

[1]**Kon|sol,** der; -s, -s ⟨meist Pl.⟩ [engl. consols (Pl.), kurz für: Consolidated Annuities, Bez. f. engl. Staatsanleihen im 18. Jh.] (Finanzw.): *englischer Staatsschuldschein.*

[2]**Kon|sol,** das; -s (landsch.): *Konsole* (2).

Kon|so|le, die; -, -n [frz. console, Kurzf. von: consolateur = Gesimsträger < lat. consolator = Tröster, also eigtl. = Tröster/Stütze]: **1.** (Archit.) *Vorsprung (als Teil einer Wand, Mauer), der etw. trägt od. auf dem etw. aufgestellt werden kann.* **2.** *Wandbord, -brett; an der Wand angebrachtes tischartiges Möbel mit zwei Beinen [für Vasen, Uhren o. Ä.].* **3.** *Grundgerät für elektronische Spiele mit integriertem Bild-*

Konsolenspiel – Konstitutionalismus

schirm od. mit Anschlussmöglichkeit an ein Fernsehgerät.
Kon|so|len|spiel, das: *mit einer Spielkonsole zu spielendes Spiel.*
Kon|so|li|da|ti|on, die; -, -en [frz. consolidation < lat. consolidatio = Festigung, Sicherung des Eigentumsrechts, zu: consolidare, ↑ konsolidieren]: **1.** (bildungsspr., Fachspr.) *Konsolidierung.* **2.** (Wirtsch.) **a)** *Umwandlung kurzfristiger Staatsschulden in Anleihen;* **b)** *Vereinigung unterschiedlicher Staatsanleihen zu einer einheitlichen Anleihe.* **3.** (Rechtsspr.) *feste Bindung eines dinglichen Rechtes (z. B. einer Hypothek) an ein Grundstück.* **4.** (Geol.) *Versteifung eines Teils der Erdkruste (durch Faltung, Eindringen von Magma), die keine Faltung mehr zulässt.* **5.** (Med.) *Konsolidierung* (3).
kon|so|li|die|ren ⟨sw. V.; hat⟩ [frz. consolider < lat. consolidare = fest machen, das Eigentumsrecht sichern]: **1.** (bildungsspr.) **a)** *in seinem Bestand festigen, sichern:* der Staat konsolidiert seine Wirtschaft, sein Ansehen; **b)** ⟨k. + sich⟩ *sich in seinem Bestand festigen:* die Wirtschaft hat sich konsolidiert. **2.** (Wirtsch.) *durch Konsolidation (2) umwandeln od. zusammenlegen:* konsolidierte Schuld, konsolidierte Staatsanleihen.
Kon|so|li|die|rung, die; -, -en: **1.** (bildungsspr.) *das Konsolidieren* (1). **2.** (Wirtsch.) **a)** *Konsolidation* (2); **b)** *(innerhalb eines Gesamtkonzerns) Beseitigung aller Werte der einzelnen Konzerne (wie Vermögen, Schulden usw.) aus dem Jahresabschluss.* **3.** (Med.) **a)** *Verknöcherung des Gewebes, das sich nach einem Knochenbruch neu gebildet hat;* **b)** *Stillstand eines Krankheitsprozesses (z. B. bei der Lungentuberkulose).*
Kon|so|li|die|rungs|kurs, der (Politik): *politisches Vorgehen, Streben o. Ä., das eine Haushaltskonsolidierung zum Ziel hat.*
Kon|so|li|die|rungs|pha|se, die: *Phase, Zeitraum, in dem sich etw. konsolidiert* (1).
Kon|so|li|die|rungs|pro|zess, der: *Vorgang der Konsolidierung.*
Kon|sol|tisch, der: *Konsole* (2).
♦ **Kon|sol|uhr**, die: *auf einer Konsole (2) stehende Uhr:* … ehe noch die kleine K. die neunte Stunde schlug (Fontane, Jenny Treibel 168).
Kon|som|mee: ↑ *Consommé.*
kon|so|nant ⟨Adj.⟩ [lat. consonans (Gen.: consonantis) = übereinstimmend, mitlautend, zu: consonare = zusammen-, mittönen]: **1.** (Musik) *harmonisch zusammenklingend.* **2.** (Akustik) *mitklingend, -schwingend.* **3.** (veraltet) *einstimmig, übereinstimmend.*
Kon|so|nant, der; -en, -en [lat. (littera) consonans, eigtl. = mittönende(r Buchstabe)]: **a)** (Sprachwiss.) *Laut, bei dessen Artikulation der Atemstrom gehemmt od. eingeengt wird; Mitlaut;* **b)** *Konsonantenbuchstabe.*
Kon|so|nant|buch|sta|be, (meist:) **Kon|so|nan|ten|buch|sta|be**, der (Sprachwiss.): *Buchstabe, der für einen od. mehrere Konsonanten stehen kann:* die -n b, c, d und f.
Kon|so|nan|ten|schwund, der (Sprachwiss.): *sprachgeschichtlicher Schwund von Konsonanten.*
Kon|so|nan|ten|ver|bin|dung, die (Sprachwiss.): *Verbindung von Konsonanten.*
kon|so|nan|tisch ⟨Adj.⟩ (Sprachwiss.): *[einen] Konsonanten betreffend, damit gebildet:* -e Endung.
Kon|so|nan|tis|mus, der; - (Sprachwiss.): *System, Funktion der Konsonanten.*
Kon|so|nanz, die; -, -en [lat. consonantia, zu: consonare, ↑ konsonant]: **1.** (Musik) *konsonanter Gleichklang von Tönen.* **2.** (Sprachwiss.) *Konsonantenverbindung, -häufung.*
Kon|sor|te, der; -n, -n: [zu ↑ Konsortium]

(Wirtsch.) *Mitglied eines Konsortiums.* **2.** [lat. consortes, Pl. von: consors = Genosse, Gefährte; eigtl. = jmd., der das gleiche Los hat; Schicksalsgefährte, zu: sors, ↑ Sorte] meist in der Fügung **und -n** (abwertend; *und die Mitbeteiligten [bes. bei Streichen, unlauteren Geschäften o. Ä.]:* [die Herren] Kromzack und -n haben das eingefädelt).
Kon|sor|ti|al|bank, die ⟨Pl. -en⟩ (Wirtsch.): *Bank, die Mitglied eines Bankenkonsortiums ist.*
Kon|sor|ti|al|füh|rer, der (Wirtsch.): *Bank o. Ä. als leitendes Mitglied eines Konsortiums.*
Kon|sor|ti|al|füh|re|rin, die: w. Form zu ↑ Konsortialführer.
Kon|sor|ti|al|mit|glied, das (Wirtsch.): *Mitglied eines Konsortiums.*
Kon|sor|ti|um, das; -s, …ien [lat. consortium = Teilhaberschaft, zu: consors, ↑ Konsorte (2)] (Wirtsch.): *vorübergehender Zusammenschluss von Unternehmen, bes. Banken, zur gemeinsamen Durchführung eines größeren Geschäfts:* ein internationales K. von elf Großbanken; ein K. bilden, gründen.
Kon|s|pekt, der; -[e]s, -e [lat. conspectus = Betrachtung, zu: conspicere = betrachten] (Fachspr.): *Zusammenfassung, Inhaltsangabe, -übersicht.*
Kon|s|pi|rant, der; -en, -en [zu lat. conspirans (Gen.: conspirantis), 1. Part. von: conspirare, ↑ konspirieren] (bildungsspr.): *[politischer] Verschwörer.*
Kon|s|pi|ran|tin, die; -, -nen: w. Form zu ↑ Konspirant.
Kon|s|pi|ra|ti|on, die; -, -en [lat. conspiratio] (bildungsspr.): *Verschwörung.*
kon|s|pi|ra|tiv ⟨Adj.⟩: **a)** *eine Konspiration bezweckend, anstrebend:* -e Tätigkeit; in -er Absicht zusammenkommen; k. zusammenarbeiten; **b)** *in den Zusammenhang einer Verschwörung gehörend:* eine -e Wohnung durchsuchen.
kon|s|pi|rie|ren ⟨sw. V.; hat⟩ [lat. conspirare, eigtl. = einmütig sein, im Einverständnis handeln]: *sich verschwören (bes. zur Erreichung politischer Ziele):* mit dem Feind, gegen den König k.
Kon|s|ta|b|ler, der; -s, - : **1.** [engl. constable, ↑ Konstabler (2)] (veraltet) *Polizist.* **2.** [↑ Konnetabel] (früher) *Soldat in gehobenem Dienstrang (etwa dem Unteroffizier entsprechend) im Geschützwesen der Marine od. bei der Artillerie.*
kon|s|tant ⟨Adj.⟩ [lat. constans (Gen.: constantis), adj. 1. Part. von: constare = feststehen]: *gleichbleibend:* -e Temperatur; -er Druck; eine -e (Math.; *feste*) *Größe;* mit -er (*beharrlicher*) Hartnäckigkeit; eine -e (*dauernde*) Gefährdung des Programms; sich k. (*beharrlich*) weigern; wir hatten k. (*dauernd*) schlechtes Wetter.
Kon|s|tan|te, die/*eine Konstante;* der/*einer Konstante,* meist: der/einer Konstanten, die/*zwei Konstanten,* fachspr. meist: zwei Konstante (Math., Physik): *konstante Größe:* eine physikalische K.; eine der planckschen K./-n.
Kon|s|tan|ti|no|pel: *früherer Name Istanbuls.*
Kon|s|tan|ti|no|pe|ler usw.: ↑ *Konstantinopler* usw.
Kon|s|tan|ti|nop|ler, Konstantinopeler, Konstantinopolitaner, der; -s, - : Ew.
Kon|s|tan|ti|nop|le|rin, Konstantinopelerin, Konstantinopolitanerin, die; -, -nen: w. Formen zu ↑ Konstantinopler, Konstantinopeler, Konstantinopolitaner.
Kon|s|tan|ti|no|po|li|ta|ner usw.: ↑ *Konstantinopler* usw.
kon|s|tan|ti|no|po|li|ta|nisch ⟨Adj.⟩: *Konstantinopel, die Einwohner von Konstantinopel betreffend, davon stammend, dazu gehörend.*
¹**Kon|s|tanz**, die; - [lat. constantia, zu: constans,

↑ konstant]: *Unveränderlichkeit, Beständigkeit; das Konstantbleiben:* mit einer gewissen K. wiederkehren; ohne jede K.
²**Kon|s|tanz**: *Stadt am Bodensee.*
kon|s|ta|tie|ren ⟨sw. V.; hat⟩ [frz. constater, zu lat. constat = es steht fest, 3. Pers. Sg. Neutr. von: constare = feststehen] (bildungsspr.): **1.** *feststellen* (1 b): der Arzt konstatiert den Tod; Ich bin eine kranke Frau, und Sie konstatieren selber, wie ich schnaufe (Dürrenmatt, Meteor 64). **2.** *feststellen* (1 c): ich muss leider k., dass an meinem Angebot kein Interesse zu bestehen scheint.
Kon|s|ta|tie|rung, die; -, -en (bildungsspr.): *das Konstatieren.*
Kon|s|tel|la|ti|on, die; -, -en [spätlat. constellatio = Stellung der Gestirne, zu lat. stella = Stern]: **1.** (bildungsspr.) *Gesamtlage, wie sie sich aus dem Zusammentreffen besonderer Umstände, Verhältnisse ergibt:* eine neue, veränderte, [un]günstige politische K. **2.** (Astron., Astrol.) *Stellung der Planeten u. des Mondes zur Sonne u. zueinander [in ihrer astrologischen Bedeutung]:* die Planeten erscheinen in einer seltenen K.
Kon|s|ter|na|ti|on, die; -, -en [lat. consternatio, zu: consternare, ↑ konsternieren] (bildungsspr.): *Bestürzung.*
kon|s|ter|nie|ren ⟨sw. V.; hat⟩ [frz. consterner < lat. consternare = außer Fassung bringen] (bildungsspr.): *konsterniert machen:* jmdn. k.; diese Frage konsterniert mich.
kon|s|ter|niert ⟨Adj.⟩ (bildungsspr.): *bestürzt, fassungslos:* die -en Besucher verließen den Saal; außerordentlich k. sein.
♦ **kon|s|tie|ren** ⟨sw. V.; hat⟩ [zu lat. constare, ↑ konstatieren]: *feststehen* (b): Die Sache jetzt konstiert, und Ruprecht dort, der Racker, ist der Täter (Kleist, Krug 11).
Kon|s|ti|pa|ti|on, die; -, -en [spätlat. constipatio = das Zusammenstopfen] (Med.): *Stuhlverstopfung; Obstipation.*
Kon|s|ti|tu|an|te: ↑ Constituante.
Kon|s|ti|tu|en|te, die; -, -n [lat. constituens (Gen.: constituentis), 1. Part. von: constituere, ↑ konstituieren] (Sprachwiss.): *sprachliche Einheit, die Teil einer größeren, komplexeren Einheit ist.*
kon|s|ti|tu|ie|ren ⟨sw. V.; hat⟩ [frz. constituer < lat. constituere = aufstellen, einsetzen] (bildungsspr.): **1. a)** *gründen; ins Leben rufen:* eine Republik, eine neue wissenschaftliche Disziplin k.; eine konstituierende (die Organisationsform, Geschäftsordnung festlegende) Sitzung; die konstituierende (Politik; *verfassunggebende*) Versammlung; **b)** *für etw. konstitutiv, grundlegend sein; etw. begründen:* die Sprache konstituiert das Denken; konstituierende (*konstitutive*) Bedingungen, Grundsätze.
2. ⟨k. + sich⟩ *[zur Gründung zusammentreten u.] die eigene Organisationsform, Geschäftsordnung o. Ä. festlegen; sich bilden, zusammenschließen u. festen Bestand gewinnen:* sich als Körperschaft k.
Kon|s|ti|tu|ie|rung, die; -, -en (bildungsspr.): *das [Sich]konstituieren; das Konstituiertwerden.*
Kon|s|ti|tu|ti|on, die; -, -en [lat. constitutio, zu: constituere, ↑ konstituieren]: **1. a)** *allgemeine, bes. körperliche Verfassung:* eine kräftige, schlechte, zarte K. haben; von schwacher K. sein; **b)** (bes. Med.) *Körperbau.* **2.** (Chemie) *Aufbau, Struktur eines Moleküls.* **3.** (Politik) *Verfassung; Satzung.* **4.** (kath. Kirche) **a)** *Erlass eines Papstes bzw. Konzils;* **b)** *Statut, Satzung (eines klösterlichen Verbandes).*
Kon|s|ti|tu|ti|o|na|lis|mus, der; - (Politik): **1.** *Staatsform, bei der Rechte u. Pflichten der Staatsgewalt (bes. des Monarchen) u. der Bür-*

konstitutionell – Konsumgesellschaft

ger in einer Verfassung festgelegt sind. **2.** für den Konstitutionalismus (1) eintretende Lehre.
kon|s|ti|tu|ti|o|nell ⟨Adj.⟩ [frz. constitutionnel]: **1.** (Politik) verfassungsmäßig; an die Verfassung gebunden: -e Monarchie. **2.** (bes. Med.) die Konstitution (1) betreffend, dazu gehörend, darauf beruhend: -e Krankheiten.
Kon|s|ti|tu|ti|ons|typ, der (Med., Psychol.): Grundform des menschlichen Körperbaus [u. die ihm zuzuordnenden psychischen Eigenheiten]: der leptosome K.
kon|s|ti|tu|tiv ⟨Adj.⟩ [zu lat. constituere, ↑ konstituieren] (bildungsspr.): als wesentliche Bedingung den Bestand von etw. ermöglichend, das Bild der Gesamterscheinung bestimmend: -e Merkmale.
Kon|s|t|rik|ti|on, die; -, -en [spätlat. constrictio, zu: lat. constringere, ↑ konstringieren]: **1.** (Med.) Zusammenziehung (eines Muskels). **2.** (Biol.) Einschnürung, Abschnürung.
Kon|s|t|rik|tor, der; -s, ...oren (Med.): Schließmuskel.
kon|s|t|rin|gie|ren ⟨sw. V.; hat⟩ [lat. constringere (2. Part.: constrictum) = zusammenschnüren, -ziehen, zu: stringere, ↑ strikt] (Med.): (Muskeln o. Ä.) zusammenziehen.
kon|s|t|ru|ie|ren ⟨sw. V.; hat⟩ [lat. construere = zusammenschichten; erbauen, errichten, zu: struere, ↑ Struktur]: **1. a)** Form u. [Zusammen]bau eines technischen Objektes durch Ausarbeitung des Entwurfs, durch technische Berechnungen, Überlegungen usw. maßgebend gestalten: ein Auto, eine Brücke k.; das Regal habe ich [mir] selbst konstruiert; **b)** (bes. Math., Logik) mithilfe vorgeschriebener Operationen herleiten; **c)** (Geom.) mithilfe bestimmter Zeichengeräte (z. B. Zirkel u. Lineal) aus vorgegebenen Größen (z. B. Winkeln, Strecken) zeichnen: aus zwei Strecken und einem Winkel ein Dreieck k.; **d)** (Sprachwiss.) nach den Regeln der Grammatik bilden: einen Satz [richtig] k.; das Verb wird mit dem Dativ konstruiert (mit einem Dativobjekt verbunden). **2.** (bildungsspr.) **a)** gedanklich, begrifflich, logisch aufbauen, herstellen: ein Begriffssystem k.; [zu einem Fall] einen Parallelfall k.; **b)** (abwertend) weitgehend gedanklich, theoretisch, mithilfe von Annahmen u. daher künstlich, in gezwungener Weise aufbauen, herstellen: [aus schwachen Indizien] eine Anklage k.; eine allzu konstruierte Romanhandlung; das Beispiel klingt, wirkt konstruiert (gekünstelt, gezwungen).
Kon|s|t|rukt, das; -[e]s, -e, selten: -s [wohl engl. construct, zu: to construct = (auf)bauen, konstruieren, zu: lat. constructum, 2. Part. von: construere, ↑ konstruieren] (bildungsspr., Wissensch.): **1.** Arbeitshypothese od. gedankliche Hilfskonstruktion für die Beschreibung erschlossener Phänomene: das Sprachsystem, der Begriff des Sprachsystems ist ein K. der Linguistik. **2.** etw. Konstruiertes; Konstruktion (1 b, 2 a, d, 3).
Kon|s|t|ruk|teur [...'tø:ɐ̯], der; -s, -e [frz. constructeur]: Fachmann (bes. Ingenieur, Techniker), der technische Objekte konstruiert: der K. dieses Automodells.
Kon|s|t|ruk|teu|rin [...'tø:rɪn], die; -, -nen: w. Form zu ↑ Konstrukteur.
Kon|s|t|ruk|ti|on, die; -, -en [lat. constructio]: **1. a)** das Konstruieren (1 a): die K. einer Brücke; sie planen die K. eines Senkrechtstarters; **b)** das Ergebnis des Konstruierens (1 a); das [als Modell] Konstruierte: eine gelungene, ausgereifte K.; eine K. (einen Entwurf) prüfen. **2. a)** (bes. Math., Logik) durch Konstruieren (1 b) hergeleitete Formel, Theorie o. Ä.; **b)** (Geom.) das Konstruieren (1 c): die K. eines Dreiecks, einer Ellipse; **c)** (Sprachwiss.) das

Konstruieren (1 d); **d)** durch Konstruieren (1 d) entstehende komplexe sprachliche Einheit. **3. a)** (bildungsspr.) gedanklicher Aufbau: die K. eines philosophischen Systems; juristische, philosophische -en (gedanklich-abstrakte Gebilde, Gedankengebäude); **b)** konstruierte (2 b) Aussage, Gedankenfolge: diese Anschuldigung ist eine fantasievolle, eine kühne K.
Kon|s|t|ruk|ti|ons|bü|ro, das: Büro, in dem technische Entwürfe u. Berechnungen angefertigt werden.
Kon|s|t|ruk|ti|ons|ele|ment, das: Element der Konstruktion.
Kon|s|t|ruk|ti|ons|feh|ler, der: Fehler einer Konstruktion.
Kon|s|t|ruk|ti|ons|teil, das: zu einer Konstruktion gehörendes Teil.
Kon|s|t|ruk|ti|ons|zeich|nung, die: Zeichnung als Entwurf einer Konstruktion (1 b).
kon|s|t|ruk|tiv ⟨Adj.⟩ [spätlat. constructivus, zu lat. construere, ↑ konstruieren]: **1.** (bildungsspr.) aufbauend, den sinnvollen Aufbau (2) fördernd, entwickelnd: -e Politik, Kritik; -es Denken; -er Beitrag, Vorschlag; k. sein, mitarbeiten, streiten; -es Misstrauensvotum (Bundesrepublik Deutschland; Misstrauensvotum gegen den Bundeskanzler, das durch die Wahl eines Nachfolgers erfolgt). **2. a)** (bes. Technik) die Konstruktion (1, 2 a, b) betreffend, darauf beruhend: -e Probleme, Eigentümlichkeiten, Elemente; **b)** (bes. Math., Logik) operativ herleitend, begründend, in methodisch grundlegender Weise konstruierend (1 b), operativ verfahrend; -e Mathematik, Logik.
Kon|s|t|ruk|ti|vis|mus, der; -: **1.** (bild. Kunst) Kunst[richtung], bei der die geometrisch-technische Konstruktion wichtigstes Gestaltungsprinzip ist. **2.** (Wissensch., Philos.) Lehre, die den konstruktiven (2 b) Aufbau bes. der Mathematik u. der Logik vertritt.
Kon|s|t|ruk|ti|vist, der; -en, -en: Vertreter, Anhänger des Konstruktivismus.
Kon|s|t|ruk|ti|vis|tin, die; -, -nen: w. Form zu ↑ Konstruktivist.
kon|s|t|ruk|ti|vis|tisch ⟨Adj.⟩: den Konstruktivismus vertretend, zu ihm gehörend, ihm eigentümlich.
Kon|s|t|ruk|ti|vi|tät, die; -: konstruktive Beschaffenheit, konstruktives Wesen.
Kon|sul, der; -s, -n [spätmhd. consul = Handlungsbevollmächtigter einer Regierung < lat. consul = Konsul (1), zu: consulere = sich beraten]: **1.** (Geschichte) einer der beiden auf Zeit gewählten obersten Beamten der römischen Republik. **2.** mit der Wahrnehmung bestimmter [wirtschaftlicher] Interessen u. der Interessen von Staatsbürgern des Heimatstaates beauftragter offizieller Vertreter eines Staates im Ausland.
Kon|su|lar|corps: ↑ Konsularkorps.
kon|su|la|risch ⟨Adj.⟩ (Dipl.): den Konsul (2) das Konsulat (2) betreffend: eine -e Vertretung.
Kon|su|lar|korps, das: Konsularcorps, das: Gesamtheit aller ausländischen Konsuln (2) in einem bestimmten Bereich (z. B. in einer Stadt).
Kon|su|lar|recht, das (Rechtsspr.): konsularisches Recht.
Kon|su|lat, das; -[e]s, -e: **1.** [lat. consulatus = Konsulamt, -würde] (Geschichte) Amt[szeit] eines Konsuls (1). **2.** Dienststelle eines Konsuls (2).
Kon|su|lent, der; -en, -en [zu lat. consulere, ↑ Konsul]: **1.** (veraltet) [Rechts]berater, Anwalt. ◆ ...ich ... lasse den Herrn -en in Ketten legen (Hauff, Jud Süß 408). **2.** (österr., schweiz.) Berater einer Firma, Behörde o. Ä.
Kon|su|len|tin, die; -, -nen: w. Form zu ↑ Konsulent.

Kon|su|lin, die; -, -nen: **1.** w. Form zu ↑ Konsul (2). **2.** (veraltet) Frau eines Konsuls (2).
Kon|sul|tant, der; -en, -en [lat. consultans (Gen.: consultantis, 1. Part. von: consultare, ↑ konsultieren] (Fachspr.): fachmännischer Berater, Gutachter.
Kon|sul|tan|tin, die; -, -nen: w. Form zu ↑ Konsultant.
Kon|sul|ta|ti|on, die; -, -en [lat. consultatio = Beratschlagung, zu: consultare, ↑ konsultieren]: **1.** Beratung durch einen Fachmann, bes. Untersuchung u. Beratung durch einen Arzt: für seine -en berechnete der Arzt 386 Euro; jmdn. zur K. heranziehen. **2.** (bes. Politik) gemeinsame Beratung, Besprechung, besonders zwischen Regierungen, Vertragspartnern: eine K. zwischen den verbündeten Staaten; in ständigen -en mit Frankreich stehen. **3.** (regional) Beratung durch einen Fachmann, bes. einen [Hochschul]lehrer, der Fragen stellt u. auf Fragen antwortet. **4.** Konsultierung.
kon|sul|ta|tiv ⟨Adj.⟩ (bildungsspr., Fachspr.): Konsultationen (1–3) durchführend, sie betreffend, dazu gehörend, darauf beruhend.
kon|sul|tie|ren ⟨sw. V.; hat⟩ [lat. consultare = um Rat fragen, überlegen, Intensivbildung von: consulere, ↑ Konsul]: **1.** (bildungsspr.) zurate ziehen, um Rat fragen: einen Arzt, einen Anwalt, einen Experten k.; Ü ein Wörterbuch, ein Lexikon k. **2.** (bes. Politik) (bes. mit einem Vertrags-, Bündnispartner) beratende Gespräche führen, sich besprechen, beratschlagen.
Kon|sul|tie|rung, die; -, -en: das Konsultieren; das Konsultiertwerden.
¹Kon|sum, der; -s [ital. consumo = Verbrauch, zu: consumere < lat. consumere, ↑ konsumieren]: **1.** (bildungsspr.) Verbrauch (bes. von Nahrungs-, Genussmitteln); Verzehr, Genuss: der übermäßige K. von Alkohol; unser K. an Bier war beachtlich; Ü Literatur für den täglichen K. **2.** (Wirtsch.) Konsumtion (1).
²Kon|sum ['kɔnzu:m, auch, österr. nur: kɔn'zu:m], der; -s, -s [urspr. kurz für ↑ Konsumverein, Konsumgenossenschaft] (veraltet): **1.** ⟨o. Pl.⟩ Konsumverein. **2.** Laden einer Konsumgenossenschaft, eines Konsumvereins: im K. einkaufen.
Kon|sum|ar|ti|kel, der (Wirtsch.): vgl. Konsumgut.
Kon|su|ma|ti|on, die; -, -en (österr., schweiz.): Verzehr (2).
Kon|sum|aus|ga|ben ⟨Pl.⟩ (Wirtsch.): Ausgaben (3) für den Konsum.
Kon|sum|den|ken, das; -s (oft abwertend): vom ¹Konsum beherrschte Lebensauffassung.
Kon|su|ment, der; -en, -en **1.** (Wirtsch.) jmd., der etw. konsumiert: die Interessen der -en; die -en von Spirituosen, Pkws. **2.** (Biol.) (in der Nahrungskette) Lebewesen, das organische Nahrung verbraucht: Pflanzen-, Fleisch- und Allesfresser sind -en.
Kon|su|men|ten|kre|dit, der (Bankw.): Bankkredit [in Form eines Teilzahlungskredits] an Privatpersonen zum Erwerb von Konsumgütern.
Kon|su|men|ten|schutz, der ⟨o. Pl.⟩ (österr., schweiz.): Verbraucherschutz.
Kon|su|men|tin, die; -, -nen: w. Form zu ↑ Konsument.
Kon|sum|flau|te, die (Wirtschaftsjargon): Flaute (2) beim Konsum.
kon|sum|freu|dig ⟨Adj.⟩: gerne bereit zu konsumieren: eine besonders -e Zielgruppe.
Kon|sum|ge|nos|sen|schaft, die (Wirtsch.): Genossenschaft von Verbrauchern mit dem Zweck des möglichst günstigen Großeinkaufs u. preiswerten Einzelverkaufs von Konsumgütern.
Kon|sum|ge|sell|schaft, die (oft abwertend): in ihrem ganzen Lebensstil vorwiegend auf die

Sicherung u. Steigerung des ¹*Konsums ausgerichtete Gesellschaft mit relativ hohem Wohlstand breiter Bevölkerungskreise.*
Kon|sum|ge|wohn|hei|ten ⟨Pl.⟩ (Wirtsch.): vgl. Konsumverhalten.
Kon|sum|gut, das ⟨meist Pl.⟩ (Wirtsch.): *für den* ¹*Konsum* (1) *bestimmtes Gut.*
Kon|sum|gü|ter|in|dus|t|rie, die (Wirtsch.): *Konsumgüter produzierende Industrie.*
kon|su|mier|bar ⟨Adj.⟩: *sich (in einer bestimmten Weise) konsumieren lassend: leicht* -e *Fernsehprogramme.*
kon|su|mie|ren ⟨sw. V.; hat⟩: *Konsumgüter, bes. Verbrauchsgüter verbrauchen:* Lebensmittel, reichlich Bier, Tabak, Tabletten k.; Ü Kunst k.
Kon|su|mie|rung, die; -, -en: *das Konsumieren; das Konsumiertwerden.*
Kon|su|mis|mus, der; - (bildungsspr.): *Lebenshaltung, die darauf ausgerichtet ist, das Bedürfnis nach neuen Konsumgütern stets zu befriedigen.*
Kon|sum|kli|ma, das (Wirtschaftsjargon): *allgemeine Stimmung, Einschätzung im Hinblick auf den Konsum (in einem Land o. Ä.).*
Kon|sum|müll, der (oft abwertend): *im Zusammenhang mit dem [hohen] privaten Verbrauch von Konsumgütern [verstärkt] anfallender Müll.*
kon|sum|ori|en|tiert ⟨Adj.⟩: *einseitig auf den Erwerb von Konsumgütern ausgerichtet, nur nach Genuss strebend.*
Kon|sump|ti|on: ↑ Konsumtion.
Kon|sum|raum, der: *Drogenkonsumraum.*
Kon|sum|tem|pel, der (abwertend): *Kaufhaus (als eine Stätte, an der bes. dem* ¹*Konsum gefrönt wird).*
Kon|sum|ter|ror, der (emotional abwertend): *(durch der Werbung ausgeübter) Druck, der jmdn. zur fortgesetzten Steigerung seines* ¹*Konsums antreibt.*
Kon|sum|ti|on, die; -, (selten:) Konsumption, die; -, -en [lat. consumptio = Aufzehrung, zu: consumere = verbrauchen, ↑ ¹Konsum]: **1.** (Wirtsch.) *Konsum, Verbrauch von Wirtschaftsgütern.* **2.** (Rechtsspr.) *das Aufgehen eines einfachen [strafrechtlichen] Tatbestandes in einem übergeordneten, umfassenderen.* **3.** (Med.) *körperliche Auszehrung.*
kon|sum|tiv ⟨Adj.⟩: **1.** (Wirtsch.) *zum* ¹*Konsum* (2), *zur Konsumtion* (1) *gehörend:* -e *Ausgaben.* **2.** (Med.) *zur Konsumtion* (3), *Auszehrung führend.*
Kon|sum|ver|ein, der: vgl. Konsumgenossenschaft.
Kon|sum|ver|hal|ten, das (Wirtsch.): *Verbraucherverhalten.*
Kon|sum|ver|wei|ge|rer, der: *jmd., der sich dem Konsumzwang entzieht, der Konsumverzicht leistet.*
Kon|sum|ver|wei|ge|rin, die: w. Form zu ↑ Konsumverweigerer.
Kon|sum|ver|zicht, der: *Verzicht auf ein Übermaß an* ¹*Konsum.*
Kon|sum|zwang, der ⟨o. Pl.⟩: vgl. Konsumterror.
kon|ta|gi|ös ⟨Adj.⟩ [spätlat. contagiosus] (Med.): *ansteckend.*
Kon|takt, der; -[e]s, -e [lat. contactus, zu: contingere (2. Part.: contactum) = berühren, zu: tangere, ↑ tangieren]: **1.** *Verbindung, die jmd. (einmal od. in bestimmten Abständen wieder) für eine kurze Dauer herstellt; Fühlung:* persönlicher, direkter K.; berufliche, menschliche, sexuelle -e; der enge K. zwischen Kindern und Eltern; er hat den K. zu ihr verloren; sie hat -e zum Geheimdienst; mit jmdm. K. haben, halten, suchen; eine Party für K. suchende Singles; mit/zu einer Firma K., -e aufnehmen; mit jmdm. keinen K. *(kein persönliches Verhältnis)* bekommen; wir sind, stehen, bleiben in K., in ständigem, engem K. [miteinander]. **2.** (bildungsspr., Fachspr.)

Berührung: körperlicher K.; persönlicher K. (Basketball; *körperliches Berühren eines Gegenspielers);* der Reifen hat einen guten K. mit der Straße *(eine gute Bodenhaftung).* **3.** (Elektrot.) **a)** *Berührung, durch die eine Strom führende Verbindung hergestellt wird:* die Drähte haben [keinen] K.; der Bügel hat [keinen] K. mit der Oberleitung; **b)** *Übergangsstelle, Kontaktstelle für den Strom; Verbindungsteil zur Herstellung des elektrischen Kontakts:* die -e des Steckers; einen K. *(eine Vorrichtung zum Schließen eines Stromkreises)* betätigen, öffnen, schließen. **4.** (chem. Technik) *aus einem Festkörper bestehender Katalysator.*
Kon|takt|ab|zug, der (Fotogr.): *Abzug* (2 a) *in der Größe des Negativs.*
Kon|takt|ad|res|se, die: *Adresse, unter der jmd. mit Personen Kontakt aufnehmen kann, die ihm in einer bestimmten Sache von Nutzen sein können:* eine K. für Drogenabhängige.
Kon|takt|al|ler|gie, die: *durch Kontakt* (2) *mit einem bestimmten Allergen hervorgerufene Allergie.*
Kon|takt|an|zei|ge, die: *Anzeige, durch die jmd. einen persönlichen Kontakt, eine Bekanntschaft sucht.*
kon|takt|arm ⟨Adj.⟩: **a)** *nicht die als normal empfundene Fähigkeit besitzend, mit anderen Menschen leicht u. von sich aus in [engere] Verbindung zu treten;* **b)** *zwangsläufig wenig Kontakte habend.*
Kon|takt|ar|mut, die: **a)** *kontaktarme Wesensart;* **b)** *Mangel an Kontakt.*
Kon|takt|auf|nah|me, die: *Aufnahme eines Kontaktes* (1).
Kon|takt|be|am|ter ⟨vgl. Beamter⟩: *Kontaktbereichsbeamter.*
Kon|takt|be|am|tin, die: w. Form zu ↑ Kontaktbeamter.
Kon|takt|be|reichs|be|am|ter ⟨vgl. Beamter⟩: *Polizist, der täglich sein Revier zu Fuß durchstreift u. Kontakte zu den Bürgern aufnimmt.*
Kon|takt|be|reichs|be|am|tin, die: w. Form zu ↑ Kontaktbereichsbeamter.
Kon|takt|bör|se, die: *[virtueller] Ort, an dem Kontakte geknüpft werden können.*
Kon|takt|da|ten ⟨Pl.⟩: *Daten, unter denen jmd. mit einer anderen Person, einer Firma, Institution o. Ä. Kontakt aufnehmen kann.*
kon|tak|ten ⟨sw. V.; hat⟩ [engl. to contact]: **1.** (bes. Wirtsch.) *(bes. im Rahmen beruflicher Tätigkeit) kontaktieren.* **2.** (Wirtsch.) *als Kontakter tätig sein.*
Kon|tak|ter, der; -s, - (Wirtsch.): *Angestellter einer Werbeagentur, der den Kontakt zu den Auftraggebern hält.*
Kon|tak|te|rin, die; -, -nen: w. Form zu ↑ Kontakter.
Kon|takt|fä|hig ⟨Adj.⟩: *fähig, ohne Schwierigkeiten menschlichen Kontakt zu finden.*
Kon|takt|flä|che, die (Fachspr.): *berührende Fläche, die Kontakt* (2 a, 3 a) *hat, herstellt.*
Kon|takt|for|mu|lar, das (EDV): *Seite im Internet, über die man Kontakt mit dem Betreiber der Website aufnehmen kann:* das K. sorgfältig ausfüllen.
Kon|takt|freu|dig ⟨Adj.⟩: *fähig u. bereit, mit anderen rasch in Kontakt zu treten.*
Kon|takt|freu|dig|keit, die: *kontaktfreudiges Wesen.*
Kon|takt|ge|spräch, das: *Gespräch zur Kontaktaufnahme.*
Kon|takt|gift, das: *(im Pflanzen- u. Vorratsschutz) chemischer Stoff, der auf Organismen bei Berührung tödlich wirkt.*
Kon|takt|glas, das ⟨Pl. ...gläser; meist Pl.⟩: *Kontaktlinse.*

Kon|takt|grup|pe, die: **1.** [engl. contact group] *aus Vertretern einflussreicher Staaten zusammengesetztes Gremium, das sich bes. um die Beilegung von Konflikten bemüht, die innerhalb anderer Staaten aufgetreten sind.* **2. a)** *Zusammenschluss von Personen, die sich bes. um den Austausch von Informationen auf einem speziellen Gebiet bemühen;* **b)** *Unterabteilung.*
kon|tak|tie|ren ⟨sw. V.; hat⟩ (bildungsspr.): *(mit jmdm.) Kontakte aufnehmen, unterhalten:* jmdn., (auch:) mit jmdm. k.
Kon|takt|in|fek|ti|on, die (Med.): *Ansteckung durch Berührung.*
Kon|takt|leu|te ⟨Pl.⟩: Pl. von ↑ Kontaktmann.
Kon|takt|lin|se, die ⟨meist Pl.⟩: *als Ersatz für eine Brille dienende dünne, durchsichtige kleine Schale aus Kunststoff, die unmittelbar auf die Hornhaut des Auges gesetzt wird.*
kon|takt|los ⟨Adj.⟩: **1.** *keine näheren menschlichen Kontakte habend.* **2.** (Elektrot.) *keinen Kontakt* (3 b) *aufweisend.*
Kon|takt|lo|sig|keit, die; -, -: *kontaktlose [Wesens]art, Verhaltensweise.*
Kon|takt|man|gel, der: *Mangel an Kontakt (zu anderen Menschen).*
Kon|takt|mann, der ⟨Pl. ...männer u. ...leute⟩: *Verbindungsmann, Kontakter.*
Kon|takt|nah|me, die; -, -n: *Kontaktaufnahme.*
Kon|takt|per|son, die: **1.** (Med.) *jmd., der mit dem Träger od. der Quelle einer Infektion direkten od. indirekten Kontakt hat:* die -en wurden isoliert. **2.** (selten) *jmd., zu dem man Kontakt aufnehmen kann.*
Kon|takt|pfle|ge, die: *Pflege von Kontakten im Bereich einer Firma, Vereinigung, Gruppe.*
Kon|takt|rol|le, die (Elektrot., Verkehrsw.): *Rolle, über die der Stromabnehmer Kontakt mit der Oberleitung hat.*
Kon|takt|scha|le, die ⟨meist Pl.⟩: *Kontaktlinse.*
kon|takt|scheu ⟨Adj.⟩: *menschliche Kontakte scheuend.*
Kon|takt|scheu, die: *Scheu vor menschlichen Kontakten.*
Kon|takt|schwel|le, die (Fachspr.): *vor Verkehrsampeln auf der Fahrbahn angebrachte Vorrichtung, die beim Überfahrenwerden Kontakt* (3 a) *auslöst u. so die Ampelanlage steuert.*
Kon|takt|schwie|rig|kei|ten ⟨Pl.⟩ (bes. Psychol.): *Schwierigkeiten, menschlichen Kontakt zu finden.*
Kon|takt|sper|re, die (Rechtsspr.): *Unterbindung aller Kontakte bestimmter Häftlinge bes. mit der Außenwelt, solange von solchen Kontakten eine akute Gefahr ausgeht.*
Kon|takt|stel|le, die: *Stelle* (1), *an der ein Kontakt* (1, 2, 3 a) *hergestellt wird.*
Kon|takt|stift, der (Elektrot.): *Stift als Kontakt* (3 b).
Kon|takt|stu|di|um, das (Hochschulw.): *weiterbildendes zusätzliches Studium, durch das bes. der Kontakt mit der Entwicklung der Wissenschaften hergestellt bzw. aufrechterhalten werden soll.*
Kon|takt su|chend, kon|takt|su|chend ⟨Adj.⟩: *sich um Kontakt zu anderen bemühend.*
kon|takt|un|fä|hig ⟨Adj.⟩: *unfähig, ohne Schwierigkeit menschlichen Kontakt zu finden.*
Kon|takt|un|fä|hig|keit, die ⟨o. Pl.⟩: *Unfähigkeit, Unvermögen, ohne Schwierigkeit menschliche Kontakte aufzunehmen.*
Kon|takt|zaun, der (Technik, Militär): *elektrisch geladener Zaun, durch dessen Berührung Warnsignale ausgelöst werden.*
Kon|ta|mi|na|ti|on, die; -, -en [lat. contaminatio = Berührung, zu: contaminare, ↑ kontaminieren]: **1.** (Sprachwiss.) **a)** *Vermengung von Wörtern, Wendungen, die zu einer neuen Form zusammengezogen werden (z. B. »Gebäulichkei-*

ten« aus »Gebäude« u. »Baulichkeiten«): die K. zweier Wörter; die K. einer Wendung mit einer anderen; **b)** *Kontaminationsform.* **2.** (Physik) *Verunreinigung von Kernbrennstoff mit Neutronen absorbierenden Spaltprodukten.* **3.** (Fachspr.) *Verschmutzung, Verunreinigung.*

Kon|ta|mi|na|ti|ons|form, die (Sprachwiss.): *Ausdruck, dessen Form Ergebnis einer Kontamination* (1 a) *ist.*

kon|ta|mi|nie|ren ⟨sw. V.; hat⟩ [lat. contaminare = mit Fremdartigem in Verbindung bringen; verderben]: **1.** (Sprachwiss.) *im Rahmen einer Kontamination* (1 a) *vermengen:* zwei Ausdrücke [miteinander] k. **2.** (Physik) *(Kernbrennstoff mit Neutronen absorbierenden Spaltprodukten) verunreinigen.* **3.** (Fachspr.) *verschmutzen, verunreinigen, verseuchen:* etw. [radioaktiv] k.; kontaminiertes Wasser.

Kon|ta|mi|nie|rung, die; -, -en: *das Kontaminieren, Kontaminiertwerden.*

Kon|tem|p|la|ti|on, die; -, -en [lat. contemplatio, zu: contemplari, ↑ kontemplieren]: **1.** (bildungsspr.) *konzentriert-beschauliches Nachdenken u. geistiges Sichversenken in etw.* **2.** (Rel.) *innere Sammlung u. religiöse Betrachtung; Versenkung.*

kon|tem|p|la|tiv ⟨Adj.⟩ [lat. contemplativus]: **1.** (bildungsspr.) *auf Kontemplation* (1) *gerichtet; betrachtend; beschaulich, besinnlich:* eine -e Natur. **2.** (Rel.) *auf Kontemplation* (2) *gerichtet, dadurch bestimmt, gekennzeichnet:* die Mönche führten ein -es Leben.

kon|tem|p|lie|ren ⟨sw. V.; hat⟩ [lat. contemplari = betrachten, bedenken] (bildungsspr. veraltend): *sich der Kontemplation* (1) *hingeben.*

kon|tem|po|rär ⟨Adj.⟩ [aus lat. con- = mit- u. ↑ temporär] (bildungsspr.): *zeitgenössisch.*

Kon|te, Pl. von ↑ Konto.

Kon|te|nance: ↑ Contenance.

Kon|ten|plan, der (Wirtsch.): *systematische Gliederung der Konten der Buchführung eines Unternehmens.*

Kon|ten|rah|men, der (Wirtsch.): *Schema zur Einordnung der Konten der Buchführung.*

Kon|ten|spa|ren, das; -s (Wirtsch.): *Sparen durch Ansammeln von Geld auf Sparkonten.*

Kon|ten|ten ⟨Pl.⟩ [zu älter ital. contenti, Pl. von: contento = Inhalt, zu: lat. contentum, ↑ Kontentivverband] (Seew.): *Verzeichnis der Ladung.*

kon|ten|tie|ren ⟨sw. V.; hat⟩ [frz. contenter, zu: content = zufrieden < lat. contentus, eigtl. adj. 2. Part. von: continere (↑ Kontentivverband) u. urspr. = an sich haltend, sich beschränkend] (veraltet): *(einen Gläubiger) zufriedenstellen:* ♦ Der Fürst will meine Kreditoren k. (Schiller, Piccolomini I, 1).

Kon|ten|tiv|ver|band, der [zu lat. contentum, 2. Part. von: continere = zusammenhalten] (Med.): *ruhig stellender, steifer Stützverband.*

Kon|ter, der; -s, - [engl. counter, zu frz. contre = gegen < lat. contra]: **1.** (Boxen) *Konterschlag.* **2.** (Ringen) *Kontergriff.* **3.** (Ballspiele) *Konterangriff:* schnelle, gefährliche K. landen; sie kamen nur zu einem einzigen K. **4.** (ugs.) *Aktion, Äußerung, mit der jmd. etw. kontert.*

Kon|ter|ad|mi|ral, der (Militär): **a)** (o. Pl.) *zweitniedrigster Dienstgrad in der Rangordnung der Admirale (bei der Marine);* **b)** *Offizier dieses Dienstgrades.*

Kon|ter|ad|mi|ra|lin, die; w. Form zu ↑ Konteradmiral (b).

Kon|ter|an|griff, der (Ballspiele): *unmittelbar nach erfolgreicher Abwehr eines gegnerischen Angriffs erfolgender Gegenangriff.*

Kon|ter|at|ta|cke, die (Ballspiele österr. veraltend): *Konterangriff.*

Kon|ter|ban|de, die; - [frz. contrebande =

Schmuggelware < ital. contrabbando, zusgez. aus: contra bando = gegen die Verordnung]: **1.** (Völkerrecht) *für eine Krieg führende Macht bestimmte Gesamtheit kriegswichtiger Güter, die verbotenerweise von neutralen Schiffen mitgeführt werden.* **2.** (veraltend) *Schmuggelware.*

♦ **kon|ter|ban|den** ⟨Adj.⟩ [zu ↑ Konterbande (2)]: *(von Waren) auf verbotenem Wege ein-, ausgeführt:* ⟨subst.:⟩ ...öffnet des Coffers. Ihr habt doch nichts Kontrebandes geladen? (Goethe, Xenien 3); Ü Der Graf war richtig dort, wie Ihr sagtet, und bezahlte mit Schwarz und Weiß (= mit dem schriftlichen Verrat eines Geheimnisses) das Wegegeld zu einem -en *(verbotenen u. deshalb heimlich betretenen)* Himmelreich (= einem Liebesvergnügen) (Schiller, Fiesco II, 4).

Kon|ter|fei [auch: ...'faɪ], das; -s, -s, auch: -e [zu frz. contrefait = nachgebildet, zu: contrefaire = nachmachen, nachbilden < spätlat. contrafacere] (veraltet, noch altertümelnd od. scherzh.): *Abbild, Bild[nis] (bes. eines Gesichts):* an den Wänden hingen die -s seiner Ahnen.

kon|ter|fei|en [auch: ...'faɪən] ⟨sw. V.; hat⟩ [spätmhd. conterfeyten] (scherzh., sonst veraltet): *abbilden, porträtieren.*

Kon|ter|griff, der (Ringen): *Griff, mit dem ein gegnerischer Angriff abgewehrt u. gleichzeitig angegriffen wird.*

kon|ter|ka|rie|ren ⟨sw. V.; hat⟩ [frz. contrecarrer] (bildungsspr.): *hintertreiben, durchkreuzen:* eine Politik, jmds. Maßnahmen k.

Kon|ter|mi|ne, die; -, -n [frz. contre-mine]: **1.** (bildungsspr. selten) *durchkreuzende, hintertreibende Maßnahme; Gegenmaßnahme.* **2.** (Börsenw.) *Spekulation, bei der das Fallen der Kurse erwartet wird.*

kon|ter|mi|nie|ren ⟨sw. V.; hat⟩: **1.** (bildungsspr. selten) *konterkarieren.* **2.** (Börsenw.) *auf das Fallen der Kurse spekulieren.*

Kon|ter|mut|ter, die (Technik): *zum Kontern* (2) *verwendete* ²*Mutter.*

kon|tern ⟨sw. V.; hat⟩ [engl. to counter, ↑ Konter]: **1. a)** (Sport) *(den [Gegner im] Angriff) abfangen u. aus der Verteidigung heraus selbst angreifen:* hart, geschickt k.; den Gegner, den Schlag [mit einem linken Haken] k.; **b)** *durch eine Gegenaktion od. eine entgegnende, bes. schlagfertige Äußerung entschieden abwehren, zurückweisen, sich zur Wehr setzen:* jmds. Maßnahmen k.; »Das wissen Sie selbst am besten!«, konterte er. **2.** (Technik) *(eine Mutter auf einer Schraubengewinde) durch gegensinniges Aufschrauben einer zweiten Mutter sichern.*

Kon|ter|part, der; -s, -s [engl. counterpart, ↑ Counterpart]: **1.** *passendes Gegenstück, Ergänzung.* **2.** *Gegenspieler[in], Kontrahent[in].*

kon|ter|pro|duk|tiv ⟨Adj.⟩ [engl. counter-productive = un-, widersinnig] (bildungsspr.): *kontraproduktiv.*

Kon|ter|re|vo|lu|ti|on, die [frz. contre-révolution]: **1.** *Gegenrevolution.* **2. a)** *(im marxistischen Sinn) antikommunistische Revolution od. Opposition:* die K. im Keim ersticken; **b)** ⟨o. Pl.⟩ *(im marxistischen Sinn) Gesamtheit von Kräften, Personen, die die Konterrevolution* (2 a) *anstreben.*

kon|ter|re|vo|lu|ti|o|när ⟨Adj.⟩: *die Konterrevolution betreffend, bezweckend, anstrebend.*

Kon|ter|re|vo|lu|ti|o|när, der; *jmd., der auf [eine] Konterrevolution hinarbeitet od. an ihr beteiligt ist.*

Kon|ter|re|vo|lu|ti|o|nä|rin, die; w. Form zu ↑ Konterrevolutionär.

Kon|ter|schlag, der: **1.** (Boxen) *abwehrender Schlag.* **2.** (Ballspiele) *Kontergriff.* **3.** (bildungsspr.) *Akt des Konterns* (1 b).

Kon|ter|tanz, der: *Kontretanz.*

Kon|text [auch: ...'tɛkst], der; -[e]s, -e [lat. contextus = enge Verknüpfung, Zusammenhang (der Rede), zu: contexere (2. Part.: contextum) = eng verknüpfen, zu: texere, ↑¹Text]: **1.** (Sprachwiss.) **a)** *umgebender Text einer sprachlichen Einheit;* **b)** *(relativ selbstständiges) Text- od. Redestück;* **c)** *inhaltlicher Gedanken-, Sinnzusammenhang, in dem eine Äußerung steht, u. Sach- u. Situationszusammenhang, aus dem heraus sie verstanden werden muss:* situativer K.; dies wird nur aus dem K. deutlich. **2.** (bildungsspr.) *Zusammenhang:* etw. gehört in einen politischen, geschichtlichen K.

kon|tex|tu|al, kon|tex|tu|ell ⟨Adj.⟩ [engl. contextual] (Sprachwiss.): *den Kontext* (1) *betreffend, dazu gehörend, darauf beruhend.*

Kon|ti: Pl. von ↑ Konto.

kon|tie|ren ⟨sw. V.; hat⟩ [zu ↑ Konto] (Buchf.): *für die Verbuchung eines Betrags das entsprechende Konto angeben; (einen Betrag) auf einem Konto verbuchen:* einen Beleg k.

Kon|tie|rung, die; -, -en (Buchf.): *das Kontieren; das Kontiertwerden.*

Kon|ti|gu|i|tät, die; - [frz. contiguïté, zu: contigu < lat. contiguus = angrenzend, benachbart]: **1.** (bildungsspr. veraltet) *Angrenzung, Berührung.* **2.** (Psychol.) *zeitliches Zusammenfließen (z. B. von Reiz u. Reaktion).*

kon|ti|nent ⟨Adj.⟩ (Med.): *nicht an Inkontinenz leidend; Kontinenz* (2) *zeigend:* -e Patienten.

Kon|ti|nent [auch: ˈkɔn...], der; -[e]s, -e [lat. (terra) continens = zusammenhängend(es Land), Festland, zu: continere = zusammenhalten, -hängen]: **1.** *Erdteil:* der eurasische, antarktische K.; der fünfte, der sechste K. *(Antarktika);* * **der Schwarze K.** *(Afrika).* **2.** ⟨o. Pl.; mit bestimmtem Art.⟩ *Festland:* die zwischen Großbritannien und dem K. verkehrenden Fähren.

kon|ti|nen|tal ⟨Adj.⟩ [frz. continental]: **1.** *den gesamten Kontinent betreffend:* -e Titelkämpfe. **2.** *das Festland betreffend (im Gegensatz zu den dazugehörenden Inseln), festländisch:* er gilt als Vermittler zwischen angelsächsischer und -er Tradition; -es Klima (Geogr.: *Kontinentalklima*).

Kon|ti|nen|tal|eu|ro|pa, -s: *kontinentales* (2) *Europa.*

kon|ti|nen|tal|eu|ro|pä|isch ⟨Adj.⟩: *Kontinentaleuropa betreffend.*

Kon|ti|nen|tal|kli|ma, das ⟨o. Pl.⟩ (Geogr.): *typisches Klima im Innern großer Landmassen (im Gegensatz zum Seeklima charakterisiert durch größere Temperaturschwankungen u. weniger Niederschläge).*

Kon|ti|nen|tal|macht, die ⟨meist Pl.⟩ (Geschichte): *Macht* (4 a) *Kontinentaleuropas.*

Kon|ti|nen|tal|sper|re, die ⟨o. Pl.⟩ [LÜ von frz. blocus continental]: *(durch Napoleon 1806 eingeleitete) Wirtschaftsblockade des europäischen Kontinents gegen Großbritannien.*

Kon|ti|nen|tal|ver|schie|bung, die (Geol.): *Verschiebung der Kontinente im Laufe der Erdgeschichte.*

Kon|ti|nenz, die; - [lat. continentia, zu: continere, ↑ Kontinent]: **1.** (bildungsspr. selten) *Enthaltsamkeit.* **2.** (Med.) *Fähigkeit, Harn od. Stuhl zurückzuhalten.*

kon|tin|gent ⟨Adj.⟩ (Philos.): *zufällig; wirklich od. möglich, aber nicht [wesens]notwendig; Kontingenz* (1) *aufweisend, beinhaltend.*

Kon|tin|gent, das; -[e]s, -e [frz. contingent < lat. contingens (Gen.: contingentis), 1. Part. von: contingere = berühren; treffen, zuteilwerden, zustehen, zu: tangere, ↑ tangieren]: **1.** *anteilmäßig zu erbringende od. zu erwartende Leistung, Menge, Anzahl:* von dieser Ware steht nur ein begrenztes K. zur Verfügung; sein K. erfüllen,

kontingentieren – Kontraktur

ausschöpfen; -e festsetzen. **2.** *Truppenkontingent.*

kon|tin|gen|tie|ren ⟨sw. V.; hat⟩ (bes. Wirtsch.): *durch Beschränkung auf Kontingente (1) einteilen, in Umfang od. Menge begrenzen:* Lebensmittel, Trinkwasser, Benzin, den Import k.

Kon|tin|gen|tie|rung, die; -, -en: *das Kontingentieren; das Kontingentiertsein.*

Kon|tin|gents|zu|wei|sung, Kon|tin|gent|zu|wei|sung, die: *Zuweisung eines Kontingents, von Kontingenten.*

Kon|tin|genz, die; -, -en [spätlat. contingentia]: **1.** ⟨o. Pl.⟩ **a)** (Philos.) *das Kontingentsein; kontingente Beschaffenheit;* **b)** (Logik) *Möglichkeit u. gleichzeitige Nichtnotwendigkeit (einer Aussage).* **2.** (Statistik, Psychol.) *Häufigkeit bzw. Grad der Wahrscheinlichkeit des gemeinsamen Auftretens zweier Sachverhalte, Merkmale usw.*

Kon|ti|nua: Pl. von ↑ Continuum.

Kon|ti|nu|en: Pl. von ↑ Kontinuum.

kon|ti|nu|ie|ren ⟨sw. V.; hat⟩ [lat. continuare = (ohne Unterbrechung) fortsetzen, zu: continuus, ↑ Kontinuum] (bildungsspr. veraltet): **1. a)** *fortsetzen;* **b)** *fortfahren.* **2.** *fortdauern.*

kon|ti|nu|ier|lich ⟨Adj.⟩ (bildungsspr., Fachspr.): *stetig, ununterbrochen; lückenlos zusammenhängend; gleichmäßig [sich fortsetzend];* ein Kontinuum bildend: eine -e Entwicklung; eine -e Außenpolitik; k. verlaufen; sich k. bessern.

Kon|ti|nu|i|tät, die; -, -en [lat. continuitas] (bildungsspr.): *kontinuierlicher Zusammenhang; Stetigkeit; gleichmäßiger Fortgang von etw.:* historische, politische K.; die K. [in] der Entwicklung; die Historikerin zeigt -en auf; k. [einer Politik] wahren, sichern.

Kon|ti|nuo: ↑ Continuo.

Kon|ti|nu|um, das; -s, ...nua u. ...nuen [zu lat. continuus = zusammenhängend, zu: continere, ↑ Kontinent] (Wissensch.): *kontinuierlich, lückenlos Zusammenhängendes:* ein zeitliches, räumliches K.

Kon|to, das; -s, ...ten, selten: -s u. ...ti [ital. conto = Rechnung < spätlat. computus = Berechnung, zu lat. computare = (be)rechnen, zu: putare = (be)rechnen, eigtl. = (be)reinigen]: **a)** *(von einer Bank o. Ä. für einen Kunden geführte) laufende Gegenüberstellung u. Abrechnung von Ein- u. Ausgängen bzw. Gut- u. Lastschriften:* ein laufendes K. *(Bankkonto für laufende Ein- u. Auszahlungen);* ein lebendes K. *(Konto für Personen, Gesellschaften);* ein totes K. *(Konto für Anlagen, Waren usw.);* bei einer Bank ein K. eröffnen, haben; ein K. führen, einrichten, führen; ein K. abrechnen; das K. aufheben, löschen, auflösen, schließen; wir haben Ihr K. mit 200 Euro belastet; ich habe mein K. ausgeglichen, überzogen, sperren lassen; wir haben den Betrag Ihrem K. gutgeschrieben, von Ihrem K. abgebucht; Geld von einem K. abheben, auf ein K. einzahlen; der Betrag ist auf dem K. eingegangen; * **auf [jmds.] K.** (ugs.; *auf [jmds.] Rechnung:* Anschaffungen auf K. des Betriebes; diese Runde geht auf mein K. *[diese Runde bezahle ich]);* **auf jmds. K., auf das K. einer Sache gehen/kommen** (ugs.; *jmdm., einer Sache zuzuschreiben sein:* die Niederlage geht auf die K. des Trainers); **jmdn., etw. auf dem K. haben** (ugs.; ↑ Gewissen: er hat schon ein paar Brüche auf K.); **b)** (ugs.) *Kontonummer, Bankverbindung:* mein K. lautet: 123 456, Bankhaus Grünfeld; ♦ **c)** *zu bezahlende Rechnung:* ... auch gab er ihm Befehl, überall -s zu fordern (Goethe, Werther II; Der Herausgeber an den Leser); **d)** (EDV) *Account.*

Kon|to|aus|gleich, der (Bankw.): *das Ausgleichen* (4 b) *eines Kontos.*

Kon|to|aus|zug, der (Bankw.): *Mitteilung über Kontobewegungen u. Kontostand.*

Kon|to|aus|zugs|dru|cker, der (Bankw.): *Gerät, das automatisch Kontoauszüge druckt und ausgibt:* jemand hatte seine Kontoauszüge am K. vergessen.

Kon|to|be|we|gung, die (Bankw.): *Gut- od. Lastschrift auf einem Konto.*

kon|to|füh|rend ⟨Adj.⟩ (Bankw.): *das Konto führend:* den Scheck bei der -en Bank einlösen.

Kon|to|füh|rung, die (Bankw.): *Führung eines Kontos.*

Kon|to|füh|rungs|ge|bühr, die (Bankw.): *Gebühr für die Kontoführung.*

Kon|to|in|ha|ber, der (Bankw.): *Inhaber eines Kontos.*

Kon|to|in|ha|be|rin, die: w. Form zu ↑ Kontoinhaber.

Kon|to|kor|rent, das; -s, -e [ital. conto corrente = laufende Rechnung]: **1.** (Wirtsch.) *im Rahmen einer dauernden Geschäftsverbindung vereinbarte periodische Abrechnung[sweise], bei der die beiderseitigen Leistungen laufend in Form eines Kontos verbucht werden.* **2.** ⟨o. Pl.⟩ (Buchf.) *die Personenkonten umfassender Bereich der Buchführung.* **3.** (Buchf.) *Hilfsbuch der doppelten Buchführung mit den Konten der Kunden u. Lieferanten.*

Kon|to|kor|rent|kon|to, das (Wirtsch.): *im Rahmen des Kontokorrents* (1) *geführtes Personenkonto.*

Kon|to|num|mer, die (Bankw.): *Nummer eines Kontos.*

Kon|tor, das; -s, -e [aus dem Niederd. < mniederl. contoor < frz. comptoir, eigtl. = Zahltisch, zu: compter < lat. computare, ↑ Konto]: **1.** *Niederlassung eines Handelsunternehmens od. einer Reederei im Ausland.* **2.** (DDR) *Handelszentrale, die als Mittler zwischen der Industrie u. dem Einzelhandel u. zur Versorgung der Betriebe dient.* **3.** (veraltend) *Büro eines Kaufmanns, einer Firma:* Er schloss den Holzschuppen, den Sperrholzschuppen, den Maschinenraum und das K. ... mit verschiedenen Schlüsseln ab (Grass, Hundejahre 170).

Kon|to|rist, der; -en, -en (selten): vgl. Kontoristin.

Kon|to|ris|tin, die; -, -nen: *kaufmännische Angestellte, die einfachere Verwaltungsarbeiten erledigt* (Berufsbez.).

Kon|tor|si|on, die; -, -en [wohl zu dem seltenen (spätlat.) Supinum contorsum von lat. contorquere = (herum)drehen, zu: torquere, ↑ Tortur] (Med.): *Verdrehung eines Gliedes od. Gelenks, die zu einer Zerrung od. Verstauchung führen kann.*

Kon|to|stand, der (Bankw.): *Stand eines Kontos.*

¹kon|t|ra ⟨Präp. mit Akk.⟩ [lat. contra]: **1.** (Rechtsspr.) *(in der Gegenüberstellung von zwei streitenden Parteien) gegen, wider:* in Sachen Müller k. Meyer; Ü Ökologie k. Ökonomie. **2.** *gegen:* sie schrieb mehrere Kommentare k. doppelte Staatsbürgerschaft.

²kon|t|ra ⟨Adv.⟩ [zu: ↑ ¹kontra]: *dagegen, entgegengesetzt, in Opposition:* er ist immer k. [eingestellt].

Kon|t|ra, das; -s, -s (Skat, Bridge, Tarock): *Ansage eines Spielers, die in die Punktwertung eingeht:* jmdm. K. sagen; [ein] K. geben; * **jmdm. K. geben** (ugs.; *jmdm. heftig widersprechen*).

⸻

kon|t|ra-, Kon|t|ra-: bedeutet in Bildungen mit Substantiven, Adjektiven oder Verben *gegen, entgegengesetzt [wirkend]:* Kontradiktion; kontrakonfliktär; kontrasignieren.

⸻

Kon|t|ra|bass, der [ital. contrabasso]: *einem Violoncello ähnliches, jedoch größeres u. tieferes gestimmtes Streichinstrument; Violone.*

Kon|t|ra|bas|sist, der: *Bassist* (2).

Kon|t|ra|bas|sis|tin, die: w. Form zu ↑ Kontrabassist.

Kon|t|ra|dik|ti|on, die; -, -en [lat. contradictio = Widerspruch] (Philos.): *Widerspruch.*

Kon|t|ra|hent, der; -en, -en [zu lat. contrahens (Gen.: contrahentis) 1. Part. von: contrahere, ↑ kontrahieren]: **1.** [nach kontrahieren (3)] (bildungsspr.) **a)** *Gegner, Gegenpart in einer geistigen Auseinandersetzung, in einem Streit o. Ä.:* Ost und West als -en in der Dritten Welt; **b)** *Gegner in einem sportlichen Wettkampf, in einer kämpferischen Auseinandersetzung o. Ä.* **2.** (Rechtsspr., Kaufmannsspr.) *Vertragspartner.*

Kon|t|ra|hen|tin, die; -, -nen: w. Form zu ↑ Kontrahent.

kon|t|ra|hie|ren ⟨sw. V.; hat⟩ [lat. contrahere = zusammenziehen; übereinkommen, eine geschäftliche Verbindung eingehen, zu: trahere = ziehen]: **1. a)** (Biol., Med.) *(von Muskeln, Muskelfasern) sich zusammenziehen:* der Muskel kontrahiert; ⟨auch k. + sich:⟩ die Bauchmuskulatur kontrahiert sich; **b)** *das Zusammenziehen von Muskeln bewirken:* diese Übung kontrahiert die Armmuskeln. **2.** (Rechtsspr., Kaufmannsspr.) *(einen Vertrag o. Ä.) abschließen:* ein Abkommen k.; die Werften konnten Aufträge im Werte von 90 Millionen k. **3.** [im Sinne von »sich über (den Termin für) einen Zweikampf einigen«] (Verbindungsspr. früher) *zum Duell fordern.* **4.** (Fechten) *einen gegnerischen Stoß, Angriff parieren u. seinerseits angreifen.* **5.** (bildungsspr.) *miteinander in Konkurrenz stehen:* eine Dreiecksgeschichte mit zwei kontrahierenden Liebhabern.

Kon|t|ra|in|di|ka|ti|on, die; -, -en [aus lat. contra = gegen u. ↑ Indikation] (Med.): *Umstand, der die Anwendung eines bestimmten Medikaments od. einer an sich zweckmäßigen therapeutischen Maßnahme verbietet; Gegenanzeige.*

kon|t|ra|in|di|ziert ⟨Adj.⟩ (Med.): *(von bestimmten Medikamenten u. therapeutischen Maßnahmen) nicht anwendbar.*

kon|t|ra|kon|flik|tär ⟨Adj.⟩ [aus lat. contra = gegen u. ↑ konfliktär] (bildungsspr.): *einem Konflikt entgegenwirkend; konfliktlösend, problemlösend.*

Kon|t|rakt, der; -[e]s, -e [lat. contractus = Vertrag, zu: contrahere, ↑ kontrahieren]: **a)** *Vertrag* (a): die Künstlerin hat einen K. für 2 Jahre; einen K. [mit jmdm.] [ab]schließen, machen; seinen K. erfüllen; jmdn. in K. nehmen *(engagieren);* **b)** *Vertrag* (b).

kon|t|rak|til ⟨Adj.⟩ [zu lat. contractum, 2. Part. von: contrahere, ↑ kontrahieren] (Med.): *fähig, sich zusammenzuziehen:* -es Gewebe.

Kon|t|rak|ti|li|tät, die; - (Med.): *Fähigkeit, sich zusammenzuziehen.*

Kon|t|rak|ti|on, die; -, -en [lat. contractio = Zusammenziehung]: **1.** (Med.) *(bes. von Muskeln) das Sichzusammenziehen:* die des Herzmuskels, der Gebärmutter. **2.** (Sprachwiss.) *Zusammenziehung zweier od. mehrerer Vokale zu einem Vokal od. Diphthong, oft unter Ausfall eines dazwischenstehenden Konsonanten (z. B. nein aus ni-ein).* **3.** (Physik) *Zusammenziehung, Verringerung des Volumens, der Länge od. des Querschnitts eines Körpers (z. B. durch Abkühlung).* **4.** (Wirtsch.) *Verminderung der in einer Volkswirtschaft vorhandenen Geld- u. Kreditmenge.* **5.** (Geol.) *Schrumpfung der Erdkruste durch Abkühlung od. Austrocknung.*

kon|t|rak|tiv ⟨Adj.⟩ (Wirtsch.): *die Kontraktion* (4) *betreffend, darauf beruhend o. Ä.*

kon|t|rakt|lich ⟨Adj.⟩: *vertraglich.*

Kon|t|rak|tur, die; -, -en [lat. contractura = das Schmalerwerden] (Med.): **1.** *bleibende Einschränkung der Beweglichkeit eines Gelenks; Versteifung* (1). **2.** *dauernde Verkürzung u.*

Schrumpfung von Weichteilen (z. B. der Haut nach Verbrennungen).

Kon|tra|po|si|ti|on, die; -, -en [mlat. contrapositio, zu lat. contraponere, ↑ Kontrapost] (Logik): **1.** *Ableitung einer negativen Aussage aus einer positiven.* **2.** *Formel der traditionellen Logik (alle A sind B, folglich: kein Nicht-B ist A).*

Kon|tra|post, der; -[e]s, -e [ital. contrapposto, zu lat. contrapositum, 2. Part. von: contraponere = entgegensetzen, -stellen, aus: contra = gegen u. ponere, ↑ Position] (Kunstwiss.): *harmonischer Ausgleich in der künstlerischen Gestaltung des stehenden menschlichen Körpers durch Unterscheidung von Stand- u. Spielbein u. entsprechend Hebung u. Senkung der Schulter:* der K. einer Statue.

kon|tra|pro|duk|tiv ⟨Adj.⟩ (bildungsspr.): *bestimmten Interessen zuwiderlaufend; ungut; negativ; nicht konstruktiv* (1)*: etw.* ist, wirkt k.

Kon|tra|punkt, der; -[e]s, -e [mlat. contrapunctum, eigtl. = punctus contra punctum = Note gegen Note, zu lat. punctus (mlat. = Note), ↑ Punkt]: **1.** (Musik) *Technik des musikalischen Satzes, in der mehrere Stimmen gleichberechtigt nebeneinanderher geführt werden:* K. studieren. **2.** (bildungsspr.) *etw., was einen Gegenpol zu etw. anderem bildet:* einen K. [zu etw.] setzen, bilden.

Kon|tra|punk|tik, die; - (Musik): **a)** *Lehre vom Kontrapunkt* (1)*;* **b)** *Kunst der kontrapunktischen Stimmführung.*

kon|tra|punk|tisch ⟨Adj.⟩: **1.** (Musik) *in der Weise des Kontrapunkts* (1) *gestaltet:* k. gesetzte Musik. **2.** (bildungsspr.) *einen Kontrapunkt* (2) *zu etw. bildend; als Kontrapunkt* (2)*.*

kon|tra|är ⟨Adj.⟩ [frz. contraire < lat. contrarius, zu: contra = gegen] (bildungsspr.): *entgegengesetzt, gegensätzlich:* -er Meinung, Auffassung sein; -e Ziele verfolgen.

kon|tra|sig|nie|ren ⟨sw. V.; hat⟩ (bildungsspr.): *gegenzeichnen.*

Kon|trast, der; -[e]s, -e [ital. contrasto, zu: contrastare = entgegenstellen < mlat. contrastare, aus: lat. contra = gegen u. stare = stehen]: **1.** *starker, ins Auge springender Gegensatz:* der K. zwischen Alt und Neu, Hell und Dunkel; etw. steht im/in K. zu etw. **2.** (Fotogr., Film, Fernsehen) *Unterschied in der Helligkeit der hellen u. dunklen Partien eines Bildes:* der K. ist zu groß; den K. beim Fernsehbild regulieren.

kon|trast|arm ⟨Adj.⟩: *arm an Kontrasten.*

Kon|trast|far|be, die: *Farbe, die zu einer anderen einen Kontrast bildet.*

kon|tras|tie|ren ⟨sw. V.; hat⟩ [frz. contraster] (bildungsspr.): **1.** *einen augenfälligen Kontrast zu etw. bilden; sich von etw. abheben:* etw. kontrastiert mit etw., zu etw.; kontrastierende Farben. **2.** *(zu etw.) einen Kontrast schaffen:* etw. mit etw. k.

kon|tras|tiv ⟨Adj.⟩ (Sprachwiss.): *vergleichend, gegenüberstellend:* -e Linguistik; -e Grammatik (*Teilgebiet der modernen Sprachwissenschaft, das mehrere Sprachsysteme auf verschiedenen Ebenen miteinander vergleicht, um Gemeinsamkeiten und Unterschiede aufzudecken*)*.*

Kon|trast|mit|tel, das (Med.): *Stoff, der, vor einer Röntgenuntersuchung in den Körper eingebracht, auf dem Röntgenbild in Kontrast zu dem zu untersuchenden Gewebe erscheint.*

Kon|trast|pro|gramm, das: *Rundfunk- od. Fernsehprogramm, das eine Alternative zu einem od. mehreren anderen bietet.*

kon|trast|reich ⟨Adj.⟩: *reich an Kontrasten.*

Kon|tra|te|nor: ↑ Contratenor.

♦ **Kon|tra|ven|ti|ons|bu|ße,** die: *Strafe für eine begangene Kontravention; Ordnungsstrafe:* ...wo keiner eine K. zu fürchten braucht, wenn er vor seiner Tür fleißig kehrt (Keller, Kammacher 204).

Kon|tra|zep|ti|on, die; - [zu lat. contra = gegen u. ↑ Konzeption] (Med.): *Empfängnisverhütung.*

kon|tra|zep|tiv ⟨Adj.⟩ (Med.): *empfängnisverhütend.*

Kon|tra|zep|tiv, das; -s, -e, **Kon|tra|zep|ti|vum,** das; -s, ...va (Med.): *kontrazeptives, empfängnisverhütendes Mittel.*

Kon|tri|bu|ti|on, die; -, -en [lat. contributio = gleichmäßiger Beitrag, zu: contribuere = beitragen, beisteuern, zu: tribuere, ↑ Tribut]: **1.** *von der Bevölkerung eines besetzten Gebietes erhobene Geldzahlung:* einem Land -en auferlegen. **2.** (veraltet) *für den Unterhalt der Besatzungstruppen erhobener Beitrag im besetzten Gebiet.* **3.** (veraltet) *Beitrag (zu einer gemeinsamen Sache).*

Kon|troll|ab|schnitt, der: *abzutrennender Abschnitt an einer Eintrittskarte u. Ä.*

Kon|troll|ap|pa|rat, der: **1.** *Apparat* (1)*, der eine Kontrollfunktion hat.* **2.** *größere Behörde, Institution, die Kontrollfunktionen ausübt.*

Kon|troll|aus|schuss, der: vgl. Kontrollorgan.

Kon|troll|be|fug|nis, die: *Befugnis, eine Kontrolle* (1) *auszuüben.*

Kon|troll|be|hör|de, die: *Behörde, die Kontrollfunktionen ausübt.*

Kon|troll|buch, das: *Buch, in das Kontrollen eingetragen werden.*

Kon|troll|da|tum, das: *eine Kontrolle ermöglichendes Datum.*

Kon|trol|le, die; -, -n [frz. contrôle, zusgez. aus älter: contrerôle = Gegen-, Zweitregister, aus: contre = gegen u. rôle = Rolle, Liste (↑ Rolle)]: **1. a)** *dauernde Überwachung, Aufsicht, der jmd., etw. untersteht:* die K. der Regierung durch das Parlament; eine K. ausüben; einer laufenden, polizeilichen K. unterliegen; jmdn., etw. unter K. haben, stellen; unter ständiger K. stehen; **b)** *Überprüfung, der jmd. etw. unterzogen wird:* eine strenge, gründliche K.; die -n verschärfen; -n durchführen; jmdn., etw. einer K. unterziehen; etw. bei einer K. entdecken. **2.** *Herrschaft, Gewalt, die man über jmdn., sich, etw. hat:* der Fahrer hat die K. über sein Fahrzeug verloren; sie verliert leicht die K. über sich (*ist sehr leicht unbeherrscht*); jmds. K. entgleiten; außer K. kommen; ein Brand unter K. bringen, halten. **3.** (Motorsport) *Kontrollpunkt* (b)*, -station:* eine K. anfahren.

Kon|trol|ler, der; -s, - [engl. controller] (Technik): *Steuerschalter an Elektromotoren (z. B. bei der Straßenbahn).*

Kon|trol|let|ti, der; -s, -s [nach Johnny Controletti, einer Gestalt in einem 1974 veröffentlichten Song des dt. Rockmusikers U. Lindenberg, *1946] (ugs. scherzh.): *jmd., der etw. kontrolliert od. überwacht:* die -s der Verkehrsbetriebe erwischen täglich Dutzende von Schwarzfahrern.

Kon|trol|leur [...'løːɐ̯], der; -s, -e [frz. contrôleur]: *jmd., der eine Kontrollfunktion ausübt:* ein K. wollte die Fahrscheine sehen.

Kon|trol|leu|rin [...'løːrɪn], die; -, -nen: w. Form zu ↑ Kontrolleur.

Kon|troll|freak, der (ugs.): *jmd., der ein zwanghaftes Bestreben hat, jmdn., etw. jederzeit unter Kontrolle zu haben.*

Kon|troll|funk|ti|on, die: *in der Kontrolle von etw. bestehende Funktion:* eine K. ausüben.

Kon|troll|gang, der: *[Rund]gang, auf dem jmd. etw. kontrolliert.*

Kon|troll|ge|rät, das: *Gerät, das eine Kontrollfunktion hat.*

Kon|troll|gre|mi|um, das: vgl. Kontrollorgan.

Kon|troll|grup|pe, die (bes. Med., Psychol., Päd.): *der Kontrolle der anhand einer Versuchsgruppe gewonnenen Ergebnisse dienende weitere Gruppe, die der Versuchsgruppe in der Zusammensetzung gleicht.*

kon|trol|lier|bar ⟨Adj.⟩: *sich kontrollieren lassend;* etw. ist schwer, kaum k.

Kon|trol|lier|bar|keit, die; -: *das Kontrollierbarsein.*

kon|trol|lie|ren ⟨sw. V.; hat⟩: **1.** [frz. contrôler] *überwachen:* die Regierung, jmds. Arbeit, Amtsführung k.; sein Gewicht k.; die Lebensmittel werden ständig, chemisch kontrolliert; Ü mein Mann kontrolliert mich ständig (*ist misstrauisch, eifersüchtig*)*.* **2. a)** *Kontrollen* (1 b) *ausüben:* in der Bahn wurde scharf kontrolliert; **b)** *überprüfen:* die Ausweise, das Gepäck k.; etw. auf etw. hin, nach etw. k.; alle Reisenden wurden kontrolliert; ...ich kontrollierte mit meiner Zunge, ob mir wirklich meine Zähne wackelten, alles andere regte mich nicht auf (Frisch, Homo 22). **3.** [engl. to control] *in einem bestimmten Bereich o. Ä. beherrschenden Einfluss auf etw. haben, etw. beherrschen:* den Markt k.; durch seine Aktienmehrheit einen Konzern k. **4.** *die Kontrolle* (2) *über etw. haben:* der Fahrer konnte den Wagen nicht mehr k. **5.** (Sportjargon) *sich in einem Feld von Wettkämpfern durch Kontrolle des Gegners an der Spitze halten:* den Gegner, das Spiel k.

kon|trol|liert ⟨Adj.⟩: **1.** *beherrscht, diszipliniert, mit Beherrschung* (2) *durchgeführt:* sie blieb stets k. **2. a)** *überwacht, beaufsichtigt, unter Kontrolle stehend;* -er Anbau (Landwirtsch.; *Anbau, bei dem die Einhaltung bestimmter Vorschriften u. Richtlinien bestätigt, garantiert ist*)*;* **b)** *in der Gewalt habend, unter Kontrolle, im Griff:* im -en Sinkflug.

Kon|troll|in|s|tanz, die: *kontrollierende Instanz, Instanz mit Kontrollfunktion.*

Kon|troll|kar|te, die: *Karte der Stechuhr, auf der bes. Beginn u. Ende der Arbeitszeit zur Kontrolle festgehalten werden.*

Kon|troll|kom|mis|si|on, die: vgl. Kontrollorgan.

Kon|troll|lam|pe, Kon|troll-Lam|pe, die (Technik): *zur Überwachung einer technischen Funktion dienende Glühlampe, die im Falle einer Störung aufleuchtet od. erlischt.*

Kon|troll|leuch|te, Kon|troll-Leuch|te, die (Technik): vgl. Kontrolllampe.

Kon|troll|lis|te, Kon|troll-Lis|te, die: *Liste, anhand deren etw. kontrolliert wird.*

Kon|troll|me|cha|nis|mus, der: vgl. Kontrollinstanz.

Kon|troll|mög|lich|keit, die: *Möglichkeit, jmdn., etw. zu kontrollieren.*

Kon|troll|or, die; -, -e (österr.): ↑ Kontrolleur.

Kon|troll|or|gan, das: *Organ* (4) *mit Kontrollfunktion.*

Kon|troll|o|rin, die; -, -nen: w. Form zu ↑ Kontrollor.

Kon|troll|pflicht, die: *Pflicht zu kontrollieren, eine Kontrollfunktion auszuüben.*

Kon|troll|punkt, der: *Stelle, an der eine Kontrolle, bes. eine Grenzkontrolle durchgeführt wird.*

Kon|troll|rat, der: *in der Fügung* **Alliierter K.** (*oberstes Regierungsorgan der Alliierten im besetzten Deutschland nach dem Zweiten Weltkrieg*)*.*

Kon|troll|raum, der: *Raum, von dem aus bestimmte Vorgänge gesteuert u. überwacht werden:* der K. des Kraftwerks.

Kon|troll|schild, das (schweiz. Kfz-Wesen): *Kennzeichenschild.*

Kon|troll|sta|ti|on, die: *Station, an der bestimmte Kontrollen vorgenommen werden.*

Kon|troll|stel|le, die: *Stelle, an der eine Kontrolle, bes. eine Grenzkontrolle durchgeführt*

Kontrollstempel – Konversion

wird; Station, an der bestimmte Kontrollen vorgenommen werden.
Kon|t|roll|stem|pel, der: *Stempel, anhand dessen sich etw. kontrollieren lässt.*
Kon|t|roll|sys|tem, das: *der Kontrolle von etw. dienendes System.*
Kon|t|roll|turm, der: *Tower.*
Kon|t|roll|uhr, die: *Gerät, das Arbeitszeiten o. Ä. kontrolliert, indem Zeitpunkt u./od. Zeitdauer angezeigt u. aufgezeichnet werden.*
Kon|t|roll|ver|lust, der: *Verlust der Kontrolle* (1 a, 2).
Kon|t|roll|zen|t|rum, das: *zentrale Stelle, von der aus technische Abläufe (z. B. Raumflüge) kontrolliert u. koordiniert werden.*
kon|t|ro|vers ⟨Adj.⟩ [lat. controversus = entgegengewandt, -stehend, zu: contra = gegen u. versus, adj. 2. Part. von: vertere, ↑ Vers] (bildungsspr.): **a)** *[einander] entgegengesetzt:* -e Meinungen, Standpunkte; **b)** *strittig:* diese Frage, das ist gar nicht k.; **c)** *umstritten:* eine -e These; ein -es Buch.
Kon|t|ro|ver|se, die; -, -n [lat. controversia] (bildungsspr.): *Meinungsverschiedenheit, Auseinandersetzung (um eine Sachfrage):* es gab eine heftige K.; eine K. über, um etw. austragen.
Kon|tu|maz, die; - [lat. contumacia = Widerspenstigkeit] (österr. Amtsspr. veraltet): *Quarantäne.*
Kon|tur, die; -, -en, fachspr. auch: der; -s, -en ⟨meist Pl.⟩ [frz. contour < ital. contorno, zu: contornare = einfassen, Konturen ziehen, über das Vlat. zu lat. tornare, ↑ ¹turnen]: *Linie, durch die etw. begrenzt ist; Umriss[linie]:* die scharfen, klaren -en der Berge; verwischte -en; die -en von etw. [nach]zeichnen; Ü etw. gewinnt K., verliert an K.
kon|tu|ren|los, konturlos ⟨Adj.⟩: *keine klaren, festen Konturen aufweisend:* ein -es Gesicht.
kon|tu|ren|reich ⟨Adj.⟩: *reich an Konturen.*
Kon|tu|ren|schär|fe, die (Fotogr.): *Messgröße, die die Streuung des Lichts in einer fotografischen Schicht festlegt u. damit die Schärfe der Abbildung bestimmt.*
Kon|tu|ren|stift, der: *Lippenstift in Form eines Bleistifts zum Nachzeichnen der Kontur der Lippen.*
kon|tu|rie|ren ⟨sw. V.; hat⟩ (bildungsspr.): *in Umrissen zeichnen:* eine Figur k.; Ü einen Begriff schärfer k.
Kon|tu|rie|rung, die; -, -en (bildungsspr.): *das Konturieren; das Konturiertwerden.*
kon|tur|los ⟨Adj.⟩: *konturenlos.*
Kon|tur|schrift, die (Fachspr.): *nur im Umriss gezeichnete od. gedruckte Schrift.*
Kon|tu|si|on, die; -, -en [lat. contusio, 2. Part. von: contundere = quetschen] (Med.): *Quetschung.*
Ko|nus, der; -, -se u. ...nen [lat. conus < griech. kōnos = Kegel]: **1.** (Math.) *Körper von der Form eines Kegels od. Kegelstumpfs.* **2.** (Technik) *konisches Teil.*
Kon|vek|ti|on, die; -, -en [spätlat. convectio = das Herbeifahren, -bringen, -schaffen, zu lat. convehere (2. Part.: convectum) = herbeifahren, -bringen, -schaffen]: **1.** (Meteorol.) *vertikale Luftbewegung.* **2.** (Geogr.) *vertikale Bewegung von Wassermassen der Weltmeere.* **3.** (Physik) *das Mitführen von Energie, elektrischer Ladung o. Ä. durch die kleinsten Teilchen einer Strömung.* **4.** (Physik) *Strömungsbewegung in einem flüssigen od. gasförmigen Medium.*
kon|vek|tiv ⟨Adj.⟩ (Meteorol.): *durch Konvektion* (1) *bewirkt.*
Kon|vek|tor, der; -s, ...oren: *Heizkörper, der die Wärme durch Konvektion* (4) *abgibt.*
Kon|ve|ni|at, das; -s, -s [subst. aus lat. conveniat = er (= der Klerus) komme zusammen, zu:

convenire, ↑ konvenieren] (kath. Kirche): *Zusammenkunft der katholischen Geistlichen eines Dechanats.*
Kon|ve|ni|enz, die; -, -en [lat. convenientia = Übereinstimmung, Harmonie] (bildungsspr. veraltend): **1.** *das Schickliche, Erlaubte.* **2.** *Bequemlichkeit, Annehmlichkeit.*
kon|ve|nie|ren ⟨sw. V.; hat⟩ [lat. convenire, eigtl. = zusammenkommen, aus: con- = mit- u. venire = kommen] (österr., sonst bildungsspr. veraltend): **1.** *zusagen; angenehm, gelegen sein; gefallen:* wem das nicht konveniert, kann gehen. **2.** *zu jmdm., etw. passen; zusammenpassen:* deine Einstellung konveniert mit meiner Mentalität.
Kon|vent, der; -[e]s, -e [mhd. convent = Versammlung, Brüderschaft < mlat. conventus = Konvent (1 a) < lat. conventus = Zusammenkunft, Versammlung, zu: convenire, ↑ konvenieren]: **1.** (kath. Kirche) **a)** *Versammlung der stimmberechtigten Mitglieder eines Klosters;* **b)** *Gesamtheit der Mitglieder eines Klosters; Kloster[gemeinschaft].* **2.** (ev. Kirche) *Zusammenkunft von Pfarrern zum Zweck der Weiterbildung, der Beratung u. Ä.* **3. a)** *(von Studentenverbindungen) wöchentliche Zusammenkunft der Mitglieder;* **b)** (Hochschulw.) *Gesamtheit der Habilitierten einer Universität.*
Kon|ven|ti|kel, das; -s, - [lat. conventiculum = kleine Zusammenkunft] (bildungsspr. abwertend): **a)** *[heimliche] Vereinigung weniger Gleichgesinnter:* einem K. angehören; **b)** *Zusammenkunft von Angehörigen außerkirchlicher religiöser Gemeinschaften.*
◆ **Kon|ven|tik|ler,** der; -s, -: *Angehöriger einer außerkirchlichen religiösen Gemeinschaft:* Müller Utpatel, der ein K. war (Fontane, Effi Briest 70).
Kon|ven|ti|on, die; -, -en [frz. convention < lat. conventio = Zusammenkunft, Übereinkunft]: **1.** (bes. Völkerrecht) *Abkommen, [völkerrechtlicher] Vertrag:* eine K. zum Schutz der Menschenrechte; die Haager K. verletzen; etw. verstößt gegen die Genfer K. **2.** ⟨häufig Pl.⟩ *Regel des Umgangs, des sozialen Verhaltens, die für die Gesellschaft als Verhaltensnorm gilt:* das verlangt, verbietet die gesellschaftliche K. **3.** (Fechten) *Regel (beim Fechten mit Florett od. Säbel).*
Kon|ven|ti|o|na|li|tät, die; - (bildungsspr.): *konventionelle Art.*
Kon|ven|ti|o|nal|stra|fe, die (Rechtsspr.): *(bei Vertragsschluss vereinbarte) Geldsumme od. anderweitige Leistung, die ein Vertragspartner erbringen muss, wenn er die vertraglich vereinbarte Leistung nicht zum festgelegten Zeitpunkt od. in der festgelegten Weise erfüllt hat.*
kon|ven|ti|o|nell ⟨Adj.⟩ [frz. conventionnel]: **1. a)** *den gesellschaftlichen Konventionen entsprechend:* -e Kleidung; -e Ansichten; er denkt ganz k.; **b)** *förmlich, steif:* -e Phrasen; hier geht es sehr k. zu. **2.** (bes. Technik, Militär) *herkömmlich, hergebracht (bes. im Gegensatz zu atomar, biologisch, chemisch):* -e Verfahren, Kraftwerke, Waffen; -e *(nur mit konventionellen Kampfmitteln ausgerüstete)* Streitkräfte; ein k. *(mit konventionellen Waffen)* geführter Krieg.
Kon|ven|tu|a|le, der; -n, -n [mlat. conventualis]: **1.** (kath. Kirche) *stimmberechtigtes Mitglied eines Konvents* (1 b). **2.** *Angehöriger eines Zweiges des Franziskanerordens.*
Kon|ven|tu|a|lin, die; -, -nen: *Angehörige eines Zweiges des Franziskanerordens.*
kon|ver|gent ⟨Adj.⟩ [spätlat. convergens (Gen.: convergentis), 1. Part. von: convergere, ↑ konvergieren]: **1.** (bildungsspr.) *sich aneinander annähernd, übereinstimmend:* -e Ziele; -e Linien

(Linien, die auf einen gemeinsamen Schnittpunkt zulaufen). **2.** (Math.) *einem endlichen Grenzwert zustrebend:* -e Reihen *(unendliche Reihen, deren Teilsummen einem Grenzwert zustreben).*
Kon|ver|genz, die; -, -en: **1.** (bildungsspr.) *Annäherung, Übereinstimmung von Meinungen, Zielen u. Ä.:* eine K. der politischen Ziele anstreben. **2.** (Math.) *konvergentes* (2) *Verhalten, Verlaufen:* die K. einer unendlichen Reihe. **3.** (Physik) *das Sichschneiden von Lichtstrahlen.* **4.** (Biol.) *Ausbildung ähnlicher Merkmale hinsichtlich Gestalt u. Organen bei genetisch verschiedenen Lebewesen meist durch Anpassung an gleiche Umweltbedingungen (z. B. fischförmige Gestalt von Säugetieren, die im Wasser leben).* **5.** (Med.) *gegensinnige Bewegung der Augen nach innen beim Sehen in unmittelbarer Nähe.* **6.** (Psychol.) *das Zusammenwirken von Anlage u. Umwelt als Prinzip der psychischen Entwicklung.* **7.** (Meereskunde) *Zusammentreffen von verschiedenen Strömungen des Meerwassers.* **8.** (Geol.) *das Auftreten von gleichen od. ähnlichen Oberflächenformen in unterschiedlichen Klimazonen.*
Kon|ver|genz|kri|te|ri|um, das: **1.** (Math.) *Bedingung, unter der eine Folge od. Reihe einen Grenzwert besitzt.* **2.** (Wirtsch.) *(innerhalb der Europäischen Wirtschafts- u. Währungsunion) wirtschaftspolitisches Kriterium, bei dem Übereinstimmung zwischen den Mitgliedstaaten herrschen soll:* Konvergenzkriterien für den Euro.
Kon|ver|genz|the|o|rie, die (Politik): *Theorie, die eine allmähliche Annäherung kapitalistischer u. sozialistischer Industriestaaten aufgrund des Umstandes annimmt, dass beide, unabhängig von ihren verschiedenen politischen Systemen, mit den gleichen wirtschaftlichen Problemen konfrontiert sind.*
kon|ver|gie|ren ⟨sw. V.; hat⟩ [spätlat. convergere = sich hinneigen]: **1.** (bildungsspr.) *sich einander nähern; übereinstimmen:* ...beide konvergieren in der Überzeugung, dass moralische Kontroversen letztlich nicht mit Gründen entschieden werden können (Habermas, Spätkapitalismus 140). **2.** (Math.) *konvergent* (2) *verlaufen.*
Kon|ver|sa|ti|on, die; -, -en ⟨Pl. selten⟩ [frz. conversation < lat. conversatio = Umgang, zu: conversari, ↑ konversieren] (bildungsspr.): *häufig konventionelles, oberflächliches u. unverbindliches Geplauder; Gespräch, das in Gesellschaft nur um der Unterhaltung willen geführt wird:* eine geistreiche K. über etw.; eine K. mit jmdm. beginnen; K. machen *(sich in unverbindlicher Form plaudernd unterhalten);* sie treiben in Französisch K. *(lernen Französisch durch Übungen in Form von Konversation);* Gleich darauf erschien auch Doktor Leander, er verbeugte sich, und es entspann sich eine erste, für beide Teile orientierende K. (Th. Mann, Tod 68).
Kon|ver|sa|ti|ons|le|xi|kon, das *(nach dem zu Beginn des 18. Jh.s erschienenen »Staats-, Zeitungs- u. Conversationslexikon« von J. Hübner, das bevorzugt diejenige Wissen vermitteln wollte, das zur Konversation unerlässlich war):* *alphabetisch gegliederte Enzyklopädie über alle Wissensgebiete.*
Kon|ver|sa|ti|ons|ton, der ⟨o. Pl.⟩: *leichter, unverbindlicher Plauderton.*
kon|ver|sie|ren ⟨sw. V.; hat⟩ [frz. converser < lat. conversari = Umgang haben] (bildungsspr.): *Konversation machen:* mit jmdm. k.
Kon|ver|si|on, die; -, -en [lat. conversio = Umkehrung, Umwandlung, Übertritt, zu: convertere, ↑ konvertieren]: **1.** *das Konvertieren* (1). **2.** (Sprachwiss.) *Übertritt eines Wortes in eine*

andere Wortart ohne formale Änderung (z. B. Dank – dank). **3.** (Rechtsspr.) *Umdeutung eines [aus Formgründen] nichtigen Rechtsgeschäfts in ein anderes.* **4.** (Kernt.) *Erzeugung neuer spaltbarer Substanz in einem Kernreaktor.* **5.** (Psychol.) *Umsetzung psychischer Erregung in körperliche Symptome.* **6.** (Börsenw.) *Umwandlung einer Anleihe in eine neue zur Anpassung an veränderte Bedingungen auf dem Kapitalmarkt.* **7.** (Logik) *Umformung einer Aussage durch Vertauschung von Subjekt u. Prädikat.* **8.** *Umwandlung von militärischer in zivile Nutzung; Umstellung der Produktion von Rüstungsgütern auf zivile Produkte.* **9.** (Chemie) *Konvertierung (3).* **10.** (Städtebau) *Umwandlung städtischer Areale im Hinblick auf neue Nutzung.*
Kon|ver|ter, der; -s, - [engl. converter, zu: to convert = umwenden, wechseln < frz. convertir, ↑konvertieren]: **1.** (Hüttenw.) *um den Horizontale drehbares, großes Gefäß, das bei der Erzeugung von Kupfer u. Stahl verwendet wird.* **2.** (Fotogr.) *Linsensystem, das zwischen Objektiv u. Kamera geschaltet wird, wodurch sich die Brennweite verdoppelt.* **3.** (Kernt.) *Kernreaktor, in dem eine Konversion (4) stattfindet.* **4.** (Rundfunkt.) *Gerät, mit dem Wechselspannungen bestimmter Frequenzen umgeformt werden können.* **5.** (EDV) *Gerät od. Programm zum Umwandeln von Daten:* ein K. zur neuen deutschen Rechtschreibung.
kon|ver|ti|bel ⟨Adj.⟩ [frz. convertible] (Wirtsch.): *konvertierbar.*
Kon|ver|ti|bi|li|tät, die; - (Wirtsch.): *Konvertierbarkeit.*
kon|ver|tier|bar ⟨Adj.⟩: **1.** (Wirtsch.) *(von Währungen) austauschbar zum jeweiligen Wechselkurs:* eine frei -e Währung. **2.** (EDV) *sich konvertieren (3) lassend.*
Kon|ver|tier|bar|keit, die; -: *das Konvertierbarsein.*
kon|ver|tie|ren ⟨sw. V.⟩ [frz. convertir < lat. convertere = umkehren, zu: vertere, ↑Vers]: **1.** ⟨hat/ist⟩ (Rel.) *zu einem anderen Glauben, bes. zur römisch-katholischen Kirche, übertreten:* [vom Judentum] zum Christentum k. **2.** ⟨hat⟩ (Wirtsch.) *eine Währung gegen eine andere tauschen.* **3.** ⟨hat⟩ (EDV) **a)** *Informationen von einem Datenträger auf einen anderen übertragen;* **b)** *Daten von einem Format in ein anderes umwandeln.*
Kon|ver|tie|rung, die; -, -en: **1.** *das Konvertieren (1, 2, 3).* **2.** (Börsenw.) *Konversion (6).* **3.** ⟨o. Pl.⟩ (Chemie) *Verfahren zur Herstellung von Wasserstoff durch Umsetzung von Kohlenmonoxid mit Wasserdampf, wobei als Nebenprodukt Kohlendioxid entsteht; Konversion (9).*
Kon|ver|tit, der; -en, -en [engl. convertite, zu: to convert < frz. convertir, ↑konvertieren] (Rel.): *jmd., der konvertiert (1) ist.*
Kon|ver|ti|tin, die; -, -nen: w. Form zu ↑Konvertit.
kon|vex ⟨Adj.⟩ [lat. convexus = nach oben od. unten gewölbt] (Optik): *nach außen gewölbt:* -e Gläser, Linsen; der Spiegel ist k. [gekrümmt].
Kon|ve|xi|tät, die; - [lat. convexitas] (Optik): *das Konvexsein.*
Kon|vikt, das; -[e]s, -e [lat. convictus = das Zusammenleben, die Tischgemeinschaft, zu: convictum, 2. Part. von: convivere = zusammenleben]: **1.** ²Stift (1 b). **2.** (österr.) *katholisches Internat.*
◆ **Kon|vik|to|ri|um**, das; -s, ...ien: *Konvikt* (1): ... da sie ... Hunger von einem Tage zum andern aufheben und übertragen; und Carminati vermöchte ganze Invalidenhäuser mit dem Supernumerärmagensaft der Konviktorien und Alumneen auszuheilen (Jean Paul, Wutz 12).

Kon|vik|tu|a|le, der; -n, -n: *Bewohner eines Konvikts.*
Kon|voi [auch: ˈkɔn...], der; -s, -s [engl. convoy < frz. convoi = Geleit, zu: convoyer = begleiten]: **1.** (bes. Militär) *Verband von Schiffen od. Kraftfahrzeugen, der zusammen mit den ihn zu seinem Schutz begleitenden Fahrzeugen fährt.* **2.** *Kolonne von zusammengehörenden hintereinanderfahrenden Fahrzeugen:* im K. fahren.
Kon|vo|lut, das; -[e]s, -e [zu lat. convolutum, 2. Part. von: convolvere = zusammenrollen]: **1.** (bildungsspr.) **a)** *Bündel von Schriftstücken, Drucksachen o. Ä.;* **b)** *Sammelband, Sammelmappe.* **2.** (Med.) *einem Knäuel ähnliche Ansammlung (z. B. von Darmschlingen od. Krampfadern).*
Kon|vul|si|on, die; -, -en [lat. convulsio] (Med.): *mit schüttelnden od. zuckenden Bewegungen eines Gliedes od. des ganzen Körpers einhergehender Krampf:* von -en ergriffen werden.
kon|vul|siv (Med.): ↑konvulsivisch.
kon|vul|si|visch ⟨Adj.⟩: *krampfartig [zuckend]:* -e Zuckungen; das Zwerchfell bewegt sich k.
kon|ze|die|ren ⟨sw. V.; hat⟩ [lat. concedere, eigtl. = beiseitetreten] (bildungsspr.): *einräumen, zugestehen; zugeben:* man konzedierte [ihnen], dass sie weggeblieben; jmdm. bestimmte Verhaltensweisen k.
Kon|ze|le|brant, der; -en, -en [aus lat. con- = mit- u. ↑Zelebrant] (kath. Kirche): *Geistlicher, der mit anderen Geistlichen die Eucharistie feiert.*
Kon|ze|le|bra|ti|on, die; -, -en [aus lat. con- = mit- u. ↑Zelebration] (kath. Kirche): *gemeinsame Feier der Eucharistie durch mehrere Geistliche.*
kon|ze|le|brie|ren ⟨sw. V.; hat⟩ (kath. Kirche): *die Eucharistie in Konzelebration feiern.*
Kon|zen|trat, das; -[e]s, -e [zu ↑konzentrieren] (bes. Chemie): *Stoff, bes. Flüssigkeit, in der ein bestimmter Bestandteil in hoch konzentrierter Form enthalten ist:* ein K. aus Heublumen, Pflanzensäften; Ü ein K. aus ihren philosophischen Schriften.
Kon|zen|tra|ti|on, die; -, -en [frz. concentration, zu: concentrer, ↑konzentrieren]: **1.** *(von Kräften, Mächten bes. politischer od. wirtschaftlicher Art) Vereinigung, Zusammenstellung, Verdichtung an einer Stelle, in einer Hand o. Ä.:* K. der Macht, des Kapitals; die zunehmende K. in der Wirtschaft. **2.** ⟨o. Pl.⟩ *das Konzentrieren:* die K. aller Kräfte, Gedanken auf das Finden einer Lösung. **3.** ⟨o. Pl.⟩ *hoher Grad der Aufmerksamkeit u. der geistigen Anspannung, die auf eine bestimmte Tätigkeit o. Ä. gerichtet ist:* jmds. K. lässt nach; die Arbeit fordert höchste, äußerste K.; er zeigt einen Mangel an, keine Fähigkeit zur K. **4.** (Chemie) *Gehalt einer Lösung an gelöstem Stoff:* die K. einer Säure feststellen; etw. in hoher, schwacher K. *(stark, schwach konzentriert 3)* verwenden.
kon|zen|tra|ti|ons|fä|hig ⟨Adj.⟩: *fähig, sich zu konzentrieren (2 a).*
Kon|zen|tra|ti|ons|fä|hig|keit, die: *Fähigkeit, sich zu konzentrieren (2 a).*
Kon|zen|tra|ti|ons|la|ger, das; ⟨Pl. ...lager⟩ [wohl LÜ von engl. concentration camp, Bez. für die erstmals 1901 vom brit. Feldmarschall H. H. Kitchener (1850–1916) eingerichteten Internierungslager im Burenkrieg (1899–1902)]: **1.** (nationalsoz.) *(zur Zeit der nationalsozialistischen Herrschaft) Lager, in dem Gegner des nationalsozialistischen Regimes sowie Angehörige der als minderwertig erachteten Völker u. andere nicht erwünschte Personengruppen in grausamer Weise unter menschenunwürdigen Bedingungen gefangen gehalten [und in großer

Zahl ermordet] werden:* ins K. kommen; jmdn. in ein K. einweisen; jmdm. mit K. drohen. **2.** *(gegen die Genfer Konvention verstoßendes) Massenlager, das Elemente des Arbeits-, Internierungs- u. Kriegsgefangenenlagers sowie des Gefängnisses u. Gettos vereinigt (im 20. Jh. vor allem in Diktaturen zur Unterdrückung der Opposition benutzt):* er bewachte ein K. im Burenkrieg.
Kon|zen|tra|ti|ons|man|gel, der (Med., Psychol.): *Mangel an Konzentration (3).*
Kon|zen|tra|ti|ons|pro|zess, der: *Prozess, der zu einer Konzentration (1) von Firmen, Geschäften o. Ä. führt.*
Kon|zen|tra|ti|ons|schwä|che, die (Med., Psychol.): *Beeinträchtigung der Konzentrationsfähigkeit.*
Kon|zen|tra|ti|ons|ver|mö|gen, das ⟨o. Pl.⟩: *Konzentrationsfähigkeit.*
kon|zen|trie|ren ⟨sw. V.; hat⟩ [frz. concentrer = in einem (Mittel)punkt vereinigen, zu: con- (< lat. con-) = mit- u. centre = Zentrum]: **1.** *eine Konzentration (1) herbeiführen:* Arbeitskräfte, Truppen an einer bestimmten Stelle k. **2. a)** *seine Aufmerksamkeit, seine Gedanken, Überlegungen, Bemühungen o. Ä. vollständig auf jmdn., etw. ausrichten, hinlenken:* seine Bemühungen, Überlegungen, Beobachtungen auf jmdn., etw. k.; ⟨auch k. + sich:⟩ sich auf eine Arbeit, sein Examen k.; **b)** ⟨k. + sich⟩ *sich in hohem Maß auf jmdn., etw. richten, jmdn., etw. zum Ziel haben:* die Kritik muss sich auf diesen Punkt k. **3.** ⟨k. + sich⟩ *sich sammeln; die geistig-seelischen Kräfte nach innen richten; Störendes, Ablenkendes nicht beachten:* sie kann sich nicht, nur schlecht k.; bei dieser Arbeit muss man sich k. **4.** (Chemie) *(eine Lösung) auf einen höheren Sättigungsgrad bringen:* eine Lauge, Säure k.
kon|zen|triert ⟨Adj.⟩: **1.** *in großer Menge, Intensität o. Ä. an einem Platz (vorhanden):* ein -es Angebot von Waren aller Art. **2.** *innere Konzentration (3) aufweisend, erkennen lassend; gesammelt:* mit -er Aufmerksamkeit k. zuhören, arbeiten; sie ist, wirkt sehr k. **3.** (Chemie) *eine bestimmte Konzentration (4) aufweisend; eine hohe Konzentration (4) aufweisend:* eine weniger -e Lösung; -e *(hochkonzentrierte)* Säure, -e *(gehaltreiche)* Nahrung.
Kon|zen|triert|heit, die; -: *das Konzentriertsein.*
Kon|zen|trie|rung, die; -, -en (Chemie): *Konzentration (4).*
kon|zen|trisch ⟨Adj.⟩ [mlat. concentricus] (Math.): *(von Kreisen, Kugeln) einen gemeinsamen Mittelpunkt habend:* -e Kreise.
Kon|zen|tri|zi|tät, die; - (Math.): *das Konzentrischsein.*
Kon|zept, das; -[e]s, -e [lat. conceptus = das Zusammenfassen, zu: concipere, ↑konzipieren]: **1.** *skizzenhafter, stichwortartiger Entwurf, Rohfassung eines Textes, einer Rede o. Ä.:* das K. eines Briefes; [sich] ein K. machen; ein K. haben; er hielt seine Rede ohne K.; der Aufsatz ist im K. fertig; * aus dem K. kommen/geraten *(bei einer Tätigkeit, beim Reden verwirrt werden, den Faden verlieren);* jmdn. aus dem K. bringen *(jmdn. in einer Tätigkeit, beim Reden o. Ä. verwirren);* aus dem Konzept geraten lassen: er, das bringt mich aus dem K.; lass dich dadurch, von ihr nicht aus dem K. bringen). **2.** *klar umrissener Plan, Programm für ein Vorhaben:* ein klares, vernünftiges, bildungspolitisches K. haben, entwickeln; * jmdm. das/sein K. verderben (ugs.); *jmds. Pläne, Vorhaben durchkreuzen);* **jmdm. nicht ins K. passen** *(mit jmds. Plänen o. Ä. nicht zusammenstimmen).*
Kon|zep|ter, der; -s, -: *(bes. im IT-Bereich) jmd., der ein Konzept erarbeitet.*

Kon|zep|te|rin, die; -, -nen: w. Form zu ↑ Konzepter.

Kon|zep|ti|on, die; -, -en [lat. conceptio = das Zusammenfassen, Abfassen, zu: concipere, ↑ konzipieren]: **1.** (bildungsspr.) *einer Lehre, einem Programm, [künstlerischen] Werk zugrunde liegende Anschauung, Leitidee; geistiger Entwurf: der Mensch in der aristotelischen K.; ein Wörterbuch nach einer neuen K. erstellen.* **2.** (Med.) *Empfängnis.*

kon|zep|ti|o|nell ⟨Adj.⟩ (bildungsspr.): *die Konzeption betreffend, in Bezug auf die Konzeption.*

kon|zep|ti|o|nie|ren ⟨sw. V.; hat⟩ (bildungsspr.): *(für etw.) eine Konzeption machen.*

Kon|zep|ti|o|nie|rung, die; -, -en (bildungsspr.): *Entwicklung, Erarbeitung einer Konzeption.*

Kon|zep|ti|o|nist, der; -en, -en: *(bes. im künstlerischen Bereich) jmd., der eine Konzeption, ein Konzept erarbeitet.*

Kon|zep|ti|o|nis|tin, die; -, -nen: w. Form zu ↑ Konzeptionist.

kon|zep|ti|ons|los ⟨Adj.⟩ (bildungsspr.): *keine Konzeption aufweisend.*

Kon|zep|ti|ons|lo|sig|keit, die; -: *das Konzeptionslossein; das Fehlen eines Konzepts.*

Kon|zept|kunst, die ⟨o. Pl.⟩: *Concept-Art.*

Kon|zept|pa|pier, das: *Schreibpapier für Konzepte (1).*

Kon|zepts|be|am|ter ⟨vgl. Beamter⟩ (österr. Amtsspr.): **1.** *Beamter, der im Büro arbeitet.* **2.** *Konzipient (2).*

Kon|zepts|be|am|tin, die: w. Form zu ↑ Konzeptsbeamter.

kon|zep|tu|a|li|sie|ren ⟨sw. V.; hat⟩ [engl. conceptualize] (bildungsspr.): *ein Konzept (2) entwerfen; als Konzept (2) gestalten.*

kon|zep|tu|ell ⟨Adj.⟩ [engl. conceptual] (bildungsspr.): *ein Konzept (2) aufweisend.*

Kon|zern, der; -[e]s, -e [engl. concern = (Geschäfts)beziehung, Unternehmung, zu: to concern = betreffen, angehen < frz. concerner < mlat. concernere] (Wirtsch.): *Zusammenschluss von Unternehmen zu einer wirtschaftlichen Einheit, bei der die jeweilige rechtliche Selbstständigkeit nicht aufgegeben wird: ein multinationaler K.; einen K. gründen, bilden.*

Kon|zern|ab|schluss, der (Wirtsch., Kaufmannsspr.): *Jahresabschluss eines Konzerns.*

Kon|zern|be|reich, der: vgl. *Unternehmensbereich.*

Kon|zern|chef, der (ugs.): *Chef eines Konzerns.*

Kon|zern|che|fin, die: w. Form zu ↑ Konzernchef.

kon|zern|ei|gen ⟨Adj.⟩: *dem Konzern gehörend.*

Kon|zern|er|geb|nis, das (Wirtsch.): vgl. *Betriebsergebnis.*

Kon|zern|ge|sell|schaft, die (Wirtsch.): *zu einem Konzern gehörende Gesellschaft (4 b).*

Kon|zern|ge|winn, der: *von einem Konzern erwirtschafteter Gewinn.*

Kon|zern|herr, der ⟨meist Pl.⟩ (Wirtsch.): *jmd., der an der Spitze eines Konzerns steht.*

Kon|zern|her|rin, die: w. Form zu ↑ Konzernherr.

kon|zern|in|tern ⟨Adj.⟩: vgl. *betriebsintern.*

Kon|zern|lei|tung, die (Wirtsch.): **1.** ⟨o. Pl.⟩ *Leitung eines Konzerns.* **2.** *Gruppe der mit der Leitung eines Konzerns betrauten Personen.*

Kon|zern|mut|ter, die (Wirtsch.): *Muttergesellschaft eines Konzerns.*

Kon|zern|spit|ze, die (Wirtsch.): *führende, leitende Gruppe eines Konzerns.*

Kon|zern|toch|ter, die (Wirtsch.): *Tochtergesellschaft eines Konzerns.*

Kon|zern|über|schuss, der (Wirtsch.): *von einem Konzern erwirtschafteter Überschuss.*

Kon|zern|um|satz, der (Wirtsch.): *Gesamtumsatz eines Konzerns.*

kon|zern|weit ⟨Adj.⟩: vgl. *branchenweit.*

Kon|zern|zen|t|ra|le, die: *Zentrale, von der ein Konzern geführt, gelenkt wird.*

Kon|zert, das; -[e]s, -e [ital. concerto, eigtl. = Übereinstimmung, Abmachung, zu: concertare = abstimmen; verabreden < lat. concertare = wetteifern]: **1. a)** *aus mehreren Sätzen bestehende Komposition für [ein od. mehrere Soloinstrumente u.] Orchester: ein K. für Klavier und Orchester; ein K. aufführen, dirigieren;* **b)** *Aufführung eines od. meist mehrerer Musikwerke [in einer öffentlichen Veranstaltung]: ein öffentliches K.; ein K. besuchen; ein K. geben, dirigieren; ins K. gehen.* **2.** ⟨o. Pl.⟩ (geh.) *das Zusammenspiel od. Zusammenwirken mehrerer Faktoren, Kräfte, Mächte o. Ä.: ein K. von Düften, Farben; die Rolle Europas im K. der Großmächte.*

Kon|zert|abend, der: *Abend (2) mit einem Konzert (1 b).*

Kon|zert|agen|tur, die: *Agentur, die Künstlerinnen u. Künstlern Konzerte vermittelt.*

kon|zer|tant ⟨Adj.⟩ [ital. concertante, 1. Part. von: concertare = in harmonischen Einklang bringen] (Musik): *die Form eines Konzerts (1 a) aufweisend: eine -e Komposition; etw. k. aufführen, spielen.*

Kon|zer|tan|te: ↑ Concertante.

Kon|zer|ta|ti|on, die; -, -en [frz. concertation, zu: (se) concerter = (sich) aufeinander abstimmen, zu älter: concert = Übereinkunft < ital. concerto, ↑ Konzert]: **1.** (Politik) *Absprache zum Zweck eines gemeinsamen, abgestimmten Vorgehens; Übereinkunft: wegen zu einer K. aller Parteien in dieser Frage wurden abgelehnt.* **2.** (veraltet) *(an Schulen der Jesuiten gepflegter) Wettstreit unter Schülern im Hinblick auf schulische Kenntnisse od. die Fähigkeit, zu diskutieren.*

Kon|zert|be|su|cher, der: *Besucher eines Konzerts.*

Kon|zert|be|su|che|rin, die: w. Form zu ↑ Konzertbesucher.

Kon|zert|büh|ne, die: *abgegrenzte, erhöhte Fläche, auf der Orchester, Bands o. Ä. Konzerte geben.*

Kon|zert|di|rek|ti|on, die: *Unternehmen, das Konzerte organisiert u. veranstaltet.*

Kon|zert|flü|gel, der: *großer Flügel (5).*

Kon|zert|hal|le, die: *Gebäude mit einem großen, für die Veranstaltung von Konzerten vorgesehenen Raum.*

Kon|zert|haus, das: *Gebäude für Konzertveranstaltungen.*

kon|zer|tie|ren ⟨sw. V.; hat⟩ [ital. concertare] (bildungsspr.): *ein Konzert geben, musizieren: das Orchester konzertiert heute; der Beifall galt der konzertierenden (solistisch spielenden) Celli.*

kon|zer|tiert ⟨Adj.⟩ [frz. concerté, 2. Part. von: (se) concerter = (sich) verabreden] (bildungsspr.): *verabredet, aufeinander abgestimmt, übereinstimmend: -e Aktion (↑ Aktion 1).*

Kon|zer|tie|rung, die; -, -en (bes. schweiz.): *Abstimmung, Koordinierung.*

Kon|zer|ti|na, die; -, -s [engl. concertina]: *Handharmonika mit acht-, sechseckigem od. quadratischem Gehäuse u. Einzeltönen (keinen Akkorden).*

Kon|zert|meis|ter, der: *Erster Geiger eines Orchesters, der Fingersatz u. Strichart der Violinstimmen einheitlich regelt, die Solostellen übernimmt u. gelegentlich den Dirigenten vertritt (Berufsbez.).*

Kon|zert|meis|te|rin, die: w. Form zu ↑ Konzertmeister.

Kon|zert|mit|schnitt, der: *Mitschnitt eines Konzerts.*

Kon|zert|pi|a|nist, der: *Pianist, der in Konzerten u. Liederabenden solistisch auftritt.*

Kon|zert|pi|a|nis|tin, die: w. Form zu ↑ Konzertpianist.

Kon|zert|pro|gramm, das: **1. a)** *Gesamtheit der Darbietungen in einem Konzert (1 b);* **b)** *[vorgesehener] Ablauf [einer Reihe] von Darbietungen bei einem Konzert (1 b).* **2.** *Blatt, Heft, das über ein Konzert (1 b) informiert.*

Kon|zert|pu|b|li|kum, das: *Publikum einer Konzertveranstaltung.*

kon|zert|reif ⟨Adj.⟩: *Konzertreife aufweisend: ein -es Spiel; die Schülerin ist, spielt k.*

Kon|zert|rei|fe, die: *Ausbildungsgrad eines Musikers, der ihn zum Auftreten in öffentlichen Konzerten befähigt.*

Kon|zert|rei|he, die: *Reihe (3) von [thematisch zusammenhängenden] Konzerten.*

Kon|zert|rei|se, die: *Gastspielreise von Künstlerinnen u. Künstlern, die ein Konzert (1 b) geben.*

Kon|zert|saal, der: *Saal, in dem Konzerte stattfinden.*

Kon|zert|sän|ger, der: *Sänger, der in Konzerten u. Liederabenden solistisch auftritt.*

Kon|zert|sän|ge|rin, die: w. Form zu ↑ Konzertsänger.

Kon|zert|stück, das: *Concertino (1).*

Kon|zert|ver|an|stal|ter, der: *jmd., der Konzertveranstaltungen organisiert u. durchführt.*

Kon|zert|ver|an|stal|te|rin, die: w. Form zu ↑ Konzertveranstalter.

Kon|zert|ver|an|stal|tung, die: *Veranstaltung in Form eines öffentlichen Konzerts.*

Kon|zes|si|on, die; -, -en [lat. concessio = Zugeständnis, zu: concedere, ↑ konzedieren]: **1.** (Amtsspr.) *befristete behördliche Genehmigung zur Ausübung eines Gewerbes: eine K. erwerben, erteilen; jmdm. die K. entziehen; eine K. für ein Taxiunternehmen.* **2.** (meist Pl.) *Zugeständnis: -en anbieten; zu -en bereit sein; Vor allem kann nicht genug vor der Lektüre der leider wahrhaft seuchenmäßig in unserem Volk verbreiteten »historischen Romane« gewarnt werden, wie überhaupt jede K. an den Volksgeschmack zu vermeiden ist: denn es hat keinen! (A. Schmidt, Massenbach 139).*

Kon|zes|si|o|när, der; -s, -e (Amtsspr.): *Inhaber einer Konzession (1).*

Kon|zes|si|o|nä|rin, die; -, -nen: w. Form zu ↑ Konzessionär.

kon|zes|si|o|nie|ren ⟨sw. V.; hat⟩ (Amtsspr.): *behördlich genehmigen, mit einer Konzession (1) versehen: einen Gaststättenbetrieb k.*

kon|zes|si|ons|be|reit ⟨Adj.⟩: *zu Konzessionen (2) bereit: ein -er Unterhändler.*

Kon|zes|si|ons|be|reit|schaft, die ⟨o. Pl.⟩: *Bereitschaft, Konzessionen zu machen.*

Kon|zes|si|ons|in|ha|ber, der (Amtsspr.): *Konzessionär.*

Kon|zes|si|ons|in|ha|be|rin, die: w. Form zu ↑ Konzessionsinhaber.

kon|zes|si|ons|los ⟨Adj.⟩: *keine Zugeständnisse, Einschränkungen machend: k. zu seiner Überzeugung stehen.*

kon|zes|si|ons|pflich|tig ⟨Adj.⟩ (Amtsspr.): *eine Konzession (1) erfordernd.*

kon|zes|siv ⟨Adj.⟩ [lat. concessivus, zu: concessum, 2. Part. von: concedere, ↑ konzedieren] (Sprachwiss.): *einräumend: -e Konjunktion.*

Kon|zes|siv|satz, der (Sprachwiss.): *Umstandssatz der Einräumung.*

Kon|zil, das; -s, -e u. -ien [mhd. concīlje < lat. concilium = Zusammenkunft, Versammlung, zu: concalare = Zusammenrufen]: **1.** (kath. Kirche) *Versammlung von Bischöfen u. anderen hohen Klerikern zum Zwecke der Erörterung u. Entscheidung theologischer u. kirchlicher Fragen: ein K. einberufen.* **2.** (Hochschulw.) *aus Professoren, Vertretern der Studierenden u. nicht aka-*

demischen Bediensteten einer Hochschule gebildetes Gremium, das bestimmte Entscheidungsbefugnisse hat.
kon|zi|li|ant ⟨Adj.⟩ [frz. conciliant, 1. Part. von: concilier = aussöhnen < lat. conciliare = geneigt machen, eigtl. = zusammenbringen, zu: concilium, ↑ Konzil] (bildungsspr.): *umgänglich, verbindlich, zu Zugeständnissen bereit: ein -er Mensch; sein Verhalten war nicht sehr k. (nicht sehr entgegenkommend).*
Kon|zi|li|anz, die; - (bildungsspr.): *Umgänglichkeit, Verbindlichkeit, Entgegenkommen.*
kon|zi|li|ar, kon|zi|li|a|risch ⟨Adj.⟩: *zu einem Konzil gehörend, ihm entsprechend, von einem Konzil ausgehend.*
Kon|zi|li|en: Pl. von ↑ Konzil.
Kon|zils|va|ter, der ⟨meist Pl.⟩ (kath. Kirche): *stimmberechtigter Teilnehmer an einem Konzil (1).*
kon|zinn ⟨Adj.⟩ [lat. concinnus, eigtl. = im richtigen Verhältnis gemischt, wohl zusammengefügt]: **1.** (Rhet., Stilkunde) *syntaktisch gleich gebaut; ebenmäßig, harmonisch zusammengefügt.* **2.** (bildungsspr. veraltet) *ansprechend, gefällig.*
Kon|zin|ni|tät, die; - [lat. concinnitas]: **1.** (Rhet., Stilkunde) *Ebenmäßigkeit im Satzbau.* **2.** (bildungsspr. veraltet) *das Ansprechend-, Gefälligsein.*
Kon|zi|pi|ent, der; -en, -en [zu lat. concipiens (Gen.: concipientis), 1. Part. von: concipere, ↑ konzipieren]: **1.** (veraltet) *Verfasser eines Schriftstücks.* **2.** (österr. Amtsspr.) *Jurist [zur Ausbildung] in einem Rechtsanwaltsbüro.*
Kon|zi|pi|en|tin, die; -, -nen: w. Form zu ↑ Konzipient.
kon|zi|pie|ren ⟨sw. V.; hat⟩ [spätmhd. concipieren < lat. concipere, eigtl. = zusammenfassen, aufnehmen]: **1.** *ein schriftliches Konzept (1) für etw. machen:* eine Rede, einen Aufsatz k. **2.** *(von einer bestimmten Vorstellung, Idee ausgehend) planen, entwerfen, entwickeln:* ein Projekt, ein Gerät k.; der Bau ist als Altenheim, für 10 Wohnungen konzipiert; ein vernünftig konzipiertes Auto. **3.** (Med.) *schwanger werden.*
Kon|zi|pie|rung, die; -, -en: *das Konzipieren; das Konzipiertwerden.*
kon|zis ⟨Adj.⟩ [lat. concisus, adj. 2. Part. von: concidere = zusammenhauen] (Rhet., Stilkunde): *kurz, gedrängt:* eine -e Sprache; k. geschrieben sein.
Koof|mich, der; -s, -s u. -e [zu berlin. koofen = kaufen u. -mich(el) = abwertende Umgestaltung des Grundwortes -mann] (berlin. salopp): *Kaufmann, Geschäftsmann.*
Koog, Kog, der; -[e]s, Köge [mniederd. köch < mniederl. cooch, H. u.] (nordd.): *dem Meer abgewonnenes, eingedeichtes Land; Polder.*
Ko|ope|ra|ti|on, die; -, -en [kirchenlat. cooperatio = Mitwirkung, zu: cooperari, ↑ kooperieren]: *Zusammenarbeit, bes. auf politischem od. wirtschaftlichem Gebiet, zwischen Ost und West.*
ko|ope|ra|ti|ons|be|reit ⟨Adj.⟩: *zur Kooperation bereit.*
Ko|ope|ra|ti|ons|be|reit|schaft, die ⟨Pl. selten⟩: *Bereitschaft zur Kooperation.*
Ko|ope|ra|ti|ons|part|ner, der: *Partner bei einer wirtschaftlichen Unternehmung.*
Ko|ope|ra|ti|ons|part|ne|rin, die: w. Form zu ↑ Kooperationspartner.
Ko|ope|ra|ti|ons|ver|ein|ba|rung, die: *Vereinbarung, mit jmdm. zu kooperieren.*
Ko|ope|ra|ti|ons|ver|trag, der: *Vertrag, in dem eine Kooperation vereinbart wird.*
ko|ope|ra|tiv ⟨Adj.⟩ (bildungsspr.): **a)** *zur Kooperation bereit; bereitwillig kooperierend:* ein -es Verhalten; seine Haltung ist wenig k.; er ist

[nicht] k.; **b)** *auf dem Wege der Kooperation erfolgend:* eine Aufgabe k. lösen.
Ko|ope|ra|tiv, das; -s, -e, auch: -s, **Ko|ope|ra|ti|ve,** die; -, -n [russ. kooperativ, wohl < frz. coopérative] (bes. DDR): *Genossenschaft:* eine landwirtschaftliche Kooperative.
Ko|ope|ra|tor, der; -s, ...oren [kirchenlat. cooperator = Mitwirkender, zu: cooperari, ↑ kooperieren]: **1.** (veraltet) *Mitarbeiter.* **2.** (österr., sonst landsch.) *katholischer Hilfsgeistlicher.*
Ko|ope|ra|to|rin, die; -, -nen: w. Form zu ↑ Kooperator.
ko|ope|rie|ren ⟨sw. V.; hat⟩ [kirchenlat. cooperari = mitwirken, zu lat. operari, ↑ operieren]: *(bes. auf politischem od. wirtschaftlichem Gebiet) zusammenarbeiten:* auf einem Gebiet, mit einer anderen Firma k.; zwischen beiden Firmen wird kooperiert; Vielleicht ist die einzige Legitimation der ganzen irrsinnigen, längst überholten Schriftstellerei – den Dingen ins Herz blicken, den Dingen, was heißt das – den Feinden. Du musst einer sein, der nicht kooperiert *(nicht mitmacht;* Zwerenz, Kopf 171).
Ko|or|di|na|te, die; -, -n [zu lat. con- = mit- u. ↑ Ordinate]: **1.** (Math.) *zur Angabe der Lage eines Punktes in der Ebene od. im Raum (anhand eines Koordinatensystems) dienende Zahl.* **2.** (Geogr.) *zur Angabe der Lage eines Punktes auf der Erdoberfläche (anhand des Gradnetzes) dienende Zahl:* die geografischen -n eines Ortes.
Ko|or|di|na|ten|ach|se, die (Math.): *Achse eines Koordinatensystems.*
Ko|or|di|na|ten|netz, das (Geogr.): *Gradnetz.*
Ko|or|di|na|ten|sys|tem, das (Math.): *mathematisches System, in dem mithilfe von Koordinaten die Lage eines Punktes in der Ebene od. im Raum festgelegt wird.*
Ko|or|di|na|ti|on, die; -, -en [zu ↑ koordinieren]: **1.** (bildungsspr.) *das Koordinieren:* eine mangelnde K.; die K. von Tätigkeiten. **2.** (Sprachwiss.) *Nebenordnung.* **3.** (Chemie) *(von chemischen Verbindungen höherer Ordnung) Zusammensetzung u. Aufbau.*
Ko|or|di|na|ti|ons|stel|le, die: *Stelle, von der aus etw. koordiniert wird, eine Koordination von etw. stattfindet.*
Ko|or|di|na|ti|ons|stö|rung, die ⟨meist Pl.⟩ (Med.): *Ataxie.*
ko|or|di|na|tiv ⟨Adj.⟩: *die Koordination betreffend.*
Ko|or|di|na|tor, der; -s, ...oren [zu ↑ koordinieren]: *jmd., der etw. koordiniert (1).*
Ko|or|di|na|to|rin, die; -, -nen: w. Form zu ↑ Koordinator.
ko|or|di|nie|ren ⟨sw. V.; hat⟩ [mlat. coordinare, zu lat. ordinare, ↑ ordinieren]: **1.** (bildungsspr.) *(verschiedene Dinge, Vorgänge o. Ä.) aufeinander abstimmen, miteinander in Einklang bringen:* Projekte, Rundfunkprogramme [miteinander] k. **2.** (Sprachwiss.) *nebenordnen.*
Ko|or|di|nie|rung, die; -, -en (bildungsspr.): *das Koordinieren; das Koordiniertwerden.*
Ko|or|di|nie|rungs|stel|le, die: *Koordinationsstelle.*
Kop. = Kopeke.
Ko|pal, der; -s, -e [span. copal, aus einer mittelamerik. Indianerspr.]: *Harz verschiedener tropischer Bäume, das für die Herstellung von Lacken verwendet wird.*
Ko|pal|harz, das: *Kopal.*
Ko|pal|lack, der: *unter Verwendung von Kopal hergestellter Lack.*
Ko|pe|ke, die; -, -n [russ. kopejka, zu: kop'e = Lanze, Speer, da die Münze früher den Zaren zu Pferde mit einer Lanze zeigte]: *Untereinheit der Währungseinheiten in der Russischen Föderation* (100 Kopeken = 1 Rubel) *u. der Ukraine* (100 Kopeken = 1 Griwna) (Abk.: Kop.).
Ko|pen|ha|gen: Hauptstadt Dänemarks.
¹Ko|pen|ha|ge|ner, der; -s, -: **1.** Ew. **2.** *mit Früchten od. Konfitüre gefülltes Gebäckstück aus Blätterteig.*
²Ko|pen|ha|ge|ner ⟨indekl. Adj.⟩.
Ko|pen|ha|ge|ne|rin, die; -, -nen: w. Form zu ↑ ¹Kopenhagener (1).
Ko|pe|po|de, der; -n, -n [zu griech. kṓpē = Ruder u. poús (Gen.: podós) = Fuß]: *(in vielen Arten vorkommender) in Gewässern od. auf feuchtem Boden lebender sehr kleiner Krebs.*
Kö|per, der; -s, - [aus dem Niederd. < mniederd. keper, eigtl. = Dachsparren, Querbalken, nach dem diagonal verlaufenden Grat (4)] (Textilind.): **1.** ⟨o. Pl.⟩ *Köperbindung.* **2.** *Gewebe, Stoff in Köperbindung.*
Kö|per|bin|dung, die (Textilind.): *Art der Bindung* (3 a), *durch die eine diagonale Streifung entsteht.*
ko|per|ni|ka|nisch ⟨Adj.⟩ [nach dem dt. Astronomen N. Kopernikus (1473–1543)]: *nach Kopernikus benannt:* das -e (heliozentrische) Weltsystem; Ü eine -e (bildungsspr.; tief greifende) Wende.
Kopf, der; -[e]s, Köpfe [mhd. kopf, koph = Becher, Trinkgefäß; scherzh. übertr. dann: Hirnschale, Kopf, ahd. chopf = Becher, Trinkschale, wohl < spätlat. cuppa < lat. cupa, ↑ ²Kufe]: **1.** *oft rundlicher [durch den Hals mit dem Rumpf verbundener] Körperteil des Menschen u. vieler Tiere, zu dem Gehirn, Augen, Nase, Mund u. Ohren gehören:* ein dicker, großer, kahler, ausdrucksvoller K.; der K. einer Katze, eines Vogels; ihr K. sank auf die Brust; die Zuschauer standen K. an K. *(dicht gedrängt);* K. oder Zahl *(Avers mit dem aufgeprägten [Fürsten]kopf oder Revers mit dem Zahlenwert;* im Zusammenhang mit dem Werfen einer Münze, womit eine Entscheidung zwischen zwei Personen od. Möglichkeiten herbeigeführt werden soll); den K. drehen, abwenden, hochheben, neigen; den K. aus dem Fenster strecken, durch die Tür stecken; sie schüttelte verneinend den K.; sich den K. *(die Haare)* waschen; sich den K. stoßen *(mit dem Kopf an etw. stoßen);* sie ist einen ganzen, halben K. größer als ich; die Mädchen steckten die Köpfe zusammen *(berieten sich tuschelnd);* sie bekamen rote Köpfe von der Sonne; sich die Köpfe heißreden *(sehr lebhaft diskutieren);* der Schuss traf ihn am K.; einen Hut auf dem K. tragen; die Turnerin steht auf dem K.; das Buch steht auf dem K. *(umgekehrt)* im Regal; auf den K. des Mörders steht eine Belohnung; den K. das Haus über den K. anzünden *(während er im Haus ist);* die Haare über K. *(bei herabhängendem Kopf)* föhnen; dem Kranken ein Kissen unter den K. schieben; der Wind riss ihm den Hut vom K.; das Blut stieg ihr zu K.; R sie wird dir nicht gleich den K. abreißen (ugs.; *sie wird dich nicht so schlimm behandeln, wie du befürchtest);* das kann den K. nicht kosten *(das kann so gefährlich nicht sein);* * **jmdm. brummt der K.** (ugs.; *jmd. hat heftige Kopfschmerzen);* **jmdm. schwirrt der K.** *(jmd. ist aufgrund sehr vieler Eindrücke verwirrt);* **jmdm. raucht der K.** (ugs.; *jmd. denkt längere Zeit angestrengt nach);* **nicht wissen, wo einem der K. steht** *(zu viel Arbeit haben, dass man verwirrt ist, nicht weiß, wo man anfangen soll);* **einen dicken/schweren K. haben** *(Kopfschmerzen, einen Kater haben);* **einen roten K. bekommen** *(erröten);* **K. hoch!** *(nur nicht den Mut verlieren!);* **jmds. K. fordern** (1. *jmds. Enthauptung verlangen.* 2. *die strenge Bestrafung von jmdm., der sich in höherer Stellung befindet, fordern);* **jmdm./jmdn. den K. kosten** (1. *zu jmds. Ent-*

hauptung führen: dieser Fehler sollte ihn den K. kosten. 2. *jmdn. die Stellung o. Ä. kosten*); **den K. einziehen** (*nichts unternehmen, um sich keiner Gefahr auszusetzen o. Ä.*); **den K. hängen lassen** (*mutlos sein*); **den K. unterm Arm tragen** (ugs.; *sehr krank sein*); **jmdm. den K. waschen** (ugs.; *jmdn. scharf zurechtweisen*); **seinen K. riskieren; K. und Kragen riskieren/wagen/ aufs Spiel setzen/verlieren** (*das Leben, die Existenz aufs Spiel setzen/verlieren*); **seinen K. retten** (ugs.; *sich retten*); **den K. hinhalten müssen** (ugs.; *[für etw.] geradestehen müssen*); **sich ⟨Dativ⟩ [an etw.] den K. einrennen** (*bei einem Vorhaben auf Widerstand stoßen, nicht zum Ziel kommen*); **den K. aus der Schlinge ziehen** (*durch geschicktes Verhalten einer Bestrafung entgehen*); **den K. in den Sand stecken** (*eine Gefahr nicht sehen wollen; der Realität ausweichen*; *nach der irrigen Annahme, dass der Vogel Strauß bei Gefahr den Kopf in den Sand steckt*); **den K. hoch tragen** (*stolz sein*); **den K. oben behalten** (*den Mut nicht verlieren*); **jmdm. den K. zurechtsetzen/zurechtrücken** (ugs.; *jmdn. durch Kritik zur Vernunft bringen*); **sich ⟨gegenseitig/einander⟩ die Köpfe einschlagen/einhauen** (*sich heftig streiten*); **jmdm. [um] einen K. kürzer/kleiner machen** (ugs.; *jmdn. köpfen*); **sich ⟨Dativ⟩ an den K. fassen/greifen** (ugs.; *kein Verständnis für etw. haben: wenn ich so einen Unsinn höre, kann ich mir nur an den K. greifen*); **jmdm. etw. an den K. werfen** (ugs.; *jmdm. etw. [Freches] direkt sagen: sie warf ihm Unverschämtheiten, Beleidigungen an den K.*); **eins auf den K. bekommen/kriegen** (↑¹Hut 1); **etw. auf den K. hauen** (ugs.; *[einen bestimmten Geldbetrag] auf einmal für Vergnügungen o. Ä. ausgeben*; H. u., viell. in Bezug auf die Münze, die man auf den Kopf, d. h. auf die Seite mit den aufgeprägten [Fürsten]kopf, wirft, damit die Seite mit der Zahl sichtbar ist: heute habe ich hundert Euro auf den K. gehauen); **jmdm. auf den K. kommen** (ugs.; *jmdn. ausschimpfen, zurechtweisen, tadeln: ich komm dir gleich auf den K.!* [Drohung]); **etw. auf den K. stellen** (ugs.: 1. *das Unterste zuoberst kehren, etw. völlig durcheinanderbringen: die Kinder haben beim Spielen das ganze Haus, Zimmer auf den K. gestellt. 2. in etw., an einem Ort sehr gründlich suchen: ich habe das ganze Haus auf den K. gestellt und trotzdem meine Brille nicht gefunden. etw. unrichtig darstellt*); **jmdm. auf dem K. herumtanzen/herumtrampeln** (ugs.; *jmds. Gutherzigkeit missbrauchen, indem man ihn respektlos behandelt u. sich von ihm alles sagen lässt*); **sich ⟨Dativ⟩ nicht auf den K. spucken lassen** (salopp; *sich nichts gefallen lassen*); **jmdm. auf den K. spucken können** (salopp scherzh.; *erheblich größer sein als ein anderer*); **nicht auf den K. gefallen sein** (ugs.; *gewitzt, nicht dumm sein*); **jmdm. etw. auf den K. zusagen** (*jmdm. gegenüber, ohne zu zögern, etw. aussprechen, was man über ihn zu wissen glaubt [ohne jedoch Beweise zu haben]*); **jmdm. in den K. steigen** (1. *jmdn. betrunken, benommen machen: der Wein ist mir in den K. gestiegen. 2. seltener: jmdn. eingebildet, überheblich machen: der Ruhm ist ihm in den K. gestiegen*); **jmdm. zu K. steigen** (*jmdn. eingebildet, überheblich machen*); **mit dem K. durch die Wand wollen** (ugs.; *Unmögliches erzwingen wollen*); **mit seinem K. für etw. einstehen** (*mit seinem Leben, seiner Existenz für etw. einstehen*); **über jmds. K. [hin]weg** (*ohne jmdn. Bestimmtes zu fragen, zu informieren*); **über die Köpfe hinwegreden** (*reden, ohne Rücksicht auf das Verständnis der Zuhörer zu nehmen*); **jmdm. über den K. wachsen** (ugs.: 1. *sich so entwickeln,*

dass jmd. Bestimmtes einem nicht mehr gewachsen ist: er ist seinem Vater längst über den K. gewachsen. 2. von jmdm. nicht mehr bewältigt werden: die Arbeit ist mir über den K. gewachsen); **bis über den K. in etw. stecken** (ugs.; *völlig von etw. beansprucht, belastet sein: bis über den K. in Sorgen, Arbeit stecken*); ⟨unpers.⟩ **um K. und Kragen gehen** (ugs.; *um das Leben, die Existenz gehen*); **etw. vom K. auf die Füße stellen** (*das Bild, das man von etw. hat, korrigieren*); **von K. bis Fuß** (*von oben bis unten; ganz und gar: sich von K. bis Fuß neu einkleiden, waschen*); **jmdm. vor den K. stoßen** (ugs.; *jmdn. in plumper Weise kränken, verletzen*); **bis über den K. geschlagen sein** (ugs.; *vor Überraschung, Schreck wie gelähmt sein*). **2. a)** *Person mit bestimmten [intellektuellen] Fähigkeiten; Person von bestimmter Intelligenz: sie ist ein kluger, fähiger K.*; **b)** *an der Spitze von etw. stehende Person: der K. des Unternehmens*. **3.** *Denk-, Willenskraft: er hat einen eigensinnigen, dicken K.* (*ist eigensinnig, dickköpfig*); *seinen K. anstrengen; du musst nicht immer deinen K. (Willen) durchsetzen; etw. [noch] frisch im K. haben* (ugs.; *sich [noch] gut an etw. erinnern*); *etw. im K.* (*im Gedächtnis*) *haben, behalten; ich weiß nicht, was in den Köpfen der Leute vorgeht* (*was sie denken*); *er hat nur Mädchen und Autos im K.* (*denkt nur an Mädchen u. Autos*); *du bist wohl nicht ganz richtig im K.* (ugs.; *du bist wohl verrückt*); R *was man nicht im K. hat, [das] muss man in den Beinen haben* (*wenn man etwas vergisst, muss man einen Weg zweimal machen*); * **jmdm. steht der K. nicht nach etw.** (↑Sinn 3 a); **einen klaren/kühlen K. bewahren/behalten** (*nicht nervös werden, die Übersicht behalten*); **seinen K. aufsetzen** (*widerspenstig sein, [trotzig] seinen Willen durchsetzen wollen*); **den K. voll haben** (*an vieles zu denken haben, sich mit vielen Dingen gedanklich beschäftigen müssen*); **den K. verlieren** (*die Übersicht, die Ruhe, die Fassung verlieren*); **jmdm. den K. verdrehen** (ugs.; *jmdn. verliebt machen: er hat ihr den K. verdreht*); **sich ⟨Dativ⟩ den K. zerbrechen** (ugs.; *sehr angestrengt über etw. nachdenken: ich zerbreche mir den K., was ich ihr schenken soll*); **sich ⟨Dativ⟩ einen K. machen** (ugs.; *sich Gedanken machen, über etw. nachdenken: darum/darüber muss ich mir doch keinen K.*); **aus dem K.** (*auswendig, ohne nachzusehen*); **jmdm. nicht aus dem K. wollen** (*jmdn. ständig beschäftigen*); **sich ⟨Dativ⟩ etw. aus dem K. schlagen** (*einen Plan o. Ä. aufgeben*); **sich ⟨Dativ⟩ etw. durch den K. gehen lassen** (*über eine Sache [in Ruhe] nachdenken*); **jmdm. durch den K. schießen/ gehen** (*jmdm. [plötzlich] einfallen, in den Sinn kommen*); **jmdm. im K. herumgehen** (ugs.; *jmdn. sehr beschäftigen*); **sich ⟨Dativ⟩ etw. in den K. setzen** (*fest entschlossen sein, etw. zu tun: er hat sich in den K. gesetzt, sie zu heiraten*); **im K. [aus]rechnen** (*[aus]rechnen, ohne aufzuschreiben: die Kosten im K. ausrechnen*); **jmdm. nicht in den K. [hinein]gehen/[hinein]wollen** (*jmdm. unverständlich, unbegreiflich sein: ihr will nicht in den K., dass er nur so wenig verdient*). **4.** *Einzelperson innerhalb einer größeren Menge von Menschen: das Einkommen pro K. der Bevölkerung; der Eintritt kostet fünf Euro pro K.* (*für jeden*); *Drei Wasserhahnen, auf dreihundert Köpfe ein Wasserhahn!* (Gaiser, Schlußball 67). **5. a)** *rundlicher, oberer Teil in etw.: der K. der Stecknadel, des Streichholzes, einer Pfeife; Disteln mit blauen Köpfen; Nägel, Schrauben mit flachen Köpfen; die Blumen lassen die Köpfe hängen* (*werden welk*); *er schlug die Köpfe von zwei Ampullen ab* (Remarque, Triomphe 410). **b)** *essbarer, rundli-*

cher Teil bestimmter Gemüse- u. Salatpflanzen, der etwa die Größe eines Menschenkopfes hat: ein K. Salat, Blumenkohl; **c)** *oberer Teil od. Vorderende von etw., dem eine bestimmte Wichtigkeit zukommt: der K. eines Briefbogens, einer Zeitung, einer Buchseite; den K. des Zuges bildet die Musikgruppe; ich saß am K. der Tafel.* ◆ **6.** ⟨Pl. Köpfe, aber: 2 -⟩ [spätmhd.] (landsch.) *Hohlmaß unterschiedlicher Größe: ... gegen ... Bezahlung von zehn K. Weins für den Scharfrichter* (Keller, Dietegen 141).

Kopf-an-Kopf-Ren|nen, das ⟨Sport⟩: *Lauf, Rennen, bei dem zwei od. mehrere Konkurrenten [fast] gleichauf sich dem Ziel nähern: an der Spitze des Feldes kam es zu einem K. - Ü nach einem K. konnte die SPD die Wahl gewinnen.*
Kopf|ar|beit, die ⟨o. Pl.⟩: *geistige Arbeit.*
Kopf|ar|bei|ter, der: *jmd., der geistig arbeitet.*
Kopf|ar|bei|te|rin, die: w. Form zu ↑Kopfarbeiter.
Kopf|bahn|hof, der: *Bahnhof ohne durchgehende Gleise.*
Kopf|ball, der (Fußball): *mit dem Kopf gestoßener Ball.*
kopf|ball|stark ⟨Adj.⟩ (Fußball): *im Kopfballspiel gut, stark.*
Kopf|ball|tor, das (Fußball): *durch einen Kopfball erzieltes Tor.*
Kopf|be|de|ckung, die: *etw., womit man zum Schutz od. zum Schmuck den Kopf, die Haare bedeckt: mit, ohne K.*
Kopf|be|we|gung, die: *Bewegung mit dem Kopf: eine rasche, ablehnende K.*
Köpf|chen, das; -s, -: **1.** Vkl. zu ↑Kopf. **2.** (ugs.) *pfiffiger Verstand, Findigkeit, Ideenreichtum: K. haben; mit K. arbeiten, vorgehen; R K., K.!* (*Ideen, Verstand, Intelligenz muss man haben!*) **3.** (Bot.) *Blütenstand, bei dem viele Blüten in kugeliger Form dicht beieinanderstehen: das K. des Klees.*
Köp|fe: Pl. von ↑Kopf.
köp|feln ⟨sw. V.⟩ (südd., österr., schweiz.): **1.** ⟨hat⟩ *köpfen* (2). **2.** ⟨hat/ist⟩ *einen Kopfsprung machen.*
kop|fen ⟨sw. V.; hat⟩ (landsch.): *(von Salat) einen Kopf bilden: der Salat kopft.*
köp|fen ⟨sw. V.; hat⟩: **1.** (*zur Vollstreckung der Todesstrafe*) *jmdm. den Kopf abschlagen: jmdn. k.*; Ü *ein Frühstücksei k.; eine Flasche k.* (*öffnen, um sie zu leeren*). **2.** (Fußball) **a)** *mit dem Kopf stoßen: den Ball [ins Tor] k.*; **b)** *durch Köpfen* (2 a) *erzielen: ein Tor k.* **3.** (Fachspr.) *mit einem Kopf* (5 c) *versehen: Karteikarten k.*
Kopf|en|de, das: **a)** *Seite eines Bettes o. Ä., an der der Kopf liegt: am K. der Liege*; **b)** *oberes od. vorderes Ende: am K. der Mole.*
Köp|fer, der; -s, - (ugs.): **1.** *Kopfsprung: mit einem eleganten K. ins Wasser springen.* **2.** *Kopfball.*
Kopf|form, die: *Form eines Kopfes: eine runde, längliche K.*
Kopf|fü|ßer, der; -s, - (Zool.): *(in vielen Arten im Meer vorkommendes) räuberisch lebendes Weichtier mit deutlich vom Rumpf abgesetztem Kopf, an dem mehrere Fangarme sitzen, u. mit der Fähigkeit, bei Gefahr einen Farbstoff abzusondern, der es den Blicken der Verfolger entzieht (z. B. Tintenfisch); Zephalopode: der Klasse der K.*
Kopf|füß|ler, der; -s, - (Kunstwiss.): *Gestalt, Figur, die aus Beinen u. einem kopfähnlichen Gebilde besteht.*
Kopf|ge|burt, die: *etw. nur Erdachtes, Ersonnenes, was mit der Wirklichkeit nicht übereinstimmt.*
Kopf|geld, das: **1.** *für die Ergreifung eines Gesuchten ausgesetzte Geldprämie.* **2.** (selten) *pro Person ausgezahlter Betrag.*
Kopf|geld|jä|ger, der: *jmd., der für ein Kopfgeld eine andere Person verfolgt, um sie zu fangen.*

Kopf|geld|jä|ge|rin, die: w. Form zu ↑ Kopfgeldjäger.
Kopf|grind, der: *Hautausschlag auf dem Kopf mit Bildung von Schorf.*
Kopf|grip|pe, die (volkstüml.): **a)** *Enzephalitis;* **b)** *Erkältung mit starken Kopfschmerzen.*
Kopf|haar, das: *auf dem Kopf wachsendes Haar.*
Kopf|hälf|te, die: *Hälfte eines Kopfes:* die linke, rechte K.
Kopf|hal|tung, die: *Art u. Weise, den Kopf zu halten.*
◆ **kopf|hän|ge|rig:** ↑ kopfhängerisch (a): ...da ich den Laib nirgends sah, schlich ich k. davon (Rosegger, Waldbauernbub 48).
kopf|hän|ge|risch ⟨Adj.⟩: **a)** *mutlos, trübsinnig;* ◆ **b)** *frömmlerisch:* ...fand unter meinen Gönnern einen Handelsmann, der... jenen frommen... Gesinnungen ergeben war... Er war dabei ein verständiger Mann und keinesfalls k. in seinem Tun und Lassen (Goethe, Dichtung u. Wahrheit 9).
Kopf|haut, die: *Haut, die die Oberseite des Kopfes bedeckt:* die K. massieren.
Kopf|hö|he: nur in der Fügung **in K.** (*in Höhe des Kopfes:* etw. in K. anbringen).
Kopf|hö|rer, der: *Gerät mit meist zwei kleinen [mit einem Bügel auf die Ohren gedrückten] Lautsprechern, mit dem Töne direkt ans Ohr übertragen werden:* Musik über K. hören.
Kopf|jagd, die (Volkskunde): *Erbeutung von Köpfen getöteter Gegner bei bestimmten Naturvölkern.*
Kopf|jä|ger, der (Volkskunde): *Angehöriger eines Volkes, das Kopfjagd betreibt.*
Kopf|jä|ge|rin, die: w. Form zu ↑ Kopfjäger.
Kopf|ju|cken, das; -s: *das Jucken der Kopfhaut.*
Kopf|kis|sen, das: *zum Bettzeug gehörendes Kissen, auf dem der Kopf liegt.*
Kopf|kli|nik, die: *Klinik, in der unterschiedliche Krankheiten im Bereich des Kopfes behandelt werden.*
Kopf|la|ge, die (Med.): *Lage des Kindes bei der Geburt, bei der der Kopf zuerst austritt.*
Kopf|län|ge, die: *Länge eines Kopfes:* die Stute gewann mit einer K. Vorsprung.
kopf|las|tig ⟨Adj.⟩: **1. a)** (*von Flugzeugen, Schiffen o. Ä.*) *vorne zu stark belastet:* das Boot, Flugzeug ist k.; **b)** *oben zu stark belastet; vom Verstand bestimmt:* bei dieser kleinen Vase wären die langen Rosen viel zu k.; Ü eine -e Administration (*eine Administration mit zu vielen Leuten an der Spitze*). **2.** *den Intellekt beanspruchend; vom Verstand bestimmt:* der Film ist leider etwas k.; das Thema klingt k., hört sich k. an. **3.** (ugs.) *stark betrunken.*
Kopf|las|tig|keit, die; -, -en: **1.** ⟨o. Pl.⟩ *das Kopflastigsein.* **2.** *etw. kopflastig* (1 b, 2) *Wirkendes.*
Kopf|leis|te, die: *Leiste im Kopf* (5 c) *einer Zeitung, in der das Impressum steht.*
Köpf|ler, der; -s, - (südd., österr., schweiz.): *Köpfer.*
kopf|los ⟨Adj.⟩: **1.** *keinen Kopf aufweisend:* -e Lebewesen. **2.** *aufgrund von Verwirrung, Überraschung o. Ä. unfähig, einen klaren Gedanken zu fassen, sinnvoll zu handeln:* ein -er Mensch; die Leute waren ganz k.; k. umherlaufen; Er konnte sich an einen ähnlich -en (*im Zustand der Verwirrung gefassten*) Entschluss nicht erinnern (Johnson, Ansichten 20).
Kopf|lo|sig|keit, die; -, -en: **1.** ⟨o. Pl.⟩ *das Kopflossein.* **2.** *kopfloses Verhalten.*
Kopf|ni|cken, das; -s: *das Nicken mit dem Kopf:* ein freundliches, kurzes, stummes K.
Kopf|no|te, die: **1.** (Schule) *Schulnote, durch die nicht die schulischen Leistungen in einem Fach, sondern Mitarbeit, soziales Verhalten o. Ä. bewertet werden.* **2.** (Fachspr.) *Duftnote, die*

gleich nach dem Auftragen auf der Haut wahrzunehmen ist.
Kopf|nuss, die (ugs.): **1.** [zu ↑ Nuss (3)] *leichter Schlag mit den Fingerknöcheln gegen den Kopf:* der Vater verteilte Kopfnüsse. **2.** *besonders schwierige Denkaufgabe.*
Kopf|pau|scha|le, die (Jargon): *von allen Versicherten in gleicher Höhe zu entrichtender Beitrag zur Krankenversicherung.*
Kopf|prä|mie, die: *für die Ergreifung eines Gesuchten ausgesetzte Geldprämie.*
Kopf|putz, der ⟨o. Pl.⟩ (veraltet): *Schmuck für den Kopf.*
kopf|rech|nen ⟨sw. V.; hat; nur im Inf. u. Part. gebr.⟩: *rechnen, ohne aufzuschreiben:* sie kann gut k.
Kopf|rech|nen, das; -s: *Rechnen im Kopf:* im K. bin ich schwach.
Kopf|sa|lat, der: (*in Gärten gezogene, zu Salat bereitete*) *Pflanze mit hellgrünen welligen Blättern, die einen Kopf* (5 b) *bilden.*
Kopf|satz, der (Musik): *erster Satz* (4 b) *einer Sonate od. Sinfonie.*
kopf|scheu ⟨Adj.⟩ [urspr. von Pferden gesagt, die scheuen, wenn sie am Kopf gepackt werden]: in den Wendungen **jmdn. k. machen** (ugs.; *jmdn. verwirren u. ängstlich, unsicher machen*); **k. werden** (*verwirrt, unsicher, ängstlich werden*).
Kopf|schmerz, der (meist Pl.): *Schmerz im Kopf:* der K. ist weg; heftige -en haben; eine Tablette gegen -en; * **sich** (Dativ) **über etw./wegen etw. keine -en machen** (ugs.; *sich keine Sorgen um, über etw. machen*); **jmdm. -en bereiten/machen** (ugs.; *jmdm. Sorgen bereiten*).
Kopf|schmerz|ta|blet|te, die: *Tablette gegen Kopfschmerzen.*
Kopf|schmuck, der: *schmückende Kopfbedeckung.*
Kopf|schup|pe, die (meist Pl.): *kleines Hautteilchen, das von der Kopfhaut abgestoßen wird; Schuppe.*
Kopf|schuss, der: **1.** *Schuss in den Kopf:* er wurde durch einen K. getötet. **2.** *Schussverletzung am Kopf;* * **einen K. haben** (ugs.; *nicht recht bei Verstand sein*).
Kopf|schüt|teln, das; -s: [*das Schütteln des Kopfes als*] *Ausdruck der Verneinung od. der Verwunderung, des Unverständnisses:* ihr Verhalten löste allgemeines K. aus.
kopf|schüt|telnd ⟨Adj.⟩: [*verständnislos*] *den Kopf, die Köpfe schüttelnd:* die -en Zuhörer; k. sah er zu.
Kopf|schutz, der: *Schutz für den Kopf* (z. B. Kunststoffhelm der Eishockeyspieler, eine Art Lederkappe der Boxer).
Kopf|sprung, der: *Sprung [ins Wasser] mit dem Kopf voran:* einen K. machen.
Kopf|stand, der: *Turnübung, bei der jmd. mit gestrecktem Körper auf dem Kopf steht u. sich mit den Händen abstützt.*
kopf|ste|hen ⟨unr. V.; hat; südd., österr. u. schweiz. auch: ist⟩: **1.** (selten) *auf dem Kopf stehen.* **2.** (ugs.) *völlig überrascht, verwirrt, durcheinander, bestürzt sein:* als sie die Nachricht bekamen, standen sie kopf.
kopf|stein|ge|pflas|tert ⟨Adj.⟩: *mit Kopfsteinpflaster versehen:* -e Straßen.
Kopf|stein|pflas|ter, das: *Pflaster aus oben rundlichen Pflastersteinen aus Naturstein.*
Kopf|steu|er, die: *Steuer, die von jedem in gleicher Höhe erhoben wird.*
Kopf|stim|me, die: *hohe Stimmlage, bei der hauptsächlich der Kopf Resonanzraum ist; Falsett.*
Kopf|stoß, der: **1.** (Fußball) *Kopfball.* **2.** *Stoß mit dem Kopf.*
Kopf|stüt|ze, die: *Stütze für den Kopf [an Autositzen].*

Kopf|teil, das od. der: **a)** *Kopfende* (a); **b)** *oberer Teil der Rückenlehne, der für den Kopf bestimmt ist.*
Kopf|tuch, das ⟨Pl. ...tücher⟩: *Tuch, das um den Kopf gebunden getragen wird.*
Kopf|tuch|mäd|chen, das (ugs., meist abwertend): *aus religiösen Gründen ein Kopftuch tragendes muslimisches Mädchen.*
Kopf|tuch|ver|bot, das: *Verbot bes. für im öffentlichen Dienst beschäftigte muslimische Frauen, während der Ausübung ihrer Tätigkeit ein Kopftuch als religiöses Symbol zu tragen.*
kopf|über ⟨Adv.⟩: *mit dem Kopf voran:* sie fiel k. ins Wasser; er stürzte sich k. aus dem Fenster; Ü sich k. (*voller Tatendrang*) in die Arbeit stürzen.
Kopf|ver|band, der: *Verband um den Kopf.*
Kopf|ver|let|zung, die: *Verletzung am Kopf.*
Kopf|wa|ckelnd ⟨Adj.⟩: (*aufgrund von Alter od. Krankheit*) *mit dem Kopf wackelnd.*
Kopf|wä|sche, die: **1.** *das Waschen der Haare.* **2.** (ugs.) *scharfer Tadel, Zurechtweisung:* eine ordentliche, gründliche K.
Kopf|weh, das ⟨o. Pl.⟩ (ugs.): *Kopfschmerzen:* K. haben.
Kopf|zer|bre|chen, das; -s: *angestrengtes Nachdenken, um eine Lösung, einen Ausweg aus einer schwierigen Situation zu finden:* dieses Problem macht, bereitet [ihm] K.; * **sich** (Dativ) **über etw. [kein] K. machen** (*sich über etw. [keine] Sorgen machen*).
Ko|pie (österr. auch: [ˈkoːpjə], die; -, -n [spätmhd. copī < mlat. copia = (den Bestand an Exemplaren vermehrende) Abschrift < lat. copia = Vorrat, Menge]: **1.** *Abschrift, Durchschrift od. sonstige originalgetreue Reproduktion, Doppel eines Schriftstücks o. Ä., bes. Fotokopie:* eine beglaubigte K. der Urkunde; eine K. anfertigen; (EDV:) sicherheitshalber mache ich eine K. der Datei auf Diskette; das Zeugnis liegt in K. bei. **2.** (Fotogr.) **a)** *Abzug* (2 a): eine K. machen; **b)** *Doppel eines Films:* die K. des Films hat Kratzer; eine K. ziehen. **3.** *genaue, originalgetreue Nachbildung eines Gegenstands, meist eines Kunstwerks o. Ä.:* eine K. des Gemäldes. **4.** (häufig abwertend) *Nachahmung, Abklatsch;* er ist nur eine [blasse] K. seines Chefs; ihre Paarlaufkür ist eine schwache K. der Olympiakür.
Ko|pier|an|stalt, die (Fotogr.): *Betrieb, in dem Kopien* (2) *hergestellt werden.*
ko|pie|ren ⟨sw. V.; hat⟩ [mlat. copiare = vervielfältigen; zu: copia, ↑ Kopie]: **1.** (*von etw.*) *eine Kopie* (1) *machen:* ein Zeugnis, Buchseiten k.; (EDV:) eine Datei auf Diskette k. **2.** (Fotogr.) **a)** (*von etw.*) *eine Kopie* (2 a) *herstellen;* **b)** (*von etw.*) *eine Kopie* (2 b) *herstellen:* einen Film k. **3.** *ein Kunstwerk o. Ä. nachbilden, ein zweites Exemplar nach einem Original herstellen:* ein Gemälde k. **4.** *nachahmen, imitieren:* den Lehrer, Geschäftspraktiken k.
Ko|pie|rer, der; -s, -: *Fotokopiergerät.*
Ko|pier|ge|rät, das: *Fotokopiergerät.*
ko|pier|ge|schützt ⟨Adj.⟩ (EDV): *mit einem Kopierschutz versehen:* -e Daten.
Ko|pier|pa|pier, das: **1.** *zur Herstellung von Kopien* (1) *verwendetes spezielles Papier.* **2.** (Fotogr.) *Fotopapier.*
Ko|pier|räd|chen, das: *an einem Stiel befestigtes Rädchen mit gezahntem Rand zum Kopieren von Schnittmustern vom Schnittmusterbogen.*
Ko|pier|schutz, der ⟨o. Pl.⟩ (EDV): *Programm zur Verhinderung unautorisierten Kopierens von Software.*
Ko|pier|stift, der: *Bleistift mit einer Mine, die wasserlösliche Farbstoffe enthält, die nicht radiert werden können.*
Ko|pier|ver|fah|ren, das: *Verfahren zum Herstellen von Kopien.*

Kopierwerk – Körbchen

Ko|pier|werk, das (Fotogr.): Werk, Betrieb, in dem Kopien (2) hergestellt werden.
Ko|pi|lot, der; -en, -en [engl. co-pilot, aus: co- < lat. co(m)- = mit- u. pilot = Pilot]: zweiter Pilot in einem Flugzeug.
Ko|pi|lo|tin, die; -, -nen: w. Form zu ↑Kopilot.
Ko|pist, der; -en, -en: *jmd., der etw. kopiert.*
Ko|pis|tin, die; -, -nen: w. Form zu ↑Kopist.
Kop|pe, die; -, -n: **1.** [zu ↑Kopf od. ↑Kuppe] *Groppe.* **2.** (landsch.) ↑¹Kuppe.
¹Kop|pel, das; -s, -, österr.: die; -, -n [mhd. koppel, kuppel = Band, Verbindung; mit einem Seil zusammengebundene Tiere (bes. Hunde, Zugtiere) < afrz. co(u)ple = Band < lat. copula, ↑Kopula]: **a)** *zu einer Uniform gehörender [breiter] Ledergürtel:* ein breites K.; das K. umschnallen, putzen; **b)** (Jägerspr.) *Gurt, an dem der Hirschfänger getragen wird.*
²Kop|pel, die; -, -n: **1.** [aus dem Niederd. < mniederd. koppel = Umzäunung; eingezäuntes Landstück, eigtl. = Band < mhd. koppel, ↑¹Koppel] *eingezäuntes Weideland:* die Pferde weiden auf der K., in der K.; aus der K. ausbrechen. **2.** [mhd. koppel, kuppel, ↑¹Koppel] *Rudel mehrerer, mit Riemen zusammengebundener Tiere, bes. Hunde:* eine K. Jagdhunde. **3.** *Riemen, Leine, mit der mehrere Tiere zusammengebunden werden:* die Hunde an der K. führen. **4.** (Musik) *Vorrichtung an der Orgel, mit der Register eines Manuals auf andere umgeschaltet werden können od. die höhere od. tiefere Oktave eines Tons zum Mitklingen gebracht werden kann.*
kop|peln ⟨sw. V.; hat⟩ [mhd. kuppeln, koppeln = an die ²Koppel (3) legen, verbinden]: **1. a)** *Tiere mit Riemen o. Ä. aneinanderbinden;* (Fahrzeuge) *miteinander verbinden:* die Astronauten koppelten die Raumschiffe; **c)** *durch technische Vorrichtungen verbinden u. zum Zusammenwirken bringen:* ein Gerät mit einem anderen k.; das Telefon ist an ein Tonbandgerät gekoppelt (ist damit verbunden). **2. a)** *mit etw. in Zusammenhang bringen; von etw. abhängig machen:* ich koppelte meine Zustimmung an zwei Bedingungen; **b)** * *mit etw. gekoppelt sein* (*mit etw. in Zusammenhang stehen; gleichzeitig mit etw. stattfinden, auftreten o. Ä.:* die medikamentöse Behandlung ist mit psychologischer Betreuung gekoppelt). **3.** (Druckw.) *durch einen Bindestrich, durch Bindestriche verbinden; mit Bindestrich[en] schreiben.* **4.** (Seew.) *den Standort eines Schiffs berechnen, indem auf einer Seekarte die zurückgelegte Distanz eingetragen wird.*
Kop|pel|schloss, das: *Schloss eines ¹Koppels.*
Kop|pe|lung, die: ↑Kopplung.
Kop|pe|lungs|ma|nö|ver: ↑Kopplungsmanöver.
Kop|pel|wei|de, die: *eingezäuntes Weideland.*
Kop|pel|wirt|schaft, die (Landwirtsch.): *Wirtschaftsform, bei der das Land im Wechsel als Weide- u. Ackerland genutzt wird.*
Kop|pel|zeug, das: *¹Koppel mit daran befestigten anderen Ausrüstungsgegenständen.*
kop|pen ⟨sw. V.; hat⟩ [spätmhd. koppen = speien] (Fachspr.): *(von Pferden) geräuschvoll Luft schlucken:* ⟨subst.:⟩ das Koppen ist eine Pferdekrankheit.
Köp|per, der; -s, - (landsch. ugs.): *Kopfsprung.*
kopp|heis|ter ⟨Adv.⟩ [**1.** Bestandteil: niederd. Kopp = Kopf, **2.** Bestandteil viell. zu mhd. heistieren (< afrz. haster) = eilen] (nordd.): *kopfüber:* k. ins Wasser springen; k. schießen (einen Purzelbaum schlagen); * **k. gehen** (*bergab gehen, untergehen, vernichtet werden:* wenn nichts passiert, geht die Firma k.).
Kopp|lung, Koppelung, die; -, -en: *das Koppeln (1–3); das Gekoppeltsein.*
Kopp|lungs|ge|schäft, das (Wirtsch.):

Geschäft, bei dem der Käufer eine Ware nur bekommt, wenn er gleichzeitig noch eine andere kauft.
Kopp|lungs|ma|nö|ver, Koppelungsmanöver, das (Raumfahrt): *Manöver, bei dem zwei Raumschiffe o. Ä. aneinandergekoppelt werden.*
Ko|pro|duk|ti|on, die; -, -en [engl. co-production, aus: co- < lat. co(m)- = mit- u. production = Produktion, Herstellung]: **a)** *in Gemeinschaftsarbeit produzierter Film od. Fernsehsendung:* eine deutsch-italienische K.; **b)** *Gemeinschaftsproduktion* (a).
Ko|pro|du|zent, der; -en, -en: *jmd., der mit jmd. anderem zusammen einen Film, eine Fernsehsendung o. Ä. produziert.*
Ko|pro|du|zen|tin, die; -, -nen: w. Form zu ↑Koproduzent.
ko|pro|du|zie|ren ⟨sw. V.; hat⟩: *(Film, Fernsehsendung) in Gemeinschaftsarbeit produzieren.*
Ko|pro|lith [auch: ...'lɪt], der; -s od. -en, -e[n] [↑-lith] (Geol.): *versteinertes Stück urweltlichen Kots.*
Ko|pro|m, das; -s, -e (Med.): *scheinbare Geschwulst im Darm in Form von verhärtetem Kot; Fäkulom.*
Kop|te, der; -n, -n [arab. qubṭī, qibṭī < griech. Aigýptios = Ägypter]: *Angehöriger der christlichen Kirche Ägyptens.*
Kop|tin, die; -, -nen: w. Form zu ↑Kopte.
kop|tisch ⟨Adj.⟩: **1.** *zur christlichen Kirche Ägyptens, zu den Kopten gehörend:* -e Kunst. **2.** *das Koptische betreffend.*
Kop|tisch, das; -[s], (nur mit best. Art.:) **Kop|ti|sche**, das; -n: *aus dem Ägyptischen entwickelte liturgische Sprache der Kopten.*
Ko|pu|la, die; -, -s u. ...lae [...lɛ] [lat. copula = Verbindendes, Verknüpfendes, Band, Zug-, Hundeleine]: **1.** (Biol.) *Kopulation* (1). **2. a)** (Logik) *Glied, das Subjekt u. Prädikat in einer Aussage verbindet;* **b)** (Sprachwiss.) *Verbform, die die Verbindung zwischen Subjekt u. Prädikativ herstellt.*
Ko|pu|la|ti|on, die; -, -en [lat. copulatio, zu: copulare, ↑kopulieren]: **1.** (Biol.) *Begattung.* **2.** (Gartenbau) *Veredelung von Pflanzen, bei der ein schräg geschnittenes Edelreis genau auf eine Unterlage gepasst wird.* **3.** (veraltet, noch landsch.) *Trauung.* **4.** *Koitus.*
ko|pu|la|tiv ⟨Adj.⟩ [spätlat. copulativus] (Sprachwiss.): *verbindend, aneinanderreihend;* »und« ist eine -e Konjunktion.
Ko|pu|la|tiv|kom|po|si|tum, das, **Ko|pu|la|ti|vum**, das; -s, ...va (Sprachwiss.): *Kompositum aus zwei gleichwertigen Wörtern* (z. B. taubstumm).
ko|pu|lie|ren ⟨sw. V.; hat⟩ [lat. copulare = eng verbinden]: **1.** (Biol.) *begatten* (b). **2.** (Gartenbau) *(Pflanzen) durch Kopulation* (2) *veredeln.* **3.** (veraltet, noch landsch.) *trauen:* ♦ *Allem Anschein nach ... seid ihr ein junges Brautpaar, das gewiss nach der Stadt geht, um sich morgen k. zu lassen* (Keller, Romeo 68); ♦ *Am 9. Julius stand er vor dem Auenthaler Altar und wurde kopuliert mit der Justel* (Jean Paul, Wutz 23). **4.** *koitieren.* **5.** (Sprachwiss.) *[mit einem Bindewort] verbinden.*
kor: ↑²kiesen, küren.
Ko|rah [nach Korah, dem Enkel des Levi (4. Mos. 16, 1 ff.), der sich mit anderen gegen Moses stellte]: *in der Fügung* **Rotte K.** (bildungsspr. veraltet; *zügellose Horde.*)
Ko|ral|le, die; -, -n [mhd. koral(le) < afrz. coral < lat. corall(i)um < griech. korállion]: **1.** *(in tropischen Meeren meist in Kolonien lebendes) festsitzendes Hohltier mit einem verzweigten Kalkgerüst:* -n fischen. **2.** *Stück vom Kalkgerüst der Koralle* (1) *als Material für Schmuck:* eine Kette aus [geschliffenen] -n.

ko|ral|len ⟨Adj.⟩: **1.** *aus Korallen* (2) *bestehend.* **2.** *korallenrot.*
Ko|ral|len|bank, die ⟨Pl. ...bänke⟩: ¹*Bank* (3 b) *aus versteinerten Skeletten von Korallen.*
Ko|ral|len|fisch, der: *(in Korallenriffen lebender) sehr farbenprächtiger kleiner Fisch unterschiedlicher Familienzugehörigkeit.*
Ko|ral|len|fi|scher, der: *jmd., der die versteinerten Kalkgerüste von Korallen für die Verarbeitung zu Schmuck aus dem Meer holt.*
Ko|ral|len|fi|sche|rin, die: w. Form zu ↑Korallenfischer.
Ko|ral|len|in|sel, die: *große, eine Insel bildende Korallenbank.*
Ko|ral|len|riff, das: vgl. Korallenbank.
Ko|ral|len|rot ⟨Adj.⟩: *eine matte, gelbrote Farbe aufweisend.*
Ko|ral|len|tier, das: *(im Meer lebendes, in vielen Arten vorkommendes) Hohltier; Koralle* (1).
Ko|ran, der; -[s], -e [arab. qur'ān = Lesung]: **1.** ⟨o. Pl.⟩ *Gesamtheit der Offenbarungen des Propheten Mohammed; heiliges Buch des Islam:* den K. auslegen. **2.** *Buch, das den Koran* (1) *enthält:* ein alter K.
ko|ra|nisch ⟨Adj.⟩: *den Koran betreffend:* -e Theologie.
Ko|ran|schu|le, die: *Schule, in der der Koran gelesen u. ausgelegt wird.*
Ko|ran|su|re, die: *Sure.*
Korb, der; -[e]s, Körbe ⟨als Maßangabe auch: Korb⟩: **1. a)** [mhd. korp, ahd. chorp, wahrsch. < lat. corbis = Korb, urspr. = Geflochtenes] *aus biegsamem [von Pflanzen stammendem] Material geflochtener, meist offener Behälter* (mit Griffen, Henkeln o. Ä.): *ein K. aus Weide, Draht; Körbe flechten;* ein K. Äpfel; ein K. reife Äpfel/ (geh.:) *reifer Äpfel;* zwei Körbe mit Eiern; die Wäsche in einen K. legen; **b)** *korbartiger Behälter als Maßeinheit für gefangenen Fisch:* 5 000 K. Kabeljau; **c)** ⟨o. Pl.⟩ *Korbgeflecht: Gartenmöbel aus K.;* **d)** (Fachspr.) *Faschine.* **2. a)** Kurzf. von ↑Förderkorb; **b)** *Gondel an einem Ballon* (1 a) *o. Ä.;* **c)** Kurzf. von ↑Bienenkorb. **3. a)** [LÜ von engl. basket] (Basketball) *am Spielbrett aufgehängter Eisenring mit einem Netz:* auf den K. werfen; **b)** (Korbball) *an einem Ständer befestigter Eisenring mit einem Netz;* **c)** [LÜ von engl. basket] (Basketball, Korbball) *Treffer, bei dem der Ball durch den Ring des Korbes* (3 b) *geworfen werden muss:* einen K. schießen, erzielen; **d)** (Fechten) *Gesichtsschutz;* **e)** (Fechten) *Handschutz am Degen u. Ä.;* *Glocke* (6). **4.** [nimmt darauf Bezug, dass in früheren Zeiten Frauen gelegentlich ihren Liebhaber zu sich in einem Korb hochziehen ließen; war der Liebhaber oder nicht genehm, bekam er einen Korb mit brüchigem Boden, durch den er auf die Erde zurückfiel; später wurde es auch üblich, einem bewerbenden Freier einen kleinen Korb ohne Boden zu überreichen] *ablehnende Antwort auf ein Angebot, einen [Heirats]antrag:* einen K. bekommen; als er sie zum Tanzen aufforderte, holte er sich einen K.; die FDP gab der CDU in den Koalitionsverhandlungen einen K.
Korb|ball, der ⟨o. Pl.⟩: *zwischen zwei [Frauen]mannschaften ausgetragenes Ballspiel, bei dem der Ball nach bestimmten Regeln in den gegnerischen Korb* (3 b) *geworfen werden muss:* K. spielen.
Korb|blüt|ler, der; -s, - (Bot.): *Pflanze, deren Blütenstände als Körbchen* (4) *ausgebildet sind; Komposite.*
Körb|chen, das; -s, -: **1.** Vkl. zu ↑Korb. **2.** *kleinerer Korb* (1 a) *als Schlafplatz bes. für einen im Haus gehaltenen Hund:* der Hund liegt in seinem K.; R *husch, husch, ins K.!* (fam.; *schnell ins Bett!*). **3.** *Schale des Büstenhalters; Cup* (3): Bikini mit

verstellbaren K. **4.** (Bot.) *flacher, runder Blütenstand, bei dem viele Blüten dicht nebeneinandersitzen.*

Körb|chen|grö|ße, die: *Größe der Körbchen eines Büstenhalters:* sie hat K. C.

körlbe|wei|se ⟨Adv.⟩: *in großer, in Körben gemessener Menge:* wir haben k. Pilze gefunden; Ü es hagelte k. Beschwerden.

Korb|fla|sche, die: *von einem Korbgeflecht umhüllte Flasche.*

Korb|flech|ter, der: *Korbmacher.*

Korb|flech|te|rin, die: w. Form zu ↑ Korbflechter.

Korb|ge|flecht, das: *Geflecht aus Weidenzweigen, Binsen, Rohr o. Ä.*

Korb|jä|ger, der (Basketball): *Spieler, der viele Körbe erzielt.*

Korb|jä|ge|rin, die: w. Form zu ↑ Korbjäger.

Korb|ma|cher, der: *Handwerker, der Korbwaren herstellt* (Berufsbez.).

Korb|ma|che|rei, die; -, -en: **1.** *Herstellung von Korbwaren:* sie leben von der K. **2.** *Betrieb, in dem Korbwaren hergestellt werden.*

Korb|ma|che|rin, die: w. Form zu ↑ Korbmacher.

Korb|mö|bel, das ⟨meist Pl.⟩: *Möbel aus Korbgeflecht.*

Korb|stuhl, der: *Stuhl aus Korbgeflecht.*

Korb|wa|gen, der: *Kinderwagen aus Korbgeflecht.*

Korb|wa|re, die ⟨meist Pl.⟩: *Gegenstand aus Korbgeflecht.*

Korb|wei|de, die: *(an Bach- u. Flussufern wachsende) Weide mit schmalen, langen, am Rand gewellten Blättern, deren Zweige zu Korbwaren verarbeitet werden.*

korb|wei|se ⟨Adv.⟩: *in Körben [verpackt]:* etw. k. verkaufen.

Korb|wurf, der (Basketball, Korbball): *Wurf auf den Korb* (3 a, b).

Kord: ↑ Cord.

Kor|del, die; -, -n [spätmhd. kordel, mniederd. kordeel < frz. cordelle = kurzes Seil, Vkl. von: corde = Seil, Schnur < lat. corda, ↑ Chorda]: **1. a)** *aus mehreren Fäden zusammengedrehte dicke, runde Schnur;* **b)** (landsch.) *Bindfaden.* **2.** (österr.) *schnurartiger Besatz.*

kor|di|al ⟨Adj.⟩ [frz. cordial < mlat. cordialis, zu lat. cor (Gen.: cordis) = Herz] (veraltet): *herzlich, freundlich.*

Kor|dil|le|ren [...dɪlˈjeːrən] ⟨Pl.⟩: *Gebirgszug im Westen des amerikanischen Doppelkontinents.*

Kor|don [kɔrˈdõː, bes. südd., österr.: kɔrˈdoːn], der; -s, -s, bes. südd., österr.: ...one [kɔrˈdoːnə] [frz. cordon, eigtl. = Seil; Reihe, zu: corde, ↑ Kordel]: **1.** (bildungsspr.) *polizeiliche od. militärische Absperrung, Postenkette:* ein K. drängte die Demonstranten ab; K. bilden, ziehen; den K. durchbrechen. **2.** *Ordensband für höchste Orden.*

Ko|re, die; -, -n [griech. kórē = Mädchen] (Kunstwiss.): *altgriechische Statue eines festlich gekleideten jungen Mädchens.*

Ko|rea; -s: *Halbinsel in Ostasien* (vgl. Nordkorea, Südkorea).

Ko|re|a|ner, der; -s, -: Ew.

Ko|re|a|ne|rin, die; -, -nen: w. Form zu ↑ Koreaner.

ko|re|a|nisch ⟨Adj.⟩: *aus Korea stammend; zu Korea gehörend.*

Ko|re|a|nisch, das; -[s], (nur mit best. Art.:) **Ko|re|a|ni|sche,** das; -n: *die koreanische Sprache.*

Ko|re|fe|rat usw.: ↑ Korreferat usw.

Ko|re|gis|seur, der; -s, -e: *jmd., der mit einem anderen zusammen Regie führt.*

Ko|re|gis|seu|rin, die; -, -nen: w. Form zu ↑ Koregisseur.

kö|ren ⟨sw. V.; hat⟩ [niederd. Form von ↑ küren] (Fachspr.): *männliche Haustiere nach bestimmten Kriterien zur Zucht auswählen.*

Kor|fi|ot, der; -en, -en: Ew. zu ↑ Korfu.

Kor|fi|o|tin, die; -, -nen: w. Form zu ↑ Korfiot.

kor|fi|o|tisch ⟨Adj.⟩: *aus Korfu stammend; zu Korfu gehörend.*

Kor|fu; -s: *griechische Insel im Ionischen Meer.*

Kör|hengst, der: *Zuchthengst.*

Ko|ri|an|der, der; -s, - [lat. coriandrum < griech. koríandron, koríannon, H. u.]: **a)** *(in den Mittelmeerländern wachsende) Pflanze mit weißen Doldenblüten u. kugeligen Samen;* **b)** *als Gewürz u. Heilmittel verwendeter Samen des Korianders* (a).

Ko|rinth: *griechische Stadt.*

Ko|rin|the, die; -, -n [frz. raisin de Corinthe, nach ↑ Korinth]: *kleine, dunkle, kernlose Rosine.*

Ko|rin|then|ka|cker, der; -s, - (derb abwertend): *kleinlicher, pedantischer Mensch.*

Ko|rin|then|ka|che|rin, die; -, -nen: w. Form zu ↑ Korinthenkacker.

Ko|rin|ther, der; -s, -: Ew. zu ↑ Korinth.

Ko|rin|ther|brief, der: *Brief des Apostels Paulus an die Korinther.*

Ko|rin|the|rin, die; -, -nen: w. Form zu ↑ Korinther.

ko|rin|thisch ⟨Adj.⟩: **1.** *aus Korinth stammend; zu Korinth gehörend.* **2.** (Kunstwiss.) *die Kunst der Korinther betreffend:* -e Säule (*altgriechische, schlanke Säule mit aus Akanthusblättern gebildetem Kapitell*).

Kork, der; -[e]s, -e [niederl. kurk < span. corcho < lat. cortex = Baumrinde]: **1.** *aus der Rinde der Korkeiche gewonnenes, [hell]braunes, sehr leichtes, auf Wasser schwimmendes Material, das zum Verschließen von Flaschen o. Ä. u. als Isoliermaterial verwendet wird.* **2.** (landsch.) *Korken:* Ich werde den K. ziehen und die Flasche heraufbringen (Remarque, Triomphe 69).

Kork|ei|che, die: *(im Mittelmeergebiet wachsende) immergrüne Eiche, deren dicke Rinde Kork* (1) *liefert.*

¹kor|ken ⟨sw. V.; hat⟩ (selten): **a)** *mit einem Korken verschließen;* **b)** *entkorken.*

²kor|ken ⟨Adj.⟩: *aus Kork bestehend.*

Kor|ken, der; -s, -: *Flaschenverschluss aus Kork [od. Plastik]:* der K. sitzt fest, ist in der Flasche stecken geblieben; die K. der Sektflaschen knallen lassen; den K. herausziehen; der Wein schmeckt nach [dem] K.; *die K. knallen lassen* (ugs.; *[mit reichlich Sekt, Champagner] ausgelassen feiern*): nach dem Vertragsabschluss ließen wir drei Tage lang die K. knallen).

Kor|ken|zie|her, der; -s, -: *zum Entkorken von Flaschen dienendes Gerät mit einem spitzen, spiralig geformten Teil, der in den Korken hineingedreht wird.*

kor|kig ⟨Adj.⟩: *nach Kork [schmeckend].*

Kork|soh|le, die: *Schuhsohle aus Kork* (1).

Kork|zie|her, der; -s, - (landsch.): *Korkenzieher.*

Kor|mo|phyt, der; -en, -en ⟨meist Pl.⟩ [zu griech. kormós = Stamm u. phytón = Pflanze] (Bot.): *in Wurzel, Stängel u. Blätter gegliederte Farn- bzw. Samenpflanze.*

Kor|mo|ran [österr.: ˈkɔr...], der; -s, -e [frz. cormoran < afrz. cormare(n)g, corp mareng, eigtl. = Meerrabe < spätlat. corvus marinus]: *großer, meist schwarzgrüner Schwimmvogel mit metallisch glänzendem Gefieder.*

¹Korn, das; -[e]s, Körner u. (Getreidearten:) -e [mhd., ahd. korn, urspr. = samenartige Frucht von Pflanzen, dann die des Getreides]: **1.** ⟨Pl. Körner⟩ *kleine, rundliche Frucht mit fester Schale; Samenkorn:* die Körner des Weizens; das K. vom Mais; den Tauben Körner in den Schlag streuen. **2.** ⟨Pl. -e, selten⟩ *[Brot]getreide:* reifes K.; das K. steht gut, hoch; K. anbauen; [das] K. mähen, dreschen; durch das K. (*Kornfeld*) gehen. **3.** ⟨Pl. Körner⟩ *[sehr] kleines, festes Stückchen in Form eines Korns:* einige Körner Salz; der Hagel fiel in dicken Körnern. **4.** ⟨o. Pl.⟩ **a)** (Fotogr.) *Struktur einer fotografischen Schicht;* **b)** (Geol.) *Struktur des Gesteins aufgrund der Größe u. Anordnung der einzelnen Gesteinsteilchen:* Marmor von feinem K.; **c)** (Fachspr.) *Oberflächenbeschaffenheit eines bestimmten Materials:* das feine K. des Papiers fühlen. **5.** ⟨Pl. -e⟩ *als Teil des Visiers auf dem Lauf einer Handfeuerwaffe kurz vor der Mündung befindliche, kleinere Erhöhung, die beim Zielen mit der Kimme optisch in eine Linie gebracht werden muss:* Kimme und K.; ein Wild aufs K. nehmen (*anvisieren*); gestrichen[es] K. nehmen (Fachspr.; *Kimme u. Korn beim Zielen optisch exakt auf eine Linie bringen*); mit gestrichenem K.; über Kimme und K. visieren; * **etw. aufs K. nehmen** (ugs.; *etw. heftig kritisieren, angreifen; gegen etw. polemisieren:* Missstände aufs K. nehmen); **jmdn. aufs K. nehmen** (ugs.; *jmdn. mit bestimmter [feindlicher] Absicht ständig beobachten*). **6.** ⟨Pl. -e⟩ (Münzkunde veraltet) *Feingewicht einer Münze.*

²Korn, der; -[e]s, - (ugs.): Kurzf. von ↑ Kornbranntwein: drei K. (*drei Gläschen Korn*) trinken.

Korn|blu|me, die: *(bes. auf Getreidefeldern wachsende) zu den Korbblütlern gehörende Pflanze mit schmalen Blättern u. einzeln stehenden Blüten von leuchtend blauer Farbe.*

korn|blu|men|blau ⟨Adj.⟩: *leuchtend blau (wie die Kornblume):* ein -es Kleid; Ü k. (salopp; *stark betrunken*) sein.

Korn|brannt|wein, der: *klarer Schnaps, der aus Getreide gewonnen wird.*

Körn|chen, das; -s, -: **1.** Vkl. zu ↑ ¹Korn (1). **2.** Vkl. zu ↑ ¹Korn (3): ein K. Salz; Ü ein K. (*ein kleines bisschen*) Wahrheit.

Körndl|bau|er, der; -n (selten -s), -n (österr.): *Bauer, der [vorwiegend] Getreide anbaut.*

Körndl|bäu|e|rin, die; -, -nen: w. Form zu ↑ Körndlbauer.

Kor|nea: ↑ Cornea.

kor|ne|al ⟨Adj.⟩ (Med.): *die Cornea betreffend, zu ihr gehörend.*

Kor|nel|kir|sche, die; -, -n [mhd. churnilobaum, ahd. curnilbaum < mlat. corniola, zu lat. cornus = Kornelkirschbaum]: *(als Strauch od. Baum wachsende) Pflanze mit gelben Blüten u. roten, essbaren Steinfrüchten; Herlitze.*

kör|nen ⟨sw. V.; hat⟩: **a)** *in Körner zerkleinern:* Schlacke k.; **b)** ⟨meist 2. Part.⟩ *körnig machen:* gekörnte Fleischbrühe (*körniger Extrakt aus Fleischbrühe*); die gekörnte (*raue*) Seite der Pappe. **2.** [mhd. körnen] (Jägerspr.) *ankörnen* (1): Ü ◆ Das Mädchen selbst, mit welcher mich körnt (Lessing, Nathan IV, 4). **3.** (Handwerk) *ankörnen* (2).

¹Kör|ner, der; -s, - [zu ↑ körnen (3)]: *spitzer Stift aus Stahl, mit dem auf Metallflächen kleine Markierungspunkte für zu bohrende Löcher eingeschlagen werden können.*

²Kör|ner: Pl. von ↑ ¹Korn.

Kör|ner|fres|ser, der: **1.** (Zool.) *Vogel, der sich hauptsächlich von Körnern ernährt:* der Fink ist ein K. **2.** (scherzh.) *jmd., der sich vorwiegend von Getreide (z. B. in Form von Müsli o. Ä.) ernährt* [u. *Fleischnahrung ablehnt*].

Kör|ner|fres|se|rin, die; -, -nen: w. Form zu ↑ Körnerfresser (2).

Kör|ner|frucht, die: **a)** *einzelne Frucht von Getreide, Hülsen- u. Ölfrüchten;* **b)** *Getreide, Hülsen- u. Ölfrucht.*

Kör|ner|fut|ter, das: *aus Getreidekörnern bestehendes Futter.*

¹Kor|nett, der; -[e]s -e u. -s [frz. (le) cornette, zu: (la) cornette = Standarte, zu: corne = Horn; wohl nach der Form] (Geschichte): *Fähnrich* (1b).

²Kor|nett, das; -[e]s, -e u. -s [frz. cornet, zu: corne

Kornettist – korporatistisch

< lat. cornu = Horn] (Musik): **1.** *kleines Horn* (3) *[in Sopranlage] mit Ventilen.* **2.** *den Klang des* ²*Zinks u. a. nachahmendes Orgelregister.*
Kor|net|tist, der; -en, -en: *jmd., der [berufsmäßig]* ²*Kornett* (1) *spielt.*
Kor|net|tis|tin, die; -, -nen: w. Form zu ↑ Kornettist.
Korn|feld, das: *Getreidefeld, bes. Roggenfeld.*
Korn|grö|ße, die: *Größe der in einem bestimmten Material vorhandenen Teilchen.*
kör|nig ⟨Adj.⟩ [zu ↑ ¹Korn]: **a)** *aus kleinen Teilchen,* ¹*Körnern* (3) *bestehend, zusammengesetzt:* -er *Sand; Reis k. kochen;* **b)** *eine raue Oberfläche aufweisend.*
Kör|nig|keit, die; -: **1.** (Fotogr.) *Beschaffenheit des* ¹*Korns* (4a). **2.** *körnige Beschaffenheit.*
Korn|kä|fer, der: *kleiner Käfer, dessen Larven Getreidekörner von innen ausfressen.*
Korn|kam|mer, die: *Gebiet, das den größten Teil des Getreidebedarfs des jeweiligen Landes deckt.*
Korn|ra|de, die: *(im Getreide vorkommende) hochwachsende Pflanze mit lang gestielten, violetten Blüten u. giftigen, schwarzen Samen.*
Kör|nung, die: **a)** (Geol.) ¹*Korn* (4b); **b)** (Fachspr.) *das Körnen* (1).
Ko|rol|la, Ko|rol|le, die; -, ...llen [lat. corolla, Vkl. von: corona, ↑ Korona] (Bot.): *Gesamtheit der Blütenblätter einer Blüte.*
Ko|ro|na, die; -, ...nen [lat. corona = Kranz, Krone < griech. korṓnē = Ring]: **1.** (Astron.) *(bei einer totalen Sonnenfinsternis sichtbarer) Strahlenkranz der Sonne.* **2.** (ugs.) **a)** *Gruppe, Ansammlung von [jüngeren] Menschen, die gemeinsam etw. unternehmen; [fröhliche] Schar:* die ganze K. zog mit; **b)** ⟨abwertend veraltend⟩ *Gruppe randalierender o. ä. Jugendlicher; Horde:* diese K. machte sich überall breit.
ko|ro|nar ⟨Adj.⟩ [lat. coronarius = zum Kranz gehörend]: *zu den Herzkranzgefäßen gehörend, sie betreffend.*
Ko|ro|nar|ge|fäß, das (Med.): *Herzkranzgefäß.*
Ko|ro|nar|in|suf|fi|zi|enz, die (Med.): *Herzinsuffizienz.*
Kör|per, der; -s, - [mhd. körper, korper < lat. corpus (Gen.: corporis) = Körper, Leib; Masse, Gesamtheit, Körperschaft]: **1. a)** *das, was die Gestalt eines Menschen od. Tieres ausmacht; äußere Erscheinung eines Menschen od. Tieres, Gestalt; Organismus eines Lebewesens:* der menschliche, tierische K.; ein lebloser K.; ein schöner, athletischer, schlanker, gedrungener, ausgemergelter K.; der K. des Kranken war mit Geschwüren bedeckt; seinen K. abhärten, stählen, pflegen, massieren lassen; eng am K. anliegende Kleider; sie zitterte am ganzen K.; sich am ganzen K. waschen; er hatte nichts auf dem K. *(war nackt);* die Einheit von K. und Geist; **b)** *Rumpf:* ein schlanker, gedrungener K. mit langen Gliedmaßen; ein Treffer auf den K. (beim Fechten, Boxen). **2. a)** (bildungsspr.) *Gegenstand, den man sehen od. fühlen kann:* ruhende, bewegte K.; Ohne Dinge, die ihn einnähmen, gebe es keinen Raum und auch keine Zeit, denn Zeit sei nur eine durch das Vorhandensein von -n ermöglichte Ordnung von Ereignissen, das Produkt der Bewegung (Th. Mann, Krull 313); **b)** (selten) *größter, zusammenhängender, meist mittlerer Teil eines Gegenstandes, ohne die dazugehörigen dickeren od. dünneren Einzelteile:* der K. dieser Geige hat keine gute Resonanz. **3. a)** (Physik) *begrenzte Menge eines bestimmten Stoffes:* flüssige, feste, plastische, elastische, gasförmige K.; **b)** (Geom.) *von allen Seiten durch Flächen begrenztes Gebilde:* Kugel, Kegel, Zylinder und andere K.; die Oberfläche, den Inhalt eines -s berechnen. **4.** (Fachspr.) *Dichte* (2) *eines bestimmten Stoffes:* der Wein hat K. *(ist nicht wässrig);* einer Farbe mehr K. geben *(eine Farbe verdicken).* **5.** *Körperschaft.*
Kör|per|bau, der ⟨o. Pl.⟩: *Wuchs, körperliches Gesamterscheinungsbild.*
Kör|per|bau|typ, der: *Konstitutionstyp.*
Kör|per|be|herr|schung, die: *[Fähigkeit zur] Beherrschung des eigenen Körpers.*
kör|per|be|hin|dert ⟨Adj.⟩ (Amtsspr.): *körperlich behindert.*
Kör|per|be|hin|der|te ⟨vgl. Behinderte⟩ (Amtsspr.): *weibliche Person, die körperbehindert ist.*
Kör|per|be|hin|der|ter ⟨vgl. Behinderter⟩ (Amtsspr.): *jmd., der körperbehindert ist.*
Kör|per|be|hin|de|rung, die (Amtsspr.): *körperliche Behinderung.*
Kör|per|be|ma|lung, die: **1.** *das Bemalen* (a) *des Körpers* (z. B. als Kriegsbemalung). **2.** *bunte Malerei, bunt gemaltes Bild, Motiv auf einem menschlichen Körper.*
Kör|per|be|schaf|fen|heit, die: *Konstitution* (1b).
kör|per|be|tont ⟨Adj.⟩: **1.** (Sport) *mit körperlichem Einsatz [spielend].* **2.** *figurbetont:* das Kleid ist k. geschnitten.
Kör|per|be|we|gung, die: **a)** *Bewegung* (1a); **b)** *bestimmter Bewegungsablauf.*
Kör|per|be|wusst|sein, das ⟨o. Pl.⟩: *Bewusstsein, Gefühl für den eigenen Körper.*
Kör|per|ei|gen ⟨Adj.⟩ (Biol.): *im Körper* (1a) *selbst entstanden:* -e Stoffe.
Kör|per|ein|satz, der: *in der Anspannung aller Kräfte bestehender Einsatz des Körpers:* der Stürmer zeigte vollen K., spielte mit großem K.
Kör|per|er|tüch|ti|gung, die: *körperliche Ertüchtigung.*
Kör|per|er|zie|hung, die (bes. DDR): *Leibeserziehung.*
Kör|per|flüs|sig|keit, die: *vom Körper produzierte, im Körper vorhandene, vom Körper ausgeschiedene Flüssigkeit* (z. B. Blut, Magensaft, Urin, Lymphe, Schweiß).
Kör|per|form, die: *Form eines Körpers.*
kör|per|fremd ⟨Adj.⟩ (Biol.): *vom Körper* (1a) *von außen aufgenommen:* eine -e Substanz.
Kör|per|fül|le, die: *körperliche Fülle* (3): ein Mann von gewaltiger K.
Kör|per|funk|ti|on, die: *Funktion* (1a) *des Körpers* (1a).
Kör|per|ge|fühl, das: *Gefühl für den eigenen Körper:* regelmäßige Bewegung hilft, ein positives K. zu entwickeln.
kör|per|ge|recht ⟨Adj.⟩: *den besonderen Formen u. Eigenarten des menschlichen Körpers* (1a) *angepasst.*
Kör|per|ge|ruch, der: *[unangenehmer] Geruch des menschlichen Körpers* (1a).
Kör|per|ge|we|be, das (Biol., Med.): *Gewebe* (2).
Kör|per|ge|wicht, das: *Gewicht des Körpers* (1a).
Kör|per|ge|wichts|klas|se, die (Sport): *Gewichtsklasse.*
Kör|per|grö|ße, die: *Größe des Körpers* (1a).
Kör|per|haar, das: *auf dem Körper des Menschen (mit Ausnahme des Kopfes) wachsendes Haar.*
kör|per|haft ⟨Adj.⟩: *als Körper* (2a) *[vorhanden].*
Kör|per|hälf|te, die: *Hälfte eines Körpers* (1a): seine linke K. war gelähmt.
Kör|per|hal|tung, die: *Haltung* (1).
Kör|per|kon|takt, der: *körperlicher Kontakt:* das Baby braucht viel K. zur Mutter.
Kör|per|kraft, die: *Muskelkraft.*
Kör|per|kreis|lauf, der (Med.): *Blutkreislauf.*
Kör|per|kult, der: *bestimmter Kult* (2b), *der mit dem Körper getrieben wird:* der K. der westlichen Welt; der männliche K.
kör|per|lich ⟨Adj.⟩: *den Körper* (1) *betreffend; auf den Körper* (1) *bezogen:* -e Ertüchtigung; -e Anstrengungen; über -e Reize verfügen; in guter -er Verfassung sein; -e Gebrechen, Schäden; das Recht auf -e Unversehrtheit; eine geradezu -e Angst empfinden; die -e *(geschlechtliche)* Liebe; k. *(vorwiegend unter Aufwendung von Muskelkraft)* hart arbeiten; jmdm. k. *(im Hinblick auf die Körperkraft)* unterlegen sein; jmdn. k. angreifen; sich k. gut entwickeln; Die Nacht umgab ihn wie die träge Luft. Sie umstellte ihn so wie ein Wesen, das man sich hätte k. denken können (Krolow, Nacht-Leben 8).
Kör|per|lich|keit, die; -, -en: **a)** ⟨o. Pl.⟩ *das Körperhafte;* **b)** *das Körperliche, das Sinnliche des Körpers* (1a).
kör|per|los ⟨Adj.⟩: **a)** *ohne Körper* (1a, 2a) *[seiend];* **b)** (Sport) *ohne körperlichen Einsatz [spielend]:* k. spielen.
Kör|per|lo|ti|on, die: *Lotion zur Reinigung u. Pflege des Körpers* (1a).
Kör|per|ma|ße ⟨Pl.⟩: *Maße des menschlichen Körpers* (1a).
Kör|per|öff|nung, die (Anat., Med.): *Öffnung im Körper* (1a) (z. B. After, Scheidenöffnung).
Kör|per|or|gan, das: *Organ des Körpers* (1a).
Kör|per|pfle|ge, die: *Pflege, bes. Reinigung des menschlichen Körpers* (1a).
Kör|per|saft, der ⟨meist Pl.⟩: *Flüssigkeit, die im Körper* (1a) *enthalten ist.*
Kör|per|scan|ner, der: *bei Sicherheitskontrollen eingesetztes Gerät, das einen Körper u. am Körper getragene Gegenstände auf einem Bildschirm [in Form eines schematisierten Bildes] anzeigt.*
Kör|per|scha|den, der: *körperlicher Schaden.*
Kör|per|schaft, die; -, -en (Rechtsspr.): **a)** *(als juristische Person geltender) einem bestimmten Zweck dienender Zusammenschluss von Personen:* eine gemeinnützige, religiöse, gewerkschaftliche K.; **b)** *rechtsfähiger Verband, der hoheitliche Befugnisse hat:* gesetzgebende -en; Gemeinden sind -en des öffentlichen Rechts.
kör|per|schaft|lich ⟨Adj.⟩: **a)** *eine Körperschaft betreffend;* **b)** *in Form einer Körperschaft:* k. organisiert.
Kör|per|schafts|steu|er, Kör|per|schaft|steu|er, die (Steuerw.): *Steuer auf das Einkommen von Unternehmen u. [Kapital]gesellschaften.*
Kör|per|spra|che, die: *in Körperhaltung, Bewegung, Gestik, Mimik sich ausdrückende psychische Konstitution, Gestimmtheit.*
Kör|per|stel|le, die: *bestimmte Stelle, Bereich des Körpers* (1a).
Kör|per|stel|lung, die: vgl. Körperhaltung.
Kör|per|teil, der: *Teil des Körpers* (1a).
Kör|per|tem|pe|ra|tur, die: *Temperatur des Körpers* (1a).
Kör|per|ver|let|zung, die (Rechtsspr.): *in einer körperlichen Misshandlung od. einer Beschädigung der Gesundheit eines anderen bestehendes Delikt:* leichte, schwere K.
Kör|per|wär|me, die: *Wärme des Körpers* (1a).
Kör|per|zel|le, die (Biol.): *Zelle* (5) *des Körpers.*
Kor|po|ra: Pl. von ↑ ²Korpus.
Kor|po|ral, der; -s, -e u. ...räle [älter frz. corporal, geb. nach: corps = Körper, zu: caporal < ital. caporale = Gefreiter, (älter:) (An)führer, zu: capo = Haupt, Kopf, zu lat. caput = Kopf]: **1.** (veraltet) *Unteroffizier.* **2.** (österr., schweiz.) *niedrigster Dienstgrad eines Unteroffiziers.*
Kor|po|ra|ti|on, die; -, -en [frz. corporation, engl. corporation, zu lat. corporare, 2. Part. von corporare = zum Körper machen, zu: corpus, ↑ Körper] (bildungsspr.): **1.** *Körperschaft:* städtische -en. **2.** *Studentenverbindung.*
Kor|po|ra|tis|mus, der; -, ...men [zu ↑ Korporation (1)] (Politik): *Beteiligung gesellschaftlicher Gruppen an politischen Entscheidungsprozessen.*
kor|po|ra|tis|tisch ⟨Adj.⟩: **1.** (Politik) *den Korpo-*

ratismus betreffend; durch Beteiligung gesellschaftlicher Gruppen an politischen Entscheidungsprozessen gekennzeichnet. **2.**(bildungsspr.) *die Korporation* (2) *betreffend.*

kor|po|ra|tiv ⟨Adj.⟩ (bildungsspr.): **1. a)** *die Korporation* (1) *betreffend; körperschaftlich;* **b)** *einheitlich:* k. handeln. **2.** *die Korporation* (2) *betreffend.*

kor|po|riert ⟨Adj.⟩ (bildungsspr.): *einer Korporation* (2) *angehörend:* -e Studenten.

Kor|po|rier|te, die/eine Korporierte; der/einer Korporierten, die Korporierten/zwei Korporierte (bildungsspr.): *weibliche Person, die korporiert ist.*

Kor|po|rier|ter, der Korporierte/ein Korporierter; des/eines Korporierten, die Korporierten/ zwei Korporierte (bildungsspr.): *jmd., der korporiert ist.*

Korps, Corps [koːɐ̯], das; - [koːɐ̯(s)], - [koːɐ̯s] [frz. corps < lat. corpus, ↑ Körper]: **1.**(Militär) *größerer Truppenverband.* **2.**(bildungsspr.) *[schlagende] studentische Verbindung.*

Korps|bru|der, der (Verbindungsw.): *Mitglied des gleichen Korps* (2).

Korps|geist, der (geh.): **a)** *Gemeinschaftsgeist, wie er in einem Korps herrscht;* **b)** (meist abwertend) *[elitäres] Standesbewusstsein [das den unbedingten Zusammenhalt von Mitgliedern höherer gesellschaftlicher Kreise fordert].*

kor|pu|lent ⟨Adj.⟩ [lat. corpulentus, zu: corpus, ↑ Körper]: *wohlgenährt, beleibt, dick.*

Kor|pu|lenz, die; - [lat. corpulentia]: *Beleibtheit; Wohlgenährtheit:* er neigt zur K.

¹Kor|pus, der; -, -se [lat. corpus, ↑ Körper]: **1.**(ugs. scherzh.) *menschlicher Körper:* er legte seinen K. in die Sonne. **2.**(bild. Kunst) *Christusfigur am Kruzifix:* der K. wurde aus der Kirche gestohlen. **3.**⟨o. Pl.⟩ (Fachspr.) *(bei Möbeln) das massive, die eigentliche Gestalt ausmachende Teil ohne Einsatzteile wie Türen, Schubfächer usw.* **4.**(schweiz.) *Ladentisch; [Büro]möbel mit Fächern od. Schubladen, dessen Deckfläche als Ablage od. Arbeitstisch dient.* **5.**(Musik) *Klangkörper besonders eines Saiteninstruments.*

²Kor|pus, das; -, Korpora [lat. corpus = Gesamtwerk, Sammlung, eigtl. = Körper]: **1. a)** *Belegsammlung von Texten od. Schriften [aus dem Mittelalter od. der Antike];* **b)** (Sprachwiss.) *[als Datenbank angelegte] Sammlung einer begrenzten Anzahl von Texten, Äußerungen o. Ä. als Grundlage für sprachwissenschaftliche Untersuchungen.* **2.**(Musik) ¹*Korpus* (5).

³Kor|pus, die; - (Druckw.): *Schriftgrad von 10 Punkt; Garmond.*

Kor|pus|kel, das; -s, -n, fachspr. auch: die; -, -n [lat. corpusculum, Vkl. von: corpus, ↑ Körper] (Physik): *kleinstes [atomares] Teilchen.*

kor|pus|ku|lar ⟨Adj.⟩ (Physik): **1.** *das Korpuskel, die Korpuskeln betreffend.* **2.** *aus kleinsten Teilchen bestehend.*

Kor|ral, der; -s, -e [span. corral, H. u.]: *[Fang]gehege für wilde Tiere; Pferch.*

Kor|re|fe|rat, Koreferat [...ˈraːt], das; -[e]s, -e [zu lat. con- = mit- u. ↑ Referat] (bildungsspr.): *Referat, das sich [als Ergänzung] auf das Thema eines Hauptreferats bezieht (z. B. als Stellungnahme zum vorausgegangenen Referat).*

Kor|re|fe|rent [auch: ...ˈrɛnt], der; -en, -en (bildungsspr.): **a)** *jmd., der ein Korreferat hält;* **b)** *zweiter Gutachter [bei der Beurteilung einer wissenschaftlichen Arbeit].*

Kor|re|fe|ren|tin, die; -, -nen: w. Form zu ↑ Korreferent.

kor|re|fe|rie|ren ⟨sw. V.; hat⟩ (bildungsspr.): **a)** *ein Korreferat halten;* **b)** *als zweiter Gutachter berichten.*

kor|rekt ⟨Adj.⟩ [lat. correctus = verbessert, berichtigt, adj. 2. Part. von: corrigere, ↑ korrigie-

ren]: **a)** *richtig; einwandfrei:* eine -e Auskunft; -es Deutsch; wie ist die -e Schreibung?; die Bilanzen sind k.; der Satz ist nicht k. gebildet; ein Wort k. aussprechen; **b)** *angemessen; bestimmten [gesellschaftlichen] Normen, Vorschriften od. [moralischen] Grundsätzen entsprechend:* ein -es Benehmen; -e Umgangsformen; ein -er Beamter; jmdn. k. behandeln; sich k. benehmen, verhalten.

kor|rek|ter|wei|se ⟨Adv.⟩: *(in Bezug auf ein Verhalten o. Ä.) wie es richtig ist u. auch erwartet wird.*

Kor|rekt|heit, die; -, -en: **a)** *korrekte* (a) *Art; Genauigkeit:* der Buchhalter zeichnete sich durch unbedingte K. aus; **b)** *korrektes* (b) *Verhalten, Benehmen:* er war ihr gegenüber um K. bemüht.

Kor|rek|ti|on, die; -, -en [lat. correctio, zu: corrigere, ↑ korrigieren]: **1.**(veraltet) **a)** *Berichtigung, Verbesserung;* **b)** *Besserung* (2). **2.**(bes. schweiz.) *Regulierung.*

Kor|rek|tiv, das; -s, -e (bildungsspr.): *etw., was dazu dienen kann, Fehlhaltungen, Mängel o. Ä. auszugleichen; Mittel, Maßnahme zur Milderung von Missständen, Gegensätzlichkeiten od. Ungleichheiten:* als K. [gegen etw.] wirken.

Kor|rek|tor, der; -s, ...oren [lat. corrector = Verbesserer]: **1. a)** *jmd., der in einer Druckerei od. einem Verlag Schriftsätze auf [Satz]fehler überprüft* (Berufsbez.); **b)** *jmd., der eine Prüfungsarbeit korrigiert u. benotet.* **2.**(Geschichte) *Aufsichtsbeamter der römischen Kaiserzeit.*

Kor|rek|to|rat, das; -[e]s, -e: *Abteilung, in der Korrektoren* (1) *u. Korrektorinnen arbeiten.*

Kor|rek|to|rin, die; -, -nen: w. Form zu ↑ Korrektor (1 b).

Kor|rek|tur, die; -, -en: **1. a)** (bildungsspr.) *Verbesserung; Berichtigung; Richtigstellung: notwendige, kleine -en; die K. einer schriftlichen Arbeit, eines Textes;* **b)** (Druckw.) *Korrekturfahne:* K., -en lesen *(einen Schriftsatz auf Fehler überprüfen).* **2.** (bildungsspr.) *[Ver]änderung:* eine K. in der Einschätzung der Lage vornehmen; einen Vertrag mit allen -en vorlegen; Niemals kam für ihn geistiger Umsturz, grundsätzliche Neuerung in Frage, sondern stets nur Verflechtung ins Bestehende, Besitzergreifung, sanfte K. (Musil, Mann 388).

Kor|rek|tur|ab|zug, der (Druckw.): *Korrekturfahne.*

Kor|rek|tur|be|darf, der: *Notwendigkeit, Bedarf, etw. zu korrigieren:* die Partei sieht bei der Erbschaftssteuer K., hat K. angemeldet.

Kor|rek|tur|fah|ne, die: *Fahne* (3).

Kor|rek|tur|zei|chen, das: *Zeichen, das Art u. Stelle einer Korrektur* (1 a) *angibt.*

kor|re|lat ⟨Adj.⟩ (seltener): *korrelativ.*

Kor|re|lat, das; -[e]s, -e: **1.**(bildungsspr.) *etw., was etw. anderem als Ergänzung, ergänzende Entsprechung zugeordnet ist.* **2.**(Sprachwiss.) *Wort, das grammatisch od. bedeutungsmäßig auf ein anderes Wort bezogen ist* (z. B. *das, was ...; derjenige, welcher ...).*

Kor|re|la|ti|on, die; -, -en [mlat. correlatio = Wechselbeziehung, zu lat. con- = mit- u. relatio, ↑ Relation] (bildungsspr., Fachspr.) *wechselseitige Beziehung:* die K. zwischen Angebot u. Nachfrage; etw. in eine K. zu/mit etw. bringen. **2.**(Math.) *nur statistisch, mithilfe der Wahrscheinlichkeitsrechnung zu erfassender [loser, zufälliger] Zusammenhang zwischen bestimmten Erscheinungen.* **3.**(Med.) *funktionelle Wechselbeziehung zwischen verschiedenen Körperorganen.*

Kor|re|la|ti|ons|ana|ly|se, die: *Zweig der mathematischen Statistik, der sich mit Untersuchungen über stochastische Zusammenhänge befasst.*

kor|re|la|tiv ⟨Adj.⟩ (bildungsspr., Fachspr.): *wechselseitig.*

kor|re|lie|ren ⟨sw. V.; hat⟩ (bildungsspr., Fachspr.): **1.** *in einer Korrelation (mit etw.) stehen:* mit etw. k. **2.** *in eine Korrelation (mit etw.) bringen.*

kor|re|pe|tie|ren ⟨sw. V.; hat⟩ [zu lat. con- = mit- u. ↑ repetieren] (Musik, Theater): *[Solo]partien für Gesang, ein Instrument od. Ballett mit Klavierbegleitung einstudieren.*

Kor|re|pe|ti|ti|on, die; -, -en (Musik, Theater): *das Korrepetieren.*

Kor|re|pe|ti|tor, der; -s, ...oren (Musik, Theater): *Musiker, der korrepetiert* (Berufsbez.).

Kor|re|pe|ti|to|rin, die; -, -nen: w. Form zu ↑ Korrepetitor.

Kor|re|s|pon|dent, der; -en, -en [zu mlat. correspondens (Gen.: correspondentis), 1. Part. von: correspondere, ↑ korrespondieren]: **1.** *auswärtiger Berichterstatter (einer Zeitung, einer Nachrichtenagentur, einer Rundfunkanstalt o. Ä.):* er ist K. einer großen amerikanischen Zeitung; unser Londoner K. **2. a)** (Wirtsch.) *jmd., der den [kaufmännischen] Schriftwechsel eines Betriebes führt* (Berufsbez.); **b)** (Kaufmannsspr.) *Geschäftspartner od. -freund;* **c)** (veraltet) *Briefpartner.*

Kor|re|s|pon|den|tin, die; -, -nen: w. Form zu ↑ Korrespondent.

Kor|re|s|pon|denz, die; -, -en [mlat. correspondentia, zu: correspondere, ↑ korrespondieren] (bildungsspr.): **1. a)** (Philos.) *Briefwechsel* (a), *Schriftverkehr* (a): eine rege K. führen; jmds. K. erledigen; die K. mit jmdm. abbrechen; mit jmdm. in K. stehen; **b)** *Briefwechsel* (b), *Schriftverkehr* (b): ein Ordner mit K. **2.**(veraltend) *Übereinstimmung:* in K. mit etw. stehen.

Kor|re|s|pon|denz|bü|ro, das: *Agentur, die Material für die Presse sammelt.*

Kor|re|s|pon|denz|kar|te, die (österr. veraltet): *Postkarte.*

kor|re|s|pon|die|ren ⟨sw. V.; hat⟩ [frz. correspondre < mlat. correspondere = übereinstimmen; in (geschäftlicher) Verbindung stehen, Briefe wechseln, zu lat. con- = mit-, zusammen u. respondere = antworten; entsprechen]: **1.** *mit jmdm. im Briefwechsel stehen:* miteinander, über eine Angelegenheit k. **2.**(bildungsspr.) *(mit etw.) übereinstimmen, in Beziehung stehen; entsprechen:* mit etw., miteinander k.

Kor|ri|dor, der; -s, -e [ital. corridore = Läufer; Laufgang, zu: correre = laufen < lat. currere]: **1.** ¹*Flur* (a): etw. auf den K. stellen; durch den K. gehen; vom K. aus führt eine Tür in die Küche. **2.**(Politik) *schmaler Streifen Land, der durch das Hoheitsgebiet eines fremden Staates führt u. die Verbindung zu einer Exklave od. zum Meer herstellt.*

Kor|ri|gen|da ⟨Pl.⟩ [lat. corrigenda = das zu Verbessernde, Gerundivum von: corrigere, ↑ korrigieren] (Schrift- u. Druckw.): *[Verzeichnis der] Druckfehler (in wissenschaftlichen Publikationen, Wörterbüchern).*

kor|ri|gier|bar ⟨Adj.⟩: *sich korrigieren lassend.*

kor|ri|gie|ren ⟨sw. V.; hat⟩ [lat. corrigere = verbessern, berichtigen, zu: regere, ↑ regieren]: **a)** *auf Fehler hin durchlesen [u. verbessern]; (einen Fehler) berichtigen, beseitigen:* einen Text, Druckfehler k.; der Lehrer hat die Hefte, Aufsätze noch nicht korrigiert; sie brachte die korrigierten Seiten in die Druckerei; **b)** *(etw. Fehlerhaftes, Ungenügendes) durch das Richtige, Bessere ersetzen, positiv verändern:* überholte Ansichten k.; den Kurs, die Abweichung von etw. k.; **c)** *verbessern:* den Schüler, seine Aussprache k.; **d)** (bes. schweiz.) *regulieren* (3): einen Fluss k.

kor|ro|die|ren ⟨sw. V.⟩ [lat. corrodere = zernagen] (Fachspr.): **a)** ⟨hat⟩ *(durch Ätzen) angreifen, zerstören; zerfressen:* die Elektrode wird dadurch korrodiert; **b)** ⟨ist⟩ *angegriffen, zerstört, zerfressen werden:* das Aluminium korrodiert (1).

Kor|ro|si|on, die; -, -en [mlat. corrosio = Zerstörung, zu lat. corrosum, 2. Part. von: corrodere, ↑ korrodieren]: **1.** (Fachspr.) *durch Oxidation bewirkte Zersetzung eines Metalls:* etw. gegen K. schützen; in K. übergehen. **2.** (Geol.) *Zersetzung von Gesteinen durch Einwirkung von Wasser.* **3.** (Med.) *durch Entzünden od. ätzende Mittel hervorgerufene Zerstörung von Gewebe.*

kor|ro|si|ons|be|stän|dig ⟨Adj.⟩: *nicht, kaum korrodierend:* -es Metall.

Kor|ro|si|ons|be|stän|dig|keit, die: *korrosionsbeständige Beschaffenheit.*

Kor|ro|si|ons|schutz, der: *Schutz gegen Korrosion* (1).

kor|ro|siv ⟨Adj.⟩ [frz. corrosif, zu: corroder < lat. corrodere, ↑ korrodieren]: **a)** *zerfressend, zerstörend:* k. wirken; **b)** *durch Korrosion* (1) *hervorgerufen:* -e Zerstörungen, Schäden.

♦ **kor|ro|si|visch** ⟨Adj.⟩: *korrosiv* (a): ...keine Spuren von Wunde oder -em Gift (Schiller, Räuber II, 1).

kor|rum|pier|bar ⟨Adj.⟩: *sich korrumpieren lassend.*

kor|rum|pie|ren ⟨sw. V.; hat⟩ [lat. corrumpere, verderben, verschlechtern; verführen, verleiten, zu: rumpere = (zer)brechen] (bildungsspr. abwertend): *[durch Bestechung] für zweifelhafte Interessen, Ziele gewinnen; zu verachtenswerten Handlungen verleiten:* sie ließ sich nicht k.; korrumpierte Politiker.

kor|rum|piert ⟨Adj.⟩: *(von alten Texten u. Handschriften) verderbt:* eine -e Stelle.

Kor|rum|pie|rung, die; -, -en: *das Korrumpieren.*

kor|rupt ⟨Adj.⟩ [lat. corruptus, adj. 2. Part. von: corrumpere, ↑ korrumpieren] (abwertend): **a)** *bestechlich, käuflich od. auf andere Weise moralisch verdorben u. deshalb nicht vertrauenswürdig:* ein -er Beamter, Geschäftsmann; er war durch und durch k.; **b)** *aufgrund von Abhängigkeiten, Vetternwirtschaft, Bestechung, Erpressung o. Ä. so beschaffen, dass bestimmte gesellschaftliche Normen od. moralische Grundsätze nicht mehr wirksam sind:* er führte eine -e Existenz; das ganze System ist k.

Kor|rup|ti|on, die; -, -en [lat. corruptio, zu: corrumpere, ↑ korrumpieren] (abwertend): **a)** *korruptes Handeln; korrupte Geschäfte:* K. greift um sich, war im Spiel; jmdn. der K. beschuldigen; **b)** *Verhältnisse, in denen korrupte Machenschaften das gesellschaftliche Leben bestimmen u. damit den moralischen Verfall bewirken:* staatlich sanktionierte K.; **c)** *das Korrumpieren:* die K. der öffentlichen Meinung.

Kor|rup|ti|ons|af|fä|re, die: *Affäre* (a), *bei der es sich um Korruption* (a) *handelt.*

Kor|rup|ti|ons|be|kämp|fung, die: *Bekämpfung der Korruption* (a).

Kor|rup|ti|ons|fall, der: [1]*Fall* (2b) *von Korruption* (a): Korruptionsfälle aufdecken; in einen K. verwickelt sein.

Kor|rup|ti|ons|skan|dal, der: vgl. Korruptionsaffäre.

Kor|rup|ti|ons|ver|dacht, der: *Verdacht von Korruption* (a).

Kor|rup|ti|ons|vor|wurf, der: *Vorwurf, korrupt gehandelt, korrupte Geschäfte gemacht zu haben.*

Kor|sa|ge [kɔrˈzaːʒə, österr. meist: ...ʃ], die; -, -n [frz. corsage = Mieder, eigtl. = Oberleib, zu: corps < afrz. cors < lat. corpus, ↑ Körper]: *trägerloses, sehr eng auf Figur gearbeitetes Oberteil eines Kleides, das durch Stäbchen od. Schnürung hält.*

Kor|sar, der; -en, -en: **1.** [ital. corsaro = Seeräuber < mlat. cursarius, zu lat. cursus = Fahrt zur See (↑ Kurs)] (früher) **a)** *Seeräuber;* **b)** *Seeräuberschiff.* **2.** (Segeln) *einem Flying Dutchman ähnliche, jedoch kleinere Zweimannjolle.*

Kor|sa|rin, die; -, -nen: w. Form zu ↑ Korsar (1 a).

Kor|se, der; -n, -n: Ew. zu ↑ Korsika.

Kor|se|lett, das; -s, -s, auch: -e [empfunden als Vkl. von ↑ Korsett; frz. corselett = Mieder; Brustharnisch, Vkl. von afrz. cors, ↑ Korsage]: *leichteres Korsett.*

Kor|sett, das; -s, -s, auch: -e [frz. corset, zu: corps, ↑ Korsage]: **a)** *Mieder, das mit festen Stäbchen versehen ist u. durch Gummieinsätze od. Schnürung den Körper in eine bestimmte Form bringt:* ein K. tragen; das K. schnüren; Ü das starre K. der Konvention; **b)** (Med.) *meist um den ganzen Rumpf bis unter die Schultern getragener Verband aus festem Material als Stütze für verletzte bzw. gebrochene Körperteile.*

Kor|sett|stab, der: *in das Korsett eingenähtes Stäbchen.*

Kor|si|ka; -s: Insel im Mittelmeer.

Kor|sin, die; -, -nen: w. Form zu ↑ Korse.

kor|sisch ⟨Adj.⟩: *aus Korsika stammend; zu Korsika gehörend.*

Kor|so, der; -s, -s [ital. corso = Lauf, Umzug < lat. cursus, ↑ Kurs]: **1. a)** *festlicher Umzug mit Wagen, Gespannen:* der K. bewegt sich langsam durch die Innenstadt; einen K. veranstalten; **b)** *Demonstrationszug in Form einer Fahrzeugkolonne.* **2.** (selten) *Prachtstraße.*

Kor|tex, der; -[es], -e u. ...tizes [...titse:s] [lat. cortex (Gen.: corticis) = Rinde] (Biol., Med.): **1.** *Rinde eines Organs.* **2.** *Hirnrinde.*

kor|ti|kal ⟨Adj.⟩ (Biol., Med.): *den Kortex betreffend; vom Kortex ausgehend; im Kortex befindlich.*

Kor|ti|son, das; (fachspr.:) Cortison, das; -s, (Sorten:) -e [Kunstwort] (Med.): *aus dem Hormon der Nebennierenrinde gewonnenes, bes. entzündungshemmendes Mittel.*

Ko|ru|na, die; -, - [tschech. koruna, slowak. koruna < lat. corona, ↑ Krone]: *tschechische, slowakische Krone* (10).

Ko|rund, der; -[e]s, -e [engl. corundum < tamil. korund = Rubin]: *sehr hartes Mineral, das als Schleifmittel od. Schmuckstein verwendet wird:* blauer K. (Saphir); roter K. (Rubin).

Kö|rung, die; -, -en (Fachspr.): *das Kören.*

Kor|vet|te, die; -, -n [frz. corvette, H. u.]: **a)** *Kriegsschiff mittlerer Größe, bes. zum Geleitschutz;* **b)** (früher) *bewaffnetes Segelschiff.*

Kor|vet|ten|ka|pi|tän, der (Militär): **a)** *niedrigster Dienstgrad in der Rangordnung der Stabsoffiziere (bei der Marine);* **b)** *Offizier dieses Dienstgrades.*

[1]**Ko|ry|phäe,** die; -, -n [frz. coryphée < lat. coryphaeus < griech. koryphaĩos = Anführer, Chorführer, zu: koryphḗ = Gipfel, Scheitel]: **1.** (bildungsspr.) *jmd., der auf einem bestimmten Gebiet außergewöhnliche Fähigkeiten besitzt; eine wissenschaftliche, mathematische K.;* er soll auf ihrem Gebiet eine K. sein. **2.** (Ballett, bes. österr.) *erste Solotänzerin.*

[2]**Ko|ry|phäe,** der; -n, -n [griech. koryphaĩos, ↑ [1]Koryphäe]: *Chorführer im antiken Drama.*

Ko|sak, der; -en, -en [poln. kozak < ukrain. kozak < russ. kazak < turkotatar. kazak = freier, unabhängiger Mensch; Abenteurer]: **1.** *Angehöriger einer militärisch organisierten u. oft bei der Grenzsicherung eingesetzten Bevölkerungsgruppe im zaristischen Russland.* **2.** *bewaffneter leichter Reiter im zaristischen Russland.* **3.** *kurz für ↑* Kosakenpferd.

Ko|sa|ken|müt|ze, die: *runde [Pelz]mütze mit hochgeschlagener Krempe.*

Ko|sa|ken|pferd, das: *kleines, zähes, sehr genügsames Pferd.*

Ko|sa|kin, die; -, -nen: w. Form zu ↑ Kosak.

Ko|sche|nil|le [...ˈnɪljə], die; -, -n [frz. cochenille < span. cochinilla] ⟨o. Pl.⟩ *aus der Koschenilleschildlaus gewonnener roter Farbstoff;* **b)** *Koschenilleschildlaus.*

Ko|sche|nil|le|schild|laus, die: *Schildlaus, deren Körperflüssigkeit einen roten Farbstoff enthält, der technisch verwertet wird.*

ko|scher ⟨Adj.⟩ [jidd. kauscher < hebr. kašer = einwandfrei]: **1.** *den jüdischen Speisegesetzen gemäß [erlaubt]:* -es Fleisch; ein [streng] -es Restaurant; k. essen. **2.** (ugs.) *einwandfrei; in Ordnung; unbedenklich:* die Sache, der Kerl ist [mir] nicht ganz k. *(geheuer);* Davon gesprochen haben sie nicht, immerhin ist es seine Mutter, aber k. ist der Laden nicht (Fallada, Mann 90).

Ko|sel|form, die; -, -en [zu ↑ kosen]: *zärtlich, liebevoll abgewandelte Form eines [Vor]namens.*

Ko|sel|kans, der; -, -, auch: ...nten [gek. aus nlat. complementi secans, zu lat. complementum = Ergänzung u. ↑ Sekans] (Math.): *Kehrwert des Sinus* (1) *im rechtwinkligen Dreieck* (Zeichen: cosec).

ko|sen ⟨sw. V.; hat⟩ [rückgeb. aus ↑ liebkosen; mhd. kōsen = plaudern, ahd. kōson, eigtl. = eine Rechtssache führen, verhandeln, zu: kōsa = Rechtssache < lat. causa]: **1.** (dichter.) *zärtlich zueinander od. zu jmdm. sein; liebevoll streicheln:* jmdn./mit jmdm. k. ♦ **2.** *vertraulich plaudern:* Wir hatten's so heimlich, so still und bequem und koseten traulich von diesem und dem (Bürger, Untreue über alles); ⟨auch k. + sich:⟩ Doch horcht man nun Dialekten, wie sich Mensch und Engel kosen (Goethe, Diwan, Buch des Paradieses [Höheres und Höchstes]).

Ko|se|na|me, der: *Name, der eine liebevolle, vertrauliche Beziehung zu jmdm. ausdrücken soll:* den -n bekam sie bereits als Kind.

Ko|se|wort, das: **1.** ⟨Pl. ...wörter⟩ *Wort, das Zärtlichkeit ausdrückt.* **2.** ⟨nur Pl.: ...worte⟩ *(an jmdn. gerichtete) zärtliche Worte.*

K.-o.-Sieg, der (Boxen): *Sieg durch K. o.*

Ko|si|nus, der; -, - u. -se [gek. aus nlat. complementi sinus, zu lat. complementum = Ergänzung u. ↑ Sinus] (Math.): *im rechtwinkligen Dreieck das Verhältnis von Ankathete zu Hypotenuse* (Zeichen: cos).

Kos|me|tik, die: - [frz. cosmétique < griech. kosmētikḗ (téchnē) = Kunst des Schmückens, zu: kosmētikós, ↑ kosmetisch]: **1.** *Schönheitspflege:* sie geht regelmäßig zur K. **2.** *Körperpflege- od. Schönheitsmittel; Make-up* (1 a): sie benutzt immer die gleiche K. **3.** *nur vordergründig vorgenommene Korrektur eines Tatbestandes zum Zweck der Manipulation; manipulatives Verhalten, mit dem ein äußerlich günstiger, gewünschter Eindruck erweckt werden soll:* eine Reform, die sich nicht nur auf K. beschränkt.

-kos|me|tik, die; -: bezeichnet in Bildungen mit Substantiven lediglich kosmetische (2) Maßnahmen zum Nutzen einer Sache od. Institution: Bilanz-, Firmen-, Image-, Wahlkampfkosmetik.

Kos|me|tik|ar|ti|kel, der: *Kosmetikum.*

Kos|me|ti|ker, der; -s, - [rückgeb. aus ↑ Kosmetikerin]: *Laborant in der Kosmetikindustrie.*

Kos|me|ti|ke|rin, die; -, -nen: *weibliche Fachkraft für Kosmetik* (Berufsbez.).

Kos|me|tik|her|stel|ler, der: *Hersteller* (1) *von Kosmetika.*

Kos|me|tik|her|stel|le|rin, die: w. Form zu ↑ Kosmetikhersteller.

Kos|me|tik|in|dus|t|rie, die: *Industrie, die Kosmetika herstellt.*

Kos|me|tik|kon|zern, der: *Konzern, dessen wirtschaftlicher Schwerpunkt auf der Produktion von Kosmetika liegt.*

Kos|me|tik|sa|lon, der: *Geschäft, in dem Kosmetikerinnen an anderen Personen Schönheitspflege betreiben.*

Kos|me|tik|ta|sche, die: *kleine Tasche für Kosmetika.*

Kos|me|ti|kum, das; -s, ...ka ⟨meist Pl.⟩ [zu ↑ Kosmetik]: *Mittel zur Schönheitspflege:* Kosmetika benutzen.

kos|me|tisch ⟨Adj.⟩ [frz. cosmétique < griech. kosmētikós = zum Schmücken gehörend, zu: kosmeîn = in bestimmter Weise ordnen; schmücken, zu: kósmos, ↑ Kosmos]: **1.** *die Kosmetik* (1) *betreffend:* ein -es Mittel, Präparat; -e Chirurgie *(plastische Chirurgie, die Schönheitsfehler od. Fehlbildungen zu korrigieren bzw. zu beseitigen sucht);* jmdn., die Haut k. behandeln. **2.** *nur an der Oberfläche, äußerlich, vordergründig [vorgenommen], ohne den eigentlichen Missstand o. Ä. zu beheben bzw. ohne etwas von Grund auf wirklich zu verändern, wie es nötig wäre:* das sind nur -e Maßnahmen der Regierung.

kos|misch ⟨Adj.⟩ [lat. cosmicus < griech. kosmikós = zur Welt gehörend, zu: kósmos, ↑ Kosmos]: **1. a)** *im Weltall [herrschend, stattfindend]:* -e Größenordnungen, Verhältnisse; **b)** *aus dem Weltall stammend:* -e Strahlung; -es Eisen (Fachspr.; *nickelhaltiges Eisen eines Meteoriten);* **c)** *zum Weltall gehörend:* -e Räume; **d)** *auf den Weltraum gerichtet, die Weltraumfahrt betreffend:* die Astronomie im -en Zeitalter; -e Besatzung, Station; -e Flugkörper. **2.** (bildungsspr.) *den ganzen Kosmos erfüllend, sich auf den ganzen Kosmos ausdehnend; den Größenordnungen des Kosmos entsprechend; weltumfassend, unermesslich, unendlich:* die Liebe als eine -e Größe.

Kos|mo|bio|lo|gie, die; - (Fachspr.): *(als Teilgebiet der Biologie) Wissenschaft von den Einflüssen des Weltraums auf alle Erscheinungen des Lebens auf der Erde u. von den Lebensbedingungen im Weltraum; Exobiologie.*

Kos|mo|drom, das; -s, -e [russ. kosmodrom, zu griech. kósmos = Welt(raum) u. drómos = Laufplatz, Rennbahn]: *(bes. in Russland) Startplatz für Weltraumraketen.*

Kos|mo|go|nie, die; -, -n [griech. kosmogonía] (Fachspr.): *Lehre von der Entstehung u. der Entwicklung des Weltalls sowie der Himmelskörper u. aller anderen kosmischen Objekte in ihm.*

kos|mo|go|nisch ⟨Adj.⟩ (Fachspr.): *die Kosmogonie betreffend.*

Kos|mo|lo|gie, die; -, -n [↑ -logie] (Fachspr.): *Lehre von der Entstehung u. der Entwicklung des Weltalls.*

kos|mo|lo|gisch ⟨Adj.⟩ (Fachspr.): *die Kosmologie betreffend: der -e Gottesbeweis (Gottesbeweis, bei dem von der [erfahrenen] Existenz irgendeines Dinges auf die Existenz eines notwendigen Wesens geschlossen wird).*

Kos|mo|naut, der; -en, -en [russ. kosmonavt, zu griech. kósmos = Welt(raum) u. naútēs = Seemann]: *(bes. an einem sowjetischen bzw. russischen Raumfahrtunternehmen beteiligter) Raumfahrer; Astronaut.*

Kos|mo|nau|tik, die; - [russ. kosmonavtika]: *Astronautik (bes. Russlands bzw. der ehem. UdSSR).*

Kos|mo|nau|tin, die; -, -nen: w. Form zu ↑ Kosmonaut.

kos|mo|nau|tisch ⟨Adj.⟩: *die Kosmonautik betreffend.*

Kos|mo|po|lit [auch: ...lɪt], der; -en, -en [griech. kosmopolítēs = Weltbürger, zu: polítēs = Bürger]: **1.** (bildungsspr.) *Weltbürger.* **2.** [russ. kosmopolit] (im kommunist. Sprachgebrauch abwertend) *Anhänger des Kosmopolitismus* (2). **3.** (Biol.) *Tier- od. Pflanzenart, die über die ganze Welt verbreitet ist.*

Kos|mo|po|li|tin [auch: ...lɪt...], die; -, -nen: w. Form zu ↑ Kosmopolit.

kos|mo|po|li|tisch [auch: ...'lɪ...] ⟨Adj.⟩: **1.** *der Art des Kosmopoliten* (1) *entsprechend, vom Geist des Kosmopolitismus* (1) *bestimmt; weltbürgerlich.* **2.** [nach russ. kosmopolitičeskij] (im kommunist. Sprachgebrauch abwertend) *dem Kosmopolitismus* (2) *entsprechend, ihn vertretend.*

Kos|mo|po|li|tis|mus, der; - **1.** (bildungsspr.) *Weltbürgertum.* **2.** [russ. kosmopolitizm] (im kommunist. Sprachgebrauch abwertend) *Weltanschauung, die das Streben der imperialistischen Großmächte nach Weltherrschaft damit begründet, dass der Nationalstaat, der Patriotismus usw. in der gegenwärtigen Epoche historisch überholt sei.*

Kos|mos, der; - [griech. kósmos = Weltall, Weltordnung, eigtl. = Ordnung, Schmuck] (bildungsspr.): **a)** *Weltraum, Weltall:* den K. erforschen; **b)** *[die] Welt [als geordnetes Ganzes]:* K. und Chaos.

Kos|mo|the|is|mus, der; - (Philos.): *philosophische Anschauung, die Gott u. Welt als Einheit begreift.*

Ko|so|va|re, der; -n, -n: *Bewohner des Kosovo.*

Ko|so|va|rin, die; -, -nen: w. Form zu ↑ Kosovare.

ko|so|va|risch ⟨Adj.⟩: *den Kosovo betreffend, zu ihm gehörend.*

Ko|so|vo ['kɔsɔvo]; -s, (auch:) das od. der; -[s]: *Staat in Südosteuropa.*

Ko|so|vo-Al|ba|ner, der; -s, -: *Bewohner des Kosovo albanischer Herkunft.*

Ko|so|vo-Al|ba|ne|rin, die; -, -nen: w. Form zu ↑ Kosovo-Albaner.

ko|so|vo-al|ba|nisch ⟨Adj.⟩: *die Kosovo-Albaner betreffend, zu ihnen gehörend.*

Ko|so|vo|ein|satz, der: *Einsatz* (4) *im Kosovokrieg.*

Ko|so|vo|krieg, der: *Krieg zwischen einer Koalition von NATO-Staaten und der Bundesrepublik Jugoslawien um die Provinz Kosovo im Jahre 1999.*

Kost, die; - [mhd. kost(e) = Aufwand an od. für Nahrung, Futter, identisch mit mhd. kost(e) = Aufwand, Preis, ↑ Kosten]: **a)** *[zubereitete] Nahrung, Lebensmittel; Ernährung:* gesunde, nahrhafte K.; schmale K.; sie kann nur leichte K. vertragen; jmdn. auf salzarme K. setzen *(ihm salzarme Kost verordnen);* Ü geistige, ideologische K.; **b)** *Verpflegung, Beköstigung:* K. und Logis; er hat freie K. *(braucht für das Essen nicht zu bezahlen).*

kos|tal ⟨Adj.⟩ [zu lat. costa = Rippe] (Med.): *zu der Rippe, den Rippen gehörend, sie betreffend.*

kost|bar ⟨Adj.⟩ [mhd. kostbære, eigtl. = hohe Kosten verursachend, zu: kost(e), ↑ Kosten]: **a)** *sehr wertvoll; erlesen u. deshalb teuer:* -e Bilder, Möbel; eine Bibliothek mit -en Erstausgaben; dieser Schmuck ist sehr k.; **b)** (emotional) *für etw. so wertvoll u. wertvoll, dass man es nicht unnütz od. gedankenlos vertun darf, dass man sparsam damit umgehen muss:* sie stolperte und verlor -e Sekunden; die Gesundheit ist k.; Es war wie im Märchen, wenn die Fee oder das Männchen eine Frage freigeben und man Gefahr läuft, die -e Möglichkeit ganz müßig zu vertun (Th. Mann, Zauberberg 923).

Kost|bar|keit, die; -, -en: **a)** *sehr wertvoller Gegenstand:* architektonische, archäologische -en; die alte Uhr galt als K.; **b)** ⟨o. Pl.⟩ *Wert; Erlesenheit:* Weine von großer K.

¹kos|ten ⟨sw. V.; hat⟩ [mhd. kosten, ahd. kostōn, verw. mit ↑²kiesen]: **a)** *(etw. Ess- od. Trinkbares) auf seinen Geschmack prüfen, schmeckend probieren:* eine Speise k.; vom neuen Wein k.; jmdm. etw. zu k. geben; ⟨subst.:⟩ jmdm. einen Schluck zum Kosten geben; **b)** (geh.) *etw. [genießend] empfinden, wahrnehmen:* alle Freuden des Lebens k.; du kannst gleich eine Tracht Prügel zu k. (iron.; *spüren)* bekommen.

²kos|ten ⟨sw. V.; hat⟩ [mhd. kosten = aufwenden, ausgeben; ²kosten (1, 2) < afrz. coster, über das Vlat. zu lat. constare = (im Preis) feststehen]: **1. a)** *einen bestimmten Preis, einen Preis von einer bestimmten Höhe haben:* das Buch kostet zehn Euro; was, wie viel kostet ein Pfund Butter?; das kostet [gar] nichts; das kostete ihn 5000 Euro *(für das Bild musste er 5000 Euro bezahlen);* das hat sie einen schönen Batzen Geld, ein Vermögen gekostet; *** koste es/es koste, was es wolle** *(unbedingt; um jeden Preis:* das Ziel muss erreicht werden, koste es, was es wolle); **sich** ⟨Akk. od. Dativ⟩ **eine Sache etwas k. lassen** (ugs.; *für eine Sache eine größere Summe ausgeben:* ich habe mich/mir das [Geschenk] etwas k. lassen); **b)** *[von jmdm.] etw. erfordern, verlangen:* das kostet mich nicht mehr als ein Wort, einen Anruf, ein Lächeln; etw. kostet jmdn. Überwindung, Mühe; der Krieg hat viele Menschenleben gekostet. **2.** *für jmdn. einen Verlust von etw. nach sich ziehen:* dieser Fehler kann dich/(seltener:) dir die Stellung k.; die Schließung des Standorts kostet 6000 Mitarbeiter[n] die Arbeitsplätze; ... indem geizt er eigene Gefahr tat, was ihm nützlich schien; denn mehr als den Kopf k. konnte es ihn nicht, und der saß ohnehin locker genug auf den Schultern (Thieß, Reich 286).

Kos|ten ⟨Pl.⟩ [seit dem 17./18. Jh. ausschließlich üblicher Pl. von älter Kost(e), mhd. kost(e) = Wert, Preis; Geldmittel, Aufwand, Ausgaben < mlat. costa, über das Vlat. zu lat. constare, ↑²kosten]: *finanzielle Ausgaben:* erhebliche, steigende, geringe K.; die K. einer Neuanschaffung, für die Reise; K. sparen, verursachen; K. deckende Gebühren; [hohe] K. senkende, sparende Maßnahmen, Vorschläge; man scheut keine K.; sie kommt für alle K. auf; * **auf seine K. kommen** (ugs.; *in seinen Erwartungen zufriedengestellt werden);* auf jmds. K., **auf K. einer Sache** (*1. von, mit jmds. Geld:* er lebt auf K. seiner Eltern. *2. zum Nachteil, Schaden einer Person, Sache:* er macht seine Witze immer auf K. anderer; dies geht auf K. der Gesundheit).

Kos|ten|an|stieg, der: *Anstieg* (2) *der Kosten.*

Kos|ten|an|teil, der: *Anteil an bestimmten Kosten.*

Kos|ten|auf|stel|lung, die: *Aufstellung der Kosten.*

Kos|ten|auf|wand, der: *Aufwand an Kosten.*

Kos|ten|bei|trag, der: *Betrag, den jmd. anteilig zur Deckung der bei etw. entstehenden Kosten zahlt.*

Kos|ten|be|las|tung, die: *durch zu zahlende Kosten entstehende finanzielle Belastung.*

Kos|ten|be|tei|li|gung, die: *finanzielle Beteiligung an den bei etw. entstehenden Kosten.*

kos|ten|be|wusst ⟨Adj.⟩: *sorgsam auf die bei etw. entstehenden Kosten achtend, darauf bedacht, die bei etw. entstehenden Kosten möglichst gering zu halten:* ein -er Umgang mit dem Handy; -e Käufer; sich k. verhalten.

Kos|ten|be|wusst|sein, das ⟨o. Pl.⟩: *kostenbewusste Einstellung.*

Kos|ten|block, der ⟨Pl. ...blöcke⟩: *nach bestimmten Kriterien zusammengefasster Teil der Gesamtkosten:* die Energiekosten bilden einen großen K. in den Betrieben.

Kos|ten|brem|se, die (ugs.): *Gesamtheit von Maßnahmen, die die Kosten reduzieren sollen:*

eine wirksame K. ist nötig; * **auf die K. treten/ die K. ziehen** (ugs.; *Sparmaßnahmen einleiten*).

Kos|ten|dämp|fung, die (Wirtsch.): *Einsparung von Kosten.*

Kos|ten|dämp|fungs|ge|setz, das: *Gesetz zur Kostendämpfung in den Sozialversicherungen durch Senkung der Leistung für die Versicherten.*

kos|ten|de|ckend, Kos|ten de|ckend 〈Adj.〉 (Wirtsch.): *die bei etw. entstehenden Kosten deckend:* -e Preise; die Gebühren sind nicht k.

Kos|ten|de|ckung, die (Wirtsch.): *finanzielle Absicherung, Übernahmen, Deckung der Kosten.*

Kos|ten|druck, der 〈o. Pl.〉 (Wirtsch.): *durch steigende Kosten verursachte Verminderung der Gewinnspanne.*

kos|ten|ef|fi|zi|ent 〈Adj.〉: *geringe Kosten verursachend u. daher wirtschaftlich:* eine -e Produktion.

Kos|ten|ef|fi|zi|enz, die (Wirtsch.): *das Erzielen möglichst hoher Umsätze u. Gewinne mit möglichst geringen Kosten.*

Kos|ten|ein|spa|rung, die: *Einsparung von Kosten.*

Kos|ten|ent|schei|dung, die (Rechtsspr.): *gerichtliche Entscheidung darüber, wer die Kosten eines Verfahrens zu tragen hat.*

Kos|ten|ent|wick|lung, die (Wirtsch.): *Entwicklung der Kosten, Preise.*

Kos|ten|er|spar|nis, die: *Einsparung von Kosten.*

Kos|ten|er|stat|tung, die: *Erstattung der [Un]kosten.*

Kos|ten|ex|plo|si|on, die (Wirtschaftsjargon): *schnelles u. starkes Ansteigen der Kosten.*

Kos|ten|fak|tor, der (Wirtsch.): *Faktor (1), der den Umfang der Kosten von etw. beeinflusst bzw. bestimmt:* eine k. ist ein entscheidender K.

Kos|ten|fra|ge, die: *Frage (2) der mit einer bestimmten Sache verbundenen Kosten:* ob wir uns das Haus leisten können, ist eine reine K.

kos|ten|frei 〈Adj.〉 (Rechtsspr.): *nicht mit Kosten verbunden.*

Kos|ten|grün|de, die 〈Pl.〉: in der Fügung **aus -n** (*wegen der Kosten*).

kos|ten|güns|tig 〈Adj.〉 (Wirtsch.): *nicht so hohe Kosten verursachend u. daher vorteilhaft.*

kos|ten|in|ten|siv 〈Adj.〉 (Wirtsch.): *in hohem Maße Kosten verursachend.*

Kos|ten|kon|t|rol|le, die (Wirtsch.): *Kontrolle der Kosten.*

Kos|ten|la|wi|ne, die (Wirtschaftsjargon): *anwachsende Menge von Kosten.*

kos|ten|los 〈Adj.〉: *ohne dass dafür Kosten entstehen; unentgeltlich:* eine -e Verpflegung; die Teilnahme ist k.; Vater hatte der Wirtin das Bärenfell im Wohnzimmer repariert, und zwar k. (Schnurre, Bart 33).

Kos|ten|ma|nage|ment, das (Wirtsch.): *Gesamtheit der Maßnahmen, die die Kontrolle u. Reduzierung der Kosten zum Ziel haben.*

kos|ten|neu|t|ral 〈Adj.〉 (Wirtsch.): *nicht mit zusätzlichen Kosten verbunden.*

Kos|ten-Nut|zen-Ana|ly|se, die (Politik, Wirtsch.): *Verfahren zur Beurteilung öffentlicher Investitionen, bei dem die kalkulierten Kosten eines Projekts dem erwarteten Nutzen gegenübergestellt werden.*

kos|ten|pflich|tig 〈Adj.〉 (Rechtsspr.): *mit der Zahlung der entstandenen Kosten verbunden:* eine -e Verwarnung; das Auto wird k. abgeschleppt.

Kos|ten|plan, der: *Plan, auf dem die anfallenden Kosten für etw. aufgelistet u. die Bedingungen u. zeitlichen Abläufe der [Zurück]erstattung festgelegt sind.*

Kos|ten|punkt, der (ugs.): *Preis, Höhe der Kosten von etw., was gekauft od. in Auftrag gegeben werden soll.*

Kos|ten|rah|men, der 〈o. Pl.〉: *als Obergrenze angesetzter Bereich der Kosten.*

Kos|ten|rech|nung, die (Wirtsch.): *Erfassung u. Verrechnung der bei der Produktion anfallenden Kosten als Teil des betrieblichen Rechnungswesens.*

Kos|ten|re|duk|ti|on, Kos|ten|re|du|zie|rung, die: *Kostensenkung.*

Kos|ten|schät|zung, die: *Schätzung (1) der bei etw. entstehenden Kosten.*

kos|ten|sen|kend, Kos|ten sen|kend 〈Adj.〉: *eine Verringerung der bei etw. entstehenden Kosten bewirkend:* kostensenkende Maßnahmen.

Kos|ten|sen|kung, die (Wirtsch.): *Senkung der Kosten.*

kos|ten|spa|rend, Kos|ten spa|rend 〈Adj.〉: *Kosten für etw. einsparend:* eine -e Lösung; k. planen.

Kos|ten|stei|ge|rung, die (Wirtsch.): *Erhöhung von Kosten.*

Kos|ten|struk|tur, die (Wirtsch.): *Zusammensetzung der Kosten eines Unternehmens o. Ä.*

kos|ten|träch|tig 〈Adj.〉: *hohe Kosten verursachend, mit sich bringend, mit hohen Kosten verbunden:* -e Maßnahmen, Projekte; das Verfahren ist zeitaufwendig und k.

Kos|ten|trä|ger, der (Wirtsch.): *Gesamtheit der Produkte u. Leistungen eines Betriebs, deren Kosten in der Kostenrechnung pro Stück, Einheit o. Ä. ermittelt werden.*

Kos|ten|über|nah|me, die: *Übernahme der Kosten.*

Kos|ten|vor|an|schlag, der (Wirtsch.): *Berechnung, Veranschlagung von Kosten im Voraus:* einen K. aufstellen.

Kos|ten|vor|teil, der (Wirtsch.): *durch günstige Kosten erreichter Vorteil.*

Kost|gän|ger, der; -s, - (veraltend): *jmd., der bei jmdm. [zur Untermiete wohnt u.] regelmäßig [gegen Bezahlung] isst:* Ü Beamte sind keine überflüssigen K. (*Personen, die Kosten verursachen, ohne etwas einzubringen*).

Kost|gän|ge|rin, die; -, -nen: w. Form zu ↑ Kostgänger.

Kost|geld, das: *Geld für den Lebensunterhalt.*

köst|lich 〈Adj.〉 [mhd. kost(e)lich, eigtl. = viel kostend, wertvoll]: **a)** (*emotional*) (*bes. von Speisen, Getränken u. anderen Genüssen*) *besonders gut, herrlich* (*schmeckend, erfrischend*): -er Wein; das Essen war einfach k., hat k. geschmeckt; **b)** (*emotional*) *unterhaltsam, amüsant od. so komisch, dass man dabei großes Vergnügen empfindet:* eine -e Geschichte; das ist einfach k., zu k.; wir haben uns k. (*über alle Maßen*) *amüsiert;* **c)** (*veraltend*) *sehr wertvoll* (*u. als besonders schön empfunden*): -es Geschmeide.

Köst|lich|keit, die; -, -en: **a)** 〈o. Pl.〉 (geh.) *das Köstlichsein, Vortrefflichkeit:* ein Mahl von großer K.; **b)** *köstliches Ding; köstliche Sache:* kulinarische, literarische -en.

Kost|pro|be, die [zu ↑ ¹kosten]: *ein wenig von etw. Ess- od. Trinkbarem, das auf seinen Geschmack hin geprüft werden soll:* eine K. nehmen, reichen; Ü das war nur eine K., er gab damit eine K. (*ein kleines Beispiel*) *seines Könnens.*

kost|spie|lig 〈Adj.〉 [2. Bestandteil zu mhd. spildec = verschwenderisch, unklug. Umdeutung unter Anlehnung an »spielen«]: *große Kosten verursachend; teuer:* eine -e Angelegenheit; Denn der vorliegende Krieg ist derart beschaffen, dass er selbst für die großzügigsten geschäftlichen Zwecke so k., zu riskant und zu verlustreich sein muss (Bloch, Wüste 71).

Kos|tüm, das; -[e]s, -e [frz. costume < ital. costume = Tracht, Kleidung, eigtl. = Brauch, Gewohnheit < lat. consuetudo]: **1.** *zweiteiliges, aus Rock u. dazugehöriger Jacke bestehendes Kleidungsstück für weibliche Personen.* **2. a)** *Kleidung, die in einer bestimmten historischen Epoche od. für einen gesellschaftlichen Stand der Vergangenheit typisch war:* mittelalterliche -e; ein K. aus der Zeit des Rokoko; **b)** (veraltet) *Tracht:* ein nationales K. **3. a)** *Kleidung für Schauspieler, Artisten o. Ä. bei Aufführungen* (*zur Darstellung od. Charakterisierung einer bestimmten Person, Rolle od. Funktion*): das K. des Clowns; die nächste Theaterprobe ist in -en; **b)** *Verkleidung, bei der mithilfe von typischen Attributen eine bestimmte Figur* (*Berufsgruppe, Volksgruppe o. Ä.*) *dargestellt wird:* in welchem K. gehst du zum Fasching?

Kos|tüm|bild|ner, der (Theater, Film): *jmd., der Kostüme (3 a) entwirft* (Berufsbez.).

Kos|tüm|bild|ne|rin, die: w. Form zu ↑ Kostümbildner.

Kos|tüm|fest, das: *Ball, bei dem die Teilnehmer in Kostümen (2, 3) erscheinen.*

Kos|tüm|film, der: *Ausstattungsfilm.*

kos|tü|mie|ren 〈sw. V.; hat〉 [frz. costumer]: **a)** *verkleiden:* sie kostümierte sich für den Ball als Cowboy; **b)** (ugs. abwertend) *unpassend, merkwürdig od. ausgefallen anziehen:* wie hast du dich denn kostümiert!

Kos|tü|mie|rung, die; -, -en: **a)** *das Kostümieren;* **b)** *Kleidung, mit der man sich kostümiert hat; bestimmte Art, in der man sich kostümiert hat.*

Kos|tüm|ver|leih, der: *Geschäft od. Unternehmen, das Kostüme (2, 3) ausleiht.*

Kost|ver|äch|ter, Kost|ver|äch|te|rin, der: in der Wendung **kein K./keine Kostverächterin sein** (scherzh.; *ein sehr genießerischer Mensch sein; sinnlichen Genüssen sehr zugetan sein*): was Frauen betraf, so war er kein K.).

K.-o.-Sys|tem, das (Sport): *Austragungsmodus sportlicher Wettkämpfe, bei dem der jeweils Unterliegende aus dem Wettbewerb ausscheidet.*

Kot, der; -[e]s, -e u. -s 〈Pl. selten〉 [mhd. (md.) kōt, mhd. kwōt, kāt, quāt, ahd. quāt = Ausscheidung von Tier u. Mensch] (geh.): **1.** *Ausscheidung des Darms; Exkrement:* K. ausscheiden. **2.** (veraltend) *aufgeweichte Erde, schlammiger Schmutz auf einem Weg od. einer Straße:* seine Stiefel waren von, mit K. bespritzt; Ich bin rein, aber Gott hat mich in den K. getunkt über und über, und solche Leute halten es mit der Vernunft, ihre uns wissen nichts anzufangen mit frommer Beschönigung (Th. Mann, Joseph 645); * **jmdn., etw. durch den K. ziehen/in den K. treten, ziehen** (geh.; ↑ Schmutz); **etw., jmdn. mit K. bewerfen** (geh.; *ausmisten*).

Ko|tan|gens, der; -, - [gek. aus nlat. complementi tangens, zu lat. complementum = Ergänzung u. ↑ Tangens] (Math.): *Kehrwert des Tangens im rechtwinkligen Dreieck* (Zeichen: cot, cotg, ctg).

Ko|tau, der; -s, -s [chin. k'o-t'ou, eigtl. = Schlagen mit dem Kopf]: (*in China früher im Kultus od. vor Respektspersonen übliche*) *in kniender Haltung ausgeführte tiefe Verbeugung, bei der der Kopf den Boden berührte:* * **[vor jmdm.] einen/ seinen K. machen** (bildungsspr.; *sich unterwürfig-demütig jmdm. gegenüber verhalten*).

¹Ko|te, die; -, -n [frz. cote = Buchstabe, Kennziffer < afrz. quote < mlat. quota (pars), ↑ Quote] (Geogr.): *Höhenangabe auf einer topografischen Karte.*

²Ko|te, die; -, -n [mniederd. kote, ↑ Kate] (landsch., bes. nordd.): *Kate.*

³Ko|te, die; -, -n [finn. kota]: *kegelförmiges Zelt mit einer Öffnung an der Spitze, durch die Rauch abziehen kann.*

Kö|tel, der; -s, - [zu ↑ Kot] (landsch.): *kleines Klümpchen Kot.*

Ko|te|lett [kɔt'lɛt, auch: ˈkɔtlɛt], das; -s, -s, selten: -e [frz. côtelette, eigtl. = Rippchen, Vkl. von: côte < afrz. coste < lat. costa = Rippe]: *Rippenstück vom Kalb, Schwein, Lamm od. Hammel, das als beliebte Speise gebraten wird:* ein paniertes K.

Ko|te|lẹt|ten ⟨Pl.⟩ [nach der Ähnlichkeit mit einem Kotelett]: *vor den Ohren als schmaler Streifen verlaufender Backenbart.*

kọ|ten ⟨sw. V.; hat⟩ [zu ↑ Kot] (Zool.): *(von höheren Tieren) Kot ausscheiden.*

Kọ|ten|ta|fel, die [zu ↑ ¹Kote] (Geogr.): *topografische Karte mit Höhenangaben.*

Kö|ter, der; -s, - [aus dem Niederd.; urspr. lautm.] (abwertend): *Hund.*

Kọt|flü|gel, der: *Teil der Karosserie über den Rädern zum Auffangen des Schmutzes.*

Ko|thurn, der; -s, -e [lat. cothurnus < griech. kóthornos]: *(im antiken Trauerspiel) Bühnenschuh der Schauspieler mit hoher Sohle:* * **auf hohem K.** [einher]schreiten, [einher]gehen (bildungsspr.; pathetisch, hochtrabend reden).

ko|tie|ren ⟨sw. V.; hat⟩ [frz. coter = notieren, zu: cote, ↑ ¹Kote]: **1.** (Börsenw.) *ein Wertpapier zur Notierung an der Börse zulassen.* **2.** (Geogr. veraltet) *(Höhen) messen.*

ko|tig ⟨Adj.⟩ [zu ↑ Kot]: **a)** *von Kot (1) bedeckt, mit, voller Kot;* **b)** *von Kot (2) bedeckt, sehr schmutzig.*

Ko|ton [koˈtõ:], der; -s, -s [frz. coton < arab. quṭun, ↑ Kattun]: selten für: Baumwolle.

Ko|trai|ner, der; -s, -: *Assistenztrainer.*

Ko|trai|ne|rin, die; -, -nen: w. Form zu ↑ Kotrainer.

K.-o.-Trop|fen ⟨Pl.⟩ (salopp): *lösliche Psychopharmaka, die Getränken od. auch Speisen in krimineller Absicht zugesetzt werden u. rasch eine meist stundenlanger Bewusstlosigkeit führen.*

Kọt|ter, der; -s, -: **1.** (nordd. veraltend) *²Kote.* **2.** [zu bayr. Kotte = oberd. Form von ↑²Kote] (österr. veraltend) *Arrest; Gefängnis;* ♦ *Wenn ein Mensch mit einem Zündholz in ein Strohdach fährt, so wird er in den K. gesteckt* (Roseger, Waldbauernbub 80).

♦ **Kot|te|rie|spra|che,** die [zu: Kotterie = Nebenf. von ↑ Koterie]: *Geheimsprache:* Es entspann sich bald unter uns eine K., wodurch wir vor allen Menschen reden konnten, ohne dass sie uns verstanden (Goethe, Dichtung u. Wahrheit 8).

Kọtz|bro|cken, der (salopp abwertend): *jmd., den man als äußerst abstoßend, widerwärtig empfindet.*

¹Kọt|ze, die; -, -n [mhd. kotze, ahd. chozzo, chozza, H. u.] (südd., österr.): **1.** *grobe Wolldecke.* **2.** *Umhang aus grobem Wollstoff.*

²Kọt|ze, die; - [zu ↑ kotzen] (salopp): *Erbrochenes:* * **die K. kriegen** (salopp; *angewidert sein*).

kọtz|elend ⟨Adj.⟩ (ugs. emotional verstärkend): *äußerst elend, übel.*

kọt|zen ⟨sw. V.; hat⟩ [wohl zusgez. aus älter: koppezen, Intensivbildung zu spätmhd. koppen = speien] (salopp): *[sich] erbrechen:* ich musste k. wie ein Reiher (mich heftig übergeben); er kotzte auf den Boden; ⟨subst.:⟩ ich fühle mich zum Kotzen (sehr schlecht); * **das [große/kalte] Kotzen kriegen/bekommen** (salopp emotional; *angewidert sein*); **zum Kotzen** (salopp emotional: 1. *äußerst abstoßend, unerträglich:* das, es ist einfach zum Kotzen!; jmdn., etw. zum Kotzen finden. 2. *intensivierend bei Adj. u. Verben*) *sehr; äußerst:* es war zum Kotzen schön.

kọt|ze|rig, kọt|zig ⟨Adj.⟩ (salopp): *übel:* mir ist k.

kọtz|lạng|wei|lig ⟨Adj.⟩ (ugs. emotional verstärkend): *äußerst langweilig.*

Kọtz|tü|te, die (salopp): *Tüte, Beutel zum Auffangen von Erbrochenem.*

kọtz|übel ⟨Adj.⟩ (ugs. emotional verstärkend): *äußerst übel.*

kp = Kilopond.

KPD [kaˈpeːdeː], die; -: Kommunistische Partei Deutschlands.

kpm = Kilopondmeter.

kr = Krone.

Kr = Krypton.

Kr., Krs. = Kreis.

Kraal: ↑ Kral.

Krạb|be, die; -, -n [aus dem Niederd. < mniederd. krabbe = kleiner Meerkrebs, eigtl. = krabbelndes Tier, verw. mit ↑ krabbeln]: **1.** *(zu den Zehnfußkrebsen gehörendes) vor allem im Meer lebendes Tier mit zurückgebildetem Hinterleib, nahezu kreisrundem Körper u. großen Scheren am ersten Beinpaar.* **2.** (ugs. scherzh.) *in Art u. Wesen munteres, drolliges, niedliches o. ä. Kind, Mädchen:* deine kleine Schwester ist ja eine muntere K. **3.** (Archit.) *an Kanten von Giebeln, Fialen o. Ä. als Verzierung eingemeißeltes Ornament in Form von emporkletterndem Blattwerk.*

Krạb|bel|al|ter, das ⟨o. Pl.⟩: *Alter, in dem ein Kleinkind anfängt zu krabbeln (1 b).*

Krạb|bel|grup|pe, die: *Gruppe, in der sich bes. Mütter mit Kindern im Krabbelalter zum gemeinsamen Spielen, Erfahrungsaustausch o. Ä. treffen.*

krạb|bel|lig: ↑ krabblig.

Krạb|bel|kind, das (ugs.): *Kleinkind im Krabbelalter.*

krạb|beln ⟨sw. V.⟩ [aus dem Niederd. < mniederd. krabbelen; mhd. krappelen]: **1.** ⟨ist⟩ **a)** *(von Käfern u. Ä.) sich (am Boden) fortbewegen:* der Käfer krabbelt [an der Wand]; **b)** *(meist von Kleinkindern) auf Händen u. Füßen kriechen:* das Kind fängt an zu k., krabbelt schon, krabbelt [auf allen vieren] durchs Zimmer; ich krabbele ins Bett und decke mich zu (Remarque, Westen 173). **2.** ⟨hat⟩ (ugs.) **a)** *ein Kitzeln, Jucken verursachen, erzeugen:* der Hustenreiz krabbelt [auf der Haut]; **b)** *die Spitzen der leicht gebeugten Finger auf od. in etw. ohne Druck hin u. her bewegen:* jmdn., sich k.; er krabbelt sie im Nacken.

Krạb|bel|stu|be, die: *Raum als Kindergarten für Kleinkinder bes. im Krabbelalter.*

Krạb|ben|brot, das: *(als Beilage serviertes) indonesisches Fladenbrot aus gemahlenen Garnelen und Tapioka.*

Krạb|ben|fi|scher, der: *Fischer, der Krabben (1) fängt.*

Krạb|ben|fi|sche|rin, die: w. Form zu ↑ Krabbenfischer.

Krạb|ben|kut|ter, der: *für den Fang von Krabben (2) ausgerüsteter Kutter (2).*

krạbb|lig, krabbelig ⟨Adj.⟩ (ugs.): **a)** *einen unangenehmen Reiz wie von kurzen, stechenden Haaren verursachend:* der Pullover ist k.; **b)** *kitzlig:* sie ist sehr k.; ♦ **c)** *klein, winzig [u. dabei an das Wimmeln von Ameisen erinnernd]:* ... jene krabbelige Arbeit von tausend kleinen Dingen, die man eigentlich nicht gelernt, für den täglichen Kreuzer (Keller, Die Leute von Seldwyla I, Einleitung 17).

♦ **Krä|ben,** der; -s, - [Nebenf. von: Krebe, mhd. krebe, eigtl. = Geflochtenes, verw. mit ↑ Krippe] (südd.): *[Rückentrag]korb:* ...holte sie gleich ab in einem großmächtigen K. und trug sie auf dem Rücken weg (Mörike, Hutzelmännlein 166).

krach ⟨Interj.⟩: lautm. für plötzlich meist ein kurzes, hartes, lautes Geräusch, das bes. dann entsteht, wenn ein fester Gegenstand mit Wucht getroffen wird od. auf den Boden fällt [u. dabei zerbricht].

Krạch, der; -[e]s, Kräche [mhd. krach, ahd. chrac, zu ↑ krachen]: **1. a)** ⟨o. Pl.⟩ *etw., was in unangenehm lauter, unartikulierter Weise zu hören ist;* Lärm: hier ist, herrscht ein unerträglicher K.; die Maschine macht [einen] fürchterlichen K.; macht doch nicht solchen K.!; vom vielen K., vor lauter K. nicht schlafen können; * **K. machen/schlagen** (ugs.; *bei jmdm. laut schimpfend gegen etw. Einspruch erheben*); **b)** ⟨Pl. selten⟩ *lautes, hartes, dunkles Geräusch, das durch einen Aufprall o. Ä. verursacht wird:* als das Haus zusammenstürzte, gab es einen lauten K.; unter lautem K. einstürzen. **2.** (ugs.) *heftiges, lautes Schimpfen; laute Auseinandersetzung:* mit jmdm. K. anfangen, kriegen, haben; in der Familie gibt es oft K.; wegen des Geldes kam es zwischen ihnen zum K.; Xaver spürte, er und Agnes lagen wieder nebeneinander, als hätten sie K. gehabt (M. Walser, Seelenarbeit 130). **3.** (ugs.) **a)** *plötzlicher wirtschaftlicher Zusammenbruch;* **b)** *plötzlicher militärischer Zusammenstoß:* wenn es zum großen K. zwischen Ost und West kommen sollte.

krạ|chen ⟨sw. V.⟩ [mhd. krachen; ahd. krahhōn, lautm.]: **1.** ⟨hat⟩ *einen Krach (1 b) verursachen, auslösen:* die Dielen krachten unter seinen Schritten; ein gewaltiger Donnerschlag krachte; in allen Fugen k.; Schüsse krachten; der Stuhl krachte unter seinem Gewicht; das Eis krachte (brach, barst mit einem Krach); mir ist die Hose, die Naht gekracht ([mit lautem Geräusch] geplatzt); ⟨unpers.:⟩ bei jeder Bewegung kracht und knackt es in seinen Gelenken; der Blitz schlug ein, es krachte; auf dieser Kreuzung kracht es dauernd (ugs.; *gibt es dauernd Unfälle, Zusammenstöße*); Ü der Winter brachte krachende (große) Kälte, krachenden (starken) Frost; ⟨unpers.:⟩ wenn du noch lange meckerst, krachts (ugs.; *gibt es Schläge*); R ..., dass es [nur so] kracht (ugs.; *heftig, sehr stark, intensiv, mit großer Leidenschaft*); * **es k. lassen/krachenlassen** (ugs.; *ausgelassen feiern*). **2.** (ugs.) **a)** ⟨ist⟩ *krachend* (1) *gegen etw. prallen, irgendwo heftig auftreffen:* das Auto kracht gegen die Leitplanke; **b)** ⟨hat⟩ *mit Wucht irgendwohin befördern, werfen, stoßen:* den Koffer in die Ecke k.; er krachte ihr die Faust ins Kreuz. **3.** ⟨k. + sich; hat⟩ (ugs.) *mit jmdm., miteinander Krach (2) haben; sich streiten:* ich habe mich mit ihm gekracht; wir krachen uns oft; habt ihr euch gekracht? **4.** ⟨ist⟩ (ugs.) *einen Krach (3 a) erleiden, Bankrott machen:* eine Bank, ein Betrieb kracht.

krạ|chen las|sen, krạ|chen|las|sen: s. krachen (1).

Krạ|cher, der; -s, - (ugs.): **1.** meist in der Fügung *alter K.* (abwertend; ↑ Knacker 1). **2.** *Knallkörper.*

krạch|le|dern ⟨Adj.⟩: *eine derb-heftige Art aufweisend:* -e Musik.

Krạch|le|der|ne, die/eine Krachlederne; der/einer Krachlederne, die Krachlederne(n)/zwei Krachlederne (südd.): *(zur bayrischen Tracht gehörende) kurze Lederhose.*

Krạch|ma|cher, der: *Person, Sache, die Krach (1 a) macht, verursacht.*

Krạch|ma|che|rin, die (ugs.): w. Form zu ↑ Krachmacher.

kräch|zen ⟨sw. V.; hat⟩ [spätmhd. krachitzen, Weiterbildung zu ↑ krachen]: *(von bestimmten Vögeln) heisere, raue Laute von sich geben:* die Raben krächzten; »Lora«, krächzte der Papagei; Ü er war erkältet und konnte nur noch k.; der Lautsprecher krächzte.

Kräch|zer, der; -s, - (ugs.): **a)** *gekrächzter Laut, Ton;* **b)** *jmd., der mit heiserer, rauer Stimme spricht.*

Krạck|ben|zin, das (Chemie): *im Krackverfahren hergestelltes Benzin.*

kracken – Kräftigung

kra|cken [auch: ˈkrekŋ] ⟨sw. V.; hat⟩ [engl. to crack, eigtl. = spalten, brechen] (Chemie): *Schweröle spalten, in Leichtöle (Benzin) umwandeln.*

Krä|cker: ↑ Cracker.

Krad, das; -[e]s, Kräder [auch: krat] (bes. Militär): kurz für ↑ Kraftrad.

kraft ⟨Präp. mit Gen.⟩ [aus: durch, in usw. Kraft] (Papierdt.): *durch den Einfluss, das Gewicht, die Autorität [von]; aufgrund:* k. [eines] Gesetzes; k. [seines] Amtes.

Kraft, die; -, Kräfte [mhd., ahd. kraft, urspr. = Zusammenziehung (der Muskeln)]: **1.** *Vermögen, Fähigkeit zu wirken; [körperliche od. geistige] Stärke:* körperliche, seelische, moralische, jugendliche K.; die K. des Geistes; ihm fehlt die K.; seine Kräfte versagen, erlahmen, lassen nach; in ihm steckt eine ungeheure K.; seine K. erproben; im Urlaub neue Kräfte sammeln; er hat seine K., seine Kräfte überschätzt; seine ganze K. für etw. aufbieten; alle Kräfte anspannen; dieser Posten nimmt seine ganze K. in Anspruch; ungeahnte K. in sich fühlen; er hatte nicht mehr die K. aufzustehen; K. haben *(stark sein, über Körperkraft verfügen);* keine K. mehr in den Knochen haben *(ugs.; schwach sein);* die Sorge um das Kind verbrauchte ihre K., verlieh ihr ungeahnte Kräfte; eine K. sparende Methode; die Sonne hat, spendet im Herbst noch viel K. *(scheint noch sehr warm);* die K. spendenden Strahlen der Sonne; eine K. raubende Tätigkeit; unter Aufbietung aller Kräfte wurde das Projekt zu Ende geführt; etw. aus eigener K. *(ohne fremde Hilfe)* schaffen; [wieder/gut] bei Kräften sein *([wieder] in gutem körperlichem Zustand, gesund u. kräftig sein);* ich werde tun, was in meinen Kräften steht *(ich werde mein Möglichstes tun);* mit letzter K.; mit vereinten Kräften *(durch gemeinsame Anstrengung)* etw. erreichen; jmdm. nach [besten] Kräften *(soweit es irgend möglich ist)* helfen; das geht über meine K. *(das ist zu viel für mich, das kann ich unmöglich leisten);* über ungeheure K., über geheimnisvolle, schöpferische Kräfte verfügen; vor/ (auch:) von K. strotzen; [wieder] zu Kräften kommen *(durch Krankheit bedingte körperliche Schwäche allmählich überwinden, wieder gesund u. kräftig werden);* Ü die militärische, wirtschaftliche K. eines Landes. **2.** *etw., was einer Sache als Ursache einer Wirkung od. als Möglichkeit in bestimmter Weise zu wirken, innewohnt:* die heilende K. der Kräuter; die belebende K. des Alkohols; * **die treibende K. sein** *(derjenige sein, der etw. anregt u. eifrig dafür tätig ist, dass es auch durchgeführt wird).* **3.** *Arbeitskraft* (2): er ist eine tüchtige K. **4.** ⟨Pl.⟩ *in besonderer Weise Einfluss ausübende, ideologisch ausgerichtete Gruppe von Menschen:* fortschrittliche, liberale, konservative, reaktionäre, bürgerliche Kräfte; hier sind Kräfte am Werk, die dem Staat schaden können. **5.** (Physik) *physikalische Größe, die Ursache von Änderungen der Bewegung frei beweglicher Körper od. die Ursache von Änderungen der Form ist:* K. ist Masse mal Beschleunigung; K. mal Weg ist Arbeit; elektrische, magnetische Kräfte; mit voller K., mit halber K. (Seemannsspr.; *[von Schiffen mit Motor o. Ä.] mit Höchstgeschwindigkeit, mit geringer Geschwindigkeit)* fahren. **6.** * *etw.* **außer K. setzen** *(etw. ungültig, unwirksam werden lassen: eine Verordnung außer K. setzen);* **außer K. treten, sein** *(seine Wirkung, Gültigkeit verlieren, keine Wirkung, Gültigkeit [mehr] haben: der Befehl ist außer K. getreten);* **in K. treten/sein, befindlich sein, stehen/bleiben** *(wirksam, gültig werden, sein, bleiben: das Gesetz tritt am 1. 10. in K.; die Regelung bleibt weiterhin in K.);* **etw. in K. setzen** *(etw. gültig, wirksam werden lassen).*

Kraft|akt, der: *außerordentliche Kraft* (1) *erfordernde Leistung:* das Anschieben des Autos war ein ziemlicher K. für die Kinder; im Zirkus einen K. *(eine besondere Kräfte erfordernde Nummer)* vorführen; Ü verbale -e.

Kraft|an|stren|gung, die: *große körperliche Anstrengung* (1), *Einsatz seiner ganzen körperlichen Kraft bei etw.*

Kraft|arm, der (Physik): *Teil des Hebels, auf den die Kraft* (5) *wirkt.*

Kraft|auf|wand, der: *Aufwand an Kraft* (1) *für eine bestimmte Arbeit o. Ä.*

Kraft|aus|druck, der ⟨Pl. ...drücke⟩: *derber, vulgärer Ausdruck als Äußerung von Ärger, Erstaunen o. Ä.:* mit Kraftausdrücken um sich werfen.

Kraft|brü|he, die: *kräftige Fleischbrühe.*

Kräf|te|gleich|ge|wicht, das: *Gleichgewicht politischer, wirtschaftlicher, militärischer o. ä. Kräfte.*

kräf|te|mä|ßig ⟨Adj.⟩ (ugs.): *die Kräfte* (1) *betreffend, hinsichtlich der Kräfte:* ein -er Vergleich; er war ihm k. überlegen.

Kräf|te|mes|sen, das; -s: *Kraftprobe.*

Kräf|te|pa|ral|le|lo|gramm, das (Physik): *Parallelogramm, das durch die grafische Darstellung der Addition zweier, am selben Punkt angreifender Kräfte* (5) *entsteht.*

Kräf|te|spiel, das: *Zusammenwirken verschiedener Kräfte* (1).

Kräf|te|ver|fall, der: *Nachlassen der körperlichen [u. geistigen] Kräfte* (1).

Kräf|te|ver|hält|nis, das: vgl. Kräftegleichgewicht.

Kräf|te|ver|schleiß, der: *Verschleiß an körperlichen [u. geistigen] Kräften.*

kräf|te|zeh|rend ⟨Adj.⟩: *an den Kräften* (1) *zehrend.*

Kraft|fah|rer, der (Amtsspr.): *jmd., der ein Kraftfahrzeug führt.*

Kraft|fah|re|rin, die: w. Form zu ↑ Kraftfahrer.

Kraft|fahrt|bun|des|amt, Kraft|fahrt-Bun|des|amt, das: *für den Straßenverkehr zuständige Bundesbehörde.*

Kraft|fahr|tech|nik, (seltener:) **Kraft|fahrt|tech|nik,** die: *Zweig der Technik, der sich mit Kraftfahrzeugen, deren Entwicklung u. Produktion, mit Kraftstoffen, mit den Straßenwesen u. Ä. befasst.*

Kraft|fahr|zeug, das (bes. Amtsspr.): *durch einen Motor angetriebenes, nicht an Schienen gebundenes Fahrzeug.*

Kraft|fahr|zeug|brief, der (Amtsspr.): *Urkunde, die als Nachweis für den rechtmäßigen Besitz eines Kraftfahrzeugs dient (u. in der der Name des jeweiligen Besitzers, die Zulassungsnummer u. die technischen Daten des Kraftfahrzeugs eingetragen sind); Fahrzeugbrief.*

Kraft|fahr|zeug|elek|tri|ker, der: *Elektriker, der elektrische Anlagen in Kraftfahrzeugen wartet u. repariert* (Berufsbez.).

Kraft|fahr|zeug|elek|tri|ke|rin, die: w. Form zu ↑ Kraftfahrzeugelektriker.

Kraft|fahr|zeug|füh|rer, der (Amtsspr.): *Kraftfahrer.*

Kraft|fahr|zeug|füh|re|rin, die: w. Form zu ↑ Kraftfahrzeugführer.

Kraft|fahr|zeug-Haft|pflicht|ver|si|che|rung, die: *Versicherung, die Schäden deckt, die einem Dritten durch ein Kraftfahrzeug entstehen.*

Kraft|fahr|zeug|hal|ter, der (Amtsspr.): *Fahrzeughalter.*

Kraft|fahr|zeug|hal|te|rin, die: w. Form zu ↑ Kraftfahrzeughalter.

Kraft|fahr|zeug|kenn|zei|chen, das (Amtsspr.): *Autonummer.*

Kraft|fahr|zeug|me|cha|ni|ker, der: *Mechaniker, der Kraftfahrzeuge u. Motoren wartet u. repariert* (Berufsbez.).

Kraft|fahr|zeug|me|cha|ni|ke|rin, die: w. Form zu ↑ Kraftfahrzeugmechaniker.

Kraft|fahr|zeug|pa|pie|re ⟨Pl.⟩: *Kraftfahrzeugbrief u. Kraftfahrzeugschein.*

Kraft|fahr|zeug|re|pa|ra|tur|werk|statt, die: *Werkstatt, in der Kraftfahrzeuge repariert werden.*

Kraft|fahr|zeug|schein, der (Amtsspr.): *amtliches Papier, das als Nachweis für die ordnungsgemäße Zulassung eines Kraftfahrzeugs dient (u. in dem die Personalien des Fahrzeughalters u. die technischen Daten des Kraftfahrzeugs eingetragen sind); Zulassung* (2).

Kraft|fahr|zeug|steu|er, die: *Steuer für das Halten eines Kraftfahrzeugs zum Fahren auf öffentlichen Straßen.*

Kraft|fahr|zeug|tech|nik, die ⟨o. Pl.⟩: *Zweig der Technik, der sich mit Kraftfahrzeugen u. deren Produktion befasst.*

Kraft|fahr|zeug|ver|si|che|rung, die: *Kraftfahrzeug-Haftpflichtversicherung [u. Kaskoversicherung].*

Kraft|fahr|zeug|we|sen, das ⟨o. Pl.⟩: *Gesamtheit aller für die Herstellung u. Instandhaltung von Kraftfahrzeugen nötigen Einrichtungen.*

Kraft|feld, das (Physik): *Feld* (7), *in dem an jeder Stelle auf einen Körper eine Kraft* (5) *ausgeübt wird.*

Kraft|fut|ter, das: *besonders nährstoffreiches* ¹*Futter.*

kräf|tig ⟨Adj.⟩ [mhd. kreftic, ahd. chreftig]: **1. a)** *über Körperkraft verfügend, [in der äußeren Erscheinung] von körperlicher Kraft zeugend:* ein -er Mann, Junge; ein -er Schlag, Hieb; eine -e Konstitution, Natur haben; sein Körper ist k. und durchtrainiert; k. gebaut sein; sie fühlt sich wieder k.; **b)** *von gesundem Wuchs zeugend; gut entwickelt u. widerstandsfähig:* -e Pflanzen; die Sträucher sind schon recht k.; Seine Oberlippe, obwohl sie k. entwickelt war, zog sich etwas hinauf und ließ lange Schneidezähne sehen (Gaiser, Jagd 40). **2. a)** *in hohem Maße ausgeprägt, vorhanden; intensiv, heftig, stark:* ein -es Hoch; -en Hunger haben; einen -en *(großen)* Schluck nehmen; -e Farben; es weht eine -e *(heftige)* Brise; ein -er *(deutlich wahrnehmbarer)* Geruch, Geschmack; es regnete, schneite k.; **b)** *mit Nachdruck u. Entschiedenheit:* für jmdn., etw. k. eintreten; jmdm. k. die Meinung, seine Meinung sagen. **3.** *reich an Nährstoffen; gehaltvoll:* eine -e Mahlzeit zu sich nehmen; -es Brot, Futter; ⟨subst.:⟩ etw. Kräftiges essen; Sehr vernünftig, dass Sie sich ein -es *(würziges, stärkendes)* Bier zum Abendessen bestellen (Th. Mann, Krull 300). **4.** *in derb-deutlicher Weise geäußert; ziemlich grob:* ein -es Wort; ein -er Ausdruck, Fluch; eine -e Sprache führen.

-kräf|tig: 1. drückt in Bildungen mit Substantiven aus, dass die beschriebene Person oder Sache etw. reichlich hat, in hohem Maße enthält: *beweis-, ertragskräftig.* **2.** drückt in Bildungen mit Substantiven aus, dass die beschriebene Person oder Sache zu etw. fähig ist, in der Lage ist: *lebens-, zahlungskräftig.*

kräf|ti|gen ⟨sw. V.; hat⟩ [mhd. kreftigen, ahd. chreftigōn]: *bewirken, dass jmd., etw. kräftig wird, Kraft* (1) *bekommt:* Sport kräftigt den Körper.

Kräf|tig|keit, die; - (selten): *kräftige Beschaffenheit, Art.*

Kräf|ti|gung, die; -, -en ⟨Pl. selten⟩: *das [Sich]kräftigen.*

Kräf|ti|gungs|mit|tel, das: *Mittel zur Kräftigung.*
kraft|los ⟨Adj.⟩: *schwach; kaum Kraft habend:* ein -er kranker Mensch; k. sein; ... ein Arm ist halb gebeugt, der Kopf drückt k. darauf (Remarque, Westen 154); Ü *Ende März schien eine -e Sonne, schmolz ein -er Schnee* (Kaschnitz, Wohin 204).
Kraft|los|er|klä|rung, die: *[offizielle] Mitteilung, dass eine Bestimmung, ein Gesetz o. Ä. nicht mehr in Kraft ist.*
Kraft|lo|sig|keit, die; -: *das Kraftlossein; Schwäche.*
Kraft|ma|schi|ne, die (Technik): *Maschine (z. B. Dampfmaschine, Turbine o. Ä.), die mechanische Energie erzeugt.*
Kraft|mei|er, der [2. Bestandteil der als Gattungsname gebrauchte häufige Familienn. Meier] (ugs., oft abwertend): *Mann, der mit seiner Körperkraft großspurig prahlt.*
Kraft|mei|e|rei, die (ugs. abwertend): *großspuriges Prahlen mit der Körperkraft.*
kraft|mei|e|risch ⟨Adj.⟩ (ugs., oft abwertend): *von der Art eines Kraftmeiers, sich wie ein Kraftmeier benehmend.*
Kraft|mensch, der: *jmd., der über [außergewöhnlich] große Körperkraft verfügt.*
Kraft|mes|ser, der: *Dynamometer (1).*
Kraft|pa|ket, das (ugs.): 1. *Kraftmensch.* 2. *Maschine, Gerät o. Ä. mit großer Leistungsstärke, bes. mit starkem Motor ausgestattetes schnelles Kraftfahrzeug.*
Kraft|pro|be, die: *Anstrengungen Rivalisierender, aus denen hervorgeht, wer der Stärkere, Bessere ist:* eine militärische K.
Kraft|protz, der (ugs., oft abwertend): *jmd., der seine Körperkraft großspurig, in prahlerischer Weise herausstellt.*
Kraft|quell, der (geh.), **Kraft|quel|le,** die: *etw., was Antrieb, [neue] Lebenskraft, Ermutigung verschafft.*
Kraft|rad, das (Amtsspr.): *zweirädriges Kraftfahrzeug (z. B. Motorrad).*
kraft|rau|bend, Kraft rau|bend ⟨Adj.⟩: *große Kraftanstrengung verlangend u. entsprechend ermüdend:* eine -e Arbeit.
Kraft|raum, der (Sport): *besonderer Raum mit Geräten zum Krafttraining.*
Kraft|re|ser|ve, die ⟨meist Pl.⟩: *Reserve an Kraft (1), die im Bedarfsfall mobilisiert werden kann.*
kraft|spa|rend, Kraft spa|rend ⟨Adj.⟩: *die Kräfte schonend, größere Kraftanstrengungen ersparend:* eine -e Methode.
Kraft|spei|cher, der (Technik): *Gerät zum Speichern von Energie; Akkumulator.*
kraft|spen|dend, Kraft spen|dend ⟨Adj.⟩: *stärkend, zusätzliche Kraft verleihend:* die -en Strahlen der Sonne.
Kraft|sport, der: *Schwerathletik.*
Kraft|sport|art, die: *einzelne Disziplin des Kraftsports.*
Kraft|stoff, der (Kfz-Wesen): *Stoff (z. B. Benzin), durch dessen Verbrennung ein Motor angetrieben wird; Treibstoff.*
Kraft|stoff|an|zei|ge, die, **Kraft|stoff|an|zei|ger,** der (Kfz-Technik): *Benzinuhr.*
Kraft|stoff|lei|tung, die (Kfz-Technik): *dünnes Rohr od. Schlauch aus Metall zur Leitung des Kraftstoffs.*
Kraft|stoff-Luft-Ge|misch, das (Kfz-Technik): *Gemisch (2 a).*
Kraft|stoff|preis, der: *Preis für Kraftstoff.*
Kraft|stoff|pum|pe, die (Kfz-Technik): *Aggregat zur Förderung des Kraftstoffs vom Tank zum Vergaser od. zur Einspritzpumpe.*
Kraft|stoff|ver|brauch, der: *Verbrauch an Kraftstoff:* der Wagen hat einen sehr hohen K.
Kraft|strom, der: *elektrischer Strom, der vorwiegend zum Betrieb elektrischer Motoren verwendet wird.*
kraft|strot|zend ⟨Adj.⟩: *überaus stark u. kräftig [aussehend]; voll von deutlich sichtbarer körperlicher Kraft (1).*
Kraft|trai|ning, das (Sport): *Training, das dazu dient, die Körperkraft zu verbessern, zu steigern.*
Kraft|über|tra|gung, die: *das Übertragen von Kraft (5).*
Kraft|ver|kehr, der (Amtsspr.): *Gesamtheit aller am Verkehr teilnehmenden Kraftfahrzeuge.*
kraft|voll ⟨Adj.⟩: a) *viel Kraft besitzend; voll Kraft:* ein -er Menschenschlag; k. wirken; b) *mit viel Kraft durch-, ausgeführt:* ein -er Endsprung; k. zubeißen.
Kraft|wa|gen, der (Amtsspr.): *Auto.*
Kraft-Wär|me-Kopp|lung, die (Technik): *(als Verfahren zur Energiegewinnung angewendeter) Verbund von mechanischer Energie, die in Elektrizität umgewandelt wird, u. Wärme bes. für Heizzwecke* (wie z. B. Fernwärme; Abk.: KWK).
Kraft|werk, das: *Anlage zur Gewinnung elektrischer Energie.*
Kraft|werk|be|trei|ber, Kraftwerksbetreiber, der: *Betreiber (2) eines Kraftwerks.*
Kraft|werk|be|trei|be|rin, die: w. Formen zu ↑ Kraftwerkbetreiber, Kraftwerksbetreiber.
Kraft|werks|bau, der ⟨Pl. -ten⟩: 1. ⟨o. Pl.⟩ *das Bauen von Kraftwerken.* 2. *Kraftwerk.*
Kraft|werks|be|trei|ber usw.: ↑ Kraftwerkbetreiber usw.
Kraft|wort, das ⟨Pl. -e u. ...wörter⟩: *Kraftausdruck.*
Kra|ge, die; -, -n [zu fachspr. Kragen = vorspringender (Mauer)teil] (selten): *Konsole (1).*
Krä|gel|chen, das; -s, -: Vkl. zu ↑ Kragen.
Kra|gen, der; -s, -, südd., österr., schweiz.: Krägen [mhd. krage = Hals, Kehle, Nacken; Kragen (1), urspr. = Schlund]: 1. a) *der Hals teilweise od. ganz umschließender Teil der Kleidung:* ein hoher, enger, steifer, halsferner K.; den K. offen tragen, hochschlagen; der K. des Mantels ist mit Pelz besetzt; jmdn. am K. packen; b) *einzelner, nicht fest an ein Kleidungsstück genähter Kragen (1 a):* der K. lässt sich anknöpfen, abnehmen; den K. stärken; Im Kaufhaus »Printemps« sodann, nahebei, erstand ich, von Abteilung zu Abteilung schlendernd, zunächst einige kleinere Nutzbarkeiten: drei, vier Krägen, eine Krawatte ... (Th. Mann, Krull 190). 2. (landsch.) a) ⟨meist von Geflügel⟩ *Hals:* beim Hühnerklein fehlt der K.; b) *Hals einer Flasche:* der Flasche den K. abschlagen. 3. (Jägerspr.) *gegen das übrige Fell od. Gefieder abstechender Streifen um den, am Hals von Tieren.* 4.* [in den folgenden Wendungen hat »Kragen« die veraltete Bedeutung »Hals«] **jmdm. platzt der K.** (salopp: *jmd. wird über etw. so wütend, dass er bzw. sie es nicht länger hinnehmen kann*); **jmdm./jmdn. den K. kosten** (↑ Hals 1); **jmdm. den K. [her]umdrehen** (ugs.; *jmdn. töten*); **jmdn. am K. kriegen/packen; jmdn. beim K. packen/nehmen** (ugs.; *jmdn. zur Rede stellen*); **es geht jmdm. an den K.** (ugs.: *jmd. wird für etw. zur Verantwortung gezogen; jmd. wird von seinem Schicksal ereilt, geht zugrunde*); **jmdm. an den K. wollen** (ugs.; *jmdn. zur Verantwortung ziehen wollen, ihm Schaden zufügen, ihn verprügeln wollen*).
Kra|gen|knopf, der: 1. *Knopf, mit dem ein Kragen (1 b) an einem Hemd, einer Bluse o. Ä. festgemacht wird.* 2. *oberster Knopf einer Knopfleiste (an Hemd, Bluse o. Ä.), mit dem der Kragen zugeknöpft wird.*
kra|gen|los ⟨Adj.⟩: *keinen Kragen (1) besitzend:* eine -e Jacke.
Kra|gen|wei|te, die: (in Bezug auf Oberhemden) *Weite (4) des Kragens:* eine große, kleine K. haben; *jmds. K. sein (salopp; ganz nach jmds. Geschmack sein).
Krä|he, die; -, -n [mhd. krä(e), kræjə, ahd. krā(wa, -ja, -ha) = Krächzerin, zu ↑ krähen]: *(mit dem Raben verwandter) großer Vogel mit schwarzem, metallisch schimmerndem Gefieder u. kräftigem Schnabel:* Spr *eine K. hackt der anderen kein Auge aus (Berufs- und Standesgenossen halten zusammen).*
krä|hen ⟨sw. V.; hat⟩ [mhd. kræ(je)n, ahd. kräen, lautm. bes. für dumpfe u. heisere Klangeindrücke]: 1. *(vom Hahn) in unmittelbarer Aufeinanderfolge jeweils dreimal kurz u. einmal lang gezogen einen hohen, gequetschten, durchdringenden Laut von sich geben:* wir saßen zusammen, bis die Hähne krähten (bis Tagesanbruch). 2. *[vor Erregung, Begeisterung o. Ä.] mit hoher, heller Stimme sprechen, schreien, singen:* das Baby krähte vergnügt (gab vor Vergnügen helle, unartikulierte Laute von sich).
Krä|hen|au|ge, das (landsch.): a) *Warze;* b) *Hühnerauge.*
Krä|hen|fü|ße ⟨Pl.⟩ [nach dem Vergleich mit der Form (des Abdrucks) des Krähenfußes]: 1. (ugs.) *feine Hautfalten, die von den äußeren Augenwinkeln strahlenförmig nach den Seiten verlaufen.* 2. (ugs.) *unleserliche, krakelige Schrift.* 3. (ugs.) *kleine, spitze Eisenstücke, die bei einer Verfolgung aus dem Auto auf die Straße gestreut werden, um die Reifen des hinterherfahrenden [Polizei]fahrzeugs zu beschädigen u. es dadurch zu zwingen, die Verfolgung aufzugeben.*
Kräh|win|kel, das; -s ⟨meist o. Art.⟩ ⟨Pl. selten⟩ [nach dem Ort Krähwinkel in dem Lustspiel »Die deutschen Kleinstädter« des dt. Dramatikers A. v. Kotzebue (1761–1819)] (spött.): *spießbürgerliche Kleinstadt.*
Kra|ka|tau; -s: *vulkanische Insel zwischen Sumatra u. Java.*
Kra|kau: *Stadt in Polen.*
¹**Kra|kau|er,** der; -s, -: Ew.
²**Kra|kau|er** ⟨indekl. Adj.⟩: *K. Schinkenwurst.*
³**Kra|kau|er,** die; -, -: *kräftig gewürzte u. geräucherte Brühwurst aus Rind- u. Schweinefleisch.*
Kra|kau|e|rin, die; -, -nen: w. Form zu ↑ ¹Krakauer.
Kra|ke, der; -n, -n, ugs. auch: die; -, -n [norw. mundartl. krake(n), H. u.]: 1. *Kopffüßler von unterschiedlicher Größe, dessen acht Fangarme mit Saugnäpfen besetzt sind.* 2. *sagenhaftes Meerungeheuer in Gestalt eines Kraken (1).*
kra|kee|len ⟨sw. V.; hat⟩ (ugs. abwertend): *laut schreien [um Streit anzufangen]; lautstark schimpfen; sich lautstark streiten:* die Betrunkenen krakeelen auf dem Heimweg; in einer Versammlung k.
Kra|kee|ler, der; -s, - (ugs. abwertend): *jmd., der krakeelt.*
Kra|kee|le|rin, die; -, -nen: w. Form zu ↑ Krakeeler.
Kra|kel, der; -s, - [(ost)md. krakel = dürrer Ast] (ugs. abwertend): *zittriger, ungelenker u. kaum leserlicher Schriftzug, zittriges, ungelenkes u. kaum leserliches Schriftzeichen:* [einen] K. machen; deine K. kann kein Mensch lesen.
Kra|ke|lei, die; -, -en [zu ↑ Krakel] (ugs. abwertend): 1. ⟨o. Pl.⟩ *das Krakeln.* 2. *etw. Gekrakeltes.*
kra|ke|lig, krak|lig ⟨Adj.⟩ [zu ↑ Krakel] (ugs. abwertend): *(von etw. Geschriebenem, einer Schrift) zittrig, ungelenk u. kaum leserlich.*
kra|keln ⟨sw. V.; hat⟩ (ugs. abwertend): *schlecht u. ungleichmäßig, zittrig schreiben.*

Krakelschrift – Kran

Kra|kel|schrift, die (ugs. abwertend): krakelige Schrift.
krak|lig: ↑ krakelig.
Kral, der; -s, -e, auch: -s [afrikaans kraal < port. curral = Hürde, Zwinger; vgl. Korral]: **1.** kreisförmig angelegtes Dorf bei afrikanischen Stämmen. **2.** kreisförmig angelegter Pferch bei afrikanischen Stämmen.
◆ **krall** ⟨Adj.⟩ (landsch., bes md.): mit Krallen versehen: Mit scharfen Schnäbeln, -en Beinen (Goethe, Faust II, 7287).
Kräll|chen, das; -s, -: Vkl. zu ↑ Kralle.
Kral|le, die; -, -n [16. Jh., wohl im Sinne von »die Gekrümmte«, verw. mit ↑ Kringel; vgl. ahd. kral = Haken]: **1.** (bei Vögeln sowie manchen Reptilien u. Säugetieren) langes, gebogenes, an den Enden spitz zulaufendes Gebilde aus Horn an den letzten Gliedern der Zehen: stumpfe, spitze, scharfe, starke -n; die -n des Adlers; die Katze zeigt die -n, zieht die -n ein, hielt eine Maus in den -n; Ü (geh.:) jmdm. aus den -n des Todes retten; was er einmal in seinen Besitz gebracht hat, lässt er so schnell nicht mehr aus den -n (gibt er so schnell nicht mehr her); Und das Misstrauen Robespierres war kaum aus ihnen entkommt man nicht (St. Zweig, Fouché 50); *jmdm. die -n zeigen (ugs.: jmdn. sehr entschlossen die eigene Bereitschaft zur Gegenwehr erkennen lassen); [bar] auf die K. (ugs.; ↑ Hand 1); etw. in die -n bekommen, kriegen (ugs.; etw. in seinen Besitz, in seine Gewalt bekommen). **2. a)** krallenförmiges Gerät: das Autoradio mit einer K. herausreißen; **b)** krallenförmige Vorrichtung zum Blockieren der Räder eines Fahrzeugs; Parkkralle.
kral|len ⟨sw. V.; hat⟩ [zu Kralle; vgl. mhd. krellen, spätahd. bichrellen = kratzen]: **1. a)** ⟨k. + sich⟩ sich mit den Krallen an jmdm., etw. festhalten: die Katze krallte sich an den Baumstamm; **b)** ⟨k. + sich⟩ sich krampfhaft mit den Fingern an jmdm., etw. festhalten, sich mit den Fingern, Zehen in etw. festkrallen: er krallte sich an das Geländer, in den Boden; **c)** (die Finger, Zehen) wie Krallen fest um etw. schließen, in etw. bohren [um Halt zu finden]: die Zehen in den Boden k.; vor Schmerz die Finger in das Kissen k.; er krallte seine Finger um das Seil, in ihren Ärmel; **d)** ⟨k. + sich⟩ sich wie Krallen, mit gekrümmten Fingern fest um etw. schließen: seine Hand krallte sich um den Revolver. **2.** wie eine Kralle krümmen: er krallte seine Finger. **3.** (salopp) **a)** schnell u. unauffällig an sich nehmen, entwenden: er hat [sich] das Fahrrad gestern im Stadtpark gekrallt; **b)** (jmdn.) packen, in seine Gewalt bringen: den werde ich mir noch p. (mir vornehmen).
kral|len|ar|tig ⟨Adj.⟩: einer Kralle (1) ähnlich, wie Krallen wirkend: -e Nägel.
kral|len|för|mig ⟨Adj.⟩: die Form einer Kralle (1), von Krallen aufweisend: -e Haken.
kral|lig ⟨Adj.⟩: **a)** wie eine Kralle; krallenartig; krallenförmig; **b)** mit Krallen; **c)** von Krallen herrührend: seine Arme wiesen -e Kratzer auf.
Kram, der; -[e]s [mhd., ahd. krām = Zeltdecke (Schutzdach über dem Wagen od. dem Stand eines umherziehenden Händlers); Kaufmannsware, H. u.] (ugs. abwertend): **1.** nicht näher bezeichnete [unnütze, wertlose] Gegenstände, Sachen, Zeug: alter, unnützer K.; was liegt hier für K. herum?; räum doch endlich deinen K. auf!; Ü den ganzen K. hinschmeißen (ugs.; keine Lust mehr haben, etw. weiterzuführen). **2.** nicht näher bezeichnete Angelegenheiten, die [zur Erledigung] anstehen: ich will den K. noch schnell erledigen; mach doch deinen K. alleine!; *nicht viel K. machen (ugs.; keine Umstände, kein Aufhebens von etw. machen); jmdm. in den K./in jmds. K. passen (ugs.; *jmdm. passen, gelegen kommen*): sein unerwarteter Besuch passte ihr überhaupt nicht in den K.); ◆ **jmdm. in den K. dienen** (*jmdn. in den Kram passen:* ... und was den Fürsten in ihren K. dient, da sind sie hinterher [Goethe, Götz I]). **3.** (landsch.) *Innereien geschlachteter Tiere.*
◆ **4.** *Laden (1), in dem Kleinhandel betrieben wird, Kramladen*: ... andere hätten einen kleinen K. mit Schwefelfaden und dergleichen so erweitert und veredelt, dass sie nun als reiche Kauf- und Handelsmänner darin erschienen (Goethe, Dichtung u. Wahrheit 5); Er erbt eine kleine Mützenfabrik ... Von der Großmutter einen K. (Schiller, Wallensteins Lager 7).
Kräm|chen, das; -s, -: Vkl. zu ↑ Kram.
kra|men ⟨sw. V.; hat⟩ [mhd. krāmen = Handel mit vielerlei kleinen Waren treiben, zu ↑ Kram] (ugs.): **a)** in einer Ansammlung mehr od. weniger ungeordneter Dinge herumwühlen [u. nach etw. suchen]: auf dem Speicher, in den Akten k.; [im Archiv] nach alten Fotografien k.; Ü in seinen Erinnerungen k.; Marianne, als hätte sie auf die Gelegenheit gelauert, kramte sofort nach einem Spiegel, den sie vor ihrem Gesicht zur Prüfung aller Gegenden darin verschob (Kronauer, Bogenschütze 167/168); **b)** *durch Kramen (a) hervorholen:* alte Fotos aus der Schublade k.
Krä|mer, der; -s, - [mhd. kramære, ahd. kramāri = Kleinhändler]: **1. a)** (landsch., sonst veraltet) *jmd., der einen kleinen Laden mit Lebensmitteln hat;* **b)** (früher) *jmd., der Handel treibt; Handelsherr.* **2.** (abwertend) *jmd., der engherzig, in kleinlicher Weise eigennützig, gewinnsüchtig ist.*
Kra|me|rei, die; -, -en: **1.** (abwertend) [dauerndes] Kramen (1). **2.** (landsch., sonst veraltet) Krämerei. ◆ **3.** *Kram* (1): Ich bin an der Leinwandbahn durchgegangen, der Flachs und das Garn, das Gebild und die Wäsche und alle mögliche K. ist bis unter die Decke gestopft (Immermann, Münchhausen 164).
Krä|mer|geist, der ⟨Pl. -er⟩ (abwertend): **a)** ⟨o. Pl.⟩ *krämerhafte Gesinnung, von Kleinlichkeit u. Engstirnigkeit zeugende Geisteshaltung;* **b)** *jmd., dessen Denken u. Handeln von Krämergeist (a) zeugt.*
krä|mer|haft ⟨Adj.⟩ (abwertend): *einem Krämer (2) entsprechend, gemäß.*
Krä|me|rin, die; -, -nen: w. Form zu ↑ Krämer.
Krä|mer|la|den, der ⟨Pl. ...läden⟩ (ugs. abwertend): *Kramladen.*
Krä|mer|see|le, die (abwertend): *krämerhaft engherziger Mensch.*
Kram|la|den, der ⟨Pl. ...läden⟩ (ugs. abwertend): *einfacher Laden, in dem neben Lebensmitteln auch allerlei andere Waren des täglichen Bedarfs zu finden sind.*
kram|men ⟨sw. V.; hat⟩: **1.** (nordd.) *krampen.* ◆ **2.** (landsch.) *mit den Krallen packen, verwunden:* Pickt und kratzt und krammt und hackt, ... aus den Verwegnen ... ungesäumt die Augen aus (Goethe, Vögel); ... sie bissen und krammten gräulich auf ihn (Goethe, Reineke Fuchs 11, 294 f.)
Kram|mets|vo|gel, der [mhd. kran[e]witvogel, ↑ Kranewit] (landsch.): *Wacholderdrossel.*
Kram|pe, die; -, -n [aus dem Niederd. < mniederd. krampe, asächs. krampo = Haken, eigtl. = die Krumme, Gekrümmte (vgl. ahd. chramph = krumm), verw. mit ↑ Krampf, ↑ Krempe]: *u-förmiger Haken mit spitzen Enden, mit dem Draht o. Ä. an Brettern, hölzernen Pflöcken o. Ä. festgemacht werden kann.*
kram|pen ⟨sw. V.; hat⟩: *mit einer Krampe befestigen.*
Kram|pen, der; -s, -: **1.** *Krampe.* **2.** (bayr., österr.) *eiserne Hacke, Spitzhacke.*

Krampf, der; -[e]s, Krämpfe [mhd. krampf, ahd. kramph(o), zu einem germ. Adj. mit der Bed. »krumm, gekrümmt« (vgl. ahd. chramph = krumm)]: **1.** *unwillkürliches, schmerzhaftes Zusammenziehen eines od. mehrerer Muskeln; Spasmus:* ein heftiger, furchtbarer K.; der K. löste sich allmählich; einen K. bekommen, kriegen, im Bein haben; er wand sich in Krämpfen. **2.** ⟨o. Pl.⟩ (ugs. abwertend) *krampfhaft-gequältes Tun; Bemühen, um jeden Preis etw. zu erreichen:* das ist doch alles K. **3.** *einen K. drehen (schweiz. salopp; etw. Unrechtmäßiges tun, eine Straftat begehen).
Krampf|ader, die: *krankhaft erweiterte Vene, die als sich schlängelnde od. knotiger Strang bes. an den Beinen hervortritt; Varize.*
Krampf|ader|ver|ödung, die (Med.): *Verödung von Krampfadern.*
krampf|ar|tig ⟨Adj.⟩: *in der Art eines Krampfes (1), einem Krampf ähnlich.*
kramp|fen ⟨sw. V.; hat⟩ [zu ↑ Krampf]: **1.** ⟨k. + sich⟩ *sich im Krampf zusammenziehen:* ich fühlte, wie sich mein Magen krampfte. **2. a)** *krampfhaft um etw. schließen:* die Finger, Hände um die Gitterstäbe, die Armlehne k.; **b)** ⟨k. + sich⟩ *krampfhaft umschließen, umklammern:* die Finger krampften sich um die Lehne, um den Revolver; **c)** ⟨k. + sich⟩ *sich in etw. bohren u. darin verkrampfen:* die Fäustchen des Säuglings krampften sich in das Kissen. **3.** (landsch.) [bei günstiger Gelegenheit] *nehmen, an sich bringen:* er hatte sich die Unterlagen gekrampft und war damit verschwunden. **4.** (schweiz. salopp) *sich sehr anstrengen, hart arbeiten.*
krampf|haft ⟨Adj.⟩: **1.** *in der Art eines Krampfes (1) sich vollziehend; wie im Krampf:* -e Zuckungen. **2.** *alle Kräfte aufbietend; verbissen:* -e Anstrengungen; k. nachdenken; sich k. an etw. festhalten; sich k. um etw. bemühen; ich hielt mich k. wach; Er zerknüllt das Papier, dann zweimal, er reißt es in die Stücke, seine Bewegungen sind k. entschlossen (Winkler, Kärnten 117).
Krampf|hus|ten, der: *ohne organische Erkrankung der Luftwege anfallsweise auftretender nervöser Husten.*
kramp|fig ⟨Adj.⟩: **1.** *gequält u. unnatürlich [wirkend]:* -es Auftreten, Benehmen. **2.** *krampfartig:* eine -e Verengung der Herzkranzgefäße.
Krampf|lin|dernd ⟨Adj.⟩: *Krämpfe (1) lindernd; gut gegen Krämpfe:* ein -es Mittel.
Krampf|lö|send ⟨Adj.⟩: *Krämpfe (1) lösend; gut gegen Krämpfe:* -e Mittel.
Krampf|zu|stand, der: *durch einen Krampf (1) verursachter Zustand.*
¹Kram|pus, der; -, ...pi [latinisiert aus dt. Krampf] (Med.): *Krampf (1).*
²Kram|pus, der; -[ses], -se [viell. zu ↑ Krampen (2), nach der eisernen Hacke, die er mit sich führt] (bes. österr.): *Knecht Ruprecht:* Der K. hatte ein feuerrotes Gesicht, große, schwarze Hörner, eine schwere Kuhkette hing um seine Brust (Winkler, Kärnten 742).
Kram|wa|re ⟨meist Pl.⟩ (ugs. abwertend): *kleinere Handelsware:* ein kleiner Laden mit -n.
Kran, der; -[e]s, Kräne, Fachspr.: -e, landsch. auch: -en [spätmhd. kran(e), eigtl. = Kranich, nach der Ähnlichkeit der Hebevorrichtung mit dem Hals eines Kranichs, zu mhd. krane, ↑ Kranich]: **1.** *Vorrichtung, die aus einem einem Gerüst ähnlichen, fahrbaren Konstruktion mit Führerhaus [u. einem (beweglichen) Ausleger (2)] besteht, die zum Versetzen od. Heben von Lasten od. sperrigen Gegenständen benutzt wird:* ein hoher K.; einen K. aufstellen, einsetzen. **2.** ⟨Pl. Kräne, -en⟩ **a)** (südd., westmd.) *Wasserhahn;* **b)** (landsch.) *Gashahn;* **c)** (landsch.) *Zapfhahn.* ◆ **3.** *Platz um einen*

[Hafen]kran: Siehe, da wimmeln die Märkte, der K. von fröhlichem Leben (Schiller, Spaziergang).

Kränlchen, das; -s, -: Vkl. zu ↑ Kran (1, 2).

kra|nen ⟨sw. V.; hat⟩ [zu ↑ Kran] (Technik): *mit dem Kran (1) transportieren:* Kisten k.

Kra|ne|wit, der; -s, -en, Kra|ne|wit|ter, der; -s, - [mhd. kranewite, ahd. kranawitu, eigtl. = Kranichholz, zu: krano = Kranich u. witu = Holz, Wald] (bayr., österr.): *Wacholderschnaps.*

Kran|fah|rer, der: vgl. Kranführer.

Kran|fah|re|rin, die: w. Form zu ↑ Kranfahrer.

Kran|füh|rer, der: *jmd., der einen Kran (1) bedient* (Berufsbez.).

Kran|füh|re|rin, die; -, -nen: w. Form zu ↑ Kranführer.

Kran|gel, der; -s, -[n] [mhd. krangel = Kreis, Kranz, Nebenf. von: kringel, ↑ Kringel] (Bergsteigen, schweiz.): *spiralförmiges, knotenähnliches Gebilde, das durch Verdrehungen eines Seiles o. Ä. um die Längsachse entsteht; Verschlingung.*

kran|geln ⟨sw. V.; hat⟩: **1.** [zu ↑ Krangel] (Bergsteigen, schweiz.) *Krangeln bilden.* **2.** [zu landsch. Krangel = Verwirrung; Ärgernis, mhd. krangel, eigtl. = Kreiselbewegung, ↑ Krangel] (landsch.) (bes. von Kindern) *nörgeln; weinerlich sein:* die beiden Kleinen krangeln schon den ganzen Tag.

krän|gen, krengen ⟨sw. V.; hat⟩ [aus dem Niederd. < niederl. krengen, eigtl. = sich abwenden] (Seemannsspr.): *(von Schiffen) sich seitlich neigen, um die (waagerechte) Längsachse drehen:* das Schiff krängt nach Backbord.

Kra|nich, der; -s, -e [mhd. kranech, ahd. chranih, cranuh, weitergeb. aus mhd. krane, ahd. krano, eigtl. = heiserer Rufer, Krächzer, verw. mit ↑ krähen]: *(bes. in sumpfigen Gebieten lebender) großer, hochbeiniger Vogel mit grauem Gefieder, langem, kräftigem Schnabel u. langem Hals.*

kra|nio-, Kra|nio- [zu griech. kraníon]: Best. in Zus. mit der Bed. *Schädel* (z. B. kraniofazial, Kraniotomie).

Kra|nio|lo|gie, die; - [↑ -logie] (Med.): *Lehre vom Bau des Schädels.*

Kra|ni|um, das; -[s], ...ia u. ...ien [mlat. cranium < griech. kraníon = Schädel] (Anat.): *knöcherner Schädel bei Mensch u. Wirbeltier.*

krank ⟨Adj.; kränker, kränkste⟩ [mhd. kranc = schwach; schmal, schlank; leidend, urspr. = gebeugt, gekrümmt, hinfällig, verw. mit ↑ Kringel]: **a)** *im körperlichen od. geistigen Wohlbefinden beeinträchtigt, gestört; physisch od. psychisch leidend, nicht gesund:* ein -er Mann; -e Tiere; ein -es Herz haben; das Kind ist [seit drei Wochen] k.; auf den Tod k. sein; (geh.:) er ist k. an Leib und Seele; k. werden (erkranken); er sieht k. aus; er fühlt/stellt sich, spielt k. ; k. im Bett, zu Bett liegen; die vielen Sorgen haben ihn k. gemacht; vor Heimweh, vor Liebe k. sein (sich elend fühlen, darunter leiden); nach jmdm. k. sein (veraltend; sich heftig nach jmdm. sehnen); (auch von Pflanzen:) ein -er Baum; Ü ein -es Staatswesen; eine -e Währung; Der Junge machte mich k. (ging mir sehr auf die Nerven), sein gefälliges Bitte-sehr, sein herablassendes Bitte-sehr (Frisch, Homo 266); **b)** (salopp) *unsinnig, absurd, völlig verrückt* (2): das ist eine total -e Konstruktion, die nie funktionieren wird; hör doch endlich damit auf, das ist doch k. **2.** (Jägerspr.) *durch einen Schuss verwundet:* ein -es Reh; eine -e Fährte (Fährte mit Blutspuren eines durch Schuss verletzten Wildes); der Bock ist mit Sicherheit k.

krank|är|gern, sich ⟨sw. V.; hat⟩ (ugs.): *sich sehr ärgern:* über dieses voreilige Versprechen habe ich mich später krankgeärgert.

Kran|ke, die/eine Kranke; der/einer Kranken; die Kranken/zwei Kranke: *weibliche Person, die krank (1) ist.*

Krän|ke|lei, die; -, -en ⟨Pl. selten⟩: *dauerndes Kränkeln.*

krän|keln ⟨sw. V.; hat⟩: *nie so recht gesund u. leistungsfähig, sondern über längere Zeit hin immer ein wenig krank sein.*

kran|ken ⟨sw. V.; hat⟩ [mhd. kranken = schwach, leidend werden od. sein]: **1.** (veraltet, noch landsch.) *sich wegen etw. über längere Zeit hin in einem Zustand des Krankseins befinden:* an Asthma k. **2.** *durch einen bestimmten Mangel in seiner Funktionsfähigkeit o. Ä. beeinträchtigt sein:* die Firma krankt an einer schlechten Organisation.

krän|ken ⟨sw. V.; hat⟩ [mhd. krenken = schwächen, schädigen; erniedrigen]: **1.** *jmdn. mit einer Äußerung od. einer Handlung, durch die er sich zurückgesetzt, gedemütigt od. in seiner guten Absicht verkannt fühlt, in seinem Selbstgefühl treffen:* ich wollte ihn damit nicht k.; das ist für mich sehr kränkend; er fühlt sich [in seiner Eitelkeit] schwer, tief gekränkt; er zog sich gekränkt zurück; sein gekränkter Stolz, seine gekränkte Ehre lässt den ersten Schritt nicht zu. **2.** ⟨k. + sich⟩ (geh. veraltend) *Gram empfinden:* ♦ Worüber kränkte er sich? (Ebner-Eschenbach, Gemeindekind 39).

Kran|ken|ak|te, die: *Krankengeschichte* (1 b).

Kran|ken|an|stalt, die (Amtsspr.): *großes Krankenhaus mit mehreren Gebäuden für verschiedene medizinische Fachbereiche.*

Kran|ken|be|richt, der: *[für einen Facharzt geschriebener] Bericht des behandelnden Arztes über den Zustand eines Patienten.*

Kran|ken|be|such, der: *Besuch, den jmd. bei einem Kranken macht.*

Kran|ken|bett, das: **1.** *Bett, in dem ein Kranker liegt.* **2.** *für die besonderen Belange eines Kranken konstruiertes Bett* (im Krankenhaus). **3.** (selten) Krankenlager (2).

Kran|ken|blatt, das: *schriftlicher Bericht, in dem die Vorgeschichte der Krankheit nach Angabe des Patienten u. die Bestimmung der Krankheit durch den Arzt u. die Maßnahmen zur Heilung der Krankheit stehen.*

Kran|ken|fahr|stuhl, der (Amtsspr.): *Rollstuhl.*

Kran|ken|geld, das: *Geld, das eine Krankenversicherung dem Versicherten zahlt, wenn er durch Krankheit einen Verdienstausfall hat.*

Kran|ken|ge|schich|te, die: **a)** *schriftlicher Bericht des behandelnden Arztes, der die Vorgeschichte der Krankheit, den Befund bei Beginn der Behandlung u. alle weiteren Beobachtungen, Untersuchungen, Behandlungen u. erzielte Ergebnisse enthält;* **b)** *Akte, die die Krankengeschichte (1 a) enthält:* in der K. eines Patienten blättern. **2.** Krankenblatt.

Kran|ken|gym|nast, der: *männliche Fachkraft für Krankengymnastik* (Berufsbez.).

Kran|ken|gym|nas|tik, die: *nach einem bestimmten Plan durchgeführte Gymnastik zur Besserung von Haltungs- u. Körperschäden od. zur Kräftigung nach Operationen o. Ä.*

Kran|ken|gym|nas|tin, die: w. Form zu ↑ Krankengymnast.

Kran|ken|haus, das: *Gebäude, in dem sich Kranke [über längere Zeit] zur Untersuchung u. Behandlung aufhalten:* jmdn. aus dem K. entlassen; im K. liegen; jmdn. ins K. einliefern.

Kran|ken|haus|arzt, der: *Arzt, der in einem Krankenhaus arbeitet.*

Kran|ken|haus|ärz|tin, die: w. Form zu ↑ Krankenhausarzt.

Kran|ken|haus|auf|ent|halt, der: *Aufenthalt als Patient in einem Krankenhaus.*

Kran|ken|haus|be|hand|lung, die: *Behandlung eines Patienten in einem Krankenhaus.*

Kran|ken|haus|bett, das: *Bett, bes. als Platz zur Behandlung eines Patienten in einem Krankenhaus.*

Kran|ken|haus|ein|wei|sung, die: *Einweisung eines Patienten in ein Krankenhaus.*

Kran|ken|haus|kos|ten ⟨Pl.⟩: *Kosten eines Krankenhausaufenthalts.*

kran|ken|haus|reif ⟨Adj.⟩: *in einem Zustand befindlich, der eine Einlieferung ins Krankenhaus nötig erscheinen lässt:* k. aussehen; jmdn. k. schlagen.

Kran|ken|haus|seel|sor|ge, die; -, -n: *Seelsorge für Patientinnen u. Patienten sowie Beschäftigte in Krankenhäusern.*

Kran|ken|haus|trä|ger, der: *Träger* (4 c) *eines Krankenhauses.*

Kran|ken|haus|trä|ge|rin, die: w. Form zu ↑ Krankenhausträger.

Kran|ken|heim, das (schweiz.): *Krankenhaus.*

Kran|ken|kas|sa, die (österr.): *Krankenkasse.*

Kran|ken|kas|se, die: *Institution, die jmdn. gegen die Kosten, die durch eine Krankheit entstehen, versichert.*

Kran|ken|kas|sen|bei|trag, der: *für die Mitgliedschaft in einer Krankenkasse zu zahlender Versicherungsbeitrag.*

Kran|ken|kas|sen|prä|mie, die (schweiz.): *Krankenkassenbeitrag.*

Kran|ken|kost, die: *leicht verdauliche, speziell für Kranke geeignete Kost.*

Kran|ken|la|ger, das ⟨Pl. ...lager⟩ (geh.): **1.** *Krankenbett* (1). **2.** *Zeit des Krankseins, die im Bett verbracht werden muss.*

Kran|ken|pfle|ge, die: *Gesamtheit aller Maßnahmen, die zur Pflege u. Betreuung Kranker nötig sind.*

Kran|ken|pfle|ger, der: *männliche Fachkraft für Krankenpflege* (Berufsbez.).

Kran|ken|pfle|ge|rin, die: *Krankenschwester.*

Kran|ken|saal, der: *großer Raum in einem Krankenhaus mit vielen Betten.*

Kran|ken|sal|bung, die (kath. u. orthodoxe Kirche): *als Sakrament geltende liturgische Salbung eines Schwerkranken durch einen od. mehrere Priester.*

Kran|ken|schein, der: **1.** (früher) *Schein, der die Mitgliedschaft eines Patienten in einer Krankenkasse bestätigt u. bei dessen Vorlage der Arzt die Behandlungskosten mit der Krankenkasse abrechnet.* **2.** (landsch. ugs.) *Krankmeldung.*

Kran|ken|schwes|ter, die: *weibliche Fachkraft für Krankenpflege* (Berufsbez.).

Kran|ken|stand, der: *[augenblickliche] Anzahl von Kranken in einem Betrieb o. Ä.:* ein hoher K.; * im K. sein (österr.; wegen Krankheit nicht zur Arbeit kommen).

Kran|ken|sta|ti|on, die: *aus wenigen Räumen bestehende Einrichtung, in der Kranke untersucht u. behandelt werden.*

Kran|ken|trans|port, der: *Beförderung gehunfähiger Kranker auf Tragen u. mit einem Krankenwagen.*

Kran|ken|ver|si|che|rer, der (ugs.): *Krankenversicherung* (b).

kran|ken|ver|si|chert ⟨Adj.⟩: *eine Krankenversicherung* (a) *habend.*

Kran|ken|ver|si|cher|ten|kar|te, die: *kleine Karte zum* ¹*Einlesen* (2) *in den Computer, durch die die Mitgliedschaft des Inhabers der Karte in einer Krankenkasse bestätigt wird.*

Kran|ken|ver|si|che|rung, die: **a)** *Versicherung gegen Kosten, die durch Krankheit auftreten;* **b)** *Unternehmen, das Krankenversicherungen* (a) *abschließt.*

Krankenversicherungsbeitrag–kratzen

Kran|ken|ver|si|che|rungs|bei|trag, der: *Beitrag zur Krankenversicherung* (a).

kran|ken|ver|si|che|rungs|pflich|tig ⟨Adj.⟩: *der Pflicht unterliegend, einer gesetzlichen Krankenversicherung beizutreten.*

Kran|ken|ver|sor|gung, die: *Versorgung* (1 c) *von Kranken.*

Kran|ken|wa|gen, der: *speziell für den Krankentransport ausgestattetes Auto; Ambulanz* (b).

Kran|ken|zim|mer, das: **1.** *(in einem Heim o. Ä.) für Kranke bestimmtes Zimmer.* **2.** *Zimmer, in dem ein Kranker liegt.*

Kran|ker, der *Kranke/ein Kranker; des/eines Kranken; die Kranken/zwei Kranke: jmd., der krank* (1) *ist.*

krän|ker: ↑ krank.

krank|fei|ern ⟨sw. V.; hat⟩: **a)** (ugs. scherzh.) *für einige Zeit der Arbeit fernbleiben, ohne wirklich so krank zu sein, dass es ein Zuhausebleiben rechtfertigt;* **b)** (landsch.) *arbeitsunfähig sein.*

krank|haft ⟨Adj.⟩: **1.** *von einer Krankheit herrührend; pathologisch:* -e *Veränderungen, Prozesse.* **2.** *wie eine Krankheit sich äußernd; nicht mehr normal* (1 b): -e *Eifersucht zeigen; sein Ehrgeiz ist geradezu* k.; *er ist* k. *eitel.*

Krank|heit, die; -, -en [mhd. krancheit, krankeit = Schwäche; Dürftigkeit, Not; Leiden]: **a)** *körperliche, geistige od. psychische Störung, die an bestimmten Symptomen erkennbar ist: eine akute, chronische* K.; *psychische* -en; *die* K. *klingt ab; einer* K. *vorbeugen; an einer* K. *leiden, sterben; von einer schweren* K. *genesen; französische* K. (veraltend; *Syphilis*); *englische* K. (veraltet; *Rachitis*); [hin]fallende K. (veraltend; *Epilepsie*); Ü *eine* K. *(ein Übel, ein Missstand) unserer Zeit; das ist doch kein Auto, das ist eine* K. (ugs. scherzh.; *das Auto ist voller Mängel, macht ständig Schwierigkeiten*); R *die beste* K. *taugt nichts*; **b)** ⟨o. Pl.⟩ *Zeit des Krankseins: während meiner* K. *hat sie mich oft besucht.*

krank|heits|be|dingt ⟨Adj.⟩: *durch eine Krankheit bedingt, verursacht:* -e *Ausfälle, Fehlzeiten; sie musste den Termin* k. *absagen.*

Krank|heits|bild, das: *Gesamtheit aller für eine Krankheit charakteristischen Erscheinungen; Syndrom.*

krank|heits|er|re|gend ⟨Adj.⟩: *Krankheiten verursachend.*

Krank|heits|er|re|ger, der: *etw., was Krankheiten verursacht* (z. B. Bakterien, Viren).

Krank|heits|fall, der: *das Auftreten, Eintreten einer Krankheit bei jmdm.: Lohnfortzahlung im* K.

Krank|heits|herd, der: *Ausgangsstelle einer Krankheit; Fokus.*

Krank|heits|kos|ten ⟨Pl.⟩: *durch Krankheit verursachte Kosten.*

Krank|heits|ri|si|ko, das: *Risiko, eine Krankheit zu bekommen.*

Krank|heits|symp|tom, das: *Symptom, an dem eine Krankheit zu erkennen ist.*

Krank|heits|tag, der: *Tag, an dem jmd. krank ist; Tag während der Dauer einer Krankheit: im letzten Jahr stieg die Zahl der* -e *um 33%.*

Krank|heits|ur|sa|che, die: *Ursache einer Krankheit.*

Krank|heits|ver|lauf, der: *Verlauf einer Krankheit.*

krank|la|chen, sich ⟨sw. V.; hat⟩ (ugs.): *sehr lachen: wir haben uns* [*über ihn*] *krankgelacht.*

kränk|lich ⟨Adj.⟩: *nicht richtig gesund; stets ein wenig leidend u. anfällig für Krankheiten.*

◆ **Kränk|ling,** der; -s, -e [mhd., ahd. *der kränkelt, kränklich ist*]: *...anstatt eines rüstigen, tätigen Sohns ... einen* K. *zu finden, der noch mehr an der Seele als am Körper zu leiden schien* (Goethe, Dichtung u. Wahrheit 8).

¹krank|ma|chen ⟨sw. V.; hat⟩ (ugs.): *krankfeiern* (a).

krank ma|chen, ²krank|ma|chen ⟨sw. V.; hat⟩: *jmds. körperliches od. geistiges Wohlbefinden beeinträchtigen, stören: die Belastungen haben uns krank gemacht; das ständige Gezanke macht mich krank* (*geht mir auf die Nerven, ist mir unerträglich*).

krank|mel|den ⟨sw. V.; hat⟩: *eine Krankmeldung machen:* jmdn., sich k.

Krank|mel|dung, die: *Mitteilung an den Arbeitgeber, die Schule o. Ä., dass jmd. od. man selbst krank ist.*

krank|schrei|ben ⟨st. V.; hat⟩: *(als Arzt) schriftlich bestätigen, dass jmd. aufgrund einer Krankheit vorübergehend arbeitsunfähig ist.*

kränks|te: ↑ krank.

Krän|kung, die; -, -en: *Verletzung der Gefühle od. des Selbstgefühls eines anderen: eine schwere* K.; *jmdm. eine* K. *zufügen; etw. als* K. *empfinden.*

Kranz, der; -es, Kränze [mhd., spätahd. kranz, wahrsch. rückgeb. aus ahd. krenzen = umwinden, verw. mit ↑ Kringel]: **1.** *Ring aus geflochtenen od. gebundenen Blumen, Zweigen o. Ä.: ein* K. *aus Blumen* [*für ein Grab*]; *einen* K. *binden, flechten; die Braut trug* K. (*Brautkranz*) *und Schleier; dem Sieger den* K. (*Siegerkranz*) *umhängen.* **2. a)** (schweiz.) [*Ehren*]*preis; erster, zweiter od. dritter Platz: in die Kränze kommen* (*erfolgreich sein; ausgezeichnet werden*); **b)** (landsch.) *Kurzf. von* ↑ Kranzkuchen; **c)** *Kurzf. von* ↑ Haarkranz (b): *sie hatte die Zöpfe zum* K. *aufgesteckt.* **3. a)** *einem Ring ähnliche Form, in der etw. erscheint: ein* K. *von Feigen;* **b)** *Anzahl von Personen od. Sachen, die um eine Art Mittelpunkt gruppiert sind: ein* K. *von pulvertürmen umgab jede größere Stadt, in denen die Armee ihre Schießvorräte aufbewahrte* (Musil, Mann 1232). **4.** (Jägerspr.) *Fährte des Rotwildes auf trockenem Boden, auf dem nur ein dünner Abdruck der äußeren Kante des Hufs sichtbar ist.* **5.** (Kegeln) *Wurf, bei dem die acht um den König* (2 c) *stehenden Kegel fallen: einen* K. *werfen.*

Kränz|chen, das; -s, -: **1.** Vkl. zu ↑ Kranz (1, 4). **2. a)** *kleinere Gruppe weiblicher Personen, die sich regelmäßig zum Unterhalten, Kaffeetrinken, Handarbeiten o. Ä. treffen: unser* K. *trifft sich wöchentlich;* **b)** *Zusammenkunft des Kränzchens* (2 a): *zum* K. *gehen.*

krän|zen ⟨sw. V.; hat⟩ [mhd. krenzen]: **1.** (selten) *bekränzen.* **2.** (Jägerspr.) (*vom Rotwild*) *einen Kranz* (4) *hinterlassen.*

Kranz|geld, das [nach dem Kranz, der früher bes. der Jungfrau als Schmuck zukam] (Rechtsspr.): *Geldsumme, die eine unbescholtene Frau, die mit ihrem Verlobten Geschlechtsverkehr hatte, bei der Auflösung der Verlobung verlangen konnte.*

Kranz|ku|chen, der: *Kuchen, der die Form eines Kranzes* (1) *hat.*

Kranz|nie|der|le|gung, die: *Gedenkfeier, bei der an einem Grab od. Ehrenmal ein Kranz* (1) *niedergelegt wird.*

Kranz|schlei|fe, die: *langes breites Band an einem Kranz* (1) *für einen letzten Gruß o. Ä. an einen Verstorbenen.*

Kräpf|chen, das; -s, -: Vkl. zu ↑ Krapfen.

Krap|fen, der; -s, - [mhd. kräpfe = hakenförmiges Gebäck, eigtl. = Haken, Klammer, ahd. kräpho = Haken, Kralle, Klaue, verw. mit ↑ Krampe, ↑ Krampf]: **1.** (Kochkunst) *kleines Stück Fleisch, Gemüse o. Ä. in Teig gesteckt, in Fett schwimmend gebacken.* **2.** (österr., sonst landsch.) *kleines, rundes, meist mit Marmelade gefülltes, in Fett schwimmend gebackenes Gebäckstück aus Hefeteig.*

Krapp, der; -[e]s [niederl. krap < mniederl. crappe, eigtl. = Haken, vgl. Krapfen; nach den hakenförmigen Stacheln]: *Färberröte.*

Kräp|pel, der, auch das; -s, - (landsch.): *Krapfen* (2).

krass ⟨Adj.⟩ [zu lat. crassus = dick, grob]: **1.** *in seiner Art besonders extrem: ein* -er *Fall von Korruption; er ist ein* -er *Egoist; in* -em *Gegensatz zu etw. stehen; er drückt sich immer recht* k. *aus.* **2.** (bes. Jugendspr.) **a)** *in begeisternder Weise gut, schön: der Urlaub war voll* k.; **b)** *schlecht, furchtbar.*

Krass|heit, die; -, -en ⟨Pl. selten⟩: *das Krasssein.*

-krat, der; -en, -en [zu griech. kratein = herrschen] (Bildungen z. T. scherzh.): *kennzeichnet in Bildungen mit Substantiven einen Anhänger, einen Vertreter der entsprechenden Herrschaftsform oder jmdn., der mit etw. besonders in Verbindung steht, sich bes. häufig damit beschäftigt:* Aristokrat, Grammatokrat, Kleptokrat, Pornokrat, Portokrat.

¹Kra|ter, der; -s, -e [lat. crater < griech. kratḗr, zu: kerannýnai = (ver)mischen]: (*im alten Griechenland*) *Krug, in dem Wein mit Wasser gemischt wird.*

²Kra|ter, der; -s, - [lat. crater < griech. kratḗr, eigtl. = ¹Krater, nach der Form der Erdöffnung]: *bes. durch einen Vulkanausbruch hervorgerufene trichter- od. kesselförmige Öffnung, Vertiefung im Boden: der* K. *des Ätna; die Bomben hatten tiefe* K. *in den Boden gerissen.*

Kra|ter|land|schaft, die: *viele ²Krater, keine od. kaum Vegetation aufweisendes u. daher trostlos, öde aussehendes Gebiet: die* K. *des Mondes.*

Kra|ter|see, der: *See im ²Krater eines* [*erloschenen*] *Vulkans.*

-kra|tie, die; -, -jen [zu griech. -krateía (in Zus.) = Herrschaft]: *kennzeichnet eine bestimmte Herrschaftsform oder Verhaltensweise:* Aristokratie, Bürokratie; (scherzh.:) Bonzokratie, Fernsehkratie.

-kra|tin, die; -, -nen: w. Form zu ↑ -krat.

Krätt|ler, der; -s, - [eigtl. = mit einem Handkarren umherziehender Händler (aus Tirol), zu bayr. Kratte = kleiner Handkarren] (südd.): *Mensch, der nicht viel taugt; Tagedieb.*

Krätt|le|rin, die; -, -nen: w. Form zu ↑ Krattler.

Kratz|bürs|te, die (ugs. scherzh.): *(meist weibliche) Person, deren Verhalten als widerborstig empfunden wird.*

kratz|bürs|tig ⟨Adj.⟩ (ugs.): *widerborstig.*

Krat|ze, die; -, -n [mhd. kratze, zu ↑ kratzen]: (bes. im Bergbau) *Werkzeug zum Kratzen od. Scharren.*

Krät|ze, die; - [mhd. kretze, zu ↑ kratzen]: **1.** *durch die Krätzmilbe hervorgerufene Hautkrankheit, die durch rötlich braunen Ausschlag u. heftigen Juckreiz gekennzeichnet ist: die* K. *haben;* Ü *... unter dem Faltenwurf der Mäntel von Platos Philosophen verbarg sich zumeist die* K. *der Herrschsucht* (Heym, Schwarzenberg 138); * *sich die* K. *an den Hals ärgern* (ugs.; *sich sehr ärgern*). **2.** (Technik) *Gekrätz.*

krat|zen ⟨sw. V.; hat⟩ [mhd. kratzen, ahd. chrazzōn, H. u.]: **1. a)** *mit etw. Spitzem, Scharfem, Rauem, bes. mit Nägeln od. Krallen, ritzen od. schaben:* jmdn. im Gesicht k.; *die Katze hat ihn gekratzt;* Ü *sich den Bart* k. (ugs. scherzh.; *sich rasieren*); **b)** *die Nägel od. Krallen gebrauchen: Vorsicht, die Katze kratzt; das Mädchen wehrte sich, kratzte und biss;* * *zu* k. *haben* (ugs.; *sich einschränken u. sich abplagen müssen, um etw., bes. die Mittel für den Lebensunterhalt, zu* *beschaffen:* sie hatte ihr ganzes Leben lang hart zu k.); **c)** *mit der Spitze, mit der scharfen, rauen Seite [von etw.] auf etw. reiben, scheuern u. ein entsprechendes Geräusch von sich geben:* ein altes Gerät, das mit der Nadel auf der Schallplatte kratzte; Das Kind saß an einem braun gebeizten Tisch über das Schulheft gebeugt und schrieb mit kratzender Füllfeder (Handke, Frau 8); **d)** *mit etw. Spitzem, Scharfem, Rauem, bes. mit Nägeln od. Krallen, an od. auf etw. reiben, scheuern [u. ein entsprechendes Geräusch verursachen]:* der Hund kratzte an der Tür und wollte herein; mit dem Messer [im Topf] k.; etw. blank k. *(so kratzen, dass es blank wird);* er kratzt *(scherzh.: spielt dilettantisch [mit entsprechend falscher, rauer o. ä. Tongebung])* auf seiner Geige; **e)** (Spinnerei) *mit der Kratze in einzelne Fasern auflösen:* Wolle k. **2.** *wegen eines Juckreizes [leicht] kratzen* (1 a), *an einer Körperstelle reiben, scheuern:* kratz mich bitte mal [auf dem Rücken]!; sich hinter dem Ohr, sich den Kopf k.; sich blutig, wund k. *(sich an einer Körperstelle kratzen, bis sie blutig, wund ist);* Ü das Lob hat ihn mächtig gekratzt (landsch.; *hat ihm wohlgetan).* **3. a)** *aufgrund seiner rauen o. ä. Beschaffenheit bei jmdm. eine Art Juckreiz verursachen:* der neue Pullover kratzt fürchterlich [auf der Haut]; Ü das kratzt (ugs.; *stört, beunruhigt)* ihn wenig, nicht; **b)** *aufgrund seiner Beschaffenheit, seiner [schlechteren] Qualität eine Empfindung von Wundsein, Brennen im Rachen hervorrufen:* der Wein kratzt [im Hals]; der Tabak, Rauch kratzt in der Kehle; ⟨unpers.:⟩ ich glaube, ich bin erkältet, es kratzt [mir/mich] im Hals. **4.** *durch Scharren, Ritzen, Kratzen* (1 a) *in, auf etw. erzeugen:* seinen Namen, ein Zeichen in die Wand k. *(einritzen).* **5. a)** *schabend, scheuernd entfernen:* das Eis von der Scheibe k.; die Reste aus der Schüssel k.; **b)** *schabend, sparsam streichend an, auf eine bestimmte Stelle bringen:* die Butter aufs Brot k. **6.** (landsch.) *durch Wegnehmen, Ansichnehmen beschaffen; stehlen.* **7.** (ugs.) *etw. antasten* (3): an jmds. Image k.

Krat|zer, der; -s, - [zu ↑kratzen]: **1.** *Kratzspur:* ein K. auf dem Kotflügel; ein paar K. im Gesicht haben. **2.** *Gerät zum Kratzen* (1 c), *Schaben.* **3.** *(bei Wirbeltieren vorkommender) Eingeweidewurm (Schlauchwurm), der sich in der Darmwand festhakt.*

kratz|fest ⟨Adj.⟩: *die Eigenschaft besitzend, keine Kratzer* (1) *zu bekommen:* -er Lack; die -e Beschichtung einer Pfanne.

Kratz|fuß, der (früher): *Verbeugung (einer männlichen Person), bei der ein Fuß [leicht scharrend] in weitem Bogen hinter den anderen gezogen wird:* * **[s]einen K. machen** (scherzh.: *jmdn. formvollendet begrüßen).*

krat|zig ⟨Adj.⟩: *nicht weich, sondern rau [u. daher auf der Haut eine unangenehm kratzende Empfindung hervorrufend]:* -e Wolle; ein -er Pullover; der Wein ist k. *(sauer, kratzt im Hals);* Ü eine -e Stimme; k. lachen.

krät|zig ⟨Adj.⟩ [15. Jh., zu ↑Krätze]: *von Krätze befallen; auf der Haut die Symptome der Krätze zeigend:* -e Haut; -e Veränderungen der Haut.

Krätz|mil|be, die: *kleine, kugelige Milbe, die Menschen, Säugetiere, Vögel befällt u. Krätze verursacht.*

Kratz|putz, der (Bauw.): *Verputz, dessen Oberfläche durch Kratzen* (4) *mit verschiedenen Instrumenten aufgeraut wird.*

Kratz|spur, die: *deutlich sichtbares Zeichen, das durch Kratzen* (1 a) *[auf etw.] entstanden ist.*

Kratz|wun|de, die: *durch Kratzen* (1 a) *entstandene Wunde.*

krau|chen ⟨sw. V.; ist; meist im Präs.⟩ [md. Nebenf. von ↑kriechen]: **1.** (landsch.) *kriechen* (1–4). **2.** (ugs.) *sich nur mit gewisser Mühe fortbewegen.*

krau|en ⟨sw. V.; hat⟩ [mhd. krouwen, ahd. krouwōn]: **a)** ²*krauen:* jmdm. das Haar, jmdn. hinter den Ohren k.; der Hund ließ sich gerne k. ◆ **b)** *kratzen* (1 a): Du glaubst vielleicht, des Gastes Nägel krauen nicht auch so gut wie deine scharfen Klauen (Goethe, Faust II, 7140 f.)

Kraul, das; -[s] ⟨meist o. Art. u. ungebeugt⟩ [engl. crawl, ↑¹kraulen] (Sport): *Kraulschwimmen, Kraulstil.*

¹krau|len ⟨sw. V.⟩ [engl. to crawl, eigtl. = kriechen, krabbeln]: **a)** ⟨hat⟩ *mit schnellem, lockerem Beinschlag* (2) *schwimmen, wobei die Arme, rechts u. links abwechselnd, über Wasser geführt u. unter Wasser zurückgezogen werden:* er hat [eine halbe Stunde] gekrault; **b)** ⟨ist⟩ *sich kraulend irgendwohin bewegen:* über den See, ans Ufer k.; **c)** ⟨hat/ist⟩ *kraulend zurücklegen:* er hat/ist die Strecke in Rekordzeit gekrault.

²krau|len ⟨sw. V.; hat⟩ [zu ↑krauen]: *mit den sich leicht [zärtlich] hin u. her bewegenden Fingerkuppen der gekrümmten Finger liebkosen:* jmdm. den Rücken k.; den Hund zwischen den Ohren k.

Krau|ler, der; -s, - (Sport): *jmd., der im Kraulstil schwimmt.*

Krau|le|rin, die; -, -nen: w. Form zu ↑Krauler.

Kraul|schwim|men, das; -s: *das ¹Kraulen.*

Kraul|stil, der: *Schwimmstil des ¹Kraulens.*

kraus ⟨Adj.⟩ [mhd. krūs, wohl eigtl. = gedreht, gekrümmt]: **1. a)** *(von kürzerem Haar) sehr stark, in widerspenstig-spröder Weise gelockt, geringelt:* -es Haar; **b)** *voller unregelmäßiger enger Linien, Falten, welliger, wellenartiger Formen:* -e Blätter; -e Stellen glatt bügeln; Ulla hob den Rock, damit er nicht k. werde, und setzte sich (Kempowski, Tadellöser 71); **c)** (Handarb., bes. nordd.) *link...* (1 b), *¹links* (1 d): -e Maschen; k. stricken. **2.** (abwertend) *[absonderlich u.] wirr, verworren, ungeordnet:* -e Gedanken, Reden; seine Vorstellungen klangen ziemlich k.

Krau|se, die; -, -n [zu ↑kraus]: **1.** *gefältelter Kragen, Saum, Besatz; gefältelte Manschette:* die Ärmel der Bluse endeten in einer K.; Ü eine K. (einen Bart) *ums Kinn haben.* **2.** *[künstliche] krause* (1) *od. stark wellige Beschaffenheit des Haares:* eine starke, schwache K.; in dem Haar ist keine K. mehr.

Kräu|sel, die; -, -n od. der; -s, - [zu ↑kräuseln]: *Gekräuseltes, Kräuselung* (2); *Kräuselfalte:* der Rock fällt in lockeren -n.

kräu|seln ⟨sw. V.; hat⟩ [zu ↑krausen]: **1.** *durch entsprechende Einwirkung od. Behandlung, Bearbeitung ein wenig kraus* (1) *machen:* jmds. Haar k.; der Wind kräuselte die Wasseroberfläche; Stoff k. *(locker fälteln);* die Nase k. *(ein wenig krausziehen);* spöttisch gekräuselte Lippen. **2.** ⟨k. + sich⟩ *eine leicht krause* (1) *Form annehmen, zeigen:* sein Haar sieht leicht k.; der See kräuselt sich im Wind; der Rauch kräuselt sich über den Dächern *(schwebt gekräuselt, steigt gekräuselt hoch);* * **sich [vor Lachen] k.** (↑kringeln b).

Kräu|se|lung, die; -, -en: **1.** *das Kräuseln.* **2.** *das Gekräuseltsein; eine Gekräuseltes.*

krau|sen ⟨sw. V.; hat⟩ [spätmhd. krūsen, zu ↑kraus]: **1.** *durch entsprechende Entwicklung od. Behandlung, Bearbeitung kraus* (1) *machen:* das Haar k.; den Stoff k. *(in lockere Falten legen, ankrausen);* die Stirn, die Nase k. *(krausziehen).* **2.** ⟨k. + sich⟩ *sich furchen, sich in Falten legen:* seine Stirn krauste *(runzelte)* sich. **3.** *(von Textilien o. Ä.) [leicht] kraus* (1 b) *werden.*

Kraus|haar, das: *krauses* (1 a) *Haar.*

Kraus|kopf, der: **1. a)** *Kopf mit Kraushaar;* **b)** *Person mit Kraushaar.* **2.** (abwertend) *jmd., der zu krausen* (2) *Gedanken neigt; Wirrkopf.* **3.** (Technik) *Senker* (1) *mit kegelförmigem, gefurchtem Kopf; Spitzsenker.*

kraus|zie|hen ⟨unr. V.; hat⟩: *in Falten legen, ziehen:* die Nase, die Stirn k.

¹Kraut, das; -[e]s, Kräuter [mhd., ahd. krūt, H. u.]: **1.** *Pflanze, deren oberirdische Teile nicht verholzen.* **2.** *Heilpflanze, Würzpflanze o. Ä.:* Kräuter sammeln, trocknen; er raucht nicht jedes K. (ugs., oft abwertend; *jeden Tabak);* * **gegen jmdn., etw. ist kein K. gewachsen** (ugs.; *gegen jmdn., etw. gibt es kein Mittel, ist nicht anzukommen).* **3.** ⟨o. Pl.⟩ *alles Grüne, Stängel u. Blätter (bes. bei bestimmten Nutzpflanzen im Unterschied zu dem für die menschliche Ernährung verwertbaren Teil):* das K. der Rüben, Kartoffeln; die Pflanze wächst, schießt [zu sehr] ins K. *(treibt zu viele große Blätter u. lässt deshalb keine gute Blüte bzw. reiche Frucht erwarten);* * **wie K. und Rüben** (ugs.; *unordentlich;* viell. nach dem Bild eines Rübenackers, auf dem nach der Ernte die abgeschnittenen Blätter der Pflanze u. die Rüben durcheinanderliegen): es lag alles wie K. und Rüben herum, durcheinander); **ins K. schießen** (in unliebsamer Weise rasch zunehmen, sich verbreiten; überhandnehmen; urspr. bezogen auf eine Pflanze, die zu viele Blätter u. zu wenig Blüten u. Früchte treibt, deren Wachstumskraft also zu sehr auf die krautigen Bestandteile gerichtet ist: der Aberglaube schießt ins K.). **4.** ⟨o. Pl.⟩ (bes. südd., österr.) *[Weiß]kohl:* R dieses macht das K. [auch] nicht fett (ugs.; ↑Kohl). **5.** ⟨o. Pl.⟩ [zu Kraut in der Bed. »Würzkraut«, also eigtl. wohl = mit Gewürzen zubereitete Speise] (bes. nordwestd.) *aus gekochten od. gedämpften Zuckerrüben, Äpfeln u. Birnen od. anderem Obst durch Auspressen u. Eindicken gewonnener zähflüssiger Sirup.*

²Kraut, der; -s, -s [engl. (bes. Soldatenspr. im 2. Weltkrieg) kraut, gek. aus: Sauerkraut; Sauerkraut gilt im Ausland als eine typisch deutsche Beilage] (ugs. abwertend): *Deutscher (vom Standpunkt der Engländer, Amerikaner aus).*

Kräut|chen, das; -s, -: Vkl. zu ↑¹Kraut.

Kräut|chen Rühr|mich|nicht|an, das; -s -, - - [↑Rührmichnichtan] (veraltend): *leicht verletzlicher, überempfindlicher Mensch:* sie ist ein K. R.

Kräu|ter, der; -s, - [zu ↑¹Kraut (4)]: **1.** (scherzh.) *[alter] Sonderling:* ein alter K. **2.** (salopp abwertend) *unbedeutender [in seinen Leistungen mäßiger] Geschäftsmann, Handwerksmeister o. Ä.* **3.** (veraltet, noch salopp abwertend) *jmd., der Gemüseanbau betreibt.*

Kräu|ter: Pl. von ↑¹Kraut (1,2).

Kräu|ter|but|ter, die: *mit Kräutern gewürzte Butter.*

Kräu|ter|es|sig, der: *mit den Würzstoffen von Kräutern aromatisierter Essig.*

Kräu|ter|gar|ten, der: *Garten[teil], in dem Kräuter angepflanzt werden.*

Kräu|ter|heil|kun|de, die: *Heilkunde, bei der vorrangig Heilkräuter verwendet werden.*

Kräu|ter|he|xe, die. (salopp scherzh.): *alte Frau, die [Heil]kräuter sammelt u. sich auf deren Anwendung versteht.*

Kräu|te|rin, die; -, -nen: w. Form zu ↑Kräuter.

Kräu|ter|kä|se, der: vgl. Kräuterbutter.

Kräu|ter|li|kör, der: *Likör, dem die Würzstoffe von Kräutern zugesetzt sind.*

Kräu|ter|schnaps, der: vgl. Kräuterlikör.

Kräu|ter|tee, der: *Tee aus Kräutern.*

Kräu|ter|weib, Kräu|ter|weib|lein, das (veraltet; bes. in Märchen) *alte Frau, die Heilkräuter sammelt u. sich auf ihre Anwendung versteht.*

◆ **Kraut|haupt,** das (md., südd.): Kohlkopf: ... die harmlose Wonne des Menschen ..., der ein K. auf seinen Tisch bringt, das er selbst gezogen (Goethe, Werther I, 21. Junius 1771).

krau|tig ⟨Adj.⟩: *wie* ¹*Kraut* (1) *aussehend, beschaffen:* -e *Gewächse.*

Kraut|jun|ker, *der* (spött. veraltet): *Landedelmann, der keine Weltgewandtheit u. -erfahrung besitzt.*

Kraut|kopf, *der* (südd., österr.): *Kohlkopf.*

Kräut|lein, *das;* -s, -: Vkl. zu ↑ ¹*Kraut.*

Kräut|lein Rühr|mich|nicht|an, *das;* -s -, - -: *Kräutchen Rührmichnichtan.*

Kraut|rock, *der;* -[s] [aus ↑ ²*Kraut* u. ↑ ²*Rock*] (Jargon): *deutsche Rockmusik, deutscher Rock.*

Kraut|rou|la|de, *die* (südd., österr.): *Kohlroulade.*

Kraut|sa|lat, *der: Salat aus Kohl, bes. aus Weiß- od. Rotkohl.*

Kraut|stie|le ⟨Pl.⟩ (schweiz.): *Stiele des Mangolds [als Gemüse].*

Kraut|wi|ckel, *der* (südd., österr.): *Kohlroulade.*

Kra|wall, *der;* -s, -e [H. u., wahrsch. zu älter crawallen = das Lärmen < mlat. charavallium = Katzenmusik; Straßenlärm]: **1.** *Tumult mit Tätlichkeiten; Aufruhr: politische -e; nach der Kundgebung kam es zu blutigen -en.* **2.** ⟨o. Pl.⟩ (ugs.) *äußerst lebhaftes od. erregtes Lärmen u. Treiben* (bes. einer größeren Anzahl von Menschen): K. machen; * **K. schlagen** (sich [laut u.] energisch beschweren).

Kra|wall|bru|der, *der* (ugs. abwertend): *Krawallmacher.*

Kra|wall|ma|cher, *der* (ugs. abwertend): *jmd., der Krawall macht, sich an Krawallen beteiligt.*

Kra|wall|ma|che|rin, *die:* w. Form zu ↑ Krawallmacher.

Kra|wat|te, *die;* -, -n [frz. cravate, zu dt. (mundartl.) Krawat = Kroate; also eigtl. = die Kroatische (Halsbinde); urspr. Bez. für die Halsbinde, wie sie die kroatischen Reiter im Dreißigjährigen Krieg trugen]: **1. a)** *aus Stoff hergestelltes, etwa streifenförmiges, schmückendes Teil bes. der Herrenkleidung, das unter dem Hemdkragen um den Hals gelegt u. vorne in der Weise zu einem Knoten gebunden wird, dass das breitere Ende länger herunterhängt: eine seidene, gestreifte K.; [sich] die K. [um]binden; die K. knüpfen, zuziehen, festziehen, zurechtrücken, lockern, ablegen; eine K. tragen, umhaben;* * **eiserne K.** (ugs. scherzh.: *vorgeformte Krawatte, die vorgesteckt wird*); **jmdm. die K. zuziehen** (salopp: *jmdn.* [er]*würgen, erhängen*); **jmdn. an/bei der K. nehmen/packen** (ugs.: *jmdn. würgen*); **[sich** ⟨Dativ⟩**] einen hinter die K. gießen** (ugs. scherzh.; ↑ Binde 4). **b)** Kurzf. von ↑ Pelzkrawatte. **2.** (bes. Catchen) *Würgegriff, bei dem sich Arme od. Beine um den Hals des Gegners schließen.* **3.** (Med.) *Verband od. Stütze* (2) *in Form einer Halskrause* (a).

Kra|wat|ten|hal|ter, *der: Klemme, mit der der untere Teil der Krawatte am Hemd befestigt werden kann.*

Kra|wat|ten|kno|ten, *der: Knoten, der in bestimmter Weise in eine Krawatte geschlungen ist, wenn sie getragen wird.*

Kra|wat|ten|na|del, *die: für die Krawatte gedachte Schmucknadel, die meist im Knoten getragen wird.*

Kra|wat|ten|zwang, *der* ⟨o. Pl.⟩: *Zwang, Vorschrift, eine Krawatte zu tragen:* in diesem Lokal herrscht K.

Kra|weel|bau [zu mniederd. kravēl, karavēl(e) < port. caravela, ↑ Karavelle; für die Bauweise war bei Karavellen üblich] (Schiffbau): *Bauweise, bei der die Holzplanken eng aneinandergesetzt werden.*

Kra|xe, *die;* -, -n: **1.** [mhd. kräxe, krechse, H. u.] (österr., sonst landsch.) *Rückentragkorb.* **2.** (abwertend) *altes, nicht mehr richtig funktionierendes Fahrzeug od. Gerät.* **3.** (österr. ugs.) *unleserlicher Schriftzug.*

Kra|xe|lei, *die;* -, -en (ugs., bes. südd., österr., oft abwertend): [*dauerndes*] *Kraxeln.*

kra|xeln ⟨sw. V.; ist⟩ [österr. kragln, bayr. krächseln = auf dem Rücken tragen, wohl eigtl. = mit der Kraxe (1) einen Berg hinaufsteigen] (ugs., bes. südd., österr.): [*mühsam*] *steigen, klettern:* auf einen Baum, Berg k.

Kre|a|tin, *das;* -s [zu griech. kréas (Gen.: kréatos) = Fleisch] (Biol., Med.): *chemische Verbindung, die als Stoffwechselprodukt des Eiweißes in der Muskulatur u. im Blut der Wirbeltiere u. des Menschen vorkommt.*

Kre|a|ti|on, *die;* -, -en: **1.** [frz. création < lat. creatio, zu: creare, ↑ kreieren] (Mode) *Modeschöpfung, Modell* (J): *die neuesten -en aus Paris wurden vorgeführt.* **2.** [lat. creatio] **a)** (bildungsspr.) [*künstlerische*] *Schöpfung;* **b)** ⟨o. Pl.⟩ *das Kreieren, Erschaffen:* er träumte von der K. eines neuen Stils.

kre|a|tiv ⟨Adj.⟩ [engl. creative] (bildungsspr.): *schöpferisch; Ideen habend u. diese gestalterisch verwirklichend:* ein -er Mensch, -e Fantasie, Begabung; -es Spiel; sie ist sehr k.; k. veranlagt sein.

Kre|a|tiv|fe|ri|en ⟨Pl.⟩ (Touristik): *Kreativurlaub.*

Kre|a|ti|vi|tät, *die;* -: **1.** (bildungsspr.) *schöpferische Kraft, kreatives Vermögen:* ein Künstler von großer K. **2.** (Sprachwiss.) *mit der sprachlichen Kompetenz verbundene Fähigkeit, neue, nie gehörte Sätze zu bilden u. zu verstehen.*

Kre|a|ti|vi|täts|trai|ning, *das: gedankliches Training, das die Kreativität* (1) *fördern soll.*

Kre|a|tiv|pau|se, *die: kürzere Unterbrechung einer kreativen Tätigkeit; schöpferische Pause:* nach dreijähriger K. bringt die Band eine neue CD heraus.

Kre|a|tiv|ur|laub, *der* (Touristik): *Form des* (von Touristikunternehmen angebotenen) *Urlaubs, die das Angebot des Erlernens od. Ausüben einer künstlerischen Tätigkeit einschließt.*

Kre|a|tur, *die;* -, -en: **1.** [kirchenlat. creatura, zu lat. creare, ↑ kreieren] (bildungsspr.) *Geschöpf* (1), (*von Gott*) *geschaffenes Wesen:* wir sind alle Gottes -en; alle K. (geh.: *alle Lebewesen*); Mitleid haben mit der hungernden, frierenden K. (*mit den hungernden, frierenden Geschöpfen*). **2. a)** *bedauernswerter od. verachtenswerter Mensch:* eine arme, elende, gemeine, widerliche K.; **b)** (abwertend) *willenloses, gehorsames Werkzeug eines andern:* er ist doch nur eine [willenlose] K. seines Chefs.

kre|a|tür|lich ⟨Adj.⟩ (bildungsspr.): *der Kreatur* (1) *eigen:* -e Liebe.

Kre|a|tür|lich|keit, *die;* -: *das Kreatürlichsein.*

Krebs [auch: krɛps], *der;* -es, -e [mhd. krebiʒ, ahd. crebiʒ, eigtl. = Krebs(tier); verw. mit ↑ krabbeln]: **1. a)** (meist Pl.) *(in vielen Arten vorkommender) im Wasser lebender u. durch Kiemen atmender Gliederfüßer mit einem von einem Panzer aus Chitin umhüllten Leib, zwei Paar Fühlern u. mindestens vier Beinpaaren* [*deren vorderstes zu großen Scheren* (2) *umgebildet ist*]: höhere, niedere -e; **b)** Kurzf. von ↑ Flusskrebs: -e fangen, kochen, essen; nach dem Sonnenbad war er rot wie ein K. **2.** [LÜ von lat. cancer = Krebs(tier); Krebs(tier) des Krebses] (Astrol.) **a)** ⟨o. Pl.⟩ *Tierkreiszeichen für die Zeit vom 22. 6. bis 22. 7.;* **b)** *jmd., der im Zeichen Krebs* (2 a) *geboren ist:* er ist [ein] K. **3.** ⟨o. Pl.⟩ [LÜ von lat. cancer = Krebs(tier); Sternbild des Krebses] *Sternbild am nördlichen Sternenhimmel.* **4.** [nach gleichbed. lat. cancer u. griech. karkínos (↑ Karzinom), zuerst bezogen auf den Brustkrebs, da hier die gestauten Brustvenen sich wie Krebsscheren od. -füße ausbreiten] **a)** *Krankheit, die in einer bösartigen, wuchernden Bildung von Geschwülsten besteht; Karzinom:* K. der Luftwege; der K. wurde bei ihm zu spät erkannt; K. haben; mit K. erregenden, erzeugenden (*karzinogenen*) *Chemikalien in Berührung kommen; Vorsicht beim Umgang mit K. fördernden Stoffen;* die Entdeckung K. hemmender Substanzen; an K. leiden, sterben; Ü die Rüstung verschlingt Geld, ist ein schrecklich wuchernder K.; **b)** Kurzf. von ↑ Pflanzenkrebs. **5.** (Musik) *Melodie, die Ton für Ton die rückläufige Form einer anderen Melodie ist.* **6.** ⟨Pl.⟩ (Verlagsw. Jargon) *Remittenden.*

Krebs|angst, *die* ⟨o. Pl.⟩: [*krankhafte*] *Angst vor einer Krebserkrankung.*

Krebs|art, *die: Art* (4 a) *des Krebses* (4 a).

krebs|ar|tig ⟨Adj.⟩: *kanzerös; karzinomatös:* eine -e Geschwulst.

Krebs|arzt, *der* (ugs.): *auf Krebsbehandlungen spezialisierter Arzt.*

Krebs|ärz|tin, *die:* w. Form zu ↑ Krebsarzt.

Krebs|be|hand|lung, *die: medizinische Behandlung bei Krebserkrankungen.*

kreb|sen ⟨sw. V.⟩: **1.** ⟨hat⟩ [mhd. kreb(e)ʒen, zu ↑ Krebs (1)] *Krebse fangen:* k. gehen. **2.** ⟨hat⟩ (ugs.) *sich ohne rechten Erfolg abmühen:* mit etw. zu k. haben. **3.** ⟨ist⟩ **a)** (ugs.) *sich mühsam* [*kriechend, tastend*] *irgendwohin bewegen:* über das Geröll weg zur Mauer k.; **b)** (schweiz.) *zurückweichen.*

Krebs|er|kran|kung, *die: Erkrankung an Krebs* (4 a).

krebs|er|re|gend, Krebs er|re|gend, krebs|er|zeu|gend, Krebs er|zeu|gend ⟨Adj.⟩: *karzinogen, kanzerogen: die Chemikalie gilt als k., hat eine stark -e Wirkung.*

krebs|för|dernd, Krebs för|dernd ⟨Adj.⟩: *die Entstehung von Krebs* (3 a) *fördernd, begünstigend:* äußerst -e Stoffe; die neuen Materialien gelten als k., sind k.

Krebs|for|scher, *der: jmd., der Krebsforschung betreibt.*

Krebs|for|sche|rin, *die:* w. Form zu ↑ Krebsforscher.

Krebs|for|schung, *die: Erforschung karzinomatöser Erkrankungen.*

Krebs|früh|er|ken|nung, *die: frühzeitiges Erkennen, Feststellen einer Krebserkrankung; das Erkennen karzinomatöser Erkrankungen in einem frühen Stadium.*

Krebs|gang, *der* ⟨o. Pl.⟩: **1.** [nach der (falschen) Vorstellung, dass der Krebs sich rückwärtsbewegt] *rückläufige, sich verschlechternde Entwicklung:* seine Geschäfte gehen den K. (*verschlechtern sich*). **2.** [nach der (falschen) Vorstellung, dass der Krebs sich rückwärtsbewegt] (Musik) *Verfahren, die Noten einer Melodie rückwärts, von hinten nach vorn zu lesen u. in dieser Gestalt kompositorisch zu verwerten.* **3.** (Gymnastik) *aus der Rückenlage erfolgende Fortbewegung auf allen vieren nach vorwärts od. rückwärts.*

Krebs|ge|schwulst, *die: Karzinom.*

Krebs|ge|schwür, *das: Geschwür, wie es beim Krebs* (4 a) *auftritt:* ein K. wegschneiden.

Krebs|ge|we|be, *das: krebsartig entartetes, aus Krebszellen bestehendes Gewebe.*

krebs|hem|mend, Krebs hem|mend ⟨Adj.⟩: *die Entwicklung einer Krebserkrankung hemmend:* die Substanz wirkt k.

kreb|sig ⟨Adj.⟩: *in Form von Krebs* (4 a), *krebsartig.*

Krebs|kli|nik, *die: Klinik für Krebskranke.*

Krebs|kno|ten, *der: karzinomatöser Knoten* (2 c).

krebs|krank ⟨Adj.⟩: *an Krebs* (4 a) *erkrankt.*

Krebs|kran|ke ⟨vgl. Kranke⟩: *weibliche Person, die krebskrank ist.*

Krebs|kran|ker ⟨vgl. Kranker⟩: *jmd., der krebskrank ist.*

Krebs|lei|den, *das: durch Krebs* (1) *verursachtes Leiden* (1).

Krebs|maus, die (Medizinjargon): *für die Krebsforschung gezüchtete Maus.*
Krebs|me|di|ka|ment, das: *Medikament gegen Krebs* (4 a).
Krebs|mit|tel, das: *Krebsmedikament.*
Krebs|nach|sor|ge, die: *Nachsorge bei Krebs* (4 a).
Krebs|pa|ti|ent, der: *an Krebs* (4 a) *leidender Patient.*
Krebs|pa|ti|en|tin, die: w. Form zu ↑ Krebspatient.
Krebs|re|gis|ter, das: *Verzeichnis, in dem die in einem bestimmten Gebiet aufgetretenen Krebserkrankungen registriert sind.*
Krebs|ri|si|ko, das: *Risiko, an Krebs* (4 a) *zu erkranken.*
krebs|rot [auch: ˈkreːpsˈroːt, ˈkreps...] ⟨Adj.⟩: *(vom Gesicht, von der Haut) rot wie die Schalen eines gekochten Krebses* (1 b), *stark gerötet:* ein -es Gesicht; er war k. am ganzen Körper; k. anlaufen vor Zorn.
Krebs|scha|den, der (geh.): *Hauptübel, das der Ausgangspunkt für bestimmte, negative Erscheinungen o. Ä. ist:* etw. ist der K. einer Zeit, eines Landes.
Krebs|sche|re, die: **1.** *Schere* (2) *des Krebses* (1). **2.** *(in stehenden Gewässern wurzelnde od. frei schwimmende) Pflanze mit langen, schmalen, in Rosetten angeordneten Blättern u. weißen Blüten.*
Krebs|the|ra|pie, die: *Therapie bei Krebserkrankungen.*
Krebs|tier, das ⟨meist Pl.⟩ (Zool.): *Krebs* (1 a).
Krebs|tod, der: *Tod durch Krebs* (4 a).
Krebs|übel, das: vgl. Krebsschaden.
Krebs|ver|dacht, der: *Verdacht auf Krebs* (4 a).
Krebs|vor|beu|gung, die: *Vorbeugung gegen Krebs* (4 a).
Krebs|vor|sor|ge, die (bes. Amtsspr.): *bes. in regelmäßigen Untersuchungen bestehende Vorsorge zur Früherkennung von Krebserkrankungen.*
Krebs|vor|sor|ge|un|ter|su|chung, die: *Untersuchung zur Früherkennung von Krebserkrankungen; hierzu: k. gehen.*
Krebs|zel|le, die: *krebsig entartete Körperzelle.*
kre|den|zen ⟨sw. V.; hat⟩ [zu veraltet Kredenz, ital. credenza = Anrichte; Tischchen für vorzukostende Speisen, zu lat. credere = (ver)trauen, glauben] (geh.): *anbieten* (1 c): jmdm. ein Glas Sekt k.
¹Kre|dit [auch, österr. nur: ...ˈdɪt], der; -[e]s, -e [frz. crédit < ital. credito < lat. creditum = auf Treu u. Glauben Anvertrautes, Darlehen, Subst. 2. Part. von: credere, ↑ Kredo; im 16. Jh. in der Form credito]: **1. a)** (bes. Wirtsch.) *(im Rahmen eines Geschäfts) befristet zur Verfügung gestellter Geldwert, Betrag:* ein zinsloser, [un]verzinslicher, [un]kündbarer, [un]gedeckter, privater, öffentlicher K.; faule, toxische, notleidende -e (Wirtschaftsjargon; *Kredite, bei denen die Tilgung nicht wie geplant erfolgt*); langfristige -e an Entwicklungsländer; ein K. [in Höhe] von 10 000 Euro; einen K. sichern, in Anspruch nehmen, überschreiten, überziehen, kündigen, sperren, abdecken, zurückzahlen, tilgen; jmdm./für jmdn. einen K. eröffnen, jmdm. einen K. zu einem günstigen Zinssatz geben, gewähren, einräumen, ↑ Kredo; im 16. Jh. in der Darlehen nachsuchende) Bankkunden; er hat bei seiner Bank einen K. erhalten, aufgenommen; **b)** ⟨o. Pl.⟩ *(gewährter) Zahlungsaufschub, zugestandener Spielraum für Zahlungsaufschub, Stundung:* jmdm. K. geben, gewähren; bei jmdm. K. haben; auf K. *(mit Zahlungsaufschub, ohne sofortige Bezahlung)* kaufen, leben; jmdm. Waren auf K. überlassen. **2.** ⟨o. Pl.⟩ (Kaufmannsspr.) *einer Person od. einem Unterneh-*

men *entgegengebrachtes Vertrauen in die Kreditwürdigkeit; finanzielle Vertrauenswürdigkeit:* [bei jmdm.] K. haben, genießen; Ü das hat ihm im Ausland großen politischen K. verschafft; ◆ Er hat sich in den K. gesetzt *(sich den Ruf erworben), dass er immer etwas Geheimes vorhabe* (Goethe, Egmont III).
²Kre|dit, das; -s, -s [lat. credit = er glaubt (er ist Gläubiger), zu: credere, ↑ Credo] (Bankw.): *rechte Seite, Habenseite eines Kontos.*
Kre|dit|ab|tei|lung, die: *für das Kreditgeschäft zuständige Abteilung.*
Kre|dit|an|stalt, die: vgl. Kreditinstitut.
Kre|dit|an|trag, der: *Antrag auf Gewährung eines* ¹Kredits (1 a).
Kre|dit|auf|nah|me, die: *das Aufnehmen* (8) *eines* ¹Kredits (1 a).
Kre|dit|auf|trag, der: *Auftrag, einem Dritten einen* ¹Kredit (1 a) *zu gewähren.*
Kre|dit|aus|fall, der: *Ausfall* (2 b) *der Kreditzahlungen.*
Kre|dit|bank, die ⟨Pl. -en⟩: *[private] Bank, die das [kurzfristige] Kreditgeschäft betreibt.*
Kre|dit|be|trug, der: *Betrug zur Erschleichung von* ¹Krediten (1 a).
Kre|dit|brief, der [LÜ von frz. lettre de crédit]: *Anweisung einer Bank an eine andere Bank, einem Dritten einen bestimmten* ¹Kredit (1 a) *zu gewähren.*
Kre|dit|bü|ro, das: **a)** *für das gesamte Kreditgeschäft zuständige Abteilung eines Kreditinstituts;* **b)** *für Kreditkäufe der Kunden zuständiges Büro eines Kaufhauses.*
Kre|dit|er|eig|nis, das (Wirtsch., Bankw.): *Geschehnis, bei dem der Kreditgeber seine Forderung vom Kreditnehmer nicht zurückerhält:* die Insolvenz ist ein typisches K.
kre|dit|fä|hig ⟨Adj.⟩: vgl. kreditwürdig.
kre|dit|fi|nan|ziert ⟨Adj.⟩ (Wirtsch.): *auf Kreditfinanzierung beruhend, durch Kreditfinanzierung ermöglicht.*
Kre|dit|fi|nan|zie|rung, die (Wirtsch.): *Form der Fremdfinanzierung, bei der ein Unternehmen* ¹Kredite (1 a) *von externen Kapitalgebern aufnimmt.*
Kre|dit|ge|ber, der: *Person, Bank o. Ä., die jmdm. einen* ¹Kredit gibt.
Kre|dit|ge|be|rin, die: w. Form zu ↑ Kreditgeber.
Kre|dit|ge|nos|sen|schaft, die: *Genossenschaft[sbank] zur Versorgung der Mitglieder mit* ¹Krediten (1 a).
Kre|dit|ge|schäft, das: *Geschäft* (1), *das in der Gewährung von* ¹Krediten (1 a) *besteht od. damit verbunden ist.*
Kre|dit|ge|wäh|rung, die: *Gewährung von* ¹Krediten (1 a).
Kre|dit|ge|wer|be, das: *Gesamtheit der gewerblichen Unternehmen, die Kreditgeschäfte betreiben.*
Kre|dit|hai, der (ugs. abwertend): *wucherischer, mit unsauberen Mitteln arbeitender Kreditgeber.*
Kre|dit|hil|fe, die: *Hilfe durch Kreditgewährung.*
kre|di|tie|ren ⟨sw. V.; hat⟩ [frz. créditer = gutschreiben] (Kaufmannsspr.): **1. a)** ¹*Kredit* (1 a) *gewähren; als Kredit, auf Kredit gewähren:* jmdm. großzügig k.; [einem Schuldner] einen Betrag k.; kreditierte Warenlieferungen; **b)** *für etw.* ¹*Kredit* (1 a) *gewähren, Kredite bereitstellen:* Bauaufträge k. **2.** *gutschreiben:* [jmdm.] einen Betrag k.
Kre|dit|in|s|ti|tut, das: *Unternehmen, das Kreditgeschäfte betreibt* (z. B. ²Bank, Sparkasse).
Kre|di|tiv, das; -s, -e [gek. aus: Kreditivschreiben, zu mlat. creditivus = Glauben erweckend] (selten): *Vollmacht, Beglaubigungsschreiben:*
◆ *... als ich die Wiener Briefe ... als -e vorzeige* (Jean Paul, Siebenkäs 13).

Kre|dit|kar|te, die: *(von einem Unternehmen für Finanzierungen an eine kreditwürdige Person ausgegebene) äußerlich einer Scheckkarte ähnliche kleine Karte, mit der der Inhaber der Karte gegen Vorlage bargeldlose Zahlungen tätigen kann.*
Kre|dit|kar|ten|num|mer, die: *Nummer einer Kreditkarte.*
Kre|dit|kauf, der: *Kauf auf* ¹Kredit (1 b).
Kre|dit|klem|me, die (ugs.): **a)** *Schwierigkeit, einen* ¹Kredit (1 a) *zu bekommen;* **b)** *Schwierigkeit bei der Kreditgewährung.*
Kre|dit|kri|se, die: *durch Kreditausfälle verursachte Krise im Kreditgewerbe.*
Kre|dit|li|nie, die: *für einen Kreditnehmer festgelegte obere Grenze für einen* ¹Kredit (1 a).
Kre|dit|markt, der: *Markt für kurz-, mittel- u. langfristige Geldforderungen.*
Kre|dit|neh|mer, der; -s, -: *Person, Firma o. Ä., die einen* ¹Kredit (1 a) *aufnimmt.*
Kre|dit|neh|me|rin, die; -, -nen: w. Form zu ↑ Kreditnehmer.
Kre|di|tor [österr.: kreˈdiː..., ...ˈdɪ...], der; -s, ...oren [ital. creditore < lat. creditor] (Kaufmannsspr.): *Gläubiger.*
Kre|di|to|rin, die; -, -nen: w. Form zu ↑ Kreditor.
Kre|dit|po|li|tik, die: *Gesamtheit von Maßnahmen der Notenbank zur Lenkung des Kreditwesens.*
Kre|dit|rah|men, der: *Kreditlinie.*
Kre|dit|ri|si|ko, das: *Risiko, dass ein* ¹Kredit (1 a) *nicht zurückgezahlt wird.*
Kre|dit su|chend, kre|dit|su|chend ⟨Adj.⟩: *einen* ¹Kredit (1 a) *wünschend, um einen Kredit nachsuchend:* Kredit suchende Bankkunden.
Kre|dit|sum|me, die: *als* ¹Kredit (1 a) *gewährte Summe* (2).
kre|dit|un|wür|dig ⟨Adj.⟩: *(als etwaiger Kreditnehmer) finanziell nicht vertrauenswürdig.*
Kre|dit|ver|ga|be, die: *Vergabe von* ¹Krediten (1 a).
Kre|dit|ver|trag, der: *zwischen Kreditgeber u. Kreditnehmer geschlossener Vertrag über die Gewährung eines* ¹Kredits (1 a).
Kre|dit|vo|lu|men, das: *Gesamtheit der gewährten* ¹Kredite (1 a).
Kre|dit|we|sen, das ⟨o. Pl.⟩: *Bankwesen bes. hinsichtlich der Kreditgeschäfte.*
Kre|dit|wirt|schaft, die ⟨o. Pl.⟩: **1.** *Geldwirtschaft.* **2.** *Bereich der Wirtschaft, der Kreditgeschäfte umfasst.*
kre|dit|wür|dig ⟨Adj.⟩: *(als etwaiger Kreditnehmer) finanziell vertrauenswürdig.*
Kre|dit|wür|dig|keit, die: *finanzielle Vertrauenswürdigkeit eines etwaigen Kreditnehmers:* Ich sage Ihnen sicher nichts Überraschendes, wenn ich mitteile, dass meine K. bei einem durchschnittlichen Monatseinkommen ihre schwere Grenze findet: so oft ich die Bayerische Vereinsbank betrete, welken im Foyer die Rosen (Wollschläger, Zeiten 20).
Kre|dit|zah|lung, die: **1.** *das Zurückzahlen* (1) *eines* ¹Kredits (1 a). **2.** *für einen* ¹Kredit (1 a) *zurückgezahlte Summe.*
Kre|dit|zins, der; -es, -en: vgl. Darlehenszins.
Kre|dit|zu|sa|ge, die: *Zusicherung des Kreditgebers, einen* ¹Kredit (1 a) *zu gewähren.*
Kre|do: ↑ Credo.
Kre|feld, das: *Stadt in Nordrhein-Westfalen.*
Krei|de, die; -, -n [mhd. krīde, spätahd. krīda < vlat. (galloroman.) creda < lat. creta, viell. gek. aus: terra creta = gesiebte Erde, zu: cretum, 2. Part. von: cernere = scheiden, sichten]: **1.** ⟨o. Pl.⟩ *[fossiler] in unvermischter Form weißer u. weiß färbender, erdiger, weicher Kalkstein:* K. abbauen; Felsen aus K.; bleich, weiß wie K. werden *(erbleichen);* * **K. fressen** (ugs.; *sich zurückhalten; seine Aggressivität im Zaum*

kreidebleich – Kreisliga

halten; sich scheinbar friedfertig geben; wohl nach dem grimmschen Märchen vom »Wolf und den sieben Geißlein«, in dem der Wolf Kreide frisst, um eine zarte Stimme zu bekommen). **2.** (als Stift, ¹Mine 3 o. Ä. geformtes Stück) feste Kreide (1), feinkörniger fester Gips o. Ä. zum Schreiben, Zeichnen, Markieren: weiße, rote, grüne K.; ein Stück K.; etw. mit K. an die [Wand]tafel schreiben; mit K. zeichnen; * [die folgenden Wendungen beziehen sich darauf, dass früher bes. in Gasthäusern die Schulden der Gäste mit Kreide auf einer Tafel notiert (»angekreidet«) wurden] **bei jmdm. [tief] in der K. stehen/sein/sitzen** (ugs.; bei jmdm. [viele] Schulden haben); **bei jmdm. [immer tiefer] in die K. geraten/kommen** (ugs.; bei jmdm. [immer mehr] Schulden machen); **mit doppelter K. [an]schreiben** (in unlauterer Absicht geschuldete Beträge überhöht anschreiben, ansetzen; eigtl. = mit doppelter Kreidespitze schreiben, damit unbemerkt zwei Zählstriche zugleich entstehen). **3.** ⟨o. Pl.⟩ (Geol.) jüngste Formation des Mesozoikums (zwischen Jura und Tertiär).
Kreijdejbleich ⟨Adj.⟩ (emotional verstärkend): durch einen besonders großen Schreck, durch Zorn, Übelkeit od. große Furcht sehr bleich; von weißlicher Gesichtsfarbe, sehr blass.
Kreildelfellsen, der: Felsen aus Kreide (1).
Kreildelforlmaltilon, die ⟨o. Pl.⟩ (Geol.): Kreide (3).
kreilden ⟨sw. V.; hat⟩ (selten): **1.** mit Kreide (1) bestreichen od. vermischen. **2.** [spätmhd. krīden] mit Kreide (2) bezeichnen, markieren. **3.** [spätmhd. krīden] mit Kreide (2) auf, an etw. zeichnen, schreiben.
Kreildelweiß ⟨Adj.⟩: weiß wie Kreide (1); auffallend, überaus blass: -e Zähne.
Kreildelzeichlnung, die: mit Kreide (2) ausgeführte Handzeichnung.
Kreildelzeit, die ⟨o. Pl.⟩ (Geol.): erdgeschichtliches Zeitalter der Kreide (3).
kreildig ⟨Adj.⟩: **1.** voller Kreide[spuren]; mit Kreide bedeckt, befleckt: -e Hände. **2.** (bes. Geol.) Kreide (3) enthaltend: -es Gestein. **3.** (geh.) wie Kreide (1) beschaffen, [weiß] wie Kreide [aussehend]: -es Licht; -e (kreideweiße) Gesichter.
krelielren ⟨sw. V.; hat⟩ [nach frz. créer = schaffen, erfinden < lat. creare = erschaffen, urspr. = wachsen machen]: **1.** (bildungsspr.) a) (eine neue Mode) schaffen, gestalten, erfinden: den Minirock k.; **b)** als Eigenes, eigene, persönliche Prägung o. Ä. hervorbringen: einen neuen Stil k. **2.** (Theater) eine Rolle als Erste[r] spielen: die Titelrolle k. **3.** (kath. Kirche) zum Kardinal ernennen.
Kreis, der; -es, -e [mhd., ahd. kreiȝ = Kreislinie; Zauberkreis; Umkreis, urspr. = eingeritzte Linie u. verw. mit ahd. krizzon, ↑ kritzeln]: **1.** (Geom.) **a)** gleichmäßig runde, in sich geschlossene Linie, deren Punkte alle den gleichen Abstand vom Mittelpunkt haben: ein magischer K. (Zauberkreis); einen K. zeichnen; mit dem Zirkel einen K. schlagen, beschreiben; den Inhalt, Umfang eines -es berechnen; *jmds. -e stören (geh.; jmdn. in seinem persönlichen Bereich, in seinem Wirken stören; nach den Worten »Noli turbare circulos meos« = »Zerstöre meine Kreise nicht« des Archimedes [um 285–212 v. Chr.]); **b)** von einem Kreis (1 a) eingeschlossene Fläche; Kreisfläche: einen K. blau ausmalen. **2.** [nahezu] kreisförmige Gruppierung, Figur (6), Bewegung: ein K. von Bergen, von Gesichtern; den K. der neugierigen Zuschauer sprengen; der Raubvogel zieht seine -e; die Kinder bildeten, schlossen einen K. [um die Lehrerin]; in einem K. [um jmdn.] stehen, sitzen; sich

im -e (rings) umsehen; es drehte sich ihm alles im K. (ihm war schwindlig); Ü der K. (die in sich geschlossene Kette der Abschnitte, Monate) des Jahres; R der K. (die Beweiskette) schließt sich; * -e ziehen (breite Auswirkung haben u. sich auf immer mehr Personen, Gruppen ausdehnen; nach der ringförmigen Ausbreitung von Wasserwellen: die Affäre zog [weite] -e, immer weitere -e); seine -e ziehen (geh.; nach eigenen Gesetzen, Regeln o. Ä. stetig wirken); **sich im K. bewegen/drehen** (immer wieder auf dasselbe zurückkommen, nicht von der Stelle kommen): die Argumentation dreht sich im K. **3. a)** Gruppe von Personen, die sich getroffen, zusammengefunden, eingefunden usw. haben, zusammen sind; Runde: der K. der Gäste; etw. in kleinem, im familiären -e, im [engsten] K. der Familie feiern; **b)** mehr od. weniger lockere Gemeinschaft von Personen mit gleichen Interessen od. persönlichen Beziehungen: ein geselliger, exklusiver K.; einen K. Kunstinteressierter um sich sammeln; im engsten K. (unter Vertrauten); Allmählich hatte er die Stammgäste kennen gelernt, ein loser K. fand sich zusammen (Härtling, Hubert 296); **c)** ⟨Pl.⟩ Gruppen, Teile der Bevölkerung, der Gesellschaft o. Ä.; gesellschaftliche Gruppen: kirchliche, militärische -e; einflussreiche, maßgebliche -e; die besseren -e (die bessere Gesellschaft); dies verlautet aus gut unterrichteten -en; in seinen -en (in den Kreisen, in denen er verkehrt) ist das verpönt; das kommt in den besten -en vor (das braucht jmdm. also gar nicht so peinlich zu sein); in den besten, in den [engen] K. einer Wissenschaft beschränkt. **6.** (bes. den Gemeinden unmittelbar übergeordneter) Verwaltungsbezirk (Abk.: Kr., Ks.), z. B. [der Landrat] der Ort gehört zum K. Malzstadt. **7.** (Handball) Kurzf. von ↑ Wurfkreis (2). **8.** (Elektrot.) Kurzf. von ↑ Stromkreis, ↑ Schaltkreis.
Kreislamt, das: Landratsamt.
Kreislauslschnitt, der (Geom.): durch zwei Halbmesser aus einem Kreis (1 b) herausgeschnittenes Stück; Sektor (2 a).
Kreislbahn, die: kreisförmige Bahn (2).
Kreislbelwelgung, die: kreisförmige Bewegung.
Kreislbolgen, der (Geom.): Stück der Kreislinie.
kreilschen ⟨sw. u. st. V.; kreischte/(veraltet, noch landsch.:) kreisch, hat gekreischt/(veraltet, noch landsch.:) gekrischen⟩ [mhd. krīschen, lautm.]: **1.** schrill, misstönend schreien: vor Vergnügen k.; die Möwen kreischen. **2.** helle, misstönende, schrille Geräusche machen: die Säge kreischt; kreischende Bremsen; Die eisernen Angeln des Fensterladens kreischten mit Pfauenstimmen (Ransmayr, Welt 82).
Kreisldurchlmeslser, der: Durchmesser eines Kreises.
Kreilsel, der; -s, -: **1. a)** (als technische Vorrichtung dienender) meist symmetrischer Körper, der eine Drehbewegung um die eigene, in einem Punkt feste Achse ausführt; **b)** [unter Anlehnung an »Kreis, kreisen« aus älterem Kräusel, wahrsch. Vkl. von mundartl. Krause = Krug, Topf < mhd. krūse, also eigtl. = kleiner Topf (nach der Form)] kleines, meist kegelförmiges Spielzeug, das, [durch Peitschenschläge] in Bewegung gesetzt, sich auf seiner Spitze schnell

im Kreis dreht: [mit einem] K. spielen; den K. schlagen. **2.** (Jargon) Kreisverkehr. **3.** (Fußball) Spielweise, bei der der Ball in direktem Zuspiel zwischen mehreren Spielern kreisend durch die Reihen des Gegners gebracht wird.
krei|seln ⟨sw. V.⟩: **1. a)** ⟨ist/hat⟩ sich wie ein Kreisel bewegen; **b)** ⟨ist⟩ sich kreiselnd (1 a) irgendwohin bewegen: der Wind kreiselte von Nord nach Nordost. **2.** ⟨hat⟩ mit dem Kreisel (1 b) spielen: die Kinder kreiseln im Hof. **3.** ⟨hat⟩ (Fußball) den Ball in direktem Zuspiel zwischen mehreren Spielern kreisen lassen, um ihn durch die Reihen des Gegners zu bringen.
krei|sen ⟨sw. V.⟩ [mhd. kreizen = sich kreisförmig bewegen, zu ↑ Kreis]: **1. a)** ⟨hat/ist⟩ sich im Kreis bewegen: die Erde kreist um die Sonne; das Flugzeug hat/ist über der Stadt gekreist; das Blut kreist (fließt, strömt im Kreislauf) in den Adern; Ü die Flasche [in der Runde] k. (herumgehen) lassen; die Gespräche, seine Gedanken kreisten (bewegten sich) immer um dasselbe Thema; **b)** ⟨hat/ist⟩ (Turnen) mit geschlossenen u. gestreckten Beinen kreisförmige Schwünge ausführen: auf dem Boden k.; **c)** ⟨ist⟩ sich kreisend (1 a) irgendwohin bewegen. **2.** ⟨hat⟩ **a)** mit etw. kreisförmige Bewegungen machen: bei der Gymnastik mit den Armen k.; **b)** (Gymnastik) kreisförmig bewegen: die Arme, Füße k.
Kreis|flä|che, die: Kreis (1 b).
kreis|för|mig ⟨Adj.⟩: die Form eines Kreises (1) aufweisend: eine -e Bahn.
kreis|frei ⟨Adj.⟩ (Amtsspr.): keinem Landkreis angehörend, sondern einen eigenen Stadtkreis bildend: -e Städte.
Kreis|ge|biet, das: Gebiet eines Kreises (6).
Kreis|ge|richt, das (DDR, Österr.): Gericht eines Kreises (6).
Kreis|in|halt, der (Geom.): Flächeninhalt eines Kreises (1 b).
Kreis|ke|gel, der (Geom.): Kegel mit kreisförmiger Grundfläche.
Kreis|klas|se, die (Sport): Spielklasse, die aus den Vereinen eines bestimmten Kreises (6) gebildet wird: in die K. spielen; in die K. ab-, aufsteigen.
Kreis|kran|ken|haus, das: unter der Trägerschaft eines Kreises (6) geführtes Krankenhaus.
Kreis|lauf, der: **1.** sich stets wiederholende, zu ihrem Ausgangspunkt zurückkehrende Bewegung, in der etw. abläuft, sich vollzieht: der ewige K. des Lebens, der Natur; der K. des Geldes. **2.** Kurzf. von ↑ Blutkreislauf: sein K. hat versagt; einen schwachen K. haben; den K. anregen; großer K. (Med.; Körperkreislauf); kleiner K. (Med.; Kreislauf zwischen Herz u. Lunge).
Kreis|lauf|be|schwer|den ⟨Pl.⟩: auf einem gestörten Blutkreislauf beruhende Beschwerden.
Kreis|läu|fer, der (Hallenhandball): Spieler, der sich beim Angriff unmittelbar am Wurfkreis (2) bewegt, um in eine Position zum Werfen zu gelangen od. Raum für weite Würfe zu schaffen.
Kreis|läu|fe|rin, die; -, -nen: w. Form zu ↑ Kreisläufer.
Kreis|lauf|funk|ti|on, die: Funktion des Kreislaufs (2).
Kreis|lauf|kol|laps, der (Med.): Kollaps (1): einen K. erleiden.
Kreis|lauf|mit|tel, das (Med.): Mittel gegen Kreislaufstörungen.
Kreis|lauf|pro|b|lem, das ⟨meist Pl.⟩: vgl. Kreislaufbeschwerden.
Kreis|lauf|schwä|che, die: vgl. Kreislaufstörung.
Kreis|lauf|stö|rung, die (Med.): Störung der Regulation (2 a) des gesamten Kreislaufs od. bestimmter Bereiche der Blutgefäße: -en haben; an -en leiden.
Kreis|lauf|ver|sa|gen, das; -s: Versagen des Kreislaufs (2): er starb an K.
Kreis|li|ga, die (Sport): vgl. Kreisklasse.

Kreis|li|gist, der (Sport): Ligist einer Kreisliga.
Kreis|li|gis|tin, die: w. Form zu ↑ Kreisligist.
Kreis|li|nie, die: in Form eines Kreises (1 a) verlaufende Linie.
Kreis|meis|ter|schaft, die (Sport): Meisterschaft auf der Ebene der Kreisklasse.
Kreis|mit|tel|punkt, der: Mittelpunkt eines Kreises (1 a).
Kreis|phy|si|kus, der (veraltet): Kreisarzt: ♦ ... der ... dem K. unwiderleglich bewies, der Bürgermeister sei nicht an Gift gestorben (Ebner-Eschenbach, Gemeindekind 102).
kreis|rund ⟨Adj.⟩: rund wie ein Kreis: ein -es Loch.
Kreis|sä|ge, die: **1.** Sägemaschine mit kreisförmigem Sägeblatt. **2.** (ugs. scherzh.) kreisrunder, flacher Strohhut.
Kreis|schrei|ben, das (schweiz.): Rundschreiben, Umlauf.
Kreis|seg|ment, das (Geom.): Kreisabschnitt.
Kreis|sek|tor, der (Geom.): Kreisausschnitt.
kreißen ⟨sw. V.; hat⟩ [eigtl. = beim Gebären schreien; mhd. krīzen = gellend schreien, kreischen (lautm.)] (veraltend): in Geburtswehen liegen, gebären: ⟨subst. 1. Part.:⟩ die Kreißende (Med.; die Gebärende).
Kreis|spar|kas|se, die: Sparkasse in der Trägerschaft eines Kreises (6).
Kreiß|saal, der [zu ↑ kreißen] (Med.): Entbindungsraum (im Krankenhaus).
Kreis|stadt, die: Stadt, in der die Verwaltung eines Landkreises ihren Sitz hat: * **Große/große K.** (Amtsspr.; einem Kreis 6 angehörende Gemeinde, die Aufgaben der Kreisverwaltung wahrnimmt).
Kreis|tag, der: politische Vertretung des Volkes in einem Landkreis: Mitglied des -es sein; in den K. gewählt werden.
Kreis|um|fang, der: Umfang eines Kreises (1 a): den K. berechnen.
Kreis|ver|band, der: Verband (2) auf der Ebene eines Kreises (6).
Kreis|ver|kehr, der (Verkehrsw.): besonders geregelter, kreisförmiger Verkehr um einen Platz herum.
Kreis|ver|wal|tung, die: Verwaltung eines Kreises (6).
Kreis|vor|sit|zen|de ⟨vgl. Vorsitzende⟩: Vorsitzende in einem Kreis (6).
Kreis|vor|sit|zen|der ⟨vgl. Vorsitzender⟩: Vorsitzender in einem Kreis (6): die Kreisvorsitzenden der Partei.
Kreis|vor|stand, der: Vorstand (1 a) einer Partei o. Ä. auf der Ebene eines Kreises (6).
Kreis|wehr|er|satz|amt, das (früher): unterste Dienststelle der Wehrersatzbehörde eines Kreises (6).
Kreis|zahl, die (Math.): Pi (2).
Krem: ältere Schreibung für Creme usw.
Kre|ma|to|ri|um, das; -s, ...ien [zu lat. cremare = kremieren]: Anlage für Feuerbestattungen.
kre|mie|ren ⟨sw. V.; hat⟩ [lat. cremare = verbrennen] (schweiz., sonst veraltet): einäschern (2).
Kreml [auch: ˈkrɛml], der; -[s], - [russ. kreml']: **1.** befestigter Stadtteil in russischen Städten. **2.** ⟨o. Pl.⟩ **a)** Regierungssitz Russlands; **b)** Regierung Russlands.
Krem|pe, die; -, -n [aus dem Niederd., eigtl. = die Gekrümmte, verw. mit ↑ Krampf]: Hutkrempe: eine schmale, breite K.; die K. nach oben biegen, herunterdrücken.
Krem|pel, der; -s [älter: grempel, wohl zu mhd. grempeln = Kleinhandel treiben] (ugs. abwertend): Gegenstände, die nicht viel wert sind od. als solche angesehen werden; Zeug: was kostet der K.? (das alles?); den alten K. wegwerfen; Ü den [ganzen] K. hinwerfen (wegen bestimmter Schwierigkeiten, aus Ärger, Über-

druss an einer Arbeit o. Ä. nicht mehr weitermachen).
krem|peln ⟨sw. V.; hat⟩ [Nebenf. von krempen, eigtl. = eine Krempe machen, zur Krempe umschlagen, zu ↑ Krempe]: **a)** (in einer bestimmten Richtung, bes. nach oben) umschlagen: die Hemdsärmel nach oben, in die Höhe k.; **b)** (schweiz.) auf-, hochkrempeln: die Ärmel k.
Krem|ser, der; -s, - [nach dem Berliner Fuhrunternehmer M. Kremser, der die ersten Wagen dieser Art 1825 in Betrieb nahm] (früher): von Pferden gezogener, vielsitziger, an den Seiten offener Mietwagen mit Verdeck.
Kren, der; -[e]s [mhd. krēn, chrēn, aus dem Slaw.] (südd., österr.): Meerrettich: * **zu etw. seinen K. geben** (österr. ugs.; ↑ Senf 1).
Kren|fleisch, das [das Fleisch wird mit viel Meerrettich (= Kren) angerichtet] (südd., österr.): mit geriebenem Meerrettich bestreutes, gekochtes Schweinefleisch vom Kopf od. Bauch.
kren|gen: ↑ krängen.
Kre|ol, das; -s ⟨Sprachwiss.⟩: in ehemaligen überseeischen Kolonien europäischer Staaten gesprochene Mischsprache aus einer nicht europäischen u. der jeweiligen (stets deutlich dominierenden) europäischen Sprache (Englisch, Französisch, Spanisch, Portugiesisch, Niederländisch).
¹**Kre|o|le,** der; -n, -n [frz. créole < span. criollo = im Lande Geborener, zu: criar = nähren, erziehen < lat. creare = erzeugen]: **1.** Nachkomme weißer romanischer Einwanderer (in Süd- u. Mittelamerika): weißer K. **2.** Nachkomme von schwarzen Sklaven (in Brasilien): schwarzer K.
²**Kre|o|le:** ↑ Creole.
Kre|o|lin, die; -, -nen: w. Form zu ↑ ¹Kreole.
kre|o|lisch ⟨Adj.⟩: **1.** die ¹Kreolen betreffend. **2.** das Kreolische betreffend.
Kre|o|lisch, das; -[s], (nur mit best. Art.:) **Kre|o|li|sche,** das; -n ⟨Sprachwiss.⟩: Mischsprache, die sich dort entwickelt, wo vielsprachige Gruppen zusammenleben, u. die sich über den ursprünglichen Charakter einer Behelfssprache zur Muttersprache bestimmter Gruppen entwickelt (z. B. das Kreolische von Jamaika auf der Grundlage des Englischen).
kre|pie|ren ⟨sw. V.; ist⟩ [zuerst in der Soldatenspr. im Dreißigjährigen Krieg in der Bed. »verenden, verrecken« < ital. crepare < lat. crepare = knattern, krachen (lautm.)]: **1.** (von Sprenggeschossen) durch Zündung eines Sprengstoffs zerplatzen, sodass Teile od. Splitter durch die Luft fliegen: krepierende Bomben. **2.** [Ende 17. Jh.] (salopp) (von Tieren) verenden, elend sterben: das Schwein ist an Rotlauf krepiert; (oft derb in Bezug auf Menschen:) soll er doch k.!; Sie haben tote Hühner eingesammelt, sie haben von der Hühnerkrankheit gehört. Meiner Mutter sind alle bis auf drei krepiert (Herta Müller, Niederungen 132).
¹**Krepp:** ↑ ¹Crêpe.
²**Krepp,** der; -s -s u. -e, ²**Crêpe** [krɛp], der; -[s], -s [frz. crêpe = krauser Stoff]: weich fallendes, genarbtes od. fein gekräuseltes Gewebe mit sandig rauer Oberfläche.
krepp|ar|tig ⟨Adj.⟩: in der Art von Krepp, wie Krepp beschaffen.
krep|pen ⟨sw. V.; hat⟩ [frz. crêper, zu crêpe, ↑ ²Krepp] (Fachspr.): **1.** (Gewebe aus Textilfasern) durch spezielle Behandlung (bes. mit Natron- od. Kalilauge u. durch Kochen) zu Krepp verarbeiten. **2.** (Papier) durch feine Fältelung zu Krepppapier verarbeiten.
Krepp|gum|mi, der, auch: das; -s, [-s]: poriger Kautschuk.
Krepp|pa|pier, Krepp-Pa|pier, das: fein gefälteltes, elastisches Papier.
Krepp|soh|le, die: Schuhsohle aus Kreppgummi.

Kres|se, die; -, -n [mhd. kresse, ahd. kresso, kressa, H. u.]: **1.** (Bot.) (zu den Kreuzblütlern gehörende, in vielen Arten verbreitete) z. T. als Salat od. Gewürz verwendete Pflanze mit fiederteiligen od. stark gespaltenen Blättern, kleinen, weißlichen od. grünlichen, traubigen Blüten u. kleinen rundlichen Schoten. **2.** Kurzf. von ↑ Gartenkresse, ↑ Brunnenkresse, ↑ Gänsekresse.
Kre|ta, -s: griechische Insel.
Kre|te, die; -, -n [frz. crête < lat. crista] (schweiz.): [Gelände]kamm, Grat.
Kre|ter, der; -s, -: Ew. zu ↑ Kreta.
Kre|te|rin, die; -, -nen: w. Form zu ↑ Kreter.
Kre|thi und Ple|thi ⟨Pl., auch Sg.; o. Art.; o. Gen.⟩ [nach der lutherschen Übersetzung von 2. Sam. 8., 18 (u. a.) Bez. für die Kreter u. Philister in der Söldnertruppe des biblischen Königs David] (abwertend): alle möglichen Leute, jedermann: K. u. P. waren/(auch:) war da.
Kre|tin [kreˈtɛ̃:], der; -s, -s [frz. crétin, in der Mundart des Wallis für: crétien < lat. christianus, eigtl. = (armer) Christenmensch]: **1.** (Med.) an Kretinismus leidender Mensch. **2.** (salopp abwertend) jmd., dessen Handeln, Benehmen für unvorstellbar dumm gehalten wird.
Kre|ti|nis|mus, der; - (Med.): mit körperlichen Fehlbildungen verbundener hochgradiger geistiger Defekt.
kre|tisch ⟨Adj.⟩: zu ↑ Kreta.
Kre|ton, der; -s, -e (österr.): Cretonne.
kreucht [ältere Form von (er, sie, es) »kriecht«, ↑ kriechen]: in der Verbindung **[alles,] was da k. und fleucht** (↑ fleucht).
kreuz: in den Verbindungen **k. und quer, in die Kreuz und [in die] Quere** ([regellos, ohne Plan] in verschiedenste Richtungen): k. und quer durch die Stadt fahren).
Kreuz, das; -es, -e [mhd. kriuz(e) = Kreuz Christi, Mühsal, Leid, Qual, ahd. krūzi = Kreuz Christi < spätlat. crux (Gen.: crucis), lat. = Marter-, Hinrichtungspfahl (in T-Form od. der Form eines Kreuzes)]: **1. a)** aus zwei sich rechtwinklig, seltener schräg schneidenden Linien bestehendes grafisches Zeichen; anstelle seiner Unterschrift hat er ein K. gemacht; **b)** grafisches Zeichen in der Form des christlichen Kreuzes mit der Bedeutung »gestorben« (Zeichen: †): Johann Meyer †; Frau Isolde Müller †10. 11. 1899; **c)** Anordnung von sich [rechtwinklig] überschneidenden Dingen: er legte die Steine zu einem K.; * **etw. über[s] K. legen, setzen, falten** usw. (so legen, setzen, falten usw., dass die einzelnen Lagen o. Ä. im rechten Winkel zueinander zu liegen kommen); **[mit jmdm.] über[s] K. sein/stehen/liegen** (ugs.; [mit jmdm.] Streit, Differenzen haben). **2.** aus zwei od. mehr sich rechtwinklig bzw. schräg schneidenden, verschieden ausgestalteten Balken od. Armen gebildeter Gegenstand, der häufig Zeichen od. Symbol für etw. ist: ein griechisches, russisches K.; ein liegendes K. (Kreuz mit sich rechtwinklig kreuzenden Balken); ein stehendes K. (Kreuz mit sich rechtwinklig kreuzenden Balken); das Eiserne K. (als Kriegsauszeichnung verliehener Orden in Form eines silberumrandeten schwarzen Kreuzes; Abk.: E. K.); das Rote K. ([inter]nationale Organisation zur Versorgung der Verwundeten im Krieg, zur Leistung Erster Hilfe, von Rettungsdiensten, Krankenpflege o. Ä., deren Symbol u. Erkennungszeichen ein rotes Balkenkreuz auf weißem Grund ist); das Blaue K. (Name u. Symbol einer Vereinigung zur Betreuung von Alkoholikern); * **K. des Südens; Südliches K.** (Sternbild des südlichen Himmels); **K. des Nordens; Nördliches K.** (Sternbild des nördlichen Himmels). **3.** (früher) (im Altertum übliches) aus einem senkrecht

aufgerichteten u. einem am oberen Ende waagerecht darüberliegenden Balken bestehendes Gerüst zur Vollstreckung der Todesstrafe, an das der zum Tode Verurteilte mit ausgebreiteten Armen angenagelt od. festgebunden wird: Jesu Tod am K.; am K. hängen. **4.** (christl. Rel.) **a)** *bes. in der Kunst dargestelltes, von der Form des Kreuzes (2) abgeleitetes christliches Symbol:* ein goldenes K.; ein K. auf dem Altar *(Altarkreuz);* * **zu -e kriechen** (ugs.; *unter demütigenden Umständen in einer bestimmten Lage einem anderen gegenüber nachgeben; nach dem Brauch bei der Liturgie des Karfreitags, sich dem Kreuze Christi auf den Knien zu nähern);* **b)** *Kreuzzeichen:* das, ein K. schlagen *(sich bekreuzigen);* * **ein K./drei -e hinter jmdm., etw. machen; drei -e machen, wenn …** (ugs.; *froh, erleichtert sein, mit jmdm., etw. nichts mehr zu tun zu haben).* **5.** ⟨o. Pl.⟩ *Leid, schwere Bürde, die jmd. zu tragen hat:* sein K. auf sich nehmen, geduldig tragen; mit jmdm., etw. sein K. haben (ugs.; *mit jmdm., etw. große Last, Mühe haben, schwer fertigwerden);* es ist ein K. mit jmdm., etw. (ugs.; *jmd., etw. bereitet jmdm. dauernd große Schwierigkeiten, macht jmdm. das Leben schwer).* **6. a)** ⟨meist o. Art.; o. Pl.⟩ *[höchste] Farbe im Kartenspiel:* K. sticht, ist Trumpf; **b)** ⟨Pl. Kreuz⟩ *Spiel* ⟨3⟩ *mit Karten, bei denen Kreuz (6 a) Trumpf ist:* dieses K. wirst du verlieren; **c)** ⟨Pl. Kreuz⟩ *Spielkarte mit Kreuz (6 a) als Farbe:* er hat noch mindestens drei K. auf der Hand. **7.** (Musik) *Zeichen, das die Erhöhung eines Tones um einen Halbton vorschreibt* (Zeichen: ♯). **8.** ⟨o. Pl.⟩ *in Verbindung mit Ableitungen von Ortsnamen Kurzf. von* ↑ Autobahnkreuz: das Frankfurter K. **9.** *[nach dem Kreuzbein] Teil des Rückens im Bereich des Kreuzbeins:* ein steifes, hohles K.; jmdm. tut das K. weh; jmdm. aufs K. legen (salopp; *[bei einer tätlichen Auseinandersetzung o. Ä.] auf den Rücken werfen);* er hat es im K. (ugs.; *hat Kreuzschmerzen);* * **jmdm. das K. aushängen** (salopp; *jmdn. fürchterlich verprügeln;* meist als Drohung); **jmdm. das K. stärken** (↑ ¹Rücken 1); **jmdn. aufs K. legen** (salopp; *jmdn. übertölpeln, hereinlegen.* **2.** *mit einer Frau schlafen);* **[fast/beinahe] aufs K. fallen** (salopp; *über etw. sehr erstaunt od. entsetzt sein);* **jmdm. etw. aus dem K. leiern** (salopp; *jmdn. mit Mühe durch Reden, Bitten o. Ä. dazu bringen, einem etw. Bestimmtes zu geben, zu überlassen).* **10.** (Jägerspr.) *(beim Haarwild) Teil des hinteren Rückens, an dem die Keulen sitzen.*

> **kreuz-** [urspr. ausschließlich im positiven Sinne verwendet, bezogen auf das Kreuz der christl. Religion, z. B. kreuzgut = so gut wie das Kreuz des Christentums] (emotional verstärkend): drückt in Bildungen mit Adjektiven eine Verstärkung aus; *sehr:* kreuzanständig, -elend, -langweilig.

Kreuz|ab|nah|me, die (bild. Kunst): *Darstellung der Abnahme Christi vom Kreuz* (3).
Kreuz|al|ler|gie, die (Med.): *Allergie, bei der die gegen ein Allergen gebildeten Antikörper auch auf andere biologisch verwandte Allergene allergische Reaktionen hervorrufen.*
Kreuz|ass, Kreuz-Ass [auch: ˈkrɔyts...], das (Kartenspiele): *Ass* (1) *der Farbe Kreuz* (6 a).
Kreuz|band, das ⟨Pl. …bänder⟩: **1.** *Streifband.* **2.** *[lat. ligamentum cruciatum; vorderes u. hinteres Kreuzband liegen über Kreuz]* (Anat.) *das Kniegelenk stabilisierendes* ¹*Band* (2 g).
Kreuz|band|riss, der (Med.): *Riss des Kreuzbandes* (2).
Kreuz|bein, der (Anat.): *aus fünf miteinander verschmolzenen Wirbeln gebildeter, keilförmiger Knochen am untersten Abschnitt der Wirbelsäule.*
Kreuz|blüt|ler, der; -s, - [nach der rechtwinkligen Stellung der Kelchblätter] (Bot.): *Pflanze einer Familie mit vielen Arten, deren Blüten in Trauben wachsen u. deren Früchte meist als Schoten ausgebildet sind.*
kreuz|brav ⟨Adj.⟩ [↑ kreuz-] (emotional verstärkend, oft leicht abwertend): *von großer Redlichkeit, Biederkeit, Bescheidenheit o. Ä. gekennzeichnet:* ein -es Ehepaar; sie ist ein M ensch.
Kreuz|bu|be, Kreuz-Bu|be [auch: ˈkrɔyts...], der (Kartenspiele): *Bube* (2) *der Farbe Kreuz* (6 a).
Kreuz|da|me, Kreuz-Da|me [auch: ˈkrɔyts...], die (Kartenspiele): ¹*Dame* (2 b) *der Farbe Kreuz* (6 a).
Kreuz|dorn, der [nach den gegenständigen Zweigen]: **1.** ⟨o. Pl.⟩ *Gattung der Kreuzdorngewächse.* **2.** *Baum od. Strauch mit dornigen Zweigen, gesägten Blättern u. schwarzen Beeren.*
Kreuz|dorn|ge|wächs, das (Bot.): *Pflanze einer Familie mit mehreren Gattungen u. Arten, zu denen der Kreuzdorn gehört.*
kreu|zen ⟨sw. V.⟩ [mhd. kriuzen = kreuzigen, bekreuzigen, ahd. krūzōn = kreuzigen]: **1.** ⟨hat⟩ *verschränken, schräg übereinanderlegen:* die Arme, die Beine k.; das Schild zeigt zwei gekreuzte Balken. **2.** ⟨hat⟩ *sich in Querrichtung über etw., eine Fläche bewegen; überqueren:* die Straße, den Platz, einen Fluss k. **3.** ⟨hat⟩ *überqueren, in seinem Verlauf schneiden:* die Straße kreuzt eine Bahnlinie; ⟨auch k. + sich:⟩ die Linien kreuzen sich; Ü in unserem Leben haben sich unsere Wege mehrmals gekreuzt (*wir sind uns mehrmals in unserem Leben begegnet);* … unsere letzten Briefe haben sich gekreuzt (*waren gleichzeitig in jeweils entgegengesetzter Richtung unterwegs;* Mayröcker, Herzzerreißende 112). **4.** ⟨k. + sich; hat⟩ *[einander] entgegenstehen, zuwiderlaufen:* ihre Pläne kreuzten sich; seine Ansicht kreuzte sich mit seiner Frau. **5.** ⟨hat/ist⟩ *(von Fahrzeugen, bes. von Schiffen) in einem bestimmten Bereich ohne angesteuertes Ziel hin u. her fahren:* das Schiff kreuzt auf dem Atlantik, im Mittelmeer, vor der Küste. **6.** ⟨hat/ist⟩ (Seemannsspr.) *im Zickzackkurs gegen den Wind ansegeln, ein Ziel zu erreichen suchen, das in der Richtung liegt, aus der der Wind weht:* die Boote mussten k. **7.** ⟨hat⟩ (Biol.) *(zum Zwecke der Züchtung neuer Arten, Rassen o. Ä.) Pflanzen bzw. Tiere verschiedener Arten, Rassen od. Sorten miteinander paaren:* Weizensorten k.; Pferde mit Eseln k.
Kreu|zer, der; -s, -: **1.** *[niederl. kruiser, eigtl. = hin u. her fahrendes Schiff]* (Militär) *für Aufklärung, Sicherung von Geleitzügen o. Ä. verwendetes Kriegsschiff.* **2.** *[niederl. kruiser, eigtl. = hin u. her fahrendes Schiff]* (Segelsport) *Segelschiff, das für größere Reisen ausgerüstet u. geeignet ist* (z. B. Jollenkreuzer, Kielkreuzer). **3.** [mhd. kriuzer] (*vom 13. bis 19. Jh. in Süddeutschland, Österreich u. der Schweiz verbreitete) ursprünglich silberne Münze mit zwei aufgeprägten Kreuzen, später Münze aus unedlerem Metall von relativ geringem Wert.*
Kreu|zes|tod, der: *Tod [Christi] am Kreuz* (3).
Kreu|zes|weg, der ⟨o. Pl.⟩: *Leidensweg des sein Kreuz tragenden Jesus (vom Haus des Pilatus bis nach Golgatha).*
Kreuz|fah|rer, der (Geschichte): *Teilnehmer an einem Kreuzzug* (1).
Kreuz|fahrt, die: **1.** *Kreuzzug.* **2.** *Seereise auf einem [Luxus]schiff, das ein Meer od. größeres Binnengewässer durchkreuzt, befährt u. dabei verschiedene Häfen anläuft, um den daran Teilnehmenden für Besichtigungen, Ausflüge o. Ä. an Land gehen zu können.*
Kreuz|fahrt|schiff, das: *für Kreuzfahrten gebautes, geeignetes Schiff.*
Kreuz|feu|er, das ⟨Pl. selten⟩ (Militär veraltet): *Beschuss von mehreren Seiten zugleich:* das K. eröffnen; ein Ziel unter K. nehmen; * **im K. [der Kritik o. Ä.] stehen** (*heftiger Kritik o. Ä. von mehreren Seiten zugleich ausgesetzt sein);* **ins K. [der Kritik o. Ä.] geraten** (*öffentlich scharf kritisiert werden):* er, sein Verhalten geriet ins K. der Kritik, der Öffentlichkeit.
kreuz|fi|del ⟨Adj.⟩ [↑ kreuz-] (ugs.): *sehr fidel, sehr vergnügt:* am nächsten Morgen war er wieder k.
kreuz|för|mig ⟨Adj.⟩: *die Form eines Kreuzes* (2) *aufweisend:* ein -er Grundriss.
Kreuz|gang, der (wahrsch. nach den Prozessionen mit dem Kreuz, die hier abgehalten wurden] (Archit.): *um den Innenhof eines Klosters laufender, offener Bogengang.*
Kreuz|ge|gend, die ⟨o. Pl.⟩ (ugs.): *Körperregion, die das Kreuz* (9) *umgibt:* Schmerzen in der K. haben.
Kreuz|ge|lenk, das: *Kardangelenk.*
Kreuz|ge|wöl|be, Kreuz|grat|ge|wöl|be, das (Archit.): *aus zwei sich rechtwinklig überschneidenden Tonnengewölben bestehendes Gewölbe.*
kreu|zi|gen ⟨sw. V.; hat⟩ [mhd. kriuzigen, ahd. crūzigōn] (früher): *einen zum Tode Verurteilten durch Annageln od. Festbinden an einem Kreuz* (3) *zu Tode bringen, hinrichten:* er wurde gekreuzigt; ⟨subst. 2. Part.:⟩ *der Gekreuzigte (Christus).*
Kreu|zi|gung, die; -, -en [mhd. kriuzigunge, ahd. chrūzigunga]: **1.** *das Kreuzigen.* **2.** (bild. Kunst) *Darstellung der Kreuzigung Christi.*
Kreuz|kno|ten, der (Seemannsspr.): *Knoten, durch den zwei gleich dicke Taue miteinander verbunden werden können.*
Kreuz|kö|nig, Kreuz-Kö|nig [auch: ˈkrɔyts...], der (Kartenspiele): *König* (2 b) *der Farbe Kreuz* (6 a).
Kreuz|küm|mel, der [H. u.]: **1.** *dem Kümmel ähnliche, zum Würzen verwendete Pflanze.* **2.** *Gewürz aus Kreuzkümmel* (1).
kreuz|lahm ⟨Adj.⟩ (ugs.): *(von Menschen u. bestimmten Säugetieren) [durch schwere körperliche Arbeit] von Schmerzen in der Kreuzgegend befallen.*
Kreuz|ot|ter, die: *giftige, grau gefärbte Viper mit einer im Zickzack längs über den Rücken verlaufenden, dunkelbraunen bis schwarzen Linie.*
Kreuz|reim, der (Verslehre): *Reimform, bei der in einer Gruppe von vier Versen der erste mit dem dritten u. der zweite mit dem vierten Vers reimt.*
Kreuz|rip|pen|ge|wöl|be, das (Archit.): *Kreuzgewölbe, bei dem die Schnittstellen mit Rippen unterlegt sind.*
Kreuz|rit|ter, der: **1.** *dem Ritterstand angehörender Teilnehmer an einem Kreuzzug.* **2.** *Angehöriger eines geistlichen Ritterordens, bes. des Deutschen Ordens.*
Kreuz|schlüs|sel, der: *Werkzeug von der Form eines gleichschenkligen Kreuzes* (2) *zum Lösen der Muttern am Rad (der Autos).*
Kreuz|schmerz, der ⟨meist Pl.⟩: *Schmerz im Kreuz* (9): -en haben.
Kreuz|spin|ne, die: *ein Netz in Form eines Rades bauende Spinne mit weißer, kreuzförmiger Zeichnung auf dem Hinterleib.*
Kreuz|stich, der (Handarb.): *Zierstich aus zwei sich schräg kreuzenden einzelnen Stichen.*
Kreu|zung, die; -, -en: **1.** *Stelle, an der sich zwei od. mehrere Verkehrswege kreuzen, überschneiden:* eine beampelte K.; eine K. überqueren, die K. räumen; bei Rückstau nicht in die K. einfahren; bei Rot über die K. fahren. **2.** (Biol.) **a)** *das Kreuzen* (7): eine K. vornehmen, versuchen; **b)** *züchterisches Ergebnis des Kreuzens* (7): diese Tulpen sind eine gelungene K.; Ü Du hättest sein Gesicht sehen müssen! Eine K. aus

Essiggurke und Blindgänger (Remarque, Westen 125).

Kreu|zungs|be|reich, der (Verkehrsw.): *Bereich einer Straßenkreuzung:* der K. zwischen der B 9 u. der Landstraße 111.

kreu|zungs|frei ⟨Adj.⟩ (Verkehrsw.): *(von bestimmten Verkehrswegen) nicht durch Kreuzungen unterbrochen.*

Kreu|zungs|punkt, der: *Punkt, Stelle, an der sich Wege, Straßen u. Ä. kreuzen.*

Kreu|zungs|ver|kehr, der (Verkehrsw.): *auf einer Kreuzung (1) herrschender Verkehr.*

Kreuz|ver|hör, das [LÜ von engl. cross-examination] (Rechtsspr.): *Form der Vernehmung (im angelsächsischen Strafprozess), bei der Zeuge od. Sachverständiger allein durch den Staatsanwalt u. den Verteidiger u. nicht durch den Richter verhört werden:* Ü jmdn. ins K. nehmen, einem K. unterziehen *(jmdn. mit vielen Fragen in Bezug auf etw. hart bedrängen mit der Absicht, etw. Bestimmtes zu erfahren).*

kreuz|ver|kehrt ⟨Adj.⟩ [↑ kreuz-] (emotional verstärkend): *völlig falsch.*

Kreuz|weg, der: **1.** *Stelle, an der sich zwei Wege kreuzen:* * am K. stehen; an einen K. gekommen sein (geh.; *in seinem Leben, in seiner Entwicklung o. Ä. an einen Punkt gekommen sein, an dem eine für die Zukunft wichtige Entscheidung zwischen mehreren Möglichkeiten zu treffen ist).* **2.** (kath. Kirche) **a)** *bildliche od. plastische Darstellung des Kreuzesweges in vierzehn Stationen in einer Kirche od. im Freien, die von den Gläubigen betend abgeschritten werden;* **b)** *Folge von Gebeten, die bes. in der Fastenzeit (beim Abschreiten des Kreuzweges 2 a) gesprochen werden:* den, einen K. beten.

Kreuz|weg|sta|ti|on, die (kath. Kirche): *einzelne Darstellung aus der Zahl der vierzehn Darstellungen des Kreuzweges (2 a).*

kreuz|wei|se ⟨Adv.⟩: *über Kreuz; gekreuzt; in Form eines Kreuzes verschränkt:* die k. übereinanderlegen, einschneiden; R du kannst mich k., leck mich k.! (derbe Ausdrücke, mit denen jmd. das Ansinnen o. Ä. eines anderen zurückweist).

Kreuz|wort|rät|sel, das: *Rätsel, bei dem zu ratende Wörter buchstabenweise in ein System von senkrecht u. waagerecht sich kreuzenden Reihen von quadratischen Kästchen eingetragen werden müssen:* ein K. lösen.

Kreuz|zei|chen, das (bes. kath. Kirche): *Zeichen des Kreuzes, das mit einer das Kreuz (4) nachzeichnenden Gebärde der Hand ausgeführt wird:* ein K. über jmdm., jmdn. machen.

Kreuz|zug, der: **1. a)** *im MA. von der Kirche propagierter od. unterstützter Krieg gegen Ungläubige u. Häretiker;* **b)** *bes. im Hochmittelalter unternommener Kriegszug (christlicher Ritter) in den Vorderen Orient zur Befreiung heiliger Stätten von islamischer Herrschaft:* zum K. aufrufen. **2.** *mit großem Eifer geführte Kampagne für od. gegen etw.:* einen K. für, gegen etw. starten, führen.

Kre|vet|te, Crevette, die; -, -n [frz. crevette, norm. Form von: chevrette = kleine Ziege, wohl nach dem Hüpfen der gefangenen Tiere im Netz]: *(an der südeuropäischen Atlantikküste u. im Mittelmeer vorkommende) Garnele mit durchsichtigem, mit blauen u. rotbraunen bis gelben Linien u. Flecken gezeichnetem Körper.*

krib|be|lig, kribblig ⟨Adj.⟩ (ugs.): **a)** *(durch eine Befürchtung, Erwartung o. Ä. in innere Spannung versetzt u. dadurch) unruhig, nervös, gereizt:* jmd. ist, wird k.; diese Arbeit macht mich ganz k.; **b)** (seltener) *kribbelnd:* ein -es Gefühl in den Händen.

krib|beln ⟨sw. V.⟩ [mhd. kribiln, Nebenf. von: krappeln, ↑ krabbeln]: **1.** ⟨hat⟩ *von einem pri-*

ckelnden Gefühl befallen sein, jucken (1 a): mein Rücken kribbelt; ⟨auch unpers.:⟩ es kribbelt mir/mich in der Nase, unter der Haut; Ü es kribbelt mir in den Fingern *(es reizt mich, die Sache zu tun; ich bin schon ganz ungeduldig).* **2.** ⟨ist⟩ *(von einer großen Zahl von Insekten o. Ä.) eilig, kreuz u. quer durcheinanderlaufen:* überall kribbelt [und krabbelt] eine Unzahl von Ameisen.

Krib|bel|was|ser, das ⟨Pl. ...wässer oder ...wasser⟩ (Kinderspr.): *Sprudel.*

kribb|lig: ↑ kribbelig.

Kri|ckel|kra|kel, das; -s [zu ↑ krickeln u. ↑ krakeln] (fam.): *unleserliche Schrift; unleserlich Geschriebenes.*

kri|ckeln ⟨sw. V.; hat⟩ [md. Nebenf. von ↑ kritzeln]: **1.** (ugs.) *unleserlich schreiben, kritzeln.* **2.** (landsch.) *nörgeln, streiten.*

Krick|en|te, Kriekente, die [lautm., nach dem Balzruf des Männchens]: *kleine Wildente mit grau getüpfeltem Gefieder u. (beim Erpel) braunem Kopf.*

Kri|cket, das; -s [engl. cricket, H. u.]: *englisches Schlagballspiel, das auf einer Rasenfläche von zwei Mannschaften ausgetragen wird u. bei dem die Partei der Werfer den Ball nach bestimmten Regeln ins gegnerische Tor zu bringen sucht.*

◆ **Kri|ebsch,** der; -[e]s, -e [vgl. Griebs] (bes. nordostd.): *Kerngehäuse von Apfel od. Birne:* ...dass der ganze K. mit Kerne und alles drin bleiben muss (Fontane, Jenny Treibel 190).

krie|chen ⟨st. V.⟩ [mhd. kriechen, ahd. kriochan, urspr. = (sich) drehen, (sich) winden, verw. mit ↑ Kringel]: **1.** ⟨ist⟩ *(von bestimmten Tieren) sich mit dem ganzen Körper dicht am Boden od. unmittelbar über dem Boden gleitend, meist nicht schnell fortbewegen:* Würmer, Schnecken kriechen; eine Raupe kroch über den Weg; Ü nicht mehr k. können *(nicht mehr gehen können, alt u. gebrechlich sein);* Jetzt geht alles gut, aber, mein Lieber, wenn Sie einmal nicht mehr k. können? *(nicht mehr gehen können, alt u. gebrechlich sind;* Werfel, Tod 19). **2.** ⟨ist⟩ **a)** *(von Tieren u. Menschen) sich mit an den Boden gedrücktem Körper fortbewegen:* auf dem Bauch, auf allen vieren durchs Zimmer k.; der Dachs kriecht aus seinem, in seinen Bau; Ü der Nebel kroch *(zog langsam)* durchs Tal; **b)** *sich an einen bestimmten Ort begeben, in eine bestimmte Stelle hineinkriechen; sich verkriechen:* der Hund kroch hinter den Ofen, in die Ecke, unter den Tisch; todmüde krochen sie ins Bett (ugs.; gingen sie zu Bett). **3.** ⟨ist⟩ *(von Pflanzen, die nicht in die Höhe wachsen) sich mit ihren Trieben, Ausläufern o. Ä. am Boden ausbreiten:* die Ausläufer des Efeus kriechen am Boden, über die Mauer; kriechende Pflanzen. **4.** ⟨ist⟩ *(bes. von Fahrzeugen, Kolonnen o. Ä.) sich aufgrund einer Behinderung o. Ä. besonders langsam fortbewegen:* der Verkehr bewegt sich nur kriechend vorwärts; Ü die Zeit kriecht. **5.** ⟨ist/hat⟩ (abwertend) *sich unterwürfig verhalten; allzu dienstfertig sein gegenüber einer höhergestellten Person:* er kriecht vor jedem Vorgesetzten; eine kriechende *(kriecherische)* Unterwürfigkeit zeigen; ...dies Haus und das Stück Berg, auf dem es stand, gehörte wieder uns, wir waren wieder wer, so lange uns geduckt hatten und gekrochen waren (Heym, Schwarzenberg 33). **6.** ⟨ist⟩ (Technik) *(von festen Werkstoffen) sich bei bestimmter Temperatur u. Beanspruchung plastisch verformen, dehnen.*

Krie|cher, der; -s, - [↑ kriechen (5)] (abwertend): *jmd., der sich unterwürfig verhält, allzu dienstfertig gegenüber einer höhergestellten Person ist:* er ist ein widerlicher K.

Krie|che|rei, die; -, -en (abwertend): **1.** ⟨o. Pl.⟩ *die Verhaltensweise des Kriechens (5):* K. hassen. **2.** *einzelne kriecherische Handlung:* seine -en sind ekelhaft.

Krie|che|rin, die; -, -nen: w. Form zu ↑ Kriecher.

krie|che|risch ⟨Adj.⟩ (abwertend): *in der Weise eines Kriechers, unterwürfig:* ein -er Mensch; -es Verhalten.

Kriech|pflan|ze, die: *Pflanze, die nicht in die Höhe wächst, sondern sich am Boden ausbreitet.*

Kriech|spur, die: **1.** *durch Kriechen (2 a) eines Tieres od. Menschen bewirkte Spur auf dem Boden o. Ä.* **2.** (Verkehrsw.) *(auf Autobahnen) für langsam fahrende Fahrzeuge vorgesehene Fahrspur auf der rechten Außenseite der Fahrbahn.*

Kriech|tem|po, das (abwertend): *sehr langsames Tempo, in dem sich ein Fahrzeug od. eine Fahrzeugschlange fortbewegt.*

Kriech|tier, das: *wechselwarmes Wirbeltier, dessen Körper mit verhornten Schuppen bedeckt ist u. das voll ausgebildete od. auch ganz zurückgebildete Gliedmaßen hat; Reptil* (z. B. Echse, Schlange).

Krieg, der; -[e]s, -e [mhd. kriec = Kampf; (Wort-, Rechts-, Wett)streit, auch: Anstrengung, Streben, ahd. chrēg = Hartnäckigkeit, H. u.]: *mit Waffengewalt ausgetragener Konflikt zwischen Staaten, Völkern; größere militärische Auseinandersetzung, die sich über einen längeren Zeitraum erstreckt:* ein konventioneller, atomarer K.; ein verlorener K.; der totale K.; ein heiliger *(religiös motivierter)* K.; der Siebenjährige K. *(Krieg zwischen England u. Frankreich u. deren Verbündeten von 1756 bis 1763);* der Dreißigjährige K. *(deutscher u. europäischer Krieg von 1618 bis 1648, dessen Ursachen vor allem der Gegensätze zwischen Katholiken u. Protestanten u. zudem das Streben der Reichsstände nach Erweiterung ihrer Macht gegenüber dem habsburgischen Kaiser waren);* der Hundertjährige K. *(Krieg zwischen England u. Frankreich um die Vorherrschaft in Frankreich u. schließlich in Westeuropa von 1357 bis 1453);* einen K. gewinnen, verlieren; einem Land den K. erklären; K. führen; die [nicht] K. führenden Staaten, Länder, Mächte; aus dem K. heimkehren; das Land steht im K., befindet sich im K. [mit einem anderen Land]; im K. umkommen, bleiben, fallen; zum, für den K. rüsten; Ü die häusliche, eheliche K. zermürbte sie; die beiden leben, liegen ständig im K. miteinander; * **kalter K.** *(ohne Waffengewalt, bes. auf psychologischer Ebene ausgetragener Konflikt zwischen Staaten, die verschiedenen Machtblöcken angehören;* LÜ von engl. cold war: der Kalte K. [Politik früher: *die vom Ost-West-Konflikt geprägte Epoche]);* jmdm., einer Sache den K. ansagen (↑ Kampf 3).

¹**krie|gen** ⟨sw. V.; hat⟩ [mhd. kriegen, auch: sich anstrengen, nach etw. streben] (veraltet): *Krieg führen.*

²**krie|gen** ⟨sw. V.; hat⟩ [zu ↑ ¹kriegen, ausgehend von der mhd. (md.) Präfixbildung erkrigen (gek. zu mhd. krīgen) = strebend erlangen, erringen] (ugs.): **1. a)** *bekommen, erhalten; mit etw. bedacht, versehen werden:* ein Geschenk, eine Belohnung, einen Preis k.; **b)** jmdm. (als Äquivalent, als Bezahlung o. Ä.) zuteilwerden; (etwas, worauf ein Anspruch besteht) bekommen, erhalten: Gehalt, Urlaub k.; ich kriege noch 5 Euro von dir *(du schuldest mir noch 5 Euro);* was kriegen Sie *(verlangen Sie)* für Ihre Arbeit?; er kriegt 20 Euro für die Stunde *(verdient 20 Euro in der Stunde);* **c)** *jmdm. zugestellt, übermittelt werden:* Post, einen Brief, eine Nachricht k.; **d)** *(als Strafe o. Ä.) hinnehmen*

müssen; bekommen, erhalten: eine Ohrfeige, Schelte, Schläge k.; *für den Einbruch hat er [ein Jahr] Gefängnis gekriegt (ist er mit [einem Jahr] Gefängnis bestraft worden);* **e)** *(an einer bestimmten Körperstelle) plötzlich von etw. getroffen werden:* einen Stoß, einen Tritt k.; **f)** *von etw. befallen, erfasst werden:* Wut, Angst k.; einen Schrecken k.; allmählich Hunger k.; Falten, eine Glatze k. *(faltig, kahlköpfig werden);* **g)** *sich etw. zuziehen; erleiden:* eine schwere Krankheit, Fieber, einen Herzinfarkt k.; **h)** *zu erwarten haben; mit etw. rechnen müssen:* Besuch, Gäste k.; Ärger k.; Schnee, Regen k.; **i)** *in einen bestimmten Zustand geraten:* Löcher, Risse k.; **j)** *jmdm. erteilt werden:* einen Befehl, keine Erlaubnis k.; er kriegt immer seinen Willen *(seinen Wünschen wird immer nachgegeben).* **2. a)** *(durch eigenes Bemühen) zu etw. kommen; sich verschaffen:* eine [neue] Stellung, keine Arbeit k.; er hat noch einen Platz gekriegt; keinen Anschluss, keine Verbindung beim Telefonieren k.; einen Einblick in etw., einen Eindruck von etw. k. *(gewinnen, erlangen);* er hat sie endlich gekriegt *(für sich gewinnen können);* **b)** *kaufen können, (gegen Geld) erhalten:* das Buch ist nicht mehr zu k.; er hat die Sachen billig gekriegt; was kriegen Sie? *(was wünschen Sie, was möchten Sie haben?);* **c)** *hervorbringen, entstehen lassen:* der Baum hat Blüten gekriegt; sie kriegt ein Kind, ein Baby *(ist schwanger);* **d)** *zu einem bestimmten Verhalten o. Ä. bringen:* er hat ihn nicht dazu gekriegt mitzugehen; er war bei dem Wetter nicht aus dem Haus zu k.; **e)** *erreichen, dass jmd., etw. in einen bestimmten Zustand versetzt wird:* das Fleisch weich k.; sie kriegt ihre Kinder nicht satt; **f)** *erreichen, dass etw. irgendwohin gelangt:* das Klavier durch die Tür k.; den Ball ins Tor, Netz k.; **g)** *hinkriegen, schaffen, bewältigen:* die Sache ist nicht ganz einfach, aber wir werden es schon k.; **h)** *(noch zum richtigen Zeitpunkt) erreichen:* den Straßenbahn noch, nicht mehr k.; **i)** *jmds., einer Sache habhaft werden; fangen, fassen:* den Dieb, den Flüchtigen k. **3.** ⟨k. + Inf. mit »zu«⟩ **a)** *in den Stand gesetzt werden, die Möglichkeit haben, etw. [zu seinem Nutzen] zu tun:* etw. zu kaufen, zu essen, zu sehen k.; **b)** *ertragen müssen:* wenn er das tut, kriegt er von mir etw. zu hören *(werde ich ihm die Meinung sagen).* **4.** ⟨k. + 2. Part.⟩ *zur Umschreibung des Passivs:* etw. geschenkt, gezeigt, gesagt k. **5.** * *es nicht über sich k. (sicht nicht zu einer [für die eigene od. eine andere Person] unangenehmen Handlung entschließen können:* ich habe es nicht über mich gekriegt, ihn abzuweisen).

Krie|ger, der; -s, - [mhd. krieger]: **1.** (veraltet) *Soldat, Angehöriger eines Heeres, einer Truppe:* das Bildnis eines sterbenden -s; Ü die müden K. kehren heim; * *kalter K. (Politiker, der die Methoden des kalten Krieges [in einem bestimmten Fall] befürwortet, unterstützt).* **2.** (Völkerkunde) *zum Kampf ausziehender männlicher Stammesangehöriger.*

Krie|ger|denk|mal, das: *Ehrenmal zum Gedenken an die Gefallenen eines Krieges.*

Krie|ge|rin, die; w. Form zu ↑ Krieger.

krie|ge|risch ⟨Adj.⟩: **a)** *zu kämpferischen Aktionen geneigt, bereit:* ein -es Volk; -es Auftreten, Aussehen; **b)** *in der Form von Kampfen; militärisch:* -e Aktionen, Ereignisse, Auseinandersetzungen.

Krie|ger|wit|we, die: *Witwe eines im Krieg gefallenen Soldaten.*

Krieg füh|rend, krieg|füh|rend ⟨Adj.⟩: *einen Krieg führend, in einen Krieg verwickelt:* die Krieg führenden Staaten.

Krieg|füh|rung, die ⟨Pl. selten⟩: *das Führen eines Krieges (im Hinblick auf Strategie u. Taktik).*

eine moderne K.; Ü psychologische K. *(Beeinflussung von Menschen in Kriegszeiten mit psychologischen Mitteln, um bestimmte Haltungen, Einstellungen, Denkweisen zu erzeugen;* nach engl. psychological warfare).

Kriegs|angst, die: *Angst vor einem Krieg.*

Kriegs|aus|bruch, der ⟨o. Pl.⟩: *[plötzlicher, unerwarteter] Beginn eines Krieges:* kurz vor, nach [dem] K.

Kriegs|aus|zeich|nung, die: *im Krieg erworbene Auszeichnung* (2).

kriegs|be|dingt ⟨Adj.⟩: *durch den Krieg bedingt, verursacht:* eine -e Verknappung der Rohstoffe.

Kriegs|be|ginn, der: *Beginn eines Krieges.*

Kriegs|beil, das: *Streitaxt der Indianer; Tomahawk:* * das K. ausgraben, begraben *(scherzh.; einen Streit beginnen, beenden;* nach den Kriegsbräuchen der Indianer).

Kriegs|be|ma|lung, die (Völkerkunde): *Bemalung des Gesichts u. der Brust bes. bei indianischen Kriegern* (2); * in/mit [voller] K. *(scherzh.: 1. [von Soldaten] mit allen Orden u. Ehrenzeichen geschmückt. 2. [von Frauen] sehr stark geschminkt).*

Kriegs|be|richt, der: *Bericht über Kriegsereignisse.*

Kriegs|be|richt|er|stat|ter, der: *von der Front* (2 b) *berichtender Reporter.*

Kriegs|be|richt|er|stat|te|rin, die: w. Form zu ↑ Kriegsberichterstatter.

Kriegs|be|richt|er|stat|tung, die: *Berichterstattung über Kriegsereignisse.*

kriegs|be|schä|digt ⟨Adj.⟩: *durch eine im Krieg erlittene körperliche Schädigung dauernd gesundheitlich beeinträchtigt:* er ist k.

Kriegs|be|schä|dig|te, die/eine Kriegsbeschädigte; der/einer Kriegsbeschädigten, die Kriegsbeschädigten/zwei Kriegsbeschädigte: *weibliche Person, die kriegsbeschädigt ist.*

Kriegs|be|schä|dig|ten|für|sor|ge, die: *Fürsorge* (2) *für Kriegsbeschädigte.*

Kriegs|be|schä|dig|te, der: *der Kriegsbeschädigte/ ein Kriegsbeschädigter; des/eines Kriegsbeschädigten, die Kriegsbeschädigten/zwei Kriegsbeschädigte: jmd., der kriegsbeschädigt ist.*

Kriegs|beu|te, die: *im Krieg [von der Truppe] Erbeutetes, bes. Waffen u. anderes Kriegsmaterial.*

Kriegs|braut, die: *junge Frau, die sich während des Krieges verlobt od. verheiratet hat u. deren Schicksal durch die Kriegsereignisse beeinflusst ist.*

Kriegs|dienst, der ⟨Pl. selten⟩: **1.** *Dienst als Soldat im Krieg.* **2.** *Wehrdienst.*

Kriegs|dienst|ver|wei|ge|rer, der: *Wehrdienstpflichtiger, der sich unter Berufung auf Gewissensgründe weigert, Kriegs- od. Militärdienst zu leisten.*

Kriegs|dienst|ver|wei|ge|rung, die: *Verweigerung des Kriegsdienstes unter Berufung auf Gewissensgründe.*

Kriegs|ein|satz, der: *Einsatz* (4) *im Krieg.*

Kriegs|en|de, das: *Ende eines Krieges.*

Kriegs|ent|schä|di|gung, die: *vom Sieger dem besiegten Land abgeforderte Entschädigung.*

Kriegs|er|eig|nis, das: *den Krieg betreffendes, mit dem Krieg zusammenhängendes Ereignis.*

Kriegs|er|klä|rung, die [LÜ von frz. déclaration de guerre]: *formelle Ankündigung der Kriegsabsichten.*

Kriegs|er|leb|nis, das: *Erlebnis eines Kriegsteilnehmers im Krieg:* schreckliche, abenteuerliche -se.

Kriegs|fall, der: *Fall eines Krieges:* sich auf den K. vorbereiten; im -[e].

Kriegs|film, der: *[Spiel]film, der kriegerisches Geschehen [in verherrlichender Weise] zeigt.*

Kriegs|flot|te, die: *Gesamtheit der Kriegsschiffe eines Landes.*

Kriegs|flücht|ling, der: *jmd., der seine Heimat verlässt, weil dort Krieg herrscht.*

Kriegs|fol|ge, die ⟨meist Pl.⟩: *Schaden, der als Folge eines Krieges entstanden ist.*

Kriegs|frei|wil|li|ger ⟨vgl. Freiwilliger⟩: *(bes. im Ersten Weltkrieg) jmd., der sich freiwillig zum Kriegsdienst* (1) *meldet.*

Kriegs|füh|rung, die: *Kriegführung.*

Kriegs|fuß [nach frz. sur le pied de guerre]: nur in den Wendungen **mit jmdm. auf [dem] K. stehen/leben** *(scherzh.: mit jmdm. im Streit liegen);* **mit etw. auf [dem] K. stehen** *(scherzh.; etw. [eine bestimmte Fertigkeit] nur unzureichend beherrschen:* mit der Rechtschreibung auf K. stehen).

Kriegs|ge|biet, das: *Gebiet, in dem Krieg herrscht, in dem kriegerische Handlungen möglich sind.*

Kriegs|ge|fahr, die: *Gefahr eines drohenden Kriegsausbruchs.*

Kriegs|ge|fan|ge|ne, die: *Soldatin, die im Krieg vom Feind gefangen genommen wird, in die Hand des Gegners gerät.*

Kriegs|ge|fan|ge|nen|la|ger, das ⟨Pl. ...lager⟩: *Lager* (1), *in dem Kriegsgefangene interniert sind.*

Kriegs|ge|fan|ge|ner ⟨vgl. Gefangener⟩: *Soldat, der im Krieg vom Feind gefangen genommen wird, in die Hand des Gegners gerät.*

Kriegs|ge|fan|gen|schaft, die: *Gefangenschaft [im Land des Feindes] im Rahmen einer kriegerischen Auseinandersetzung:* aus der K. zurückkehren; in K. geraten.

Kriegs|geg|ner, der: **1.** *(in einem Krieg) Angehöriger der gegnerischen Seite.* **2.** *jmd., der den Krieg als Mittel der Auseinandersetzung zwischen Staaten verneint.*

Kriegs|geg|ne|rin, die: w. Form zu ↑ Kriegsgegner.

Kriegs|ge|ne|ra|ti|on, die: **a)** *Altersgruppe von Menschen, die im Krieg geboren od. aufgewachsen sind;* **b)** *Altersgruppe derjenigen, die den Krieg aktiv mitgemacht od. bewusst miterlebt haben.*

Kriegs|ge|rät, das ⟨o. Pl.⟩ (veraltend): *Kriegsmaterial.*

Kriegs|ge|richt, das: *Organ der militärischen Strafgerichtsbarkeit [im Krieg].*

Kriegs|ge|schä|dig|te ⟨vgl. Geschädigte⟩: *weibliche Person, die Kriegsschaden erlitten hat.*

Kriegs|ge|schä|dig|ter ⟨vgl. Geschädigter⟩: *jmd., der Kriegsschaden erlitten hat.*

Kriegs|ge|sche|hen, das: *Gesamtheit der Vorgänge in einem Krieg.*

Kriegs|ge|schrei, das: **1.** *von in den Kampf ziehenden Kriegern angestimmtes Geschrei zur gegenseitigen Anfeuerung u. zur Einschüchterung des Gegners.* **2.** (veraltet) *Gerüchte über das vermeintliche Bevorstehen eines Krieges.*

Kriegs|ge|winn|ler, der; -s, - (abwertend): *jmd., der am Krieg durch Waffenlieferungen o. Ä. verdient.*

Kriegs|ge|winn|le|rin, die; -, -nen: w. Form zu ↑ Kriegsgewinnler.

Kriegs|gott, der (Mythol.): *Gott des Krieges:* Mars war der K. der Römer.

Kriegs|göt|tin, die: w. Form zu ↑ Kriegsgott.

Kriegs|grab, das ⟨meist Pl.⟩: *Grab eines gefallenen Soldaten.*

Kriegs|grä|ber|für|sor|ge, die: *organisierte Bemühung um die Auffindung, Gestaltung u. Pflege der Kriegsgräber.*

Kriegs|grund, der: *Grund* (5) *für einen Krieg.*

Kriegs|hand|lung, die ⟨meist Pl.⟩: *kriegerische Handlung, Aktion in einem Krieg.*

Kriegs|hand|werk, das ⟨o. Pl.⟩: *[Kunst der] Kriegsführung.*
Kriegs|held, der (geh.): *Soldat, der sich durch große Tapferkeit ausgezeichnet hat.*
Kriegs|hel|din, die: w. Form zu ↑ Kriegsheld.
Kriegs|herr, der: *oberster militärischer Führer.*
Kriegs|her|rin, die: w. Form zu ↑ Kriegsherr.
Kriegs|het|ze, die ⟨Pl. selten⟩ (abwertend): *Aufstachelung zum Krieg.*
Kriegs|hin|ter|blie|be|ne ⟨vgl. Hinterbliebene⟩: *Hinterbliebene einer im Krieg umgekommenen Person, bes. eines gefallenen od. vermissten Soldaten.*
Kriegs|hin|ter|blie|be|nen|für|sor|ge, die: *Fürsorge (2) für Kriegshinterbliebene.*
Kriegs|hin|ter|blie|be|ner ⟨vgl. Hinterbliebener⟩: *Hinterbliebener einer im Krieg umgekommenen Person, bes. eines gefallenen od. vermissten Soldaten.*
Kriegs|in|dus|t|rie, die: *Kriegsmaterial produzierende Industrie.*
Kriegs|in|va|li|de ⟨vgl. Invalide⟩ (selten): *Kriegsinvalidin.*
Kriegs|in|va|li|der ⟨vgl. Invalider⟩: *jmd., der durch Kriegseinwirkung Invalide geworden ist.*
Kriegs|in|va|li|din, die: w. Form zu ↑ Kriegsinvalide.
Kriegs|jahr, das: *Jahr in einem Krieg:* die ersten zwei -e waren vergangen.
Kriegs|jahr|gang, der: vgl. Kriegsgeneration (1).
Kriegs|ka|me|rad, der: *jmd., der im Krieg als Soldat in der gleichen Einheit gekämpft hat.*
Kriegs|ka|me|ra|din, die: w. Form zu ↑ Kriegskamerad.
Kriegs|kas|se, die: **1. a)** (früher) *Kasse (1), aus der der Sold für die Soldaten gezahlt wird;* **b)** (Politikjargon) *von der Regierung bereitgestellte Mittel zum Führen eines Krieges.* **2.** (ugs.) *Rückstellungen eines Unternehmens o. Ä. für Rechtsstreitigkeiten, Übernahmen anderer Unternehmen u. Ä.:* die K. des Konzerns ist prall gefüllt.
Kriegs|list, die: *im Krieg angewendete List, mit der der Gegner getäuscht werden soll.*
♦ **Kriegs|mann,** der ⟨Pl. ...leute⟩: *Krieger (1), Soldat:* ... erwartete er, dass der feindliche K. eine namhafte Teilung ohne Inventarium und ohne Kommissarius vornehmen werde (Hebel, Schatzkästlein 17); ... vor dem Pförtchen der Wachtstube stand ... ein lothringischer K. (C. F. Meyer, Amulett 75); Euer Sohn hat sich gehalten wie ein wackerer K. (Schiller, Räuber II,2).
Kriegs|ma|ri|ne, die: *Seestreitkräfte eines Landes.*
Kriegs|ma|schi|ne, die: **1.** (früher) *bei der Belagerung einer Stadt od. Burg verwendetes Kriegsgerät.* **2.** (abwertend) *gesamtes militärisches Potenzial eines Staates.*
Kriegs|ma|te|ri|al, das: *Gesamtheit aller Arten von Waffen u. Ausrüstungsgegenständen, die für eine Verwendung im Krieg bestimmt sind.*
Kriegs|mi|nis|te|ri|um, das (früher): *Verteidigungsministerium.*
kriegs|mü|de ⟨Adj.⟩: *nicht mehr gewillt, weiterhin Krieg zu führen, sich für den Krieg einzusetzen.*
Kriegs|op|fer, das (Amtsspr.): *jmd., der durch die Kriegsereignisse Schaden erleidet od. einen Angehörigen verliert.*
Kriegs|op|fer|ver|sor|gung, die (Amtsspr.): *Versorgung der Kriegsopfer in Hinsicht auf vom Staat gewährte Leistungen wie Renten, Heilbehandlungen u. a.*
Kriegs|par|tei, die: *Land, Volk o. Ä., das mit [einem] anderen Krieg führt.*
Kriegs|pfad [LÜ von engl. war-path] in der Wendung **auf dem K. sein** (scherzh.: *im Begriff sein, eine Attacke gegen etw. zu führen*).
Kriegs|plan, der ⟨meist Pl.⟩: ²*Plan (1 a) für einen Krieg.*

Kriegs|pro|pa|gan|da, die: *Propaganda dafür, einen Krieg zu beginnen, zu führen.*
Kriegs|rat: in der Wendung **K. [ab]halten** (scherzh.: *über ein gemeinsames Vorhaben od. Vorgehen beratschlagen*).
Kriegs|recht, das: **1.** ⟨o. Pl.⟩ *völkerrechtliche Vorschriften, die Krieg führenden Staaten in ihren Handlungen bestimmte rechtliche Grenzen setzen.* **2.** *eines der Rechte, die Krieg führenden Parteien zustehen:* ein Verstoß gegen die -e.
Kriegs|ro|man, der: *Roman, der den Krieg zum Thema hat, der aus dem Erlebnis des Krieges entstanden ist.*
Kriegs|scha|den, der (bes. Amtsspr.): *durch Einwirkung des Krieges entstandener materieller Schaden od. Schaden an Leib u. Leben.*
Kriegs|schau|platz, der [LÜ von frz. théâtre de guerre]: *Gebiet, in dem sich ein Krieg abspielt:* Berichte von verschiedenen Kriegsschauplätzen.
Kriegs|schiff, das: *Schiff der Kriegsmarine.*
Kriegs|schuld, die: *Verantwortung, die einen Staat für den Ausbruch eines Krieges trifft.*
Kriegs|schul|den ⟨Pl.⟩: *Schulden des Staates, die durch eine Kriegführung entstehen.*
Kriegs|spiel, das: **1.** (Militär) *Planspiel.* **2.** *Spiel von Kindern im Freien, bei dem sie Kämpfe gegeneinander ausführen.*
Kriegs|spiel|zeug, das: *Nachbildung von Kriegsmaterial als Kinderspielzeug.*
Kriegs|tag, der: *Tag, an dem Krieg geführt wird:* ihr Bruder fiel am letzten K.
Kriegs|tanz, der: *bei Naturvölkern von bewaffneten Kriegern ausgeführtes tänzerisches Zeremoniell.*
kriegs|taug|lich ⟨Adj.⟩: *tauglich zum Kriegsdienst.*
Kriegs|teil|neh|mer, der: *jmd., der aktiv an einem Krieg teilnimmt, teilgenommen hat.*
Kriegs|teil|neh|me|rin, die: w. Form zu ↑ Kriegsteilnehmer.
Kriegs|to|te ⟨vgl. Tote⟩: *weibliche Person, die durch die Kriegsereignisse ihr Leben verloren hat.*
Kriegs|to|ter ⟨vgl. Toter⟩: *jmd., der durch die Kriegsereignisse sein Leben verloren hat.*
Kriegs|trau|ung, die: *Ferntrauung im Krieg.*
Kriegs|trei|ber, der (abwertend): *jmd., der zum Krieg aufhetzt.*
Kriegs|trei|be|rin, die: w. Form zu ↑ Kriegstreiber.
kriegs|un|taug|lich ⟨Adj.⟩: *nicht kriegstauglich.*
Kriegs|ver|bre|chen, das (Rechtsspr.): *gegen das Völkerrecht verstoßende Handlung in einem Krieg.*
Kriegs|ver|bre|cher, der: *jmd., der ein Kriegsverbrechen begangen hat.*
Kriegs|ver|bre|che|rin, die: w. Form zu ↑ Kriegsverbrecher.
Kriegs|ver|dienst|kreuz, das: *für Verdienste im Krieg verliehene Auszeichnung von der Form eines Kreuzes (2).*
Kriegs|ver|letz|te ⟨vgl. Verletzte⟩: *weibliche Person, die kriegsverletzt ist.*
Kriegs|ver|letz|ter ⟨vgl. Verletzter⟩: *jmd., der kriegsverletzt ist.*
Kriegs|ver|let|zung, die: *im Krieg erlittene Verletzung, Verwundung.*
Kriegs|ver|sehr|te ⟨vgl. Versehrte⟩: *weibliche Person, die durch Kriegsverletzung körperbehindert ist.*
Kriegs|ver|sehr|ter ⟨vgl. Versehrter⟩: *jmd., der durch eine Kriegsverletzung körperbehindert ist.*
kriegs|ver|wen|dungs|fä|hig ⟨Adj.⟩ (Amtsspr.): *für den Kriegsdienst tauglich:* jmdn. k. schreiben.
Kriegs|ve|te|ran, der: *jmd., der als Soldat einen Krieg mitgemacht hat.*

Kriegs|ve|te|ra|nin, die: w. Form zu ↑ Kriegsveteran.
Kriegs|volk, das (veraltet): *Gesamtheit der Krieger, Soldaten.*
Kriegs|vor|be|rei|tung, die ⟨meist Pl.⟩: *militärische, politische Vorbereitung auf einen Krieg.*
Kriegs|waf|fe, die ⟨meist Pl.⟩ (veraltend): *im Krieg einzusetzende Waffe.*
Kriegs|wai|se, die: *Kind eines im Krieg gefallenen Soldaten.*
kriegs|wich|tig ⟨Adj.⟩: *militärisch, strategisch wichtig.*
Kriegs|wir|ren ⟨Pl.⟩: *Wirren (1) eines Krieges.*
Kriegs|wirt|schaft, die: *auf die Erfordernisse des Krieges hin ausgerichtete Volkswirtschaft eines Landes.*
Kriegs|zeit, die: *Zeit (3 a), in der Krieg herrscht:* in -en.
kriegs|zer|stört ⟨Adj.⟩: *im Krieg zerstört:* -e Häuser, Fabrikanlagen, Städte.
Kriegs|ziel, das: *Ziel einer kriegerischen Auseinandersetzung.*
Kriegs|zug, der (veraltet): *Feldzug.*
Kriegs|zu|stand, der ⟨Pl. selten⟩: *Zustand des Krieges, in dem sich ein Land mit einem od. mehreren anderen befindet:* das Land befindet sich in K. (im Krieg).
Kriek|en|te: f Krickente.
¹**Krill,** der; -[e]s, -e [engl. krill < norw. (mundartl.) kril = Fischbrut]: *kleine Garnele von orangeroter Farbe (die in großer Zahl im Plankton antarktischer Meere vorkommt).*
²**Krill,** der od. das; -[e]s: (bes. in den antarktischen Meeren auftretendes) *Plankton, das in der Hauptsache aus ¹Krillen besteht.*
Krim, die; -: *ukrainische Halbinsel im Schwarzen Meer.*
Kri|mi [auch: ˈkriːmi], der; -s, -s [gek. aus ↑ Kriminalroman]: **1.** kurz für ↑ Kriminalfilm: sich einen K. ansehen; Ü das Fußballspiel war ein einziger K. **2.** kurz für ↑ Kriminalroman: sie liest, verschlingt einen K. nach dem andern.
Kri|mi|au|tor, der: *Autor eines Kriminalromans, von Kriminalromanen.*
Kri|mi|au|to|rin, die: w. Form zu ↑ Krimiautor.
Kri|mi|ko|mö|die, die: *Film od. Theaterstück, das eine Mischung aus Krimi u. Komödie darstellt.*
kri|mi|nal ⟨Adj.⟩ [lat. criminalis = ein Verbrechen betreffend, zu: crimen = Vergehen, Verbrechen] (veraltet): *strafrechtlich.*
Kri|mi|nal, der; -s, -e (österr. ugs. od. scherzh., sonst veraltend): *Strafanstalt, Zuchthaus:* ♦ »Der Pavel hat meinen Vater vergiftet!« ... »Und muss ins K.«, fuhr Peter fort (Ebner-Eschenbach, Gemeindekind 95).
Kri|mi|nal|be|am|ter ⟨vgl. Beamter⟩: *[nicht uniformierter] Beamter der Kriminalpolizei.*
Kri|mi|nal|be|am|tin, die: w. Form zu ↑ Kriminalbeamter.
¹**Kri|mi|na|ler,** der: *Kriminale/ein Kriminaler; des/eines Kriminalen, die Kriminalen/zwei Kriminale,* ²**Kri|mi|na|ler,** der; -s, - (ugs.): *Kriminalbeamter.*
Kri|mi|nal|fall, der: ¹*Fall (3), bei dem eine Strafsache untersucht, verhandelt wird, aufgeklärt werden soll.*
Kri|mi|nal|film, der: *Film, bei dem ein Verbrechen u. seine Aufklärung im Mittelpunkt stehen.*
Kri|mi|nal|ge|schich|te, die: **1.** vgl. Kriminalfilm. **2.** ⟨o. Pl.⟩ *Geschichte der Kriminalistik, der Kriminalität: die Kriminalgeschichte.*
Kri|mi|nal|haupt|kom|mis|sar, der: **1.** *Amtsbezeichnung im gehobenen Dienst der Kriminalpolizei.* **2.** *Träger der Amtsbezeichnung Kriminalhauptkommissar.*
Kri|mi|nal|haupt|kom|mis|sa|rin, die: w. Form zu ↑ Kriminalhauptkommissar.

kriminalisieren – Krisenregion

kri|mi|na|li|sie|ren ⟨sw. V.; hat⟩: **1.** *bei jmdm. kriminelle Neigungen wecken; in die Kriminalität treiben:* die sozialen Missstände haben dazu beigetragen, die Jugendlichen zu k. **2.** *als kriminell erscheinen lassen, hinstellen:* eine Handlung k.

Kri|mi|na|li|sie|rung, die; -, -en: *das Kriminalisieren, Kriminalisiertwerden.*

Kri|mi|na|list, der; -en, -en: **1.** (veraltet) *Lehrer, Professor des Strafrechts; Strafrechtler.* **2.** *Beamter, Sachverständiger, Mitarbeiter der Kriminalpolizei.*

Kri|mi|na|lis|tik, die; -: *(als Teilbereich der Kriminologie) Wissenschaft, Lehre von der Aufklärung u. Verhinderung von Verbrechen.*

Kri|mi|na|lis|tin, die; -, -nen: w. Form zu ↑ Kriminalist.

kri|mi|na|lis|tisch ⟨Adj.⟩: *die Kriminalistik betreffend, auf ihr beruhend, zu ihr gehörend, mit ihren Mitteln vorgehend:* -e Fähigkeiten; -er Spürsinn; etw. k. untersuchen.

Kri|mi|na|li|tät, die; -: **1.** *das Sich-strafbar-Machen, Straffälligwerden; Straffälligkeit.* **2.** *Gesamtheit der vorkommenden Straftaten:* eine hohe K.; organisierte K.; die K. bekämpfen.

Kri|mi|na|li|täts|be|kämp|fung, die: *Bekämpfung der Kriminalität* (2).

Kri|mi|na|li|täts|ra|te, die: *Rate* (2) *der Kriminalität* (2).

Kri|mi|nal|kom|mis|sar, der: vgl. Kriminalbeamter.

Kri|mi|nal|kom|mis|sa|rin, die: w. Form zu ↑ Kriminalkommissar.

Kri|mi|nal|ko|mö|die, die: vgl. Kriminalfilm.

Kri|mi|nal|po|li|zei, die: *Zweig der Polizei, dessen Aufgabe in der Verhütung, Aufdeckung u. Bekämpfung von Straftaten besteht* (Kurzwort: Kripo).

kri|mi|nal|po|li|zei|lich ⟨Adj.⟩: *zur Kriminalpolizei gehörend, von der Kriminalpolizei ausgehend, durchgeführt:* -e Ermittlungen.

Kri|mi|nal|ro|man, der: vgl. Kriminalfilm.

Kri|mi|nal|sta|tis|tik, die: *amtliche Statistik über Kriminalität.*

Kri|mi|nal|stück, das: vgl. Kriminalfilm.

Kri|mi|nal|tech|nik, die: *Teilgebiet der Kriminologie, das alle mit technischen Mitteln durchführbaren Untersuchungen (z. B. Spurensicherung) zur Aufklärung einer Straftat umfasst.*

kri|mi|nal|tech|nisch ⟨Adj.⟩: *die Kriminaltechnik betreffend, zur Kriminaltechnik gehörend.*

♦ **Kri|mi|nal|ver|hand|lung**, die: *Strafprozess:* … der K., die der Rosshändler … über ihn hatte anstellen lassen (Kleist, Kohlhaas 75).

kri|mi|nell ⟨Adj.⟩ [frz. criminel < lat. criminalis, ↑ kriminal]: **1. a)** *zu strafbaren, verbrecherischen Handlungen neigend:* -e Jugendliche; -e Elemente; sie sind in einem -en Milieu *(in einem Milieu, in dem strafbare, verbrecherische Handlungen üblich sind)* aufgewachsen; sie ist k. (straffällig) geworden; **b)** *handeln (eine strafbare, verbrecherische Handlung begehen);* **b)** *eine strafbare, verbrecherische Handlung darstellend:* ein -es Verhalten; eine solche Tat ist k. *(ist strafbar, verbrecherisch).* **2.** (ugs.) *sich an der Grenze des Erlaubten bewegend; unverantwortlich, schlimm; rücksichtslos:* -e Methoden; er fährt geradezu k.

Kri|mi|nęl|le, die/eine Kriminelle; der/einer Kriminellen, die Kriminellen/zwei Kriminelle: *weibliche Person, die straffällig geworden ist, eine Straftat, ein Verbrechen begangen hat.*

Kri|mi|nęl|ler, der Kriminelle/ein Krimineller; des/eines Kriminellen, die Kriminellen/zwei Kriminelle: *jmd., der straffällig geworden ist, eine Straftat, ein Verbrechen begangen hat.*

Kri|mi|no|lo|ge, der; -n, -n [↑ -loge]: *Wissenschaftler, Fachmann auf dem Gebiet der Kriminologie.*

Kri|mi|no|lo|gie, die; - [↑ -logie]: *Wissenschaft, die Ursachen u. Erscheinungsformen des Verbrechens untersucht u. sich mit der Bekämpfung des Verbrechens befasst.*

Kri|mi|no|lo|gin, die; -, -nen: w. Form zu ↑ Kriminologe.

kri|mi|no|lo|gisch ⟨Adj.⟩: *die Kriminologie betreffend, auf ihr beruhend, zu ihr gehörend, mit ihren Mitteln, Methoden arbeitend.*

Kri|mi|se|rie, die: *Fernsehserie, in der Verbrechen u. ihre Aufklärung im Mittelpunkt stehen.*

krim|meln ⟨sw. V.; hat⟩ [bewegungsnachahmend]: in der Wendung *es krimmelt und wimmelt* (nordd.; *es kribbelt*).

krim|pen ⟨sw. V.; hat⟩ [mniederd. krimpen, verw. mit ↑ Krampf]: **1.** (landsch.) **a)** *einschrumpfen, eingehen, einlaufen:* der Stoff krimpt in der Wäsche; **b)** *einschrumpfen lassen.* **2.** (Seemannsspr.) *(vom Wind) gegen den nördlichen Halbkugel) entgegen dem Uhrzeigersinn od. (auf der südlichen Halbkugel) im Uhrzeigersinn drehen.*

Krim|sekt, der ⟨o. Pl.⟩: *Schaumwein von der Krim.*

Krims|krams, der; -[es] [verdoppelnde Bildung mit Ablaut zu ↑ Kram, viell. unter Anlehnung an ↑ krimmeln] (ugs.): *wertloses [irgendwo herumliegendes] Zeug; Kram:* eine Schublade voll K.; Ü mit solchem K. *(solchen Nichtigkeiten, Belanglosigkeiten)* gebe ich mich nicht ab.

Kring, der; -[e]s, -e (landsch.), **Krin|ge**, die; -, -n, **Krin|gen**, der; -s, - [spätmhd. kringe, zu ↑ Kringel]: *ringförmiges Kissen, Polster für Lasten, die auf dem Kopf getragen werden:* ◆ Sie legte ihren Kringen zurecht (Goethe, Werther I, 15. Mai).

Krin|gel, der; -s, - [mhd. kringel = Kreis, ringförmiges Gebilde, Brezel, Vkl. von: krinc = Kreis, Ring, urspr. = Gedrehtes, Gebogenes; Geflochtenes]: **1.** *kleiner, nicht exakt gezeichneter Kreis; Schnörkel o. Ä. von annähernder Kreisform; einem Ring ähnliches Gebilde:* sie malte ein paar K. **2.** *kleines ringförmiges Gebäck o. Ä.:* An die untersten Zweige des Tannenbaums werden Wachsengel gehängt, die schweben über der Krippe neben den Sternen und -n aus Schokolade (Kempowski, Zeit 230).

krin|ge|lig ⟨Adj.⟩: *wie Kringel, Schnörkel geformt.*

krin|ge|lig|la|chen, sich ⟨sw. V.; hat⟩ (ugs.): *sehr, herzhaft lachen.*

krin|geln ⟨sw. V.; hat⟩: **a)** *zu einem Kringel* (1), *zu Kringeln formen; Kringel, kleine Kreise, Ringe, Bogen o. Ä. entstehen lassen:* die Feuchtigkeit kringelte ihm Haar; **b)** ⟨k. + sich⟩ *sich zu einem Kringel* (1), *zu Kringeln formen:* die Hobelspäne kringeln sich; * *sich [vor] Lachen k.* (ugs.; *sehr, herzhaft lachen müssen*); *zum Kringeln sein* (ugs.; *sehr zum Lachen sein, zu heftigem Lachen reizen*).

Kri|no|li|ne, die; -, -n [frz. crinoline, eigtl. = Rosshaargewebe < ital. crinolino, aus: crino = Pferdehaar (< lat. crinis = Haar) u. lino = Leinen (< lat. linum)]: *(im 19. Jh. in der Damenmode üblicher) unter einem Kleid mit weitem Rock getragener langer, durch Fischbeinstäbchen versteifter od. über ein Gestell gearbeiteter, ringsum weit abstehender Rock.*

Kri|po, die; -, -s ⟨Pl. selten⟩: kurz für ↑ Kriminalpolizei.

Kri|po|be|am|ter ⟨vgl. Beamter⟩: *Kriminalbeamter.*

Kri|po|be|am|tin, die: w. Form zu ↑ Kripobeamter.

Krip|pe, die; -, -n [mhd. krippe, ahd. krippa, eigtl. = Flechtwerk, Geflochtenes, verw. mit ↑ Kringel]: **1.** *Futterkrippe:* die K. mit Futter füllen; das Jesuskind lag in einer K.; die Bedeutung von K. und Kreuz; das Kind in der K. *(Gott, der in Armut Mensch geworden ist);* Ü zur K. (scherzh.; *zum Essen) kommen, eilen;* * *an die K. kommen/an der K. sitzen* (↑ Futterkrippe). **2.** *bildliche Darstellung einer Szenerie aus der Weihnachtsgeschichte mit figürlichen Nachbildungen von Maria u. Joseph mit dem Jesuskind in der Krippe, von Hirten, Engeln u. a.:* jedes Jahr stand die K. unter dem Christbaum. **3.** kurz für ↑ Kinderkrippe: die Kinder in die K. bringen. **4.** (veraltet) *aus Holz, Flechtwerk o. Ä. hergestellter Schutz an Deichen od. bestimmten Stellen eines Ufers.*

Krip|pen|fi|gur, die: *zu einer Krippe* (2) *gehörende Figur.*

Krip|pen|platz, der: *Platz in einer Krippe* (3).

Krip|pen|spiel, das: *meist von Laien aufgeführtes Spiel um die Geburt Christi.*

Krip|pen|tod, der: *volkstüml. Bez. für: plötzlicher Kindstod* (↑ Kindstod).

Kri|se, die; -, -n [(im älter Crisis = Krisis (2) < griech. krísis = Entscheidung, entscheidende Wendung, zu krínein, ↑ kritisch; in der allg. Bed. beeinflusst von frz. crise]: **1.** *schwierige Lage, Situation, Zeit [die den Höhe- u. Wendepunkt einer gefährlichen Entwicklung darstellt]; Schwierigkeit, kritische Situation; Zeit der Gefährdung, des Gefährdetseins:* eine finanzielle K. steht bevor, droht; die K. flaut ab; eine schwere, seelische K. durchmachen, überwinden; in eine K. geraten; die Wirtschaft, die Partei steckt in einer handfesten K.; * *die K. kriegen* (salopp; *in Verwirrung geraten, sich aufregen*). **2.** (Med.) *Krisis* (2).

kri|seln ⟨sw. V.; hat; oft unpers.⟩: *in einer Krise, einem krisenhaften Zustand sein od. darauf zusteuern:* bei einer Firma, in einer Partei kriselt es *(zeichnet sich eine Krise ab);* kriselnde Banken.

kri|sen|an|fäl|lig ⟨Adj.⟩: *leicht in eine Krise geratend:* ein -es Unternehmen.

Kri|sen|be|wäl|ti|gung, die: *Bewältigung einer Krise.*

Kri|sen|fall, der: ¹*Fall* (2 a) *einer Krise: Vorräte für Krisenfälle anlegen;* im K.

kri|sen|fest ⟨Adj.⟩: *gegen Krisen gesichert, nicht anfällig für Krisen:* ein -es Unternehmen; ein -er Arbeitsplatz.

Kri|sen|ge|beu|telt ⟨Adj.⟩ (ugs.): *sich in politischen, wirtschaftlichen o. ä. Krisen befindend, ständig bedroht von Krisen.*

Kri|sen|ge|biet, das: *Gebiet, das sich in einer politischen, auch wirtschaftlichen Krise befindet, in dem es leicht zu politischen Krisen, zu kriegerischen Auseinandersetzungen kommen kann.*

Kri|sen|ge|schüt|telt ⟨Adj.⟩: *sich in heftigen politischen, wirtschaftlichen o. ä. Krisen befindend u. so von ständigen inneren Auseinandersetzungen bedroht:* ein -es Land, Unternehmen.

Kri|sen|ge|spräch, das: *Gespräch über Maßnahmen zur Bewältigung einer Krise.*

Kri|sen|gip|fel, der: *Gipfelkonferenz, bei der über Maßnahmen zur Lösung einer Krise beraten wird.*

kri|sen|haft ⟨Adj.⟩: *eine Krise kennzeichnende Erscheinungen aufweisend:* sich k. zuspitzen.

Kri|sen|herd, der: *Krisengebiet.*

Kri|sen|jahr, das: *Jahr, in dem eine große Krise herrscht.*

Kri|sen|ma|nage|ment, das: *Gesamtheit der Maßnahmen zur Lösung politischer, wirtschaftlicher o. ä. Krisen u. Konflikte.*

Kri|sen|ma|na|ger, der: *jmd., der Krisen u. Konflikte zu lösen sucht.*

Kri|sen|ma|na|ge|rin, die: w. Form zu ↑ Krisenmanager.

Kri|sen|re|gi|on, die: *Krisengebiet.*

kri|sen|si|cher ⟨Adj.⟩: *krisenfest:* -e Arbeitsplätze; eine -e Branche.
Kri|sen|si|tu|a|ti|on, die: *krisenhafte Situation.*
Kri|sen|sit|zung, die: *Sitzung* (1 a), *bei der über Maßnahmen zur Lösung einer Krise beraten wird.*
Kri|sen|stab, der: *offizielles Gremium sachverständiger Persönlichkeiten, das zur Behebung bestimmter Notsituationen gebildet wird.*
Kri|sen|stim|mung, die: *negative, durch das Gefühl der Krise, der Gefährdung geprägte Stimmung.*
Kri|sen|tref|fen, das: vgl. Krisengipfel.
Kri|sen|zeit, die: *Zeit, in der eine Krise herrscht.* eine -e Zeit.
Kri|sis, die; -, Krisen: **1.** (veraltend) *Krise* (1). **2.** (Med.) *kritischer Wendepunkt im Verlauf einer akuten Krankheit:* in der Nacht kam es zur K.
¹Kris|tall, der; -s, -e [mhd. cristalle, ahd. cristalla < mlat. crystallum < lat. crystallus < griech. krýstallos = Eis; Bergkristall]: *chemisch einheitlich zusammengesetzter fester Körper, der von gleichmäßig angeordneten ebenen Flächen begrenzt ist:* der Aufbau, die Struktur eines -s.
²Kris|tall, das; -s: **1.** *stark glänzendes, meist geschliffenes Glas (von bestimmter chemischer Zusammensetzung):* eine Schale aus K.; der Wein funkelte in den geschliffenen K. der Gläser. **2.** *Gesamtheit von Gegenständen aus ²Kristall* (1): die Vitrine, in der sie ihr K. aufbewahrt.
Kris|tall|bil|dung, die: *Entstehung von ¹Kristallen.*
kris|tall|len ⟨Adj.⟩ [mhd. kristallin < lat. crystallinus < griech. krystállinos]: *aus ²Kristall* (1) *bestehend:* eine -e Vase.
Kris|tall|git|ter, das (Kristallografie veraltet): *Raumgitter.*
Kris|tall|glas, das; -s. ⟨o. Pl.⟩ *²Kristall* (1). **2.** ⟨Pl. ...gläser⟩ *Trinkgefäß aus ²Kristall* (1).
kris|tal|lin, kris|tal|li|nisch ⟨Adj.⟩ (bes. Mineral.): *aus Kristallen bestehend, zusammengesetzt:* -er Schiefer.
Kris|tal|li|sa|ti|on, die; -, -en [frz. cristallisation, zu: cristalliser = Kristalle bilden] (bes. Chemie): *das Kristallisieren* (bes. Chemie): K. eines Stoffes.
Kris|tal|li|sa|ti|ons|punkt, der (Chemie): *Temperatur, bei der ein Stoff kristallisiert, Kristalle bildet.*
kris|tal|li|sie|ren ⟨sw. V.; hat⟩ [frz. cristalliser] (bes. Chemie): *Kristalle bilden:* [in Würfeln] kristallisierende Stoffe.
Kris|tall|it [auch: ...'lɪt], der; -s, -e: *kleiner ¹Kristall mit unregelmäßiger Oberfläche.*
kris|tall|klar ⟨Adj.⟩: *klar u. durchsichtig wie ²Kristall:* ein -er See.
Kris|tall|ku|gel, die: *Kugel aus ²Kristall* (1): aus einer K. wahrsagen.
Kris|tall|leuch|ter, Kris|tall-Leuch|ter, der: *Leuchter, der überwiegend aus geschliffenem ²Kristall* (1) *gefertigt ist.*
Kris|tall|lin|se, Kris|tall-Lin|se, die: *Linse aus ²Kristall* (1).
Kris|tall|lus|ter, Kris|tall-Lus|ter, der (österr.): vgl. Kristallleuchter.
Kris|tall|nacht, die ⟨o. Pl.⟩ [die Bez. bezieht sich vermutlich auf die Glasscherben und -splitter zertrümmerter (Schau)fensterscheiben] (nationalsoz. Jargon): *Pogromnacht* (b); *Reichskristallnacht.*
Kris|tal|lo|gra|fie, Kris|tal|lo|gra|phie, die; - [↑-grafie]: *Wissenschaft vom Aufbau u. der Bildung der Kristalle u. von ihren chemischen u. physikalischen Eigenschaften (als Teilgebiet der Physik u. der Mineralogie).*
Kris|tall|phy|sik, die: *Physik, Kristallografie, die sich bes. mit den physikalischen Eigenschaften der Kristalle u. den in ihnen auftretenden physikalischen Erscheinungen befasst.*

Kris|tall|scha|le, die: *Schale aus geschliffenem ²Kristall* (1).
Kris|tall|struk|tur, die: vgl. Kristallgitter.
Kris|tall|va|se, die: vgl. Kristallschale.
Kris|tall|wei|zen, das: *Weizenbier, das (im Unterschied zum Hefeweizen) durch Herausfiltern der Hefebestandteile klar ist.*
Kris|tall|zu|cker, der (bes. Fachspr.): *gereinigter, veredelter, aus farblos glänzenden Körnern bestehender Zucker.*
Kri|te|ri|en|ka|ta|log, der: *Katalog* (2) *von Kriterien* (1), *der als Grundlage für eine Entscheidung o. Ä. dient.*
Kri|te|ri|um, das; -s, ...ien [latinis. aus griech. kritḗrion, zu: kríteīn, ↑kritisch]: **1.** (bildungsspr.) *unterscheidendes Merkmal als Bedingung für einen Sachverhalt, ein Urteil, eine Entscheidung:* ein hinreichendes K.; Kriterien für etw. aufstellen; etw. zum K. für eine Auswahl machen. **2.** (Sport) **a)** *in verschiedenen Sportarten meist mit einer großen Zahl von Teilnehmern ausgetragenes Wettrennen, bei dem keine Meisterschaft ausgetragen, sondern nur ein Sieger ermittelt wird:* die junge Skiläuferin hat das erste K. dieses Jahres, das K. des ersten Schnees gewonnen; **b)** (Radsport) *Straßenrennen auf einem Rundkurs, bei dem der Sieger durch die Ergebnisse einzelner Wertungen nach Punkten ermittelt wird:* ein K. gewinnen, an einem K. teilnehmen.
Kri|tik [auch: kri'tɪk], die; -, -en [frz. critique < griech. kritikḗ (téchnē) = Kunst der Beurteilung, zu: kritikós, ↑kritisch]: **1.** ⟨Pl. selten⟩ **a)** *[fachmännisch] prüfende Beurteilung u. deren Äußerung in entsprechenden Worten:* eine konstruktive, sachliche, harte K.; etw. einer, der K. unterziehen; sie legte Wert auf die K. ihres Freundes; * **unter aller/jeder K.** (ugs.; *sehr schlecht [in Bezug auf die zu beurteilende Leistung]:* die Mannschaft war, spielte heute unter aller K.); **b)** *das Kritisieren* (2), *Beanstanden, Bemängeln:* sie kann keine K. vertragen; an jmdm., etw. K. üben *(etwas aussetzen, beanstanden);* diese Maßnahmen stießen auf heftige K.; in die K. geraten *(Gegenstand öffentlicher Kritik werden);* **c)** *(in den früheren sozialistischen Staaten) Fehler u. Versäumnisse beanstandende [öffentliche] kritische Stellungnahme als Mittel zur politischen u. gesellschaftlichen Weiterentwicklung:* das Prinzip von K. und Selbstkritik. **2. a)** *kritische* (1 a) *Beurteilung, Besprechung einer künstlerischen Leistung, eines Werkes (in einer Zeitung, im Rundfunk o. Ä.):* die K. in der Zeitung über sein letztes Konzert war vernichtend, war [nicht gerade] positiv; in der Presse waren nur gute -en über sie, über ihre Auftritte zu lesen; -en schreiben, lesen, sammeln; sie hat nur miserable -en bekommen; die Zeitschrift bringt öfter -en *(Rezensionen);* der Film kam in der K. noch gut weg (ugs.; *wurde noch recht positiv kritisiert);* ... ist im Grunde nur der angemessene Ausdruck für die sehr einfache Tatsache: die K. liest in 8 Tagen kein Mensch mehr; das Buch steht nach 100 Jahren noch in der Bibliothek (A. Schmidt, Platz 100); **b)** ⟨o. Pl.⟩ *Gesamtheit der Kritiker* (2): das Buch kam bei der K. nicht an.
Kri|ti|ker [auch: 'krɪ...], der; -s, - [lat. criticus < griech. kritikós]: **1.** *jmd., der jmdn., etw. prüfend beurteilt, kritisiert:* er ist ein unbestechlicher, strenger K. des Präsidenten, der neuen Politik; diese Eigenschaft wurde ihr weder von ihren Bewunderern noch von ihren -n zuerkannt. **2.** *jmd., der in einer Zeitung, Zeitschrift [berufsmäßig] Kritiken* (2 a) *schreibt, die bes. verschiedener Zeitungen sahen sich das Gastspiel an, waren in der Aufführung.*

Kri|ti|ke|rin, die; -, -nen: w. Form zu ↑Kritiker.
kri|tik|fä|hig ⟨Adj.⟩: **1.** *fähig, Kritik zu üben.* **2.** *fähig, Kritik zu akzeptieren, zu ertragen.*
Kri|tik|fä|hig|keit, die ⟨o. Pl.⟩: **1.** *Fähigkeit, Kritik zu üben.* **2.** *Fähigkeit, Kritik zu akzeptieren, zu ertragen.*
kri|tik|los ⟨Adj.; -er, -este⟩ (oft abwertend): *kein kritisches Urteil habend; ohne prüfende Beurteilung, Begutachtung:* eine -e Haltung, ein -es Hinnehmen der Dinge; sie ist einfach zu k., lässt alles k. über sich ergehen.
Kri|tik|lo|sig|keit, die; -: *kritiklose Art.*
Kri|tik|punkt, der: *einzelner zu kritisierender Punkt.*
kri|tik|wür|dig ⟨Adj.⟩: **a)** *einer kritischen Auseinandersetzung wert:* eine durchaus -e Idee; **b)** *Kritik* (1 b) *verdienend:* eine -e, falsche Entscheidung.
kri|tisch [auch: 'krɪ...] ⟨Adj.⟩ [frz. critique < lat. criticus < griech. kritikós = zur entscheidenden Beurteilung gehörend, zu: kríneīn = scheiden, trennen; entscheiden, urteilen]: **1. a)** *nach präzisen wissenschaftlichen, künstlerischen o. ä. Maßstäben gewissenhaft, streng prüfend u. beurteilend:* ein -er Kommentar; sie ist eine sehr -e Leserin; der -e Apparat (Wissensch.; *Gesamtheit der Lesarten, textkritischen Anmerkungen, Verbesserungen) eines Textes;* eine -e Ausgabe (Wissensch.; *textkritisch bearbeitete Ausgabe mit Angabe von Lesarten, Verbesserungen o. Ä.) eines literarischen Werkes;* etw. k. betrachten, beurteilen; **b)** *negativ beurteilend; eine negative Beurteilung enthaltend:* seine -en Bemerkungen verletzten sie; er fürchtete ihre -en Blicke. **2. a)** *eine Wende ankündigend; entscheidend für eine [gefährliche] Entwicklung:* eine -e Phase; die Verhandlungen haben einen -en Punkt erreicht; die -en Jahre *(Wechseljahre)* der Frau; **b)** *eine starke Gefährdung bedeutend:* der Fahrer kam in eine -e Situation; ihr Zustand ist sehr k., wird als sehr k. bezeichnet.
kri|ti|sie|ren ⟨sw. V.; hat⟩ [nach gleichbed. frz. critiquer]: **1.** *[als Kritiker* (2), *Kritikerin] fachlich beurteilen, besprechen:* eine Aufführung, ein Konzert positiv, gut, scharf k.; ein Buch, eine Neuerscheinung k. *(rezensieren).* **2.** *mit einer Person od. Sache nicht einverstanden sein, weil sie bestimmten Maßstäben nicht entspricht, u. dies in tadelnden Worten zum Ausdruck bringen:* jmdn., jmds. Handlungsweise heftig, öffentlich k.; die Regierung in der Presse k.; sie hat an allem etwas zu k.
◆ **Krit|tel,** der; - (landsch.): *Tadelsucht; Krittelei:* ... ich möchte mögte bittre Tränen weinen, den Tag zu sehn, ... der selbst die Ahnung jeder Lust mit eigensinnigem K. mindert (Goethe, Faust I, 1555 ff.).
Krit|te|lei, die; -, -en (abwertend): *dauerndes, als lästig empfundenes Kritteln.*
krit|teln ⟨sw. V.; hat⟩ [unter Einfluss von Kritik, kritisch, kritisieren zu älter: gritteln = mäkeln, unzufrieden sein, zanken] (abwertend): *kleinliche, als ungerechtfertigt erscheinende Kritik* (1 b) *üben:* sie hat immer etwas zu k.; an seiner Arbeit gibt es nichts zu k.
Krit|ze|lei, die; -, -en (ugs. abwertend): **1.** ⟨o. Pl.⟩ *[dauerndes] Kritzeln.* **2.** *etw. Gekritzeltes; Gekritzel.*
krit|zeln ⟨sw. V.; hat⟩ [Vkl. von mhd. kritzen, ahd. krizzōn = (ein)ritzen, wohl Nebenf. von ↑kratzen]: **1.** *wahllos Schnörkel, Striche o. Ä. zeichnen:* das Kind kritzelt [mit seinen Stiften] auf einem Blatt Papier. **2.** *klein u. eng, in unregelmäßigen Schriftzügen schreiben:* was kritzelst du denn da?; Bemerkungen an den Rand k.; sie kritzelte eine Telefonnummer in ihr Notizbuch; Wo sie in diesen Tagen ist, meldet später ein Brief, der mich in Europa erreicht, ein langer

Brief, gekritzelt auf Deck eines Schiffes (Frisch, Montauk 186).
Kro|a|te, der; -n, -n: Ew.
Kro|a|ti|en, -s: Staat in Südosteuropa.
Kro|a|tin, die; -, -nen: w. Form zu ↑ Kroate.
kro|a|tisch ⟨Adj.⟩: **a)** *Kroatien, die Kroaten betreffend; von den Kroaten stammend, zu ihnen gehörend:* wir haben -e Freunde; **b)** *in der Sprache der Kroaten:* -e Literatur.
Kro|a|tisch, das; -[s], (nur mit best. Art.:) **Kro|a|ti|sche,** das; -n: *die kroatische Sprache.*
kroch, krö|che: ↑ kriechen.
Kro|cket [auch: krɔˈkɛt], das; -s [engl. croquet < afrz. crochet, Vkl. von: croc = Haken]: *Rasenspiel, bei dem Kugeln mit hammerähnlichen Schlägern aus Holz durch kleine Tore bis zu einem Pflock, dem Ziel, getrieben werden.*
Kroe|poek [ˈkruːpuːk], der; -[s] [niederl. Schreibung für ↑ Krupuk]: *Krabbenbrot.*
Kro|kant, der; -s [frz. croquante = Knusperkuchen, zu: croquer = knabbern, lautm.]: **a)** *aus zerkleinerten Mandeln od. Nüssen u. karamellisiertem Zucker hergestellte, knusprige Masse:* Pralinen aus K.; **b)** *Pralinen aus Krokant* (a).
Kro|ket|te, Croquette [krɔˈkɛta], die; -, -n ⟨meist Pl.⟩ [frz. croquette, zu: croquer, ↑ Krokant]: *in Fett knusprig gebackenes Klößchen od. Röllchen aus Kartoffelbrei, auch aus zerkleinertem Fleisch, Fisch o. Ä.*
Kro|ko, das; -[s], -s: kurz für ↑ Krokodilleder.
Kro|ko|dil, das; -s, -e [lat. crocodilus < griech. krokódeilos, urspr. = Eidechse, eigtl. = Kieswurm (dissimiliert aus griech. krókē = Kies u. drĩlos = Wurm)]: *(in verschiedenen Arten in tropischen u. subtropischen Gewässern lebendes) großes, räuberisches Reptil mit einer aus meist höckerigen Schuppen od. Platten aus Horn bedeckten Haut, lang gestrecktem Kopf u. großem Maul mit scharfen, unregelmäßigen Zähnen u. einem langen, kräftigen, seitlich abgeplatteten Schwanz.*
Kro|ko|dil|le|der, das: *aus der Haut von Krokodilen gefertigtes Leder, das bes. zur Herstellung von Handtaschen, Schuhen, Gürteln o. Ä. verwendet wird.*
Kro|ko|dils|trä|ne, die ⟨meist Pl.⟩ [nach der Legende, dass Krokodile, um ihre Opfer anzulocken, wie Kinder weinen, u. vielleicht im Hinblick auf die Beobachtung, dass Krokodile tränenähnliche Sekrete absondern] (ugs.): *Rührung, Mitgefühl heuchelnde Träne:* -n vergießen, weinen.
Kro|kus, der; -, -se u. ⟨seltener:⟩ - [lat. crocus < griech. krókos = Safran; schon ahd. cruogo = Safran < griech. krókos]: *(zu den Schwertliliengewächsen gehörende, auf feuchten Wiesen od. in Gärten wachsende) im Vorfrühling blühende Pflanze mit grasartigen Blättern u. trichterförmigen violetten, gelben od. weißen Blüten.*
Krön|chen, das; -s, -: Vkl. zu ↑ Krone.
Kro|ne, die; -, -n [mhd. krōne, ahd. corōna < lat. corona = Kranz, Krone < griech. korṓnē = Ring, gekrümmtes Ende des Bogens, zu: korōnós = gekrümmt]: **1. a)** *(als Zeichen der Macht u. Würde eines Herrschers bzw. einer Herrscherin) auf dem Kopf getragener breiter, oft mit Edelsteinen verzierter goldener Reif mit Zacken, sich kreuzenden Bügeln o. Ä.:* eine goldene, mit Edelsteinen besetzte, achtzackige K.; die K. der deutschen Kaiser; sie trug die K. (regierte, herrschte) zehn Jahre lang; sich die K. aufsetzen, aufs Haupt setzen; der Kaiser legte die K. nieder (dankte ab); Ü ihr Haar ist zu einer K. geflochten; * einer Sache die K. aufsetzen (alles an Unverschämtheit, Gemeinheit o. Ä. überbieten, das Maß an Frechheit o. Ä. vollmachen: mit dieser Bemerkung hat er allem die K. aufgesetzt); **b)** *durch einen Kaiser/eine Kaiserin, einen*

König/eine Königin repräsentiertes Herrscherhaus: die englische K.; **c)** (ugs.) *Kopf:* in den Wendungen jmdm. in die K. fahren (jmdn. ärgern, verstimmen: was ist dir denn in die K. gefahren?); jmdm. in die K. steigen (↑ Kopf 1); einen in der K. haben (betrunken sein). **2. a)** *bei etw. oben aufgesetzter [in der Form an eine Krone erinnernder] Teil:* die Wellen hatten alle eine weiße K. aus Schaum; Vom Glockenturm aber blickte Don Taddeo. Er stand in der engen K. des Turmes, er sah sich nur den Ring der Zinnen (H. Mann, Stadt 440); **b)** *Kurzf. von* ↑ Baumkrone. **3.** ⟨o. Pl.⟩ *höchstes denkbares Maß; Vollendung einer Sache:* die K. des Glücks, des Lebens; der Mensch ist, hält sich für die K. der Schöpfung; Als K. des Widersinns aber will uns erscheinen, dass sie tatsächlich als Ausweis für jeden von ihnen begangenen Wahnwitz irgendeine Bibelstelle vorwiesen, die, aus dem Zusammenhang gerissen, ihnen die Glaubensunterlage für ihre Untaten gab (Thieß, Reich 332). **4.** *(meist einfacherer) Kronleuchter:* eine K. aus Bronze mit sechs Armen. **5.** (Bot.) *von einem äußeren grünen Kelch umgebene Blütenblätter; Gesamtheit der Kronblätter.* **6. a)** (Jägerspr.) *oberster, mindestens drei Sprossen umfassender Teil des Geweihs bei Hirschen;* **b)** (Jägerspr.) *Geweih des Rehbocks;* **c)** (Zool.) *wulstartiger Rand oberhalb des Hufes od. der Klaue.* **7.** (Zahnmed.) **a)** Kurzf. von ↑ Zahnkrone; **b)** *aus Metall, Porzellan o. Ä. gefertigter Ersatz für eine Zahnkrone.* **8.** *geriffeltes Rädchen, geriffelter Knopf an Armband- od. Taschenuhren zum Aufziehen des Uhrwerks od. zum Stellen der Zeiger.* **9.** Kurzf. von ↑ Dammkrone. **10.** [dän., norw. krone; isländ., schwed. krona; tschech., slowak. koruna] *Währungseinheit in Dänemark (100 Øre), Island (100 Aurar), Norwegen (100 Øre), Schweden (100 Öre) sowie in der Tschechischen u. der Slowakischen Republik (100 Heller).*
krö|nen ⟨sw. V.; hat⟩ [mhd. krœnen = (be)kränzen; krönen; auszeichnen]: **1.** *durch Aufsetzen der Krone (1 a) in Amt u. Würde eines Königs/einer Königin od. eines Kaisers/einer Kaiserin einsetzen:* der Papst krönte den deutschen Kaiser in Rom; er hat sich selbst zum Kaiser, König gekrönt; Ü Der Sieger wurde mit einem Lorbeerkranz gekrönt. **2. a)** *als oberster, aufgesetzter Teil etw. [wirkungsvoll] abschließen; den oberen [wirkungsvollen] Abschluss von etw. bilden:* eine gewaltige Kuppel krönt den Dom; **b)** *mit einer aufgesetzten Teil [wirkungsvoll] abschließen.* **3. a)** *den abschließenden Höhepunkt von etw. bilden:* diese Arbeit krönt das Lebenswerk des Künstlers; ihre Bemühungen waren von Erfolg gekrönt (waren schließlich erfolgreich); **b)** *mit einer eindrucksvollen Leistung als Höhepunkt abschließen:* sie krönte ihre sportliche Laufbahn mit dem Olympiasieg.
Kro|nen|kor|ken, Kronkorken, der: *flacher, metallener Verschluss mit gewelltem Rand, mit dem Flaschen maschinell verschlossen werden, indem der Rand von außen gegen den Flaschenhals gepresst wird.*
Kron|er|be, der: *Thronerbe.*
Kron|er|bin, die: w. Form zu ↑ Kronerbe.
Kron|ju|wel, das, auch: der ⟨meist Pl.⟩: *Juwel, wertvolles Schmuckstück im Besitz eines Herrscherhauses.*
Kron|ko|lo|nie, die [nach engl. royal od. crown colony]: *durch einen Gouverneur verwaltete auswärtige Besitzung Großbritanniens.*
Kron|kor|ken: ↑ Kronenkorken.
Kron|leuch|ter, der: *von der Decke frei herabhängender, großer, oft reich verzierter Leuchter mit mehreren Armen od. einem Reifen, auf denen die einzelnen Lampen angebracht sind:* * jmdm. geht ein K. auf (ugs. scherzh.; ↑ Licht 2 b).

Kro|nos: *Vater des Zeus.*
Kron|prä|ten|dent, der: *Thronprätendent.*
Kron|prä|ten|den|tin, die: w. Form zu ↑ Kronprätendent.
Kron|prinz, der: *Sohn, Enkel eines regierenden Kaisers od. Königs/einer regierenden Kaiserin od. Königin als Thronfolger.*
Kron|prin|zes|sin, die: **1.** *Gemahlin eines Kronprinzen.* **2.** *Tochter, Enkelin eines regierenden Kaisers od. Königs/einer regierenden Kaiserin od. Königin als Thronfolgerin.*
Kron|schatz, der: vgl. Kronjuwel.
Krö|nung, die; -, -en [mhd. krœnunge, zu ↑ krönen]: **1.** *das Krönen* (1), *feierlicher Akt der Einsetzung als Herrscher:* die K. vollziehen, vornehmen. **2.** *abschließender Höhepunkt:* der Olympiasieg ist, bildet die K. einer sportlichen Laufbahn.
Krö|nungs|fei|er|lich|keit, die ⟨meist Pl.⟩: *Feierlichkeit anlässlich einer Krönung* (1).
Krö|nungs|or|nat, der: *Ornat, den der Herrscher während der Krönung trägt.*
Kron|zeu|ge, der [im 19. Jh. nach engl. King's evidence] (Rechtsspr.): **1.** *(im angloamerikanischen Strafverfahren) jmd., der gegen Zusicherung von Straffreiheit als [Haupt]zeuge der Anklage in einem Prozess um eine Straftat auftritt, an der er selbst beteiligt war.*
Kron|zeu|gen|re|ge|lung, die (Rechtsspr.): *(bei terroristischen Straftaten u. Straftaten einer kriminellen Vereinigung) Regelung, nach der ein Täter eine mildere Bestrafung od. Straffreiheit erhalten kann, wenn er freiwillig Aussagen macht, die eine begangene Straftat aufzuklären od. eine geplante zu verhindern helfen.*
Kron|zeu|gin, die: w. Form zu ↑ Kronzeuge.
◆ **Kroop,** das; -[e]s, -e [niederd. kröp, ↑ Kroppzeug] (nordd.): *kleines Kind, Wickelkind:* ...Korbwagen ..., in welchem das »Kroop« Elise liegt (Raabe, Chronik 124).
Kropf, der; -[e]s, Kröpfe [mhd., ahd. kropf, wahrsch. urspr. = Rundung, Krümmung, Ausbiegung u. verw. mit ↑ Kringel; vgl. auch Krüppel]: **1.** *(durch eine krankhafte Vergrößerung der Schilddrüse bewirkte) nach außen meist sichtbare, oft auffällige Verdickung des Halses an der Vorderseite:* sie hat einen K., lässt ihren K. operieren; * **überflüssig, unnötig sein wie ein K.** (ugs., oft scherzh.; *völlig überflüssig, ganz und gar nicht notwendig sein).* **2.** *bei vielen Vogelarten vorhandene Erweiterung der Speiseröhre, in der die Nahrung vorübergehend aufbewahrt, für die Verdauung aufbereitet wird:* das Futter für die Brut aus dem K. würgen.
Kröpf|chen, das; -s, -: Vkl. zu Kropf (2).
kröp|fen ⟨sw. V.; hat⟩ [mhd. krüpfen = den Kropf füllen]: **1.** *(von Raubvögeln) Nahrung in den Kropf* (2) *aufnehmen; fressen.* **2.** (landsch.) *durch zwangsweise Fütterung mästen:* Gänse k. **3. a)** (Bauw., Archit.) *(von Gesims, Gebälk o. Ä.) einen Vorsprung der Mauer (z. B. einen Pfeiler, eine Säule) herumführen;* **b)** (Handwerk) *(von Holzleisten o. Ä.) an Ecken von Möbeln o. Ä. durch schrägen Zuschnitt genau aneinanderfügen, auf Gehrung* (a) *zusammenfügen;* **c)** (Technik) *(von Stäben, Wellen, Rohren o. Ä.) an mindestens zwei Stellen so biegen, dass die voll gebogenen Teile danach parallel verlaufen:* Profilstäbe k.; ein gekröpfter Schraubenschlüssel.
Kropp|zeug, das ⟨o. Pl.⟩ [niederd. kröptüg, zu: kröp (Klein)vieh, zu mniederd. krüpen = kriechen u. eigtl. = kriechendes Wesen] (ugs.): **1.** (oft scherzh.) *kleine Kinder; Kinderschar.* **2.** (abwertend) *bestimmte Gruppe von Menschen, die als asozial, verbrecherisch o. ä. angesehen wird;* ²Pack. **3.** (abwertend) *unnützes*

kross – krummlegen

Zeug, minderwertige Dinge, nutzloser Kram: wirf doch das ganze K. endlich in den Müll!
kross [niederd., eigtl. = brüchig, spröde, lautm.] (bes. nordd.): *knusprig:* -e Brötchen; das Brot ist noch ganz frisch und k.
Krö|sus, der; - u. -ses, -se [nach lat. Croesus, griech. Kroîsos, dem letzten, unermesslich reichen König von Lydien im 6. Jh. v. Chr.] (oft scherzh.): *jmd., der über Reichtümer verfügt, im Verhältnis zu andern sehr reich ist:* sich als K. fühlen, aufspielen; er ist ein [wahrer] K.; wir sind alle keine -se.
Krö|te, die; -, -n [mhd. kröte, krot(te), ahd. krota, kreta, H. u.]: **1.** *dem Frosch ähnliches, plumpes Tier mit breitem Kopf, vorquellenden Augen u. warziger, Giftstoffe absondernder Haut:* eine hässliche, widerwärtige, giftige K.; *eine K./-n schlucken* (ugs.; *etw. Unangenehmes [stillschweigend] hinnehmen; sich mit einer lästigen Sache [ohne Sträuben] abfinden:* sie hat in ihrem Berufsleben viele -n schlucken müssen). **2. a)** (ugs. scherzh.) *kleines Kind, bes. Mädchen:* so eine kleine, freche K.!; wo sind denn eure [kleinen] -n?; **b)** (ugs. abwertend) *Person, die als dumm, widerwärtig, bösartig angesehen wird:* das würde ich mir von dieser [unverschämten] K. nicht sagen lassen; (auch als Schimpfwort:) du blöde, dumme, widerliche K.! **3.** ⟨Pl.⟩ [viell. zu niederd. Gröschen (Pl.) = Groschen od. nach einer alten Bez. für eine bestimmte Münze] (salopp) **a)** *Geld:* eine Menge -n verdienen; **b)** *Euro, Mark o. Ä.:* die letzten -n für etwas ausgeben; ... würde es noch vor morgen jeder, der es hören wollte, erfahren, dass er dem jungen Strammin mit fünfhundert -n aus der Klemme geholfen hatte (Fallada, Herr 72).
Krö|ten|wan|de|rung, die: *(im Frühjahr stattfindende) Wanderung der Kröten zu ihren Laichplätzen.*
Kro|ton, der; -s, -e [griech. krótōn = Laus, Zecke, nach der Ähnlichkeit mit dem Aussehen des Samens]: *(zu den Wolfsmilchgewächsen gehörende) in den Tropen wachsende Pflanze.*
Krs., Kr. = Kreis.
Krü|cke, die; -, -n [mhd. krücke, ahd. krucka, im Sinne von »Krummstab, Stock mit gekrümmtem Griff« verw. mit ↑ Kringel]: **1.** *für Gehbehinderte gefertigter, bis etwa zur Ellbogen reichender Stock mit kleinem gebogenem Querholz zum Stützen am Unterarm od. längerer, sich verzweigender Stock zum Stützen in der Achselhöhle:* seit seinem Unfall muss er an, auf -n gehen; er kann sich nur noch mit -n fortbewegen. **2.** *Griff an einem Stock, Schirm o. Ä.:* die silberne K. eines Spazierstocks. **3.** (ugs. abwertend) **a)** *jmd., der als unfähig, nicht besonders tüchtig, als Versager angesehen wird:* der Schiedsrichter war eine richtige K.; **b)** *etw., was nur [noch] schlecht funktioniert:* mit der K. [von Radio] bekomme ich nur noch zwei Sender.
◆ **Krü|cken|stock:** ↑ Krückstock: ... in der Hand hielt sie einen K. (Tieck, Eckbert 8).
Krück|stock, der: *beim Gehen als Stütze dienender Stock mit handlichem Griff.*
Krück|stock|schal|tung, die (Kfz-Technik): *Gangschaltung in einem Auto mit einem aus dem Armaturenbrett herausragenden Schalthebel, der einem Krückstock ähnelt.*
krud, kru|de ⟨Adj.⟩ [lat. crudus = roh; grausam]: **1.** (veraltet) **a)** *roh, ungekocht:* ein krudes Stück Fleisch; **b)** *unverdaulich.* **2.** *(bildungsspr.) roh, ungeschliffen, unfein, nicht kunstvoll:* krude Sitten; sich k. ausdrücken, benehmen.
Kru|de|li|tät, die; -, -en [lat. crudelitas, zu: crudelis = grausam, zu: crudus, ↑ krud(e)]: **1.** (o. Pl.) *Grausamkeit* (2), *Rohheit* (2): die K. der Welt. **2.** *Grausamkeit* (2),

Rohheit (1): die Tat stellt eine unglaubliche K. dar.
Kru|di|tät, die; -, -en [lat. cruditas = Unverdaulichkeit] (bildungsspr.): **a)** ⟨o. Pl.⟩ *krude* (2) *Art:* die K. seiner Ausdrucksweise, seines Benehmens, Handelns; **b)** *kruder Ausdruck; krude Handlung;* ◆ **c)** *unverdauliches Nahrungsmittel:* Müssen nicht die glücklichen Inhaftaten einer solchen Fürstenschule die drei Klostergelübde ablegen? Erstlich das des Gehorsams ... Zweitens das der Armut, da sie nicht -en und übrige Brocken, sondern Hunger von einem Tage zum andern aufheben und übertragen (Jean Paul, Wutz 11).
Krug, der; -[e]s, Krüge: **1.** [mhd. kruoc, ahd. kruog, H. u.] *zylindrisches od. bauchig geformtes Gefäß aus Steingut, Glas, Porzellan o. Ä. mit einem od. auch zwei Henkeln, das der Aufnahme, vorübergehenden Aufbewahrung, dem Ausschenken einer Flüssigkeit dient:* ein irdener, gläserner K.; ein K. aus Ton; ein K. [mit Wasser] stellen; Spr der K. geht so lange zum Brunnen, bis er bricht *(jedes fortgesetzt begangene Unrecht o. Ä. nimmt einmal ein böses Ende; jede Langmut erschöpft sich einmal, wenn sie zu sehr strapaziert wird).* **2.** [mniederd. kröch, krüch, H. u., im heutigen Sprachgefühl als identisch mit Krug (1) empfunden] (landsch., bes. nordd.) *Wirtshaus:* Ich habe aber nicht etwa diese zwei Stunden trübselig unter der Weide gestanden, sondern im -e von Dorf Schalenberg habe ich gesessen und habe mir tüchtig die Nase begossen (Fallada, Herr 220).
Krü|gel, das; -s, - (österr.): *Bierglas mit Henkel.*
Krü|gel|chen, das; -s, -: Vkl. zu ↑ Krug.
Krüg|lein, das; -s, -: Vkl. zu ↑ Krug.
Kru|ke, die; -, -n [mniederd. krüke, wohl verw. mit Krug (1)] (bes. nordd.): **1.** *größeres krug-, flaschenähnliches Gefäß aus Ton, Steingut o. Ä.:* eine K. Schnaps. **2.** (bes. nordd., berlin. salopp) *liebenswert-schrullige Person:* eine ulkige, putzige, komische K.
Krüll|schnitt, der [zu niederd. Krull = Locke(nkopf), mniederd. krul, zu: krullen = kräuseln]: *mittelfein bis grob geschnittener Pfeifentabak.*
Krüll|ta|bak, der: *Krüllschnitt.*
Krüm|chen, das; -s, -: Vkl. zu ↑ Krume (1).
Kru|me, die; -, -n [mhd. (mniederd.) krume, mniederd. krome, krome = (innerer) weicher Teil; Bröckchen, verw. mit ↑ krauen]: **1.** *kleines [abgebröckeltes] Stück, Bröckchen bes. von Brot, Kuchen o. Ä.:* nach dem Essen lagen viele -n auf dem Tisch; er hat den großen Kuchen bis auf die letzte K. *(ganz u. gar)* aufgegessen; ein paar -n *(eine kleine Menge)* Tabak; ... und zwang sich, sein Stück Brot nicht in sich hineinzuschlingen, sondern, da lange Erfahrung ihn gelehrt hatte, dass der Hunger so besser gestillt wurde, jede K. *(jedes kleine Stück)* auf der Zunge zergehen zu lassen (Heym, Schwarzenberg 143). **2.** ⟨Pl. selten⟩ *weiches Inneres von Brot, Brötchen o. Ä.:* sie isst am liebsten die K., die Kruste schneidet sie ab. **3.** Kurzf. von ↑ Ackerkrume.
Krü|mel, der; -s, - [Vkl. von ↑ Krume]: **1.** *kleine Krume* (1): lass nicht so viele K. auf den Boden fallen!; wir haben keinen K. (ugs.; *überhaupt kein)* Salz mehr im Haus; Mit einem Blatt Papier säubere ich die Tischplatte von -n, Tabakresten und klebrigen Flecken (Kunze, Jahre 109). **2.** (fam., meist scherzh.) *kleines Kind:* sieh mal, was der K. schon alles kann!
Krü|mel|chen, das; -s, -: Vkl. zu ↑ Krume (1), ↑ Krümel (1).
krü|me|lig, krümlig ⟨Adj.⟩: **1.** *leicht in Krümel zerfallend; aus Krümeln bestehend:* eine -e

Masse; der Kuchen, das Brot war ganz k. **2.** *mit Krümeln bedeckt; voller Krümel:* um den Teller herum war das Tischtuch ganz k.
krü|me|lig|la|chen, sich ⟨sw. V.; hat⟩ (ugs.): *sehr, herzhaft lachen, sich sehr amüsieren.*
Krü|mel|ku|chen, der (landsch.): *Streuselkuchen.*
krü|meln ⟨sw. V.; hat⟩: **1.** *leicht in Krümel zerfallen:* das Brot krümelt sehr. **2.** *[viele] Krümel machen, entstehen lassen.*
krüm|lig: ↑ krümelig.
krumm ⟨Adj.; -er, -ste, landsch.: krümmer, krümmste⟩ [mhd. krump, ahd. chrump, verw. mit ↑ Kringel]: **1.** *in seinem Wuchs, seiner Form nicht gerade, sondern eine od. mehrere bogenförmige Abweichungen aufweisend:* eine -e Linie, Nase; ein -er Schnabel, Nagel; -e Beine; sie, ihr Rücken ist mit den Jahren ganz k. geworden; k. dasitzen; er konnte das Knie nicht k. machen; einen Draht k. biegen; jmdn. k. und lahm schlagen *(zusammenschlagen, heftig schlagen).* **2.** (ugs.) *unrechtmäßig, unter Anwendung unerlaubter Mittel:* -e Sachen; etw. auf die -e Tour versuchen.
krumm|bei|nig ⟨Adj.⟩: *mit krummen Beinen versehen:* ein -er Dackel.
krumm bie|gen, krumm|bie|gen ⟨st. V.; hat⟩: *so biegen, dass etw. krumm wird:* der Wind hat den Baum krumm gebogen.
Krüm|me, die; -, -n: (veraltet) *[Weg]biegung.*
◆ *Die Straße, ... diese folgt der Flüsse Lauf, der Täler freien -n (Schiller, Piccolomini I, 4).*
krüm|men ⟨sw. V.; hat⟩ [mhd. krümben, ahd. chrumben]: **1.** *krumm machen:* ein Bein, einen Finger k.; die Jahre hatten ihren/ihr den Rücken gekrümmt *(allmählich krumm werden lassen);* in gekrümmter Haltung, gekrümmt *(krumm)* sitzen. **2.** ⟨k. + sich⟩ **a)** *eine krumme Haltung annehmen; sich winden:* sich in Kämpfen, vor Schmerzen k.; Ü Er krümmte sich dann unter einem idiotischen Schuldgefühl (Kronauer, Bogenschütze 146); **b)** *krummlinig verlaufen:* die Straße krümmt sich zwischen den Häusern; (Geom.:) eine gekrümmte Linie, Fläche.
krüm|mer: ↑ krumm.
◆ **Krumm|mes,** das, Krumme/ein Krummes; des/eines Krummen [viell. eigtl. = krummes Stück]: *böser Streich; Unrechtes o. Ä.:* Sie hätten immer Angst, es gebe daheim etwas K. *(es gehe etwas schief, passiere etwas Unangenehmes;* Gotthelf, Spinne 13).
krumm|ge|hen ⟨unr. V.; ist⟩ (ugs.): *misslingen, ein Misserfolg werden:* die ganze Sache ging leider krumm.
Krumm|holz, das ⟨Pl. ...hölzer⟩: **1.** ⟨o. Pl.⟩ *Knieholz.* **2.** *im Schiffbau, für Schlittenkufen, Kummethölzer verwendetes, natürlich gekrümmtes Stück Holz.* ◆ **3.** (landsch.) *gekrümmtes Stück Holz zum Aufhängen eines geschlachteten Tieres:* Und er brachte das Stück; das K. war es, der Schlächter hatte daran das Schwein gehängt (Goethe, Reineke Fuchs 1, 133f.).
Krumm|horn, das: **1. a)** *bes. im 16./17. Jh. verwendetes Holzblasinstrument in Form einer zylindrischen, am Ende kegelförmig gebohrten Röhre mit doppeltem Rohrblatt;* **b)** *zart klingendes Zungenregister der Orgel mit zylindrischem Aufsatz.* **2.** *ausgestorbener, aus dem Silur bekannter, meerbewohnender Kopffüßer mit kegelförmigem, gekrümmtem Gehäuse.*
krumm|la|chen, sich ⟨sw. V.; hat⟩ (ugs. emotional): *(über etw. Komisches, Lustiges) überaus heftig lachen [müssen]:* *sich krumm- und schieflachen;* (ugs.): *sich krummlachen.*
krumm|le|gen, sich ⟨sw. V.; hat⟩ (ugs.): **1.** *sich bei seinen Ausgaben für den Lebensunterhalt sehr einschränken, um einen Teil des Einkommens für einen anderen Zweck zu erübrigen:* sich für ein neues Auto k. **2.** *sich abmühen, abplagen:* er

krummlinig – Kübelpflanze

hat sich krummgelegt, um den Aufstieg in der Firma zu schaffen; sich für seinen Verein k.
krumm|li|nig ⟨Adj.⟩: *in krummer* (1) *Linie verlaufend:* eine -e Straße.
¹krumm|ma|chen, sich ⟨sw. V.; hat⟩: *sich plagen.*
krumm ma|chen, ²krumm|ma|chen ⟨sw. V.; hat⟩: *bewirken, dass etw. krumm wird:* das Knie k. m.
krumm|na|sig ⟨Adj.⟩: *mit krummer, gebogener Nase ausgestattet.*
krumm|neh|men ⟨st. V.; hat⟩ (ugs.): *übel nehmen:* sie hat [mir] meine Bemerkung nicht krummgenommen.
Krumm|sä|bel, der: *Säbel mit gekrümmter Klinge.*
Krumm|schwert, das: vgl. Krummsäbel.
Krumm|stab, der: *Bischofsstab.*
krümms|te: ↑ krumm.
Krüm|mung, die, -, -en: **1.** (selten) *das Krümmen* (1). **2. a)** *bogenförmige Abweichung von einem geraden Verlauf:* die K. der Wirbelsäule, eines Weges; **b)** (Geom.) *Abweichung einer Kurve od. Fläche von einer Geraden bzw. Ebene.*
Krüm|mungs|kreis, der (Geom.): *Kreis, der eine ebene Kurve in einem bestimmten Punkt berührt u. dessen Krümmung an dieser Stelle gleich der der Kurve selbst ist.*
Krüm|mungs|ra|di|us, der (Geom.): *Radius des Krümmungskreises.*
Krum|pel, (seltener:) **Krüm|pel,** die; -, -n [verw. mit ↑ Krampe, Krampf] (landsch.): *Knitterfalte.*
krum|pe|lig, (seltener:) **krüm|pe|lig,** krumplig ⟨Adj.⟩ (landsch.): *zerknittert, faltig:* du hast deinen Rock ganz k. gemacht.
krum|peln, (seltener:) **krüm|peln** ⟨sw. V.; hat⟩ [verw. mit ↑ krumpen] (landsch.): *knittern.*
krumpf|arm ⟨Adj.⟩ (Textilind.): *kaum einlaufend:* -es Gewebe.
krumpf|echt ⟨Adj.⟩ (Textilind.): *nicht einlaufend:* dieser Stoff, dieses Gewebe, der Vorhang ist k.
krump|fen ⟨sw. V.; hat⟩ [eigtl. = einlaufen (von Stoffen), verw. mit ↑ krimpen] (Textilind.): *ein Gewebe so präparieren, dass es beim Nasswerden nicht einläuft.*
krumpf|frei ⟨Adj.⟩ (Textilind.): *krumpfecht.*
Krupp, der; -s [engl. croup, zu älter: to croup = krächzen] (Med.): *mit heiserem, tonlosem Husten u. Einengung des Kehlkopfes einhergehende, entzündliche Schwellung der Kehlkopfschleimhaut.*
Krup|pa|de, die; -, -n [frz. croupade, zu: croupe, ↑ Kruppe] (Reiten): *Sprung des Pferdes in die Höhe mit eingezogenen Hinterbeinen als eine Figur der Hohen Schule.*
Krup|pe, die; -, -n [frz. croupe, verw. mit ↑ Kropf]: *Kreuz* (9) *des Pferdes.* **K.** abklopfen.
Krüp|pel, der; -s, - [mhd. (md.) krüp(p)el, mniederd. krop(p)el, kröpel, eigtl. = der Gekrümmte, verw. mit ↑ Kringel; vgl. auch Kropf] (emotional): *körperbehinderter Mensch:* jmdn. zum K. fahren, schlagen; der Unfall machte ihn zeitlebens zum K.

Die Bezeichnung *Krüppel* gilt als stark diskriminierend. Um sich von konventionellen Behinderteninitiativen abzusetzen, verwenden jedoch einige Gruppen dieses Wort als Eigenbezeichnung.

krüp|pel|haft ⟨Adj.⟩: *durch Behinderungen im Wachstum Fehlbildungen aufweisend:* ein -er Wuchs.
krüp|pe|lig, krüpp|lig ⟨Adj.⟩: *durch behindertes Wachstum missgestaltet; verkrüppelt:* -e Bäume.
Kru|puk [indones. krupuk = Krabbenbrot]: ↑ Kroepoek.
krüsch ⟨Adj.⟩ [mit Umstellung des r aus kürsch, zu: küren = (aus)wählen] (norddt.): *wählerisch im Essen:* bist du aber k.!

Kruscht, der; -s (landsch. ugs.): *Kram, Krempel.*
Kru|sel|haar, das; -[e]s [zu ↑ kräuseln] (schweiz.): *Kraushaar.*
¹kru|se|lig ⟨Adj.⟩ (schweiz.): *(vom Haar) kraus, gekräuselt.*
²kru|se|lig ⟨Adj.⟩ [niederd.; auch: krüselig] (landsch.): *würzig.*
krü|seln ⟨sw. V.; hat⟩ [zu niederd. krüsel = Kreisel] (norddt.): *kreiseln, sich drehen:* der Wind fing an zu k.
Krü|sel|wind, der (norddt.): *kreiselnder, sich drehender Wind.*
Krus|pel|spitz, der; -es, -e (österr.): *Fleisch vom Rind unter dem Kamm; Kavalierspitz.*
Krüst|chen, das; -s, -: Vkl. zu ↑ Kruste.
Krus|te, die; -, -n [mhd. kruste, ahd. krusta < lat. crusta = Rinde, Schale]: **a)** *hart gewordene äußere Schicht, Oberfläche:* die K. des Brotes, der Erde; der Braten hat eine gleichmäßige K.; **b)** *harter Überzug aus einer bestimmten Schicht;* eine K. aus/von Blut, Weinbrandbohnen mit K. *(harter Zuckerschicht im Innern).*
Krus|ten|tier, das: *Krebs* (1 a).
krus|tig ⟨Adj.⟩: *mit einer Kruste* (b) *bedeckt.*
Krux, Crux, die; - [lat. crux = Kreuz] (bildungsspr.): **a)** *Last, Kummer, Leid:* seine K./Crux tragen; man hat schon seine K./Crux mit dir; **b)** *Schwierigkeit:* die K./Crux mit der Sache ist, dass...
Kru|zi|fe|re, die; -, -n ⟨meist Pl.⟩ [zu lat. crux (Gen.: crucis) = Kreuz u. ferre = tragen] (Bot.): *Kreuzblütler.*
Kru|zi|fix [auch: ...'fɪks], das; -es, -e [spätmhd. cruzifix < mlat. crucifixum (signum) = ans Kreuz geheftet (es Zeichen), zu lat. crucifigere = kreuzigen]: *Nachbildung, plastische Darstellung des gekreuzigten Christus; Kreuz mit dem gekreuzigten Christus:* über der Tür hängt ein K.; ein K. an einer Kette um den Hals tragen.
Kru|zi|fi|xus, der; - (Kunstwiss.): *Figur des Gekreuzigten.*
Kru|zi|tür|ken [wohl zusgez. aus Kruzifix u. Türken, viell. gepr. zur Zeit der Türkeneinfälle (16./17. Jh.)] (salopp): **a)** *Ausruf der Verwünschung, des Zorns;* **b)** *Ausruf des Erstaunens.*

Kry-: ↑ Kryo-.

Kryo-, (vor Vokalen:) **Kry-** [zu griech. krýos]: Best. in Zus. mit der Bed. *Kälte, Frost* (z. B. Kryästhesie, Kryobiologie).
Kryo|lith [auch: ...'lɪt], der; -s od. -en, -e[n] [zu griech. líthos = Stein, urspr., weil das Mineral so leicht schmelze wie Eis, später nach dem eisähnlichen Aussehen]: *weißes, auch rötliches bis bräunliches, sehr leicht schmelzbares Mineral, das bei der Aufbewahrung von Reliquien, zur Herstellung von Aluminium, Milchglas, Emaille u. a. verwendet wird.*
Kryo|the|ra|pie [auch: ...'piː], die; -, -n (Med.): *Anwendung von Kälte zur Zerstörung von krankem Gewebe durch Erfrieren.*

krypt-, Krypt-: ↑ krypto-, Krypto-.

Kryp|ta, die; -, ...ten [lat. crypta < griech. kryptḗ = verdeckter, unterirdischer Gang; Gewölbe, zu: krýptein = verbergen, verstecken]: *meist unter dem Chor einer [romanischen] Kirche liegender, [halb] unterirdischer gewölbter Raum, der als Aufbewahrungsort für Reliquien, als Grabstätte geistlicher u. weltlicher Würdenträger u. zu kultischen Zwecken dient.*
kryp|tisch ⟨Adj.⟩ [spätlat. crypticus < griech. kryptikós = verborgen] (bildungsspr.): *unklar in seiner Ausdrucksweise od. Darstellung u. daher schwer zu deuten, dem Verständnis

Schwierigkeiten bereitend:* ein -er Redestil; sich k. ausdrücken.

kryp|to-, Kryp|to-, (vor Vokalen auch:) krypt-, Krypt- [zu griech. kryptós, zu: krýptein, ↑ Krypta]: Best. in Zus. mit der Bed. *verborgen, versteckt, geheim* (z. B. Kryptogame, kryptogen, Kryptonym).

Kryp|to|gra|fie, Kryptographie, die; -, -n [↑ -grafie]: **1.** (Psychol.) *absichtslos entstandene Kritzelzeichnung eines Erwachsenen.* **2.** (veraltet) *Geheimschrift.* **3.** *Teilgebiet der Informatik, das sich mit der Entwicklung u. Bewertung von Verfahren der Verschlüsselung geheimer Daten befasst.*
Kryp|to|gramm, das; -s, -e [↑ -gramm]: **1.** *in einem Text nach einem bestimmten System versteckte Buchstabenfolge mit einer über den Text hinausgehenden Information wie z. B. dem Verfassernamen, einer Widmung o. Ä.* **2.** (veraltet) *Geheimtext.*
Kryp|to|gra|phie: ↑ Kryptografie.
Kryp|to|lo|gie, die; - [↑ -logie]: *Teilgebiet der Informatik, das sich mit der Lehre von der Entwicklung u. Bewertung von Verfahren zur Verschlüsselung von Daten im Rahmen des Datenschutzes befasst.*
Kryp|ton [auch: ...'tɔn], das; -s [engl. krypton, 1898 gepr. von dem brit. Chemiker W. Ramsay (1852–1916), zu griech. kryptós = verborgen]: *farb- u. geruchloses Edelgas, das u. a. zur Füllung von Glühlampen verwendet wird (chemisches Element; Zeichen: Kr).*
Kryp|ton|lam|pe, die; -, -n: *mit Krypton gefüllte Glühlampe von starker Leuchtkraft.*
Kryp|to|nym, das; -s, -e [zu griech. ónyma = Name]: *Verfassername, dessen Buchstaben in Wörtern bzw. Sätzen verborgen sind od. der nur aus den Anfangsbuchstaben od. -silben besteht.*
KSZE, die; - (früher:) Konferenz über Sicherheit und Zusammenarbeit in Europa.
KSZE-Kon|fe|renz, die ⟨o. Pl.⟩: KSZE.
Kt. = ²Kanton.
Ku|a|la Lum|pur: Hauptstadt von Malaysia.
Ku|ba; -s: Inselstaat im Karibischen Meer.
Ku|ba|ner, der; -s, -: Ew.
Ku|ba|ne|rin, die; -, -nen: w. Form zu ↑ Kubaner.
ku|ba|nisch ⟨Adj.⟩: *Kuba, die Kubaner betreffend; von den Kubanern stammend, zu ihnen gehörend.*
Ku|ba|tur, die; -, -en [zu ↑ Kubus] (Math.): **1.** *Erhebung zur dritten Potenz.* **2.** *Berechnung des Rauminhalts.* **3.** (österr.) *Rauminhalt, umbauter Raum [eines Hauses].*
Kü|bel, der; -s, - [mhd. kübel, ahd. kubelen (Pl.) < mlat. cupellus = kleines Trinkgefäß, Vkl. von lat. cupa, ↑ ²Kufe]: **a)** *größeres, nach oben hin etwas erweitertes Gefäß aus Holz, Metall, Ton o. Ä. mit einem od. zwei Henkeln:* ein K. mit Abfällen; den K. [aus]leeren; Oleander, Palmen in -n; Sekt in den K. *(Sektkübel)* stellen; das Essen wurde in -n transportiert; Ü K. voll/von Bosheit, Schmutz über jmdn./(selten:) jmdm. ausgießen (ugs.; *sehr schlecht über jmdn. reden);* * **es gießt [wie] mit [wie] aus/in -n** (ugs.; *es regnet heftig);* **b)** *in Gefängniszellen anstelle eines WCs benutztes Gefäß.*
Kü|bel|mann, der ⟨Pl. ...männer⟩ (schweiz. ugs.): *jmd., der im Auftrag der Müllabfuhr die Mülltonnen ausleert.*
kü|beln ⟨sw. V.; hat⟩: **1.** (ugs.) *(aus Kübeln) ausgießen, ausleeren:* Wasser ins Feuer k. **2.** (salopp) *große Mengen Alkohol trinken:* abends kübeln sie mächtig. **3.** (salopp) *sich erbrechen.* **4.** (Jargon) *den Kübel* (b) *benutzen.*
Kü|bel|pflan|ze, die: *im Kübel* (a) *wachsende, für einen Kübel geeignete [größere] Pflanze.*

Kü|bel|wa|gen, der: **1.** [nach der offenen, eckigen Form des Fahrzeugs] *offenes Militärauto.* **2.** (Eisenbahn) *Güterwagen mit abnehmbaren Kübeln* (a).

kü|bel|wei|se ⟨Adv.⟩: **a)** *in Kübeln* (a): die Abfälle werden k. abtransportiert; **b)** *in großen Mengen, wie aus Kübeln* (a).

Ku|ben: Pl. von ↑ Kubus.

ku|bie|ren ⟨sw. V.; hat⟩ [zu ↑ Kubus] (Math.): *in die dritte Potenz erheben.*

Ku|bịk [auch, österr. nur: ...'bɪk] ⟨o. Art.⟩ [kurz für ↑ Kubikzentimeter; der Hubraum eines Pkw wird meist in cm³ angegeben] (Jargon): *Kubikzentimeter (als Maß für den Hubraum eines Motors):* der Wagen hat 2 265 K.

Ku|bik|de|zi|me|ter, der, früher fachspr. auch: das; -s, - [zu frz. cubique < lat. cubicus < griech. kybikós, ↑ kubisch]: *Raummaß von je 1 dm Länge, Breite u. Höhe (Zeichen: cdm, Fachspr. nur noch: dm³).*

Ku|bik|fuß, der ⟨Pl. -⟩: vgl. Kubikdezimeter.

Ku|bik|in|halt, der: *Rauminhalt.*

Ku|bik|ki|lo|me|ter, der: vgl. Kubikdezimeter (Zeichen: ckm, Fachspr. nur noch: km³).

Ku|bik|maß, das: *Raummaß.*

Ku|bik|me|ter, der, früher fachspr. auch: das; -s, -: vgl. Kubikdezimeter (Zeichen: cbm, Fachspr. nur noch: m³).

Ku|bik|mil|li|me|ter, der, früher fachspr. auch: das; -s, -: vgl. Kubikdezimeter (Zeichen: cmm, Fachspr. nur noch: mm³).

Ku|bik|wur|zel, die (Math.): *dritte Wurzel aus einer Zahl.*

Ku|bik|zahl, die (Math.): *Zahl, die als dritte Potenz einer anderen darstellbar ist.*

Ku|bik|zen|ti|me|ter, der, früher fachspr. auch: das; -s, -: vgl. Kubikdezimeter (Zeichen: ccm, Fachspr. nur noch: cm³).

ku|bisch ⟨Adj.⟩ [lat. cubicus < griech. kybikós, ↑ Kubus]: **1.** (bildungsspr., Fachspr.) *würfelförmig:* eine Architekturformen. **2.** (Math.) *in der dritten Potenz vorliegend:* eine -e Gleichung (Gleichung dritten Grades).

Ku|bịs|mus, der; - (Kunstwiss.): *Kunstrichtung des frühen 20. Jh.s, die durch Auflösung des Organischen in geometrische Formen u. gleichzeitige Mehransichtigkeit des Bildgegenstandes charakterisiert ist.*

Ku|bịst, der; -en, -en: *Vertreter des Kubismus.*

Ku|bịs|tin, die; -, -nen: w. Form zu ↑ Kubist.

ku|bịs|tisch ⟨Adj.⟩: *den Kubismus betreffend; im Stile des Kubismus.*

Ku|bus, der; -, Kuben [lat. cubus < griech. kýbos]: **1.** *Würfel.* **2.** (Math.) *dritte Potenz einer Zahl.*

Kü|che, die; -, -n [mhd. kuchen, ahd. chuhhina < spätlat. coquina (vlat. cocina) = Küche, zu: coquere, ↑ kochen]: **1.** *Raum zum Kochen, Backen, Zubereiten der Speisen:* eine kleine, modern eingerichtete K.; sie hat alles aufgetischt, was K. und Keller zu bieten hatten (hat die Gäste reich mit Speisen u. Getränken bewirtet); in der K. essen, hantieren, helfen; den ganzen Tag in der K. stehen [müssen] (ugs.; *in der Küche arbeiten [müssen]*); eine Zweizimmerwohnung mit K. und Bad. **2.** *Kücheneinrichtung:* die Anschaffung einer K. **3. a)** *das Kochen, Backen, die Zubereitung von Speisen als Arbeitsbereich:* eine gut geführte K.; **b)** *Art der Speise, die Zubereitens:* eine gutbürgerliche K.; die französische, regionale K.; in dem Restaurant gibt es bis 22 Uhr warme und kalte K. *(warme und kalte Speisen).* **4.** *Küchenpersonal:* die K. hat heute frei.

Kü|chel, das; -s, - [zu ↑ Kuchen] (südd.): *Schmalzgebackenes, Krapfen.*

Ku|chen, der; -s, - [mhd. kuoche, ahd. kuocho, urspr. wohl Kinderspr. = Speise, Brei]: **1.** *[größeres, in einer Backform gebackenes] Gebäck aus* Mehl, Fett, Zucker, Eiern u. anderen Zutaten: ein K. mit Streusel; der K. ist nicht durchgebacken; einen K. backen, anschneiden; ein Stück K. essen; im Sandkasten K. backen *(Sand in Förmchen pressen u. so auskippen, dass die Form erhalten bleibt);* jmdn. zu Kaffee und K. einladen; * ⟨meist Pl.⟩ *kleiner K.* (landsch.; *Plätzchen, Kleingebäck:* kleine K. backen). **2.** *Rückstand von ausgepressten Trauben od. Ölfrüchten.*

Kụ|chen|ab|fall, der ⟨meist Pl.⟩: *Abfall bei der Zubereitung von Speisen o. Ä.*

Kụ|chen|blech, das: *Backblech für Kuchen.*

Kụ|chen|bo|den, der: *Fußboden einer Küche.*

Kụ|chen|bü|fett, Kụ|chen|buf|fet, das: *Küchenschrank.*

Kụ|chen|bul|le, der (salopp, bes. Soldatenspr.): *Koch in einer Großküche, Kantine.*

Kụ|chen|chef, der: *Chef der Küche* (4).

Kụ|chen|che|fin, die: w. Form zu ↑ Küchenchef.

Kụ|chen|fee, die (ugs. scherzh.): *Köchin.*

Kụ|chen|fens|ter, das: *Fenster in einer Küche.*

Kụ|chen|form, die: *metallene od. irdene Form, in der ein Kuchen gebacken wird.*

Kụ|chen|ga|bel, die: *kleine Gabel mit drei Zinken, mit der Kuchen, besonders Torte, gegessen wird.*

Kụ|chen|ge|rät, das: *für die Arbeit in der Küche verwendetes Gerät.*

Kụ|chen|herd, der: *Herd* (1).

Kụ|chen|hil|fe, die: *meist weibliche Person, die in einer [Groß]küche hilft.*

Kụ|chen|jun|ge, der (veraltet): *Lehrjunge in einer Küche.*

Kụ|chen|ka|bi|nett, das [LÜ von engl. kitchen cabinet, urspr. = inoffizieller, aber sehr einflussreicher Beraterstab des amerik. Präsidenten] (bildungsspr. scherzh.): *[inoffizieller] Beraterstab einer einflussreichen Persönlichkeit, bes. eines Politikers.*

Kụ|chen|kraut, das ⟨meist Pl.⟩: *im Garten angebaute Gewürzpflanze.*

Kụ|chen|la|tein, das; -s: **1.** [gepr. von dem ital. Humanisten L. Valla (1407–57), der dem ital. Humanisten G. F. Poggio Bracciolini (1380–1459) vorwarf, er habe sein Latein bei einem Koch gelernt u. anschlage das grammatisch richtige Latein, wie jener Töpfe zerbreche] (iron.) *schlechtes Latein (wie z. B. an den Universitäten u. Klöstern im späten Mittelalter üblich).* **2.** (scherzh.) *Küche, Kochen, Gastronomie o. Ä. betreffender Fachjargon.*

Kụ|chen|ma|schi|ne, die: *elektrisches Küchengerät für Arbeiten in der Küche.*

Kụ|chen|meis|ter, der: *[als Küchenchef tätiger] Koch, der die Meisterprüfung abgelegt hat.*

Kụ|chen|meis|te|rin, die: w. Form zu ↑ Küchenmeister.

Kụ|chen|mes|ser, das: *bei Arbeiten in der Küche verwendetes spitzes Messer mit Holz- od. Kunststoffgriff.*

Kụ|chen|mö|bel, das ⟨meist Pl.⟩: vgl. Küchenschrank.

Kụ|chen|per|so|nal, das: **1.** (veraltend) *Personal einer Küche [in größeren Haushalten].* **2.** *Personal einer Großküche.*

Kụ|chen|scha|be, die: *unangenehmen Geruch verbreitende, panzerähnlich behaarte schwarze Schabe, die Nahrungsmittel schädigt.*

Kụ|chen|schel|le, die [wahrsch. aus mundartl. Kucke = halbe Eierschale (volksetym. an Küche angelehnt) u. Schelle, nach der glockenförmigen Blüte]: *Kuhschelle.*

Kụ|chen|schrank, der: *zur Küche gehörender Schrank, besonders für Geschirr.*

Kụ|chen|schür|ze, die: *bei der Arbeit in der Küche getragene Schürze.*

Kụ|chen|stück, das: *zum Essen abgeschnittenes Stück eines Kuchens.*

Kụ|chen|stuhl, der: *Stuhl für die Küche.*

Kụ|chen|teig, der: *Teig, aus dem Kuchen gebacken wird.*

Kụ|chen|tel|ler, der: **a)** *Teller mit Kuchen;* **b)** *Teller für Kuchen.*

Kụ|chen|tisch, der: *[viereckiger] Tisch zum Essen u. Arbeiten in der Küche.*

Kụ|chen|tuch, das ⟨Pl. ...tücher⟩: *Geschirrtuch.*

Kụ|chen|tür, die: *Tür zur Küche.*

Kụ|chen|uhr, die: *Uhr für die Küche.*

Kụ|chen|waa|ge, die: *beim Backen u. Kochen verwendete kleinere Waage.*

Kụ|chen|zei|le, die (Fachspr.): *Zeile* (2) *mit Küchenmöbeln u. technischen Einrichtungen einer Küche.*

Kụ|chen|zet|tel, der: *für eine bestimmte Zeit im Voraus festgelegte Zusammenstellung von Speisen.*

¹Küch|lein, das; -s, - [spätmhd. kuchelīn, Vkl. von: kuchen = Küken] (geh., veraltet): *Küken.*

²Küch|lein, das; -s, -: *kleiner Kuchen.*

ku|cken (nordd.): ↑ gucken.

Kü|cken: ↑ Küken.

ku|ckuck [auch: 'ku:kʊk] ⟨Interj.⟩: **1.** lautm. für *das Rufen des Kuckucks.* **2.** (ugs.) *Ruf beim Versteckspiel, mit dem sich jmd. kurz bemerkbar macht, um sich [leichter] suchen zu lassen.*

Kụ|ckuck, der; -s, -e: **1.** [aus dem Niederd.-Md. < mniederd. kukuk, lautm.] bes. *in Wäldern lebender Vogel mit braungrauem Gefieder, einem leicht gekrümmten Schnabel u. langem Schwanz, der seine Eier zum Ausbrüten in Nester von Singvögeln legt:* der K. ruft; * [in den folgenden Wendungen steht »Kuckuck« verhüll. für: Teufel] **an einem Ort, bei jmdm. ist der K. los** (ugs.; *an einem Ort, bei jmdm. geht es drunter u. drüber);* **[das] weiß der K.** (salopp: 1. *wer weiß ...; es ist unbekannt.* 2. *wahrhaftig; überraschenderweise ist es so);* **hol dich der K./der K. soll dich holen** (salopp; ↑ Teufel a); **zum K. [noch mal]** (salopp; *Ausruf der Verärgerung, der Ungeduld);* **beim/zum K. sein** (salopp; *verloren sein);* **jmdn. zum K. wünschen** (verhüll.; ↑ Teufel a). **2.** (iron. Bez. für den früher auf das Siegel aufgedruckten Wappenadler) (scherzh.) *Siegel, das der Gerichtsvollzieher bei der Pfändung an Einrichtungsgegenstände klebt:* bei ihm klebt der K. an/auf allen Möbeln.

Kụ|ckucks|blu|me, die [an diesen Pflanzen oft zu findenden Absonderungen der Larve einer Zikade wurden für Speichel des Kuckucks (= des Teufels) gehalten]: volkstüml. Bez. für *verschiedene Pflanzen (z. B. Sumpfdotterblume, Frauenschuh u. a.).*

Kụ|ckucks|ei, das: **1.** *Ei eines Kuckucks.* **2.** [nach dem Bild des in ein fremdes Nest gelegten Kuckucksei (1)] **a)** (ugs.) *etw. Untergeschobenes, was sich als etw. von zweifelhaftem Wert od. als unangenehme Aufgabe herausstellt:* sich als K. erweisen; **b)** (ugs.) *Kind eines anderen Vaters, das in einer Familie großgezogen wird.*

Kụ|ckucks|kind, das [vgl. Kuckucksei] (ugs.): *Kuckucksei* (2b): *die Angst vieler Väter vor -ern.*

Kụ|ckucks|uhr, die: *kleinere Wanduhr mit der Nachbildung eines Kuckucks, der aus einer aufspringenden Tür hervorguckt, wenn die halben u. vollen Stunden mit dem Ruf eines Kuckucks angezeigt werden.*

Kụd|del|mud|del, der [auch: 'kʊdl̩mʊdl̩], der od. das; -s [verdoppelnde Bildung wahrsch. mit niederd. koddeln = unsorgfältig, nicht sauber waschen u. ↑ Modder] (ugs.): *Durcheinander, Wirrwarr.*

Kụ|du, der; -s, -s [afrikaans koedoe, aus einer Bantuspr.]: *(in Afrika heimische) Antilope mit braunrotem, weiße Querstreifen aufweisendem Fell, vom Hals zum Rücken verlaufender kurzer*

Mähne u. (beim männlichen Tier) gedrehten Hörnern.

¹Ku|fe, die; -, -n [dissimiliert aus älter: Kueche, ahd. nur in: slitochōho = Schlittenkufe (vgl. mniederd. köke = ¹Kufe a), ablautende Bildung zu mniederd. kāk = Schandpfahl, Pranger, eigtl. = Stange, Ast (als Laufholz), verw. mit ↑Kegel]: **a)** *schmale, vorn hochgebogene Schiene unter einem Schlitten, Schlittschuh zum Gleiten über Schnee, Eis:* scharfe, stumpfe -n; die -n schleifen; **b)** *Bügel am Bug eines Segelflugzeugs zum Gleiten über den Boden bei Start u. Landung;* **c)** *Gestell, auf dem sich ein leichter Hubschrauber bei der Landung abstützt.*

²Ku|fe, die; -, -n [mhd. kuofe, ahd. kuofa < mlat. copa, Nebenf. von lat. cupa = Tonne]: **1.** (landsch.) Bottich, Kübel. **2.** *altes deutsches Hohlmaß unterschiedlicher Größe* (z. B. 4,85 hl in Preußen, 7,85 hl in Sachsen).

Kü|fer, der; -s, - [mhd. küefer]: **1.** (südd., schweiz.) *Böttcher, der hauptsächlich Weinfässer herstellt.* **2.** *Weinküfer.*

Kü|fe|rei, die; -, -en (südd., schweiz.): *Böttcherei.*

Kü|fe|rin, die; -, -nen: w. Form zu ↑Küfer.

Ku|gel, die; -, -n [mhd. kugel(e), urspr. = Rundung, verw. mit ↑Keule]: **1.** *völlig runder [geometrischer] Körper, bei dem alle Punkte der Oberfläche gleich weit vom Mittelpunkt entfernt sind:* eine schwere K.; eine K. aus Metall; die K. hat einen Durchmesser, einen Radius, einen Umfang von 20 cm; die Erde ist eine K. *(ist kugelförmig);* sie scheiben K. (österr.; *spielen Murmeln);* (Roulette:) wohin rollt die K.?; (Kegeln:) die K. werfen, schieben; (Kugelstoßen:) er stieß die K. über 18 m; den Weihnachtsbaum mit -n *(Weihnachtskugeln)* schmücken; * **eine ruhige K. schieben** (ugs.; *sich bei der Arbeit nicht sehr anstrengen; keine anstrengende Arbeit haben;* wohl nach dem scheinbar ohne Kraftaufwand bewirkten Dahinrollen der Kugel auf der Kegelbahn). **2.** (ugs.) *[kugelförmiges] Geschoss; Gewehr-, Pistolen-, Kanonenkugel:* die K. verfehlte ihr Ziel, traf ins Schwarze, streifte ihn am Arm; sich eine K. in den Kopf schießen, durch den Kopf jagen, sich die K. geben *(Selbstmord durch Erschießen begehen);* die -n werden aus Blei gegossen; ein von -n durchbohrter Körper. **3.** (Ballspiele Jargon) *Ball:* die K. ging am Kasten vorbei, flog ins Tor.

Ku|gel|blitz, der: *Blitz in Form einer etwa kopfgroßen, leuchtenden Kugel, die durch die Luft schwebt, spurlos verschwindet od. sich unter starkem Krach u. Funkenbildung entlädt.*

Ku|gel|blu|me, die: *krautige od. staudenartige Pflanze mit kugeligen Blütenständen.*

◆ **Ku|gel|büch|se,** die: *Gewehr, mit dem Kugeln (2) verschossen werden:* Jeder hat fünf Paar Pistolen geladen, jeder noch drei -n dazu (Schiller, Räuber II, 3).

Kü|gel|chen, das; -s, -: Vkl. zu ↑Kugel.

Ku|gel|fang, der: *Vorrichtung, bes. Erdwall, der bei einem Schießstand hinter den Schießscheiben die durchschlagenden od. fehlgehenden Geschosse auffängt:* Ü er schiebt den alten Mann als K. vor sich her *(benutzt ihn als Deckung).*

ku|gel|fest ⟨Adj.⟩: *gefeit gegen Gewehrkugeln.*

Ku|gel|fisch, der: *(bes. in tropischen u. subtropischen Meeren vorkommender, auch in Aquarien mit Warmwasser gehaltener) [bunter] Korallenfisch, der sich durch Luft- od. Wasseraufnahme kugelig aufbläst.*

Ku|gel|form, die: *Form einer Kugel.*

ku|gel|för|mig ⟨Adj.⟩: *Kugelform habend.*

Ku|gel|ge|lenk, das: **1.** (Anat.) *Gelenk, das freie Bewegungen nach allen Richtungen ermöglicht.* **2.** (Technik) *Gelenkverbindung zweier Maschi-*

nenteile, bei der sich eine Kugel in einer Hohlkugel nach allen Richtungen drehen lässt.

Ku|gel|ha|gel, der (emotional): *starkes Gewehrod. Geschützfeuer:* der Fluchtversuch scheiterte im K. der Grenzsoldaten.

ku|ge|lig, kuglig ⟨Adj.⟩ [mhd. kugeleht]: *einer Kugel gleichend; einer Kugel ähnlich:* ein -es Gefäß; eine -e (scherzh.; *kugelrunde)* kleine Person; Die Spatzen tschilpten angelegentlich in den Ecken herum, stöberten nach Körnern oder saßen kugelig aufgeblasen in den Sparren (A. Zweig, Grischa 351/352).

ku|ge|lig|la|chen, kugliglachen, sich ⟨sw. V.; hat⟩ (ugs.): *sehr, herzhaft lachen.*

Ku|gel|kopf, der (früher): *kugelförmiges, Typen (2) tragendes Teil einer elektrischen Schreibmaschine, das mithilfe der Tastatur so gestellt werden kann, dass es mit der jeweils gewünschten Type das Farbband gegen das Schreibpapier schlägt.*

Ku|gel|kopf|ma|schi|ne, die (früher): *Schreibmaschine mit Kugelkopf.*

Ku|gel|la|ger, das ⟨Pl. ...lager⟩ (Technik): *Lager (6 a), in dem durch eine Anzahl von Kugeln eine erhebliche Herabsetzung der Reibung bewirkt wird.*

ku|geln ⟨sw. V.⟩ [spätmhd. kugelen]: **1.** ⟨ist⟩ *wie eine Kugel sich um sich selbst drehend irgendwohin rollen:* der Ball kugelt unter die Bank; über ihr Gesicht kugelten dicke Tränen. **2.** ⟨hat⟩ *rollen lassen:* einen Ball über die Dielen k.; Ein Krach; mehrere Stühle waren umgefallen, und Galileo Belotti kugelte sich *(drehte sich um sich selbst),* vom Apotheker hingestreckt, im Staube (H. Mann, Stadt 240); * **sich** [vor Lachen] **k.** (ugs.; *sehr, herzhaft lachen);* **zum Kugeln sein** (ugs.; *sehr zum Lachen sein, zu heftigem Lachen reizen).*

ku|gel|rund ⟨Adj.⟩: **a)** *rund wie eine Kugel:* ein -er Apfel, Kopf; **b)** (scherzh.) *wohlgenährt u. entsprechend dick [als Ausdruck bester Gesundheit]:* ein -es Baby.

Ku|gel schei|ben: s. Kugel (1).

Ku|gel|schrei|ber, der: *Schreibstift, bei dem eine kleine beim Schreiben rollende Kugel in der Spitze der Mine eine Farbmasse auf das Schreibpapier überträgt.*

Ku|gel|schrei|ber|mi|ne, die: ¹Mine (3) *eines Kugelschreibers, für einen Kugelschreiber.*

ku|gel|si|cher ⟨Adj.⟩: **a)** *von Gewehrkugeln nicht zu durchdringen u. gegen sie Schutz bietend:* -e Westen; **b)** *gegen Gewehrkugeln gefeit.*

Ku|gel|spiel, das: *Spiel mit einer od. mehreren Kugeln, wie Boccia, Boule o. Ä.*

ku|gel|sto|ßen ⟨st. V.; gewöhnl. nur im Inf. gebr.⟩: *Kugelstoßen betreiben:* im Sportunterricht wollen wir heute sprinten und k.

Ku|gel|sto|ßen, das; -s: *leichtathletische Disziplin, bei der eine massive Metallkugel (von bestimmtem Gewicht) mit der Hand möglichst weit gestoßen wird.*

Ku|gel|sto|ßer, (schweiz.:) **Ku|gel|stö|ßer,** der; -s, -: *jmd., der das Kugelstoßen als sportliche Disziplin betreibt.*

Ku|gel|sto|ße|rin, die; -, -nen: w. Form zu ↑Kugelstoßer.

Ku|gel|stö|ße|rin, die; -, -nen: w. Form zu ↑Kugelstößer.

◆ **Ku|ge|lung,** die; -, -en: *Ballotage:* ... obgleich sein Repräsentant bei der K. an der dritten und letzten Stelle zu ziehen hatte (Goethe, Dichtung u. Wahrheit 1).

Ku|gel|ven|til, das: *durch eine Kugel od. eine kugelig gewölbte Fläche geschlossenes Ventil.*

Ku|gu|ar, der; -s, -e [frz. couguar, über das Port. < Tupi (südamerik. Indianerspr.) susuarana]: *Puma.*

Kuh, die; -, Kühe [mhd., ahd. kuo = (weibliches)

Rind, H. u., viell. lautm.]: **1. a)** *weibliches Hausrind (nach dem ersten Kalben):* eine gescheckte, störrische K.; die K. kalbt, muht, gibt [keine] Milch, will wieder; die Kühe melken, auf die Weide treiben; R (salopp:) man wird so alt wie 'ne K. und lernt immer noch dazu; * **melkende K.** (ugs. veraltend; *einträgliches Unternehmen, einträgliche Quelle für jmdn.;* zu veraltet intr. melken = Milch geben); **heilige K.** (ugs.; *etw. Unantastbares; etw., was nicht angegriffen, woran nicht gerüttelt werden darf;* nach der indischen Vorstellung von der Kuh als heiligem Tier); **dastehen wie die K. vorm neuen Tor/ vorm Scheunentor/vorm Berg** (salopp; *angesichts einer neuen Situation o. Ä. völlig verdutzt, ratlos, überfordert sein*); **von etw. so viel verstehen wie die K. vom Sonntag/vom Brezelbacken** (salopp; *nichts von einer Sache verstehen*); **die K. vom Eis bringen/holen/kriegen** (ugs.; *ein schwieriges Problem lösen*); **die K. fliegen lassen** (ugs.: *ausgelassen u. ausgiebig feiern*); **b)** *weibliches Tier von Rindern, Hirschen, Elefanten, Giraffen, Flusspferden u. a.* **2.** *weibliche Person, über die sich jmd. ärgert:* sie ist eine blöde K.; (auch als Schimpfwort:) dumme K.!

Kuh|au|ge, das ⟨meist Pl.⟩ (salopp): *großes, rundes, meist braunes Auge [das vor sich hin blickt, scheinbar ohne etw. zu erfassen].*

Kuh|blu|me, die [wohl nach dem häufigen Vorkommen auf Weideflächen]: **1.** volkstüml. Bez. für ↑Sumpfdotterblume. **2.** volkstüml. Bez. für ↑Löwenzahn.

Kuh|dorf, das (salopp abwertend): *kleines, abgelegenes Dorf, das keine Anregungen o. Ä. bietet.*

Kuh|dung, der: *von Kühen, Rindern stammender Dung.*

Kü|her, der; -s, - (schweiz.): **a)** *Kuhhirt;* **b)** *Senn.*

Kü|he|rin, die; -, -nen: w. Form zu ↑Küher.

Kuh|eu|ter, das, älter, landsch. auch: der: *Euter einer Kuh.*

Kuh|fla|den, der: *Kot von Rindern als flache, breiige Masse.*

Kuh|glo|cke, die: *Glocke am Hals der im Gebirge weidenden Rinder (durch die sie gegebenenfalls leichter gefunden werden können).*

Kuh|han|del, der (ugs. abwertend): *kleinliches Aushandeln von Vorteilen, übles Tauschgeschäft.*

Kuh|haut, die: *Haut, Fell der Kuh:* * **auf keine K. gehen** (salopp; *jegliches Maß übersteigen u. unerträglich sein;* nach der Verarbeitung von Kuhhäuten zu Pergament, eigtl. = das darauf schwerlich alles aufschreiben: deine Dummheit geht auf keine K.).

Kuh|hirt, der: *jmd., der Kühe hütet.*

Kuh|hir|tin, die: w. Form zu ↑Kuhhirt.

Kuh|jun|ge, der: *Junge, der Kühe hütet.*

Kuh|kalb, das: *weibliches Kalb.*

kühl ⟨Adj.⟩ [mhd. küele, ahd. kuoli, verw. mit ↑kalt]: **1.** *ein wenig kalt; mehr kalt als warm:* ein -er Abend; -es Wetter; ein -es Bier; (dichter.:) das -e Grab; für die Jahreszeit ist es mir ist k. *(ich friere ein wenig);* der Wein dürfte etwas -er *(mehr gekühlt)* sein; Lebensmittel k. lagern; den Pudding über Nacht k. stellen. **2. a)** *leicht abweisend u. auf andere distanziert u. frostig wirkend:* ein -er Blick; mit -er Eleganz; er war zuerst recht k. [zu mir]; etw. k. erwidern; sie gab sich k. bis ans Herz hinan *(äußerst kühl;* nach Goethes Formulierung in der Ballade »Der Fischer«); **b)** *frei von Gefühlen; nur vom Verstand, Intellekt bestimmt:* ein -er Vernunft; -en Sinnes; aus einem -en Grunde (ugs.; *aus einem einfachen Grund;* scherzh. nach dem Volksliedanfang »In einem kühlen Grunde«); k. kalkulieren; er sprach sachlich und k.

Kühl|ag|gre|gat, das (Technik): *Aggregat (1) zur Erzeugung von Kälte.*

Kühlanlage – kullern

Kühl|an|la|ge, die: *Anlage zum Kühlen bes. von Lebensmitteln.*
Kühl|box, die: *gegen Wärme isolierter Behälter zum Kühlen od. Frischhalten bes. von Lebensmitteln.*
Kuh|le, die; -, -n [aus dem Niederd. < mniederd. kule, verw. mit ↑ Keule] (ugs.): *muldenartige Vertiefung, [flache] Grube:* eine [tiefe] K. in der Matratze.
Küh|le, die; - [mhd. küele, ahd. chuolī, zu ↑ kühl]: **1.** *das Kühlsein; Frische:* eine feuchte K.; die K. der Nacht; Noch in der frischen K. nach Sonnenuntergang lag der Gestank der Verwesung über der Küste (Ransmayr, Welt 120). **2. a)** *kühle* (2 a) *Art:* jmdm. mit zurückhaltender K. begegnen; **b)** *kühle* (2b) *Haltung, Wirkung; Nüchternheit:* die englischen Bauten zeigten eine fast akademische K.
küh|len ⟨sw. V.; hat⟩ [mhd. küelen, ahd. chuolen = kühl machen]: **a)** *kühl machen; einer Sache die unerwünschte Hitze nehmen, ihre Temperatur wieder auf die normale Stufe reduzieren:* jmdm. die Stirn [mit Wasser] k.; ein mit Wasser, Luft gekühlter Motor; Ü seinen Zorn k.; **b)** *Kühle verbreiten, ausströmen:* das Lederpolster kühlt; jmdm. kühlende Umschläge machen; **c)** *einer Kälteeinwirkung aussetzen u. kalt werden lassen:* Sekt, Wein k.; [gut] *gekühlte Getränke.*
Küh|ler, der; -s, -: **a)** *Vorrichtung zur Kühlung von Kraftfahrzeugmotoren;* **b)** (Chemie) *bei der Destillation zum Abkühlen u. Verdichten von Dämpfen verwendetes Gerät;* **c)** *Gefäß, Kübel, in dem [durch Eisstücke] Sekt, Wein o. Ä. kühl gehalten wird.*
Küh|ler|fi|gur, die: *kleine, auf der Kühlerhaube angebrachte Figur.*
Küh|ler|grill, der: *gitterartige Verkleidung des Kühlers eines Kraftfahrzeugs.*
Küh|ler|hau|be, die: *Schutzhaube über dem Kühler* (a) *bzw. dem Motor eines Kraftwagens.*
Kühl|fach, das: *Fach* (1) *in einer Kühlanlage, bes. Fach eines Kühlschranks.*
Kühl|flüs|sig|keit, die: vgl. Kühlmittel.
Kühl|haus, das: *mit Kühlanlagen ausgestattetes Gebäude, in dem Lebensmittel o. Ä. aufbewahrt werden.*
Kühl|mit|tel, das (Technik): *Mittel zum Kühlen.*
Kühl|raum, der: vgl. Kühlhaus.
Kühl|re|gal, das: *(in Lebensmittelgeschäften) mit einer Kühlanlage ausgestattetes Warenregal.*
Kühl|rip|pe, die (Technik): *zur Vergrößerung der Oberfläche z. B. an Kühlern angebrachtes rippenförmiges Teil zum Kühlen.*
Kühl|schlan|ge, die (Technik): *gewundenes Rohr (z. B. im Kühlschrank), durch das ein Kühlmittel geleitet wird.*
Kühl|schrank, der: *mit einer Kältemaschine ausgestatteter schrankartiger Behälter zum Kühlen od. Frischhalten von Lebensmitteln:* der K. ist voll, leer; den K. plündern; etw. in den K. legen, stellen.
kühl stel|len, kühl|stel|len ⟨sw. V.; hat⟩: vgl. kalt stellen.
Kühl|sys|tem, das: *System der Kühlung.*
Kühl|ta|sche, die: *gegen Wärme isolierte Tasche bes. zum Transportieren von Lebensmitteln bei höheren Außentemperaturen.*
Kühl|tru|he, die: *mit einer Kältemaschine ausgestatteter, größerer, truhenähnlicher Behälter zum [Tief]kühlen von Lebensmitteln auf längere Zeit:* Fleisch in der K. einfrieren.
Kühl|turm, der (Technik): *turmartiger Bau, in dem das in Kraftwerken u. Fabriken anfallende Kühlwasser durch Berührung mit der Luft wieder abgekühlt wird.*
Kühl|lung, die; -, -en: **1.** *das Kühlen* (a, c). **2.** *Vorrichtung zum Kühlen.* **3.** ⟨o. Pl.⟩ *kühlende Frische:* die Nacht brachte [keine] K.

Kühl|wa|gen, der: *Eisenbahnwagen od. Lastwagen mit einer Kühlanlage, in dem Lebensmittel transportiert werden.*
Kühl|was|ser, das ⟨Pl. ...wässer oder ...wasser⟩: *Wasser als Mittel zum Kühlen:* das K. im Kühler.
Kuh|mäd|chen, das: vgl. Kuhjunge.
Kuh|milch, die: *Milch von der Kuh.*
kühn ⟨Adj.⟩ [mhd. küene, ahd. kuoni = mutig, stark; im Kampf erfahren, tüchtig; ursp. = weise, verstehend, adj. Bildung zu ↑ können in dessen ursp. Bed. »wissen, verstehen«]: **a)** *trotz des Bewusstseins der Gefahr diese voll Selbstvertrauen verachtend u. mutig etw. wagend; von Wagemut zeugend:* ein -er Bergsteiger; eine -e Taucherin; eine -e Tat; sich durch einen -en Sprung, eine -e Flucht retten; **b)** *eigenwillig in seiner Art weit über das Übliche hinausgehend:* -e Konstruktionen; ein -es *(sehr tiefes)* Dekolleté; meine -sten Träume *(höchsten Erwartungen)* wurden übertroffen; dein Plan erscheint mir sehr k.; **c)** *von wagemutiger Dreistigkeit u. Verwegenheit in einer Äußerung od. seinem Verhalten gegenüber andern; dreist:* eine -e Frage; eine -e *(nicht od. nur schwer zu beweisende)* Behauptung; Sie sind sehr k.
Kühn|heit, die; -, -en [mhd. kuonheit, ahd. chuonheit]: **1.** ⟨o. Pl.⟩ **a)** *kühne* (a) *Art:* die K. eines Entschlusses, einer Tat, der Verzweiflung; bei aller K. war er doch umsichtig; **b)** *kühne* (b) *Art:* jmds. geistige K.; die K. eines Gedankens; Der Wortlaut des Briefes ... ist gleichfalls nicht ohne Würde, nicht ohne K. der Einsichten (Frisch, Gantenbein 373); **c)** *kühne* (c) *Art:* eine herausfordernde K.; Und mit jener blitzhaften K., mit jener Frechstirnigkeit, die in solchen Sekunden ihm beinahe einen Schein von Größe gibt, wartet er diese Empörung gar nicht ab, sondern kommt dem Angriff durch eine Attacke zuvor (St. Zweig, Fouché 21). **2.** *kühne* (c) *Handlung.*
Kuh|po|cken ⟨Pl.⟩: **a)** *eine schwächere Form darstellende Pocken bei Rindern;* **b)** *zur Impfung von Menschen verwendete Viren der Kuhpocken* (a).
Kuh|schel|le, die [vgl. Küchenschelle]: *(zu den Hahnenfußgewächsen gehörende) Pflanze mit glockigen, hellvioletten Blüten.*
Kuh|stall, der: *Stall für Rinder.*
kuh|warm ⟨Adj.⟩: *warm, weil frisch von der Kuh herstammend:* -e Milch.
Ku|jon, der; -s, -e [älter frz. coïon, couillon = Schuft, Memme, eigtl. = Hintermann < ital. coglione, über das Vlat. zu lat. coleus = Hodensack] (veraltend abwertend): *jmd., der als gemein, niederträchtig angesehen wird.*
ku|jo|nie|ren ⟨sw. V.; hat⟩ [älter frz. coïnner = als Kujon behandeln] (ugs. abwertend): *[bei der Arbeit] unwürdig behandeln, schikanieren, unnötig u. böshaftig benötigen:* sich k. lassen.
k. u. k. [ˈkaːʊntˈkaː]: *kaiserlich und königlich (im ehemaligen Österreich-Ungarn beide Reichsteile betreffend):* die k. u. k. Monarchie.
Kü|ken, (österr.:) **Kücken,** das; -s, - [aus dem Niederd. < mniederd. küken, ursp. lautm.]: **1.** *Junges von Geflügel (besonders des Huhns):* K. sind ausgeschlüpft; piepsen, laufen hinter der Glucke her; K. aufziehen. **2.** (ugs.) *kleines Kind; junges unerfahrenes Mädchen:* die K. in den Kindergarten bringen. **3.** (Technik) *in einer Hahn* (3) *eingebauter, drehbarer, kegelförmiger Teil zum Öffnen u. Schließen.*
Ku-Klux-Klan, der [engl.: ˈkjuːklʌksˈklæn], -s ⟨o. Pl.⟩ [engl.-amerik. Ku Klux Klan, umgebildet aus: cyclos, dem ursp. Namen des Bundes < griech. kýklos = Kreis u. ↑ Clan]: *(1865 gegründeter) terroristischer amerikanischer Geheimbund, der gegen die Gleichberechtigung der Farbigen u. gegen Minderheiten u. Ausländer kämpft.*

Ku|ku|mer, die; -, -n [lat. cucumer, ↑ Gummer] (südwestd.): *Gurke.*
Ku|lak, der; -en, -en [russ. kulak, eigtl. = Aufkäufer; Geizhals, wohl aus dem Turkotatar.]: *Großbauer im zaristischen Russland.*
ku|lant ⟨Adj.⟩ [frz. coulant, eigtl. = fließend, flüssig, adj. 1. Part. von: couler = durchseihen, fließen < lat. colare = durchseihen]: *(bes. im Geschäftsverkehr als Geschäftsmann) entgegenkommend, gewisse Erleichterungen gewährend:* ein -er Geschäftspartner; -e *(annehmbare)* Preise; die Geschäftsleitung war äußerst k.; jmdm. k. entgegenkommen.
Ku|lanz, die; -: *kulantes Verhalten:* K. zeigen; eine Reparatur auf K.; jmdm. etw. aus K. überlassen.
¹Ku|li, der; -s, -s [engl. coolie < Hindi kūlī = Lastträger (ursp. Name eines Volksstammes)]: **a)** *billiger Arbeiter in Süd- u. Ostasien (z. T. auch angeworben für die Kolonien in Süd- u. Mittelamerika, Süd- u. Ostafrika):* wie ein K. (abwertend; *[körperlich] sehr schwer)* arbeiten müssen; **b)** (ugs.) *jmd., der bes. für körperliche Arbeit von einem anderen ausgenutzt wird:* du bist nur sein K.; In der Rue de la Mortellerie, nahe dem Fluss, kannte sie einen Gerber namens Grimal, der notorischen Bedarf an jugendlichen Arbeitskräften hatte – nicht an ordentlichen Lehrlingen oder Gesellen, sondern an billigen -s (Süskind, Parfum 37).
²Ku|li, der; -s, -s (ugs.): kurz für ↑ Kugelschreiber.
Ku|lier|wa|re, die [wohl zu frz. cueillir = (einen Faden) aufrollen]: *gewirkte od. gestrickte textile Ware mit Maschen, die in der Querrichtung gebildet sind.*
Ku|li|na|rik, die; -: *Kochkunst.*
ku|li|na|risch ⟨Adj.⟩ [lat. culinarius = zur Küche gehörend, zu: culina = Küche]: **a)** *die Kochkunst betreffend:* -e Genüsse; der -e Ruf eines Hotels; **b)** (oft leicht abwertend) *ohne Anstrengung geistigen Genuss verschaffend; ausschließlich dem Genuss dienend:* -es Fernsehen.
Ku|lis|se, die; -, -n [frz. coulisse = Schiebewand, eigtl. = Rinne, zu veraltet coulis = zum Durchseihen, Durchfließen geeignet, zu: couler, ↑ kulant]: **1.** *Teil der Bühnendekoration, bes. zusammen mit mehreren andern parallel od. schräg zur Rampe (mit Gängen für die Auftritte) angeordnete, verschiebbare, bemalte Seitenwand, die (zusammen mit anderen) einen Schauplatz darstellt:* -n malen; die -n auf-, abbauen; -n schieben (ugs.; *die Kulissen auswechseln);* der Darsteller kam beim Auftritt meist aus der rechten K. *(aus einem Gang zwischen den Kulissen der rechten Bühnenseite);* Ü das ist doch alles nur K. (ugs. abwertend; *vorgetäuscht).* **2.** *Hintergrund, äußerer Rahmen:* sie spielen am letzten Tag vor heimischer K. *(im eigenen Stadion);* die Vorgänge hinter den -n *(Vorgänge, die der Öffentlichkeit verborgen bleiben).* **3.** (Technik) *Hebel mit verschiebbarem Drehpunkt.* **4. a)** *Gesamtheit von Personen, die sich berufsmäßig auf eigene Rechnung am Börsenhandel beteiligen;* **b)** *nicht amtlicher Börsenhandel.*
Ku|lis|sen|büh|ne, die: *Bühne mit Kulissen* (1) *als Seitenbegrenzung u. mit abschließendem Hintergrund od. Bühnenhimmel.*
Ku|lis|sen|wech|sel, der: **1.** *Auswechseln von Kulissen für einen Szenenwechsel.* **2.** *Wechsel, Änderung der Kulisse* (2).
Kul|ler, die; -, -n [zu mundartl. Kulle, zusges. aus mhd. kugele, ↑ Kugel] (landsch.): *kleine Kugel; Murmel.*
Kul|ler|au|gen ⟨Pl.⟩ (ugs. scherzh.): *große runde Augen:* ein kleines Kind, eine Puppe mit K.; K. machen (*erstaunt od. gebannt aus den Augen rollen).*
kul|lern ⟨sw. V.⟩ [zu ↑ Kuller] (ugs.): **1.** ⟨ist⟩ *wie eine Kugel, Kuller sich um sich selbst drehend*

rollen: die Äpfel kullerten auf die Erde, über die Dielen; langsam kullerten die Tränen [über ihre Wangen]. **2.** ⟨hat⟩ *irgendwohin rollen lassen:* Steine in die Tiefe k.; * **sich [vor Lachen] k.** (ugs.; *sehr, herzhaft lachen*). **3.** ⟨hat⟩ *etw. im Kreise bewegen; rollen:* mit den Augen k.

Kul|ler|trä|ne, die ⟨meist Pl.⟩ (fam.): *dicke Träne, bes. bei einem Kind.*

◆ **Küll|ha|se,** der; -n, -n [verdeutlichende Zus. mit schwäb. Külle, assimiliert aus alemann. künle, spätmhd. künlīn, küniclīn < lat. cuniculus, ↑Kaninchen] (südd., bes. schwäb.): *Kaninchen:* Auch hatte sie allerlei lustige Tiere, wie Vögel, -n und Affen (Mörike, Hutzelmännlein 124).

¹**Kulm,** der od. das; -[e]s, -e [älter: chulm, aus dem Slaw.]: *abgerundete [Berg]kuppe.*

²**Kulm,** das; -s [engl. culm, mengl. culme, wohl verw. mit engl. coal = Kohle] (Geol.): *sandigschiefrige Ausbildung der älteren Phase des Karbons.*

Kul|mi|na|ti|on, die; -, -en [frz. culmination, zu: culminer < lat. culminare = gipfeln, zu: culmen = Gipfel]: **1.** *Erreichung des Höhe-, Gipfelpunktes einer Laufbahn, Entwicklung:* die K. einer Karriere. **2.** (Astron.) *Durchgang eines Gestirns durch den höchsten od. tiefsten Punkt seiner Bahn in Bezug auf den Beobachter.*

Kul|mi|na|ti|ons|punkt, der: **1.** *Höhe-, Gipfelpunkt einer Laufbahn, Entwicklung:* der Künstler hat seinen K. bereits überschritten. **2.** (Astron.) *höchster od. tiefster Stand eines Gestirns in Bezug auf den Beobachter:* der Stern befindet sich im oberen K.

kul|mi|nie|ren ⟨sw. V.; hat⟩ [frz. culminer, ↑Kulmination]: **1.** *seinen Höhepunkt erreichen:* die Begeisterung kulminierte [in Bravorufen]; ein kulminierendes (*einen Höhepunkt darstellendes*) Ereignis. **2.** (Astron.) *den Kulminationspunkt (2) erreichen:* das Gestirn kulminiert im Zenit.

kul|misch ⟨Adj.⟩ (Geol.): *das ²Kulm betreffend.*

Kult, der; -[e]s, -e [lat. cultus = Pflege; Verehrung (einer Gottheit), zu: cultum, 2. Part. von: colere = bebauen, pflegen]: **1.** *an feste Formen, Riten, Orte, Zeiten gebundene religiöse Verehrung einer Gottheit durch eine Gemeinschaft:* ein heidnischer, der christliche K.; der K. des Dionysos; jmdn. in einem K. verehren. **2. a)** *übertriebene Verehrung, die jmdm., einer Sache zuteilwird:* der K. mit dem Star ist geradezu lächerlich; * **K. sein** (ugs.; *bei einer bestimmten Anhängerschaft ein hohes Ansehen, Kultstatus erlangt haben u. deshalb verehrt werden, beliebt sein:* der Film, das Buch, die Band ist K.); **b)** *besondere, übertriebene sorgfältige Form des Umgangs mit einer Sache:* ein K. um die Schönheit; der K. mit Krawatten, Hemden; aus etw. einen K. machen.

Kult-: drückt in Bildungen mit Substantiven aus, dass jmd. oder etw. höchste Verehrung, Bewunderung von einer speziellen Anhängerschaft genießt, die eine starke emotionale Beziehung zu dem Objekt ihrer Verehrung entwickelt: Kultauto, -gruppe, -roman.

Kult|bild, das: *kultischen Zwecken dienende bildliche Darstellung.*

Kult|buch, das: *Buch, bes. Roman, mit Kultstatus.*

Kult|fi|gur, die: *Person, Persönlichkeit, in der eine bestimmte Gruppe die Verkörperung ihres eigenen Lebensgefühls, ihrer Wünsche u. Vorstellungen sieht.*

Kult|film, der: *Film mit Kultstatus.*

Kult|ge|mein|schaft, die: *religiöse Gemeinschaft, die an einem Kult teilnimmt.*

Kult|hand|lung, die: *kultische Handlung.*

kul|tig ⟨Adj.⟩ (ugs.): *Kultstatus habend.*

kul|tisch ⟨Adj.⟩: *den Kult betreffend, zum Kult gehörend:* -e Geräte, Feiern.

Kul|ti|va|tor, der; -s, ...oren [zu mlat. cultivare, ↑kultivieren]: *Grubber.*

kul|ti|vier|bar ⟨Adj.⟩: *sich kultivieren (1) lassend:* -er Boden.

kul|ti|vie|ren ⟨sw. V.; hat⟩ [frz. cultiver < mlat. cultivare = (be)bauen, pflegen, zu lat. cultus, ↑Kult]: **1.** *urbar machen:* Moore, Brachland k. **2.** *als Kulturpflanze züchten, anpflanzen, anbauen:* in einem Gebiet Reis zu k. versuchen. **3. a)** *sorgsam, in besonderem Maße pflegen, fördern:* eine Bekanntschaft, Freundschaft k.; seine äußere Erscheinung k.; **b)** *verfeinern, auf eine höhere Ebene bringen:* sie hat ihren Stil, ihren Humor auf eine unverwechselbare Weise kultiviert.

kul|ti|viert ⟨Adj.⟩: **a)** *durch Übung, Ausbildung, Behandlung o. Ä. gepflegt, verfeinert:* einen -en Geschmack haben; seine Stimme klingt sehr k.; in diesem Restaurant kann man k. speisen; **b)** *eine vornehme, gebildete, zivilisierte Art [die auf einem über Generationen hin erworbenen Grad geistiger u. sittlicher Verfeinerung beruht] aufweisend:* eine -e Umgebung; sie ist, benimmt sich sehr k.

Kul|ti|vie|rung, die; -, -en ⟨Pl. selten⟩: *das Kultivieren; das Kultiviertwerden.*

Kult|ob|jekt, das: *Objekt, Ding, das Kultstatus genießt.*

Kult|se|rie, die: vgl. Kultfilm.

Kult|stät|te, die: *Stätte, an der kultische Handlungen vollzogen werden.*

Kult|sta|tus, der: *Status von jmdm. od. etw., der darin besteht, bei einer bestimmten Anhängerschaft hohe Verehrung, Bewunderung, hohes Ansehen zu genießen.*

Kul|tur, die; -, -en [lat. cultura = Landbau; Pflege (des Körpers u. Geistes), zu: cultum, ↑Kult]: **1. a)** ⟨o. Pl.⟩ *Gesamtheit der geistigen, künstlerischen, gestaltenden Leistungen einer Gemeinschaft als Ausdruck menschlicher Höherentwicklung:* die menschliche K.; ein durch Sprache und K. verbundenes Volk; von der K. [un]beleckt sein (ugs.; *[un]zivilisiert, kulturell [nicht] entwickelt sein*); wir machen heute in K. (salopp; *unternehmen etw. Kulturelles*); er macht in K. (ugs.; *ist im kulturellen Bereich tätig*); Das, was den Menschen ständig umgibt, muss am meisten von der K. geprägt sein (Kirsch, Pantherfrau 63); **b)** *Gesamtheit der von einer bestimmten Gemeinschaft auf einem bestimmten Gebiet während einer bestimmten Epoche geschaffenen, charakteristischen geistigen, künstlerischen, gestaltenden Leistungen:* die abendländische K.; primitive, frühe, verschollene, versunkene -en; die K. der Griechen, der Renaissance in Italien; ein Land mit alter K. **2.** ⟨o. Pl.⟩ **a)** *Verfeinerung, Kultiviertheit einer menschlichen Betätigung, Äußerung, Hervorbringung:* seine Stimme hat K. (*klingt [aufgrund sorgfältiger Ausbildung] ausgewogen*); sie machen in K. (ugs.; *legen feine Manieren an den Tag*); ... und kehrte um fünf Uhr abends auch so zurück, worauf bei Tienappels mit aller K. zu Mittag gegessen wurde (Th. Mann, Zauberberg 46); **b)** *Kultiviertheit einer Person:* sie besitzen [keine] K.; er ist ein Mensch ohne jede K. **3.** ⟨o. Pl.⟩ (Landwirtsch., Gartenbau) **a)** *das Kultivieren (1) des Bodens:* die K. des Bodens verbessern; ein Stück Land in K. nehmen (*kultivieren*); **b)** *das Kultivieren (2):* das Klima lässt hier die K. von Mais nicht zu. **4.** (Landwirtsch., Gartenbau, Forstwirtsch.) *auf größeren Flächen kultivierte junge Pflanzen:* -en von Rosen, Buchen; die -en stehen gut. **5.** (Biol., Med.) *auf geeigneten Nährböden in besonderen Gefäßen gezüchtete Gesamtheit von Mikroorganismen*

od. Gewebszellen: bakterielle -en; eine K. anlegen.

Kul|tur|ab|ga|be, die: *bei etw. zu zahlender Zuschlag, der zur Finanzierung kultureller Projekte bestimmt ist.*

Kul|tur|ab|kom|men, das: *gegenseitiges staatliches Abkommen über den Kulturaustausch.*

Kul|tur|an|ge|bot, das: *Angebot an kulturellen Veranstaltungen.*

Kul|tur|an|th|ro|po|lo|gie, die: *Anthropologie, die bes. den Aspekt der Kultur (1 b) berücksichtigt.*

Kul|tur|at|ta|ché, der: *für kulturelle Belange zuständiger Attaché (2) einer diplomatischen Vertretung.*

Kul|tur|at|ta|chée, die: w. Form zu ↑Kulturattaché.

Kul|tur|aus|schuss, der: *Ausschuss (2), der sich mit kulturellen Angelegenheiten beschäftigt.*

Kul|tur|aus|tausch, der: *aufgrund eines Abkommens zwischen zwei Staaten stattfindender kultureller Austausch.*

Kul|tur|ba|nau|se, der (abwertend, oft scherzh.): *jmd., der kein Kunstverständnis hat.*

Kul|tur|ba|nau|sin, die: w. Form zu ↑Kulturbanause.

Kul|tur|bei|la|ge, die: *kulturelle Themen behandelnde Beilage einer Zeitung.*

Kul|tur|be|trieb, der (ugs.): **1.** ⟨o. Pl.⟩ *Kulturleben.* **2.** *kulturelle Einrichtung; Einrichtung, die kulturelle Dienstleistungen erbringt.*

Kul|tur|beu|tel, der: *Beutel od. Tasche [mit Fächern] zur Aufbewahrung von Toilettenartikeln während einer Reise.*

Kul|tur|bo|den, der: **a)** *kultivierter, bearbeiteter Boden;* **b)** *Gebiet, auf dem sich eine bedeutende Kultur (1 b) entwickelt hat.*

Kul|tur|clash [...klæʃ], der; -s, -s [2. Bestandteil engl. clash = Zusammenprall; nach dem deutschen Titel »Kampf der Kulturen«. Die Neugestaltung der Weltpolitik im 21. Jahrhundert« des 1996 erschienen Buchs »The Clash of Civilizations and the Remaking of World Order« des amerik. Politologen S. P. Huntington (1927–2008)] (Jargon): *das Aufeinanderprallen bestimmter kultureller Besonderheiten, Einstellungen o. Ä. u. dadurch bedingte Missverständnisse od. Konflikte:* der Film zeigt den K. zwischen der Landbevölkerung und den zugezogenen Städtern.

Kul|tur|denk|mal, das: *Objekt, Werk, das als Zeugnis einer Kultur gilt u. von [künstlerischem u.] historischem Wert ist.*

Kul|tur|ein|rich|tung, die: *kulturellen Zwecken dienende öffentliche Einrichtung.*

kul|tu|rell ⟨Adj.⟩: *die Kultur (1) betreffend:* der -e Bereich, Hintergrund, Austausch; das -e Erbe, Leben; ein -er Verfall; auf -em Gebiet führend sein.

Kul|tur|epo|che, die: *Epoche einer Kultur (1 b).*

Kul|tur|er|be, das: *überliefertes Kulturgut einer Gemeinschaft, eines Volkes.*

Kul|tur|etat, der: *Etat für kulturelle Zwecke.*

kul|tur|feind|lich ⟨Adj.⟩: *kulturelle Bestrebungen, Entwicklungen hemmend, hindernd, ablehnend.*

Kul|tur|feind|lich|keit, die ⟨o. Pl.⟩: *das Kulturfeindlichsein.*

Kul|tur|film, der: *der Allgemeinbildung dienender, kürzerer dokumentarischer od. künstlerischer Film über ein kulturelles Thema.*

Kul|tur|flüch|ter, der; -s, - (Biol.): *Pflanzen- od. Tierart, die nur außerhalb der Kulturlandschaft gedeiht u. deshalb allmählich daraus verschwindet.*

Kul|tur|fol|ger, der; -s, - (Biol.): *Pflanzen- od. Tierart, die in der Nähe menschlicher Ansiedlungen günstige Lebensbedingungen für sich findet.*

Kulturfonds – kümmeln

Kul|tur|fonds, der [urspr. geb. in der DDR nach russ. kul'tfond]: *Fonds zur Finanzierung kultureller Projekte.*

Kul|tur|för|de|rung, die: a) *Förderung der Kultur;* b) *finanzielle Zuwendung aus öffentlichen Mitteln für kulturelle Einrichtungen.*

Kul|tur|form, die: **1.** *spezielle Ausprägung der erreichten Kultur (1 a) einer Gemeinschaft.* **2.** (Bot.) *kultivierte Form einer Pflanze.*

Kul|tur|geo|gra|fie, Kul|tur|geo|gra|phie, die: *Geografie, die sich bes. mit den Auswirkungen der Umgestaltung der Naturlandschaft durch den Menschen beschäftigt.*

Kul|tur|ge|schich|te, die: a) ⟨o. Pl.⟩ *Ablauf u. Wandlung des gesellschaftlichen, geistigen, künstlerischen u. wirtschaftlichen Lebens:* die K. des Menschen; b) ⟨o. Pl.⟩ *Wissenschaft von der Kulturgeschichte* (a); c) *Werk, [Lehr]buch über die Kulturgeschichte* (a).

kul|tur|ge|schicht|lich ⟨Adj.⟩: *die Kulturgeschichte betreffend.*

Kul|tur|gut, das: *etw., was als kultureller Wert Bestand hat u. bewahrt wird.*

Kul|tur|haupt|stadt, die: *(von der EU benannte) Stadt in Europa, die für ein Jahr im Mittelpunkt des kulturellen Interesses steht.*

Kul|tur|haus, das: a) *Gebäude für kulturelle Veranstaltungen;* b) [LÜ von russ. dom kul'tury] *(bes. in sozialistischen Staaten) zentrale Einrichtung einer Stadt, einer Ortschaft, wo kulturelle u. politische Veranstaltungen stattfinden.*

Kul|tur|his|to|ri|ker, der: *Wissenschaftler auf dem Gebiet der Kulturgeschichte.*

Kul|tur|his|to|ri|ke|rin, die: w. Form zu ↑ Kulturhistoriker.

kul|tur|his|to|risch ⟨Adj.⟩: *kulturgeschichtlich.*

Kul|tur|ho|heit, die: *oberste Staatsgewalt, Souveränität in kulturellen Angelegenheiten:* die K. liegt bei den Bundesländern.

Kul|tur|ins|ti|tut, das: *Institut, das ein Staat im Ausland zum Zwecke kultureller Arbeit u. zur Förderung der eigenen Kultur unterhält.*

Kul|tur|kampf, der: **1.** ⟨o. Pl.⟩ [1873 von dem dt. Mediziner u. Politiker R. Virchow (1821–1902) gepr. polit. Schlagwort] (Geschichte) *Auseinandersetzungen zwischen dem (protestantischen) preußischen Staat u. der katholischen Kirche von etwa 1871 bis 1887.* **2.** a) *Kampf bestimmter Kulturkreise* (b) *gegeneinander;* b) *Auseinandersetzung über kulturelle, ethische, soziale u. a. Fragen innerhalb einer Gesellschaft, einer Gruppe o. Ä.*

Kul|tur|kreis, der: a) (Völkerkunde veraltend) *Gebiet, in dem bestimmte Wohnformen, Waffen, Geräte, religiöse u. soziale Ordnungen charakteristisch sind; Kulturraum* (1): ein prähistorischer K.; b) *durch gleiche od. ähnliche Wertvorstellungen, soziale Normen, Sitten u. Gebräuche charakterisierter Bereich.*

Kul|tur|kri|tik, die: *Kritik an den Folgeerscheinungen der zeitgenössischen Kultur (als philosophische Haltung).*

Kul|tur|land, das ⟨Pl. ...länder⟩: **1.** ⟨o. Pl.⟩ *Kulturboden* (a). **2.** *Land mit einer bedeutenden Kultur* (1 b).

Kul|tur|land|schaft, die: *vom Menschen umgestaltete Naturlandschaft.*

Kul|tur|le|ben, das ⟨o. Pl.⟩: *kulturelles Geschehen in einem bestimmten Bereich:* eine Stadt mit einem regen K.

kul|tur|los ⟨Adj.⟩: *ohne Kultur* (2 b); *unkultiviert.*

Kul|tur|lo|sig|keit, die; -: *kulturlose Art.*

Kul|tur|ma|ga|zin, das: **1.** *Zeitschrift mit kulturellem Anspruch.* **2.** *Magazinsendung, in der kulturelle Themen behandelt werden.*

Kul|tur|mi|nis|ter, der: *Minister für kulturelle Angelegenheiten.*

Kul|tur|mi|nis|te|rin, die: w. Form zu ↑ Kulturminister.

Kul|tur|mi|nis|te|ri|um, das: *Ministerium für kulturelle Angelegenheiten.*

Kul|tur|na|ti|on, die: *Nation, deren Kulturgeschichte sich über einen langen Zeitraum zurückverfolgen lässt u. deren Angehörige ein entsprechendes Bewusstsein von der eigenen Kultur haben:* die K. Frankreich.

Kul|tur|pes|si|mis|mus, der: *Haltung, Auffassung, die den zivilisatorischen Fortschritt als Zerfalls- od. Zerstörungsprozess einer Kultur ansieht.*

kul|tur|pes|si|mis|tisch ⟨Adj.⟩: *den Kulturpessimismus vertretend, zum Ausdruck bringend.*

Kul|tur|pflan|ze, die: *(aus einer wild wachsenden Art gezüchtete) Pflanze, die als Nutz- od. Zierpflanze angebaut wird.*

Kul|tur|phi|lo|so|phie, die: *Philosophie, die sich mit den allgemeinen Erscheinungen der Kultur u. den in ihr wirksamen Entwicklungs- u. Ordnungsgesetzen befasst.*

Kul|tur|po|li|tik, die: *Gesamtheit der Bestrebungen des Staates, der Gemeinden, Kirchen, Parteien, Vereine u. Verbände zur Förderung u. Erhaltung der Kultur* (1 b).

kul|tur|po|li|tisch ⟨Adj.⟩: *die Kulturpolitik betreffend.*

Kul|tur|pro|gramm, das: *Programm kultureller u. künstlerischer Veranstaltungen, Darbietungen, Angebote.*

Kul|tur|raum, der: **1.** *Gebiet einer einheitlichen Kultur.* **2.** (DDR) *Raum für kulturelle Veranstaltungen in einem Betrieb o. Ä.*

Kul|tur|re|fe|rent, der: *Referent für kulturelle Angelegenheiten.*

Kul|tur|re|fe|ren|tin, die: w. Form zu ↑ Kulturreferent.

Kul|tur|re|vo|lu|ti|on, die: **1.** [LÜ von russ. (socialističeskaja) kul'turnaja revoljucija] (marx.) *Revolution im kulturellen Bereich mit dem Ziel der Herausbildung einer sozialistischen Kultur.* **2.** ⟨o. Pl.⟩ *(zwischen 1966 u. 1976) politisch-ideologische Kampagne in China, die gegen Denk- u. Lebensweisen traditioneller Prägung u. deren Vertreter gerichtet war.*

Kul|tur|schaf|fen|de, die/eine Kulturschaffende; der/einer Kulturschaffenden, die Kulturschaffenden/zwei Kulturschaffende [urspr. nationalsoz. Bez. für die in der Reichskulturkammer zusammengefassten Angehörigen der freien Berufe] (bes. DDR): *weibliche Person, die auf geistigem, kulturellem Gebiet produktiv tätig ist; Künstlerin; Intellektuelle.*

Kul|tur|schaf|fen|der, der: *der Kulturschaffende/ein Kulturschaffender; des/eines Kulturschaffenden, die Kulturschaffenden/zwei Kulturschaffende* [vgl. Kulturschaffende] (bes. DDR): *jmd., der auf geistigem, kulturellem Gebiet produktiv tätig ist; Künstler; Intellektueller.*

Kul|tur|schock, der (Soziol.): *(beim unmittelbaren Kontakt mit einer fremden Kultur) schreckhaftes Erleben der Andersartigkeit der durch die fremde Kultur erlebbaren Realität.*

Kul|tur|so|zio|lo|gie, die: *Teilgebiet der Soziologie, das sich mit einer soziologischen Untersuchung u. Betrachtung der Geschichte u. der Phänomene der Kultur* (1) *befasst.*

kul|tur|so|zio|lo|gisch ⟨Adj.⟩: *die Kultursoziologie betreffend, auf ihr beruhend, zu ihr gehörend.*

Kul|tur|spon|so|ring, das ⟨o. Pl.⟩: *finanzielle Förderung von Kunst u. Kultur z. B. durch Unternehmen, die dafür werbliche Zwecke dienende Gegenleistungen erhalten.*

Kul|tur|spra|che, die: *Sprache eines Kulturvolks.*

Kul|tur|staats|mi|nis|ter, der: *für kulturelle Angelegenheiten zuständiger Staatsminister.*

Kul|tur|staats|mi|nis|te|rin, die: w. Form zu ↑ Kulturstaatsminister.

Kul|tur|stät|te, die (geh.): *Stätte mit Zeugnissen einer bestimmten Kultur* (1 b).

Kul|tur|step|pe, die: *Landstrich, in dem durch menschlichen Eingriff die natürliche Vegetation (bes. der Wald) u. der Tierbestand stark reduziert sind.*

Kul|tur|stu|fe, die: *Stufe der erreichten Kultur* (1 a), *der kulturellen Entwicklung.*

Kul|tur|sze|ne, die: *kultureller Bereich.*

Kul|tur|tech|nik, die: **1.** *Gesamtheit der Maßnahmen u. Verfahren, die der Gewinnung u. Erhaltung landwirtschaftlicher Nutzflächen, der Verbesserung des Bodens u. der Steigerung der Erträge dienen.* **2.** *durch Erziehung vermittelte Fähigkeit, die die Aneignung, Erhaltung u. Verbreitung von Kultur ermöglicht (z. B. Lesen, Schreiben, Rechnen).*

Kul|tur|teil, der: *Feuilleton* (1).

Kul|tur|trä|ger, der: *Person od. Sache, die der Vermittlung kultureller Werte dient.*

Kul|tur|trä|ge|rin, die: w. Form zu ↑ Kulturträger.

Kul|tur|ver|an|stal|tung, die: *kulturelle Veranstaltung.*

Kul|tur|volk, das: *Volk mit hoch entwickelter Kultur* (1).

Kul|tur|wis|sen|schaft, die ⟨meist Pl.⟩: *Wissenschaft, die den Bereich der Kultur zum Gegenstand hat.*

Kul|tur|wis|sen|schaft|ler, der: *Wissenschaftler auf dem Gebiet der Kulturwissenschaften.*

Kul|tur|wis|sen|schaft|le|rin, die: w. Form zu ↑ Kulturwissenschaftler.

Kul|tur|zen|t|rum, das: a) *Mittelpunkt, wichtiger Ort des kulturellen Lebens;* b) *größere Anlage mit verschiedenen kulturellen Einrichtungen:* das neue deutsche K. in Tokio.

Kul|tus, der; -, Kulte [lat. cultus, ↑ Kult]: **1.** (bildungsspr.) *Kult* (1). **2.** (bildungsspr.) a) *Kult* (2 a); b) *Kult* (2 b). **3.** (Amtsspr.) *kultureller Bereich, kulturelle Angelegenheiten:* das Ministerium für Unterricht und K. in München.

Kul|tus|frei|heit, die ⟨o. Pl.⟩ (Rechtsspr.): *Freiheit der Ausübung einer bestimmten Religion.*

Kul|tus|ge|mein|de, die: *religiöse Gemeinschaft [in der Diaspora].*

Kul|tus|mi|nis|ter, der: *Leiter des Kultusministeriums:* die Konferenz der K.

Kul|tus|mi|nis|te|rin, die: w. Form zu ↑ Kultusminister.

Kul|tus|mi|nis|te|ri|um, das: *oberste Behörde (eines Bundeslandes) für das Bildungs- u. Erziehungswesen, oft auch für die Pflege von Wissenschaft u. Kunst, Jugendpflege, Sport u. verwandte Bereiche.*

Kul|tus|mi|nis|ter|kon|fe|renz, die: *Zusammenkunft der Kultusministerinnen u. Kultusminister der Länder (offiziell: Ständige Konferenz der Kultusminister der Länder in der Bundesrepublik Deutschland; Abk.: KMK).*

Küm|mel, der; -s, - [mhd. kümel, ahd. kumil, kumin < lat. cuminum < griech. kýminon, wohl aus dem Semit.]: **1.** *(zu den Doldengewächsen gehörende) Pflanze mit mehrfach gefiederten Blättern u. kleinen, weißen bis rötlichen Blüten.* **2.** *Gewürz aus kleinen, dunklen, sichelförmig gebogenen Samenkörnern des Kümmels* (1): Sauerkraut, Brot mit K. **3.** *Branntwein mit Kümmel* (2) *od. Kümmelöl als Geschmacksstoff.*

Küm|mel|brannt|wein, der: *Kümmel* (3).

Küm|mel|brot, das: *mit Kümmel* (2) *gewürztes Brot.*

küm|meln ⟨sw. V.; hat⟩: **1.** *mit Kümmel* (2) *würzen:* ich kümm[e]le den Käse; gekümmeltes Brot. **2.** (ugs.) *Alkohol, bes. Schnaps, trinken:* er kümmelt ganz gerne; Einmal am Tage, in einer stillen Stunde, steigt sie die zwei Stufen zur alten Backsube hinunter, öffnet den Schrank, versteckt sich hinter den Schranktüren und kümmelt sich einen *(trinkt einen Kümmel)* zu einem Käsebrot (Strittmatter, Der Laden 136).

Küm|mel|öl, das: *aus Kümmel* (2) *gewonnenes würziges Öl.*

Küm|mel|tür|ke, der [urspr. in der Sprache der Verbindungsstudenten Name für jmd., der aus dem Umkreis von Halle/Saale kommt, weil dort viel Kümmel angebaut u. die Gegend scherzh. als »Kümmeltürkei« bezeichnet wurde (»Türkei«, weil Gewürze sonst meist aus dem Orient kamen); dann Bez. für einen langweiligen, spießbürgerlichen Menschen] (salopp abwertend): **1.** Türke. **2.** (veraltend) Schimpfwort: du K.!; * **arbeiten wie ein K.** (ugs.; schwer arbeiten).

Küm|mel|tür|kin, die: w. Form zu ↑ Kümmeltürke (1).

Kum|mer, der; -s [mhd. kumber = Schutt, Müll; Mühsal; Gram; Beschlagnahme, Verhaftung < mlat. cumbrus, combrus = Verhau, Sperre, ²Wehr, aus dem Galloroman., eigtl. = Zusammengetragenes; die schon mhd. Bed. »Gram, Leid« unter Einfluss von afrz. encombrier = Ärger, Sorge, Kummer, auch: Engpass, Sperre, Hindernis, zu gleichbed. mlat. combrus]: **a)** *Betrübnis über ein schweres Geschick, das eigene Leid:* großer, schwerer, tiefer, herber K.; der K. um/über ihren Sohn hat sie überwältigt; viel K. haben, tragen müssen; sie hat ihm großen K. zugefügt; aus K.; er vergräbt sich ganz in seinen K.; von K. gebeugt; vor K. nicht schlafen können; seinen K. mit Alkohol hinunterspülen (ugs.; *viel Alkohol trinken, um sich aus einem traurigen Gemütszustand zu befreien);* **b)** (ugs.) *Schwierigkeit, mit der jmd. nicht fertig wird:* was hast du denn für K.?

Küm|me|rer, der; -s, -: **1.** [zu ↑ kümmern (3)] **a)** (Jägerspr.) *Wild mit einem schlecht entwickelten Geweih;* **b)** (Landwirtsch.) *in der Entwicklung zurückgebliebenes [Jung]tier od. verkümmernde Pflanze.* **2.** [zu ↑ kümmern (1 a)] (ugs.) *Person, die sich um jmdn., etw. kümmert.*

Kum|mer|fal|te, die (meist Pl.): *durch ständigen Kummer verursachte Falte im Gesicht.*

Küm|me|rin, die; -, -nen: w. Form zu ↑ Kümmerer (2).

Kum|mer|kas|ten, der (ugs.): *Briefkasten (in Schulen, Betrieben o. Ä.), in dem Beschwerden, Anregungen, Bitten o. Ä. in schriftlicher Form niedergelegt werden können.*

küm|mer|lich ⟨Adj.⟩ [mhd. kumberlich = bedrückend; gramvoll]: **1.** *(von Menschen, Tieren, Pflanzen) klein u. schwächlich, in der Entwicklung zurückgeblieben:* eine -e Gestalt. **2.** *ärmlich, armselig, dürftig:* in -en Verhältnissen leben; eine -e Behausung, Kleidung. **3.** (abwertend) *hinter den Erwartungen, Ansprüchen, gesetzten Zielen weit zurückbleibend; bestehenden Bedürfnissen nicht genügend:* ein -es Ergebnis; -e Erträge; ein -er Rest; sie lebt von einer -en *(sehr niedrigen)* Rente.

Küm|mer|ling, der; -s, -e (abwertend): *schwaches, zurückgebliebenes Geschöpf.*

Kum|mer|mie|ne, die (ugs.): *kummervolle Miene.*

küm|mern ⟨sw. V.; hat⟩ [mhd. kummern, kumbern = bedrücken, quälen; mit Arrest belegen; beschlagnahmen; im 15. Jh. dann = bekümmern, daraus die heutigen Bed.]: **1.** ⟨k. + sich⟩ **a)** *sich einer Person od. Sache annehmen; sich helfend, sorgend um jmdn., etw. bemühen:* sich um die Gäste, die Kinder, das Gepäck, den Haushalt k.; sich um nichts k.; kümmere dich doch bitte mal um diese Sache *(sorge dafür, dass etwas geschieht);* **b)** *jmdm., einer Sache Aufmerksamkeit schenken; sich mit jmdm., etw. befassen* (meist verneint): um Gerede habe ich mich nie gekümmert; sie kümmert sich nicht um *(interessiert sich nicht für)* Politik; kümmere dich um deine eigenen Angelegenheiten!; er hatte die Aufgabe, sich um den gefährlichen Linksaußen zu k. (Sportjargon; *ihn zu decken, seine Absichten zu durchkreuzen).* **2.** *betreffen, angehen:* wen kümmert das?; was kümmert dich das?; wie ich das Geld beschaffe, braucht dich nicht zu k. **3.** [urspr. nur in der Jägerspr.] *(von Lebewesen) schlecht gedeihen, sich nicht weiterentwickeln; verkümmern,* Ü kümmerndes Wild. ◆ **4.** *bekümmern* (1): Doch eines ... ist es, was mich kümmert, die Braut verließ sich unter fremdem Schutz (Schiller, Braut von Messina 1689 f.).

Küm|mer|nis, die; -, -se [mhd. kumbernisse] (geh.): *Kummer, Schwierigkeit, die jmdn. bedrückt:* allerlei -se haben.

Kum|mer|num|mer, die (bes. österr.): *Kummertelefon.*

Kum|mer|speck, der ⟨o. Pl.⟩ (ugs.): *durch vieles Essen aus Trostbedürfnis bei seelischen Problemen hervorgerufenes äußerlich sichtbares Fettpolster.*

Kum|mer|te|le|fon, das (ugs.): *Telefonanschluss, über den man mit geschulten Beratern über seinen Kummer, seine Probleme u. deren Lösung sprechen kann.*

kum|mer|voll ⟨Adj.⟩: *voller Kummer; von Kummer stark durchdrungen:* jmdn. k. ansehen.

Kum|met, das, schweiz.: der; -s, -e, Kumt, das; -[e]s, -e [mhd. komat < poln. chomąt(o), H. u.]: *gepolsterter Bügel, der um den Hals von Zugtieren gelegt wird:* dem Pferd das K. anlegen.

Kum|pan, der; -s, -e [mhd. kompān < afrz. compain < spätlat. companio = Gefährte, über das Vlat. zu lat. con- = mit- u. panis = Brot] (ugs.): **a)** *Kamerad bei bestimmten Unternehmungen:* er wohnt mit sieben -en in einer Wohnung; Für mich war das Paulchen ein Lagerkumpan, ein etwas komischer K., ein etwas verrückter K., aber immer ein K. (Seghers, Transit 16); **b)** (abwertend) *Mittäter.*

Kum|pa|nei, die; -, -en (ugs., oft abwertend): **a)** *Gemeinschaft von Kumpanen* (a): *eine merkwürdige K. war hier zusammengekommen;* **b)** ⟨o. Pl.⟩ *kameradschaftliches Zusammengehörigkeitsgefühl, Freundschaft unter Kumpanen* (a): *aus falsch verstandener K. hat sie ihn gewarnt.*

Kum|pa|nin, die; -, -nen: w. Form zu ↑ Kumpan.

Kum|pel, der; -s, -, ugs. auch: -s, österr. auch: -n [volkstüml. Vkl. von ↑ Kumpan]: **1.** (Bergmannsspr.) *Bergmann:* die K. fahren ein. **2.** [Arbeits]kamerad, [Arbeits]kameradin; *jmd., der bei gemeinsamen Unternehmungen sehr zuverlässig ist:* ein [alter] K. von mir; ein dufter K.; sie war immer ein K.

kum|pel|haft ⟨Adj.⟩: *kameradschaftlich; in einem bewusst saloppen, vertrauten Ton [mit jmdm. verkehrend]:* ein -es Benehmen.

Kum|quat [...kvat], das, -s, -s [engl. kumquat < chin. (kantonesisch) kam kwat]: *aus Ostasien stammende, kleine Orange.*

Kumt: ↑ Kummet.

Ku|mu|la|ti|on, die; -, -en [spätlat. cumulatio, zu lat. cumulare, ↑ kumulieren] (Fachspr.): *Anhäufung, Sammlung u. Speicherung:* die K. von Immissionen in Ballungsgebieten.

ku|mu|la|tiv ⟨Adj.⟩ (Fachspr.): *[sich] anhäufend, steigernd:* ein -es Defizit im Staatshaushalt.

ku|mu|lie|ren ⟨sw. V.; hat⟩ [lat. cumulare, zu: cumulus, ↑ Kumulus] (bildungsspr., Fachspr.): *anhäufen; ansammeln [u. steigern, verstärken]:* bei Wahlen mehrere Stimmen auf einen Kandidaten k.; ⟨auch k. + sich⟩ mit der Zeit können sich diese Schadstoffe im menschlichen Körper k.

Ku|mu|lie|rung, die; -, -en: *das Kumulieren; Anhäufung.*

Ku|mu|lo|nim|bus, der [zu ↑ Kumulus u. lat. nimbus = (Regen)wolke] (Meteorol.): *dichte, schwarze, wie ein Berg aufgetürmte u. von oben her nach allen Seiten sich ausbreitende Gewitterwolke* (Abk.: Cb).

Ku|mu|lus, der; -, ...li [lat. cumulus = Haufen] (Meteorol.): *scharf begrenzte, zusammengeballte od. aufgetürmte Wolke (die nach oben heller wird, deren weiße Ränder von der Sonne durchleuchtet werden); Haufenwolke* (Abk.: Cu).

Ku|mu|lus|wol|ke, die (Meteorol.): *Kumulus.*

Ku|na, die; -, -s ⟨aber: 5 Kuna⟩ [kroat. kuna, eigtl. = Marder; Marderfelle waren auf dem Balkan früher häufig Zahlungsmittel]: *kroatische Währungseinheit* (1 Kuna = 100 Lipa; Währungscode: HRK).

kund ⟨indekl. Adj.⟩ [mhd. kunt, ahd. kund = kennengelernt, bekannt geworden; alte Partizipialbildung zu ↑ können]: *nur noch in der Verbindung* **jmdm. etw. k. und zu wissen tun** (altertümelnd; *jmdm. etw. bekannt geben, in aller Deutlichkeit mitteilen).*

künd|bar ⟨Adj.⟩: **a)** *die Möglichkeit einer Kündigung enthaltend:* ein -er Vertrag; **b)** *(von Personen) in einem auflösbaren Arbeitsverhältnis stehend:* er ist als Beamter nicht k.

Künd|bar|keit, die; -: *das Kündbarsein.*

¹Kun|de, der; -n, -n: **1.** [älter = Bekannter, Einheimischer, mhd. kunde, ahd. kundo] *jmd., der [regelmäßig] eine Ware kauft od. eine Dienstleistung in Anspruch nimmt [u. daher in dem Geschäft, in der Firma bekannt ist]:* ein alter, guter, langjähriger, anspruchsvoller K.; faule -n (*Personen, die eine Ware, eine Dienstleistung bereits in Anspruch nehmen, aber erst nach Mahnungen od. überhaupt nicht zahlen);* hier ist der K. König (*hier wird versucht, den Wünschen des Kunden in jeder Weise zu entsprechen);* -n bedienen, beliefern, werben; das ist Dienst am -n (*wird als zusätzliche Leistung kostenlos erledigt);* er zählt zu unseren besten -n. **2. a)** [eigtl. = Kundiger, Eingeweihter] (Gaunerspr.) *Landstreicher;* **b)** (ugs., oft abwertend) *Kerl, Bursche:* ein übler K.

²Kun|de, die; -, -n ⟨Pl. selten⟩ [mhd. kunde, ahd. chundi] (geh. veraltend) *Nachricht:* eine frohe, traurige K.; die K. von seiner Ankunft verbreitete sich wie ein Lauffeuer; von/über etw. K. (*Kenntnis*) erhalten; die K. *(Kenntnis, das Wissen)* vom Lauf der Gestirne.

³Kun|de, die; -, -n (österr.): *Kundschaft* (1 a).

kün|den ⟨sw. V.; hat⟩ [mhd. künden, kunden, ahd. kundan = bekannt machen, zu: ↑ kund]: **1.** (geh.) **a)** *verkünden* (1 a); *öffentlich mitteilen, verbreiten:* den Gefangenen die Freiheit k.; **b)** *auf etw. hindeuten* (1): diese Zeichen künden Unglück; **c)** *von etw. Kunde, Nachricht geben:* die Inschriften künden von vergangenen Zeiten. **2.** (bes. schweiz.) *kündigen.* ◆ **3.** ⟨k. + sich⟩ (schweiz.) *wieder von sich hören lassen, sich melden:* ... je näher der Tag kam, umso dringlicher kam die Angst wieder: Der Grüne werde sich wieder k. (Gotthelf, Spinne 56).

Kun|den|be|ra|ter, der: *jmd., der berufsmäßig auf einem Fachgebiet ¹Kunden (1) berät.*

Kun|den|be|ra|te|rin, die: w. Form zu ↑ Kundenberater.

Kun|den|be|ra|tung, die: **1.** *Beratung von ¹Kunden (1).* **2.** *Beratungsstelle für ¹Kunden (1).*

Kun|den|be|such, der: *(von einem Vertreter o. Ä.) Besuch bei einem ¹Kunden (1).*

Kun|den|be|treu|ung, die: *Betreuung von ¹Kunden (1).*

Kun|den|be|zie|hung, die: *Beziehung (1) zu einem, zu ¹Kunden (1).*

Kun|den|bin|dung, die: *durch geeignete Maß-*

Kundendaten – Kunst

nahmen (seitens des betreffenden Unternehmens) bewirkte Bindung der ¹Kunden (1) an ein Unternehmen.

Kun|den|da|ten ⟨Pl.⟩: *persönliche Daten eines* ¹*Kunden* (1).

Kun|den|dienst, der: **1.** ⟨o. Pl.⟩ *[unentgeltliche] Dienstleistung für* ¹*Kunden* (1), *die eine Ware kaufen od. nutzen;* ¹*Service* (1 b): *ein gut funktionierender K.* **2.** *Einrichtung, Stelle in einem Geschäft, einer Firma für Kundendienst* (1): *den K. anrufen; das Werk hat -e in allen größeren Städten.*

Kun|den|dienst|leis|tung, die: *als Kundendienst* (1) *angebotene Dienstleistung.*

Kun|den|fang, der ⟨o. Pl.⟩ (abwertend): *Werbung neuer* ¹*Kunden* (1) *mit allen Mitteln: er geht auf K. [aus].*

kun|den|freund|lich ⟨Adj.⟩: *für den* ¹*Kunden* (1) *angenehm, günstig.*

Kun|den|geld, das: *Geld von* ¹*Kunden* (1).

Kun|den|kar|te, die: *[gegen Geld erhältliche,] längere Zeit gültige Karte, die dem Inhaber od. der Inhaberin beim Kauf eines Produktes od. einer Dienstleistung die jeweiligen Unternehmens einen Bonus gewährt.*

Kun|den|kar|tei, die: *(von einem Geschäft, einer Firma geführte) Kartei mit den Anschriften der* ¹*Kunden* (1).

Kun|den|kre|dit, der (Wirtsch.): **1.** *Kredit, den eine Firma einem* ¹*Kunden* (1) *einräumt.* **2.** *Kredit, den ein Lieferant (als Sicherheit od. zum Vorfinanzieren) vom* ¹*Kunden* (1) *nimmt.*

Kun|den|kreis, der: *Gesamtheit der* ¹*Kunden* (1) *einer Firma, eines Gewerbetreibenden o. Ä.*

Kun|den|ma|ga|zin, das: *werblichen Zwecken dienende Zeitschrift, die ein Unternehmen für seine Kunden herausgibt u. meist kostenlos verteilt.*

Kun|den|nä|he, die: vgl. Bürgernähe.

Kun|den|ori|en|tie|rung, die: *Ausrichtung auf die Wünsche der* ¹*Kunden* (1).

Kun|den|ser|vice, der, österr. auch: das: *Kundendienst.*

Kun|den|stamm, der: *fester Kundenkreis.*

Kun|den|stock, der (österr.): *Kundenstamm, Kundenkreis.*

Kun|den|wer|ber, der: *jmd., der in der Kundenwerbung tätig ist, der* ¹*Kunden* (1) *wirbt.*

Kun|den|wer|be|rin, die: w. Form zu ↑Kundenwerber.

Kun|den|wer|bung, die: *Werbung von Kunden.*

Kun|den|wunsch, der: *Wunsch, Anliegen von* ¹*Kunden* (1).

kun|den|zen|t|riert ⟨Adj.⟩ (Wirtsch.): *auf den Kunden ausgerichtet, den Kunden in den Mittelpunkt stellend:* -e *Strategien.*

Kun|den|zen|t|rum, das: *Zweigstelle, Abteilung eines Unternehmens od. einer öffentlichen Einrichtung, in der Kundinnen und Kunden betreut werden.*

Kün|der, der; -s, - (geh.): *jmd., der etw. kündet.*

Kün|de|rin, die; -, -nen: w. Form zu ↑Künder.

Kund|fahrt, die (österr.): *Exkursion.*

Kund|ga|be, die; -, -n (geh.): *das Kundgeben.*

kund|ge|ben ⟨st. V.; hat⟩ (geh.): *bekannt geben; mitteilen:* [jmdm.] *seine Absicht k.*

Kund|ge|bung, die; -, -en: **1.** *öffentliche, politische Versammlung [unter freiem Himmel]: eine machtvolle K.; eine K. für die Freiheit, gegen den Krieg; eine K. zum 1. Mai; eine K. veranstalten, mitmachen, verbieten, stören; auf einer K. sprechen; zu einer K. aufrufen.* **2.** *(geh.) das Kundgeben, [öffentliche] Äußerung, Bekanntgabe: die K. seines Willens.*

kun|dig ⟨Adj.⟩ [mhd. kündec, ahd. chundig = bekannt, klug, schlau]: *sich auf einem Gebiet auskennend; in Bezug auf etw. gute Kenntnisse besitzend, verratend:* eine -e *Bergführerin;* -er *Rat; mit* -em *Blick; sie hat sich als sehr k. erwiesen; sie sind des Weges k.* (geh.; *kennen den Weg); sie ist des Landes k.* (geh.; *kennt es gut);* ⟨subst.:⟩ *der Kundige, ein Kundiger weiß diese Zeichen zu deuten;* * *sich k. machen (sich informieren, sich Kenntnisse, einen Überblick verschaffen).*

kün|di|gen ⟨sw. V.; hat⟩ [für älter: aufkündigen = die Auflösung eines Vertrages kundtun; mhd. kündigen = kundtun]: **a)** *(eine vertragliche Vereinbarung in Bezug auf etw.) zu einem bestimmten Termin für beendet erklären: eine Hypothek, einen Kredit, Gelder bei der Bank, einen* [Miet]*vertrag, jmdm. die Wohnung* [zum Quartalsende] *k.; die Tarifverträge sind von den Gewerkschaften gekündigt worden; die gekündigten Verträge;* Ü *jmdm. die Freundschaft k., die Gehorsam k.* (aufsagen); **b)** *jmds. Mietverhältnis zu einem bestimmten Termin für beendet erklären: meine Wirtin hat mir zum 30. Juni gekündigt;* **c)** *das Arbeits-, Dienstverhältnis eines Mitarbeiters zu einem bestimmten Termin für beendet erklären: ihrer Mutter war gekündigt worden; er ist* [fristlos] *gekündigt worden;* **d)** *sein Arbeits-, Dienstverhältnis zu einem bestimmten Zeitpunkt für beendet erklären, lösen: ich habe* [schriftlich] *bei der Firma gekündigt; sie will zum 1. April k.*

Kün|di|gung, die; -, -en: *Lösung eines Vertrages, eines Miet- od. bes. Arbeitsverhältnisses: eine fristlose, ordnungsgemäße K.; ihre K. war etwas voreilig; eine aussprechen, zurücknehmen, annehmen, anfechten; eine K. für ungesetzlich erklären; die Firma nahm Abstand von einer K.; die K.* (das Kündigungsschreiben) *wurde mir per Einschreiben geschickt; eine halbjährige K.* (Kündigungsfrist).

Kün|di|gungs|frist, die: *Frist bis zum Wirksamwerden einer ausgesprochenen Kündigung.*

Kün|di|gungs|grund, der: *Grund* (5) *für eine Kündigung.*

Kün|di|gungs|recht, das: *Gesamtheit der Gesetze u. Regelungen, die mit der Kündigung eines Vertrages zusammenhängen.*

Kün|di|gungs|schrei|ben, das: *Schreiben, mit dem eine Kündigung ausgesprochen wird.*

Kün|di|gungs|schutz, der ⟨o. Pl.⟩: *gesetzlicher od. tariflicher Schutz des Arbeitnehmers vor einer ungerechtfertigten od. sozial nicht tragbaren Kündigung: werdende Mütter genießen K.*

Kun|din, die; -, -nen: w. Form zu ↑*Kunde.*

kund|ma|chen ⟨sw. V.; hat⟩ (österr. Amtsspr., sonst veraltet): *bekannt machen.*

◆ **Kund|mann**, der ⟨Pl. ... leute⟩: ¹*Kunde* (1): *Ich verdenk es der armen Ladenzofe nicht, dass sie, von so vielen Einkäufern des Heiligen Abends bestürmt, auf einen alten Verkäufer so vieler Heiligen Abende, auf mich kaum hinnickte* (Jean Paul, Siebenkäs 9).

Kund|schaft, die; -, -en: **1.** [zu ↑¹*Kunde* (1)] **a)** ⟨o. Pl.⟩ *Gesamtheit der* ¹*Kunden* (1): *eine zahlreiche K.; die K. ist unzufrieden, bleibt weg; alles für die K. tun; zur festen K. gehören; auf K. gehen* (Jargon; ¹*Kunden 1 besuchen*); **b)** (österr., sonst landsch.) ¹*Kunde* (1), *Interessent: »O ja«, rufe ich, »ich bin es, eine alte K.; treu ergeben, nur augenblicklich mittellos«* (Kafka, Erzählungen 276); **c)** ⟨o. Pl.⟩ (veraltend) *das Kundesein: jmds. K. schätzen.* **2.** [mhd. kuntschaft = Nachricht; Bekanntschaft, zu ↑²*Kunde*] (veraltet) **a)** *Erkundung:* auf K. *ausgehen;* ◆ *... du ziehst bei den Bettelvögten, Stadtpatroullanten und Zuchtknechten K. ein* (Schiller, Räuber II, 3); **b)** *Nachricht, Botschaft.* ◆ **3. a)** *Bekanntschaft* (1): *Lasst die Zeit allmählich und nicht die Neugier unsre K. machen* (Lessing, Nathan II, 7); **b)** *Kenntnis* (2): *Ohn' alle des Hauses K. (ohne sich im Hause auszukennen), nur von sei-* nem Ohr geleitet, drang ... er kühn durch Flamm' und Rauch (Lessing, Nathan I, 1); **c)** *Wissen* (b): *... so gewiss er mit Eurer und des Bischofs K. gefangen ist* (Goethe, Götz I).

kund|schaf|ten ⟨sw. V.; hat⟩ (veraltet): *auf Erkundung ausgehen.*

Kund|schaf|ter, der; -s, -: *jmd., der etw. auskundschaftet.*

Kund|schaf|te|rin, die; -, -nen: w. Form zu ↑Kundschafter.

kund|tun ⟨unr. V.; hat⟩ (geh.): **a)** *ausdrücken, äußern; kundgeben: seine Meinung, seinen Willen, seine Überzeugung, seinen Ärger, seinen Unmut k.;* ⟨k. + sich⟩ *sich ausdrücken, sich zeigen: ihre Zuneigung tat sich in solchen Situationen kund.*

kund|wer|den ⟨unr. V.; ist⟩ (geh. veraltend): **a)** *bekannt werden: bald wurde die Nachricht kund, dass der Pfarrer im Sterben lag;* **b)** *von etw. erfahren, Kenntnis erhalten.*

◆ **Kunft**, die; - [mhd. kunft, kumft, ahd. chumft, ↑*künftig*]: *das* [An]*kommen: Propheten, die ... des Heilands K. berichten* (Bürger, Sankt Stephan).

¹**künf|tig** ⟨Adj.⟩ [mhd. kümftic, ahd. kumftig, eigtl. = im Begriff zu kommen, zu mhd. kunft, kumft, ahd. chumft = das Kommen, Ankunft, Verbalabstraktum von ↑kommen]: *der kommenden Zeit angehörig, in der Zukunft eintretend; zukünftig:* -e *Generationen; mein* -er *Arbeitsplatz; ihr* -er *Mann.*

²**künf|tig** ⟨Adv.⟩ [zu: ↑¹*künftig*]: *in Zukunft, von nun an: das soll k. anders werden.*

künf|tig|hin ⟨Adv.⟩ (geh.): ²*künftig.*

Kun|ge|lei, die; -, -en (ugs. abwertend): *das Kungeln.*

kun|geln ⟨sw. V.; hat⟩ [landsch. auch: kunkeln, wohl zu ↑Kunkel u. eigtl. = am Spinnrocken, in der Spinnstube heimlich schwatzen u. dabei Pläne schmieden] (ugs. abwertend): *etw. in geheimer Absprache entscheiden, abschließen: Makler und Käufer kungeln* [miteinander]; *um Posten k.*

Kung-Fu, das; -[s] [engl. kung fu < chin. gongfu]: *aus China stammende sportliche Disziplin u. Methode der Selbstverteidigung im Stil des Karate.*

Kun|kel, die; -, -n [mhd. kunkel, ahd. chuncla < mlat. conucla, Nebenf. von: coluc(u)la, zu lat. colus = Spinnrocken] (landsch.): *Spinnrocken; Spindel;* * ◆ *etw. an der K. haben* (schwäb.; *etw. planen, ersinnen; eigtl. = etw. zum* [Ab]*spinnen auf dem Spinnrocken haben): Was wohl dieser Windkopf hier an der K. hat* (Schiller, Räuber IV, 5)].

Kunst, die; -, Künste [mhd., ahd. kunst, urspr. = Wissen(schaft), auch: Fertigkeit, zu ↑*können*]: **1. a)** *schöpferisches Gestalten aus den verschiedensten Materialien od. mit den Mitteln der Sprache, der Töne in Auseinandersetzung mit Natur u. Welt: die bildende K.; die darstellende K.; angewandte K.; abstrakte K.; sich der K. widmen; K. und Wissenschaft; Akademie der (schönen) Künste; ein Förderer der Künste;* R *was macht die K.?* (ugs.; *wie geht es* [dir bei deiner *Tätigkeit, Arbeit]?*); * *die Schwarze/schwarze K.* (1. *die Zauberkunst, Magie; wohl Verdeutschung des spätlat. necromantia* [↑Nekromantie], *das fälschlich mit lat. niger = schwarz in Verbindung gebracht wurde.* 2. *die Kunst des Buchdrucks; wohl nach der Druckerschwärze*); **die sieben freien Künste** (*Grammatik, Rhetorik, Dialektik, Arithmetik, Geometrie, Astronomie, Musik als Grundwissenschaften der Antike u. des Mittelalters;* LÜ *von lat. septem artes liberales, nach einer philos. Allegorie des spätlat. Schriftstellers Martianus Capella* [5. Jh. n. Chr.], *urspr. die Künste, die von »freien« Bür-*

Kunst – künstlerisch

gern gepflegt wurden); **b)** ⟨o. Pl.⟩ *einzelnes Werk, Gesamtheit der Werke eines Künstlers, einer Epoche o. Ä.; künstlerisches Schaffen:* die antike, moderne, mittelalterliche, europäische K.; K. am Bau, im öffentlichen Raum; die K. der Ägypter, der Romantik; die K. Rembrandts, Bachs; K. sammeln; nichts von K. verstehen. **2.** *das Können, besonderes Geschick, [erworbene] Fertigkeit auf einem bestimmten Gebiet:* die ärztliche K.; die K. des Lesens und Schreibens; hier kann keine K. mehr helfen; Bachs K. der Fuge *(Klavierwerk mit exemplarischen Fugen- u. Kanonkompositionen, die auf dasselbe Thema zurückgehen);* er will seine K. an dieser Aufgabe erproben; **R** K. kommt von können (meist iron. gesagt, wenn jmds. [künstlerische] Fähigkeiten nicht ausreichen); * **eine brotlose K.** *(eine Ausbildung, Tätigkeit, die nichts einbringt);* **keine K. sein** *(ugs.; leicht, einfach sein, keine besonderen Fähigkeiten erfordern);* **alle seine Künste spielen lassen** *(ugs.; alle möglichen psychologischen Tricks anwenden);* **mit seiner K. am Ende sein** *(nicht mehr weiterwissen, sich od. anderen nicht mehr helfen können).* **3.** * **K. sein** *(ugs.; künstlich, nicht echt sein:* der Wurstdarm ist K.).

Kunst-: drückt in Bildungen mit Substantiven aus, dass etw. künstlich, synthetisch hergestellt ist: Kunstherz, -milch, -schnee.

Kunst|aka|de|mie, die: *Kunsthochschule.*
Kunst|aus|stel|lung, die: *Ausstellung von Werken der bildenden Kunst.*
Kunst|ba|nau|se, der (abwertend): *Mensch ohne Verständnis für Kunst.*
Kunst|ba|nau|sin, die: w. Form zu ↑ Kunstbanause.
Kunst|bau, der ⟨Pl. -ten⟩ (Bauw.): **1.** *kunstvolles Bauwerk.* **2.** *(beim Straßenbau u. Ä.) zur Überwindung naturgegebener Hindernisse notwendiges Bauwerk.*
Kunst|bei|la|ge, die: *Zeitungs- od. Zeitschriftenbeilage mit Wiedergaben von Werken der bildenden Kunst.*
Kunst|be|trieb, der: **1.** ⟨o. Pl.⟩ *(oft abwertend) hauptsächlich geschäftlichen Zwecken dienende Betriebsamkeit im Bereich der Kunst.* **2.** (seltener) *Betrieb (1 a), der mit Kunst zu tun hat.*
Kunst|blatt, das: *einzelnes Blatt aus Kunstdruckpapier mit der Wiedergabe eines Gemäldes, einer Grafik o. Ä.*
Kunst|blu|me, die: *künstliche Blume.*
Kunst|darm, der: *Wurstdarm aus einem künstlichen Material.*
Kunst|denk|mal, das: *Bauwerk, Plastik o. Ä. von künstlerischem u. historischem Wert.*
Kunst|druck, der ⟨Pl. -e⟩: **a)** ⟨o. Pl.⟩ *Herstellung von künstlerisch hochwertigen [Farb]drucken [für die Wiedergabe von Kunstwerken];* **b)** *[Farb]druck eines Kunstwerks.*
Kunst|druck|pa|pier, das: *besonders hochwertiges Papier mit glatter Oberfläche.*
Kunst|dün|ger, der: *industriell erzeugtes, anorganisches Düngemittel.*
Kunst|eis, das: *künstlich, durch Kältemaschinen hergestelltes Eis.*
Kunst|eis|bahn, die: *Eisbahn mit Kunsteis.*
Küns|te|lei, die; -, -en (abwertend): **a)** ⟨o. Pl.⟩ *gekünstelte Art, Manier (1 c);* **b)** *gekünstelte Hervorbringung.*
küns|teln: ↑ gekünstelt.
Kunst|er|eig|nis, das: *[besonders publikumswirksames] Ereignis im Bereich der Kunst.*
Kunst|er|zie|her, der: *Fachlehrer für Kunsterziehung (Berufsbez.).*

Kunst|er|zie|he|rin, die: w. Form zu ↑ Kunsterzieher.
Kunst|er|zie|hung, die: **1.** *Erziehung zum Erkennen u. Verstehen von Werken der bildenden Kunst u. zur eigenen Ausdrucksfähigkeit.* **2.** *Schulfach, das Zeichnen [Werken] u. Kunstgeschichte umfasst.*
Kunst|fah|ren, das; -s: *Radfahren mit artistischen Kunststücken.*
Kunst|fa|ser, die: *Chemiefaser.*
Kunst|feh|ler, der: *falsche od. falsch ausgeführte ärztliche Maßnahme:* Ü da ist mir ein K. unterlaufen *(ein Versehen passiert).*
kunst|fer|tig ⟨Adj.⟩: *handwerklich besonders geschickt:* -e Handwerker.
Kunst|fer|tig|keit, die: *kunstfertige Art.*
Kunst|fi|gur, die: *erdachte Figur, Gestalt der Fantasie, die keine Entsprechung in der Wirklichkeit hat.*
Kunst|flug, der: *kunstvoller Flug mit vielerlei Figuren, Drehungen, Geschwindigkeitsänderungen usw.*
Kunst|form, die: *künstlerische Ausdrucksform:* epische, dramatische, lyrische -en.
Kunst|freund, der: *jmd., der große Freude an Kunst hat.*
Kunst|freun|din, die: w. Form zu ↑ Kunstfreund.
Kunst|füh|rer, der: *Handbuch, in dem die Kunstdenkmäler eines bestimmten Gebietes beschrieben sind.*
Kunst|ga|le|rie, die: *Galerie (3 b).*
Kunst|gat|tung, die: *Gattung (1 a) der Kunst (1 a).*
Kunst|ge|gen|stand, der: *künstlerisch gestalteter [Gebrauchs]gegenstand.*
Kunst|ge|nuss, der: *Genuss, wie er von guter Kunst geboten wird:* der Opernbesuch war ein wahrer K.
kunst|ge|recht ⟨Adj.⟩: *fachmännisch; genau in der richtigen Weise:* ein -er Verband.
Kunst|ge|schich|te, die: **1.** ⟨o. Pl.⟩ **a)** *Geschichte der Entwicklung u. der Epochen der bildenden Kunst;* **b)** *Wissenschaft von der geschichtlichen Entwicklung der bildenden Kunst als Teil der Kunstwissenschaft.* **2.** *Werk, [Lehr]buch, das die Kunstgeschichte (1) zum Thema hat.*
kunst|ge|schicht|lich ⟨Adj.⟩: *die Kunstgeschichte (1) betreffend.*
kunst|ge|schmie|det ⟨Adj.⟩: *als künstlerische Schmiedearbeit gefertigt:* ein -es Geländer.
Kunst|ge|wer|be, das ⟨Pl. selten⟩: **1.** *Gebiet der bildenden Kunst, das Entwurf u. Herstellung von künstlerisch gestalteten Gebrauchsgegenständen u. von Schmuck umfasst.* **2.** ⟨o. Pl.⟩ *Gesamtheit der künstlerisch gestalteten Gebrauchs- u. Ziergegenstände.*
Kunst|ge|werb|ler, der; -s, -: *jmd., der kunstgewerbliche Erzeugnisse entwirft od. herstellt.*
Kunst|ge|werb|le|rin, die; -, -nen: w. Form zu ↑ Kunstgewerbler.
kunst|ge|werb|lich ⟨Adj.⟩: *das Kunstgewerbe betreffend:* -e Arbeiten.
Kunst|griff, der [ursprünglich wohl = geschickter Griff beim Ringen]: *geschickter, schneller Handgriff, durch den sich etw. plötzlich bewerkstelligen lässt;* [kleiner] *Trick:* mit ein paar -en setzte sie die Anlage wieder in Betrieb.
Kunst|hal|le, die [geprägt von dem dt. Sprachforscher J. H. Campe (1746–1818) für Museum] (veraltet, noch erhalten in Namen): *öffentliches Gebäude, in dem Werke der bildenden Kunst ausgestellt werden.*
Kunst|han|del, der: ¹*Handel (2 a) mit Werken der bildenden Kunst.*
Kunst|händ|ler, der: *jmd., der Kunsthandel, eine Kunsthandlung betreibt.*
Kunst|händ|le|rin, die: w. Form zu ↑ Kunsthändler.
Kunst|hand|lung, die: *Geschäft, in dem Erzeug-*

nisse künstlerischen Schaffens gehandelt werden.
Kunst|hand|werk, das: **1.** *Handwerk, bei dem Gebrauchsgegenstände, Schmuckwaren u. dgl. künstlerisch gestaltet werden.* **2.** *im Kunsthandwerk hergestellte Gesamtheit von Gebrauchs- u. Ziergegenständen.*
Kunst|hand|wer|ker, der: *jmd., der ein Kunsthandwerk ausübt.*
Kunst|hand|wer|ke|rin, die: w. Form zu ↑ Kunsthandwerker.
Kunst|harz, das (Chemie): *synthetisch hergestelltes Harz.*
Kunst|herz, das: *künstliches Herz, das implantiert wird u. die Funktion eines kranken od. versagenden Herzens übernehmen soll.*
Kunst|his|to|ri|ker, der: *Wissenschaftler auf dem Gebiet der Kunstgeschichte (1).*
Kunst|his|to|ri|ke|rin, die: w. Form zu ↑ Kunsthistoriker.
kunst|his|to|risch ⟨Adj.⟩: *kunstgeschichtlich.*
Kunst|hoch|schu|le, die: *Hochschule für bildende Kunst.*
Kunst|ho|nig, der: *aus Invertzucker, Farb- u. Geschmacksstoffen hergestellter honigähnlicher Brotaufstrich.*
kunst|in|te|r|es|siert ⟨Adj.⟩: *an der Kunst, an einer Kunstrichtung, an künstlerischen Dingen interessiert.*
Kunst|ka|len|der, der: *Wandkalender mit Reproduktionen von Werken der bildenden Kunst.*
Kunst|kaut|schuk, der: *dem Kautschuk ähnliches künstlich hergestelltes Material.*
Kunst|kopf, der (Rundfunkt.): *Aufnahmegerät in Form eines menschlichen Kopfes mit Mikrofonen im Abstand der Ohren, wodurch eine dem natürlichen Höreindruck entsprechende Wiedergabe erreicht werden soll.*
Kunst|kraft|sport, der: *zur Schwerathletik gehörende Sportart, bei der akrobatische u. artistische Übungen ausgeführt werden.*
Kunst|kri|tik, die: *kritische Auseinandersetzung mit [neuen] Werken der bildenden Kunst.*
Kunst|kri|ti|ker, der: *auf dem Gebiet der Kunstkritik tätiger Publizist.*
Kunst|kri|ti|ke|rin, die: w. Form zu ↑ Kunstkritiker.
Kunst|le|der, das: *synthetisch hergestelltes Material, das in Eigenschaften u. Aussehen dem Leder ähnlich ist.*
Künst|ler, der; -s, - [urspr. zu älter: künsteln = (ver)bessern, dann zu »Kunst« angeschlossen]: **1.** *jmd., der [berufsmäßig] Kunstwerke hervorbringt od. darstellend, aufführend interpretiert:* ein großer, eigenwilliger K.; er ist freier, freischaffender, darstellender K.; bildende K. *(Maler, Grafiker, Bildhauer u. Ä.);* das Werk eines unbekannten -s. **2.** *jmd., der auf einem Gebiet über besondere Fähigkeiten verfügt:* er ist ein K. der Improvisation, im Sparen.
Künst|ler|grup|pe, die: ¹*Gruppe (2) von [Künstlerinnen u.] Künstlern (1).*
Künst|ler|hand, die: *in den Fügungen* **wie von K.** *(wie von einem Künstler 1 gefertigt):* wie von K. gemalt lag der Bergsee vor uns); **mit K.** *(wie ein Künstler 1; so, dass man den Künstler [in jmdm.] erkennt):* mit K. zeichnete sie in schnellen Strichen eine Blume).
Künst|le|rin, die; -, -nen: w. Form zu ↑ Künstler.
künst|le|risch ⟨Adj.⟩: *der Kunst (1 a), einem Künstler (1) gemäß; die Kunst, einen Künstler, das Wesen der Kunst, von Künstlern betreffend:* -e Kraft, Aussage; eine -e Veranlagung; um -e Anerkennung ringen; sie hat die -e Leitung; -e Freiheit *(Freiheit des Künstlers, von der Realität, von bestimmten Normen abzuweichen);* etw. k. darstellen, gestalten.

Künst|ler|ko|lo|nie, die: *Siedlung, in der Künstler (1) wohnen.*

Künst|ler|na|me, der: *angenommener Name eines Künstlers (1); Pseudonym.*

Künst|ler|pech, das (ugs. scherzh.): *kleines Missgeschick, das jmdm. bei der Ausübung einer Sache widerfährt.*

künst|lich ⟨Adj.⟩ [mhd. künstlich, urspr. = klug, geschickt]: **a)** *nicht natürlich, sondern mit chemischen u. technischen Mitteln nachgebildet, nach einem natürlichen Vorbild angelegt, gefertigt, geschaffen:* -e Blumen; ein -er See; ein -es Auge; -es Licht; -e Sprachen; der Pudding schmeckt heute wieder sehr k.; **b)** *natürliche Vorgänge nachahmend, nicht auf natürliche Weise vor sich gehend:* -e Befruchtung; -e Ernährung *(Ernährung durch eine Sonde, Infusion o. Ä.);* **c)** *gekünstelt, unnatürlich:* -e Heiterkeit; ihr Lachen klang k.; sich k. aufregen; ◆ **d)** *kunstvoll:* Er strengte sich nun an, recht zierlich und neumodisch zu tanzen, und füßelte so emsig und k. (Eichendorff, Taugenichts 58); Münzen, die k. gefasst waren (Stifter, Bergkristall 16).

Künst|lich|keit, die; -, -en ⟨Pl. selten⟩: **a)** *künstliche Beschaffenheit; Unechtheit;* ◆ **b)** *kunstvolle Beschaffenheit:* Die Natur will selbst auch einen Genuss von ihrer großen K. haben (Novalis, Heinrich 26).

Künst|licht, das ⟨Pl. selten⟩: *künstliches Licht.*

Kunst lie|bend, kunst|lie|bend ⟨Adj.⟩: *eine große Vorliebe für die Kunst (1 a), starkes Interesse an der Kunst besitzend.*

Kunst|lieb|ha|ber, der: *jmd., der kunstliebend ist, sich aus Liebhaberei mit Kunst (1) beschäftigt.*

Kunst|lieb|ha|be|rin, die: w. Form zu ↑ Kunstliebhaber.

Kunst|lied, das: *(von einem Komponisten) künstlerisch vertontes Lied.*

kunst|los ⟨Adj.⟩: **a)** *ohne künstlerische Ausformung od. Verzierung hergestellt:* ein -er Bau; ◆ **b)** *nicht künstlich (a), natürlich:* Unter dem Turban stahlen sich gelbe Locken hervor und umwallten k. und ungepudert die Stirne (Hauff, Jud Süß 386).

Kunst|ma|ler, der: *Künstler, der Gemälde u. Grafiken herstellt (Berufsbez.).*

Kunst|ma|le|rin, die: w. Form zu ↑ Kunstmaler.

Kunst|markt, der: *Markt (3 a) mit Kunsterzeugnissen.*

Kunst|mä|zen, der: *Mäzen, der Künstler unterstützt.*

Kunst|mä|ze|nin, die: w. Form zu ↑ Kunstmäzen.

Kunst|mu|se|um, das: *Museum für Werke der bildenden Kunst.*

Kunst|ob|jekt, das: *etw. künstlerisch Gestaltetes; Kunstwerk.*

Kunst|pau|se, die [urspr. im Theater eine vom Schauspieler beabsichtigte, wirkungsvolle Pause]: *unnötige kurze Pause im Ablauf eines Vortrags o. Ä.:* -n machen, einlegen, eintreten lassen; es folgte eine längere K.; es gab eine peinliche K.

Kunst|post|kar|te, die: *Postkarte mit einer Abbildung in Kunstdruck (a).*

Kunst|preis, der: *für eine bedeutende künstlerische Leistung verliehener Preis:* der K. der Stadt Köln.

Kunst|pro|dukt, das: **1.** *Produkt künstlerischen Schaffens; künstlerisch gestalteter [Gebrauchs]gegenstand.* **2.** *etw., was nicht natürlich gewachsen, sondern künstlich erschaffen ist; künstlich erschaffene Person.*

Kunst|ra|sen, der: *Kunststoffrasen.*

Kunst|raub, der: *Raub von Kunstwerken, Kunstgegenständen.*

kunst|reich ⟨Adj.⟩: **a)** *kunstvoll:* eine -e Handarbeit; **b)** *geschickt.*

Kunst|rei|ter, der: *[Zirkus]reiter, der akrobatische Kunststücke auf dem Pferd vollführt.*

Kunst|rei|te|rin, die: w. Form zu ↑ Kunstreiter.

Kunst|rich|tung, die: *bevorzugter Stil, Geschmacksrichtung in der Kunst.*

Kunst|samm|ler, der: *jmd., der Kunstgegenstände sammelt.*

Kunst|samm|le|rin, die: w. Form zu ↑ Kunstsammler.

Kunst|samm|lung, die: *Sammlung von Kunstwerken:* eine wertvolle, unschätzbare K.

Kunst|schatz, der: **a)** *wertvoller Kunstgegenstand;* **b)** *reiche Sammlung von Kunst:* nationale Kunstschätze.

Kunst|schnee, der: *künstlich hergestellter Schnee (1).*

Kunst|schu|le, die: *[Privat]schule, in der bildende Kunst, Kunsthandwerk, Gebrauchsgrafik u. Ä. gelehrt werden.*

Kunst|schwim|men, das; -s: *Synchronschwimmen.*

Kunst|sei|de, die: *der Naturseide ähnliches, aus chemisch behandeltem Zellstoff hergestelltes Gewebe.*

kunst|sei|den ⟨Adj.⟩: *aus Kunstseide bestehend:* ein -es Kleid.

Kunst|sinn, der: *sicheres Empfinden, Verständnis für Kunst (1).*

kunst|sin|nig ⟨Adj.⟩ (geh.): *Verständnis, Interesse für Kunst (1) besitzend, ausdrückend:* ein -er Fürst; Blumen k. *(kunstvoll)* arrangieren.

Kunst|spra|che, die: **a)** *unnatürlicher od. künstlich nachgeahmter Sprachstil;* **b)** *künstlich geschaffene [übernationale] Sprache (4 b).*

Kunst|sprin|gen, das: *Disziplin des Schwimmsports, in der kunstvolle Sprünge (z. B. Salti, Schrauben) von einem federnden Sprungbrett ins Wasser ausgeführt werden.*

Kunst|stein, der: **a)** (bild. Kunst) *Stein aus zermahlenen Natursteinen o. einem Bindemittel, der in Aussehen u. Eigenschaften einem Naturstein sehr ähnlich ist (z. B. Kunstmarmor);* **b)** (Bauw. veraltet) *künstlicher Baustein aus Beton.*

Kunst|stoff, der: *vollsynthetisch od. durch Umwandlung von Naturprodukten hergestellter Werkstoff, der in vielen verschiedenen Arten u. für die verschiedensten Zwecke gebraucht wird; Plastik:* Tüten, Geschirr, Platten, Spielzeug aus K.; K. verarbeitende Anlagen.

Kunst|stoff|bahn, die (Sport): *Laufbahn (2) aus Kunststoff (im Unterschied zur Aschenbahn).*

Kunst|stoff|fo|lie, Kunst|stoff-Fo|lie, die: ¹Folie (1) aus Kunststoff.

Kunst|stoff|ra|sen, der: *Rasen aus Kunststoff, auf dem Ballspiele u. a. ausgetragen werden.*

Kunst|stoff|ver|ar|bei|tend, Kunst|stoff|ver|ar|bei|tend ⟨Adj.⟩: *Kunststoff als Ausgangsmaterial nutzend:* Kunststoff verarbeitende Betriebe.

Kunst|stück, das [urspr. auch = Kunstwerk]: **a)** *besondere Geschicklichkeitsleistung, die man jmdm. vorführt:* akrobatische -e; jmdm. ein K. zeigen, beibringen; -e vorführen; das ist kein K. (ugs.: *das ist ganz einfach*); K. (ugs. iron.: *es ist keine große Leistung*), vorwärtszukommen, wenn man einflussreiche Freunde hat; Ü er brachte das K. fertig, den Betrieb aus den roten Zahlen zu führen; ◆ **b)** *Kunstwerk:* ... und alsbald drehte sich ein Stück Mauer los, sodass ein Mensch bequem durch die Öffnung schlüpfen ... konnte. Du magst einmal ein K. sehen, Olivier, das wahrscheinlich schlaue Mönche des Klosters, welches ehemals hier lag, fertigen ließen, um heimlich aus- und einschlüpfen zu können (E. T. A. Hoffmann, Fräulein 57); ... und daraus (= aus Edelsteinen) einen Blumenstrauß zu bil-

den angefangen, in welchem jeder Stein nach seiner Form und Farbe günstig hervortreten und das Ganze ein K. geben sollte (Goethe, Dichtung u. Wahrheit 4).

Kunst|sze|ne, die: *Szene (4), in der sich Künstler, Kunstliebhaber, Kunsthändler o. Ä. bewegen.*

Kunst|the|o|rie, die: *Theorie über Wesen, Form u. Gesetze der Kunst.*

Kunst|tisch|ler, der: *Handwerker, der Möbel nach künstlerischen Gesichtspunkten herstellt, verziert od. renoviert.*

Kunst|tisch|le|rin, die: w. Form zu ↑ Kunsttischler.

Kunst|tur|nen, das: *wettkampfmäßiges Geräteu. Bodenturnen.*

Kunst|ver|ein, der: *Verein zur Förderung der Kunst.*

Kunst|ver|lag, der: *Verlag, der Kunstbücher, -kalender, -drucke herausgibt.*

Kunst|ver|stand, der: *auf Einfühlung u. Kenntnis beruhende Fähigkeit, Kunstwerke zu erkennen u. zu beurteilen.*

kunst|ver|stän|dig ⟨Adj.⟩: *Kunstverstand besitzend, mit Kunstverstand [urteilend]:* ein -es Publikum.

Kunst|ver|ständ|nis, das ⟨o. Pl.⟩: *Verständnis für Kunst (1 a); Kunstverstand.*

kunst|voll ⟨Adj.⟩: *mit großem [künstlerischem, handwerklichem] Geschick, technischem Können [hergestellt]:* -e Schnitzereien; ein -er Aufbau.

Kunst|welt, die: **1.** *Gesamtheit von Künstlern, Künstlerinnen u. Personen, die im Bereich der Kunst tätig sind:* die K. war empört. **2.** *die Kunst umfassender, in sich geschlossener Bereich:* in den 50er-Jahren revolutionierte er die K. **3.** *künstliche Welt:* sie erschuf sich eine K.

Kunst|werk, das: **a)** *Erzeugnis künstlerischen Schaffens:* ein literarisches K.; -e, meine Damen und Herren, kann man nicht mehr nach Feierabend machen (Wollschläger, Zeiten 21); **b)** *kunstvolles Gebilde:* der Computer ist ein K. der Technik; die Frisur ist ja ein wahres K.

Kunst|wis|sen|schaft, die: *Wissenschaft von der bildenden Kunst.*

Kunst|wort, das ⟨Pl. ...wörter⟩ (Sprachwiss.): *künstlich gebildetes Wort (als wissenschaftlicher od. technischer Terminus).*

kun|ter|bunt ⟨Adj.⟩ [frühnhd. (Ende 15. Jh.) contrabund = vielstimmig, zu ↑ Kontrapunkt; die heutige Bed. seit dem 17./18. Jh. in Anlehnung an »bunt«] (emotional): **a)** *bunt, vielfarbig:* -e Sonnenschirme; k. bemalte Ostereier; **b)** *abwechslungsreich, bunt gemischt:* ein -es Programm; ihr Leben verlief recht k.; **c)** *ungeordnet:* ein -es Durcheinander.

Kun|ter|bunt, das; -s (emotional): *buntes Vielerlei, Durcheinander.*

Kunz: ↑ Hinz.

Kü|per, der; -s, - [mniederd. küper] (nordd.): **1.** *Böttcher.* **2.** *Warenkontrolleur in Häfen (Berufsbez.).*

Kü|pe|rin, die; -, -nen: w. Form zu ↑ Küper.

Kup|fer, das; -s, - [mhd. kupfer, ahd. kupfar < spätlat. cuprum für lat. aes cyprium = zyprisches Erz]: **1.** ⟨o. Pl.⟩ *rötlich glänzendes, weiches, dehnbares u. sehr gut leitendes Schwermetall (chemisches Element; vgl. ↑ Cuprum; Zeichen: Cu):* reines K.; K. abbauen, fördern; in K. gestochen. **2.** ⟨o. Pl.⟩ *etw. aus Kupfer Hergestelltes (wie kupfernes Geschirr o. Ä.):* auf den Regalen stand blank geputztes K.; ich habe nur noch K. *(Kupfermünzen)* im Portemonnaie.

kup|fer|be|schla|gen ⟨Adj.⟩: *mit Kupfer beschlagen:* eine -e Truhe.

kup|fer|braun ⟨Adj.⟩: *braun mit einem etwas rötlichen Schimmer:* -es Haar.

Kupferdach – kurbeln

Kup|fer|dach, das: *mit Platten aus Kupfer gedecktes Dach.*

Kup|fer|druck, der ⟨Pl. -e⟩: **1.** ⟨o. Pl.⟩ *Verfahren, bei dem der Druck manuell von einer (geritzten od. geätzten) mit Kupfer beschichteten Tiefdruckplatte unter einer Presse erfolgt.* **2.** *nach dem Verfahren des Kupferdrucks (1) hergestellter* ²*Druck* (1 b).

Kup|fer|erz, das: *kupferhaltiges Erz.*

kup|fer|far|ben, kup|fer|far|big ⟨Adj.⟩: *die Farbe des Kupfers aufweisend.*

Kup|fer|geld, das: *Geld in Form von Kupfermünzen.*

kup|fer|hal|tig, (österr.:) **kup|fer|häl|tig** ⟨Adj.⟩: *Kupfer enthaltend:* -e *Minerale.*

kup|fe|rig: ↑ kupfrig.

Kup|fer|kes|sel, der: *kupferner Kessel.*

Kup|fer|kies, der (Mineral.): *goldgelb bis grünlich gelb anlaufendes, eisenhaltiges Kupfererz.*

Kup|fer|le|gie|rung, die: *Legierung mit Kupfer als Hauptbestandteil.*

Kup|fer|mün|ze, die: *kupferne Münze.*

kup|fern ⟨Adj.⟩ [mhd. kupferīn]: **1.** *aus Kupfer gemacht:* eine -e *Kanne.* **2.** *wie Kupfer schimmernd:* k. *leuchtende Bergspitzen.*

Kup|fer|pfen|nig, der: *Pfennigstück aus Kupfer.*

Kup|fer|plat|te, die: *Platte aus Kupfer:* eine *Wand mit* -n *belegen.*

kup|fer|rot ⟨Adj.⟩: *einen ins Braune spielenden roten Farbton besitzend.*

Kup|fer|ste|cher, der: **1.** *Künstler, der Kupferstiche herstellt:* R *mein lieber Freund und K.!* (ugs. scherzh., etwas erstaunt u. meist auch ein wenig drohend gesagt, H. u.). **2.** *braunrot glänzender Borkenkäfer, der bes. Fichten befällt.*

Kup|fer|ste|che|rin, die: w. Form zu ↑ Kupferstecher (1).

Kup|fer|stich, der (Grafik): **1.** ⟨o. Pl.⟩ *Verfahren, bei dem mit dem Grabstichel eine Zeichnung in eine polierte Kupferplatte eingeritzt u. diese dann zur Herstellung von Abzügen in den Vertiefungen eingefärbt wird.* **2.** *nach dem Verfahren des Kupferstichs (1) hergestelltes Blatt.*

Kup|fer|stich|ka|bi|nett, das: *Museumsraum für Kupferstiche u. andere Grafik (bes. als Abteilung).*

Kup|fer|stück, das: **a)** *einzelnes [unbearbeitetes] Stück Kupfer;* **b)** *Kupfermünze.*

Kup|fer|sul|fat, das (Chemie): *Salz aus Kupfer u. Schwefelsäure.*

Kup|fer|vi|t|ri|ol, das ⟨o. Pl.⟩: *technisch wichtigstes, bes. in der Landwirtschaft blauer Minerale auftretendes Kupfersulfat.*

Kup|fer|zeit, die ⟨o. Pl.⟩: *Chalkolithikum.*

kupf|rig, kupferig ⟨Adj.⟩: *wie Kupfer wirkend; kupferfarben.*

ku|pie|ren ⟨sw. V.; hat⟩ [frz. couper = abschneiden < afrz. coper, eigtl. wohl = die Spitze abschlagen, zu spätlat. cuppa, ↑ Kuppe] (Fachspr.): **1. a)** *durch Schneiden kürzen, stutzen:* einem Hund den Schwanz, dem Vogel die Flügel k.; ⟨subst.:⟩ das Kupieren von Hundeohren ist verboten; **b)** *(ein Tier, eine Pflanze) nach bestimmten Gesichtspunkten durch Beschneiden an bestimmten Teilen im Aussehen verändern:* das Pferd an Schwanz k.; eine Hecke k.; ein kupierter Hund. **2.** (Med.) *(einen Krankheitsprozess [in seinem Beginn]) aufhalten od. unterdrücken:* eine Grippe k.

Ku|pol|ofen, Kuppelofen, der [ital. cupola < spätlat. cupula, Vkl. von: cuppa, ↑ Kuppe]: *Schmelzofen zum Umschmelzen von Schrott u. Gusseisen.*

Ku|pon: ↑ Coupon.

Kup|pe, die; -, -n [mhd. (md.) kuppe = (Berg)spitze, wahrsch. < spätlat. cuppa, ↑ Kopf]: **1.** *abgerundeter oberster Teil eines Berges o. Ä.:* die kahle, bewaldete K. des Berges; Gegenüber die hohe K., aber die Sonne rollt gerade noch über diese K., und das Haus bekommt Sonne sechseinhalb Stunden lang (Frisch, Montauk 191). **2.** *Fingerkuppe.*

Kup|pel, die; -, -n [ital. cupola < lat. cupula, Vkl. von: cupa, ↑ ²Kufe]: *Wölbung [in Form einer Halbkugel] über einem Raum:* die K. des Domes; eine K. über der Vierung.

Kup|pel|dach, das: *gewölbtes Dach.*

Kup|pe|lei, die; -, -en [zu ↑ kuppeln (4)]: **a)** (veraltend abwertend) *Vermittlung einer Heirat durch Anwendung irgendwelcher [unlauterer] Mittel;* **b)** (Rechtsspr.) *Duldung od. [eigennützige] Vermittlung außerehelichen Sexualverkehrs, insbesondere bei Minderjährigen sowie als Prostitution.*

kup|peln ⟨sw. V.; hat⟩ [mhd. kuppeln, koppeln = an die ²Koppel (3) legen; verbinden]: **1. a)** (Verkehrsw.) *mehrere Wagen od. ein ziehendes u. ein gezogenes Fahrzeug miteinander verbinden, koppeln* (1 b): drei Wagen zu einem Straßenbahnzug k.; an den Lkw wurde ein Anhänger gekuppelt; **b)** (Technik) *koppeln* (1 c): eine Kamera mit gekuppeltem Entfernungsmesser. **2.** *koppeln* (2 b). **3.** *die Kupplung in einem Kraftfahrzeug betätigen:* er muss erst lernen, richtig zu k. **4.** (veraltend) *(andere Menschen, Paare) zu verkuppeln suchen; sich als Kuppler betätigen.*

Kup|pel|ofen: ↑ Kupolofen.

Kup|pe|lung: ↑ Kupplung.

kup|pen ⟨sw. V.; hat⟩ [zu ↑ Kuppe]: *Triebe, Zweige stutzen, kürzen:* die Platanen k.

Kupp|ler, der; -s, - [mhd. kuppelære, kuppeler] (abwertend): *jmd., der [gewerbsmäßig] Kuppelei betreibt.*

Kupp|le|rin, die; -, -nen [mhd. kupplærinne]: w. Form zu ↑ Kuppler.

kupp|le|risch ⟨Adj.⟩ (abwertend): *wie ein Kuppler, als Kuppler [auftretend].*

Kupp|lung, Kuppelung, die; -, -en: **1.** ⟨o. Pl.⟩ *das An-, Einkuppeln; das Verbinden.* **2. a)** (Verkehrsw.) *lösbare Vorrichtung zum Verbinden, Aneinanderkoppeln von Fahrzeugen, Wagen;* **b)** (Technik) *[bewegliche] Verbindung zwischen Maschinen- u. Geräteteilen, durch die Kräfte, Drehmomente übertragen werden u. ein synchrones Funktionieren ermöglicht wird:* die K. aus-, einrücken. **3.** (nur Kupplung) *Einrichtung zum Unterbrechen der Verbindung zwischen Motor u. Getriebe bei Fahrzeugen:* die K. lösen, nachstellen; mit schleifender K. fahren; **b)** *Pedal, mit dessen Hilfe die Kupplung (3 a) betätigt wird:* die K. treten, zu schnell loslassen.

Kupp|lungs|au|to|mat, der (Kfz-Technik): *automatisch, ohne Pedal funktionierende Kupplung* (3 a).

Kupp|lungs|pe|dal, das (Kfz-Technik): *Kupplung* (3 b).

Kupp|lungs|schei|be, die (Kfz-Technik): *axial verschiebbare, mit dem Getriebe verbundene Scheibe, die durch Federkraft mehr od. weniger stark gegen das Schwungrad des Motors gepresst wird.*

Kur, die; -, -en [im 16. Jh. zuerst in der Bed. »ärztliche Fürsorge u. Betreuung« < lat. cura = Sorge, Fürsorge, Pflege]: *bestimmtes, unter ärztlicher Aufsicht u. Betreuung durchgeführtes Heilverfahren; Heilbehandlung:* eine K. beantragen, machen, abbrechen; die K. dauert drei Wochen; jmdm. eine K. verordnen; sich einer K. unterziehen; in K. gehen; jmdn. zur K. schicken; * jmdn. in [die] K. nehmen (ugs.; eindringlich auf jmdn. einreden; jmdm. Vorhaltungen machen); etw. in [die] K. nehmen (ugs.; etw. einer gründlichen Inspektion unterziehen u. es ausbessern, restaurieren, kurieren).

Kür, die; -, -en [mhd. kür(e), (md.) kur(e), ahd. kuri = Wahl, zu ↑ ²kiesen]: **1.** (Sport) *Übung, deren einzelne Teile der Sportler, die Sportlerin nach freier Wahl zusammenstellen kann:* eine schwierige, ausgefeilte K.; die K. der Damen im Kunstturnen, im Eiskunstlauf. **2.** *das Küren, Wahl:* die K. zum Spitzenkandidaten.

ku|ra|bel ⟨Adj.⟩ [spätlat. curabilis, zu: curare, ↑ kurieren] (Med.): *(von Krankheiten) heilbar.*

ku|rant ⟨Adj.⟩ [frz. courant, 1. Part. von: courir = laufen < lat. currere] (veraltet): *in Umlauf befindlich* (Abk.: crt.): -e *Münzen.*

¹**Ku|rant,** das; -[e]s, -e (veraltet): *Münze, deren Materialwert ihrem Geldwert entspricht.*

²**Ku|rant,** der; -en, -en [zu ↑ Kur] (schweiz.): *Kurgast.*

Ku|ran|tin, die; -, -nen: w. Form zu ↑ ²Kurant.

Ku|ra|re, das; -[s] [span. curare < indian. (Tupi) urari, eigtl. = auf wen es ankommt, der fällt] (Med., Pharm.): *(früher von Indianern als Pfeilgift verwendete) zu [tödlichen] Lähmungen führende Substanz, die in niedrigen Dosen als Narkosemittel dient.*

Kü|rass, der; -es, -e [frz. cuirasse, eigtl. = Lederpanzer, zu spätlat. coriaceus = ledern]: *(vom 15. bis 19. Jh. üblicher) Brustharnisch.*

Kü|ras|sier, der; -s, -e [frz. cuirassier]: *(15. bis 19. Jh.) Soldat der schweren Reiterei, der einen Kürass trägt.*

Ku|rat, der; -en, -en [mlat. curatus, zu lat. cura, ↑ Kur] (kath. Kirche): **a)** *in der Seelsorge tätiger Geistlicher mit einer dem Pfarrer vergleichbaren Stellung u. mit eigenem Seelsorgebezirk;* **b)** *geistlicher Betreuer von Pfadfindergruppen o. Ä.*

Ku|ra|tel, die; -, -en [mlat. curatela, wohl Zusb. aus lat. curatio = Fürsorge u. tutela = Fürsorge, Obhut] (österr. Rechtsspr., sonst veraltend): *Vormundschaft:* eine K. beantragen; unter K. stehen; man ließ ihn unter K. stellen.

ku|ra|tie|ren ⟨sw. V.; hat⟩: *als Kurator* (4) *od. Kuratorin betreuen:* eine Ausstellung k.

ku|ra|tiv ⟨Adj.⟩ [mlat. curativus, zu lat. curare, ↑ kurieren] (Med.): *heilend:* -e *Behandlung.*

Ku|ra|tor, der; -s, ...oren [lat. curator = Bevollmächtigter, Vormund]: **1.** (österr. Rechtsspr., sonst veraltet) *Vormund.* **2.** *Treuhänder einer Stiftung o. Ä.* **3.** *Beamter an einer Universität, der das Vermögen verwaltet u. Rechtsgeschäfte wahrnimmt.* **4.** *(wissenschaftlicher) Leiter eines Museums, einer zoologischen Sammlung, einer Ausstellung o. Ä.*

Ku|ra|to|rin, die; -, -nen: w. Form zu ↑ Kurator.

Ku|ra|to|ri|um, das; -s, ...ien [zu lat. curatorius = zum Amt eines Kurators (1) gehörend]: **1.** *Gremium, das die Aufsicht über eine öffentliche Körperschaft, eine Stiftung o. Ä. hat.* **2.** *Dienststelle einer Kuratorin, eines Kurators* (3).

Kur|auf|ent|halt, der: *mit einer Kur verbundener Aufenthalt in einem Kurort.*

Kur|bad, das: *Bad* (3).

Kur|bel, die; -, -n [zu älter Kurbe = Winde am Ziehbrunnen, mhd. kurbe, ahd. churba, über das Vlat. zu lat. curvus, ↑ Kurve]: *im [rechten] Winkel angebrachte od. anzusetzende, mit einem Griff versehene Stange o. Ä., mit der eine Kreisbewegung ausgeführt wird, wodurch eine Welle, ein Zahnrad o. Ä. in Drehung versetzt wird:* die K. des Autofensters, der Spieldose, der Kaffeemühle; die K. drehen.

Kur|bel|ge|trie|be, das (Technik): *Getriebe, bei dem Hin-und-her-Bewegung mithilfe einer Kurbel in eine Drehbewegung verwandelt wird.*

Kur|bel|la|ger, das ⟨Pl. ...lager⟩ (Technik): *Lager, in dem sich die Kurbelwelle dreht.*

kur|beln ⟨sw. V.⟩: **1.** ⟨hat⟩ **a)** *an einer Kurbel drehen:* du musst schneller k.; sie kurbelte, bis ihr der Arm wehtat; Ü in den Kurven musste er ganz schön k.; *das Lenkrad drehen, hin und her bewegen* (ugs.); **b)** *durch Drehen an einer*

Kurbelwelle – Kurs

Kurbel bewegen: das Autofenster in die Höhe k.; Eugenie kurbelte mit dem Fuß den Tisch (= Operationstisch) wieder horizontal und deckte Kate Hegström zu (Remarque, Triomphe 101). **2.** ⟨hat⟩ (ugs.) *filmen:* Der Kaiser ist auch im Cinematographentheater zu sehen, wie er sich in Potsdam mit seinen sechs Söhnen zur Neujahrsparole-Ausgabe begibt: alles ein bisschen ruckartig und schnell, weil noch mit der Hand gekurbelt (Kempowski, Zeit 133). **3.** ⟨hat⟩ (ugs.) *drehen* (2). **4.** ⟨ist/(auch:) hat⟩ (ugs.) *fahrend, fliegend kreis-, schleifenförmige Bewegungen ausführen:* die Fahrer beim Sechstagerennen kurbeln (*fahren ihre Runden*) schon seit 48 Stunden.

Kur|bel|wel|le, die (Technik): *[mehrfach] abgewinkelte Welle, mit deren Hilfe Auf-und-ab-Bewegungen von Kolben, Pleuelstange o. Ä. in eine Drehbewegung der Welle verwandelt werden od. umgekehrt.*

Kür|bis, der; -ses, -se [mhd. kürbiȥ, ahd. kurbiȥ, über das Vlat. < lat. cucurbita]: **1. a)** *(aus dem tropischen Amerika stammende) rankende Pflanze mit großen Blättern, trichterförmigen, gelben Blüten u. sehr großen, meist kugeligen, saftreichen Früchten;* **b)** *Frucht der Kürbisses* (1 a): der K. wog 10 kg; süßsauer eingemachte -se. **2.** (salopp) *Kopf:* mir dröhnt, schmerzt der K.

Kür|bis|ge|wächs, das: *Pflanze einer Familie mit vielen Gattungen, zu denen Kürbis, Gurke u. Melone gehören.*

Kür|bis|kern, der: *Samen des Kürbisses.*

Kür|bis|sup|pe, die: *aus Kürbis hergestellte Suppe.*

Kur|de, der; -n, -n: *Angehöriger eines iranischen Volkes in Vorderasien.*

Kur|din, die; -, -nen: w. Form zu ↑ Kurde.

Kur|di|rek|tor, der: *Leiter einer Kurverwaltung.*

Kur|di|rek|to|rin, die: w. Form zu ↑ Kurdirektor.

kur|disch ⟨Adj.⟩: **a)** *die Kurden betreffend; von den Kurden stammend, zu ihnen gehörend:* das -e Neujahrsfest feiern; **b)** *in der Sprache der Kurden [verfasst]:* der Text ist k. abgefasst.

Kur|disch, das; -[s] u. (nur mit best. Artikel:), **Kur|di|sche,** das; -n: *kurdische Sprache.*

Kur|di|stan, -s: *Bergland in Vorderasien.*

ku|ren ⟨sw. V.; hat⟩ (ugs.): *eine Kur machen.*

kü|ren ⟨sw. u. (veraltet:) st. V.; hat⟩ [zu ↑ Kür] (geh.): *[aus einer größeren Gruppe von Anwärtern] für einen Ehrenposten, Ehrentitel o. Ä. [aus]wählen:* jmdn. zum Sportler, zur Sportlerin des Jahres k.

Kü|ret|ta|ge […'taːʒə, österr. meist: …ʃ], die; -, -n [frz. curettage] (Med.): *Ausschabung der Gebärmutter.*

Kü|ret|te, die; -, -n [frz. curette, zu: curer = reinigen < lat. curare, eigtl. = pflegen]: **1.** (Med.) *löffelartiges Instrument zur Ausschabung der Gebärmutter.* **2.** (Zahnmed.) *medizinisches Instrument zur Beseitigung von Ablagerungen unter dem Zahnfleisch.*

kü|ret|tie|ren ⟨sw. V.; hat⟩ (Med.): *eine Kürettage vornehmen; ausschaben* (c).

Kur|fürst, der [mhd. kur-, kürvürste, 1. Bestandteil veraltet Kur = Wahl, (Recht zur) Königswahl, mhd. kür(e), ↑ Kür] (Geschichte): *Fürst, der zusammen mit anderen berechtigt ist, den deutschen König zu wählen.*

Kur|fürs|ten|tum, das (Geschichte): *Herrschaftsbereich eines Kurfürsten.*

Kur|fürs|tin, die: w. Form zu ↑ Kurfürst.

kur|fürst|lich ⟨Adj.⟩ (Geschichte): *den Kurfürsten betreffend.*

Kur|gast, der: *Gast in einem Kurort.*

Kur|haus, das: *Gebäude mit Sälen u. Räumen für die Kurgäste.*

ku|ri|al ⟨Adj.⟩ [mlat. curialis < spätlat. curialis = zum kaiserlichen Hof gehörend, zu lat. curia; ↑ Kurie] (kath. Kirche): *zur päpstlichen Kurie* (1 a) *gehörend.*

Ku|ri|a|ler [mlat. curialis < spätlat. curiales (Pl.) = Bedienstete am Kaiserhof] (kath. Kirche): *(geistlicher od. weltlicher) Beamter der päpstlichen Kurie* (1 a).

Ku|rie, die; -, -n: **1.** [(mlat. curia <) lat. curia = Kurie (3), eigtl. = vereinigte Männerschaft, zu: co(n)- = zusammen, mit u. vir = Mann] (kath. Kirche) **a)** *Gesamtheit der päpstlichen Behörden; päpstlicher Hof:* die römische K.; **b)** *Sitz der Kurie* (1 a). **2.** (österr.) *Standesvertretung in Universitätsgremien.* **3.** (Geschichte) *eine der Körperschaften, in die altrömische Bürgerschaft aufgeteilt war.*

Ku|ri|en|kon|gre|ga|ti|on, die (kath. Kirche): *leitende Behörde der Kurie* (1 a).

Ku|rier, der; -s -e [frz. courrier < ital. corriere, zu: correre < lat. currere = laufen, rennen]: **a)** *jmd., der im Dienst eines Staates, beim Militär o. Ä. vertrauliche Nachrichten o. Ä. überbringt:* ein diplomatischer K.; eine Nachricht durch einen K. überbringen lassen; **b)** *Bote* (a): einen Brief durch einen K. zustellen lassen, per K. schicken.

Ku|rier|dienst, der: **a)** *das Überbringen von vertraulichen Nachrichten o. Ä. durch einen Kurier, eine Kurierin:* einen K. einrichten; **b)** *Unternehmen, das die Dienste eines Kuriers* (b), *einer Kurierin als Serviceleistung anbietet.*

ku|rie|ren ⟨sw. V.; hat⟩ [lat. curare = pflegen; heilen, zu: cura, ↑ Kur]: *heilen; (eine Krankheit, Verletzung o. Ä.) erfolgreich behandeln:* seine Grippe mit Rum k.; erst die Heilpraktikerin hat ihn [von seinem Ausschlag] kuriert; Ü (ugs.:) jmdn. von seinen Illusionen k.; ich bin [davon] kuriert (ugs.; *ich bin klüger geworden u. habe genug davon*).

Ku|rier|fah|rer, der: *mit einem Fahrzeug ausgestatteter [für einen Kurierdienst] arbeitender Kurier* (b).

Ku|rier|fah|re|rin, die: w. Form zu ↑ Kurierfahrer.

Ku|rie|rin, die; -, -nen: w. Form zu ↑ Kurier.

Ku|rier|zug, der (veraltet): *Schnellzug:* ◆ … traf er denn auch mit dem -e in Berlin ein (Fontane, Effi Briest 34).

ku|ri|os ⟨Adj.⟩ [(frz. curieux <) lat. curiosus, auch = pedantisch, zu: cura, ↑ Kur]: *auf unverständliche, fast spaßig anmutende Weise sonderbar, merkwürdig:* ein -er Vorfall; auf [eine] ganz -e Art; es ist ein -er Kauz; die Unterredung ist k. verlaufen.

ku|ri|o|ser|wei|se ⟨Adv.⟩: *merkwürdiger-, seltsamerweise.*

Ku|ri|o|si|tät, die; -, -en [frz. curiosité < lat. curiositas = Neugierde]: **1.** ⟨o. Pl.⟩ *das Kurios-, Sonderbarsein; kuriose Art:* etw. nur der K. wegen erzählen. **2.** *etw., was merkwürdig ist, vom Üblichen, Normalen abweicht [u. deshalb Aufsehen erregt], kuriose Sache:* er hatte in seiner Briefmarkensammlung einige -en.

Ku|ri|o|si|tä|ten|ka|bi|nett, das: *Museum[sraum], in dem Kuriositäten* (2) *zu sehen sind.*

Ku|ri|o|sum, das; -s, …sa (bildungsspr.): *kuriose Sache; etw. Kurioses, Merkwürdiges.*

Kur|ka|pel|le, die: ²*Kapelle* (2), *die in einem Kurort zur Unterhaltung der Kurgäste spielt.*

Kur|kar|te, die: *Karte, die ein Gast nach Entrichtung der Kurtaxe bekommt u. mit der er bestimmte Veranstaltungen besuchen, bestimmte Einrichtungen benutzen kann.*

Kur|kon|zert, das: *Konzert in einem Kurort zur Unterhaltung der Kurgäste.*

Kur|ku|ma, die; -, …umen [ital., span. curcuma < arab. kurkum (= Safran]: **1.** *Gelbwurzel.* **2.** ⟨o. Pl.⟩ *auch; das; -[s] aus den Wurzeln der Gelbwurzel gewonnenes, u. a. zur Herstellung von Curry* (1) *verwendetes, gelbes Gewürz.*

Kur|laub, der; -[e]s, -e [aus ↑ Kur u. ↑ Urlaub]: *mit einer Kur verbundener Ferienaufenthalt.*

Kür|lauf, der: *Kür beim Eis- u. Rollkunstlauf.*

Kur|mit|tel, das: *therapeutische Maßnahme bei einer Kur (wie Bäder, Massagen, Inhalationen).*

Kur|mit|tel|haus, das: *Gebäude, in dem Kurmittel angewendet werden.*

Kur|ort, der: *Ort [mit besonders günstigem Klima od. mit Heilquellen], der die Voraussetzungen zur Durchführung von Kuren bietet.*

Kur|pa|ckung, die: **1.** *größere Packung von Medikamenten, die über einen längeren Zeitraum eingenommen werden sollen.* **2.** *spezielles Haarpflegemittel, durch dessen Anwendung Haare glänzend u. geschmeidig werden sollen.*

Kur|park, der: *Park für die Kurgäste in einem Kurort.*

kur|pfu|schen ⟨sw. V.; hat⟩ (selten): *als Kurpfuscher* (a) *arbeiten:* er ist bestraft worden, weil er gekurpfuscht hat.

Kur|pfu|scher, der: **a)** (Rechtsspr.) *jmd., der ohne medizinische Ausbildung u. behördliche Genehmigung Kranke behandelt;* **b)** (ugs. abwertend) *schlechter Arzt.*

Kur|pfu|sche|rei, die: *das Kurpfuschen.*

Kur|pfu|sche|rin, die: w. Form zu ↑ Kurpfuscher.

Kur|prinz, der (Geschichte): *Erbe eines Kurfürsten.*

Kur|prin|zes|sin, die: w. Form zu ↑ Kurprinz.

Kur|re, die; -, -n [niederd. (ostfries.) kur(r)e < afries. koer = Korb, wohl nach den urspr. verwendeten korbähnlichen Weidengeflecht] (Fischereiw.): *(bes. zum Fischen von Krabben, Garnelen o. Ä. verwendetes) Grundnetz.*

Kur|ren|de, die; -, -n [zu lat. currere = laufen]: **1. a)** (früher) *Schülerchor, der vor Häusern, bei Begräbnissen o. Ä. gegen Geld geistliche Lieder singt;* **b)** *evangelischer Jugend- od. Studentenchor.* **2.** (österr. Amtsspr., sonst veraltet) *Rundschreiben.*

kur|rent ⟨Adj.⟩ [zu lat. currens (Gen.: currentis), 1. Part. von: currere = laufen] (österr.): *in deutscher Schrift [gestaltet]:* k. schreiben.

Kur|rent|schrift, die: *(früher benutzte) deutsche Schreibschrift.*

Kur|ri|ku|lum: ↑ Curriculum.

Kurs, der; -es, -e: **1. a)** [frz. cours(e), niederl. koers < lat. cursus] *Fahrtrichtung eines Schiffes od. Flugzeuges:* ein gerader, falscher K.; einen K. steuern, einschlagen; den K. wechseln, beibehalten, halten; den K. auf der Seekarte eintragen; K. auf Hamburg nehmen; vom K. abkommen; das Flugzeug geht auf K., fliegt den/auf dem vorgeschriebenen K.; **b)** *Linie* (8): einen härteren politischen K. einschlagen, verfolgen; den K. der Integration weiterfahren; außenpolitisch auf einen anderen k. gehen. **2.** [mlat. cursus = Reihe von Gebeten < lat. cursus = Verlauf, Reihenfolge, zu: currere (2. Part.: cursum) = laufen] (Sport) *Rennstrecke:* in einfacher, schneller, gefährlicher K.; fehlerfrei über den K. kommen. **3.** [ital. corso, frz. cours < mlat. cursus < lat. cursus = Umlauf] **a)** *zusammengehörende Folge von Unterrichtsstunden o. Ä.; Lehrgang:* -e für Sprachen; einen K. besuchen, mitmachen; einen K. absetzen, leiten, abhalten; am Ende des -es findet eine Prüfung statt; **b)** *Gesamtheit der Teilnehmenden eines Kurses* (3 a): der ganze K. bestand die Prüfung; er lud den/seinen K. zu sich nach Hause ein. **4.** *Marktpreis von Wertpapieren, Devisen o. Ä.:* hohe, niedrige, stabile -e; der amtliche K. des Euro; die -e steigen, fallen, bleiben stabil; Gold steht zurzeit nicht mehr so hoch im K. (*ist nicht mehr so viel wert*) wie früher; * *etw. außer K. setzen* (*etw. für ungültig erklären:* Briefmarken außer K. setzen); **außer**

K. kommen, sein *(unbeliebt werden, sein)*; hoch im K. stehen *(hohe Wertschätzung genießen, sehr angesehen sein)*; im K. steigen *(beliebter werden, an Ansehen gewinnen)*; im K. fallen *(unbeliebter werden, an Ansehen verlieren)*.
◆ **5.** * *etw.* in K. setzen *([als Gerücht] kursieren lassen, in Umlauf bringen)*.

Kurs|ab|schlag, der (Börsenw.): *Abschlag* (2 b) *von einem Kurs* (4), *Abzug beim Terminkurs einer Währung gegenüber deren Kassakurs.*

Kurs|än|de|rung, die: *Änderung des Kurses* (1).

Kurs|an|stieg, der (Börsenw.): *Anstieg eines Kurses* (4).

Kurs|auf|schlag, der (Börsenw.): *Aufschlag* (3) *auf einen Kurs* (4) *bei Prolongationsgeschäften im Terminhandel; Report* (2).

Kurs|be|we|gung, die (Börsenw.): *Veränderung der Kurse* (4).

Kurs|buch, das: *Zusammenstellung von Fahrplänen der Eisenbahn in Buchform od. auf einer CD-ROM.*

Kur|schat|ten, der (ugs. scherzh.): *Person des anderen Geschlechts, mit der sich jmd. für die Zeit seiner Kur anfreundet:* sie hat einen K.

Kürsch|ner, der; -s, - [mhd. kürsenære, zu: kürsen, ahd. kursin(n)a = Pelzrock, aus dem Slaw.]: *Handwerker, der Tierfelle zu Pelzkleidung verarbeitet* (Berufsbez.).

Kürsch|ne|rei, die; -, -en: a) ⟨o. Pl.⟩ *Handwerk des Kürschners;* **b)** *Betrieb eines Kürschners.*

Kürsch|ne|rin, die; -, -nen: w. Form zu ↑ Kürschner.

Kurs|ein|bruch, der (Börsenw.): *starker Kursrückgang.*

Kurs|ent|wick|lung, die (Börsenw.): *das Sichentwickeln* (2 b) *der Kurse* (4).

Kurs|er|ho|lung, die (Börsenw.): *Besserung der Börsenkurse.*

Kurs|fest|stel|lung, die (Börsenw.): *amtliche Feststellung der Börsenkurse.*

Kurs|ge|winn, der (Börsenw.): *Unterschied zwischen einem niedrigen Ankaufspreis u. höherem Verkaufspreis bei Wertpapieren, Devisen o. Ä.*

kur|sie|ren ⟨sw. V.; hat/(seltener:) ist⟩ [lat. cursare = umherlaufen, -rennen]: *in Umlauf sein:* falsche Banknoten kursieren in der Stadt; Ü über sie kursierten die wildesten Gerüchte *(sie wurden weitererzählt, sie machten die Runde).*

kur|siv ⟨Adj.⟩ [rückgeb. aus ↑ Kursive] (Druckw.): *(von Druckschriften) schräg, nach rechts geneigt:* eine -e Schrift; ein Wort k. setzen.

Kur|si|ve, die; -, -n [mlat. cursiva (littera), eigtl. = laufend(e Schrift)] (Druckw.): *Kursivschrift.*

Kur|siv|schrift, die (Druckw.): *nach rechts geneigte Druckschrift.*

Kurs|kor|rek|tur, die: *Korrektur des Kurses* (1).

Kurs|lei|ter, der: *Leiter eines Kurses* (3 a).

Kurs|lei|te|rin, die: w. Form zu ↑ Kursleiter.

Kurs|no|tie|rung, die (Börsenw.): *Notierung* (4) *der Kurse* (4).

kur|so|risch ⟨Adj.⟩ [zu spätlat. cursorius = zum Laufen gehörend] (bildungsspr.): *fortlaufend; von einem zum andern rasch fortschreitend, nicht auf Einzelheiten eingehend:* die -e Behandlung eines Themas; -e Lektüre; einen Aufsatz nur k. *(oberflächlich)* lesen.

Kurs|rall|lye, Kurs|ral|ly [...rӕli], die, schweiz.: *das Rallye.*

Kurs|rück|gang, der (Börsenw.), **Kurs|rutsch** (Börsenjargon), der: *das Fallen eines Börsenkurses.*

Kurs|schwan|kung, die (Börsenw.): *Schwankung der Kurse* (4).

Kurs|sprung, der (Börsenw.): *plötzlicher Kursanstieg.*

Kurs|stei|ge|rung, die (Börsenw.): *Kursanstieg.*

Kurs|sturz, der ⟨Plural ...stürze⟩ (Börsenw.): *plötzliches Sinken der Börsenkurse.*

Kurs|sys|tem, das (Päd.): *Unterrichtssystem, bei dem der Unterricht in den einzelnen Fächern in Form von Kursen* (3 a) *erteilt wird.*

Kurs|teil|neh|mer, der: *Teilnehmer an einem Kurs* (3 a).

Kurs|teil|neh|me|rin, die: w. Form zu ↑ Kursteilnehmer.

Kur|sus, der; -, Kurse [mlat. cursus, ↑ Kurs]: *Kurs* (3 a).

Kurs|ver|fall, der (Börsenw.): *stetiger Kursrückgang.*

Kurs|ver|lauf, der (Börsenw.): *Verlauf der Kursnotierungen.*

Kurs|ver|lust, der (Börsenw.): *Unterschied zwischen einem hohen Ankaufspreis u. einem niedrigen Verkaufspreis bei Wertpapieren o. Ä.*

Kurs|wa|gen, der (Eisenbahn): *Eisenbahnwagen, der auf dem Weg zum Zielort an verschiedene Züge angehängt wird.*

Kurs|wech|sel, der: *Kursänderung:* der Pilot wurde zu einem K. gezwungen.

Kurs|wert, der (Börsenw.): *Wert eines Wertpapiers, der sich aus dem Börsenkurs ergibt.*

Kurs|zet|tel, der (Börsenw.): *regelmäßig erscheinende Liste aller Börsenkurse.*

Kurs|ziel, das (Börsenw.): *Börsenkurs, der aufgrund einer Finanzanalyse als Ziel angestrebt wird.*

Kur|ta|ge: ↑ Courtage.

Kur|ta|xe, die: *Gebühr, die ein Gast in einem Kurod. Fremdenverkehrsort bezahlen muss.*

◆ **kur|te|sie|ren** ⟨sw. V.; hat⟩ [zu ↑ Courtoisie]: *(jmdm.) den Hof machen, (jmdn.) umwerben:* ...kurtesiert' ihr immer mit Pastetchen und Wein (Goethe, Faust I, 3556).

Kur|ti|sa|ne, die; -, -n [frz. courtisane < ital. cortigiana, w. Form zu: cortigiano = Höfling, zu: corte = [Fürsten]hof < mlat. cortis, curtis < lat. cors, ↑ Court] (früher): *[adlige] Geliebte eines Fürsten o. Ä.*

◆ **Kurt|ka,** die; -, -s [poln. kurtka, kurta = kurze Uniformjacke (der Husaren), zu lat. curtus = kurz]: *mit Pelz besetzte, vorn geschnürte lange [Haus]jacke:* Du hattest ihn ... in einer alten schwarzen K. gesehen (Chamisso, Schlemihl 3).

Ku|ru, der od. das; -s [zu papuanisch kuru = zittern; die Krankheit wurde erstmals bei Ureinwohnern Papua-Neuguineas beobachtet] (Med.): *durch ein Virus hervorgerufene, tödlich verlaufende Krankheit des Zentralnervensystems, die durch Schüttelbewegungen des ganzen Körpers charakterisiert wird.*

Kür|übung, die: *[einzelne Übung einer] Kür.*

Kur|va|tur, die; -, -en [lat. curvatura = Krümmung, zu: curvus, ↑ Kurve] (Med.): *Krümmung eines Organs, bes. des Magens.*

Kur|ve [ˈkʊrvə, ˈkʊrfə], die; -, -n [spätlat. curva (linea) = gekrümmt(e Linie), zu: curvus = gekrümmt]: **1. a)** (Geom.) *gekrümmte Linie als Darstellung mathematischer od. statistischer Größen u. Berechnungen:* eine K. zeichnen; Ü de K. seines Erfolgs fiel jäh ab; **b)** *Bogenlinie, die zeichnete ihre Brauen in einem schwungvollen K. nach.* **2. a)** *Biegung, Krümmung einer Straße, eines Verkehrsweges:* eine scharfe, enge, unübersichtliche, überhöhte K.; die Straße windet sich in vielen -n den Berg hinauf; eine K. schneiden, ausfahren, [zu schnell] nehmen; das Auto wurde aus der K. getragen, geschleudert; der Motorradfahrer legte sich in die K.; * die K. kratzen (salopp; *sich schnell u. möglichst unbemerkt entfernen;* eigtl. = so scharf um eine Ecke biegen, dass man die Mauerkante berührt); **die K. kriegen** (salopp; *es schließlich doch noch schaffen, etwas erreichen;* -e Leistung verzeichnen; **nicht haben** (salopp; ↑ Bogen 1 a); **b)** *gekrümmter Teil der Tribüne* (2) *eines oval angelegten Stadions.* **3.** *Linie, die ein Körper, Gegenstand beschreibt, der sich in einer nicht gerade verlaufenden Bewegung befindet:* eine flache, weite K. fliegen; die Skiläufer fuhren in großen -n ins Tal. **4.** ⟨Pl.⟩ (ugs.) *als erotisierend empfundene weibliche Körperformen:* sie hat aufregende -n.

kur|ven [ˈkʊrvn̩, ˈkʊrfn̩] ⟨sw. V.; ist⟩: **1. a)** *in Kurven fahren, fliegen:* der Radfahrer kurvte um die Ecke; **b)** (ugs.) *[ziellos] umherfahren:* im Urlaub sind sie durch ganz Spanien gekurvt. **2.** (selten) *kurvenförmig biegen:* gekurvte Ornamente. **3.** (salopp) *sich mit etw. innerlich beschäftigen, über etw. nachdenken:* er kurvt schon eine ganze Weile darüber.

Kur|ven|dis|kus|si|on, die (Math.): *rechnerische Untersuchung mit grafischer Darstellung einer Kurve* (1 a) *u. ihrer Eigenschaften.*

kur|ven|för|mig ⟨Adj.⟩: *die Form einer Kurve aufweisend.*

Kur|ven|la|ge, die: *Lage, die ein Fahrzeug in einer Kurve* (2 a) *einnimmt.*

Kur|ven|li|ne|al, das: *Art einer Schablone gebogenes Zeichengerät, mit dem man Kurven* (1 a) *zeichnen kann.*

Kur|ven|mes|ser, der: *Kurvimeter* (a, b).

kur|ven|reich ⟨Adj.⟩: **a)** *mit vielen Kurven* (2 a) *versehen:* eine -e Strecke; **b)** (ugs. scherzh.) *mit üppigen Kurven* (4) *versehen.*

Kur|ven|schar, die (Math.): *Anzahl von Kurven, die in einer bestimmten, durch einen Parameter festgelegten Beziehung zueinander stehen.*

Kur|ven|tech|nik, die: *bestimmte Methode, Kurven* (2 a, 3) *zu fahren, zu fliegen.*

Kur|ver|wal|tung, die: *Dienststelle, die die Einrichtungen in einem Kur- od. Fremdenverkehrsort verwaltet.*

kur|vig [ˈkʊrvɪç, ...fɪç] ⟨Adj.⟩: **a)** *bogenförmig, gekrümmt:* -e Linien; **b)** *kurvenreich* (a).

Kur|vi|me|ter [kʊrvi..., -], das; -s, - [↑ -meter]: **a)** *Gerät zum Messen der Bogenlänge einer Kurve* (1 a); **b)** *Gerät zur Entfernungsmessung auf Landkarten; Kurvenmesser.*

Kur|wür|de, die ⟨Pl. selten⟩: *Würde* (2) *eines Kurfürsten.*

kurz ⟨Adj.⟩; kürzer, kürzeste [mhd., ahd. kurz < lat. curtus = verkürzt, gestutzt, verstümmelt]: **1. a)** *eine [vergleichsweise] geringe räumliche Ausdehnung, Länge in einer Richtung aufweisend:* ein -er Mantel; eine -e Straße; eine -e Telefonnummer (Telefonnummer mit wenigen Ziffern); ein -er Zug (ein Zug mit wenigen Wagen); ein Kleid mit -en (oberhalb der Ellbogen endenden) Ärmeln; es ist nur noch ein -es Stück zu laufen; (Sport:) er läuft am liebsten -e Strecken; sie trägt sehr -e Röcke; der kürzeste Weg zum Bahnhof; sie trägt das Haar k. [geschnitten]; er hat k. geschorenes Haar; der Faden ist zu k.; die Nägel [ganz] k. schneiden; das Brett k. machen; * etw., alles k. und klein schlagen (ugs.; *etw., alles zerschlagen, zertrümmern*); zu k. kommen (*benachteiligt werden, zu wenig bekommen;* wohl aus der Soldatenspr. mit Bezug auf nicht weit genug tragendes Feuer 4); zu k. greifen (ugs.; *zu vordergründig, zu oberflächlich sein*); den Kürzeren ziehen (ugs.; *aufgrund einer ungleichen Ausgangslage bei einer Auseinandersetzung, einem Streit o. Ä. der Unterlegene sein;* nach dem Losen mit Zündhölzern o. Ä., wobei derjenige verliert, der das kürzere Hölzchen zieht); **b)** *(in Verbindung mit Adverbialbestimmungen des Ortes) in [vergleichsweise] geringer Entfernung von etw.:* k. davor, vor der Mauer kam das Auto zum Stehen; k. hinter dem Bahnhof zweigt die Straße ab; **c)** (ugs., oft scherzh.) *von geringer Körpergröße, nicht hochgewachsen, klein:* er ist ein wenig k. geraten; Die Statur des Herrschers

war, wie man weiß, k., doch das Ebenmaß der Gestalt hob diesen Umstand auf (Schädlich, Nähe 158). **2. a)** *eine [vergleichsweise] geringe zeitliche Ausdehnung, Dauer aufweisend:* ein -er Urlaub, Besuch; er machte eine -e Pause; ein Vertrag mit -er Laufzeit; er warf ihr einen -en Blick zu; eine -e, k. gesprochene Silbe; ein -es *(kurz gesprochenes)* a; er hat ein -es Gedächtnis (ugs.; *vergisst Dinge schnell wieder*); ich esse gern k. gebratenes *(bei großer Hitze nur kurz gebratenes)* Fleisch; die Zeit ist zu k.; sein Leben war k. *(er ist früh gestorben)*; die Freude währte nur k., -e Zeit; die Arbeit k. unterbrechen; er war nur k. weg gewesen; Der Kutscher langt k. *(schnell, ohne langes Zögern)* mit der Peitsche hin (Kempowski, Zeit 57); * **über k. oder lang** (*[in Bezug auf etw. mit Sicherheit Eintretendes] ziemlich bald, irgendwann in nicht zu ferner Zukunft:* über k. oder lang wird es Krach geben); **binnen Kurzem/-em** *(innerhalb kurzer Zeit:* er war binnen Kurzem/-em hier); **seit Kurzem/-em** *(seit nicht langer Zeit:* sie wohnt seit Kurzem/-em in einer anderen Stadt); **vor Kurzem/-em** *(vor nicht langer Zeit:* ich habe ihn vor Kurzem/-em getroffen); **b)** *(in Verbindung mit Adverbialbestimmungen der Zeit) mit geringem zeitlichem Abstand von etw., jmdm.:* k. nach Mitternacht; ich kam k. vor ihm nach Hause; k. zuvor hatte ich ihn noch gesehen. **3. a)** *nicht ausführlich; auf das Wesentliche beschränkt:* ein -er Brief; eine -e Mitteilung; etw. in -en Worten sagen; ich erwarte einen -en Anruf von Ihnen; es handelt sich um einen k. gefassten Bericht; sie war heute sehr k. *(kurz angebunden);* etw. nur k. andeuten; * **k. und bündig** *(präzis u. bestimmt:* die Antwort war k. und bündig); **k. und gut/**(scherzh. auch:) **k. und klein** *(zusammenfassend gesagt);* **b)** *rasch; ohne Umstände, Förmlichkeit:* einen -en Entschluss *(rasch einen Entschluss)* fassen; eine Sache k. abtun; sich k. zusammensetzen, um etwas zu besprechen; er ist k. entschlossen abgereist; ich komme morgen k. *(mal eben)* vorbei; Last-Minute-Angebote für k. Entschlossene; **k. und schmerzlos** (ugs.; *rasch u. ohne [aus Rücksichtnahme] zu zögern).*
Kurz|ar|beit, die ⟨Pl. selten⟩: *verkürzte Arbeitszeit, die [bei entsprechender Kürzung des Lohnes] vom Unternehmer wegen Auftragsmangel o. Ä. angeordnet wird.*
kurz|ar|bei|ten ⟨sw. V.; hat⟩: *Kurzarbeit machen [müssen]:* in dieser Firma wird kurzgearbeitet.
Kurz|ar|bei|ter, der: *Arbeiter, der Kurzarbeit macht.*
Kurz|ar|bei|ter|geld, das: *vom Arbeitsamt an Kurzarbeiter gezahlter Betrag, der einem Teil des Stundenlohnes der nicht gearbeiteten Stunden entspricht.*
Kurz|ar|bei|te|rin, die: w. Form zu ↑ Kurzarbeiter.
kurz|är|me|lig, kurzärmlich ⟨Adj.⟩: *mit kurzen Ärmeln [versehen]:* ein -es Kleid.
Kurz|arm|ja|cke, die: *kurzärmlige Jacke.*
kurz|ärm|lig: ↑ kurzärmelig.
kurz|at|mig ⟨Adj.⟩: *unter Atemnot leidend; stoßweise atmend:* ein -er alter Mann.
Kurz|at|mig|keit, die; -, -en: **1.** *das Kurzatmigsein.* **2.** *kurzsichtige* (2) *Art; vorschnelles Handeln, unüberlegte Äußerung.*
kurz|bei|nig ⟨Adj.⟩: *kurze Beine besitzend:* ein -er Dackel.
Kurz|be|schrei|bung, die: *kurz gefasste Beschreibung.*
Kurz|be|such, der: *kurzer, nur wenige Tage dauernder Besuch.*
Kür|ze, die; -, -n [mhd. kürze, ahd. kurzī]: **1.** ⟨o. Pl.⟩ *geringe räumliche Ausdehnung in einer Richtung, geringe Länge:* die K. des Weges, der Haare. **2.** ⟨o. Pl.⟩ *geringe zeitliche Dauer:* die

K. der Zeit; * **in K.** (*bald, demnächst:* der Film läuft in K. an). **3.** ⟨o. Pl.⟩ *kurze* (3 a) *Form:* lapidare K.; K. des Ausdrucks/im Ausdruck gehört zum Stil dieses Autors; R in der K. liegt die Würze *(eine knappe Darstellung ist oft treffender als eine ausführliche).* **4.** (Verslehre) *kurze Silbe eines Wortes im Vers.*
Kür|zel, das; -s, -: **1.** *Abkürzungs-, Schriftzeichen in der Stenografie.* **2.** *Abkürzung[szeichen].*
kür|zen ⟨sw. V.; hat⟩ [mhd. kürzen, ahd. kurzen]: **1.** *kürzer machen:* den Rock [um einige Zentimeter] k.; die Schnur muss noch etwas gekürzt werden; jmdm. das Haar, die Nägel k. **2. a)** (selten) *verkürzen:* die Arbeitspausen k.; **b)** *von etw., was jmdm. üblicherweise zusteht, zugeteilt wird, einen Teil wegnehmen; verringern:* jmdm. die Rente k.; ihr Taschengeld wurde um die Hälfte gekürzt. **3.** *in kürzere Form bringen:* eine Rede k.; die gekürzte Fassung eines Romans. **4.** (Math.) *einen Bruch vereinfachen, indem man Zähler u. Nenner durch die gleiche Zahl teilt.*
kurz ent|schlos|sen, kurz|ent|schlos|sen ⟨Adj.⟩: *rasch einen Entschluss fassend; kurzerhand:* kurz entschlossene Urlauber; kurz entschlossen aufbrechen, mitfahren, kündigen.
Kurz|ent|schlos|se|ne, die/eine Kurzentschlossene; der/einer Kurzentschlossenen, die Kurzentschlossenen/zwei Kurzentschlossene, **kurz Ent|schlos|se|ne,** die/eine kurz Entschlossene; der/einer kurz Entschlossenen, die kurz Entschlossenen/zwei kurz Entschlossene: *weibliche Person, die sich kurzfristig zu etw. entschließt.*
Kurz|ent|schlos|se|ner, der Kurzentschlossene/ein Kurzentschlossener; des/eines Kurzentschlossenen, die Kurzentschlossenen/zwei Kurzentschlossene, **kurz Ent|schlos|se|ner,** der kurz Entschlossene/ein kurz Entschlossener; des/eines kurz Entschlossenen, die kurz Entschlossenen/zwei kurz Entschlossene: *jmd., der sich kurzfristig zu etw. entschließt.*
Kur|zer, der Kurze/ein Kurzer; des/eines Kurzen, die Kurzen/zwei Kurze (salopp): **1.** *Kurzschluss* (1). **2.** *kleines Glas Schnaps:* ein paar Kurze trinken.
kür|zer ⟨Adj.⟩: **1.** (absoluter Komp.) **a)** *eine relativ geringe räumliche Ausdehnung in einer Richtung aufweisend:* bei -en Fahrten das Fahrrad nehmen; **b)** *sich über einen relativ kurzen Zeitraum erstreckend:* für -e Zeit verreist sein. **2.** Komp. zu ↑ kurz.
kur|zer|hand ⟨Adv.⟩: *rasch u. ohne langes Überlegen:* k. abreisen; etw. k. ablehnen; sich k. zu etw. entschließen.
kür|zer|tre|ten ⟨st. V.; hat/ist⟩: *sich einschränken, sich in etw. zurückhalten:* nach Weihnachten will ich eher [arbeitsmäßig, essensmäßig] k.
kür|zes|te: ↑ kurz.
kurz|fas|sen, sich ⟨sw. V.; hat⟩: *möglichst wenig Zeit zum Reden beanspruchen.*
Kurz|fas|sung, die: *gekürzte Fassung eines Textes o. Ä.:* die K. eines Aufsatzes.
Kurz|film, der: *kurzer Film* (3 a).
kurz|flo|rig ⟨Adj.⟩: *mit kurzem* ²*Flor* (2) *versehen.*
Kurz|flüg|ler, der; -s, - (Zool.): *Insekt einer Familie von Käfern mit langem Hinterleib u. sehr kurzen Flügeldecken.*
Kurz|form, die: **1.** (Sprachwiss.) *Wort, das aus einem Teil eines längeren Wortes gebildet ist* (z. B. »Auto« aus »Automobil«). **2.** *Kurzfassung:* eine Geschichte in K. erzählen.
kurz|fris|tig ⟨Adj.⟩: **a)** *ohne vorherige Ankündigung [erfolgend]:* eine -e Abreise; eine Sendung k. vom Programm absetzen; **b)** *nur kurze Zeit dauernd, geltend:* -er Kreditausfall; -e Verträge *(Verträge mit kurzer Laufzeit);* **c)** *in [möglichst] kurzer Zeit [erfolgend]:* man muss -e

Lösungen finden; k. *(rasch entschlossen)* eine Entscheidung treffen.
kurz ge|bra|ten, kurz|ge|bra|ten ⟨Adj.⟩: *kurze Zeit bei größerer Hitze gebraten.*
kurz ge|fasst, kurz|ge|fasst ⟨Adj.⟩: *kurz gehalten, nicht sehr ausführlich.*
Kurz|ge|schich|te, die [LÜ von engl. short story] (Literaturwiss.): *Form der erzählenden Dichtung, bei der eine [alltägliche] Begebenheit knapp berichtet wird, die Personen nur skizziert werden u. der Schluss meist eine Pointe enthält.*
kurz ge|schnit|ten, kurz|ge|schnit|ten ⟨Adj.⟩: *(von Haaren) durch Abschneiden kurz.*
kurz ge|scho|ren, kurz|ge|scho|ren ⟨Adj.⟩: *(von Haaren) durch Scheren kurz.*
Kurz|haar|fri|sur, die: *Frisur, bei der das Haar einen Kurzhaarschnitt aufweist.*
kurz|haa|rig ⟨Adj.⟩: **a)** *ein Fell mit kurzen Haaren besitzend:* ein -er Hund; **b)** *kurz geschnittenes Haar tragend;* **c)** *mit kurzen Haaren [ausgestattet]:* ein -er Pinsel.
Kurz|haar|schnitt, der: *Schnitt, durch den das Haar besonders kurz wird u. eine bestimmte Form bekommt.*
kurz|hal|sig ⟨Adj.⟩: *einen kurzen Hals besitzend.*
kurz|hal|ten ⟨st. V.; hat⟩ [urspr. von Tieren (bes. Hunden) gesagt, die an einer kurzen Leine gehalten werden, damit sie wenig Bewegungsfreiheit haben]: *jmdm. über einen längeren Zeitraum hinweg aus erzieherischen Gründen relativ wenig Geld, Freiheit o. Ä. lassen:* sie haben ihren Sohn immer kurzgehalten.
kurz|le|big ⟨Adj.⟩: **1.** (meist Fachspr.) *nur kurze Zeit lebend:* -e Tiere, Pflanzen; -e *(schnell zerfallende)* Elementarteilchen. **2. a)** *nur für kurze Zeit Aktualität, Wirksamkeit besitzend:* eine -e Modeerscheinung; **b)** *nur über kurze Zeit hinweg funktionstüchtig, gebrauchsfähig:* -e Konsumgüter, Geräte, Möbel.
Kurz|le|big|keit, die; -, -en: **1.** ⟨o. Pl.⟩ *das Kurzlebigsein.* **2.** *etw. Kurzlebiges* (2 a).
kürz|lich ⟨Adv.⟩ [mhd. kurzlich, ahd. kurz(i)lich]: **a)** *vor kurzer Zeit (Tagen od. Wochen):* das ist erst k. passiert; wir haben uns k. getroffen; ♦ **b)** *mit wenigen Worten; kurz* (3 a): Möchtet ihr mich ... nur k. belehren, wie es eigentlich hier mit den Verwandtschaften gemeint sei (Goethe, Wahlverwandtschaften 1, 4); Nun lassen Sie mich k. den Verlauf der Posse nacherzählen (Mörike, Mozart 240).
kurz ma|chen, kurz|ma|chen ⟨sw. V.; hat⟩: **1.** (selten) *etw. so machen, dass es kurz wird.* **2.** * **es kurz machen/kurzmachen** *(etw. in aller Knappheit darlegen, sich nicht in langen Ausführungen, Erklärungen, Beschreibungen o. Ä. ergehen).*
Kurz|man|tel, der: *Mantel, der kürzer als ein normaler Mantel ist.*
Kurz|mel|dung, die: *Kurznachricht.*
Kurz|mit|tei|lung, die: *(bes. per SMS verschickte) kurz gefasste Mitteilung.*
Kurz|nach|richt, die: (meist Pl.): *Nachricht, in der nur das Wichtigste berichtet wird:* im Radio kamen -en.
Kurz|par|ker, der: *Autofahrer, der nur kurze Zeit parkt:* vor dem Bahnhof gibt es Plätze für K.
Kurz|par|ke|rin, die: w. Form zu ↑ Kurzparker.
Kurz|por|trät, das: *kurz gefasstes Porträt* (2).
Kurz|pro|gramm, das (Eiskunstlauf): *Originalprogramm, Pflichtkür.*
Kurz|schi: ↑ Kurzski.
kurz|schlie|ßen ⟨st. V.; hat⟩: **1.** (Elektrot.) *durch Verbindung von zwei elektrischen Leitungen einen Stromkreis schließen u. dadurch einen Schalter, Widerstand o. Ä. überbrücken:* einen Stromkreis k.; die Zündung, ein Auto k. *(ein Auto zum Anspringen bringen, indem man die Leitungen des Zündschlosses überbrückt).*

2. *verbinden, in Einklang bringen:* Tradition mit Innovation k.; ferne Welten k. **3.** ⟨k + sich⟩ (ugs.) *unmittelbaren Kontakt aufnehmen:* ich werde mich noch heute mit meinen Kollegen k.
Kurz|schluss, der: **1.** (Elektrot.) *[sich als Störung auswirkende] unmittelbare Verbindung von zwei unter Spannung stehenden elektrischen Leitungen:* einen K. verursachen, hervorrufen. **2. a)** *falsche [logische] Schlussfolgerung;* **b)** *vorübergehende, auf einem Affekt beruhende geistige Störung:* sein Verhalten lässt sich nur aus einem K. heraus erklären.
Kurz|schluss|hand|lung, die: *im Affekt begangene, unüberlegte Handlung.*
Kurz|schluss|re|ak|ti|on, die: *in einer Kurzschlusshandlung bestehende Reaktion.*
kurz schnei|den, kurz|schnei|den ⟨unr. V.; hat⟩: *etw. so schneiden, dass es kurz wird.*
Kurz|schrift, die: *Stenografie.*
kurz|sich|tig ⟨Adj.⟩: **1.** [wohl LÜ von engl. shortsighted] *an Kurzsichtigkeit leidend:* -e Augen; er ist sehr, hochgradig k. **2.** *nicht an die Zukunft denkend, sondern in ungenügender Weise nur das Nächstliegende beachtend:* eine -e Politik betreiben; k. handeln.
Kurz|sich|tig|keit, die; -, -en: **1.** *Fehlsichtigkeit, bei der man Dinge in der Nähe deutlich, in der Ferne undeutlich od. gar nicht sieht.* **2.** *kurzsichtiges (2) Denken, Handeln.*
◆ **Kurz|sinn,** der ⟨o. Pl.⟩: *Eingeengtheit, Beschränktheit:* ... was man so verständig nennt, ist oft mehr Eitelkeit und K. (Goethe, Faust I, 3100 f.)
Kurz|ski, Kurzschi, der: *Ski, der kürzer als ein normaler Ski ist.*
kurz|stäm|mig ⟨Adj.⟩: *einen kurzen Stamm besitzend:* -e Obstbäume.
kurz|stie|lig ⟨Adj.⟩: **a)** *mit kurzem Stiel versehen:* -e Gläser; **b)** *einen kurzen Stängel besitzend:* -e Blumen.
Kurz|stre|cke, die: **a)** *kurze Strecke, geringe Entfernung:* der Benzinverbrauch eines Autos auf -n; **b)** (Sport) *(bei bestimmten Laufwettbewerben zurücklegende) relativ kurze Strecke.*
Kurz|stre|cken|flug, der: *Flug mit dem Flugzeug über eine Entfernung von 300 bis 1 500 Kilometern.*
Kurz|stre|cken|lauf, der (Sport): *Laufwettbewerb über eine Kurzstrecke.*
Kurz|stre|cken|ra|ke|te, die: *Rakete mit vergleichsweise geringer Reichweite.*
Kurz|tag|pflan|ze, die (Bot.): *Pflanze, die nur blüht u. Früchte bildet, wenn die tägliche Lichteinwirkung eine bestimmte Dauer nicht überschreitet.*
kurz|tre|ten ⟨st. V.; hat/ist⟩ [zu: kurz treten (↑ kurz 1 a)]: *sich in bestimmten Aktivitäten einschränken, zurückhalten:* nach dem Krieg mussten wir alle k.
Kurz|trip, der (ugs.): *nur einen Tag od. wenige Tage dauernde Reise.*
kurz|um ⟨Adv.⟩: *um das kurz zu machen; um vorher Gesagtes zusammenzufassen u. auf eine knappe Formel zu bringen:* auf dem Fest waren Politiker, Künstler, Vertreter der Wirtschaft, k. alles, was Rang und Namen hat.
Kür|zung, die; -, -en [mhd. kürzunge]: **1. a)** (selten) *das Kürzen (2 a):* die K. der Arbeitspausen; **b)** *das Kürzen (2 b); Verringerung:* die K. des Gehalts, der Ausgaben. **2.** *das Kürzen (3); das Gekürztwerden:* an einigen Stellen müssen noch -en vorgenommen werden.
Kurz|ur|laub, der: *kurzer, nur einige Tage dauernder Urlaub:* einen K. machen.
Kurz|vers, der (Verslehre): *Vers mit bis zu vier Hebungen.*
Kurz|wa|ren ⟨Pl.⟩: *kleinere Gegenstände, die beim Nähen, Stopfen, in der Schneiderei gebraucht werden.*

kurz|weg ⟨Adv.⟩: *kurzerhand:* ich habe ihn k. vor die Tür gesetzt.
Kurz|weil, die; - [mhd. kurz(e)wile, auch = kurze Zeit] (veraltend): *lustiger, angenehmer Zeitvertreib:* [allerlei] K. treiben; etw. nur zur/aus K. machen; ◆ (auch das; -s:) Scherzt nicht, o Herr, mit diesen armen Leuten! ... so wenig sind sie -s gewohnt aus Eurem Munde (Schiller, Tell III, 3).
◆ **kurz|wei|len** ⟨sw. V.; hat⟩ [mhd. kurzewīlen = sich die lange Zeit verkürzen; einen Spaß machen]: *Scherz (mit jmdm.) treiben, spaßen:* Solltest du k. mit meinem schwachen weiblichen Herzen? (Schiller, Räuber IV, 10 [Mannheimer Soufflierbuch 1782]).
kurz|wei|lig ⟨Adj.⟩: *unterhaltsam:* ein -es Buch.
Kurz|wel|le, die: **1. a)** (Physik, Funkt., Rundfunk) *elektromagnetische Welle mit kurzer Wellenlänge;* **b)** (Rundfunk) *Wellenbereich der Kurzwellen* (1 a) (Abk.: KW): diesen Sender bekommt man nur auf K. **2.** Kurzf. von ↑ Kurzwellentherapie.
Kurz|wel|len|sen|der, der (Funkt., Rundfunk) [Radio]sender, der mit Kurzwellen sendet.
Kurz|wel|len|the|ra|pie, die (Med.): *Therapie, bei der mit Kurzwellen (1 a) bestrahlt wird.*
kurz|wel|lig ⟨Adj.⟩ (Physik): *kurze Wellenlänge aufweisend:* -e Strahlen.
Kurz|wort, das ⟨Pl. ...wörter⟩ (Sprachwiss.): *Wort, das aus Bestandteilen eines od. mehrerer Wörter gebildet ist* (z. B. »Kripo« aus Kriminalpolizei).
Kurz|zeit|ge|dächt|nis, das (Psychol.): *Fähigkeit des Gehirns, eine Information kurze Zeit zu speichern.*
kurz|zei|tig ⟨Adj.⟩: *kurze Zeit dauernd; für kurze Zeit:* -e Engpässe; dieser Raum wird nur k. aussetzen.
kusch ⟨Interj.⟩ [aus der Jägerspr., frz. couche! = leg dich!; zu: coucher = niederlegen < afrz. colchier < lat. collocare]: **a)** *Befehl an einen Hund, sich hinzulegen u. still zu sein;* **b)** (österr. salopp) *Aufforderung an jmdn., still zu sein.*
Ku|schel|ecke, die: *liebevoll gestalteter Teil eines Raumes [im Kindergarten o. Ä.], in dem Kinder kuscheln können.*
ku|sche|lig ⟨Adj.⟩: *kuschlig (fam.):* zum Kuscheln, zu einem behaglichen Aufenthalt einladend: ein -er Stoff, Sessel; hier ist es k. (angenehm, behaglich) warm.
Ku|schel|kurs, der (Jargon): *Schmusekurs.*
ku|scheln ⟨sw. V.; hat⟩ [zu ↑ kuschen] (fam.): **a)** *aus einem Bedürfnis nach Wärme, Geborgenheit sich an jmdn., etw. in enger, schmiegen:* sie kuscheln noch im warmen Bett; sich an jmdn., in eine Wolldecke k.; die Katze hat sich an mich gekuschelt; **b)** *jmdn. schmiegend an sich drücken.*
Ku|schel|rock®, der ⟨Jargon⟩: *Softrock.*
Ku|schel|sex, der (ugs.): *Sex [ohne Koitus] mit ausgiebigem Austausch von Zärtlichkeiten.*
Ku|schel|tier, das: *Spielzeugtier aus Samt, Plüsch od. ähnlichem kuscheligem Stoff.*
ku|schen ⟨sw. V.; hat⟩ [zu ↑ kusch]: **1.** (ugs.) *aufgrund von Machtlosigkeit, Unterlegenheit sich nicht wehren, sondern still sein:* wenn er brüllt, kuscht die ganze Familie; er kuschte vor seinem Chef. **2.** (von Hunden) *sich still hinlegen:* der Förster befahl seinem Hund zu k. ⟨auch k. + sich:⟩ kusch dich!
kusch|lig: ↑ kuschelig.
Ku|si|n|chen, das; -s, -: Vkl. zu ↑ Kusine.
Ku|si|ne: ↑ Cousine.
Kus|kus: ↑ Couscous.
Kuss, der; -es, Küsse [mhd., ahd. kus, rückgeb. aus ↑ küssen]: *[sanft] drückende Berührung mit den [leicht gespitzten, leicht geöffneten] Lippen*

(als Zeichen der Zuneigung od. Verehrung, zur Begrüßung o. Ä.): *ein zarter, inniger, herzlicher, heißer, langer, leidenschaftlicher K.;* sie gab ihm einen K. [auf den Mund, die Stirn]; Küsse tauschen; sie bedeckte sein Gesicht mit Küssen; die beiden Politiker begrüßten sich mit einem K. auf die Wange; Gruß und K. [Dein/dein Julius] (scherzh.; Schlussformel in Briefen od. beim Abschied).
Küss|chen, das; -s, -: Vkl. zu ↑ Kuss: gib K.!; R ein K. in Ehren kann niemand verwehren.
kuss|echt ⟨Adj.⟩: *(von der Farbe des Lippenstifts) nicht abfärbend, fest haftend.*
küs|sen ⟨sw. V.; hat⟩ [mhd. küssen, küssen, urspr. lautm.]: *jmdm. einen od. mehrere Küsse geben:* jmdn. stürmisch, leidenschaftlich, herzlich, zärtlich, flüchtig k.; sie küsste ihn auf den Mund, auf die Schulter; er küsste ihr die Hand, die Wange; sie küssten sich/(geh.:) einander lange; Ü Schon drängte sich aus mancher Knospe ein süßes Rot und Rosa und Gelb und Weiß hervor und küsste das Licht (Werfel, Himmel 108).
◆ **Küs|sen:** ↑ Kissen: ... auf dem weichen K. von Flaum (Schiller, Räuber I, 2).
Küs|se|rei, die; - (ugs.): *dauerndes Küssen.*
◆ **küs|ser|lich** ⟨Adj.⟩: *zum Küssen aufgelegt:* ... es ist mir ganz k. zumute geworden bei deinem Schatz (Keller, Liebesbriefe 74).
Kuss|hand, die: *Kuss auf die eigenen Fingerspitzen, der durch Handbewegungen od. Pusten symbolisch an entfernt stehende Menschen gegeben wird:* der Filmstar warf Kusshände in die Menge; * **etw., jmdn. mit K. nehmen** (ugs.; *jmd., etw. sehr bereitwillig, sehr, nur zu gern nehmen:* Euros nehmen sie überall mit K.).
◆ **küss|lich** ⟨Adj.⟩ [mhd. küslich, kuslich]: *wert, geküsst zu werden; zum Küssen reizend:* ... die gefährlichsten Buhlen, denen vom -en Mund floss ein verführendes Lied (Goethe, Die neue Sirene).
Küs|te, die; -, -n [niederl. kust(e) < mniederl. cost(e) < afrz. coste (= frz. côte) = Rippe; Seite, Abhang; Küste < lat. costa]: **a)** *unmittelbar ans Meer angrenzender Streifen des Festlandes:* eine flache, steil abfallende K.; die atlantische K. Frankreichs; die -n des Mittelmeers; **b)** *Gebiet an der Küste* (a): sie stammt von der K.
Küs|ten|be|fes|ti|gung, die: **1.** (Wasserbau) *Anlage, die die Küste vor Beschädigungen durch Wasser, Wind o. Ä. schützen soll.* **2.** (Militär) *Anlage zur Verteidigung einer Küste.*
Küs|ten|be|feu|e|rung, die: *Kennzeichnung einer Küste durch Leuchtfeuer o. Ä.*
Küs|ten|fahr|zeug, das: *in der Küstenschifffahrt eingesetztes Fahrzeug.*
Küs|ten|fi|sche|rei, die: *Fischerei in der Nähe der Küste.*
Küs|ten|ge|biet, das: *Küste* (b).
Küs|ten|ge|wäs|ser, das: *Zone des Meeres an einer Küste, die zum Hoheitsgebiet eines Landes gehört.*
Küs|ten|li|nie, die: *Linie, die Küste gegen das Meer begrenzt.*
Küs|ten|nä|he, die: *Bereich in der Nähe der Küste:* das Schiff sank in K.; ein Ferienhaus in K.
Küs|ten|re|gi|on, die: *Küste* (b).
Küs|ten|schiff|fahrt, die: *Schifffahrt entlang der Küste od. auf Binnenmeeren.*
Küs|ten|schutz, der ⟨o. Pl.⟩: *Sicherung der Küste durch den Bau von Deichen o. Ä.*
Küs|ten|staat, der: *Staat, der an einer Küste liegt.*
Küs|ten|stadt, die: *Stadt, die an der Küste liegt.*
Küs|ten|stra|ße, die: *an der Küste* (a) *entlangführende Straße.*
Küs|ten|strei|fen, der: *[schmaler] Streifen Land, der sich an der Küste entlangzieht.*
Küs|ten|wa|che, die: *Küstenwacht.*

Küs|ten|wacht, die: *[militärischer] Wachdienst an einer Küste.*
Küs|ter, der; -s, - [mhd. kuster, ahd. kustor < mlat. custor = Hüter (des Kirchenschatzes), zu lat. custos, ↑ Kustos]: *Kirchendiener.*
Küs|te|rei, die; -, -en: *Wohnung eines Küsters.*
Küs|te|rin, die; -, -nen: w. Form zu ↑ Küster.
Kus|to|de, der; -n, -n: *Kustos* (1).
Kus|to|din, die; -, -nen: w. Form zu ↑ Kustode.
Kus|tos, der; -, ...toden [lat. custos (Gen.: custodis) = Wächter, Aufseher]: **1.** *wissenschaftlicher Sachbearbeiter bes. an Museen.* **2.** (veraltet) *Kirchendiener.*
Ku|ti|ku|la, die; -, -s u. ...lä [lat. cuticula, Vkl. von: cutis, ↑ Kutis] (Biol.): *dünnes Häutchen über der äußeren Zellschicht bei Pflanzen u. vielen Tieren.*
Ku|tis, die; - [lat. cutis = Haut] (Biol.): **1.** *Lederhaut der Wirbeltiere.* **2.** *nachträglich verkorktes Pflanzengewebe.*
Kutsch|bock, der: *erhöhter Sitz an der Kutsche* (1) *für den Kutscher.*
Kut|sche, die; -, -n [ung. kocsi, kurz für: kocsi szekér, eigtl. = Wagen aus dem Ort Kocs]: **1.** *von Pferden gezogener, meist geschlossener Wagen zur Beförderung von Personen:* eine von vier Pferden gezogene K. fährt vor; in eine K. steigen; in einer K. fahren. **2.** (umgangssprachlich abwertend, auch scherzh.) *[größeres] altes Auto:* eine alte, klapprige, rostige K.
kut|schen ‹sw. V.›: **1.** ‹ist› **a)** (salopp) *mit einem Fahrzeug irgendwohin fahren:* durch die Stadt k.; er ist mit seinem neuen Auto nach Italien gekutscht; **b)** (veraltet) *mit einer Kutsche* (1) *irgendwohin fahren.* **2.** ‹hat› **a)** (salopp) *jmdn. in einem Auto o. Ä. irgendwohin fahren:* er hat seine Tante durch die Stadt gekutscht; **b)** (veraltet) *jmdn. in einer Kutsche* (1) *irgendwohin fahren.*
Kut|schen|fahrt: ↑ Kutschfahrt.
Kut|schen|schlag, der: *Tür einer Kutsche* (1).
Kut|scher, der; -s, -: *jmd., der eine Kutsche* (1) *lenkt.*
Kut|sche|rin, die; -, -nen: w. Form zu ↑ Kutscher.
Kutsch|fahrt, Kutschenfahrt, die: *Fahrt mit einer Kutsche.*
kut|schie|ren ‹sw. V.›: **1.** ‹ist› **a)** *mit einer Kutsche* (1) *irgendwohin fahren:* sie kutschierten vierspännig zur Kirche; **b)** (ugs.) *mit einem Fahrzeug irgendwohin fahren:* sie sind mit einem alten Bus durch Europa kutschiert. **2.** ‹hat› **a)** *jmdn., etw. in einer Kutsche* (1) *irgendwohin fahren:* jmdn. durch die Gegend, zum Bahnhof k.; **b)** (ugs.) *jmdn., etw. in einem Fahrzeug irgendwohin fahren:* jmdn. durch die Stadt k. **3.** ‹hat› **a)** *eine Kutsche* (1) *lenken:* er versuchte [den Zweispänner] zu k.; Sie kutschierte und trug zu diesem Zweck ein eng anliegendes Kostüm und einen flachen Zylinderhut (Strittmatter, Wundertäter 342); **b)** (ugs.) *ein Fahrzeug lenken, steuern.*
Kutsch|kas|ten, der: **a)** *auf Federn ruhender, kastenförmiger Unterbau einer Kutsche* (1); **b)** *Kasten unter dem Kutschbock zum Unterbringen von Gepäck.*
Kutsch|pferd, das: *Pferd, das zum Ziehen einer Kutsche* (1) *gebraucht wird.*
Kut|te, die; -, -n [mhd. kutte < mlat. cotta = Mönchsgewand, aus dem Germ., verw. mit ↑ ¹Kotze]: **1.** *von Mönchen getragenes, langes, weites Gewand mit Kapuze, das mit einer Schnur o. Ä. zusammengehalten wird:* * *aus der K. springen* (ugs. scherzh.; *ein geistliches Amt niederlegen*). **2. a)** (ugs.) *Kleidung, bes. Mantel, Parka;* **b)** (südd.) *Arbeitskittel.*
Kut|tel, die; -, -n ‹meist Pl.› [mhd. kutel, H. u.]: *essbares Stück vom Magen od. Darm des Rinds.*
Kut|tel|kraut, das [nach der Verwendung als Gewürz in Gerichten aus Kutteln] (österr. ugs.): *Thymian.*
Kut|ter, der; -s, - [engl. cutter, zu: to cut = schneiden, eigtl. = Schiff, das die Wellen schneidet]: **1. a)** *einmastiges Segelschiff für die Küstenschifffahrt;* **b)** *Jacht mit Kuttertakelung.* **2.** *motorgetriebenes Fischereifahrzeug; Fischkutter.* **3.** *Rettungs-, Beiboot eines Kriegsschiffes.*
Kut|ter|ta|ke|lung, die ‹o. Pl.› [zu ↑ Kutter (1)] (Segeln): *Takelung mit einem Großsegel u. zwei bis drei Vorsegeln.*
Ku|vert [ku'veːɐ̯, ku'veːɐ̯, landsch. auch: ku'vɛrt], das; -s u. (bei dt. Ausspr.:) -[e]s, -s u. (bei dt. Ausspr.:) -e [frz. couvert = Besteck, Gedeck; Umschlag, zu: couvrir = bedecken < lat. cooperire]: **1.** *Briefumschlag:* ein gefüttertes K.; den Brief ins K. stecken. **2.** (geh. veraltet) *[Tafel]gedeck für eine Person.*
ku|ver|tie|ren ‹sw. V.; hat› (Fachspr.): *mit einem [Brief]umschlag versehen:* Briefe, Kontoauszüge, Schecks k.
Ku|ver|tü|re, die; -, -n [frz. couverture]: *Überzugsmasse aus Schokolade für Gebäck.*
Ku|wait; -s: *Staat am Persischen Golf.*
Ku|wai|ter, der; -s, -: Ew.
Ku|wai|te|rin, die; -, -nen: w. Form zu ↑ Kuwaiter.
ku|wai|tisch ‹Adj.›: *Kuwait, die Kuwaiter betreffend; von den Kuwaitern stammend, zu ihnen gehörend.*
Ku|xe, die; -, -n (veraltet): **a)** *Kux;* ◆ **b)** *Anteil an einem Bergwerk:* ... und meldeten, wie eben sein ... Bergfall die ganze Grube, in der Dahljös K. befindlich, verschüttet (E. T. A. Hoffmann, Bergwerke 38).
kV = Kilovolt.
KV = Kassenärztliche Vereinigung, Köchelverzeichnis.
kVA = Kilovoltampere.
kW = Kilowatt.
KW = Kurzwelle; Kalenderwoche.
Kwass, der; -[es] [russ. kvas, urverw. mit lat. caseus, ↑ Käse]: *alkoholisches Getränk aus gegorenem Brot, Mehl u. Malz.*
kWh = Kilowattstunde.
KWK = Kraft-Wärme-Kopplung.
Ky|bel|le: *phrygische Fruchtbarkeitsgöttin.*
Ky|ber|ne|tik, die; -: **1.** [engl. cybernetics, 1948 gepr. von dem amerik. Mathematiker N. Wiener (1894–1964), zu griech. kybernētikḗ (téchnē) = Steuermannskunst, zu: kybernḗtēs = Steuermann, zu: kybernān = steuern] *wissenschaftliche Forschungsrichtung, die Systeme verschiedenster Art (z. B. biologische, technische, soziologische Systeme) auf selbsttätige Regelungs- u. Steuerungsmechanismen hin untersucht.* **2.** (ev. Kirche) *Lehre von der Kirchen- u. Gemeindeleitung.*
Ky|ber|ne|ti|ker, der; -s, -: *Wissenschaftler auf dem Gebiet der Kybernetik* (1).
Ky|ber|ne|ti|ke|rin, die; -, -nen: w. Form zu ↑ Kybernetiker.
ky|ber|ne|tisch ‹Adj.›: *die Kybernetik* (1) *betreffend.*
Ky|em, das; -s, -e [griech. kýēma (Gen.: kyḗmatos) = Leibesfrucht, eigtl. = das Empfangene (Med.): *befruchtete Eizelle im Gesamtverlauf ihrer Entwicklungsstadien vom Embryo bis zum Fetus.*
Kyff|häu|ser [ˈkɪf...], der; -[s]: *Bergrücken südlich des Harzes.*
Ky|kla|den ‹Pl.›: *Inselgruppe im Ägäischen Meer.*
Ky|kli|ker: ↑ Zykliker.
Ky|klop usw.: ↑ Zyklop usw.
Kym|re, der; -n, -n: *keltischer Bewohner von Wales.*
Kym|rin, die; -, -nen: w. Form zu ↑ Kymre.
kym|risch ‹Adj.›: **a)** *die Kymren betreffend, von den Kymren stammend, zu ihnen gehörend;* **b)** *in der Sprache der Kymren [verfasst].*
Kym|risch, das; -[s], (nur mit best. Art.:) **Kym|ri|sche**, das; -n: *die kymrische Sprache.*
Ky|ni|ker, der; -s, - [griech. Kynikós, zu: kynikós = hündisch; die Anhänger dieser Schule wurden wegen ihrer Bedürfnislosigkeit u. ihrer gewollten Armut, dann wegen ihrer Art, die Leute rücksichtslos anzufallen, um ihnen ihre Lehre zu predigen, mit Hunden verglichen]: *Angehöriger einer antiken Philosophenschule, die Bedürfnislosigkeit u. Genügsamkeit fordert.*
Ky|ni|ke|rin, die; -, -nen: w. Form zu ↑ Kyniker.
ky|nisch ‹Adj.›: *die [Philosophie der] Kyniker betreffend.*
Ky|no|lo|gie, die; - [↑-logie] (Fachspr.): *Lehre von der Zucht, Dressur u. den Krankheiten der Hunde.*
Ky|n|o|re|xia, Ky|n|o|re|xie, die; - [zu griech. órexis = das Streben, Verlangen, also eigtl. = »hundsmäßiger« Hunger] (Med.): *Heißhunger.*
Ky|rie [ˈkyːriə], das; -, -s: Kurzf. von ↑ Kyrieeleison.
Ky|rie|elei|son [auch: ...eˈleːi..., auch: ...ˈlɛi...], das; -s, -s: *Bittruf [als Teil der ¹Messe* (2)*].*
Ky|rie elei|son [auch: ...e eˈleː.i..., auch: - eˈlɛi...] ‹Interj.› [mgriech. kýrie eléison = Herr, erbarme dich!]: *Bittruf in der ¹Messe* (1) *u. im lutherischen u. unierten Hauptgottesdienst.*
Ky|ri|eleis ‹Interj.›: *Kyrie eleison!*
ky|ril|lisch, zyrillisch ‹Adj.› [nach dem Slawenapostel Kyrill (826–869)]: *(in Bezug auf das nach Kyrill benannte u. ihm gewidmete Alphabet verschiedener slawischer Sprachen) eine weitgehend aus den griechischen Großbuchstaben entwickelte Form aufweisend:* -e Buchstaben; das -e Alphabet; die -e Schrift.
Ky|ril|li|za, die; - [russ. kirillica]: *kyrillische Schrift.*
Kyu [kjuː], der; -s, -s [jap. kjū = vorherig(e Stufe)] (Budo): *in sechs Leistungsgrade eingeteilte Rangstufe der Schüler in den Budosportarten.*
Ky|u|do, das; -[s] [jap. = Weg des Bogens, aus kyu = Bogen u. dō = Weg]: *japanische Form des Bogenschießens auf ein 28 m entferntes Ziel.*
¹Ky|u|do|ka, der; -[s], -[s]: *jmd., der Kyudo betreibt.*
²Ky|u|do|ka, die; -, -[s]: w. Form zu ↑ ¹Kyudoka.
KZ [kaː(ˈ)tsɛt], das; -[s], -[s]: *Konzentrationslager:* die Befreiung der KZs; dem KZ entkommen, entfliehen; im KZ umkommen, sterben.
KZ-Ge|denk|stät|te, die: *auf dem Gelände eines ehemaligen Konzentrationslagers errichtete Gedenkstätte.*
KZ-Häft|ling, der: *Häftling in einem Konzentrationslager.*
K 2 [kaː ˈtsvaɪ], der; - - [nach seiner Vermessung als zweiter Berg im Karakorum]: *zweithöchster Berg der Erde.*

l, L [ɛl], das; - (ugs.: -s), - (ugs.: -s) [mhd. l, ahd. (h)l]: *zwölfter Buchstabe des Alphabets, ein Konsonantenbuchstabe:* ein kleines l, ein großes L schreiben.
L [ursp. nicht identisch mit dem Buchstaben L]: *römisches Zahlzeichen für 50.*

L – labyrinthisch

L [el] = large (groß; internationale Kleidergröße); Landesstraße.
L. = Linné; Lira.
λ, Λ: ↑ Lambda.
£, £Stg = Pfund (Livre) Sterling.
¹la [ital. la, ↑ Solmisation]: *Silbe, auf die beim Solmisieren der Ton a gesungen wird.*
²la: *beim Singen einer Melodie anstelle eines Textes verwendete Silbe:* wir singen das Lied auf la.
LA = Lastenausgleich.
Lab, das; -[e]s [mhd. lap, ahd. lab, eigtl. = Gerinnungsmittel, vgl. mhd. liberen, mniederd. leveren = gerinnen]: **a)** *Enzym im Magen junger Kälber, Schafe u. Ziegen, das die Milch zum Gerinnen bringt;* **b)** *aus zerkleinertem Labmägen bes. von Kälbern gewonnenes Enzym, das bei der Herstellung von Käse verwendet wird.*
La Bam|ba, die; -, -, -s, ugs. auch: der; - -[s], - -s [port. (bras.) bambá = Tanz]: *lateinamerikanischer Modetanz in den 70er-Jahren des 20. Jh.s.*
lab|be|rig, labbrig ⟨Adj.⟩ (ugs. abwertend): **1.** *unangenehm fade* (1), *gehalt- u. geschmacklos, ohne Reiz:* eine -e Suppe; ein -es Getränk. **2.** *in unangenehmer Weise weich; ohne die nötige Festigkeit:* ein -er Stoff; der Pudding ist zu l.; jmdm. l. (*ohne festen Händedruck*) die Hand geben. **3.** *flau* (b), *elend:* ein -es Gefühl im Magen haben.
lab|bern ⟨sw. V.; hat⟩ [niederl. labberen = sich schlaff hin u. her bewegen]: **1.** (nordd. ugs.) *etw. schlürfend essen od. trinken:* Milch l. **2.** (nordd. ugs. abwertend) *dummes Zeug reden:* er labbert den ganzen Tag. **3.** (Seemannsspr.) *(von Segeln) schlaff herabhängen:* bei dieser Flaute labbern die Segel.
lab|brig: ↑ labberig.
Lab|da|num: ↑ Ladanum.
La|be, die; - [mhd. labe, ahd. laba, zu ↑ laben] (dichter.): *etw. Labendes:* eine köstliche L.
La|bel [ˈleɪbl], das; -s, -s [engl. label, verw. mit ↑ Lappen] (Werbespr.): **1. a)** *Etikett, das auf ein Produkt od. dessen Verpackung aufgeklebt wird;* **b)** *Produktlinie einer Firma; Marke* (2 a): *die Produkte unter dem L.* »Bio? – Logisch!« vermarkten; **c)** *kategorisierende Benennung, Schlagwort* (1 b): jmdm. das L. »Chaot« anheften. **2. a)** *Etikett einer Schallplatte;* **b)** *Firma, die Schallplatten, CDs u. dergleichen herstellt und vertreibt:* der Musiker will eine L. wechseln; ein eigenes L. gründen. **3.** (EDV) *Markierung eines Programmbeginns.*
La|be|ling [ˈleɪb(ə)lɪŋ], das; -s [engl.-amerik. labeling, zu engl. to label = auszeichnen, etikettieren] (Jargon): *Einstufung, Etikettierung* (2).
la|ben ⟨sw. V.; hat⟩ [mhd. laben, ahd. labōn = erquicken, wahrsch. < lat. lavare = waschen; benetzen] (geh.): **a)** *mit Speise od. Trank erquicken, erfrischen:* jmdn. mit einem kühlen Trunk l.; Ü die herrliche Aussicht labte das Auge; **b)** ⟨l. + sich⟩ *sich [an etw.] gütlich tun:* sich am Champagner l.; sich mit Kaffee und Kuchen l.
La|ber|dan, der; -s, -e [niederl. labberdaan, wohl aus dem Afrz.]: *eingesalzener Kabeljau.*
La|be|rei, die; -, -en (ugs. abwertend): *beständiges, als lästig empfundenes Labern* (a).
la|bern ⟨sw. V.; hat⟩ [wohl zu landsch. Labbe = Mund, Lippe] (ugs.): **a)** (abwertend) *sich wortreich über oft belanglose Dinge auslassen, viele überflüssige Worte machen;* **b)** *sich zwanglos unterhalten, plaudern:* wir sitzen abends öfter dort und labern.
La|ber|ta|sche, die (ugs. abwertend): *geschwätziger Mensch.*
Lab|fer|ment, das: *Lab* (a).
LAbg. (österr.) = Landtagsabgeordnete[r].
La|bia: Pl. von ↑ Labium.
la|bi|al ⟨Adj.⟩ [mlat. labialis = mündlich, zu lat. labium = Lippe]: **1.** (Med.) *die Lippen betreffend.* **2.** (Sprachwiss.) *(von Lauten) mit den Lippen gebildet.*
La|bi|al, der; -s, -e (Sprachwiss.): *mithilfe der Lippen gebildeter Konsonant* (z. B. b).
la|bi|a|li|sie|ren ⟨sw. V.; hat⟩ (Sprachwiss.): *(von Lauten) zusätzlich zur eigentlichen Artikulation mit Rundung der Lippen sprechen* (z. B. [ʃ] in Schach).
La|bi|al|laut, der (Sprachwiss.): *Labial.*
La|bi|al|pfei|fe, die: *Orgelpfeife, bei der der Ton durch Reibung des Luftstroms an der scharfkantigen Schneide des Labiums* (2) *erzeugt wird.*
La|bi|al|stim|me, die: *von der Labialpfeife erzeugte Orgelstimme.*
La|bi|a|te, die; -, -n ⟨meist Pl.⟩ (Bot.): *Lippenblütler.*
La|bi|en: Pl. von ↑ Labium.
la|bil ⟨Adj.⟩ [spätlat. labilis = leicht gleitend, zu lat. labi = gleiten]: **1.** *nicht fest gefügt, sondern zur Veränderung, zu Schwankungen neigend, unbeständig, leicht störbar:* eine -e politische Situation; ein -es Gleichgewicht (Physik; *Gleichgewicht, das bei Veränderung der Lage nicht erhalten bleibt*); eine -e Lage; etw. wird sich als l. **2. a)** (Med.) *zu Störungen, Krankheiten neigend, schwankend, anfällig:* eine -e Konstitution; sein Kreislauf ist sehr l.; **b)** (Psychol.) *leicht das psychische Gleichgewicht verlierend, Stimmungen unterworfen, nicht in sich gefestigt:* ein [psychisch] -er Mensch; Meine Mutter heiratete später meinen Stiefvater, ein dem haben wir nie ein gutes Verhältnis gehabt. Er war eigentlich kein schlechter Mensch, aber ein sehr -er (Kirsch, Pantherfrau 50).
La|bi|li|tät, die; -, -en ⟨Pl. selten⟩ [mlat. labilitas] (bes. Fachspr.): *das Labilsein.*
la|bi|o|den|tal ⟨Adj.⟩ [zu lat. labium = Lippe u. ↑ dental] (Sprachwiss.): *(von Lauten) mit Lippen u. Zähnen gebildet.*
La|bi|o|den|tal, der (Sprachwiss.): *mithilfe von Lippen u. Zähnen gebildeter Konsonant* (z. B. f, w).
la|bi|o|ve|lar ⟨Adj.⟩ [zu lat. labium = Lippe u. ↑ velar] (Sprachwiss.): *(von Lauten) mit Lippen u. hinterem Gaumen gleichzeitig gebildet.*
La|bi|o|ve|lar, der (Sprachwiss.): **1.** *(für die indogermanische Grundsprache angenommener) mithilfe von Lippen u. hinterem Gaumen gebildeter Laut* (kᵘ, gᵘ, gʰᵘ). **2.** *Lautfolge aus labialisiertem velarem Konsonanten plus Halbvokal* (z. B. in engl. quiz [kwɪz]).
La|bi|um, das; -s, ...ien u. ...ia [lat. labium = Lippe]: **1.** (Anat.) *lippenförmiger Rand (z. B. eines Hohlorgans, bes. Schamlippe).* **2.** *(bei der Labialpfeife u. der [Block]flöte) Teil, der die Öffnung, an der die Luft austritt, nach oben u. unten begrenzt u. damit die Qualität des Tones bestimmt.* **3.** (Zool.) *Unterlippe bei den Mundwerkzeugen von Insekten.*
Lab|kraut, das [zu ↑ Lab; das Kraut wurde als Gerinnungsmittel bei der Milchverarbeitung verwendet]: *Pflanze mit zahlreichen kleinen, gelben, nach Honig duftenden Blüten u. schmalen Blättern, die quirlig um den Stängel angeordnet sind.*
Lab|ma|gen, der: *Teil des Magens der Wiederkäuer, in dem die eigentliche Verdauung einsetzt, in dem bei den Jungtieren Lab* (a) *produziert wird.*
La|bor [ostösterr., schweiz.: ˈlaːboːɐ], das; -s, -s, auch: ...ore [Kurzf. für ↑ Laboratorium]: **a)** *Arbeitsstätte für naturwissenschaftliche, technische od. medizinische Arbeiten, Untersuchungen, Versuche o. Ä.:* ein chemisches L.; das L. einer Klinik, eines Zahntechnikers; **b)** *Raum, in dem ein Labor (a) untergebracht ist: das L. betreten, verlassen, abschließen.*
La|bo|rant, der; -en, -en [zu lat. laborans (Gen.: laborantis), 1. Part. von: laborare, ↑ laborieren]: *jmd., der als Fachkraft in einem Labor[atorium] mit Analysen, Versuchen u. Ä. beschäftigt ist* (Berufsbez.).
La|bo|ran|tin, die; -, -nen: w. Form zu ↑ Laborant.
La|bo|ra|to|ri|um, das; -s, ...ien [mlat. laboratorium, zu lat. laborare, ↑ laborieren]: **a)** *Arbeits-, Forschungsstätte für experimentelle wissenschaftliche Arbeiten im Bereich von Naturwissenschaften u. Medizin:* ein bakteriologisches L.; **b)** *Räumlichkeiten, Gebäude, in dem ein Laboratorium (a) untergebracht ist.*
La|bor|be|fund, der: *(bes. medizinischer) Befund einer Untersuchung im Labor.*
La|bor|di|ag|nos|tik, die: *auf Laboruntersuchungen gestütze Diagnostik.*
la|bo|rie|ren ⟨sw. V.; hat⟩ [lat. laborare = sich anstrengen, abmühen; arbeiten]: **1.** (selten) *Laborarbeiten machen.* **2.** (ugs.) *an einer Krankheit o. Ä. leiden u. sie ohne rechten Erfolg zu überwinden suchen:* sie laboriert schon seit Wochen an einer Grippe. **3.** (ugs.) *sich ohne rechten Erfolg mit etw. abmühen:* er laboriert schon Jahre an der Lösung seiner Arbeit.
La|bor|test, der: *im Labor durchgeführter Test.*
La|bor|ver|such, der: *in einem Labor vorgenommener Versuch* (3).
La Bos|tel|la, die; -, -, -s, ugs. auch: der; - -[s], - -s [H. u.]: *in Gruppen getanzter lateinamerikanischer Modetanz in den 70er-Jahren des 20. Jh.s.*
La|bour Par|ty [ˈleɪbə ˈpɑːtɪ], die; - - [engl. = Partei der Arbeit]: *Name politischer Parteien im Commonwealth, bes. in Großbritannien, Australien u. Neuseeland.*
¹La|b|ra|dor, -s: *nordamerikanische Halbinsel.*
²La|b|ra|dor, der; -s, -e: **1.** *Labradorit.* **2.** *Labradorhund.*
La|b|ra|dor|hund, der: *kräftig gebauter großer Jagdhund mit schwarzem, gelblichem oder dunkelbraunem Fell, Hängeohren u. kräftigem Schwanz.*
La|b|ra|do|rit [...ˈrɪt], der; -s, -e: *(als Schmuckstein verwendeter) farbloser, auch grauer, bläulicher od. brauner Feldspat mit schillerndem Farbenspiel.*
Lab|sal, das; -[e]s, -e, südd., österr. auch: die; -, -e [mhd. labesal, zu ↑ laben] (geh.): *etw., was jmdn. erfrischt:* das kühle Quellwasser war ein L. für die Wanderer.
Labs|kaus, das; - [aus dem Niederd. < engl. lobscouse, H. u.] (Kochkunst): *Gericht aus Pökelfleisch, Hering u. verschiedenen anderen Zutaten.*
La|bung, die; -, -en (geh.): **1.** *das Laben.* **2.** *etw. Labendes.*
La|by|rinth, das; -[e]s, -e [lat. labyrinthus < griech. labýrinthos = Haus mit Irrgängen]: **1. a)** *Anlage (als Teil eines Parks od. Gartens), deren verschlungene, zu einem Punkt in der Mitte der Anlage führende Wege von hohen Hecken gesäumt sind, sodass man sich darin verirren kann; Irrgarten:* eine Gartenanlage des Barock mit einem L.; Ü das Hotel war ein L. von 600 Zimmern. **b)** (Kunstwiss.) *in den Fußboden von Kirchen eingelegte Figur nach dem Grundriss eines Labyrinths* (1 a), *die den Weg eines Büßenden nach Jerusalem symbolisiert.* **2.** (Anat.) *als Gehörorgan u. Gleichgewichtsorgan fungierender innerer Teil des Ohrs beim Menschen u. bei Wirbeltieren.*
La|by|rinth|fisch, der: *meist lebhaft gefärbter Süßwasserfisch, der mit einem zusätzlichen Atmungsorgan Luft an der Wasseroberfläche aufnimmt.*
la|by|rin|thisch ⟨Adj.⟩: *einem Labyrinth ähnlich:* l. verschlungene Wege.

Lach|an|fall, der: *Lachkrampf:* einen L. bekommen, haben.

¹La|che, die; -, -n ⟨Pl. selten⟩ [mhd. lache, rückgeb. aus ↑lachen] (ugs.): **a)** *kürzeres Lachen; das Auflachen:* eine laute L. war zu hören; eine hämische L. anschlagen *(hämisch [auf]lachen);* **b)** *jmds. Art zu lachen:* er hat eine schrille, dreckige L.; mit ihrer fröhlichen L. steckt sie alle an.

²La|che [auch: 'la:xa], die; -, -n [mhd. lache, ahd. lahha, H. u., viell. < lat. lacus (↑ Lagune) od. verw. mit ↑leck]: *kleinere Ansammlung von Flüssigkeit, bes. von Wasser, die sich auf einer Fläche, in einer flachen Vertiefung gebildet hat:* eine L. von Bier, Öl, Blut; auf den Straßen hatten sich große -n [von Regenwasser] *(Pfützen)* gebildet.

lä|cheln ⟨sw. V.; hat⟩ [mhd. lecheln, zu ↑ lachen]: **1. a)** *durch eine dem Lachen ähnliche Mimik Freude, Freundlichkeit o. Ä. erkennen lassen:* als er ins Zimmer trat, lächelte sie; sie lächelte unter Tränen; er sah uns lächelnd an; ⟨subst.:⟩ ein flüchtiges Lächeln zeigte sich auf seinem Gesicht, spielte um ihren Mund; Die Oberin lächelt über ihr zerknittertes Elfenbeingesicht (Remarque, Obelisk 216); **b)** *eine bestimmte andere Gefühlsregung lächelnd* (1 a) *ausdrücken:* verlegen, ironisch, hämisch, böse, traurig l.; ⟨subst.:⟩ ein süffisantes, spöttisches Lächeln; für dieses Angebot hatte sie nur ein müdes Lächeln (ugs.; *es interessierte sie nicht im Geringsten, war für sie ohne jeden Reiz*). **2.** *sich über jmdn., etw. lustig machen:* jeder lächelt über ihn, seine Marotte. **3.** (dichter. veraltet) *jmdm. günstig, gewogen sein:* Ü der Erfolg, das Glück lächelte ihm.

la|chen ⟨sw. V.; hat⟩ [mhd. lachen, ahd. (h)lahhan, urspr. lautm.]: **1. a)** *durch eine Mimik, bei der der Mund in die Breite gezogen wird, die Zähne sichtbar werden u. um die Augen Fältchen entstehen, [zugleich durch eine Abfolge stoßweise hervorgebrachter, unartikulierter Laute] Freude, Erheiterung, Belustigung o. Ä. erkennen lassen:* er ist ein fröhlicher Mensch, der oft lacht; als sie die Geschichte hörten, mussten sie sehr l.; laut, schallend, leise l.; er lacht aus vollem Halse; sie lachte über das ganze Gesicht; er lachte vor Vergnügen; das hat mich l. gemacht/ (selten:) machen; du hast/kannst gut/leicht l. *(du hast es gut);* er wusste nicht, ob er l. oder weinen sollte *(war von zwiespältigen Gefühlen erfüllt);* (scherzh. od. iron. Aufforderung bei einer mehr gut gemeinten als witzigen Darbietung) *es darf gelacht werden;* da/hier gibts [gar] nichts zu l. *(da ist Unernst nicht am Platz);* »Wie greift es Ihnen hier?« – »Sie werden l. *(auch wenn Sie es nicht für möglich halten),* aber ich habe mich schon gut eingelebt!«; sie begrüßte uns lachend; Spr wer zuletzt lacht, lacht am besten *(erst am Ende zeigt sich, wer wirklich den Vorteil hat; derjenige, der zunächst im Nachteil ist, kann am Ende durchaus der Überlegene sein);* * [irgendwo, bei jmdm.] nichts zu l. haben (ugs.; *[irgendwo, von jmdm.] streng, schlecht behandelt werden:* bei diesem Lehrer haben sie nichts zu l.); **es, das wäre ja/ doch gelacht, wenn ... [nicht]** ... (ugs.; *es gibt gar keinen Zweifel [darüber, dass jmd. etw. Bestimmtes ausführen, schaffen kann]*); **b)** *eine bestimmte andere Gefühlsregung lachend* (1 a) *ausdrücken:* gehässig, schadenfroh l.; er lachte triumphierend. **2.** *sich über jmdn., etw. unverhohlen lustig machen:* man lacht über ihn; sie musste innerlich darüber l.; über dieses Verhalten kann man doch nur l. (abwertend; *es ist in ärgerlicher Weise unverständlich, kindisch o. Ä.*); darüber kann ich gar nicht l.! *(für jmds. Lachen hierüber habe ich gar kein Verständnis!);* R dass ich nicht lache! *(das ist doch etwas ganz Unsinniges, Unmögliches!)* **3.** (dichter.) *jmdm. günstig, gewogen sein:* das Glück hatte ihnen gelacht. **4.** (dichter.) *eine Sache ignorieren:* sie lachten der Gefahren.

La|chen, das; -s: **a)** *Freude, Erheiterung, Belustigung o. Ä. ausdrückende Mimik (bei der der Mund in die Breite gezogen wird, die Zähne sichtbar werden u. um die Augen Fältchen entstehen) [u. zugleich damit erfolgende Abfolge stoßweise hervorgebrachter, unartikulierter Laute]:* ein herzhaftes, lautes, heimliches, unterdrücktes L.; ein L. überkam ihn, schüttelte ihn; ihr L. wirkte ansteckend; das Weinen war ihm näher als das L.; er musste ein L. unterdrücken, sich das L. verbeißen; sie hat das L. verlernt *(ist immer sehr ernst, traurig);* sie kamen aus dem L. nicht mehr heraus; sich vor L. nicht mehr halten *(unbändig lachen);* die Leute platzten vor L. (ugs.; *mussten heftig lachen);* R L. ist gesund, die beste Medizin; * **jmdm. vergeht [noch] das L.** (1. *jmdm. ist [in einer bestimmten Lage] plötzlich nicht mehr zum Spotten, zu leichtfertigen Reden zumute. jmd. hat Unannehmlichkeiten vor sich:* euch wird das L. noch vergehen!); **zum L. sein** (ugs. abwertend; *lächerlich, zu jmds. Ärger nicht ernst zu nehmen sein:* es ist doch zum L., wenn er jetzt behauptet, er hätte nichts davon gewusst); **b)** *bestimmte Gefühlsregung, die mit einem Lachen* (a) *zum Ausdruck gebracht wird:* ein gezwungenes L.

La|cher, der; -s, -: **1.** *jmd., der in einer bestimmten Situation [über jmdn., etw.] lacht; Lachender:* * **die L. auf seiner Seite haben** *(bei einer Diskussion o. Ä. durch einen Scherz, eine geistreiche Bemerkung die darüber Lachenden für sich einnehmen).* **2.** *unvermittelt einsetzendes kurzes Lachen, Gelächter:* einen L. ausstoßen; ein gut gemachtes Stück mit wohlplatzierten -n (Theaterjargon; *Stellen, die darauf berechnet sind, dass sie Gelächter hervorrufen).*

Lach|er|folg, der: *im Lachen der Zuschauer, Zuhörer bestehende Wirkung.*

La|che|rin, die; -, -nen: w. Form zu ↑ Lacher (1).

lä|cher|lich ⟨Adj.⟩ [mhd. lecherlich = lächelnd; zum Lachen reizend] (abwertend): **1. a)** *komisch [wirkend] u. zum Lachen reizend:* ein -er Aufzug; die Getue wirkt l., kommt mir l. vor *(wirkt albern, ist zum Lachen);* jmdn., sich, etw. l. machen *(dem Gespött preisgeben);* ⟨subst.:⟩ er versucht, die Sache ins Lächerliche zu ziehen *(sie nicht ernst zu nehmen);* **b)** *[in ärgerlicher Weise] töricht, albern, unsinnig:* ein geradezu -er Einwand; es ist einfach l., so etwas zu behaupten; sie sind in -en Verhalten ganz l.; **c)** (selten) *zum Lachen geneigt, unernst:* sie waren in einer -en Stimmung; ihm war l. zumute. **2. a)** *[in ärgerlicher Weise] minimal, gering:* eine -e Summe; er hat dafür einen -en Betrag bezahlt; die Bezahlung war [geradezu] l.; **b)** *[in ärgerlicher Weise] geringfügig, unbedeutend:* ein -er Anlass; diese -e Kleinigkeit hat ihn so wütend gemacht; die Sache war im Grunde ganz l. **3.** (intensivierend bei Adjektiven u. Verben) *in einem [ärgerlicherweise] hohen Maß; sehr:* was er verdient, ist l. wenig; Und vor ihm, unentrinnbar, steht der Tisch mit den vier l. hohen Beinen, zu dem er muss (Fallada, Mann 196). ♦ **4.** *zum Lachen reizend:* ... indem sie ein mutwilliges Liedchen mit der schönsten Stimme von der Welt lustig und l. vorbrachte (Goethe, Wanderjahre I, 5).

Lä|cher|lich|keit, die; -, -en (abwertend): **1.** ⟨o. Pl.⟩ *das Lächerlichsein* (1, 2). **2.** ⟨meist Pl.⟩ *unwichtige, geringfügige Sache:* mit solchen -en gibt es sich nicht ab.

La|che|sis (griech. Mythol.): *eine der drei Schicksalsgöttinnen.*

Lach|fält|chen, das ⟨meist Pl.⟩: *beim Lachen, durch häufiges Lachen bes. in der Umgebung der Augen entstehendes Fältchen.*

Lach|flash [...flɛʃ], der; -s, -s (ugs.): *Lachanfall.*

Lach|gas, das ⟨o. Pl.⟩: *früher als Narkosemittel verwendetes, farb- u. geruchloses Gas.*

lach|haft ⟨Adj.⟩ (abwertend): **1.** *(in einer ärgerlichen Weise) nicht ernst zu nehmend, unsinnig:* eine -e Ausrede; sein Verhalten ist l. **2.** *lächerlich* (3).

Lach|krampf, der: *wie ein Anfall auftretendes [grundloses] Lachen.*

Lach|mö|we, die: *im Binnenland vorkommende Möwe mit grauen Flügeln, rotem Schnabel u. roten Füßen, deren Ruf an ein Lachen erinnert.*

Lach|mus|kel, der (Anat.): *Muskel im Bereich der Mundwinkel, durch den beim Lachen der Mund in die Breite gezogen wird:* diese Show wird die -n anstrengen, reizen, strapazieren, trainieren *(zum Lachen reizen);* er startete einen Angriff auf die -n *(er fing an, die anderen zum Lachen zu bringen).*

Lach|num|mer, die (ugs. abwertend): *lächerliche* (1 b) *Angelegenheit, törichte, unsinnige Sache:* durch sein unglaubliches Verhalten wurde die ganze Sache zu einer L.

Lachs, der; -es, -e [mhd., ahd. lahs, H. u., viell. urspr. = der Gefleckte (nach der Tüpfelung)]: **1.** *großer, im Meer lebender, räuberischer Fisch mit rötlichem Fleisch, der zum Laichen die Flüsse aufsucht:* -e fangen, züchten; (Kochkunst:) frischer, geräucherter L. **2.** (Kochkunst:) *Kernmuskel des Rückens von Schlachttieren (bes. Schwein, Rind und Schaf).* ♦ **3.** *starker Likör aus der Brennerei im Haus »Zum Lachs« in Danzig:* Das muss ich sagen: gut, sehr gut! – Selbst gemacht, Herr Wirt? – Behüte! veritabler Danziger! echter doppelter L. (Lessing, Minna I, 2).

Lachs|sack, der: *Scherzartikel in Form eines Säckchens mit einem Gerät, das dem menschlichen Lachen ähnliche Geräusche erzeugt.*

Lach|sal|ve, die: *plötzlicher Ausbruch von lautem Gelächter [mehrerer Personen].*

Lachs|bröt|chen, das: *mit Räucherlachs belegtes Brötchen.*

Lachs|er|satz, der: *in dünne Scheiben od. kleine Schnitzel geschnittenes, lachsfarben gefärbtes, in Öl eingelegtes Fleisch des Seelachses.*

lachs|far|ben, lachs|far|big ⟨Adj.⟩: *die Farbe eines ins Orange spielenden Rosas aufweisend.*

Lachs|fisch, der: *im Meer wie im Süßwasser vorkommender, räuberisch lebender Knochenfisch.*

Lachs|schin|ken, der [wohl nach der Farbe]: *mit Speck umwickeltes u. mit Schnur zusammengeschnürtes, leicht gepökeltes u. geräuchertes Kotelettstück vom Schwein.*

Lachs|schnit|zel ⟨Pl.⟩: *Lachsersatz in Form von kleinen Schnitzeln.*

Lach|tau|be, die: *Taube mit gelblich braunem Gefieder, deren Ruf an ein Lachen erinnert.*

Lach|trä|ne, die: *aufgrund heftigen Lachens fließende Träne.*

Lack, der; -[e]s, (Arten:) -e [ital. lacca < mlat. lacca < arab. lakk < pers. läk < aind. läkṣā]: **1.** *[farbloses] flüssiges Gemisch, mit dem Möbel, Türen, Fensterrahmen, Gegenstände aus Metall u. a. angestrichen werden u. das nach dem Trocknen einen glänzenden, schützenden Überzug bildet:* farbloser, roter, lösungsmittelarmer, schnell trocknender L.; der L. platzt, springt ab, blättert ab, bekommt Risse; das Auto hat einige Kratzer im L. *(in der Lackierung);* * **der L. ist ab** (1. salopp; *der Reiz der Neuheit ist dahin, die Anziehungskraft von etw. hat stark nachgelassen.* 2. *die Jugendfrische, die jugendliche Anziehungskraft ist dahin*); **und fertig ist der L.** (ugs.; *u. damit ist* *die Sache schon erledigt;* bezieht sich wohl darauf, dass Lack schnell aufzutragen ist, aber große Wirkung erzielt: *du brauchst nur auf einen Knopf zu drücken, und fertig ist der L.).* **2. a)** Kurzf. von ↑ Nagellack; **b)** ⟨o. Pl.⟩ Kurzf. von ↑ Goldlack.

Lack|af|fe, der (ugs. abwertend): *eingebildeter, eitler Mann; Geck* (1).

Lack|ar|beit, die: *in der Technik der Lackkunst hergestellte Arbeit* (4 a).

La|cke, die; -, -n: (österr.) ²*Lache.*

La|ckel, der; -s, - [H. u.] (bes. südd., österr. ugs. abwertend): *ungeschickter, unbeholfener Mensch; Tölpel* (1).

la|cken ⟨sw. V.; hat⟩ [zu ↑ Lack]: **1.** (selten) *lackieren* (1): *die Türen müssen neu gelackt werden; ein gelackter Stoff (Stoff, der durch einen lackartigen Überzug einen Hochglanzeffekt bekommen hat).* **2.** *mit Lack (2) überziehen, bedecken:* [sich] *die Fingernägel l.; sie hat immer gelackte Fingernägel.*

Lack|gür|tel, der: *Gürtel aus Lackleder.*

la|ckie|ren ⟨sw. V.; hat⟩ [ital. laccare]: **1.** *Lack* (1) *auftragen: Fenster, Möbel l.; lackierte Türen.* **2.** *mit Lack* (2 a) *bestreichen:* jmdm., *sich die Fingernägel l.; lackierte Fußnägel.* **3.** [viell. nach der Vorstellung, dass jmd. etw. gekauft hat, dessen Mängel mit einer Lackschicht überdeckt worden sind] (salopp) *hereinlegen* (2): *sie haben ihn bei dem Kauf ganz schön lackiert; wenn die Sache bekannt wird, ist er lackiert (übel dran, hereingelegt).*

La|ckie|rer, der; -s, -: *Facharbeiter, der lackiert* (1) (Berufsbez.).

La|ckie|re|rei, die; -, -en: **1.** *Werkstatt, in der Gegenstände lackiert werden.* **2.** ⟨o. Pl.⟩ (ugs. abwertend) *mühsame, lästige Arbeit des dauernden Lackierens.*

La|ckie|re|rin, die; -, -nen: w. Form zu ↑ Lackierer.

La|ckie|rung, die; -, -en: **1.** *das Lackieren; das Lackiertwerden.* **2.** *auf einen Gegenstand aufgetragener Lack:* die L. ist zerkratzt.

Lack|kunst, die ⟨o. Pl.⟩: *in Ostasien verbreitete künstlerische Technik, bei der Möbel, Kästchen, Bilder u. a. mit meist schwarzem od. rotem Lack überzogen, mit Perlmutt od. Elfenbein eingelegt od. mit Farben bemalt werden.*

Lack|le|der, das: *mit Lack* (1) *überzogenes, stark glänzendes Leder bes. für Schuhe, Handtaschen, Gürtel.*

lack|mei|ern: ↑ gelackmeiert.

Lack|mus, das od. der; - [niederl. lakmoes, älter lecmoes; vielleicht eigtl. »Tropfbrei«, zu: niederl. lekken = tröpfeln; lecken u. moes = Brei; Mus, weil der Farbstoff aus dem Brei zerstampfter Pflanzen tröpfelte] (Chemie): *aus Lackmusflechten gewonnener, als Indikator* (2) *verwendeter blauer Farbstoff.*

Lack|mus|flech|te, die: *Flechte, aus der Lackmus gewonnen wird.*

Lack|mus|pa|pier, das (Chemie): *mit Lackmus getränktes, saugfähiges Papier, das als Indikator* (2) *für Säuren u. Basen verwendet wird.*

Lack|mus|test, der: **1.** (Chemie) *mithilfe von Lackmus[papier] durchgeführter Test zur Prüfung des pH-Wertes einer Lösung.* **2.** (bildungsspr.) *Prüfstein; Gradmesser.*

Lack|schicht, die: *auf einen Gegenstand aufgebrachte Schicht aus Lack* (1).

Lack|schuh, der: *Schuh aus Lackleder.*

La|cri|ma Chris|ti, der; -, - - [lat. = Träne Christi]: *würziger, goldfarbener od. roter süßer Wein, der an den Hängen des Vesuvs wächst.*

la|cri|mo|so ⟨Adv.⟩ [ital. lacrimoso, zu: lacrima < lat. lacrima = Träne] (Musik): *klagend.*

La|c|rosse [laˈkrɔs], das; - [engl. lacrosse < frz. (la) crosse = Kolben, Schläger]: *dem Hockey verwandtes amerikanisches Ballspiel, bei dem ein Gummiball mit Schlägern in die Tore geschleudert wird.*

lact-, Lact-: ↑ lakto-, Lakto-.

lac|to-, Lac|to-: ↑ lakto-, ↑ Lakto-.

Lac|to|se: ↑ Laktose.

lac|to|se|frei: ↑ laktosefrei.

La|da|num, Labdanum, das; -s [mlat. la(b)danum < lat. ladanum < griech. lédanon = Zistrose]: *aus Zistrosen gewonnener [Duft]stoff.*

Läd|chen, das; -s, -: **1.** Vkl. zu ↑ Laden. **2.** Vkl. zu ↑ Lade.

La|de, die; -, -n [mhd. lade, zu ↑ ¹laden]: **1.** (österr., sonst landsch.) *Schublade.* **2.** (landsch. veraltet) *Truhe: Kleider in einer L. verstauen.* **3.** *(beim Pferd) zahnloser Teil des Unterkiefers (auf dem das Gebiss 3 aufliegt).* **4.** Kurzf. von ↑ Bundeslade.

La|de|flä|che, die: *(bei einem Transportmittel) zum Beladen zur Verfügung stehende Fläche.*

La|de|ge|rät, das (Physik): *Gerät zum Aufladen von Akkumulatoren.*

La|de|ge|wicht, das: *höchstes zulässiges Gewicht, mit dem ein Transportfahrzeug beladen werden darf.*

La|de|gut, das; Kurzf.: *Fracht,* ¹*Ladung* (1).

La|de|hem|mung, die: *Defekt bei einer Feuerwaffe, durch den das* ¹*Laden* (3 a) *(u. damit das Schießenkönnen) verhindert wird:* wegen einer L. konnte er nicht schießen; Ü *der Mittelstürmer hat zurzeit L.* (scherzh.: *er schießt keine Tore mehr); hast du [eine] L.?* (verstehst du nicht, bist du begriffsstutzig?).

La|de|klap|pe, die: *Verschluss des Laderaums eines Flugzeugs.*

¹**la|den** ⟨st. V.⟩ [mhd. laden, ahd. [h]ladan, urspr. = aufschichten]: **1. a)** *(eine zum Transport bestimmte Fracht o. Ä.) auf, in einem Transportmittel verstauen, verladen:* Kisten, Gepäck, Kohlen l.; ⟨auch ohne Akk.-Obj.:⟩ wir haben nicht viel geladen, laden gerade; ihr habt schlecht geladen; ⟨subst.:⟩ sie sind noch beim Laden; **b)** *(von einem Transportmittel) zum Transport aufnehmen:* der Zug hat Kohle, Erz geladen; der Lkw hat schwer geladen *(hat ein Lkw bis zur äußersten Kapazität geladen);* * *schwer, ganz schön,* (landsch.:) *schief geladen haben* (ugs. scherzh.; *stark betrunken sein*); **c)** *beladen* (a): den Lkw l.; ⟨subst.:⟩ *zum Laden des Autos brauchen sie manchmal eine Stunde.* **2. a)** *(eine Fracht o. Ä.) zum Transport auf, in ein Transportmittel bringen: Kisten auf einen Lkw, Säcke auf Lasttiere l.; das Frachtgut in den Laderaum l. (einladen); den Kranken auf eine Trage l. (zum Abtransport darauflegen);* Ü *er hat große Verantwortung, einen Vorwurf auf sich geladen;* **b)** *(eine Fracht o. Ä.) aus, von einem Transportmittel nehmen:* die Kisten aus dem Waggon l. **3. a)** *Munition in eine Feuerwaffe einlegen:* im Gewehr, ein Geschütz l.; der Revolver war nicht geladen; ⟨auch ohne Akk.-Obj.:⟩ er hat scharf *(scharfe Munition) geladen;* **b)** *eine Sprengladung in ein Bohrloch od. eine Sprengkammer einbringen: eine Sprengkammer l.;* **c)** (Jargon) *einen Film o. Ä. in die Kamera einlegen.* **4.** (EDV) **a)** *Daten von einem Speichermedium auf ein anderes od. in den Arbeitsspeicher übertragen, herunterladen: ein Betriebssystem [von der Festplatte] l.; das Update können sie direkt aus dem Internet l.;* **b)** *aufrufen* (2): *ein Programm l.* **5.** *mit einer elektrischen Ladung versehen; aufladen: eine Batterie, einen Akku l.; die Elektrode ist positiv, negativ geladen;* Ü *die Atmosphäre im Haus war mit Spannung geladen (war sehr gespannt); er ist mit Energie geladen (ist voller Tatendrang).*

²**la|den** ⟨st. V. (landsch. im Präs. auch mit nicht umgelauteten Formen); hat⟩ [mhd. laden, ahd. ladōn, wahrsch. urspr. = durch Übersendung eines (mit Zeichen versehenen) Brettes (mhd. laden, ↑ Laden) mit einer Nachricht zum Kommen auffordern]: **1.** (geh.) ²*einladen* (a): jmdn. zu sich, zum Essen, zum Tee l.; sie war nicht geladen worden; eine Veranstaltung für geladene Gäste; Ü *der See lädt/(veraltet:) ladet zum Bade.* **2.** (Rechtsspr.) *auffordern, vor Gericht zu erscheinen:* mehrere Zeugen, jmdn. als Zeugen l.; er wurde vor Gericht geladen.

La|den, der; -s, Läden, seltener: Laden [mhd. laden = Brett; Fensterladen, Kaufladen, verw. mit ↑ Latte]: **1.** ⟨Pl. Läden⟩ *nach den Brettern, auf denen die Waren zum Verkauf angeboten wurden)* **a)** *Einzelhandelsgeschäft, Geschäft* (2 b): *ein kleiner, teurer, eleganter L.; der L. an der/um die Ecke* (ugs.; *das nicht weit entfernte Lebensmittelgeschäft, in dem jmd. täglich einkauft); ein L. mit Schmuck, Sportbekleidung; ein L. mit Selbstbedienung; sie bedient im L., steht den ganzen Tag im L. (verkauft von morgens bis abends);* * ♦ *sich an den L. legen (sich große Mühe [mit etw.] geben;* älter auch: *sich an den Laden lassen = prahlen, eigtl. = sich [wie eine zur Ansicht ausgelegte Ware] sehen lassen:* »... so viel haben Sie bei dem Alten verdient? ...« – »Ich hab' es vom Stück (= von der Akkordarbeit), da kann man sich an den L. legen und dem Patron die Nase lang machen!« [Keller, Der grüne Heinrich IV, 5]; Schreibe, wann St. Mstr. von Voigt Jubiläumstag fällt. Sondiere bei der Kammer und sonst, was man ihm zu Ehren zu tun gedenkt. Lege dich nicht an (eigtl. [landsch.] = an'n) L., aber sei nicht untätig in diesem Falle [Goethe, Brief an A. v. Goethe, 6. 8. 1816]); **b)** (ugs.) *Betrieb* (1 a), *bes. Lokal, Hotel, Theater o. Ä.: immer wenn er ein Gastspiel gibt, ist der L. voll.* **2.** ⟨o. Pl.⟩ (ugs.) *Sache, Angelegenheit, Unternehmung o. Ä.: der L. läuft;* wie *ich den L. (die Verhältnisse, Umstände) kenne, wird man sich schnell entscheiden; er warf so den L. hin (resignierte, gab auf); so schmeißt man [ganzen] L. (durch ihren schwungvollen Einsatz, ihre Tüchtigkeit sorgt sie für das Gedeihen, Funktionieren des Ganzen); das ist vielleicht ein müder L. (ein lahmer, langweiliger Betrieb; eine langweilige Gesellschaft o. Ä.).* **3.** ⟨Pl. Läden, seltener: Laden⟩ [nach dem Brett, das als Schutz vor dem Fenster angebracht wurde] Kurzf. von ↑ Fensterladen, ↑ Rollladen. **4.** ⟨o. Pl.⟩ (Ballspiele Jargon) ¹*Tor* (2 a): der Torhüter hat heute den L. vollgekriegt *(hat viele Treffer ins Tor lassen müssen).*

La|den|be|sit|zer, der: *jmd., der einen Laden* (1) *besitzt.*

La|den|be|sit|ze|rin, die: w. Form zu ↑ Ladenbesitzer.

La|den|dieb, der: *jmd., der einen Ladendiebstahl begeht.*

La|den|die|bin, die: w. Form zu ↑ Ladendieb.

La|den|dieb|stahl, der: *in einem Laden* (1) *während der Verkaufszeit begangener Diebstahl.*

♦ **La|den|die|ne|rin**, die: *Verkäuferin, Ladenangestellte: ... weil da schon eine Vorrednerin – Öhrmanns Tochter und L. – mit mündlichen Vorreden die besten Weihnachtalmanache ... verkaufte* (Jean Paul, Teufels Papiere 3).

La|den|ge|schäft, das: *Einzelhandelsgeschäft, das in einem Ladenlokal betrieben wird.*

La|den|hü|ter, der (abwertend): *Verkaufsartikel, der schlecht od. überhaupt nicht absetzbar ist.*

La|den|kas|se, die: *Registrierkasse eines Einzelhandelsgeschäfts: er hat Geld aus der L. entwendet.*

La|den|ket|te, die: *Kette* (2 d) *von Einzelhandelsgeschäften.*

La|den|lo|kal, das: *für ein Einzelhandelsgeschäft geeignete Räumlichkeit[en].*
La|den|öff|nungs|zeit, die: *Zeit, in der die Läden geöffnet sind.*
La|den|preis, der: *Einzelhandelspreis.*
La|den|schild, das ⟨Pl. -er⟩: *über der Tür, an der Front eines Ladens angebrachtes, meist als Blickfang gestaltetes Schild, das über die Art des Ladens Auskunft gibt.*
La|den|schluss, der ⟨o. Pl.⟩: *(gesetzlich geregeltes) Ende der täglichen Verkaufszeit in Einzelhandelsgeschäften.*
La|den|schluss|ge|setz, das: *Gesetz über die Ladenschlusszeiten.*
La|den|schluss|zeit, die: *Zeit des Ladenschlusses.*
La|den|tisch, der: *Verkaufstisch:* sie steht den ganzen Tag hinterm L. *(sie ist den ganzen Tag im Laden tätig);* * **unterm L.** (ugs.; *[in Bezug auf bestimmte verbotene od. knappe Waren] nicht offen angeboten:* etw. unterm L. verkaufen).
◆ **La|den|zo|fe**, die: *Verkäuferin, Ladenangestellte:* Ich verdenk' es der armen L. nicht, dass sie ... auf mich ... kaum hinnickte (Jean Paul, Siebenkäs 9).
La|der, der; -s, -: **1.** *Auflader.* **2.** (Kfz-Wesen) *Kraftfahrzeug, das mit einer Vorrichtung ausgestattet ist, mit der Lasten aufgeladen werden können.*
La|de|ram|pe, die: *Rampe* (1 a).
La|de|raum, der: *Frachtraum.*
La|de|sta|ti|on, die: *zu einem mit Akkus betriebenen Gerät gehörendes Ladegerät:* das Telefon liegt auf der L.; die Zahnbürste nach Gebrauch wieder in die L. stellen, stecken.
La|de|zeit, die: **1.** (Physik) *Zeit, die für das Aufladen (2 a) von etw. benötigt wird.* **2.** (EDV) *Zeit, die für das Aufrufen von Programmen od. das Herunterladen von Daten benötigt wird.* **3.** *Zeit, die für das Beladen od. Entladen von Fahrzeugen benötigt wird.*
La|de|zo|ne, die: *abgegrenzter Bereich, in dem Fahrzeuge beladen u. entladen werden können.*
lä|die|ren ⟨sw. V.; hat⟩ [lat. laedere = verletzen]: **a)** *in einer das Aussehen beeinträchtigenden Weise beschädigen:* einige Möbelstücke waren beim Umzug lädiert worden; **b)** *[äußerlich] verletzen* (1): man hat ihn bei diesem Spiel ziemlich, stark lädiert; leicht lädiert aussehen; Ü ein lädiertes Selbstwertgefühl.
Lä|die|rung, die; -, -en: **1.** *das Lädieren; das Lädiertwerden.* **2.** *lädierte Stelle.*
La|din, das; -s: *Ladinisch.*
La|di|ner, der; -s, -: Angehöriger eines rätoromanischen Volksteils in Südtirol.
la|di|nisch ⟨Adj.⟩: **a)** *die Ladiner betreffend, zu ihnen gehörend;* **b)** *in der Sprache der Ladiner [verfasst].*
La|di|nisch, das; -[s], (nur mit best. Art.:) **La|di|ni|sche**, das; -n: *die ladinische Sprache.*
La|di|no, der; -s, -s [amerik.-span. ladino, eigtl. = spanisch Sprechender < lat. Latinus = lateinisch]: *(in Mexiko u. Mittelamerika lebender) Nachkomme eines weißen u. eines indianischen Elternteils.*
lädst, lädt: ↑ ¹laden, ²laden.
¹La|dung, die; -, -en [zu ↑ ¹laden]: **1. a)** *mit einem Fahrzeug zu transportierendes od. transportiertes Frachtgut:* eine schwere, wertvolle L.; die L. ist verrutscht; eine L. (*Schiffsladung*) löschen; ohne L. (*leer*) fahren; **b)** als ¹*Ladung* (1 a) *beförderte Menge:* eine L. Holz, Kohle. **2.** *bestimmte Menge von Sprengstoff, Munition od. Treibladung für eine Feuerwaffe:* eine L. Dynamit in das Bohrloch einbringen; eine geballte L. (Militär; *Bündel von Handgranaten*); Ü eine geballte L. von Energie. **3.** (ugs.) *größere Menge:* er

bekam eine L. Wasser über den Kopf. **4.** (bes. Physik) *auf einem Körper vorhandene negative od. positive Elektrizitätsmenge:* eine negative, positive L.
²La|dung, die; -, -en [zu ↑ ²laden (2)] (Rechtsspr.): *Vorladung.*
La|dy ['leɪdi], die; -, -s [engl. lady < mengl. lævedi < aengl. hlæfdige = (Haus)herrin, zu: hlāf, hlæf = Brot(laib) u. -dīge, wohl verw. mit dæge = Magd, Kneterin, also eigtl. = Brotherstellerin]: **a)** ⟨o. Pl.⟩ *Titel der Frau des Peers;* **b)** engl. Bez. für: ¹*Dame* (1 b).
La|dy|kil|ler ['leɪdɪ...], der (scherzh.): *Frauenheld.*
la|dy|like ['leɪdɪlaɪk] ⟨Adj.⟩ [engl. ladylike]: *nach der Art einer Lady* (b), *damenhaft:* sie benimmt sich nicht gerade l.
La|dy|shave [...ʃeɪv], der; -s, -s [zu engl. to shave = rasieren]: *[elektrischer] Rasierapparat für Frauen.*
La|fet|te, die; -, -n [älter: Laffette < frz. l'affût, zu: fût, älter: fust = Schaft < lat. fustis = Stock]: *[fahrbares] Untergestell eines Geschützes.*
Laf|fe, der; -n, -n [viell. zu mhd. laffen = lecken od. zu frühnhd. laffe = Hängelippe, also viell. = jmd., der mit offenem Mund gafft; zu mhd. laffe = Lippe] (veraltend abwertend): *geckenhafter [junger] Mann.*
lag: ↑ liegen.
Lag [læɡ], der; -[s], -s [engl. lag, eigtl. = das Zurückbleiben] (bes. Wirtsch.): *Verzögerung zwischen dem Eintritt eines Ereignisses u. seinen Folgen.*
LAG = Lastenausgleichsgesetz.
La|ge, die; -, -n [mhd. lāge = (lauerndes) Liegen, Nachstellung; das Gelegensein; Zustand, Beschaffenheit; [Waren]lager, ahd. lāga = Hinterhalt, Nachstellung, zu ↑ liegen]: **1. a)** *Stelle, wo etw. (in Bezug auf seine Umgebung) liegt:* eine sonnige, ruhige, ausgezeichnete, verkehrsgünstige, gute L.; die geografische L. eines Landes (Meteorol.:) in höheren -n ist mit Frost zu rechnen; Wein einer guten L. (Winzerspr.; *eines für den Wein günstigen Anbaugebietes*); **b)** (Winzerspr.) *Wein einer bestimmten Lage:* gute -n werden besser bezahlt; Es gibt die Markgräfler und die Kaiserstühler Weine, die Spätburgunder und die Eisweine, es gibt zahllose seltene -n und es gibt die Fassweine der Gasthöfe auf dem Land (Meckel, Suchbild 15). **2. a)** *Art des Liegens:* eine senkrechte, horizontale, schiefe L.; der Kranke hat keine bequeme L.; etw. in die richtige L. bringen; (Med.:) die L. des Kindes bei der Geburt; **b)** ⟨meist Pl.⟩ (Schwimmen) *eine der vier verschiedenen Stile* (4) *(Delfin, Rücken, Brust, Kraul):* Meisterschaft über 400 m über 4×100 m -n; **c)** (Fechten) *Kurzf. von* ↑*Klingenlage.* **3. a)** *bestehende Situation, [augenblickliche] Verhältnisse, Umstände:* eine günstige, [un]angenehme, verzweifelte L.; die Feuerwehr befreite die Verunglückten aus ihrer misslichen L.; die militärische, wirtschaftliche L. ist ernst, gespannt, hat sich verschärft; die rechtliche L. (*Rechtslage*) klarstellen; die L. der Dinge erfordert dies; er hat die L. sofort erfasst, überblickt, überschaut; den Ernst der L. erkennen; in eine bedrängte L. geraten; ich bin in der glücklichen L. (*freue mich*), Ihnen diesen Gefallen tun zu können; die Kranke war nicht in der L. (*imstande*) aufzustehen; er war nicht in der L., die Rechnung sofort zu bezahlen (*konnte sie nicht sofort bezahlen*); versetze dich einmal in meine L.!; sich in allen -n des Lebens zurechtfinden; * **die L. peilen** (ugs.; *die Situation, den Stand der Dinge erkunden*); **b)** ⟨o. Pl.⟩ *Militär-, Politikjargon) Lagebesprechung:* kleine L. **4. a)** *Schicht:* einige -n Papier; eine L. von Steinen; **b)** (Verlagsw.) *aus ineinandergeschobenen u. in der Mitte gefalzten od. zusammengekleb-

ten Papierbogen hergestellter Teil eines Buchblocks;* **c)** (ostmd.) *Zimmerdecke.* **5. a)** *Ton- od. Stimmbereich; Tonlage, Stimmlage:* die obere, mittlere, untere L. der menschlichen Stimme; **b)** (Musik) *Stellung der Hand auf dem Griffbrett eines Saiteninstruments u. der dadurch verfügbare Tonraum:* die erste, zweite L. **6.** (ugs.) *Runde* (4): eine L. Bier ausgeben.
lä|ge: ↑ liegen.
La|ge|be|richt, der: *Bericht über die Lage* (3 a).
La|ge|be|spre|chung, die: *Besprechung der gegebenen Lage* (3 a).
La|ge|be|ur|tei|lung, die: *allgemeine Beurteilung der Lage* (3 a).
La|gen|schwim|men, das; -s (Sport): *(als Wettkampf über eine bestimmte Strecke durchgeführtes) Schwimmen mit vorgeschriebenem Wechsel der Lage* (2 b).
la|gen|wei|se ⟨Adv.⟩: *in Lagen, Schichten.*
La|ge|plan, der: *Plan der Lage* (1 a) *u. Umgebung.*
La|ger, das; -s, - u. Läger [spätmhd. lager, unter Anlehnung an »Lage« für mhd. leger, ahd. legar, zu ↑ liegen]: **1.** ⟨Pl. Lager⟩ **a)** *für das vorübergehende Verbleiben einer größeren Anzahl Menschen eingerichteter [provisorischer] Wohn- od. Übernachtungsplatz:* die Truppen schlugen ihr L. auf, brachen ihr L. ab; ein L. einrichten, auflösen; ins L. (*Ferienlager*) fahren; an einem L. (*einem Aufenthalt in einem Ferienlager*) teilnehmen; für die Vertriebenen mussten schnellstens L. (*Flüchtlingslager*) errichtet werden; **b)** *Gefangenen-, Straflager:* das L. ausbrechen; er wurde zu drei Jahren L. (*Verbleiben in einem Lager als Strafe*) verurteilt; **c)** Kurzf. von ↑ Konzentrationslager (1, 2). ⟨Pl. Lager⟩ **a)** (veraltend) *Schlafstätte:* ein bequemes, hartes L.; ein L. aus Stroh; **b)** (Jägerspr.) *Ruheplatz bestimmter jagdbarer Tiere:* das L. eines Hasen, Wolfs. **3.** ⟨Pl. Lager⟩ *Gesamtheit von Personen, Staaten o. Ä., die bes. im politischen od. weltanschaulichen Kampf auf derselben Seite stehen:* das sozialistische, das feindliche L.; ins L. des Feindes überwechseln; die Partei ist in zwei L. gespalten. **4.** ⟨Pl. Lager u. in der binnendt. Kaufmannsspr. oft: Läger⟩ **a)** *Platz, Raum, Gebäude für die Lagerung des Warenbestandes, -vorrats:* das L. ist leer; im L. arbeiten; das L. (*die Lagerverwaltung*) hat einen Lieferschein ausgestellt; (Kaufmannsspr.:) Lieferung ab, frei L.; das Ersatzteil haben wir nicht am/auf L.; * **etw. auf L. haben** (ugs.; *etw., was zur Unterhaltung, Überraschung beiträgt, bereithaben:* immer ein paar Witze auf L. haben); **b)** *gelagerter Warenvorrat, -bestand:* sich ein L. an/von Vorräten anlegen; **c)** (ugs.) *in einem Lager* (4 a) *arbeitende Gesamtheit von Personen:* das L. beteiligte sich an der Aktion. **5.** ⟨Pl. Lager⟩ (Geol.) *eingelagerte Erz-, Mineral-, Gesteinsschicht:* ein L. abbauen. **6.** ⟨Pl. Lager⟩ **a)** (Technik) *Maschinenelement, das ein anderes drehendes od. schwingendes Teil aufnimmt, trägt od. führt:* das L. ölen; **b)** (Bauw.) *Bauteil, das Lasten (von Balken, Tragwerken) aufnimmt u. auf einen stützenden Körper überträgt.* **7.** (Biol.) *Körper der Lagerpflanze.*
La|ger|ar|bei|ter, der: *Arbeiter in einem Lager* (4 a).
La|ger|ar|bei|te|rin, die: w. Form zu ↑ Lagerarbeiter.
La|ger|be|stand, der (Wirtsch.): *Bestand an Waren in einem Lager* (3 a): den L. aufnehmen.
La|ger|bier, das: *untergäriges Bier, das erst bei der Lagerung seinen vollen Geschmack entwickelt.*
la|ger|fä|hig ⟨Adj.⟩: *zur Lagerung geeignet:* -es Gemüse.
La|ger|fäu|le, die (Landwirtsch.): *durch Pilzbefall verursachte Fäule bei gelagertem Obst od. Holz.*

lagerfest – Laienschauspielerin

la|ger|fest ⟨Adj.⟩: *widerstandsfähig gegen schädliche Einflüsse bei der Lagerung.*

La|ger|feu|er, das: *offenes Feuer in einem Lager (1 a), bes. einem Ferien-, Zeltlager o. Ä.:* am, um das L. sitzen.

La|ger|flä|che, die (Wirtsch.): *Fläche für die gewerbliche Lagerung von Gütern.*

La|ger|frist, die (Wirtsch.): *Zeit, für die eine bestimmte Ware gelagert wird.*

La|ger|ge|bühr, die (Wirtsch.): *Gebühr für das Lagern von Gütern.*

La|ger|haft, die: ¹*Haft in einem Lager (1 b, c).*

La|ger|hal|le, die: *Halle zum Lagern von Gütern.*

La|ger|hal|tung, die: *Lagerung u. Verwaltung von Warenvorräten in einem Lager (4 a).*

La|ger|haus, das: *Gebäude zum Lagern von Gütern.*

La|ge|rist, der; -en, -en: *Lagerverwalter.*

La|ge|ris|tin, die; -, -nen: w. Form zu ↑ Lagerist.

La|ger|kos|ten ⟨Pl.⟩ (Wirtsch.): *Kosten der Lagerung.*

La|ger|le|ben, das ⟨o. Pl.⟩: *Leben in einem Lager, bes. Zelt-, Ferien-, Jugendlager.*

la|ge|ri|mo|so: ↑ lacrimoso.

La|ger|lei|ter, der: *Leiter eines Lagers (1, 4 a).*

La|ger|lei|te|rin, die: w. Form zu ↑ Lagerleiter.

la|gern ⟨sw. V.; hat⟩ [älter: legern, mhd. leg(e)ren]: **1. a)** *sein Lager haben, bes. vorübergehend an einem Rast-, Ruheplatz bleiben, nachdem man sein Lager aufgeschlagen hat:* die Truppen lagerten am Fluss; die Gäste mussten auf Luftmatratzen l. *(Luftmatratzen als provisorischen Schlaflager benutzen);* **b)** *in eine bestimmte [ruhende] Stellung legen, Lage bringen:* den Verletzten flach, bequem l.; das Bein hoch l.; den gebrochenen Knochen richtig l. (Med.); *in die richtige Stellung bringen);* etw. in, auf etw. l. (Technik); *etw. in etw. Aufnehmendem, auf etw. Tragendem, Stützendem in eine bestimmte Lage bringen);* etw. auf Stützen, drehbar l.; **c)** (Technik) *ruhen:* etw. lagert auf Stützen; der Achsantrieb lagert in einem Gehäuse; **d)** (Geol.) *in einer Lagerstätte (2) vorkommen:* hier lagern Eisenerze, Salze. **2. a)** ⟨l. + sich⟩ *sich niederlegen, -lassen, -setzen u. eine ruhende Stellung einnehmen:* die Herde lagert sich; sich im Gras/(seltener:) ins Gras l.; sich unter einem Baum/(seltener:) unter einen Baum l.; sich [im Kreis] um ein Feuer l.; **b)** ⟨l. + sich⟩ *sich als Schicht bzw. ausgebreitet irgendwohin legen:* Wolken lagerten sich um den Gipfel; das Getreide hat sich gelagert (Landwirtsch.; *ist durch Nässe, Sturm o. Ä. umgesunken;* **c)** *als Schicht bzw. ausgebreitet o. ä. (auf, über etw., um etw.) liegen:* auf den Blättern lagert Staub; dicker Nebel lagert über der Gegend. **3. a)** *zur Aufbewahrung od. zur späteren Verwendung [an einem geeigneten Ort] liegen, stehen, bleiben:* die Butter lagert in Kühlhäusern; der Wein hat schon sieben Jahre gelagert; Medikamente müssen kühl und trocken l.; lagernde (Postw.; *beim Postamt liegende u. dort abzuholende)* Post; **b)** *zur Aufbewahrung od. zur späteren Verwendung [an einem geeigneten Ort] liegen, stehen lassen:* Holz, Waren, Lebensmittel [trocken] l. **4.** ***gelagert sein** (als *Sachverhalt, Sachlage in bestimmter Weise beschaffen sein:* der Fall ist ähnlich, anders gelagert).

La|ger|obst, das: *für die Lagerung geeignetes od. bestimmtes Obst; gelagertes Obst.*

La|ger|pflan|ze, die (Bot.): *niedere Pflanze, die nicht in Wurzel, Spross u. Blätter gegliedert ist* (z. B. Alge, Moos).

La|ger|platz, der: **1.** *Platz zum Lagern, Rasten, Übernachten im Freien.* **2.** *Platz, Stelle für die Lagerung.*

La|ger|raum, der: **1.** *(einzelner) Raum für die Lagerung:* Waren in den L. bringen. **2.** *Raum, Platz, Fläche für die Lagerung:* L. mieten.

La|ger|schal|le, die (Technik): *schalenförmiges Lager für gleitend bewegte Maschinenteile.*

La|ger|statt, die ⟨Pl. ...stätten⟩ (geh.): *Bett; Lager (2 a); Schlafstätte.*

La|ger|stät|te, die: **1.** *Lagerstatt.* **2.** (Geol.) *Stelle, Gebiet mit einer ausnutzbaren Ansammlung von Bodenschätzen.* **3.** (seltener) *Stätte, Stelle, wo etw. lagert, gelagert ist.*

La|ge|rung, die; -, -en ⟨Pl. selten⟩: **1.** *das Lagern (1 b, c, 3); das Gelagertsein.* **2.** (Technik) *Lager (6 a).* **3.** (Geol.) *(von Gesteinen) das Gelagertsein; natürliche räumliche Anordnung.*

La|ger|ver|wal|ter, der: *Verwalter eines Lagers (4 a, b).*

La|ger|ver|wal|te|rin, die: w. Form zu ↑ Lagerverwalter.

La|ger|wahl|kampf, der (Politik): *Wahlkampf, den zwei politische Lager gegeneinander führen.*

La|go Mag|gio|re [-ma'dʒoːrə], der; - -: *italienisch-schweizerischer See.*

La|gos: *frühere Hauptstadt von Nigeria.*

Lag|ting, das; -[s] [norw., eigtl. = Versammlung mit richterlicher Gewalt]: *norwegisches Oberhaus.*

La|gu|ne, die; -, -n [ital. laguna < lat. lacuna, zu: lacus = See]: *vom offenen Meer durch einen Streifen Land, durch Riffe o. Ä. abgetrenntes Wasser.*

La|gu|nen|stadt, die: *auf einer Insel in einer Lagune liegende Stadt;* die L. Venedig.

lahm ⟨Adj.⟩ [mhd., ahd. lam, eigtl. = schwach, gebrechlich]: **1.** *durch eine Verletzung od. eine Körperbehinderung gelähmt u. daher unbeweglich:* ein -es Bein; ein -er Arm, Flügel; auf dem linken Bein, in der Hüfte l. sein; l. gehen *(gehbehindert sein);* ⟨subst.:⟩ ein Blinder und ein Lahmer. **2. a)** ⟨ugs.⟩ *wie gelähmt; stark ermüdet u. daher kraftlos, schwer beweglich:* -e Glieder; ein -es Kreuz haben; vom langen Koffertragen wurde mir der Arm l.; Ü ...in einem dunklen Abendanzug in den Koffer, faltete ihm die -en *(schlaffen)* Ärmel, als wär's eine Leiche (Frisch, Gantenbein 123); **b)** (ugs. abwertend) *unzureichend, nicht überzeugend, nicht glaubwürdig:* eine -e Ausrede, Erklärung, Entschuldigung; ein -er Protest; **c)** (ugs. abwertend) *ohne jeden Schwung, matt:* ein -er Kerl; eine -e Ente (↑ Ente 1 a); eine -e Diskussion.

Lahm|arsch, der (derb): *temperamentloser, energieloser Mensch.*

lahm|ar|schig, (seltener:) **lahm|är|schig** ⟨Adj.⟩ (derb): *lahm (2 c), ohne jeden Schwung, temperamentlos, energielos:* ein -er Kerl.

Läh|me, die; - [mhd. leme = Lähmung, gelähmtes Glied] (Tiermed.): *Lähmung.*

lah|men ⟨sw. V.; hat⟩ [mhd. lamen]: *lahm sein, gehen:* das Pferd lahmt [auf/an der rechten Hinterhand]; sie ging lahmend zur Tür hinaus.

läh|men ⟨sw. V.; hat⟩ [mhd. lemen, ahd. lemjan]: **1.** *der Bewegungskraft, -fähigkeit berauben:* das Gift lähmt die Nerven (bringt die Nerventätigkeit zum Erliegen); seit dem Unfall ist er linksseitig, an beiden Beinen gelähmt; er war vor Schreck wie gelähmt. **2.** *der Kraft u. Lebendigkeit völlig berauben:* etw. lähmt jmdn., jmds. Schaffenskraft, Willen, Eifer; der Krieg lähmte das wirtschaftliche Leben; lähmende Müdigkeit, lähmendes Entsetzen befiel ihn.

Lahm|heit, die; -: *das Lahmsein.*

lahm|le|gen ⟨sw. V.; hat⟩: *zum Erliegen, zum Stillstand bringen:* durch den Unfall wurde der gesamte Verkehr lahmgelegt.

Lahm|le|gung, die; -, -en: *das Lahmlegen; das Lahmgelegtwerden.*

Läh|mung, die; -, -en: **1.** *das (körperliche) Gelähmtsein:* eine linksseitige, fortschreitende L.; eine L. beider Beine, eine L. des Atemzentrums. **2.** *Erliegen, Stillstand der Kraft u. Lebendigkeit; Erstarrung:* eine L. der Wirtschaft.

Läh|mungs|er|schei|nung, die ⟨meist Pl.⟩: **1.** *typisches Zeichen einer [eintretenden] Lähmung (1).* **2.** *Zeichen einer Lähmung (2).*

¹**Lahn**, der; -[e]s, -e [zu frz. lame, ↑ lamé] (Textilind.): *flach gewalzter Metalldraht aus Gold, Silber, Kupfer u. a.*

²**Lahn**, die; -, -en [mhd. lēne = Lawine; Gießbach] (bayr., österr. veraltet): *Lawine.*

Lah|nung, die; -, -en [aus mhd. Niederd., zu mniederd. lāne = schmaler Weg] (Wasserbau): *niedrige Dammanlage zur Landgewinnung im Watt.*

Laib, der; -[e]s, -e ⟨als Maßangabe auch: -⟩ [mhd. leip, ahd. (h)leib; verwandt. eigtl. = ungesäuertes Brot; ai-Schreibung seit dem 17. Jh. zur orthografischen Unterscheidung von ↑ Leib]: *rund od. oval geformte Masse (Brot, Käse):* ein halber L. selbst gebackenes Brot; ein L. Käse.

Laib|chen, das; -s, - (österr.): **1.** *kleines, rundes Gebäckstück* (eine Art Brötchen). **2.** **faschiertes L.* (Frikadelle).

Lai|bung, Leibung, die; -, -en (Bauw., Archit.): *überdeckende bzw. begrenzende innere Fläche bei Mauerbrüchen, Bögen u. Gewölben:* innere, äußere L. eines Fensters *(drinnen, draußen liegender Teil der Laibung).*

Laich, der; -[e]s, -e [spätmhd. leich, eigtl. = Liebesspiel]: *ins Wasser abgelegte Menge in Gallerte od. Schleim gehüllter Eier* (z. B. von Fischen).

lai|chen ⟨sw. V.; hat⟩: *den Laich ablegen.*

Laich|kraut, das ⟨Pl. selten⟩ [das Kraut dient oft als Laichplatz]: *(im Süß- od. Brackwasser wachsende) Pflanze mit ovalen, auf dem Wasser schwimmenden Blättern u. kleinen, grünen od. braunrötlichen Blüten.*

Laich|platz, der: *Platz, an dem bestimmte Tiere laichen.*

Laich|wan|de|rung, die (Zool.): *Wanderung bestimmter Tiere zu ihren Laichplätzen.*

Laich|zeit, die: *Zeit, in der bestimmte Tiere laichen.*

Laie, der; -n, -n [mhd. lei(g)e, ahd. leigo = Nichtgeistlicher; Nichtgelehrter < mlat. laicus = zum Volk gehörig; Nichtgeistlicher < griech. laïkós, zu: laós = Volk]: **1.** *jmd., der auf einem bestimmten Gebiet nicht über Fachkenntnisse hat:* er ist auf diesem Gebiet völliger, blutiger L.; gebildete, medizinische -n; R da staunt der L. [und der Fachmann wundert sich] *(das sollte man nicht für möglich halten).* **2.** *Christ, nicht Geistlicher, [Priester]mönch o. Ä. ist:* die katholischen -n.

Lai|en|bru|der, der (kath. Kirche): *(insbesondere praktisch arbeitender) Ordensbruder ohne geistliche Weihen.*

Lai|en|büh|ne, die: *Bühne für das Laienspiel (1).*

Lai|en|dar|stel|ler, der: *Laienschauspieler.*

Lai|en|dar|stel|le|rin, die: w. Form zu ↑ Laiendarsteller.

lai|en|haft ⟨Adj.⟩: *in der Art eines Laien, nicht fachmännisch:* ein -es Urteil abgeben.

Lai|en|kelch, der ⟨o. Pl.⟩ (christl. Kirche): *dem Laien gewährtes Trinken von konsekriertem Wein bei der Kommunion bzw. Abendmahl.*

Lai|en|pre|di|ger, der (Rel.): *Prediger, der Laie (2) ist.*

Lai|en|pre|di|ge|rin, die: w. Form zu ↑ Laienprediger.

Lai|en|rich|ter, der (volkstüml.): *Schöffe.*

Lai|en|rich|te|rin, die: w. Form zu ↑ Laienrichter.

Lai|en|schau|spie|ler, der: *jmd., der nicht beruflich als Schauspieler tätig ist.*

Lai|en|schau|spie|le|rin, die: w. Form zu ↑ Laienschauspieler.

Laienspiel – lamentieren

Lai|en|spiel, das: **1.** *Theaterspiel o. Ä. von Laien, Liebhabern.* **2.** *Bühnenstück o. Ä. für die Aufführung durch Laien, Liebhaber.*

Lai|en|stand, der ⟨o. Pl.⟩ (Rel.): *Stand der Laien* (2): *einen Kleriker in den L. zurückversetzen.*

Lai|en|the|a|ter, das: **1.** *Laienbühne.* **2.** *Laienspiel* (1).

Lai|en|tum, das; -s: **1.** *das Laiesein.* **2.** (selten) *Gesamtheit der Laien* (2).

Lai|in, die; -, -nen: w. Form zu ↑ Laie.

la|i|sie|ren ⟨sw. V.; hat⟩ (kath. Kirche): *(einen Kleriker) in den Laienstand zurückführen, bes. einen Priester von seinem Priesteramt entbinden.*

La|i|sie|rung, die; -, -en (kath. Kirche): *das Laisieren; das Laisiertwerden.*

lais|sez faire, lais|sez al|ler [lɛse'fɛːr, lɛ'sea'le:], (auch:) **lais|sez faire, lais|sez pas|ser** [- -, -pa'se:] [frz. = lassen Sie machen, lassen Sie laufen] (bildungsspr.): **1.** *Schlagwort des wirtschaftlichen Liberalismus (bes. des 19. Jh.s), nach dem sich die von staatlichen Eingriffen freie Wirtschaft am besten entwickelt.* **2.** *Schlagwort für das Gewährenlassen, für die Nichteinmischung (z. B. in der Kindererziehung).*

La|i|zis|mus, der; - [zu kirchenlat. laïcus, ↑ Laie] (Politik, Geschichte): *weltanschauliche Richtung, die die radikale Trennung von Kirche u. Staat fordert.*

la|i|zis|tisch ⟨Adj.⟩: **1.** *den Laizismus betreffend, zum Laizismus gehörend.* **2.** (Rel.) *das Laientum* (1) *in der Kirche betonend.*

La|kai, der; -en, -en [frz. laquais, urspr. = gemeiner Fußsoldat, H. u.]: **1.** (früher) *herrschaftlicher Diener [in Livree].* **2.** (abwertend) *Mensch, der sich willfährig für die Interessen anderer gebrauchen lässt.*

la|kai|en|haft ⟨Adj.⟩ (abwertend): *wie ein Lakai* (2); *kriecherisch.*

La|kai|in, die; -, -nen: w. Form zu ↑ Lakai (2).

La|ke, die; -, -n [aus dem Niederd. < mniederd. lake = (Herings)salzbrühe, eigtl. = ²Lache]: *Salzbrühe zum Einlegen von Fleisch, Fisch o. Ä.*

La|ke|dä|mo|ni|er, der; -s, -: *Bewohner des antiken Sparta.*

La|ke|dä|mo|ni|e|rin, die; -, -nen: w. Form zu ↑ Lakedämonier.

la|ke|dä|mo|nisch ⟨Adj.⟩: *die Lakedämonier betreffend, zu ihnen gehörend, von ihnen stammend.*

La|ken, das; -s, - [mniederd. laken, asächs. lakan, wahrsch. eigtl. = Lappen]: *Betttuch.*

La|ko|nie, die; - (bildungsspr. seltener): *lakonische Art des Ausdrucks; Kürze, Einfachheit.*

La|ko|nik, die; - [nach griech. brachylogía Lakonikḗ = lakonische Wortkargheit (wegen der treffenden Kürze, die den Einwohnern der altgriech. Landschaft Lakonien nachgesagt wird)] (bildungsspr.): *lakonische Art des Ausdrucks.*

la|ko|nisch ⟨Adj.⟩ (bildungsspr.): *kurz, einfach u. ohne Erläuterung:* eine -e Auskunft, Feststellung; eine Frage in -er Kürze beantworten; l. antworten.

La|ko|nis|mus, der; -, ...men (bildungsspr.): **1.** ⟨o. Pl.⟩ *Lakonik.* **2.** *lakonischer Ausdruck, lakonische Aussage.*

La|k|rit, der od. das; -es, -e (landsch.): *Lakritze.*

La|k|rit|ze, die; -, -n [mhd. lakerize, leckerize, ahd. lacricie < mlat. liquiricia < lat. glycyrriza < griech. glykýrrhiza = Süßholz, Süßwurzel]: *aus eingedicktem Süßholzsaft hergestellte, wohlschmeckende, süße schwarze Masse:* L. herstellen; -n *(Süßigkeiten aus Lakritze)* kaufen.

La|k|rit|zen|stan|ge, La|k|ritz|stan|ge, die: *Stange* (2 a) *aus Lakritze.*

lakt-, Lakt-: ↑ lakto-, ↑ Lakto-.

Lak|ta|se, die; -, -n (Biochemie): *Enzym, das die Spaltung von Laktose in Glucose u. Galaktose steuert.*

Lak|ta|ti|on, die; -, -en (Biol., Med.): **1. a)** *Milchabsonderung aus den Milchdrüsen;* **b)** *das Stillen.* **2. a)** *Zeit, Periode der Laktation* (1 a); **b)** *Stillzeit.*

lak|tie|ren ⟨sw. V.; hat⟩ [lat. lactare] (Biol., Med.): **1.** *Milch absondern.* **2.** *säugen, stillen.*

lak|to-, Lak|to-, (vor Vokalen:) lakt-, Lakt-, (fachspr.:) lacto-, Lacto-, (vor Vokalen:) lact-, Lact- [lat. lac (Gen.: lactis)]: Best. in Zus. mit der Bed. *milch-, Milch-* (z. B. Laktovegetarier).

Lak|to|fla|vin, das; -s, -e: *Riboflavin.*

Lak|to|se, Lactose, die; -: *Milchzucker.*

lak|to|se|frei, (fachspr. auch:) lactosefrei ⟨Adj.⟩: *keine Laktose enthaltend, ohne Laktose:* -e Nahrungsmittel.

Lak|to|ve|ge|ta|ri|er, der; -s, -: *Anhänger des Laktovegetarismus.*

Lak|to|ve|ge|ta|ri|e|rin, die; -, -nen: w. Form zu ↑ Laktovegetarier.

Lak|to|ve|ge|ta|ris|mus, der; -: *vegetarische Ernährungsweise, die auch den Verzehr von Milch[produkten] beinhaltet.*

la|la [frz. là là]: in der Verbindung **so l.** (ugs.; einigermaßen; bedingt gut): *das Wetter ist so l.; es geht ihm so l.*

lal|len ⟨sw. V.; hat⟩ [mhd. lallen, lautm.; vgl. lat. lallare = in den Schlaf singen]: **1.** *mit versagender Zunge, undeutlich artikulierend sprechen; undeutlich artikulierte Laute hervorbringen:* der Säugling lallt; der Betrunkene konnte nur noch l.; ⟨subst.:⟩ Aber sonst sagt er meist nur wirres Zeug, so ein Lallen ist das und ein Eigensinn (Kronauer, Bogenschütze 403). **2.** *lallend sprechen, sagen:* unverständliche Laute, Wörter l.

Lall|pe|ri|o|de, die (Psychol.): *(im Alter von 4 bis 6 Lebensmonaten beginnende) Phase, in der Säuglinge unartikulierte Laute von sich geben.*

Lall|pha|se, die: *Lallperiode.*

Lall|wort, das ⟨Pl. ...wörter⟩ (Sprachwiss.): *Wort aus der Lallperiode* (z. B. Mama).

¹La|ma, das; -s, -s [span. llama < Ketschua (südamerik. Indianerspr.) llama]: **1.** (bes. in den Anden heimisches) *als Haustier gehaltenes, höckerloses Kamel, das Milch, Fleisch u. Wolle liefert.* **2.** ⟨o. Pl.⟩ *flanellartiger Stoff aus [Baum]wolle für Mäntel, Decken, Futter.*

²La|ma, der; -s, -s [tib. (b)lama = der Obere]: *lamaistischer Priester, Mönch.*

La|ma|is|mus, der; -: *tibetischer Buddhismus.*

La|ma|ist, der; -en, -en: *Anhänger des Lamaismus.*

La|ma|is|tin, die; -, -nen: w. Form zu ↑ Lamaist.

la|ma|is|tisch ⟨Adj.⟩: *den Lamaismus betreffend, auf ihm beruhend, zu ihm gehörend:* der -e Glaube.

La|mäng, die [frz. la main = die Hand < lat. manus] (ugs. scherzh. in bestimmten Wendungen): *Hand:* *** aus der [kalten] L.** *(unvorbereitet u. mit Leichtigkeit);* **aus der freien L.** (1. *aus der [kalten] Lamäng.* 2. *aus der Hand, ohne Teller u. Besteck).*

La|mar|ckis|mus, der; - [nach dem frz. Naturforscher J. B. de Lamarck (1744–1829)] (Biol.): *(hypothetische) Lehre Lamarcks von der Entstehung neuer Arten aufgrund einer durch Anpassung bewirkten Veränderung erblicher Merkmale.*

La|ma|wol|le, die: *Wolle vom* ¹*Lama* (1).

Lam|ba|da, die; -, -s, auch: der; -s, -s [port. lambada, eigtl. = Schlag, Stoß; Abreibung (2 a)]: *brasilianischer Modetanz mit lateinamerikanischem Rhythmus in den 90er-Jahren des 20. Jh.s.*

Lam|ba|re|ne: *Ort in Gabun (Wirkungsstätte Albert Schweitzers).*

Lamb|da, das; -[s], -s [griech. lámbda]: *elfter Buchstabe des griech. Alphabets* (Λ, λ).

Lamb|da|naht, die [nach dem dem griech. Buchstaben λ entsprechenden Verlauf der Naht] (Anat.): *Schädelnaht zwischen dem Hinterhauptbein u. den beiden Scheitelbeinen.*

Lamb|da|son|de, die [λ = Formelzeichen für das Verhältnis der tatsächlich für die Verbrennung vorhandenen Luftmenge zur Mindestluftmenge bei Verbrennungsvorgängen] (Kfz-Technik): *Messfühler im Auspuff von Verbrennungsmotoren mit Katalysator, mit dem der Gehalt an restlichem Sauerstoff im Abgas ermittelt wird, um festzustellen, ob das Kraftstoff-Luft-Gemisch vollständig verbrennt.*

Lamb|da|zis|mus, der; - (Med., Sprachwiss.): **1.** *fehlerhafte Aussprache des r als l.* **2.** *falsche Aussprache des l-Lautes bzw. Unvermögen, das l auszusprechen.*

Lam|b|rie, Lamperie, die; -, -n (bes. mundartl.): *Lambris* (b).

Lam|b|ris [lã'briː, österr. lam...], der; - [...i:(s)], - [...i:s], österr.: die; -, - u. ...ien [frz. lambris = Täfelung, über das Roman. zu lat. labrusca (uva) = wild(e) Rebe), nach den Rankenmustern]: **a)** *halbhohe Wandverkleidung (aus Holz, Stuck, Marmor u. Ä.);* **b)** *Wandsockel.*

Lam|b|rus|co, der; -[s], -s [ital. lambrusco, zu: lambrusca = eine Traubensorte]: *fruchtiger, meist etwas schäumender italienischer Rotwein.*

Lamb|skin ['læmskɪn], das; -[s], -s [engl. lambskin = Lammfell] (Textilind.): *Lammfellimitation aus Plüsch:* ein Kindermantel aus L.

Lambs|wool ['læmzwʊl], die; - [engl. lambswool] (Textilind.): *weiche, zarte Lamm-, Schafwolle.*

la|mé [la'meː], lamee ⟨indekl. Adj.⟩ [frz. lamé, zu: lame = Klinge < lat. lam(i)na = Blatt]: *mit Lamé* (2) *durchwirkt.*

La|mé, Lamee, der; -[s], -s [frz. lamé]: **1.** *mit Metallfäden durchwirktes [Seiden]gewebe.* **2.** *Metallfäden, die mit Textilmaterialien umsponnen sind.*

la|mee: ↑ lamé.

La|mee: ↑ Lamé.

la|mel|lar ⟨Adj.⟩ [engl. lamellar] (Fachspr.): *in Form von Lamellen [angeordnet].*

La|mel|le, die; -, -n [frz. lamelle < lat. lamella = (Metall)blättchen, Vkl. von: lam(i)na, ↑ lamé]: **1.** (Fachspr.) **a)** *[schmale] dünne Platte, Scheibe (bes. als Glied einer Schicht, Reihe usw.):* die -n einer Jalousie; **b)** *Glied, Rippe eines Heizkörpers.* **2.** (Biol.) *Blättchen, dünne Schicht an der Unterseite des Hutes von Blätterpilzen.*

la|mel|len|för|mig ⟨Adj.⟩: *in der Form von Lamellen gestaltet.*

La|mel|len|heiz|kör|per, der: *Heizkörper mit Lamellen* (1 b).

La|mel|len|pilz, der (Bot.): *Blätterpilz.*

La|mel|len|ver|schluss, der (Fotogr.): *Verschluss an Kameras, der aus kreisförmig angeordneten Lamellen besteht.*

la|mel|lie|ren ⟨sw. V.; hat⟩ (Fachspr.): *lamellenartig formen, lamellenförmig gestalten.*

la|men|ta|bel ⟨Adj.; ...bler, -ste⟩ [wohl über frz. lamentable < lat. lamentabilis, zu: lamentari, ↑ lamentieren] (geh.): *jämmerlich, kläglich, beklagenswert.*

la|men|ta|bi|le ⟨Adv.⟩ [ital. lamentabile < lat. lamentabilis, ↑ lamentabel] (Musik): *lamentoso.*

la|men|tie|ren ⟨sw. V.; hat⟩ [lat. lamentari] = *wehklagen, urspr. lautm.*]: **1.** (ugs. abwertend) *[laut*

Lamento – Landarbeit

u.] ausgiebig klagen, jammern; ⟨bes. schweiz. auch im 2. Part.:⟩ ein lamentierter *(beklagter)* Mangel; den ganzen Tag, bei jeder Gelegenheit, über jede Kleinigkeit l. **2.** (landsch.) *jammernd um etw. betteln.*

La|men|to, das; -s, -s u. ...ti [ital. lamento < lat. lamentum = Wehklage]: **1.** ⟨Pl. -s⟩ (ugs. abwertend) *das Lamentieren, [lautes] Gejammer, heftige Klage:* ein großes L. [über/um etw.] machen, erheben, anstimmen. **2.** ⟨Pl. auch: -s⟩ (Musik) *Musikstück von schmerzlich-leidenschaftlichem Charakter.*

la|men|to|so ⟨Adv.⟩ [ital. lamentoso, zu: lamento, ↑ lamento] (Musik): *wehklagend, traurig.*

La|met|ta, das; -s [ital. lametta, Vkl. von: lama = Metallblatt < lat. lam(i)na, ↑ lamé]: **1.** *Christbaumschmuck aus schmalen, dünnen, glitzernden Metallstreifen.* **2.** (ugs. iron.) *große Zahl angelegter Orden [u. Rangabzeichen]:* [viel] L. tragen.

la|mi|nar ⟨Adj.⟩ [zu lat. lamina, ↑ lamé] (Physik): *gleichmäßig schichtweise gleitend:* -e Strömung.

La|mi|nat, das; -[e]s, -e: *Schichtpressstoff.*

La|mi|nat|bo|den, der: *Fußbodenbelag aus Laminat.*

la|mi|nie|ren ⟨sw. V.; hat⟩ [frz. laminer, zu: lame, ↑ lamé] (Fachspr.): **1.** *([textile] Materialien) strecken, um die Fasern in Längsrichtung zu ordnen.* **2.** *(Werkstoffe) mit einer [Deck]schicht überziehen:* Folien auf Karton l.; laminierte Einbände.

Lamm, das; -[e]s, Lämmer [mhd. lamp, ahd. lamb, H. u.]: **1. a)** *junges Schaf im ersten Lebensjahr:* sanft, geduldig, unschuldig wie ein L. sein; * **L. Gottes** (1. christl. Rel.: *Agnus Dei* b. bild. Kunst; *Lamm als Symbol für den sich opfernden Christus;* bezogen auf das Lamm als Opfertier); **sich wie ein L. zur Schlachtbank führen lassen** (geh.; *etw. ergeben, geduldig, ohne Gegenwehr hinnehmen;* nach Jes. 53, 7); **b)** (seltener) *junge Ziege im ersten Lebensjahr.* **2.** ⟨o. Pl.⟩ *Lammfell:* ein Mantel aus L. **3.** *sanfter, geduldiger Mensch [voller Unschuld]:* sie ist ein [wahres] L.

Lamm|bra|ten, der: *Braten aus dem Fleisch eines Lamms* (1 a).

Lämm|chen, das; -s, -: Vkl. zu ↑ Lamm.

lam|men ⟨sw. V.; hat⟩: *ein Lamm werfen.*

Läm|mer|gei|er, der [man nahm (fälschlich) an, der Vogel ernähre sich von geschlagenen Lämmern]: *Bartgeier.*

Läm|mer|nes, das *Lämmerne/ein Lämmernes; des/eines Lämmernen* (bes. österr.): *Lammfleisch.*

Lamm|fell, das: *Fell eines Lamms* (1 a).

Lamm|fell|müt|ze, die: *Mütze aus Lammfell.*

Lamm|fleisch, das: *Fleisch vom Lamm* (1 a).

lamm|fromm ⟨Adj.⟩: *gehorsam u. sanft, geduldig wie ein Lamm* (1 a).

Lamm|keu|le, die: *Keule* (2) *vom Lamm* (1 a).

Lamm|lachs, der (Kochkunst): *Rückenstück vom Lamm ohne Knochen.*

Lamms|ge|duld, die (ugs.): *(bewundernswerte) große Geduld.*

Lam|pas, der; -, - [frz. lampas, H. u.] (Textilind.): *vor allem für Möbelbezüge verwendetes, schweres, dichtes, gemustertes Damastgewebe.*

Lämp|chen, das; -s, -: Vkl. zu ↑ Lampe.

¹Lam|pe, die; -, -n [mhd. lampe < (a)frz. lampe < vlat. lampada < lat. lampas (Gen.: lampadis) < griech. lampás (Gen.: lampádos) = Fackel, Leuchte]: **1.** *als Träger einer künstlichen Lichtquelle (bes. von Glühbirnen) dienendes, je nach Zweck sehr unterschiedlich gestaltetes, hängendes, stehendes od. auch frei bewegliches Gerät:* eine helle, grelle, gedämpfte L. brennt, geht aus; die L. ein-, ausschalten, an-, ausknipsen, an-, ausmachen; [jmdm.] mit einer L. leuchten; * **die ewige/Ewige L.** *(das ewige Licht;* ↑ Licht 2 a); **einen auf die L. gießen** (salopp; *einen od. mehrere Schnäpse o. Ä. trinken;* übertragen vom Füllen der Öllampe). **2.** (bes. Fachspr.) *künstliche Lichtquelle (z. B. Glühlampe).*

²Lam|pe: ↑ Meister (7).

Lam|pen|docht, der: *Docht der Öllampe o. Ä.*

Lam|pen|fie|ber, das ⟨o. Pl.⟩ [Lampen = Rampenlicht(er)]: *starke nervöse Erregung, Angst u. innere Angespanntheit unmittelbar vor einer Situation, in der man sich zu bewähren hat, bes. vor einem öffentlichen Auftreten, vor einer Prüfung o. Ä.:* L. haben.

Lam|pen|schirm, der: *Schirm über der od. um die Lampe (zum Abblenden des Lichts).*

Lam|pe|rie: ↑ Lambrie.

Lam|pi|on [ˈlampjɔŋ, auch: lamˈpi̯oː-, österr.: ...ˈpi̯oːn], der, seltener: das; -s, -s [frz. lampion < ital. lampione, Vgr. von: lampa = Lampe]: *Laterne aus Papier, dünnem Stoff o. Ä.*

Lam|pi|on|fest, das: *Fest, das im Freien im Licht von Lampions gefeiert wird.*

Lam|pre|te, die; -, -n [mhd. lampride, ahd. lamprēta < mlat. lampreda, H. u.]: *im Meer lebendes Neunauge.*

LAN, das; -[s], -s, selten - [Kurzwort für engl. Local Area Network] (EDV): *Computernetzwerk innerhalb eines räumlich begrenzten Bereichs.*

Lan|ça|de [lɑ̃ˈsaːdə], die; -, -n [zu frz. lancer, ↑ lancieren] (Reiten): *Sprung aus der Levade nach vorn (Figur der Hohen Schule).*

lan|cie|ren [lɑ̃ˈsiːrən] ⟨sw. V.; hat⟩ [frz. lancer, eigtl. = schleudern < (spät)lat. lanceare = die Lanze schwingen]: **1.** (bildungsspr.) *gezielt in die Öffentlichkeit gelangen lassen:* eine Nachricht [in die Presse] l. **2. a)** (bildungsspr.) *durch geschickte Manipulation, durch Ausnutzen seiner Beziehungen o. Ä. fördern, in eine vorteilhafte Position bringen o. Ä.:* er hat seinen Sohn in den Aufsichtsrat lanciert; der Minister ist lanciert worden; **b)** (bes. Werbung, Wirtsch., Politik) *eine Sache durch gezielte Maßnahmen zu Anerkennung, Ansehen, Verbreitung verhelfen:* einen Modeartikel, einen Markennamen l.; eine Anleihe l. (Wirtsch.; *in Umlauf, auf den Markt bringen*). **3.** (Jägerspr.) *einen Hirsch mit dem Schweißhund verfolgen, um ihn einem Schützen zuzutreiben.* **4.** (Militär veraltet) *torpedieren.*

lan|ciert ⟨Adj.⟩ [zu frz. lancer = einschießen (3 d)] (Textilind.): *(von Stoffen, Geweben) so gemustert, dass die Figuren durch die ganze Stoffbreite hindurchgehen.*

Lan|cie|rung, die; -, -en: *das Lancieren; das Lanciertwerden.*

Land, das; -[e]s, Länder u. -e [mhd., ahd. lant, urspr. = freies Land, Feld, Heide]: **1.** ⟨o. Pl.⟩ *nicht mit Wasser bedeckter Teil der Erdoberfläche* (bes. im Unterschied zum Meer, zu größeren Gewässern); *Festland* (2): ganz in der Ferne wurde [das] L. sichtbar; (Seemannsspr.:) L. in Sicht!; sie waren froh, als sie wieder [festes] L. unter den Füßen hatten; die Passagiere gehen an L. *(verlassen das Schiff u. betreten festen Boden),* werden an L. gesetzt *(ausgeschifft);* kommen an L.; etw. wird an L. *(vom Wasser ans Ufer)* geschwemmt, gespült; zu Wasser, zu Land[e] und in der Luft; diese Tiere leben im Wasser und auf dem L.; * **L. unter** (1. *das Küstengebiet, die Insel steht unter Wasser, überflutet:* die Halligen meldeten L. unter. ugs.: *durch Überfülle herrscht Chaos, Durcheinander*); **[wieder] L. sehen** *(einen Ausweg, die Möglichkeit zur Bewältigung von Schwierigkeiten sich abzeichnen sehen);* **jmdn., etw. an L. ziehen** (ugs., oft scherzh.; *jmdn., etw. für sich gewinnen, etw. in seinen Besitz bringen).* **2.** ⟨o. Pl.⟩ *nutzbares Stück Erdboden; bebautes Gelände; Ackerboden:* fruchtbares, gutes, ertragreiches, sumpfiges, steiniges L.; das L. liegt brach; ein Stück L., einige Hektar L. kaufen; sein L. bebauen, bestellen, bewässern; er hat, besitzt viel L.; dem Meer L. abgewinnen. **3.** ⟨veralteter, noch dichter., gelegtl. scherzh. Pl. -e⟩ *nicht näher abgegrenztes Gebiet, Gelände; Landstrich, Gegend:* hügeliges, flaches, ebenes, blühendes, dünn besiedeltes L.; das weite, offene L.; er reist viel durch die -e *(reist, kommt viel herum);* aus, in deutschen -en; * **ins L. gehen/ziehen** *(vergehen, verstreichen, dahingehen:* die Zeit ging, zog ins L.); **wieder im Land[e] sein** (ugs.; *wieder zurückgekehrt sein);* **bei jmdm. zu -e** (veraltend; *in jmds. Heimat, Gegend:* bei uns zu -e); **hier zu -e** (↑ hierzulande). **4.** ⟨o. Pl.⟩ *Gebiet außerhalb der städtischen Zivilisation, das bes. durch das Betreiben von Landwirtschaft geprägt ist; dörfliche Gegend:* Städte und L. haben die gleichen Interessen daran; aufs L. ziehen; sie wohnen auf dem L.; die Sache wurde in Stadt und L. (geh.; *überall, allenthalben*) bekannt; sie sind, stammen beide vom Land[e]; * **auf dem flachen/**(ugs.:) **platten L.** *(in der Ebene weit außerhalb der Stadt, der städtischen Zivilisation).* **5.** ⟨Pl. Länder⟩ **a)** *politisch selbstständiges, von Grenzen umgebenes Gebiet; Staatsgebiet; Staat:* die europäischen Länder; ein demokratisches, neutrales, unbekanntes, fremdes, noch unerschlossenes, armes, reiches, unterentwickeltes L.; die Länder Afrikas; Frankreich ist das L. seiner Träume *(ist der Staat, in dem er gern leben möchte);* das L. ist, wurde unabhängig, erhielt die Unabhängigkeit; ein L. bedrohen, überfallen, [militärisch] besetzen, völkerrechtlich anerkennen; er will L. und Leute *(das Land u. seine Bewohner, ihre Sitten u. Gebräuche)* kennenlernen; einem L. den Krieg erklären; die Bräuche ferner Länder; im Inneren des -es; er wurde des -es verwiesen; außer -es gehen; in ein L. reisen, eindringen, einfallen; er reist von L. zu L.; Spr *andere Länder, andere Sitten (in einem fremden Land muss man mit anderen Lebensgewohnheiten u. Anschauungen rechnen);* bleibe im -e und nähre dich redlich *(man soll mit seiner gewohnten Umgebung zufrieden sein und nicht das Glück woanders suchen;* Ps. 37, 3); * **das Gelobte L.**, **das Heilige L.** (bibl.; *Palästina als das Land der Verheißung;* **das L., wo Milch und Honig fließt** *(Ort, wo alles im Überfluss vorhanden ist;* nach 2. Mos. 3, 8); **das L. meiner/seiner** usw. **Väter** (geh.; *mein, sein usw. Vaterland, meine, seine* usw. *Heimat);* **das L. der Mitte** (seltener; *das Reich der Mitte;* ↑ Reich); **das L. der unbegrenzten Möglichkeiten** *(die USA, Amerika);* **das L. der aufgehenden Sonne** *(Japan);* **das L. der tausend Seen** *(Finnland);* **das L., wo die Zitronen blühen** *(Italien;* nach dem Lied der Mignon aus Goethes Roman »Wilhelm Meisters Lehrjahre«); **b)** *Bundesland:* Bund, Länder und Gemeinden; die neuen Länder (Bundesrepublik Deutschland; Thüringen, Sachsen, Sachsen-Anhalt, Brandenburg, Mecklenburg-Vorpommern). **6.** *Gesamtheit der Bewohnerinnen u. Bewohner eines Landes* (5): das L. geriet in Aufruhr.

land|ab: ↑ landauf.

Land|adel, der (früher): *Gesamtheit der auf dem Land lebenden adeligen Familien mit Grundbesitz.*

Land|am|mann, der (schweiz.): *Regierungschef bestimmter Kantone in der Schweiz.*

Land|am|män|nin, die: w. Form zu ↑ Landammann.

Land|ar|beit, die: *auf dem Lande, bes. in der*

Landwirtschaft anfallende Arbeit: schwere, harte L.

Land|ar|bei|ter, der: *Arbeiter in der Landwirtschaft.*

Land|ar|bei|te|rin, die: w. Form zu ↑ Landarbeiter.

Land-Art, Land|art ['lændla:ɐ̯t], die; - [engl. land-art, aus: land = Landschaft u. art = Kunst]: *moderne Kunstrichtung, bei der Aktionen im Freien im Mittelpunkt stehen, durch die Landschaft künstlich verändert wird.*

Land|arzt, der: *Arzt, der seine Praxis in ländlicher, dörflicher Umgebung hat.*

Land|ärz|tin, die: w. Form zu ↑ Landarzt.

Land|au|er, der; -s, - [nach der Stadt Landau in der Pfalz] (früher): *viersitzige Kutsche mit zurückschlagbarem Verdeck.*

land|auf ⟨Adv.⟩: in dem Wortpaar **l., landab** (geh.; *überall im Land, allenthalben*).

land|aus ⟨Adv.⟩: in dem Wortpaar **l., land**ein (geh.; *landauf, landab*).

Land|bau, der ⟨o. Pl.⟩: *Ackerbau, auch Obst- und Weinbau.*

Land|be|sitz, der: *Grundbesitz* (a, b).

Land|be|völ|ke|rung, die: *auf dem Lande* (4) *lebende, arbeitende Bevölkerung.*

Land|brot, das: *Bauernbrot.*

Land|but|ter, die: *Butter der unteren von drei Handelsklassen mit gesetzlich genau festgelegten Qualitätsmerkmalen.*

Länd|chen, das; -s, - u. Länderchen: Vkl. zu ↑ Land (5).

◆ **Land|drost,** der: *Drost: ...dass der Kurfürst von Sachsen auf die Einladung des -s... nach Dahme gereist war* (Kleist, Kohlhaas 89).

Län|de, die; -, -n [mhd. nicht belegt, ahd. lenti, zu ↑ landen] (landsch.): *Stelle, Platz zum Anlegen von Schiffen, Booten.*

Lan|de|an|flug, der: *Anflug* (1 b).

Lan|de|bahn, die: *Bahn, Piste auf Flugplätzen für die Landung.*

Lan|de|er|laub|nis, die: *Erlaubnis für ein Flugzeug zur Landung auf einem Flugplatz, -hafen.*

Land|ei, das: **1.** *[frisches] Ei vom Bauernhof, nicht aus einer Legebatterie.* **2.** (ugs. abwertend, ugs. scherzh.) *aus ländlicher, dörflicher Umgebung stammende, in Aufmachung u. Auftreten ungeschickt, unbeholfen wirkende Person.*

land|ein|wärts ⟨Adv.⟩: *von der Küste aus ins Innere des Landes:* der Wind weht l.

Lan|de|klap|pe, die: *an den Tragflächen von Flugzeugen angebrachte Klappe, die bes. bei der Landung zur Verminderung der Geschwindigkeit ausgefahren wird.*

Lan|de|kopf, der (Militär): *(bei einem Angriff von See her) an der Küste errichteter Brückenkopf.*

Lan|de|ma|nö|ver, das: *Vorgang des Landens* (1 a); *das Ansetzen eines Flugzeugs, Hubschraubers zur Landung u. ihre Durchführung.*

lan|den ⟨sw. V.⟩ [mhd. lenden, ahd. lenten; nhd. Form unter Anlehnung an »Land« nach niederd. landen]: **1.** ⟨ist⟩ **a)** *(von oben her, von der Luft aus) auf festen Untergrund, auf die Erde niedergehen, auf den Boden aufsetzen:* das Flugzeug landete sicher, glatt, pünktlich; wir sind auf dem Flughafen, in Frankfurt gelandet; wann wird die Maschine l.?; der Pilot konnte wegen Nebels nicht l.; das Raumschiff ist auf dem Mond weich gelandet (*hat auf dem Mond aufgesetzt, ohne zu zerschellen*); ⟨subst.:⟩ vor dem Landen anschnallen; **b)** *(vom Wasser her) am Ufer, an Land ankommen, am Festland anlegen:* das Schiff ist pünktlich [im Hafen] gelandet; sie landeten mit einem Boot an der Küste, auf der Insel; *bei jmdm. l., nicht l. [können]* (ugs.; *bei jmdm. [keinen] Erfolg haben, [keinen] Anklang finden:* er hat oft versucht, bei ihr zu l.). **2.** ⟨ist⟩ **a)** (fam.) *nach einer Reise, Fahrt an seinem Ziel ankommen:* wir sind gestern pünktlich hier gelandet; **b)** (ugs.) *[überraschenderweise, unversehens] an eine nicht erwartete Stelle gelangen:* der Wagen kam ins Schleudern und landete auf/in einem Acker; er rutschte aus und landete auf dem Bauch; wenn er so weitermacht, landet er noch im Gefängnis; die meisten Anträge landeten im Papierkorb (*wurden in den Papierkorb geworfen*). **3.** ⟨hat⟩ **a)** *(aus der Luft) zur Landung bringen, aufsetzen:* der Pilot hat die Maschine sicher gelandet; **b)** *(aus der Luft) auf der Erde, auf dem Boden absetzen:* die Alliierten haben hinter den feindlichen Linien Fallschirmjäger gelandet; **c)** *(aus dem Wasser) an Land bringen, aufs Festland schaffen:* der Gegner hat Truppen an der Küste gelandet; die Passagiere konnten trotz hohen Wellengangs gelandet werden. **4.** ⟨hat⟩ **a)** (Boxen) *einen Schlag anbringen, platzieren:* er landete einen linken Haken am Kopf des Gegners; **b)** (ugs.) *[glücklich, überraschend] zustande bringen, erringen, erreichen:* er konnte einen eindrucksvollen Sieg, einen Volltreffer l.; er hat einen Coup gelandet (*eine große Sache erfolgreich durchgeführt*).

län|den ⟨sw. V.; hat⟩ (schweiz., sonst landsch.): *(bes. von Ertrunkenen) aus dem Wasser holen u. an Land bringen.*

Lan|den|ge, die: *schmaler Streifen Land zwischen zwei Meeren, der größere Landmassen verbindet.*

Lan|de|platz, der: **1. a)** *kleinerer Flugplatz;* **b)** *für die Landung eines Flugzeugs, eines Hubschraubers geeigneter Platz im Gelände.* **2.** *Landungsplatz.*

Lan|de|chef, der: **1.** (salopp) *Leiter einer Landesregierung.* **2.** (Wirtschaftsjargon) *Leiter einer Auslandsniederlassung.*

Län|der|che|fin, die: w. Form zu ↑ Länderchef.

Län|der|chen: Pl. von ↑ Ländchen.

Län|der|ebe|ne, die: *Landesebene.*

Län|de|rei|en ⟨Pl.⟩: *ausgedehnter Grundbesitz* (b).

Län|der|fi|nanz|aus|gleich, der: **1.** *Ausgleich der anfallenden Einnahmen u. Ausgaben zwischen den einzelnen Bundesländern.* **2.** *Finanzausgleich.*

Län|der|gren|ze, die: *Landesgrenze; Grenze* (1 a).

Län|der|kam|mer, die (Politik): *Bundesrat* (1) (*als zweite Kammer des Parlaments*).

Län|der|kampf, der: *sportlicher Wettkampf zwischen den Mannschaften zweier od. mehrerer Länder.*

Län|der|kun|de, die: **1.** ⟨o. Pl.⟩ *Teilgebiet der Geografie, das sich mit der Erforschung u. Darstellung der geografischen Gegebenheiten u. Eigenarten von Ländern befasst.* **2.** *Werk über Länderkunde* (1).

Län|der|na|me, der (meist Pl.): *Name eines Landes od. einer Landschaft.*

Län|der|sa|che, die ⟨Pl. selten⟩: *Sache, Angelegenheit, die die einzelnen Bundesländer betrifft.*

Län|der|spiel, das: *Spiel (verschiedener Sportarten, bes. Fußball) der Nationalmannschaften zweier Länder:* ein L. besuchen; der junge Spieler bestreitet sein erstes L.

län|der|über|grei|fend ⟨Adj.⟩: *die Länder* (5) *übergreifend.*

Lan|des|amt, das: *in den Zuständigkeitsbereich eines Bundeslandes gehörendes Amt:* L. für Denkmalspflege.

Lan|des|an|stalt, die: *die in den Zuständigkeitsbereich eines Bundeslandes gehörende Einrichtung:* die Hessische L. für Medien.

Lan|des|bank, die ⟨Pl. -en⟩: *gemeinnütziges, öffentlich-rechtliches Bankinstitut, das auf kommunaler Ebene für eine bestimmte Region, oft für ein Bundesland, geführt wird.*

Lan|des|be|hör|de, die: *in den Zuständigkeitsbereich eines Bundeslandes gehörende Behörde.*

Lan|des|bi|b|lio|thek, die: *in der Trägerschaft eines Bundeslandes stehende Bibliothek, die u. a. den Auftrag hat, das in der Region erscheinende Schrifttum zu sammeln u. zu erschließen.*

Lan|des|bi|schof, der (ev. Kirche): *einer Landeskirche vorstehender Bischof.*

Lan|des|bi|schö|fin, die: w. Form zu ↑ Landesbischof.

Lan|de|schlei|fe, die: ¹*Schleife* (2), *die ein Flugzeug ziehen kann, ehe es zur Landung ansetzt.*

Lan|des|ebe|ne, die: meist in der Fügung **auf L.** (*in der Zuständigkeit eines Bundes[landes; von einem [Bundes]land aus als der zuständigen Stelle:* etw. auf L. regeln, verhandeln).

lan|des|ei|gen ⟨Adj.⟩: **1.** *einem Bundesland gehörend:* -e Gebäude. **2.** *für ein Land* (5 a) *charakteristisch, dort üblich:* -e Sitten.

Lan|des|far|ben ⟨Pl.⟩: *Farben, wie sie die Fahne eines Landes* (5) *zeigt.*

Lan|des|fürst, der: *in einem Land herrschender Fürst.*

Lan|des|fürs|tin, die: w. Form zu ↑ Landesfürst.

Lan|des|gar|ten|schau, die: *in wechselnden Städten deutscher und österreichischer Bundesländer stattfindende Ausstellung zu Gartenbau und Landschaftsarchitektur.*

Lan|des|ge|richt, das (österr.): *Gericht erster Instanz in einer Landeshauptstadt.*

Lan|des|ge|schich|te, die ⟨o. Pl.⟩: *Geschichte* (1) *eines bestimmten (unter historischen Gesichtspunkten in sich geschlossenen) meist kleineren Gebietes.*

lan|des|ge|schicht|lich ⟨Adj.⟩: *die Landesgeschichte betreffend, zu ihr gehörend.*

Lan|des|gren|ze, die: *Grenze* (1 a).

Lan|des|grup|pe, die (Politik, Parlamentsspr.): *Zusammenschluss der Bundestagsabgeordneten einer Partei aus demselben Bundesland.*

Lan|des|haupt|frau, die; -, -en: (in Österreich) *Regierungschefin eines Bundeslandes.*

Lan|des|haupt|mann, der ⟨Pl. ...hauptleute u. ...hauptmänner⟩: **1.** *(in Preußen bis 1933) Leiter der Verwaltung einer Provinz.* **2.** (in Österreich) *Regierungschef, Vorsitzender der Regierung eines Bundeslandes.*

Lan|des|haupt|stadt, die: *Hauptstadt eines Landes* (5).

Lan|des|herr, der: *(vom MA. an) Herrscher, Monarch eines Landes, eines Staates.*

Lan|des|her|rin, die: w. Form zu ↑ Landesherr.

lan|des|herr|lich ⟨Adj.⟩: *einen Landesherrn betreffend, von ihm ausgehend:* ein -er Erlass.

Lan|des|ho|heit, die: *oberste Regierungsgewalt eines Landesherrn.*

Lan|des|hym|ne, die (bes. österr.): *Hymne eines Bundeslandes.*

Lan|des|in|ne|res ⟨vgl. Inneres⟩: *Inneres* (1) *eines Landes:* ins Landesinnere fahren.

Lan|des|kind, das (meist Pl.): *jmd., der zur Bevölkerung eines bestimmten Landes gehört.*

Lan|des|kir|che, die: *verwaltungsmäßige, organisatorische Einheit der evangelischen Kirche, deren jeweiliger Bereich im Allgemeinen dem der einzelnen deutschen Länder entspricht.*

Lan|des|kri|mi|nal|amt, das: *Landesamt, das Kriminalfälle von überregionaler Bedeutung verfolgt u. forensische Aufgaben übernimmt* (Abk.: LKA).

Lan|des|kun|de, die ⟨Pl. selten⟩: **1.** ⟨o. Pl.⟩ *Wissenschaft von der Kultur, den geografischen Verhältnissen, den historischen Entwicklungen o. Ä. eines Landes.* **2.** *Werk über Landeskunde* (1).

lan|des|kun|dig ⟨Adj.⟩: *ein Land genau kennend; mit den Verhältnissen in einem Land vertraut:* ein -er Reisebegleiter.

lan|des|kund|lich ⟨Adj.⟩: *die Landeskunde betreffend:* -e Forschungen.

Lan|des|lis|te, die (Politik, Parlamentsspr.): *bei der Bundestagswahl als Wahlvorschlag für ein Bundesland geltende Zusammenstellung der Kandidaten einer Partei in einer bestimmten Reihenfolge.*

Lan|des|me|di|en|an|stalt, die: *Behörde, die das Programm der privaten Rundfunk- u. Fernsehsender überwacht.*

Lan|des|meis|ter, der (Sport): *Gewinner einer Landesmeisterschaft.*

Lan|des|meis|te|rin, die: w. Form zu ↑ Landesmeister.

Lan|des|meis|ter|schaft, die (Sport): *Wettbewerb in einer bestimmten Sportart, bei dem um die Meisterschaft auf nationaler Ebene gekämpft wird.*

Lan|des|mit|tel ⟨Pl.⟩: *die von einem Land (5 b) zur Verfügung gestellten finanziellen Mittel.*

Lan|des|mu|se|um, das: *Museum, in dem die für ein bestimmtes Land besonders wichtigen Kunst- u. Kulturgüter gesammelt u. ausgestellt werden.*

Lan|des|mut|ter, die: **1.** (geh. früher) *Herrscherin, Fürstin eines Landes, Landesherrin.* **2.** (oft scherzh.) **a)** *Regierungschefin, Ministerpräsidentin; weibliches Staatsoberhaupt;* **b)** *Frau eines Landesvaters* (2).

Lan|des|par|la|ment, das: *Parlament eines Bundeslandes.*

Lan|des|par|tei|tag, der: *Parteitag einer Partei aus einem Bundesland.*

Lan|des|pfle|ge, die ⟨o. Pl.⟩: *Gesamtheit der Maßnahmen zum Schutz, zur Pflege u. Erhaltung der natürlichen Lebensgrundlagen der Menschen in den verschiedenen Lebensbereichen.*

Lan|des|pla|nung, die (bes. Politik, Wirtsch.): *Gesamtheit der geplanten Maßnahmen, mit deren Hilfe den sozialen, kulturellen, wirtschaftlichen Erfordernissen eines bestimmten Gebietes entsprochen werden kann.*

Lan|des|po|li|tik, die: *die Belange eines Bundeslandes betreffende Politik.*

Lan|des|po|li|ti|ker, der: *in der Landespolitik tätiger Politiker.*

Lan|des|po|li|ti|ke|rin, die: w. Form zu ↑ Landespolitiker.

lan|des|po|li|tisch ⟨Adj.⟩: *die Landespolitik betreffend, zu ihr gehörend:* -e Probleme, Aspekte.

Lan|des|po|li|zei, die: *Gesamtheit der Polizeikräfte im Geschäftsbereich einer Landesregierung:* die bayrische, hessische L.

Lan|des|pro|dukt, das: *Produkt eines Landes, das meist für dieses Land bes. charakteristisch ist.*

Lan|des|rech|nungs|hof, der: *Kontrollbehörde auf Landesebene, die über die sachgemäßen Ausgaben öffentlicher Mittel wacht und deren Verwendungsweise überprüft* (Abk.: LRH).

Lan|des|recht, das: *in den Zuständigkeitsbereich eines Bundeslandes fallendes Recht (dem das Recht des Bundes übergeordnet ist).*

Lan|des|re|gie|rung, die: *Regierung eines Bundeslandes.*

Lan|des|rund|funk|an|stalt, die: *Rundfunkanstalt eines Bundeslandes.*

Lan|des|schul|rat, der (österr.): *oberste Schulbehörde eines Bundeslandes.*

Lan|des|sit|te, die: *in einem Land herrschende, für ein Land charakteristische Sitte.*

Lan|des|spra|che, die: *Sprache, die von [dem überwiegenden Teil] der Bevölkerung eines Landes gesprochen wird:* sich mit den Einheimischen in deren L. unterhalten.

Lan|des|stra|ße, die: *(in Deutschland u. Österreich) insbesondere dem Verkehr innerhalb eines Bundeslandes dienende u. von diesem unterhaltene Straße* (Abk.: L).

Lan|de|steg, der: *kleine Landungsbrücke.*

Lan|des|tracht, die: *Tracht eines Landes, die meist für dieses Land charakteristisch ist:* eine Bäuerin in der L.

lan|des|üb|lich ⟨Adj.⟩: *in einem Land üblich, sehr gebräuchlich u. für dieses Land charakteristisch:* die -e Kleidung, Tracht tragen.

Lan|des|va|ter, der: **1.** (geh. früher) *Herrscher, Fürst eines Landes, Landesherr.* **2.** (oft scherzh.) *Regierungschef, Ministerpräsident; Staatsoberhaupt.*

Lan|des|ver|band, der: *auf Landesebene bestehende organisatorische Einheit eines Verbands* (2) (Abk.: LV).

Lan|des|ver|rat, der (Rechtsspr.): *Verbrechen, durch das die äußere Sicherheit eines Staates gegenüber anderen Staaten gefährdet wird.*

Lan|des|ver|si|che|rungs|an|stalt, die: *(in der Bundesrepublik Deutschland bis 2005) öffentlich-rechtliche Versicherungsgesellschaft, die durch die Deutsche Rentenversicherung abgelöst wurde.*

Lan|des|ver|tei|di|gung, die: *militärische Verteidigung eines Landes.*

Lan|des|ver|weis, der (schweiz.), **Lan|des|ver|wei|sung,** die (österr., schweiz.): *Ausweisung.*

Lan|des|wäh|rung, die: *in einem bestimmten Land, Staat gültige Währung:* in [der] L. zahlen.

lan|des|weit ⟨Adj.⟩: *den Bereich eines ganzen [Bundes]landes umfassend, einschließend; im Bereich eines ganzen [Bundes]landes.*

Land|fah|rer, der: *jmd., der ohne festen Wohnsitz umherzieht.*

Land|fah|re|rin, die: w. Form zu ↑ Landfahrer.

land|fein ⟨Adj.⟩: *in der Wendung* **sich l. machen** (Seemannsspr.; *sich für den Aufenthalt, das Ausgehen an Land anziehen, zurechtmachen*).

Land|flucht, die: *Abwanderung eines großen Teils der Landbevölkerung, bes. bäuerlicher Herkunft, aus den ländlichen Gebieten in die Städte wegen der meist besseren Arbeits- u. Lebensbedingungen.*

Land|frau, die: *im ländlichen, bes. im landwirtschaftlichen Bereich tätige Frau.*

Land|frie|de, die, (häufiger:) **Land|frie|den,** der: *(im MA.) vom Landesherrn festgelegter, zunächst zeitlich begrenzter Frieden für das ganze Land od. für bestimmte Gebiete.*

Land|frie|dens|bruch, der: **1.** *(im MA.) Vergehen gegen den Landfrieden.* **2.** (Rechtsspr.) *Gewalttätigkeiten einer Menschenmenge, die eine Gefährdung der öffentlichen Sicherheit darstellen.*

Land|gang, der (Seemannsspr.): **1.** *Freizeit, die von Seeleuten dazu benutzt wird, an Land zu gehen:* L. haben; die Besatzung ist auf L. **2.** (selten) *Steg, der dazu dient, von einem Schiff ans Ufer od. auf ein anderes Schiff zu gelangen.*

Land|ge|mein|de, die: *kleinere Ortschaft mit dörflichem Charakter.*

Land|ge|richt, das: **a)** *für Zivil- u. Strafsachen zuständiges Gericht, das dem Amtsgericht übergeordnet ist* (Abk.: LG); **b)** *Gebäude, in dem das Landgericht* (a) *untergebracht ist.*

Land|ge|win|nung, die: *Neulandgewinnung.*

Land|graf, der (Geschichte): **1.** ⟨o. Pl.⟩ *Adelstitel eines Fürsten im Rang zwischen* ³Graf (1) *u.* Herzog (1 b). **2.** *Reichsfürst im Rang zwischen* Graf *u.* Herzog.

Land|grä|fin, die: **1.** w. Form zu ↑ Landgraf. **2.** *Frau eines Landgrafen.*

Land|gut, das: *Gut* (2).

Land|haus, das: **1.** *seiner ländlichen Umgebung im Stil angepasstes Haus, Villa auf dem Land.* **2.** (österr.) *Amtsgebäude der Landesregierung u. des Landtags in den Bundesländern.*

Land|jä|ger, der: **1.** (landsch. veraltet) *auf dem Land eingesetzter Polizist.* **2.** [viell. scherzh. entstellt aus schweiz. mundartl. lang tigen Würst = lange, getrocknete Würste] *kleine, flach gepresste, stark geräucherte Wurst aus scharf gewürztem rohem Fleisch.*

Land|kar|te, die: *auf einem meist zusammenfaltbaren Blatt in maßstäblicher Verkleinerung dargestellte Abbildung der Erdoberfläche od. bestimmter Ausschnitte davon:* eine L. auseinanderfalten, vor sich ausbreiten; einen Ort, einen Fluss auf der L. suchen.

Land|kli|ma, das: *Kontinentalklima.*

Land|kreis, der: *mehrere, meist kleinere Gemeinden umfassender Bezirk der unteren staatlichen Verwaltungsbehörde.*

Land|krieg, der: *auf dem Festland geführter Krieg (im Unterschied zum See-, Luftkrieg).*

land|läu|fig ⟨Adj.⟩: *allgemein verbreitet, bekannt; allgemein üblich, gängig:* -e Vorstellungen; im -en Sinne; nach -er Meinung; eine l. verbreitete Ansicht; Natürlich gefallen mir Frauen am besten, wenn sie nicht die l. -en Schönheitsnormen über Gebühr erfüllen (Kronauer, Bogenschütze 64).

Länd|le, das; -[s]: **1.** (ugs. scherzh.) *Bez. für das deutsche Bundesland Baden-Württemberg.* **2.** (österr. landsch.) *Bez. für das österreichische Bundesland Vorarlberg.*

Land|le|ben, das: *durch das Wohnen, den Aufenthalt in ländlicher, dörflicher Umgebung geprägte, sich ergebende Lebensweise; Leben auf dem Land.*

land|le|bend ⟨Adj.⟩ (Zool.): *auf dem festen Land lebend:* -e Wirbeltiere.

Länd|ler, der; -s, - [eigtl. = Tanz, der im »Landl« (= Oberösterreich) getanzt wird]: *langsamer Volkstanz im Dreivierteltakt.*

Land|leu|te ⟨Pl.⟩: **1.** (veraltend) *auf dem Land* (4) *lebende Menschen.* **2.** Pl. von Landmann.

länd|lich ⟨Adj.⟩ [mhd. lantlich]: *das Land* (4) *betreffend, zu ihm gehörend; für das Land, das Leben auf dem Land charakteristisch, ihm entsprechend; dörflich:* sich in -er Umgebung aufhalten.

Land|luft, die: **a)** *für ländliche Gegenden charakteristische reine Luft:* die gesunde, frische L. hat uns allen gutgetan; **b)** (meist scherzh.) *stark nach Stall, Dung o. Ä. riechende Luft in ländlicher Umgebung.*

Land|mann, der ⟨Pl. ...leute⟩ (geh. veraltend): ¹Bauer (1 a).

◆ **Land|mark,** die [zu ↑ ²Mark]: *Grenzgebiet:* ... wo unsre L. und die Eure zusammengrenzen (Schiller, Tell 1, 4).

Land|mar|ke, die (Seew.): *weithin sichtbarer Punkt an der Küste (z. B. ein Hügel, Kirchturm o. Ä.), der für die Navigation verwendet werden kann.*

Land|ma|schi|ne, die: *in der Landwirtschaft eingesetzte Maschine.*

Land|mas|se, die: *zusammenhängendes Festland von großer Ausdehnung.*

Land|mi|ne, die: *zum Einsatz gegen Infanterie, Militärfahrzeuge u. Zivilbevölkerung, meist verdeckt im Boden verlegte* ¹Mine (2).

Land|nah|me, die; -, -n [zum 2. Bestandteil vgl. Abnahme]: *Eroberung, Inbesitznahme u. Besiedelung von Land.*

Land|pla|ge, die: *Plage, die in weiten Gebieten eine große Belästigung darstellt u. durch die großer Schaden entsteht:* die Wespen sind dieses Jahr zu einer schlimmen, üblen L. geworden; Ü er ist eine echte L. (ugs.; ist unausstehlich, geht einem auf die Nerven).

Land|po|me|ran|ze, die (ugs. abwertend, auch

scherzh.): *aus ländlicher, dörflicher Umgebung stammende, in Aufmachung u. Auftreten ungeschickt, unbeholfen wirkende weibliche Person:* sie ist eine L.

Land|rat, der: **1.** *oberster Beamter eines Landkreises, Leiter einer Kreisverwaltung.* **2.** *(schweiz.) Parlament bestimmter Kantone.*

Land|rä|tin, die: w. Form zu ↑ Landrat (1).

Land|rats|amt, das: **a)** *einem Landrat (1) unterstellte Behörde;* **b)** *Gebäude, in dem ein Landratsamt (a) untergebracht ist.*

Land|rat|te, die [LÜ von engl. land-rat] (ugs., oft scherzh. od. leicht abwertend, bes. aus der Sicht der Seeleute): *jmd., der nicht zur See fährt, zur See-, Schifffahrt kein Verhältnis hat.*

Land|recht, das: *(im MA.) allgemeines, für das ganze Land geltendes Recht für Fälle, die nicht unter besondere Rechte (z. B. eines Standes, einer Stadt o. Ä.) fallen.*

Land|re|form, die: *Bodenreform.*

Land|re|gen, der [eigtl. = über das ganze Land hin ausgedehnter Regen]: *lang anhaltender, gleichmäßig u. nicht sehr heftig fallender Regen.*

Land|ro|ver® ['lændroʊvɐ], der; -[s], - [engl. landrover, eigtl. = Landwanderer]: *geländegängiges Kraftfahrzeug mit Allradantrieb.*

Land|rü|cken, der: *lang gestreckter Bergrücken, Höhenrücken.*

Land|sas|se, der: *(im MA.) von einem Grundherrn Abhängiger, der aber nicht Leibeigener ist; Untertan eines Landesherrn.*

Land|sas|sin, die; -, -nen: w. Form zu ↑ Landsasse.

Land|schaft, die; -, -en [mhd. lantschaft, ahd. lantscaf(t)]: **1.** *hinsichtlich des äußeren Erscheinungsbildes (der Gestalt des Bodens, des Bewuchses, der Bebauung, Besiedelung o. Ä.) in bestimmter Weise geprägter Teil, Bereich der Erdoberfläche; Gebiet der Erde, das sich durch charakteristische äußere Merkmale von anderen Gegenden unterscheidet:* eine karge, öde, baumlose, steppenartige, gebirgige, malerische, liebliche, schwermütige L.; eine spanische L.; eine L. von besonderem Reiz; diese L. hat ihre Bewohner geprägt; er fährt durch die L. (ugs.; *durch die Gegend, durchs Land*), ohne etwas von ihr wahrzunehmen; der moderne Bau passt gut in diese L.; die Lehre von den verschiedenen -en (Geogr.; *den ganz bestimmte geografische Merkmale aufweisenden Gebieten, Zonen*) der Erde; Ü die [innen]politische L. (*Situation*) hat sich geändert; das passt nicht in diese L. (*nicht hierher*). **2.** *künstlerische Darstellung, bes. Gemälde einer Landschaft (1):* eine romantische, realistische L.; in einem düsteren Farben gemalte L.; Dürers -en. ◆ **3. a)** *Gesamtheit der Vertreter der Stände* (5d): Ich weiß recht wohl, dass an jenen Herren aus der L. ein Dorn im Auge bin (Hauff, Jud Süß 404); Familie van der Roden, aus der ... eine Reihe von Pfennigmeistern und Ratmännern der L. und von Bürgermeistern meiner Vaterstadt hervorgegangen ist (Storm, Staatshof 254); **b)** *Versammlungsgebäude der Landschaft* (3a): Was befehlen Mylady? – Dass das ohne Verzug in die L. gebracht werde (Schiller, Kabale II, 2).

-land|schaft, die; -, -en: **1.** kennzeichnet in Bildungen mit Substantiven die Gesamtheit von etw. (in seiner Vielfalt): Behörden-, Parteienlandschaft. **2.** kennzeichnet in Bildungen mit Substantiven den Bereich von etw. (in seiner Vielfalt): Fernseh-, Hochschul-, Kunstlandschaft. **3.** kennzeichnet in Bildungen mit Substantiven od. Verben (Verbstämmen) einen Raum od. Räumlichkeiten, die bestimmten Erfordernissen entsprechend ausgestattet sind: Büro-, Wohnlandschaft.

land|schaft|lich ⟨Adj.⟩: **1.** *die Landschaft (1) betreffend, für sie charakteristisch, zu ihr gehörend:* die -en Gegebenheiten, Bedingungen, Gebräuche. **2.** *die besonderen sprachlichen Eigentümlichkeiten, die Sprechweise der Bewohner eines bestimmten Gebietes betreffend, für diese Sprechweise charakteristisch, zu ihr gehörend;* -e Wörter; eine -e Ausdrucksweise; der -e Gebrauch eines Wortes.

Land|schafts|ar|chi|tekt, der: *jmd., der sich beruflich mit der Gestaltung von unbebauten Flächen in u. außerhalb von Städten beschäftigt u. eine entsprechende Ausbildung absolviert hat* (Berufsbez.).

Land|schafts|ar|chi|tek|tin, die: w. Form zu ↑ Landschaftsarchitekt.

Land|schafts|auf|nah|me, die: *fotografische Aufnahme einer Landschaft* (1).

Land|schafts|bild, das: **1.** *Bild, auf dem eine Landschaft* (1) *dargestellt ist; Landschaft* (2). **2.** *Landschaft, wie sie sich [mit ihren typischen Ausprägungen] einem Betrachter darstellt:* das riesige Bauwerk zerstört das gesamte L.

Land|schafts|gärt|ner, der: *Gärtner, Gartenarchitekt, der sich bes. mit der Planung u. Gestaltung größerer Gelände, Garten-, Parkanlagen befasst.*

Land|schafts|gärt|ne|rin, die: w. Form zu ↑ Landschaftsgärtner.

◆ **Land|schafts|kon|su|lent**, der: *Konsulent in einer Landschaft* (3a): ... das ist der ... fürtreffliche Herr juris utriusque Doctor Lanbek, leiblicher Sohn des berühmten -en Lanbek (Hauff, Jud Süß 386).

Land|schafts|ma|ler, der: *Maler, der [überwiegend] Landschaften darstellt.*

Land|schafts|ma|le|rin, die: w. Form zu ↑ Landschaftsmaler.

Land|schafts|pfle|ge, die: *Gesamtheit der Maßnahmen zur Pflege u. zur Erhaltung einer Landschaft, ihrer besonderen Eigentümlichkeiten u. natürlichen Werte.*

Land|schafts|schutz, der ⟨o. Pl.⟩: *Schutz der Landschaft vor unerwünschten Veränderungen:* der L. hat Vorrang vor den Interessen der Windradbetreiber.

Land|schafts|schutz|ge|biet, das: *Gebiet, das unter Landschaftsschutz steht* (Abk.: LSG).

Land|schul|heim, das: *Schullandheim.*

Land|seer ['lɛnsɪə], der; -s, -s [nach dem engl. Tiermaler E. H. Landseer (1802–1873)]: *zur Rasse der Neufundländer gehörender, schwarzweiß gefleckter Hund.*

Land|ser, der; -s, - [zu veraltet Lanz = Kurzf. von: Lanzknecht = frühnhd. Schreibweise für ↑ Landsknecht (unter Anlehnung an ↑ Lanze)] (veraltend): *(einfacher) Soldat.*

Lands|frau, die: *Landsmännin:* die Titelverteidigerin besiegte ihre belgische L. in drei Sätzen.

Land|sitz, der: *ausgedehntes Landgut mit einem meist herrschaftlichen Wohnhaus.*

Lands|knecht, der [eigtl. = ein im kaiserlichen Land angeworbener Soldat]: *(im 16. Jh.) berufsmäßiger, zu den Fußtruppen gehörender Soldat; zu Fuß kämpfender Söldner.*

Lands|mål [...moːl], das; -[s] [norw., eigtl. = Landessprache]: ältere Bez. für: Nynorsk.

Lands|mann, der ⟨Pl. ...leute⟩: *jmd., der aus demselben Land stammt, aus derselben Landschaft, Gegend kommt wie ein anderer:* er ist sein L., ein L. von ihm; wir sind Landsleute (haben dieselbe Heimat); was bist du für ein L.? (aus welchem Land, welcher Gegend stammst du?)

Lands|män|nin, die; -, -nen: w. Form zu ↑ Landsmann.

Lands|mann|schaft, die: **1.** ⟨o. Pl.⟩ *Herkunft aus demselben Land, derselben Landschaft, Gegend.* **2.** *Vereinigung von Flüchtlingen u. Hei-*matvertriebenen aus den östlichen Teilen des Deutschen Reiches vor 1945.

Land|stän|de ⟨Pl.⟩: *(im Ständestaat) Vertretungen der bevorrechtigten, dem Landesherrn gegenübertretenden Stände, bes. auf den Landtagen* (2).

Land|stra|ße, die: *außerhalb von Ortschaften verlaufende, kleinere, befestigte Straße, die bes. dem Verkehr zwischen den Ortschaften dient.*

◆ **land|strei|chend** ⟨Adj.⟩: *im Lande umherstreichend, ziellos von Ort zu Ort ziehend:* Die Dirne, die l. unverschämte! Ich will nichts von ihr wissen (Kleist, Käthchen III, 6).

Land|strei|cher, der [eigtl. = jmd., der im Lande umherstreicht]: *jmd., der nicht sesshaft ist, meist keinen festen Wohnsitz hat, ziellos von Ort zu Ort zieht.*

Land|strei|che|rin, die; -, -nen: w. Form zu ↑ Landstreicher.

Land|strei|fen, der: *Streifen Landes:* ein schmaler L.

Land|streit|kräf|te ⟨Pl.⟩: *Heer* (1 b).

Land|strich, der: *Bereich innerhalb eines größeren Gebietes, einer Landschaft; Gegend:* ein bewaldeter L.

Land|tag, der: **1. a)** *aus Wahlen hervorgegangene Volksvertretung eines Bundeslandes:* die bundesdeutschen -e; **b)** *Gebäude, in dem der Landtag* (1 a) *untergebracht ist.* **2.** *(Geschichte) Versammlung der Landstände.*

Land|tags|ab|ge|ord|ne|te ⟨vgl. Abgeordnete⟩: *Abgeordnete eines Landtags* (1 a) (Abk.: LAbg.).

Land|tags|ab|ge|ord|ne|ter ⟨vgl. Abgeordneter⟩: *Abgeordneter eines Landtags* (1 a) (Abk.: LAbg.).

Land|tags|frak|ti|on, die: *Fraktion* (1 a) *einer Partei in einem Landtag* (1 a).

Land|tags|prä|si|dent, der: *Präsident des Landtags, dessen Sitzungen er leitet.*

Land|tags|prä|si|den|tin, die: w. Form zu ↑ Landtagspräsident.

Land|tags|wahl, die: *Wahl zu einem Landtag* (1 a).

Lan|dung, die; -, -en: **1. a)** *das Landen* (1 a), *das Niedergehen, Aufsetzen auf dem Boden:* die glatte, einwandfreie, geglückte L. des Flugzeugs; die weiche L. eines Raumschiffs auf dem Mond; Ü der Storch, der Skispringer setzt zur L. an; **b)** (seltener) *das Landen* (1 b); *das Ankommen, Anlegen an Land:* die L. des Schiffes. **2. a)** *das Landen* (3), *das Absetzen aus der Luft [in gegnerisches Gebiet];* **b)** *das Landen* (3 b) *vom Wasser her [in gegnerischem Gebiet]:* die L. der Alliierten an der Küste der Normandie.

Lan|dungs|brü|cke, die: *vom Ufer ausgehende, brückenähnliche Vorrichtung, die den Übergang von anlegenden Schiffen an Land u. umgekehrt ermöglicht.*

Lan|dungs|platz, der: *für das Anlegen von Schiffen, Booten geeignete, eingerichtete Stelle am Ufer.*

Land|ur|laub, der: *Urlaub von Seeleuten, der mit der Erlaubnis, an Land zu gehen, verbunden ist.*

Land|ver|mes|ser, der (veraltend): *Vermessungsingenieur.*

Land|ver|mes|se|rin, die: w. Form zu ↑ Landvermesser.

Land|vogt, der: *(im MA.) vom König eingesetzter Verwalter eines reichsunmittelbaren Bezirks.*

Land|vög|tin, die: w. Form zu ↑ Landvogt.

land|wärts ⟨Adv.⟩: *zum Land hin, ins Land; vom Meer, von der See weg:* der Wind weht l.

Land|weg, der: **1.** *Feldweg:* aufgeweichte -e. **2.** *Weg über das Festland:* sie sind auf dem L. nach Indien gefahren.

Land|wehr, die (früher): **1.** *Grenzbefestigung meist kleinerer Gebiete aus Wällen, Gräben u. Buschwerk:* ◆ ... die Lawinen hätten längst den

Flecken Altdorf unter ihrer Last verschüttet, wenn der Wald dort oben nicht als eine L. sich dagegengestellte (Schiller, Tell III, 3). **2.** *Aufgebot von wehrfähigen Männern, oft von Reservisten, das bes. zum Festungsbau, zur Verteidigung o. Ä. eingesetzt wurde.*

Land|wein, der: *einfacher, leichter (nur regional bekannter) Wein.*

Land|wirt, der: *jmd., der selbstständig Landwirtschaft, Ackerbau u. Viehhaltung betreibt, einen landwirtschaftlichen Betrieb führt, leitet, verwaltet; Bauer:* er ist gelernter L. (er hat eine landwirtschaftliche Ausbildung auf einer Fachod. Hochschule genossen).

Land|wir|tin, die: w. Form zu ↑ Landwirt.

Land|wirt|schaft, die: **1.** 〈o. Pl.〉 *planmäßiges Betreiben von Ackerbau u. Viehhaltung zum Erzeugen von tierischen u. pflanzlichen Produkten:* die heutige, moderne L.; er ist in der L. tätig. **2.** *meist nicht sehr großer landwirtschaftlicher Betrieb (im Allgemeinen nur mit Haltung von Kleintieren):* er betreibt eine kleine L.

land|wirt|schaft|lich 〈Adj.〉: *die Landwirtschaft betreffend, auf ihr beruhend, von ihr herrührend, zu ihr gehörend; der Landwirtschaft dienend:* -e Erzeugnisse, Produkte, Maschinen; -e Nutzfläche; ein -er Betrieb.

Land|wirt|schafts|kam|mer, die: *Kammer* (8 c), *die die Belange der Land- u. Forstwirtschaft wahrnimmt.*

Land|wirt|schafts|mi|nis|ter, der: *Minister für Angelegenheiten, die Land- und Forstwirtschaft betreffen.*

Land|wirt|schafts|mi|nis|te|rin, die: w. Form zu ↑ Landwirtschaftsminister.

Land|wirt|schafts|mi|nis|te|ri|um, das: *für die Landwirtschaft zuständiges Ministerium.*

Land|wirt|schafts|wis|sen|schaft, die: *Agronomie.*

Land|zun|ge, die: *lange, schmale Halbinsel.*

¹**lang** 〈Adj.; länger, längste〉 [mhd. lanc, ahd. lang; vgl. lat. longus = lang]: **1. a)** *in räumlicher Ausdehnung nach einer Richtung den Durchschnitt od. eine Vergleichsgröße übertreffend; von [vergleichsweise] großer räumlicher Ausdehnung in einer Richtung:* ein langer Tisch; ein -er Ärmel; sie trägt gern -e Kleider; eine [endlos] -e Straße; sie hat schöne -e Haare; er hat eine -e (ugs.; *aus vielen Ziffern bestehende*) Telefonnummer; ein -er (*aus sehr vielen Waggons bestehender*) Güterzug; der Schal ist l. genug; ein Gummiband l. ziehen; sie musste das Kleid länger machen; sie trägt das Haar jetzt wieder l.; der Weg zieht sich l. hin; ein l. gestrecktes Gebäude; eine l. gezogene Kurve; l. gestielte Werkzeuge; **b)** *eine bestimmte räumliche Ausdehnung in einer Richtung aufweisend, von bestimmter Länge* (in Verbindung mit Maßangaben, diesen nachgestellt): ein fünf Meter -es Seil; **c)** (ugs.) *hochgewachsen, von hohem Wuchs, groß:* ein -er Kerl, Bursche; ein -er, schlaksiger Junge; (scherzh.:) er ist eine -e Latte; (subst.:) komm mal her, Langer; **d)** *in viele Worte gefasst u. daher einigen Platz beanspruchend; ausführlich:* ein -er Brief, Artikel; eine -e Liste; der Aufsatz ist zu l.; das Schreiben ist etwas l. geworden, geraten. **2. a)** *sich über einen großen Zeitraum erstreckend; eine beträchtliche, relativ große Zeitspanne umfassend; von [vergleichsweise] großer zeitlicher Ausdehnung:* ein -er Urlaub im Ausland; nach -er Krankheit; ein -er Vortrag; das ist eine -e Zeit *(ein großer Zeitraum);* ein l. gesprochener Laut; das wird eine -e Nacht *(es wird spät werden, nur wenig Zeit zum Schlafen bleiben);* sie hat drei -e *(nur langsam verstreichende)* Jahre gewartet; er kommt seit -er Zeit *(schon sehr lange)* nicht mehr; die Pause war nicht l.; l. anhaltender Bei-

fall; l. ersehnter Regen; ein l. gehegter *(schon seit Langem bestehender)* Wunsch; l. gezogene *(gedehnte, lange angehaltene)* Töne, Laute; die Tage werden jetzt wieder länger *(es bleibt längere Zeit hell);* sie konnte es nicht mehr länger mit ansehen; *** l. und breit/〈subst.〉 **des Langen [und Breiten]** *(sehr ausführlich [u. daher einige Zeit in Anspruch nehmend]);* **seit Langem/-em** *(seit geraumer Zeit; über einen großen Zeitraum hin);* **b)** *sich über einen bestimmten Zeitraum erstreckend, von bestimmter zeitlicher Ausdehnung, Dauer* (in Verbindung mit Maßangaben, diesen nachgestellt): sein drei Stunden -es Warten war umsonst; sie mussten mehrere Stunden l. laufen; er zögerte nur eine Sekunde, einen Augenblick l.; das wird er sein Leben l. nicht *(niemals)* vergessen; Unter den Baldachinen des Hofes verstummte plötzlich alles Flüstern und Geplauder, sich wiegten in einer Stille, die jede Atemzüge l. jede Bewegung, selbst das Augenspiel und das Wehen der Pfauenfedern auf den Fächern unterband (Ransmayr, Welt 61).

²**lang** 〈Präp. mit Akk., nachgestellt〉 (landsch.): ¹*entlang:* gehen Sie lieber den Fluss l.

³**lang** 〈Adv.〉 (landsch.): ²*entlang:* sie gingen auf einem Pfad am Ufer l.; komm, wir müssen hier l. *(wir müssen in diese Richtung)*; geht es wirklich da l.? *(ist das der richtige Weg?)*

lang an|hal|tend, lang|an|hal|tend 〈Adj.〉: *lange Zeit andauernd.*

lang|är|me|lig, lang|ärm|lig 〈Adj.〉: *mit langen Ärmeln [versehen]:* eine -e Bluse.

lang|at|mig 〈Adj.〉: *allzu ausführlich, weitschweifig:* -e Schilderungen.

lang|bei|nig 〈Adj.〉: *lange Beine besitzend.*

Län|ge, (auch:) lang 〈Adv.; länger, am längsten〉 [mhd. lange, ahd. lango]: **1.** *einen relativ großen Zeitraum lang; viel Zeit beanspruchend, lange Zeit:* es dauert l.; wir mussten l. warten; er hat sehr l. gearbeitet; er konnte es nicht länger, nicht l. mehr ertragen; ein l. gehegter *(schon seit Langem bestehender)* Wunsch, Plan; es ist schon l. her *(liegt lange Zeit zurück),* ist schon länger her *(liegt einige, aber nicht allzu lange Zeit zurück);* lang, lang ists her (nach engl. long, long ago in der Übers. eines engl. Liedes von Th. H. Bayly, 1797–1839); es dauert nicht mehr l. und es wird ein Unglück *(es wird bald ein Unglück geschehen);* auf meinen Anruf kann er l. warten *(ich werde ihn nicht anrufen);* er wirds nicht mehr l. machen (ugs.; *er wird bald sterben);* was fragst du noch l. *(noch viel),* geh doch einfach. **2.** 〈in Verbindung mit nachgestelltem »nicht«〉 *bei Weitem, längst:* das ist [noch] l. nicht; er spielt l. nicht so gut wie du. **3.** *in der Verbindung* **so lange/lang** *(währenddessen:* mach das ruhig fertig, ich warte so l.).

Län|ge, die: -, -n [mhd. lenge, ahd. lengī, zu ↑ ¹lang]: **1. a)** *räumliche Ausdehnung in einer Richtung:* die L. von etw. bestimmen, messen; die [ganze] L. des Hauses abschreiten; wir liefern die Stücke in verschiedenen -n; das deutsche Boot gewann mit einer L. *(Sport; Strecke, die die Länge eines Bootes entspricht)* [Vorsprung]; der L. nach *(in Richtung der Längsachse)* falten; * *um* **-n gewinnen/verlieren/geschlagen werden** (ugs.; *eindeutiger Sieger/Verlierer sein);* **b)** 〈o. Pl.〉 *bestimmte räumliche Ausdehnung in einer Richtung* (in Verbindung mit Maßangaben): ein Zimmer von sechs Meter L.; die Straße ist auf einer L./in einer L. von zwei Kilometern nur einseitig befahrbar; **c)** 〈Pl. selten〉 *hoher Wuchs, Größe:* seine L. kommt ihm bei dieser Sportart zugute. **2.** *Ausführlichkeit, beträchtlicher Umfang:* Briefe von solcher L. sind bei mir nicht selten. **3.** (Geogr.) *Abstand eines Ortes der Erdoberfläche vom Nullmeridian (in Greenwich):* die geografische L. einer Stadt [auf der Karte] bestimmen; die Insel liegt [auf, unter] 15° östlicher L. **3. a)** 〈Pl. selten〉 *zeitliche Ausdehnung, Dauer:* die L. der Veranstaltung ist noch nicht bekannt; ein Vortrag von solcher L. ist eine Zumutung; *** **auf die L.** (ugs.; *auf die Dauer;* ↑ Dauer 2); **etw. in die L. ziehen** (ugs. *langsam vorankommen, ablaufen lassen; etw. verzögern, hinausziehen);* **sich in die L. ziehen** *(länger dauern als erwartet; sich verzögern, sich hinziehen:* das Gespräch zog sich sehr in die L.); **b)** 〈o. Pl.〉 *bestimmte zeitliche Ausdehnung, bestimmte Dauer* (in Verbindung mit Maßangaben): einen Vortrag von einer Stunde L. halten. **4.** 〈Pl.〉 *zu weitschweifige, spannungslose, langweilige Stelle, langatmiger Abschnitt:* das Buch hat viele -n. **5.** (Verslehre) *(in der antiken Metrik) lange Silbe eines Wortes im Vers.*

län|ge|lang 〈Adv.〉 (ugs.): *der Länge nach, in seiner ganzen Größe; ausgestreckt:* l. hinfallen; l. am Boden liegen.

lan|gen 〈sw. V.; hat〉 [mhd. langen, ahd. langēn] (ugs.): **1. a)** *einer Menge vorhanden sein, die für etw. reicht; ausreichen, genügen:* die Vorräte langen [noch] bis zum Monatsende; dafür langt der Stoff nicht; * **jmdm. langt es** (ugs.; *jmds. Geduld ist zu Ende:* also jetzt langt es mir aber!); **b)** 〈mit unpers. »es«〉 *auskommen:* mit dem Brot langen wir bis morgen. **2.** *sich bis zu einem bestimmten Punkt erstrecken, bis zu einer Grenze hin reichen:* der Vorhang langt bis zum Boden; der Mantel langt ihm fast bis zum Knöchel. **3. a)** *irgendwohin mit der ausgestreckten Hand kommen, mit der Hand erreichen:* wenn er sich streckt, langt er bis an die Decke, bis zum obersten Regalfach; er kann weit über den Zaun l.; **b)** *irgendwohin greifen, fassen:* auf den Tisch, in den Korb l. **4.** *mit der Hand packen, ergreifen, nehmen, holen:* kannst du mal ein sauberes Glas [vom Regal] l.?; *** **jmdm. eine l.** (ugs.; *jmdm. eine Ohrfeige geben).* ◆ **5.** *verlangen, sich sehnen:* Freudvoll und leidvoll, gedankenvoll sein, l. und bangen in schwebender Pein (Goethe, Egmont III).

län|gen 〈sw. V.; hat〉 [mhd. lengen, ahd. lengan] (veraltend): **a)** *länger machen, verlängern:* den Rock ein wenig l.; **b)** *(durch Zugabe von Flüssigkeit) dünner machen:* Ü na kannst du die Suppe noch etwas l. *(mit Wasser verdünnen);* **b)** 〈l. + sich〉 *länger werden:* das Gummiband hat sich gelängt; **c)** 〈o. Pl.〉 *in die Länge gezogen werden lassen:* die Tonspur, den Videoclip per Mausklick l.; er schwieg, um das Gespräch nicht noch mehr zu l.; **d)** 〈l. + sich〉 *sich in die Länge ziehen, länger dauern:* die Tage längen sich bereits.

Län|gen|ein|heit, die (Fachspr.): *Längenmaß.*

Län|gen|grad, der (Geogr.): *von zwei um einen Grad auseinanderliegenden Längenkreisen eingeschlossene Zone der Erdoberfläche.*

Län|gen|kreis, der (Geogr.): *Meridian.*

Län|gen|maß, das: *Maßeinheit für die Ausdehnung in der Länge* (1 a).

Län|gen|wachs|tum, das (Biol.): *Wachstum von Organismen, Organen in ihrer Längsrichtung.*

län|ger 〈Adj.〉: **1.** 〈absoluter Komp.〉 *eine größere räumliche Ausdehnung in einer Richtung aufweisend; nicht ganz kurz, aber auch nicht ausgesprochen lang:* bis zu eurem Ziel ist es doch [schon] eine -e Strecke; **b)** *sich über einen größeren Zeitraum erstreckend; von nicht ganz kurzer, aber auch nicht ausgesprochen langer Dauer:* er war -e Zeit nicht mehr zu Hause sein; die Behandlung wird sich l. hinziehen. * **des Längeren [und Breiteren]** *(etwas ausführlicher, recht ausführlich [u. daher etwas Zeit in Anspruch nehmend]);* **seit Längerem/längerem** *(seit einiger Zeit, über einen größeren Zeit-*

raum hin: etw. seit Längerem/längerem aufmerksam verfolgen). **2.** Komp. zu ↑¹lang.
län|ger|fris|tig ⟨Adj.⟩: *für längere Zeit geltend, Geltung habend; auf längere Sicht:* eine -e Regelung, Planung, Finanzierung; l. angelegte Gelder.
Lan|ger|hans-In|seln, Lan|ger|hans|in|seln ⟨Pl.⟩ [nach dem dt. Arzt P. Langerhans (1847–1888)] (Med.): *aus inselartig eingelagerten Zellen bestehender endokriner* (1) *Teil der Bauchspeicheldrüse.*
lang|er|sehnt ⟨Adj.⟩ (geh.): *seit langer Zeit sehnlichst erwünscht.*
Lan|ge|wei|le [auch: ˈla...], ⟨auch:⟩ Langweile, die; - [zusgez. aus: lange Weile]: *als unangenehm, lästig empfundenes Gefühl des Nichtausgefüllt-Seins, der Eintönigkeit, Ödheit, das aus Mangel an Abwechslung, Anregung, Unterhaltung, an interessanter, reizvoller Beschäftigung entsteht:* eine entsetzliche, grässliche L.; die L. zu vertreiben suchen, nicht mehr ertragen können; L. verspüren; aus L. einschlafen; vor L. fast sterben.
lang|fä|dig ⟨Adj.⟩ (schweiz.): *weitschweifig, langatmig u. langweilig:* -e Erklärungen.
Lang|film, der: *abendfüllender Film* (3 a).
Lang|fin|ger, der (oft scherzh.): *[Taschen]dieb.*
lang|fin|ge|rig, lang|fing|rig ⟨Adj.⟩ (oft scherzh.): *zum Diebstahl, zu Diebereien neigend, diebisch:* er war ein -er alter Gauner.
lang|flo|rig ⟨Adj.⟩: *mit langem* ²*Flor* (2).
lang|fris|tig ⟨Adj.⟩: *lange Zeit dauernd, anhaltend; für lange Zeit [geltend]; auf lange Sicht:* -e Verträge, Kredite, Darlehen; eine -e Planung; der Kollege fällt l. aus; sich in einem Vertrag l. binden.
lang ge|hegt, lang|ge|hegt ⟨Adj.⟩: *lange gehegt.*
lang|ge|hen ⟨unr. V.; ist⟩ (ugs.): *entlanggehen:* am Bach, Ufer l.; * **wissen/sehen, wo es/wos lang geht** (ugs.: *sich in einer bestimmten Situation zurechtfinden*).
lang ge|streckt, lang|ge|streckt ⟨Adj.⟩: *lang, sich über eine große Länge erstreckend.*
lang ge|zo|gen, lang|ge|zo|gen ⟨Adj.⟩: **1.** *sich über eine lange Strecke hinziehend.* **2.** *gedehnt, lange anhaltend.*
Lang|haar|da|ckel, der: *langhaariger Dackel.*
Lang|haar|fri|sur, die: *Frisur, bei der die Haare nicht kurz geschnitten, sondern lang sind, über die Schultern fallen.*
lang|haa|rig ⟨Adj.⟩: **a)** *ein Fell mit langen Haaren besitzend:* ein -er Terrier; **b)** *lange Haare, eine Frisur mit langen Haaren tragend:* -e Typen; sie ist blond und l.; **c)** *mit langen Haaren [ausgestattet]:* ein -er Pinsel.
Lang|haus, das (Archit.): *lang gestreckter Hauptteil einer Kirche, der aus einem Hauptschiff u. mehreren Seitenschiffen bestehen kann.*
Lang|holz, das (Pl. ...hölzer): *Baumstämme, die eine beträchtliche Länge aufweisen:* ein mit L. beladener Lkw.
lang|jäh|rig ⟨Adj.⟩: *viele Jahre, sehr lange existierend, vorhanden, dauernd:* ein -er Mitarbeiter, Kunde, Freund; eine -e Bekanntschaft; über -e Erfahrungen verfügen; eine -e Gefängnisstrafe verbüßen.
◆ **Lang|kork,** der (landsch.): *Flasche Wein, die mit einem langen Korken verschlossen ist [u. deshalb als etwas Besseres gilt]:* alter Wein wurde bei den Gedecken hingestellt; ... und an den Platz des Oberdeichgrafen ... und an den des Pastors je eine Flasche L. (Storm, Schimmelreiter 60).
Lang|lauf, der (Sport): *das Skilaufen über große Strecken in relativ ebenem Gelände (bes. als Wettlauf u. Disziplin im nordischen Skisport).*
lang|lau|fen ⟨st. V.; ist⟩ (Skisport): *Langlauf betreiben.*

Lang|läu|fer, der: **1.** *jmd., der Langlauf betreibt.* **2.** (Bankw. Jargon) *Anleihe mit einer längeren Laufzeit.*
Lang|läu|fe|rin, die: w. Form zu ↑ Langläufer (1).
Lang|lauf|ski, der: *für den Langlauf geeigneter besonders schmaler, leichter Ski.*
lang|le|big ⟨Adj.⟩: **1.** (meist Fachspr.) *eine lange Lebenszeit besitzend; lange Zeit lebend:* -e Tiere; -e *(langsam zerfallende)* Elementarteilchen. **2. a)** *für lange Zeit Aktualität, Wirksamkeit besitzend; lange aktuell bleibend:* diese Einrichtung ist nicht als l. erwiesen; ein äußerst -er Trend; **b)** *für lange Zeit funktionstüchtig, gebrauchsfähig:* -e Konsumgüter.
Lang|le|big|keit, die; -: *das Langlebigsein.*
lang|le|gen, sich ⟨sw. V.; hat⟩ (ugs.): *sich zum Ausruhen, Entspannen, Schlafen hinlegen:* Der Professor hat sich nach dem Mittagessen für eine Weile langgelegt (Fussenegger, Zeit 194).
läng|lich ⟨Adj.⟩ [mhd. lengeleht]: *eine (im Verhältnis zur Breite) größere Länge aufweisend:* ein -er Kasten, Fleck; ein -es Brötchen; ein rundes *(ovales)* Gesicht; die Öffnung war l., aber nicht sehr groß.
◆ **läng|licht** ⟨Adj.⟩: †länglich: Ein stiller, dünner, hagerer, -er, älterer Mann (Chamisso, Schlemihl 18).
lang|lie|gen ⟨st. V.; hat; südd., österr., schweiz. auch: ist⟩ (ugs.): *zum Ausruhen, Entspannen, Schlafen ausgestreckt liegen.*
lang|ma|chen, sich ⟨sw. V.; hat⟩ (ugs.): **1.** *sich langlegen:* ich werde mich mal ein bisschen l. **2.** *sich strecken* (1 b): der Torwart musste sich l.
lang|mäh|nig ⟨Adj.⟩ (oft abwertend): *langhaarig* (b): ein -er Künstler.
Lang|mut, die; - [rückgeb. aus ↑ langmütig, nach spätlat. longanimitas] (geh.): *durch ruhiges, beherrschtes, nachsichtiges Ertragen od. Abwarten von etw. gekennzeichnete Verhaltensweise; große Geduld:* unendliche, durch nichts zu erschütternde L.; seine L. ist bewundernswert, ist jetzt zu Ende; viel L. zeigen; [jmdm. gegenüber] L. üben.
lang|mü|tig ⟨Adj.⟩ [mhd. lancmüetec, ahd. langmuotig = geduldig, LÜ von spätlat. longanimis] (geh.): *Langmut besitzend, zeigend; voller Langmut; sehr geduldig, nachsichtig:* er war, zeigte sich als sehr l.; etw. l. über sich ergehen lassen.
Lang|mü|tig|keit, die; - (geh.): *das Langmütigsein.*
lang|na|sig ⟨Adj.⟩: *eine lange Nase besitzend.*
Lang|ohr, das (scherzh.): **1.** *Hase, Kaninchen.* **2.** *Esel.*
lang|oh|rig ⟨Adj.⟩: *lange Ohren besitzend.*
Lang|pferd, das (Turnen): *Sprungpferd, das (im Unterschied zum Seitpferd) in Längsrichtung steht.*
¹**längs** ⟨Präp. mit Gen., seltener mit Dativ⟩ [mhd. lenges, langes (erstarrter Gen.) = der Länge nach; vor langer Zeit]: *an etw. in der ganzen Länge hin; entlang:* l. des Flusses; die Wälder l. der Straße; l. den Gärten des Palastes.
²**längs** ⟨Adv.⟩ [zu: ↑ längs]: *in Längsrichtung:* das Sofa l. stellen; die Gurken l. durchschneiden; ein l. gestreiftes Kleid.
Längs|ach|se, die: *der Länge, der längeren Ausdehnung eines Körpers nach, in der Längsrichtung verlaufende Achse:* sich um seine L. drehen.
lang|sam ⟨Adj.⟩ [mhd. lancsam, ahd. langsam, eigtl. = lange dauernd]: **1.** *durch geringe Geschwindigkeit gekennzeichnet, mit wenig Geschwindigkeit, ohne Schnelligkeit; relativ lange Zeit in Anspruch nehmend:* ein -es Tempo; ein -er Prozess; eine -e Fahrt; mit -en Schritten gehen; die Sache macht nur -e Fortschritte; der Zug fährt l. in die Halle; die Zeit vergeht nur l.; der Wagen wurde am Berg -er; er spazierte l. durch den Park; es ging ihm alles viel

zu l.; *⁕ **l., aber sicher*** (ugs.; *[von etw., was sich entwickelt, einem Ziel zusteuert] nicht sehr schnell, aber unaufhaltsam:* mit ihm geht es l., aber sicher bergab). **2.** *umständlich, schwerfällig, nicht flink u. wendig; viel Zeit für etw. benötigend:* ein -er Schüler, Arbeiter; er arbeitet, denkt sehr l.; er ist seiner ganzen Veranlagung nach, bei/in seiner Arbeit ziemlich l. **3.** *allmählich, nach u. nach; mit der Zeit:* das -e Nachlassen der Kräfte; l. wurde ihm klar, worum es ging; es wird l. Zeit, dass du gehst.
Lang|sam|keit, die; -: *langsame* (1, 2) *Art u. Weise; das Langsamsein.*
Lang|schlä|fer, der: *jmd., der [gern] lange in den Morgen hinein schläft.*
Lang|schlä|fe|rin, die: w. Form zu ↑ Langschläfer.
lang|schnä|be|lig, lang|schnäb|lig ⟨Adj.⟩: *einen langen Schnabel besitzend.*
Lang|schrift, die: *normale, nicht gekürzte Schrift (im Gegensatz zur Kurzschrift).*
Längs|fal|te, die: *längs verlaufende Falte.*
längs ge|streift, längs|ge|streift ⟨Adj.⟩: *in Längsrichtung gestreift.*
Längs|li|nie, die: *in Längsrichtung verlaufende Linie.*
Lang|spiel|plat|te, die: *große Schallplatte mit langer Spieldauer (Abk.: LP).*
Längs|rich|tung, die: *Richtung der längsten Ausdehnung von etw.:* etw. in L. halbieren.
Längs|ril|le, die: *in Längsrichtung verlaufende Rille.*
Längs|schnitt, der: *Darstellung einer Schnittfläche, wie sie bei einem in Längsrichtung durch einen Körper geführten Schnitt entstehen würde:* etw. im L. zeigen; der L. eines Regenwurmes.
Längs|sei|te, die: *längere Seite (bes. einer rechteckigen Fläche, eines Körpers bzw. Raums mit rechteckiger Grundfläche):* die -n des Spielfelds, des Tischs, des Zimmers.
¹**längs|seits** ⟨Präp. mit Gen.⟩ (bes. Seemannsspr.): *an, entlang der Längsseite (bes. eines Schiffes):* das Boot liegt l. des Dampfers.
²**längs|seits** ⟨Adv.⟩ (bes. Seemannsspr.): *mit, an der langen Seite; mit, an der Längsseite:* l. am Ufer anlegen; l. gehen/kommen (Seemannsspr.; *sich mit der eigenen Längsseite an die Längsseite eines anderen Fahrzeugs legen*).
Längs|strei|fen, der: *längs, in Längsrichtung verlaufender Streifen.*
längst ⟨Adv.⟩ [zu ↑¹lang]: **1.** *schon lange; seit langer, geraumer Zeit:* das wusste ich l.; den Brief hat er doch [schon] l. abgeschickt; endlich zahlte er seine l. fälligen Schulden; für mich ist diese Geschichte l. erledigt. **2.** *in Verbindung mit nachgestelltem »nicht«; bei Weitem, lange* (2): das ist [noch] l. nicht alles; dort ist es l. nicht so schön wie hier.
längs|te: ↑¹lang.
längs|tens ⟨Adv.⟩ (österr., sonst ugs.): **a)** *(in Bezug auf Zeitspannen) höchstens; keinesfalls länger als:* das hält er l. eine Stunde aus; ich bleibe l. bis/bis l. morgen; **b)** *längst* (1), *seit Langem:* das ist mir schon l. bekannt.
lang|stie|lig ⟨Adj.⟩: **a)** *mit langem Stiel [versehen]:* -e Gläser; eine -e Axt; **b)** *einen langen Stängel besitzend:* -e Rosen.
Lang|stre|cke, die: **a)** *lange Strecke, weite Entfernung:* das Flugzeug wird vorwiegend für -n eingesetzt; **b)** (Sport) *(bei bestimmten Lauf- u. Rennwettbewerben zurückzulegende) relativ lange Strecke.*
Lang|stre|cken|flug, der: *Flug über weite Entfernungen.*
Lang|stre|cken|lauf, der (Sport): *Laufwettbewerb über eine Langstrecke.*
Lang|stre|cken|läu|fer, der (Sport): *Läufer, der auf Langstreckenlauf spezialisiert ist.*

Langstreckenläuferin – läppern

Lang|stre|cken|läu|fe|rin, die: w. Form zu ↑Langstreckenläufer.

Lang|stre|cken|ra|ke|te, die: *Rakete mit großer Reichweite.*

Längs|wand, die: *in Längsrichtung verlaufende Wand.*

Lan|gue ['lã:gə], die; - [frz. langue = Sprache; Zunge < lat. lingua] (Sprachwiss.): *die Sprache als grammatisches u. lexikalisches System.*

Lan|gus|te, die; -, -n [frz. langouste < aprovenz. langosta, über das Vlat. zu lat. locusta, eigtl. = Heuschrecke]: *(bes. in Mittelmeer u. Atlantischem Ozean lebender) großer, meist rötlich violetter bis weinroter Krebs ohne Scheren, dessen schmackhaftes Fleisch als Delikatesse gilt.*

Lang|wei|le: ↑Langeweile.

lang|wei|len ⟨sw. V.; hat⟩: **1.** *bei jmdm. Langeweile, ein Gefühl des Überdrusses hervorrufen, für jmdn. uninteressant, nicht anregend, nicht unterhaltsam sein:* diese Arbeit, der Film langweilte ihn; der Redner langweilte seine Zuhörer [zu Tode]; ich will dich nicht mit Einzelheiten l.; sie standen gelangweilt herum; ⟨auch ohne Akk.-Obj.:⟩ Kein Mensch langweilt. Man muss nur jedem die richtigen Fragen zu stellen verstehen (Schnurre, Schattenfotograf 21). **2.** ⟨l. + sich⟩ *Langeweile haben, empfinden:* sich sehr, maßlos, schrecklich, zu Tode l.; ich habe mich auf der Party gelangweilt.

Lang|wei|ler, der; -s, - (ugs. abwertend): **a)** *jmd., der für andere langweilig ist, der andere langweilt:* mit diesem L. ist einfach nichts anzufangen; **b)** *jmd., der durch seine Langsamkeit, Unentschlossenheit andere ungeduldig macht:* beeil dich ein bisschen, du L.!

Lang|wei|le|rin, die; -, -nen: w. Form zu ↑Langweiler.

lang|wei|lig ⟨Adj.⟩: **1.** *Langeweile verursachend, bereitend; für jmdn. uninteressant, nicht anregend, nicht unterhaltsam:* ein -er Vortrag, Abend; ein -es Kaff; eine -e ⟨öde, eintönige, monotone⟩ *Landschaft;* er ist ein ziemlich -er Mensch; hier ist es entsetzlich, zum Sterben l.; es war ihm sehr l. (*er langweilte sich sehr*). **2.** (ugs.) *nicht schnell genug vorankommend:* so ein -er Mensch, Kerl!; sei doch nicht so l.! *(beeile dich doch etwas!)*

Lang|wei|lig|keit, die: *das Langweiligsein.*

Lang|wel|le, die: **a)** (Physik, Funkt., Rundfunk) *elektromagnetische Welle mit großer Wellenlänge;* **b)** (Rundfunk) *Wellenbereich der Langwellen* (a): den Sender bekommt man nur auf L.

Lang|wel|len|sen|der, der; -s, - (Funkt., Rundfunk): *[Radio]sender, der mit Langwellen sendet.*

lang|wel|lig ⟨Adj.⟩ (Physik): *von großer Wellenlänge:* -e Strahlen.

lang|wie|rig ⟨Adj.⟩ [spätmhd. lancwirig, 2. Bestandteil zu ↑währen, eigtl. = lange während; süddt. auch l. = (Fort)dauer]: **a)** *lange Zeit beanspruchend u. dabei meist mühselig, Schwierigkeiten bereitend:* eine -e Arbeit, Krankheit; ◆ **b)** ¹*lang* (2 a): ... ein Urteil ... das die ganze Stadt ... in eine bloße, vielleicht beschwerliche und -e Gefängnisstrafe verwandelt zu sehen hoffte (Kleist, Kohlhaas 108).

Lang|wie|rig|keit, die; -, -en ⟨Pl. selten⟩: *das Langwierigsein.*

Lang|zeit|ar|beits|lo|se ⟨vgl. Arbeitslose⟩: *weibliche Person, die über einen langen Zeitraum arbeitslos ist.*

Lang|zeit|ar|beits|lo|ser ⟨vgl. Arbeitsloser⟩: *jmd., der über einen langen Zeitraum arbeitslos ist.*

Lang|zeit|ar|beits|lo|sig|keit, die: *Arbeitslosigkeit von langer Dauer.*

Lang|zeit-EKG, das (Med.): *mithilfe eines am Körper befestigten kleineren Elektrokardiogrammes über mehrere Stunden aufgenommenes Elektrokardiogramm.*

Lang|zeit|fol|ge, die: *Folge, die sich erst nach einer gewissen Zeit auswirkt bzw. die sich über eine lange Zeit hin auswirkt.*

Lang|zeit|ge|dächt|nis, das (Psychol.): *Fähigkeit des Gehirns, eine Information lange Zeit zu speichern.*

Lang|zeit|scha|den, der ⟨meist Pl.⟩: *Schaden* (2), *der erst nach einer gewissen Zeit auftritt bzw. der sich über eine lange Zeit hin auswirkt.*

Lang|zeit|stu|die, die (Fachspr.): *einen größeren Zeitraum umfassende Studie.*

Lang|zeit|wir|kung, die (Fachspr.): *lange Zeit anhaltende Wirkung; Wirksamkeit von längerer Dauer.*

lang zie|hen, lang|zie|hen ⟨unr. V.; hat⟩: *in die Länge ziehen:* ein Gummiband lang ziehen.

La|no|lin, das; -s [zu lat. lana = Wolle u. oleum = Öl]: *aus dem Schafwolle enthaltenen, gereinigten Fett hergestellte, hellgelbe, salbenartige Masse, die sich mit anderen Ölen u. Fetten beliebig mischen lässt u. bes. als Grundlage für Salben dient.*

LAN-Par|ty, die: *Veranstaltung, bei der die Teilnehmenden mithilfe eines LANs gemeinsam Computerspiele spielen:* eine L. veranstalten.

Lan|yard [...ja:ɐ̯t, 'lɛnjət], der od. das; -[s], -s [engl. lanyard = Bändel, Kordel, aus frz. lanière = Riemen]: *längeres, um den Hals zu legendes Band, an dem Schlüssel, Ausweise o. Ä. befestigt werden können.*

Lan|ze, die; -, -n [mhd. lanze < (a)frz. lance < lat. lancea]: *aus einem langen Schaft u. einer Spitze (aus Metall od. einem anderen harten Material) bestehende, für Stoß u. Wurf bestimmte Waffe:* eine L. werfen; * **eine L. für jmdn., etw. brechen**/(seltener:) **einlegen** (*mit Entschiedenheit für jmdn., etw. eintreten, jmdn., etw. verteidigen;* anknüpfend an das ma. Turnierwesen u. eigtl. = für jmdn., jmds. Ehre einen Turnierkampf mit der Lanze austragen).

lan|zen|för|mig ⟨Adj.⟩: *spitz zulaufend wie die Spitze einer Lanze.*

◆ **Lan|zen|knecht,** der [unter fälschlicher Anlehnung an ↑Lanze]: *Landsknecht:* ... dort sträubte sich ein totenblasses Weib in den Armen eines rohen -s (C. F. Meyer, Amulett 71).

Lan|zen|spit|ze, die: *Spitze einer Lanze.*

Lan|zen|stich, der: *Stich mit einer Lanze.*

Lan|zen|stoß, der: *Stoß mit einer Lanze.*

Lan|zet|te, die; -, -n [frz. lancette, Vkl. von: lance, ↑Lanze] (Med.): *kleines, zweischneidiges Operationsmesser (bes. für Operationen am Auge).*

lan|zett|för|mig ⟨Adj.⟩: *lanzenförmig.*

La|o|gai [auch: lau...], das; -[s] [chin. laogai, zusges. aus: **lao**dong **gai**zao = Reform durch Arbeit]: *Arbeitslager in China, in dem vor allem politische Dissidenten festgehalten werden.*

La Ola, die; -, -, -s ⟨meist o. Art.⟩ [span. la ola = die Welle, die Woge]: *(bei einer Sportveranstaltung in einem Stadion o. Ä.) durch abwechselndes Aufstehen u. Sichhinsetzen aus Begeisterung hervorgerufene Bewegung, die den Eindruck einer großen umlaufenden Welle erweckt.*

La-Ola-Wel|le, die: *La Ola.*

La|os; Laos': *Staat in Südostasien.*

La|o|te, der; -n, -n: Ew.

La|o|tin, die; -, -nen: w. Form zu ↑Laote.

la|o|tisch ⟨Adj.⟩: *Laos, die Laoten betreffend.*

La|pa|cho [la'patʃo], der; -[s], -s [span. lapacho = Lapacho(baum), aus einer südamerik. Indianerspr.]: *aus der Rinde eines in Südamerika wachsenden Baums hergestellter Tee.*

La|pa|cho|tee, der: *Lapacho.*

La|pa|ros|kop, das; -s, -e [zu griech. lapára = Teil des Leibes zw. Rippen u. Hüfte u. skopeîn = betrachten] (Med.): *mit elektrischer Lichtquelle u. Spiegeln versehenes Instrument, das zur optischen Untersuchung der Bauchhöhle u. der in ihr liegenden Organe durch die Bauchdecke eingeführt wird.*

La|pa|ros|ko|pie, die; -, -n (Med.): *Untersuchung der Bauchhöhle mit dem Laparoskop.*

La Paz [la'pa(:)s]: *Regierungssitz von Bolivien.*

la|pi|dar ⟨Adj.⟩ [lat. lapidarius = zu den Steinen gehörend; in Stein gehauen; nach dem gedrängten, knappen Stil altröm. in Stein gehauener Inschriften] (bildungsspr.): *überraschend kurz u. knapp [aber treffend]:* -e Worte; eine -e Feststellung; etw. in -er Kürze mitteilen; etw. l. formulieren; Lapidarere Textsorten ersetzen die Rezension: der Klappentext, der Buchtipp, die Bestsellerliste, der Werbespot (Enzensberger, Mittelmaß 59).

La|pis|la|zu|li, der; -, - [mlat. lapis lazuli = Blaustein, zu lat. lapis = Stein u. mlat. lazulum, ↑Lasur] (Mineral.): *blaues, manchmal auch grünliches bis violettes Aggregat* (3) *verschiedener Minerale, das als Schmuckstein verwendet wird.*

Lapp, der; -en, -en [mhd. lappe = einfältiger Mensch, viell. zu ↑Lappen] (bayr., österr. abwertend): *einfältiger, tölpelhafter Mensch.*

Lap|pa|lie, die; -, -n [urspr. Studentenspr., scherzh. lateinisierende Bildung zu ↑Lappen]: *höchst unbedeutende Sache, Angelegenheit; Belanglosigkeit:* sich wegen, über -n aufregen; Die Herren waren auf jede Weise großzügig. Sie bezahlten entweder mit großen Scheinen, ohne einen Pfennig zurück haben zu wollen, oder sie bezahlten gar nicht und bezeichneten ihre Zechen als -n (Strittmatter, Wundertäter 145).

Läpp|chen, das; -s, -: Vkl. zu ↑Lappen.

Lap|pe, der; -n, -n: *Angehöriger eines Volksstammes in Nordeuropa.*

Lap|pen, der; -s, - [mhd. lappe, ahd. lappo, lappa, urspr. = schlaff Herabhängendes, wohl verw. mit ↑schlafen in dessen urspr. Bed. »schlaff werden«]: **1.** *[minderwertiges] kleineres Stück Stoff, Leder o. Ä.:* einen L. auswaschen, auswringen; etw. mit einem L. säubern, blank polieren, umwickeln, zustopfen, flicken; eine schon hatte man einen Teil der Stühle auf die Tische getürmt, Scheuerweiber führten feuchte L. (Scheuer-, Putzlappen) über den schmutzigen Boden (Th. Mann, Krull 134); * **jmdm. durch die L. gehen** (ugs.; *[jmdm.] entkommen, entgehen:* er ist der Polizei durch die L. gegangen; die Wohnung, das Geschäft ist mir ärgerlicherweise durch die L. gegangen). **2.** (salopp) **a)** *Geldschein [mit größerem Wert]:* für die paar L. reiß ich mir doch kein Bein aus!; **b)** *Führerschein, Fahrerlaubnis:* er muss seinen L. für einen Monat abgeben. **3. a)** *[herunterhängendes] Stück Haut am tierischen Körper:* die L. eines Truthahns; **b)** *flächiger Teil eines Organs:* der rechte L. der Lunge. **4.** * **jmdm. durch die L. gehen** (ugs.; *[jmdm.] entkommen, entgehen:* er ist der Polizei durch die L. gegangen; die Wohnung, das Geschäft ist mir ärgerlicherweise durch die L. gegangen).

Lap|pe|rei, (häufiger:) **Läp|pe|rei,** die; -, -en [zu ↑Lappen] (ugs.): *unwichtige Kleinigkeit:* ◆ Weil dir deine Lappereien missglücken, kommst du und willst ein Schelm, ein Meuchelmörder werden? (Schiller, Räuber III, 2).

läp|pern ⟨sw. V.; hat⟩ [Intensivbildung von mniederd. lapen = lecken, verw. mit: lepel = Löffel]: *in der Verbindung* **das/es läppert sich** (ugs.; *etw. häuft sich aus kleineren Mengen zu einer beachtlichen Menge an:* was der Einzelne im Durchschnitt gespendet hat, ist zwar nicht viel, aber bei tausend Leuten läppert es sich eben doch).

lap|pig ⟨Adj.⟩ [zu ↑Lappen] (ugs.): *ohne festen Halt, weich u. schlaff:* -e *Wäsche;* l. *gewordene Gewebe.*

Lap|pin, die; -, -nen: w. Form zu ↑Lappe.

lap|pisch ⟨Adj.⟩: *Lappland, die Lappen betreffend; von den Lappen stammend, zu ihnen gehörend.*

läp|pisch ⟨Adj.⟩ [zu ↑Lapp] (abwertend): **1.** *albern, kindisch:* ein -es *Spiel;* -e *Einfälle;* das *ist doch einfach* l.; sich l. *benehmen.* **2.** *lächerlich gering:* eine -e *Summe.*

Lapp|land; -s: *Landschaft im äußersten Norden Europas.*

Lapp|län|der, der; -s, -: Ew.

Lapp|län|de|rin, die; -, -nen: w. Form zu ↑Lappländer.

lapp|län|disch ⟨Adj.⟩: *Lappland betreffend, aus Lappland stammend, zu Lappland gehörend.*

Lap|sus, der; -, - [(auch:) 'lapsu:s] [lat. lapsus, eigtl. = das Gleiten, Fallen, zu: lapsum, 2. Part. von: labi = (aus)gleiten] (bildungsspr.): *Versehen, Fehler, Ungeschicklichkeit:* mir ist ein L. *unterlaufen;* einen [peinlichen] L. *begehen.*

Lap|sus Lin|gu|ae, der; - -, - - [zu lat. lingua = Sprache; Zunge] (bildungsspr.): *das Sichversprechen.*

Lap|top ['lɛp...], der, auch: das; -s, -s [engl. laptop (computer), aus: lap = ¹Schoß (1) u. top = Oberfläche, also eigtl. = Computer, den man zum Arbeiten auf den Schoß, die Knie nehmen kann, geb. nach Desktop]: *kleiner tragbarer Personal Computer.*

Lär|che, die; -, -n [mhd. lerche, larche (ahd. nicht belegt) < lat. larix (Gen.: laricis)]: **a)** *in kühleren Regionen wachsender Nadelbaum mit hellgrünen büscheligen Nadeln, die im Herbst od. Winter abfallen;* **b)** ⟨o. Pl.⟩ *harziges Holz der Lärche* (a).

Lär|chen|holz, das ⟨o. Pl.⟩: *Lärche* (b).

◆ **Lär|chen|tau|fel,** die; -, -n [2. Bestandteil bayr. Taufel = (Fass)daube < mlat. dova, ↑Daube] (bayr., österr.): *Daube (1) aus Lärchenholz:* Er war mit -n nach Bruck zum Fassbinder gefahren (Rosegger, Waldbauernbub 159).

¹large [larʒ(ə)] ⟨Adj.⟩ [frz. large < lat. largus = freigebig; reichlich] (bes. schweiz.): *großzügig:* der l. *Schiedsrichter.*

²large [laːɐ̯dʒ] ⟨indekl. Adj.⟩ [engl. large = groß, aus frz. large, ↑¹large]: *groß (als Kleidergröße; Abk.: L).*

Large|heit ['larʒ...], die; -, -en (schweiz.): **a)** ⟨o. Pl.⟩ *großzügiges Wesen, Großzügigkeit;* **b)** *großzügige Tat, Handlung.*

lar|ghet|to ⟨Adv.⟩ [ital. larghetto, Vkl. von: largo, ↑largo] (Musik): *etwas breit, gedehnt,* ¹*getragen* (2).

Lar|ghet|to, das; -s, -s u. ...tti (Musik): *larghetto gespieltes Musikstück.*

Lar|ghi: Pl. von ↑Largo.

lar|go ⟨Adv.⟩ [ital. largo < lat. largus, ↑¹large] (Musik): *sehr langsam, gedehnt.*

Lar|go, das; -[s], -s u. ...ghi (Musik): *largo gespieltes Musikstück.*

¹la|ri|fa|ri ⟨Interj.⟩ [scherzh. Bildung aus den Tonsilben: la, re, fa, ↑Solmisation] (ugs.): *Ausruf der Ablehnung.*

²la|ri|fa|ri ⟨indekl. Adj.⟩ [zu: ↑¹larifari] (ugs.): *oberflächlich; nachlässig:* etw. l. *machen.*

La|ri|fa|ri, das; -s (ugs.): *Geschwätz; Unsinn:* alles, was er sagte, war L.

Lärm, der; -[e]s [älter: Lärmen, frühnhd. lerma(n), larman = Lärm, Geschrei, gek. aus ↑Alarm]: *als störend u. unangenehm empfundene laute, durchdringende Geräusche:* ein ohrenbetäubender L. *brach los;* der L. *im Saal war verebbt,* legte sich, wuchs von Minute zu Minute; der L. *erstickte jedes Wort;* den L. *bekämpfen;* die *Kinder machten einen heillosen L.;* seine *Stimme ging im L. der Motoren unter;* R viel L. um nichts *(völlig unbegründetes Aufbauschen einer unbedeutenden Sache;* nach engl. much ado about nothing, dem Titel eines Lustspiels von W. Shakespeare); * **L. schlagen** *(die [öffentliche] Aufmerksamkeit auf etw. lenken; laut protestieren).*

lärm|arm ⟨Adj.⟩: *nur wenig Lärm verursachend, nur geringe Lärmbelästigung aufweisend:* -e *Lkws;* die *Maschine wurde* l. *konstruiert.*

Lärm|be|kämp|fung, die ⟨o. Pl.⟩: *Maßnahmen zur Verhinderung od. Minderung von Lärmbelästigung.*

Lärm|be|läs|ti|gung, die: *Belästigung durch Lärm.*

Lärm|be|las|tung, die: *starke Belastung des menschlichen Organismus durch Lärm.*

Lärm|emis|si|on, die (Fachspr.): *Emission (3) von Lärm.*

lärm|emp|find|lich ⟨Adj.⟩: *empfindlich gegen Lärm.*

lär|men ⟨sw. V.; hat⟩: *Lärm machen:* man hörte die Kinder auf der Straße l.; die Musik, das Radio lärmte ohne Pause.

◆ **Lär|men,** der; -s: **a)** *Lärm:* ... wenigstens ward der L. geringer (Droste-Hülshoff, Judenbuche 9); Im linken Pavillon war Feuer. Hörtet ihr den L. nicht? (Schiller, Don Carlos III, 2); **b)** *Alarm* (1): Wer befahl, L. zu schlagen? (Schiller, Fiesco V, 2); Seit dem blinden L. *(falschen Alarm)* gestern Abends ist mir's in die Gedärme geschlagen, dass ich alle Augenblicke vom Pferd muss (Goethe, Götz III).

lär|mig ⟨Adj.⟩ (bes. schweiz.): *laut, lärmend:* die Kneipe ist mir zu l.; Die angeblich so strengen Ordensregeln – Klausur, Exerzitien, Schweigegebot – erlaubten ihr Muße, Konzentration und Distanz zum -en Alltag (Grass, Butt 271).

lar|mo|yant [larmoa'jant] ⟨Adj.⟩ [frz. larmoyant, 1. Part. von: larmoyer = weinen, jammern, zu: larme < lat. lacrima = Träne] (bildungsspr., meist abwertend): *sentimental-weinerlich; mit allzu viel Gefühl [u. Selbstmitleid]:* etw. in -em Ton sagen.

Lar|mo|yanz [larmoa'jants], die; -: *das Larmoyantsein; larmoyante Art:* seine L. ging ihr auf die Nerven.

Lärm|pe|gel, der: *gemessene Lautstärke des Lärms:* ein L. von 83 Phon.

Lärm|quel|le, die: *Ursache des Lärms.*

Lärm|schutz, der: **a)** ⟨o. Pl.⟩ *[gesetzlicher] Schutz gegen gesundheitsschädliche Lärmbelästigung;* **b)** *Vorrichtung zum Schutz vor Lärm.*

Lärm|schutz|wall, der: *Erdwall [mit Bepflanzung] als Lärmschutz an Autobahnen o. Ä. in der Nähe von Wohngebieten.*

Lärm|schutz|wand, die: *aus Platten o. Ä. errichtete, hohe, mauerartige Wand als Lärmschutz.*

Lärm|schutz|zaun, der: *als Lärmschutz dienender Zaun.*

◆ **Lärm|zei|chen,** das: *Alarmsignal:* ... wir haben das L. nicht gegeben (Büchner, Dantons Tod I, 3).

L'art pour l'art [larpur'laːʀ], das; - - - [frz. = die Kunst für die Kunst] (bildungsspr.): *Kunst, die keine bestimmte Absicht u. keinen [gesellschaftlichen] Zweck verfolgt; Kunst als Selbstzweck.*

Lärv|chen, das; -s, -: **1.** Vkl. zu ↑Larve (1). **2.** (veraltet, sonst leicht abwertend) **a)** *hübsches, puppenhaftes Gesicht:* sie hat ein hübsches L.; **b)** *hübsches, puppenhaftes Mädchen:* sie ist ein ganz nettes L.

Lar|ve ['larfə], die; -, -n [spätmhd. larve < lat. larva = Gespenst, Maske, zu: lar, ↑Laren, also eigtl. = das Aussehen von Laren]: **1.** (Zool.) *Tier (einer bestimmten Art) in einem frühen Entwicklungsstadium, das im Hinblick auf die Gestalt [u. Lebensweise] von der endgültigen ausgewachsenen Gestalt [u. Lebensweise] stark abweicht:* die L. ist aus dem Ei geschlüpft; wir fanden die L. eines Insekts. **2.** (veraltend, noch landsch.) **a)** *Gesichtsmaske:* eine hübsche L. tragen, aufsetzen; sie hatte ihr Gesicht hinter einer L. versteckt; **b)** (abwertend) *[leeres, nichtssagendes] Gesicht.* ◆ **3.** *Gespenst, Schreckgestalt:* ... da hing ich ..., unter -n die einzig fühlende Brust (Schiller, Der Taucher).

La|ryn|gen: Pl. von ↑Larynx.

La|rynx, der; -, Laryngen [griech. lárygx (Gen.: láryggos)] (Med.): *Kehlkopf.*

las: ↑¹lesen, ²lesen.

La|sa|gne [la'zanjə], die; -, -n [ital. lasagne, Pl. von: lasagna = Bandnudel, über das Vlat. zu lat. lasanum < griech. lásanon = Kochgeschirr] (Kochkunst): *italienisches Gericht aus plattenförmigen Nudeln, die mit einer Hackfleischfüllung abwechselnd geschichtet u. mit Käse überbacken werden:* sie hat sich (eine) L. bestellt.

lasch ⟨Adj.⟩ [aus dem Niederd. < mniederd. lasch = schlaff, schlapp, verw. mit ↑lassen]: **a)** *ohne Tatkraft, ohne Energie; schlaff, träge, schwunglos:* ein -er Händedruck; er hat einen -en Gang; er ist mir zu l., er stellt mir nicht zu l. die Hand geben, Ü zu -e Kontrollen, Kontrolleure, Gesetze; er hat recht -e *(keine klaren u. festen) Anschauungen;* die Verantwortlichen gehen zu l. gegen Gewalttäter vor; **b)** (landsch.) *fade; nicht stark gewürzt:* eine -e Suppe; das Essen schmeckt l.

La|sche, die; -, -n [mhd. lasche = Lappen, Fetzen, wahrsch. eigtl. = schlaff Herabhängendes u. verw. mit ↑lasch]: **a)** (Technik) *vernietetes, verschraubtes od. verschweißtes Verbindungsstück von Bauelementen od. Werkstücken:* die L. der Eisenbahnschiene hat sich gelöst; **b)** *[ovales od. zwickelförmiges] Stück Stoff, Leder, Papier o. Ä. [als Verschluss od. Teil eines Verschlusses]:* die L. meines Gürtels ist kaputt; die L. des Umschlags war nicht zugeklebt, sondern nur lose eingesteckt; zum Öffnen der Verpackung einfach L. hochziehen.

Lasch|heit, die; -, -en: **a)** ⟨o. Pl.⟩ *lasches Wesen, Verhalten; Energielosigkeit:* bei ihrer L. wird sie nie etwas Vernünftiges zustande bringen; **b)** *lasches Verhalten:* man darf der Polizei solche -en nicht durchgehen lassen.

lä|se: ↑¹,²lesen.

La|ser ['leːzɐ, auch: 'leː...., 'laː...], der; -s, - [engl. laser, geb. nach maser (↑²Maser), Kurzwort aus: light amplification by stimulated emission of radiation] (Technik): *Gerät zur Erzeugung u. Verstärkung von kohärentem Licht:* die Anwendung von -n in der Medizin.

La|ser|an|la|ge, die: *Anlage zur Erzeugung eines Laserimpulses od. -strahls.*

La|ser|chi|r|ur|gie, die: *Chirurgie (1), die mit Laserstrahlen arbeitet.*

La|ser|di|o|de, die: *als Laser dienende Diode.*

La|ser|drom, das; -s, -e [engl. laserdrome, aus: laser (↑Laser) u. -drome < griechisch -dromos = Rennbahn (vgl. Hippodrom)]: *Spielstätte, in der die Spieler aus Pistolen Laserstrahlen auf ihre jeweiligen Gegner abfeuern, um sie aktionsunfähig zu machen.*

La|ser|dru|cker, der (EDV): *Drucker (2), der mit Laserstrahl arbeitet.*

La|ser|ge|rät, das: *Laser.*

La|ser|ge|wehr, das: *Gewehr mit Laserzielgerät.*

La|ser|im|puls, der: *von einem Laser ausgehender Impuls.*

La|ser|ka|no|ne, die: *Laser.*

La|ser|licht, das: *von einem Laser ausgehendes Licht.*

La|ser|me|di|zin, die: *medizinische Behandlung von Krankheiten mit Laserstrahlen.*

la|sern ⟨sw. V.; hat⟩ (Med.): *mit einem Laserstrahl behandeln.*

La|ser|poin|ter, der; -s, - [engl. laser pointer, aus: laser (↑ Laser) u. pointer = Zeigestock]: *einem Füllfederhalter ähnliches Lasergerät, mit dem ein farbiger Lichtpunkt erzeugt werden kann, der sich besonders zur Hervorhebung bestimmter Stellen auf Projektionen eignet.*

La|ser|spek|t|ros|ko|pie, die: *Spektroskopie, bei der Laser eingesetzt werden.*

La|ser|strahl, der: *von einem Laser erzeugter Lichtstrahl.*

La|ser|tech|nik, die: *Technik der Anwendung des Lasers.*

La|ser|ziel|ge|rät, das: *Zielgerät, das mit einem Laser arbeitet.*

la|sie|ren ⟨sw. V.; hat⟩ [zu ↑ Lasur] **a)** *(ein Bild) mit einer durchsichtigen, schützenden u. die Leuchtkraft der Farben erhöhenden Schicht überziehen;* **b)** *(bes. Holz) mit einer durchsichtigen Schicht überziehen:* Deckenbalken l.; lasiertes Holz; Ü ... zwischen kleinen Hügeln von Kokosmehl, über mit Puder lasierte Rumtörtchen hinweg würde er ihr zulächeln, voll des Glückes (Böll, Haus 238).

La|sie|rung, die; -, -en: **a)** *das Lasieren;* **b)** *Lasur.*

La|sik, LASIK®, die; - [Kurzw. aus laserassistierte In-situ-Keratomileusis] (Med.): *Verfahren zur Behandlung der Kurzsichtigkeit mithilfe der Laserchirurgie.*

Lä|si|on, die; -, -en [lat. laesio, zu: laesum, 2. Part. von: laedere, ↑ lädieren] (Med.): *Verletzung od. Störung der Funktion eines Organs od. Körpergliedes.*

lass: ↑ lassen.

Las|sa|fie|ber, Las|sa-Fie|ber, das ⟨o. Pl.⟩ [nach dem nigerianischen Dorf Lassa, wo diese Krankheit 1969 erstmals beobachtet wurde] (Med.): *gefährliche, oft tödliche Infektionskrankheit, die mit hohem Fieber, Geschwüren, Hautblutungen u. Lungenentzündung verbunden ist.*

las|sen ⟨st. V.; hat; in Verbindung mit einem Inf. mit Ersatzinf.: lässt ... lassen; ohne Inf.: ließ; hat gelassen⟩ [mhd. lāʒen, ahd. laʒʒan, urspr. = matt, schlaff werden]: **1.** ⟨in Verbindung mit einem Inf. + Akk.⟩ *veranlassen, bewirken (dass etw. geschieht):* ein Haus bauen, einen neuen Anzug machen, das Auto waschen, das Essen kommen l.; ich habe Wasser in die Wanne laufen l./(seltener:) gelassen; jmdn. rufen, grüßen, warten, erschießen l.; er lässt das Mädchen nichts Vernünftiges lernen; du lässt dich verleugnen; jmdn. etw. mitteilen l.; sie hatte den Kindern noch einen Saft bringen l.; meine Eltern lassen sich scheiden; sie ließ mir eine Nachricht zukommen; ich habe mir sagen l. *(habe erfahren),* wie es passiert ist; er ließ mich wissen *(setzte mich davon in Kenntnis),* dass ...; ⟨auch ohne Akk.:⟩ ich lasse bitten *(bringen Sie den Besucher, die Besucherin herein);* ◆ ⟨auch mit Dativ:⟩ ... wenn ihr mich denn ja behalten wollt, so lasst es mir durch Eintracht sehen (Goethe, Torquato Tasso II, 1); ◆ *Das weiß er?* – Ja, und möcht' es gern den König Philipp wissen l. (Lessing, Nathan I, 5). **2. a)** ⟨in Verbindung mit einem Inf. + Akk.⟩ *zulassen, erlauben; dulden; nicht an etw. hindern:* lass den Kindern schreien und toben l., auf die Straße, ins Kino gehen l.; jmdn. verhungern l.; ich lasse mich nicht beleidigen; lass doch bitte ausreden, arbeiten, ausschlafen!; das Licht über Nacht brennen l.; er hat ihn heimgehen l. müssen; das lasse ich mir nicht gefallen, nicht bieten; sie lässt sich nichts sagen *(duldet keine Bevormundung);* lass dir das bloß nicht in den Sinn kommen!; lass mich immer dein Freund bleiben; der Hund ließ alles mit sich

sie ließ ihn nicht aus der Tür, ins Zimmer; **b)** ⟨ohne Inf.⟩ *jmdm. etw. zugestehen; jmdn. nicht behindern:* sie ließ ihm seinen Glauben, seine Freude, den Spaß; sie lässt ihn nicht (salopp verhüll.; *sie will mit ihm nicht geschlechtlich verkehren);* hat sie dich gelassen? (salopp verhüll.; *hat sie mit dir geschlechtlich verkehrt?);* R das muss man ihm l. *(das muss man bei ihm ohne Vorbehalte anerkennen).* **3.** *veranlassen od. bewirken, dass jmd., etw. irgendwohin gelangt:* frische Luft ins Zimmer l.; die Tiere auf die Weide l.; Wasser in die Wanne l.; Öl aus dem Kessel l.; ein Boot zu Wasser l.; die Träger ließen den Sarg in die Tiefe; er hat mir die Luft aus den Reifen gelassen; spätabends wusste niemand mehr in das Saal gelassen; * *einen l.* (derb; *eine Blähung [hörbar] abgehen lassen:* Hast du gerade einen gelassen?); *alles unter sich l.* (veraltend verhüll.; *Kot und Urin unkontrolliert abgehen lassen, ins Bett machen:* Der Kranke war so schwach, dass er alles unter sich gehen ließ). **4.** *veranlassen, dass jmd., etw. unverändert bleibt, in einem bestimmten Zustand gehalten wird, an einer bestimmten Stelle bleibt:* die Sachen im Koffer l.; das Wasser in der Wanne l.; die Kiste unter dem Bett l.; etw. in der Schwebe, unangetastet l.; jmdn. ohne Aufsicht l.; etw. unerörtert, ungesagt, ungetan l.; nichts unversucht l. *(alles versuchen);* wir wollen es dabei l. **5.** ⟨l. + sich; in Verbindung mit Inf.⟩ *die Möglichkeit zu etw. bieten; in bestimmter Weise geeignet sein:* das Material lässt sich gut verarbeiten, dehnen, biegen; das Fenster lässt sich [leicht] öffnen; der Käse lässt sich [gut] streichen; der Wein lässt sich trinken *(ist gut);* dieser Vorfall lässt sich nicht so richtig beschreiben; das lässt sich nicht beweisen; das lässt sich machen *(ist möglich);* das lässt sich hören *(ist akzeptabel);* das lässt sich denken *(ist verständlich);* mit Vernunft lässt sich eine Menge ausrichten, ⟨unpers.:⟩ hier lässt es sich leben; es lässt sich nicht leugnen, dass ... **6. a)** *unterlassen, nicht tun, einstellen:* er kann das Rauchen nicht l.; lass das!; lasst doch die dummen Witze!; ich konnte es nicht l. *(ich musste es einfach tun),* das Mädchen immer wieder anzusehen; R tu, was du nicht kannst ([ich möchte mich mit dir nicht streiten] du musst so gut wissen, was du tust); * *etw. etw. sein l.* (ugs.; *sich von etw. abwenden [u. etw. anderes tun]; etw. nicht mehr beachten:* ich lasse jetzt die Arbeit Arbeit sein); **b)** *von etw. absehen; etw. nicht weiterhin tun* [nicht] vom Spielen, Trinken, Alkohol l. [können]; **c)** (veraltend) *sich von jmdm., etw. trennen; jmdm., etw. aufgeben:* wir können nicht voneinander l. **7.** *zurücklassen:* ich habe mein Auto zu Hause gelassen; du lässt deine Sachen am besten an der Garderobe; wir lassen die Kinder nicht allein in der Wohnung; lassen Sie mir/bei sich *(lassen Sie mir noch übrig)* bitte noch etwas Kaffee in der Kanne!; wo habe ich nur meinen Schlüssel gelassen? *(hingetan?);* das Gepäck habe ich am Bahnhof gelassen; Ü ich habe beim Pokern viel Geld gelassen (ugs.; *viel Geld verloren).* **8.** *jmdm. etw. über-, hinterlassen, zur Verfügung stellen:* ich kann dir das Buch bis morgen l.; Händler will mir den Mantel billig, zum halben Preis l. *(verkaufen);* ich lasse Ihnen meinen Ausweis als/zum Pfand; wir haben Vater nur den Wagen für den Urlaub gelassen; uns wurde nichts gelassen *(wurde alles geraubt).* **9.** ⟨als Imperativ in Verbindung mit einem Inf.⟩ drückt eine freundliche Aufforderung aus: lasst uns gehen, feiern! ◆ **10. a)** *zu jmdm. in bestimmter Weise passen; jmdm. stehen:* Die Frauen beteuerten, diese Tracht lasse ihm vorzüglich gut (Goethe, Lehrjahre IV, 2); Ü Sie ... entwickelte

sogar einige Keime von possenhaftem Humor, den ich an ihr nie gekannt hatte und der ihr sehr gut ließ (Goethe, Dichtung u. Wahrheit 8); **b)** *aussehen* (1 a): Es hat einen Kamin, der zwar im Winter ein wenig raucht – ... Aber doch im Sommer recht hübsch lässt (Lessing, Minna I, 2); **c)** *in bestimmter Weise erscheinen, wirken:* ... dieses Tuch ..., welches beinahe wie ein Lauferschurz lässt (Immermann, Münchhausen 119); Desto schärfer eben werde ich gegen Sie sein, damit ich nicht parteiisch lasse (Lessing, Freigeist II, 1).

Las|si, der od. das; -[s], -s [Hindi lassī = Buttermilch] (Kochkunst): *indisches Getränk aus Joghurt.*

läs|sig [mhd. leʒʒic, zu ↑ lass]: **a)** *[in selbstsicherer Weise] ungezwungen u. ohne große Förmlichkeit:* -e Eleganz; eine -e Jacke; eine -e Art haben; er ist ein -er Typ; er ist immer sehr l. *(salopp)* angezogen; sie stand l. an die Tür gelehnt; l. grüßen; **b)** (veraltend) *nachlässig, nicht sorgfältig:* etw. l. abschreiben; **c)** (ugs.) *leicht, ohne Schwierigkeiten:* er lief die Strecke l. in 11 Sekunden; **d)** (bes. österr.) *hervorragend, ausgezeichnet:* sein Motorrad ist einfach l.; ◆ **e)** *träge, schlaff:* Mein eignes Unglück schlug mich nieder, machte mich ärgerlich, kurzsichtig, schüchtern, l. (Lessing, Minna V, 2).

Läs|sig|keit, die; -, -en: **1.** ⟨o. Pl.⟩ *lässige [Lebens]art; lässiges Wesen.* **2.** ⟨meist Pl.⟩ *Nachlässigkeit* (2).

läss|lich ⟨Adj.⟩ [mhd. læʒlich, gelassen werdend; erlässlich, zu ↑ lassen]: **1. a)** (kath. Kirche) *nicht so sehr ins Gewicht fallend u. deshalb zu vergeben:* -e Sünden; **b)** (veraltend) *geringfügig:* eine -es Versehen; eine -e Schwindelei; **c)** (veraltet) *etw. nicht sehr genau nehmend; mild, tolerant:* ein Gesetz l. anwenden. ◆ **2. a)** *bequem, nicht anstrengend:* ... das Hauswesen, das zwischen -er Amtsbeschäftigung, städtischem Gewerb, Feld- und Gartenbau mit mäßiger Tätigkeit sich hin und wider bewegt (Goethe, Dichtung u. Wahrheit 10); Nach der Viktorie von Breitenfeld konnte ich dem Kaiser einen -en *(keine Zumutung bedeutenden u. daher leicht zu akzeptierenden)* Frieden vorschreiben (C. F. Meyer, Page 166); **b)** *duldsam, tolerant:* ... was die Menschen taten und trieben, sah ich l. an (Goethe, Dichtung u. Wahrheit 4).

Las|so, das (österr. nur so), seltener: der; -s, -s [engl. lasso < span. lazo, über das Vlat. zu lat. laqueus = Schlinge]: *Seil mit Schlinge zum Einfangen von Rindern, Pferden o. Ä.:* ein L. werfen; ein Kalb mit dem L. einfangen.

lässt: ↑ lassen.

Last, die; -, -en [mhd. last, ahd. [h]last, urspr. = Ladung, zu ↑ laden]: **1. a)** *etw., was [von jmdm.] getragen od. transportiert wird [u. durch sein Gewicht als drückend empfunden wird]:* eine schwere, leichte, wertvolle L.; die L. abwerfen; -en heben, tragen, schleppen; -en mit dem Kran befördern, von der Stelle bewegen; **b)** *etw., was drückend, schwer auf jmdm., etw. liegt; [größeres] Gewicht, das etw. belastet:* die Brücke trägt eine enorme L.; das Dach brach unter der L. des Schnees ein; er keuchte unter der L. des Koffers; Ü die schwere L. des Amtes, der Verantwortung; die L. auf sich nehmen, auf andere abwälzen; unter der L. der Anforderungen zusammenbrechen; ... und die L. *(das Bedrückende)* der Erinnerungen lag ihm auf der Brust, er erwachte viele Male (Hesse, Narziß 365); * *jmdm. zur L. fallen/werden (jmdm. zusätzliche Arbeit, Mühe od. Kosten bereiten u. dadurch lästig sein);* **jmdm. etw. zur L. legen** *(jmdn. beschuldigen, für etw. verantwortlich machen:* ihm werden zwei

Morde zur L. gelegt); **c)** (bes. Flugw.) *[schwere]* ¹*Ladung* (1a); **d)** (Seemannsspr.) *Ballast.* **2.** ⟨Pl.⟩ *finanzielle, wirtschaftliche Belastung, Verpflichtung; Abgaben* (2), *Steuern o. Ä.:* der Bevölkerung wurden immer wieder neue [steuerliche] -en auferlegt; auf dem Haus, Grundstück liegen erhebliche -en *(Schulden; rechtliche Verbindlichkeiten);* * **zu meinen, deinen usw. -en** (1. Kaufmannsspr.: Betrag zu Ihren -en. 2. *von Schaden, Nachteil für mich, dich usw.:* diese Scheidung geht ganz klar zu ihren -en); **zu -en** (↑ zulasten). **3.** (Elektrot.) *Belastung einer Anlage durch elektrischen Strom.* **4.** (Seemannsspr.) *Raum (für Vorräte, Tauwerk o. Ä. [unter Deck]; Frachtraum.*
Last|arm, der (Physik): *Hebelarm, an dem das Gewicht der Last* (1a) *wirkt.*
Last|au|to, das: *Lastkraftwagen.*
last, but not least ['laːst bʌt nɔt 'liːst]: ↑ last, not least.
las|ten ⟨sw. V.; hat⟩ [spätmhd. lasten, mhd. lesten = (be)laden; belästigen; beschuldigen]: **a)** *als Last* (1a, b) *drückend, schwer auf jmdm., etw. liegen; Druck ausüben:* der schwere Sack lastete auf meinem Rücken; Ü das Amt lastet schon allzu lange auf seinen Schultern; ... er lastete schwer in ihren Armen (Musil, Mann 1356); Über der Verlassenheit dieser Landschaft lastet eine schwere Stille (Jirgl, Stille 148); ◆ ⟨mit Dativobjekt:⟩ ... das verfluchte Hier! das eben, leidig lastet's mir (Goethe, Faust II, 11 233f.); **b)** *etw. stark [finanziell, wirtschaftlich] belasten:* zahlreiche Schulden lasten auf dem Grundstück; die große Zahl der Arbeitslosen lastet auf der Wirtschaft.
Las|ten|auf|zug, der: *Aufzug* (2) *zur Beförderung von Lasten* (1).
Las|ten|aus|gleich, der: **1.** *Entschädigung, die bestimmten Personen für Schäden u. Verluste aus der Kriegs- u. Nachkriegszeit gezahlt wird* (Abk.: LA). **2.** *Entschädigung für entstandene Kosten: einen finanziellen, gerechten L. zwischen ausbildenden und nicht ausbildenden Betrieben fordern.*
Las|ten|aus|gleichs|ge|setz, das: *in der Bundesrepublik Deutschland bestehendes Gesetz über den Lastenausgleich* (Abk.: LAG).
Las|ten|frei ⟨Adj.⟩: *frei von finanzieller Belastung; schuldenfrei:* das Haus ist l.
Las|ten|heft, das: *Zusammenstellung der Anforderungen, die ein technisches Produkt (z. B. Computersoftware, Fahrzeug, Flugzeug) erfüllen soll.*
Las|ten|seg|ler, der: *großes Segelflugzeug für den Transport von Truppen u. Lasten.*
¹**Las|ter,** der; -s, - (ugs.): *Lastkraftwagen.*
²**Las|ter,** das; -s, - [mhd. laster, ahd. lastar = Kränkung; Schmach; Tadel; Fehler, zu einem verb. mit der Bed. »tadeln, schmähen« (vgl. ahd. lahan = tadeln)]: *schlechte Gewohnheit, von der jmd. beherrscht wird; ausschweifende Lebensweise: ein gefährliches, verhängnisvolles L.; sein L. ist das Rauchen, das Trinken; sich einem L. hingeben; einem L. frönen; das L. (der charakterliche Fehler) des Geizes; (oft scherzh.:) das L. des Kaffeetrinkens; viele [kleine] L. haben.*
Läs|te|rei, die; -, -en: *dauerndes Lästern.*
Läs|te|rer, der; -s, - [spätmhd. lesterer]: *jmd., der gern lästert.*
las|ter|haft ⟨Adj.⟩: *einem Laster ergeben; moralisch verwerflich, verdorben:* ein -er Mensch; l. leben.
Las|ter|haf|tig|keit, die; -, -en: *lasterhaftes Wesen, Verhalten.*
Las|ter|höh|le, die (ugs. abwertend): *Lokalität, wo man ungestört seinem Laster nachgehen kann.*
Läs|te|rin, die; -, -nen: w. Form zu ↑ Lästerer.

Läs|ter|le|ben, das ⟨o. Pl.⟩ (abwertend, oft auch scherzh.): *lasterhaftes Leben:* ein L. führen.
läs|ter|lich ⟨Adj.⟩ [mhd. lesterlich]: *als Lästerung empfunden; lästernd:* -e Reden führen; l. reden, fluchen.
Läs|ter|lich|keit, die; -, -en ⟨Pl. selten⟩: *das Lästerlichsein.*
Läs|ter|maul, das (salopp): **a)** *jmd., der [ständig u.] gern lästert:* er ist ein altes, rechtes L.; **b)** *ständiges Bedürfnis zu lästern:* er hat ein entsetzliches L.
läs|tern ⟨sw. V.; hat⟩ [mhd. lestern, ahd. lastirōn = schmähen, beschimpfen, zu ↑²Laster in der urspr. Bed. »Schmähung«]: **1.** (abwertend) *sich über jmdn. [der abwesend ist], über etw. abfällig, mit kritischen od. ein wenig boshaften Kommentaren äußern:* die Kollegen lästerten über den Chef; in der Pause lästerten sie über die Inszenierung; hör doch auf zu l.! **2.** (veraltet) *schmähen:* die Götter, Gott l.; die viel gelästerten Rituale; ... es ist heute billiger geworden, die Götter zu l. (Wiechert, Jeromin-Kinder 242).
Läs|ter|re|de, die: *lästernde Rede.*
Läs|te|rung, die; -, -en [mhd. lesterunge, ahd. lastrunga]: **1.** *lästerliches Wort, Schmähung:* eine L. Gottes. **2.** *[boshafter] Spott:* sie wusste sich gegen die gehässigen Lästerungen ihrer Kollegen nicht zu wehren; ... und Hans Castorp lachte herzlich und gutmütig über diesen Sturzbach zungenfertiger -en (Th. Mann, Zauberberg 91).
Läs|ter|zun|ge, die (ugs.): *Lästermaul.*
Last|esel, der: *Esel, der vorwiegend zum Tragen von Lasten* (1a) *gebraucht wird:* Ü ich bin doch nicht dein L.!
Las|tex®, das; - [engl. lastex, unter Einfluss von engl. elastic = elastisch geb. zu ↑ Latex]: *Gewebe, das durch eingewebte Gummifäden stark dehnbar ist.*
Las|tex|ho|se, die: *Hose* (1a) *aus Lastex.*

-las|tig: drückt in Bildungen mit Substantiven – seltener mit Adverbien – aus, dass etw. ein gewisses Übergewicht hat, etw. zu stark betont ist: links-, theorie-, wortlastig.

läs|tig ⟨Adj.⟩ [spätmhd. lestec = lastend, schwer, zu ↑ Last]: *jmdn. in [aufdringlich] unangenehmer Weise beanspruchend, störend, ihn in seinem Tun od. seinen Lebensgewohnheiten behindernd; sehr unangenehm:* ein -er Anrufer, Besucher; ein -er Auftrag; eine -e Krankheit, Pflicht; jmdm. l. sein, fallen; die meisten E-Mails findet sie einfach nur l.
läs|tig fal|len, läs|tig|fal|len ⟨st. V.; ist⟩: *unangenehm, störend sein:* ich möchte Ihnen keineswegs lästig fallen.
Läs|tig|keit, die; -, -en ⟨Pl. selten⟩: *das Lästigsein.*
Last|kahn, der: *Kahn, der Lasten* (1a) *befördert.*
Last|kraft|wa|gen, der: *großes Kraftfahrzeug mit Ladefläche zur Beförderung von schweren Lasten* (1a) (Abk.: Lkw, auch: LKW).
Last|kran, der: *Kran für schwere Lasten.*
last mi|nute ['laːst 'mɪnɪt] ⟨Adv.⟩ [zu engl. last-minute = in letzter Minute (vorgebracht)]: *kurzfristig [u. gegen Preisnachlass]:* sie fliegt l. m. nach Thailand.
Last-mi|nute-An|ge|bot ['laːstˈmɪnɪt...], das [zu engl. last-minute = in letzter Minute (vorgebracht)]: *kurzfristiges Angebot von Reiseveranstaltern, Fluggesellschaften u. Ä., um für frei gebliebene Plätze gegen Preisnachlass noch Interessenten zu gewinnen.*
Last-Mi|nute-An|ge|bot ['laːstˈmɪnɪt...], das [zu engl. last-minute = in letzter Minute (vorgebracht)].
Last-mi|nute-Reise, Last-Mi|nute-Rei|se, die: vgl. Last-minute-Angebot.

last, not least ['laːst nɔt 'liːst; engl., nach der Stelle im Drama »König Lear« von W. Shakespeare (1564–1616): »although the last, not least«, eigtl. = die Jüngste, nicht Geringste] (bildungsspr.): *zwar in der Reihenfolge zuletzt, aber durchaus nicht in der Bedeutung; nicht zu vergessen.*
Last|pferd, das: vgl. Lastesel.
Last|schiff, das: *Schiff mit Laderaum zur Beförderung von Lasten* (1a).
Last|schrift, die (Bankw.): **a)** *Verbuchung auf der Sollseite eines Kontos;* **b)** *Mitteilung an den Kontoinhaber über eine Buchung auf der Sollseite;* **c)** Kurzf. von ↑ Lastschriftverkehr: *Gebührenreinigung durch/per L.;* **d)** *Betrag, mit dem ein Konto belastet wird.*
Last|schrift|ver|kehr, der (Bankw.): *Form des bargeldlosen Zahlungsverkehrs, wobei aufgrund einer Vollmacht des Kontoinhabers laufende Verbindlichkeiten regelmäßig abgebucht werden.*
Last|spit|ze, die (Fachspr.): *größte Belastung eines Kraftwerks in einer bestimmten Zeit.*
Last|tier, das: vgl. Lastesel.
Last|trä|ger, der: *jmd., der Lasten* (1a) *trägt.*
Last|trä|ge|rin, die: w. Form zu ↑ Lastträger.
Last|wa|gen, der: *Lastkraftwagen.*
Last|wa|gen|fah|rer, der: *Fahrer eines Lastwagens.*
Last|wa|gen|fah|re|rin, die: w. Form zu ↑ Lastwagenfahrer.
Last|zug, der: *Lastkraftwagen mit Anhänger[n]* (2).
La|sur, die; -, -en [mhd. lāsūr(e), lāzūr(e) = Lapislazuli < mlat. lazur(i)um < arab. lāzaward, ↑ Azur]: **a)** ⟨Pl. selten⟩ *Schicht aus Farbe, die das Material, auf das sie aufgetragen wird, durchscheinen lässt:* die L. auftragen; **b)** *Farbe zum Lasieren.*
Lä|sur, die; -, -en [wohl Kontamination von ↑ Läsion u. ↑ Blessur]: *[kleinerer] Schaden, [kleinere] Beschädigung.*
las|ziv ⟨Adj.⟩ [lat. lascivus, eigtl. = übermütig, zügellos] (bildungsspr.): **a)** *durch gekünstelte Schläfrigkeit Sinnlichkeit verbreitend [u. bei anderen sexuelle Begierde auslösend]:* sie saß in -er Pose da; sich l. bewegen; l. aussehen; **b)** *[in zweideutiger Weise] anstößig, unanständig, schlüpfrig:* eine -e Bemerkung, -e Fotografien.
Las|zi|vi|tät, die; - [spätlat. lascivitas = Mutwille; Ausschweifung] (bildungsspr.): *lasziateres Wesen, laszive Art.*
Lä|ta|re ⟨o. Art.; indekl.⟩ [lat. laetare = freue dich, nach den ersten Wort des Eingangsverses der Liturgie des Sonntags, Jes. 66, 10] (ev. Kirche): *dritter Sonntag vor Ostern.*
La|tein, das; -[s] [mhd. latin < lat. Latinum, zu: Latinus = lateinisch; zu Latium (hist. Landschaft in Italien zwischen dem Tiber u. Kampanien) gehörend]: **a)** *die lateinische* (a) *Sprache:* L. lernen, können; der Text war im klassischen L. abgefasst; * **mit seinem L. am Ende sein** *(nicht mehr weiterwissen; nach der früheren Bed. des Lateins als Sprache der Gelehrten, also eigtl. = mit seinem Wissen am Ende sein);* **b)** *die lateinische Sprache u. Literatur als Unterrichtsfach:* er unterrichtet L.; sie hat in L. eine Zwei; morgen haben wir kein L. (Schülerspr.; *keinen Lateinunterricht.*)
La|tein|ame|ri|ka, -s: *Gesamtheit der Spanisch u. Portugiesisch sprechenden Staaten Mittel- u. Südamerikas.*
La|tein|ame|ri|ka|ner, der: Ew.
La|tein|ame|ri|ka|ne|rin, die: w. Form zu ↑ Lateinamerikaner.
la|tein|ame|ri|ka|nisch ⟨Adj.⟩: *Lateinamerika, die Lateinamerikaner betreffend; von den*

Lateinamerikanern stammend, zu ihnen gehörend.
La|tei|ner, der; -s, - (bildungsspr.): *jmd., der die lateinische Sprache beherrscht od. lernt.*
La|tei|ne|rin, die; -, -nen: w. Form zu ↑Lateiner.
la|tei|nisch ⟨Adj.⟩: **a)** *in der Sprache der alten Römer;* **b)** *in lateinischer Schrift, in Antiqua geschrieben;* **c)** (schweiz.) *die Italienische, Rätoromanische, auch das Spanische u. Portugiesische betreffend:* die -e Schweiz; die -en Länder Südamerikas.
La|tei|ni|sche, das; -n ⟨nur mit best. Art.⟩: *Latein.*
La|tein|leh|rer, der: *Lehrer, der lateinische Sprache u. Literatur unterrichtet.*
La|tein|leh|re|rin, die: w. Form zu ↑Lateinlehrer.
La|tein|schrift, die: *Antiqua.*
La|tein|un|ter|richt, der: *[Schul]unterricht in lateinischer Sprache u. Literatur.*
La-Tène-Zeit, (fachspr. auch:)**La|tène|zeit** [...'tɛːn...], die ⟨o. Pl.⟩ [nach dem Fundort La Tène in der Schweiz] (Archäol.): *zweite Hälfte der Eisenzeit.*
La-Tène-zeit|lich, (fachspr. auch:)**la|tène|zeit|lich** ⟨Adj.⟩ (Archäol.): *die La-Tène-Zeit betreffend.*
Late-Night-Show ['leɪtnaɪtʃoʊ], die [engl. late-night show, aus: late-night = spät in der Nacht (stattfindend) u. show, ↑Show]: *Veranstaltung, Unterhaltungssendung, die am späten Abend beginnt bzw. stattfindet:* eine monatliche L.; eine L. moderieren.
la|tent ⟨Adj.⟩ [(frz. latent <) lat. latens (Gen.: latentis), 1. Part. von: latere = verborgen sein] (bildungsspr.): *vorhanden, aber [noch] nicht in Erscheinung tretend; nicht unmittelbar sichtbar od. zu erfassen:* eine -e Gefahr; -e (schlummernde) Kräfte, Energien frei machen; eine -e (Med.: *noch nicht akut gewordene, ohne typische Symptome verlaufende*) Erkrankung; die Krise hat sich l. entwickelt; l. vorhanden sein.
La|tenz, die; - (bildungsspr.): *Vorhandensein einer Sache, die [noch] nicht in Erscheinung getreten ist:* sich im Stadium der L. befinden.
La|tenz|zeit, die (Med.): *Inkubationszeit.*
la|te|ral ⟨Adj.⟩ [lat. lateralis, zu: latus (Gen.: lateris) = Seite] (Fachspr.): *seitlich, die Seite betreffend, von der Seite ausgehend:* die -e Eruption eines Vulkans; der -e (Med.: *seitlich gelegene, zur Seite führende*) Ast einer Arterie; -es Denken (*Denken, das alle Seiten eines Problems einzuschließen sucht, wobei auch unorthodoxe, beim logischen Denken oft unbeachtete Methoden angewendet werden*).
La|te|ran, der; -s [nach dem früheren Besitzern des Geländes, der röm. Familie der Laterani]: *päpstlicher Palast u. Basilika in Rom.*
La|ter|na ma|gi|ca, die; --, ...nae ...cae [...nɛ ...tsɛ] [nlat. = Zauberlaterne; vgl. Laterne u. magisch]: *einfachster Projektionsapparat.*
La|ter|ne, die; -, -n [mhd. la[n]terne < (spät)lat. la(n)terna < griech. lamptḗr = Leuchter, Fackel, Laterne]: **a)** *zum Leuchten dienendes Gerät, dessen [offene] Lichtquelle zum Schutz vor Witterungseinflüssen mit einem durchsichtigen Gehäuse umgeben ist:* eine stark leuchtende, schwache, schmiedeeiserne L.; eine L. anzünden, anstecken, auslöschen, tragen; sich mit einer L. in der Hand auf den Weg machen; geh mir aus der L. (salopp: *geh mir aus dem Licht*); ...begab sich ans Putzen seiner L., die er zugleich mit frischem Petroleum versorgte (Hauptmann, Thiel 20); * **mit der L. suchen können** (ugs.: *etw. [aufgrund seiner Seltenheit] kaum finden*); **b)** *Lampion;* **c)** Kurzf. von ↑Straßenlaterne: *die -n sind noch nicht angegangen;* unter einer L. stehen, parken.
La|ter|nen|fest, das: vgl. Laternenumzug.

La|ter|nen|fisch, der: *(in tropischen Meeren heimischer) kleiner Fisch mit zahlreichen, an den Flanken sitzenden Leuchtorganen.*
La|ter|nen|ga|ra|ge, die (scherzh.): *Platz auf der Straße, an dem jmd. sein Auto über Nacht parkt.*
La|ter|nen|licht, das ⟨Pl. -er⟩: *Licht einer Laterne.*
La|ter|nen|par|ker, der (scherzh.): *jmd., der sein Auto über Nacht auf der Straße parkt.*
La|ter|nen|par|ke|rin, die: w. Form zu ↑Laternenparker.
La|ter|nen|pfahl, der: *im Boden befestigter, langer Teil der Straßenlaterne, meist in Form einer Stange aus Stahl, Beton o. Ä., der einen Leuchtkörper trägt:* sein Rad an einem L. anschließen; gegen einen L. fahren, rennen; Der Pudel blieb an einem L. stehen, schnupperte und hob unendlich langsam ein Hinterbein (Remarque, Triomphe 83); * **mit dem L. winken** (ugs.; ↑Zaunpfahl).
La|ter|nen|schein, der: *Schein einer Laterne.*
La|ter|nen|um|zug, der: *Umzug von Kindern mit Lampions.*
La|tex, der; -, Latizes [...tsɛːs] [lat. latex < griech. látax = Flüssigkeit]: *Milchsaft bestimmter tropischer Pflanzen, aus dem Kautschuk, Klebstoff o. Ä. hergestellt wird.*
La|tex|far|be, die: *mit Latex hergestellte Farbe.*
La|ti|fun|di|en|wirt|schaft, die ⟨o. Pl.⟩: *Bewirtschaftung eines Großgrundbesitzes durch abhängige Bauern in Abwesenheit des Besitzers (z. B. in Südamerika).*
La|ti|fun|di|um, das; -s, ...ien [lat. latifundium, zu: latus = breit u. fundus, ↑Fundus]: **1.** *von Sklaven bewirtschaftetes großes Landgut im Römischen Reich.* **2.** ⟨Pl.⟩ *Liegenschaften; großer Land- od. Forstbesitz.*
La|ti|na, die; -, -s: w. Form zu ↑Latino.
la|ti|ni|sie|ren ⟨sw. V.; hat⟩ [spätlat. latinizare, zu lat. Latinus, ↑Latein] (Sprachwiss.): *in lateinische Sprachform bringen.*
La|ti|ni|sie|rung, die; -, -en (bildungsspr.): *das Latinisieren.*
La|ti|nis|mus, der; -, ...men (Sprachwiss.): *Übertragung einer für das Lateinische charakteristischen sprachlichen Erscheinung auf eine nicht lateinische Sprache.*
La|tin Lo|ver, der; - -[s], - -[s],**La|tin|lo|ver,** der; -[s] ['læɪtɪn 'lavɐ, auch: 'leɪtɪnlavɐ; engl., aus: Latin = südländisch; romanisch, eigtl. = lateinisch u. lover = Liebhaber]: *[feuriger] südländischer Liebhaber.*
La|ti|no, der; -s, -s [amerik.-span. Latino, zu span. latino = romanisch, eine romanische Sprache sprechend, eigtl. = lateinisch]: *Hispanoamerikaner.*
Latin Rock, der; - -[s],**La|tin|rock,** der; -[s] ['læɪtɪn 'rɔk, 'læɪtɪnrɔk; engl., aus: Latin (↑Latin Lover) u. ²Rock]: *um 1970 in den USA entstandene Stilrichtung der Rockmusik, die Elemente der lateinamerikanischen Musik (Tanzrhythmen, Instrumente) aufgreift.*
La|ti|num, das; -s [gek. aus nlat. examen Latinum = lateinische Prüfung]: *(für bestimmte Studiengänge vorgeschriebene) Kenntnisse in der lateinischen Sprache, die durch ein amtliches [Prüfungs]zeugnis nachgewiesen werden:* das L. haben; das L. (*die Prüfung für das Latinum*) machen; das kleine L. (*Kenntnisse in der lateinischen Grammatik mit ausreichendem Wortschatz*), das große L. (*Kenntnisse in der lateinischen Grammatik mit ausreichendem Wortschatz sowie die Befähigung zum Lesen und Übersetzen schwieriger lateinischer Autoren*).
La|ti|zes: Pl. von ↑Latex.
La|t|rie, die; - [spätlat. latria < griech. latreía = (Opfer)dienst, zu: latreúein = einem Gott (mit Gebet u. Opfer) dienen] (kath. Kirche): *die Gott u. Christus allein zustehende Verehrung, Anbetung.*
La|t|ri|ne, die; -, -n [lat. latrina, älter: lavatrina, zu: lavare = (sich) baden, waschen]: *in Lagern o. Ä. behelfsmäßig erbauter Abort, der von mehreren Personen gleichzeitig benutzt werden kann:* die L. reinigen; auf die L. gehen.
La|t|ri|nen|ge|rücht, das (ugs. abwertend): *Latrinenparole:* verbreite nicht solche -e!
La|t|ri|nen|pa|ro|le, die (ugs. abwertend): *Gerücht; irreführende, falsche Behauptung, nicht verbürgte Information, die [heimlich] verbreitet wird:* das ist doch nur eine L.; -n ausgeben, verbreiten.
¹**Lat|sche,** die; -, -n (ugs.): *Latschen.*
²**Lat|sche** [auch: 'laː...], die; -, -n [aus dem Bayr., Tirol., H. u.]: *(in mittel- u. südeuropäischen Gebirgen heimische) strauchartig wachsende Kiefer, meist mit niederliegenden Ästen.*
lat|schen ⟨sw. V.⟩ [wohl laut- u. bewegungsnachahmend, H. u.]: **1.** ⟨ist⟩ (salopp) **a)** *langsam schlurfend, schwerfällig od. nachlässig gehen:* durch die Gegend, nach Hause, über den Flur l.; Mensch, latsch (*schlurf*) nicht so!; **b)** *unabsichtlich, achtlos seinen Fuß auf, in etw. setzen:* er ist in die Pfütze, auf ihre Brille gelatscht; **c)** *mit Absicht heftig auf, in etw. treten:* auf die Bremse l. **2.** ⟨hat⟩ [wohl = jmdm. eins mit dem Latschen geben] (landsch.) *jmdm. eine Ohrfeige versetzen:* ich latsch dir gleich eine!
Lat|schen, der; -s, - ⟨meist Pl.⟩ [wohl zu ↑ latschen] (ugs.): *alter bequemer, ausgetretener Schuh od. Hausschuh:* schief gelaufene L.; * **aus den L. kippen** (ugs.: 1. *ohnmächtig werden.* 2. *die Fassung verlieren; sehr überrascht sein*).
Lat|schen|kie|fer, die: ²Latsche.
Lat|schen|kie|fer|öl, Lat|schen|kie|fern|öl, das: ²*ätherisches (2) Öl aus den Nadeln der ²Latsche, das bes. als Badezusatz verwendet wird.*
Lat|te, die; -, -n [mhd. lat(t)e, ahd. lat(t)a, urspr. = Brett, Bohle, verw. mit ↑Laden]: **1.** *langes, meist kantiges Stück Holz, das im Verhältnis zu seiner Länge sehr schmal u. flach ist:* verfaulte, morsche -n am Zaun ersetzen; eine L. an-, festnageln; ein Verschlag aus -n und Brettern; * **lange L.** (ugs.: *sehr großer, dünner Mensch*); **nicht alle -n am Zaun haben** (ugs.: *nicht recht bei Verstand sein*). **2.** (Sport) **a)** (Fußball, Handball) *Querlatte des Tores:* der Ball traf die L.; der Stürmer setzte den Ball an die L.; einen Schuss über die L. lenken; **b)** (Leichtathletik) *Stange aus Holz od. Metall, die übersprungen werden muss.* **3.** *in der Fügung* **eine [lange, große, schöne usw.] L.** (ugs.: *eine Menge; viel:* eine [ganze] L. von Vorstrafen; das muss eine ganz schöne L. gekostet haben). **4.** (salopp) *erigierter Penis:* eine L. haben, kriegen.
Lat|te mac|chi|a|to [- ...'kiaː...], der; -, -[s] [ital. latte macchiato, eigtl. = gefleckte Milch, aus: latte = Milch (< lat. lac, Gen.: lactis) u. macchiato = gefleckt, 2. Part. von: macchiare < lat. maculare = gefleckt, bunt machen; beflecken, zu: macula = Fleck]: *Kaffeegetränk aus heißer, aufgeschäumter Milch und Espresso, das in schmalen, hohen Gläsern serviert wird.*
Lat|ten|ge|rüst, das: vgl. Lattenrost.
Lat|ten|ge|stell, das: vgl. Lattenrost.
Lat|ten|git|ter, das: *Gitter, Zaun aus Latten* (1).
Lat|ten|kis|te, die: vgl. Lattenrost.
Lat|ten|kreuz, das (Fußball, Handball): *von Pfosten u. Latte* (2 a) *gebildete Ecke des Tores.*
Lat|ten|rost, der: ¹*Rost* (a), *Gitter aus Latten* (1).
Lat|ten|schuss, der (bes. Fußball): *Schuss an die Latte* (2 a).
Lat|ten|tref|fer, der (Fußball, Handball): vgl. Lattenschuss.
Lat|ten|tür, die: *Tür aus Latten* (1).

Lat|ten|ver|schlag, der: *mithilfe von Latten* (1) *gefertigter Verschlag.*
Lat|ten|zaun, der: vgl. Lattenrost: Es war einmal ein L., mit Zwischenraum, hindurchzuschaun (Morgenstern, Galgenlieder 26).
Lat|tich, der; -s, -e [mhd. lattech(e), ahd. lattūh < lat. lactuca = Lattich, Kopfsalat, zu: lac = Milch, nach dem milchartigen Saft]: *(zu den Korbblütlern gehörende) Pflanze mit zungenförmigen gelben od. blauen Blüten u. Milchsaft enthaltenden Stängeln.*
La|tüch|te, die; -, -n [aus dem Niederd., zusgez. aus Laterne u. Lüchte = Leuchte] (ugs. scherzh.): *Laterne* (1 a): mach mal die L. an!; geh mir aus der L. (salopp; *geh mir aus dem Licht*).
La|tus, das; -, - [...tu:s] [lat. latus = Seite] (veraltet): *Gesamtbetrag einer Seite, der auf die folgende zu übertragen ist; Übertragssumme:* ◆ ...das fatale Rechnen wollte mir nun erst gar nicht mehr von der Hand, und ich hatte, wenn der Sonnenschein durch den Kastanienbaum vor dem Fenster grüngolden auf die Ziffern fiel und so fix vom Transport bis zum L. und wieder hinauf und hinab addierte, gar seltsame Gedanken dabei (Eichendorff, Taugenichts 17).
Lat|wer|ge [landsch.: laˈtvɛrʃ], die; -, -n [mhd. latwērge, la(c)twārje < afrz. (é)lectuaire < vlat. (e)lactuarium < spätlat. elect(u)arium, volksetym. angeschlossen an lat. electus = erlesen, zu griech. ekleiktón = Arznei, die man im Munde zergehen lässt]: **a)** *breiig zubereitetes Arzneimittel;* **b)** (landsch.) *Frucht-, bes. Pflaumenmus.*
Latz, der; -es, Lätze, österr. auch: -e [mhd. laz, auch: Schleife, Fessel, über das Roman. (vgl. afrz. laz, ital. laccio = Schnürband) zu lat. laqueus, ↑ Lasso]: **1.** *Lätzchen.* **2.** *an eine Schürze, Hose od. einen Rock angesetztes Stück Stoff, das über der* ¹*Brust* (1 a) *getragen u. von Trägern gehalten wird:* * **jmdm. eine/einen/eins vor den L. knallen/ballern/donnern** (1. salopp; *jmdm. einen kräftigen [Faust]schlag [ins Gesicht, vor die Brust] versetzen. jmdn. scharf zurechtweisen:* der Chef hat ihm eine vors den L. geballert). **3.** *herunterklappbares Vorderteil an Trachtenhosen.* **4.** (landsch.) Kurzf. von ↑ Hosenlatz (2).
Lätz|chen, das; -s, -: *kleines Tuch mit angenähten Bändern, das kleinen Kindern zum Schutz ihrer Kleidung beim Essen um den Hals gebunden wird:* sie band dem Kind ein L. um.
lạt|zen ⟨sw. V.; hat⟩ [wohl zu Latz (3), nach dem Brustlatz der Männerhose, in dem das Geld aufbewahrt wurde] (salopp): *bezahlen:* wegen zu schnellen Fahrens muss sie ein Bußgeld l.
Latz|ho|se, die: *Hose mit Latz* (2).
Latz|ho|sen|trä|ger, der: *jmd., der (oft als Ausdruck einer grünen* (4)*, linken Gesinnung) Latzhosen trägt.*
Latz|ho|sen|trä|ge|rin, die: w. Form zu ↑ Latzhosenträger.
Latz|schür|ze, die: vgl. Latzhose.
¹**lau** ⟨Adj.⟩ [mhd. lā, ahd. lāo, urspr. wohl = warm, brennend]: **1. a)** *(von Flüssigkeiten) weder warm noch kalt, mäßig warm:* im -en Wasser der Wanne liegen; die Suppe, der Kaffee ist nur l.; Ü das Geschäft, die Nachfrage ist l. *(mäßig);* **b)** *(von der Luft, Witterung) [angenehm] mild:* -e Luft; ein -er Sommerabend; die Nacht war l. **2.** *in nicht einschätzbarer Weise unsicher, unentschlossen, halbherzig:* ein -er Kerl; eine -e Einstellung zu etw. haben; ... man will keine -en Zusicherungen schöner Milde, man will etwas ganz anderes: man fordert ... schreiend und drohend die Abdankung Justinians (Thieß, Reich 527).
²**lau:** in der Verbindung **für l.** (landsch.; *unentgeltlich;* zu jidd. lau = nicht; kein: etwas nicht für l. erhalten; für l. arbeiten).

Laub, das; -[e]s [mhd. loup, ahd. loub, urspr. wohl = Abgeschnittenes, Abgerissenes]: *Blätter von Bäumen u. Sträuchern; frisches, grünes, dichtes, herbstliches, fallendes, moderndes L.; das L. raschelt, verfärbt sich, fällt von den Bäumen; L. tragende Bäume.*
Laub|baum, der: *laubtragender Baum.*
Laub|blatt, das: *Blatt* (1).
Laub|dach, das (dichter.): *Art Dach, das ein laubtragender Baum bildet.*
¹**Lau|be,** die; -, -n [mhd. loube = Vorbau; Gang; Speicher, ahd. louba = Schutzdach, Hütte, urspr. = aus Laub gefertigtes Schutzdach]: **1. a)** *an der Seite offenes, leicht gebautes Gartenhäuschen [aus Holz od. Holzlatten], das oft von Pflanzen umrankt ist]:* eine L. bauen; in, unter der L. sitzen; * **[und] fertig ist die L.!** (ugs.; *damit ist die Sache schon erledigt!*); **b)** *überdachter Sitzplatz im Garten.* **2. a)** (Archit.) *[gewölbter] Bogengang od. [gewölbte] Bogenhalle am Erdgeschoss eines Gebäudes;* **b)** (südd., westösterr., schweiz.) *offener, über eine Treppe begehbarer Gang an der Seite eines Hauses, der als Wohnungszugang od. Balkon dient.*
²**Lau|be,** der; -n, -n [H.u.]: *Ukelei.*
Lau|ben|gang, der: **a)** (Archit.) ¹*Laube* (2); **b)** (Archit.) *durch ein Dach überdeckter, offener Gang an Wohnhäusern o. Ä.;* **c)** (Gartenbau) *durch ein Gerüst, das von Kletter- u. Schlingpflanzen bewachsen ist, überdeckter Gartenweg o. Ä.*
Lau|ben|ko|lo|nie, die: *Gartenkolonie.*
Lau|ben|pie|per, der; -s, - [2. Bestandteil zu landsch. ugs. Pieper = Vogel u. eigtl. wohl = Vogel, der in einer Laube nistet] (berlin. scherzh.): *jmd., der in einer Laubenkolonie einen Garten hat.*
Laub|fall, der ⟨o. Pl.⟩: *das Abfallen der Blätter im Herbst.*
Laub|fär|bung, die: *Färbung des Laubs im Herbst.*
Laub|frosch, der: *(zu den Froschlurchen gehörender) kleiner, grüner Frosch mit weißlicher Bauchseite, der sich in Bäumen u. Sträuchern aufhält u. nur zur Laichzeit das Wasser aufsucht.*
Laub|ge|hölz, das ⟨meist Pl.⟩: *laubtragendes Gehölz* (2).
laub|grün ⟨Adj.⟩: *von heller, lebhafter gelbgrüner Farbe.*
Laub|heu|schre|cke, die: *(in vielen Arten vorkommende) grüne Heuschrecke mit mehr als körperlangen Fühlern.*
Laub|holz, das ⟨Pl. ...hölzer⟩: **1.** *Holz von Laubbäumen:* sie baut aus afrikanischen Laubhölzern. **2.** ⟨meist Pl.⟩ *laubtragendes Gehölz, Holzgewächs:* Laubhölzer anbauen.
Laub|hüt|te, die: *Hütte, die mit laubtragenden Zweigen bedeckt ist.*
Laub|hüt|ten|fest, das (jüd. Rel.): *mehrtägiges jüdisches Herbstfest (Erntedankfest) mit dem Brauch, in Laubhütten zu essen [u. zu wohnen].*
Laub|kro|ne, die: *Wipfel.*
Laub|moos, das ⟨Pl. -e⟩: *(in vielen Arten vorkommendes) Moos, mit kleinen Stämmchen u. meist spiralig angeordneten blattartigen Organen.*
Laub|sä|ge, die [urspr. = feine Säge zum Ausschneiden laubförmiger Zierstücke]: *leichte Handsäge mit sehr dünnem, fein gezahntem Sägeblatt für feine Holzarbeiten (bes. zum Aussägen von Figuren).*
Laub|sä|gel|ar|beit, die: *mit der Laubsäge hergestellte Arbeit* (4 a).
Laub|sän|ger, der [nach der laubähnlichen Färbung des Gefieders auf dem Rücken]: *(in zahl-*

reichen Arten vorkommende) zierliche, bräunliche od. graugrüne Grasmücke mit gelbweißer Bauchseite.
laub|tra|gend, Laub tra|gend ⟨Adj.⟩: *Blätter tragend, hervorbringend:* laubtragende Bäume.
Laub|wald, der: *Wald aus Laubbäumen.*
Laub|werk, das: *Gesamtheit der Blätter eines Baumes, Strauches.*
Lauch, der; -[e]s, -e [mhd. louch, ahd. louh, viell. verw. mit ↑ ¹Locke u. urspr. = Gebogener, nach den nach unten gebogenen Blättern]: **1.** *(in vielen Arten vorkommende) aus einer Zwiebel entstehende Pflanze mit Doldenblüten am Ende eines röhrenförmigen Schafts.* **2.** *Porree.*
Lauch|zwie|bel, die: *Frühlingszwiebel.*
Lau|da|num, das; -s [mlat. laudanum, wohl zu lat. ladanum, ↑ Ladanum]: *(als Beruhigungs- u. Schmerzmittel verwendete) Tinktur aus Opium.*
Lau|da|tio, die; -, ...ones [...ne:s] u. ...onen [lat. laudatio, zu: laudare = loben; anerkennen, gutheißen, zu: laus (Gen.: laudis) = Lob]: *im Rahmen eines Festakts gehaltene feierliche Rede, in der jmds. Leistungen u. Verdienste gewürdigt werden:* eine L. auf, für jmdn. halten. **1.** *(in vielen Arten vorkommende)*...
Lau|da|tor, der; -s, ...oren [lat. laudator]: *jmd., der eine Laudatio hält.*
Lau|da|to|rin, die; -, -nen: w. Form zu ↑ Laudator.
Lau|er, die [mhd. lūre = Hinterhalt, zu ↑ lauern]: in den Wendungen **auf der L. liegen**/(seltener:) **sein/sitzen/stehen** (ugs.; *in Erwartung von etw. [heimlich, unauffällig] bestimmte Vorgänge o. Ä. sehr aufmerksam beobachten, einen bestimmten Augenblick abpassen*); **sich auf die L. legen** (ugs.; *angestrengt, gespannt auf eine bestimmte Situation, Person o. Ä. warten, um schnell reagieren zu können*).
lau|ern ⟨sw. V.; hat⟩ [mhd. lūren = im Hinterhalt liegen, (hinterhältig) spähen ob. beobachten, H. u.]: **a)** *in feindlicher, hinterhältiger Absicht (um jmdn. zu überfallen, jmdm. Böses anzutun, um Beute zu machen) in einem Versteck sich verborgen, auf jmdn., etw. angespannt warten:* auf eine Patrouille l.; der Raubvogel lauert auf seine Beute; Ü der Mittelstürmer lauert am Strafraum; dort lauert Gefahr; einen lauernden *(hinterhältigen)* Blick haben; **b)** (ugs.) *angespannt, begierig, voller Ungeduld auf jmdn., etw. warten:* er lauerte auf das Klingelzeichen; sie lauerte darauf, dass er einen Fehler machte; Luigi lächelte ihr zu und griff sofort zu der Schallplatte ... und lauernd wartete sie hereinkam ... und lauernd wartete sie auf die Stelle, wo die Melodie ausklinkte und ratternd in unabsehbar tiefe Abgründe sank (Böll, Haus 25).
Lau|er|stel|lung, die: **a)** *lauernde* (a) *Stellung, Position:* die Katze hat ihre L. eingenommen; **b)** (ugs.) *lauernde* (b) *Stellung, Position:* ein Fotograf in L.
Lauf, der; -[e]s, Läufe [mhd., ahd. louf, zu ↑ laufen]: **1.** ⟨o. Pl.⟩ *das Laufen* (1, 2): in schnellem L. **2.** (Sport) *Durchgang in einem Wettbewerb, Rennen:* zweiter L. der Vorrunde; den L. gewinnen. **3.** ⟨o. Pl.⟩ *das Laufen* (7) *einer Maschine o. Ä.; [schnelle] ununterbrochene Bewegung von etw.:* der Motor hat einen leisen, runden, ruhigen L.; den L. einer Maschine überprüfen, überwachen; * **einen L. haben** (ugs.; *[bes. im Sport] über einen gewissen Zeitraum sehr erfolgreich sein, Erfolg haben*). **4.** ⟨o. Pl.⟩ *das Sicherstrecken, Verlauf in einer bestimmten Richtung:* sie folgten dem L. des Bachs, des Flusses, der Straße, der Bahnlinie. **5.** ⟨o. Pl.⟩ **a)** *Verlauf, den etw. nimmt:* der L. der Planeten um die Sonne; den L. der Gestirne beobachten; das Verfahren, den Prozess in seinem L. nicht beeinflussen, hindern; im L. *(im Verlaufe, während)* des Tages, der Zeit, des Lebens; im L. *(innerhalb)* von

Laufarbeit – Läufer

sechs Stunden läuft bei Flut das Wasser auf; * **einer Sache ihren L./freien L. lassen** *(etw. nicht zurückhalten, hemmen od. zügeln:* seinem Zorn, seiner Wut, seiner Fantasie freien L. lassen; den Dingen ihren L. lassen; sie ließ ihren Tränen freien L.); **b)** *gesetzmäßige Entwicklung von etw.; notwendige Folge zusammenhängender Ereignisse:* das ist der L. der Geschichte, der Dinge, der Welt; * **seinen L. nehmen** *(nicht aufzuhalten sein:* damit nahm das Geschehen, Verhängnis seinen L.). **6.** (Musik) *schnelle, stufenweise auf- od. absteigende Tonfolge.* **7.** (Jägerspr.) *Bein bestimmter Wildarten od. des Hundes:* Ein Karnickel erschien auf dem Feldweg, erblickte uns und sprang mit gestreckten Läufen ins hohe Spargelkraut (Kreuder, Gesellschaft 57). **8.** *Rohr* (2) *von Schusswaffen:* ein gezogener L.

Lauf|ar|beit, die ⟨o. Pl.⟩ (Sportjargon): *das während eines Ballspieles erforderliche Laufen* (1 a): der Mittelstürmer leistete enorme L.

Lauf|bahn, die: **1.** [für frz. carrière, ↑ Karriere] **a)** *festgelegter Weg des Aufstiegs in einem Beruf, beruflicher Werdegang:* die L. eines Offiziers; Ingenieure der gehobenen L.; er bereitete sich auf die L. eines Beamten vor; **b)** *persönlicher Werdegang, [erfolgreiches] Vorwärtskommen im Leben:* eine große, glänzende, steile L.; eine akademische, künstlerische, wissenschaftliche L. einschlagen; **c)** *bestimmter Lebensabschnitt, während dessen jmd. eine bestimmte Tätigkeit, einen bestimmten Beruf ausübt:* er fühlte, dass seine L. als Soldat zu Ende war; der Gewinn der Weltmeisterschaft ist der größte Erfolg in der L. eines Fußballers. **2.** (Leichtathletik) *abgegrenzte, ebene Strecke für Wettkämpfe im Laufen:* das Stadion hat eine L. von 400 m.

Lauf|band, das ⟨Pl. ...bänder⟩: *endloses, mechanisch bewegtes Band (bes. zur Beförderung von etw.).*

Lauf|bur|sche, der (veraltend, sonst leicht abwertend): *[junger] Mann, der in einer Firma o. Ä. nur für Botengänge eingesetzt wird:* ich bin doch nicht dein L. (emotional; *ich bin nicht bereit, für dich Botengänge, Handlangerdienste zu erledigen).*

lau|fen ⟨st. V.⟩ [mhd. loufen, ahd. (h)louf(f)an, wahrsch. urspr. = (im Kreise) hüpfen, tanzen]: **1.** ⟨ist⟩ **a)** *sich in aufrechter Haltung auf den Füßen in schnellerem Tempo so fortbewegen, dass sich jeweils schrittweise für einen kurzen Augenblick beide Sohlen vom Boden lösen:* er musste l., um den Bus noch zu bekommen; immer schneller l.; auf die Straße, aus dem Haus, ins Freie, über das Feld, um die Ecke l.; er lief wie der Blitz, wie ein Wiesel; **b)** (ugs.) *gehen* (1): grübelnd im Zimmer auf und ab und her l.; [schnell einmal] zum Supermarkt, zur Post l.; auf Strümpfen, an Stöcken l.; Dabei hatte er nicht mal Stiefel an, sondern lief auf Fußlappen, dieser Wawrila (Lenz, Suleyken 11); * **jmdn. l. lassen** (ugs.; *jmdn. freilassen, freigeben gelassen*); **c)** *zu Fuß gehen:* das kleine Stück können wir doch l.; wir sind im Urlaub viel gelaufen; von der Haltestelle aus sind es noch fünf Minuten zu l.; **d)** *die Fähigkeit haben, sich auf den Beinen gehend fortzubewegen:* das Kind läuft schon, läuft noch etwas unsicher; **e)** *beim Laufen* (1 a, b) *an, gegen etw. geraten, stoßen:* in der Dunkelheit lief er gegen den Zaun; der Mann lief in ein Auto; **f)** *(von bestimmten Tieren) sich [schnell, flink] fortbewegen:* Tausende von Ameisen liefen über den Weg; ein Reh lief mir in die Fahrbahn. **2.** ⟨ist⟩ *eine bestimmte Strecke gehend zurücklegen:* wir sind 20 km, einen Umweg gelaufen. **3.** ⟨l. + sich; hat⟩ **a)** *sich durch Laufen in einen bestimmten Zustand versetzen:* sich müde, außer Atem l.; ...ich ... hatte mich aus dem Münster hinweggeschlichen und in den nächtlichen Gassen müde gelaufen (Hesse, Steppenwolf 151); **b)** *durch Laufen etw., einen bestimmten Körperteil in einen bestimmten Zustand versetzen:* sich eine Blase, sich die Füße wund, sich ein Loch in die Schuhsohle l.; **c)** ⟨unpers.⟩ *[unter bestimmten Umständen] in bestimmter Weise gehen* (1) *können:* in diesen Schuhen läuft es sich bequemer; über diesen Schotter, bei/in dieser Kälte läuft es sich schlecht. **4.** ⟨ist⟩ (ugs.; meist leicht abwertend) *sich ständig [aus Gewohnheit] irgendwohin begeben:* er läuft dauernd ins Kino, wegen jeder Kleinigkeit zum Arzt. **5. a)** ⟨ist⟩ *an einem Laufwettbewerb, Rennen teilnehmen:* sie läuft für Italien; die besten Pferde sind gestern schon gelaufen; **b)** ⟨hat/ist⟩ *in einem sportlichen Wettbewerb, Rennen als Läufer eine bestimmte Zeit erzielen, erreichen:* einen Rekord, neue Bestzeit mit 58,1 Sekunden l.; **c)** ⟨hat⟩ *in einem sportlichen Wettbewerb eine bestimmte Strecke zurücklegen:* einige Runden, 800 m l.; **d)** ⟨ist⟩ *sich unter bestimmten Umständen, in bestimmter Weise als Läufer betätigen:* ich bin noch nie vor so vollen Tribünen als Eiskunstläufer gelaufen. **6. a)** ⟨ist/hat⟩ *die Fähigkeit haben, sich mit einem an den Füßen befestigten Sportgerät fortzubewegen:* läufst du Rollschuh?; ich bin/(seltener:) habe früher Schlittschuh gelaufen; **b)** ⟨ist⟩ *sich auf einem an den Füßen befestigten Sportgerät fortbewegen:* ich werde morgen Ski l.

7. ⟨ist⟩ **a)** *in Gang, in Betrieb sein:* die Uhr läuft; den Motor l. lassen; die Maschine läuft ruhig, laut, nicht richtig; der CD-Spieler, der Fernseher läuft; der Film, die Show läuft schon seit zehn Minuten (hat schon vor zehn Minuten begonnen); Ruhe, Kamera läuft!; endlich lief (funktionierte) der Apparat wieder; (EDV:) die Anwendung läuft nicht auf mobilen Geräten, nicht unter diesem Betriebssystem; **b)** *sich [gleichmäßig, gleitend] durch, über, um etw. bewegen:* der Kran läuft auf Schienen; das Seil läuft über Rollen; der Faden läuft (wickelt sich) auf die Spule; die Erde läuft (dreht sich) um die Sonne; 1,27 Millionen Fahrzeuge liefen von den Fließbändern (wurden auf den Fließbändern hergestellt, produziert); die Masche läuft (löst sich); Ü ein Raunen lief durch die Menge, über die Ränge; ⟨unpers.:⟩ [vor Grauen] lief es mir eiskalt über den Rücken. **8.** ⟨ist⟩ (gelegtl. Fachspr.) *fahren* (1 a): der Zug läuft (verkehrt) zwischen Stuttgart und München; die Schiffe laufen auf neuem Kurs; der Frachter ist auf Grund gelaufen. **9.** ⟨ist⟩ **a)** *fließen:* das Wasser läuft (fließt aus der Leitung); dem Kind liefen die Tränen übers Gesicht; das Wasser läuft in die Wanne; der Schweiß, das Blut lief ihm [in Strömen] über das Gesicht; der Käse läuft (ist weich u. beginnt zu zerlaufen); **b)** *Wasser, Flüssigkeit austreten, ausfließen lassen:* das Fass läuft (ist undicht); ihr lief (tropfte ständig) die Nase; sein rechtes Ohr läuft (sondert Flüssigkeit ab, eitert); Man hielt den Kopf unter den laufenden Wasserhahn, spülte die Hände ab, und fertig war die Wäsche für den Tag! (Fallada, Trinker 145). **10.** ⟨ist⟩ *sich in bestimmter Richtung erstrecken; in bestimmter Richtung verlaufen:* die Straße läuft (führt) am Fluss entlang, geradeaus; die Narbe läuft quer über das Gesicht; eine niedrige Bank läuft um den Ofen. **11.** ⟨ist⟩ **a)** *[in bestimmter Weise] vor sich gehen, vonstattengehen, verlaufen:* alles, der Ausflug läuft wie geplant, nach Wunsch; die Sache kann so oder so l.; ich möchte wissen, wie die Verhandlung gelaufen ist; er lässt einfach l. (ugs.; kümmert sich um nichts); ich möchte wissen, was hier läuft; ⟨unpers.:⟩ er hat schon einmal einen Job gehabt und weiß, wie es läuft (ugs.; wie man es macht); wie läuft's?; Nur ihr Ehrgeiz plagte, ärgerte ihn, denn er richtete sich weniger auf ihr Geschäft, von dem sie behauptete, es laufe inzwischen von selbst..., sondern auf sein Fortkommen, seine Karriere (Härtling, Hubert 312); **b)** *eingeleitet, aber nicht abgeschlossen od. entschieden sein:* die Ermittlungen laufen; der Antrag, das Gesuch, die Bewerbung läuft (ist eingereicht u. wird bearbeitet); die Verhandlungen über die Finanzierung des Projekts laufen noch (dauern noch an); gegen ihn läuft eine Anzeige, ein Verfahren; * **gelaufen sein** (ugs.; *vorbei, abgeschlossen sein; nicht mehr zu ändern sein:* um 19 Uhr ist alles gelaufen). **12.** ⟨ist⟩ *Gültigkeit haben; wirksam sein:* das Abkommen, der Bausparvertrag läuft nur noch bis zum Jahresende; wie lange läuft der Pass noch? **13.** ⟨ist⟩ *in einer Kartei o. Ä. geführt, registriert, festgehalten sein:* das Auto, Konto, Projekt läuft auf meinen Namen. **14.** ⟨ist⟩ *programmgemäß vorgeführt, dargeboten, ausgestrahlt werden:* in welchem Kino läuft der Film?; was läuft eigentlich im Fernsehen, Theater?; die Sendung lief im dritten Hörfunkprogramm. **15.** ⟨ist⟩ (ugs.) *sich günstig entwickeln:* der Laden läuft; das Buch, die CD läuft [sehr gut] (ist [sehr] gut verkäuflich); in der Schule lief es nicht so recht (der Lernerfolg blieb aus).

lau|fend ⟨Adj.⟩ [urspr. in der Kaufmannsspr. für frz. courant, ↑ kurant]: **a)** *regelmäßig wiederkehrend; ständig, dauernd:* die -en Ausgaben, Arbeiten, Geschäfte; die Produktion ist l. gestiegen; die Insassen der Anstalt wechseln l.; **b)** *gegenwärtig; gerade ablaufend, erscheinend* (Abk.: lfd.): das -e Jahr ist [bisher] sehr erfolgreich; am Achten [des] -en Monats; die -e Nummer der Zeitschrift, einer Serie; **c)** *unmittelbar aufeinanderfolgend* (Abk.: lfd.): der -e Meter kostet 25 Euro (es kostet 25 Euro pro Meter); eine l. nummerierte Bildfolge; * **auf dem**/(österr. auch:) **am Laufenden sein/bleiben** (immer über das Neueste informiert sein); **mit etw. auf dem**/(österr. auch:) **am Laufenden sein** (mit etw. auf dem aktuellen Stand sein); **jmdn. auf dem**/(österr. auch:) **am Laufenden halten** (jmdn. ständig informieren).

lau|fen las|sen, lau|fen|las|sen ⟨st. V.; hat⟩: **1.** *eingeschaltet sein, in Betrieb sein:* die Maschinen, den Motor, den Fernseher l. l. **2.** (ugs.) *nicht eingreifen, sich nicht um etw. kümmern:* du kannst doch die Dinge nicht einfach so l. l. **3.** * **jmdn. laufen lassen/laufenlassen** (↑ laufen 1 b).

◆ **Lau|fer**, der; -s, -: ↑ **Läufer**: ...das Geheul der Totenglocke, das Gebell des knurrischen Hofhunds Gewissen, lieber wollt' ich sie durch den tiefsten Schlaf hören, als von -n (Läufern 3), Springern und anderen Bestien das ewige: »Schach dem König!« (Goethe, Götz II); ... ja, ein wäre so ein L. (Läufern 7), den jede Schnecke einholen würde (Immermann, Münchhausen 119).

Läu|fer, der; -s, - [mhd. löufer, loufære = laufender Bote, Läufer (3), auch: Rennpferd, Dromedar, ahd. loufari = laufender Bote, Wandermönch]: **1. a)** *jmd., der das Laufen* (5) *als sportliche Disziplin betreibt, an einem Laufwettbewerb teilnimmt:* die L. gehen an den Start; er kam als schnellster L. ins Ziel; **b)** (Fuß-, Handball veraltend) *Spieler, der die Verbindung zwischen Stürmern u. Verteidigern herzustellen hat:* er spielt als rechter, linker L. **2.** *längerer, schmaler Teppich, bes. in Gängen u. auf Treppen:* ein schwerer, dicker, roter L.; den L. ausrollen. **3.** *Schachfigur, die man nur diagonal bewegen kann:* die L. schlagen, vor den König stellen. **4.** (Technik) *sich drehender, rotierender Teil von bestimmten Geräten od. Maschinen.*

5. (Bauw.) *Mauerstein, der mit der Längsseite nach außen liegt.* **6.** (Landwirtsch.) *junges, nicht mehr saugendes Schwein.* ♦ **7.** *Diener, der einer [herrschaftlichen] Kutsche vorausläuft u. Botendienste verrichtet:* … harrt des gläubige Sinn des liebenden Weibes auf den seligen Augenblick, da der goldlackierte Wagen vor dem Schlosse anhalten wird und der L. mit Blumenhut und Schurz in die Türe springen wird (Immermann, Münchhausen 111); Lakaien! L. (Schiller, Fiesco I, 4).

Lau|fe|rei, die; -, -en (ugs.): *Anzahl wiederholter, zeitraubender u. mit Unannehmlichkeiten verbundener* ¹*Gänge (2): bei der Wohnungssuche viel L., viele -en haben; jmdm. unnötige -en bereiten.*

Läu|fe|rin, die; -, -nen: w. Form zu ↑ Läufer (1).

läu|fe|risch ⟨Adj.⟩: *das Laufen (5) betreffend; im Hinblick auf das, die Fähigkeit im Laufen (5): -es Können; die Kür war musikalisch und l. hervorragend.*

♦ **Lau|fer|schurz**, der: *Schurz (a), den ein Läufer (7) trägt:* Die gnädigen Damen sehen verwundert meinen Blumenstrauß am Hute und dieses Tuch an, welches beinahe wie ein L. lässt (Immermann, Münchhausen 118/119).

lauf|fä|hig ⟨Adj.⟩ (EDV): *funktionsfähig; in der Lage, zu laufen (7 a): ein -es System; eine -e Version; auf/unter verschiedenen Plattformen l. sein.*

lauf|faul ⟨Adj.⟩: *zu faul zum Laufen; nicht willig zu laufen.*

Lauf|feu|er, das: *sich rasch, bes. am Boden ausbreitendes Feuer:* * *wie ein L. (ungemein schnell durch Weitererzählen;* urspr. *= Feuer, das an ausgestreutem Pulver entlangläuft, um zu zünden, dann auch: Gewehrfeuer entlang einer Schützenlinie: die Nachricht verbreitete sich wie ein L.).*

Lauf|flä|che, die: **a)** (Technik) *äußerer Belag (2) eines Reifens od. Rades, der direkt mit der Fahrbahn in Berührung kommt;* **b)** *untere Fläche des Skis, die direkt mit dem Schnee in Berührung kommt.*

lauf|freu|dig ⟨Adj.⟩ (Sportjargon): *während eines Ballspiels einsatzfreudig laufend.*

Lauf|gang, der: **1.** *Gang, der an etw. entlang verläuft; Durchgang.* **2.** *Gangway.* **3.** *aus einem Gitter geformter Tunnel, durch den [wilde] Tiere von einem Käfig in einen anderen gelangen.*

Lauf|ge|stell, das: *Gestell als Hilfe beim Laufen, bes. für kleine Kinder zum Laufenlernen.*

Lauf|git|ter, das: *meist aus einem Boden u. einem [Holz]gitter bestehendes viereckiges Gestell, in dem kleine Kinder das Gehen lernen, umherlaufen u. spielen können.*

Lauf|gra|ben, der (Militär): *Graben in einer Stellung, Verteidigungslinie, durch den man, vor feindlichem Feuer geschützt, irgendwohin gelangen kann; Verbindungsgraben.*

Lauf|haus, das: *Bordell, in dem die Kunden die Prostituierten zuerst in deren Zimmern in Augenschein nehmen können, bevor sie jmdn. auswählen.*

läu|fig ⟨Adj.⟩ [mhd. löufec = gangbar, üblich; bewandert]: *(bes. von Hündinnen) brünstig (1), geschlechtlich erregt.*

Läu|fig|keit, die; -: *das Läufigsein.*

Lauf|jun|ge, der: *Laufbursche.*

Lauf|kä|fer, der: *(in zahlreichen Arten vorkommender) brauner od. schwarzer, oft metallisch glänzender, räuberisch lebender Käfer.*

Lauf|kat|ze, die (Technik): *auf Trägern, Seilen od. Schienen laufender Wagen mit Winde zur Beförderung von Lasten.*

Lauf|kran, der (Technik): *Kran, der auf Schienen läuft.*

Lauf|kund|schaft, die: *ständig wechselnde Kunden.*

Lauf|leis|tung, die (Technik): **a)** *Leistung, die ein Fahrzeug, Reifen o. Ä. in Bezug auf die zurückgelegte Strecke erbringt;* **b)** *Leistung, die eine Maschine in Bezug auf die zeitliche Dauer erbringt.*

Lauf|ma|sche, die: *(bei Strick- od. Wirkwaren, bes. Strümpfen) Masche (1), die sich gelöst hat u. nach unten od. oben gleitet.*

Lauf|me|ter, der; -s, - (österr., schweiz.): *laufender Meter* (Abk.: Lfm.).

Lauf|pass, der: *in den Wendungen* **jmdm. den L. geben** (ugs.; *die Beziehungen zu jmdm. abbrechen, sich von jmdm. trennen;* urspr. *= Pass, der bei der Entlassung aus dem [Militär]dienst mitgegeben wurde; Entlassungsschein: der Präsident gab seinem persönlichen Berater den L.);* **den L. bekommen/erhalten** *(abgeschoben, entlassen werden: der Trainer hat schon nach drei Wochen gen L. erhalten);* ♦ **jmdm. den L. schreiben** *(jmdn. aus dem Dienst entlassen).*

Lauf|pen|sum, das (Sport): *durch Laufen erbrachte Leistung während eines Spiels.*

Lauf|rad, das: **1.** (Technik) **a)** *mit Schaufeln versehenes, radförmiges Teil an Turbinen;* **b)** *nicht angetriebenes Rad an [Trieb]fahrzeugen;* **c)** *Rad einer Laufkatze, eines Fahrwerks o. Ä.* **2.** *Draisine (2).*

Lauf|rich|tung, die: *Richtung, in die jmd., etw. läuft.*

Lauf|ru|he, die (Technik): *ruhiges, störungsfreies Laufen (7) einer Maschine o. Ä.*

lauf|ru|hig ⟨Adj.⟩: *ruhig laufend; Laufruhe habend: ein sehr -er Motor.*

Lauf|schie|ne, die (Technik): *Schiene, auf der ein Gegenstand hin u. her bewegt werden kann.*

Lauf|schrift, die: *[durch gesteuertes Ein- u. Ausschalten von verschiedenen Lampen] sich optisch vorwärtsbewegende Schrift [als Reklame o. Ä. an Fassaden, auf dem Fernsehbildschirm o. Ä.].*

Lauf|schritt, der: *in der Fügung* **im L.** *(mit schnellen Schritten:* [militär. Kommando:] im L., marsch, marsch!; im L. aus dem Haus eilen).

Lauf|schuh, der: **a)** *bequemer Schuh zum Spazierengehen o. Ä.;* **b)** ⟨meist Pl.⟩ (Leichtathletik) *besonderer Schuh für Läufer (1 a).*

Lauf|spiel, das (Sport): **a)** *Mannschaftsspiel, das hauptsächlich Laufen (1 a) erfordert;* **b)** (Handball) *ständiges Hin-und-her-Laufen der angreifenden Spieler, um dem Gegner zu täuschen od. zu irritieren;* **c)** *Bewegungsspiel für Kinder.*

läuft: ↑ laufen.

Lauf|stall, der: *Laufgitter.*

Lauf|steg, der: *schmaler, erhöhter Steg, auf dem man [hin u. her] gehen kann (bes. für die Mannequins bei Modenschauen).*

Lauf|stil, der (Leichtathletik): *Stil eines Läufers (1 a).*

Lauf|stre|cke, die: **a)** *Strecke zum Laufen: die L. entlang der Eisenbahnschienen; der Weg vom Auto zur L.;* **b)** *beim Laufen zurückzulegende od. zurückgelegte Strecke: ich plante meine abendliche L. genau.*

läuft: ↑ laufen.

Lauf|text, der: **1.** (Fernsehen) *sich auf dem Fernsehbildschirm optisch vorwärtsbewegende Schrift [als zusätzliche od. ergänzende Information]: Information per eingeblendetem L.* **2.** (Druckw.) *Fließtext.*

Lauf|trai|ning, das (Sport): *der Lockerung od. Verbesserung der Kondition dienendes Laufen (mit bestimmten Übungen): nach dem Aufwärmen begann das L.*

Lauf|trep|pe, die: *Laufgang (2).*

Lauf|vo|gel, der: *flugunfähiger Vogel, der sich laufend fortbewegt (z. B. Strauß, Emu).*

Lauf|werk, das: **1.** (Technik) **a)** *gesamter Mechanismus einer Maschine o. Ä.;* **b)** *Räderwerk im Gehwerk einer Uhr;* **c)** *Gesamtheit der Räder u. Achslager der Eisenbahnwagen.* **2.** (ugs. scherzh.) *Gesamtheit der beiden Beine.* **3.** Kurzf. von ↑ DVD-Laufwerk, ↑ CD-ROM-Laufwerk, ↑ Diskettenlaufwerk.

Lauf|wett|be|werb, der: *sportlicher Wettbewerb, bei dem eine bestimmte Strecke im Laufen zurückgelegt wird.*

Lauf|zeit, die: **1. a)** (Bankw.) *Zeit von der Ausstellung eines Darlehens o. Ä. bis zu dem Tag, an dem es zurückgezahlt sein muss: ein Kredit mit befristeter L.; dieser Wechsel hat eine L. von drei Monaten;* **b)** *Gültigkeitsdauer eines Gesetzes, Tarifs o. Ä.* **2.** *Zeit, in der ein Film o. Ä. auf dem Spielplan steht:* in Hamburg betrug die L. dieses Films 18 Wochen.

Lauf|zeit|ver|län|ge|rung, die: *Verlängerung der Laufzeit, Betriebsdauer, bes. bei Atomkraftwerken.*

Lauf|zet|tel, der: **a)** *Schreiben o. Ä., das zur Kenntnisnahme in Umlauf gesetzt wird; Rundschreiben;* **b)** *Zettel, auf dem durch Unterschrift o. Ä. bestätigt wird, dass jmd. etw. zur Kenntnis od. in Empfang genommen hat;* **c)** *Zettel, der jmdm. beim Betreten von Produktionsanlagen, Behörden o. Ä. mit der Auflage ausgehändigt wird, die einzelnen Stationen des Aufenthalts schriftlich bestätigen zu lassen;* **d)** *Zettel an Werkstücken o. Ä., auf dem jeder Arbeitsgang eingetragen wird.*

Lau|ge, die; -, -n [mhd. louge, ahd. louga = Lauge (1 b), Badewasser, verw. mit lat. lavere, lavare = waschen, baden]: **1. a)** (veraltend) *scharfe, ätzende Flüssigkeit, [Salz]lösung: sich an einer L. verätzen;* **b)** Kurzf. von ↑ Waschlauge: *Wäsche in der L. einweichen.* **2.** (Chemie) *wässrige Lösung einer* ²*Base, die alkalisch reagiert.*

Lau|gen|bad, das: *Lauge in einem Behälter, in die etwas (zur Behandlung) eingetaucht wird.*

Lau|gen|bre|zel, die: *vor dem Backen in kochende Natronlauge getauchte u. mit groben Salzkörnern bestreute Brezel.*

Lau|gen|bröt|chen, das: vgl. Laugenbrezel.

Lau|heit, die; -: ¹*laues (2), unentschlossenes Verhalten: seine L. stieß sie ab, verhinderte eine schnelle Entscheidung.*

♦ **lau|licht** ⟨Adj.⟩: *laulich:* … überdies war an diesem Tage eine milde, beinah -e Luft unbeweglich im ganzen Tale (Stifter, Bergkristall 27).

Launch [lɔ:ntʃ], der u. das; -[e]s, -[e]s [engl. launch = Start, Abschuss; Einführung, zu: to launch, ↑ launchen] (Werbespr.): *Einführung eines neu entwickelten Produktes auf dem Markt.*

laun|chen ['lɔ:ntʃn] ⟨sw. V.; hat⟩ [zu gleichbed. engl. to launch < afrz. lancier, ↑ lancieren]: *(von einem neuen Produkt) auf den Markt einführen.*

Lau|ne, die; -, -n [mhd. lūne, urspr. = Mondphase, -wechsel < lat. luna = Mond; die Stimmungen des Menschen wurden als abhängig vom wechselnden Mond empfunden]: **a)** ⟨o. Pl.⟩ *Stimmung, augenblickliche Gemütsverfassung: seine L. hat sich gebessert; schlechte, miese, gute, rosige L. haben; hat er jetzt wieder [eine] bessere L.?; jmdm. die L. verderben; bester, heiterer, trüber L. sein; in/bei L. sein (gut gelaunt sein); nicht in/bei L. sein (schlecht gelaunt sein); jmdn. bei guter L. halten, in gute L. versetzen; hat der aber heute eine L.!; dazu habe ich heute keine L. (Lust); Mensch, macht das L.! (macht das Spaß!); Wenn er einkauft, Ware aus den Gestellen nimmt und sie in den kleinen Drahtwagen legt, so geht es geschwind und nach L. (der Stimmung entsprechend;* Frisch, Montauk 170); **b)** ⟨meist Pl.⟩ *wechselnde Gemütsverfas-*

launen – läuten

sung, Stimmung[en]: -n haben; seine -n an anderen auslassen; unter jmds. -n zu leiden haben; Ü die -n des Wetters, des Schicksals; **c)** *einer Laune entspringender Einfall, spontane [ein wenig abwegige] Idee:* das war nur so eine L. von ihm; Ü eine seltsame L. der Natur hat diese Formen geschaffen.

lau|nen ⟨sw. V.; hat⟩ [mhd. lūnen = in vorübergehender Stimmung sein, zu ↑Laune] (veraltet): **a)** *launenhaft sein;* ♦ **b)** *schlechte Laune zeigen, übellaunig sein:* ...die keusche Luna launet grillenhaft (Goethe, Faust II, 4959).

lau|nen|haft ⟨Adj.⟩: *von wechselnden Stimmungen abhängig, unberechenbar:* ein -er Mensch; -e Naturen; sie ist sehr l.; Ü -e Witterung.

Lau|nen|haf|tig|keit, die; -, -en: *das Launenhaftsein; Laune* (b).

lau|nig ⟨Adj.⟩ [mhd. (md.) lūnic]: *von guter Laune zeugend; witzig, humorvoll:* eine -e Rede; -e Verse; sie hat das sehr l. erzählt; »Was ist?«, fragt sie l. den Mann, der die Eintretende anstarrt (Strauß, Niemand 111).

Lau|nig|keit, die; -: *launige Beschaffenheit.*

lau|nisch ⟨Adj.⟩ [spätmhd. lunisch] (abwertend): *wechselnden Stimmungen unterworfen u. ihnen nachgebend; häufig von schlechter Laune beherrscht:* -e Vorgesetzte; ein -er Charakter; seine Frau ist sehr l., ist als l. bekannt; Ü der -e April; das Glück ist l.

Lau|re|at, der; -en, -en [zu lat. laureatus = mit Lorbeer bekränzt] (bildungsspr.): *preisgekrönter Wissenschaftler od. Künstler, Empfänger einer öffentlichen Auszeichnung.*

Lau|re|a|tin, die; -, -nen: w. Form zu ↑Laureat.

Laus, die; -, Läuse [mhd., ahd. lūs, H. u.]: *kleines, flügelloses Insekt, das als Parasit Menschen u. Säugetiere befällt u. deren Blut saugt:* das Kind hat Läuse; Läuse fangen, zerdrücken, knacken; einem Tier die Läuse absuchen, auskämmen; * jmdm. ist eine L. über die Leber gelaufen (ugs.: *jmd. ist schlecht gelaunt, ärgert sich anscheinend grundlos über alles u. jedes;* nach der alten Vorstellung, dass die Leber der zentrale Sitz des Gemütes sei; die Verbindung mit »Laus« wohl wegen des Stabreims); **jmdm. eine L. in den Pelz/ins Fell setzen** (ugs.: *jmdm. Ärger, Schwierigkeiten bereiten. jmdm. misstrauisch machen);* **sich eine L. in den Pelz/ins Fell setzen** (ugs.: **1.** *misstrauisch werden.* **2.** *einen heimlichen Widersacher einstellen, zu seinem Vertrauten machen).*

Laus|bub, der [bes. durch die »Lausbubengeschichten« des bayr. Dichters L. Thoma (1867–1921) bekannt geworden; das urspr. nur abwertend gebrauchte Best. soll hier die Dreistigkeit des so Bezeichneten kennzeichnen] (ugs., meist wohlwollend): *frecher, kleiner Kerl; zu Streichen aufgelegter Junge:* komm her, du L.!; was haben die -en schon wieder angestellt?

Laus|bu|ben|ge|sicht, das: *schelmisches, keckes Gesicht mit wachem, lebhaftem Gesichtsausdruck.*

laus|bu|ben|haft ⟨Adj.⟩ (ugs.): *wie ein Lausbub, lausbübisch:* ein -es Lachen; er sah mich l. an.

Laus|bu|ben|streich, der, **Laus|bü|be|rei**, die: *Streich von Lausbuben.*

laus|bü|bisch ⟨Adj.⟩ (ugs.): *lausbubenhaft:* ein -es Vergnügen an etwas haben; l. lachen.

Lausch|ak|ti|on: ↑Lauschangriff.

Lausch|an|griff, der, Lauschaktion, die: *geheimes Abhören eines Verdächtigen mithilfe einer versteckt angebrachten Abhöranlage:* Großer/großer Lauschangriff (*das Abhören von Privatwohnungen einschließlich Lauschangriff*).

lau|schen ⟨sw. V.; hat⟩ [spätmhd. lūschen = aufmerksam zuhören, verw. mit ↑²lauschen]: **a)** *[heimlich] mit gespannter Aufmerksamkeit zuhören, sodass einem kein Wort, kein Ton entgehen*

kann; *horchen* (1 a): hingegeben, ergriffen, neugierig, angespannt l.; er legte sein Ohr an die Wand und lauschte; l., ob etwas zu hören ist; hast du gelauscht? (*heimlich mit angehört, was nicht für dich bestimmt war?);* er lauscht an der Wand, ins Zimmer; **b)** *bestimmten Worten od. Klängen, jmdm. zuhören:* jmds. Bericht, den Geschichten, dem Klang der Geigen, dem Gesang der Vögel l.; **c)** *horchen* (1 b): auf jmds. Stimme, Schritte l.; Draußen war es sehr still – er lauschte gespannt und erregt auf die Stille (Böll, Adam 38).

Läus|chen, das; -s, -: Vkl. zu ↑Laus.

Lau|scher, der; -s, -: **1.** *jmd., der lauscht, heimlich zuhört:* pass auf, dass wir bei unseren Verhandlungen keinen L. haben; **Spr** der L. an der Wand hört seine eigene Schand! (*wer heimlich lauscht, muss oft mit anhören, was für eine schlechte Meinung andere von ihm haben).* **2.** (Jägerspr.) *(bes. bei Hirsch, Reh, Gämse, Wolf, Fuchs u. Biber) Ohr.*

Lau|sche|rei, die; -, -en (abwertend): *[dauerndes] heimliches Lauschen, Spionieren.*

Lau|sche|rin, die; -, -nen: w. Form zu Lauscher (1).

lau|schig ⟨Adj.⟩ [für älter: lauschicht = gern horchend]: *traulich u. halb versteckt, verborgen u. gemütlich gelegen:* ein -es Plätzchen; ich finde es hier sehr l.

Läu|se|be|fall, der: *Befall (von Menschen, Tieren, Pflanzen) durch Läuse.*

Lau|se|ben|gel, der (ugs. abwertend, gelegtl. wohlwollend): *Lausbub.*

Lau|se|jun|ge, der (ugs. abwertend, gelegtl. wohlwollend): *Lausebengel:* ich keg dich gleich übers Knie, du L.!; Ü er politische Witz ist ein respektloser L. (Tucholsky, Werke II, 134).

Läu|se|kamm, der: **1.** *Kamm mit besonders feinen, eng stehenden Zinken, mit dem bei von Kopfläusen Befallenen Läuse u. Nissen aus den Haaren gekämmt werden.* **2.** (salopp scherzh.) *Kamm.*

Lau|se|lüm|mel, der (salopp abwertend): *frecher Lümmel.*

Lau|se|mäd|chen, das: vgl. Lausbub.

lau|sen ⟨sw. V.; hat⟩: **1.** [mhd. lūsen] *Haare od. Fell mithilfe der Fingerspitzen nach Läusen o. Ä. absuchen:* der Hund muss gelaust werden; der Affe laust sich, seine Jungen (*betreibt Fellpflege);* Ü er wurde bei der Festnahme gründlich gelaust (salopp: *bis auf die Haut untersucht).* **2.** (ugs.) *jmdm. beim [Karten]spiel nach u. nach Geld abnehmen; schröpfen* (2): die beiden haben mich beim Skat ganz schön gelaust. ♦ **3.** *sich (jmdn.) gründlich vornehmen, verprügeln:* Sie werfen sich ihm einen Buben nieder, der sich nichts weniger versieht. Wird sie aber schon wieder dafür l. (Goethe, Götz I).

Lau|se|pack, das (salopp abwertend): *Gesindel.*

Lau|ser, der; -s, - [im 16. Jh. urspr. = jmd., der Läuse hat, verlaust ist, dann auch: Lump; gering geachteter Mensch] (österr., schweiz., sonst landsch., fam., meist scherzh. wohlwollend): *Lausbub:* na warte, du L., gleich komme ich!

Lau|se|re|chen, Läu|se|re|chen, der (salopp scherzh.): *Kamm.*

lau|sig ⟨Adj.⟩ [spätmhd. lusec] (ugs.): **1.** (abwertend) **a)** *schlecht, unangenehm, widerwärtig:* eine -e Arbeit, Angelegenheit; die Zeiten sind l.; Es gab da einen Baron von Bouyon, Besitzer eines Sohnes und eines Lehens bei Vence, von guter Reputation und –er Finanzlage ... (Süskind, Parfum 253); **b)** *schäbig, geringfügig, ganz unbedeutend:* wer wird sich wegen so ein paar -er Cent aufregen! **2.** (emotional verstärkend) *sehr [groß]:* eine -e Kälte; hier zieht es l.; es tat l. weh.

¹laut ⟨Adj.⟩ [mhd. lūt, ahd. (h)lūt, urspr. = gehört

u. Partizipialbildung zu einem Verb mit der Bed. »hören«]: **a)** *weithin hörbar, mit kräftigem Klang:* -e Worte; -e Musik; -es Rufen, Getrampel; -er Jubel, Beifall; der Motor, das Radio ist zu l.; die Maschine läuft l.; lass das Radio nicht so l. laufen!; du musst -er sprechen; l. lesen, lachen, schreien; l. und deutlich seine Meinung sagen; ein -es Wesen haben (*unbekümmert laut sprechen u. wenig Feingefühl haben);* er hat l. gedacht (*vor sich hin geredet, zu sich selbst gesprochen);* sie denken l. darüber nach (*diskutieren, erörtern),* ob sie sich trennen sollen; das darfst du nicht l. sagen, aussprechen (*das solltest du besser für dich behalten);* Ü -e (*grelle*) Farben; -e (*aufdringliche*) Reklame; * **l. werden** (1. *bekannt werden, an die Öffentlichkeit dringen, unverhohlen ausgesprochen werden:* Zweifel an der Wahrheit dieser Aussage sind l. geworden; Klagen, Gerüchte wurden l., dass ...; über die Verhandlungen hat man nichts l. werden lassen. 2. *drohend die Stimme erheben, schimpfen:* muss ich erst l. werden?); **b)** *geräuschvoll, lärmerfüllt:* eine -e Gegend, Straße; -e (*häufig Lärm verursachende*) Nachbarn; hier ist es mir zu l., geht es immer l. zu; seid doch nicht so l.!

²laut ⟨Präp. mit Dativ, auch mit Gen.⟩ [mhd. nach lūt = nach dem Inhalt, (Wort)laut] (Amtsspr.): *nach jmds. Angaben; dem Wortlaut von etw. gemäß, entsprechend* (Abk.: lt.): l. amtlicher Mitteilung; l. unserem Schreiben, (auch:) unseres Schreibens, l. beiliegenden, (auch:) beiliegender Rechnungen; l. Berichten der Polizei; l. dpa; l. Radio Bremen; l. Grundgesetz; l. Anlage; l. § 51.

Laut, der; -[e]s, -e [mhd. lūt, urspr. = das mit dem Gehör Wahrnehmbare, dann: = Inhalt eines (vorgelesenen) Schriftstücks, zu ↑¹laut]: **1.** *etw. Hörbares, [bewusst hervorgebrachtes] Geräusch von kurzer Dauer:* ein dumpfer, schriller, leiser L.; piepsende -e; -e des Schmerzes, der Wut; aus dem Zimmer drang kein L.; keinen L. von sich geben; * **L. geben** (1. Jägerspr.) *[vom Jagdhund] bellen.* ugs.; *sich melden, äußern; Bescheid geben:* du musst rechtzeitig L. geben). **2.** *mit dem Strom des Atems bei bestimmter Stellung der Sprechwerkzeuge hervorgebrachter Schall; kleinste Einheit der gesprochenen Sprache:* ein kurzer, offener, gutturaler L.; ein mit den Lippen gebildeter L.; vertraute, fremde -e.

Laut|äu|ße|rung, die (Zool., Verhaltensf.): *von einem Tier hervorgebrachter Laut* (1), *der der Verständigung innerhalb der eigenen Art dient.*

Lau|te, die; -, -n [spätmhd. lūte < afrz. lëut, aprovenz. laut, laüd < aüd, eigtl. = Holz(instrument)]: *Zupfinstrument mit 6 od. 11 Saiten über einem hölzernen Resonanzkörper in der Form einer halben Birne, einem Griffbrett mit Bändern u. kurzem, meist abgeknicktem Hals:* [die] L. spielen, schlagen; ein Lied auf, mit der L. begleiten; Lieder zur L. singen.

lau|ten ⟨sw. V.; hat⟩ [mhd. lūten, ahd. (h)lūtēn, zu ↑¹laut]: **a)** *einen bestimmten Wortlaut haben:* das Gesetz lautet: ...; sein Auftrag lautet dahin, dass ...; »Keine Experimente«, so lautete die Parole; Inzwischen wisse man, dass die gegnerische Losung gelautet habe, keinerlei Ordnungswidrigkeiten zu begehen (Kunze, Jahre 58); **b)** *sich in bestimmter Weise anhören:* das lautet gut, ganz vernünftig, wenig tröstlich; die Nachrichten lauteten schlecht; **c)** *einen bestimmten Inhalt haben:* die Anklage lautet auf Mord; das Urteil lautet auf 18 Monate Gefängnis; die Firma lautet auf den Namen ... (*wird unter dem Namen ... geführt);* auf wessen Namen lauten die Papiere? (*auf wessen Namen sind die Papiere ausgestellt?*)

läu|ten ⟨sw. V.; hat⟩ [mhd. liuten, ahd. (h)lūt(t)an,

Lautenist – lawinengefährdet

zu ↑ ¹laut]: **1. a)** *(von einer [Kirchen]glocke) in Schwingung gebracht werden u. dadurch ertönen, klingen:* die Glocken läuten von allen Kirchtürmen; die Glocke läutet zu Mittag; ⟨subst.:⟩ beim letzten Läuten *(beim letzten Klang der Glocken)* betrat sie die Kirche; **b)** *durch Läuten* (1 a) *anzeigen:* die Glocken läuten 8 Uhr, Mittag; **c)** *eine [Kirchen]glocke in Schwingung versetzen:* der Küster läutet die Glocken [zum Gottesdienst]; * **[von]** *etw.* **l. hören** *(etw. Gerüchten entnehmen, nur Andeutungen über eine Sache erfahren:* ich habe [davon] l. hören/gehört, dass Sie kündigen wollen). **2.** (südd., österr., schweiz., sonst geh.): **a)** *klingeln* (a): das Telefon, der Wecker läutet; ⟨unpers.:⟩ es läutete an der Wohnungstür; hat es geläutet?; es läutet zur Pause; Langsam fuhr die letzte Kleinbahn in der Kurve und läutete schneller, als sie fuhr (Grass, Hundejahre 52); **b)** *eine Klingel betätigen:* an der Tür l.; einmal kurz, dreimal l.; **c)** *durch Läuten* (2 b) *herbeirufen:* nach der Nachtschwester/(geh.:) der Nachtschwester l.

Lau|te|nist, der; -en, -en [älter: Lutenist; vgl. mlat. lutinista]: *Lautenspieler.*
Lau|te|nis|tin, die; -, -nen: w. Form zu ↑ Lautenist.
Lau|ten|mu|sik, die: *Musik für Laute.*
Lau|ten|spiel, das: vgl. Spiel (5 b).
Lau|ten|spie|ler, der: *jmd., der Laute spielt.*
Lau|ten|spie|le|rin, die: w. Form zu ↑ Lautenspieler.
¹lau|ter ⟨Adj.⟩ [mhd. lūter, ahd. (h)lūttar = rein; hell, klar, eigtl. = gereinigt, gespült] (geh.): **1.** *rein, unvermischt, ungetrübt:* -es Gold; Ü die -e Wahrheit. **2.** *aufrichtig, ehrlich:* ein -er Mensch, Charakter; -e Gesinnung.
²lau|ter ⟨indekl. Adj.⟩ [erstarrtes ↑ ¹lauter, wie z. B. in: das ist lauter Wahrheit (= die lautere Wahrheit)] (ugs.): *ganz viel, ganz viele; nur, nichts als:* l. Lügen; aus l. Barmherzigkeit; vor l. Freude, vor l. Angst; sie fuhr durch l. enge Gassen; Es war ein Sommer mit l. schönen Tagen gewesen (Kronauer, Bogenschütze 156).
Lau|ter|keit, die; - [mhd. lūterkeit]: *Reinheit, Anständigkeit*; *¹lauteres* (2) *Wesen:* menschliche, seelische L.; die L. seiner Worte.
läu|tern ⟨sw. V.; hat⟩ [mhd. liutern, ahd. (h)lūtaren] (geh.): **1.** *reinigen, klären, von Verunreinigungen befreien:* Erz l.; die Flüssigkeit ist trübe und muss geläutert werden. **2.** *von charakterlichen Schwächen, Fehlern befreien:* die Krankheit hat ihn, sein Wesen geläutert; seit dem Unglück ist er geläutert; ⟨auch l. + sich:⟩ er hat sich geläutert.
Läu|te|rung, die; -, -en [spätmhd. leuterung] (geh.): **1.** *das Läutern* (1). **2.** *das [Sich]Läutern:* geistige L.; Wandlung und L.
Läu|te|werk, Läutewerk, das: *Mechanismus zur Erzeugung eines Läutens:* die L. des Weckers.
Laut|ge|setz, das (Sprachwiss.): *Gesetzmäßigkeit einer lautlichen Entwicklung.*
laut|hals ⟨Adv.⟩ [verhochdeutschend für niederd. lūdhals]: *mit lauter Stimme:* l. lachen, schimpfen.
Laut|heit, die; - [zu ↑ ¹laut]: **a)** *das Lautsein;* **b)** *Lautstärke.*
Laut|leh|re, die (Sprachwiss.): *Teilgebiet der Sprachwissenschaft, dessen Gegenstand die Laute (2) sind.*
laut|lich ⟨Adj.⟩: *die Laute* (2) *betreffend:* -e Verschiedenheiten, Veränderungen.
laut|los ⟨Adj.⟩: *von keinerlei Geräusch begleitet:* mit -en Schritten; -e *(absolute)* Stille; sich l. nähern.
Laut|lo|sig|keit, die; -: *lautloser Zustand, lautlose Art u. Weise.*
laut|ma|lend ⟨Adj.⟩ (Sprachwiss.): *durch Lautmalerei gebildet:* »hatschi« ist ein -es Wort.

Laut|ma|le|rei, die (Sprachwiss.): *Wiedergabe natürlicher Geräusche o. Ä. durch klanglich ähnliche sprachliche Laute.*
laut|nach|ah|mend ⟨Adj.⟩: *lautmalend.*
Laut|schrift, die (Sprachwiss.): *(zur Angabe der Aussprache dienende) phonetische Schrift.*
Laut|spra|che, die: *Sprache, die aus Lauten besteht (im Gegensatz zur Gebärden-, Zeichensprache o. Ä.).*
Laut|spre|cher, der [LÜ von engl. loudspeaker]: *(bes. zur [verstärkten] Wiedergabe von Gesprochenem od. von Musik verwendetes) Gerät, das elektrische Wechselströme in hörbaren Schall umwandelt:* den L. einschalten; eine Rede mit -n übertragen; Ü in der Talkshow saßen die L. der beiden großen Parteien.
Laut|spre|cher|an|la|ge, die: *Anlage zur Übertragung von Gesprochenem, Musik u. a. mithilfe von Lautsprechern.*
Laut|spre|cher|box, die: *meist quaderförmiges Gehäuse mit einem od. mehreren darin eingebauten Lautsprechern (bes. als Teil einer Stereoanlage).*
Laut|spre|cher|durch|sa|ge, die: *Durchsage, die über Lautsprecher verbreitet, übertragen wird:* die L. war nicht zu verstehen.
Laut|spre|cher|stim|me, die: *Stimme aus dem Lautsprecher.*
Laut|spre|cher|wa|gen, der: *Wagen mit einem od. mehreren auf dem Dach montierten Lautsprechern zur Übertragung von Durchsagen u. a. im Freien.*
laut|stark ⟨Adj.⟩: *sehr laut, weithin hörbar:* -er Protest; l. schimpfen, klagen; die Schlachtenbummler unterstützten ihre Mannschaft l.
Laut|stär|ke, die: **a)** *messbare Stärke von Schall:* die L. messen, regulieren; die L. des Radios zurückdrehen; bei, in voller L.; **b)** *lautstarer Stimme, lautes Sprechen:* L. überzeugt nicht.
Laut|stär|ke|reg|ler, der: *Vorrichtung zum Regulieren der Lautstärke.*
Lau|tung, die; -, -en [zu ↑ lauten] (Sprachwiss.): **1.** *Art des Aussprechens:* die L. des Hochdeutschen; sie sprach das Wort mit deutlicher L. **2.** *lautliche Gestalt eines sprachlichen Zeichens:* Homofone sind Wörter mit gleicher L.
Laut|ver|schie|bung, die (Sprachwiss.): *nach bestimmten Gesetzen erfolgte Veränderung der Konsonanten im Laufe der Sprachgeschichte (z. B. b zu p, d zu t):* die erste oder germanische L.; die zweite oder hochdeutsche L.
Laut|wan|del, der (Sprachwiss.): *[nach bestimmten Gesetzen erfolgende] Änderung im Lautstand.*
laut wer|den, laut|wer|den ⟨unr. V.; ist⟩: ↑ ¹laut (2).
Läut|werk: ↑ Läutewerk.
Laut|zei|chen, das (Sprachwiss.): *Zeichen einer Lautschrift.*
lau|warm ⟨Adj.⟩: *nicht richtig warm, aber auch nicht kalt:* -e Milch; -es Essen; das Bier ist ja l.!; l. baden; Ü -e *(nur halbe, halbherzige)* Zustimmung.
La|va, die; -, Laven [ital. lava = Schlammmassen, viell. zu lat. labes = Erdrutsch] (Geol.): *bei Vulkanausbrüchen austretendes Magma u. das daraus entstehende Gestein:* glühende, erstarrte L.
La|va|bo [schweiz.: ˈlaːvabo], das; -[s], -s [frz. lavabo] (schweiz.): *Waschbecken.*
La|val|ge|stein, das: *aus Lava bestehendes Gestein.*
La|va|lam|pe, die: *elektrische Lampe mit einem mit zäher Flüssigkeit gefüllten, senkrechten, sich oben u. unten verjüngenden durchsichtigen Zylinder, in dem bunte blasenähnliche Gebilde aus Wachs langsam nach oben u. unten schweben u. sich dabei in Größe u. Form verändern.*

La|va|mas|se, die: *Masse von Lava.*
La|va|strom, der: *Strom flüssiger Lava.*
La|ven: Pl. von ↑ Lava.
la|ven|del ⟨indekl. Adj.⟩: *von der Farbe des Lavendels.*
La|ven|del, der; -s, - [mhd. lavendel(e) < ital. lavendola, zu: lavanda = was zum Waschen u. Baden dienlich ist, zu: lavare < lat. lavare = (sich) waschen, baden; nach der Verwendung als Badezusatz]: *(bes. im Mittelmeergebiet heimische) Pflanze mit silbergrauen, schmalen Blättern u. violetten, stark duftenden Blüten (aus denen ätherisches Öl für die Parfümindustrie gewonnen wird).*
la|ven|del|blau ⟨Adj.⟩: *lavendel.*
la|ven|del|far|ben ⟨Adj.⟩: *lavendel.*
La|ven|del|öl, das: *aus Lavendel gewonnenes Öl.*
La|ven|del|was|ser, das ⟨Pl. ...wässer⟩: *mit Lavendelöl hergestelltes Parfüm.*
¹la|vie|ren ⟨sw. V.⟩: **1.** ⟨hat/ist⟩ [mniederd. lavēren < mniederl. lave(e)ren, loveren, eigtl. = die Windseite abgewinnen, zu ↑ Luv] (Seemannsspr. veraltet) *im Zickzack gegen den Wind segeln; kreuzen* (6): Ü sie musste geschickt [zwischen den Machtblöcken] l. **2.** ⟨hat⟩ *mit Geschick durch etw. hindurchbringen, Schwierigkeiten überwinden:* der Lotse lavierte das Schiff durch die Untiefe; Ü er lavierte sich, seine Firma aus den schwierigsten Lagen; Ich gebe zu, Sie haben mich in eine Sackgasse laviert *(hineingebracht)*; Schnurre, Ich 122).
²la|vie|ren ⟨sw. V.; hat⟩ [ital. lavare = (ver)waschen < lat. lavare] (bild. Kunst): **a)** *die Konturen einer [farbigen] Tuschzeichnung mit nassem Pinsel verwischen;* **b)** *(eine Zeichnung) mit Wasserfarben kolorieren:* lavierte Zeichnung.
La|voir [laˈvoaːɐ̯], das; -s, -s [frz. lavoir, zu: laver = waschen < lat. lavare] (veraltet): *Waschgelegenheit, Waschschüssel; einfaches Waschbecken:* ein L. und ein Wasserkrug.
Law and Or|der [ˈlɔː and ˈɔːdə; engl. = Gesetz und Ordnung] (oft iron.): *Schlagwort, das die Bekämpfung von Kriminalität, Rauschgiftsucht, Gewalt u. Ä. durch drastische Gesetze u. harte polizeiliche Maßnahmen fordert.*
La|wi|ne, die; -, -n [ladin. lavina < mlat. labina, zu lat. labi = gleiten]: *an Gebirgshängen niedergehende [u. im Abrollen immer größer werdende] Masse von Schnee od. Eis:* eine L. geht nieder, donnert ins Tal; an diesem Hang gehen immer wieder -n ab; die L. begrub drei Menschen unter sich; ein unvorsichtiger Schritt kann eine L. auslösen; Ü eine L. von *(sehr viele)* Zuschriften; * **eine L. lostreten** *(durch sein Vorgehen, Handeln [ungewollt] eine Kette weiterer, sich steigernder Ereignisse auslösen:* mit diesen Äußerungen hat der Minister eine L. losgetreten).

-la|wi|ne, die; -, -n: **1.** *(emotional verstärkend) drückt in Bildungen mit Substantiven aus, dass etw. immer mehr wird, nicht mehr einzudämmen ist:* Antrags-, Ausgaben-, Schuldenlawine. **2.** *drückt in Bildungen mit Substantiven aus, dass eine große Menge, Masse von etw. sich wie eine (Schnee)lawine verhält:* Geröll-, Sand-, Schuttlawine.

La|wi|nen|ab|gang, der: *das Abgehen einer Lawine.*
la|wi|nen|ar|tig ⟨Adj.⟩: *wie eine Lawine [immer größer, gewaltiger werdend, anschwellend]:* die Informationsflut schwillt l. an.
La|wi|nen|bil|dung, die: *Bildung* (3) *einer Lawine.*
La|wi|nen|ge|fahr, die: *Gefahr, dass eine Lawine niedergeht.*
la|wi|nen|ge|fähr|det ⟨Adj.⟩: *durch das Bestehen von Lawinengefahr gekennzeichnet:* -e Hänge.

La|wi|nen|hang, der: *besonders lawinengefährdeter Berghang; Hang, an dem häufiger Lawinen niedergehen.*

La|wi|nen|hund, der: *Lawinensuchhund.*

La|wi|nen|ka|ta|s|t|ro|phe, die: vgl. Lawinenunglück.

La|wi|nen|schutz, der ⟨o. Pl.⟩: *Schutz vor niedergehenden Lawinen.*

la|wi|nen|si|cher ⟨Adj.⟩: *nicht durch Lawinen gefährdet, vor niedergehenden Lawinen geschützt:* ein -er Hang, Weg.

La|wi|nen|such|hund, der: *Hund, der bes. darauf abgerichtet ist, von Lawinen Verschüttete im Schnee aufzuspüren.*

La|wi|nen|un|glück, das: *durch eine Lawine verursachtes Unglück.*

La|wi|nen|ver|bau|ung, die: *Schutzwall, -mauer, -zaun o. Ä. zur Absicherung gegen niedergehende Lawinen.*

La|wi|nen|warn|dienst, der: *Dienst (2), der vor akuter Lawinengefahr warnt.*

Lawn|ten|nis, Lawn-Ten|nis ['lɔːn...], das; - [engl. lawn tennis, zu: lawn = Rasen]: *auf kurzem, dichtem Rasen gespieltes Tennis.*

lax ⟨Adj.⟩ [lat. laxus = schlaff, locker] (oft abwertend): *nachlässig, ohne feste Grundsätze, nicht streng:* eine -e Auffassung, Haltung, Führung, Moral; etw. l. handhaben, durchführen.

La|xans, das; -, ...antia u. ...anzien, **La|xa|tiv,** das; -s, -e, **La|xa|ti|vum,** das; -s, ...va [zu spätlat. laxativus = lindernd] (Med.): *mildes Abführmittel.*

Lax|heit, die; -, -en: **a)** ⟨o. Pl.⟩ *laxes Wesen, laxe Haltung, laxe Art;* **b)** *laxes Verhalten:* solche -en dürfen nicht vorkommen!

Lay|er ['leɪɐ], der; -s, - [engl. layer = Schicht] (EDV): *einzelne Ebene in einem CAD-Programm, Grafik- od. Bildbearbeitungsprogramm, einem Softwaresystem o. Ä.*

Lay|out, Lay-out [leɪˈl̯aʊt, auch: ˈleɪ...], das; -s, -s [engl. layout, eigtl. = das Ausbreiten, der Grundriss, zu: to lay out = aufreißen (5)]: **1.** (Druckw.) *Text- u. Bildgestaltung einer Seite, eines Werbemittels bzw. einer Publikation:* das L. dieses Buches ist besonders geglückt. **2.** (Elektronik) *Schema für die Anordnung der Bauelemente einer Schaltung.*

lay|ou|ten [leɪˈl̯aʊtn̩, auch: ˈleɪ...] ⟨sw. V.; hat⟩ (Druckw. Jargon): *Layouts (1 a) anfertigen.*

Lay|ou|ter, der; -s, -: *jmd., der Layouts (1) entwirft.*

Lay|ou|te|rin, die; -, -nen: w. Form zu ↑ Layouter.

La|za|rett, das; -[e]s, -e [frz. lazaret = Seuchenkrankenhaus < ital. lazzaretto, venez. lazareto, nazareto; Abl. vom Namen der venez. Kirche »Santa Maria di Nazaret«, bei der im 15. Jh. ein Hospital für Aussätzige gewesen war; beeinflusst von ital. lazzaro = aussätzig, Aussatz]: *Krankenhaus für verwundete od. erkrankte Soldaten, Militärkrankenhaus.*

La|za|rett|schiff, das: *als [behelfsmäßiges] Lazarett eingerichtetes Schiff zur Behandlung u. zum Transport von Verwundeten.*

La|za|rett|wa|gen, der: *als Lazarett eingerichteter [Eisenbahn]wagen.*

La|za|rett|zug, der: vgl. Lazarettschiff.

LBS = Location-based Services.

LCD [eltseːˈdeː], das; -s, -s, auch: die; -, -s [Abk. für engl. liquid crystal display]: *Flüssigkristallanzeige.*

LCD-An|zei|ge, die: *Flüssigkristallanzeige.*

LCD-Bild|schirm, der: *flach gebauter Bildschirm, der für die Darstellung Flüssigkristalle benutzt.*

LCD-Fern|se|her, der: *Fernsehgerät mit einem LCD-Bildschirm.*

ld., Ld. = limited.

Lead [liːd], das; -[s], -s [engl. lead, zu: to lead = (an)führen]: **1.** ⟨o. Pl.⟩ *führende Stimme (3 b) in einer [Jazz]band (z. B. Trompete).* **2.** ⟨o. Pl.⟩ (Wirtsch.) *das Vorauseilen, Vorsprung bestimmter Werte vor anderen im Konjunkturverlauf.* **3.** (Pressejargon) *[kurz zusammenfassende] Einleitung einer Veröffentlichung od. Rede.*

Lea|der ['liːdɐ], der; -s, - [engl. leader = (An)führer]: **1.** (Sport, bes. österr. u. schweiz.) *in einer Meisterschaft führender Klub.* **2.** *Leiter einer Band.*

Lea|de|rin, die; -, -nen: w. Form zu ↑ Leader (2).

Lea|der|ship ['liːdɐʃɪp], die; -, -s od. das; -[s] -s [engl. leadership = Führung] (Jargon): *Führung; Gesamtheit der Führungsqualitäten.*

Lead|gi|tar|re, die: *[elektrische] Gitarre, auf der die Melodie gespielt wird.*

Lead|gi|ta|rist, der; *jmd., der [in einer Band] die Leadgitarre spielt.*

Lead|gi|ta|ris|tin, die: w. Form zu ↑ Leadgitarrist.

Lean Ma|nage|ment [-...mənt, 'liːn ˈmænɪdʒmənt], das; -s, -s [engl., eigtl. = schlankes Management, aus: lean = schlank; von Zusätzen befreit, enschlackt u. management, ↑ Management] (Wirtsch.): *Unternehmensführung nach einem Konzept, das auf die zielgerichtete Gestaltung der wirtschaftlichen Aktivitäten u. den Abbau unnötiger Kosten ausgerichtet ist.*

Lean Pro|duc|tion ['liːn prəˈdʌkʃn], die; - - [engl., eigtl. = schlanke Produktion, aus: lean = schlank, mager, dürftig u. production = Produktion, Herstellung] (Wirtsch.): *Fertigung von Industrieerzeugnissen bei weitgehender Einsparung von Arbeitskräften, Kosten u. Material (z. B. durch Automation).*

Lear|ning by Do|ing [ˈləːnɪŋ baɪ ˈduːɪŋ], das; - - - [engl., eigtl. = Lernen durch Tun] (bes. Päd.): *Lernen durch unmittelbares Anwenden, Praktizieren des zu Lernenden.*

Lear|ning on the Job [- ɔn ðə ˈdʒɔb], das; - - - - [engl., = Lernen im Beruf]: *Lernen durch die entsprechende berufliche Tätigkeit.*

lea|sen [ˈliːzn] ⟨sw. V.; hat⟩ [engl. to lease, eigtl. = (ver)mieten]: *(ein [Investitions]gut) zur eigenen Nutzung mieten, pachten:* ein Auto l.; ein geleastes Fotokopiergerät.

Lea|sing ['liːzɪŋ], das; -s, -s [engl. leasing] (Wirtsch.): *Vermietung von [Investitions]gütern u. Industrieanlagen (wobei die Mietzahlungen bei späterem Kauf angerechnet werden können).*

Lea|sing|fir|ma, die: *Firma, die Leasing betreibt.*

Lea|sing|ra|te, die: *vertraglich festgelegter, regelmäßig zu zahlender Geldbetrag, der für das Leasen von etw. gezahlt werden muss.*

Lea|sing|ver|trag, der: *Vetrag über das Leasen von etw.*

leb|bar ⟨Adj.⟩ (bes. schweiz.): *ausführbar, praktizierbar:* das Leben wieder l. machen.

Le|bel|da|me, die, [geb. nach ↑ Lebemann] (abwertend): *elegante, reiche Frau, die im Luxus lebt o.*

Le|be|mann, der ⟨Pl. ...männer⟩ [1794 von dem dt. Schriftsteller E. Langbein (1757–1835) erstmals für ↑ Bonvivant u. frz. viveur gebraucht] (abwertend): *eleganter, reicher Mann, der im Luxus lebt u. dem sinnlichen Genuss ergeben ist.*

le|ben ⟨sw. V.; hat⟩ [mhd. leben, ahd. lebēn, eigtl. wohl = übrig bleiben (im Sinne von: überleben nach einem Kampf]: **1. a)** *am Leben, lebendig sein; nicht tot sein:* seine Großeltern leben noch; als der Arzt eintraf, lebte der Verunglückte schon nicht mehr; lebt er?; das Kind hat nur wenige Stunden gelebt; sie wollte nicht mehr länger l.; das doch nicht ich nicht l.; nicht mehr lange zu l. haben; lass das Tier doch l.! *(töte es nicht!)*; nicht l. und nicht sterben können *(sich sehr krank u. elend fühlen)*; (ugs. scherzh. zu jmdm., der sehr lange nichts von sich hören ließ) lebst du noch?; (ugs. Beteuerungsformel) es stimmt, so wahr ich lebe; ⟨1. Part.:⟩ die noch lebenden Nachkommen; lebend gebärende (Zool.; *lebende Junge zur Welt bringende*) Tiere; lebendes Inventar (Rechtsspr.; *Viehbestand*); bring mir den Mörder meines Sohnes, tot oder lebend!; ⟨subst.:⟩ die Lebenden und die Toten; Ü die Bilder dieser Künstlerin leben *(wirken lebendig)*; in den Menschen lebt die Hoffnung *(sie hoffen)* auf eine bessere Welt; lebende Sprachen *(Sprachen, die in der Gegenwart gesprochen werden)*; * **jmd., etw. lebe!** (Wunschformel: es lebe die Freiheit!); **es von den Lebenden nehmen** (ugs.; *sehr hohe, überhöhte Preise fordern*); **b)** *(als Lebewesen) da sein, existieren:* wie viele Menschen leben auf der Erde?; Luther lebte im 16. Jahrhundert; »Wie geht es dir?« – »Man lebt!« (ugs.; *es geht nicht gut, aber auch nicht übermäßig schlecht*); er weiß zu l. *(das Leben zu genießen)*; die lebenden *(heutigen)* Generationen; R l. und l. lassen *(man sollte jedem wie sich selbst seine eigene Existenz u. Lebensart zugestehen)*; man lebt nur einmal (Aufforderung, eine günstige Gelegenheit zu nutzen); **c)** *fortbestehen, weiterleben:* der Künstler lebt in seinen Werken; sein Andenken lebt in uns; der Name dieses Mannes wird für alle Zeiten l. **2.** *sein Leben in bestimmter Weise verbringen:* gut, anständig, enthaltsam, flott, bürgerlich, armselig l.; leb[e] wohl! (veraltend; *formelhafter Abschiedsgruß*); er lebt wie ein Fürst; hier lebt es sich gut; sie lebt von ihrem Mann getrennt; im Wohlstand, in glücklicher Ehe, in Scheidung l.; er lebt in dem Wahn, dauernd verfolgt zu werden; damit kann ich l. *(das ist für mich [noch] akzeptabel);* damit musst du l. *(musst du dich abfinden);* Wölfe leben in Rudeln; allein, mit seinen Freunden, mit einer Frau l.; nach seinem Glauben l.; er hat über seine Verhältnisse gelebt *(einen Lebensstil geführt, der seine finanziellen Möglichkeiten übersteigt);* sie lebten unter falschem Namen. **3.** [wohl unter Einfluss von engl. to live] **a)** *wohnen, seinen Wohnsitz haben:* er lebt in Hamburg; sie hatten lange im Ausland gelebt; auf dem Lande, in der Großstadt l.; Ü er lebt in einer anderen Welt *(ist ein Träumer);* **b)** *seinen Lebensraum haben:* Affen leben auf Bäumen; auf dem Land, im Wasser leben Tiere. **4. a)** *sich von etw. ernähren:* gesund, fleischlos, Diät l.; die Gefangenen mussten von Wasser und Brot l.; Spr der Mensch lebt nicht von Brot allein *(nur auf materielle Bedürfnisse;* Matth. 4, 4); **b)** *seinen Lebensunterhalt von etw. bestreiten:* von seiner Hände Arbeit l.; von diesem Gehalt kann man kaum l.; er lebt von der Wohlfahrt, von jmds. Gnade und Barmherzigkeit l.; er lebt von seinen Eltern *(seine Eltern kommen für seinen Lebensunterhalt auf);* R ⟨subst.:⟩ das ist zum Leben zu wenig, zum Sterben zu viel. **5. a)** ⟨mit einem Subst. des gleichen Stammes als Obj.⟩ *verbringen, zubringen:* ein glückliches, erfülltes Leben l.; er lebt sein eigenes Leben; **b)** *durchleben, vorleben, im Leben praktizieren:* Demokratie, eine Weltanschauung, seinen Glauben l. **6.** *sich in einem bestimmten Verhältnis befinden:* mit jmdm. im/in Frieden, im/in Streit, in einem nachbarlichen Verhältnis l. **7.** *sich einer Sache widmen, hingeben:* ganz seiner Familie/für seine Familie l.; er lebt nur seiner Musik, für eine Idee; Der Marquis hatte schon mit vierzig Jahren dem Versailler Hofleben den Rücken gekehrt, sich auf seine Güter zurückgezogen und dort den Wissenschaften gelebt (Süskind, Parfum 178).

Le|ben, das; -s, - [mhd. leben, ahd. lebēn, urspr. subst. Inf.]: **1.** ⟨Pl. selten⟩ *das Lebendigsein, Existieren:* organisches, irdisches L.; L. und Tod; das keimende, werdende L.; in ihm ist kein L. mehr; das L. ist vergänglich; das nackte L. *(die bloße Existenz)* retten; das L. verlieren *(sterben);* sich das L. nehmen *(sich selbst töten);* jmdm. das L. retten; die L. spendende (geh.; *zu leben ermöglichende)* Sonne; die L. zerstörende (geh.; *das Leben vernichtende)* Atombombe; sein L. wagen, für etw. einsetzen, aufs Spiel setzen, hingeben; viele mussten im Krieg ihr L. lassen *(sind im Krieg umgekommen);* die Entstehung, Erhaltung, Bedrohung, Zerstörung des -s; des -s müde, überdrüssig sein; seines -s nicht sicher sein; am L. sein, bleiben; trotz seines Leidens hängt er am L. *(will er noch nicht sterben);* man fürchtete für sein L.; der Arzt konnte den Bewusstlosen nicht mehr ins L. zurückrufen; sie hat mit dem L. abgeschlossen *(ist bereit zu sterben);* sie haben mit dem L. gespielt, haben ihren Leichtsinn mit dem L. bezahlen müssen; (Rel.:) Gott, der Herr über L. und Tod; er rannte um sein L.; um jmds. L. bangen, kämpfen; durch einen Unfall kam L. kommen *(umkommen);* zwischen Tod und L. schweben; Ü die Show hatte kein L.; einen Vertrag mit L. erfüllen; * *das ewige L.* (christl. Rel.; *das Leben in der Ewigkeit);* **einem Kind das L. schenken** (geh.; *ein Kind gebären);* **sein L. teuer verkaufen** *(in einem Kampf erst nach erbitterter Gegenwehr schließlich unterliegen u. getötet werden);* **sein L. aushauchen** (geh., verhüllend; *sterben;* ↑¹Geist 1 a); **seines -s nicht mehr froh werden** *(immer neue Sorgen, Probleme haben u. nicht zur Ruhe kommen);* **seinem L. ein Ende machen/setzen** (verhüll.; *sich selbst töten);* **ein Kampf o. Ä. auf L. und Tod** *(ein Kampf o. Ä., bei dem einer der Kontrahenten den Tod finden kann od. wird);* **etw. für sein L. gern tun** *(etw. sehr gern tun);* **[freiwillig] aus dem L. scheiden** *(sich selbst töten);* **etw. ins L. rufen** *(etw. gründen);* **mit dem L. davonkommen** *(aus einer großen Gefahr gerettet werden;* nach 2. Makk. 3, 38); **jmdm. nach dem L. trachten** *(jmdn. umbringen wollen);* **wie das blühende L. aussehen** (ugs.; *sehr gesund aussehen).* **2.** ⟨Pl. selten⟩ **a)** *Dauer, Verlauf des Lebens* (1), *der Existenz, des Daseins:* ein kurzes, langes L.; L. und Werk eines Künstlers; ein [ganzes] L. lang; sein L. genießen; seinem L. ein Ziel geben; der Sinn des -s; sich des -s freuen; die schwersten Stunden seines -s; sie hat das Geschäft ihres -s *(das beste Geschäft, das sie je im Leben abwickeln kann)* gemacht; auf ein erfülltes L. zurückblicken; * **jmdm. das L. sauer machen** *(jmdm. immer wieder Schwierigkeiten, Unannehmlichkeiten bereiten;* nach 2. Mos. 1, 14); **sich durchs L. schlagen** *(sich mühsam im Daseinskampf behaupten);* **nie im L./im L. nicht** (ugs.; *niemals, unter keinen Umständen);* **b)** *Art zu leben, Lebensweise:* ein einfaches, einsames, ruhiges, geordnetes, geregeltes, unstetes, liederliches, üppiges, arbeitsreiches L.; das L. als Artist ist hart; das L. in der Großstadt, auf dem Land; ein L. in Wohlstand, Zufriedenheit; das L. eines Einsiedlers führen; sein L. ändern; du machst dir das L. bequem, etwas zu leicht; ein neues L. anfangen, beginnen *(neue, gute Vorsätze fassen, seinen Lebenswandel ändern);* R was soll es sich schlechte L. nützen? *(man soll es sich lieber möglichst angenehm machen);* * **das süße L.** *(Leben im Luxus, ohne arbeiten zu müssen;* ital. la dolce vita); **c)** *Lebensinhalt:* der Sport war für sie das L. **3.** ⟨o. Pl.⟩ **a)** *der Alltag, die Wirklichkeit, in der sich das Leben abspielt; die Gesamtheit der Lebensformen:* das L. ist hart; diese Geschichte hat das L. geschrieben; diese meistern; dem L. die guten Seiten abgewinnen; diese Geschichte ist aus dem L. gegriffen; für das L. lernen; etwas nach dem L. malen, schreiben; R wie das L. so spielt (ugs. scherzh.; *man muss sich mit allem abfinden);* **b)** *Gesamtheit der Vorgänge, das Geschehen innerhalb eines Bereichs:* das gesellschaftliche, wirtschaftliche, künstlerische, geistige L. einer Stadt; im öffentlichen L. stehen. **4.** ⟨o. Pl.⟩ *Betriebsamkeit, lebhaftes Treiben:* das L. auf den Straßen; auf dem Markt herrscht reges L.; die Kinder haben L. ins Haus gebracht; nachts ist in der Innenstadt alles L. ausgestorben.

le|bend ge|bä|rend, le|bend|ge|bä|rend ⟨Adj.⟩ (Zool.): *lebende Junge zur Welt bringend; vivipar* (1): lebend gebärende Tiere.

Le|bend|ge|wicht, das: **a)** (Fachspr.) *Gewicht eines lebenden, nicht geschlachteten u. getränkten Nutz- od. Schlachttieres;* **b)** (scherzh.) *Körpergewicht eines Menschen.*

le|ben|dig ⟨Adj.⟩ [mhd. lebendec, ahd. lebendīg, weitergeb. aus dem 1. Part. mit urspr. Betonung der 1. Silbe]: **1.** *lebend, am Leben* (1): ein -es Wesen, -e Junge zur Welt bringen; bei -em Leibe verbrennen; er war mehr tot als l.; hier fühlt man sich wie l. begraben; Ü eine -e (nicht erstarrte, nicht nur formale) Demokratie; -e (nicht erstarrte, fortwirkende) Tradition; -er (gelebter, im Leben praktizierter) Glaube; ein -es *(wirksames, anschauliches)* Beispiel für etwas sein; die Erinnerung wurde wieder l. in ihm; * **es von den Lebendigen/vom Lebendigen nehmen** (↑leben 1 a). **2.** *lebhaft, munter, voll Leben:* eine sehr -e Stadt; die Kinder waren sehr l.; auf den Straßen wurde es allmählich -er; er hat sehr l. berichtet; Ü -e *(bunte, lebhafte)* Farben.

Le|ben|dig|keit, die; -, -en: **1.** ⟨o. Pl.⟩ *das Lebendigsein.* **2. a)** *lebendiges Wesen, Lebhaftigkeit;* **b)** *etw. lebendig* (2), *lebhaft Wirkendes.*

Le|bens|abend, der (geh.): *letzter Lebensabschnitt [im Ruhestand]:* einen beschaulichen L. in seinem L. im Altenheim verbringen.

Le|bens|ab|schnitt, der: *Periode innerhalb eines Lebens.*

Le|bens|ab|schnitts|part|ner, der (ugs., oft scherzh.): *Lebensgefährte für einen bestimmten Zeitabschnitt:* ihr damaliger L.

Le|bens|ab|schnitts|part|ne|rin, die: w. Form zu ↑Lebensabschnittspartner.

Le|bens|ader, die: *lebenswichtiger Verkehrsweg, lebensnotwendige Versorgung:* der Nil ist die L. Ägyptens; einer Stadt die L. durchschneiden.

Le|bens|al|ter, das: **a)** *Zahl der Lebensjahre:* das durchschnittliche L.; ein hohes L. erreichen; **b)** *bestimmter Abschnitt, Altersstufe:* das frühe, kindliche L.

Le|bens|angst, die: *Angst vor dem Leben; Angst, dem Leben u. seinen Anforderungen nicht gewachsen zu sein.*

Le|bens|an|spruch, der: *Anspruch an das Leben.*

Le|bens|ar|beits|zeit, die: *Dauer der Erwerbstätigkeit eines Menschen:* die L. verkürzen.

Le|bens|art, die: **1.** *die Art zu leben, Lebensweise:* die heutige, eine bürgerliche L. **2.** *ansprechendes Benehmen, gute Umgangsformen:* sie hat L.; ein Mann von [feiner] L.

Le|bens|auf|fas|sung, die: *Auffassung vom Leben.*

Le|bens|auf|ga|be, die: *Aufgabe, die jmd. sein ganzes Leben widmet, die einen lebenslang beansprucht:* das ist eine L.; sich etw. zur L. machen.

Le|bens|äu|ße|rung, die: *sichtbares Zeichen, Ausdruck von Leben:* eine L. von sich geben.

Le|bens|bahn, die (geh.): *[vorgezeichneter] Lebensweg.*

◆ **Le|bens|bal|sam,** der: *balsamischer* (2) *Heiltrank:* Befiehlt Ihr, dass ich Euch L. auf Zucker tröpfle (Schiller, Räuber V, 1).

Le|bens|baum, der: **1.** [wohl nach den immergrünen Nadeln] *(zu den Zypressen gehörender) immergrüner Baum mit abgeflachten Zweigen u. schuppenförmigen kleinen Blättern, die dachziegelartig angeordnet sind; Thuja.* **2. a)** [nach 1. Mos. 3, 22] *(Rel.) Baum des Lebens, der Erkenntnis;* **b)** *(Volkskunde, Kunstwiss.) symbolisches, den Baum des Lebens darstellendes Ornament.*

Le|bens|be|darf, der: *das zum Leben Notwendige.*

Le|bens|be|din|gun|gen ⟨Pl.⟩: *Bedingungen, unter denen jmd., etw. lebt:* die L. verbessern; unter optimalen L.

le|bens|be|dro|hend, le|bens|be|droh|lich ⟨Adj.⟩: *eine Bedrohung für das Leben darstellend:* eine Infektion, Krankheit.

Le|bens|be|dürf|nis|se ⟨Pl.⟩: *etw., was jmd. [unbedingt] zum Leben braucht.*

Le|bens|beich|te, die: *Rechenschaft über das bisherige Leben [in literarischer Form].*

le|bens|be|ja|hend ⟨Adj.⟩: *optimistisch denkend, immer die guten Seiten des Lebens hervorhebend:* -e Menschen; l. eingestellt sein.

Le|bens|be|ja|hung, die ⟨Pl. selten⟩: *lebensbejahende Haltung.*

Le|bens|be|reich, der: *Bereich, Gebiet, Umkreis, in dem sich das [menschliche] Leben abspielt:* der private L.; ein totalitärer Staat durchdringt alle -e.

Le|bens|be|richt, der: *literarischer Bericht über das eigene Leben od. das Leben einer [bedeutenden] Person.*

Le|bens|be|schrei|bung, die: *Biografie* (1).

Le|bens|bild, das: *Lebensbeschreibung.*

Le|bens|bund, der (geh.): *Ehe.*

Le|bens|chan|ce, die (meist Pl.): *Aussicht* (2) *für das [weitere] Leben.*

Le|bens|da|ten ⟨Pl.⟩: *biografische Daten.*

Le|bens|dau|er, die ⟨o. Pl.⟩: **a)** *Zeitspanne eines Lebens von der Geburt bis zum Tod:* die durchschnittliche L. des Menschen; **b)** *Dauer der Haltbarkeit eines Materials, der Funktionstüchtigkeit einer Maschine, eines Geräts o. Ä.:* dieser Motor hat eine lange L., ist auf L. gebaut.

le|bens|echt ⟨Adj.⟩: *der Wirklichkeit entsprechend, realistisch:* eine -e Schilderung.

Le|bens|ein|stel|lung, die: *Haltung, Einstellung zum Leben.*

Le|bens|ele|ment, das: **1.** *Urstoff, Element.* **2.** *etwas für das Leben [eines bestimmten Menschen] bes. Wichtiges:* die Musik ist sein L.

Le|bens|eli|xier, das (Volkskunde): *Zaubertrank, der Jugend, Schönheit u. langes Leben verleihen soll.*

Le|bens|en|de, das: *Ende eines Lebens, des Lebens:* bis ans L.

Le|bens|ener|gie, die: *Lebenskraft; zum Leben erforderliche Energie.*

Le|bens|ent|wurf, der: *Planung des eigenen Lebens, Vorstellung vom (typischen) Verlauf des Lebens.*

le|bens|er|fah|ren ⟨Adj.⟩: *Lebenserfahrung besitzend.*

Le|bens|er|fah|rung, die: *Erfahrung durch das Leben u. für das Leben:* eine Frau von großer L.

le|bens|er|hal|tend ⟨Adj.⟩: *für die Erhaltung des Lebens notwendig:* die -en Funktionen des Körpers.

Le|bens|er|in|ne|run|gen ⟨Pl.⟩: *[aufgezeichnete] Erinnerungen aus dem eigenen Leben; Memoiren:* seine L. schreiben.

Le|bens|er|war|tung, die: *Zeitspanne, die ein Mensch voraussichtlich [noch] leben wird:* höhere L. durch bessere Lebensbedingungen; die mittlere L. *(Lebensalter, das innerhalb einer*

lebensfähig – Lebensmodell

bestimmten Gruppe durchschnittlich erreicht wird); Ü *der Motor hat eine durchschnittliche L. von acht Jahren.*

le|bens|fä|hig ⟨Adj.⟩: *fähig, imstande zu leben:* -e *Zellen; das Neugeborene war nicht l.;* Ü *eine -e Gesellschaft.*

Le|bens|fä|hig|keit, die ⟨Pl. selten⟩: *Fähigkeit zu leben.*

le|bens|feind|lich ⟨Adj.⟩: *fast jedes Leben unmöglich machend:* die -e *Kälte der Arktis.*

le|bens|fern ⟨Adj.⟩: *den tatsächlichen Gegebenheiten des Lebens* (3 a) *nicht entsprechend.*

Le|bens|fer|ne, die ⟨o. Pl.⟩: *Eigenschaft, lebensfern zu sein.*

Le|bens|form, die: a) *Lebensweise:* eine neue L., alternative -en; b) *Form, in der das Leben sich organisiert:* pflanzliche oder tierische -en *untersuchen.*

Le|bens|fra|ge, die: *Frage, Angelegenheit von entscheidender Bedeutung:* Umweltschutz, Zuwanderung als L.; das ist für ihn eine L.

le|bens|fremd ⟨Adj.⟩: a) *nicht der Lebenserfahrung entsprechend:* eine etwas -e *Vorschrift; er hat völlig l. entschieden;* b) *nicht im alltäglichen Leben stehend:* ein l. *Gelehrter.*

Le|bens|freu|de, die: *Freude am Leben, Daseinsfreude:* seine L. *wiedergewinnen.*

le|bens|froh ⟨Adj.⟩: *voller Lebensfreude, lebensbejahend:* sie war zwar l., aber nicht leichtsinnig.

Le|bens|füh|rung, die: *[sittliche] Gestaltung des Lebens.*

Le|bens|funk|ti|on, die ⟨meist Pl.⟩ (Biol., Med.): *das Leben kennzeichnende Funktion (z. B. Stoffwechsel):* eine Störung, der Ausfall der -en.

Le|bens|gang, der: *der Lebensweg.*

Le|bens|ge|fahr, die ⟨Pl. selten⟩: *das Leben bedrohende, tödliche Gefahr:* es besteht akute L.; Achtung, Starkstrom! L.!; außer L. sein; er schwebt in L.; jmdn. unter [eigener] L. retten.

le|bens|ge|fähr|lich ⟨Adj.⟩: *mit Lebensgefahr verbunden:* eine -e Expedition, Situation; er ist l. verletzt.

Le|bens|ge|fähr|te, der: 1. (geh.) *jmd., der jmdn. auf seinem Lebensweg begleitet, sein Lebensschicksal mit ihm teilt:* der Mann war ihr ein treuer L. 2. *jmd., der mit jmdm. in eheähnlicher Verbindung zusammenlebt; Freund* (2): sie stellte ihn als ihren -n vor.

Le|bens|ge|fähr|tin, die: w. Form zu ↑ Lebensgefährte.

Le|bens|ge|fühl, das: *bewusstes Gefühl, am wirklichen Leben teilzuhaben, mitten im Leben zu stehen:* das L. einer ganzen Generation; dies Erlebnis steigert, hebt mein L.

Le|bens|geis|ter ⟨Pl.⟩: *Frische, Munterkeit:* der Kaffee [er]weckte seine L.; ihre L. erwachten.

Le|bens|ge|mein|schaft, die: a) *Gemeinschaft von [zwei] Lebensgefährten, Zusammenleben:* die L. der Ehe; -en von Homosexuellen; die Familie bildet eine L.; b) (Biol.) *Biozönose:* der Wald als L.

Le|bens|ge|nuss, der: *Genuss, den ein angenehmes Leben einem bereitet, den etw. Angenehmes im Leben darstellt.*

Le|bens|ge|schich|te, die: *Geschichte eines Lebens; Biografie* (2): jmdm. seine L. erzählen.

Le|bens|ge|stal|tung, die: *Gestaltung des Lebens.*

Le|bens|ge|wohn|heit, die ⟨meist Pl.⟩: *typische Art, wie jmd. sein Leben zu verbringen pflegt.*

Le|bens|glück, das: *Erfüllung, Glück im eigenen [privaten] Lebensbereich:* er hat sein L. gefunden.

le|bens|groß ⟨Adj.⟩: *eine natürliche Größe aufweisend:* eine -e *Darstellung.*

Le|bens|grö|ße, die ⟨Pl. selten⟩: *in der Fügung* in [voller] L. (1. *in natürlicher Größe:* eine Plastik

in L. ugs. scherzh.; *persönlich, leibhaftig:* plötzlich stand er in voller L. vor uns).

Le|bens|grund|la|ge, die: *materielle Grundlage, Voraussetzung des Lebens:* die natürlichen -n.

Le|bens|hal|tung, die: 1. *wirtschaftliche Gestaltung des Lebens:* einfache, üppige, bürgerliche L.; die L. ist teurer geworden. 2. *Lebenseinstellung.*

Le|bens|hal|tungs|kos|ten ⟨Pl.⟩ (Wirtsch.): *Kosten für die Lebenshaltung:* die L. sind gestiegen.

Le|bens|hil|fe, die: *soziale Unterstützung, psychologische Beratung u. Ä.; Maßnahmen, die anderen Menschen helfen sollen, ihr Leben sinnvoll zu gestalten:* jmdm. L. geben.

Le|bens|hun|ger, der: *besonders stark ausgeprägtes Bedürfnis, viel zu erleben.*

le|bens|hung|rig ⟨Adj.⟩: *Lebenshunger habend.*

Le|bens|ide|al, das: *Ziel, Idee, nach der jmd. sein Leben ausrichtet.*

Le|bens|in|halt, der: *Inhalt, Sinngebung eines Lebens:* Reisen ist für ihn der, ist sein [ganzer] L.

Le|bens|in|te|res|se, das: *sehr wichtiges Interesse:* die -n *eines Volkes.*

Le|bens|jahr, das: *Jahr eines Lebens:* mit dem vollendeten 18. L. wird ein Jugendlicher mündig.

Le|bens|kampf, der: a) *Kampf ums Leben, Daseinskampf;* b) *Leben als Form des Kampfes.*

le|bens|klug ⟨Adj.⟩: *klug u. erfahren in den Dingen des praktischen Lebens.*

Le|bens|klug|heit, die ⟨o. Pl.⟩: *lebenskluges Wesen.*

Le|bens|kraft, die: *Kraft zum Leben, Vitalität:* ein Mensch mit großer, mit viel L.

Le|bens|kri|se, die: *existenzielle Krise.*

Le|bens|kunst, die: *Kunst, das Leben zu meistern, mit den Gegebenheiten fertig zu werden.*

Le|bens|künst|ler, der: *jmd., der die Kunst beherrscht, das Leben zu meistern, stets das Beste aus jeder Situation zu machen.*

Le|bens|künst|le|rin, die: w. Form zu ↑ Lebenskünstler.

Le|bens|la|ge, die: *Situation im Leben:* jede L. meistern; in allen -n wusste er sich zu helfen.

le|bens|lang ⟨Adj.⟩: *ein Leben lang, das ganze Leben dauernd:* -e Folgen, Haft; -es Lernen, Mandat; er fühlte sich l. an sein Versprechen gebunden.

le|bens|läng|lich ⟨Adj.⟩: *(von Freiheitsstrafen) erst mit dem Tod endend:* -e *Freiheitsstrafe;* ein l. *Inhaftierter; er hat, bekam* »lebenslänglich« *(eine lebenslange Freiheitsstrafe).*

Le|bens|läng|li|che, *der/eine Lebenslängliche; der/einer Lebenslänglichen, die Lebenslänglichen/zwei Lebenslängliche* (Jargon): *weibliche Person, die eine lebenslängliche Freiheitsstrafe verbüßt.*

Le|bens|läng|li|cher, *der Lebenslängliche/ein Lebenslänglicher; des/eines Lebenslänglichen, die Lebenslänglichen/zwei Lebenslängliche* (Jargon): *jmd., der eine lebenslängliche Freiheitsstrafe verbüßt.*

Le|bens|lauf, der [LÜ von lat. curriculum vitae]: a) *der individuelle Verlauf eines Lebens, Lebensgeschichte:* einen abenteuerlichen L. hinter sich haben; b) *schriftliche Darstellung, Zusammenfassung der (bes. für die Berufslaufbahn) wichtigsten Daten u. Ereignisse des eigenen Lebens:* ein handgeschriebener, ausführlicher, tabellarischer L.; Bewerbung mit L. und Lichtbild.

Le|bens|leis|tung, die: *Leistung, die jmd. in seinem Leben vollbracht hat.*

Le|bens|licht, das: a) (geh.) *(als brennendes Licht gedachtes) Leben* (1): sein L. ist erloschen (er ist gestorben); * jmdm. das L. ausblasen/auspusten (ugs.; *jmdn. töten*); b) *dicke Kerze, die jmdm. am Geburtstag angezündet wird u. die nur er selbst ausblasen darf.*

Le|bens|li|nie, die: *(in der Handlesekunst) Furche der Innenhand, deren Länge die Lebensdauer anzeigen soll.*

Le|bens|lü|ge, die: *Selbsttäuschung, auf der jmd. sein Leben aufbaut:* sich in eine L. verstricken.

Le|bens|lust, die ⟨o. Pl.⟩: *überquellende Lebensfreude.*

le|bens|lus|tig ⟨Adj.⟩: *fröhlich [u. ein wenig leichtsinnig] das Leben genießend:* eine -e Witwe; seine junge Frau war sehr l.

Le|bens|mensch, der (bes. österr.): *Mensch, mit dem man durch eine besondere langjährige Beziehung verbunden ist.*

Le|bens|mit|te, die ⟨o. Pl.⟩: *Zeit etwa zwischen dem 40. u. 50. Lebensjahr:* die Krise der L.; die L. überschritten haben.

Le|bens|mit|tel, das ⟨meist Pl.⟩: *Ware zum Essen od. Trinken, die zum Bedarf des täglichen Lebens gehört:* leicht verderbliche L.; tierische, pflanzliche, neuartige L.

Le|bens|mit|tel|ab|tei|lung, die: *Abteilung eines Kaufhauses o. Ä., in der Lebensmittel verkauft werden.*

Le|bens|mit|tel|bran|che: *die Herstellung u. den Verkauf von Lebensmitteln umfassende Branche* (a).

Le|bens|mit|tel|che|mie, die: *Wissenschaft, die die chemische Beschaffenheit von Lebensmitteln untersucht.*

Le|bens|mit|tel|che|mi|ker, der: *Chemiker, der die chemische Beschaffenheit von Lebensmitteln untersucht* (Berufsbez.).

Le|bens|mit|tel|che|mi|ke|rin, die: w. Form zu ↑ Lebensmittelchemiker.

le|bens|mit|tel|echt ⟨Adj.⟩: *(in Verbindung mit Lebensmitteln) unschädlich; keine geruchliche od. geschmackliche Wirkung auf Lebensmittel habend:* -es Material, Kochgeschirr; die Plastikflasche ist l.; l. beschichtet, lackiert sein.

Le|bens|mit|tel|ge|schäft, das: *Geschäft, in dem Lebensmittel verkauft werden.*

Le|bens|mit|tel|ge|setz, das: *die Herstellung u. den Vertrieb von Lebensmitteln betreffendes Gesetz.*

Le|bens|mit|tel|han|del, der: a) ¹Handel (2 a) *mit Lebensmitteln;* b) *Wirtschaftszweig, dessen Aufgabe der Vertrieb von Lebensmitteln ist.*

Le|bens|mit|tel|in|dus|t|rie, die: *Lebensmittel produzierende Industrie.*

Le|bens|mit|tel|kar|te, die: *in Kriegs- u. Krisenzeiten ausgegebene Karte, auf deren Abschnitte die rationierten Lebensmittel zugeteilt werden.*

Le|bens|mit|tel|kon|t|rol|le, die: *amtliche Prüfung, Kontrolle von Lebensmitteln.*

Le|bens|mit|tel|kon|t|rol|leur, der: *jmd., der Lebensmittelkontrollen durchführt* (Berufsbez.).

Le|bens|mit|tel|kon|t|rol|leu|rin, die: w. Form zu ↑ Lebensmittelkontrolleur.

Le|bens|mit|tel|mar|ke, die: *einzelner Abschnitt einer Lebensmittelkarte.*

Le|bens|mit|tel|preis, der: *Preis von Lebensmitteln:* die Erhöhung der -e.

Le|bens|mit|tel|punkt, der: *Mittelpunkt, Zentrum des persönlichen Lebens, der Existenz:* zurzeit ist die Familie ihr L.; seinen L. nach England verlegen.

Le|bens|mit|tel|ver|gif|tung, die (Med.): *durch den Genuss giftiger od. verdorbener Lebensmittel hervorgerufene Erkrankung.*

Le|bens|mit|tel|ver|sor|gung, die: *Versorgung mit Lebensmitteln.*

Le|bens|mit|tel|vor|rat, der: *Vorrat an Lebensmitteln.*

Le|bens|mo|dell, das: *Planung und Gestaltung des eigenen Lebens nach bestimmten Vorstellungen:* das persönliche, das europäische L.; sie lehnte das L. mit Kind ab.

Lebensmonat – Leberblümchen

Le|bens|mo|nat, der: vgl. Lebensjahr: Säuglinge in den ersten -en.

Le|bens|mot|to, das: Motto des Lebens; Motto, nach dem jmd. lebt.

le|bens|mü|de ⟨Adj.⟩: ohne Willen zum Weiterleben, den Tod herbeisehnend: du bist wohl l.! (scherzh. zu jemandem., der leichtsinnig etw. Gefährliches tut).

◆ **Le|bens|mü|de,** die; -: Lebensmüdigkeit: ... von seiner L. sind einige hinterlassene Briefe die stärksten Zeugnisse, die wir hier einrücken wollen (Goethe, Werther II, Der Herausgeber an den Leser).

Le|bens|mü|dig|keit, die: das Lebensmüdesein.

Le|bens|mut, der: Mut zum [tätigen] Leben, Unternehmungslust u. Optimismus: keinen L. haben; er schöpfte neuen L.

le|bens|nah ⟨Adj.⟩: den tatsächlichen Gegebenheiten des Lebens (3 a) entsprechend: ein -er Unterricht; ein l. geschriebener Roman.

Le|bens|nä|he, die: vgl. Lebensferne.

Le|bens|nerv, der: etw. zum Leben u. Weiterbestehen unbedingt Notwendiges: jmds. L. durchschneiden; die Industrie ist in ihrem L. getroffen worden.

Le|bens|ni|veau, das (regional): Lebensstandard.

le|bens|not|wen|dig ⟨Adj.⟩: zum Leben notwendig: -e Spurenelemente; diese Freundschaft war für ihn l.

Le|bens|not|wen|dig|keit, die: 1. ⟨o. Pl.⟩ Eigenschaft, lebensnotwendig zu sein. 2. etw. Lebensnotwendiges.

Le|bens|part|ner, der: Lebensgefährte (2).

Le|bens|part|ne|rin, die: w. Form zu ↑Lebenspartner.

Le|bens|part|ner|schaft, die (bes. Amtsspr.): eheähnliche Lebensgemeinschaft: gleichgeschlechtliche L.; eingetragene L. (amtlich bestätigte eheähnliche Gemeinschaft zwischen gleichgeschlechtlichen Partnern).

Le|ben spen|dend, le|ben|spen|dend ⟨Adj.⟩ (geh.): das Leben, zu leben ermöglichend: Wärme und Kraft der Sonne wirken L. s.

Le|bens|pha|se, die: einzelne Phase innerhalb eines Lebens.

Le|bens|phi|lo|so|phie, die: 1. (Philos.) Philosophie, die sich mit dem menschlichen Leben befasst. 2. Art u. Weise, das Leben zu betrachten.

Le|bens|pla|nung, die: jmds. Planung seines Lebens bes. in Hinblick auf seine berufliche Zukunft.

le|bens|prak|tisch ⟨Adj.⟩: auf die praktische Ausgestaltung des alltäglichen Lebens bezogen.

Le|bens|pra|xis, die: Lebenserfahrung.

Le|bens|prin|zip, das: Prinzip, worauf jmd. sein Leben aufbaut.

Le|bens|qua|li|tät, die [LÜ von engl. quality of life]: durch bestimmte Annehmlichkeiten (wie saubere Umwelt, humane Arbeitsbedingungen, großzügiges Freizeitangebot) charakterisierte Qualität des Lebens, die zu individuellem Wohlbefinden führt: die Erhaltung, Verbesserung der L.; ein Verlust an L.

Le|bens|raum, der: 1. (Biol.) Biotop (a, b): der L. des Gorillas; der Regenwald als artenreicher L. (für zahlreiche Tier- u. Pflanzenarten). 2. Raum, Umkreis, in dem sich jmd. od. eine Gemeinschaft [frei] bewegen u. entfalten kann: jmds. L. einschränken.

Le|bens|recht, das: Recht auf [eigenständiges] Leben.

Le|bens|re|gel, die: Grundsatz, den jmd. für seine Lebensführung hat, Richtschnur: sich etw. zur L. machen.

le|bens|ret|tend ⟨Adj.⟩: einer tödlichen Bedrohung entgegenwirkend: ein -es Medikament; die schnelle Hilfe hat sich l. ausgewirkt.

Le|bens|ret|ter, der: a) jmd., der einem Menschen [unter Einsatz des eigenen Lebens] das Leben rettet: er hatte seinem unbekannten L. nicht einmal danken können; b) zur Rettung in Notfällen besonders Ausgebildeter (z. B. Rettungsschwimmer).

Le|bens|ret|te|rin, die: w. Form zu ↑Lebensretter.

Le|bens|rhyth|mus, der: Rhythmus, in dem das Leben abläuft: ein veränderter L.; sich an einen neuen L. gewöhnen.

Le|bens|sinn, der ⟨o. Pl.⟩: Sinn des Lebens: die Frage nach dem L.

Le|bens|si|tu|a|ti|on, die: Lage, Situation im Leben; Lebenslage: die L. junger Migranten; er kam mit der neuen, schwierigen L. nicht zurecht.

Le|bens|stan|dard, der: Höhe der Bedürfnisse u. Aufwendungen für das tägliche Leben: der L. steigt, sinkt, ist dort höher als hier; seinen L. halten; einen hohen, niedrigen L. haben.

Le|bens|stel|lung, die: feste Anstellung [mit entsprechenden Aufstiegsmöglichkeiten] bis zum Ausscheiden aus dem Berufsleben: eine L. suchen, finden, aufgeben, haben.

Le|bens|stil, der: Stil, Art der Lebensführung.

Le|bens|traum, der: etw., was sich jmd. im Leben als Schönstes erfüllt: mit dieser Weltreise hat sie sich ihren L. erfüllt.

le|bens|tüch|tig ⟨Adj.⟩: den Anforderungen des Lebens gewachsen: Kinder zu -en Menschen erziehen.

Le|bens|tüch|tig|keit, die: Eigenschaft, lebenstüchtig zu sein.

Le|bens|über|druss, der: starke Abneigung gegenüber dem Leben.

le|bens|über|drüs|sig ⟨Adj.⟩: des Lebens überdrüssig.

Le|bens|um|feld, das: Umfeld, in dem jmd. lebt, in dem sich sein persönliches Leben abspielt.

Le|bens|um|stand, der: a) Umstand (1), der das Leben bestimmt; b) ⟨Pl.⟩ Umstände, Verhältnisse, in denen jmd. lebt.

le|bens|un|fä|hig ⟨Adj.⟩: zu schwach, nicht fähig zu leben.

Le|bens|un|fä|hig|keit, die: vgl. Lebensfähigkeit.

Le|bens|un|ter|halt, der: gesamter finanzieller Aufwand für die lebensnotwendigen Dinge (Ernährung, Kleidung, Wohnung usw.): seinen L. als Zeichner/mit Zeichnen verdienen; sich seinen L. schwer verdienen; für jmds. L. sorgen; etwas zum L. der Familie beitragen.

le|bens|un|tüch|tig ⟨Adj.⟩: den Anforderungen des Lebens nicht gewachsen.

Le|bens|un|tüch|tig|keit, die: vgl. Lebenstüchtigkeit.

Le|bens|ver|hält|nis|se ⟨Pl.⟩: Lebensumstände.

le|bens|ver|kür|zend ⟨Adj.⟩: das Leben verkürzend: eine -e Krankheit; l. erkrankte (verhüll.; an einer tödlichen Krankheit leidende) Kinder.

le|bens|ver|län|gernd ⟨Adj.⟩: das Leben verlängernd: -e Maßnahmen in der Intensivmedizin.

Le|bens|ver|si|che|rer, der (ugs.): Lebensversicherungsgesellschaft.

Le|bens|ver|si|che|rung, die: Versicherung über eine bestimmte Summe, die im Todesfall an die Hinterbliebenen des Versicherten, im Erlebensfall an den Versicherten selbst ausbezahlt wird: eine L. abschließen; seine L. (ugs.; die Versicherungssumme seiner Lebensversicherung) ausbezahlt bekommen; Ü selbst die besten Bremsen sind keine L.

Le|bens|ver|si|che|rungs|ge|sell|schaft, die: auf Lebensversicherungen spezialisierte Versicherungsgesellschaft.

Le|bens|vor|gang, der (Biol., Med.): Vorgang, durch den das Leben (2) deutlich wird, sich zeigt, das Leben (2) ausmacht.

Le|bens|wahr|heit, die: im Leben, durch das Leben gewonnene Erkenntnis.

Le|bens|wan|del, der: Art der Lebensführung, des sittlichen Verhaltens im Leben: ein einwandfreier, ruhiger L.; sie führte einen liederlichen, lockeren L.

Le|bens|was|ser, das: a) ⟨o. Pl.⟩ (Mythol.) Krankheiten heilendes, ewige Jugend u. Unsterblichkeit verleihendes Wasser; b) ⟨Pl. ...wässer⟩ [wohl LÜ von frz. eau de vie] (ugs. scherzh.) Branntwein, Schnaps.

Le|bens|weg, der: Weg durchs Leben, Verlauf des Lebens: ein langer, schwerer L.; verschlungene -e; sie wollen ihren L. gemeinsam gehen (geh.; heiraten); viel Glück auf deinem weiteren L.!

Le|bens|wei|se, die: Art u. Weise, wie jmd. (im Hinblick auf Ernährung, Bewegung, Gesundheit) sein Leben verbringt: eine gesunde, sportliche, solide, karge L.; die vegetarische L. bevorzugen; eine sitzende L. (durch vieles Sitzen gekennzeichnete Art der Lebensführung).

Le|bens|weis|heit, die: a) ⟨o. Pl.⟩ im Leben, durch das Leben erworbene Weisheit: wegen seiner L. hörte man auf seinen Rat; b) weiser Ausspruch über das Leben.

Le|bens|welt, die: persönliches Umfeld; Welt, in der sich jmds. Leben abspielt.

Le|bens|werk, das: schöpferische Leistung eines Lebens: diese Firma ist sein L.; der Autor bekam die Auszeichnung für sein L.

le|bens|wert ⟨Adj.⟩: wert, gelebt zu werden; wert, dass jmd. darin lebt: eine -e Zukunft; das Leben ist l.

le|bens|wich|tig ⟨Adj.⟩: sehr wichtig, von entscheidender Bedeutung für das Leben: -e Nährstoffe; diese Anschaffung ist nicht l. (unbedingt notwendig).

Le|bens|wil|le, der; -ns, (selten:) **Le|bens|willen,** der: Wille zum [Weiter]leben: sein Lebenswille war ungebrochen; keinen Lebenswillen mehr haben.

Le|bens|wirk|lich|keit, die: [alles das, was man im Leben tatsächlich antrifft, erlebt: die L. junger Familien, Migranten; die geltenden Gesetze entsprechen nicht mehr der heutigen L.

Le|bens|zei|chen, das: Anzeichen, Beweis dafür, dass jmd. [noch] lebt: kein L. [mehr] von sich geben; Ü seit seiner Abreise haben wir noch kein L. (keinerlei Nachricht) von ihm bekommen.

Le|bens|zeit, die: Zeitdauer eines [Menschen]lebens: eine lange, erfüllte L.; häufiges Rauchen verkürzt die L.; * auf L. (für das ganze weitere Leben; lebenslang: Beamter auf L.; eine Rente auf L.).

Le|bens|ziel, das: Ziel (3), das jmd. in seinem Leben zu erreichen sucht.

Le|bens|zweck, der: Zweck, Sinn des Lebens, Daseins.

Le|bens|zy|klus, der: periodischer Ablauf der Existenz von etw.

Le|ben zer|stö|rend, le|ben|zer|stö|rend ⟨Adj.⟩ (geh.): das Leben vernichtend: Leben zerstörende Strahlungen.

Le|ber, die; -, -n [mhd. leber(e), ahd. lebara; H. u., viell. zu ↑leben (als »Sitz des Lebens«) od. urspr. = die Klebrige, Fettige]: a) Körperorgan, das der Regelung des Stoffwechsels sowie der Entgiftung des Blutes dient: die L. ist geschwollen, entzündet; Verfettung der L.; er hat es mit der L. [zu tun] (ugs.; ist leberkrank); * frisch/frei von der L. weg sprechen/reden (ugs.; ganz offen, ohne Hemmungen sprechen, seine Meinung sagen); b) Leber eines Schlachttieres als Speise: gebratene L. mit Kartoffelbrei.

Le|ber|blüm|chen, das [mhd. liberblume, nach der Form der gelappten Blätter]: (in Laubwäldern wachsende) kleine, der Anemone ver-

Leberegel – Ledergürtel

wandte Pflanze mit blauen, seltener mit rosa od. weißen sternförmigen Blüten.

Le|ber|egel, der: *in der Leber bes. von Rindern, Pferden, Schweinen, selten auch beim Menschen schmarotzender Saugwurm.*

Le|ber|ent|zün|dung, die: *entzündliche Erkrankung der Leber; Hepatitis.*

Le|ber|fleck, der *[LÜ von mlat. macula hepatica, nach dem braunen Farbton]:* bräunlicher bis *[braun]schwarzer [kleiner] Fleck auf der Haut.*

Le|ber|ha|ken, der (Boxen): *Haken (3) auf die Körperstelle des Gegners, wo sich die Leber befindet.*

Le|ber|kä|se, der: **1.** *Gericht aus fein gehacktem Fleisch [u. gehackter Leber] mit Gewürzen, Speck, Eiern, das gebacken u. in Scheiben geschnitten [u. kurz gebraten] serviert wird:* zwei Scheiben L. **2.** *(österr., sonst landsch.)* Fleischkäse.

Le|ber|knö|del, der *(südd., österr.):* Kloß *aus gemahlener Leber mit Zwiebeln, Speck, Eiern u. wenig Mehl:* L. mit Sauerkraut.

Le|ber|ko|lik, die *(Med.):* Kolik durch plötzlichen Druckanstieg im Gallenwegsystem.

le|ber|krank ⟨Adj.⟩: *vgl. herzkrank:* wer l. ist, muss Diät leben.

Le|ber|krebs, der: *Krebs (4 a) an der Leber.*

Le|ber|lei|den, das: *chronischer Krankheitszustand der Leber.*

le|ber|lei|dend ⟨Adj.⟩: *ein Leberleiden habend.*

Le|ber|pas|te|te, die (Kochkunst): *aus fein geschnittener [Geflügel]leber bereitete Pastete.*

Le|ber|scha|den, der: *Schaden an der Leber.*

Le|ber|schmerz, der: *Schmerz, der von der Leber ausgeht.*

Le|ber|tran, der: *aus der Leber verschiedener Fische gewonnenes, vitaminreiches Öl, das bes. als Kräftigungsmittel verwendet wird:* L. [ein]nehmen.

Le|ber|wert, der (Med.): *im Rahmen einer ärztlichen Untersuchung ermittelter Wert, der die Funktionstüchtigkeit der Leber einschätzt.*

Le|ber|wurst, die [mhd. leberwurst, ahd. leparawurst]: *aus Kalbs- u. Schweineleber bereitete Streichwurst:* feine, grobe L.; * **die gekränkte/beleidigte L. spielen** (ugs.; *aus nichtigem Anlass beleidigt tun, schmollen;* urspr. wohl von der Vorstellung der Leber als Zentrum der Gefühle; dann volksetym. mit der Erzählung verbunden, die Leberwurst sei vor Wut geplatzt, als die Blutwurst vor ihr aus dem Kessel genommen wurde).

Le|ber|wurst|brot, das: *mit Leberwurst bestrichenes Brot (1 c).*

Le|ber|zir|rho|se, die *(Med.): chronisch fortschreitende Erkrankung der Leber, bei der sich das Bindegewebe vermehrt, aber das eigentliche Organ durch Verhärtung und Schrumpfung allmählich zerstört wird.*

Le|be|welt, die ⟨o. Pl.⟩: **1.** *Gesamtheit der Tier- u. Pflanzenwelt, der Lebewesen.* **2.** *Gesellschaftsschicht der Lebedamen u. Lebemänner.*

Le|be|we|sen, das: *Wesen mit organischem Leben, bes. Tier od. Mensch; Organismus:* einzellige, tierische, pflanzliche L.; der Mensch als höchstentwickeltes L.; Zukünftige Festlandgebirge wüchsen im Meere, wo sie am tiefsten sei, aus den Skelettresten winziger L. (Th. Mann, Krull 316).

Le|be|wohl, das; -[e]s, -s u. -e (geh.): *»Lebe wohl!« lautender Abschiedsgruß:* sich ein freundliches L. zurufen; * **[jmdm.] L. sagen** (geh.; *sich [von jmdm.] verabschieden).*

leb|haft ⟨Adj.⟩ [mhd. lebehaft = lebend, lebendig]: **1. a)** *(in den Lebensäußerungen) voller Bewegung, Temperament erkennen lassend, lebendig:* ein -er Mensch; -e Bewegungen; er hat ein sehr -es Wesen; die Kinder sind sehr l.; nun aber ein bisschen l. (ugs.; *schnell u. mit Bewegung voran);* eine -e *(angeregte)* Unterhaltung; Ü eine -e Fantasie; **b)** *rege:* hier herrscht -es Treiben; -e Tätigkeit; der Verkehr ist immer -er geworden; **c)** *deutlich, klar, genau:* etw. in -er Erinnerung haben; das kann ich mir l. vorstellen. **2. a)** *(von Farben) kräftig:* ein -es Rot, Grün; diese Farben sind mir zu l.; eine l. gemusterte Krawatte; **b)** *sehr stark:* -er Beifall, Widerspruch; das interessiert mich l.

Leb|haf|tig|keit, die; -, -en: **1.** *lebhaftes Wesen.* **2.** *etw. lebhaft Wirkendes.*

Leb|hag, der; -[e]s, ...häge (schweiz.): *Hecke.*

le|big ⟨Adj.⟩ (landsch. veraltend): *lebendig:* ♦ Ei was, es ist eine -e Kreatur (Storm, Schimmelreiter 75); ♦ ⟨subst.:⟩ ...soll euer Deich sich halten, so muss was Lebiges hinein (Storm, Schimmelreiter 106).

Leb|ku|chen, der; -s, - [mhd. leb(e)kuoche; 1. Bestandteil viell. zu ↑ Laib, also eigtl. = Brotkuchen; volksetym. angelehnt an ↑ leben]: *mit Sirup od. Honig u. vielen Gewürzen gebackener Kuchen.*

Leb|ku|chen|haus, das: *Lebkuchenhäuschen, das: kleines, aus Lebkuchen und Zuckerguss hergestelltes Haus.*

Leb|ku|chen|herz, das: *herzförmiger [mit Schokolade überzogener] Lebkuchen.*

leb|los ⟨Adj.⟩ [mhd. lebelōs]: *kein Anzeichen von Leben aufweisend, [wie] tot:* ein -er Körper; [wie] l. daliegen; ein -es *(starres, unbewegtes)* Gesicht.

Leb|lo|sig|keit, die; -: *das Leblossein, lebloser Zustand.*

Leb|tag, der [mhd. lebetac = Lebenszeit]: *in den Wendungen* **[all] mein, dein** usw. **L.** (ugs.; *das ganze Leben lang, solange ich lebe/du lebst* usw.; vgl. lebe ich nur!); **mein, dein** usw. **L. nicht** (ugs.; *nie, niemals:* das lernst du dein L. nicht).

Leb|zei|ten: *in der Fügung* **bei/zu L.** (*während des Lebens; zu der Zeit, als jmd. noch lebte*).

Lech, der; -[s]: *rechter Nebenfluss der Donau in Bayern u. Österreich.*

lech|zen ⟨sw. V.; hat⟩ [mhd. lech(e)zen = austrocknen; dürsten, Intensivbildung zu: lecken = austrocknen; brennenden Durst verspüren] (geh.): *(nach etw., was jmd. [für seine Existenz] dringend braucht od. herbeisehnt) mit heftiger Begierde verlangen:* nach Wasser, nach Kühlung l.; er lechzte nach Macht, Rache; Ü die Natur lechzt nach Regen; Stanislaus lechzte nach Trost wie ein weißes Löschblatt nach Tinte (Strittmatter, Wundertäter 341).

Le|ci|thin: ↑ Lezithin.

leck ⟨Adj.⟩ [aus der niederd. Seemannsspr., niederd. leck, verw. mit ↑ lechzen, eigtl. = tröpfelnd]: *(von Schiffen, Tanks o. Ä.) eine undichte Stelle aufweisend, die Wasser eindringen bzw. eine Flüssigkeit auslaufen lässt:* ein -es Boot; die Tanks waren l., l. geschlagen (↑ leckschlagen).

Leck, das; -[e]s, -s: *undichte Stelle, die Wasser eindringen bzw. eine Flüssigkeit auslaufen lässt:* ein L. im Bug, Tank.

Le|cka|ge [lεˈkaːʒə, österr. meist: ...ʃ], die; -, -n [aus ↑ Leck u. dem frz. Suffix -age]: **1.** *Gewichtsverlust durch Verdunsten od. Aussickern aufgrund einer undichten Stelle.* **2.** *Leck.*

¹le|cken ⟨sw. V.; hat⟩ [mhd. lecken, ahd. lecchōn, vgl. griech. leíchein = lecken]: **1. a)** *mit der Zunge über etw. streichen:* die Katze leckt ihre Jungen, leckt sich das Fell, leckt sich die Pfoten; der Hund leckt seine Wunde, leckt mir die Hand, leckt an meiner Hand; Ü die Flammen lecken bis zum First; * **leck, leckt mich [doch]!** (derb, *lass, lasst mich [doch] in Ruhe!*); **b)** *mit der Zunge [als Nahrung] aufnehmen:* die Katze leckt Milch; das Kind leckte sein Eis; **c)** *ablecken (a):* er leckte sich das Blut vom Arm. **2.** (vulg.) *durch* ¹Lecken (1 a) *Geschlechtsteile sexuell stimulieren:* jmdn. l.

²le|cken ⟨sw. V.; hat⟩ [zu ↑ leck]: *durch ein Leck Flüssigkeit herauslaufen lassen:* der Tank, der Kanister leckt.

le|cker ⟨Adj.⟩ [mhd. lecker = fein schmeckend, zu ↑ ¹lecken]: **1.** *besonders wohlschmeckend [aussehend, erscheinend]:* zum Abendessen ein paar -e Kleinigkeiten richten; dieser Auflauf sieht l. aus, riecht l.; der Kuchen schmeckt aber l.; Ü ein -es *(nett anzusehendes)* Mädchen. **2.** *(veraltend) eigen in der Wahl; wählerisch:* Sichem war nur ein schlenkrichter Jüngling, l. und erzieherisch nicht gewöhnt, sich einen Wunsch seiner Sinne zu versagen (Th. Mann, Joseph 173).

Le|cker, der; -s, - [mhd. lecker, ahd. lecchāri = Schlemmer, Fresser, auch: Schelm]: **1. a)** *(veraltet) jmd., der gerne nascht, der gerne Leckerbissen zu sich nimmt;* ♦ **b)** *Schlingel, Schelm:* ...wo aber Ibrahim, der L., die Gassen besser kennt (Lessing, Nathan V, 1). **2.** *(landsch.) Lutscher.* **3.** (Jägerspr.) *die Zunge des Schalenwildes* (das Schwarzwild ausgenommen).

Le|cker|bis|sen, der: *etw. besonders Wohlschmeckendes:* auserlesene L.; Ü ein musikalischer, künstlerischer, technischer L.; ein L. für den Krimifreund.

Le|cke|rei, die; -, -en: **1.** ⟨o. Pl.⟩ (ugs.) *[dauerndes]* ¹Lecken (1). **2.** *etw. Leckeres, bes. etw. Süßes.*

Le|cker|li, das; -[s], -[s]: **1.** (schweiz.) *in kleine Rechtecke geschnittenes, dem Honigkuchen ähnliches Gebäck.* **2.** (ugs.) *Leckerei (2) (bes. als Belohnung für Hunde).*

Le|cker|maul, Le|cker|mäul|chen, das (ugs.): **1.** *jmd., der gern Leckerbissen isst; Feinschmecker.* **2.** *jmd., der gern Süßigkeiten isst.*

le|ckern ⟨sw. V.; hat⟩ (ugs.): **1.** *Süßigkeiten essen:* Schokoladenplätzchen l.; **2.** ⟨unpers.⟩ *großen Appetit auf etw. haben:* ihn leckert/es leckert ihn nach Haselnüssen.

leck|schla|gen, leck schla|gen ⟨st. V.; ist⟩ (Seemannsspr.): *durch äußere Einwirkung leck werden:* der Tanker ist leckgeschlagen.

led. = *ledig.*

LED [εləˈdeː], die; -, -s [Abk. für engl. light emitting diode]: *(als Kontrollanzeige verwendete) Leuchtdiode.*

Le|der, das; -s, - [mhd. leder, ahd. ledar, H. u.]: **1.** *aus Tierhaut durch Gerben gewonnenes, meist zähes, sehr reißfestes Material:* weiches, schmiegsames, glattes, raues, genarbtes L.; L. färben, pflegen, imprägnieren; die L. verarbeitende Industrie; Kleidung aus L.; diese Tasche haben wir auch in L.; jmd., etw. ist zäh wie L.; dieses Buch kann auch in L. *(mit einem aus Leder angefertigten Einband)* geliefert werden; * *die folgenden Wendungen beruhen auf veraltet Leder = menschliche Haut)* **jmdm. das L. gerben/versohlen** (↑ Fell 1 a); **jmdm. ans L. gehen/wollen** (ugs.; *jmdn. angreifen*); **vom L. ziehen** (ugs.; *schimpfen, wettern, polemisieren:* gegen jmdn., etw. vom L. ziehen). **2.** Kurzf. von ↑ Fensterleder. **3.** (Fußballjargon) *Fußball.*

Le|der|alb|satz, der: *Schuhabsatz aus Leder.*

le|der|ar|tig ⟨Adj.⟩: *wie Leder [beschaffen].*

Le|der|ball, der: *Ball aus Leder.*

¹Le|der|band, das ⟨Pl. ...bänder⟩: ¹Band (1) *aus Leder.*

²Le|der|band, der ⟨Pl. ...bände⟩: *in Leder gebundenes Buch.*

Le|der|ein|band, der: *lederner Einband.*

le|der|far|ben, le|der|far|big ⟨Adj.⟩: *von der Farbe des Leders.*

Le|der|fett, das: *zur Pflege von Leder dienendes Fett.*

Le|der|gurt, der: *vgl. Lederball.*

Le|der|gür|tel, der: *vgl. Lederball.*

Le|der|hand|schuh, der: vgl. Lederball.
Le|der|haut, die: **1.** *(bei Wirbeltieren u. Menschen) unter der Epidermis liegende, zähe Hautschicht; Corium.* **2.** *den Augapfel umgebende Haut; Sklera.*
Le|der|her|stel|lung, die: *Herstellung von Leder.*
Le|der|ho|se, die: *Hose aus Leder.*
le|de|rig: ↑ ledrig.
Le|der|ja|cke, die: vgl. Lederhose.
Le|der|knopf, der: *mit Leder überzogener Knopf.*
Le|der|kom|bi|na|ti|on, die: ²*Kombination aus Leder: Motorradfahrer in ihren -en.*
Le|der|ku|gel, die (Ballspiele Jargon): *Ball aus Leder, bes. Fußball.*
Le|der|man|tel, der: vgl. Lederhose.
Le|der|map|pe, die: vgl. Lederball.
¹**le|dern** ⟨sw. V.; hat⟩ [zu ↑ Leder (2)]: *mit einem Ledertuch reiben:* die Fenster waschen und trocken l.; das Glas blank l.; ich muss den Wagen noch l. *(abledern).*
²**le|dern** ⟨Adj.⟩ [mhd. liderīn, ahd. lidirīn]: **a)** *aus Leder gefertigt:* -e Stiefel, Handschuhe, Taschen; **b)** *lederartig, zäh:* eine -e Haut; das Fleisch war l.; Mit der Handtasche schlug sie um sich, das kleine -e Weib (Kempowski, Uns 212).
Le|der|na|cken, der [LÜ von engl.-amerik. leatherneck, nach der früher zur Uniform der US-Marine gehörenden, mit Leder umkleideten steifen Halsbinde] (ugs.): *US-amerikanischer Marineinfanterist.*
Le|der|pols|ter, das: *mit Leder bezogenes Polster.*
Le|der|rie|men, der: vgl. Lederball.
Le|der|rü|cken, der (Verlagsw.): *Buchrücken aus Leder.*
Le|der|schuh, der: *lederner Schuh.*
Le|der|schurz, der: vgl. Lederhose.
Le|der|ses|sel, der: vgl. Lederpolster.
Le|der|sitz, der: vgl. Lederpolster.
Le|der|so|fa, das: vgl. Lederpolster.
Le|der|soh|le, die: *lederne Schuhsohle.*
Le|der|stie|fel, der: vgl. Lederhose.
Le|der|ta|sche, die: vgl. Lederball.
Le|der|tuch, das ⟨Pl. ...tücher⟩: vgl. Fensterleder.
Le|der ver|ar|bei|tend, le|der|ver|ar|bei|tend ⟨Adj.⟩: *mit der Verarbeitung von Leder befasst:* die Leder verarbeitende Industrie.
Le|der|wa|ren ⟨Pl.⟩: *aus Leder gefertigte Erzeugnisse.*
le|dig ⟨Adj.⟩ [mhd. ledic, wahrsch. verw. mit ↑ Glied u. eigtl. = gelenkig (vgl. schwed. ledig = geschmeidig)]: **1.** *nicht verheiratet (und nicht geschieden)* (Abk.: led.): ein -er junger Mann; ein -er Vater; eine -e Mutter; ein -es (landsch., sonst veraltend; *nicht eheliches)* Kind; sie ist noch l., will l. bleiben. **2.** (landsch.) *leer, frei:* ein -er Acker; -es *(Bergmannsspr.; keine Mineralien enthaltendes)* Gestein; -e Schicht (Bergmannsspr.; *Zeit, die ein Bergmann neben der üblichen Schicht im Bergwerk arbeitet; Überstunden);* ein -es Schiff (Seemannsspr.; *ein Schiff ohne Fracht);* ein Pferd l. (landsch.; *ohne Reiter)* gehen lassen; Sein Gepäck war noch im Hafen. So fühlte er sich l. (Frisch, Gantenbein 393); *einer Sache, jmds. l. sein* (geh.; *frei von etw. [bes. von Verantwortung o. Ä.], jmdn. sein);* **jmdn. einer Sache l. sprechen** (geh.; *jmdn. von Schuld o. Ä.] lossprechen).* ◆ **3.** *frei* (2 c): ... gib die Gefangenen l. (Schiller, Jungfrau V, 9); Lasst sie l.! (Schiller, Kabale II, 7).
Le|di|ge, die/eine Ledige/der/einer Ledigen, Ledigen/zwei Ledige: *weibliche Person, die ledig ist.*
Le|di|ger, der, Ledige/ein Lediger/des/eines Ledigen, die Ledigen/zwei Ledige: *jmd., der ledig ist.*
le|dig|lich ⟨Adv.⟩ [mhd. ledeclīche = ohne Hindernis, ohne anderes; auch: herrenlos]: *weiter nichts als; nur:* ich berichte l. Tatsachen; er verlangt l. sein Recht; ich tue l. meine Pflicht.

led|rig, lederig ⟨Adj.⟩: *wie Leder; lederartig:* -e Haut.
Lee, die; - od. (Geogr. nur:) das; -s ⟨Seemannsspr. meist o. Art.⟩ [aus dem Niederd. < mniederd. lē = Ort, wo die See dem Wind nicht ausgesetzt ist, eigtl. = milde, geschützte Seite, verw. mit ↑ ¹lau] (Seemannsspr., Geogr.): *dem Wind abgekehrte Seite (eines Schiffes, Gebirges):* die Insel liegt in L.; das Boot neigt sich nach L.; im L. der Alpen.
leer ⟨Adj.⟩ [mhd. lære, ahd. lāri, verw. mit ↑ ²lesen, also urspr. = was vom abgeernteten Feld noch aufgelesen werden kann]: **1. a)** *nicht mit etw. gefüllt; ohne Inhalt:* ein -es Fass, Glas; eine -e Kiste; auf -en Magen etw. trinken; die Kasse ist l. (ugs.: *es ist kein Geld da);* der Tank, die Kanne ist l.; ein Zimmer l. fegen, räumen; seinen Teller l. essen; sein Glas l. trinken; die Flasche machen wir auch noch l. (ugs.: *trinken wir auch noch aus);* mein Magen ist l. *(ich habe längere Zeit nichts gegessen);* **b)** *ohne etwas auf, in etw. vorhanden ist:* -e Ähren; der Wind fegt über -e Felder; ein -es *(von den Vögeln verlassenes)* Nest; dieses Blatt ist noch l. *(unbeschrieben);* einen Laden, ein Zimmer l. *(unmöbliert)* mieten; ⟨subst.:⟩ der wohlgemeinte Rat ging ins Leere; *l. ausgehen* ([bei einer Verteilung] *nichts abbekommen);* **c)** *[fast] ohne einen Menschen, ohne ein Lebewesen; menschenleer:* durch -e Straßen, Gassen gehen; vor -en Bänken, Rängen, vor einem Haus *(vor wenig Zuhörern, Zuschauern)* spielen; das Kino, die Bahn war l.; diese Gegend ist öde und l.; sein Platz blieb l. *(er kam nicht);* die Wohnung steht l. *(ist nicht bewohnt);* ein l. stehendes *(nicht bewohntes)* Haus. **2.** *(abwertend) unter der Oberfläche, hinter dem Äußeren nichts weiter enthaltend, Sinn u. Inhalt vermissen lassend:* -r Prunk; -e *(nichtssagende)* Worte, Phrasen, Begriffe; das ist doch alles -es Gerede *(Gerede ohne tiefere Bedeutung);* -e Drohungen *(Drohungen, die nicht wahr gemacht werden);* -e Versprechungen *(Versprechungen, die nicht gehalten werden);* jmdn. l., mit -en Augen, mit -em Blick *[starr u.] abwesend-ausdruckslos)* ansehen; sie fühlt sich l. *(empfindet nichts als innere Leere).*

-leer: *drückt in Bildungen mit Substantiven aus, dass etw. fehlt, nicht – obwohl wünschenswert – vorhanden ist:* gefühls-, informationsleer.

Lee|re, die; -: **a)** *das Leersein:* die L. des Zimmers, des Weltalls; im Saal, im Stadion herrschte gähnende L. *(war kaum jemand anwesend);* Ü eine geistige, innere L.; **b)** *leerer Raum:* Gekannt und doch fremd bewegt er sich unter den Leuten, geht im Gemenge und gleichsam doch von einer L. umgeben, geht einsam dahin (Th. Mann, Hoheit 6).
lee|ren ⟨sw. V.; hat⟩ [mhd. læren, ahd. (ir)lāren]: **1.** *leer machen:* den Mülleimer, den Briefkasten l.; ein Glas [auf jmds. Wohl, auf jmdn., etw.] l. *(austrinken).* **2.** *(österr., sonst landsch.) (irgendwohin) gießen, schütten:* du kannst das Wasser an den Strauch l., den Eimer *(den Inhalt des Eimers)* in den Ausguss l. **3.** ⟨l. + sich⟩ *leer werden:* der Saal, das Haus leerte sich langsam *(die Besucher verließen den Saal, das Haus).*
leer es|sen, leer|es|sen ⟨unr. V.; hat⟩: *so viel essen, dass etw. leer ist.*
Leer|fahrt, die: *Fahrt eines Transportmittels ohne Ladung, ohne Fahrgäste.*
leer fe|gen, leer|fe|gen ⟨sw. V.; hat⟩: **1.** *so lange fegen, bis etw. leer ist:* ein Zimmer l. f. **2.** *leeren, [menschen]leer machen:* die Straßen l. f.; Ü den Arbeitsmarkt l. f.

Leer|for|mel, die (meist abwertend): *nichtssagende, inhaltslose, formelhafte Äußerung, Redewendung o. Ä.*
Leer|ge|wicht, das (bes. Kfz-Wesen): *Gewicht eines Fahrzeugs in unbeladenem od. unbesetztem Zustand.*
Leer|gut, das ⟨Pl. selten⟩: *zur Wiederverwendung bestimmte Gesamtheit leerer Verpackungen, Behälter.*
Leer|gut|au|to|mat, der: *Automat, der leere Pfandflaschen o. Ä. aufnimmt und einen Bon für das zu erstattende Pfandgeld ausgibt.*
Leer|heit, die; -, -en ⟨Pl. selten⟩: *Zustand des Leerseins.*
Leer|lauf, der: **1.** *das Laufen einer Maschine ohne Belastung:* die Maschine ist auf L. geschaltet; der Wagen rollt, der Motor läuft im L.; den L. einlegen, in den L. schalten *(den Gang herausnehmen).* **2.** *unproduktive Phase, nicht sinnvoll genutzte Zeit (innerhalb eines größeren Ablaufs):* L. haben.
leer|lau|fen ⟨st. V.; ist⟩: **1.** *vollständig auslaufen:* einen Tank l. lassen; das Fass läuft leer. **2.** *einen Leerlauf durchführen:* sie ließ den Motor l. **3. a)** *nicht produktiv arbeiten:* die Maschine, das Wirtschaftsunternehmen läuft leer; **b)** *ohne Wirkung bleiben, keinen Erfolg haben:* die Argumente, Entscheidungen, Proteste laufen leer; immer wieder ließ der flinke Linksaußen seinen Bewacher l. *(durch ein geeignetes Täuschungsmanöver in eine falsche Richtung laufen).*
leer ma|chen, leer|ma|chen ⟨sw. V.; hat⟩: *ausräumen, entleeren.*
leer räu|men, leer|räu|men ⟨sw. V.; hat⟩: *ausräumen, leer machen.*
Leer|schlag, der (schweiz.): *Leerschritt.*
Leer|schritt, der: *Abstand, der sich beim Maschinenschreiben durch einen Anschlag der Leertaste ergibt.*
Leer|stand, der: *(in Bezug auf Häuser, Wohnungen, Büros usw.) das Nichtbewohntsein, Leerstehen.*
leer ste|hend, leer|ste|hend ⟨Adj.⟩: *(von Räumen, Häusern usw.) ohne Mobiliar u. nicht bewohnt:* eine leer stehende Wohnung.
Leer|stel|le, die: **1.** (Sprachwiss.) *(in der Dependenzgrammatik) aufgrund der Valenz des Verbs durch eine Ergänzung zu besetzende Stelle im Satz.* **2.** *Stelle, die nicht besetzt ist, bei der etw. fehlt.* **3.** *Leerschritt.*
Leer|tas|te, die: **a)** *Taste der Schreibmaschine, bei deren Betätigung der Wagen (4) weiterrückt, ohne dass eine Type bewegt wird;* **b)** (EDV) *Taste der Tastatur eines Computers, mit der eine Leerstelle (3) eingegeben wird.*
leer trin|ken, leer|trin|ken ⟨st. V.; hat⟩: *so viel trinken, bis etw. leer ist.*
Lee|rung, die; -, -en: *das Leeren:* die L. eines Briefkastens.
Leer|ver|kauf, der (Börsenw.): *Verkauf von Wertpapieren, die der Verkäufer noch gar nicht besitzt (u. die er zu einem Preis zu erwerben hofft, der viel niedriger als der Verkaufspreis ist).*
Leer|zim|mer, das: *unmöbliert zu [ver]mietendes Zimmer.*
Lee|sei|te, die (Seemannsspr., Geogr.): *Lee.*
lee|wärts ⟨Adv.⟩ [↑ -wärts] (Seemannsspr.): **a)** *nach Lee;* **b)** *auf der Leeseite.*
Lef|ze, die; -, -n [mhd. lefs[e], ahd. lefs, eigtl. = schlaff Herabhängendes]: *Lippe (bei Hund u. Raubwild).*
leg. = legato.
le|gal ⟨Adj.⟩ [lat. legalis, zu: lex (Gen.: legis) = Gesetz]: *gesetzlich [erlaubt], dem Gesetz gemäß, rechtmäßig; mit behördlicher Genehmigung:* eine -e Methode, Lösung; etw. auf -em

legalisieren – legitim

Weg erwerben; das ist absolut l.; er ist ganz l. eingereist; Ich muss irgendwo unterkriechen..., und ich brauche Papiere, -e oder was heute eben als l. gilt, also von Ihrer Behörde (Heym, Schwarzenberg 77).

le|ga|li|sie|ren ⟨sw. V.; hat⟩ [frz. légaliser, zu: légal = gesetzlich < lat. legalis, ↑legal]: *legal machen, gesetzlich erlauben:* durch das Gesetz hat der Staat diese Zustände legalisiert; die Regierung will Haschisch, den Gebrauch von Marihuana l.

Le|ga|li|sie|rung, die; -, -en: *das Legalisieren.*

le|ga|lis|tisch ⟨Adj.⟩ (bildungsspr. abwertend): *kleinlich, starr an Paragrafen u. Vorschriften festhaltend.*

Le|ga|li|tät, die; - [mlat. legalitas = Rechtmäßigkeit]: *Gesetzmäßigkeit (im Vorgehen, im Handeln); legale Beschaffenheit (von etw.):* Maßnahmen den Schein der L. verleihen; das Prinzip der L. unter allen Umständen wahren; etwas außerhalb der L. (spött.; *[von Handlungsweisen, von Vorgängen] eigentlich mit dem Gesetz nicht mehr zu vereinbaren*).

le|gas|then ⟨Adj.⟩ (Med., Psychol.): *legasthenisch.*

Le|gas|the|nie, die; -, -n [zu lat. legere = lesen u. ↑Asthenie] (Med., Psychol.): *Entwicklungsstörung beim Erlernen des Lesens u. Rechtschreibens von Wörtern.*

Le|gas|the|ni|ker, der; -s, - (Med., Psychol.): *jmd., der an Legasthenie leidet.*

Le|gas|the|ni|ke|rin, die; -, -nen: w. Form zu ↑Legastheniker.

le|gas|the|nisch ⟨Adj.⟩ (Med., Psychol.): *an Legasthenie leidend.*

Le|gat, der; -en, -en [lat. legatus = Gesandter, zu: legare = jmdn. absenden; eine Verfügung treffen] (kath. Kirche): *päpstlicher Gesandter (meist ein Kardinal), der die Interessen u. Rechte der Kirche bei [Verhandlungen mit] weltlichen Regierungen vertritt.*

Le|ga|ti|ons|rat, der: *Vertreter eines Staates in diplomatischer Mission, der im Rang unter dem Gesandten steht.*

Le|ga|ti|ons|rä|tin, die: w. Form zu ↑Legationsrat.

le|gal|tis|si|mo: ↑legato.

le|ga|to ⟨Adv.; Komp.: più legato, Sup.: legatissimo⟩ [ital., zu: legare < lat. ligare = binden] (Musik): *(von Tönen) so hervorgebracht, dass der eine Ton in den anderen übergeht; gebunden* (Abk.: leg.).

Le|ga|to, das; -s, -s u. ...ti (Musik): *gebundenes Spiel, Singen.*

Le|ge|bat|te|rie, die: *aus mehreren nebeneinander- u. übereinanderstehenden Drahtkäfigen bestehende Vorrichtung, in der Legehennen gehalten werden.*

Le|ge|hen|ne, Leghenne, die: *Henne, die besonders viele Eier legt.*

le|gen ⟨sw. V.; hat⟩ [mhd. legen, ahd. leg(g)an, eigtl. = liegen machen; Kausativ zu ↑liegen]: **1. a)** *in eine waagerechte Lage, zum Liegen (1 a) bringen:* den Verletzten sofort l.; Weinflaschen soll man l., nicht stellen; er legte das Kind auf den Rücken; den Gegenspieler l. (Sportjargon; *zu Fall bringen*); der Ringer legte seinen Gegner (*warf ihn auf die Matte*) mit einem Hüftschwung; **b)** *schräg hinstellen:* die Leiter an den Baum, an die Mauer l. **2.** ⟨l. + sich⟩ **a)** *sich in eine waagerechte Lage bringen:* (Aufforderung an den Hund, sich hinzulegen) leg dich!; sich zu Bett, ins Bett, aufs Sofa, an den Strand, auf die Terrasse, in den Sand, in die Sonne l.; sich auf den Bauch, auf die Seite l.; sich aufs Ohr l. (*sich zum Schlafen hinlegen*); (landsch.:) ...der Zustand eines Knaben, der krank wird und sich l. muss (*für längere Zeit im Bett bleiben muss*;

Gaiser, Jagd 97); **b)** *sich in eine bestimmte Lage bringen:* das Schiff, das Flugzeug legt sich auf die Seite; das Kind legt sich mit dem Ellbogen auf den Tisch; **c)** *sich auf etw. herabsenken u. dort liegen bleiben:* Schnee legt sich wie eine Decke auf das Feld; Nebel legt sich auf, über die Stadt; **d)** *sich (auf etw.) schädlich, nachteilig auswirken:* der Rauch, die raue Luft legt sich auf die Bronchien; seine Erkältung hat sich auf die Nieren gelegt. **3. a)** *(jmd., etw., sich) irgendwo in eine bestimmte Lage, Stellung bringen:* die Hand [zum Gruß] an die Mütze, an die Stirn l.; sie legte ihren Kopf an seine Schulter, ihre Hand auf seinen Arm; das Tuch auf den Tisch, das Besteck neben den Teller l.; leg die Füße nicht auf den Sessel!; den Hammer aus der Hand l.; das Fleisch in den Kühlschrank l.; ein Präparat in Spiritus l. (*in ein Gefäß mit Spiritus geben, um es haltbar zu machen*); die Männer legten Bretter über die Grube; sich eine Kette um den Hals l.; ein Kind an die Brust l. (*es stillen*); Ü er legt viel Gefühl in sein Lautenspiel; **b)** *jmdn., etw. irgendwohin bringen:* einige Flaschen Wein in den Keller l.; einen Patienten in ein Einzelzimmer l.; Geld beiseite-, auf die hohe Kante l. (*sparen*). **4.** *auf eine bestimmte Stelle, Fläche bringen u. dort befestigen; verlegen:* Fliesen, Gleise, Rohre, eine Leitung, ein Kabel l.; der Teppichboden, das Parkett muss noch gelegt werden; überall sind Minen, Schlingen gelegt; den Hund an die Kette l. (*an der Kette festmachen*). **5.** *in eine bestimmte Form bringen:* den Stoff in Falten l.; Wäsche l. (*ordentlich zusammen- u. aufeinanderlegen*); sie lässt sich die Haare in Wellen, Locken l. (*in eine entsprechende Form bringen*). **6.** ⟨l. + sich⟩ *nachlassen, aufhören, schwinden:* der Wind, der Sturm legt sich (*allmählich*); das legt sich [bald wieder]; die Aufregung, der Zorn, die Begeisterung hatte sich schnell gelegt; ihre Trauer wird sich bald l. **7.** ⟨l. + sich⟩ *sein Tun ganz auf etw. ausrichten, seine Aktivitäten einer bestimmten Sache widmen:* sich auf ein bestimmtes Fachgebiet l.; er will sich auf Autoverkauf l. **8.** *(ein Ei, Eier) hervorbringen (von Hühnern u. Vögeln):* die Henne hat gerade ein Ei gelegt; ⟨auch ohne Akk.-Obj.:⟩ die Henne legt nicht. **9.** (landsch.) *(Samen o. Ä.) einzeln u. in bestimmten Abständen in den Erdboden bringen:* Bohnen, Erbsen, Kartoffeln l.

le|gen|där ⟨Adj.⟩ [zu ↑Legende]: **1.** *nach Art der Legende; die Merkmale einer Legende aufweisend:* der -e Charakter der Erzählung. **2.** *erstaunlich, unwahrscheinlich, unglaublich:* die -e Selbstlosigkeit dieses Mannes. **3.** *zu einer Legende (1 b) geworden:* das -e Popfestival von Woodstock.

Le|gen|de, die; -, -n [mhd. legende < mlat. legenda, eigtl. = die zu lesenden (Stücke), zu lat. legere = lesen]: **1. a)** *kurze, erbauliche religiöse Erzählung über Leben u. Tod od. auch das Martyrium von Heiligen;* **b)** *Person od. Sache, die so bekannt geworden ist, einen solchen Status erreicht hat, dass sich bereits zahlreiche Legenden um sie gebildet haben; Mythos:* er ist eine lebende L.; dieser Putschversuch wurde l. **2. a)** *ausgeschmückende Darstellung, glorifizierende Erzählung, Geschichte:* eine L. [von jmdm., über jmdn.] erzählen; **b)** *etw., was erzählt, angenommen, behauptet wird, aber den Tatsachen nicht entspricht:* dass Frauen schlechter Auto fahren als Männer, ist eine L. **3.** *Erklärung der (in einer Landkarte, einer Abbildung o. Ä.) verwendeten Zeichen; Zeichenerklärung.*

Le|gen|den|bil|dung, die: *[Mitwirkung an der] Entstehung einer Legende* (2 b).

le|gen|den|haft ⟨Adj.⟩: *legendär* (1).

le|gen|den|um|wo|ben ⟨Adj.⟩ (geh.): *von Legen-*

den umwoben: eine -e Ruine; eine Heilige, l. und voll Ausstrahlungskraft.

Le|ge|nest, das: *(für Geflügel) künstlich angelegtes Nest.*

le|ger [le'ʒeːɐ̯, le'ʒɛːɐ̯] ⟨Adj.⟩ [frz. léger < afrz. legier, über das Vlat. zu lat. levis = leicht, leichtfertig]: **1.** *(von Benehmen u. Haltung) lässig; ungezwungen u. zwanglos:* eine -e Handbewegung; er grüßte l., hatte die Beine l. übereinandergeschlagen. **2.** *(von Kleidung) salopp u. bequem:* eine -e Jacke. **3.** *(von der Ausführung o. Ä. einer Sache) oberflächlich u. etwas nachlässig:* etw. [allzu] l. handhaben.

Le|ges: Pl. von ↑Lex.

Le|ge|zeit, die: *Zeit, in der die Hühner die meisten Eier legen.*

Leg|gings, Leg|gins ⟨Pl.⟩ [engl. leggin(g)s, zu: leg = Bein]: *enge Strumpfhose ohne Füßlinge als ähnliches Kleidungsstück für Frauen u. Mädchen.*

Leg|hen|ne: ↑Legehenne.

¹**le|gie|ren** ⟨sw. V.; hat⟩ [ital. legare < lat. ligare = (ver)binden]: **1.** *zu einer Legierung verbinden:* Kupfer mit Zink, Kupfer und Zink l. **2.** (Kochkunst) *(Suppen u. Soßen) mit Ei, Sahne od. Mehl eindicken:* eine legierte Gemüsesuppe.

²**le|gie|ren** ⟨sw. V.; hat⟩ [lat. legare, ↑Legat]: *vermachen:* ... als Lehrer ... sinnt ... angestellt die Schulmeisterin, ... ihr Sohn als Tertius und Lümmel zugleich, ... dem seine Zöglinge allerhand l. und spendieren müssen (Jean Paul, Wutz 21).

Le|gie|rung, die; -, -en: *Mischung verschiedener Metalle, die durch Zusammenschmelzen entstanden ist:* Bronze ist eine L. aus Kupfer und Zinn.

Le|gi|on, die; -, -en [lat. legio, eigtl. = ausgehobene Mannschaft, zu: legere, ↑lesen]: **1.** *Heereseinheit in altrömischer Zeit.* **2.** *Truppe aus freiwilligen [fremdländischen] Soldaten, Freiwilligen-, Söldnerheer:* er ist in der L. (Jargon; *Fremdenlegion*). **3.** *große Anzahl, Menge:* die L. der Touristen fährt nach Spanien; -en von Ameisen; die Zahl der Emigranten war L. (geh. emotional; *war unüberschaubar groß*).

Le|gi|o|när, der; -s, -e [frz. légionnaire, zu: légion < lat. legio, ↑Legion]: **1.** *Soldat einer Legion* (2), *der Fremdenlegion.* **2.** (Sportjargon) *[Fußball]spieler, der für einen ausländischen Verein spielt.*

Le|gi|o|nä|rin, die; -, -nen: w. Form zu ↑Legionär.

Le|gi|o|närs|krank|heit, die ⟨o. Pl.⟩ [LÜ von engl. legionnaires' disease; nach dem ersten Auftreten 1976 bei einem Veteranentreffen der »American Legion« in den USA] (Med.): *Infektionskrankheit mit starkem Fieber, Anzeichen einer Lungenentzündung od. schweren Grippe.*

Le|gis|la|ti|on, die; - [frz. législation, ↑legislativ] (Politik): *Gesetzgebung.*

le|gis|la|tiv ⟨Adj.⟩ [frz. législatif, zu: législation < spätlat. legislatio = Gesetzgebung, zu lat. lex (Gen.: legis) = Gesetz u. latum, 2. Part. von: ferre = tragen, (ein)bringen] (Politik): **a)** *gesetzgebend:* die -e Gewalt; **b)** *durch Gesetzgebung.*

Le|gis|la|ti|ve, die; -, -n [frz. (assemblée) législative] (Politik): **a)** *gesetzgebende Gewalt, Gesetzgebung* (vgl. Exekutive, Judikative); **b)** *gesetzgebende Versammlung:* das Parlament ist die L.

Le|gis|la|tur, die; -, -en [frz. législature < engl. legislature, zu: legislation < lat. legislatio, ↑legislativ] (Politik): **a)** *Gesetzgebung;* **b)** *Kurzf. von* ↑Legislaturperiode.

Le|gis|la|tur|pe|ri|o|de, die: *Amtsdauer einer gesetzgebenden Volksvertretung.*

le|gi|tim ⟨Adj.⟩ [lat. legitimus, zu: lex, ↑legislativ] (bildungsspr.): **1. a)** *gesetzlich anerkannt, rechtmäßig; im Rahmen bestimmter Vorschriften [erfolgend]:* einen -en Anspruch [auf etw.] haben; mit -en Mitteln; eine -e Regierung;

b) *(von einem Kind) ehelich:* der Fürst hatte keine -en Kinder. **2.** *allgemein anerkannt, vertretbar, vernünftig; berechtigt, begründet; [moralisch] einwandfrei:* eine -e Forderung; -es Interesse an etw. haben; ich halte seine Vorgehensweise für völlig l.

Le|gi|ti|ma|ti|on, die; -, -en [frz. légitimation]: **1.** (bildungsspr.) *Berechtigung:* die L. der Psychoanalyse als Wissenschaft bezweifeln. **2.** *Berechtigungsnachweis, Beglaubigung:* eine L. vorzeigen, verlangen. **3.** (Rechtsspr.) *Herstellung der Ehelichkeit eines nicht ehelichen Kindes durch Eheschließung der Eltern oder Ehelicherklärung.* **4.** *Begründung, Rechtfertigung:* auf diese Weise erhält die umstrittene Maßnahme eine nachträgliche, verspätete L.

le|gi|ti|mie|ren ⟨sw. V.; hat⟩ [mlat. legitimare = (ein nicht eheliches Kind rechtlich) anerkennen] (bildungsspr.): **1. a)** *für legitim* (1 a) *erklären, als rechtmäßig anerkennen:* ein Vorgehen, ein Verhalten nachträglich l.; **b)** *mit einem bestimmten Recht, einer Vollmacht ausstatten:* wer hat Sie legitimiert, in unserem Namen zu handeln? **2.** ⟨l. + sich⟩ *sich ausweisen* (2): können Sie sich l.?; er legitimierte sich als der Eigentümer des Autos. **3.** *für legitim* (1 b) *erklären.* **4.** *begründen, rechtfertigen, als berechtigt erscheinen lassen:* diese Entscheidung wurde damit legitimiert, dass es keine Alternative gebe; seine Bestrafung ist nicht länger zu l.

Le|gi|ti|mie|rung, die; -, -en: *das [Sich]legitimieren.*

Le|gi|ti|mi|tät, die; - [frz. légitimité] (bildungsspr.): *das Legitimsein.*

Le|gu|an [auch, österr. nur: ˈleːɡu̯aːn], der; -s, -e [niederl. leguaan < span. (la) iguana < Araua (südamerik. Indianerspr.) iuwana]: *(in den Tropen lebende) Echse mit gezacktem Kamm* (2 b), *der über Nacken, Rücken u. Schwanz verläuft.*

Le|gu|mi|no|se, die; -, -n ⟨meist Pl.⟩ (Bot.): *Hülsenfrüchtler.*

Le|hen, (selten:) **Lehn,** das; -s, - [mhd. lēhen, lēn, ahd. lēhan, zu ↑leihen] (Geschichte): *[Grund]besitz, der von einem Fürsten o. Ä. an einen Untergebenen mit der Verpflichtung verliehen wird, dass er dem Lehnsherrn mit persönlichen Leistungen zur Verfügung steht.*

Le|hens|brief, der: ↑Lehnsbrief usw.

Lehm, der; -[e]s, (Arten:) -e [mniederd., mhd. (md.) lēm, leime, ahd. leimo, verw. mit ↑Leim]: *aus Ton u. Sand bestehende, schwere, schmierig-klebrige, nahezu wasserundurchlässige, gelblich braune Erde* (1 a): Ziegel aus L. brennen; im L. stecken bleiben.

Lehm|bat|zen, der: *Batzen Lehm.*
Lehm|bau, der; -s, **1.** ⟨o. Pl.⟩ *Lehmbauweise.* **2.** ⟨Pl. -ten⟩ *Gebäude aus Lehm.*
Lehm|bo|den, der: *lehmiger Boden.*
lehm|far|ben, lehm|far|big ⟨Adj.⟩: *von der Farbe des Lehms, gelblich braun.*
lehm|gelb ⟨Adj.⟩: *bräunlich gelb.*
Lehm|gru|be, die: *Grube* (3 a), *in der Lehm gewonnen wird.*
lehm|hal|tig ⟨Adj.⟩: *Lehm enthaltend.*
Lehm|hüt|te, die: *aus Lehm gebaute Hütte.*
leh|mig ⟨Adj.⟩ [spätmhd. laimich, ahd. leimic]: **a)** *aus Lehm bestehend; Lehm enthaltend:* -er Boden; **b)** *mit Lehm bedeckt:* die Schuhe sind ganz l.; **c)** *nach Lehm schmeckend, riechend.*
Lehm|klum|pen, der: vgl. Lehmbatzen.
Lehm|zie|gel, der, auch die: *aus getrocknetem Lehm hergestellter Ziegel.*

Lehn: ↑Lehen.
Lehn|be|deu|tung, die (Sprachwiss.): *Übernahme der Bedeutung eines laut- od. bedeutungsähnlichen Wortes einer anderen Sprache* (z. B. realisieren in der aus dem Englischen [to realize]) entlehnten Bedeutung *erkennen, sich klarmachen*).

Lehn|bil|dung, die (Sprachwiss.): *Neubildung eines Wortes nach fremdem Vorbild.*
Leh|ne, die; -, -n [mhd. lene, ahd. (h)lina, verw. mit ↑lehnen]: **1.** *Teil eines Sitzmöbels, an den man sich lehnen* (2 a) *kann; Stütze für Rücken u. Arme:* eine feste, verstellbare L.; den Arm auf die L. stützen. **2.** (südd., österr., schweiz.) *Abhang; Hang:* Es ist eigentlich schon der Abschied von Berg und Hügel, von villenbesetzten -n, die sich in die Waldtäler schieben (Doderer, Dämonen 32). ◆ **3.** *Geländer:* Hatten wir oben, um über Bäche zu kommen, Schrittsteine oder zuweilen einen schmalen Steg nur an der einen Seite mit L. versehen angetroffen (Goethe, Wanderjahre III, 5).

leh|nen ⟨sw. V.⟩ [in der nhd. Form sind zusammengefallen mhd. leinen (md. lēnen), ahd. (h)leinen (tr.) u. mhd. lenen, linen, ahd. (h)linēn (intr.), urspr. = neigen, (an)lehnen; zusammenstellen]: **1.** ⟨hat⟩ *mit leichter Neigung, schräg an einen stützenden Gegenstand stellen u. dadurch Halt geben:* die Leiter, das Rad an/gegen die Wand l.; **2.** ⟨l. + sich; hat⟩ **a)** *sich in leichter Neigung, schräg gegen jmdn., etw. legen, um Halt zu finden:* sich [mit dem Rücken] an, gegen die Säule l.; sie lehnte sich an ihn; ⟨schweiz. auch ohne sich:⟩ er lehnte an das Geländer; **b)** *sich über einen Gegenstand beugen u. sich dabei mit dem Körper auf ihm abstützen:* sich über den Zaun, das Geländer, aus dem Fenster l. **3.** ⟨hat/ (südd., österr., schweiz.:) ist⟩ *mit leichter Neigung, schräg gegen etw. gestützt sein, stehen od. sitzen u. dadurch Halt haben:* das Fahrrad lehnt am Zaun; er lehnt an der Wand, in der Tür[öffnung].

◆ **Leh|ne|rich,** der; -s, -e [zu ↑lehnen] (landsch.): *fauler Mensch:* Wenn Er bei Tage so hier säße, würde ich glauben, Er sei ein L., so ein Tagedieb, der sich an die Häuser lehnt, damit er nicht umfällt vor Faulheit (Cl. Brentano, Kasperl 353).

Lehn|gut: ↑Lehnsgut.
Lehns|brief, der (Geschichte): *schriftliche Bestätigung, dass jmd. ein Lehen bekommen hat.*
Lehns|dienst, der (Geschichte): *Dienst, den ein Lehnsmann seinem Lehnsherrn zu leisten hat.*
Lehns|eid, der (Geschichte): *Eid, mit dem der Lehnsmann seinem Lehnsherrn Treue schwört; Treueid* (2).
Lehns|fol|ge, die (Geschichte): **1.** *Pflicht des Lehnsmannes, den Erben seines Lehnsherrn als neuen Herrn anzuerkennen.* **2.** *Lehnsdienst.*
Lehns|gut, das (Geschichte): *Lehen.*
Lehns|herr, der (Geschichte): *jmd., der jmdm. etw. als Lehen gibt.*
Lehns|her|rin, die: w. Form zu ↑Lehnsherr.
Lehns|mann, der ⟨Pl. ...männer u. ...leute, seltener: ...mannen⟩ (Geschichte): *jmd., der ein Lehen bekommen hat; Vasall.*
Lehns|pflicht, die (Geschichte): **1.** *Pflicht, Lehnsdienst zu leisten u. dem Lehnsherrn die Treue zu halten.* **2.** *Pflicht des Lehnsherrn, den Lehnsmann zu schützen.*
Lehns|recht, das (Geschichte): *Gesamtheit aller rechtlichen Vorschriften, die für das Lehnswesen gelten.*
Lehns|treue, die (Geschichte): *Treue des Lehnsmannes gegenüber dem Lehnsherrn.*
Lehn|stuhl, der [zu ↑lehnen]: *bequemer Stuhl mit Armlehnen u. hoher Rückenlehne.*
Lehns|we|sen, das ⟨o. Pl.⟩ (Geschichte): *Gesamtheit der Dinge, die mit den Lehen u. deren Vergabe zusammenhängen.*
Lehns|zins, der; -es, -en (Geschichte): *für ein Lehen zu entrichtender Grundzins.*
Lehn|über|set|zung, die (Sprachwiss.): *Glied für Glied wiedergegebene Übersetzung eines Wortes aus einer anderen Sprache* (z. B. Gemeinde aus lat. com-mun-io zu gi-mein-ida).
Lehn|über|tra|gung, die (Sprachwiss.): *freiere Übertragung eines Wortes aus einer anderen Sprache* (z. B. Vaterland aus lat. patria).
Lehn|wort, das (Sprachwiss.): *aus einer fremden Sprache übernommenes Wort, das sich in Aussprache, Schreibweise, Flexion der übernehmenden Sprache angepasst hat* (z. B. Mauer aus lat. *murus*).

Lehr|ab|schluss, der (bes. österr., schweiz.): *Abschluss* (3 d) *der Lehre:* den L. nachholen; keinen L. haben.
Lehr|amt, das: **1.** (Amtsspr.) *Amt* (1 a) *des Lehrers.* **2.** (kath. Kirche) *fast ausschließlich vom Bischofskollegium in Übereinstimmung mit dem Papst ausgeübtes Amt* (1 a), *das den Inhalt der christlichen Offenbarung u. alles, was zu ihrer Verkündigung, Reinhaltung u. Verteidigung gehört, zum Gegenstand hat.*
Lehr|amts|an|wär|ter, der (Amtsspr.): *Lehrer im Vorbereitungsdienst; Referendar.*
Lehr|amts|an|wär|te|rin, die: w. Form zu ↑Lehramtsanwärter.
Lehr|amts|kan|di|dat, der (Amtsspr.): *Studienreferendar an einer höheren Schule.*
Lehr|amts|kan|di|da|tin, die: w. Form zu ↑Lehramtskandidat.
Lehr|amts|stu|dent, der: *Student, der das Lehramt anstrebt.*
Lehr|amts|stu|den|tin, die: w. Form zu ↑Lehramtsstudent.
Lehr|amts|stu|di|um, das: *Studium eines od. mehrerer Unterrichtsfächer, das mit der ersten Staatsprüfung abschließt.*
Lehr|an|ge|bot, das: *Angebot* (1 b) *an Lehrveranstaltungen o. Ä.*
Lehr|an|stalt, die (Amtsspr.): vgl. Bildungsanstalt.
Lehr|auf|trag, der: *Auftrag, an einer Hochschule Vorlesungen, Seminare o. Ä. zu halten.*
lehr|bar ⟨Adj.⟩: *sich lehren lassend.*
Lehr|bar|keit, die; -: *das Lehrbarsein.*
Lehr|be|auf|trag|te, die: w. Beauftragte): *weibliche Person, die einen Lehrauftrag hat.*
Lehr|be|auf|trag|ter ⟨vgl. Beauftragter⟩: *jmd., der einen Lehrauftrag hat.*
Lehr|be|fä|hi|gung, die: *(durch eine entsprechende Ausbildung erworbene) Befähigung, an Schulen zu unterrichten.*
Lehr|be|fug|nis, die: *(von Hochschulen verliehene) Berechtigung zur ¹Lehre* (4) *in einem bestimmten Fachgebiet:* Erteilung, Entzug der L.
Lehr|be|helf, der (österr.): *Lehrmittel.*
Lehr|be|rech|ti|gung, die: *(durch eine entsprechende Ausbildung erworbene) Berechtigung, an höheren Schulen od. Hochschulen zu unterrichten.*
Lehr|be|ruf, der: **1.** *Ausbildungsberuf.* **2.** *Beruf des Lehrers.*
Lehr|be|trieb, der: *das Stattfinden von Lehrveranstaltungen* (z. B. an einer Hochschule): nach den Ferien lief der L. langsam an.
Lehr|bub, der (südd., österr., schweiz.): *Lehrjunge.*
Lehr|buch, das: *für den Unterricht [an Schulen] bestimmtes Buch:* ein L. für das Biologieunterricht; der Doppelpass war wie aus dem L. (*war mustergültig*).
lehr|buch|mä|ßig ⟨Adj.⟩: *so beschaffen, wie etw. im Lehrbuch steht:* ein -er Krankheitsverlauf; ihre Aufschläge waren l.
Lehr|dich|tung, die (Literaturwiss.): *lehrhafte Dichtung.*
¹Leh|re, die; -, -n [mhd. lēre, ahd. lēra, zu ↑lehren]: **1.** (nur noch in Österr., sonst veraltet)

Ausbildung für einen [handwerklichen] Beruf: eine dreijährige L. machen; die L. abbrechen; die L. bei einem Friseur, in einem Büro, in einem Geschäft machen; bei, zu jmdm. in die L. gehen; er hat seine Tochter zu einem Goldschmied in die L. gegeben, geschickt; Ü sein Vater hat ihn hart in die L. genommen *(hat ihn streng erzogen).* **2. a)** *gesamter Inhalt einer Weltanschauung, eines Gedanken- od. Glaubenssystems:* die christliche, marxistische, anthroposophische L.; eine neue, falsche, irrige L.; die L. der Kirche, Buddhas, Kants, Hegels; eine L. ablehnen, angreifen, verteidigen; einer L. anhängen; für eine L. eintreten; geben; aus etw. eine L. ziehen; **b)** *auf Lebensweisheit basierende Verhaltensregel:* eine L. annehmen, befolgen. **4.** ⟨o. Pl.⟩ *das Lehren (bes. an Hochschulen):* Forschung und L.
²**Leh|re,** die; -, -n [mhd. lēre, zu↑¹Lehre, eigtl. = Anleitung zum Messen] (Technik): *Gerät, Werkzeug, mit dem Formen u. Maße eines Werkstücks überprüft werden.*
leh|ren ⟨sw. V.; hat⟩ [mhd., ahd. lēren, verw. mit ↑lernen]: **1. a)** *(an einer Hoch- od. Fachschule) Kenntnisse vermitteln, Vorlesungen halten:* in Bonn, an der Universität Bonn l.; **b)** *ein bestimmtes Fach unterrichten, in einem bestimmten Fach Vorlesungen halten:* sie lehrt Deutsch, Mathematik. **2.** *in einer bestimmten Tätigkeit unterweisen; (jmdm.) etw. beibringen:* jmdn. lesen, tanzen, schwimmen l.; jmdn./(veraltend:) jmdm. das Reiten, Kochen, Schreiben l.; sie lehrte die Kinder/(selten:) den Kindern malen; aus etw. ein Pferd [zu] satteln; er lehrt ihn, ein Freund des Volkes zu sein; mir ist das/ich bin das in der Schule nicht gelehrt worden; ich werde dich l. *(werde dir austreiben),* deine Mutter zu belügen!; Ü jmdn. das Fürchten l. *(jmdm. Furcht einflößen).* **3.** *deutlich zeigen, deutlich werden lassen:* die Geschichte lehrt, dass nichts Bestand hat; das wird die Zukunft l.
Leh|ren|de, die/eine Lehrende; der/einer Lehrenden, die Lehrenden/zwei Lehrende: Lehrerin.
Leh|ren|der, der, Lehrende/ein Lehrender; des/eines Lehrenden, die Lehrenden/zwei Lehrende: Lehrer.
Leh|rer, der; -s, - [mhd. lērære, ahd. lērāri]: **1. a)** *jmd., der an einer Schule unterrichtet* (Berufsbez.): ein junger, alter, guter, erfahrener L.; unser neuer L.; er ist L. für Französisch, an einem Gymnasium; jmdn. als/zum L. ausbilden; **b)** *jmd., der an einer Hochschule od. Universität lehrt:* er wirkte als Forscher und L. an der Universität Tübingen; **c)** *jmd., der aufgrund seines Könnens Ausbilder (bes. in sportlichen Disziplinen) ist:* als L. in einer Skischule tätig sein. **2.** *jmd., der anderen sein Wissen vermittelt, der durch sein Wissen, seine Persönlichkeit als Vorbild angesehen wird;* Lehrmeister: Gründgens war einer seiner L.
Leh|rer|aus|bil|dung, die: *Ausbildung von Lehrern, zum Lehrer.*
Leh|rer|be|ruf, der: *Beruf des Lehrers.*
Leh|rer|bil|dung, die: *Ausbildung, Fort- u. Weiterbildung von Lehrern.*
Leh|rer|fort|bil|dung, die: *Fortbildung für Lehrer.*
leh|rer|haft ⟨Adj.⟩ (abwertend): *schulmeisterlich:* -e Zurechtweisungen; mich stört seine -e Art, sein -er Tonfall, sein -es Auftreten.

Leh|re|rin, die; -, -nen: w. Form zu ↑Lehrer.

Um gehäuftes Auftreten der Doppelform Lehrerinnen und Lehrer zu vermeiden, können die Ausweichformen Lehrkörper, Lehrkräfte oder Lehrerschaft gewählt werden.

Leh|rer/-innen, Leh|rer(innen): Kurzformen für: Lehrerinnen und Lehrer.
Leh|rer|kol|le|gi|um, das: *Gesamtheit aller an einer Schule unterrichtenden Lehrerinnen u. Lehrer.*
Leh|rer|kol|lek|tiv, das [LÜ von russ. učitel'skij kollektiv] (DDR): Lehrerkollegium.
Leh|rer|kon|fe|renz, die (Schule): Konferenz (1) von Lehrerinnen u. Lehrern einer Schule.
Leh|rer|man|gel, der ⟨o. Pl.⟩: *Mangel an Lehrerinnen u. Lehrern (1 a).*
Leh|rer|schaft, die; -, -en ⟨Pl. selten⟩: *Gesamtheit der Lehrerinnen u. Lehrer [einer Schule].*
Leh|rer|se|mi|nar, das (früher, noch schweiz.): *Ausbildungsstätte für Volksschullehrer.*
Leh|rer|stu|dent, der: *Student an einer pädagogischen Hochschule; Student, dessen Berufsziel Lehrer ist.*
Leh|rer|stu|den|tin, die: w. Form zu ↑Lehrerstudent.
Leh|rer|zim|mer, das: *Aufenthaltsraum für die Lehrerinnen u. Lehrer (in einer Schule).*
Lehr|fach, das: **1.** *Fach, das an Schulen od. Universitäten gelehrt wird; Unterrichtsfach.* **2.** *Lehrerberuf; Lehramt:* sie wechselte ins L.
Lehr|film, der: *[im Unterricht verwendeter] kurzer Film, bei dem die Vermittlung von Wissen im Vordergrund steht.*
Lehr|frei|heit, die ⟨o. Pl.⟩: *Recht, die aus der wissenschaftlichen Forschung gewonnenen Erkenntnisse zu lehren, ohne dass der Staat Einfluss nimmt.*
Lehr|gang, der: *Kurs* (3 a).
Lehr|ge|bäu|de, das (geh.): *(zur besseren Vermittlung) systematischer Aufbau dargestelltes Wissen eines Fachgebietes:* das komplexe L. der Systemtheorie.
Lehr|ge|dicht, das (Literaturwiss.): vgl. Lehrdichtung.
Lehr|ge|gen|stand, der: **1.** *das, was gelehrt wird; Lehrstoff, Unterrichtsstoff.* **2.** (österr.) *Lehrfach* (1).
Lehr|geld, das (früher): *für die Ausbildung eines Lehrlings an den Lehrherrn zu zahlendes Geld:* R lass dir dein L. zurückgeben (salopp; *du scheinst während deiner Ausbildung nicht viel gelernt zu haben);* * **L. [be]zahlen/geben** *(durch Unerfahrenheit Schaden erleiden).*
lehr|haft ⟨Adj.⟩: **a)** *belehrend; didaktisch;* **b)** (abwertend) *lehrerhaft.*
Lehr|haf|tig|keit, die; -: *das Lehrhaftsein.*
Lehr|herr, der (früher): *jmd., bei dem jmd. eine Lehre macht.*
Lehr|in|halt, der: vgl. Lehrstoff.
Lehr|jahr, das: *Jahr der Lehrzeit:* er ist im zweiten, im letzten L.; Spr -e sind keine Herrenjahre *(solange sich jmd. in der Ausbildung befindet, muss er einige Mühen auf sich nehmen u. in seinen Ansprüchen bescheiden sein).*
Lehr|jun|ge, der: *Junge, der Lehrling ist.*
Lehr|kan|zel, die (österr. veraltend): Lehrstuhl.
Lehr|kör|per, der (Amtsspr.): *Gesamtheit der Lehrenden an einer Schule od. Universität.*
Lehr|kraft, die (Amtsspr.): *Lehrer[in]:* eine engagierte, erfahrene L.
Lehr|kü|che, die: *Küche einer Berufs- od. Fachschule, in der praktischer Unterricht im Kochen erteilt wird.*
Lehr|ling, der; -s, -e [spätmhd. l(e)irline (im Kunsthandwerk)]: *jmd. (meist Jugendliche[r]), der innerhalb einer festgesetzten Zeit in einem bestimmten Beruf ausgebildet wird,* eine Lehre macht; Auszubildende[r].
Lehr|lings|aus|bil|dung, die: *Ausbildung von Lehrlingen.*
Lehr|lings|heim, Lehr|lings|wohn|heim, das: *Wohnheim für Lehrlinge.*
Lehr|mäd|chen, das (südd., österr., sonst veraltend): *junge Frau, die Lehrling ist.*
Lehr|ma|te|ri|al, das: vgl. Lehrmittel.
Lehr|mei|nung, die: *innerhalb einer Wissenschaft allgemein anerkannte Meinung.*
Lehr|meis|ter, der: **1.** (veraltend) *Meister* (1), *der Lehrlinge ausbildet:* der L. wies seine Auszubildenden zurecht. **2.** (geh.) *jmd., von dem man etw. lernt od. gelernt hat u. der Vorbild ist.*
Lehr|meis|te|rin, die: w. Form zu ↑Lehrmeister.
Lehr|me|tho|de, die: *Methode, Art u. Weise, etw. Bestimmtes zu lehren.*
Lehr|mit|tel, das ⟨meist Pl.⟩ (Schule): *Hilfsmittel, das der Lehrende zur Unterstützung seines Unterrichts einsetzen kann (z. B. Wandkarte, Film).*
Lehr|mit|tel|frei|heit, die ⟨o. Pl.⟩ (Schule): *Anspruch (der Lernenden u. Lehrenden) auf kostenlose Überlassung der erforderlichen Lehrmittel.*
Lehr|pfad, der: *Weg, der angelegt ist, um über eine Landschaft, bestimmte Bäume, Pflanzen o. Ä. Kenntnisse zu vermitteln:* ein geologischer L.
Lehr|plan, der (Schule): *Plan, der die Ziele u. Inhalte sowie Hinweise für die didaktisch-methodische Gestaltung eines bestimmten Unterrichtsfaches enthält:* den L. einhalten, erfüllen, überarbeiten.
Lehr|pro|be, die (Schule): *Unterrichtsstunde, die ein Lehramtsanwärter od. -kandidat hält u. die von einem Prüfer od. einer Prüfungskommission beurteilt [u. benotet] wird; Unterrichtsprobe.*
lehr|reich ⟨Adj.⟩: *so beschaffen, dass sich daraus viel lernen lässt:* eine -e Abhandlung, Vorlesung, Erfahrung; der Versuch war sehr l.
Lehr|ret|tungs|as|sis|tent, der: *jmd., der Rettungsassistenten ausbildet (Berufsbez.).*
Lehr|ret|tungs|as|sis|ten|tin, die: w. Form zu ↑Lehrrettungsassistent.
Lehr|saal, der: **a)** *Hörsaal einer Universität;* **b)** *größerer Unterrichtsraum einer Schule o. Ä.*
Lehr|satz, der: *Theorem.*
Lehr|stand, der ⟨o. Pl.⟩ (veraltet): *Berufsstand der Lehrerinnen und Lehrer.*
Lehr|stel|le, die: *Ausbildungsplatz eines Lehrlings:* sie sucht eine L.
Lehr|stel|len|man|gel, der: *Mangel an Lehrstellen.*
Lehr|stel|len|markt, der: *Gesamtheit von Angebot an und Nachfrage nach Lehrstellen.*
Lehr|stoff, der (Schule): *im Unterricht zu vermittelnder Stoff.*
Lehr|stück, das (Literaturwiss.): vgl. Lehrdichtung.
Lehr|stuhl, der (Amtsspr.): *planmäßige Stelle eines Professors, einer Professorin an einer Universität od. Hochschule; Professur:* den, einen L. für neuere deutsche Literaturwissenschaft [inne]haben; auf einen L. berufen werden.
Lehr|stuhl|in|ha|ber, der (Amtsspr.): *Professor, der eine planmäßige Stelle an einer Universität od. Hochschule besetzt.*
Lehr|stuhl|in|ha|be|rin, die: w. Form zu ↑Lehrstuhlinhaber.
Lehr|stun|de, die: **1.** *Zeitabschnitt von in der Regel höchstens einer Stunde, in der etw. gelehrt, vermittelt wird; Unterrichtsstunde.* **2.** *Lektion* (2 a).
Lehr|tä|tig|keit, die (Amtsspr.): *berufliche Tätigkeit als Lehrer[in].*
Lehr|toch|ter, die (schweiz.): *weiblicher Lehrling.*

Lehr|ver|an|stal|tung, die: a) *der Vermittlung von Kenntnissen dienende, von einer Lehrkraft geleitete Veranstaltung* (z. B. Vorlesung, Seminar); b) *Lehrgang.*

Lehr|ver|pflich|tung, die: *[mit einer Professur verbundene] Verpflichtung, eine bestimmte Anzahl Lehrveranstaltungen* (a) *abzuhalten.*

Lehr|ver|trag, der: *Vertrag zwischen dem ausbildenden Betrieb u. dem Lehrling.*

Lehr|werk, das: vgl. Lehrbuch.

Lehr|werk|statt, Lehr|werk|stät|te, die: *Werkstatt eines Betriebs, in der Lehrlinge in enger Verbindung mit dem Arbeitsprozess praktisch ausgebildet werden.*

Lehr|zeit, die: *Zeit, in der jmd. Lehrling ist, ausgebildet wird:* eine dreijährige, verkürzte L.

Lei: Pl. von ↑ ²Leu.

-lei ⟨mhd. lei[e] = Art u. Weise < afrz. ley = Art < lat. legem, Akk. von: lex = Gesetz⟩: *wird zur Bildung [un]bestimmter Gattungszahlwörter verwendet,* z. B. achterlei, keinerlei, mancherlei.

Leib, der; -[e]s, -er ⟨mhd. līp, ahd. līb, zu ↑ leben⟩: **1.** (geh.) **a)** *Körper* (1 a): ein kranker, abgemagerter, ausgemergelter L.; die dampfenden -er der gehetzten Pferde; mir klebten die Kleider am L.; am ganzen L. zittern, frieren, schwitzen, bei lebendigem -e/lebendigen -es verbrennen; diese Krankheit steckte mir schon lange im L. *(ich fühlte mich schon krank, bevor es zum eigentlichen Ausbruch kam);* du bist so stark erkältet – bleib mir vom -e[!]! *(komm nicht zu nah an mich heran!);* * *etw. am eigenen L. erfahren/(ver)spüren/erleben* *(etw. selbst durchmachen müssen);* **jmdm. auf den L., zu -e rücken** (ugs.: *jmdn. bedrängen, auf jmdn. Druck ausüben);* **mit L. und Seele** (1. *mit Begeisterung u. innerer Beteiligung:* er ist mit L. und Seele Arzt. 2. *ganz und gar* sie war mit L. und Seele dem Alkohol verfallen); **sich jmdn., etw. vom Leib[e] halten** (salopp: *näheren Kontakt mit jmdm. vermeiden; sich von etw. fernhalten:* ich will versuchen, ihn mir vom -e zu halten; sie hat sich alles, was mit Politik zu tun hat, vom -e gehalten); **jmdm. [mit etw.] vom -e gehen/bleiben** *(jmdn. [mit etw.] in Ruhe lassen, nicht behelligen, belästigen);* **einer Sache zu -e gehen/rücken** *(eine schwierige, unangenehme Aufgabe angehen* 5); **b)** *äußere Erscheinung eines Menschen, Gestalt:* ein schöner, ebenmäßig gewachsener, zarter, jugendlicher L.; sie besaß nur noch das, was sie auf dem -e trug; An einem schmutzigen Tisch und vor einem staubigen und bekleckerten Spiegel saß Müller-Rosé, nichts weiter am -e als eine Unterhose aus grauem Trikot (Th. Mann, Krull 38); * **jmdm. [wie] auf den L. geschnitten/zugeschnitten/geschneidert sein** (zu *jmdm. genau passen, jmds. Bedürfnissen, Wünschen o. Ä. genau entsprechen:* seine neue Aufgabe ist ihm wie auf den L. geschneidert); **jmdm. [wie] auf den L. geschrieben sein** *(wie geschaffen, genau passend für jmdn. sein;* urspr. vom Schauspieler); **c)** *Rumpf (von Menschen od. Tieren):* ein rundlicher, geschundener, zerschlagener L. **2.** *unterer Teil des Körpers* (1 a), *bes. der Bauch:* ein dicker, aufgetriebener, voller L.; nichts [Ordentliches] im L. haben, im L. bekommen haben *(gegessen haben).* **3.** *nur noch in der Verbindung* **L. und Leben** *(emotional verstärkend; die körperliche Unversehrtheit u. das Leben:* L. und Leben [alles] riskieren; sein L. und Leben für L. und Leben darstellen *[lebensgefährlich sein]).*

Leib|arzt, der [eigtl. = Arzt eigens für die Person eines Fürsten]: *Arzt, der vornehmlich hochgestellte Persönlichkeiten [u. deren Angehörige] betreut.*

Leib|ärz|tin, die: w. Form zu ↑ Leibarzt.

Leib|bin|de, die: *breite [wollene] Binde zum Wärmen des Leibes* (2); *Bauchbinde.*

Leib|chen, das; -s, -: **1.** (veraltet) *Mieder* (2). **2. a)** (österr., schweiz.) *Herrenunterhemd;* **b)** (österr., schweiz.) ²*Trikot;* **c)** *T-Shirt;* **d)** (früher) *miederartiges Kleidungsstück für Kinder, an dem Strumpfhalter befestigt sind.*

Leib|die|ner, der (veraltend): vgl. Leibarzt.

Leib|die|ne|rin, die: w. Form zu ↑ Leibdiener.

leib|ei|gen ⟨Adj.⟩ [aus der mhd. Formel: mit dem lībe eigen = mit dem Leben zugehörig] (früher): *in Leibeigenschaft befindlich; unfrei.*

Leib|ei|ge|ne, der/die Leibeigene, die Leibeigenen/zwei Leibeigene (früher): *weibliche Person, die in Leibeigenschaft lebt.*

Leib|ei|ge|ner, der Leibeigene/ein Leibeigener; des/eines Leibeigenen, die Leibeigenen/zwei Leibeigene (früher): *jmd., der in Leibeigenschaft lebt.*

Leib|ei|gen|schaft, die ⟨Pl. selten⟩ (früher): *persönliche u. wirtschaftliche Abhängigkeit von einem Grundherrn.*

lei|ben ⟨sw. V.; hat⟩ [urspr. = leibliches Dasein haben, auch: dem Leib angenehm sein]: *nur in der Wendung* **wie er, sie leibt und lebt** *(in seiner, ihrer typischen Art; wie man ihn, sie kennt).*

Lei|bes|er|tüch|ti|gung, die (veraltend): *körperliche Ertüchtigung.*

Lei|bes|er|zie|her, der (Amtsspr.): *Sportlehrer.*

Lei|bes|er|zie|he|rin, die: w. Form zu ↑ Leibeserzieher.

Lei|bes|er|zie|hung, die (Amtsspr.): *Sport[unterricht].*

Lei|bes|frucht, die (Med.): *ungeborenes Kind im Mutterleib.*

Lei|bes|fül|le, die ⟨o. Pl.⟩: *Fülle* (3).

Lei|bes|kräf|te ⟨Pl.⟩: *in der Verbindung* **aus/nach -n** *(mit aller Kraft:* aus -n schreien, schlagen).

Lei|bes|übung, die: **a)** ⟨meist Pl.⟩ *gymnastische Übung:* eine leichte, schwere L.; **b)** ⟨Pl.⟩ (veraltend) *Sport, Sportunterricht.*

Lei|bes|um|fang, der: vgl. Umfang (1 b).

Lei|bes|vi|si|ta|ti|on, die: *Durchsuchung der auf dem Körper getragenen Kleidung einer Person.*

◆ **Leib|far|be,** die: *Farbe, die ein Herr* (3) *für die Dienstkleidung seiner Bediensteten ausgewählt hat:* Blässe der Armut und sklavische Furcht sind meine L.! In diese Liverei will ich euch kleiden (Schiller, Räuber II, 2).

Leib|gar|de, die: *Garde* (1 b).

Leib|gar|dist, der: *jmd., der zu einer Leibgarde gehört.*

Leib|gar|dis|tin, die: w. Form zu ↑ Leibgardist.

Leib|ge|richt, das: ²*Gericht, das jmd. besonders gerne, am liebsten isst.*

leib|haft ⟨Adj.⟩ [mhd. lîphaft = leibhaftig; lebend, ahd. lîphaft = lebend] (selten): *leibhaftig;* ◆ ... und diktier' einem Skrizler ... das -e Bild von einem dortigen Wurmdoktor in die Feder (Schiller, Räuber II, 3).

leib|haf|tig [auch: ˈlaɪ̯p...] ⟨Adj.⟩ [mhd. lîphaft(ic)]: **1.** *mit den Sinnen unmittelbar wahrnehmbar; körperlich, körperhaft, [als Verkörperung einer Idee o. Ä.] konkret vorhanden:* sie sieht aus wie die -e Hässlichkeit, Unschuld, wie der -e Tod; plötzlich stand sie, der Eiffelturm l. vor uns; ich kenne ihn zwar von Bildern, aber l. gesehen habe ich ihn nie. **2.** (ugs.) *wirklich, echt,* ¹*richtig* (3 a): er heiratet eine -e Prinzessin.

Leib|haf|ti|ger [auch: ˈlaɪ̯p...], der Leibhaftige/ein Leibhaftiger; des/eines Leibhaftigen (verhüll.): *Teufel.*

Leib|haf|tig|keit [auch: ˈlaɪ̯p...], die; -: *Eigenschaft, leibhaftig* (1) *vorhanden zu sein.*

Leib|koch, der (veraltend): vgl. Leibarzt.

leib|lich ⟨Adj.⟩ [mhd. līplich, ahd. līplīh = lebend, lebendig]: **1.** *den Leib betreffend:* -e Bedürfnisse; auf das -e Wohl der Gäste bedacht sein. **2.** *von jmdm. direkt abstammend; blutsverwandt:* ihr -er Vater, Bruder.

Leib|lich|keit, die; -, -en: *[sinnliche] Körperlichkeit* (b).

Leib|ren|te, die: *auf einem vertraglich begründeten Anspruch beruhende Rente auf Lebenszeit.*

Leib|schmerz, der ⟨meist Pl.⟩: *Schmerz im Bereich des Leibes* (2).

Leib|spei|se, die (bes. österr.): vgl. Leibgericht.

◆ **Leib|tra|bant,** der: *Trabant* (2 a): Hier standen rings ... -en, mit Hellebarden (Kleist, Krug 7).

Leib-und-Ma|gen- (ugs.): *drückt in Bildungen mit Substantiven aus, dass jmd. oder etw. der inneren Einstellung o. Ä. einer Person am besten entspricht und deshalb in höchster Gunst steht, den Vorzug erhält:* Leib-und-Magen-Blatt, Leib-und-Magen-Schriftsteller.

Lei|bung: ↑ Laibung.

Leib|wa|che, die: **1.** *Gesamtheit der Leibwächterinnen u. Leibwächter.* **2.** (selten) *Leibwächter, Leibwächterin.*

Leib|wäch|ter, der: *jmd., dessen Aufgabe darin besteht, eine hochstehende Persönlichkeit o. Ä. zu beschützen.*

Leib|wäch|te|rin, die: w. Form zu ↑ Leibwächter.

Leib|wä|sche, die ⟨Plural nur für Sorten⟩: *Unterwäsche.*

Leib|weh, das ⟨o. Pl.⟩: *Leibschmerz.*

Leib|wi|ckel, der: *[feuchter] Wickel um den Leib* (2).

Leich|dorn, der; -[e]s, -e u. ...dörner [mhd. spätahd. līhdorn, eigtl. = Dorn im Körper, im Fleisch, zu mhd. līh(h), ↑ Leiche] (landsch.): **a)** *Warze;* ◆ **b)** *Hühnerauge:* Es ist besser, sich in die Erde legen, als sich Leichdörner auf ihr laufen (Büchner, Dantons Tod III, 1).

Lei|che, die; -, -n [mhd. līch, ahd. līh(h) = Körper, Leib(esgestalt); toter Körper]: **1. a)** *Körper eines Toten, Gestorbenen:* die verstümmelte, verweste L.; die L. eines Ertrunkenen; die L. des verstorbenen Politikers; die L. verbrennen, exhumieren, obduzieren, fleddern; die Polizei hat die L. freigegeben; er sieht aus wie eine [lebende/wandelnde] L., wie eine L. auf Urlaub (salopp: *sieht sehr blass, elend aus);* R nur über meine L.! *(das lasse ich auf keinen Fall zu!);* * **eine L. im Keller** (ugs.: *etw. Schlimmes, Ehrenrühriges aus der Vergangenheit, was bisher nicht entdeckt worden ist);* **über -n gehen** (abwertend; *im Verfolgen seiner Ziele keine Skrupel kennen);* **b)** (selten) *totes Tier, Tierleiche.* **2.** (landsch. veraltend) *Begräbnis:* es war eine schöne, große L.

Lei|chen|au|to, das: *Leichenwagen* (a).

Lei|chen|be|gäng|nis, das ⟨geh.⟩: *feierliche Beisetzung eines Toten.*

Lei|chen|be|schau|er, der: *die Leichenschau vornehmender Arzt.*

Lei|chen|be|schau|e|rin, die: w. Form zu ↑ Leichenbeschauer.

Lei|chen|be|stat|ter, der; -s, -: *jmd., der die Bestattung von Verstorbenen vorbereitet* (Berufsbez.).

Lei|chen|be|stat|te|rin, die: w. Form zu ↑ Leichenbestatter.

Lei|chen|bit|ter|mie|ne, die (iron.): *nicht ganz ernst zu nehmende, übermäßig traurige od. trübsinnige Miene, die jmd. zur Schau trägt:*

eine L. machen, aufsetzen, zur Schau tragen; sich mit L. beklagen.
lei|chen|blass ⟨Adj.⟩: *in höchstem Grade blass (bes. durch Schreck, Angst o. Ä.):* l., aber unverletzt kletterte er aus dem völlig demolierten Auto.
Lei|chen|bläs|se, die: **a)** *Blässe eines Sterbenden od. Toten;* **b)** *(emotional verstärkend) sehr blasses Aussehen eines Menschen:* auffallend war die L. seines Gesichts.
Lei|chen|fei|er, die: *Begräbnisfeier.*
Lei|chen|fleck, der ⟨meist Pl.⟩: *Totenfleck.*
Lei|chen|fled|de|rei, die; -, -en (Rechtsspr.): *das Fleddern* (a) *einer Leiche.*
Lei|chen|fled|de|rer, der (Rechtsspr.): *jmd., der Leichen fleddert* (a).
Lei|chen|fled|de|rin, die: w. Form zu ↑Leichenfledderer.
Lei|chen|fund, der: *Fund* (1) *einer Leiche.*
Lei|chen|ge|ruch, der: *Verwesungsgeruch, der von einer Leiche ausgeht.*
Lei|chen|gift, das: *giftiger Stoff, der bei der Verwesung von Leichen entsteht.*
lei|chen|haft ⟨Adj.⟩: *einer Leiche ähnlich:* -e Blässe; ein -es Aussehen.
Lei|chen|hal|le, die: *Gebäude auf einem Friedhof, in dem die Särge mit den Toten bis zur Beerdigung aufgebahrt sind.*
Lei|chen|haus, das: *Leichenhalle.*
Lei|chen|hemd, das: *Sterbehemd.*
Lei|chen|kam|mer, die: *kleiner Raum, in dem Verstorbene vorübergehend aufgebahrt werden.*
♦ **Lei|chen|kar|men,** das: *Karmen auf einen Toten, anlässlich eines Begräbnisses; Leichengedicht:* ...ich habe hier eine Bestellung auf ein Hochzeitsgedicht sowie auf ein L. (Goethe, Dichtung u. Wahrheit 5).
Lei|chen|öff|nung, die: *Obduktion.*
Lei|chen|pass, der (Amtsspr.): *behördliches Dokument, das die Erlaubnis erteilt, einen Toten an einen anderen Ort zu überführen.*
Lei|chen|raub, der: **a)** *Beraubung eines Leichnams;* **b)** *Raub eines Leichnams.*
Lei|chen|re|de, die: **1.** (geh.) *Ansprache zu Ehren des Verstorbenen bei der Beerdigung:* [jmdm.] die L. halten. **2.** *(besonders bei Skatspielern übliche) Kommentierung des abgeschlossenen Kartenspiels im Hinblick auf gemachte Fehler.*
Lei|chen|red|ner, der: *jmd., der eine Leichenrede hält.*
Lei|chen|red|ne|rin, die: w. Form zu ↑Leichenredner.
Lei|chen|schän|der, der: *jmd., der Leichenschändung begeht.*
Lei|chen|schän|de|rin, die: w. Form zu ↑Leichenschänder.
Lei|chen|schän|dung, die: **1.** *das Schänden* (c) *einer Leiche.* **2.** *das Vornehmen sexueller Handlungen an einem Leichnam.*
Lei|chen|schau, die: *Untersuchung einer Leiche durch den Arzt zur Feststellung des Todes bzw. der Todesursache; Nekropsie.*
Lei|chen|schau|haus, das: *Gebäude, in dem Tote, deren Identität nicht bekannt ist, vorübergehend aufgebahrt werden.*
Lei|chen|schmaus, der (scherzh.): *gemeinsames Essen od. Kaffeetrinken, zu dem die Angehörigen eines Verstorbenen die Trauergäste einladen.*
Lei|chen|star|re, die: *Totenstarre.*
Lei|chen|stein, der (veraltet): *Grabstein:* ♦ ...als ob der beinerne Tod über einen breiten L. herüberragte, mit dem er mich zudecken wollte (Iffland, Die Hagestolzen 1, 7).
Lei|chen|teil, der: *Teil einer zerstückelten Leiche.*
Lei|chen|tuch, das ⟨Pl. ...tücher⟩ (früher): *Tuch, in das ein Leichnam eingehüllt wird.*

Lei|chen|ver|bren|nung, die: *Verbrennung, Einäscherung einer Leiche.*
Lei|chen|wa|gen, der: **a)** *meist schwarzes Auto zum Transport eingesargter Verstorbener;* **b)** *offener [Pferde]wagen, mit dem bei Beerdigungen der Sarg mit dem Verstorbenen, vom Trauerzug gefolgt, [feierlich] zur Begräbnisstätte gebracht wird.*
Lei|chen|wä|scher, der: *jmd., der Leichen wäscht u. ankleidet.*
Lei|chen|wä|sche|rin, die: w. Form zu ↑Leichenwäscher.
Lei|chen|zug, der (geh.): *Zug von Menschen, die mit dem Sarg zur Begräbnisstätte ziehen.*
Leich|nam [...na:m], der; -s, -e [mhd. lîchname, ahd. lîh(i)namo, Nebenf. von mhd. lîchame, ahd. lîhhamo, eigtl. = Leibeshülle, 1. Bestandteil zu mhd. lîch (↑Leiche), 2. Bestandteil verw. mit ↑Hemd in dessen urspr. Bed. »Hülle«] (geh.): *lebloser Körper, sterbliche Hülle eines verstorbenen Menschen; Leiche* (1 a): jmds. L. einbalsamieren, aufbewahren, beisetzen; er ist ein lebendiger/wandelnder L. (er ist körperlich ganz verfallen u. elend).
leicht ⟨Adj.⟩ [mhd. lîht(e), ahd. lîht(i), verw. mit ↑gelingen]: **1. a)** *von geringem Gewicht, nicht schwer:* -es Gepäck; ein -er Koffer; das Material ist, wiegt l.; sie ist l. wie eine Feder (wiegt sehr wenig); er ist 65 Kilo l. (ugs. scherzh.; wiegt 65 Kilo); mach dich mal bitte l.!; Ü -e (aus dünnem Stoff hergestellte, luftige) Kleidung; -es (nicht derbes) Schuhwerk; -e (kleinkalibrige) Waffen; -e (mit kleineren Geschützen ausgerüstete) Artillerie; l. (mit wenigen dünnen Kleidungsstücken) bekleidet; l. (mit kleinkalibrigen Waffen) bewaffnet; R gewogen und zu l. befunden (geprüft u. für nicht gut genug, für unzureichend befunden); * **jmdn. um etw. -er machen** (ugs.: *jmdn. erleichtern* 3); **b)** *nicht schwerfällig, beweglich, geschickt:* einen -en Gang haben; -en Schrittes davongehen. **2. a)** *keine große Anstrengung, keinen großen Einsatz erfordernd; nicht schwierig,* ¹*einfach* (2 a), *unkompliziert:* eine -e Arbeit; er hat einen -en Dienst; das ist kein -er (leichtfallender) Entschluss; sie hatte kein -es Leben (es ging ihr immer gut, sie hatte es nie schwer); die Frage ist nicht l. zu beantworten; die Maschine ist l. zu bedienen; das kannst du l. sagen (du bist nicht in meiner schwierigen Situation); sie hat l. reden (sie ist nicht in der schwierigen Situation); sie hat es niemals l. gehabt (hatte kein leichtes Leben); es war nicht l. für sie, sich allein durchzuschlagen; nach seinen Worten wurde es uns allen etwas -er (fühlten wir uns etwas besser); jmdm. eine Aufgabe, einen Entschluss l. machen; es jmdm. l. machen, sich für etw. zu entscheiden; du hast es dir dabei sehr l. gemacht (hast dir dabei sehr wenig Mühe gegeben); ⟨subst.:⟩ es wird Ihnen ein Leichtes sein (es wird Sie nicht viel Mühe kosten); R nichts [ist] -er als das (es ist ganz ohne Schwierigkeiten); das ist l. gesagt [aber schwer getan]; das ist -er gesagt als getan (das lässt sich nicht einfach machen); **b)** *schnell u. ohne Schwierigkeiten:* die -e Löslichkeit des Stoffes; etw. ist l. löslich; der Stoff lässt sich l. färben, verarbeiten; du kannst dir l. denken, ausrechnen, was daraus wird; er wird l. jemanden findest du nicht so l. wieder; l. verdauliches Material; l. verdauliche Speisen; l. verderbliche Waren, Speisen; der Text ist in l. verständlicher Sprache] geschrieben (angeregt und heiter) ging sie nach Hause; es ist l. (ohne Weiteres) möglich, dass ich schon früher fahre; er wird nicht so l. bereit sein, das zu tun; sie fin-

det so l. (so schnell) kein Ende; **c)** *mühelos, spielend:* er hat eine -e Auffassungsgabe; er lernt, begreift l. **3.** *geringfügig, von geringem Ausmaß, nur schwach ausgeprägt o. Ä.:* er hat einen -en Akzent; es gab einen -en Rückschlag; -er Regen; -es Fieber; -e Zweifel; er bekam einen -en Stoß; die l. verletzten Passagiere; es hat l. geschneit; sein Gesicht war l. gerötet; er war l. irritiert, verstört; er schielt l. (ein wenig); die Preise sind l. gefallen. **4.** (bes. von Speisen o. Ä.) *bekömmlich, gut verträglich, nicht belastend:* eine -e Mahlzeit; -e Kost, -e Speisen, Weine; eine -e Zigarre; ein -es (nicht zu intensives) Parfüm; l. essen; ⟨subst.:⟩ etwas Leichtes essen. **5. a)** *heiter, unbeschwert:* -en Sinnes (beschwingt u. heiter); der Ton der Unterhaltung war frei und l. (ungezwungen); **b)** *ohne hohen geistigen Anspruch, nur unterhaltend:* -e Lektüre; -e Musik; der Autor versteht es, l. zu schreiben; ⟨subst.:⟩ ich lese am liebsten etwas Leichtes.
Leicht|ath|let, der: *Sportler, der Leichtathletik betreibt.*
Leicht|ath|le|tik, die: *Gesamtheit der sportlichen Übungen, die den natürlichen Bewegungsformen des Menschen (laufen, springen, werfen, stoßen) entsprechen.*
Leicht|ath|le|tik-WM, die: *Weltmeisterschaft in der Leichtathletik.*
Leicht|ath|le|tin, die: w. Form zu ↑Leichtathlet.
leicht|ath|le|tisch ⟨Adj.⟩: *zur Leichtathletik gehörend, sie betreffend:* -e Disziplinen, Wettbewerbe.
Leicht|bau, der ⟨Pl. -ten⟩: **1.** ⟨o. Pl.⟩ *Leichtbauweise.* **2.** *etw. in Leichtbauweise Gebautes.*
Leicht|bau|stoff, der (Bauw.): *Bau- od. Werkstoff, der sich durch ein geringes Gewicht auszeichnet.*
Leicht|bau|wei|se, die (Bauw., Fahrzeug-, Maschinenbau): *Bauweise, die sich durch spezielle Konstruktion u. Verwendung besonders leichten Materials auszeichnet.*
leicht be|klei|det, leicht|be|klei|det ⟨Adj.⟩: *mit einem dünnen Kleidungsstück od. wenigen dünnen Kleidungsstücken bekleidet:* zwei leicht bekleidete Frauen liefen den Strand entlang.
Leicht|ben|zin, das: *Benzin mit einem niedrigen Siedepunkt.*
leicht be|schwingt, leicht|be|schwingt ⟨Adj.⟩: *angeregt u. heiter, mit leichtem Schwung:* leicht beschwingte Melodien.
Leicht|be|ton, der (Bauw.): *Beton mit leichten, porösen Zuschlägen* (4).
leicht be|waff|net, leicht|be|waff|net ⟨Adj.⟩: *mit kleinkalibrigen Waffen ausgerüstet:* ein leicht bewaffneter Soldat.
Leicht|be|waff|ne|te, leicht Be|waff|ne|te ⟨vgl. Bewaffnete⟩: *weibliche Person, die mit kleinkalibrigen Waffen ausgerüstet ist.*
Leicht|be|waff|ne|ter, leicht Be|waff|ne|ter ⟨vgl. Bewaffneter⟩: *jmd., der mit kleinkalibrigen Waffen ausgerüstet ist.*
leicht|blü|tig ⟨Adj.⟩: *das Leben von der heiteren Seite nehmend; von unbeschwerter Fröhlichkeit:* er ist ein -er Mensch.
Leicht|blü|tig|keit, die; -: *leichtblütiges Wesen.*
Leich|te, die; - [mhd. lîhte, ahd. lîhtî] (dichter.): *Leichtheit.*
leicht ent|zünd|lich, leicht|ent|zünd|lich ⟨Adj.⟩: *sich leicht entzündend, leicht brennend:* leicht entzündliches Material.
Leich|ter, der; -s, - (Seemannsspr.): **a)** *zum Leichtern von Seeschiffen verwendetes kleineres Wasserfahrzeug (meist ohne Motor);* **b)** *großer, geschlossener, schwimmfähiger Container, der im Lastverkehr verwendet wird.*
leicht|fal|len ⟨st. V.; ist⟩: *keine Schwierigkeiten bereiten, keine Mühe machen:* Mathematik fiel

ihr immer leicht; es ist [ihm] nicht leichtgefallen, die Schlappe hinzunehmen.
leicht|fer|tig ⟨Adj.⟩ [mhd. līhtvertec = oberflächlich, fein, schwächlich] (abwertend): **a)** *unbedacht u. vorschnell; in verantwortungsloser Weise gedankenlos; fahrlässig:* ein -es Verhalten, Versprechen; du bist zu l.; etw. l. aufs Spiel setzen; **b)** (veraltend) *moralisch bedenkenlos:* eine -e Person; -e Gedanken.
Leicht|fer|tig|keit, die [mhd. līhtvertecheit]: *leichtfertige Art.*
Leicht|fuß, der (ugs. scherzh.): *leichtfertiger, leichtsinniger Mensch.*
leicht|fü|ßig ⟨Adj.⟩: *mit leichten Schritten, keine Schwerfälligkeit (in der Bewegung) aufweisend:* -en Schrittes kam er daher.
Leicht|fü|ßig|keit, die; -: *leichtfüßige Art u. Weise.*
leicht|gän|gig ⟨Adj.⟩ (Technik): *leicht zu bewegen, zu handhaben:* eine -e Kupplung.
Leicht|gän|gig|keit, die; -: *leichtgängigsein.*
leicht ge|schürzt, leicht|ge|schürzt ⟨Adj.⟩ (meist scherzh.): *wenig bekleidet:* in der Strandbar saßen leicht geschürzte Mädchen.
Leicht|ge|wicht, das: **1.** ⟨o. Pl.⟩ (Schwerathletik) *mittlere Körpergewichtsklasse.* **2. a)** *Sportler der Körpergewichtsklasse Leichtgewicht* (1); **b)** (ugs. scherzh.) *jmd. mit geringem Körpergewicht:* Ü der Abgeordnete gilt als politisches L. *(als unbedeutender Politiker).*
leicht|ge|wich|tig ⟨Adj.⟩: *ein leichtes Gewicht aufweisend:* das Mädchen ist sehr l.
Leicht|ge|wicht|ler, der; -s, -: *Leichtgewicht* (2 a).
Leicht|ge|wicht|le|rin, die; -, -nen: w. Form zu ↑ Leichtgewichtler.
leicht|gläu|big ⟨Adj.⟩: *in unkritischer Weise allzu leicht bereit, etw. zu glauben, was ein anderer sagt; vertrauensselig:* die -en Käufer wurden hereingelegt.
Leicht|gläu|big|keit, die: *leichtgläubiges Wesen:* seine L. hat ihn ins Verderben geführt.
leicht|hän|dig ⟨Adj.⟩: *ohne Mühe, Anstrengung; locker.*
Leicht|heit, die; -: *Eigenschaft,* ¹*leicht* (1 a, 2) *zu sein.*
leicht|her|zig ⟨Adj.⟩: *sorglos, unbekümmert.*
Leicht|her|zig|keit, die; -: *leichtherziges Wesen.*
leicht|hin ⟨Adv.⟩: **a)** *ohne lange zu überlegen, ohne vieles Nachdenken:* etw. l. versprechen, sagen, weggeben; Sie würden mich die Dummen sein wollen, die eine Kostbarkeit l. aus der Hand gegeben haben (Muschg, Gegenzauber 225); **b)** *[wie] nebenbei:* »Er ist letzte Woche gestorben«, sagte sie l.
Leich|tig|keit, die; - [mhd. līhtecheit]: **1.** *geringes Gewicht; Eigenschaft,* ¹*leicht* (1 a) *zu sein:* die L. des Stoffes; das Material zeichnet sich durch besondere L. aus. **2.** *Eigenschaft,* ¹*leicht* (2) *zu sein, Mühelosigkeit:* es ist eine L., die Dinge zu verändern; in diesem Wagen finden mit L. *(ohne Schwierigkeiten)* 5 Personen Platz; das schaffen wir mit L. *(ugs.; ohne Weiteres).*
Leicht|in|dus|t|rie, die (DDR): *Konsumgüterindustrie.*
leicht|le|big ⟨Adj.⟩: *oberflächlich in seiner Lebensführung:* er ist ein sehr -er Mensch.
Leicht|le|big|keit, die; -: *leichtlebige Art, leichtlebiges Wesen.*
leicht|lich ⟨Adj.⟩: **1.** (veraltend) *ohne Mühe u. Anstrengung:* etw. l. bewerkstelligen.
◆ **2. a)** *leicht* (2 a): ... jetzt, meinte sie, komme der schreckliche Augenblick, wo sie mit Blut von ihrem Blute dem Grünen den Akkord unterschreiben müsse. Aber der Grüne machte es viel -er und sagte: von hübschen Weibern begehre er nie eine Unterschrift (Gotthelf, Spinne 45); **b)** *wohl, wahrscheinlich; ohne Weiteres, leicht* (2 b): ... was sie da aufgestellt haben,

dürfte l. die letzte Speise sein, daran will ich mich halten (Keller, Kleider 10); **c)** *leichtfertig, vorschnell:* Darfst du nicht l. ihm trauen (Goethe, Hermann u. Dorothea 6, 164).
Leicht|lohn|grup|pe, die: *untere Tarifgruppe, in die leichte* (2 a), *überwiegend von Frauen ausgeübte Tätigkeiten eingestuft werden.*
leicht ma|chen, leicht|ma|chen ⟨sw. V.; hat⟩: **1.** *durch Entgegenkommen, Hilfsbereitschaft o. Ä. jmdm. etw. erleichtern:* sie hat ihm die Aufgabe, den Entschluss nicht leicht gemacht. **2.** ⟨l. m. + sich⟩ *sich wenig Mühe geben:* du hast es dir bei dieser Arbeit leicht gemacht.
Leicht|ma|t|ro|se, der: *Matrose im Rang zwischen Schiffsjunge u. Vollmatrose.*
Leicht|me|tall, das: *Metall mit geringem spezifischem Gewicht* (z. B. Aluminium).
leicht|neh|men ⟨st. V.; hat⟩: *in Bezug auf etw. unbekümmert sein, kein großes Verantwortungsgefühl haben:* er hat seine Aufgabe, Pflicht, Verantwortung nicht leichtgenommen; sie nimmt das Leben leicht *(von der leichten Seite);* er hat den Verlust leichtgenommen *(sich nicht besonders zu Herzen genommen), leicht verschmerzt);* nimms leicht! *(mach dir nichts daraus!)*
Leicht|öl, das: **a)** *bei der Destillation von Braun- u. Steinkohlenteer anfallendes Öl;* **b)** *Gemisch aus Benzol u. anderen Stoffen, das als Kraftstoff für Flugzeugmotoren u. a. verwendet wird.*
Leicht|schwer|ge|wicht, das (Gewichtheben): **1.** ⟨o. Pl.⟩ *Körpergewichtsklasse zwischen Mittelgewicht u. Mittelschwergewicht.* **2.** *Sportler der Körpergewichtsklasse Leichtschwergewicht* (1).
Leicht|schwer|ge|wicht|ler, der; -s, -: *Leichtschwergewicht* (2).
Leicht|sinn, der ⟨o. Pl.⟩: *Mangel an Überlegtheit u. Vorsicht; Fahrlässigkeit in seinem Verhalten vorhandenen Gefahren, Unwägbarkeiten o. Ä. gegenüber:* es war ein furchtbarer, unerhörter, bodenloser L., alle Warnungen zu missachten; das sagst du in deinem jugendlichen L.! *(ugs.; in deiner Unerfahrenheit);* Allgemein betrachtet, war der Entschluss mit einer Handvoll Soldaten ein Kriegervolk, das über eine hervorragende und zahlreiche Reiterei verfügte, zu Boden zu schlagen, ein gefährlicher L. des Kaisers (Thieß, Reich 587).
leicht|sin|nig ⟨Adj.⟩ [urspr. = leichten Sinnes, froh]: **1.** *durch Leichtsinn gekennzeichnet:* er ist ein sehr -er Autofahrer; ein -er Vogel (ugs.; *ein durch Leichtsinn charakterisierter Mensch);* wie konntest du so l. sein?; er hat sich l. gehandelt; du hast dein Leben l. aufs Spiel gesetzt. **2.** (häufiger abwertend) *keine allzu großen moralischen Skrupel habend:* ein -es Mädchen; er ist ein bisschen l.
leicht|sin|ni|ger|wei|se ⟨Adv.⟩: *aus Leichtsinn, voller Leichtsinn:* l. hatte er sein ganzes Geld ausgegeben; ich habe ihm l. meine Telefonnummer gegeben.
Leicht|sin|nig|keit, die: **1.** ⟨o. Pl.⟩ *Leichtsinn.* **2.** *etw. Leichtsinniges* (1); *Nachlässigkeit* (2).
Leicht|sinns|feh|ler, der: *auf Leichtsinn beruhender Fehler.*
leicht|tun, sich ⟨unr. V.; hat⟩ (ugs.): *keinerlei Schwierigkeiten haben:* sie hat sich immer leichtgetan mit allem, was sie angefasst hat; ich habe mich mit ihm nicht leichtgetan haben.
leicht ver|dau|lich, leicht|ver|dau|lich ⟨Adj.⟩: *(von Speisen) leicht zu verdauen:* leicht verdauliche Speisen.
leicht ver|derb|lich, leicht|ver|derb|lich ⟨Adj.⟩: *(von Lebensmitteln o. Ä.) leicht, schnell verderbend:* leicht verderbliche Waren, Speisen.
leicht ver|letzt, leicht|ver|letzt ⟨Adj.⟩: *eine geringfügige Verletzung aufweisend:* eine leicht verletzte Sportlerin.

Leicht|ver|letz|te, leicht Ver|letz|te ⟨vgl. Verletzte⟩: *weibliche Person, die nur geringfügig verletzt ist.*
Leicht|ver|letz|ter, leicht Ver|letz|ter ⟨vgl. Verletzter⟩: *jmd., der nur geringfügig verletzt ist:* bei dem Brand gab es drei Leichtverletzte.
leicht ver|ständ|lich, leicht|ver|ständ|lich ⟨Adj.⟩: *leicht zu verstehen:* der Text ist in leicht verständlicher Sprache abgefasst.
leicht ver|wun|det, leicht|ver|wun|det ⟨Adj.⟩: *eine geringfügige Verwundung aufweisend:* ein leicht verwundeter Soldat.
Leicht|ver|wun|de|te, leicht Ver|wun|de|te ⟨vgl. Verwundete⟩: *weibliche Person, die nur geringfügig verwundet ist.*
Leicht|ver|wun|de|ter, leicht Ver|wun|de|ter ⟨vgl. Verwundeter⟩: *jmd., der nur geringfügig verwundet ist.*
Leicht|was|ser|re|ak|tor, der: *Reaktor* (1), *der mit natürlichem, gewöhnlichen Wasserstoff enthaltendem Wasser betrieben wird.*
leid ⟨indekl. Adj.⟩ [mhd. leid, ahd. leid = betrübend, widerwärtig, unangenehm, nicht verw. mit ↑ leiden]: * *jmdn., etw./(geh.:) jmds., einer Sache l. sein/werden; jmdm., etw. l. haben* (ugs.: *jmds., einer Sache überdrüssig sein/werden; jmdn., etw. nicht mehr leiden, ertragen können:* ich bin ihn, das Genörgel, das schlechte Essen l.; er war seines Lebens l.; ich bin es l., dich immer wieder zu ermahnen).
Leid, das; -[e]s [mhd. leit, ahd. leid, zu ↑ leid]: **1.** *tiefer seelischer Schmerz als Folge erfahrenen Unglücks:* unsägliches, namenloses L.; schweres L. [um jmdn.] tragen, erfahren, erdulden; der Krieg hat unermessliches L. über die Menschen gebracht; Spr geteiltes L. ist halbes L.; * *jmdm. sein L. klagen (jmdm. von seinem Kummer, Ärger o. Ä. erzählen).* **2.** (geh.) *Unrecht, Böses, das jmdm. zugefügt wird:* ihm soll kein L. /(veraltet:) -s geschehen; jmdm. ein L. tun, zufügen; * *sich* ⟨Dativ⟩ *ein L./*(veraltet:) **Leids antun** (veraltend; *sich das Leben nehmen*); **jmdm. etw. zu Leid[e] tun** (↑ zuleid, zuleide).
Lei|de|form, die ⟨Pl. selten⟩ (Sprachwiss.): *Passiv.*
lei|den ⟨unr. V.; hat⟩ [mhd. līden, ahd. līdan, nicht verw. mit ↑ Leid; urspr. bed. aus: irlīdan = erfahren, durchmachen, urspr. = gehen, fahren, reisen, später an das nicht verwandte ↑ Leid angeschlossen]: **1. a)** *einen Zustand von schwerer Krankheit, Schmerzen, seelischen Leiden o. Ä. auszuhalten, zu ertragen, zu erdulden haben:* er hatte schwer, unmenschlich, lange zu l.; er musste nicht lange l. *(starb eines schnellen Todes);* sie hat in ihrem Leben viel gelitten *(viel Schweres durchgemacht);* Liebte er Lilian noch? Welcher Versucher klopfte da bei ihr? Er litt um sie, also liebte er sie! (Strittmatter, Wundertäter 295); **b)** *(an einer bestimmten Krankheit, einem bestimmten Leiden) erkrankt sein:* an Rheuma, an Bronchitis l.; sie leidet an einem hartnäckigen Ekzem, unter ständigen Kopfschmerzen; **c)** *(durch etw., jmdn.) körperlich od. seelisch stark beeinträchtigt werden; (etw., jmdn.) als schwer erträglich empfinden:* er litt an, unter dem Gefühl der Unsicherheit; sie leidet sehr unter seiner Unzuverlässigkeit, unter ihrer Einsamkeit, unter ihrem Chef; **d)** *(durch etw.) Schaden nehmen:* die Bäume haben durch den Frost gelitten; seine Gesundheit leidet durch od. unter den Strapazen. **2.** ⟨verblasst⟩ *von etw. (Negativem) betroffen sein:* Mangel, [großen] Hunger, Not, Schaden, Ängste, Pein, Höllenqualen l.; Einige stürzten ab, einige litten einen Bruch auf den zerhackten Rollfeldern *(machten eine Bruchlandung;* Gaiser, Jagd 167). **3. a)** ⟨in Verbindung mit »können« od. »mögen«⟩ *gernhaben; als sympathisch, angenehm o. Ä. empfinden:* jmdn. [gut, nicht] l. können; jmdn. [gerne] l. mögen;

Leiden – Leihbibliothek

das Kleid mag ich nicht l.; etw. nicht l. können *(etw. unerträglich o. ä. finden);* er kann [es] nicht l., wenn man ihn stört; **b)** *dulden, hinnehmen:* er konnte niemanden um sich l. *(er ertrug niemandes Nähe);* er litt *(duldete)* das Tier nicht in seinem Haus; (im 2. Part. in Verbindung mit »sein«:) er ist hier gelitten *(man erträgt ihn, nimmt ihn hin),* aber nicht gerade geliebt; nicht sehr gelitten sein; er ist überall, bei seinen Vorgesetzten gut gelitten *(ist beliebt);* sie waren dort nur gelitten *(sie waren nicht sehr beliebt);* Ich fühlte, dass alle drei mich litten, und ich, ich war dankbar (Seghers, Transit 61). **4. a)** *(von Sachverhalten o. Ä.)* zulassen, erlauben (meist verneint): der Plan leidet keinen Aufschub; **b)** ⟨unpers., meist verneint⟩ (veraltend) *es an einem bestimmten Ort aushalten:* es leidet mich hier nicht mehr; Lilian litt es nicht mehr daheim auf dem Sofa. Sie führte Stanislaus zum Militärkonzert, zerrte ihn auf den Manöverball (Strittmatter, Wundertäter 295).

Leiden, das; -s, - [mhd. līden, subst. Inf.]: **1.** *Gebrechen, Krankheit, mit der jmd. über längere Zeit od. dauernd behaftet ist:* ein erbliches, chronisches, unheilbares L.; sein L. ist organisch, hat psychische Ursachen; ein altes L. machte sich wieder bemerkbar, macht ihm zu schaffen; er starb nach langem, schwerem L. **2.** ⟨meist Pl.⟩ *das Erleben von Leid:* die namenlosen L. der Menschen im Krieg; die Freuden und L. des Lebens; das L. *(der Leidensweg)* Christi; er sieht aus wie das L. Christi (ugs.; *sieht sehr elend aus);* ... wie denn jeder Mensch die ihm zufallenden L. *(leidvollen Erfahrungen)* für die größten hält (Hesse, Steppenwolf 3).

lei|dend ⟨Adj.⟩: **1.** *mit einem langwierigen od. chronischen Leiden behaftet:* ein -er alter Mann; er ist schon lange l.; sie sieht l. aus. **2.** *von seelischem Schmerz niedergedrückt, gezeichnet; schmerzvoll:* eine -e Miene.

Lei|den|schaft, die; -, -en [für frz. passion, ↑ Passion]: **1.** *sich in emotionalem, vom Verstand nur schwer zu steuerndem Verhalten äußernder Gemütszustand (aus dem heraus etw. erstrebt, begehrt, ein Ziel verfolgt wird):* eine dämonische, schöpferische, blinde L.; die L. beherrscht jmdn., reißt jmdn. fort, erfasst jmdn.; er hat seine ganze L. in das Spielball seiner -en; er hat sich mit L. *(mit großem Engagement)* für die Sache eingesetzt, gegen die Ungerechtigkeit gekämpft. **2.** *große Begeisterung, ausgeprägte [auf Genuss ausgerichtete] Neigung, Passion für etw., was man sich immer wieder verschaffen, was man zu besitzen sucht, für eine bestimmte Tätigkeit, der man sich mit Hingabe widmet:* Reiten ist bei ihm eine L.; Autos sind seine L.; seine L. für etw. entdecken; seiner L. frönen; der L. des Glücksspiels verfallen sein; ein Sammler aus L.; er betreibt sein Hobby mit wahrer L.; sie war von einer L. zum Theater besessen. **3.** ⟨o. Pl.⟩ *sich in starkem Gefühl, in heftigem, ungestümem Besitzverlangen äußernde Zuneigung zu einem Menschen:* eine wilde, große, stürmische, unselige L.; von einer heftigen L. für jmdn. erfasst, ergriffen werden; ... warum hatte er, vor lauter Abwehr, die Neigung des Mädchens erst bemerkt, als er selbst von L. geschüttelt war? (Edschmid, Liebesengel 185).

lei|den|schaft|lich ⟨Adj.⟩: **1.** *sehr emotional, stark gefühlsbetont, nicht vom Verstand gelenkt:* er ist ein sehr -er Mensch, eine -e Natur; ein -er Hass beseelt ihn; eine -e Diskussion über etw.; etw. l. ablehnen, verteidigen. **2.** *von Leidenschaft (2) bestimmt; begeistert, eifrig:* ein -er Sammler, Bergsteiger; er gärtnert l. **3.** *voll großer Leidenschaft (3):* eine -e Liebe; ein -er Liebhaber; sehr l. sein; jmdn. l. lieben, küssen. **4.** ⟨intensivierend

bei »gern«⟩ *überaus, sehr:* sie hat sich l. *(sehr stark)* engagiert; sie isst l. gern Schokolade.

Lei|den|schaft|lich|keit, die; -, -en: *leidenschaftliches Wesen, Verhalten.*

lei|den|schafts|los ⟨Adj.⟩: **a)** *frei von emotionalen Einflüssen, sachlich, vernunftbestimmt:* er ist ein ganz -er Mensch; l. sein; ein Problem nüchtern und l. behandeln; **b)** *frei von Leidenschaften (1):* das Lebensideal dieser Menschen ist es, völlig l. zu werden.

Lei|den|schafts|lo|sig|keit, die; -: *das Leidenschaftslossein.*

Lei|dens|druck, der ⟨o. Pl.⟩ (Psychol.): *[durch eine psychische Störung bewirkte] starke seelische Belastung, unter der jmd. leidet.*

lei|dens|fä|hig ⟨Adj.⟩: *Leidensfähigkeit habend:* sie ist erstaunlich l.

Lei|dens|fä|hig|keit, die: *innere Kraft, Leiden bewusst anzunehmen u. seelisch zu verarbeiten.*

Lei|dens|ge|fähr|te, der: *Leidensgenosse:* [in jmdm.] einen -n finden.

Lei|dens|ge|fähr|tin, die: w. Form zu ↑ Leidensgefährte.

Lei|dens|ge|nos|se, der (auch scherzh.): *jmd., der mit einem anderen das gleiche Schicksal teilt, ein gleiches Leiden zu ertragen hat o. Ä.*

Lei|dens|ge|nos|sin, die: w. Form zu ↑ Leidensgenosse.

Lei|dens|ge|schich|te, die: **1.** ⟨o. Pl.⟩ (christl. Rel.) *die Passion (Christi):* die L. Christi darstellen, berichten. **2.** *Geschichte eines leidvollen Lebens, einer leidvollen Zeit:* jmdm. seine L. erzählen.

Lei|dens|mie|ne, die: *bewusst zur Schau getragener leidender Gesichtsausdruck:* eine L. aufsetzen, zur Schau tragen.

Lei|dens|weg, der ⟨geh.⟩: *Weg des Leidens, den jmd. geht:* der L. Christi; ein langer, schwerer L. stand ihm bevor.

Lei|dens|zeit, die: *Lebensabschnitt, der für jmdn. von Schicksalsschlägen, Krankheit o. Ä. gekennzeichnet ist; Zeit des Leidens:* damit begann für ihn eine lange L.

lei|der ⟨Adv.⟩ [mhd. leider, ahd. leidir, eigtl. Komp. von ↑ leid (mhd. [Adv.] leide, ahd. leido)]: *bedauerlicherweise, zu meinem, deinem usw. Bedauern:* l. habe ich keine Zeit; ich habe l. keine Zeit; »Hast du Zeit?« – »Leider nicht!«/»Leider ja!«/»Leider nein!«/»Ist es wieder da?« – »Leider ja!«, l., l. sind wir dazu nicht in der Lage.

leid|er|füllt ⟨Adj.⟩: *von Leid erfüllt, beschwert.*

leid|ge|beugt ⟨Adj.⟩: *von Leid gebeugt.*

leid|ge|prüft ⟨Adj.⟩: *von schwerem Leid betroffen, geprüft (4):* eine -e Familie.

lei|dig ⟨Adj.⟩ [mhd. leidec, ahd. leidag, zu ↑ Leid]: *ärgerlich; unangenehm; lästig:* eine -e Sache, Angelegenheit; das ist ein -es Thema, Problem, wenn nur das -e Geld *(das Geldproblem)* nicht wäre.

lei|di|ger|wei|se ⟨Adv.⟩: *lästigerweise; dummerweise.*

Leid|kar|te, die (schweiz.): *Kondolenzkarte.*

leid|lich ⟨Adj.⟩ [spätmhd. līdelich, eigtl. = das, was zu leiden, zu ertragen ist, zu ↑ leiden]: *einigermaßen den Erwartungen entsprechend, ausreichend, annehmbar:* eine -e Anzahl, Menge; wir hatten -es Wetter; sie ist eine -e *(einigermaßen gute)* Schülerin; seine Kenntnisse sind so l. *(gerade noch annehmbar);* es geht ihm wieder ganz l. (ugs.; *einigermaßen gut).*

Leid|mahl, das (schweiz.): *Leichenschmaus.*

leid|tra|gend ⟨Adj.⟩: **1.** (selten) *trauernd:* die -e Familie. **2.** *unter etw. Bestimmtem zu leiden habend:* -er Teil sind bei der Ehescheidung die Kinder.

Leid|tra|gen|de, die/eine Leidtragende; der/einer Leidtragenden, die Leidtragenden/zwei Leidtragende: *weibliche Person, die von etw.

Bestimmtem betroffen ist, die unter etw. Bestimmtem zu leiden hat.*

Leid|tra|gen|der, der, *der Leidtragende/ein Leidtragender;* des/eines Leidtragenden, die Leidtragenden/zwei Leidtragende: *jmd., der von etw. Bestimmtem betroffen ist, der unter etw. Bestimmtem zu leiden hat:* der Leidtragende ist dabei der Steuerzahler.

leid|tun ⟨unr. V.⟩: **1.** *von jmdm. bedauert werden:* es tut mir leid, dass ich nicht kommen kann, dass ich Sie gekränkt habe; es würde mir sehr l., wenn die Sachen verloren gegangen wären; das braucht dir nicht leidzutun *(du brauchst dir keine Vorwürfe, Gedanken o. Ä. darüber zu machen),* das wird dir noch einmal l.; ⟨als Formel der Entschuldigung:⟩ es tut mir sehr, schrecklich leid, dass ich Sie gestört habe; ⟨als Formel der Zurückweisung:⟩ so leid es mir tut, aber das können wir nicht dulden. **2.** *jmds. Mitgefühl erregen:* die alte Frau tat ihm leid; er kann einem l. mit den Sorgen, die er hat; (auch iron.:) Sie tun mir ja direkt leid.

leid|voll ⟨Adj.⟩ (geh.): *durch Leid geprägt:* ein -es Leben; er hatte -e *(schmerzliche)* Erfahrungen gemacht; seine Jugend war sehr l.

Leid|we|sen: nur in der Fügung **zu jmds. L.** *(zu jmds. großem Bedauern).*

Leid|zir|ku|lar, das (schweiz.): *Todesanzeige, die mit der Post verschickt wird.*

Lei|er, die; -, -n [mhd. līre, ahd. līra < lat. lyra < griech. lýra]: **1. a)** *Kithara:* die L. spielen, schlagen; **b)** Kurzf. von ↑ Drehleier: die L. spielen, drehen. **2.** (ugs. abwertend) *häufig wiederholte, immer wieder vorgebrachte Äußerung, Klage o. Ä., mit der jmd. einem anderen lästig wird:* was er vorbringt, ist immer dieselbe L. **3.** (ugs.) *Kurbel.*

Lei|e|rei, die; -, -en (ugs.): *[dauerndes] Leiern.*

Lei|er|fisch, der: *(in mehreren Arten vorkommender) zu den Spinnenfischen gehörender Fisch mit lang gestrecktem Körper, hoch stehenden Augen u. kleiner Kiemenspalte.*

Lei|er|kas|ten, der (ugs.): *Drehorgel.*

Lei|er|kas|ten|frau, die: vgl. Leierkastenmann.

Lei|er|kas|ten|mann, der: *Straßenmusikant, der Drehorgel spielt.*

lei|ern ⟨sw. V.; hat⟩ [mhd. līren = die Leier spielen] (ugs.): **1. a)** *eine Kurbel, an einer Kurbel drehen; kurbeln* (1): sie leierte so lange, bis der Drehgriff abbrach; **b)** *(an etw.) drehen:* an der Kurbel, am Fenstergriff l.; **c)** *kurbeln* (1 b): das Autofenster in die Höhe, die Jalousie nach unten l. **2.** *herunterleiern* (1): ein Gebet l.; ⟨auch ohne Obj.:⟩ du darfst nicht leiern!« Alle zehn Strophen vom »Stabat Mater dolorosa« bis »Paradisi gloria« und dem »Amen« leierte er wie am Schnürchen (Grass, Katz 73); Ü ♦ Ob ich gleich fühle, dass du die besten Jahre meines Lebens in den Schlaf geleiert hast (Iffland, Die Hagestolzen II, 2). ♦ **3.** *die Leier spielen:* alles in dieser Stadt war musikalisch; ... alles sang, flötete und leierte (Wieland, Abderiten 1, 2).

Leih|amt, das: vgl. Leihhaus.

Leih|an|stalt, die: *Leihhaus.*

Leih|ar|beit, die ⟨o. Pl.⟩: *Arbeit, bei der jmd. für eine begrenzte Zeit im Betrieb eines anderen Arbeitgebers arbeitet, ohne dass das Arbeitsverhältnis mit dem bisherigen Arbeitgeber gelöst wird.*

Leih|ar|bei|ter, der: *jmd., der Leiharbeit verrichtet.*

Leih|ar|bei|te|rin, die: w. Form zu ↑ Leiharbeiter.

Leih|ar|beit|neh|mer, der: *Leiharbeiter.*

Leih|ar|beit|neh|me|rin, die: w. Form zu ↑ Leiharbeitnehmer.

Leih|au|to, das: *Leihwagen.*

Leih|bi|b|li|o|thek, die: vgl. Leihbücherei.

Leih|bü|che|rei, die: *Bücherei, die im Allgemeinen Unterhaltungsliteratur, Sachbücher u. Ä. für eine befristete Zeit gegen Entgelt ausleiht.*

Lei|he, die; -, -n [zu ↑ leihen] (ugs.): *Leihhaus:* etw. in die L. bringen.

lei|hen ⟨st. V.; hat⟩ [mhd. līhen, ahd. līhan = (zurück-, übrig) lassen]: **1.** *(gegen das Versprechen der Rückgabe) vorübergehend aus seinem Besitz zur Verfügung stellen; ausleihen (2):* jmdm. ein Buch, den Staubsauger, sein Auto l.; kannst du mir heute [bis morgen] zwanzig Euro l.?; er hat ihm das Geld mit, zu 5% Zinsen geliehen; ⟨auch ohne Obj.:⟩ er leiht nicht gerne *(verleiht nicht gerne etw.).* **2.** *sich (gegen das Versprechen der Rückgabe) etw. aus dem Besitz od. dem Verfügungsrecht eines anderen erbitten, ausleihen* (1): ich habe [mir] den Frack geliehen; [sich] bei, von jmdm. etw. l.; ich habe mir das Geld bei der Bank geliehen (ugs.; *einen Kredit bei der Bank aufgenommen);* er war mit einem geliehenen Auto unterwegs. **3.** (geh.) *zuteilwerden lassen, geben, zur Verfügung stellen:* jmdm. seine Hilfe, seinen Beistand l.; jmdm. seine Stimme l. *(für ihn eintreten).*

Leih|fahr|rad, das: *gegen Entgelt zu leihendes Fahrrad.*

Leih|frist, die: *Frist, für die etw. offiziell ausgeliehen wird.*

Leih|ga|be, die: *leihweise zur Verfügung gestellter Gegenstand (bes. als Ausstellungsstück):* die Ausstellung enthält viele -n.

Leih|ge|ber, der: *Person, Institution, die etw. als Leihgabe zur Verfügung stellt.*

Leih|ge|be|rin, die: w. Form zu ↑ Leihgeber.

Leih|ge|bühr, die: *für die Verleihung einer Sache erhobene Gebühr.*

Leih|haus, das: *Geschäft eines Pfandleihers od. entsprechende öffentlich-rechtliche Einrichtung.*

Leih|kar|te, die: *Ausweiskarte, die eine öffentliche Bibliothek dem Entleiher ausstellt.*

Leih|mut|ter, die: *Frau, die für eine andere Frau, die ein Kind nicht empfangen od. austragen kann, deren Kind austrägt.*

Leih|rad, das: *Leihfahrrad.*

Leih|schein, der: **1.** *Quittung für ein einem Leihhaus überlassenes Pfand.* **2.** *beim Entleihen eines Buches aus einer Bibliothek auszufüllendes Formular.*

Leih|stim|me, die: *Stimme (6 a), die der Stammwähler einer Partei ausnahmsweise einer anderen Partei gibt, um diese im Interesse der eigenen Partei zu stärken.*

Leih|wa|gen, der: *Mietauto (2).*

leih|wei|se ⟨Adv.⟩: *im Wege des Leihens:* jmdm. etw. l. überlassen; ⟨mit Verbalsubstantiven auch attr.:⟩ l. Überlassung.

Leim, der; -[e]s, (Sorten:) -e [mhd., ahd. līm, urspr. = (zum Verschmieren, Verkleben o. Ä. dienende) klebrige Erdmasse]: *wasserlöslicher, zähflüssiger Klebstoff, bes. zum Verleimen von Holz u. Papier:* ein Topf, eine Tube L.; den L. trocknen lassen; etw. mit L. bestreichen; * **[jmdm.] auf den L. gehen/kriechen** (ugs.; *auf jmdn., jmds. Tricks hereinfallen; sich hereinlegen lassen;* nach den mit Leim bestrichenen Ruten, die schon im MA. zum Vogelfang benutzt wurden); **aus dem L. gehen** (ugs.: 1. *[von etw., was aus zusammengefügten Teilen besteht] entzweigehen, sich in seine Einzelteile auflösen:* der Stuhl, die Bank, das Buch ist aus dem L. gegangen. 2. *[von einer Freundschaft, Bindung] zerbrechen:* ihre Ehe ist aus dem L. gegangen).

lei|men ⟨sw. V.; hat⟩ [mhd. līmen, ahd. līman]: **1. a)** *mithilfe von Leim fest zusammenfügen:* den zerbrochenen Hampelmann l.; der Stuhl muss geleimt werden; ist schlecht geleimt; Ü ihre Ehe ist nicht mehr zu l. (ugs.; *ist so zerrüttet, dass sie sich nicht mehr stabilisieren lässt);* **b)** *mithilfe von Leim an etw. befestigen:* etw. an, auf, hinter, unter etw. l. **2.** (ugs.) *hereinlegen, übertölpeln:* jmdn. l.

Leim|far|be, die: *Leim enthaltende Farbe.*

Leim|ring, der: *mit einer klebenden Masse beschichteter Papierstreifen, der, um den Stamm von Obstbäumen gelegt, Schädlinge abfangen soll, die am Stamm hochklettern.*

Leim|ru|te, die [spätmhd. līmruote]: *für den Vogelfang verwendete, mit Leim bestrichene Rute, an der sich darauf niederlassende Vögel hängen bleiben:* -n legen.

Leim|topf, der: *Gefäß zur Aufbewahrung von Leim.*

Lein, der; -[e]s, -e [mhd., ahd. līn, urspr. viell. = der Bläuliche, nach der Farbe der Blüten]: *(in vielen Arten vorkommende) Pflanze mit schmalen Blättern u. kleinen blauen, weißen, gelben od. roten Blüten.*

-lein, das; -s, - [mhd. -e[l]īn, ahd. -i[l]īn] (Bildungen z. T. dichter., altertümelnd, landsch.): *kennzeichnet in Bildungen mit Substantiven die Verkleinerungsform:* Bettlein, Geißlein; ⟨mit gleichzeitigem Umlaut:⟩ Figürlein; ⟨mit Umlaut und Verlust des -e:⟩ Äuglein.

¹**Lei|ne,** die; -, -n [mhd. līne, ahd. līna, zu ↑ Lein, urspr. = ein aus Flachs hergestelltes Seil]: **a)** *Seil, Tau von mittlerer Stärke:* etw. mit einer L. festbinden, absperren; (Seemannsspr.:) die -n losmachen; die L. einholen; **b)** *dünnes Seil o. Ä., auf das Wäsche [im Freien] zum Trocknen aufgehängt wird:* eine L. spannen, ziehen; Wäsche auf die L. hängen, von der L. [ab]nehmen; * **L. ziehen** (ugs.; *verschwinden, sich davonmachen;* die Binnenschiffe wurden früher vom Leinpfad aus mit Zugleinen vorwärtsbewegt, also eigtl. = dafür sorgen, dass man von der Stelle kommt); **c)** *am Halsband befestigter Riemen als Leder o. Ä., an dem ein Tier, bes. ein Hund, geführt wird:* den Hund an die L. nehmen, an der L. führen, haben, halten; das Tier von der L. losmachen; * **jmdn. an der [kurzen] L. haben/halten** (ugs.; *jmdn. in der Gewalt haben u. lenken können);* **jmdn. an die L. legen** (ugs.; *jmdn. unter Kontrolle bekommen;* [streng] über jmdn. bestimmen); **an langer/an der langen L.** (ugs.; *mit genügend eingeräumtem, bewusst zugestandenem Freiraum).*

²**Lei|ne,** die; -: Nebenfluss der Aller.

lei|nen ⟨Adj.⟩ [mhd. līnīn, zu ↑ Lein]: *aus Leinen hergestellt.*

Lei|nen, das; -s, - [Subst. aus ↑ leinen]: **1. a)** *Flachsfaser;* **b)** *aus Flachsfasern hergestelltes, dauerhaftes u. gut waschbares Gewebe in Leinwandbindung:* grobes, weißes, gestärktes L.; Kleidung, Tischtücher aus L. **2.** (Verlagsw.) *fester Bucheinband aus Leinen od. einem ähnlichen Gewebe:* eine Ausgabe in L.

lei|nen|ar|tig ⟨Adj.⟩: *ähnlich wie Leinen (1).*

Lei|nen|bin|dung, die ⟨Pl. selten⟩ (Archäol., Textilind.): *Leinwandbindung.*

Lei|nen|ein|band, der: *Einband aus Leinen (2).*

Lei|nen|garn, das: *aus Flachsfasern hergestelltes Garn.*

Lei|nen|ge|we|be, das: *Leinen (1 b).*

Lei|nen|kleid, das: *Kleid aus Leinen.*

Lei|nen|schuh, der: *Schuh, bei dem das Obermaterial aus Leinen od. ein ähnliches Gewebe ist.*

Lei|nen|stoff, der: *Stoff aus Leinen.*

Lei|nen|tuch, das ⟨Pl. ...tücher⟩: *Tuch aus Leinen.*

Lei|nen|we|be|rin, die: w. Form zu ↑ Leinenweber.

Lei|nen|zeug: ↑ Leinzeug.

Lei|nen|zwang, der ⟨o. Pl.⟩: *behördliche Anordnung, nach der Hunde in bestimmten Fällen, an bestimmten Orten an der Leine zu führen sind.*

Lein|öl, das: *aus Leinsamen gewonnenes Öl, das u. a. als Speiseöl verwendet wird.*

Lein|pfad, der: *Treidelpfad.*

Lein|sa|men, der: *stark ölhaltiger Samen des Flachses.*

Lein|sa|men|brot, das: *Leinsamen enthaltendes Brot.*

Lein|tuch, das ⟨Pl. ...tücher⟩ (österr., schweiz., sonst landsch.): *Betttuch.*

lein|wand, leiwand ⟨Adj.⟩ [zu ↑ Leinwand] (österr. ugs.): *großartig, toll:* ein -er Kumpel; das, sie ist l.

Lein|wand, die [mhd. līnwāt = Leinengewebe, im Frühnhd. nach ↑ Gewand umgebildet; vgl. mhd. līngewant = Leinenzeug, Leinengewand]: **1.** ⟨o. Pl.⟩ *festes Gewebe in Leinwandbindung, vor allem aus Leinen u. Hanf:* grob gewebte L.; Säckchen aus L. **2.** *auf einen Holzrahmen gespanntes Stück Leinwand (1), auf das der Kunstmaler seine Farben aufträgt.* **3.** *Projektionswand für Filme [im Kino] u. für Dias:* eine transportable L.; Ü einen Roman auf die L. bringen *(verfilmen);* einen Schauspieler auf der L. *(im Film)* sehen, von der L. *(vom Film, vom Kino)* kennen; eine saubere L. *(den Verzicht auf die Vorführung von allzu freizügigen Filmen in den Kinos)* fordern.

Lein|wand|bin|dung, die (Archäol., Textilind.): *einfachste Bindungsart, bei der die Kettfäden abwechselnd über bzw. unter den Schussfaden liegen.*

Lein|wand|grö|ße, die (scherzh.): *bekannter Filmschauspieler, bekannte Filmschauspielerin.*

Lein|wand|held, der (scherzh.): *Held (3) in einem Film.*

Lein|wand|hel|din, die: w. Form zu ↑ Leinwandheld.

Lein|wand|kar|ri|e|re, die (ugs.): *Filmkarriere.*

Lein|we|ber, der: *Leinenweber, der: Weber, der Leinwand herstellt* (Berufsbez.).

Lein|we|be|rin, die: w. Form zu ↑ Leinweber.

Lein|zeug, Leinenzeug, das ⟨o. Pl.⟩: *Wäsche od. anderes aus Leinen (1) Hergestelltes.*

Leip|zig: Stadt in Sachsen.

¹**Leip|zi|ger,** der; -s, -: Ew.

²**Leip|zi|ger** ⟨indekl. Adj.⟩: L. Allerlei *(Gemüsegericht aus jungen Möhren, Erbsen, Spargel usw.).*

Leip|zi|ge|rin, die; -, -nen: w. Form zu ↑ ¹Leipziger.

leis: ↑ leise.

Leis, der; - u. -es, -e[n] [mhd. leis, gek. aus ↑ Kyrie eleison]: *geistliches Lied des Mittelalters, das auf den Refrain »Kyrieleis« endet.*

lei|se ⟨Adj.⟩ [mhd. līse, ahd. (Adv.) līso = sanft, sacht, schwach hörbar, H. u.]: **1.** *nur schwach hörbar, nicht laut:* ein -s Geräusch; eine l. Stimme; ein l. laufender Motor; l. singen, lachen; die Tür l. *(lautlos, ohne ein Geräusch zu verursachen)* öffnen; das Radio -r stellen; ihr müsst ein wenig -r sein *(nicht so viel Lärm machen).* **2. a)** *kaum merklich, kaum wahrnehmbar:* ein -r Regen, Duft, Lufthauch; sie hat einen sehr -n Schlaf *(wacht beim geringsten Geräusch auf);* **b)** *[nur] schwach ausgeprägt, in Andeutung vorhanden, leicht* (3): ein -s Unbehagen; ich habe l. Zweifel, einen -n Verdacht, eine l. Hoffnung; er hatte nicht die -ste *(überhaupt keine)* Ahnung; mit -m Bedauern, -r Enttäuschung von etw. sprechen; der Erfolg der Aktion; * **nicht im Leisesten** (ugs.; *nicht im Mindesten; überhaupt nicht).*

lei|se|tre|ten ⟨st. V.; ist⟩ [zu ↑ Leisetreter] (abwertend): *sich möglichst unauffällig, wie ein Leisetreter verhalten.*

Lei|se|tre|ter, der: **1.** (abwertend) *jmd., der es*

Lei|se|tre|te|rei, die; -, -en (abwertend): *das Leisetreten.*

Lei|se|tre|te|rin, die; -, -nen: w. Form zu ↑ Leisetreter (1).

lei|se|tre|te|risch ⟨Adj.⟩ (abwertend): *leisetretend.*

¹Leist, der; -[e]s [zu ↑ Leisten] (Tiermed.): *entzündliche Erkrankung von Bändern u. Sehnen am Fuß bei Pferden.*

²Leist, der; -es, -e [rückgeb. aus ↑ leisten in der Wendung: Gesellschaft leisten] (schweiz.): **a)** *von Zeit zu Zeit sich versammelnde Gesellschaft;* **b)** *Gesellschaftslokal.*

leist|bar ⟨Adj.⟩: **1.** (bes. österr.) *so beschaffen, dass man es sich leisten* (2 a) *kann:* -e Wohnungen, Grundstücke; das teure Auto ist für ihn nicht l. **2.** *sich leisten* (1 a)*, vollbringen lassend:* ohne die Länder ist das Reformvorhaben nicht l.

Leis|te, die; -, -n [mhd. liste, ahd. lista, H. u.]: **1.** *schmale Latte aus Holz od. Band aus Kunststoff bzw. Metall, das als Randleiste zur Verzierung od. zum Abdecken von Fugen dient.* **2.** Kurzf. von ↑ Knopfleiste. **3.** (Weberei) *Webkante eines Stoffs.* **4.** (Anat.) *bei Menschen u. bei Säugetieren) seitlicher Teil der Bauchwand am Übergang zum Oberschenkel bzw. beim Tier zu den hinteren Extremitäten.*

leis|ten ⟨sw. V.; hat⟩ [mhd., ahd. leisten = befolgen, erfüllen, ausführen, zu ↑ Leisten, also eigtl. = einer Spur nachgehen]: **1. a)** *schaffen, vollbringen, zustande bringen, erreichen:* er hat etwas, viel, Erstaunliches, Außerordentliches geleistet; **b)** *(Arbeit o. Ä.) verrichten, tun, machen:* gute [politische], ganze, hervorragende Arbeit l.; Überstunden l.; **c)** *(nutzbare Leistung) erbringen:* der Motor leistet 80 PS, zu wenig; **d)** ⟨verblasst:⟩ [jmdm.] Beistand l. *(beistehen);* [jmdm.] Hilfe l. *(helfen);* einem Befehl l. *(beitragen zu etw.);* jmdm. einen guten Dienst, gute Dienste l. *(von Nutzen sein);* [jmdm.] Ersatz l. *(etw. ersetzen);* einen Eid l. *(schwören);* [jmdm., bei jmdm.] Abbitte l. *(jmdm. etw. abbitten);* [jmdm.] Gehorsam l. *(gehorchen);* [jmdm.] Gefolgschaft l. *(treu folgen);* [jmdm.] Widerstand l. *(sich widersetzen);* Gewähr, Garantie l. *(garantieren);* Verzicht l. *(verzichten);* eine Anzahlung l. *(einen Betrag anzahlen);* eine Zahlung l. *(einen Betrag zahlen);* eine Unterschrift l. *(unterschreiben).* **2.** ⟨l. + sich⟩ (ugs.) **a)** *sich etw. Besonderes, das mit größeren Ausgaben verbunden ist, gönnen, anschaffen:* ich habe mir einen Maßanzug geleistet; (scherzh.:) heute leiste ich mir mal ein Eis mit Sahne; * **sich** ⟨Dativ⟩ **etw., (auch:) jmdn. l. können** *(die finanziellen Mittel für etw. od. auch jmdn. haben):* von meinem Gehalt kann ich mir kein Auto, keinen Butler l.; wir können uns [finanziell] noch keine Kinder l.; **b)** *etw. zu tun wagen, ohne auf Normen o. Ä. Rücksicht zu nehmen:* was der sich heute wieder dem Chef gegenüber geleistet hat!; sich eine Frechheit, unverschämte Bemerkung l. *(herausnehmen);* ich kann es mir nicht l. *(erlauben),* zu spät zu kommen; sie leistet sich trotz ihrer Figur eine knapp sitzende Hose; er kann sich keine Fehler mehr l. *(er kann jetzt keine Fehler mehr machen, ohne dass es ihm schadet; er darf jetzt keine Fehler mehr machen);* da hast du dir einen groben Schnitzer geleistet *(da ist dir ein grober Schnitzer unterlaufen).*

Leis|ten, der; -s, - [mhd., ahd. leist, auch: Spur, Weg; eigtl. = (Fuß)abdruck]: **1.** *bei Herstellung von Schuhen gebrauchtes Modell in Form eines Fußes:* Pantoffeln werden nur über einen L. gearbeitet, geschlagen; * **alles über einen L. schlagen** (ugs.; *alles mit dem gleichen Maßstab messen; ohne Rücksicht auf wesentliche Unterschiede alles gleich behandeln;* wohl nach dem Bild eines nachlässig arbeitenden Schusters, der alle Schuhe über einen Leisten schlägt und so nur Schuhe gleicher Größe anfertigt). **2.** *Schuhspanner:* die Schuhe auf L. spannen.

Leis|ten|band, das ⟨Pl. …bänder⟩ [zu ↑ Leiste (4)] (Anat.): *unterer Abschluss der Bauchdecke, an dem die Bauchmuskeln ansetzen.*

Leis|ten|bruch, der (Med.): *Eingeweidebruch oberhalb des Leistenbandes.*

Leis|ten|ge|gend, die (Anat.): *Gegend der Leiste.*

Leis|ten|zer|rung, die (Med.): *Zerrung im Bereich der den Oberschenkel anziehenden Muskeln.*

Leis|tung, die; -, -en [mhd. leistunge, zu ↑ leisten]: **1.** ⟨o. Pl.⟩ *das Leisten* (1). **2. a)** *etw. Geleistetes; geleistete körperliche, geistige Arbeit; unternommene Anstrengung u. das erzielte Ergebnis:* eine hervorragende, gute, schlechte, mangelhafte, schwache L.; eine große sportliche, technische L.; die von den Schülern nach/eine ansprechende L. als Verteidiger liefern; gute -en vollbringen, bieten, aufweisen können, erzielen; die Mannschaft hat eine reife, geschlossene L. gezeigt; L. bringen (ugs.; *etw. leisten);* die -en steigern, erhöhen; das beeinträchtigte ihre L.; reife L.!; **b)** ⟨Pl. selten⟩ *durch eine Tätigkeit, ein Funktionieren [normalerweise] Geleistetes:* die L. eines Mikroskops, des menschlichen Auges, des Herzens, des Gedächtnisses, des Gehirns; die L. *(den Ausstoß, die Produktion)* einer Maschine steigern, verbessern; **c)** ⟨Pl. selten⟩ (Physik) *Verhältnis aus der (bei einem physikalischen Vorgang) verrichteten Arbeit* (5) *zu der benötigten Zeitspanne; Fähigkeit, in der Zeiteinheit eine bestimmte Arbeit* (5) *zu verrichten:* der Motor hat eine L. von 100 PS, von 85 kW. **3. a)** *(im Rahmen einer [finanziellen] Verpflichtung) Geleistetes, Gewährtes, bes. geleisteter, gezahlter Betrag:* die sozialen -en der Firma, der Krankenkasse; -en beziehen; **b)** *Dienstleistung.*

Leis|tungs|ab|fall, der: *Abfall in der Leistung* (2)*, in der Leistungsfähigkeit.*

leis|tungs|ab|hän|gig ⟨Adj.⟩: *von der Leistung* (2 a) *abhängend:* eine -e Bezahlung, Vergütung; ein Teil des Gehalts ist l., wird l. gezahlt.

Leis|tungs|an|ge|bot, das: *Angebot an Leistungen* (3).

Leis|tungs|an|reiz, der: *Anreiz dazu, eine gute Leistung* (2 a) *zu erbringen.*

Leis|tungs|an|spruch, der (Amtsspr.): *Anspruch auf Leistungen* (3 a).

Leis|tungs|auf|trag, der (schweiz.): *von einer Behörde od. Institution erteilter Auftrag, bestimmte Dienstleistungen zu erbringen.*

Leis|tungs|aus|weis, der (schweiz.): *Leistungsnachweis.*

leis|tungs|be|reit ⟨Adj.⟩: *bereit, etw. zu leisten, eine Leistung* (2 a) *zu erbringen:* eine -e Belegschaft.

Leis|tungs|be|reit|schaft, die: *das Leistungsbereitsein.*

leis|tungs|be|zo|gen ⟨Adj.⟩: *auf die Leistung* (2 a) *bezogen, der Leistung* (2 a) *entsprechend:* ein -es Einkommen, Gehalt; eine -e Prämie.

Leis|tungs|bi|lanz, die (Wirtsch.): *in der Zahlungsbilanz enthaltene Teilbilanz, in der die Exporte von Waren u. Dienstleistungen den Importen gegenübergestellt werden.*

Leis|tungs|bi|lanz|de|fi|zit, das (Wirtsch.): *Defizit in einer Leistungsbilanz, das dadurch entsteht, dass mehr importiert als exportiert wird.*

Leis|tungs|dich|te, die (Sport): *Vorhandensein einer Vielzahl guter Sportler u. guter Leistungen in einer Sportart.*

Leis|tungs|druck, der ⟨o. Pl.⟩: *psychischer Druck durch Zwang zu hoher Leistung* (2 a).

Leis|tungs|emp|fän|ger, der (bes. Amtsspr.): *Empfänger* (1) *von Leistungen* (3 a).

Leis|tungs|emp|fän|ge|rin, die: w. Form zu ↑ Leistungsempfänger.

Leis|tungs|er|brin|ger, der (Gesundheitswesen): *Person, Personengruppe, Organisation o. Ä., die Leistungen* (3 b) *für die Versicherten der Krankenkassen erbringt.*

Leis|tungs|er|brin|ge|rin, die: w. Form zu ↑ Leistungserbringer.

leis|tungs|fä|hig ⟨Adj.⟩: **1.** *von einer Beschaffenheit, Verfassung, die [gute] Leistungen* (2) *ermöglicht; fähig od. geeignet, etwas zu leisten* (1): -e Betriebe, Computer, Maschinen; ein wirtschaftlich -es Land; gesund und l. bleiben. **2.** *in der Lage, angemessene, beträchtliche Leistungen* (3) *zu erbringen:* eine -e [Kranken]versicherung.

Leis|tungs|fä|hig|keit, die ⟨o. Pl.⟩: *Eigenschaft, leistungsfähig zu sein.*

leis|tungs|för|dernd ⟨Adj.⟩: *die Leistung* (2 a) *fördernd.*

leis|tungs|ge|recht ⟨Adj.⟩: *der Arbeitsleistung entsprechend:* -e Entlohnung; die Mannschaften trennten sich l. unentschieden.

Leis|tungs|ge|sell|schaft, die: *Gesellschaft* (1)*, in der vor allem die persönlichen Leistungen* (2 a) *des Einzelnen für seine soziale Stellung, sein Ansehen, seinen Erfolg usw. ausschlaggebend sind.*

Leis|tungs|grad, der (Wirtsch.): *Grad* (1 a) *der Leistung* (2 a) *(eines Arbeitnehmers), die tatsächlich erbracht worden ist, im Verhältnis zur Normalleistung.*

Leis|tungs|gren|ze, die: *Grenze der Leistungsfähigkeit:* an seiner L. angelangt sein.

Leis|tungs|grup|pe, die: *Gruppe von Personen, die eine bestimmte Leistung* (2 a) *erbringen:* sie startet in einer schwächeren L.

Leis|tungs|ka|ta|log, der: *Zusammenfassung, zusammenfassende Darstellung von Leistungen* (2 b, 3)*, die erbracht werden.*

Leis|tungs|klas|se, die: **1.** (bes. Sport) *Klasse, in die bes. Wettkämpfer od. Mannschaften nach Können, Leistung[sfähigkeit] o. Ä. eingestuft werden.* **2.** (seltener) *Qualitätsklasse eines Produkts.*

Leis|tungs|kon|trol|le, die: *Kontrolle der Leistung* (2 a) *(z. B. von Schüler[inne]n, Studierenden, Arbeitnehmer[inne]n).*

Leis|tungs|kraft, die: *Leistungsfähigkeit.*

Leis|tungs|kurs, der (Schule): *universitären Arbeitsformen ähnlicher Unterricht, der im Gegensatz zum Grundkurs zusätzliche Kenntnisse in einem Lehrfach vermitteln soll.*

Leis|tungs|kur|ve, die: *[gedachte] Kurve zur grafischen Darstellung der Entwicklung einer Leistung:* die L. eines Sportlers.

Leis|tungs|kür|zung, die: *Kürzung von Leistungen* (3).

leis|tungs|mä|ßig ⟨Adj.⟩: *die Leistung* (2) *betreffend, hinsichtlich der Leistung, in Bezug auf die Leistung, was die Leistung betrifft:* der -e Abstand zu seinen Teamkollegen ist groß; nach dem Spiel wissen wir, wo die Mannschaft l. steht.

Leis|tungs|merk|mal, das: *einzelnes Merkmal eines elektrischen Gerätes o. Ä. od. einer Dienstleistung, das eine besondere Leistung darstellt, eine besondere Leistung erbringt.*

Leis|tungs|nach|weis, der: *Nachweis, dass jmd. etw. geleistet hat, eine geforderte Leistung* (2 a) *erbracht hat:* Schulzeugnisse und andere -e.

Leis|tungs|ni|veau, das (bes. Päd.): *Niveau der*

leistungsorientiert – Leitpfosten

Leistungen (2 a) *[einer Gesamtheit von Personen]*.

Leis|tungs|ori|en|tiert ⟨Adj.⟩: *an Leistung (2 a) orientiert:* eine -e Gesellschaft, Bezahlung.

Leis|tungs|pflicht, die: *Pflicht, bestimmte Leistungen (3) zu erbringen.*

Leis|tungs|po|ten|ti|al: ↑ Leistungspotenzial.

Leis|tungs|po|ten|zi|al, Leistungspotential, das (bildungsspr.): *Potenzial, Möglichkeit, etw. zu leisten* (1 a–c), *Leistung* (2) *zu erbringen.*

Leis|tungs|prä|mie, die: *Geldprämie für gute Leistungen* (2 a).

Leis|tungs|prin|zip, das ⟨o. Pl.⟩ (Wirtsch., Päd.): *in der heutigen Gesellschaft* (1) *praktizierte Auffassung, nach der sich die materiellen u. sozialen Chancen des Einzelnen allein nach der Qualität u. dem Umfang seiner Leistung* (2 a) *bemessen sollen.*

Leis|tungs|prü|fung, die: *Prüfung zur Erfassung od. Ermittlung von Leistungen* (2 a), *von Leistungsfähigkeit.*

Leis|tungs|schau, die (Wirtsch., Landwirtsch.): *Schau, bei der bestimmte Leistungen* (2 a), *Produkte ausgestellt, vorgeführt werden.*

leis|tungs|schwach ⟨Adj.⟩: *in der Leistung* (2 a) *schwach, von geringer Leistungsfähigkeit:* -e Schüler.

Leis|tungs|schwä|che, die: *geringe Leistungsfähigkeit.*

Leis|tungs|spek|t|rum, das (bildungsspr.): *Spektrum der Leistungen* (2c, 3b).

Leis|tungs|sport, der: *Sport zur Erzielung besonderer [Wettkampf]leistungen.*

Leis|tungs|sport|ler, der: *jmd., der Leistungssport betreibt.*

Leis|tungs|sport|le|rin, die: w. Form zu ↑ Leistungssportler.

Leis|tungs|stand, der: *(im Ablauf einer Entwicklung) zu einem bestimmten Zeitpunkt erreichter Grad, erreichte Stufe, Größe, Höhe der Leistung* (2 a).

leis|tungs|stark ⟨Adj.⟩: *besonders gute Leistungen* (2) *erbringend; sehr leistungsfähig:* -e Sportler; eine -e Wirtschaft.

Leis|tungs|stär|ke, die: *große Leistungsfähigkeit.*

leis|tungs|stei|gernd ⟨Adj.⟩: *die Leistung* (2) *steigernd.*

Leis|tungs|stei|ge|rung, die: vgl. Leistungsabfall.

Leis|tungs|test, der: *Test zur Erfassung der Leistung* (2) *bzw. der Leistungsfähigkeit.*

Leis|tungs|trä|ger, der (bes. Sport): *jmd., der durch die eigene Leistung* (2 a) *entscheidend zu einer Gesamtleistung, zu einem Gesamterfolg beiträgt.*

Leis|tungs|trä|ge|rin, die: w. Form zu ↑ Leistungsträger.

Leis|tungs|um|fang, der: *Umfang an Leistungen* (2b, c, 3).

Leis|tungs|un|ter|schied, der ⟨meist Pl.⟩: *Unterschied in der Leistung* (2).

Leis|tungs|ver|bes|se|rung, die: *Verbesserung der Leistung* (2, 3), *der Leistungsfähigkeit.*

Leis|tungs|ver|ein|ba|rung, die: *Vereinbarung über zu erbringende Leistungen* (3).

Leis|tungs|ver|gleich, der: **1.** *Wettbewerb zur Feststellung des Leistungsstandes, der Leistungsfähigkeit:* ein sportlicher, internationaler L. **2.** *Vergleich der Leistung* (2) *bzw. der Unterschiede in Leistungsstand od. -fähigkeit.*

Leis|tungs|ver|mö|gen, das ⟨o. Pl.⟩: *Leistungsfähigkeit.*

Leis|tungs|wil|le, der: *Wille, etwas zu leisten.*

Leis|tungs|zen|t|rum, das: *Sportstätte, in der Hochleistungssportler durch intensives Training gefördert werden.*

Leis|tungs|zeug|nis, das: *Zeugnis über berufliche, schulische o. ä. Leistungen* (2 a).

Leis|tungs|zu|la|ge, die: *Leistungszuschlag.*

Leis|tungs|zu|schlag, der: *Zuschlag zum Grundgehalt, -lohn für zusätzliche Leistungen* (2 a).

Leis|tungs|zwang, der (bes. Soziol.): *das Gezwungensein, das Sich-gezwungen-Fühlen, möglichst hohe Leistungen* (2 a) *zu erbringen:* der L. in der Schule, im Beruf.

Leit|an|trag, der (bes. Politik): *(auf Parteitagen o. Ä.) von einem leitenden Gremium* (z. B. Parteivorstand) *eingebrachter Antrag* (2), *dessen Inhalt für alle weiteren gestellten Anträge als Leitlinie* (1) *gilt.*

Leit|ar|ti|kel, der (LÜ von engl. leading article) (Zeitungsw.): *kommentierender Artikel an bevorzugter Stelle einer Zeitung od. Zeitschrift zu wichtigen aktuellen Themen.*

leit|ar|ti|keln ⟨sw. V.; hat⟩ (Pressejargon): **1.** *Leitartikel schreiben;* der Chefredakteur leitartikelt gern. **2.** *als Leitartikel veröffentlichen; (als Thema) in einem Leitartikel behandeln:* die Zeitungen leitartikelten über den großen Skandal.

Leit|ar|tik|ler, der; -s, - (Pressejargon): *jmd., der Leitartikel schreibt.*

Leit|ar|tik|le|rin, die; -, -nen: w. Form zu ↑ Leitartikler.

leit|bar ⟨Adj.⟩: *sich leiten lassend.*

Leit|be|griff, der: *zentraler Begriff.*

Leit|bild, das: *leitende Vorstellung od. deren Verkörperung; Ideal, Vorbild:* Stars und andere -er der Mode; ein L. der Jugend/für die Jugend.

Leit|bör|se, die (Börsenw.): *zentrale, international agierende Börse, die die Kurs- und Preisentwicklung an kleineren Börsen beeinflusst.*

Leit|bün|del, das (Bot.): *strangförmiger Verband von Leitgewebe.*

¹Lei|te, die; -, -n (schweiz.): **1.** *Wasserleitung.* **2.** *Holzrutschbahn.*

²Lei|te, die; -, -n [mhd. līte, ahd. (h)līta, verw. mit ↑ lehnen, eigtl. = die Geneigte] (südd., österr.): *Berghang, Abhang.*

lei|ten ⟨sw. V.; hat⟩ [mhd. leiten, ahd. leit(t)an, Kausativ zu ↑ leiden in der urspr. Bed. »gehen, fahren«; also eigtl. = gehen, fahren machen]: **1.** *verantwortlich führen:* einen Betrieb, eine Schule l.; ein Orchester, einen Chor l.; eine Expedition l.; eine Sitzung, eine Diskussion, die Verhandlungen l.; einen [Fußball]spiel l. (Sport; *bei einem [Fußball]spiel als Schiedsrichter tätig sein*); ⟨auch ohne Akk.-Obj.:⟩ der Schiedsrichter hat gut geleitet; ⟨1. Part.:⟩ leitender Angestellter, leitende Beamtin, Ingenieurin; der Chefredakteur leitet die Zeitung; Herrn leitenden Ingenieur Meier. **2. a)** *begleitend, geleitend [hin]führen, [hin]gelangen lassen:* jmdn. ins Zimmer, durch die Räume l.; Ü ein Instinkt, ein Gefühl leitete mich an die richtige Stelle; **b)** *hinweisend führen, durch bestimmenden Einfluss lenken:* diese Bemerkung leitete [uns] auf die richtige Spur; sich schwer l. lassen; sich nur von wirtschaftlichen Gesichtspunkten l. lassen; ⟨1. Part.:⟩ der leitende Gedanke; es fehlt die leitende Hand; **c)** *in eine bestimmte Bahn bringen, irgendwohin lenken:* Gas durch Rohre l.; der Bach wird in einen Kanal, in ein andres Bett geleitet; den Verkehr über eine Umgehungsstraße l.; ein Gesuch an die zuständige Stelle l. **3.** (Physik, Technik) *Energie hindurchgehen lassen, weiterführen:* Metalle leiten Strom, Elektrizität, Wärme; ⟨auch ohne Akk.-Obj.:⟩ dieser Stoff leitet gut; leitende Materialien.

¹Lei|ter, der; -s, - [mhd. leitære, eigtl. Part. von ↑ leiten]: **1.** *jmd., der etw. leitet* (1), *der leitend an der Spitze von etw. steht:* ein technischer, kaufmännischer, künstlerischer L.; L. einer Firma, Abteilung, Delegation, Diskussion sein; der L. (Sport; *Schiedsrichter*) des Spiels. **2.** (Physik, Technik) *Stoff, der Energie leitet:* ein guter, schlechter L.

²Lei|ter, die; -, -n [mhd. leiter(e), ahd. leitara, verw. mit ↑ ¹lehnen, also eigtl. = die Angelehnte]: *Gerät mit Sprossen od. Stufen zum Hinauf- u. Hinuntersteigen:* eine hohe, ausziehbare L. anstellen, an die Wand stellen, lehnen; die L. (Drehleiter, Feuerwehrleiter usw.) ausschwenken, ausfahren; die L. hinaufsteigen; auf die L. steigen; auf der L. stehen; Ü die L. des Erfolgs, Ruhms emporsteigen.

lei|ter|ar|tig ⟨Adj.⟩: *wie eine Leiter geartet.*

Lei|te|rin, die; -, -nen [mhd. leitærinne = (An)führerin]: w. Form zu ↑ ¹Leiter (1).

Lei|ter|plat|te, die (Elektrot.): *Platine* (1).

Lei|ter|wa|gen, der: *Pferde- od. Handwagen mit leiterartigen Seitenteilen.*

Leit|fa|den, der: **1.** [wohl unter Anlehnung an ↑ Ariadnefaden für ↑ Vademekum] *kurz gefasste Darstellung zur Einführung in ein Wissensgebiet:* ein L. der Physik, für Singles. **2.** *den Fortgang von etw. Leitendes, Bestimmendes:* die Leitfäden ihrer Politik.

leit|fä|hig ⟨Adj.⟩ (Physik, Technik): *leitend* (3); *so beschaffen, dass Energie geleitet werden kann:* -e Stoffe; das Material l. machen.

Leit|fä|hig|keit, die: *leitfähige Beschaffenheit; Grad, in dem etw. leitfähig ist.*

Leit|fi|gur, die: *als Leitbild angesehene Person.*

Leit|fos|sil, das (Geol.): *für einen bestimmten geologischen Zeitabschnitt charakteristisches Fossil.*

Leit|ge|dan|ke, der: *leitender Gedanke, Grundgedanke:* der L. eines Buchs, einer Epoche.

Leit|ge|we|be, das (Bot.): *pflanzliches Gewebe, das Nähr- u. Aufbaustoffe transportiert.*

Leit|ham|mel, der: **1.** *Leittier* (2) *einer Schafherde.* **2.** (abwertend) *jmd., dem andere willig u. gedankenlos folgen.*

Leit|hund, der: **1.** *Hund, der die Meute führt.* **2.** *Blindenhund.* **3.** *am Leitseil* (1) *geführter Hund des Gespanns, das den Hundeschlitten zieht.* **4.** (Jägerspr.) *am Leitseil* (1) *arbeitender Jagdhund, der die Fährte u. den Aufenthalt des Wildes ausmacht.*

Leit|idee, die: vgl. Leitgedanke.

Leit|in|dex, der (Börsenw.): *Index* (3), *der verschiedene börsennotierte Unternehmen umfasst u. eine für den Finanzmarkt bedeutende Funktion hat.*

Leit|kul|tur, die: *führende, zentrale Kultur.*

Leit|li|nie, die: **1.** *bestimmender Grundsatz, leitender Gesichtspunkt, richtungsweisender Anhaltspunkt (für das Handeln):* die L. für unser Verhalten; die -n in der Politik festlegen. **2.** (Verkehrsw.) *abgrenzende Fahrbahnmarkierung in Form einer weißen od. gelben, meist unterbrochenen Linie.*

Leit|me|di|um, das: *zentrales, führendes ¹Medium* (2 a).

Leit|mes|se, die: *wichtigste ²Messe* (1) *einer Branche.*

Leit|mo|tiv, das: **1.** *leitendes, bewegendes Motiv, Leitgedanke:* ein L. ihres Denkens, Schaffens. **2. a)** (Musik) *häufig wiederkehrendes charakteristisches Motiv mit fester Zuordnung zu einer bestimmten (auftretenden od. vorgestellten) Person, Situation, Stimmung usw.* (bes. in Opern, sinfonischen Dichtungen o. Ä.); **b)** (Literaturwiss.) *häufig wiederkehrende, einprägsame Formulierung, Aussage, die in der Art eines musikalischen Leitmotivs fest mit einer bestimmten Person, Sache, Situation, Stimmung usw. verbunden ist.*

leit|mo|ti|visch ⟨Adj.⟩: **a)** *das Leitmotiv betreffend;* **b)** *die Form, Art eines Leitmotivs aufweisend.*

Leit|pfos|ten, der (Verkehrsw.): *am Straßenrand aufgestellter [weiß-schwarzer] Pfosten, gewöhnlich mit einem weißen od. gelben Reflektor, an*

dessen Form bei Dunkelheit zu erkennen ist, auf welcher Seite der Fahrbahn der Pfosten steht.
Leit|plan|ke, die (Verkehrsw.): seitliche Planke aus Stahl, Beton o. Ä., die von der Fahrbahn abkommende Fahrzeuge aufhalten soll: der Wagen prallte gegen, fuhr in die L.
Leit|satz, der: *leitender Grundsatz.*
Leit|schie|ne, die: **1.** (Verkehrsw. österr.) *Leitplanke.* **2.** (Technik, bes. Eisenbahn) *Schiene innen neben der Fahrschiene, bes. zum Schutz gegen Entgleisen.*
Leit|seil, das: **1.** (Fachspr., auch südd., österr., schweiz.) *Leine zum Führen des Hundes, Zugtiers.* **2.** *Schleppseil.*
Leit|sei|te, die: *Homepage* (a).
Leit|spruch, der: *Wahlspruch, Motto.*
Leit|stel|le, die: *zentrale Stelle, Einrichtung, von der aus etw. geleitet, gelenkt, befehligt wird:* die L. der Feuerwehr.
Leit|stern, der [mhd. leit(e)sterne = der die Schiffer leitende Polarstern, auch übertr. von der Jungfrau Maria]: *Stern, der als Orientierungspunkt dient:* Ü (geh.:) der L. eines Menschen, eines Zeitalters.
Leit|strahl, der: **1.** (Flugw., Militär) *als Navigationshilfe dienender gerichteter Sendestrahl, der die exakte Kursführung von Flugzeugen, Flugkörpern u. Schiffen gewährleistet.* **2. a)** (Geom.) *Verbindungsstrecke zwischen einem Punkt eines Kegelschnitts u. seinem Brennpunkt;* **b)** (Physik) *(bei einer Zentralbewegung) gerichtete Verbindungslinie (Vektor) vom Kraftzentrum zum jeweiligen Ort des Massenpunkts od. Körpers.*
Leit|sys|tem, das: **1.** *der Orientierung dienendes System, das mithilfe von Schildern, Plakaten, Anzeigentafeln o. Ä. den Weg zu bestimmten Zielen beschreibt, zeigt.* **2.** *komplexes System von Hard- u. Software, das der Steuerung u. Überwachung von Prozessen (2) dient.*
Leit|the|ma, das: *durchgehend bestimmendes Thema.*
Leit|tier, das: **1.** (Jägerspr.) *Hirschkuh, die ein Rudel führt.* **2.** (Zool.) *ranghöchstes, führendes Tier (in Herden mit Rangordnung).*
Leit|ton, der (Musik): *Ton, der nach harmonischer bzw. melodischer Auflösung in einen um einen Halbschritt entfernten Ton strebt, (im Dur-Moll-System) bes. der Halbton unter der Tonika.*
Lei|tung, die; -, -en: **1. a)** ⟨o. Pl.⟩ *Tätigkeit, Funktion, Amt des Leitens* (1): die L. der Firma, der Expedition, der Diskussion übernehmen; jmdm. die L. übertragen, anvertrauen; die L. niederlegen; unter [der] L. einer Museumspädagogin; es spielt das Orchester des Staatstheaters unter der L. von N. N; bei einem [Fußball]spiel die L. haben (Sport; *Schiedsrichter[in] sein*); **b)** *leitende Personen, Führungsgruppe:* die kaufmännische L. **2.** ⟨o. Pl.⟩ *Führung, Betreuung:* er braucht eine feste, straffe L. **3. a)** *Rohr bzw. mehrere aneinander angeschlossene Rohre zum Leiten* (2 c) *von Stoffen; Rohrleitung:* eine L. für Gas legen; Wasser aus der L. (*Wasserleitung*) trinken; **b)** *Energie transportierende, bes. Elektrizität leitende Anlage von langer Erstreckung; Draht, Kabel zum Transport von elektrischem Strom:* die L. steht unter Strom, Hochspannung; -en verlegen; **c)** *Leitung* (3 b) *für die Übermittlung elektrischer Signale; Telefonleitung:* die L. ist besetzt, frei, überlastet, unterbrochen, gestört, tot; eine direkte L. zu einem Ort des Geschehens einrichten; es knackt in der L.; gehen Sie aus der L.!; ich muss jetzt Schluss machen, es ist jmd. in der L. (ugs.; *jmd. spricht auf derselben Leitung*); pst, sei ruhig, es ist jmd. in der L. (ugs.; *jmd. hört mit*); R lange L., kurzer Draht! (ugs.; *er, sie begreift schwer, du begreifst schwer*;

eigtl. = *langwierige Übermittlung, auch bei kurzem Draht* 2 b); bei ihm steht einer auf der L. (ugs.; *er versteht, erfasst das nicht sofort, ist begriffsstutzig*); * **eine lange L. haben** (ugs.; *schwer begreifen, begriffsstutzig sein*); **auf der L. stehen/sitzen** (ugs.; *etw. nicht sofort verstehen, erfassen; begriffsstutzig sein*).
Lei|tungs|bahn, die (Fachspr.): *Bahn, Weg, auf dem etw. an eine bestimmte Stelle, in ein bestimmtes [Körper]gebiet geleitet wird* (z. B. Blutgefäß).
Lei|tungs|draht, der: *Draht einer elektrischen Leitung* (3 b).
Lei|tungs|funk|ti|on, die: *leitende Funktion* (1 b): eine L. übernehmen, innehaben.
Lei|tungs|gre|mi|um, das: *leitendes Gremium.*
Lei|tungs|mast, der: *tragender Mast für Strom- od. Telefonleitungen.*
Lei|tungs|netz, das: *Netz, System von Leitungen* (3 a, b).
Lei|tungs|rohr, das: *Rohr der Leitung* (3 a).
Lei|tungs|sys|tem, das: *Rohrleitungssystem.*
Lei|tungs|tä|tig|keit, die ⟨o. Pl.⟩: *Ausübung der Leitung* (1 a).
Lei|tungs|was|ser, das ⟨o. Pl.⟩: *Wasser [aus] der Wasserleitung.*
Lei|tungs|wi|der|stand, der (Physik, Elektrot.): *Widerstand einer elektrischen Leitung* (3 b).
Leit|wäh|rung, die (Wirtsch.): *international weitverbreitete Währung, an deren Kurs sich andere Währungen orientieren.*
Leit|werk, das: **1.** (bes. Flugw., Waffent.) *Gesamtheit der Steuerflächen eines Flugzeugs, Flugkörpers* (bes. am Heck). **2.** (EDV) *Steuerwerk.* **3.** (Schifffahrt) *Bauwerk* (an einer Schleuse, engen Durchfahrt o. Ä.) *zur Führung einfahrender Schiffe.*
Leit|wert, der: **1.** (Physik, Elektrot.) *Kehrwert des elektrischen Widerstands.* **2.** *(politischer, kultureller o. ä.) Wert* (3), *der in besonderer Weise als erstrebenswert angesehen und deshalb anderen Werten übergeordnet wird:* Gerechtigkeit ist der bestimmende L. unserer Politik. **3.** *im idealen Bereich liegender Wert* (4).
Leit|wolf, der: vgl. *Leittier* (2): Ü möchte auch in der Nationalmannschaft der L. sein.
Leit|wort, das: **a)** ⟨Pl. ...worte⟩ *Leitspruch;* **b)** ⟨Pl. ...wörter⟩ (Buchw.) *im Weiteren maßgebendes Stichwort* (z. B. einer Kartei); **c)** ⟨Pl. ...wörter⟩ *Wort, das einen Leitgedanken ausdrückt; Ausdruck, der einen Leitgedanken zur Geltung bringt.*
Leit|zins, der; -es, -en (Wirtsch.): **1.** *Diskontsatz.* **2.** *Eckzins.*
Leit|zins|er|hö|hung, die (Wirtsch.): *Erhöhung des Leitzinses.*
Leit|zins|sen|kung, die (Wirtsch.): *Senkung des Leitzinses.*
lei|wand: ↑ *leinwand.*
Lek|ti|on, die; -, -en [kirchenlat. lectio = Lesung aus der Bibel < lat. lectio = das Lesen, Vorlesen, zu: legere (2. Part.: lectum) = auflesen; auswählen; lesen]: **1. a)** (Päd.) *Übungseinheit, Unterrichtspensum, Pensum einer Unterrichtsstunde, Kapitel in einem [fremdsprachlichen] Lehr- u. Übungsbuch:* die zehnte L. eines Lehrbuchs durchnehmen; seine L. [in Französisch] lernen; **b)** (Päd. veraltend, noch regional) *Unterrichts-, Lehrstunde* (bes. in einem Kurs, in einer Vortragsreihe): eine L. [über ein Thema] vorbereiten, halten, geben; * ◆ **L. nehmen** (*Unterricht nehmen:* Mein Vater ... nahm mit mir und meiner Schwester bei dem expediten Meister L. [Goethe, Dichtung u. Wahrheit 4]); **c)** (Fechten) *Übungseinheit, Trainingseinheit;* **d)** (Reiten) *Aufgabenteil einer Dressurprüfung.* **2. a)** (bildungsspr.) *einprägsame Lehre, Belehrung* (bes. in Form einer Äußerung, einer beziehungsvollen

Handlung od. einer lehrreichen Erfahrung): eine gründliche, bittere L.; das soll dir eine L. sein; diese Niederlage dürfte eine heilsame L. für die Mannschaft sein; eine L. [in Höflichkeit] bekommen, erhalten; jmdm. eine scharfe L. (*Zurechtweisung*) erteilen, geben; **b)** *Lesung* (1 b).
Lek|tor, der; -s, ...oren [lat. lector = Leser, Vorleser, zu: legere, ↑ Lektion]: **1.** *Lehr[beauftragt]er, bes. an einer Hochschule, der [ergänzend] Kurse gibt u. [praktische] Übungen leitet* (Berufsbez.): ein L. für Sprecherziehung; der französische L. **2.** *Mitarbeiter, bes. bei einem Verlag, der Manuskripte prüft u. bewertet, Projekte vorschlägt u. Kontakt mit Autoren aufnimmt bzw. unterhält* (Berufsbez.).
Lek|to|rat, das; -[e]s, -e: **1.** (Hochschulw.) *Lehrauftrag eines Lektors* (1), *einer Lektorin.* **2. a)** (Verlagsw.) *[Verlags]abteilung, in der die Lektorinnen u. Lektoren* (2) *arbeiten;* **b)** (Buchw.) *Gutachten (eines Lektors, einer Lektorin), in dem die Prüfung u. Beurteilung eines Manuskripts, Buchs o. Ä. zusammengefasst wird.*
lek|to|rie|ren ⟨sw. V.; hat⟩ (bes. Verlagsw.): *als Lektor* (2), *als Lektorin (ein Manuskript, Buch o. Ä.) prüfen, begutachten:* ein Manuskript gründlich l.; ⟨auch ohne Akk.-Obj.:⟩ sie lektoriert in einem Leipziger Verlag.
Lek|to|rin, die; -, -nen: w. Form zu ↑ *Lektor.*
Lek|tü|re, die; -, -n [frz. lecture < mlat. lectura = das Lesen, zu lat. legere, ↑ Lektion]: **1.** ⟨o. Pl.⟩ **a)** *das fortlaufende, den inhaltlichen Zusammenhang verfolgende Lesen* (bes. eines längeren Textes): aufmerksame, kursorische L.; die L. der Bibel; dies fiel mir bei der L. [des Briefs] auf; in seine L. vertieft sein; ein Buch zur L. empfehlen; **b)** (Päd.) *Lesen* [u. *Übersetzen*] *im Rahmen des Unterrichts:* im Englischunterricht nehmen wir als L. »Animal Farm« durch. **2.** ⟨Pl. selten⟩ *Lesestoff:* [eine] spannende, leichte, schwierige L.; der Bestseller ist die richtige L. für den Urlaub; etw. als L. empfehlen.
Lem|ma, das; -s, -ta [lat. lemma = Titel, Überschrift; Sinngedicht < griech. lẽmma, eigtl. = *alles, was man nimmt,* zu: lambánein = nehmen]: **1.** (Fachspr.) *Stichwort in einem Nachschlagewerk* (bes. Wörterbuch od. Lexikon): ein L. suchen. **2. a)** (Math., Logik) *Hilfssatz* (bei einer Beweisführung); **b)** (antike Logik) *Prämisse.*
lem|ma|ti|sie|ren ⟨sw. V.; hat⟩ (Fachspr.): **1.** *mit Stichwort versehen [u. entsprechend ordnen]:* Karteikarten l. **2.** *zum Lemma* (1) *machen:* dieses Wort ist in dem Wörterbuch nicht lemmatisiert.
Lem|ming, der; -s, -e [dän. lemming, H. u.]: *(zu den Wühlmäusen gehörendes) Nagetier, das in großen Gruppen wandert:* die Arbeiter ziehen wie [die] -e ins Werk.
Le|mur, der; -en, -en, **Le|mu|re,** der; -n, -n ⟨meist Pl.⟩: **1.** [lat. lemures ⟨Pl.⟩ = *Seelen der Abgeschiedenen*] (röm. Mythol.) *Geist eines Verstorbenen, der als Spukgeist, Gespenst umgeht.* **2.** *[nach dem lauten nächtlichen Treiben der Tiere] (auf Madagaskar heimischer) Halbaffe mit dichtem, weichem Fell, langem Schwanz u. langen Hinterbeinen.*
le|mu|ren|haft ⟨Adj.⟩ (bildungsspr.): *Lemuren* (1), *Gespenstern ähnlich, eigentümlich.*
Lend|chen, das; -s, - (Kochkunst): *kleines Stück Lende* (2).
Len|de, die; -, -n [mhd. lende = Lende, ahd. lentī = Niere (Pl. = Lenden)]: **1. a)** ⟨meist Pl.⟩ (bes. Anat.) *Körperteil, -gegend über der Hüfte u. Gesäßhälfte bzw. entsprechender Teil beim Körper der Säugetiere:* er arbeitete, bis ihm die -n schmerzten; **b)** ⟨Pl.⟩ (geh.) *Körperteil, der die*

Lendenbraten – lernen

Gegend der Lenden (1 a), Leisten u. Geschlechtsteile umfasst: *er verspürte etwas in seinen -n (es regte sich bei ihm die sexuelle Begierde).* **2.** *(beim Schlachtvieh) Fleisch der Lendengegend:* ein Stück L.; die L. braten.

Len|den|bra|ten, der (Kochkunst): *gebratene Lende* (2).

Len|den|ge|gend, die: *Gegend der Lenden* (1 a).

Len|den|kraft, die (scherzh.): *Zeugungskraft, -fähigkeit.*

len|den|lahm ⟨Adj.⟩: *lahm in den Lenden* (1 a), *kreuzlahm: von der Arbeit l. werden;* Ü *eine -e (abwertend; sehr schwache) Ausrede.*

Len|den|schurz, der (Völkerkunde): *Geschlechtsteile u. Gesäß bedeckendes Kleidungsstück:* einen L. tragen.

Len|den|steak, das (Kochkunst): *Steak von der Lende* (2).

Len|den|stück, das (Kochkunst): *Stück Fleisch von der Lende* (2).

Len|den|wir|bel, der (Anat.): *einer der Rückenwirbel zwischen Kreuzbein u. Brustwirbeln.*

Len|den|wir|bel|säu|le, die (Anat.): *aus den Lendenwirbeln bestehender unterer Teil der Wirbelsäule* (Abk.: LWS).

Le|nin|grad: Name von Sankt Petersburg 1924–1991.

Le|ni|nis|mus, der; -: *durch W. I. Lenin (1870–1924) weiterentwickelte Form des Marxismus, in der versucht wird, die von den marxschen Prognosen abweichende Entwicklung der kapitalistischen Gesellschaft zu erklären; Bolschewismus* (1).

le|ni|nis|tisch ⟨Adj.⟩: *den Leninismus betreffend.*

Lenk|ach|se, die (Eisenbahn): *beweglich gelagerte Achse an Lokomotiven u. langen Schienenfahrzeugen.*

lenk|bar ⟨Adj.⟩: **a)** *sich lenken* (1 a) *lassend; steuerbar:* ein -es Luftschiff; **b)** *sich leicht lenken* (2 b), *führen, leiten lassend:* ein [sehr] -es Kind.

Lenk|bar|keit, die; -: **1.** *lenkbare* (a) *Beschaffenheit, lenkbarer Zustand.* **2.** *lenkbare [Wesens]art.*

Lenk|dra|chen, der: *Drachen* (1), *der sich mithilfe mehrerer Leinen lenken lässt.*

len|ken ⟨sw. V.; hat⟩ [mhd. lenken, zu: lanke, ↑ Gelenk]: **1. a)** *steuern; mithilfe der Steuerung, der Zügel (einer Sache, einem Tier) eine bestimmte Richtung geben:* ein Auto, ein Fuhrwerk l.; ein Reittier [am Zügel] l.; lass mich mal l.!; den Wagen nach links l. ⟨auch ohne Akk.:⟩ mit einer Hand l.; sicher l. können; **b)** *(geh. veraltend) [s]eine Richtung nehmen:* nach Hause l. *(nach Hause gehen);* der Pfad lenkte *(führte)* in die Schlucht. **2. a)** *veranlassen, dass sich etw. auf etw. richtet bzw. in eine bestimmte Richtung bewegt:* den Ball ins Aus l.; seine Schritte zum Bahnhof l.; Ü das Gespräch in eine andere Richtung, auf ein anderes Thema l.; jmds. Gedanken auf etw. l.; den Verdacht auf jmdn. l.; die Aufmerksamkeit auf etw. l. *(richten);* ⟨l. + sich:⟩ der Verdacht lenkte *(richtete)* sich auf den Ehemann; **b)** *leiten, führen:* er lässt sich schwer l.; es fehlt [bei] ihr die lenkende Hand; den Gang der Verhandlungen l. *(richtunggebend bestimmen);* einen Staat l. *(führen, regieren);* die Wirtschaft, die Presse l. (oft abwertend) *durch Reglementierung, umfangreiche Eingriffe od. Weisungen maßgeblich bestimmen, beeinflussen).*

Len|ker, der; -s, -: **1. a)** *Lenkrad, Lenkstange:* den L. loslassen; **b)** *(Maschinenbau) Konstruktionsteil, das der Führung eines bestimmten Bauteils dient.* **2. a)** *jmd., der ein Fahrzeug lenkt:* der L. des Wagens; **b)** (geh.) *jmd., der etw., jmdn. lenkt* (2 b), *leitet:* der L. des Staates, unseres Schicksals, einer Schlacht.

Len|ker|be|rech|ti|gung, die (österr. Amtsspr.): *Führerschein.*

Len|ker|er|he|bung, die (österr. Amtsspr.): *behördliche Nachforschung, wer im Fall eines Vergehens das Fahrzeug zum Zeitpunkt des Delikts gelenkt hat.*

Len|ke|rin, die; -, -nen: w. Form zu ↑ Lenker (2).

Lenk|ge|trie|be, das (Kfz-Technik): *Getriebe, das die Drehbewegung des Lenkrads untersetzt, sodass ein Lenken ohne großen Kraftaufwand möglich ist.*

Lenk|rad, das: *Steuerrad:* das L. in die Hand nehmen, sich ans L. setzen *(Auto fahren).*

Lenk|rad|schal|tung, die (Kfz-Technik): *Gangschaltung, deren Hebel an der Lenksäule angebracht ist.*

Lenk|rad|schloss, das (Kfz-Technik): *das Lenkrad blockierendes Schloss.*

Lenk|säu|le, die (Kfz-Technik): *stangenförmiger Teil der Lenkung eines Kraftfahrzeugs, der die Drehbewegung des Lenkrads auf das Lenkgetriebe überträgt.*

Lenk|stan|ge, die: *(bes. bei Zweirädern) aus einem meist in eine bestimmte Form gebogenen Rohr bestehendes Teil zum Lenken.*

Len|kung, die; -, -en: **1.** ⟨o. Pl.⟩ **a)** *das Lenken* (1 a); *das Gelenktwerden;* **b)** *das Lenken* (2 b), *Gelenktwerden; Führung, Leitung* (1 a): die L. eines Staates, der Wirtschaft. **2.** *Vorrichtung zum Lenken eines Fahrzeugs:* die L. reparieren.

Len|kungs|aus|schuss, der (Politik, Wirtsch.): *Ausschuss für die [wirtschaftliche] Lenkung* (1 b).

len|tan|do ⟨Adv.⟩ [ital. (s)lentando, zu: lentare = verlangsamen, zu: lento, ↑ lento] (Musik): *nach u. nach langsamer; zögernd.*

len|to ⟨Adv.⟩ [ital. lento < lat. lentus = langsam] (Musik): *langsam* (etwa wie largo).

lenz ⟨Adj.⟩ [niederd. lens = leer, vgl. gleichbed. niederl. lens] (Seemannsspr.): *leer, frei (von Wasser).*

Lenz, der; -es, -e [mhd. lenze, ahd. lenzo, zu ↑ ¹lang, nach den länger werdenden Tagen]: **1.** (dichter.) *Frühling:* der L. ist da; Ü der L. des Lebens *(die Jugend);* * *einen sonnigen/schönen/ruhigen/faulen usw. L. haben; einen ruhigen/faulen/schlauen usw. L. schieben* (salopp abwertend; *ein angenehmes, bequemes Leben bzw. eine leichte, bequeme Arbeit haben);* sich ⟨Dativ⟩ *einen schönen L. machen* (salopp abwertend; *sich das Leben bzw. die Arbeit bequem machen).* **2.** ⟨Pl.⟩ (scherzh.) *Lebensjahre:* sie zählt erst 17 -e; mit 20 -en.

¹len|zen ⟨sw. V.; ist; unpers.⟩ [mhd. lenzen] (dichter.): *Frühling werden:* es lenzt.

²len|zen ⟨sw. V.; hat⟩ [zu ↑ lenz, eigtl. = leer machen] (Seemannsspr.): **1. a)** *(einen Schiffsraum z. B. von Leckwasser) leer pumpen:* das Boot, das Vorschiff l.; **b)** *durch ²Lenzen* (1 a) *entfernen.* **2.** *mit kleinster Segelfläche vor dem Sturm laufen.*

Len|zing, der; -s, -e [zu ↑ Lenz] (veraltet): März.

Lenz|mo|nat, der (veraltet): **1.** *Frühlingsmonat.* **2.** *März.*

Lenz|mond, der (veraltet): *Lenzmonat.*

Le|o|pard, der; -en, -en [spätlat. leopardus < griech. leópardos; das griech. Wort formal beeinflusst von lat. leo (griech. léōn) = Löwe u. pardus (griech. párdos) = Parder]: *(in Afrika u. Asien heimisches) dem Jaguar ähnliches Raubtier mit meist fahl- bis rötlich gelbem Fell mit gleichmäßig über den ganzen Körper verteilten, kleineren schwarzen Flecken:* ◆ ⟨auch -s, -e⟩: Löwen und -e füttern ihre Jungen, Raben tischen ihren Kleinen auf das Aas (Schiller, Räuber I, 2).

Le|o|par|den|fell, das: *Fell eines Leoparden.*

Le|o|pol|di ⟨o. Art.⟩, **Le|o|pol|di|tag,** der (österr.): *Tag des heiligen Leopold* (15. November).

Le Par|kour: ↑ Parkour.

Le|po|rel|lo, das, auch: der; -s, -s [nach der langen Liste der Geliebten des Don Giovanni, die sein Diener Leporello – in Mozarts Oper – angelegt hat] (Verlagsw.): *harmonikaartig gefalteter, breiter u. längerer Streifen Papier, bes. Leporellobuch.*

Le|po|rel|lo|buch, das: *harmonikaartig gefaltetes Bilderbuch.*

Le|p|ra, die; - [lat. lepra < griech. lépra, zu: leprós = schuppig, rau, aussätzig]: *in den Tropen u. Subtropen verbreitete Infektionskrankheit, die bes. zu entstellenden Veränderungen der Haut führt; Aussatz.*

le|p|ra|krank ⟨Adj.⟩: *an Lepra erkrankt.*

Le|p|ra|kran|ke ⟨vgl. Kranke⟩: *weibliche Person, die leprakrank ist.*

Le|p|ra|kran|ker ⟨vgl. Kranker⟩: *jmd., der leprakrank ist.*

le|p|ros, (häufiger:) **le|p|rös** ⟨Adj.⟩ [spätlat. leprosus] (Med.): **1. a)** *in der Art der Lepra;* **b)** *auf Lepra beruhend.* **2.** *an Lepra leidend, aussätzig.*

Lep|ta: Pl. von ↑ ¹Lepton.

lep|to-, Lep|to- [zu griech. leptós]: Best. in Zus. mit der Bed. *schmal, dünn, klein* (z. B. leptosom, Leptosome).

¹Lep|ton, das; -s, Lepta [ngriech. leptó(n)]: *frühere Währungseinheit in Griechenland* (100 Lepta = 1 Drachme).

²Lep|ton, das; -s, ...onen (Physik): *keiner starken Wechselwirkung unterworfenes Elementarteilchen mit halbzahligem Spin.*

lep|to|som ⟨Adj.⟩ [zu griech. sõma = Körper] (Med.): *(in Bezug auf den Körperbautyp) schmal, schlankwüchsig:* -er Typ, Körperbau.

Lep|to|so|me, die/eine Leptosome; der/einer Leptosome, die Leptosomen/zwei Leptosomen: *weibliche Person mit leptosomem Körperbau.*

Lep|to|so|mer, der Leptosome/ein Leptosomer; des/eines Leptosomen, die Leptosomen/zwei Leptosome: *jmd. mit leptosomem Körperbau.*

LER [ɛlleːˈɛr], das; - ⟨meist o. Art.⟩ [kurz für: Lebensgestaltung, Ethik, Religionskunde]: *die Themen Lebensgestaltung, Ethik u. Religionskunde umfassendes Unterrichtsfach in Brandenburg.*

Ler|che, die; -, -n [mhd. lerche, lērche, ahd. lēraha]: *am Boden nistender Singvogel von unauffälliger Färbung, der mit trillerndem Gesang steil in die Höhe fliegt.*

lern|bar ⟨Adj.⟩: *sich lernen lassend.*

Lern|be|gier, **Lern|be|gier|de,** die: *Begierde, Verlangen zu lernen.*

lern|be|gie|rig ⟨Adj.⟩: *begierig zu lernen.*

Lern|be|helf, der (österr.): *Hilfsmittel für Lernende.*

lern|be|hin|dert ⟨Adj.⟩ (Päd.): *in seiner Lernfähigkeit [schwer u. anhaltend] beeinträchtigt.*

Lern|be|hin|der|te ⟨vgl. Behinderte⟩: *weibliche Person, die lernbehindert ist.*

Lern|be|hin|der|ter ⟨vgl. Behinderter⟩: *jmd., der lernbehindert ist.*

Lern|be|hin|de|rung, die (Päd.): *[schwere u. anhaltende] Beeinträchtigung in der Lernfähigkeit.*

Lern|ef|fekt, der: *in Lernen bestehender Effekt* (1).

Lern|ei|fer, der: *Eifer, Fleiß im Lernen.*

lern|ei|f|rig ⟨Adj.⟩: *eifrig, fleißig im Lernen:* -e Schüler.

ler|nen ⟨sw. V.; hat⟩ [mhd. lernen, ahd. lernēn, lernōn]: **1. a)** *sich Wissen, Kenntnisse aneignen:* leicht l.; bis in die Nacht hinein l.; man kann nie genug l.; Mutter lernt mit ihr (ugs.); *hilft ihr beim Lernen u. Üben*); **b)** *sich, seinem Gedächtnis einprägen:* eine Sprache, Französisch, Vokabeln l.; ein Gedicht auswendig l.; **c)** *Fertigkeiten erwerben:* gehen, sprechen, lesen, rechnen, schwimmen, kochen, schreiben, Stenografie l.; Geige, Klavier[spielen] l.; etw. lernt sich leicht/lässt sich leicht l.; l., Englisch zu sprechen; er lernte die Maschine bedienen/er lernte, die Maschine zu bedienen; von/bei jmdm. noch etw. l. können; ich habe schnell [zu] arbeiten gelernt; etw. am Beispiel, aus Büchern l.; R etw. will gelernt sein *(man muss etw. intensiv gelernt bzw. geübt haben, wenn man es beherrschen will);* gelernt ist gelernt *(was man richtig gelernt hat, beherrscht man dann auch);* **d)** *im Laufe der Zeit [durch Erfahrungen, Einsichten] zu einer bestimmten Einstellung, einem bestimmten Verhalten gelangen:* sie hat verzichten gelernt; du hast nicht gelernt zu warten; etw. aus der Erfahrung, durch [die] Erfahrung l.; aus Fehlern, aus der Geschichte l.; Pünktlichkeit, Manieren l. *(sich zu eigen machen, angewöhnen);* er lernt es nie/wird es nie l., seinen Mund zu halten; da kann man das Fürchten l. *(da kann auch ein sonst Furchtloser sich fürchten);* R mancher lernts nie [und auch dann nicht/und auch dann nur unvollkommen] (salopp; drückt ärgerliche Verstimmung od. leichte Resignation darüber aus, dass jmd. sich in seinem Verhalten o. Ä. nicht geändert hat, sich nicht verhalten hat, wie man es gewünscht hätte). **2.** *[ein Handwerk] erlernen:* einen Beruf l.; ⟨auch ohne Akk.:⟩ sie muss drei Jahre l. *(ihre Ausbildungszeit beträgt drei Jahre);* er lernt noch *(ist noch in der Ausbildung);* (ugs.:) er hat Bäcker gelernt.

Ler|nen|de, die/eine Lernende; der/einer Lernenden, die Lernenden/zwei Lernende: *weibliche Person, die etw. lernt.*

Ler|nen|der, der Lernende/ein Lernender; des/eines Lernenden, die Lernenden/zwei Lernende: *jmd., der etw. lernt.*

Ler|ner, der; -s, - [LÜ von engl. learner] (bes. Fachspr.): *jmd., der (eine Sprache) lernt.*

Lern|er|folg, der: *Erfolg, der durch Lernen erzielt wird:* rasche -e.

Ler|ne|rin, die; -, -nen: w. Form zu ↑ Lerner.

lern|fä|hig ⟨Adj.⟩: *fähig zu lernen:* l. sein, bleiben.

Lern|fä|hig|keit, die: *Fähigkeit zu lernen.*

Lern|grup|pe, die (Päd.): *Gruppe von Personen, die gemeinsam lernen.*

Lern|hil|fe, die: *Hilfe, Mittel od. Anhaltspunkt beim Lernen von etw.*

Lern|in|halt, der (Päd.): *Inhalt, Gegenstand des Lernens (bes. im Unterricht).*

Lern|mit|tel, das ⟨meist Pl.⟩ (Päd., Schule): *Hilfsmittel für Lernende (z. B. Lehrbuch, Heft).*

Lern|mit|tel|frei|heit, die (Päd.; Schule): *kostenloses Überlassen der Lernmittel bzw. ihres Gebrauchs für die Schüler[innen].*

Lern|mo|dell, das: *Modell, modellhaftes Konzept, nach dem gelernt wird.*

Lern|mo|ti|va|ti|on, die (Päd.): *Motivation (1) zum Lernen.*

Lern|pro|gramm, das: **a)** *Lerninhalte vermittelndes Programm* (3); **b)** *Lernsoftware.*

Lern|pro|zess, der: **1.** (Psychol., Päd.) *Vorgang des Lernens.* **2.** (bildungsspr.) *Prozess, bei dem jmd. durch Erfahrungen, Erleben usw. Einsichten gewinnt, Zusammenhänge begreift u. daraus lernt:* sich in einem [langwierigen, schwierigen] L. befinden.

Lern|psy|cho|lo|gie, die: *psychologische Wissenschaft, die das Lernen (Lernfähigkeit, Lernprozesse usw.) zum Gegenstand hat.*

Lern|schritt, der (Päd.): *Schritt auf dem Wege zu einem Lernziel.*

lern|schwach ⟨Adj.⟩: *schwach* (6 a) *im Lernen:* -e Schüler.

Lern|schwes|ter, die: *weibliche Person, die zur Krankenschwester ausgebildet wird.*

Lern|soft|ware, die: *Computerprogramm, das bestimmte Lerninhalte vermittelt.*

Lern|spiel, das (Päd.): *Spiel, bei dem gleichzeitig etw. gelernt wird.*

Lern|stoff, der (Päd.): *zu lernender Stoff:* den L. kaum bewältigen können.

Lern|vor|gang, der: *Vorgang des Lernens.*

Lern|wil|lig ⟨Adj.⟩: *gern bereit zu lernen.*

Lern|ziel, das (bes. Päd.): *angestrebtes Ziel des Lernens.*

Les|art, die: **1.** *unterschiedliche Fassung einer Textstelle in Handschriften od. verschiedenen [historisch-]kritischen Ausgaben:* die -en vergleichen. **2.** *Deutung, Interpretation, Darstellung eines Vorgangs o. Ä. in einem bestimmten Sinne:* nach amtlicher, offizieller L.

les|bar ⟨Adj.⟩: **1.** *für die Augen zu entziffern u. sich lesen lassend:* eine -e Schrift; Ü maschinell -e Chipkarten. **2.** *verständlich geschrieben, sodass die Lektüre keine Schwierigkeiten bereitet:* ein auch für Laien gut -es Fachbuch.

Les|bar|keit, die; -: *das Lesbarsein.*

Les|be, die; -, -n [gek. aus ↑ Lesbierin] (ugs. u. Eigenbezeichnung): *lesbische* (2) *Frau:* eine Veranstaltung für Schwule und -n.

Les|bi|er, der; -s, -: Ew. zu ↑ Lesbos.

Les|bi|e|rin, die; -, -nen: **1.** w. Form zu ↑ Lesbier. **2.** [zu ↑ Lesbos, mit Bezug auf die griech. Dichterin Sappho (etwa 600 v. Chr.), die hier lebte u. diese Form der Liebe bevorzugt haben soll] *lesbische* (2) *Frau.*

les|bisch ⟨Adj.⟩: **1.** zu ↑ Lesbos. **2.** *(in Bezug auf Frauen) homosexuell:* eine -e Partnerschaft, Beziehung; -e Liebe.

Les|bos; Lesbos': Insel im Ägäischen Meer.

Le|se, die; -, -n: **1.** [zu ↑ ²lesen (a)] *Ernte, bes. von Wein.* **2.** [zu ↑ ²lesen (b)] (geh.) *Auswahl aus dichterischen Werken.*

Le|se|abend, der: *am Abend veranstaltete [Autoren]lesung.*

Le|se|bril|le, die: *zum Lesen u. für den Nahbereich eingerichtete Brille.*

Le|se|buch, das: *Buch, das eine [für Kinder, Schüler] zusammengestellte Lektüre enthält.*

Le|se|ecke, die: *zum Lesen eingerichtete Ecke in einem Raum.*

Le|se|ex|em|plar, das: *[noch ungebundenes] Exemplar eines Buches, das jmdm. zugeleitet wird, damit er sich über den Text informieren kann.*

Le|se|fer|tig|keit, die ⟨o. Pl.⟩: *Fähigkeit, selbstständig Texte zu lesen u. mit dem Verstand zu erfassen:* nach zwei Jahren Deutschunterricht in der Schule war die L. nur schwach entwickelt.

Le|se|för|de|rung, die: *Förderung der Lesefertigkeit.*

Le|se|frucht, die ⟨meist Pl.⟩ (geh.): *etw., was jmd. durch Lektüre weiß, sich angeeignet hat.*

Le|se|fut|ter, das (salopp): *Lesestoff.*

Le|se|ge|rät, das: **1.** *Vergrößerungsgerät für auf Mikrofilme aufgenommene Texte.* **2.** *Gerät, das auf einen Datenträger niedergeschriebene Zeichen abtastet u. zugeordnete Schaltvorgänge in Maschinen auslöst.*

Le|se|hal|le, die: **a)** *öffentliche Bibliothek;* **b)** *größerer [öffentlicher] Raum, in dem man [ausgelegte Zeitschriften o. Ä.] lesen kann.*

Le|se|hun|ger, der: *starkes Bedürfnis zu lesen:* der jugendliche L.

Le|se|kar|te, die: *Ausweis für das Benutzen einer Bibliothek.*

Le|se|kom|pe|tenz, die: *Lesefertigkeit.*

Le|se|lam|pe, die: *Lampe zum Lesen.*

Le|se|lu|pe, die: *Lupe zum Lesen.*

Le|se|lust, die ⟨o. Pl.⟩: *Lust am Lesen:* die L. fördern, wecken.

Le|se|map|pe, die: *Mappe mit Zeitschriften, die [wochenweise] von einem Leserkreis an Abonnenten u. Abonnentinnen vermietet wird.*

¹le|sen ⟨st. V.; hat⟩ [mhd. lesen, ahd. lesan, urspr. = zusammentragen, sammeln]: **1. a)** *etw. Geschriebenes, einen Text mit den Augen u. dem Verstand erfassen:* laut, leise, schnell, langsam l.; l. lernen; das Kind kann schon l.; abends im Bett noch l.; etw. aufmerksam, nur flüchtig l.; viel l.; einen Satz zweimal l. müssen; die Zeitung, einen Roman, die Post, die Mail l.; ein Drama mit verteilten Rollen l.; etw. am Schwarzen Brett l.; [etw.] in einem Buch l.; lange an einem Buch l.; Noten, eine Partitur l. *(in Töne umsetzen, verstehen);* ein Gesetz l. (Politik; im Parlament beraten); Korrekturen, Fahnen l. (Druckw.; *neu gesetzten Text auf seine Richtigkeit durchlesen);* einen Autor [im Original] l.; eine Messe l. (kath. Kirche; *eine Messe halten, zelebrieren);* die Handschrift ist schlecht zu l. *(zu entziffern);* etw. nicht l. *(entziffern)* können; der Text ist so zu l. *(in dem Sinne zu verstehen, zu interpretieren),* dass …; ich habe darüber, davon gelesen; Gelesen habe ich, das ist wahr. Aber es war eben eine Notlösung. Vielleicht hätte ich lieber gelernt (Stadler, Tod 52); **b)** *vorlesen, lesend vortragen:* aus eigenen Werken l.; die Autorin las eine Erzählung; **c)** *regelmäßig Vorlesungen halten:* er liest an der Heidelberger Universität, [über] moderne Lyrik; **d)** ⟨l. + sich⟩ *in einem bestimmten Stil geschrieben sein u. sich entsprechend* ¹lesen (1 a) *lassen:* das Buch liest sich leicht, flüssig, schwer; der Bericht las sich wie ein Roman; **e)** ⟨l. + sich⟩ *[unter Mühen] ein umfangreiches Werk bis zum Ende* ¹lesen (1 a): sich durch einen Roman l. **2.** *etw. aus etw. erkennend entnehmen:* aus jmds. Zeilen einen Vorwurf, gewisse Zweifel l.; in ihrer Miene konnte man die Verbitterung l.; aus seinem Blick, Gesicht war deutlich zu l., was er dachte; in jmds. Augen l. *(jmds. Blick zu deuten versuchen);* Gedanken l. *(erraten)* können; Er … schlug oft mit verschämtem Aufdruck die Augen nieder, aber der Genuss war ihm doch von der blanken und geröteten Miene zu l. (Th. Mann, Krull 23). **3.** (EDV) *(vom Leser 2) Daten aus einem Datenspeicher od. -träger entnehmen.*

²le|sen ⟨st. V.; hat⟩ [↑ ¹lesen]: **a)** *einzeln [sorgfältig] von etw. abnehmen, aufnehmen:* Ähren, Beeren, Trauben l.; Holz vom Boden l.; **b)** *einzeln [sorgfältig] in die Hand nehmen u. Schlechtes dabei aussondern:* Erbsen l.; Salat l. *(schlechte od. die äußeren Blätter davon entfernen).*

le|sens|wert ⟨Adj.⟩: *die Lektüre lohnend, rechtfertigend; wert, gelesen zu werden:* ein -es Buch; dieser Roman ist durchaus l.

Le|se|pro|be, die: **1.** *Auszug aus einem [noch im Entstehen begriffenen] längeren Text, aus einem [geplanten] Buch o. Ä., den man liest, um sich einen Eindruck von dem Buch bzw. dem Text zu verschaffen:* eine L. veröffentlichen. **2.** *Theaterprobe, bei der die Rollen noch weitgehend abgelesen u. Textänderungen o. Ä. festgelegt werden.*

Le|se|pu|b|li|kum, das: *aus Lesern* (1) *bestehendes Publikum.*

Le|se|pult, das: *kleineres [schmales] Pult zum Auflegen eines Buches.*

Le|ser, der; -s, - [mhd. lesære]: **1. a)** *jmd., der in einem einzelnen Fall, momentan etw. liest:* ein aufmerksamer, kritischer L.; **b)** *jmd., der sich mit Lesen [in Bezug auf bestimmte Lektüre] befasst:* jugendliche, weibliche, westliche L.; die L. einer Zeitung; Zuschriften von -n erhalten. **2.** *Teil eines Lesegerätes, der eine Folge von Zeichen elektronisch erfasst u. einer Verarbeitung zuführt.*

Le|se|rat|te, die (ugs. scherzh.): *Person, die sehr viel liest.*

Le|se|raum, der: Lesehalle (b).
Le|ser|brief, der: Brief eines Lesers (1) bzw. einer Leserin an den Autor, den Herausgeber eines publizierten Textes, [bes. eine politische Meinungsäußerung enthaltender] Brief eines Lesers bzw. einer Leserin einer Zeitung an diese Zeitung: einen L. schreiben, veröffentlichen.
Le|ser|brief|schrei|ber, der: jmd., der Leserbriefe schreibt.
Le|ser|brief|schrei|be|rin, die: w. Form zu ↑Leserbriefschreiber.
Le|ser|echo, das: Resonanz beim Lesepublikum.
Le|se-Recht|schreib-Schwä|che, die (Med., Psychol.): Legasthenie.
Le|ser|rei|se, die: Reise eines Autors, einer Autorin zu Lesungen in Buchhandlungen u. a.
le|ser|freund|lich ⟨Adj.⟩: für den Leser (1) bzw. die Leserin angenehm, gut geeignet.
Le|se|rin, die; -, -nen: w. Form zu ↑Leser.

Um gehäuftes Auftreten der Doppelform *Leserinnen und Leser* zu vermeiden, können je nach Kontext die Ausweichformen *Leserschaft* oder *[Lese]publikum* gewählt werden.

Le|se|ring, der: Lesezirkel.
Le|ser/-innen, Le|ser(innen): Kurzformen für: Leserinnen und Leser.
Le|ser|kreis, der: Leserschaft.
le|ser|lich ⟨Adj.⟩: sich lesen, entziffern lassend: eine -e Handschrift, Unterschrift; eine schlechte, kaum -e Fotokopie; nicht besonders l. schreiben.
Le|ser|lich|keit, die: das Leserlichsein.
Le|ser|re|por|ter, der: jemand, der aktuelle Bilder oder Texte für Zeitungen, Zeitschriften o. Ä. liefert, ohne journalistisch ausgebildet oder bei dem jeweiligen Presseorgan fest angestellt zu sein.
Le|ser|re|por|te|rin, die: w. Form zu ↑Leserreporter.
Le|ser|schaft, die; -, -en ⟨Pl. selten⟩: Gesamtheit der Leser (1) u. Leserinnen von Büchern, Zeitungen, Zeitschriften u. anderen Publikationen.
Le|ser|ser|vice, der, österr. auch: das: **1.** Teil einer Zeitung od. Zeitschrift, in dem Serviceleistungen u. Ä. der Zeitung bzw. Zeitschrift für die Leser angeboten werden. **2.** Abteilung einer Zeitung od. Zeitschrift, die sich mit dem Leserservice (1) beschäftigt.
Le|ser|stim|me, die: in einem Leserbrief dargestellte Auffassung, Meinung, Position.
Le|ser|wunsch, der: Wunsch, den Leser (1) u. Leserinnen gegenüber ihrer Zeitung o. Ä. äußern.
Le|ser|zahl, die: Anzahl von Lesern (1) u. Leserinnen: eine Zeitschrift mit großer L.
Le|ser|zir|kel, der: ↑Leserkreis.
Le|se|saal, der: Saal in einer Bibliothek, in dem [von der Ausleihe ausgeschlossene] Bücher u. Zeitschriften gelesen werden können.
Le|se|stoff, der: Texte, Bücher zum Lesen: sich mit L. versorgen, eindecken.
Le|se|stück, das: kürzerer Text für die Lektüre im Unterricht.
Le|ser|ver|gnü|gen, das: Vergnügen beim Lesen.
Le|se|zei|chen, das: **1.** etw. (ein langer, schmaler Karton-, Papierstreifen, ein Stoffbändchen o. Ä.), was als Zeichen zwischen zwei Seiten eines Buches gelegt wird, damit eine bestimmte Stelle schnell wieder aufgefunden werden kann. **2.** (EDV) Bookmark.
Le|se|zim|mer, das: zum Lesen eingerichtetes Zimmer.
Le|so|thisch ⟨Adj.⟩: Lesotho betreffend; zu Lesotho gehörend, aus Lesotho stammend.
Le|so|tho; -s: Staat in Afrika.
Le|sung, die; -, -en: **1. a)** das Vorlesen (aus dem Werk eines Autors, einer Autorin als Veranstaltung, aus der Bibel im Gottesdienst): eine L. aus dem Alten Testament; eine öffentliche L. veranstalten; **b)** (christl. Kirche) gelesener Abschnitt aus der Heiligen Schrift. **2.** Beratung eines Gesetzentwurfs im Parlament: der Bundestag hat in zweiter und dritter L. das Gesetz beschlossen. **3.** Lesart (1).
Let, das; -[s], -s ⟨engl. let⟩ (Sport): **1.** Netzball nach einem Aufschlag (bes. beim [Tisch]tennis). **2.** Wiederholung eines als regelwidrig gewerteten Ballwechsels (bes. beim Squash).
le|tal ⟨Adj.⟩ ⟨lat. letalis, zu: letum = Tod⟩ (Med.): tödlich, zum Tode führend, todbringend: eine Krankheit mit -em Ausgang.
Le|tal|do|sis, die (Med.): bestimmte Menge schädigender Substanzen, die tödlich ist (Abk.: LD).
Le|thar|gie, die; - [lat. lethargia < griech. lēthargía = Schlafsucht, zu: lḗthargos = schlafähnlicher Zustand]: **1.** (bildungsspr.) Zustand körperlicher u. psychischer Trägheit, in dem das Interesse ermüdet ist: jmdn. aus seiner L. erwecken, herausreißen, rütteln; in die alte L. zurückfallen. **2.** (Med.) Schlafsucht; starkes Schlafbedürfnis mit Bewusstseinsstörungen.
le|thar|gisch ⟨Adj.⟩ [lat. lethargicus < griech. lēthargikós]: **1.** (bildungsspr.) durch Lethargie gekennzeichnet. **2.** (Med.) an Lethargie (2) leidend.
let|schert ⟨Adj.⟩ [zu bayr., österr. letschen, lätschen, ↑latschen] (bayr., österr., ugs.): **a)** welk; schlapp, matt: sie fühlte sich total l.; **b)** geschmacklos; zu weich, nicht mehr knusprig (von Lebensmitteln): eine -e Suppe; eine gute Wurst darf nicht l. sein.
Let|te, der; -n, -n: Ew. zu ↑Lettland.
Let|ter, die; -, -n [frz. lettre < lat. littera = Buchstabe, Schrift; älter: Litter, mhd. litter; vgl. Literal]: **1.** Druckbuchstabe: weiße -n auf schwarzem Grund; in gotischen -n; in großen, fetten -n stand es auf der Titelseite. **2.** (Druckw.) Drucktype: mit beweglichen -n gedruckte Bücher.
Let|tin, die; -, -nen: w. Form zu ↑Lette.
let|tisch ⟨Adj.⟩: **a)** Lettland, die Letten betreffend; von den Letten stammend, zu ihnen gehörend; **b)** in der Sprache der Letten [verfasst].
Let|tisch, das; -[s], (nur mit best. Art.:) **Let|ti|sche,** das; -n: die lettische Sprache.
Lett|land; -s: Staat in Nordosteuropa.
Lett|ner, der; -s, - [spätmhd. lettner, lecter = Lesepult im Chor < mlat. lectorium, lectionarium = Lesepult]: in mittelalterlichen Kirchen den Chor vom Langhaus trennende, plastisch ausgestaltete, hohe Schranke mit mehreren Durchgängen u. einer Art Empore, auf der liturgische Schriftlesungen stattfanden u. auch die Chorsänger Aufstellung nahmen.
letz ⟨Adj.⟩ [mhd. letze, lez, ahd. lezze, verw. mit ↑lass, also urspr. wohl = gehemmt]: **1.** (südd., schweiz. mundartl.) verkehrt, falsch: ♦ ⟨subst.:⟩ ... wenn's einmal zu bösen Häusern geht, und der Letze kommt über uns (wenn wir an den Falschen geraten), ist wir nimmer angst für euch, aber für mich (Hebel, Schatzkästlein 26). **2.** (österr. mundartl.) schlecht, mühsam.
letz|en ⟨sw. V.; hat⟩ [mhd. letzen, ahd. lezzen, eigtl. = schlaff machen, verw. mit lassen] (veraltet): laben, erquicken: jmdn., sich an etw. l.
Letz|zi, die; -, -nen [mhd. letze = Hinderung; Schutz, Wehr] (schweiz.): mittelalterliche Grenzbefestigung.
♦ **Letz|kopf,** der [zu ↑letz (1)] (landsch.): Querkopf: ... der ist ein L., ... und ich bin meins Lebens neben ihm nicht ... sicher (Mörike, Hutzelmännlein 120).
♦ **letzt** ⟨Adv.⟩ [↑letzt...]: *beim letzten, vorigen Male; jüngst:* Wär' ich l. dabei gewesen, Ihr hättet die Armbrust nicht verloren (Goethe, Götz I).
letzt, die [mit sekundärem t statt älterem Letze (mhd. letze = Abschiedsmahl, vgl. Letzi; heute als zu »letzt...« gehörig empfunden)]: in der Wendung **zu guter L.** (*ganz zum Schluss; schließlich doch noch:* zu guter L. fiel ihr noch ein Argument ein).
letzt... ⟨Adj.⟩ [aus dem Mittel- u. Niederd. < mniederd. letst, mhd. lest, aus: leʒist, ahd. laʒōst, leʒist]: **1.** das Ende einer [Reihen]folge bildend: im letzten Stock wohnen; der Artikel steht auf der letzten Seite; am letzten Tag des Jahres; die letzte Möglichkeit; ein letzter Versuch; zum letzten Mal[e]; bis zur letzten Sekunde; in letzter Instanz; sie war seine letzte Liebe; letzte *(abschließende)* Vorbereitungen treffen; das ist mein letztes Angebot *(ich mache kein neues, noch günstigeres Angebot);* die letzten beiden; ⟨subst.:⟩ in beiden Letzten; er wurde Letzter, ging als Letzter ins Ziel; du bist der Letzte, dem ich es sagen würde *(dir würde ich es am allerwenigsten sagen);* als Letztes *(zuletzt)* möchte ich noch auf etwas hinweisen; im Letztes habe ich noch zu sagen *(eines möchte ich zum Schluss noch sagen);* am Letzten *(letzten Tag)* des Monats; Ü im letzten Moment *(gerade noch vor dem Eintreten von etw.);* Spr die Letzten werden die Ersten sein [und die Ersten werden die Letzten sein] *(der Letzte kann schließlich doch der Begünstigte sein [u. umgekehrt];* nach Matth. 19, 30). **2.** schließlich noch [als Rest] übrig geblieben: mein letztes Geld; die letzten Exemplare; ⟨subst.:⟩ er ist der Letzte seines Geschlechts; Ü jmdm. einen letzten Wunsch erfüllen; das ist, du bist seine letzte Hoffnung; für jmdn. die letzte Rettung sein. **3.** drückt einen stärksten Grad aus; äußerst ...: mit der letzten Perfektion, Beherrschung; mit letzter Sicherheit; zum letzten Mittel greifen; die letzten *(tiefsten)* Geheimnisse; ⟨subst.:⟩ jmdm. das Letzte an Kraft abverlangen; aus jmdm. das Letzte herausholen; das Letzte hergeben; bis zum Letzten gehen; das Letzte *(Äußersten)* treiben; das ist doch das Letzte *(Unerhörteste)* an Frechheit; das wäre das Letzte *(niemals käme das infrage);* * **bis aufs Letzte** *(völlig, total);* **bis ins Letzte** *(bis in alle Einzelheiten genau);* **bis zum Letzten** *(sehr, in äußerstem Maße).* **4.** das Ende einer Rangfolge bildend; hinsichtlich seiner Qualität, Bedeutung, seinem Rang o. Ä. am geringsten, schlechtesten: die Erbsen waren von der letzten Sorte; das letzte *(schlechteste)* Auto!; ⟨subst.:⟩ sie war die Letzte *(schlechteste Schülerin)* in der Klasse; * **das Letzte sein** (ugs.: 1. *nichts taugen, nicht den geringsten Wert haben:* diese Show war wirklich das Letzte. 2. *unfassbar sein:* das ist doch wohl das Letzte, dass ihr mich jetzt im Stich lasst!) **5.** gerade erst vergangen; als Ereignis, Zeitpunkt od. -abschnitt in der zeitlichen Reihenfolge unmittelbar vor der gegenwärtigen Entsprechung liegend: der letzte Urlaub; bei meinem letzten Besuch; im letzten Jahr; [am] letzten Sonntag; in letzter/in der letzten Zeit hat er uns öfter besucht; in letzter Zeit *(seit Neuestem)* besucht er uns wieder öfter; letztes Mal/beim letzten Mal[e]; die letzte *(gerade erst aufgekommene)* Neuheit; nach letzten *(gerade erst mitgeteilten)* Informationen.
letz|te Mal: s. ↑¹Mal.
letzt|end|lich ⟨Adv.⟩: schließlich: wir haben uns l.

letztens – Leumund

doch dazu entschlossen; l. bin ich davon abgekommen.

letz|tens ⟨Adv.⟩: **1.** *kürzlich (mit Bezug auf die Gegenwart des Sprechenden):* darüber habe ich l. etwas gelesen. **2.** ⟨in Verbindung mit Zahladverbien⟩ *als Letztes, an letzter Stelle:* drittens und l.

letz|ter... ⟨Adj.⟩: *(von zweien) zuletzt genannt, gesagt:* im letzteren Falle; letzteres modernes Hörspiel; ⟨subst.:⟩ Letzteres glaube ich nicht; die Letzteren sind meine Brüder.

letzt|ge|bo|ren ⟨Adj.⟩: *als letztes Kind in einer Geschwisterreihe geboren:* der -e Sohn.

letzt|ge|nannt ⟨Adj.⟩: *an letzter Stelle in der gerade aufgeführten Reihenfolge genannt:* die -e Möglichkeit; ⟨subst.:⟩ das Letztgenannte verwerfen.

letzt|hin ⟨Adv.⟩: **1. a)** *kürzlich [einmal, bei einer Gelegenheit]:* als ich sie l. sah, wirkte sie noch gesund; **b)** *über den gerade vergangenen Zeitraum hin; in letzter Zeit:* sie hat l. viel Pech gehabt. **2.** *letztlich:* das hat l. psychische Ursachen.

letzt|in|s|tanz|lich ⟨Adj.⟩ (Papierdt.): **a)** *von der letzten Instanz ausgehend, verfügt:* ein -es Urteil; **b)** *[bei einem gerichtlichen Verfahren] als letzte Instanz fungierend:* -e Schiedsstellen.

letzt|jäh|rig ⟨Adj.⟩: *vom letzten Jahr stammend; im letzten Jahr stattgefunden habend:* auf der -en Veranstaltung; mit der -en Siegerin.

letzt|lich ⟨Adv.⟩: **a)** *bei genauer Überlegung; im Grunde genommen; schließlich [doch]:* ein l. nutzloses Bemühen; l. kommt es nur darauf an; **b)** *in einem letzten Stadium; schließlich, endlich, zum Schluss:* das führte l. zum Tod.

letzt|ma|lig ⟨Adj.⟩: *zum letzten Mal, beim letzten Mal vorkommend, vorgenommen o. Ä.:* die -e Auszahlung; bei der -en Untersuchung; l. geprüft am 3. 10.

letzt|mals ⟨Adv.⟩: *zum letzten Mal:* der Rennfahrer startete l. vor drei Jahren.

letzt|mög|lich ⟨Adj.⟩: *noch als Letztes möglich:* zum, beim -en Termin, Zeitpunkt; die -e Instanz.

letzt|wil|lig ⟨Adj.⟩: *als Letzter Wille erklärt; testamentarisch:* kraft -er Verfügung, Bestimmung.

letzt|wö|chig ⟨Adj.⟩ (schweiz.): *in der letzten Woche vor sich gegangen, aus der letzten Woche stammend:* das -e Treffen.

¹**Leu**, der; -en, -en [mhd. leu, leuwe, löuwe, Nebenf. von: lewe, ↑ Löwe] (dichter.): *Löwe.*

²**Leu**, der; -, Lẹi [rumän. leu, eigtl. = Löwe < lat. leo, wohl nach der Abbildung eines Löwen auf älteren Münzen]: *rumänische Währungseinheit* (1 Leu = 100 Bani; Währungscode: ROL).

Leucht|bo|je, die (Seew.): *Boje mit einem Leuchtfeuer.*

Leucht|bom|be, die: *von Flugzeugen vor dem Angriff zur Beleuchtung des Ziels abgeworfene Leuchtkugel an einem Fallschirm.*

Leucht|buch|sta|be, der: *für Leuchtreklame verwendeter Buchstabe.*

Leucht|dich|te, die (Optik): *gemessener Helligkeitsgrad, den eine leuchtende Fläche hervorruft.*

Leucht|di|o|de, die: *spezielle Diode, die beim Durchfließen von Strom Licht aussendet.*

Leuch|te, die; -, -n: **1.** [mhd. liuhte, ahd. liuhta, zu ↑ licht] **a)** (Fachspr.) *Lampe;* **b)** *etw. (Kerze, Taschenlampe o. Ä.) zum Leuchten:* eine L. mit in den Keller nehmen; seine L. ausmachen. **2.** (ugs.) *großer Geist, kluger Kopf:* in der Schule war er nicht gerade eine L.; er gilt als eine L. seines Faches.

leuch|ten ⟨sw. V.; hat⟩ [mhd., ahd. liuhten, zu ↑ licht]: **1. a)** *als Lichtquelle Helligkeit verbreiten, abgeben:* die Kerze, das Feuer, die Sonne,

der Mond leuchtet; einige Sterne leuchten in der Nacht; die Lampe leuchtet von der Decke; der Mond leuchtet ins Zimmer; ⟨subst.:⟩ das Leuchten des Meeres (Meeresleuchten); **b)** *Licht widerstrahlen:* das Meer, das bunte Kirchenfenster leuchtete in der Sonne; im Westen leuchtete der Himmel rot; **c)** *aufgrund seiner Farbe den Eindruck von Licht, Helligkeit hervorrufen:* der Schnee, der weiße Marmor leuchtete; das herbstliche Laub leuchtete golden; die Gischt leuchtet über der See; ihr Gesicht leuchtete rot; sanft leuchtende Farben; ein leuchtendes Blau; leuchtend blaue, leuchtende blaue Augen; Ü der Herr lasse sein Antlitz l. über dir (Teil der Segensformel am Schluss des ev. Gottesdienstes; nach 4.Mos. 6, 25); ihre Augen leuchteten vor Freude; auf ihrem Gesicht leuchtete eine große Freude; aus ihren Augen leuchtete die Hoffnung; ein leuchtendes *(großartiges)* Vorbild; ein leuchtendes *(hohes)* Ziel vor Augen haben; er wollte sie in eine leuchtende *(glänzende)* Zukunft führen. **2. a)** *eine Lichtquelle auf jmdn., etw. richten, um etw. Bestimmtes zu erkennen o. Ä.:* mit einer Taschenlampe, einer Kerze in den Keller, unter den Schrank, jmdm. ins Gesicht l.; **b)** *mit einer Lampe o. Ä. den Weg erhellen:* kannst du mir bitte einmal l.?

Leuch|ter, der; -s, - [mhd. liuhtære]: *Vorrichtung für eine od. mehrere Kerzen bzw. kleine [wie Kerzen geformte] Lampen:* ein siebenarmiger L.; ein L. aus Messing.

Leucht|er|schei|nung, die: *leuchtende Erscheinung* (1).

Leucht|far|be, die (Physik): *durch einen zugesetzten Leuchtstoff Licht aussendende Farbe.*

Leucht|feu|er, das (Verkehrsw.): *Orientierungshilfe für Schiffe u. Flugzeuge in Form einer starken Lichtquelle, die in einem bestimmten Rhythmus Lichtsignale abgibt.*

Leucht|gas, das ⟨o. Pl.⟩: *Stadtgas.*

Leucht|kä|fer, der: *(in zahlreichen Arten bes. in wärmeren Ländern verbreiteter) Käfer, der auf der Bauchseite des Hinterleibs Leuchtorgane hat.*

Leucht|kraft, die: **a)** *leuchtende Wirkung einer Farbe bzw. einer Sache aufgrund ihrer Farbe[n]:* die L. einer Farbe, einer Blume; **b)** (Astron.) *von einem Stern ausgestrahlte Energie.*

Leucht|ku|gel, die: *mit einer Leuchtpistole o. Ä. abgeschossene Patrone, deren abbrennender Leuchtsatz als farbige Kugel sichtbar ist [u. als Signal dient].*

Leucht|mu|ni|ti|on, die: *Munition, deren abbrennender Leuchtsatz zur Beleuchtung des Geländes od. als Signal dient.*

Leucht|or|gan, das (Biol.): *Licht erzeugendes od. Licht ausstrahlendes Organ bestimmter, bes. im Meer lebender Tiere.*

Leucht|pis|to|le, die: *Pistole zum Verschießen von Leuchtmunition.*

Leucht|ra|ke|te, die: vgl. *Leuchtkugel.*

Leucht|re|kla|me, die: *Reklame in Form von Schrift od. Figuren aus Leuchtstoffröhren.*

Leucht|röh|re, die (Elektrot.): *für Leuchtreklame verwendete, röhrenförmige Gasentladungslampe.*

Leucht|satz, der (Technik): *in der Feuerwerkerei verwendetes Gemenge von Stoffen, die unter [farbigem] Leuchten verbrennen.*

Leucht|schirm, der (Physik): *mit fluoreszierenden Substanzen beschichtete Auffangfläche, die beim Auftreffen von Elektronenstrahlen od. Röntgenstrahlen aufleuchten.*

Leucht|schrift, die: *Reklame in Leuchtbuchstaben.*

Leucht|si|g|nal, das: *[in bestimmten Abständen] aufleuchtendes Signal.*

◆ **Leucht|span**, der: *als Fackel dienender [Kien]span:* ...der Spätherbst ... mit den langen Abenden, an welchen die Knechte in der Stube aus Kienscheiten Leuchtspäne schnitzten (Rosegger, Waldbauernbub 101).

Leucht|stoff, der (Physik): *Stoff, der, wenn er dem Licht ausgesetzt war, im Dunkeln längere Zeit nachleuchtet od. bei Bestrahlung mit unsichtbaren Strahlen sichtbares Licht aussendet.*

Leucht|stoff|röh|re, die (Elektrot.): *Leuchtröhre, deren Innenseite mit einem Leuchtstoff beschichtet ist.*

Leucht|turm, der: *Turm (an od. vor einer Küste) mit einem starken Leuchtfeuer.*

Leucht|turm|pro|jekt, das: *herausragendes, wegweisendes Projekt (bes. im kulturellen u. politischen Bereich):* die neue Konzerthalle gilt als L. der Stadt.

Leucht|turm|wär|ter, der: *jmd., der die Anlage eines Leuchtturms bedient.*

Leucht|turm|wär|te|rin, die: w. Form zu ↑ Leuchtturmwärter.

Leucht|zif|fer, die: *durch Leuchtstoff leuchtende Stundenzahl auf einem Zifferblatt.*

Leucht|zif|fer|blatt, das: *Zifferblatt mit Leuchtziffern.*

leug|nen ⟨sw. V.; hat⟩ [mhd. lögenen, lougenen, ahd. louganen, verw. mit ↑ lügen]: **a)** *(etw., was einem zur Last gelegt od. über einen behauptet wird) für nicht zutreffend od. bestehend erklären:* standhaft, weiterhin hartnäckig l.; seine Schuld, eine Tat, seine Identität l.; er leugnete nicht, den Mann gesehen zu haben/dass er den Mann gesehen hatte; ⟨subst.:⟩ alles Leugnen half ihr nichts; **b)** *(etw. Offenkundiges wider besseres Wissen) für unwahr od. nicht vorhanden erklären u. nicht gelten lassen* (meist verneint): eine Tatsache, den Holocaust l.; ihre Tüchtigkeit hat niemand geleugnet; ich kann nicht l. (gebe gerne zu), dass es mir gut geht; es war nicht zu l. (stand eindeutig fest), dass Geld fehlte; eine nicht zu leugnende Tatsache; **c)** *(etw., was als Lehre, Weltanschauung o. Ä. od. allgemein anerkannt ist u. vertreten wird) für nicht bestehend erklären:* das Dasein Gottes, die Unsterblichkeit l.; diese Staaten leugnen Grundrechte des Menschen.

Leug|ner, der; -s, - [mhd. lougener]: *jmd., der etw. leugnet.*

Leug|ne|rin, die; -, -nen: w. Form zu ↑ Leugner.

Leug|nung, die; -, -en [mhd. lougenunge]: *das Leugnen.*

leuk-, Leuk-: ↑ leuko-, Leuko-.

Leu|k|ä|mie, die; -, -n [zu griech. leukós = weiß, hell u. haĩma = Blut; geprägt von dem deutschen Arzt R. Virchow (1821–1902)] (Med.): *bösartige Erkrankung mit einer Überproduktion an weißen Blutkörperchen; Blutkrebs.*

leu|ko-, Leu|ko-, Leuk- [zu griech. leukós]: Best. in Zus. mit der Bed. *weiß, glänzend* (z. B. Leukoplast, Leukozyten).

¹**Leu|ko|plast**, der; -en, -en [zu griech. plastós = gebildet, geformt, zu: plássein = bilden, formen] (Biol.): *z. T. in Knollen, Wurzeln o. Ä. vorkommender, meist Stärke bildender u. speichernder Bestandteil der pflanzlichen Zelle.*

²**Leu|ko|plast®**, das; -[e]s, -e [zu griech. émplastron, ↑ Pflaster]: *Zinkoxid enthaltendes Heftpflaster ohne Mullauflage.*

Leu|ko|zyt, der; -en, -en ⟨meist Pl.⟩ [zu griech. kýtos = Höhlung, Wölbung] (Med.): *farbloser, fester Bestandteil des Blutes; weißes Blutkörperchen.*

Leu|mund, der; -[e]s [mhd. liumunt, ahd. (h)liu-

Leumundszeugnis – Liaison

munt, eigtl. = Gehörtes, verw. mit ↑¹laut]: *guter od. schlechter Ruf, in dem jmd. aufgrund seines Lebenswandels bei seiner Umgebung steht:* sein L. ist schlecht; jmdm. einen einwandfreien L. bescheinigen; er gibt ihr den besten L. *(weiß nur Gutes über sie zu sagen);* ein Mensch mit gutem L.; *böser L. (üble Nachrede; Verleumdung).

Leu|munds|zeug|nis, das: **a)** *über jmds. Leumund abgegebenes Zeugnis:* ein L. über jmdn. abgeben; jmdn. um ein L. ersuchen; ich würde ihr jederzeit ein L. *(ein Zeugnis über ihren guten Leumund)* ausstellen; **b)** (schweiz. Rechtsspr.) *Führungszeugnis.*

Leu|na: Stadt an der Saale.

Leut|chen ⟨Pl.⟩ (ugs.): Vkl. zu ↑Leute.

Leu|te ⟨Pl.⟩ [mhd. liute, ahd. liuti, zu mhd., ahd. liut = Volk, eigtl. = Wuchs, Nachwuchs, Nachkommenschaft]: **1.** *mit anderen zusammen auftretende, als Menge o. Ä. gesehene Menschen:* junge, alte, erwachsene, verheiratete, tüchtige, kluge, einflussreiche, ordentliche, fremde, vornehme, nette, viele, manche L.; es waren etwa 20 L. da; die feinen L.; L. von Rang und Namen, auf, L.!; (ugs.:) hört mal her, L.!; das vergessen diese L. gern; die L. wollen das nicht; kleine L. *(einfache Menschen);* (ugs.:) was werden die L. *(die andern, unsere Bekannten, wird man [in der Öffentlichkeit])* dazu sagen?; die jungen L. wohnen *(das junge Paar wohnt)* im eigenen Haus; wenn du das tust, sind wir geschiedene L. *(will ich nichts mehr mit dir zu tun haben);* im Gerede, Geschrei der L. sein *(von andern kritisiert werden);* ehrlicher L. Kind sein (veraltend; *aus einer ordentlichen, wenn auch nicht wohlhabenden Familie stammen);* (ugs.:) wegen *(um nicht unangenehm aufzufallen)* tun; (iron.:) auf L. wie Sie haben wir gerade gewartet; mit -n umzugehen wissen; unter L. gehen *(gesellschaftliche Kontakte pflegen);* (abwertend:) was will, soll man von solchen -n anderes erwarten?; vor allen -n *(vor der Öffentlichkeit);* Я aus Kindern werden L. (drückt das Erstaunen darüber aus, dass ein junger Mensch, den der/die Sprechende noch als Kind in Erinnerung hat, mittlerweile erwachsen ist); hier ist es [ja/doch] nicht wie bei armen -n (scherzh.; *etw., dessen man den Gast sich zu bedienen bittet, ist im Haushalt [immerhin, in ausreichendem Maße] vorhanden);* **in aller L. Munde/in der L. Mäuler[n] sein** *(viel beredet werden; Gegenstand des Klatsches sein);* **unter die L. kommen** (ugs.; *bekannt werden);* **etw. unter die L. bringen** (ugs.; *dafür sorgen, dass etw. bekannt wird).* **2. a)** (ugs.) *Personen, die unter jmds. Leitung arbeiten, bei jmdm. angestellt sind; Mitarbeiter[innen] eines Unternehmens o. Ä.:* sich für seine L. einsetzen; der Betrieb braucht neue, fähige L.; nur wenige gute L. *(Spieler bzw. Spielerinnen)* in der Mannschaft sein; der Offizier hatte ein gutes Verhältnis zu seinen -n *(Untergebenen);* **b)** (veraltet) *Arbeiter[innen], Hausangestellte auf einem Guts-, Bauernhof; Gesinde:* seine L. schinden. **3.** *(nur mit Possessivpron.)* (ugs.) *jmds. Familienangehörige:* über die Feiertage fahre ich zu meinen -n.

Leu|te|schin|der, der (abwertend): *jmd., der seine Untergebenen roh behandelt u. in gemeiner Weise ausnutzt.*

Leu|te|schin|de|rin, die: w. Form zu ↑Leuteschinder.

Leut|nant, der; -s, -s, selten: -e [frz. lieutenant, eigtl. = Stellvertreter (eines militär. Führers) < afrz. luetenant = Statthalter (= Stellvertreter des Königs) < mlat. locumtenens, zu lat. locus = Ort, Stelle u. tenere = haben, halten]: **a)** ⟨o. Pl.⟩ (Militär) *niedrigster Dienstgrad in der Rangordnung der Offiziere (bei Heer u. Luftwaffe)* (Abk.: Lt.): jmdn. zum L. befördern; **b)** (Militär) *Offizier dieses Dienstgrades:* ein junger L.; **c)** *Mitglied der Heilsarmee im dem Leutnant* (a) *entsprechenden Rang.*

Leut|nan|tin, die; -, -nen: w. Form zu ↑Leutnant (c).

leut|se|lig ⟨Adj.⟩ [mhd. liutsælec = anmutig, zierlich, eigtl. = den Leuten gefallend, dann = den armen Leuten wohlgesinnt; ↑selig]: *wohlwollend, von einer verbindlichen, Anteil nehmenden Freundlichkeit im Umgang mit Untergebenen u. einfacheren Menschen:* ein -er Chef; eine -e Freundlichkeit, Laune; -es Schulterklopfen; jmdm. l. zuwinken.

Leut|se|lig|keit, die; - [mhd. liutsælecheit]: *leutselige Art.*

Le|va|de, die; -, -n [zu frz. lever < lat. levare = heben] (Reiten): *das Sichaufrichten des Pferdes auf der Hinterhand (als Figur der Hohen Schule).*

Le|van|te, die; - [vgl. Levantiner] (veraltet): *die Mittelmeerländer östlich von Italien.*

Le|van|ti|ner, der; -s, - [nach der ital. Bez. levante (eigtl. = Sonnenaufgang, zu: levare < lat. levare, ↑Lever) für die Küstenländer des östl. Mittelmeers]: **a)** *jmd., der als Kind eines Europäers u. einer Orientalin in der Levante geboren u. aufgewachsen ist;* **b)** *Angehöriger der armen., griech., ital. u. jüd. Kaufleute u. Händler in den Hafenstädten des östlichen Mittelmeerraums.*

Le|van|ti|ne|rin, die; -, -nen: w. Form zu ↑Levantiner.

le|van|ti|nisch ⟨Adj.⟩: *die Levante, die Levantiner[innen] betreffend.*

Le|vel, der od. das; -s, -[s] [engl. level, eigtl. = Waage < lat. libella, ↑Libelle]: **1.** (bildungsspr.) *Niveau, Rang, den etw. erreicht hat, auf dem sich etw. bewegt:* ein hoher, niedriger L.; verschiedene sprachliche -s; das qualitative L. der Messe; auf höchstem, unterschiedlichem L. **2.** (EDV) *Schwierigkeitsstufe, bes. bei Computerspielen.*

Le|ver [ləˈveː], das; -s, -s [frz. lever, zu: se lever = aufstehen < lat. levare = hochheben, (sich) erheben] (früher): *Audienz eines Fürsten o. Ä. (bes. des französischen Königs) während der Morgentoilette:* ♦ ... *und denn musst' ich ja auch bei dem L. zugegen sein und Seiner Durchleucht das Wetter verkünden* (Schiller, Kabale I, 6).

Le|ver|ku|sen [auch: leːɐ̯ˈkuːzn̩]: *Stadt in Nordrhein-Westfalen.*

Le|vi|a|than, Le|vi|a|tan [leˈvi̯a(ː)...], auch: leviˈaˑta:n], der; -s [hebr. liwyatan, wohl = gewundenes Tier]: *(im A. T.) Ungeheuer in Gestalt eines Drachens, Krokodils als Sinnbild des Chaos u. der gottfeindlichen Weltmächte.*

Le|vit, der; -en, -en [kirchenlat. levita, levites, griech. leuïtēs, nach dem jüd. Stamm Levi (nach dem Stammvater Levi, hebr. Lewî), dessen Angehörige mit den Aufgaben des Priesteramtes betraut waren]: **1.** *jüdischer Tempeldiener aus dem Stamm Levi.* **2.** ⟨Pl.⟩ (kath. Kirche früher) *Subdiakon u. Diakon als Assistenten des Priesters beim feierlichen Hochamt:* *jmdm. die Leviten lesen* (ugs.; *jmdn. wegen eines tadelnswerten Verhaltens gehörig zurechtweisen;* urspr. = aus den Vorschriften für Leviten 2 vorlesen).

Le|vi|ti|kus, der; - [mlat. Leviticus]: *3. Buch Mose.*

le|vi|tisch [auch: ...ˈvi...] ⟨Adj.⟩: *auf die Leviten (1, 2) bezüglich, sie betreffend.*

Lev|koie: älter für ↑Levkoje.

Lev|ko|je, die; -, -n griech. (mit ngriech. Aussprache) leukóïon, eigtl. = Weißveilchen, zu: leukós = weiß u. íon = Veilchen, nach den hell leuchtenden, veilchenartig duftenden Blüten]: *Pflanze mit länglichen, blassgrünen Blättern u. weiß bis violett gefärbten, meist stark duftenden Blüten in Trauben.*

Lew, der; -[s], Lewa [bulgar. lev, eigtl. = Löwe]: *bulgarische Währungseinheit* (1 Lew = 100 Stotinki; Währungscode: BGN).

Lex, die; -, Leges [...e:s] [lat. lex (Gen.: legis) = Gesetz] (Parlamentsspr.): *Gesetz, das — unter Anspielung auf die altrömische Gesetzgebung mit dem Namen des Antragstellers od. der betreffenden Sache erlassen wird:* die L. Heinze.

Le|xem, das; -s, -e [russ. leksema, zu griech. léxis, ↑Lexikon] (Sprachwiss.): *Einheit des Wortschatzes, die die begriffliche Bedeutung trägt.*

Le|xi|ka: Pl. von ↑Lexikon.

le|xi|kal, le|xi|ka|lisch ⟨Adj.⟩: **1.** *das Lexikon (1, 2) betreffend:* die -e Gestaltung eines Buches, Stoffes. **2.** (Sprachwiss.) *die Untersuchung von isolierten Wörtern ohne Berücksichtigung des Textzusammenhangs betreffend:* -e Begriffe; die -e Bedeutung eines Worts.

le|xi|ka|li|sie|ren ⟨sw. V.; hat⟩ (Sprachwiss.): *als ein neues Lexem festlegen, zum festen inhaltlich-begrifflichen Bestandteil der Sprache machen:* ein noch nicht lexikalisiertes Wort.

Le|xi|ka|li|sie|rung, die; -, -en (Sprachwiss.): **a)** *das Lexikalisieren;* **b)** *lexikalisiertes Wort.*

Le|xi|ken: Pl. von ↑Lexikon.

Le|xi|ko|graf, Lexikograph, der; -en, -en [zu griech. lexikográphos = ein Wörterbuch schreibend]: **a)** *jmd., der auf dem Gebiet der Lexikografie tätig ist; Verfasser, Bearbeiter [einzelner Artikel] eines Wörterbuchs;* **b)** (selten) *Verfasser, Bearbeiter eines Lexikons* (1).

Le|xi|ko|gra|fie, Lexikographie, die; -, -n [↑-grafie]: *[Wissenschaft von der] Aufzeichnung u. Erklärung des Wortschatzes in Form eines Wörterbuchs.*

Le|xi|ko|gra|fin, Lexikographin, die; -, -nen: w. Form zu ↑Lexikograf.

le|xi|ko|gra|fisch, lexikographisch ⟨Adj.⟩: *die Lexikografie betreffend:* eine -e Methode.

Le|xi|ko|graph usw.: ↑Lexikograf usw.

Le|xi|ko|lo|ge, der; -n, -n [↑-loge]: *Wissenschaftler auf dem Gebiet der Lexikologie.*

Le|xi|ko|lo|gie, die; - [↑-logie; vgl. Lexikon]: *Bereich der Sprachwissenschaft, der sich mit der Erforschung des Wortschatzes (bes. mit der Struktur des Wortschatzes) befasst.*

Le|xi|ko|lo|gin, die; -, -nen: w. Form zu ↑Lexikologe.

le|xi|ko|lo|gisch ⟨Adj.⟩: *die Lexikologie betreffend.*

Le|xi|kon, das; -s, ...ka u. ...ken [griech. lexikón (biblíon) = Wörterbuch, zu: lexikós = das Wort betreffend, zu: léxis = Rede, Wort, zu: légein = auflesen, sammeln; reden]: **1.** *nach Stichwörtern alphabetisch geordnetes Nachschlagewerk für alle Wissensgebiete od. für ein bestimmtes Sachgebiet:* ein elektronisches, medizinisches, mehrbändiges, umfassendes L.; ein L. in fünfzehn Bänden; ein L. der Kunstwissenschaft; Lexika auf CD-ROM, für Justiz und Verwaltung, zur Sexualität; ein L. bearbeiten, herausgeben, herausbringen; Ü er ist ein wandelndes/lebendes L. (ugs. scherzh.; *weiß auf allen Gebieten Bescheid).* **2.** (veraltet) *Wörterbuch.*

Le|xi|ko|thek, die; -, -en [zu ↑Lexikon u. ↑-thek; geb. nach ↑Bibliothek]: *Sammlung von verschiedenen Lexika.*

Le|zi|thin, (fachspr.:) **Lecithin,** das; -s, -e [griech. lékithos = Eigelb] (Chemie, Biol.): *als Bestandteil aller Zellen wichtiger, phosphorhaltiger, fettähnlicher Stoff.*

Lfm. = Laufmeter.

LG = Landgericht.

Li = Lithium.

Li|ai|son [liɛˈzɔ̃:, bes. südd., österr.: ...ˈzoːn], die; -, -s, bes. südd., österr.: ...ǫnen [...ˈzoːnən] [frz. liaison, zu: lier, ↑liieren]: **1.** (bildungsspr. veraltend) *Liebesverhältnis, Liebschaft:* eine L. mit jmdm. haben; Ü die L. *(enge Verbindung, Zusammenarbeit)* zweier Firmen, zwischen den beiden Staaten. **2.** (Sprachwiss.) *(im Französischen) das Aussprechen eines sonst stummen Konsonanten am Wortende vor einem vokalisch beginnenden Wort.* **3.** (Kochkunst) *Mischung aus Ei, Sahne u. Butter od. Mehl, Fleischbrühe u. a. zur Herstellung von Soßen, Cremes o. Ä.*

Li|a|ne, die; -, -n ⟨meist Pl.⟩ [frz. liane, H. u.]: bes. in tropischen Regenwäldern wachsende Schlingpflanze mit herabhängenden, sehr starken Ausläufern.

Li|as, der od. die; - [frz. lias < engl. lias, zu frz. liais = feinkörniger Sandstein] (Geol.): *älteste ²Abteilung* (2 d) *des ²Jura.*

Li|ba|ne|se, der; -n, -n: Ew. zu ↑ ¹Libanon.

Li|ba|ne|sin, die; -, -nen: w. Form zu ↑ Libanese.

li|ba|ne|sisch ⟨Adj.⟩: *den Libanon, die Libanesen betreffend; von den Libanesen stammend, zu ihnen gehörend:* -er Abstammung sein.

¹Li|ba|non; -s, (auch:) der; -[s]: *Staat im Vorderen Orient.*

²Li|ba|non, der; -[s]: *Gebirge im Vorderen Orient.*

Li|bel|le, die; -, -n [lat. libella = kleine Waage, Wasserwaage]: **1.** [nach dem gleichmäßigen Flug mit waagerecht ausgespannten Flügeln] *am Wasser lebendes, größeres räuberisches Insekt mit langem, schlankem Körper u. zwei Paar schillernden Flügeln.* **2.** *Teil von Messinstrumenten, bestehend aus einem mit Flüssigkeit gefüllten Glasröhrchen, in dem eine Luftblase die horizontale od. vertikale Lage anzeigt.* **3.** [nach der einer Libelle (1) ähnlichen Form] *Haarspange bestimmter Art.*

◆ **li|bel|lie|ren** ⟨sw. V.; hat⟩ [zu ↑ Libell]: *eine Klageschrift abfassen, einreichen:* ⟨subst.:⟩ ... *so währte das Libellieren gemeiniglich so lange, als es die Mittel der Parteien wahrscheinlicherweise aushalten konnten* (Wieland, Abderiten IV, 3).

Li|be|ra, die; -, -s [geb. mit dem ital. Suffix -a als Kennzeichnung w. Abl. zu ↑ Libero] (Fußball): *Abwehrspielerin ohne unmittelbare Gegenspielerin, die sich aber ins Angriffsspiel einschalten kann:* unsere L. spielte besonders souverän; die Position der L. einnehmen.

li|be|ral ⟨Adj.⟩ [frz. libéral < lat. liberalis = freiheitlich; freigebig; edel, zu: liber = frei]: **1.** *dem Einzelnen wenige Einschränkungen auferlegend, die Selbstverantwortung des Individuums unterstützend; freiheitlich:* ein liberales Gesetz; diese Verordnungen sind sehr l.; die Lehrerin geht l. mit ihren Schülern um. **2.** *die Weltanschauung des Liberalismus* (1) *betreffend, sie vertretend:* -e Grundsätze; eine -e Partei, Politik, Gruppe; ein -er Staatsmann; seine [politischen] Vorstellungen sind ausgesprochen l. **3.** *eine den Liberalismus vertretende Partei betreffend, vertretend, zu ihr gehörend:* -e Abgeordnete; eine -e Zeitung; die liberale Fraktion; l. wählen.

Li|be|ra|le, die/eine Liberale; der/einer Liberalen, die Liberalen/zwei Liberale: *weibliches Mitglied, Anhängerin einer liberalen Partei:* als L. vertritt sie die Grundsätze der freien Marktwirtschaft.

Li|be|ra|ler, der; Liberale/ein Liberaler; des/eines Liberalen, die Liberalen/zwei Liberale: *männliches Mitglied, Anhänger einer liberalen Partei:* als L. kann ich dem nicht zustimmen; er wählt immer die Liberalen *(die liberale Partei).*

li|be|ra|li|sie|ren ⟨sw. V.; hat⟩ [frz. libéraliser]: **1.** *von Einschränkungen befreien; liberal* (1) *machen:* das Abtreibungsgesetz l.; ein liberalisiertes Strafrecht. **2.** (Wirtsch.) *von Einfuhrverboten u. -beschränkungen im Außenhandel befreien:* Einfuhren, Märkte l.

Li|be|ra|li|sie|rung, die; -, -en: **1.** *das Liberalisie-*

ren (1): die L. des Sexualstrafrechts. **2.** *das Liberalisieren* (2): die L. des Handels mit den USA.

Li|be|ra|lis|mus, der; - [engl. liberalism, frz. libéralisme]: **1.** *im 19. Jh. entstandene, im Individualismus wurzelnde Weltanschauung, die in gesellschaftlicher u. politischer Hinsicht die freie Entfaltung u. Autonomie des Individuums fordert u. staatliche Eingriffe auf ein Minimum beschränkt sehen will.* **2.** *liberales* (1) *Wesen; liberaler Zustand.*

Li|be|ra|list, der; -en, -en: *Vertreter, Anhänger des Liberalismus* (1).

Li|be|ra|lis|tin, die; -, -nen: w. Form zu ↑ Liberalist.

li|be|ra|lis|tisch ⟨Adj.⟩: **a)** *den Liberalismus betreffend, auf ihm beruhend; im Sinne des Liberalismus denkend, handelnd:* -e Auffassungen; **b)** *extrem liberal.*

Li|be|ra|li|tät, die; - [lat. liberalitas = edle Gesinnung, Freigebigkeit]: *liberales* (1) *Wesen, Denken; liberale Gesinnung:* ein Mensch von großer L.; der L. des Lehrers wurde missbraucht.

Li|be|ria; -s: *Staat in Westafrika.*

Li|be|ri|a|ner, der; -s, -: Ew.

Li|be|ri|a|ne|rin, die; -, -nen: w. Form zu ↑ Liberianer.

li|be|ri|a|nisch ⟨Adj.⟩: *Liberia, die Liberianer betreffend; von den Liberianern stammend, zu ihnen gehörend.*

Li|be|ro, der; -[s], -s [ital. libero, eigtl. = der Freie, zu: libero < lat. liber, ↑ liberal] (Fußball): *Abwehrspieler ohne unmittelbaren Gegenspieler, der sich aber ins Angriffsspiel einschalten kann:* [als] L. spielen; die Position des -s einnehmen.

li|ber|tär ⟨Adj.⟩ [frz. libertaire, zu: liberté < lat. libertas = Freiheit] (bildungsspr.): *extrem freiheitlich; anarchistisch:* eine -e Gesinnung.

Li|ber|té, Éga|li|té, Fra|ter|ni|té [libɛr'te:, egali'te:, fratɛrni'te:; frz.]: *Freiheit, Gleichheit, Brüderlichkeit (Losungsworte der Französischen Revolution).*

Li|ber|tin [...'tɛ̃:], der; -s, -s [frz. libertin]: **1.** (veraltet) *Freigeist.* **2.** (geh. veraltet) *ausschweifend, zügellos lebender Mensch.*

Li|ber|ti|na|ge [...'naːʒə, österr. meist: ...ʃ], die; -, -n [frz. libertinage] (bildungsspr.): *moralische Freizügigkeit; Zügellosigkeit.*

Li|ber|ti|nis|mus, der; - (bildungsspr.): *ausschweifende Lebensführung, Haltung; Zügelsigkeit.*

li|bi|di|nös ⟨Adj.⟩ [lat. libidinosus, zu: libido, ↑ Libido] (Psychol.): *auf die Libido bezogen; die sexuelle Lust betreffend, sexuell:* -e Energie, Empfindungen.

Li|bi|do, die; - [lat. libido = Lust, Begierde]: **1.** (bildungsspr., Psychol.) *auf sexuelle Befriedigung gerichteter Trieb; Bedürfnis, Trieb, sexuelle Lust zu empfinden; Geschlechtstrieb.* **2.** (Psychol.) *allen psychischen Äußerungen zugrunde liegende psychische Energie.*

Li|bra|ti|on, die; -, -en [lat. libratio = das Wägen, zu: librare = wägen] (Astron.): *auf der Ungleichförmigkeit der Bahnbewegung des Mondes, optischen Effekten o. Ä. beruhende, scheinbar teilweise Drehbewegung des Mondes um die eigene Achse nach beiden Seiten.*

Li|bret|tist, der; -en, -en: *Verfasser eines Librettos.*

Li|bret|tis|tin, die; -, -nen: w. Form zu ↑ Librettist.

Li|bret|to, das; -s, -s u. ...tti [ital. libretto, eigtl. Vkl. von: libro < lat. liber = Buch]: *Text[buch] von Opern, Operetten, Singspielen, Oratorien.*

Li|bre|ville [libra'vil]: *Hauptstadt der Republik Gabun.*

Li|by|en ['liːbyən, 'liːbi̯ən]; -s: *Staat in Nordafrika.*

Li|by|er, der; -s, -: Ew.

Li|by|e|rin, die; -, -nen: w. Form zu ↑ Libyer.

li|bysch ⟨Adj.⟩: *Libyen, die Libyer betreffend; von den Libyern stammend, zu ihnen gehörend:* die -e Hauptstadt; die Libysche Wüste.

-lich [mhd. -lich, ahd. -līch, urspr. selbstständiges Wort u. identisch mit mhd. līch, ahd. līh, ↑ Leiche]: **1.** *kennzeichnet in Bildungen mit Substantiven die Zugehörigkeit zu diesen:* grundgesetzlich, programmlich, reiterlich. **2. a)** *drückt in Bildungen mit Verben (Verbstämmen) aus, dass mit der beschriebenen Person oder Sache etw. gemacht werden kann:* bestechlich, erklärlich; **b)** *verneint in Verbindung mit un-:* unauflöslich, unauslöschlich. **3.** *drückt in Bildungen mit Verben (Verbstämmen) aus, dass die beschriebene Person oder Sache etw. macht:* dienlich, einbringlich. **4.** *drückt in Bildungen mit Adjektiven eine Abschwächung oder Differenzierung aus:* dümmlich, gelblich, rundlich. **5.** *drückt in Bildungen mit Substantiven (Zeitangaben) eine Wiederholung aus:* halbjährlich, stündlich.

Li|chen ['liːçeːn], der; -s [lat. lichen < griech. leichén = Flechte] (Med.): *Knötchenausschlag.*

licht ⟨Adj.⟩ [mhd. lieht, ahd. lioht, urspr. = leuchtend, strahlend]: **1. a)** *offen u. dadurch angenehmerweise von viel [Tages]licht erhellt; voll freundlicher Helligkeit; lichtdurchflutet:* ein -er Morgen, Raum; am -en Tag *(bei Tageslicht, am Tag);* der Nebel hob sich, es wurde -er; Ü *Nachdem wir so viel Beschwerliches weckten, befassen wir uns mit -en (gemeinhin -eren) Aspekten* (Weiss, Marat 75); **b)** *von angenehm heller Farbe:* ein -es Rot; das -e Grün der jungen Birken. **2.** *dünn bewachsen, große Zwischenräume aufweisend; spärlich:* eine -e Stelle im Wald; -e *(weite)* Maschen; der Wald wurde -er; sein Haar ist schon ziemlich l.; die Bäume stehen l.; Ü die Reihen der alten Kameraden wurden -er *(es sind schon einige gestorben).* **3.** *(von Öffnungen o. Ä.) von der einen zur anderen inneren Begrenzungsfläche gemessen:* eine -e Höhe, Weite von 5 cm.

Licht, das; -[e]s, -er u. (veraltet, dichter.:) -e [mhd. lieht, ahd. lioht, urspr. = das Leuchten, Glanz]: **1.** ⟨o. Pl.⟩ **a)** *etw., was die Umgebung hell macht, erleuchtet u. dadurch Dinge sichtbar macht; Helligkeit; von einer Lichtquelle ausgehender Schein:* helles, schwaches, mildes, fahles L.; natürliches, ultraviolettes L.; das L. der Sonne, der Lampe; das grelle L. blendet; L. fällt durch den Türspalt; das L. bricht sich im Prisma; die dunkle Tapete schluckt viel L.; geh mir aus dem L.! *(tritt aus dem Lichtschein, der auf mich auftreffen soll u. der im Moment auf dich auftrifft, heraus!);* etw. gegen das L. halten; jmdm. das L. nehmen, in L. stehen; der Raum ist von künstlichem L. erhellt; Ü das göttliche L.; das L. des Geistes; Spr wo [viel] L. ist, ist auch [viel] Schatten *(wo es [viel] Positives gibt, gibt es auch [viel] Negatives);* * **das L. der Welt erblicken** (geh.; *geboren werden*); **L. auf jmdn., etw. werfen** *(jmdn., etw. in bestimmter Weise erscheinen lassen; jmdn., etw. [in bestimmter Weise] deutlich werden lassen:* das Verhalten des Einzelnen wirft ein bestimmtes L. auf die Gruppe); **L. in etw. bringen** *(eine Angelegenheit aufklären, aufhellen:* ihr Geständnis hat L. in die Affäre gebracht); **jmdn. hinters L. führen** *(jmdn. täuschen;* eigtl. = jmdn. nach der hin der Lichtstrahl einer Lampe abgeschirmt ist); **jmdn., etw. ins rechte L. rücken/ setzen/stellen** *(dafür sorgen, dass jmd., etw. vorteilhaft o. ä. erscheint);* **etw. in rosigem, im rosigsten L. sehen/darstellen** *(etw. sehr positiv* *beurteilen);* **etw. in einem milderen L. sehen** *(etw. für nicht so schlimm halten);* **sich selbst im L. stehen** *(sich selbst schaden);* **b)** *Tageslicht:* das L. kommt durch zwei Fenster; der Baum vor dem Fenster nimmt viel L. weg; * **das L. scheuen** *(etw. zu verbergen haben);* **L. am Ende des Tunnels sehen** *(in schwieriger Lage Anzeichen für eine Besserung, einen Hoffnungsschimmer entdecken);* **etw. ans L. bringen/ziehen/zerren/holen** *(etw. [Verheimlichtes] an die Öffentlichkeit bringen);* **ans L. kommen** *([von etw. Verheimlichtem, Verborgenem] bekannt werden, offenbar werden:* irgendwann werden deine Taten ans L. kommen); **ans L. treten** *(geh.: erscheinen, auftauchen);* **bei L. besehen** *(genauer betrachtet);* **c)** *Beleuchtung* (1 a): elektrisches L.; im Keller gibt es kein L.; bei diesem L. kann ich nicht arbeiten; * **in einem guten/günstigen/schlechten** o. ä. **L. erscheinen/stehen** *(einen guten, günstigen, schlechten o. ä. Eindruck machen).* **2. a)** ⟨Pl. -er⟩ *Lampe, Lichtquelle:* ein spärliches, helles L.; offenes L. *(Lichtquelle mit einer brennenden Flamme);* das L. ist an, brennt, geht aus; das L. anknipsen, anmachen, ein-, ausschalten; im Wohnzimmer brennen alle -er; * **das ewige L.** (kath. Kirche: ununterbrochen brennende rote Lampe als Zeichen der Gegenwart Christi); **in einem Land, an einem Ort gehen die -er aus** *(um etw. sieht es düster aus, ist es schlecht bestellt:* in Deutschland gingen damals die -er aus); **grünes L. geben** *(die Erlaubnis geben, etw. in Angriff zu nehmen;* nach dem grünen Licht von Verkehrsampeln o. Ä.); **b)** ⟨Pl. auch: -e⟩ *Kerze:* die -er anzünden, ausblasen; die -er am Christbaum aufstecken; * **kein/nicht gerade ein großes L. sein** (ugs.; ↑ Kirchenlicht); **ein kleines L. sein** (ugs.; *eine unbedeutende Person sein*); **jmdm. geht ein L. auf** (ugs.; *jmd. versteht, durchschaut plötzlich etw.*); **sein L. leuchten lassen** *(sein Wissen, Können zeigen, zur Geltung bringen;* nach Matth. 5, 16); **sein L. [nicht] unter den Scheffel stellen** *(seine Leistungen, Verdienste [nicht] aus Bescheidenheit verbergen;* nach Matth. 5, 15); **jmdm. ein L. aufstecken** (ugs.; *[tadelnd, vorwurfsvoll] in Bezug auf einen bestimmten Sachverhalt belehren, aufklären;* nach dem Bild des Aufsteckens einer Kerze auf einem Kerzenleuchter); ◆ **jmdm. L. [bei etw.] halten** *(bei der Ausführung einer unrechten Tat behilflich sein;* eigtl. = jmdm. bei seinem unrechten Tun im Dunkeln leuchten: Warum soll's Ruprecht just gewesen sein? Hat Sie das L. dabei gehalten [Kleist, Krug 9]); **c)** ⟨o. Pl.⟩ (ugs. veraltend) *elektrischer Strom, bes. zur Speisung von Beleuchtungskörpern:* die Großeltern ließen sich damals L. *(elektrische Leitungen)* legen; die Rechnung für Gas und L. **3.** ⟨Pl. -er⟩ (meist bild. Kunst) *Glanzlicht* (b): kastanienbraunes Haar mit goldenen -ern. **4.** ⟨Pl. -er; meist Pl.⟩ (Jägerspr.) *Auge des Haarwildes.*

Licht|an|la|ge, die: *elektrische Beleuchtungsanlage.*

licht|arm ⟨Adj.⟩: *nicht gut beleuchtet; düster.*

Licht|bad, das (Med.): *Bestrahlung des Körpers mit künstlichem Licht od. mit Sonnenlicht zu Heilzwecken.*

Licht|be|hand|lung, die (Med.): *Behandlung mit Lichtbädern.*

licht|be|stän|dig ⟨Adj.⟩: *sich unter der Einwirkung von Licht nicht verändernd.*

Licht|bild, das: **a)** (Amtsspr.) *Passbild:* mit dem Antrag sind zwei -er einzureichen; **b)** (veraltend) *im Verfahren der Fotografie hergestelltes Bild; Fotografie* (2); **c)** (veraltend) *Diapositiv.*

Licht|bil|der|abend, der: *Abendveranstaltung, bei der Dias gezeigt werden.*

Licht|bil|der|vor|trag, der: *Diavortrag.*

licht|blau ⟨Adj.⟩: *von einem hellen Blau.*

Licht|blick, der: *erfreuliches Ereignis, erfreuliche Aussicht während eines sonst eintönigen od. trostlosen Zustandes:* der Feiertag ist ein L., der einzige L.; Ü sie zählte zu den -en in der Mannschaft.

Licht|blitz, der: *kurz u. grell aufleuchtendes Licht.*

Licht|bo|gen, der (Technik): *hell leuchtende elektrische Entladung zwischen zwei Strom führenden Elektroden.*

◆ **Licht|bra|ten,** der [eigtl. = Braten, der zu Beginn der Zeit, in der bei Licht gearbeitet werden muss, gereicht wird]: *Braten, den den Gesellen eines Handwerksmeisters zu Winteranfang gereicht wird:* Nun hatten sie einmal ein Schweinchen gemetzelt, das zweite, seitdem man den L. hatte (Mörike, Hutzelmännlein 160).

licht|bre|chend ⟨Adj.⟩ (Optik): *Licht in eine andere Richtung lenkend.*

Licht|bre|chung, die (Physik): *Brechung* (1) *des Lichts.*

Licht|chen, das; -s, - u. Lichterchen: Vkl. zu ↑ Licht (1 a, b).

Licht|dom, der: *bei Dunkelheit von einer großen Zahl senkrecht in die Höhe gerichteter Scheinwerfer erzeugter Lichteffekt, der die Illusion eines gotischen Doms erweckt.*

licht|durch|flu|tet ⟨Adj.⟩ (geh.): *von Licht* (1 a, b) *erfüllt:* ein -er Raum.

licht|durch|läs|sig ⟨Adj.⟩: *für Licht durchlässig:* ein -er Stoff, Vorhang.

Licht|durch|läs|sig|keit, die: *Durchlässigkeit für Licht.*

Lich|te, die; -: *lichte* (3) *Weite.*

licht|echt ⟨Adj.⟩: *(von Farben) sich unter der Einwirkung von [Tages]licht im Farbton nicht verändernd.*

Licht|ef|fekt, der: *durch Licht erzeugter Effekt.*

Licht|ein|fall, der: *das Einfallen* (3) *von Licht:* die Pupille verengt sich bei L.

Licht|ein|wir|kung, die: *Einwirkung von Licht.*

licht|emp|find|lich ⟨Adj.⟩: **a)** *unter Lichteinwirkung auf bestimmte Weise [leicht] reagierend:* -es Filmmaterial; **b)** *überempfindlich gegen Lichteinwirkung:* -e Augen.

Licht|emp|find|lich|keit, die ⟨Pl. selten⟩: *das Lichtempfindlichsein.*

¹**lich|ten** ⟨sw. V.; hat⟩ [zu ↑ licht]: **1. a)** *bewirken, dass bestimmte Dinge weniger dicht stehen; ausdünnen:* das Unterholz, die aufgegangene Saat l.; Ü der Krieg hat die Reihen meiner Klassenkameraden gelichtet; **b)** ⟨l. + sich⟩ *weniger dicht werden:* der Wald lichtet sich; sein Haar hat sich schon stark gelichtet; Ü ... und nach und nach lichtete sich Helenes Bekanntenkreis im Grade ihrer verwirklichten Aufrichtigkeit (Zwerenz, Quadriga 116). **2.** (geh.) **a)** *heller machen:* die Sonne lichtet das Dunkel; **b)** ⟨l. + sich⟩ *heller werden:* der Himmel, das Dunkel lichtet sich; Ü das Dunkel über dem Mordfall beginnt sich zu l.

²**lich|ten** ⟨sw. V.; hat⟩ [mniederd. lihten = leicht machen] (Seemannsspr.): *(den Anker) hochziehen [um wegzufahren]:* das Schiff lichtete die Anker.

Lich|ter|baum, der (geh.): *Weihnachtsbaum mit angezündeten Kerzen.*

Lich|ter|chen, Pl. von ↑ Lichtchen.

Lich|ter|fest, das: *jüdisches Fest der Tempeleinweihung im Dezember.*

lich|ter|füllt ⟨Adj.⟩: *von Licht erfüllt.*

Lich|ter|glanz, der: *Glanz, Helligkeit von vielen Lichtern:* das Zimmer erstrahlte im L. des Weihnachtsbaumes.

Lich|ter|ket|te, die: *Kette aus aneinandergereihten Lampen:* die L. am Weihnachtsbaum; Ü eine L. der Autos; die Demonstranten wollen eine L. über die Rheinbrücke bilden.

lich|ter|loh ⟨Adj.⟩ [aus älterem li(e)hter Lohe = mit heller Flamme]: *mit hellen, aufschlagenden Flammen brennend:* die Scheune brannte l.; Ü sein Herz brannte l. *(er war leidenschaftlich verliebt).*

Lich|ter|meer, das: *große Menge von hell leuchtenden Lampen u. Lichtern:* das L. der Stadt.

Licht|fil|ter, der, (fachspr. meist:) das: *Filter* (2).

Licht|ge|schwin|dig|keit, die ⟨Pl. selten⟩: *Geschwindigkeit, mit der sich Licht ausbreitet.*

Licht|ge|stalt, die (geh.): *leuchtende Gestalt, die aus Licht zu bestehen scheint:* Ü er galt als L. *(überragender Vertreter)* des deutschen Films.

licht|grün ⟨Adj.⟩: vgl. lichtblau.

Licht|hof, der: **1.** *von mehrgeschossigen Gebäudeteilen umschlossener Hof, von dem aus Licht in die angrenzenden Räume fällt.* **2.** (Fotogr.) *Schleierbildung an stark belichteten Stellen einer Fotografie.* **3.** (selten) *heller Schein um einen leuchtenden Körper:* der Mond hat einen L.

Licht|hu|pe, die: *(in Kraftfahrzeugen) Vorrichtung, die dazu dient, mit den Scheinwerfern Lichtsignale zu geben:* die L. benutzen, betätigen.

Licht|in|s|tal|la|ti|on, die: **1.** *mithilfe von Scheinwerfern, speziellen Beleuchtungskörpern, Projektoren u. Ä. erzeugte, Lichteffekte einsetzende, künstlerisch arrangierte Beleuchtung von Innenräumen, öffentlichen Plätzen o. Ä., oft in Verbindung mit Musik u. a.* **2.** *Gesamtheit der Geräte, Instrumente, Gegenstände usw., die zur Realisation einer Lichtinstallation* (1) *dienen.*

Licht|jahr, das (Astron.): *Strecke, die das Licht in einem Jahr zurücklegt (Maßeinheit für die Entfernung von Himmelskörpern):* dieser Stern ist viele -e entfernt; Ü -e (emotional; *sehr weit*) von etw. entfernt sein.

◆ **Licht|karz,** der; -es, -e [H. u.] (schwäb.): *abendliche Zusammenkunft der Frauen in der Spinnstube:* Damit sie ihres Kummers eher vergesse, lud ihn Frau Betha einen L. ein (Mörike, Hutzelmännlein 132).

◆ **Licht|karz|stu|be,** die (schwäb.): *Spinnstube:* ... drum beten und singen sie in den -n und spinnen dazu (Hauff, Jud Süß 443).

Licht|ke|gel, der: *von einer Lampe, einem Scheinwerfer o. Ä. ausgehender kegelförmiger Schein:* im L. des Scheinwerfers stand ein Mann.

licht|los ⟨Adj.⟩: *ohne [Tages]licht.*

Licht|man|gel, der: *Mangel an Tageslicht:* die Pflanzen gingen wegen Lichtmangel[s] ein.

Licht|ma|schi|ne, die (Kfz-Technik): *vom Motor über einen Keilriemen angetriebener Generator, der Strom für die elektrischen Anlagen eines Fahrzeugs liefert.*

Licht|mast, der: *Mast für elektrische Leitungen, bes. für die Straßenbeleuchtung.*

Licht|men|ge, die (Physik): *Menge an Licht, die eine Lichtquelle abgibt.*

Licht|mess ⟨o. Art.; indekl.⟩ [mhd. liehtmesse, nach der an diesem Tag stattfindenden Weihe von Kerzen u. Lichterprozession] (kath. Kirche): *kirchlicher Festtag* (2. Februar): Mariä L.; zu/ (bes. südd.:) an L.

Licht|mes|ser, der: *Fotometer.*

Licht|mes|sung, die: *Fotometrie.*

Licht|or|gel, die: *Beleuchtungsanlage in Diskotheken o. Ä. mit vielen [verschiedenfarbigen] Lampen, die im Rhythmus der Musik aufleuchten.*

Licht|pau|se, die: *Kopie einer transparenten Zeichnung od. Schrift auf lichtempfindlichem Papier.*

Licht|punkt, der: *punktförmige Lichtquelle:* die -e der Scheinwerfer; Ü ein kleiner L. *(Lichtblick).*

Licht|putz|sche|re, die: *Dochtschere.*

Licht|quel|le, die: *etw., was Licht ausstrahlt, bes. künstlicher Beleuchtungskörper:* eine Glühbirne war die einzige L.

Licht|re|flex, der: *von einer spiegelnden Fläche reflektierter Lichtschein.*

Licht|re|gie, die: *nach bestimmten [künstlerischen] Erwägungen vorgenommenes Einsetzen, Steuern von Beleuchtung u. Lichteffekten bei Theateraufführungen, Filmen o. Ä.*

Licht|reiz, der: *von Licht auf etw. ausgeübter Reiz:* die Netzhaut reagiert auf -e.

Licht|satz, der (Druckw.): *besondere Art des Fotosatzes.*

Licht|schacht, der: **1. a)** *mit Glas gedeckter Schacht innerhalb eines Gebäudes;* **b)** *[mit einem Rost gedeckter] Schacht vor Kellerfenstern, die unterhalb der Erdoberfläche liegen.* **2.** (Fotogr.) *Schacht im Sucher einer Spiegelreflexkamera.*

Licht|schal|ter, der: *Schalter zum Ein- u. Ausschalten der elektrischen Beleuchtung.*

Licht|schein, der: *von einer Lichtquelle ausgehender Schein:* ein matter L.

licht|scheu (Adj.): **1.** *das [Tages]licht meidend; überempfindlich auf Licht reagierend:* -e Tiere. **2.** (abwertend) *die Öffentlichkeit aus Angst vor Entdeckung fürchtend, weil man etw. zu verbergen hat; unredlich, unehrlich:* herumlungernde, -e Typen.

Licht|schran|ke, die: *Vorrichtung, bei der eine Sperre, Alarmanlage o. Ä. ausgelöst wird, wenn ein auf eine Fotozelle fallender Lichtstrahl unterbrochen wird:* die Rolltreppe hat eine L.

Licht|schutz, der: *Schutz vor [schädlichen Einwirkungen von] Licht.*

Licht|schutz|fak|tor, der: *(als Zahl ausgedrückter) Faktor, der angibt, wie stark ein Sonnenschutzmittel die Haut schützt* (Abk.: LSF): Sonnenmilch mit L. 18.

Licht|sei|te, die: *günstige, gute Seite einer Sache:* alles hat seine Licht- und Schattenseiten.

Licht|si|g|nal, das: *mithilfe von Lichtern (2 a) gegebenes Signal zur Verkehrsregelung, Übermittlung einer Nachricht o. Ä.:* ein rotes L.; der Verkehr wird mit -en *(Verkehrsampeln)* geregelt.

Licht|sinn, der (Biol.): *Fähigkeit von Lebewesen, mithilfe bestimmter Organe Lichtsinnesreize aufzunehmen.*

Licht|spiel, das (veraltend): *Film (3 a).*

Licht|spiel|haus, Licht|spiel|the|a|ter, das (veraltend): *Kino.*

licht|stark (Adj.): *von großer Lichtstärke (1, 2).*

Licht|stär|ke, die: **1.** (Physik) *messbare Stärke des von einer Lichtquelle ausgestrahlten Lichts.* **2.** (Fotogr.) *größtes mögliches Verhältnis zwischen Blendenöffnung u. Brennweite bei einem fotografischen Objektiv.*

Licht|strahl, der: *Strahl (1):* ein schmaler L.; Ü ein kleiner L. fiel in ihr Leben.

Licht|strom, der (Physik): *Strahlungsfluss einer Lichtquelle.*

Licht|tech|nik, die: *Zweig der Technik, der sich mit Lichtmessung, der Erzeugung von Licht u. Fragen der Beleuchtung befasst.*

licht|un|durch|läs|sig (Adj.): *undurchlässig für Licht.*

Lich|tung, die; -, -en [zu ↑¹lichten]: *von Bäumen freie Stelle im Wald:* eine L. durchqueren.

Licht|ver|hält|nis|se (Pl.): *das Licht (1 a) betreffende Gegebenheiten:* in diesem Zimmer herrschen ungünstige, erstklassige L.

licht|voll (Adj.) (geh.): **1.** *einen Sachverhalt erhellend, verdeutlichend:* -e Ausführungen. **2.** *freu-*

dig, glücklich: eine -e Zukunft. **3.** *lichtdurchflutet, hell:* -e Räume.

Licht|wel|le, die (Physik): *von einer Lichtquelle ausgestrahlte elektromagnetische Welle.*

Licht|zei|chen, das: *Lichtsignal.*

Licht|zei|chen|an|la|ge, die (Amtsspr.): *Ampel (2).*

Lid, das; -[e]s, -er [mhd. lit, ahd. (h)lit = Deckel, Verschluss, eigtl. = das Angelehnte, verw. mit ↑¹lehnen]: *Haut, die beim Öffnen u. Schließen des Auges von oben u. unten bewegt wird; Augenlid:* die obere, untere L.; entzündete, gerötete -er; ihre -er zuckten; die -er senken, aufschlagen, schließen; die -er wurden ihr schwer (geh.; *sie wurde müde, schlief bald ein*).

Lid|lohn, Liedlohn, der [mhd. lit-, lidlōn = Dienstbotenlohn, viell. eigtl. = der nach Beendigung der Arbeit (beim Weggang) gezahlte Lohn, vgl. ahd. lidan = gehen, fahren (↑leiden)] (Rechtsspr.): **a)** *Lohn, der bei einem Konkurs bevorzugt ausgezahlt werden muss;* **b)** *(in der Schweiz) Geld, auf das mündige Kinder, die im Haushalt der Eltern mitgeholfen haben, bei deren Tod od. bei Zwangsversteigerung Anspruch haben;* ◆ **c)** *Lohn (für geleistete Arbeit):* Wir hatten einmal einen thüringischen verunglückten Pfarrer in Lidlohn (*in Stellung*) genommen (Raabe, Alte Nester 97).

Li|do, der; -s, -s, auch: Lidi [ital. lido < lat. litus = Strand]: *schmaler, lang gestreckter Landstreifen vor einer Küste; Nehrung zwischen Lagune und offenem Meer:* der L. von Venedig.

Lid|sack, der: *erschlaffte Haut unter den Augen.*

Lid|schat|ten, der: **1.** *Färbung des Lides mit Schminke zum Betonen der Augen.* **2.** *kosmetisches Mittel (Puder, Paste od. Stift) zum Schminken der Lider.*

Lid|schlag, der: *das Heben und Senken des Augenlids.*

Lid|spal|te, die: *Öffnung zwischen oberem u. unterem Lid.*

Lid|strich, der: *mit Eyeliner gezogener Strich am Rand des Lides.*

lieb (Adj.) [mhd. liep, ahd. liob, eigtl. = geliebt u. zu einem Verb wie Bed. »lieb haben, gernhaben«]: **1. a)** *Liebe, Freundlichkeit, Zuneigung, Herzlichkeit zum Ausdruck bringend:* dein -er Brief; ein paar -e Worte; jmdm. viele -e Grüße senden; sie haben uns sehr l. zu mir; sei so l. und komm nicht zu spät; das ist sehr l. von Ihnen; er schaut sie l. an; ⟨subst.:⟩ jmdm. etwas Liebes tun; **b)** *durch seine liebenswerte, angenehme Wesensart, Freundlichkeit Zuneigung auf sich ziehend:* er ist wirklich ein -er Kerl; ein -es Mädchen, Gesicht; seine Frau ist sehr l., sieht l. aus; **c)** *mit seinem Verhalten Freude bereitend:* das Kind ist das aber ein Hund; bist du heute l. (*brav*) gewesen?; sei schön l.! (*sei brav!*); **d)** (bes. österr.) *gefällig, nett, liebenswert* (auch von Gegenständen): ein l. gemachter Film. **2.** *jmds. Liebe, Zuneigung besitzend; geliebt, geschätzt:* meine -e Mutter; deine -e Frau; der hat sie immer l. behalten; man muss sie einfach l. haben; ich hab dich l.; sie hat ihn l. gewonnen; sie hat ihn immer l. gehabt; er hat sie immer l. gehabt; dein Leben l. ist, dann verschwinde!; dieses Erbstück ist mir l. und wert/teuer; (in vertraulichen Anreden:) -er Hugo, -ste Mutter; -e Anwesende; (iron. od. abwertend:) -en Verwandten; das -e Geld; der -e Gott; jetzt scheint die -e Sonne wieder; ich brauche das so nötig wie das -e Brot; ⟨subst.:⟩ er freut sich, wenn er alle seine Lieben (*Angehörigen, seine ganze Familie*) um sich hat; (in vertraulichen Anreden:) mein Lieber; meine Liebe; mein Liebes; ◆ ⟨mit durch elliptisch ausgespartes »Ihr« bedingter schwacher Beugung:⟩ Lieben

Freunde, Es gab schönre Zeiten als die unsern (Schiller, An die Freude). **3.** *willkommen, angenehm:* ein -er Gast; -er Besuch; es wäre mir l., wenn du die Post holen könntest; das ist mir gar nicht l.; je länger/mehr/öfter, je -er; es wäre mir -er, wenn...; das wirst du noch früher erfahren, als dir l. ist; wir hatten im Skiurlaub mehr Schnee, als uns l. war; eine l. gewordene Gewohnheit (*eine Gewohnheit, die einem so wichtig geworden ist, dass man sie nicht mehr missen möchte*); Welche Willenskräfte erforderte es, sich von l. gewordenen Gegenständen zu trennen! (Zwerenz, Erde 15).

Lieb, das; -s (dichter.): *Geliebter (2), Geliebte (2):* komm zu mir, mein L.!

lieb|äu|geln ⟨sw. V.; hat⟩: **a)** *sich in Gedanken mit etw., was man gern hätte, beschäftigen; etw. Bestimmtes gern haben, erreichen wollen:* ich liebäugle mit diesem Sportwagen; **b)** (selten) *mit jmdm. flirten:* er liebäugelt mit seiner Tischdame.

lieb be|hal|ten, lieb|be|hal|ten ⟨st. V.; hat⟩: *die Zuneigung zu jmdm. bewahren:* sie hat ihn immer lieb behalten.

Lieb|chen, das; -s, - [spätmhd. liebchin] (veraltet): **a)** *geliebte Frau; Schatz* (meist in der Anrede): komm zu mir, mein L.!; **b)** (abwertend) *Geliebte (1 b):* das L. eines bekannten Gangsters.

Lie|be, die; -, -n [mhd. liebe, ahd. liubī, zu ↑lieb]: **1.** ⟨o. Pl.⟩ **a)** *starkes Gefühl des Hingezogenseins; starke, im Gefühl begründete Zuneigung zu einem [nahestehenden] Menschen:* mütterliche, kindliche, reine, innige L.; die L. der Eltern; seine L. zu ihr war groß; Gottes L.; um L. bitten, flehen; R das tut der L. keinen Abbruch (ugs.; *das schadet nichts, ist einerlei*); bei aller L. (*bei allem Verständnis*); **b)** *auf starker körperlicher, geistiger, seelischer Anziehung beruhende Bindung an einen bestimmten Menschen [des anderen Geschlechts], verbunden mit dem Wunsch nach Zusammensein, Hingabe o. Ä.:* die wahre, große L.; eine heimliche, leidenschaftliche L.; eheliche, gleichgeschlechtliche, platonische L.; eine L. unter Männern; seine L. zu ihr erlosch, erkaltete; sie erwiderte seine L. nicht; jmdm. seine L. gestehen, zeigen, beteuern, verheimlichen; [keine] L. für jmdn. empfinden, fühlen; jmdm. L. schwören; aus L. heiraten; R eine L. rostet nicht; die L. geht durch den Magen (scherzh.; *wer gut kochen kann, gewinnt leicht die Zuneigung anderer*); L. macht blind; er hat u. A. hinfällt (Ausspruch der Verwunderung im Zusammenhang mit dem Partner, den jmd. gewählt hat); * **L. auf den ersten Blick** (*spontanes Empfinden von Liebe bei der ersten Begegnung*); **c)** *sexueller Kontakt, Verkehr:* heterosexuelle, käufliche L. (*Prostitution*); L. machen (ugs.; *koitieren;* LÜ von engl. to make love). **2.** ⟨o. Pl.⟩ *a) gefühlsbetonte Beziehung zu einer Sache, Idee o. Ä.:* die L. zur Kunst, zum Geld, zum Beruf; ihre L. zum Detail; meine ganze L. gehört dem Meer; aus L. zur Sache; **b)** * **mit L.** (*mit großer Sorgfalt u. innerer Anteilnahme*): mit L. kochen, den Tisch decken). **3.** ⟨o. Pl.⟩ *Gefälligkeit; freundschaftlicher Dienst:* jmdm. eine L. erweisen; tu mir die L. und geh zu ihr; Spr eine L. ist der anderen wert (veraltend; *wer einem einen Gefallen getan hat, dem hilft man auch selbst gern*). **4.** (ugs.) *geliebter Mensch:* sie war meine erste, große L., ist eine alte L. von mir.

lie|be|be|dürf|tig (Adj.): *viel Zuwendung benötigend:* ein -es Kind.

Lie|be|die|ne|rei, die; -, -en (abwertend): *unterwürfige, kriecherische Schmeichelei.*

lie|be|die|ne|risch (Adj.) (abwertend): *unterwürfig, kriecherisch, schmeichelnd.*

Lie|be|lei, die; -, -en (abwertend): *kurze, unver-*

bindliche Liebesbeziehung: eine kurze, flüchtige L.
lie|ben ⟨sw. V.; hat⟩ [mhd. lieben, ahd. liuben, -ōn, -ēn = jmdm. etw. angenehm machen]: **1. a)** *Liebe* (1 a) *für jmdn. empfinden u. zum Ausdruck bringen:* sein Kind, die Eltern, seinen Nächsten l.; sie haben sich l. gelernt; jmdn. von ganzem Herzen l.; eine liebende Mutter; mein geliebter Sohn; **b)** *eine besonders starke geistige, körperliche, emotionale Bindung zu einem bestimmten Menschen haben:* ich werde ihn immer l.; jmdn. leidenschaftlich, heiß, innig, abgöttisch, zärtlich, eifersüchtig l.; die beiden lieben sich; eine liebende Ehefrau; er ist unfähig zu l. *(hat nicht die Fähigkeit, Liebe zu empfinden);* Spr was sich liebt, das neckt sich; **c)** *ein stark gefühlsbetontes, positives Verhältnis zu einer Sache, Idee o. Ä. haben:* das Vaterland, seinen Beruf l.; er liebt nur sein Geld; Berlin l. lernen. **2.** *mit jmdm. Geschlechtsverkehr haben:* sich im Auto l.; er liebte sie mehrmals in einer Nacht; sie liebten sich ungeschützt. **3. a)** *eine besondere Vorliebe, Schwäche für etw. haben:* den Luxus, teure Kleider, gutes Essen l.; die Pflanze liebt sandigen Boden *(gedeiht darin besonders gut);* **b)** *etw. gernhaben, mögen:* ich liebe es, Mittelpunkt zu sein; er liebt es nicht, wenn man ihn unterbricht; * **liebend gern** (ugs.; *sehr gern):* ich hätte diese Auseinandersetzung liebend gern vermieden).
Lie|ben|de, die/eine Liebende; der/einer Liebenden, die Liebenden/zwei Liebende: *weibliche Person, die einen bestimmten Menschen liebt* (1 b).
Lie|ben|der, der Liebende/ein Liebender; des/eines Liebenden, die Liebenden/zwei Liebende: *jmd., der einen bestimmten Menschen liebt* (1 b).
lie|bens|wert ⟨Adj.⟩: *Liebe verdienend; von anziehender, gewinnender Art; mit einem einnehmenden Wesen versehen:* ein -er Mensch; das macht dich l.
lie|bens|wür|dig ⟨Adj.⟩: *freundlich u. zuvorkommend:* ein -er Mensch; mit -em Lächeln; l. zu jmdm. sein; (höfliche Dankesformel) das ist sehr l. von Ihnen; seien Sie so l. und schließen Sie das Fenster *(bitte schließen Sie das Fenster).*
lie|bens|wür|di|ger|wei|se ⟨Adv.⟩: *aus Liebenswürdigkeit:* er hat ihr l. eine Umzug geholfen.
Lie|bens|wür|dig|keit, die; -, -en: **1.** ⟨o. Pl.⟩ *liebenswürdige Art:* ihre L. war wohltuend; er konnte von ausnehmender, entwaffnender L. sein; er war die L. selbst *(war sehr liebenswürdig);* würden Sie [bitte] die L. haben, das Fenster zu schließen *(würden Sie bitte das Fenster schließen).* **2.** *liebenswürdige Äußerung, Handlung:* mit ein paar -en beginnen; jmdm. einige -en (iron.: *Unverschämtheiten)* sagen, an den Kopf werfen.
¹**lie|ber** ⟨Adj.; Komp. von ↑ gern⟩ [mhd. lieber, ahd. liabēr, liuber, ↑ lieb]: *mehr als gern:* etw., jmdn. l. mögen als etw., jmdn.; das mag ich noch l.; sie machen diese Arbeit l. als ich.
²**lie|ber** ⟨Adv.⟩ [zu: ↑ ¹lieber]: **1.** *vorzugsweise:* ich trinke l. Tee als Kaffee; ich würde l. mit dem Auto fahren; l. heute als morgen. **2.** *besser; klugerweise:* ich hätte l. warten sollen; das hättest du l. nicht tun, sagen sollen; mach es l. gleich.
Lie|bes|aben|teu|er, das: *kurze [romantische] Liebesbeziehung.*
Lie|bes|af|fä|re, die: *Liebesabenteuer.*
Lie|bes|akt, der (geh.): *Geschlechtsakt.*
Lie|bes|ap|fel, der: **a)** [wohl mit Bezug auf Rot als Farbe der Liebe u. auf den Apfel als häufig verwendetes Symbol des Liebeszaubers] (veraltet) *Tomate;* **b)** [wohl wegen der roten Glasur an Liebesapfel (a) verkauften] *[auf Jahrmärkten o. Ä. verkaufter] Apfel mit roter Zuckerglasur.*

Lie|bes|be|dürf|nis, das ⟨Pl. selten⟩: *Bedürfnis nach Liebe* (1 a)*, Zuwendung.*
Lie|bes|be|weis, der: *Liebe, Zuneigung ausdrückende Handlung:* als L. schickte er ihr Blumen.
Lie|bes|be|zie|hung, die: *von Liebe* (1 b) *bestimmte Beziehung zwischen zwei Menschen:* eine L. eingehen; eine L. zu jmdm. haben.
Lie|bes|brief, der: *Brief, den jmd. an die Person, die er liebt* (1 b)*, schreibt u. in dem er seine Liebe ausdrückt:* -e schreiben; einen L. bekommen.
Lie|bes|dich|tung, die: *Dichtung, die vor allem den seelisch-geistigen Bereich von Liebesbeziehungen zum Thema hat.*
Lie|bes|die|ne|rin, die (verhüll.): *Prostituierte.*
Lie|bes|dienst, der: *aus Freundlichkeit erwiesene Hilfe, Gefälligkeit:* jmdm. einen L. erweisen.
Lie|bes|din|ge ⟨Pl.⟩: *mit Liebe* (1 b) *zusammenhängende Dinge, Angelegenheiten:* in -n kannte sie sich aus.
Lie|bes|ent|zug, der ⟨Pl. selten⟩ (Psychol.): *Entzug von Zuwendung [vor allem bei Kindern]:* mit L. drohen.
Lie|bes|er|klä|rung, die [LÜ von frz. déclaration d'amour]: *das Offenbaren seiner Liebe gegenüber der Geliebten, dem Geliebten:* jmdm. eine L. machen; Ü eine L. an die Pfalz.
Lie|bes|er|leb|nis, das: *sexuelles, erotisches Erlebnis:* ihr erstes L. war enttäuschend.
Lie|bes|film, der: *Film, der eine Liebesbeziehung zum Thema hat.*
Lie|bes|ge|dicht, das: *Gedicht, in dem die Liebe zu jmdm. ausgedrückt wird.*
Lie|bes|ge|schich|te, die: **1.** *Geschichte* (2)*, die eine Liebesbeziehung zum Thema hat:* eine L. schreiben, lesen. **2.** *Liebesabenteuer:* er prahlt immer mit seinen -n.
Lie|bes|glück, das ⟨o. Pl.⟩ (geh.): *Glück* (3 a)*, das man empfindet, wenn man in den Genuss von Liebe* (1 b) *kommt.*
Lie|bes|gott, der (Mythol.): *Gott der Liebe:* Amor war der L. der Römer.
Lie|bes|göt|tin, die: w. Form zu ↑ Liebesgott: die griechische L. Aphrodite.
Lie|bes|hei|rat, die: *Heirat aus Liebe* (1 b)*.*
Lie|bes|ko|mö|die, die: *[Film]komödie, die eine Liebesbeziehung zum Thema hat.*
Lie|bes|kum|mer, der: *durch eine unglückliche Liebesbeziehung verursachte gedrückte Stimmung:* sie hat L.
Lie|bes|kunst, die: **a)** ⟨o. Pl.⟩ *verfeinerte Art des Umgangs zwischen Liebenden:* die indische L.; **b)** *sexuelle Praktik, Technik:* in allen Liebeskünsten erfahren sein.
Lie|bes|le|ben, das ⟨o. Pl.⟩: *Sexualleben:* ein ausschweifendes L. führen; das L. bestimmter Tiere beobachten.
Lie|bes|lied, das: vgl. Liebesgedicht.
Lie|bes|lohn, der (oft scherzh. od. spött.): *Entgelt, das eine Prostituierte bzw. ein Prostituierter für ihre bzw. seine sexuellen Dienste erhält.*
Lie|bes|ly|rik, die: vgl. Liebesgedicht.
Lie|bes|müh, Lie|bes|mü|he: in der Wendung **verlorene/vergebliche L. sein** (*keiner Anstrengung wert sein; vergeblich sein;* LÜ von engl. Love's labour's lost, dem Titel eines Lustspiels des engl. Dichters W. Shakespeare [1564–1616]).
Lie|bes|nacht, die (geh.): *Nacht, in der zwei Liebende miteinander Geschlechtsverkehr haben.*
Lie|bes|nest, das [wohl LÜ von frz. nid d'amour]: *Wohnung o. Ä., wo Verliebte sich [heimlich] treffen.*
Lie|bes|paar, das: *Paar, das sich liebt, das sich sehr gernhat:* ein junges L.; im Abteil saß ein L.
Lie|bes|pär|chen, das: *sich unbeschwert gebendes [junges] Liebespaar.*

Lie|bes|part|ner, der: *Partner, zu dem man eine Liebesbeziehung hat, den man liebt* (2)*.*
Lie|bes|part|ne|rin, die: w. Form zu ↑ Liebespartner.
Lie|bes|per|len ⟨Pl.⟩: *kleine, bunte Perlen aus Zuckermasse, die meist zur Verzierung von Torten od. bestimmtem Gebäck verwendet werden.*
Lie|bes|qual, die ⟨meist Pl.⟩ (geh.): *Qual* (b)*, die jmd. durch eine unglückliche Liebesbeziehung erleidet.*
Lie|bes|ro|man, der: vgl. Liebesfilm.
Lie|bes|schloss, das: *an einem Brückengeländer als Symbol dauerhafter Liebe eines Paares angebrachtes Vorhängeschloss, dessen Schlüssel in den Fluss geworfen wurde.*
Lie|bes|schwur, der: *Schwur, jmdn. [immer] zu lieben.*
Lie|bes|spiel, das: *erotisch-sexuelle Handlungen wie Streicheln, Küssen o. Ä. [als Vorbereitung od. Einleitung des Geschlechtsverkehrs]:* ein langes, intensives, ausgedehntes L.
Lie|bes|sze|ne, die: *erotische Szene in einem Roman, Film, Theaterstück o. Ä.:* alle -n fielen der Zensur zum Opfer.
lie|bes|toll ⟨Adj.⟩: *im Übermaß verliebt u. im Bemühen, der geliebten Person nahe zu sein, zu auffälligen Handlungen u. Verhaltensweisen fähig:* ein -er Kater; der -e Mann verfolgte sie.
Lie|bes|tö|ter ⟨Pl.⟩ (ugs. scherzh.): **a)** *Damenunterhose mit knielangem Bein;* **b)** *lange Männerunterhose.*
Lie|bes|trank, der: *Zaubertrank, der jmds. Liebe* (1 b) *zu einer bestimmten Person wecken soll.*
Lie|bes|ver|hält|nis, das: vgl. Liebesbeziehung.
Lie|bes|ver|lust, der ⟨Pl. selten⟩ (Psychol.): *Verlust der Zuwendung, den jmd., bes. ein Kind, erleidet.*
Lie|bes|wer|ben, das; -s: *das Werben* (3) *um jmds. Liebe* (1 b)*.*
Lie|bes|zau|ber, der: *Zauber* (1 a)*, durch den jmds. Liebe, sexuelles Verlangen geweckt werden soll.*
lie|be|voll ⟨Adj.⟩: **1. a)** *zärtlich besorgt, fürsorglich:* eine -e Behandlung; die Kranke l. pflegen, umsorgen; **b)** *mit großer Sorgfalt, Mühe u. innerer Anteilnahme:* ein Geschenk l. verpacken. **2.** *Liebe zum Ausdruck bringend; zärtlich:* eine -e Umarmung; jmdn. l. anschauen.
lieb ge|win|nen, lieb|ge|win|nen ⟨st. V.; hat⟩: s. lieb (2).
lieb ge|wor|den, lieb|ge|wor|den ⟨Adj.⟩: *[allmählich] für jmdn. so angenehm, wichtig geworden, dass er es nicht missen möchte:* eine lieb gewordene Gewohnheit.
lieb ha|ben, lieb|ha|ben ⟨unr. V.; hat⟩: s. lieb (2).
Lieb|ha|ber, der; -s, - [mhd. liephaber]: **1. a)** *Geliebter:* einen L. haben; sie legte sich einen L. zu; **b)** (veraltend) *Mann, der um eine Frau wirbt:* ein stürmischer, leidenschaftlicher, aufmerksamer, verschmähter L.; **c)** *Mann als Sexualpartner:* er ist ein guter, schlechter, erfahrener L.; **d)** (Theater veraltend) *Rollenfach des Liebhabers* (1 b): die Rolle des jugendlichen -s. **2.** *jmd., der an einer Sache ein besonderes Interesse hat; jmd., der eine besondere Vorliebe für jmdn., etw. hat:* ein L. alter Bücher von schönen Teppichen; dieses Stück ist etwas für L.; Jetzt ... kamen sie, schon außerhalb der Ortschaft, an einem von einem renovierungsbereiten L. gekauften Landhaus vorbei (Kronauer, Bogenschütze 315).
Lieb|ha|be|rei, die; -, -en: *meist künstlerische od. wissenschaftliche Tätigkeit, die jmd. als Autodidakt[in] mit Freude u. Eifer [in seinen/ihren Mußestunden] ausübt, ohne damit Geld verdienen zu wollen:* * ♦ **mit L.** (*mit Liebe* 2 b *u. Sachverstand:* ...er kaufte sich einen schönen

Strauß, den er mit L. anders band [Goethe, Lehrjahre II, 4]).

Lieb|ha|be|rin, die; -, -nen: w. Form zu ↑ Liebhaber.

Lieb|ha|ber|preis, der: *dem Wert einer Sache nicht entsprechender, hoher Preis, den nur ein Liebhaber (2) bzw. eine Liebhaberin für eine Sache zu zahlen bereit ist.*

Lieb|ha|ber|stück, das: *Gegenstand mit Liebhaberwert.*

Lieb|ha|ber|wert, der: *Wert, den eine [alte, seltene] Sache vor allem deshalb hat, weil sich ein Liebhaber (2) bzw. eine Liebhaberin dafür interessiert.*

Lieb|kind, das; -[e]s, -er (bes. österr., schweiz.): *jmd., etw. sehr Beliebtes, Bevorzugtes [wofür man sich immer wieder einsetzt].*

lieb|ko|sen [auch: ˈliːp...] ⟨sw. V.; hat⟩ [mhd. liepkosen, zusgez. aus: einem ze liebe kosen = einem zuliebe sprechen; vgl. ↑ kosen] (geh. veraltend): *zärtlich streicheln, an sich drücken, küssen o. Ä.:* er liebkoste ihre Hand; sie liebkoste zärtlich sein Haar; sie hat das Kind liebkost/*(auch:)* geliebkost; ♦ ⟨mit Dativobjekt:⟩ Er nahm ... Emerentia auf den Schoß, liebkoste ihr zärtlich (Immermann, Münchhausen 78).

Lieb|ko|sung, die; -, -en (geh. veraltend): *zärtliche Berührung; zärtliches Streicheln o. Ä.*

lieb|lich ⟨Adj.⟩ [mhd. lieplich, ahd. liublīh] (geh.): **a)** *voller Anmut, Liebreiz; entzückend:* ein -es Kind, Gesicht; eine -e Landschaft *(eine in Formen u. Farben sanfte, friedlich anmutende Landschaft);* ein -er Anblick; l. aussehen; **b)** *einen angenehmen Sinneseindruck hervorrufend:* der -e Duft des Flieders; man hörte -e Musik; der Wein ist l. *(von milder Süße);* Diese Essenz roch nicht mehr l. Sie roch beinahe schmerzlich intensiv, scharf und beizend (Süskind, Parfum 225).

Lieb|lich|keit, die; -, -en: **1. a)** ⟨o. Pl.⟩ *liebliches Aussehen, Wesen:* sie bezauberte ihn mit ihrer L.; **b)** *lieblicher Sinneseindruck.* **2.** *Anrede der Fastnachtsprinzessin:* Ihre L. Prinzessin Christine.

Lieb|ling, der; -s, -e: **1.** *jmd., der von jmdm. besonders geliebt wird:* ich werde doch meinen kleinen L. nicht allein zu Hause lassen; (in vertrauter Anrede:) L., kannst du mal kommen?; nein, L.; Ü die vierbeinigen und die gefiederten -e *(Haustiere).* **2.** *jmd., der in besonderem Maße jmds. Gunst, Sympathie genießt, der von jmdm. bevorzugt wird:* der L. des Lehrers, des Publikums; die Jüngste ist der L. der Mutter; L. der Götter (geh.; *Sonntagskind, Glückspilz);* ihre -e hängen alle als Poster an der Wand.

Lieb|lings-: drückt in Bildungen mit Substantiven aus, dass jmd. oder etw. in höchster Gunst steht, den Vorzug vor allen anderen Personen oder Sachen erhält; *liebst...:* Lieblingsband, -blume, -buch, -film, -lied, -schauspielerin.

Lieb|lings|be|schäf|ti|gung, die: *Beschäftigung, die jmd. vor jeder anderen Beschäftigung liebt.*

Lieb|lings|fach, das: *Fach, das jmd. jedem anderen Fach vorzieht:* Sport war ihr L.

Lieb|lings|far|be, die: *Farbe, die jmd. vor jeder anderen Farbe liebt.*

Lieb|lings|feind, der (iron.): *persönlicher Gegner, den jmd. mehr als alle anderen Widersacher bekämpft.*

Lieb|lings|fein|din, die; w. Form zu ↑ Lieblingsfeind.

Lieb|lings|ge|richt, das: ²*Gericht, das jmd. vor jedem anderen Gericht schätzt:* Wurstsuppe gehört mit Sicherheit nicht zu meinen -en.

Lieb|lings|kind, das: *Kind, das von den Eltern, einem Elternteil am meisten geliebt wird.*

Lieb|lings|platz, der: *Platz, den jmd. vor jedem anderen Platz liebt:* ich kenne seinen L.

Lieb|lings|schüler, der: *Schüler, der von einer Lehrkraft vor jedem anderen geschätzt wird.*

Lieb|lings|schüle|rin, die; w. Form zu ↑ Lieblingsschüler.

Lieb|lings|spei|se, die: *Lieblingsgericht.*

Lieb|lings|the|ma, das: *Thema, das jmd. häufiger als alle anderen Themen anschneidet.*

Lieb|lings|wort, das ⟨Pl. ...wörter⟩: *Wort, das jmd. vor jedem anderen Wort liebt.*

lieb|los ⟨Adj.⟩: **a)** *auf eine die Gefühle, die Erwartung nach Zuneigung, Zuwendung verletzende Art unfreundlich, barsch, herzlos:* -e Worte; jmdn. l. behandeln; **b)** *ohne Sorgfalt; ohne innere Anteilnahme erfolgend:* etw. l. hinlegen; ein l. angerichtetes Essen.

Lieb|lo|sig|keit, die; -, -en: **a)** *liebloses (a) Verhalten, lieblose Behandlung, Art;* **b)** ⟨o. Pl.⟩ *lieblose (a) Art u. Weise:* die L., mit der hier der Tisch gedeckt ist.

Lieb|reiz, der (geh.): **1.** ⟨o. Pl.⟩ **a)** *nettes, reizendes Aussehen:* der L. ihrer Erscheinung; **b)** *natürlicher, nicht auf Wirkung bedachter Charme:* der L. ihres Wesens. **2.** *etw. Liebreizendes; charmante Wirkung.*

lieb|rei|zend ⟨Adj.⟩ (geh. veraltend): *Liebreiz besitzend; voller Anmut, Charme.*

Lieb|schaft, die; -, -en [mhd. liep-, liebeschaft]: *nicht sehr ernsthaftes Liebesverhältnis.*

liebst... ⟨Adj.; Sup. von ↑ gern⟩: *in höchstem Maße od. Grade gern:* ihr liebstes Spielzeug; ich mag am liebsten Sekt.

Liebs|te, der/die Liebste; der/einer Liebsten, die Liebsten/zwei Liebste (geh.): *Frau, die von jmdm. geliebt wird:* seine L. weckte ihn mit einem Kuss; zur -n gehen.

Liebs|ter, der Liebste/ein Liebster; des/eines Liebsten, die Liebsten/zwei Liebste (geh.): *Mann, der von jmdm. geliebt wird:* ihr L. schenkte ihr eine Blume.

Lieb|stö|ckel, das od. der; -s, - [spätmhd. liebstockel, mhd. liebstück, lübestecke, ahd. lubistechal < mlat. levisticum < lat. ligusticum, eigtl. = aus Ligurien (Norditalien) stammende Pflanze]: *hochwachsende Pflanze mit würzig riechenden, dunkelgrünen Blättern, die bes. als Suppengewürz verwendet werden.*

Liech|ten|stein [ˈlɪç...]; -s: *kleiner, zwischen der Schweiz u. Österreich gelegener Staat.*

¹**Liech|ten|stei|ner,** der; -s, -: Ew.

²**Liech|ten|stei|ner** ⟨indekl. Adj.⟩.

Liech|ten|stei|ne|rin, die; -, -nen: w. Form zu ↑ ¹Liechtensteiner.

liech|ten|stei|nisch ⟨Adj.⟩: *Liechtenstein, die Liechtensteiner betreffend; von den Liechtensteinern stammend, zu ihnen gehörend.*

Lied, das; -[e]s, -er [mhd. liet, ahd. liod, H. u.]: **1.** *auf eine bestimmte Melodie gesungenes [lyrisches] (meist aus mehreren gleich gebauten u. gereimten Strophen bestehendes) Gedicht; Melodie, die einem Gedicht unterlegt ist:* ein ernstes, heiteres, fröhliches, trauriges L.; ein altes, volkstümliches, geistliches L.; das L. (der Gesang) der Nachtigall; das L. hat drei Strophen; -er ohne Worte (Musik; *einem Lied ähnliche Instrumentalstücke);* schmutzige -er (*Lieder mit derbem, vulgärem Text)* singen; ein L. schmettern, anstimmen; ein L. auf der Gitarre spielen, vor sich hin summen; Ü es ist immer das alte L. mit dir (ugs.; *es ist immer dasselbe, es ändert sich nichts zum Guten);* * **von etw. ein L. singen können/zu singen wissen** (*über etw. aus eigener unangenehmer Erfahrung zu berichten wissen).* **2. a)** *epische Dichtung:* die -er der Edda; das L. von der Glocke; **b)** * **das Hohe L.** (*Buch des Alten Testaments, Hohelied:* im Hohen L.; in Salomos Hohem L.).

Lie|der|abend, der: *Konzertabend mit Liedern.*

Lie|der|buch, das: *Buch mit Text [u. Musik] von Liedern.*

Lie|der|dich|ter, der: *Dichter von Liedern.*

Lie|der|dich|te|rin, die; w. Form zu ↑ Liederdichter.

Lie|der|hand|schrift, die: *Sammlung von handschriftlich aufgezeichneten mittelalterlichen Liedern:* die Große, Kleine Heidelberger L.

Lie|der|jan, der; -[e]s, -e [ursp. ostmd., zu Liederjan, vgl. ↑ Dummerjan] (ugs.): *liederlicher Mensch.*

lie|der|lich ⟨Adj.⟩ [mhd. liederlich = (leicht)fertig, oberflächlich, eigtl. = schlaff, schwach]: **1. a)** *nicht fähig, Ordnung zu machen od. zu halten:* ein -er Mensch; **b)** *keine Ordnung, Sorgfalt aufweisend; nachlässig; unordentlich:* eine -e Arbeit, Frisur; einen -en Eindruck machen. **2.** (abwertend) *moralisch verwerflich; ausschweifend:* einen -en Lebenswandel führen.

Lie|der|lich|keit, die; -, -en: **1.** ⟨o. Pl.⟩ *das Liederlichsein.* **2.** *etw. liederlich Wirkendes.*

Lie|der|ma|cher, der: *jmd., der zu Liedern mit aktuellem Inhalt Text u. Musik schreibt [u. sie selbst vorträgt].*

Lie|der|ma|che|rin, die; w. Form zu ↑ Liedermacher.

Lie|der|zy|k|lus, der: *Anzahl zusammengehörender Lieder.*

♦ **lie|des|wert** ⟨Adj.⟩: *wert, in einem Lied besungen zu werden:* ... herrlich ist die -e Tat (Goethe, Torquato Tasso II, 1).

Lied|form, die (Musik): *vom Volkslied abgeleitete, einfachste musikalische Form.*

Lied|gut, das ⟨o. Pl.⟩: *Gesamtheit der überlieferten Lieder, die einer Gruppe, einem Volk, einem Zeitabschnitt o. Ä. eigen sind:* das französische L.; das L. der Bergleute.

lied|haft ⟨Adj.⟩ (Musik): *in der Art eines Liedes:* eine -e Komposition.

Lied|lohn: ↑ Lidlohn.

Lied|text, der: *Text eines Liedes.*

lief: ↑ laufen.

Lie|fe|rant, der; -en, -en [mit romanisierender Endung zu ↑ liefern]: *jmd., der an jmdn. eine Ware liefert:* diese Firma ist der L. für Ersatzteile; -en von Zubehör.

Lie|fe|ran|ten|ein|gang, der: *besonderer Eingang, den die Lieferanten beim Abliefern von Waren benutzen.*

Lie|fe|ran|tin, die; -, -nen: w. Form zu ↑ Lieferant.

lie|fer|bar ⟨Adj.⟩: *(von Waren) vorrätig, sodass eine Lieferung möglich ist; erhältlich:* ein Verzeichnis der -en Bücher; sein L. ist zurzeit nicht l.; das Auto ist auch mit Schiebedach l.

Lie|fer|be|din|gung, die ⟨meist Pl.⟩: *Bedingung, unter der eine Ware geliefert wird; Kondition* (1).

Lie|fer|be|trieb, der: *Betrieb, der eine Ware [herstellt u.] ausliefert.*

Lie|fer|frist, die: *Frist für die Lieferung einer Ware:* eine lange, kurze L.

lie|fern ⟨sw. V.; hat⟩ [aus der niederl. Kaufmannsspr. < mniederd., mniederl. lēveren < frz. livrer < mlat. liberare = freilassen; ausliefern < lat. liberare = befreien, zu: liber = frei]: **1. a)** *bestellte od. gekaufte Waren dem Empfänger bzw. der Empfängerin anzeigen, zustellen, zukommen lassen:* [jmdm.] Heizöl l.; eine Ware frei Haus l.; pünktlich, in vierzehn Tagen l.; das Werk kann zurzeit nicht l.; wir liefern auch an Privatpersonen, auch privat; etw. per Nachnahme l. **b)** (ugs.) *eine Ankündigung wahr machen, eine Erwartung erfüllen:* die Wahlversprechen sind nicht vergessen, die Regierung muss jetzt l. **2.** *erzeugen, hervorbringen:* das Land liefert Rohstoffe, der Boden liefert nur geringe Erträge; die Biene liefert Honig; Energie wird von der Sonne geliefert. **3. a)** *beibringen, vorlegen, geben:* den Beweis, Nachweis für etw. l.; (oft verblasst:) die Geschichte liefert uns dafür genug Beispiele; die Ereignisse lieferten reichlich Gesprächsstoff; jmdn. jmdm. in die Hände l. *(verraten u. ausliefern);* er lieferte eine solide Partie *(spielte zufriedenstellend, ganz gut);* **b)** *mit jmdm. austragen:* sich einen Kampf, ein Duell l.; sich eine Schlacht l. *(miteinander kämpfen).*

Lie|fer|schein, der: *Schein, auf dem bestätigt wird, dass eine bestimmte Ware geliefert wurde.*

Lie|fer|schwie|rig|keit, die ⟨meist Pl.⟩: *Schwierigkeit* (1), *die eine Firma o. Ä. hat, die bestellte od. gekaufte Ware zu liefern.*

Lie|fer|ter|min, der: *Zeitpunkt, zu dem eine Ware geliefert wird od. geliefert werden soll.*

Lie|fer|um|fang, der: *Umfang* (2) *einer Lieferung laut Lieferbedingungen:* Ersatzlampen und -schrauben für das Gerät sind im L. enthalten.

Lie|fe|rung, die; -, -en: **1.** *das Liefern* (1 a): pünktliche, termingerechte L.; die L. der Waren erfolgt in vier Wochen; die L. quittieren; L. nur gegen Barzahlung; die Rechnung ist innerhalb von acht Tagen nach L. zu bezahlen. **2.** *bestimmte Menge einer zu liefernden, gelieferten Ware:* eine lang erwartete L.; die L. ist eingetroffen. **3.** ⟨Verlagsw.⟩ *Teil eines nach u. nach erscheinenden, größeren Werkes:* das Wörterbuch erscheint in -en.

Lie|fer|ver|trag, der: *Vertrag über die Lieferung* (1) *von etw.*

Lie|fer|wa|gen, der: *kleiner, meist geschlossener Lastkraftwagen zum Transport leichterer Güter.*

Lie|fer|zeit, die: *Zeit, bis die Lieferung einer Ware erfolgt:* eine lange, kurze L.

Lie|ge, die; -, -n: *zum Liegen, Ausruhen usw. dienendes, gepolstertes, flaches Möbelstück ohne Rücken- u. seitliche Lehnen.*

Lie|ge|bank, die ⟨Pl. ...bänke⟩: *Bank zum Liegen.*

Lie|ge|hal|le, die: *offene, windgeschützte Halle für Liegekuren.*

Lie|ge|kur, die: *Heilbehandlung, bei der die Patienten viel liegen müssen (bes. an der frischen Luft):* jmdm. eine L. verordnen; 5 Stunden L. *(Liegen im Rahmen einer Liegekur)* täglich.

Lie|ge|mö|bel, das ⟨meist Pl.⟩: *Möbel, das zum Darauﬂiegen bestimmt ist.*

¹lie|gen ⟨st. V.; hat, südd., österr., schweiz.: ist⟩ [mhd., ahd. ligen, altes idg. Verb]: **1. a)** *eine waagerechte Lage einnehmen; in ruhender, [fast] waagerechter Lage, Stellung sein; [der Länge nach ausgestreckt] auf einer Unterlage ruhen:* ﬂach, ausgestreckt, ruhig l.; Weinflaschen sollen l., nicht stehen; die Patientin muss hoch, tief l.; gern hart, weich l.; auf dem Rücken, auf dem Bauch, auf der Seite l.; sie hat die ganze Nacht wach gelegen *(hat nicht schlafen können);* auf dem Sofa l.; auf dem/am Boden, im Sand, in der Sonne l.; bleibt liegen!; lange [im Bett] l. bleiben *(im Bett bleiben, nicht aufstehen);* der Spieler blieb verletzt l.; krank, schon früh im/zu Bett l.; im Krankenhaus, auf der Intensivstation l.; auf dem Friedhof [begraben] l.; er liegt mit dem Auto zu l. *(wurde überfahren);* im Hinterhalt l. *(im Hinterhalt lauern);* der Gefangene liegt in Ketten *(wird angekettet, in Fesseln gefangen gehalten);* der Hund liegt an der Kette (oft verblasst; *ist angekettet);* eine liegende Acht *(horizontale Schleiﬂinie);* **b)** (schweiz.) *sich legen:* zu jmdm. l.; auf eine Bank l.; **c)** *(an etw.) lehnen:* die Leiter liegt [schräg] am Baum; er lag an ihrer Brust; **d)** *eine bestimmte Lage (auf einer Unterlage, in etw. Umgebendem usw.) haben:* der Griff liegt bequem in der Hand; der Wagen liegt gut, sicher [auf der Straße] *(hat eine gute, sichere Straßenlage);* der Skispringer lag fast waagerecht in der Luft. **2. a)** *(auf einer Fläche) [in bestimmter Weise] vorhanden sein, sich über etw. hin ausdehnen, erstrecken:* der Schnee liegt meterhoch; es liegt Schnee *(es hat geschneit);* bei dieser Kälte bleibt der Schnee sicher l.; Nebel liegt auf/über den Feldern; der Stoff liegt *(die Stoﬀbahn ist)* 80 cm breit; Der See lag glatt und leckte den Strand (Grass, Butt 693); **b)** *gelegt, angelegt, verlegt sein:* Reifen liegen um das Fass *(sind um das Fass gelegt);* ein Riegel liegt vor dem Tor *(ist vorgelegt);* wann werden die Gleise, Rohre, Fliesen endlich l.?; **c)** *in bestimmter Weise gelegt sein, sich legen; eine bestimmte Lage haben:* das Haar liegt in Locken, liegt gut; der Teppich liegt schief; **d)** *mit etw. bedeckt sein:* der Tisch liegt voller Bücher; die Straße liegt übersät mit/von Papier. **3.** *irgendwo, in einer bestimmten Weise an einer Stelle sein, sich beﬁnden:* gesondert, fein säuberlich geordnet l.; die Pläne liegen ausgebreitet auf dem Tisch; auf dem am Boden liegen Steine; hast du das Buch irgendwo l. sehen?; die Bücher blieben auf dem Schreibtisch l.; pass auf, dass dein Schirm nicht liegt *(dass du deinen Schirm nicht vergisst);* er hat die Sachen auf dem Boden l. lassen/(seltener:) l. gelassen; die Gangster ließen ihn l.; das Schiff liegt auf [der] Reede, am Kai; ein l. gebliebenes Fahrzeug; das Originalschreiben liegt [bei der Firma] in Stuttgart; das Geld liegt auf der Bank *(ist auf ein Bankkonto eingezahlt u. wird als Guthaben geführt);* was liegt, liegt (Kartenspiel; *die einmal auf den Tisch hingelegte Karte darf nicht zurückgenommen werden);* ich habe 50 Flaschen Wein [im Keller] l. *(habe sie vorrätig, verfüge über sie);* das Fallobst blieb l. *(wurde nicht aufgelesen);* Ü die Post ist l. geblieben *(nicht abgesendet worden);* die Arbeit bleibt l. *(bleibt unerledigt),* kann bis Donnerstag l. *(aufgeschoben werden);* ein spöttisches Lächeln lag um ihren Mund; die Erbsen liegen [mir] schwer im Magen *(sind [für mich] schwer verdaulich);* es lag mir wie Blei in den Gliedern; der Ton liegt auf der ersten Silbe; eine große Last, Verantwortung liegt auf mir. **4. a)** *an einem Platz, in einer Landschaft, in einem Gebäude o. Ä.) zu ﬁnden sein; seine (feste) [geograﬁsche] Lage haben:* verkehrsgünstig, zentral, nördlich, sehr hoch, ruhig, mitten im Wald l.; in einem liegender/gelegener Bauernhof; ein Ort, der an der Elbe, an einer Bahnlinie, bei Kassel liegt/gelegen ist; das Zimmer liegt nach vorn, zur Straße, nach Süden; das Haus blieb links l. *(wurde links liegen gelassen);* **b)** *eine Lage, Stelle im Raum od. in der Zeit einnehmen:* der Punkt liegt auf der Diagonalen; etw. liegt in der Zukunft, schon in der Vergangenheit, noch vor, schon hinter mir; dazwischen liegen drei Tage; Ü die Wahrheit liegt in der Mitte. **5.** *seinen Aufenthaltsort haben; verweilen:* (bes. Militär:) wir liegen in, bei Holzdorf; im Quartier l.; den ganzen Tag im Wirtshaus l. (abwertend; *sich lange im Wirtshaus aufhalten u. trinken).* **6.** *seine Lage, Position, Stufe, seinen Platz, Rang in einem Zusammenhang haben:* (im Rennen) an der Spitze l.; auf dem fünften [Tabellen]platz l.; im Rückstand, in Führung l.; die Preise liegen höher, unter dem Durchschnitt, bei etwa 5 000 Euro; die Temperatur liegt bei 38 Grad; sie liegt gut [im Wettbewerb]; die Verhältnisse liegen [etwas] anders, die Sache liegt (steht) gut; wie liegen (stehen, verhalten sich) die Dinge?; [so] wie die Dinge liegen *(unter den gegebenen Verhältnissen).* **7.** ⟨verblasst in bestimmten Verbindungen⟩ *sich beﬁnden:* mit jmdm. im Widerspruch, im Streit, im Wettbewerb, in scharfer Konkurrenz l.; in Scheidung l.; unter Beschuss l. *(beschossen werden).* **8.** *enthalten, eingeschlossen, inbegriﬀen, zu ﬁnden sein:* die Unfallursache liegt an/in einem technischen Fehler; das Übel liegt tiefer; darin liegt eine große Gefahr; Sorge liegt in ihren Mienen, in ihrer Stimme *(spiegelt sich darin, kommt darin zum Ausdruck);* in seiner Behauptung liegt etwas Wahres; in dem Spruch liegt eine tiefe Weisheit verborgen; es liegt im, außer dem Bereich des Möglichen; das liegt nicht in meiner Absicht, in meinem Interesse *(ich beabsichtige das nicht, ich habe kein Interesse daran);* darin liegt *(besteht)* der Unterschied; große Spannung liegt über der Auslosung. **9. a)** *von jmdm. abhängen, in jmds. Macht, Entscheidung[sfreiheit] stehen:* etw. liegt in jmds. Ermessen, Belieben, Macht; es liegt ganz allein an/bei dir, ob du teilnimmst; die Verantwortung liegt bei dir *(fällt dir zu);* die Schuld liegt bei ihm; **b)** ⟨unpers.⟩ *durch jmdn., etw. verschuldet, begründet, verursacht sein; auf etw. zurückzuführen sein:* ich weiß nicht, woran es liegt; es lag an ihm; etwas ist nicht l. *(ich will kein Hindernis sein).* **10. a)** *jmds. Begabung, Neigung od. Einstellung entgegenkommen, entsprechen, sodass er ein Verhältnis, eine Beziehung dazu haben kann; ansprechen u. gemäß sein:* diese Arbeit liegt ihr nicht; er liegt mir mehr als sein Bruder *(ist mir sympathischer);* **b)** *zu den Menschen, Dingen usw. gehören, auf die jmd. Wert legt bzw. die jmd. schätzt u. für sich zu gewinnen sucht:* es lag mir viel, einiges, nichts an ihnen, an ihrer Mitarbeit; an jenem Schmuckstück war ihm gelegen; es liegt mir daran/ist mir daran gelegen *(liegt in meinem Interesse),* dass er dazukommt.

♦²lie|gen ⟨unr. V.; liege, leugt, leugte, geleugt⟩ [mhd. liegen, ↑lügen]: ↑lügen: Natur, so leugst du nicht (Lessing, Nathan I, 5).

lie|gen blei|ben, lie|gen|blei|ben ⟨st. V.; ist⟩: **1. a)** *zurückbleiben:* pass auf, dass dein Schirm nicht liegen bleibt *(dass du deinen Schirm nicht vergisst);* der Brief ist liegen geblieben *(nicht abgesendet worden);* ein Buch war auf dem Schreibtisch liegen geblieben; **b)** *nicht verkauft, nicht abgesetzt werden können:* die Ware bleibt liegen; **c)** *beiseitegelegt, vorübergehend nicht fortgeführt werden:* der Roman blieb liegen *(blieb [einstweilen] unvollendet);* die Arbeit bleibt liegen *(bleibt unerledigt),* kann bis Donnerstag l. b. *(aufgeschoben werden).* **2.** *seinen Weg nicht fortsetzen können, nicht weiterkommen, stecken bleiben:* mit einer Panne l. b. **3.** *eine Lage, Stelle im Raum beibehalten:* der Turm blieb im Scheinwerferlicht liegen.

Lie|gen|des, das Liegende/ein Liegendes; des/eines Liegenden (Bergmannsspr.): *Gesteinsschicht unter einer Lagerstätte.*

Lie|gend|kampf, der (Sport): *Schießwettbewerb, der in liegender Stellung ausgeführt wird.*

lie|gen las|sen, lie|gen|las|sen ⟨st. V.; hat⟩: **1. a)** *zurücklassen, vergessen:* er hat den Schirm im Restaurant liegen lassen; **b)** *beiseitelegen u. zeitweilig nicht fortführen; unerledigt lassen:* eine Arbeit [einstweilen] l. l.; einen Brief l. l. *(nicht absenden).* **2.** *jmdn., etw. bewusst nicht beachten, sich um jmdn., etw. nicht kümmern:* er hat den Kollegen einfach links liegen lassen.

Lie|gen|schaft, die; -, -en: **a)** ⟨meist Pl.⟩ (bes. Rechtsspr.) *Grundstück, Grundbesitz;* **b)** (schweiz.) *bebautes Grundstück; Anwesen.*

Lie|ge|platz, der: *Platz, an dem Schiﬀe festmachen u. liegen können.*

Lie|ge|rad, das: *Fahrrad mit einer Rahmenkonstruktion, die eine halb liegende Sitzposition erlaubt:* ein aerodynamisch verkleidetes L.; Liegeräder sparen Kraft.

♦Lie|ger|statt, die ⟨Pl. ...stätten⟩ (bes. landsch.): *Lagerstatt:* Nun, wenn du dreschen willst, so

kannst bleiben. Kost und L. wirst dir noch verdienen (Rosegger, Waldbauernbub 150).
Lie|ge|sitz, der: *verstellbarer Sitz, der auch ein Liegen ermöglicht (bes. in Auto od. Eisenbahn).*
Lie|ge|so|fa, das: *Sofa zum Liegen.*
Lie|ge|statt, die ⟨Pl. ...stätten⟩ (geh.): *zum Liegen, Ruhen, Schlafen eingerichteter Platz.*
Lie|ge|stuhl, der: *zusammenklappbares u. verstellbares [Holz]gestell mit einer Bahn aus festem Stoff zum Sitzen u. Liegen im Freien.*
Lie|ge|stütz, der (Gymnastik, Turnen): *Übung, bei der der auf den Fußspitzen u. den Innenseiten der Füße ruhende gestreckte Körper von den sich streckenden bzw. gestreckten Armen gestützt wird.*
Lie|ge|wa|gen, der: *Eisenbahnwagen, dessen Sitzplätze in übereinander angeordnete Liegebänke umgewandelt werden können.*
Lie|ge|wie|se, die: *besondere Wiese zum Liegen, Ruhen, Sichsonnen o. Ä.*
Lie|ge|zeit, die (Schifffahrt): *Zeit, während deren ein Schiff im Hafen liegt.*
lieh: ↑ leihen.
lies: ↑ ¹,²lesen.
Lies|chen [Kurz- u. Kosef. des w. Vorn. Elisabeth]: **1.** * *L. Müller* (*die durchschnittliche, keine großen Ansprüche stellende Frau; zu beziehen auf den früher verbreiteten Vorn.* »Lieschen« *u. die Häufigkeit des Namens* »Müller«: *L. Müllers Ansichten).* **2.** ⟨das; -s, -:⟩ *Liese:* ein vergessliche L.; **Fleißiges L.* (*das ganze Jahr über reich blühende Pflanze mit roten, rosa od. weißen Blüten an einem langen Sporn; wohl weil die Pflanze sehr lange blüht*).
Lie|se, die; -, -n [Kurzf. des w. Vorn. Elisabeth] (ugs. abwertend): *Mädchen, Frau: dumme L.!*
ließ, lie|best, ließt: ↑ lassen.
liest: ↑ ¹,²lesen.
♦ **Li|eu|te|nant** [ljø:t(ə)ˈnã], der; -s, -s [frz. lieutenant, ↑ Leutnant]: frz. Bez. für: Leutnant: *... hat den alten Hieber ... mit dem Paradedegen eines herzoglich württembergischen -s vertauscht* (Hauff, Jud Süß 385).
Life|style [ˈlaifstail], der; -[s], -s [engl. life style, aus: life = Leben u. style = Stil]: *Lebensstil; [moderne] charakteristische Art u. Weise, das Leben zu gestalten.*
Life|time|sport [ˈlaiftaim...], der ⟨o. Pl.⟩ [engl. lifetime sport, aus: lifetime = lebenslang, auf Lebenszeit u. sport = Sport]: *Sportart, die von Menschen jeder Altersstufe ausgeübt werden kann.*
¹Lift, der; -[e]s, -e u. -s [engl. lift, zu: to lift = in die Höhe heben]: **1.** *Aufzug* (2): den L. benutzen; mit dem L. fahren. **2.** Kurzf. von ↑ Sessellift, ↑ Skilift.
²Lift, der od. das; -s, -s [engl. lift = das Hochheben, zu: to lift, ↑ ¹Lift]: *kosmetische Operation zur Straffung der alternden Haut (bes. des Gesichtes).*
Lift|boy, der: *junger Fahrstuhlführer.*
lif|ten ⟨sw. V.; hat⟩ [zu engl. to lift, ↑ ¹Lift]: **1. a)** (Med.) *durch ²Lift heben, straffen:* die Gesichtshaut, den Busen l.; **b)** (ugs.) *jmdn. einem ²Lift unterziehen:* sich l. lassen. **2.** (bes. Technik) *in die Höhe heben, wuchten:* die Behälter ans Tageslicht l.
Lif|ting, das; -s, -s [engl. lifting = das Heben]: **1.** *²Lift.* **2.** (Leichtathletik) *Übung, bei der nur die Fersen vom Boden abfedern, während die Fußspitzen auf dem Boden bleiben.*
Li|ga, die; -, Ligen [span. liga = Bündnis, zu: ligar = binden, vereinigen < lat. ligare, ↑ legieren]: **1.** *Bund, Zusammenschluss mit politischer od. weltanschaulicher Zielsetzung; Bündnis; Vereinigung:* die Arabische L.; die L. für Menschenrechte. **2.** (Sport) *Spiel-, Wettkampfklasse bes. im Mannschaftssport, in der Vereinsmann-*

schaften eines Gebietes, die sich qualifiziert haben, zusammengefasst sind: in die 1. L. aufsteigen; in die 2. L. absteigen; in welcher L. spielt dieser Verein?
Li|gand, der; -en, -en [zu lat. ligandus, Gerundiv von: ligare, ↑ legieren] (Chemie): *Atom, Molekül od. Ion, das in einer chemischen Verbindung höherer Ordnung dem zentralen Atom od. Ion angelagert ist.*
Li|ga|tur, die; -, -en [spätlat. ligatura = Band, Bündel, zu: lat. ligare, ↑ ¹legieren]: **1. a)** (Druckw.) *Buchstabenverbindung auf einer Drucktype (z. B.* ff, æ); **b)** (Paläografie) *das Zusammenziehen von Buchstaben in der Schrift (eine des flüssigeres Schreiben ermöglicht).* **2.** (Musik) **a)** *Haltebogen;* **b)** (bes. in der Mensuralmusik) *auf bestimmte Weise notierte Zusammenfassung mehrerer [auf einer Silbe gesungener] Noten zu einer Gruppe.* **3.** (Med.) *Unterbindung bes. von Blutgefäßen mithilfe einer Naht.*
Li|gen: Pl. von ↑ Liga.
light [lait] ⟨indekl. Adj.; nachgestellt⟩ [engl. light = leicht, verw. mit ↑ leicht]: *(von Nahrungs- u. Genussmitteln) weniger von Inhaltsstoffen wie z. B. Alkohol, Koffein, Fett u. Ä. enthaltend, die gesundheitsschädigend od. -gefährdend sein können:* Bier l.; Ü Staatsbürgerschaft l. (*Staatsbürgerschaft zur Probe*).
Light|pro|dukt, das [zu ↑ light]: *Produkt (aus dem Nahrungs- u. Genussmittelbereich), das entweder verhältnismäßig kalorienarm ist od. das weniger[er] bedenkliche Inhaltsstoffe wie z. B. Alkohol, Koffein, Fett u. Ä. enthält.*
Light|show [ˈlaitʃoʊ], die [engl. light show, aus: light = Licht u. show, ↑ Show]: **a)** *Darbietung von Licht- u. anderen optischen Effekten zur Verstärkung der Wirkung von Popmusiktiteln (bei Konzerten, Shows, in Diskotheken o. Ä.);* **b)** *Anlage, die eine Lightshow* (a) *liefert.*
Light|ver|si|on, die [zu ↑ light]: *Version* (3) *eines Produktes od. einer Idee, die auf die wichtigsten Bestandteile beschränkt ist; reduzierte Fassung:* dabei ist nur eine L. herausgekommen.
li|gie|ren ⟨sw. V.; hat⟩ [älter: legieren < ital. legare < lat. ligare, ↑ ¹legieren]: **1.** (Fechten) *die gegnerische Klinge zur Seite drücken.* **2.** (Med.) *(von Blutgefäßen) anbinden, zusammenbinden.*
Li|gist, der; -en, -en (bes. Sport): *Angehöriger einer Liga* (2).
Li|gis|tin, die; -, -nen: w. Form zu ↑ Ligist.
Li|g|nin, das; -s, -e [zu lat. lignum = Holz] (Chemie): *Verholzung bewirkender, farbloser, fester Stoff, der neben der Zellulose wichtigster Bestandteil des Holzes ist.*
Li|gu|ri|en, -s: *italienische Region.*
li|gu|risch ⟨Adj.⟩: *Ligurien betreffend, aus Ligurien stammend.*
Li|gus|ter, der; -s, - [lat. ligustrum]: *(in Hecken angepflanzter) Strauch mit glänzend grünen Blättern, weißen Blütenrispen u. schwarzen Beeren.*
Li|gus|ter|strauch, der: *Liguster.*
li|ie|ren, sich ⟨sw. V.; hat⟩ [frz. (se) lier < lat. ligare, ↑ legieren]: **1.** (bildungsspr.) *eine Liaison, ein Liebesverhältnis eingehen:* sich mit jmdm. l.; ⟨meist im 2. Part.:⟩ mit jmdm. liiert sein. **2.** *sich zum Zwecke einer [geschäftlichen] Zusammenarbeit mit jmdm. verbinden:* sich mit einer anderen Firma l.; ⟨meist im 2. Part.:⟩ eine mit der Aristokratie eng liierte Oberschicht.
Li|ie|rung, die; -, -en: *das Sichliieren.*
♦ **Li|king** [ˈlaikɪŋ], das; -s [engl. liking, zu: to like = mögen]: *Vorliebe, Faible: ...und da er ein L. für Sie hat* (Fontane, Effi Briest 102).
Li|kör, der; -s, -e [frz. liqueur, eigtl. = Flüssigkeit < lat. liquor, zu: liquere, ↑ liquid]: *süßes, mit Geschmacksstoffen o. Ä. versetztes alkoholi-*

sches Getränk: abends trinkt sie gerne ein Gläschen L.; Die Bonbons waren prima Ware, in farbiges Stanniol verpackt, mit süßem L. und fein parfümierter Crème gefüllt (Th. Mann, Krull 57).
Li|kör|fla|sche, die: *(oft mit einer bes. Form versehene) Flasche für, mit Likör.*
Li|kör|glas, das ⟨Pl. ...gläser⟩: *(kleines) Glas, aus dem Likör getrunken wird.*
Li|kör|wein, der: *Wein mit einem hohen* ¹*Gehalt* (2) *an Restzucker u. Alkohol.*
Lik|tor, der; -s, ...oren [lat. lictor, zu: ligare, ↑ ¹legieren]: *Amtsdiener als Begleiter hoher Beamter im alten Rom.*
Li|kud|block, der; -[e]s [zu hebr. likud̠ = Einigung, Zusammenfassung, zu: lakad̠ = fassen, ergreifen, fangen]: *Bündnis von fünf Parteien in Israel.*
li|la ⟨Adj.⟩: **1.** [gek. aus: lilafarben, zu ↑ Lila] *fliederblau, hellviolett:* ein l. Kleid; ⟨nicht standardspr.:⟩ ein lilanes Kleid. **2.** [viell. weil Lila nicht eindeutig als Rot od. Blau zu bestimmen ist od. entstellt aus ↑ lala] (ugs.) *mittelmäßig:* es geht mir l.
Li|la, das; -[s], -[s] [frz. lilas, älter: lilac = Flieder(blütenfarbe) < arab. līlak, pers. līlak, nīlak = Flieder < aind. nīla = schwärzlich, bläulich]: *lila Farbe:* ein kräftiges L.; Kleider in L.
li|la|far|ben, li|la|far|big ⟨Adj.⟩: *lila* (1).
Li|li|a|zee, die; -, -n [zu spätlat. liliaceus = aus Lilien, Lilien-, zu lat. lilia, ↑ Lilie] (Bot.): *Liliengewächs.*
Li|lie, die; -, -n [mhd. lilje, ahd. lilia < lat. lilia, Pl. von: lilium, aus einer Spr. des östl. Mittelmeerraums]: **1.** *hochwachsende Pflanze mit schmalen Blättern u. duftenden, trichterförmigen Blüten.* **2.** (Heraldik) *stark stilisierte Blüte der Lilie:* drei -n im Wappen führen.
Li|li|en|ban|ner, das (Geschichte): *Flagge Frankreichs (weiß, mit Lilien besät).*
Li|li|en|ge|wächs, das (Bot.): *in vielen Arten vorkommende Pflanze mit Knollen od. Zwiebeln u. meist strahlenförmig angeordneten Blüten (z. B. Tulpe, Zwiebel).*
Li|li|put [auch, österr. nur: ˈlɪlɪ...]; -s [nach »Lilliput«, dem Zwergenland in Jonathan Swifts Roman »Gullivers Reisen« (1726)]: *Märchenland, dessen Bewohner winzig klein sind.*
Li|li|pu|ta|ner, der; -s, - [engl. Lilliputian, eigtl. = Bewohner von ↑ Liliput]: *kleinwüchsiger Mensch:* Ü auch der amerikanische Gulliver braucht die Hilfe der europäischen Liliputaner.

> Die früher weitgehend übliche Bezeichnung für *kleinwüchsiger Mensch* gilt heute zunehmend als diskriminierend.

Li|li|pu|ta|ne|rin, die; -, -nen: w. Form zu ↑ Liliputaner.
Lille [li:l]: *Stadt in Nordfrankreich.*
lim = Limes.
lim., Lim. = limited.
Li|ma: *Hauptstadt von Peru.*
Lim|bi: Pl. von ↑ Limbus.
lim|bisch ⟨Adj.⟩ [zu ↑ Limbus]: in der Fügung -*es System* (Med.; *Randgebiet zwischen Großhirn u. Gehirnstamm, das die hormonale Steuerung u. das vegetative Nervensystem beeinflusst u. von dem gefühlsmäßige Reaktionen auf Umwelttreize ausgehen*).
Lim|bo, der; -s, -s [karib. Wort]: *akrobatischer Tanz westindischer Herkunft, bei dem der Tänzer, der Hinten überlegt, sich mit schiebenden Tanzschritten unter einer Querstange hindurchbewegt.*
Lim|burg: 1. *hessische Stadt an der Lahn.* **2.** *belgische u. niederländische Landschaft.*

Limburger–Linie

¹**Lim|bur|ger**, der; -s, -: Ew.
²**Lim|bur|ger** ⟨indekl. Adj.⟩: L. Käse.
³**Lim|bur|ger**, der; -s, - [urspr. nur in der belg. Landschaft Limburg hergestellt]: *stark riechender, pikanter Weichkäse mit etwas schmieriger, rötlich gelber Oberfläche.*
Lim|bur|ge|rin, die; -, -nen: w. Form zu ↑¹Limburger.
Lim|bur|ger Kä|se, der; - -s, - -: ³*Limburger.*
Lim|bus, der; -, ...bi: **1.** ⟨o. Pl.⟩ [kirchenlat. limbus < lat. limbus = Rand, Saum] (kath. Rel.) *Vorhölle.* **2.** (Technik) *Grad-, Teilkreis an Winkelmessinstrumenten.* **3.** (Bot.) *oberer, nicht verwachsener Teil, Saum einer Blüte.*
Li|me|rick, der; -[s], -s [engl. limerick, nach der gleichnamigen Stadt in Irland]: *nach festliegendem Reim- u. Versschema verfasstes Gedicht humorvoll-ironischen od. grotesk-komischen Inhalts.*
Li|mes, der; -, -, fachspr. auch: Limites [lat. limes (Gen.: limitis) = Grenzwall, -weg, (Acker)grenze]: **1.** *von den Römern angelegter Grenzwall zur Befestigung der Reichsgrenzen.* **2.** (Math.) *Grenzwert* (2) (Zeichen: lim).
Li|met|ta (seltener), **Li|met|te**, die; -, ...tten [frz. limette, Vkl. von: lime = kleine süße Zitrone, rückgeb. aus: limon, ↑Limonade]: *dünnschalige westindische Zitrone.*
Li|met|ten|saft, der: *Saft der Limette.*
Li|mit, das; -s, -s, auch: -e [engl. limit < frz. limite < lat. Limes, ↑Limes]: **a)** *festgelegte Grenze, die räumlich, zeitlich, mengenmäßig o. Ä. nicht über- bzw. unterschritten werden darf:* das [obere, oberste] L. für etw. festlegen; das L. über-, unterschreiten; [jmdm.] ein L. setzen; **b)** (Sport) *für die Qualifikation festgelegte Mindestleistung.*
Li|mi|te [auch: 'lımıta], die; -, -n [frz. limite, zu lat. limes, ↑Limes]: (schweiz.) *Limit.*
li|mi|ted ['lımıtıd; engl., 2. Part. von: to limit = begrenzen < frz. limiter < lat. limitare, ↑limitieren] (Wirtsch.): *engl. Zusatz bei Handelsgesellschaften mit beschränkter Haftung* (Abk.: Ltd., lim., Lim. od. Ld.)
Li|mi|ted Edi|tion [- ı'dıʃn], die; - -, - -s: *begrenzte, limitierte Auflage als Aufdruck od. Aufschrift* (z. B. auf Büchern o. Ä.).
li|mi|tie|ren ⟨sw. V.; hat⟩ [lat. limitare = abgrenzen, bestimmen, zu: limes, ↑Limes]: **a)** (bes. Fachspr.) *im Umfang begrenzen, beschränken:* etw. ist limitiert; nach oben, nach unten [nicht] limitiert; eine Auflage auf 300 Exemplare l.; limitierte Order (Order mit Angabe eines Limits b); ◆ **b)** *eingrenzen* (1): Wenn er glaubt, etwas Übereiltes, Allgemeines, Halbwahres gesagt zu haben: so hört er nicht auf zu l., zu modifizieren und ab- und zuzutun (Goethe, Werther I, 12. August).
Li|mi|tie|rung, die; -, -en (bes. Fachspr.): *das Limitieren.*
Li|mit|or|der, Li|mit-Or|der, die; -, -s [aus ↑Limit u. ↑Order] (Börsenw.): *Kauf- od. Verkaufsauftrag, bei dem eine obere od. untere Preisgrenze angegeben wird.*
Lim|mat, die; -: rechter Nebenfluss der Aare.
lim|nisch ⟨Adj.⟩ [zu griech. límnē = See]: **1.** (Biol.) *(von Pflanzen u. Tieren) im Süßwasser lebend od. entstanden.* **2.** (Geol.) *im Süßwasser entstanden od. abgelagert:* -e (in Süßwasserbecken entstandene) *Kohle.*
¹**Li|mo** [auch, bes. österr.: 'li:mo], die; -, -[s], selten auch: das; -[s], -[s] (ugs.): kurz für ↑Limonade.
²**Li|mo**, die; -, -s (ugs.): kurz für ↑Limousine.
Li|mo|na|de, die; -, -n [frz. limonade, eigtl. = Zitronenwasser, wohl unter Einfluss von ital. limonata zu: limon = Limone, ↑Limone]: *alkoholfreies, kohlensäurehaltiges Getränk aus Obstsaft od. entsprechender Essenz, Zucker u. Wasser.*
Li|mo|ne, die; -, -n [ital. limone < pers., arab. līmun = Zitrone(nbaum)]: **1.** (selten) *Zitrone.* **2.** *Limette.*
Li|mou|si|ne [limu...], die; -, -n [frz. limousine, eigtl. = weiter (Schutz)mantel, urspr. bes. der Fuhrleute in der frz. Landschaft Limousin]: *Personenwagen mit festem Verdeck.*
lind ⟨Adj.⟩ [mhd. linde, ahd. lindi = weich, zart, mild; urspr. = biegsam]: **1. a)** (geh.) *angenehm mild, nicht rau od. kalt:* die Luft ist l.; Klaus Heinrich beschritt eine steinerne, hell erleuchtete und l. durchwärmte Halle (Th. Mann, Hoheit 152); **b)** (selten) *sanft, zart:* ein -er Wind. **2.** ⟨indekl.; attributiv nachgestellt od. prädikativ⟩ *lindgrün:* ein schöner Stoff, l., mit apartem Muster.
Lin|de, die; -, -n [mhd. linde, ahd. linta, wahrsch. eigtl. = die Biegsame, nach dem weichen, biegsamen Bast (1)]: **1.** *Laubbaum mit ausladender Krone, herzförmigen, gesägten Blättern u. gelblichen, duftenden Blüten:* Vor mir ragen ... hohe Bäume. -n sind es wohl; sie beschatten eine Chaussee, auf der Autos eilig vorbeirasen (Fallada, Trinker 165). **2.** ⟨o. Pl.⟩ *Holz der Linde* (1).
Lin|den|al|lee, die: *mit Lindenbäumen bestandene Allee.*
Lin|den|baum, der: *Linde* (1).
Lin|den|blatt, das: *Blatt des Lindenbaums.*
Lin|den|blü|te, die: *Blüte des Lindenbaums.*
Lin|den|blü|ten|tee, der: *Tee aus Lindenblüten.*
Lin|den|holz, das ⟨Pl. ...hölzer⟩: *Linde* (2).
Lin|den|ho|nig, der: *von Linden* (1) *gewonnener Honig.*
lin|dern ⟨sw. V.; hat⟩ [spätmhd. lindern, zu ↑lind]: *mildern, erträglich[er] machen:* jmds. Schmerzen l.; das Elend der Flüchtlinge l.; lindernde Umschläge; Um die Langeweile ... zu l., ersann schon 1841 der Leipziger Verleger Tauchnitz die Reiselektüre als Palliativ (Enzensberger, Einzelheiten I, 203).
Lin|de|rung, die; -: *das Lindern:* jmdm. L. verschaffen; Wir fordern, dass die Speicher zur L. der Not geöffnet werden (Weiss, Marat 65).
Lin|de|rungs|mit|tel, das: *Mittel zur Linderung von Schmerzen.*
lind|grün ⟨Adj.⟩ [zu ↑Linde, nach der Farbe des geflügelten Samens]: *zart gelbgrün.*
Lind|heit, die; -: *das Lindsein* (1).
Lind|wurm, der [mhd. lintwurm, zu ahd. lint = Schlange, Drache; also eigtl. verdeutlichend = Schlangenwurm] (Mythol., Heraldik): *dem Drachen ähnliches [aber ungeflügeltes] Fabeltier.*
li|ne|al ⟨Adj.⟩ [spätlat. linealis]: *linealisch.*
Li|ne|al, das; -s, -e [zu spätlat. linealis = in Linien bestehend, in Linien gemacht, zu lat. linea, ↑Linie]: *einfaches Gerät mit [Längenskala u.] gerader Kante zum Ziehen von Linien:* bas L. anlegen; er sah gerade, als hätte er ein L. verschluckt (spött.) *steif u. in unnatürlich gerader Haltung).*
li|ne|al|lisch ⟨Adj.⟩ (Bot.): *(von Blättern) lang u. mit parallelen Rändern:* -e Blätter.
Li|ne|a|ment, das; -[e]s, -e [lat. lineamentum = Umriss, Grundriss, zu: linea, ↑Linie] (bild. Kunst): *Gesamtheit von gezeichneten od. sich abzeichnenden Linien in ihrer besonderen Anordnung, in ihrem eigentlichen Verlauf.*
li|ne|ar ⟨Adj.⟩ [lat. linearis = aus Linien bestehend]: **1. a)** (bildungsspr.) *geradlinig, linienförmig:* -e Zeichen; (Physik:) -e Bewegung, Beschleunigung; **b)** (Kunstwiss.) *zeichnerisch; das Zeichnerische betonend:* die Figuren sind l. angelegt. **2. a)** (bildungsspr.) *geradlinig, einfach u. stetig [verlaufend]:* ein -er Prozess; **b)** (Musik) *nicht den harmonischen Zusammenklang, sondern den gleichzeitigen Verlauf selbständiger Melodien, Stimmen in den Vordergrund stellend:* -e Musik; der -e Stil. **3.** (Math.) **a)** *eindimensional, [nur] der Länge nach:* der -e Ausdehnungskoeffizient; **b)** *unbestimmte Größen in erster Potenz enthaltend:* -e Gleichungen (Gleichungen ersten Grades). **4.** (Fachspr.) *für alle in gleicher Weise erfolgend:* -e Zunahme, Lohnerhöhung; -e Abschreibung *(Abschreibung gleichbleibender Beträge).*
Li|ne|ar|be|schleu|ni|ger, der [LÜ von engl. linear accelerator] (Kernphysik): *Beschleuniger, in dem Elementarteilchen in eine geradlinige, beschleunigte Bewegung gebracht werden.*
Li|ne|a|ri|tät, die; - [zu ↑linear] (Fachspr.): *lineare Beschaffenheit.*
Li|ne|a|tur, die; -, -en [zu lat. linea, ↑Linie]: **1.** *Linierung* (2). **2.** (bild. Kunst) *Linienführung.*
Li|ner ['laɪnɐ], der; -s, - [engl. liner, zu: line = Linie (6 a)]: **1.** (Schifffahrt) *Überseedampfer, Linienschiff.* **2.** *Linien-, Passagierflugzeug.*

-**ling**, der; -s, -e (Bildungen meist ugs. abwertend): *kennzeichnet in Bildungen mit Adjektiven – seltener mit Substantiven oder Verben – eine Person, die durch etw. (Eigenschaft oder Merkmal) charakterisiert ist: Konservativling; Seichtling.*

Lin|ge [lɛ̃:ʒ], die; - [frz. linge, Substantivierung von: afrz. linge < lat. lineus = ¹leinen] (schweiz. Hotelw.): *Wäsche.*
Lin|ge|rie [lɛ̃ʒ(ə)ri:], die; -, -n [frz. lingerie (schweiz.): **a)** *Wäsche[raum];* **b)** *zu einem Betrieb gehörende Wäscherei;* **c)** *Wäschegeschäft.*
Lin|gua fran|ca ['lɪŋɡua 'fraŋka], die; - - [ital., eigtl. = fränkische Sprache, aus: lingua < lat. lingua = Sprache (↑lingual) u. franco < mlat. Francus, ↑frank]: **1.** *mit arabischen Elementen vermischte romanische, vorwiegend italienische Verkehrssprache des MA.s meist für Handel u. Seefahrt im östlichen Mittelmeer.* **2.** *Verkehrssprache eines größeren mehrsprachigen Raums.*
lin|gu|al ⟨Adj.⟩ [zu lat. lingua = Zunge; Sprache] (bes. Med.): *auf die Zunge bezüglich.*
Lin|gu|al, der; -s, -e (Sprachwiss.): *mit der Zunge gebildeter Laut* (z. B. das Zungen-R).
Lin|gu|al|pfei|fe, die: *Orgelpfeife, bei der durch ein schwingendes Metallblättchen der den Ton erzeugende Luftstrom periodisch unterbrochen wird.*
Lin|gu|ist, der; -en, -en: *Sprachwissenschaftler.*
Lin|gu|is|tik, die; - [als Bez. für die moderne Sprachwiss. (frz. linguistique) eingef. von dem Schweizer Sprachwissenschaftler F. de Saussure (1857–1913)]: *Sprachwissenschaft.*
Lin|gu|is|tin, die; -, -nen: w. Form zu ↑Linguist.
lin|gu|is|tisch ⟨Adj.⟩: *sprachwissenschaftlich.*
Li|nie, die; -, -n [mhd. linie, ahd. linna < lat. linea = (mit einer Schnur gezogene) gerade Linie; Faden, zu: lineus = aus Leinen, zu: linum = Leinen; Faden]: **1. a)** *länger, gerader od. gekrümmter (gezeichneter o. ä.) Strich:* mit dem Lineal eine L. ziehen; Briefpapier mit -n *(liniertes Briefpapier);* die -n *(leichten Einkerbungen der Hand);* **b)** (Math.) *zusammenhängendes, eindimensionales geometrisches Gebilde ohne Querausdehnung:* eine gerade L. *(Gerade);* **c)** (Sport) *Markierungslinie, Begrenzungslinie:* der Torwart klebte auf der L.; den Ball über die L. [ins Aus] schlagen; **d)** (Seew.) *Kurzf. von ↑Wasserlinie.* **2.** *Umriss[linie], Kontur:* etw. tritt in scharfen -n hervor; der [schlanke] L. (ugs. scherzh.; *Figur)* achten. **3. a)** *gedachte, angenommene Linie, die etw. verbindet:* auf der L. Freiburg–Basel; **b)** ⟨o. Pl.⟩ (Seemannsspr.) *Äquator;* **c)** (Schach) *einer der acht senkrechten, ein Feld breiten Abschnitte*

Linienball – Linksintellektueller

des Schachbretts. **4.** *Reihe:* eine L. bilden; in einer L. stehen; sich in einer L. *(nebeneinander)* aufstellen; die Gebäude stehen in einer L. *(Fluchtlinie).* **5.** (Militär) **a)** *Front, Kampfgebiet mit den Stellungen der Truppen:* die feindlichen -n durchbrechen; in vorderster L. liegen, kämpfen; * **in vorderster L. stehen** *([im Kampf um, gegen etw.] im Vordergrund, an der Spitze stehen);* **b)** *in gleichmäßigen Abständen nebeneinander aufgestellte Truppen.* **6. a)** *von [öffentlichen] Verkehrsmitteln regelmäßig befahrene, beflogene Verkehrsstrecke zwischen bestimmten Orten, Punkten:* die L. Hamburg–London; eine L. *(den Linienverkehr auf einer bestimmten Strecke)* einrichten, stilllegen, einstellen; nicht Charter, sondern L. *(mit einem Linienflugzeug)* fliegen; auf der L. *(Straßenbahn-, Buslinie)* 8 kam es zu einem Verkehrsunfall; **b)** *Verkehrsmittel, Fahrzeug[e] einer bestimmten Linie* (6a): die L. 12 fährt zum Bahnhof, nur werktags. **7.** [nach den genealogischen Linien von Stammbäumen] *Folge von Nachkommen:* die männliche L. ist ausgestorben; in gerader, direkter L. von jmdm. abstammen. **8.** *allgemeine Richtung, die bei einem Vorhaben, Verhalten o. Ä. eingeschlagen, befolgt wird:* eine gemäßigte, radikale L. vertreten; die Arbeit lässt keine [klare] L. erkennen; sich auf eine [einheitliche] L. festlegen; etw. auf eine L., auf die gleiche L. stellen *(gleich behandeln);* L. ins Spiel bringen (Sport; *das Spiel planvoll anlegen, aufbauen);* * **jmdn. auf L. bringen** (ugs.: *jmdn. auf einen bestimmten Kurs einschwören, festlegen):* der Parteichef hat die Mitglieder auf L. gebracht). **9.** * **auf der ganzen/auf ganzer L.** *(völlig; in jeder Beziehung:* auf der ganzen L. versagen; die Mannschaft enttäuschte auf ganzer L.); **in erster/zweiter L.** *(an erster/zweiter, weniger wichtiger Stelle:* in erster L. geht es darum, dass wir gewinnen; das interessiert uns erst in zweiter L.).

Li|ni|en|ball, der (Tennis): **1.** *Ball, der eine Linie* (1 c) *berührt.* **2.** *entlang der seitlichen Linie geschlagener Ball.*

Li|ni|en|blatt, das: *Blatt mit aufgedruckten Linien, das, unter das Schreibpapier gelegt, als Hilfsmittel zum Schreiben gerader Zeilen dient.*

Li|ni|en|bus, der: *im Linienverkehr eingesetzter Bus.*

Li|ni|en|dienst, der: *Linienverkehr, bes. von Flugzeugen u. Schiffen.*

Li|ni|en|flug, der: *Flug mit einem Linienflugzeug.*

Li|ni|en|flug|zeug, das: vgl. Linienbus.

li|ni|en|för|mig ⟨Adj.⟩: *in Form einer Linie* (1 a).

Li|ni|en|füh|rung, die (bes. Fachspr.): **1. a)** *Art u. Gestaltung der zeichnerischen bzw. grafischen Linie;* **b)** *Führung, Gestaltung der formprägenden Umrisslinien:* eine Plastik mit strenger L. **2.** *festgelegter Verlauf einer Straßenbahn, Buslinie o. Ä.*

Li|ni|en|netz, das: *Netz von Verkehrslinien.*

Li|ni|en|netz|plan, der: *Plan, der einen Überblick über ein Liniennetz gibt.*

Li|ni|en|pa|pier, das: *liniertes Papier.*

Li|ni|en|rich|ter, der (Ballspiele): *Helfer des Schiedsrichters, der vom Spielfeldrand aus die Grenzlinien überwacht.*

Li|ni|en|rich|te|rin, die: w. Form zu ↑ Linienrichter.

Li|ni|en|sys|tem, das (Musik): *zur Notenschrift gehörendes System paralleler Linien (Notenlinien).*

li|ni|en|treu ⟨Adj.⟩ (abwertend): *streng einer Ideologie, Parteilinie folgend:* -e Autoren.

Li|ni|en|ver|kehr, der: *regelmäßiger Verkehr auf einer [Verkehrs]linie:* im L. fahren.

li|nie|ren, liniierte (sw. V.; hat) [mlat. lineare = mit einer Linie unterstreichen < lat. lineare =

nach dem Lot einrichten, zu: linea, ↑ Linie]: *mit Linierung versehen:* lini[i]ertes Papier.

Li|nie|rung, Liniierung, die; -, -en: **1.** *das Linieren.* **2.** *Gesamtheit der Linien auf liniertem Papier o. Ä.*

li|ni|ie|ren: ↑ linieren.

Li|ni|ie|rung: ↑ Linierung.

link ⟨Adj.⟩ [aus der Gaunerspr., zu ↑ link...] (ugs.): *falsch, verkehrt, anrüchig, fragwürdig; nicht vertrauenswürdig:* -e Geschäfte machen; ein -er Vogel *(ein zwielichtiger Mensch);* das war l.

Link, der, auch: das; -s, -s [engl. link = Verbindung, verw. mit ↑ Gelenk] (EDV): *[grafisch hervorgehobene] Verknüpfung mit einer anderen Datei od. einer anderen Stelle in derselben Datei [die vom Benutzer z. B. per Mausklick aktiviert werden kann].*

link... ⟨Adj.⟩ [mhd. linc, lenc, auch: linkisch; unwissend, urspr. = schlaff, matt]: **1. a)** *auf der Seite befindlich, die beim Menschen der von ihm selbst aus gesehenen Lage des Herzens im Brustkorb entspricht:* die linke Hand; das linke Ufer *(in Flussrichtung linke Ufer);* linker (Boxen: *mit dem linken Arm ausgeführter)* Haken; * **linker Hand** (↑ Hand); **b)** *(bei Stoffen, Wäsche o. Ä.)* innen, hinten, unten befindlich (u. normalerweise nicht sichtbar): die linke Seite eines Strumpfs; linke Maschen (Handarb.; *Maschen [auf der Innenseite bzw. linken Seite], bei denen mit der rechten Stricknadel nach links vorn in die Masche der linken Nadel eingestochen u. ein vorgelegter Faden durchgezogen wird).* **2. a)** [nach frz. côté gauche, zu ↑ Linke (2)] *zur Linken* (2) *gehörend, ihr eigentümlich:* linke Ansichten; ⟨subst.:⟩ er ist ein Linker; **b)** *zur Partei »Die Linke« gehörend, sie betreffend:* die linke Abgeordnete ⟨subst.:⟩ der Linke saß in der Talkshow neben der Kanzlerin.

Lin|ke, die; -n ⟨eine Linke; der/einer Linken, die Linken/zwei Linke: **1. a)** ⟨Pl. selten⟩ [schon ahd. lenka = linke Hand] *linke Hand:* etw. in der -n halten; (Boxen:) seine L. einsetzen; * **zur -n** *(auf der linken* 1 a *Seite:* zur -n der Gastgeberin, zu ihrer -n); **b)** [engl. left] (Boxen) *mit der linken Faust ausgeführter Schlag.* **2.** (Ballspiele Jargon) *Linksaußen.* ⟨Pl. selten⟩ [im Anschluss an frz. gauche od. der Sitzordnung im Parlament (vom Präsidenten aus gesehen)] *Gesamtheit der Parteien, politischen Gruppierungen, Strömungen, die den Sozialismus, Kommunismus vertreten:* die radikale L.; * **die neue L.** *(vor allem von Studenten u. Intellektuellen getragene marxistisch-sozialistische Gruppierung bes. in den 60er-Jahren in den USA u. den westeuropäischen Demokratien).* **3. a)** *weibliche Person, die politisch links steht;* **b)** *weibliche Person, die zur Partei »Die Linke« gehört.* **4.** ²Linksaußen.

lin|ken ⟨sw. V.; hat⟩ [zu ↑ link] (ugs.): *täuschen, hereinlegen:* jmdn. l.

Lin|ker, der, Linke/ein Linker; des/eines Linken, die Linken/zwei Linke: **1. a)** *jmd., der politisch links steht;* **b)** *jmd., der zur Partei »Die Linke« gehört.* **2.** (Ballspiele Jargon) *Linksaußen.*

lin|ker|seits ⟨Adv.⟩: *auf der linken Seite; links:* die Tür l.

lin|kisch ⟨Adj.⟩ [zu ↑ link...] (abwertend): *unbeholfen u. ungeschickt; ungewandt:* eine -e Aushilfe; -e Bewegungen.

Link|lis|te, die [zu ↑ Link] (EDV): *Sammlung, Liste von Hyperlinks.*

¹links ⟨Adv.⟩ [spätmhd. lincks, urspr. = Gen. Sg. von ↑ link...]: **1. a)** *auf der linken* (1 a) *Seite:* die zweite Tür, [Quer]straße l.; l. vom Eingang; l. überholen; l. *(nach links)* abbiegen; der Stürmer spielt l. außen (Ballspiele; *auf der äußeren linken Seite des Spielfelds);* (militär. Kommando:) l. um! *(nach links umdrehen!);* (militär. Kommando:) die Augen l.! *(nach links!);* l., zwei, drei,

vier; von l. *(von der linken Seite)* kommen; von rechts nach l.; * **jmdn., etw. l. liegen lassen/liegenlassen** (ugs.: *jmdn., etw. bewusst nicht beachten, sich um jmdn., etw. nicht kümmern);* **weder l. noch rechts schauen** (↑ ¹rechts 1a); **nicht [mehr] wissen, was l. und [was] rechts ist** (↑ ¹rechts 1a); **b)** (ugs.) *mit der linken Hand:* [mit] l. schreiben; * **mit l.** (ugs.; *ohne jede Anstrengung, ganz mühelos, nebenbei:* das mache ich mit l.); **c)** *auf bzw. von der linken* (1 b) *Seite:* etw. [von] l. bügeln; ein Kleidungsstück [nach] l./(ugs.:) auf l. drehen, wenden; * **jmdn. [auf] l. drehen** (salopp; *jmdn. gründlich prüfen, ausfragen o. Ä.);* **d)** (Handarb.) *mit linken Maschen:* (ugs.:) zwei rechts stricken; der Pulli ist l. gestrickt. **2.** *zur Linken* (2) *gehörend:* [weit] l. stehen; [politisch] l. stehende Abgeordnete; l. [eingestellt] sein; Kritik von l.

²links ⟨Präp. mit Gen.⟩ [zu: ↑ ¹links] (seltener): *auf der linken Seite von etw.:* l. des Rheins, der Straße.

Links|ab|bie|ger, der; -s, - (Verkehrsw.): *jmd., der mit seinem Fahrzeug nach links abbiegt.*

Links|ab|bie|ge|rin, die; -, -nen: w. Form zu ↑ Linksabbieger.

Links|ab|bie|ger|spur, die: *Fahrspur, auf der sich ein Linksabbieger, eine Linksabbiegerin einordnen muss.*

Links|aus|la|ge, die (Boxen): *Auslage* (3 b) *des rechtshändigen Boxers, der das linke Bein vorsetzt u. dessen linke Hand die Führhand ist.*

Links|aus|le|ger, der (Boxen): *Boxer mit Linksauslage.*

Links|aus|le|ge|rin, die; -, -nen: w. Form zu ↑ Linksausleger.

¹Links|au|ßen, der (Ballspiele): *Stürmer auf der äußersten linken Seite des Spielfeldes.*

²Links|au|ßen, die: w. Form zu ↑ ¹Linksaußen.

links|bün|dig ⟨Adj.⟩ (Fachspr.): *an eine [gedachte] senkrechte linke Grenzlinie angeschlossen, angereiht.*

Links|drall, der: **1.** (Fachspr.) *linksdrehender Drall.* **2.** (ugs.) *Tendenz zur Abweichung nach links:* einen L. haben; Ü ein Autor mit starkem L. *(ein stark linksorientierter Autor).*

links|dre|hend ⟨Adj.⟩: **1.** (bes. Technik) *einer nach links gerichteten bzw. ansteigenden Drehung um die Längsachse folgend:* -es Gewinde. **2.** (Physik, Chemie) *die Ebene des polarisierten Lichts nach links drehend:* -e Milchsäure.

Links|dre|hung, die: *Drehung nach links:* eine L. machen.

links|ex|t|rem ⟨Adj.⟩ (seltener): *linksextremistisch.*

Links|ex|t|re|mis|mus, der ⟨o. Pl.⟩ (Politik): *linker* (2) *Extremismus.*

Links|ex|t|re|mist, der (Politik): *Vertreter des Linksextremismus.*

Links|ex|t|re|mis|tin, die: w. Form zu ↑ Linksextremist.

links|ex|t|re|mis|tisch ⟨Adj.⟩ (Politik): *extremistisch im Sinne der äußersten Linken* (2).

Links|fa|schis|mus, der (Politik): *linksorientierter Faschismus* (2 a).

links|ge|rich|tet ⟨Adj.⟩: *linksorientiert.*

Links|hän|der, der: *jmd., der linkshändig ist.*

Links|hän|de|rin, die; -, -nen: w. Form zu ↑ Linkshänder.

links|hän|dig ⟨Adj.⟩: **1.** *mit der linken Hand geschickter als mit der rechten.* **2.** *mithilfe der linken Hand:* eine Tätigkeit l. verrichten.

Links|hän|dig|keit, die; -: *das Linkshändigsein.*

links|her|um ⟨Adv.⟩: *(in der Richtung) nach links.*

Links|in|tel|lek|tu|el|le ⟨vgl. Intellektuelle⟩ (Politik): *links stehende Intellektuelle.*

Links|in|tel|lek|tu|el|ler ⟨vgl. Intellektueller⟩ (Politik): *links stehender Intellektueller.*

Linkskatholizismus – Lippenblütler

Links|ka|tho|li|zis|mus, der (Politik): *linksorientierter Katholizismus.*

Links|ko|a|li|ti|on, die (Politik): *linke Koalition.*

Links|kurs, der: **1.** (Pferdesport) *Kurs, der linksherum gelaufen wird.* **2.** (Politik) *linksorientierter Kurs einer Regierung, Partei o. Ä.*

Links|kur|ve, die: *nach links gekrümmte Kurve.*

links|las|tig ⟨Adj.⟩: **1.** *links zu stark belastet.* **2.** (Politikjargon abwertend) *unverhältnismäßig stark linksorientiert:* -e Universitäten.

Links|las|tig|keit, die; -: *das Linkslastigsein.*

links|li|be|ral ⟨Adj.⟩ (Politik): *linksorientiert u. liberal:* ein -er Politiker.

Links|op|po|si|ti|on, die (Politik): *linke Opposition.*

links|ori|en|tiert ⟨Adj.⟩ (Politik): *an einer linken Ideologie, Parteilinie o. Ä. orientiert.*

Links|par|tei, die (Politik): *linke* (2) *Partei.*

links|ra|di|kal ⟨Adj.⟩ (Politik): *radikal im Sinne der äußersten Linken.*

Links|ra|di|ka|le ⟨vgl. Radikale⟩: *weibliche Person mit linksradikaler Einstellung.*

Links|ra|di|ka|ler ⟨vgl. Radikaler⟩: *jmd. mit linksradikaler Einstellung.*

Links|ra|di|ka|lis|mus, der (Politik): *linker Radikalismus.*

Links|re|gie|rung, die (Politik): *linke Regierung.*

links|rhei|nisch ⟨Adj.⟩: *auf der linken Seite des Rheins* [gelegen o. Ä.]*.*

Links|ruck, der (Politikjargon): **a)** *hoher Stimmengewinn der Linken* (2) *bei einer Wahl;* **b)** *Stärkung des Einflusses eines linksorientierten Parteiflügels (innerhalb einer Partei, der Regierung o. Ä.).*

links|rum ⟨Adv.⟩ (ugs.): *linksherum.*

links|sei|tig ⟨Adj.⟩: *auf der linken Seite:* l. *gelähmt sein.*

links ste|hend, links|ste|hend ⟨Adj.⟩ (Politik): *(von Personen, Gruppen) linksorientiert:* links stehende Abgeordnete.

links|um ⟨Adv.⟩ (bes. in militär. Kommandos): *nach links herum, linksherum:* l. kehrt!

Links|un|ter|zeich|ne|te ⟨vgl. Unterzeichnete⟩: *weibliche Person, die links unterzeichnet hat.*

Links|un|ter|zeich|ne|ter ⟨vgl. Unterzeichneter⟩: *jmd., der links unterzeichnet hat.*

Links|ver|kehr, der ⟨Pl. selten⟩ (Verkehrsw.): *Form des Verkehrs* (1)*, bei der links gefahren u. rechts überholt wird.*

Links|wen|dung, die: *Wendung nach links.*

lin|nen ⟨Adj.⟩ [mniederd. linen, asächs. līnīn] (veraltet): ¹*leinen.*

Lin|nen, das; -s, - [mniederd. linen, asächs. līnīn] (veraltet): *Leinen.*

Li|no|le|um (österr. und schweiz. meist: lino-ˈleːʊm], das; -s [engl. linoleum, zu lat. linum (↑Linie) u. oleum = Öl, nach dem wesentlichen Bestandteil, dem Leinöl]: *Fußbodenbelag aus starkem Jutegewebe, auf das eine Masse aus Leinöl, Kork, Farbstoffen, Harzen o. Ä. aufgepresst ist.*

Li|n|o|le|um|bo|den, der: *Fußboden mit einem Belag aus Linoleum.*

Li|n|ol|schnitt, der: **1.** ⟨o. Pl.⟩ *grafische Technik, bei der die Darstellung mit scharfem Messer aus einer später als Druckstock dienenden Linoleumplatte herausgeschnitten wird.* **2.** *Abzug in der Technik des Linolschnitts* (1).

Li|no|type® [ˈlaɪnotaɪp], die; -, -s [engl. linotype, zu: line = Linie, Zeile u. type = Druckbuchstabe] (Druckw.): *Maschine, die Zeilen setzt u. gießt.*

Lin|se, die; -, -n: **1.** [mhd. linse, ahd. linsi, H. u.] **a)** *krautige Gemüsepflanze mit in rautenförmigen Hülsen sitzenden kleinen, flachen, kreisrunden Samen von gelbbrauner, roter od. schwarzer Farbe:* n anbauen; **b)** *Frucht der Linse:* -n pflücken; **c)** *als Nahrungsmittel verwendeter Samen der Linse:* -n einweichen, kochen. **2.** [nach der einer Linse ähnlichen Form] **a)** (Optik) *kugelig gekrümmter Körper aus durchsichtigem Material, der durch Brechung des hindurchgehenden Lichts eine optische Abbildung vermittelt:* stark vergrößernde -n; -n schleifen; die Brennweite, Krümmung einer L.; **b)** (ugs.) *Objektiv einer Kamera:* jmdm. vor die L. bekommen *(fotografieren können);* **c)** (Med.) *in Form u. Funktion einer Linse ähnlicher, glasklarer Teil des Auges;* **d)** (Physik, Technik) *elektrisches bzw. magnetisches Feld, das durch Brechung der hindurchgehenden Elektronenstrahlen eine elektronenoptische Abbildung vermittelt:* die -n eines Elektronenmikroskops; **e)** *Kurzf. von* ↑Kontaktlinse: eine L. verlieren; die -n einsetzen. **3.** (Geol.) *große Einlagerung, Lagerstätte von der Form einer Linse.* **4.** ⟨Pl.⟩ [wohl nach der flachen Form] (ugs.) *Geldmünzen.*

lin|sen ⟨sw. V.; hat⟩ [zu ↑Linse (2 a)] (ugs.): *verstohlen blicken; spähen:* durch den Spion, um die Ecke l.; bei der Klassenarbeit l. (Schülerspr.; beim Mitschüler, bei der Mitschülerin abschreiben).

Lin|sen|feh|ler, der (Optik): *Fehler in einer Linse* (2 a).

lin|sen|för|mig ⟨Adj.⟩: *in seiner Form an Linsen* (1 c) *erinnernd.*

Lin|sen|ge|richt, das: *Gericht aus Linsen* (1 c): in L. kochen; ** für ein L.* (geh.: *für etw. Geringes, das nur im Augenblick ein Gegenwert zu sein scheint;* nach 1. Mos. 25, 29–34: etw. für ein L. hergeben).

Lin|sen|sup|pe, die: *[dicke] Suppe aus [getrockneten] Linsen* (1 c), *[Speck,] Gewürzen u. a.*

Lin|sen|sys|tem, das (Fachspr.): *optisches System aus mehreren Linsen* (2 a).

Lin|sen|trü|bung, die (Med.): *Trübung der Linse des Auges.*

Li|nux®, das; - [geb. in Anlehnung an ↑UNIX zu »Linus«, dem ersten Vorn. des finn. Softwareingenieurs L. B. Torvalds, der die erste Version des Systems entwickelt hat] (EDV): *freies Betriebssystem, das UNIX ähnlich ist.*

Linz: *Landeshauptstadt von Oberösterreich.*

¹**Lin|zer,** der; -s, -: Ew.

²**Lin|zer** ⟨indekl. Adj.⟩: L. Bürger.

Lin|ze|rin, die; -, -nen: w. Form zu ↑¹Linzer.

Lin|zer Tor|te, die; -, -n [nach der Stadt Linz]: *flacher [runder] Kuchen aus Mürbeteig (mit Mandeln, Zimt u. Nelken), der mit Marmelade bestrichen u. gitterartig mit Streifen aus Teig belegt ist.*

Li|on [ˈlaɪən], der; -s, -s [engl. Lion]: *Mitglied des Lions Clubs.*

Li|ons Club [ˈlaɪənz ˈklʌb], der; - -s, - -s [engl. Lions Club]: **1.** ⟨o. Pl.⟩ *Lions International.* **2.** *zu Lions International gehörender örtlicher Klub.*

Li|ons In|ter|na|tio|nal [ˈlaɪənz ɪntəˈnæʃ(ə)nəl], der; - - [gek. aus engl. International Association of Lions Clubs; gedeutet als »die Löwen« (= engl. lions, nach den Löwen im Wappen des Klubs), urspr. Abk. von Liberty, Intelligence, Our Nations' Safety]: *karitativ tätige, um internationale Verständigung bemühte Vereinigung führender Persönlichkeiten des öffentlichen Lebens.*

lip-, Lip-: ↑lipo-, Lipo-.

Li|pa, die; -, -s ⟨aber: 50 Lipa⟩ [kroat. lipa, eigtl. = Lindenbaum, nach dem Münzbild]: *Untereinheit der Währungseinheit von Kroatien* (100 Lipa = 1 Kuna).

Li|pa|ri|sche In|seln ⟨Pl.⟩: *Inselgruppe nordöstlich von Sizilien; Äolische Inseln.*

Li|pa|se, die; -, -n [zu ↑lipo-, Lipo-] (Biochemie): *Fett spaltendes Enzym.*

Lip|gloss, der od. das; -[es], -[e] u. -es [engl. lip gloss, aus: lip = Lippe u. gloss = Glanz]: *kosmetisches Mittel, das den Lippen Glanz u. Geschmeidigkeit verleiht.*

Li|pid, das; -[e]s, -e [zu ↑lipo-, Lipo-] (Biochemie): **a)** ⟨meist Pl.⟩ *Fett od. fettähnliche Substanz;* **b)** ⟨Pl.⟩ *Gesamtheit der Fette u. Lipoide.*

Li|piz|za|ner, der; -s, - [nach dem (heute slowen.) Gestüt Lipizza (Lipica) bei Triest]: *edles Warmblutpferd, meist Schimmel, mit leicht gedrungenem Körper, breiter Brust u. kurzen, starken Beinen.*

li|po-, Li|po-, (vor Vokalen auch:) lip-, Lip- [griech. lípos = Fett]: *Best. in Zus. mit der Bed. fetthaltig, fettähnlich (z. B. Lipolyse, Lipom, Lipid, Lipämie).*

Li|po|id, das; -s, -e (Biochemie): **a)** *lebenswichtige, in tierischen u. pflanzlichen Zellen vorkommende fettähnliche Substanz;* **b)** ⟨Pl.⟩ *fettähnliche organische Substanzen.*

Li|pom, das; -s, -e, **Li|po|ma,** das; -s, -ta (Med.): *gutartige Fettgeschwulst.*

Li|po|som, das; -s, -en [zu griech. sōma = Körper] (Med., Pharm.): *künstlich hergestelltes, kleines bläschenartiges Gebilde, das sich mit einer Zellmembran vereinigen u. dadurch Substanzen in die Zelle gelangen lassen kann.*

¹**Lip|pe,** die; -, -n [aus dem Md., Niederd. < md., mniederd. lippe, urspr. = schlaff Herabhängendes]: **1. a)** *fleischiger oberer od. unterer Rand des [menschlichen] Mundes:* schmale, volle, wulstige, aufgesprungene, rote, blaue -n; die -n öffnen, [zum Kuss] spitzen; sie küssten, schürzte verächtlich die -n; sich ⟨Dativ⟩ die -n schminken, anmalen, lecken, [mit der Zunge] anfeuchten; das Glas, die Trompete an die -n setzen; auf ihren -n lag ein Lächeln; den Finger auf die -n legen *(den Zeigefinger auf die Lippen legen, um zum Stillsein, zum Schweigen aufzufordern);* sich ⟨Dativ⟩ auf die -n beißen *(bes. um ein Lachen zu unterdrücken od. weil man eine unmittelbar vorher gemachte Äußerung sofort bereut);* einen Laut mit den -n bilden; jmdm. etw. von den -n ablesen: Nachher kämmte sie sich vor dem Spiegel und zog sorgfältig die -n nach (Andersch, Rote 16); ** an jmds. -n hängen* (einer bzw. einem Sprechenden konzentriert, gespannt zuhören [u. sie bzw. ihn dabei anblicken]); *etw. auf den -n haben* (etw. gerade äußern, von sich geben [wollen]: ein Wort auf den -n haben); *etw./mit etw. auf den -n* (etw. äußernd, singend o. Ä.: ein fröhliches Lied auf den -n, wanderten sie durch das Tal; mit einem Fluch auf den -n kam er hereingestolpert); [jmdm.] *auf den -n ersterben* (geh.: *unter einem starken Eindruck o. Ä. plötzlich nicht ausgesprochen, ohne Bedenken geäußert werden: das Wort erstarb ihr auf den -n); [nicht] über jmds. -n/jmdm. [nicht] über die -n kommen* ([nicht] von jmdm. ausgesprochen werden können); *etw. [nicht] über die -n bringen* (es [nicht] fertigbringen, etw. auszusprechen, zu äußern); jmdm. *leicht, glatt o. ä. von den -n fließen/gehen* (von jmdm. ohne Bedenken geäußert werden); **b)** ⟨o. Pl.⟩ (salopp) *Mundwerk:* das ist die freche Berliner L.; ** eine [dicke/große] L. riskieren* (ugs.: *großsprecherisch reden).* **2.** (Bot.) *oberer od. unterer hervorstehender Teil der Blumenkrone (z. B. an Lippenblütlern).*

²**Lip|pe,** die; -: *rechter Nebenfluss des Rheins.*

Lip|pen|be|kennt|nis, das (abwertend): *jmds. Bekenntnis zu etw., das sich nur in Worten, nicht aber in Taten äußert.*

Lip|pen|blüt|ler, der; -s, - (Bot.): *Pflanze einer Familie, deren zahlreiche Arten lippenförmige Blüten aufweisen.*

lippenförmig – Literatur

lip|pen|för|mig ⟨Adj.⟩: *die Form einer Lippe aufweisend.*

Lip|pen|le|sen, das; -s: *Ablesen der stummen od. nicht gehörten Sprechbewegungen von den Lippen.*

Lip|pen|rot, das; -s: **a)** *auf die Lippen aufgetragene rote Schminke;* **b)** *Lippenstiftfarbe.*

Lip|pen|spal|te, die (Med.): *angeborene Spalte in der Oberlippe als vererbbare Fehlbildung.*

Lip|pen|stift, der: **1.** *meist rot getönter, fetthaltiger Stift zum Schminken der Lippen:* einen, keinen L. benutzen; ein kussechter L. **2.** *Lippenstiftfarbe:* Flecken von L.

Lip|pen|stift|far|be, die: *Farbe eines Lippenstifts.*

lip|pen|syn|chron ⟨Adj.⟩ (Film): *in der Weise synchron, dass Lippenbewegung u. Ton zeitlich genau parallel gehen.*

Lip|tau|er, der; -s, - ⟨Pl. selten⟩ [nach dem dt. Namen einer slowak. Landschaft] (österr.): *Brotaufstrich aus gewürztem Frischkäse, bes. Schafskäse.*

li|quid, liquide ⟨Adj.; ...der, ...deste⟩ [lat. liquidus = flüssig, zu: liquere = flüssig sein]: **1.** (Wirtsch.) *verfügbar:* liquide Gelder. **2.** (Wirtsch.) *zahlungsfähig:* ein liquides Unternehmen. **3.** (Chemie) *flüssig.*

Li|qui|da, die; -, ...dä u. ...jden [lat. (consonans) liquida] (Sprachwiss.): *bei kontinuierlich ausströmender Luft gebildeter stimmhafter Laut (z. B. l, r).*

Li|qui|da|ti|on, die; -, -en [frz. liquidation, ital. liquidazione < mlat. liquidatio, zu: liquidare, ↑liquidieren]: **1.** *das Liquidieren* (1–3). **2.** *das Liquidiertwerden* (1, 3).

Li|qui|da|tor, der; -s, ...oren: **1.** (Wirtsch.) *jmd., der etw. liquidiert* (1 a, c). **2.** *jmd., der einen anderen umbringt, liquidiert* (3 b).

Li|qui|da|to|rin, die; -, -nen: w. Form zu ↑Liquidator.

li|qui|de: ↑liquid.

Li|qui|den: Pl. von ↑Liquida.

li|qui|die|ren ⟨sw. V.; hat⟩ [ital. liquidare < mlat. liquidare = flüssig machen, zu lat. liquidus, ↑liquid]: **1.** (Wirtsch.) **a)** *(ein Unternehmen) auflösen u. die damit verbundenen Rechtsgeschäfte abwickeln:* eine Firma l.; **b)** *(von einem Unternehmen) sich auflösen u. die damit verbundenen Rechtsgeschäfte abwickeln; in Liquidation gehen:* die Firma liquidiert; **c)** *(Sachwerte) in Geld umwandeln:* das Inventar l.; **d)** *(Schulden o. Ä.) begleichen:* eine finanzielle Verpflichtung l. **2.** *(bei freien Berufen für eine erbrachte Leistung) eine Rechnung ausstellen:* einen Betrag für ärztliche Bemühungen l. **3.** (bildungsspr.) **a)** *nicht länger bestehen lassen; beseitigen; tilgen:* Traditionen l.; einen Konflikt l. *(beilegen);* Alles ist eingeordnet, und liquidiert sind die Widerstände (Adorno, Prismen 54); **b)** [unter Einfluss von gleichbed. russ. likvidirovat´] *(bes. aus politischen o. ä. Gründen) töten, hinrichten, umbringen [lassen]:* Gefangene l.

Li|qui|die|rung, die; -, -en: *das Liquidieren* (1 a, b, 3).

Li|qui|di|tät, die; - (Wirtsch.): **1.** *Fähigkeit eines Unternehmens, seine Zahlungsverpflichtungen fristgerecht zu erfüllen.* **2.** *flüssige Mittel (wie Bargeld, Bankguthaben o. Ä.).*

Li|qui|di|täts|eng|pass, der (Wirtsch.): *vorübergehende Zahlungsschwierigkeiten; mangelnde Liquidität* (1).

¹Li|ra, die; -, Lire [ital. lira < lat. libra = Waage; Gewogenes; Pfund]: *frühere italienische Währungseinheit* (1 Lira = 100 Centesimo; Abk.: L., Lit.).

²Li|ra, die; -, - [türk. lira < ital. lira, ↑¹Lira]: *türkische Währungseinheit* (1 Lira = 100 Kuruş Währungscode: TRL; Abk.: TL).

lisch, lischst, lischt: ↑²löschen.

Li|se|ne, die; -, -n [zu frz. lisière = Saum, Kante] (Archit.): *flach hervortretender, pfeilerartiger Mauerstreifen zur Gliederung der [Außen]wand.*

lis|men ⟨sw. V.; hat⟩ [mhd. (ge)lismen] (schweiz.): *stricken.*

lis|peln ⟨sw. V.; hat⟩ [Weiterbildung zu mhd., ahd. lispen = lispeln, urspr. lautm.]: **1.** *beim Artikulieren der Zischlaute fehlerhaft mit der Zunge an die oberen Vorderzähne stoßen:* sie lispelt. **2.** (geh.) *mit tonloser Stimme u. einer gewissen Scheu od. Zaghaftigkeit sprechen:* »Ich komme wieder«, lispelte sie ihm ins Ohr; ein gelispeltes Merci.

Lisp|ler, der; -s, -: *jmd., der lispelt* (1).

Lisp|le|rin, die; -, -nen: w. Form zu ↑Lispler.

Lis|sa|bon [auch: ...'bɔn]: *Hauptstadt von Portugal.*

Lis|sa|bon|ner, der; -s, -: Ew.

Lis|sa|bon|ne|rin, die; -, -nen: w. Form zu ↑Lissabonner.

List, die; -, -en [mhd., ahd. list, urspr. = Wissen]: **a)** *Mittel, mit dessen Hilfe jmd. (andere täuschend) etw. zu erreichen sucht, was er auf normalem Wege nicht erreichen könnte:* eine teuflische, tollkühne L.; eine L. anwenden; zu einer L. greifen; **b)** ⟨o. Pl.⟩ *listige Wesensart; das Listigsein:* L. mit Stärke vereinen; Nonoggi hat mir gedroht; ich verstand es nicht ... Jetzt sehe ich die grausame L. in seinen blutigen Augen (H. Mann, Stadt 262); *** mit L. und Tücke** (ugs., *unter Aufbietung aller Überredungskünste*).

Lis|te, die; -, -n [ital. lista < mlat. lista = Leiste; (Papier)streifen, Verzeichnis, aus dem Germ.]: **a)** *schriftliche Zusammenstellung, Aufstellung nacheinander, bes. untereinander unter einem bestimmten Gesichtspunkt aufgeführter Personen od. Sachen:* eine lange L.; die L. der Kunden; eine L. aufstellen; jmdn., etw. auf die L. setzen, in einer L. führen, in eine L. aufnehmen; jmdn., eine, etw. aus einer L. (seltener:) einer L. eintragen; Ü diese L. (*Aufzählung [von Dingen, Sachverhalten, die einem missfallen o. Ä.])* ließe sich noch beliebig verlängern; ich habe ihn längst von meiner L. gestrichen (*er zählt nicht mehr zu meinen Freunden*); *** schwarze L.** (ugs.; *Zusammenstellung verdächtiger Personen;* »schwarz« bezieht sich auf etw. im Verborgenen Liegendes); **auf der, einer schwarzen L. stehen** (ugs.: 1. *zu Personen, Organisationen, Ländern, Unternehmen o. Ä. gehören, die für bedenklich, fragwürdig sind.* 2. *verboten sein*); **Rote L.** (*Verzeichnis der vom Aussterben bedrohten Tier- u. Pflanzenarten*); **Rote L.** ® (*Titel eines Buches, das die zugelassenen Arzneimittel auflistet*); **b)** Kurzf. von ↑Wahlliste: eine L. einreichen, wählen; jmdn. auf die L. setzen.

¹lis|ten ⟨sw. V.; hat⟩ [zu ↑Liste]: **a)** *auflisten:* das Material l.; **b)** *als Serie führen:* der Supermarkt hat diese Flaschen noch nicht gelistet.

²lis|ten ⟨sw. V.; hat⟩ [mhd., ahd. listen = listig sein, zu ↑List] (Sport): *mit einem Trick irgendwohin gelangen lassen:* den Ball ins Tor l.

Lis|ten|füh|rer, der: **1.** *jmd., der eine Liste (a) führt.* **2.** *Spitzenkandidat auf einer Liste* (b).

Lis|ten|füh|re|rin, die: w. Form zu ↑Listenführer.

lis|ten|mä|ßig ⟨Adj.⟩: *in einer Liste, in Listen [aufgeführt].*

Lis|ten|platz, der: *Platzierung eines Kandidaten bzw. einer Kandidatin auf einer Wahlliste.*

Lis|ten|preis, der: *Bruttopreis in einer Preisliste.*

lis|ten|reich ⟨Adj.⟩ (geh.): *sich vieler Listen bedienend:* der -e Odysseus.

Lis|ten|samm|lung, die: *Sammlung, bei der die gespendeten Beträge mit den Namen der Spender[innen] in eine Liste eingetragen werden.*

Lis|ten|wahl, die (Parlamentsspr.): *Art der Wahl, bei der in Listen zusammengestellte Personengruppen gewählt werden.*

lis|tig ⟨Adj.⟩ [mhd. listec, ahd. listīg, zu ↑List]: *über die Fähigkeit verfügend, sich Umstände zur Erreichung seiner Absichten zu bedienen, die anderen verborgen sind; von List zeugend:* ein -er Bursche, Plan; l. schauen; ... einmal wacht er auf und grinst uns so l. an, dass wir schon erschrecken (Remarque, Westen 107).

lis|ti|ger|wei|se ⟨Adv.⟩: *aufgrund einer List.*

Lis|tig|keit, die; -, -en: *das Listigsein; List.*

Lis|ting, das; -s, -s [engl. listing, eigtl. = das Aufnehmen in eine Liste, zu: to list = auflisten, zu: list < frz. liste < ital. lista, ↑Liste] (Börsenw.): *Zulassung von Wertpapieren zum Börsenhandel.*

lit. Litera, **Lit.** ¹Lira, Litera.

Lit = Lira.

Li|ta|nei, die; -, -en [mhd. letanīe < kirchenlat. litania = Bittgesang < griech. litaneía = das Bitten, Flehen]: **1.** *bes. in der katholischen Liturgie zwischen Vorbeter u. Gemeinde wechselndes Bittgebet:* eine L. beten, singen. **2.** (abwertend) **a)** *langatmige, monotone Aufzählung von etw.:* eine L. von Flüchen; **b)** *immer wieder vorgebrachte Ermahnung, Klage o. Ä.:* eine L. über sich ergehen lassen.

Li|tau|en [auch: 'lɪ...], -s: *Staat in Nordosteuropa.*

Li|tau|er [auch: 'lɪ...], der; -s, -: Ew.

Li|tau|e|rin [auch: 'lɪ...], die; -, -nen: w. Form zu ↑Litauer.

li|tau|isch [auch: 'lɪ...] ⟨Adj.⟩: **a)** *Litauen, die Litauer betreffend; von den Litauern stammend, zu ihnen gehörend;* **b)** *in der Sprache der Litauer.*

Li|tau|isch, das; -[s], (nur mit best. Art.:) **Li|tau|i|sche,** das; -n [auch: 'lɪ...]: *die litauische Sprache.*

Li|ter [auch: 'lɪtɐ], der (schweiz. nur so), auch: das; -s, - [frz. litre < mfrz. litron (ein Hohlmaß) < mlat. litra < griech. lítra = Pfund]: *Hohlmaß von einem Kubikdezimeter* (Zeichen: l): zwei L. Milch; ein L. spanischer Rotwein/(geh.:) spanischen Rotweins; mit drei L. Wein, mit [den] zwei -n kommen wir aus; (Technik:) der Motor hat einen Hubraum von 2,8 -n.

Li|te|ra, die; -, -s u. ...rä [lat. littera = Buchstabe]: **a)** (veraltet) *Buchstabe* (Abk.: Lit. od. lit.) Absatz 4, L. 3; **b)** (Bankw.) *auf Banknoten o. Ä. Buchstabe zur Kennzeichnung der Emission* (1 a).

Li|te|rar|his|to|ri|ker, der: *Literaturhistoriker.*

Li|te|rar|his|to|ri|ke|rin, die: w. Form zu ↑Literarhistoriker.

li|te|rar|his|to|risch ⟨Adj.⟩: *literaturgeschichtlich.*

li|te|ra|risch ⟨Adj.⟩ [lat. litterarius = die Buchstaben, die Schrift betreffend]: **a)** *die Literatur als Kunstgattung betreffend:* eine -e Zeitschrift; das -e Leben unserer Zeit; l. hervorgetreten sein; l. interessiert sein; **b)** (bildungsspr.) *mit allzu viel Bildungsgut befrachtet; vordergründig symbolisierend:* seine Gemälde sind sehr l.

Li|te|rat, der; -en, -en [urspr. = Schriftkundiger, Sprachgelehrter, zu lat. litteratus = schriftkundig, gelehrt; *[unschöpferischer, ästhetisierender] Schriftsteller.*

Li|te|ra|tin, die; -, -nen: w. Form zu ↑Literat.

Li|te|ra|tur, die; -, -en [älter = (Sprach)wissenschaft, Gelehrsamkeit; Literatur < lat. litteratura = Buchstabenschrift; Sprachkunst]: **1.** ⟨o. Pl.⟩ **a)** *[gesamtes] Schrifttum, veröffentlichte [gedruckte] Schriften:* wissenschaftliche L.; belletristische, schöngeistige, graue L. (*Schrifttum von Behörden, Instituten, Firmen, Parteien u. Ä., das nicht über den Buchhandel vertrieben wird*); **b)** *[fachliches] Schrifttum über ein Thema, Gebiet:* die einschlägige, medizinische L.; die L.

über etw., zu einem bestimmten Thema; die L. kennen, zusammenstellen, zitieren, [in Fußnoten] angeben; **c)** (Musik) *in Form von Notentexten vorliegende Werke für Instrumente od. Gesang:* die L. für Violine; die Pianistin spielt hauptsächlich die romantische L. *(Musik der Romantik).* **2.** *künstlerisches Schrifttum; Belletristik:* die zeitgenössische [französische] L.; die L. des Expressionismus; die -en einzelner Nationen; dieses Buch zählt zur L. *(ist literarisch wertvoll).*

Li|te|ra|tur|an|ga|be, die ⟨meist Pl.⟩: *bibliografische Angabe der für eine wissenschaftliche Arbeit in einem bestimmten Zusammenhang benutzten [Fach]literatur.*

Li|te|ra|tur|bei|la|ge, die: *literarische Beiträge enthaltende Beilage einer Zeitung.*

Li|te|ra|tur|be|trieb, der ⟨o. Pl.⟩ (oft abwertend): *literarisches Leben.*

Li|te|ra|tur|epo|che, die: *Epoche der Literatur* (2).

Li|te|ra|tur|ge|schich|te, die: **1.** ⟨o. Pl.⟩ **a)** *Geschichte* (1 a) *der Literatur;* **b)** *Literaturwissenschaft.* **2.** *Werk, das die geschichtliche Darstellung einer Literatur* (2) *enthält.*

li|te|ra|tur|ge|schicht|lich ⟨Adj.⟩: *die Literaturgeschichte* (1) *betreffend.*

Li|te|ra|tur|hin|weis, der ⟨meist Pl.⟩: *mit bibliografischen Angaben versehener Hinweis auf [weitere] Literatur zu einem Thema, Stichwort.*

Li|te|ra|tur|his|to|ri|ker, der: *Wissenschaftler auf dem Gebiet der Literaturgeschichte.*

Li|te|ra|tur|his|to|ri|ke|rin, die: w. Form zu ↑ Literaturhistoriker.

li|te|ra|tur|his|to|risch ⟨Adj.⟩: *literaturgeschichtlich.*

Li|te|ra|tur|kri|tik, die: *[wissenschaftliche] Beurteilung von [zeitgenössischer] Literatur* (2).

Li|te|ra|tur|kri|ti|ker, der: *jmd., der sich auf dem Gebiet der Literaturkritik betätigt.*

Li|te|ra|tur|kri|ti|ke|rin, die: w. Form zu ↑ Literaturkritiker.

li|te|ra|tur|kri|tisch ⟨Adj.⟩: *die Literaturkritik betreffend.*

Li|te|ra|tur|le|xi|kon, das: *Lexikon zur Literatur* (2).

Li|te|ra|tur|no|bel|preis, der: *Nobelpreis, der für herausragende Leistung auf dem Gebiet der Literatur verliehen wird.*

Li|te|ra|tur|papst, der (iron., scherzh.): *maßgebender Literaturkritiker.*

Li|te|ra|tur|preis, der: *für bedeutende literarische Leistungen verliehener Preis.*

Li|te|ra|tur|sei|te, die: *Zeitungsseite, -teil mit literarischen Beiträgen.*

Li|te|ra|tur|so|zio|lo|ge, der: *Wissenschaftler auf dem Gebiet der Literatursoziologie.*

Li|te|ra|tur|so|zio|lo|gie, die: *Wissenschaft von der Wechselwirkung zwischen Literatur* (2) *u. Gesellschaft.*

Li|te|ra|tur|so|zio|lo|gin, die: w. Form zu ↑ Literatursoziologe.

li|te|ra|tur|so|zio|lo|gisch ⟨Adj.⟩: *die Literatursoziologie betreffend.*

Li|te|ra|tur|spra|che, die (Sprachwiss.): **1.** *in der Literatur* (2) *verwendete Sprache, die oft von der Gemeinsprache abweicht.* **2.** (DDR) *einheitlich genormte Schriftsprache.*

Li|te|ra|tur|stu|di|um, das: **1.** ⟨Pl. selten⟩ *Fachstudium der Literatur* (2). **2.** *Auswertung der Fachliteratur zu einem [wissenschaftlichen] Thema.*

Li|te|ra|tur|un|ter|richt, der: *[Schul]unterricht in Literatur* (2).

Li|te|ra|tur|ver|zeich|nis, das: *Verzeichnis, in dem die Literaturangaben zusammengestellt sind.*

Li|te|ra|tur|wis|sen|schaft, die ⟨Pl. selten⟩: *Wissenschaft, die sich mit der Literatur im Hinblick auf Geschichte, Formen, Stilistik u. a. befasst.*

Li|te|ra|tur|wis|sen|schaft|ler, der: *Wissenschaftler auf dem Gebiet der Literaturwissenschaft.*

Li|te|ra|tur|wis|sen|schaft|le|rin, die: w. Form zu ↑ Literaturwissenschaftler.

li|te|ra|tur|wis|sen|schaft|lich ⟨Adj.⟩: *die Literaturwissenschaft betreffend.*

Li|te|ra|tur|zeit|schrift, die: **a)** *Zeitschrift mit literarischen Originalbeiträgen;* **b)** *Fachzeitschrift, die Mitteilungen über literaturwissenschaftliche Forschungsergebnisse u. Besprechungen literaturwissenschaftlicher Werke enthält;* **c)** *Zeitschrift mit Berichten u. Besprechungen literarischer Neuerscheinungen.*

Li|ter|fla|sche [auch: ˈliːtɐ...], die: *Flasche von einem Liter Fassungsvermögen.*

Li|ter|maß [auch: ˈliːtɐ...], das: *Gefäß, mit dem nach Litern gemessen werden kann.*

li|ter|wei|se [auch: ˈliːtɐ...] ⟨Adv.⟩: *in Litern:* etw. l. verkaufen; l. (ugs.; *in großen Mengen*) Bier trinken.

Lit|faß|säu|le, die [nach dem Drucker E. Litfaß, der sie erstmals 1855 in Berlin aufstellte]: *frei stehende, niedrigere Säule von größerem Durchmesser, auf die Bekanntmachungen, Plakate geklebt werden.*

lith-, Lith-: ↑ litho-, Litho-.

-lith [auch: ...ˈlɪt; griech. líthos = Stein]: in Zusb., z. B. Eolith, Monolith.

Li|thi|um [...ts..., ...t...], das; -s [zu griech. líthos = Stein; das Element wurde zuerst in Mineralien festgestellt]: *nur in Verbindungen vorkommendes, silberweißes, sehr weiches, mit Wasser u. feuchter Luft schnell reagierendes Alkalimetall, das als Zusatz bei Legierungen, als Katalysator u. a. verwendet wird* (chemisches Element; Zeichen: Li).

Li|tho [auch: ˈlɪto], das; -s, -s: Kurzf. von ↑ Lithografie (2 a).

li|tho-, Li|tho-, (vor Vokalen auch:) **lith-, Lith-** [griech. líthos = Stein]: Best. in Zus. mit der Bed. *stein-, gestein[s]-, Stein-, Gestein[s]-* (z. B. lithologisch, Lithograf, Lithagogum).

Li|tho|graf, Lithograph, der; -en, -en: **1.** *in der Lithografie, im Flachdruckverfahren ausgebildeter Drucker.* **2.** *Künstler, der Lithografien herstellt.*

Li|tho|gra|fie, Lithographie, die; -, -n [↑ -grafie]: **1. a)** ⟨o. Pl.⟩ *grafische Technik, bei der auf eine präparierte Steinplatte mit fetthaltiger Kreide od. lithografischer Tusche die Zeichnung aufgebracht u. im Flachdruckverfahren vervielfältigt wird;* **b)** *Originalplatte für Stein- u. Offsetdruck.* **2. a)** *grafisches Kunstblatt in Steindruck;* **b)** *künstlerische Zeichnung für eine Vervielfältigung in Steindruck.*

li|tho|gra|fie|ren, lithographieren (sw. V.; hat): **1. a)** *in Steindruck wiedergeben:* lithografierte Plakate; **b)** *im Flachdruckverfahren arbeiten.* **2.** *Lithografien herstellen.*

Li|tho|gra|fin, Lithographin, die; -, -nen: w. Form zu ↑ Lithograf.

li|tho|gra|fisch, lithographisch ⟨Adj.⟩: *die Lithografie betreffend.*

Li|tho|graph usw.: ↑ Lithograf usw.

Li|tho|lo|ge, der; -n, -n [↑ -loge]: *Wissenschaftler auf dem Gebiet der Lithologie.*

Li|tho|lo|gie, die; - [↑ -logie]: *Gesteinskunde.*

Li|tho|lo|gin, die; -, -nen: w. Form zu ↑ Lithologe.

li|tho|lo|gisch ⟨Adj.⟩: *die Lithologie betreffend, auf ihr beruhend.*

Li|tho|sphä|re, die; - (Geol.): *bis in 1 200 km Tiefe reichende Gesteinshülle der Erde.*

Li|th|ur|gik, die; - [zu griech. lithourgikós = die Bearbeitung von Stein betreffend]: *Lehre von der Verwendung u. Verarbeitung von Gesteinen u. Mineralien.*

Lit|schi [österr. auch: ˈli:...], die; -, -s, **Lit|schi|pflau|me,** die [chin. lizhi]: *pflaumengroße, erdbeerähnlich schmeckende Frucht mit rauer Schale u. saftigem Fleisch.*

litt: ↑ leiden.

Li|tu|a|nist, der; -en, -en [zu Lituania, dem nlat. Namen von Litauen]: *Wissenschaftler auf dem Gebiet der Lituanistik.*

Li|tu|a|nis|tik, die; -, -: *Wissenschaft von der litauischen Sprache u. Literatur.*

Li|tu|a|nis|tin, die; -, -nen: w. Form zu ↑ Lituanist.

li|tu|a|nis|tisch ⟨Adj.⟩: *die Lituanistik betreffend, zu ihr gehörend.*

Li|turg, der; -en, -en, **Li|tur|ge,** der; -n, -n [mlat. liturgus < spätlat. liturgus < griech. leitourgós = Staatsdiener, zu: leïtos, ↑ Liturgie] (christl. Kirche): *den Gottesdienst, die Liturgie haltender Geistlicher im Unterschied zum Prediger.*

Li|tur|gie, die; -, -n [kirchenlat. liturgia < griech. leitourgía = öffentlicher Dienst, zu: leïtos = das Volk betreffend u. érgon = Arbeit, Dienst] (christl. Kirchen): **a)** *offiziell festgelegte Form des christlichen Gottesdienstes:* eine bestimmte L. festlegen; **b)** (ev. Kirche) *Teil des Gottesdienstes, bei dem Geistlicher u. Gemeinde im Wechsel bestimmte Textstücke singen bzw. sprechen:* der Gemeindepfarrer hält die L.

li|tur|gisch ⟨Adj.⟩ [kirchenlat. liturgicus < griech. leitourgikós] (christl. Kirchen): *die Liturgie betreffend:* -e Texte, Handschriften, Geräte; -e Gewänder *(vom Geistlichen beim Gottesdienst getragene Kleidungsstücke);* -es Jahr (kath. Kirche; Kirchenjahr).

Lit|ze, die; -, -n [mhd. litze = Schnur, Litze < lat. licium = Faden, Band]: **1.** *schmale, flache, geflochtene od. gedrehte Schnur als Besatz, zur Einfassung, als Rangabzeichen an Uniformen:* eine silberne L. um die Mütze herum; ... weiche Felle lagen umher; ein Himmelbett mit Vorhängen aus rotem, mit goldener L. besetztem Wollstoff beherrschte das Zimmer (Th. Mann, Krull 138). **2.** (Technik) *Strang aus Drahtseils.* **3.** (Elektrot.) *Leitungsdraht aus dünnen, verflochtenen o. ä. Einzeldrähten.*

live [laif] ⟨indekl. Adj.⟩ [engl. live, eigtl. = lebend]: **a)** (Rundfunk, Fernsehen) *als Direktsendung, in einer Direktsendung:* die Pressekonferenz l. übertragen; **b)** *in realer Anwesenheit:* den Star l. auf der Bühne erleben; sie singt l. *(nicht im Play-back-Verfahren).*

Li|ve, der; -n, -n: *Livländer.*

Live|act, Live-Act [ˈlaifˌɛkt], der; -s, -s [engl. live act, aus engl. live (↑ live) u. act = Darbietung < lat. actus, ↑ Akt]: **a)** *musikalische Vorstellung, bei der die Sänger[innen], Musiker[innen] live* (b) *singen, spielen usw.;* **b)** *direkter, persönlicher Auftritt eines Künstlers bzw. einer Künstlerin.*

Live|auf|zeich|nung, Live-Auf|zeich|nung, die [zu live] (Rundfunk, Fernsehen): *zu einem späteren Zeitpunkt gesendete, ungekürzte u. unveränderte Aufzeichnung einer Veranstaltung.*

Live|be|richt, Live-Be|richt, der (Rundfunk, Fernsehen): *Direktbericht; live* (a) *übertragener Bericht.*

Live|kon|zert, Live-Kon|zert, das (Rundfunk, Fernsehen): *live* (b) *gestaltetes Konzert (von Gruppen, Interpreten u. Ä.).*

Live|mit|schnitt, Live-Mit|schnitt, der: *(bes. für eine Musikproduktion verwendeter) Mitschnitt.*

Live|mu|sik, Live-Mu|sik, die: *live* (b) *gespielte Musik.*

◆ **Li|ve|rei**, die; -, -en [spätmhd. liberey < frz. livrée, ↑ Livree]: *Livree:* Ich kann Ihnen das nicht bezahlen, und wenn Sie mir vollends die L. nehmen, die ich auch noch nicht verdient habe (Lessing, Minna I, 8); Blässe der Armut und sklavische Furcht sind meine Leibfarbe! In diese L. will ich euch kleiden (Schiller, Räuber II, 2).
Live|re|por|ta|ge, Live-Re|por|ta|ge, die [zu ↑ live] (Rundfunk, Fernsehen): *direkt vom Ort des Geschehens aus, von einer Veranstaltung, vom Schauplatz eines Ereignisses aus gesendete Reportage.*
Li|ver|pool ['lıvəpu:l]: Stadt in England.
Live|sen|dung, Live-Sen|dung, die [zu ↑ live] (Rundfunk, Fernsehen): *Direktsendung; Originalübertragung.*
Live|show, Live-Show, die: **1. a)** (Rundfunk, Fernsehen) *live* (a) *übertragene Show;* **b)** *Bühnenshow, bes. in der Popmusik.* **2. a)** (verhüll.) *Vorführung sexueller Handlungen (in Nachtlokalen);* **b)** *Peepshow.*
Live|ti|cker, Live-Ti|cker, der [aus engl. live (↑ live) u. ticker, ↑ Ticker] (Jargon): *Newsticker* (2), *bes. mit Sportberichterstattungen.*
Live|über|tra|gung, Live-Über|tra|gung, die: *live* (a) *gesendete Aufnahme* (7 b, 8 b), *direkt ¹übertragener* (1 a) *Mitschnitt.*
Li|vin, die; -, -nen: w. Form zu ↑ Live.
Liv|land, -s: *historische Landschaft in Estland u. Lettland.*
Liv|län|der, der; -s, -: Ew.
Liv|län|de|rin, die; -, -nen: w. Form zu ↑ Livländer.
Li|v|re, der od. das; -[s], -[s] ⟨aber: 6 Livre⟩ [frz. livre < lat. libra, ↑ ¹Lira]: **1.** *alte französische Gewichtseinheit.* **2.** *französische Münze bis zum Ende des 18. Jh.s.*
Li|v|ree, die; -, ...een [frz. livrée, eigtl. = gestellte (Kleidung), zu ↑ livre, ↑ liefern]: *mit Litzen o. Ä. besetzte uniformartige Kleidung für Diener, Bedienstete (bes. im Hotelgewerbe):* ein Chauffeur in L.
li|v|riert ⟨Adj.⟩: *mit einer Livree bekleidet, Livree tragend:* -e Pagen.
Li|zen|ti|at usw.: ↑ ¹Lizenziat usw.
Li|zenz, die; -, -en [lat. licentia = Freiheit, Erlaubnis, zu: licere = erlaubt sein]: **a)** *[gegen eine Gebühr erteilte] rechtskräftige Genehmigung (z. B. zur Ausübung eines Gewerbes, zur Nutzung eines Patents, zur Übersetzung od. Übernahme eines Werks):* eine L. erwerben; jmdm. eine L. erteilen; eine L. auf eine andere Firma übertragen; eine L. herstellen; Die USA ... U (na, L.) zum Gelddrucken (bildungsspr.): *die Möglichkeit, reich zu werden;* **b)** (Sport) *durch einen Verband erteilte Erlaubnis, einen Sport beruflich auszuüben od. im Sport als Schiedsrichter[in] o. Ä. zu fungieren:* einem Verein die L. *(für die Bundesliga o. Ä.)* erteilen, entziehen.
Li|zenz|aus|ga|be, die (Verlagsw.): *Ausgabe eines Buches, für die der berechtigte Verlag einem anderen Verlag das Recht zur Veröffentlichung erteilt hat.*
Li|zenz|ge|ber, der: *jmd., der eine Lizenz erteilt.*
Li|zenz|ge|be|rin, die: w. Form zu ↑ Lizenzgeber.
Li|zenz|ge|bühr, die: *für die Überlassung eines Nutzungsrechts entrichtete Gebühr.*
¹Li|zen|zi|at, ¹Lizentiat, das; -[e]s, -e: *im MA. dem Bakkalaureat folgender, heute noch in der Schweiz, sonst nur noch im Bereich der katholischen Theologie verliehener akademischer Grad:* L. der Theologie.
²Li|zen|zi|at, ²Lizentiat, der; -en, -en [mlat. licentiatus = der mit Erlaubnis Versehene, subst. 2. Part. von: licentiare = die Erlaubnis erteilen, zu lat. licentia, Lizenz]: *Inhaber eines ¹Lizenziats.*
Li|zen|zi|a|tin, Lizentiatin, die; -, -nen: w. Form zu ↑ ²Lizenziat.

li|zen|zie|ren ⟨sw. V.; hat⟩: *für etw. [behördlich] Lizenz erteilen:* ein Patent l.
Li|zen|zie|rung, die; -, -en: *das Lizenzieren:* die L. von Forschungsprojekten; Urheberrecht kontra L.
Li|zenz|neh|mer, der; -s, -: *jmd., dem eine Lizenz erteilt wird.*
Li|zenz|neh|me|rin, die; -, -nen: w. Form zu ↑ Lizenznehmer.
Li|zenz|spie|ler, der (Sport): *Sportler, der über eine Lizenz* (b) *verfügt u. als Angestellter eines Vereins von diesem feste monatliche Bezüge erhält.*
Li|zenz|spie|le|rin, die: w. Form zu ↑ Lizenzspieler.
Li|zenz|ver|trag, der: *Vertrag, durch den jmdm. eine Lizenz erteilt wird.*
Li|zi|ta|ti|on, die; -, -en [lat. licitatio = Gebot (4)]: **1.** (österr., sonst veraltend) *Versteigerung.* **2.** (österr.) *Kartenspiele) das Reizen* (4) *(bes. beim Bridge).*
li|zi|tie|ren ⟨sw. V.; hat⟩ [lat. licitari = auf etw. bieten (1 b)]: **1.** (österr., sonst veraltend) *[bei einer Versteigerung] mitbieten.* **2.** (Kartenspiele) *reizen* (4).
LKA [εlka:'|a:], das; -, -[s]: Landeskriminalamt.
Lkw, LKW [εlka've:, auch: 'εlkave:], der; -[s], -[s]: Lastkraftwagen: einen Lkw überholen.
Lkw-Fah|rer, LKW-Fah|rer, der: *Fahrer eines Lkws:* als L. arbeiten.
Lkw-Fah|re|rin, LKW-Fah|re|rin, die: w. Form zu ↑ Lkw-Fahrer.
Lkw-Maut, LKW-Maut, die: *auf Lkws erhobene Gebühr für die Benutzung von Autobahnen.*
LM = Lumen.
lmaA [εl|εm|a'|a:]: salopp verhüll. für: leck mich am Arsch!
Loa|fer® ['loufɐ], der; -s, - [engl. Loafer®, eigtl. = Faulenzer, Müßiggänger, viell. zu dt. mundartl. loofen = laufen]: *nach dem Schnitt des Mokassins gefertigter Lederschuh mit flachem Absatz.*
¹Lob, das; -[e]s, -e ⟨Pl. selten⟩ [mhd., ahd. lop, rückgeb. aus ¹loben]: *anerkennend geäußerte, positive Beurteilung, die jmd. einem anderen, seinem Tun, Verhalten o. Ä. zuteilwerden lässt:* ein großes, hohes L.; da der Lehrerin ermunterte sie; Gott sei L. und Dank! *(Gott sei gelobt, u. ihm sei gedankt!);* jmdm. L. spenden, zollen; für etw. L. erhalten, bekommen; sie verdient [ein] L. für ihren Fleiß; das L. einer Person, Sache singen (ugs.; *jmdn., etw. überschwänglich immer von Neuem loben);* des -es voll sein (über jmdn., etw.); *jmdn., etw. sehr loben);* er geizte nicht mit L.; über jedes/alles L. erhaben sein; das muss zu ihrem -e (veraltend; *um ihr gerecht zu werden)* gesagt werden; Er suchte sich alle Küsse seines Lebens ins Gedächtnis zu rufen und verteilte -e und Tadel an die Küsserinnen seines Mundes (Strittmatter, Wundertäter 329).
²Lob, der; -[s], -s [engl. lob]: **1.** (Tennis, Badminton) *hoch über den Netz angreifenden Gegner hinweggeschlagener Ball.* **2.** (Volleyball) *angetäuschter Schmetterball, der an den am Netz verteidigenden Spielern vorbei od. hoch über sie hinweggeschlagen wird.*
lob|ben ⟨sw. V.; hat⟩ [engl. to lob] (Tennis, Badminton, Volleyball): *einen ²Lob schlagen.*
Lob|by ['lɔbi] die; -, -s od. -s ⟨Pl. -s⟩ **1.** [engl. lobby = Vor-, Wandelhalle < mlat. lobia = Galerie, ¹Laube (aus dem Germ.)] *Wandelhalle im [britischen, amerikanischen] Gebäude des Parlaments, in die die Abgeordneten mit Wählern u. Interessengruppen zusammentreffen.* **2.** [engl. lobby, zu ↑ Lobby (1)] *Interessengruppe, die [in der Lobby* (1)*] versucht, die Entscheidung von Abgeordneten zu beeinflussen [u. die dabei ihrerseits unterstützt]:* eine wirkungsvolle L. haben; über

keinerlei L. verfügen. **3.** (bildungsspr.) *Vestibül, Hotelhalle:* in der L. unseres Hotels.
Lob|by|ar|beit, die ⟨Pl. selten⟩: *Beeinflussung von Abgeordneten od. anderen Vertreterinnen u. Vertretern offizieller Stellen durch Interessengruppen.*
lob|by|ie|ren ⟨sw. V.; hat⟩ (bes. schweiz.): *Lobbyismus betreiben:* der Konzern hat gegen die geplante Gesetzesänderung lobbyiert.
Lob|by|ing ['lɔbiiŋ], das; -s, -s [engl. lobbying, zu: lobby, ↑ Lobby (1, 2)]: *Lobbyarbeit:* L. in Sachen Panzerdeal; verdecktes, heftiges L.
Lob|by|is|mus, der; - [engl. lobbyism]: *[ständiger] Versuch, Zustand der Beeinflussung von Abgeordneten durch Interessengruppen.*
Lob|by|ist, der; -en, -en [engl. lobbyist]: *jmd., der Abgeordnete für seine Interessen zu gewinnen sucht.*
Lob|by|is|tin, die; -, -nen: w. Form zu ↑ Lobbyist.
lo|ben ⟨sw. V.; hat⟩ [mhd. loben, ahd. lobōn = für lieb halten; gutheißen]: **a)** *jmdn., sein Tun, Verhalten o. Ä. mit anerkennenden Worten (als Ermunterung, Bestätigung o. Ä.) positiv beurteilen u. damit seiner Zufriedenheit, Freude o. Ä. Ausdruck geben:* jmdn., jmds. Leistung l.; jmdn. öffentlich, uneingeschränkt, überschwänglich l.; der Lehrer lobte die Schülerin [für ihre gute Arbeit, wegen ihres Fleißes]; dieses Getränk ist sehr zu l. *(ist sehr gut);* das lob ich mir *(das gefällt mir);* da lob ich mir mein Cabrio *(mein Cabrio ist allem anderen vorzuziehen);* lobende *(Lob, Anerkennung ausdrückende)* Worte; etw. lobend erwähnen; ...nicht genug, dass der junge Sturzenegger als Architekt gepriesen wurde, nein, man lobte ihm auch noch die menschlichen Vorzüge dieses jungen Mannes *(hob sie ihm gegenüber anerkennend hervor;* Frisch, Stiller 264); **b)** *lobend* a) *sagen:* »Bravo!«, lobte er; **c)** *Gott, das Schicksal o. Ä. preisen u. ihm danken:* gelobt sei Jesus Christus; das Leben, den milden Abend l. *(schön finden).*
lo|bens|wert ⟨Adj.⟩ [zusgez. aus älter: lobens werth = eines Lobes wert]: *als Tun, Verhalten, Denken o. Ä. Lob, Anerkennung verdienend:* eine -e Entscheidung, Idee.
lo|bens|wer|ter|wei|se ⟨Adv.⟩: *in Lob, Anerkennung verdienender Weise.*
Lo|bes|hym|ne, die (oft iron.): *überschwängliches Lob:* in -n ausbrechen; ** eine L./-n auf jmdn., etw. singen/anstimmen* (ugs.; *jmdn., etw. vor andern überschwänglich loben).*
Lo|bes|wort, das ⟨Pl. -e⟩ ⟨meist Pl.⟩: *besonderes Lob:* die rechten -e finden.
Lob|ge|sang, der (dichter.): *Gesang, Dank[lied] zum Lobe Gottes:* der L. der Engel.
Lob|hu|de|lei, die [zu ↑ lobhudeln] (abwertend): *übertriebenes, unberechtigtes Lob, mit dem sich jmd. bei jmdm. einschmeicheln will.*
lob|hu|deln ⟨sw. V.; hat⟩ [urspr. = durch Lob plagen, vgl. ↑ hudeln] (abwertend): *jmdn. auf übertriebene Weise unverdientermaßen loben, um sich bei ihm einzuschmeicheln:* man hat dem/den Minister gelobhudelt.
Lob|hud|ler, der (abwertend): *jmd., der sich durch Lobhudelei bei andern einzuschmeicheln sucht.*
Lob|hud|le|rin, die; -, -nen: w. Form zu ↑ Lobhudler.
löb|lich ⟨Adj.⟩ [mhd. lob(e)lich, ahd. lob(e)līh] (oft iron.): **a)** *zum Lobe gereichend, lobenswert;* ◆ **b)** *lobend:* ...wenn ... jemand des Verstorbenen nicht alzu l. gedachte (Droste-Hülshoff, Judenbuche 14).
löb|li|cher|wei|se ⟨Adv.⟩: *lobenswerterweise.*
Lob|lied, das: *Lobgesang:* Die Gesänge sind bei der Nomadenzeit des Volkes Israel mehr Kriegs- als L. *dass auch ein L. auf die Marktwirtschaft; * ein L. auf jmdn., etw. anstimmen/singen (eine Person od. Sache vor*

andern sehr loben, um ihr besondere Beachtung zu verschaffen).

Lob|preis, der 〈Pl. selten〉 (dichter.): *jubelndes Preisen [der Werke Gottes].*

lob|prei|sen 〈sw. u. st. V.; lobpreiste/lobpries, hat gelobpreist/lobgepriesen〉 (dichter.): *durch Lob verherrlichen; überschwänglich loben:* der Pfarrer lobpreiste/lobpries Gott.

Lob|prei|sung, die (dichter.): *das Lobpreisen.*

Lob|re|de, die: *Rede zu jmds. Lob; schmeichlerisches, überschwängliches Loben.*

Lob|red|ner, der: *jmd., der Lobreden hält.*

Lob|red|ne|rin, die: w. Form zu ↑ Lobredner.

lob|sin|gen 〈st. V.; hat〉 (dichter.): *Gott durch Lobgesang preisen:* lobsinget [dem Herrn]!

Lo|bus, der; -, ...bi [lat. lobus < griech. lobós = (Ohr)läppchen]: **1.** (Med.) *Lappen* (3 d) *eines Organs.* **2.** (Geol.) *zungenartige Ausbuchtung des Eisrandes von Gletschern od. Inlandeis.*

Lo|car|no: Stadt am Lago Maggiore.

Lo|ca|tion [lɔˈkeɪʃn̩, loʊ...], die; -, -s [engl. location < lat. locatio = Stellung; Anordnung] (Jargon): **1.** *Örtlichkeit, Lokalität:* die hipste L. der Stadt. **2.** (Film) *Drehort im Freien:* eine geeignete L. für die nächste Szene suchen.

Lo|ca|tion-based Ser|vi|ces [loʊˈkeɪʃ(ə)nbeɪɹd ˈsəːvɪsɪs, lɔˈkeɪʃnbeɪɹd ˈzøːɐ̯vɪsɪs] 〈Pl.〉 [engl., aus: location = Standort, -based = -gestützt u. services, Pl. von: service, ↑²Service]: *standortbezogene Dienste bei Mobiltelefonen (z. B. Routenplaner, Wetter- und Verkehrsinformationen;* Abk.: LBS).

¹**Loch,** das; -[e]s, Löcher [mhd. loch, ahd. loh]: **1.** *durch Beschädigung, [absichtliche] Einwirkung o. Ä. entstandene offene Stelle, an der die Substanz nicht mehr vorhanden ist:* ein großes, rundes, tiefes L.; ein L. graben, [in die Wand] bohren, [ins Eis] schlagen, zuschütten, zuschmieren, stopfen; ein L. im Strumpf, im Zahn haben; sich ein L. in die Hose reißen, in den Kopf schlagen; die Zigarette hat ein L. in den Stoff gebrannt; sich in einem L. verkriechen; durch ein L. im Zaun sehen; Ü ein L. stopfen *(ein Defizit, Schulden beseitigen);* dieser Kauf hat ein L. in den Geldbeutel gerissen (ugs.; *hat viel Geld gekostet);* er machte das eine L. zu und ein anderes auf (ugs.; *er machte neue Schulden, um alte zu tilgen);* * **schwarzes/Schwarzes L.** (Astron.; *infolge hoher Gravitation völlig in sich zusammenstürzender Stern*); **saufen wie ein L.** (derb; *sehr viel Alkohol trinken*); **jmdm. ein L./Löcher in den Bauch fragen** (salopp; *jmdm. pausenlos Fragen stellen*); **ein L./Löcher in die Luft gucken/starren** (ugs.; *geistesabwesend vor sich hin starren*); **ein L./Löcher in die Wand stieren** (ugs.; *starr, geistesabwesend irgendwohin sehen*); **ein L./Löcher in die Luft schießen** (ugs.; *beim Schießen nicht treffen*); **ein L. zurückstecken** (ugs.; *sich mit weniger zufriedengeben, in seinen Ansprüchen zurückgehen*); nach dem Gürtel, den man enger schnallt); **auf/aus dem letzten L. pfeifen** (salopp; *mit seiner Kraft o. Ä. am Ende sein, nicht mehr können*); nach dem [von unten gezählt] letzten Loch einer Flöte, mit der der höchste, dünn klingende Ton gespielt wird). **2. a)** (salopp abwertend) *kleiner, dunkler [Wohn]raum; kleine, dunkle Wohnung:* das Zimmer ist ein elendes, furchtbares L.; in einem kalten, feuchten, schmutzigen L. hausen; **b)** (ugs.) *Gefängnis:* ins L. kommen; jmdn. ins L. stecken; **c)** *Höhle bestimmter Tiere:* der Fuchs fährt aus seinem L. **3.** (derb) *After.* **4.** (vulg.) *Vagina.* **5.** (Golf) *rundes* ¹*Loch* (1) *im Boden, in das der Ball geschlagen werden muss.*

²**Loch** [engl.: lɔk], der; -[s], -s [engl. (schott.) loch < air. loch]: *Binnensee, Fjord in Schottland.*

lo|chen 〈sw. V.; hat〉 [mhd. lochen]: **1. a)** *mit der Lochzange o. Ä. mit einem od. mehreren Löchern versehen:* den Gürtel l.; eine Fahrkarte l. *(mit einem Loch versehen u. dadurch entwerten);* ...und dass die wackeren, in derbe Mäntel gekleideten Schaffner, die mich im Lauf des Tages in meinem hölzernen Winkel besuchten, den Ausweis nachprüften und mir mit ihrer Zwickzange lochten, ihn mir stets mit stummer dienstlicher Befriedigung zurückreichten (Th. Mann, Krull 143); **b)** *mit dem Locher, der Lochmaschine für die Ablage, das Abheften o. Ä. mit [zwei] Löchern versehen:* Belege, Rechnungen l. **2.** (EDV früher) *(durch Einstanzen von Löchern) Daten auf Lochkarten übertragen, festhalten.*

Lo|cher, der; -s, -: **1.** *Gerät, das ein Blatt Papier o. Ä. mit zwei Löchern versieht.* **2.** (EDV früher) *Maschine zum Übertragen von Daten auf Lochkarten.*

lö|che|rig: ↑ löchrig.

lö|chern 〈sw. V.; hat〉 [mhd. löchern] (ugs.): *durch hartnäckiges Fragen od. Bitten belästigen, jmdm. keine Ruhe lassen:* den Bürgermeister mit Fragen l.

Loch|ka|me|ra, die: *Camera obscura.*

Loch|kar|te, die (EDV früher): *Karte, auf der mithilfe von Lochungen* (2) *Daten gespeichert werden:* [Daten auf] -n stanzen.

Loch|kar|ten|ma|schi|ne, die (EDV früher): *Maschine, bei der Lochkarten als Datenträger verwendet werden.*

Löch|lein, das; -s, -: Vkl. zu ↑¹Loch.

Loch|ma|schi|ne, die: *Maschine zum Lochen.*

löch|rig, löcherig 〈Adj.〉 [mhd. locherecht]: *zahlreiche Löcher aufweisend:* ein -er Zaun; Doch da ich, um besser in Form zu sein, abends immer die Suppe stehenließ, bekam ich dunkle Ringe um die Augen und ganz löchrige (eingefallene) Backen (Schnurre, Bart 39).

Loch|sti|cke|rei, die (Handarb.): **a)** 〈o. Pl.〉 *Art der Stickerei, bei der ausgeschnittene Löcher verschiedener Form u. Größe mit engen überwendlichen Stichen eingefasst werden;* **b)** *mit Lochstickerei* (a) *verzierte Handarbeit.*

Loch|strei|fen, der (EDV früher): *mit Lochungen* (2) *versehener Papierstreifen zur Eingabe von Daten in Fernschreiber, Datenverarbeitungsanlagen u. a.*

Lo|chung, die; -, -en: **1.** *das Lochen.* **2.** *gelochte Stelle.*

Loch|zan|ge, die: *Zange zum Lochen* (1 a).

♦ **Lock,** der; -[e]s, -e u. Löcke: ¹*Locke:* Entwischt mir ein L. Haare (Schiller, Fiesco II, 15).

Löck|chen, das; -s, -: Vkl. zu ↑¹Locke (a).

¹**Lo|cke,** die; -, -n [mhd., ahd. loc, urspr. = die Gebogene, Gewundene]: **a)** *geringeltes Haarbüschel:* -n haben; sich -n legen lassen; das Haar in -n legen; Eine L., die dunkel in ihre Stirn und über die Augenbraue fiel, gab dem noch schlafbehaarten Antlitz einen Zug von kindlichem Trotz und Wildheit (Zuckmayer, Herr 15); **b)** (Kürschnerei) *geringeltes Haarbüschel im Fell bestimmter Tiere.*

²**Lo|cke,** die; -, -n [zu ¹locken] (Jägerspr.): **a)** *Instrument zum Nachahmen des Lockrufs;* **b)** *Lockvogel* (1).

¹**lo|cken** 〈sw. V.; hat〉 [mhd. locken, ahd. lockōn, wahrsch. verw. mit ↑ lügen]: **1. a)** *(ein Tier) mit bestimmten Rufen, Lauten, durch ein Lockmittel veranlassen, sich zu nähern:* den Hund mit einer Wurst l.; die Henne lockt ihre Küken. **b)** *durch Rufe, Zeichen, Versprechungen o. Ä. bewegen, von seinem Platz, Standort irgendwohin zu kommen, zu gehen od. durch Versprechungen o. zu veranlassen suchen:* den Fuchs aus dem Bau l.; einen Künstler an ein Theater l.; jmdn. auf eine falsche Fährte, in eine Falle, in einen Hinterhalt l.; Ü selbst dieser Vorschlag konnte sie nicht aus ihrer Reserve l.; das schöne Wetter lockte [sie] ins Freie, zu Spaziergängen. **2.** *jmdm. sehr gut, angenehm erscheinen u. äußerst anziehend auf ihn wirken:* es lockte mich, ins Ausland zu gehen; ein lockendes Angebot; die lockende Ferne; Das hätte ihn gelockt, Fußballspielen am Tag seines Begräbnisses (Frisch, Gantenbein 390).

²**lo|cken** 〈sw. V.; hat〉 [mhd. nicht belegt, ahd. lochōn, zu ↑¹Locke]: **a)** *in Locken legen, drehen:* das Haar leicht l.; er lässt sich die Haare l.; **b)** 〈l. + sich〉 *sich in* ¹*Locken legen; in* ¹*Locken fallen:* sein Haar lockte sich ein wenig im Nacken; sie hat [von Natur aus] gelocktes Haar.

lö|cken 〈sw. V.; hat〉 [mhd. lecken = mit den Füßen ausschlagen]: **1.** *etw., was als Einschränkung der persönlichen Freiheit empfunden wird, nicht hinnehmen u. sich dem widersetzen:* Denn wider Weibesart soll der Mann sich nicht setzen, noch l. wider der Frauen Beschluss (Th. Mann, Joseph 333). **2.** *meist in der Wendung* **wider/(auch:) gegen den Stachel l.** (geh.; *etw., was als Einschränkung der persönlichen Freiheit empfunden wird, nicht hinnehmen u. sich dem widersetzen;* nach dem Ochsen, der gegen den Stock des Treibers ausschlägt; nach Apg. 26, 14).

Lo|cken|fri|sur, die: *Frisur, bei der das Haar in* ¹*Locken gelegt ist.*

Lo|cken|fül|le, die: *schönes, volles gelocktes Haar.*

Lo|cken|haar, das: *gelocktes Haar.*

Lo|cken|kopf, der: **1.** *Kopf mit Lockenhaar:* sie hat einen L. **2.** (fam.) *Kind, junger Mensch mit Lockenhaar:* ein L. spielte Gitarre.

Lo|cken|köp|fig 〈Adj.〉: *einen Lockenkopf* (1) *aufweisend; gelockt.*

Lo|cken|pracht, die (scherzh.): *Lockenfülle.*

Lo|cken|stab, der: *stabförmiges elektrisches Gerät zum Lockenlegen.*

Lo|cken|wi|ckel (selten), **Lo|cken|wick|ler,** der: *kleine Rolle aus Metall od. Plastik, auf die [für eine Lockenfrisur] jeweils eine nasse Haarsträhne gewickelt wird.*

lo|cker 〈Adj.〉 [spätmhd. locker, zu mhd. lücke, lugge = locker]: **1. a)** *nicht [mehr] fest sitzend, mit etw. verbunden:* ein -er, l. sitzender Zahn; die Schraube l. machen; der Nagel ist l. geworden, sitzt l.; Ü der Revolver sitzt ihm l. (*er ist schnell bereit, den Revolver zu ziehen*); das Geld sitzt ihnen l. *(sie geben viel Geld aus);* **b)** *nicht dicht [sodass Zwischenräume bleiben]; durchlässig; nicht fest gefügt:* -er Boden; l. stricken, häkeln; **c)** *nicht straff [gespannt], nicht starr; nicht fest:* eine -e Haltung; sich in -er Ordnung aufstellen; die Zügel l. lassen; l. (*unverkrampft*) laufen; eine l. gebundene Krawatte; Ü eine -e (*nicht enge*) Beziehung; Vorschriften l. handhaben; es geht hier immer [sehr] l. (ugs.; *zwanglos, leger*) zu; sie macht das ganz l. (*leger, lässig*). * **sich l. machen** (1. *sich auflockern* 2: vor dem Start machten sich die Läufer l. 2. *sich entspannen, von einer Anspannung frei machen:* nach dem offiziellen Teil durften wir uns endlich l. machen). **2.** *sich nicht an moralische, gesellschaftliche Vorschriften gebunden fühlend u. leichtfertig in seiner Art zu leben, sich zu benehmen od. von einer entsprechenden Haltung zeugend:* ein -es Mundwerk; ein -er Lebenswandel; »Ja, ich weiß«, sagte Klaus Heinrich; »was man einen Bruder Liederlich nennt, einen -en Zeisig oder Lebemann ...« (Th. Mann, Hoheit 175).

Lo|cker|heit, die; -: *lockere Art.*

lo|cker|las|sen 〈st. V.; hat〉 (ugs.): *von etw. absehen, ablassen* (6 a) (meist verneint): sie haben nicht lockergelassen, bis ich's zusagte.

lo|cker|ma|chen 〈sw. V.; hat〉: **1.** *locker* (1 a). **2.** (ugs.) **a)** *Geld für jmdn., etw. hergeben:* ein paar Tausender [für jmdn.] l.; **b)** *jmdn. bewegen,*

lockern–Login

für jmdn., etw. Geld herzugeben, zu bewilligen: bei jmdm. Geld l.

lo|ckern ⟨sw. V.; hat⟩: **1. a)** *locker* (1 a) *machen:* eine Schraube l.; **b)** *(Erde) mit einem Gerät locker* (1 b) *machen, auflockern:* vor dem Einsäen die Erde l.; frisch gelockerte Beete; **c)** *locker* (1 c) *machen, weniger fest anziehen:* die Krawatte l.; seinen Griff, seine Muskeln l.; Ü die scharfen Bestimmungen, Gesetze l. *(liberaler fassen);* in gelockerter *(gelöster)* Stimmung. **2.** ⟨l. + sich⟩ **a)** *locker* (1 a) *werden:* ein Zahn, die Bremse hat sich gelockert; **b)** *locker* (1 b) *werden, an Dichte verlieren:* der Nebel lockert sich; **c)** *locker* (1 c) *werden; in seiner Anspannung, seinem Druck o. Ä. nachlassen:* die Starrheit ihrer Glieder, der Druck ihrer Finger, ihr Griff lockerte sich; Ü ihre innere Spannung, Verkrampfung lockerte sich; das Verhältnis hatte sich inzwischen gelockert *(war nicht mehr so eng);* die Sitten haben sich gelockert *(sind nicht mehr so streng).*

Lo|cke|rung, die; -, -en ⟨Pl. selten⟩: *das Lockern* (1, 2).

Lo|cke|rungs|übung, die ⟨meist Pl.⟩: *gymnastische Übung zur Lockerung der Gelenke u. verkrampfter Muskelpartien:* das Training beginnt mit einfachen -en.

lo|ckig ⟨Adj.⟩ [für mhd. lockeht]: ¹*Locken aufweisend; gelockt; mit, in* ¹*Locken:* -es Haar.

Lock|mit|tel, das: *Mittel zum Anlocken:* als L. dienen.

Lock|ruf, der: *Ruf, Laut zum Anlocken [bes. von Vögeln]:* der L. der Glucke.

Lock|spit|zel, der (abwertend): *verdeckter Ermittler, der Verdächtige zu strafbaren Handlungen anregt; Agent Provocateur.*

Lo|ckung, die; -, -en [mhd. lockunge, ahd. lochunga]: **a)** *verführerisches* ¹*Locken* (2), *das von jmdm., etw. ausgeht:* die L. der Ferne; den -en entgehen; **b)** *das* ¹*Locken* (1 b).

Lock|vo|gel, der: **1.** *gefangener Vogel, der andere Vögel anlocken soll.* **2.** (abwertend) *jmd., der andere zu verbrecherischen Zwecken anlocken soll.*

lo|co [ˈloːko, ˈlɔko] ⟨Adv.⟩ [lat. loco = am (rechten) Platze, zu: locus = Ort]: **1. a)** *am Ort, hier; greifbar, vorrätig;* **b)** ⟨in Verbindung mit einer Ortsbezeichnung⟩ (Kaufmannsspr.) *ab:* l. Berlin. **2.** (Musik) *wieder in der ursprünglichen Tonhöhe, Lage.*

Lo|del, der; -s, -, (auch:) -s [wohl zu nordostd. loddern = müßiggehen, faulenzen, Nebenf. von ↑ lottern] (salopp): *Zuhälter.*

Lo|den, der; -s, - [mhd. lode, ahd. lodo = grobes Wollzeug, H. u.]: *imprägnierter, grüner, brauner od. grauer, haariger od. filziger Wollstoff bes. für Jagd-, Wander- od. Trachtenkleidung.*

Lo|den|man|tel, der: *Mantel aus Loden.*

Lo|den|stoff, der: *Loden.*

lo|dern ⟨sw. V.; hat/selten auch: ist⟩ [spätmhd. (niederd., md.) lodern, wahrsch. eigtl. = emporwachsen; mit großer Flamme in heftiger Aufwärtsbewegung brennen; hochschlagen (2 b): das Feuer lodert; Flammen lodern aus der Fabrikhalle, zum Himmel; Ü ihre Augen loderten [vor Zorn].

Lodge [lɔdʒ], die; -, -s [...ɪs] [engl. lodge = Sommer-, Gartenhaus; Hütte < mengl. log(g)e < afrz. loge, ↑ Loge]: **1.** *mit Ferienhäusern, -wohnungen; Feriendorf, -hotel.* **2.** (veraltet) *Hütte, Wohnung eines Pförtners.*

Lodsch, Lodz [bɔtʃ]: *dt. Schreibungen von ↑ Łódź.*

Łódź [juʧʃ]: *Stadt in Polen.*

Löf|fel, der; -s, - [mhd. leffel, ahd. leffil]: **1. a)** *[metallenes] [Ess]gerät, an dessen unterem Stielende eine schalenartige Vertiefung sitzt u. das zur Aufnahme von Suppe, Flüssigkeiten, zur Zubereitung von Speisen o. Ä. verwendet wird:* silberne, verchromte L.; ein L. aus Zinn; man nehme zwei L. [voll] Zucker, dreimal täglich 10 Tropfen auf einen L. Zucker; etw. mit dem L. essen; *den L. sinken lassen/fallen lassen/hinlegen/wegwerfen/wegschmeißen/abgeben* (salopp; *sterben);* etw. (bes. die Weisheit) [auch nicht] mit -n gefressen o. Ä. haben (ugs., oft iron.; *etw., bes. Intelligenz, Klugheit, [nicht gerade] in sehr hohem Maße besitzen);* mit einem goldenen/silbernen L. im Mund geboren sein (ugs.; *reich geboren sein);* jmdn. über den L. barbieren (ugs.; *jmdn. plump betrügen;* viell. nach einer früher bei den Barbieren üblichen Gewohnheit, zahnlosen Männern zur leichteren Rasur einen Löffel in den Mund schieben, um die eingefallenen Wangen nach außen zu wölben); **b)** (Med.) *Kürette.* **2.** (Jägerspr.) *Ohr von Hase u. Kaninchen:* die L. anlegen, stellen, spitzen, zurücklegen; * **die L. aufsperren/spitzen** (salopp; ↑ Ohr); **jmdm. eins/ein paar hinter die L. geben** usw. (salopp; ↑ Ohr); **eins/ein paar hinter die L. kriegen/bekommen** (salopp; ↑ Ohr); **sich** ⟨Dativ⟩ **etw. hinter die L. schreiben** (salopp; ↑ Ohr).

Löf|fel|bis|kuit, das, auch: der: *Biskuit in länglicher, an den Enden gerundeter Form.*

Löf|fel|chen|stel|lung, die [nach der Anordnungsprinzip von Löffelchen in Besteckkasten]: **a)** *das Hintereinanderliegen von eng aneinandergeschmiegten Personen, wobei sich der Po der einen Person u. der Bauch der anderen Person berühren;* **b)** *Stellung beim Geschlechtsverkehr, wobei die beiden Partner mit angewinkelten Beinen hintereinander auf der Seite liegen.*

löf|fel|för|mig ⟨Adj.⟩: *von der Form eines Löffels.*

löf|feln ⟨sw. V.; hat⟩: **1. a)** *mit dem Löffel essen:* eine Suppe l.; sie löffelten alle aus einer Schüssel; **b)** *mit dem Löffel herumrühren:* ein Eis l.; **c)** *mit dem Löffel in etw. füllen:* Suppe aus der Terrine l. **2.** * **jmdm. eine l.** (ugs.; *jmdn. ohrfeigen).*

Löf|fel|rei|her, der: *[weißer] Ibis mit langem, am Ende löffelförmig verbreitertem Schnabel.*

Löf|fel|stel|lung, die (ugs.): *Löffelchenstellung.*

Löf|fel|stiel, der: *Stiel eines Löffels.*

löf|fel|wei|se ⟨Adv.⟩: *in einer Menge von jeweils einem od. mehreren Löffeln:* eine Medizin l. einnehmen.

Loft, der od. das; -[s], -s, österr. u. schweiz. auch: die; -, -s: **1.** ⟨das, selten: der⟩ [engl. loft = Dachboden; Empore < mengl. lofte = Luft, Himmel, höher gelegener Raum] *aus der Etage einer Fabrik o. Ä. umgebaute Großraumwohnung.* **2.** ⟨der; -[s]⟩ [zu engl. to loft = in die Luft schlagen, zu: loft (↑ Loft 1)] (Golf) *Neigungsgrad der Schlagfläche eines Golfschlägers.*

log: ↑ lügen.

Log, das; -s, -e [engl. log, eigtl. = Holzklotz (der an der Logleine hinter dem Schiff hergezogen wurde)] (Seew.): *Gerät zur Messung der Schiffsgeschwindigkeit.*

log-, Log-: ↑ logo-, Logo-.

Lo|ga|rith|men: Pl. von ↑ Logarithmus.

Lo|ga|rith|men|ta|fel, die (Math.): *tabellenartige Zusammenstellung der Logarithmen.*

lo|ga|rith|misch ⟨Adj.⟩ (Math.): *den Logarithmus betreffend; auf einem Logarithmus beruhend, ihn anwendend.*

Lo|ga|rith|mus, der; -, ...men [nlat., zu griech. lógos (↑ Logos) u. árithmos = Zahl] (Math.): *Zahl, mit der man eine andere Zahl, die Basis* (3 c), *potenzieren muss, um eine vorgegebene Zahl, den Numerus* (2), *zu erhalten* (Abk.: log).

Log|buch, das [zu ↑ Log] (Seew.): *Tagebuch auf Seeschiffen, in das alle für die Seefahrt wichtigen Beobachtungen eingetragen werden.*

Lo|ge [ˈloːʒə, auch: ...ʃ], die; -, -n [...ʒn]: **1.** [frz. loge = abgeschlossener Raum < afrz. loge < mlat. lobia, aus dem Germ.] **a)** *kleiner, durch Seitenwände abgeteilter [überdachter] Raum mit mehreren Sitzplätzen im Theater o. Ä.;* **b)** *kleiner Raum [in einem größeren Gebäude], in dem der Pförtner o. Ä. hinter einer Art Schalter sitzt:* der Pförtner saß in seiner L. **2.** [engl. lodge < afrz. loge, ↑ Loge (1 a)] **a)** *geheime Gesellschaft von Freimaurern;* **b)** *Versammlungsort einer Loge* (2 a).

-lo|ge, (seltener:) -log, der; -logen, -logen [zu griech. lógos, ↑ Logos]: *in Zusb., z. B. Ethnologe, Grafologe.*

lö|ge: ↑ lügen.

Lo|gen|bru|der, der: *Mitglied einer Loge* (2 a).

Lo|gen|platz, der: *Platz in einer Loge* (1 a).

Log|file [...faɪl], das; -s, -s [engl. logfile, log file, aus: log = Bericht, Bordbuch (↑ Log) u. file = Datei] (EDV): *Datei zur Erfassung der Zugriffsdaten einer Website.*

Log|gast, der (Seew.): ²*Gast, der das Log bedient.*

Log|ge, die; -, -n [schwed., norw. logg < engl. log, ↑ Log] (Seew.): *Log.*

Log|ger, der; -s, - [niederl. logger < engl. lugger] (Seew.): *kleines Schiff für den Heringsfang.*

Log|gia [ˈlɔdʒ(i)a], die; -, ...ien [...(i)ən] [ital. loggia, eigtl. = Laube < afrz. loge, ↑ Loge]: **1.** *nicht od. kaum vorspringender, nach der Außenseite hin offener, überdachter Raum im [Ober]geschoss eines Hauses.* **2.** (Archit.) *an mehreren Seiten hin offene, von Säulen, Pfeilern getragene Halle als selbstständiger Bau od. als Teil des Erdgeschosses.*

Log|glas, das (Seew.): *Sanduhr zur Bedienung des Logs.*

Lo|gi|cal [ˈlɔdʒɪkl], das; -s, -s [zu engl. logical = logisch, wohl geb. nach ↑ Musical]: *nach Gesetzen der Logik* (2 a) *aufgebautes Rätsel.*

-lo|gie, die; -, -n [zu griech. lógos, ↑ Logos]: *in Zusb., z. B. Ethnologie, Grafologie.*

lo|gie|ren [loˈʒiːrən] ⟨sw. V.; hat⟩ [frz. loger, zu: loge, ↑ Loge]: **1.** *an einem Ort, an dem man sich vorübergehend aufhält, in einem Hotel od. Privatquartier wohnen:* sie logieren wieder im Ritz. **2.** (veraltend) *als Gast aufnehmen, unterbringen:* wir logieren ihn im Gästezimmer.

Lo|gik, die; -, -en [spätlat. logica < griech. logikḗ = Wissenschaft des Denkens, zu: logikós = zur Vernunft gehörend, zu: lógos, ↑ Logos]: **1.** *Lehre, Wissenschaft von der Struktur, den Formen u. Gesetzen des Denkens; Lehre vom folgerichtigen Denken, vom Schließen aufgrund gegebener Aussagen; Denklehre:* die mathematische L. *(Logik, die sich eines strengen Formalismus bedient).* **2. a)** *Folgerichtigkeit des Denkens; die zwingende L.; seiner Äußerung fehlt jede L.; das ist/verstößt gegen alle L.;* **b)** *in einer Entwicklung, in einem Sachzusammenhang, in einer Konstruktion o. Ä. liegende [zwangsläufige] Folgerichtigkeit:* die geschichtliche L. spricht dagegen; die Entwicklerin erklärte uns die L. *(die Funktionsweise)* ihres Programms.

Lo|gi|ker, der; -s, - : **1.** *Wissenschaftler auf dem Gebiet der Logik* (1). **2.** *rein logisch Denkender.*

Lo|gi|ke|rin, die; -, -nen: w. Form zu ↑ Logiker.

Log-in, Log|in [bɡˈlɪn, ˈbɡlɪn], das, auch: der; -[s], -s [engl. login, zu: to log in = sich anmelden] (EDV): **1.** *das Einloggen:* das L. schlug erneut fehl. **2.** *zum Einloggen erforderliches Kennwort.*

-lo|gin, die; -, -nen: w. Form zu ↑-loge.

Lo|gis [lo'ʒi:], das; - [...i:(s)], - [...i:s] [frz. logis, zu: loge, ↑Loge]: **1.** *[nicht besonders komfortables] Unterkunft, Wohnung [bei jmdm.]:* bei jmdm. Kost und [freies] L. haben; sie hat ihr L. im Souterrain, unter dem Dach. **2.** ['lo:gɪs] (Seemannsspr.) *[Gemeinschafts]wohnraum auf Schiffen für Mannschaft u. niedrige Dienstgrade.*

lo|gisch ⟨Adj.⟩ [lat. logicus < griech. logikós, ↑Logik]: **1.** *die Logik (1) betreffend, dazu gehörend, sich damit befassend:* -e Übungen. **2.** *den Gesetzen der Logik (1) entsprechend; folgerichtig:* -es Denken; er bemüht sich, l. zu sein; l. denken, handeln. **3.** (ugs.) *sich von selbst ergebend:* die -e Konsequenz war, den Antrag abzulehnen; na l.! *(selbstverständlich!)*

lo|gi|scher|wei|se ⟨Adv.⟩: *aus Gründen der Logik (2):* l. stimmt das nicht.

Lo|gis|mus, der; -, ...men [griech. logismós = das Rechnen, die Berechnung, zu: lógos, ↑Logos] (Philos.): **1.** *auf die Vernunft gegründeter Schluss* (2b). **2.** ⟨o. Pl.⟩ *Auffassung, dass die Welt logisch aufgebaut ist.*

Lo|gis|tik, die; -, -en ⟨Pl. selten⟩: **1.** [griech. logistiké (téchnē) = Rechenkunst, zu: logistikós = zum (Be)rechnen gehörend, zu: lógos, ↑Logos] *mathematische Logik* (1). **2.** [frz. logistique < spätlat. logisticus = die Finanzverwaltung betreffend < griech. logistikós = zum (Be)rechnen gehörend] (Militär) *Planung, Bereitstellung u. Einsatz der für militärische Zwecke erforderlichen Mittel u. Dienstleistungen zur Unterstützung der Streitkräfte; Versorgung[sapparat] einer Truppe.* **3.** [engl. logistics (Pl.) < frz. logistique = Logistik] (Wirtsch.) *Gesamtheit aller Aktivitäten eines Unternehmens, die die Beschaffung, die Lagerung u. den Transport von Materialien u. Zwischenprodukten, die Auslieferung von Fertigprodukten, also den gesamten Fluss von Material, Energie u. Produkt betreffen.*

Lo|gis|ti|ker, der; -s, -: **1.** *Vertreter der Logistik* (1). **2.** *Fachmann, Spezialist auf dem Gebiet der Logistik* (3).

Lo|gis|ti|ke|rin, die; -, -nen: w. Form zu ↑Logistiker.

Lo|gis|tik|trup|pe, die (Militär): *bei der Bundeswehr) Kampfunterstützungstruppe, deren Truppen für die Aufgaben der Logistik (1) ausgebildet u. ausgerüstet sind (z. B. Nachschubtruppe).*

lo|gis|tisch ⟨Adj.⟩: **1.** *die Logistik (1) betreffend.* **2.** *die Logistik (2, 3) betreffend:* er ist für -e Aufgaben zuständig.

Log|lei|ne, die (Seew.): *mit Knoten versehene Leine am Log zum Messen der Schiffsgeschwindigkeit.*

lo|go ⟨indekl. Adj.⟩ (salopp, bes. Jugendspr.): ↑*logisch* (3): »Kommst du mit?« – »Ist doch l.!«.

Lo|go, der oder das; -s, -s [engl. logo, gek. aus: logotype, zu griech. lógos (↑Logos) u. engl. type, ↑Type]: *Signet* (1 b).

lo|go-, Lo|go-, (vor Vokalen auch:) log-, Log- [zu griech. lógos, ↑Logos]: Best. in Zus. mit der Bed. *wort-, Wort-, Rede-, Vernunft-* (z. B. logopädisch, Logos).

Lo|goi: Pl. von ↑Logos.

Lo|go|kra|tie, die; - [↑-kratie]: *Herrschaft der Vernunft in der Gesellschaft.*

Lo|go|pä|de, der; -n, -n: *Spezialist auf dem Gebiet der Logopädie (Berufsbez.).*

Lo|go|pä|die, die; - [zu griech. paideía = Lehre, Ausbildung]: *Wissenschaft u. Behandlung von (physiologisch od. psychisch bedingten) Sprachstörungen; Sprachheilkunde.*

Lo|go|pä|din, die; -, -nen: w. Form zu ↑Logopäde.

lo|go|pä|disch ⟨Adj.⟩: *die Logopädie betreffend, darauf beruhend.*

Lo|go|pa|thie, die; -, -n [↑-pathie] (Med.): *Sprachstörung aufgrund von Veränderungen im Zentralnervensystem.*

Lo|gos, der; -, Logoi [griech. lógos = Rede, Wort; Vernunft; Überlegung; philosophischer Lehrsatz; (philosophische) Lehre, zu: légein = (auf-, er)zählen; reden, sprechen]: **1.** (antike Philos., Rhet.) *auf Verstehen angelegte Rede, Sprache.* **2.** ⟨o. Pl.⟩ (antike Philos.) *menschliche od. göttliche Vernunft; umfassender Sinn; Weltvernunft.* **3.** (antike Philos.) *logisches Urteil; Begriff.* **4.** ⟨o. Pl.⟩ (Theol.) *Gott, Vernunft Gottes als Weltschöpfungskraft.* **5.** ⟨o. Pl.⟩ (Theol.) *Offenbarung, Wille Gottes u. Mensch gewordenes Wort Gottes in der Person Jesu.*

Log-out, Log|out [lɒɡ'laʊt, 'lɒɡlaʊt], das, auch: der; -[s], -s [engl. logout, zu: to log out = sich abmelden] (EDV): *das Sichabmelden aus einem Computer, Netzwerk u. Ä.*

loh ⟨Adj.⟩ [rückgeb. aus ↑lichterloh] (dichter.): *lodernd.*

¹**Lo|ha,** der; -[s], -s ⟨meist Pl.⟩ [Kurzwort aus engl. lifestyle of health and sustainability = Lebensstil für Gesundheit und Nachhaltigkeit] (Jargon): *Person mit überdurchschnittlichem Einkommen, die versucht, Konsum u. Genuss mit Umweltbewusstsein zu kombinieren.*

²**Lo|ha,** die; -, -s [zu ↑¹Loha] (Jargon): *weibliche Person mit überdurchschnittlichem Einkommen, die versucht, Konsum u. Genuss mit Umweltbewusstsein zu kombinieren.*

◆ **Loh|bau|er,** der; -n (selten: -s), -n: *Bauer, der mit ²Lohe düngt:* ... der Knecht des -s spannte einen dicken Rotschimmel vor den Streifwagen (Ebner-Eschenbach, Spitzin 26).

Loh|bei|ze, die: ¹*Beize* (1 c).

¹**Lo|he,** die; -, -n [mhd. lohe, ahd. loug = Flamme, Feuer, verw. mit ↑licht] (geh.): *in heftiger Aufwärtsbewegung brennende, große Flamme[n].*

²**Lo|he,** die; -, -n [mhd., ahd. lō, urspr. = Abgeschältes, Losgelöstes]: *zum Gerben verwendete, zerkleinerte Rinde, bes. von jungen Eichen u. Fichten; Gerberlohe.*

¹**lo|hen** ⟨sw. V.; hat⟩ [mhd. lohen, ahd. lo(h)ēn, zu ↑¹Lohe] (geh.): *lodern.*

²**lo|hen** ⟨sw. V.; hat⟩ (Gerberei): *mit ²Lohe gerben: Tierhäute l.*

Loh|müh|le, die: *Mühle, in der Baumrinde zu Gerbstoff verarbeitet wird.*

Lohn, der; -[e]s, Löhne [mhd., ahd. lōn, urspr. = (auf der Jagd od. im Kampf) Erbeutetes]: **1.** *[nach Stunden berechnete] Bezahlung für geleistete Arbeit [die dem Arbeiter bzw. der Arbeiterin täglich, wöchentlich od. monatlich ausgezahlt wird]:* ein fester, niedriger, tariflicher L.; Löhne und Gehälter sind gestiegen; sich einen [restlichen] L. auszahlen lassen; die Löhne erhöhen, kürzen, senken, drücken; für einen bestimmten L. arbeiten; *in L. und Brot stehen* (veraltend; *eine feste Anstellung haben*); **jmdn. um L. und Brot bringen** (veraltend; *jmdm. seine Arbeit, Erwerbsquelle nehmen*). **2.** ⟨o. Pl.⟩ *etw., womit man für eine Leistung, Mühe o. Ä. entschädigt wird; Belohnung:* ein [un]verdienter, königlicher L.; seinen L. für etw. empfangen; als/zum L. dafür; Ü er wird schon noch seinen L. (*[vom Schicksal] seine Strafe, Vergeltung*) bekommen; Die Frauen! Sie geben uns große Handlungen ein, die ihren L. in sich tragen! (*die keines Lohnes bedürfen;* H. Mann, Stadt 185).

lohn|ab|hän|gig ⟨Adj.⟩: *durch seinen Lohn vom Arbeitgeber abhängig.*

Lohn|ab|rech|nung, die: *Abrechnung über den Lohn.*

Lohn|ab|schluss, der: *Tarifabschluss über Löhne* einen L. vereinbaren; sich auf einen neuen L. einigen.

Lohn|ab|zug, der: *Abzug einer bestimmten Summe vom Lohn.*

Lohn|ar|beit, die: **a)** ⟨o. Pl.⟩ *gegen Lohn von einem Arbeiter, einer Arbeiterin geleistete Arbeit;* **b)** (Wirtsch.) *zur Durchführung eines Produktionsauftrags von einem Betrieb für einen anderen gegen Bezahlung geleistete Arbeit.*

Lohn|ar|bei|ter, der: *Lohn beziehender Arbeiter.*

Lohn|ar|bei|te|rin, die: w. Form zu ↑Lohnarbeiter.

Lohn|aus|gleich, der: *durch den Arbeitgeber [über einen bestimmten Zeitraum] erfolgende Zahlung der Differenz zum Nettoeinkommen, wenn die Arbeit aus bestimmten Gründen (z. B. Krankheit) nicht geleistet werden kann:* kürzere Arbeitszeit bei vollem L.

◆ **Lohn|be|dien|ter** ⟨vgl. Bedienter⟩: *nur auf Zeit, nicht fest angestellter Diener:* Damit ich ... das Haus nicht verfehlte, berief ich einen Lohnbedienten (Goethe, Italien. Reise 12. 3. 1787, abends [Neapel]).

Lohn|buch|hal|ter, der: *Buchhalter in der Lohnbuchhaltung.*

Lohn|buch|hal|te|rin, die: w. Form zu ↑Lohnbuchhalter.

Lohn|buch|hal|tung, die: **1.** ⟨o. Pl.⟩ *Berechnung des Lohns.* **2.** *Abteilung eines Betriebs, in der der Lohn berechnet u. seine Auszahlung veranlasst wird.*

Lohn|dum|ping [...dam...], das: *Zahlung von Löhnen, die deutlich unter dem Tariflohn.*

Lohn|emp|fän|ger, der: *jmd., der Lohn bezieht.*

Lohn|emp|fän|ge|rin, die: w. Form zu ↑Lohnempfänger.

loh|nen ⟨sw. V.; hat⟩ [mhd. lōnen, ahd. lōnōn = Lohn geben, vergelten]: **1. a)** ⟨l. + sich⟩ *in ideeller od. materieller Hinsicht von Nutzen sein:* der Aufwand hat sich gelohnt; das Geschäft lohnte sich für ihn nicht; (auch ohne »sich«:) lohnt das?; die Mühe hat gelohnt; **b)** *aufzuwendende Mühe od. Kosten rechtfertigen:* das alte Auto lohnt keine Reparatur mehr; das lohnt die/(geh. veraltend:) der Mühe nicht. **2.** *eine gute Tat, ein gutes Verhalten [mit etw. Gutem] vergelten:* jmdm. seine Hilfe l.

löh|nen ⟨sw. V.; hat⟩ [mhd. lœnen, Nebenf. von: lōnen, ↑lohnen]: **a)** *jmdm. Lohn auszahlen:* die Landarbeiter l.; **b)** (ugs.) *zahlen:* hundert Euro habe ich dafür gelöhnt.

loh|nend ⟨Adj.⟩: *(die für einen Gewinn, ein positives Ergebnis aufzuwendenden) Mühen u. Kosten rechtfertigend:* eine -e Aufgabe.

loh|nens|wert ⟨Adj.⟩: *lohnend, nutzbringend.*

Lohn|er|hö|hung, die: *Erhöhung der Löhne.*

Lohn|for|de|rung, die ⟨meist Pl.⟩: *Forderung eines höheren Lohnes in bestimmter Höhe.*

Lohn|fort|zah|lung, die: *Fortzahlung des Lohnes über einen bestimmten Zeitraum durch den Arbeitgeber im Krankheitsfall.*

Lohn|grup|pe, die: ¹*Gruppe* (1 b), *in die Arbeitnehmer[innen] eines Berufszweigs aufgrund ihrer Tätigkeitsmerkmale eingestuft werden u. nach der sich die Höhe des Lohnes richtet.*

Lohn|kampf, der: *Kampf der gewerkschaftlich organisierten Arbeitnehmer[innen] um höhere Löhne.*

Lohn|kos|ten ⟨Pl.⟩ (Wirtsch.): *Kostenaufwand für Bruttolöhne.*

Lohn|kür|zung, die: *Kürzung des Arbeitslohns.*

Lohn|lis|te, die: *Liste eines Betriebs o. Ä., in die die Löhne der Arbeitnehmer u. Arbeitnehmerinnen eingetragen sind.*

Lohn|ne|ben|kos|ten ⟨Pl.⟩: *Kosten außer dem Lohn, die dem Arbeitgeber durch die Sozialleistungen entstehen.*

Lohn|ni|veau, das: *Niveau der Löhne in einem bestimmten Bereich, Gebiet.*

Lohn|pau|se, die: *Verzicht auf Lohnerhöhungen für eine bestimmte Zeit.*

Lohn|pfän|dung, die: *Pfändung eines Teils des Lohns zugunsten eines Gläubigers, einer Gläubigerin.*

Lohn|po|li|tik, die: a) *Gesamtheit der Maßnahmen des Staates, der Arbeitgeber- u. Arbeitnehmerverbände zur Einflussnahme auf das allgemeine Lohnniveau;* b) (Wirtsch.) *Gesamtheit der Überlegungen u. Maßnahmen eines Unternehmens auf dem Sektor der Löhne.*

Lohn|run|de, die: *[jährlich wiederkehrende] Phase, in der zwischen Gewerkschaften u. Arbeitgeberverbänden neue Löhne ausgehandelt werden.*

Lohn|sen|kung, die: **1.** *Lohnabzug.* **2.** *Verminderung des Reallohns.*

Lohn|stei|ge|rung, die: *Lohnerhöhung.*

Lohn|steu|er, die: *Steuer für Einkünfte aus unselbstständiger Tätigkeit* (Abk.: LSt.)

Lohn|steu|er|jah|res|aus|gleich, der: *Jahresausgleich bei zu viel entrichteter Lohnsteuer.*

Lohn|steu|er|kar|te, die: *von der Gemeinde ausgestellte Urkunde mit Angaben über Familienstand, Religionszugehörigkeit u. a. als Unterlage zur Berechnung der Lohnsteuer.*

Lohn|stopp, der: *staatliches Verbot von Lohnerhöhungen [bei gleichzeitigem Preisstopp] als Mittel der Wirtschaftspolitik.*

Lohn|strei|fen, der: a) (früher) *Papierstreifen, auf dem die Lohnabrechnung vermerkt ist [u. der dem bar ausbezahlten Lohn beiliegt];* b) *Lohnabrechnung.*

Lohn|stück|kos|ten ⟨Pl.⟩ (Wirtsch.): *für ein Stück od. eine Einheit berechnete durchschnittliche Lohnkosten.*

Lohn|sum|me, die: *Gesamtheit aller Lohnkosten, die ein Betrieb aufbringen muss.*

Lohn|ta|rif, der: *Tarif der Löhne.*

Lohn|tü|te, die: *Tüte mit dem ausgezahlten Lohn u. dem Lohnstreifen.*

Löh|nung, die, -; -en: a) *Auszahlung des Lohns, Wehrsolds: am Tag der L.;* b) *ausgezahlter Lohn, Wehrsold: die Soldaten erhielten nur eine geringe L.*

Lohn|ver|hand|lung, die: *Lohn betreffende Verhandlung der Tarifpartner.*

Lohn|ver|rech|nung, die (österr.): *Lohnbuchhaltung.*

Lohn|ver|zicht, der: *Verzicht auf Lohn: erzwungener, freiwilliger L.*

Lohn|zet|tel, der: **1.** *Lohnstreifen.* **2.** (österr.) *Jahreslohnabrechnung über das abgelaufene Jahr (zur Vorlage beim Finanzamt).*

Loh|rin|de, die [zu ↑²Lohe]: *Rinde für die Bereitung von Gerbmitteln.*

◆ **Loh|stampf**, der; -[e]s, -e (landsch.): *Lohmühle:* ... *hörten sie seine Walkmühle und seinen L., die er an seinem Bache für Tuchmacher und Gerber angelegt hatte* (Stifter, Bergkristall 22).

◆ **Loh|werk**, das: *Lohmühle:* ... *als die Kinder bis zu den Loh- und Walkwerken des Großvaters gekommen waren* (Stifter, Bergkristall 27).

Loi|pe, die; -, -n [norw. løype] (Skisport): *markierte Bahn, Piste für den Langlauf: dort wurde eine zwölf Kilometer lange L. gespurt.*

Loire [lwa:r], die; -: *französischer Fluss.*

Lo|ja Dschir|ga, die; - [Paschtu = große Ratsversammlung, aus: loja = groß u. dschirga = (Rats)versammlung, eigtl. = Zelt; Kreis]: *traditionelle große Ratsversammlung in Afghanistan.*

Lok, die; -, -s: *Kurzf. von* ↑*Lokomotive.*

lo|kal ⟨Adj.⟩ [frz. local < spätlat. localis = örtlich, zu lat. locus = Ort, Platz, Stelle]: a) *örtlich [beschränkt]; -e Nachrichten;* l. *(an einer Körperstelle) betäuben;* ⟨subst.:⟩ *das Lokale (der lokale Teil der Zeitung);* b) (Sprachwiss.) *den Ort, die räumliche Erstreckung ausdrückend: -e Adverbien; eine -e Umstandsbestimmung.*

Lo|kal, das; -[e]s, -e [älter = Örtlichkeit, frz. local = Ort, Raum, der einem bestimmten Zweck dient, Substantivierung von: local, ↑lokal]: **1.** *Raum od. Örtlichkeit, wo man gegen Bezahlung essen u. trinken kann; Gaststätte, [Schank]wirtschaft: ein gut besuchtes L.; unser L. ist montags geschlossen; das L. wechseln (in ein anderes Lokal gehen); in diesem L. isst man gut.* **2.** *Raum für verschiedene Zwecke der Zusammenkunft; fester Versammlungsraum eines Vereins, Klubs, der örtlichen Organisation einer Partei u. Ä.: der Klub hatte ein eigenes L.; Joseph ging an einem Polizeigebäude vorüber, aus dessen einem L. ihm eines Tages vor Jahren gellend der Schrei eines misshandelten Menschen entgegentönte* (R. Walser, Gehülfe 82).

Lo|kal|an|äs|the|sie, die (Med.): *örtliche Betäubung.*

Lo|kal|au|gen|schein, der (österr.): *Lokaltermin.*

Lo|kal|blatt, das: **1.** *kleine Zeitung mit räumlich begrenztem Verbreitungsgebiet.* **2.** *Lokalteil einer Zeitung.*

Lo|kal|der|by, das (Sport): ²*Derby (2) zwischen zwei Mannschaften, die aus der gleichen Region stammen.*

Lo|ka|li|sa|ti|on, die; -, -en [frz. localisation, zu: localiser, ↑lokalisieren] (Fachspr.): **1.** *Ortsbestimmung, Zuordnung zu einer bestimmten Stelle: die L. von Schmerzen ist oft nicht einfach.* **2.** *Niederlassung, Ansammlung an einem bestimmten Platz.* **3.** (EDV selten) *Lokalisierung (3).*

lo|ka|li|sier|bar ⟨Adj.⟩: *sich lokalisieren (1, 2) lassend: der Schmerz ist in der Lendengegend l.*

lo|ka|li|sie|ren ⟨sw. V.; hat⟩ [frz. localiser]: **1.** (bildungsspr., Fachspr.) *örtlich bestimmen, festlegen, zuordnen: einen Ort geografisch l.; einen Krankheitsherd l.* **2.** (bildungsspr., Fachspr.) *auf einen bestimmten Punkt od. Bereich begrenzen, eingrenzen: einen Konflikt, ein Feuer l.* **3.** (EDV) *übersetzen und an die Konventionen angleichen, die im Gebiet der Zielsprache gelten: manche Hersteller lokalisieren ihre Software selbst.*

Lo|ka|li|sie|rung, die; -, -en: **1.** (bildungsspr.) *Ortsbestimmung.* **2.** (bildungsspr.) *das Lokalisieren (2), Lokalisiertwerden; Eingrenzung.* **3.** (EDV) *das Lokalisieren (3); das Lokalisiertwerden: die deutsche L. des Personalverwaltungsprogramms sorgte für viel Heiterkeit.*

Lo|ka|li|tät, die; -, -en [frz. localité < spätlat. localitas] a) (bildungsspr.) *Raum (bes. in seiner Lage u. Beschaffenheit): die -en genau kennen; wo ist hier die L.? (verhüll.; Toilette?);* b) (scherzh.) *Lokal (1).*

Lo|kal|ko|lo|rit, das: *besondere Atmosphäre einer Stadt od. Landschaft; [in einem Kunstwerk, einer Schilderung o. Ä. eingefangene] örtliche Färbung: der Roman spiegelt gut das L. der Gegend wider.*

Lo|kal|ma|ta|dor, der (bes. Sport): *örtliche Berühmtheit, gefeierter Held in einem Ort, in einem begrenzten Gebiet.*

Lo|kal|ma|ta|do|rin, die: w. Form zu ↑Lokalmatador.

Lo|kal|nach|richt, die ⟨meist Pl.⟩: *lokale Nachricht, [Zeitungs]meldung.*

Lo|kal|pa|t|ri|o|tis|mus, der: [übertrieben] *starke Liebe zur Heimatstadt od. heimatlichen Landschaft.*

Lo|kal|po|li|ti|ker, der: *Politiker auf dem Gebiet der Kommunalpolitik.*

Lo|kal|po|li|ti|ke|rin, die: w. Form zu ↑Lokalpolitiker.

Lo|kal|pres|se, die ⟨o. Pl.⟩: *Gesamtheit der lokalen Zeitungen, Zeitschriften u. ihrer Mitarbeiter(innen).*

Lo|kal|ra|dio, das (bes. österr., schweiz.): *Rundfunk[sender] für ein räumlich eng begrenztes Gebiet.*

Lo|kal|re|dak|ti|on, die: **1.** *Redaktion (2a) einer Zeitung, die die Lokalnachrichten bearbeitet.* **2.** *Geschäftsstelle einer Zeitung, die für die Erstellung der Lokalseite verantwortlich ist.*

Lo|kal|run|de, die (ugs.): *Runde Bier od. Schnaps für alle in einem Lokal (1) Anwesenden: eine L. schmeißen, ausgeben, spendieren.*

Lo|kal|sei|te, die: *Zeitungsseite mit Nachrichten u. Berichten über Vorgänge u. Ereignisse im engsten Verbreitungsgebiet der entsprechenden Zeitungsausgabe.*

Lo|kal|sen|der, der: *Lokalradio.*

Lo|kal|teil, der: vgl. *Lokalseite.*

Lo|kal|ter|min, der (Rechtsspr.): *Gerichtstermin am Tatort, Ort des Geschehens.*

Lo|kal|ver|bot, das: *[vom Wirt, von der Wirtin ausgesprochenes] Verbot, ein bestimmtes Lokal [wieder] zu betreten: L. bekommen, haben.*

Lo|kal|zei|tung, die: *kleine Zeitung mit räumlich begrenztem Verbreitungsgebiet.*

Lo|ka|ti|on, die; -, -en [lat. locatio = Stellung, Anordnung, zu: locare = an einen Platz stellen, zu: locus, ↑lokal]: **1.** *moderne Wohnsiedlung.* **2.** *Bohrstelle (bei der Erdölförderung).* **3.** *Ort, Standort.*

Lo|ka|tiv, der; -s, -e (Sprachwiss.): **1.** *den Ort bestimmender Kasus (Frage: wo?; z. B. lat. Romae = in Rom).* **2.** *Wort, das im Lokativ (1) steht.*

Lok|füh|rer, der: *kurz für* ↑Lokomotivführer.

Lok|füh|re|rin, die: w. Form zu ↑Lokführer.

Lo|ko|ge|schäft, das (Kaufmannsspr.): *an einer Warenbörse zur sofortigen Erfüllung abgeschlossenes Geschäft.*

Lo|ko|mo|bil, das; -s, -e (veraltet), **Lo|ko|mo|bi|le**, die; -, -n [frz. locomobile = fahrbare Dampfmaschine, zu: locomobile = von der Stelle bewegbar, zu lat. locus = Ort, Stelle u. mobilis = beweglich]: *fahrbare Dampf-, Kraftmaschine.* ◆ *Die Gemeinde ... kaufte für ihre bisher von Pferdegöpel betriebene Dreschmaschine ein Lokomobil* (Ebner-Eschenbach, Gemeindekind 128).

Lo|ko|mo|ti|ve, die; -, -n [engl. locomotive (engine) = sich von der Stelle bewegend(e) Maschine), zu lat. locus = Ort, Stelle u. movere (2. Part.: motum) = (sich) bewegen]: *mit Strom, Dampf o. Ä. angetriebenes Fahrzeug auf Schienen zum Ziehen der Eisenbahnwagen: eine elektrische L.*

Lo|ko|mo|tiv|füh|rer, der: *jmd., der berechtigt ist, selbstständig eine Lokomotive zu führen u. zu warten* (Berufsbez.).

Lo|ko|mo|tiv|füh|re|rin, die: w. Form zu ↑Lokomotivführer.

Lo|kus, der; - u. -ses, - u. -se [wohl in der Schülerspr. verkürzt aus lat. locus necessitatis = Ort der Notdurft] (ugs.): *Toilette (2): sich auf den L. setzen.*

lo|ku|ti|o|när, lo|ku|tiv ⟨Adj.⟩: *in der Fügung* lokutionärer/lokutiver Akt (Sprachwiss.; *Sprechakt im Hinblick auf Artikulation, Konstruktion u. Bedeutungsfestlegung).*

Lolch, der; -[e]s, -e [mhd. lulch, ahd. lolli < lat. lolium = Trespe]: *(zu den Süßgräsern gehörendes) Gras mit vielen Blüten u. kleinen Ähren in zwei Zeilen; Raygras (1).*

Lo|li|ta, die; -, -s [nach dem gleichnamigen Roman von Vladimir Nabokov (1899–1977)]: *Kindfrau (1).*

Lol|li, der; -s, -s [viell. zu ↑lullen (2a) od. gek. aus engl. lollipop] (ugs.): *Lutscher (1).*

Lom|bard [auch: ...'bart], der od. das; -[e]s, -e [frz.

lombard, gek. aus: Maison de Lombard = Leihhaus, nach den vom 13.–15. Jh. als Geldverleiher privilegierten Kaufleuten aus der Lombardei (frz. Lombard = Lombardie)] (Bankw. Jargon): *Lombardgeschäft, Lombardkredit.*

Lom|bar|de, der; -n, -n: Bewohner der Lombardei.

Lom|bar|dei, die; -: italienische Region.

Lom|bard|ge|schäft, das (Bankw.): *von einer Bank mit Lombardkrediten getätigtes Geschäft.*

Lom|bar|din, die; -, -nen: w. Form zu ↑ Lombarde.

lom|bar|disch ⟨Adj.⟩: *zur Lombardei gehörend; zu den Lombarden gehörend, sie betreffend.*

Lom|bard|kre|dit, der (Bankw.): *Kredit gegen Verpfändung beweglicher Sachen, kurzfristige Beleihung von Waren od. Wertpapieren.*

Lom|bard|satz, der (Bankw.): *von der Notenbank festgesetzter Zinsfuß für Lombardgeschäfte.*

Lon|don: Hauptstadt von Großbritannien und Nordirland u. von England.

¹**Lon|do|ner,** der; -s, -: Ew.

²**Lon|do|ner** ⟨indekl. Adj.⟩: die L. Theater.

Lon|do|ne|rin, die; -, -nen: w. Form zu ↑ ¹Londoner.

Long|board [...bɔːd], das; -s, -s [engl. longboard = langes Brett]: **1.** *längeres Skateboard:* ein L. ist bei hohem Tempo einfacher zu lenken. **2.** *längeres Surfbrett:* sie surften früher nur mit -s.

Long|drink, der; -s, -s, **Long Drink,** der; - -s, - -s [engl. long drink, aus: long = lang u. drink, ↑ Drink]: *mit Soda- od. Mineralwasser, Fruchtsäften, Eiswürfeln u. Ä. verlängertes alkoholisches Getränk.*

Lon|ge ['lõːʒə], die; -, -n [frz. longe, zu: long < lat. longus = lang]: **a)** (Reiten) *sehr lange Leine, mit der ein Pferd im Kreis herumgeführt u. dabei dressurmäßig korrigiert wird:* ein Pferd an die L. nehmen; **b)** (Turnen, Schwimmen) *an einem Sicherheitsgurt befestigte Leine zum Abfangen von Stürzen bei gefährlichen Übungen od. beim Schwimmunterricht.*

lon|gie|ren [lõˈʒiːrən] ⟨sw. V.; hat⟩ [zu ↑ Longe]: *(ein Pferd) an der Longe laufen lassen.*

lon|gi|tu|di|nal ⟨Adj.⟩ [zu lat. longitudo = Länge]: **a)** (Fachspr.) *in der Längsrichtung verlaufend, längs gerichtet, längs...:* -e Wellen, Schwingungen; **b)** (Geogr.) *die geografische Länge, den Längengrad betreffend.*

long|line ['lɒŋlaɪn] ⟨Adv.⟩ [aus engl. long = lang u. line = Linie, eigtl. = lange Linie] (Tennis): *an der seitlichen Linie entlang:* den Ball l. schlagen, spielen.

Long|line, der; -[s], -s (Tennis): *Schlag, mit dem der Ball an der seitlichen Linie entlang ins gegnerische Feld gespielt wird:* einen L. schlagen.

Long|list, die; -, -s [engl. longlist, aus: long = lang u. list = Liste]: *erste, größere Auswahlliste [für einen Wettbewerb], aus der dann eine engere Auswahl (Shortlist) getroffen wird.*

Long|play|er, der; -s, - [engl. long-player = Langspielplatte]: *CD mit dem Inhalt einer Langspielplatte; Album* (2c).

Long|sel|ler, der [aus engl. long = lang und ↑ Seller]: *Buch, das über einen langen Zeitraum gut verkauft wird.*

Long|sleeve [...sliːf], das, auch: der; -s, -s [für engl. longsleeved T-shirt = langärmliges T-Shirt, zu: long = lang u. sleeve = Ärmel]: *T-Shirt mit langen Ärmeln.*

Look [lʊk], der; -s, -s [engl. look, zu: to look = (aus)sehen]: *Aussehen, Note, Moderichtung, Mode[erscheinung]:* der sportliche L.; einen neuen L. kreieren.

Look|alike ['lʊkəlaɪk], der; -s, -s [engl. lookalike, zu: to look = aussehen u. alike = (völlig) ähnlich]: *Doppelgänger(in) [einer prominenten Person].*

Loop [luːp], der; -[s], -s [engl. loop = Schleife, Schlinge, H. u.]: **1.** (Kernt.) *geschlossener Rohrkreislauf, in dem Materialtests unter verschiedenen Bedingungen vorgenommen werden.* **2.** (EDV) *Programmschleife, Folge von Programmteilen, die mehrfach durchlaufen werden können.* **3.** ⟨meist Pl.⟩ (Musik) *kurze, mit technischen Mitteln mehrfach wiederholte Klangfolge in elektronisch erzeugter od. unterstützter Musik.*

loo|pen ['luːpn̩] ⟨sw. V.; hat⟩ (Musik): [zu: Loop (3)] *einen Loop* (3) *ausführen; in einem Loop* (3) *verwenden:* einfache Riffs wurden elektronisch gelooped.

Loo|ping ['luːpɪŋ], der, auch: das; -s, -s [engl. looping (the loop) = das Drehen eines Loopings, zu: loop = Schleife] (Fliegerspr.): *Flug, bei dem das Flugzeug einen vertikalen Kreis beschreibt:* einen L. drehen.

Lor|beer, der; -s, -en [mhd. lôrber, ahd. lôrberi = Beere des Lorbeerbaums, zu lat. laurus = Lorbeer(baum)]: **1.** *(im Mittelmeerraum heimischer) immergrüner Baum mit ledrigen (getrocknet als Gewürz dienenden) Blättern, gelblich weißen Blüten u. blauschwarzen Steinfrüchten.* **2.** *Blatt des Lorbeers* (1), *das als Gewürz verwendet wird:* das Fleisch mit L. und einigen Gewürzkörnern schmoren. **3.** *Lorbeerkranz od. -zweig [als Sinnbild des Ruhms, Sieges-, Ehrenzeichen]:* mit L. geschmückt kehrte der siegreiche Feldherr aus dem Krieg zurück; Ü die Schauspielerin verdiente sich ihre ersten -en im klassischen Theater; * **[sich] auf seinen -en ausruhen** (ugs.; *nach einmal errungenem Erfolg sich nicht mehr anstrengen*).

Lor|beer|baum, der: *Lorbeer* (1).

Lor|beer|blatt, das: *Lorbeer* (2): ein L. in der Suppe finden; * **Silbernes L.** (*höchste Auszeichnung für sportliche Leistungen in Deutschland*).

Lor|bee|re, die: *Frucht des Lorbeerbaums.*

Lor|beer|ge|wächs, das (Bot.): *Baum od. Strauch mit ledrigen Blättern, kleinen Blüten [in Rispen] u. Beeren- od. Steinfrüchten.*

Lor|beer|kranz, der: *Kranz aus Lorbeerzweigen.*

Lor|beer|zweig, der: *Zweig vom Lorbeerbaum.*

Lord [lɔːd], der; -s, -s [engl. lord < mengl. lōverd < aengl. hlāford = Herr, zu: hlāf = Brot(laib) u. weard = Schutzherr, Wart, also eigtl. = Brotherr, -schützer]: **1.** ⟨o. Pl.⟩ *hoher englischer Adelstitel.* **2.** *Träger dieses Titels.*

Lord|rich|ter, der: *Richter am englischen Berufungsgericht.*

Lord|rich|te|rin, die: w. Form zu ↑ Lordrichter.

Lord|schaft, die; -, -en: *Lordship.*

Lord|ship ['lɔːdʃɪp], der; -, -s [engl. lordship]: **a)** ⟨o. Pl.⟩ *Rang, Titel eines Lords;* **b)** *englische Anrede an einen Lord.*

Lord|sie|gel|be|wah|rer [für engl. Lord Privy Seal, zu lat. ↑ u. engl. privy seal = Geheimsiegel]: **1.** *Träger eines hohen Amtes in Großbritannien, der als Minister ohne Geschäftsbereich u. Kabinettsmitglied das königliche Siegel führt.* **2.** (scherzh.) [*einflussreicher*] *Hüter einer Einrichtung, Tradition o. Ä.:* ein L. des dreigliedrigen Schulsystems.

Lord|sie|gel|be|wah|re|rin, die: w. Form zu ↑ Lordsiegelbewahrer.

Lo|re, die; -, -n [älter: Lori < engl. lorry, H. u.]: *offener, auf Schienen laufender [kippbarer] Wagen zum Transport von Gütern in Bergwerken, Steinbrüchen u. Ä.*

Lo|re|ley, Lorelei [auch: ˈloːrəlaɪ], die; -: **1.** Rheinnixe. **2.** Felsen am rechten Rheinufer bei St. Goarshausen.

Lor|g|net|te [lɔrˈnjɛtə], die; -, -n [frz. lorgnette, zu: lorgner = verstohlen betrachten]: *bügellose, an einem Stiel vor die Augen zu haltende Brille.*

Lor|g|non [lɔrˈnjõː], das; -s, -s [frz. lorgnon, zu:

lorgner, ↑ Lorgnette]: **a)** *Einglas mit Stiel:* ein L. vors Auge halten; **b)** *Lorgnette.*

¹**Lo|ri,** der; -s, -s [engl. lory < malai. luri, nuri]: *(in Australien u. Polynesien heimischer) sperlingsbis taubengroßer Papagei mit meist buntem Gefieder.*

²**Lo|ri,** der; -s, -s [frz. loris, H. u.]: *(im tropischen Asien u. Afrika heimischer) Halbaffe mit Greifhänden u. -füßen u. großen Augen.*

Lorm|al|pha|bet, Lorm-Al|pha|bet, das; -[e]s [nach dem Namen des Entwicklers, des mährischen Schriftstellers Hieronymus Lorm (1821–1902)]: *Tastalphabet, das speziell für Menschen entwickelt wurde, die zugleich blind u. gehörlos sind.*

lor|men ⟨sw. V.; hat⟩: **a)** *mithilfe des Lormalphabets kommunizieren:* die Erzieherin kann sogar l.; **b)** *etw. im Lormalphabet mitteilen:* einen Willkommensgruß [in die Hand] l.

¹**los** ⟨Adj.⟩ [mhd., ahd. lōs, eigtl. = (ab)geschnitten, abgelöst]: **1.** *nicht mehr fest [gehalten], gelöst, abgetrennt:* der Knopf ist l.; der Hund ist von der Leine l.; *l. und ledig (frei u. unbehindert, von allen Bindungen gelöst);* jmdn., etw. l. sein (ugs.: *1. von jmdm., einer Sache befreit sein:* den lästigen Frager endlich l. sein; meine Erkältung bin ich immer noch nicht l.; ♦ ⟨mit dem Gen. der Person od. Sache:⟩ ... weil man meiner l. sein wollte [Kleist, Kohlhaas 15]. *2. jmdn., etw. verloren, vertan haben:* dein Geld bist du l.!); **jmdn., etw. l. haben** (ugs.: *von jmdm., einer Sache befreit werden:* die Familie, der Verein will ihn l. haben; die angefutterten Pfunde wieder l. haben wollen). **2.** * **etwas ist l.; es ist [et]was l.** (ugs.; *etwas [Ungewöhnliches] geschieht; eine besondere Lage ist eingetreten;* entstanden aus der Vorstellung, etwas habe sich gelöst, sodass es nicht mehr funktioniert: was ist [denn hier] los?; was ist l.? *[was hast du gesagt?];* da drüben muss etwas l. *(passiert)* sein; in diesem Lokal ist viel, wenig, immer etwas l. *[ist viel, wenig, immer Betrieb, kann man viel, wenig, immer etwas erleben];* in unserer Stadt ist nichts l. *[geht es langweilig zu, kann man nichts erleben];* mit dem neuen Automodell ist nichts, nicht viel. *[es taugt nichts, nicht viel];* wenn er zu wenig geschlafen hat, ist mit ihm nichts l. *[ist er schlecht gelaunt, nicht in Stimmung];* was ist denn mit dir l.? *[was hast du denn, was fehlt dir denn?]*).

²**los** ⟨Adv.⟩ [zu: ↑ ¹los]: **1.** *schnell!; ab!* (als Aufforderung): l., beeil dich!; nun aber l.! *(Startkommando)* Achtung, fertig, l.! **2.** (in Verb. mit der Präp. »von«) (Geschichte) *weg:* l. vom Reich, von Rom. **3.** (ugs.) **a)** *⟨kurz für los- + Verb der Bewegung⟩* ich will schon l. *(losgehen)*, bitte komm schnell nach!; Sag ihr, dass der Junge extra mit dem Wagen l. *(losgefahren)* ist, um das Holz zu holen [Borchert, Geranien 23]; **b)** *⟨kurz für los- + »gedreht, »geschraubt« o. Ä.⟩ gelöst:* ich habe die Schraube, das Brett schon l.

Los, das; -es, -e [mhd. lōz, auch = Losungswort, Orakel, ahd. hlōz, zu einem in mhd. lieʒen, ahd. hlioʒan = losen; wahrsagen, zaubern erhaltene germ. Verb]: **1. a)** *verdeckt gekennzeichneter Zettel od. sonstiger Gegenstand, durch den eine Zufallsentscheidung herbeigeführt werden soll:* das L. soll entscheiden; das L. werfen; ein L. ziehen; jmdn., die Reihenfolge durch das L. ermitteln, bestimmen; **b)** *mit einer Zahl od. Zahlenkombination versehener, käuflich zu erwerbender Zettel [für den die Gewinnzahlen erst nach dem Kauf ausgelost od. ermittelt werden], mit dem man an einer Lotterie, Tombola o. Ä. teilnimmt:* ein halbes, ganzes L. [der Klassenlotterie]; jedes zehnte L. war eine Niete; ich habe drei -e gekauft; * **das große L.** *(der Hauptgewinn);* mit jmdm., etw. das große L. ziehen/gezogen haben *(mit jmdm., etw. Glück haben, eine besonders gute Entscheidung getroffen haben).* **2.** *(geh.)* Schicksal, Geschick: ein bitteres, beneidenswertes L.; das L. der Flüchtlinge; ihm war ein schweres L. beschieden; sein L. tragen müssen; mit seinem L. zufrieden sein; Nun, jeder hat sein L., und leicht ist keines (Hesse, Steppenwolf 2). **3.** [urspr. wohl das jmdm. durch Auslosung Zugefallene] *(Wirtsch.) bestimmte Mengeneinheit:* die Bundeswehr bezieht ihre Munition in -en.

-los: drückt in Bildungen mit Substantiven aus, dass etw. nicht vorhanden ist, dass die beschriebene Person oder Sache etw. nicht hat: baum-, motiv-, schnur-, wohnsitzlos.

Los An|ge|les [lɔs ˈɛndʒələs]: größte Stadt Kaliforniens.
los|ar|bei|ten ⟨sw. V.; hat⟩: **1.** *zu arbeiten beginnen.* **2.** (seltener) *auf ein Ziel hinarbeiten.*
lös|bar ⟨Adj.⟩: *sich [auf]lösen lassend:* eine nicht -e Aufgabe. Dazu: **Lös|bar|keit,** die; -.
los|be|kom|men ⟨st. V.; hat⟩ *(ugs.): lösen können, abbekommen* (3).
los|bin|den ⟨st. V.; hat⟩: *von einer Befestigung, Leine lösen:* ein Tier l.
los|bre|chen ⟨st. V.⟩: **1. a)** ⟨hat⟩ *abbrechen, mit schnellem, hartem Griff abmachen:* einen Ast l.; **b)** ⟨ist⟩ *sich plötzlich von etw. lösen; abbrechen.* **2.** ⟨ist⟩ *plötzlich [u. lautstark] beginnen:* lauter Jubel, ein Aufruhr brach los.
Los|bu|de, die: *Stand* (3 a), *meist auf Jahrmärkten, an dem Lose verkauft [u. Gewinne sofort eingelöst] werden.*
losch: ↑ ²löschen.
Lösch|an|griff, der *(Fachspr.): Einsatz der Feuerwehr an der Brandstelle mit dem Ziel, den Brand zu löschen.*
Lösch|ar|beit, die ⟨meist Pl.⟩: *Arbeit des Feuerlöschens.*
lösch|bar ⟨Adj.⟩: *sich löschen lassend.*
Lösch|blatt, das: *Blatt aus Löschpapier.*
¹**lö|schen** ⟨sw. V.; hat⟩ [mhd. leschen, ahd. lescen, leschen, eigtl. Kausativ zum st. V. ↑ ²löschen]: **1. a)** *nicht weiterbrennen lassen; auslöschen, ersticken:* die Kerzen, die Glut l.; **b)** *ein Feuer, einen Brand bekämpfen u. zum Erlöschen bringen:* einen Brand l.; ⟨auch ohne Akk.-Obj.:⟩ die Feuerwehrleute löschten mit Schaum; **c)** *(geh.) ausschalten, ausmachen:* das Licht l.; **d)** *nach dem Brennen mit Wasser übergießen, vermischen:* gelöschter Kalk; **e)** *(den Durst) stillen:* seinen Durst [mit Wasser] l. **2.** *beseitigen, tilgen: das Geschriebene auf der Tafel l.;* einen Eintragung l.; ein Konto, eine Schuld l.; Daten, Dateien l.; die Firma wurde im Handelsregister gelöscht; einen Tadel, die Erinnerung [aus dem Gedächtnis] l.; Das Tonband (die Tonbandaufnahme) lässt sich l., nicht das Gedächtnis (Frisch, Gantenbein 416).
²**lö|schen** ⟨st. V.; ist⟩ [mhd. leschen, ahd. (ir)lescan, eigtl. = sich legen, wohl Weiterbildung zu ↑ liegen] *(veraltet): er-, verlöschen:* die Flamme lischt; Ü das Leben lischt.
³**lö|schen** ⟨sw. V.; hat⟩ [(m)niederd. lossen = ausladen, zu ↑ ¹los, also eigtl. = frei, leer machen] *(Seemannsspr.): ausladen:* die Ladung, Fracht, Rohöl l.; die Säcke wurden aus dem Schiff in Waggons gelöscht; **b)** *leer machen:* Schiffe l.
Lö|scher, der; -s, -: **1.** *Kurzf. von* ↑ Feuerlöscher. **2.** (ugs.) Feuerwehrmann.
Lö|sche|rin: w. Form zu ↑ Löscher (2).
Lösch|fahr|zeug, das: *Feuerwehrfahrzeug mit Anlage u. Ausrüstung zum Feuerlöschen.*
Lösch|flug|zeug, das: *zur Brandbekämpfung aus* der Luft eingesetztes Flugzeug mit großem Wassertank.
Lösch|funk|ti|on, die: *Möglichkeit, Daten über eine entsprechende Eingabe [auf der Tastatur] zu löschen.*
Lösch|ge|rät, das: *Feuerlöschgerät.*
Lösch|kalk, der: *gelöschter Kalk* (1 b).
Lösch|pa|pier, das: *sehr saugfähiges Papier zum Trocknen von Tinte.*
Lösch|sand, der: *Sand, mit dem ein kleineres Feuer erstickt u. gelöscht werden kann.*
Lösch|tas|te, die (EDV): **a)** *Taste an Tonbandgeräten, mit der der Löschkopf betätigt wird;* **b)** *Taste einer Computertastatur zur Anwendung der Löschfunktion.*
¹**Lö|schung,** die; -, -en: *das Löschen, Tilgen:* die L. der Firma aus dem Handelsregister.
²**Lö|schung,** die; -, -en: *das Löschen einer Ladung.*
Lösch|was|ser, das ⟨o. Pl.⟩: *zum Feuerlöschen gebrauchtes Wasser.*
Lösch|wie|ge, die (früher): *Gerät (auf dem Schreibtisch), dessen untere, mit Löschpapier bespannte Fläche abgerundet ist u. sich zum Trocknen der Tinte wie eine Wiege hin u. her bewegen lässt.*
Lösch|zug, der: *Feuerlöschzug.*
los|don|nern ⟨sw. V.⟩ *(ugs.):* **1.** ⟨ist⟩ *sehr schnell u. mit lärmendem Motor losfahren.* **2.** ⟨hat⟩ **a)** *laut zu schimpfen anfangen;* **b)** *ein lautes Getöse beginnen:* Bassgitarre und Schlagzeug donnerten los.
los|dür|fen ⟨unr. V.; hat⟩ *(ugs.; vgl. losmüssen):* wir dürfen noch nicht los.
lo|se ⟨Adj.; -r, -ste⟩ [urspr. Nebenform von ↑ ¹los, mhd. lōse ⟨Adv.⟩]: **1. a)** *nicht [mehr] fest [an]haftend; nicht [mehr] fest verbunden; nicht [mehr] eng aneinandergrenzend:* ein -r Nagel, Knopf; -s Gestein; in dem Buch sind einzelne Seiten l.; der Knoten ist zu l.; l. aufgestecktes Haar; Ü l. Bekanntschaften; **b)** *nicht eng anliegend, locker:* das Kleid fällt l. über ihre Hüften; Ü Noch immer lacht der Fürst und lacht schon wieder, während er einige halbfertige Sätze zu dem l. Umarmten spricht (Hochhuth, Stellvertreter 87); **c)** ⟨attr.⟩ *aufgelockert, nicht dicht:* l. Bebauung; Er ging jetzt über eine Brücke, die Straßen erschienen nach und nach unregelmäßiger und -r, die Gegend, durch die er ging, bekam etwas Dörfliches (R. Walser, Gehülfe 82). **2.** *nicht verpackt, in einzelnen Stücken:* l. Ware ist oft billiger; das Geld l. in der Tasche tragen; … das Mädchen lächelte ihm an, sie stand da mit der grünen Flasche in der Hand, ein paar l. Zigaretten zwischen den Fingern (Böll, Adam 59). **3. a)** (veraltend; nicht scherzh.) *leichtfertig, ohne sittlichen Halt, unmoralisch:* l. Reden führen; **b)** *frech, dreist:* sie hat ein -s Mundwerk.
Lo|se|blatt|aus|ga|be, die; -, -n: *in einzelnen [geloehten] Blättern od. Karteikarten mit den zugehörigen Ordnern erscheinende Ausgabe* (4 a) *(z. B. von Gesetzen), die laufend ergänzt u. auf den neuesten Stand gebracht werden kann.*
Lo|se|blatt|samm|lung, die; -, -en: vgl. Loseblattausgabe.
Lö|se|geld, das: *Geld[betrag], mit dem eine Gefangene bzw. ein Gefangener od. eine Geisel freigekauft werden soll od. wird:* [ein] L. fordern. Dazu: **Lö|se|geld|for|de|rung,** die; **Lö|se|geld|zah|lung,** die.
los|ei|sen ⟨sw. V.; hat⟩ [eigtl. = ein festgefrorenes Schiff aus dem Eis befreien] (ugs.): **a)** *(jmdn., sich) mit Mühe frei machen; erreichen, dass jmd. sich [vorübergehend] von einer Verpflichtung löst od. von den Menschen, bei denen er sich gerade aufhält, weggeht:* jmdn. von seiner Verwandtschaft, aus dem Gefängnis l.; können wir uns hier nicht endlich l.?; **b)** *(etw., bes. Geld)*

mit Geschick irgendwo auftreiben u. herbeibringen: bei jmdm. ein paar Euro l.
Lö|se|mit|tel, das: *Lösungsmittel.*
¹**lo|sen** ⟨sw. V.; hat⟩ [mhd. lōʒen]: *durch das Los bestimmen, das Los entscheiden lassen:* wir wollen l. [wer anfängt]; um das Urlaubsziel l.
²**lo|sen,** lusen ⟨sw. V.; hat⟩ [mhd. losen, lusen, ahd. hlosen, verw. mit ↑ ¹laut; vgl. lauschen] *(südd., österr., schweiz. mundartl.): horchen, zuhören:* los mal!; sie hat scharf gelost.
lö|sen ⟨sw. V.; hat⟩ [mhd. lœsen, ahd. lōsen, urspr. = losmachen, zu ↑ ¹los]: **1. a)** *bewirken, dass etw. lose wird, nicht mehr fest verbunden ist, nicht mehr [an]haftet:* die Taue l.; das Fleisch von den Knochen l.; dieses Mittel löst den Schmutz; Ü aus jmds. Umarmung l.; den Blick von jmdm., etw. nicht l. können; Sie löste vorsichtig das Papier von der Butter *(entfernte es)* und kam mit dem Tablett auf mich zu (Böll, Und sagte 33); **b)** ⟨l. + sich⟩ *lose werden, nicht mehr fest verbunden sein, nicht mehr [an]haften; abgehen:* die Tapete löst sich [von der Wand]; eine Lawine hat sich gelöst; Ü ihre Blicke lösen sich voneinander; **c)** ⟨l. + sich⟩ *sich von etw. befreien, trennen:* gelöst löste sich aus der Gruppe, aus der Dunkelheit sich aus dem Elternhaus, von seinen Freunden l.; sich aus einer Verpflichtung, von Vorurteilen l. **2. a)** *lockern, lockerer machen:* eine Schraube, die Krawatte, die Haare l.; die Handbremse l.; Milch mit Honig löst den Schleim, den Husten; die Spritze löst den Krampf gelöst; Ü der Wein löste ihr die Zunge *(brachte sie zum Reden);* **b)** ⟨l. + sich⟩ *lose werden, sich lockern:* eine Schraube löst sich; der Krampf, mein Husten hat sich gelöst. **3. a)** *durch Nachdenken herausfinden, wie etw. Schwieriges zu bewältigen ist; etw. klären, entwirren:* ein Rätsel l.; das Problem, der Widerspruch konnte nicht gelöst werden; **b)** ⟨l. + sich⟩ *erkennen lassen, wie etw. Schwieriges zu bewältigen ist; sich klären, entwirren:* das Rätsel, das Problem hat sich gelöst; **c)** *durch bestimmte Rechenschritte u. die Anwendung rechnerischer Kenntnisse zum Ergebnis, zur Lösung* (1 d) *von etw. kommen:* eine Aufgabe, eine Gleichung l. **4.** *auflösen, annullieren, für nichtig erklären:* einen Vertrag, eine Verbindung l.; sie lösten ihre Beziehungen. **5. a)** *zergehen lassen, [in einer Flüssigkeit] auflösen, verteilen:* in Wasser gelöste Mineralien; **b)** ⟨l. + sich⟩ *zergehen, sich auflösen, sich verteilen:* Salz löst sich in Wasser. **6.** ⟨l. + sich⟩ *(geh.) versehentlich ausgelöst werden:* plötzlich löste sich ein Schuss. **7.** *(einen Berechtigungsschein) käuflich erwerben:* eine Karte l.; Fahrscheine [am Automaten, im Zug] l.
Los|ent|scheid, der: *Entscheid[ung] durch das Los.*
Lo|ser [ˈluːzɐ], der; -s, - [engl. loser, zu: to lose = verlieren] *(salopp): Versager, Verlierer.*
Lo|se|rin [ˈluːzərɪn], die; -, -nen: w. Form zu ↑ Loser: zur L. abgestempelt sein.
los|fah|ren ⟨st. V.; ist⟩: **1.** *sich fahrend in Bewegung setzen; abfahren, starten:* sie stieg in den Wagen und fuhr los. **2.** *auf etw. zufahren:* der Bus fuhr direkt auf die Mauer los. **3.** *gegen jmdn. drohend od. handgreiflich vorgehen:* Und du weißt doch auch …, dass zwei Hunde einander oft unentschlossen anknurren, dass sie aber in dem Augenblick, wo man sie zu beruhigen will, aufeinander losfahren (Musil, Mann 1263).
los|flie|gen ⟨st. V.; ist⟩: **1.** *sich fliegend in Bewegung setzen; abfliegen:* der Luftballon fliegt los. **2.** *in Richtung auf ein bestimmtes Ziel fliegen:* der Ballon fliegt auf die Bäume los.
los|ge|hen ⟨unr. V.; ist⟩: **1.** *sich gehend in Bewegung setzen; aufbrechen, weggehen:* wir waren schon um acht Uhr losgegangen; Ü geh [mir] los

(lass mich in Ruhe) mit deiner ewigen Fragerei! **2. a)** *auf etw. zugehen; etw. zum Richtpunkt, Ziel nehmen:* auf ein Ziel l.; **b)** *gegen jmdn. drohend od. handgreiflich vorgehen:* aufeinander l. **3.** (ugs.) *seinen Anfang nehmen, beginnen:* die Vorstellung geht um 20 Uhr los; jetzt geht es erst richtig los!; es geht los/los gehts/jetzt gehts los! **4.** (ugs.) *sich lösen, abgehen:* ein Knopf ist losgegangen. **5. a)** *sich lösen* (6 b): der Schuss ging nach hinten los; das Gewehr ging plötzlich los; **b)** *zünden u.] explodieren:* die Bombe ging los.

Los|glück, das ⟨o. Pl.⟩: *Glück* (1) *bei einer Auslosung:* mit etwas L. sollten wir die Vorrunde der Meisterschaft gut überstehen.

los|hal|ben ⟨unr. V.; hat⟩: in den Wendungen **etwas l.** (ugs.; *etwas [auf einem bestimmten Gebiet] können, verstehen u. leisten:* sie hat in ihrem Beruf etwas los, das steht fest); **jmdn., etw. l.** (↑¹los 1).

los|ha|ken ⟨sw. V.; hat⟩: *aus einem Haken lösen.*
los|heu|len ⟨sw. V.; hat⟩: **1.** *zu heulen* (1 b) *anfangen:* plötzlich heulten die Sirenen los. **2.** (ugs.) *zu weinen anfangen.*
los|kau|fen ⟨sw. V.; hat⟩: *durch ein Lösegeld freikaufen:* eine Geisel l.
los|ket|ten ⟨sw. V.; hat⟩: *von der Kette lösen.*
los|ki|chern ⟨sw. V.; hat⟩: *plötzlich zu kichern anfangen.*
los|kom|men ⟨st. V.; ist⟩ (ugs.): **1.** *weg-, fortkommen:* ich hatte noch so viel zu tun, dass ich nicht eher loskam; mach, dass du loskommst! **2.** *auf jmdn. zukommen.* **3.** *sich (von jmdm., etw.) lösen, trennen; freikommen:* der Gefangene versuchte, von den Ketten loszukommen; Ü von jmdm., vom Alkohol, von einem Gedanken nicht l.
los|kön|nen ⟨unr. V.; hat⟩ (ugs.); vgl. losmüssen: wann können wir endlich los?
los|krie|gen ⟨sw. V.; hat⟩ (ugs.): **1.** *lösen, entfernen können; abbekommen:* kriegst du den Deckel los?; **a)** *loswerden:* solche Leute sind schwer loszukriegen; **b)** *verkaufen können:* ob wir diesen alten Wagen noch loskriegen?
los|la|chen ⟨sw. V.; hat⟩: *plötzlich zu lachen anfangen.*
los|las|sen ⟨st. V.; hat⟩: **1. a)** *nicht mehr festhalten:* das Steuer l.; lass mich los!; Ü seine Blicke ließen sie nicht mehr los *(er blickte sie unverwandt an);* ein Gedanke lässt mich nicht los *(beschäftigt mich immer wieder);* manchen Eltern fällt es schwer, loszulassen *(zu akzeptieren, dass die Kinder erwachsen, selbstständig werden);* **b)** *[aus einem Gefängnis, Zwinger o. Ä.] freilassen, der Fesseln entledigen, von der Leine lassen:* die Hunde wurden losgelassen. **2.** (ugs. abwertend) *jmdn. [ohne entsprechende Qualifikation] auf einem Arbeitsgebiet andern gegenüber frei u. unkontrolliert wirken, sich betätigen lassen:* unqualifizierte Ärzte auf die Menschheit l. **3.** (ugs.) *redend od. schreibend von sich geben, verfassen u. verlautbaren:* einen Fluch l.; eine Rundschreiben l.

los|lau|fen ⟨st. V.; ist⟩: *sich laufend in Bewegung setzen; zu laufen beginnen.*

los|le|gen ⟨sw. V.; hat⟩ (ugs.): **a)** *stürmisch, ungestüm anfangen, etw. zu sagen, zu äußern:* sie hat ohne Umstände losgelegt und ihrem Ärger Luft gemacht; na, leg schon los! *(erzähl schon!);* **b)** *stürmisch, ungestüm anfangen, etw. zu tun:* sofort [mit der Arbeit] l.; Wenn du Kinder hättest, würdest du nicht so schnell fahren, hat Joachim jedes Mal gesagt, wenn ich loslegte *(anfing, immer schneller zu fahren;* Andersch, Rote 14).

lös|lich ⟨Adj.⟩ [zu ↑lösen]: *sich [in Flüssigkeit] auflösend lassend:* -er Kaffee; eine in Wasser -e Verbindung. Dazu: **Lös|lich|keit,** die; -.

los|lö|sen ⟨sw. V.; hat⟩: **a)** *lösen* (1 a): eine Briefmarke [vom Umschlag] l.; **b)** ⟨l. + sich⟩ *sich lösen* (1 b): der Anhänger hat sich [vom Wagen] losgelöst; Ü sich aus den überkommenen Bindungen l.

Los|lö|sung, die: *das Loslösen:* die L. der Kolonien vom Mutterland.

los|ma|chen ⟨sw. V.; hat⟩: **1.** (ugs.) *[etw. Angebundenes] lösen, loslösen, befreien:* die Leine l.; sich aus, von etw. l.; sie machte sich los *(löste sich aus der Umarmung);* * **einen/was l.** (ugs.; *sich ausgelassen amüsieren, in übermütiger Weise feiern).* **2.** (Seemannsspr.) *ablegen* (5). **3.** (ugs.) *sich beeilen:* nun mach doch los!

los|mar|schie|ren ⟨sw. V.; ist⟩: *sich marschierend in Bewegung setzen; zu marschieren beginnen.*
los|müs|sen ⟨unr. V.; hat⟩ (ugs.): *losgehen od. -fahren müssen:* ihr müsst jetzt los.
Los|num|mer, die: *Nummer eines [Lotterie]loses.*
Los|pech, das ⟨o. Pl.⟩: *Pech* (2) *bei einer Auslosung.*
los|plat|zen ⟨sw. V.; ist⟩ (ugs.): **a)** *unbeherrscht, plötzlich etwas sagen;* **b)** *unbeherrscht, plötzlich loslachen.*
los|prus|ten ⟨sw. V.; hat⟩ (ugs.): *prustend loslachen.*
los|ra|sen ⟨sw. V.; ist⟩: **a)** *sich sehr schnell entfernen;* **b)** *in Richtung auf jmdn., etw. rasen.*
los|re|den ⟨sw. V.; hat⟩ (ugs.): *zu reden anfangen.*
los|rei|ßen ⟨st. V.; hat⟩: **a)** *herunter-, herausabreißen, gewaltsam aus einer Verbindung od. Befestigung lösen:* der Sturm hat einige Dachziegel losgerissen; Ü den Blick von ihm l.; **b)** ⟨l. + sich⟩ *sich [gewaltsam] lösen:* das Kind reißt sich [von der Hand der Mutter] los; Ü ich kann mich von dem Buch, dem Anblick nicht l.
los|rei|ten ⟨st. V.; ist⟩: *sich reitend in Bewegung setzen.*
los|ren|nen ⟨unr. V.; ist⟩: *loslaufen.*

Löss, Löß, der; -es, -e [1823 gepr. von dem dt. Geologen C. C. von Leonhard (1779 –1862), wahrsch. zu alemann. lösch = locker, zu ↑¹los] (Geol.): *[größtenteils in der Eiszeit vom Wind zusammengetragene] stark kalkhaltige, gelbliche, poröse Ablagerung.*

los|sa|gen, sich ⟨sw. V.; hat⟩: *sich von jmdm. trennen, loslösen, mit jmdm., etw. nichts mehr zu tun haben wollen:* sich von einer Überzeugung, von alten Freunden l. Dazu: **Los|sa|gung,** die; -, -en.

Löss|bo|den, Löß|bo|den, der (Geol.): *Boden aus Löss.*

los|schi|cken ⟨sw. V.; hat⟩: **a)** *[mit einem bestimmten Auftrag] auf den Weg schicken:* die Kinder zum Einkaufen l.; **b)** *abschicken:* eine Mail, ein Telegramm l.

los|schie|ßen ⟨st. V.⟩ (ugs.): **1.** ⟨hat⟩ *zu schießen anfangen.* **2.** ⟨ist⟩ **a)** *sich plötzlich, schnell in Bewegung setzen:* der Wagen schießt los; **b)** *auf jmdn., etw. zustürzen:* der Hund schoss auf sein Herrchen los. **3.** ⟨hat⟩ *zu sprechen anfangen (aus einem inneren Bedürfnis heraus) eilig etw. sagen od. berichten:* nun schieß schon los!

los|schimp|fen ⟨sw. V.; hat⟩: *anfangen zu schimpfen.*

los|schla|gen ⟨st. V.; hat⟩: **1.** *durch Schlagen [mit einem Werkzeug] loslösen, entfernen; abschlagen:* den Verputz [von der Wand] l. **2.** *auf jmdn., etw. einschlagen.* **3.** (bes. Militär) *überraschend angreifen:* die Truppen werden plötzlich l. **4.** (ugs.) *[notgedrungen] billig verkaufen:* sie mussten das ganze Sortiment schnell l.

los|schrei|en ⟨st. V.; hat⟩: *plötzlich zu schreien anfangen.*

los|se|geln ⟨sw. V.; ist⟩: **1.** *sich segelnd in Bewegung setzen; fortsegeln.* **2.** *auf etw. zusegeln:* auf die Wendemarke l.

lös|sig, lö|ßig ⟨Adj.⟩ (Geol.): *[hauptsächlich] aus Löss bestehend.*
Löss|kin|del, Löß|kin|del, das [Kindel = landsch. Vkl. von ↑Kind] (Geol.): *bizarr geformte Konkretion von versickertem Kalk aus höher gelegenen Lössschichten.*
los|spre|chen ⟨st. V.; hat⟩: **1. a)** *(von einer Schuld, Verpflichtung o. Ä.) freisprechen:* ich kann mich nicht von der Verantwortung l.; **b)** (Rel.) *erklären, dass jmdm. seine Sünden vergeben sind.* **2.** (Handwerk) *freisprechen* (2).
Los|spre|chung, die; -, -en: **1.** *das Lossprechen* (1); *Absolution.* **2.** (Handwerk) *das Lossprechen* (2).
Löss|schicht, Löss-Schicht, Löß|schicht, die: vgl. *Lössboden.*
los|steu|ern ⟨sw. V.; ist⟩: *ansteuern* (1): auf den Hafen l.; Ü auf neue unternehmerische Ziele l.
los|stür|men ⟨sw. V.; ist⟩: vgl. *losrasen.*
los|stür|zen ⟨sw. V.; ist⟩ (ugs.): **a)** *in großer Eile u. mit Vehemenz davonlaufen;* **b)** *sich [in feindlicher Absicht] auf jmdn., etw. stürzen:* wütend stürzte er auf ihn los.

Lost, der; -[e]s [Deckname nach den Chemikern Lommel u. Steinkopff, die den Kampfstoff mit entwickelten] (Militär): *Gelbkreuz, Senfgas.*
Los|tag, der [zu ↑Los in der alten Bed. »Weissagung«]: **1.** (Volkskunde) *einer der nach altem Volksglauben für das Wetter der kommenden Wochen (u. damit für die Verrichtung bestimmter landwirtschaftlicher Arbeiten) bedeutsamen Tage (z. B. Siebenschläfer).* **2.** (österr.) *Stichtag.*
Lost Ge|ne|ra|tion [ˈlɔst dʒɛnəˈreɪʃən], die; - - [engl. = verlorene Generation, wohl gepr. von der amerik. Schriftstellerin G. Stein (1874 –1946)]: **a)** *Gruppe der jungen, durch den Ersten Weltkrieg desillusionierten u. pessimistisch gestimmten amerikanischen Schriftsteller;* **b)** *junge amerikanische u. europäische Generation nach dem Ersten Weltkrieg.*
Los|topf, der: *Gefäß, in dem [meist eingekapselte] Lose gemischt u. aus dem gezogen werden, bes. für die Ermittlung von Paarungen im Sport od. von Austragungsorten für sportliche Veranstaltungen.*
los|tre|ten ⟨st. V.; hat⟩: *durch Darauf-, Dagegentreten ablösen:* eine Lawine l.
Los|trom|mel, die: *[rotierender] trommel- od. kugelförmiger Behälter, in dem die Lose für die Ziehung gemischt u. aus dem sie dann gezogen werden.*
¹Lo|sung, die; -, -en [mhd. lōzunge = das Werfen von Losen; zu ↑Los]: **1. a)** *Leitwort, Parole, Wahlspruch, nach dem jmd. sich richten will:* eine L. ausgeben; **b)** (ev. Rel.) *als Tagesspruch mit dem Los ermittelte Bibelstelle (bei der Herrnhuter Brüdergemeine):* die L. lesen. **2.** (Militär) *vereinbartes Kennwort zum Passieren der Wachen:* Nachts schleichen Patrouillen durch den Park, kriegerische -en werden verlangt und gerufen (Koeppen, Rußland 48).
²Lo|sung, die; -, -en [zu weidmänn.: veraltet losen = den Kot loslassen, zu ↑¹los] (Jägerspr.): *Kot vom Wild u. vom Hund:* ein Wild an der L. erkennen.
Lö|sung, die; -, -en [mhd. lœsunge, ahd. lōsunga, zu ↑lösen]: **1. a)** *das Lösen* (3 a), *Bewältigen einer [schwierigen] Aufgabe:* eine L. des Problems versuchen; sich um eine friedliche L. des Konflikts bemühen; etwas zur L. beitragen; **b)** *Auflösung; Ergebnis des Nachdenkens darüber, wie etw. Schwieriges zu bewältigen ist:* das ist die L. des Rätsels L.; es gibt verschiedene -en; die, eine L. finden; **c)** *durch die Anwendung spezieller Kenntnisse u. Methoden ermitteltes Ergebnis, Verfahren, Vorgehen zur Bewältigung einer Schwierigkeit:* -en für die Betroffenen entwickeln, vorschlagen; **d)** *durch bestimmten Rechen-*

schritte u. die Anwendung rechnerischer Kenntnisse ermitteltes Ergebnis, Resultat: die L. der Textaufgabe. **2.** *das [Sich]lösen, Befreien, Loslösen:* die L. der Fesseln. **3.** *das Lösen* (4), *Auflösen, Annullieren:* die L. der Ehe, des Arbeitsverhältnisses. **4.** (Physik, Chemie) **a)** *das [Sich]auflösen eines Stoffes in einer Flüssigkeit;* **b)** *Flüssigkeit, in der ein anderer Stoff gelöst ist:* eine hochprozentige, wässrige, gesättigte L. **5.** (schweiz.) *das Auslösen, Erwerben einer Steuermarke o. Ä. für Fahrräder u. Mopeds; Fahrradlösung.*

Lö|sungs|an|satz, der: **1.** (Chemie) *das Ansetzen einer Lösung.* **2.** *erstes Anzeichen der Bewältigung einer schwierigen Aufgabe:* einen eigenen L. für ein Problem finden.

Lö|sungs|mit|tel, das (Physik, Chemie): *Flüssigkeit, in der ein Stoff aufgelöst wird.*

Lö|sungs|mög|lich|keit, die: *Möglichkeit zur Lösung eines Problems, einer [mathematischen] Aufgabe.*

lö|sungs|ori|en|tiert ⟨Adj.⟩: *ganz auf die Lösung eines Problems hin ausgerichtet:* -es Denken.

Lö|sungs|ver|such, der: *Versuch einer Lösung* (1).

Lö|sungs|vor|schlag, der: *Vorschlag zur Lösung eines Problems, einer [mathematischen] Aufgabe.*

Lö|sungs|weg, der: *Weg zur Lösung eines Problems, einer [mathematischen] Aufgabe.*

Lo|sungs|wort, das ⟨Pl. ...wörter od. -e⟩: *einzelnes Wort als* ¹*Losung* (1 a).

Lö|sungs|wort, das ⟨Pl. ...wörter⟩: *Wort, das die Lösung* (1 b) *eines Rätsels darstellt.*

Los|ver|fah|ren, das: *Verfahren, bei dem das Los über die Vergabe von etw. entscheidet:* die Aktien wurden per L. verteilt.

Los|ver|kauf, der: *Verkauf von Losen* (1 b) *für eine Lotterie, Tombola o. Ä.:* Dazu: **Los|ver|käufer,** der; **Los|ver|käu|fe|rin,** die.

los|wer|den ⟨unr. V.; ist⟩: **1. a)** *sich von jmdm., einer Sache befreien; erreichen, dass jmd. nicht mehr von jmdm. belästigt, mit einer Sache behelligt wird:* den lästigen Besucher l.; ich werde das Gefühl nicht los, dass Gefahr im Verzug ist; **b)** *etw., was einem sehr am Herzen liegt, endlich aussprechen können:* er musste es einmal sagen«, endlich ein Geständnis l.; Er muss seinen Spruch l.»Was du bist, willst du wissen? Du bist ein Sauhund, das sollt ich dir schon lange mal sagen« (Remarque, Westen 64). **2.** (ugs.) *verkaufen, absetzen können:* diesen Ladenhüter werden wir nicht mehr los. **3.** (ugs.) *abgenommen bekommen, einbüßen, verlieren:* sein Geld, seinen Führerschein, seinen Meistertitel l.

los|wer|fen ⟨st. V.; hat⟩ (Seemannsspr.): *(die Vertäuung) zur Abfahrt lösen:* die Leinen l.

los|wol|len ⟨unr. V.; hat⟩ (ugs.): *losgehen od. -fahren wollen:* wir wollen jetzt los.

los|zie|hen ⟨unr. V.; ist⟩ (ugs.): **1.** *losgehen* (1), *davonziehen* (1): gemeinsam l. **2.** (abwertend) *schimpfend über jmdn., etw. herziehen.*

¹**Lot,** das; -[e]s, -e [mhd. lōt, auch: Blei; gießbares Metall, verw. mit od. entlehnt aus mir. lúaide = Blei]: **1.** (Bauw.) **a)** *an einer Schnur hängendes, spitz zulaufendes Stück Blei od. Stahl, das durch sein Gewicht die Schnur immer genau in die Senkrechten hält; Senkblei:* die Mauer mit dem L. messen; die Wand muss nach dem L. ausgerichtet werden; **b)** ⟨o. Pl.⟩ *durch das* ¹*Lot* (1 a) *angezeigte senkrechte Richtung:* die Mauer ist nicht im L., ist außer L.; * **[wieder] ins L. kommen** (1. *gesund werden.* 2. *[wieder] in Ordnung kommen*). **2.** (Seew.) *[mit Längenangaben markierte] Leine mit einem Bleigewicht zum Messen der Wassertiefe; Lotleine, -schnur:* das L. [aus]werfen, hinunterlassen; die Tiefe mit dem L. messen. **3.** (Geom.) *Gerade, die auf einer anderen Geraden o. einer Ebene senkrecht*

steht; Senkrechte: das L. vom Punkt P auf die Gerade g fällen; der Fußpunkt des -[e]s. **4.** (Pl. Lot) [urspr. ein Gewicht aus Blei (etwa 16 g)] (veraltet) *kleine Gewichtseinheit:* zwei L. Anis; ... denn es gab sehr schlechte Monate, in denen er das Brot fünfzig- und hundertgrammweise, den Tabak in noch geringeren Portionen, den Kaffee per L. kaufte (Böll, Haus 14); *Spr* Freunde in der Not gehen hundert auf ein L. *(in Notzeiten hat man wenig oder gar keine Freunde).* **5.** (Technik) *Material, das beim Löten aufgetragen wird* (z. B. Lötzinn).

²**Lot,** das; -[s], -s [engl. lot = Menge (zusammengehörender Dinge)]: **a)** *zusammengestellter Posten einer bestimmten Zucht od. Ware;* **b)** (Philat.) *abgepackte, geschlossen angebotene Zusammenstellung von Briefmarken od. Markensätzen.*

Löt|brü|cke, die (Technik): *Verbindung aus lötfähigem Material zwischen Punkten auf einer Leiterplatte.*

lo|ten ⟨sw. V.; hat⟩ [zu ↑¹Lot]: **1.** (Bauw.) *die senkrechte Lage bestimmen:* die Mauer [mit der Wasserwaage] l. **2.** (Seew.) *die Wassertiefe bestimmen:* die Tiefe l.; Ü ... und Stiller selbst, sichtlich etwas verlegen, hatte seinerseits nicht das mindeste Bedürfnis, in dieser Geschichte tiefer zu l. (Frisch, Stiller 167).

lö|ten ⟨sw. V.; hat⟩ [mhd. lœten, zu: lōt, ↑¹Lot (5)] (Technik): *[Metallteile] mithilfe einer geschmolzenen Legierung miteinander verbinden:* eine Bruchstelle l.

löt|fä|hig ⟨Adj.⟩ (Technik): *für das Löten geeignet:* -es Zinn.

Loth|rin|gen, -s: *Region in Nordostfrankreich.*

¹**Loth|rin|ger,** der; -s, -: Ew.

²**Loth|rin|ger** ⟨indekl. Adj.⟩: L. Käsetorte.

Loth|rin|ge|rin, die; -, -nen: w. Form zu ↑¹Lothringer.

loth|rin|gisch ⟨Adj.⟩: **a)** *Lothringen, die Lothringer betreffend; von den Lothringern stammend, zu ihnen gehörend;* **b)** *in der Mundart der Lothringer.*

Lo|ti|on [auch: ˈloʊʃn], die; -, -en u. *(bei engl. Ausspr.)* -s [unter Einfluss von engl. lotion < frz. lotion = Waschung, Bad < spätlat. lotio, zu lat. lavare = waschen]: *flüssiges Kosmetikum in Form einer [milchigen] Lösung od. einer Emulsion zur Reinigung u. Pflege der Haut:* eine hautverträgliche L.

Löt|kol|ben, der: *Werkzeug aus einem isolierten Griff u. einem vorn zugespitzten Kupferstück, das [elektrisch] erhitzt wird u. dadurch das aufzutragende* ¹*Lot* (5) *an der vorgesehenen Lötstelle zum Schmelzen bringt.*

Löt|lam|pe, die: *Brenner zum Löten.*

Löt|lei|ne, die (Seew.): ¹*Lot* (2).

Löt|me|tall, das: *Metalllegierung zum Löten.*

Lo|tos, der; -, - [lat. lotos, lotus < griech. lōtós]: *(zu den Seerosen gehörende) Pflanze mit aus dem Wasser ragenden, großen, schildförmigen Blättern u. lang gestielten rosa od. weißen Blüten.*

Lo|tos|blü|te, die: *Blüte des Lotos.*

Lo|tos|sitz, der ⟨o. Pl.⟩ [die Sitzhaltung ähnelt einer offenen Lotosblüte] (Yoga): *Schneidersitz, bei dem die Füße auf den Oberschenkeln liegen.*

lot|recht ⟨Adj.⟩ [zu ↑¹Lot]: *senkrecht:* eine fast -e Felswand; den Mast l. stellen.

Lot|se, der; -n, -n [gek. aus älter nordd. Lootsmann < engl. loadsman = Geleitsmann, Steuermann, zu: load = Weg, Straße] (Seew.): **a)** *jmd., der Schiffe durch schwierig zu befahrende Gewässer, in denen er sich genau auskennt, leitet* (Berufsbez.): der L. kommt an/geht von Bord.

lot|sen ⟨sw. V.; hat⟩: **1. a)** (Seew.) *als Lotse dirigieren, hinführen* (1): ein Schiff in den Hafen l.;

b) (Flugw.) *vom Boden aus (auf die richtige Flug- u. Landebahn) dirigieren:* der Flugleiter lotste das Flugzeug per Funk durch den Nebel [auf die dritte Landebahn]; **c)** (Verkehrsw.) *durch unbekanntes Gebiet od. starken Verkehr leiten:* jmdn. durch die Stadt, Schüler über die Straße l.; Ü drei Besuchergruppen pro Tag werden durch die Ausstellung gelotst. **2.** *(jmdn.) durch Überredungskunst od. Versprechungen dazu bringen, dass er etw. unternimmt, was er ursprünglich gar nicht vorgehabt hatte:* sie lotste ihren Mann in den Tanzkurs.

Lot|sen|fisch, der [wohl nach der Vorstellung, dieser Fisch locke die Haie zur Beute]: *(in [sub]tropischen Meeren lebender) großer Raubfisch mit silbrigem, blauschwarze Querbinden aufweisendem Körper, der in Schwärmen bes. den Hai begleitet.*

Lot|sin, die; -, -nen: w. Form zu ↑Lotse.

Löt|stel|le, die: *gelötete od. zu verlötende Stelle.*

♦ **lot|ter** ⟨Adj.⟩ [mhd. lot(t)er, ↑Lotter] (landsch.): *locker* (1 a), *lose:* Dies alles aufzuputzen und zu leimen, was l. war, saß der Frau Wirtin an dem Tisch beim Licht (Mörike, Hutzelmännlein 132).

Lot|ter|bett, das [erster Bestandteil zu mhd. lot(t)er, ahd. lotar = locker, schlaff; nichtig; leichtfertig, verw. mit ↑liederlich]: **a)** (scherzh., sonst veraltet) *weiches (altes, ein wenig schlampiges) Bett, das von einem Liebespaar od. zur Prostitution benutzt wird;* **b)** (veraltet) *Sofa, Couch.*

Lot|ter|bu|be, der (veraltet abwertend): *jmd., der sich herumtreibt; Faulenzer.*

lot|ter|haft ⟨Adj.⟩ (abwertend): *liederlich.*

Lot|te|rie, die; -, -n [niederl. loterij, zu: lot = Los]: *[staatliche] Auslosung von Gewinnen, an der jmd. durch Kauf eines Loses teilnimmt:* L./in der L. spielen.

Lot|te|rie|fonds, der (schweiz.): *aus den Einnahmen der kantonalen Lotterie gespeister Fonds für karitative u. kulturelle Zwecke.*

Lot|te|rie|los, das: *Los, mit dem jmd. am Lotteriespiel teilnimmt.*

Lot|te|rie|spiel, das: *Spiel in der Lotterie:* Ü diese Investition wäre ein L. *(ist eine unsichere Sache).*

lot|te|rig, lottrig ⟨Adj.⟩ [vgl. Lotterbett] (ugs. abwertend): *unordentlich, schlampig, liederlich:* sein Haus sah l. aus.

Lot|ter|le|ben, das ⟨o. Pl.⟩ (abwertend): *ausschweifendes, moralisch nicht einwandfreies Leben:* ein L. führen.

lot|tern ⟨sw. V.; hat⟩ [vgl. Lotterbett]: **1.** (veraltend) *liederlich leben, schlampen.* **2.** (schweiz.) *aus den Fugen gehen.*

♦ **Lot|ter|nest,** das: *Schlupfwinkel, Nest* (4 a) *von Nichtstuern, Lotterbuben:* Kannst du nicht in deinem -e bleiben, du Seldwyler Lumpenhund (Keller, Romeo 30).

Lot|ter|wirt|schaft, die ⟨o. Pl.⟩ (abwertend): *liederliche, schlampige Wirtschaftsführung.*

Lot|to, das; -s, -s [ital. lotto = Lospiel, Glücksspiel < frz. lot = Los, aus dem Germ.]: **1.** *Art der Lotterie, bei der einzelne Zahlen aus einer begrenzten Anzahl ausgelost u. die Gewinne nach der Anzahl der richtig angekreuzten Nummern gestaffelt werden; Zahlenlotto:* L. spielen; vier Richtige im L. haben; im L. gewinnen. **2.** *Gesellschaftsspiel, bei dem Tafeln mit Bildern od. Zahlen durch die zugehörige einzelnen (wahllos aus einem Beutel gezogenen u. ausgerufenen) Karten zugedeckt werden müssen.*

Lot|to-An|nah|me|stel|le, Lot|to|an|nah|me|stel|le, die: *Stelle (Geschäft, Kiosk o. Ä.), die Lottoscheine annimmt.*

Lot|to|block, der ⟨Pl. ...blöcke⟩: *Zusammen-*

schluss mehrerer regionaler Lottogesellschaften: die öffentliche Ziehung der Gewinnzahlen im deutschen L.
Lot|to|fee, die (ugs. scherzh.): *Fernsehansagerin bei der Ziehung der Lottozahlen.*
Lot|to|ge|sell|schaft, die: *Gesellschaft mit der Konzession, Lottospiele zu veranstalten.*
Lot|to|ge|winn, der: *Gewinn im Lotto.*
Lot|to|kol|lek|tur, die (österr. veraltend): *Lottoannahmestelle.*
Lot|to|kö|nig, der (ugs.): *jmd., der durch einen sehr hohen Lottogewinn reich geworden ist.*
Lot|to|kö|ni|gin, die: w. Form zu ↑ Lottokönig.
Lot|to|mil|li|o|när, der (ugs.): *Lottogewinner, der mindestens eine Million einer bestimmten harten Währung gewonnen hat.*
Lot|to|mil|li|o|nä|rin, die: w. Form zu ↑ Lottomillionär.
Lot|to|schein, der: *vorgedruckter Schein, mit dem jmd. an der Ausspielung teilnimmt, nachdem er bzw. sie Zahlen [in mehreren Tippreihen] angekreuzt hat.*
Lot|to|spiel, das: *Lotto* (1). Dazu: **Lot|to|spie|ler,** der; **Lot|to|spie|le|rin,** die.
Lot|to|zahl, die (meist Pl.): *Gewinnzahl im Lotto.*
lott|rig: ↑ lotterig.
Lo|tung, die; -, -en: *das Loten.*
Lö|tung, die; -, -en: *das Löten.*
Lo|tus, der; -, - [lat. lotus, ↑ Lotos]: **1.** *Hornklee.* **2.** *Lotos.*
Lo|tus|ef|fekt® [nach der Beobachtung dieses Effekts bei Lotosblättern] (Physik, Technik): *Wasser u. Schmutz abweisende Eigenschaft fein genoppter Oberflächen.*
Löt|was|ser, das ⟨o. Pl.⟩: *wässrige Lösung von Zinkchlorid [u. Salmiak], mit der die Oxidschicht von dem zu lötenden Werkstück entfernt wird.*
Löt|zinn, das: *Zinnlegierung zum [Weich]löten.*
Lou|is|dor [luiˈdoːɐ̯], der; -[s], -e u. -s (aber: 5 Louisdor) [frz. louis d'or, eigtl. = goldener Ludwig] (früher): *(erstmals unter Ludwig XIII. [1601–1643] geprägte) französische Goldmünze.*
Lou|i|si|a|na [lui..., engl. lʊɪzɪˈænə], -s: *Bundesstaat der USA.*
Lou|is-qua|torze [lu̯ikaˈtɔrs], das; - [aus frz. Louis = Ludwig u. quatorze = vierzehn] (Kunstwiss.): *französischer [Barock]stil zur Zeit Ludwigs XIV. (1638–1715):* Dazu: **Louis-qua|torze-Kom|mo|de,** die; **Louis-qua|torze-Mö|bel,** das ⟨meist Pl.⟩.
Lou|is-quinze [...ˈkɛ̃ːz], das; - [frz. quinze = fünfzehn] (Kunstwiss.): *französischer [Rokoko]stil zur Zeit Ludwigs XV. (1710–1774).*
Lou|is-seize [...ˈsɛːz], das; - [frz. seize = sechzehn] (Kunstwiss.): *französischer Kunststil zur Zeit Ludwigs XVI. (1754–1793):* Dazu: **Louis-seize-Stil,** der ⟨o. Pl.⟩.
Lounge [laʊndʒ], die; -, -s [...dʒɪs] [engl. lounge, zu: to lounge; ↑ loungen]: **1.** *Gesellschaftsraum in einem Hotel o. Ä.; Hotelhalle.* **2.** *Bar, Klub mit anheimelnder Atmosphäre.* **3.** *luxuriös ausgestatteter Aufenthaltsraum auf Flughäfen, in Bahnhöfen, großen Stadien o. Ä.*
loun|gen [ˈlaʊndʒn̩] ⟨sw. V.; hat⟩ [engl. to lounge = faulenzen]: *sich in einer Lounge aufhalten (als entspannende Freizeitbeschäftigung).*
loun|gig ⟨Adj.⟩: *auf moderne Weise gemütlich:* eine -e Atmosphäre.
Loup de Mer [luˑdəˈmɛːɐ̯], der; -[s] -s - - [lu: - -] [frz. loup de mer] (Gastron.): *Wolfsbarsch.*
Lourdes [lurd]: *französischer Wallfahrtsort.*
love [engl., gek. aus: to be love = umsonst sein] (Sport, bes. Tennis): engl. Bez. für: [zu] null.
Love-Pa|rade®, **Love|pa|rade**® [ˈlʌvpəreɪd], die;

-, -s: *[farbenfroher, turbulenter] Umzug der Raver u. Raverinnen mit Musik u. Tanz.*
Lo|ver [ˈlavɐ], der; -s, -[s] [engl. lover, zu: to love = lieben]: *Freund u. Liebhaber: sie hat einen neuen L.*
Love|sto|ry, die [engl. love story, aus: love = Liebe u. ↑ Story; nach dem Roman von E. Segal u. dem gleichnamigen Film]: **1.** *Liebesgeschichte* (1): eine L. verfilmen. **2.** *Liebesgeschichte* (2): eine L. mit einer verheirateten Frau.
Low-Bud|get-Film, der, **Low-Bud|get-Pro|duk|ti|on,** die [loʊˈbadʒɪt...; zu engl. low-budget = Billig-, aus: low = niedrig u. budget, ↑ Budget]: *Film, der mit geringen finanziellen Mitteln produziert wird.*
Low-Carb-Di|ät [ˈloʊˈkaːɐ̯b...], die [zu engl. low (in) carb(ohydrates) = mit wenig Kohlenhydraten]: *Diät, bei der möglichst wenig kohlenhydrathaltige Lebensmittel gegessen werden.*
Low-Cost-Car|ri|er [ˈloʊ(ˈ)kɔstkɛrɪɐ̯], der; -s, -s [zu engl. low cost = niedrige Kosten u. carrier = Transporter]: *Billigfluglinie.*
Lö|we, der; -n, -n [mhd. lewe, ahd. le(w)o < lat. leo < griech. léon, H. u.]: **1.** *(in Afrika heimisches) großes katzenartiges Raubtier mit kurzem graugelbem bis ockerfarbenem Fell, langem Schwanz u. beim männlichen Tier langer Mähne um Nacken u. Schultern: der L. brüllt, schlägt, reißt seine Beute; kämpfen wie ein L. (sehr tapfer, mit letztem Einsatz); R gut gebrüllt, L.! (meist scherzh.; treffend gesagt, schlagfertig bemerkt; nach engl. well roared, lion! [Shakespeare, Ein Sommernachtstraum V, 1]);* * **den schlafenden -n wecken** *(jmdn. unnötig auf etw. hinweisen, was zu seinem Zorn erregen würde).* **2.** *Wappentier in Gestalt eines Löwen: bayrische L.* **3.** (Astrol.) **a)** ⟨o. Pl.⟩ *Tierkreiszeichen für die Zeit vom 23. 7. bis 23. 8.;* **b)** *jmd., der im Zeichen Löwe (3 a) geboren ist: sie ist [ein] L.* **4.** ⟨o. Pl.⟩ *Sternbild beiderseits des Himmelsäquators.*
Lö|wen|an|teil, der [nach einer Fabel Äsops, in der der Löwe als der Stärkste den größten Teil der Beute für sich beansprucht]: *größter u. bester Anteil an etw.: sich den L. [von etw.] sichern.*
Lö|wen|bän|di|ger, der: *Dompteur, der mit Löwen arbeitet.*
Lö|wen|bän|di|ge|rin, die: w. Form zu ↑ Löwenbändiger.
Lö|wen|jagd, die: **1.** *Jagd auf Löwen.* **2.** (Kunstwiss.) *bildliche Darstellung einer Löwenjagd* (1).
Lö|wen|kä|fig, der: *Käfig für Löwen.*
Lö|wen|mäh|ne, die: **1.** *Mähne des Löwen.* **2.** (ugs.) *ziemlich langes, sehr fülliges Haar (das jmdm. ein würdevolles Aussehen verleiht).*
Lö|wen|maul, das, **Lö|wen|mäul|chen,** das *mit einem aufgesperrten Löwenrachen verglichenen Blüte: (zu den Rachenblütlern gehörende) in vielen bunten Farben blühende Pflanze mit meist in Trauben stehenden zweilippigen Blüten.*
Lö|wen|ra|chen, der: *Rachen eines Löwen.*
Lö|wen|zahn, der; -[e]s, (Arten:) ...zähne (Pl. selten) [wohl nach den sehr spitz gezahnten Blättern]: *(zu den Korbblütlern gehörende) bes. auf Wiesen wachsende Pflanze mit länglichen, gezähnten, eine Rosette bildenden Blättern, hohlen, Milchsaft führenden Stängeln u. gelben Blüten, die sich zu einem kugeligen Samenstand entwickeln (↑ Pusteblume).*
Low-Fat-Di|ät [ˈloʊ(ˈ)fɛt...], die [zu engl. low (in) fat = mit wenig Fett]: *Diät, bei der man möglichst wenig Fett zu sich nimmt.*
Lö|win, die; -, -nen: w. Form zu ↑ Löwe.
lo|yal [loaˈjaːl] ⟨Adj.⟩ [frz. loyal < lat. legalis, ↑ legal] (bildungsspr.): **a)** *den Staat, eine Instanz respektierend:* -e Truppen; **b)** *vertragstreu, redlich; nach Treu u. Glauben [handelnd]:* -e Ver-

bündete; l. handeln; **c)** *anständig, auch den Gegner respektierend:* loyales Verhalten im Wettkampf.
Lo|ya|li|tät, die; -, -en [nach frz. loyauté]: *loyale Gesinnung, Haltung, Verhaltensweise:* L. dem Staat gegenüber; die L. aufgeben.
Lo|ya|li|täts|kon|flikt, der: *innerer Konflikt, der dadurch entsteht, dass die betroffene Person zwei unterschiedlichen u. sich gegenseitig ausschließenden Anforderungen gerecht werden will:* das bringt ihn in einen L.
LP [ɛlˈpeː, auch: ɛlˈpiː], die; -, -s [aus engl. long-playing record]: *Langspielplatte.*
LPG [ɛlpeːˈgeː], die; -, -[s] (DDR): *Landwirtschaftliche Produktionsgenossenschaft.*
LSD, das; -[s] [kurz für: Lysergsäurediethylamid]: *aus Bestandteilen des Mutterkorns gewonnenes Rauschgift, das bewusstseinsverändernd wirkt.*
LSF = Lichtschutzfaktor.
LSG = Landschaftsschutzgebiet.
LSt. = Lohnsteuer.
£Stg: ↑ £.
lt. = ²laut.
Lt. = Leutnant.
ltd., Ltd. = limited.
Lu|an|da: Hauptstadt von Angola.
Lü|beck: Hafenstadt an der Ostsee.
¹**Lü|be|cker,** der; -s, -: Ew.
²**Lü|be|cker** ⟨indekl. Adj.⟩: die L. Bucht.
Lü|be|cke|rin, die; -, -nen: w. Form zu ↑ ¹Lübecker.
lü|be|ckisch, lü|bisch ⟨Adj.⟩: *Lübeck, die Lübecker betreffend; von den Lübeckern stammend, zu ihnen gehörend.*
Luchs, der; -es, -e [mhd., ahd. luhs, eigtl. = Funkler, nach den funkelnden bernsteingelben Augen]: **1.** *kleines, hochbeiniges katzenartiges Raubtier mit gelblichem, häufig dunkel geflecktem Fell, kleinem, rundlichem Kopf u. kurzem Schwanz: der L. ist ein Einzelgänger;* * **aufpassen wie ein L.** *(scharf aufpassen auf das, was um einen herum vorgeht).* **2.** *Fell des Luchses:* ein Mantel aus L.
luch|sen ⟨sw. V.; hat⟩ (ugs.): **1.** *angespannt, aufmerksam spähend schauen, nach jmdm., etw. ausschauen: auf die Eingangstür l.* **2.** *auf listige Weise herausholen, an sich bringen: jmdm. 100 Euro aus der Tasche l.*
Lucht, die; -, -en [mniederd. lucht, eigtl. = Luft, niederd. -cht entspricht hochd. -ft, vgl. Schacht] (nordd. veraltend): *Dachboden.*
Lü|cke, die; -, -n [mhd. lücke, lucke, ahd. luccha, verw. mit † ¹Loch]: **a)** *offene, leere Stelle; Stelle, an der etw. fehlt (in einem zusammenhängenden Ganzen), durch die etw. unvollständig erscheint:* eine L. im Zaun; ihr Gebiss hat erhebliche -n *(es fehlen ihr viele Zähne);* eine L. lassen *(an einer Stelle einen freien Platz lassen für etw. später Einzufügendes);* eine L. füllen, schließen; Stuhlreihen auf L. stellen *(gegeneinander versetzt aufstellen);* Ü ihr Tod hinterlässt, reißt eine L.; eine L. im Wortschatz; **b)** *nicht ausreichend Vorhandenes und Mangel Empfundenes:* sein Wissen hat einige Lücken; eine L. im Gesetz *(Fall, der vom Gesetz nicht erfasst ist).*
Lü|cken|bü|ßer, der [zu älter: die Lücke büßen = die Lücke ausbessern]: **a)** *jmd., der für den eigentlich für etw. Bestimmtes Ausersehenen [in letzter Minute] als Ersatz angefordert wird:* sich als L. fühlen; **b)** *etw., was in Ermangelung von Besserem od. Geeigneterem für etw. verwendet wird.*
Lü|cken|bü|ße|rin, die: w. Form zu ↑ Lückenbüßer.
Lü|cken|fül|ler, der: **1.** *jmd., der eine Lücke* (a) *überbrückt, vorübergehend ausfüllt.* **2.** *etw., was eine Lücke* (a) *überbrückt, vorübergehend aus-*

füllt: der Sender zeigte Musikvideos als Lückenfüller zwischen den Wettkämpfen.

Lü|cken|fül|le|rin, die; -, -nen: w. Form zu ↑Lückenfüller (1).

lü|cken|haft ⟨Adj.⟩: **1.** *Lücken (a) aufweisend:* ein -es Gebiss. **2.** *unvollständig; Mängel aufweisend:* seine Erinnerung an die Vorgänge ist l.

Lü|cken|haf|tig|keit, die; -: *lückenhafte Beschaffenheit.*

lü|cken|los ⟨Adj.⟩: **1.** *keine Lücke (a) aufweisend:* ein -es Gebiss; die Teile lassen sich l. ineinanderfügen. **2.** *absolut vollständig; ohne dass etw. fehlt:* ein -er Lebenslauf; etw. l. darstellen, dokumentieren.

Lü|cken|schluss, der (Fachspr.): *das Schließen einer Baulücke* (z. B. eines fehlenden Autobahnabschnitts).

Lü|cken|text, der: *Text auf Formularen u. Ä., der Leerstellen zum Einsetzen der individuellen Daten aufweist.*

◆ **lu|cker:** Nebenf. von ↑locker: Ihr seid ... freilich halt ein bisschen l. gewesen ... Wie's eben das junge Fleisch meistens ist (Schiller, Räuber IV, 3).

lu|ckig ⟨Adj.⟩ [zu ↑Lücke] (Bergmannsspr.): *(vom Gestein) großporig.*

Lu|cky Lo|ser ['laki 'lu:zɐ], der; - -s, - -[s] [engl., eigtl. = glücklicher Verlierer, aus: lucky = glücklich u. loser, ↑Loser] (Sport): *in einem Ausscheidungskampf [punkt]bester Verlierer, der noch das Finale erreicht.*

Lu|cky Lo|se|rin ['laki 'lu:zərɪn], die; -, - -nen: w. Form zu ↑Lucky Loser.

lud: ↑¹laden, ²laden.

Lu|de, der; -n, -n [Kurzf. von: Lud(e)wig, für frz. Louis = Ludwig, viell. in Anlehnung an die gleichnamigen frz. Könige im 17./18. Jh., die wegen ihrer zahlreichen Mätressen bekannt waren] (salopp abwertend): *Zuhälter.*

lü|de: ↑¹laden, ²laden.

Lu|der, das; -s, - [mhd. luoder, H. u.]: **1.** (salopp) *meist weibliche Person, die als durchtrieben u. liederlich angesehen wird:* ein hinterhältiges L.; ein armes L. *(jmd., der einem leidtut)*; (mit dem Unterton widerstrebender Anerkennung:) sie ist ein kleines L. *(eine gewitzte, kokette o. ä. Person)*; Sie sei ein zähes L. *(sei zäh),* habe der Arzt gesagt (Kempowski, Tadellöser 304). **2.** (Jägerspr.) **a)** *totes Tier, das als Köder für Raubwild verwendet wird;* **b)** *Federn, mit denen der zur Beizjagd abgerichtete Greifvogel angelockt wird.*

Lu|der|le|ben, das ⟨o. Pl.⟩ (abwertend): *Lotterleben.*

Lu|der|wirt|schaft, die (abwertend): *Unordentlichkeit, Schlampigkeit (in der Lebensführung):* eine richtige L. ist das!

Lu|dolf|zahl [nach dem Mathematiker Ludolf van Ceulen (1540–1610)], **Lu|dolf-Zahl** [nach dem Mathematiker Ludolf van Ceulen (1540 bis 1610)], die; -: *die Zahl Pi.*

lu|e|tisch, luisch ⟨Adj.⟩ [zu lat. lues = Seuche] (Med.): *syphilitisch.*

Luft, die; -, Lüfte [mhd., ahd. luft, H. u.]: **1.** ⟨o. Pl.⟩ **a)** *(die Erde umgebender) hauptsächlich aus Stickstoff u. Sauerstoff bestehender gasförmiger Stoff, den Mensch u. Tier zum Atmen brauchen:* dünne, feuchte L.; der Motor wird mit L. gekühlt; an die [frische] L. gehen *(ins Freie gehen, spazieren gehen);* * die L. ist rein/sauber (ugs.; *es ist niemand da, der horcht, beobachtet, eine Gefahr darstellen o. Ä.);* **irgendwo ist/ herrscht dicke L.** (ugs.; *es herrscht eine gespannte Atmosphäre;* zu ↑dick in der alten Bed. »dicht«); **aus etw. ist die L. raus** (ugs.; *etw. hat seine Aktualität, seine Bedeutung, Wirkung o. Ä. verloren, ist verpufft*); **L. für jmdn. sein;** [in Bezug auf Personen] *von jmdm. demonstrativ nicht beach-* *tet werden);* **heiße L. sein** (ugs.; *nichtssagend, nicht von Belang sein; so geartet, dass nichts dahintersteckt:* was er geredet hat, war nur heiße L.); **die L. aus dem Glas lassen** (ugs. scherzh.; *Wein, Bier o. Ä. in das Glas nachfüllen*); **sich in L. auflösen** (ugs.: 1. *[meist von Dingen] spurlos verschwinden, unauffindbar werden.* 2. *[von Plänen, Vorhaben] nicht verwirklicht werden, fallen gelassen werden*); **jmdn. wie L. behandeln** (ugs.; *jmdn. demonstrativ nicht beachten*); **b)** *Atemluft:* schlechte, verbrauchte, stickige L.; vor Schreck blieb ihr die L. weg (ugs., *vergaß sie zu atmen);* die L. einziehen, anhalten *(die eingeatmete Luft nicht gleich wieder ausatmen);* tief L. holen *(tief einatmen);* keine L. bekommen, kriegen *(nur schwer atmen können);* nach L. ringen; Der stechende Dunst, den der überall auf den Bänken haftende Vogelkot durchdringend verbreitete, nahm Belfontaine die L. *(ließ ihn schwer atmen);* Langgässer, Siegel 244); * **jmdm. bleibt die L. weg** (ugs.; *jmd. ist sehr erstaunt, erschrocken o. Ä.*); **jmdm., die L. [zum Atmen] nehmen** *(jmdn., etw. sehr einengen, zerstören);* **L. holen**/(geh.:) **schöpfen** (↑ Atem 2); **die L. anhalten** (ugs.; *bei etw. große Bedenken haben im Hinblick auf seinen guten, glücklichen Verlauf, Ausgang o. Ä.);* **halt die L. an!** (ugs.: 1. *hör auf zu reden!; sei mal still!* 2. *übertreibe nicht so!);* **von L. und Liebe leben** (ugs. scherzh.; *wenig essen, ohne viel Nahrung auskommen*); **nicht von der L./von L. und Liebe leben können** (ugs.; *nicht ohne materielle Grundlage existieren können*). **2.** ⟨Pl. geh.⟩ *freier Raum über dem Erdboden; Himmel[sraum]:* die Aufnahmen sind aus der L. *(von einem Luftfahrzeug aus)* gemacht; Trümmer flogen durch die L.; das Flugzeug erhebt sich in die L.; ein Gebäude in die L. sprengen, jagen (es sprengen, um es zu zerstören od. zu beseitigen); der Silo flog/ging in die L. (ugs.; *explodierte);* * **jmdn. an die [frische] L. setzen/befördern** (ugs.: *jmdn. aus der Wohnung, aus dem Haus o. Ä. hinauswerfen. jmdn. aus einer Stellung entlassen);* **aus der L. gegriffen/geholt sein** *(nicht den Tatsachen entsprechen, frei erfunden sein);* **in der L. liegen** (1. *bevorstehen, sich zu entladen drohen:* ein Gewitter lag in der L. 2. *dem Zeitgeist entsprechen:* solche Erfindungen lagen in der L.); **in der L. hängen/schweben** (ugs.: 1. *noch ganz ungewiss, unsicher, noch nicht entschieden sein:* die ganze Angelegenheit hängt [noch] in der L. 2. *ohne finanziellen Rückhalt sein);* **[schnell/leicht] in die L. gehen** (ugs.; *[sehr leicht] häufig aus nichtigem Anlass in einem heftigen Ausbruch seinem Ärger, seiner Wut freien Lauf lassen);* **in die L. gucken** (ugs.; ↑Röhre 3); **jmdn., etw. in der L. zerreißen** (salopp; *jmdn., etw. vernichtend kritisieren).* 2. ⟨als Drohung, in Verbindung mit »können«⟩ *auf jmdn. sehr wütend sein:* ich könnte sie in der L. zerreißen). **3.** ⟨Pl. nur dichter.⟩ *schwacher Wind; Brise; Luftbewegung:* es weht eine scharfe, kalte L.; linde, säuselnde Lüfte; Kleine Insekten summen. Die L. bringt Hunderte Wiesengerüche mit sich (Musil, Mann 1140); * **frische L. in etw. [hinein]bringen** *(etw. in Schwung bringen; einer Sache neue Impulse geben).* **4.** ⟨o. Pl.⟩ (ugs.) *freier Raum, Platz, Spielraum [der an einer Stelle (unerwarteterweise) vorhanden ist]:* in dem Bücherschrank etwas L. schaffen, machen; Ü um etwas L. *(Bewegungsfreiheit für seine Handlungen)* [ver]schaffen; es gibt noch L. nach oben *(Spielraum für Verbesserungen, Steigerungen, Zunahme o. Ä.);* * **in etw. ist noch L. [drin]** (ugs.; *bei etw. gibt es noch einen Spielraum zum Manövrieren, noch eine bestimmte Handlungsfreiheit o. Ä.);* **sich** ⟨Dativ⟩ **L. machen** (ugs.: 1. *sich entlastenden Ausdruck* *verschaffen.* 2. *aufgestauten Ärger o. Ä. aussprechen u. sich dadurch Erleichterung verschaffen:* ich musste mir erst einmal L. machen); **einer Sache L. machen** (ugs.; ↑Herz 2: seinem Ärger L. machen).

Luft|ab|schluss, der ⟨o. Pl.⟩: *Abgeschlossensein von jeder Luftzufuhr:* die Oxidation vollzieht sich unter L.

Luft|ab|wehr, die (Militär): **a)** *Abwehr feindlicher Flugobjekte;* **b)** *Einheit, die in der Luftabwehr (a) eingesetzt ist.*

Luft|ab|wehr|ra|ke|te, die (Militär): *zur Luftabwehr (a) eingesetzte Rakete.*

Luft|alarm, der (Militär): *Fliegeralarm.*

Luft|an|griff, der (Militär): *Angriff auf ein gegnerisches Ziel mit Flugzeugen, Luftlandetruppen od. Flugkörpern.*

Luft|auf|klä|rung, die (Militär): *aus der Luft (2) vorgenommene Aufklärung (4).*

Luft|auf|nah|me, die: *von einem Luftfahrzeug aus gemachte fotografische Aufnahme eines Teils der Erdoberfläche.*

Luft|auf|sichts|be|hör|de, die: *Behörde, die den Flugverkehr überwacht u. regelt.*

Luft|aus|tausch, der: *Austausch von Luftmassen.*

Luft|bal|lon, der: *bunter Ballon (1 b) von verschiedener, meist runder Form, der meist an einem Stöckchen aus Draht od. einem Bindfaden gehalten wird (Spielzeug für Kinder).*

Luft|bal|lon|wett|be|werb, der: *Wettbewerb (meist für Kinder), bei dem mit Gas gefüllte Ballons mit Postkarten frei fliegen gelassen u. die Gewinner durch die am weitesten geflogenen Ballons bestimmt werden.*

Luft|be|feuch|ter, der; -s, -: *in beheizten Räumen aufzustellendes Gerät, das der Luft durch Verdampfen von Wasser Feuchtigkeit zuführt.*

Luft|be|tan|kung, die: *das Betanken eines Flugzeugs während des Flugs:* Dazu: **Luft|be|tan|kungs|flug|zeug,** das.

luft|be|weg|lich (Militär): *durch Luftfahrzeuge, bes. Transport- u. Kampfhubschrauber ausgeführt, unterstützt:* -e Operationen, Kräfte, Reserven.

Luft|be|we|gung, die (Meteorol.): *Bewegung der Luft (2); schwacher Wind.*

Luft|bild, das: **1.** *Luftaufnahme.* **2.** (dichter.) *Luftspiegelung.*

Luft|bild|ar|chäo|lo|gie, die: *Verfahrensweise der Archäologie, bei der mithilfe von fotografischen Aufnahmen aus der Luft archäologische Gegebenheiten ausgemacht werden.*

Luft|bläs|chen, das: *kleine Luftblase.*

Luft|bla|se, die: *mit Luft gefüllte Blase (1 a): im Wasser aufsteigende -n.*

Luft|brü|cke, die [nach engl. airlift]: *bes. zur Versorgung eines von der Außenwelt abgeschnittenen Gebietes errichtete Verbindung mit Luftfahrzeugen.*

Luft|bu|chung, die (Wirtschaftsjargon): *Buchung (1), die [in betrügerischer Absicht] nur zum Schein durchgeführt wird.*

Lüft|chen, das; -s, - ⟨Pl. selten⟩ [Vkl. zu ↑Luft (3)]: *[plötzlich aufkommender] schwacher Wind:* ein leises L. wehte; Kein L. rührte sich (es war windstill; Strittmatter, Wundertäter 102).

luft|dicht ⟨Adj.⟩: *undurchlässig für Luft (1 a):* ein -er Verschluss; etw. l. abpacken.

Luft|dich|te, die (Physik, Meteorol.): *Dichte (2) der Luft.*

Luft|druck, der ⟨Pl. ...drücke u. -e⟩: **1.** (Physik) *Druck, den die Luft (1 a) infolge der Schwerkraft auf eine Fläche ausübt; atmosphärischer Druck:* ein hoher L.; steigt, fällt. **2.** *Druckwelle, die durch eine Explosion hervorgerufen wird:* der L. der Bomben.

Luft|druck|mes|ser, der: *Gerät, mit dem der*

atmosphärische Druck gemessen wird; Barometer.

luft|durch|läs|sig ⟨Adj.⟩: *durchlässig für Luft* (1 a): *-e Stoffe.* Dazu: **Luft|durch|läs|sig|keit,** die.

lüf|ten ⟨sw. V.; hat⟩ [mhd. lüften = in die Höhe heben]: **1. a)** *durch Öffnen der Fenster, mithilfe von Durchzug o. Ä. frische Luft in einen Raum hereinlassen:* [das Zimmer] *gründlich l.;* ⟨subst.:⟩ *In der Luft lag wie immer Pfeifenrauch, der selbst durch beständiges Lüften nicht zu vertreiben war* (Langgässer, Siegel 437); Ü ◆ *Drum frisch, Kameraden, den Rappen gezäumt, die Brust im Gefechte gelüftet* (Schiller, Wallensteins Lager 11); **b)** *etw., bes. Kleidung, eine gewisse Zeit (zum Entfernen daran haftender Gerüche) der Luft aussetzen:* den Mantel auf dem Balkon l.; die Betten l. **2. a)** *etw. ein wenig hochheben, von der Stelle, an der es sich befindet, kurz wegnehmen:* den Deckel l.; den Hut zum Gruß l.; ◆ **b)** ⟨l. + sich⟩ (landsch.) *sich* [von seinem Sitzplatz] *erheben, aufstehen: Nach dem Essen durften sie sich l.* (Stifter, Bergkristall 22). **3.** *etw. nicht länger aufrechterhalten, bestehen lassen:* sein Inkognito l.; *sie lüftete schließlich ihr Geheimnis (gab es preis).*

Lüf|ter, der; -s, -: **1.** *Ventilator.* **2.** *Heizlüfter.*

Luft|fahrt, die: **1.** ⟨o. Pl.⟩ **a)** *Gesamtheit aller mit der Nutzung des Luftraums durch Luftfahrzeuge zusammenhängenden Tätigkeiten, Einrichtungen u. Techniken;* **b)** *das Fliegen mit Luftfahrzeugen; Flug: die zivile L.* **2.** (seltener) *Fahrt durch die Luft (mit einem Luftschiff od. Ballon).*

Luft|fahrt|be|hör|de, die: *Luftaufsichtsbehörde.*

Luft|fahrt|dreh|kreuz, das: *Drehkreuz* (b).

Luft|fahrt|ge|sell|schaft, die: *Geschäftsunternehmen, das einen planmäßigen Flugverkehr unterhält; Fluggesellschaft.*

Luft|fahrt|in|dus|trie, die: *Luftfahrzeuge u. Zubehör herstellende Industrie.*

Luft|fahrt|kon|zern, der: *Konzern, dessen Geschäftsbereich im Flugzeugbau, Flugverkehr o. Ä. liegt.*

Luft|fahrt|un|ter|neh|men, das: *Luftfahrtgesellschaft.*

Luft|fahr|zeug, das: *Fahrzeug, das sich in der Luft fortbewegen kann* (z. B. Ballon, Drachen).

Luft|fe|de|rung, die: *Federung von Kraftfahrzeugen, bei der Luft zur Dämpfung von Stößen eingesetzt wird.*

Luft|feuch|tig|keit, die ⟨o. Pl.; bes. Fachspr.⟩, **Luftfeuch|tig|keit,** die (Meteorol.): *in Form von Wasserdampf in der Luft vorhandene Feuchtigkeit.*

Luft|fil|ter, der, Fachspr. meist: das (Technik): *Filter* (1 b), *der Verunreinigungen aus der Luft abfängt.*

Luft|flot|te, die (Militär): *großer Verband der Luftwaffe.*

Luft|fracht, die: **1.** *Fracht* (1), *die mit dem Flugzeug befördert wird.* **2.** *Fracht* (2) *für die Beförderung mit dem Flugzeug.*

luft|ge|füllt ⟨Adj.⟩: *mit Luft gefüllt.*

Luft|geist, der: *zu den Elementargeistern gehörendes, in der Luft lebendes Wesen.*

luft|ge|kühlt ⟨Adj.⟩ (Technik): *mithilfe von Luft gekühlt:* ein -er Motor.

Luft|ge|päck, das: *bei einer Flugreise mitgeführtes Gepäck.*

luft|ge|schützt ⟨Adj.⟩: *von der umgebenden Luft abgeschlossen:* Gewürze sollte man möglichst licht- und l. aufbewahren.

luft|ge|trock|net ⟨Adj.⟩: *an der Luft getrocknet:* -e Mettwurst.

Luft|ge|wehr, das: *Sportwaffe, deren das Geschoss durch Druckluft aus dem Lauf getrieben wird.*

Luft|gi|tar|re, die: *nur in der Vorstellung vorhandene Gitarre, die mit typischen Bewegungen scheinbar gespielt wird:* L. spielen. Dazu: **Luftgi|tar|rist,** der; **Luft|gi|tar|ris|tin,** die.

Luft|han|sa®, die; -: Kurzf. von: Deutsche Lufthansa AG (eine deutsche Luftverkehrsgesellschaft).

Luft|hauch, der (geh.): *kaum spürbare Luftbewegung.*

Luft|herr|schaft, die ⟨o. Pl.⟩ (Militär): *(in Bezug auf die Luftstreitkräfte eines Landes) Beherrschung des* [gegnerischen] *Luftraums.*

Luft|ho|heit, die; -, -en ⟨Pl. selten⟩: *Hoheit, Souveränität eines Landes über den zugehörigen Luftraum:* Ü *die L. über den Stammtischen* (Politikjargon; *breite Zustimmung bei den Stammtischpolitikern*); *die L. im gegnerischen Strafraum gewinnen* (Sportjargon; *bei hohen Bällen überlegen sein*).

Luft|hül|le, die ⟨o. Pl.⟩: *die Erde wie eine Hülle umgebende Schicht atmosphärischer Luft; Atmosphäre* (1 a).

Luft|hut|ze, die (Kfz-Technik): *Hutze, die* [bei Rennwagen] *zum Ansaugen zusätzlicher Luft für den Vergaser dient.*

luf|tig ⟨Adj.⟩ [mhd. luftec]: **1. a)** (bes. in Bezug auf einen Raum) [hell u. groß u.] *mit genügend Luftzufuhr:* eine -e Veranda; ... und zwischen den Türen waren jene -en Vorhänge aus Rohr und bunten Perlenschnüren befestigt, die scheinbar eine feste Wand bilden und die man doch, eine Hand zu heben, durchschreiten kann (Th. Mann, Krull 13); **b)** *hoch in der Luft, in der Höhe angesiedelt o. Ä.:* auf der -en Höhe der Dachterrasse. **2.** (bes. in Bezug auf Kleidung) *leicht u. luftdurchlässig:* -e Sommerkleider; du bist zu l. (nicht warm genug) angezogen.

◆ **lüf|tig** [mhd. lüftec, Nebenf. von ↑ luftig]: *luftig:* ... mit den Kerlchen, die freilich leicht und l. genug waren (Goethe, Werther I, 8. Julius).

Luft|tig|keit, die ⟨o. Pl.⟩: *das Luftigsein.*

luf|tig-leicht ⟨Adj.⟩: *luftig* (2).

Luf|ti|kus, der; -[ses], -se [Studentenspr. mit latinis. Endung zu älter: (der) Luft = leichtsinniger Mensch] (ugs. abwertend): *leichtsinniger, oberflächlicher, wenig zuverlässiger Mann.*

Luft|kampf, der (Militär): *Gefecht von Kampfflugzeugen in der Luft.*

Luft|kis|sen, das: **1.** *aufblasbares Kissen aus Gummi o. Ä., das als* [Sitz]polster *dient.* **2.** (Technik) *komprimierte Luft (von der das Luftkissenfahrzeug getragen wird).*

Luft|kis|sen|boot, das: *nach dem Prinzip eines Luftkissenfahrzeugs funktionierendes Boot.*

Luft|kis|sen|fahr|zeug, das: *für die Überquerung von Wasserflächen u. unwegsamem Gelände geeignetes Fahrzeug, das von einem Luftkissen* (2) *getragen wird; Hovercraft.*

Luft|klap|pe, die: **1.** *Klappe, mit deren Hilfe die Luftzufuhr reguliert werden kann.* **2.** *Choke.*

Luft|kor|ri|dor, der (Flugw.): *festgelegte Luftstrecke, die Flugzeuge beim Überqueren eines fremden Staates benutzen müssen.*

Luft|krank|heit, die: *beim Fliegen auftretendes Unwohlsein.*

Luft|kreuz, das: Kurzf. von ↑ Luftfahrtdrehkreuz.

Luft|krieg, der (Militär): *Krieg mit Luftstreitkräften.*

Luft|kur|ort, der: *Kurort, der sich durch günstige klimatische Verhältnisse, bes. durch gesunde Luft, auszeichnet.*

Luft|kuss, der: *ohne Berührung ausgeführte Gestik eines Kusses:* jmdm. einen L. zuwerfen; Luftküsse werfen.

Luft|lan|de|trup|pe, die (Militär): *für die Luftlandung ausgebildete u. ausgerüstete Truppe.*

Luft|lan|dung, die (Militär): *das Absetzen von Truppen in einem bestimmten Kampfgebiet durch Flugzeuge.*

luft|leer ⟨Adj.⟩: *keine Luft* (1) *enthaltend:* ein -er Raum.

Luft|li|nie, die ⟨Pl. selten⟩: *kürzeste gedachte Entfernung zwischen* [zwei] *geografischen Punkten:* die Entfernung beträgt 50 km L. **2.** *Fluggesellschaft:* sie arbeitet bei einer Schweizer L.

Lüft|ma|le|rei, die [die Malerei befindet sich an der Luft = im Freien]: **1.** ⟨o. Pl.⟩ *Malerei an den Fassaden bayerischer Häuser u. Kirchen.* **2.** *einzelne Darstellung in der Technik der Lüftlmalerei* (1).

Luft|loch, das: **1.** *Öffnung, durch die Luft ein- u. austreten kann.* **2.** (ugs.) *wechselnde Geschwindigkeit bzw. Richtung der Luftströmung, die ein Luftfahrzeug für einen kurzen Moment absacken lässt:* die Maschine geriet in ein L.

Luft|man|gel, der ⟨o. Pl.⟩: **a)** *Atembeschwerden:* unter L. leiden; **b)** *Mangel an frischer Luft, an Sauerstoff.*

Luft|ma|sche, die (Handarb.): (bes. beim Beginn einer Häkelarbeit notwendige) *Masche, die dadurch entsteht, dass die Häkelnadel den Faden durch eine Schlinge des Garns durchzieht.*

Luft|mas|se, die ⟨meist Pl.⟩ (Meteorol.): *über einem größeren Bereich lagernde od. zirkulierende Luftmenge mit einheitlichen Eigenschaften:* am Samstag ist mit erneuter Zufuhr kalter -n zu rechnen.

Luft|mat|rat|ze, die: *aufblasbare Matratze aus Gummi od. Kunststoff, die als Polster zum Liegen dient.*

Luft|men|ge, die: *bestimmte Menge Luft.*

Luft|not, die ⟨o. Pl.⟩: *Atemnot.*

Luft|num|mer, die: **1.** *in der Luft ausgeführte akrobatische Darbietung* (z. B. Trapezakt, Seiltanz). **2.** (ugs.) **a)** *sich als unrealistisch, unwahr od. unwichtig herausstellende Behauptung;* **b)** *unseriöses, substanzloses, ergebnisloses Projekt, Unternehmen o. Ä.*

Luft|pi|rat, der: *Flugzeugentführer, Hijacker.*

Luft|pi|ra|te|rie, die: *Flugzeugentführung.*

Luft|pi|ra|tin, die: w. Form zu ↑ Luftpirat.

Luft|pis|to|le, die: *Pistole, bei der das Geschoss durch Druckluft aus dem Lauf getrieben wird.*

Luft|pols|ter, das, (österr. auch:) der: *durch* [Einschluss von] *Luft gebildete, wärmende, tragende od. Druck absorbierende Schicht.*

Luft|pols|ter|fo|lie, die: *Folie aus Luftpolstern.*

Luft|post, die: **a)** *Beförderung von Luftsendungen mit dem Flugzeug:* etw. per, mit L. schicken; **b)** *mit dem Flugzeug beförderte Post.*

Luft|post|brief, der: *mit Luftpost beförderter Brief.*

Luft|pum|pe, die: *Gerät, mit dessen Hilfe Luft in einen Hohlraum o. Ä. hineingepumpt od. aus einem Hohlraum o. Ä. abgesaugt wird.*

Luft|qua|li|tät, die: *Qualität* (3 a) *der Luft* (1 a) *in einem bestimmten Gebiet.*

Luft|raum, der: *freier Raum über der Erdoberfläche* [der jeweils zu dem Hoheitsgebiet des Landes gehört, über dem er sich erstreckt]: den L. eines Landes verletzen; Dazu: **Luft|raum|über|wa|chung,** die.

Luft|recht, das ⟨o. Pl.⟩ (Rechtsspr.): *Gesamtheit der die Nutzung des Luftraums durch Luftfahrzeuge betreffenden Rechtsvorschriften;* Dazu: **luft|recht|lich** ⟨Adj.⟩.

Luft|rei|fen, der: *mit Luft gefüllter Reifen eines Fahrzeugs.*

Luft|rein|hal|tung, die: *Teilbereich des Umweltschutzes, der sich mit gesetzlichen Maßnahmen u. technischen Entwicklungen zur Verringerung der Schadstoffimmissionen befasst.*

Luft|ret|tung, die: **1.** *Rettung u. Bergung von*

[verletzten] Personen per Hubschrauber. **2.** *Rettungsdienst* (a), *der für die Luftrettung* (1) *eingesetzt wird.*

Luft|röh|re, die (Anat.): *knorpeliges röhrenförmiges Verbindungsstück zwischen Kehlkopf u. Bronchien, durch das die Luft in die Lunge gelangt.*

Luft|röh|ren|schnitt, der (Med.): *operativer Eingriff bei bestimmten akuten Erkrankungen, bei dem durch einen Einschnitt in die Luftröhre die Atmung erleichtert wird; Tracheotomie.*

Luft|sack, der: **1.** (Zool.) *sackförmige Anhänge der Lunge bei Vögeln.* **2.** *Airbag.*

Luft|sau|er|stoff, der: *in der Luft enthaltener Sauerstoff.*

Luft|säu|le, die (Physik): *sich über einer Bodenfläche in vertikaler Richtung erstreckender Bereich der Luft.*

Luft|schacht, der: *der Belüftung dienender Schacht.*

Luft|schad|stoff, der: *in der Luft* (1 a) *enthaltener Schadstoff.*

Luft|schicht, die (Meteorol.): *atmosphärische Schicht einer bestimmten Temperatur.*

Luft|schiff, das: *aus einem großen, lang gestreckten, mit Gas gefüllten Körper bestehendes Luftfahrzeug.*

Luft|schiff|fahrt, Luft|schiff-Fahrt, die: *Luftfahrt* (1) *mit Luftschiffen.*

Luft|schlacht, die (Militär): *Schlacht, in der vor allem Flugzeuge eingesetzt werden.*

Luft|schlag, der (Militär): *militärischer Angriff mit Flugzeugen [u. Hubschraubern].*

Luft|schlan|ge, die ⟨meist Pl.⟩: *(bes. bei Karnevalsveranstaltungen verwendetes) farbiges, aufgerolltes Papierband, das sich [beim Werfen] in seiner ganzen Länge schlangenförmig auseinanderrollt.*

Luft|schleu|se, die (Technik): *hermetisch abschließbarer Verbindungsraum zwischen zwei Räumen mit unterschiedlichem Luftdruck, der den Druckausgleich zwischen den Räumen verhindert.*

Luft|schloss, das ⟨meist Pl.⟩: *etw. Erwünschtes, was sich jmd. in seiner Fantasie ausmalt, was aber nicht zu realisieren ist: das sind doch alles nur Luftschlösser;* * **Luftschlösser bauen** *(sich seinen Wunschträumen überlassend, in seiner Fantasie Pläne machen, die sich nicht realisieren lassen).*

Luft|schrau|be, die (Technik): *Propeller.*

Luft|schutz, der ⟨o. Pl.⟩: **a)** *Gesamtheit der Maßnahmen zum Schutz der Zivilbevölkerung bei Luftangriffen im Krieg;* **b)** *für den Luftschutz* (a) *gebildete Organisation.*

Luft|schutz|bun|ker, der: *Betonbunker zum Schutz bei Luftangriffen.*

Luft|schutz|kel|ler, der: *Keller als Schutzraum bei Luftangriffen.*

Luft|schutz|raum, der: *Schutzraum bei Luftangriffen.*

Luft|schutz|wart, der (früher): *jmd., der für Maßnahmen des Luftschutzes in einem Stadtbezirk verantwortlich ist.*

Luft|spie|ge|lung, Luft|spieg|lung, die: *durch Brechung der Lichtstrahlen an verschieden dichten Luftschichten verursachte optische Täuschung, bei der ein entferntes Objekt mehrfach od. auch auf dem Kopf stehend gesehen wird.*

Luft|sprung, der: *kleiner Sprung in die Höhe (als Ausdruck der Freude o. Ä.):* vor Begeisterung Luftsprünge machen.

Luft|streit|kräf|te ⟨Pl.⟩ (Militär): *Teil der Streitkräfte, der den Krieg in der Luft führt.*

Luft|strom, der: *als Sog spürbarer starker Luftzug.*

Luft|strö|mung, die (bes. Meteorol.): *[länger anhaltender] Luftstrom.*

Luft|stütz|punkt, der (Militär): *Stützpunkt für die Luftwaffe.*

Luft|ta|xe, die, **Luft|ta|xi,** das: *Hubschrauber od. kleines Flugzeug, das Fluggäste über kurze Strecken befördert.*

Luft|tem|pe|ra|tur, die (Meteorol.): *in der Luft* (1 a) *gemessene Temperatur.*

Luft|über|wa|chung, die: **1.** (Militär) *Überwachung [u. Sicherung] des Luftraums als Vorsorge gegen feindliche Angriffe.* **2.** *Überwachung der zivilen Luftfahrt.*

Lüf|tung, die; -, -en: **1.** *das Lüften.* **2.** *Vorrichtung, technische Anlage, mit deren Hilfe Räume o. Ä. belüftet werden.*

Lüf|tungs|an|la|ge, die: *Lüftung* (2).

Lüf|tungs|schacht, der: *der Be- od. Entlüftung dienender Schacht* (4).

Luft|un|ter|stüt|zung, die (Militär): *militärische Unterstützung von Bodentruppen durch die Luftwaffe.*

Luft|ver|än|de|rung, die: *(aus gesundheitlichen Gründen notwendiger) Wechsel des Klimas, Aufenthalt an einem Ort mit anderem Klima:* eine L. wird empfohlen; dringend eine L. benötigen.

Luft|ver|kehr, der: *Flugverkehr.*

Luft|ver|kehrs|ge|sell|schaft, die: *Luftfahrtgesellschaft.*

Luft|ver|schmut|zung, die: **a)** *das Verschmutzen der Luft durch Abgase u. Ä.;* **b)** *das Verschmutztsein, Zustand der Verunreinigung der Luft.*

Luft|ver|tei|di|gung, die: *Verteidigung eines Landes gegen Angriffe aus der Luft.*

Luft|ver|un|rei|ni|gung, die: **a)** *das Verunreinigen der Luft durch Fremdstoffe;* **b)** *Zustand der Verunreinigung, Verschmutzung der Luft.*

Luft|waf|fe, die: *für den Luftkrieg bestimmter Teil der Streitkräfte eines Staates, Landes.*

Luft|waf|fen|hel|fer, der: *(gegen Ende des Zweiten Weltkriegs) als Helfer bei der Luftverteidigung eingesetzter Jugendlicher.*

Luft|waf|fen|hel|fe|rin, die: w. Form zu ↑ Luftwaffenhelfer.

Luft|waf|fen|stütz|punkt, der (Militär): *Stützpunkt* (1) *für Luftstreitkräfte.*

Luft|weg, der: **1.** *Weg der Beförderung durch Flugzeuge o. Ä.:* den L. wählen; auf dem L. **2.** ⟨Pl.⟩ (Anat.) *Atemwege.*

Luft|wi|der|stand, der (Physik): *der Bewegung eines Körpers entgegenwirkender Druck, der von der umgebenden Luft ausgeübt wird.*

Luft|wir|bel, der: *sehr schnell um einen Mittelpunkt erfolgende Bewegung von Luft.*

Luft|wur|zel, die (Bot.): *(bei verschiedenen Pflanzen auftretende) über der Erde wachsende Wurzel.*

Luft|zu|fuhr, die: *Zufuhr von Luft:* das Gerät regelt die L.

Luft|zug, der ⟨Pl. selten⟩: *spürbare, strömende Bewegung der Luft.*

Lug [mhd. luc, ahd. lug, zu ↑ lügen]: in der Fügung **L. und Trug** (geh.; *Betrug, Täuschung:* nichts als L. und Trug; alles [war] L. und Trug).

Lü|ge, die; -, -n [mhd. lüge, ahd. lugī, zu ↑ lügen]: *bewusst falsche, auf Täuschung angelegte Aussage; absichtlich, wissentlich geäußerte Unwahrheit:* eine grobe, faustdicke, glatte, niederträchtige, gemeine, raffinierte L.; sich eine L. ausdenken; -n erfinden; jmdm. haarsträubende -n auftischen; jmdn. der L. bezichtigen, zeihen; er verstrickte sich immer mehr in; Ü ihre Ehe war eine einzige L. *(war auf Täuschung aufgebaut);* Spr -n haben kurze Beine *(es lohnt nicht, zu lügen; die Wahrheit kommt oft rasch zutage);* * **eine fromme L.** (↑ Betrug); **jmdn. -n strafen** *(jmdn. der Unwahrheit überführen);* **etw. -n strafen** *(offenbar werden lassen, dass etw. unwahr ist).*

lu|gen ⟨sw. V.; hat⟩ [mhd. (md.) lūgen, luogen, ahd. luogēn, H. u., wahrsch. verw. mit engl. to look = sehen, blicken] (geh. veraltend, noch landsch.): **1.** *aufmerksam, spähend [aus]schauen, [nach jmdm., etw.] blicken:* aus dem Fenster, auf den Hof l. **2.** *hervorgucken* (2): eine Zeitung lugt aus seiner Manteltasche.

lü|gen ⟨st. V.; hat⟩ [mhd. liegen, ahd. liogan]: **1.** *bewusst u. absichtsvoll die Unwahrheit sagen:* sie lügt; da lügst du doch! *(was du da sagst, ist doch nicht wahr!);* ⟨selten mit Akk.-Obj.:⟩ das lügst du; ich müsste l., wenn ich sagen wollte, dass es mir gefällt; das ist gelogen!; ⟨subst.:⟩ sich aufs Lügen verlegen; R wer lügt, der stiehlt *(wer lügt, dem kann man auch Schlimmeres zutrauen);* Spr wer einmal lügt, dem glaubt man nicht, und wenn er auch die Wahrheit spricht *(wer einmal gelogen hat, dessen Glaubwürdigkeit ist für die Zukunft zerstört);* * **l. wie gedruckt** (ugs. emotional; *unglaublich lügen;* nach der Erfahrung, dass Gedrucktes oft nicht der Wahrheit entspricht). ◆ **2. a)** *jmdn. belügen:* ... der lügt, weil man ihm log (Grillparzer, Weh dem V); Könnt' es mir nutzen, wenn ich euch löge (Goethe, Reineke Fuchs 4, 291); In der Tat! Ein Schelm, wenn ich dir lüge (Kleist, Hermannsschlacht III, 3); **b)** *heucheln* (2): ... da stand er grimmig, log Gelassenheit (Goethe, Egmont V); Dennoch logst du tückisch mir Versöhnung (Schiller, Braut v. Messina 1902); **c)** ⟨selten auch sw. V.:⟩ ... wenn meine Augen mir nicht lügten (Schiller, Räuber I, 5 [Mannheimer Soufflierbuch]); **d)** * **auf jmdn. l.** (*Lügen über jmdn. verbreiten, jmdn. verleumden:* du hast mir so vieles Übel getan, gelogen auf mich [Goethe, Reineke Fuchs 12, 90 f.]; wenn ihr niemanden schindet und plackt ... niemand verlästert, auf niemand lügt [Schiller, Wallensteins Lager 8]).

Lü|gen|bold, der; -[e]s, -e [zum 2. Bestandteil vgl. Witzbold] (ugs. abwertend): *jmd., der häufig oder gewohnheitsmäßig lügt* (oft als Schimpfwort).

Lü|gen|de|tek|tor, der: *Detektor* (1), *mit dem unwillkürliche körperliche Reaktionen eines Befragten registriert werden, die möglicherweise Rückschlüsse auf den Wahrheitsgehalt gemachter Aussagen zulassen.*

Lü|gen|ge|bäu|de, das: *Lügengespinst.*

Lü|gen|ge|schich|te, die: *erlogene Geschichte.*

Lü|gen|ge|spinst, das (geh.): *aus lauter Unwahrheiten bestehende Darstellung o. Ä.*

lü|gen|haft ⟨Adj.⟩ (abwertend): **a)** *unwahr, voller Lügen:* eine -e Darstellung; der Bericht war l.; **b)** (seltener) *(von Menschen) zum Lügen neigend.*

Lü|gen|haf|tig|keit, die; -: *lügenhafte [Wesens]art.*

Lü|gen|mär|chen, das: *Lügengeschichte.*

Lü|ge|rei, die; -, -en (abwertend): **1.** ⟨o. Pl.⟩ *jmds. beständiges Lügen.* **2.** *lügenhafte Äußerung o. Ä.*

Lüg|ner, der; -s, - [mhd. lügenære, ahd. luginâri]: *jmd., der zum Lügen neigt, der häufig lügt:* ein erbärmlicher L.

Lüg|ne|rin, die; -, -nen: w. Form zu ↑ Lügner.

lüg|ne|risch ⟨Adj.⟩ (abwertend): **a)** *unwahr, voller Lügen:* -e Reden führen; **b)** *zum Lügen neigend, verlogen.*

lu|isch: ↑ luetisch.

Luk, das; -[e]s, -e [↑ Luke] (Seemannsspr.): *viereckige, wasserdichte Luke* (2) *im Deck eines Schiffes.*

Lu|kas [auch: ˈlʊkas], der; -, - [H. u.]: *auf Jahrmärkten aufgestellter Apparat, an dem jmd. seine Kraft erproben kann, indem er auf die* dafür vorgesehene Fläche einen Schlag mit einem großen Hammer od. auch mit der bloßen Faust ausführt.

Lu|kas|evan|ge|li|um, das ⟨o. Pl.⟩: Evangelium (2 b) nach dem Evangelisten Lukas.

Lu|ke, die; -, -n [aus dem Niederd. < mniederd. lūke, zu asächs. lūkan = schließen, also eigtl. = Verschluss]: **1.** Kurzf. von ↑ Dachluke. **2.** verschließbare, als Ein- u. Ausstieg u. a. dienende Öffnung bes. bei Schiffen: die -n öffnen, dicht machen. ♦ **3.** (nordd.) Fensterladen: ... der Sturm drückt uns die Scheiben ein, die -n müssen angeschroben werden (Storm, Schimmelreiter 132).

lu|kra|tiv ⟨Adj.⟩ [lat. lucrativus = gewonnen, mit Gewinn verbunden, zu: lucrari = gewinnen] (bildungsspr.): einträglich, gewinnbringend u. dadurch für jmdn. erstrebenswert: -e Angebote; ein -er Job.

lu|k|rie|ren ⟨sw. V.; hat⟩ [lat. lucrari, ↑ lukrativ] (österr. Wirtsch., sonst veraltet): **a)** einnehmen, [als Gewinn] erzielen; **b)** in Anspruch nehmen, erhalten: staatliche Fördermittel l.

Luk|sor: ↑ Luxor.

lu|kul|lisch ⟨Adj.⟩ nach dem röm. Feldherrn Lucullus (etwa 117–57 v. Chr.)] (bildungsspr.): (von einem Essen) üppig u. dabei erlesen: ein -es Menü; l. speisen.

Lu|latsch, der; -[e]s, -e [H. u.] (ugs.): schlaksiger, hoch aufgeschossener [junger] Mann: er ist ein langer L.

lul|len ⟨sw. V.; hat⟩ [eigtl. = saugen; urspr. lautm.]: **1.** leise u. in einförmigem Rhythmus singend o. Ä. in einen bestimmten Zustand versetzen, bes. zum Einschlafen bringen: das Kind in den Schlaf l. **2.** (landsch.) **a)** saugen; **b)** urinieren.

Lul|ler, der; -s, - [zu ↑ lullen (2 a)] (südd., österr. landsch.): Schnuller.

♦ **Lul|li,** das; -s, -s (landsch.): Schnuller: ... da kam schon wieder die Hebamme mit dem schön eingewickelten Kinde, ... steckte ihm das süße L. ins Mäulchen (Gotthelf, Spinne 13).

Lul|lu, das; -[s] (österr. Kinderspr.): Urin: L. machen (urinieren).

Lum|ba|go, die; - [lat. lumbago = Lendenlähmung, zu: lumbus = Lende] (Med.): von der Wirbelsäule im Bereich der Lenden ausstrahlende Schmerzen; Hexenschuss.

lum|bal ⟨Adj.⟩ [zu lat. lumbus = Lende] (Med.): die Lenden (1 a), die Lendenwirbel betreffend, zu ihnen gehörend, von ihnen ausgehend.

lum|be|cken ⟨sw. V.; hat⟩ [nach dem dt. Erfinder E. Lumbeck (1886–1979)] (Buchbinderei): Bücher (bes. Broschüren, Taschenbücher) durch das Aneinanderkleben der einzelnen Blätter ohne Fadenheftung binden.

Lu|men, das; -s, - u. Lumina [lat. lumen (Gen.: luminis) = Licht]: **1.** (Physik) fotometrische Einheit für den Lichtstrom (Zeichen: lm). **2.** (Biol., Med.) Hohlraum eines (röhrenförmig) hohlen Organs.

Lu|mi|nes|zenz, die; -, -en [engl. luminescence] (Physik): Leuchten eines Stoffes, das nicht durch Erhöhung der Temperatur bewirkt wird: Dazu: **lu|mi|nes|zie|ren** ⟨sw. V.; hat⟩.

Lum|me, die; -, -n [dän., norweg. lom < isländ. lómr < anord. lómr, wohl lautm.]: (in großen Kolonien auf steilen Felsenküsten der Nordmeere nistender) Vogel mit schwarzer Oberseite, weißer Unterseite u. kurzen Flügeln.

Lüm|mel, der; -s, - [zu veraltet lumm = schlaff, locker, ablautende Bildung zu ↑ lahm]: **1. a)** (abwertend) [junger] Mann, der als frech, ungezogen, als Person mit flegelhaftem Benehmen angesehen wird: ein frecher L.; Du erbärmlicher, niederträchtiger, hinterlistiger, hämischer, feiger, gemeiner L.! (Hauptmann, Thiel 17);

b) (ugs., fam.) Bursche, Kerl: na, du L.; Der kleine, sommersprossige L. mit den rotbewimperten hellblauen Augen ... schielt ihn erwartungsvoll an (Langgässer, Siegel 417). **2.** (salopp) Penis.

lüm|mel|haft ⟨Adj.⟩ (abwertend): sehr ungezogen, frech; flegelhaft.

lüm|meln, sich ⟨sw. V.; hat⟩ (ugs. abwertend): sich in betont nachlässiger, unmanierlicher Weise irgendwohin setzen, legen, irgendwo stehen, sich rekeln: sie lümmelte sich aufs Sofa; ⟨auch ohne sich:⟩ er lümmelte auf der Bank.

Lüm|mel|tü|te, die (salopp): Kondom.

Lump, der; -en, -en [gek. aus spätmhd. lumpe, ↑ Lumpen, eigtl. = Mensch in zerlumpter Kleidung] (abwertend): Person, der als charakterlich minderwertig, gesinnungslos, betrügerisch, gewissenlos handelnd angesehen wird (oft als Schimpfwort): ein elender L.; du feiger L.!; ♦ ⟨auch -, -e:⟩ Brich doch mit diesem Lump sogleich (Goethe, Zahme Xenien V).

lum|pen ⟨sw. V.; hat⟩ [zu ↑ Lump]: **1.** (salopp) unsolide leben, bes. mit viel Alkohol tüchtig feiern: ihr habt wohl wieder die ganze Nacht gelumpt? **2.** * **sich nicht l. lassen** (sich großzügig, freigebig zeigen; eigtl. = sich nicht für einen Lumpen ansehen lassen: ich werde mich doch nicht l. lassen).

Lum|pen, der; -s, - [mhd. lumpe = Lappen, Fetzen, ablautende Bildung zu: lampen = welk herunterhängen, also eigtl. = schlaff Herabhängendes]: **1. a)**, meist, verschmutztes [abgerissenes] Stück Stoff; Lappen, Stofffetzen: aus [alten] L. hergestelltes Papier; **b)** (landsch.) Putz-, Scheuerlappen: den Boden mit einem L. aufwischen. **2.** ⟨meist Pl.⟩ (veraltend abwertend) abgetragene, zerschlissene [u. verschmutzte] Kleidung: in L. herumlaufen.

Lum|pen|ball, der: Fastnachtsball, bei dem die Teilnehmenden in abgerissener Kleidung erscheinen.

Lum|pen|ge|sin|del, das (abwertend emotional verstärkend): Gesindel.

Lum|pen|händ|ler, der (veraltet): Altwarenhändler.

Lum|pen|händ|le|rin, die: w. Form zu ↑ Lumpenhändler.

Lum|pen|pack, das (abwertend emotional verstärkend): ²Pack.

Lum|pen|pro|le|ta|ri|at, das (marx.): unterste Gesellschaftsschicht ohne Klassenbewusstsein.

Lum|pen|samm|ler, der: **1.** (veraltend) jmd., der gewerbsmäßig alte Kleider, unbrauchbar gewordene Textilien, Altpapier, Altmetall o. Ä. sammelt u. zur weiteren Verwertung verkauft. **2.** (scherzh.) öffentliches Verkehrsmittel, das in der Nacht die letzte Möglichkeit der Beförderung bietet: sie erreichten gerade noch den L.

Lum|pen|samm|le|rin, die: w. Form zu ↑ Lumpensammler (1).

Lum|pe|rei, die; -, -en [zu ↑ Lump] (abwertend): betrügerische, gewissenlose Tat; üble, gemeine Handlungsweise: sie konnte ihm seine -en nicht verzeihen.

lum|pig ⟨Adj.⟩: **1.** (abwertend) gemein (1 b), niederträchtig, nichtswürdig: ein -er Betrüger; Aber ich will nicht l. sein, ich will mich nicht vor mir schämen müssen (Fallada, Mann 65). **2.** (ugs. abwertend) [in ärgerlicher Weise] gering, unbedeutend; erbärmlich wenig; kümmerlich; nichts wert: für die -en paar Euro soll ich mich abrackern!; Ich will nichts bekommen, was ich nicht verdiene, und wenn der Lohn noch so l. ist! (Brecht, Mensch 114).

Lu|na: 1. (röm. Mythol.) Göttin des Mondes. **2.** (dichter.) (weibliche) Personifikation des Mondes.

Lu|na|park, der [viell. nach dem ehemaligen Vergnügungspark in Berlin]: Vergnügungspark, Rummelplatz.

lu|nar ⟨Adj.⟩ [lat. lunaris, zu: luna, ↑ Luna] (Astron., Raumfahrt): den Mond betreffend, von ihm ausgehend, zu ihm gehörend.

Lunch [lanʃ, lantʃ, engl.: lantʃ]; -[e]s u. -, -[e]s u. -e [engl. lunch, urspr. = Brocken, Bissen]: (in den angelsächsischen Ländern) kleinere, leichte Mahlzeit in der Mittagszeit: wir treffen uns zum L. im Pub.

lun|chen [ˈlanʃn, ˈlantʃn] ⟨sw. V.; hat⟩ [engl. to lunch]: den, einen Lunch einnehmen.

Lunch|pa|ket, das: kleines Paket mit Verpflegung für die Teilnehmer an einem Ausflug o. Ä.

Lü|ne|bur|ger Hei|de, die; - -: Teil der Norddeutschen Tieflandes.

Lun|ge, die; -, -n ⟨häufig auch im Pl. mit singularischer Bed.⟩ [mhd. lunge, ahd. lunga, lungu(na), eigtl. = die Leichte; nach der Beobachtung, dass die Lunge geschlachteter Tiere auf Wasser schwimmt]: Organ, das beim Menschen u. den Luft atmenden Wirbeltieren der Atmung dient (indem es den Gasaustausch 2 mit dem Blut besorgt): ihre L. ist angegriffen; eine kräftige, starke, gute, gesunde, schwache L. haben; sie hat es auf der L. (ugs.; ist lungenkrank); er raucht auf L./(seltener:) durch die L. (inhaliert den Rauch, macht einen Lungenzug); * **grüne/Grüne L.** (Grünfläche in [der Umgebung] einer Stadt); **eiserne L.** (Med.; Gerät zur künstlichen Beatmung bei Atemlähmung, das durch Druckeinwirkung die Lunge in Tätigkeit hält); **sich** ⟨Dativ⟩ **die L. aus dem Hals/Leib schreien** (ugs.; sehr laut schreien); **aus voller L. singen/schreien** o. Ä. (sehr laut singen, schreien o. Ä.).

Lun|gen|at|mung, die (Med., Zool.): Atmung durch die Lunge.

Lun|gen|bläs|chen, das ⟨meist Pl.⟩: kleiner blasenähnlicher Hohlraum der Lunge, durch dessen dünne Wand der Gasaustausch (2) stattfindet.

Lun|gen|bra|ten, der [1. Bestandteil zu Lummel (südd. für Fleisch von der Lende), volksetym. an Lunge angelehnt] (österr.): Lendenbraten, Rinderfilet.

Lun|gen|em|bo|lie, die (Med.): Embolie in der Lunge.

Lun|gen|ent|zün|dung, die: Entzündung in der Lunge; Pneumonie.

Lun|gen|fisch, der ⟨meist Pl.⟩ (Zool.): in Süßwasser lebender Fisch, der abwechselnd durch Kiemen u. Lunge atmen kann.

Lun|gen|flü|gel, der: einer der beiden Teile, Flügel (2 a) der Lunge.

Lun|gen|funk|ti|on, die (Med.): Funktion (1 a) der Lunge.

Lun|gen|ha|schee, das (Kochkunst): aus Lunge bestimmter Schlachttiere zubereitetes Haschee.

lun|gen|krank ⟨Adj.⟩: an einer Lungenkrankheit, bes. an Lungentuberkulose, leidend.

Lun|gen|krank|heit, die: Erkrankung der Lunge.

Lun|gen|krebs, der: Krebs (4 a) in der Lunge.

Lun|gen|lei|den, das: Lungenkrankheit.

Lun|gen|li|ga, die (schweiz.): gemeinnützige Organisation, die sich um lungenkranke Menschen u. die Vorsorge gegen Lungenkrankheiten kümmert.

Lun|gen|ödem, das (Med.): Ödem in der Lunge.

Lun|gen|spit|ze, die: oberes spitz auslaufendes Ende eines Lungenflügels.

Lun|gen|stru|del, der (österr.): (als Suppeneinlage dienender) mit durch den Fleischwolf gedrehten Innereien gefüllter, in Streifen geschnittener Strudel (2).

Lun|gen|tu|ber|ku|lo|se, die: Tuberkulose im Bereich der Lunge.

Lun|gen|tu|mor, der: Tumor in der Lunge.

Lungenzug–lustig

Lun|gen|zug, der: *das Einziehen des Zigarettenrauchs bis in die Lunge:* einen L. machen.
Lün|gerl, das; -s, -[n] (bayr., westösterr.): *Ragout aus Lunge u. Herz.*
lun|gern ⟨sw. V.; hat/(südd., österr., schweiz.:) ist⟩ [urspr. = lauern; beim mhd. lunger, ahd. lungar = schnell, flink, ablautende Bildung zu ↑ gelingen in dessen urspr. Bed. »schnell vonstattengehen«] (ugs.): *herumlungern:* die Jugendlichen lungern vor der Kneipe.
Lun|ker, der; -s, - [zu rhein. lunken = hohl werden] (Gießerei): *fehlerhafter Hohlraum in Gussstücken.*
Lun|te, die; -, -n [urspr. = Lappen, Fetzen, H. u.]: **1.** (früher) *langsam glimmende Zündschnur:* die L. anzünden; Er klettert Hals über Kopf vom Mast herunter, legt L. an eine Kanone (Hacks, Stücke 153); * **L. riechen** (ugs.; *eine Gefahr, Bedrohung, etw. Unangenehmes, was auf jmdn. zukommt, schon im Voraus merken; nach dem scharfen Geruch einer glimmenden Zündschnur, die den Standort eines verborgenen Schützen verriet*); **die L. ans Pulverfass legen** (*durch eine bestimmte Äußerung, Handlung einen bereits vorhandenen Konflikt, eine gespannte Situation zum offenen Streit werden lassen*). **2.** [nach der feuerroten Farbe beim Fuchs] (Jägerspr.) *Schwanz* (bei Fuchs u. Marder).
Lu|pe, die; -, -n [frz. loupe, H. u.]: *einfaches Vergrößerungsglas mit Fassung u. Griff od. Vorrichtung zum Aufstellen:* eine scharfe, schwache L.; etw. durch die L., mit der L. betrachten; der Webfehler wird unter der L. sichtbar; ***jmdn., etw. unter die L. nehmen** (ugs.; *jmdn., etw. sehr genau beobachten, kontrollieren, betrachten, kritisch prüfen*); **jmdn., etw. mit der L. suchen können** (ugs.; *jmdn., etw. [mit solchen positiven Eigenschaften] nur selten finden, antreffen*).
lu|pen|rein ⟨Adj.⟩: **1.** (*von Diamanten*) *bei einer bestimmten starken Vergrößerung große Reinheit zeigend, keinen Einschluss erkennen lassend:* -e Brillanten. **2.** *ohne jede Abweichung vom Ideal:* ein -er Sound; -e Akustik; sie spricht ein -es Hochdeutsch. **3.** *ein einwandfreies Exemplar, eine mustergültige Verkörperung von etw. darstellend:* ein -er Amateur, Demokrat.
lup|fen (südd., österr.), **lüp|fen** ⟨sw. V.; hat⟩ [mhd. lupfen, H. u., viell. im Sinne von »in die Luft heben« verw. mit ↑ Luft]: *lüften* (2 a): *die Mütze l.*
Lu|pi|ne, die; -, -n [mhd. nicht belegt, ahd. luvina < lat. lupinus, zu: lupus = Wolf; die Beziehung zum Tiernamen ist ungeklärt]: (*zu den Schmetterlingsblütlern gehörende*) *Pflanze mit gefingerten Blättern u. in dichten Trauben wachsenden [mehrfarbigen] Blüten* (die bes. als Grünfutter u. zur Gründüngung verwendet, aber auch als Zierpflanze kultiviert wird).
Lu|pus, der; -, - u. -se [mlat. lupus < lat. lupus = Wolf; die Krankheit wird mit einem gierig fressenden Wolf verglichen] (Med.): *meist chronische tuberkulöse Hautflechte.*
Lu|pus in Fa|bu|la, der; - - - [lat. = der Wolf in der Fabel; nach Terenz, Adelphoe] (bildungsspr.): *Ausruf, wenn jemand kommt, von dem gerade gesprochen wurde.*
¹Lurch, der; -[e]s, -e [älter: Lorch, niederd. lork = Kröte, H. u.]: *Amphibie.*
²Lurch, der; -[e]s (österr.): *zusammengeballter, mit Fasern durchsetzter Staub:* den L. wegkehren.
Lu|rex®, das; - [Kunstwort]: *mit metallisierten Fasern hergestelltes Garn, Gewebe:* Dazu: **Lu|rex|pul|l|o|ver,** der.
Lu|sche, die; -, -n [ostmd. Lusche = (läufige) Hündin, wohl zur Bezeichnung der Minderwertigkeit einer Person od. Sache] (ugs.): **1.** *Spiel-*

karte, die nichts zählt, die beim Zusammenrechnen keine Punkte einbringt: ich habe wieder nur -n auf der Hand. **2. a)** *Versager[in], unfähiger Mensch:* der Torwart ist doch eine L.!; **b)** *Weichling, Schwächling.*
lu|schig ⟨Adj.⟩ (landsch. abwertend): *liederlich, schlampig, flüchtig, oberflächlich, ungenau:* sie hat l. gearbeitet.
lu|sen: ↑ ²losen.
Lu|si|ta|no, der; -, -s [port. lusitano, eigtl. = Portugiese]: *Pferd einer bes. für die Dressur geeigneten portugiesischen Pferderasse.*
Lust, die; -, Lüste [mhd., ahd. lust, wohl eigtl. = Neigung]: **1.** (o. Pl.) **a)** *inneres Bedürfnis, etw. Bestimmtes zu tun, haben zu wollen; auf die Befriedigung eines Wunsches gerichtetes Verlangen:* in ihm erwachte die L., ihn überkam, erfasste die L., ihn kam die L. an, etw. zu tun; keine L. verspüren, etw. zu tun; sie hatte, bekam plötzlich L., dorthin zu fahren; die L. dazu ist mir vergangen; ich hätte jetzt L. auf ein Stück Torte (*würde jetzt gerne ein Stück Torte essen*); das kannst du machen, wie du L. hast (*wie es dir gefällt*); Er hatte in diesem Augenblick wieder nicht übel L. (*durchaus Lust*), Diotima den schlichten Zusammenhang mit den Ölfiguren zu erklären (Musil, Mann 818); * **nach L. und Laune** (*ganz nach eigenem Belieben, Geschmack*); **b)** *aus der Befriedigung, der Erfüllung eines Wunsches, dem Gefallen an etw. entstehendes angenehmes, freudiges Gefühl; gesteigerte Freude; Vergnügen:* es ist eine [wahre] L., ihr zuzusehen; bei einer solchen Arbeit kann einem die L. vergehen; die L. am Leben L. an etw. haben, bei etw. empfinden; er tat es aus purer L. am Bösen; * **L. und Leid** (geh. veraltend; ↑ Freude 1); **L. und Liebe** (*fehlt ... vorhandene innere Bereitschaft, Heiterkeit; Vergnügen, Freude an etw.:* etw. aus, mit Liebe u. Lust tun). **2. a)** *heftiges, auf die Befriedigung sinnlicher, bes. sexueller Bedürfnisse gerichtetes [triebhaftes] Verlangen:* weltliche, sinnliche Lüste; seine L. befriedigen, stillen, zügeln; jmdm. die L. nehmen; Nur eben, dass es nicht um die Erzeugung von Nachkommenschaft willen geschah, sondern ganz ohne Zweck, nur um die L. zu kosten (Nossack, Begegnung 326); **b)** *aus der Befriedigung sinnlicher, bes. geschlechtlicher Genüsse entstehendes Gefühl; Erfüllung einer Begierde; Wollust.*
Lust|bar|keit, die; -, -en [mhd. lustbærecheit, zu: lustbære = Freude, Vergnügen bereitend] (geh. veraltend): *Veranstaltung, bei der jmd. sich vergnügt, sich angenehm die Zeit vertreibt:* er interessiert sich nur für Feste und andere -en.
Lust|bar|keits|ab|ga|be, die (österr. Amtsspr.): *Vergnügungssteuer.*
lust|be|tont ⟨Adj.⟩: **1.** *von einem sehr angenehmen Gefühl begleitet; von einem Wohlgefühl entscheidend bestimmt:* -e Freizeitgestaltung. **2.** *von einem auf die Befriedigung sinnlicher, bes. sexueller Bedürfnisse gerichteten Verlangen bestimmt:* eine -e Beziehung; -er Sex.
Lust|emp|fin|den, das: *Lustgefühl.*
◆**lüs|ten** ⟨sw. V.; hat⟩ [mhd. lüsten, ↑ lüstern]: *gelüsten:* Mich lüstet nicht nach seiner Bekanntschaft (Hebbel, Agnes Bernauer I, 9); Mich lüstete nach einem Menschen (Schiller, Don Carlos V, 10); Auch sollen dich belohnen ... vortreffliche Makronen und was dir l. kann (worauf immer du Lust hast; Bürger, Stutzerballade).
Lus|ter, der; -s, - (österr.): *Lüster* (1).
Lüs|ter, der; -s, - [frz. lustre < ital. lustro = Glanz, zu: lustrare < lat. lustrare, ↑ lustrieren]: **1.** *meist prunkvoller, mit Prismen aus Glas o. Ä. reich verzierter Kronleuchter:* ...in einem Raum mit hohen goldenen Spiegeln, der hell erleuchtet

war vermittels eines -s voller Kerzen, der strahlend wie ein Weihnachtsbaum an der Decke hing (Dürrenmatt, Grieche 91). **2.** *stark glänzender, meist in verschiedenen Farben schillernder Überzug auf Glas, Porzellan, Keramik.* **3.** *leichter, glänzender, dicht gewebter Stoff meist aus Baumwolle:* ...ein dünner grauer, abgeschabter Rock war es aus billigem L. (Fussenegger, Zeit 42). **4.** (Druckw.) *metallähnlicher, samtiger Glanz in Farben* (die auf glatte Flächen gedruckt sind). **5.** (Gerberei) *Appretur, die dem Leder einen leichten Glanz verleiht od. die Leuchtkraft der Farben erhöht.*
Lüs|ter|klem|me, die [aus ↑ Lüster (1) u. ↑ Klemme (1 b)]: *isoliertes Verbindungsstück für elektrische Leitungen, das mit Schrauben befestigt wird.*
¹lüs|tern ⟨Adj.⟩ [aus: lüsternd, 1. Part. von veraltet lüstern = Lust haben, zu mhd. lüsten, ahd. lusten, zu ↑ Lust]: **1.** (geh.) *von einem auf Besitz od. Genuss gerichteten gierigen Verlangen erfüllt:* einen -en Blick auf die Geldscheine werfen; l. auf Erdbeeren sein; ...wozu reiche Tribute kamen, mit denen man räuberische Nachbarn, barbarische Volksstämme, die stets nach Plünderungen und Zerstörungen l. waren, so lange wie möglich vom Leibe hielt (Thieß, Reich 454). **2.** *von sexueller Begierde erfüllt:* ein -er Kerl; -e Gedanken; l. blicken.

-lüs|tern: *drückt in Bildungen mit Substantiven aus, dass die beschriebene Person begierig auf etw. ist, ein gieriges Verlangen nach etw. hat:* angriffs-, karriere-, machtlüstern.

◆**²lüs|tern** ⟨sw. V.; hat⟩ [Iterativbildung zu ↑ lüsten]: *gelüsten:* Uns lüstert, uns hungert schon lange nach euch (Bürger, Neuseeländisches Schlachtlied).
Lüs|tern|heit, die; - (geh.): *das Lüsternsein; lüsterne Art, lüsternes Wesen.*
lust|feind|lich ⟨Adj.⟩: *der Lust* (2 a) *feindlich gegenüberstehend, sie ablehnend:* eine -e Erziehung.
Lust|gar|ten, der (früher): *parkartiger Garten.*
Lust|ge|fühl, das ⟨Pl. selten⟩: *Lust* (1 b, 2 b).
Lust|ge|winn, der ⟨Pl. selten⟩: *das Erlangen von Lust* (1 b, 2 b).
Lust|greis, der (salopp abwertend): *älterer Mann, der in übersteigerter Weise an geschlechtlichen Dingen interessiert ist, sich sexuell betätigt.*
Lust|haus, das (früher): *in einem Park errichtetes pavillonartiges Haus, das dazu dient, sich darin beim Promenieren zu verweilen u. sich die Zeit zu vertreiben:* ◆ ...verkündigte ... des Grafen Ausrufer, dass gestern im Bupfinger Forst, unfern des L., ein Nuster mit Perlen verloren gegangen (Mörike, Hutzelmännlein 151).
◆**Lust|he|bel,** der: *Wippe:* ...das große Schaukelrad, ... andere Schaukeleien, Schwungseile, L. ... und was nur alles erdacht werden kann, ... eine Menge Menschen ... zu erlustigen (Goethe, Wanderjahre I, 8).
lus|tig ⟨Adj.⟩ [mhd. lustec = vergnügt, munter]: **1. a)** *von ausgelassener, unbeschwerter Fröhlichkeit erfüllt; Vergnügen bereitend; vergnügt, fröhlich, heiter, ausgelassen:* ein -er Mensch, Bursche; eine -e Gesellschaft; es war ein -er Abend; sie hat, macht ein -es Gesicht; sie waren an dem Abend alle sehr l.; geht, ist immer sehr l. zu; Ü Stoffe in vielen -en (*bunten, fröhlich stimmenden*) Farben; die Fahnen flattern l. im Wind; R das kann ja l. werden! (ugs. iron.; *da steht uns noch einiges bevor; das kann noch unangenehm werden*); es ist Schluss mit l. (ugs.; *die Sache ist durchaus ernst*); * **sich über jmdn., etw. l. machen** (*jmdn. seinen Spott fühlen lassen, auslachen, jmdn., etw. mit Ironie,*

Schadenfreude, Hohn betrachten, verspotten u. sich dabei amüsieren); **b)** *Heiterkeit erregend; auf spaßhafte Weise unterhaltend; komisch:* -e Einfälle, Geschichten, Streiche; er kann sehr l. erzählen; ⟨subst.:⟩ ihr fällt immer etwas Lustiges ein. **2.** *munter, unbekümmert; ohne große Bedenken:* sie unterhielten sich l. weiter, während die Kunden im Laden warteten. **3.** * **so lange/wie/wozu** o. Ä. *jmd. l. ist* (ugs.; *so lange, wie, wozu* o. Ä. *jmd. Lust hat; so lange, wie es jmd. will, jmdm. gefällt, wonach es jmdn. verlangt:* du kannst damit spielen, so lange du l. bist).

-lus|tig: drückt in Bildungen mit Substantiven oder Verben aus, dass die beschriebene Person etw. gern macht, zu etw. stets bereit ist: aggressions-, trinklustig.

lus|ti|ger|wei|se ⟨Adv.⟩: *[heiteres] Erstaunen, Kopfschütteln hervorrufend; merkwürdigerweise:* wir waren l. auf ganz verschiedenen Wegen zum selben Ziel gelangt.
Lus|tig|keit, die; -, -en: **1.** ⟨o. Pl.⟩ *das Lustigsein; lustige [Wesens]art.* **2.** *etw. Lustiges* (1 b).
Lust|kna|be, der (geh. veraltet): **a)** *männlicher Jugendlicher, der in der Umgebung meist reicher od. hochgestellter Personen zu deren sexueller Befriedigung zur Verfügung steht;* **b)** *jugendlicher Prostituierter.*
Lüst|ling, der; -s, -e (veraltend abwertend): *Mann, der in übersteigerter Weise an geschlechtlichen Dingen interessiert ist, sich sexuell betätigt:* so ein unangenehmer L.!
lust|los ⟨Adj.⟩: **1.** *keine Lust* (1 a) *zu etw. verspürend, erkennen lassend; ohne inneren Antrieb:* mit -er Miene zuschauen; l. im Essen herumstochern. **2.** (Börsenw.) *einen Mangel an Kauflust aufweisend, kennzeichnend:* Tendenz: l.; der US-Markt präsentierte sich l.
Lust|lo|sig|keit, die; -, -en: *Mangel an Lust, innerem Antrieb.*
Lust|molch, der (ugs., oft scherzh.): *Lüstling.*
Lust|mord, der: *der Befriedigung des Geschlechtstriebs dienender Mord;* Dazu: **Lust|mör|der,** der; **Lust|mör|de|rin,** die.
Lust|ob|jekt, das: *jmd., der zum bloßen Objekt der geschlechtlichen Lust gemacht wird, der nur dazu benutzt wird, sexuelle Bedürfnisse zu befriedigen: ihr wird er nicht immer nur L.!;* Ü Porzellan aus Meißen wurde zum L. für Sammler.
Lust|par|tie, die (veraltet): *Vergnügungsfahrt:* ◆ Eine der ... unterhaltendsten -n, die ich mit verschiedenen Gesellschaften unternahm (Goethe, Dichtung u. Wahrheit 5).
Lust|prin|zip, das; -s, -ien (Psychol.): *Prinzip des Verhaltens, bei dem der psychische Antrieb von dem Streben nach unmittelbarer Befriedigung der Triebe u. Bedürfnisse bestimmt wird.*
Lus|t|ra: Pl. von ↑Lustrum.
Lus|t|ra|ti|on, die; -, -en (Rel.): *feierliche kultische Reinigung durch Sühnopfer* o. Ä.
◆ **Lus|tre** ['lystrə], der; - [frz. lustre, ↑Lüster]: *Glanz* (b): ... die Scharte ... wieder auszuwetzen, wozu die »Griechische« (= Griechische Gesellschaft) bei uns ..., das sie gibt, das immerhin beste Mittel ist (Fontane, Jenny Treibel 63).
Lust|rei|se, die (ugs., meist spött.): *dem Vergnügen dienende Reise:* eine L. in den Orient unternehmen.
Lus|t|ren: Pl. von ↑Lustrum.
lus|t|rie|ren ⟨sw. V.; hat⟩ [lat. lustrare = beleuchten; (durch Sühnopfer) reinigen] (Rel.): *eine kultische Reinigung vornehmen.*
Lus|t|rum, das; -s, ...ren u. ...ra [lat. lustrum]: **1.** (Rel.) *alle fünf Jahre stattfindendes, der kultischen Reinigung dienendes altrömisches Sühnopfer;* Ü ◆ Warum ließ der Himmel gerade in die Jugend das L. der Liebe fallen (Jean Paul, Wutz 16). **2.** *(in der römischen Antike) Zeitraum von fünf Jahren.*
Lust|schloss, das: *kleineres Schloss, in dem sich ein Herrscher gelegentlich für kürzere Zeit [fern den Amtsgeschäften] aufhält.*
Lust|seu|che, die: **1.** ⟨o. Pl.⟩ (veraltet) *Syphilis:* ◆ Sie werden noch aus der Guillotine ein Spezifikum gegen die L. machen (Büchner, Dantons Tod III,6). **2.** (geh.) *Geschlechtskrankheit.*
Lust|spiel, das [seit dem 18. Jh. für »Komödie«]: *Komödie* (1 a, b).
lust|voll ⟨Adj.⟩ (geh.): *von einem sehr angenehmen Gefühl begleitet; voller Lust:* viele -e Stunden erleben; Sie schlug die Wimpern hoch, ihre Augen waren nach oben gedreht, ihr Blick l. verschwommen (Zuckmayer, Herr 87).
Lust|wäld|chen, das (früher): *kleiner gepflegter Wald, Boskett zum Spazierengehen.*
lust|wan|deln ⟨sw. V.; ist/(auch:) hat⟩ (geh. veraltend): *in einem Park* o. Ä. *langsam u. gemächlich spazieren gehen, sich ergehen:* unter den Bäumen lässt es sich angenehm l.
◆ **Lust|zelt,** das: *Zelt, das auf längeren Wanderungen, Ausritten* o. Ä. *mitgeführt wird u. bei einer Rast aufgeschlagen wird:* ... hatte schon die Hand in der Tasche, aus der ich Zeuge, Stangen, Schnüre, Eisenwerk, kurz alles, was zu dem prachtvollsten L. gehört, herauskommen sah (Chamisso, Schlemihl 20).
Lu|te|in, das; -s [lat. luteus = mit Wau gefärbt, (gold-, rötlich) gelb, zu: lutum = Wau]: *gelber Farbstoff in Blättern von Pflanzen u. im Eidotter.*
Lu|the|ra|ner, der; -s, - [nach dem dt. Reformator Martin Luther (1483–1546)]: *Anhänger Luthers; Angehöriger einer evangelisch-lutherischen Kirche.*
Lu|the|ra|ne|rin, die; -, -nen: w. Form zu ↑Lutheraner.
Lu|ther|bi|bel, die: *Bibel in Luthers Übersetzung.*
lu|the|risch [veraltet: lʊˈteːrɪʃ] ⟨Adj.⟩: **1.** *Luther, seine Lehre betreffend; im Sinne, nach der Art Luthers.* **2.** Kurzf. von ↑evangelisch-lutherisch.
Lu|ther|tum, das; -s: **1.** *auf Luther gegründeter Protestantismus, evangelisch-lutherische Glaubenslehre:* das L. wurde dort die herrschende Konfession. **2.** *Wesen der auf Luther gegründeten Glaubenslehre, die davon geprägte Lebens- u. Geisteshaltung.*
lut|schen ⟨sw. V.; hat⟩ [lautm.]: **a)** *[saugend] im Mund zergehen lassen [u. auf diese Weise verzehren]:* Bonbons, ein Eis l.; **b)** *an etw., was in den Mund gesteckt worden ist, saugen:* am Daumen l.
Lut|scher, der; -s, -: **1.** *Bonbonmasse am Stiel* (1 b). **2.** (ugs.) *Schnuller.* **3.** (vulg.) *heftiges Schimpfwort:* hau ab, du L.!
Lutsch|ta|blet|te, die: *Tablette, die man lutscht.*
lütt ⟨Adj.⟩ [niederd. Entsprechung von mhd. lütze(l), ahd. luz(z)il, H. u.] (nordd. ugs.): *klein:* ein lüttes Bäumchen.
Lut|ter, der; -s, - [zu ↑¹lauter]: *Fuselöl enthaltende Flüssigkeit mit geringem Gehalt an Weingeist, die sich bei der Herstellung von Branntwein bildet.*
Lüt|tich: *Stadt in Belgien.*
Lutz, der; -, - [nach dem österr. Kunstläufer A. Lutz (1899–1918) (Eiskunstlauf, Rollkunstlauf): *mit einem Bogen rückwärts eingeleiteter Sprung, bei dem der Läufer bzw. die Läuferin mit der Fußspitze auf den Boden tippt, abspringt, eine bzw. mehrere Drehungen hoch in der Luft entgegen der im Anlauf eingeschlagenen Richtung macht u. mit dem anderen Fuß wieder aufkommt.*
Luv, die; - od. (Geogr. nur:) das; -s ⟨Seemannsspr. meist o. Art.⟩ [aus dem Niederd. < niederl. loef,

gek. aus: loefzijde = Luvseite, eigtl. = Ruderseite, ablautend verw. mit ahd. laffa, lappo = flache Hand; Ruderblatt] (Seemannsspr., Geogr.): *dem Wind zugekehrte Seite (bes. eines Schiffes, eines Gebirges):* die Insel liegt in L.; der Bug des Schiffes dreht nach L.; in L. der Alpen.
lu|ven ['luːfn̩] ⟨sw. V.; hat⟩ (Seemannsspr.): *(ein Schiff) nach Luv drehen.*
Luv|sei|te, die (Seemannsspr., Geogr.): *Luv.*
luv|wärts ⟨Adv.⟩ [↑-wärts] (Seemannsspr.): **a)** *nach Luv;* **b)** *auf der Luvseite.*
Lux, das; -, - [lat. lux (Gen.: lucis) = Licht]: *Einheit der Beleuchtungsstärke (Zeichen: lx).*
Lu|xa|ti|on, die; -, -en [lat. luxatio, zu: luxare, ↑luxieren] (Med.): *Verrenkung eines Gelenks.*
¹Lu|xem|burg; -s: *belgische Provinz.*
²Lu|xem|burg; -s: *Staat in Mitteleuropa.*
³Lu|xem|burg; -s: *Hauptstadt von ²Luxemburg.*
¹Lu|xem|bur|ger, der; -s, -: *Ew.*
²Lu|xem|bur|ger ⟨indekl. Adj.⟩: *die L. Kreditinstitute.*
Lu|xem|bur|ge|rin, die; -, -nen: w. Form zu ↑¹Luxemburger.
lu|xem|bur|gisch ⟨Adj.⟩: **a)** *Luxemburg, die Luxemburger betreffend; von den Luxemburgern stammend, zu ihnen gehörend;* **b)** *in der Sprache der Luxemburger.*
lu|xie|ren ⟨sw. V.; hat⟩ [lat. luxare, zu: luxus, ↑Luxus] (Med.): *(ein Gelenk) verrenken.*
Lu|xor, *Luksor: ägyptische Stadt.*
lu|xu|rie|ren ⟨sw. V.; hat⟩ [lat. luxuriare, zu: luxuria = Üppigkeit, Schwelgerei, zu: luxus, ↑Luxus] (bildungsspr.): **1.** *üppig leben, schwelgen.* **2. a)** *sich üppig entwickeln;* **b)** *sich übermäßig entwickeln, wuchern.*
lu|xu|ri|ös ⟨Adj.⟩ [lat. luxuriosus]: *großen Luxus aufweisend, mit Luxus ausgestattet; sehr komfortabel, prunkvoll, verschwenderisch:* eine -e Wohnung; ein -es Leben führen; der Wagen ist l. ausgestattet; Sie war ein -es *(an Luxus gewöhntes),* schönes Geschöpf, das ein spielerisches, belangloses Leben geführt hatte (Remarque, Triomphe 163).
Lu|xus, der; - [lat. luxus, zu: luxus = verrenkt, ausgerenkt u. eigtl. = Verrenkung (im Sinne von »Abweichung vom Normalen«)]: *kostspieliger, verschwenderischer, den normalen Rahmen (der Lebenshaltung* o. Ä.*) übersteigender, nicht notwendiger, nur zum Vergnügen betriebener Aufwand; Pracht, verschwenderische Fülle:* ein solches Auto ist reiner L. *(ist nicht notwendig);* großen L. treiben; im L. leben; Imma Spoelmanns Studio war nicht in dem geschichtlichen Stile des Schlosses, sondern in neuerem Geschmack ... mit großzügigem, herrenhaftem und zweckmäßigem L. hergerichtet (Th. Mann, Hoheit 198).
Lu|xus|ar|ti|kel, der: *Gegenstand, der in den Bereich des Luxus gehört.*
Lu|xus|aus|ga|be, die: *besonders kostbare, schöne, prunkvolle Ausgabe eines Buches.*
Lu|xus|au|to, das: *mit besonderem Komfort u. technischen Raffinessen ausgestattetes Auto.*
Lu|xus|damp|fer, der: *mit viel Komfort u. Eleganz ausgestatteter großer Dampfer.*
Lu|xus|ge|schöpf, das (oft abwertend): *hohe Ansprüche stellende, verwöhnte Person.*
Lu|xus|gut, das: *nicht lebensnotwendiges, einen Luxus darstellendes Gut.*
Lu|xus|her|ber|ge, die (ugs. scherzh.): *Luxushotel.*
Lu|xus|ho|tel, das: *mit viel Komfort u. Eleganz ausgestattetes Hotel.*
Lu|xus|klas|se, die: *Klasse, Kategorie, die mit besonderem Luxus verbunden ist.*
Lu|xus|le|ben, das ⟨o. Pl.⟩: *Leben im Luxus.*
Lu|xus|li|mou|si|ne, die: *mit besonderem Kom-*

fort u. technischen Raffinessen ausgestattete Limousine.

Lu|xus|li|ner […laɪnɐ], der; -s, -: *[im Liniendienst eingesetztes] mit viel Komfort u. Eleganz ausgestattetes großes Fahrgastschiff.*

Lu|xus|pro|b|lem, das: **a)** *Problem, das im Vorhandensein mehrerer guter Lösungsmöglichkeiten in einer besonders günstigen Gesamtsituation besteht:* drei hervorragende Torhüter zur Auswahl zu haben, ist für den Trainer zum L. geworden; **b)** (abwertend) *Problem, das gegenüber anderen, gewichtigeren als unbedeutend angesehen wird.*

lu|xus|sa|nie|ren ⟨sw. V.; hat⟩: *einer Luxussanierung unterziehen.*

lu|xus|sa|niert ⟨Adj.⟩: *einer Luxussanierung unterzogen worden seiend.*

Lu|xus|sa|nie|rung, die: *Sanierung (2 a), die einer Wohnung, einem Gebäude o. Ä. einen deutlich höheren Wert verleiht [u. damit zu höheren Mieten führt].*

Lu|xus|schlit|ten, der (ugs.): *Luxusauto.*

Lu|xus|steu|er, die: *auf Luxusartikel erhobene Steuer.*

Lu|xus|vil|la, die: *mit viel Komfort u. Eleganz ausgestattete große Villa.*

Lu|xus|weib|chen, das (meist abwertend): *hohe Ansprüche stellende, verwöhnte Frau.*

Lu|xus|woh|nung, die: *mit viel Komfort u. Eleganz ausgestattete große Wohnung.*

Lu|zern: *Schweizer Kanton u. Stadt.*

Lu|zer|ne, die; -, -n [frz. luzerne < provenz. luzerno, eigtl. = Glühwürmchen < lat. lucerna = Leuchte, zu: lucere = leuchten, wegen der glänzenden Samen]: *(zu den Schmetterlingsblütlern gehörende) Pflanze mit meist blauen bis violetten od. gelben Blüten u. dreiteiligen Blättern, die als Futterpflanze angebaut wird.*

¹Lu|zer|ner, der; -s, -: *Ew. zu ↑ Luzern.*

²Lu|zer|ner ⟨indekl. Adj.⟩: *der L. Stadtlauf.*

Lu|zer|ne|rin, die; -, -nen: *w. Form zu ↑ ¹Luzerner.*

lu|zid ⟨Adj.⟩ [lat. lucidus, eigtl. = lichtvoll, zu: lux, ↑Lux]: **1.** *klar [u. eindeutig]; verständlich, einleuchtend:* -e Erläuterungen. **2.** (bildungsspr. veraltet) *hell, durchsichtig, klar.*

Lu|zi|di|tät, die; - [spätlat. luciditas]: **1.** (bildungsspr.) *luzide (1) Art, Beschaffenheit.* **2.** (bildungsspr. veraltet) *Helle, Durchsichtigkeit, Klarheit.* **3.** (Med.) *Klarheit des Bewusstseins, die sich in Ansprechbarkeit und Orientierungsfähigkeit eines Patienten, einer Patientin zeigt.*

Lu|zi|fer, der; -s [kirchenlat. Lucifer, eigtl. = Lichtbringer]: *Teufel, Satan.*

lu|zi|fe|risch ⟨Adj.⟩ [zu ↑ Luzifer] (bildungsspr.): *teuflisch, bösartig:* … es war das verzerrte Abbild eines Lächelns, ein Grinsen, das diese weichen -en Züge in bösem Glanz aufleuchten ließ (Thieß, Frühling 135).

LWS [ɛlveːˈʔɛs], die; - -: *Lendenwirbelsäule.*

lx = Lux.

Ly|chee: ↑ Litschi.

Ly|c|ra® [auch: ˈlaɪkra], das; -[s] [Kunstwort]: *äußerst elastische Kunstfaser.*

Ly|di|en, -s: *historische Landschaft in Kleinasien.*

Ly|ki|en, -s: *historische Landschaft in Kleinasien.*

Lyme|bor|re|li|o|se, Lyme-Bor|re|li|o|se [ˈlaɪm…], die [nach der Stadt Lyme in Connecticut, USA, wo die Krankheit 1976 zuerst diagnostiziert wurde] (Med.): *in drei Stadien verlaufende schwere Borreliose.*

lym|pha|tisch [österr. auch: …ˈfat…] ⟨Adj.⟩ [zu ↑Lymphe]: **a)** (Med.) *die Lymphe, die Lymphknoten, -gefäße betreffend:* -e Diathese (Lymphatismus); ◆ **b)** [eigtl. = (farblos) wie Lymphe] *farblos (2):* Hulda Niemeyer …, eine -e Blondine (Fontane, Effi Briest 7).

Lymph|bahn, die: *Lymphgefäß.*

Lymph|drai|na|ge, Lymph|drä|na|ge, die (Med.): *mit den Fingerkuppen ausgeführte Massage in Richtung der Lymphbahnen zum Zweck der Entstauung der Lymphgefäße.*

Lymph|drü|se, die (Med. veraltet): *Lymphknoten.* Dazu: **Lymph|drü|sen|krebs**, der.

Lym|phe, die; -, -n [lat. lympha = Quell-, Flusswasser, dissimiliert aus griech. nýmphē = Quell, ↑Nymphe] (Med.): *Gewebsflüssigkeit.*

Lymph|ge|fäß, das (Med.): *Gefäß (Leitungsbahn), worin die Lymphe [gesammelt u.] in die Venen geleitet wird.*

Lymph|kno|ten, der (Med.): *kleines, rundliches Organ in den Lymphgefäßen, das die Lymphozyten bildet u. gleichzeitig eine Art Filter gegenüber Krankheitserregern darstellt.* Dazu: **Lymph|kno|ten|ent|zün|dung**, die.

Lymph|ödem, das (Med.): *Verdickung der Haut u. des Unterhautgewebes infolge einer Stauung der Lymphe.*

Lym|phom, das; -s, -e (Med.): *Schwellung, Entzündung der Lymphknoten.*

Lym|pho|zyt, der; -en, -en ⟨meist Pl.⟩ [zu griech. kýtos = Wölbung] (Med.): *im lymphatischen Gewebe entstehendes, im Blut, in der Lymphe u. im Knochenmark vorkommendes weißes Blutkörperchen.*

lyn|chen [auch: ˈlɪnçn] ⟨sw. V.; hat⟩ [engl. to lynch, zugrunde liegt der Familienname Lynch, viell. der eines W. Lynch, des Vorsitzenden eines selbst ernannten Bürgergerichts in Virginia (USA) gegen Ende des 18. Jh.s]: *an jmdm. Lynchjustiz üben, ihn wegen einer (als Unrecht angesehenen) Tat grausam misshandeln od. töten:* der Pöbel hätte den Verdächtigen am liebsten gelyncht; Da stand derselbe Mensch …, den sie, wären sie damals seiner habhaft geworden, in wütendem Hass gelyncht hätten (Süskind, Parfum 299).

Lynch|jus|tiz, die: *(meist durch eine aufgebrachte Volksmenge vorgenommene) Misshandlung od. Tötung eines Menschen ohne vorherige Gerichtsverhandlung als (ungesetzliche) Bestrafung für etw., was dieser begangen hat od. begangen haben soll:* L. üben.

Lynch|mord, der: *Mord durch Lynchjustiz.*

Lyon [ljɔ̃]: *Stadt in Frankreich.*

¹Ly|o|ner, der; -s, -: *Ew.*

²Ly|o|ner ⟨indekl. Adj.⟩: *L. Wurst.*

³Ly|o|ner, die; -, - [wohl nach der frz. Stadt Lyon]: *Fleischwurst.*

Ly|o|ne|rin, die; -, -nen: *w. Form zu ↑ ¹Lyoner.*

Ly|ra, die; -, …ren [lat. lyra < griech. lýra; vgl. Leier]: **1.** *altgriechisches, der Kithara ähnliches Zupfinstrument mit fünf bis sieben Saiten.* **2.** *Drehleier.* **3.** *altes, der Violine ähnliches Streichinstrument.* **4.** *bei Militärkapellen gebrauchtes, dem Schellenbaum ähnliches Glockenspiel.*

Ly|rics [ˈlɪrɪks] ⟨Pl.⟩ (Fachspr.): *Text eines Liedes, Songs o. Ä. (in der Popmusik).*

Ly|rik, die; - [frz. poésie lyrique, zu: lyrique < lat. lyricus < griech. lyrikós = zum Spiel der Lyra gehörend]: *literarische Gattung, in der mit den formalen Mitteln von Reim, Rhythmus, Metrik, Takt, Vers, Strophe u. a. bes. subjektive Empfindungen, Gefühle, Stimmungen od. Reflexionen, weltanschauliche Betrachtungen o. Ä. ausgedrückt werden; lyrische Dichtkunst:* die französische, moderne L.; … im Deutschunterricht L. durchnehmen; … und L. zu schreiben ist im Allgemeinen leichter als zu arbeiten (A. Schmidt, Massenbach 141). Dazu: **Ly|ri|ker**, der; -s, -; **Ly|ri|ke|rin**, die; -, -nen.

ly|risch ⟨Adj.⟩ [frz. lyrique, ↑ Lyrik]: **1. a)** *die Lyrik betreffend, kennzeichnend, zur Lyrik gehörend:* die -en und epischen Dichtungen Shakespeares; **b)** *in der Art der Lyrik, ihr entsprechend, ähnlich u. dabei bestimmte Stimmungen, Gefühle ausdrückend, hervorrufend:* -e Passagen in einer Oper. **2. a)** (Musik) *(von Gesangsstimmen) weich, von schönem Schmelz u. daher bes. für stimmungs-, gefühlsbetonte Musik geeignet:* ein -er Tenor, Sopran; **b)** (Ballett) *(im Unterschied zum Charaktertanz) einen gefühlvoll-weichen, nicht dramatischen Tanzstil verkörpernd:* ein -es Tanzpaar. **3.** *voller Empfindungen; gefühlvoll, stimmungsvoll:* eine lyrische Stimmung.

Ly|ris|mus, der; -, …men (bildungsspr.): **a)** ⟨o. Pl.⟩ *lyrische (1 b) Art einer literarischen od. musikalischen Darstellung, Gestaltung, Darbietung:* der L. dieser Erzählweise; **b)** *lyrische (1 b) Stelle, Passage in einem Werk der Literatur od. der Musik.*

Ly|se, die; -, -n [griech. lýsis = (Auf)lösung, zu: lýein = (auf)lösen]: **1.** *Lysis.* **2.** (Chemie) *Vorgang des Lösens einer Substanz in einem Lösungsmittel u. der damit verbundenen Spaltung ihrer Moleküle.*

Ly|sin, das; -s, -e ⟨meist Pl.⟩ (Med.): *Antikörper, der die Fähigkeit hat, Bakterien, Blutzellen, fremde Zellen u. Krankheitserreger im Körper aufzulösen.*

Ly|sis, die; -, Lysen [griech. lýsis, ↑Lyse]: **1.** (Med.) *langsamer, kontinuierlicher Abfall des Fiebers.* **2.** (Biol., Med.) *Auflösung von Zellen (z. B. Bakterien, Blutkörperchen) nach Zerstörung ihrer Membran.*

Ly|sol®, das; -s: *als Desinfektionsmittel u. zur Wundbehandlung verwendete, karbolsäureartig riechende ölige Flüssigkeit.*

Ly|so|som, das; -s, -en ⟨meist Pl.⟩ [aus griech. lýsis (↑Lyse) u. sōma = Leib, Körper] (Biol., Med.): *Organell (a), das Enzyme enthält u. Proteine, Nukleinsäuren u. a. abbaut.*

ly|tisch ⟨Adj.⟩ [zu ↑Lysis]: **1.** (Med.) *(vom Fieber) allmählich sinkend, abfallend.* **2.** (Biol.) *eine Lysis (2) bewirkend.*

Ly|ze|um, das; -s, Lyzeen [lat. Lyceum < griech. Lýkeion = Name einer Lehrstätte im alten Athen]: (veraltet) **a)** *höhere Schule für Mädchen:* das L. besuchen; er ließ seine Töchter alle aufs L. gehen, schickte sie alle aufs L.; **b)** *Gebäude eines Lyzeums (a).*

m, M [ɛm], das; - (ugs.: -s), - (ugs.: -s) [mhd., ahd. m]: *dreizehnter Buchstabe im Alphabet; ein Konsonantenbuchstabe:* ein kleines m, ein großes M schreiben.

m = Meter; Milli…; (Astron.: …ᵐ) Minute.

m² = Quadratmeter.

m³ = Kubikmeter.

M = Mark; Modell; Mega…; Mille; Mach[zahl].

M [entstanden aus ⌐, daraus im MA. »M«, wohl beeinflusst von lat. mille = tausend]: *römisches Zahlzeichen für 1 000.*

M [ɛm] = medium (mittel; internationale Kleidergröße).

M. = Monsieur.

M' = Mac.

μ = Mikro…; Mikron.

μ, M: My.

mA = Milliampere.

MA. = Mittelalter.
M. A. = Magister Artium, Magistra Artium, Master of Arts.
Mä|an|der, der; -s, - [lat. Maeander < griech. maíandros, nach dem Fluss Mäander]: **1.** (Geogr.) *(bei Wasserläufen) eine der Windungen, Schleifen, die in dichter Aufeinanderfolge den Verlauf des Fluss-, Bachbettes bestimmen.* **2.** (Kunstwiss.) *Mäanderband.*
Mä|an|der|band, das (Pl. ...bänder): *bandförmiges Ornament, das aus einer rechtwinklig gebrochenen Linie od. einer fortlaufenden Spirale besteht.*
mä|an|dern, mä|an|d|rie|ren (sw. V.; hat) (Geogr.): *(von Wasserläufen) in Mäandern* (1) *verlaufen:* ein mäanderndes Bachbett; Ü frei -de Texte *(Texte, die das Thema mit vielen Umwegen u. Abschweifungen behandeln).*
mä|an|d|risch ⟨Adj.⟩: *in Mäandern* (1, 2) *verlaufend.*
Maas, die; -: Fluss in Westeuropa.
Maa|sai: ↑ Massai.
Maat, der; -[e]s, -e[n] [aus dem Niederd. < mniederd. mat(e) = Kamerad]: **1.** (Seemannsspr. früher) *Gehilfe des Steuermanns od. des Bootsmanns auf Segelschiffen.* **2. a)** ⟨o. Pl.⟩ *niedrigster Dienstgrad in der Rangordnung der Unteroffiziere (bei der Marine);* **b)** *Inhaber des Dienstgrades Maat* (2 a).
Maa|tin, die; -, -nen (selten): w. Form zu ↑ Maat.

Mac [mæk, vor dem Namen, wenn unbetont: mək]: *Bestandteil von schottischen u. irischen Namen (z. B. MacAdam).*

Ma|ca|da|mia|nuss [mak...], die; -, ...nüsse [nach dem austral. Naturforscher J. Macadam (1827–1865)]: *haselnussartiger Steinkern eines in Australien beheimateten Gewächses mit fettreichem, wohlschmeckendem Samen.*
Ma|cao (älter), **Ma|cau** [ma'kaʊ], -s: *ehemalige portugiesische Kolonie, die heute eine Sonderverwaltungszone an der südchinesischen Küste ist.*
Mac|che|ro|ni [make'ro:ni] ⟨Pl.⟩: *lange, röhrenförmige Nudeln.*
Mac|chia ['makja], **Mac|chie** ['makjə], die; -, ...ien [ital. macchia, eigtl. = Fleck, zu lat. macula = Fleck]: *(für das Mittelmeerraum charakteristisches) immergrünes niedriges Gehölz.*
Mach|art, die: *Art, in der etw. gefertigt ist, bes. Schnitt, Form eines Kleidungsstücks:* Ü ◆ Dass Recha eine Christin ist, das freuet Euch ... nicht mehr? – Besonders, da sie eine Christin ist von Eurer M. *(so wie Ihr sie macht, herangebildet;* Lessing, Nathan III, 10).
mach|bar ⟨Adj.⟩: **a)** *sich (bei gegebenen Voraussetzungen, bei gutem Willen o. Ä.) ausführen, verwirklichen lassend; realisierbar:* technisch m. sein; ⟨subst...⟩ *die Kunst des Machbaren;* **b)** *so zu gestalten o. Ä., wie es gewünscht wird od. wie jmd. es sich vorstellt; manipulierbar:* eine -e Zukunft.
Mach|bar|keit, die; -, -en: **a)** *das Machbarsein* (a); *Realisierbarkeit;* **b)** ⟨o. Pl.⟩ *das Machbarsein* (b); *Manipulierbarkeit.*
Mach|bar|keits|stu|die, die: *Studie, mit der die Realisierbarkeit eines Projekts ermittelt werden soll.*
Ma|che, die; -: **1.** (ugs. abwertend) *unechtes [auf Vortäuschung von großer Bedeutsamkeit o. Ä. abzielendes] Gehabe:* das ist doch alles nur M. **2.** (Jargon) *Form (bei einem literarischen Produkt):* die M. eines Theaterstücks. **3.** * **etw. in der M. haben** (ugs.; *mit der Herstellung, Bearbeitung von etw. beschäftigt sein);* **jmdn. in der M. haben** (salopp: *jmdm. mit etw. heftig zusetzen. jmdn. verprügeln);* **etw. in die M. nehmen** (ugs.; *sich etw. zur Bearbeitung vornehmen);* **jmdn. in die M. nehmen** (salopp: *jmdm. mit etw. heftig zusetzen. jmdn. verprügeln);* ◆ **in die M. geben** (*zur Reparatur geben:* ... arme Poeten, die keinen Schuh anzuziehen hatten, weil sie ihr einziges Paar in die M. gegeben [Schiller, Räuber II, 3]).

-ma|che, die; - (meist abwertend): *drückt in Bildungen mit Substantiven aus, dass etw. mit unlauteren Mitteln hervorgerufen, herbeigeführt wird, dass etw. auf unredliche Art beeinflusst wird:* Meinungs-, Panik-, Sensationsmache.

Ma|che|ein|heit, Ma|che-Ein|heit, die; (früher): *Maßeinheit für radioaktive Strahlung (Zeichen: ME).*
ma|chen ⟨sw. V.; hat⟩ [mhd. machen, ahd. mahhōn, ursprl. = (den Lehmbrei zum Hausbau) kneten, formen]: **1. a)** *herstellen, fertigen, anfertigen, produzieren:* Spielzeug aus Holz m.; die Firma macht Möbel, Schuhe; ein Foto von jmdm. m. *(schreibt)* Gedichte; ein Foto von jmdm. m. *(jmdn. fotografieren);* das Essen m. *(bereiten);* ich habe mir eine Tasse Kaffee gemacht *(aufgebrüht, bereitet);* sich einen Anzug m. *(arbeiten)* lassen; ⟨verblasst:⟩ das Zimmer m. *(in Ordnung bringen);* die Betten m. *(aufschütteln u. glatt u. ordentlich hinlegen);* jmdm. , sich die Haare m. (ugs.; *jmdn., sich frisieren);* **b)** *verursachen, bewirken, hervorrufen u. a.* (häufig verblasst): jmdn. Arbeit m.; Lärm m. *(lärmen);* sich einen Fleck auf die Bluse m.; großen Eindruck m. *(beeindrucken);* sich mit etw. Freunde, viele Feinde m. *(erwerben);* Feuer, Licht m.; Musik m. *(musizieren);* jmdm. Sorgen, Freude m. *(bereiten);* sich Sorgen m. *(sich sorgen);* jmdm. Mut m. *(jmdn. ermutigen);* **c)** *ausführen, durchführen, erledigen u. a.* (häufig verblasst): eine Arbeit, den Haushalt, seine Hausaufgaben m.; eine Mitteilung, eine Bestellung m.; sie hat alles ganz allein gemacht; Fehler, Dummheiten m.; ein Examen, das Abitur m. *(ablegen);* einen Spaziergang m. *(spazieren gehen);* eine Reise m. *(verreisen);* ein Spiel m. *(spielen);* eine Beobachtung m. *(etw. beobachten);* Sport m. *(treiben);* eine Verbeugung m. *(sich verbeugen);* einen Besuch m. *(jmdn. besuchen);* R wir machen, macht mans falsch; * **es nicht unter etw. m.** (ugs.: *eine bestimmte Menge, Summe als Mindestes fordern).* **2. a)** *in einen bestimmten [veränderten] Zustand bringen, versetzen:* etw. neu, größer m.; jmdn. neugierig m.; sie hatte sich für den Abend besonders hübsch gemacht; du hast dich unbeliebt gemacht; man hatte ihn betrunken gemacht; **b)** *in eine bestimmte Stellung, einen bestimmten Status o. Ä. bringen, erheben; zu etw. werden lassen:* jmdn. zu seinem Vertrauten m.; er versetzte sich zu seiner Frau (veraltet; *heiratete sie).* **3.** *(durch Geschäfte o. Ä.) verdienen, erzielen:* er hat bei dem Auftrag ein Vermögen gemacht; ein großes Geschäft m. *(sehr viel verdienen).* **4.** *etw. tun, unternehmen; sich mit etw. [Bestimmtem] beschäftigen:* was machst du gerade?; was willst du mit den alten Sachen m. *(was hast du damit vor)?;* ich weiß nicht [mehr], was ich noch m. soll *(bin ratlos);* dagegen kannst du nichts m. *(nichts ausrichten);* R mir könnt ihr es ja m. (ugs.; *ihr nutzt meine Gutmütigkeit aus);* ⟨auch ohne Akk.:⟩ lass mich nur m. (ugs.; *überlass die Sache nur mir);* ich mach sowieso nicht mehr lang (ugs.; *ich lebe nicht mehr lange);* mach ich!; wird gemacht! (ugs.; als Bekräftigung der Zusicherung einer Hilfeleistung o. Ä.); was macht deine Frau? *(wie geht es deiner Frau?);* was macht die Arbeit, deine Gesundheit? *(wie ist es darum bestellt?);* was habt ihr denn da wieder gemacht? *(angestellt?);* machs gut (ugs.; *lass es dir gut gehen);* gemacht! (ugs.; *abgemacht, einverstanden!)* **5.** * **sich an etw. m.** *(mit etw. beginnen, eine bestimmte Tätigkeit aufnehmen):* sich an die Arbeit m. **6.** ⟨m. + sich⟩ (ugs.) *sich in bestimmter, meist positiver Weise entwickeln:* das Wetter macht sich wieder *(wird wieder besser);* das Baby hat sich gut gemacht *(es gedeiht sichtlich).* **7.** (ugs.) *jmdn. durch Protektion o. Ä. in eine bestimmte Position bringen; jmdn. aufbauen:* einen Popstar m. **8.** (salopp) *[als Schaussspieler, Schauspielerin] einen bestimmten Part übernehmen, eine bestimmte Rolle spielen:* er macht den Hamlet; sie hat bei uns den Nikolaus gemacht. **9.** (ugs., oft abwertend) *auf eine plumpe, aufdringliche o. ä. Weise etw. mimen, in eine bestimmte Rolle schlüpfen:* auf cool m.; sie macht zurzeit in Großzügigkeit *(gibt sich betont großzügig);* die Partei macht in gedämpftem Optimismus; * **[einen] auf ... machen** (ugs., oft abwertend): *auf eine plumpe, aufdringliche o. ä. Weise etw. , ein bestimmtes Verhalten o. Ä. mimen:* er glaubt, wenn er auf Macho macht, hat er mehr Chancen bei den Frauen. **10.** ⟨in Verbindung mit Inf. + Akk.⟩ *bewirken, dass etw. Bestimmtes geschieht; zu etw. veranlassen:* ihre Äußerung hat uns lachen gemacht/(seltener:) m. **11.** ⟨m. + sich⟩ *(an einer Stelle) in bestimmter Weise passen, sich einfügen, harmonisieren:* die Blumen machen sich sehr schön in der Vase; ⟨unpers.:⟩ Du kannst mich gern in der Dame im Garten vorstellen, wenn es sich gerade so macht *(ergibt;* Th. Mann, Zauberberg 62). **12.** (ugs. verhüll.) *seine Notdurft verrichten:* das Kind hat in die Hose, ins Bett gemacht; ein Vogel hat ihr auf den Hut gemacht. **13.** (ugs.) *ein bestimmtes Geschäft o. Ä. betreiben; in einer bestimmten Branche tätig sein:* er macht seit einiger Zeit in Lederwaren. **14.** (ugs.) **a)** *(in Bezug auf einen zu entrichtenden Geldbetrag) ausmachen, betragen:* das Reinigen macht 15 Euro; alles zusammen macht 1 000 Euro im Jahr; was macht das/es? *(wie viel kostet das?);* **b)** *(in Bezug auf das Ergebnis einer Addition, Subtraktion od. Multiplikation) ergeben:* 4 und 3 macht 7; 4 mal 3 macht 12. **15.** (ugs.) *[in rufender Weise] von sich geben* (bei Interjektionen u. Ä.): »Oh«, machte der Leutnant, »man weiß von sehr sonderbaren Fällen...« (H. Mann, Stadt 108). **16.** (ugs.) *sich beeilen:* nun mach schon! *(beeil dich!).* **17.** * **es m.** (salopp: *koitieren):* sie macht es mit jedem); **es jmdm. m.** (salopp. *geschlechtlich befriedigen):* sie hat es ihm [mit der Hand] gemacht]. **18.** ⟨auch: ist⟩ (landsch.) *an einen bestimmten Ort gehen, fahren, sich begeben:* er ist in die Stadt gemacht. **19.** * **macht nichts!** (ugs.; *schon gut, nicht weiter schlimm!);* **mach dir, macht euch nichts daraus/draus** (ugs.; *ärgere dich nicht, ärgert euch nicht darüber);* **sich** ⟨Dativ⟩ **wenig/nichts o. Ä. aus jmdm., etw. m.** (ugs.; *jmdn., etw. nicht [besonders] gern mögen; für jmdn., etw. nicht viel übrighaben):* er macht sich nichts aus Schokolade; Wir verstehen gar nichts von Pflanzen. Wir machen uns kaum was aus Pflanzen. Uns sind Pflanzen weitgehend egal [Wohmann, Absicht 332]). **20.** * **zu/für etw. [nicht] gemacht sein** *(zu/für etw. [nicht] geschaffen sein):* für solche Abenteuer bin ich nicht gemacht.
Ma|chen|schaft, die; -, -en ⟨meist Pl.⟩ (abwertend): *sich im Verborgenen abspielende, unlautere Handlung, Unternehmung, mit der sich jmd. einen Vorteil zu verschaffen od. einen anderen zu schaden sucht:* üble, dunkle -en; jmds. -en durchkreuzen; -en gegen jmdn. aufdecken.
Ma|cher, der; -s, -: **1.** [mhd. macher, ahd.

(ga)mahhari] *jmd., der etw. Bestimmtes in die Tat umsetzt; Handelnder, Ausführender.* **2.** *jmd. [in einer Führungsposition], der sich durch große Durchsetzungskraft, durch die Fähigkeit zum Handeln auszeichnet:* er ist der Typ des -s.

Ma|che|rin, die; -, -nen: w. Form zu ↑ Macher.

Ma|che|te [auch: maˈtʃeːta], die; -, -n [span. machete, wohl zu: macho = Hammer]: *südamerikanisches Buschmesser.*

Ma|chi|a|vel|lis|mus [makjaveˈ...], der; - [nach dem ital. Staatsmann N. Machiavelli (1469–1527)]: *politische Lehre u. Praxis, die der Machtpolitik den Vorrang vor der Moral gibt.*

Ma|chis|mo [maˈtʃɪsmo], der; -[s] [span. machismo, zu: macho < lat. masculus = männlich] (bildungsspr.): *übersteigertes Gefühl männlicher Überlegenheit u. Vitalität.*

ma|cho [ˈmatʃo] 〈indekl. Adj.〉 (ugs.): *in der Art eines Machos; einem Macho entsprechend; machomäßig.*

Ma|cho [ˈmatʃo], der; -s, -s (ugs.): *sich [übertrieben] männlich gebender Mann:* dieser Macho lässt sich von seiner Frau bedienen!

Ma|cho|ge|ha|be, das (ugs.): *Gehabe eines Machos.*

ma|cho|haft [ˈmatʃo...]: *in der Art eines Machos; -es Gebaren.*

ma|cho|mä|ßig 〈Adj.〉 (ugs.): *in der Art eines Machos, einem Macho entsprechend.*

Macht, die; -, Mächte [mhd., ahd. maht, zu ↑ mögen]: **1.** 〈o. Pl.〉 *Gesamtheit der Mittel und Kräfte, die jmdm. od. einer Sache andern gegenüber zur Verfügung stehen; Einfluss:* seine ganze M. aufbieten, etw. zu erreichen; wenig M. haben, etw. an den Verhältnissen zu ändern; seine M. ausspielen, gebrauchen, missbrauchen; große M. in Händen haben; M. über jmdn., etw. haben, gewinnen, ausüben; über große M. verfügen; Ü die M. der Verhältnisse; ... jetzt heißt es, endlich einmal selber reich werde. Denn im Exil hat Fouché die M. des Geldes erkannt und dient ihr wie jeder M. (St. Zweig, Fouché 86); R [das ist] die M. der Gewohnheit; * **in jmds. M. stehen** (*etw. zu tun vermögen, etw. tun können; jmdm. möglich sein:* er versprach, [alles] zu tun, was in seiner M. steht; es steht leider nicht in meiner M., das zu entscheiden); **mit [aller] M.** (**1.** *mit allen Kräften:* mit aller M. versuchte sie, das Unheil aufzuhalten. **2.** *mit Vehemenz:* der Frühling kommt jetzt mit M.). **2.** 〈meist Pl.〉 *etw., was eine besondere bzw. geheimnisvolle Kraft darstellt, besitzt:* dämonische, geheimnisvolle Mächte; die himmlischen Mächte; eine höhere M.; sich von guten Mächten getragen wissen; die Mächte der Finsternis; Doch zugleich wusste er, dass keine M. der Welt (geh.; *niemand*) ihn zwingen könnte, wieder heimzugehen (Thieß, Legende 191). **3.** 〈o. Pl.〉 *mit dem Besitz einer politischen, gesellschaftlichen, öffentlichen Stellung verbundene u. Funktion verbundene Befugnis, Möglichkeit od. Freiheit, über Menschen u. Verhältnisse zu bestimmen, Herrschaft auszuüben:* die politische, staatliche, weltliche, geistliche, wirtschaftliche M.; M. ausüben, haben; seine M. festigen, missbrauchen; die M. (*Staatsgewalt, Herrschaft*) übernehmen, an sich reißen, an sich bringen, bekommen; an der M. sein, bleiben (*die Regierungsgewalt haben, behalten*); an die/zur M. kommen, gelangen (*die Regierungsgewalt erlangen*); Spr M. geht vor Recht (*in der Realität erweist sich Macht stärker als Recht*). **4. a)** *politisch u. wirtschaftlich einflussreicher Staat:* eine verbündete, feindliche M.; die Krieg führenden Mächte (*Staaten*); **b)** *mächtige, einflussreiche Gruppe, Schicht o. Ä.:* die geistliche und die weltliche M. (*Kirche u. Staat*) im Mittelalter. **5.** (veraltend) *Heer, Truppen:* mit bewaffneter M. anrücken, angreifen.

Macht|an|spruch, der: *Anspruch auf Macht* (3).
Macht|an|tritt, der: *Machtübernahme.*
Macht|ap|pa|rat, der (Politik): *der Aufrechterhaltung der politischen Macht* (3) *dienender Apparat* (2): *der staatliche M.*
Macht|aus|übung, die: *Ausübung der Macht* (3).
Macht|ba|lance, die: *Ausgewogenheit, Stabilität der Mächte.*
Macht|ba|sis, die: *Grundlage für jmds. Macht bzw. Machtausübung.*
Macht|be|fug|nis, die: *Befugnis, Macht* (3) *auszuüben:* staatliche -se; das überschreitet meine M.; jmdn. mit -sen ausstatten.
Macht|be|reich, der: *Bereich, in dem Macht* (3) *ausgeübt wird:* einen M. ausweiten; im kommunistischen M.
macht|be|ses|sen 〈Adj.〉 (emotional): *von dem Wunsch besessen, möglichst viel Macht* (3) *auszuüben:* ein -er Minister; m. sein.
macht|be|wusst 〈Adj.〉: *Machtbewusstsein besitzend.*
Macht|be|wusst|sein, das: *Bewusstsein der eigenen Macht* (3).
Macht|block, der 〈Pl. ...blöcke, selten: -s〉: *Block* (4), *der bedeutende [politische] Macht* (3) *besitzt:* Abrüstung ist ein Zeichen der Entspannung zwischen den Machtblöcken.
Macht|de|mons|tra|ti|on, die: *Demonstration* (2) *der Macht* (3).
Mäch|te|grup|pe, die (Politik): *Gruppe von Mächten* (4 a).
Macht|eli|te, die: *Elite* (1) *innerhalb einer Gesellschaft, die über Macht* (3) *verfügt.*
Macht|ent|fal|tung, die: *Entfaltung von Macht* (3).
Macht|er|grei|fung, die (Politik): *Ergreifung der Macht* (3): die M. der Kommunisten in Osteuropa nach 1945; nationalsozialistische M. (*Ergreifung der Macht durch die Nationalsozialisten*).
Macht|er|halt, der: *Erhalt* (2) *der Macht* (3): der Koalition geht es nur um den M.
Macht|er|hal|tung, die: *Machterhalt.*
Macht|fak|tor, der: *etw., was als Macht* (4) *od. in Bezug auf die Macht* (3) *ein bedeutender Faktor ist.*
Macht|fra|ge, die: *Frage der [politischen] Macht* (3).
Macht|fül|le, die: *Fülle, Ausmaß der Macht* (3), *die jmd. od. eine Einrichtung hat:* die M. des Königs war auch im Mittelalter nicht unbeschränkt.
Macht|ge|fü|ge, das: *Machtverhältnisse.*
macht|geil 〈Adj.〉 (salopp abwertend): *machtgierig.*
Macht|gier, die (emotional): *Gier nach Macht* (3).
macht|gie|rig 〈Adj.〉 (emotional abwertend): *gierig nach Macht* (3).
Macht|ha|ber, der; -s, - (oft abwertend): *die Macht* (3), *Regierungsgewalt Besitzender, Ausübender:* die Arroganz der M.
Macht|ha|be|rin, die; -, -nen: w. Form zu ↑ Machthaber.
macht|hung|rig 〈Adj.〉 (meist abwertend): *machtgierig.*
mäch|tig 〈Adj.〉 [mhd. mehtic, ahd. mahtig]: **1. a)** *große Macht* (3), *Gewalt besitzend od. ausübend, von großer Wirkung, einflussreich:* ein -er Staat; -e Bosse, Unternehmer; der -ste Mann Russlands; 〈subst.:〉 die Mächtigen dieser Welt; **b)** * **einer Sache m. sein** (geh.; *etw. aufgrund entsprechender Fähigkeit[en] können, beherrschen:* des Englischen m. sein); **einer Sache, seiner [selbst] m. sein** (*etw., sich [selbst] in der Gewalt haben:* seiner Sinne, Worte, seiner [selbst kaum] noch m. sein). **2. a)** *beeindruckend groß, umfangreich, ausgedehnt, stark;*

von beeindruckendem Ausmaß, Grad; gewaltig (2 a): ein -es Felsmassiv; -e Kuppeln; der Hirsch hat ein -es Geweih; ein -er (*mit viel Schwung ausgeführter, weiter*) Sprung, Satz; -e (EDV; *umfassende, vielfältige*) Befehle, Funktionen, Programme, Programmiersprachen; Es besteht aber ein -er Unterschied zwischen der Liebe, die man als Überzeugung besitzt, und der Liebe, die einen besitzt (Musil, Mann 1304); **b)** (landsch.) *sehr sättigend; schwer:* das Essen ist mir zu m.; **c)** (bes. Bergmannsspr.) *(von Schichten o. Ä.)* dick (2 a): ein etwa 10 Meter m. -es Flöz. **3.** (ugs.) **a)** *sehr groß, stark, beträchtlich:* -en Hunger, -e Angst, -es Glück haben; **b)** 〈intensivierend bei Adjektiven u. Verben〉 *sehr, überaus; bes. stark, heftig:* m. viel, groß, erstaunt; sich m. freuen, amüsieren; ... bis Montag früh bleibt unsere Währung stabil. Warum eigentlich? Da muss irgendwas m. faul dabei sein (Remarque, Obelisk 19).

Mäch|tig|keit, die; -, -en [mhd. mehticheit]: **1.** 〈o. Pl.〉 *das Mächtigsein, Reichtum an Macht* (3), *Einfluss.* **2.** 〈o. Pl.〉 **a)** *mächtige* (2 a) *Beschaffenheit;* **b)** (landsch.) *mächtige* (2 b) *Beschaffenheit:* eine Torte von überwältigender **M. 3.** (Geol.) *(von Schichten o. Ä.) Dicke.* **4.** (Math.) *Größe, Beschaffenheit einer Menge in Bezug auf das (im Vergleich zu einer anderen Menge) mehr od. weniger zahlreiche Enthaltensein von Elementen:* die [unendliche] Menge C ist von geringerer, größerer M. als die Menge D.

Macht|in|te|res|se, das: *Interesse an Macht* (3).
Macht|kampf, der (bes. Politik): *Kampf um mehr Macht* (3): politische, soziale Machtkämpfe.
macht|los 〈Adj.〉: *nicht über die nötigen Mittel, über die nötige Macht* (1, 3), *Autorität verfügend, um etwas ausrichten zu können:* -e Splitterparteien; sie waren m. gegen den, gegenüber dem Eindringling; gegen so viel Engstirnigkeit ist man m. (*kann man nichts machen*).
Macht|lo|sig|keit, die; -, -en: *das Machtlossein; Mangel an Einflussmöglichkeiten.*
Macht|mensch, der (meist abwertend): *Mensch mit ausgeprägtem Machtstreben.*
Macht|miss|brauch, der: *Missbrauch, den ein Herrschender o. Ä. mit der ihm übertragenen Macht* (3) *treibt.*
Macht|mit|tel, das: *Hilfsmittel, das dazu dient, Macht* (3) *auszuüben:* über militärische M. verfügen.
Macht|po|li|tik, die (meist abwertend): *einseitig auf die Entfaltung u. Behauptung von Macht* (3) *gerichtete Politik.*
Macht|po|li|ti|ker, der (meist abwertend): *Politiker, der Machtpolitik betreibt.*
Macht|po|li|ti|ke|rin, die; -, -nen: w. Form zu ↑ Machtpolitiker.
macht|po|li|tisch 〈Adj.〉: *politisch im Sinne der Machtpolitik:* -e Überlegungen brachten ihn zu dieser Regierungsumbildung.
Macht|po|si|ti|on, die (bes. Politik): *mit dem Besitz u. der Ausübung von Macht* (3) *verbundene Position.*
Macht|pro|be, die: *Interaktion zwischen zwei Gegenspielern, von denen jeder dem anderen zu beweisen versucht, dass er selbst mächtiger ist als der andere:* es auf eine M. ankommen lassen.
Macht|spiel, das: *Interaktion zwischen Kontrahenten, die sich gegenseitig beweisen wollen, dass sie über mehr Macht* (1, 3) *verfügen als der jeweils andere:* ein politisches M.; die Parteien missbrauchen das Parlament für ihre -e.
Macht|stre|ben, das; -s: *Streben nach [politischer] Macht* (3).
Macht|struk|tur, die (Politik): *Struktur der Machtverhältnisse.*

Macht|tei|lung, die: *[Auf]teilung, Verteilung der politischen Macht* (3).
Macht|über|ga|be, die: *Übergabe der Macht* (3) *an eine Person od. Institution:* die nationalsozialistische M.
Macht|über|nah|me, die: *Übernahme der Macht* (3).
Macht|va|ku|um, das: *(durch vorübergehendes Nichtbesetztsein einer od. mehrerer Schlüsselpositionen bedingte) Abwesenheit von Macht* (3): ein M. füllen.
Macht|ver|hält|nis, das: **1.** *Machtverteilung.* **2.** ⟨Pl.⟩ *Verhältnisse* (4) *aufgrund von Machtpositionen:* die Entwicklung der internationalen -se.
Macht|ver|lust, der: *Verlust* (3) *der Macht* (3).
macht|ver|ses|sen ⟨Adj.⟩ (emotional abwertend): *machtgierig:* -e Personen; -e Parteipolitik.
Macht|ver|tei|lung, die: *Verteilung* (3) *der Macht* (3): die M. zwischen Partei und Regierung.
macht|voll ⟨Adj.⟩: **1.** *mit Entfaltung, Einsatz großer Macht* (1) *[geschehend; handelnd]:* eine -e Protestaktion. **2.** *kräftig, wuchtig.*
Macht|voll|kom|men|heit, die: *Uneingeschränktheit der Macht* (3); *umfassende Berechtigung, Macht auszuüben:* in, kraft eigener M. handeln, entscheiden; * **aus eigener M.** *(eigenmächtig).*
Macht|wech|sel, der (Politik): *Wechsel der Machtverhältnisse, bes. durch Übergang der Macht* (3), *Regierungsgewalt in andere Hände.*
Macht|wil|le, der: *Wille, Macht* (3) *zu besitzen, auszuüben.*
Macht|wort, das ⟨Pl. -e⟩: *Aufforderung od. Entscheidung, die keinen Widerspruch zulässt u. aufgrund entsprechender Machtverhältnisse durchgesetzt werden kann:* hier ist ein M. der Chefin nötig; * **ein M. sprechen** *(seinen Einfluss geltend machen u. eingreifend entscheiden:* jetzt musst du ein M. sprechen, auf mich hören die Kinder nicht).
Macht|zen|t|rum, das: *Zentrum der Macht* (3).
Macht|zu|wachs, der: *Zuwachs an Macht* (3).
Mach|werk, das (abwertend): *schlecht gemachtes, minderwertiges Werk, Erzeugnis:* wann ist dieses M. entstanden?
Mach|zahl, Mach-Zahl, die [nach dem österr. Physiker E. Mach (1838–1916)] (Physik): *Verhältnis der Geschwindigkeit eines Flugkörpers zur Schallgeschwindigkeit* (Zeichen: Ma).
Ma|cis: ↑ Mazis.
Ma|cke, die; -, -n [jidd. macke = Schlag, auch: Fehler < hebr. makkā = Schlag; Verletzung]: **1.** (salopp) *absonderliche Eigenart, Verrücktheit, Tick, Spleen:* das ist bei ihr zur M. geworden; du hast wohl 'ne M. *(bist wohl verrückt)!* **2.** *Fehler, Schaden, Mangel, Defekt:* der Motor hat -n.
Ma|cker, der; -s, - [aus dem Niederd., eigtl.=Kamerad; z. T. für ↑ Macher]: **1.** (Jugendspr.) *Freund (eines Mädchens):* das ist ihr neuer M.; sie kam mit ihrem M. **2.** (Jugendspr.) *Bursche, Kerl:* was will der M. hier? **3.** (salopp) *Anführer, Macher:* sich als M. aufspielen. **4.** (nordd.) *Arbeitskollege:* als M. auf dem Kutter arbeiten.
MAD [ɛmˈaːdeː], der; -[s] [Abk. für **M**ilitärischer **A**bschirm**d**ienst]: *militärischer Geheimdienst der Bundesrepublik.*
Ma|da|gas|kar, -s: *Inselstaat vor der Ostküste Afrikas.*
Ma|da|gas|se, der; -n, -n: Ew.
Ma|da|gas|sin, die; -, -nen: w. Form zu ↑ Madagasse.
ma|da|gas|sisch ⟨Adj.⟩: **a)** *Madagaskar, die Madagassen betreffend; von den Madagassen*

stammend, zu ihnen gehörend; **b)** *in der Sprache der Madagassen [verfasst].*
Ma|dam, die; -, -s u. -en [↑ Madame]: **a)** (veraltet) *Hausherrin, gnädige Frau:* meine M. war sehr gut zu mir; **b)** (salopp scherzh.) *[dickliche, behäbige] Frau;* **c)** (landsch. scherzh.) *Ehefrau:* bringst du heute Abend deine M. mit?
Ma|dame [maˈdam], die; -, Mesdames [meˈdam] ⟨meist o. Art.⟩ [frz. madame, eigtl. = meine Herrin, ↑ ¹Dame]: *titelähnlich od. als Anrede gebrauchte frz. Bez. für: Frau* (Abk.: Mme., schweiz.: Mme, Pl.: Mmes., schweiz.: Mmes): »Gern, M.«.
Mäd|chen, das; -s, - [für älter: Mägdchen, eigtl. Vkl. von ↑ Magd]: **1. a)** *Kind weiblichen Geschlechts:* ein blondes, liebes [kleines] M.; sei ein braves M.!; eine gemeinsame Mannschaft aus Jungen und M.; sie hat ein M. bekommen *(eine Tochter zur Welt gebracht);* * **für kleine M. müssen** (scherzh. verhüll.; *die Toilette aufsuchen müssen);* **b)** (veraltend) *junge, jüngere weibliche Person:* ein hübsches, anständiges [junges] M.; ein leichtes M. *(eine leichtlebige junge Frau);* ein käufliches M. (verhüll.; *eine Prostituierte);* ein gefallenes M. (↑ fallen 1 d); ein M. kennenlernen, verführen, sitzen lassen, heiraten; ein altes, älteres, spätes M. (veraltet; *eine nicht mehr junge, unverheiratete Frau);* ◆ ⟨mit Bezug auf die natürliche Geschlecht:⟩ Das M. selbst, mit welcher er mich körnt (Lessing, Nathan IV, 4). **2.** (veraltend) *Freundin (eines jungen Mannes):* er kam mit seinem M.; Da ist unser Leutnant, der immerfort Schach spielt, wenn er kein M. hat (Frisch, Nun singen 116). **3.** (veraltend) *Hausmädchen, Hausangestellte, Hausgehilfin:* dem M. klingeln; das M. *(Zimmermädchen)* machte die Betten; Im Hause war alles verreist außer dem M., das hinten hinaus schlief (Gaiser, Schlußball 192); * **M. für alles** (ugs.; *Person für alle anfallenden Arbeiten, Aufgaben:* er, sie ist M. für alles).

Im modernen Sprachgebrauch sollte das Wort *Mädchen* nur noch in der Bedeutung *Kind weiblichen Geschlechts* verwendet werden. In den weiteren veralteten od. veralteten Bedeutungen gilt die Bezeichnung *Mädchen* zunehmend als diskriminierend.

mäd|chen|haft ⟨Adj.⟩: *einem Mädchen eigentümlich, gemäß; wie ein Mädchen:* eine -e Gestalt; -e Anmut; ihr Gesicht ist noch ganz m.
Mäd|chen|haf|tig|keit, die; -: *das Mädchenhaftsein.*
Mäd|chen|han|del, der ⟨o. Pl.⟩: *Frauenhandel.*
Mäd|chen|jah|re, Pl.: *jmds. Zeit als Mädchen:* sie erinnerte sich an ihre M.
Mäd|chen|na|me, der: **1.** *weiblicher Vorname:* Maria ist ein beliebter M. **2.** (fam. veraltend) *Familienname einer Frau vor ihrer Verheiratung; Geburtsname.*
Mäd|chen|pen|si|o|nat, das (früher): *Internat für Mädchen:* sie besuchte drei Jahre lang ein M.
Mäd|chen|raub, der (bes. früher, auch Völkerkunde): *gewaltsame Entführung einer jungen Frau [mit dem Zweck, sie zu einer Ehe zu zwingen].*
Mäd|chen|schu|le, die: *Schule, die nur von Mädchen besucht wird.*
Mäd|chen|schwarm, der: *jmd., der bes. von Mädchen schwärmerisch verehrt wird:* die Hauptrolle spielt [der] M. Leonardo di Caprio.
Mäd|chen|sport, der: *Sport für Mädchen.*
Ma|de, die; -, -n [mhd. made, ahd. mado, H. u.]: *wurmähnliche Insektenlarve:* der Käse wimmelt von -n; * **leben wie die M. im Speck** (ugs.; *im Überfluss leben).*
made in ... ['meɪd ɪn ...; engl. = hergestellt in ...]:

hergestellt in ... (Aufdruck auf Waren in Verbindung mit dem jeweiligen Herstellungsland): *made in Italy (hergestellt in Italien).*
¹Ma|dei|ra [maˈdeːra]: *Insel im Atlantischen Ozean.*
²Ma|dei|ra, Madera [maˈdeːra], der; -[s], -[s]: *Süßwein aus* ¹*Madeira.*
Ma|dei|ra|wein, Maderawein, der: ²*Madeira.*
Ma|del, Madl, das; -s, -n (südd., österr.): *Mädchen* (1 a, b, 2, 3).
Mä|del, das; -s, Pl. - u. -s, (bayr., österr.:) -n [Vkl. zu ↑ Magd] (ugs., häufiger auch iron.): *Mädchen* (1 a, b, 2, 3).
Mä|dels|abend, der (salopp): *Frauenabend* (1).
Ma|de|moi|selle [mad(ə)mɔaˈzɛl], die ⟨meist o. Art.⟩, -, Mesdemoiselles [med(ə)mɔaˈzɛl] [frz. mademoiselle = mein Fräulein, ↑ Demoiselle]: *titelähnlich od. als Anrede gebrauchte frz. Bez. für die unverheiratete junge Frau* (Abk.: Mlle., schweiz.: Mlle, Pl.: Mlles., schweiz.: Mlles).
Ma|de|ra usw.: ↑ ²Madeira usw.
Mä|derl, das; -s, -[n] (österr. ugs.): **1.** *[kleines] Mädchen* (1 a). **2.** (Kosew.) *junge Frau.*
◆ **Mäd|gen,** das; -s, - u. -s [älter nhd. (md.) Form von ↑ Mädchen]: *Mädchen* (bes. 1b); *junge Frau:* Sonst schätzen M. an M. nur das Herz; die zerstiebenden Reize eines fremden Gesichts haben so wenig Wert in ihren Augen, dass sie ihrer kaum erwähnen mögen (Jean Paul, Hesperus).
ma|dig ⟨Adj.⟩ [mhd. madic]: *von Maden angefressen, zerfressen; voller Maden:* -e Früchte; der Käse ist m.
ma|dig|ma|chen ⟨sw. V.; hat⟩ (ugs.): **a)** *schlechtmachen, herabsetzen:* von Anfang an machten die Kollegen sie madig; **b)** *jmdm. etw. verleiden:* sie hat mir den Film madiggemacht; **c)** ⟨m. + sich⟩ *sich unbeliebt machen.*
Ma|d|jar usw.: ↑ Magyar usw.
ma|d|ja|risch ⟨Adj.⟩: *ungarisch.*
Madl: ↑ Madel.
Ma|don|na, die; -, ...nen [ital. madonna = meine Herrin, ↑ Donna] (christl. Rel.): **1.** ⟨o. Pl.⟩ *die Gottesmutter Maria.* **2.** *bildliche od. plastische Darstellung der Madonna* (1) *[mit Kind].*
◆ **3.** *ohne Nennung des Vornamens gebrauchte Anrede an eine Donna* (1): Nein, wirklich, M.! Dieser Auftritt ist sonderbar (Schiller, Fiesco III, 3).
Ma|don|nen|bild, das: *Bild der Madonna* (1).
ma|don|nen|haft ⟨Adj.⟩: *wie eine Madonna aussehend; wie bei einer Madonna:* ein -es Gesicht; m. lächeln.
Ma|don|nen|li|lie, die [weil die Blume im MA. oft auf religiösen Bildern dargestellt wurde]: *hochwachsende Lilie mit stark duftenden, großen weißen, trichterförmigen Blüten.*
Ma|don|nen|sta|tue, die: *Statue der Madonna.*
¹Ma|d|ras: *früherer Name von Chennai.*
²Ma|d|ras, der; -: *feinfädiger, gitterartiger [Gardinen]stoff mit [Karo]musterung.*
Ma|d|rid: *Hauptstadt Spaniens.*
¹Ma|d|ri|der, der; -s, -: Ew.
²Ma|d|ri|der ⟨indekl. Adj.⟩.
Ma|d|ri|de|rin, die; -, -nen: w. Form zu ↑ ¹Madrider.
Ma|d|ri|gal, das; -s, -e [ital. madrigale, H. u.]: **1.** *aus der italienischen Schäferdichtung entwickelte Lyrik in zunächst freier, dann festerer Form mit verschieden langen Zeilen.* **2.** (Musik) **a)** (im 14. Jh.) *meist zwei- bis dreistimmiger, mit Solostimmen besetzter Gesang;* **b)** (im 16./17. Jh.) *vier- od. mehrstimmiges weltliches Lied mit reichen tonmalerischen Klangeffekten.*
Ma|d|ri|gal|chor, der (Musik): *kleinerer bes. für Madrigale o. Ä. geeigneter Chor.*
Ma|d|ri|gal|stil, der ⟨o. Pl.⟩ (Musik): *mehrstimmiger, die Singstimme artikulierender Kompositionsstil (seit dem frühen 16. Jh.).*

Madrilene – maggiore

Ma|d|ri|le̱|ne, der; -n, -n [span. madrileño]: ¹Madrider.
Ma|d|ri|le̱|nin, die; -, -nen: Madriderin.
Ma|es|tà [maɛsˈta], die; - [ital. maestà, eigtl. = Erhabenheit < lat. maiestas, ↑ Majestät] (bild. Kunst): *Darstellung der inmitten von Engeln u. Heiligen thronenden Muttergottes.*
ma|es|to̱|so ⟨Adv.⟩ [ital. maestoso, zu: maestà, ↑ Maestà] (Musik): *feierlich, würdevoll, gemessen.*
Ma|e̱s|t|ro, der; -s, -s od. ...stri [ital. maestro < lat. magister, ↑ Magister]: **a)** *großer Musiker, Komponist;* **b)** (veraltend) *Musiklehrer.*
Ma̱|fia, die; -, -s [ital. maf(f)ia = erpresserischer sizilianischer Geheimbund, eigtl. = Überheblichkeit]: *erpresserische Geheimorganisation: einer M. angehören; die Bauindustrie dieses Gebietes wird von der M. kontrolliert.*

-ma̱|fia, die; -: **1.** kennzeichnet in Bildungen mit Substantiven eine Verbrecherorganisation auf einem bestimmten Gebiet: Diamanten-, Kokain-, Rauschgift-, Wassermafia. **2.** (ugs. abwertend) kennzeichnet in Bildungen mit Substantiven eine einflussreiche Personengruppe, die ihre Interessen unter Ausnutzung der ihr zur Verfügung stehenden Macht- und Druckmittel skrupellos gegenüber Konkurrierenden o. Ä. durchsetzt: Akademiker-, Kritiker-, Kunstmafia.

Ma̱|fia|boss, der (ugs.): *Anführer eines Mafiaclans.*
ma|fi|o̱s, ma|fi|ö̱s ⟨Adj.⟩: *die Mafia betreffend, zu ihr gehörend; nach Art der Mafia:* jmdn. mit mafiosen od. mafiösen Methoden einschüchtern.
Ma|fi|o̱|so, der; -[s], ...si [ital. mafioso]: *Angehöriger der Mafia.*
mag: ↑ mögen.
Mag. (österr.) = Magister; Magistra.
Ma|ga|zi̱n, das; -s, -e [ital. magazzino = Vorratshaus, Lagerraum < arab. maḫāzin, Pl. von: maḫzan = Warenlager; später beeinflusst von frz. magasin = Warenhaus]: **1. a)** *Lager* (4 a): etw. im M. aufbewahren; **b)** (selten) *Warenhaus (bes. im Ausland).* **2.** *Lager-, Aufbewahrungsraum für die Bücher einer Bibliothek od. für die nicht ausgestellten Sammelstücke eines Museums o. Ä.:* die Grafiken werden im M. gelagert. **3. a)** *Behälter in od. an Handfeuerwaffen, aus dem die Patronen durch einen Mechanismus nacheinander in den Lauf geschoben werden:* das M. leer schießen, wechseln; ein neues M. einlegen; **b)** (Fotogr.) *Kasten zum Einstecken, Vorführen, Aufbewahren von Diapositiven;* **c)** (Technik) *Behälter an einer Werkzeugmaschine zur Versorgung mit Material.* **4.** [engl. magazine, eigtl. = Sammelstelle (von Neuigkeiten)] **a)** *reich bebilderte, unterhaltende od. populär unterrichtende Zeitschrift:* das gab es nur in Romanen und -en; **b)** *berichtende u. kommentierende Rundfunk-, Fernsehsendung mit Beiträgen zu aktuellen Ereignissen, Problemen:* ein politisches M.
Ma|ga|zi̱n|ar|bei|ter, der: *Arbeiter in einem Magazin* (1 a).
Ma|ga|zi̱n|ar|bei|te|rin, die: w. Form zu ↑ Magazinarbeiter.
Ma|ga|zi|neur [...ˈnøːɐ̯], der; -s, -e [zu ↑ Magazin (1)] (österr.): *Magazin-, Lagerverwalter.*
Ma|ga|zi|neu|rin [...ˈnøː...], die; -, -nen: w. Form zu ↑ Magazineur.
ma|ga|zi|nie̱|ren ⟨sw. V.; hat⟩: *im Magazin (1, 2) lagern:* Bilder m.
Ma|ga|zi̱n|sen|dung, die: *Magazin* (4 b).
Magd, die; -, Mägde [mhd. maget, ahd. magad = Mädchen, Jungfrau, zu einem untergegangenen Subst. mit der Bed. »Knabe, Jüngling«]: **1.** (veraltend) *zur Verrichtung grober Arbeiten (bes. von Haus- od. landwirtschaftlicher Arbeit) angestellte weibliche Person:* die Knechte und Mägde des Bauernhofs; als M. dienen. **2.** (veraltet) *Jungfrau, Mädchen:* eine holde M.; (christl. Rel.:) Maria, die reine M.
Mag|de|burg: *Landeshauptstadt von Sachsen-Anhalt.*
¹Mag|de|bur|ger, der; -s, -: Ew.
²Mag|de|bur|ger ⟨indekl. Adj.⟩: *der Magdeburger Dom.*
Mag|de|bur|ge|rin, die; -, -nen: w. Form zu ↑ ¹Magdeburger.
♦**magd|lich** ⟨Adj.⟩ [mhd. magetlich]: *jungfräulich* (1): ... so himmlisch dünke sie stets allen! Aber meiner Liebe zu gefallen, hold und m. meinem Blick allein (Bürger, Adeline).
Ma̱|gen, der; -s, Mägen, auch: - [mhd. mage, ahd. mago, urspr. wohl = Beutel]: **a)** *beutelförmiges inneres Organ, das die zugeführte Nahrung aufnimmt u. (nachdem sie bis zu einem bestimmten Grad verdaut ist) an den Darm weitergibt:* ein voller, kranker, empfindlicher M.; mir knurrt der M. (ugs.; *ich habe Magenknurren [vor Hunger]*); ich habe mir den M. verdorben, vollgeschlagen; jmdm. den M. auspumpen, aushebern; etw. auf nüchternen M. (*ohne etw. gegessen od. getrunken zu haben*) trinken, einnehmen; die Aufregung schlägt [sich]/legt sich/ geht ihr jedes Mal auf den M. (*verursacht bei ihr eine Magenverstimmung*); etw., nichts im M. haben (*ugs., nichts gegessen haben*); bei leerem M. (*hungrig*) zu Bett gehen; *jmdm. hängt der M. in die/in den Kniekehlen* (salopp; *jmd. hat großen Hunger*); **jmdm. dreht sich der M. um** (ugs.; *jmd. fühlt sich so angewidert, dass ihm bzw. ihr schlecht werden könnte*). *jmd. wird durch rasantes Autofahren, durch Achterbahnfahren o. Ä. so erschüttert, dass ihm bzw. ihr schlecht werden könnte*); **jmdm. [schwer] im/**(auch:)**auf dem M. liegen** (ugs.; *jmdm. sehr zu schaffen machen, sehr unangenehm sein*); **b)** *als Speise dienender Magen (a) bestimmter Schlachttiere.*
Ma̱|gen|aus|gang, der: *Ausgang* (2 d) *des Magens.*
Ma̱|gen|be|schwer|den ⟨Pl.⟩: *Beschwerden in der Magengegend.*
Ma̱|gen|bit|ter, der; -s, -: *bitterer Kräuterlikör, der den Magen beruhigt, das Völlegefühl behebt.*
Ma̱|gen|blu|ten, das; -s, **Ma̱|gen|blu|tung,** die (Med.): *arterielle od. venöse Blutung in den Magen (z. B. bei Geschwüren od. Magenschleimhautentzündung).*
Ma̱|gen-Darm-Ka|tarrh, der (Med.): *Gastroenteritis.*
Ma̱|gen-Darm-Trakt, der: *Bereich von Magen u. Darm.*
Ma̱|gen|drü|cken, das; -s: *Druck[gefühl] im Magen.*
Ma̱|gen|durch|bruch, der (Med.): *Durchbruch, Perforation der Magenwand.*
Ma̱|gen|ein|gang, der: *Eingang* (1 d) *des Magens.*
Ma̱|gen|er|wei|te|rung, die (Med.): *krankhafte Ausdehnung, Erweiterung des Magens; Gastrektasie.*
ma̱|gen|freund|lich ⟨Adj.⟩: *dem Magen nicht abträglich, keine Magenbeschwerden verursachend:* ein sehr -er Wein.
Ma̱|gen|ge|gend, die: *Region* (3) *des Körpers, in der sich der Magen befindet:* er verspürte ein leichtes Stechen in der M.
Ma̱|gen|ge|schwür, das: *Geschwür in der Magenschleimhaut.*
Ma̱|gen|gru|be, die: *Grube* (4), *Vertiefung unterhalb des Brustbeins; Herzgrube.*
Ma̱|gen|in|halt, der: *etwas, was jmd. zu sich genommen hat u. was sich noch in seinem Magen befindet:* den M. erbrechen.
Ma̱|gen|ka|tarrh, der (Med.): *Magenschleimhautentzündung.*
Ma̱|gen|knur|ren, das; -s: *bei leerem Magen u. großem Hunger entstehendes knurrendes Geräusch im Magen.*
Ma̱|gen|krampf, der: *Gastrospasmus.*
Ma̱|gen|krank|heit, die: *Erkrankung des Magens.*
Ma̱|gen|krebs, der: *Krebs* (4 a) *im Bereich des Magens.*
Ma̱|gen|ope|ra|ti|on, die: *Operation am Magen.*
Ma̱|gen|per|fo|ra|ti|on, die (Med.): *Magendurchbruch.*
Ma̱|gen|saft, der: *im Magen abgesonderte, Verdauung bewirkende Flüssigkeit.*
Ma̱|gen|säu|re, die (Med.): *im Magensaft enthaltene Salzsäure.*
Ma̱|gen|schleim|haut, die (Anat.): *Schleimhaut, mit der der Magen innen ausgekleidet ist.*
Ma̱|gen|schleim|haut|ent|zün|dung, die: *Entzündung der Magenschleimhaut; Gastritis.*
Ma̱|gen|schmerz, der ⟨meist Pl.⟩: *Schmerz in der Magengegend; Gastralgie:* -en haben; * **etw. nur mit -en tun** (ugs.; *etw. nur widerstrebend tun*).
Ma̱|gen|son|de, die (Med.): *schlauchförmige Sonde, die (bes. zur Entnahme von Mageninhalt od. zur künstlichen Ernährung) durch die Speiseröhre in den Magen eingeführt wird.*
Ma̱|gen|spie|gel, der (Med.): *Gastroskop.*
Ma̱|gen|spie|ge|lung, die (Med.): *Gastroskopie.*
Ma̱|gen|ta [auch: maˈdʒɛnta], das; -s [nach einem Ort in Italien]: *helles, bläuliches Rot.*
Ma̱|gen|trop|fen ⟨Pl.⟩: *Tropfen* (2) *gegen Magenbeschwerden.*
Ma̱|gen|ver|stim|mung, die: *vom Magen ausgehende, leichtere Verdauungsstörung.*
Ma̱|gen|wand, die: *Wand* (2 b) *des Magens.*
ma̱|ger ⟨Adj.⟩ [mhd. mager, ahd. magar, verw. z. B. mit lat. macer = dünn, mager]: **1.** *wenig Fleisch u. Fett am Körper, an den Knochen habend; dünn:* ein -es Schwein, -e Arme; zu m. sein. **2.** *kaum Fett enthaltend, fettarm:* -er Schinken; m. (ugs.; *magere Kost*) essen. **3. a)** *nicht üppig, nicht ertragreich:* -e Wiesen, Felder; der Boden ist m.; Ü die Ausbeute war m.; **b)** *arm, dürftig, karg; im Ertrag o. Ä. nicht üppig, nicht wirklich ausreichend:* -e Jahre; sie lebt von einer -en Rente; ein -es Programm. **4.** (Druckw. Jargon) (*von gedruckten Buchstaben*) *nicht fett* (3): -e Schrift; ein Wort m. drucken.
Ma̱|ger|keit, die; -: **1.** *magere* (1) *[Körper]form, Beschaffenheit.* **2.** *magere* (3, 4) *Beschaffenheit.*
Ma̱|ger|kost, die (veraltet): **a)** *kaum sättigende, wenig nahrhafte Kost:* zu essen gab es nur M.; Ü den Zuschauern im Stadion wurde nur M. geboten; **b)** *fettarme, kalorienreduzierte Ernährung.*
Ma̱|ger|milch, die: *stark entrahmte Milch.*
Ma̱|ger|quark, der: *fettarmer Quark.*
Ma̱|ger|sucht, die ⟨o. Pl.⟩ (Med.): *Essstörung, die zu krankhafter Abmagerung führt; Anorexia nervosa.*
ma̱|ger|süch|tig ⟨Adj.⟩ (Med.): *an Magersucht leidend.*
Ma̱|ger|wie|se, die (Landwirtsch.): *Wiese, die einmal pro Jahr gemäht wird und wenig Heu bringt.*
Mag|gi®, das; -[s] [nach dem Schweizer Industriellen J. Maggi (1846–1913), dem Gründer der gleichnamigen Firma]: *flüssige, dunkelbraune, bes. für Suppen u. Soßen verwendete Speisewürze.*
mag|gio̱|re [maˈdʒoːrə; ital. maggiore = größer < lat. maior, ↑ ¹Major] (Musik): *ital. Bez. für:* Dur.

Mag|gio|re, das; -, -s (Musik): *Teil in Dur eines in einer Molltonart stehenden Stückes.*
Ma|gh|reb, der; -[s] [arab. maġrib = Westen; eigtl. = Abend]: Tunesien, Nordalgerien u. Marokko umfassender westlicher Teil der arabischen Welt.
Ma|gh|re|bi|ner, der; -s, -: *Bewohner des Maghreb.*
Ma|gh|re|bi|ne|rin, die; -, -nen: w. Form zu ↑ Maghrebiner.
ma|gh|re|bi|nisch ⟨Adj.⟩: *den Maghreb, die Maghrebiner betreffend; vom Maghreb stammend.*
Ma|gie, die; - [spätlat. magia < griech. mageía = Lehre der Magier; Zauberei]: **1. a)** *geheime* (b) *Kunst, die sich übersinnliche Kräfte dienstbar zu machen sucht; Zauberei:* M. treiben; * **schwarze M.** *(Magie, die sich mit der Beschwörung böser Geister befasst);* **b)** *Tricks des Zauberkünstlers (im Varieté):* ein Meister der M. **2.** *faszinierende, geheimnisvoll wirkende Kraft:* die M. des Wortes.
Ma|gi|er, der; -s, - [zu lat. magi, Pl. von: magus < griech. mágos = Zauberer; aus dem Pers.]: **a)** *jmd., der Magie* (1 a) *betreibt; Zauberer;* **b)** *jmd., der die Magie* (1 b) *beherrscht; Zauberkünstler, Illusionist:* in der Show tritt ein M. auf.
Ma|gi|e|rin, die; -, -nen: w. Form zu ↑ Magier.
Ma|gi|ker, der; -s, - (selten): *Magier* (1 a).
Ma|gi|ke|rin, die; -, -nen: w. Form zu ↑ Magiker.
ma|gisch ⟨Adj.⟩ [lat. magicus < griech. magikós]: **1.** *auf Magie* (1 a) *beruhend:* eine -e Formel; -e Kräfte besitzen. **2.** *auf Magie* (2) *beruhend, geheimnisvoll [wirkend], zauberisch:* eine -e Anziehungskraft haben, ausüben. **3.** *als etw. sehr Erstrebenswertes, jedoch nur schwer Erreichbares od. als etw. Bedrohliches u. möglichst zu Vermeidendes eine besondere Faszination ausübend, besondere Aufmerksamkeit auf sich ziehend:* die -e Zahl von einer Million überschreiten.
Ma|gis|ter, der; -s, - [lat. magister = Leiter; Lehrer, zu: magis = mehr, in höherem Grade, Adv. von: magnus, ↑ Magnat]: **1. a)** *Kurzf. von* ↑ Magister Artium: den M. machen, haben; **b)** (österr.) *in einigen Hochschulfächern verliehener, einem Diplom gleichwertiger Grad* (Abk.: Mag.); **c)** (früher) *zum Lehren an Universitäten berechtigender akademischer Grad.* **2. a)** *Inhaber des Grades eines Magisters* (1 a); **b)** (österr.) *jmd., der ein Pharmaziestudium abgeschlossen hat, Apotheker.* **3.** (veraltet, noch scherzh. od. abwertend) *Lehrer, Schulmeister.*
Ma|gis|ter|ar|beit, die: *schriftliche Arbeit als Teil der Magisterprüfung.*
Ma|gis|ter Ar|ti|um [- ˈartsi̯ʊm], der; -[s] -, - - [lat.; eigtl. = Meister der (freien) Künste]: *in den geisteswissenschaftlichen Hochschulfächern verliehener, einem Diplom gleichwertiger Grad* (Abk.: M. A.; z. B. Franz Meyer M. A.).
Ma|gis|t|ra, die; -, ...ae: *weibliche Person, die einen Magisterabschluss hat.*
Ma|gis|t|ra Ar|ti|um [- ˈartsi̯ʊm], die; - -, ...ae -: w. Form zu ↑ Magister Artium (Abk.: M. A.).
Ma|gis|t|ra|le, die; -, -n (bes. Verkehrsw.): *Hauptverkehrslinie, -straße [in einer Großstadt].*
◆ **Ma|gis|t|rand,** der (nlat.; ↑ -and): *jmd., der an seiner Magisterarbeit schreibt, vor seiner Magisterprüfung steht:* Es werden wenige schottische Meister, akademische Senate und -en leben (Jean Paul, Wutz 20).
¹**Ma|gis|t|rat,** der; -[e]s, -e [lat. magistratus zu: magister, ↑ Magister]: **1. a)** *(im alten Rom) hoher Beamter* (z. B. Konsul); **b)** *(im alten Rom) öffentliches Amt;* **c)** *(im alten Rom) Behörde, Obrigkeit.* **2.** *(in einigen Städten) Verwaltungsbehörde, Stadtverwaltung.*

²**Ma|gis|t|rat,** der; -en, -en (schweiz.): *Mitglied der Regierung bzw. der ausführenden Behörde.*
Ma|gis|t|ra|tin, die; -, -nen: w. Form zu ↑ ²Magistrat.
Ma|gis|t|rats|be|schluss, der: *Beschluss eines* ¹*Magistrats* (2).
Mag|ma, das; -s, Magmen [lat. magma < griech. mágma = geknetete Masse, Bodensatz] (Geol.): *glühend flüssige Masse im od. aus dem Erdinnern, die beim Erkalten zu Gestein wird.*
mag|ma|tisch [österr. auch: ...ˈmat...] ⟨Adj.⟩ (Geol.): **a)** *aus dem Magma kommend:* -e Gase; **b)** *aus Magma entstanden:* -e Gesteine.
Ma|g|na Char|ta, die; - - [mlat. Magna C(h)arta (libertatum) = Große Urkunde (der Freiheiten)]: *englisches [Grund]gesetz von 1215, in dem der König dem Adel grundlegende Freiheitsrechte garantieren musste.*
ma|g|na cum lau|de [lat. = mit großem Lob]: *sehr gut* (zweitbestes Prädikat bei der Doktorprüfung).
Ma|g|nat, der; -en, -en: **1.** [spätlat. magnatus = Oberhaupt, zu lat. magnus = groß] *Inhaber [branchenbeherrschender] wirtschaftlicher Macht.* **2.** [poln. magnat, ung. mágnás < mlat. magnatus = (hoher) Adliger] (früher) *hoher Adliger (bes. in Polen u. Ungarn).*
Ma|g|na|tin, die; -, -nen: w. Form zu ↑ Magnat.
Ma|g|ne|sia, die; - [mlat. magnesia < griech. magnēsíē (líthos) = Magnetstein (↑ Magnet); nach der Ähnlichkeit mit dem Magnetstein] (Chemie): *beim Verbrennen von Magnesium entstehendes, im Wasser unlösliches Pulver, das vor allem als Mittel gegen Übersäuerung des Magens u. zum Einreiben u. Trockenhalten der Handflächen beim Geräteturnen gebraucht wird.*
Ma|g|ne|sit [auch: ...ˈzɪt], der; -s, -e: *weißes bis gelbliches, technisch wichtiges Mineral, das u. a. zu feuerfesten Steinen verarbeitet wird u. ein wichtiger Rohstoff für die Herstellung von Magnesium ist.*
Ma|g|ne|si|um, das; -s: (*nur in Verbindungen vorkommendes) silberweißes, glänzendes, dehnbares, weiches Leichtmetall, das sich bei Erhitzung entzündet u. mit blendend hellem Licht verbrennt* (chemisches Element; Zeichen: Mg).
Ma|g|ne|si|um|le|gie|rung, die (Technik): *als Hauptbestandteil Magnesium enthaltende Legierung.*
Ma|g|net, der; -en u. -[e]s, -e[n] [mhd. magnet(e) < lat. magnes (Gen.: magnetis) < griech. mágnēs, líthos magnḗtēs = Magnetstein, eigtl. = Stein aus Magnesia, einer Landschaft im alten Griechenland]: **1. a)** *Eisen- od. Stahlstück, das die Eigenschaft besitzt, Eisen, Kobalt u. Nickel anzuziehen u. an sich haften zu lassen:* ein hufeisenförmiger M.; die Pole des -en; **b)** *Elektromagnet.* **2.** *Sache od. Person, die auf viele Menschen eine große Anziehungskraft hat:* diese Attraktion ist ein M. für Touristen.
Ma|g|net|auf|zeich|nung, die: *Aufzeichnung* (2 a) *von Rundfunksendungen od. Fernsehbildern auf magnetischem* (b) *Wege.*
Ma|g|net|bahn, die: *Magnetschwebebahn.*
Ma|g|net|band, das ⟨Pl. ...bänder⟩ (Technik): *mit einer magnetisierbaren Schicht versehenes Kunststoffband, auf dem Informationen in Form magnetischer Aufzeichnungen gespeichert werden können.*
Ma|g|net|feld, das (Physik): *durch [Elektro]magneten entstehendes magnetisches Feld* (7).
Ma|g|ne|tik, die; - (Physik): *Lehre vom Verhalten der Materie im magnetischen Feld.*
ma|g|ne|tisch ⟨Adj.⟩: **a)** *die Eigenschaften eines Magneten* (1) *aufweisend:* -es Erz; **b)** (Technik) *mithilfe der Eigenschaften des Magneten;*

auf Eigenschaft des Magnetismus beruhend: eine -e Bildaufzeichnung; das -e Feld (Physik; *Magnetfeld*); der -e Pol (Physik; *Magnetpol*); -e Stürme (Geophysik; *starke Schwankungen des erdmagnetischen Feldes*); etw. m. speichern.
Ma|g|ne|ti|seur [...ˈzøːɐ̯], der; -s, -e [frz. magnétiseur, zu: magnétiser = magnetisieren]: *jmd., der (als Heilpraktiker o. Ä.) mithilfe der Magnetisierung Heilwirkungen zu erzielen sucht.*
Ma|g|ne|ti|seu|rin [...ˈzøːrɪn], die; -, -nen: w. Form zu ↑ Magnetiseur.
ma|g|ne|ti|sier|bar ⟨Adj.⟩: *geeignet, magnetisiert zu werden; sich magnetisieren lassend.*
ma|g|ne|ti|sie|ren ⟨sw. V.; hat⟩: **1.** (Physik) *magnetisch machen:* eine Nadel m. **2.** *mit Magnetismus* (2) *behandeln:* einen Patienten m.
Ma|g|ne|ti|sie|rung, die; -, -en: *das Magnetisieren, Magnetisiertwerden.*
Ma|g|ne|tis|mus, der; -, ...men: **1. a)** *Eigenschaft bestimmter Stoffe, in einem magnetischen Feld Wirkungen bestimmter Kräfte zu erfahren; Gesamtheit der magnetischen Erscheinungen;* **b)** *Magnetik.* **2.** *Mesmerismus.*
Ma|g|ne|tit [auch: ...ˈtɪt], der; -s, -e: *schwarzes, metallisch glänzendes Mineral, das natürlichen Magnetismus aufweist; Magnet[eisen]stein.*
Ma|g|net|kar|te, die: *Kunststoffkarte mit einem magnetisierbaren Streifen zur Aufnahme bestimmter Kenndaten.*
Ma|g|net|na|del, die: *sich zum magnetischen Nordpol hin einpendelnde Nadel in einem Kompass.*
Ma|g|ne|to|fon, *Magnetophon*®, das; -s, -e [zu ↑ Magnet u. griech. phōnḗ = Stimme]: *Tonbandgerät.*
Ma|g|ne|to|me|ter, das; -s, - [↑ -meter] (Physik): *Instrument zum Messen magnetischer Feldstärke u. des Erdmagnetismus.*
Ma|g|ne|to|phon®: ↑ Magnetofon.
Ma|g|net|plat|te, die (EDV): *Datenträger in Form einer Platte, auf die eine dünne magnetisierbare Schicht aufgetragen ist, die der Aufnahme der Daten dient.*
Ma|g|net|pol, der (Physik): **a)** *Pol eines Magneten;* **b)** *magnetischer Pol (der Erde):* der nördliche, südliche M.
Ma|g|net|schnell|bahn, die: *Magnetschwebebahn.*
Ma|g|net|schwe|be|bahn, die: *Schnellbahn, bei der die räderlosen Wagen mithilfe von Magnetfeldern an eisernen Schienen schwebend entlanggeführt werden.*
Ma|g|net|spu|le, die: *Spule eines Elektromagneten.*
Ma|g|net|stein, der: *Magnetit.*
Ma|g|net|strei|fen, der (EDV): *magnetisierbarer Streifen zur magnetischen Aufzeichnung.*
Ma|g|net|ton|ver|fah|ren, das (Technik): *Verfahren bei der Film- u. Fernsehtechnik zur Aufzeichnung u. Wiedergabe von Musik, Sprache u. Ä.*
ma|g|ni|fik [manji...] ⟨Adj.⟩ [frz. magnifique < lat. magnificus] (bildungsspr. veraltet): *großartig, herrlich, wunderbar.*
Ma|g|ni|fi|kat, das; -[s], -s [lat., zu: magnificare = rühmen, nach dem ersten Wort des Gesangstextes]: **1. a)** ⟨o. Pl.⟩ (kath. Kirche) *urchristlicher Gesang (im Neuen Testament [Luk. 1,46–55] Maria, der Mutter Jesu, zugeschrieben), der in der kath. Kirche Teil der Vesper ist;* **b)** *auf den Text von Luk. 1,46–55 komponiertes Chorwerk:* eine Aufführung des -s von Bach. **2.** (landsch. veraltet) *katholisches Gesangbuch.*
Ma|g|ni|fi|zenz, die; -, -en [lat. magnificentia = Erhabenheit, zu: magnificus, ↑ magnifik]: **a)** ⟨o. Pl.⟩ *Titel für den Rektor od. die Rektorin*

Magnolie – Mai

einer Hochschule; **b)** *Träger od. Trägerin des Titels Magnifizenz:* Seine/Ihre M. lässt bitten; in der Anrede: Eure, Euer M.; Ew. M.

Ma|g|no|lie, die; -, -n [nach dem frz. Botaniker P. Magnol (1638–1715)]: *Strauch od. Baum mit sehr früh im Frühjahr erscheinenden großen, weißen bis rosafarbenen, an Tulpen erinnernden Blüten.*

Ma|g|num, die; -, ...gna u. -s [engl. magnum, eigtl. = etw., was Übergröße hat < lat. magnum, subst. Neutr. von: magnus = groß]: **1.** *Wein- od. Sektflasche mit doppeltem Fassungsvermögen.* **2.** (Waffent.) *spezielle Patrone* (1) *mit verstärkter* ¹*Ladung* (2).

Ma|g|yar [maˈdjaːɐ̯], (seltener:) **Ma|g|ya|re** [maˈdjaːrə], der; -, -n, -n: *Ungar.*

Ma|g|ya|rin, die; -, -nen: w. Form zu ↑ Magyar.

ma|g|ya|risch ⟨Adj.⟩: *ungarisch.*

mäh ⟨Interj.⟩: lautm. für das Blöken von Schafen.

Ma|ha|go|ni, das; -s [wahrsch. karib. Wort]: *wertvolles, rotbraunes, hartes Holz, das bes. für Möbel u. im Bootsbau verwendet wird.*

Ma|ha|go|ni|holz, das ⟨Pl. ...hölzer⟩: *Mahagoni.*

ma|ha|go|ni|rot ⟨Adj.⟩: *die Farbe des Mahagoniholzes aufweisend.*

Ma|ha|ra|d|scha [auch: ...ˈradʒa], der; -[s], -s [Hindi mahārājā < sanskr. mahārāja(n), aus: maha(t) = groß u. rāja(n) = König]: **a)** ⟨o. Pl.⟩ *Titel eines indischen Großfürsten;* **b)** *Träger des Titels Maharadscha.*

Ma|ha|ra|ni, die; -, -s [Hindi mahārānī, zu: rānī = Königin]: **a)** ⟨o. Pl.⟩ *Titel für die Frau eines Maharadschas;* **b)** *Trägerin des Titels Maharani.*

Ma|hat|ma, der; -s, -s [sanskr. mahātmān = mit großer Seele]: **a)** ⟨o. Pl.⟩ *(in Indien) Ehrentitel für eine geistig hochstehende Persönlichkeit, einen Weisen od. Heiligen;* **b)** *Träger des Ehrentitels Mahatma.*

Mäh|bin|der, der: *Maschine, die das Getreide mäht u. gleichzeitig zu Garben bindet.*

¹**Mahd,** die; -, -en [mhd. māt, ahd. mad, zu ↑¹mähen] (landsch.): **a)** *das Mähen;* **b)** *das gemähte Gras o. Ä.:* die M. trocknet.

²**Mahd,** das; -[e]s, Mähder (österr.): *Bergwiese.*

Mäh|dre|scher, der: *große landwirtschaftliche Maschine, die in einem Arbeitsgang bes. Getreide mäht u. drischt:* mit dem M. das Korn einfahren.

¹**mä|hen** ⟨sw. V.; hat⟩ [mhd. mæjen, ahd. māen, H. u.; wahrsch. verw. mit griech. amáein = schneiden; mähen]: **a)** *mit der Sense, mit einer Mähmaschine dicht über dem Erdboden abschneiden:* Getreide, Gras, Klee [mit der Sense] m.; ⟨auch ohne Akk.-Obj.:⟩ er hat den ganzen Tag gemäht; **b)** *durch* ↑ *Mähen* (a) *von zum Schnitt reifem Gras, Getreide u. Ä. frei machen:* das Feld m.; die Wiese, der Rasen muss gemäht werden.

²**mä|hen** ⟨sw. V.; hat⟩ [zu ↑ mäh]: *(von Schafen) blöken.*

Mä|her, der; -s, -: **1.** (ugs.) *Mähmaschine.* **2.** (veraltend) *jmd., der mäht.*

Mä|he|rin, die; -, -nen: w. Form zu ↑ Mäher (2).

Mahl, das; -[e]s, Mähler u. -e ⟨Pl. selten⟩ [mhd. mal, eigtl. = zu einer festgesetzten Zeit aufgetragenes Essen u. urspr. identisch mit ↑ ¹Mal] (geh.): **1.** ¹*Essen* (2), *Speise:* ein kärgliches, opulentes M.; ein M. einnehmen. **2.** *das Einnehmen einer Mahlzeit* (1): *beim M. sitzen; während des -es unterhielten sie sich; ... man aß nach der Vorstellung zu dreien. Ein würde ein behagliches M.* (Feuchtwanger, Erfolg 565).

¹**mah|len** ⟨unr. V.; hat⟩ [mhd. malen, ahd. malan, verw. z. B. mit gleichbed. lat. molere (vgl. Mühle)]: **a)** *(körniges, bröckliges o. ä. Material) in einer Mühle, mithilfe einer Mühle durch Zer-* *quetschen od. Zerreiben mehr od. weniger fein zerkleinern:* Getreide [zu Mehl] m.; den Kaffee fein, grob, zu Pulver m.; gemahlener Pfeffer; Ü jmds. Kiefer, Zähne m. *(kauen langsam u. gründlich);* **Spr** wer zuerst kommt, mahlt zuerst *(wer zuerst da ist, hat ein Vorrecht gegenüber dem später Kommenden;* nach der in alten Gesetzsammlungen überlieferten Vorschrift, dass derjenige, der sein Getreide zuerst in der Mühle abliefert, ein Anrecht darauf hat, dass es auch zuerst gemahlen wird); **b)** *durch Mahlen* (a) *herstellen:* Mehl m.

◆²**mah|len** ⟨sw. V.; hat⟩ [zu ↑ Mahl; geb. von Goethe]: *essen, speisen:* Ein Zimmer, worin man sonst zu m. pflegte (Goethe, Lehrjahre V, 12).

Mäh|ler: Pl. von ↑ Mahl.

Mahl|müh|le, die (veraltet): *Mühle, die Getreide mahlt (im Unterschied zur Ölmühle u. a.):* ◆ ...die Wasser ..., welche einen See ... speisen und den Bach erzeugen, der ... die Brettersäge, die M. und andere kleine Werke treibt (Stifter, Bergkristall 8).

Mahl|sand ⟨Pl. -e u. ...sände⟩ (Seemannsspr.): *feinkörniger Sand einer Sandbank; Treibsand, der durch Wellen u. Gezeiten in ständiger Bewegung ist u. in den sich ein aufgelaufenes Schiff immer tiefer eingräbt:* das Schiff steckte unrettbar im M. fest.

Mahl|schatz, der; -es [zu ↑ Mahl] (Rechtsspr. veraltet): *Gabe, die der Bräutigam der Braut bei der Verlobung überreicht:* ◆ ... alle die Geschenke, die ich zum -e mitgebracht habe (Chr. F. Gellert, Die Betschwester II, 4).

Mahl|statt, Mahl|stät|te, die: *Gerichts- u. Versammlungsstätte der Germanen im Freien:* Ü ◆ Vom Gesicht, der Mahlstatt deiner Küsse, nimm, solang' ich ferne von dir bin, halb zum mindesten im Schattenrisse für die Phantasie die Abschrift hin (Bürger, Mollys Abschied).

Mahl|stein, der: *Mühlstein:* Ü zwischen die -e der Bürokratie geraten.

Mahl|zahn, der: *(bei Säugetier u. Mensch) einer der hinteren Zähne, der eine breite Krone hat u. zum Zermahlen der Nahrung dient; Backenzahn.*

Mahl|zeit, die; -, -en [spätmhd. mālzīt, urspr. = festgesetzte Zeit eines ¹Mahls]: **1.** *(regelmäßig, zu bestimmten Zeiten des Tages eingenommenes)* ¹*Essen* (2), *das aus verschiedenen kalten od. warmen Speisen zusammengestellt ist:* eine leichte, schwere, deftige, üppige M.; eine M. in einem Lokal einnehmen, zu sich nehmen; Wer Zeit hatte, zog sich zudem aus diesem Wässerlein eine M. *(die für eine Mahlzeit ausreichende Menge)* Kleinfische (Strittmatter, Wundertäter 439). **2.** *[gemeinschaftliches] Einnehmen der Mahlzeit* (1): an einer gemeinsamen M. teilnehmen; er hält sich nicht an die -en *(er isst unregelmäßig);* ⟨Formel zu Beginn od. am Ende einer Mahlzeit:⟩ gesegnete M.!; **M.!** (ugs.; Gruß in der Mittagszeit, bes. zwischen Arbeitskolleg[inn]en); * **[na dann] prost M.!; M.!** (ugs.; *das ist ja eine schöne Bescherung!; das kann ja heiter werden!*)

Mäh|ma|schi|ne, die: *landwirtschaftliche Maschine zum Mähen von Gras u. Getreide.*

Mahn|be|scheid, der (Rechtsspr.): *Aufforderung, eine bereits fällig gewordene Zahlung zu leisten.*

Mahn|brief, der: *Brief, der jmdn. (bes. einen Schuldner) an etw., was jmd. von ihm erwartet (bes. die Rückzahlung einer geschuldeten Summe), erinnert.*

Mäh|ne, die; -, -n [frühnhd. mene (Pl.), mhd. man(e), ahd. mana, urspr. = Nacken, Hals, dann übergegangen auf das den Nacken od. Hals bedeckende Haar]: **1.** *langes, herabhängendes Haar am Kopf u. bes. an Hals u. Nacken bestimmter Säugetiere:* eine zottige M.; der Löwe schüttelt seine M. **2.** (scherzh.) *(beim Menschen) Haarschopf mit langem, dichtem, wallendem Haar:* eine dichte, lange, lockige, blonde M.; Er hat sich seine M. kurz schneiden lassen (Remarque, Obelisk 332).

mah|nen ⟨sw. V.; hat⟩ [mhd. manen, ahd. manōn, urspr. = überlegen, denken; vorhaben]: **1.** *nachdrücklich zu einem bestimmten, gebotenen erscheinenden Verhalten od. Tun auffordern, drängen:* jmdn. zur Eile, zur Vorsicht, zum Aufbruch m.; jmdn. eindringlich, nachdrücklich, wiederholt m. **2. a)** *nachdrücklich an etw., bes. eine eingegangene Verpflichtung u. Ä., erinnern:* jmdn. an sein Versprechen, an eine Schuld m.; einen Schuldner schriftlich m. *(ihn schriftlich zur Zahlung auffordern);* **b)** (geh.) *gemahnen* (b).

Mah|ner, der; -s, -: *jmd., der (bes. in öffentlichen Dingen) als Mahnender auftritt, vor etw. warnt.*

Mah|ne|rin, die; -, -nen: w. Form zu ↑ Mahner.

Mahn|ge|bühr, die: *Gebühr, die für einen amtlichen Mahnbescheid erhoben wird.*

Mahn|mal, das ⟨Pl. -e, selten: ...mäler⟩: *Denkmal, das etw. im Gedächtnis halten soll, von dem zu hoffen ist, dass es sich nicht wieder ereignet:* ein M. in einem ehemaligen Konzentrationslager errichten.

Mahn|schrei|ben, das: *Mahnbrief, schriftliche Mahnung.*

Mah|nung, die; -, -en [mhd. manunge]: **1.** *das Mahnen* (1); *mahnende Äußerung:* eine M. zur Vorsicht, Eile, Geduld; eine M. überhören, befolgen, beherzigen; Ü ... beide waren sie vornehme Menschen, beide waren sie durch sichtbare Gaben und Zeichen vor den andern ausgezeichnet, und beide hatten sie vom Schicksal eine besondere M. mitbekommen (Hesse, Narziß 25). **2. a)** *nachdrückliche Aufforderung, etw. Bestimmtes zu erledigen, Erinnerung an eine Verpflichtung:* er reagierte auf keine M.; **b)** *Mahnbrief, -schreiben:* jmdm. eine M. ins Haus schicken; eine M. bekommen.

Mahn|ver|fah|ren, das (Rechtsspr.): *vereinfachtes gerichtliches Verfahren, bei dem einem Schuldner ein Mahnbescheid ohne vorherige gerichtliche Verhandlung zugestellt wird.*

Mahn|wa|che, die: *Zusammenkunft von Personen, die an einem öffentlichen Ort gegen etw. protestieren, indem sie schweigend über längere Zeit dort verharren:* eine M. vor einem Raketendepot halten.

Mahn|zei|chen, das (selten): *Warnzeichen* (3).

Ma|ho|nie, die; -, -n [nach dem amerik. Gärtner B. MacMahon (1775–1816)]: *(der Stechpalme ähnliche) Pflanze mit dornig gezähnten Blättern, gelben Blüten u. meist blauen, runden Früchten.*

¹**Mäh|re,** die; -, -n [mhd. merhe, ahd. mer(i)ha = Stute, altes Fem. zu einem germ. u. kelt. Wort für »Pferd« (vgl. mhd. marc[h], ahd. marah = Pferd, vgl. Marschall)]: **1.** (veraltend) *[altes] abgemagertes Pferd, das nicht mehr zu gebrauchen ist:* eine alte, lahme M. ◆ **2.** [schon mhd.] *leichtlebige [junge] Frau, die sich wahllos mit Männern einlässt; Flittchen:* ...das Kind ist des Vaters Arbeit ... Ist das Kind eine M. schilt, schlägt der Vater ans Ohr (Schiller, Kabale II, 6).

²**Mäh|re,** der; -n, -n u. Ew. zu ↑ Mähren.

Mäh|ren; -s: *Gebiet in Tschechien.*

Mäh|rer, der; -s, -: ²*Mähre.*

Mäh|re|rin, die; -, -nen: w. Form zu ↑ Mährer.

Mäh|rin, die; -, -nen: w. Form zu ↑ ²Mähre.

mäh|risch ⟨Adj.⟩: *Mähren, die ²Mähren betreffend, von den Mähren stammend, zu ihnen gehörend.*

Mai, der; -[e]s u. -, dichter. auch noch: -en, -e ⟨Pl. selten⟩ [mhd. meie, ahd. meio < lat. (mensis) Maius (vermutlich nach einem italischen Gott des Wachstums)]: *fünfter Monat des Jahres:* der Wonnemonat M.; ein kühler M.; der Erste M. *(Demonstrations- u. Feiertag der internationalen Arbeiterbewegung; Feiertag der Werktätigen).*

Mai|an|dacht, die (kath. Kirche): *im Mai im Allgemeinen täglich [am Abend] stattfindende Andacht zu Ehren Marias.*

Mai|baum, der: **a)** *nach altem Brauch in der Zeit zwischen Frühling u. Frühsommer bes. bei Volksfesten aufgestellter, hoher, von Rinde und Ästen befreiter Baum, an dessen Spitze ein mit bunten Bändern umwundener Tannenkranz hängt:* um den M. tanzen; **b)** *geschlagenes Birkenbäumchen, Birkengrün, das zu Maifesten als Schmuck an die Türpfosten des Hauses gebunden wird.*

Maid, die; -, -en [mhd. meit, zu: maget, ↑ Magd] (veraltet, noch spött.): *Mädchen, junge Frau.*

♦ **Mai|del,** das; -s, -s [Vkl. von ↑ Maid]: *junges Mädchen:* Eure Tochter ist ein junges Blut und kennt den Teufel der Männer Ränken, warum sie sich an die -s henken (Goethe, Pater Brey).

♦ **maid|lich** ⟨Adj.⟩ [zu ↑ Maid]: *jungfräulich* (1); *mädchenhaft:* Des Mutes und der Verwegenheit war ein Überfluss. Aber die -e Scham und Zucht ... taten Einspruch (C. F. Meyer, Page 143).

mai|en ⟨sw. V.; hat; unpers.⟩ (dichter.): **a)** *Mai werden:* draußen grünt und mait es; ♦ ... trag ihn in die blaue Ferne ..., wo es in der Seele maiet (Uhland, An den Tod); ♦ **b)** *zum Mai machen:* Deine Seele, ... silberklar und sonnenhelle, maiet noch den trüben Herbst um dich (Schiller, Melancholie an Laura).

Mai|en|nacht, die (dichter.): *Mainacht.*

Mai|en|zeit, die ⟨o. Pl.⟩ (dichter.): *Zeit im Mai, bes. im Hinblick auf die frühlingshafte Frische der Natur, des frühlingshaft milden Wetters.*

Mai|fei|er, die: *offizielle Feier zum Ersten Mai.*

Mai|fei|er|tag, der: *Erster Mai.*

Mai|fest, das: *im Mai traditionsgemäß stattfindendes Volksfest.*

Mai|glöck|chen, das: *im Frühjahr blühende Pflanze mit oft zwei elliptischen Blättern u. kleinen, weißen, glockenförmigen, stark duftenden Blüten, die eine Traube bilden.*

Mai|kä|fer, der: *größerer Käfer mit braungelben Flügeldecken, Fühlern, die in lamellenartig gefächerten Blättchen enden, oft schwarzem, behaartem Kopf u. weißen Flecken an beiden Seiten des Hinterleibs, der im Mai an Laubblättern ernährt:* * strahlen wie ein M. (ugs.: *über das ganze Gesicht lachen, strahlen*).

Mai|kätz|chen, das: *Kätzchen* (4).

Mai|kund|ge|bung, die: *zum Ersten Mai stattfindende Kundgebung.*

Mail [meɪl], die; -, -s, auch, bes. südd., österr., schweiz., -s, -s: Kurzf. von ↑ E-Mail (1,2): jmdm. eine M. schicken.

Mail|ac|count ['meɪləkaʊnt], der od. das: *Zugangsberechtigung zu einem Mailsystem.*

Mail|ad|res|se ['meɪl...], die: *E-Mail-Adresse.*

Mai|land: italienische Stadt.

¹**Mai|län|der,** der; -s, -: Ew.

²**Mai|län|der** ⟨indekl. Adj.⟩: die M. Scala.

Mai|län|de|rin, die; -, -nen: w. Form zu ↑ ¹Mailänder.

Mai|län|der|li, das; -[s], -[s] [H. u.] (schweiz.): *Weihnachtsplätzchen aus Mürbeteig mit Zitronengeschmack.*

Mail|an|hang ['meɪl...], der: *Anhang (1) an eine E-Mail in Form einer Datei.*

Mail|box ['meɪlbɔks], die; -, -en [engl. mailbox, eigtl. amerik. Bez. für: (Haus)briefkasten, aus: mail = mit der Post senden) u. box, ↑ Box]: *Speicher (3) eines Datengeräts (bes. eines Han-*

dys), *in dem Nachrichten hinterlegt u. vom Benutzer abgerufen werden können.*

Mail|cli|ent ['meɪlklaɪənt], der (EDV): *Programm (4) zum Lesen, Schreiben, Versenden u. Empfangen von E-Mails.*

mai|len ['meɪlən] ⟨sw. V.; hat⟩ [engl. to mail, eigtl. = mit der Post senden, zu: mail, ↑ Mailbox]: *als E-Mail senden:* [jmdm.] eine Nachricht m.; hast du ihm schon gemailt?; mailst du ihr, dass wir morgen kommen?

Mai|ler ['meɪlɐ], der; -s, - (EDV): **1.** *Programm zum [automatischen] Senden u. Empfangen von E-Mails.* **2.** *jmd., der Mails schreibt od. geschrieben hat.*

Mai|le|rin, die; -, -nen: w. Form zu ↑ Mailer (2).

Mai|ling ['meɪlɪŋ], das; -s, -s [engl. mailing, zu: to mail = mit der Post senden] (Werbespr.): *Versendung von Werbematerial mit der Post.*

Mai|ling|lis|te, die [engl. mailing list]: *Liste im Internet mit den E-Mail-Adressen einer Gruppe von angemeldeten u. registrierten Teilnehmenden, die Informationen, Beiträge über den für die Gruppe interessanten Themenbereich versenden u. empfangen können:* über eine M. Informationen austauschen.

Mail|or|der ['meɪlɔːdɐ], die; -, -s [engl. mail order, aus: mail = Post(sendung) u. order = Auftrag, Bestellung] (Kaufmannsspr., Werbespr.): *postalisch erteilte Bestellung von Waren [im Versandhandel].*

Mail|pro|gramm, das: *E-Mail-Programm.*

Mail|ser|ver ['meɪl...], der (EDV): *Server zum Senden, Empfangen u. Speichern von E-Mails.*

Main, der; -[e]s: rechter Nebenfluss des Rheins.

Mai|nacht, die: *Nacht im Monat Mai:* eine laue, kühle, sternklare M.

Main|au, die; -: Insel im Bodensee.

Main|board ['meɪnbɔːd], das; -s, -s [engl. mainboard, aus: main = Haupt- u. board = Brett, Tafel] (EDV): *Motherboard.*

Maine [meɪn]; -s: Bundesstaat der USA.

Main|frame ['meɪnfreɪm], der; -s, -s [engl. mainframe, aus: main = Haupt- u. frame, ↑ Frame] (EDV): *Großrechner.*

Main|li|ner ['meɪnlaɪnɐ], der; -s, - [engl. mainliner, zu: to mainline = intravenös injizieren, zu: mainline (Jargon) = Vene, eigtl. = Hauptlinie, -strecke] (Jargon): *Drogenabhängiger, der sich Rauschgift injiziert.*

Main|li|ning ['meɪnlaɪnɪŋ], das; -s [engl. mainlining]: *das Injizieren von Rauschgift.*

Main|me|t|ro|pol|le, die: *Frankfurt am Main.*

Main|stream ['meɪnstriːm], der; -[s] [engl. mainstream, eigtl. = Hauptstrom]: **1.** (Musik) *stark vom ¹Swing* (1 b) *beeinflusste Form des modernen Jazz, die keinem Stilbereich eindeutig zuzuordnen ist.* **2.** (oft abwertend) *vorherrschende gesellschaftspolitische, kulturelle o. ä. Richtung* (2): über die M. absetzen.

Mainz: Landeshauptstadt von Rheinland-Pfalz.

¹**Main|zer,** der; -s, -: Ew.

²**Main|zer** ⟨indekl. Adj.⟩: die M. Fastnacht.

Main|ze|rin, die; -, -nen: w. Form zu ↑ ¹Mainzer.

Mais, der; -es, (Sorten:) -e [frz. maïs, span. maíz < Taino (Indianerspr. der Karibik) mays]: **a)** *(aus Mittelamerika stammende) hochwachsende Pflanze mit breiten, langen Blättern u. einem großen, als Kolben wachsenden Fruchtstand mit gelben Körnern, die als Nahrungsmittel u. als Viehfutter verwendet werden;* **b)** *Frucht des Maises* (a): Brot aus M.

Maisch, der; -[e]s, -e, **Mai|sche,** die; -, -n [mhd. meisch, urspr. wohl = Brei] (Fachspr.): **1.** *(bei der Bierherstellung) mit Wasser verrührtes, geschrotetes Malz.* **2.** *(bei der Spirituoserstellung) Gemisch aus stärkehaltigen Rohstoffen mit auf der Darre getrocknetem Malz u. Wasser.* **3.** *(zur Herstellung) gekelterte Trauben.* **4.** *(für die Herstellung von Obstbrand) zum Vergären zerkleinertes Obst.*

Mais|feld, das: *mit Mais bebautes Feld.*

Mais|flo|cken ⟨Pl.⟩: *von den Spelzen befreite, in Form von Flocken gepresste Maiskörner.*

mais|gelb ⟨Adj.⟩: *von der Farbe reifer Maiskörner.*

Mais|kol|ben, der: *großer, zylinderförmiger Fruchtstand des Maises, der rundherum dicht mit gelben Körnern besetzt ist.*

Mais|mehl, das: *aus Maiskörnern hergestelltes Mehl.*

Mai|so|nette, Maisonnette [mɛzɔˈnɛt], die; -, -s [engl. maisonette < frz. maisonnette, Vkl. von: maison = Haus]: *zweistöckige Wohnung, bes. in einem Hochhaus, mit eigener, innerhalb der Wohnung liegender Treppe.*

Mai|so|net|te|woh|nung, Maisonnettewohnung, die: *Maisonette.*

Mai|son|nette usw.: ↑ Maisonette usw.

Maiß, der; -es, -e od. die; -, -en [mhd. meiz, eigtl. = Einschnitt, zu: meizen, ↑ Meißel] (bayr., österr.): **a)** *Holzschlag;* **b)** *junger Wald.*

Mais|sor|te, die: *Sorte von Mais.*

Mais|stär|ke, die: *aus Mais gewonnene Stärke.*

Maî|t|re ['mɛːtrə], der; -s, - ['mɛːtrə] [frz. maître < afrz. maistre < lat. magister, ↑ Magister]: **a)** frz. Bez. für: Herr, Gebieter; Lehrer, Meister; **b)** ⟨o. Pl.⟩ *Titel juristischer Amtspersonen in Frankreich;* **c)** *Träger des Titels Maître* (b).

Maî|t|res|se: ↑ Mätresse.

Ma|ja, die; - [sanskr. māyā = Trugbild]: *(im Buddhismus) sich ständig verändernde Welt der Erscheinung.*

Ma|jes|tät, die; -, -en [mhd. majestāt < lat. maiestas = Größe, Erhabenheit, zu: maior, ↑ ¹Major]: **1. a)** ⟨o. Pl.⟩ *Titel u. Anrede von Kaisern u. Königen:* Kaiserliche, Königliche M.!; Seine M.; Eure, Euer M. haben/(seltener:) hat befohlen; **b)** *Träger des Titels Majestät* (1 a): Seine M., der König, betritt den Saal; Ihre -en wurden *(das kaiserliche, königliche Paar wurde)* festlich empfangen. **2.** ⟨o. Pl.⟩ (geh.) **a)** *Erhabenheit, Größe, die einer Sache innewohnt, von ihr ausgeht:* die M. der Berge, des Todes; **b)** *hoheitsvolle Würde:* sein Wesen strahlte M. aus.

ma|jes|tä|tisch ⟨Adj.⟩: **a)** *Erhabenheit, Größe erkennen lassend:* der -e Anblick der Berge; Kosaken und Spanier, Schweden, Römer und Hunnen standen auf dem einen oder anderen Ufer, blickten über den m. dahinfließenden Strom, der zunächst Halt gebot (Böll, Erzählungen 43); **b)** *hoheitsvoll, würdevoll:* die Diva schreitet m. durch die Menge.

Ma|jes|täts|be|lei|di|gung, die: **1.** (Rechtsspr. veraltet) *Majestätsverbrechen.* **2.** (spött.) *Äußerung, Handlung, mit der jmd. einer anderen Person in höherer Stellung zu nahe tritt u. sie damit beleidigt.*

Ma|jes|täts|ver|bre|chen, das (Rechtsspr. veraltet): *Verbrechen, das sich gegen den Kaiser od. König u. das Reich richtet.*

Ma|jo, der; -s, -s: kurz für ↑ Majonäse.

Ma|jo|nä|se: ↑ Mayonnaise.

¹**Ma|jor,** der; -s, -e [span. mayor = größer, höher, Vorsteher, Hauptmann < lat. maior = größer, Komp. von: magnus = groß] (Militär): **a)** ⟨o. Pl.⟩ *unterster Dienstgrad in der Rangordnung der Stabsoffiziere (bei Heer u. Luftwaffe);* **b)** *Offizier dieses Dienstgrades.*

²**Ma|jor** ['meɪdʒɐ], die; -, -s ⟨meist Pl.⟩ [engl. major, Substantivierung von: major = wichtig, bedeutend, Haupt-] (Jargon): *große, [mit wenigen anderen] den Markt dominierende Firma, bes. der Filmindustrie.*

Ma|jo|ran [auch: majoˈraːn], der; -s, -e [mhd. maiorān, spätahd. maiolan < mlat. majorana, wohl (unter Anlehnung an lat. maior = größer) umgebildet aus lat. amaracum = Majoran <

griech. amárakon]: **a)** *(zu den Lippenblütlern gehörende, in den Mittelmeerländern heimische) Pflanze mit kleinen, weißen Blüten;* **b)** *als Gewürz verwendete, getrocknete Blätter des Majorans* (a).

Ma|jor|do|mus, der; -, - [spätlat. maior domus (regiae) = königlicher Hausverwalter, aus: maior = Meier (1), domus = Haus] (Geschichte): *Hausmeier.*

Ma|jo|rette [majoˈrɛt], die; -, -s u. -n [...tn̩] [engl. (drum) majorette, eigtl. = w. Tambourmajor]: *junge Frau in Uniform, die bei festlichen Umzügen paradiert.*

Ma|jo|rin, die; -, -nen: **1.** *weibliches Mitglied der Heilsarmee im Majorsrang.* **2.** (veraltet) *Frau eines Majors:* ♦ Dass Lady Milford M. von Walter wird, ist Ihnen gewiss etwas Neues? (Schiller, Kabale I, 6).

Ma|jo|ri|tät, die; -, -en [frz. majorité < mlat. majoritas]: *Mehrheit* (2 a): … und mit der überwältigenden M. »der 334 Stimmen gegen nur 32 wird der Mann, »der die Hand gegen den Gesalbten des Herrn erhoben«, von jeder Amnestie ausgeschlossen und für Lebenszeit aus Frankreich verbannt (St. Zweig, Fouché 219).

Ma|jo|ri|täts|prin|zip, das: *Mehrheitsprinzip.*

Ma|jus|kel, die; -, -n [zu lat. maiusculus = etwas größer, Vkl. von: maius, Neutr. von: maior, ↑ ¹Major] (Druckw.): *Großbuchstabe (in einer lateinischen Schrift); Versal.*

Ma|jus|kel|schrift, die (Druckw.): *Druckschrift, die nur aus Großbuchstaben besteht.*

ma|ka|ber ⟨Adj.; …b[e]rer, -ste⟩ [frz. macabre, gek. aus: danse macabre (↑ Danse macabre, H. u., viell. aus dem Semit., vgl. arab. maqbara = Friedhof) (bildungsspr.): **a)** *durch eine bestimmte Beziehung zum Tod unheimlich: eine makab[e]re Szene;* **b)** *mit Tod u. Vergänglichkeit scherzend: -er Scherz, Witz.*

Ma|ka|dam, der od. das; -s, -e [nach dem schott. Straßenbauingenieur J. L. McAdam (1756–1836)] (Tiefbau): *Straßenbelag, in dem sich zahlreiche Hohlräume befinden.*

Ma|kak [auch: maˈka(:)k], der; -s u. -en, -en [maˈka(:)k] [port. macaco, afrik. Wort]: *zu den Meerkatzen gehörender Affe mit gedrungenem Körper.*

Ma|ke|do|ne, der; -n, -n: *Angehöriger eines Volkes im nordwestlichen Griechenland der Antike.*

Ma|ke|do|ni|en; -s: *Region im nördlichen Griechenland.*

Ma|ke|do|nin, die; -, -nen: w. Form zu ↑ Makedone.

ma|ke|do|nisch ⟨Adj.⟩: *Makedonien, die Makedonier betreffend; aus Makedonien stammend.*

Ma|kel, der; -s, - [mhd. makel < lat. macula = Mal; (Schand)fleck] (geh.): **1.** *etw. (ein Fehler, Mangel o. Ä.), was für jmdn., in seinen eigenen Augen od. im Urteil anderer, als Schmach, als herabsetzend gilt: etw. als M. empfinden; Irgendein geheimer M. schien an der Geburt Goldmunds zu haften (Hesse, Narziß 24).* **2.** *Fehler, fehlerhafte Beschaffenheit von etw., die etw. als unvollkommen erscheinen lässt, die seinen Wert herabsetzt: … denn das sind die untersten Blätter an der Staude, zäher als die oberen, grau von Erde, sandig und spröde, so dass sie nur allzu gerne brechen. Der Pflücker aber wird nur für Ware ohne jeden M. bezahlt (Frisch, Stiller 52).*

Mä|ke|lei, die; -, -en (abwertend): **a)** ⟨o. Pl.⟩ *dauerndes Mäkeln, Nörgeln;* **b)** (seltener) *mäkelnde Äußerung: deine Mäkeleien kannst du dir sparen.*

mä|ke|lig, mäklig ⟨Adj.⟩ (abwertend): *[häufig] mäkelnd.*

ma|kel|los ⟨Adj.⟩: *ohne Makel* (2), *ohne einen beeinträchtigenden Fehler od. Mangel: eine -e Figur, Haut.*

Ma|kel|lo|sig|keit, die; -: *das Makellossein.*

ma|keln ⟨sw. V.; hat⟩ [aus dem Niederd.(-Niederl.), Iterativbildung zu niederd.(-niederl.) maken = machen]: **1.** (Wirtschaftsjargon) *[mit etw.] Maklergeschäfte, Vermittlergeschäfte machen: er makelt Häuser, Grundstücke.* **2.** (Telefonie) *zwischen zwei Gesprächspartnern, mit denen man gleichzeitig telefonisch verbunden ist, nach Bedarf wechseln (wobei der jeweils nicht Beteiligte stets abgeschaltet ist).*

mä|keln ⟨sw. V.; hat⟩ [aus dem Niederd. < mniederd. mekelen, urspr. = makeln, später (zuerst im Niederd.) = bemängeln, nach dem Versuch der Händler, durch das Feststellen von Mängeln bei der Ware den Preis zu drücken]: **1.** (abwertend) *an jmdm., etw. beständig etw. auszusetzen haben u. seiner Unzufriedenheit durch nörgelnde Kritik Ausdruck verleihen:* ♦ ⟨mit Akk.-Obj.:⟩ Nur muss der eine nicht den andern m. (Lessing, Nathan II, 5). **2.** (selten) *makeln.*

Make-up [meɪkˈlap], das; -s, -s [engl. make-up, eigtl. = Aufmachung]: **1. a)** *kosmetische Präparate, die der Verschönerung, der dekorativen Kosmetik dienen: keinerlei M. verwenden;* **b)** *getönte [flüssige] Creme, mit der die Flächen des Gesichts bedeckt werden: M. auflegen, auftragen.* **2.** *kosmetische Verschönerung des Gesichts mit Make-up* (1): *ein gekonntes M.; kein M. tragen (sich nicht schminken, geschminkt haben).*

Ma|king-of [meɪkɪŋˈɪɔf], das; -[s], -s [engl.] (Filmjargon): *[filmischer] Bericht über die Entstehung eines Films.*

Mak|ka|ro|ni ⟨Pl.⟩ [ital. (mundartl.) maccaroni (Pl.), sg.: maccarone, ↑ Makrone]: *Maccheroni.*

Mak|ler, der; -s, - [aus dem Niederd. < mniederd. makeler, zu ↑ makeln]: *jmd., der Verkauf, Vermietung, den Abschluss von Verträgen in verschiedenen Bereichen vermittelt* (Berufsbez.): *einen M. einschalten;* Ü *ein ehrlicher M. (ein uneigennütziger Vermittler; nach dem dt. Reichskanzler O. v. Bismarck, der sich selbst so bezeichnete).*

Mak|ler|fir|ma, die: *Firma, die Maklergeschäfte betreibt.*

Mak|ler|ge|bühr, die: *Gebühr, die ein Makler für seine Vermittlung verlangt.*

Mak|ler|ge|schäft, das: *Geschäft* (1 a), *das in der Vermittlung von Verkäufen, Vermietungen u. Vertragsabschlüssen besteht.*

Mak|le|rin, die; -, -nen: w. Form zu ↑ Makler.

Mak|ler|ver|trag, der: *Vertrag, durch den sich der Auftraggeber verpflichtet, dem Makler für die Vermittlung eines Vertrages eine Vergütung zu zahlen.*

mäk|lig: ↑ mäkelig.

ma|k|r-, Ma|k|r-: ↑ makro-, Makro-.

Ma|k|re|le, die; -, -n [mhd. macrēl < niederl. mak(e)reel < afrz. maquerel < mlat. maquerellus, macarellus, H. u.]: *in Schwärmen im Meer lebender, größerer Raubfisch mit grünlich schimmerndem, von blauen Querbändern bedecktem Rücken, der wegen seines schmackhaften Fleisches als Speisefisch geschätzt wird.*

Ma|k|ro, der od. das; -s, -s (EDV): *Kurzf. von* ↑ Makrobefehl.

ma|k|ro-, Ma|k|ro-, (vor Vokalen meist:) makr-, Makr- [griech. makrós]: **1.** bedeutet in Bildungen mit Substantiven od. Adjektiven *lang, groß, im Großen:* Makrokosmos, Makrostruktur; makroökonomisch. **2.** bedeutet in Bildungen mit Substantiven od. Adjektiven *groß, größer als normal:* Makromolekül; makrozephal.

Ma|k|ro|be|fehl, der; -[e]s, -e [LÜ von engl. macro instruction, zu: macro- (< griech. makrós) = groß u. instruction = Befehl] (EDV): *zu einer Einheit zusammengefasste Folge von Befehlen* (1 b).

Ma|k|ro|bi|o|tik, die; - [zu griech. biotikós, ↑ biotisch]: **1.** (Med.) *Kunst, das Leben zu verlängern.* **2.** *spezielle, hauptsächlich auf Getreide u. Gemüse basierende Ernährungsweise.*

ma|k|ro|bi|o|tisch ⟨Adj.⟩: **1.** *die Makrobiotik* (1) *betreffend.* **2.** *die Makrobiotik* (2) *betreffend: -e Kost (die sich hauptsächlich aus Getreide u. Gemüse zusammensetzt).*

Ma|k|ro|kli|ma, das; -s -s u. (Fachspr.) …mate: *Großklima.*

Ma|k|ro|kos|mos [auch: ˈmaːkro…], der; -: *Weltall, Universum.*

Ma|k|ro|mo|le|kül [auch: ˈmaːkro…], das; -s, -e (Chemie): *aus tausend u. mehr Atomen aufgebautes Molekül.*

Ma|k|ro|ne, die; -, -n [frz. macaron = Mandeltörtchen < ital. mundartl. maccarone = Makkaroni, wohl zu ngriech. makaría = (verhüll.) Leichenschmaus]: *aus gemahlenen Mandeln, Haselnüssen od. Kokosflocken, Eiweiß u. Zucker hergestelltes kleines Gebäck.*

Ma|k|ro|öko|no|mie [auch: ˈmaːkro…], die; - [zu ↑ makro-, Makro-] (Wirtsch.): *Teilgebiet der Wirtschaftstheorie, dessen Gegenstand die Untersuchung gesamtwirtschaftlicher Zusammenhänge ist.*

ma|k|ro|öko|no|misch [auch: ˈmaːkro…] ⟨Adj.⟩ (Wirtsch.): *die Makroökonomie betreffend.*

Ma|k|ro|pha|ge, der; -n, -n ⟨meist Pl.⟩ [zu griech. phageīn = essen, fressen] (Med., Zool.): *großer Phagozyt.*

ma|k|ro|sko|pisch ⟨Adj.⟩ [zu griech. skopeīn = betrachten, (be)schauen]: *ohne optische Hilfsmittel, mit bloßem Auge erkennbar.*

Ma|k|ro|struk|tur, die; -, -en (Fachspr.): *ohne optische Hilfsmittel erkennbare Struktur (z. B. bei pflanzlichen Geweben).*

Ma|ku|la|tur, die; -, -en [mlat. maculatura = beflecktes, schadhaftes Stück, zu lat. maculare, ↑ makulieren]: **1.** (Druckw.) *beim Druck schadhaft gewordene od. fehlerhafte Bogen.* **2.** *Altpapier, das aus wertlos gewordenem bedrucktem Papier (z. B. Zeitungen, alte Akten o. Ä.) besteht: eine ganze Buchauflage als M. einstampfen;* Ü *die ganzen Ideen von damals sind M. (haben keine Gültigkeit mehr);* * **M. reden** (ugs. abwertend; *Unsinn reden*). **3.** *Gemisch aus Kleister u. fein zerrissenem Papier, das von dem Tapezierer auf eine Wand aufgetragen wird.*

ma|ku|lie|ren ⟨sw. V.; hat⟩ [lat. maculare = fleckig machen, besudeln, zu: macula, ↑ Makel] (Druckw.): *zu Makulatur* (2) *machen; einstampfen.*

mal ⟨Adv.⟩ [zu ↑ ¹Mal]: **1.** *Ausdruck der Multiplikation; malgenommen, multipliziert mit (Zeichen: · od. ×): vier m. zwei ist acht.* **2.** (ugs.) *Kurzf. von* ↑ einmal (2 c).

¹Mal, das; -[e]s, -e [mhd., ahd. māl = Zeit(punkt); Markierung, Ziel, urspr. = Abgemessenes]: *durch eine bestimmte Angabe od. Reihenfolge gekennzeichneter Zeitpunkt eines sich wiederholenden od. als wiederholbar geltenden Geschehens: das, dieses eine M. nur; ein anderes M.; jedes M.; [k]ein einziges M.; beide, einige, Hunderte M.; ein paar M.; in Dutzend M.; ein halbes hundert M.; ein oder mehrere -e; das erste M.; dies war das erste M. und [zugleich] das letzte M. (dies wird sich nicht wiederholen); in für alle M.; nächstes/das nächste M.; das habe ich schon manch liebes/manches [liebe] M.*

gedacht; er hat es mehrere -e, [so] viele -e versucht; ein und das andere M., ein oder das andere M. begleitete er uns; beim ersten M. ist alles noch ungewohnt; ich habe dir das jetzt zum dritten, letzten Mal[e] gesagt; *****M. für M.** *(jedes Mal erneut);* **mit einem Mal[e]** *(plötzlich, unerklärlicherweise);* **von M. zu M.** *(jedes Mal in fortschreitendem Maße):* die Begeisterung ließ von M. zu M. nach).

²**Mal,** das; -[e]s, -e u. Mäler [in der nhd. Form sind zusammengefallen mhd., ahd. meil = Fleck, Zeichen; Sünde, Schande u. eine Vermischung aus mhd. māl (↑¹Mal) mit mhd. māl, ahd. māl(i) = Zeichen, Fleck, Markierung]: **1.** ⟨Pl. meist -e⟩ *kennzeichnender Fleck, Verfärbung in der Haut, oft als Wundmal od. Muttermal:* ein dunkel unterlaufenes M.; sie hatte ein M. am linken Bein. **2.** ⟨Pl. meist Mäler⟩ (geh.) *größeres plastisches, architektonisches Gebilde als Denkmal, Mahnmal o. Ä.:* ein M. aufrichten. **3.** ⟨Pl. -e⟩ (Sport) **a)** *Markierung innerhalb eines Spielfelds od. einer Sportanlage:* der Schlagballspieler hat das M. berührt; **b)** (Rugby) *von den Malstangen gebildetes Tor;* **c)** (Rugby) Kurzf. von ↑ Malfeld.

Mallachit [auch: ...'xɪt], der; -s, -e [mhd. melochītes < lat. molochitis < griech. molochítēs < molóchē = Malve; nach der Farbe der Malvenblätter]: *in schwärzlich grünen Kristallen od. smaragdgrünen Aggregaten* ⟨3⟩ *vorkommendes Kupfererz, das als Schmuckstein verarbeitet wird.*

mallalchitlgrün ⟨Adj.⟩: *grün wie Malachit.*

mallad, mallalde ⟨Adj.⟩ [frz. malade < vlat. male habitus = in schlechtem Zustand befindlich] (oft emotional): *[leicht] krank u. sich deshalb unwohl, elend fühlend:* ich bin heute ganz m.

Mallalga, der; -s, -s: *brauner Süßwein aus Málaga.*

Mállalga ['ma...]: spanische Hafenstadt u. Provinz.

Mallaie, der; -n, -n: Angehöriger mongolischer Völker Südostasiens.

Mallailin, die; -, -nen: w. Form zu ↑ Malaie.

mallailisch ⟨Adj.⟩: **a)** *die Malaien betreffend, zu ihnen gehörend;* **b)** *in malaiischer Sprache [verfasst].*

Mallailisch, das; -[s], (nur mit best. Art.:) **Mallailsche,** das; -n: *auf der Malaiischen Halbinsel u. im westlichen Indonesien gesprochene Sprache.*

Mallailse [maˈlɛːzə], die; -, -n, schweiz.: das; -s, -s [frz. malaise, zusgez. aus: (être) mal à l'aise = missgestimmt (sein)] (bildungsspr.): **1.** *Unbehagen, Missstimmung.* **2.** *unbefriedigende Situation; Misere:* die M. in der Autobranche.

Mallalajllam; ↑ Malayalam.

Mallalkollolgie, die; - [zu griech. malakós = weich u. ↑ -logie]: *Lehre von den Weichtieren.*

Mallalria, die; - [ital. malaria, zusgez. aus: mala aria = böse, schlechte Luft, Sumpfluft]: *bes. in den Tropen auftretende, durch schmarotzende Einzeller hervorgerufene, durch Stechmücken übertragene Infektionskrankheit mit periodisch auftretendem, hohem Fieber.*

Mallalwi, -s: Staat in Südostafrika.

Mallalyallam, Malajalam, das; -: *drawidische Sprache, die in Südindien gesprochen wird.*

Mallay|sia; -s: Bundesstaat in Südostasien.

Mallaylsiler, der; -s, -: Ew.

Mallaylsilelrin, die; -, -nen: w. Form zu ↑ Malaysier.

mallaylsisch ⟨Adj.⟩: *Malaysia, die Malaysier betreffend; von den Malaysiern stammend, zu ihnen gehörend.*

Mallbuch, das: *Buch, Heft, dessen in Umrissen vorgedruckte Bilder von Kindern ausgemalt werden.*

mallelldeilen ⟨sw. V.; hat⟩ [zu lat. maledicere,

↑ Malediktion] (veraltet): *verwünschen, verfluchen.*

Mallelldikltilon, die; -, -en [lat. maledictio, zu: maledicere = schmähen, eigtl. = Böses sagen] (veraltet): *Verwünschung, Fluch; Schmähung.*

Mallelldilven ⟨Pl.⟩: Inselstaat im Indischen Ozean.

Mallelfiz, das; -es, -e [lat. maleficium, zu: maleficus = Böses tuend, zu: malefacere = Böses tun]: **1.** (veraltet) *Missetat, Verbrechen.* **2.** (landsch.) *Strafgericht.*

mallen ⟨sw. V.; hat⟩ [mhd. mālen, ahd. mālōn, mālēn = mit Zeichen versehen, zu mhd. māl, ahd. māl(i), ↑²Mal]: **1. a)** *mit Pinsel u. Farbe (ein Bild) herstellen:* ein Bild [in Öl, nach der Natur] m.; ein Porträt m.; Schilder m. (anfertigen); ⟨auch ohne Akk.-Obj.:⟩ er malt in Öl; **b)** *mit Pinsel u. Farbe im Bild [künstlerisch] darstellen:* jmdn. in Lebensgröße, ein Motiv in Pastell m.; das Kind hat ein Haus gemalt *(mit Farbstiften, Wasserfarben o. Ä. gezeichnet);* Ü seine Jugend in düsteren, schwarzen Farben m. (*negativ schildern);* die Zukunft allzu rosig m. *(allzu optimistisch sehen);* **c)** *mit Pinsel u. Farbe künstlerisch tätig sein:* in seiner Freizeit m.; mein Freund m. **2.** *langsam, wie malend* ⟨1 c⟩ *schreiben, Zeichen auf etw. aufbringen:* schreib bitte etwas schneller, du brauchst nicht zu m. **3. a)** (landsch.) *mit Farbe streichen; Farbe auf etw. auftragen:* die Türen m.; Ü der Herbst malt *(färbt)* die Blätter bunt; **b)** *als, in Farbe auftragen:* eine Blume auf das Papier m. **4.** (ugs.) *Lippenstift, Nagellack auf etw. auftragen:* sich die Lippen, die Fußnägel m. **5.** ⟨m. + sich⟩ (geh.) *sich in etw. ausdrücken, widerspiegeln:* auf ihrem Gesicht malte sich Entsetzen.

Maller, der; -s, - [mhd. mālære, ahd. mālāri]: **1.** *Künstler, der Bilder malt:* ein berühmter, unbekannter, niederländischer M.; ein M. des Impressionismus. **2.** *Handwerker, der etw. mit Farbe streicht* (Berufsbez.): der M. streicht die Küche, weißt die Decke; nächste Woche kommt der M.

Mallelrei, die; -, -en: **1.** ⟨o. Pl.⟩ *das Malen* ⟨1 c⟩ *als Kunstgattung:* die moderne, zeitgenössische, abstrakte M. **2.** *Werk der Malerei* ⟨1⟩: -en in Museen.

Mallerlemail, das; -s, -s: **1.** ⟨o. Pl.⟩ *Technik der Emailkunst, bei der auf eine Metallplatte mit Emailüberzug mit nacheinander aufgeschmolzenen Glasflüssen gemalt wird.* **2.** *mithilfe von Maleremail* ⟨1⟩ *hergestelltes Kunstwerk.*

Mallerlfarlbe, die; -, -n: **1.** *zum Malen* (1, 3) *dienende Farbe, bes. Farbe des Malers* (2).

Mallerlfürst, der: *sehr berühmter, in seinem Lebensstil oft extravaganter Maler.*

Mallerlfürsltin, die: w. Form zu ↑ Malerfürst.

Mallerlgelsellle, der: *Geselle des Malerhandwerks.*

Mallerlgelselllin, die: w. Form zu ↑ Malergeselle.

Mallerlhandlwerk, das ⟨o. Pl.⟩: *Handwerk des Malers* (2).

Mallelrin, die; -, -nen [mhd. mālærinne]: w. Form zu ↑ Maler.

mallelrisch ⟨Adj.⟩: **1.** *die Malerei betreffend, dazu gehörend; für die Malerei typisch:* die -e Auffassung eines Künstlers; die Landschaft als -es Motiv; ein -es Talent. **2.** *sehr schön, wie zum Malen geschaffen:* ein -er Anblick; der Ort liegt m. in einem Tal.

Mallerlmeister, der: *Meister im Malerhandwerk.*

Mallerlmeisltelrin, die: w. Form zu ↑ Malermeister.

Mallfarlbe, die: *zum Malen* (1) *dienende Farbe.*

Mallfeld, das [zu ↑²Mal (3)] (Rugby): *hinter der Mallinie gelegener, nicht mehr als 23 m tiefer Streifen.*

Mallgrund, der (Kunstwiss.): *aufgetragene Schicht als farblich einheitlicher Untergrund eines Bildes.*

Mallheur [maˈløːɐ̯], das; -s, -e u. -s [frz. malheur, aus: mal (< lat. malus = schlecht) u. älter heur = glücklicher Zufall, zu lat. augurium = Vorzeichen]: **1.** (ugs.) *nicht sehr folgenschweres Missgeschick, Unglück, das den Betroffenen in eine peinliche Situation bringt:* mir ist ein [kleines] M. passiert; das ist doch kein M.! *(nicht so schlimm!).* **2.** (veraltet) *Unglück, Unfall.*

Malli; -s: Staat in Afrika.

Mallice [maˈliːsə], die; -, -n [frz. malice < lat. malitia, ↑ maliziös] (veraltend): **1.** *Bosheit* (a). **2.** *boshafte Äußerung, bissige Bemerkung:* ◆ ... flüsterte Romeo einen Kalauer ins Ohr oder wohl auch eine M. (Fontane, Effi Briest 76).

Malliler, der; -s, -: Ew. zu ↑ Mali.

Mallilelrin, die; -, -nen: w. Form zu ↑ Malier.

mallilgne ⟨Adj.⟩ [lat. malignus, zu: malus = schlecht, böse] (Med.): *(bes. von Tumoren) bösartig.*

mallisch ⟨Adj.⟩: *Mali, die Malier betreffend.*

mallilzilös ⟨Adj.⟩ [frz. malicieux < lat. malitiosus, zu: malitia = Arglist, zu: malus, ↑ Malus] (bildungsspr.): *boshaft* (b).

Mallkaslten, der: *Kasten mit Farben zum Malen; Farbkasten.*

mallkonltent ⟨Adj.⟩ [frz. malcontent, zu: mal (↑ Malaise) u. content < lat. contentus = zufrieden] (veraltet, noch landsch.): *[mit den politischen Zuständen] unzufrieden:* ◆ ⟨subst.:⟩ ... ich habe Korrespondenz mit allen Malkontenten in der ganzen Welt (Goethe, Die Vögel).

Mallkunst, die: **1.** ⟨o. Pl.⟩ *Kunst der Malerei.* **2.** (ugs.) *malerische Fähigkeit.*

mall, malle ⟨Adj.⟩ [aus dem Niederd. < mniederl. mal = töricht, närrisch, H. u.]: **1.** (Seemannsspr.) *(vom Wind) umspringend, plötzlich aus einer anderen Richtung kommend.* **2.** (ugs., bes. nordd.) *nicht ganz bei Verstand; wunderlich.*

Mall [mɔːl], die; -, -s [engl. mall, urspr. = Straße, in der das schottische Ballspiel Pall-Mall gespielt wurde]: *(bes. in den USA) großes überdachtes Einkaufszentrum.*

malle; ↑ mall.

Malllorlca [maˈjɔr..., auch: maˈlɔr...]; -s: größte Insel der Balearen.

Malllorlquiner [...ˈkiː...], der; -s, -: Ew.

Malllorlquilnelrin, die; -, -nen: w. Form zu ↑ Mallorquiner.

malllorlquilnisch ⟨Adj.⟩: *Mallorca, die Mallorquiner betreffend; von den Mallorquinern stammend, zu ihnen gehörend.*

Malm, der; -[e]s [engl. malm = kalkreicher Lehm, verw. mit mhd. malm, ↑ malmen] (Geol.): *obere Abteilung des ²Juras.*

mallmen ⟨sw. V.; hat⟩ [zu mhd. malm, melm, ahd. melm = Staub, Sand] (geh.): *die Zähne in langsamer Bewegung laut aneinanderreiben [u. Nahrung zermahlen]:* mit den Zähnen m.

Mallmö: Hafenstadt in Schweden.

mallnehlmen ⟨st. V.; hat⟩: *multiplizieren.*

Mallolche [auch: ...ˈlɔ...], die; - [jidd. melocho < hebr. mĕlāḵā] (salopp): *[schwere] Arbeit:* sie fluchten über die M. unter Tage.

malllolchen [auch: ...ˈlɔ...] ⟨sw. V.; hat⟩ (salopp): *[körperlich] schwer arbeiten:* in der Fabrik m.; ⟨subst.:⟩ Wenn wir fixfertig sind vom Malochen, bleibt nur noch die Glotze (Grass, Butt 543).

Mallolcher [auch: ...ˈlɔ...], der; -s, - (salopp): *Arbeiter* (b).

Mallolchelrin [auch: ...ˈlɔ...], die; -, -nen: w. Form zu ↑ Malocher.

Mallstanlge, die (Rugby): *Pfosten od. Querlatte des ²Mals* (3 b).

Mallta; -s: Inselstaat im Mittelmeer.

Malltechlnik, die: *Technik im Malen* (1).

Mallteser, der; -s, -: **1.** Ew. zu ↑ Malta. **2.** *Angehö-*

Malteser-Hilfsdienst – Manager

riger des Malteserordens. **3.** Schoßhund mit weißem, langhaarigem Fell.

Mal|te|ser-Hilfs|dienst, der: Hilfsdienst, dessen freiwillige Helfer als Sanitäter, im Katastrophenschutz u. in der Unfallhilfe tätig sind.

Mal|te|se|rin, die; -, -nen: w. Form zu ↑ Malteser (1).

Mal|te|ser|kreuz, das [nach dem Zeichen des Malteserordens]: **1.** Kreuz, dessen vier Arme in je zwei Spitzen auslaufen. **2.** in der Form einem Malteserkreuz (1) ähnelndes Teil am Filmprojektor zur ruckweisen Fortbewegung des Films.

Mal|te|ser|or|den, der 〈o. Pl.〉: katholischer Zweig des Johanniterordens (dessen Sitz von 1530 bis 1798 auf Malta war).

Mal|te|ser|rit|ter, der: Malteser (2).

mal|te|sisch 〈Adj.〉: **a)** Malta, die Malteser (1) betreffend; **b)** in maltesischer Sprache [verfasst].

Mal|to|se, die; - [zu nlat. maltum = Malz] (Chemie): in Malz u. Biermaische enthaltener Zucker, der aus Stärke u. Glykogen entsteht; Malzzucker.

mal|trä|tie|ren 〈sw. V.; hat〉 [frz. maltraiter, aus: mal (↑ Malaise) u. traiter < lat. tractare = behandeln]: misshandeln; mit jmdm., etw. übel umgehen: jmdn. mit Fäusten und Füßen m.

Mal|lus, der; - u. Malusses, -u. Malusse [zu lat. malus = schlecht]: **1.** (Kfz-Wesen) nachträgliche Erhöhung der zu zahlenden Prämie bei Häufung von Schadensfällen. **2.** (Schule, Sport) zum Ausgleich für eine bessere Ausgangsposition erteilter Punktnachteil.

◆**Mal|va|sier,** die; -, -: wegen ihres Geschmacks nach dem Malvasier benannte Birnensorte: … da ich ihr doch mehr für eine ausgekernte M., die runtergeht wie Butter (Fontane, Jenny Treibel 190).

Mal|ve, die; -, -n [ital. malva < lat. malva, aus einer Mittelmeersprache]: (in zahlreichen Arten vorkommende) kriechend bzw. aufrecht wachsende Pflanze mit teller- bis trichterförmigen rosa bis blasslila Blüten.

Mal|ven|ge|wächs, das 〈meist Pl.〉 (Bot.): Pflanze einer als Kraut, Strauch od. Baum vorkommenden Pflanzenfamilie mit Blütenständen od. einzelnen Blüten.

Mal|ware ['mælwɛːɐ̯], die; -, -s 〈Pl. selten〉 [engl. malware, Kurzwort aus: **mal**icious soft**ware** = »böswillige« Software] (EDV): Software, die (wie z. B. Viren, Würmer usw.) in Computersysteme eindringen u. dort Störungen od. Schäden verursachen kann.

Mal|wei|se, die; -, -n: Art, in der jmd. malt.

Mal|wett|be|werb, der: Wettbewerb im Malen (1).

Malz, das; -es, 〈Sorten:〉 -e [mhd., ahd. malz, eigtl. = weiche Masse]: bes. zur Herstellung von Bier u. verschiedenen Nährpräparaten dienendes Produkt aus Getreide (meist Gerste), das zum Keimen gebracht u. danach gedarrt wurde.

Malz|bier, das: süßes, Malz enthaltendes dunkles Bier mit geringem Alkoholgehalt.

Malz|bon|bon, der od. das: [Husten]bonbon, der einen Zusatz von Malz enthält.

Malz|zei|chen, das [zu ↑ mal]: Zeichen zum Malnehmen, Multiplizieren; Multiplikationszeichen (Zeichen: · od. ×).

Mäl|zer, der; -s, -: Arbeiter in einer Mälzerei.

Mäl|ze|rei, die; -, -en: Brauerei gehörender Betrieb, in dem Malz hergestellt wird.

Mäl|ze|rin, die; -, -nen: w. Form zu ↑ Mälzer.

Malz|kaf|fee, der; -s: Kaffee-Ersatz aus Keimen gebrauchter, getrockneter u. gerösteter Gerste. **2.** Getränk aus gemahlenem, mit kochendem Wasser übergossenem Malzkaffee (1).

Malz|zu|cker, der: Maltose.

Ma|ma [geh. veraltend: ma'maː], die; -, -s [frz. maman, verw. mit lat. mamma, ↑ Mamma] (fam.): Mutter: liebe M.; wie geht es Ihrer Frau M. [ma'maː]?

Mam|ba, die; -, -s [Zulu (südafrikanische Spr.) im-amba]: (in Afrika heimische) giftige Natter von grüner bzw. schwarzer Färbung, die auf Bäumen u. im Gebüsch lebt.

Mam|bo, der; -[s], -s, auch: die; -, -s [wohl aus dem Kreol. Haitis]: südamerikanisch-kubanischer Gesellschaftstanz im $^4/_4$-Takt, mit schnellen Schritten u. ruckartigen Hüftbewegungen.

Ma|me|luck, der; -en, -en [ital. mammalucco < arab. mamlūk = Sklave]: **1.** Militärsklave islamischer Herrscher. **2.** Angehöriger eines ägyptischen Herrschergeschlechts des 13.–16. Jh.s).

Ma|mi, die; -, -s: Kosef. von ↑ Mama.

Mam|ma, die; -, Mammae […mɛ] [lat. mamma = Mutter(brust), Amme < griech. mámma, Lallwort der Kinderspr.]: **1.** (Med.) weibliche Brust, Brustdrüse. **2.** (Tiermed.) Euter.

Mam|ma|kar|zi|nom, das (Med.): Brustkrebs.

Mam|ma|lia 〈Pl.〉 (Zool.): Säugetiere.

Mam|mo|gra|fie, Mam|mo|gra|phie, die; -, -n [zu ↑ Mamma u. ↑ -grafie] (Med.): röntgenologische Untersuchung der weiblichen Brust zur Feststellung bösartiger Geschwulste.

Mam|mon, der; -s [kirchenlat. mammona(s) < griech. mamōnâs < aram. māmōna = Besitz, Habe] (meist abwertend od. scherzh.): Geld als [leidige] materielle Voraussetzung für etw., zur Erfüllung luxuriöser Bedürfnisse o. Ä.: dem M. nachjagen; er tut alles um den schnöden -s willen.

Mam|mut, das; -s, -e u. -s [frz. mammouth < russ. mamont, viell. aus dem Jakut.]: (gegen Ende der Eiszeit ausgestorbener) Elefant mit dichter, langer Behaarung u. langen, gebogenen Stoßzähnen.

Mam|mut- (emotional verstärkend): drückt in Bildungen mit Substantiven aus, dass etw. von gewaltiger Anzahl, Menge, räumlich od. zeitlich von besonders großer Ausdehnung ist: Mammutgebilde, -tournee.

Mam|mut|an|la|ge, die: überdimensionale Anlage (3, 4).

Mam|mut|baum, der: (im westlichen Nordamerika heimischer) sehr hoch wachsender Baum mit rissiger, hellbrauner Borke, schuppenförmigen Nadeln u. pyramidenförmiger Krone.

Mam|mut|film, der: aufwendiger Film mit Überlänge; Kolossalfilm.

Mam|mut|kno|chen, der: erhaltener Knochen eines Mammuts.

Mam|mut|kon|zert, das (emotional verstärkend): sehr lange dauerndes Konzert [mit sehr vielen Beteiligten].

Mam|mut|pro|jekt, das (emotional verstärkend): sehr großes Projekt: nach über fünfjähriger Bauzeit ist das M. nun abgeschlossen.

Mam|mut|sit|zung, die (emotional verstärkend): sehr lange dauernde Sitzung.

Mam|mut|ver|an|stal|tung, die (emotional verstärkend): Veranstaltung in sehr, übermäßig großem Rahmen mit sehr vielen Beteiligten.

mamp|fen 〈sw. V.; hat〉 [eigtl. – mit vollem Munde sprechen u. nur undeutliche Laute hören lassen] (salopp): behaglich [mit vollen Backen] essen: er mampfte den ganzen Kuchen.

Mam|sell, die; -, -en u. -s [frz. ugs. mam'selle, Kurzf. von ↑ Mademoiselle]: **1.** Angestellte, die in einer Gaststätte für die Zubereitung u. Ausgabe der warmen u. kalten Speisen verantwortlich ist (Berufsbez.): jmdn. als kalte M. (Kaltmamsell) einstellen. **2.** (veraltet) Hausgehilfin. **3.** (veraltet, noch spött. od. scherzh.) Fräulein (1 a, 2 a):

◆ Sonst meinte ich so – die Sternberg. – Die M. Sternberg? (Iffland, Die Hagestolzen II, 2); ◆ Sie sehen, dass meine Absichten auf M. Luisen ernsthaft sind (Schiller, Kabale I, 2). **4.** (veraltend) Hauswirtschafterin auf einem Gutshof (Berufsbez.).

¹man (Indefinitpron. im Nom.; zu den gebeugten Fällen ↑ ²ein) [mhd., ahd. man (↑ Mann), eigtl. = irgendeiner, jeder beliebige (Mensch)]: **1.** jemand (sofern er in einer bestimmten Situation stellvertretend für jedermann genommen werden kann): von dort oben hat m. eine herrliche Aussicht; m. nehme … **2.** irgendjemand od. eine bestimmte Gruppe von Personen (im Hinblick auf ein bestimmtes Verhalten, Tun) (oft anstelle einer passivischen Konstruktion): m. vermutet (es wird allgemein vermutet), dass er es selbst getan hat; m. hat die Kirche wieder aufgebaut (die Kirche wurde wieder aufgebaut). **3. a)** die Leute (stellvertretend für die Öffentlichkeit): m. ist in diesem Punkt heute viel toleranter; das trägt m. heute; **b)** man (in einer bestimmten gesellschaftlichen Normen, Gepflogenheiten hält: so etwas tut m. nicht. **4.** ich, wir (wenn der Sprecher, die Sprecherin in der Allgemeinheit aufgeht od. aufgehen möchte): m. versteht ja sein eigenes Wort nicht!; wenn m. sich die Sache richtig überlegt. **5.** du, ihr, Sie; er, sie (zum Ausdruck der Distanz, wenn jmd. die direkte Anrede vermeiden will): hat m. sich gut erholt?

²man 〈Adv.〉 [mniederd. man = nur, über nicht belegte Form mit -m- zu: newan = nur, ausgenommen < asächs. ne-, nowan aus ne- = nicht u. wan = nur, außer] (nordd. ugs.): nur (als Bekräftigung, zur Verstärkung des Gesagten): lass m. gut sein!; na, denn m. los!

Ma|nage|ment ['mænɪdʒmənt, auch: 'mɛnɪtʃ-mənt], das; -s, -s [engl. management, zu: to manage, ↑ managen]: **1.** 〈o. Pl.〉 Leitung, Führung eines Großunternehmens o. Ä., die Planung, Grundsatzentscheidungen u. Erteilung von Anweisungen umfasst. **2.** Führungskräfte eines Großunternehmens o. Ä.: das untere, mittlere, obere M.; dem M. angehören. **3.** Verwaltung (1), Betreuung, Organisation: er war für das M. der Veranstaltung zuständig.

Ma|nage|ment|be|ra|tung, die; -, -en: **1.** Beratung eines Unternehmens, einer Behörde o. Ä. bei der Lösung von Problemen in den Bereichen Strategie, Planung, Organisation o. Ä. **2.** Unternehmen, das Managementberatung (1) betreibt.

Ma|nage|ment-Buy-out, das; -s, -s [zu engl. buyout = Kauf (einer Mehrheitsbeteiligung), zu: to buy out = aufkaufen] (Wirtsch.): Übernahme einer Firma durch die eigene Geschäftsleitung.

Ma|nage|ment|feh|ler, der: gravierender, folgenschwerer Fehler, den das Management (2) macht.

Ma|nage|ment|ge|bühr, die (Wirtsch.): Gebühr, die von einer Kapitalanlagegesellschaft für die Verwaltung des Fonds (1 b) erhoben wird.

Ma|nage|ment|sys|tem, das: System von Maßnahmen, Methoden o. Ä., das der Bewältigung von Aufgaben des Managements (2) dient.

Ma|nage|ment|team, das: aus Managern (1) bestehendes Team (1).

ma|na|gen ['mɛnɪdʒn̩] 〈sw. V.; hat〉 [engl. to manage = handhaben; leiten < ital. maneggiare = handhaben, zu: mano < lat. manus = Hand]: **1.** (ugs.) handhaben u. bewerkstelligen od. bewerkstelligen; leiten: etw. geschickt m. **2.** (jmdn., bes. einen Künstler, einen Berufssportler o. Ä.) geschäftlich betreuen; lancieren (2): der Fußballspieler wird noch immer von seiner Frau gemanagt.

Ma|na|ger ['mɛnɪdʒɐ], der; -s, - [engl. manager]:

1. *mit weitgehender Verfügungsgewalt u. Entscheidungsbefugnis ausgestattete, leitende Persönlichkeit eines Großunternehmens.* **2.** *geschäftlicher Betreuer von Künstlern, Berufssportlern o. Ä.*
Ma|na|ger|ge|halt, das: ²*Gehalt eines Managers.*
Ma|na|ge|rin, die; -, -nen: w. Form zu ↑ Manager.
Ma|na|ger|krank|heit, die (volkstüml.): *bes. bei Männern mittleren Alters infolge körperlicher u. seelischer Überbeanspruchung auftretende Erkrankung.*
Ma|na|ger|typ, der: *Typ des Managers* (1); *jmd., der gerne managt.*
Ma|na|gua: Hauptstadt von Nicaragua.
Ma|na|ma: Hauptstadt von Bahrain.
manch ⟨Indefinitpron. u. unbest. Zahlwort⟩ [mhd. manec, manig, ahd. manag, gemeingerm. Wort, vgl. z. B. aengl. manig (> engl. many); der ch-Auslaut wurde im Frühnhd. aus den Mundarten übernommen]: **1.** ⟨mancher, manche, manches; (unflekt.:) manch (Sg.)⟩ *einzelne Person od. Sache, die sich mit anderen ihrer Art zu einer unbestimmten, aber ins Gewicht fallenden Anzahl summiert:* ⟨attr.:⟩ *die Ansicht -es Gelehrten; aufgrund -en/(seltener:) -es Missverständnisses; in -em schwierigen Fall;* ⟨unflekt.:⟩ *in m. schwierigem Fall;* ⟨allein stehend:⟩ *so -er musste das erleben!* **2.** ⟨manche (Pl.)⟩ *einige, in ihrer Anzahl aber trotzdem ins Gewicht fallende Personen od. Sachen unter anderen:* ⟨attr.:⟩ *-e ältere/älteren Menschen;* ⟨allein stehend:⟩ *-e der, von den, unter den Verletzten.*
man|chen|orts: ↑ mancherorts.
man|cher|lei ⟨unbest. Gattungsz.; indekl.⟩ [↑ -lei]: **a)** ⟨attr.⟩ *verschiedene einzelne [ins Gewicht fallende] Dinge, Arten o. Ä. umfassend:* m. Unbilden, Ursachen, ♦ ⟨mit dem best. Art..:⟩ *... hinunterschrauben dürfte mein Aug' auf die m. Folterschrauben der sinnreichen Hölle* (Schiller, Fiesco V, 13); **b)** ⟨allein stehend⟩ *manche Dinge, Sachen:* m. mit jmdm. gemeinsam haben; auf m. verzichten müssen.
man|cher|orts ⟨Adv.⟩ (geh.): *an manchen, einigen Orten.*
man|cher|wärts ⟨Adv.⟩ [↑ -wärts] (geh.): *mancherorts.*
¹**Man|ches|ter** [ˈmɛntʃɛstɐ, engl.: ˈmæntʃɪstə]: Stadt in England.
²**Man|ches|ter** [ˈmɛntʃɛstɐ, manˈʃɛstɐ], der; -s [nach der gleichnamigen engl. Stadt]: *strapazierfähiger, steifer, gerippter Baumwollsamt bes. für Arbeitsanzüge.*
Man|ches|ter|ho|se, die: *Hose aus* ²*Manchester.*
Man|ches|ter|stoff, der: ²*Manchester.*
manch|mal ⟨Adv.⟩ [zusgez. aus unflekt. ↑ manch u. ↑ ¹Mal]: **a)** *nicht regelmäßig, unterschiedlich häufig, mehr od. weniger oft; hin u. wieder:* sie besuchte ihn m.; **b)** *in einigen Fällen:* m. ist dies gerechtfertigt.
Man|da|la, das; -[s], -s [sanskr. maṇḍala = Kreis]: **1.** *in den indischen Religionen als Meditationshilfe dienende abstrakte od. bildhafte Darstellung (meist in Kreis- od. Viereckform).* **2.** (Psychol.) *Traumbild od. von Patienten angefertigte bildliche Darstellung als Symbol der Selbstfindung.*
Man|dant, der; -en, -en [zu lat. mandans (Gen.: mandantis), 1. Part. von: mandare = anvertrauen] (Rechtsspr.): *Klient (bes. eines Rechtsanwalts), Kunde, Auftraggeber.*
Man|dan|tin, die; -, -nen: w. Form zu ↑ Mandant.
¹**Man|da|rin,** der; -s, -e [port. mandarim (in Anlehnung an: mandar = befehlen) < malai. mantari < Hindi mantri < sanskr. mantri = Ratgeber, Minister]: *(bis zur Revolution von 1911) zur politischen u. sozialen Führungsschicht gehörender chinesischer Staatsbeamter.*
²**Man|da|rin** [auch: …ˈriːn], das; -[s]: *Dialekt von Peking, der heute die Standardsprache Chinas ist.*
Man|da|ri|ne, die; -, -n [frz. mandarine < span. (naranja) mandarina, eigtl. = Mandarinenorange (wohl nach der gelben Amtstracht der Mandarine u. auch weil die Frucht als erlesen galt)]: *der Apfelsine ähnliche, aber kleinere u. flachere Zitrusfrucht mit süßerem Aroma u. leicht ablösbarer Schale.*
Man|da|ri|nen|baum, der: *kleiner, immergrüner Baum mit weißen, duftenden Blüten u. Mandarinen als Früchten.*
Man|da|ri|nen|scha|le, die: *Schale der Mandarine.*
Man|da|rin|en|te, die [LÜ von engl. mandarin duck]: *(in Ostasien heimische) Ente mit orangeroten Schulterfedern beim Männchen.*
Man|dat, das; -[e]s, -e [lat. mandatum = Auftrag, Weisung, subst. 2. Part. von: mandare, ↑ Mandant]: **1. a)** (bes. Rechtsspr.) *Auftrag, etw. für jmdn. auszuführen, jmdn. in einer Angelegenheit juristisch zu vertreten:* ein M. übernehmen; **b)** *Auftrag, den Abgeordnete durch eine Wahl erhalten haben:* politisches M. (Berechtigung einer Körperschaft, Erklärungen zu allgemeinen politischen Fragen abzugeben). **2.** *auf einer Wahl beruhendes Amt eines Abgeordneten mit Sitz u. Stimme im Parlament; Abgeordnetensitz:* sein M. niederlegen. **3.** (im Auftrag des früheren Völkerbundes) *von einem fremden Staat in Treuhand verwaltetes Gebiet.*
Man|da|tar, der; -s, -e [mlat. mandatarius, zu lat. mandatum, ↑ Mandat]: **1.** *jmd. (z. B. ein Rechtsanwalt), der im Auftrag, kraft Vollmacht eines anderen handelt.* **2.** (österr.) *Abgeordneter.*
Man|da|ta|rin, die; -, -nen: w. Form zu ↑ Mandatar.
Man|dats|ge|biet, das: *Mandat* (3).
Man|dats|trä|ger, der: *jmd., dem ein Mandat* (1 b) *übertragen worden ist.*
Man|dats|trä|ge|rin, die: w. Form zu ↑ Mandatsträger.
Man|dats|ver|lust, der: *Verlust des Mandats* (2).
¹**Man|del,** die; -, -n [mhd. mandel, ahd. mandala < spätlat. amandula, amandula < lat. amygdala < griech. amygdálē]: **1. a)** *von einer braunen Haut umgebener, gelblich weißer Samenkern des Steinfruchtes des Mandelbaums, der für die Herstellung von Süßwaren u. zum Backen verwendet wird:* süße -n; -n hacken; **b)** *glatter Steinkern mit kleinen Vertiefungen, der in den Steinfrüchten des Mandelbaums sitzt u.* ¹*Mandel* (1 a) *enthält.* **2.** ⟨meist Pl.⟩ **a)** *Gaumenmandel:* vereiterte -n haben; **b)** (Anat.) *mandelförmiger Gewebslappen bzw. Organ aus lymphatischem Gewebe* (z. B. Rachenmandel).
²**Man|del,** die; -, -[n] [spätmhd. mandel < mlat. mandala = Bündel, Garbe, im Sinne von »eine Handvoll« zu lat. manus = Hand] (veraltet): **a)** (bes. von Eiern) *Menge von 15 od. 16 Stück:* drei M./-n Eier; **b)** *Gruppe von etwa 15 aufgestellten Getreidegarben.*
Man|del|au|ge, das ⟨meist Pl.⟩: *mandelförmiges Auge.*
man|del|äu|gig ⟨Adj.⟩: *Mandelaugen besitzend.*
Man|del|baum, der: *kleiner Baum mit weißen od. rosa, vor den Blättern erscheinenden Blüten u. abgeflacht eiförmigen Steinfrüchten mit einem Steinkern, der die* ¹*Mandel* (1 a) *enthält;* **b)** *(aus China stammender) oft als Hochstamm veredelter Zierstrauch mit kleinen gefüllten rosa Blüten.*
Man|del|ent|zün|dung, die: *Entzündung u. Schwellung der [Gaumen]mandeln mit Schluckbeschwerden.*
man|del|för|mig ⟨Adj.⟩: *von der Form einer* ¹*Mandel* (1), *[abgeflacht] eiförmig u. an den beiden Enden spitz auslaufend:* -e Augen.

Man|del|ge|bäck, das: *Kleingebäck, dessen Teig hauptsächlich aus geriebenen Mandeln besteht.*
Man|del|hörn|chen, das: *gemahlene od. gehackte* ¹*Mandeln* (1 a) *enthaltendes Hörnchen* (2).
Man|del|kern, der: ¹*Mandel* (1 a).
Man|del|kleie, die: *Reinigungsmittel für empfindliche Haut aus den kleiartigen Rückständen bei der Gewinnung von Mandelöl.*
Man|del|milch, die: *Mittel zur Hautpflege aus geschälten* ¹*Mandeln* (1 a) *mit bestimmten Zusätzen.*
Man|del|müh|le, die: *Küchengerät zum Mahlen von* ¹*Mandeln* (1 a).
Man|del|öl, das: *Öl aus den Früchten des Mandelbaums.*
Man|del|ope|ra|ti|on, die: *operative Entfernung der Gaumenmandeln.*
Man|del|rei|be, die: *Reibe zum Reiben von* ¹*Mandeln* (1 a).
Man|del|säu|re, die: *aus bitteren* ¹*Mandeln* (1 a) *gewonnene Säure.*
Man|del|scha|le, die: *Schale der* ¹*Mandel* (1 b).
Man|del|sei|fe, die: *Seife aus Mandelöl.*
Man|di|beln ⟨Pl.⟩ [zu spätlat. mandibula = Kinn(lade), zu lat. mandere = kauen] (Zool.): *Oberkiefer, erstes Paar der Mundgliedmaßen bei Gliederfüßern.*
Mandl, das; -s, -[n] [mundartl. Vkl. von ↑ Mann] (bayr., österr. ugs.): **a)** *Männlein; kleiner [alter] Mann;* **b)** *etw. in der Form eines Männleins* (z. B. Vogelscheuche).
Man|do|li|ne, die; -, -n [frz. mandoline < ital. mandolino, Vkl. von: mandola, älter: mandora, viell. umgestaltet aus: pandora < lat. pandura < griech. pandoũra = ein dreisaitiges Musikinstrument]: *lautenähnliches Musikinstrument mit bauchigem Schallkörper, kurzem Hals u. vier Doppelsaiten aus Stahl, die mit einem Plektron angerissen werden.*
Man|dor|la, die; -, …dorln [ital. mandorla = Mandel, älter: mandola < spätlat. ↑ ¹Mandel] (bild. Kunst): *(bei Christus- u. Mariendarstellungen) mandelförmiger Heiligenschein um die ganze Figur.*
Man|d|ra|go|ra, Man|d|ra|go|re, die; -, …oren [lat. mandragoras < griech. mandragóras]: *(zu den Nachtschattengewächsen gehörende) stängellose Pflanze mit großen Blättern u. glockigen Blüten.*
Man|d|rill, der; -s, -e [engl. mandrill, zu: man = Mann, Mensch u. drill, ↑ ³Drill]: *(in Westafrika heimischer) in Herden lebender, meerkatzenartiger Affe mit großem, buntem Kopf u. mit Stummelschwanz.*
Man|d|schu|rei, die; -: nordöstlicher Teil Chinas.

-ma|ne, der; -n, -n [zu ↑ Manie] (meist scherzh.): *kennzeichnet in Bildungen mit Substantiven eine Person, die auf etw. fast suchtartig fixiert, ganz versessen ist:* Filmomane, Pornomane.

Ma|ne|ge [maˈneːʒə], die; -, -n [frz. manège = das Zureiten, Reitbahn < ital. maneggio, zu: maneggiare = handhaben, ↑ managen]: *runde Fläche für Darbietungen in einem Zirkus, in einer Reitschule:* M. frei!
Ma|nen ⟨Pl.⟩ [lat. manes, zu älter lat. manus = gut, wohl, eigtl. = gute Geister]: *(bes. im Rom der Antike) gute Geister eines Toten.*
mang ⟨Präp. mit Dativ u. Akk.⟩ [mhd., mniederd. mang, manc, asächs. an gimang, eigtl. = Akk. von: gimang = Schar, Haufen, verw. mit ↑ mengen] (nordd., berlin.): *mitten unter, zwischen:* m. den Zeitungen liegen; m. die Büsche kriechen.
Man|ga, das od. der, -s, -[s] [jap. manga aus: man = bunt gemischt, kunterbunt u. ga = Bild]: *aus Japan stammender handlungsreicher*

Mangan – Maniküre

Comic, der durch besondere grafische Effekte gekennzeichnet ist.

Man|gan, das; -s [gek. aus älter: Manganesium < frz. manganèse < ital. manganese = Mangan < mlat. magnesia, ↑ Magnesia]: *silberweißes, sehr sprödes Metall* (chemisches Element; Zeichen: Mn).

Man|ga|nat, das; -s, -e: *Salz einer Mangansäure.*

Man|gan|erz, das: *Erz, das Mangan enthält.*

man|gan|hal|tig ⟨Adj.⟩: *Mangan enthaltend.*

Man|gan|säu|re, die: *Sauerstoffsäure des Mangans.*

Man|ge: ↑ ²Mangel.

¹Man|gel, der; -s, Mängel [mhd. mangel, zu ↑ ¹mangeln]: **1.** ⟨o. Pl.⟩ *[teilweises] Fehlen von etw., was vorhanden sein sollte, was gebraucht wird:* M. an Takt; keinen M. leiden *(keine Not leiden, in verhältnismäßigem Wohlstand leben; reichlich zu essen haben);* einem M. abhelfen; jmdn. aus M./wegen -s an Beweisen freisprechen. **2.** ⟨meist Pl.⟩ *etw., was an einer Sache nicht so ist, wie es sein sollte, was die Brauchbarkeit beeinträchtigt u. von jmdm. als unvollkommen, schlecht o. ä. beanstandet wird:* technische Mängel, in verhältnismäßigem Wohlstand behaftet sein; Noch immer stellten sich ihm die Mängel *(Unzulänglichkeiten)* des irdischen Daseins als etwas dar, das mit Hilfe der gesunden Vernunft und einer tätigen Menschenliebe vermeidbar gewesen wäre (Langgässer, Siegel 222).

²Man|gel, (südd., schweiz.:) Mange, die; -, -n [mhd. mange = Glättpresse, deren Walzen mit Steinen beschwert wurden, urspr. = Steinschleudermaschine < mlat. manga(na), manganum < griech. mágganon = Schleudermaschine]: *größeres Gerät, in dem Wäsche zwischen zwei rollenden Walzen geglättet wird:* Bettwäsche durch die M. drehen; * **jmdn. durch die M. drehen/in die M. nehmen/in der M. haben** (salopp; *jmdm. heftig zusetzen*).

Man|gel|be|ruf, der: *Beruf, in dem Arbeitskräfte fehlen, der Bedarf an Arbeitskräften [noch] nicht gedeckt ist.*

Man|gel|be|sei|ti|gung, die: *Beseitigung von ¹Mängeln* (2).

Man|gel|er|näh|rung, die (Med.): *einseitige od. nicht ausreichende Ernährung, bei der ein Mangel an lebensnotwendigen Stoffen besteht.*

Man|gel|er|schei|nung, die (Med.): *Symptom dafür, dass dem Körper bestimmte lebenswichtige Stoffe fehlen.*

man|gel|frei, män|gel|frei ⟨Adj.⟩: *keinerlei Mängel aufweisend.*

man|gel|haft ⟨Adj.⟩ [zu ↑ ¹Mangel]: *nicht ausreichend in Quantität od. Qualität u. bestimmten Anforderungen nicht entsprechend:* eine -e Leistung.

Man|gel|haf|tig|keit, die; -, -en: **1.** ⟨o. Pl.⟩ *das Mangelhaftsein.* **2.** ¹*Mangel* (2).

Män|gel|haf|tung, die (Rechtsspr.): *Haftung für Mängel an etw.; Gewährleistung* (2).

Man|gel|krank|heit, die (Med.): *durch mangelhafte, einseitige o. ä. Ernährung bedingte Krankheit.*

Män|gel|lis|te, die: *Liste, in der Mängel (an einer Maschine, einem Fahrzeug o. Ä.) verzeichnet sind.*

¹man|geln ⟨sw. V.; hat⟩ [mhd. mang(e)len, ahd. mangolōn, H. u.] (oft geh.): **a)** ⟨unpers.⟩ *nicht od. nur in unzureichendem Maß [bei jmdm.] vorhanden sein, [jmdm.] zur Verfügung stehen:* es mangelt [jmdm.] an allem; mangelnde Menschenkenntnis; **b)** *als etw. Wichtiges bei jmdm., etw. nicht vorhanden sein:* jmdm. mangelt der rechte Ernst.

²man|geln, (südd.:) mangen ⟨sw. V.; hat⟩ [mhd. mangen]: *([fast] trockene Wäsche) auf der ²Mangel glätten:* Handtücher m.

Män|gel|rü|ge, die (Rechtsspr.): *Mitteilung über Mängel an einer gekauften Ware, einer bestellten Arbeit o. Ä.*

man|gels ⟨Präp. mit Gen.⟩ [analog geb. zu ↑ betreffs u. a.] (Amtsspr.): *aus Mangel an:* m. eindeutiger Beweise; ⟨bei allein stehenden, stark deklinierten Substantiven im Pl. mit Dativ:⟩ er wurde m. Beweisen freigesprochen; ⟨bei allein stehenden, stark deklinierten Substantiven im Sg. oft schon ohne unflekt. Form:⟩ Freispruch m. Beweis.

Man|gel|wa|re, die: *Ware, die überaus geschätzt u. gefragt ist, aber nur schwer od. überhaupt nicht zu erhalten ist.*

Man|gel|wä|sche, die ⟨o. Pl.⟩: *zu ²mangelnde od. gemangelte Wäsche.*

man|gen: ↑ ²mangeln.

Man|go, die; -, -s (selten: ...onen) [port. manga < Tamil mānkāy]: *große rote, grüne od. gelbe Frucht des Mangobaums mit saftigem Fruchtfleisch u. einem großen, flachen Steinkern.*

Man|go|baum, der: *(in den Tropen heimischer) großer Baum mit kugeliger Krone, länglich zugespitzten Blättern u. Mangos als Früchten.*

Man|gold, der; -[e]s, ⟨Sorten:⟩ -e [mhd. man(e)golt, H. u.]: *Gemüsepflanze mit großen, hellgrünen gewellten Blättern.*

Man|gro|ve, die; -, -n [engl. mangrove, zu span. mangle = einer Mangrovenart u. engl. grove = Gehölz]: *Wald an Küsten der Tropen, dessen Bäume mit ihren Wurzeln aus dem Wasser herausragen.*

Man|gro|ven|baum, der: ↑ Mangrovenbaum.

Man|gro|ven|küs|te: ↑ Mangrovenküste.

Man|gro|ven|baum, der: *kleiner Baum der Mangrove mit dicken, lederartigen Blättern u. kurzem Stamm, der am unteren Ende in Stelzwurzeln übergeht, die eine Verwurzelung in der schlammigen Uferregion ermöglichen.*

Man|gro|ven|küs|te, die: *mit Mangrove bestandene Küste.*

Man|gus|te, die; -, -n [frz. mangouste < port. mangu(ç), älter: manguço < Marathi mungūs]: *(in Südasien u. Afrika heimische) Schleichkatze mit schlankem Körper, oft kurzen Beinen u. braunem bis grauem [quer gestreiftem] Fell.*

Man|hat|tan [mɛnˈhɛt(ə)n]: *Stadtteil von New York.*

Ma|ni|chä|er, der; -s, - [nach dem pers. Religionsstifter Mani (216–277)]: *Anhänger des Manichäismus.*

ma|ni|chä|isch ⟨Adj.⟩: *die Lehre des Manichäismus vertretend, den Manichäismus betreffend.*

Ma|ni|chä|is|mus, der; -: *von Mani gestiftete gnostische Religion der späten Antike u. des frühen Mittelalters, deren Ausgangspunkt ein radikaler Dualismus (von Licht u. Finsternis, Gut u. Böse, Geist u. Materie) ist.*

Ma|nie, die; -, -n [spätlat. mania < griech. manía = Raserei, Wahnsinn]: **1.** (bildungsspr.): *Besessenheit, Zwang, sich in bestimmter Weise zu verhalten; krankhafte Sucht.* **2.** (Psychol.) **a)** *bes. durch Enthemmung u. Selbstüberschätzung gekennzeichnete heiter-erregter Gemütszustand als Phase der manisch-depressiven Psychose;* **b)** (veraltet) *durch Wahn gekennzeichnete psychische Störung.*

Ma|nier, die; -, -en [mhd. maniere < (a)frz. manière = Art u. Weise, zu: main < lat. manus = Hand]: **1.** (Pl. selten) **a)** *charakteristische Art u. Weise, wie sie jmdm., etw. gehört:* Er trat vor den Meister, machte eine tiefe Verbeugung, spreizte ... den rechten Fuß leicht ab und trug sein Anliegen auf eine höchst bravouröse M. vor (Thieß, Legende 9); ◆ Und mit handlichem Geste fasste die Hebamme die Gote hinter den Tisch (Gotthelf, Spinne 9); **b)** *typischer Stil eines Künstlers, einer Kunst[gattung], einer Darstellungsform;* **c)** (bildungsspr. abwertend) *Künstelei, Manieriertheit.* **2.** ⟨meist Pl.⟩ *Benehmen, Umgangsform[en]:* gute, feine, schlechte -en; er hat keine -en; das ist keine M. (ugs.; *das gehört sich nicht*); * ◆ **mit M.** (*auf anständige Weise; glimpflich:* Wie wär's, wenn sie uns freien Abzug eingestünden ... Wir vergrüben Gold und Silber, ... überließen ihnen das Schloss und kämen mit M. davon [Goethe, Götz III]). **3.** (Musik) *Verzierung.*

ma|nie|riert ⟨Adj.⟩ [frz. maniéré] (bildungsspr. abwertend): *in einer bestimmten Manier* (1 a, b) *erstarrt; gekünstelt.*

Ma|nie|riert|heit, die; -, -en: *manierierte Art, wie sie in den verschiedenen Ausdrucksformen eines Menschen zutage tritt.*

Ma|nie|ris|mus, der; -, ...men: **1.** ⟨o. Pl.⟩ **a)** (Kunstwiss.) *Stil im Übergang zwischen Renaissance u. Barock, der durch eine Auflösung u. Verzerrung der Formen der Renaissance, durch groteske Ornamentik, überlange Proportionen u. a. gekennzeichnet ist;* **b)** (Literaturwiss.) *Stil der Übergangsphase zwischen Renaissance u. Barock, der durch eine Verbindung von Ungleichartigem zu einer künstlichen Einheit, durch eine Sprache mit überreichen Metaphern, mythologischen Anspielungen u. a. gekennzeichnet ist;* **c)** *Epoche des Manierismus* (1 a, b); **d)** (Kunstwissenschaft, Literaturwiss.) *in verschiedenen Epochen (z. B. Hellenismus, Romantik, Jugendstil) dominierender gegenklassischer Stil.* **2.** *manieristische Ausprägung, Form, Äußerung o. Ä.*

Ma|nie|rist, der; -en, -en: *Vertreter des Manierismus* (1 a, b).

Ma|nie|ris|tin, die: w. Form zu ↑ Manierist.

ma|nie|ris|tisch ⟨Adj.⟩: *in der Art der Manierismus* (1 a, b).

ma|nier|lich ⟨Adj.⟩: **a)** *sich gut u. anständig benehmend u. nicht zu Klagen Anlass gebend;* **b)** (ugs.) *einigermaßen gut, den Erwartungen, Ansprüchen weitgehend entsprechend:* ein -er Preis.

ma|ni|fest ⟨Adj.⟩ [lat. manifestus = sichtbar gemacht, eigtl. = handgreiflich gemacht; 1. Bestandteil zu: manus = Hand, 2. Bestandteil H. u.]: **a)** (bildungsspr.) *eindeutig als etw. Bestimmtes zu erkennen, offenkundig:* der Konflikt wird an diesem Beispiel m.; **b)** (Med.) *im Laufe der Zeit deutlich erkennbar:* die Krankheit ist bei ihm m. geworden.

Ma|ni|fest, das; -[e]s, -e [mlat. manifestum, subst. Neutrum zu lat. manifestus, ↑ manifest]: **1.** *öffentlich dargelegtes Programm einer Kunst- od. Literaturrichtung, einer politischen Partei, Gruppe o. Ä.:* politisch-ideologische -e. **2.** (Seew.) *Verzeichnis der Güter auf einem Schiff.*

Ma|ni|fes|ta|ti|on, die; -, -en [spätlat. manifestatio]: **a)** *das Deutlich-, Sichtbarwerden, Bekundung von etw. Bestimmtem:* -en des Geistes, der Volksseele; **b)** (Med.) *das Manifestwerden (z. B. einer Krankheit);* **c)** *das Manifestieren; öffentliche Bekundung.*

ma|ni|fes|tie|ren ⟨sw. V.; hat⟩ [lat. manifestare, eigtl. = handgreiflich machen]: **1.** (bildungsspr.) **a)** ⟨m. + sich⟩ *sich als etw. Bestimmtes erweisen, sich zu erkennen geben, sichtbar werden:* hierin manifestieren sich bestimmte Widersprüche; **b)** *als etw. Bestimmtes offenbaren, zum Ausdruck bringen:* der Künstler manifestiert in diesem Bild die bürgerliche Kultur. **2.** (Rechtsspr. veraltet) *den Offenbarungseid leisten.* **3.** (veraltet) *demonstrieren* (1).

Ma|ni|kü|re, die; -, -n [frz. manu-, manicure, zu lat. manus = Hand u. cura = Sorge, Pflege]:

1. ⟨o. Pl.⟩ *Pflege der Hände, bes. der Fingernägel; Handpflege:* M. machen. **2.** *Kosmetikerin od. Friseurin mit Zusatzausbildung in Maniküre* (1). **3.** *Necessaire für die Geräte zur Nagelpflege.*
ma|ni|kü|ren ⟨sw. V.; hat⟩: *die Hände, bes. die Nägel pflegen:* seine Fingernägel m.
Ma|ni|la: Hauptstadt der Philippinen.
Ma|ni|la|fa|ser, die; -, -n, **Ma|ni|la|hanf,** der; -[e]s: *weiße bis ockerfarbene Hartfaser aus einer philippinischen Faserpflanze von hoher Reißfestigkeit, die bes. zur Herstellung von Seilen, Tauen, Netzen u. Säcken verwendet wird.*

-ma|nin, die; -, -nen: w. Form zu ↑ -mane.

Ma|ni|ok, der; -s, -s [frz. manioc < span. mandioca < Tupi (südamerik. Indianerspr.) mandioca, manioca]: *(zu den Wolfsmilchgewächsen gehörende, in den Tropen angebaute) Pflanze, deren stärkereiche Wurzelknollen als Kartoffelersatz dienen.*
Ma|ni|pu|lant, der; -en, -en [zu ↑ manipulieren; ↑ -ant] (bildungsspr.): *Person od. Einrichtung, die manipuliert* (1), *durch direkte od. unterschwellige Beeinflussung bestimmte Verhaltensweisen auslöst od. steuert.*
Ma|ni|pu|lan|tin, die; -, -nen: w. Form zu ↑ Manipulant.
Ma|ni|pu|la|ti|on, die; -, -en [frz. manipulation = Handhabung, zu: manipule = [eine] Handvoll < lat. manipulus, zu: manus = Hand u. plere = füllen]: **1.** (bildungsspr.) *das Manipulieren* (1): M. von Meinungen. **2.** ⟨meist Pl.⟩ (bildungsspr.) *undurchschaubares, geschicktes Vorgehen, mit dem sich jmd. einen Vorteil verschafft, etw. Begehrtes gewinnt:* betrügerische -en. **3. a)** (bildungsspr. veraltend) *das Manipulieren* (3 a, b); *das Hantieren;* **b)** (Med.) *bestimmter Eingriff (z. B. zur Einrenkung von Gelenken).* **4.** (Technik) *Handhabung.* **5.** (Kaufmannsspr.) *das Manipulieren* (4).
Ma|ni|pu|la|ti|ons|ge|bühr, die (österr. Amtsspr. veraltend): *Bearbeitungsgebühr.*
ma|ni|pu|la|tiv ⟨Adj.⟩ (engl. manipulative) (bildungsspr.): *auf Manipulation* (1, 2) *beruhend; durch Manipulation:* -e Absichten.
Ma|ni|pu|la|tor, der; -s, ...oren [frz. manipulateur]: **1.** (bildungsspr.) *Manipulant.* **2.** (Technik) *Vorrichtung zur Handhabung von etw. aus größerem Abstand od. hinter Schutzwänden.* **3.** (bildungsspr. veraltend) *Zauberkünstler, Taschenspieler, Jongleur.*
Ma|ni|pu|la|to|rin, die; -, -nen: w. Form zu ↑ Manipulator (1, 3).
ma|ni|pu|la|to|risch ⟨Adj.⟩ (bildungsspr.): *als Manipulation* (1, 2) *wirkend.*
ma|ni|pu|lier|bar ⟨Adj.⟩ (bildungsspr.): **1. a)** *sich manipulieren* (1) *lassend:* -e Bedürfnisse; **b)** *sich manipulieren* (3) *lassend:* leicht -e Fotos. **2.** *zu handhaben:* das Gerät ist leicht m.
Ma|ni|pu|lier|bar|keit, die; - (bildungsspr.): *das Manipulierbarsein.*
ma|ni|pu|lie|ren ⟨sw. V.; hat⟩ [frz. manipuler = handhaben, zu: manipule, ↑ Manipulation]: **1.** (bildungsspr.) *durch bewusste Beeinflussung in eine bestimmte Richtung lenken, drängen:* die Öffentlichkeit m.; eine manipulierende Werbung. **2.** (bildungsspr.) *Manipulationen* (2) *bei etw. anwenden:* die Zusammensetzung eines Gremiums m.; manipulierte Währung *(staatlich gesteuerte Währung, bei der die ausgegebene Geldmenge an keine Deckung durch Gold, Silber o. Ä. gebunden ist).* **3.** (bildungsspr.) **a)** *geschickt handhaben, mit etw. kunstgerecht umgehen:* eine Handgranate vorsichtig m.; **b)** *bestimmte Handgriffe an jmdm., etw. ausführen, hantieren:* an dem Schloss ist manipuliert worden;

c) *mit bestimmten Handgriffen an eine bestimmte Stelle bringen.* **4.** (Kaufmannsspr.) *eine Ware an die Bedürfnisse des Verbrauchers durch Sortieren, Auszeichnen, Mischen, Veredeln (z. B. bei Tabak) o. Ä. anpassen.*
Ma|ni|pu|lie|rung, die; -, -en (bildungsspr.): *das Manipulieren; das Manipuliertwerden.*
ma|nisch ⟨Adj.⟩ [griech. manikós = zur Manie gehörend]: **1.** (bildungsspr.) *einer Manie* (1) *folgend, entspringend; krankhaft übersteigert:* eine -e Eifersucht. **2.** (Psychol.) **a)** *für die Manie* (2 a) *kennzeichnend; krankhaft heiter, erregt:* -e Zustände; **b)** (veraltet) *für die Manie* (2 b) *kennzeichnend.*
ma|nisch-de|pres|siv ⟨Adj.⟩ (Psychol.): *im raschen Wechsel manisch* (2 a) *u. depressiv* (1).
Ma|ni|tu, der; -[s] [aus dem Algonkin (nordamerik. Indianerspr.), urspr. = geheimnisvoll, heilig]: *allem innewohnende, unpersönliche, auch als Geist personifizierte Macht des indianischen Glaubens.*
man|kie|ren ⟨sw. V.; hat⟩ [frz. manquer < ital. mancare, ↑ mancando] (landsch., sonst veraltet): **a)** *fehlen, mangeln:* ♦ Sie haben alle keinen Kopf, der Königin selbst mankiert der Kopf (Heine, Romanzero [Marie Antoinette]); **b)** *verfehlen.*
Man|ko, das; -s, -s [ital. manco, zu lat. mancus = verstümmelt, unvollständig]: **1.** *etw., was einer Sache [noch] fehlt, sie beeinträchtigt:* ein entscheidendes M. ausgleichen. **2.** (Wirtsch.) *Fehlbetrag, Fehlmenge.*
Mann, der; -[e]s, Männer, -en u. (als Mengenangabe nach Zahlen:) - [mhd., ahd. man, viell. urspr. = Denkender]: **1.** ⟨Pl. Männer⟩ *erwachsene Person männlichen Geschlechts:* ein alter M.; er ist ein ganzer M.; typisch M.! *(ugs.; das entspricht ganz der männlichen im Unterschied zur weiblichen Art; so kann auch nur ein Mann denken, handeln, fühlen);* sei ein M.! *(zeige dich als mutiger Mann!);* (ugs.; als Anrede:) junger M., können Sie mir mal helfen?; der gemeine M. (veraltet; *der Durchschnittsbürger);* der dritte M. *(Mitspieler) beim Skat;* ein M. von Geist *(jmd., der Geist hat);* er ist für uns der geeignete, richtige M. *(Mitarbeiter);* ein M. des Volkes *(jmd., der mit dem Volk eng verbunden ist u. in seiner übergeordneten Stellung dessen Vertrauen hat);* ein M. aus dem Volk *(jmd., der aus dem Volk, aus einem einfachen Milieu kommt u. in seiner übergeordneten Stellung das Vertrauen des Volkes hat);* M. über Bord! (Seemannsspr.; *Notruf, wenn jmd. vom Schiff ins Wasser gefallen ist);* alle M. an Bord! (Seemannsspr.; *alle sind anwesend);* morgen fahren wir alle M. [hoch] (ugs.; *alle zusammen)* nach München; meine Männer (fam.; *Ehemann u. Sohn, Söhne*) sind nicht zu Hause; die Kosten betragen pro M. (ugs.; *für jeden);* im Kampf M. gegen M. *(zwischen Einzelnen);* R ein M., ein Wort (in Bezug auf einen Mann, auf den Verlass ist); selbst ist der M. *(jeder muss sich selbst helfen);* nach Goethe, Faust II, A. 10467); ein alter M. ist doch kein D-Zug (ugs. scherzh.; *ich kann mich nicht so schnell bewegen, wie es gewünscht wird);* * der kleine M. (1. ugs.; *jmd., der finanziell nicht besonders gut gestellt ist.* 2. salopp scherzh.; *Penis);* **der böse/ Böse M.; der schwarze/Schwarze M.** *(Schreckgestalt für Kinder);* **freier M.** (bes. Fußball; *Libero);* **letzter M.** (bes. Fußball; *Ausputzer);* **der Wilde M.** (Mythol.; *[in der Volkssage, Volkskunst] am ganzen Körper mit langen Haaren bedeckter, meist mit einer Keule in der Hand dargestellter, im Wald lebender Riese);* **der [kleine] M. auf der Straße** *(der den Durchschnitt der Bevölkerung repräsentierende Bürger;* viell. nach engl. the man in the street); **der**

M. im Mond *(aus den Mondflecken gedeutete Sagengestalt);* **ein M. von Welt** *(jmd., der gewandt im [gesellschaftlichen] Auftreten ist);* **[mein lieber] M.!** (salopp; *Ausruf des Erstaunens, des Unwillens);* **wie ein M.** *(ganz spontan einmütig, geschlossen;* nach Richter 20; 1, 8, 11); **ein gemachter M. sein** (ugs.; *[von männlichen Personen] aufgrund eines wirtschaftlichen Erfolges in gesicherten Verhältnissen leben);* **ein toter M. sein** (ugs.; *[von männlichen Personen] erledigt sein, keine Zukunftsaussichten mehr haben);* **der M. sein, etw. zu tun** (*[als Mann] eine bestimmte Handlungsweise, Fähigkeit erwarten lassen);* **jmds. M. sein** (ugs.; *für jmdn., für jmds. Zwecke, Pläne genau der Richtige sein:* er hat jahrelange Erfahrung, das ist genau unser M.); **den toten M. machen** (ugs. scherzh.; *sich ohne Bewegung auf dem Rücken im Wasser treiben lassen);* **den starken, großen o. ä. M. markieren/mimen** (salopp; *sich als besonders stark, bedeutend, einflussreich o. ä. darstellen);* **seinen M. stehen/stellen** *(auf sich gestellt tüchtig sein u. sich bewähren);* **M. decken** (Ballspiele; *seinen unmittelbaren Gegenspieler decken);* **-s genug sein, etw. zu tun** *(die [Entschluss]kraft, Energie, den Mut besitzen, es fertigbringen, etw. Nötiges zu tun);* **etw. an den M. bringen** (ugs.; *etw. verkaufen.* 2. *im Gespräch o. Ä. etw. mitteilen, äußern, erzählen);* **mit M. und Maus untergehen** *(untergehen, ohne dass einer gerettet wird);* **von M. zu M.** *(unter Männern u. dabei vertraulich u. sachlich).* **2.** ⟨Pl. Männer⟩ *Ehemann* (hebt weniger die gesetzmäßige Bindung als die Zusammengehörigkeit mit der Frau hervor): ihr [verstorbener] M.; als M. und Frau, wie M. u. Frau *(wie Eheleute)* leben; sie hat dort einen M. gefunden *(kennengelernt u. geheiratet).* **3.** ⟨Pl. -en⟩ *Lehns-, Gefolgsleute:* Ü seine -en (bes. Sport scherzh.; *Anhänger; Mannschaft)* um sich scharen. **4.** ⟨o. Pl.⟩ (salopp) *als burschikose Anrede, ohne persönlichen Bezug in Ausrufen des Staunens, Erschreckens, der Bewunderung:* M., bist du braun!; [mein lieber] M., das gibts doch nicht!
Man|na, das; -[s], österr. nur so, auch: die; - [mhd. (brōt) < spätlat. manna < griech. mánna < hebr. mạn, wohl = Manna (2)]: **1.** (bibl.) *durch ein Wunder vom Himmel gefallene Nahrung für die Israeliten in der Wüste nach ihrem Auszug aus Ägypten; Himmelsbrot* (nach 2. Mose 16, 11 ff.) **2.** *Honigtau bestimmter Schildläuse sowie auch verschiedener Bäume und Sträucher.*
mann|bar ⟨Adj.⟩ (geh.): **1. a)** [mhd. manbære] *(von Mädchen) heiratsfähig:* -e Mädchen; ♦ Vor dreißig Jahren war ich noch ein Kind. – Aber doch schon ein ziemlich -es (Lessing, Die alte Jungfer II, 3); **b)** *(von jungen Männern) geschlechtsreif, zeugungsfähig.* **2.** (selten) *männlich in seinem Verhalten, seiner Haltung o. Ä.*
Mann|bar|keit, die; -: *das Mannbarsein.*
Männ|chen, das; -s, -: **1.** *kleiner [bedauernswerter] Mann:* ein altes, verhutzeltes M.; * **M. machen** *([von Tieren] sich aufrecht auf den Hinterpfoten halten:* der Hase, der Hund macht M.). **2.** *männliches Tier:* das M. hat im Gegensatz zum Weibchen ein buntes Gefieder; * **nicht mehr wissen, ob man M. od. Weibchen ist** (ugs.; 1. *völlig durcheinander sein.* 2. *völlig erschöpft sein).*
Mạnn|de|cker, der; -s, - (Ballspiele): *Spieler, der seinen unmittelbaren Gegenspieler deckt* (8).
Mạnn|de|cke|rin, die; -, -nen: w. Form zu ↑ Manndecker.
Mạnn|de|ckung, die (Ballspiele): *Deckung, bei der jeder Spieler seinen unmittelbaren Gegenspieler deckt.*

Männe – Mannschaftshotel

Män|ne, der; -s, -s (landsch.): Kosef. von ↑Mann (2).

Män|ne|ken, das; -s, -s (nordd., bes. berlin.): Männchen (1).

Man|ne|quin ['manəkɛ̃, auch: ...'kɛ̃], das, selten: der; -s, -s [frz. mannequin, eigtl. = Modellpuppe < mniederl. mannekijn = Männchen, Vkl. von: man = Mann]: **1.** *weibliche Person, die Modekollektionen, Modellkleider vorführt*. **2. a)** (selten) *Schaufensterpuppe*; **b)** (früher) *Gliederpuppe*.

Män|ner|ar|beit, die: *bes. für Männer geeignete Arbeit od. Verrichtung*.

Män|ner|be|ruf, der: *Beruf, der bes. für Männer geeignet ist, vorwiegend von Männern ausgeübt wird*.

Män|ner|bor|dell, das: *Bordell, in dem sich männliche Personen prostituieren*.

Män|ner|bund, der ⟨Pl. ...bünde⟩: **a)** (Völkerkunde) *(bei Naturvölkern) Zusammenschluss der erwachsenen Männer eines Stammes od. einer Siedlung*; **b)** *Geheimbund für Männer*.

Män|ner|chor, der: ¹*Chor* (1 a), *der nur aus Männerstimmen besteht*.

Män|ner|do|mä|ne, die: *Domäne* (2) *der Männer:* [der] Fußball ist längst keine reine M. mehr.

män|ner|do|mi|niert ⟨Adj.⟩: *von Männern dominiert, beherrscht:* -e Berufe; die Branche ist m.

Män|ner|fang, der: nur in der Wendung **auf M. [aus]gehen/aus sein** (salopp abwertend od. scherzh.; *versuchen, Herrenbekanntschaften zu machen*).

Män|ner|fan|ta|sie, Männerphantasie, die ⟨meist Pl.⟩: *für Männer typische Fantasie* (1 b) *(bes. aus dem Bereich der Sexualität)*.

män|ner|feind|lich ⟨Adj.⟩: *den Männern gegenüber feindlich, nicht wohlwollend eingestellt*.

Män|ner|freund|schaft, die: *Freundschaft zwischen Männern*.

Män|ner|ge|sangs|ver|ein, der: ↑Männergesangverein.

Män|ner|ge|sang|ver|ein, Männergesangsverein, der: *Gesangverein, der nur aus Männern besteht*.

Män|ner|ge|schich|te, die (ugs.): *Liebeserlebnis, Liebschaft mit einem Mann*.

Män|ner|haus, das (Völkerkunde): *(bei Naturvölkern) Gebäude, in dem sich die Männer zu Beratungen, religiösen Zeremonien u. Ä. versammeln*.

Män|ner|heil|kun|de, die: *Fachrichtung der Medizin, die sich mit den [geschlechtsabhängigen] Erkrankungen des Mannes befasst; Andrologie*.

Män|ner|ho|se, die: *Hose, wie sie von Männern getragen wird*.

Män|ner|klei|der ⟨Pl.⟩: *üblicherweise von Männern getragene Kleidung*.

Män|ner|kör|per, der: *Körper eines Mannes:* ein nackter, schöner, durchtrainierter M.

män|ner|los ⟨Adj.⟩: *ohne Mann, Männer:* eine -e Familie.

Män|ner|ma|ga|zin, das: *Herrenmagazin*.

Män|ner|mo|de, die: *Mode für Männer*.

män|ner|mor|dend ⟨Adj.⟩: **a)** (scherzh.) *als Frau in gefährlichem Maße verführerisch:* der Typ der -en Vamps; **b)** *Männer in starkem Maße beanspruchend u. verschleißend:* ein -er Job.

Män|ner|or|den, der (kath. Rel.): *männliche Ordensgemeinschaft*.

Män|ner|phan|ta|sie: ↑Männerfantasie.

Män|ner|rock, der: ¹*Rock* (2).

Män|ner|sa|che, die: *Sache, Angelegenheit von Männern*.

Män|ner|stim|me, die: *männliche Sprech- od. Singstimme:* eine tiefe M.

Män|ner|treu, die; -, - [die Blüten werden scherzh. mit der angeblich nicht lange währenden Treue der Männer verglichen] (volkstüml.): *Pflanze mit leicht abfallenden Blüten* (z. B. Ehrenpreis).

Män|ner|über|schuss, der: *Überschuss an Männern gegenüber der Zahl von Frauen*.

Män|ner|un|ter|ho|se, die: *Unterhose, wie sie von Männern getragen wird*.

Män|ner|welt, die: **1.** (oft scherzh.) *Gesamtheit der [irgendwo anwesenden] Männer*. **2.** *von Männern dominierter Bereich, von Männern beherrschte Welt* (4).

Män|ner|wirt|schaft, die (scherzh.): *von einem Mann, von Männern geführte Hauswirtschaft in einem frauenlosen Haushalt*.

Man|nes|al|ter, das ⟨o. Pl.⟩: *Lebensalter des erwachsenen Mannes:* er war im besten M. (auf der Höhe seiner Schaffenskraft).

Man|nes|eh|re, die: *Männern (aufgrund ihrer Zugehörigkeit zum männlichen Geschlecht) eigene Ehre* (2): er tat es aus Eifersucht oder verletzter M.

Man|nes|kraft, die: **a)** ⟨o. Pl.⟩ (veraltend) *Potenz* (1); **b)** (dichter.) *Leistungskraft, Schaffenskraft des Mannes*.

Man|nes|stamm, der: *männliche Linie einer Familie*.

Man|nes|wür|de, die ⟨o. Pl.⟩ (geh.): *jmds. männliche Würde*.

mann|haft ⟨Adj.⟩ [mhd. manhaft = mutig, tapfer] (geh.): *einem Mann geziemend, gemäß; in männlicher (mutiger, tapferer, entschlossener o. ä.) Haltung*.

Mann|haf|tig|keit, die; - (geh.): *mannhafte Art, einem Mann geziemende Haltung*.

Mann|heim: Stadt an der Mündung des Neckars in den Rhein.

¹**Mann|hei|mer**, der; -s, -: Ew.

²**Mann|hei|mer** ⟨indekl. Adj.⟩: der M. Wasserturm.

Mann|hei|me|rin, die; -, -nen: w. Form zu ↑¹Mannheimer.

man|nig|fach ⟨Adj.⟩ [mhd. manecvach, 1. Bestandteil die urspr. Form von ↑manch] (geh.): *in großer Anzahl u. von verschiedener Art, auf verschiedene Art:* -e Möglichkeiten.

man|nig|fal|tig ⟨Adj.⟩ [mhd. manecvaltec, spätahd. manicfaltig] (geh.): *[in großer Anzahl vorhanden u.] auf vielerlei Art gestaltet:* Arbeiten -ster Art.

Man|nig|fal|tig|keit, die; -: *mannigfaltige Art:* ♦ ⟨Pl. -en:⟩ ...dann entzückte mich wieder die Vorstellung von meiner neuen Welt mit ihren wunderbaren -en (Tieck, Eckbert 14).

¹**män|nig|lich** ⟨indekl. Indefinitpron. u. unbest. Zahlwort⟩ [mhd. mennecilich, ahd. mannogalīh, eigtl. = gleichviel, welcher von den Menschen] (schweiz., sonst veraltet): *jeder ohne Ausnahme; allgemein:* ♦ ...weil sich holder Friedenskunste Alte, Junge, Hohe, Niedre m. beflei-ßigten (Goethe, Vorspiel 1807, 166 ff.).

²**män|nig|lich** ⟨Adj.⟩ (selten): *wie ein Mann, mannhaft:* ...dies Herz ist wohl gewöhnt zu leiden, allein zu leiden m. (Goethe, Satyros V).

Män|nin, die; -, -nen [mhd. menninne: **a)** (bibl. selten) *Frau als Gefährtin des Mannes*; **b)** (selten) *männlich wirkende, heldenhafte Frau*.

Man|nit [auch: ...'nɪt], der; -s, -e [zu ↑Manna]: *in der Natur weitverbreiteter sechswertiger, kristalliner Alkohol, der für Kunstharze u. Heilmittel verwendet wird*.

Männ|lein, das; -s, -: **1.** *Männchen* (1). **2.** (ugs. scherzh., in Verbindung mit »Weiblein«) *Mann:* M. und Weiblein waren zusammen in der Sauna.

♦ **männ|lich:** ↑männlich: Der Rudenz war es, der das Sarner Schloss mit m. kühner Wagetat gewann (Schiller, Tell V, 1).

männ|lich ⟨Adj.⟩ [mhd. menlich, manlich, ahd. manlīh = dem Mann angemessen; tapfer, mutig]: **1.** *dem zeugenden, befruchtenden Geschlecht* (1 a) *angehörend:* eine -e Person; die -e Linie eines Adelsgeschlechts; das -e Geschlecht *(die Männer);* das -e Tier *(das Männchen* 2). **2.** *zum Mann als Geschlechtswesen gehörend:* das -e Glied; -e Berufe; eine -e Stimme *(Männerstimme).* **3.** *für den Mann typisch, charakteristisch:* eine typisch -e Eigenschaft; ein -er Zug in ihrem Gesicht; die -e Eitelkeit; das galt früher als besonders m.; ⟨subst.:⟩ er hat wenig Männliches in seinem Wesen. **4. a)** (Sprachwiss.) *dem grammatischen Geschlecht Maskulinum zugehörend; im Deutschen mit dem Artikel »der« verbunden:* ein -es Substantiv; **b)** (Verslehre) *mit einer Hebung* (4) *endend; stumpf:* ein -er Reim.

Männ|lich|keit, die; -: **1.** *männliches* (3) *Wesen*. **2. a)** *das Mannsein in Bezug auf die Potenz, Zeugungsfähigkeit;* **b)** (verhüll.) *männliche Geschlechtsteile*.

Männ|lich|keits|wahn, der; -[e]s: *übertriebener Kult mit der Männlichkeit* (1, 2 a); *Machismo*.

Mann|loch, das: *Öffnung zum Einsteigen in große Behälter, Kessel, Tanks o. Ä.* (z. B. zum Ausführen von Reparaturen).

♦ **mann|lus|tig** ⟨Adj.⟩: *(von einer Frau) Verlangen nach einem Mann verspürend:* ⟨subst.:⟩ Mannlustige du, so, wie verführt, verführende (Goethe, Faust II, 8777).

Man|no|mann ⟨Interj.⟩ [zusgez. aus »Mann, o Mann«] (salopp): *Ausruf des Erstaunens; Mann!*

Manns|bild, das [mhd. mannes bilde, urspr. = Gestalt eines Mannes] (ugs., bes. südd., österr.): *Mann (meist mit Betonung des Körperlichen, Äußeren der männlichen Gestalt):* ein gestandenes M.

Mann|schaft, die; -, -en [mhd. manschaft = Lehnsleute; Gefolgsleute]: **1. a)** *Gruppe von Sportlern od. Sportlerinnen, die gemeinsam einen Wettkampf bestreiten:* die siegreiche M.; eine M. aufstellen; **b)** *Besatzung eines Schiffes (seltener eines Flugzeugs o. Ä.):* die M. auf dem Deck antreten lassen; **c)** *Gesamtheit der Soldaten einer militärischen Einheit:* der Gefreite wurde vor versammelter M. getadelt; Ü jmdn. vor versammelter M. (ugs.; *vor allen Anwesenden*) abkanzeln; **d)** (ugs.) *Arbeitsteam: Unternehmen mit junger M. sucht Mitarbeiterinnen*. **2.** ⟨Pl.⟩ *einzelne gemeine Soldaten im Unterschied zu Offizieren*.

mann|schaft|lich ⟨Adj.⟩ (Sport): *das Zusammenspiel in einer Mannschaft betreffend; als Mannschaft:* -e Geschlossenheit.

Mann|schafts|arzt, der: *Arzt, der Mannschaften* (1 a) *betreut*.

Mann|schafts|ärz|tin, die: w. Form zu ↑Mannschaftsarzt.

Mann|schafts|auf|stel|lung, die (Sport): **a)** *das Aufstellen einer Mannschaft* (1 a); **b)** *festgelegte Zusammensetzung einer Mannschaft* (1 a).

Mann|schafts|bus, der: *für die Beförderung von Mannschaften* (1 a) *eingesetzter Bus*.

Mann|schafts|dienst|grad, der (Militär): *Dienstgrad* (a, b) *von Mannschaften* (2).

Mann|schafts|füh|rer, der (Sport): **a)** *Funktionär, der eine Mannschaft* (1 a) *nach außen vertritt, repräsentiert;* **b)** *Spielführer*.

Mann|schafts|füh|re|rin, die: w. Form zu ↑Mannschaftsführer.

Mann|schafts|füh|rung, die (Sport): *[Gruppe der] Mannschaftsführer* (a).

Mann|schafts|geist, der ⟨o. Pl.⟩ (Sport): *Zusammengehörigkeitsgefühl innerhalb einer Mannschaft* (1 a).

Mann|schafts|ho|tel, das: *Hotel, in dem eine Mannschaft* (1 a) *untergebracht ist*.

Mann|schafts|ka|me|rad, der (Sport): Mitspieler in jmds. Mannschaft (1 a).

Mann|schafts|ka|me|ra|din, die: w. Form zu ↑ Mannschaftskamerad.

Mann|schafts|kampf, der (Sport): Wettkampf von Mannschaften (1 a), die aus Einzelsportlern bestehen.

Mann|schafts|kan|ti|ne, die (Militär): Kantine für die Mannschaften (2).

Mann|schafts|ka|pi|tän, der (Sport): Spielführer.

Mann|schafts|ka|pi|tä|nin, die: w. Form zu ↑ Mannschaftskapitän.

Mann|schafts|kol|le|ge, der (Sport): Mannschaftskamerad.

Mann|schafts|kol|le|gin, die: w. Form zu ↑ Mannschaftskollege.

Mann|schafts|leis|tung, die (Sport): Leistung einer Mannschaft (1 a): Spanien zeigte eine geschlossene, solide M.

Mann|schafts|meis|ter|schaft, die (Sport): Meisterschaft innerhalb einer Disziplin, bei der die Sportler in Mannschaften (1 a) antreten u. als Mannschaft gewertet werden.

Mann|schafts|mes|se, die (Seemannsspr.): ³Messe für die Mannschaften.

Mann|schafts|raum, der (Seew.): Raum, in dem die Besatzung auf einem Schiff untergebracht ist.

Mann|schafts|ren|nen, das (Radsport): Radrennen, bei dem drei Fahrer der vierköpfigen Mannschaft (1 a) das Ziel erreichen müssen, wobei die Zeit des dritten Fahrers gewertet wird.

Mann|schafts|sie|ger, der: **1.** Mannschaft, die in einem Mannschaftskampf gesiegt hat. **2.** Mitglied eines Mannschaftssiegers (1).

Mann|schafts|sie|ge|rin, die: w. Form zu ↑ Mannschaftssieger (2).

Mann|schafts|spiel, das (Sport): **1.** zwischen zwei Mannschaften (1 a) ausgetragenes Spiel. **2.** ⟨o. Pl.⟩ planvolles, harmonisches Zusammenspiel innerhalb der Mannschaft (1 a).

Mann|schafts|sport, der: Sportart, die durch Wettkämpfe zwischen zwei Mannschaften (1 a) gekennzeichnet ist.

Mann|schafts|sport|art, die: Sportart, die von Mannschaften (1 a) betrieben wird.

Mann|schafts|stär|ke, die (Militär, Sport): zahlenmäßige Stärke einer Mannschaft (1 a, c).

Mann|schafts|trai|ning, das (Sport): Training einer Mannschaft (1 a): der verletzte Spieler wird in zwei Wochen wieder ins M. einsteigen.

Mann|schafts|wa|gen, der: Transportwagen für eine größere Anzahl Soldaten, Polizisten.

Mann|schafts|wer|tung, die (Sport): Wertung, nach der bei Mannschaftskämpfen die siegende Mannschaft (1 a) ermittelt wird.

Mann|schafts|wett|be|werb, der (Sport): Mannschaftskampf.

manns|hoch ⟨Adj.⟩: so hoch, wie ein Mann groß ist: ein mannshoher Zaun.

◆ **Manns|klei|der** ⟨Pl.⟩ (Männerkleider: Leonore in -n (Schiller, Fiesco V, 5; Bühnenanweisung).

Manns|per|son, die (ugs. veraltend): /jmdm. nicht näher bekannter/ Mann.

manns|toll ⟨Adj.⟩ (salopp): nymphoman.

Manns|tag, der ⟨meist Pl.⟩: Personentag.

Manns|weib, das [LÜ von griech. andrógynos = Zwitter, zusgez. aus: anēr (Gen.: andrós) = Mann u. gynḗ = Frau] (abwertend): große, starke, männlich wirkende Frau.

Ma|no|me|ter, das; -s, - [frz. manomètre, zu griech. manós = dünn, locker u. ↑ -meter]: **1.** (Physik) Druckmesser für Gase u. Flüssigkeiten. **2.** [verhüll. für: Mann!] (salopp) Ausruf des Erstaunens, des Unwillens; Mann!, Menschenskind!: M., ist das ein Baum!

ma non tan|to [ital.] (Musik): aber nicht so sehr: allegro m. n. t.

ma non trop|po [ital.] (Musik): aber nicht zu sehr: allegro m. n. t.

Ma|nor ['mænə], das; -s, -s [engl. manor < mengl. maner < afrz. manoir = Wohnung, Bleibe, zu: manoir = wohnen < lat. manere = bleiben]: Landgut, Herrenhaus.

Ma|nö|ver, das; -s, - [frz. manœuvre, eigtl. = Handhabung; Kunstgriff, zu vlat. manuoperare < lat. manu operari = mit der Hand bewerkstelligen]: **1.** große militärische Übung im Gelände, bei der Truppenbewegungen zweier gegnerischer Heere simuliert werden; Feldübung: ein M. abhalten; ins M. ziehen. **2.** geschickt ausgeführte Wendung, taktische Bewegung (eines Truppenteils, Schiffes, Flugzeugs, Autos o. Ä.): das waghalsige M. des Piloten missglückte. **3.** (abwertend) geschicktes Ausnutzen von Menschen u. Situationen für eigene Zwecke; Winkelzug: ein plumpes M. zur Ablenkung.

Ma|nö|ver|kri|tik, die: kritische Besprechung der Erfahrungen u. Ergebnisse nach einem Manöver (1): Ü nach der Premiere gab es eine M.

Ma|nö|ver|scha|den, der: Schaden, der durch ein Manöver (1) verursacht worden ist.

ma|nö|v|rie|ren ⟨sw. V.; hat⟩ [frz. manœuvrer]: **1. a)** ein Manöver (2) ausführen: das Schiff manövrierte sicher; **b)** ein Fahrzeug geschickt an einen Ort od. durch eine schwierige Strecke lenken: den Wagen in eine enge Einfahrt m. **2.** (meist abwertend) **a)** durch geschicktes Handeln od. Verhandeln etw. zu erreichen suchen: politisch geschickt m.; **b)** geschickt in eine bestimmte Lage, Stellung bringen: jmdn. in eine einflussreiche Position m.

ma|nö|v|rier|fä|hig ⟨Adj.⟩: fähig, Manöver (2) auszuführen, manövriert zu werden: das Schiff ist nicht mehr m.

Ma|nö|v|rier|fä|hig|keit, die ⟨o. Pl.⟩: das Manövrierfähigsein.

Ma|nö|v|rier|mas|se, die: etw. (z. B. Kapital), was jeweils an die eine od. andere Stelle geschoben werden kann, wo es gerade gebraucht wird, um etw. auszugleichen, od. womit verhandelt werden kann u. worüber man anderen dafür zu erreichen.

ma|nö|v|rier|un|fä|hig ⟨Adj.⟩: nicht manövrierfähig.

Ma|nö|v|rier|un|fä|hig|keit, die ⟨o. Pl.⟩: das Manövrierunfähigsein.

Man|po|wer ['mæn...], die; - [engl., aus: man = Mensch, Mann u. power, ↑ Power] (Jargon): Personal (a); Arbeitskräfte.

manque [mãːk; frz. manque, eigtl. = Mangel, Weniges, nach den niedrigeren Zahlen im Gegensatz zu ↑ passe, zu: manquer = fehlen < ital. mancare = mangeln, fehlen, zu: manco, ↑ Manko]: die Zahlen 1–18 betreffend (in Bezug auf eine Gewinnmöglichkeit beim Roulette).

Manque [mãːk], die; -: depressiver Zustand, der durch einen Mangel an Drogen hervorgerufen wird.

◆ **Manque|ment** [mãːkˈmãː], das; -s, -s [frz. manquement]; mangelnde Kenntnis; Manko: Und doch offenbaren Sie hier ... ein furchtbares M. (Fontane, Jenny Treibel 131).

Man|sar|de, die; -, -n [frz. mansarde, nach dem frz. Baumeister J. Hardouin-Mansart (1646–1708)]: Raum im ausgebauten Dachgeschoss (mit schräger, vom Dach gebildeter Wand]: Die kleine M. war von der Pflegeschwester in einen leidlich wohnlichen Zustand versetzt worden (Hauptmann, Schuß 58).

Man|sar|den|woh|nung, die: aus Mansardenzimmern bestehende Wohnung.

Man|sar|den|zim|mer, das: Zimmer im ausgebauten Dachgeschoss.

Mansch, der; -[e]s [zu ↑ manschen] (ugs. abwertend): unansehnliche trübe Flüssigkeit, breiige Masse; Matsch.

man|schen, mant|schen ⟨sw. V.; hat⟩ [nasalierte Form von ↑ matschen] (ugs.): in einer breiigen Masse herumwühlen, matschen: mansch nicht so im Essen!

Man|sche|rei, Mantscherei, die; -, -en (ugs. abwertend): **a)** dauerndes Manschen; **b)** durch Manschen entstandene wässerige, unappetitliche Masse; Mansch.

Man|schet|te, die; -, -n [frz. manchette = Handkrause, eigtl. = Ärmelchen, zu: manche < lat. manica = Ärmel, zu: manus = Hand]: **1. a)** verstärkter Abschluss des Ärmels an einem Herrenhemd, einer Hemdbluse, einem Kleid: steife, frisch gestärkte -n; * **-n haben** (ugs.; Angst haben; sich eingeschüchtert fühlen; eigtl. spöttische Anspielung auf die bis auf die Hand reichenden Spitzenmanschetten, die beim Führen des Degens behindern konnten); **b)** (Med.) um den Oberarm zu legender, aufblasbarer breiter, flacher Schlauch (zur Blutdruckmessung). **2.** zierende [mit einem abstehenden Rand versehene] Umhüllung aus Krepppapier o. Ä. um einen Blumentopf. **3.** (Sport) [verbotener] Würgegriff beim Ringen: eine M. ansetzen. **4.** (Technik) Dichtungsring aus Gummi, Leder od. Kunststoff mit eingestülptem Rand.

Man|schet|ten|dich|tung, die: Manschette (4).

Man|schet|ten|knopf, der: [doppelter] Knopf, mit dem die Manschette (1) geschlossen wird.

Man|tel, der; -s, Mäntel [mhd. mantel, ahd. mantal < lat. mantellum = Hülle, Decke]: **1.** längeres Kleidungsstück mit langen Ärmeln, das [zum Schutz gegen die Witterung] über der sonstigen Kleidung getragen wird: ein gefütterter M.; den M. ablegen; jmdm. in den M. helfen; in Hut und M.; Ü den M. des Schweigens über etw. breiten; * **den M. nach dem Wind[e] hängen/kehren/drehen** (abwertend; sich immer zum eigenen Vorteil der herrschenden Meinung, den herrschenden [Macht]verhältnissen anpassen; den Mantel, der früher die Form eines weiten, ärmellosen Umhangs hatte, drehte man zu der Seite hin, aus der der Wind u. Regen kamen); **etw. mit dem M. der [christlichen Nächsten]liebe bedecken/zudecken** (über eine Verfehlung o. Ä. großzügig hinwegsehen). **2.** (bes. Fachspr.) äußere Hülle, [zum Schutz] um etw. gelegte Umhüllung: der M. eines Kabels. **3.** um den Schlauch eines Reifens gelegte feste Umhüllung aus einem Gewebe, auf das eine dicke Gummischicht mit eingeschnittenen Profilen aufgetragen ist. **4.** (Pressejargon) allgemeiner, bei den verschiedenen Ausgaben einer Tageszeitung gleichlautender Teil, zu dem der jeweilige Lokalteil hinzukommt. **5.** (Wirtsch.) (bei einer Kapitalgesellschaft) Gesamtheit der Rechte u. Anteile. **6.** (Finanzw.) (bei Wertpapieren o. Ä.) Urkunde, die den entsprechenden Anteil im Besitz garantiert u. der die Coupons für die jeweiligen Gewinne beigefügt sind. **7.** (Geom.) [gekrümmte] Oberfläche eines Körpers mit Ausnahme der Grundfläche[n]: der M. eines Zylinders. **8.** (Jägerspr.) (beim Federwild) Rückengefieder. **9.** (Forstwirtsch.) Kurzf. von ↑ Waldmantel.

man|tel|ar|tig ⟨Adj.⟩: wie ein Mantel; in der Art eines Mantels gehalten.

Män|tel|chen, das; -s, -: Vkl. zu ↑ Mantel (1): ein rotes M.; * **einer Sache ein M. umhängen** (etw. bemänteln).

Man|tel|fut|ter, das: ²Futter (1) eines Mantels (1).

Man|tel|kind, das [das Kind wurde nach altem Recht dadurch legitimiert, dass die Mutter es bei der späteren Eheschließung unter ihrem Mantel mitnahm] (früher): unehelich geborenes

Kind: Ü ◆ Ich habe nach und nach einen Familienzirkel von abstrakten Wesen (man nennt sie im gemeinen Leben Sünden und Fehler) zusammengezeugt, die ganz des Teufels sind und ihrem guten Vater ... viele Streiche spielen: indessen sind's allemal meine leiblichen Kinder und keine -er (Jean Paul, Aus des Teufels Papieren 2, 42).

Man|tel|kleid, das: *wie ein Mantel geschnittenes, vorn durchgeknöpftes Kleid.*

Man|tel|kra|gen, der: *Kragen eines Mantels* (1).

Man|tel|kro|ne, die (Zahnmed.): *Krone, die den erhaltenen Stumpf eines Zahnes wie ein Mantel umhüllt u. in Form u. Funktion der natürlichen Zahnkrone angeglichen ist.*

Man|tel|sack, der (veraltet): *[hinter dem Sattel aufs Pferd zu legender] Reisesack für Proviant, Kleidung u. Ä.:* ◆ Eine alte Frau vermisste ein Bagagestück und durchstöberte ... den kleinen Berg von Mantelsäcken und Bündeln (Ebner-Eschenbach, Gemeindekind 164).

Man|tel|stoff, der: *bes. für Mäntel geeigneter Stoff.*

Man|tel|ta|rif, der (Wirtsch.): *Tarif, in dem die Arbeitsbedingungen (Arbeitszeit, Urlaub, Fragen der Einstellung u. Kündigung) geregelt werden.*

Man|tel|ta|rif|ver|trag, der (Wirtsch.): *Vertrag über einen Manteltarif.*

Man|tel|ta|sche, die: *Tasche eines Mantels* (1): die Hände in die -n stecken.

Man|tel|tier, das: *(zu den Chordaten gehörendes) kleines Meerestier, dessen Körper von einem gallertigen od. knorpeligen Mantel umgeben ist.*

Man|tel-und-De|gen-Film, der: *Abenteuerfilm, der in der Zeit der degentragenden Kavaliere spielt.*

Man|tik, die; - [griech. mantikḗ (téchnē), zu: mántis = Seher, Wahrsager, zu: maínesthai = rasen, verzückt sein]: *Kunst des Sehens* (5 b) *u. Wahrsagens.*

Man|til|le, die; -, -n [span. mantilla < lat. mantellum, ↑ Mantel]: **1.** [man'tɪl(j)ə] *um Kopf u. Schultern getragener Spitzenschleier [der traditionellen Festkleidung der Spanierin].* **2.** [frz. mantille < span. mantilla] **a)** [mã'ti:j(ə)] *Fichu;* ◆ **b)** [mã'ti:j(ə)] *von Frauen getragener leichter Mantel:* ... ein Frauenzimmer ..., das mir ... unter einer seidnen M. sehr wohlgebaut schien (Goethe, Dichtung u. Wahrheit 5); ... hatte seiner Dame den Arm gereicht und ... gebeten, ihr die M. tragen zu dürfen (Fontane, Jenny Treibel 133).

Man|tis|se, die; -, -n [lat. manti(s)sa = Zugabe]: (Math.) *Reihe der beim [dekadischen] Logarithmus hinter dem Komma stehenden Ziffern.*

Man|t|ra, das; -[s], -s [sanskr. mantra = Spruch]: *(im Hinduismus, Buddhismus u. a. verwendete) magische Formel.*

Mantsch usw.: ↑ Mansch usw.

¹Ma|nu|al, das; -s, -e [zu lat. manualis = zur Hand gehörend, zu: manus = Hand]: **1.** *mit den Händen zu bedienende Tastatur an Orgel, Harmonium, Cembalo u. Ä.* **2.** (veraltet) *Handbuch, Tagebuch.*

²Ma|nu|al ['mænjuəl], das; -s, -s [engl. manual < mlat. manuale, ↑ Manuale] (bes. EDV): *ausführliche schriftliche Bedienungsanleitung; Handbuch.*

Ma|nu|a|le, das; -[s], -[n] [mlat. manuale, zu lat. manualis, ↑ ¹Manual]: *¹Manual.*

ma|nu|ell ⟨Adj.⟩ [frz. manuel < lat. manualis, ↑ ¹Manual]: **a)** *mit der Hand [ausgeführt], von Hand:* -e Tätigkeiten; **b)** *die Hand betreffend:* -e Ungeschicklichkeit.

Ma|nu|fak|tur, die; -, -en [engl. manufacture, eigtl. = Handarbeit < mlat. manufactura, zu lat. manus = Hand u. factura = das Machen]:

1. a) (Geschichte) *[vorindustrieller] gewerblicher Großbetrieb, in dem Waren serienweise mit starker Spezialisierung u. Arbeitsteilung, aber doch im Wesentlichen in Handarbeit hergestellt werden;* **b)** *gewerblicher Kleinbetrieb, in dem [stark spezialisierte] Produkte [im Wesentlichen od. teilweise] in Handarbeit hergestellt werden, was zu einer hohen Qualität führt.* **2.** (veraltet) *in Handarbeit hergestelltes gewerbliches Erzeugnis.*

ma|nu|fak|tu|rie|ren ⟨sw. V.; hat⟩ (veraltet): *in Handarbeit ver-, anfertigen, bearbeiten:* Teppiche, Porzellan m.

ma|nu pro|p|ria [auch: -'prɔ...; lat. = mit eigener Hand]: *eigenhändig* (Abk.: m. p.)

Ma|nus, das; -, - (österr., schweiz.): *kurz für* ↑ Manuskript (1 a, 1 b).

Ma|nu|skript, das; -[e]s, -e [mlat. manuscriptum = eigenhändig Geschriebenes, zu lat. manus = Hand u. scriptum, 2. Part. von: scribere = schreiben]: **1. a)** *Niederschrift eines literarischen, wissenschaftlichen o. ä. Textes als Vorlage für den Setzer* (Abk.: Ms. od. Mskr., Pl.: Mss.): das M. überarbeiten; **b)** *vollständige od. stichwortartige Ausarbeitung eines Vortrags, einer Vorlesung, Rede u. Ä.* (Abk.: Ms. od. Mskr., Pl.: Mss.): ohne M. sprechen. **2.** *Handschrift, handgeschriebenes [u. kunstvoll ausgemaltes] Buch der Antike u. des Mittelalters:* ein M. aus dem 13. Jh.

Ma|nu|skript|sei|te, die: *Seite eines Manuskripts.*

Mao|is|mus, der; - [nach dem chinesischen Parteivorsitzenden Mao Tse-tung (1893–1976)]: *Ideologie nach dem Vorbild der von Mao Tse-tung entwickelten Variante des Marxismus-Leninismus; am chinesischen Kommunismus orientierte Weltanschauung.*

Mao|ist, der; -en, -en: *Anhänger, Vertreter des Maoismus.*

Mao|is|tin, die; -, -nen: w. Form zu ↑ Maoist.

mao|is|tisch ⟨Adj.⟩: *den Maoismus betreffend, seinen Prinzipien folgend:* eine -e Partei.

Mao-Look, Mao|look, der ⟨o. Pl.⟩ [nach der Kleidung, in der Mao Tse-tung aufzutreten pflegte]: *aus einem Anzug mit hochgeschlossener, einfacher [blauer] Jacke bestehende Kleidung.*

¹Ma|o|ri [auch: 'mauri], der; -[s], -[s]: *Angehöriger eines eingeborenen Volkes in Neuseeland.*

²Ma|o|ri, das; -: *Sprache der Maoris.*

³Ma|o|ri [auch: 'mauri], die; -, -[s]: *Angehörige eines eingeborenen Volkes in Neuseeland.*

ma|o|risch ⟨Adj.⟩: **a)** *die Maoris betreffend; von den Maoris stammend;* **b)** *in der Sprache der Maoris.*

Mäpp|chen, das; -s, -: Vkl. zu ↑ Mappe (1).

Map|pe, die; -, -n [frühnhd. = Umschlag(tuch) für Landkarten < mlat. mappa mundi = Weltkarte, eigtl. = Tuch mit einer Darstellung der Welt, zu lat. mappa = (Vor)tuch u. mundus = Welt]: **1.** *aufklappbare Hülle aus zwei steifen, durch einen Rücken verbundenen od. aneinandergehefteten Deckeln zum Aufbewahren von Akten, Briefen, Kunstblättern o. Ä.:* eine M. mit Rechnungen. **2.** *rechteckige, flache Tasche, besonders für Akten, Hefte o. Ä.:* die M. unter dem Arm tragen.

Ma|pu|to: Hauptstadt von Moçambique.

Ma|quis [ma'ki:], der; - [...i:(s)] [frz. Form von ↑ Macchia]: **1.** *französische Widerstandsorganisation im Zweiten Weltkrieg:* dem M. angehören. **2.** frz. Bez. für: Macchia.

Mär, die; -, -en; (veraltet): Märe, die; -, -n [mhd. mære, ahd. māri, zu mhd. mæren, ahd. māren = verkünden, rühmen (geh., oft iron. od. scherzh.): *Erzählung, seltsame Geschichte, unglaubwürdiger od. unwahrer Bericht:* eine alte M.; die M. vom Klapperstorch.

Ma|ra|bu, der; -s, -s [frz. marabout, eigtl. = muslimischer Asket (wegen des würdigen Aussehens des Vogels) < port. marabuto < arab. murā-biṭ = Einsiedler, Asket]: *(in Afrika u. Südasien heimischer) großer Storch mit einem großen, kräftigen Schnabel u. meist aufblasbarem Hautsack unter der Kehle.*

Ma|ra|cu|ja, die; -, -s [port. maracujá, aus dem Tupi]: *Frucht der Passionsblume, aus der ein wohlschmeckender Saft gewonnen wird.*

Ma|ras|chi|no [...'ki:no], der; -s, -s [ital. maraschino, zu: marasca = Sauerkirsche, zu: amaro < lat. amarus = bitter, sauer]: *farbloser Likör aus dalmatinischen Sauerkirschen.*

Ma|ras|mus, der; -, ...men [griech. marasmós, zu: maraínein = verzehren] (Med.): *fortschreitender Verfall der körperlichen u. geistigen Kräfte (durch Alter od. Krankheit).*

Ma|ra|the, der; -n, -n: *Angehöriger eines Volkes in Indien.*

Ma|ra|thi, das; -: *Sprache der Marathen.*

¹Ma|ra|thon [auch: 'maratɔn]: *Ort nördlich von Athen.*

²Ma|ra|thon, der; -s, -s [nach dem gleichnamigen griech. Ort, von dem aus ein Läufer die Nachricht vom Sieg der Griechen über die Perser (490 v. Chr.) nach Athen brachte]: *Marathonlauf:* an einem M. teilnehmen; M. laufen (den Marathonlauf als Sport ausüben).

³Ma|ra|thon, der, seltener das; -s, -s (ugs.): *etw. übermäßig lange Dauerndes u. dadurch Anstrengendes:* die Sitzung war ein M.

Ma|ra|thon- (emotional verstärkend): *drückt in Bildungen mit Substantiven aus, dass etw. überaus lange dauert:* Marathondiskussion, -prozess.

-ma|ra|thon, der, seltener das; -s, -s (emotional verstärkend): *drückt in Bildungen mit Substantiven – seltener mit Verben (Verbstämmen) – aus, dass etwas überaus lange dauert:* Aussprache-, Sitzungs-, Verhandlungsmarathon.

¹Ma|ra|tho|ni, die; -, -s (Jargon): *Marathonläuferin.*

²Ma|ra|tho|ni, der; -[s], -s (Jargon): *Marathonläufer.*

Ma|ra|thon|lauf, der: *Langstreckenlauf über 42,195 km.*

ma|ra|thon|lau|fen ⟨st. V.; nur im Inf.⟩: s. ²Marathon.

Ma|ra|thon|läu|fer, der: *auf den Marathonlauf spezialisierter Läufer.*

Ma|ra|thon|läu|fe|rin, die: w. Form zu ↑ Marathonläufer.

Ma|ra|thon|re|de, die (emotional verstärkend): *überlange Rede.*

Ma|ra|thon|sit|zung, die (emotional verstärkend): *überlange Sitzung.*

Ma|ra|thon|stre|cke, die: *beim Marathonlauf zurückzulegende Strecke.*

Mar|burg: hessische Universitätsstadt an der Lahn.

¹Mar|bur|ger, der; -s, -: Ew.

²Mar|bur|ger ⟨indekl. Adj.⟩.

Mar|bur|ge|rin, die; -, -nen: w. Form zu ↑ ¹Marburger.

Marc [frz.: maːr], der; -s [frz.: maːr] [frz. marc (de raisin), zu: marcher = mit den Füßen treten, ↑ marschieren]: *starker Branntwein aus den Rückständen der Trauben beim Keltern.*

mar|ca|to ⟨Adv.⟩ [ital. marcato, 2. Part. von: marcare = markieren, betonen, aus dem Germ.] (Musik): *markiert, betont.*

March, die; -, -en [mhd. march, südd. Nebenf. von

mark, ↑²Mark] (schweiz.): *Flurgrenze, Grenzzeichen.*
mar|chen ⟨sw. V.; hat⟩ (schweiz.): *eine Grenze festsetzen.*
Mär|chen, das; -s, - [spätmhd. (md.) merechyn, Vkl. von mhd. mære, ↑ Mär]: **1.** *im Volk überlieferte Erzählung, in der übernatürliche Kräfte u. Gestalten in das Leben der Menschen eingreifen u. meist am Ende die Guten belohnt u. die Bösen bestraft werden:* die M. der Brüder Grimm; das klingt wie ein M.; M. erzählen; Ü Zu diesem dicklichen Junggesellen ... kam ein so zauberhaftes Wesen, ein so reines M. an Schönheit und Grazie, eine so echte kleine Dame... (Dürrenmatt, Griechе 18). **2.** (ugs.) *unglaubwürdige, [als Ausrede] erfundene Geschichte:* erzähle mir nur keine M.!
Mär|chen|buch, das: *[Kinder]buch mit Märchen.*
Mär|chen|er|zäh|ler, der: *jmd., der Märchen erzählt.*
Mär|chen|er|zäh|le|rin, die: w. Form zu ↑ Märchenerzähler.
Mär|chen|fi|gur, die: *in einem Märchen vorkommende Figur.*
Mär|chen|film, der: *Film mit einer märchenhaften (1) Handlung, mit einer Handlung, der ein Märchen zugrunde liegt.*
Mär|chen|ge|stalt, die: *Märchenfigur.*
mär|chen|haft ⟨Adj.⟩: **1.** *von der Art eines Märchens, für Märchen charakteristisch:* -e Motive einer Dichtung. **2. a)** *zauberhaft schön:* eine -e Schneelandschaft; **b)** (ugs. emotional) *(von etw. Positivem, Angenehmen) unvorstellbar in seinem Ausmaß, seiner Art, sagenhaft* (2 a): ... denn es hieß, obgleich er über ein ein Taschengeld verfüge, kaufe er nur getragene Sachen aus dem Pfandhaus oder aus den Trödlerläden in der Tagnetergasse (Grass, Hundejahre 194); **c)** *(intensivierend bei Adj.) überaus, in unvorstellbarem Ausmaß; sagenhaft* (2 b): Ein m. geringer Mietzins ließ auf eine ebenso -e Verlotterung schließen (Frisch, Stiller 461).
Mär|chen|kö|nig, der: *in einem Märchen vorkommender König.*
Mär|chen|kö|ni|gin, die: w. Form zu ↑ Märchenkönig.
Mär|chen|land, das ⟨Pl. ...länder⟩: **1.** ⟨o. Pl.⟩ *Bereich, Land der Märchen; Land in einem Märchen: der Eintritt der Kinder ins M.* **2.** *Land, Gebiet von märchenhafter Schönheit, Beschaffenheit.*
Mär|chen|on|kel, der: **1.** (fam.) *Märchenerzähler (z. B. im Radio, Fernsehen).* **2.** (ugs., oft scherzh.) *jmd., der [häufig] unwahre, erfundene Geschichten, Märchen* (2) *erzählt.*
Mär|chen|oper, die: *Oper mit einer märchenhaften (1) Handlung, mit einer Handlung, der ein Märchen zugrunde liegt.*
Mär|chen|prinz, der: **1.** *in einem Märchen vorkommender Prinz.* **2.** *(als Partner erwünschter) idealer Mann.*
Mär|chen|prin|zes|sin, die: w. Form zu ↑ Märchenprinz.
Mär|chen|samm|lung, die: *Sammlung von Märchen.*
Mär|chen|schach, das: *modernes Teilgebiet des Problemschachs mit zum Teil neu erfundenen Figuren od. mit verändertem Schachbrett.*
Mär|chen|schloss, das: *Schloss in einem Märchen* (1).
Mär|chen|stun|de, die: *Veranstaltung, Sendung bes. für Kinder, in der Märchen vorgelesen, dargeboten werden.*
Mär|chen|tan|te, die: **1.** (fam.) *Märchenerzählerin (z. B. im Radio, Fernsehen).* **2.** (ugs., oft scherzh.) *weibliche Person, die [häufig] unwahre, erfundene Geschichten, Märchen erzählt.*

Mär|chen|wald, der: *Wald in einem Märchen.*
Mär|chen|welt, die: *Bereich der Märchen; Märchendichtung.*
Mar|che|sa [marˈkeːza], die; -, -s od. ...sen [ital. marchesa]: w. Form zu ↑ Marchese.
Mar|che|se, der; -, -n [ital. marchese, eigtl. = Markgraf, zu: marca = Grenze, Grenzland, aus dem Germ.]: **a)** ⟨o. Pl.⟩ *hoher italienischer Adelstitel;* **b)** *Träger des Titels Marchese.*
Mar|ching Band, die; - -, - -s, **Mar|ching|band,** die; -, -s [ˈmɑːtʃɪŋbænd; engl. marching band, zu: to march = marschieren u. ↑³Band]: *durch die Straßen ziehende (bes. im New-Orleans-Stil spielende) Kapelle.*
Mar|der, der; -s, - [mhd. marder, ahd. mard(ar); H. u.]: *kleineres, gewandt kletterndes Raubtier mit lang gestrecktem Körper, kurzen Beinen, langem Schwanz u. dichtem, feinem Fell, das sein Revier mit einem oft übel riechenden Sekret markiert.*

-mar|der, der; -s, - ⟨Jargon⟩: *kennzeichnet in Bildungen mit Substantiven eine Person, die etw. aufbricht, in etw. einbricht, um es auszurauben:* Automaten-, Briefkasten-, Opferstockmarder.

Mar|der|scha|den, der: *durch Bisse eines Marders erzeugter Schaden bes. an einem Fahrzeug.*
Ma|re, das; -, - od. ...ria [lat. mare = Meer]: *als dunkle Fläche erscheinende große Ebene auf dem Mond od. dem Mars.*
Mä|re: ↑ Mär.
♦ **Ma|re|chaus|see** [marɛˈʃoːseː], die; - [frz. maréchaussée, zu: maréchal (Pl.: maréchaux), ↑ Marschall]: *(im 18. Jh. in Frankreich) berittene Gendarmerie:* Desgrais, ein Beamter der M., wurde ihr nachgesendet (E. T. A. Hoffmann, Fräulein 10).
Ma|ren|go, der; -s [nach dem oberital. Ort Marengo]: *grau melierter Kammgarnstoff für Mäntel u. Kostüme.*
Mar|ga|ri|ne, die; -, (Sorten:) -n [frz. margarine, geb. aus: acide margarique = perlfarbene Säure, zu: acide = Säure u. margarique, zu griech. márgaron = perlweiße Farbe; Perle]: *streichfähiges, der Butter ähnliches Speisefett aus pflanzlichen [u. zu einem geringen Teil aus tierischen] Fetten;* M. zum Kochen nehmen.
Mar|ga|ri|ne|wür|fel, der: *in Form eines Würfels abgepackte Margarine.*
Mar|ge [ˈmarʒə], die; -, -n [frz. marge = Rand, Spielraum < lat. margo = Rand]: **1.** *Unterschied, Spielraum, Spanne.* **2.** (Wirtsch.) **a)** *Differenz zwischen Selbstkosten u. Verkaufspreis; Handelsspanne;* **b)** *Differenz zwischen den Preisen für die gleiche Ware an verschiedenen Orten;* **c)** *Differenz zwischen Ausgabekurs u. Tageskurs eines Wertpapiers;* **d)** *Bareinzahlung beim Kauf von Wertpapieren auf Kredit, die an verschiedenen Börsen zur Sicherung der Forderungen aus Termingeschäften zu hinterlegen ist;* **e)** *Differenz zwischen dem Wert eines Pfandes u. dem darauf gewährten Vorschuss.*
Mar|gen|druck, der ⟨o. Pl.⟩ (Wirtsch.): *durch steigende Kosten, sinkende Preise o. Ä. verursachte Minderung der Gewinnmarge.*
mar|gen|schwach ⟨Adj.⟩ (Wirtsch.): *durch kleine Margen* (2 a) *gekennzeichnet.*
mar|gen|stark ⟨Adj.⟩ (Wirtsch.): *durch große Margen* (2 a) *gekennzeichnet:* -e Geschäfte, Produkte; der Bereich ist sehr m.
Mar|ge|ri|te, die; -, -n [frz. marguerite, eigtl. = Maßliebchen < afrz. margarite = Perle < lat. margarita < griech. margarítēs, wohl nach dem Vergleich der Blütenköpfe mit Perlen]: *(zu den Korbblütlern gehörende) Pflanze mit sternförmiger Blüte, deren großes, gelbes Körbchen von

einem Kranz zungenförmiger, weißer Blütenblätter gesäumt ist.*
mar|gi|nal ⟨Adj.⟩ [zu lat. margo = Rand]: **1.** (bildungsspr.) *am Rande liegend; nicht unmittelbar wichtig; geringfügig:* ein -es Thema. **2.** [engl. marginal] (Psychol., Soziol.) *in einer Grenzstellung befindlich; nicht fest einem bestimmten Bereich zuzuordnen:* -e Persönlichkeit. **3.** (Bot.) *(von Samenanlagen) am Rande eines Fruchtblattes angeordnet.*
Mar|gi|nal|be|mer|kung, die (bildungsspr.): *Randbemerkung.*
Mar|gi|nal|glos|se, die (Sprachwiss., Literaturwiss.): *an den Rand geschriebene Glosse.*
Mar|gi|na|lie, die; -, -n ⟨meist Pl.⟩ (Sprachwiss., Literaturwiss.) **a)** *handschriftliche Glosse* (2)*, kritische Anmerkung o. Ä. in Handschriften, Akten od. Büchern;* **b)** *auf den Rand einer [Buch]seite gedruckter Verweis (mit Quellen, Zahlen, Erläuterungen o. Ä. zum Text).* **2.** (bildungsspr.) *Angelegenheit von weniger wichtiger Bedeutung; Nebensächlichkeit, Randerscheinung.*
mar|gi|na|li|sie|ren ⟨sw. V.; hat⟩: **1.** *mit Marginalien* (1) *versehen.* **2.** *ins Abseits schieben, zu etw. Unwichtigem, Nebensächlichem machen.*
Mar|gi|na|li|sie|rung, die: **1.** *das Marginalisieren* (1)*.* **2.** *das Marginalisieren* (2)*, Abschiebung ins Abseits.*
Ma|ria; -s, auch: ...iens, ...iä: *die Mutter Jesu: eine Darstellung -s, Mariens mit dem Jesusknaben;* die Verkündigung Mariä; *** [Jesus,] M. und Josef!; Jesses M.! (*Ausrufe des Erschreckens, Erstaunens o. Ä.*).
Ma|ri|a|ge [maˈri̯aːʒə, österr. meist: ...ʃ], die; -, -n [frz. mariage, zu: marier < lat. maritare = verheiraten]: **1.** (bildungsspr. veraltet) *Heirat, Ehe.* **2.** (Kartenspiele) *Zusammentreffen von König u. Dame ein und derselben Farbe in einer Hand:* eine M. haben.
ma|ri|a|nisch ⟨Adj.⟩ [mlat. Marianus] (kath. Kirche): *Maria als Gottesmutter betreffend:* -e Theologie; Marianische Antiphonen *(in der katholischen Liturgie Lobgesänge zu Ehren Marias).*
Ma|rie, die; - [viell. nach dem Mariatheresientaler] (salopp): *Geld:* keine M. haben.
Ma|ri|en|bild, das (bild. Kunst): *bildliche Darstellung Marias.*
Ma|ri|en|dich|tung, die (Literaturwiss.): *Dichtung, die in legendärer Form das Leben Marias darstellt od. in der Maria verherrlicht u. angerufen wird.*
Ma|ri|en|fest, das (kath. Kirche): *Fest zu Ehren Marias.*
Ma|ri|en|kä|fer, der [vgl. Herrgottskäfer]: *kleiner Käfer mit fast halbkugelig gewölbtem Körper u. oft roten Flügeldecken mit schwarzen Punkten.*
Ma|ri|en|le|ben, das (Literaturwiss., Kunstwiss.): *künstlerische Darstellung des Lebens Marias [in einzelnen Szenen od. Bildern].*
Ma|ri|en|sta|tue, die (bild. Kunst): *die Mutter Jesu darstellende Statue.*
Ma|ri|en|ver|eh|rung, die: *Verehrung Marias in der katholischen Kirche u. in den Ostkirchen.*
Ma|ri|hu|a|na, das; -s [span. marihuana, wohl zusges. aus den w. Vorn. María u. Juana]: *aus getrockneten, zerriebenen Blättern, Stängeln u. Blüten des in Mexiko angebauten indischen Hanfs gewonnenes, im Aussehen einem fein geschnittenen, grünlichen Tabak ähnliches Rauschgift:* M. rauchen.
Ma|ril|le, die; -, -n [wohl nach ital. armellino < lat. armeniacum (pomum) = Aprikose, eigtl. armenischer Apfel] (österr., sonst landsch.): *Aprikose:* Da halten die Weiber der leckeren Erdbeeren feil, die glänzenden Schwarzbeeren, die feurigen Marillen (Fussenegger, Haus 378).

Marillengeist – Marker

Ma|ril|len|geist, der ⟨Pl. -e⟩ (österr., Fachspr.): *aus Aprikosen hergestellter Branntwein.*
Ma|ril|len|knö|del, der (österr.): *Knödel aus Kartoffelteig mit einer Aprikose in der Mitte.*
Ma|ril|len|mar|me|la|de, die (österr., sonst landsch.): *Aprikosenmarmelade.*
Ma|ril|len|was|ser, das ⟨Pl. ...wässer⟩ (österr.): *aus Aprikosen hergestelltes Obstwasser.*
ma|rin ⟨Adj.⟩ [lat. marinus, zu: mare = Meer]: **1.** *zum Meer gehörend, das Meer betreffend.* **2.** *im Meer lebend, aus dem Meer stammend.*
Ma|ri|na, die; -, -s [engl.(-amerik.) marina < ital. marina, span. marina = Marine, zu: marino < lat. marinus, ↑ marin]: *Jacht-, Motorboothafen.*
Ma|ri|na|de, die; -, -n [frz. marinade, zu: mariner = Fische (in Salzwasser, Meerwasser) einlegen, zu: marin < lat. marinus, ↑ marin]: **1. a)** *mit Essig, Zitronensaft, Kräutern u. Gewürzen bereitete Flüssigkeit zum Einlegen von Fleisch, Fisch, Gurken o. Ä.;* **b)** *Salatsoße.* **2.** *in einer Marinade konservierter Fisch.*
Ma|ri|ne, die; -, -n [frz. marine, eigtl. = die zum Meer Gehörende, zu: marin, ↑ Marinade]: **1. a)** *Gesamtheit der Seeschiffe eines Staates mit den dazugehörenden Einrichtungen;* **b)** *für den Seekrieg bestimmter Teil der Streitkräfte eines Staates, Landes; Kriegsmarine:* die M. griff in die Kämpfe ein; bei der M. sein. **2.** *(bild. Kunst) Seestück.*
Ma|ri|ne|ar|til|le|rie, die: *der Kriegsmarine unterstehende Abteilung der Artillerie.*
ma|ri|ne|blau ⟨Adj.⟩: *tief dunkelblau (wie die Farbe von Marineuniformen).*
Ma|ri|ne|flie|ger, der (ugs.): *Angehöriger der Marineluftwaffe.*
Ma|ri|ne|flie|ge|rin, die: w. Form zu ↑ Marineflieger.
Ma|ri|ne|in|fan|te|rie, die: *der Kriegsmarine unterstehende u. für Kämpfe an Land (nach Landungen) besonders ausgebildete Truppe.*
Ma|ri|ne|in|fan|te|rist, der: *Soldat der Marineinfanterie.*
Ma|ri|ne|in|fan|te|ris|tin, die: w. Form zu ↑ Marineinfanterist.
Ma|ri|ne|luft|waf|fe, die: *zur Marine gehörende [auf Flugzeugträgern stationierte] Luftstreitkräfte.*
Ma|ri|ne|of|fi|zier, der: *Offizier der Marine (1 b).*
Ma|ri|ne|of|fi|zie|rin, die: w. Form zu ↑ Marineoffizier.
Ma|ri|ner, der; -s, - (Jargon): *Angehöriger der Marine; Matrose.*
Ma|ri|ne|sol|dat, der: *Soldat der Marine (1 b).*
Ma|ri|ne|sol|da|tin, die: w. Form zu ↑ Marinesoldat.
Ma|ri|ne|sta|ti|on, die: *Ort, an dem Marine (1 b) stationiert ist.*
Ma|ri|ne|stütz|punkt, der: *von Seestreitkräften geschützter Stützpunkt, den ein Land außerhalb seiner Grenzen unterhält.*
Ma|ri|ne|uni|form, die: *Uniform der Marine.*
ma|ri|nie|ren ⟨sw. V.; hat⟩ [frz. mariner, ↑ Marinade]: *in eine Marinade (1 a) einlegen od. mit Marinade beträufeln:* marinierte Heringe.
Ma|ri|o|lo|gie, die [zu ↑ Maria u. ↑ -logie] (kath. Theol.): *Lehre von der Gottesmutter Maria.*
ma|ri|o|lo|gisch ⟨Adj.⟩: *die Mariologie betreffend:* -e Dogmen.
Ma|ri|o|net|te, die; -, -n [frz. marionnette, eigtl. = Mariechen, Abl. vom frz. Vorn. Marion]: *Puppe zum Theaterspielen, die mithilfe vieler an den einzelnen Gelenken angebrachter u. oben an sich kreuzenden Leisten befestigter Fäden od. Drähte geführt wird:* das Stück wurde mit -n gespielt; Ü er war nur eine M. *(ein unselbstständiger, von einem anderen als Werkzeug benutzter Mann).*
ma|ri|o|net|ten|haft ⟨Adj.⟩: *einer Marionette ähnlich, wie bei einer Marionette:* -e Bewegungen.
Ma|ri|o|net|ten|re|gie|rung, die (abwertend): *von einem fremden Staat eingesetzte u. von ihm abhängige Regierung eines Landes.*
Ma|ri|o|net|ten|spiel, das: *mit Marionetten gespieltes Theaterstück.*
Ma|ri|o|net|ten|spie|ler, der: *Puppenspieler in einem Marionettentheater.*
Ma|ri|o|net|ten|spie|le|rin, die: w. Form zu ↑ Marionettenspieler.
Ma|ri|o|net|ten|the|a|ter, das: *Theater, auf dem mit Marionetten gespielt wird.*
ma|ri|tim ⟨Adj.⟩ [lat. maritimus, zu: mare, ↑ Mare]: **1.** *das Meer betreffend, von ihm beeinflusst, geprägt:* -es Klima. **2.** *das Seewesen, die Schifffahrt betreffend:* -e Mächte.
Mar|jell, die; -, -en, **Mar|jell|chen,** das; -s, - [lit. mergelė = Magd; Mädchen] (ostpreuß.): *Mädchen.*
¹**Mark,** die; -, - u. (ugs. scherzh.:) Märker [mhd. marc, marke = Silber- od. Goldbarren mit amtlichem Zeichen, urspr. identisch mit ↑ ²Mark]: *frühere deutsche Währungseinheit:* Deutsche M. *(Währungseinheit der Bundesrepublik Deutschland von 1948 bis 2001; Abk. DM;* 1 DM = 100 Pfennig); M. der DDR *(Währungseinheit der DDR; Abk.: M;* 1 M = 100 Pfennig); der Eintritt kostet zwei M. fünfzig; kannst du mir fünfzig M. *(einen Fünfzigmarkschein)* wechseln?; ich habe meine letzte M. ausgegeben; * **keine müde M.** (ugs.): *überhaupt kein Geld, nicht der kleinste Betrag:* er hatte keine müde M. mehr; **jede M. [dreimal] umdrehen** (↑ Pfennig); **mit jeder M. rechnen müssen** *(sparsam sein müssen).*
²**Mark,** die; -, -en [mhd. marc, march = (Grenz)zeichen, Grenzland, ahd. marcha = Grenze, verw. mit lat. margo, ↑ marginal]: *(in karolingischer u. ottonischer Zeit) Gebiet an den Grenzen des Reiches:* die M. Brandenburg.
³**Mark,** das; -[e]s [mhd. marc, ahd. mar(a)g, urspr. = Gehirn]: **1. a)** *inneres Gewebe, meist weichere Substanz in den Knochen, in verschiedenen Organen bei Mensch u. Tier sowie im Zentrum pflanzlicher Sprosse:* der Knochen ist bis ans M. gespalten; * **kein M. in den Knochen haben** *(anfällig, kränklich sein.* **2.** *keine Energie haben, entschlusslos sein);* **bis ins M.** *(in einer Weise, dass die negative Wirkung innerste seelische Bezirke erreicht):* bis ins M. erschüttert sein; jmdn. mit einer Äußerung bis ins M. treffen; **[jmdm.] durch M. und Bein**/(ugs. scherzh. veraltend:) **Pfennig gehen/dringen/fahren** *(als besonders unangenehm, als quälend laut empfunden werden);* **b)** *weiche, gelbliche, fettreiche Masse aus dem Inneren von [Rinder]knochen:* das M. aus den Knochen lutschen. **2.** *konzentriertes, zu einem einheitlichen Brei verarbeitetes Fruchtfleisch:* M. von Tomaten.
mar|kant ⟨Adj.⟩ [frz. marquant = sich auszeichnend, hervorragend, 1. Part. von: marquer, ↑ markieren]: *stark ausgeprägt:* eine Erscheinung; ein -es Profil; das -este Beispiel für diese Entwicklung.
Mark|be|trag, der: *in Mark angegebener Betrag.*
mark|durch|drin|gend ⟨Adj.⟩: *(von akustischen Eindrücken) in unangenehmster Weise ¹durchdringend (2):* ein -er Schrei.
Mar|ke, die; -, -n [frz. marque = (Kenn)zeichen, zu: marquer, ↑ markieren]: **1. a)** *Kurzf. von* ↑ Erkennungsmarke; **c)** *Kurzf. von* ↑ Dienstmarke; **c)** *Kurzf. von* Garderobenmarke; **d)** *Kurzf. von* ↑ Lebensmittelmarke; **e)** *Kurzf. von* ↑ Beitragsmarke; **f)** *Kurzf. von* ↑ Briefmarke. **2. a)** *unter einem bestimmten Namen, Warenzeichen hergestellte Warensorte:* eine bekannte M.; diese Zigarette ist nicht meine M.; * **M.** *Eigenbau* (ugs.; *etw. selbst Gebautes, selbst Konstruiertes:* Feuerwerkskörper M. Eigenbau); **b)** (salopp) *seltsamer Mensch:* eine komische M.; du bist [mir] vielleicht eine M.! *(du benimmst dich aber ungewöhnlich, hast ja seltsame Ansichten).* **3.** *an einer bestimmten Stelle [als Messpunkt] angebrachtes Zeichen, angebrachte Markierung [für einen erreichten Wert]:* am Pfeiler ist die M. vom letzten Hochwasser zu sehen; sie hat die alte M. *(den bisherigen Rekord)* um 12 Zentimeter überboten.
Mär|ke, die; -, -n (österr.): *Namenszeichen bes. auf der Wäsche.*
mar|ken ⟨sw. V.; hat⟩: **1.** (Seemannsspr.) *mit Marken (3) versehen.* **2.** (Fachspr.) *mit einem Firmenzeichen versehen:* die Tonschüssel ist am Boden gemarkt.
mär|ken ⟨sw. V.; hat⟩ (österr.): *zeichnen (2).*
Mar|ken|ar|ti|kel, der (Wirtsch.): *vom Hersteller durch ein Markenzeichen gekennzeichneter Artikel (3), für den gleichbleibende Qualität verbürgt wird.*
Mar|ken|ar|tik|ler, der; -s, - (Wirtsch.): **a)** *Vertreter, der Markenartikel anbietet u. vertreibt;* **b)** *Hersteller von Markenartikeln.*
Mar|ken|ar|tik|le|rin, die; -, -nen: w. Form zu ↑ Markenartikler.
Mar|ken|auf|tritt, der: *Präsentation, das In-Erscheinung-Treten einer Marke (2 a) in der Öffentlichkeit:* die Agentur soll einen neuen, einheitlichen M. für die Firma entwickeln.
Mar|ken|be|kannt|heit, die: *Bekanntheit einer Marke (2 a).*
mar|ken|be|wusst ⟨Adj.⟩: *beim Einkaufen seine Kaufentscheidungen mit davon abhängig machend, unter welcher Marke die jeweilige Ware angeboten wird.*
Mar|ken|be|wusst|sein, das; -s: *markenbewusste Einstellung.*
Mar|ken|but|ter, die: *Butter einer Handelsklasse mit gesetzlich festgelegten Qualitätsmerkmalen.*
Mar|ken|er|zeug|nis, Mar|ken|fa|b|ri|kat, das: *Markenprodukt.*
Mar|ken|füh|rung, die (Wirtsch.): *Entwicklung u. Betreuung einer Marke (2 a).*
Mar|ken|her|stel|ler, der: *Hersteller (1) von Markenartikeln, Markenprodukten.*
Mar|ken|her|stel|le|rin, die: w. Form zu ↑ Markenhersteller.
Mar|ken|image, das: *Image einer Marke (2 a).*
Mar|ken|na|me, der: *Name einer Marke (2 a).*
Mar|ken|pi|ra|te|rie, die ⟨Pl. selten⟩ (Wirtsch.): *Produktpiraterie.*
Mar|ken|pro|dukt, das: *Produkt, das unter einer bestimmten Marke vertrieben wird.*
Mar|ken|recht, das: **1.** ⟨o. Pl.⟩ *Gesamtheit der Rechtsvorschriften zur Regelung der mit dem Markenschutz zusammenhängenden Fragen.* **2.** *Recht, eine Marke (2 a) zu nutzen, allein über sie zu verfügen.*
Mar|ken|schutz, der ⟨o. Pl.⟩: *gesetzliche Regelung, durch die eingetragene Markennamen vor Nachahmung geschützt werden.*
Mar|ken|wa|re, die: *Markenartikel.*
Mar|ken|wert, der: *Wert einer Marke (2 a).*
Mar|ken|zei|chen, das: **a)** *in bestimmter grafischer Form gestaltetes u. geschütztes Zeichen, mit dem alle Artikel einer Marke (2 a) gekennzeichnet werden; Warenzeichen;* **b)** *etw., was für jmdn. od. eine Sache bezeichnend, typisch ist:* bunte Hemden sind sein M.
Mar|ker [auch: ˈmaːɐ̯kɐ], der; -s, -[s] [engl. marker, eigtl. = Kenn-, Merkzeichen]: **1.** *Stift zum Markieren (1 a).* **2.** (Biol.) *genetisches Merkmal bei Viren.* **3.** (Med.) *biologische Substanz (z. B. Protein, Hormon), deren Vorhandensein im Körper auf einen Krankheitszustand hindeutet.*

4. (Sprachwiss.) **a)** *Merkmal eines sprachlichen Elements, dessen Vorhandensein mit + u. dessen Fehlen mit – gekennzeichnet wird;* **b)** *Darstellung der Reihenfolge von grammatischen Regeln, die angeben, wie aus einer gegebenen syntaktischen od. semantischen Struktur andere Strukturen abzuleiten sind.*
Mär|ker: Pl. von ↑¹Mark.
mar|ker|schüt|ternd ⟨Adj.⟩: *durchdringend laut [u. Schrecken, Mitgefühl auslösend]:* ein -er Schrei.
Mar|ke|ten|der, der; -s, - [ital. mercatante = Händler, zu: mercatare = Handel treiben, zu: mercato < lat. mercatus, ↑Markt] (früher): *die Truppe bei Manövern u. im Krieg begleitender Händler.*
Mar|ke|ten|de|rin, die; -, -nen: w. Form zu ↑ Marketender.
Mar|ke|ting [auch: ˈmaːɐ̯kıtıŋ], das; -[s] [engl. marketing, zu: to market = Handel treiben, zu: market < lat. mercatus, ↑Markt] (Wirtsch.): *Ausrichtung eines Unternehmens auf die Förderung des Absatzes durch Betreuung der Kunden, Werbung, Beobachtung u. Lenkung des Marktes sowie durch entsprechende Steuerung der eigenen Produktion:* operatives M.; das M. professionalisieren.
Mar|ke|ting|ab|tei|lung, die (Wirtsch.): *für das Marketing zuständige besondere Abteilung eines Unternehmens.*
Mar|ke|ting|agen|tur, die (Wirtsch.): *Werbeagentur, die das Marketing für andere Firmen durchführt.*
Mar|ke|ting|ak|ti|vi|tät, die ⟨meist Pl.⟩ (Wirtsch.): *dem Marketing dienende Aktivität (2).*
Mar|ke|ting|chef, der (Wirtsch.): *Marketingleiter.*
Mar|ke|ting|che|fin, die: w. Form zu ↑ Marketingchef.
Mar|ke|ting|ex|per|te, der (Wirtsch.): *Experte auf dem Gebiet des Marketings.*
Mar|ke|ting|ex|per|tin, die: w. Form zu ↑ Marketingexperte.
Mar|ke|ting|in|s|t|ru|ment, das (Wirtsch.): *dem Marketing dienendes Mittel, dienende Maßnahme.*
Mar|ke|ting|kam|pa|g|ne, die (Wirtsch.): *auf die Förderung des Marketings ausgerichtete Kampagne (1).*
Mar|ke|ting|kon|zept, das (Wirtsch.): *Konzept (2) für das Marketing.*
Mar|ke|ting|lei|ter, der (Wirtsch.): ¹*Leiter (1) einer Marketingabteilung.*
Mar|ke|ting|lei|te|rin, die; w. Form zu ↑ Marketingleiter.
Mar|ke|ting|ma|na|ger, der (Wirtsch.): *in einem Unternehmen für das Marketing verantwortlicher Manager.*
Mar|ke|ting|ma|na|ge|rin, die: w. Form zu ↑ Marketingmanager.
Mar|ke|ting|maß|nah|me, die (Wirtsch.): *dem Marketing dienende Maßnahme.*
Mar|ke|ting|me|tho|de, die: *innerhalb des Marketings angewandte Methode (2).*
Mar|ke|ting|mix, der [engl. marketing mix] (Wirtsch.): *Kombination verschiedener Maßnahmen zur Förderung des Absatzes (3) im Hinblick auf ein bestimmte Zielsetzung.*
mar|ke|ting|ori|en|tiert ⟨Adj.⟩: *das Marketing besonders berücksichtigend.*
Mar|ke|ting|stra|te|gie, die: *Strategie für das Marketing:* eine neue M. entwickeln.
Mar|ke|ting|vor|stand, der (Wirtsch.): *für das Marketing zuständiger Vorstand* (1 b).
Mark|graf, der; -en, -en [1. [mhd. markgrāve] *königlicher Amtsträger in den Grenzlanden; Befehlshaber einer* ²*Mark.* **2. a)** ⟨o. Pl.⟩ *Adelstitel eines Fürsten im Rang zwischen* ³*Graf* (1) *u. Herzog* (1 b); **b)** *Träger des Titels Markgraf* (2 a).
Mark|grä|fin, die; w. Form zu ↑ Markgraf.
mark|gräf|lich ⟨Adj.⟩: *[zu] einem Markgrafen gehörend.*
Mark|graf|schaft, die: *Herrschaftsbezirk eines Markgrafen.*
mar|kie|ren ⟨sw. V.; hat⟩ [frz. marquer < ital. marcare = kennzeichnen, zu: marca = Marke, Zeichen, aus dem Germ.]: **1. a)** *durch ein Zeichen kenntlich machen:* die Fahrrinne durch Bojen m.; Zugvögel [durch Ringe] m.; ein markierter *(mit Wegzeichen versehener)* Wanderweg; (Fachspr.:) mit radioaktivem Stickstoff markierte Aminosäure; **b)** *etw. anzeigen, kenntlich machen:* Bojen markieren die Fahrrinne; Ü der Kongress markiert eine bedeutsame Etappe. **2. a)** *hervorheben, betonen:* der Anzug markiert die Schultern; **b)** ⟨m. + sich⟩ *sich abzeichnen, hervortreten:* die Körperformen markierten sich in dem Kleid besonders stark; Du siehst die Baumgrenze fast überall, sie markiert sich ja auffallend scharf, die Fichten hören auf, und damit hört alles auf, aus ist es (Th. Mann, Zauberberg 18). **3.** (österr.) *entwerten* (1). **4. a)** *einen Part, eine Bewegung o. Ä. nur andeuten; [bei der Probe] nicht mit vollem Einsatz spielen, singen:* eine Verbeugung m.; der Sänger markierte nur, um seine Stimme zu schonen; **b)** (ugs.) *vortäuschen; so tun, als ob:* Schmerzen m.; die Dumme m.; er ist nicht krank, er markiert bloß. **5.** (Sport) **a)** *einen Treffer, einen Rekord o. Ä. erzielen; durch einen Treffer einen bestimmten Spielstand erreichen:* die Tore Nr. 3 und 4 markierte der Mannschaftskapitän; **b)** *(einen gegnerischen Spieler) decken:* der Stürmer wurde von seinem Bewacher genau markiert.
Mar|kie|rung, die; -, -en: **a)** *das Markieren; das Kennzeichnen:* der Wanderverein übernimmt die M. der Wege; die M. eines Elements mit Radioisotopen; **b)** *Kennzeichnung, [Kenn]zeichen:* eine gut sichtbare M.; die M. ist kaum noch zu erkennen.
Mar|kie|rungs|fähn|chen, das: *Zeichen in Form eines Fähnchens, das zur Markierung von etw. auf eine Landkarte o. Ä. gesteckt wird.*
Mar|kie|rungs|li|nie, die: *Linie, mit der etw. markiert wird.*
Mar|kie|rungs|punkt, der: vgl. Markierungslinie.
mar|kig ⟨Adj.⟩ [zu ↑³Mark]: **a)** *kraftvoll u. kernig:* eine -e Stimme; ⟨subst.:⟩ Von jeher war das Markige die Kehrseite des Sentimentalen (Enzensberger, Einzelheiten I, 169); **b)** *kräftig; nicht weichlich:* eine -e Gestalt.
mär|kisch ⟨Adj.⟩: *aus der* ²*Mark stammend, sie betreffend.*
Mar|ki|se, die; -, -n: **1.** [frz. marquise, in der Soldatenspr. eigtl. = eine zeltähnliche Zeltdach über dem Zelt eines Offiziers (= älter frz. marquis, ↑ Marquis), das es von der der einfachen Soldaten unterscheiden sollte] *aufrollbares, schräges Sonnendach vor einem [Schau]fenster, über einem Balkon o. Ä.:* die M. herunterlassen; Dann kam eine Türkin, die erklärte mir, wie mit Hilfe einer Kurbel die M. zu bedienen sei (M. Walser, Seelenarbeit 154). **2.** [H. u.] (Edelsteinkunde) **a)** *Edelsteinschliff mit schiffchenförmiger Anordnung der Facetten;* **b)** *Schmuckstein mit Markise* (2 a).
Mar|ki|set|te: ↑ Marquisette.
Mark|ka, die; -, ⟨aber: 10 Markkaa⟩ [finn. markka < schwed. mark < anord. mark] (früher): *Finnmark* (Abk.: mk).
Mark|klöß|chen, das (Kochkunst): *kleiner Kloß aus Rindermark, Mark, Eiern u. Gewürzen, der als Suppeneinlage gegessen wird.*
Mark|kno|chen, der: *viel* ³*Mark* (1 b) *enthaltender Knochen.*
Mark|mün|ze, die (früher): *auf einen Markbetrag lautende Münze.*
Mar|ko|man|ne, der; -n, -n: *Angehöriger eines germanischen Volksstammes.*
Mark|stein, der [mhd. marcstein = Grenzstein]: **1.** (veraltet) *Grenzstein.* **2.** *wichtiges, entscheidendes Ereignis in einer Entwicklung:* das Ereignis ist ein M. in der Geschichte des Landes.
Mark|stück, das: *Einmarkstück.*
Markt, der; -[e]s, Märkte [mhd. mark(e)t, ahd. markāt, merkāt < lat. mercatus = Handel, (Jahr)markt, zu: mercari = Handel treiben, zu: merx (Gen.: mercis) = Ware]: **1.** *Verkaufsveranstaltung, zu der in regelmäßigen Abständen an einem bestimmten Platz Händler u. Händlerinnen zusammenkommen, um Waren des täglichen Bedarfs an [fliegenden] Ständen zu verkaufen:* dienstags und freitags ist M.; die Bauern bringen ihr Gemüse auf den M.; auf dem M. herrscht großes Gedränge; auf den, über den, zum M. gehen. **2. a)** *[zentraler] Platz in einer Stadt, auf dem Markt* (1) *abgehalten wird od. früher wurde; Marktplatz;* **b)** (in bayr., österr. Ortsnamen) *Gemeinde, urspr. mit altem Marktrecht:* M. Schwaben. **3. a)** *von Angebot u. Nachfrage bestimmter Bereich von Waren, von Kauf u. Verkauf; Warenverkehr:* der M. ist übersättigt (Kaufmannsspr.; *das Angebot ist größer als die Nachfrage*); den M. genau studieren; etw. wird am M. angeboten; sich am M. behaupten können; ein neues Kochbuch auf den M. bringen; dieser Artikel ist ganz vom M. verschwunden; *** der Gemeinsame M.** *(die Europäische Wirtschaftsgemeinschaft;* LÜ von frz. Marché Commun); **Neuer M.** (Börsenw.: *Aktienmarkt für junge, auf Wachstum ausgerichtete Unternehmen aus zukunftsorientierten Branchen*); **schwarzer M.** *(Bereich des illegalen Handels mit verbotenen od. rationierten Waren);* **b)** *Absatzgebiet:* neue Märkte erschließen. **4.** Kurzf. von ↑ Supermarkt.
Markt|amt, das: *(in Österreich) Lebensmittel-Kontrollbehörde.*
Markt|ana|ly|se, die (Wirtsch.): *Analyse der Marktlage, der wirtschaftlichen Möglichkeiten für den Absatz eines bestimmten Produkts.*
Markt|an|teil, der (Wirtsch.): *prozentualer Umsatzanteil eines Unternehmens am Umsatz aller Anbieter:* seinen M. zu vergrößern suchen; um -e kämpfen.
Markt|auf|tritt, der (Wirtsch.): *Präsentation, das In-Erscheinung-Treten, Hervortreten eines Unternehmens auf dem Markt* (3 a).
Markt|ba|ro|me|ter, das (Wirtsch.): **1.** *Messwert, durch den eine Veränderung des Marktes* (3 a) *ausgedrückt wird:* das M. klettert, steigt auf 5 300 Punkte, fällt um 2,6 %. **2.** *grafische Darstellung der Marktentwicklung.*
Markt|be|din|gun|gen ⟨Pl.⟩ (Wirtsch.): *durch den Markt* (3 a) *gegebene Bedingungen:* schwierige, günstige M.; das Unternehmen muss sich den veränderten M. anpassen.
markt|be|herr|schend ⟨Adj.⟩ (Wirtsch.): *eine monopolartige Stellung auf dem Markt* (3) *besitzend:* ein -es Unternehmen.
Markt|be|herr|schung, die (Wirtsch.): *herrschende Stellung auf dem Markt* (3) *mit der Macht, die Preise zu diktieren.*
Markt|be|ob|ach|ter, der (Wirtsch.): *jmd., der im Rahmen der Marktforschung die wirtschaftliche Entwicklung beobachtet.*
Markt|be|ob|ach|te|rin, die: w. Form zu ↑ Marktbeobachter.
Markt|be|rei|ni|gung, die (Wirtsch.): *Verringerung der Zahl der Anbieter an einem Markt* (3 a).
Markt|be|richt, der (Wirtsch.): *Bericht über*

Marktbrunnen – Marmeladenbrot

Angebote auf dem Markt (3) *u. über die Preisentwicklung.*

Markt|brun|nen, der: *Brunnen auf einem Marktplatz.*

Markt|bu|de, die: *Marktstand.*

Markt|chan|ce, die ⟨meist Pl.⟩: *Chance, sich auf dem Markt* (3 a) *durchzusetzen, zu behaupten.*

Markt|da|ten ⟨Pl.⟩ (Wirtsch.): *den Markt* (3 a), *die Marktentwicklung betreffende Daten* (2).

Markt|durch|drin|gung, die (Wirtsch.): *Durchdringung des Marktes* (3 a) *mit Produkten o. Ä.; Verbreitung, Bekanntheit eines Produkts o. Ä. innerhalb eines Marktes* (3 a).

Markt|ein|füh|rung, die (Wirtsch.): *Einführung eines neuen Produktes auf den Markt* (3 a).

Markt|ein|tritt, der (Wirtsch.): *Eintritt eines Unternehmens in einen Markt* (3), *Erschließung eines Marktes: neuen Anbietern soll der M. ermöglicht, erleichtert werden.*

mark|ten ⟨sw. V.; hat⟩ (selten): *zäh um günstigere Preise und Bedingungen verhandeln; feilschen:* Ü ♦ ... *ich ... willigte endlich ... ein, ihn zu begleiten. Ich marktete, bis er versprach, in einer Stunde mich freizugeben* (C. F. Meyer, Amulett 63).

Markt|ent|wick|lung, die (Wirtsch.): *Entwicklung des Marktes* (3 a).

Markt|er|folg, der (Wirtsch.): *Erfolg eines Produktes o. Ä. auf dem Markt* (3 a).

Markt|er|war|tung, die (Wirtsch.): *Erwartung, Annahme, wie sich ein Produkt, ein Unternehmen, eine Aktie o. Ä. am Markt* (3 a) *entwickelt:* die -en übertreffen, verfehlen; hinter den -en zurückbleiben.

markt|fä|hig ⟨Adj.⟩ (Wirtsch.): *(von Waren) für den [Massen]absatz geeignet:* dieses neue Produkt ist noch nicht m.

Markt|fah|rer, der (österr.): *Händler, der von Markt* (1) *zu Markt fährt.*

Markt|fah|re|rin, die: w. Form zu ↑ Marktfahrer.

Markt|fle|cken, der: *kleiner Ort, der das Marktrecht hat [u. in dem Markt abgehalten wird].*

Markt|for|scher, der (Wirtsch.): *jmd., der auf dem Gebiet der Marktforschung tätig ist.*

Markt|for|sche|rin, die: w. Form zu ↑ Marktforscher.

Markt|for|schung, die (Wirtsch.): *nach wissenschaftlichen Kriterien erfolgende Untersuchung des Marktes* (3).

Markt|for|schungs|in|s|ti|tut, das (Wirtsch.): *Institut für Marktforschung.*

Markt|frau, die: *Händlerin, die ihre Waren auf dem Markt* (2 a) *verkauft.*

Markt|frie|de, Markt|frie|den, der (MA.): *besonderer Rechtsschutz für Markt* (1) *u. Marktbesucher.*

markt|füh|rend ⟨Adj.⟩ (Wirtsch.): *die größten Marktanteile besitzend.*

Markt|füh|rer, der (Wirtsch.): *in seiner Branche marktführendes Unternehmen:* M. sein, werden.

Markt|füh|re|rin, die: w. Form zu ↑ Marktführer.

Markt|füh|rer|schaft, die (Wirtsch.): *Führerschaft* (1) *in Hinblick auf den Besitz von Marktanteilen.*

markt|gän|gig ⟨Adj.⟩ (Wirtsch.): *leicht absetzbar, problemlos zu verkaufen:* -e Ware.

Markt|ge|mein|de, die (bayr., österr.): *Marktflecken.*

markt|ge|recht ⟨Adj.⟩: *den Bedingungen des Marktes* (3) *entsprechend.*

Markt|ge|sche|hen, das (Wirtsch.): *Geschehen* (2) *auf dem Markt* (3 a): in das M. eingreifen.

Markt|hal|le, die: *große Halle mit festen Ständen, in der des. Großmärkte untergebracht sind.*

Markt|händ|ler, der: *Händler, der seine Ware auf einem Markt* (2 a) *anbietet.*

Markt|händ|le|rin, die: w. Form zu ↑ Markthändler.

Markt|ka|pi|ta|li|sie|rung, die; -, -en (Wirtsch.): *Börsenwert* (2).

markt|kon|form ⟨Adj.⟩ (Wirtsch.): *mit den Gesetzen des Marktes* (3) *übereinstimmend:* -e Preise, Lösungen; die Entwicklung verläuft m.

Markt|korb, der: **1.** *Einkaufskorb.* **2.** (früher) *großer Tragekorb, mit dem die Marktfrauen ihre Ware auf den Markt* (2 a) *brachten.*

Markt|la|ge, die (Wirtsch.): *Verhältnis von Angebot u. Nachfrage (in einem bestimmten Bereich); Wirtschaftslage.*

Markt|lea|der, der (schweiz.): *Marktführer.*

Markt|lea|de|rin, die; -, -nen: w. Form zu ↑ Marktleader.

Markt|lü|cke, die: *fehlendes Angebot einer Ware, einer Warenart o. Ä., für das Bedarf besteht:* eine M. entdecken, schließen.

Markt|macht, die (Wirtsch.): *durch eine beherrschende Stellung bedingte Macht* (1) *eines Unternehmens auf einem Markt* (3 a).

Markt|ni|sche, die: *Marktlücke.*

Markt|öff|nung, die (Wirtsch.): *Öffnung des Marktes* (3) *für andere Unternehmen, Produkte o. Ä.*

Markt|ord|nung, die (Wirtsch.): **1.** *staatliche Bestimmungen, die Angebot u. Preise in gewissem Umfang regeln (bes. bei landwirtschaftlichen Erzeugnissen zur Schaffung gleicher Wettbewerbsbedingungen für alle Staaten der EU).* **2.** *Vorschriften zur Abhaltung von Wochen- u. Jahrmärkten.*

markt|ori|en|tiert ⟨Adj.⟩: *auf die Gesetze des Marktes* (3) *u. die jeweilige Marktlage gerichtet:* -es Verhalten.

Markt|platz, der: *Markt* (2 a).

Markt|po|si|ti|on, die (Wirtsch.): *Position eines Unternehmens im Markt* (3): eine starke, die führende M. haben; etw. stärkt, schwächt die M.; die M. sichern.

Markt|po|ten|zi|al, Markt|po|ten|ti|al, das (Wirtsch.): *Potenzial für die Durchsetzung auf dem Markt* (3 a); *Marktchance.*

Markt|prä|senz, die (Wirtsch.): *Präsenz auf dem Markt* (3 a): der Konzern will seine M. in Nordamerika weiter ausbauen, stärken.

Markt|preis, der (Wirtsch.): *Preis, der sich auf dem freien Markt* (3) *im Zusammenspiel von Angebot u. Nachfrage gebildet hat.*

Markt|recht, das (früher): **1.** *einem Ort verliehenes Recht, Markt* (1) *abzuhalten.* **2.** *für die Abhaltung des Marktes* (1) *geltende Rechtsbestimmungen.*

markt|reif ⟨Adj.⟩: *[technisch] ausgereift* (2) *u. dadurch für den Verkauf auf dem Markt* (3 a) *geeignet:* das neue Modell soll spätestens Ende des Jahres m. sein.

Markt|rei|fe, die; - (Wirtsch.): *Zustand, in dem ein Produkt o. Ä. marktreif ist:* eine neue Technologie zur M. bringen, führen; die Erfindung könnte in den nächsten zwei Jahren M. erlangen.

Markt|ri|si|ko, das (Wirtsch.): *Risiko finanzieller Verluste aufgrund der Änderung von Marktpreisen.*

Markt|schrei|er, der (abwertend): *Markthändler, der seine Ware in aufdringlicher Weise lautstark anpreist.*

Markt|schrei|e|rin, die; -, -nen: w. Form zu ↑ Marktschreier.

markt|schrei|e|risch ⟨Adj.⟩ (abwertend): *lautstark, aufdringlich werbend:* -e Reklame; das Plakat wirkt grell und m.

Markt|schwä|che, die (Wirtsch.): *schwache, rückläufige Marktentwicklung.*

Markt|seg|ment, das (Wirtsch.): *Segment* (1) *des Marktes* (3 a).

Markt|si|tu|a|ti|on, die (Wirtsch.): *Marktlage:* die M. hat sich verschlechtert.

Markt|stand, der: *auf einem Markt* (2 a) *gebrauchter, leicht auf- u. abzubauender [mit einem Zeltdach überspannter] Verkaufstisch.*

Markt|stel|lung, die: *Marktposition.*

Markt|stu|die, die (Wirtsch.): *Studie über die Marktlage, Marktentwicklung, über die wirtschaftlichen Möglichkeiten für den Absatz bestimmter Produkte.*

Markt|tag, der: *Wochentag, an dem Markt* (1) *gehalten wird:* Donnerstag ist M.

Markt|teil|neh|mer, der (Börsenw.): *Person, Unternehmen, das gewerblich an der Börse Handel treibt.*

Markt|teil|neh|me|rin, die: w. Form zu ↑ Marktteilnehmer.

Markt|trans|pa|renz, die (Wirtsch.): *Verfügbarkeit von Informationen über einen Markt* (3 a); *Wissen über das Marktgeschehen.*

Markt|trend, der (Wirtsch.): *Entwicklung[stendenz] des Marktes* (3 a).

Markt|über|sicht, die (Wirtsch.): *Übersicht über die in einem bestimmten Bereich auf dem Markt* (3) *befindlichen Produkte o. Ä.*

markt|üb|lich ⟨Adj.⟩: *wie auf dem freien Markt* (3) *üblich:* -e Mieten.

Markt|um|feld, das (Wirtsch.): *den Markt* (3 a) *eines Unternehmens beeinflussende Faktoren:* die Firma konnte sich in einem schwierigen M. behaupten.

Markt|ver|än|de|rung, die (Wirtsch.): *Veränderung des Marktes* (3 a).

Markt|ver|hält|nis|se ⟨Pl.⟩ (Wirtsch.): *Marktlage.*

Markt|vo|lu|men, das (Wirtsch.): *Volumen* (2) *der in einem bestimmten Markt* (3 b) *innerhalb eines bestimmten Zeitraumes abgesetzten Produkte.*

Markt|wachs|tum, das (Wirtsch.): *Wachstum des Marktes* (3).

Markt|weib, das (salopp, meist abwertend): *[kräftige, derbe] Marktfrau.*

Markt|wert, der (Wirtsch.): *augenblicklicher Wert, den eine Ware auf dem Markt* (3) *hat:* Ü mit der Stellenanzeige will er seinen M. testen.

Markt|wirt|schaft, die (Wirtsch.): *auf dem Mechanismus von Angebot u. Nachfrage u. der Grundlage privatwirtschaftlicher Produktion beruhendes Wirtschaftssystem:* freie M.; soziale M. (Marktwirtschaft, bei der der Staat zur Minderung sozialer Härten u. zur Sicherung des freien Wettbewerbs eingreift; 1947 gepr. von dem dt. Nationalökonomen u. Soziologen A. Müller-Armack, 1901–1978).

markt|wirt|schaft|lich ⟨Adj.⟩: *die Marktwirtschaft betreffend, nach ihr ausgerichtet:* ein -es System; m. orientierte Staaten.

Markt|zu|gang, der (Wirtsch.): *Zugang eines Unternehmens zum Markt* (3); *Möglichkeit eines Unternehmens, am Markt[geschehen] teilzunehmen.*

Mar|kus|evan|ge|li|um, das ⟨o. Pl.⟩: *Evangelium* (2 b) *nach dem Evangelisten Markus.*

Mar|mel, die; -, -n [mhd. marmel, ahd. marmul, murmul = Marmor, eigtl. = marmorne Spielkugel] (landsch.): *Murmel.*

Mar|me|la|de, die; -, -n [port. marmelada = (Quitten)marmelade, zu: marmelo = Quitte < lat. melimelum < griech. melímēlon = Honigapfel]: **1.** *als Brotaufstrich verwendete, mit Zucker eingekochte Früchte:* ein Glas M.; M. kochen. **2.** *(nach einer Verordnung der Europäischen Gemeinschaft) süßer Brotaufstrich aus Zitrusfrüchten.*

Mar|me|la|de|brot: ↑ Marmeladenbrot.

Mar|me|la|den|brot, das: *mit Marmelade bestrichenes [Butter]brot.*

Mar|me|la|den|ei|mer, der: *Eimer, der Marmelade enthält od. in dem sich Marmelade befunden hat.*
Mar|me|la|den|füllung, die: *Füllung* (2 a) *aus Marmelade.*
Mar|me|la|den|glas, das ⟨Pl. ...gläser⟩: *[Einmach]glas für Marmelade.*
mar|meln ⟨sw. V.; hat⟩ (landsch.): *mit Murmeln spielen.*
Mar|mor, der; -s, -e [lat. marmor < griech. mármaros, eigtl. = Felsblock, gebrochener Stein]: *weißes od. farbiges, häufig geädertes, sehr hartes Kalkgestein, das bes. in der Bildhauerei u. als Baumaterial verwendet wird:* weißer, polierter M.; eine Statue aus M.; Tatsächlich war vieles aufgebracht worden für kostbare Ausstattung. Eigens karelischer M. hatte herbeigeschafft werden müssen (Schädlich, Nähe 111).
mar|mor|ar|tig ⟨Adj.⟩: *wie Marmor [aussehend o. ä.]:* -er Kunststein.
Mar|mor|bild, das: *Standbild, Plastik aus Marmor.*
Mar|mor|block, der ⟨Pl. ...blöcke⟩: *unbehauener Block aus Marmor.*
Mar|mor|büs|te, die: *Büste* (1) *aus Marmor.*
mar|mor|ge|tä|felt ⟨Adj.⟩: *mit einer Täfelung aus Marmor versehen.*
mar|mo|rie|ren ⟨sw. V.; hat⟩ [nach lat. marmorare = mit Marmor überziehen]: *mit einem der Zeichnung von Marmor ähnlichen Muster versehen:* marmoriertes Papier.
Mar|mo|rie|rung, die; -, -en: **a)** *das Marmorieren;* **b)** *das Marmoriertsein.*
Mar|mor|ku|chen, der: *Rührkuchen, bei dem der mit Kakao vermengte Teil des Teiges mit dem hellen Teig so in die Kuchenform gefüllt wird, dass die aufgeschnittenen Scheiben marmoriert aussehen.*
mar|morn ⟨Adj.⟩: **1.** *aus Marmor hergestellt:* eine -e Tischplatte. **2.** (geh.) *wie Marmor geartet:* -e Blässe.
Mar|mor|plas|tik, die: *Plastik, Standbild aus Marmor.*
Mar|mor|plat|te, die: *Platte aus Marmor:* Tische mit -n.
Mar|mor|saal, der: *Saal, dessen Wände mit Marmor ausgekleidet sind.*
Mar|mor|säu|le, die: *Säule aus Marmor.*
Mar|mor|ta|fel, die: *Gedenktafel o. Ä. aus Marmor.*
Mar|mor|tisch, der: *Tisch mit Marmorplatte.*
Mar|mor|trep|pe, die: *Treppe aus Marmor.*
Mar|ne, die; -: *Fluss in Frankreich.*
ma|rod ⟨Adj.⟩ (österr. ugs.): *leicht krank.*
ma|ro|de ⟨Adj.⟩ [urspr. Soldatenspr. des 30-jährigen Krieges = marschunfähig u. während des Nachziehens plündernd, zu frz. maraud = Lump, Vagabund, H. u.]: **1.** (veraltend, noch landsch.) *erschöpft, ermattet:* »Na, mein Jung'«, sagte meine Mutter, »müde, matt, m.?« (Kempowski, Tadellöser 169). **2.** *heruntergekommen, ruiniert, abgewirtschaftet:* eine marode Firma; eine Welt, m. vom Wohlstand.
Ma|ro|deur [...'døːɐ̯], der; -s, -e [frz. maraudeur] (Soldatenspr.): *plündernder Nachzügler einer Truppe:* afghanische Warlords und -e; Ü nach dem Hurrikan und nach der Flut kamen die -e (bildungsspr.; *Plünderer*).
Ma|ro|deu|rin [...'døːrɪn], die; -, -nen: w. Form zu ↑ Marodeur.
ma|ro|die|ren ⟨sw. V.; hat⟩ [frz. marauder] (Soldatenspr.): *als Nachzügler einer Truppe plündern:* Soldaten marodieren (*ziehen plündernd*) mit Panzerfäusten durch die Straßen; Ü in dem Krankenhaus marodiert ein Virus.
Ma|rok|ka|ner, der; -s, -: Ew. zu ↑ Marokko.
Ma|rok|ka|ne|rin, die; -, -nen: w. Form zu ↑ Marokkaner.

ma|rok|ka|nisch ⟨Adj.⟩: *Marokko, die Marokkaner betreffend; von den Marokkanern stammend, zu ihnen gehörend.*
Ma|rok|ko; -s: *Staat in Nordwestafrika.*
Ma|ron, das; -s [zu ↑ Marone, nach der Farbe der Frucht]: *ins Violett gehendes Kastanienbraun.*
Ma|ro|ne, die; -, -n [frz. marron < ital. marrone, H. u.]: **1.** ⟨Pl. auch: ...ni⟩ *[geröstete] Esskastanie.* **2.** *Maronenpilz.*
Ma|ro|nen|pilz, Ma|ro|nen|röhr|ling, der: *essbarer Röhrenpilz mit kastanienbraunem Hut.*
Ma|ro|ni: 1. ⟨die; -, -⟩ (südd., österr.) *Marone* (1). **2.** Pl. von ↑ Marone (1).
Ma|ro|ni|bra|ter, der; -s, - (österr.): *jmd., der im Freien Esskastanien röstet u. verkauft.*
Ma|ro|ni|bra|te|rin, die; -, -nen: w. Form zu ↑ Maronibrater.
Ma|ro|quin [...'kɛ̃], der, auch: das; -s [frz. maroquin, zu: Maroc = Marokko, da diese Art Leder hier zuerst gefertigt worden sein soll]: *feines, genarbtes Ziegenleder.*
Ma|rot|te, die; -, -n [frz. marotte = Narrenkappe, Narrheit, urspr. = kleine Heiligenfigur (der Maria), Puppe, dann: Narrenzepter mit Puppenkopf, Vkl. von: Marie = Maria]: *seltsame, schrullige Eigenart, Angewohnheit:* seine M. ist, nie ohne Schirm auszugehen.
Mar|quess ['mɑːkvɪs], der; -, - [engl. marquess < älter engl. marquis < afrz. marchis, ↑ Marquis]: **1.** ⟨o. Pl.⟩ *englischer Adelstitel.* **2.** *Träger des Titels Marquess.*
Mar|quis [marˈkiː], der; - [...kiː(s)], - [...kiːs] [frz. marquis (afrz. marchis) = Markgraf, zu: marche = Grenzland, Grenze, zu ↑²Mark]: **1.** ⟨o. Pl.⟩ *französischer Adelstitel im Rang zwischen Graf u. Herzog.* **2.** *Träger des Titels Marquis.*
Mar|qui|sat, das; -[e]s, -e [frz. marquisat]: **1.** *Würde eines Marquis.* **2.** *Herrschaftsbereich eines Marquis.*
Mar|qui|se, die; -, -n: **1.** w. Form zu ↑ Marquis. **2.** *Ehefrau eines Marquis.*
Mar|qui|set|te [...kiˈ...], die; -, auch: der; -s [Fantasiebez., eigtl. Vkl. von ↑ Marquise]: *durchsichtiger Gardinenstoff.*
Mar|ro|ni (schweiz.): ↑ Maroni (1).
¹Mars (röm. Mythol.): *Kriegsgott.*
²Mars, der; -: (von der Sonne aus gerechnet) *vierter Planet unseres Sonnensystems.*
marsch ⟨Interj.⟩ [älter: marche < frz. marche, Imp. von: marcher, ↑ marschieren]: **a)** *militärisches Kommando loszumarschieren:* kehrt m.!; **b)** (ugs.) *Aufforderung wegzugehen, sich zu beeilen o. Ä.:* m., an die Arbeit!
¹Marsch, der; -[e]s, Märsche [frz. marche, zu: marcher, ↑ marschieren]: **1. a)** *das Marschieren* (1 a); **b)** *das Marschieren* (1 b): einen langen M. hinter sich haben; * **der lange M. durch die Institutionen** (*die geduldige, zähe Arbeit innerhalb des bestehenden Systems mit dem Ziel der Verwirklichung gesellschaftspolitischer Veränderungen;* nach dem Langen Marsch der chinesischen Roten Armee unter Mao Tse-tung 1934/1935 von Kiangsi nach Schensi); **c)** (Militär) *das Marschieren* (2): die Einheiten waren auf dem M. an die Front; * **jmdn. in M. setzen** (*jmdn. veranlassen loszumarschieren, etw. zu tun, zu erledigen*). **2.** *Musikstück in geradem Takt u. im Rhythmus des Marschierens [zur Unterstreichung des Gleichschritts]:* ...wo ihnen überraschend ein Trupp musizierender Marinesoldaten begegnete, deren aufmunterndes Blech-, Trommel- und Triangelschmetter mit knatternden Wohllauten einen lustigen M. in den tiefblauen Frühlingshimmel schickte (Thieß, Legende 18); * **jmdm. den M. blasen** (salopp; *jmdn. zurechtweisen*).
²Marsch, die; -, -en [aus dem Niederd. < mniederd. marsch, mersch, mndd. mersc, asächs. mersc, verw. mit

Marmeladeneimer – Marschschritt

↑ Meer]: *flaches, sehr fruchtbares Land hinter den Deichen an der Nordseeküste.*
Mar|schall, der; -s, Marschälle [frz. maréchal, aus dem Fränk., vgl. mhd. marschalc, ahd. marahscalc = Pferdeknecht; zu mhd. marc(h), ahd. marah = Pferd (vgl. ¹Mähre) u. mhd. schalc, ahd. scalc, ↑ Schalk] (früher): **1.** *hoher höfischer Beamter; Hofmarschall.* **2. a)** ⟨o. Pl.⟩ *hoher militärischer Dienstgrad;* **b)** *Offizier des Dienstgrades Marschall* (2 a).
Mar|schalls|stab: ↑ Marschallstab.
Mar|schall|stab, Marschallsstab, der: *Stab als Zeichen des Ranges eines Marschalls* (2).
Marsch|be|fehl, der (Militär): *Befehl, sich [zu einem bestimmten Ziel] in Marsch zu setzen.*
marsch|be|reit ⟨Adj.⟩: *fertig, bereit zum Abmarsch.*
Marsch|block, der ⟨Pl. ...blöcke u. -s⟩: *in sich geschlossener Teil marschierender Personen:* einen M. bilden.
Marsch|bo|den, der: *Boden der ²Marsch.*
Marsch|flug|kör|per, der (Militär): *unbemannter militärischer Flugkörper, der sehr niedrig fliegen u. mit einem konventionellen od. mit einem nuklearen Sprengsatz ausgerüstet werden kann:* M. stationieren.
Marsch|ge|päck, das (Militär): *vorschriftsmäßige Ausrüstung eines Soldaten, einer Soldatin für einen Marsch.*
mar|schie|ren ⟨sw. V.; ist⟩ [frz. marcher < afrz. marcher = mit den Füßen treten, wahrsch. zu einem altfränkischen Verb mit der Bed. »eine Fußspur hinterlassen«, verw. mit ↑ ²Mark]: **1. a)** *(von geordneten Gruppen od. Formationen) sich in gleichmäßigem Rhythmus [über größere Entfernungen] fortbewegen:* im Gleichschritt m.; marschierende Kolonnen; **b)** *in relativ schnellem Tempo eine größere Strecken [eine größere Strecke] zu Fuß gehen:* wir sind heute drei Stunden marschiert; **c)** (ugs.) *sich [unaufhaltsam] vorwärts auf ein Ziel zubewegen:* der Fortschritt marschiert. **2.** (Militär) *(von Truppen[verbänden]) sich geordnet in geschlossenen Gruppen fortbewegen:* Panzerdivisionen marschieren gen Osten.
Marsch|ko|lon|ne, die (Militär): *marschierende Kolonne.*
Marsch|kom|pass, der: *einfacher Kompass, bes. beim Marschieren verwendeter Kompass.*
Marsch|land, das: ²Marsch.
◆ **Mar|schloss,** das; -es, ...schlösser [auch: Malschloss, mhd. mal-, malschlo, zu: malhe = Ledertasche, Mantelsack] (schwäb.): *Vorhängeschloss:* Dafür zieht er aus seinem Korb hervor ein alt schwer M., vorgebend, es sei der Truchen gelegen (Mörike, Hutzelmännlein 167).
marsch|mä|ßig ⟨Adj.⟩: **1.** *wie es für einen Marsch nötig ist.* **2.** *in der Art eines ¹Marschs* (2).
Marsch|mu|sik, die: *Musik in Form von ¹Märschen* (2).
Marsch|ord|nung, die: *Ordnung* (5 b), *in der marschiert wird.*
Marsch|pau|se, die: *Pause, Rast während eines Marsches:* eine M. einlegen.
Marsch|rhyth|mus, der ⟨o. Pl.⟩: *Rhythmus eines ¹Marsches* (2).
Marsch|rich|tung, die (Militär): *Richtung, in die ein Marsch geht:* die M. festlegen; Ü die außenpolitische M. der Regierung.
Marsch|rou|te, die (bes. Militär): *Route für einen Marsch:* die M. festlegen; Ü die M. (*die Vorgehensweise*) für die Verhandlungen festlegen.
Marsch|säu|le, die: *großer [beeindruckender] Zug marschierender Personen bei Paraden, Demonstrationen o. Ä.*
Marsch|schritt, der: *gleichmäßiger Schritt beim Marschieren.*

Marschstiefel – Maschine

Marsch|stie|fel, der: *fester Stiefel zum Marschieren.*
Marsch|tem|po, das: a) *[schnelles] Tempo, in dem marschiert wird;* b) *Tempo eines* ¹*Marsches* (2).
Marsch|ver|pfle|gung, die (bes. Militär): *Verpflegung für einen Marsch.*
Mar|seil|lai|se [marsɛ'jɛːza, frz.: …'jɛːz], die; - [frz. Marseillaise; das Lied wurde zuerst von Revolutionären aus Marseille gesungen, die 1792 zu einem Fest nach Paris gekommen waren]: französische Nationalhymne.
Mar|seille [mar'sɛːj]: Stadt in Südfrankreich.
Mar|shall|in|seln ⟨Pl.⟩: Inselgruppe u. Staat im Pazifischen Ozean.
Marsh|mal|low ['maːɐ̯ʃmɛlo], das; -s, -s [engl. marshmallow, zu: marsh mallow = Eibisch, aus: marsh = Sumpf u. mallow = Malve; die Wurzeln der Pflanze wurden früher zur Herstellung der Süßigkeit verwendet]: *weiche Süßigkeit aus Zucker, Eiweiß, Gelatine u. a.*
Mars|mensch, der: *fiktives menschenähnliches Lebewesen vom* ²*Mars.*
Mars|son|de, die: *Raumsonde zur Erforschung des* ²*Mars.*
Mar|stall, der; -[e]s, …ställe [mhd. mar(ch)stal, ahd. marstal = Pferdestall; vgl. Marschall] (früher): **1.** *Stallungen für Pferde und Wagen eines Fürsten.* **2.** *Gesamtheit der Pferde eines Fürsten.*
mar|tel|lé […'leː] ⟨Adv.⟩ [frz. martelé, eigtl. = gehämmert, zu spätlat. martellum = kleiner Hammer] (Musik): *(bei Streichinstrumenten mit fest gestrichenem Bogen:) eine Phrase mit m. spielen.*
Mar|ter, die; -, -n [mhd. marter(e), ahd. martira, martara < kirchenlat. martyrium, ↑ Martyrium] (geh.): *[absichtlich zugefügte] seelische od. körperliche Qual.*
Mar|ter|in|s|t|ru|ment, das: *Foltergerät.*
Mar|terl, das; -s, -[n] [zu veraltet Marter = Darstellung des gegeißelten Christus] (bayr., österr.): *Tafel mit Aufschr. Inschrift, Pfeiler aus Holz od. Stein mit Kruzifix od. Heiligenbild [zur Erinnerung an ein Unglück].*
mar|tern ⟨sw. V.; hat⟩ [mhd. marter(e)n, ahd. martirōn, martarōn] (geh.): **a)** *foltern; physisch quälen:* jmdn. zu Tode m.; **b)** *jmdn., sich [seelische, geistige] Qual, Pein bereiten:* jmdn., sich mit Vorwürfen m.; schreckliche Träume marterten sie.
Mar|ter|pfahl, der: *(früher bei nordamerikanischen Indianern gebrauchter) hölzerner Pfahl, an den Gefangene gebunden [u. an dem sie gefoltert] wurden:* am M. sterben.
Mar|ter|tod, der (geh.): *Tod durch Folter; Märtyrertod.*
Mar|ter|werk|zeug, das: *Folterwerkzeug.*
mar|ti|a|lisch ⟨Adj.⟩ [lat. Martialis = zum Kriegsgott Mars gehörend] (bildungsspr.): *kriegerisch, Furcht einflößend, grimmig:* -es Äußeres; m. aussehen; (scherzh.:) …der Held also, eine kraftstrotzende Erscheinung, kahlköpfig, Mitte dreißig, mit -em Schnurrbart (Kronauer, Bogenschütze 194).
Mar|tin|gal, das; -s, -e [frz. martingale < provenz. martegalo] (Reiten): *im Pferdesport verwendeter Hilfszügel, der zwischen den Vorderbeinen des Pferdes hindurchführt.*
Mar|tin-Horn®, das; -[e]s, …-Hörner [nach dem Namen des Herstellerfirma Max B. Martin KG]: *akustisches Warnsignal von Polizeiautos, Feuerwehr und Krankenwagen.*
Mar|ti|ni, das; - ⟨meist ohne Art.⟩: *Martinstag.*
Mar|tins|gans, die: *nach altem Brauch am Martinstag gegessener Gänsebraten.*
Mar|tins|horn, das ⟨Pl. …hörner⟩: *Martin-Horn.*
Mar|tins|tag, der: *Fest des heiligen Martin (Bischof von Tours, etwa 316–397) am 11. Nov.*

Mär|ty|rer, der; -s, - [im 16. Jh. nach lat.-griech. Vorbild für mhd. (md.) merterēre, mhd. marteræe, marterer, ahd. martirāri < kirchenlat. martyr < griech. mártyr = (Blut)zeuge]: **a)** *jmd., der um des christlichen Glaubens willen Verfolgungen, schweres körperliches Leid, den Tod auf sich nimmt:* die frühchristlichen M.; **b)** *(bildungsspr.) jmd., der sich für seine Überzeugung opfert od. Verfolgungen auf sich nimmt:* jmdn. zum M. machen.
Mär|ty|re|rin, Märtyrin, die; -, -nen [17. Jh., vgl. Märtyrer; dafür älter nhd. märterin]: w. Formen zu ↑ Märtyrer.
Mär|ty|rer|tod, der: *Tod als Märtyrer[in]:* den M. erleiden.
Mär|ty|rer|tum, das; -s: *das Märtyrersein.*
Mär|ty|rin: ↑ Märtyrerin.
Mar|ty|ri|um, das; -s, …ien [kirchenlat. martyrium = Blutzeugnis für die Wahrheit der christl. Religion < griech. martýrion = (Blut)zeugnis]: **1.** *schweres Leiden [bis zum Tod] um des Glaubens od. der Überzeugung willen:* ein M. auf sich nehmen; Ü die Ehe war für sie ein einziges M. **2.** *Grabkirche eines christlichen Märtyrers, einer christlichen Märtyrerin.*
Mar|ty|ro|lo|gi|um, das; -s, …ien [mlat. martyrologium] (kath. Kirche): *liturgisches Buch mit Verzeichnis der Märtyrer[innen] u. Heiligen u. ihrer Feste.*
Ma|run|ke, die; -, -n [aus dem Slaw., vgl. tschech. meruňka = Aprikose, poln. (mundartl.) mierunka, marunka < lat. (prunus) armeniaca = armenische Pflaume] (ostmd.): *Eierpflaume; gelbe Pflaume.*
Mar|xis|mus, der; -, …men [nach dem dt. Philosophen u. Nationalökonomen K. Marx (1818–1883)]: **1.** ⟨o. Pl.⟩ *von Marx u. Engels begründete Lehre, die auf einer mit der Methode der dialektischen Materialismus erfolgenden Betrachtung der Gesellschaft beruht u. die die revolutionäre Umgestaltung der Klassengesellschaft in eine klassenlose Gesellschaft zum Ziel hat:* die Lehre des M. **2.** *aus dem marxistischen Jargon stammendes sprachliches od. stilistisches Element in gesprochenen od. geschriebenen Texten.*
Mar|xis|mus-Le|ni|nis|mus, der; -: *von Lenin weiterentwickelter Marxismus mit der Interpretation des zeitgenössischen Kapitalismus als Imperialismus.*
Mar|xist, der; -en, -en: *Vertreter, Anhänger des Marxismus:* er ist Marxist.
Mar|xis|tin, die; -, -nen: w. Form zu ↑ Marxist.
mar|xis|tisch ⟨Adj.⟩: *den Marxismus betreffend, ihm entsprechend:* er ist ein Politiker.
mar|xis|tisch-le|ni|nis|tisch ⟨Adj.⟩: *den Marxismus-Leninismus betreffend; den Grundsätzen des Marxismus-Leninismus entsprechend:* die -e Staatstheorie.
Ma|ry Jane ['mɛəri 'dʒeɪn], das od. die [nach der Erklärung von ↑ Marihuana (engl. marijuana) aus den span. w. Vorn. María (engl. Mary) u. Juana (engl. Jane)] (Jargon verhüll.): **1.** ⟨das; - -⟩ *Marihuana.* **2.** ⟨die; - -⟩ *Joint, der aus Marihuana gedreht ist.*
Ma|ry|land ['mɛərɪlænd]; -s: *Bundesstaat der USA.*
März, der; -[es], (dichter. auch noch:) -en, -e ⟨Pl. selten⟩ [mhd. merz(e), ahd. merzo < lat. Martius (mensis) = Monat des Kriegsgottes Mars]: *dritter Monat des Jahres.*
März|be|cher: ↑ Märzenbecher.
März|blu|me: ↑ Märzenbume.
Mär|zen|be|cher, der: *im frühen Frühjahr blühende Pflanze mit schmalen Blättern u. weißen, hängenden Blüten, deren Blütenblätter an der Spitze einen gelben bzw. grünen Fleck aufweisen.*

Mär|zen|bier, das [weil es urspr. im März gebraut wurde]: *dunkles Bockbier.*
Mär|zen|veil|chen: ↑ Märzveilchen.
März|ge|fal|le|ner ⟨vgl. Gefallener⟩: *im Zusammenhang mit der Revolution im März 1848 Gefallener.*
Mar|zi|pan [auch, österr. nur: 'mar…], das, österr., sonst selten: der; -s, -e [ital. marzapane, H. u.]: *weiche Masse aus fein gemahlenen Mandeln, Puderzucker u. Rosenwasser, aus der Süßigkeiten hergestellt werden.*
Mar|zi|pan|brot, das: *brotähnlich geformtes Gebilde aus Marzipan [mit einem Schokoladenüberzug].*
Mar|zi|pan|kar|tof|fel, die: *kleine, mit Kakao bestäubte Kugel aus Marzipan.*
Mar|zi|pan|schwein, Mar|zi|pan|schwein|chen, das: *aus [rosa eingefärbtem] Marzipan hergestelltes Figürchen in Form eines kleinen Schweins.*
Mar|zi|pan|tor|te, die: *Torte mit einer Füllung u./od. einem Überzug aus Marzipan.*
März|son|ne, die ⟨o. Pl.⟩: *im Monat März (schon stärker) scheinende Sonne.*
März|veil|chen, Märzenveilchen, das: *Veilchen* (1).
Mas|ca|ra, die; -, -s u. der; -[s], -s [engl. mascara < span. máscara, älter ital. mascara, ↑ Maske]: *pastenförmige Wimperntusche.*
Mas|car|po|ne, der; -[s] [ital. mascarpone]: *streichfähiger, milder, sahniger Doppelrahmfrischkäse.*
Ma|sche, die; -, -n [mhd. masche, ahd. masca, urspr. = Geknüpftes]: **1.** *Schlinge aus Garn, Draht o. Ä., die beim Stricken od. Häkeln od. durch Verknüpfen entsteht:* -n aufnehmen; eine M. fallen lassen *(beim Stricken von der Nadel gleiten lassen);* Ü durch die -n des Gesetzes schlüpfen *(der Bestrafung entgehen).* **2.** (österr. u. schweiz.) *Schleife.* **3.** [wohl nach der alten Bed. »Fangnetz, zur Jagd verwendete Schlinge«] (ugs.) *schlaue Vorgehensweise [die zur Lösung eines Problems führt]; Trick:* es mit einer neuen M. versuchen.
Ma|schen|draht, der: *flächiges Drahtgeflecht für Zäune u. Ä.*
Ma|schen|draht|zaun, der: *Zaun aus Maschendraht.*
ma|schen|fest ⟨Adj.⟩: *(von Damenstrümpfen) so hergestellt, dass sich keine Laufmaschen bilden können.*
Ma|schen|mo|de, die: *Strickwarenmode.*
Ma|schen|stich, der (Handarb.): *Stickstich, der wie eine rechte Masche aussieht.*
Ma|schen|wa|re, die: *Strick- u. Wirkware.*
Ma|schen|zaun, der: *Maschendrahtzaun.*
Ma|scherl, das; -s, -[n] (österr.): **1.** *Schleife; Fliege* (2). **2.** *Etikett:* ein M. aufkleben.
Ma|schi|ne, die; -, -n [frz. machine < lat. machina = (Kriegs-, Belagerungs)maschine < griech. (dorisch) māchaná für: mēchanḗ, ↑ mechanisch]: **1. a)** *mechanische, aus beweglichen Teilen bestehende Vorrichtung, die Kraft od. Energie überträgt u. mit deren Hilfe bestimmte Arbeiten unter Einsparung menschlicher Arbeitskraft ausgeführt werden können:* landwirtschaftliche -n; die M. ist kaputt; eine M. konstruieren; sie arbeitet wie eine M. (*salopp; unaufhörlich u. schafft enorm viel*); das Zeitalter der M.; an einer M. arbeiten *(eine Maschine bedienen);* **b)** (ugs.) *Motor eines Autos:* die M. hat 70 PS. **2. a)** *bestimmtes Flugzeug:* eine M. der Lufthansa. **b)** (ugs.) *Motorrad:* eine schwere M.; **c)** (selten) [Dampf]lokomotive. **3. a)** Kurzf. von ↑ Schreibmaschine: ich schreibe M., habe M. geschrieben; der Chef diktiert [der Sekretärin] einen Brief in die M. *(die Sekretärin tippt den Brief*

unmittelbar, ohne ein Stenogramm aufzunehmen); einen Brief mit der M. schreiben; **b)** Kurzf. von ↑ Nähmaschine; **c)** Kurzf. von ↑ Waschmaschine **(1):** drei -n *(Maschinenfüllungen)* Wäsche zu waschen haben; **d)** (ugs.) *Computer, Rechner.* **4.** (salopp) *große, dicke Frau:* ist das eine M.!

ma|schi|ne|ge|schrie|ben: ↑ maschinengeschrieben.

ma|schi|nell ⟨Adj.⟩ [nach frz. machinal < lat. machinalis]: **a)** *mithilfe einer Maschine:* die -e Herstellung eines Produktes; eine -e Übersetzung; ein m. *(mit Maschinen als Hilfsmitteln)* modern eingerichteter Betrieb; ein m. lesbarer *(maschinenlesbarer)* Ausweis; die Verpackung der Waren geschieht m.; **b)** *eine Maschine betreffend; in der Art einer Maschine:* er bewegte sich mit -er Gleichmäßigkeit.

Ma|schi|nen|ar|beit, die: *Arbeit mit Maschinen* (1 a).

Ma|schi|nen|bau, der ⟨o. Pl.⟩: **1.** *das Bauen von Maschinen* (1 a). **2.** *Lehrfach an einer technischen Hochschule, in dem die Konstruktion von Maschinen* (1 a) *gelehrt wird:* M. studieren.

Ma|schi|nen|bau|er, der; -s, -: *jmd., der Maschinen* (1 a) *konstruiert od. herstellt.*

Ma|schi|nen|bau|e|rin, die: w. Form zu ↑ Maschinenbauer.

Ma|schi|nen|bau|in|ge|ni|eur, der: *Ingenieur im Fach Maschinenbau.*

Ma|schi|nen|bau|in|ge|ni|eu|rin, die: w. Form zu ↑ Maschinenbauingenieur.

Ma|schi|nen|bau|kon|zern, der: *Konzern, dessen Geschäftsbereich im Maschinenbau liegt.*

Ma|schi|nen|code, Maschinenkode [...kо:t, ...koυd], der (EDV): *interner Code für die Verschlüsselung aller Befehle* (1 b), *wobei die Befehle von der Maschine unmittelbar, ohne Umsetzung, ausgeführt werden.*

Ma|schi|nen|ele|ment, das ⟨meist Pl.⟩ (Technik): *Bauelement, das für die verschiedensten Maschinen* (1) *verwendet wird u. jeweils dem gleichen Zweck dient.*

Ma|schi|nen|fa|b|rik, die: *Fabrik, in der Maschinen* (1 a) *hergestellt werden.*

ma|schi|nen|ge|schrie|ben, maschinengeschrieben ⟨Adj.⟩: *mit der Schreibmaschine geschrieben:* ein -er Brief.

ma|schi|nen|ge|strickt ⟨Adj.⟩: *mit einer Strickmaschine gestrickt.*

Ma|schi|nen|ge|wehr, das: *auf einer entsprechenden Vorrichtung aufliegende automatische Schnellfeuerwaffe mit langem Lauf, bei der (nach Betätigen des Abzugs) das Laden u. Feuern automatisch erfolgt* (Abk.: MG).

Ma|schi|nen|ge|wehr|feu|er, das: *Feuer* (4) *eines Maschinengewehrs.*

Ma|schi|nen|hal|le, die: *Werkshalle, in der sich die Maschinen* (1 a) *befinden.*

Ma|schi|nen|kode: ↑ Maschinencode.

Ma|schi|nen|kraft, die: *Kraft, Leistung einer Maschine* (1).

ma|schi|nen|les|bar ⟨Adj.⟩ (EDV): *für einen Computer o. Ä. lesbar:* ein -er Ausweis.

ma|schi|nen|mä|ßig ⟨Adj.⟩: *maschinell* (b).

Ma|schi|nen|meis|ter, der: **1.** *jmd., der für die Wartung der Maschinen* (1 a) *eines Betriebes verantwortlich ist.* **2.** *jmd., der für die maschinellen Anlagen eines Theaters verantwortlich ist.*

Ma|schi|nen|meis|te|rin, die: w. Form zu ↑ Maschinenmeister (1, 2).

Ma|schi|nen|mensch, der (selten): *Roboter* (1 a).

Ma|schi|nen|nä|he|rin, die: *Arbeiterin, die in einem Konfektionsbetrieb an einer Nähmaschine arbeitet.*

Ma|schi|nen|öl, das: *Schmieröl für Maschinen* (1 a).

Ma|schi|nen|park, der: *Gesamtheit der Maschinen* (1) *eines Betriebes.*

Ma|schi|nen|pis|to|le, die: *automatische Schnellfeuerwaffe mit kurzem Lauf für den Nahkampf* (Abk.: MP).

Ma|schi|nen|raum, der: *Raum, z. B. auf Schiffen, in dem sich die Maschinen* (1 a) *befinden.*

Ma|schi|nen|satz, der ⟨o. Pl.⟩ (Druckw.): *mit einer Setzmaschine [die ganze Zeilen setzt u. gießt] hergestellter Satz.*

Ma|schi|nen|scha|den, der: *Schaden, Defekt an einer Maschine, bes. an einem Motor, in einem Flugzeug, Schiff, Auto o. Ä.*

Ma|schi|nen|schlos|ser, der: *jmd., der in einem Industriebetrieb große, komplizierte Maschinen zusammensetzt, baut* (Berufsbez.).

Ma|schi|nen|schlos|se|rin, die: w. Form zu ↑ Maschinenschlosser.

Ma|schi|nen|schrei|ben, das; -s: *das Schreiben auf einer Schreibmaschine* (Abk.: Masch.-Schr.).

Ma|schi|nen|schrei|ber, der: *jmd., der [gut] auf einer Schreibmaschine schreiben kann.*

Ma|schi|nen|schrei|be|rin, die: w. Form zu ↑ Maschinenschreiber.

Ma|schi|nen|schrift, die: *mit einer Schreibmaschine geschriebene Schrift.*

ma|schi|nen|schrift|lich ⟨Adj.⟩: *mit einer Schreibmaschine geschrieben:* ein -er Text.

Ma|schi|nen|spra|che, die (EDV): *Programmiersprache.*

Ma|schi|nen|wä|sche, die: **1.** *das Waschen von Wäsche mit der Waschmaschine.* **2.** ⟨o. Pl.⟩ *Wäsche, die mit der Waschmaschine gewaschen wird.*

Ma|schi|nen|wech|sel, der: *das Auswechseln einer Lokomotive.*

Ma|schi|nen|zeit|al|ter, das ⟨o. Pl.⟩: *Zeitalter, das von Existenz u. Einsatz von Maschinen* (1 a) *geprägt ist.*

Ma|schi|ne|rie, die; -, -n [zu ↑ Maschine]: **1. a)** *[komplizierte, aus mehreren zusammenarbeitenden Teilen bestehende] maschinelle Einrichtung:* eine genial ausgedachte M.; **b)** (Theater) *maschinelle Bühneneinrichtungen.* **2.** (bildungsspr. abwertend) *System, in dem bestimmte Vorgänge automatisch ablaufen u. ein Eingreifen nur schwer od. gar nicht möglich ist:* in die gnadenlose M. der Justiz geraten.

Ma|schi|nist, der; -en, -en [frz. machiniste]: **1.** *Facharbeiter, der Maschinen* (1 a) *bedient u. überwacht.* **2.** *Leiter des Personals, das auf Schiffen die Maschinen bedient u. wartet.*

Ma|schi|nis|tin, die; -, -nen: w. Form zu ↑ Maschinist (1, 2).

ma|schi|ne|schrei|ben ⟨st. V.; hat⟩ (österr.): *mit der Schreibmaschine schreiben.*

Ma|schin|schrei|ben (österr.): ↑ Maschineschreiben.

Masch.-Schr. = Maschine[n]schreiben.

Ma|sel, das; -s, Ma|sen, die; - (österr.): ¹*Massel.*

¹Ma|ser, die; -, -n [mhd. maser, ahd. masar, H. u.]: *unregelmäßige, wellige Zeichnung, Musterung in bearbeitetem Holz.*

²Ma|ser ['meɪzɐ], der; -s, - [engl. maser, Kurzwort aus: microwave amplification by stimulated emission of radiation] (Physik): *Gerät zur Erzeugung bzw. Verstärkung von Mikrowellen.*

Ma|ser|holz, das ⟨Pl. ...hölzer⟩: *Holz mit* ¹*Masern.*

ma|se|rig ⟨Adj.⟩: *Maserung aufweisend; gemasert.*

ma|sern ⟨sw. V.; hat; meist im 2. Part.⟩ [mhd. masern, spätahd. masarōn = knorrige Auswüchse bilden]: *mit Maserung versehen:* gemasertes Holz.

Ma|sern ⟨Pl.⟩ [wohl Pl. von *† *¹*Maser, viell. beeinflusst von mhd. masel[e] = Pustel, Pickel; mhd. masel, ahd. masala = Furunkel]: *[im Kindesalter auftretende] Infektionskrankheit mit hohem Fieber u. rotem Hautausschlag.*

Ma|se|rung, die; -, -en: *wellige Musterung in Holz, Marmor, Leder o. Ä.*

Mas|ke, die; -, -n [frz. masque < ital. maschera, älter: mascara, wohl zu arab. masḫaraʰ = Verspottung; Possenreißer; drollig]: **1. a)** *vor dem Gesicht getragene, das Gesicht einer bestimmten Figur, einen bestimmten Gesichtsausdruck darstellende [steife] Form aus Pappe, Leder, Holz o. Ä. als Requisit des Theaters, Tanzes, der Magie:* eine M. tragen; sein Gesicht erstarrte zur M. *(wurde maskenhaft starr);* Ü er trägt die M. des Unschuldigen *(tut so, sieht so aus, als ob er unschuldig sei);* Hinter der M. *(dem nach außen gezeigten Aussehen u. Verhalten)* eines Biedermannes verbirgt sich ein notorischer Wüstling (Kempowski, Uns 145); * **die M. fallen lassen/von sich werfen** *(eine Verstellung aufgeben; sein wahres Gesicht zeigen);* **b)** *maskierte, verkleidete Person:* die M. flüsterte ihm etwas zu; **c)** *mithilfe eines Gipsabdrucks hergestellte Nachbildung eines Gesichts; Gipsmaske; Totenmaske.* **2. a)** *Gegenstand, der zu einem bestimmten Zweck vor dem Gesicht getragen wird* (z. B. Atemmaske, Gasmaske, Schutzmaske); **b)** Kurzf. von ↑ Gesichtsmaske (2). **3.** (Theater) *durch Schminke, Bart, Perücke entsprechend seiner Rolle verändertes Gesicht eines Darstellers:* die M. des Mephisto. **4.** (Zool.) *Zeichnung am Kopf von Tieren, die sich farblich deutlich abhebt:* der Hund hat eine schwarze M. **5.** (Fotogr.) **a)** *Schablone zum Abdecken eines Negativs beim Belichten od. Kopieren;* **b)** *halbdurchlässiger Filter, mit dem die Farb- und Tonwerte bei der Reproduktion von Fotografien korrigiert werden können.* **6.** (Fachspr.) *Kopfhaut des geschlachteten Schweines* (die z. B. als Einlage in Sülzen verwendet wird). **7.** (bes. Fernsehen) *Raum, in dem die vor die Kamera Tretenden geschminkt werden; Schminkraum.* **8.** (EDV) *wie ein Formular aufgebaute Bildschirmoberfläche eines Computers, die zum Eintragen von strukturierten Daten auf den Bildschirm abgerufen werden kann.*

Mas|ken|ball, der: *Ball, bei dem die Teilnehmenden maskiert sind.*

Mas|ken|bild|ner, der: *jmd., der bei Theater, Film, Fernsehen die Schauspieler schminkt u. frisiert* (Berufsbez.).

Mas|ken|bild|ne|rin, die: w. Form zu ↑ Maskenbildner.

Mas|ken|fest, das: *Fest, bei dem die Teilnehmenden maskiert sind.*

mas|ken|haft ⟨Adj.⟩: *in der Art einer Maske; starr, unbeweglich:* ihr Gesicht war bleich und m.

Mas|ken|spiel, das: *Theaterstück, bei dem die Schauspieler[innen] Masken* (1 a) *tragen.*

Mas|ken|ver|leih, der: *Unternehmen, das Kostüme [u. Masken] verleiht.*

Mas|ke|ra|de, die; -, -n [span. mascarada = frz. mascarade < älter ital. mascarata = Maskenzug; vgl. mascara, ↑ Maske]: **1. a)** (geh. veraltend) *Verkleidung, Kostümierung:* eine fantasievolle M.; **b)** (bildungsspr.) *Verstellung, Heuchelei:* seine Freundlichkeit ist nur M. **2.** (veraltend) *Kostümfest, Maskenball.*

mas|kie|ren ⟨sw. V.; hat⟩ [frz. masquer, zu: masque, ↑ Maske]: **1. a)** *das Gesicht [mit einer Maske] verändern od. unkenntlich machen:* ein maskierter Bankräuber; **b)** (landsch.) *kostümieren* (a): die Kinder waren als Indianer maskiert. **2.** *hinter etw. verbergen; verdecken, tarnen:* seine Schwäche mit forschem Auftreten m.; Es würde ihm leichter fallen, das Wort an sie zu richten, wenn endlich das schief-wissende

Lächeln von ihrem Gesicht verschwände, mit dem sie so notdürftig ihre Unsicherheit maskiert (Strauß, Niemand 97). **3.** (Kochkunst) *eine Speise mit einer Soße, Glasur o. Ä. überziehen.* **4.** (Fotogr.) *Farb- und Tonwerte mithilfe einer Maske (5 b) korrigieren.*

Mas|kie|rung, die; -, -en: **1. a)** *das Verkleiden;* **b)** *die Verkleidung.* **2.** *das Verbergen, Tarnen.*

Mas|kott|chen, das; -s, -, (seltener:) **Mas|kot|te,** die; -, -n [frz. mascotte < provenz. mascoto = Zauberei, zu: masco = Zauberin, Hexe < mlat. masca, wohl aus dem Germ.]: *[als Anhänger verwendete] kleine Figur (z. B. Tier, Püppchen), selten auch Lebewesen, die bzw. das Glück bringen soll:* ein M. haben.

mas|ku|lin [auch: ...ˈliːn] ⟨Adj.⟩ [lat. masculinus, zu: masculus = männlichen Geschlechts, Vkl. von: mas = männlich]: **1. a)** (selten) *für den Mann charakteristisch, männlich;* das -e Geschlecht; **b)** *betont männlich; (in Bezug auf die äußere Erscheinung) das Männliche betonend:* ein -er Typ, Mann; **c)** *als Frau männliche Züge habend, nicht weiblich:* sie ist ein etwas -er Typ; ... die überlegene Dame in Tweed, die Eigentümerin eines Modeladens an der Oper, ganz und gar Lady, ein bisschen m. (Härtling, Hubert 302). **2.** (Sprachwiss.) *mit männlichem Geschlecht:* ein -es Substantiv.

Mas|ku|li|num [auch: ...ˈliːnʊm], das; -s, ...na [lat. (genus) masculinum] (Sprachwiss.): **a)** *Substantiv mit männlichem Geschlecht:* »Hund« und »Stuhl« sind Maskulina; **b)** ⟨o. Pl.⟩ *männliches Geschlecht eines Substantivs.*

◆ **Mas|meis|ter,** der; -s, - [älter schwed. masmästare]: *Aufseher eines Bergwerks:* Fröbom erfuhr auf Befragen, dass der Mann Pehrson Dahlsjö sei, M., Altermann und Besitzer einer schönen Bergsfrälse (E. T. A. Hoffmann, Bergwerke 20).

Ma|so|chis|mus, der; -, ...men [nach dem österr. Schriftsteller L. v. Sacher-Masoch (1836–1895)]: **a)** ⟨o. Pl.⟩ *Variante des sexuellen Erlebens, bei der die volle sexuelle Befriedigung mit dem Erleiden von Demütigung, Schmerz od. Qual einhergeht;* **b)** *masochistisches (a) Verhalten;* **c)** *selbstquälerisches Verhalten.*

Ma|so|chist, der; -en, -en: **a)** *jmd., der nur durch Erleiden von Demütigung, Schmerz od. Qual volle sexuelle Befriedigung erreicht:* M. sein; **b)** *jmd., der zu selbstquälerischem Verhalten neigt:* bei Kopfweh nehme ich eine Tablette, ich bin doch kein M.

Ma|so|chis|tin, die; -, -nen: w. Form zu ↑ Masochist.

ma|so|chis|tisch ⟨Adj.⟩: **a)** *den Masochismus (a) betreffend, von Masochismus bestimmt, geprägt:* m. veranlagt sein; **b)** *selbstquälerisch:* es ist doch m., sich so sehr der Kälte auszusetzen.

maß: ↑ messen.

◆ **Mäß,** das; -es, -e [mhd. meȝ, ↑ ¹Maß] (landsch., bes. südd.): *Hohlmaß für Getreide:* ... er solle ihm doch ... für sechs Kreuzer von dem gelben Pulver bringen, ein M. oder anderthalbes (Gotthelf, Spinne 12); ... eine reiche Müllerstochter ... aus einem der Häuser, von denen ehedem ... die Sage ging, bei Erbschaften und Teilungen sei das Geld nicht gezählt, sondern mit dem M. gemessen worden (Gotthelf, Elsi 121).

¹Maß, das; -es, -e [spätmhd. māȝ (Neutr.), vermischt aus mhd. māȝe (Fem.), ahd. māȝa = Zu-, Angemessenes; Art und Weise; Mäßigung u. mhd. meȝ (Neutr.) = Ausgemessenes, Richtung, Ziel, zu ↑ messen]: **1. a)** *Einheit, mit der die Größe od. Menge von etw. gemessen wird; beim Messen geltende, verwendete Norm:* deutsche, englische -e; der Meter ist das M. für die Bestimmung der Länge; **b)** *genormter Gegenstand (wie Metermaß, Litermaß) zum Messen von Größe od. Menge:* * **ein gerüttelt M. [an/von etw.]** (geh.; *[bezogen auf etw. Negatives, auf etw. als unangenehm, als Zumutung Empfundenes] sehr, ziemlich viel;* nach Luk. 6, 38: dazu gehört ein gerüttelt M. [an/von] Unverschämtheit); **das M. ist voll** (*die Geduld ist zu Ende, es ist genug*); **mit zweierlei M. messen** (*unterschiedliche Maßstäbe anlegen; nicht nach objektiven Gesichtspunkten u. daher ungerecht urteilen*). **2.** ⟨meist Pl.⟩ *durch Messen festgestellte Zahl, Größe:* die -e eines Zimmers; die Schneiderin hat ihr M. genommen (*die Körpermaße festgestellt*); etw. nach M. anfertigen; die Mannschaft hatte einen Auftakt nach M. (*wie man ihn sich nicht besser wünschen könnte*); * **jmdm. M. nehmen** (ugs.: *jmdn. in scharfem Ton zurechtweisen; jmdn. gehörig verprügeln*). **3.** *Grad (1 a), Ausmaß, Umfang* (2): im Essen das rechte M. halten (*Mäßigung üben*); in höherem, stärkerem Maß[e] (*mehr, stärker*), in zunehmendem -e (*immer mehr, immer stärker*); in hohes, ein hohes, gewisses M. an/von etw.; * **in/mit -en** (*sehr maßvoll, gemäßigt*); zu dem veralteten Femininum Maße ...

²Maß, Mass, das; -, -[en] ⟨aber: 3 Maß, Mass [Bier]⟩ [mhd. māȝe, ↑ ¹Maß] (bayr., österr.): *Menge von einem Liter Bier.*

◆ **³Maß,** das; -, -en [Nebenf. von ↑ ¹Maße, spätmhd. māȝ (Fem.), Nebenf. von māȝe, ↑ ¹Maß]: *¹Maß:* Da hofft' ich aller meiner Sünden Vergebung reiche M. zu finden (Goethe, Faust I, 3768 f.).

Mas|sa|chu|setts [mæsəˈtʃuːsɛts]: *Bundesstaat der USA* (Abk.: MA).

Mas|sa|ge [maˈsaːʒə, österr. meist: ...ʃ], die; -, -n [frz. massage; zu: masser, ↑ ¹ massieren]: *der Lockerung u. Kräftigung der Muskeln sowie der Förderung der Durchblutung o. Ä. dienende Behandlung des Körpergewebes mit den Händen (durch Kneten, Klopfen, Streichen o. Ä.) od. mit mechanischen Apparaten:* M. bekommen.

Mas|sa|ge|ball, der: *kleiner, meist mit Noppen versehener Gummiball für Massagen; Igelball.*

Mas|sa|ge|in|s|ti|tut, das: **1.** *Praxis eines Masseurs, einer Masseurin.* **2.** (verhüll.) *Massagesalon* (2).

Mas|sa|ge|öl, das: *Öl, das bei der Massage verwendet wird.*

Mas|sa|ge|sa|lon, der: **1.** (veraltend) *Massagepraxis.* **2.** (verhüll.) *einem Bordell ähnliche, meist nicht offiziell geführte Einrichtung, in der bes. masturbatorische Praktiken geübt werden.*

Mas|sa|ge|stab, der: *mit Vibration arbeitendes stabförmiges Gerät zur sexuellen Reizung.*

Mas|sai [auch: ˈma...], ⟨Selbstbezeichnung:⟩ Maasai, der u. die; -, - *Angehörige[r] eines Nomadenvolkes in Ostafrika.*

Mas|sa|ker, das; -s, - [frz. massacre, H. u.]: *das Hinmorden einer großen Anzahl [unschuldiger, wehrloser] Menschen; Blutbad:* es gab ein M.; ein M. anrichten; es kam zu einem M.

mas|sa|k|rie|ren ⟨sw. V.; hat⟩ [frz. massacrer]: **1.** *in grausamer, brutaler Weise umbringen.* **2.** (ugs., meist scherzh.) *quälen.*

Maß|ana|ly|se, die (Chemie): *Analyse zur Bestimmung des quantitativen Gehalts eines in Flüssigkeit gelösten Stoffes.*

Maß|an|ga|be, die: *Angabe eines Maßes:* alle -n in mm.

Maß|an|zug, der: *für jmdn. eigens nach seinen Körpermaßen gearbeiteter Anzug.*

Maß|ar|beit, die: *Anfertigung von Möbeln, Kleidern o. Ä. genau nach angegebenen Maßen:* der Frack ist M.; Ü das war M. (ugs.; *sehr gut ausgeführt*).

Maß|be|zeich|nung, die: *Maßangabe.*

Mas|se, die; -, -n [mhd. masse, spätahd. massa < lat. massa < griech. mâza = Teig aus Gerstenmehl, Fladen]: **1.** *ungeformter, meist breiiger Stoff; unstrukturierte, meist weiche Materie:* eine zähe M. **2.** *große Anzahl, Menge:* beim Verkauf dieses Artikels macht es nur die M. (*bringt nur die große Menge an Verkauftem einen Vorteil*); eine M. faule[r] Äpfel/von faulen Äpfeln lag/(seltener:) lagen auf dem Boden; die Zuschauer kamen in -n. **3. a)** (oft abwertend) *großer Teil der Bevölkerung bes. im Hinblick auf das Fehlen individuellen, selbstständigen Denkens u. Handelns:* die breite M.; **b)** ⟨Pl.⟩ (marx.) *unterdrückter Teil der Gesellschaft, der nach Emanzipation strebt u. daher [auf revolutionäre Weise] gesellschaftspolitisch besonders aktiv ist.* **4. a)** (Wirtsch.) *Kurzf. von* ↑ Konkursmasse: Ü einen so teuren Wagen können wir uns mangels M. (scherzh.; *aus Mangel an den notwendigen Geldmitteln*) nicht leisten; **b)** (Rechtsspr.) *Kurzf. von* ↑ Erbmasse (2). **5.** (Physik) *Eigenschaft der Materie (1 b), die Ursache u. Maß der Trägheit eines Körpers u. dessen Fähigkeit ist, durch Gravitation einen anderen Körper anzuziehen od. von ihm angezogen zu werden.*

mä|ße: ↑ messen.

◆ **Ma|ße,** die; -, -n [mhd. māȝe (Fem.), ↑ ¹Maß]: *¹Maß:* ... umgeben von den interessantesten Gegenständen, denen wir doch diesmal wenig Aufmerksamkeit schenkten, vielmehr Lust und Scherz in voller M. walten ließen (Goethe, Italien. Reise 18. 1. 1787 [Rom]); ... denn bald verglichen sich beide, Wolf und Bär, das Urteil in dieser M. (*auf diese Art u. Weise*) zu fällen (Goethe, Reineke Fuchs 9, 262 f.).

Maß|ein|heit, die: *Einheit* (2) *zum Messen:* physikalische -en; der Meter als M. der Länge.

Maß|ein|tei|lung, die: *Einteilung nach einer Maßeinheit.*

¹Mas|sel, der, österr. das; -s [jidd. massel < hebr. mazzāl = Stern; Schicksal] (salopp): *unverdientes, unerwartetes Glück:* sie hat unglaublichen M.

²Mas|sel, die; -, -n [ital. massello, eigtl. Vkl. von: massa < lat. massa, ↑ Masse] (Gießerei, Hüttenw.): *durch Gießen in einer Form hergestellter, plattenförmiger Metallblock.*

mas|se|los ⟨Adj.⟩ (Physik, Astron.): *keine Masse (5) besitzend:* -e Elementarteilchen.

Mas|sen-: 1. *kennzeichnet in Bildungen mit Substantiven etw. als von sehr vielen Leuten gemacht, getan oder in großer Menge erfolgend:* Massenkriminalität, -start. **2.** *drückt in Bildungen mit Substantiven aus, dass sehr viele Leute von etw. betroffen sind:* Massenpsychose, -verhaftung. **3.** *drückt in Bildungen mit Substantiven aus, dass etw. für sehr viele Leute bestimmt ist:* Massenbedarfsartikel, -unterkunft.

-ma|ßen: wird mit 2. Partizipien und dem Fugenzeichen -er- zur Bildung von Adverbien verwendet/*was... ist, wird; wie allgemein...:* angeborener-, bewusster-, zugegebenermaßen.

Mas|sen|ab|fer|ti|gung, die (oft abwertend): *Abfertigung einer großen Anzahl von Personen ohne Berücksichtigung individueller Unterschiede, Wünsche.*

Mas|sen|ab|satz, der: *Absatz, Verkauf von Waren in großen Mengen.*

Mas|sen|an|drang, der: *Zustrom vieler Menschen an einem Ort:* an der Kasse herrschte M.

Mas|sen|an|sturm, der: *Ansturm vieler Men-*

Mas|sen|ar|beits|lo|sig|keit, die: *Arbeitslosigkeit, von der eine große Anzahl von Menschen betroffen ist.*

Mas|sen|ar|ti|kel, der: *in großen Mengen hergestellter u. verkaufter Artikel.*

Mas|sen|auf|ge|bot, das: *Aufgebot (1) einer großen Anzahl von Menschen, Material o. Ä.:* ein M. an Polizisten.

Mas|sen|be|för|de|rungs|mit|tel, das: *der Beförderung (1) von Menschen, Gütern, Waren in großen Mengen dienendes Beförderungs-, Verkehrsmittel.*

Mas|sen|be|we|gung, die: *weltanschauliche o. ä. Bewegung (3 a), von der sehr viele Menschen erfasst werden.*

Mas|sen|blatt, das: *in einer Massenauflage erscheinende, von sehr vielen Menschen gelesene, auf einem nicht sehr hohen Niveau stehende Zeitung.*

Mas|sen|de|mons|t|ra|ti|on, die: *Demonstration, an der eine große Zahl von Menschen beteiligt ist.*

Mas|sen|ent|las|sung, die ⟨meist Pl.⟩: *Entlassung einer großen Anzahl von Arbeitnehmern (innerhalb kurzer Zeit):* -en vornehmen.

Mas|sen|fer|ti|gung, das: *[serienmäßige] Fertigung, Herstellung von Waren, Artikeln in großen Mengen.*

Mas|sen|flucht, die: *Flucht einer großen Anzahl von Menschen:* M. aus dem Kriegsgebiet, in den Westen, vor Hochwasser.

Mas|sen|ge|schäft, das: *Geschäft (1 a) mit einem breiten Kundenkreis:* das M. ausbauen; das Unternehmen zieht sich aus dem M. zurück, steigt ins M. ein.

Mas|sen|ge|sell|schaft, die (Soziol.): *Gesellschaft, die durch Nivellierung u. anonymes Leben, durch Mangel an Individualität gekennzeichnet ist.*

Mas|sen|grab, das: *Grab, in dem eine große Zahl von Menschen, die einer Ermordung, Erschießung o. Ä. zum Opfer gefallen sind, beigesetzt sind.*

mas|sen|haft ⟨Adj.⟩ (oft emotional): *in großer Zahl, Menge [vorhanden]:* -es Auftreten von Schädlingen; dort wachsen m. (ugs.; *sehr viele*) Pilze.

Mas|sen|her|stel|ler, der: *Hersteller (1) von Massenartikeln, Massenware.*

Mas|sen|her|stel|lung, die: *[serienmäßige] Herstellung von Waren, Artikeln in großen Mengen.*

Mas|sen|hin|rich|tung, die: *Hinrichtung einer großen Zahl von Menschen.*

Mas|sen|hys|te|rie, die: *Hysterie (2), von der aus gleichem Anlass viele Menschen gleichzeitig od. innerhalb einer kurzen Zeit erfasst werden.*

Mas|sen|ka|ram|bo|la|ge, die: *Karambolage (1 a), an der viele Fahrzeuge beteiligt sind.*

Mas|sen|kom|mu|ni|ka|ti|ons|mit|tel, das: *Massenmedium.*

Mas|sen|kul|tur, die: *Alltagskultur.*

Mas|sen|kund|ge|bung, die: *Kundgebung, an der eine große Zahl von Menschen teilnimmt.*

Mas|sen|markt, der (Wirtsch.): *Markt (3 a) für einen breiten Kundenkreis:* der Konzern will mit dem neuen Modell den M. erreichen, erobern.

mas|sen|me|di|al: *in den Massenmedien [stattfindend], durch die Massenmedien [erfolgend]:* die -e Selbstdarstellung einer Partei; der m. verstärkte Protest.

Mas|sen|me|di|um, das ⟨meist Pl.⟩: *Kommunikationsmittel (z. B. Fernsehen, Rundfunk, Zeitung), das auf breite Kreise der Bevölkerung einwirkt:* das M. Fernsehen.

Mas|sen|mord, der: *Ermordung einer großen Anzahl von Menschen.*

Mas|sen|mör|der, der: a) *jmd., der mehrere Morde begangen hat;* b) *jmd., der sich an einem Massenmord beteiligt hat.*

Mas|sen|mör|de|rin, die: w. Form zu ↑ Massenmörder.

Mas|sen|or|ga|ni|sa|ti|on, die (bes. DDR): *Organisation, der breite Kreise der Bevölkerung als Mitglieder angehören.*

Mas|sen|pa|nik, die: *Panik, von der viele Menschen gleichzeitig od. innerhalb einer kurzen Zeit erfasst werden.*

Mas|sen|phä|no|men, das: *etw., von dem sehr viele Menschen erfasst werden, was sehr viele Menschen tun, was sehr häufig auftritt o. Ä.:* Korruption ist in diesem Land zu einem M. geworden; unerwünschte E-Mail-Werbung hat sich zu einem M. entwickelt.

Mas|sen|pro|dukt, das: *in großen Mengen hergestelltes u. verkauftes Produkt.*

Mas|sen|pro|duk|ti|on, die: *Produktion in großen Mengen.*

Mas|sen|pro|test, der: *Protest, an dem eine große Zahl von Menschen beteiligt ist.*

Mas|sen|psy|cho|se, die: *Massenhysterie.*

Mas|sen|quar|tier, das (oft abwertend): *Quartier für eine große Anzahl von Menschen.*

Mas|sen|schlä|ge|rei, die: *Schlägerei, an der eine größere Zahl von Menschen beteiligt ist.*

Mas|sen|spei|cher, der (EDV): *Speicher (3) mit sehr großer Speicherkapazität.*

Mas|sen|spek|t|ro|me|ter, das (Physik): *Gerät zur Bestimmung der Häufigkeit der in einem Isotopengemisch vorhandenen einzelnen Massen.*

Mas|sen|sport, der: *Sport, der sehr verbreitet ist, von sehr vielen Menschen betrieben wird.*

Mas|sen|start, der (Sport): *(bei Wettkämpfen) gemeinsamer Start aller teilnehmenden Sportler[innen].*

Mas|sen|ster|ben, das; -s: *das Sterben, Umkommen vieler gleichartiger Lebewesen innerhalb kurzer Zeit:* das M. von Fischen in verunreinigten Flüssen.

Mas|sen|sze|ne, die: *Szene (in Drama, Oper u. Film) mit einer großen Anzahl von Menschen.*

Mas|sen|tier|hal|tung, die: *technisierte Tierhaltung in Großbetrieben zur Gewinnung möglichst vieler tierischer Produkte.*

Mas|sen|tou|ris|mus, der: *in großem Umfang betriebener Tourismus für breite Schichten der Bevölkerung:* die Folgen des M.

Mas|sen|ver|an|stal|tung, die: *Veranstaltung, an der eine große Anzahl von Menschen teilnimmt.*

Mas|sen|ver|haf|tung, die: *Verhaftung einer großen Zahl von Menschen innerhalb kurzer Zeit.*

Mas|sen|ver|kehrs|mit|tel, das: *Verkehrsmittel zur Beförderung von Menschen od. Gütern in großen Mengen.*

Mas|sen|ver|nich|tung, die: *Vernichtung einer großen Anzahl von Menschen od. Tieren.*

Mas|sen|ver|nich|tungs|mit|tel, das ⟨meist Pl.⟩,
Mas|sen|ver|nich|tungs|waf|fe, die ⟨meist Pl.⟩: *zu den ABC-Kampfmitteln gehörende Waffe, die in ihrer Wirkung eine herkömmliche Waffe um ein Vielfaches übertrifft u. Zerstörungen großen Ausmaßes anrichtet.*

Mas|sen|wa|re, die: *in großen Mengen produzierte Ware [minderer Qualität].*

mas|sen|wei|se ⟨Adv.⟩: *in großer Zahl, Menge:* dort wachsen m. Pilze; ⟨mit Verbalsubstantiven auch attr.:⟩ die m. Vernichtung von Insekten.

mas|sen|wirk|sam ⟨Adj.⟩: *eine starke Wirkung auf breite Schichten der Bevölkerung ausübend:* -e Reklame.

Mas|sen|wir|kung, die: *Wirkung, die jmd., etw. auf breite Schichten der Bevölkerung ausübt.*

Mas|sen|zahl, die (Physik): *Summe der Anzahl von Neutronen u. Protonen in einem Atom.*

Mas|seur [maˈsøːɐ̯], der; -s, -e [frz. masseur, zu: masser, ↑ ¹massieren]: *jmd., der Massagen verabreicht (Berufsbez.).*

Mas|seu|rin [maˈsøːrɪn], die; -, -nen: w. Form zu ↑ Masseur.

Mas|seu|se [maˈsøːzə], die; -, -n: 1. [frz. masseuse] (veraltend) w. Form zu ↑ Masseur. 2. *in einem Massagesalon (2) arbeitende Prostituierte.*

> Die korrekte weibliche Berufsbezeichnung lautet *Masseurin*. Die Form *Masseuse* hat sich dagegen in der anderen Bedeutung durchgesetzt.

Mas|se|ver|wal|ter, der (österr. Rechtsspr.): *Konkursverwalter.*

Mas|se|ver|wal|te|rin, die: w. Form zu ↑ Masseverwalter.

Maß|ga|be, die: *Vorgabe, Zielsetzung:* die M. war, eine auch für Laien verständliche Programmstruktur zu schaffen; * **mit der M.** (*mit der Weisung*): mit der M., sich täglich zu spritzen, durfte der Patient nach Hause); **nach M.** (geh.: *einer Sache entsprechend, gemäß*): nach M. der Gesetze).

maß|ge|ar|bei|tet ⟨Adj.⟩: *eigens nach angegebenen Maßen angefertigt:* ein -er Anzug.

maß|ge|bend ⟨Adj.⟩: *als Richtschnur, Norm, Maß für ein Handeln, Urteil dienend:* eine -e Persönlichkeit; m. an etw. beteiligt sein.

maß|geb|lich ⟨Adj.⟩: *von entscheidender Bedeutung; in bedeutendem Maße:* -en Anteil an etw. haben; m. (*in besonderem Maße, entscheidend*) an etw. beteiligt sein; er hat diese Entwicklung m. (*in besonderer Weise, in hohem Maße*) bestimmt.

maß|ge|fer|tigt ⟨Adj.⟩: *maßgearbeitet:* ein -er Golfschläger.

maß|ge|recht ⟨Adj.⟩: *die richtigen Maße aufweisend:* ein m. zugeschnittenes Brett.

maß|ge|schnei|dert ↑ maßbeschnitten.

Maß|hal|te|ap|pell, der (bes. Politik): *Appell, öffentlich ausgesprochene Mahnung zum Maßhalten, zur Mäßigung.*

maß|hal|ten ⟨st. V.; hat⟩: *das rechte Maß einhalten, Mäßigung üben:* beim Energieverbrauch halten wir maß.

maß|hal|tig ⟨Adj.⟩ (Technik): *die vorgeschriebenen Maße einhaltend.*

¹mas|sie|ren ⟨sw. V.; hat⟩ [frz. masser, wohl zu arab. massa = berühren, betasten]: *jmds. Körper od. einen Teil davon mit den Händen streichen, kneten, klopfen o. Ä., um bes. die Durchblutung zu fördern, die Muskulatur zu lockern:* jmdn. m.; jmdm. den Rücken m., sich m. lassen; Lambert nimmt seine Brille ab und massiert die Druckstellen auf seinem Nasensattel (Heym, Schwarzenberg 14).

²mas|sie|ren ⟨sw. V.; hat⟩ [frz. masser, zu: masse < lat. massa, ↑ Masse]: *(bes. im militärischen Bereich) an einem Ort, an einer Stelle zusammenziehen:* Truppen an verschiedenen Orten m.; (Sport:) die Abwehr m.; ⟨häufig im 2. Part.:⟩ auf massierte Abwehr stoßen; massierte (*verstärkte*) Polizeieinsätze.

mas|sig ⟨Adj.⟩ [zu ↑ Masse]: 1. *aufgrund der Größe, des ausladenden Umfangs den Eindruck von lastendem Gewicht vermittelnd; wuchtig:* eine -e Gestalt; die Silhouette der Festung wirkte m. 2. (ugs.) *massenhaft:* wir haben hier m. Arbeit.

mä|ßig ⟨Adj.⟩ [mhd. mæʒic, ahd. māʒig, zu ↑ ¹Maß]: 1. *das rechte ¹Maß (3) einhaltend; maßvoll:* sie raucht nur m. 2. *relativ gering; in nicht besonders hohem Maße:* ein -es Einkommen; der Besuch der Veranstaltung war m.; ein m. großer Raum. 3. *wenig befriedigend, mittelmäßig:* ein -er Schüler; das Essen war ziemlich m. (abwertend; *es hat nicht gut geschmeckt*).

-mä|ßig: 1. drückt in Bildungen mit Substantiven aus, dass die beschriebene Person oder Sache vergleichbar mit jmdm., etw. ist; *in der Art von jmdm., etw.: jahrmarkt-, kellner-, robotermäßig*. **2.** drückt in Bildungen mit Substantiven aus, dass die beschriebene Person oder Sache auf etw. basiert, beruht, einer Sache folgt; *aufgrund von etw.: gewohnheits-, routinemäßig*. **3.** drückt in Bildungen mit Substantiven aus, dass einer Sache gemäß gehandelt o. Ä. wird; *wie es etw. verlangt, vorsieht:* statusmäßig. **4.** bezeichnet in Bildungen mit Substantiven etw. als Mittel oder Ursache; *mithilfe von, durch etw.: blut-, willensmäßig*. **5.** (ugs.) kennzeichnet in Bildungen mit Substantiven die Zugehörigkeit zu diesen; *etw. betreffend, in Bezug auf etw.: arbeitsplatz-, intelligenzmäßig*.

mä|ßi|gen ⟨sw. V.; hat⟩ [mhd. mæʒigen, zu ↑mäßig] (geh.): **a)** *auf ein geringeres, das rechte* ¹*Maß (3) herabmindern; geringer werden lassen; abschwächen; mildern, dämpfen, zügeln:* sein Tempo m.; sein Temperament m.; **b)** ⟨m. + sich⟩ *maßvoller werden, das rechte* ¹*Maß (3) gewinnen:* du musst dich beim/im Essen und Trinken etwas m.; **c)** ⟨m. + sich⟩ *nachlassen, sich abschwächen:* die Hitze hat sich gemäßigt.

Mas|sig|keit, die; -: *massige (1) Art; massiges Aussehen.*

Mä|ßig|keit, die; -: **1.** *das Maßvollsein; mäßige (1) Lebensweise.* **2.** (selten) *mäßige (3) Qualität.*

Mä|ßi|gung, die; -, -en ⟨Pl. selten⟩: *das Mäßigen (a, b):* zur M. mahnen.

mas|siv ⟨Adj.⟩ [frz. massif, zu: masse < lat. massa, ↑Masse]: **1. a)** *nicht nur an der Oberfläche, sondern ganz aus dem gleichen, festen Material bestehend:* ein Ring aus -em Gold; der Schrank ist m. Eiche, ist Eiche m. *(ist ganz aus Eichenholz, nicht nur mit Eiche furniert);* **b)** *in Massivbauweise ausgeführt:* ein -er Bau; **c)** *fest, kompakt [u. schwer, wuchtig wirkend]:* ein kräftiger, -er (stämmig gebauter) Mann. **2.** *(von etw. Unangenehmem) heftig, scharf, entschieden [u. in grober Weise erfolgend]:* -e/m. Kritik an jmdm. üben; er kann sehr m. *(sehr grob, ausfallend)* werden. **3.** *sehr nachhaltig, groß (in seinem Umfang):* -e Preissteigerungen; auf -e Ablehnung stoßen.

Mas|siv, das; -s, -e [frz. massif]: **1.** *Gebirge in seiner Gesamtheit; Gebirgsstock:* das M. des Montblanc, der Schweizer Alpen. **2.** (Geol.) *durch Hebung u. Abtragung freigelegte Masse alter Gesteine.*

Mas|siv|bau, der ⟨Pl. -ten⟩: **1.** ⟨o. Pl.⟩ *das Bauen mit Beton, Stahlbeton u. Steinen als hauptsächlichen Baustoffen.* **2.** *in Massivbauweise errichteter Bau.*

Mas|siv|bau|wei|se, die: *Massivbau (1).*
Mas|si|vi|tät, die; -: *massive (1 c, 2) Art.*
mas|siv wer|den, mas|siv|wer|den ⟨unr. V.; ist⟩: *ausfallend werden, deutlich drohen.*

Maß|kon|fek|ti|on, die: *nach individuellen Körpermaßen mit oder an der Oberfläche, in einem Konfektionsbetrieb angefertigte Oberbekleidung.*

Maß|krug, Mass|krug, der (bes. bayr., österr.): *Bierkrug, der eine* ²*Maß fasst.*

Maß|lieb [auch: …'liːp], das; -[e]s, -e [LÜ von mniederl. matelieve, H. u.; viell. eigtl. = Esslust, nach der angeblich appetitanregenden Wirkung (zum 1. Bestandteil vgl. Mett)], (häufiger:) **Maß|lieb|chen** [auch: …'liːp…], das; -s, - [LÜ von mniederl. matelieve, H. u.; viell. eigtl. = Esslust, nach der angeblich appetitanregenden Wirkung (zum 1. Bestandteil vgl. Mett)]: *Tausendschönchen; Gänseblümchen.*

maß|los ⟨Adj.⟩: **a)** *über das gewöhnliche Maß weit hinausgehend; unmäßig:* -e Forderungen; ihr Zorn war m.; **b)** ⟨intensivierend bei Adj. und Verben⟩ *sehr, über die Maßen; außerordentlich:* sie ist m. eifersüchtig; sich m. über etw. aufregen; Im Grunde ist ja sowieso alles m. traurig (M. Walser, Seelenarbeit 139).

Maß|lo|sig|keit, die; -, -en: **1.** ⟨o. Pl.⟩ *das Maßlossein.* **2.** *etw. maßlos Wirkendes.*

Maß|nah|me, die [zum 2. Bestandteil vgl. ↑Abnahme]: *Handlung, Regelung o. Ä., die etw. Bestimmtes bewirken soll:* eine unpopuläre M.; geeignete -n gegen etw. treffen.

Maß|nah|men|ka|ta|log, der: *Katalog (2) von Maßnahmen.*

Maß|nah|men|pa|ket, das: *Maßnahmenkatalog: ein umfangreiches, umfassendes M.; ein M. schnüren, vorlegen, beschließen, umsetzen.*

Maß|nah|men|plan (seltener), **Maß|nah|me|plan**, der: *eine bestimmte Maßnahme, bestimmte Maßnahmen betreffender Plan.*

Maß|re|gel, die: *als genau einzuhaltende Richtlinie geltende Maßnahme, Vorschrift, Weisung:* strenge -n treffen.

maß|re|geln ⟨sw. V.; hat⟩: *jmdm. eine offizielle Rüge erteilen, ihn durch bestimmte Maßnahmen bestrafen:* man maßregelte ihn, hat sie wegen ihrer Versäumnisse gemaßregelt.

Maß|re|ge|lung, Maß|reg|lung, die: *das Maßregeln.*

Maß|re|gel|voll|zug, der (Amtsspr.): *Strafvollzug psychisch kranker od. suchtkranker Täter.*

Maß|schnei|der, der: *Schneider, der Oberbekleidung nach Maß anfertigt.*

Maß|schnei|de|rin, die: w. Form zu ↑Maßschneider.

maß|schnei|dern ⟨sw. V.; hat⟩; meist im Inf. u. Part. gebr.⟩: **1.** *(als Schneider) nach Maß anfertigen:* (meist im 2. Part.:) *ein maßgeschneiderter Anzug.* **2.** *etw. in der Weise anfertigen, erstellen, dass es bestimmten Wünschen, Anforderungen o. Ä. entspricht:* ein System m.; ein maßgeschneidertes Angebot.

Maß|stab, der [spätmhd. mãʒstab = Messlatte, -stab]: **1.** *vorbildhafte Norm, nach der jmds. Handeln, Leistung beurteilt wird:* bei der Auswahl gelten strenge Maßstäbe; einen M. an etw. legen; er hat mit seiner Arbeit Maßstäbe gesetzt *(ein Vorbild geliefert);* … eine Intelligenz, die Außenstehenden rätselhaft erscheinen muss, die auf erhabene Weise unbegreiflich ist und sich jeder Beurteilung nach landläufigen Maßstäben entsagt (Lenz, Suleyken 148). **2.** (bes. Geogr.) *Verhältnis zwischen nachgebildeten Größen, bes. Strecken auf einer Landkarte, u. den entsprechenden Größen in der Wirklichkeit:* der M. dieser Karte ist 1 : 100000; etw. in einem kleineren M. zeichnen. **3.** (selten) *mit der Einteilung nach Einheiten der Längenmaße versehener Stab; Lineal, Band o. Ä. zum Messen von Längen:* ein M. aus Holz.

maß|stab|ge|recht, maß|stab|ge|treu, maßstabsgerecht, maßstabsgetreu ⟨Adj.⟩: *dem angegebenen Maßstab genau entsprechend:* etw. m. wiedergeben.

maß|stä|big, maß|stäb|lich ⟨Adj.⟩: *in einem bestimmten Maßstab [dargestellt].*
maß|stabs|ge|recht: ↑maßstabgerecht.
maß|stabs|ge|treu: ↑maßstabgetreu.
Maß|sys|tem, das: *System, systematische Zusammenfassung der (für bestimmte Bereiche geltenden) Maßeinheiten.*

maß|voll ⟨Adj.⟩: *ein bestimmtes Maß einhaltend; das normale Maß nicht übersteigend:* eine -e Lohnpolitik; in allem m. sein; … hielten ihre Gläser, als ob sie mit Gläsern in der Hand erschaffen worden wären. Wenn sie dem Rosatello dennoch nur m. zusprachen, mochte es daran liegen, dass sie bessere Säfte gewohnt waren (Muschg, Gegenzauber 155).

Maß|werk, das ⟨Pl. selten⟩ (Archit.): *aus geometrischen Formen gebildetes Ornament an gotischen Bauwerken, das bes. der Ausgestaltung von Fensterbögen u. zur Gliederung von Wandflächen, Portalen o. Ä. dient.*

Maß|zahl, die: *in technischen Zeichnungen die Länge der eingezeichneten Strecken angebende Zahl.*

♦ **mast** ⟨Adj.⟩ [mhd. nicht belegt (vgl. aber mhd. masten = dick werden), ahd. mast, zu ↑²Mast]: *dick, fett:* Heut' laden wir bei Pfaffen uns ein, bei -en Pächtern morgen (Schiller, Räuber IV, 5).

¹**Mast**, der; -[e]s, -en, auch: -e [mhd., ahd. mast]: **1.** *senkrecht stehendes Rundholz od. Stahlrohr auf Schiffen, an dem die Segel, Ladebäume o. Ä. befestigt sind.* **2.** *senkrecht stehende Stange aus Holz od. Metall, pfeilerähnlicher Träger aus Metall od. Beton zur Befestigung von Stromleitungen, Fahnen o. Ä.:* die Fahne weht am M.

²**Mast**, die; -, -en ⟨Pl. selten⟩ [mhd., ahd. mast, urspr. = von Feuchtigkeit od. Fett Triefendes; verw. mit mhd., ahd. maʒ, ↑Mett]: *das Mästen bestimmter, zum Schlachten vorgesehener Haustiere:* die M. von Gänsen.

Mast|baum, der: ¹*Mast (1).*

Mast|darm, der [spätmhd. masdarm (1. Bestandteil zu mhd. maʒ, ↑Mett), eigtl. = Speisedarm]: *letzter Abschnitt des Dickdarms, der am After endet.*

Mast|darm|spie|gel, der (Med.): *Rektoskop.*
Mast|darm|spie|ge|lung, Mast|darm|spieg|lung, die (Med.): *Rektoskopie.*

mäs|ten ⟨sw. V.; hat⟩ [mhd., ahd. mesten, zu ↑²Mast]: *(bestimmte Schlachttiere) reichlich füttern, mit Mastfutter versorgen, um eine Zunahme an Fleisch, Fett zu bewirken:* Schweine, Gänse mit Körnern m.; gemästetes Geflügel; Ü wie kann man nur seine Kinder so m.! (ugs.; *überfüttern*).

Mast|en|te, die: *vgl. Masthuhn.*

Mas|ter, der; -s, - [engl. master < mengl. maistre < afrz. maistre, ↑Maître]: **1.** *englische Anrede für: junger Herr.* **2.** (Hochschulw.) **a)** ⟨o. Pl.⟩ *akademischer Grad:* M. of Arts, M. of Sciences; **b)** *Inhaber des Grades Master.* **3.** (Sport) *Leiter bei Parforcejagden.* **4.** (Technik) *Teil einer technischen Anlage, der die Arbeitsweise (2) eines anderen Teils od. mehrerer anderer Teile od. der gesamten Anlage entscheidend beeinflusst.* **5.** *(bei der Vervielfältigung z. B. von Tonaufnahmen) Kopie des Originals, die zur Herstellung weiterer Kopien verwendet wird.*

Mas|ter|ab|schluss, der (Hochschulw.): *Studienabschluss, bei dem der Mastergrad verliehen wird.*

Mas|te|rand, der; -en, -en: *jmd., der sich auf den Masterabschluss vorbereitet.*

Mas|te|ran|din, die; -, -nen: w. Form zu ↑Masterand.

Mäs|te|rei, die; -, -en: **1.** ⟨o. Pl.⟩ *[dauerndes] Mästen.* **2.** *Betrieb, in dem bestimmte Schlachttiere gemästet werden.*

Mas|ter|grad, der (Hochschulw.): *Master (2 a).*
Mas|te|rin, die; -, -nen: w. Form zu ↑Master (3).
Mas|ter of Arts ['maːstɐ ɔf 'aːɐ̯ts], der; -[s] - -, - - - [engl., eigtl. = Meister der (freien) Künste] (Hochschulw.): *akademischer Grad, bes. in den Geisteswissenschaften* (Abk.: M. A.)

Mas|ter of Bu|si|ness Ad|mi|nis|t|ra|tion ['maːstɐ ɔf 'bɪznɪs ɛtmɪnɪs'treɪʃən], der; -[s] - - -, - - - - [engl., zu: business administration = Unternehmensverwaltung] (Hochschulw.): *international anerkannter akademischer*

Abschluss eines Aufbaustudiengangs für Manager (Abk.: MBA).
Mas|ter of Sci|ence ['maːstɐ ɔf 'sajəns], der; -[s] -, - - - [engl., zu: science = Naturwissenschaft(en)] (Hochschulw.): akademischer Grad, bes. in den Naturwissenschaften (Abk.: M. Sc.).
Mas|ter|plan, der: übergeordneter, weitreichender Plan: Skizzen u. Masterpläne; Ü M. für die Weltmeisterschaft.
Mas|ter|stu|di|en|gang, der (Hochschulw.): auf dem Bachelorabschluss aufbauender Studiengang, der mit dem Mastergrad abschließt.
Mas|ter|stu|di|um, das (Hochschulw.): Masterstudiengang.
Mast|fut|ter, das: für die ²Mast geeignetes Futter.
Mast|gans, die: vgl. Masthuhn.
Mast|hähn|chen, das: vgl. Masthuhn.
Mast|huhn, das: gemästetes od. zum Mästen bestimmtes Huhn.
Mas|tiff, der; -s, -s [engl. mastiff, eigtl. = gezähmt < afrz. mastin, über das Vlat. zu lat. mansuetus = zahm]: der Dogge ähnlicher, kurz- u. glatthaariger Hund mit kleinen Hängeohren, der meist als Schutzhund gehalten wird.
mas|tig 〈Adj.〉 [zu ↑²Mast] (landsch.): **a)** (von Menschen) fett, dick; **b)** (von Speisen) fett [u. reichlich], schwer verdaulich; **c)** (von bestimmten Pflanzen, Wiesen o. Ä.) feucht, fett, üppig.
Mas|tix, der; -[es] [spätmhd. mastix < lat. mastix, Nebenf. von: mastic(h)e < griech. mástíchē, zu: masâsthai = kauen, weil dieses Harz im Orient gekaut wurde]: **1.** Harz des Mastixstrauches, das für Lacke, Kitte, Firnisse u. in der Medizin verwendet wird. **2.** bes. als Straßenbelag verwendetes Gemisch aus Steinmehl u. Bitumen.
Mas|tix|strauch, der: im Mittelmeerraum kultivierter, immergrüner Strauch, dessen Rinde wertvolle Gerbstoffe u. Harze enthält.
Mast|korb, der: am oberen Ende eines ¹Mastes (1) angebrachte [korbähnliche] Plattform.
Mast|schwein, das: vgl. Masthuhn.
Mast|spit|ze, die: Spitze eines ¹Mastes.
Mäs|tung, die; -, -en (Pl. selten): das Mästen.
Mas|tur|ba|ti|on, die; -, -en [zu ↑ masturbieren]: **a)** geschlechtliche Befriedigung der eigenen Person durch manuelle Reizung der Geschlechtsorgane; Onanie; **b)** geschlechtliche Befriedigung einer anderen Person durch manuelle Reizung der Geschlechtsorgane.
mas|tur|ba|to|risch 〈Adj.〉: die Masturbation betreffend, auf ihr beruhend: -e Praktiken.
mas|tur|bie|ren 〈sw. V.; hat〉 [lat. masturbari, wohl zu: manus = Hand u. stuprare = schänden]: **1.** sich durch Masturbation befriedigen. **2.** bei jmdm. die Masturbation (b) ausüben.
Ma|su|ren; -s: Landschaft im südlichen Ostpreußen.
ma|su|risch 〈Adj.〉: Masuren betreffend, von dort stammend.
Ma|sur|ka: ↑ Mazurka.
Ma|ta|dor, der; -s, -e, auch: -en, -en [span. matador, zu: matar = töten < lat. mactare = schlachten]: **1.** Stierkämpfer, der dem Stier den Todesstoß versetzt. **2.** hervorragender, berühmter, wichtigster Mann, führende Person: -e des Wahlkampfes.
Ma|ta|do|rin, die; -, -nen: w. Form zu ↑ Matador.
Match [mɛtʃ], das, schweiz.: der; -[e]s, -[e]s, auch: -e [engl. match]: sportlicher Wettkampf in Form eines Spiels.
Match|ball, der (Badminton, Tennis, Tischtennis): über den Sieg entscheidender ¹Ball (3).
mat|chen ['mɛtʃn̩], sich 〈sw. V.; hat〉 (österr.): sich mit jmdm. messen; sich in einem Match gegenüberstehen.
Match|stra|fe, die [nach engl. match penalty (↑ Penalty)] (Eishockey): Ausschluss eines Spielers für den Rest des Spieles.

Match|win|ner, der; -s, - (Sportjargon): Spieler in einem Mannschaftsspiel, der die Entscheidung für einen Sieg herbeiführt.
Match|win|ne|rin, die; -, -nen: w. Form zu ↑ Matchwinner.
¹Ma|te, der; - [span. mate < Quechua (südamerik. Indianerspr.) mati, eigtl. = Gefäß, Korb (zur Aufbewahrung von Tee)]: aus den gerösteten, koffeinhaltigen Blättern der Matepflanze zubereiteter Tee.
²Ma|te, die; -, -n [zu ↑ ¹Mate]: Matepflanze.
Ma|te|pflan|ze, die: in Südamerika heimischer, zur Gattung der Stechpalmen gehörender Baum od. Strauch mit immergrünen, elliptischen Blättern, die für ¹Mate verwendet werden.
Ma|ter, die; -, -n [lat. mater = Mutter]: Matrize (1).
Ma|ter do|lo|ro|sa, die; - - [lat. = schmerzerfüllte Mutter, zu ↑ Mater u. mlat. dolorosus, ↑ doloroso] (Kunstwiss.): Darstellung der Mutter Jesu in ihrem Schmerz über das Leiden ihres Sohnes.
ma|te|ri|al 〈Adj.〉 [spätlat. materialis, zu lat. materia, ↑ Materie]: **1.** (bildungsspr.) einen Stoff betreffend; stofflich; als Material (3) gegeben. **2.** (Philos.) das Inhaltliche einer Gegebenheit betreffend, betonend.
Ma|te|ri|al, das; -s, -ien [mlat. materiale = stoffliche, dingliche Sache, Rohstoff, zu spätlat. materialis, ↑ material]: **1.** Stoff, Werkstoff, Rohstoff, aus dem etw. besteht, gefertigt wird: hochwertiges M. **2.** Gesamtheit von Hilfsmitteln, Gegenständen, die für eine bestimmte Arbeit, für die Herstellung von etw., als Ausrüstung o. Ä. benötigt werden: -ien für die Arbeit im Büro. **3.** Gesamtheit der Unterlagen, Belege, Nachweise o. Ä., die bei einer bestimmten Arbeit benötigt werden: statistisches M.; belastendes M. (Beweismittel) gegen jmdn. beibringen. **4.** für etw. zur Verfügung stehende, für etw. gebrauchte, zu etw. dienende Personengruppe (wird oft als inhuman empfunden): er verfügt in dieser Schulklasse über sehr gutes M. (eine Vielzahl sehr guter Schüler u. Schülerinnen).

-ma|te|ri|al, das; -s: kennzeichnet in Bildungen mit Substantiven zusammenfassend eine bestimmte Anzahl von Personen als für eine bestimmte Aufgabe o. Ä. zur Verfügung stehend (wird oft als inhuman empfunden): Patienten-, Spielermaterial.

Ma|te|ri|al|aus|ga|be, die: **1.** das Ausgeben von Material (2). **2.** Stelle (in einem Betrieb o. Ä.), an der Material (2) ausgegeben wird.
Ma|te|ri|al|be|schaf|fung, die: Beschaffung von Material (2).
Ma|te|ri|al|er|mü|dung, die (Technik): Ermüdung (2).
Ma|te|ri|al|feh|ler, der: in einem zur Herstellung von etw. verwendeten Material (1) bereits vorhandener Fehler.
Ma|te|ri|al|ien|samm|lung, die: Materialsammlung.
ma|te|ri|al|in|ten|siv 〈Adj.〉: viel Material erfordernd.
Ma|te|ri|a|li|sa|ti|on, die; -, -en [zu ↑ materialisieren]: **1.** (Physik) Umwandlung von Strahlungs- od. Bewegungsenergie in materielle Teilchen. **2.** (Parapsychol.) Bildung einer körperhaften Erscheinung durch Vermittlung eines spiritistischen Mediums.
ma|te|ri|a|li|sie|ren 〈sw. V.; hat〉: **1.** (Physik) **a)** eine Materialisation (1) bewirken; **b)** (m. + sich) (von Strahlungs- od. Bewegungsenergie) sich in materielle Teilchen umwandeln. **2.** (Parapsychol.) **a)** eine Materialisation (2) bewirken;

b) (m. + sich) in einer Materialisation (2) in Erscheinung treten: sie glaubte wirklich, der Geist ihrer Mutter habe sich materialisiert.
Ma|te|ri|a|lis|mus, der; - [frz. matérialisme]: **1.** (oft abwertend) materielle (2 b), auf Besitz u. Gewinn bedachte Einstellung dem Leben gegenüber: blanker, reiner M.; Wann immer Kulturkritik über M. klagt, befördert sie den Glauben, die Sünde sei der Wunsch der Menschen nach Konsumgütern (Adorno, Prismen 14). **2.** philosophische Lehre, die alles Wirkliche als Materie interpretiert od. von ihr ableitet: der englische M.; dialektischer M. (Lehre des Marxismus, die das Verhältnis des Bewusstseins zur objektiven Realität, die allgemeinen Gesetzmäßigkeiten der Natur, der Gesellschaft u. des Denkens sowie der Stellung des Menschen in der Welt unter dem Blickwinkel der wechselseitigen Durchdringung von Dialektik 2 u. Materialismus 2 betrachtet).
Ma|te|ri|a|list, der; -en, -en [frz. matérialiste]: **1.** (oft abwertend) jmd., der dem Materialismus (1) verhaftet ist. **2.** Vertreter, Anhänger des Materialismus (2).
Ma|te|ri|a|lis|tin, die; -, -nen: w. Form zu ↑ Materialist.
ma|te|ri|a|lis|tisch 〈Adj.〉: **1.** (oft abwertend) vom Materialismus (1) bestimmt. **2.** den Materialismus (2) betreffend, ihm entsprechend.
Ma|te|ri|a|li|tät, die; - (bes. Philos.): das Bestehen aus Materie (1 a), stoffliche bzw. körperliche Substanz; Stofflichkeit, Körperlichkeit: die M. der Welt und ihrer Erscheinungen.
Ma|te|ri|al|kon|stan|te 〈vgl. Konstante〉 (Physik): Konstante, feste Größe, die vom Material (1) eines untersuchten Körpers abhängt (z. B. die Dichte).
Ma|te|ri|al|kos|ten 〈Pl.〉: (bei der Herstellung von etw.) für das Material (1,2) anfallende Kosten.
Ma|te|ri|al|prü|fung, die: Prüfung von Materialien (1).
Ma|te|ri|al|samm|lung, die: Zusammenstellung von Material (3).
Ma|te|ri|al|schlacht, die: **1.** (Militär) Schlacht mit starkem Einsatz von Kriegsmaterial: die -en des 1. Weltkriegs. **2.** (ugs.) übertriebener Einsatz von Material, Materialien.
Ma|te|ri|al|wirt|schaft, die: Bereich der Wirtschaft, der sich mit der Bereitstellung, Beschaffung, Lagerhaltung o. Ä. von Materialien (1,2) befasst.
Ma|te|rie, die; -, -n [spätmhd. materi, mhd. materje < lat. materia = Stoff; Thema, urspr. = der hervorbringende u. nährende Teil des Baumes (im Gegensatz zur Rinde u. zu den Zweigen), wahrsch. zu: mater, ↑ Mater]: **1.** 〈o. Pl.〉 **a)** (bildungsspr.) rein Stoffliches als Grundlage von dinglich Vorhandenem; stoffliche Substanz: organische M.; **b)** (Kernphysik) Stoff, Substanz ungeachtet des jeweiligen Aggregatzustandes u. im Unterschied zur Energie u. zum Vakuum (bes. im Hinblick auf die atomaren Bausteine makroskopischer Körper). **2.** 〈o. Pl.〉 (Philos.) **a)** (bes. bei Aristoteles) ewiger, völlig unbestimmter, unterschiedsloser Urstoff, der als Urprinzip der Bewegung dem Werden zugrunde liegt; **b)** außerhalb des menschlichen Bewusstseins vorhandene Wirklichkeit im Unterschied zum Geist. **3.** (bildungsspr.) Gegenstand, Thema einer Untersuchung, eines Gesprächs o. Ä.: eine schwierige M.
ma|te|ri|ell 〈Adj.〉 [frz. matériel < spätlat. materialis, ↑ material]: **1.** die Materie (1 a) betreffend, auf ihr beruhend, von ihr bestimmt; stofflich, dinglich, gegenständlich, körperlich greifbar: die -e Grundlage alles Geistigen. **2. a)** die lebensnotwendigen Dinge, Güter betreffend, auf ihnen beruhend, zu ihnen gehörend; wirtschaft-

lich, finanziell: -e Bedürfnisse; jmdn. m. unterstützen; **b)** (oft abwertend) *auf Besitz u. Gewinn, auf eigenen Nutzen u. Vorteil bedacht; unempfänglich für geistige, ideelle Werte; materialistisch* (1): m. eingestellt sein. **3.** *das Material* (1) *betreffend:* der -e Wert der Uhr ist gering.

Ma|te|strauch, der: *Matepflanze.*
Ma|te|tee, der: ¹*Mate.*
Ma̱|the, die; - ⟨meist o. Art.⟩ [kurz für ↑ Mathematik] (Schülerspr.): *Mathematik als Schulfach.*
Ma̱|the|ar|beit, die (Schülerspr.): *Klassenarbeit in Mathematik.*
Ma|the|ma̱|tik [matama'ti:k, auch: ...'tɪk, österr.: ...'matɪk, auch: ...'ma:...], die; - [lat. (ars) mathematica < griech. mathēmatikḗ (téchnē), zu: *máthēma* = Gelerntes, Kenntnis]: *Wissenschaft, Lehre von den Zahlen, Figuren, Mengen, ihren Abstraktionen, den zwischen ihnen möglichen Relationen, Verknüpfungen:* höhere M. *(Mathematik, wie sie vor allem in der Hochschule betrieben wird);* numerische, angewandte M. *(Bereich der Mathematik, der sich mit industriellen Anwendungen befasst);* er hat in M. *(im Unterrichtsfach Mathematik)* versagt.
Ma|the|ma̱|ti|ker [österr. auch: ...'mat...], der; -s, - [lat. mathematicus]: *Wissenschaftler auf dem Gebiet der Mathematik.*
Ma|the|ma̱|ti|ke|rin [österr. auch: ...'mat...], die; -, -nen: w. Form zu ↑ Mathematiker.
Ma|the|ma̱|tik|leh|rer, der: *Lehrer für das Schulfach Mathematik.*
Ma|the|ma̱|tik|leh|re|rin, die: w. Form zu ↑ Mathematiklehrer.
Ma|the|ma̱|tik|un|ter|richt, der: *Unterricht im Schulfach Mathematik.*
ma|the|ma̱|tisch [österr. auch: ...'mat...] ⟨Adj.⟩: *die Mathematik betreffend, auf ihren Gesetzen beruhend.*
ma|the|ma|ti|si̱e|ren ⟨sw. V.; hat⟩: *[in verstärktem Maß] mit mathematischen Methoden behandeln, untersuchen.*
Ma|ti|ne̱e, die; -, ...-een [frz. matinée, zu: matin = Morgen < lat. matutinum (tempus) = frühe Zeit]: **1.** *am Vormittag stattfindende künstlerische Veranstaltung:* die M. findet um 11 Uhr statt; eine M. veranstalten, besuchen. **2.** (veraltet) *eleganter Morgenrock:* Wenn Karl bei ihr klingelt, nachmittags um vier, dann steigt sie gerade aus dem Bett, eine M. hat sie um, und auf dem Kopf trägt sie eine verschossene Mütze (Kempowski, Zeit 81).
Ma̱t|jes|he|ring, der; -s, -e [niederl. maatjesharing, eigtl. = Mädchenhering]: *gesalzener junger Hering (ohne Milch od. Rogen).*
Ma|t|ra̱t|ze, die; -, -n [älter ital. materazzo < arab. maṭraḥ = Bodenkissen]: **1. a)** *mit Rosshaar, Seegras o. Ä. gefülltes od. aus Schaumstoff bestehendes, mit festem Stoff überzogenes Polster, das dem Sprungfederrahmen od. dem Lattenrost eines Bettes aufliegt:* *** an der M. horchen** (ugs. scherzh.; *im Bett liegen u. schlafen*); **b)** Kurzf. von ↑ Sprungfedermatratze; **c)** Kurzf. von ↑ Luftmatratze. **2.** (ugs. scherzh.) **a)** *dichter Vollbart;* **b)** *(bei Männern) dichte Behaarung auf der Brust.*
Ma|t|ra̱t|zen|la|ger, das ⟨Pl. ...lager⟩: *[notdürftig] mit Matratzen auf dem Boden hergerichtete Schlafgelegenheit.*
Ma|t|ra̱t|zen|scho|ner, der: *Auflage aus Stoff, die auf die Matratze gelegt wird, um diese zu schonen.*
Mä̱|t|res|se, die; -, -n [frz. maîtresse, eigtl. = Herrin, zu: maître, ↑ Maître]: **1.** (früher) *[offizielle] Geliebte eines Fürsten.* **2.** (abwertend) *Geliebte bes. eines verheirateten Mannes.*
ma|t|ri|ar|cha̱l, ma|t|ri|ar|cha̱|lisch ⟨Adj.⟩ [zu lat. mater (Gen.: matris) = Mutter u. griech.

archḗ = Herrschaft]: *das Matriarchat betreffend, darauf beruhend:* eine -e Staatsform.
Ma|t|ri|ar|cha̱t, das; -[e]s, -e: *Gesellschaftsordnung, bei der die Frau eine bevorzugte Stellung in Staat u. Familie innehat u. bei der in Erbfolge u. sozialer Stellung die weibliche Linie ausschlaggebend ist.*
Ma|t|ri|ar|chin, die; -, -nen [zu ↑ Matriarchat, geb. nach ↑ Patriarch] (bildungsspr.): *ältestes weibliches Familienmitglied od. Mitglied eines Familienverbandes, das als Familienoberhaupt die größte Autorität besitzt.*
Ma|t|ri̱|kel [auch: ma'trɪkl], die; -, -n [spätlat. matricula = öffentliches Verzeichnis, Vkl. von: matrix, ↑ Matrix]: **1.** *(in bestimmten Bereichen, bes. an der Universität) amtliches Personenverzeichnis:* jmdn. aus der M. streichen. **2.** (österr.) *Personenstandsregister.*
Ma̱|t|rix, die; -, Matri̱zes, auch: Matri̱ces [...tseːs] u. Matri̱zen [spätlat. matrix (Gen.: matricis) = öffentliches Verzeichnis, Stammrolle, eigtl. = Gebärmutter]: **1.** (Biol.) **a)** *Hülle der Chromosomen;* **b)** *amorphe Grundsubstanz (z. B. des Bindegewebes);* **c)** *Keimschicht, aus der etwas (z. B. das Nagelbett) entsteht.* **2. a)** (Math.) *System von mathematischen Größen, das in einem Schema von waagerechten Zeilen u. senkrechten Spalten geordnet ist u. zur verkürzten Darstellung linearer Beziehungen in Naturwissenschaften, Technik u. Wirtschaftswissenschaften dient;* **b)** (EDV) *System, das einzelne zusammengehörende Faktoren betrifft u. zur verkürzten Darstellung linearer Beziehungen in Naturwissenschaften, Technik u. Wirtschaftswissenschaften dient.* **3.** (Sprachwiss.) *Schema zur Zuordnung von Merkmalen zu sprachlichen Einheiten, bes. zur Darstellung der Lautstruktur einer Sprache.*
Ma|t|ri̱|ze, die; -, -n [frz. matrice, eigtl. = Gebärmutter < spätlat. matrix, ↑ Matrix]: **1.** (Druckw.) **a)** *(in der Schriftgießerei verwendete) Form aus Metall mit seitenverkehrt eingeprägten Buchstaben, die die Lettern liefert;* **b)** *in Pappe, Wachs, Blei od. anderem Werkstoff geprägte Abformung eines Schriftsatzes od. Bildes zur Herstellung einer Druckplatte;* **c)** *Folie, bes. gewachstes Blatt zur Herstellung von Vervielfältigungen.* **2.** (Technik) **a)** *unterer Teil einer Pressform, in dessen Hohlform ein Werkstoff mit einer Patrize hineingedrückt wird;* **b)** *negative Form zum Pressen von Schallplatten.*
Ma|t|ri̱|zen: Pl. von ↑ Matrix.
Ma|t|ri̱|zes: Pl. von ↑ Matrix.
Ma|t|r|jo̱sch|ka, die; -, -s (selten): *Matroschka.*
Ma|t|ro̱|ne, die; -, -n [lat. matrona = verheiratete Frau, zu: mater, ↑ Mater]: **1.** *ältere, Gesetztheit u. Würde ausstrahlende Frau.* **2.** (abwertend) *ältere, füllige Frau.*
ma|t|ro̱|nen|haft ⟨Adj.⟩ (meist abwertend): *wie eine Matrone geartet.*
Ma|t|ro|ny̱|mi|kon: ↑ Metronymikon.
Ma|t|ro̱sch|ka, die; -, -s [russ. matrëška, Vkl. von: mat' (Gen.: materi) = Mutter < lat. mater, ↑ Mater]: *aus zwei Teilen zusammengesetzte Figur mit aufgemalter Darstellung einer weiblichen Person, die in ihrem hohlen Inneren mehrere kleinere Exemplare der gleichen Form in Größenabstufungen enthält; Puppe in der Puppe.*
Ma|t|ro̱|se, der; -n, -n [niederl. matroos, umgebildet < frz. matelot, altfrz. matenot, wohl < mniederl. mattenoot, eigtl. = Matten-, Schlafgenosse]: **1.** *Seemann der Handelsschifffahrt mit mehrjähriger Ausbildung (Berufsbez.).* **2. a)** ⟨o. Pl.⟩ *niedrigster Mannschaftsdienstgrad bei der Marine;* **b)** *Soldat des Dienstgrades Matrose* (2 a).

Ma|t|ro̱|sen|an|zug, der: *der Kleidung der Matrosen ähnliches Kleidungsstück für Jungen.*
Ma|t|ro̱|sen|kra|gen, der: *für die Kleidung der Matrosen charakteristischer, breiter, umgelegter, auf dem Rücken rechteckig abschließender Kragen.*
Ma|t|ro̱|sen|müt|ze, die: *zur Kleidung der Matrosen gehörende runde Mütze, von deren hinterem Rand zwei lange Bänder herunterhängen.*
Ma|t|ro̱|sen|uni|form, die: *Uniform der Matrosen.*
Ma|t|ro̱|sin, die; -, -nen: w. Form zu ↑ Matrose (1, 2b).
matsch ⟨Adj.⟩ (salopp): **a)** [zu ↑ matschen] *(von Obst o. Ä.) [durch Überreife] weich u. schmierig; faul;* **b)** [wohl zu ↑ Matsch (1)] *völlig erschöpft, schlapp;* **c)** [zu ↑ Matsch (1)] (Kartenspiel, Sport) *verloren, besiegt:* m. werden *(verlieren).*
Matsch, der; -[e]s, -e: **1.** [älter: Martsch, zu ital. marcio = faul, verdorben < lat. marcidus = welk, morsch; nach dem Ausdruck beim (Karten)spiel far (dar) marcio = einen Matsch machen, alle Stiche verlieren] (Kartenspiele) *vollständiger Verlust eines Spiels.* **2.** ⟨o. Pl.⟩ [zu ↑ matschen] (ugs.) **a)** *feuchter, breiiger Schmutz; nasse, schmierige Erde;* halb getauter, schlammiger Schnee: in dem M. fallen; **b)** *weiche, breiige Masse:* die Tomaten waren zu M. geworden.
mat|schen ⟨sw. V.; hat⟩ [lautm.] (ugs.): **1.** *im Matsch* (2 a) *herumrühren, mit Matsch spielen.* **2.** *zu einer breiartigen Konsistenz zerdrücken:* ⟨meist im 2. Part.:⟩ gematschte Kartoffeln, Bananen.
mat|schig ⟨Adj.⟩ (ugs.): **1. a)** *durch Niederschläge o. Ä. aufgeweicht; schlammig,* voller Matsch (2 a): -e Wege; **b)** *aufgrund von Überreife, beginnender Fäulnis o. Ä. weich u. schmierig:* -e Birnen; ...wie Gemüse, das zu lang gekocht hat, fad und fasrig, m., kaum noch als es selbst erkenntlich (Süskind, Parfum 125). **2.** *erschöpft; elend:* ein -es Gefühl.
Matsch|wet|ter, das ⟨o. Pl.⟩ (ugs.): *Wetter mit häufigen Niederschlägen, bei dem die Wege aufgeweicht, die Straßen voll von nassem Schmutz sind.*
matt ⟨Adj.⟩ [mhd. mat = schwach; glanzlos durch roman. Vermittlung (frz. mat, ital. matto, span. mate) < arab. māta = (ist) gestorben, tot, in: šāh māta, ↑ schachmatt]: **1. a)** *von Müdigkeit, Erschöpfung o. Ä. schwach; ermattet, zerschlagen:* die -en Glieder ausstrecken; sie war nach der Krankheit ganz m.; **b)** *nicht kräftig, von nur geringer Stärke:* ein -es (*nur angedeutetes*) Lächeln; sie winkte nur m. **2. a)** *ohne [rechten] Glanz; nicht spiegelnd:* sie hatte ganz -e (*trübe, glanzlose*) Augen; m. gebeizte Möbel; **b)** *nur schwach leuchtend; nicht intensiv, gedämpft:* ein -er Lichtschein; die Farben wirkten m.; m. erleuchtete Fenster. **3.** *als Äußerung o. Ä. im Gehalt zu schwach u. daher nicht überzeugend:* eine -e Entschuldigung; er protestierte m. (*ohne Nachdruck*). **4. * jmdn. m. setzen/mattsetzen** (Schach; *jmdn. besiegen*); **m. sein** (Schach; *besiegt sein, die Schachpartie verloren haben*); **[Schach und] m.!** (Schach; [*von Laien gemachte*] *Bemerkung, die den Gegner informiert, dass er das Spiel verloren hat*).
Matt, das; -s, -s ⟨Pl. selten⟩ (Schach): *das Ende einer Schachpartie bedeutende Stellung, bei der die Bedrohung des Königs durch keinen Zug mehr abgewendet werden kann:* das M. herbeiführen; Ü die Konferenz endete mit einem M.
matt|blau ⟨Adj.⟩: *ein nicht leuchtendes, nicht schimmerndes Blau aufweisend:* der Stoff ist m.
¹**Mat|te,** die; -, -n [mhd. matte, ahd. matta < spätlat. matta]: **a)** *Unterlage o. Ä. aus grobem*

Geflecht od. Gewebe aus Binsen, künstlichen Fasern o. Ä.: eine M. aus Schilf; **b)** (Sport) *Unterlage aus weichem, federndem Material mit festem Überzug (zur Abschwächung von Sprüngen beim Turnen, als Fläche für die Kämpfe im Ringen o. Ä.):* die Ringer betraten die M.; den Gegner auf die M. werfen; * **auf der M. stehen** (ugs.: 1. *zur Stelle, einsatzbereit sein.* 2. *mit bestimmten Problemen, Forderungen o. Ä. an jmdn. herantreten*).

²**Mat|te,** die; -, -n [mhd. mat(t)e, ahd. matta = Wiese, eigtl. = Wiese, die gemäht wird (im Unterschied zur Weide), zu ↑ ²Mahd, mähen] (schweiz., sonst dichter.): *Bergwiese.*

Mat|ter|horn, das; -[e]s: *Berg in den Walliser Alpen.*

matt|gelb ⟨Adj.⟩: *ein nicht leuchtendes, nicht intensives Gelb aufweisend.*

Matt|glas, das ⟨Pl. ...gläser⟩: *undurchsichtiges, lichtdurchlässiges Glas.*

Matt|gold, das: *matt schimmerndes, stumpfes Gold.*

matt|gol|den ⟨Adj.⟩: *aus Mattgold bestehend.*

matt|grün ⟨Adj.⟩: *ein nicht leuchtendes, nicht intensives Grün aufweisend.*

Mat|thäi: in der Wendung **bei jmdm. ist M. am Letzten** (ugs.; *jmd. ist finanziell od. gesundheitlich am Ende;* wohl in Anspielung auf das in den letzten Worten des Matthäusevangeliums ausgesprochene Ende der Welt, eigtl. = am Ende des Matthäusevangeliums).

Mat|thä|us|evan|ge|li|um, das ⟨o. Pl.⟩: *Evangelium* (2 b) *nach dem Evangelisten Matthäus.*

Matt|heit, die; - [zu ↑matt]: *das Mattsein.*

mat|tie|ren ⟨sw. V.; hat⟩ [frz. matir, zu: mat, ↑matt]: *matt* (2 a), *glanzlos, stumpf, undurchsichtig machen:* Holz [durch Beizen] m.; ⟨häufiger im 2. Part.:⟩ mattiertes Glas *(Mattglas).*

Mat|tie|rung, die; -, -en: **1.** *das Mattieren; das Mattiertwerden.* **2.** *auf einem Gegenstand aufgebrachte mattierende Schicht; matter Lack o. Ä.*

Mat|tig|keit, die; -: *das Mattsein; Müdigkeit, Erschöpfung.*

Matt|schei|be, die: **1.** *Scheibe aus Mattglas:* die M. in einer Spiegelreflexkamera; * **M. haben** (salopp: *geistig nicht voll aufnahmefähig sein; leicht benommen sein*). **2.** (ugs.) *Bildschirm eines Fernsehgerätes.*

¹**matt|set|zen** ⟨sw. V.; hat⟩: *jmdm. jede Möglichkeit zum Handeln nehmen; jmdn. als Gegner ausschalten:* ihn hatte ihr Exmann mattgesetzt.

matt set|zen, ²**matt|set|zen** ⟨sw. V.; hat⟩: s. matt (4).

Ma|tur, die; - [↑Matura] (schweiz.): *Abitur, Reifeprüfung.*

Ma|tu|ra, die; - [zu lat. maturus = reif, tauglich] (österr., schweiz.): *Abitur.*

Ma|tu|rand, der; -en, -en (schweiz., sonst veraltet): *Abiturient.*

Ma|tu|ran|din, die; -, -nen: w. Form zu ↑Maturand.

Ma|tu|rant, der; -en, -en [zu ↑Matura] (österr.): *Abiturient.*

Ma|tu|ran|tin, die; -, -nen: w. Form zu ↑Maturant.

ma|tu|rie|ren ⟨sw. V.; hat⟩ [zu ↑Matura] (österr., schweiz.): *die Matura ablegen.*

Ma|tu|ri|tät, die; - [lat. maturitas = Reife, zu: maturus = reif, tauglich] (schweiz.): *Abitur; Hochschulreife.*

Ma|tu|ri|täts|zeug|nis, das (schweiz.): *Abiturzeugnis.*

Matz, der; -es, -e u. Mätze [landsch. Kosef. des m. Vorn. Matthias] (fam. scherzh.): *niedlicher kleiner Junge.*

Mätz|chen, das; -s, - [wohl zu ↑Matz in der älteren Bed. »dummer, törichter Kerl«] (ugs.):

a) ⟨Pl.⟩ *Possen, Unsinn:* Kinder, lasst die M.!; **b)** ⟨meist Pl.⟩ *törichte, nicht ernst zu nehmende Handlung, mit der man Eindruck zu machen, eine bestimmte Wirkung zu erzielen sucht; Trick, Kniff:* er hat solche M. nicht nötig.

Matze, die; -, -n, (auch:) Mazze, die; -, -n, **Matzen,** der; -s, -, (auch:) Mazzen, der; -s, - [jidd. matzo < hebr. maẓẓôt (Pl.)]: *(von den Juden während der Passahzeit gegessenes) ungesäuertes Fladenbrot.*

mau ⟨Adj.⟩ [wohl zusgez. aus ↑flau u. ↑matt, viell. auch zu mauen in der älteren Bed. »weinerlich, verdrießlich sein« (salopp): **1.** *flau, unwohl:* mir ist ganz m. **2.** *schlecht* (2): die Geschäfte gehen m.

Mau|er, die; -, -n [mhd. mūre, ahd. mūra < lat. murus (m.)]: **1. a)** *Wand aus Steinen [u. Mörtel]:* eine hohe M.; eine M. abreißen; in den -n unserer (dichter.: *in unserer*) Stadt; das Grundstück ist von einer M. umgeben; Ü die M. *(die in starker Ablehnung bestehende Schranke)* des Schweigens durchbrechen; **b)** *durch Berlin verlaufendes, die Stadt politisch (in einen östlichen u. einen westlichen Teil) teilendes Bauwerk:* die Berliner M.; vor der M. *(vor dem Mauerbau);* nach der M. *(nach dem Mauerbau);* auch Jahre nach der M. *(nach der Öffnung der Grenzen zwischen der DDR u. der Bundesrepublik)* sind Ost und West noch nicht zusammengewachsen. **2.** (Pferdesport) *Hindernis aus aufeinandergelegten Holzkästen [u. einem Sockel aus Steinen].* **3.** (Fußball, Handball) *Linie, Kette von Spielern zur Sicherung des Tors bei Freistößen bzw. Freiwürfen:* er schoss die M. an.

Mau|er|ar|beit, die [zu ↑mauern]: *Maurerarbeit.*

Mau|er|bau, der ⟨o. Pl.⟩: *Bau der Mauer* (1 b).

Mau|er|blüm|chen, das [nach dem Vergleich mit einer Blume, die an einer Mauer blüht, wo man sie leicht übersieht; älter Mauerblume = Bez. für den häufig an Gartenmauern entlang gepflanzten Goldlack] (ugs.): **1. a)** *Mädchen, das beim Tanzen nicht selten aufgefordert wird;* **b)** *unscheinbares Mädchen, das von Männern kaum beachtet wird.* **2.** *Person od. Sache, der wenig Beachtung, Aufmerksamkeit zuteilwird.*

Mau|er|bre|cher, der (früher): *metallbeschlagener Stoßbalken zum Einbrechen von Festungsmauern o. Ä.*

Mau|e|rei, die; - (abwertend): *[dauerndes] Mauern.*

Mau|er|fall, der [nach der Öffnung der Mauer (1 b) in dieser Nacht] (ugs.): *Öffnung der Grenzen der DDR zur Bundesrepublik Deutschland.*

Mau|er|fu|ge, die: ¹*Fuge* (1) *in einer Mauer.*

Mau|er|kel|le, die [zu: mauern]: *Maurerkelle.*

Mau|er|kro|ne, die: *oberer Abschluss der Mauer.*

Mau|er|loch, das: *Loch in einer Mauer.*

Mau|er|meis|ter, der [zu ↑mauern]: *Maurermeister.*

Mau|er|meis|te|rin, die: w. Form zu ↑Mauermeister.

mau|ern ⟨sw. V.; hat⟩: **1.** [mhd. mūren, zu ↑Mauer] *aus [Bau]steinen [u. Mörtel] bauen, errichten:* eine Wand m.; ⟨auch ohne Akk.-Obj.:⟩ sie haben bis in die Nacht hinein gemauert; Der Herr von Balk hatte ihm ein Stück Moorland gegeben, wo es an die Heide grenzte, und dort hatte er seine Hütte gebaut und seinen Herd gemauert (Wiechert, Jeromin-Kinder 15). **2.** [unter Einfluss von »mauern« (1) u. Mauer viell. zu gaunerspr. maura = Furcht, Angst, wohl zu jidd. mora < hebr. môrâ], also eigtl. = sich ängstlich verschanzen] (Ballspiele Jargon) *das eigene Tor mit [fast] allen Spielern verteidigen; übertrieben defensiv spielen:* der Tabellenzweite mauerte von Beginn an. **3.** (Kartenspieljargon) *trotz guter Karten zurückhal-*

tend spielen, kein Spiel wagen: einer der Skatspieler mauerte ständig.

Mau|er|ni|sche, die: *Nische in einer Mauer.*

Mau|er|öff|nung, die: *Mauerfall.*

Mau|er|pfef|fer, der: *auf Mauern u. Felsen wachsende, gelb blühende Fetthenne, deren Stängel u. Zweige pfefferartig scharf schmecken.*

Mau|er|rest, der: *Rest von einer (verfallenen) Mauer.*

Mau|er|rit|ze, die: *Ritze in einer Mauer.*

Mau|er|schüt|ze, der: *Angehöriger der Nationalen Volksarmee der DDR, der auf DDR-Bürger, die bei einem Fluchtversuch an der Mauer* (1 b) *angetroffen wurden, geschossen hat.*

Mau|er|seg|ler, der: *der Schwalbe ähnlicher Vogel mit gegabeltem Schwanz u. sehr langen, sichelförmigen Flügeln, der seine Nester vor allem unter Dachrinnen u. in Mauernischen baut.*

Mau|er|specht, der (scherzh.): *jmd., der ein kleines Stück vom Mauerwerk bes. der Mauer* (1 b) *herausbricht, herausgebrochen hat.*

Mau|er|stein, der: **1.** *Baustein zur Herstellung von Mauerwerk.* **2.** (Bauw.) *ungebrannter Baustein.*

Mau|e|rung, die; -, -en ⟨Pl. selten⟩: *das Mauern* (1).

Mau|er|vor|sprung, der: *Vorsprung einer Mauer.*

Mau|er|werk, das ⟨Pl. selten⟩: **1.** *(aus Bau-, Mauersteinen) gemauertes Gefüge.* **2.** *Gesamtheit der Mauern eines Gebäudes.*

Mau|er|zie|gel, der, auch die: *gebrannter Baustein; Ziegelstein.*

Mau|ke, die; -, -n [mniederd. muke, H. u.]: **1.** *Entzündung am Fesselgelenk (bei Huf- u. Klauentieren).* **2.** ⟨o. Pl.⟩ (ugs. veraltend) *Gicht, Zipperlein.* **3.** ⟨meist Pl.⟩ (landsch. ugs.) *Fuß.*

Maul, das; -[e]s, Mäuler [mhd. mū̌l(e), ahd. mūl(a), urspr. lautm.]: **1.** *dem Aufnehmen der Nahrung dienende Öffnung an der Vorderseite des Kopfes bei Tieren:* das M. des Fischs; das M. aufreißen; ... die Pferde hatten ihre Futtersäcke vor dem M. und kauten und schnaubten und verscheuchten mit seidig zischenden Schwanzhieben die Fliegen (Schnurre, Bart 105). **2.** (derb abwertend) **a)** ¹*Mund* (1 a): *gierig schmatzende Mäuler;* mach endlich das/dein M. auf! *(rede endlich!);* Ü er hat zehn hungrige Mäuler zu stopfen *(zehn hungrige Kinder zu ernähren);* * **ein großes M. haben/führen** (derb: *großsprecherisch, prahlerisch reden; das große Wort führen*); **sich** ⟨Dativ⟩ **das M. [über jmdn.] zerreißen** (derb: *sich über jmdn. wegen etw. in über Nachrede ergehen*); **ein großes M. haben** (derb; ↑¹Mund 1 a); **das M. halten** (derb; ↑¹Mund 1 a); **das/sein M. nicht aufkriegen** (derb; ↑¹Mund 1 a); **jmdm. das M. [mit etw.] stopfen** (derb; ↑¹Mund 1 a; nach Ps.107, 42); **sich** ⟨Dativ⟩ **das M. verbrennen** (derb; ↑¹Mund 1 a); **jmdm. das M. wässrig machen** (derb; ↑¹Mund 1 a); **nicht aufs M. gefallen sein** (derb; ↑¹Mund 1 a); **jmdm. übers M. fahren** (derb; ↑¹Mund 1 a); **jmdm. etw. ums M. schmieren** (derb; *jmdm. etw. Unangenehmes so sagen, dass es verhältnismäßig angenehm klingt*); **b)** *respektlose o. ä. Art zu reden; Mundwerk:* er hat ein loses M.; sie fürchtete die bösen Mäuler (ugs.; *die Leute, die mit Gerede über sie, ihr Tun herfallen*); * **ein ungewaschenes M.** (derb: *ein schändliches Mundwerk*). **3.** (Technik) *einem Maul ähnlicher Teil eines Werkzeugs [der etw. fassen soll]:* das M. des Schraubenschlüssels.

Maul|af|fe, der: *in der Wendung* **-n feilhalten** (abwertend: *gaffend, untätig herumstehen;* veraltet Maulaffe = Gaffer, urspr. viell. Bez. für einen Fackelhalter in Kopfform, in dessen Maul man die Fackel steckte).

Maul|beer|baum, der [spätmhd. mulberboum,

zu mhd. mülber, ↑ Maulbeere]: (als Strauch od. Baum wachsende) Kätzchen tragende Pflanze mit herzförmigen Blättern u. brombeerartigen Früchten.

Maul|bee|re, die [mhd. mülber, dissimiliert aus ahd. mûrberi, mörberi, mit dem verdeutlichenden Grundwort -beri = Beere zu lat. morum = Maulbeere, Brombeere]: brombeerartige Frucht eines bestimmten Maulbeerbaums.

Maul|beer|sei|den|spin|ner, Maul|beer|spin-ner, der: (in Ostasien beheimateter) zur Seidengewinnung gezüchteter, grau- bis bräunlich weißer Schmetterling.

Mäul|chen, das; -s, -, ugs. auch: Mäulerchen: **1.** (bes. fam. scherzh.) Vkl. zu ↑ Maul (1, 2 a): * *ein M. machen/ziehen* (↑ Schippchen). **2.** (landsch. fam.) Kuss.

◆ **maul|dreist** ⟨Adj.⟩ [eigtl. = dreist mit dem Maul] (landsch.): *ein freches Mundwerk habend:* ...*dass sie Herrn Friedrich Jovers abgeraten hatte, ihre -e Personage in sein Haus zu nehmen* (Storm, Söhne 18).

mau|len ⟨sw. V.; hat⟩ [zu ↑ Maul] (ugs. abwertend): *verstimmt sein u. sich nur mürrisch äußern; im Ton des Vorwurfs od. der Auflehnung seine Unzufriedenheit, seine Verstimmung, sein Widerstreben zum Ausdruck bringen.*

Maul|esel, der [spätmhd. mûlesel, verdeutlichende Zus. mit mhd. mûl, ↑ Maultier]: *Tier als Ergebnis einer Kreuzung aus Pferdehengst u. Eselstute.*

maul|faul ⟨Adj.⟩ (salopp): *mundfaul.*

Maul|held, der (abwertend): *Angeber.*

Maul|hel|din, die: w. Form zu ↑ Maulheld.

-mäu|lig: in Zusb., z. B. breitmäulig (mit breitem Maul versehen).

Maul|korb, der: *aus schmalen Riemen netzartig geflochtenes korbähnliches Gebilde, das bes. Hunden vor das Maul gebunden wird, damit sie nicht beißen können:* Ü *jmdm. einen M. anlegen* (ugs.; *jmdm. durch Verbote, Zwangsmaßnahmen die freie Meinungsäußerung unmöglich machen*).

Maul|korb|ge|setz, das (ugs.): *Gesetz, das die freie Meinungsäußerung behindert od. unterbindet.*

Maul|korb|zwang, der: *Zwang, Vorschrift, bestimmten Tieren an bestimmten Orten in der Öffentlichkeit einen Maulkorb anzulegen.*

Maul|schel|le, die [zu frühnhd. schellen = schallen] (veraltet, noch landsch.): *Ohrfeige.*

Maul|schlüs|sel, der: *nach einer Seite offener Schraubenschlüssel für eckige Schrauben u. Muttern.*

Maul|sper|re, die: **a)** (Tiermed.) *Kieferklemme;* **b)** (salopp) *Krampf (der Kinnbacken), bei dem der Mund nicht geschlossen werden kann:* (scherzh.:) *bei dem dicken Hamburger kriegt man ja [die] M.*

Maul|ta|sche, die: **1.** ⟨Pl.⟩ *schwäbisches Gericht aus Maultaschen* (2). **2.** *mit Farce* (3), *Käse o. Ä. gefüllte Teigtasche aus Nudelteig, die als Suppeneinlage, mit Zwiebeln o. Ä. gegessen wird.*

Maul|tier, das [verdeutlichende Zus. mit mhd., ahd. mûl = Maultier < lat. mulus]: *Tier als Ergebnis einer Kreuzung aus Eselhengst u. Pferdestute.*

Maul- und Klau|en|seu|che, die ⟨Pl. selten⟩: *durch Viren hervorgerufene Krankheit der Wiederkäuer mit Ausschlag an Maul,* ¹Klauen (2) *u. Euter.*

Maul|wurf, der [mhd. mûlwurf, -werf, zu: mûl = Maul u. wurf = das Werfen, volksetym. Umdeutung von: moltwerf, spätahd. mul(t)wurf, eigtl. = Erd(auf)werfer, geb. unter Anlehnung

an mhd. molt(e), ahd. molta u. md., mniederd. mul(le) = Erde, Staub zu ahd. mûwerf, mûwurf, eigtl. = Haufen(auf)werfer]: **1.** *unter der Erde lebendes, Regenwürmer u. Insekten u. a. Insekten fressendes Tier mit kurzhaarigem, dichtem Fell, kleinen Augen u. kurzen Beinen, von denen die vorderen zwei zum Graben ausgebildet sind.* **2.** (Jargon) *Agent, der über lange Zeit im Hinter- od. Untergrund bleibt.*

Maul|wurfs|hü|gel, der: *vom Maulwurf beim Graben aufgeworfener kleiner Erdhügel.*

Mau-Mau, das; -[s] [nach dem Ruf des das Spiel beendenden Spielers, H. u.]: *Kartenspiel, bei dem in der Farbe od. im Kartenwert bedient werden muss u. derjenige gewonnen hat, der als Erster keine Karte mehr hat.*

maun|zen ⟨sw. V.; hat⟩ [nasalierte Form von ↑ mauzen] (ugs.): *[lang gezogene] klägliche Laute von sich geben:* der Kater maunzt.

Mau|re, der; -n, -n: *Angehöriger eines nordafrikanischen Mischvolkes.*

Mau|rer, der; -s, - [mhd. mûrære, ahd. mûrâri, zu ↑ Mauer]: **1.** *Handwerker, der Mauerwerk herstellt* (Berufsbez.): * **pünktlich wie die M.** (ugs. scherzh.; *sehr pünktlich, bes. beim Beenden der Arbeitszeit*). **2.** (ugs.) *Kartenspieler, der mauert* (3). **3.** Kurzf. von ↑ Freimaurer.

Mau|rer|ar|beit, die: *üblicherweise von einem Maurer ausgeführte Arbeit.*

Mau|re|rei, die; -: **1.** *Tätigkeit des Mauerns; Maurerhandwerk.* **2.** Kurzf. von ↑ Freimaurerei.

Mau|rer|hand|werk, das ⟨o. Pl.⟩: *Handwerk der Maurer u. Maurerinnen.*

Mau|re|rin, die; -, -nen: w. Form zu ↑ Maurer.

mau|re|risch ⟨Adj.⟩: Kurzf. von freimaurerisch.

Mau|rer|kel|le, die: Kelle (3).

Mau|rer|lehr|ling, der: *Lehrling im Maurerhandwerk.*

Mau|rer|meis|ter, der: *Meister* (1) *im Maurerhandwerk.*

Mau|rer|meis|te|rin, die: w. Form zu ↑ Maurermeister.

Mau|re|ta|ni|en, -s: Staat in Afrika.

Mau|re|ta|ni|er, der; -s, -: Ew.

Mau|re|ta|ni|e|rin, die; -, -nen: w. Form zu ↑ Mauretanier.

mau|re|ta|nisch ⟨Adj.⟩: *Mauretanien, die Mauretanier betreffend; von den Mauretaniern stammend, zu ihnen gehörend.*

Mau|rin, die; -, -nen: w. Form zu ↑ Maure.

mau|risch ⟨Adj.⟩: *die Mauren betreffend: -er Stil.*

Mau|ri|ti|er, der; -s, -: Ew.

Mau|ri|ti|e|rin, die; -, -nen: w. Form zu ↑ Mauritier.

mau|ri|tisch [auch: ...ˈtrɪ...], mauriziosch ⟨Adj.⟩: *Mauritius, die Mauritier betreffend; von den Mauritiern stammend, zu ihnen gehörend.*

Mau|ri|ti|us, Maritius': Insel[staat] im Indischen Ozean.

mau|ri|zisch: ↑ mauritisch.

Maus, die; -, Mäuse [mhd., ahd. mûs, viell. urspr. = die Stehlende]: **1.** (ugs.) *kleines [graues] Nagetier mit spitzer Schnauze, das [als Schädling] in menschlichen Behausungen, auf Feldern u. in Wäldern lebt: die Mäuse rascheln;* R *da beißt die M. keinen/(seltener:) keine M. einen Faden ab* (ugs.; *daran ist nicht zu rütteln;* H. u., viell. urspr. *Versicherung des Schneiders gegenüber dem Kunden, dass dessen Stoff bei ihm gut aufgehoben sei*); * **weiße Mäuse** (ugs. scherzh. veraltend; *[motorisierte] Verkehrspolizisten in teilweise weißer Uniform*); **graue M.** (ugs. abwertend; *unscheinbare Person, die wenig aus sich zu machen versteht, der wenig Beachtung geschenkt wird, die man für farblos hält*); * **weiße Mäuse sehen** (ugs.; *[im Delirium] Wahnvorstellungen haben*). **2.** (fam.) Kosewort: *du süße M.!* **3.** [schon mhd.,

ahd., nach lat. musculus, Vkl. von: mus, ↑ Muskel] (ugs.) *Handballen unterhalb des Daumens.* **4.** ⟨Pl.⟩ [viell. entstellt aus ↑ Moos (3) od. nach dem Vergleich der (silber)grauen Farbe der Mäuse mit der der Silbermünzen] (salopp) **a)** *Geld: keine Mäuse mehr haben;* **b)** *Euro, Mark o. Ä.: leih mir mal hundert Mäuse!* **5.** [LÜ von engl. mouse, nach der Form] (EDV) *[auf Rollen] gleitendes, über ein Kabel oder per Funk mit einem PC verbundenes Gerät, das auf dem Tisch hin u. her bewegt wird, um den Cursor od. ein anderes Markierungssymbol auf dem Monitor des Computers zu steuern [und durch Drücken einer Taste im Programm zu starten].* **6.** (salopp) *weibliche Scham; Vulva.*

Mau|schel, der; -s, - [zu jidd. Mausche, Mousche < hebr. Mošę = Moses (m. Vorn.), urspr. Spottname für einen jüd. Händler] (früher spött.): *[armer] Jude.*

Mau|sche|lei, die; -, -en (abwertend): *[dauerndes] Mauscheln* (1).

mau|scheln ⟨sw. V.; hat⟩: **1.** (ugs.) **a)** (abwertend) *unter der Hand in undurchsichtiger Weise Vorteile aushandeln, begünstigende Vereinbarungen treffen, Geschäfte machen:* im Gemeinderat wird viel gemauschelt; **b)** [zu ↑ Mauscheln; wohl eigtl. = ein Glücksspiel spielen (u. dabei betrügen)] *beim [Karten]spiel betrügen.* **2.** **a)** *Mauscheln spielen;* **b)** *beim Mauscheln das Spiel übernehmen:* ich mausch[e]le!

Mau|scheln, das; -s: *Kartenspiel für drei bis sechs Personen (Glücksspiel).*

Mäus|chen, das; -s, -: **1.** Vkl. zu ↑ Maus (1): * **M. sein [wollen], spielen [wollen]** (ugs.; *etw. als heimlich anwesender Beobachter miterleben [wollen]*). **2.** (fam.) Vkl. zu ↑ Maus (2): na, mein M.? **3.** (ugs.) *Musikantenknochen.*

mäus|chen|still ⟨Adj.⟩ (fam. emotional): *ganz still [vor angespannter Erwartung, Aufmerksamkeit]:* es wurde m.

Mäu|se|bus|sard, der: *adlerähnlicher, vorwiegend Mäuse fangender [brauner] Bussard mit kurzem, abgerundetem Schwanz.*

Mau|se|fal|le, Mäu|se|fal|le, die: *Falle zum Fangen von Mäusen:* Ü *der Stollen wurde für die Überlebenden zur M.* (ugs.; *zu einem Raum, aus dem es kein Entrinnen gab*).

Mäu|se|fraß, der: *von Mäusen an Vorräten, Pflanzen, Wurzeln o. Ä.*

Mäu|se|ki|no, das: **1.** (Jargon) *Display im Auto.* **2.** (ugs.) *Fernsehgerät mit sehr kleinem Bildschirm.*

Mau|se|loch, Mäu|se|loch, das: *von der Maus genagtes od. gegrabenes Loch, das den Eingang zu ihrem Schlupfwinkel bildet u. vor dem die Katze lauert vor dem M.; er hätte sich am liebsten in ein M. verkrochen* (ugs.; *hätte sich vor Angst od. Verlegenheit am liebsten versteckt*).

Mäu|se|mel|ken: in der Wendung **es ist zum M.** (salopp; *es ist zum Verzweifeln; eine Situation ist so verfahren, dass man fast etwas so Unsinniges versuchen könnte, wie eine Maus zu melken*).

mau|sen ⟨sw. V.; hat⟩ [mhd. mûsen, zu ↑ Maus]: **1.** (fam., meist beschönigend od. scherzh.) (*etw. nicht unbedingt Wertvolles*) *heimlich an sich nehmen, jmdm. wegnehmen:* wer hat [mir] meine Bonbons gemaust? **2.** (veraltet, noch landsch.) (*von Tieren*) *Mäuse fangen:* ◆ ...*ein rüstig Mädel ist's, ich hab's beim Ernten gesehn, wo alles von der Faust ihr ging und ihr das Heu man flog als wie gemaust* (schnell u. mühelos; eigtl. = so schnell, wie die Katze Mäuse fängt) (Kleist, Krug 7). **3.** [zu veraltet mausen = etw. heimlich tun, in Anspielung auf einen heimlichen Ehebruch] (landsch. derb) *koitieren* (a, b).

Mäu|se|pla|ge, die: *sich als Plage auswirkendes gehäuftes Auftreten von Mäusen.*

Mau|ser, die; - [älter: Mause, mhd. mūʒe < mlat. muta, zu lat. mutare, ↑ mausern]: *jahreszeitlicher Wechsel des Federkleids (bei Vögeln):* der Vogel ist in der M.

Mau|se|rei, die; -, -en: **1.** (fam. scherzh.) *[dauerndes] Mausen* (1). **2.** (landsch. derb) *[dauerndes] Mausen* (3).

Mäu|se|rich, der; -s, -e [geb. nach ↑ Enterich, Gänserich] (ugs.): *männliche Maus.*

mau|sern, sich ⟨sw. V.; hat⟩ [weitergebildet aus älter: mausen, mhd. mūʒen, ahd. mūʒōn < lat. (pennas) mutare = (die Federn) wechseln]: **1.** *(von Vögeln) das Federkleid wechseln:* die Enten mausern sich [im Herbst]; ⟨auch, bes. Fachspr., ohne »sich«:⟩ mausernde Hühner. **2.** (ugs.) *sich durch eine der Entfaltung der eigenen Anlagen, Möglichkeiten förderliche Entwicklung entscheidend zum Vorteil verändern:* unsere Tochter hat sich sehr gemausert.

mau|se|tot ⟨Adj.⟩ [unter Anlehnung an »Maus« umgedeutet aus niederd. mu(r)sdōt, morsdōt = ganz tot, zu: murs, mors = gänzlich, plötzlich] (fam. emotional): *ganz und gar tot, nicht die geringste Lebensregung mehr zeigend:* er war m.

Mau|se|zahn, der: *(bes. bei Kleinkindern) kleiner, spitzer Zahn.*

maus|grau ⟨Adj.⟩: *grau wie das Fell von Mäusen.*

mau|sig|ma|chen, sich ⟨sw. V.; hat⟩ [zu mausig, mhd. mūʒic = keck, frech, eigtl. = gemausert, zu: mūʒen, ↑ mausern] (salopp): *sich frech u. vorlaut äußern, benehmen:* mach dich nicht mausig!

Maus|klick, der (EDV): *das Anklicken mit der Maustaste.*

Mäus|lein, das; -s, -: Vkl. zu ↑ Maus (1).

Maus|öhr|chen ⟨Pl.⟩ [nach der Form der Blätter] (fam.): *Feldsalat.*

Mau|so|le|um, das; -s, ...een [lat. Mausoleum < griech. Mausōleion, urspr. = Grabmal des Königs Mausolos von Karien, gest. um 353 v. Chr.]: *monumentales Grabmal in Form eines Bauwerks.*

Maus|pad [ˈmauspɛd], das [aus ↑ Maus (5) u. engl. pad, ↑ Pad] (EDV): *Unterlage, auf die die Maus* (5) *bewegt wird.*

Maus|tas|te, die (EDV): *auf der Maus* (5) *angebrachte Taste.*

Maus|trei|ber, der (EDV): *Treiber* (5), *mit dem eine Maus* (5) *gesteuert wird.*

Maus|zei|ger, der (EDV): *mit der Computermaus auf dem Monitor zu bewegender Pfeil o. Ä., mit dem Aktionen wie z. B. Anklicken od. Markieren ausgeführt werden können.*

Maut, die; -, -en [älter = Zoll, spätmhd. maut(t), mhd. mūte, ahd. mūta < got. mōta = Zoll(stelle)]: **a)** *Straßen-, Brückenzoll:* M. bezahlen müssen; **b)** *(regional, bes. österr.) Dienststelle, auf der eine Maut kassiert wird.*

Maut|brü|cke, die: *eine Straße, bes. eine Autobahn überspannende brückenähnliche Konstruktion mit technischen Geräten, die der Registrierung des Verkehrs zum Zweck der Erhebung einer Maut* (1) *dienen.*

maut|frei ⟨Adj.⟩: *frei von Mautgebühren.*

Maut|ge|bühr, die: *Maut* (a).

Maut|ner, der; -s, - [älter = Zöllner] (österr.): *jmd., der Mautgebühren einzieht.*

Maut|ne|rin, die; -, -nen: w. Form zu ↑ Mautner.

maut|pflich|tig ⟨Adj.⟩: *nur gegen Entrichtung von Maut* (a) *befahrbar:* -e Straßen.

Maut|prel|ler, der: *jmd., der eine vorgeschriebene Maut nicht bezahlt.*

Maut|prel|le|rin, die: w. Form zu ↑ Mautpreller.

Maut|sta|ti|on, die: **a)** *an einer Straße befindliche [mehrspurige] Zahlstelle, an der die Verkehrsteilnehmer Maut* (a) *entrichten müssen;* **b)** *Mautbrücke.*

Maut|stel|le, die (bes. österr.): *Maut* (b).

Maut|stra|ße, die (bes. österr.): *mautpflichtige Straße.*

Maut|sys|tem, das: *System, Verfahren, durch das die Zahlung von Maut erfolgt.*

mauve [moːv, auch: moːf] ⟨indekl. Adj.⟩ [frz. mauve, zu: mauve = Malve < lat. malva, ↑ Malve]: *malvenfarbig.*

mau|zen ⟨sw. V.; hat⟩ [Weiterbildung von älterem mauen = miauen, mhd. māwen]: *maunzen.*

Max: in der Fügung **strammer/Strammer M.** (ugs.: 1. *Spiegelei auf Schinken u. Brot.* **2.** seltener; *gut gewürztes, mit Eiern gemischtes Gehacktes auf Brot).*

ma|xi ⟨indekl. Adj.⟩ [nach lat. maximus = größter, geb. nach ↑ mini] (Mode): *(von Röcken, Kleidern, Mänteln) knöchellang:* der Rock ist m.

¹**Ma|xi,** das; -s, -s: **1.** ⟨o. Pl.; meist o. Art.⟩ (Mode) **a)** *knöchellange Kleidung:* M. tragen; **b)** *[von Röcken, Kleidern, Mänteln] Länge bis zu den Knöcheln:* Kleider in M. **2.** (ugs.) *Maxikleid.*

²**Ma|xi,** der; -s, -s (ugs.): *Maxirock.*

³**Ma|xi,** die; -, -s (ugs.): **1.** *Maxisingle.* **2.** *Maxi-CD.*

Ma|xi-CD, die: *CD mit nur einem od. nur wenigen Titeln bes. der Popmusik.*

Ma|xi|kleid, das: *knöchellanges Kleid.*

Ma|xi|look, der (Mode): *Mode, bei der die Rocklänge bis zum Knöchel reicht.*

Ma|xi|ma: Pl. von ↑ Maximum.

ma|xi|mal ⟨Adj.⟩ [zu lat. maximus = größter, bedeutendster, Sup. von: magnus = groß]: **1.** (bildungsspr.) **a)** *größt..., höchst..., stärkst...:* -e Geschwindigkeit; etw. m. *(in höchstem Grade) ausnutzen;* **b)** *im Höchstfall, höchstens [zutreffend, eintretend usw.]:* die m. zulässige Geschwindigkeit. **2.** (sehweiz. ugs.) *hervorragend:* das ist ja m.!; Entzückend, fand Sabeth, das sei kein Wort für ein solches Relief; sie fand es toll, geradezu irrsinnig, m., genial, terrific (Frisch, Homo 157).

Ma|xi|mal|be|trag, der: *Höchstbetrag.*

Ma|xi|mal|do|sis, die (Med.): *höchste Dosis eines Medikaments, die vom Arzt gegeben werden darf* (Abk.: MD).

Ma|xi|mal|for|de|rung, die: *höchstmögliche Forderung.*

Ma|xi|mal|ge|schwin|dig|keit, die: *höchste, höchstmögliche Geschwindigkeit.*

Ma|xi|mal|hö|he, die: *höchst[mögliche] Höhe.*

Ma|xi|mal|stra|fe, die (Rechtsspr.): *höchst[mögliche] Strafe, die das Gesetz zulässt.*

Ma|xi|mal|wert, der: *höchst[möglicher] Wert.*

Ma|xi|me, die; -, -n [frz. maxime < mlat. maxima (regula) = höchste (Regel), zu lat. maximus, ↑ maximal] (bildungsspr.): *Leitsatz:* eine politische M.; ihre M. folgen.

ma|xi|mie|ren ⟨sw. V.; hat⟩ [zu ↑ Maximum] (bildungsspr.): *systematisch bis zum Höchstmaß steigern:* den Gewinn m.

Ma|xi|mum, das; -s, ...ma [lat. maximum, subst. Neutr. von: maximus, ↑ maximal]: **1.** ⟨Pl. selten⟩ (bildungsspr.) *größtes Maß; Höchstmaß:* ein M. an Sicherheit bieten; etw. das M. bei etw. erreichen; etw. bleibt unter dem M.; das ist M.! (ugs.: *nicht zu überbieten).* **2. a)** (Math.) *oberer Extremwert:* im absolutes, relatives M.; die Maxima und Minima einer Funktion berechnen; **b)** (Meteorol.) *höchster Wert (bes. der Temperatur) eines Tages, einer Woche, eines Monats, einer Jahres u. einer Beobachtungsreihe.* **3.** (Meteorol.) *Kern eines Hochdruckgebiets:* ein barometrisches M.

Ma|xi|rock, der: *knöchellanger Rock.*

Ma|xi|sin|gle, die: ²*Single von der Größe einer LP.*

¹**Ma|ya,** der; -[s], -[s]: *Angehöriger eines indianischen Kulturvolkes in Mittelamerika.*

²**Ma|ya,** die; -, -[s]: *Angehörige eines indianischen Kulturvolkes in Mittelamerika.*

May|day [ˈmeɪdeɪ; anglisiert aus frz. m'aidez = helfen Sie mir]: *internationaler Notruf im Funksprechverkehr.*

Ma|yo, die; -, -s (ugs.): Kurzf. von ↑ Mayonnaise: Pommes mit M.

Ma|yon|nai|se [majɔˈnɛːzə, majo..., österr.: majoˈnɛːs], Majonäse, die; -, -n [frz. mayonnaise, älter: mahonaise, zu: mahonais = aus Mahón (Stadt auf Menorca)]: *dickflüssige, kalte Soße aus Eigelb, Öl, Zitronensaft (od. Essig) u. Gewürzen:* eine M. anrühren; Hering in M.; Kartoffelsalat mit M. zubereiten.

Ma|y|or [ˈmeə], der; -s, -s [engl. mayor < afrz. maire, Maire]: *Bürgermeister in Großbritannien u. in den USA.*

MAZ, die; - [Kurzwort für **m**agnetische Bild**a**uf**z**eichnung] (Fernsehen): *Vorrichtung zur Aufzeichnung von Fernsehbildern auf Magnetband.*

Ma|ze|do|ni|en; -s: *Staat in Südosteuropa.*

Ma|ze|do|ni|er, der; -s, -: Ew.

Ma|ze|do|ni|e|rin, die; -, -nen: w. Form zu ↑ Mazedonier.

ma|ze|do|nisch ⟨Adj.⟩: **a)** *Mazedonien, die Mazedonier betreffend; von den Mazedoniern stammend, zu ihnen gehörig;* **b)** *in der Sprache der Mazedonier [verfasst].*

Ma|ze|do|nisch, das; -[s], (nur mit best. Art.:) **Ma|ze|do|ni|sche,** das; -n: *die mazedonische Sprache.*

Mä|zen, der; -s, -e [zu lat. Maecenas (etwa 70–8 v. Chr.), dem Namen des besonderen Gönners der Dichter Horaz u. Vergil] (bildungsspr.): *vermögender Privatmann, der [einen] Künstler od. Sportler bzw. Kunst, Kultur od. Sport mit finanziellen Mitteln fördert:* einen M. suchen, haben.

Mä|ze|na|ten|tum, das; -s (bildungsspr.): *das Mäzensein: privates M.*

Mä|ze|nin, die; -, -nen: w. Form zu ↑ Mäzen.

Ma|ze|ra|ti|on, die; -, -en [lat. maceratio, zu: macerare = ein-, aufweichen]: **1.** (Biol., Med.) *Aufweichung pflanzlicher od. tierischer Gewebe bei längerem Kontakt mit Flüssigkeiten.* **2.** (Biol.) *mikroskopisches Präparationsverfahren zur Isolierung von Gewebsanteilen (z. B. von einzelnen Zellen) unter Erhaltung der Zellstruktur.* **3.** (Chemie, Biol.) *Gewinnung von Drogenextrakten durch Ziehenlassen von Pflanzenteilen in Wasser od. Alkohol bei Normaltemperatur.*

◆ **Ma|zet|te,** die; -, -n [frz. mazette = bösartiges kleines Pferd; schwächlicher Mensch; Stümper; viell. identisch mit frz. landsch. mazette, mesette = Meise, H. u.]: *übler Mensch,* ²*Ekel:* ... so laut lässt keiner eine Schande werden, dass er sein leibliches Kind mit dieser M. auf den Ball schickt (Hauff, Jud Süß 383).

Ma|zis, der; -, **Ma|zis|blü|te,** die [frz. macis < spätlat. macis für lat. macir = als Gewürz verwendete rote Baumrinde aus Indien]: *als Gewürz u. Heilmittel verwendete getrocknete Samenhülle der Muskatnuss.*

Ma|zur|ka [maˈzʊrka], Masurka, die; -, ...ken u. -s [poln. mazurek (Gen. od. Akk.: mazurka), eigtl. = masurischer Tanz; zu: Mazur = Masure]: *(meist lebhafter) polnischer Nationaltanz im Dreiviertel- od. Dreiachteltakt.*

Maz|ze: ↑ Matze.

Maz|zen: ↑ Matze.

mb = Millibar.

MB = Megabyte.

MBA [ɛmbiːˈeɪ] = Master of Business Administration.

Mba|ba|ne: *Hauptstadt von Swasiland.*

mbH = mit beschränkter Haftung.

Mbit, MBit = Megabit.

Mbyte, MByte = Megabyte.

MC, die; -: *kurz für* ↑ Musikkassette.

Mc|Car|thy|is|mus [məkaːɐ̯ˈθiːɪsmʊs], der; - [nach dem amerik. Politiker J. R. McCarthy

(1909–1957)]: *zu Beginn der 1950er-Jahre in den USA betriebene Verfolgung von Kommunisten u. Linksintellektuellen.*

Mc-Job [mɛkˈdʒɔp], der [engl. McJob, in Anspielung an den Namen der Fast-Food-Kette McDonald's] (Jargon): *schlecht bezahlter, ungesicherter Arbeitsplatz.*

M-Com|merce [ˈɛmkɔmɚːs], der; - [engl. m-commerce, Kurzwort aus: **m**obile **commerce** = mobiler Handel]: *elektronischer Handel mithilfe von mobilen, internetfähigen Geräten, z. B. WAP-Handys.*

Md = Mendelevium.

Md. = Milliarde[n].

MD = Musikdirektor[in]; Maximaldosis.

mdal. = mundartlich.

MdB, M. d. B. = Mitglied des Bundestages.

M. d. L., MdL = Mitglied des Landtages.

MDR = Mitteldeutscher Rundfunk.

m. E. = meines Erachtens.

ME = Macheeinheit.

me̱a cu̱l|pa [lat.]: *[durch] meine Schuld; ich bin schuldig* (Ausruf im Confiteor).

Me|cha̱|nik, die; -, -en [lat. (ars) mechanica < griech. mēchaniké (téchnē) = die Kunst, Maschinen zu erfinden u. zu bauen, zu: mēchanikós, ↑ mechanisch]: **1.** ⟨Pl. selten⟩ (Physik) **a)** *Wissenschaft von der Bewegung der Körper unter dem Einfluss äußerer Kräfte od. Wechselwirkungen: die Gesetze der M.; die M. der gasförmigen, flüssigen Körper;* **b)** *Gesamtheit der physikalischen Gesetze u. Zusammenhänge, wie sie die Mechanik (1 a) od. eines ihrer Teilgebiete zum Gegenstand hat: die M. von Vorgängen dieser Art ist kaum erforscht.* **2.** ⟨Pl. selten⟩ (Technik) *Maschinen- u. Gerätekunde.* **3.** (bes. Fachspr.) **a)** *Mechanismus* (1 a); **b)** ⟨o. Pl.⟩ *Mechanismus* (1 b). **4.** ⟨o. Pl.⟩ (bildungsspr.) *monotone Zwangsläufigkeit; selbsttätiger Ablauf: die M. eines Arbeitsvorgangs.*

Me|cha̱|ni|ker, der; -s, - [lat. mechanicus, zu: mechanicus (Adj.), ↑ mechanisch]: *Handwerker od. Facharbeiter, der Maschinen, technische Geräte o. Ä. zusammenbaut, prüft, instand hält u. repariert.*

Me|cha̱|ni|ke|rin, die; -, -nen: w. Form zu ↑ Mechaniker.

me|cha̱|nisch ⟨Adj.⟩ [lat. mechanicus < griech. mēchanikós = Maschinen betreffend; erfinderisch, zu: mēchané = Hilfsmittel, Werkzeug; Kriegsmaschine, zu: mēchos = (Hilfs)mittel]: **1. a)** (Physik) *der Mechanik (1) entsprechend, nach ihren Gesetzen wirkend:* -e Energie; **b)** (bes. Fachspr.) *durch Einflüsse von Körpern, durch deren Bewegung bzw. Hemmung der Bewegung bewirkt od. wirkend:* -e Beanspruchung; -e Reize *(Tastreize usw.).* **2.** *die Mechanik* (2, 3) *betreffend.* **3.** *mithilfe von Mechanismen vor sich gehend, funktionierend, arbeitend; maschinell: der* -e *Webstuhl; etw. arbeitet m.* **4. a)** *ohne Steuerung durch Willen od. Aufmerksamkeit [vor sich gehend, geschehend]; automatisch: eine* -e *Bewegung; m. antworten;* **b)** *gleichförmig u. ohne Nach-, Mitdenken, Überlegung vor sich gehend: eine* -e *Arbeit; ein Gedicht m. aufsagen.*

me|cha|ni|sie̱|ren ⟨sw. V.; hat⟩ [frz. mécaniser, zu: mécanique < lat. mechanicus, ↑ mechanisch]: *auf mechanischen (3) Ablauf, Betrieb umstellen: die Produktion m.*

Me|cha|ni|sie̱|rung, die; -, -en: *das Mechanisierenwerden; das Mechanisiertwerden.*

Me|cha|nis̱|mus, der; -, ...men [frz. mécanisme]: **1. a)** *Kopplung von Bauelementen (einer Maschine, einer technischen Vorrichtung, eines technischen Geräts, Instruments o. Ä.), die so konstruiert ist, dass jede Bewegung eines Elementes eine Bewegung anderer Elemente bewirkt:* der M. der Spieluhr ist abgelaufen; Der Pförtner hatte bereits den lautlosen M. der schweren Doppeltür in Bewegung gesetzt, die zur Leichenhalle führte (Zuckmayer, Fastnachtsbeichte 197); **b)** ⟨o. Pl.⟩ *Funktion [u. Konstruktionsweise] eines Mechanismus (1 a): der M. wird ausgelöst.* **2.** (bildungsspr.) **a)** *in sich selbsttätig, zwangsläufig funktionierendes System: ein modernes Staatswesen ist ein komplizierter M.;* **b)** *automatisches, selbsttätiges, zwangsläufiges Funktionieren [als System], automatischer Ablauf: ein gestörter, biologischer M.* **3.** (Philos.) *Richtung der Naturphilosophie, die Natur[geschehen], Leben u. Verhalten rein mechanisch bzw. kausal erklärt.*

me|cha|nis̱|tisch ⟨Adj.⟩: **1.** (Philos.) *den Mechanismus (3) betreffend, dazu gehörend:* -es Denken. **2.** (bildungsspr.) *[nur] auf einem Mechanismus (2) beruhend:* -es Hantieren.

Me|cha̱|no|the|ra|pie [auch: ...ˈpiː], die; - (Med.): *Therapie mithilfe mechanischer Einwirkung auf den Körper (bes. Massage, Krankengymnastik o. Ä.).*

Me|cha|tro̱|nik, die; - [Kurzwort aus: **mecha**nisch u. Elek**tronik**]: *interdisziplinäres Gebiet der Ingenieurwissenschaften, das sich mit mechanischen u. elektronischen Systemen u. deren Zusammenwirken befasst.*

Me|cha|tro̱|ni|ker, der; -s, -: *Fachmann auf dem Gebiet der Mechatronik.*

Me|cha|tro̱|ni|ke|rin, die; -, -nen: w. Form zu ↑ Mechatroniker.

Mèche [mɛʃ], Mesche, die; -, -n (österr.): *blondierte, getönte od. gefärbte Haarsträhne.*

meck ⟨Interj.⟩: *lautm. für das Meckern der Ziege:* m., m.!

Me̱|cker|ecke, die (ugs.): *Platz in einer Zeitung od. Zeitschrift, an dem die Leserinnen u. Leser ihrer Unzufriedenheit Ausdruck geben können.*

Me|cke|rei̱, die; -, -en (ugs. abwertend): *(dauerndes) Meckern (3).*

Me̱|cke|rer, der; -s, - (ugs. abwertend): *jmd., der ständig meckert (3).*

Me̱|cker|friṯ|ze, der (ugs. abwertend): *Meckerer.*

Me̱|cke|rin, die; -, -nen: w. Form zu ↑ Meckerer.

Me̱|cker|lie|se, die (salopp abwertend): *Meckerin.*

me̱|ckern ⟨sw. V.; hat⟩ [älter: mecken, aus spätmhd. mechzen, zu mhd. mecke = Ziegenbock; lautm.]: **1.** *(von Ziegen) [lang gezogene] helle, in schneller Folge stoßweise unterbrochene Laute von sich geben: die Ziegen meckern.* **2.** *mit heller, blecherner Stimme lachen od. sprechen: ein meckerndes Lachen.* **3.** (ugs. abwertend) *an einer Sache etw. auszusetzen haben u. ärgerlich seiner Unzufriedenheit Ausdruck geben: gegen, über die Regierung m.; er hat immer etwas zu m.*

Me̱|cker|zie|ge, die (salopp abwertend): **1.** *Meckerer, Meckerin.* **2.** *weibliche Person, die mit meckernder Stimme lacht.*

Me̱ck|len|burg [auch: ˈmɛk...]: -s: *westlicher Landesteil von Mecklenburg-Vorpommern.*

¹Me̱ck|len|bur|ger, der; -s, -: Ew.

²Me̱ck|len|bur|ger ⟨indekl. Adj.⟩: die M. Bucht.

Me̱ck|len|bur|ge|rin, die; -, -nen: w. Form zu ↑ Mecklenburger.

me̱ck|len|bur|gisch ⟨Adj.⟩: **a)** *Mecklenburg, die Mecklenburger betreffend; von den Mecklenburgern stammend, zu ihnen gehörend;* **b)** *im Dialekt der Mecklenburger [verfasst].*

Me̱ck|len|burg-Vo̱r|pom|mer, der: Ew.

Me̱ck|len|burg-Vo̱r|pom|me|rin, die; -, -nen: w. Form zu ↑ Mecklenburg-Vorpommer.

me̱ck|len|burg-vo̱r|pom|me|risch ⟨Adj.⟩: *Mecklenburg-Vorpommern, die Mecklenburg-Vorpommern betreffend; von den Mecklenburg-Vorpommern stammend, zu ihnen gehörend.*

Me̱ck|len|burg-Vo̱r|pom|mern: -s: *deutsches Bundesland.*

Me|daiḻ|le [meˈdaljə], die; -, -n [frz. médaille < ital. medaglia, über das Vlat. zu lat. metallum, ↑ Metall]: *runde od. ovale Plakette mit Inschrift od. figürlicher Darstellung als Auszeichnung für besondere Leistungen od. zum Andenken an eine Person od. ein Geschehen: sie hat bei den Olympischen Spielen eine M. gewonnen; jmdm. eine M. für etw. verleihen; jmdn. mit einer M. auszeichnen.*

Me|daiḻ|len|ge|wiṉ|ner, der (Sport): *Gewinner einer Medaille.*

Me|daiḻ|len|ge|wiṉ|ne|rin, die: w. Form zu ↑ Medaillengewinner.

Me|daiḻ|len|spie̱|gel, der (Sport): *bei Wettspielen geführte Tabelle, die die augenblickliche Verteilung der Medaillen auf die teilnehmenden Länder anzeigt.*

Me|dail|leu̱r [medalˈjøːɐ̯], der; -s, -e [frz. médailleur]: **a)** *Künstler, der Medaillen vom Entwurf bis zur Vollendung herstellt* (Berufsbez.); **b)** *Handwerker, der Medaillen nach künstlerischem Modell gießt od. prägt* (Berufsbez.).

Me|dail|leu̱|rin [...ˈjøːrɪn], die; -, -nen: w. Form zu ↑ Medailleur.

Me|dail|loṉ [medalˈjõː], das; -s, -s [frz. médaillon < ital. medaglione = große Schaumünze, Vgr. von: medaglia, ↑ Medaille]: **1.** *(an einem Kettchen getragene) kleine, flache Kapsel, die ein Bild od. ein Andenken enthält.* **2.** (bild. Kunst) *rundes, ovales (in etw. eingearbeitetes) Bildnis, Relief.* **3.** (Gastron.) *kleine, runde od. ovale, kurz gebratene Fleisch-, Fischscheibe (bes. vom Filetstück):* -s vom Kalb.

Me̱|dia: Pl. von ↑ ¹Medium.

Me̱|dia|ab|tei|lung, die: *Abteilung, die für Auswahl u. Einsatz von Werbemedien, -trägern, -mitteln zuständig ist.*

Me̱|dia|for|schung, die: *systematische Erforschung des Einsatzes u. der Wirkung von Werbeträgern (z. B. Hörfunk, Fernsehen) anhand demografischer u. statistischer Merkmale.*

me|di|a̱l ⟨Adj.⟩: **1.** [zu ↑ ¹Medium (4 a)] (bildungsspr.) *den Kräften u. Fähigkeiten eines ¹Mediums (4) entsprechend: m. veranlagt sein.* **2.** [spätlat. medialis = mitten, in der Mitte, zu: medius, ↑ ¹Medium] (Med.) *in der Mitte liegend, die Mitte bildend; mittler...* **3.** (Sprachwiss.) *das ¹Medium (5) betreffend.* **4.** (bildungsspr.) *von den ¹Medien (2 a) ausgehend, zu ihnen gehörend.*

Me̱|dia|man [ˈmiːdɪəmən], der; -, ...men [...mən] [aus engl. media = Medien u. man = Mann], **Me̱|dia|mann**, der (Werbespr.): *Fachmann der Werbewirtschaft, der für Auswahl u. Einsatz von Werbemitteln zuständig ist.*

me|di|a̱n ⟨Adj.⟩ [lat. medianus = in der Mitte liegend] (Anat.): *in der Mitte[llinie] eines Körpers od. Organs gelegen.*

Me|di|a̱n, der; -s, -e [engl. median, ↑ median] (Statistik): *Medianwert.*

Me|di|a̱nd, der; -en, -en (Fachspr.): *Klient einer Mediation (2 b).*

Me|di|a̱n|din, die; -, -nen: w. Form zu ↑ Mediand.

Me|di|a̱|ne, die; -, -n [zu lat. medianus, ↑ median] (Geom.): **1.** *Seitenhalbierende eines Dreiecks.* **2.** *Verbindungslinie von einer Ecke eines Tetraeders zum Schwerpunkt der gegenüberliegenden Seite.*

Me|di|a̱n|wert, der (Statistik): *Zentralwert.*

me|di|a̱t ⟨Adj.⟩ [frz. médiat, rückgeb. aus: immédiat < (spät)lat. immediatus, ↑ immediat]: **a)** (veraltet) *mittelbar;* **b)** *(im Dt. Reich bis 1806) reichsmittelbar.*

Me̱|dia|thek, die; -, -en [zu ↑ ¹Medium (2) u. ↑ -thek]: *(meist als Abteilung in öffentlichen Büchereien bereitgestellte) Sammlung audiovisueller ¹Medien (2 a, b).*

Me|di|a|ti|on, die; -, -en [spätlat. mediatio]: **1.** (Dipl.) *Vermittlung eines Staates in einem Streit zwischen anderen Mächten.* **2.** [auch: miːdɪˈeɪʃn̩; engl. mediation] **a)** (bildungsspr.) *aussöhnende Vermittlung;* **b)** (Fachspr.) *[Technik zur Bewältigung von Konflikten durch] unparteiische Beratung, Vermittlung zwischen den Interessen verschiedener Personen:* es gibt zu wenige auf M. geschulte Beratungsstellen.

me|di|a|ti|sie|ren ⟨sw. V.; hat⟩: **1.** (bildungsspr.) *in die Medien bringen, durch die Medien bekannt machen;* den Gesetzen der Medien unterwerfen: der Fußball wird immer stärker mediatisiert. **2.** [zu frz. médiat, ↑ mediat] (Geschichte) *(bisher unmittelbar dem Reich unterstehende Herrschaften od. Besitzungen) der Landeshoheit unterwerfen.*

Me|di|a|tor, der; -s, ...oren [spätlat. mediator = Mittler, zu: mediare = in der Mitte teilen, halbieren, zu lat. medius, ↑ 1. (Med., Physiol.) [²]*Transmitter* (2), *der bes. bei einer Allergie u. beim* ²*Schock* (2) *freigesetzt od. gebildet wird u. die jeweils charakteristischen Symptome hervorruft.* **2. a)** (veraltet) *Vermittler;* **b)** (Fachspr.) *jmd., der berufsmäßig Mediation betreibt.*

Me|di|a|to|rin, die; -, -nen: w. Form zu ↑ Mediator (2).

me|di|ä|val ⟨Adj.⟩ [zu nlat. medium aevum = Mittelalter] (Fachspr.): *mittelalterlich.*

Me|di|ä|vist, der; -en, -en: *Wissenschaftler auf dem Gebiet der Mediävistik.*

Me|di|ä|vis|tik, die; -: *Wissenschaft von der Geschichte, Kunst, Literatur usw. des europäischen Mittelalters.*

Me|di|ä|vis|tin, die; -, -nen: w. Form zu ↑ Mediävist.

Me|di|en: Pl. von ¹Medium.

Me|di|en|agen|tur, die: *Agentur im Bereich der* ¹*Medien* (2a).

Me|di|en|an|stalt, die: kurz für ↑ Landesmedienanstalt.

Me|di|en|be|reich, der: *die Medien umfassender Fachbereich.*

Me|di|en|be|richt, der: *in den* ¹*Medien* (2a), *in einem der Medien stattfindender bzw. erscheinender Bericht.*

Me|di|en|bran|che, die: *den Medienbereich umfassender Wirtschaftszweig.*

Me|di|en|de|mo|kra|tie, die (Politikjargon): **a)** *demokratischer Staat, in dem Medien eine bedeutende Rolle für die öffentliche Meinung spielen:* in einer westlichen M. leben; **b)** *demokratisches System, das durch die große Bedeutung der Medien geprägt ist:* das Zeitalter, die Spielregeln der M.

Me|di|en|echo, das: *Echo* (1b) *in den Medien.*

Me|di|en|er|eig|nis, das: *spektakuläres Ereignis, über das die Medien äußerst ausführlich (mit Features, Kommentaren, Reportagen, Interviews u. Ä. [über einen längeren Zeitraum hinweg]) berichten.*

Me|di|en|ge|sell|schaft, die: **1.** *im Medienbereich tätige Gesellschaft* (4b). **2.** *Gesellschaft, die durch die große Bedeutung der Medien geprägt ist:* wir leben in einer M.

Me|di|en|ge|setz, das: *den Bereich der Massenmedien regelndes Gesetz.*

Me|di|en|grup|pe, die: *Gruppe von Medienunternehmen.*

Me|di|en|haus, das: *Medienkonzern, Medienunternehmen.*

Me|di|en|in|te|res|se, das: *Interesse, das Medienvertreter an jmdm., etw. haben.*

Me|di|en|kom|pe|tenz, die: *Fähigkeit einer Person,* ¹*Medien* (2a) *sinnvoll zu nutzen.*

Me|di|en|kon|sum, der (oft abwertend): *Nutzung des Angebots der* ¹*Medien* (2a), *bes. im Hinblick auf die dafür verwendete Zeit.*

Me|di|en|kon|takt, der: **1.** *Kontakt zu Medienvertretern.* **2.** ⟨o. Art.⟩ *[auf Medien bezogen, über die Medien zu nutzende] Kontaktdaten.*

Me|di|en|kon|zern, der: *Zusammenschluss mehrerer im Bereich der* ¹*Medien* (2a) *tätigen Unternehmen.*

Me|di|en|land|schaft, die (ugs.): *Gesamtheit der Massenmedien in ihrer Vielgestaltigkeit.*

Me|di|en|mo|gul, der (salopp): *in wirtschaftlicher Hinsicht sehr mächtige, einflussreiche Person im Medienbereich.*

Me|di|en|po|li|tik, die: *Politik, die die* ¹*Medien* (2a) *betrifft.*

me|di|en|po|li|tisch ⟨Adj.⟩: *die Medienpolitik betreffend, ihr entsprechend, zu ihr gehörend.*

Me|di|en|prä|senz, die: *ständiges Vorhandensein, Auftreten in den Medien.*

Me|di|en|rie|se, der (Jargon): *besonders großes Unternehmen im Bereich der* ¹*Medien* (2a).

Me|di|en|rum|mel, der (ugs.): *großes Aufheben, das im Bereich der Medien von etw. gemacht wird.*

Me|di|en|schel|te, die (Jargon): *öffentliche Kritik an den Massenmedien.*

Me|di|en|spek|ta|kel, das (Jargon): *Medienereignis.*

Me|di|en|stand|ort, der (Wirtsch.): *für den Medienbereich bedeutsamer Standort* (3).

Me|di|en|star, der: *Tier, Person, Sache, die durch Medienberichte od. Auftritte in den Medien bekannt, prominent geworden ist.*

me|di|en|über|grei|fend ⟨Adj.⟩: *nicht auf ein Medium beschränkt, sondern mehrere Medien nutzend:* eine -e Ausstellung, Werbekampagne.

Me|di|en|un|ter|neh|men, das: vgl. Mediengesellschaft (1).

Me|di|en|un|ter|neh|mer, der: *Inhaber von Massenmedien wie Zeitungen, Zeitschriften u. Ä.:* M. und Verlagsmanager.

Me|di|en|un|ter|neh|me|rin, die: w. Form zu ↑ Medienunternehmer.

Me|di|en|ver|tre|ter, der: *jmd., der Medienberichte herstellt, schreibt, für eine Medienagentur, für ein Medienunternehmen arbeitet.*

Me|di|en|ver|tre|te|rin, die: w. Form zu ↑ Medienvertreter.

Me|di|en|wäch|ter, der: *jmd., der bes. als Angestellter der Landesmedienanstalt die Einhaltung der speziellen Gesetze u. Regelungen, die die* ¹*Medien* (2a), *bes. das Fernsehen, betreffen, überwacht.*

Me|di|en|wäch|te|rin, die: w. Form zu ↑ Medienwächter.

Me|di|en|welt, die: **1.** *Gesamtheit der Personen, die im Medienbereich tätig sind.* **2.** *die* ¹*Medien* (2a) *umfassender, in sich geschlossener Bereich.*

me|di|en|wirk|sam ⟨Adj.⟩: *sich in den Medien bes. wirkungsvoll darstellend.*

Me|di|en|wis|sen|schaft, die: *wissenschaftliche Disziplin, die sich bes. mit Massenmedien beschäftigt u. deren Formen u. Inhalte untersucht.*

Me|di|en|zen|trum, das: *kommunales Zentrum, das den Besuchern Einrichtungen u. Erzeugnisse der Informationstechnik verschiedener Medien zur aktiven Benutzung anbietet (Kino, Audio-Video-Technik u. Ä.).*

Me|di|ka|ment, das; -[e]s, -e [lat. medicamentum, zu: medicari = heilen]: *Mittel, das in bestimmter Dosierung der Heilung von Krankheiten, der Vorbeugung od. der Diagnose dient; Arzneimittel:* ein starkes M.; ein M. [gegen Kopfschmerzen] einnehmen.

me|di|ka|men|ten|ab|hän|gig ⟨Adj.⟩: *von Medikamenten abhängig.*

Me|di|ka|men|ten|miss|brauch, der ⟨o. Pl.⟩: *Missbrauch von Medikamenten; Arzneimittelmissbrauch.*

me|di|ka|men|tös ⟨Adj.⟩ [lat. medicamentosus = heilend] (Med.): *mithilfe von Medikamenten; mit Medikamenten verbunden:* eine -e Therapie.

Me|di|ka|ti|on, die; -, -en [spätlat. medicatio = Heilung] (Med.): *Verordnung, Verabreichung, Anwendung eines Medikaments (einschließlich Auswahl u. Dosierung):* unter einer M. stehen.

Me|di|kus, der; -, ...izi, ugs.: -se [lat. medicus = Arzt] (bildungsspr. scherzh.): *Arzt:* ein junger M.

Me|di|na, die; -, -s [arab. medīna = Stadt]: *Gesamtheit der alten islamischen Stadtteile nordafrik. Städte im Gegensatz zu den Europäervierteln.*

me|di|o|ker ⟨Adj.⟩ [frz. médiocre < lat. mediocris] (bildungsspr.): *mittelmäßig:* ein mediokrer Typ.

Me|dio|thek, die; -, -en [zu ↑ ¹Medium (2) u. ↑ -thek]: Mediathek.

Me|di|ta|ti|on, die; -, -en [lat. meditatio = das Nachdenken, zu: meditari, ↑ meditieren]: **1.** (bildungsspr.) *[sinnende] Betrachtung:* religiöse -en; in M. versinken; Die Fanfaren von der Piazzetta rissen Fabio aus seiner M. (Andersch, Rote 173). **2.** (Rel., Psychol., Philos.) *mystische, kontemplative Versenkung.*

me|di|ta|tiv ⟨Adj.⟩ [spätlat. meditativus] (bildungsspr., Fachspr.): *die Meditation* (2) *betreffend:* etw. m. erfassen.

me|di|ter|ran ⟨Adj.⟩ [lat. mediterraneus, eigtl. = mitten im Lande, in den Ländern, zu: medius, ↑ ¹Medium u. terra = Land] (bildungsspr., Fachspr.): *dem Mittelmeerraum angehörend, eigen:* die -e Flora.

me|di|tie|ren ⟨sw. V.; hat⟩ [lat. meditari = nachdenken, sinnen, eigtl. = ermessen, geistig abmessen]: **1.** (bildungsspr.) *nachsinnen, nachdenken; Betrachtungen anstellen:* lange m. **2.** (Fachspr.) *Meditation* (2) *ausüben:* im Lotossitz m.

me|di|um ['miːdjəm] ⟨indekl. Adj.⟩ [engl.]: **1.** [auch: ˈmeːdjʊm] (Kochkunst) *(von Fleisch) nicht ganz durchgebraten.* **2.** *mittelgroß (als Kleidergröße; Abk.: M).*

¹Me|di|um, das; -s, ...ien, ...ia [lat. medium = Mitte, zu: medius = in der Mitte befindlich]: **1.** ⟨Pl. selten auch: ...ia⟩ (bildungsspr.) *vermittelndes Element:* Gedanken durch das M. der Sprache ausdrücken. **2.** [engl. medium] **a)** ⟨meist Pl.; Pl. selten auch: ...ia⟩ (bildungsspr.) *Einrichtung, organisatorischer u. technischer Apparat für die Vermittlung von Meinungen, Informationen, Kulturgütern; eines der Massenmedien Film, Funk, Fernsehen, Presse:* die elektronischen Medien; die Medien (Zeitungen, Rundfunk u. Fernsehen) haben darüber berichtet; die Sache wurde in den, von, durch die, über die Medien verbreitet; Die Macht der Media, voran des Films und der illustrierten Zeitschriften, setzte ein (Rezzori, Blumen 120); * **die Neuen/neuen Medien** *(Gesamtheit moderner [untereinander vernetzbarer] Techniken im Bereich der Unterhaltungselektronik, Datenverarbeitung u. Telekommunikation);* **b)** ⟨meist Pl.; Pl. selten auch: ...ia⟩ *[Hilfs]mittel, das der Vermittlung von Information u. Bildung dient (z. B. Buch, Tonband):* das akustische M. Schallplatte; **c)** ⟨meist Pl.; Pl. meist ...ia⟩ (Werbespr.) *für die Werbung benutztes Kommunikationsmittel; Werbeträger.* **3.** ⟨Pl. ...ien⟩ (bes. Physik, Chemie) *Träger bestimmter physikalischer, chemischer Vorgänge; Substanz, Stoff:* ein gasförmiges M. **4.** ⟨Pl. ...ien⟩ **a)** (Parapsychol.) *jmd., der für Verbindungen zum übersinnlichen Bereich beson-*

Medium – Meerwasser

ders befähigt ist: sie fungiert als M. bei spiritistischen Sitzungen; **b)** (Med., Psychol.) jmd., an dem sich aufgrund seiner körperlichen, seelischen Beschaffenheit Experimente, bes. Hypnoseversuche, durchführen lassen: sie ist ein geeignetes M. für Hypnoseversuche. **5.** ⟨Pl. ...ia; selten⟩ (Sprachwiss.) Mittelform zwischen Aktiv u. Passiv (bes. im Griechischen), der in anderen Sprachen die reflexive Form entspricht: dieses Verb kommt nur im M. vor.

²**Me|di|um,** die; - [engl. medium, zu lat. medius, ↑¹Medium]: genormter Schriftgrad für die Schreibmaschine u. den Computer.

Me|di|zi: Pl. von ↑ Medikus.

Me|di|zin, die; -, -en [lat. (ars) medicina = Arznei(kunst), Heilkunst, zu: medicus = Arzt]: **1.** ⟨o. Pl.⟩ Wissenschaft vom gesunden u. kranken Organismus des Menschen, von seinen Krankheiten, ihrer Verhütung u. Heilung: M. studieren; ein Arzt für innere M. (der zuständig für die Erkrankung der inneren Organe ist). **2.** [flüssiges] Medikament.

me|di|zi|nal ⟨Adj.⟩ [lat. medicinalis]: **1.** als Medizin; wie Medizin wirkend. **2.** medizinisch.

Me|di|zi|nal|be|am|ter ⟨vgl. Beamter⟩ (Amtsspr.): Arzt, der im öffentlichen Gesundheitswesen tätig ist.

Me|di|zi|nal|be|am|tin, die: w. Form zu ↑ Medizinalbeamter.

Me|di|zi|nal|rat, der (Amtsspr.): Medizinalbeamter der ersten Stufe der höheren Laufbahn.

Me|di|zi|nal|rä|tin, die: w. Form zu ↑ Medizinalrat.

Me|di|zi|nal|we|sen, das ⟨o. Pl.⟩: Gesundheitswesen.

Me|di|zin|ball, der: (meist für gymnastische Übungen benutzter, mit Tierhaaren gefüllter) schwerer, größerer Ball [aus Leder].

Me|di|zi|ner, der; -s, - [mhd. medicinære]: jmd., der Medizin studiert [hat].

Me|di|zi|ne|rin, die; -, -nen: w. Form zu ↑ Mediziner.

me|di|zi|nisch ⟨Adj.⟩: **1.** die Medizin (1) betreffend, dazu gehörend: -e Zeitschriften. **2.** nach den Gesichtspunkten der Medizin (1) hergestellt: eine -e Zahncreme.

me|di|zi|nisch-tech|nisch ⟨Adj.⟩: die Medizin in Verbindung mit der Technik betreffend: -e Assistentin, -er Assistent (Person, die durch praktisch-wissenschaftliche Arbeit [z. B. im Labor] die Tätigkeit eines Arztes o. Ä. unterstützt; Berufsbez.) ⟨Abk.: MTA⟩.

Me|di|zin|jar|gon, der: Fachjargon der Medizin.

Me|di|zin|mann, der ⟨Pl. ...männer⟩: **1.** (bei vielen Naturvölkern) M. als Heiler u. Priester fungierender Mann, der sich der Magie (1 a) bedient. **2.** (salopp scherzh.) Arzt.

Me|di|zin|pro|dukt, das: für medizinische Zwecke (z. B. Erkennung, Verhütung, Behandlung von Krankheiten) verwendetes Produkt.

Me|di|zin|schränk|chen, das: kleiner [Wand]schrank zur Aufbewahrung von Medikamenten.

Me|di|zin|stu|dent, der: Student der Medizin.

Me|di|zin|stu|den|tin, die: w. Form zu ↑ Medizinstudent.

Me|di|zin|stu|di|um, das: Studium der Medizin.

Me|di|zin|tech|nik, die: **1.** Zweig der Forschung u. der Industrie, der sich mit den für die moderne Medizin nötigen technischen Geräten befasst. **2.** Gesamtheit der für die moderne Medizin entwickelten technischen Geräte: ein OP mit modernster M.

Med|ley ['mɛdli], das; -s, -s [engl. medley, eigtl. = Gemisch < afrz. mesdlee, zu: medler = (ver)mischen < mlat. misculare, zu lat. miscere, ↑ mischen]: Potpourri.

Me|doc, der; -s, -s [nach der südfrz. Landschaft Médoc]: französischer Rotwein der Landschaft Médoc.

Me|d|re|se, Me|d|res|se, die; -, -n [türk. medrese < arab. madrasaʰ]: **1.** islamische juristisch-theologische Hochschule. **2.** Koranschule einer Moschee.

Me|du|se, die; -, -n [nach der Medusa, einem weiblichen Ungeheuer der griech. Sage] (Zool.): Qualle.

Me|du|sen|blick, der [der Blick der Medusa ließ alles zu Stein werden] (bildungsspr.): fürchterlicher, schreckenerregender Blick.

Me|du|sen|haupt, das [der Kopf der Medusa hatte statt Haaren Schlangen]: **1.** fürchterlicher, schreckenerregender Kopf der Medusa. **2.** (Med.) Geflecht von Krampfadern im Bereich des Nabels.

Meer, das; -[e]s, -e [mhd. mer, ahd. meri, eigtl. = Sumpf, stehendes Gewässer]: **1.** sich weithin ausdehnende, das Festland umgebende Wassermasse, die einen großen Teil der Erdoberfläche bedeckt: das weite, offene M.; aufs offene M. fahren; Ü in einem M. der Leidenschaft versinken; Die Weltgeschichte ist eine Schreckenskammer, ein M. von Blut und Tränen, in dem die wenigen ruhigen und friedlichen Zeiten wie einsame Inseln schwimmen (Thieß, Reich 253). **2.** (geh.) sehr große Anzahl, Menge von etw.; Fülle (1) (meist in Verbindung mit dem Genitiv od. mit »von«): ein M. blühender Rosen, von Blumen. **3.** Mare (in Namen): M. der Ruhe.

Meer|blick, der ⟨Pl. selten⟩: Blick aufs Meer.

Meer|bras|se, die, **Meer|bras|sen,** der: in Küstennähe od. im Brackwasser lebender Fisch mit großem Kopf u. langer Rückenflosse.

Meer|bu|sen, der (veraltend): größere Meeresbucht.

Meer|en|ge, die: Verengung des Meeres zu einem schmalen Streifen zwischen zwei Meeren od. zwei Teilen eines Meeres.

Mee|res|ab|la|ge|rung, die: Ablagerung (1 b) am Meeresboden.

Mee|res|al|ge, die ⟨meist Pl.⟩: im Meer lebende Alge.

Mee|res|be|woh|ner, der: Lebewesen, dessen Lebensraum das Meer ist.

Mee|res|be|woh|ne|rin, die: w. Form zu ↑ Meeresbewohner: die Lederschildkröte gilt in fast jeder Hinsicht als vollendete M.

Mee|res|bio|lo|ge, der: Wissenschaftler, ausgebildeter Fachmann auf dem Gebiet der Meeresbiologie.

Mee|res|bio|lo|gie, die: Zweig der Biologie, der sich mit dem Leben der Tiere u. Pflanzen im Meer beschäftigt.

Mee|res|bio|lo|gin, die: w. Form zu ↑ Meeresbiologe.

Mee|res|blick, der: Meerblick.

Mee|res|bo|den, der: Boden (5) des Meeres.

Mee|res|bucht, die: bogenartig in das Land hineinragender Teil eines Meeres.

Mee|res|for|schung, die: Forschung, die sich mit dem Meer beschäftigt.

Mee|res|früch|te ⟨Pl.⟩ [LÜ von ↑ Frutti di Mare] (Kochkunst): zusammen angerichtete Fische, Krebse, Muscheln o. Ä.

Mee|res|geo|lo|gie, die: Zweig der Geologie, der sich mit der Erforschung des Meeresbodens beschäftigt.

Mee|res|gott, der: Meergott.

Mee|res|göt|tin, die: w. Form zu ↑ Meeresgott.

Mee|res|grund, der: Grund (3 a) des Meeres.

Mee|res|kun|de, die: Wissenschaft vom Meer u. den Eigenschaften des Meerwassers; Ozeanografie.

Mee|res|kund|ler, der; -s, -: jmd., der sich mit Meereskunde beschäftigt.

Mee|res|kund|le|rin, die; -, -nen: w. Form zu ↑ Meereskundler.

mee|res|kund|lich ⟨Adj.⟩: die Meereskunde betreffend; ozeanografisch.

Mee|res|küs|te, die: Küste des Meeres.

Mee|res|leuch|ten, das; -s: bes. in tropischen Meeren auftretendes Leuchten des Wassers während der Nacht (das durch das Phosphoreszieren kleiner, im Meer lebender Pflanzen u. Tiere hervorgerufen wird).

Mee|res|luft, die: **1.** (Meteorol.) feuchte, milde, vom Nordatlantik kommende Luft. **2.** Seeluft.

Mee|res|ober|flä|che, die: Oberfläche des Meeres.

Mee|res|säu|ger, der, **Mee|res|säu|ge|tier,** das (Zool.): im Meer lebendes Säugetier (z. B. Wal).

Mee|res|schild|krö|te, die: (meist in tropischen u. subtropischen Meeren lebende) Schildkröte mit abgeplatteten, flossenartigen Gliedmaßen.

Mee|res|spie|gel, der: **1.** Spiegel (2 a) des Meeres. **2.** (Fachspr.) (bestimmte theoretisch angenommene) Wasseroberfläche des Meeres, auf die sich die geodätischen Höhenmessungen beziehen: Mittenwald liegt 913 Meter über dem M.

Mee|res|strand, der (geh.): Strand des Meeres.

Mee|res|stra|ße, die: **1.** Meerenge. **2.** Seeschifffahrtsstraße.

Mee|res|strö|mung, die: Strömung im Meer.

Mee|res|tie|fe, die: Tiefe des Meeres.

Mee|res|tier, das: im Meer lebendes Tier.

Mee|res|vo|gel, der: am Meer lebender Vogel.

Meer|gott, der: Gott (2) des Meeres.

Meer|göt|tin, die: w. Form zu ↑ Meergott.

meer|grün ⟨Adj.⟩: einen Farbton von hellem Olivgrün bis zu stumpfem Graugrün aufweisend.

Meer|jung|frau, die (Mythol.): im Wasser, bes. im Meer lebendes weibliches Wesen mit einem Fischschwanz als Unterleib.

Meer|kat|ze, die [mhd. mer(e)katze, ahd. merikazza; das Tier ähnelt einer Katze u. ist über das Meer nach Europa gebracht worden]: (im Süden Afrikas heimischer) Affe mit lebhaft gezeichnetem Fell, rundlichem Kopf u. langem Schwanz.

Meer|neun|au|ge, das: im Meer lebendes Neunauge; Lamprete.

Meer|ret|tich, der; -s, -e [mhd. merrettich, ahd. mēr(i)rātich, eigtl. wohl = größerer Rettich (zu ↑¹mehr), später volksetym. umgedeutet zu: Rettich, der über das Meer zu uns gebracht worden ist]: **1.** (zu den Kreuzblütlern gehörende) Pflanze mit einer fleischigen Pfahlwurzel. **2. a)** würzig schmeckende Wurzel des Meerrettichs (1); **b)** ⟨o. Pl.⟩ geriebener Meerrettich (2 a).

Meer|ret|tich|so|ße, Meer|ret|tich|sau|ce, die: Soße mit Meerrettich (2 b).

Meer|salz, das: aus dem Meerwasser gewonnenes Kochsalz.

Meer|sau, die (ugs.): Meerschweinchen.

Meer|schaum, der [LÜ von lat. spuma (maris), urspr. Bez. für die Koralle]: an erstarrten Schaum erinnerndes, poröses, leichtes (u. daher auf Wasser schwimmendes) weißes, gelbliches, graues od. rötliches Mineral.

Meer|schaum|pfei|fe, die: Pfeife mit einem Kopf aus Meerschaum.

Meer|schaum|spit|ze, die: Zigarren- od. Zigarettenspitze aus Meerschaum.

Meer|schwein|chen, das [spätmhd. merswīn, urspr. = Delfin; nach den Grunzlauten; vgl. Meerkatze]: (aus Südamerika stammendes) kleines Nagetier mit gedrungenem Körper, kurzen Beinen u. einem Stummelschwanz.

Meer|un|ge|heu|er, das (Mythol.): im Meer lebendes Ungeheuer.

meer|wärts ⟨Adv.⟩ [↑ -wärts]: in Richtung auf das Meer; dem Meer zu.

Meer|was|ser, das ⟨o. Pl.⟩: Wasser des Meeres.

Meer|was|ser|wel|len|bad, das: *Wellenbad, dessen Becken mit Meerwasser gefüllt ist.*
◆ **Meer|wun|der,** das [spätmhd. merwunder]: *im Meer lebendes Fabelwesen:* ...wirf dich ins Meer, ... und kaum betrittst du perlenreichen Grund, so bildet wallend sich ein herrlich Rund ... M. drängen sich zum neuen milden Schein, sie schießen an, und keines darf herein (Goethe, Faust II, 6006 ff.)
Mee|ting [ˈmiːtɪŋ], das; -s, -s [engl. meeting, zu: to meet = begegnen, zusammentreffen]: **a)** *Zusammenkunft, Treffen:* ein M. veranstalten; **b)** (Sport) *Sportveranstaltung [in kleinerem Rahmen]:* ein M. der besten Langstreckenläufer.
meets [miːts; engl.; S. von: to meet = treffen (auf)]: *nur in der Fügung* etw. m. etw. (Jargon; *etw. trifft auf etw., vermischt sich mit etw.:* Klassik m. Jazz).
me|ga ⟨indekl. Adj.⟩ (bes. Jugendspr.): *großartig, hervorragend.*

me|ga-, Me|ga- [ˈmeːɡa..., ˈmɛɡa...; griech. mégas = groß]: **1.** (ugs. emotional verstärkend) drückt in Bildungen mit Adjektiven eine Verstärkung aus; *sehr, äußerst:* megacool, -stark. **2.** (emotional verstärkend) kennzeichnet in Bildungen mit Substantiven jmdn. oder etw. als besonders groß, mächtig, hervorragend, bedeutend (als Steigerung von *Super-*): Megaprojekt, -trend. **3.** bedeutet in Maßeinheiten *eine Million...:* Megavolt.

Me|ga|bit [auch: ˈmɛ..., ...ˈbɪt], das; -[s] -[s] [↑mega-, Mega- (3)]: *1 048 576 Bit* (Zeichen: MBit, Mbit).
Me|ga|byte [...baɪt, ˈmɛ..., ...ˈbaɪt], das; -[s], -[s] [↑mega-, Mega- (3)]: *1 048 576 Byte* (Zeichen: MB, MByte, Mbyte).
Me|ga|ci|ty, die: *Megastadt.*
Me|ga|elek|t|ro|nen|volt, das; - u. [e]s, - [↑mega-, Mega- (3)] (Physik): *eine Million Elektronenvolt* (Zeichen: MeV).
Me|ga|fon, Megaphon, das; -s, -e [aus ↑Mega- u. ↑-fon]: *Sprachrohr [mit elektrischem Verstärker].*
Me|ga|hertz [auch: ˈmɛ..., ...ˈhɛrts], das; -, - [↑mega-, Mega- (3)] (Physik): *eine Million Hertz* (Zeichen: MHz).
Me|ga|hit, der [↑mega-, Mega- (2)] (ugs.): *besonders aufsehenerregender Hit.*
me|ga-in [auch: ˈmɛ...; zu engl. mégas = groß u. engl. in = in, ↑²in]: * **m. sein** (ugs.; *äußerst gefragt sein*).
Me|ga|lith [auch: ...ˈlɪt], der; -s od. -en, -e[n] [zu griech. mégas = groß u. ↑-lith]: *(in vorgeschichtlicher Zeit als Monument od. für Grabanlagen verwendeter) großer, roher Steinblock.*
Me|ga|lith|grab, das: *vorgeschichtliches, aus großen Steinen weitläufig angelegtes, ursprünglich von einem Erd- od. Steinhügel bedecktes Grab.*
Me|ga|li|thi|ker [auch: ...ˈlɪ...], der; -s, -: *Träger der Megalithkultur.*
Me|ga|li|thi|ke|rin, die; -, -nen: w. Form zu ↑Megalithiker.
me|ga|li|thisch [auch: ...ˈlɪtɪʃ] ⟨Adj.⟩: *aus großen Steinen bestehend.*
Me|ga|lith|kul|tur, die: *Kultur der Jungsteinzeit, für die Monumente aus Megalithen u. Ornamente an Keramikgefäßen typisch sind.*
me|ga|lo|man, megalomanisch ⟨Adj.⟩ [griech. megalomanḗs] (Psychol.): *größenwahnsinnig.*
Me|ga|lo|ma|nie, die; -, -n [zu griech. mégas (megal-) = groß und ↑Manie] (Psychol.): *Größenwahn.*
me|ga|lo|ma|nisch: ↑megaloman.
Me|ga|lo|po|le, die; -, -n, **Me|ga|lo|po|lis,** die; -,

...olen [engl. megalopolis, zu griech. mégas (megal-) = groß u. pólis, ↑Polis] (bildungsspr.): *[aus einer Zusammenballung von benachbarten Großstädten entstandene] Riesenstadt.*
Me|ga|ohm [auch: ˈmɛk..., ...ˈloːm], Megohm [auch: ˈmɛk..., ...ˈloːm], das; -[s], - [↑Mega-] (Physik): *eine Million Ohm* (Zeichen: MΩ).
me|ga-out [...laʊt, auch: ˈmɛ...; zu griech. mégas = groß u. engl. out = aus, ↑out]: * **m. sein** (ugs.; *ganz und gar aus der Mode sein, vollkommen überholt sein*).
Me|ga|pas|cal [auch: ˈmɛ..., ...ˈkal], das; -s, - (Physik): *eine Million Pascal* (Zeichen: MPa).
Me|ga|phon: ↑Megafon.
Me|ga|re, die; -, -n [lat. Megaera, griech. Mégaira = die Missgönnende; in der griech. Sage eine der Erinnyen] (geh.): *wütende, rasende, böse Frau.*
Me|ga|sel|ler, der; -s, -s [engl. mega seller, aus: mega = sehr groß, äußerst; Mega- (zu griech. mégas = groß) u. ↑Seller] (ugs.): *überaus erfolgreicher Bestseller.*
Me|ga|stadt, die; -, ...städte [↑mega-, Mega- (2)]: *Großstadt von ausufernden Ausmaßen.*
Me|ga|star, der; -s [↑mega-, Mega-] (ugs.): *überaus beliebter, bekannter ²Star* (1).
Me|ga|ton|ne [auch: ˈmɛ..., ...ˈtɔnə], die; -, -n [↑mega-, Mega- (3)]: *eine Million Tonnen* (Zeichen: Mt).
Me|ga|trend, der; -s, -s (bes. Soziol.): *Trend, der zu großen Veränderungen führt.*
Me|ga|volt [auch: ˈmɛ..., ...ˈvɔlt], das; - u. -[e]s, - [↑mega-, Mega- (3)] (Physik): *eine Million Volt* (Zeichen: MV).
Me|ga|watt [auch: ˈmɛ..., ...ˈvat], das; -s, - [↑mega-, Mega- (3)] (Physik): *eine Million Watt* (Zeichen: MW).
Meg|ohm: ↑Megaohm.
Mehl, das; -[e]s, (Sorten:) -e [mhd. mel, ahd. melo, eigtl. = Gemahlenes, Zerriebenes, zu ↑mahlen]: **1.** *durch Mahlen von Getreidekörnern entstandenes pulver-, puderförmiges Nahrungsmittel, das vorwiegend mit anderen Zutaten zu einem Teig vermengt u. gebacken od. gekocht wird:* helles, dunkles, grobes M. klumpt; M. sieben. **2.** *zu Pulver gemahlener od. zerriebener fester Stoff:* Knochenabfälle zu M. verarbeiten.
mehl|ar|tig ⟨Adj.⟩: *in der Art von Mehl (1); dem Mehl ähnlich.*
Mehl|bee|re, die: **1. a)** *(als hoher Baum od. Strauch wachsende) Pflanze mit langen, ovalen, auf der Unterseite filzigen, weißen Blättern, weißen, in Dolden wachsenden Blüten u. kleinen, rundlichen Äpfeln ähnlichen, orangefarbenen bis rotbraunen Früchten;* **b)** *Frucht der Mehlbeere* (1 a). **2. a)** *Eberesche;* **b)** *Frucht der Eberesche.*
Mehl|brei, der: *aus Mehl (1) hergestellter Brei.*
mehl|lig ⟨Adj.⟩: **1.** *mit Mehl bestäubt; bemehlt:* der Bäcker hatte -e Hände. **2.** *fein wie Mehl.* **3.** *nicht saftiges, wässriges, sondern trocken-lockeres Fruchtfleisch habend:* -e Äpfel, Aprikosen. **4.** *von der stumpfweißen Farbe des Mehls:* eine -e Hautfarbe.
meh|lig|ko|chend ⟨Adj.⟩ (Kochkunst): *so beschaffen, dass nach dem Kochen eine mehlige Konsistenz entsteht.*
Mehl|kä|fer, der: *kleiner, schwarzbrauner Käfer, der bes. als Schädling im Mehl auftritt.*
Mehl|kleis|ter, der: *Kleister.*
Mehl|schwal|be, die: *große Schwalbe mit kurzem, gegabeltem Schwanz u. an Rücken u. Flügeln metallisch blauem, am Bauch kalkweißem Gefieder.*
Mehl|schwit|ze, die (Kochkunst): *aus in Butter od. in anderem Fett leicht gebräuntem Mehl bestehende breiige Masse.*
Mehl|sieb, das: *feines Sieb.*

Mehl|sor|te, die: *Mehl einer bestimmten Sorte.*
Mehl|spei|se, die: **1.** *aus Mehl od. einem aus Mehl hergestellten Produkt u. Milch, Butter, Eiern u. a. bereitetes Gericht.* **2.** (österr.) **a)** *Süßspeise;* **b)** *Kuchen.*
Mehl|staub, der: *Staub von Mehl.*
Mehl|sup|pe, die: **1.** *aus Mehl hergestellte Suppe.* **2.** *mit Mehl gebundene Suppe.*
Mehl|tau, der [mhd. miltou, ahd. militou, 2. Bestandteil zu ↑¹Tau] (Bot.): *Pflanzenkrankheit, bei der Blätter, Stängel, Knospen u. Früchte aussehen, als seien sie mit Mehl bestäubt.*
Mehl|ty|pe, die (Fachspr.): *Kennzeichnung, um anzugeben, wie viel Mineralstoffe eine Sorte Mehl enthält u. wie fein das Mehl gemahlen ist.*
Mehl|wurm, der: *gelbbraune Larve des Mehlkäfers.*
¹mehr ⟨Indefinitpron. u. unbest. Zahlwort⟩ [mhd. mēr(e), ahd. mēr(o); Komp. von ↑¹viel]: **1.** drückt aus, dass etw. über ein bestimmtes Maß hinausgeht, eine vorhandene Menge übersteigt: wir brauchen m. Geld; mit ihm kommt *m.* Staat *(mehr staatliche Reglementierung);* sie plädiert für m. Selbstständigkeit; mit m. Sorgfalt an etw. herangehen; immer m. Touristen strömen auf die Insel; auf ein paar Gäste m. oder weniger kommt es nicht an; ein Grund m. aufzuhören; drei oder m. Personen; im Alter von siebzig Jahren und m.; Blumen, Früchte und Ähnliches m.; sie hat m. Kosten als vorgesehen verursacht; m. als die Hälfte war/waren erkrankt; m. als genug; ein Buffet mit Kuchen und was der Leckereien m. sind; immer m. verlangen; ein paar Euro m.; was willst du [noch] m.?; man soll nicht m. versprechen, als man halten kann; demnächst m. *(erzähle ich ausführlicher);* da gehört aber ein bisschen m. dazu; die Beweise haben den Verdacht m. als gerechtfertigt *(nicht nur gerechtfertigt, sondern erhärtet);* das Ergebnis der Konferenz war m. als mager *(äußerst mager);* dieser Sherry schmeckt nach m. (ugs.; *schmeckt so gut, dass man noch etwas davon trinken möchte);* du musst dir nicht einbilden, du seist m. *(besser)* als andere; R m. sein als scheinen (eine dem Grafen Alfred von Schlieffen [1833–1913] zugeschriebene Äußerung anlässlich seines fünfzigjährigen Dienstjubiläums); je m. er hat, je m. er will *(wenn einer viel hat, dann will er immer noch mehr;* aus dem Lied mit dem Titel »Zufriedenheit« von J. M. Miller [1750–1814]); * **m. und m.** *(immer mehr; in zunehmendem Maße);* **m. oder minder/weniger** *(im großen Ganzen, in gewissem Maße:* das Zusammentreffen war m. oder minder zufällig); **nicht m. und nicht weniger** *(nichts anderes als dieses:* das war eine grobe Fahrlässigkeit, nicht m. und nicht weniger). ◆ **2.** ⟨Pl. -e:⟩ Du fingst mit einem heimlich an, bald kommen ihrer -e dran (Goethe, Faust I, 3736 f.) ⟨Komp. mehrer...:⟩ Man versprach sich öftere Wiederholung und -e Zusammenübung (Goethe, Wahlverwandtschaften I, 8).

²mehr ⟨Adv.⟩ [vgl. ¹mehr]: **1. a)** *in höherem Maße, stärker:* sie hat jetzt eine Beschäftigung gefunden, die ihr m. zusagt; er liebte sie darum nur noch m.; nichts ist mir m. zuwider als Unehrlichkeit; sie ist m. m. als ihr Vorgänger geschätzt; **b)** *angemessener; besser:* du musst m. aufpassen; nach dieser schweren Krankheit sollte sie sich m. schonen; je besser ich ihn verstehe, desto m. übe ich Nachsicht. **2. a)** *in größerem Umfang:* die Straßen sind m. befahren als üblich; sie raucht m. als sonst; **b)** drückt aus, dass etw. zu etw. anderem, Gegensätzlichem tendiert; oft in Korrelation mit »als«; *eher:* die Plastik steht besser m. links; er ist m. Künstler als Gelehrter; ...hatte Cotta nur irgendein Dickicht wahrgenommen, einen undeutlichen, dunkelgrünen Vordergrund für

Mehr – mehrsprachig

das Blau des Meeres, das er in der dunstigen Tiefe dahinter m. geahnt als gesehen hatte (Ransmayr, Welt 47). **3.** drückt in Verbindung mit einer Negation aus, dass ein Geschehen, ein Zustand, eine Reihenfolge o. Ä. nicht fortgesetzt wird: es war niemand m. da; es bleibt nichts m. übrig; sie wusste nicht m., was sie tun sollte; das darf nie m. passieren; schließlich bist du doch kein [kleines] Kind m.; er ist nicht m. derselbe wie vor seinem Unfall; ich kann nicht m. *(ich bin am Ende meiner Kräfte);* es dauert nicht m. lange *(es ist bald so weit, es ist bald vorüber, vorbei);* R ich werd nicht m.! (salopp; *ich bin sprachlos!);* * **nicht m. sein** (verhüll.; *gestorben sein);* **nicht m. werden** (verhüll.; *nicht mehr gesund werden);* **nicht m. das sein [was jmd./etw. einmal war]** *(nachgelassen, sich verschlechtert haben).* **4.** ⟨in Verbindung mit »nur«⟩ (österr., sonst landsch.) *nur noch:* ich besitze nur m. fünf Euro. ◆ **5.** ²*jetzt* (2), ³*noch* (1): Siehst du? Sag du m., ob das kein Luderleben ist (Schiller, Räuber II, 3).

Mehr, das; -[s], -e, selten: -en [schon spätmhd. daʒ mēr = Mehrheit]: **1.** ⟨o. Pl.⟩ *[größere] Menge, die gegenüber einem bestimmten Maß hinaus zusätzlich vorhanden ist:* ein M. an Zeit, Kosten aufwenden; ◆ Packen Sie nur zusammen: ich muss fort – morgen, Rota, ein -es! (Lessing, Emilia Galotti I, 8). **2.** (schweiz.) **a)** ⟨o. Pl.⟩ *[Stimmen]mehrheit:* ein kleines, großes M.; ein absolutes, knappes, relatives, überzeugendes M.; **b)** *Abstimmungsergebnis, Mehrheitsbeschluss:* diese -e lassen keinen Zweifel an der Einstellung der Bewohner aufkommen; das M. hat deutlich gezeigt, dass wir recht hatten; **c)** ⟨o. Pl.⟩ *Abstimmung:* ein M. beantragen; es ist schon lange ein M. vorgesehen.

Mehr|ar|beit, die: **1.** *zusätzliche Arbeit.* **2.** *das Leisten von Überstunden.* **3.** (marx.) *vom Arbeitnehmer geleistete, über die zum Verdienen des Lebensunterhaltes nötige Arbeit hinausgehende Arbeitsleistung.*

Mehr|auf|wand, der: *zusätzlicher, über die Berechnung, Kalkulation, das übliche Maß hinausgehender Aufwand.*

Mehr|aus|ga|be, die: vgl. Mehraufwand.

mehr|bän|dig ⟨Adj.⟩: *in mehreren* ²*Bänden; mehrere* ²*Bände umfassend.*

Mehr|be|darf, der: *zusätzlicher, über die Berechnung, Kalkulation hinausgehender Bedarf.*

Mehr|be|las|tung, die: vgl. Mehraufwand.

mehr|deu|tig ⟨Adj.⟩: **1.** *aufgrund mehrerer Bedeutungen missverständlich.* **2.** (bes. Fachspr.) *mehrere Deutungen zulassend.*

Mehr|deu|tig|keit, die: *das Mehrdeutigsein.*

Mehr|dienst|leis|tung, die; -, -en (österr. amtl.): *über den vertraglich festgelegten Rahmen hinaus erbrachte Arbeitszeit, die durch Freizeit ausgeglichen werden kann.*

mehr|di|men|si|o|nal ⟨Adj.⟩: *auf der Ausdehnung, Entfaltung in mehrere Dimensionen beruhend; von, nach, in mehreren Dimensionen.*

Mehr|ehe, die (Völkerkunde): *Ehe mit mehreren Partnern.*

Mehr|ein|kom|men, das: *über das übliche, normale Maß hinausgehendes Einkommen.*

Mehr|ein|nah|me, die: *über das übliche Maß hinausgehende Geldsumme, die von jmdm. eingenommen wird.*

meh|ren ⟨sw. V.; hat⟩ [mhd. mēren, ahd. mērōn] (geh.): **1.** *bewirken, dass etw. zunimmt; vermehren:* den Besitz m. **2.** ⟨m. + sich⟩ **a)** *[immer] mehr, zahlreicher werden:* die Klagen mehrten sich; die Unruhen mehrten sich; (veraltet) *sich vermehren:* seid fruchtbar und mehret euch (nach 1. Mos. 1, 28).

meh|rer... ⟨Indefinitpron. u. unbest. Zahlw.⟩: **1.** *eine unbestimmte größere Anzahl, Menge,* einige, etliche: ⟨attr.:⟩ sie war mehrere Wochen verreist; Familien mit mehreren Kindern; die Wahl mehrerer Abgeordneter/mehrerer Abgeordneten; mehrere Hundert Bücher; ⟨allein stehend:⟩ mehrere von ihnen; sie kamen zu mehreren. **2.** *nicht nur ein, eine; verschiedene:* der Text lässt mehrere Auslegungen zu.

meh|rer|lei ⟨unbest. Gattungsz.; indekl.⟩ [↑ -lei] (ugs.): **a)** ⟨attr.⟩ *von mehrerer voneinander abweichender, sich unterscheidender Art:* m. Möglichkeiten; **b)** ⟨allein stehend⟩ *mehrere verschiedene Dinge:* dazu ist m. zu sagen.

◆ **meh|rest...:** Sup. von ↑ ¹mehr (2): Nun hab ich nicht verhindern können, dass die mehresten Edeldamen der Stadt Zuschauerinnen sein werden (Schiller, Fiesco III, 10); ... die mehresten dieser Unglücklichen dienen jetzt ihren Gläubigern als Sklaven (Schiller, Kabale II, 2).

mehr|fach ⟨Adj.⟩ [nach frz. multiple]: **1.** *sich in gleicher Form mehrere Male wiederholend; mehrmalig:* -er deutscher Meister im Langlauf; sie ist -e Großmutter; ein -er Preisträger; ein m. vorbestrafter Einbrecher; ⟨subst.:⟩ ein Mehrfaches an Kosten. **2. a)** *(im Hinblick auf Menge, Anzahl) auf verschiedene Weise:* ein in -er Hinsicht beurteilen; **b)** (ugs.) *mehr als einmal:* mehrmals: sie gehen m. im Jahr in Urlaub.

mehr|fach|be|hin|dert ⟨Adj.⟩ (Amtsspr.): *mehrere unterschiedliche Behinderungen aufweisend:* -e Personen; das Kind ist m.

Mehr|fach|be|hin|der|te ⟨vgl. Behinderte⟩ (Amtsspr.): *mehrfachbehinderte weibliche Person.*

Mehr|fach|be|hin|der|ter ⟨vgl. Behinderter⟩ (Amtsspr.): *mehrfachbehinderte männliche Person.*

Mehr|fach|impf|stoff, der: *Impfstoff, der verschiedene Mittel zur Bildung von Abwehrstoffen gegen mehrere Krankheiten enthält.*

Mehr|fach|spreng|kopf, der: *Sprengkopf einer Rakete, der aus mehreren einzelnen [lenkbaren] Sprengköpfen besteht.*

Mehr|fa|mi|li|en|haus, das: *Haus für mehrere Familien.*

Mehr|far|ben|druck, der (Pl. -e): vgl. Vierfarbendruck.

mehr|far|big, (österr.:) **mehr|fär|big** ⟨Adj.⟩: *in mehreren Farben; mehrere Farben aufweisend.*

Mehr|ge|bot, das: *(bei einer Auktion) höheres Gebot.*

mehr|ge|schos|sig, (südd., österr.:) **mehr|ge|schoß|ig** ⟨Adj.⟩: *mit mehreren Geschossen* (2); *mehrere Geschosse aufweisend.*

mehr|glie|de|rig, (häufiger:) **mehr|glied|rig** ⟨Adj.⟩: *aus mehreren Gliedern* (1b, 3) *bestehend.*

Mehr|heit, die; -, -en [nach frz. majorité (↑ Majorität), niederl. meerderheit; schon ahd. mêrheit für lat. maioritas (↑ Majorität)]: **1.** ⟨o. Pl.⟩ **a)** *größerer Teil einer bestimmten Anzahl von Personen als Einheit:* die M. des Volkes; die M. der Abgeordneten stimmte/stimmten zu; es gab keine M. für den Plan; **b)** *Mehrzahl* (2): sie konnte die M. der Stimmen auf sich vereinigen; * **die schweigende M.** *(die große Zahl derer, die ihre Meinung zu einer Sache nicht äußern wollen od. können;* LÜ von engl. the silent majority). **2. a)** *größerer Teil aller abgegebenen Stimmen:* eine knappe M.; absolute M. (Politik; *mehr als die Hälfte der stimmberechtigten Stimmen);* einfache/relative M. (Politik; *[bei mehr als zwei zur Wahl stehenden Kandidaten, Parteien o. Ä.] weniger als die Hälfte, aber der größere Teil der Stimmen);* qualifizierte M. (Politik; *absolute Mehrheit,* ²/₃- od. ³/₄-*Mehrheit);* es gibt keine klaren -en; sie wurde mit überwältigender M. gewählt; **b)** *Gruppe, die den größeren Teil der abgegebenen Stimmen bekommen hat.*

mehr|heit|lich ⟨Adj.⟩: **1.** *in, mit der Mehrheit,* *Mehrzahl; überwiegend:* etw. m. beschließen. **2.** (schweiz.) *meistens:* m. in den Landzeitungen findet sich diese Ansicht.

Mehr|heits|ak|ti|o|när, der: *Aktionär, der mehr als die Hälfte der Aktien einer Aktiengesellschaft besitzt.*

Mehr|heits|ak|ti|o|nä|rin, die: w. Form zu ↑ Mehrheitsaktionär.

Mehr|heits|be|schluss, der: *aufgrund einer Mehrheit gefasster Beschluss.*

Mehr|heits|be|tei|li|gung, die (Wirtsch.): *Besitz der Mehrheit der Anteile od. der Stimmrechte eines rechtlich selbstständigen Unternehmens.*

Mehr|heits|eig|ner, der: vgl. Mehrheitsaktionär.

Mehr|heits|eig|ne|rin, die: w. Form zu ↑ Mehrheitseigner.

Mehr|heits|ent|schei|dung, die: *durch die Mehrheit* (1) *getroffene Entscheidung.*

mehr|heits|fä|hig ⟨Adj.⟩: *so beschaffen, dass eine Stimmenmehrheit erwartet werden kann:* m. sein.

Mehr|heits|ge|sell|schaf|ter, der (Wirtsch.): *Hauptgesellschafter.*

Mehr|heits|ge|sell|schaf|te|rin, die: w. Form zu ↑ Mehrheitsgesellschafter.

Mehr|heits|mei|nung, die: *Meinung der Mehrheit.*

Mehr|heits|prin|zip, das: *Prinzip, dass der Wille der Mehrheit [des Volkes] ausschlaggebend ist.*

Mehr|heits|ver|hält|nis, das ⟨meist Pl.⟩: *Verhältnis, in dem sich Mehrheit u. Minderheit od. verschiedene Mehrheiten vergleichen lassen.*

Mehr|heits|wahl, die: *Wahlsystem, bei dem der Kandidat gewählt ist, der die relative, absolute od. qualifizierte Mehrheit hat; Direktwahl* (2).

Mehr|heits|wahl|recht, das: *Wahlverfahren, bei dem die Mehrheit der für einen Kandidaten abgegebenen Stimmen [in einem Wahlbezirk] ausschlaggebend ist.*

mehr|jäh|rig ⟨Adj.⟩: **1. a)** *einen Zeitraum von mehreren Jahren umfassend:* eine -e Berufspraxis; **b)** *[bereits] mehrere Jahre dauernd:* eine -e Freundschaft. **2.** (Bot.) *(von Blütenpflanzen, Kräutern) nach einigen Jahren zu einmaliger Blüte u. Fruchtreife gelangend u. danach absterbend.*

Mehr|kampf, der (Sport): *Wettkampf, der aus mehreren Einzeldisziplinen besteht.*

Mehr|ka|nal|ton|sys|tem, das: *System, bei dem zur Tonwiedergabe mehrere Kanäle benutzt werden.*

Mehr|kos|ten ⟨Pl.⟩: vgl. Mehraufwand.

Mehr|leis|tung, die: **1.** vgl. Mehraufwand. **2.** *zusätzliche Leistung.*

Mehr|ling, der; -s, -e: *eines von mehreren gleichzeitig ausgetragenen Kindern einer Mutter.*

mehr|ma|lig ⟨Adj.⟩: *mehrere Male geschehend.*

mehr|mals ⟨Adv.⟩: *mehrere Male; des Öfteren:* etw. m. versuchen; Höflich gab der Knecht Antwort, verbeugte sich m. vor dem Römer (Ransmayr, Welt 184).

mehr|mas|tig ⟨Adj.⟩: *mit mehreren* ¹*Masten ausgerüstet.*

mehr|mo|na|tig ⟨Adj.⟩: *mehrere Monate dauernd:* -e Bauarbeiten.

Mehr|par|tei|en|sys|tem, das (Politik): *von mehreren Parteien getragenes politisches System.*

Mehr|pha|sen|strom, der (Elektrot.): *Stromart mit mehreren, zeitlich gegeneinander verschobenen Wechselströmen.*

mehr|po|lig ⟨Adj.⟩: *mehrere* ¹*Pole* (2b) *habend, mit mehreren* ¹*Polen* (2b) *[versehen].*

mehr|schich|tig ⟨Adj.⟩: *aus mehreren Schichten bestehend.*

mehr|sei|tig ⟨Adj.⟩: *aus mehreren Seiten [bestehend]; mehrere Seiten enthaltend.*

mehr|sil|big ⟨Adj.⟩: vgl. mehrteilig.

mehr|spra|chig ⟨Adj.⟩: **a)** *in mehreren Sprachen*

[abgefasst]: ein -es Wörterbuch; **b)** mehrere Sprachen sprechend.
Mehr|sprachig|keit, die; -: *das Mehrsprachigsein; Fähigkeit, mehrere Sprachen zu sprechen.*
mehr|spurig ⟨Adj.⟩: *mehrere Fahrspuren aufweisend.*
◆ **mehrst...:** Sup. von ↑¹mehr (2): *Der Graf von Luxemburg ist von den mehrsten Stimmen schon bezeichnet* (Schiller, Tell V, 1).
mehr|stellig ⟨Adj.⟩: *(in Bezug auf Zahlenangaben) aus mehreren Stellen (3b) bestehend.*
mehr|stimmig ⟨Adj.⟩ (Musik): *aus mehreren Stimmen bestehend; von mehreren Stimmen gesungen.*
mehr|stöckig ⟨Adj.⟩: *mehrere Stockwerke aufweisend.*
Mehr|stufe, die (Sprachwiss.): *Komparativ.*
Mehr|stufen|rakete, die (Technik): *Rakete aus mehreren Teilen mit je einem Triebwerk.*
mehr|stufig ⟨Adj.⟩: **a)** vgl. mehrteilig: *eine -e Leiter;* **b)** (Technik) *mehrere Teile mit je einem Triebwerk aufweisend: eine -e Rakete.*
mehr|stündig ⟨Adj.⟩: *mehrere Stunden dauernd.*
mehr|tägig ⟨Adj.⟩: vgl. mehrstündig.
mehr|teilig ⟨Adj.⟩: *aus mehreren Teilen bestehend.*
Meh|rung, die; -, -en ⟨Pl. selten⟩ [mhd. mērunge, ahd. mērunga] (geh.): *das Mehren* (1).
Mehr|völker|staat, der: *Nationalitätenstaat.*
Mehr|weg|flasche, die: *Flasche, die [als Pfandflasche] vom Händler zurückgenommen wird u. die erneut in Umlauf kommt.*
Mehr|weg|ver|packung, die: *zu mehrmaligem Gebrauch bestimmte Verpackung.*
Mehr|wert, der ⟨o. Pl.⟩: **1.** *Zuwachs an Wert, der durch ein Unternehmen erarbeitet wird.* **2.** (marx.) *den Lohn übersteigender Wert, den die Arbeiterschaft produziert.*
Mehr|wert|dienst, der: *Kommunikationsdienst, der mehrere Dienstleistungen anbietet.*
Mehr|wert|steu|er, die (Wirtsch.): *von einem Unternehmen auf den Verkaufspreis eines Produktes aufgeschlagene Umsatzsteuer, die an das Finanzamt abgeführt wird* (Abk.: MwSt.).
Mehr|wert|steu|er|er|hö|hung, die (Wirtsch.): *Erhöhung der Mehrwertsteuer.*
mehr|wö|chig ⟨Adj.⟩: vgl. mehrstündig.
Mehr|zahl, die: **1.** ⟨Pl. selten⟩ (Sprachwiss.) *Plural.* **2.** ⟨o. Pl.⟩ *größerer Teil einer bestimmten Anzahl.*
mehr|zei|lig ⟨Adj.⟩: vgl. mehrteilig.
mehr|zel|lig ⟨Adj.⟩: vgl. mehrteilig: *-e Algen.*
Mehr|zweck|ge|rät, das: *Gerät, das verschiedenen Zwecken dient.*
Mehr|zweck|hal|le, die: *für verschiedene Zwecke genutzte Halle.*
Mehr|zweck|tisch, der: vgl. Mehrzweckgerät.
mei|den ⟨st. V.; hat⟩ [mhd. mīden, ahd. mīdan, urspr. = (den Ort) wechseln, (sich) verbergen, (sich) fernhalten u. verw. mit dem unter ↑ Meineid genannten Adj.] (geh.): *jmdm., einer Sache bewusst ausweichen, aus dem Wege gehen; sich von jmdm., etw. fernhalten:* jmdn., etw. m.; *die beiden meiden sich, einander;* Alkohol m. *(keinen Alkohol trinken);* Ü *der Schlaf meidet ihn;* Nach solchen Tagen ... war Tereus so müde, unbereechenbar und wütend, dass ihn mied, wer ihn m. konnte (Ransmayr, Welt 30).
Mei|er, der; -s, - [mhd. meier, ahd. meiur, maior, gek. aus spätlat. maior domus, ↑ Majordomus]: **1.** (Geschichte) *Verwalter eines Fronhofs.* **2.** (veraltet, noch landsch.) *Pächter, Verwalter eines Gutes;* ◆ *... die Beförderung zum Aufseher und dann zum M.* (Ebner-Eschenbach, Gemeindekind 62). **3.** [nach dem häufigen Familiennamen Meier] * **wenn ..., dann heiß ich M.; ich will M. heißen, wenn ...** (ugs.; *das, was vielleicht ver-*

mutet werden könnte, ist bestimmt nicht der Fall).
Mei|e|rei, die; -, -en: **1.** [spätmhd. meirīe] (veraltet) *von einem Meier* (2) *verwaltetes Gut.* **2.** (landsch.) *Molkerei.*
Mei|e|rin, die; -, -nen: w. Form zu ↑ Meier (2).
Mei|le, die; -, -n [mhd. mīle, ahd. mīl(l)a < lat. milia = römische Meile, für: mille (milia) passuum = tausend Doppelschritte]: **1.** *frühere Längeneinheit unterschiedlicher Größe (als Wegemaß):* die preußische, geografische, englische M.; (Leichtathletik:) *die M. (Strecke der englischen Meile von 1 609,30 m) laufen;* tausend -n (dichter.; *sehr weit*) von hier entfernt;
◆ Sie kömmt sechs -n Weges vom Lande (Cl. Brentano, Kasperl 345); * **drei, sieben** usw. **-n gegen den Wind** (abwertend; *[bes. von Gerüchen] sehr stark u. aufdringlich:* ihr Parfüm riecht, man riecht ihr Parfüm drei -n gegen den Wind; man hört dich drei -n gegen den Wind). **2.** (ugs.) *lange, gerade verlaufende Straße in einer Stadt, wo etw. Bestimmtes abspielt:* * **sündige M.** *(Amüsierviertel).*
Meil|len|stein, der: **1.** (früher) vgl. Kilometerstein. **2.** (emotional) *wichtiger Einschnitt, Wendepunkt o. Ä. in einer Entwicklung:* -e der Menschheitsgeschichte.
mei|llen|weit [auch: ˈmaɪlənvaɪt] ⟨Adj.⟩ (emotional): *sehr weit:* m. sah man das lodernde Feuer; Ü sie war m. von einer Lösung des Falles entfernt.
Meil|ler, der; -s, - [spätmhd. mīler, wohl zu mlat. miliarium = Anzahl von tausend Stück, zu lat. mille = tausend; nach der Vielzahl des aufgeschichteten Holzes]: **1.** Kurzf. von ↑ Kohlenmeiler. **2.** Kurzf. von ↑ Atommeiler.
¹mein ⟨Possessivpron.; bezeichnet die Zugehörigkeit zur zum Sprechenden⟩ [mhd., ahd. mīn]: **1. a)** ⟨vor einem Subst.⟩ m. Bruder; -e Brille; hast du -en Brief bekommen?; von -em Geld; (verblasst in bestimmten Anreden:) -e Damen und Herren!; m. Englisch ist nicht sehr gut; m. liebes Kind; m. Husten ist sehr hartnäckig; abends trinke ich -e fünf Bier; **b)** als Ausdruck einer Gewohnheit, regelmäßigen Zugehörigkeit, Regel o. Ä. in Bezug auf die eigene Person: ich mache dieses Jahr wieder -e Kur (ugs.; *die Kur, die ich schon öfter gemacht habe*); ich habe heute -en Zug versäumt (ugs.; *den Zug, den ich gewöhnlich benutze*); **c)** ⟨o. Subst.⟩ ist das deine Brille oder -e?; das dickere der Bücher ist -s, (geh.:) -es. **2.** (mit Art.) (geh.): sein Stuhl stand unmittelbar neben dem -en; die Meine/die -e *(meine Frau);* das Meine/das -e *(mein Eigentum);* die Meinen/die -en *(meine Familie);* ich habe das Meine/das -e *(das, was ich tun konnte)* getan; * **Mein und Dein verwechseln/nicht unterscheiden können** (verhüll.; *sich leicht an fremdem Eigentum vergreifen; im Hinblick auf das Eigentum anderer nicht ganz zuverlässig sein).*
²mein [mhd., ahd., mīn] (dichter. veraltet): Gen. von ↑ ich.
Mein|eid, der; -[e]s, -e [mhd. meinit, ahd. meineid, zu mhd., ahd. mein = falsch, betrügerisch (urspr. = vertauscht, verwendet u. ↑ Eid]: *Eid, mit dem wissentlich, vorsätzlich etwas Unwahres beschworen wird:* einen M. schwören, leisten; sie wurde wegen -s verurteilt.
mein|ei|dig ⟨Adj.⟩: *einen Meineid schwörend:* ein -er Zeuge; m. werden, sein.
mei|nen ⟨sw. V.; hat⟩ [mhd. meinen, ahd. meinan]: **1. a)** *(in Bezug auf jmdn., etw.) eine bestimmte Ansicht, Meinung haben, vertreten:* sie meinte, man könne nicht so verfahren; meinen (glaubst) Sie, das hätte keiner gemerkt?; das meine ich auch! (ich bin der gleichen Auffassung!); er meint (denkt) immer, alle müssten sich nach

ihm richten; ich würde m. (ich bin der Meinung), dies ist keine gute Entscheidung; man könnte m. (den Schluss ziehen), es wäre alles vergebens gewesen; man sollte m., du hättest mehr Verstand (es ist unbegreiflich, dass du so ohne Verstand handelst); meinst du das im Ernst? (ist das wirklich deine Überzeugung, Meinung?); als Bekräftigungsformel: das will ich m.! (ugs.; *natürlich ist das so!*); was meinst du zu dieser Sache? (wie stehst du dazu?); wenn Sie meinen!; ⟨auch ohne Akk.-Obj.:⟩ ich meine ja nur [so]! (ugs.; *es war ja nur ein Vorschlag von mir!*); (als [erstaunte, verwunderte] Rückfrage auf jmds. Äußerung:) meinen Sie?, meinst du?; (als einräumende Feststellung:) wenn du meinst!; **b)** *sagen wollen, zum Ausdruck bringen wollen:* das habe ich nicht gemeint; was hat sie mit ihrer Bemerkung gemeint?; in Frageflöskeln: was meinen Sie? (ugs.; als Rückfrage, wenn jemand die Äußerung eines anderen nicht verstanden hat; *bitte?*); (veraltet od. scherzh.:) wie meinen? **2.** *(bei einer Äußerung, Handlung o. Ä.) im Sinn, im Auge haben:* welches Buch meinst du?; meinen Sie mich?; ich meine etwas ganz anderes; was meinst du damit? (*willst du damit sagen?*); wie meinst du das? (*wie soll ich deine Äußerung verstehen?*) **3.** (geh.) *im Hinblick auf etw. eines bestimmten Glaubens, einer bestimmten Überzeugung sein; wähnen:* sich im Recht m.; sie meinte (glaubte) zu träumen; ... und betrachtete die Gesichter der Zuschauer im blauen Widerschein. In ihrem Mienenspiel meinte er manchmal die Macht und die Unerfüllbarkeit seiner eigenen Sehnsüchte wiederzuerkennen (Ransmayr, Welt 24). **4.** *etw. mit einer bestimmten Absicht, Einstellung o. Ä. sagen od. tun:* etw. ironisch, ernst, aufrichtig, nicht wörtlich m.; es ehrlich m.; es war nicht böse gemeint; sie hatte es nicht so gemeint (ugs.; *es sollte keine Kränkung sein*); er meinte es gut mit uns *(war uns freundlich gesinnt);* er hat es niemals ehrlich mit ihr gemeint *(hat nur sein Spiel mit ihr getrieben);* Ü die Sonne meint es heute gut (ugs.; *scheint sehr intensiv*). **5.** *sagen.*
◆ **6.** * **gemeint sein** (*gewillt sein, entschlossen sein*).

meilner (geh.): Gen. von ↑ ich.
meilner|seits ⟨Adv.⟩ [↑ -seits]: *von mir aus, von meiner Seite aus:* ich m. habe/habe m. nichts gegen die Sache unternommen; »Ich freue mich, Sie kennengelernt zu haben!« – »Ganz m.!« (als Antwortfloskel; *ich freue mich ebenso*).
meilnes|glei|chen (indekl. Pron.) [eigtl. erstarrter Gen., mhd. mīn geliche, ahd. mīn giliccho]: *jmd., Leute meines [Berufs]standes, meiner Art o. Ä. (jemand wie ich)* kann sich das nicht leisten.
meilnet|hal|ben ⟨Adv.⟩ [gek. aus: von meinethalben, mhd. mīn(en)halben; ↑ -halben] (veraltend): *meinetwegen.*
meilnet|we|gen ⟨Adv.⟩ [älter: von meinet- (meinen) wegen]: **1.** *aus Gründen, die mich betreffen; mir zuliebe; um meinetwillen:* bist du m. gekommen?; m. brauchst du nicht zu warten; ... ach, du hast m. ja auch auf mancherlei verzichtet (Hochhuth, Stellvertreter 105). **2.** (ugs.) *von mir aus:* m.! *(ich habe nichts dagegen).* **3.** *zum Beispiel; angenommen:* zunächst absolviert du ein Studium, m. Maschinenbau.
meilnet|wil|len ⟨Adv.⟩ [älter: umb meinet (meinen) willen, ↑ willen]: nur in der Fügung **um m.** *(mit Rücksicht auf mich; mir zuliebe:* um m. brauchst du nichts zu ändern).
meilni|ge, der, die, das; -n, -n ⟨Possessivpron.; immer mit Art.⟩ (geh. veraltend): *der, die, das* ¹*meine* (2): ⟨subst.:⟩ ich werde das Meinige/das m. *(mein Teil)* dazu beitragen; wird die Meinige/die m. *(meine Frau).*

Mei|nung, die; -, -en [mhd. meinunge, ahd. meinunga, zu ↑ meinen]: **a)** *persönliche Ansicht, Überzeugung, Einstellung o. Ä., die jmd. in Bezug auf jmdn., etw. hat* (u. *die sein Urteil bestimmt):* eine vorgefasste M. haben; die -en über den Fall sind geteilt; meine unmaßgebliche M. ist, dass sie nicht infrage kommt; seine M. sagen; sich einn. M. bilden *(einen Einblick verschaffen, der ein Urteil ermöglicht);* eine bestimmte M. vertreten; jmds. M. [nicht] teilen [können]; über etw. anderer M. sein; ich bin der M. *(bin davon überzeugt),* dass der Termin nicht zu halten ist; eine schlechte, hohe M. *(ein negatives, [sehr] positives Urteil)* von jmdm. haben; an seiner M. festhalten; jmdn. nach sie nach ihrer M., um ihre M. gefragt; nach meiner M./meiner M. nach ist die Sache längst entschieden; als Bekräftigungsformel: ganz meine M.! *(so denke ich auch darüber);* ... er trägt ein Western-Hemd nicht in der M., dass es ihn jünger mache, sondern weil es praktisch ist (Frisch, Montauk 55); * **jmdm. die/**(seltener:) **seine M. sagen/**(salopp:) **geigen** *(jmdm. unmissverständlich seinen Unwillen zu erkennen geben; jmdn. wegen etw. scharf zurechtweisen);* **b)** *im Bewusstsein der Allgemeinheit [vor]herrschende Auffassungen hinsichtlich bestimmter [politischer] Sachverhalte:* die allgemeine M. zu ermitteln suchen; die öffentliche M. *(die Meinung, das Urteil der Öffentlichkeit;* LÜ von frz. opinion publique); die veröffentliche M. *(die bes. von den Massenmedien verbreitete Meinung zu bestimmten Ereignissen, die die Meinungsbildung der Öffentlichkeit beeinflusst, steuert);* Die damals herrschende M. ging sogar dahin, man könne gar nicht langsam genug bauen (Kafka, Erzählungen 304).
Mei|nungs|äu|ße|rung, die: **1.** *das Äußern einer Meinung.* **2.** (seltener) *geäußerte Meinung.*
Mei|nungs|aus|tausch, der: *mündlicher od. schriftlicher Austausch von Meinungen zu einer bestimmten Frage:* ein reger M. über bestimmte Fragen.
Mei|nungs|bild, das: *bildhafter Eindruck von einer Meinung, die zu einer Situation, einem Ereignis o. Ä. vorherrscht.*
mei|nungs|bil|dend ⟨Adj.⟩: *auf das Entstehen einer bestimmten Meinung der Öffentlichkeit Einfluss habend:* -e Autoren; dieses Magazin wirkt m.
Mei|nungs|bild|ner, der (Kommunikationsf.): *jmd., der auf die Meinungsbildung breiter Schichten Einfluss hat.*
Mei|nungs|bild|ne|rin, die: w. Form zu ↑ Meinungsbildner.
Mei|nungs|bil|dung, die ⟨Pl. selten⟩ (Kommunikationsf.): *Bildung einer Meinung (zu einer bestimmten Frage) im Einzelindividuum, in der Gesellschaft.*
Mei|nungs|bil|dungs|pro|zess, der (Kommunikationsf.): *Vorgang, Prozess der Meinungsbildung.*
Mei|nungs|fin|dung, die: *Suche nach einer gemeinsamen Meinung innerhalb einer Gruppe, die als Handlungsgrundlage dient [u. von den Gruppenmitgliedern einheitlich nach außen vertreten werden soll]:* demokratische, politische M.; die M. in der Fraktion einer Partei.
Mei|nungs|for|scher, der: *jmd., der auf dem Gebiet der Meinungsforschung tätig ist.*
Mei|nungs|for|sche|rin, die: w. Form zu ↑ Meinungsforscher.
Mei|nungs|for|schung, die: **1.** ⟨o. Pl.⟩ *Forschungsgebiet, das sich mit der Erforschung der in der Gesellschaft herrschenden Meinungen (zu bestimmten Fragen) beschäftigt.* **2.** *Erforschung einer bestimmten herrschenden Meinung mit den Methoden der Meinungsumfrage:* M. betreiben.
Mei|nungs|for|schungs|in|s|ti|tut, das: *Institut, das Meinungsumfragen durchführt u. auswertet.*
Mei|nungs|frei|heit, die ⟨o. Pl.⟩: *Recht der freien Meinungsäußerung.*
Mei|nungs|füh|rer, der [LÜ von engl. opinion leader] (Kommunikationsf.): *jmd., der die allgemeine Meinung einer Gruppe od. breiter Schichten der Bevölkerung vertritt, repräsentiert.*
Mei|nungs|füh|re|rin, die: w. Form zu ↑ Meinungsführer.
Mei|nungs|füh|rer|schaft, die: *Führerschaft* (1) *im Hinblick auf die allgemeine Meinung einer Gruppe od. breiter Schichten der Bevölkerung.*
Mei|nungs|ma|cher, der ⟨meist Pl.⟩ (ugs.): *Meinungsbildner:* die Medien sind M. in der Gesellschaft.
Mei|nungs|ma|che|rin, die: w. Form zu ↑ Meinungsmacher.
Mei|nungs|streit, der: *Diskussion, in der einander entgegengesetzte Meinungen aufeinandertreffen; Kontroverse.*
Mei|nungs|test, der: *Meinungsumfrage.*
Mei|nungs|um|fra|ge, die: *[systematische] Befragung einer [größeren] Anzahl von Personen nach ihrer Meinung zu einem bestimmten Problem.*
Mei|nungs|un|ter|schied, der ⟨meist Pl.⟩: *unterschiedliche Meinung in einer bestimmten Frage, Angelegenheit.*
Mei|nungs|ver|schie|den|heit, die: **1.** ⟨meist Pl.⟩ *Unterschiedlichkeit, Gegensätzlichkeit in der Beurteilung, Einschätzung von etw.:* zwischen den Teilnehmern bestanden erhebliche -en. **2.** (verhüll.) *(mit Worten ausgetragener) Streit, Auseinandersetzung.*
Mei|nungs|viel|falt, die: *Vielfalt von Meinungen in bestimmtem Zusammenhang.*
Mei|o|se, die; -, -n [griech. meíōsis = das Verringern] (Genetik): *(bei der Zellteilung) in zwei unterschiedlichen Prozessen verlaufende Reduktion des bei der Befruchtung verdoppelten Bestandes an Chromosomen um die Hälfte, um so ihre Zahl pro Zelle konstant zu halten; Reduktionsteilung; Reifeteilung.*
Mei|ran, der; -s, -e (seltener): *Majoran.*
Mei|se, die; -, -n [mhd. meise, ahd. meisa, wahrscheinlich eigtl. = die Kleine, Schmächtige, wohl nach der kleinen Gestalt]: *(in zahlreichen Arten vorkommender) kleiner Singvogel mit spitzem Schnabel u. verschiedenfarbigem Gefieder:* * **eine/'ne M. haben** (salopp; *nicht recht bei Verstand sein:* du hast 'ne M.!)
Meis|je, das; -s, -s [niederl. meisje, Vkl. von: meid = Mädchen]: *holländisches Mädchen.*
Mei|ßel, der; -s, - [mhd. meizel, ahd. meizil, zu mhd. meizen, ahd. meiʒan = (ab)schneiden, (ab)hauen]: **1.** *der Bearbeitung bes. von Stein u. Metall dienendes, je nach Verwendungszweck verschieden geformtes Werkzeug aus Stahl, das an einem Ende keilförmig zugespitzt u. mit einer scharfen Schneide versehen ist.* **2.** *in der Chirurgie verwendetes Instrument von der Form eines Flach- od. Hohlmeißels.*
mei|ßeln ⟨sw. V.; hat⟩ [mhd. meizeln]: **1. a)** *mit dem Meißel* (1) *arbeiten:* an einer Skulptur m.; **b)** *mit dem Meißel bearbeiten:* Naturstein, ein Werkstück m.; **c)** *mithilfe eines Meißels, durch Bearbeitung mit dem Meißel herstellen, schaffen:* eine Statue [aus Marmor] m.; ein Loch [in die Wand] m.; sein Kopf war wie gemeißelt *(war ebenmäßig geformt).* **2.** *einen chirurgischen Eingriff (im Bereich des Knochengerüstes) mit einem Meißel* (2) *vornehmen.*
Mei|ßen: Stadt an der Elbe.
¹Mei|ße|ner, ¹Meißner, der; -s, -: Ew.
²Mei|ße|ner, ²Meißner ⟨indekl. Adj.⟩: die alten M. Porzellanmanufakturen.
Mei|ße|ne|rin, die; -, -nen: w. Form zu ↑ ¹Meißener.
Meis|se|ner Por|zel|lan®, das; - -s: *Porzellan aus der Porzellanmanufaktur in Meißen.*
mei|ße|nisch ⟨Adj.⟩: *Meißen, die Meißener betreffend; von den Meißenern stammend, zu ihnen gehörend.*
¹Meiß|ner: ↑ ¹Meißener.
²Meiß|ner: ↑ ²Meißener.
Meiß|ne|rin, die; -, -nen: w. Form zu ↑ ¹Meißner.
meiß|nisch: ↑ meißenisch.
meist ⟨Adv.⟩ [mhd., ahd. meist]: *in der Regel, für gewöhnlich, in der Mehrzahl der Fälle, fast immer, meistens:* die Besucher sind m. junge Leute; es war m. schönes Wetter.
meist... ⟨Indefinitpron. u. unbest. Zahlw.⟩ [mhd., ahd. meist; Sup. von viel]: **1.** *die größte Anzahl, Menge von etw.:* sie hat das meiste Geld; die meiste *(größte)* Angst hatte er. **2.** *der größte Teil (einer bestimmten Anzahl od. Menge); die Mehrzahl* (2): die meiste Zeit des Jahres ist er auf Reisen; ⟨allein stehend:⟩ das meiste/das Meiste war unbrauchbar; die meisten/die Meisten *(die meisten Menschen)* haben kein Interesse daran; die meisten der Kollegen; du hast das meiste/das Meiste/am meisten gegessen; das jüngste Kind liebte sie am meisten *(vor allen anderen, in höchstem Maße);* ⟨vor einem Adj. zur Umschreibung des Sup.:⟩ das am meisten verkaufte Buch der Saison; die am meisten befahrene Straße.
meist|be|güns|tigt ⟨Adj.⟩: *am meisten begünstigt.*
Meist|be|güns|ti|gung, die (Wirtsch.): *Zuerkennung von Vorteilen an einen Außenhandelspartner, die anderen Handelspartnern bereits gewährt werden.*
Meist|be|güns|ti|gungs|klau|sel, die (Wirtsch.): *die Meistbegünstigung betreffende Klausel.*
meist|be|sucht ⟨Adj.⟩: *am meisten, am häufigsten besucht.*
meist|bie|tend ⟨Adj.⟩ (Kaufmannsspr.): *(bei einem Kauf, einer Versteigerung) das höchste Gebot abgebend:* die -e Investorin wollte eine siebenstellige Summe anlegen; etw. m. versteigern *(gegen höchstes Gebot* 4).
Meist|bie|ten|de, die/die Meistbietende; der/einer Meistbietenden, die Meistbietenden/zwei Meistbietende: *weibliche Person, die bei einer Versteigerung, einem Kauf das höchste Gebot* (4) *abgibt.*
Meist|bie|ten|der, der Meistbietende/ein Meistbietender; des Meistbietenden, die Meistbietenden/zwei Meistbietende: *jmd., der bei einer Versteigerung, einem Kauf das höchste Gebot* (4) *abgibt.*
meis|tens ⟨Adv.⟩: *in den meisten Fällen; meist:* m. benutze ich den Bus.
meis|ten|teils ⟨Adv.⟩: *meistens, zum größten Teil.*
Meis|ter, der; -s, - [mhd. meister, ahd. meistar < lat. magister, ↑ Magister]: **1. a)** *Handwerker, der seine Ausbildung mit der Meisterprüfung abgeschlossen hat:* der M. und die Gesellen; den/seinen M. machen (ugs.; *die Meisterprüfung in einem Handwerk ablegen);* **b)** *jmd., der als Meister* (1 a) *in einem Betrieb arbeitet u. einem bestimmten Arbeitsbereich vorsteht.* **2.** *Könner auf seinem Gebiet, in seiner Kunst:* er ist ein M. [seines Fachs]; ein M. der Sprache; (iron.:) er ist ein M. im Erfinden von Ausreden; (geh.:) Ich habe einen Freund, Redakteur Filippi Filippi, einen M. der Feder *(mit großem Talent zum Schreiben;* Thieß, Legende 149); **Spr** es ist noch kein M. vom Himmel gefallen; * **seinen M. finden; in jmdm. seinen M. gefunden haben** *(auf jmdn. treffen, getroffen sein, der einem überle-*

gen ist); jmds., seiner selbst, einer Sache M. werden/sein (veraltend: *jmdn., sich selbst, etw. bezwingen, Herr über etw. werden).* **3.** *großer Künstler (bes. im Bereich von bildender Kunst u. Musik):* die alten M. *(die großen europäischen Maler des Mittelalters u. des Barocks);* das Werk stammt von einem unbekannten M.; die großen M. des Barocks; (in Verbindung mit dem Namen eines von ihm geschaffenen Bildwerks für einen namentlich unbekannten Künstler, z. B.:) der M. des Marienlebens. **4.** (geh.) *bewunderter, verehrter, als Vorbild angesehener Lehrer (im Bereich von Wissenschaft od. Kunst); religiöser Führer, Religionsstifter (im Verhältnis zu seinen Jüngern od. Anhängern):* der M. hat seine Schüler um sich versammelt; sie lauschten den Worten des -s; der M. vom Stuhl *(Präsident einer Freimaurerloge).* **5.** (Sport) **a)** *Person, die eine Meisterschaft im Sport gewonnen hat:* er war deutscher M. im Schwergewicht; **b)** *Mannschaft, die eine Meisterschaft im Sport gewonnen hat:* der 1. F. C. Kaiserslautern wird wieder M. **6.** (salopp) *vertrauliche Anrede an eine männliche Person, häufig an einen Unbekannten:* hallo, M., wie komm ich zum Bahnhof? **7.** * **M.** Adebar *(Storch);* **M.** Grimbart *(der Dachs im Märchen, in der Fabel;* nach dem ahd. m. Vorn. Grimbert); **M. Hämmerlein** († Hämmerlein); **M.** Lampe *(der Hase im Märchen, in der Fabel;* Kurzf. des m. Vorn. Lamprecht); **M.** Petz *(der Bär im Märchen, in der Fabel;* älter: Betz, Kosef. des m. Vorn. Bernhard).

Meis|ter-: 1. drückt in Bildungen mit Substantiven aus, dass jmd. als Meister seines bzw. Meisterin ihres Fachs, als großer Könner, große Könnerin angesehen wird: Meisterköchin, -spion. **2.** kennzeichnet in Bildungen mit Substantiven etw. als meisterhaft, großartig: Meisterleistung, -schuss.

Meis|ter|bau|er, der; -n (selten: -s), -n (DDR): *Ehrentitel für einen Bauern.*
Meis|ter|be|trieb, der: *Betrieb eines Handwerksmeisters, einer Handwerksmeisterin.*
Meis|ter|brief, der: *Zeugnis, das die Prüfung nach bestandener Meisterprüfung erhält.*
Meis|ter|de|tek|tiv, der: *Detektiv, der sein Handwerk meisterhaft beherrscht.*
Meis|ter|de|tek|ti|vin, die: w. Form zu ↑ Meisterdetektiv.
Meis|ter|elf, die (Fußball): *Mannschaft, die Fußballmeister ist.*
Meis|ter|ge|sang, der ⟨o. Pl.⟩: *Meistersang.*
meis|ter|haft ⟨Adj.⟩: **a)** *vollendet (in der Ausführung):* eine -e Arbeit; m. gelingen; **b)** (selten) *(von Personen) Meisterschaft zeigend.*
Meis|ter|hand: meist in den Wendungen aus/ von M. (1. *von einem Meister:* eine Torte aus M., wie von M. gemacht; von M. angefertigt, geschaffen, hergestellt, zubereitet. **2.** *meisterhaft* a: Bilder, Werke, Zeichnungen von M.).
Meis|te|rin, die; -, -nen: **1.** w. Form zu ↑ Meister (1-5). **2.** (veraltet) *Frau des Meisters* (1 a).
Meis|ter|klas|se, die: **1.** *Gruppe von Schülerinnen u. Schülern (einer Kunstakademie od. Musikhochschule), die von einem namhaften Künstler, einer namhaften Künstlerin unterrichtet wird.* **2.** (Sport) *höchste Leistungsklasse (in verschiedenen Sportarten).*
Meis|ter|lehr|gang, der: *der Vorbereitung auf die Meisterprüfung dienender Lehrgang.*
Meis|ter|leis|tung, die: *hervorragende, überdurchschnittliche Leistung, die jmd. vollbracht hat.*
meis|ter|lich ⟨Adj.⟩ [mhd. meisterlich, ahd. meistarlīh]: *meisterhaft.*
meis|tern ⟨sw. V.; hat⟩ [mhd. meistern, ahd. meis-

tarōn]: **a)** *etw., was Schwierigkeiten bietet, bewältigen; bezwingen:* eine Situation, sein Schicksal m.; **b)** *etw. (bes. eine Emotion) im Zaume halten, beherrschen* (2): seinen Zorn, seine Unruhe m., nicht m. können; **c)** *zu handhaben verstehen; meisterhaft beherrschen* (3 a): ein Instrument m.; **e)** (Sportjargon) *bewältigen; schaffen:* der Torwart meisterte den Schuss *(wehrte ihn ab).*
Meis|ter|prü|fung, die: *am Ende eines Meisterlehrgangs abgelegte Prüfung zur Erlangung des Meisterbriefs.*
Meis|ter|sang, der ⟨o. Pl.⟩ (Literaturwiss.): *Kunstrichtung des 15. u. 16. Jh.s mit der von Angehörigen der Zünfte nach festen Regeln hervorgebrachten Dichtung.*
Meis|ter|sang|stro|phe, die (Verslehre): *(bes. von den Dichtern des Meistersangs verwendete) von Aufgesang u. Abgesang gebildete Strophe.*
Meis|ter|schaft, die; -, -en [mhd. meisterschaft, ahd. meistarscaft]: **1.** ⟨o. Pl.⟩ *meisterhaftes Können (auf einem bestimmten Gebiet):* M. auf einem Gebiet, in etw. erlangen; Man begann in jener Zeit überall auf dem Planeten Wert zu legen auf technische M. (Feuchtwanger, Erfolg 215). **2.** (Sport) **a)** *jährlich stattfindender Wettkampf zur Ermittlung der besten Mannschaft od. des besten einzelnen Wettkämpfers, der besten einzelnen Wettkämpferin in einer bestimmten Disziplin:* eine M., -en gewinnen; **b)** *Sieg in einer Meisterschaft* (2 a): die deutsche M. erringen.
Meis|ter|schaft|ler, der; -s, - (schweiz.): *Teilnehmer an einem Meisterschaftskampf.*
Meis|ter|schaft|le|rin, die; -, -nen: w. Form zu ↑ Meisterschaftler.
Meis|ter|schafts|kampf, der (Sport): *Wettkampf um die Meisterschaft* (2 b).
Meis|ter|schafts|spiel, das (Sport): *Mannschaftsspiel bei einer Meisterschaft* (2 a).
Meis|ter|schu|le, die: *Fachschule des Handwerks, in der die Vorbereitung auf die Meisterprüfung stattfindet.*
Meis|ter|schü|ler, der: *Angehöriger einer Meisterklasse* (1).
Meis|ter|schü|le|rin, die: w. Form zu ↑ Meisterschüler.
Meis|ter|schuss, der: *besonders guter Schuss.*
Meis|ter|sin|ger, der: *(einer Handwerkerzunft angehörender) Dichter des Meistersangs.*
Meis|ter|stück, das: **1.** *praktische Arbeit, die bei der Meisterprüfung vorgelegt wird.* **2.** *etw., was von großer Könnerschaft zeugt, meisterhaft ausgeführt ist o. Ä.:* die Torte ist ein wahres M.; das war ein M. an Diplomatie *(war sehr diplomatisch);* (iron.:) das war wieder mal ein M. von dir.
Meis|ter|ti|tel, der: **1.** *Titel des Meisters* (1), *der Meisterin in einem Handwerksberuf.* **2.** (Sport) *Titel des Meisters* (5), *der Meisterin in einer sportlichen Disziplin.*
Meis|ter|werk, das: **1.** *meisterhaftes, hervorragendes Werk der Kunst:* ein musikalisches, literarisches M.; ein M. der Baukunst. **2.** *Meisterstück* (2): das Uhrwerk ist ein M. an Präzision.
meist|ge|bräuch|lich ⟨Adj.⟩: *am meisten gebräuchlich; am gebräuchlichsten.*
meist|ge|braucht ⟨Adj.⟩: *am meisten, am häufigsten gebraucht.*
meist|ge|kauft ⟨Adj.⟩: *am meisten, am häufigsten gekauft.*
meist|ge|le|sen ⟨Adj.⟩: *am meisten, am häufigsten gelesen.*
meist|ge|sucht ⟨Adj.⟩: *am meisten, am häufigsten gesucht.*
Meist|stu|fe, die (Sprachwiss.): *Superlativ.*
meist|ver|brei|tet ⟨Adj.⟩: *am meisten, am weitesten verbreitet.*

meist|ver|kauft ⟨Adj.⟩: *am meisten, am häufigsten verkauft.*
Meit|ne|ri|um, das; -s [nach der österr.-schwed. Physikerin Lise Meitner (1878–1968)]: *radioaktives metallisches Transuran* (Zeichen: Mt).
Mek|ka, das; -s, -s ⟨Pl. selten⟩ [nach Mekka in Saudi-Arabien, der heiligen Stadt des Islams]: *Stelle, Ort, der ein Zentrum für etw. Bestimmtes ist, das bietet, was jmd. für sich erwartet, u. darum eine große Anziehungskraft ausübt:* das M. des Tennissports.

-mek|ka, das; -s, -s: bezeichnet in Bildungen mit Substantiven einen Ort, eine Einrichtung o. Ä., die in einer bestimmten Beziehung eine Konzentration aufweist u. daher von besonderer Bedeutung ist u. eine große Anziehungskraft ausübt: Mode-, Sex-, Tennismekka.

Me|kong [auch: meˈkɔŋ], der; -[s]: *Fluss in Südostasien.*
Me|kong|del|ta, Me|kong-Del|ta, das: *Delta des Mekongs.*
Me|la|min|harz, das [Kunstwort]: *helles, lichtbeständiges Kunstharz, das zur Herstellung von Gebrauchsartikeln, Pressmassen, Klebstoffen, zur Imprägnierung von Textilien u. a. verwendet wird.*
◆ **Me|lan|cho|lei:** ↑ Melancholie: ... ein trefflicher Junge, ... wenn er sich nicht in neuerer Zeit hin und wieder durch sonderbare M. prostituierte (Hauff, Jud Süß 386).
Me|lan|cho|lie [melaŋkoˈliː], die; -, (Psychol.:) -n [mhd. melancoli(a), melancolei < spätlat. melancholia < griech. melagcholía, eigtl. = Schwarzgalligkeit, zu: mélas = schwarz u. cholḗ = Galle; nach antiken med. Anschauungen galt die Schwermut als Folge einer durch den Übertritt von verbrannter schwarzer Galle in das Blut verursachten Erkrankung]: *von großer Niedergeschlagenheit, Traurigkeit od. Depressivität gekennzeichneter Gemütszustand:* M. befiel ihn; sie verfiel in M.; etw. erfüllt jmdn. mit M.
Me|lan|cho|li|ker, der; -s, - [zu ↑ melancholisch; nach der Typenlehre des altgriech. Arztes Hippokrates]: *jmd., der zu Depressivität u. Schwermütigkeit neigt.*
Me|lan|cho|li|ke|rin, die; -, -nen: w. Form zu ↑ Melancholiker.
me|lan|cho|lisch ⟨Adj.⟩ [lat. melancholicus < griech. melagcholikós, eigtl. = schwarzgallig]: **a)** *von Melancholie befallen; niedergedrückt:* ein -er Mensch; der graue Himmel machte m.; **b)** *Melancholie hervorrufend; Düsternis ausstrahlend:* ein -er *(düsterer, trauriger)* Anblick.
Me|la|ne|si|en; -s: *westpazifisches Inselgebiet nordöstlich von Australien.*
Me|la|ne|si|er, der; -s, -: Ew.
Me|la|ne|si|e|rin, die; -, -nen: w. Form zu ↑ Melanesier.
me|la|ne|sisch ⟨Adj.⟩: **a)** *Melanesien, die Melanesier betreffend; von den Melanesiern stammend, zu ihnen gehörend;* **b)** *in der Sprache der Melanesier [verfasst].*
Me|lan|ge [meˈlɑ̃ːʒə, österr.: ...ˈlãːʃ], die; -, -n [frz. mélange = Mischung, zu: mêler, über das Vlat. zu lat. miscere = mischen]: **1.** (bildungsspr.) *Mischung, Gemisch.* **2.** (Fachspr.) *Mischfarbe.* **3.** (Textilind.) **a)** *aus verschiedenfarbigen Fasern hergestelltes Garn;* **b)** *aus Melange* (3a) *hergestelltes Gewebe.* **4.** (österr.) *Milchkaffee, der zur Hälfte aus Milch besteht u. im Glas serviert wird.*
Me|la|nin, das; -s, -e [zu griech. mélas (Gen.: mélanos) = schwarz] (Biol.): *vom Organismus*

Melanismus – Melodrama

gebildeter gelblicher bis brauner od. schwarzer Farbstoff.

Me|la|nịs|mus, der; -, ...men (Biol.): *durch Melanine bewirkte Dunkelfärbung der Körperoberfläche.*

Me|la|nom, das; -s, -e (Med.): *braune bis blauschwarze, bösartige, an Haut u. Schleimhäuten auftretende Geschwulst.*

Me|la|no|se, die; -, -n (Med.): *an Haut u. Schleimhäuten auftretende Dunkelfärbung der Haut.*

Me|la|no|zyt, der; -en, -en ⟨meist Pl.⟩ [zu griech. kýtos = Höhlung, Wölbung] (Med.): *Zelle, in der Melanin gebildet wird.*

Me|lan|za|ni, die; -, - [ital. melanzana, letztlich (mit Änderung des Anlauts) zu arab. (al-)bādinǧān, ↑ Aubergine] (österr.): *Aubergine.*

Me|lạs|ma, das; -s, ...men [zu griech. mélas = schwarz] (Med.): *Hautkrankheit mit Bildung schwärzlicher Flecken.*

Me|lạs|se, die; -, ⟨Arten:⟩ -n [frz. mélasse = Zuckersirup < span. melaza, zu: miel < lat. mel = Honig] (Fachspr.): *bei der Zuckergewinnung anfallender, zähflüssiger brauner Rückstand.*

Me|la|to|nin, das; -s [zu griech. mélas = schwarz u. ↑ Tonus] (Biol.): *Hormon, das den Stoffwechsel senkt.*

Mẹl|bourne [...bən]: *Stadt in Australien.*

Melch|ter, die; -, -n [mhd. nicht belegt, vgl. ahd. (chu)melhtra] (schweiz.): *Melkeimer.*

Mẹl|de, die; -, -n [mhd. melde, ahd. melda, eigtl. = die (mit Mehl) bestäubte]: *(in vielen Arten vorkommende) Pflanze mit spitz zulaufenden Blättern, die an der Unterseite oft hell bestäubt sind.*

Mẹl|de|be|hör|de, die: *Einwohnermeldeamt.*

Mẹl|de|frist, die: *Frist, innerhalb deren eine bestimmte Meldung erfolgt sein muss.*

Mẹl|de|hund, der (Militär): *zum Überbringen von Nachrichten abgerichteter Hund.*

mẹl|den ⟨sw. V.; hat⟩ [mhd. melden, ahd. meldōn, H. u.]: **1.** *(als Nachricht, [offizielle, amtliche] Meldung) bekannt machen, berichten:* die Zeitung meldete einen Flugzeugabsturz; wie bereits [im, vom Fernsehen] gemeldet; wir können bereits die ersten Erfolge m.; Ü Wo sie in diesen Tagen ist, meldet später ein Brief, der mich in Europa erreicht (Frisch, Montauk 186); * **nichts/nicht viel zu m. haben** (ugs.; ↑ bestellen 3 b). **2.** *(einer zuständigen Stelle) mitteilen, zur Kenntnis bringen:* einen Unfall [der Polizei] m.; sich polizeilich m. *(sich anmelden 2)*; er ist als vermisst gemeldet *(er gilt offiziell als vermisst)*; arbeitslos gemeldet sein; Bald danach kam das Mädchen und meldete Besuch, und ein Schwarm von Leuten fand sich zum schwarzen Kaffee ein (Bergengruen, Rittmeisterin 252). **3.** ⟨m. + sich⟩ *sich zur Verfügung stellen; sein Interesse an, seine Bereitwilligkeit zu etw. bekunden:* sich zur Prüfung m. **4.** ⟨m. + sich⟩ *von sich hören lassen, Nachricht geben:* melde dich mal wieder!; der Teilnehmer meldet sich nicht *(nimmt den Telefonhörer nicht ab)*; das Baby meldet sich *(macht sich [durch Weinen] bemerkbar)*; Ü der Winter meldet sich *(kündigt sich an)*. **5.** ⟨m. + sich⟩ *(bes. von Schülern im Unterricht) durch Hochheben des Armes zu erkennen geben, dass man etw. sagen möchte:* die Schüler meldeten sich eifrig. **6.** *(von einem Hund) anschlagen, Laut geben.* **7.** (Jägerspr.) *(vom Hirsch, auch vom Auerhahn) Brunftschreie hören lassen.* **8.** (Sport) *sich anmelden:* der Sprinter hat für den Hürdenlauf gemeldet.

Mẹl|de|pflicht, die: *Pflicht, die zuständige Behörde von bestimmten Sachverhalten in Kenntnis zu setzen.*

mẹl|de|pflich|tig ⟨Adj.⟩: *so beschaffen, dass die zuständige Behörde in Kenntnis gesetzt werden muss:* -e Krankheiten.

Mẹl|de|schluss, der: *Ende der Meldefrist.*

Mẹl|de|stel|le, die: *behördliche, kirchliche o. ä. Stelle, wo jmd. bestimmte Sachverhalte melden kann.*

Mẹl|de|ter|min, der: *Termin, an dem eine bestimmte Meldung erfolgen muss.*

Mẹl|de|we|sen, das ⟨o. Pl.⟩: **1.** *Gesamtheit der gesetzlichen Bestimmungen über die Meldepflicht u. die damit befassten Institutionen.* **2.** *(in der Organisation eines Unternehmens) das Abfassen u. Weiterleiten von Berichten über alle wichtigen Vorgänge innerhalb des Betriebes.*

Mẹl|dung, die; -, -en [mhd. meldunge, ahd. meldunga = Verrat]: **1.** *das Melden, Sichmelden.* **2.** *für die Öffentlichkeit bestimmte [amtliche] (bes. durch die Medien verbreitete) Nachricht:* eine amtliche M.; -en aus dem Kriegsgebiet; die letzten -en des Tages, über das Ereignisse, von den Vorgängen; die M. kam in den Nachrichten; eine M. jagte die andere; eine M. geht durch die Presse; eine M. verbreiten, unterdrücken; die Zeitungen brachten wortreich -en und unbestätigten -en gab es viele Opfer. **3.** *formelle [dienstliche] Mitteilung:* eine kurze, wichtige M.; eine M. überbringen, entgegennehmen; dem Vorgesetzten M. erstatten (Militär; *etw. in dienstlicher Form melden*); M. machen *(etw. bei der Behörde o. Ä. melden)*; jmdn. zur M. bringen (Amtsspr.: *jmdn. melden*). ◆ **4.** *Erwähnung:* Der Herzog bittet, dass den alten Streits beim ersten Wiedersehn mit keinem Worte M. gescheh' (Schiller, Jungfrau III, 2).

◆ **Mẹl|dungs|schrei|ben,** das: *Schreiben, mit dem etw. angekündigt, angezeigt (2 a) wird:* Alle M. und Gevatterbriefe übernahm Mittler (Goethe, Wahlverwandtschaften II, 8).

me|lie|ren ⟨sw. V.; hat⟩ [frz. mêler, ↑ Melange]: **a)** (selten) *mischen, mengen;* ◆ **b)** ⟨m. + sich⟩ *sich einmischen:* ...eine Närrin, die sich abgibt, gelehrt zu sein, sich in die Untersuchung des Kanons meliert (Goethe, Werther II, 15. September).

me|liert ⟨Adj.⟩ [zu älterem melieren < frz. mêler, ↑ Melange]: **a)** (Textilind.) *(von Geweben, Wolle u. Ä.) aus verschiedenfarbigen Fasern gemischt:* -e Wolle; **b)** *(vom Haar) leicht ergraut:* -es Haar.

Me|li|o|ra|ti|on, die; -, -en: **1.** [spätlat. melioratio, zu: meliorare, ↑ meliorieren] (bildungsspr. veraltet) *Verbesserung.* **2.** (Landwirtsch.) *Bodenmelioration.*

me|li|o|rie|ren ⟨sw. V.; hat⟩: **1.** [spätlat. meliorare, zu: lat. melior, Komp. von: bonus = gut] (bildungsspr. veraltet) *verbessern.* **2.** (Landwirtsch.) *Bodenmelioration betreiben.*

Mẹ|lis, der; - [wohl zu griech. méli = Honig]: *weißer Zucker verschiedener Zuckersorten.*

mẹ|lisch ⟨Adj.⟩ [zu ↑ Melos] (Musik, Literaturwiss.): *liedhaft:* -e Poesie (Lyrik).

Me|lịs|ma, das; -s, ...men [griech. mélisma = Gesang, Lied] (Musik): *melodische Verzierung, Koloratur.*

Me|lis|ma|tik [österr. auch: ...'mat...], die; - (Musik): *Kunst der melodischen Verzierung (beim Gesang).*

Me|lịs|se, die; -, -n [mlat. melissa, zu griech. melissophýllon = Bienenkraut, aus: mélissa = Biene u. phýllon = Blatt, Pflanze] *(zu den Lippenblütlern gehörende) Pflanze mit unscheinbaren weißen Blüten u. zitronenähnlich duftenden Blättern, die als Heil- u. Gewürzpflanze verwendet wird.*

mẹlk ⟨Adj.⟩ [mhd. melk, ahd. melch] (veraltet): *Milch gebend:* eine -e Kuh.

Mẹlk|an|la|ge, die: *Anlage zum maschinellen Melken.*

Mẹlk|ei|mer, der: *Eimer, in dem die gemolkene Milch aufgefangen wird.*

mẹl|ken ⟨sw. u. st. V.; melkt/milkt, melkte/molk, hat gemelkt/⟨häufiger:⟩ gemolken⟩ [mhd. melken, ahd. melchan, urspr. wohl = abstreifen, wischen]: **1. a)** *(bei einem Milch gebenden Haustier) Milch (durch streichende u. pressende Bewegungen aus den Händen bzw. maschinell) aus dem Euter zum Austreten bringen:* die Kühe, ein Schaf m.; melk[e]/⟨veraltet:⟩ milk zuerst die Kuh!; ⟨auch ohne Akk.-Obj.:⟩ mit der Hand, von Hand, mit der Melkmaschine m.; **b)** *durch Melken (1 a) gewinnen:* zehn Liter Milch m.; frisch gemolkene Milch; **c)** *(von Ameisen) eine zuckerhaltige Ausscheidung von Blattläusen aufsaugen:* Helmut stand am Fenster und beobachtete mit dem Fernglas, wie in den Fingerhutblüten die zehnmal so großen Ameisen über die Blattläuse hingingen und sie molken (M. Walser, Pferd 124). **2.** (veraltet) *Milch geben:* die Kuh melkt. **3.** (salopp) *jmdn. auf dreiste Art [immer wieder] anpumpen, jmdn. [immer wieder] um Geld bitten:* seine Eltern schamlos m. **4.** (derb) *onanieren.*

Mẹl|ker, der; -s, - [spätmhd. melker]: *jmd., der zur Milchgewinnung gehaltene Rinder betreut, melkt u. a.* (Berufsbez.).

Mẹl|ke|rin, die; -, -nen: w. Form zu ↑ Melker.

Mẹlk|fett, das ⟨Pl. selten⟩: *(früher beim Melken zum Schutz der Kuheuter verwendete) fetthaltige Pflegecreme.*

Mẹlk|ma|schi|ne, die: *Melkanlage.*

Mẹlk|sche|mel, der: *Schemel des Melkers.*

Mẹlk|stand, der: *Melkanlage.*

Mẹl|lah, das; -s [arab. mallāḥ]: *jüdisches Wohnviertel in arabischen Städten (v. a. in Marokko).*

Me|lo|die, die; -, -n [mhd. melodīe < spätlat. melodia < griech. melōidía = Gesang, Singweise, zu: mélos = Lied u. ōdḗ, ↑ Ode]: **1. a)** *singbare, in sich geschlossene Folge von Tönen (in der Vokal- u. Instrumentalmusik):* eine M. trällern; **b)** *Weise, Vertonung (eines Liedes):* das Lied hat eine schöne M.; Wir sangen... »Solang man nüchtern ist« nach der M. von Santa Lucia (Bergengruen, Rittmeisterin 434); **c)** ⟨meist Pl.⟩ *einzelnes [in einen größeren Rahmen gehörendes] Musikstück; Gesangsstück:* beliebte -n; ein Reigen schöner -n. **2.** (Sprachwiss.) *Kurzf. von* ↑ Satzmelodie.

Me|lo|die|gi|tar|rist, der: *Gitarrist einer Band, der keine begleitende, sondern eine melodieführende Funktion hat.*

Me|lo|die|gi|tar|ris|tin, die: w. Form zu ↑ Melodiegitarrist.

Me|lo|die|ins|t|ru|ment, das: *Instrument, das die Melodie führt.*

Me|lo|di|en|fol|ge, die: *Aufeinanderfolge einzelner Musikstücke aus dem Bereich der Unterhaltungsmusik (in einem Programm).*

Me|lo|dik, die; - (Musik): **1.** *Lehre von der Melodie (1 a).* **2.** *Gesamtheit der melodischen Merkmale eines Musikstücks, der melodischen Eigentümlichkeiten [der Werke] eines Komponisten.*

me|lo|di|ös ⟨Adj.⟩ [frz. mélodieux]: *wohlklingend; reich an klanglichen Nuancen.*

me|lo|disch ⟨Adj.⟩: *von einem dem Ohr angenehmen Klang; harmonisch klingend:* eine -e Stimme; m. sprechen.

Me|lo|dram, das; -s, ...men [frz. mélodrame, zu: mélo- (< griech. mélos = Lied) u. drame < griech. drāma, ↑ Drama]: **1.** (Musik) *einzelner melodramatischer Teil einer Bühnenmusik od. Oper.* **2.** *Melodrama.*

Me|lo|dra|ma, das; -s, ...men: **1.** (Literaturwiss., Musik) *(mit Pathos deklamiertes) Schauspiel mit untermalender Musik; Melodram (2).* **2.** (Theater, Film; oft abwertend) *Schauspiel,*

Melodramatik – Meniskus

Film mit rührenden od. rührseligen u. dramatischen Effekten (in pathetischer Inszenierung); Rührstück.

Me|lo|dra|ma|tik (österr. auch: ...'mat...], die; - (bildungsspr., meist iron.): *melodramatische Beschaffenheit. [Vorgehens]weise.*

me|lo|dra|ma|tisch [...'mat...] ⟨Adj.⟩ (bildungsspr., oft iron.): *theatralisch, [übertrieben] pathetisch.*

Me|lo|ma|ne, der; -n, -n (bildungsspr.): *Musikbesessener, sich für Musik Ereifernder.*

Me|lo|ma|nie, die; - (bildungsspr.): *Eiferung für Musik; Musikbesessenheit.*

Me|lo|ma|nin, die; -, -nen: w. Form zu ↑Melomane.

Me|lo|ne, die; -, -n [spätmhd. melone < frz. melon, ital. melone < spätlat. melo, Kurzf. von lat. melopepo < griech. mēlopépōn, eigtl. = reifer Apfel]: **1. a)** *(zu den Kürbisgewächsen gehörende) Pflanze mit großen kugeligen, saftreichen Früchten;* **b)** *Frucht der Melone* (1 a). **2.** (ugs. scherzh.) *Bowler.*

Me|lo|nen|baum, der: *(in tropischen Ländern kultivierter) Baum, an dessen Spitze um den Stamm gebündelt die Papayas (2) wachsen.*

Me|los, das; - [lat. melos < griech. mélos = Lied, Singweise]: **1.** (Musik) *gesangliches Element in der Musik; Melodie* (1 a) *im Unterschied zum Rhythmus.* **2.** (Sprachwiss.) **a)** *Sprachmelodie;* **b)** *klangliche Gestalt einer Dichtung.*

Mel|po|me|ne (griech. Mythol.): *Muse des Trauerspiels.*

Mel|tau, der; -[e]s [urspr. identisch mit ↑Mehltau, dann orthografisch geschieden]: *Honigtau.*

Mem|b|ran, Mem|b|ra|ne, die; -, ...nen [mhd. membrāne = Pergament < lat. membrana = Haut, Häutchen, (Schreib)pergament, zu: membrum = Körperglied]: **1.** (Technik) *dünnes Blättchen aus Metall, Papier o. Ä., das durch seine Schwingungsfähigkeit geeignet ist, Schallwellen zu übertragen (z. B. in Mikrofon, Lautsprecher, Telefon).* **2.** (Anat., Biol.) *feines Häutchen, das trennende od. abgrenzende Funktion hat.* **3.** (Physik, Chemie) *dünne Haut, die die Funktion eines Filters hat.*

Me|men|to, das; -s, -s [lat. memento! = gedenke!]: **1.** (kath. Kirche) *Fürbitte, Bitte um Fürsprache innerhalb der ¹Messe* (1). **2.** (bildungsspr.) *Mahnung.*

Me|men|to mo|ri, das; - -, - - [lat. = gedenke des Todes!] (bildungsspr.): *etw., was an den Tod gemahnt: ein Mahnmal als M. m. für die Lebenden.*

Mem|me, die; -, -n [mhd. memme, mamme = Mutter(brust), urspr. Lallwort der Kinderspr.]: **1.** (veraltend abwertend) *jmd., der furchtsam, verweichlicht ist; Feigling:* Nie werdet ihr richtige Männer werden. Ihr -n! (Grass, Butt 41). **2.** (meist Pl.) (landsch. derb) *weibliche Brust.*

mem|meln ⟨sw. V.; hat⟩ (bayr., österr.): ²*mummeln* (2).

mem|men|haft ⟨Adj.⟩ (veraltend abwertend): *feige, furchtsam.*

Me|mo, das; -s, -s [Jargon]: **1.** *kurz für ↑Memorandum.* **2.** *Merkzettel.*

Me|moire [me'mo̯a:ɐ̯], das; -s, -s [frz. mémoire, ↑Memoiren]: frz. Bez. für: Memorandum.

Me|moi|ren [me'mo̯a:rən] ⟨Pl.⟩ [frz. mémoires, Pl. von: mémoire = Erinnerung < lat. memoria = Gedächtnis] (bildungsspr.): *Lebenserinnerungen [in denen neben der Mitteilung des persönlichen Entwicklungsganges ein besonderes Gewicht auf die Darstellung der zeitgeschichtlichen Ereignisse gelegt wird].*

Me|mo|ra|bi|li|en ⟨Pl.⟩ (bildungsspr.): *Denkwürdigkeiten, Erinnerungen.*

Me|mo|ran|dum, das; -s, ...den u. ...da [zu lat. memorandus = erwähnenswert, Gerundiv von: memorare, ↑memorieren] (bildungsspr.): *Denkschrift.*

¹Me|mo|ri|al, das; -s, -e u. -ien [spätlat. memoriale = Erinnerung(szeichen), Denkmal (veraltet): *Tagebuch.*

²Me|mo|ri|al [mɪˈmɔːrɪəl], das; -s, -s [engl. memorial = Gedenkfeier; Denkmal < spätlat. memoriale, ↑¹Memorial] (bildungsspr.): **1.** *Veranstaltung zum Gedächtnis an jmdn. od. etw., bes. an einen bekannten Sportler, eine bekannte Sportlerin.* **2.** *Denkmal* (1).

me|mo|rie|ren ⟨sw. V.; hat⟩ [lat. memorare = in Erinnerung bringen, zu: memor = eingedenk, sich erinnernd] (bildungsspr. veraltend): **a)** *auswendig lernen:* einen Text m.; **b)** (selten) *wieder ins Gedächtnis rufen, an etw. erinnern.*

Me|mo|ry® [ˈmɛməri, ˈmɛmori], das; -s, -s [engl. memory = Erinnerung, Gedächtnis]: *Gesellschaftsspiel, bei dem die Spieler Karten, die mit Bildern, Symbolen o. Ä. bedruckt u. jeweils doppelt vorhanden sind, zunächst einzeln aufdecken u. dann später aus der Erinnerung das Gegenstück wiederzufinden versuchen.*

Me|mo|ry|ring, der: *Schmuckring, der [häufig zusammen mit dem Trauring] zur Erinnerung an ein bestimmtes persönliches Ereignis getragen wird.*

Me|mo|ry|stick® [...stɪk], der; -s, -s [engl. memory stick, aus memory = Erinnerung, Gedächtnis u. stick = Stock, Stab] (EDV): *kleinformatiges digitales Speichermedium.*

¹Mem|phis: Stadt in Tennessee (USA).

²Mem|phis: altägyptische Stadt westlich des Nils.

³Mem|phis, der; -, - [nach der Stadt Memphis (USA)]: *Modetanz der 60er-Jahre des 20. Jh.s, bei dem die Tanzenden in einer Reihe stehend gemeinsam verschiedene Figuren tanzen.*

Me|na|ge [meˈnaːʒə, österr. meist: ...ʃ], die; -, -n [frz. ménage = Haushalt, Hausrat < afrz. maisnage, ma[s]nage, über das Galloroman. zu lat. mansio = Bleibe, Wohnung (< frz. maison), zu: manere = leben], in **a)** *kleines Gestell für Essig, Öl, Pfeffer u. Ä.;* **b)** (veraltet) *Gefäß zum Transportieren einer warmen Mahlzeit.* **2.** (österr., sonst veraltend) *Essen, Verpflegung (bes. beim Truppe).* **3.** (österr. veraltet) *Haushalt* (1), *Hauswirtschaft* (1).

Mé|nage-à-trois [menaːʒaˈtʁo̯a], die; - - -, -s-à-trois [frz., zu: trois = drei] (bildungsspr.): *Dreiecksverhältnis.*

Me|na|ge|rie, die; -, -n [frz. ménagerie, eigtl. = Haus(tier)haltung] (veraltend): *Tierschau; Tiergehege:* der Zirkus zieht mit seiner M. umher; Ü eine ganze M. (scherzh.; *Ansammlung*) von Künstlern war zugegen.

me|na|gie|ren [menaˈʒiːrən] ⟨sw. V.; hat⟩: **1.** [zu ↑Menage (2)] (veraltet, noch landsch.) *sich selbst verköstigen.* **2.** [zu ↑Menage (2)] (österr.) *Essen fassen (beim Militär).* **3.** [frz. (se) ménager, ↑Menage] (veraltet) **a)** ⟨m. + sich⟩ *mäßigen;* ♦ **b)** *schonen, Rücksicht nehmen:* Er menagiert seine Gesundheit gar nicht (Iffland, Die Hagestolzen I, 7).

Men|ar|che, die; -, -n [zu griech. mēn = Monat u. archē = Anfang] (Med.): *Zeitpunkt des ersten Eintretens der Regelblutung.*

Men|de|le|vi|um, das; -s [nach dem russ. Chemiker D. Mendelejew (1834–1907)]: *künstlich hergestelltes Transuran (chemisches Element; Zeichen: Md).*

Men|de|lis|mus, der; -: *Richtung der Vererbungslehre, die sich auf den Forscher Mendel beruft.*

men|deln ⟨sw. V.; hat⟩ [nach dem Namen des österr. Vererbungsforschers G. Mendel (1822–1884)] (Biol.): *(von bestimmten Erbmerkmalen) nach bestimmten Gesetzmäßigkeiten in den nächsten Generationen wieder in Erscheinung treten.*

Me|ne|te|kel, das; -s, - [nach der Geisterschrift (aram. měnē měnē těqel ûfarsîn) für den babyl. König Belsazar, die im A. T. bei Dan. 5,25 als »gezählt (von den Tagen der Regierung), gewogen (aber zu leicht befunden) u. zerteilt« (Anspielung auf die Zukunft des Reiches) gedeutet wird] (geh.): *geheimnisvolles Anzeichen eines drohenden Unheils; Warnung.*

me|ne|te|keln ⟨sw. V.; hat⟩: *sich in düsteren Prophezeiungen ergehen; unken.*

Men|ge, die; -, -n [mhd. menige, ahd. managī, zu ↑manch]: **1. a)** *bestimmte Anzahl, bestimmtes Quantum:* die doppelte M. [an] Wasser; große -n [von] Waren; etw. nur in kleinen -n anwenden; *in rauen -n (ugs.; sehr viel);* **b)** *große Anzahl; großes Quantum (oft in Verbindung mit dem unbestimmten Art.):* eine M. faule Äpfel/fauler Äpfel/von faulen Äpfeln; eine M. Leute kam/kamen zusammen; eine M. (ugs.; *viele Leute*) haben sich beworben; hier kann man eine M. (viel) lernen; es gab eine M. (*viel*) Ärger; *jede/die M.* (ugs.; *sehr viel:* Arbeit gibt es jede/die M.; ... und wir führten drei Maschinengewehre mit uns, ein Dutzend Panzerfäuste, Handgranaten die M. und Karabiner mit reichlich Munition (Heym, Schwarzenberg 247]). **2.** (Math.) *Zusammenfassung von bestimmten, unterschiedenen Objekten zu einem Ganzen:* a ist in der M. M als Element enthalten (a ∈ M). **3.** *große Zahl von dicht beieinander befindlichen Menschen; Menschenmenge:* eine unübersehbare M.; ein Raunen ging durch die M.; in der M. untertauchen.

men|gen ⟨sw. V.; hat⟩ [aus dem Md., Niederd., mhd. mengen, asächs. mengian, urspr. = kneten]: **1.** (landsch. veraltend) **a)** *verschiedene Stoffe so zusammenbringen, zusammenschütten, ineinanderrühren, mischen, dass sich die einzelnen Bestandteile [in lockerer Weise] miteinander verbinden:* die Zutaten in einer Schüssel m. (*verrühren*); **b)** *durch Mengen* (1 a) *einem anderen Stoff hinzufügen, damit vermengen:* Gewürze in/unter den Teig m.; **c)** ⟨m. + sich⟩ *sich mit etw. [ver]mischen:* der Geruch des Kuchens mengte sich mit dem des Kaffees. **2.** ⟨m. + sich⟩ (ugs.) *sich mischen* (5): Flüchtlinge mengten sich unter die Soldaten. **3.** ⟨m. + sich⟩ (ugs.) *sich einmischen* (2).

Men|gen|an|ga|be, die: *die Menge* (1 a) *von etw. betreffende Angabe:* exakte -n.

Men|gen|be|griff, der: *Begriff* (1) *einer Menge.*

Men|gen|be|zeich|nung, die: *Bezeichnung, durch die eine Menge ausgedrückt wird.*

Men|gen|kon|junk|tur, die (Wirtsch.): *verstärkte Nachfrage bei gleichbleibenden od. fallenden Preisen, sodass größere Mengen einer Ware abgesetzt werden können.*

Men|gen|leh|re, die ⟨Pl. selten⟩ (Math., Logik): *Lehre von den Mengen* (2) *u. ihren Verknüpfungen.*

men|gen|mä|ßig ⟨Adj.⟩: *die Menge betreffend; quantitativ.*

Men|gen|ra|batt, der (Wirtsch.): *beim Bezug größerer Mengen gewährter Rabatt.*

Meng|sel, das; -s, - [zu ↑mengen] (landsch.): *Gemisch.*

Men|hir [ˈmɛnhiːɐ̯], der; -s, -e [frz. menhir < bret. maen-hir, eigtl. = langer Stein]: *aufrecht stehender [unbehauener] kultischer Stein aus vorgeschichtlicher Zeit, oft mit gleichartigen in langen Reihen stehend.*

Me|nin|ges: Pl. von ↑Meninx.

Me|nin|gi|tis, die; -, ...tiden (Med.): *Hirnhautentzündung.*

Me|ninx, die; -, ...ninges u. ...ningen [griech. mēnigx (Gen.: mēniggos) = (Hirn)haut] (Med.): *Hirn- u. Rückenmarkshaut.*

Me|nis|kus, der; -, ...ken [zu griech. mēnískos = mondförmiger Körper, Vkl. von: mēnē = Mond] (Anat., Med.) halbmondförmige, knorpelige Scheibe, bes. im Kniegelenk. **2.** [nach der Form eines Meniskus (1)] (Optik) *Linse mit zwei nach derselben Seite gekrümmten Flächen.* **3.** [nach der Form eines Meniskus (1)] (Physik) *durch das Zusammenwirken von Adhäsion (1) u. Kohäsion (2) konkav od. konvex gekrümmte Oberfläche einer Flüssigkeit in einem engen Rohr.*

Me|nis|kus|ope|ra|ti|on, die (Med.): *Operation an einem geschädigten Meniskus* (1).

Me|nis|kus|riss, der (Med.): *Verletzung des Meniskus* (1) *durch eine Verdrehung des Kniegelenks bei einem Unfall.*

Me|nis|kus|scha|den, der (Med.): *meist durch Überbeanspruchung entstandener Schaden am Meniskus* (1).

Men|jou|bart [ˈmɛnʒu...], der; -[e]s, ...bärte, **Men|jou|bärt|chen,** das; -s, - [nach dem amerik.-frz. Filmschauspieler A. Menjou (1890–1963)]: *schmaler, gestutzter Schnurrbart.*

Men|ken|ke, die; - [Wortspielerei zu ↑mengen] (landsch., bes. md.): *Durcheinander; Umstände, Schwierigkeiten:* mach seine M.!

Men|ni|ge, die; - [spätmhd. menige, mhd., ahd. minig < lat. minium = Zinnober; iber. Wort]: *rote Malerfarbe aus Bleioxid, die als Schutzanstrich gegen Rost verwendet wird.*

men|nig|rot ⟨Adj.⟩: *die hellrote Farbe der Mennige aufweisend.*

men|no ⟨Interj.⟩ [H. u., viell. Vermischung von: Mensch! (↑Mensch) u. Manno, ↑Mannomann] (salopp): *Ausruf der Verärgerung, Entrüstung od. Verzweiflung; Mann!, Mensch!:* m., jetzt ist mir das schon wieder runtergefallen!; immer musst du mich ärgern, m.!

Men|no|nit, der; -en, -en [nach dem dt. Theologen Menno Simons (1496–1561)]: *Angehöriger einer evangelischen Freikirche, die die Erwachsenentaufe pflegt u. Wehrdienst u. Eidesleistung ablehnt.*

Men|no|ni|tin, die; -, -nen: w. Form zu ↑Mennonit.

Me|no|pau|se, die; -, -n [zu griech. mḗn = Monat u. paûsis = Ende] (Med.): *das Aufhören der Regelblutung in den Wechseljahren der Frau.*

Me|no|ra, die; -, - [hebr. měnôrā]: *siebenarmiger kultischer Leuchter der jüdischen Liturgie.*

Me|nor|ca: *Insel der Balearen.*

Me|nor|rhö, die; -, -en [zu griech. mḗn = Monat u. rhoḗ = das Fließen, Fluss]: *Menstruation.*

me|nor|rhö|isch ⟨Adj.⟩ (Med.): *die Menstruation betreffend.*

Me|o|s|ta|se, die; -, -n [zu griech. mḗn = Monat u. stásis = das (Still)stehen] (Med.): *das Ausbleiben der Regelblutung.*

Mens, die; - (ugs.): *kurz für* ↑Menstruation.

Men|sa, die; -, -s u. ...sen: **1.** [kurz für nlat. Mensa academica, aus lat. mensa = Tisch u. nlat. academicus = akademisch] *restaurantähnliche Einrichtung in einer Hochschule od. Universität, in der Studierende verbilligt essen können.* **2.** [lat. mensa = Tisch] (kath. Kirche) *Platte des Altars.*

¹Mensch, der; -en, -en [mhd. mensch(e), ahd. mennisco, älter: mannisco, eigtl. = der Männliche, zu ↑Mann]: **a)** *mit der Fähigkeit zu logischem Denken u. zur Sprache, zur sittlichen Entscheidung u. Erkenntnis von Gut u. Böse ausgestattetes höchstentwickeltes Lebewesen: der schöpferische M.; M. und Tier; eine nur dem -en eigene Fähigkeit;* **b)** *menschliches Lebewesen, Individuum: der moderne M.; die -en verachten; ein M. von Fleisch und Blut (ein wirklicher, lebendiger Mensch); etw. als M. (vom menschlichen Standpunkt aus) beurteilen;* R der M. ist ein Gewohnheitstier (scherzh.; *kann sich von sei-*

nen Gewohnheiten nicht so leicht lösen); * *kein M. mehr sein (ugs.; völlig erschöpft, am Ende seiner Kraft sein);* nur [noch] ein halber M. sein *(nicht [mehr] im Vollbesitz seiner Kräfte sein);* wieder M. sein (ugs.; *sich wieder in einem menschenwürdigen Zustand befinden*); **c)** *bestimmte Person, Persönlichkeit:* ein gesunder, kranker M.; ein genialer, fröhlicher, vernünftiger M.; er ist ein M. mit sicherem Auftreten; sie hat endlich einen -en (*jmdn., der sie versteht u. dem sie vertrauen kann*) gefunden; für einen -en sorgen; sich nicht an anderen -en richten; sie geht nicht gern unter -en *(unter die Leute);* Spr des -en Wille ist sein Himmelreich; * kein M. *(niemand);* wie der erste M. (ugs.; *sehr unbeholfen, ungeschickt*); wie der letzte M. (ugs.; *übel, in übler Weise*); ein neuer/ anderer M. werden (1. *sich zu seinem Vorteil ändern.* 2. *sich gründlich erholen);* etw. für den äußeren -en tun *(sich pflegen u. gut kleiden);* etw. für den inneren -en tun *(gut essen u. trinken);* von M. zu M. *(im vertraulichen, privaten Zwiegespräch);* **d)** ⟨o. Pl.⟩ (salopp) *als burschikose Anrede, oft auch ohne persönlichen Bezug als Ausdruck des Staunens, Erschreckens, der Bewunderung:* M., da hast du aber Glück gehabt!; M. ärgere dich nicht! (ein Gesellschaftsspiel); * M. Meier! (salopp; *Ausruf des Erstaunens*).

²Mensch, das; -[e]s, -er [schon mhd. mensch (Neutr.) = der Mensch] (landsch., meist abwertend): *weibliche Person, Frau:* wo redet sich das M. nur schon wieder herum!; Kein Standesbewusstsein hat das M. ...; ♦ ... führt ihn in Spielkompagnien und bei liederlichen -ern ein (Schiller, Räuber II, 3).

-mensch, der; -en, -en (salopp): *kennzeichnet in Bildungen mit Substantiven – seltener mit Wörtern anderer Wortart – eine Person, die sehr allgemein durch etw. charakterisiert ist oder beruflich mit etw. zu tun hat:* Karriere-, Tag-, Zeitungsmensch.

men|scheln ⟨sw. V.; hat; unpers.⟩: *menschliche Schwächen deutlich werden lassen:* es menschelt hier wie überall.

Men|schen|af|fe, der: *großer, entwicklungsgeschichtlich dem Menschen am nächsten stehender Affe mit langen Armen u. dichter Behaarung, der auf dem Boden auch halb aufrecht geht.*

men|schen|ähn|lich ⟨Adj.⟩: *einem Menschen ähnlich.*

Men|schen|al|ter, das: *durchschnittliche Lebenszeit eines Menschen:* vor einem M.

Men|schen|an|samm|lung, die: *Ansammlung von Menschen:* er sucht -en zu meiden.

men|schen|arm ⟨Adj.⟩: *wenig besiedelt.*

Men|schen|ar|ti|ge, die/einer Menschenartige: *der/einer Menschenartigen, die Menschenartigen/zwei Menschenartige:* Hominidin.

Men|schen|ar|ti|ger, der/*ein Menschenartige/ein Menschenartiger; des/eines Menschenartigen, die Menschenartigen/zwei Menschenartige* ⟨meist Pl.⟩: Hominide.

Men|schen|auf|lauf, der: *Auflauf (1) von Menschen.*

Men|schen|bild, das: *Bild, Vorstellung vom Menschen.*

Men|schen|feind, der: *jmd., der Menschen verachtet; Misanthrop.*

Men|schen|fein|din, die: w. Form zu ↑Menschenfeind.

men|schen|feind|lich ⟨Adj.⟩: **a)** *ungesellig, misanthropisch;* **b)** *inhuman.*

Men|schen|fleisch, das: *Fleisch von Menschen:* Kannibalen essen M.

Men|schen|fres|ser, der [LÜ von lat. anthrophagus < griech. anthrōpophágos] (ugs.): *Kannibale* (1).

Men|schen|fres|se|rin, die: w. Form zu ↑Menschenfresser.

Men|schen|freund, der: *jmd., der Menschen mag, gernhat; Philanthrop.*

Men|schen|freun|din, die: w. Form zu ↑Menschenfreund.

men|schen|freund|lich ⟨Adj.⟩: *die Menschen mögend, gernhabend.*

Men|schen|füh|rung, die ⟨o. Pl.⟩: *[gezielte] Einflussnahme auf andere Menschen (durch Vorgesetzte, Erzieher, soziale Gruppen o. Ä.).*

Men|schen|ge|den|ken: in der Fügung seit M. *(seit undenklichen Zeiten; solange jmd. zurückdenken kann):* das ist seit M. so [gewesen]; In meiner Familie, in der gesamten Sippe hatte, weiß der Donner, seit M. keiner einen Hut besessen geschweige getragen [Zwerenz, Kopf 62]).

Men|schen|ge|schlecht, das ⟨o. Pl.⟩ (geh.): *Menschheit.*

Men|schen|ge|stalt, die: **a)** *äußeres Erscheinungsbild eines Menschen; menschliche Gestalt;* **b)** *Abbild, Wiedergabe eines Menschen.*

Men|schen|hai, der: *großer, lebend gebärender Hai, der vor allem in tropischen Meeren lebt.*

Men|schen|hand, die ⟨o. Pl.⟩: **a)** *Hand eines Menschen;* **b)** * *durch, von usw.* M. (geh.: *durch, von usw. Menschen [als gestaltende Wesen]: von M. geschaffen;* ein Weltwunder aus M. (geh.: *in der Macht, Verfügungsgewalt, Obhut o. Ä. des Menschen: das liegt nicht in M.*).

Men|schen|han|del, der (Rechtsspr.): *Entführung, Verschleppung von Menschen ins Ausland, um sie sexuell od. um ihre Arbeitskraft auszubeuten.*

Men|schen|händ|ler, der: *jmd., der Menschenhandel treibt.*

Men|schen|händ|le|rin, die: w. Form zu ↑Menschenhändler.

Men|schen|hass, der: *Hass gegen die Menschen; Misanthropie.*

Men|schen|ken|ner, der: *jmd., der andere Menschen in ihrem Wesen, ihrem Charakter u. ihren möglichen Reaktionen richtig zu beurteilen, einzuschätzen vermag:* ein [guter, schlechter] M. sein.

Men|schen|ken|ne|rin, die: w. Form zu ↑Menschenkenner.

Men|schen|kennt|nis, die ⟨o. Pl.⟩: *Vermögen, andere Menschen richtig zu beurteilen:* M. haben; es fehlt ihr an M.

Men|schen|ket|te, die: *von einer großen Zahl von Menschen [über eine größere Distanz] gebildete Kette (2 a) als Protestaktion:* eine M. bilden.

Men|schen|kind, das: **a)** (selten) *Kind;* **b)** ⟨Pl. selten⟩ ¹Mensch (c): sie ist ein feines M.

Men|schen|kun|de, die ⟨o. Pl.⟩: *Anthropologie.*

Men|schen|le|ben, das: **1.** *Lebenszeit (eines Menschen):* ein ganzes M. lang. **2.** *lebendiger Mensch:* der Unfall forderte vier M.

men|schen|leer ⟨Adj.⟩: *leer von Menschen, einsam, nicht begangen od. bewohnt:* -e Gegenden.

Men|schen|lie|be, die: *Liebe des Menschen zum Menschen; Nächstenliebe.*

Men|schen|mas|se, die ⟨meist Pl.⟩: *große, unübersehbare Zahl von Menschen.*

Men|schen|ma|te|rial, das ⟨o. Pl.⟩ (oft in inhumaner Redeweise): *Anzahl von Menschen in Bezug auf eine bestimmte Aufgabe o. Ä., für die sie zur Verfügung stehen.*

Men|schen|men|ge, die: *Menge* (3).

men|schen|mög|lich ⟨Adj.⟩ [zuges. aus »menschlich« u. »möglich«]: *in der Macht eines Menschen liegend:* was m. war, wurde getan;

⟨subst.:⟩ der Arzt hat alles Menschenmögliche versucht.

Men|schen|op|fer, das: **1.** *Opferung von Menschen (als kultische Handlung, als Opfergabe).* **2.** *Opfer an Menschenleben (durch Unfall, Krieg o. Ä.):* M. waren nicht zu beklagen.

Men|schen|pflicht, die: *Verantwortung, Pflicht, die ein Mensch seinen Mitmenschen gegenüber hat.*

Men|schen|raub, der: *gewaltsames Entführen u. Festhalten von Menschen.*

Men|schen|recht, das ⟨meist Pl.⟩: *unabdingbares Recht auf freie u. allseitige Entfaltung der Persönlichkeit in einem Staatswesen:* die -e schützen.

Men|schen|recht|ler, der; -s, -: *jmd., der sich für den Schutz der Menschenrechte einsetzt.*

Men|schen|recht|le|rin, die; -, -nen: w. Form zu ↑Menschenrechtler.

Men|schen|rechts|er|klä|rung, die: *Deklaration der Menschenrechte (durch die Generalversammlung der Vereinten Nationen am 10. 12. 1948).*

Men|schen|rechts|kom|mis|si|on, die: *Kommission, die sich mit Verstößen gegen die Menschenrechte befasst.*

Men|schen|rechts|or|ga|ni|sa|ti|on, die: *Organisation, die für die Einhaltung der Menschenrechte kämpft.*

Men|schen|rechts|ver|let|zung, die: *Verstoß gegen die Menschenrechte.*

men|schen|scheu ⟨Adj.⟩: *scheu, abweisend im Umgang mit Menschen.*

Men|schen|schlag, der: *[zu einer gemeinsamen Landschaft gehörende] Gruppe von Menschen, bei denen [vorgeblich] bestimmte Merkmale u. Wesenszüge bes. hervortreten:* ein schwerblütiger M.

Men|schen|see|le, die: *Seele, das Innerste eines Menschen:* die Geheimnisse der M.; * **keine M.** (niemand, kein Mensch: keine M. war zu sehen).

Men|schens|kind, (auch:) **Men|schens|kin|der** (salopp): *Ausruf, der Erstaunen, Erschrecken, auch einen Vorwurf, eine Zurechtweisung ausdrückt:* M.! Nimm dich zusammen!

Men|schen|sohn, der ⟨o. Pl.⟩ [im A. T. urspr. Umschreibung für »Mensch«] (christl. Rel.): *Selbstbezeichnung Jesu Christi (die auf seine Menschengestalt, sein menschliches Leiden u. Sterben Bezug nimmt).*

Men|schen|trau|be, die: *Traube (3) von Menschen:* vor dem Eingang standen, bildeten sich -n.

Men|schen|ty|pus, der: **1.** *Charakter (2):* ein empfindsamer M. **2.** (Anthropol.) *Entwicklungsstufe im Rahmen der Evolution des Menschen.*

men|schen|un|wür|dig ⟨Adj.⟩: *die Menschenwürde verletzend; den Menschen nicht angemessen.*

men|schen|ver|ach|tend ⟨Adj.⟩: *die Menschen, die Würde der Menschen gröblich verletzend:* diese Äußerungen sind in meinen Augen m.

Men|schen|ver|ach|tung, die: *die Menschen verachtende Einstellung.*

Men|schen|ver|stand, der: meist in der Verbindung **der gesunde M.** *(der normale, klare Verstand [eines Menschen]).*

Men|schen|werk, das (geh.): *von Menschen Geschaffenes* [u. deshalb Unvollkommenes, Vergängliches].

Men|schen|witz, der (geh. veraltend): *menschlicher Verstand:* ◆ Ich grüße dich, du einzige Phiole … in dir verehr' ich M. und Kunst (Goethe, Faust I, 690 ff.).

Men|schen|wür|de, die ⟨o. Pl.⟩: *geistig-sittliche Würde der Menschen.*

men|schen|wür|dig ⟨Adj.⟩: *den Menschen,*

Würde der Menschen entsprechend, angemessen: m. leben.

Men|sche|wik, der; -en, -en u. -i [russ. men'ševik, eigtl. = Minderheitler, zu: mensche = weniger, minder (da Menschewiken 1903 die Minderheit der russ. Sozialdemokraten bildeten)] (Geschichte): *Vertreter des Menschewismus.*

Men|sche|wi|kin, die; -, -nen: w. Form zu ↑Menschewik.

Men|sche|wis|mus, der; - (Geschichte): *gemäßigter russischer Sozialismus.*

Men|sche|wist, der; -en, -en (Geschichte): *Menschewik.*

Men|sche|wis|tin, die; -, -nen: w. Form zu ↑Menschewist.

men|sche|wis|tisch ⟨Adj.⟩ (Geschichte): *den Menschewismus betreffend.*

Mensch|heit, die; - [mhd. mensch(h)eit, ahd. mennisgheit, urspr. = menschliche Natur, menschliches Wesen]: *Gesamtheit der Menschen:* zum Wohle der M.

Mensch|heits|ent|wick|lung, die: *Entwicklung der Menschheit.*

Mensch|heits|ge|schich|te, die ⟨o. Pl.⟩: *Geschichte der Menschheit.*

Mensch|heits|traum, der: *etw., was sich Menschen seit je erträumen:* das Fliegen war ein alter M.

mensch|lich ⟨Adj.⟩ [mhd. menschlich, ahd. mannisclīh]: **1. a)** *den Menschen betreffend; zum Menschen gehörend, für ihn charakteristisch:* der -e Geist; ein -es Wesen (ein Mensch); -e Schwächen; -e Freiheit; der -e Lebensraum; der Unfall ist auf -es Versagen zurückzuführen; die -e Gesellschaft (Gesellschaft der Menschen); sein Zögern ist m. *(ist verständlich);* sie sind sich m. *(persönlich, privat)* nähergekommen; **b)** *menschenwürdig, annehmbar, den Bedürfnissen des Menschen entsprechend:* endlich herrschen wieder -e Verhältnisse; … nehmen Sie sich warm Wasser, waschen Sie sich, nehmen Sie sich den Bart ab. Machen Sie sich m. (Borchert, Draußen 29). **2.** *tolerant, nachsichtig; human:* ein -er Vorgesetzter; -e Beamte; das ist ein -er Zug an ihr; der Chef hat sich m. gezeigt *(Verständnis gezeigt).*

Mensch|li|ches, das Menschliche/ein Menschliches; des/eines Menschlichen: **1.** *für den Menschen Typisches, der menschlichen Natur Entsprechendes:* nichts M. war ihr fremd; ihm ist etwas M. *(Peinliches)* passiert. **2.** *gütiges, tolerantes Wesen:* sie hatte etwas beglückend M. an sich.

Mensch|lich|keit, die; -, -en [mhd. menschlīcheit]: **1.** ⟨o. Pl.⟩ **a)** *das Sein, Dasein als Mensch, als menschliches Wesen:* Christus in seiner M.; Verbrechen gegen die M.; **b)** *menschliche (2) Haltung u. Gesinnung:* M. zeigen; etw. aus reiner M. tun; Wie weit hatten die Menschen sich in der schrecklichen Zeit, die nun hoffentlich hinter uns lag, voneinander entfremdet, dass ein bisschen M. schon Selbstüberredung erforderte? (Heym, Schwarzenberg 22). **2.** ⟨Pl.⟩ (selten) *menschliche Schwäche, Fehlhandlung.*

Mensch|sein, das: *Existenz als Mensch, Menschentum.*

Mensch|wer|dung, die; -: **1.** (geh.) *Hominisation.* **2.** (christl. Rel.) *Verkörperung Gottes in Christus.*

Men|ses […ze:s]; die; -, - (häufig auch im Pl. mit singularischer Bed.) [lat. menses, Pl. von: mensis = Monat] (Med.): *Menstruation:* die M. sind unauffällig u. regelmäßig; die erste M. tritt immer früher ein.

mens|t|ru|al ⟨Adj.⟩ [lat. menstrualis = alle Monate geschehend; zu: menstruus = monatlich, zu: mensis = Monat] (Med.): *zur Menstruation gehörend.*

Mens|t|ru|a|ti|on, die; -, -en [zu ↑menstruieren] (Med.): *(bei Frauen) etwa alle vier Wochen auftretende Blutung aus der Gebärmutter bei Nichtbefruchtung der Eizelle; Monatsblutung.*

mens|t|ru|ie|ren ⟨sw. V.; hat⟩ [spätlat. menstruare] (Med.): *die Menstruation haben.*

Men|sur, die; -, -en [lat. mensura = das Messen, das Maß, zu: metiri (2. Part.: mensum) = messen]: **1.** (Fechten) *Abstand der beiden Fechtenden:* eine weite M. einnehmen; M. halten; M. schließen, brechen *(den Abstand verringern, vergrößern).* **2.** (Verbindungswesen) *studentischer Zweikampf mit Schläger od. Säbel:* eine M. austragen, schlagen, auspauken. **3.** (Musik) **a)** *Maß, das die Geltungsdauer der einzelnen Notenwerte untereinander bestimmt;* **b)** *Maßverhältnis bei Musikinstrumenten (z. B. Anordnung der Löcher bei Blasinstrumenten).* **4.** (Chemie) *Messzylinder.*

Men|su|ral|mu|sik, die ⟨o. Pl.⟩: *mehrstimmige Musik des 13.–16. Jh.s mit rhythmisch unterschiedlicher Geltungsdauer der Notenwerte.*

Men|su|ral|no|ta|ti|on, die ⟨o. Pl.⟩: *im 13. Jh. entwickelte Notenschrift, die im Gegensatz zur älteren Notenschrift auch die Tondauer mit rhythmisch differenzierten Noten- u. Pausenzeichen angibt.*

men|tal ⟨Adj.⟩ [mlat. mentalis = geistig, vorgestellt, zu lat. mens (Gen.: mentis) = Geist, Vernunft] (bes. Fachspr.): *den Bereich des Verstandes betreffend; geistig:* -e Erkenntnisse; die -e Vorbereitung der Sportler.

Men|ta|li|tät, die; -, -en [nach engl. mentality] (bildungsspr.): *Geistes- u. Gemütsart; besondere Art des Denkens u. Fühlens:* die M. der Norddeutschen; sich in die M. eines anderen hineinversetzen.

¹**Men|tee** [men'ti:], der; -[s], -s [engl. mentee, zu: mentor = Mentor]: *jmd., der von einem Mentor od. einer Mentorin betreut wird.*

²**Men|tee** [men'ti:], die; -, -s: *weibliche Person, die von einem Mentor od. einer Mentorin betreut wird.*

Men|thol, das; -s [zusgez. aus lat. ment(h)a = Minze u. oleum = Öl] (Chemie): *aus dem ätherischen Öl der Pfefferminze gewonnene, weiße kristalline Substanz mit kühlender u. lindernder Wirkung.*

Men|tor, der; -s, …oren [nach Mentor, dem Freund des Odysseus, für dessen Sohn Telemach er väterlicher Freund u. Erzieher war]: **a)** *Fürsprecher, Förderer, erfahrener Berater;* **b)** (Päd.) *erfahrener Pädagoge, der Studierende u. Lehramtskandidat[inn]en während ihres Schulpraktikums betreut.*

Men|to|rin, die; -, -nen: w. Form zu ↑Mentor.

Men|to|ring [auch: 'mɛntərɪŋ], das; -[s], -s [engl. mentoring, zu: to mentor = beraten; ausbilden, zu: mentor, ↑Mentor]: *Beratung u. Unterstützung durch erfahrene Fach- und Führungskräfte.*

Me|nu [mə'ny:] (schweiz., sonst veraltet): ↑Menü (1).

Me|nü, das; -s, -s: **1.** [frz. menu, eigtl. = Detail, zu: menu = klein, dünn < lat. minutus, ↑Minute] *Speisenfolge; aus mehreren Gängen bestehende Mahlzeit.* **2.** [engl. menu < frz. menu] (EDV) *auf der Benutzeroberfläche angezeigte Liste der Funktionen eines Programms (4), die dem Anwender zur Festlegung der nächsten Arbeitsschritte zur Verfügung stehen.*

Me|nü|bal|ken, der (EDV): *Menüleiste.*

Me|nu|ett, das; -s, -e, auch: -s [frz. menuet, eigtl. = Tanz mit kleinen Schritten, zu: menuet = klein, winzig, Vkl. von ↑Menü]: **1.** *(alter, aus Frankreich stammender) mäßig schneller Tanz im ³/₄-Takt.* **2.** (Musik)

Menüführung – merkwürdig

[dritter] Satz in einer Sonate od. Sinfonie; Suitensatz.
Me|nü|füh|rung, die (EDV): *aus Menüs (2) bestehende strukturierte Anleitung, die dem Benutzer Schritt für Schritt bei der Ausführung einer bestimmten Funktion hilft.*
Me|nü|leis|te, die (EDV): *Leiste am oberen Rand der Benutzeroberfläche, auf der in Stichworten die verschiedenen Menüs (2) aufgeführt sind.*
Me|nü|punkt, der (EDV): *auf der Benutzeroberfläche angezeigte einzelne Funktion eines Programms.*
Me|phis|to, der; -[s], -s [nach der Gestalt des Mephisto in Goethes Faust] (bildungsspr.): *jmd., der seine geistige Überlegenheit in zynisch-teuflischer Weise zeigt u. zur Geltung bringt.*
me|phis|to|phe|lisch ⟨Adj.⟩ (bildungsspr.): *teuflisch, voll boshafter List.*
Me|ran: *Stadt in Südtirol.*
¹**Me|ra|ner,** der; -s, -: Ew.
²**Me|ra|ner** ⟨indekl. Adj.⟩: M. Nüsse.
Me|ra|ne|rin, die; -, -nen: w. Form zu ↑¹Meraner.
Mer|cal|li|ska|la, die ⟨o. Pl.⟩ [nach dem ital. Vulkanologen G. Mercalli (1850–1914)]: *zwölfstufige Skala, mit der die Stärke eines Erdbebens nach seinen Auswirkungen an der Erdoberfläche gemessen wird.*
Mer|ca|tor|pro|jek|ti|on, die; -, -en [nach dem niederl. Geografen G. Mercator (1512–1594)] (Geogr.): *winkeltreuer Kartennetzentwurf mit rechtwinklig sich schneidenden Längen- u. Breitenkreisen.*
Mer|ce|rie [mɛrsəˈriː], die; -, -n [frz. mercerie, eigtl. = Handelsware, zu lat. merx (Gen.: mercis) = Ware] (schweiz.): **1.** ⟨o. Pl.⟩ *Kurzwaren.* **2.** *Geschäft, das Kurzwaren führt.*
Mer|ce|ri|sa|ti|on usw.: ↑ Merzerisation usw.
Mer|chan|di|ser [ˈməːtʃəndaɪzə], der; -s, - (Wirtsch.): *Angestellter eines Unternehmens, der für die Verkaufsförderung zuständig ist.*
Mer|chan|di|se|rin [ˈməːtʃəndaɪzərɪn], die; -, -nen: w. Form zu ↑ Merchandiser.
Mer|chan|di|sing [ˈməːtʃəndaɪzɪŋ], das; -[s] [engl. merchandising, zu: to merchandise = durch Werbung den Absatz steigern, zu: merchant = Kaufmann < afrz. marchaent, zu lat. mercari = Handel treiben] (Wirtsch.): **a)** *Gesamtheit der verkaufsfördernden Maßnahmen u. Aktivitäten des Herstellers einer Ware (Produktgestaltung, Werbung, Kundendienst usw.);* **b)** *Vermarktung bestimmter, mit einem Film, mit Sport o. Ä. in Zusammenhang stehender Produkte.*
mer|ci [mɛrˈsiː; frz.; eigtl. = Gunst < lat. merces = Lohn] (bes. schweiz., sonst scherzh.): *danke.*
◆ **Merde-d'Oye-Bi|ber** [mɛrdˈdwa...], der [aus älter frz. merde-d'oye (heute: merde d'oie) = von der gelblich grünen Farbe des Gänsekots (zu: merde = Kot u. oie = Gans) u. ↑³Biber]: *gelblich grün gefärbter Biberpelz: Seine Durchleucht haben heute einen M. an (Schiller, Kabale I, 6).*
Me|ren|gue [meˈrɛŋɡə], der; -[s] -s od. die; -, -s: **1.** [span. (Hispanola) merengue, viell. unter Anlehnung an (3) umgebildet aus einem afrik. Wort] *(im 19. Jahrhundert entstandene) lateinamerikanische Musikrichtung, die durch einen rhythmisch eingängigen ²/₄-Takt gekennzeichnet ist u. bes. in der Dominikanischen Republik beliebt ist.* **2.** [span. (Hispanola) merengue, viell. unter Anlehnung an (3) umgebildet aus einem afrik. Wort] *lateinamerikanischer Tanz, der zu Merengue (1) getanzt wird.* **3.** span. Form von ↑ Meringue.
Mer|gel, der; -s, (Arten:) - [mhd. mergel, spätahd. mergil < mlat. margila, zu marga = Mergel, aus dem Kelt.] (Geol.): *hauptsächlich aus Ton u. Kalk bestehendes Sedimentgestein.*
Mer|gel|gru|be, die: *Grube, in der Mergel gewonnen wird.*
mer|ge|lig, merglig ⟨Adj.⟩: *Mergel enthaltend; mit Mergel vermengt:* -er Ton.
Mer|ger [ˈmɜːdʒɐ], der; -s, -[s] [engl. merger] (Wirtsch.): *Zusammenschluss von Firmen; Fusion (1).*
merg|lig: ↑ mergelig.
Me|ri|di|an, der; -s, -e [lat. (circulus) meridianus = Äquator, eigtl. = Mittagslinie, dann: Verbindungslinie aller Orte, die gleichzeitig Mittag haben, zu: meridies = Mittag, Süden]: **1.** *über beide Pole laufender u. zum Äquator senkrechter Großkreis auf der Erd- od. Himmelskugel.* **2.** (Geogr.) *von Pol zu Pol verlaufender, senkrecht zum Äquator stehender Halbkreis, der die geografische Länge angibt.*
Me|ri|di|an|kreis, der (Astron.): *innerhalb eines Meridians schwenkbares Fernrohr, mit dem der Zeitpunkt, wann ein Gestirn den Meridian durchläuft, festgestellt u. so sein genauer Ort errechnet werden kann.*
me|ri|di|o|nal ⟨Adj.⟩ [spätlat. meridionalis = mittägig] (Geogr.): **a)** *den Meridian betreffend;* **b)** (veraltet) *südlich.*
Me|rin|ge, die; -, -n [frz. meringue, H. u.]: *feines [mit Sahne gefülltes] Schaumgebäck aus Eischnee u. Zucker.*
Me|ri|no, der; -s, -s [span. merino, H. u.; viell. nach dem Namen des Berberstammes der Beni Merin in Nordafrika, der diese Schafe züchtete]: **1.** *Schaf einer spanischen Rasse mit stark gekräuselter, weicher Wolle.* **2.** *Kleiderstoff in Köperbindung aus Merinowolle.*
Me|ri|no|wol|le, die: *sehr feine u. weiche, stark gekräuselte Wolle des Merinos (1).*
Me|ris|tem, das; -s, -e [zu griech. meristós = geteilt, teilbar] (Biol.): *in den Wachstumszonen der Pflanze gelegenes Zellgewebe, das durch fortgesetzte Teilungen neue Pflanzenteile hervorbringen kann.*
Me|ri|ten: Pl. von ↑ Meritum.
Me|ri|tum, das; -s, ...ten ⟨meist Pl.⟩ [frz. mérite < lat. meritum, zu: mereri = sich verdient machen] (geh.): *[erworbenes]* ²*Verdienst: seine Meriten haben.*
mer|kan|til ⟨Adj.⟩ [frz. mercantile < ital. mercantile, zu: mercante = Händler, zu: mercare < lat. mercari = Handel treiben] (bildungsspr.): *den Handel betreffend; kaufmännisch:* eine -e Einstellung; -e Interessen.
Mer|kan|ti|list, der; -en, -en: *Vertreter des Merkantilismus.*
Mer|kan|ti|lis|mus, der; - [frz. mercantilisme]: *(in der Zeit des Absolutismus) Wirtschaftspolitik, die bes. den Außenhandel u. die Industrie fördert, um Finanzkraft u. Macht der jeweiligen Staatsmacht zu stärken.*
Mer|kan|ti|lis|tin, die; -, -nen: w. Form zu ↑ Merkantilist.
mer|kan|ti|lis|tisch ⟨Adj.⟩: *dem Merkantilismus entsprechend, auf ihm beruhend:* -e Praktiken.
Mer|kap|tan, das; -s, -e ⟨meist Pl.⟩ [geb. aus mlat. (corpus) mercurium captans = an Mercurium (↑¹Merkur) gebundene Substanz] (Chemie): *[unangenehm riechende] alkoholartige Verbindung, bei der der Sauerstoff durch Schwefel ersetzt ist.*
merk|bar ⟨Adj.⟩ (seltener): **1.** *deutlich zu spüren; wahrnehmbar:* kaum -e Veränderungen; das Interesse hat m. nachgelassen. **2.** *leicht im Gedächtnis bleibend:* gut -e Leitsätze.
Merk|blatt, das: *einem Formular, einer Verordnung o. Ä. beigelegtes Blatt mit Erläuterungen [zu einzelnen Punkten].*
mer|ken ⟨sw. V.; hat⟩ [mhd. merken, ahd. merchen, urspr. = kenntlich machen, zu ↑²Mark]: **1.** *(etw., was nicht ohne Weiteres erkennbar ist) durch Sinneswahrnehmung u. Beobachtung od. durch Eingebung, ahnendes Gefühl erkennen, bemerken, spüren:* etw. zu spät, plötzlich, sofort m.; sie merkt nicht, hat es noch nicht gemerkt, dass sie betrogen wird; davon habe ich nichts gemerkt; jmds. Absicht, den Betrug, den Unterschied m.; es war zu m., dass sie Angst hatte; man merkt an ihrer Verlegenheit, dass etwas nicht stimmt; das dürfen die Kinder nicht m.; von einer Krise ist hier nichts zu m.; jmdn. etw. nicht m. lassen *(es in seiner Gegenwart unterdrücken, verbergen o. Ä.);* R merkst du was? (ugs.; *spürst du, dass etw. nicht in Ordnung ist?*); du merkst aber auch alles! (ugs. iron.; *endlich hast du begriffen!*) **2.** ⟨m. + sich⟩ *im Gedächtnis behalten:* sich Zahlen, Namen, eine Anschrift m.; diese Telefonnummer kann man sich gut m.; diesen Namen muss man sich m. *(er wird noch bekannt werden);* ich werd mirs m.! (ugs.; *bei entsprechender Gelegenheit werde ich es dir heimzahlen);* merk dir das! *(richte dich danach!; lass es dir gesagt sein!);* ⟨ugs. auch ohne »sich«:⟩ diese Zahl ist gut zu m. **3. a)** (veraltend) *aufpassen, hinhören:* auf jmds. Worte m.; ...und da Dom Miguel wohl wahrnahm, dass wir junge Leute auf seine Belehrungen über den König-Emanuel-Stil sonderlich merkten, so hielt er sich zu Dona Maria Pia (Th. Mann, Krull 414); ◆ **b)** *verstehen:* Saladin verfügt von Zeit zu Zeit auf abgelegnen Wegen nach dieser Feste sich, nur kaum begleitet. – Ihr merkt doch? (Lessing, Nathan I, 5); Sie werden mich je doch wohl m., Herr Sekertare (Schiller, Kabale I, 2).
Mer|ker, der; -s, - [mhd. merkære]: **1. a)** *kleinlicher Aufpasser* v. Neider *[bei den Minnesängern];* **b)** *Zensor* u. *Schiedsrichter bei den Meistersingern.* **2.** (ugs. iron.) *jmd., der etw. endlich merkt u. versteht.*
Mer|ke|rin, die; -, -nen: w. Form zu ↑ Merker (1 a, 2).
Merk|fä|hig|keit, die ⟨Pl. selten⟩: *Fähigkeit, sich etw. zu merken, etw. mit Gedächtnis zu behalten.*
Merk|heft, das: *Heft für Notizen o. Ä.*
Merk|hil|fe, die: *Gedächtnisstütze.*
merk|lich ⟨Adj.⟩ [mhd. merklich]: *so geartet, dass es bemerkt werden kann, sich erkennen lässt; spürbar, erkennbar:* die Veränderung ist kaum m.; es ist m. kühler geworden.
Merk|mal, das ⟨Pl. -e⟩: *charakteristisches, unterscheidendes Zeichen, an dem eine bestimmte Person, Gruppe od. Sache, auch ein Zustand erkennbar wird:* untrügliche -e; eine besondere -e; die technischen -e eines Fahrzeugs.
Merk|satz, der: *Merkhilfe in Form eines Satzes.*
Merk|spruch, der: **a)** *in eine einprägsame Sentenz gefasste Lebensweisheit;* **b)** *Merkhilfe in Form eines [gereimten] Spruchs.*
¹**Mer|kur,** der od. das; -s [nach dem als sehr wendig beschriebenen röm. Götterboten Merkur (lat. Mercurius), wohl nach der großen Flexibilität des Elements]: *alchemistische Bez. für: Quecksilber.*
²**Mer|kur,** der; -s: *(von der Sonne aus gerechnet) erster, innerster Planet unseres Sonnensystems.*
Mer|kur|stab, der: *geflügelter, schlangenumwundener Stab Merkurs als Symbol des Handels.*
Merk|vers, der: *Merkspruch (b).*
Merk|wort, das ⟨Pl. ...wörter⟩ (Theater): *Stichwort für den Einsatz.*
merk|wür|dig ⟨Adj.⟩: **a)** *Staunen, Verwunderung, manchmal auch leises Misstrauen hervorrufend; eigenartig, seltsam:* ein -er Mensch; eine -e Sache; -e Gestalten treiben sich dort herum; sein Verhalten ist m.; ist das nicht m.?; es ist m. still hier; m., wie schnell man so etwas vergisst!;

⟨subst.:⟩ *gestern ist mir etwas Merkwürdiges passiert;* ♦ **b)** *bemerkenswert; bedeutend:* ... *einen Abgesandten Doktor Luthers, mit einem eigenhändigen, ohne Zweifel sehr -en Brief* (Kleist, Kohlhaas 114).

merk|wür|di|ger|wei|se ⟨Adv.⟩: *in einer für jmdn. verwunderlichen Weise:* m. hat sie nichts gehört.

Merk|wür|dig|keit, die; -, -en: **a)** ⟨o. Pl.⟩ *merkwürdige, seltsame Art:* die M. ihres Benehmens; **b)** *merkwürdige Erscheinung:* zoologische -en.

Merk|zei|chen, das: *bestimmtes Zeichen, an dem jmd. etw. wiedererkennen, sich etw. merken kann.*

Merk|zet|tel, der: *Zettel mit kurzen Notizen.*

Mer|le, die; -, -n [spätmhd. merle < lat. merula, eigtl. = die Schwarze] (landsch.): *Amsel.*

¹Mer|lin [auch: ˈmɛrliːn]: *Zauberer (in der keltischen Sage).*

²Mer|lin, der; -s, -e [engl. merlin < afrz. esmerillon, aus dem Germ.; vgl. Schmerl]: *Zwergfalke mit graublauem Gefieder auf der Oberseite u. breiten schwarzen Querbinden am Kopf.*

¹Mer|lot [mɛrˈloː], die; - [frz. merlot, wohl zu: merle = Amsel, nach der sehr dunklen Farbe der Trauben]: *französische hochwertige Rebsorte, aus der Rotweine hergestellt werden.*

²Mer|lot [mɛrˈloː; auch: mɛrˈlot], der; -[s], -s: **a)** ⟨o. Pl.⟩ ¹*Merlot;* **b)** *aus* ¹*Merlot hergestellter tiefroter, vollmundiger Rotwein.*

Mer|ze|ri|sa|ti|on, die; -, -en [nach dem brit. Chemiker u. Industriellen J. Mercer (1791–1866)] (Textilind.): *das Veredeln von Baumwolle.*

mer|ze|ri|sie|ren ⟨sw. V.; hat⟩ (Textilind.): *Baumwolle straff spannen u. mit Natronlauge die Fasern zum Aufquellen bringen, sodass das Gewebe reißfester wird u. die Oberfläche glänzt.*

mes-, Mes-: ↑ meso-, Meso-.

Mes|al|li|ance [mezaˈliɑ̃ːs], die; -, -n [... sn̩] [frz. mésalliance, zu: mé(s) = miss-, un- u. alliance = Verbindung, Ehe, ↑ Allianz]: **1.** (bildungsspr., bes. früher) *nicht standesgemäße Ehe.* **2.** (bildungsspr.) *Ehe, Partnerschaft zwischen nicht zusammenpassenden Partnern.*

Mes|ca|lin: ↑ Meskalin.

Me|sche, die: ↑ Mèche.

me|schug|ge ⟨Adj.; -ner, -nste⟩ [jidd. meschuggo < hebr. mĕšugaʿ] (salopp): *nicht bei Verstand; verrückt.*

Mes|dames: Pl. von ↑ Madame.

Mes|de|moi|selles: Pl. von ↑ Mademoiselle.

Me|s|en|chym, das; -s, -e [zu griech. égchyma = Aufguss] (Biol., Med.): *aus dem Mesoderm hervorgehendes, lockeres, von Hohlräumen durchsetztes Gewebe, aus dem u. a. Bindegewebe u. Blut entstehen.*

Me|se|ta, die; -, ...ten [span. meseta, Vkl. von: mesa < lat. mensa = Tisch] (Geogr.): *span. Bez. für:* Hochebene.

Mes|kal|in, das; -s [zu span. mescal, mezcal < Nahuatl (mittelamerik. Indianerspr.) mexcalli = ein Getränk]: *Rauschgift, das aus einer mexikanischen Kakteenart gewonnen bzw. synthetisch hergestellt wird.*

Mes|mer, Messmer, der; -s, - [frühnhd. meszmer, süd(west)dt. Nebenf. von ↑ Mesner] (schweiz.): *Kirchendiener.*

Mes|me|rin, die; -, -nen: w. Form zu ↑ Mesmer.

Mes|me|ris|mus, der; - [nach dem dt. Arzt F. Mesmer (1734–1815)]: *Therapie, die sich auf die Annahme stützt, dass dem Menschen innewohnende magnetische Kräfte eine heilende Wirkung auf Kranke, bes. Nervenkranke, haben können.*

Mes|ner, Messner, der; -s, - [mhd. mesnære, spätahd. mesinâri < mlat. ma(n)sionarius, eigtl. =

Haushüter, zu lat. mansio, ↑ Menage] (landsch.): *Kirchendiener.*

Mes|ne|rei, Messnerei, die; -, -en (landsch.): **a)** *Wohnung des Mesners;* **b)** *Amt des Mesners.*

Mes|ne|rin, die; -, -nen: w. Form zu ↑ Mesner.

me|so-, Me|so-, (vor Vokalen auch:) mes-, Mes- [zu griech. mésos = Mitte]: *Best. in Zus. mit der Bed. mittlere, mittel..., Mittel..., in der Mitte zwischen ...* (z. B. mesozephal, Mesozoikum, Mesenterium).

Me|so|derm, das; -s, -e [zu griech. dérma = Haut] (Biol., Med.): *(während der Embryonalphase) bei vielzelligen Tieren u. beim Menschen sich zwischen Ektoderm u. Entoderm einschiebende Zellschicht, aus der sich der überwiegende Teil der Körpermasse bildet.*

Me|so|karp, das; -s, -e, **Me|so|kar|pi|um,** das; -s, ...ien [zu griech. karpós = Frucht] (Bot.): *mittlere Schicht der Fruchtwand bei vielen Blütenpflanzen.*

Me|so|li|thi|kum [auch: ...ˈlɪ...], das; -s [zu griech. líthos = Stein] (Geol.): *Periode der Mittleren Steinzeit zwischen Paläolithikum u. Neolithikum.*

Me|son, das; -s, ...onen ⟨meist Pl.⟩ [engl. meson, für älter ↑ Mesotron, zu griech. tò méson = das in der Mitte Befindliche] (Physik): *unstabiles Elementarteilchen, dessen Masse geringer als die eines Protons, jedoch größer als die eines* ²*Leptons ist.*

Me|so|phy|ti|kum, das; -s [zu griech. phytón = Pflanze, Gewächs] (Paläontol.): *(durch das Auftreten der Nacktsamer gekennzeichnetes) Mittelalter der Entwicklung der Pflanzenwelt im Verlauf der Erdgeschichte.*

Me|so|po|ta|mi|en, -s: *historische Landschaft im Irak (zwischen Euphrat u. Tigris).*

Me|so|sphä|re, die; - (Meteorol.): *in etwa 50–80 km Höhe liegende Schicht der Erdatmosphäre.*

Me|so|tron, das; -s, ...onen ⟨meist Pl.⟩ [engl. mesotron, 2. Bestandteil zu griech. -tron = Suffix zur Bez. eines Geräts, Werkzeugs] (Physik veraltend): *Meson.*

Me|so|zo|ikum, das; -s [zu griech. zōon = Lebewesen, Tier] (Geol.): *erdgeschichtliches Mittelalter, das Trias,* ²*Jura u. Kreide umfasst; Erdmittelalter.*

me|so|zo|isch ⟨Adj.⟩ (Geol.): *das Mesozoikum betreffend.*

♦ **Mes|qui|ne|rie** [...ki...], die; -, -n [frz. mesquinerie]: *mesquine Art; Kleinlichkeit: ... ganz im Gegensatz zu der solche »Mesquinerien« ein für alle Mal sich verbittenden Mama* (Fontane, Effi Briest 18).

Mes|sage [ˈmɛsɪdʒ, ...sɪtʃ], die; -, -s [...dʒɪs] [engl. message, eigtl. = Botschaft, zu lat. missum, 2. Part. von: mittere, ↑ Mission] (Kommunikationsf.): **1.** *Nachricht, Information, die durch die Verbindung von Zeichen ausgedrückt u. vom Sender zum Empfänger übertragen wird.* **2.** ⟨Jargon⟩ **a)** *Gehalt, Aussage* (3) *eines Kunstwerks;* **b)** *Anliegen; etw., was jmd. als Erkenntnis, Erfahrung o. Ä. weiterreichen möchte:* seine M. ist nicht rübergekommen.

Mes|sa|li|ne, die; - [frz. messaline] (Textilind.): *leichtes, stark glänzendes [Kunst]seidengewebe in Atlasbindung, das als Kleider- u. Futterstoff verwendet wird.*

Mess|band, das ⟨Pl. ...bänder⟩: *Bandmaß.*

mess|bar ⟨Adj.⟩: *sich messen* (1) *lassend:* eine -e Verbesserung der Qualität anstreben; die Strahlenbelastung war deutlich m.

Mess|bar|keit, die; -: *das Messbarsein.*

Mess|be|cher, der: *Gefäß mit einer Maßeinteilung, das zum Abmessen (besonders von Back-*

zutaten, *aber auch von Waschmittel u. Ä.) dient.*

Mess|bild, das (Messtechnik, Kartografie): *(vom Flugzeug od. Satelliten aus aufgenommenes) Bild, dem ein geometrisch ähnliches Raummodell von einem Teil der Erdoberfläche erstellt wird.*

Mess|brief, der (Seew.): *Urkunde über Abmessungen, Bauweise o. Ä. eines Schiffes.*

Mess|buch, das: *Buch mit Gebetstexten, Lesungen u. liturgischen Gesängen für die* ¹*Messe* (1).

Mess|da|ten ⟨Pl.⟩: *Daten von Messungen.*

Mess|die|ner, der (kath. Kirche): *Ministrant.*

Mess|die|ne|rin, die: w. Form zu ↑ Messdiener.

¹Mes|se, die; -, -n [mhd. messe, misse, ahd. messa, missa < kirchenlat. missa, aus der Formel »ite, missa est (concio)« = geht, die (gottesdienstliche) Versammlung ist entlassen]: **1.** *katholischer Gottesdienst mit der Feier der Eucharistie:* die heilige M.; eine M. [für einen Verstorbenen] lesen. **2.** *Komposition als Vertonung der liturgischen Bestandteile der* ¹*Messe* (1).

²Mes|se, die; -, -n [kirchenlat. missa = Heiligenfest (mit feierlicher* ¹*Messe 1 u. großem Jahrmarkt); zu* ↑ *Messe]:* **1.** *große [internationale] Ausstellung von Warenmustern eines od. mehrerer Wirtschaftszweige:* eine internationale M.; die Leipziger M.; auf der M. ausstellen. **2.** (landsch. ugs.) *Jahrmarkt.*

³Mes|se, die; -, -n [engl. mess, eigtl. = Gericht, Speise, Mahlzeit < afrz. mes (= frz. mets) < lat. missus = (aus der Küche) geschicktes, zu Tisch aufgetragenes (²Gericht), zu: mittere, ↑ Mission] (Seemannsspr.): **1.** *(auf größeren Schiffen) Speise- u. Aufenthaltsraum der Offiziere, Mannschaften; Schiffskantine.* **2.** *(auf größeren Schiffen) Tischgesellschaft von Offizieren, Mannschaften.*

Mes|se|aus|weis, der: *Ausweis, der zum Betreten des Messegeländes berechtigt.*

Mes|se|be|su|cher, der: *Besucher einer* ²*Messe.*

Mes|se|be|su|che|rin, die: w. Form zu ↑ Messebesucher.

Mes|se|ge|län|de, das: *Gelände, auf dem eine* ²*Messe* (1) *stattfindet.*

Mes|se|hal|le, die: *Ausstellungshalle auf einer* ²*Messe* (1).

Mes|se|ka|ta|log, der: *Ausstellungskatalog einer* ²*Messe* (1).

mes|sen (st. V.; hat) [mhd. meʒʒen, ahd. meʒʒan, verw. mit ↑ ¹Mal in dessen urspr. Bed. »Abgemessenes«]: **1. a)** *durch Anlegen, Zugrundelegen eines Maßes ermitteln:* die Größe, Länge, Breite, Höhe von etw. m.; den Luftdruck, den Blutdruck m.; [bei jmdm.] Fieber m.; mit dem Thermometer die Temperatur [des Wassers] m.; die Geschwindigkeit, die Zeit mit der Stoppuhr m.; es wurden 20° [Wärme] gemessen; sie maß (geh.; *schätzte*) die Entfernung mit den Augen; **b)** *in seinen Maßen, seiner Größe bestimmen:* etw. genau, exakt m.; jmdn. [mit dem Metermaß] m.; ein Brett mit dem Zollstock m.; Flüssigkeiten misst man nach Litern; Ü alle mit gleichem Maß m. (*in gleicher Weise beurteilen*). **2.** *eine bestimmte Größe, ein bestimmtes Maß haben:* er misst 1,85 m; sie misst 5 cm mehr als du; das Grundstück misst 600 m²; das Zimmer misst 2,50 m in der Höhe. **3. a)** ⟨m. + sich⟩ (geh.) *in einem Wettstreit o. Ä. seine Fähigkeiten, Kräfte mit etw., mit denen eines anderen erprobend vergleichen; konkurrieren, in einen Wettbewerb treten:* sich mit jmdm. m.; Ü ich kann mich in diesem Bereich nicht mit ihr m. (*ich komme ihr in diesem Bereich nicht gleich*); **b)** *jmdn., etw. beurteilen:* eine Leistung am Erfolg m.; jmds. Leistungen an denen eines anderen m.; gemessen an dem früheren Ergebnis, war dies eine Enttäuschung. **4.** (geh.) *abschätzend ansehen:* jmdn. misstrauisch, schweigend, herausfordernd, mit Blicken von der Seite, mit Achtung m. ♦ **5. * sich in den Dreck, Kot** o. Ä. **m.** *(der Länge nach in den [Straßen]schmutz fallen).*

Mes|se|neu|heit, die: *auf einer* ²*Messe* (1) *vorgeführte Neuheit* (2).

¹**Mes|ser,** das; -s, - [mhd. meʒʒer, ahd. meʒʒira(h)s, meʒʒisahs; 1. Bestandteil zu mhd., ahd. maʒ (↑ Mett), 2. Bestandteil zu mhd., ahd. sahs = (kurzes) Schwert]: **a)** *aus einer Klinge, die mit einer Schneide versehen ist, u. einem Griff bestehendes Gerät zum Schneiden:* ein rostfreies M.; ein M. schleifen; der Rücken eines -s; etw. mit dem M. zerkleinern; jmdn. mit dem M. bedrohen; sich mit dem M. *(Rasiermesser)* rasieren; R auf dem M. kann man [nach Rom] reiten (ugs. scherzh.; *das Messer ist äußerst stumpf*); *** jmdn. geht das M. in der Tasche/im Sack auf** (salopp; *jmd. gerät über etw. in großen Zorn*); **jmdm. sitzt das M. an der Kehle** (ugs.; *jmd. ist in äußerster Bedrängnis, Geldnot o. Ä., sodass er bzw. sie gezwungen ist, etw. Bestimmtes zu tun*); **jmdm. das M. an die Kehle setzen** (ugs.; *jmd. etw. zwingen*); **jmdm. [selbst] das M. in die Hand geben** (ugs.; *dem Gegner, der Gegnerin selbst die Argumente liefern*); **jmdn. ans M. liefern** (ugs.; *jmdn. durch Verrat ausliefern, preisgeben*); **bis aufs M.** (ugs.; *mit allen Mitteln*): ein Kampf bis aufs M.); **[jmdm.] ins [offene] M. laufen/rennen** (ugs.; *das leichte Opfer des Gegners werden*); **b)** *Skalpell:* jmdn. unters M. nehmen (ugs.; *jmdn. operieren, zu operieren beginnen*); unters M. müssen (ugs.; *sich operieren lassen müssen*); **c)** (Technik) *mit einer Schneide versehene Leiste od. Platte aus gehärtetem Stahl:* die M. des Rasenmähers.

²**Mes|ser,** der; -s, -: **a)** *Messender;* **b)** *Messgerät.*

Mes|ser|form|schnitt, der: *kurzer Haarschnitt, bei dem das nasse Haar mit dem Rasiermesser geschnitten [u. mit dem Föhn in Form gebracht] wird.*

Mes|ser|geb|nis, das: *Ergebnis einer Messung, bestimmter Messungen.*

Mes|ser|held, der: **1.** (abwertend) *Messerstecher.* **2.** (ugs. scherzh.) *jmd., der (z. B. als Koch, als Arzt) mit* ¹*Messern* (a, b) *umzugehen versteht.*

Mes|ser|hel|din, die: w. Form zu ↑ Messerheld.

Mes|ser|in, die; -, -nen: w. Form zu ↑ ²Messer (a).

Mes|ser|klin|ge, die: *Klinge eines Messers.*

Mes|ser|rü|cken, der: *der Schneide gegenüberliegende, stumpfe Seite der Messerklinge.*

mes|ser|scharf ⟨Adj.⟩: (emotional) *scharf wie ein Messer; sehr scharf:* -e Kanten; Ü sie hat einen -en Verstand; m. auf etw. schließen.

Mes|ser|spit|ze, die: **1.** *Spitze der Messerklinge.* **2.** *kleine Menge einer pulverigen Substanz [die mit der Messerspitze* (1) *aufgenommen werden kann]:* eine M. Salz.

Mes|ser|ste|cher, der (abwertend): *jmd., der gern Streit anfängt u. dabei mit dem Messer zustich.*

Mes|ser|ste|che|rei, die (abwertend): *tätliche Auseinandersetzung mit Messern als Waffen.*

Mes|ser|ste|che|rin, die: w. Form zu ↑ Messerstecher.

Mes|ser|stich, der: *Stich mit dem Messer.*

Mes|ser|wer|fer, der: *Artist, der mit Messern wirft.*

Mes|ser|wer|fe|rin, die: w. Form zu ↑ Messerwerfer.

Mes|se|stadt, die: *Stadt, in der häufig* ²*Messen* (1) *stattfinden.*

Mes|se|stand, der: *Stand* (3 a) *auf einer* ²*Messe* (1).

Mess|füh|ler, der: *Teil eines elektronischen Messgeräts, der in direkter Verbindung zu dem zu messenden Medium steht; Sensor* (1).

Mess|ge|rät, das: *Gerät zum Messen von direkt nicht zugänglichen Erscheinungen u. Eigenschaften, z. B. in der Chemie.*

Mess|ge|wand, das (kath. Kirche): *liturgisches Gewand, das der Priester während der* ¹*Messe* (1) *trägt.*

Mess|glas, das ⟨Pl. ...gläser⟩: *Glasgefäß mit einer Maßeinteilung zum Abmessen von Flüssigkeiten.*

Mess|grö|ße, die (Messtechnik): *gemessene od. zu messende Größe* (2).

mes|si|a|nisch ⟨Adj.⟩: **1.** *den Messias betreffend:* die -en Prophezeiungen im Alten Testament. **2.** *den Messianismus betreffend, kennzeichnend:* -e Bewegungen.

Mes|si|a|nis|mus, der; -: *geistige Bewegung, die die religiöse od. politische Erlösung von einem Messias erwartet.*

Mes|si|as, der; -, -se [kirchenlat. Messias < griech. messías < hebr. mašîaḥ = der Gesalbte]: **1.** ⟨o. Pl.⟩ *im Alten Testament verheißener königlicher Heilsbringer.* **2.** *Befreier, Erlöser aus religiöser, sozialer o. Ä. Unterdrückung.*

Mes|sie, der; -s, -s [zu engl. mess = Unordnung, Schmutz] (Jargon): *jmd., dessen Wohnung völlig unordentlich, chaotisch u. voller nutzloser Gegenstände ist:* sie ist ein zwanghafter M.; eine Selbsthilfegruppe für -s.

Mes|sieurs: Pl. von ↑ Monsieur.

Mes|sing, das; -s, (Sorten:) -e [mhd. messinc, H. u.]: *hell- bis rotgelbe Legierung aus Kupfer u. Zink, die u. a. zu Schmuckwaren, Kunstgegenständen, Rohren, Armaturen, Konstruktionsteilen verarbeitet wird:* M. gießen; Klinken aus M.

Mes|sing|draht, der: *Draht aus Messing.*

mes|sin|gen ⟨Adj.⟩ [mhd. messing(en)]: *aus Messing [bestehend]:* messing[e]ne Beschläge.

mes|sing|gelb ⟨Adj.⟩: *gelb wie Messing.*

Mes|sing|griff, der: *Griff* (2) *aus Messing.*

Mes|sing|klin|ke, die: *Klinke aus Messing.*

Mes|sing|leuch|ter, der: *Leuchter aus Messing.*

Mes|sing|schild, das ⟨Pl. -er⟩: *Schild aus Messing.*

Mess|in|s|t|ru|ment, das: *Messgerät.*

Mess|kelch, der (kath. Kirche): *bei der* ¹*Messe* (1) *verwendeter Kelch.*

Mess|lat|te, die: *zur Geländevermessung verwendeter hölzerner Messstab:* Ü *die M. für jmds. Verhalten hoch ansetzen.*

Mess|mer usw.: ↑ Mesmer usw.

Mess|ner usw.: ↑ Mesner usw.

Mess|op|fer, das (kath. Kirche): *Vergegenwärtigung des Opfertodes Jesu in der Feier der Eucharistie.*

Mess|schie|ber, Mess-Schie|ber, der (Messtechnik): *Schieblehre.*

Mess|schrau|be, Mess-Schrau|be, die: *Messgerät zur Messung kleinerer Längen od. Abstände mittels einer Spindel, wobei die zu messende Länge jeweils einer bestimmten Anzahl von Spindelumdrehungen entspricht; Mikrometerschraube.*

Mess|sen|der, Mess-Sen|der, der (Messtechnik): *Sender mit genau einstellbarer Frequenz zum Prüfen u. Abgleichen* (5) *von Rundfunk- u. Fernsehapparaten, für Frequenzmessungen o. Ä.*

Mess|stab, Mess-Stab, der: *Stab mit Maßeinteilung.*

Mess|sta|ti|on, Mess-Sta|ti|on, die: *Einrichtung, in der od. mit der etw. gemessen wird.*

Mess|stel|le, Mess-Stel|le, die: *Stelle, an der etw. gemessen wird.*

Mess|stre|cke, Mess-Stre|cke, die: *Strecke (von bestimmter Länge), auf der Messungen vorgenommen werden (z. B. der Geschwindigkeit eines Fahrzeugs).*

Mess|tech|nik, die: *Gesamtheit der Verfahren u. Geräte zur Messung zahlenmäßig erfassbarer Größen in Wissenschaft u. Technik.*

Mess|tisch, der (früher): *(drehbar auf einem Stativ angebrachte) Zeichenplatte, auf der anhand von eingetragenen Festpunkten Geländepunkte für topografische Karten aufgenommen werden.*

Mess|tisch|blatt, das (veraltend): *Karte im Maßstab 1 : 25 000.*

Mess- und Re|gel|tech|nik, die ⟨o. Pl.⟩: *Überwachung u. Steuerung technischer Vorgänge durch Regelung nach Messwerten.*

Mes|sung, die; -, -en: **1.** *das Messen* (1): -en durchführen. **2.** *Ergebnis einer Messung.*

Mess|ver|fah|ren, das: *Verfahren zum Messen von etw.:* ein neues M. entwickeln.

Mess|wa|gen, der: *Kraftfahrzeug, das mit bestimmten Instrumenten u. Ä. zum Messen der Umweltbelastung (bes. der Luft) ausgestattet ist.*

Mess|wein, der (kath. Kirche): *bei der* ¹*Messe* (1) *verwendeter Wein.*

Mess|werk, das: *mechanisch beweglicher Teil (z. B. Zeiger) eines Messgeräts, der die Anzeige* (3 a) *bewirkt.*

Mess|wert, der: *aus einer od. zwei Anzeigen* (3 a) *ermittelter Wert einer Messgröße.*

Mess|zy|lin|der, der: *zylinderförmiges Glasgefäß mit einer Milliliterskala zur Abmessung von Flüssigkeiten bes. im Labor.*

Mes|ti|ze, der; -n, -n [span. mestizo < spätlat. mixticius = Mischling, zu lat. miscere = mischen]: *Nachkomme eines weißen u. eines indianischen Elternteils (bes. in Lateinamerika).*

Die Bezeichnung *Mestize, Mestizin* entstammt der Kolonialzeit; sie wird häufiger als rassistisch und damit als diskriminierend empfunden. Da jedoch keine Ausweichbezeichnung existiert, werden die Wörter in bestimmten Kontexten (wie z. B. in Bevölkerungsstatistiken) gleichwohl noch verwendet.

Mes|ti|zin, die; -, -nen: w. Form zu ↑ Mestize.

MESZ = mitteleuropäische Sommerzeit.

Met, der; -[e]s [mhd. met(e), ahd. metu, urspr. = Honig[wein]: *(bes. bei den Germanen beliebtes) alkoholisches Getränk aus vergorenem, mit Wasser verdünntem Honig u. Würzstoffen.*

---

met-, Met- [griech. metá]: ↑ meta-, Meta-.

---

me|ta-, Me|ta- ['meta..., auch: 'meta...], (vor Vokalen u. vor h:) **met-, Met-** [met..., auch: met...] [griech. metá]: **1.** *bedeutet in Bildungen mit Adjektiven od. Substantiven zwischen, inmitten, nach, nachher, später, ver... (im Sinne der Umwandlung, des Wechsels):* metaphysisch, metonymisch; Metamorphose, Methämoglobin. **2.** *drückt in Bildungen mit Substantiven aus, dass sich etw. auf einer höheren Stufe, Ebene befindet, darüber eingeordnet ist oder hinter etw. steht:* Metamarketing, Metatheorie.

me|ta|bol: ↑ metabolisch.

Me|ta|bo|lie, die; -, -n: **1.** (Zool.) *Metamorphose* (2). **2.** (Biol.) *Formveränderung bei Einzellern.* **3.** (Biol., Med.) *auf Stoffwechsel beruhende Veränderung im Organismus.*

me|ta|bo|lisch ⟨Adj.⟩: **1.** (Biol.) *veränderlich (z. B. in Bezug auf die Gestalt von Einzellern).* **2.** (Biol., Med.) *im Stoffwechselprozess entstanden.*

Me|ta|bo|lis|mus, der; -: **1.** (bildungsspr.) *Umwandlung, Veränderung.* **2.** (Biol., Med.) *Stoffwechsel.*

Me|ta|bo|lit [auch: ...'lɪt], der; -en, -en (Biol., Med.): *Zwischenprodukt des Zellstoffwechsels.*

Me|ta|chro|nis|mus, der; -, ...men [zu griech. metáchronos = später geschehen] (bildungsspr.): irrtümliche Einordnung eines Ereignisses in eine zu späte Zeit.

Me|ta|da|ten ⟨Pl.⟩ (Fachspr.): Daten, die anderen Daten übergeordnet sind.

Me|ta|ebe|ne, die; -, -n (bildungsspr.): übergeordnete Stufe, Ebene; Ebene (3), die dahintersteht, die der eigentliche Ausgangspunkt bei etw. ist.

Me|ta|ge|ne|se, die; -, -n [↑ Genese] (Biol.): besondere Form des Generationswechsels bei vielzelligen Tieren (z. B. Hohltieren), wobei auf eine sich ungeschlechtlich (z. B. durch Teilung) fortpflanzende Generation eine sich geschlechtlich fortpflanzende folgt.

me|ta|ge|ne|tisch ⟨Adj.⟩ (Biol.): die Metagenese betreffend.

Me|ta|kom|mu|ni|ka|ti|on, die; - [geb. nach ↑ Metaphysik] (Kommunikationsf.): **a)** über die verbale Verständigung hinausgehende Kommunikation, wie Gesten, Mimik o. Ä.; **b)** Kommunikation über einzelne Ausdrücke, Aussagen od. die Kommunikation selbst.

Me|ta|kri|tik [auch: ˈmɛ..., ˈmeː...], die; -, -en (Philos.): der Kritik folgende Kritik.

Me|ta|lin|gu|is|tik, die; - (Sprachwiss.): **1.** Zweig der Linguistik, der sich mit den Beziehungen der Sprache zu außersprachlichen Phänomenen beschäftigt. **2.** Wissenschaft von den Metasprachen.

Me|tall, das; -[e]s, -e [mhd. metalle < lat. metallum < griech. métallon = ¹Mine; Schacht; Metall, H. u.]: chemisches Element, das sich durch charakteristischen Glanz, Undurchsichtigkeit u. die Fähigkeit, Legierungen zu bilden sowie Wärme u. Elektrizität zu leiten, auszeichnet; nach dem Erz herausschmelzen; das flüssige M. in Formen gießen; M. veredeln; die M. verarbeitende Industrie.

Me|tall|ar|beit, die: Erzeugnis, Produkt, Kunstwerk aus Metall.

Me|tall|ar|bei|ter, der: [Fach]arbeiter in der Metallindustrie.

Me|tall|ar|bei|te|rin, die; w. Form zu ↑ Metallarbeiter.

♦ **Me|tall|baum**, der (Bergmannsspr.): strauchod. blätterförmige silbrige Metallabscheidung: ... war es, als ginge ein blendendes Licht durch den ganzen Schacht, und seine Wände wurden durchsichtig wie der reinste Kristall ... Er blickte in die paradiesischen Gefilde der herrlichsten Metallbäume und Pflanzen, an denen wie Früchte, Blüten und Blumen feuerstrahlende Steine hingen (E. T. A. Hoffmann, Bergwerke 31); ... der Garten, der aus Metallbäumen und Kristallpflanzen bestand (Novalis, Heinrich 122).

Me|tall|be|ar|bei|tung, die: Verfahren, durch das metallische Werkstücke bestimmte Formen u. Eigenschaften erhalten.

me|tall|be|schla|gen ⟨Adj.⟩: mit Metall beschlagen, mit einer [dünnen] Schicht aus Metall überzogen.

Me|tall|block, der ⟨Pl. ...blöcke⟩: Block (1) aus Metall.

Me|tall|de|tek|tor, der (Technik): Detektor (1) für metallene Gegenstände: Waffen mithilfe von -en entdecken.

me|tal|len ⟨Adj.⟩: **1.** aus Metall hergestellt, bestehend: -e Haken. **2.** (geh.) metallisch (2 a): eine -e Stimme; Einen Augenblick lang war es so still in der Küche, dass man in einem der Zimmer deutlich das -e Ticken einer Standuhr hören konnte (Schnurre, Bart 164).

Me|tal|ler, der; -s, - (Jargon): Metallarbeiter [als Gewerkschaftsangehöriger].

Me|tal|le|rin, die; -, -nen: w. Form zu ↑ Metaller.

Me|tall|fa|b|rik, die: Fabrik, in der Metall verarbeitet wird.

Me|tall|fo|lie, die: Folie aus Metall.

♦ **Me|tall|fürst**, der: (im Volksglauben) als Herr über alle Bodenschätze gedachter, unter der Erde wohnender ²Geist (3): Nimm dich in Acht, dass der M., den du verhöhnst, dich nicht fasst und hinabschleudert (E. T. A. Hoffmann, Bergwerke 27).

Me|tall|ge|fäß, das: Gefäß aus Metall.

Me|tall|geld, das ⟨o. Pl.⟩: aus Metall hergestelltes Geld; Hartgeld.

Me|tall|gie|ße|rei, die: Gießerei.

Me|tall|guss, der: Guss (1).

me|tall|hal|tig ⟨Adj.⟩: Metall enthaltend.

Me|tall|hüt|ten|werk, das: Hüttenwerk, in dem aus Erzen Metall gewonnen u. teilweise weiterverarbeitet wird.

me|tal|lic ⟨indekl. Adj.⟩ [engl. metallic]: metallisch schimmernd u. dabei von einem gewissen matten Glanz: ein Auto in Blau m., in m. Blau.

Me|tal|lic|la|ckie|rung, die: Lackierung, bei der dem Lack kleine Teilchen aus Bronze od. Aluminium zugesetzt werden.

Me|tall|in|dus|t|rie, die: Industriezweig, der sich mit dem Bearbeiten u. Verarbeiten von Metallen beschäftigt.

me|tal|lisch ⟨Adj.⟩: **1.** aus Metall bestehend; die Eigenschaften eines Metalls besitzend, sich wie ein Metall verhaltend: ein -er Überzug. **2. a)** hart klingend; im Klang hell u. durchdringend: eine -e Stimme; **b)** in seinem optischen Eindruck wie Metall, an Metall erinnernd: ein -er Glanz.

me|tal|li|sie|ren ⟨sw. V.; hat⟩ [frz. métalliser] (Technik): einen Stoff in einem bestimmten Verfahren mit einer metallischen Schicht überziehen.

Me|tal|li|sie|rung, die; -, -en (Technik): das Metallisieren; das Metallisiertwerden.

Me|tall|kle|ber, der: Klebstoff zum Kleben von Metall.

Me|tall|kun|de, die ⟨o. Pl.⟩: Wissenschaft von Aufbau u. Eigenschaften der Metalle u. Legierungen u. ihrer Verwendung in Technik u. Wirtschaft; Metallogie.

Me|tall|le|gie|rung, die: durch Zusammenschmelzen entstandene Mischung von Metallen.

Me|tall|lo|fon, Metallophon, das; -s, -e [zu griech. phōnḗ = Stimme, Ton, Schall]: mit einem Hammer geschlagenes, aus aufeinander abgestimmten Metallplatten bestehendes Glockenspiel.

Me|tall|lo|gie, die; - [↑-logie]: Metallkunde.

Me|tall|lo|graf, Metallograph, der; -en, -en [zu griech. gráphein = schreiben]: **1.** jmd., der mikroskopische Werkstoffkontrollen durchführt (Berufsbez.). **2.** Wissenschaftler auf dem Gebiet der Metallografie.

Me|tall|lo|gra|fie, Metallographie, die; - [↑ -grafie]: Teilgebiet der Metallkunde, das mit mikroskopischen Methoden Struktur u. Eigenschaften der Metalle untersucht.

Me|tall|lo|gra|fin, Metallographin, die; -, -nen: w. Form zu ↑ Metallograf.

Me|tall|lo|graph usw.: ↑ Metallograf usw.

Me|tall|lo|phon: ↑ Metallofon.

Me|tall|oxid, **Me|tall|oxyd**, das; -s, -e: Verbindung eines Metalls mit Sauerstoff.

Me|tall|plat|te, die: Platte aus Metall.

Me|tall|ring, der: Ring aus Metall.

Me|tall|salz, das: chemische Verbindung aus einer Säure mit einem Metall.

Me|tall|schei|be, die: Scheibe aus Metall.

Me|tall|schnitt, der: **1.** ⟨o. Pl.⟩ als Druckstock verwendete weiche Metallplatte, in die eine bildliche Darstellung eingeschnitten ist. **2.** Abzug eines Metallschnitts (1). **3.** mit Blattgold o. Ä. versehene Schnittflächen eines Buches.

Me|tall|stab, der: Stab (1 a) aus Metall.
Me|tall|stift, der: ¹Stift (1) aus Metall.
Me|tall|strei|fen, der: Streifen aus Metall.
Me|tall|stück, das: Stück eines Metalls.
Me|tall|teil, das: Teil aus Metall.

Me|tall|urg, der; -en, -en, **Me|tall|ur|ge**, der; -n, -n: Wissenschaftler auf dem Gebiet der Metallurgie.

Me|tall|ur|gie, die; - [frz. métallurgie, zu griech. metallourgeīn = Metalle verarbeiten]: Wissenschaft von der Gewinnung der Metalle aus Erzen.

Me|tall|ur|gin, die; -, -nen: w. Form zu ↑ Metallurg, Metallurge.

me|tall|ur|gisch ⟨Adj.⟩: die Metallurgie betreffend.

Me|tall ver|ar|bei|tend, **me|tall|ver|ar|bei|tend** ⟨Adj.⟩: Metalle verarbeitend: die Metall verarbeitende Industrie.

Me|tall|wäh|rung, die: durch die Bindung des Geldes an ein od. mehrere Edelmetalle gekennzeichnetes Währungssystem.

Me|tall|zeit, die: vorgeschichtliche Periode nach der Steinzeit.

me|ta|morph, (selten:) **me|ta|mor|phisch** ⟨Adj.⟩ [zu ↑ Metamorphose] (Fachspr.): seine Gestalt, seinen Zustand wandelnd.

Me|ta|mor|pho|se, die; -, -n [lat. metamorphosis < griech. metamórphōsis, zu: metá = ver- u. morphḗ = Gestalt]: **1.** (bildungsspr.) Umgestaltung, Verwandlung: eine M. durchmachen. **2.** (Zool.) Entwicklung vom Ei zum geschlechtsreifen Tier über selbstständige Larvenstadien (bes. bei Insekten). **3.** (Bot.) Umbildung der Grundform eines pflanzlichen Organs zu einem Organ mit besonderer Funktion im Verlauf der Stammesgeschichte. **4.** (Geol.) Umwandlung u. Umformung eines Gesteins in ein anderes als Folge einer Veränderung von Druck u. Temperatur, denen das Gestein ausgesetzt ist. **5.** (Mythol., Dichtung) Verwandlung eines Menschen in Tier, Pflanze, Quelle, Stein o. Ä. **6.** ⟨Pl.⟩ (Musik) Veränderungen eines Themas in seiner Grundform (im Unterschied zur Variation eines vorgegebenen Themas).

me|ta|mor|pho|sie|ren ⟨sw. V.; hat⟩ (bildungsspr.): verwandeln, umwandeln; die Gestalt ändern.

Me|ta|mu|sik (österr.: ...ˈsɪk], die ⟨o. Pl.⟩: Musik, die Elemente von Rock- u. Popmusik u. Jazz sowie Formen außereuropäischer u. asiatischer Musik kombiniert.

Me|ta|pher, die; -, -n [lat. metaphora < griech. metaphorá, zu: metaphérein = anderswohin tragen] (Stilkunde): sprachlicher Ausdruck, bei dem ein Wort (eine Wortgruppe) aus seinem Bedeutungszusammenhang in einen anderen übertragen, als Bild verwendet wird (z. B. der kreative Kopf des Projekts): ausgefallene, blumenreiche -n; etw. ist eine M. für etw.

Me|ta|pho|rik, die; - (Stilkunde): **a)** Bildung, Gebrauch von Metaphern (als Stilmittel); **b)** in einem Text verwendete Gesamtheit von Metaphern.

me|ta|pho|risch ⟨Adj.⟩ [griech. metaphorikós] (Stilkunde): **a)** durch die Verwendung von Metaphern gekennzeichnet; Metaphern enthaltend: ein -er Stil; **b)** als Metapher gebraucht; eine Metapher darstellend: der -e Gebrauch eines Wortes.

Me|ta|phra|se, die; -, -n [griech. metáphrasis = Umschreibung]: **1.** (Literaturwiss.) wortgetreue Übertragung einer Versdichtung in Prosa. **2.** (Stilkunde) erläuternde Wiederholung eines Wortes durch ein Synonym.

me|ta|phras|tisch ⟨Adj.⟩: **1.** (Literaturwiss., Stilkunde) die Metaphrase betreffend. **2.** [griech. metaphrastikós] (bildungsspr.) umschreibend.

Metaphysik – Metier

Me|ta|phy|sik [auch, österr. nur: ...'zɪk], die; -, -en [mlat. metaphysica, zu griech. tà metà tà physiká = das, was hinter der Physik steht, Titel für die philos. Schriften des Aristoteles, die in einer Ausgabe des 1. Jh.s v. Chr. hinter den naturwissenschaftlichen Schriften angeordnet waren]: **1. a)** ⟨Pl. selten⟩ *philosophische Disziplin od. Lehre, die das hinter der sinnlich erfahrbaren, natürlichen Welt Liegende, die letzten Gründe u. Zusammenhänge des Seins behandelt:* die M. Platons; **b)** *die Metaphysik (1 a) darstellendes Werk.* **2.** ⟨o. Pl.⟩ (Philos.) *(im Marxismus) der Dialektik entgegengesetzte Denkweise, die die Erscheinungen als isoliert u. als unveränderlich betrachtet.*

Me|ta|phy|si|ker, der; -s, -: *Philosoph auf dem Gebiet der Metaphysik (1 a):* Kant als M.

Me|ta|phy|si|ke|rin, die: w. Form zu ↑ Metaphysiker.

me|ta|phy|sisch ⟨Adj.⟩: **1.** *die Metaphysik (1 a) betreffend; jede mögliche Erfahrung überschreitend:* -e Probleme, Deduktionen; eine -e Sicht. **2.** *die Metaphysik (2) betreffend.*

Me|ta|psy|cho|lo|gie, die: **1.** *(von S. Freud begründete) psychologische Lehre in ihrer ausschließlich theoretischen Dimension.* **2.** *Parapsychologie.*

Me|ta|säu|re, die; -, -n (Chemie): *anorganische Säure der wasserärmsten Form.*

Me|ta|spra|che [auch: ˈmɛ...], die; -, -n [geb. nach ↑ Metaphysik] (Sprachwiss., Math., Kybernetik): *Sprache od. Symbolsystem, das dazu dient, eine andere Sprache od. ein Symbolsystem zu beschreiben od. zu analysieren; Sprache, mit der die Objektsprache (Sprache als Gegenstand der Betrachtung) beschrieben wird.*

me|ta|sprach|lich ⟨Adj.⟩: *die Metasprache betreffend.*

Me|ta|sta|se, die; -, -n [griech. metástasis = Wanderung]: (Med.) *Tumor, der sich durch Verschleppung von kranken Zellen bes. einer bösartigen Geschwulst an einer anderen, vom Ursprungsort entfernt gelegenen Körperstelle bildet; Tochtergeschwulst.*

me|ta|sta|sie|ren ⟨sw. V.; hat⟩ (Med.): *Metastasen bilden.*

me|ta|sta|tisch ⟨Adj.⟩ (Med.): *(von Tumoren o. Ä.) durch Metastase entstanden.*

Me|ta|the|se, Me|ta|the|sis, die; -, ...thesen [lat. metathesis < griech. metáthesis] (Sprachwiss.): *Lautumstellung in einem Wort (z. B. Born–Bronn).*

Me|t|em|psy|cho|se, die; -, -n [griech. metempsýchōsis]: *Seelenwanderung.*

Me|te|or [auch: ˈmeː...], der, selten: das; -s, ...ore [griech. metéōron = Himmels-, Lufterscheinung] (Astron.): *Leuchterscheinung, die durch in die Erdatmosphäre eindringende feste kosmische Körper, Partikeln hervorgerufen wird.*

Me|te|or|ei|sen, das: *Eisen bestimmter Zusammensetzung, das von einem Meteoriten stammt.*

me|te|or|haft ⟨Adj.⟩: *in seinem Aufstieg, seiner plötzlichen Bedeutung o. Ä. einem Meteor vergleichbar:* ein -er Aufstieg.

me|te|o|risch ⟨Adj.⟩: **1.** (Meteorol.) *die Lufterscheinungen u. Luftverhältnisse betreffend.* **2. a)** *meteoritisch (1);* **b)** *meteorhaft.*

Me|te|o|rit [auch: ...ˈrɪt], der; -en u. -s, -e[n] (Astron.): *in die Erdatmosphäre eindringender kosmischer Körper, der unter vollständiger od. teilweiser Verdampfung die Leuchterscheinung eines Meteors hervorruft:* Schwärme von -en.

me|te|o|ri|tisch [auch: ...ˈrɪ...] ⟨Adj.⟩ (Astron.): **1.** *von einem Meteor stammend.* **2.** *von einem Meteoriten stammend.*

Me|te|o|ro|lo|ge, die; -, -n [↑ -loge]: *Wissenschaftler auf dem Gebiet der Meteorologie.*

Me|te|o|ro|lo|gie, die; - [griech. meteōrología = die Lehre von den Himmelserscheinungen]: *Teilgebiet der Geophysik, das die Vorgänge u. Gesetzmäßigkeiten in der Lufthülle der Erde sowie Wetterkunde u. Klimatologie umfasst.*

Me|te|o|ro|lo|gin, die; -, -nen: w. Form zu ↑ Meteorologe.

me|te|o|ro|lo|gisch ⟨Adj.⟩: **1.** *die Meteorologie betreffend, zu ihr gehörend.* **2.** *das Wetter betreffend; wettermäßig.*

Me|te|or|stein, der: *auf die Erdoberfläche gelangtes Reststück eines Meteoriten.*

Me|ter, der, früher fachspr. auch: das; -s, - [frz. mètre < lat. metrum < griech. métron = (Vers)maß, Silbenmaß]: *Maßeinheit der Länge (Zeichen: m);* ein M. englisches Tuch/(geh.:) englischen Tuchs; der Preis eines -s Stoff/eines M. Stoffes; drei M. Stoff reichen für diesen Anzug; nach -n messen; ein Zaun von zwei M. Höhe; mit den drei -n/mit drei M. Stoff kommen wir nicht aus; sie mussten sich M. um/für M. vorkämpfen; *laufende M./am laufenden M.* (salopp; *immer wieder, in einem fort).*

-me|ter: 1. ⟨das; -s, -⟩ [griech. métron = Maß] *kennzeichnet in Zusammenbildungen ein Messgerät;* ²*Messer:* Aerometer, Barometer. **2.** ⟨der; -s, -⟩ [griech. -métrēs] *kennzeichnet in Zusb. eine Person, die Messungen ausführt:* Geometer. **3.** ⟨der; -s, -⟩ [griech. -metros, zu: métron = (Vers)maß] *ein bestimmtes Maß Enthaltendes; etw. Bestimmtes Messendes:* Hexameter, Parameter.

me|ter|hoch ⟨Adj.⟩: *[über] einen Meter hoch:* meterhohe Schneeverwehungen; das Geröll lag m.

Me|ter|ki|lo|pond, das; -[s], -: *Kilopondmeter.*

me|ter|lang ⟨Adj.⟩: vgl. meterhoch.

Me|ter|maß, das: *Band od. Stab mit einer Einteilung in Zentimeter u. Millimeter zum Messen von Längen.*

Me|ter|se|kun|de, die (ugs.): *Meter pro Sekunde (Einheit der Geschwindigkeit; Zeichen: m/s, älter auch: m/sec).*

Me|ter|wa|re, die ⟨o. Pl.⟩: *nach Metern verkaufte Ware:* Stoff als M. kaufen.

me|ter|wei|se ⟨Adv.⟩: *in Metern [u. damit in großer Menge].*

me|ter|weit ⟨Adj.⟩: *[über] einen Meter weit.*

Me|tha|don, das; -s [engl. methadone, geb. in den 40er-Jahren des 20. Jh.s aus der chem. Formel (6-di)**meth**(yl)a(mino-4,4) **d**(iphenyl-3-heptan)**one**] (Chemie, Med.): *synthetisches Derivat des Morphins (als Ersatzdroge für Heroinabhängige):* M. nehmen, geben.

Me|than, das; -s [zu ↑ Methyl]: *farb- u. geruchloses Gas (Kohlenwasserstoff aus der Gruppe der Paraffine), das technisch bes. aus Erdgas gewonnen u. als Heizgas verwendet wird.*

Me|than|gas, das: *Methan.*

Me|tha|nol, das; -s [Kurzwort aus ↑ Methan u. ↑ Alkohol]: *farbloser, brennend schmeckender, giftiger Alkohol, der bes. als Treib- u. Brennstoff verwendet wird; Methylalkohol.*

Me|th|e|xis, die; - [griech. méthexis = (An)teilnahme] (Philos.): *(in der platonischen Philosophie) Verhältnis des Abbildes zu seinem Urbild.*

Me|thi|o|nin, das; -s [Kunstwort] (Biol., Med.): *schwefelhaltige essenzielle Aminosäure (die meist als Tierfutterzusatz verwendet wird).*

Me|thod-Ac|ting [ˈmɛθədlɛktɪŋ], das; -s [amerik.]: *schauspielerische Methode, bei der der Darsteller authentische Gefühle in kontrollierter Form erleben.*

Me|tho|de, die; -, -n [spätlat. methodus < griech. méthodos = Weg od. Gang einer Untersuchung, eigtl. = Weg zu etw. hin]: **1.** *auf einem Regelsystem aufbauendes Verfahren zur Erlangung von [wissenschaftlichen] Erkenntnissen od. praktischen Ergebnissen:* eine technische M.; komplizierte -n; eine M. anwenden; nach einer M. arbeiten. **2.** *Art u. Weise eines Vorgehens:* raue -n; eine sichere M.; ihre -n gefallen mir nicht; M. *(Planmäßigkeit, sinnvolle Ordnung) in etw. bringen;* (oft iron.:) nach bewährter M.; * **M. haben** *(auf einem genauen Plan beruhen; durchdacht sein:* sein Vorgehen hat M.).

Me|tho|dik, die; -, -en [griech. methodiké (téchnē) = Kunst des planmäßigen Vorgehens, zu: methodikós, ↑ methodisch]: **1.** *Wissenschaft von der Verfahrensweise einer Wissenschaft.* **2.** ⟨o. Pl.⟩ *Wissenschaft von den Lehr- u. Unterrichtsmethoden:* sie ist Professorin für M. und Didaktik. **3.** *festgelegte Art des Vorgehens:* die politische M.

Me|tho|di|ker, der; -s, -: **1.** *jmd., der planmäßig, nach einer bestimmten Methode vorgeht.* **2.** *Begründer einer Methode (1).*

Me|tho|di|ke|rin, die; -, -nen: w. Form zu ↑ Methodiker.

me|tho|disch ⟨Adj.⟩ [spätlat. methodicus < griech. methodikós]: **1.** *die Methode (1) betreffend:* eine m. wichtige Unterscheidung; etw. m. begründen. **2.** *eine Methode zugrunde legend, nach einer Methode vorgehend:* m. vorgehen; etw. m. vorbereiten.

me|tho|di|sie|ren ⟨sw. V.; hat⟩ (bildungsspr.): *Methode (1) in etw. hineinbringen.*

Me|tho|dis|mus, der; - [engl. methodism, zu: method = Methode]: *(aus der anglikanischen Kirche im 18. Jh. hervorgegangene) evangelische Erweckungsbewegung, die durch Bibelfrömmigkeit, Betonung der persönlichen Glaubensbindung u. Laienmitarbeit gekennzeichnet ist.*

Me|tho|dist, der; -en, -en [engl. methodist]: *Mitglied einer methodistischen Kirchengemeinde.*

Me|tho|dis|ten|kir|che, die: **1.** *kirchlicher Versammlungsort der Methodisten.* **2.** *methodistische Kirche:* einer M. angehören.

Me|tho|dis|tin, die; -, -nen: w. Form zu ↑ Methodist.

me|tho|dis|tisch ⟨Adj.⟩ [engl. methodistic]: *den Methodismus betreffend:* die -e Kirche.

Me|tho|do|lo|gie, die; -, -n [zu ↑ Methode u. ↑ -logie]: **a)** *Lehre, Theorie der wissenschaftlichen Methoden;* **b)** *Methodik (1).*

me|tho|do|lo|gisch ⟨Adj.⟩: **a)** *die Methodologie (a) betreffend;* **b)** *die Methodologie (b), die Methodik (1) betreffend.*

Me|thu|sa|lem, der; -[s], -s [nach dem biblischen Urvater, der (nach 1. Mos. 5, 25 ff.) 969 Jahre alt gewesen sein soll] (ugs.): *sehr alter Mann:* er ist ein M.; * [so] **alt wie M. sein** *([in Bezug auf eine männliche Person] sehr alt sein).*

Me|thyl, das; -s [frz. méthyle, rückgeb. aus ↑ Methylen] (Chemie): *einwertiger Rest des Methans in zahlreichen organisch-chemischen Verbindungen.*

Me|thyl|al|ko|hol, der ⟨Plural nur für Sorten⟩: *Methanol.*

Me|thyl|a|min, das: *gasförmiges, wasserlösliches u. brennbares Amin von ammoniakähnlichem Geruch.*

Me|thy|len, das; -s [frz. méthylène, zu griech. méthy = Wein u. hýlē = Holz]: *Atomgruppe CH_2 als Teil einer Verbindung od. als unbeständiges Molekül mit zweiwertigem Kohlenstoff.*

Me|tier [meˈti̯eː], das; -s, -s [frz. métier < afrz. me(ne)stier < lat. ministerium, ↑ Ministerium]: *bestimmte berufliche o. ä. Tätigkeit als jmds. Aufgabe, die er bzw. sie durch die Beherrschung der dabei erforderlichen Fertigkeiten erfüllt:* das M. des Politikers, der Kritikerin; das ist nicht mein M. *(davon verstehe ich nichts);* sein M. beherrschen.

Me|t|ö|ke, der; -n, -n [spätlat. metoecus < griech. métoikos, eigtl. = Mitbewohner, zu: metá = mit u. oîkos = Haus]: *(in den Städten des antiken Griechenlands) ortsansässiger Fremder ohne politische Rechte.*

Me|to|no|ma|sie, die; -, -n [griech. metonomasía, zu: metá = (da)nach, später (bezogen auf einen Wechsel) u. onomasía = Benennung] (Rhet., Stilkunde): *Veränderung eines Eigennamens durch Übersetzung in eine fremde Sprache* (z. B. Schwarzerd, griech. = Melanchthon).

Me|to|ny|mie, die; -, -n [spätlat. metonymia < griech. metōnymía = Namensvertauschung, zu metá = (da)nach, später (bezogen auf einen Wechsel) u. ónyma (ónoma) = Name] (Rhet., Stilkunde): *Ersetzung des eigentlichen Ausdrucks durch einen andern, der in naher sachlicher Beziehung zum ersten steht* (z. B. Stahl statt Dolch).

me|to|ny|misch ⟨Adj.⟩ [spätlat. metonymicus < griech. metōnymikós] (Rhet., Stilkunde): *in der Art der Metonymie; die Metonymie betreffend.*

Me-too-Pro|dukt [ˈmiːtuː...], das; -[e]s, -e [zu engl. me too = ich auch, wohl im Sinne von: »ich (als billigeres Produkt) kann das auch«]: *mit geringeren Kosten produzierte, leicht abgewandelte Nachahmung eines Markenprodukts, die preisgünstig angeboten wird u. so auch das Absatzrisiko für den Hersteller mindert.*

Me|t|o|pe, die; -, -n [lat. metopa < griech. metópē, zu: metá = zwischen u. opḗ = Öffnung] (Archit.): *im Gebälkfries des dorischen Tempels mit Triglyphen wechselnde, fast quadratische, bemalte od. mit Reliefs verzierte Platte aus gebranntem Ton od. Stein.*

Me|t|ra, Me|t|ren: Pl. von ↑ Metrum.

-me|t|rie, die; -, -n [griech. -metría zu: metreĩn = messen, zu: métron, ↑ Meter]: in Zusb., z. B. Ergometrie, Geometrie.

Me|t|rik, die; -, -en [lat. (ars) metrica < griech. metrikḗ (téchnē), zu: metrikós, ↑ metrisch]: **1.** (Verslehre) **a)** *Lehre von den Gesetzmäßigkeiten des Versbaus u. den Versmaßen; Verslehre;* **b)** *die Metrik* (1 a) *darstellendes Werk.* **2.** (Musik) *Lehre vom Takt u. von der Taktbetonung.*

me|t|risch ⟨Adj.⟩ [lat. metricus < griech. metrikós = das (Silben)maß betreffend, zu: métron, ↑ Metrum, Meter]: **1.** (Verslehre) *die Metrik* (1 a) *betreffend, ihr entsprechend.* **2.** (Musik) *die Metrik* (2) *betreffend, ihr entsprechend.* **3.** *auf den Meter als Maßeinheit bezogen: -es System* (urspr. auf den Meter, dann auf Meter u. Kilogramm beruhendes Maß- u. Gewichtssystem).

Me|t|ro, die; -, -s [frz. métro, Kurzf. von (chemin de fer) métropolitain = Stadtbahn]: *Untergrundbahn (bes. in Paris, Moskau).*

Me|t|ro|lo|gie, die; - [griech. metrología]: *Lehre u. Wissenschaft vom Messen, von den Maßsystemen u. deren Einheiten.*

Me|t|ro|nom, das; -s, -e [zu griech. métron = Maß u. nómos = Gesetz, Regel] (Musik): *Gerät mit einer Skala, das im zahlenmäßig vorgeschriebenen u. eingestellten Tempo zur Kontrolle mechanisch den Takt schlägt: mit M. üben;* * **Mälzels M./M. Mälzel** (in Verbindung mit einer Zahlangabe Bez. des genauen Tempos; Abk.: M. M.; nach dem Erfinder J. N. Mälzel, 1772–1838).

Me|t|ro|ny|mi|kon, Matronymikon, das; -s, ...ka [zu griech. mētrōnymikós = nach der Mutter benannt, zu: mḗtēr = Mutter u. ónyma = Name] (Sprachwiss.): *vom Namen der Mutter abgeleiteter Name* (z. B. Niobide = Kind der Niobe).

Me|t|ro|po|le, die; -, -n [lat. metropolis < griech. mētrópolis, eigtl. = Mutterstadt, aus: mḗtēr = Mutter u. pólis = Stadt] (bildungsspr.): **a)** *Weltstadt; Hauptstadt (mit weltstädtischem Charakter):* München, die M. Bayerns; **b)** (früher) *Mutterland (von Kolonien).*

Me|t|ro|po|lit, der; -en, -en [kirchenlat. metropolita = Bischof in der Hauptstadt < griech. mētropolítēs]: **a)** (kath. Kirche) *Vorsteher einer Kirchenprovinz; Erzbischof;* **b)** (orthodoxe Kirche) *Leiter einer unabhängigen Landeskirche.*

Me|t|ro|po|li|tan|kir|che, die: *Kirche eines Metropoliten.*

Me|t|ro|pol|re|gi|on, die: *Region mit einer od. mehreren Großstädten, mit Kleinstädten u. dem umliegenden ländlichen Gebiet, wobei die wirtschaftliche u. soziale Struktur stark auf die Großstädte als Zentren ausgerichtet ist.*

me|t|ro|se|xu|ell ⟨Adj.⟩ [engl. metrosexual, zusgez. aus: **metro**politan = großstädtisch u. hetero**sexual** = heterosexuell]: *als heterosexueller Mann bestimmte, sonst eher als feminin angesehene Interessen kultivierend.*

Me|t|rum, das; -s, ...tren, älter: ...tra [lat. metrum = Versmaß, Vers, ↑ Meter] (Musik): **1.** (Verslehre) *Versmaß; metrisches Schema eines Verses.* **2.** (Musik) **a)** *Zeitmaß, Tempo;* **b)** *Taktart.*

Mett, das; -[e]s [aus dem Niederd. < mniederd. met = (gehacktes) Schweinefleisch ohne Speck < asächs. meti = Speise; vgl. mhd., ahd. maʒ = Speise]: *Hackfleisch vom Schwein, das (mit Gewürzen vermischt) roh gegessen wird.*

Met|te, die; -, -n [mhd. met(t)en, mettin(e), spätahd. mettīna, mattīna < kirchenlat. mattina, für: matutina (hora) = Morgenstunde] (kath. u. ev. Kirche): *mitternächtlicher od. frühmorgendlicher Gottesdienst vor einem hohen kirchlichen Fest.*

Met|teur [mɛˈtøːɐ̯], der; -s, -e [frz. metteur (en pages) = (Seiten)zurichter, zu: mettre = setzen, stellen, zurichten < lat. mittere = schicken] (Druckw.): *Schriftsetzer, der die Satzspalten zu Seiten umbricht.*

Met|teu|rin, die; -, -nen: w. Form zu ↑ Metteur.

Mett|wurst, die [zu ↑ Mett]: *[geräucherte] Wurst aus gewürztem Hackfleisch vom Rind od. Schwein.*

¹Met|ze, die; -, -n, Metzen [mhd. metze, spätahd. mezzo] (früher): **a)** *alte Maßeinheit von unterschiedlicher Größe, bes. für Getreide:* ◆ So biss man in den sauren Apfel und bewilligte jährlich vier -n Korn zur Erhaltung Pavels (Ebner-Eschenbach, Gemeindekind 11); ◆ **b)** *Feldmaß (mit dem je nach Landschaft unterschiedlich große Flächen bezeichnet werden):* » Wie groß ...?« »Es wird so seine fünfzehn -n haben, nicht ganz drei Hektare«, sprach Pavel ohne Zögern (Ebner-Eschenbach, Gemeindekind 177).

²Met|ze, die; -, -n [(spät)mhd. metze, urspr. = Mädchen (geringeren Standes); eigtl. mhd. Kosef. der w. Vorn. Mechthild, Mathilde] (veraltet): *Prostituierte.*

Met|ze|lei, die; -, -en [zu ↑ metzeln] (abwertend): *Gemetzel.*

met|zeln ⟨sw. V.; hat⟩ [spätmhd. metzel(e)n < mlat. macellare = schlachten, zu lat. macellum = Fleisch(markt) < griech. mákellon = Gehege, aus dem Hebr.]: **a)** *niedermachen, morden* (1 a); **b)** (landsch.) *schlachten.*

Met|zen, der; -s, -: ¹Metze.

Metz|ger, der; -s, - [mhd. metzjer, metzjære, wahrsch. zu mlat. matiarius = jmd., der mit Därmen handelt, zu mlat. mattea < griech. mattýa = feine Fleischspeise (bes. westmd., südd.): *Fleischer.*

Metz|ge|rei, die; -, -en (westmd., südd., schweiz.): *Fleischerei.*

Metz|ger|gang, Metzgersgang, der [wohl nach dem Umstand, dass früher die Metzger oft vergeblich über Land gingen, um Schlachtvieh zu kaufen] (landsch.): *vergeblicher Gang; erfolgloses Unternehmen:* * **einen M. machen** *(keinen Erfolg haben).*

Metz|ge|rin, die; -, -nen: w. Form zu ↑ Metzger.

Metz|ger|meis|ter, der (westmd., südd., schweiz.): *Fleischermeister*

Metz|ger|meis|te|rin, die: w. Form zu ↑ Metzgermeister.

Metz|gers|gang: ↑ Metzgergang.

Metz|gel|te, die; -, -n (schweiz.): **a)** *Schlachtfest;* **b)** *Schlachtplatte.*

Metz|ler, der; -s, - [mhd. metz(e)ler, ahd. mezelāri < mlat. macellarius, zu lat. macellum, ↑ metzeln] (rhein.): *Fleischer.*

Metz|le|rin, die; -, -nen: w. Form zu ↑ Metzler.

Meu|chel|mord, der; -[e]s, -e [mhd. miuchel- = (in Zus.) heimlich, zu ↑ meucheln] (abwertend): *heimtückischer Mord.*

Meu|chel|mör|der, der; -s, - (abwertend): *jmd., der einen Meuchelmord begangen hat.*

Meu|chel|mör|de|rin, die; -, -nen: w. Form zu ↑ Meuchelmörder.

◆ **meu|chel|mör|de|risch** ⟨Adj.⟩: *meuchlerisch:* ... und wollten sie m. an unser Leben? (Goethe, Egmont II).

meu|cheln ⟨sw. V.; hat⟩ [älter = heimlich handeln, zu mhd. mūchen, ahd. mūhhōn = (sich) verbergen, wegelagern] (emotional abwertend): *heimtückisch ermorden.*

Meuch|ler, der; -s, - [mhd. miucheler, ahd. mūhhilāri]: **a)** (veraltet abwertend) *Meuchelmörder;* ◆ **b)** *Räuber, Strauchdieb:* ... es sollte ein Knabe gestäupt werden, der sich eines nächtlichen Einbruchs verdächtig gemacht habe und ... wahrscheinlich mit unter den -n gewesen sei (Goethe, Lehrjahre III, 9).

meuch|le|risch ⟨Adj.⟩ (abwertend): **a)** *in der Weise eines Meuchelmörders [ausgeführt]; hinterrücks, heimtückisch:* -e Anschläge; jmdn. m. anfallen, überfallen; ◆ **b)** *unaufrichtig u. hinterhältig; falsch* (5): Konnt' ich in ihren Armen träumen, wie m. der Busen schlug (Goethe, Der Müllerin Verrat).

meuch|lings ⟨Adv.⟩ [mhd. miuchelingen] (geh. abwertend): *aus dem Hinterhalt.*

Meu|te, die; -, -n ⟨Pl. selten⟩ [frz. meute < afrz. muete, eigtl. = Bewegung, Aufruhr, über das Vlat. zu lat. movere = bewegen]: **1.** (Jägerspr.) *(zur Parforcejagd bzw. zur Saujagd verwendete) Gruppe von Jagdhunden.* **2.** (ugs., häufig abwertend) *größere Zahl, Gruppe von Menschen, die gemeinsam auftreten, agieren o. Ä.:* eine johlende M. zog durch die Straßen.

◆ **Meu|ter,** der; -s, -: *Meuterer:* Gefangen, als M., Missetäter in den finstern Turm geworfen (Goethe, Götz V); ...die M., Giftmischer und alle, die ihren Mann lang hinhalten und aus dem Hinterhalt fassen (Schiller, Fiesco I, 9); ...es wurde ihr gewiss, dass draußen im Haufen M. ... da draußen tobe (E. T. A. Hoffmann, Fräulein 3).

Meu|te|rei, die; -, -en [wohl unter Einfluss von mniederd. moiterie, mniederl. moyterie, meuterie zu frz. meute, ↑ Meute]: *Auflehnung einer größeren Zahl von Menschen gegenüber einem Vorgesetzten (bes. bei Soldaten, Gefangenen, Seeleuten), die wurde unterdrückt.*

Meu|te|rer, der; -s, -: *jmd., der meutert.*

Meu|te|rin, die; -, -nen: w. Form zu ↑ Meuterer.

meu|tern ⟨sw. V.; hat⟩ [unter Einfluss von Meuter(er) zu älterem meuten = sich empören, zu frz. meute, ↑ Meute]: **a)** *sich gegen einen Vorgesetzten, gegen Anordnungen, Zustände auflehnen; rebellieren:* die Truppe meuterte [gegen die Offiziere]; **b)** (ugs.) *Unwillen, Unzufriedenheit, Missfallen über etw. äußern; aufbegehren.*

MeV = Megaelektronenvolt.

Me|xi|ka|ner, der; -s, -: Ew. zu ↑¹Mexiko.

Me|xi|ka|ne|rin, die; -, -nen: w. Form zu ↑Mexikaner.

me|xi|ka|nisch ⟨Adj.⟩: *Mexiko, die Mexikaner betreffend; von den Mexikanern stammend, zu ihnen gehörend.*

¹Me|xi|ko; -s: Staat in Mittelamerika.

²Me|xi|ko: Mexiko-Stadt.

Me|xi|ko-Stadt: Hauptstadt von ¹Mexiko.

MEZ = mitteleuropäische Zeit (die Zonenzeit des 15. Längengrades östl. von Greenwich, die eine Stunde vor der Weltzeit liegt).

Mez|za|nin, das od. (bes. österr.:) der; -s, -e [frz. mezzanine < ital. mezzanino, zu: mezzano = mittlerer < lat. medianus, zu: medius, ↑¹Medium]: *niedriges Zwischengeschoss, meist zwischen Erdgeschoss u. erstem Obergeschoss od. unmittelbar unter dem Dach (bes. in der Baukunst der Renaissance, des Barocks, des Klassizismus).*

Mez|za|nin|ka|pi|tal, das [nach engl. mezzanine capital, aus: mezzanine = Mezzanin u. capital = Kapital; diese Art der Finanzierung wird als »Zwischengeschoss« zwischen reiner Kreditfinanzierung u. echtem Eigenkapital aufgefasst] (Wirtsch.): *einem Unternehmen von einem Kreditinstitut gewährtes Kapital, das die Finanzierungslücke zwischen Eigen- u. Fremdkapital schließt.*

mez|zo|for|te ⟨Adv.⟩ [aus ital. mezzo = mittel- u. ↑forte]: *in, mit mittlerer, halblauter Tonstärke* (Abk.: mf).

Mez|zo|for|te, das: *mittlere, halblaute Tonstärke.*

Mez|zo|gior|no [...'dʒɔrno], der; - [ital. mezzogiorno, eigtl. = Mittag]: *südlicher Teil Italiens einschließlich Siziliens.*

mez|zo|pi|a|no ⟨Adv.⟩ [aus ital. mezzo = mittel- u. ↑piano]: *nicht zu leise* (Abk.: mp).

Mez|zo|pi|a|no, das: *gedämpfte, aber nicht zu leise Tonstärke.*

Mez|zo|so|p|ran [auch: ...'praːn], der: *Frauenstimme in der mittleren Lage zwischen Alt u. Sopran.*

Mez|zo|so|p|ra|nis|tin, die: *Sängerin mit Mezzosopranstimme.*

Mez|zo|tin|to, das; -[s], -s u. ...ti [ital. mezzotinto = halb gefärbt] (Kunstwiss.): **a)** ⟨o. Pl.⟩ *Schabkunst;* **b)** *Produkt der Schabkunst.*

mf = mezzoforte.

μF = Mikrofarad.

MfS = Ministerium für Staatssicherheit (ehem. DDR).

mg = Milligramm.

Mg = Magnesium.

MG, das; -[s], -[s]: Maschinengewehr.

μg = Mikrogramm.

Mgr. = Monseigneur; Monsignore.

mhd. = mittelhochdeutsch.

mhm [m'hm̩] ⟨Gesprächspartikel⟩: **1.** drückt (zögernd) Zustimmung aus: »Bist du dabei?« – »Mhm,« brummte sie. **2.** drückt Nachdenklichkeit aus: m., ich weiß nicht.

MHz = Megahertz.

mi [ital.]: *Silbe, auf die beim Solmisieren der Ton e gesungen wird.*

Mi. = Mittwoch.

Mia. = Milliarde[n].

Mi|a|mi [maɪˈæmi]: Küstenstadt in Florida.

Mi|as|ma, das; -s, ...men [griech. míasma = Verunreinigung]: *(einer früheren Annahme entsprechend) Krankheiten auslösender Stoff in der Luft od. in der Erde; [aus dem Boden ausdünstender] Gift-, Pesthauch.*

mi|au ⟨Interj.⟩: *lautm. für den Laut der Katze: die Katze macht m.*

mi|au|en ⟨sw. V.; hat⟩: *(von Katzen) einen wie »miau« klingenden Laut von sich geben: die Katze miaute.*

mich [mhd. mich, ahd. mih]: **1.** Akk. von ↑ich. **2.** Akk. des Reflexivpronomens der 1. Person Sg.: ich entschuldige m.

Mi|cha|el|li, Mi|cha|el|lis, das; - ⟨meist o. Art.⟩: *Michaelstag.*

Mi|cha|e|lis|tag, der: *Michaelstag.*

Mi|cha|els|fest, das: *christliches Fest, das an Michaeli begangen wird.*

Mi|cha|els|tag, der: *Tag, der dem Erzengel Michael geweiht ist* (29. 9.)

Mi|chel, der; -s, - [eigtl. = Kurzf. des m. Vorn. Michael, 1541 in der Verbindung »der teutsch Michel« erstmals in den Sprichwortbüchern des dt. Dichters S. Franck (1499–1542/43)] (abwertend): **1.** *einfältig-naiver Mensch:* * **deutscher M.** *(weltfremder, unpolitischer, etwas schlafmütziger Deutscher).* **2.** Bez. für: *Deutscher.*

Mi|chi|gan [ˈmɪʃɪɡən]; -s: Bundesstaat der USA.

mi|cke|rig: ↑mickrig.

Mi|cke|rig|keit: ↑Mickrigkeit.

mick|rig, (selten:) **mickerig** ⟨Adj.⟩ [urspr. (ost)niederd., zu: mikkern = schwach (von Gestalt), zurückgeblieben sein] (ugs. abwertend): *(im Vergleich zu etw. anderem) in Größe, Menge o. Ä. kümmerlich wirkend: ein kleiner, -er Kerl; ein -es Geschenk.*

Mick|rig|keit, (selten:) **Mickerigkeit,** die; -: *das Mickrigsein.*

Mi|cky|maus, die; -, ...mäuse [engl. Mickey Mouse, 1928 von dem amerik. Trickfilmzeichner u. -produzenten W. Disney erfundene Figur]: *Figur des Trickfilms u. der Comics in Gestalt einer Maus, die menschliche Eigenschaften aufweist.*

mi|c|ro-, Mi|c|ro-: ↑mikro-, Mikro-.

Mid|gard, der; - [anord. miðgarðr, eigtl. = (die Menschen) umgebender Wall] (nord. Mythol.): *den Mittelpunkt der Welt bildender Lebensraum der Menschen.*

Mid|gard|schlan|ge, die; - (nord. Mythol.): *Ungeheuer, das Midgard umschlingt (als Sinnbild für das die Erde umgebende Meer).*

mi|di ⟨indekl. Adj.⟩ [wahrsch. Fantasiebildung zu engl. middle = Mitte, geb. nach ↑mini] (Mode): *(von Mänteln, Kleidern, Röcken der 70er-Jahre) bis zur Mitte der Waden reichend: der Rock ist m.*

Mi|di, das; -s ⟨meist o. Art.⟩ (Mode): **a)** *halblange Kleidung: M. tragen;* **b)** *(von Mänteln, Röcken) Länge, die bis zur Mitte der Waden reicht.*

Mid|life-Cri|sis, Mid|life|cri|sis [ˈmɪdlaɪfkraɪsɪs], die; - [engl. midlife crisis] (bildungsspr.): *(vor allem in Bezug auf Männer) krisenhafte Phase in der Mitte des Lebens, in der jmd. sein bisheriges Leben kritisch überdenkt, gefühlsmäßig in Zweifel gerät; Krise des Übergangs vom verbrachten zum verbleibenden Leben.*

Mid|rasch, der; -, ...schim [hebr. midrāš = Forschung, Auslegung]: **1.** *Auslegung des Alten Testaments nach den Regeln der jüdischen Schriftgelehrten.* **2.** *Sammlung von Auslegungen der Heiligen Schrift.*

mied: ↑meiden.

Mie|der, das; -s, - [mhd. müeder = Leibchen; Nebenf. von mhd. muoder, ahd. muodar = Bauch]: **1.** *Teil der Unterkleidung für Frauen [aus elastischem Material] mit stützender u. formender Wirkung.* **2.** *eng anliegendes [vorn geschnürtes], ärmelloses Oberteil eines Trachten- od. Dirndlkleids.*

Mie|der|hös|chen, das, **Mie|der|ho|se,** die: *aus elastischem Material bestehender, wie ein Schlüpfer zu tragender, die Figur formender Teil der Unterkleidung.*

Mie|der|rock, der: *Rock mit einem breiten, eng anliegenden ¹Bund (2), der die Taille betont.*

Mie|der|wa|ren ⟨Pl.⟩: *Unterkleidung mit stützender u. formender Wirkung für Frauen.*

Mief, der; -[e]s [ursprl. wohl Soldatenspr., wahrsch. zu ↑¹Muff] (ugs. abwertend): *schlechte verbrauchte, stickige Luft (in einem Raum):* in dem Zimmer ist ein fürchterlicher M.; Ü Es ist der M. *(die abstoßende, beschränkte Atmosphäre) der Kleinstadt, jener Brodem aus Klatsch, Geldgier, Ehrgeiz und politischen Interessen* (Tucholsky, Werke I, 288).

mie|fen ⟨sw. V.; hat⟩ (ugs. abwertend): *schlechten, als unangenehm empfundenen Geruch verbreiten: deine Füße miefen; ⟨unpers.:⟩ es mieft (es verbreitet sich ein schlechter, unangenehmer Geruch).*

mie|fig ⟨Adj.⟩ (ugs. abwertend): *nach Mief riechend: eine -e Bar.*

Mie|ne, die; -, -n [frz. mine, H. u.; viell. zu bret. min = Schnauze, Schnabel]: *in einer bestimmten Situation bestimmte Gefühle ausdrückendes Aussehen des Gesichts; Gesichtsausdruck:* ihre M. hellte sich auf; eine eisige M. aufsetzen; eine vergnügte M. zur Schau tragen; eine gekränkte M. machen; mit unbewegter M. hörte er das Gerichtsurteil; Der Mann hatte seinen Kopf in den Nacken geworfen und die M. ungeheurer Kennerschaft aufgesetzt (Kronauer, Bogenschütze 117); * **M. machen, etw. zu tun** *(sich anschicken, etw. zu tun);* **gute M. zum bösen Spiel machen** *(etw. wohl od. übel geschehen lassen, sich den Ärger nicht anmerken lassen; viell. nach frz. faire bonne mine à mauvais jeu [mit Bezug auf das Glücksspiel]).*

Mie|nen|spiel, das: *das Sichwiderspiegeln von Gedanken, Gefühlen in der Mimik: ein lebhaftes M. haben.*

Mie|re, die; -, -n [spätmhd. myer, mniederd. mir]: *(zu den Nelkengewächsen gehörende) in vielen Arten vorkommende Pflanze mit weißen, auch roten Blüten in Trugdolden.*

mies ⟨Adj.⟩ [jidd. mis < hebr. mĕ'is = schlecht; verächtlich] (ugs.): **1.** (abwertend) **a)** *in Verdruss, Ärger, Ablehnung hervorrufender Weise schlecht; unter dem erwarteten Niveau:* ein -er Job; -es Wetter; eine -e Bruchbude; sie hatte -e Laune; die Bezahlung ist m.; **b)** *von niedriger Gesinnung; gemein, hinterhältig:* ein -er Typ; er hat sich ganz m. benommen in der Angelegenheit. **2.** *(im Hinblick auf die gesundheitliche Verfassung) unwohl, elend:* sich m. fühlen.

Mie|se ⟨Pl.⟩ [zu ↑mies] (salopp): *Minuspunkte; Minusbetrag; Defizit:* M. [auf dem Konto] haben; * **in den -n sein** (1. *das Bankkonto überzogen haben.* 2. *(von bestimmten [Karten]spielen) Minuspunkte haben);* **in die -n kommen** (1. *dabei sein, sich zu verschulden.* 2. *beim [Karten]spiel Minuspunkte bekommen).*

Mie|se|pe|ter, der; -s, - [zu ↑mies; zum 2. Bestandteil vgl. Heulpeter] (ugs.): *jmd., der ständig unzufrieden u. übellaunig ist.*

mie|se|pe|te|rig, mie|se|pet|rig ⟨Adj.⟩ (ugs.): *verdrießlich; schlecht gelaunt:* -e Patienten; m. dreinschauen.

Mies|ling, der; -s, -e (ugs. abwertend): *Mensch von unsympathischem Wesen.*

mies|ma|chen ⟨sw. V.; hat⟩ (ugs. abwertend): **a)** *herabsetzen, über jmdn., etw. nur Nachteiliges sagen: er muss immer alles m.;* **b)** *die Freude an etw. nehmen:* sie hat uns den Urlaub miesgemacht.

Mies|ma|cher, der; -s, -e (ugs. abwertend): *jmd., der Nachteiliges über jmdn., etw. sagt, der jmdn., etw. herabsetzt.*

Mies|ma|che|rei, die; -, -en (ugs. abwertend): *dauerndes Miesmachen.*

Mies|ma|che|rin, die: w. Form zu ↑Miesmacher.

Mies|mu|schel, die; -, -n [zu mhd. mies, ahd. mios, Ablautform von ↑Moos (1 a), also eigtl. = Moos-, Sumpfmuschel]: *längliche, blauschwarze, bes. im Atlantik vorkommende Muschel, die sich an Steinen, Pfählen festsetzt; Pfahlmuschel.*

Miet|an|stieg, der: *das Ansteigen der* ¹*Miete* (1).

Miet|aus|fall, der: *das Ausfallen der* ¹*Miete* (1).

Miet|au|to, das: **1.** *Taxi.* **2.** *auf Zeit gemietetes Auto.*

Miet|block, der ⟨Pl. -s, selten: ...blöcke⟩: *Häuserblock mit Mietwohnungen.*

¹**Mie|te,** die; -, -n [mhd. miet[e], ahd. miata, urspr. = Lohn]: **1.** (bes. von Wohnungen o. Ä.) *Preis, den jmd. für das* ¹*Mieten von etw., für das vorübergehende Benutzen, den Gebrauch bestimmter Einrichtungen, Gegenstände zahlen muss:* eine hohe M. für eine Wohnung; kalte M. (ugs.; *Miete ohne Heizkosten*); warme M. (ugs.; *Miete einschließlich Heizkosten*); die M. ist fällig; die M. überweisen; sie mussten drei -n im Voraus zahlen; * **die halbe M. sein** (ugs.; *ein großer Vorteil sein; schon fast zum Erfolg führen*; die Wendung stammt aus der Sprache der Skatspieler und bedeutete zunächst »die Hälfte der zum Spielgewinn nötigen Punkte bringen« [von einem Stich mit mindestens 31 Augen]). **2.** ⟨o. Pl.⟩ *das* ¹*Mieten: Kauf ist vorteilhafter als M.; [bei jmdm.] in, zur M. wohnen (Mieter bzw. Mieterin sein).*

²**Mie|te,** die; -, -n [aus dem Niederd. < mniederl. mîte = aufgeschichteter Heu- od. Holzhaufen < lat. meta = kegelförmig aufgeschichteter Heuhaufen] (Landwirtsch.): **a)** *mit Stroh, Erde abgedeckte Grube, in der Feldfrüchte o. Ä. zum Schutz gegen Frost aufbewahrt werden;* **b)** *Feime.*

Miet|ein|nah|me, die: ¹*Einnahme* (1) *aus* ¹*Miete[n]* (1): sie haben aus ihrem Haus hohe -n.

¹**miet|en** ⟨sw. V.; hat⟩ [mhd. mieten, ahd. mietan]: **1.** (bes. von Wohnungen o. Ä.) *gegen Bezahlung (das Eigentum eines anderen) in Benutzung nehmen:* [sich ⟨Dativ⟩] ein Haus, eine Wohnung, ein Boot, ein Auto, ein Klavier m.; (auch ohne Akk.-Obj.:) Eigentlich passte es der Tante nicht, dass er nur für so kurze Zeit m. wollte, aber er hatte sie offenbar schon für sich gewonnen (Hesse, Steppenwolf 10). **2.** (veraltet) *gegen Bezahlung, Lohn vorübergehend in Dienst nehmen:* [sich ⟨Dativ⟩] einen Diener m.

²**mie|ten** ⟨sw. V.; hat⟩ (landsch.): ²*einmieten.*

Mie|ten|spie|gel, der: *Mietspiegel.*

Mie|ter, der; -s, -: *jmd., der etw. gemietet hat.*

Mie|ter|hö|hung, die: *Erhöhung des Mietpreises.*

Mie|te|rin, die; -, -nen: w. Form zu ↑Mieter.

Mie|ter/-innen, Mie|ter(innen): Kurzformen für: Mieterinnen und Mieter.

Mie|ter|schutz, der ⟨o. Pl.⟩: *gesetzlich geregelter Schutz von Mieterinnen u. Mietern vor willkürlichen Maßnahmen des Vermieters.*

Mie|ter|schutz|ge|setz, das: *den Mieterschutz regelndes Gesetz.*

Mie|ter|trag, der: *Ertrag aus* ¹*Miete[n]* (1).

Mie|ter|ver|ein, der: *Verein, in dem Mieter zur Vertretung ihrer Interessen zusammengeschlossen sind:* der örtliche M.

miet|frei ⟨Adj.⟩: *ohne eine* ¹*Miete* (1) *bezahlen zu müssen:* m. wohnen.

Miet|ge|setz, das: *Gesetz, das Rechte u. Pflichten des Vermieters u. der Mietpartei festlegt.*

Miet|kauf, der (Wirtsch.): *Mietvertrag, bei dem der Vermieter dem Mieter das Recht einräumt, innerhalb einer bestimmten Frist das Gemietete zu kaufen, wobei die bis dahin gezahlte* ¹*Miete* (1) *ganz od. zum Teil auf den Kaufpreis angerechnet wird; Leihkauf.*

Miet|kos|ten ⟨Pl.⟩: *durch das Mieten (von Wohnungen, Gewerberäumen usw.) entstehende Kosten.*

Miet|markt, der: *Markt für Immobilien, die vermietet werden.*

Miet|min|de|rung, die (Rechtsspr.): *Minderung des Mietpreises aufgrund eines Mangels an der Mietsache.*

Miet|no|ma|de, der (ugs.): *jmd., der eine Wohnung mit dem Vorsatz mietet, niemals Miete zu zahlen, und erst im Zuge einer Räumungsklage auszieht.*

Miet|no|ma|din, die: w. Form zu ↑Mietnomade.

Miet|par|tei, die: *Mieter bzw. Mieterin[nen] einer bestimmten Wohnung o. Ä. in einem Mietshaus:* in diesem Haus wohnen vier -en.

Miet|preis, der: ¹*Miete.*

Miet|recht, das: **1.** ⟨o. Pl.⟩ *Gesamtheit der Gesetze, die Rechte u. Pflichten von Vermieter[inne]n u. Mieter[inne]n festlegen.* **2.** *eines der Rechte als Mieterin bzw. Mieter.*

Miet|rück|stand, der: *Rückstand in Bezug auf die* ¹*Miete* (1).

Miet|sa|che, die (bes. Rechtsspr.): *vermietetes Objekt.*

Miet|schuld, die ⟨meist Pl.⟩: *Schuld aus noch zu zahlender* ¹*Miete* (1).

Miets|haus, das: *[größeres] Wohnhaus, in dem jmd. zur* ¹*Miete* (2) *wohnt.*

Miets|ka|ser|ne, die (abwertend): *großes Mietshaus [ohne architektonischen Schmuck] (als Teil eines größeren Komplexes ähnlicher Bauten meist in Arbeitervierteln von Industriestädten):* hässliche, einförmige -n.

Miet|spie|gel, der: *Tabelle, aus der der in einer Gemeinde bzw. in einem Wohnbezirk übliche Mietpreis für Wohnraum mit vergleichbarer Ausstattung zu ersehen ist.*

Miet|stei|ge|rung, die: *Mieterhöhung.*

Miet|strei|tig|kei|ten ⟨Pl.⟩: *Auseinandersetzung[en] zwischen Mietpartei u. Vermieter.*

Miet|ver|hält|nis, das (Amtsspr.): *Verhältnis, das sich aus dem Umstand ergibt, dass jmd. etw. gemietet od. vermietet hat.*

Miet|ver|trag, der: *Vertrag zwischen Mietpartei u. Vermieter über die Bedingungen der Vermietung.*

Miet|wa|gen, der: *Mietauto* (2).

Miet|woh|nung, die: *Wohnung, in der jmd. gegen* ¹*Miete* (1) *wohnt.*

Miet|wu|cher, der (abwertend): *das Fordern einer unverhältnismäßig hohen* ¹*Miete* (1).

Miet|zah|lung, die: **1.** *Zahlung der* ¹*Miete* (1). **2.** *gezahlte od. zu zahlende* ¹*Miete* (1).

Miet|zins, der ⟨Pl. -e⟩ (südd., österr., schweiz.): ¹*Miete* (1).

Mie|ze, die; -, -n [aus dem Lockruf mi(-mi-mi)]: **1.** (fam.) *Katze.* **2.** (salopp) *junge Frau.*

Mie|ze|kätz|chen, das, **Mie|ze|kat|ze,** die (fam.): *Katze.*

miez, miez ⟨Interj.⟩: *Lockruf für die Katze.*

Mi|g|non [mɪnˈjõː, ˈmɪnjõ], der; -s, -s [frz. mignon, zu afrz. mignot = zierlich] (veraltet): *Liebling, Günstling.*

Mi|g|non|zel|le, die: *dünne Babyzelle.*

Mi|g|rä|ne, die; -, -n [frz. migraine, zu lat. hemicrania < griech. hēmikrānía = halbseitiger Kopfschmerz, aus: hēmi- = halb u. krānion = Schädel]: *[oft mit Erbrechen u. Sehstörungen verbundener] starker, meist auf einer Seite des Kopfes anfallsweise auftretender Schmerz:* [eine] M. haben.

Mi|g|rä|ni|ker, der; -s, - (bes. Fachspr.): *jmd., der an Migräne leidet.*

Mi|g|rä|ni|ke|rin, die; -, -nen: w. Form zu ↑Migräniker.

Mi|g|rant, der; -en, -en [zu lat. migrans, migrantis = wandernd]: **1.** (bes. Soziol.) *jmd., der eine Migration* (b) *vornimmt.* **2.** (Zool.) *Tier, das in ein Land, eine Gegend einwandert bzw. daraus abwandert.*

Mi|g|ran|ten|kind, das: *Kind, dessen Eltern als Migranten aus einem anderen Land eingewandert sind:* Leseförderung für -er.

Mi|g|ran|tin, die; -, -nen: w. Form zu ↑Migrant (1).

Mi|g|ra|ti|on, die; -, -en [lat. migratio = (Aus)wanderung, zu: migrare = wandern, wegziehen]: **1. a)** (Biol., Soziol.) *Wanderung od. Bewegung bestimmter Gruppen von Tieren od. Menschen;* **b)** (Soziol.) *Abwanderung in ein anderes Land, in eine andere Gegend, an einen anderen Ort:* illegale M.; die M. aus der Dritten Welt. **2.** (EDV) *das Migrieren von Daten, z. B. in ein anderes Betriebssystem.*

Mi|g|ra|ti|ons|hin|ter|grund, der (Soziol.): *familiärer Hintergrund* (2), *Kind bzw. Enkelkind von Migranten zu sein:* einen M. haben; Kinder, Schüler mit M.

Mi|g|ra|ti|ons|po|li|tik, die: *die Migration u. die Migranten betreffende Politik.*

mi|g|rie|ren ⟨sw. V.⟩ [lat. migrare]: **1.** ⟨ist⟩ (Fachspr.) *wandern, bes. in ein anderes Land abwandern:* die Familie war in die USA migriert. **2.** ⟨hat⟩ (EDV) *Daten in ein anderes Betriebssystem o. Ä. überführen:* Zugriffsrechte von x nach y m.; die Daten wurden migriert.

Mijn|heer [mɑˈneːɐ̯], der; -s, -s. **1.** ⟨o. Art.⟩ [niederl. mijnheer = mein Herr] *niederländische Anrede eines Herrn.* **2.** (scherzh.) *Niederländer.*

Mi|ka, die, auch: der; - [lat. mica = Körnchen] (Geol.): *Glimmer.*

¹**Mi|ka|do,** das; -s, -s [jap. mikado = frühere Bez. für den jap. Kaiser; das Spiel ist nach dem Stäbchen mit dem höchsten Zahlenwert benannt]: *Geschicklichkeitsspiel, bei dem dünne Stäbchen durcheinandergeworfen werden u. dann jeweils ein Stäbchen aus dem Gewirr herausgezogen werden muss, ohne dass sich ein anderes weg bewegt:* M. spielen.

²**Mi|ka|do,** der; -s, -s: **1.** *frühere Bezeichnung für den japanischen Kaiser.* **2.** *Stäbchen im* ¹*Mikado mit dem höchsten Wert.*

mi|k|r-, Mi|k|r-: ↑mikro-, Mikro-.

Mi|k|rat, das; -[e]s, -e [Kunstwort] (Dokumentation, Informationst.): *sehr stark verkleinerte Wiedergabe einer Schrift- od. Bildvorlage (etwa im Verhältnis 1 : 200).*

¹**Mi|k|ro,** das; -s, -s (ugs.): Kurzf. von ↑Mikrofon.

²**Mi|k|ro,** die; -, -s (ugs.): Kurzf. von ↑Mikrowelle (3).

mi|k|ro-, Mi|k|ro-, (vor Vokalen meist:) **mikr-, Mikr-** [griech. mikrós]: **1.** *bedeutet in Bildungen mit Adjektiven od. Substantiven klein, fein, gering:* mikroskopisch; Mikroskop. **2.** *bedeutet in Bildungen mit Substantiven od. Adjektiven klein, kleiner als normal, sehr klein:* Mikrochip; mikrosozial. **3.** *bedeutet in Maßeinheiten ein[e] millionstel ...:* Mikrosekunde.

Mi|k|ro|ana|ly|se [auch: ˈmiːkro...], die; -, -n (Chemie): *chemische Analyse, bei der nur sehr geringe Substanzmengen (meist weniger als 10 mg) eingesetzt werden.*

Mi|k|ro|be, die; -, -n ⟨meist Pl.⟩ [frz. microbe, zu griech. mikrós (↑mikro-, Mikro-) u. bíos = Leben]: *Mikroorganismus.*

mi|k|ro|bi|ell ⟨Adj.⟩ (Biol., Med.): **a)** *die Mikroben betreffend;* **b)** *durch Mikroben hervorgerufen, erzeugt.*

Mi|k|ro|bio|lo|ge [auch: ˈmiːkro...], der; -n, -n: Wissenschaftler auf dem Gebiet der Mikrobiologie.
Mi|k|ro|bio|lo|gie [auch: ˈmiːkro...], die; -: Wissenschaft von den Mikroorganismen.
Mi|k|ro|bio|lo|gin [auch: ˈmiːkro...], die; -, -nen: w. Form zu ↑ Mikrobiologe.
mi|k|ro|bio|lo|gisch [auch: ˈmiːkro...] ⟨Adj.⟩: die Mikrobiologie betreffend, zu ihr gehörend.
Mi|k|ro|che|mie [auch: ˈmiːkro...], die; -: Zweig der Chemie, der die Analyse kleinster Substanzmengen zum Gegenstand hat.
Mi|k|ro|chip, der (Elektrot.): Chip (3).
Mi|k|ro|chi|r|ur|gie [auch: ˈmiːkro...], die; - (Med.): Teilgebiet der Chirurgie, das sich mit Operationen (z. B. Augenoperationen) unter dem Mikroskop befasst.
Mi|k|ro|com|pu|ter, der: in extrem verkleinerter Bauweise hergestellter Computer.
Mi|k|ro|do|ku|men|ta|ti|on, die; -, -en (Dokumentation, Informationst.): Verfahren zur Raum sparenden Archivierung von Schrift- od. Bilddokumenten durch ihre fotografische Reproduktion in stark verkleinertem Maßstab.
Mi|k|ro|elek|t|ro|nik [auch: ˈmiːkro...], die; -: Zweig der Elektronik, der den Entwurf u. die Herstellung von integrierten elektronischen Schaltungen mit hoher Dichte der sehr kleinen Bauelemente zum Gegenstand hat.
mi|k|ro|elek|t|ro|nisch [auch: ˈmiːkro...] ⟨Adj.⟩: die Mikroelektronik betreffend, zu ihr gehörend.
Mi|k|ro|fa|rad, das; -[s], - [zu griech. mikrós = klein (zur Bez. des 10⁶ten Teils einer physikalischen Einheit) u. ↑ Farad] (Physik): ein millionstel Farad (Zeichen: µF).
Mi|k|ro|fa|ser, die; -, -n [↑ mikro-, Mikro-] (Textilind.): Faser aus Polyester, die aus feinsten Strukturen besteht u. dadurch Luft einschließen kann, sodass die daraus gefertigten Materialien wärme- u. feuchtigkeitsregulierend, luftdurchlässig u. sehr leicht sind.
Mi|k|ro|fiche [...ˈfiːʃ, auch: ˈmiːkro...], das od. der; -s, -s [frz. microfiche, zu: fiche = Karteikarte] (Dokumentation, Informationst.): Mikrofilm mit reihenweise angeordneten Mikrokopien.
Mi|k|ro|film, der; -[e]s, -e (Dokumentation, Informationst.): Film mit Mikrokopien.
Mi|k|ro|fon, Mikrophon, das; -s, -e [engl. microphone]: Gerät, durch das akustische Signale auf einen Tonträger aufgenommen od. über Lautsprecher übertragen werden können: vor der Sendung wurde ein M. an seinem Jackett befestigt; jmdn. ans M. bitten; ins M. sprechen; vor dem M. stehen; jmdn. vors M. holen.
Mi|k|ro|fo|to|gra|fie, Mikrophotographie [auch: ˈmiːkro...], die; -, -n: **1.** ⟨o. Pl.⟩ fotografisches Aufnehmen mithilfe eines Mikroskops. **2.** mithilfe eines Mikroskops gemachte fotografische Aufnahme.
Mi|k|ro|fo|to|ko|pie [auch: ˈmiːkro...], die; -, -n: Mikrokopie.
Mi|k|ro|gramm, das; -s, -e: ein millionstel Gramm (Zeichen: µg).
Mi|k|ro|kli|ma, das; -s, -s u. ...mate: **1.** Kleinklima. **2.** Klima der bodennahen Luftschicht.
Mi|k|ro|ko|pie, die; -, -n (Dokumentation, Informationst.): stark verkleinerte, nur mit Lupe o. Ä. lesbare fotografische Reproduktion von Schrift- od. Bilddokumenten.
mi|k|ro|ko|pie|ren ⟨sw. V.; hat⟩ (Dokumentation, Informationst.): eine Mikrokopie anfertigen.
mi|k|ro|kos|misch [auch: ˈmiːkro...] ⟨Adj.⟩: den Mikrokosmos betreffend; zum Mikrokosmos gehörend.
Mi|k|ro|kos|mos [auch: ˈmiːkro...], der; -: **1.** (Biol.) Gesamtheit der Kleinlebewesen. **2.** (Philos.) kleine Welt des Menschen als verkleinertes Abbild des Universums. **3.** (Physik) mikrophysikalischer Bereich.
Mi|k|ro|kre|dit, der (Wirtsch.): Kredit in sehr geringer Höhe.
Mi|k|ro|kris|tal|lin, (veraltend:) **mi|k|ro|kris|tal|li|nisch** ⟨Adj.⟩: (von Gesteinen) aus sehr kleinen Kristallen bestehend.
¹Mi|k|ro|me|ter, das; -s, -: Feinmessgerät.
²Mi|k|ro|me|ter, der, früher fachspr. auch das; -s, -: ein millionstel Meter (Zeichen: µm).
Mi|k|ro|me|ter|schrau|be, die: Messschraube.
Mi|k|ron, das; -s, - (veraltet): ²Mikrometer (Zeichen: µ).
Mi|k|ro|ne|si|en, -s: **1.** zusammenfassende Bez. für mehrere Inselgruppen im Pazifischen Ozean. **2.** Staat auf den Karolinen.
Mi|k|ro|ne|si|er, der; -s, -: Ew.
Mi|k|ro|ne|si|e|rin, die; -, -nen: w. Form zu ↑ Mikronesier.
mi|k|ro|ne|sisch ⟨Adj.⟩: **a)** Mikronesien, die Mikronesier betreffend; von den Mikronesiern stammend, zu ihnen gehörend; **b)** in der Sprache der Mikronesier.
Mi|k|ro|öko|no|mie [auch: ˈmiːkro...], die; - (Wirtsch.): Teilgebiet der Wirtschaftstheorie, dessen Gegenstand die Untersuchung einzelner wirtschaftlicher Phänomene ist.
Mi|k|ro|or|ga|nis|mus [auch: ˈmiːkro...], der; -, ...men ⟨meist Pl.⟩ (Biol.): mikroskopisch kleiner, einzelliger pflanzlicher od. tierischer Organismus (z. B. Bakterie).
Mi|k|ro|phon: ↑ Mikrofon.
Mi|k|ro|pho|to|gra|phie: ↑ Mikrofotografie.
Mi|k|ro|phy|sik [auch: ˈmiːkro..., auch, österr. nur: ...zɪk], die; -: Teilbereich der Physik, der sich mit dem atomaren Aufbau der Materie befasst, ihn mit berücksichtigt.
mi|k|ro|phy|si|ka|lisch [auch: ˈmiːkro...] ⟨Adj.⟩: die Mikrophysik betreffend, zu ihr gehörend.
Mi|k|ro|pro|zes|sor, der; -s, ...oren [engl. microprocessor] (Technik): standardisierter Baustein eines Computers, der Rechen- u. Steuerfunktion in sich vereint.
Mi|k|ro|s|kop, das; -s, -e [zu griech. skopeĩn = betrachten, be(schauen)]: optisches Gerät, mit dem sehr kleine Objekte aus geringer Entfernung stark vergrößert betrachtet werden können.
Mi|k|ro|s|ko|pie, die; -: Gesamtheit der Verfahren zur Beobachtung von kleinen Objekten mithilfe des Mikroskops.
mi|k|ro|s|ko|pie|ren ⟨sw. V.; hat⟩: mit dem Mikroskop arbeiten.
mi|k|ro|s|ko|pisch ⟨Adj.⟩: **1.** nur mithilfe des Mikroskops erkennbar. **2.** verschwindend klein, winzig. **3. a)** die Mikroskopie betreffend; **b)** mithilfe des Mikroskops.
Mi|k|ro|so|zio|lo|gie [auch: ˈmiːkro...], die; -: Teilgebiet der Soziologie, in dem kleinste soziologische Gebilde untersucht werden.
Mi|k|ro|sys|tem, das: miniaturisiertes technisches System.
Mi|k|ro|sys|tem|tech|nik, die: Teilbereich der Technik, der sich mit der Entwicklung u. Herstellung von Mikrosystemen befasst.
Mi|k|ro|tom, der od. das; -s, -e [zu griech. tomḗ = Schnitt] (bes. Biol., Med.): Präzisionsgerät zur Herstellung feinster Schnitte für mikroskopische Untersuchungen.
Mi|k|ro|wel|le, die; -, -n (Elektrot.): **1.** ⟨meist Pl.⟩ (bes. zur Wärmeerzeugung eingesetzte) elektromagnetische Welle mit geringer Wellenlänge. **2.** ⟨o. Pl.⟩ Bestrahlung mit Mikrowellen (1). **3.** (ugs.) Kurzf. von ↑ Mikrowellenherd: eine Pizza in die M. schieben.
Mi|k|ro|wel|len|herd, der: Herd zum Auftauen, Erwärmen, Garen von Speisen in kurzer Zeit mithilfe von Mikrowellen.
Mi|k|ro|zen|sus, der; -, - (Statistik): (von der amtlichen Statistik in der Bundesrepublik Deutschland seit 1957) jährlich durchgeführte Erhebung über den Bevölkerungsstand.
Mi|k|ro|ze|pha|lie, die; -, -n [zu griech. kephalḗ = Kopf] (Med.): abnorme Kleinheit des Kopfes.
Mi|lan [auch: miˈlaːn], der; -s, -e [frz. milan < provenz. milan, über das Vlat. zu lat. miluus]: Greifvogel mit dunkel- bis rotbraunem Gefieder, langen, schmalen Flügeln u. einem langen, gegabelten Schwanz: Roter M. (Gabelweihe); Schwarzer M. (Milan mit dunkler Färbung u. schwach gegabeltem Schwanz).
Mi|la|no: italienischer Name von ↑ Mailand.
Mil|be, die; -, -n [mhd. milwe, ahd. mil[i]wa, eigtl. = Mehl, Staub machendes Tier]: (in zahlreichen Arten vorkommendes) oft parasitäres od. blutsaugendes, meist winziges, zu den Spinnentieren gehörendes Tier.
Milch, die; -, (Fachspr.:) -e[n] [mhd. milch, ahd. miluh, zu ↑ melken]: **1. a)** von den Eutern von Kühen (auch Schafen, Ziegen u. a. säugenden Haustieren) stammende, durch Melken gewonnene weiße, leicht süße u. fetthaltige Flüssigkeit, die als wichtiges Nahrungsmittel, bes. als Getränk, verwendet wird: saure, kondensierte M.; gestandene M. (↑ ¹gestanden 2); M. gerinnt; ein Glas M.; Kühe geben M.; -e mit hohem Anteil an Eiweiß; M. in den Kaffee gießen; die M. abkochen, entrahmen; M. gebende Ziegen; * die M. der frommen Denkart/Denkungsart (freundliche Gesinnung; nach Schiller, Tell IV, 3); aussehen wie M. und Blut (frisch u. jung aussehen; seit ältester Zeit gebräuchliches Sinnbild der w. Schönheit, in Anspielung auf die als vornehm erachtete Blässe der Haut u. das Rot der Lippen od. des Blutes); nicht viel in die M. zu brocken haben (nordd.; bescheiden leben müssen, arm sein); **b)** in den Milchdrüsen von Frauen u. weiblichen Säugetieren nach dem Gebären sich bildende weißliche, nahrhafte Flüssigkeit, die von den Neugeborenen od. Jungen als Nahrung aufgenommen wird: genug M. haben; die M. abpumpen. **2.** milchiger Saft bestimmter Pflanzen: die M. des Löwenzahns, der Kokosnuss. **3.** weißliche Samenflüssigkeit des männlichen Fisches; Fischmilch. **4.** [wohl nach engl. milk] kosmetisches Präparat aus milchiger Flüssigkeit. **5.** (bei Tauben) käsige Masse, die sich als Nahrung für die Jungen im Kropf bildet.
Milch|auf|schäu|mer, der; -s, -: batteriebetriebenes, einem Quirl ähnliches od. von Hand zu bedienendes Gerät zum Aufschäumen von warmer Milch (für Milchkaffee od. Latte macchiato).
Milch|bar, die: Lokal, in dem bes. Milchmixgetränke angeboten werden.
Milch|bart, der [nach den hellen ersten Barthaaren] (leicht abwertend): junger, unerfahrener Mann.
Milch|bau|er, der; -n (selten: -s), -n: Bauer, der Milchvieh hält.
Milch|bäu|e|rin, die: w. Form zu ↑ Milchbauer.
Milch|be|cher, der: Trinkbecher für Milch (1 a).
Milch|bon|bon, der od. das: aus Milch (1 a) u. Sahne hergestellter Bonbon.
Milch|brei, der: Brei, der mit Milch (1 a) zubereitet wird.
Milch|bröt|chen, das: Brötchen, dessen Teig mit Milch (1 a) angerührt ist.
Milch|di|ät, die: Diät, bei der Milch[produkte] die Hauptnahrung sind.
Milch|drü|se, die: Milch (1 b) absondernde Drüse bei der Frau u. den weiblichen Säugetieren.
Milch|eis, das: mit Milch (1 a) hergestelltes Speiseeis.

Milch|ei|weiß, das (Biol.): *in der Milch (1) enthaltenes bestimmtes Eiweiß.*
mil|chen ⟨sw. V.; hat⟩ [zu ↑ Milch] (landsch.): *Milch (1a) geben:* ein milchendes Rind.
Milch|fett, das: *in der Milch (1a, b) enthaltenes Fett.*
Milch|fla|sche, die: a) *Flasche mit Gummisauger, mit deren Hilfe dem Säugling die Nahrung verabreicht wird;* b) *Flasche, in die Milch (1a) [für den Verkauf] abgefüllt wird.*
Milch|gang, der (Anat.): *in die Brustwarze mündender Gang, durch den die Milch fließt.*
Milch ge|bend, milch|ge|bend ⟨Adj.⟩: *Milch produzierend, sich melken lassend:* Milch gebende Schafe.
Milch|ge|biss, das: *aus den Milchzähnen bestehendes Gebiss.*
Milch|ge|schäft, das: *Geschäft (2b), in dem vorwiegend Milchprodukte verkauft werden.*
Milch|ge|sicht, das: **1.** (leicht abwertend) *Milchbart.* **2.** *zartes, blasses Gesicht.*
Milch|glas, das ⟨Pl. ...gläser⟩: **1.** *dickeres weißliches* ¹*Glas (1).* **2.** *Trinkglas für Milch (1a).*
Milch|glas|schei|be, die: *Scheibe (3) aus Milchglas (1).*
mil|chig ⟨Adj.⟩: **1.** *eine weißlich trübe Farbe besitzend:* eine -e Brühe. **2.** *zart u. von heller Farbe (in Bezug auf etw., was erst im Anflug vorhanden od. noch jung ist):* der -e Ansatz eines Bartes.
Milch|kaf|fee, der: *Kaffee mit viel Milch (1a).*
Milch|kalb, das: *Kalb, das noch gesäugt wird.*
Milch|känn|chen, das: *(zum Kaffee-/Teegeschirr gehörendes) Kännchen für Milch (1a).*
Milch|kuh, die: *Kuh, die bes. wegen der Produktion von Milch (1a) gehalten wird.*
Milch|leis|tung, die: *bestimmte Menge Milch (1a), die eine od. mehrere Kühe o. Ä. in einer bestimmten Zeit abgeben.*
Milch|ling, der; -s, -e: **1.** *essbarer Blätterpilz mit meist weißem Milchsaft u. trichterförmigem Hut.* **2.** (landsch.) *Milchner.*
Milch|mäd|chen|rech|nung, die [nach einer Fabel des frz. Dichters J. de La Fontaine (1621–1695), in der sich ein Milchmädchen viel Geld aus dem Verkauf seiner Milch erträumt, Pläne macht, aus Vorfreude zu hüpfen beginnt u. dabei die ganze Milch verschüttet]: *Rechnung, Erwartung, die auf Trugschlüssen, Illusionen o. Ä. aufgebaut ist:* zu denken, auf diese Weise würde die Sache weniger teuer, ist eine M.
◆ **Milch|mes|se,** die [zu ↑²Messe (2)] (landsch.): *mit einem Fest verbundene Bestimmung des Anteils jedes Alpbauern am Mulchen:* Als ich auf Urlaub in Fryburg war ..., wurde gerade die M. auf den Plaffeyer Alpen gefeiert (C. F. Meyer, Amulett 18).
Milch|misch|ge|tränk, Milch|mix|ge|tränk, das: *hauptsächlich aus Milch (1a) bestehendes Mixgetränk.*
Milch|ner, der; -s, - (Zool.): *[geschlechtsreifer] männlicher Fisch.*
Milch|preis, der: *Preis, zu dem Milch verkauft wird.*
Milch|pro|dukt, das: *aus Milch (1a) gewonnenes Nahrungsmittel.*
Milch|pro|duk|ti|on, die: **1.** *Bildung von Milch in den Milchdrüsen.* **2.** *Produktion von Milch in der Milchwirtschaft.*
Milch|pul|ver, das: *Trockenmilch.*
Milch|pum|pe, die: *Gerät zum Abpumpen der Muttermilch.*
Milch|reis, der: *in Milch (1a) gekochter Reis.*
Milch|saft, der: *Milch (2).*
Milch|säu|re, die (Chemie): *organische Säure, die unter Einwirkung von Bakterien aus Milch- od. Traubenzucker entsteht.*
Milch|säu|re|bak|te|rie, die ⟨meist Pl.⟩: *Bakterie,*

die Milchzucker u. andere Kohlenhydrate in Milchsäure verwandelt.
Milch|schaf, das: vgl. *Milchkuh.*
Milch|scho|ko|la|de, die: *Schokolade mit besonders hohem Anteil an Milch (1a).*
Milch|schorf, der [der Ausschlag ähnelt angebrannter, verkrusteter Milch]: *Erscheinungsform der Neurodermitis bei Säuglingen.*
Milch|spei|se, die: *Speise, die hauptsächlich aus Milch[produkten] zubereitet ist.*
Milch|stra|ße, die; -: *aus einer großen Zahl von Sternen bestehender, breiterer, heller Streifen am Himmel.*
Milch|stra|ßen|sys|tem, das (Astron.): *Galaxis.*
Milch|tü|te, die: *Behältnis aus Verbundstoff, in dem Milch (1a) zum Verkauf angeboten wird.*
milch|ver|glast ⟨Adj.⟩: *mit Milchglas verglast:* -e Fenster.
Milch|wirt|schaft, die: **1.** *Erzeugung u. Verarbeitung von Milch (1a).* **2.** *Betrieb, der Milchwirtschaft (1) betreibt.*
Milch|zahn, der: *Zahn aus dem ersten Gebiss des Kindes, das nach einer bestimmten Zeit nach u. nach ausfällt.*
Milch|zen|t|ri|fu|ge, die: *Gerät, das durch Schleudern der Milch (1a) Rahm u. Magermilch voneinander trennt.*
Milch|zie|ge, die: vgl. *Milchkuh.*
Milch|zu|cker, der: *bestimmte Zuckerart, die in der Milch (1b) enthalten ist.*
mild: ↑ milde.
mil|de, die; ⟨Adj.; milder, mildeste⟩ [mhd. milde, ahd. milti, urspr. = zerrieben; fein, zart]: **1. a)** *gütig; nicht streng; nicht hart:* ein milder Richter; das Urteil ist sehr mild, ist milde ausgefallen; man ist sehr mild[e] gegen sie vorgegangen; Ü Wie milde ist unser Beil gegen die Folter, die er erdulden musste (Weiss, Marat 36); **b)** *Verständnis für die Schwächen des Gegenübers zeigend; nachsichtig:* er fand trotz allem milde Worte; jdmn. milde stimmen; ich konnte sie nicht milder stimmen; etw. milde] mahnend sagen; sie erklärte, sagte ihm mild[e], dass es besser sei zu antworten; **c)** *freundlich im Wesen od. im Benehmen u. frei von allem Schroffen, Verletzenden:* mild[e] lächeln; Seine Stimme war mild und recht angenehm (Th. Mann, Tod 73). **2. a)** *keine extremen Temperaturen aufweisend; nicht rau:* ein mildes Klima; milde *(linde)* Luft; milde Winter; ein Zustrom milder Meeresluft; die Nacht war mild[e]; die Sonne schien mild[e], fast kraftlos; es soll wieder milder werden *(die Temperatur soll sich mildern);* **b)** *nicht grell u. kontrastreich; gedämpft, sanft:* das milde Licht der Kerzen; mild leuchten, schimmern. **3. a)** *(bes. von Speisen) nicht stark gewürzt, nicht scharf; nicht sehr kräftig od. ausgeprägt im Geschmack:* milde Speisen; ein milder Kognak *(Kognak, der nicht scharf ist, der beim Trinken nicht im Rachen brennt);* milder Tabak *(der nicht auf der Zunge brennt);* der Käse ist sehr mild; **b)** *(bes. von bestimmten Chemikalien) nicht scharf, etw. nicht angreifend:* eine milde Seife; das Shampoo ist ganz mild. **4.** (veraltend) *bereit, Bedürftigen zu geben, Wohltaten zu erweisen:* eine milde Gabe *(Almosen).* **5.** (selten) *gelind (2):* milde gesagt, gesprochen, ihr Verhalten war eine Dreistigkeit.
◆ **6.** *freigebig:* ... milde woll' er sogar voraus die Söldner bezahlen (Goethe, Reineke Fuchs 5, 109).

das Fehlen greller Kontraste gekennzeichnete Art: die M. des Abendlichts. **3.** *(bes. von alkoholischen Getränken o. Ä.) milder (3a) Geschmack od. Geruch:* ein Kognak von besonderer M. **4.** (veraltend) *aus Barmherzigkeit geübte Wohltätigkeit:* jmds. M. gegen die Armen.
◆ **mil|den** ⟨sw. V.; hat⟩ [mhd. milden, milten = milde sein, werden, ahd. milten = Mitleid haben, sich erbarmen]: *mildern:* Als die Natur sich in sich selbst gegründet, da hat sie ... Fels an Fels und Berg an Berg gereiht, die Hügel dann bequem hinabgebildet, mit sanftem Zug sie in das Tal gemildet (Goethe, Faust II, 10097 ff.)
mil|dern ⟨sw. V.; hat⟩ [zum Komp. milder]: **1.** *die Schroffheit, Härte o. Ä. von etw. nehmen; (ein Urteil, einen Tadel, eine Strafe o. Ä.) durch tolerante, verständnisvolle Gesinnung auf ein geringeres Maß bringen, herabmindern:* ein Urteil m. **2. a)** *etw. jmds. Emotionen o. Ä. einwirken, um sie abzuschwächen, zu dämpfen:* jmds. Zorn m.; **b)** ⟨m. + sich⟩ *maßvoller werden; geringer werden:* ihr Zorn milderte sich. **3. a)** *(eine Wirkung, einen Eindruck o. Ä.) nicht mehr so stark hervortreten lassen, abschwächen:* Gegensätze m.; ...das Grün des Teppichs ... milderten den Ernst des schönen Raumes zu gelassener Heiterkeit (A. Zweig, Claudia 15); **b)** ⟨m. + sich⟩ *(von einer Wirkung, einem Eindruck) nicht mehr so stark hervortreten; sich abschwächen:* Die Verwunderung wich sich m. **4. a)** *lindern:* die Armut der Flüchtlinge m.; **b)** ⟨m. + sich⟩ *(von Schmerzen o. Ä.) erträglich[er] werden, zurückgehen.* **5.** ⟨m. + sich⟩ *(vom Wetter o. Ä.) milder (2a)* werden.
Mil|de|rung, die: *das Mildern (1, 2a, 3a, 4a, 5).*
Mil|de|rungs|grund, der: *Grund, etw. milder, nachsichtiger zu beurteilen.*
mild|her|zig ⟨Adj.⟩ (selten): *von sanfter u. mitfühlender Gemütsart (u. deshalb bereit, sich der Not andrer anzunehmen).*
mild|tä|tig ⟨Adj.⟩ (geh.): *sich Notleidender tatkräftig annehmend.*
Mi|le|si|er, der; -s, -: Ew. zu ↑ Milet.
Mi|le|si|e|rin, die; -, -nen: w. Form zu ↑ Milesier.
Millet: altgriechische Stadt.
Mi|li|eu [mi'ljø:], das; -s, -s [frz. milieu, aus: mi- < lat. medius = mitten u. lieu < lat. locus = Ort, Stelle]: **1.** *soziales Umfeld, Umgebung, in der ein Mensch lebt u. die ihn prägt:* das soziale M.; in einem kleinbürgerlichen M. aufwachsen. **2.** (bes. Biol.) *Lebensraum von Pflanzen, Tieren, Kleinstlebewesen u. Ä. (in dem sie gedeihen, wachsen, der für sie lebensnotwendig ist).* **3. a)** (bes. schweiz.) *Lebensbereich, Welt der Prostituierten u. Zuhälter;* **b)** *Stadtteil, Bereich, in dem Prostitution betrieben wird.*
Mi|li|eu|for|schung, die: *Forschungsrichtung, die den Einfluss untersucht, den Umwelt u. Umgebung auf die Entwicklung des Menschen haben.*
mi|li|eu|ge|schä|digt ⟨Adj.⟩: *einen Milieuschaden aufweisend:* -e Jugendliche.
Mi|li|eu|scha|den, der (Psychol.): *psychische Schädigung, die auf ungünstige Einflüsse durch das Milieu (1) zurückzuführen sind.*
Mi|li|eu|schil|de|rung, die: *(bes. in Romanen) wirklichkeitsgetreue Schilderung eines bestimmten Milieus.*
Mi|li|eu|stu|die, die: vgl. *Milieuschilderung.*
Mi|li|eu|the|o|rie, die (Psychol.): *Theorie, nach der das Milieu, in dem ein Mensch aufwächst, allein od. vorwiegend für seine Entwicklung ausschlaggebend ist.*
Mi|li|eu|wech|sel, der: *Wechsel, Änderung des Milieus.*
mi|li|tant ⟨Adj.⟩ [zu lat. militans (Gen.: militantis), 1. Part. von: militare = Kriegsdienst leis-

ten]: *mit bewusst kämpferischem Anstrich für eine Überzeugung eintretend:* eine -e Gesinnung; -e Gruppen.
Mi|li|tanz, die; -: *militantes Auftreten, Handeln.*
¹Mi|li|tär, das; -s [frz. militaire, zu lat. militaris = den Kriegsdienst betreffend; soldatisch, zu: miles = Soldat]: **1.** *Streitkräfte, Gesamtheit der [Soldatinnen u.] Soldaten eines Landes:* das britische M.; er ist beim M.; zum M. müssen *(im Rahmen der Wehrpflicht Soldat werden müssen).* **2.** *(eine bestimmte Anzahl von) [Soldatinnen u.] Soldaten:* gegen die Streikenden wurde [das] M. eingesetzt.
²Mi|li|tär, der; -s, -s ⟨meist Pl.⟩ [frz. militaire]: *hoher Offizier.*
Mi|li|tär|ad|mi|nis|t|ra|ti|on, die; **1.** *zeitweilige Verwaltung eines besetzten Territoriums durch das Militär eines anderen Staates.* **2.** *Gebäude, in dem sich eine Militäradministration (1) befindet.*
Mi|li|tär|aka|de|mie, die: *Akademie für militärische Führungskräfte.*
Mi|li|tär|ak|ti|on, die: *vom Militär, mit militärischen Mitteln durchgeführte Aktion.*
Mi|li|tär|at|ta|ché, der: *Offizier im diplomatischen Diensten, der seiner Botschaft als militärischer Sachverständiger angehört.*
Mi|li|tär|ba|sis, die: *Militärstützpunkt.*
Mi|li|tär|bünd|nis, das: *Bündnis zwischen Staaten, das eine militärische Zusammenarbeit garantiert.*
Mi|li|tär|chef, der (Jargon): *Oberbefehlshaber des Militärs.*
Mi|li|tär|che|fin, die: w. Form zu ↑ Militärchef.
Mi|li|tär|dienst, der: *Wehrdienst.*
Mi|li|tär|dik|ta|tur, die: *Diktatur, in der ²Militärs die Herrschaft innehaben.*
Mi|li|tär|ein|satz, der: *Einsatz des Militärs.*
Mi|li|tär|ex|per|te, der: *Experte auf dem Gebiet des Militärs.*
Mi|li|tär|ex|per|tin, die: w. Form zu ↑ Militärexperte.
Mi|li|tär|fahr|zeug, das: *Fahrzeug des Militärs, der Streitkräfte.*
Mi|li|tär|flug|ha|fen, der: vgl. Militärflugplatz.
Mi|li|tär|flug|platz, der: *Flugplatz, der ausschließlich für militärische Zwecke verwendet wird.*
Mi|li|tär|flug|zeug, das: *zur Luftwaffe gehörendes Flugzeug.*
Mi|li|tär|füh|rung, die: *Führung (1 c) des Militärs, der Streitkräfte.*
Mi|li|tär|ge|fäng|nis, das: *Gefängnis für Militärpersonen.*
Mi|li|tär|geist|li|che ⟨vgl. Geistliche⟩: *Geistliche, die für die Militärseelsorge zuständig ist.*
Mi|li|tär|geist|li|cher ⟨vgl. Geistlicher⟩: *Geistlicher, der für die Militärseelsorge zuständig ist.*
Mi|li|tär|ge|richt, das: *Gericht, das für die Rechtsprechung im militärischen Bereich zuständig ist.*
Mi|li|tär|ge|richts|bar|keit, die: *Gerichtsbarkeit (2) im Bereich des ¹Militärs (1).*
Mi|li|tär|herr|schaft, die: vgl. Militärdiktatur.
Mi|li|tär|hil|fe, die: *dem Militär eines Landes zugutekommende [finanzielle] Hilfe.*
Mi|li|tär|hos|pi|tal, das: *Lazarett.*
Mi|li|tär|hub|schrau|ber, der: vgl. Militärflugzeug.
Mi|li|ta|ria ⟨Pl.⟩ [zu lat. militaris, ↑ ¹Militär]: **1.** (Verlagsw.) *Bücher über das Militärwesen.* **2.** *Sammelobjekte verschiedenster Art aus dem militärischen Bereich.*
Mi|li|tär|in|ter|ven|ti|on, die: *militärisches Eingreifen.*
mi|li|tä|risch ⟨Adj.⟩ [frz. militaire]: **1.** *das Militär betreffend:* -e Geheimnisse; eine -e Ausbildung erhalten; m. stark sein. **2.** *den Gepflogenheiten des Militärs entsprechend; soldatisch:* -e Disziplin.
mi|li|ta|ri|sie|ren ⟨sw. V.; hat⟩ [frz. militariser]: **1. a)** *(in einem Land o. Ä.) militärische (1) Anlagen errichten, Truppen aufstellen;* **b)** *das Heerwesen (eines Landes) organisieren.* **2.** *in den Dienst des Militarismus stellen.*
Mi|li|ta|ri|sie|rung, die; -, -en ⟨Pl. selten⟩: **1.** *das Militarisieren (1 a, b).* **2.** *das Militarisieren (2).*
Mi|li|ta|ris|mus, der; -, ...men (abwertend): *Vorherrschen militärischen Denkens in der Politik u. Beherrschung des zivilen Lebens in einem Staat durch militärische Institutionen.*
mi|li|ta|ris|tisch ⟨Adj.⟩ (abwertend): *militärische Macht überbetonend:* -e Kreise, Gesinnung; m. denken.
Mi|li|tär|jun|ta, die: *von meist rechtsgerichteten Offizieren [nach einem Putsch] gebildete Regierung.*
Mi|li|tär|ka|pel|le, die: *Musikkorps (eines Heeres).*
Mi|li|tär|kran|ken|haus, das: *Lazarett.*
Mi|li|tär|macht, die: *Staat, der durch sein Militär zu einer Macht (4 a) geworden ist:* dieses Land ist eine M.
Mi|li|tär|macht|ha|ber, der: *Mitglied einer Militärregierung, einer Militärjunta.*
Mi|li|tär|macht|ha|be|rin, die: w. Form zu ↑ Militärmachthaber.
Mi|li|tär|marsch, der: ¹Marsch (2), *der vor allem beim Militär zum Marschieren bei Paraden gespielt wird.*
Mi|li|tär|ma|schi|ne, die: *Militärflugzeug.*
Mi|li|tär|mis|si|on, die: **a)** *ins Ausland entsandte Gruppe von Offizieren, die andere Staaten in militärischen Fragen beraten;* **b)** *Gebäude einer Militärmission (a).*
Mi|li|tär|mu|sik, die: *beim Militär gespielte Musik (z. B. Märsche).*
Mi|li|tär|ope|ra|ti|on, die: *Operation (2a).*
Mi|li|tär|pa|ra|de, die: *Vorbeimarsch militärischer Verbände.*
Mi|li|tär|pa|t|rouil|le, die: *Militärstreife.*
Mi|li|tär|per|son, die: *Angehörige[r] des Militärs, der Streitkräfte.*
Mi|li|tär|pflicht, die: *Wehrpflicht.*
Mi|li|tär|po|li|tik, die: *das Militärwesen betreffende Politik.*
Mi|li|tär|po|li|zei, die: *militärischer Verband mit polizeilicher Funktion.*
Mi|li|tär|po|li|zist, der: *Angehöriger der Militärpolizei.*
Mi|li|tär|po|li|zis|tin, die: w. Form zu ↑ Militärpolizist.
Mi|li|tär|prä|senz, die: *das Vorhandensein von Truppen an einem bestimmten Ort o. Ä.:* eine internationale M. im Kosovo.
Mi|li|tär|putsch, der: *vom Militär durchgeführter Putsch.*
Mi|li|tär|re|gie|rung, die: **1.** *von einer Besatzungsmacht in einem besetzten Gebiet als Regierung eingesetzte oberste militärische Behörde.* **2.** *Militärjunta.*
Mi|li|tär|re|gime, das: *Militärdiktatur.*
Mi|li|tär|seel|sor|ge, die; -, -n: *Betreuung der Angehörigen des Militärs durch Geistliche.*
Mi|li|tär|spiel, das (schweiz.): *Spielmannszug des Musikkorps.*
Mi|li|tär|spi|tal, das (schweiz.): *Lazarett.*
Mi|li|tär|spre|cher, der: *Sprecher des Militärs, der Streitkräfte.*
Mi|li|tär|spre|che|rin, w. Form zu ↑ Militärsprecher.
Mi|li|tär|stütz|punkt, der: *militärischer Stützpunkt der Streitkräfte eines Staates [in einem anderen Land].*
Mi|li|tär|taug|lich|keit, die; -: *Wehrdiensttauglichkeit.*
Mi|li|tär|tri|bu|nal, das: *Militärgericht zur Aburteilung militärischer Straftaten.*
Mi|li|tär|we|sen, das ⟨o. Pl.⟩: *Gesamtheit dessen, was mit dem Militär, seinen Gesetzen, Gebräuchen o. Ä. zusammenhängt.*
Mi|li|tär|wis|sen|schaft, die: *Wissenschaft, die sich mit der Entwicklung des Militär- u. Kriegswesens befasst.*
Mi|li|ta|ry ['mɪlɪtəri], die; -, -s [älter engl. military = Militär(wettkampf)] (Reiten): *Vielseitigkeitsprüfung, die aus Geländeritt, Dressurprüfung u. Jagdspringen besteht.*
Mi|li|tär|zeit, die: *Dienstzeit (1) beim Militär.*
Mi|liz, die; -, -en [lat. militia = Gesamtheit der Soldaten, zu: miles = Soldat]: **1. a)** (veraltet) *Heer;* **b)** *Streitkräfte, deren Angehörige eine nur kurzfristige militärische Ausbildung haben u. erst im Kriegsfall einberufen werden.* **2.** [nach russ. milicija] *(bes. in sozialistischen Staaten) militärisch organisierte Polizei o. Ä.* **3.** (schweiz.) *Streitkräfte (der Schweiz).*
Mi|liz|heer, das: *aus der Miliz (1 b) gebildetes Heer.*
Mi|li|zi|o|när, der; -s, -e: **1.** [geb. nach ↑ Legionär] *Angehöriger einer Miliz (1 b, 3).* **2.** [russ. milicioner] *(in einigen sozialistischen Staaten) Polizist.*
Mi|li|zi|o|nä|rin, die; -, -nen: w. Form zu ↑ Milizionär.
Mi|liz|par|la|ment, das (schweiz.): *Parlament, dessen Mitglieder nur im Nebenberuf Politiker sind.*
Mi|liz|sol|dat, der: *Angehöriger der Miliz (1 b).*
Mi|liz|sol|da|tin, die: w. Form zu ↑ Milizsoldat.
milk, milkst, milkt: ↑ melken.
Mill. = Million[en].
Mil|le, die; -, - ⟨meist Pl.⟩ [lat. mille = tausend] (ugs.): *tausend Einheiten einer bestimmten Währung (z. B. 1 000 Euro):* der Teppich kostet zwei M.
Mil|le|fi|o|ri|glas, das ⟨Pl. ...gläser⟩ [ital. mille fiori = tausend Blumen]: *vielfarbiges Glas aus verschiedenfarbigen Glasstäben, die miteinander verschmolzen u. in Scheiben geschnitten werden.*
Mil|len|ni|um, das; -s, ...ien [...jən] [zu lat. mille = tausend u. annus = Jahr]: **1.** *Jahrtausend.* **2.** (Rel.) *Tausendjähriges Reich der Offenbarung Johannis.*
Mil|len|ni|um|fei|er, Mil|len|ni|ums|fei|er, die: *Tausendjahrfeier.*
Mil|li|am|pere [auch: ...|amˈpɛːɐ̯], das (Physik): ¹/₁₀₀₀ Ampere (Zeichen: mA).
Mil|li|ar|där, der; -s, -e [frz. milliardaire]: *Besitzer eines Vermögens im Wert von mindestens einer Milliarde [Euro o. Ä.].*
Mil|li|ar|dä|rin, die; -, -nen: w. Form zu ↑ Milliardär.
Mil|li|ar|de, die; -, -n [frz. milliard, zu: million, ↑ Million] (in Ziffern: 1 000 000 000): *tausend Millionen* (Abk.: Md., Mrd. u. Mia.): vier bis fünf -n, einige -n Euro; rund 2 -n Bewohner.
Mil|li|ar|den|be|trag, der: *Betrag von einer od. mehreren Milliarden [Euro o. Ä.].*
Mil|li|ar|den|ge|schäft, das: *Geschäft in Milliardenhöhe.*
Mil|li|ar|den|hö|he: in der Fügung **in M.** *(in Höhe von einer od. mehreren Milliarden Euro o. Ä.)*
Mil|li|ar|den|in|ves|ti|ti|on, die: *Investition in Milliardenhöhe.*
Mil|li|ar|den|kre|dit, der: *Kredit in Milliardenhöhe.*
Mil|li|ar|den|loch, das (ugs.): *durch große Ausgaben o. Ä. zustande gekommener Fehlbetrag in Milliardenhöhe:* das M. stopfen; die Ausgaben haben ein M. in den Etat gerissen.

mil|li|ar|den|schwer ⟨Adj.⟩ (ugs.): **1.** *eine bis mehrere Milliarden betragend, einen Wert von einer bis mehreren Milliarden habend:* -e Aufträge, Investitionen, Subventionen, Kredite. **2.** *ein Milliardenvermögen besitzend:* ein -er Unternehmer.

Mil|li|ar|den|sum|me, die: *Milliardenbetrag.*

Mil|li|ar|den|ver|lust, der: *Verlust in Milliardenhöhe.*

mil|li|ardst... ⟨Ordinalz. zu ↑ Milliarde⟩: dieses Jahr wird das milliardste Paket verschickt.

mil|li|ards|tel ⟨Bruchz.⟩: *den milliardsten Teil einer genannten Menge ausmachend:* ein Nanometer ist ein m. Meter.

Mil|li|ards|tel, das, schweiz. meist: der; -s, -: *der milliardste Teil einer Menge, Strecke.*

Mil|li|bar [auch: ...ˈbaːɐ̯], das (Meteorol.): $^{1}/_{1000}$ Bar (Zeichen: mbar [Meteorol. nur: mb]).

Mil|li|gramm [auch: ...ˈgram], das: $^{1}/_{1000}$ Gramm (Zeichen: mg).

Mil|li|li|ter [auch: ...ˈliːtɐ], der, auch: das: $^{1}/_{1000}$ Liter (Zeichen: ml).

Mil|li|me|ter [auch: ...ˈmeːtɐ], der, früher fachspr. auch: das; -s, -: $^{1}/_{1000}$ Meter (Zeichen: mm).

mil|li|me|ter|ge|nau; *ganz genau:* etw. m. einpassen.

Mil|li|me|ter|pa|pier, das: *(bes. für grafische Darstellungen vorgesehenes) Papier mit einem aufgedruckten Netz von Geraden, die jeweils einen Millimeter Abstand haben.*

Mil|li|on, die; -, -en [ital. mil(l)ione, eigtl. = Großtausend, zu: mille < lat. mille = tausend] (in Ziffern: 1 000 000): **1.** *tausend mal tausend* (Abk.: Mill., Mio.): eine halbe M.; eine drei viertel M.; die Baukosten betragen 1,8 -en [Euro]; etwa eine M. Menschen war/waren auf der Flucht; ein Defizit von fünf, mehreren -en [Euro]. **2.** ⟨Pl.⟩ **a)** *unbestimmte, oft nach Millionen bemessene Anzahl:* -en und -en mussten ihr Leben lassen; -en hungernder Kinder/von hungernden Kindern; **b)** *eine unbestimmte, sich nach Millionen bemessende Summe:* die Kosten für das Projekt gehen in die -en.

Mil|li|o|när, der; -s, -e: *Besitzer eines Vermögens im Wert von mindestens einer Million einer bestimmten Währung (z. B. Euro):* in Florida leben viele -e.

Mil|li|o|nä|rin, die; -, -nen: w. Form zu ↑ Millionär.

Mil|li|o|nen|auf|la|ge, die (Verlagsw.): *Auflage (1 a) von [mehr als] einer Million Exemplaren.*

Mil|li|o|nen|auf|trag, der: *Auftrag (2) in Höhe von [mehr als] einer Million [Euro o. Ä.].*

Mil|li|o|nen|be|trag, der: *Betrag von einer od. mehreren Millionen [Euro o. Ä.].*

Mil|li|o|nen|ding, das (ugs.): *Unternehmung, Geschäft o. Ä., bei dem es um [mehr als] eine Million [Euro o. Ä.] geht:* das Bauvorhaben wird ein M.

mil|li|o|nen|fach ⟨Vervielfältigungsz.⟩: *Millionen Mal genommen, ausgeführt o. Ä.:* ein m. verkauftes Buch.

Mil|li|o|nen|ge|schäft, das: *Geschäft in Millionenhöhe.*

Mil|li|o|nen|ge|winn, der: *Gewinn in der Höhe von einer od. mehreren Millionen einer bestimmten Währung:* -e machen, erzielen.

Mil|li|o|nen|heer, das: *sich nach Millionen bemessende Zahl von (unter einem bestimmten Aspekt gleichgearteten) Menschen:* das M. der Arbeitslosen.

Mil|li|o|nen|hö|he: in der Fügung **in M.** (vgl. Milliardenhöhe).

Mil|li|o|nen|pu|b|li|kum, das: *sich nach Millionen von Zuschauenden o. Ä. bemessendes Publikum.*

Mil|li|o|nen|scha|den, der: *Schaden in Millionenhöhe:* ein Unfall mit M.

mil|li|o|nen|schwer ⟨Adj.⟩ (ugs.): **1.** *eine bis mehrere Millionen betragend, einen Wert von einer bis mehreren Millionen habend:* eine -e Werbekampagne, Abfindung. **2.** *ein Millionenvermögen besitzend:* ein -er Industrieller.

Mil|li|o|nen|stadt, die: *Stadt mit [mehr als] einer Million Einwohnern.*

Mil|li|o|nen|sum|me, die: *Millionenbetrag.*

mil|li|o|nen|teu|er ⟨Adj.⟩: *Kosten in Millionenhöhe verursachend:* millionenteure Apparate, Gemälde, Bauten.

Mil|li|o|nen|ver|lust, der: *Verlust in Millionenhöhe.*

Mil|li|o|nen|ver|mö|gen, das: *Vermögen, das sich nach Millionen bemisst.*

mil|li|onst... ⟨Ordinalz. zu ↑ Million⟩.

mil|li|ons|tel, milliontel ⟨Bruchz.⟩: *den millionsten Teil einer genannten Menge ausmachend.*

Mil|li|ons|tel, Millionstel, das, schweiz. meist: der; -s, -: *der millionste Teil einer Menge, Strecke.*

mil|li|on|tel: ↑ millionstel.

Mil|li|on|tel: ↑ Millionstel.

Mil|li|se|kun|de [auch: ...zeˈkʊndə], die: $^{1}/_{1000}$ Sekunde (Zeichen: ms).

Milz, die; - [mhd. milze, ahd. milzi; eigtl. = die Weiche od. die Auflösende (man glaubte, sie wirke bei der Verdauung mit)]: *(bei Wirbeltieren u. beim Menschen) Organ im Bauchraum, in dem u. a. Abwehrstoffe produziert, weiße Blutkörperchen aufgebaut u. rote Blutkörperchen abgebaut werden.*

Milz|brand, der ⟨o. Pl.⟩: *(hauptsächlich bei pflanzenfressenden Tieren auftretende) mit Koliken, Atemnot u. meist vergrößerter Milz einhergehende gefährliche Infektionskrankheit.*

Milz|quet|schung, die: *(durch einem Unfall verursachte) Quetschung der Milz.*

♦ **Milz|sucht,** die [nach der Annahme, diese Gemütsverstimmung gehe von der Milz aus; vgl. Spleen]: *Hypochondrie: ... die Musik bezähmt die wilde Leidenschaft, ... heilt die M. aus dem Grund* (Wieland, Musarion 949 ff.); Ü ⟨Pl. -en:⟩ *Legen wir darum unser Leben auf Würfel – baden darum alle -en des Schicksals aus, das wir am End' noch von Glück sagen, die Leibeigenen eines Sklaven zu sein* (Schiller, Räuber IV, 5).

♦ **milz|süch|tig** ⟨Adj.⟩: *hypochondrisch: ...wollt ihr zum Kalbsfell schwören ... und dort unter der -en Laune eines gebieterischen Korporals das Fegfeuer zum Voraus abverdienen?* (Schiller, Räuber I, 2).

Mi|me, der; -n, -n [lat. mimus < griech. mĩmos] (geh. veraltend): *(bedeutender) Schauspieler:* ein begnadeter M.; *Eine Entdeckung frisch aus Danzig, das schon manch vorzüglichen -n hervorgebracht hat* (Grass, Hundejahre 562).

mi|men ⟨sw. V.; hat⟩: **1.** (selten) *[schauspielerisch] darstellen:* den Tell m. **2.** (ugs. abwertend) **a)** *ein Gefühl o. Ä. zeigen, das in Wirklichkeit nicht vorhanden ist; vortäuschen:* Bewunderung m.; **b)** *vorgeben jmd., etw. zu sein:* den starken Mann m.

Mi|men: Pl. von Mime u. Mimus.

Mi|me|se, die; -, -n: **1.** (bildungsspr.) *Mimesis.* **2.** (Zool.) *Fähigkeit bestimmter Tiere, sich zu tarnen, indem sie sich in Färbung, Gestalt o. Ä. der belebten u. unbelebten Umgebung anpassen.*

Mi|me|sis, die; -, ...esen [spätlat. mimesis < griech. mímēsis] (bildungsspr.): **1. a)** *(in der Antike) nachahmende Darstellung der Natur im Bereich der Kunst;* **b)** *(in der platonischen Philosophie) Kennzeichnung der Methexis als bloße Nachahmung einer Idee* (2). **2.** *(antike Rhet.)* **a)** *spottende Wiederholung der Rede eines anderen;* **b)** *Nachahmung eines Charak-*

---

milliardenschwer – Minderheit

ters mit Worten, die diesen Charakter besonders gut kennzeichnen.

mi|me|tisch ⟨Adj.⟩ [griech. mīmētikós] (bildungsspr.): **1. a)** *die Mimese betreffend;* **b)** *nachahmend, nachäffend.* **2.** *die Mimesis betreffend.*

Mi|mik, die; - [lat. (ars) mimica, ↑ mimisch]: *Mienenspiel, Wechsel im Ausdruck des Gesichts u. in den Gebärden als Ausdruck eigenen Erlebens:* eine lebhafte M.; *Ihr Lachen blieb reine M.* (war unnatürlich, aufgesetzt; Frisch, Stiller 475).

Mi|mi|k|ry [...ri], die; - [engl. mimicry, eigtl. = Nachahmung, zu: mimic = fähig nachzuahmen]: **1.** (Zool.) *Fähigkeit bestimmter Tiere, sich zu schützen, indem sie sich der Gestalt od. Farbe solcher Tiere anpassen, die von ihren Feinden gefürchtet werden bzw. sich auf irgendeine Art gegen Feinde schützen können.* **2.** (bildungsspr.) *Anpassung, die der Täuschung od. dem eigenen Schutz dient.*

Mi|min, die; -, -nen: w. Form zu ↑ Mime.

mi|misch ⟨Adj.⟩ [lat. mimicus < griech. mīmikós] (bildungsspr.): *die Mimik betreffend; mithilfe der Mimik [ausgedrückt]:* -e Ausdruckskraft; etw. m. ausdrücken.

Mi|mo|se, die; -, -n [zu lat. mimus (↑ Mime), wohl wegen der Reaktion der Pflanze bei Berührung, die mit der eines abmimenden Mimen verglichen wird]: **1.** *hoher Baum mit gefiederten Blättern u. gelben, kugeligen Blüten an Rispen.* **2.** *(im tropischen Brasilien) als großer Strauch wachsende, rosaviolett blühende Pflanze, die ihre gefiederten Blätter bei der geringsten Erschütterung abwärtsklappt.* **3.** (oft abwertend) *sehr empfindsamer Mensch:* sie, er ist eine M.; *Stiller scheint wirklich der Inbegriff einer männlichen M. gewesen zu sein* (Frisch, Stiller 125).

mi|mo|sen|haft ⟨Adj.⟩ (oft abwertend): *überaus empfindlich; übertrieben auf Einflüsse von außen reagierend.*

Mi|mo|sen|haf|tig|keit, die; - (oft abwertend): *das Mimosenhaftsein.*

Mi|mus, der; -, Mimen [lat. mimus] (Literaturwiss.): **1.** *(in der Antike) Darsteller in einem Mimus* (2). **2.** *(in der Antike) derbkomische Szene aus dem Alltagsleben.*

min = Minute.

Min. = Minute.

Mi|na|rett, das; -s, -e u. -s [frz. minaret, über türk. mināre(t) < arab. manāra^h, eigtl. = Leuchtturm]: *Turm einer Moschee.*

min|der ⟨Adv.⟩ [mhd. minder, minner, ahd. minniro; urspr. Komp. zu einem Wort mit der Bed. »klein«] (geh.): *in geringerem Grade; nicht so sehr:* jmd., etw. ist m. angesehen; nicht m. *(nicht weniger; ebenso)* freundlich; *Die Baumratten sind nicht rötlich wie die Eichhörnchen, doch nicht m. zierlich* (Frisch, Montauk 16).

min|der... ⟨Adj.; Sup. mindest...⟩: *(bezogen auf Wert, Bedeutung, Qualität, Ansehen) nicht besonders hoch; gering:* eine mindere Qualität; eine Sache von minderer Wichtigkeit.

Min|der|aus|ga|be, die: *geringere Ausgabe (als veranschlagt, kalkuliert o. Ä.).*

min|der|be|mit|telt ⟨Adj.⟩: *wenig finanzielle Mittel habend:* eine -e Familie; Ü geistig m. sein (salopp abwertend; *im Hinblick auf seine Intelligenz unter dem Durchschnitt liegen*).

Min|der|bru|der, der: *Franziskaner.*

Min|der|ein|nah|me, die: *geringere Einnahme (als veranschlagt, kalkuliert o. Ä.).*

Min|der|heit, die; -, -en [für ↑ Minorität; schon ahd. minnerheit für mlat. minoritas]: **1.** ⟨o. Pl.⟩ **a)** *kleinerer Teil (einer bestimmten Anzahl von Personen):* in der M. ist gegen diesen Entwurf; die Gegner des Planes bilden eine M.; *Diese Einwanderer glichen den hiesigen, längst in die M.*

geratenen Ureinwohnern (Handke, Niemandsbucht 978); **b)** *zahlenmäßig unterlegene [u. darum machtlose] Gruppe (in einer Gemeinschaft, einem Staat o. Ä.):* eine ethnische M.; die Unterdrückung von -en. **2.** *(bei Wahlen, Abstimmungen o. Ä.) Gruppe, die den geringeren Teil aller abgegebenen Stimmen bekommen hat.*
Min|der|hei|ten|fra|ge, die: *Problemkreis, der die Lebensbedingungen von od. das Zusammenleben mit Minderheiten beinhaltet.*
Min|der|hei|ten|recht, das ⟨meist Pl.⟩: *Recht, das einer Minderheit (1 b) in einem Staat, in einer Gesellschaft o. Ä. eingeräumt wird.*
Min|der|hei|ten|schutz, der ⟨o. Pl.⟩: *Schutz der Minderheit (1) durch Minderheitenrechte.*
Min|der|heits|ak|ti|o|när, der: *Aktionär, der eine Minderheit von Aktien eines Unternehmens besitzt.*
Min|der|heits|ak|ti|o|nä|rin, die: w. Form zu ↑ Minderheitsaktionär.
Min|der|heits|be|tei|li|gung, die (Wirtsch.): *Besitz einer Minderheit der Anteile od. der Stimmrechte eines rechtlich selbstständigen Unternehmens:* eine M. von 25 % an einem Konzern halten.
Min|der|heits|recht, das ⟨meist Pl.⟩: *Minderheitenrecht.*
Min|der|heits|re|gie|rung, die: *Regierung, die im Parlament nur von einer Minderheit von Abgeordneten gestützt wird.*
min|der|jäh|rig ⟨Adj.⟩ (Rechtsspr.): *noch nicht volljährig, nicht mündig.*
Min|der|jäh|ri|ge, die/eine Minderjährige; der/ einer Minderjährigen, die Minderjährigen/zwei Minderjährige (Rechtsspr.): *minderjährige weibliche Person.*
Min|der|jäh|ri|ger, der Minderjährige/ein Minderjähriger; des/eines Minderjährigen, die Minderjährigen/zwei Minderjährige (Rechtsspr.): *jmd., der minderjährig ist.*
Min|der|jäh|rig|keit, die; -: *das Minderjährigsein.*
min|dern ⟨sw. V.; hat⟩ [mhd. minnern, ahd. minnirōn]: **1. a)** *(geh.) geringer werden, erscheinen lassen; vermindern, verringern:* den Wert einer Leistung m.; etw. in seinem Wert m.; eine Gefahr m.; **b)** *(Rechtsspr.) eine Zahlung wegen mangelhafter Gegenleistung verringern:* die Miete wegen Ausfall der Heizung m. **2.** ⟨m. + sich⟩ *(geh.) [immer] weniger werden; sich verringern:* nach einem schadenfreien Jahr mindert sich der Versicherungsbeitrag um zehn Prozent.
Min|de|rung, die; -, -en [mhd. minnerunge]: **a)** *das Mindern* (1 a); **b)** (Rechtsspr.) *das Mindern* (1 b).
min|der|wer|tig ⟨Adj.⟩: *eine geringe Qualität aufweisend:* dies Material ist m.
Min|der|wer|tig|keit, die ⟨o. Pl.⟩: *das Minderwertigsein.*
Min|der|wer|tig|keits|ge|fühl, das ⟨meist Pl.⟩ (Psychol.): *Gefühl eigener körperlicher, geistiger, materieller od. sozialer Unterlegenheit gegenüber anderen.*
Min|der|wer|tig|keits|kom|plex, der (Psychol.): *durch ein gesteigertes Minderwertigkeitsgefühl hervorgerufener Komplex* (2 b): einen M. haben.
Min|der|zahl, die ⟨o. Pl.⟩: *Minderheit (1 a):* in der M. sein *(zahlenmäßig unterlegen sein).*
min|dest... ⟨Adj.⟩ [mhd. minnest, ahd. minnist; Sup. von minder...]: *drückt aus, dass etwas nur im geringsten Maße vorhanden ist; geringst...:* ohne den mindesten Zweifel; ⟨subst.:⟩ das ist das Mindeste/mindeste, was man erwarten kann; nicht die mindeste Ahnung von etw. haben; * **nicht das Mindeste**/(auch:) **mindeste** *(gar nichts:* sie versteht nicht das Mindeste/ mindeste vom Kochen); **nicht im Mindesten**/ (auch:) **mindesten** *(überhaupt nicht:* das

berührt mich nicht im Mindesten/(auch:) mindesten); **zum Mindesten**/(auch:) **mindesten** *(wenigstens, zumindest:* er hätte sich zum Mindesten/mindesten entschuldigen können).
Min|dest|ab|stand, der: *geringster nötiger Abstand.*
Min|dest|al|ter, das: *(in einem bestimmten Zusammenhang) niedrigstes [mögliches] Alter:* das M. für den Kauf von Tabakwaren wurde auf 18 Jahre erhöht.
Min|dest|an|for|de|rung, die: *geringste Anforderung, die auf jeden Fall erfüllt werden muss.*
Min|dest|an|zahl, die: vgl. Mindestabstand.
Min|dest|bei|trag, der: *geringstmöglicher Beitrag zu etw.:* der M. beträgt 48 Euro.
Min|dest|be|trag, der: vgl. Mindestabstand.
Min|dest|ein|kom|men, das: *geringstes nötiges Einkommen.*
min|des|tens ⟨Adv.⟩: **a)** *(auf etwas zahlenmäßig Erfassbares bezogen) auf keinen Fall weniger als:* es dauert m. 3 Stunden; **b)** *auf jeden Fall; wenigstens, zumindest:* du hättest dich m. entschuldigen müssen.
Min|dest|for|de|rung, die: *niedrigste, geringste Forderung.*
Min|dest|ge|bot, das: *niedrigstes zulässiges Gebot bei einer öffentlichen Versteigerung.*
Min|dest|halt|bar|keits|da|tum, das: *auf die Lebensmittelverpackung aufgedrucktes Datum, bis zu dem das Lebensmittel mindestens haltbar sein soll.*
Min|dest|hö|he, die: vgl. Mindestabstand.
Min|dest|lohn, der: *niedrigster (gesetzlich zulässiger) Lohn:* gefordert wird die Einführung eines gesetzlichen -s von 8 Euro pro Stunde.
Min|dest|maß, das: *sehr geringer, niedriger Grad; Minimum:* ein M. an Rücksicht.
Min|dest|preis, der: *Verkaufspreis, der zur Verhinderung ruinöser Konkurrenz nicht unterschritten werden darf.*
Min|dest|sa|lär, das (schweiz.): *Anfangsgehalt.*
Min|dest|satz, der: *niedrigster Satz* (5).
Min|dest|stan|dard, der: *Standard, der nicht unterschritten werden darf:* soziale, sicherheitstechnische u.
Min|dest|stra|fe, die: *geringste [mögliche] Strafe.*
Min|dest|zahl, die: *niedrigste Zahl:* die erforderliche M. von 35 Stimmen erreichen.
Mind|map, Mind-Map [ˈmaɪntmɛp], die; -, -s od. das; -s, -s [engl. mind map, aus: mind = Gedanken u. map = grafische Darstellung]: *als Ergebnis des Mindmappings gewonnene grafische Darstellung.*
Mind|map|ping, Mind-Map|ping [ˈmaɪntmɛpɪŋ], das; -s [engl. mind mapping, aus: mind = Gedanken u. mapping = das Aufzeichnen, Darstellen]: *Methode, Gedanken in Form von Schlagwörtern od. Bildern aufzuzeichnen, zu sammeln, zu ordnen u. zu gliedern.*
¹**Mi|ne,** die; -, -n [frz. mine < mlat. mina, eigtl. = Erzader, urspr. = Pulvergang, Sprenggang bei Belagerungen, H. u.]: **1. a)** *(wirtschaftlich genutztes) unterirdisches Erzlager; Bergwerk:* eine M. stilllegen; **b)** *unterirdischer Gang, Stollen.* **2.** *Sprengkörper, der durch einen Zünder zur Explosion gebracht u. sowohl im Gelände als auch im Wasser in Form von Sperren verlegt wird:* -n entschärfen; das Schiff lief auf eine M. **3.** *dünnes Stäbchen aus Grafit od. einem anderen Farbe enthaltenden Material (in einem Bleistift, Kugelschreiber o. Ä.), das das Schreiben ermöglicht:* eine M. einsetzen; die M. meines Kugelschreibers ist leer. **4.** (Biol.) *Hohlraum in Pflanzenteilen, der durch Fraß von Insekten od. Larven entsteht.*
²**Mi|ne,** die; -, -n [lat. mina < griech. mnã, aus dem Semit.]: **1.** *Gewichtseinheit mit unterschiedlichen Maßen im antiken Griechenland u. im*

Vorderen Orient der Antike. **2.** *Münze im antiken Griechenland.*
Mi|nen|feld, das: *Gebiet im Gelände od. im Wasser, in dem* ¹Minen *(2) verlegt sind.*
Mi|nen|räum|boot, das (Militär): *kleines Minensuchboot mit geringem Tiefgang.*
Mi|nen|such|boot, das (Militär): *kleineres Schiff zum Aufspüren u. Beseitigen von* ¹Minen *(2).*
Mi|ne|ral, das; -s, -e u. -ien [mlat. (aes) minerale = Grubenerz, zu: minera = Erzgrube]: *(in der Erdkruste vorkommende) anorganische, homogene, meist kristallisierte Substanz.*
Mi|ne|ral|bad, das: *Kurort mit heilkräftiger Mineralquelle.*
Mi|ne|rall|bron|nen, der: *Mineralquelle.*
Mi|ne|ral|dün|ger, der: *aus Mineralien gewonnenes Düngemittel (z. B. Salpeter, Kalisalze o. Ä.).*
Mi|ne|ral|fa|ser, die: *natürlich bzw. künstlich hergestellte faserige Substanz, die bes. beim Bauen Verwendung findet.*
Mi|ne|ra|li|sa|ti|on, die; -, -en (Biol., Geol.): *Umwandlung organischer Substanzen in anorganische (im Boden u. an der Erdoberfläche).*
mi|ne|ra|lisch ⟨Adj.⟩: *aus Mineralien bestehend; Mineralien enthaltend:* -e Substanzen; das Wasser ist stark m.; Ü ... das habe Naso die eigentliche und wahre Menschheit genannt, eine Brut von -er Härte, das Herz aus Basalt, die Augen aus Serpentin (Ransmayr, Welt 169).
mi|ne|ra|li|sie|ren ⟨sw. V.⟩: **a)** *(ist) zum Mineral werden;* **b)** *(hat) ↑ Mineralbildung bewirken.*
Mi|ne|ra|lo|ge, der; -n, -n [↑ -loge]: *Wissenschaftler auf dem Gebiet der Mineralogie.*
Mi|ne|ra|lo|gie, die; - [↑ -logie]: *Wissenschaft von der Zusammensetzung der Mineralien u. Gesteine, ihrem Vorkommen u. ihren Lagerstätten.*
Mi|ne|ra|lo|gin, die; -, -nen: w. Form zu ↑ Mineraloge.
mi|ne|ra|lo|gisch ⟨Adj.⟩: *die Mineralogie betreffend.*
Mi|ne|ral|öl, das: **a)** *Erdöl;* **b)** *durch Destillation von Erdöl gewonnenes Produkt (z. B. Heiz-, Schmieröl).*
Mi|ne|ral|öl|ge|sell|schaft, die: *Handelsgesellschaft, die Mineralöl vertreibt.*
Mi|ne|ral|öl|in|dus|trie, die: *Industriezweig, der die Gewinnung u. Verarbeitung von Mineralöl umfasst.*
Mi|ne|ral|öl|kon|zern, der: *Konzern der Mineralölindustrie.*
Mi|ne|ral|öl|steu|er, die: *Steuer, die für die Herstellung od. den Import von Mineralöl erhoben wird.*
Mi|ne|ral|quel|le, die: *Quelle, in deren Wasser eine bestimmte Menge an Mineralstoffen od. Kohlensäure gelöst ist.*
Mi|ne|ral|säu|re, die (Chemie): *anorganische Säure (z. B. Phosphor-, Schwefelsäure).*
Mi|ne|ral|stoff, der: *anorganisches Salz, das in der Natur vorkommt od. künstlich hergestellt wird (u. das dem Körper bes. mit der Nahrung zugeführt wird bzw. zur Verhinderung von Mangelerscheinungen künstlich zugeführt werden muss).*
Mi|ne|ral|was|ser, das ⟨Pl. ...wässer⟩: **a)** *Wasser einer Mineralquelle [das unmittelbar an der Quelle abgefüllt u. mit amtlicher Anerkennung als Getränk vertrieben wird];* **b)** *mit Mineralien u. Kohlensäure angereichertes Wasser.*
Mi|ner|va (röm. Mythol.): *Göttin des Handwerks, der Weisheit u. der schönen Künste.*
Mi|nes|t|ra, die; -, ...stren [ital. minestra, zu: minestrare < lat. ministrare, ↑ Ministrant] (Kochkunst): *Gemüsesuppe mit Reis u. Parmesankäse.*
Mi|nes|t|ra|sup|pe, die (österr.): *Kohlsuppe.*

Mi|nes|t|ro|ne, die; -, -n [ital. minestrone, Vgr. von: minestra]: *Minestra.*

mi|ni ⟨indekl. Adj.⟩ [engl. mini, Kurzf. von: miniature < ital. miniatura, ↑ Miniatur⟩: **1.** (Mode) *(von Röcken, Kleidern, Mänteln) [weit] oberhalb des Knies endend:* der Rock ist m. **2.** (ugs.) *sehr klein:* die Tasche ist total m.

¹Mi|ni ⟨o. Pl.; meist o. Art.⟩ (Mode): **a)** *[weit] oberhalb des Knies endende, sehr kurze Kleidung;* **b)** *(von Röcken, Kleidern, Mänteln) Länge, die [weit] oberhalb des Knies endet.*

²Mi|ni, der; -s, -s (ugs.): *Minirock.*

Mi|ni-: 1. kennzeichnet in Bildungen mit Substantiven etw. als klein, winzig, niedrig: Minipartei, -preis. **2.** kennzeichnet in Bildungen mit Substantiven etw. (ein Kleidungsstück) als [sehr] kurz: Minirock.

Mi|ni|a|tur, die; -, -en [ital. miniatura = Kunst, mit Zinnober zu malen < mlat. miniatura = mit Zinnober gemaltes Bild, zu lat. miniare = rot bemalen, zu: minium (↑ Mennige); unter Einfluss von lat. minor (= kleiner) Entwicklung zur Bed. »zierliche Malerei«]: **1.** (Malerei) *Bild od. Zeichnung als Illustration einer Handschrift (3) od. eines Buches.* **2.** (Malerei) *kleines Bild (meist auf Holz, Pergament, Porzellan od. Elfenbein).* **3.** (Problemschach) *Schachproblem, das aus höchstens sieben Figuren gefügt ist.*

Mi|ni|a|tur|aus|ga|be, die: *Ausgabe von etw. in kleine[re]m Format:* eine M. des Eiffelturms.

mi|ni|a|tu|ri|sie|ren ⟨sw. V.; hat⟩ (Elektrot.): *(elektronische Elemente) verkleinern.*

Mi|ni|a|tu|ri|sie|rung, die; -, -en (Elektrot.): *Entwicklung u. Herstellung kleinster elektronischer Geräte, die eine Vielzahl elektronischer Bauelemente enthalten.*

Mi|ni|a|tur|ma|le|rei, die: *das Malen von Miniaturen.*

Mi|ni|bar, die: **1.** *im Hotelzimmer vorhandener kleiner Kühlschrank, der verschiedenerlei Getränke enthält:* sich an der M. bedienen. **2.** *in Fernzügen mitgeführter kleiner Wagen mit Esswaren u. Getränken für den Verkauf an Reisende.*

Mi|ni|bi|ki|ni, der: *sehr knapp geschnittener Bikini.*

Mi|ni|bus, der: *Kleinbus.*

Mi|nier|flie|ge, die: *Fliege, deren Larven* ¹*Minen (4) in Pflanzen fressen.*

Mi|nier|mot|te, die: *kleiner, zarter Schmetterling, dessen Raupen* ¹*Minen (4) in Pflanzen fressen.*

Mi|ni|golf, das: *Spiel, bei dem der Ball mit einem Schläger auf abgegrenzten Bahnen od. Spielfeldern mit verschiedenen Hindernissen durch möglichst wenig Schläge ins Zielloch geschlagen werden muss.*

Mi|ni|job, der: *Tätigkeit, bei der das monatliche Entgelt eine bestimmte Summe nicht übersteigt od. die eine bestimmte Zahl von Arbeitstagen im Jahr begrenzt ist.*

Mi|ni|ki|ni, der; -s, -s: *einteiliger, die Brust frei lassender Badeanzug.*

mi|nim ⟨Adj.⟩ (schweiz., sonst veraltet): *minimal.*

¹Mi|ni|ma, die; -, ...mae u. ...men [zu lat. minimus, ↑ Minimum] (Musik): *kleinerer Notenwert der Mensuralmusik.*

²Mi|ni|ma [auch: ˈmi:...]: Pl. von ↑ Minimum.

mi|ni|mal ⟨Adj.⟩: *ein sehr geringes Ausmaß an Größe, Stärke o. Ä. aufweisend; sehr klein, sehr gering:* der Vorsprung war m.

Mi|ni|mal Art [ˈmɪnɪməl ˈaːɐ̯t], die; - - [engl. minimal art, aus: minimal = gering u. art = Kunst] (Kunstwiss.): *Kunstrichtung (in den USA), die mit einfachen (geometrischen) Grundformen arbeitet.*

mi|ni|mal|in|va|siv [aus ↑ minimal u. ↑ invasiv (b)] (Med.): *mit kleinstmöglichem Aufwand eingreifend:* -e Chirurgie *(Durchführung operativer Eingriffe ohne größere Schnitte).*

mi|ni|ma|li|sie|ren ⟨sw. V.; hat⟩: **1.** (Fachspr.) *so klein wie möglich machen; sehr stark reduzieren, vereinfachen:* eine Gleichung m. **2.** (bildungsspr.) *abwerten, wenig od. gar nicht achten.*

Mi|ni|ma|lis|mus, der; - (bildungsspr.): *bewusste Beschränkung auf ein Minimum, auf das Nötigste.*

Mi|ni|ma|list, der; -en, -en: **1. a)** (Kunstwiss.) *Vertreter der Minimal Art;* **b)** (Musik) *Vertreter der Minimal Music.* **2.** (ugs.) *jmd., der etw. nur in sehr geringem Ausmaß beherrscht, sich nur sehr wenig bemüht, etw. nur sehr begrenzt betreibt o. Ä.*

Mi|ni|ma|lis|tin, die; -, -nen: w. Form zu ↑ Minimalist.

mi|ni|ma|lis|tisch ⟨Adj.⟩: **1. a)** (Kunstwiss.) *die Minimal Art betreffend:* -e Formen; **b)** (Musik) *die Minimal Music betreffend:* -e Variationen. **2.** (bildungsspr.) *geringfügig; in [bewusst] geringem Ausmaß; sich wenig bemühend:* ein m. gestalteter Innenraum.

Mi|ni|mal|kon|sens, der (Politik): *Konsens (1) auf einer Basis, die trotz unterschiedlicher Weltanschauung od. politischer Richtung als kleinstmögliche Grundlage für ein gemeinsames Handeln dienen kann.*

Mi|ni|mal Mu|sic [ˈmɪnɪməl ˈmjuːzɪk], die; - - [engl. minimal music, aus: minimal = gering u. music = Musik]: *Musik[form], die in einer unendlichen Wiederholung kleinster, nur wenig variierter Klangeinheiten besteht.*

Mi|ni|mal|paar, das (Sprachwiss.): *Paar zweier sprachlicher Einheiten, die nur durch ein einziges, den Bedeutungsunterschied bewirkendes Merkmal unterschieden sind* (z. B. Wal – Wall).

Mi|ni|mal|ziel, das: *mindestens zu erreichendes Ziel:* sein M. erreichen, übertreffen; ihr M. ist es, 3 Kilo abzunehmen.

mi|ni|mie|ren ⟨sw. V.; hat⟩: **1.** (bildungsspr.) *auf ein Minimum senken, vermindern, verringern.* **2.** (bes. Math.) *durch Minimieren (1) auf den geringsten Wert festlegen.*

Mi|ni|mie|rung, die; -, -en: *das Minimieren; Verringerung, Verkleinerung.*

Mi|ni|mo|de, die ⟨o. Pl.⟩: *Mode, bei der die Kleidungsstücke eine Länge haben, die [weit] oberhalb des Knies endet.*

Mi|ni|mum [auch: ˈmi:ni...], das; -s, ...ma [lat. minimum = das Geringste, Mindeste, subst. Neutr. von: minimus = kleinster, Sup. von: minus, ↑ ¹minus]: **1.** ⟨Pl. selten⟩ (bildungsspr.) *geringstes, niedrigstes Maß; Mindestmaß.* **2. a)** (Math.) *unterer Extremwert;* **b)** (Meteorol.) *niedrigster Wert (bes. der Temperatur) eines Tages o. Ä.* **3.** (Meteorol.) *Kern eines Tiefdruckgebiets.*

Mi|ni|mum|ther|mo|me|ter [auch: ˈmi:ni...], das, österr., schweiz. auch: der: *Thermometer, mit dem der niedrigste Wert zwischen zwei Messungen festgestellt wird.*

Mi|ni|rock, der: *[weit] oberhalb des Knies endender, sehr kurzer Rock.*

Mi|ni|ski, Mi|ni|schi, der: *kurzer Ski für Anfänger.*

Mi|ni|slip, der: *eng anliegender, sehr kleiner Slip (1).*

Mi|nis|ter, der; -s, - [frz. ministre, eigtl. = Diener (des Staates) < lat. minister = Diener, Gehilfe]: *Mitglied der Regierung eines Staates od. Landes, das einen bestimmten Geschäftsbereich verwaltet:* der M. des Inneren *(Innenminister);* der M. des Äußeren *(Außenminister);* er wurde zum M. ernannt.

Mi|nis|ter|amt, das: *Amt (1 a) eines Ministers, einer Ministerin.*

Mi|nis|ter|bank, die ⟨Pl. ...bänke⟩: *Platz für die Regierungsmitglieder (z. B. Minister[innen], Staatssekretärinnen u. -sekretäre) im Parlament.*

Mi|nis|ter|ebe|ne: in der Fügung **auf M.** *(im Kreise der zuständigen Ministerinnen u. Minister).*

mi|nis|te|ri|al ⟨Adj.⟩ [spätlat. ministerialis = den Dienst beim Kaiser betreffend]: *von einem Minister, einer Ministerin, einem Ministerium ausgehend, zu ihm/ihr gehörend:* eine -e Expertise.

Mi|nis|te|ri|al|be|am|ter ⟨vgl. Beamter⟩: *Beamter in einem Ministerium.*

Mi|nis|te|ri|al|be|am|tin, die: w. Form zu ↑ Ministerialbeamter.

Mi|nis|te|ri|al|di|rek|tor, der: *Abteilungsleiter in einem Ministerium.*

Mi|nis|te|ri|al|di|rek|to|rin, die: w. Form zu ↑ Ministerialdirektor.

Mi|nis|te|ri|al|di|ri|gent, der: *Referatsleiter in einem Ministerium.*

Mi|nis|te|ri|al|di|ri|gen|tin, die: w. Form zu ↑ Ministerialdirigent.

¹Mi|nis|te|ri|a|le, die/ein Ministeriale; der/einer Ministerialen, die Ministerialen/zwei Ministeriale [↑ Ministerialer]: **1.** *Angehörige des Dienstadels im Mittelalter.* **2.** *Angehörige eines Ministeriums.*

²Mi|nis|te|ri|a|le, der; -n, -n (selten): *Ministerialer.*

Mi|nis|te|ri|a|ler, der Ministeriale/ein Ministerialer; des/eines Ministerialen, die Ministerialen/zwei Ministeriale [mlat. ministerialis < spätlat. ministeriales (Pl.) = kaiserliche Beamte]: **1.** *Angehöriger des Dienstadels im Mittelalter.* **2.** *Angehöriger eines Ministeriums.*

Mi|nis|te|ri|a|lin, die; -, -nen: w. Form zu ²Ministeriale.

Mi|nis|te|ri|al|rat, der: *Beamter des höheren Dienstes in einem Ministerium od. in einer obersten Bundesbehörde [mit den Aufgaben eines Ministerialdirigenten].*

Mi|nis|te|ri|al|rä|tin, die: w. Form zu ↑ Ministerialrat.

mi|nis|te|ri|ell ⟨Adj.⟩ [frz. ministériel < spätlat. ministerialis]: **a)** *ministerial:* -e Maßnahmen, Entscheidungen; **b)** *von einem Minister, einer Ministerin ausgehend:* mit -er Genehmigung.

Mi|nis|te|rin, die; -, -nen: w. Form zu ↑ Minister: sie ist M. für Familie und Gesundheit; das Wort hat M. Schmidt.

Mi|nis|te|ri|um, das; -s, ...ien [frz. ministère < lat. ministerium = Dienst, Amt]: **1.** *höchste Verwaltungsbehörde eines Landes mit einem bestimmten Aufgabenbereich.* **2.** *Gebäude, in dem sich ein Ministerium (1) befindet.*

Mi|nis|te|ri|ums|spre|cher, der: *Sprecher eines Ministeriums.*

Mi|nis|te|ri|ums|spre|che|rin, die: w. Form zu ↑ Ministeriumssprecher.

Mi|nis|ter|kon|fe|renz, die: *institutionalisierte Zusammenkunft von Ministerinnen u. Ministern:* die Länderchefs tauschen sich bei der M. aus.

Mi|nis|ter|pos|ten, der (Jargon): *Ministeramt.*

Mi|nis|ter|prä|si|dent, der: **1.** *Leiter einer Landesregierung in der Bundesrepublik Deutschland.* **2.** *Leiter der Regierung in verschiedenen Staaten; Premierminister.*

Mi|nis|ter|prä|si|den|tin, die: w. Form zu ↑ Ministerpräsident.

Mi|nis|ter|rat, der: *Regierung (in verschiedenen Staaten, z. B. in der ehem. DDR, in Frankreich).*

Mi|nis|ter|rie|ge, die (Jargon): *Gesamtheit der Minister eines Kabinetts.*

Ministersessel – Misanthropie

Mi|nis|ter|ses|sel, der (Jargon): *Ministeramt: sein M. wackelt.*

Mi|nis|t|rant, der; -en, -en [zu lat. ministrans (Gen.: ministrantis), 1. Part. von: ministrare = bedienen] (kath. Kirche): *Junge, der dem Priester während der* ¹*Messe* (1) *bestimmte Handreichungen macht; Messdiener.*

Mi|nis|t|ran|tin, die; -, -nen: w. Form zu ↑ Ministrant.

mi|nis|t|rie|ren ⟨sw. V.; hat⟩ (kath. Kirche): *als Ministrant, Ministrantin tätig sein.*

Mi|ni|van [...væn], der: *Van in besonders kompakter Bauweise.*

Mink, der; -s, -e [engl. mink]: **1.** *(in Nordamerika heimischer) Nerz mit tiefbraunem Fell u. weißem Fleck am Kinn, der wegen seines wertvollen Fells auch gezüchtet wird.* **2.** *Fell des Minks.*

Min|na, die; -, -s [nach dem (früher häufigen) w. Vorn. Minna, Kurzf. von Wilhelmine] (ugs. veraltet): *Hausangestellte:* * **jmdn. zur M. machen** (ugs.; *jmdn. unverhältnismäßig grob u. heftig tadeln*); **die grüne M.** (ugs.; *Polizeiwagen zum Gefangenentransport;* H. u.).

Min|ne, die; - [mhd. minne, ahd. minna, eigtl. = (liebevolles) Gedenken]: **1.** *(im MA.) verehrende, dienende Liebe eines höfischen Ritters zu einer meist verheirateten, höhergestellten Frau.* **2.** (altertümelnd) *Liebe* (1 b).

Min|ne|dienst, der: *(im MA.) höfischer Dienst des Ritters für die verehrte Frau:* Ü *M. haben/zum M. gehen* (ugs. scherzh.; *sich mit seiner Freundin, Geliebten treffen; ein Rendezvous haben*).

Min|ne|lied, das (Literaturwiss.): *lyrisches Gedicht (bes. Liebeslied) des Minnesangs.*

Min|ne|sang, der [mhd. minnesanc] (Literaturwiss.): *höfische Liebeslyrik.*

Min|ne|sän|ger, der [mhd. minnesenger]: *(im MA.) Vertreter des Minnesangs.*

Min|ne|sin|ger, der: *Minnesänger.*

Min|ne|so|ta; -s: *Bundesstaat der USA.*

mi|no|isch ⟨Adj.⟩ [nach dem Sagenkönig Minos]: *die vorgriechische Kultur Kretas betreffend.*

Mi|no|rat, das; -[e]s, -e [zu lat. minor, ↑ ¹minus] (Rechtsspr.): **1.** *Vorrecht der Jüngsten auf das Erbgut.* **2.** *nach dem Minorat* (1) *zu vererbendes Gut.*

mi|no|renn ⟨Adj.⟩ [mlat. minorennis, zu lat. minor (↑ ¹minus) u. annus = Jahr] (Rechtsspr. veraltet): *minderjährig, unmündig.*

Mi|no|rit, der; -en, -en [zu mlat. minoritas = Armut]: *Angehöriger eines selbstständigen Zweiges des Franziskanerordens.*

Mi|no|ri|tät, die; -, -en [frz. minorité < mlat. minoritas]: *Minderheit, Minderzahl, die sich für od. gegen etw. entscheidet: einer M. angehören.*

Mi|no|ri|tin, die; -, -nen: *Angehörige eines weiblichen Zweiges der Minoriten.*

Mi|nos (griech. Mythol.): *kretischer König, der den Minotaur[us] in einem Labyrinth einsperrt.*

Mi|no|taur, der; -s, **Mi|no|tau|rus**, der; - (griech. Mythol.): *halb als Mensch, halb als Stier gestaltetes Ungeheuer.*

Minsk: *Hauptstadt von Weißrussland.*

mint ⟨indekl. Adj.⟩ [zu engl. mint = Minze, nach der Farbe der Blätter]: *von einem blassen, leicht blaustichigen Grün.*

Mint|so|ße, Mint|sau|ce, die; -, -n [engl. mint sauce, aus: mint = Minze u. sauce = Soße] (Kochkunst): *(bes. in England beliebte) würzige Soße aus Grüner Minze.*

Mi|nu|end, der; -en, -en [zu lat. minuendus, Gerundiv von: minuere = verringern] (Math.): *Zahl, von der eine andere abgezogen werden soll.*

¹**mi|nus** ⟨Konj.⟩ [lat. minus = weniger, Neutr. von: minor = kleiner, geringer] (Math.): *drückt aus, dass die folgende Zahl von der vorangehenden* abgezogen wird; *weniger* (Zeichen: −): *fünf m. drei ist, macht, gibt zwei.*

²**mi|nus** ⟨Präp. mit Akk., Dativ od. Gen.⟩ [zu: ¹minus] (bes. Kaufmannsspr.): *drückt aus, dass etw. um eine bestimmte Summe vermindert ist: dieser Betrag m. die/der üblichen Abzüge.*

³**mi|nus** ⟨Adv.⟩ [zu: ¹minus]: **1.** (bes. Math.) *drückt aus, dass eine Zahl, ein Wert negativ, kleiner als null ist* (Zeichen: −): *m. drei; die Temperatur beträgt m. fünf Grad/fünf Grad m.* **2.** (Elektrot.) *drückt aus, dass eine negative Ladung vorhanden ist* (Zeichen: −): *der Strom fließt von plus nach m.* **3.** *verschlechtert eine (in Ziffern ausgedrückte) Zensur um ein Viertel* (Zeichen: −): *sie hat eine Zwei m. bekommen, geschrieben.* **4.** (nur gesprochen) *synonym zu »Bindestrich« verwendetes Wort beim Diktieren von Internetadressen o. Ä.*

Mi|nus, das; -: **1.** *etw., was bei der [End]abrechnung fehlt:* M. machen; die Bilanz weist ein M. auf. **2.** *Nachteil, der durch einen* ¹*Mangel* (2) *hervorgerufen wird.*

Mi|nus|be|trag, der: *Betrag, der bei der [End]abrechnung fehlt.*

Mi|nus|grad, der ⟨meist Pl.⟩: *Grad unter dem Gefrierpunkt: bei -en (bei Temperaturen unter null Grad, bei Frost).*

Mi|nus|kel, die; -, -n [lat. minusculus = etwas kleiner, Vkl. von: minor, ↑ ¹minus] (Druckw.): *Kleinbuchstabe (bei einer lateinischen Schrift): in -n schreiben; karolingische M. (im 8. Jh. entstandene Minuskelschrift, aus der sich die gotische Schrift entwickelte).*

Mi|nus|kel|schrift, die (Druckw.): *gedruckte Schrift, die nur aus Kleinbuchstaben besteht.*

Mi|nus|mann, der ⟨Pl. ...männer⟩ (ugs. abwertend): *Mann mit hervorstechenden negativen Eigenschaften.*

Mi|nus|pol, der: **a)** (Elektrot.) *Pol, der eine negative Ladung aufweist;* **b)** (Physik) *negativer Pol eines Magneten.*

Mi|nus|punkt, der: **1.** *negativer Punkt in einem System zur Bewertung von Leistungen.* **2.** *Minus* (2).

Mi|nus|re|kord, der (Jargon): *Rekord* (2) *in negativem Sinn (in einem bestimmten Zusammenhang).*

Mi|nus|run|de, die (Jargon): *Nullrunde, die einen Rückgang des realen Einkommens zur Folge hat.*

Mi|nus|stun|de, die: *(bei Gleitzeit) Stunde, die an der vollen Arbeitszeit fehlt.*

Mi|nus|typ, der (ugs. abwertend): *Person mit überwiegend negativen Eigenschaften.*

Mi|nus|zei|chen, das: *Zeichen in Form eines waagerechten Strichs, das für »minus« steht.*

Mi|nu|te, die; -, -n [mlat. minuta, gek. aus lat. pars minuta prima (eigtl. = der erste verminderte Teil) = erste Unterteilung der Stunde nach dem Sechzigersystem des ägypt. Astronomen Ptolemäus (um 100 bis etwa 160), zu: minutum, 2. Part. von: minuere = vermindern]: **1. a)** *Zeitraum von sechzig Sekunden; der sechzigste Teil einer vollen Stunde* (Abk.: Min., Zeichen: min, [bei Angabe eines Zeitpunktes:] ᵐ, [veraltet:] m): *eine ganze M.; es blieben ihm nur noch ein paar -n; es ist genau zehn -n vor/nach zwölf; tausend Umdrehungen in der M.; [pünktlich] auf die M. (ganz pünktlich);* * **fünf -n vor zwölf** (↑ fünf); **b)** *Augenblick, Moment: jede freie M. nutzen; sie kam in letzter M.; von M. zu M. wurde er dunkler.* **2.** (Fachspr.) *sechzigster Teil eines Grades* (Zeichen: ʹ).

mi|nu|ten|lang ⟨Adj.⟩: *einige, mehrere Minuten lang: -er Applaus.*

Mi|nu|ten|preis, der: *Preis pro Minute (z. B. beim Telefonieren).*

Mi|nu|ten|takt, der ⟨o. Pl.⟩: *regelmäßig im zeitlichen Abstand von einer Minute wiederkehrender Ablauf o. Ä. von etw.: die Züge verkehren im M.*

Mi|nu|ten|zei|ger, der: *meist längerer Zeiger der Uhr, der den Ablauf der Minuten anzeigt.*

-mi|nu|tig, -mi|nü|tig [zu Minute (1)]: *in Zusb., z. B. zweiminutig, mehrminütig (zwei, mehrere Minuten dauernd).*

mi|nu|ti|ös, minuziös ⟨Adj.⟩ [frz. minutieux, zu: minutie = (peinliche) Genauigkeit < lat. minutia, zu: minutus, ↑ Minute] (bildungsspr.): **1.** *peinlich genau: eine -e Schilderung; etw. m. darstellen.* **2.** (veraltet) *kleinlich.*

mi|nüt|lich ⟨Adj.⟩: *jede Minute (stattfindend): die Daten werden m. weitergeleitet.*

mi|nu|zi|ös: ↑ minutiös.

Min|ze, die; -, -n [mhd. minz(e), ahd. minza < lat. menta, ↑ Menthol]: *Pflanze mit vierkantigem Stängel u. kleinen Blüten, deren Stängel u. Blätter stark duftende ätherische Öle enthalten.*

Mio. = Million[en].

Mio|zän, das; -s [zu griech. meíōn = kleiner, weniger u. kainós = neu, eigtl. = die weniger junge Abteilung (im Vergleich zum Pliozän)] (Geol.): *zweitjüngste Abteilung des Tertiärs.*

mir [mhd., ahd. mir]: **1.** Dativ von ↑ ich: * **m. nichts, dir nichts** (ugs.; *von einem Augenblick auf den anderen u. ohne zu zögern; einfach so; entstanden als Ellipse aus zwei aneinandergereihten Sätzen:* [es schadet] m. nichts, [es schadet] dir nichts: m. nichts, dir nichts abhauen). **2.** Dativ des Reflexivpronomens der 1. Person Sg.: *ich kämme m. die Haare.*

Mi|ra|bel|le, die; -, -n [frz. mirabelle, H. u.]: *kleine, runde, gelbe od. grünliche, sehr süße u. aromatische Steinfrucht.*

Mi|ra|bel|len|baum, der: *weiß blühender Obstbaum mit Mirabellen als Früchten.*

Mi|ra|bel|len|geist, der: *aus Mirabellen gebrannter Branntwein.*

mi|ra|bel|far|ben ⟨Adj.⟩: *von der Farbe reifer Mirabellen.*

Mi|rage [miˈraːʒ, österr. meist: ...ʃ], die; -, -n [...n̩] [frz. mirage, zu: (se) mirer = sich spiegeln < lat. mirari = sich wundern; bewundern] (Meteorol.): *Luftspiegelung.*

Mi|ra|kel, das; -s, - [lat. miraculum = Wunder, zu: mirari = sich wundern]: **1.** (geh.) *Wunder, wunderbare Begebenheit.* **2.** *Mirakelspiel.*

Mi|ra|kel|spiel, das (Literaturwiss.): *geistliches Drama des Mittelalters über das Leben u. die Wundertaten Marias u. der Heiligen.*

mi|ra|ku|lös ⟨Adj.⟩ [frz. miraculeux, zu: miracle < lat. miraculum, ↑ Mirakel] (bildungsspr. veraltend): *wie durch ein Wunder bewirkt, wunderbar.*

Mir|za, der; -[s], -s [pers. mīrzā = Fürstensohn, aus: mīr (Kurzform von arab.-pers. amīr, ↑ Emir = Fürst, Herrscher) u. zā (verkürzt aus: zāda) = geboren; Sohn, zu zādan = gebären; geboren werden]: *persischer Ehrentitel (vor dem Namen: Herr; hinter dem Namen: Prinz).*

mis-, Mis-: ↑ miso-, Miso-.

Mis|an|d|rie, die; - [griech. misandría, zu: mīsos (↑ miso-, Miso-) u. anḗr (Gen.: andrós) = Mann] (Med., Psychol.): *krankhafter Hass von Frauen gegenüber Männern.*

Mis|an|th|rop, der; -en, -en [griech. misánthrōpos, zu: mīsos (↑ miso-, Miso-) u. ánthrōpos = Mensch] (bildungsspr.): *Menschenfeind.*

Mis|an|th|ro|pie, die; - [griech. misanthrōpía] (bildungsspr.): *Menschenhass.*

Mi|s|an|th|ro|pin, die; -, -nen: w. Form zu ↑Misanthrop.
mi|s|an|th|ro|pisch ⟨Adj.⟩ (bildungsspr.): menschenfeindlich.

misch-, Misch-: drückt in Bildungen mit Substantiven – seltener mit Adjektiven oder Verben – aus, dass etw. aus einer Mischung von Teilen, Substanzen o. Ä. besteht: Mischarbeitsplatz, -bauweise; mischfarbig; mischfinanzieren.

misch|bar ⟨Adj.⟩: sich mit etw. anderem mischen lassend: mit Wasser -e Lösungsmittel.
Misch|bat|te|rie, die: Armatur (c) an Waschbecken, Duschen, Badewannen o. Ä., die Wasserleitungen mit heißem u. kaltem Wasser verbindet u. eine stufenlose Regulierung der Wassertemperatur ermöglicht.
Misch|brot, das: Brot aus Roggen- u. Weizenmehl.
Misch|ehe, die: **1.** Ehe zwischen einer Partnerin u. einem Partner verschiedener Konfession, Religionszugehörigkeit od. Nationalität. **2.** (nationalsoz.) Ehe zwischen einem als arisch (2) definierten Partner bzw. einer solchen Partnerin und einer jüdischen Partnerin bzw. einem jüdischen Partner.
mi|schen ⟨sw. V.; hat⟩ [mhd. mischen, ahd. miscan, wohl < lat. miscere = (ver)mischen]: **1. a)** verschiedene Substanzen [in einem bestimmten Verhältnis] zusammenbringen u. so durcheinanderrühren, -schütteln o. Ä., dass eine [einheitliche] Masse, Substanz, ein Gemisch entsteht: Wasser und Wein m.; **b)** eine [kleine Menge einer] Substanz zu einer anderen hinzufügen u. mit ihr vermischen; **c)** durch Mischen (1 a) entstehen lassen, zubereiten: Gift m.; sich einen Drink m. ⟨m. + sich⟩ **a)** sich mit etw. vermischen: Wasser mischt sich nicht mit Öl; Ü Ekel und Verzweiflung mischten sich; **b)** zu etw. hinzukommen u. sich damit vermischen: in meine Freude mischte sich Angst; In den Chor mischten sich Männerstimmen (Thieß, Legende 61). **3.** (Spielkarten) vor dem Spiel in eine absichtlich ungeordnete Reihenfolge bringen: die Karten m. **4.** ⟨m. + sich⟩ sich einmischen (2): Ich mische mich aber nicht in deine dämlichen Geschäfte. Du Gimpel wirst sie ja doch nur verderben (Th. Mann, Krull 164). **5.** ⟨m. + sich⟩ sich [aus einer exponierten Stellung heraus] zu einer Anzahl von Menschen begeben, um [unerkannt, unauffällig] mit ihnen zusammen zu sein od. um sich in der Menge zu verstecken: sich unters Volk m. **6.** (Film, Rundfunk, Fernsehen) an einem Mischpult Sprache, Musik, Geräusche zu einem einheitlichen Klangbild vereinigen.
Mi|scher, der; -s, -: Mischmaschine, Mischtrommel.
misch|er|big ⟨Adj.⟩ (Biol.): heterozygot: m. hornlose Rinder.
Misch|far|be, die: Farbe, die durch Mischen von reinen Spektralfarben entsteht.
Misch|fi|nan|zie|rung, die (Wirtsch.): Finanzierung durch Kombination verschiedener Alternativen (im Außenbereich): eine M. aus öffentlichen u. privaten Geldern.
Misch|form, die: etw., was aus verschiedenen Elementen besteht od. entstanden ist [u. eine neue Einheit bildet].
Misch|ge|mü|se, das: gemischtes Gemüse (als Beilage).
Misch|ge|we|be, das: aus verschiedenen Fasern bestehendes Gewebe.
Misch|kal|ku|la|ti|on, die (Wirtsch.): Kalkulation, bei der die Preise für einzelne Güter von den tatsächlichen Kosten nach oben od. unten abweichend so festgesetzt werden, dass insgesamt mindestens kostendeckend verkauft wird.
Misch|kon|zern, der (Wirtsch.): Konzern, in dem Unternehmen verschiedener Wirtschaftszweige vereinigt sind.
Misch|kost, die: Kost (a), die pflanzliche u. tierische Produkte gleichermaßen enthält.
Misch|ling, der; -s, -e: **1.** Person, deren Elternteile verschiedenen Bevölkerungsgruppen angehören. **2.** (Biol.) Hybride.

Die Verwendung des Wortes *Mischling* als Personenbezeichnung gilt wegen der damit verbundenen Reduktion auf die biologische Herkunft zunehmend als diskriminierend.

Misch|masch, der; -[e]s, -e [lautspielerische verdoppelnde Bildung zu ↑mischen] (ugs., meist abwertend): Gemisch [aus nicht Zusammenpassendem, nicht Zusammengehörendem]: das Gericht ist ein M. aus Innereien und Haferflocken; ein M. aus Gerüchten und Fakten.
Misch|ma|schi|ne, die (Bauw.): Maschine, in der Sand, Kies, Zement, Wasser zu Beton, Mörtel vermischt werden; Betonmischmaschine.
Misch|na, die; - [hebr. mišnā = Lehre]: grundlegender Teil des Talmuds.
Misch|po|che: ↑Mischpoke.
Misch|po|ke, Mischpoche, Muschpoke, die; - [jidd. mischpocho = Familie < hebr. mišpaḥā = Stamm, Genossenschaft] (salopp abwertend): **1.** jmds. Familie, Verwandtschaft: meine M. **2.** üble Gesellschaft, Gruppe von unangenehmen Leuten: so eine M.!; Diese Muschpoke da unten, Flüchtlinge aus Allenstein, die war ja zu allem fähig (Kempowski, Uns 251).
Misch|pult, das: Gerät, mit dessen Hilfe Musik, Sprache, Geräusche, die aus verschiedenen Quellen stammen, zu einem einheitlichen Klangbild vereinigt werden.
Misch|spra|che, die (Sprachwiss.): Sprache od. Sprachform, die Bestandteile aus zwei od. mehreren Sprachen od. Dialekten enthält.
Misch|tech|nik, die (Malerei): Maltechnik, bei der Farben verschiedener Art übereinandergemalt werden.
Misch|trom|mel, die: Trommel (2 a) zum Mischen.
Mi|schung, die; -, -en [mhd. mischunge, ahd. miscunga]: **1.** das Mischen (1): durch die M. der beiden Farben entstand ein dunkles Grün. **2. a)** Gemischtes, Gemisch: eine gute M.; eine M. Pralinen; **b)** etw., was [noch deutlich erkennbar] Bestandteile, Elemente, Eigenschaften von Verschiedenem, Gegensätzlichem, normalerweise nicht zusammen Vorkommendem enthält, aus Gegensätzlichem besteht: ihr Kleid ist eine M. aus Cocktailkleid und Dirndl; sie sah ihn mit einer M. (seltener:) von Abneigung und Mitleid an; ... alles hatte genau die M. von Noblesse und Erpressung ... (Frisch, Stiller 353).
Mi|schungs|ver|hält|nis, das: mengenmäßiges Verhältnis der Anteile, Zutaten einer Mischung zueinander: ein M. von 1 : 3.
Misch|wald, der: Wald, in dem sowohl Nadel- als auch Laubbäume wachsen.
Misch|we|sen, das (Kunstwiss.): aus Teilen verschiedener Tiere bzw. aus Tier u. Mensch zusammengesetztes dämonisches Wesen (in der Kunst des Orients).
Mi|se, die; -, -n [frz. mise, subst. w. Form des 2. Part. von: mettre = (ein)setzen, stellen, legen]: **1.** einmalige Prämie bei der Lebensversicherung. **2.** Einsatz bei Glücksspielen.
mi|se|ra|bel ⟨Adj.; ...bler, -ste⟩ [frz. misérable < lat. miserabilis = jämmerlich, kläglich, zu: miser = beklagen, bejammern, zu: miser, ↑Misere] (emotional): **a)** auf ärgerliche Weise sehr schlecht: der Wein ist m.; **b)** erbärmlich (1 a): ich fühle mich m.; **c)** niederträchtig, gemein: er ist ein ganz miserabler Kerl; er hat sich ihr gegenüber m. benommen.
Mi|se|re, die; -, -n [frz. misère < lat. miseria = Elend, zu: miser = elend] (bildungsspr.): unglückliche Situation, bedauernswerte Lage, Notlage: eine persönliche M.; die M. im Schulwesen.
Mi|se|re|or, das; -[s] [lat. misereor = ich erbarme mich]: (1959 gegründete) katholische Organisation, die mit einem jährlichen Fastenopfer der deutschen Katholiken den Menschen in den Entwicklungsländern helfen will.
Mi|se|ri|cor|di|as Do|mi|ni ⟨o. Art.; indekl.⟩ [lat. = die Barmherzigkeit des Herrn, nach den ersten Worten des Eingangsverses der Liturgie, Ps. 89, 2] (ev. Kirche): zweiter Sonntag nach Ostern.
Mi|so, das; -s, -s [jap.]: (aus Japan kommende) Paste aus fermentierten Sojabohnen.

miso-, Miso-, (vor Vokalen:) mis-, Mis- [griech. mîsos]: Best. in Zus. mit der Bed. Feindschaft, Hass, Verachtung (z. B. Misogyn, misanthropisch).

mi|so|gyn ⟨Adj.⟩ [griech. misogýnēs, zu: gyné = Frau] (bildungsspr.): frauenfeindlich: -e Tendenzen.
Mi|so|gyn, der; -s u. -en, -e[n] [griech. misogýnēs, subst. aus: misogýnēs, ↑misogyn] (Med., Psychol.): jmd., der Frauen verachtet, hasst, keinerlei Kontakt mit ihnen haben will.
Mi|so|gy|nie, die; - [griech. misogynía, zu: misogýnēs, ↑misogyn]: **1.** (Med., Psychol.) krankhafter Hass von Männern gegenüber Frauen. **2.** (bildungsspr.) Frauen entgegengebrachte Verachtung, Geringschätzung; Frauenfeindlichkeit.
Mis|pel, die; -, -n [mhd. mispel, ahd. mespila < lat. mespilus < griech. méspilon]: **1.** (zu den Rosengewächsen gehörende) als Strauch od. kleiner Baum wachsende Pflanze mit langen, schmalen Blättern u. kleinen, grünen od. bräunlichen, birnenförmigen Früchten, die im überreifen Zustand essbar sind. **2.** Frucht der Mispel (1).
miss: ↑messen.
Miss, die; -, -es [engl. miss, Kurzf. von: mistress, Mistress]: **1.** ⟨o. Art.⟩ engl. Anrede für eine (meist unverheiratete) Frau. **2. a)** Schönheitskönigin (häufig in Verbindung mit einem Orts- od. Ländernamen): sie ist [die neue] M. Germany, M. Westerland; **b)** (scherzh.) Titel für eine Frau, die die Verkörperung von etw. darstellt: M. Tagesschau.

miss-, Miss- [mhd. mis-, misse-, ahd. missa-]: **1.** drückt in Bildungen mit Substantiven oder Verben aus, dass etw. falsch, nicht richtig oder nicht gut ist bzw. getan wird: Misseinschätzung, -ergebnis; missinterpretieren. **2.** drückt in Bildungen mit Substantiven oder Verben das Gegenteil von etw. aus: Misserfolg, -verstand; missglücken. **3. a)** gibt in Bildungen mit Adjektiven (meist Partizipien) diesen eine negative Bedeutung: missfarbig, -gelaunt, -tönend; **b)** verneint in Bildungen mit Adjektiven deren Bedeutung: missvergnügt, -zufrieden.

Mis|sa, die; -, Missae: kirchenlat. Bez. der ¹Messe: M. solemnis (feierliches Hochamt).
miss|ach|ten [auch: ˈmɪs...] ⟨missachtete [auch: ˈmɪs...], hat missachtet⟩: **1.** [absichtlich] nicht beachten, nicht befolgen. **2.** jmdn., etw. nicht achten (1): ... eine sehr wichtige Person, die man nicht ungestraft m. darf (Kafka, Schloß 165).
Miss|ach|tung, die; -, -en: das Missachten;

Missal – Missionarsstellung

Geringschätzung, die jmdm., einer Sache entgegengebracht wird: jmdn. mit M. strafen.

¹**Mis|sal**, die; - [zu ↑²Missal; die Schrift wurde bes. für liturgische Bücher verwendet] (veraltet): *Schriftgrad von 48 bzw. 60 Punkt.*

²**Mis|sal**, das; -s, -e, **Mis|sa|le**, das; -s, -n u. ...alien [mlat. missale]: *Messbuch: Missale Romanum (amtliches Messbuch der römisch-katholischen Kirche).*

miss|be|ha|gen ⟨sw. V.; hat⟩ (selten): *nicht behagen:* das missbehagt mir.

Miss|be|ha|gen, das; -s ⟨geh.⟩: *unangenehmes Gefühl, Unbehagen:* etw. mit M. beobachten; Mein Zwiespalt bei Musik ist inzwischen unüberwindlich und mein M. in der Regel stärker als meine Berührtheit (Handke, Niemandsbucht 170).

Miss|bil|dung, die; -, -en (veraltend, abwertend): *Fehlbildung.*

miss|bil|li|gen ⟨sw. V.; missbilligte, hat missbilligt⟩: *sein Unverständnis, sein ablehnendes Urteil in Bezug auf etw. deutlich, meist in Form eines Tadels, zum Ausdruck bringen:* jmds. Verhalten [scharf] m.; jmdn. missbilligend ansehen; Sie schwieg eine Weile, dann aber traf mich ein missbilligender Blick (Werfel, Himmel 24).

Miss|bil|li|gung, die; -, -en ⟨Pl. selten⟩: *das Missbilligen.*

◆ **miss|bli|cken** ⟨sw. V.; missblickte, hat missblickt⟩: *böse, falsch (5) blicken:* ⟨subst. 1. Part.:⟩ Schweige, schweige! Missblickende, Missredende du (Goethe, Faust II, 8882 f.)

Miss|brauch, der; -[e]s, ...bräuche: **1. a)** *das Missbrauchen* (1 a): der M. der Macht; M. mit etw. treiben; **b)** *übermäßiger Gebrauch; Abusus:* der M. von Medikamenten. **2.** *Vergewaltigung; Anwendung sexueller Gewalt, bes. gegenüber Kindern.*

miss|brau|chen ⟨sw. V.; missbrauchte, hat missbraucht⟩: **1. a)** *falsch, nicht seiner eigentlichen Bestimmung od. seinem eigentlichen Verwendungszweck entsprechend gebrauchen, benutzen; in unredlicher, unerlaubter Weise [für eigennützige Zwecke] gebrauchen, benutzen:* sein Amt, seine Macht, seine Stellung m.; jmds. Vertrauen m. (*jmdn. täuschen, hintergehen*); jmdn. zu etw., für seine Zwecke m. (*in eigennützigem Interesse zu etw. verleiten*); **b)** *etw. in übermäßigem, sich schädlich auswirkendem Maß zu sich nehmen, anwenden:* Alkohol, Drogen m. **2.** *vergewaltigen; sexuelle Gewalt gegenüber jmdm. (bes. gegenüber Kindern) ausüben:* Minderjährige, ein Kind, Mädchen, Jungen sexuell m. ◆ **3.** ⟨2. Part. gemissbraucht:⟩ Meine Gutheit wird oft schrecklich gemissbraucht (Iffland, Die Hagestolzen I, 9); Graf Shrewsbury, Ihr sehet, wie mein Name gemissbraucht wird (Schiller, Maria Stuart V, 14).

miss|bräuch|lich ⟨Adj.⟩: *absichtlich falsch, unerlaubt:* etw. m. benutzen.

◆ **Miss|bünd|nis**, das; -ses, -se [LÜ von frz. mésalliance, ↑Mesalliance]: *Mesalliance; Missheirat:* Hier ist es durch das M., welches er trifft, mir ihm doch aus (Lessing, Emilia Galotti I, 6).

miss|deu|ten ⟨sw. V.; missdeutete, hat missdeutet⟩: *falsch deuten, auslegen, erklären:* jmds. Worte m.

Miss|deu|tung, die; -, -en: *falsche Deutung, Auslegung, Erklärung.*

mis|sen ⟨sw. V.; hat⟩ [mhd., ahd. missen, urspr. = verwechseln, verfehlen] ⟨geh.⟩: **1.** ⟨meist in Verbindung mit einem Modalverb⟩ *entbehren* (1 b) [*müssen*]: wir mussten alle Annehmlichkeiten m.; die Klimaanlage im Auto möchte ich nicht mehr m.; gerade dich möchte ich bei meiner Feier am wenigsten m.; ◆ »Meister ..., hat Er Leute in Bereitschaft? So etwa fünf oder sechs ...?« »Nun, ... ein Stücker fünfe könnten schon

gemisst werden.« (Storm, Söhne 41). **2.** (selten) *vermissen* (1).

Miss|er|folg, der; -[e]s, -e: *[unerwartet] schlechter, enttäuschender, negativer Ausgang einer Unternehmung o. Ä.*

Miss|ern|te, die; -, -n: *sehr schlechte Ernte:* -n erleben.

Mis|ses: Pl. von ↑Miss.

Mis|se|tat, die; -, -en [mhd. missetāt, ahd. missitāt] (geh. veraltend): *verwerfliche Tat (die im Widerspruch zu Moral u. Recht steht):* eine M. begehen.

Mis|se|tä|ter, der; -s, - (geh. veraltend): *jmd., der eine Missetat begangen hat.*

Mis|se|tä|te|rin, die; w. Form zu ↑Missetäter.

miss|fal|len ⟨st. V.; missfiel, hat missfallen⟩ (geh.): *Missfallen auslösen, hervorrufen:* ihr Benehmen missfällt mir.

Miss|fal|len, das; -s: *Unzufriedenheit, Nichteinverstandensein mit einem Vorgang, einer Verhaltensweise o. Ä.:* sein M. kundtun, äußern; er zog sich mit seinen Äußerungen allgemeines M. zu.

Miss|fal|lens|äu|ße|rung, die: *Missfallen ausdrückende Äußerung.*

miss|far|ben ⟨Adj.⟩ (seltener): *von undefinierbarer, hässlicher Farbe:* ... das noch winterlich dürre und -e Gras (Th. Mann, Zauberberg 503).

◆ **miss|fär|big**: ↑missfarbig: ... die Fichte, die im Winter frisch und kräftig erscheint, sieht im Frühling verbräunt und m. aus neben hell aufgrünender Birke (Goethe, Wanderjahre II, 5); Einen Firnis auf diese Wangen, woraus die -e Leidenschaft kränkelt. Armes Geschöpf! (Schiller, Fiesco II, 2).

miss|ge|bil|det ⟨Adj.⟩ (veraltend, abwertend): *fehlgebildet.*

Miss|ge|burt, die; -, -en (veraltend, abwertend): *mit schweren Fehlbildungen geborenes Lebewesen.*

miss|ge|launt ⟨Adj.⟩ (geh.): *schlecht gelaunt.*

Miss|ge|schick, das; -[e]s, -e: *[durch Ungeschicklichkeit, Unvorsichtigkeit hervorgerufener] peinlicher, ärgerlicher Vorfall:* jmdm. passiert ein M.

Miss|ge|stalt, die; -, -en: **1.** (veraltend, emotional abwertend) *Mensch mit auffälliger Fehlbildung.* **2.** (emotional) *etw. sehr hässlich, sehr geschmacklos Gestaltetes:* die M. der Hochhaussiedlung.

miss|ge|stal|tet ⟨Adj.⟩: **1.** (veraltend, emotional abwertend) *in auffallender Weise fehlgebildet.* **2.** (emotional) *in hässlicher, unschöner Weise gestaltet:* der M. der Bahnhofsvorplatz.

miss|ge|stimmt ⟨Adj.⟩ (geh.): *sehr schlecht gelaunt.*

miss|glü|cken ⟨sw. V.; missglückte, ist missglückt⟩: *nicht glücken; misslingen:* der erste Versuch missglückte; der Kuchen ist mir leider missglückt; ein missglücktes Unternehmen.

miss|gön|nen ⟨sw. V.; missgönnte, hat missgönnt⟩: *jmdm. einen Erfolg, eine Vergünstigung o. Ä. nicht gönnen [ohne selbst daran interessiert zu sein]:* jmdm. seine gute Stellung m.

Miss|griff, der; -[e]s, -e: *sich als falsch erweisende Entscheidung, Handlung:* der Kauf des Autos war ein M.; einen M. tun, machen; als M. erweisen.

Miss|gunst, die; -: *aus einer ablehnenden Haltung, Einstellung jmdm. gegenüber entspringendes Gefühl, einem anderen bzw. dieser einen Erfolg, Vorteile o. Ä. nicht zu gönnen:* M. [gegen jmdn.] empfinden; etw. erregt jmds. M.; jmdn. aus M. anzeigen.

miss|güns|tig ⟨Adj.⟩: *Missgunst empfindend, zeigend, äußernd:* -e Nachbarn; m. sein.

¹**miss|han|deln** ⟨sw. V.; misshandelte, hat misshandelt⟩ [mhd. missehandeln]: *einem Menschen, einem Tier in roher, brutaler Weise körperlichen

[u. seelischen] Schaden zufügen:* sein Kind, Gefangene brutal, unmenschlich m.; von ihren Partnern misshandelte Frauen, Ü (scherzh.:) sein Auto m.; Im Berliner Zimmer wurde gesungen und ein Klavier misshandelt (*schlecht darauf gespielt;* Fallada, Herr 230); ◆ ⟨2. Part. gemisshandelt:⟩ Und was ist der Dank? Ein guter treuer Kerl wird gemisshandelt (Iffland, Die Hagestolzen I, 5).

◆ ²**miss|han|deln** ⟨sw. V.; misshandelte, hat missgehandelt⟩: *falsch handeln, einen Fehler begehen:* Ich habe schimpflich missgehandelt, ein großer Aufwand, schmählich! ist vertan (Goethe, Faust II, 11 836 f.).

Miss|hand|lung, die; -, -en: *das Misshandeln; das Misshandeltwerden.*

Miss|hel|lig|keit, die; -, -en ⟨meist Pl.⟩ (geh.): *nicht sehr ernsthaftes Zerwürfnis:* es gab kleine, schwere -en zwischen ihnen.

◆ **miss|hö|ren** ⟨sw. V.; misshörte, hat misshört⟩: *missverstehen:* Misshör mich nicht, du holdes Angesicht (Goethe, Faust I, 3431); Unerklärlich waren mir freilich Pfyffers unmutige letzte Worte; aber ich konnte dieselben misshört haben (C. F. Meyer, Amulett 65).

Mis|sile ['mɪsaɪl, auch: 'mɪsl], das; -s, -s [engl. missile, zu lat. missilis = zum Werfen, Schleudern geeignet] (Militär): *Kurzf. von ↑Cruise-Missile.*

Mis|sing Link, das; - -s, - -s, auch: der; - -s, - -s [engl. missing link, zu: to miss = nicht haben u. link = Glied] (Biol.): *[noch] nicht nachgewiesene Übergangsform in der stammesgeschichtlichen Entwicklung.*

mis|singsch ⟨Adj.⟩ [niederd. missingsch, älter: missensch, missensch, eigtl. = meißnisch, aus Meißen (als Bez. der St. Standardsprache); nach der von der meißnischen Kanzlei ausgehenden einheitlichen nhd. Schriftsprache]: *auf Missingsch, in Missingsch; zum Missingsch gehörend:* m. sprechen.

Mis|singsch, das; -[s]: *in Norddeutschland gesprochene Sprache, bestehend aus einer Mischung von Hoch- u. Niederdeutsch.*

Mis|si|on, die; -, -en [kirchenlat. missio = das Entsenden christlicher Glaubensboten zu: mittere (2. Part.: missum) = entsenden]: **1.** (bildungsspr.) *[mit einer Entsendung verbundener] Auftrag; Sendung:* eine gefährliche, politische M.; ihre M. ist erfüllt, gescheitert, beendet; Er hat seinem Vaterland einen Dienst tun, hat seine geschichtliche M. erfüllen wollen (Feuchtwanger, Erfolg 750). **2.** (bildungsspr.) *[ins Ausland] entsandte Personengruppe mit besonderem Auftrag:* eine M. entsenden. **3.** (bildungsspr.) *diplomatische Vertretung.* **4.** ⟨o. Pl.⟩ *Verbreitung religiösen (bes. der christlichen) Lehre unter Andersgläubigen bzw. unter Nichtgläubigen:* M. betreiben; die Innere M. (*Organisation für religiöse Erneuerung u. Sozialarbeit unter Christen*).

Mis|si|o|nar, der; -s, -e: *in der [christlichen] Mission (4) tätiger Geistlicher od. Laie:* er ist, arbeitet als M. in Afrika.

Mis|si|o|när, der; -s, -e (österr.): *Missionar.*

Mis|si|o|na|rin, die; -, -nen: w. Form zu ↑Missionar.

Mis|si|o|nä|rin, die; -, -nen: w. Form zu ↑Missionär.

mis|si|o|na|risch ⟨Adj.⟩: *die Mission (4) betreffend; auf [christliche] Bekehrung hinzielend:* m. tätig sein; Ü mit -em Eifer.

Mis|si|o|nars|stel|lung, die [H. u.; wohl nach der volkstüml. (fälschlichen) Vorstellung, christl. Missionare hätten diese Stellung als einzig erlaubte beim ehelichen Koitus gepredigt] (ugs.): *Stellung beim Geschlechtsverkehr, bei der die Frau unten liegt.*

mis|si|o|nie|ren ⟨sw. V.; hat⟩: a) *eine Glaubenslehre, bes. das Christentum, unter Anders- bzw. Nichtgläubigen verbreiten:* in Afrika m.; b) *jmdm. eine Glaubenslehre, bes. das Christentum, verkünden u. ihn bzw. sie bekehren:* afrikanische Völker m.
Mis|si|o|nie|rung, die; -, -en: *das Missionieren; das Missioniertwerden.*
Mis|si|ons|chef, der: *Leiter einer Mission* (3).
Mis|si|ons|che|fin, die: w. Form zu ↑ Missionschef.
Mis|si|ons|ge|biet, das: *Gebiet, in dem Mission* (4) *betrieben wird.*
Mis|si|ons|haus, das: *Ausbildungsstätte für Missionarinnen u. Missionare.*
Mis|si|ons|sta|ti|on, die: *von Missionarinnen u. Missionaren eingerichtete Station mit Schule, Krankenhaus u. Ä.*
¹**Mis|sis|sip|pi,** der; -[s]: *nordamerikanischer Strom.*
²**Mis|sis|sip|pi;** -s: *Bundesstaat der USA.*
◆ **miss|ken|nen** ⟨unr. V.; misskannte, hat misskannt⟩: *verkennen:* Ich habe Ihre Güte misskannt (Schiller, Kabale IV, 5).
Miss|klang, der; -[e]s, ...klänge: *als unharmonisch, unschön empfundenes Zusammenklingen von Tönen; Dissonanz:* ein M. aus dem Orchester; Ü in ihrer Beziehung gab es Missklänge (Unstimmigkeiten).
◆ **miss|klin|gen** ⟨st. V.; missklang, hat missklungen⟩: *schlecht, unharmonisch klingen:* Man müsste ganz in Gesellschaft schweigen, wenn man nicht manchmal in den Fall kommen sollte: Denn nicht allein bedeutende Bemerkungen, sondern die trivialsten Äußerungen können nur auf eine so missklingende Weise mit dem Interesse der gegenwärtigen zusammentreffen (Goethe, Wahlverwandtschaften II, 10).
Miss|kre|dit, der: *in den Wendungen* in M. bringen *(in schlechten Ruf bringen);* in M. kommen/geraten *(an Ansehen verlieren; in Verruf kommen).*
miss|lang, miss|län|ge: ↑ misslingen.
miss|lau|nig ⟨Adj.⟩ (geh.): *missgelaunt.*
miss|lich ⟨Adj.⟩ [älter = was verschiedenartig ausgehen kann, mhd. misselich, ahd. missalīh = verschiedenartig]: *Ärger, Unannehmlichkeiten bereitend, unangenehm, unerfreulich:* eine -e Situation; in einer -en Lage sein.
Miss|lich|keit, die; -, -en: *missliche Angelegenheit, Situation; Unannehmlichkeit:* wir müssen einen Ausweg aus dieser M. finden.
miss|lie|big ⟨Adj.⟩ (geh.): *unbeliebt:* eine -e Person; sich m. machen; Man merkt es selbst am ehesten daran, wie einen freundliche Mitmenschen m. *(unlieb)* werden, wenn sie rauchen oder nach schlechtem Essen riechen (Strauß, Niemand 209).
Miss|lie|big|keit, die; - (geh.): *Unbeliebtheit:* politische M. *(politisch motivierte Unbeliebtheit).*
miss|lin|gen ⟨st. V.; misslang, ist misslungen⟩ [mhd. misselingen, ↑ gelingen]: *nicht den Bemühungen od. der Absicht gemäß gelingen:* all ihre Bemühungen misslangen; die Arbeit ist mir misslungen; ein misslungener Versuch.
Miss|lin|gen, das; -s: *das Nichtgelingen; Misserfolg:* das M. der Schlichtungsgespräche.
miss|lun|gen: ↑ misslingen.
Miss|ma|nage|ment, das ⟨o. Pl.⟩ (Wirtsch.): *schlechtes, falsches Management.*
Miss|mut, der; -[e]s: *durch eine Enttäuschung, einen Misserfolg o. Ä. ausgelöste, verursachte schlechte Laune, Verdrießlichkeit:* mit M. ging sie an die Arbeit; Jeder hatte in den letzten Wochen seinen M. gründlich aus sich herausgeschimpft (Chr. Wolf, Himmel 92).
miss|mu|tig ⟨Adj.⟩: *schlecht gelaunt, verdrießlich:*

ein -er Mensch; ein -es Gesicht machen; jmdn. m. anschauen.
◆ **miss|mü|tig** ⟨Adj.⟩ [analog zu edel-, großmütig u. a.]: *missmutig:* Ihr seid so m. wie einer, dem sein erstes Mädchen untreu wird (Goethe, Götz II).
¹**Mis|sou|ri** [...'suː...], der; -[s]: *rechter Nebenfluss des Mississippi.*
²**Mis|sou|ri;** -s: *Bundesstaat der USA.*
¹**miss|ra|ten** ⟨st. V.; missriet, ist missraten⟩ (oft abwertend): *nicht den Vorstellungen, der Absicht gemäß ausfallen, geraten:* die Zeichnung ist missraten; der Kuchen ist mir missraten; Ü ein missratenes (abwertend: *schlecht erzogenes, schwieriges*) Kind.
◆²**miss|ra|ten** ⟨st. V.; missriet, hat missraten⟩: *abraten:* ... wollte er ... eine »wundertätige Kapelle« stiften, was ihm aber der Pfarrer entschieden missriet (Rosegger, Waldbauernbub 99); Ich rate meiner Tochter zu keinem – aber Sie missrat' ich meiner Tochter (*Sie zu heiraten, rate ich meiner Tochter ab;* Schiller, Kabale I, 3).
◆ **Miss|re|de,** die; -, -n: *Nachrede* (2): Wenn ich die Tätlichkeiten meiner Gesellen so ziemlich abzuhalten wusste, so war ich doch keineswegs ihren Sticheleien und -n gewachsen (Goethe, Dichtung u. Wahrheit 9).
◆ **miss|re|den** ⟨sw. V.; missredete, hat missredet⟩: *Missreden, Nachreden* (2) *(über jmdn.) verbreiten:* ⟨häufig im 1. Part.:⟩ ... ein Glück, das er für ... so bedeutend hielt, auch der übrigen mitunter misswollenden und missredenden Welt bekannt zu machen (Goethe, Wahlverwandtschaften II, 8); ⟨subst. 1. Part.:⟩ Schweige, schweige! Missblickende, Missredende du (Goethe, Faust II, 8882 f.).
Miss|stand, Miss-Stand, der; -[e]s, ...stände: *schlimmer, nicht der Ordnung, den Vorschriften o. Ä. entsprechender Zustand:* Missstände in der Verwaltung wurden aufgedeckt; einen M. anprangern, abstellen, beseitigen.
Miss|stim|mung, Miss-Stim|mung, die; -, -en: *gedrückte, gereizte Stimmung.*
misst: ↑ messen.
◆ **Miss|tag,** der; -[e]s, -e [von Goethe geb.]: *zur eigenen Unzufriedenheit verlaufender od. verlaufener, verlorener Tag:* ... was ergaben sich da oft für -e und Fehlstunden (Goethe, Dichtung u. Wahrheit 17).
◆ **miss|tä|tig** ⟨Adj.⟩ [zu: Misstat = Missetat]: *böswillig:* ⟨subst.:⟩ Der Misswollenden gibt es gar viele, der Misstätigen nicht wenige (Goethe, Wanderjahre I, 4).
Miss|ton, der; -[e]s, ...töne: *unharmonischer Ton:* ein schriller M.; ihre Vorwürfe brachten Misstöne in die Unterhaltung.
miss|tö|nend ⟨Adj.⟩: *unharmonisch klingend:* -er Gesang.
miss|tö|nig ⟨Adj.⟩ (selten): *misstönend:* ◆ Eine Gasse lag still wie das Grab, aus einer andern erschollen noch Hilferufe und -e Sterbeseufzer (C. F. Meyer, Amulett 71).
miss|trau|en ⟨sw. V.; misstraute, hat misstraut⟩: a) *nicht trauen:* jmdm., jmds. Worten, Versprechungen m.; sie misstraute sich selbst, ihren eigenen Fähigkeiten; Im Hotel Moskau wohnten nun andere Delegierte, andere Reisende, andere Neugierige, Pilger, Asiaten, Verschwörer, Dummköpfe, Weise und Gelehrte, andere Menschen aus aller Welt ... und man wusste nie, sollte man zueinander freundlich sein oder einander m. (Koeppen, Rußland 139/140);
◆ b) *nicht zutrauen:* Dich zu fangen, Fiesco, mutete ich dreist meinen Reizen zu; aber ich misstraue ihnen die Allmacht, dich festzuhalten (Schiller, Fiesco IV, 12).
Miss|trau|en, das; -s: *kritische, das Selbstverständliche bezweifelnde Einstellung gegenüber*

einem Sachverhalt, das Zweifeln an der Vertrauenswürdigkeit einer Person; Argwohn, Skepsis: *leises, tiefes M.; das M. [gegen ihn] war unbegründet; M. säen; ein gesundes M., eine Portion M. haben; jmdm., einer Sache großes M. entgegenbringen; M. gegen jmdn. haben, hegen; voller M. sein.
Miss|trau|ens|an|trag, der (Parlamentsspr.): *Antrag, ein Misstrauensvotum* (a) *zu beschließen:* ein gescheiterter M.; einen M. einbringen.
Miss|trau|ens|vo|tum, das; -s, a) (Parlamentsspr.) *Mehrheitsbeschluss eines Parlaments, eines Gremiums, der Regierung od. einem od. mehreren Regierungsmitgliedern das Vertrauen zu entziehen [u. deren bzw. dessen Rücktritt zu erwirken]:* ein konstruktives M. (↑ konstruktiv); b) *Erklärung, mit der jmd. seinen Mangel an Vertrauen in jmdn. ausdrückt:* das ist ein M. gegen meine Arbeit; etw. als M. auffassen.
miss|trau|isch ⟨Adj.⟩: *voller Misstrauen; Misstrauen hegend:* ein -er Mensch, Blick; m. sein, werden; m. blicken; m. nach etw. fragen; etw. macht jmdn. m.
◆ **miss|treu** ⟨Adj.⟩: *misstrauisch:* Des Göttis Frau ist gar grausam m. und gehet immer alles zuungunsten aus (Gotthelf, Spinne 6).
◆ **Miss|tritt,** der; -[e]s, -e [mhd. missetrit]: *Fehltritt:* Ich fordre Genugtuung. Finde ich sie bei Ihnen oder hinter den Donnern des Herzogs? – In den Armen der Liebe, die Ihnen den M. der Eifersucht abbittet (Schiller, Fiesco I, 4); Das lassen wir aber nicht gelten, sondern hüten unsere Schüler vor allen -en (Goethe, Wanderjahre II, 8).
Miss|ver|gnü|gen, das; -s (geh.): *Ärger, Unzufriedenheit:* etw. bereitet, verursacht jmdm. M.; etw. mit wachsendem M. beobachten.
miss|ver|gnügt ⟨Adj.⟩ (geh.): *verärgert, verdrießlich:* Tief m. schaute Kaiser Karl dem Treiben des Habsburgers zu (Feuchtwanger, Herzogin 141).
Miss|ver|hält|nis, das; -ses, -se: *nicht richtiges, nicht passendes Verhältnis:* zwischen seinen Forderungen und seiner Leistung besteht ein krasses M.
◆ **Miss|ver|stand,** der; -[e]s, ...verstände: *Missverständnis:* Ich bin nicht schuldig, Fürstin ... ein unglücksel'ger M. (Schiller, Don Carlos II, 8).
miss|ver|ständ|lich ⟨Adj.⟩: *leicht zu einem Missverständnis führend; nicht klar u. eindeutig:* eine -e Äußerung; der Text, die Formulierung ist m.; etw. m. darstellen.
Miss|ver|ständ|nis, das; -ses, -se: *[unbeabsichtigte] falsche Deutung, Auslegung einer Aussage od. Handlung:* ein folgenschweres, fatales, bedauerliches M.; das muss ein M. sein; hier liegt wohl ein M. vor; ein M. beseitigen, aufklären, aus der Welt schaffen, ausräumen; keine -se aufkommen lassen; etw. beruht auf einem M.
miss|ver|ste|hen ⟨unr. V.; missverstand, hat missverstanden⟩: *eine Aussage, eine Handlung [unbeabsichtigt] falsch deuten, auslegen:* jmdn., etw. m.; sie missversteht mich absichtlich; du hast mich, meine Frage missverstanden; die Bemerkung war nicht misszuverstehen; er fühlt sich missverstanden; verstehen Sie mich bitte nicht miss (ugs. scherzh.; *verstehen Sie mich nicht falsch*); eine nicht misszuverstehende *(eine eindeutige)* Handbewegung.
Miss|wahl, die [zu ↑ Miss (2 a)]: *Veranstaltung, auf der eine Schönheitskönigin gewählt wird.*
Miss|wei|sung, die; -, -en (Physik): *Deklination* (3).
◆ **miss|wil|lig** ⟨Adj.⟩: *böswillig, widerwärtig:* Dem Wolf begegnen wir, Menschen, -en (Goethe, Pandora 268 f.).
Miss|wirt|schaft, die; -, -en ⟨Pl. selten⟩: *schlech-*

misswollen – Mitbegründer

tes, zu Verlusten führendes Wirtschaften: M. treiben.
◆ **miss|wol|len** ⟨unr. V.; misswollte, hat misswollt⟩ [von Goethe geb.]: *übelwollen: ...jene Gegner, die irgendjemand, dem sie misswollen, zuvörderst entstellen und dann als ein Ungeheuer bekämpfen* (Goethe, Dichtung u. Wahrheit 16); ⟨häufig im 1. Part.:⟩ *...ein Glück, das er für ... so bedeutend hielt, auch der übrigen mitunter misswollenden und missredenden Welt bekannt zu machen* (Goethe, Wahlverwandtschaften II, 8); ⟨subst. 1. Part.:⟩ *Hohn und Spott der ohnehin im Glück schon Misswollenden konnte er in diesem und jenem Hause, aus diesem und jenem Fenster schon voraussehen* (Goethe, Dichtung u. Wahrheit 16).
Miss|wuchs, der; -es: *(von Pflanzen) Missbildung.*
Mist, der; -[e]s [mhd., ahd. mist, urspr. = Harn, Kot]: **1. a)** *mit Stroh, Streu vermischte Exkremente bestimmter Haustiere, die als Dünger verwendet werden:* eine Fuhre M.; M. fahren, ausbreiten, streuen; * **nicht auf jmds. M. gewachsen sein** (ugs.; *nicht von jmdm. stammen, von jmdm. erarbeitet, ausgedacht sein:* das ist doch nicht auf deinem M. gewachsen!); **b)** Kurzf. von ↑Misthaufen: der Hahn steht auf dem M.; Ü die alten Kleider kannst du ruhig auf den M. werfen (*wegwerfen*); **c)** (österr.) *Müll.* **2.** (ugs. abwertend) **a)** *als wertlos, unnütz, lästig angesehene Gegenstände, Sachen:* ich werfe den ganzen M. weg; **b)** *Unsinn, dummes Zeug:* er redet den ganzen Tag nur M.; **c)** *lästige, ärgerliche, dumme Angelegenheit, Sache:* M. machen, verzapfen, produzieren, bauen (salopp; *[einen] Fehler machen*); (in Flüchen:) so ein M.!; [verfluchter] M.!
Mist|beet, das: *Frühbeet mit einer Lage [Pferde]mist, der bei der Zersetzung Wärme abgibt:* Salat aus dem M.
Mis|tel, die; -, -n [mhd. mistel, ahd. mistil, wahrsch. zu ↑¹Mist; der Same wird durch Vogelmist auf die Bäume gebracht]: *auf Bäumen schmarotzende Pflanze mit gelbgrünen, länglichen, ledrigen Blättern, kleinen gelben Blüten u. weißen, beerenartigen Früchten.*
Mis|tel|zweig, der: *Zweig der Mistel:* einen M. über die Tür hängen.
mis|ten ⟨sw. V.; hat⟩ [mhd. misten, ahd. mistōn]: **1.** *ausmisten* (1): den Stall m. **2.** *mit ¹Mist düngen:* den Acker m. **3.** (Fachspr.) *(von bestimmten Tieren) den Darm entleeren:* das Pferd mistet.
Mis|ter ⟨o. Art.⟩ [engl., Nebenf. von: master, ↑Master]: **1.** engl. *Anrede für einen Mann in Verbindung mit dem Namen* (Abk.: Mr). **2. a)** (in Verbindung mit einem Orts- od. Ländernamen) *Titel für den Sieger in einem Schönheitswettbewerb:* M. Universum; **b)** (scherzh.) *Titel für einen Mann, der die Verkörperung von etw. darstellt:* M. Tagesschau.
mis|te|ri|o|so ⟨Adv.⟩ [ital. misterioso, zu: mistero = Geheimnis < lat. mysterium, ↑Mysterium] (Musik): *geheimnisvoll.*
Mist|fink, der (derb abwertend, oft als Schimpfwort): **a)** *unsauberer, schmutziger Mensch;* **b)** *gemeiner, niederträchtiger Mann.*
Mist|for|ke, die (bes. nordd.): *Mistgabel.*
Mist|fuh|re, die: *Fuhre Mist.*
Mist|ga|bel, die: *Gerät mit langem Stiel u. drei od. vier Zinken zum Auf-, Abladen von Mist.*
Mist|hau|fen, der: *Sammelplatz für Mist auf einem Bauernhof.*
Mist|hund, der (derb abwertend, oft als Schimpfwort): *Mistkerl.*
mis|tig ⟨Adj.⟩: **1.** *voller Mist, schmutzig.* **2.** (salopp) *sehr schlechtes:* -es Wetter.
Mist|kä|fer, der: *metallisch blau, grün od. violett schillernder Käfer, der von den Exkrementen von Pflanzenfressern lebt.*

Mist|kerl, der (derb abwertend, oft als Schimpfwort): *Mann, der als gemein, niederträchtig angesehen wird.*
Mist|kü|bel, der (österr.): *Abfalleimer.*
Mis|t|ral, der; -s, -e [frz. mistral < provenz. mistral, älter: maestral, zu: maestre (= frz. maître), ↑Magister; eigtl. = Hauptwind]: *kalter Nord[west]wind im Rhonetal, in der Provence u. an der französischen Mittelmeerküste.*
Mist|schau|fel, die (österr.): *Kehrichtschaufel.*
Mist|stock, der (schweiz.): *Misthaufen.*
Mist|stück, das (derb abwertend, oft als Schimpfwort): *jmd., der als gemein, betrügerisch, verachtenswert angesehen wird:* das M. hat mich mit meinem besten Freund betrogen; du elendes M.!
Mist|vieh, das (derb abwertend, oft als Schimpfwort): **a)** *Tier, auf das jmd. wütend ist [weil es nicht gehorcht o. Ä.];* **b)** *Mistkerl.*
Mist|wet|ter, das ⟨o. Pl.⟩ (salopp): *sehr schlechtes Wetter:* bei so einem M. schickt man niemanden nach draußen.
Mis|zel|la|ne|en [auch: ...'la:neən], **Mis|zel|len** ⟨Pl.⟩ [lat. miscellanea, zu: miscellaneus = vermischt, zu: miscellus = gemischt, zu: miscere = mischen] (bildungsspr.): *kleine Aufsätze verschiedenen Inhalts, bes. in wissenschaftlichen Zeitschriften.*
¹mit ⟨Präp. mit Dativ⟩ [mhd. mit(e), ahd. mit(i)]: **1. a)** *drückt die Gemeinsamkeit, das Zusammensein, Zusammenwirken mit einem od. mehreren anderen bei einer Tätigkeit o. Ä. aus:* sie war m. uns in der Stadt; willst du m. uns essen?; **b)** *drückt die Wechselseitigkeit bei einer Handlung aus:* sich m. jmdm. streiten, austauschen, besprechen; **c)** *drückt eine aktive od. passive Beteiligung an einer Handlung, einem Vorgang aus:* Verkehrsunfälle m. Kindern (*in die Kinder verwickelt sind*). **2. a)** *drückt eine Zugehörigkeit aus:* eine Flasche m. Schraubverschluss; ein Haus m. Garten; Sprudel m. [Geschmack]; Familien m. und ohne Kinder; Herr Müller m. Frau; **b)** *drückt ein Einbezogensein aus; einschließlich; samt:* der Preis beträgt 50 Euro m. Bedienung; m. Pfand; m. mir waren es acht Gäste; die Jahrgänge bis und m. (schweiz.; *bis einschließlich*) 1940. **3.** drückt aus, dass ein Behältnis verschiedenster Art etw. enthält: ein Haus m. sieben Zimmern; ein Glas m. Honig; ein Sack m. Kartoffeln. **4.** *gibt die Begleitumstände, die Art u. Weise o. Ä. einer Handlung an:* sie aßen m. Appetit; das hat er m. Absicht getan; sie lag m. Fieber im Bett. **5.** *bezeichnet das [Hilfs]mittel od. Material, mit dem etw. ausgeführt wird, das für etw. verwendet wird:* sie machen Sex nur m. Kondom; m. dem Hammer, m. Kleister; sich die Hände m. Seife waschen; sie kocht alles m. Butter (*verwendet für alles Butter zum Kochen*); er hat m. Devisen bezahlt; sie ist m. der Bahn, m. dem Auto gefahren. **6. a)** *stellt einen bestimmten allgemeinen Bezug zwischen Verb u. Objekt her:* was ist los m. dir?; es geht langsam voran m. der Arbeit; es geht bergauf m. ihm; raus m. euch!; **b)** ⟨oft als Teil eines präpositionalen Attr.⟩ (ugs.) *in Bezug auf (etw., jmdn.), in Anbetracht (einer Sache):* sie m. ihren schwachen Nerven; der ist ja verrückt m. seinen vielen neuen Autos (*dass er sich dauernd neue Autos kauft*); *zusammen mit:* er beugte eine gleichlaufende Bewegung o. Ä. m.: m. der Strömung rudern; sie gehen m. der Zeit (*passen sich der Zeitströmung, ihren Veränderungen an*). **8.** kennzeichnet das Zusammenfallen eines Vorganges, Ereignisses o. Ä. mit einem anderen: m. [dem] (*bei*) Einbruch der Dunkelheit; m. 20 Jahren (*im Alter von 20 Jahren*) machte sein Examen; m. dem heutigen Tag ist die Frist abgelaufen; sie starb m. 80 Jahren.

²mit ⟨Adv.⟩: **1.** *neben anderem, neben [einem, mehreren] anderen; auch; ebenfalls:* das gehört m. zu deinen Aufgaben; es lag m. an ihr, dass alles so blieb, wie es war; das musst du m. berücksichtigen. **2.** ⟨in Verbindung mit einem Superlativ⟩ (ugs.): das ist m. das wichtigste der Bücher (*eines der wichtigsten*). **3.** *selbstständig in Verbindung mit Verben, wenn nur eine vorübergehende Beteiligung ausgedrückt wird:* kannst du ausnahmsweise einmal m. anfassen?; warst du auch m.? (ugs.; *warst du auch dabei, bist du auch mitgegangen, mitgefahren?*); ich bin auch m. gewesen. **4.** (ugs., bes. nordd.) *als abgetrennter Teil von Adverbien wie »damit, womit« in Verbindung mit einem Verb:* da habe ich nichts m. zu schaffen (statt: damit habe ich nichts zu schaffen); Weg ist weg. Muss man sich abfinden m. (Schnurre, Ich 14).
mit|an|ge|klagt ⟨Adj.⟩: *gemeinsam mit einer od. mehreren anderen Personen angeklagt:* sein -er Freund.
Mit|an|ge|klag|te ⟨vgl. Angeklagte⟩: *weibliche Person, die mit einer od. mehreren anderen Personen wegen des gleichen Deliktes angeklagt ist.*
Mit|an|ge|klag|ter ⟨vgl. Angeklagter⟩: *jmd., der mit einer od. mehreren anderen Personen wegen des gleichen Deliktes angeklagt ist.*
Mit|ar|beit, die; -: **a)** *das Tätigsein, die Arbeit mit anderen zusammen in einem bestimmten Bereich, an einem bestimmten Projekt o. Ä.:* eine aktive, freiwillige M.; eurer M. (*Mithilfe*) haben wir die rasche Fertigstellung zu verdanken; jmdn. zur M. auffordern; **b)** *das geistige Mitarbeiten, die Beteiligung (der Schüler[innen]) am Unterricht:* ihre M. [im Unterricht] lässt zu wünschen übrig.
mit|ar|bei|ten ⟨sw. V.; hat⟩: **a)** *(in einem bestimmten Bereich, an einem bestimmten Projekt o. Ä.) mit anderen zusammen tätig sein:* an einem Werk, bei einem Projekt, im elterlichen Geschäft m.; **b)** *sich am Unterricht beteiligen:* der Junge müsste im Unterricht, in der Schule besser m.
Mit|ar|bei|ter, der; -s, -: **a)** *Angehöriger eines Betriebes, Unternehmens o. Ä.; Beschäftigter:* ein langjähriger, treuer, tüchtiger M.; das Unternehmen, die Firma hat 2000 Mitarbeiterinnen und M.; in Rundschreiben an alle Mitarbeiterinnen und M.; meine M. (*meine Untergebenen*); **b)** *jmd., der bei einer Institution, bei einer Zeitung o. Ä. mitarbeitet, [wissenschaftliche] Beiträge liefert:* ein wissenschaftlicher M.; er arbeitet als freier, ständiger M. einer Zeitung, an, bei einer Zeitung; **c)** *jmd., der [in abhängiger Stellung] mit anderen zusammenarbeitet, ihnen zuarbeitet:* sie hat einen Stab von Mitarbeiterinnen und -n.
Mit|ar|bei|te|rin, die; -, -nen: w. Form zu ↑Mitarbeiter.

Um gehäuftes Auftreten der Doppelform *Mitarbeiterinnen und Mitarbeiter* zu vermeiden, können je nach Kontext die Ausweichformen *Belegschaft* oder *Kollegium* gewählt werden.

Mit|ar|bei|ter/-in|nen, Mit|ar|bei|ter(in|nen): Kurzformen für: Mitarbeiterinnen und Mitarbeiter.
Mit|ar|bei|ter|stab, der: *Stab (2b) von Mitarbeiterinnen u. Mitarbeitern.*
Mit|au|tor, der; -s, -en: *jmd., der mit einer od. mehreren anderen Personen zusammen Autor von etw. Bestimmtem ist.*
Mit|au|to|rin, die; -, -nen: w. Form zu ↑Mitautor.
Mit|be|grün|der, der; -s, -: *jmd., der mit anderen zusammen etw. begründet (1) od. gegründet hat.*

Mit|be|grün|de|rin, die; -, -nen: w. Form zu ↑ Mitbegründer: sie gilt als M. der Friedensbewegung.
mit|be|kom|men ⟨st. V.; hat⟩: **1.** *als Ausstattung o. Ä. bekommen:* ein Lunchpaket m.; bei uns bekommen die Gäste immer ein kleines Präsent mit. **2.** *etw., was eigentlich nicht für einen bestimmt ist, [unbeabsichtigt] hören, wahrnehmen; aufschnappen* (3): die Kinder haben den ganzen Streit mitbekommen. **3.** *eine Äußerung o. Ä. akustisch bzw. in ihrer Bedeutung erfassen, aufnehmen:* es war so laut, er war so müde, dass er nur die Hälfte mitbekam. **4.** *bei etw. anwesend sein u. daran teilhaben:* sie hat von den Ereignissen nichts, nur wenig mitbekommen.
mit|be|nut|zen, (südd., österr. u. schweiz. meist:) **mit|be|nüt|zen** ⟨sw. V.; hat⟩: *zusammen, gemeinsam, mit einer od. mehreren anderen Personen benutzen:* die Untermieter dürfen die Küche m.
mit|be|rück|sich|ti|gen ⟨sw. V.; hat⟩: *bei seinen Überlegungen, seinem Handeln neben anderem beachten, nicht übergehen, in seine Überlegungen ebenfalls einbeziehen:* du solltest m., dass es auf dieser Strecke immer zu Verspätungen kommt.
Mit|be|sitz, der ⟨o. Pl.⟩: vgl. Miteigentum.
Mit|be|sit|zer, der; -s, -: vgl. Miteigentümer.
Mit|be|sit|ze|rin, die; -, -nen: w. Form zu ↑ Mitbesitzer.
mit|be|stim|men ⟨sw. V.; hat⟩: *an etw., bes. an bestimmten, für einen selbst wichtigen Entscheidungen [im öffentlichen Bereich], mitwirken, seinen Einfluss bei etw. geltend machen:* die Kinder sollen m., wohin die Ferienreise geht; Eltern und Schüler dürfen jetzt in Schulangelegenheiten mehr m.; die Arbeitnehmerschaft will in Fragen der Rationalisierung m.
Mit|be|stim|mung, die. (bes. Wirtsch.): *das Mitbestimmen, Teilhaben, Beteiligtsein an einem Entscheidungsprozess (bes. die Teilnahme der Arbeitnehmerinnen u. Arbeitnehmer an Entscheidungsprozessen in der Wirtschaft):* eine einfache, qualifizierte, paritätische M.; die betriebliche M. *(Mitbestimmung innerhalb eines Unternehmens);* M. am Arbeitsplatz, im Betrieb.
Mit|be|stim|mungs|ge|setz, das: *Gesetz, durch das das Recht der Arbeitnehmerinnen u. Arbeitnehmer auf Mitbestimmung festgelegt ist.*
mit|be|stim|mungs|pflich|tig ⟨Adj.⟩ (Wirtsch.): *der Mitbestimmung unterliegend:* eine -e Maßnahme.
Mit|be|stim|mungs|recht, das: *Recht auf Mitbestimmung.*
Mit|be|wer|ber, der; -s, -: Konkurrent.
Mit|be|wer|be|rin, die; -, -nen: w. Form zu ↑ Mitbewerber.
Mit|be|woh|ner, der; -s, -: *jmd., der eine Wohnung [innerhalb einer Wohngemeinschaft] mit anderen gemeinsam bewohnt.*
Mit|be|woh|ne|rin, die; -, -nen: w. Form zu ↑ Mitbewohner.
mit|bie|ten ⟨st. V.; hat⟩: *mit [einem, einer] anderen zusammen bei einer Versteigerung bieten:* sie hat eine Weile bei der Versteigerung mitgeboten.
mit|brin|gen ⟨unr. V.; hat⟩: **a)** *(mit sich tragend, bei sich habend) an einen bestimmten Ort, eine bestimmte Stelle bringen:* den Kindern etwas m.; hast du Brot, etwas zu essen mitgebracht *(beim Einkaufen besorgt)?;* Gäste m. *(mit nach Hause bringen);* Ü eine Neuigkeit m. *(zu berichten wissen);* die Kinder haben von dem Spaziergang großen Hunger mitgebracht *(sind sehr hungrig nach Hause gekommen);* **b)** *als Voraussetzung haben, aufweisen, bei etw. einbringen:* für eine Arbeit bestimmte Fähigkeiten m.

Mit|bring|sel, das; -s, - (fam.): *kleines Geschenk, das jmd. für einen anderen mitbringt.*
Mit|bür|ger, der; -s, -: *jmd., dem der gleichen Staat angehört od. der in der gleichen Stadt, am gleichen Ort lebt, wohnt:* liebe Mitbürgerinnen und M.!; er ist türkischstämmiger M.
Mit|bür|ge|rin, die; -, -nen: w. Form zu ↑ Mitbürger.
mit|den|ken ⟨unr. V.; hat⟩: *etw. denkend [mit anderen] bei einer Tätigkeit nachvollziehen; nicht gedankenlos, sondern mit Überlegung vorgehen:* sie denkt gut mit.
mit|dür|fen ⟨unr. V.; hat⟩ (ugs.): *mitgehen, mitkommen, mitfahren u. Ä. dürfen:* die Kinder haben nicht mitgedurft.
Mit|ei|gen|tum, das; -s (Rechtsspr.): *Eigentum, das jmd. mit anderen gemeinsam besitzt.*
Mit|ei|gen|tü|mer, der; -s, - (Rechtsspr.): *jmd., der an etw. ein Miteigentum besitzt:* er ist M. von dieser Fabrik.
Mit|ei|gen|tü|me|rin, die; -, -nen: w. Form zu ↑ Miteigentümer.
mit|ei|n|an|der ⟨Adv.⟩ [mhd. mit einander]: **1.** *einer, eine, eines mit dem, der anderen:* m. reden, sprechen, diskutieren, spielen, konkurrieren, streiten, übereinstimmen; sich m. vertragen; m. in Verbindung stehen; die beiden sind m. verheiratet; die beiden haben etwas m. (ugs.; *sind liiert);* die beiden können nicht m. (ugs.; *sie verstehen sich nicht);* Sie hätten eine so verdammt gute Zeit m. haben können. – Ist es nicht hübsch, sich das vorzustellen? (Johnson, Mutmaßungen 107). **2.** *gemeinsam, zusammen, im Zusammenwirken o. Ä.:* m. nach Hause gehen; ihr könnt mich alle m. *(alle ohne Ausnahme)* gernhaben.
Mit|ei|n|an|der ⟨auch: ˈmɪt...⟩, das; -[s]: *das Miteinanderbestehen, -leben, -wirken o. Ä.:* ein harmonisches M.
mit|ein|be|zie|hen ⟨st. V.; hat⟩: *neben anderem, anderen ebenfalls einbeziehen:* jmdn., etw. in seine Überlegungen m.
mit|emp|fin|den ⟨sw. V.; hat⟩: *etw., was eine andere Person empfindet, nachvollziehen (u. sie dadurch verstehen) können:* jmds. Enttäuschung, Freude m.
mit|ent|schei|den ⟨st. V.; hat⟩: *an einer Entscheidung beteiligt sein:* das, darüber möchte ich alle Beteiligten m. lassen.
Mit|er|be, der; -n, -n: *jmd., der mit anderen zusammen Erbe von etw. ist.*
Mit|er|bin, die; -, -nen: w. Form zu ↑ Miterbe.
mit|er|le|ben ⟨sw. V.; hat⟩: **a)** *bei etw. dabei sein, etw. aus unmittelbarer Nähe mitbekommen:* sie hat die Ereignisse [aus nächster Nähe, hautnah] miterlebt; ein Fußballspiel im Fernsehen m. *(am Bildschirm verfolgen)* können; **b)** *(als zeitgenössische bzw. noch lebende Person) erleben* (3): er hat den Krieg noch, nicht mehr miterlebt.
mit|es|sen ⟨unr. V.; hat⟩: **1.** *(auf eine spontan ausgesprochene Einladung hin) mit [einer, einem] anderen zusammen essen:* wir haben genug gekocht, du kannst m.; R die Augen essen [auch] mit *(das Aufgetischte wird auch nach der Art, wie es angerichtet ist, beurteilt).* **2.** *(als Teil von etw.) ebenfalls verzehren:* die Schale kann man nicht m.
Mit|es|ser, der; -s, -: **1.** [LÜ von (m)lat. comedo, nach dem alten Volksglauben, es handle sich um Würmer, die von der Nahrung mitessen] *Talgabsonderung in einer Pore besonders der Gesichtshaut.* **2.** (ugs. scherzh.) *jmd., der als anderen als Gast isst.*
Mit|es|se|rin, die; -, -nen: w. Form zu ↑ Mitesser (2).
mit|fah|ren ⟨st. V.; ist⟩: *mit anderen zusammen [in deren Fahrzeug] fahren:* du kannst mit

m.; die Kinder dürfen [bei der Radtour] nicht m. *(dürfen nicht mitmachen, müssen zu Hause bleiben).*
Mit|fah|rer, der; -s, -: *jmd., der bei jmdm., in einem Fahrzeug mitfährt.*
Mit|fah|re|rin, die; -, -nen: w. Form zu ↑ Mitfahrer.
Mit|fahr|ge|le|gen|heit, die: *Gelegenheit, Möglichkeit, [unter Kostenbeteiligung] in einem privaten Fahrzeug mitzufahren:* M. von Stuttgart nach München gesucht.
Mit|fahrt, die; -, -en: *das Mitfahren.*
Mit|fahr|zen|t|ra|le, die: *Unternehmen, das die Möglichkeit vermittelt, von privaten Fahrzeugen unter Kostenbeteiligung mitgenommen zu werden.*
mit|fei|ern ⟨sw. V.; hat⟩: *mit anderen feiern.*
mit|fie|bern ⟨sw. V.; hat⟩: *mit anderen gemeinsam fiebern* (2a): Millionen Fans werden m., wenn es morgen um den WM-Titel geht.
mit|fi|nan|zie|ren ⟨sw. V.; hat⟩: *sich an der Finanzierung von etw. beteiligen:* Kinder müssen die Heimkosten der Eltern m.
mit|flie|gen ⟨st. V.; ist⟩: vgl. mitfahren.
mit|füh|len ⟨sw. V.; hat⟩: *(in Bezug auf etw.) teilnehmend mit [einem] anderen fühlen:* mit jmdm. m.
mit|füh|lend ⟨Adj.⟩: *Mitgefühl habend, zeigend:* ein -er Mensch; -e Worte.
mit|füh|ren ⟨sw. V.; hat⟩: **a)** (bes. Amtsspr.) *bei sich tragen, haben:* der Ausweis ist immer mitzuführen; **b)** *(von einem fließenden Gewässer) Geröll u. a. transportieren:* der Fluss führt Sand, Geröll mit.
mit|ge|ben ⟨st. V.; hat⟩: **a)** *jmdm. bei seinem Weggang zum Mitnehmen mit auf seinen Weg geben:* dem Kind etwas zu essen m.; **b)** *jmdm. als, zur Begleitung geben, zuteilen:* jmdm. einen Bewacher m.; **c)** *jmdm. zuteilwerden lassen:* seinen Kindern eine gute Ausbildung m.
Mit|ge|fan|ge|ne ⟨vgl. Gefangene⟩: *weibliche Person, die mit anderen zusammen eine Gefängnisstrafe verbüßt.*
Mit|ge|fan|ge|ner ⟨vgl. Gefangener⟩: *jmd., der mit jmd. anderen zusammen eine Gefängnisstrafe verbüßt.*
Mit|ge|fühl, das; -[e]s: *Anteilnahme am Leid, an der Not o. Ä. anderer:* M. haben, zeigen, empfinden; jmdm. sein M. ausdrücken, bezeigen.
mit|ge|hen ⟨unr. V.; ist⟩: **1.** *gemeinsam mit jmdm. [an einen bestimmten Ort] gehen; jmdn. [an einen bestimmten Ort] begleiten:* willst du m. [ins Kino]?; zum Bahnhof m.; R mitgegangen, [mitgefangen,] mitgehangen *(wer bei etwas mitmacht, muss auch die Folgen mit tragen);* *etw. m. lassen* (ugs.: *fremdes Eigentum unbemerkt an sich bringen u. mitnehmen):* er hatte wertvolle Gegenstände m. lassen). **2.** *(zusammen mit anderem) weggerissen, weggespült o. Ä. werden:* bei dem Hochwasser ging viel Geröll mit. **3.** *einem Vortragenden o. Ä. aufmerksam zuhören, sich von ihm mitreißen lassen:* das Publikum war begeistert mit.
¹mit|ge|nom|men ⟨Adj.⟩ (ugs.): *[durch wenig sorgsamen Gebrauch o. Ä.] beschädigt, ramponiert; von körperlicher Anstrengung gekennzeichnet:* die Bücher sind ein wenig m.; du siehst aber m. aus!
²mit|ge|nom|men: ↑ mitnehmen.
mit|ge|stal|ten ⟨sw. V.; hat⟩: *mit [einem, einer] anderen zusammen etw. gestalten, schaffen:* ein Programm m.
Mit|gift, die; -, -en [spätmhd. mitegift, zu ↑ ¹mit u. mhd., ahd. gift, ↑ Gift] (veraltend): *Vermögen, Aussteuer in Form von Geld u. Gut, das einer Frau bei der Heirat von den Eltern mitgegeben wird:* eine stattliche M. mitbekommen.
Ü ◆ ⟨auch Mask. od. Neutr.:⟩ ... der mit seiner

Mitglied – mitnehmen

Frau wenigstens doch einen ganzen Körper zum M. bekommt (Schiller, Kabale I, 7).

Mit|glied, das; -[e]s, -er: **1.** *Angehörige[r] einer Gemeinschaft, eines Familienverbandes o. Ä.:* ein M. der Familie; sie ist das beliebteste M. des Königshauses. **2. a)** *Person, die einer Organisation, einem Verein, einer Partei o. Ä. beigetreten ist, aufgrund einer Aufforderung, Wahl o. Ä. angehört:* ein aktives, passives, zahlendes M. eines Vereins, in einem V. sein; er ist korrespondierendes *(auswärtiges)* M. der Akademie der Wissenschaften; -er werben; die -er *(Mitgliedstaaten)* der Europäischen Union; **b)** *Angehörige[r] einer Regierung o. Ä.:* die -er der Regierung, des Parlaments, des Untersuchungsausschusses; sie ist M. des Landtages (Abk.: MdL, M. d. L.); M. des Bundestages (Abk.: MdB, M. d. B.)

Mit|glie|der|schwund, der: *[starkes] Abnehmen der Mitgliederzahl:* die Partei leidet unter M.

mit|glie|der|stark 〈Adj.〉: *(in Bezug auf eine Organisation, einen Verein, eine Partei o. Ä.) viele Mitglieder aufweisend:* die mitgliederstärkste Gewerkschaft.

Mit|glie|der|ver|samm|lung, die: *Versammlung der Mitglieder.*

Mit|glie|der|ver|zeich|nis, das: *Verzeichnis der Mitglieder.*

Mit|glie|der|zahl, die: *Zahl der Mitglieder.*

Mit|glieds|aus|weis, der: *Ausweis über jmds. Mitgliedschaft.*

Mit|glieds|bei|trag, der: *Geldbeitrag, den Mitglieder einer Organisation, eines Vereins, einer Partei o. Ä. regelmäßig zu zahlen haben.*

Mit|glied|schaft, die; -, -en: *das Mitgliedsein; die Angehörigkeit als Mitglied besonders einer Organisation, eines Vereins, einer Partei.*

Mit|glieds|kar|te, die: vgl. Mitgliedsausweis.

Mit|glieds|land, das 〈Pl. ...länder〉: *Land, das Mitglied einer bestimmten Organisation o. Ä. ist.*

Mit|glieds|staat, Mit|glied|staat, der: vgl. Mitgliedsland.

mit|ha|ben 〈unr. V.; hat〉 (ugs.): *bei sich führen, haben:* ich habe keine Sonnencreme mit.

Mit|häft|ling, der; -s, -e: *Mitgefangene, Mitgefangener.*

mit|hal|ten 〈st. V.; hat〉: *bei etw. mitmachen, sich beteiligen u. sich dabei den gleichen Anforderungen o. Ä. gewachsen zeigen wie andere Beteiligte:* er war nicht in der Lage, bei dem Wettbewerb mitzuhalten.

mit|hel|fen 〈st. V.; hat〉: *sich helfend an etw. beteiligen, bei etw. helfen:* im Haushalt m.

Mit|her|aus|ge|ber, der; -s, -: *jmd., der mit einer od. mehreren anderen Personen zusammen Herausgeber von etw. Bestimmtem ist.*

Mit|her|aus|ge|be|rin, die; -, -nen: w. Form zu ↑ Mitherausgeber.

¹mit|hil|fe, mit Hil|fe 〈Präp. mit Gen.〉: **1.** *mit Unterstützung:* mithilfe/mit Hilfe ihrer Freunde. **2.** *unter Zuhilfenahme, Verwendung:* mithilfe/ mit Hilfe geeigneter Methoden.

²mit|hil|fe, mit Hil|fe 〈Adv. in Verbindung mit »von«〉: **1.** *mit Unterstützung:* m./mit Hilfe von bestimmten Leuten. **2.** *unter Zuhilfenahme, Verwendung:* Abgase mithilfe/mit Hilfe von Katalysatoren entgiften.

Mit|hil|fe, die; -, -: *das Mithelfen; Hilfe, die jmd. [einem] anderen bei etw. leistet:* tatkräftige M.; die Kriminalpolizei bittet die Bevölkerung um M.

mit|hin 〈Adv.〉 (geh.): *folglich, dementsprechend, also:* er ist volljährig, m. für sein Tun selbst verantwortlich.

mit|hö|ren 〈sw. V.; hat〉: **a)** *zufällig Ohrenzeuge, -zeugin von etw. werden, was eigentlich nur für andere bestimmt ist; etw. anhören:* zufällig

[alles] m.; Dann hörte ich undeutlich eine Weile mit, wie die Mädchen sich unterhielten (Gaiser, Schlußball 63); **b)** *[heimlich] in der Absicht, jmdn., etw. zu überwachen, mit anhören:* jedes Wort m.; 〈auch ohne Akk.:〉 man muss hier immer fürchten, dass mitgehört wird; R (scherzh.:) [Vorsicht,] Feind hört mit!; **c)** *[über eingeschalteten Lautsprecher o. Ä.] ein Telefongespräch einer anderen Person verfolgen* (3)*:* ich stelle den Apparat laut, damit alle m. können.

Mit|hö|rer, der; -s, -: *jmd., der etw. mithört.*

Mit|hö|re|rin, die; -, -nen: w. Form zu ↑ Mithörer.

Mi|th|ra, Mi|th|ras: altiranischer Lichtgott.

Mit|in|ha|ber, der; -s, -: vgl. Miteigentümer.

Mit|in|ha|be|rin, die; -, -nen: w. Form zu ↑ Mitinhaber.

mit|kämp|fen 〈sw. V.; hat〉: **1.** *mit anderen gemeinsam an einem Kampf, am Krieg o. Ä. teilnehmen:* deutsche Soldaten haben im Irakkrieg nicht mitgekämpft. **2.** (Sport) *sich mit anderen in einem Wettbewerb befinden:* um die Medaillen m.

Mit|kämp|fer, der; -s, -: vgl. Mitstreiter.

Mit|kämp|fe|rin, die; -, -nen: w. Form zu ↑ Mitkämpfer.

mit|klin|gen 〈st. V.; hat〉: vgl. mitschwingen.

mit|kom|men 〈st. V.; ist〉: **1. a)** *gemeinsam mit anderen an einen bestimmten Ort kommen:* seine Freundin ist [zu der Party] mitgekommen. **b)** *sich gemeinsam mit anderen an einen bestimmten Ort begeben; mitgehen* (1): kommst du mit [ins Kino]?; ich komme noch mit *(begleite dich)* bis zur Haustür; **c)** *mit etw. anderem zusammen ankommen:* die Koffer sind [mit dem Flugzeug] nicht mitgekommen. **2.** (ugs.) **a)** *(bei einer Tätigkeit, bes. beim Gehen, Laufen o. Ä.) mit anderen Schritt halten:* bei diesem Tempo komme ich nicht mit; Ü da komme ich nicht mehr mit! *(das, dieses Verhalten o. Ä., kann ich nicht begreifen, das ist mir unverständlich);* **b)** *(in der Schule, im Unterricht o. Ä.) den Anforderungen gewachsen sein:* der Schüler kommt gut, nicht mit; Sie nimmts mit der Schule nicht so ernst, wie ihre Eltern es wünschten. Ihr ist lediglich daran gelegen mitzukommen, wie es in der Schulsprache heißt (Strittmatter, Der Laden 1001).

mit|kön|nen 〈unr. V.; hat〉 (ugs.): **1.** vgl. mitdürfen. **2.** *(bei einem bestimmten Aufwand o. Ä.) mithalten können:* was die sich an Luxusgütern alles leisten, da können wir nicht mehr mit.

mit|krie|gen 〈sw. V.; hat〉 (ugs.): mitbekommen.

mit|las|sen 〈st. V.; hat〉 (ugs.): *mitgehen, mitkommen, mitfahren lassen:* die andern machen alle einen Ausflug, mich haben meine Eltern nicht mitgelassen.

mit|lau|fen 〈st. V.; ist〉: **1.** vgl. mitgehen (1). **2.** *neben anderer Arbeit mit erledigt werden:* etw. läuft am Rande *(nebenbei)* mit.

Mit|läu|fer, der; -s, - (abwertend): *jmd., der bei etw. mitmacht, ohne sich besonders zu engagieren, u. der dabei nur eine passive Rolle spielt:* er wurde bei der Entnazifizierung als M. eingestuft.

Mit|läu|fe|rin, die; -, -nen: w. Form zu ↑ Mitläufer.

Mit|laut, der; -[e]s, -e *[LÜ von lat. (littera) consonans]:* Konsonant.

Mit|leid, das; -[e]s *[älter: Mitleiden, mhd. mitelîden, LÜ von spätlat. compassio, LÜ von griech. sympátheia, ↑ Sympathie]: starke (sich in einem Impuls zum Helfen, Trösten o. Ä. äußernde) innere Anteilnahme am Leid, an der Not o. Ä. anderer:* M. empfinden; [jmds.] M. erregen; M. mit jmdm. haben; aus M. handeln; kein M. haben, kennen *(völlig gefühllos, hart, ohne Erbarmen sein).*

mit|lei|den 〈unr. V.; hat〉: *fremdes Leiden, fremde*

Not o. Ä. zutiefst mitempfinden, mitfühlen: wenn sie andere leiden sieht, leidet sie mit.

Mit|lei|den|schaft, die: *nur in den Wendungen* **etw. in M. ziehen** *(etw. mit anderem zugleich beeinträchtigen, beschädigen);* **jmdn. in M. ziehen** *(jmdn. bei etw., was ihn selbst nicht unmittelbar betrifft, mit beeinträchtigen, ihm dabei ebenfalls Schaden zufügen).*

mit|lei|der|re|gend, Mit|leid er|re|gend 〈Adj.〉: *so aussehend, beschaffen, dass jmds. Mitleid erregt wird:* ein äußerst mitleiderregendes Schicksal.

mit|lei|dig 〈Adj.〉: *voller Mitleid:* m. (iron.; verächtlich) lächeln.

mit|leid|los, mit|leids|los 〈Adj.〉: *hart u. ohne Mitleid, ohne Mitgefühl; herzlos:* m. sein, bei etw. zusehen.

mit|leids|voll, mit|leid|voll 〈Adj.〉: *voll Mitleid, voll Erbarmen:* jmdn. m. anschauen.

mit|le|sen 〈st. V.; hat〉: **1.** *etw. neben anderem auch lesen u. damit zur Kenntnis nehmen:* du musst auch das Kleingedruckte m. **2.** *mit einem, einer anderen zugleich etw. lesen:* sie merkte, dass ihr Gegenüber ihre Zeitung mitlas.

mit|lie|fern 〈st. V.; hat〉: *etw. gleichzeitig mit etw. anderem liefern* (1 a): ein Teil der bestellten Ware ist nicht mitgeliefert worden; Ü er hat die Entschuldigung für sein Verhalten gleich mitgeliefert.

mit|ma|chen 〈sw. V.; hat〉: **1. a)** *bei etw. (mit) dabei sein; an etw. [aktiv] teilnehmen:* ein Fest, einen Ausflug m.; sie macht jede Mode mit; **b)** *sich einer Unternehmung anschließen, sich an etw. beteiligen:* willst du m.?; da mache ich nicht mehr mit *(das kann ich nicht mehr vertreten, nicht billigen);* Ü er wirds nicht mehr lange m. (salopp; *er wird bald sterben);* Das Wetter macht mit *(ist so, wie gewünscht;* M. Walser, Eiche 83); **c)** *(als Lernende[r] o. Ä.) an etw. teilnehmen:* einen Lehrgang m. **2.** (ugs.) *zusätzlich auch noch erledigen:* wenn ein Kollege fehlt, müssen die anderen dessen Arbeit m.; wenn du schon beim Staubsaugen bist, mach doch das andere Zimmer gleich mit. **3.** (ugs.) *(Schweres, Schwieriges o. Ä.) durchmachen* (2)*, durchstehen, erleiden:* er hat im letzten Stadium seiner Krankheit viel mitgemacht *(hatte er sehr schwer zu leiden);* R [ich kann dir sagen,] da machst du [vielleicht] was mit!

mit|mar|schie|ren 〈sw. V.; ist〉: vgl. mitgehen.

Mit|mensch, der; -en, -en 〈meist Pl.〉: *Mensch als Geschöpf, das mit andern in der Gemeinschaft lebt, den Lebensraum mit andern teilt* (iron.:) die lieben -en.

mit|mensch|lich 〈Adj.〉: *auf den Mitmenschen bezogen, den Mitmenschen betreffend:* -e Kontakte.

Mit|mensch|lich|keit, die 〈o. Pl.〉: *mitmenschliches Verhalten:* die Kirchen riefen zu mehr Solidarität und M. auf.

mit|mi|schen 〈sw. V.; hat〉 (ugs.): *ohne eigentlich dazuzugehören, sich bei etw. beteiligen, sich einmischend bei etw. Einfluss nehmen:* er will immer überall m.

mit|müs|sen 〈unr. V.; hat〉 (ugs.): vgl. mitdürfen.

Mit|nah|me, die; -, -n (Papierdt.): *das Mitnehmen* (1 a)*:* die Diebe verschwanden unter M. des Schmucks.

Mit|nah|me|ef|fekt, der (Wirtsch.): *bes. bei der Gewährung von Vergünstigungen, Subventionen o. Ä. auftretender Effekt, bei dem auch diejenigen in den Genuss finanzieller Mittel kommen, für die diese nicht gezielt eingeplant waren.*

Mit|nah|me|preis, der (Kaufmannsspr.): *reduzierter Preis für einen größeren Gegenstand, den der Kunde, ohne ihn selbst abtransportiert:* Sessel zum M. von 200 Euro.

mit|neh|men 〈st. V.; hat〉: **1. a)** *(auf einen Weg*

o. Ä.) mit sich nehmen: [sich] ein Frühstück m.; es ist so kühl, du musst eine Jacke m.; **b)** *(auf seinem Weg o. Ä.) mitgehen, -fahren lassen; jmdn. an etw. teilhaben lassen:* jmdn. auf die Reise m.; **c)** *von einem Ort mit fortnehmen:* die Einbrecher haben nur Schmuck mitgenommen (verhüll.; *gestohlen*); ⟨subst.:⟩ eine Pizza zum Mitnehmen; **d)** (ugs.) *im Vorbeigehen kaufen:* ein Sonderangebot m.; **e)** (ugs., oft scherzh.) *dicht an etw. vorbeistreifen [sodass etw. sich ablöst, weggerissen wird]:* der Bus hat fast die Hausecke mitgenommen; **f)** (ugs.) *an etw. bei sich bietender Gelegenheit teilnehmen, es wahrnehmen, dabei mitmachen:* auf der Rückreise können wir noch München m. **2.** *jmdn. psychisch od. physisch sehr zusetzen:* die Aufregungen haben sie sehr mitgenommen.
mit|nich|ten ⟨Adv.⟩ (geh. veraltend, häufig spött.): *keineswegs, gewiss nicht; auf keinen Fall:* das ist m. schön; er gehorchte m.
Mi|to|se, die; -, -n [zu griech. mítos = Faden] (Genetik): *(der Zellteilung vorausgehende) Teilung des Zellkerns.*
mi|to|tisch ⟨Adj.⟩ (Biol.): *die Mitose betreffend.*
mit|pfei|fen ⟨st. V.; hat⟩: *etw. (z. B. im Radio) Dargebotenes pfeifend begleiten:* wenn ihr Lieblingslied im Radio kommt, pfeift sie immer fröhlich mit.
mit|prä|gen ⟨sw. V.; hat⟩: *mit anderen, anderem zusammen prägen* (2 a): dieses Erlebnis hat seine Persönlichkeit [entscheidend] mitgeprägt.
Mi|t|ra, die; -, ...ren [mlat. mitra < lat. mitra < griech. mítra = Gürtel, Binde]: **1.** (kath. Kirche) *Bischofsmütze, Kopfbedeckung für Bischöfe u. andere hohe Würdenträger aus zwei schildförmigen, um Stirn u. Hinterkopf gebogenen, oben dreieckig spitz zulaufenden Teilen, die durch Stoff u. Zierbänder verbunden sind.* **2.** (Med.) *haubenförmiger Kopfverband.*
mit|rau|chen ⟨sw. V.; hat⟩: **1.** *mit anderen zusammen rauchen;* insbes. *(als nicht Rauchende[r]) den Zigarettenrauch anderer zwangsläufig einatmen:* ⟨subst.:⟩ passives Mitrauchen.
mit|rech|nen ⟨sw. V.; hat⟩: **a)** *[um das Ergebnis zu kontrollieren] gleichzeitig mit einem anderen eine Rechnung ausführen;* **b)** *jmdn., etw. in eine Rechnung, Überlegung einbeziehen:* du musst bei den Kosten die Eigenleistung m.
mit|re|den ⟨sw. V.; hat⟩: **a)** *(in einem Gespräch o. Ä.) etw. Sinnvolles zu einem Thema o. Ä. beisteuern* (meist in Verbindung mit »können«): er ist zu jung, zu unerfahren, um m. zu können; **b)** *an einer Entscheidung beteiligt sein:* er hat keine Ahnung, muss aber mitreden m.; Ü wir hoffen, vorne m. zu können (Sport; *beim Kampf um die ersten Plätze erfolgreich zu sein*).
mit|re|gie|ren ⟨sw. V.; hat⟩: *mit anderen zusammen regieren:* die mitregierende Partei.
mit|rei|sen ⟨sw. V.; ist⟩: vgl. mitfahren.
Mit|rei|sen|de ⟨vgl. Reisende⟩: *weibliche Person, die mit anderen im gleichen Flugzeug, im gleichen Zug o. Ä. reist.*
Mit|rei|sen|der ⟨vgl. Reisender⟩: *jmd., der mit anderen im selben Flugzeug, im selben Zug o. Ä. reist.*
mit|rei|ßen ⟨st. V.; hat⟩: **1.** *(von einer Stelle durch die eigene Bewegung o. Ä.) mit sich fortreißen, wegreißen:* er wurde von der Strömung mitgerissen. **2.** *durch seinen Schwung, seine Überzeugungskraft o. Ä. anstecken, begeistern:* der Redner reißt die Zuhörenden, die Massen mit.
mit|rei|ßend ⟨Adj.⟩: *fähig, dazu geeignet, Menschen mitzureißen* (2): ein -es Spiel.
Mi|t|ro|pa, die; - [Kunstwort]: Mitteleuropäische Schlaf- u. Speisewagen-Aktiengesellschaft.
mit|samt ⟨Präp. mit Dativ⟩ [mhd. mit sam(e)t]

(verstärkend): *zusammen mit, samt:* das Schiff sank m. der Ladung.
mit|schi|cken ⟨sw. V.; hat⟩: **a)** *etw. mit anderem zusammen schicken:* ein Foto im Brief m.; **b)** *jmdn. als Begleitung mitgehen lassen:* jmdm. eine Ortskundige m.
mit|schlei|fen ⟨sw. V.; hat⟩: vgl. mitreißen (1): der Zug hat das Auto mitgeschleift.
mit|schlep|pen ⟨sw. V.; hat⟩ (ugs.): **1.** *[etw. Schweres, Unnötiges, Ballast] mitnehmen* (1 a), *mit sich schleppen, tragen:* zu viele Sachen in den Urlaub m. **2.** *jmdn., der noch unentschlossen ist u. eigentlich keine Lust hat, irgendwohin mitnehmen, an etw. teilhaben lassen:* jmdn. ins Kino m.
mit|schnei|den ⟨unr. V.; hat⟩ (bes. Rundfunk, Fernsehen): *(eine Sendung o. Ä.) aufzeichnen, auf Magnetband aufnehmen:* eine Sendung, ein Konzert m.
Mit|schnitt, der; -[e]s, -e (bes. Rundfunk, Fernsehen): *durch Mitschneiden hergestellte Aufzeichnung:* der M. eines Konzertes.
mit|schrei|ben ⟨st. V.; hat⟩: **1.** *etw. anhören u. zugleich niederschreiben:* den Vortrag m.; ⟨auch ohne Akk.-Obj.:⟩ er versuchte mitzuschreiben. **2.** *an einer schriftlichen [Prüfungs]arbeit teilnehmen:* die Prüfungsarbeit m.
Mit|schrift, die; -, -en: *Aufzeichnung von mündlich Vorgetragenem; Protokoll:* die M. einer Vorlesung.
Mit|schuld, die; -: *Teilhabe an der Schuld eines anderen:* jmdm. seine M. [an etw.] nachweisen.
mit|schul|dig ⟨Adj.⟩: *eine Mitschuld an etw. tragend:* an etw. m. sein, werden.
Mit|schul|di|ge ⟨vgl. Schuldige⟩ [↑ Mitschuldiger]: *weibliche Person, die eine Mitschuld an etw. trägt.*
Mit|schul|di|ger ⟨vgl. Schuldiger⟩ [nach spätlat. correus]: *jmd., der eine Mitschuld an etw. trägt.*
Mit|schü|ler, der; -s, -: *Schüler, der (mit anderen zusammen) die gleiche Klasse od. Schule besucht.*
Mit|schü|le|rin, die; -, -nen: w. Form zu ↑ Mitschüler.
mit|schwim|men ⟨st. V.; ist⟩: **1.** *mit anderen zusammen bei einer bestimmten Gelegenheit schwimmen:* in der Staffel m.; er ist bei dem Sportfest nicht mitgeschwommen; Ü sie schwamm in dem Menschenstrom mit *(ließen sich von ihm treiben).* **2.** (ugs.) *etw., was gerade in Mode ist, mitmachen:* auf einer Modewelle m.
mit|schwin|gen ⟨st. V.; hat⟩: **1.** *mit etw. anderem in Schwingung Befindlichen zugleich in Schwingung geraten:* Töne schwingen mit. **2.** *in jmds. Äußerung o. Ä. mit zum Ausdruck kommen:* Skepsis, Freude schwang in seinen Worten mit.
mit|sin|gen ⟨st. V.; hat⟩: **a)** *etw. (z. B. im Radio) Dargebotenes singend begleiten:* [ein Lied] leise m.; **b)** *mit anderen zusammen singen.*
mit|sol|len ⟨unr. V.; hat⟩: vgl. mitdürfen.
mit|spie|len ⟨sw. V.; hat⟩: **1. a)** *bei einem Spiel mitmachen, sich beteiligen:* darf ich m.?; Ü das Wetter hat nicht mitgespielt (ugs.: *es war schlechtes Wetter bei der Unternehmung, dem Fest o. Ä.*); **b)** *(als Mitwirkende[r]) bei etw. dabei sein:* sie hat in vielen Filmen mitgespielt. **2.** *bei etw. mit eine Rolle spielen, mit im Spiel sein, sich mit auswirken:* der Zufall hat hier mitgespielt. **3.** [mhd. (iemanne) mite spiln = (mit jmdm. im Kampfspiel derb umgehen] *schlimm mit jmdm. umgehen:* jmdm. übel m.
Mit|spie|ler, der; -s, -: *jmd., der bei etw. mitspielt.*
Mit|spie|le|rin, die; -, -nen: w. Form zu ↑ Mitspieler.
Mit|spra|che, die; -: *das Mitsprechen bei bestimmten Entscheidungen o. Ä.:* ein Recht auf M. haben.

Mit|spra|che|recht, das: *Recht auf Mitsprache:* [ein] M. fordern.
mit|spre|chen ⟨st. V.; hat⟩: **1.** *etw. mit anderen gemeinsam sprechen:* ein Gebet, eine Eidesformel m. **2. a)** ↑ *mitreden* (a): mitreden können; **b)** ↑ *mitreden* (b): sie möchten gefragt werden, möchten m., wenn es um ihre Sache geht.
Mit|strei|ter, der; -s, -: *jmd., der mit anderen zusammen für od. gegen etw. eintritt, sich einsetzt, kämpft.*
Mit|strei|te|rin, die; -, -nen: w. Form zu ↑ Mitstreiter.
¹Mit|tag, der; -s, -e [mhd. mittetac, ahd. mittitac zusgez. aus: mitti tag = mittlerer Tag]: **1. a)** *Zeit um die Mitte des Tages (gegen u. nach 12 Uhr); Mittagszeit* (1 a): gestern, heute, morgen M.; jeden M.; eines [schönen] -s *(an einem nicht näher bestimmten Mittag;* des -s (geh.; *mittags*); es geht auf M. *(auf 12 Uhr)* zu; gegen M. *(gegen 12 Uhr);* über M. *(in der Mittagszeit);* Ü im M. des Lebens *(auf dessen Höhepunkt, in der Periode der höchsten Schaffenskraft)* stehen; * **zu M. essen** *(die Mittagsmahlzeit einnehmen);* **b)** (landsch.) *Nachmittag:* er will morgen M. um 3 Uhr kommen. **2.** ⟨o. Pl.⟩ (ugs.) *Mittagspause:* M. machen. **3.** ⟨o. Pl.⟩ [nach lat. meridies, ↑ Meridian] (veraltet) *Süden:* gegen, gen M.; Und ging von da gegen M. nach dem Lande Negeb, und das ist hier, wo das Gebirge abfällt gen Edom (Th. Mann, Joseph 117).
²Mit|tag, das; -s (ugs.): *Mittagessen.*
Mit|tag|brot, das ⟨Pl. selten⟩ (landsch.): *Mittagessen.*
mit|ta|ges|sen ⟨unr. V.; hat; nur im Inf. u. 2. Part. gebr.⟩ (österr.): *zu Mittag essen:* wir gehen m.; habt ihr mittaggegessen?
Mit|tag|es|sen, das: **1.** ⟨o. Pl.⟩ *das Einnehmen der Mittagsmahlzeit:* jmdn. zum M. einladen. **2.** *um die Mittagszeit gereichte [warme] Mahlzeit.*
mit|tä|gig ⟨Adj.⟩ [spätmhd. mittegig, ahd. mittitagîg]: *den Mittag über dauernd, vorhanden, stattfindend.*
mit|täg|lich ⟨Adj.⟩ [mhd. mittaglich, ahd. mittitagalîh]: **a)** *jeden Mittag [vorhanden, stattfindend]:* die -e Pause; **b)** *für den Mittag kennzeichnend:* die -e Hitze.
mit|tags ⟨Adv.⟩ [erstarrter Gen. Sg.]: *am Mittag, zur Mittagszeit:* von morgens bis m.
Mit|tags|brot, das: *belegtes Brot, das jmd. als Mittagsmahlzeit zur Arbeit, zur Schule o. Ä. mitnimmt.*
Mit|tags|hit|ze, die: *mittägliche Hitze.*
Mit|tags|mahl, das (geh.): *Mittagessen:* das M. einnehmen.
Mit|tags|mahl|zeit, die: *am Mittag eingenommene [Haupt]mahlzeit.*
Mit|tags|me|nü, das: **1.** *am Mittag eingenommenes Menü.* **2.** (bes. österr.) *(in einer Gaststätte) nur zur Mittagszeit angebotenes Menü.*
Mit|tags|pau|se, die: *[zeitlich genau festgelegte] Arbeitspause um die Mittagszeit:* es ist M.; M. haben, machen.
Mit|tags|ru|he, die; -, -n ⟨Pl. selten⟩: **a)** *Ausruhen in der Mittagsstunde od. nach dem Mittagessen:* M. halten; **b)** *mittägliche Ruhe, Zeit am frühen Nachmittag, etwa von 13 bis 15 Uhr:* die M. einhalten, stören.
Mit|tags|schicht, die: **1.** *um die Mittagszeit beginnende Arbeitsschicht.* **2.** *Gesamtheit der in der Mittagsschicht* (1) *Arbeitenden.*
Mit|tags|schlaf, der: *[kurzer] Schlaf nach dem Mittagessen:* einen M. machen; seinen M. halten.
◆ **Mit|tags|sei|te,** die [zu ↑ ¹Mittag (3)]: *Südseite:* Von der M. war noch das ferne Murren des Gewitters zu hören (Rosegger, Waldbauernbub

174); Außer diesem Berg stehen an derselben M. noch andere (Stifter, Bergkristall 12).

Mit|tags|son|ne, die ‹o. Pl.›: *mittägliche, auf ihrem höchsten Stand stehende Sonne.*

Mit|tags|stun|de, die: *Zeitspanne von etwa einer Stunde um 12 Uhr herum.*

Mit|tags|tisch, der: **1.** *zum Mittagessen gedeckter Tisch:* am M. sitzen *(am Tisch sitzen u. zu Mittag essen).* **2.** (veraltend) *Mittagsmahlzeit [für einen mehr od. weniger festen Personenkreis in einem Restaurant].*

Mit|tags|zeit, die ‹o. Pl.›: *Zeit gegen und nach 12 Uhr.*

Mit|tä|ter, der; -s, -: *jmd., der mit anderen eine Straftat begangen hat.*

Mit|tä|te|rin, die; -, -nen: w. Form zu ↑ Mittäter.

Mit|tä|ter|schaft, die; -, -en: *Täterschaft gemeinsam mit anderen:* wegen M. angeklagt sein.

Mitt|drei|ßi|ger, der; -s, -: *Mann in der Mitte der Dreißigerjahre.*

Mitt|drei|ßi|ge|rin, die; -, -nen: w. Form zu ↑ Mittdreißiger.

Mit|te, die; -, -n ‹Pl. selten› [mhd. mitte, ahd. mitta, zu: mitti, ↑ mitten]: **1. a)** *Punkt od. Teil von etw., der von allen Enden od. Begrenzungen gleich weit entfernt ist:* die M. des Kreises, der Strecke, des Raumes; jmdn. in die M. *(zwischen sich)* nehmen; er wohnt im 3. Stock M. *(in der mittleren Wohnung);* Ü Rom war einst die M. der Welt; eine Politik der M. *(des Ausgleichs);* * **die goldene M.** *(der angemessene, zwischen den Extremen liegende Standpunkt od. die entsprechende Entscheidung);* **die Neue/neue M.** (bes. Politik; *durch gesellschaftlichen Wandel veränderte u. neu definierte, einen großen Anteil an der Gesamtbevölkerung ausmachende Personengruppe, die zwischen den Rändern des sozialen od. politischen Spektrums angesiedelt ist);* **ab durch die M.!** (ugs.; *weg, fort!);* **in, aus unserer, eurer** usw. **M.** (*in, aus unserem, eurem* usw. *Kreis:* er wurde, der Tod hat ihn aus unserer M. gerissen); **b)** *Zeitpunkt, Zeitraum, der von zwei Begrenzungen etwa gleich weit entfernt ist:* M. des Jahres; M. Mai (um den 15. Mai herum). **2.** (Politik) *Partei, Gruppierung zwischen rechts und links:* er hat immer zur M. tendiert.

mit|tei|len ‹sw. V.; hat› [mhd. mite teilen = etw. mit jmdm. teilen, einem etw. zukommen lassen]: **1.** *jmdn. von etw., wovon man glaubt, dass es für ihn wichtig ist, in Kenntnis setzen; jmdn. über etw. informieren, ihn etw. wissen lassen:* jmdm. etw. brieflich, telefonisch, per E-Mail, schonend, vertraulich m.; jmdm. eine Absicht, eine Neuigkeit, seine Bedenken m.; er hat uns seine Erfahrungen mitgeteilt *(erzählt);* er teilte der staunenden Menge mit *(erklärte ihr),* dass er nicht länger zu bleiben gedenke; amtlich wurde mitgeteilt *(bekannt gegeben),* dass sich jeder zu beteiligen habe. **2.** (geh.) **a)** *etw. an etw., jmdn. weitergeben, auf etw., jmdn. übertragen:* der Ofen teilt die Wärme dem Raum mit; **b)** ‹m. + sich› *sich auf jmdn., etw. übertragen:* die Stimmung teilte sich uns allen mit; der Geruch hat sich allen Kleidern mitgeteilt. **3.** ‹m. + sich› (geh.) *sich jmdm. im Gespräch anvertrauen, mit anderen von sich selbst sprechen:* sich jmdm. m. wollen. **4.** (geh. veraltet) *jmdm. von etw. geben, zuteilwerden lassen:* sie war stets bereit, anderen etwas von ihrem Reichtum mitzuteilen; ◆ ‹auch ohne Akk.-Obj.:› Wie nun die Männer mit Behagen mit Frühstück einnahmen und mit zufriedenem Wohlwollen den Kindern mitteilten *(davon abgaben),* die nicht von der Stelle wichen (Keller, Romeo 5).

mit|tei|lens|wert ‹Adj.›: *wert, mitgeteilt zu werden:* ein -er Umstand.

mit|teil|sam ‹Adj.›: *gesprächig, von großem Mitteilungsbedürfnis.*

Mit|tei|lung, die; -, -en: *etw., was jmdm. mitgeteilt* (1) *wird, wovon jmdm. Kenntnis gegeben wird:* eine briefliche, vertrauliche, amtliche M.; jmdm. eine M. [über, von etw.] machen *(etw. förmlich mitteilen);* nach M. der Behörden.

Mit|tei|lungs|be|dürf|nis, das ‹o. Pl.›: *jmds. starkes Bedürfnis, sich anderen mitzuteilen:* er hatte [kein] großes M.

mit|tel ‹indekl. Adj.› [mhd. mittel, ahd. mittil, zu: mitti, ↑ Mitte] (ugs.): *mäßig, nicht besonders gut u. nicht besonders schlecht, durchschnittlich:* »Wie geht es dir?« – »Na, so m.!«.

¹Mit|tel, das; -s, - [urspr. = das zwischen zwei Dingen Befindliche, dann mit Bezug auf das, was zwischen dem Handelnden u. dem Zweck steht, zur Erreichung des Zweckes dient; mhd. mittel = (in der) Mitte (befindlicher Teil), Subst. von ↑ mittel]: **1.** *etw., was zur Erreichung eines Zieles dient, was dazu geeignet ist, etw. Bestimmtes zu bekommen, zu erreichen:* ein wirksames, untaugliches M.; mit allen -n arbeiten, kämpfen *(alle Hilfsmittel [u. Tricks] einsetzen);* zum letzten, äußersten M. greifen; * **[nur] M. zum Zweck sein** *(als Person od. Sache von jmd. anderem für dessen Zwecke benutzt od. ausgenutzt werden);* **M. und Wege finden, suchen** *(Möglichkeiten, Methoden zur Lösung eines Problems, zur Hilfe in einer schwierigen Situation ausfindig machen, ausfindig zu machen suchen);* **sich [für jmdn.] einsetzen; vermitteln;** älter: »sich ins M. schlagen« = sich in die Mitte zwischen zwei Streitende werfen). **2. a)** *(nicht näher bezeichnetes) Heilmittel, Medikament o. Ä.:* ein wirksames, harmloses M.; ein M. einnehmen, schlucken; **b)** *(nicht näher bezeichnete) [chemische] Substanz, die zu einem bestimmten Zweck dient:* ein M. für die Reinigung, gegen Schädlinge. **3.** ‹Pl.› *[zur Verfügung stehende] Geldmittel, Kapital, Geldmittel:* meine [geringen] M. sind erschöpft; er steht ohne M. da *(ist völlig mittellos, verarmt).* **4.** *mittlerer Wert, Durchschnittswert:* das arithmetische M. (Math.: *Quotient aus dem Zahlenwert einer Summe u. der Anzahl der Summanden; Durchschnittswert).*

²Mit|tel, die; - (Druckw. veraltet): *Schriftgrad von 14 Punkt.*

Mit|tel|ach|se, die: *mittlere, in der Mitte liegende Achse; Symmetrieachse.*

mit|tel|alt ‹Adj.›: *ein mittleres ²Alter* (2) *aufweisend:* -er Gouda; die große Gruppe der -en Reisenden.

Mit|tel|al|ter, das ‹o. Pl.› [urspr. = mittleres Lebensalter; dann als LÜ von nlat. medium aevum = mittleres Zeitalter]: **1.** *Zeitraum zwischen Altertum u. Neuzeit (in der europäischen Kultur)* (Abk.: MA.): im hohen, frühen, späten M. **2.** (ugs. scherzh.) *Einzelperson, Leute mittleren Alters:* er ist, sie sind M.

mit|tel|al|ter|lich ‹Adj.›: **1.** *zum Mittelalter* (1) *gehörend, daraus stammend, es betreffend:* -e Kunst, Dichtung; der -e Mensch *(Mensch des Mittelalters* 1); Ü m. leben, denken. **2.** (meist scherzh.) *im mittleren Lebensalter stehend:* -er Herr.

Mit|tel|ame|ri|ka, das; -s: *Teil Amerikas, der den Übergang zwischen Nord- u. Südamerika bildet.*

Mit|tel|ame|ri|ka|ner, der: Ew.

Mit|tel|ame|ri|ka|ne|rin, die: w. Form zu ↑ Mittelamerikaner.

mit|tel|ame|ri|ka|nisch ‹Adj.›: *die Mittelamerikaner, Mittelamerika betreffend; von den Mittelamerikanern stammend, zu ihnen gehörend.*

mit|tel|bar ‹Adj.›: *indirekt, über Zwischenglieder,* Mittelspersonen *[bewirkt]:* -e Ursachen; die Lohnerhöhung wird sich nur m. auswirken.

Mit|tel|bau, der ‹Pl. -e u. -ten›: **1.** ‹Pl. -ten› *mittlerer Teil eines aus mehreren Flügeln bestehenden Gebäudes:* im M. des Schlosses. **2.** ‹Pl. -e; selten› *mittlere Ebene in einem hierarchischen Aufbau:* er hat eine Position im akademischen M.

Mit|tel|be|trieb, der: *mittelgroßer Betrieb.*

Mit|tel|chen, das; -s, - (fam.): ¹Mittel (2).

Mit|tel|deck, das: *mittleres Deck [auf Schiffen].*

mit|tel|deutsch ‹Adj.›: **1.** *Mitteldeutschland* (1, 2) *betreffend.* **2.** (Sprachwiss.) *die Mundarten in den Gebieten Mitteldeutschlands* (1) *betreffend* (Abk.: md.).

Mit|tel|deutsch, (nur mit best. Art.:) **Mit|tel|deut|sche,** das: *mitteldeutsche Sprache.*

Mit|tel|deutsch|land, -s: **1.** *der mittlere Teil Deutschlands zwischen Nord- und Süddeutschland.* **2.** *der thüringisch-obersächsische Raum.*

Mit|tel|ding, das ‹Pl. -e, selten› (ugs.): *etw., was zwischen zwei Dingen, Gestalten, Begriffen, Möglichkeiten liegt, was von jedem bestimmte Eigenschaften hat, aber doch keines von beiden ist:* nur ein Ja oder Nein, kein M.

Mit|tel|eu|ro|pa, -s: *mittlerer Teil Europas.*

Mit|tel|eu|ro|pä|er, der: Ew.

Mit|tel|eu|ro|pä|e|rin, die: w. Form zu ↑ Mitteleuropäer.

mit|tel|eu|ro|pä|isch ‹Adj.›: *Mitteleuropa, die Mitteleuropäer betreffend, von den Mitteleuropäern stammend, zu ihnen gehörend; aus Mitteleuropa stammend.*

mit|tel|fein ‹Adj.›: **a)** *eine mittlere Stärke aufweisend:* -es Papier; **b)** (Kaufmannsspr.) *mittlere Größe u. Qualität aufweisend:* junge Erbsen m.

Mit|tel|feld, das: **1. a)** ‹o. Pl.› (Sport, bes. Fußball) *mittlerer Teil des Spielfeldes:* das M. verteidigen; **b)** (Sport) *Gruppe von Sportlern od. Sportlerinnen (z. B. Läuferinnen, Rennfahrer) od. von Mannschaften, die im Wettkampf od. in der Wertung hinter den Spitzenkräften kommen:* im M. liegen. **2.** (Sprachwiss.) *Mitte, Kernstück eines Satzes.*

Mit|tel|feld|spie|ler, der (bes. Fußball): *Spieler, der die Verbindung zwischen Abwehr u. Angriff herstellt.*

Mit|tel|feld|spie|le|rin, die: w. Form zu ↑ Mittelfeldspieler.

Mit|tel|fin|ger, der: *mittlerer Finger der Hand zwischen Zeige- u. Ringfinger.*

mit|tel|fris|tig ‹Adj.› (bes. Wirtsch., Bankw.): *über eine mittlere Frist laufend, eine mittlere Zeitspanne umfassend:* -e Kredite; m. planen.

Mit|tel|fuß, der (Anat.): *(bei Mensch u. Wirbeltieren) Teil des Fußes zwischen den Zehen u. der Fußwurzel.*

Mit|tel|fuß|kno|chen, der (Anat.): *Knochen des Mittelfußes.*

Mit|tel|gang, der: **a)** *mittlerer von mehreren ¹Gängen* (7 a, b); **b)** *mitten durch etw. hindurchführender Gang:* ein Eisenbahnwagen mit M.

Mit|tel|ge|bir|ge, das: *Gebirge mit meist abgerundeten Bergrücken u. Höhenunterschieden unter tausend Metern.*

Mit|tel|ge|wicht, das [LÜ von engl. middleweight] (Schwerathletik): **1.** ‹o. Pl.› *Körpergewichtsklasse zwischen Weltergewicht u. Halbschwergewicht.* **2.** *Sportler od. Sportlerin der Körpergewichtsklasse Mittelgewicht.*

Mit|tel|ge|wicht|ler, der; -s, -: *Sportler der Körpergewichtsklasse Mittelgewicht* (1).

Mit|tel|ge|wicht|le|rin, die; -, -nen: w. Form zu ↑ Mittelgewichtler.

mit|tel|groß ‹Adj.›: *eine mittlere Größe aufweisend:* verwenden Sie für den Kuchen -e Eier; (scherzh.:) sie bekam einen -en Schrecken.

Mit|tel|grund, der (Malerei): *zwischen Vorder- u. Hintergrund liegender Bereich eines Bildes.*
mit|tel|gut ⟨Adj.⟩ (ugs.): *eine durchschnittliche Qualität aufweisend: ein -es Examen.*
Mit|tel|hand, die: **1.** (Anat.) *den Handteller bildender, mittlerer Teil der Hand.* **2.** *(bei größeren Säugetieren, bes. beim Pferd) Teil des Körpers zwischen Vorhand u. Hinterhand; Rumpf.* **3.** (Kartenspiele) *Spielende[r], der bzw. die nach dem bzw. der Ausspielenden als Erste[r] das Spiel weiterführt.*
mit|tel|hoch|deutsch ⟨Adj.⟩: *das Mittelhochdeutsche betreffend, zum Mittelhochdeutschen gehörend* (Abk.: mhd.): *die -e Literatur.*
Mit|tel|hoch|deutsch, (nur mit best. Art.:) **Mit|tel|hoch|deut|sche,** das: *mittlere, von der Mitte des 11. bis zur Mitte des 14. Jh.s reichende Stufe* (2 a) *in der Entwicklung der hochdeutschen Sprache.*
Mit|te-links-Bünd|nis, das (Politik): *[Regierungs]bündnis von Parteien der Mitte* (2) *u. Parteien der Linken* (2).
Mit|te-links-Ko|a|li|ti|on, die (Politik): *Koalition aus Parteien der Mitte* (2) *und Parteien der Linken* (2).
Mit|te-links-Re|gie|rung, die (Politik): *aus einer Mitte-links-Koalition gebildete Regierung.*
Mit|tel|klas|se, die: **1.** vgl. Mittelschicht: *die gehobene M.* **2.** *mittlere Qualitätsstufe, mittlere Güteklasse; mittlere Klasse* (7 a): *ein Hotel der M.* ⟨meist Pl.⟩ *Schulklasse der Mittelstufe.*
Mit|tel|klas|se|ho|tel, das: *Hotel der Mittelklasse* (2).
Mit|tel|klas|se|wa|gen, der: *(Personen)wagen der Mittelklasse* (2).
Mit|tel|kon|so|le, die (Kfz-Wesen): *mittlerer Bereich des Armaturenbretts u. dessen Fortsetzung zwischen den Vordersitzen.*
Mit|tel|kreis, der (Fußball, Eishockey u. a.): *Kreis um den Mittelpunkt des Spielfeldes.*
Mit|tel|la|ge, die: **1. a)** *mittlere [geografische] Lage eines Ortes, Landes o. Ä.;* **b)** *mittlere Höhenlage.* **2.** (Musik) *mittlere Stimmlage.*
Mit|tel|län|di|sches Meer, das Mittelländische Meer; des Mittelländischen Meer[e]s: *Mittelmeer.*
Mit|tel|land|ka|nal, der; -s: *Kanal zwischen Ems u. Elbe.*
Mit|tel|la|tein, das: *Latein des Mittelalters (von etwa 500 bis 1500).*
mit|tel|la|tei|nisch ⟨Adj.⟩: *das Mittellatein betreffend, zum Mittellatein gehörend* (Abk.: mlat.)
Mit|tel|li|nie, die: **1.** (Mannschaftssport) *Linie in der Mitte des Spielfeldes.* **2.** (Verkehrsw.) *in der Mitte der Fahrbahn einer Straße verlaufende Linie.*
mit|tel|los ⟨Adj.⟩: *ohne Geldmittel; arm* (1 a): *die Zahl der völlig m. Personen wächst ständig.*
Mit|tel|maß, das ⟨Pl. selten⟩ (oft abwertend): *mittleres Maß einer Größe, Qualität o. Ä.; Durchschnitt:* seine Leistung war gutes M.
mit|tel|mä|ßig ⟨Adj.⟩ (meist abwertend): *nicht eigentlich schlecht, aber auch nicht besonders gut; nicht über ein Mittelmaß hinausgehend; nur durchschnittlich:* diese Leistung war sehr m. (verhüll.; war ziemlich schlecht); das Wetter war m.
Mit|tel|mä|ßig|keit, die (meist abwertend): *mittelmäßige Qualität, Beschaffenheit.*
Mit|tel|meer, das; -[e]s: *Nebenmeer des Atlantischen Ozeans zwischen Südeuropa, Vorderasien u. Nordafrika.*
Mit|tel|meer|ge|biet, das ⟨o. Pl.⟩: *Mittelmeerraum.*
Mit|tel|meer|in|sel, die: *im Mittelmeer gelegene Insel.*
Mit|tel|meer|küs|te, die: *Küste des Mittelmeers.*

Mit|tel|meer|län|der ⟨Pl.⟩: *das Mittelmeer umschließende Länder Südeuropas, Vorderasiens u. Nordafrikas.*
Mit|tel|meer|raum, der ⟨Pl. selten⟩: *[Kultur]raum um das Mittelmeer.*
mit|teln ⟨sw. V.; hat⟩: *auf den Durchschnitt, den Mittelwert bringen:* wenn man die gemessenen Werte mittelt, ergibt sich eine Durchschnittstemperatur von 16 Grad; gemittelte Werte.
mit|tel|nie|der|deutsch ⟨Adj.⟩: *das Mittelniederdeutsche betreffend, zum Mittelniederdeutschen gehörend* (Abk.: mnd., niederd.): *die -e Literatur.*
Mit|tel|nie|der|deutsch, (nur mit best. Art.:) **Mit|tel|nie|der|deut|sche,** das: *mittlere, etwa vom 13. bis zum 15. Jh. reichende Stufe* (2 a) *in der Entwicklung der niederdeutschen Sprache.*
Mit|tel|ohr, das (Anat.): *mittlerer Teil des [menschlichen] Gehörorgans mit Hammer* (4), *Amboss* (2) *u. Steigbügel* (2).
Mit|tel|ohr|ent|zün|dung, die (Med.): *Entzündung des Mittelohrs.*
mit|tel|präch|tig ⟨Adj.⟩ (ugs. scherzh.): *mittelmäßig, nicht besonders gut:* »Wie geht es dir?« – »Na, so m.!«.
Mit|tel|punkt, der [mhd. der mittel punct]: **1.** (Geom.) *Punkt auf einer Strecke, in einem Kreis, einer Kugel o. Ä., von dem die Endpunkte bzw. alle Punkte des Umfangs, der Oberfläche gleich weit entfernt sind:* der M. der Erde. **2.** *im Zentrum des Interesses stehende Person od. Sache:* sie war der M. des Abends; er will immer M. sein.
mit|tels ⟨Präp. mit Gen.⟩, (veraltend:) mittelst ⟨Präp. mit Gen.⟩ [erstarrter Gen. Sg. von ↑ ¹Mittel] (Papierdt.): *mithilfe von; durch:* m. eines Flaschenzugs; ⟨ein stark dekliniertes Subst. im Sg. bleibt ungebeugt, wenn es ohne Art. od. Attr. steht:⟩ m. Flaschenzug; ⟨im Pl. üblicherweise mit dem Dativ, wenn der Gen. nicht erkennbar ist:⟩ m. Lautsprechern.
Mit|tel|schei|tel, der: *von der Mitte der Stirn gerade nach hinten verlaufender Scheitel.*
Mit|tel|schicht, die (Soziol.): *mittlere Bevölkerungsschicht mit einem gewissen Status an Kultur, Bildung, ökonomischer Sicherheit.*
Mit|tel|schiff, das (Archit.): *bei einer Kirche mittleres Schiff des Langhauses.*
Mit|tel|schu|le, die: **1.** *in Bildungsangebot u. Lernziel zwischen Hauptschule u. Gymnasium rangierende Schule; Realschule.* **2.** (österr. veraltet, schweiz.) *höhere Schule, Gymnasium.*
mit|tel|schwer ⟨Adj.⟩: *von mittlerem Gewicht, mittlerer Stärke, Härte od. mittlerem Schwierigkeitsgrad.*
Mit|tel|schwer|ge|wicht, das (Gewichtheben): **1.** ⟨o. Pl.⟩ *Körpergewichtsklasse zwischen Leichtschwergewicht u. Schwergewicht.* **2.** *Sportler der Körpergewichtsklasse Mittelschwergewicht.*
Mit|tels|frau, die; -, -en: vgl. Mittelsmann.
Mit|tels|leu|te ⟨Pl.⟩: **1.** Pl. von ↑ Mittelsmann. **2.** *Gesamtheit der Mittelsfrauen u. Mittelsmänner.*
Mit|tels|mann, der ⟨Pl. ...männer u. ...leute⟩ [eigtl. = der in der Mitte befindliche Mann]: *Vermittler, Unterhändler, der wechselseitig Vorschläge überbringt, wenn zwei Verhandlungspartner[innen] sich nicht direkt treffen können od. wollen:* über einen M. Kontakt aufnehmen.
Mit|tels|per|son, die: *Mittelsfrau, Mittelsmann.*
mit|telst: ↑ mittels.
Mit|tel|stand, der ⟨o. Pl.⟩: **1.** (Wirtsch.) *Gesamtheit der kleinen und mittleren Unternehmen sowie der Selbstständigen.* **2.** *Mittelschicht.*
mit|tel|stän|disch ⟨Adj.⟩: *den Mittelstand betreffend, zu ihm gehörend:* -e Unternehmen.

Mit|tel|ständ|ler, der; -s, -: *Angehöriger des Mittelstandes.*
Mit|tel|ständ|le|rin, die; -, -nen: w. Form zu ↑ Mittelständler.
Mit|tel|stel|lung, die: *mittlerer Standort, Standpunkt:* eine M. zwischen Tradition u. Futurismus einnehmen.
Mit|tel|stre|cke, die: **a)** (bes. Verkehrsw.) *mittlere Strecke, Entfernung;* **b)** (Sport) *(bei bestimmten Laufwettbewerben zurückzulegende) Strecke von mittlerer Länge:* sie hat die M./auf der M. der Frauen (den Laufwettbewerb über die Strecke mittlerer Länge bei den Frauen) gewonnen.
Mit|tel|stre|cken|flug, der: *Flug über eine mittlere Entfernung (von etwa 1 500 bis 3 000 km).*
Mit|tel|stre|cken|lauf, der (Sport): *Laufwettbewerb über eine Mittelstrecke.*
Mit|tel|stre|cken|ra|ke|te, die: *Rakete mit mittlerer Reichweite.*
Mit|tel|strei|fen, der: *Grünstreifen zwischen den Fahrbahnen der beiden Fahrtrichtungen, bes. auf Autobahnen.*
Mit|tel|stück, das: *mittleres Stück:* das M. der Strecke.
Mit|tel|stu|fe, die: (bes. das 8.–10. Schuljahr umfassende) *mittlere Jahrgänge, Schulklassen höherer Schulen.*
Mit|tel|stür|mer, der (Mannschaftssport): *in der Mitte des Sturms eingesetzter Spieler.*
Mit|tel|stür|me|rin, die: w. Form zu ↑ Mittelstürmer.
Mit|tel|teil, der: *mittlerer Teil von etw.:* der M. des Buches war eher langweilig.
Mit|tel|tür, die: **1.** *mittlere Tür (von einer ungeraden Anzahl mehrerer Türen).* **2.** *Tür in der Mitte von etw. (bes. bei Bussen):* bitte nur durch die M. aussteigen.
Mit|tel|was|ser, das ⟨Pl. ...wasser⟩ (Fachspr.): **1.** *Wasserstand in der Mitte einer Tide* (a). **2.** *mittlerer, durchschnittlicher Wasserstand eines Gewässers.*
Mit|tel|weg, der: **1.** *Weg, der die Mitte eines Terrains durchquert; mittlerer von mehreren parallel verlaufenden Wegen.* **2.** *zwischen zwei Extremen liegende Möglichkeit des Handelns:* einen M. suchen, finden, gehen; * **der goldene M.** (angemessene, vermittelnde, die Extreme meidende Lösung eines Problems, eines Konflikts; nach lat. aurea mediocritas; Horaz, Oden II, 10, 5).
Mit|tel|wel|le, die: **a)** (Physik, Funkt., Rundfunk) *elektromagnetische Welle mit mittlerer Wellenlänge;* **b)** (Rundfunk) *Wellenbereich, der die Mittelwellen* (a) *umfasst:* den Sender bekommt man nur auf M.
Mit|tel|wert, der: **a)** (Math.) *arithmetisches Mittel, Durchschnittswert aus mehreren Zahlen;* **b)** *etwa in der Mitte liegender Wert innerhalb einer bestimmten Skala.*
Mit|tel|wort, das ⟨Pl. ...wörter⟩ [seit dem 17. Jh. Ersatzwort für ↑ Partizip; diese Wortform zeigt Merkmale des Verbs wie des Adjektivs] (Sprachwiss.): *Partizip:* M. der Gegenwart (erstes Partizip); M. der Vergangenheit (zweites Partizip).
◆ **Mit|tel|zeit,** die ⟨o. Pl.⟩: *Mittelalter* (1): ... als mich Oberlin zu den Denkmalen der M. hinwies (Goethe, Dichtung u. Wahrheit 11).
mit|ten ⟨Adv.⟩ [mhd., ahd. mitten; erstarrter Dativ Pl. des Adj. mhd. mitte, ahd. mitti = in der Mitte (befindlich); vgl. lat. medius = mittlerer]: *in Mitte; in die Mitte:* m. hineingehen; m. in der Nacht; sie hat sich m. unter die Leute gemischt.
mit|ten|drin ⟨Adv.⟩: **a)** *in der Mitte von etw., zwischen anderem, anderen:* m. stecken bleiben; **b)** *gerade dabei (bei einer Tätigkeit):* sie ist m., ihr erstes Buch zu schreiben.
mit|ten|durch ⟨Adv.⟩: *quer durch etw., in der*

Mitte durch etw. hindurch: dort war ein Moor, und der Weg führte m.
mit|ten|mang ⟨Adv.⟩ (nordd., bes. berlin. ugs.): *mittendrin:* m. sitzen.
Mit|te-rechts-Bünd|nis, das (Politik): *[Regierungs]bündnis von Parteien der Mitte (2) u. Parteien der Rechten (2).*
Mit|te-rechts-Ko|a|li|ti|on, die (Politik): *Koalition aus Parteien der Mitte (2) u. aus Parteien der Rechten (2).*
Mit|te-rechts-Re|gie|rung, die (Politik): *aus einer Mitte-rechts-Koalition gebildete Regierung.*
Mit|ter|nacht, die ⟨Plural nur dichterisch⟩ [mhd. mitternaht, geb. aus: ze mitter naht = mitten in der Nacht]: **1.** *[Zeitpunkt um] 12 Uhr nachts, 24 Uhr:* es ist, schlägt M.; es geht auf M. zu; gegen, nach M.; bis lange nach M. arbeiten; um [die] M.; von M. bis um eins reicht die Geisterstunde; vor M. werde ich nicht fertig sein. **2.** (veraltet, noch altertümelnd) *Norden:* gen M. ziehen; überall Berge, nur nach M. zu war die Aussicht frei; ◆ An die Felder meines Vaters grenzte der Ebenwald, der sich über Höhen weithin gegen M. erstreckte (Rosegger, Waldbauernbub 5).
mit|ter|nächt|lich ⟨Adj.⟩: *in die Zeit der Mitternacht fallend; gegen Mitternacht geschehend:* zur -en Stunde.
mit|ter|nachts ⟨Adv.⟩: *um Mitternacht.*
Mit|ter|nachts|son|ne, die ⟨Pl. selten⟩: *die (jenseits der Polarkreise bis zu den Polen) jeweils im Sommer auch nachts nicht ganz unter dem Horizont verschwindende Sonne.*
Mit|ter|nachts|stun|de, die: *Stunde um Mitternacht.*
◆ **mit|ter|nacht|wärts** ⟨Adv.⟩ [↑ -wärts]: *nordwärts:* ...ohne nur im Geringsten zu ahnen, dass m. seines Weges, jenseits des hohen herabblickenden Schneebergs, noch ein Tal sei (Stifter, Bergkristall 13).
Mitt|fünf|zi|ger, der; -s, -: vgl. Mittdreißiger.
Mitt|fünf|zi|ge|rin, die; -, -nen: w. Form zu ↑ Mittfünfziger.
mit|tig ⟨Adj.⟩ (Fachspr.): *in der Mitte [liegend, auftreffend]; durch die Mitte gehend:* m. geteilte Fenster.
Mitt|ler, der; -s, - (geh.): *helfender Vermittler, Mittelsmann [ohne geschäftliche Eigeninteressen]; jmd., der vermittelnd zwischen verschiedenen Personen, Parteien o. Ä. auftritt:* sich als M. anbieten; Ü Sprachen sind die M. zu anderen Völkern und Kulturen.
mitt|ler... ⟨Adj.⟩ [Komp. zu ↑ mittel]: **a)** *in der Mitte zwischen anderem befindlich:* das mittlere Fenster öffnen; **b)** *in Größe, Ausmaß, Zeitraum, Rang o. Ä. in der Mitte angesiedelt; einen Mittelwert darstellend:* eine mittlere Geschwindigkeit, Temperatur, Größe; die mittlere (*zwischen einfachem u. gehobenem Dienst liegende*) Beamtenlaufbahn; ein mittlerer (*mittelgroßer*) Betrieb.
Mitt|ler|funk|ti|on, die: vgl. Mittlerrolle: eine M. erfüllen, übernehmen.
Mitt|le|rin, die; -, -nen: w. Form zu ↑ Mittler.
Mitt|ler|rol|le, die: *Rolle des Mittlers, der Mittlerin; vermittelnde Rolle.*
mitt|ler|wei|le ⟨Adv.⟩ [älter: mittler Weile (Dativ Sg.)]: **a)** *im Laufe der Zeit, inzwischen, allmählich:* du hast es m. gelernt; **b)** *währenddessen, unterdessen, in der Zwischenzeit:* m. wussten sie Bescheid.
mit|tra|gen ⟨st. V.; hat⟩: **1.** *beim Tragen mitmachen, helfen.* **2.** *gemeinsam mit anderen unterstützen:* eine Entscheidung, einen Kompromiss, eine Reform m.
mitt|schiffs ⟨Adv.⟩ (Seemannsspr.): *in der Mitte des Schiffes [befindlich].*
Mitt|sech|zi|ger, der; -s, -: vgl. Mittdreißiger.

Mitt|sech|zi|ge|rin, die; -, -nen: w. Form zu ↑ Mittsechziger.
Mitt|sieb|zi|ger, der; -s, -: vgl. Mittdreißiger.
Mitt|sieb|zi|ge|rin, die; -, -nen: w. Form zu ↑ Mittsiebziger.
Mitt|som|mer, der; -s, - [wohl LÜ von engl. midsummer]: *Zeit der Sommersonnenwende.*
Mitt|som|mer|nacht, die: **1.** *Nacht im Mittsommer.* **2.** *Nacht der Sommersonnenwende.*
mit|tun ⟨unr. V.; hat⟩ (ugs.): *mitmachen; an etw. teilnehmen; zu etw. beitragen.*
Mitt|vier|zi|ger, der; -s, -: vgl. Mittdreißiger.
Mitt|vier|zi|ge|rin, die; -, -nen: w. Form zu ↑ Mittvierziger.
Mitt|win|ter, der; -s, -: *Zeit der Wintersonnenwende.*
Mitt|woch, der; -[e]s, -e [mhd. mit(te)woche, spätahd. mittawehha, LÜ von kirchenlat. media hebdomas für die germ. Bez. »Wodanstag«; zu mhd. mitti (↑ mitten) u. ↑ Woche]: *dritter Tag der mit Montag beginnenden Woche* (Abk.: Mi.).
Mitt|woch|abend [auch: ˈmɪt...ˈaː...], der: *Abend des Mittwochs:* am, jeden M. geht sie in die Sauna; eines schönen -s.
mitt|woch|abends ⟨Adv.⟩: *mittwochs abends.*
Mitt|woch|früh ⟨indekl. Subst. o. Art.⟩ (bes. österr.): *[am] Mittwochmorgen:* ich bin M. auf dem Markt gewesen.
Mitt|woch|mit|tag [auch: ˈmɪt...ˈmɪt...], der: *Mittag des Mittwochs.*
mitt|woch|mit|tags ⟨Adv.⟩: *mittwochs mittags.*
Mitt|woch|mor|gen [auch: ˈmɪt...ˈmɔr...], der: *Morgen des Mittwochs.*
mitt|woch|mor|gens ⟨Adv.⟩: *mittwochs morgens.*
Mitt|woch|nach|mit|tag [auch: ˈmɪt...ˈnaːx...], der: *Nachmittag des Mittwochs.*
mitt|woch|nach|mit|tags ⟨Adv.⟩: *mittwochs nachmittags.*
Mitt|woch|nacht [auch: ˈmɪtvɔχˈnaχt], die: *Nacht von Mittwoch auf Donnerstag.*
mitt|woch|nachts ⟨Adv.⟩: *mittwochs nachts.*
mitt|wochs ⟨Adv.⟩: *an jedem Mittwoch:* Chorprobe ist immer m.; m. nachmittags ist geschlossen.
Mitt|wochs|lot|to, das ⟨o. Pl.⟩: *Lotto (1), bei dem die Gewinnzahlen immer mittwochs gezogen werden.*
Mitt|woch|vor|mit|tag [auch: ˈmɪt...ˈfoːɐ̯...], der: *Vormittag des Mittwochs.*
mitt|woch|vor|mit|tags ⟨Adv.⟩: *mittwochs vormittags.*
Mitt|zwan|zi|ger, der: vgl. Mittdreißiger.
Mitt|zwan|zi|ge|rin, die; -, -nen: w. Form zu ↑ Mittzwanziger.
mit|un|ter ⟨Adv.⟩: *manchmal, bisweilen, gelegentlich, von Zeit zu Zeit.*
Mit|un|ter|zeich|ne|te ⟨vgl. Unterzeichnete⟩: *weibliche Person, die als Verantwortliche in einer bestimmten Funktion neben anderen ein Schriftstück unterzeichnet.*
Mit|un|ter|zeich|ne|ter ⟨vgl. Unterzeichneter⟩: *jmd., der als Verantwortlicher in einer bestimmten Funktion neben anderen ein Schriftstück unterzeichnet.*
Mit|ver|an|stal|ter, der: *jmd., der gemeinsam mit jmd. anderem etw. veranstaltet.*
Mit|ver|an|stal|te|rin, die: w. Form zu ↑ Mitveranstalter.
mit|ver|ant|wort|lich ⟨Adj.⟩: *mit anderen gemeinsam verantwortlich, an der Verantwortung teilhabend.*
Mit|ver|ant|wor|tung, die; -: *jmds. Teilhabe an der Verantwortung für jmdn., etw.*
mit|ver|die|nen ⟨sw. V.; hat⟩: *(neben anderen Familienmitgliedern) einer bezahlten Arbeit nachgehen:* die Kinder verdienen jetzt auch schon mit.
Mit|ver|fas|ser, der; -s, -: vgl. Mitautor.

Mit|ver|fas|se|rin, die; -, -nen: w. Form zu ↑ Mitverfasser.
mit|ver|fol|gen ⟨sw. V.; hat⟩: *gemeinsam mit anderen verfolgen:* eine Parlamentsdebatte, ein Fußballspiel [im Fernsehen, am Bildschirm] m.
Mit|ver|gan|gen|heit, die; - (österr.): *Imperfekt.*
Mit|ver|schul|den, das; -s: *Teilhabe an der Schuld anderer.*
Mit|welt, die; - (meist geh.): *Gesamtheit der Mitmenschen, Zeitgenossen:* die Beziehung des Menschen zu seiner M.
◆ **Mit|wer|ber,** der; -s, -: *Mitbewerber, Konkurrent:* ...ich merkte bald, dass meine M. ... sich nicht weniger dünkten (Goethe, Dichtung u. Wahrheit 1).
mit|wir|ken ⟨sw. V.; hat⟩: **1. a)** *mit [einem, einer] anderen zusammen bei der Durchführung o. Ä. von etw. wirken, tätig sein; mitarbeiten;* **b)** vgl. mitspielen (1 b): in einem Theaterstück m. **2.** *bei etw. mit eine Rolle spielen, mit eine Wirkung haben:* bei der Entscheidung wirkten verschiedene Faktoren mit.
Mit|wir|ken|de, die/eine Mitwirkende; der/einer Mitwirkenden, die Mitwirkenden/zwei Mitwirkende: *weibliche Person, die bei etw. mitwirkt (1).*
Mit|wir|ken|der, der Mitwirkende/ein Mitwirkender; des/eines Mitwirkenden, die Mitwirkenden/zwei Mitwirkende, der bei etw. *mitwirkt (1).*
Mit|wir|kung, die; -, -en ⟨Pl. selten⟩: *das Mitwirken.*
Mit|wir|kungs|recht, das: *Recht auf Mitwirkung an etw.:* ein gesetzlich verankertes M.; ein M. bei der Neuregelung.
Mit|wis|ser, der; -s, -: *jmd., der von einer [unrechtmäßigen o. ä.] Handlung, von einem Geheimnis eines anderen Kenntnis hat:* M. sein; er hat zu viele M.
Mit|wis|se|rin, die; -, -nen: w. Form zu ↑ Mitwisser.
Mit|wis|ser|schaft, die; -, -en ⟨Pl. selten⟩: *das Mitwissersein:* man hat ihm M. bei dieser Tat vorgeworfen.
mit|wol|len ⟨unr. V.; hat⟩ (ugs.): vgl. mitdürfen.
mit|zäh|len ⟨sw. V.; hat⟩: **1.** *bei einer Zählung auch berücksichtigen.* **2.** *mit eingerechnet werden:* Feiertage zählen nicht mit.
◆ **Mit|zeit,** die; -: *Gegenwart:* ...die lebendige Teilnahme des Alten an seiner nächsten Vor- und M. (Goethe, Wanderjahre I, 9).
mit|zie|hen ⟨unr. V.⟩: **1.** ⟨ist⟩ *sich einem Zug von Marschierenden o. Ä. anschließen; in einer Gruppe von Marschierenden mitgehen:* sie zogen ein Stück mit [dem Festzug] mit. **2.** ⟨hat⟩ **a)** ⟨hat⟩ *bei etw. mitmachen, sich einer Handlung eines anderen anschließen:* ein Schülervater reichte eine Klage ein, mehrere Eltern zogen mit; **b)** (Sport) *in einem Laufwettbewerb mit einem andern Läufer, einer anderen Läuferin mithalten:* die Finnin stößt vor, die Russin zieht mit.
Mitz|wa, die; -, ...woth u. -s [jidd. mitzwa < hebr. miṣwā = Gebot] (jüd. Rel.): *gute, gottgefällige Tat.*
Mix, der; -[es], -e: *Gemisch, spezielle Mischung:* ein M. aus Jazz u. Pop.
Mix|be|cher, der: *verschließbarer Becher zum Schütteln bzw. Mischen von alkoholischen Getränken; Shaker.*
Mixed [mɪkst], das; -[s], -[s] [engl. mixed, eigtl. = gemischt < a(frz. mixte < lat. mixtum, 2. Part. von: miscere = mischen] (Badminton, Tennis, Tischtennis): **1.** *Spiel zweier aus je einer Spielerin u. einem Spieler bestehender Mannschaften gegeneinander; gemischtes Doppel:* das M., im M. gewinnen. **2.** *Mannschaft für das Mixed (1).*

Mixed Drink, der; - -[s], - -s, **Mixed|drink,** der ['mɪkst 'drɪŋk, 'mɪkstdrɪŋk; engl. mixed drink, zu: to mix = mischen u. drink = Getränk]: alkoholisches Mischgetränk.

Mixed Me|dia ['mɪkst 'miːdi̯ə] ⟨Pl.⟩ [engl. mixed media, zu: to mix = mischen u. media = Medien]: *Kombination verschiedener* ¹*Medien* (2 a) *in künstlerischer Absicht.*

Mixed Pi|ck|les, Mixed|pi|ck|les ['mɪkst 'pɪkḷs, auch: 'mɪkstpɪkḷs], Mixpickles ['mɪkspɪkḷs] ⟨Pl.⟩ [engl. mixed pickles, zu: to mix = mischen u. pickles = Pökel, Eingemachtes] (Kochkunst): *in gewürztem Essig roh eingelegtes gemischtes Gemüse.*

mi|xen ⟨sw. V.; hat⟩ [engl. to mix = mischen]: **1. a)** *(bes. ein Getränk) mischen:* [sich] einen Drink m.; Ü ein bunt gemixtes Unterhaltungsprogramm; **b)** *im Mixer* (2) *[zerkleinern u.] mischen:* einen Drink m. **2.** *(Film, Rundfunk, Fernsehen) mischen* (6). **3.** *(Eishockey) den Puck* (2) *mit dem Schläger schnell hin u. her schieben.*

Mi|xer, der; -s, - [engl. mixer, zu: to mix, ↑ mixen]: **1.** *jmd., der alkoholische Getränke mischt; Barmixer.* **2.** *elektrisches Gerät zum Zerkleinern u. Mischen:* Eier im M. verquirlen. **3. a)** *(Film, Rundfunk, Fernsehen) Tonmischer;* **b)** *(Funkt.) Gerät zum Mischen* (6).

Mi|xe|rin, die; -, -nen: w. Form zu ↑ Mixer (1, 3 a).
Mix|ge|tränk, das: *gemixtes Getränk.*
Mix|pi|ck|les: ↑ Mixed Pickles.
Mix|tape [...teːp], das (Jargon): *Tonband od. CD mit einer Zusammenstellung von Musikaufnahmen verschiedener Interpreten zum Vorführen, Verschenken.*
Mix|tur, die; -, -en [mhd. mixture < lat. mixtura = Mischung]: **1.** (Pharm.; bildungsspr.) *zu bestimmten Zwecken hergestellte Mischung von Flüssigkeiten, bes. Arzneien:* eine M. aus verschiedenen Essenzen herstellen. **2.** (Musik) *bei der Orgel zu einem Register* (3 a) *zusammengefasste Bündelung bestimmter Töne.*
Mjöll|nir, der; -s (germ. Mythol.): Hammer des Gottes Thor.
ml = Milliliter.
mlat. = mittellateinisch.
Mlle. ⟨schweiz. (nach frz. Regel) meist ohne Punkt⟩ = Mademoiselle.
Mlles. ⟨schweiz. (nach frz. Regel) meist ohne Punkt⟩ = Mesdemoiselles.
mm = Millimeter.
mm² = Quadratmillimeter.
mm³ = Kubikmillimeter.
m. m. = mutatis mutandis.
MM. = Messieurs (vgl. Monsieur).
M. M. = Mälzels Metronom, Metronom Mälzel.
μm = Mikrometer.
Mme ⟨schweiz. (nach frz. Regel) meist ohne Punkt⟩ = Madame.
Mmes. ⟨schweiz. (nach frz. Regel) meist ohne Punkt⟩ = Mesdames.
mmh [m̩ˈm̩] ⟨Gesprächspartikel⟩: **1.** drückt aus, dass etw. schmeckt: m., ist das lecker! **2.** drückt Nachdenklichkeit od. Bedenken aus: m., ich weiß nicht recht.
¹**MMS**® [Abk. für engl. Multimedia Messaging Service]: *Mobilfunkdienst zur Übermittlung von Multimediadaten.*
²**MMS** [ɛmɛmˈʔɛs], die; -, -, österr. u. schweiz. auch: das; -, -: *über das Mobilfunknetz versandte multimediale Nachricht (z. B. ein Foto):* sie schickte ihr eine MMS mit dem neuesten Foto ihrer Kinder.
Mn = Mangan.
mnd. = mittelniederdeutsch.
Mne|mo|nik, die; - [spätlat. mnemonica (Pl.) < griech. mnēmoniká (Pl.) = (Regeln der) Gedächtniskunst] (Fachspr.): *Mnemotechnik.*

Mne|mo|sy|ne (griech. Mythol.): Göttin des Gedächtnisses, Mutter der Musen.
Mne|mo|tech|nik [auch: ...ˈtɛç...], die; -, -en (Fachspr.): *Technik, Verfahren, seine Gedächtnisleistung zu steigern, vor allem durch systematische Übung od. Lernhilfen wie Merkverse o. Ä.; Gedächtniskunst.*
mne|mo|tech|nisch ⟨Adj.⟩ (Fachspr.): *die Mnemotechnik betreffend, ihr eigentümlich.*
mniederd. = mittelniederdeutsch.
Mo = Molybdän.
Mo. = Montag.
MΩ = Megaohm.
Moa, der; -[s], -s [Maori (Sprache Neuseelands) moa]: *ausgestorbener, straußenähnlicher neuseeländischer Laufvogel.*
Mob, der; -s, -s [engl. mob, eigtl. = aufgewiegelte Volksmenge, gek. aus lat. mobile vulgus] (abwertend): **1.** *Pöbel:* Die Wachen hatten alle Mühe, das Tor zu verrammeln und den M. zurückzudrängen (Süskind, Parfum 289). **2.** *kriminelle Bande, organisiertes Verbrechertum.*
mob|ben ⟨sw. V.; hat⟩ [engl. to mob = über jmdn. herfallen, sich auf jmdn. stürzen, zu: mob, ↑ Mob] (Jargon): *einen Arbeitskollegin, einen Arbeitskollegen ständig schikanieren, quälen, verletzen [mit der Absicht, ihn bzw. sie aus dem Firma o. Ä. zu vertreiben]:* jmdn. [aus dem Amt] m.
Mob|bing, das; -s [anglisierende Bildung zu ↑ mobben] (Jargon): *das Mobben.*
Mob|bing|be|ra|tung, die: *professionelle Beratung für Personen, die von Mobbing betroffen sind.*
Mö|bel, das; -s, -, schweiz. auch: -n [frz. meuble = bewegliches Gut; Hausgerät; Einrichtungsgegenstand < mlat. mobile = bewegliches Hab und Gut, zu lat. mobilis, ↑ mobil]: ⟨meist Pl.⟩ *Einrichtungsgegenstand, mit dem ein Raum ausgestattet ist, damit er benutzt u. bewohnt werden kann, der zum Sitzen, Liegen, Aufbewahren von Kleidung, Wäsche, Hausrat dient:* schwere, geschnitzte M.; M. aus Eiche; ein zweckdienliches M.; M. rücken; die M. aufstellen; *jmdm. die M. gerade rücken/stellen (salopp: *jmdn. heftig zurechtweisen).* **2.** ⟨o. Pl.⟩ (ugs. scherzh.) *großer, unhandlicher od. ungefüger [lästiger] Gegenstand.*
Mö|bel|fa|b|rik, die: *Fabrik, in der Möbel hergestellt werden.*
Mö|bel|ge|schäft, das: *Geschäft, in dem Möbel verkauft werden.*
Mö|bel|händ|ler, der: *Geschäftsmann, der mit Möbeln handelt.*
Mö|bel|händ|le|rin, die: w. Form zu ↑ Möbelhändler.
Mö|bel|haus, das: *[größeres] Möbelgeschäft.*
Mö|bel|in|dus|t|rie, die: vgl. Möbelfabrik: die deutsche M. verzeichnet ein Umsatzminus.
Mö|bel|la|ger, das: *Lager für Möbel.*
Mö|bel|mes|se, die: ²Messe (1) *für Möbel.*
Mö|bel|pa|cker, der: *Angestellter einer Spedition, der bei einem Umzug Möbel u. Hausrat verpackt u. transportiert.*
Mö|bel|pa|cke|rin, die: w. Form zu ↑ Möbelpacker.
Mö|bel|po|li|tur, die: *Politur für Möbel.*
Mö|bel|spe|di|teur, der: *Spediteur für die Durchführung von Umzügen u. den Transport von Möbeln.*
Mö|bel|spe|di|teu|rin, die: w. Form zu ↑ Möbelspediteur.
Mö|bel|stoff, der: *Bezugsstoff für Polstermöbel.*
Mö|bel|stück, das: *(einzelnes) Möbel* (1).
Mö|bel|tisch|ler, der: *auf Herstellung u. Reparatur von Möbeln spezialisierter Tischler.*
Mö|bel|tisch|le|rin, die: w. Form zu ↑ Möbeltischler.

Mö|bel|trä|ger, der: *jmd., der bei Transporten u. Umzügen Möbel, Kisten usw. trägt bzw. ein- u. auslädt.*
Mö|bel|trä|ge|rin, die: w. Form zu ↑ Möbelträger.
Mö|bel|wa|gen, der: *sehr geräumiger, geschlossener (Kraft)wagen für den Transport von Möbeln u. Hausrat, bes. bei Umzügen.*
mo|bil ⟨Adj.⟩ [frz. mobile = beweglich, marschbereit < lat. mobilis = beweglich, zu: movere, ↑ Motor]: **1.** (bildungsspr.) **a)** *beweglich, nicht an einen festen Standort gebunden:* -e Büchereien (Fahr-, Wanderbüchereien), -er (Rechtsspr., Wirtsch.; *transportierbarer*) *Besitz;* m. *(mit dem Mobiltelefon) telefonieren;* **b)** (bes. Wirtsch.) *nicht festliegend, nicht gebunden:* -e Werte; **c)** (bes. Soziol.) *durch Mobilität* (2) *gekennzeichnet, bes. zu Wechsel von Wohnsitz, Arbeitsplatz bereit, in der Lage, fähig.* **2.** (bes. Militär) *für den militärischen, polizeilichen o. ä. Einsatz bereit; einsatzbereit u. beweglich:* * jmdn. m. machen (ugs.; *jmdn. antreiben, aufscheuchen);* etw. m. machen (ugs.; *etw. aktivieren, einsetzen, mobilisieren* 2 b). **3.** (ugs.) *munter, rege:* der Kaffee hat mich m. gemacht; die alte Dame ist noch sehr m. *(rüstig).*
Mo|bil|com|pu|ter, der (EDV): **a)** *tragbarer Computer (z. B. ein Notebook);* **b)** *für den Einbau in Fahrzeuge konstruierter Computer.*
mo|bi|le [...l] ⟨Adj.⟩ [ital. mobile, ↑ Mobile] (Musik): *beweglich, nicht steif.*
Mo|bi|le, das; -s, -s [engl. mobile, zu ital. mobile < lat. mobilis, ↑ mobil]: *hängend befestigtes, mehrfach beweglich gestaltetes Gebilde aus Fäden od. Stäben u. Figuren o. Ä., das durch Anstoßen od. Luftzug in Bewegung gerät.*
Mo|bil|funk, der: *Funk, Funksprech- bzw. Funktelefonverkehr zwischen mobilen od. zwischen mobilen u. festen Stationen.*
Mo|bil|funk|an|bie|ter, der: *Anbieter von Leistungen, die man braucht, um am Mobilfunk teilnehmen zu können.*
Mo|bil|funk|an|bie|te|rin, die: w. Form zu ↑ Mobilfunkanbieter.
Mo|bil|funk|be|trei|ber, der: *Betreiber eines Mobilfunknetzes, Mobilfunkanbieter.*
Mo|bil|funk|be|trei|be|rin, die: w. Form zu ↑ Mobilfunkbetreiber.
Mo|bil|fun|ker, der (Jargon): *Mobilfunkbetreiber.*
Mo|bil|fun|ke|rin, die: w. Form zu ↑ Mobilfunker.
Mo|bil|funk|netz, das: *Netz* (2 a) *für den Mobilfunk.*
Mo|bil|funk|stan|dard, der: *in der dem Mobilfunk zugrunde liegenden Technik entwickelter* ¹Standard (1): der europäische M.
Mo|bil|ge|rät, das: *Gerät zur Nutzung des Mobilfunks (bes. Mobiltelefon).*
Mo|bi|li|ar, das; -s, -e ⟨Pl. selten⟩ [zu ↑ Mobilien]: *Gesamtheit der Möbel u. Einrichtungsgegenstände einer Wohnung.*
Mo|bi|li|en ⟨Pl.⟩ [mlat. mobilia, zu lat. mobilis, ↑ mobil]: **1.** (veraltet) *Mobiliar.* **2.** (Rechtsspr., Wirtsch.) *bewegliche Sachen, beweglicher Besitz (im Unterschied zu den Immobilien).*
Mo|bi|li|sa|ti|on, die; -, -en [frz. mobilisation] (bes. Fachspr.): *das Mobilisieren* (2 b).
mo|bi|li|sie|ren ⟨sw. V.; hat⟩ [frz. mobiliser]: **1.** *für den [Kriegs]einsatz bereitstellen, verfügbar machen:* das Heer m. **2. a)** *dazu bringen, (in einer Angelegenheit) [politisch, sozial] aktiv zu werden, sich kräftig einzusetzen:* jmdn. m.; **b)** *mobil* (3) *machen, aktivieren, rege bzw. verfügbar u. wirksam machen:* alle Kräfte [für etw.] m.; Kaffee mobilisiert *(weckt) die Lebensgeister.* **3.** (Wirtsch.) *mobil* (1 b) *machen, verfügbar machen:* Kapital m. **4.** (Med.) **a)** *(ein Gelenk, einen Körperteil o. Ä.) [wieder] beweglich machen;* **b)** *jmdn. durch Bewegungstherapie o. Ä. wieder bewegungsfähig machen.*

Mo|bi|li|sie|rung, die; -, -en: *das Mobilisieren; das Mobilisiertwerden.*
Mo|bi|li|tät, die; - [lat. mobilitas, zu: mobilis, ↑ mobil]: **1.** (bildungsspr.) *[geistige] Beweglichkeit.* **2.** (Soziol.) *Beweglichkeit (in Bezug auf den Beruf, die soziale Stellung, den Wohnsitz):* eine Gesellschaft mit hoher M.; die soziale, regionale M. der Arbeitnehmer(innen).
mo|bil|ma|chen ‹sw. V.; hat›: **1.** *die Streitkräfte u. den ganzen Staat in den Kriegszustand versetzen, auf das Eintreten in einen bevorstehenden Krieg vorbereiten:* die Regierung machte mobil, ließ m. **2.** *große Anstrengungen machen, die Anstrengungen verstärken, um etw. in Angriff zu nehmen, etw. durchzusetzen.*
Mo|bil|ma|chung, die; -, -en (Militär): *das Mobilmachen:* die M. anordnen.
Mo|bil|netz, das: *Mobilfunknetz.*
Mo|bil|sta|ti|on, die: *mobile (1 a) Station beim Mobilfunk.*
Mo|bil|te|le|fon, das: *ohne Kabel funktionierendes Telefon (z. B. Autotelefon, Handy).*
mö|b|lie|ren ‹sw. V.; hat› [frz. meubler, zu: meuble, ↑ Möbel]: *mit Möbeln ausstatten, einrichten:* eine Wohnung neu, modern m.; möbliert *(in einem möblierten Zimmer, in einer möblierten Wohnung zur Miete)* wohnen; * **möblierter Herr** (↑ Herr 1 a).
Mö|b|lie|rung, die; -, -en: **1.** *das Möblieren; Ausstattung mit Möbeln.* **2.** *Gesamtheit der Möbel, mit denen etw. möbliert, ausgestattet ist.*
Mo|cam|bique usw.: ↑ ¹Mosambik, ²Mosambik usw.
Moc|ca: ↑ Mokka.
Moc|ca dou|ble ['mɔka 'duːbḷ], der; - -, -s -s ['mɔka 'duːbḷ] [zu frz. double = doppelt; eigtl. = doppelter Mokka] (Gastron.): *besonders starker Kaffee.*
moch|te, möch|te: ↑ mögen.
Möch|te|gern, der; -[s], -e od. -s (ugs. spött.): *jmd., der sich gern aufspielt, gern mehr sein od. scheinen möchte, als er ist.*

Möch|te|gern- (ugs. spött.): *drückt in Bildungen mit Substantiven aus, dass eine Person sehr gern etw. sein möchte, sich auch dafür hält, es aber nicht oder nur schlecht ist, weil ihr die Fähigkeiten dazu fehlen: Möchtegerncasanova, -rennfahrer, -schriftstellerin.*

mod. = moderato.
mo|dal ‹Adj.› [zu lat. modus, ↑ Modus]: **1.** (Sprachwiss.) *die Art u. Weise bezeichnend:* -e Konjunktion. **2.** (Musik) *die Modalnotation betreffend, in Modalnotation notiert.*
Mo|dal|ad|verb, das (Sprachwiss.): *Adverb der Art u. Weise.*
Mo|dal|be|stim|mung, die (Sprachwiss.): *Umstandsbestimmung der Art u. Weise.*
Mo|da|li|tät, die; -, -en [zu ↑ modal]: **1.** ‹meist Pl.› (bildungsspr.) *Art u. Weise, näherer Umstand, Bedingung, Art der Durchführung, Ausführung, des Geschehens o. Ä.:* alle -en in Betracht ziehen. **2. a)** (Philos.) *das Wie (Wirklichkeit, Möglichkeit) des Seins, Geschehens, Werdens o. Ä.;* **b)** (Logik) *Grad der Bestimmtheit einer Aussage bzw. der Gültigkeit eines Urteils.* **3.** (Sprachwiss.) *(in unterschiedlicher sprachlicher Form ausdrückbares) Verhältnis des bzw. der Sprechenden zur Aussage bzw. der Aussage zur Realität od. Realisierung.*
Mo|dal|lo|gik, die: *Zweig der formalen Logik, in dem zur Bildung von Aussagen auch die Modalitäten herangezogen werden.*
Mo|dal|no|ta|ti|on, die (Musik): *vorwiegend der Unterscheidung verschiedener Rhythmen dienende Notenschrift des 12. u. 13. Jh.s.*
Mo|dal|par|ti|kel, die (Sprachwiss.): *Abtönungspartikel.*
Mo|dal|satz, der (Sprachwiss.): *Adverbialsatz der Art u. Weise.*
Mo|dal|verb, das (Sprachwiss.): *Verb, das in Verbindung mit einem reinen Infinitiv ein anderes Sein od. Geschehen modifiziert (z. B. sie darf, kann, will fahren).*
Mod|der, der; -s [mniederd. modder, zu ↑ Moder] (nordd. ugs.): *schlammiger Schmutz; Schlamm, Morast.*
mod|de|rig, modd|rig ‹Adj.› (nordd. ugs.): *schlammig; morastig.*
mode [moːt] ‹indekl. Adj.› [engl. mode = eine Art Grau; eigtl. = mode(farbe), zu: mode < frz. mode, ↑ ¹Mode]: *gedeckt braun.*
Mo|de, die; -, -n [frz. mode < lat. modus, ↑ Modus]: **1. a)** *in einer bestimmten Zeit, über einen bestimmten Zeitraum bevorzugte, als zeitgemäß geltende Art, sich zu kleiden, zu frisieren, sich auszustatten:* die neueste, herrschende M.; etw. ist [ganz] aus der M. [gekommen]; etw. ist [in] M. *(gehört [ganz besonders] zur geltenden bzw. neuesten Mode);* mit der M. gehen *(der jeweiligen Mode folgen);* jede M. mitmachen; **b)** ‹Pl.› *elegante Kleidungsstücke, die nach der herrschenden, neuesten Mode angefertigt sind:* die neuesten -n tragen, vorführen. **2.** *etw., was der gerade herrschenden, bevorzugten Geschmack, dem Zeitgeschmack entspricht; etw., was einem zeitbedingten Interesse, Gefallen, Verhalten entspricht:* diese Sportarten sind jetzt [große] M.; was sind denn das für neue -n? (ugs.; *was soll denn das auf einmal?);* es ist zur M. *(abwertend; zur neuerdings weitverbreiteten Gepflogenheit)* geworden, von Sparmaßnahmen zu sprechen; in seiner Wohnung standen Teile aufgelöster Kirchen, Bänke, Beichtstühle als Bar hergerichtet, wie es M. war (Kronauer, Bogenschütze 93/94).
Mo|de|ar|ti|kel, der: **1.** *zur Mode gehörender Artikel (3), bes. modisches Zubehör.* **2.** *Artikel (3), der eine bestimmte Zeit lang gern gekauft wird.*
Mo|de|aus|druck, der ‹Pl. …drücke›: *Modewort.*
Mo|de|be|ruf, der: *Beruf, der in Mode ist.*
mo|de|be|wusst ‹Adj.›: *sich bewusst nach der Mode richtend.*
Mo|de|blatt, das (ugs.): *Modezeitschrift.*
Mo|de|bran|che, die: *den Bereich der Mode umfassende Branche.*
Mo|de|de|sig|ner, der: *im Zeichnen u. Beurteilen von Entwürfen, Modellen u. in damit zusammenhängenden kaufmännischen Tätigkeiten ausgebildete Fachkraft auf dem Gebiet der Mode (Berufsbez.).*
Mo|de|de|sig|ne|rin, die: *w. Form zu ↑ Modedesigner.*
Mo|de|dro|ge, die: *Droge, die in Mode, nach Art einer Mode verbreitet ist u. bevorzugt konsumiert wird.*
Mo|de|er|schei|nung, die: *als Mode (2) anzusehende Erscheinung: eine kurzlebige, vorübergehende, bloße M.*
Mo|de|fan, der: *jmd., der jede neue ¹Mode (1 a) begeistert mitmacht.*
Mo|de|far|be, die: *Farbe, die in Mode ist:* Rot ist die M. dieses Sommers.
Mo|de|fim|mel, der (ugs. abwertend): *übertriebene Vorliebe für modische Kleidung.*
Mo|de|fo|to|graf, Modephotograph, der: *berufsmäßiger Fotograf, der die Erzeugnisse der Mode u. Modelle, die sie vorführen, fotografiert.*
Mo|de|fo|to|gra|fie, Modephotographie, die: **1.** *das Modefotografieren; das beruflich spezialisierte Fotografie (1 a).* **2.** *Fotografie (2) mit einem Motiv aus dem Bereich der Mode.*
Mo|de|fo|to|gra|fin, Modephotographin, die: *w. Formen zu ↑ Modefotograf, Modephotograph.*
Mo|de|ge|schäft, das: *Geschäft für meist modische Kleidung u. Zubehör bes. für Damen.*
Mo|de|ge|stal|ter, der: *Modeschöpfer.*
Mo|de|ge|stal|te|rin, die: *w. Form zu ↑ Modegestalter.*
Mo|de|haus, das: **1.** *größeres Modegeschäft.* **2.** *Unternehmen der Modebranche, das Modelle entwirft u. herstellt.*
Mo|de|in|dus|t|rie, die: *vgl. Modebranche.*
Mo|de|jour|nal, das: *Modezeitschrift.*
Mo|de|krank|heit, die: *nach Art einer Mode verbreitete Krankheit (mit eingebildeten od. unklaren Symptomen).*
¹Mo|dell, der; -s, - [mhd. model, ahd. modul < lat. modulus = Maß, Vkl. von: modus, ↑ Modus]: **1.** ‹auch: -, -n› (landsch.) *Holzform mit eingekerbten überlieferten Mustern, mit der Backwerk geformt wird.* **2.** *Hohlform für das Gießen von Wachs.* **3.** (Fachspr.) *erhabene Druckform (wie Druckplatte, Walze) zum Bedrucken von Stoffen, Tapeten o. Ä.* **4.** (Handarb.) *[von Holzstöcken gedruckte] Vorlage für Stick- u. Wirkarbeiten.*
²Mo|dell, das; -s, -s [engl. model < mfrz. modelle < (a)ital. modello, ↑ Modell]: **a)** *Person, bes. Frau, die Modekollektionen, [Modell]kleider auf Modenschauen vorführt; Mannequin;* **b)** *Fotomodell.*
Mo|dell, das; -s, -e [ital. modello = Muster, Entwurf, zu lat. modulus = Maß, Vkl. von: modus, ↑ Modus]: **1. a)** *Form, Beschaffenheit, Maßverhältnisse veranschaulichende Ausführung eines vorhandenen od. noch zu schaffenden Gegenstandes in bestimmtem (bes. verkleinerndem) Maßstab:* das M. eines Schiffes, Flugzeugs, einer Burg, Fabrik; ein M. entwerfen, bauen; **b)** *(bild. Kunst, Technik) Muster, Entwurf einer Plastik, eines technischen o. ä., durch Guss herzustellenden Gegenstandes, nach dem die Guss- bzw. Gipsform hergestellt wird:* das M. einer Plastik; **c)** (Wissensch.) *Objekt, Gebilde, das die inneren Beziehungen und Funktionen von etw. abbildet bzw. [schematisch] veranschaulicht [und vereinfacht, idealisiert]:* ein M. des Atomkerns; **d)** (math. Logik) *Interpretation eines Axiomensystems, nach der alle Axiome des Systems wahre Aussagen sind.* **2. a)** *als Gegenstand der bildnerischen, künstlerischen o. ä. Darstellung od. Gestaltung benutztes Objekt, Lebewesen usw.;* **b)** *Person, die sich [berufsmäßig] als Gegenstand bildnerischer od. fotografischer Darstellung, Gestaltung zur Verfügung stellt:* als M. arbeiten; * [jmdm.] M. sitzen/stehen *(jmds. Modell sein):* sie hat dem Maler für dieses Bild M. gesessen; **c)** ²Modell (a); **d)** (verhüll.) *Prostituierte.* **3. a)** *(Gegenstand als) Entwurf, Muster, Vorlage für die (serienweise) Herstellung von etw.;* **b)** *Typ, Art der Ausführung eines Fabrikats;* **c)** (Rechtsspr.) *durch Gesetz urheberrechtlich geschützte Gestaltungsform eines Gebrauchsgegenstandes.* **4.** (Mode) *[Kleidungs]stück, das eine Einzelanfertigung ist [u. ungefähr als Muster, Vorlage od. Anhaltspunkt für die serienweise Herstellung bzw. Konfektion dienen kann]:* ein Pariser M. **5.** (bildungsspr.) **a)** *etw., was (durch den Grad seiner Perfektion, Vorbildlichkeit o. Ä.) für anderes od. für andere Vorbild, Beispiel, Muster sein kann:* etw. nach dem M. von etw. gestalten; **b)** *als Muster gedachter Entwurf:* das M. eines neuen Gesetzes.
Mo|dell|bau, der ‹o. Pl.›: *Bau von Modellen (1 a).*
Mo|dell|bau|er, der; -s, -: *Handwerker, der Modelle u. a. anfertigt u. repariert (Berufsbez.).*
Mo|dell|bau|e|rin, die: *w. Form zu ↑ Modellbauer.*

Mo|dell|cha|rak|ter, der: *Eigenschaft, als Modell (5) dienen zu können:* das Projekt hat M.

Mo|dell|ei|sen|bahn, die: *Spielzeugeisenbahn, deren einzelne Teile möglichst wirklichkeitsgetreu nachgebildet sind.*

Mo|del|leur [...'lø:ɐ̯], der; -s, -e [frz. modeleur]: *Facharbeiter od. [Kunst]handwerker, der Modelle (3 a) entwirft.*

Mo|del|leu|rin [...'lø:rɪn], die; -, -nen: w. Form zu ↑Modelleur.

Mo|dell|fall, der: **a)** *Fall, der als Modell (5 a) gelten kann:* ein M. für Stadtsanierung; **b)** *typisches Beispiel für etw.:* das war ein M. für falsches Verhalten.

Mo|dell|flug|zeug, das: vgl. Modelleisenbahn.

mo|dell|haft ⟨Adj.⟩ (bildungsspr.): **1.** *ein Vorbild, Muster, Modell (5) darstellend:* der Schulversuch ist m. für das ganze Land. **2.** *in Form od. nach Art eines Modells* (1 b); *ein Modell* (1 b) *bildend:* eine -e Darstellung der Venus von Milo. **3.** *in der Art, anhand eines Modells* (1 c): den Aufbau eines Atoms m. erklären.

mo|del|lie|ren ⟨sw. V.; hat⟩ [ital. modellare, zu: modello, ↑Modell]: **1. a)** *(formbares Material) plastisch formen, gestalten; formend, gestaltend bearbeiten:* [das] Wachs m.; m. lernen; an einer Plastik m.; **b)** *durch Modellieren* (1 a) *bilden, formen:* eine Vase m.; jmdn. in Ton, Gips m. *(plastisch nachbilden);* Der unglasierte Kopf des Reiters, der Spuren kalter Bemalung aufweist, besteht aus rein weißem Ton. Er wurde also separat modelliert und dann auf den Körper gesetzt (Kronauer, Bogenschütze 95/96). **2.** (Wissensch.) *von etw. ein Modell (1 c) herstellen, bilden; wirtschaftliche Prozesse in einem Computer m.* **3.** *in bestimmter Weise (bes. in bestimmter Form, Farbe o. Ä.) als Modell (3, 4) gestalten; nach entsprechendem Modell (3, 4) in bestimmter Weise gestalten.*

Mo|del|lie|rer, der; -s, -: *Modelleur.*

Mo|del|lie|re|rin, die; -, -nen: w. Form zu ↑Modellierer.

Mo|del|lier|holz, das ⟨Pl. ...hölzer⟩: *[Bildhauer]werkzeug zum Modellieren.*

Mo|del|lie|rung, die; -, -en: **1.** *das Modellieren; das Modelliertwerden.* **2.** *durch Modellieren (1 a, 3) geschaffene Gestalt, Form, Beschaffenheit.*

Mo|dell|list, der; -en, -en (Mode): *Modelleur.*

Mo|dell|lis|tin, die; -, -nen: w. Form zu ↑Modellist.

Mo|dell|kleid, das: *Kleid, das als Modell (4) angefertigt wurde.*

Mo|dell|pro|jekt, das: *Projekt, das modellhaften Charakter hat.*

Mo|dell|pup|pe, die: **1.** *Schneiderpuppe.* **2.** *Schaufensterpuppe.*

Mo|dell|rech|nung, die (bes. Wirtsch.): *Berechnung (bes. künftiger Kosten) anhand eines mehr od. weniger wirklichkeitsnahen Modells.*

Mo|dell|rei|he, die: *Reihe (4) von Varianten eines bestimmten Modells (3 b).*

Mo|dell|schutz, der ⟨o. Pl.⟩ (Rechtsspr.): *[patent]rechtlicher Schutz für ein Modell (3 c).*

Mo|dell|tisch|ler, der: *Tischler, der Modelle (1 a) anfertigt u. repariert.*

Mo|dell|tisch|le|rin, die: w. Form zu ↑Modelltischler.

Mo|dell|ver|such, der: **1.** (bildungsspr.) *Versuch, der ein Muster für etw. liefern soll:* ein M. zur Einführung der Gesamtschule. **2.** (Wissensch., Technik) *Experiment an einer maßstabgetreuen Nachbildung, einer simulierten Situation o. Ä. zur Erlangung von Aufschlüssen über den originalen Gegenstand, Prozess.*

Mo|dell|zeich|nung, die: *Zeichnung, die ein Modell (1 a, 2 a, 3, 4) zum Gegenstand hat.*

¹mo|deln ⟨sw. V.; hat⟩ [mhd. modelen, zu ↑¹Model]: **1.** (bildungsspr.) *[durch Veränderungen] gestalten, formen; umformen, umgestalten: etw. nach seinen Wünschen m.;* an etw. m. *(hier u. dort kleine Veränderungen anbringen);* Ü er lässt sich nicht m. *(in Einzelheiten des Charakters, der Persönlichkeit beliebig ändern);* Dünen von Schneewehen, an der Kante mit einem empfindlichen Messer geschnitten und von dem modelnden Hauch des Windes geformt, türmten sich in ihren Weg (A. Zweig, Grischa 386). **2.** (Handwerk südd.) *mit dem* ¹*Model* (1) *prägen.*

²mo|deln ⟨sw. V.; hat⟩ [zu ↑²Model] (Jargon): *als* ²*Model arbeiten:* sie studiert und modelt gelegentlich bei Modenschauen.

Mo|de|lung, die; -, -en: *das* ¹*Modeln.*

Mo|dem, der, auch: das; -s, -s [geb. aus engl. modulator (↑Modulator) u. demodulator (↑Demodulator)]: *elektronisches Gerät für die Datenübertragung auf Fernsprechleitungen.*

Mo|de|ma|cher, der: *jmd., der berufsmäßig Mode entwirft u. in Kollektionen auf den Markt bringt.*

Mo|de|ma|che|rin, die: w. Form zu ↑Modemacher.

Mo|de|narr, der (abwertend): *eitler, sich übertrieben modisch kleidender Mann.*

Mo|de|när|rin, die: w. Form zu ↑Modenarr.

Mo|den|schau, Modeschau; die: *Veranstaltung, bei der die neuesten Moden vorgeführt werden:* eine M. veranstalten.

Mo|de|pho|to|graph usw.: ↑Modefotograf usw.

Mo|de|pup|pe, die (ugs. abwertend): *übertrieben modisch gekleidete weibliche Person.*

Mo|der, der; -s [spätmhd. (md.) moder, urspr. = Feuchtigkeit; Schlamm, Schmutz; Schimmel(belag), verw. mit ↑Moos]: **1.** *durch Fäulnis u. Verwesung entstandene Stoffe.* **2.** (landsch.) *schlammiger Schmutz; Morast.*

mo|de|rat ⟨Adj.⟩ [lat. moderatus, zu: moderari, ↑moderieren] (bildungsspr.): *gemäßigt, maßvoll:* -e Worte; ein -er Tarifabschluss; -e Politiker; sich m. geben.

◆ **Mo|de|ra|teur|lam|pe** [...'tø:ɐ̯...], die; -, -n [zu frz. modérateur = Regler < lat. moderator, ↑Moderator]: *Petroleumlampe mit einer Vorrichtung für sparsamen Ölverbrauch: ...* eine mit einem roten Schleier versehene M. (Fontane, Jenny Treibel 59).

Mo|de|ra|ti|on, die; -, -en [lat. moderatio] (Rundfunk, Fernsehen): *das Moderieren:* die M. einer Sendung übernehmen; Ü unter der M. eines neutralen Vermittlers kam es schließlich zu einer Einigung.

mo|de|ra|to ⟨Adv.⟩ [ital., zu: moderare < lat. moderari, ↑moderieren] (Musik): *gemäßigt, mäßig schnell* (Abk.: mod.)

Mo|de|ra|to, das; -s, -s u. ...ti (Musik): *moderato gespieltes Musikstück.*

Mo|de|ra|tor, der; -s, ...oren [lat. moderator = Mäßiger, Leiter]: **1.** (Rundfunk, Fernsehen) *jmd., der eine Sendung moderiert:* die -en der Sportschau; Ü der Minister tritt als M. *(als lenkender Vermittler)* bei den Gesprächen zwischen Unternehmen und Banken auf. **2.** (Kerntl.) *Stoff, der Neutronen hoher Energie abbremst.*

Mo|de|ra|to|rin, die; -, -nen: w. Form zu ↑Moderator.

Mo|der|ge|ruch, der: *Geruch nach Moder.*

Mo|de|rich|tung, die: **1.** *Richtung der Mode* (1 a): die herrschende M. **2.** *Richtung, [geistige] Strömung, die in Mode ist:* die neueste M. in der Kunst.

mo|de|rie|ren ⟨sw. V.; hat⟩ [spätlat. moderare, lat. moderari = mäßigen, regeln, lenken, zu: modus, ↑Modus] (Rundfunk, Fernsehen): *(eine Sendung) durch einführende Worte u. verbindende Kommentare in ihrem Ablauf betreuen:* ein politisches Magazin m.; Ü eine Selbsthilfe-

gruppe m. *(leitend mit der Gruppe arbeiten);* in der Verhandlung zwischen Banken und Unternehmen soll die Ministerin m. *(lenkend vermitteln).*

mo|de|rig, modrig ⟨Adj.⟩: *von Moder bzw. Modergeruch erfüllt:* ein -er Keller; die Luft ist m.; m. riechen.

¹mo|dern ⟨sw. V.; hat/ist⟩: *Moder* (1) *ansetzen; in Moder übergehen:* das Laub modert; im Keller modern *(liegen vergessen [modernde])* Bücher.

²mo|dern ⟨Adj.⟩ [frz. moderne < lat. modernus = neu(zeitlich), zu: modo = eben erst, zu: modus, ↑Modus]: **1.** *der herrschenden bzw. neuesten Mode* (1 a, 2) *entsprechend:* ein -es Kleid; solche Handtaschen sind nicht mehr m.; sich m. kleiden. **2. a)** *dem neuesten Stand der geschichtlichen, gesellschaftlichen, kulturellen, technischen o. ä. Entwicklung entsprechend; neuzeitlich, heutig, zeitgemäß:* die -e Technik, -e Strategien; m. wohnen; **b)** *an der Gegenwart, ihren Problemen u. Auffassungen orientiert, dafür aufgeschlossen; in die jetzige Zeit passend:* ein -er Mensch; eine -e Ehe führen; m. denken. **3.** *der neuen od. neuesten Zeit zuzurechnen:* -e Kunst, Musik, Literatur; m. *(im modernen Stil)* komponieren; die -en Diktaturen.

Mo|der|ne, die; - (bildungsspr.): **1.** *die moderne, neue od. neueste Zeit [u. ihr Geist].* **2.** *moderne Richtung in Literatur, Kunst od. Musik:* ein Vertreter der M.

mo|der|ni|sie|ren ⟨sw. V.; hat⟩ [frz. moderniser]: **1.** *durch Veränderungen, Umgestaltung der neuen Mode angleichen:* die Kleidung, Ausstattung m. **2.** *durch Veränderungen, Umgestaltung technisch o. ä. auf einen neuen Stand bringen:* ein Labor, die Verwaltung [technisch] m.; den Lehrplan m. **3.** (bes. Literatur) *durch Veränderungen, Umgestaltung der Ausdrucks-, Äußerungsformen der modernen Zeit angleichen:* einen Text m.

Mo|der|ni|sie|rer, der; -s, - (oft leicht abwertend): *Neuerer:* er gilt als der M. seiner Partei.

Mo|der|ni|sie|re|rin, die; -, -nen: w. Form zu ↑Modernisierer.

Mo|der|ni|sie|rung, die; -, -en: *das Modernisieren; das Modernisiertwerden.*

Mo|der|nis|mus, der; -, ...men: **1.** ⟨o. Pl.⟩ *Bejahung des Modernen, Streben nach Modernität [in Kunst u. Literatur].* **2.** (Sprachwiss., Kunstwiss.) *modernes Stilelement.*

Mo|der|nist, der; -en, -en: *Anhänger des Modernismus* (1, 3).

Mo|der|nis|tin, die; -, -nen: w. Form zu ↑Modernist.

mo|der|nis|tisch ⟨Adj.⟩: **1.** *den Modernismus betreffend, zu ihm gehörend:* ein -er Schriftsteller. **2.** (oft abwertend) *sich modern gebend, übertrieben modern:* eine -e Architektur.

Mo|der|ni|tät, die; -, -en ⟨Pl. selten⟩ [frz. modernité] (bildungsspr.): *moderne Beschaffenheit, modernes Gepräge, Verhalten o. Ä.*

Mo|dern Jazz ['mɔdən 'dʒæz], der; - - [engl. modern jazz]: *(etwa seit 1945) stilistisch weiterentwickelter Jazz.*

Mo|de|sa|che, die: *in der Wendung* etw. ist [eine] M. *(etw. ist eine reine Angelegenheit der Mode, Ausdruck eines bestimmten Zeitgeschmacks).*

Mo|de|sa|lon, der: *Geschäft für die Anfertigung eleganter Damenkleidung.*

Mo|de|schaf|fen, das: *das Schaffen, schöpferische Leistungen auf dem Gebiet der Mode.*

Mo|de|schau, die: ↑Modenschau.

Mo|de|schmuck, der: *modischer Schmuck aus nicht sehr wertvollem Material.*

Mo|de|schöp|fer, der: *jmd., der durch Entwerfen von Modellen, Kollektionen zur Gestaltung der Mode beiträgt.*

Mo|de|schöp|fe|rin, die: w. Form zu ↑ Modeschöpfer.
Mo|de|schöp|fung, die: *von einem Modeschöpfer, einer Modeschöpferin geschaffenes Kleidungsstück;* Kreation (1) *eines Modeschöpfers, einer Modeschöpferin.*
Mo|de|strö|mung, die: *Moderichtung.*
Mo|de|tanz, der: *Tanz, der eine bestimmte Zeit lang in Mode ist.*
Mo|de|the|ma, das: *Thema, das gerade in Mode ist.*
Mo|de|tor|heit, die: *Torheit, lächerlicher Auswuchs auf dem Gebiet der Mode.*
Mo|de|trend, der: *Trend in der Mode.*
Mo|de|welt, die ⟨o. Pl.⟩: ¹*Welt* (4) *der Mode* (1) *u. der mit ihr befassten Personen.*
Mo|de|wort, das ⟨Pl. ...wörter⟩: *neues Wort; Wort in abgewandelter od. neuer Bedeutung, das eine begrenzte Zeit lang in Mode ist.*
Mo|de|zar, der (Jargon scherzh.): *führender Modeschöpfer.*
Mo|de|za|rin, die: w. Form zu ↑ Modezar.
Mo|de|zeich|ner, der: *Modedesigner.*
Mo|de|zeich|ne|rin, die: w. Form zu ↑ Modezeichner.
Mo|de|zeit|schrift, die: *Zeitschrift mit Bildern u. Berichten zur neuesten* ¹*Mode* (1 a).
Mo|de|zei|tung, die: *Modezeitschrift.*
Mo|di: Pl. von ↑ Modus.
Mo|di|fi|ka|ti|on, die; -, -en [mlat. modificatio < lat. modificatio = das Abmessen, Abwägen, zu: modificare, ↑ modifizieren]: **1.** (bildungsspr.) **a)** *das Modifizieren; Abwandlung, Abänderung:* -en vornehmen; der Austragungsmodus hat im Laufe der Jahre viele -en erfahren *(ist oft modifiziert worden);* **b)** *modifizierte Form, Ausführung:* der Text liegt in mehreren -en vor. **2.** (Biol.) *durch äußere Faktoren bedingte nicht erbliche Abweichung einer Eigenschaft; abweichende Ausprägung eines Merkmals.* **3.** (Chemie) *jeweils durch die Kristallstruktur gekennzeichnete unterschiedliche Zustandsform, in der ein Stoff vorkommen kann.* **4.** (Psychol.) *durch Umwelteinfluss hervorgerufene, vorübergehende, geringfügige Veränderung der Konstitution.*
Mo|di|fi|ka|tor, der; -s, ...oren [spätlat. modificator = jmd., der etw. ordnungsgemäß einrichtet] (bildungsspr., Fachspr.): *etw., was abschwächende od. verstärkende Wirkung hat:* bestimmte Gene wirken als -en.
mo|di|fi|zier|bar ⟨Adj.⟩ (bildungsspr.): *sich modifizieren lassend.* Dazu: **Mo|di|fi|zier|bar|keit,** die; -.
mo|di|fi|zie|ren ⟨sw. V.; hat⟩ [lat. modificare = richtig abmessen; mäßigen, zu: modus (↑ Modus) u. -ficare = machen] (bildungsspr., Fachspr.): **1.** *in einer od. mehreren Einzelheiten anders gestalten, umgestalten, [ab]ändern, abwandeln:* eine These m.; sein Verhalten m.; ein modifizierter (Rennsport; *für sportliche Zwecke veränderter*) Serienmotor. **2.** *in einer od. mehreren Einzelheiten eine [Ab]änderung, Abwandlung, eigentümliche Ausprägung bewirken:* etw. modifiziert den Zustand von etw.; etw. kehrt in modifizierter Form wieder; modifizierende *(nähere, einschränkende)* Bestimmungen; ein modifizierendes Verb (Sprachwiss.; *Verb, das ein durch einen Infinitiv mit »zu« ausgedrücktes Sein od. Geschehen modifiziert, z. B. »pflegen« in dem Satz »Er pflegt lange zu schlafen«*). Dazu: **Modifizierung,** die; -, -en.
mo|disch ⟨Adj.⟩ [zu ↑ ¹Mode]: **1. a)** *der herrschenden od. neuesten Mode* (1 a) *entsprechend, folgend:* eine -e Frisur; -e Kleidung; -e Effekte; sich m. kleiden; **b)** *die geltende od. neueste Mode* (1 a) *betreffend:* sich dem -en Trend anpassen. **2.** *der herrschenden od. neuesten Mode* (2) *entsprechend, folgend:* es ist heute m., nicht zu heiraten.
Mo|dis|tin, die; -, -nen: *Hutmacherin* (Berufsbez.).
◆ **mod|richt** ⟨Adj.⟩: *modrig:* ... nicht tote Bücher, alte Ordnungen, nicht -e Papiere soll er fragen (Schiller, Piccolomini I, 4).
mod|rig: ↑ moderig.
Mo|dul, das; -s, -e [engl. module < lat. modulus = Maß, Vkl. von: modus, ↑ Modus] (Fachspr., bes. EDV, Elektrot.): **1.** *austauschbares, komplexes Element innerhalb eines Gesamtsystems, eines Gerätes od. einer Maschine, das eine geschlossene Funktionseinheit bildet:* ein defektes M. austauschen; Ü das Programm des Festivals besteht aus unterschiedlichen -en. **2.** *Lehreinheit bei bestimmten Hochschulstudiengängen.*
mo|du|lar ⟨Adj.⟩ [engl. modular] (Fachspr.): **1.** *in der Art eines Moduls* (1); *wie ein Bauelement beschaffen.* **2.** *in Form von Modulen* (2): m. aufgebaute Studiengänge.
Mo|du|la|ti|on, die; -, -en [lat. modulatio = Maß; das Melodische, Rhythmische, zu: modulari, ↑ modulieren]: **1.** (bes. Musik, Rhet.): *Wandlungsfähigkeit (des Klangs, der Sprache, der menschlichen Stimme).* **2.** (Musik) *Übergang von einer Tonart in eine andere.* **3.** (Nachrichtent.): *Gerät, Vorrichtung zum Modulieren* (3).
mo|du|la|to|risch ⟨Adj.⟩: *die Modulation betreffend.*
mo|du|lie|ren ⟨sw. V.; hat⟩ [lat. modulari: abmessen, einrichten]: **1. a)** (bildungsspr.) *gestaltend abwandeln, abwandelnd gestalten:* Ich dächte, man die Menschen modulieren ihre Meinungen, je nachdem, was ihnen Erfolg verspricht (Fussenegger, Zeit 346); **b)** (bes. Musik, Rhet.) *(den Klang, die Stimme, Sprache, Intonation usw.) zum Zweck des [kunstgerechten] Ausdrucks abwandeln, abwandelnd gestalten:* den Ton m. **2.** (Musik) **a)** *beim Spiel, Vortrag von einer Tonart in die andere überleiten:* der Organist modulierte von C-Dur nach F-Dur; **b)** *von einer Tonart in die andere übergehen:* der Pianist modulierte die kurze Improvisation von a-Moll nach C-Dur. **3.** (Nachrichtent.) *eine Frequenz zum Zweck der Nachrichtenübermittlung beeinflussen:* das Signal moduliert der Trägerwelle; modulierende, modulierte Signale.
Mo|dus ⟨auch: ˈmɔdʊs⟩, der; -, Modi [lat. modus = Maß; Art, (Aussage)weise, Melodie, eigtl. = Gemessenes, Erfasstes]: **1. a)** (bildungsspr.) *Verfahrensweise, Form [des Vorgehens], Weg:* nach einem bestimmten M. vorgehen; **b)** (bes. Philos.) *Art u. Weise [des Seins, Geschehens]; [Da]seinsweise:* die Modi des Seins. **2.** (Sprachwiss.) *grammatische Kategorie des Verbs zum Ausdruck der Modalität* (z. B. Indikativ, Konjunktiv, Imperativ). **3.** (mittelalterliche Musik) **a)** *Melodie;* **b)** *Kirchentonart;* **c)** *im Rhythmus u. in der Verteilung der Zeitwerte festgelegte Gruppierung von Noten* (als eine von sechs solcher Gruppierungen in der Modalnotation); **d)** *Verhältnis (1:3 od. 1:2) der größten Notenwerte (Zeitwerte) zu den nächstkleineren (in der Mensuralnotation).* **4.** (Statistik) *statistischer Mittelwert; Wert, der in einer Reihe am häufigsten vorkommt.*
Mo|dus Ope|ran|di, der; - -, Modi - [lat. modus operandi, zu: operari, ↑ operieren] (bildungsspr.): *Art u. Weise des Handelns, Tätigwerdens.*
Mo|dus Pro|ce|den|di, der; - -, Modi - [lat. modus procedendi, zu: procedere, ↑ prozedieren] (bildungsspr.): *Art u. Weise des Vorgehens, Verfahrensweise.*
Mo|dus Vi|ven|di, der; - -, Modi - [lat. modus vivendi, zu: vivere = leben] (bildungsspr.): *Form eines erträglichen Zusammenlebens zweier od. mehrerer Parteien [ohne Rechtsgrundlage].*
Mo|fa, das; -s, -s [Kurzwort für: **Mo**torfahrrad]: *Kleinkraftrad mit einer Höchstgeschwindigkeit von 25 km/h.*
Mo|ga|di|schu: *Hauptstadt von Somalia.*
Mo|gel|ei, die; -, -en (ugs.): **1.** ⟨o. Pl.⟩ *[dauerndes] Mogeln.* **2.** *Handlung des Mogelns:* kleine -en.
mo|geln ⟨sw. V.; hat⟩ [H. u., viell. Nebenf. von mundartl. mauscheln = betrügen, verw. mit ↑ meucheln] (ugs.): **1.** *(in kleinen Dingen, bes. zu persönlichen Zwecken) unehrlich handeln, kleine, Täuschung bezweckende Kniffe anwenden, Unwahrheiten sagen:* beim Kartenspiel m. **2.** *durch Tricks irgendwohin bringen:* faule Äpfel unter die, zwischen die einwandfreien m.; er hat sich geschickt in die Parteispitze gemogelt.
Mo|gel|pa|ckung, die (Wirtschaftsjargon): *Packung, die durch ihre Größe, Aufmachung o. Ä. mehr Inhalt vortäuscht, als darin enthalten ist:* Ü der Maßnahmenkatalog der Regierung ist eine M.
mö|gen ⟨unr. V.; hat⟩ [mhd. mügen, ahd. mugan, eigtl. = können, vermögen]: **1. a)** ⟨mit Inf. als Modalverb; mochte, hat ... mögen⟩ *zum Ausdruck der Vermutung; vielleicht, möglicherweise sein, geschehen, tun, denken:* was mag er wohl denken?; es mochten dreißig Leute sein *(es waren schätzungsweise dreißig Leute)*, »Kommt sie?« – »[Das] mag sein« *([das] kann sein; vielleicht);* was mag das bedeuten? *(was kann das bedeuten, was bedeutet das wohl?);* Müller, Meier und wie sie alle heißen mögen; **b)** ⟨mit Inf. als Modalverb; mochte, hat ... mögen⟩ *sie mag es [ruhig] tun; er mag tun, was er will (was er auch [immer] tut), es gelingt ihm nichts;* **c)** ⟨mit Inf. als Modalverb; mochte, hat ... mögen⟩ *(schweiz., sonst landsch.)* können, imstande sein, die Möglichkeit haben od. enthalten: es mochte nichts helfen *(nichts half);* **d)** ⟨Konjunktiv II meist in der Bed. eines Indik. Präs.⟩ *den Wunsch haben:* ich möchte [gern] kommen; ich möchte wissen *(wüsste gern)*, was er jetzt tut; ich möchte Herrn Meier sprechen *(würde gern Herrn Meier sprechen);* ich möchte das hervorheben *(hebe das ausdrücklich hervor);* das möchte *(will)* ich überhört haben; man möchte meinen *(ist, wäre geneigt anzunehmen)*, dass er es absichtlich getan hat; ja, ich möchte sagen *(meine sagen zu können)*, es ist fast so wie früher; **e)** ⟨mit Inf. als Modalverb; mochte, hat ... mögen⟩ *wollen, geneigt sein, die Neigung u. die Möglichkeit haben* (bes. verneint): ich mag nicht [gern] weggehen, mochte nicht weggehen, habe nicht weggehen m.; ich mag keinen Fisch essen; Bier hat sie noch nie trinken m.; **f)** *zum Ausdruck der [Auf]forderung o. Ä.; sollen:* er mag sich ja in Acht nehmen!; dieser Hinweis mag *(sollte)* genügen; möge, möchte es so bleiben *(es ist, wäre wünschenswert, dass es so bleibt).* **2.** ⟨Vollverb; mochte, hat gemocht⟩ **a)** *für etw. eine Neigung, Vorliebe haben; etw. nach seinem Geschmack finden, gernhaben:* sie mag [gern] *(isst gern)* Rinderbraten; er mag klassische Musik *(ist ein Freund klassischer Musik);* **b)** *für jmdn. Sympathie od. Liebe empfinden; leiden mögen, gernhaben:* jmdn. m.; die beiden mögen sich, einander nicht; niemand hat ihn [so recht] gemocht; **c)** *den Wunsch nach etw. haben:* ich mag nicht nach Hause; ich mag einfach nicht mehr *(ich habe genug, mir reicht es);* ich möchte *(will)* ins Kino; **d)** *nach etw. Verlangen haben, etw. erstreben:* magst du einen Kaffee?; sie möchte *(hätte gern)* ein Fahrrad zu Weihnachten; ich möchte *(will)* nicht, dass er es erfährt.
Mog|ler, der; -s, - (ugs.): *jmd., der mogelt.*

Mog|le|rin, die; -, -nen: w. Form zu ↑ Mogler.
mög|lich ⟨Adj.⟩ [mhd. müg(e)lich, zu ↑ mögen]:
1. *(aufgrund der bestehenden Zusammenhänge, der bestehenden [Sach]lage o. Ä.) ausführbar, erreichbar, zu verwirklichen:* die nur im Sommer mögliche Überquerung des Gebirges; morgen ist es mir besser, eher m.; so rasch, so bald wie/(seltener:) als m. *(möglichst rasch, bald);* jmdm. ist etw. m. *(jmd. ist zu etw. in der Lage);* so viel wie/(seltener:) als m.; kannst du es m. machen *(ermöglichen),* morgen zu kommen?; wo m. (veraltend; *wenn möglich*) ⟨subst.:⟩ das Mögliche, alles Mögliche *(alle Möglichkeiten)* bedenken; sein Möglichstes tun. **2.** *denkbar, infrage, in Betracht kommend:* ein immerhin -er Fall; -e *(etwaige)* Zwischenfälle einkalkulieren; alle -en *(die verschiedensten)* Einwände; [es ist] gut, leicht, sehr wohl m., dass er kommt *(vielleicht kommt er);* »Glaubst du, dass er gewinnt?« – »Schon m.«; bei ihm ist alles m. *(muss man mit allem rechnen);* man sollte es nicht für m. halten *(es ist doch unglaublich);* [das ist doch] nicht m.!; ⟨subst.:⟩ auf dem Flohmarkt kann man alles Mögliche (ugs.; *vielerlei, die unterschiedlichsten, alle nur denkbaren Dinge*) kaufen.
mög|li|chen|falls ⟨Adv.⟩ (seltener): *wenn es geht, möglich ist.*
mög|li|cher|wei|se ⟨Adv.⟩: *vielleicht, unter Umständen.*
Mög|lich|keit, die; -, -en [mhd. müg(e)lichkeit]:
1. a) *etw. Mögliches, mögliches Verhalten, Vorgehen, Verfahren; möglicher Weg:* es bleiben noch viele -en [offen]; es besteht keine andere M., das Problem zu lösen; du musst zwischen diesen beiden -en wählen; Er wollte in einer netten Cafeteria sitzen, mit übereinandergeschlagenen Beinen, bei einem Mokka und einem Cognac nach M. (*wenn es möglich ist*; Kronauer, Bogenschütze 179); **b)** ⟨o. Pl.⟩ *das Möglichsein, Sich-verwirklichen-Lassen:* es besteht die M. *(es ist möglich, lässt sich einrichten),* dass wir mitfahren können; **c)** *das Denkbarsein:* wir zweifeln nicht an der M., dass er es war; R ist es die M.!, ist [denn] das die M.! (ugs.; Ausrufe der Entrüstung od. des Erstaunens). **2.** *etw. eröffnende Gelegenheit od. Chance:* sich bietende, ungeahnte, vertane -en; die wirtschaftlichen -en *(Entwicklungsmöglichkeiten)* eines Landes; die M. zu gewinnen; die M., etw. zu wählen; ich habe die M. *(es ist mir möglich),* etw. zu tun; die Stürmer vergaben die besten -en (Sport; *Chancen, Tore zu schießen*); alle erdenklichen -en haben. **3.** ⟨Pl.⟩ *Fähigkeiten, Mittel:* diese Wohnung übersteigt seine [finanziellen] -en; jmd. bleibt unter seinen -en *(sein Handeln entspricht nicht seinen eigentlichen Fähigkeiten).*
Mög|lich|keits|form, die (Sprachwiss.): Konjunktiv.
mög|lichst ⟨Adv.⟩ [Superlativ von ↑ möglich]:
1. a) *so viel, so sehr wie möglich, wie sich ermöglichen lässt:* sich m. zurückhalten; **b)** *wenn möglich, wenn es sich ermöglichen lässt:* m. heute noch. **2.** *so, in dem Grade ... wie [nur] möglich, wie es sich ermöglichen lässt:* ich brauche einen m. großen Briefumschlag *(einen Briefumschlag, der so groß wie möglich ist);* wir suchen für diese Arbeit m. junge Leute.
Mo|gul [auch: ...'guːl], der; -s, -n [engl. Mogul < pers. muġul, eigtl. = der Mongole]: *Herrscher einer muslimischen Dynastie mongolischer Herkunft in Indien.*

-mo|gul, der; -s, -n: *kennzeichnet in Bildungen mit Substantiven jmdn. als (bes. in wirtschaftlicher Hinsicht) sehr mächtig, einflussreich auf einem bestimmten Gebiet:* Bau-, Filmmogul.

Mo|hair [moˈhɛːɐ̯], der; -s, (Sorten:) -e [engl. mohair < arab. muḥayyar = Stoff aus Ziegenhaar]: **1.** *Angorawolle.* **2.** *Stoff aus der Wolle der Angoraziege.*
Mo|hair|wol|le, die: *Angorawolle.*
Mo|ham|med: Stifter des Islams.
Mo|ham|me|da|ner, der; -s, - (ugs. veraltet): *Moslem.*

Die vom islamischen Religionsstifter Mohammed abgeleitete Bezeichnung *Mohammedaner, Mohammedanerin* sollte im öffentlichen Sprachgebrauch vermieden werden, da Mohammed, anders als Jesus Christus in der christlichen Religion, nicht als Gott verehrt wird. Korrekte Bezeichnungen sind *Moslem, Moslemin* oder *Muslim, Muslimin.*

Mo|ham|me|da|ne|rin, die; -, -nen: w. Form zu ↑ Mohammedaner.
mo|ham|me|da|nisch ⟨Adj.⟩ (bes. volkstüml.): *moslemisch.*
Mo|ham|me|da|nis|mus, der; - (veraltet): *Islam.*
Mo|hi|ka|ner, der; -s, -: *Angehöriger eines nordamerikanischen Indianerstamms:* * **der letzte M.**/(seltener:) **der Letzte,** (auch:) **letzte der M.** (ugs. scherzh.; *jmd., der von vielen bzw. etw., was von vielem übrig geblieben ist; der od. das Letzte;* nach dem 1826 erschienenen Roman »The last of the Mohicans« von J. F. Cooper).
Mohn, der; -[e]s, (Sorten:) -e [mhd. mān, ahd. māho, mago, wahrsch. aus einer Mittelmeersprache]: **1. a)** *Milchsaft enthaltende Pflanze mit roten, violetten, gelben od. weißen Blüten u. Kapselfrüchten, aus deren ölhaltigen Samen beruhigende u. betäubende Stoffe gewonnen werden:* M. anbauen; **b)** *Klatschmohn:* am Wegrand wächst [der rote] M. **2.** *Samen des Mohns* (1 a): mit M. bestreute Brötchen.
Mohn|beu|gel, das (österr.): *Beugel mit einer Füllung aus Mohn* (2).
Mohn|blu|me, die: *Mohn* (1).
Mohn|bröt|chen, das: *mit Mohn* (2) *bestreutes Brötchen.*
Mohn|ku|chen, der: *mit Mohn* (2) *gebackener Kuchen.*
Mohn|nu|del, die ⟨meist Pl.⟩ (österr.): *mit Mohn* (2) *bestreute Rolle aus Kartoffelteig.*
Mohn|öl, das: *aus Mohnsamen ausgepresstes Speiseöl.*
Mohn|saft, der: *Milchsaft des Mohns* (1 a).
Mohn|sa|men, der: *Samen des Mohns* (1 a).
Mohn|zopf, der: *mit Mohn* (2) *bestreuter od. mit gemahlenem Mohn* (2) *gefüllter Zopf aus Hefeteig.*
Mohr, der; -en, -en [mhd., ahd. mōr < lat. Maurus = dunkelhäutiger Bewohner von Mauretania = Gebiet in Nordwestafrika, etwa das heutige Marokko] (veraltet): *Mensch mit dunkler Hautfarbe:* R der M. hat seine Schuldigkeit getan, der M. kann gehen *(jmd. war für andere eine Zeit lang sehr nützlich, hat alles getan, was zu tun war, u. fühlt sich jetzt, nachdem er nicht mehr gebraucht wird, ungerecht behandelt u. überflüssig;* nach Schiller, Fiesco III, 4).
Möh|re, die; -, -n [mhd. mörhe, morhe, ahd. mor[a]ha, H. u.]: **1.** *Pflanze mit mehrfach gefiederten Blättern u. orangefarbener, spindelförmiger, kräftiger Wurzel, die bes. als Gemüse gegessen wird:* die -n blühen. **2.** *Wurzel der Möhre.*
Moh|ren|kopf, der (wird häufig als diskriminierend empfunden): **1.** *kugelförmiges Gebäckstück aus Biskuitteig, das mit Schokolade überzogen od. mit Sahne od. Creme gefüllt ist.* **2.** *Schokokuss.*
Möh|ren|saft, der: *ausgepresster Saft von Möhren* (2).

Mohr|rü|be, die; -, -n [Zus. aus ↑ Möhre u. ↑ Rübe] (nordd.): *Möhre.*
Mohr|rü|ben|saft, der (nordd.): *Möhrensaft.*
moin [mo͜in], **Moin,** [Moin] [ostfries. moi, mniederd. moi(e): = *schön, angenehm, gut*] (nordd.): *Grußformel.*
Moi|ra, die; -, ...ren [griech. moĩra, eigtl. = (An)teil, zu: meíromai = als Anteil erhalten; aufteilen] (griech. Mythol.): **1.** ⟨Pl.⟩ *die drei Schicksalsgöttinnen.* **2.** ⟨o. Pl.⟩ *(Göttern u. Menschen zugeteiltes) Schicksal.*
Moi|ré [moaˈreː], der od. das; -s, -s [frz. moiré, zu: moire < engl. mohair, ↑ Mohair; nach dem Glanz der Mohairwolle]: **1. a)** *matt schimmerndes Muster auf Stoffen, das feinen, bewegten Wellen od. einer Holzmaserung ähnelt;* **b)** (auch: der) *moirierter Stoff.* **2. a)** (Druckw.) *(bes. beim Mehrfarbendruck auftretendes) störendes Muster durch Überlagerung mehrerer Raster in engen Winkeln;* **b)** (Fernsehen) *störendes Muster von nebeneinanderliegenden, mehr od. weniger welligen Streifen im Fernsehbild.*
Moi|ren: Pl. von ↑ Moira.
moi|rie|ren [moa...] ⟨sw. V.; hat⟩ [frz. moirer] (Textilind.): *mit Moiré* (1 a) *versehen.*
Mo|ji|to [moˈxiːto], der; -s, -s [span. mojito, Vkl. von span. (kuban.) mojo = ein alkoholisches Mischgetränk, eigtl. = Brühe, Soße, zu: mojar = einweichen, über das Vlat. zu lat. mollis = weich]: *alkoholisches Mixgetränk aus weißem Rum, Limettensaft, Minze u. Rohrzucker.*
mo|kant ⟨Adj.⟩ [frz. moquant, 1. Part. von: se moquer, ↑ mokieren] (bildungsspr.): *spöttisch:* m. lächeln.
Mo|kas|sin [auch: ˈmɔk...], der; -s, -s, auch: -e [engl. moccasin < Algonkin (nordamerik. Indianerspr.) mockasin]: **1.** *[farbig bestickter] absatzloser Wildlederschuh der nordamerikanischen Indianer.* **2.** *leichter, weicher, bequemer Lederschuh mit durchgehender, sehr elastischer Sohle.*
Mo|kett, Moquette [moˈkɛt], der; -s [frz. moquette, H. u.]: *bunt gemusterter od. bedruckter Möbelstoff aus [Baum]wolle.*
Mo|kick, das; -s, -s [Kurzwort aus Moped u. Kickstarter]: *Kleinkraftrad mit Kickstarter mit einer Höchstgeschwindigkeit von 40 km/h.*
mo|kie|ren, sich ⟨sw. V.; hat⟩ [frz. se moquer, H. u.] (bildungsspr.): *sich über jmdn., etw. lustig machen, sich abfällig od. spöttisch äußern:* sich über jmdn. m.; Onkel Hans war damals noch liberal, der mokierte sich über Kaiser Wilhelm (Kempowski, Zeit 220).
Mok|ka, (österr. auch:) Mocca, der; -s, (Sorten:) -s [engl. mocha (coffee), nach dem jemenitischen Hafen Al-Muḥā (= Mokka) am Roten Meer, dem früheren Hauptausfuhrhafen bes. für den Mokka]: **1.** *Kaffee* (2) *einer besonders aromatischen Sorte mit kleinen, halbkugelförmigen Bohnen.* **2.** *sehr starker [aus Mokka* (1) *zubereiteter] Kaffee, der gewöhnlich aus kleinen Tassen getrunken wird.*
Mok|ka|tas|se, die: *kleine Kaffeetasse für Mokka.*
Mol, das; -s, -e (aber: 1 000 Mol) [Kurzf. von ↑ Molekulargewicht] (Chemie): *Menge eines chemisch einheitlichen Stoffes, die seinem relativen Molekulargewicht in Gramm entspricht.*
mo|lar ⟨Adj.⟩ (Chemie): *das Mol betreffend.*
Mo|lar, der; -en, -en [spätlat. molaris, zu lat. mola = Mühle] (Med.): *Mahlzahn.*
Mo|lar|zahn, der [zu ↑ Molar] (Med.): *Molar.*
Mo|las|se, die; - [zu frz. mol(l)asse = schlaff, sehr weich, zu: mou (vor Vokalen: mol, molle) < lat. mollis = weich] (Geol.): *aus dem Tertiär stammende kalkige od. sandige Schichten im Alpenvorland.*
Molch, der; -[e]s, -e [spätmhd. molch, zu mhd. mol(le), ahd. mol = Salamander, Eidechse,

Moldau – Monasterium

H. u.]: **1.** *im Wasser lebender Schwanzlurch.* **2.** (Technikjargon) *pfropfenartiges Gerät zur Reinigung von Rohrleitungen, das vom Flüssigkeitsstrom mitgerissen wird.*

¹Mol|dau, die; -: *linker Nebenfluss der Elbe.*

²Mol|dau; -s: *Staat in Osteuropa (amtlich: Republik Moldau).*

Mol|da|wi|en; -s: *nicht amtliche Bez. für: Republik Moldau.*

Mol|do|va; -s: *Republik Moldau, Moldawien.*

¹Mo|le, die; -, -n [ital. molo < spätgriech. mõlos < lat. moles = Damm]: *Hafenmole.*

²Mo|le, die; -, -n [lat. mola < griech. mýlē = Missgeburt] (Med.): *durch genetische Schäden, Strahlenschäden, Sauerstoffmangel o. Ä. fehlentwickeltes Ei, das schon während der ersten Schwangerschaftswochen zugrunde geht.*

Mo|le|kül, das; -s, -e [frz. molécule, zu lat. moles = Masse] (Chemie): *kleinste, aus verschiedenen Atomen bestehende Einheit einer chemischen Verbindung, die noch die charakteristischen Merkmale dieser Verbindung aufweist.*

mo|le|ku|lar ⟨Adj.⟩ [frz. moléculaire] (Chemie): *die Moleküle betreffend.*

Mo|le|ku|lar|be|we|gung, die (Physik, Chemie): *Bewegung der Moleküle einer chemischen Verbindung gegeneinander.*

Mo|le|ku|lar|bio|lo|ge, der: *Wissenschaftler auf dem Gebiet der Molekularbiologie.*

Mo|le|ku|lar|bio|lo|gie, die: *Zweig der Biologie, der sich (in Zusammenarbeit mit Physik u. Chemie) mit biologischen Problemen auf molekularer Ebene beschäftigt.*

Mo|le|ku|lar|bio|lo|gin, die: w. Form zu ↑ Molekularbiologe.

mo|le|ku|lar|bio|lo|gisch ⟨Adj.⟩: *die Molekularbiologie betreffend, dazu gehörend.*

Mo|le|ku|lar|elek|t|ro|nik, die ⟨o. Pl.⟩: *Teilgebiet der Mikroelektronik, die mit Halbleitern kleinster Größe arbeitet.*

Mo|le|ku|lar|gas|t|ro|no|mie, die (Kochkunst): *Kochkunst, die Erkenntnisse über biochemische u. physikalisch-chemische Prozesse berücksichtigt.*

Mo|le|ku|lar|ge|ne|tik, die: *Teilgebiet der Genetik, das sich mit den Zusammenhängen zwischen Vererbung u. den chemischen u. physikalischen Eigenschaften der Gene befasst.*

Mo|le|ku|lar|ge|wicht, das: *aus der Summe der Atomgewichte aller zu einem Molekül eines Stoffes verbundenen Atome errechnete Vergleichszahl.*

Mo|le|ku|lar|kü|che, die (Kochkunst): *Molekulargastronomie.*

Mo|len|kopf, der: *äußerstes Ende einer ¹Mole.*

Mole|skin ['moːlskɪn, engl.: 'moʊl...], der od. das; -[s], -s [engl. moleskin, eigtl. = Maulwurfsfell, aus: mole = Maulwurf u. skin = Haut] (Textilind.): *kräftiger [Futter]stoff aus Baumwolle.*

Mo|li: Pl. von ↑ Molo.

molk, möl|ke: ↑ melken.

Mol|ke, die; - [mhd. molken, urspr. = Gemolkenes]: *beim Gerinnen der Milch sich absondernde, grünlich gelbe, nur noch geringe Mengen von Eiweiß enthaltende Flüssigkeit.*

Mol|ken, der; -s (landsch.): *Molke.*

Mol|ken|kur, die: *Naturheilverfahren, bei dem Molke als Heilmittel angewendet wird.*

Mol|ke|rei, die; -, -en [zu Molke in der alten Bed. »(aus) Milch (Bereitetes)«]: *Betrieb, in dem frische Milch aus den umliegenden Gebieten zum Verkauf bearbeitet od. zu Butter, Käse o. Ä. weiterverarbeitet wird.*

Mol|ke|rei|ge|nos|sen|schaft, die: *genossenschaftlich betriebene Molkerei.*

Mol|ke|rei|pro|dukt, das ⟨meist Pl.⟩: *in einer Molkerei hergestelltes Produkt.*

mol|kig ⟨Adj.⟩: *(von Flüssigkeiten) wie Molke aussehend, weißlich trübe.*

¹Moll, das; -[s] [mhd. bēmolle < mlat. b molle, zu lat. mollis = weich; nach der als »weich« empfundenen kleinen Terz im Dreiklang; vgl. Dur] (Musik): *Tongeschlecht aller Tonarten mit einem Halbton zwischen der zweiten u. dritten Stufe, sodass der Dreiklang der Tonika mit einer kleinen Terz beginnt:* eine Rhapsodie in M. *(in einer Molltonart).*

²Moll, der; -[e]s, -e u. -s: *Molton.*

Moll|ak|kord, der (Musik): *Akkord in Moll.*

Moll|drei|klang, der (Musik): *Dreiklang in Moll (aus Grundton, kleiner Terz u. Quinte).*

Mol|le, die; -, -n [mniederd. molle, Nebenf. von ↑ Mulde]: **1.** (berlin.) *Glas Bier:* * mit -n gießen (berlin.; *stark regnen*). **2.** (sächs.) *Bett.* **3.** (nordd.) *Mulde, Backtrog.*

mol|lert ⟨Adj.⟩ (bayr., österr. ugs.): *mollig (1).*

Mol|li, der; -s, -s [↑ -i (2 c)] (Jargon): *Molotowcocktail.*

mol|lig ⟨Adj.⟩ [urspr. Studentenspr.; wahrsch. zu frühnhd. mollicht = weich, locker, in Anlehnung an lat. mollis = weich]: **1.** *(bes. von Frauen) weiche, runde Körperformen aufweisend, rundlich vollschlank:* ein -er Typ; sie ist m. (verhüll.; *dick*) geworden; ⟨subst.:⟩ *Kleider für Mollige (mollige Frauen).* **2. a)** *(auf die Temperatur in Innenräumen bezogen) behaglich warm:* eine -e *(angenehme, behagliche)* Wärme; **b)** *(von Kleidungsstücken) weich u. wärmend:* ein -er Mantel.

Moll|ton|art, die (Musik): *Tonart in Moll.*

Moll|ton|lei|ter, die (Musik): *Tonleiter in Moll.*

Mol|lus|ke, die; -, -n ⟨meist Pl.⟩ [zu lat. molluscus = weich, zu: mollis = weich] (Zool.): *Weichtier.*

Mol|lo, der; -s, Moli (österr.): ↑ ¹*Mole.*

Mo|loch [auch: 'mɔlɔx], der; -s, -e [nach der Bez. für ein Opfer, bes. Kinderopfer, bei den Puniern u. im A T., griech. molóch, hebr. molek, da als Name eines Gottes missdeutet wurde, seit dem 17. Jh. appellativisch gebraucht] (geh.): *grausame Macht, die immer wieder neue Opfer fordert u. alles zu verschlingen droht:* der M. Krieg.

Mo|lo|tow|cock|tail ['mɔlɔtɔf...], der; -s, -s [benannt nach dem früheren sowjet. Außenminister W. M. Molotow (1890–1986)]: *mit Benzin u. Phosphor gefüllte Flasche, die wie eine Handgranate verwendet wird.*

mol|to, di molto ⟨Adv.⟩ [ital. (di) molto < lat. multum = viel] (Musik): *sehr, in verstärktem Maße, äußerst (meist in Verbindung mit einer Tempobezeichnung od. Vortragsanweisung):* m. adagio, adagio m. *, adagio di m.* (sehr langsam).

Mol|ton, der; -s, -s [frz. molton, zu: mollet = weich]: *weiches, meist beidseitig gerautes [Baumwoll]gewebe.*

Mol|to|pren®, das; -s, -e [Kunstwort]: *sehr leichter, druckfester, schaumartiger Kunststoff.*

Mo|luk|ken ⟨Pl.⟩: *indonesische Inselgruppe.*

Mo|luk|ker, der; -s, -: *Ew.*

Mo|luk|ke|rin, die; -, -nen: w. Form zu ↑ Molukker.

mo|luk|kisch ⟨Adj.⟩: *die Molukken, die Molukker betreffend, von den Molukkern stammend, zu ihnen gehörend.*

Mo|lyb|dän, das; -s [zu griech. molýbdaina = Bleimasse, -kugel, zu: mólybdos = Blei]: *silberweißes, mit vielen Metallen legierbares Schwermetall (chemisches Element; Zeichen: Mo).*

Mom|ba|sa: *Hafenstadt in Kenia.*

¹Mo|ment, der; -[e]s, -e [mhd. diu mõmente = Augenblick < lat. momentum = (entscheidender) Augenblick (Genuswechsel unter Einfluss von frz. le moment), ↑²Moment]: **a)** *Zeitraum von sehr kurzer Dauer; Augenblick:* einen M. zögern; einen M. bitte!; **b)** *Zeitpunkt: der geeignete* M.; * **M. [mal]**! (Floskel, durch die ein anderer Aspekt o. Ä. in einen Gedankengang gebracht werden soll: M. [mal], das stimmt ja gar nicht); **jeden M.** (*schon im nächsten Augenblick, sofort:* die Bombe kann jeden M. explodieren); **einen lichten M. haben** (↑ Augenblick); **im M.** (*momentan, zum gegenwärtigen Zeitpunkt:* im M. habe ich keine Schmerzen).

²Mo|ment, das; -[e]s, -e [lat. momentum, urspr. = Übergewicht, das den Ausschlag am Waagebalken ergibt, zu: movere = bewegen]: **1.** *ausschlaggebender Umstand, Gesichtspunkt:* ein psychologisches M.; das auslösende M.; das erregende, retardierende M. (Literaturwiss.; *Szene im Drama, die zum Höhepunkt des Konflikts hinleitet od. die durch absichtliche Verzögerung des Handlungsablaufs die Spannung erhöht*). **2.** (Physik) *Produkt aus zwei Größen, deren eine meist eine Kraft ist* (z. B. Kraft × Hebelarm).

mo|men|tan ⟨Adj.⟩ [lat. momentaneus, zu momentum, ↑ ¹Moment]: *augenblicklich, jetzig, gegenwärtig, zurzeit [herrschend]:* die -e Lage; er ist m. arbeitslos; **b)** *vorübergehend, nur kurz andauernd, flüchtig:* eine -e Übelkeit.

Mo|men|tan|laut, der (Sprachwiss.): *Verschlusslaut mit nur ganz kurz währender Sprengung* (z. B. p).

Mo|ment|auf|nah|me, die (Fotogr.): *Aufnahme (7 a) mit kurzer Belichtungszeit:* eine gelungene M.; Ü *Der Bericht konnte nur eine M. der gegenwärtigen Lage sein.*

Mo|men|tum, das; -s [lat.] (bildungsspr.): *[richtiger, geeigneter] Augenblick, Zeitpunkt.*

mo|ment|wei|se ⟨Adv.⟩: *für kurze Augenblicke.*

mon-, Mon-: ↑ mono-, Mono-.

¹Mo|na|co [moˈnako, auch: ˈmo:...]; -s: *Staat an der Côte d'Azur.*

²Mo|na|co [moˈnako, auch: ˈmo:...]: *Stadtbezirk (mit Verwaltungssitz) von ¹Monaco.*

Mo|na|de, die; -, -n [lat. monas (Gen.: monadis) < griech. monás = Einheit, das Einfache] (Philos.): **1.** ⟨o. Pl.⟩ *das Einfache, nicht Zusammengesetzte, Unteilbare.* **2.** *(bei Leibniz) letzte, in sich geschlossene, vollendete, nicht mehr auflösbare Ureinheit.*

Mo|na|den|leh|re, die ⟨o. Pl.⟩: *(in der Philosophie von Leibniz) Lehre von den Monaden.*

Mo|na|do|lo|gie, die; - [zu ↑ Monade u. ↑ -logie]: *Monadenlehre:* Dazu: **mo|na|do|lo|gisch** ⟨Adj.⟩.

Mo|na|ko: ↑ ¹Monaco, ²Monaco.

Mo|n|arch, der; -en, -en [mlat. monarcha < griech. mónarchos = Alleinherrscher, zu: mónos = allein, einzig u. árchein = der Erste sein, herrschen]: *gekrönter Herrscher (Kaiser, König o. Ä.) in einem Staat mit entsprechender Verfassung.*

Mo|n|ar|chie, die; -, -n [spätlat. monarchia < griech. monarchía = Alleinherrschaft]: **a)** ⟨o. Pl.⟩ *Staatsform mit einem durch seine Herkunft legitimierten Herrscher an der Spitze:* ein Anhänger der M. sein; **b)** *Staat mit der Monarchie (a) als Staatsform:* in einer M. leben.

Mo|n|ar|chin, die; -, -nen: w. Form zu ↑ Monarch.

mo|n|ar|chisch ⟨Adj.⟩ [griech. monarchikós]: *die Monarchie, einen Monarchen betreffend.*

Mo|n|ar|chis|mus, der; -: *das Eintreten für die Monarchie (a).*

Mo|n|ar|chist, der; -en, -en [engl. monarchist, frz. monarchiste]: *Anhänger der Monarchie (a).*

Mo|n|ar|chis|tin, die; -, -nen: w. Form zu ↑ Monarchist.

mo|n|ar|chis|tisch ⟨Adj.⟩: *für die Monarchie (a) eintretend, sie erstrebend.*

Mo|nas|te|ri|um, das; -s, ...ien [kirchenlat. monasterium, ↑ ¹Münster]: *Kloster; Klosterkirche, Münster.*

mo|nas|tisch ⟨Adj.⟩ [spätlat. monasticus < griech. monastikós, zu: monastḗs = Mönch] (bildungsspr.): *mönchisch, klösterlich.*

Mo|nat, der; -[e]s, -e [mhd. mōnōt, mānōt, ahd. mānōd, zu ↑ Mond, nach der germ. Zeitbestimmung des Monats nach den Mondphasen]: *zwölfter Teil eines Jahres, Zeitraum von etwa 30 Tagen:* ein heißer M.; es hat Wochen und -e *(sehr lange)* gedauert; er bekam acht -e (ugs.; *wurde zu acht Monaten Haft verurteilt);* sie ist im vierten M. (ugs.; *im vierten Monat schwanger);* M. für M. *(immer wieder in regelmäßiger Folge);* der Baubeginn wurde von M. zu M. *(immer wieder neu, von einem Monat zum anderen)* verschoben.

mo|na|te|lang ⟨Adj.⟩: *viele Monate dauernd, anhaltend.*

mo|nat|lich ⟨Adj.⟩ [mhd. mānetlich, ahd. mānōdlīh]: *in jedem Monat geschehend, erfolgend, fällig:* die -e Abrechnung; ein Beitrag von acht Euro m. *(pro Monat).*

Mo|nats|an|fang, der: *Anfang eines Monats.*

Mo|nats|be|ginn, der: *Monatsanfang.*

Mo|nats|be|trag, der: *monatlich zu zahlender Beitrag* (1).

Mo|nats|be|richt, der (Wirtsch.): *schriftlicher Bericht über den geschäftlichen Verlauf eines Monats.*

Mo|nats|bin|de, die: *Damenbinde.*

Mo|nats|blu|tung, die: *Menstruation.*

Mo|nats|ein|kom|men, das: *monatliches Einkommen.*

Mo|nats|en|de, das: *Ende eines Monats.*

Mo|nats|ers|ter, der Monatserste/ein Monatserster; des/eines Monatsersten, die Monatsersten/zwei Monatserste: *erster Tag eines Monats.*

Mo|nats|frist ⟨o. Art. u. o. Pl., nur in Verbindung mit bestimmten Präpositionen⟩: vgl. Jahresfrist: etw. in/innerhalb M. erledigen.

Mo|nats|ge|halt, das: *monatliches* ²Gehalt: ein dreizehntes M. *(ein zusätzliches, meist als Weihnachtsgeld gezahltes Gehalt).*

Mo|nats|heft, das: *einmal monatlich erscheinendes Heft einer Zeitschrift.*

Mo|nats|kar|te, die: *jeweils für einen Kalendermonat gültige Karte* (4a,b).

Mo|nats|letz|ter, der Monatsletzte/ein Monatsletzter; des/eines Monatsletzten, die Monatsletzten/zwei Monatsletze: vgl. Monatserster.

Mo|nats|lohn, der: *monatlicher Lohn.*

Mo|nats|ma|ga|zin: *monatlich erscheinendes Magazin* (4a).

Mo|nats|mie|te, die: *monatliche [Wohnungs]miete:* der Makler verlangte drei -n Provision.

Mo|nats|mit|te, die: *Mitte eines Monats.*

Mo|nats|mit|tel, das: *Durchschnittswert für einen Monat.*

Mo|nats|pro|duk|ti|on, die (Wirtsch.): *monatliche Produktion.*

Mo|nats|ra|te, die: *monatliche Rate:* zahlbar in acht -n.

Mo|nats|ren|te, die: *monatliche Rente.*

Mo|nats|sa|lär, das (schweiz., sonst veraltet, noch iron.): *Monatsgehalt, Monatslohn.*

Mo|nats|schrift, die: *einmal monatlich erscheinende [Fach]zeitschrift.*

Mo|nats|ver|dienst, der: *Verdienst pro Monat.*

Mo|nats|wech|sel, der: *Zeitraum zwischen dem Ende eines Monats und dem Beginn eines neuen:* der Umzug ist für den M. Mai/Juni vorgesehen.

mo|nats|wei|se, (auch:) monatweise ⟨Adv.⟩: *je von Monat zu Monat [geschehend]; jeweils für einen Monat:* monatsweise abrechnen; ⟨mit Verbalsubstantiv auch attr.:⟩ eine monatsweise Abrechnung.

Mo|nats|zins, der; -es, -e (südd., österr., schweiz.): *Monatsmiete.*

mo|nat|wei|se: ↑ monatsweise.

Mönch, der; -[e]s, -e [mhd. mün[e]ch (md. mön[ni]ch), ahd. munih, über das Vlat. < kirchenlat. monachus < griech. monachós = Einsiedler, Mönch, zu: mónos = allein]: **1.** *Mitglied eines Männerordens:* buddhistische -e; wie im M. *([sexuell] enthaltsam)* leben. **2.** (Bauw.) *gewölbter Dachziegel, der mit der Wölbung nach oben in die Mitte auf zwei rinnenförmig nach unten gewölbte Nonnen* (3) *gelegt wird.* **3.** (Technik) *Vorrichtung zum Ablassen, Regulieren des Wassers bei Teichen, Becken o. Ä.*

Mön|chen|glad|bach: Stadt in Nordrhein-Westfalen.

mön|chisch ⟨Adj.⟩ [kirchenlat. monachicus < griech. monachikós, zu: monachós, ↑ Mönch]: *von einem Mönch ausgehend, zu ihm gehörend; wie ein Mönch:* -e Lebensformen.

Mönchs|klos|ter, das: *Kloster eines Mönchsordens.*

Mönchs|kut|te, die: *Kutte* (1).

Mönchs|la|tein, das; -s: *schlechtes Latein (wie z. B. in den Klöstern im späten Mittelalter üblich).*

Mönchs|or|den, der: *Orden* (1) *für Mönche.*

Mönchs|tum, Mönchtum, das; -s: **a)** *mönchisches Wesen, mönchisches Gedankengut;* christliches M.; **b)** *das Mönchsein.*

Mönchs|zel|le, die: *Zelle* (1) *eines Mönches.*

Mönch|tum: ↑ Mönchstum.

Mond, der; -[e]s, -e [mhd. mān(e), ahd. māno, urspr. wohl = Wanderer (am Himmel)]: **1. a)** ⟨o. Pl.⟩ *die Erde umkreisender natürlicher, an bestimmten Tagen sichtbarer Himmelskörper:* der aufgehende M.; auf dem M. landen; zum M. fliegen; * **den M. anbellen** (ugs.; *heftig schimpfen, ohne damit etwas zu erreichen; bezogen darauf, dass Hunde gelegentlich nachts den Vollmond anbellen*); **jmdn. auf den/zum M. schießen können/mögen** (salopp: *auf jmdn. wütend sein; jmdn. weit weg wünschen*); **auf/hinter dem M. leben** (ugs.; *über die neuesten Ereignisse nicht informiert sein, nichts davon mitbekommen*); **in den M. gucken** (ugs.; *bei etw. das Nachsehen haben, leer ausgehen;* H. u.; viell. nach der abergläubischen Vorstellung, dass jmd., der zu lange den Mond ansieht, dadurch ungeschickt u. dumm wird); **etw. in den M. schreiben** (ugs.; *etw. als verloren betrachten*); **nach dem M. gehen** (ugs.; *[von einer Uhr] falsch gehen, sehr ungenau die Zeit anzeigen*); **vom M. kommen/gefallen sein** (ugs.; *weltfremd sein; nicht Bescheid wissen*); **b)** (Astron.) *einen Planeten umkreisender Himmelskörper; Satellit:* die -e des Jupiter; künstliche -e des M. *(auf eine Erdumlaufbahn gebrachte Satelliten).* **2.** *etw., was die Form des vollen Mondes od. einer Mondsichel hat:* kleine -e backen. **3.** (dichter. veraltet) *Monat:* Acht -e und mehr waren es schon, dass Rahel sich ihm eröffnet hatte (Th. Mann, Joseph 380).

mon|dän ⟨Adj.⟩ [frz. mondain < lat. mundanus = weltlich, zu: mundus = Welt]: *eine extravagante Eleganz zeigend, zur Schau tragend:* ein -er Badeort; ein -es Publikum.

Mon|dä|ni|tät, die; -, -en: **1.** ⟨o. Pl.⟩ *das Mondänsein.* **2.** *mondän Wirkendes.*

Mond|auf|gang, der: *das Aufgehen, Erscheinen des Mondes* (1 a) *über dem Horizont.*

Mond|au|to, das (Raumfahrt): *Mondmobil.*

Mond|bahn, die: *(scheinbare) Bahn eines Mondes* (1 b) *um seinen Planeten, bes. des Mondes* (1 a) *um die Erde.*

mond|be|schie|nen ⟨Adj.⟩ (dichter.): *vom Mond* (1 a) *beschienen.*

Mon|den|schein, der (dichter.): *Mondschein.*

Mon|des|fins|ter|nis, die (österr.): *Mondfinsternis.*

Mon|des|glanz, der (dichter.): *Glanz des Mondes* (1 a); *Mondlicht.*

Mon|des|licht, das ⟨o. Pl.⟩ (dichter.): *Mondlicht.*

Mond|fäh|re, die: *Mondlandefähre.*

Mond|fins|ter|nis, die (Astron.): *Finsternis* (2), *die eintritt, wenn der volle Mond* (1 a) *in den Schatten der Erde eintritt:* eine partielle, totale M.

Mond|fleck, der: *Mare auf dem Mond* (1 a).

Mond|flug, der: *Raumflug zum Mond* (1 a).

Mond|ge|sicht, das: **a)** *rundes, volles Gesicht:* das M. (Med. Jargon; *das runde aufgedunsene Gesicht*) nach der Chemotherapie hatte sich auch bei ihm eingestellt; **b)** (scherzh.) *Person mit einem runden Gesicht.*

Mond|ge|stein, das: *Gestein auf dem Mond, vom Mond* (1 a).

Mond|glo|bus, der: *Globus, auf dem die Struktur der gesamten Mondoberfläche einschließlich der von der Erde aus nicht sichtbaren Seite dargestellt ist.*

mond|hell ⟨Adj.⟩ (geh.): *vom Mond* (1 a) *erhellt, beschienen:* die Nacht war m.

mon|di|al ⟨Adj.⟩ [frz. mondial, zu: monde < lat. mundus = Welt] (bildungsspr.): *weltweit, weltumspannend.*

mon dieu [mõˈdjø; frz. = mein Gott] (bildungsspr.): *Ausruf der Bestürzung.*

Mond|jahr, das: *den Zeitraum von zwölf Umläufen des Mondes* (1 a) *um die Erde umfassendes Jahr des altrömischen Kalenders.*

Mond|kalb, das [urspr. von einem fehlgebildeten Kalb, weil man solche Fehlbildungen dem schädlichen Einfluss des Mondes (1 a) zuschrieb] (salopp): *dummer, einfältiger Mensch.*

Mond|ka|len|der, der: *Kalender, der die Mondphasen anzeigt.*

Mond|kra|ter, der: *wie ein vulkanischer Krater wirkende Vertiefung in der Mondoberfläche.*

Mond|lan|de|fäh|re, die: *kleines Raumfahrzeug für die Landung auf dem Mond* (1 a) *u. den Wiederaufstieg zum großen Raumschiff.*

Mond|land|schaft, die: **1.** *Mondoberfläche, wie sie sich dem Beschauer bietet.* **2.** *Landschaft im Mondlicht.* **3.** *kahle, vegetationslose, mit ihren oft ungewöhnlichen Formationen an die Mondoberfläche erinnernde Landschaft.*

Mond|lan|dung, die: *Landung eines Raumfahrzeugs auf dem Mond* (1 a).

Mond|licht, das ⟨o. Pl.⟩: *vom Mond* (1 a) *ausgehendes Licht:* der See glitzerte im M.

mond|los ⟨Adj.⟩: *keinen sichtbaren Mond* (1 a) *aufweisend:* eine -er Himmel.

Mond|mo|bil, das; -s, -e (Raumfahrt): *für die Fortbewegung auf der Mondoberfläche konstruiertes Fahrzeug.*

Mond|nacht, die: *mondhelle Nacht.*

Mond|ober|flä|che, die: *Oberfläche des Mondes* (1 a).

Mond|pha|se, die: *periodisch wechselnde Erscheinungsform des Mondes* (1 a): gärtnern nach den -n.

Mond|preis, der (Jargon): *willkürlich angesetzter [überhöhter] Preis* (1).

Mond|ra|ke|te, die: *aus mehreren Raketenstufen bestehende Mondsonde.*

Mond|schein, der ⟨o. Pl.⟩: *Licht, Schein des Mondes* (1 a): ein Spaziergang bei, im M.; **R** der kann, du kannst mir [mal] im M. begegnen (salopp: *ich will von ihm, dir in Ruhe gelassen werden, ich will nichts mit dir, ihm zu tun haben*).

Mond|schein|ta|rif, der: *(bis 1980) Tarif, der nachts stark verbilligte Telefongespräche über beliebige Entfernungen im Inland ermöglicht.*

Mondsichel–Monokini

Mond|si|chel, die: *bei zu- od. abnehmendem Mond (1 a) sichtbares, sichelförmiges Teilstück des Mondes.*

Mond|son|de, die: *unbemanntes Raumfahrzeug für die Erkundung des Mondes (1 a).*

Mond|stein, der [LÜ von griech. selēnítēs (líthos); man sah das Abbild des Mondes (1 a) in dem Stein]: *Adular.*

Mond|sucht, die ⟨o. Pl.⟩: *Mondsüchtigkeit.*

mond|süch|tig ⟨Adj.⟩ [LÜ von lat. lunaticus]: *an Schlafwandeln leidend; somnambul.*

Mond|süch|ti|ge ⟨vgl. Süchtige⟩: *weibliche Person, die mondsüchtig ist.*

Mond|süch|ti|ger ⟨vgl. Süchtiger⟩: *jmd., der mondsüchtig ist.*

Mond|süch|tig|keit, die: *(bes. in hellen Mondnächten auftretendes) Schlafwandeln.*

Mond|um|lauf|bahn, die: *Orbit um den Mond (1 a).*

Mond|un|ter|gang, der: *Untergang (1) des Mondes (1 a).*

Mond|wech|sel, der: *Zeitspanne vom Voll- od. Neumond, wenn der Mond (1 a) wieder ab- od. zuzunehmen beginnt.*

Mo|ne|gas|se, der, -n, -n: Ew. zu ↑¹Monaco.

Mo|ne|gas|sin, die; -, -nen: w. Form zu ↑ Monegasse.

mo|ne|gas|sisch ⟨Adj.⟩: *Monaco, die Monegassen betreffend, von den Monegassen stammend, zu ihnen gehörend.*

mo|ne|tär ⟨Adj.⟩ [frz. monétaire < lat. monetarius, zu: moneta, ↑Münze] ⟨Wirtsch.⟩: *die Finanzen betreffend; geldlich:* in -er Hinsicht waren sie abgesichert; -e Stabilität.

mo|ne|ta|ri|sie|ren ⟨sw. V.; hat⟩ ⟨Wirtsch.⟩: **1.** *monetisieren.* **2.** *einer Sache od. Begebenheit einen Geldwert zumessen.*

Mo|ne|ta|ri|sie|rung, die; -, -en ⟨Wirtsch.⟩: **1.** *Monetisierung.* **2.** *das Monetarisieren (2).*

Mo|ne|ta|ris|mus, der; - ⟨Wirtsch.⟩: *Theorie in den Wirtschaftswissenschaften, die besagt, dass in einer Volkswirtschaft der Geldmenge (d. h. der Menge der umlaufenden Bar- u. Giralgeldes) überragende Bedeutung beigemessen werden muss. u. deshalb die Wirtschaft primär über die Geldpolitik zu steuern ist.*

mo|ne|ta|ris|tisch ⟨Adj.⟩: *den Monetarismus betreffend.*

Mo|ne|tar|sys|tem, das; -s, -e: *Währungssystem.*

Mo|ne|ten ⟨Pl.⟩ [urspr. Studentenspr., zu lat. moneta, ↑ Münze] ⟨ugs.⟩: *Geld.*

mo|ne|ti|sie|ren ⟨sw. V.; hat⟩ ⟨Wirtsch.⟩: *in Geld, Kaufkraft umwandeln:* Sachwerte m. Dazu: **Mo|ne|ti|sie|rung**, die; -, -en.

Mo|ney|ma|ker ['mʌnɪmeɪkɐ], der; -s, - [engl. moneymaker = einträgliches Geschäft, eigtl. = etwas, was Geld macht, aus: money = Geld u. to make = machen] ⟨ugs. abwertend⟩: *cleverer Geschäftsmann; Großverdiener.*

Mon|göl|chen, das; -s, - [eigtl. Vkl. zu ↑ Mongole]: *Kind mit Downsyndrom.*

Gerade diese oftmals ohne diskriminierende Absicht gebrauchte Bezeichnung wird, insbesondere von Eltern betroffener Kinder, wegen ihrer als vollkommen unangemessen empfundenen Verniedlichung scharf verurteilt.

Mon|go|le, der; -n, -n [mongol. mongol]: *Einwohner der Mongolei.*

Mon|go|lei, die; -: *Hochland u. Staat in Zentralasien.*

Mon|go|lin, die; -, -nen: w. Form zu ↑ Mongole.

mon|go|lisch ⟨Adj.⟩: **a)** *die Mongolei, die Mongolen betreffend, zu ihnen gehörend;* **b)** *in einer der Sprachen der Mongolen [verfasst].*

Mon|go|lisch, das; -[s], (nur mit best. Art.:) **Mon|go|li|sche**, das; -n: *Sprache der Mongolen.*

Mon|go|lis|mus, der; - [nach der Kopf- u. Gesichtsbildung, die angeblich dem äußeren Erscheinungsbild der in der Mongolei lebenden Menschen gleicht] ⟨veraltend⟩: *Downsyndrom.*

Die Bezeichnung *Mongolismus* wird zunehmend als diskriminierend empfunden. Sie sollte deshalb im öffentlichen Sprachgebrauch vermieden werden.

Mon|go|lis|tik, die; -: *Wissenschaft von der Sprache, Kultur u. Geschichte der die mongolischen Sprachen sprechenden Völkerschaften.*

mon|go|lo|id ⟨Adj.⟩ [zu ↑ Mongole u. griech. -oeidḗs = ähnlich] ⟨veraltend⟩: *die Merkmale des Downsyndroms aufweisend.*

mo|nie|ren ⟨sw. V.; hat⟩ [lat. monere = (er)mahnen]: *bemängeln, beanstanden:* schlechtes Essen m.; die Teilnehmer monierten die schlechte Organisation.

Mo|nie|rung, die; -, -en: *das Monieren.*

Mo|nis|mus, der; - [zu griech. mónos = allein]: *philosophisch-religiöse Lehre von der Existenz nur eines einheitlichen Grundprinzips des Seins u. der Wirklichkeit:* Dazu: **Mo|nist**, der; -en, -en; **Mo|nis|tin**, die; -, -nen; **mo|nis|tisch** ⟨Adj.⟩.

Mo|ni|ta: Pl. von ↑ Monitum.

Mo|ni|tor, der; -s, ...oren, auch: -e [engl. monitor, eigtl. = Aufseher < lat. monitor, zu: monere (2. Part.: monitum), ↑ monieren]: **1.** *Bildschirm zur direkten Kontrolle, Kommentierung od. Weitergabe von Bildern:* das Geschehen am, auf dem M. verfolgen. **2. a)** *(Technik) Kontrollgerät zur Überwachung elektronischer Anlagen;* **b)** *(Med.) Kontrollgerät zur Überwachung der Herztätigkeit, Temperatur usw. bei gefährdeten Patienten;* **c)** *Bildschirm eines Personal Computers o. Ä.* **3.** *(Physik) Gerät zur Messung radioaktiver Strahlen.*

Mo|ni|to|ring ['mɔnɪtərɪŋ], das; -s, -s [zu engl. to monitor = beobachten, kontrollieren, zu: monitor (↑ Monitor)]: *[Dauer]beobachtung [eines bestimmten Systems].*

Mo|ni|tum, das; -s, ...ta [zu lat. monita (Pl.) = Ermahnungen, subst. 2. Part. Neutr. von: monere, ↑ monieren] ⟨bildungsspr.⟩: *Beanstandung; Rüge.*

mo|no ⟨auch: 'mɔnɔ⟩ ⟨Jargon⟩: Kurzf. von ↑ monofon.

Mo|no, das; -s: Kurzf. von ↑ Monofonie.

mo|no-, Mo|no-, (vor Vokalen:) mon-, Mon- [griech. mónos]: Best. in Zus. mit der Bed. *einzig, allein, einzeln; ein..., Ein...* (z. B. monosem, Monogamie).

Mo|no|chord [...'kɔrt], das; -[e]s, -e [mlat. monochordum < spätlat. monochordon < griech. monóchordon, zu: chórda = Saite] ⟨Musik⟩: *Instrument bes. zur Intervallmessung, das aus einem länglichen Resonanzkasten mit einer Saite besteht.*

mo|no|chrom ⟨Adj.⟩ [zu griech. chrōma = Farbe] (Malerei, Fotogr.): *einfarbig:* -e Aufnahmen.

Mo|no|chrom, das; -s, -en (Malerei): *einfarbiges Gemälde.*

Mo|no|chro|ma|sie, die; - (Med.): *völlige Farbenblindheit.*

mo|no|chro|ma|tisch [österr. auch: ...'mat...] ⟨Adj.⟩ (Physik): *zu nur einer Spektrallinie gehörend; einfarbig.*

Mo|no|chro|mie, die; - [mlat. monochroma = einfarbiges Bild] (Malerei, Fotogr.): *Einfarbigkeit.*

mo|no|co|lor ⟨Adj.⟩ [zu lat. color = Farbe, vgl. Couleur] (österr.): *von einer Partei gebildet.*

Mo|no|coque [...'kok], das; -[s], -s [engl. monocoque < frz. monocoque, aus: mono- < griech. mónos (↑ mono-, Mono-) u. coque = Muschel, nach der Form]: *spezielle Konstruktion bes. in Rennwagen, die das Chassis (1) u. den Rahmen (2) ersetzt.*

mo|no|cy|c|lisch: ↑ monozyklisch.

Mo|n|o|die, die; -, -n [spätlat. monodia < griech. monōdía, zu: ōdḗ = Gesang, Lied] (Musik): **1.** *einstimmiger Gesang.* **2.** *Sologesang [mit Generalbassbegleitung].*

mo|n|o|disch ⟨Adj.⟩ (Musik): **a)** *die Monodie betreffend;* **b)** *im Stil der Monodie; einstimmig.*

Mo|no|emp|fän|ger [auch: 'mono...], der (Rundfunk.): *für monofonen Empfang eingerichtetes Rundfunkgerät.*

mo|no|fil ⟨Adj.⟩ [zu lat. filum = Faden] (Textilind.): *aus einer einzigen Faser bestehend.*

Mo|no|fil, das; -[s] (Textilind.): *aus einer einzigen Faser bestehender vollsynthetischer Faden.*

mo|no|fon, monophon ⟨Adj.⟩ [zu griech. phonḗ, ↑¹Fon]: *(von Schallübertragungen) über nur einen Kanal laufend:* eine -e Wiedergabe.

Mo|no|fo|nie, Monophonie, die; -: *Schallübertragung auf einem Kanal.*

mo|no|gam ⟨Adj.⟩ [zu griech. gámos = Ehe]: **a)** *von der Anlage her auf nur einen Geschlechtspartner bezogen:* m. sein; **b)** *(Völkerkunde) nur die Einehe kennend:* -e Kulturen.

Mo|no|ga|mie, die; -: *Zusammenleben mit nur einem Partner, einer Partnerin:* in M. leben.

mo|no|ga|misch ⟨Adj.⟩: **a)** *die Monogamie betreffend;* **b)** *monogam.*

mo|no|gen ⟨Adj.⟩ [↑ -gen]: **1.** (Biol.) *(von einem Erbvorgang) durch nur ein Gen bestimmt.* **2.** (Geol.) *aus einer einmaligen Ursache entstanden:* -er Vulkan *(durch einen einzigen Ausbruch entstandener Vulkan).*

Mo|no|ge|ne|se, **Mo|no|ge|ne|sis**, die; - (Biol.): **1.** ⟨o. Pl.⟩ *Theorie von der Herleitung jeder gegebenen Gruppe von Lebewesen aus je einer gemeinsamen Urform.* **2.** *ungeschlechtliche Fortpflanzung.*

mo|no|ge|ne|tisch ⟨Adj.⟩ (Biol.): *aus einer Urform entstanden.*

Mo|no|ge|nie, die; -, -n [zu griech. genḗ = Abstammung] (Biol.): **1.** *(bei bestimmten Tieren als Sonderfall) Hervorbringung nur männlicher od. nur weiblicher Nachkommen.* **2.** *Ausbildung eines Merkmals eines Phänotyps, an der nur ein Gen beteiligt ist.*

mo|no|glott ⟨Adj.⟩ [griech. monóglōttos, zu: glōtta, glōssa = Zunge, Sprache] (bildungsspr.): *nur eine Sprache sprechend.*

Mo|no|go|nie, die; -, -n [zu griech. gonḗ = (Er)zeugung] (Biol.): *Monogenese (2).*

Mo|no|gra|fie, Monographie, die; -, -n [↑ -grafie]: *größere wissenschaftliche Einzeldarstellung:* eine M. über Goethe, über den Expressionismus in Deutschland.

mo|no|gra|fisch, monographisch ⟨Adj.⟩: *ein einzelnes Problem od. eine Einzelpersönlichkeit untersuchend u. darstellend.*

Mo|no|gramm, das [spätlat. monogramma, zu griech. grámma = Schriftzeichen, Buchstabe, ↑ -gramm]: *Namenszeichen, meist aus den Anfangsbuchstaben von Vor- u. Familiennamen:* -e in die Wäsche sticken.

mo|no|gram|mie|ren ⟨sw. V.; hat⟩ (Kunstwiss.): *als Signatur nur mit einem Monogramm versehen.*

Mo|no|gra|phie usw.: ↑ Monografie usw.

mo|no|kau|sal [auch: 'mo:no..., 'mɔno...] ⟨Adj.⟩ (bildungsspr.): *auf nur eine Ursache zurückgehend, sich auf nur eine Grundlage stützend.*

Mo|n|o|kel, das; -s, - [frz. monocle, zu spätlat. monoculus = einäugig, zu lat. oculus = Auge]: *(zur Korrektur eines Sehfehlers auf einem Auge) anstelle einer Brille getragenes einzelnes, rundes optisches Glas.*

Mo|no|ki|ni, der; -s, -s: **a)** ⟨veraltend⟩ *Minikini;*

b) *Badebekleidung für Frauen, bestehend aus Oberteil und Hose, die durch ein Stück Textil miteinander verbunden sind.*

mo|no|klin ⟨Adj.⟩ [zu griech. klínē = (Ehe)bett, zu: klínein = biegen, anlehnen, sich niederlegen]: **1.** (Physik) *die Kristallform eines Kristallsystems betreffend, bei dem eine Kristallachse schiefwinklig zu den beiden anderen, aufeinander senkrecht stehenden Achsen steht.* **2.** (Bot.) *zweigeschlechtig.*

Mo|no|kli|ne, die; -, -n (Geol.): *nach einer Richtung geneigte Gesteinsschicht.*

mo|no|klo|nal ⟨Adj.⟩ [zu ↑ Klon] (Biol.): *(von Zellen) nur einen Klon enthaltend:* -e Antikörper (Med.; *Immunglobuline, die aus einem einzigen Zellklon gebildet u. zur Diagnose u. Therapie verschiedener Krankheiten verwendet werden*).

Mo|no|kra|tie, die; -, -n [zu griech. krateīn = herrschen]: *Alleinherrschaft; Herrschaft eines Einzelnen.*

mo|no|kra|tisch ⟨Adj.⟩: *in der Form einer Monokratie; die Monokratie betreffend:* -es System (*Leitung eines Amtes durch einen Einzelnen, der mit alleinigem Entscheidungsrecht ausgestattet ist*).

mo|no|o|ku|lar ⟨Adj.⟩ [zu lat. oculus = Auge] (Fachspr., bes. Med.): *mit einem Auge; ein Auge betreffend.*

Mo|no|kul|tur [auch: ˈmɔno..., ...ˈtuːɐ̯], die, (Landwirtsch.): **1.** ⟨o. Pl.⟩ *Anbau immer der gleichen Pflanzenart auf einer Bodenfläche.* **2.** *in Monokultur (1) bewirtschafteter Boden:* riesige -en von Raps.

mo|no|la|te|ral ⟨Adj.⟩ [zu ↑ lateral] (Med.): *nur eine Seite des Körpers betreffend; einseitig.*

Mo|no|la|trie, die; - [zu griech. latreía = Gottesverehrung] (Rel.): *Verehrung nur eines Gottes.*

mo|no|lith [auch: ...ˈlɪt]: *monolithisch.*

Mo|no|lith [auch: ...ˈlɪt], der; -s u. -en, -e[n] [↑-lith]: *Steinsäule, Obelisk o. Ä. aus einem einzigen großen Steinblock.*

mo|no|li|thisch [auch: ...ˈlɪt...] ⟨Adj.⟩: **1.** (Fachspr.) *aus einem Stück bestehend; zusammenhängend u. fugenlos:* -e Betonbauten. **2.** (Elektronik) *aus sehr kleinen elektronischen Bauelementen untrennbar zusammengesetzt.*

Mo|no|log, der; -[e]s, -e [frz. monologue, zu griech. monológos = allein, mit sich selbst redend, zu: lógos, ↑ Logos] (Literaturwiss.): *laut geführtes Selbstgespräch einer Figur auf der Bühne:* einen M. sprechen; innerer M. (*in Roman od. Erzählung in Form von wiedergegebene, in Wirklichkeit nicht laut ausgesprochene Gedanken, Überlegungen, Augenblicksregungen einer Person*); Ü er hielt endlose -e (*ließ keinen zu Wort kommen, sprach dauernd*).

mo|no|lo|gisch ⟨Adj.⟩ (bildungsspr.): *den Monolog betreffend, in der Art eines Monologs.*

mo|no|lo|gi|sie|ren ⟨sw. V.; hat⟩: *[innerhalb eines Gesprächs] längere Zeit allein reden.*

mo|no|man ⟨Adj.⟩ (Med., Psychol.): *von einer Zwangsvorstellung besessen, mit einer fixen Idee behaftet; an Monomanie leidend.*

Mo|no|ma|ne, der; -n, -n: *jmd., der an Monomanie leidet.*

Mo|no|ma|nie, die; -, -n (Med., Psychol.): *krankhaftes Besessensein von einer Wahn- od. Zwangsvorstellung.*

Mo|no|ma|nin, die; -, -nen: w. Form zu ↑ Monomane.

mo|no|ma|nisch: ↑ monoman.

mo|no|mer ⟨Adj.⟩ [zu griech. méros = (An)teil] (Chemie): *aus einzelnen, voneinander getrennten, selbstständigen Molekülen bestehend.*

Mo|no|mer, das; -s, -e, **Mo|no|me|re,** das; -n, -n (Chemie): *kleines, reaktionsfähiges Molekül, Grundbaustein von Makromolekülen und Polymeren.*

mo|no|misch, mo|no|no|misch ⟨Adj.⟩ (Math.): *(von mathematischen Ausdrücken) aus nur einem Glied bestehend.*

mo|no|misch: ↑ monomisch.

mo|no|phon usw.: ↑ monofon usw.

Mo|no|phthong, der; -[e]s, -e [griech. monóphthoggos, eigtl. = allein tönend, zu: phthóggos = Ton, Laut] (Sprachwiss.): *einfacher Vokal* (z. B. a, e, i).

mo|no|phthon|gie|ren ⟨sw. V.; hat⟩ (Sprachwiss.): **a)** *(einen Diphthong) zum Monophthong umbilden;* **b)** *(von Diphthongen) zum Monophthong werden.*

Mo|no|phthon|gie|rung, die; -, -en (Sprachwiss.): *das Monophthongieren; das Monophthongiertsein.*

mo|no|phthon|gisch ⟨Adj.⟩ (Sprachwiss.): **a)** *einen Monophthong enthaltend;* **b)** *als Monophthong [gesprochen].*

mo|no|plo|id ⟨Adj.⟩ [2. Bestandteil geb. nach ↑ haploid] (Biol.): *haploid.*

mo|no|po|disch ⟨Adj.⟩ (Verslehre): *aus nur einem Versfuß bestehend.*

Mo|no|pol, das; -s, -e [lat. monopolium < griech. monopōlíon = (Recht auf) Alleinverkauf, zu: pōleīn = Handel treiben]: **1.** *Vorrecht, alleiniger Anspruch, alleiniges Recht, bes. auf Herstellung u. Verkauf eines bestimmten Produktes:* ein M. ausüben, auf etw. haben. **2.** (Wirtsch.) *marktbeherrschendes Unternehmen od. Unternehmensgruppe, die auf einem Markt als alleiniger Anbieter od. Nachfrager auftritt u. damit die Preise diktieren kann:* ein M. errichten.

mo|no|pol|ar|tig ⟨Adj.⟩: *wie ein Monopol geartet; in der Art eines Monopols:* eine -e Stellung in seiner Branche einnehmen.

Mo|no|pol|in|ha|ber, der: *jmd., der ein Monopol auf etw. hat.*

Mo|no|pol|in|ha|be|rin, die: w. Form zu ↑ Monopolinhaber.

mo|no|po|li|sie|ren ⟨sw. V.; hat⟩ [frz. monopoliser] (Wirtsch.): *zu einem Monopol ausbauen; Monopole entwickeln:* den Markt für Software m.; eine monopolisierte Presse.

Mo|no|po|li|sie|rung, die; -, -en (Wirtsch.): *das Monopolisieren:* die M. der Wirtschaft.

Mo|no|po|lis|mus, der; - (Wirtsch.): *auf Marktbeherrschung gerichtetes wirtschaftspolitisches Streben.*

Mo|no|po|list, der; -en, -en (Wirtsch.): **a)** *Unternehmen, das auf einem Gebiet Marktbeherrschung anstrebt od. hat;* **b)** *Inhaber eines monopolistischen Unternehmens.*

Mo|no|po|lis|tin, die; -, -nen: w. Form zu ↑ Monopolist.

mo|no|po|lis|tisch ⟨Adj.⟩ (Wirtsch.): *den Monopolismus betreffend, nach Monopolen strebend.*

Mo|no|pol|ka|pi|tal, das ⟨o. Pl.⟩ (abwertend): **1.** *in Monopolen (2) arbeitendes Kapital.* **2.** *Gesamtheit monopolistischer Unternehmen.*

Mo|no|pol|ka|pi|ta|lis|mus, der ⟨o. Pl.⟩ (abwertend): *Kapitalismus, der durch immer stärkere monopolartige Unternehmenszusammenschlüsse geprägt ist.*

Mo|no|pol|ka|pi|ta|list, der (abwertend): *Eigentümer eines marktbeherrschenden Unternehmens.*

Mo|no|pol|ka|pi|ta|lis|tin, die: w. Form zu ↑ Monopolkapitalist.

mo|no|pol|ka|pi|ta|lis|tisch ⟨Adj.⟩ (abwertend): *den Monopolkapitalismus betreffend.*

Mo|no|pol|stel|lung, die: *marktbeherrschende Stellung, wirtschaftliche Vormachtstellung:* das Unternehmen hat eine M.

Mo|no|po|ly® [...li], das; - [nach engl. monopoly = Monopol]: *Gesellschaftsspiel, bei dem mithilfe von Würfeln, Spielgeld, Anteilscheinen u. Ä. Grundstücksspekulation simuliert wird.*

Mo|no|pos|to, der; -s, -s [ital. monoposto, aus: mono = allein u. posto = Platz] (Automobilsport): *einsitziger Rennwagen mit unverkleideten Rädern.*

Mo|no|p|te|ros, der; -, ...eren [griech. monópteros = mit einer Säulenreihe, eigtl. = einflügelig, zu: ptéryx = Flügel]: *von einer Säulenreihe umgebener, kleiner, runder Tempel der Antike.*

Mo|no|sac|cha|rid, Mo|no|sa|cha|rid, das (Biochemie): *einfach aufgebauter Zucker, der sich nicht weiter aufspalten lässt* (z. B. Traubenzucker).

Mo|no|se, die; -, -n (Biochemie): *Monosaccharid.*

mo|no|sem [griech. monósēmos], **mo|no|se|man|tisch** ⟨Adj.⟩ (Sprachwiss.): *(von Wörtern) nur eine Bedeutung habend.*

Mo|no|se|mie, die; - [zu griech. sēma, ↑ Sem] (Sprachwiss.): **1.** *Vorhandensein nur einer Bedeutung bei einem Wort* (z. B. Butter). **2.** *Eindeutigkeit zwischen einem Wort u. einer zugehörigen Bedeutung.*

Mo|no|sper|mie, die; -, -n [zu griech. spérma, ↑ Sperma] (Biol.): *Besamung einer Eizelle durch nur eine männliche Geschlechtszelle.*

Mo|no|struk|tur [auch: ˈmɔno..., ...ˈtuːɐ̯], die (Soziol., Wirtsch.): *Dominanz eines bestimmten Industrie- od. Dienstleistungszweiges in der Wirtschaft [eines Landes].*

mo|no|struk|tu|riert [auch: ˈmɔno..., ...ˈriːɐ̯t] ⟨Adj.⟩ (Soziol., Wirtsch.): *eine Monostruktur aufweisend.*

mo|no|syl|la|bisch ⟨Adj.⟩ (Sprachwiss.): *einsilbig (1):* -e Wörter; -e Sprachen (*Sprachen, die nur od. überwiegend aus einsilbigen Wörtern bestehen*).

Mo|no|syl|la|bum, das; -s, ...ba [lat. monosyllabum, zu: monosyllabus < griech. monosýllabos = einsilbig, zu: syllabḗ = Silbe] (Sprachwiss.): *einsilbiges Wort.*

Mo|no|the|is|mus, der; - (Rel.): *Glaube an einen einzigen Gott, der die Existenz anderer Götter ausschließt.*

mo|no|the|is|tisch ⟨Adj.⟩: *den Monotheismus betreffend.*

mo|no|the|ma|tisch ⟨Adj.⟩ (bildungsspr.): *nur ein einzelnes Thema beinhaltend, behandelnd.*

mo|no|ton ⟨Adj.⟩ [frz. monotone < spätlat. monotonus < griech. monótonos, zu: teínein = spannen]: **1.** *gleichförmig, gleichmäßig [wiederkehrend], eintönig u. dadurch oft ermüdend, langweilig:* -es Klopfen; die Arbeit ist ihm zu m. **2.** (Math.) *immer steigend od. immer fallend:* eine -e Funktion.

Mo|no|to|nie, die; -, -n [frz. monotonie < griech. monotonía]: *Gleichförmigkeit, Eintönigkeit.*

Mo|no|tro|pie, die; - (Chemie): *nur in einer Richtung mögliche Umwandelbarkeit der Zustandsform eines Stoffes in eine andere.*

Mo|no|type® [ˈmɔnotaɪp], die; -, -s [engl. Monotype; zu ↑ Type] (Druckw.): *Gieß- u. Setzmaschine für Einzelbuchstaben.*

Mo|no|ty|pie, die; -, -n [↑ Type] (Grafik): **1.** *Verfahren, bei dem von einer Platte nur ein Abzug hergestellt wird.* **2.** *im Verfahren der Monotypie (1) hergestellte Reproduktion.*

mo|no|va|lent ⟨Adj.⟩ [zu lat. valens (Gen.: valentis), 1. Part. von: valere, ↑ Valenz] (Chemie): *einwertig.*

Mo|no|xid [auch: ˈmoːn..., ...ˈksiːt], **Mo|n|o|xyd** [auch: ˈmoːn..., ...ˈksyːt], das (Chemie): *Oxid, das ein Sauerstoffatom enthält.*

Mo|no|zel|le [auch: ˈmɔno...], die (Elektrot.): *kleines, aus nur einer Zelle bestehendes elektrochemisches Element als Stromquelle für Taschenlampen o. Ä.*

mo|n|ö|zisch ⟨Adj.⟩ [zu griech. oīkos = Haus] (Bot.): *einhäusig.*

monozygot – Montgolfiere

mo|no|zy|got ⟨Adj.⟩ [zu ↑ Zygote] (Biol., Med.): *eineiig.*

mo|no|zy|k|lisch, (chem. fachspr.:) monocyclisch [auch: ...ˈtsyk...] ⟨Adj.⟩ (Chemie): *(von organischen chemischen Verbindungen) nur einen Ring miteinander verbundener Atome im Molekül aufweisend.*

Mo|no|zyt, der; -en, -en ⟨meist Pl.⟩ [zu griech. kýtos = Höhlung, Wölbung] (Med.): *größtes weißes Blutkörperchen.*

Mon|ro|via: Hauptstadt von Liberia.

Mon|sei|g|neur [mõsɛnˈjøːɐ̯], der; -s, -e u. -s [frz. monseigneur, eigtl. = mein Herr, über das Galloroman. aus lat. meus = mein u. senior, ↑ Senior]: **a)** ⟨o. Pl.⟩ *(in Frankreich) Titel u. Anrede hoher Geistlicher, Adliger u. hochgestellter Personen* (Abk.: Mgr.); **b)** *Träger dieses Titels* (Abk.: Mgr.).

Mon|si|eur [məˈsjøː], der; -[s], Messieurs [mɛˈsjøː, frz.: meˈsjø] ⟨meist o. Art.⟩ [frz. monsieur, eigtl. = mein Herr]: *titelähnlich od. als Anrede gebrauchte frz. Bez. für: Herr* (Abk.: M., Pl.: MM.).

Mon|si|g|no|re [mɔnsinˈjoːrə], der; -[s], ...ri [ital. monsignore, eigtl. = mein Herr]: **a)** ⟨o. Pl.⟩ *Titel u. Anrede von Prälaten der katholischen Kirche, bes. der Kurie* (Abk.: Mgr., Msgr.); **b)** *Träger dieses Titels* (Abk.: Mgr., Msgr.).

Mons|ter, das; -s, - [engl. monster < (a)frz. monstre, ↑ Monstrum]: *furchterregendes, hässliches Fabelwesen, Ungeheuer von fantastischer, meist riesenhafter Gestalt:* in dem Film bedroht ein M. eine Stadt; Ü *diese kleinen* M. (scherzh.; *frechen, lauten Kinder*).

Mons|ter- (emotional verstärkend): drückt in Bildungen mit Substantiven aus, dass etw. als monströs (2) als überaus groß und auffallend empfunden wird: Monsterschau, -veranstaltung.

Mons|t|ra: Pl. von ↑ Monstrum.

Mons|t|ranz, die; -, -en [mhd. monstranz(e) < mlat. monstrantia, zu lat. monstrare = zeigen] (kath. Kirche): *kostbar verziertes Behältnis, in dem die Hostie [zur Verehrung] gezeigt wird.*

Mons|t|ren: Pl. von ↑ Monstrum.

mons|t|rös ⟨Adj.⟩ [frz. monstrueux < lat. monstr(u)osus]: **1.** (bildungsspr.) *wie ein Monster beschaffen, wirkend; von scheußlichem, furchterregendem Aussehen [u. unförmiger, übergroßer Gestalt]:* -e Fabelwesen, Ungeheuer; der Körper der riesigen Echse war hässlich und m. **2.** (meist emotional) *in seinem Ausmaß, Umfang, Aufwand übersteigert, übermäßig groß, überaus aufwendig [u. daher erschreckend, bedrohlich, erdrückend wirkend]:* ein -es Denkmal. **3.** (bildungsspr., meist abwertend) *ungeheuerlich, unglaublich, empörend:* -e Verirrungen.

Mons|t|ro|si|tät, die; -, -en [spätlat. monstrositas]: **1.** ⟨o. Pl.⟩ *das Monströssein.* **2.** *Monstrum* (2).

Mons|t|rum, das; -s, ...ren, seltener: ...ra [lat. monstrum, eigtl. = Mahnzeichen, zu: monere, ↑ monieren]: **1.** *Monster, Ungeheuer: Geschichten von Hexen und Monstren;* Ü *dieses* M. (emotional; *Ungeheuer von einem Menschen*) hat zehn Menschen umgebracht. **2.** (meist emotional) *etw. von großen, als zu gewaltig empfundenen Ausmaßen; Ungetüm:* der Schrank war ein hässliches M.

Mon|sun, der; -s, -e [engl. monsoon < port. monção < arab. mawsim = (für die Seefahrt geeignete) Jahreszeit] (Geogr.): *beständig wehender, halbjährlich seine Richtung wechselnder Wind bes. Süd- u. Ostasiens.*

mon|su|nisch ⟨Adj.⟩: *den Monsun betreffend.*

Mon|sun|re|gen, der (Geogr.): *durch den feuchten Monsun im Sommer verursachter, lang anhaltender Regen.*

Mon|sun|wald, der (Geogr.): *Wald der tropischen Gebiete [mit ausgeprägter Regen- u. Trockenzeit], dessen Bäume das Laub in der Trockenzeit größtenteils abwerfen.*

Mon|tag, der; -[e]s, -e [mhd. mōntac, māntac, ahd. mānetac, eigtl. = Tag des Mondes, LÜ von lat. dies Lunae = Tag der Mondgöttin Luna, LÜ von griech. hēméra Selēnēs = Tag der Mondgöttin Selene]: *erster Tag der Kalenderwoche* (Abk.: Mo.): *ein arbeitsreicher M.;* *blauer M. (ugs.; *Montag, an dem jmd. [ohne triftigen Grund] nicht zur Arbeit geht;* urspr. wohl nach dem arbeitsfreien Montag vor Beginn der Fastenzeit u. der für diesen Tag vorgeschriebenen liturgischen Farbe Blau*; vgl. Dienstag).

Mon|tag|abend [auch: ˈmoːn...ˈla...], der: *Abend des Montags:* am, jeden M. geht sie ins Fitnessstudio; eines schönen -s.

mon|tag|abends ⟨Adv.⟩: *montags abends.*

Mon|ta|ge [mɔnˈtaːʒə, auch: mõ..., österr. meist: mɔnˈtaːʃ], die; -, -n [frz. montage, zu: monter, ↑ montieren]: **1.** *das Aufstellen, Zusammensetzen, Anschließen einer Maschine o. Ä.; Zusammenbau einzelner vorgefertigter Teile zu einer funktionsfähigen Maschine, technischen Anlage o. Ä.:* die M. einer Brücke, Maschine; * **auf M.** (ugs.; *unterwegs, auswärts wegen Montagearbeiten;* ist es häufig auf M.). **2.** (graf. Technik) **a)** *Zusammenstellung einzelner vorgefertigter Vorlagen von Kopien zu einer Druckform;* **b)** *Abteilung in einem Unternehmen, in der Montagen (2 a) hergestellt werden:* er arbeitet in der M. **3.** (Film) **a)** *endgültige Gestaltung eines Films durch das Schneiden, Auswählen, Zusammenstellen der Bildfolgen;* **b)** *durch Montage (3 a) hergestellte Filmpassage.* **4.** (bild. Kunst) **a)** *mit dem Zusammenfügen verschiedenartiger Bestandteile, Objekte arbeitendes künstlerisches Gestalten;* **b)** *durch Montage (4 a) hergestelltes Kunstwerk.* **5.** (Literaturwiss.) *mit dem Zusammenfügen, Nebeneinandersetzen sprachlicher, stilistischer, inhaltlicher Teile unterschiedlicher Herkunft arbeitende literarische Technik.*

Mon|ta|ge|ar|beit, die: *bei der Montage (1) anfallende, geleistete Arbeit.*

Mon|ta|ge|band, das ⟨Pl. ...bänder⟩: *Fließband.*

Mon|ta|ge|bau, der ⟨Pl. -ten⟩: **1.** ⟨o. Pl.⟩ *auf der Montage vorgefertigter Teile beruhende Bauweise:* das Gebäude wurde im M. errichtet. **2.** *in Montagebauweise errichteter Bau.*

Mon|ta|ge|bau|wei|se, die: *Montagebau* (1).

Mon|ta|ge|be|trieb, der: *Betrieb, der auf die Montage (1) von Maschinen, maschinellen Anlagen o. Ä. spezialisiert ist.*

Mon|ta|ge|hal|le, die: *Halle eines Montagebetriebs.*

Mon|tag|früh ⟨indekl. Subst. o. Art.⟩ (bes. österr.): *[am] Montagmorgen:* der Unfall ereignete sich M. auf regennasser Straße.

mon|tä|gig ⟨Adj.⟩: *an einem Montag stattfindend:* die -e Versammlung verabschiedete eine Resolution.

mon|täg|lich ⟨Adj.⟩: *jeden Montag stattfindend, sich jeden Montag wiederholend:* die -e Zeitungskolumne.

Mon|tag|mit|tag [auch: ˈmoːn...ˈmɪt...], der: *Mittag des Montags.*

mon|tag|mit|tags ⟨Adv.⟩: *montags mittags.*

Mon|tag|mor|gen [auch: ˈmoːn...ˈmɔr...], der: *Morgen des Montags.*

mon|tag|mor|gens ⟨Adv.⟩: *montags morgens.*

Mon|tag|nach|mit|tag [auch: ˈmoːn...ˈnaːx...], der: *Nachmittag des Montags.*

mon|tag|nach|mit|tags ⟨Adv.⟩: *montags nachmittags.*

Mon|tag|nacht [auch: ˈmoːnta:knaxt], die: *Nacht von Montag auf Dienstag.*

mon|tag|nachts ⟨Adv.⟩: *montags nachts.*

mon|tags ⟨Adv.⟩: *an jedem Montag:* unser Restaurant ist m. geschlossen; m. abends ist hier nicht viel los.

Mon|tags|au|to, das [in Anspielung auf die Vermutung, dass am Montag weniger konzentriert u. daher fehlerhaft gearbeitet wird] (oft scherzh.): *Auto, das von Anfang an relativ viele Mängel aufweist.*

Mon|tags|de|mons|t|ra|ti|on, die [nach den 1989/1990 jeden Montagabend im Anschluss an die Friedensgebete in der Nikolaikirche in Leipzig durchgeführten Demonstrationen, die zum Sturz des SED-Regimes und zur Herstellung der deutschen Einheit beitrugen]: *montags stattfindende Demonstration.*

Mon|tag|vor|mit|tag [auch: ˈmoːn...ˈfoːɐ̯...], der: *Vormittag des Montags.*

mon|tag|vor|mit|tags ⟨Adv.⟩: *montags vormittags.*

mon|tan ⟨Adj.⟩ [lat. montanus = Berge, Gebirge betreffend, zu: mons (Gen.: montis) = Berg, Gebirge] (Fachspr.): **1.** *Bergbau u. Hüttenwesen betreffend, dazu gehörend:* die -e Industrie. **2.** *das Gebirge, die Bergwelt betreffend, dazu gehörend, dort vorkommend, heimisch:* die -e Vegetation.

Mon|ta|na, -s: Bundesstaat der USA.

Mon|tan|ge|sell|schaft, die: *Gesellschaft für den Bergbau.*

Mon|tan|in|dus|t|rie, die: *Bergbau u. Hüttenwesen umfassende Industrie.*

mon|ta|nis|tisch ⟨Adj.⟩: ↑ montan (1).

Mon|tan|uni|on, die: -: *Europäische Gemeinschaft für Kohle und Stahl.*

Mont|blanc [mõˈblãː], der; -[s]: *höchster Berg der Alpen.*

Mon|te Car|lo: Stadtbezirk von ¹Monaco.

Mon|te-Car|lo-Me|tho|de, die (Statistik): *Verfahren der Statistik, bei dem komplexe Problemstellungen nicht vollständig durchgerechnet, sondern nur mit Zufallszahlen exemplarisch durchgespielt werden.*

Mon|te|ne|g|ri|ner, der; -s, -: Ew.

Mon|te|ne|g|ri|ne|rin, die; -, -nen: w. Form zu ↑ Montenegriner.

mon|te|ne|g|ri|nisch ⟨Adj.⟩: *Montenegro, die Montenegriner betreffend; von den Montenegrinern stammend, zu ihnen gehörend.*

Mon|te|ne|g|ro; -s: Staat in Südosteuropa.

Mon|tes|so|ri-Pä|d|a|go|gik, Mon|tes|so|ri|pä|d|a|go|gik, die [nach der ital. Ärztin u. Pädagogin Maria Montessori (1870–1952)]: *spezielle Form der Pädagogik, die (im Miteinander von behinderten u. nicht behinderten Kindern) die Unabhängigkeit, Selbstständigkeit u. Selbstverantwortung des Kindes, seine Kreativität u. Spontanität fördern will.*

mon|tes|so|ri|pä|d|a|go|gisch ⟨Adj.⟩: *die Montessoripädagogik betreffend; im Rahmen der Montessoripädagogik erfolgend.*

Mon|teur [mɔnˈtøːɐ̯, auch: mõˈtøːɐ̯], der; -s, -e [frz. monteur, zu: monter, ↑ montieren]: *[Fach]arbeiter, der Montagen (1) ausführt.*

Mon|teur|an|zug, der: *Arbeitsanzug für Monteure.*

Mon|teu|rin [...tøːrɪn], die; -, -nen: w. Form zu ↑ Monteur.

Mon|te|vi|de|a|ner, der; -s, -: Ew. zu ↑ Montevideo.

Mon|te|vi|de|a|ne|rin, die; -, -nen: w. Form zu ↑ Montevideaner.

Mon|te|vi|deo: Hauptstadt von Uruguay.

Mont|gol|fi|e|re [mõgɔl...], die; -, -n [nach den

Brüdern Montgolfier, die 1783 in Frankreich den ersten Heißluftballon aufsteigen ließen]: *mit erhitzter Luft betriebener Ballon* (1 a).

mon|tier|bar ⟨Adj.⟩: *sich montieren* (1) *lassend.*

mon|tie|ren [auch: mõ...] ⟨sw. V.; hat⟩ [frz. monter = montieren, anbringen; ausrüsten; aufstellen, auch = hinaufbringen, aufwärtssteigen, eigtl. = auf einen Berg steigen, über das Vlat. zu lat. mons (Gen.: montis) = Berg; schon mhd. muntieren = einrichten, ausrüsten]: **1. a)** *aus Einzelteilen zusammenbauen, aufstellen, anschließen, betriebsbereit machen:* eine technische Anlage m.; Fertighäuser aus Betonelementen m.; **b)** *mit technischen Hilfsmitteln an einer bestimmten Stelle anbringen, befestigen:* eine Lampe an die/der Decke m.; **c)** (seltener) *abmontieren.* **2.** (graf. Technik) *einzelne vorgefertigte Vorlagen von Kopien zu einer Druckform zusammenstellen.* **3.** (Film) *durch Schneiden, Auswählen, Zusammenstellen der Bildfolgen endgültig gestalten:* einen Kurzfilm m. **4.** (bes. bild. Kunst) *aus verschiedenartigen Einzelteilen, Objekten zusammensetzen:* eine Collage m.; Ü Das Bild der heraufziehenden Gesellschaft ... montiert er (= Kafka) aus Abfallprodukten (Adorno, Prismen 256). **5.** *Edelsteine fassen* (8).

Mon|tie|rer, der; -s, -: **1.** *jmd., der in der Montage* (2 b) *beschäftigt ist.* **2.** *jmd., der vorgefertigte Einzelteile in meist mechanischen Arbeitsgängen zusammensetzt.*

Mon|tie|re|rin, die; -, -nen: w. Form zu ↑Montierer.

Mon|tie|rung, die; -, -en: **1.** *das Montieren.* **2.** *etw., was an, auf etw. montiert ist.*

Mont|re|al: Stadt in Kanada.

Mont|reux [mõ'trø:]: Stadt am Genfer See.

Mon|tur, die; -, -en [frz. monture = Ausrüstung, zu: monter, ↑montieren]: **1.** (veraltend) *Uniform, Dienstkleidung.* **2.** (ugs., oft scherzh.) *Kleidung, bes. als Ausrüstung für einen bestimmten Zweck:* Motorradfahrer in ledernen -en; In einem Badehaus zieht man sich um, und in voller M. steigt man über die mit Segeltuch beschlagenen Stufen ins Wasser hinab, quergestreifte, langbeinige Trikots und eine Rüschenkappe auf dem Kopf (Kempowski, Zeit 206). **3.** *Fassung* (1 a) *für Edelsteine.*

Mo|nu|ment, das; -[e]s, -e [lat. monumentum, zu: monere, ↑monieren]: **1.** *großes Denkmal, Ehren-, Mahnmal:* ein riesiges, gewaltiges M.; ein M. für die Gefallenen errichten. **2.** (bildungsspr.) *etw. (bes. künstlerisches Werk), was als historisches Zeugnis vergangener Kulturen erhalten ist: Kulturdenkmal.* ♦ **3.** *Gegenstand, an den sich die Erinnerung an jmdn., etw. knüpft:* ...ein Medaillon mit einem M. von Haaren (Keller, Kammacher 216).

mo|nu|men|tal ⟨Adj.⟩ (bildungsspr.): *in großen Dimensionen gehalten u. daher beeindruckend; den Eindruck gewaltiger Größe, Wucht erweckend; ins Gewaltige, Übermächtige gesteigert:* -e Gemälde, Bauwerke; die -e Naturkulisse der Alpen; eine m. gestaltete Theateraufführung; Ü Ursache sind -e Fehler in der Außenpolitik.

Mo|nu|men|tal|bau, der, ⟨Pl. -ten⟩: *monumentaler Bau.*

Mo|nu|men|tal|film, der: *Kolossalfilm.*

Mo|nu|men|tal|ge|mäl|de, das: *monumentales Gemälde.*

Mo|nu|men|ta|li|tät, die; -: *eindrucksvolle Größe, Stärke, Wucht.*

Mo|nu|men|tal|schin|ken, der (ugs.): **1.** *Kolossalgemälde.* **2.** *Kolossalfilm.*

Moon|boot® ['mu:nbu:t], der; -s, -s ⟨meist Pl.⟩ [engl. moon boot, aus: moon = Mond u. boot = Stiefel, also eigtl. = Mondstiefel]: *Die Form erinnert an die Fußbekleidung der auf dem Mond gelandeten Astronauten]: dick gefütterter [Winter]stiefel aus synthetischem Material.*

Moor, das; -[e]s, -e [aus dem Niederd. < mniederd., asächs. mōr = Sumpf(land), verw. mit ↑Meer]: *sumpfähnliches Gelände mit weichem, schwammartigem, großenteils aus unvollständig zersetzten Pflanzen bestehendem Boden u. einer charakteristischen Vegetation:* durchs M. gehen; im M. versinken.

Moor|bad, das: **1.** *medizinisches Bad aus Moorerde u. Wasser [einer Heilquelle]:* der Arzt verordnete ihr Moorbäder. **2.** *Kurort für Moorbäder* (1).

moor|ba|den ⟨sw. V.; nur im Inf.⟩: *ein Moorbad* (1) *nehmen.*

Moor|bo|den, der: *Boden eines Moores.*

Moor|ei|che, die ⟨o. Pl.⟩: *grüngrau bis blauschwarz verfärbtes, für hochwertige Möbel verwendetes Holz von Eichen, die jahrhundertelang im Moor gelegen haben.*

Moor|er|de, die: *aus Mooren gewonnene Heilerde.*

Moor|huhn, das [LÜ von engl. moorhen]: *Moorschneehuhn.*

Moor|huhn|jagd, die: **1.** *Jagd auf Moorschneehühner.* **2.** *Computerspiel, das eine Jagd auf fliegende Moorschneehühner simuliert.*

moo|rig ⟨Adj.⟩: *zu einem Moor gehörend, Moorboden aufweisend; aus Moorerde bestehend:* -er Grund.

Moor|lei|che, die: *aus einem Moor geborgene Leiche, bes. als Fund aus früheren Zeiten.*

Moor|pa|ckung, die: *medizinische Packung mit heißer Moorerde.*

Moor|schnee|huhn, das: *(in Irland u. Großbritannien heimisches) Schneehuhn mit dunkelbraunen Flügeln u. auch im Winter dunklem Gefieder.*

Moos, das; -es, -e u. Möser: **1.** [mhd., ahd. mos = Moos; Sumpf, Morast, verw. mit ↑Moder] **a)** ⟨Pl. -e⟩ *einfach gebaute, wenig gegliederte, wurzellose Sporenpflanze mit Generationswechsel* (2): eine Sammlung seltener -e; **b)** ⟨o. Pl.⟩ *den Boden, Baumstämme o. Ä. überziehende immergrüne, oft als Polster] aus Moospflanzen an vorwiegend feuchten, schattigen Stellen:* weiches M.; Die Steine haben M. angesetzt (sind mit Moos bewachsen); der Waldboden ist mit/von M. bedeckt; * M. ansetzen (ugs.; alt werden, veralten, an Aktualität verlieren). **2.** ⟨Pl. -e, auch: Möser⟩ [mhd., ahd. mos = Moos; Sumpf, Morast, verw. mit ↑Moder] (südd., österr., schweiz.) *Sumpf, Moor.* **3.** ⟨o. Pl.⟩ [aus der Gaunerspr. < jidd. moos < hebr. maʿôt = Kleingeld, Münzen] (salopp) *Geld:* kein M. mehr haben.

moos|be|deckt ⟨Adj.⟩: *mit Moos bedeckt, bewachsen.*

moos|be|wach|sen ⟨Adj.⟩: *von Moos bewachsen.*

Moos|flech|te, die: *bes. auf der Rinde frei stehender Bäume wachsende, gelbe Flechte.*

moos|grün ⟨Adj.⟩: *kräftig grün wie manche Moose.*

moo|sig ⟨Adj.⟩ [mhd. mosec]: **1.** *moosbedeckt.* **2.** (südd., österr., schweiz.) *sumpfig, morastig.*

Moos|pflan|ze, die: *einzelne Pflanze des Mooses.*

Moos|pols|ter, das: *von Moos gebildetes Polster* (2 b).

Moos|tier|chen, das ⟨meist Pl.⟩: *kleines, in sehr vielen Arten im Wasser, bes. im Meer lebendes Lebewesen, das sich durch Knospung vermehrt u. fest sitzende, moosähnlich verästelte Kolonien bildet.*

Mo|ped, das; -s, -s [zusgez. aus **Mo**torveloziped od. **Mo**tor u. **Ped**al]: *Kleinkraftrad mit geringem Hubraum u. begrenzter Fortschrittsgeschwindigkeit.*

Mopp, der; -s, -s [engl. mop, H. u., viell. < frz. mappe < lat. mappa = Tuch, ↑Mappe]: *einem Besen ähnliches Gerät mit langen [in einem Öl getränkten] Fransen zum Aufnehmen des Staubes auf dem Fußboden.*

mop|pen ⟨sw. V.; hat⟩ [engl. to mop, zu: mop, ↑Mopp]: *mit dem Mopp von Staub befreien:* den Fußboden m.; ⟨auch ohne Akk.-Obj.:⟩ hast du schon gemoppt?

Mops, der; -es, Möpse: **1.** [niederd., niederl. mops, zu niederl. moppen = murren, mürrisch sein, niederl. mopen = den Mund verziehen, wegen des mürrisch-verdrießlichen Gesichtsausdrucks der Hunderasse] **a)** *kleiner, kurzhaariger Hund mit gedrungenem Körper u. rundlichem Kopf mit kurzen Hängeohren;* **b)** (salopp) *dicke kleine[re] Person:* er ist ein widerlicher M. **2.** ⟨Pl.⟩ [H. u.] (salopp) *Euro, Mark o. Ä.:* die paar Möpse wirst du ja noch irgendwo auftreiben können. **3.** ⟨Pl.⟩ (salopp) *weibliche Brüste.*

mop|sen ⟨sw. V.; hat⟩: **1.** ⟨m. + sich⟩ [wohl zu ↑Mops (1 b)] (ugs.) *sich langweilen:* du hast dich wohl gemopst? **2.** [H. u.] (fam.) *(kleinere Dinge von meist geringerem Wert) heimlich an sich nehmen, sich unbemerkt aneignen:* [jmdm.] einen Bleistift m.

mops|fi|del ⟨Adj.⟩ (ugs.): *sehr vergnügt, lustig, ausgelassen.*

mop|sig ⟨Adj.⟩: **1.** (ugs.) *dick, unförmig u. klein:* sein Gesicht wird immer -er. **2.** (ugs.) *langweilig, wenig abwechslungsreich:* der Abend war wieder furchtbar m. **3.** * **sich m. machen; m. werden** (landsch.; *dreist, aufdringlich, frech werden*).

Mo|quette: ↑Mokett.

¹Mo|ra, die; -, ...ren, More, die; -, -n [lat. mora = das Verweilen; Zeitraum]: **1.** (Verslehre) *kleinste metrische Zeiteinheit im Verstakt:* eine metrische Länge besteht aus zwei Moren. **2.** (veraltet) *[Zahlungs-, Weisungs]verzug.*

²Mo|ra, die; - [ital. mor(r)a, H. u.]: *italienisches Fingerspiel.*

Mo|ral, die; -, -en [frz. morale < lat. (philosophia) moralis = die Sitten betreffend(e Philosophie), zu: mos, ↑Mores]: **1.** ⟨Pl. selten⟩ **a)** *Gesamtheit von ethisch-sittlichen Normen, Grundsätzen, Werten, die das zwischenmenschliche Verhalten einer Gesellschaft regulieren, die von ihr als verbindlich akzeptiert werden: die öffentliche M.;* gegen die herrschende M. verstoßen; **b)** *sittliches Empfinden, Verhalten eines Einzelnen, einer Gruppe; Sittlichkeit:* eine brüchige M.; jmdm. doppelte M. vorwerfen (*jmdm. vorwerfen, dass er je nach Situation unterschiedliche Maßstäbe anlegt*); * **[jmdm.] M. predigen** (abwertend; *in aufdringlicher Weise jmdm. Vorhaltungen machen*). **2.** ⟨Pl. selten⟩ (Philos.) *(bes. bei Kant) Lehre vom sittlichen Verhalten des Menschen; Ethik* (1 a). **3.** ⟨o. Pl.⟩ *Bereitschaft, sich einzusetzen; Disziplin, Zucht; gefestigte innere Haltung, Selbstvertrauen:* die M. der Mannschaft ist gut; jmds. M. stärken. **4.** ⟨o. Pl.⟩ *lehrreiche Nutzanwendung; Lehre, die aus etw. gezogen wird:* die M. einer Fabel.

Mo|ral|apos|tel, der (abwertend): *jmd., der ständig u. allzu eifrig Moral predigt.*

Mo|ral|apos|te|lin, die: w. Form zu ↑Moralapostel.

Mo|ral|be|griff, der: *Auffassung, Vorstellung von Moral* (1), *die jmd. besitzt, die irgendwo herrscht.*

Mo|ral|co|dex: ↑Moralkodex.

Mo|ral|hü|ter, der (abwertend): *jmd., der ständig auf das Einhalten von Moral bedacht ist.*

Mo|ral|hü|te|rin, die: w. Form zu ↑Moralhüter.

Mo|ra|lin, das; -s [gepr. von dem dt. Philosophen F. Nietzsche (1844–1900) in der Fügung »moralinfreie Tugend« nach Bildungen der chem. Fachspr. auf -in] (abwertend, scherzh.): *enge,* spießbürgerliche Auffassung von Sittlichkeit, Moral.

mo|ra|lin|sau|er ⟨Adj.⟩ (abwertend, scherzh.): *in übertriebener, aufdringlicher Weise sittenstreng, moralisierend.*

mo|ra|lisch ⟨Adj.⟩: **1.** *die Moral* (1) *betreffend, darauf beruhend, dazu gehörend; der Sitte, Moral* (1) *entsprechend; sittlich:* -e Bedenken haben; der -e Zerfall eines Volkes; -en Druck ausüben; es ist deine -e Pflicht, ihr zu helfen; seine Antwort war eine -e Ohrfeige *(ein Tadel, der jmdn. innerlich treffen, bei der Ehre packen soll);* er ist m. dazu verpflichtet; * **einen/den Moralischen haben** (ugs.: *niedergeschlagen sein, Gewissensbisse haben, Reue empfinden, bes. nach Ausschweifungen, nach einem Misserfolg o. Ä.).* **2.** *Sitte u. Moral genau einhaltend, danach ausgerichtet; sittlich einwandfrei; tugendhaft, sittenstreng:* ein -er Mensch; nach all diesem wollte er mir auch noch m. kommen (ugs.; *moralisierend auf mich einwirken).* **3.** *die Moral* (3), *gefestigte innere Haltung, Disziplin betreffend, auf ihr beruhend, zu ihr gehörend:* die -e Einstellung der Mannschaft ist gut; bei ihm fand er -e Unterstützung. **4.** (seltener) *die Moral* (4) *betreffend, sie beinhaltend; lehrreich:* eine -e Erzählung.

mo|ra|li|sie|ren ⟨sw. V.; hat⟩ [frz. moraliser]: **1.** (bildungsspr.) *die Moral* (1 a) *betreffende Betrachtungen anstellen:* er liebt es, in seinen Essays zu m. **2.** (oft abwertend) *Moral predigen:* ⟨in 2. Part.:⟩ ein moralisierter (bildungsspr.; *mit einer Moral versehener)* Schwank; auf unangenehme, übertriebene Weise m.

Mo|ra|lis|mus, der; - (bildungsspr.): **1.** *Haltung, die die Moral* (1 a) *als verbindliche Grundlage des zwischenmenschlichen Verhaltens anerkennt.* **2.** *übertreibende Beurteilung der Moral* (1) *als alleiniger Maßstab für das zwischenmenschliche Verhalten.*

Mo|ra|list, der; -en, -en [frz. moraliste]: **1.** (bildungsspr.) *jmd., der, bes. als Literat, Philosoph o. Ä., den Moralismus* (1) *vertritt.* **2.** (oft abwertend) *jmd., der alle Dinge in übertriebener Weise moralisierend* (2) *beurteilt.*

Mo|ra|lis|tin, die; -, -nen: w. Form zu ↑ Moralist.

mo|ra|lis|tisch ⟨Adj.⟩: **1.** (bildungsspr.) *den Moralismus* (1) *betreffend; einem Moralisten gemäß, von ihm stammend:* -e Äußerungen. **2.** (oft abwertend) *den Moralismus* (2) *betreffend, für ihn charakteristisch; einem Moralisten* (2) *gemäß:* etw. m. eng betrachten.

Mo|ra|li|tät, die; -, -en [frz. moralité < spätlat. moralitas]: **1.** ⟨o. Pl.⟩ (bildungsspr.) *moralische* (1) *Haltung; sittliches Empfinden, Verhalten; Sittlichkeit* (2). **2.** (Literaturwiss.) *mittelalterliches Drama mit lehrhafter Tendenz u. mit Personifizierung u. allegorisierter Darstellung abstrakter Begriffe wie Tugend, Laster, Leben, Tod o. Ä.*

Mo|ral|ko|dex, Moralcodex, der: *Kodex moralischen Verhaltens.*

Mo|ral|leh|re, die: *Moralphilosophie.*

Mo|ral|pau|ke, die (ugs.): *Moralpredigt.*

Mo|ral|phi|lo|soph, der: *Philosoph, der eine Moralphilosophie begründet, vertritt.*

Mo|ral|phi|lo|so|phie, die: *philosophische Lehre von den Grundlagen, dem Wesen der Sittlichkeit, dem sittlichen Verhalten des Menschen; Ethik* (1 a).

Mo|ral|phi|lo|so|phin, die: w. Form zu ↑ Moralphilosoph.

Mo|ral|pre|digt, die (oft abwertend): *in meist aufdringlicher, belehrender Weise vorgebrachte Ermahnung zu richtigem Verhalten in sittlicher, moralischer Hinsicht:* deine -en kannst du dir sparen.

Mo|ral|theo|lo|ge, der: *Vertreter der Moraltheologie.*

Mo|ral|theo|lo|gie, die: *Disziplin der katholischen Theologie, die sich mit dem sittlichen Verhalten, Handeln des Menschen angesichts der in der Bibel geoffenbarten Heilsordnung befasst.*

Mo|ral|theo|lo|gin, die: w. Form zu ↑ Moraltheologe.

Mo|ral|vor|stel|lung, die ⟨meist Pl.⟩: *Vorstellung von Moral* (1), *die jmd. besitzt, die irgendwo herrscht.*

Mo|rä|ne, die; -, -n [frz. moraine, H. u.] (Geol.): *von einem Gletscher bewegte und abgelagerte Masse von Gestein, Geröll.*

Mo|rast, der; -[e]s, -e u. Moräste [aus dem Niederd. < mniederd. moras, maras, mniederl. marasch < afrz. maresc, verw. mit ↑ ²Marsch]: **a)** *schlammiges Stück Land; sumpfiges Gelände; Sumpf[land]:* ein ausgedehnter M.; das Land ist voller Sümpfe und -e/Moräste; **b)** ⟨o. Pl.⟩ *schlammiger Boden, Schlamm:* dunkler M.; im M. versinken; Ü sie sah sich umgeben von einem M. an Neid und Missgunst.

mo|ras|tig ⟨Adj.⟩ [mniederd. morastich]: *voll von Morast* (b), *feuchtem Schmutz, Schlamm; schlammig, sumpfig:* -es Gelände.

Mo|ra|to|ri|um, das; -s, ...ien [zu spätlat. moratorius = säumend] (Fachspr.): *vertraglich vereinbarter od. gesetzlich angeordneter Aufschub:* jmdm. ein M. [für die Tilgung seiner Schulden] gewähren; ein M. für Kernkraftwerke, für Embryonenforschung fordern.

Mor|bi: Pl. von ↑ Morbus.

mor|bid ⟨Adj.; nicht adv.⟩ [frz. morbide < lat. morbidus = krank (machend), zu: morbus = Krankheit] (bildungsspr.): **1.** *(vom körperlichen Zustand) nicht sehr widerstandsfähig; kränklich, angekränkelt* (1 a Adelsgeschlecht; die -e *(auf eine Krankheit schließen lassende)* Blässe ihres Gesichtes; Ü eine *(blasse, weiche, zarte)* Farbtöne. **2.** *(vom inneren, sittlichen, moralischen Zustand) im Verfall begriffen, brüchig:* eine -e Gesellschaft.

Mor|bi|dez|za, die; - [ital. morbidezza, zu: morbido = weich < lat. morbidus, ↑ morbid]: **1.** (bes. Malerei) *Weichheit, Zartheit [der Farben].* **2.** (bildungsspr.) *(im Hinblick auf Sittlichkeit u. Moral) Brüchigkeit, Morschheit.*

Mor|bi|di|tät, die; -, -: **a)** (bildungsspr.) *morbider* (1) *Zustand; das Morbidesein;* **b)** (Med.) *Häufigkeit der Erkrankungen innerhalb einer Bevölkerungsgruppe:* statistische Ergebnisse über M. und Mortalität auswerten.

Mor|bo|si|tät, die; - [spätlat. morbositas, zu lat. morbosus = mit Krankheit behaftet] (Med.): *das Kränklichsein; Siechtum.*

Mor|bus, der; -, ...bi [lat.] (Med.): *Krankheit.*

Mor|bus Ba|se|dow [- 'baːzədo], der; - - (Med.): *Basedowkrankheit.*

Mor|bus Crohn, der; - - (Med.): *chronische, in Schüben verlaufende Entzündung des Dünndarms.*

Mor|chel, die; -, -n [mhd. morchel, spätahd. morhala, eigtl. = Möhre]: *Pilz mit weißlichem Stiel u. kegel- bis birnenförmigem, bräunlichem, wabenartig gezeichnetem Hut (von den einige Arten als Speisepilz beliebt sind).*

Mord, der; -[e]s, -e [mhd. mort, ahd. mord, urspr. = Tod (verw. mit lat. mors, Gen.: mortis = Tod)]: *vorsätzliche Tötung eines od. mehrerer Menschen aus niedrigen Beweggründen:* ein bestialischer, feiger, grausamer, heimtückischer, politischer M.; ein perfekter M.; mehrfach M. *(Mord an mehreren Personen gleichzeitig);* einen M. begehen, aufklären, sühnen; er wird wegen dreier -e *(Morde, die bei verschiedener Gelegenheit begangen wurden)* gesucht; Ü das ist [(ja) der reine, glatte] M.! (ugs.; *das ist*

eine sehr anstrengende, gefährliche Angelegenheit); es gibt M. und Totschlag (ugs.; *es gibt heftigen Streit).*

Mord|an|kla|ge, die: *Anklage* (1 a) *wegen Mordes:* unter M. stehen.

Mord|an|schlag, der: *Anschlag, der auf einen Mord abzielt:* der Präsident fiel einem M. zum Opfer.

Mord|bren|ner, der (emotional): *jmd., der einen Brand legt u. dem es dabei auf Menschenleben nicht ankommt; Mörder u. Brandstifter.*

Mord|bren|ne|rin, die: w. Form zu ↑ Mordbrenner.

Mord|dro|hung, die: *jmdm. gegenüber geäußerte Drohung, ihn zu töten, zu ermorden.*

mor|den ⟨sw. V.; hat⟩ [mhd. morden, ahd. murdan]: **1. a)** *einen Mord, Morde begehen:* er hat mehrfach, aus Rache gemordet; **b)** (seltener) *ermorden:* er mordete kaltblütig mehrere Familien. **2.** (emotional) *jmds. Tod verursachen:* wir wollen nicht, dass unsere Söhne auf den Schlachtfeldern gemordet werden.

Mör|der, der; -s, - [mhd. mordære, zu ↑ morden]: *jmd., der gemordet, einen Mord begangen hat:* der mutmaßliche M.; den M. überführen; zum M. werden.

Mör|der|ban|de, die (emotional): ¹*Bande* (1) *von Mördern.*

Mör|der|hand: in den Verbindungen **durch/von M.** (geh.; *durch einen Mörder, von einem Mörder:* durch M. sterben).

Mör|de|rin, die; -, -nen [mhd. mordærinne]: w. Form zu ↑ Mörder.

mör|de|risch ⟨Adj.⟩ [für mhd. mordisch]: **1.** *in grausamer, verbrecherischer Weise tötend, mordend, Leben vernichtend:* das -e Treiben einer Bande. **2.** (ugs.) **a)** *in hohem Maße unangenehm; abscheulich, furchtbar:* eine -e Hitze, Kälte; **b)** *sehr stark; heftig, mächtig, gewaltig:* ich habe -en Hunger; er fluchte m.; **c)** (intensivierend bei Adj.) *sehr, überaus, äußerst:* es war m. heiß, kalt.

Mord|fall, der: ¹*Fall* (3), *bei dem ein Mord im Mittelpunkt steht:* einen M. aufklären.

Mord|ge|schich|te, die: *Geschichte, Erzählung o. Ä., die von einem Mord handelt.*

Mord|gier, die: *wilder Drang, heftiges Verlangen zum Töten, Morden.*

mord|gie|rig ⟨Adj.⟩: *voller Mordgier; Mordgier zeigend.*

Mord|in|s|t|ru|ment, das: **1.** *Instrument, das bei einem Mord verwendet wurde; Mordwaffe.* **2.** (oft scherzh.) *gefährlich aussehender Gegenstand:* mit diesem M. *(mit diesem großen u. scharfen Messer)* schneidet sie immer das Brot.

Mord|kom|mis|si|on, die: *Kommission, Abteilung der Kriminalpolizei, die für die Aufklärung von Mordfällen zuständig ist.*

Mord|kom|plott, das, ugs. auch: der: *geheime Planung eines Mordanschlags:* er wurde zum Opfer eines -s; ein M. planen, vereiteln.

Mord|lust, die: *wilder Drang, heftiges Verlangen zum Töten, Morden.*

mord|lus|tig ⟨Adj.⟩: *voller Mordlust; Mordlust zeigend.*

Mord|nacht, die: *Nacht, in der ein Mord verübt wurde.*

Mord|op|fer, das: *Opfer* (3) *eines Mordes:* unter den -n waren viele Kinder.

Mord|pro|zess, der: *Prozess* (1), *bei dem ein Mord im Mittelpunkt steht.*

---

mords-, Mords- (ugs. emotional verstärkend): **1.** drückt in Bildungen mit Adjektiven eine Verstärkung aus; *sehr:* mordsfidel, mordsgemütlich. **2.** drückt in Bildungen mit Substantiven einen besonders hohen Grad von etw. aus: Mordsangst, Mordswut. **3.** drückt in Bildungen mit Substantiven aus, dass jmd. oder etw. als ausgezeichnet, hervorragend, bewundernswert angesehen wird: Mordsstimme, Mordsweib.

Mord|sa|che, die (bes. Rechtsspr.): *Sache* (2b), *bei der ein Mord im Mittelpunkt steht.*
Mords|ding, das ⟨Pl. -er⟩ (ugs. emotional verstärkend): **1.** *sehr großes, riesenhaftes Ding:* sie trug ein M. von Brille. **2.** *nicht näher bezeichnete hervorragende od. höchst bemerkenswerte Sache.*
Mords|durst, der (ugs. emotional verstärkend): *sehr großer, mächtiger Durst.*
Mords|gau|di, die, auch: das (ugs. emotional verstärkend): vgl. *Mordsspaß.*
Mords|hit|ze, die (ugs. emotional verstärkend): *sehr große, starke Hitze* (1).
Mords|hun|ger, der (ugs. emotional verstärkend): vgl. *Mordsdurst.*
Mords|kerl, der (ugs. emotional verstärkend): **1.** *sehr großer, breiter, kräftiger Mann.* **2.** *sehr tüchtiger, mutiger, anständiger Mann.*
Mords|krach, der (ugs. emotional verstärkend): **1.** *sehr lauter Lärm, Krach.* **2.** *sehr heftiger Streit.*
mords|mä|ßig ⟨Adj.⟩ (ugs. emotional verstärkend): **a)** *sehr stark, heftig:* ein -er Lärm; **b)** ⟨intensivierend bei Adjektiven u. Verben⟩ *sehr, gewaltig, überaus:* es war m. kalt; er hat m. geschrien.
Mords|schreck, Mords|schre|cken, der (ugs. emotional verstärkend): *sehr großer, mächtiger Schreck.*
Mords|spaß, (österr. auch:) **Mords|spass,** der ⟨o. Pl.⟩ (ugs. emotional verstärkend): *sehr großer Spaß* (2).
Mords|wut, die (ugs. emotional verstärkend): *sehr große, heftige Wut* (1): er hatte, ihn packte eine M.
Mord|tat, die: *Gewalttat, bei der ein Mord verübt wird; Mord:* er wurde unmittelbar nach der M. gefasst.
Mord|ver|dacht, der: *gegen jmdn. gerichteter Verdacht auf Mord:* unter M. stehen.
mord|ver|däch|tig ⟨Adj.⟩: *unter Mordverdacht stehend.*
Mord|ver|such, der: *Versuch, jmdn. zu ermorden:* sie ist wegen -s angeklagt.
Mord|waf|fe, die: *Waffe, die bei einem Mord verwendet wurde.*
Mo|re: ↑ ¹*Mora.*
Mo|rel|le, Marelle, die; -, -n [frz. morelle < spätlat. maurella, zu lat. maurus, ↑ *Mohr*; nach der dunklen Farbe]: *Süßweichsel.*
Mo|ren: Pl. von ↑ ¹*Mora.*
mo|ren|do ⟨Adv.⟩ [ital., zu: morire < lat. mori = sterben] (Musik): *verhauchend.*
Mo|res [ˈmoːrɛs] ⟨Pl.⟩ [lat. mores = Denkart, Charakter, Pl. von: mos = Sitte, Brauch]: ∗ **jmdn. M. lehren** (ugs.: *jmdm. gegenüber seine Macht ausspielen, ihm gehörig die Meinung sagen, ihn energisch zurechtweisen:* er wird den Frechdachs schon M. lehren).
mor|gen ⟨Adv.⟩ [mhd. morgene, ahd. morgen, eigtl. erstarrter Dativ von ↑ *Morgen*]: **1.** *am folgenden, kommenden Tag; an dem Tag, der dem heutigen Tag unmittelbar folgt:* m. ist ein Feiertag; m. früh/Früh; m. Mittag, Abend; sie will nicht bis m. warten; **R** m. ist auch [noch] ein Tag *(das hat Zeit bis morgen, muss nicht heute erledigt werden);* Spr m., m., nur nicht heute, sagen alle faulen Leute (nach dem Anfang eines Liedes von Chr. Weiße, 1726–1804). **2.** *in nächster, in zukünftiger Zeit; in Zukunft, künftig:* m. so wenig wie heute ist der Stil von m. *(der Zukunft);* ⟨subst.:⟩ an das Morgen *(an die Zukunft)* glauben; Die Gegenwart kann er nicht

loben, das Damals und das Morgen nicht. Nichts befindet sich doch in lobenswerter Ordnung (Strauß, Niemand 139).
Mor|gen, der; -s, - [mhd. morgen, ahd. morgan, eigtl. = Schimmer, Dämmerung]: **1.** *Tageszeit um das Hellwerden nach der Nacht; früher Vormittag:* ein heiterer, warmer, nebliger M.; es wird schon M.; den nächsten, folgenden M. (seltener; *am nächsten, folgenden Morgen*) erwachte sie sehr früh; des -s (geh.; *morgens, am Morgen*); des -s (geh.: *frühmorgens, am frühen Morgen*) pflegt er einen Spaziergang zu machen; früh, zeitig am M.; am frühen, späten M.; eines [schönen] -s *(an einem nicht näher bestimmten Morgen)* war er verschwunden; heute, gestern M. *(heute, gestern am Morgen);* gegen M. erst schlief sie ein; am M. früh brachen sie auf; am M. seiner Abreise *(an dem Morgen, an dem er abreiste);* M. für M. *(jeden Morgen);* Ü der M. (dichter.; *der Beginn, Anfang*) der Freiheit; am M. des Lebens (dichter.; *am Beginn der Entwicklung des Lebens, eines Menschen*); Das Johannisfest fängt, wie alle anderen Tage, mit einem M. an, aber dieser M. ist anders als die M., die er bisher in Bossdom erlebte (Strittmatter, Der Laden 481/482); ∗ **Guten/guten M.** (Grußformel: [zu] jmdm. Guten/guten M. sagen; hallo und Guten/guten M.!); **schön; frisch wie der junge M.** (meist scherzh.; *jugendfrisch, blühend, schön u. strahlend*). **2.** ⟨o. Pl.⟩ (veraltet) *Osten.* **3.** [urspr. = so viel Land, wie ein Mann mit einem Gespann an einem Morgen pflügen kann] (veraltend) *Feldmaß (mit dem je nach Landschaft unterschiedlich große Flächen bezeichnet werden).*
Mor|gen|an|dacht, die: *Andacht* (2) *am Morgen.*
Mor|gen|aus|ga|be, die: *am Morgen, Vormittag erscheinende Ausgabe einer Zeitung.*
Mor|gen|däm|me|rung, die: *Dämmerung am Morgen.*
mor|gend|lich ⟨Adj.⟩ [mhd. morgenlich, ahd. morganlīh]: *in die Zeit am Morgen fallend; zur Zeit des Morgens; am Morgen [vorhanden, sich abspielend]:* der -e Berufsverkehr.
Mor|gen|es|sen, das; -s, - (schweiz.): *Frühstück:* das M. gibt es von 7 bis 10 Uhr.
mor|gen|frisch ⟨Adj.⟩: *frisch wie am Morgen üblich:* es weht eine Brise.
Mor|gen|frü|he, die: *früher Morgen:* in der, in aller M. *([sehr] früh am Morgen).*
Mor|gen|ga|be, die (früher): *Geschenk des Mannes an die Ehefrau am Morgen nach der Hochzeitsnacht.*
Mor|gen|ge|bet, das: *Gebet zu Beginn des Tages.*
Mor|gen|grau|en, das; -s, -: *Morgendämmerung, Tagesanbruch:* beim, im M.
Mor|gen|gruß, der: *Gruß* (1) *am Morgen.*
Mor|gen|gym|nas|tik, die: *morgendliche Gymnastik.*
Mor|gen|him|mel, der: *Himmel vor, bei, kurz nach Sonnenaufgang.*
Mor|gen|kaf|fee, der: **1.** *kleine Mahlzeit am Morgen; Frühstück mit Kaffee:* beim M. sitzen. **2.** *Kaffee, der beim Morgenkaffee* (1) *getrunken wird.*
Mor|gen|land, das ⟨o. Pl.⟩ (veraltet): *Orient.*
mor|gen|län|disch ⟨Adj.⟩ (veraltet): *orientalisch.*
Mor|gen|licht, das ⟨o. Pl.⟩ (geh.): *Beleuchtung, Lichtverhältnisse am Morgen:* ein rötliches M.; im hellen M.
Mor|gen|luft, die: *frische, kühle Luft am Morgen:* ∗ **M. wittern** (oft scherzh.; *eine Chance, die Möglichkeit eines Vorteils sehen;* nach engl. methinks, I scent the morning air = mich dünkt, ich wittre Morgenluft, den Worten, die in Shakespeares Hamlet I, 5 der Geist von Hamlets Vater angesichts des heranbrechenden Tages spricht).

Mor|gen|man|tel, der: *Morgenrock.*
Mor|gen|muf|fel, der (ugs., oft scherzh.): *jmd., der morgens nach dem Aufstehen meist keine besonders gute Laune hat, mürrisch u. wortkarg ist.*
Mor|gen|ne|bel, der: *Frühnebel.*
Mor|gen|pro|gramm, das: *am Morgen übertragenes Programm* (1 a) *(im Fernsehen, im Radio).*
Mor|gen|rock, der: *[langes] einem Mantel ähnliches, leichtes, bequemes Kleidungsstück, das im Haus bes. morgens nach dem Aufstehen getragen wird.*
Mor|gen|rot, das; -s [mhd. morgenrōt, spätahd. morganrōt], **Mor|gen|rö|te,** die ⟨o. Pl.⟩ [mhd. morgenrœte]: *rote, rötliche Färbung des Himmels bei Sonnenaufgang:* Ü das Morgenrot (dichter.; *der verheißungsvolle Beginn*) der Freiheit.
mor|gens ⟨Adv.⟩ [mhd. morgen(e)s, eigtl. erstarrter Genitiv von ↑ *Morgen*]: *zur Zeit des Morgens; am Morgen, jeden Morgen:* m. um sieben Uhr; um sieben Uhr m.; dienstags m.
Mor|gen|sei|te, die (veraltend): *östliche Seite; Ostseite:* an der M. des Hauses; ♦ ...das große Gitter, das sich längs der M. hinzog (Heine, Rabbi 475).
Mor|gen|son|ne, die ⟨o. Pl.⟩: *morgendliche Sonne.*
Mor|gen|stern, der [mhd. morgenstern(e)]: **1.** ⟨o. Pl.⟩ *als auffallend hell leuchtender Stern erscheinender Planet Venus am östlichen Himmel vor Sonnenaufgang.* **2.** *(im Mittelalter verwendete) Schlagwaffe, meist in Gestalt einer Keule, deren oberes kugeliges Ende mit eisernen Stacheln besetzt ist.*
♦ **Mor|gen|still** ⟨Adj.⟩: *in morgendlicher Stille [liegend o. Ä.]:* Wir gingen schweigend durch die -en Gassen (C. F. Meyer, Amulett 48).
♦ **Mor|gen|stil|le,** die: *Stille am frühen Morgen:* Mir fiel dabei zugleich ein, wie nun die schöne Frau droben auf dem Schlosse ... schlummerte und ein Engel bei ihr auf dem Bette säße in der M. (Eichendorff, Taugenichts 25).
Mor|gen|stun|de, die ⟨meist Pl.⟩: *Zeit am frühen Morgen, Vormittag:* Spr M. hat Gold im Munde *(frühes Aufstehen ist lohnend, am Morgen lässt es sich gut arbeiten).*
Mor|gen|toi|let|te, die: *morgendliche Toilette* (1a).
Mor|gen|zei|tung, die: vgl. *Abendzeitung.*
mor|gig ⟨Adj.⟩ [spätmhd. morgig, gek. aus: morgenic]: *morgen, am folgenden Tag stattfindend, geschehend; von morgen:* das -e Datum; am -en Tag *(morgen).*
mo|ri|bund ⟨Adj.⟩ [lat. moribundus, zu: moriri = sterben] (Med.): *im Sterben liegend, dem Tode nah:* -e Patienten; ⟨subst.:⟩ das Krankenzimmer für die Moribunden.
Mo|ri|on, der; -s [wohl verkürzt aus lat. mormorion]: *brauner bis fast schwarzer Bergkristall.*
Mo|ris|ke, der; -n, -n ⟨meist Pl.⟩ [span. morisco = (getaufter) Maure]: *nach der arabischen Herrschaft in Spanien zurückgebliebener Maure, der [nach außen hin] Christ war.*
Mo|ri|tat [auch: ˈmoː...], die; -, -en [wohl durch zerdehntes Singen des Wortes »Mordtat« entstanden]: **1.** *von einem Bänkelsänger (mit Drehorgelbegleitung) vorgetragenes Lied mit meist eintöniger Melodie, das eine schauerliche od. rührselige (auf einer Tafel in den dargestellte) Geschichte zum Inhalt hat [u. mit einer belehrenden Moral endet].* **2.** *in der Art einer Moritat* (1) *verfasstes Gedicht, Lied.*
Mo|ri|ta|ten|sän|ger, der: *Bänkelsänger.*
Mo|ri|ta|ten|sän|ge|rin, die: w. Form zu ↑ *Moritatensänger.*
Mo|ritz [wohl nach einer Figur des dt. Karikaturisten u. Malers A. Oberländer (1845–1923)]: *in der Wendung* **wie sich der kleine M. etw. vor-**

stellt (ugs. scherzh.; *der naiven, kindlichen Vorstellung, die sich jmd. von etw. macht, entsprechend*).

Mor|mo|ne, der; -n, -n [nach dem Buch Mormon (= Personenname in diesem Buch) des Stifters der Religionsgemeinschaft J. Smith (1805–1844)]: *Angehöriger einer chiliastischen Religionsgemeinschaft (bes. in Nordamerika), die sich selbst als Kirche Jesu Christi der Heiligen der letzten Tage bezeichnet.*

Mor|mo|nin, die; -, -nen: w. Form zu ↑ Mormone.

Mo|ro|ni: Hauptstadt der Komoren.

Morph, das; -s, -e [zu griech. morphḗ, ↑ Morphe] (Sprachwiss.): *kleinstes formales, bedeutungstragendes Bauelement der gesprochenen Sprache.*

morph-, Morph-: ↑ morpho-, Morpho-.

-morph [zu griech. morphḗ, ↑ Morphe]: bei Adjektiven auftretendes Suffix mit der Bed. *die Gestalt betreffend, …förmig* (z. B. amorph, heteromorph).

Mor|phem, das; -s, -e [frz. morphème, zu griech. morphḗ, ↑ Morphe] (Sprachwiss.): *kleinste bedeutungstragende Einheit im Sprachsystem; Sprachsilbe: freie u. gebundene re.*

Mor|phe|ma|tik [österr. auch: …'mat…], Morphemik, die; - (Sprachwiss.): *Teilgebiet der Sprachwissenschaft, das sich mit den Morphemen u. mit ihrer Funktion bei der Wortbildung befasst.*

mor|phe|ma|tisch [österr. auch: …'mat…], morphemisch ⟨Adj.⟩: **a)** *die Morphematik betreffend;* **b)** *die Morpheme betreffend.*

Mor|phe|mik: ↑ Morphematik.

mor|phe|misch: ↑ morphematisch.

mor|phen ⟨sw. V.; hat⟩ [engl. to morph, geb. zu: metamorphosi < lat. metamorphosis, ↑ Metamorphose] (Film, EDV): *mithilfe eines Computerprogramms ein Bild fließend (in einem wahrnehmbaren Prozess ohne abrupte Übergänge) so verändern, dass ein völlig neues Bild entsteht.*

Mor|pheus [griech. Gott des Schlafes]: in Wendungen wie **in Morpheus' Armen liegen, ruhen, schlafen** (geh.; *ruhig, angenehm, gut schlafen*); **in Morpheus' Arme sinken** (geh.; *ruhig einschlafen, in einen angenehmen Schlaf fallen*); **aus Morpheus' Armen gerissen werden** (geh.; *jäh aus tiefem Schlaf gerissen werden*).

Mor|phin, das; -s, -e [nach dem griech. Gott Morpheus] (Chemie, Med.): *Morphium.*

Mor|phing, das; -s [engl. morphing, zu: to morph, ↑ morphen] (Film, EDV): *auf einem Computerprogramm beruhendes Verfahren, ein Bild fließend (in einem wahrnehmbaren Prozess ohne abrupte Übergänge) so zu verändern, dass ein völlig neues Bild entsteht.*

Mor|phi|nis|mus, der; - (Med.): *Morphiumsucht.*

Mor|phi|n|sucht, die ⟨o. Pl.⟩ (Med.): *Morphiumsucht.*

Mor|phi|um, das; -s: *aus Opium gewonnenes Rauschgift, das in der Medizin besonders als schmerzlinderndes Mittel eingesetzt wird.*

Mor|phi|um|sucht, die ⟨o. Pl.⟩ (Med.): *Sucht nach Morphium.*

mor|phi|um|süch|tig ⟨Adj.⟩: *von einer krankhaften Sucht nach Morphium befallen.*

morpho-, Mor|pho-, (vor Vokalen auch:) morph-, Morph- [zu griech. morphḗ, ↑ Morphe]: Best. in Zus. mit der Bed. *Gestalt, Form* (z. B. morphologisch, Morphologie).

Mor|pho|ge|ne|se, Mor|pho|ge|ne|sis, die; -, …nesen (Biol.): *Ausgestaltung u. Entwicklung von Organen od. Geweben eines pflanzlichen od. tierischen Organismus.*

mor|pho|ge|ne|tisch ⟨Adj.⟩ (Biol.): *die Morphogenese betreffend.*

Mor|pho|ge|nie, die; -, -n [zu griech. genḗ = Abstammung] (Biol.): *Morphogenese.*

Mor|pho|lo|ge, der; -n, -n [↑-loge]: **1.** *Wissenschaftler, Forscher, Fachmann auf dem Gebiet der Morphologie.* **2.** Kurzf. von ↑ Geomorphologe.

Mor|pho|lo|gie, die; - [↑-logie]: **1.** (bes. Philos.) *Wissenschaft, Lehre von den Gestalten, Formen (bes. hinsichtlich ihrer Eigenarten, Entwicklungen, Gesetzlichkeiten).* **2.** (Biol., Med.) *Wissenschaft, Lehre von der äußeren Gestalt, Form der Lebewesen, der Organismen u. ihrer Teile.* **3.** Kurzf. von ↑ Geomorphologie. **4.** (Sprachwiss.) *Formenlehre.* **5.** (Soziol.) *Teilgebiet der Soziologie, das sich mit der Struktur der Gesellschaft befasst.*

Mor|pho|lo|gin, die; -, -nen: w. Form zu ↑ Morphologe.

mor|pho|lo|gisch ⟨Adj.⟩: *die Morphologie betreffend, auf ihr beruhend, zu ihr gehörend; die äußere Gestalt, Form, den Bau betreffend; der Form nach.*

Mor|pho|se, die; -, -n [spätgriech. mórphōsis = das Gestalten] (Biol.): *nicht erbliche Variation der Gestalt der Organismen bzw. einzelner Organe, die durch Umwelteinflüsse verursacht wird.*

morsch ⟨Adj.⟩ [aus dem Ostmd.; älter: mursch, niederd. murs, verw. mit ↑ mürbe]: *besonders durch Fäulnis, auch durch Alter, Verwitterung o. Ä. brüchig, leicht zerfallend:* -es Holz; -e Balken; -es Mauerwerk; das Laken war schon m.; (auch scherzh.:) meine Knochen sind schon m. (*ich bin schon alt u. nicht mehr sehr beweglich*).

Morsch|heit, die; -: *das Morschsein.*

Mor|se|al|pha|bet, Mor|se-Al|pha|bet, das ⟨Pl. selten⟩ [nach dem amerik. Erfinder S. Morse (1791–1872)]: *dem Alphabet entsprechende Folge von Zeichen, die beim Morsen verwendet werden u. aus Kombinationen von Punkten u. Strichen bzw. kurzen u. langen Stromimpulsen bestehen.*

Mor|se|ap|pa|rat, Mor|se-Ap|pa|rat, der: *Gerät zur telegrafischen Übermittlung von Nachrichten mithilfe von Morsezeichen.*

mor|sen ⟨sw. V.; hat⟩ [nach S. Morse, ↑ Morsealphabet]: **a)** *mit dem Morseapparat Morsezeichen geben, eine Nachricht übermitteln:* der Funker morst; **b)** *in Morsezeichen übermitteln:* eine Nachricht, SOS m.

Mör|ser, der; -s, - [**1.** [mhd. mörser, morsære, ahd. morsāri, mortāri < lat. mortarium, ↑ Mörtel] *dickwandiges, schalenförmiges Gefäß mit gerundetem inneren Boden zum Zerstoßen, Zerreiben von festen Substanzen mithilfe eines Stößels.* **2.** [wohl nach der Form] (Militär) **a)** *früher) schweres Geschütz mit kurzem, großkalibrigen Rohr;* **b)** *Granatwerfer.*

Mor|se|zei|chen, das: *Zeichen des Morsealphabets.*

Mors, Mors, ↑ ² Hummel.

Mor|ta|del|la, die; -, -s [ital. mortadella, zu lat. murtatum (farcimen) = mit Myrte gewürzte Wurst]: *mit Pistazien o. Ä. gewürzte, dickere, gebrühte Wurst aus Schweine- u. Kalbfleisch.*

Mor|ta|li|tät, die; -, -en [lat. mortalitas = Sterblichkeit, zu: mortalis = sterblich; zu: mors (Gen.: mortis) = Tod] (Med.): *Verhältnis der Zahl der Todesfälle zur Zahl der statistisch berücksichtigten Personen.*

Mör|tel, der; -s, ⟨Sorten:⟩ - [mhd. mortel, morter < lat. mortarium (*Gefäß für die Zubereitung von*) Mörtel, eigtl. = Mörser (1)]: *breiartiges, innerhalb kürzerer Zeit erhärtendes Gemisch aus Wasser, Sand u. Zement, Kalk, Gips o. Ä., das als Bindemittel bei Bausteinen od. zum Verputzen von Wänden u. Decken dient:* der alte M. bröckelt von der Wand; M. mischen.

mör|teln ⟨sw. V.; hat⟩: **a)** *mit Mörtel arbeiten;* **b)** *mit Mörtel versehen, verbinden, verputzen:* eine Wand m.

mor|ti|fi|zie|ren ⟨sw. V.; hat⟩ [spätlat. mortificare = (ab)töten, zu lat. mors (Gen.: mortis) = Tod u. -ficare (in Zus.) = machen]: **1.** (veraltet) *demütigen, beleidigen;* ♦ … *sparsamer Unterricht wird da stets als ein unschuldiges Mittel angeordnet, den armen Schüler damit zu züchtigen und zu m.* (Jean Paul, Wutz 13). **2.** *kasteien.* **3.** *absterben [lassen], abtöten.* **4.** (veraltet) *tilgen, für ungültig erklären.*

Mo|ru|la, die; -, …lae [… l ɛ] [zu lat. morum = Maulbeere, nach der kugeligen Form] (Med., Zool.): *kugeliger, durch Furchung des befruchteten Eis entstandener Verband von Zellen, der ein frühes Stadium der embryonalen Entwicklung darstellt.*

Mo|sa|ik [österr.: …'ɪk], das; -s, -en, auch: -e [frz. mosaïque < ital. mosaico, musaico < mlat. musaicum < lat. musivum (opus), zu griech. moũsa, ↑ Muse]: *aus kleinen bunten Steinen, Glasstücken o. Ä. zusammengesetztes Bild, Ornament zur Verzierung von Wänden, Gewölben, Fußböden:* ein antikes M.; mit -en auslegen; Ü die einzelnen Beweisstücke fügten sich zu einem M.

Mo|sa|ik|ar|beit, die: *als Mosaik ausgeführte Arbeit* (4 a).

mo|sa|ik|ar|tig ⟨Adj.⟩: *in der Art eines Mosaiks, wie ein Mosaik zusammengesetzt, aussehend.*

Mo|sa|ik|bild, das: *ein Bild darstellendes Mosaik.*

Mo|sa|ik|stein, der: *einzelner Stein eines Mosaiks.*

¹mo|sa|isch ⟨Adj.⟩ [zu ↑ ¹Moses]: *jüdisch, israelitisch (im Hinblick auf die Religion des Alten Testaments):* die -e Religion.

◆²mo|sa|isch ⟨Adj.⟩ [frz. mosaïque, zu: mosaïque, ↑ Mosaik]: *musivisch; in der Art eines Mosaiks:* Sie ist eine -e Arbeit, aus allen drei Reichen der Natur zusammengesetzt (Kleist, Käthchen V, 3).

Mo|sa|is|mus, der; - [zu ↑ ¹Moses] (veraltet): *Judentum.*

mo|sa|is|tisch ⟨Adj.⟩: *Mosaiken betreffend.*

Mo|sa|i|zist, der; -en, -en: *Künstler, der mit Musivgold arbeitet od. Mosaiken herstellt.*

Mo|sa|i|zis|tin, die; -, -nen: w. Form zu ↑ Mosaizist.

¹Mo|sam|bik [mozam'biːk, auch: mosam'bɪk]; -s: *Staat in Ostafrika.*

²Mo|sam|bik [mozam'biːk, auch: mosam'bɪk]; -s: *Hafenstadt in ¹Mosambik.*

Mo|sam|bi|ka|ner, der; -s, -: Ew.

Mo|sam|bi|ka|ne|rin, die; -, -nen: w. Form zu ↑ Mosambikaner.

mo|sam|bi|ka|nisch ⟨Adj.⟩: *Mosambik, die Mosambikaner betreffend; von den Mosambikanern stammend, zu ihnen gehörend.*

Mo|sam|bi|ker, der; -s, -: *Mosambikaner.*

Mo|sam|bi|ke|rin, die; -, -nen: w. Form zu ↑ Mosambiker.

mo|sam|bi|kisch ⟨Adj.⟩: *mosambikanisch.*

Mo|schaw, der; -s, …wim [hebr. môšav, eigtl. = Sitz]: (*in Israel*) *genossenschaftliche Siedlung von Kleinbauern mit Privatbesitz.*

Mo|schee, die; -, -n [frz. mosquée < ital. moschea < span. mezquita < arab. masǧid]: *islamisches Gotteshaus.*

Mo|schus, der; - [spätlat. muscus < griech. móschos < pers. mušk < sanskr. muṣka = Hode, Hodensack (mit dem der Moschusbeutel verglichen wurde)]: **a)** *stark riechendes Sekret der männlichen Moschustiere, das bes. bei der Herstellung von Parfums verwendet wird;* **b)** *aus*

Moschus (a) gewonnener od. ähnlicher synthetisch hergestellter Duftstoff.
mo|schus|ar|tig ⟨Adj.⟩: *wie Moschus riechend.*
Mo|schus|beu|tel, der: *Moschus enthaltender Beutel an der Bauchseite männlicher Moschustiere.*
¹Mo|schus|ge|ruch, der: *Geruch nach Moschus.*
Mo|schus|och|se, der: *(bes. im Nordpolargebiet heimisches) großes Säugetier mit langhaarigem, fast schwarzem Fell, kurzen Beinen u. hakenförmigen Hörnern, dessen männliche Tiere während der Paarungszeit ein Sekret von durchdringendem Geruch absondern.*
Mo|schus|tier, das: *(in Asien heimisches, zu den Hirschen gehörendes) Tier ohne Geweih, bei dem das männliche Tier einen Moschusbeutel aufweist.*
Mo|se: ↑ ¹*Moses.*
Mö|se, die; -, -n [gaunerspr. Moß, Muß = Frau, Geliebte, Dirne, unter Einfluss von spätmhd. mutze = Vulva] (derb): *weibliches Geschlechtsteil; Vagina, Vulva.*
Mo|sel, die; -: *linker Nebenfluss des Rheins.*
Mo|sel|wein, der: *an der Mosel angebauter Wein.*
Mö|ser: Pl. von ↑ Moos (2).
mo|sern ⟨sw. V.; hat⟩ [wohl aus der Gaunerspr., vgl. gaunerspr. mossern = angeben, schwatzen; verraten < jidd. massern = denunzieren] (ugs.): *[ständig] etw. zu beanstanden haben u. seinem Ärger, seiner Unzufriedenheit durch [fortgesetztes] Schimpfen Ausdruck geben; nörgeln:* über das Essen m.
¹Mo|ses, (ökum.:) Mose: *Stifter der israelitischen Religion: die fünf Bücher Mosis (des Moses) od. Mose.*
²Mo|ses, der; -, - [nach ¹Moses, der nach biblischer Überlieferung als Säugling in einem kleinen Korb ausgesetzt wurde] (Seemannsspr.): **1.** (spött.) *jüngstes Besatzungsmitglied; Schiffsjunge.* **2.** *Beiboot einer Jacht.*
Mos|kau: *Hauptstadt von Russland.*
¹Mos|kau|er, der; -s, -: Ew.
²Mos|kau|er ⟨indekl. Adj.⟩: *M. Zeit (Zonenzeit im westlichen Teil Russlands bis zum 40. Längengrad östl. von Greenwich; entspricht MEZ + 2 Stunden).*
Mos|kau|e|rin, die; -, -nen: w. Form zu ↑ ¹Moskauer.
mos|kau|isch ⟨Adj.⟩: *Moskau, die Moskauer betreffend; von den Moskauern stammend, zu ihnen gehörend.*
Mos|ki|to, der; -s, -s ⟨meist Pl.⟩ [span. mosquito, zu: mosca < lat. musca = Fliege]: **1.** *tropische Stechmücke, die gefährliche Krankheiten (z. B. Malaria) übertragen kann: die -s bekämpfen; von -s gestochen werden.* **2.** (Fachspr., sonst selten) *Stechmücke.*
Mos|ki|to|netz, das: *feinmaschiges, tüllartiges Gewebe, das zum Schutz gegen das Eindringen von Moskitos über Betten, vor Fenster o. Ä. gehängt wird.*
Mos|ko|wi|ter, der; -s, - (veraltend): Ew. zu ↑ Moskau.
Mos|ko|wi|te|rin, die; -, -nen: w. Form zu ↑ Moskowiter.
¹Mosk|wa, die; -: *Fluss in Russland.*
²Mosk|wa: russ. Name von ↑ Moskau.
Mos|lem, der; -s, -s, Muslim, der; -[s], -e u. -s [arab. muslim, eigtl. = der sich Gott unterwirft]: *Anhänger des Islams.*
Mos|le|min, die; -, -nen: w. Form zu ↑ Moslem.
mos|le|misch, muslimisch ⟨Adj.⟩: *die Moslems, ihren Glauben, ihren Herrschaftsbereich betreffend.*
mos|so ⟨Adv.⟩ [ital., adj. 2. Part. von: muovere < lat. movere = bewegen] (Musik): *bewegt, lebhaft.*
Most, der; -[e]s, -e [mhd., ahd. most = Obstwein

< lat. (vinum) mustum = junger, neuer (Wein)]: **1. a)** *zur Gärung bestimmter Saft aus gekelterten Trauben:* M. machen; **b)** (landsch.) *Federweißer.* **2.** (landsch.) *unvergorener, trüber Fruchtsaft.* **3.** (südd., österr., schweiz.) *Obstwein.* **4.** (schweiz. ugs.) *Benzin.*
Most|ap|fel, der: *[saurer] Apfel zum Mosten.*
mos|ten ⟨sw. V.; hat⟩: **a)** *Most machen:* morgen wollen wir anfangen zu m.; **b)** *zu Most verarbeiten:* Äpfel m.
Mos|te|rei, die; -, -en: *Betrieb, in dem Most gemacht wird.*
Mos|tert, der; -s [mhd. mostert, musthart < afrz. mostarde = mit Most hergestellter Senf] (landsch., bes. nordwestd.): *Senf.*
Most|rich, der; -s (landsch., bes. nordostd.): *Senf.*
Mo|tel [auch: mo'tɛl], das; -s, -s [engl. motel, aus: motor u. hotel]: *an Autobahnen o. Ä. gelegenes Hotel [für Autoreisende].*
Mo|tet|te, die; -, -n [ital. motetto < mlat. motetum, zu spätlat. muttum, ↑ Motto]: *in mehrere Teile gegliederter, mehrstimmiger [geistlicher] Chorgesang [ohne Instrumentalbegleitung].*
Mo|ther|board ['mʌðəbɔ:d], das; -s, -s [engl. motherboard, aus: mother = Mutter u. board (↑ Board)] (EDV): *Hauptplatine des Computers, auf der alle wesentlichen Bauteile angeordnet sind.*
Mo|ti|li|tät, die; - [wohl unter Einfluss von frz. motilité zu lat. motum, ↑ Motor]: **1.** (Med.) *Gesamtheit der nicht bewusst gesteuerten Bewegungen des menschlichen Körpers u. seiner Organe.* **2.** (Biol.) *Bewegungsvermögen von Organismen u. Zellorganellen.*
Mo|ti|on, die; -, -en [frz. motion, eigtl. = Bewegung < lat. motio]: **1.** (schweiz.) *schriftlicher Antrag in einem Parlament.* **2.** (bildungsspr.) *Bewegung:* ◆ Deine Glieder werden sich bald woanders in eine M. machen, wenn du nicht ruhst (Goethe, Egmont IV). **3.** (Sprachwiss.) **a)** *Bildung einer weiblichen Personen-, Berufs- od. Tierbezeichnung mit einem Suffix von einer männlichen Form (z. B. Ministerin von Minister);* **b)** *Beugung des Adjektivs nach dem Geschlecht des zugehörigen Substantivs.* **4.** (Fechten) *Faustlage.*
Mo|ti|o|när, der; -s, -e (schweiz.): *jmd., der eine Motion (1) einreicht.*
Mo|ti|o|nä|rin, die; -, -nen: w. Form zu ↑ Motionär.
Mo|tiv, das; -s, -e: **1.** [mlat. motivum, zu spätlat. motivus = bewegend, antreibend, zu lat. motum, ↑ Motor] (bildungsspr.) *Überlegung, Gefühlsregung, Umstand o. Ä., durch den sich jmd. bewogen fühlt, etw. Bestimmtes zu tun; Beweggrund; Triebfeder:* ein politisches M.; kein M. haben; vom wirklichen M. ablenken. **2.** [frz. motif] **a)** *[bekanntes] allgemeines Thema o. Ä., Bild od. bestimmte Form [als typischer, charakterisierender Bestandteil] eines Werkes der Literatur, bildenden Kunst o. Ä.:* ein literarisches M. zu den bösen Feen im Märchen; **b)** (Musik) *kleinste, durch eine bestimmte Tonfolge, einen bestimmten Rhythmus o. Ä. erkennbare Einheit einer Melodie, eines Themas o. Ä., die für eine bestimmte Komposition charakteristisch ist:* einzelne -e der Ouvertüre klingen im dritten Akt der Oper wieder an. **3.** *zur [künstlerischen] Gestaltung, Wiedergabe anregender Gegenstand:* dieser Maler bevorzugt ländliche -e.
Mo|ti|va|ti|on, die; -, -en: **1.** (Psychol., Päd.) *Gesamtheit der Beweggründe, Einflüsse, die eine Entscheidung, Handlung o. Ä. beeinflussen, zu einer Handlungsweise anregen:* politische M.; ihre M. (ihr Antrieb, ihre Bereitschaft) zur Umschulung ist eher gering. **2.** (Sprachwiss.) *das Motiviertsein.*

Mo|ti|va|ti|ons|schrei|ben, das: *Schriftstück in Bewerbungsunterlagen, in dem jmd. die Motivation für seine Bewerbung darlegt.*
Mo|ti|va|ti|ons|schub, der: *Impuls, der jmds. Motivation einen kräftigen Anstoß verleiht:* die erfolgreiche Wettkampfteilnahme löste einen M. aus.
Mo|ti|va|tor, der; -s, ...oren (bildungsspr.): *Person od. Sache, die motiviert.*
Mo|ti|va|to|rin, die; -, -nen: *weibliche Person, die motiviert.*
Mo|tiv|for|schung, die: *Teil der Marktforschung, der die Beweggründe für das Verhalten von Käufern untersucht.*
mo|ti|vie|ren ⟨sw. V.; hat⟩ [frz. motiver]: **a)** *begründen:* einen Antrag [mit etw.] m.; Entscheidungen, die rational nicht motiviert werden können; **b)** *jmds. Interesse für etw. wecken, ihn zu etw. anregen, veranlassen:* Schüler, die Spieler einer Mannschaft m.; jmdn. zur Arbeit m.
mo|ti|viert ⟨Adj.⟩: **1.** (bildungsspr.) *[starken] Antrieb zu etw. habend; [großes] Interesse zeigend, etw. zu tun:* die Spieler waren stark m. und gewannen letztlich verdient. **2.** (Sprachwiss.) *(von Wörtern) in der formalen od. inhaltlichen Beschaffenheit durchschaubar, aus sich selbst verständlich.*
Mo|ti|viert|heit, die: *Motivation.*
Mo|ti|vie|rung, die; -, -en (bildungsspr.): **1.** *Motivation.* **2.** *das Motivieren* (b).
Mo|ti|vik, die; - (bildungsspr.): *Gesamtheit der Motive* (2), *die in einem Kunstwerk verarbeitet sind.*
mo|ti|visch ⟨Adj.⟩: **a)** *das Motiv betreffend;* **b)** *die Motivik betreffend.*
Mo|tiv|wa|gen, der: *(bei Festumzügen o. Ä.) Wagen* (1 a), *auf dem eine Szene dargestellt ist, die eine Anspielung auf ein bestimmtes Ereignis od. eine bestimmte Person enthält.*
Mo|to, das; -s, -s (schweiz.): *kurz für ↑ Motorrad.*
Mo|to|cross, Mo|to-Cross, das; -, -e ⟨Pl. selten⟩ [engl. moto-cross < frz. motocross, aus: moto- (in Zus.) = Motor- u. cross(-country), ↑ Crosscountry]: *Motorradrennen auf einer abgesteckten Rundstrecke im Gelände.*
Mo|to|drom, das; -s, -e [ital. motodromo, zu: motore = Motor u. griech. drómos = Lauf, Rennbahn]: *meist ovale Rennstrecke für Motorsportveranstaltungen.*
Mo|to|lo|ge, der; -n, -n [↑ -loge] (Med., Päd.): *Fachmann auf dem Gebiet der Motologie.*
Mo|to|lo|gie, die; - [↑ -logie] (Med., Päd.): *Lehre von der menschlichen Motorik u. deren Anwendung in Erziehung u. Therapie.*
Mo|to|lo|gin, die; -, -nen: w. Form zu ↑ Motologe.
Mo|tor, der; -s, ...oren [lat. motor = Beweger, zu: motum, 2. Part. von: movere = bewegen]: **1.** [auch: mo'to:ɐ̯] ⟨Pl. auch: ...ore⟩ *Maschine, die durch Umwandlung von Energie Kraft zum Antrieb (z. B. eines Fahrzeugs) erzeugt:* ein schwacher, starker M.; der M. ist kalt, setzt aus, blockiert, streikt, ist abgesoffen, springt leicht an, läuft ruhig, auf vollen Touren, dröhnt, tuckert, klopft, heult [auf]; die -en des Schiffes bringen zusammen eine Leistung von 5000 PS; den M. anlassen, anstellen, abstellen; den M. eines Wagens warm laufen lassen, schonen, strapazieren, abwürgen, waschen. **2.** (übertr. zu 1] *Kraft, die etwas antreibt; jmd., der etwas voranbringt:* er ist der eigentliche M. des Unternehmens.
Mo|tor|auf|hän|gung, die (Kfz-Technik): *Halterung des Motors im Fahrgestell.*
Mo|tor|block, der ⟨Pl. ...blöcke⟩ (Kfz-Technik): *gegossener Block* (1) *mit eingelasener Kurbelwelle, Kurbelwellenlager, Lager u. Pleuel für Kolben.*

Mo|tor|boot, das: *Boot, das durch einen Motor angetrieben wird.*
Mo|tor|dreh|zahl, die (Kfz-Technik): *Anzahl der Umdrehungen der Kurbelwelle von Verbrennungsmotoren in der Minute.*
Mo|to|ren|bau, der ⟨o. Pl.⟩ (Technik): *das Konstruieren, Bauen von Motoren.*
Mo|to|ren|lärm, der: *Lärm von Motoren.*
Mo|to|ren|öl, das: *Motoröl.*
Mo|tor|fah|rer, der (schweiz. Amtsspr.): *Kraftwagenfahrer.*
Mo|tor|fah|re|rin, die: w. Form zu ↑ Motorfahrer.
Mo|tor|fahr|rad, das: *Mofa.*
Mo|tor|fahr|zeug, das: a) (schweiz. Amtsspr.) *Kraftfahrzeug;* b) *Fahrzeug, das mit einem Motor angetrieben wird.*
Mo|tor|fahr|zeug|steu|er, die (schweiz. Amtsspr.): *Kraftfahrzeugsteuer.*
Mo|tor|flug, der: *Motorflugzeuge betreffendes Flugwesen.*
Mo|tor|flug|zeug, das: *Flugzeug, das durch einen Motor angetrieben wird.*
Mo|tor|ge|räusch, das: *für einen Motor typisches Geräusch.*
Mo|tor|hau|be, die (Kfz-Wesen): *den Motor schützender, hochklappbarer Deckel am Auto.*
Mo|to|rik, die; -: **1.** (Med.) *Gesamtheit der aktiven, vom Gehirn aus gesteuerten, koordinierten Bewegungen des menschlichen Körpers.* **2.** (Med.) *Lehre von den Funktionen der Bewegung des menschlichen Körpers u. seiner Organe.* **3.** (bildungsspr.) *gleichmäßiger, keinen od. nur geringfügigen Schwankungen unterliegender Bewegungsablauf, Rhythmus.*
mo|to|risch ⟨Adj.⟩: **1.** (Med.) *die Motorik (1) betreffend, auf ihr beruhend, ihr dienend:* -e Reflexe. **2.** (bildungsspr.) **a)** *den Motor betreffend; im Hinblick auf den Motor:* die -e Überlegenheit eines Rennwagens; **b)** *von einem Motor angetrieben:* eine Kamera mit -em Filmtransport. **3.** (bildungsspr.) *(von Bewegungsabläufen, Rhythmen o. Ä.) gleichmäßig, ohne od. nur mit geringfügigen Schwankungen.*
mo|to|ri|sie|ren ⟨sw. V.; hat⟩: **1.** *auf Maschinen od. Motorfahrzeuge umstellen; mit Maschinen od. Motorfahrzeugen ausrüsten:* die Landwirtschaft m.; motorisierte Besucher *(Besucher, die ein Kraftfahrzeug haben).* **2.** *in etw. einen Motor einbauen; mit einem Motor versehen:* ein Boot m. **3.** ⟨m. + sich⟩ (ugs.) *sich ein Kraftfahrzeug anschaffen:* wir haben uns motorisiert.
Mo|to|ri|sie|rung, die; -, -en ⟨Pl. selten⟩: *das Motorisieren (1, 2).*
Mo|tor|jacht, Motoryacht, die; vgl. Motorboot.
Mo|tor|leis|tung, die (Technik): *Kraft (5), die ein Motor entwickelt, um ein Fahrzeug od. eine andere Maschine anzutreiben.*
Mo|tor|öl, das (Kfz-Wesen): *Öl zur Schmierung der beweglichen Teile eines Motors.*
Mo|tor|rad, das: *im Reitsitz zu fahrendes, einspuriges, zweirädriges Kraftfahrzeug mit einem Tank zwischen Sitz u. Lenker; Kraftrad.*
Mo|tor|rad|fah|rer, der: *jmd., der Motorrad fährt.*
Mo|tor|rad|fah|re|rin, die: w. Form zu ↑ Motorradfahrer.
Mo|tor|rad|helm, der: *Schutzhelm für Motorradfahrer.*
Mo|tor|rad|ren|nen, das: *mit Motorrädern ausgetragenes Rennen.*
Mo|tor|rad|sport, der: vgl. Motorradrennen.
Mo|tor|raum, der (Kfz-Wesen): *Teil eines Kraftfahrzeugs, in dem sich der Motor befindet.*
Mo|tor|rol|ler, der: *dem Motorrad ähnliches Kraftfahrzeug mit freiem Durchstieg zwischen den Rädern u. einer Verkleidung aus Blech, die vorn dem Schutz vor Schmutz dient.*

Mo|tor|sä|ge, die: *durch einen Motor angetriebene Säge.*
Mo|tor|scha|den, der: *Schaden am Motor.*
Mo|tor|schiff, das: vgl. Motorboot.
Mo|tor|schlep|per, der (Technik): *Traktor.*
Mo|tor|schlit|ten, der: vgl. Motorboot.
Mo|tor|seg|ler, der: *Segelflugzeug mit Hilfsmotor.*
Mo|tor|sport, der: *sportliche Wettbewerbe mit Motorfahrzeugen (b).*
Mo|tor|sport|ver|an|stal|tung, die: *Sportveranstaltung mit Motorfahrzeugen.*
Mo|tor|wa|gen, der: *(bes. bei Last-, Straßenbahnzügen) Wagen, in dem der Motor untergebracht ist.*
Mo|tor|wä|sche, die: *äußerliche Reinigung des Motors.*
Mo|tor|yacht: ↑ Motorjacht.
Mot|sche|kieb|chen, Mot|sche|küh|chen, das; -s, - [eigtl. = Muhkuh; Kuhkälbchen, 1. Bestandteil = das Muhen nachahmender Lockruf für Kühe, -kiebchen mundartl. umgeb. aus »Kühchen«; geb. nach dem Vorbild anderer (kindersprachlicher) Kosenamen für Haustiere] (ostmd.): *Marienkäfer.*
Mot|te, die; -, -n [spätmhd. motte, mutte, H. u.]: **1.** *(in zahlreichen Arten vorkommender) kleiner Schmetterling mit dicht behaartem Körper, dessen Raupen bes. Wollstoffe, Pelze o. Ä. zerfressen:* in dem Pelz sind [die] -n; von etw. angezogen werden wie die -n vom Licht; die Kleider waren von -n zerfressen; * **die -n haben** (salopp; *an Lungentuberkulose leiden;* nach dem Vergleich des angegriffenen Organs mit einem von Motten zerfressenen Stoff); **[ach,] du kriegst die -n!** (ugs., bes. berlin.; *Ausruf des Erstaunens, der Bestürzung*); **in [im Kopf] haben** (ugs.; *merkwürdige Einfälle, verrückte Gedanken haben*). **2.** (ugs. veraltet) **a)** *junge [leichtlebige] Frau:* eine tolle M.; **b)** *jmd., der sehr lustig, jederzeit zu Späßen aufgelegt ist:* der ist vielleicht 'ne M.!
mot|ten ⟨sw. V.; hat⟩ [wohl zu mhd. mot = Torf] (südd., schweiz.): *schwelen, glimmen.*
mot|ten|echt ⟨Adj.⟩: *mottenfest.*
mot|ten|fest ⟨Adj.⟩: *sicher gegen Mottenfraß.*
Mot|ten|fraß, der ⟨Pl. selten⟩: *das Zerfressen von Wollstoffen, Pelzen o. Ä. durch Motten.*
Mot|ten|kis|te, die (bes. früher): *Behälter, in dem Kleidung vor Motten geschützt aufbewahrt wird:* die Kostüme in einer M. verstauen; Ü Filme aus der M. (ugs.; *sehr alte Filme*); etw. riecht nach M., stammt aus der M. *(ist überaltert, unmodern, inaktuell).*
Mot|ten|ku|gel, die: *stark riechendes, giftiges Mittel in Form einer kleinen Kugel zur Bekämpfung von Motten.*
Mot|ten|pul|ver, das: vgl. Mottenkugel.
Mot|to, das; -s, -s [ital. motto = Wahlspruch < spätlat. muttum = Muckser, lautm.]: **a)** *Wahlspruch:* das M. seines Handelns heißt ...; nach einem bestimmten M. leben; etw. steht unter einem bestimmten M.; **b)** *Satz mit einer bestimmten zusammenfassenden Aussage, der einem Buch, Kapitel o. Ä. zur Kennzeichnung des Inhalts od. der Absicht, der der Verfasser verfolgt, vorangestellt wird.*
Mo|tu|pro|p|rio, das; -s, -s [lat. motu proprio = aus eigenem Antrieb] (kath. Kirche): *Erlass, der aufgrund persönlicher Initiative des Papstes ergeht.*
mot|zen ⟨sw. V.; hat⟩ [Nebenf. von ↑ mucksen]: **a)** (ugs.) *mit etw. nicht einverstanden sein u. seinen Unmut darüber äußern, nörgelnd schimpfen:* ständig über die Preise m.; **b)** (landsch.) *er motzt schon seit drei Tagen.*
Mot|ze|rei, die; -, -en: *dauerndes Motzen.*

Mouche [muʃ], die, -, -s [muʃ] [frz. mouche < lat. musca = Fliege, lautm.]: **1.** (bildungsspr.) *Schönheitspflästerchen.* **2.** (Sport) *Treffer in den absoluten Mittelpunkt der Zielscheibe beim Schießen.*
Mouches vo|lantes [muʃvɔˈlɑ̃:t] ⟨Pl.⟩ [frz., eigtl. = fliegende Fliegen] (Med.): *Sehstörung, bei der gegen einen hellen Hintergrund kleine schwarze Flecken gesehen werden.*
mouil|lie|ren [mu'ji:rən] ⟨sw. V.; hat⟩ [frz. mouiller < vlat. molliare = weich machen, zu lat. mollis = weich] (Sprachwiss.): *bestimmte Konsonanten mithilfe von j erweichen:* »brillant« wird mit mouilliertem l ausgesprochen.
Mouil|lie|rung, die; -, -en (Sprachwiss.): *das Mouillieren, Mouilliertwerden.*
Mou|li|né [...'ne:], der; -s, -s [frz. mouliné] (Textilind.): **1.** *Zwirn aus verschiedenfarbigen Garnen.* **2.** *Gewebe aus Mouliné (1).*
mou|li|nie|ren ⟨sw. V.; hat⟩ [frz. mouliner, eigtl. = mahlen, zu: moulin < spätlat. molinum = Mühle] (Textilind.): *Seide zwirnen.*
Mount [maunt], der; -s, -s [engl. mount < mengl. mont, mount < aengl. munt < afrz. mont < lat. mons (Gen.: montis) = Berg]: engl. Bez. für: *Berg.*
Moun|tain|bike [ˈmauntnbaik], das; -s, -s [engl. mountain bike, aus: mountain = Berg; Gebirgs- u. bike = Fahrrad (↑ Bike)]: *Fahrrad, das zum Fahren in bergigem Gelände bzw. im Gebirge vorgesehen ist.*
moun|tain|bi|ken ⟨sw. V.; ist⟩: *mit dem Mountainbike fahren.*
Moun|tain|bi|ker, der; -s, -: *jmd., der Mountainbike fährt.*
Moun|tain|bi|ke|rin, die; -, -nen: w. Form zu ↑ Mountainbiker.
Mount Eve|rest [ˈmaunt ˈɛvərɪst], der; - -: *höchster Berg der Erde im Himalaja.*
Mouse [maus], die, -, -s [...sɪz] [engl. mouse = Maus] (EDV): engl. Bez. für: Maus (5).
Mouse|pad [ˈmauspɛd], das; -s, -s [engl. mousepad, aus mouse (↑ Mouse) u. pad (↑ Pad)] (EDV): *Mauspad.*
Mous|sa|ka [muˈsaːka, musaˈka], das; -s, -s u. die; -, -s [⟨ngriech. mousakás <⟩ türk. musakka, aus dem Arab.]: *Gericht aus Hackfleisch, überbackenen Auberginen u. a.*
Mousse [mus], die; -, -s [mus] [frz. mousse = Schaum < lat. mulsum = mit Honig vermischter Wein] (Kochkunst): **a)** *kalte Vorspeise aus püriertem, in einer Form gefüllten Schinken, zartem Fleisch o. Ä.;* **b)** *(meist mit Schokolade hergestellte) schaumige Süßspeise.*
Mousse au Cho|co|lat [musǝʃokoˈla], die; - - -, -s - - [mus...'la] [frz., zu: chocolat = Schokolade]: *mit Schokolade hergestellte Mousse.*
Mous|se|ron, Musseron [musǝˈrõ:], der; -s, -s [frz. mousseron, H. u.]: *kleiner Lamellenpilz mit dünnem, rotbraunem Stiel, der getrocknet zum Würzen verwendet wird.*
mous|sie|ren [muˈsiːrən] ⟨sw. V.; hat⟩ [frz. mousser, zu: mousse, ↑ Mousse]: *(von Wein od. Sekt) perlen; in Bläschen schäumen:* Ü moussierende gute Laune.
Mo|vie [ˈmuːvi], das, auch: der; -[s], -s ⟨meist Pl.⟩ [engl.-amerik. movie, gek. aus: moving pictures = bewegte Bilder]: amerik. Bez. für: *Film (3 a), Kino.*
mo|vie|ren ⟨sw. V.; hat⟩ [zu lat. movere, ↑ Motor] (Sprachwiss.): *eine Motion (3) vornehmen.*
Mo|vie|rung, die; -, -en: *Motion (3).*
Mö|we, die; -, -n [aus dem Niederd. < mniederd. mêwe, H. u.; wohl lautm.]: *(am Meer u. an Seen od. Flüssen lebender) mittelgroßer Vogel mit vorwiegend weißem Gefieder u. Schwimmhäuten zwischen den Vorderzehen, der gut laufen, fliegen u. schwimmen kann:* Die -n sehen alle

aus, als ob sie Emma hießen (Morgenstern, Galgenlieder 90).

Mö|wen|vo|gel, der (Zool.): *(in zahlreichen Arten vorkommender) am Meer u. an Seen lebender mittelgroßer Vogel mit schmalen, langen Flügeln.*

Mo|xa, die; -, ...xen [engl. moxa < jap. moguso]: **1.** *(in Ostasien, bes. in Japan) bei bestimmten Heilmethoden verwendete Beifußwolle.* **2.** *Moxibustion.*

Mo|xi|bus|ti|on, die; -, -en [engl. moxibustion, zu: moxa (↑ Moxa) u. zu spätlat. combustio = das Verbrennen, zu lat. comburere = verbrennen]: *ostasiatische Heilmethode, die durch Einbrennen von Moxa* (1) *in bestimmte Stellen der Haut eine Erhöhung der allgemeinen Abwehrreaktion bewirkt.*

Moz|ara|ber [auch: ...tsa...], der 〈meist Pl.〉 [span. mozárabe < arab. musta'rib = zum Araber geworden] (Geschichte): *zwischen dem 8. und dem 15. Jh. unter arabischer Herrschaft lebender spanischer Christ.*

moz|ara|bisch 〈Adj.〉: *die Mozaraber, ihre Kunst, Kultur u. Sprache betreffend.*

mo|zar|tisch 〈Adj.〉: *in der Art [der Musik] Mozarts; von Mozart stammend.*

Mo|zart|ku|gel, die [das Konfekt wurde zuerst in Salzburg, der Geburtsstadt Mozarts, hergestellt u. nach ihm benannt]: *Süßigkeit in Form einer Kugel, die außen mit Schokolade überzogen u. innen mit einem Gemisch aus von Rum getränktem Marzipan u. Nugat gefüllt ist.*

Mo|zart|zopf, der [nach den Darstellungen bes. des jungen Mozarts mit dieser für das 18. Jh. charakteristischen Frisurenmode]: *am Hinterkopf mit einer Schleife zusammengebundener kurzer Zopf.*

Moz|za|rel|la, der; -s, -s [ital. mozzarella, Vkl. von: mozza = Frischkäse]: *kugelförmiger italienischer Frischkäse aus Büffel- od. Kuhmilch mit leicht säuerlichem Geschmack.*

mp = mezzopiano.

m. p. = manu propria.

MP, MPi [ɛmˈpiː], die; -, -s: Maschinenpistole.

MPa = Megapascal.

MPU [ɛmpeːˈʔuː], die; -, -[s]: medizinisch-psychologische Untersuchung *(Verfahren zur Ermittlung der Eignung zum Führen von Kraftfahrzeugen).*

MP3, das; -[s], -s [mp3 = Dateiendung für das Datenformat MPEG Audio Layer 3; MPEG = Abk. für engl. Moving Picture Expert Group, Bez. für eine Expertengruppe, die sich mit der Standardisierung von Videos u. Computeranimationen beschäftigt] (EDV): **1.** *meistverwendetes Dateiformat für komprimierte Audiodateien.* **2.** *Datei im Format MP3.*

MP3-Play|er [...plɛɐɐ], der [engl. player = Abspielgerät]: *kleines tragbares Gerät zur Wiedergabe von Audiodateien im MP3-Format.*

Mr = Mister.

Mrd. = Milliarde[n].

Mrs = Mistress.

m/s = Meter je Sekunde.

Ms. = Manuskript.

MS = Motorschiff; multiple Sklerose.

M. Sc. = Master of Science.

Msgr. = Monsignore.

Mskr. = Manuskript.

MS-Kran|ke 〈vgl. Kranke〉: *weibliche Person, die an multipler Sklerose leidet.*

MS-Kran|ker 〈vgl. Kranker〉: *jmd., der an multipler Sklerose leidet.*

Mss. = Manuskripte.

Mt = Megatonne, Meitnerium.

¹**MTA** [ɛmteːˈʔaː], der; -[s], -[s]: medizinisch-technischer Assistent.

²**MTA,** die; -, -[s]: medizinisch-technische Assistentin.

Much|tar, der; -s, -s [türk. muhtar, zu arab. muḥtār = gewählt, auserlesen]: *türkischer Dorfschulze, Ortsvorsteher.*

¹**Mu̱|cke,** die; -, -n: **1.** (südd.) ↑ Mücke. **2.** 〈Pl.〉 [viell. (mit späterer Anlehnung an ¹Mucke 1) urspr. zu ↑ mucken] (ugs.) *unangenehme Eigenart, Eigensinnigkeit, merkwürdige, eigensinnige Laune, die als unangenehm empfunden wird:* [seine] -n haben; jmdm. seine -n austreiben; Ü das Auto, der Motor hat [seine] -n *(funktioniert nicht so, wie es sein soll);* die Angelegenheit hat ihre -n *(ist nicht ganz einfach, bereitet Schwierigkeiten).*

²**Mu̱|cke,** die; -, -n [engl. muck, eigtl. = Dreck; Dreckarbeit (a)]: **1.** (Musikjargon) *Auftritt eines [Orchester]musikers für einen Abend als Nebentätigkeit außerhalb seiner festen Anstellung.* **2.** (salopp) *Musik:* es gab da richtig gute M.

Mü|cke, die; -, -n [mhd. mücke, ahd. mucka, urspr. lautm.]: **1.** *(in vielen Arten vorkommendes) kleines [blutsaugendes] Insekt, das oft in größeren Schwärmen auftritt:* die -n tanzen, stechen, umschwirren das Licht; die -n fressen mich noch auf (ugs. emotional; *belästigen u. stechen mich sehr*); * **aus einer M. einen Elefanten machen** (ugs.; *aus einer unbedeutenden Kleinigkeit etw. Wichtiges, Bedeutendes machen; etw. Unbedeutendes aufbauschen, dramatisieren*); **die, eine M. machen** (salopp; ↑ Fliege 1). **2.** (landsch.) *Fliege* (1). **3.** 〈Pl.〉 [H. u.] (salopp) *Maus* (4).

Mu̱|cke|fuck, der; -s [aus rhein. Mucken = braune Stauberde, verwestes Holz u. fuck = faul] (ugs.): **a)** *dünner, schlechter Kaffee;* **b)** *Kaffee-Ersatz.*

mu̱|cken 〈sw. V.; hat〉 [aus dem Niederd. < mniederd. mucken, urspr. lautm.] (ugs.): *Widerspruch erheben, aufbegehren:* sie nahm das hin, ohne zu m.; 〈subst.:〉 er führte den Auftrag ohne Mucken aus.

Mü|cken|dreck, der: **1.** *Fliegendreck.* **2.** (ugs. abwertend) *lächerliche Angelegenheit, Kleinigkeit:* sich über jeden M. aufregen.

Mü|cken|pla|ge, die: *starke Belästigung durch viele Mücken.*

Mü|cken|schiss, der (salopp): *Mückendreck.*

Mü|cken|schwarm, der: *Schwarm* (1) *von Mücken.*

Mü|cken|stich, der: *Stich einer Mücke.*

Mu̱|cker, der; -s, - [zu ↑ mucken] (abwertend): **1.** *Duckmäuser.* **2.** (landsch.) *griesgrämiger Mensch.*

Mu̱|cke|rin, die; -, -nen: w. Form zu ↑ Mucker.

Mu̱|cker|tum, das; -s (abwertend): *durch Feigheit, Heuchelei u. Duckmäuserei gekennzeichnete menschliche Haltung.*

Mu̱|cki|bu|de, die [zu ↑ Muckis] (ugs. scherzh.): *Fitnesscenter.*

Mu̱|ckis 〈Pl.〉 [wohl scherzh. Bez. für ↑ Muskel nach dem Kosew. Muckel] (ugs., meist scherzh.): *Muskeln.*

Mu̱cks, der; -es, -e 〈Pl. selten〉 (ugs.): *kurze, kaum vernehmbare, halb unterdrückte Äußerung (als Ausdruck des Aufbegehrens):* keinen M. tun, von sich geben; ich will jetzt keinen M. *(kein Wort)* mehr hören!; auf jeden M. achten; Ü der Motor macht keinen M. *(ist kaputt).*

muck|sen 〈sw. V.; hat〉 (landsch., bes. ostmd.): *verärgert, mürrisch sein u. abweisend schweigen.*

muck|sen 〈sw. V.; hat〉 [mhd. muchzen, ahd. in: irmuccazzan] (ugs.): **1.** *sich durch einen Laut od. eine Bewegung bemerkbar machen:* 〈meist m. + sich:〉 in der Schulstunde durften wir uns nicht m.; 〈meist mucksen + sich:〉 ... und wir Kinder durften uns nicht m.: Lange wurde gebetet, ziemlich lange (Kempowski, Zeit 217). **2.** *Widerspruch erheben, aufbegehren:* keiner wagte zu m.; 〈meist m. + sich:〉 nach der Verwarnung muckste er sich nicht mehr.

Muck|ser, der; -s, - (ugs.): *Mucks.*

mucks|mäus|chen|still 〈Adj.〉 (ugs. emotional verstärkend): *so still [vor angespannter Erwartung, Aufmerksamkeit], dass nicht das geringste Geräusch zu hören ist.*

mü|de 〈Adj.〉 [mhd. müede, ahd. muodi, urspr. = sich gemüht habend]: **a)** *in einer Verfassung, einem Zustand, der Schlaf erfordert; nach Schlaf verlangend:* die -n Kinder ins Bett bringen; sie war so m., dass sie sofort einschlief; furchtbar, unbeschreiblich m. sein; ich bin zum Umfallen m.; **b)** *[nach Anstrengung, übermäßiger Beanspruchung o. Ä.] erschöpft, ohne Kraft od. Schwung [etw. zu tun]:* ein -r Wanderer; sie war m. von der schweren Arbeit; ihr Gesicht sah m. aus; Ü für diese Behauptung hatte er nur ein -s *(schwaches)* Lächeln; sie ging mit -n *(langsamen, schleppenden)* Schritten auf das Haus zu; dafür gebe ich keine m. (salopp; *einzige*) Mark, keinen -n Euro aus; Am Abend ist meine Mutter so m., dass ... Ach, sie ist noch -r, sie räumt vor lauter Müdigkeit die Ladenkasse mit einem Strittmatter, Der Laden 144); * **jmds., einer Sache/**(seltener:) **jmdn., etw. m. sein/werden** *(jmds., einer Sache überdrüssig sein/werden:* ich bin es m., immer hinter ihm herzulaufen); **nicht m. werden, etw. zu tun** *(nicht aufhören, sich nicht davon abbringen lassen, etw. zu tun:* sie wurde nicht m., immer wieder ihre Unschuld zu beteuern).

-mü|de: drückt in Bildungen mit Substantiven aus, dass die beschriebene Person keine Freude mehr an etw. hat, einer Sache überdrüssig ist: ehe-, europamüde.

Mü|dig|keit, die; - [mhd. müdecheit]: **a)** *Verfassung, Zustand, der Schlaf erfordert:* eine tiefe, bleierne M.; ihre M. war verflogen; die M. überwinden; von M. übermannt werden; * [nur] keine M. vorschützen! (ugs.; *keine Ausflüchte!*); **b)** *Zustand der Erschöpfung, Abgespanntheit:* aus seinem Gesicht wich jede M.

-mü|dig|keit, die; -: drückt in Bildungen mit Substantiven aus, dass eine Sache Verdruss bereitet, sie zu Überdruss führt: Staats-, Zivilisationsmüdigkeit.

Mu|dir, der; -s, -e [türk. müdür < arab. mudīr]: **1.** *Leiter eines Verwaltungsbezirks in Ägypten.* **2. a)** 〈o. Pl.〉 *Beamtentitel in orientalischen Ländern;* **b)** *Träger dieses Titels.*

Mu|dja|hed: ↑ Mudschahed.

Mu̱|dra, die; -, -s [sanskr. mudrā = Siegel, Zeichen]: *magisch-symbolische Stellung der Finger u. Hände in tantrischen Ritualen.*

Mu|d|scha|hed, Mudjahed, Mujahed [...dʒ...], der; -, ...din [arab. muǧāhid = Kämpfer]: *im Dschihad kämpfender Muslim.*

Mües|li: ↑ ¹Müsli.

Mu|ez|zin [auch, österr. nur: ˈmuːɛ...], der; -s, -s [arab. muʾaḏḏin, eigtl. = der (zum Gebet) Aufrufende] (islam. Rel.): *Ausrufer, der vom Minarett die Zeiten zum Gebet verkündet.*

¹**Muff,** der; -[e]s [H. u.] (nordd.): *modriger, dumpfer Geruch:* im Keller ist ein schrecklicher M.; Ü in dieser Schrift erkennt man den M. vergangener Tage.

²**Muff,** der; -[e]s, -e [älter: Muffel, mniederl. muffel < (a)frz. moufle = Fausthandschuh < mlat. muffula, wohl aus dem Germ.]: *(meist von Frauen getragene) längliche Hülle aus Pelz o. Ä., in die*

man zum Schutz vor Kälte die Hände von links u. rechts hineinsteckt.
Müff|chen, das; -s, -: Vkl. zu ↑²Muff.
Müff|fe, die; -, -n [eigtl. niederl. Nebenf. von ↑²Muff, nach der Form]: **1.** (Technik) **a)** *Verbindungsstück (in Form eines Hohlzylinders), durch das zwei Rohre verbunden werden;* **b)** *auf eine Welle, Achse aufgeschobenes, rohrförmiges Stück, das nicht an der Drehung der Welle, Achse teilnimmt.* **2.** **jmdm. geht die M. [eins zu hunderttausend]* (ugs.; *jmd. schlottert vor Angst);* **M. haben** (ugs.; *Angst haben*). **3.** (derb) *Vulva.*
¹**Muf|fel**, der; -s, - [zu ↑¹muffeln]: **1.** (ugs.) **a)** *mürrischer, unfreundlicher Mensch:* du bist ein richtiger M.; **b)** *jmd., der einer bestimmten Sache gleichgültig, desinteressiert gegenübersteht:* Männer gelten als M. in Sachen Mode. **2.** (Jägerspr.) *Maul u. Umgebung der Nasenlöcher bei Wiederkäuern.* **3.** (Zool.) *Nasenspiegel* (2).
²**Muf|fel**, der; -s, -n [zu ↑²Muff, nach der Form] (Technik): *feuerfestes, von außen beheiztes Gefäß zur Destillation* (1), *zum Härten von Stahlwerkzeugen, zum Emaillieren o. Ä.*
³**Muf|fel**, das; -s, -: *Mufflon.*
⁴**Muf|fel**, der; -s, - [eigtl. = ein Mundvoll] (md.): *kleiner Bissen, Häppchen.*
-muf|fel, der; -s, - (ugs.): kennzeichnet in Bildungen mit Substantiven eine Person, die einer Sache gleichgültig gegenübersteht, an etw. nicht interessiert ist, keinen Wert auf etw. legt: Ehe-, Modemuffel.
¹**muf|fe|lig**, ¹**mufflig** ⟨Adj.⟩ [zu ↑¹muffeln] (ugs., meist abwertend): *mürrisch, unfreundlich u. dabei ein sehr unfreundliches Gesicht machend.*
²**muf|fe|lig**, ²**mufflig** ⟨Adj.⟩ [zu ↑²muffeln] (ugs. abwertend): *nach ¹Muff riechend.*
¹**muf|feln** ⟨sw. V.; hat⟩ [wohl verw. mit niederl. moppen, niederd. mopen, ↑Mops] (ugs.): **1.** ¹muffelig sein. **2.** *ständig [mit sehr vollem Mund] kauen, essen.*
²**muf|feln, müf|feln** ⟨sw. V.; hat⟩ [spätmhd. müffeln] (landsch. ugs.): ¹muffig riechen: im Keller muffelt es.
Muf|fel|wild, das (Jägerspr.): *Mufflon.*
Muf|fen|sau|sen, das; -s (ugs.): *Angst:* vor jeder Prüfung hat sie M.
¹**muf|fig** ⟨Adj.⟩ [zu ↑¹Muff]: *nach ¹Muff riechend; dumpf, modrig:* -e Amtsstuben.
²**muf|fig** ⟨Adj.⟩ [zu ↑¹muffeln] (ugs., meist abwertend): *mürrisch, unfreundlich.*
Muf|fin ['mafɪn], der; -s, -s [engl. muffins, H. u.]: *in einer kleinen Form gebackenes Kleingebäck.*
¹**muff|lig**: ↑¹muffelig.
²**muff|lig**: ↑²muffelig.
Muf|f|lon, der; -s, -s [frz. mouflon < ital. muflone, aus dem Altsardischen]: *braunes Wildschaf mit beim männlichen Tier großen, nach hinten gebogenen, nach unten beim weiblichen Tier kurzen, nach oben gerichteten Hörnern.*
Muf|ti, der; -[s], -s [arab. muftī]: *islamischer Rechtsgelehrter.*
Mu|gel, der; -s, -[n] [spätmhd. mugel = Klumpen] (österr.): *kleiner Hügel.*
Mug|ge, die; -, -n (landsch.): ²*Mucke.*
Mug|gel [auch: 'magl], der; -s, -s [nach den Harry-Potter-Romanen von J. K. Rowling, in denen eine Person, die nicht zaubern kann, so bezeichnet wird; zu engl. mug = Trottel, dumme Person]: *Person, die nicht in etw. eingeweiht ist, die von bestimmten Dingen keine Kenntnis hat.*
muh ⟨Interj.⟩ (Kinderspr.): lautm. für das Brüllen des Rindes.
Mü|he, die; -, -n [mhd. müe(je), ahd. muohī]: *mit Schwierigkeiten, Belastungen verbundene*

Anstrengung; zeitraubender [Arbeits]aufwand: das ist verlorene M. *(das ist vergeblich, nützt nichts);* etw. bereitet M.; er scheute keine M., sein Ziel zu erreichen; machen Sie sich bitte keine M.! *(keine Umstände, bitte!);* die M. kannst du dir sparen *(es ist zwecklos; das lohnt nicht; du erreichst nichts);* er hatte alle M. *(es kostete ihn einige Anstrengung),* die Sache wieder in Ordnung zu bringen; mit äußerster M. etwas schaffen; ** sich M. geben (sich bemühen, anstrengen);* **der**/(seltener:) **die M. wert sein** *(sich lohnen:* die Sache ist nicht der M. wert); **mit Müh und Not** *(mit großen Schwierigkeiten; gerade noch).*
mü|he|los ⟨Adj.⟩: *ohne Mühe, die geringste Schwierigkeit:* etwas m. schaffen.
Mü|he|lo|sig|keit, die; -: *das Mühelosein.*
mü|hen, sich ⟨sw. V.; hat⟩ [lautm.: *(vom Rind)* brüllen.
mü|hen, sich ⟨sw. V.; hat⟩ [mhd. mue(je)n, ahd. muoen] (meist geh.): **1.** *sich anstrengen* (1 a): sie mühten sich vergeblich. **2.** *sich um jmdn., etw. bemühen* (1 b): er mühte sich vergeblich um sie. ♦ **3.** Mühe kosten, Mühe bereiten: ... der Dienst der Freiheit ist ein strenger Dienst, ... er hat mich viel gemühet, nie gereut (Uhland, Ernst IV, 2).
mü|he|voll ⟨Adj.⟩: *große Mühe u. Anstrengung erfordernd:* in -er Kleinarbeit aufbauen.
Mü|he|wal|tung, die; -, -en ⟨Pl. selten⟩ (Papierdt.): *Mühe; freundliches Entgegenkommen* (meist als Grußformel im Brief): für Ihre M. dankend, verbleiben wir ...
Muh|kuh, die (Kinderspr.): *Kuh.*
Mühl|bach, der: *Bach, der das Mühlrad einer Wassermühle treibt.*
Mühl|be|trieb, der: *Mühlenbetrieb* (1).
Müh|le, die; -, -n [mhd. mül(e), ahd. mulī, mulin < spätlat. molina, lat. molere = mahlen]: **1. a)** *durch Motorkraft, Wind od. Wasser betriebene Anlage zum Zermahlen, Zerkleinern von körnigem, bröckligem Material, bes. zum Mahlen von Getreide:* Ü in die M. der Justiz *(in eine langwierige, schleppende [u. aussichtslos erscheinende] juristische Angelegenheit)* geraten; **b)** *Haushaltsgerät zum Zermahlen von Kaffee, Gewürzen o. Ä.* **2.** *Haus mit einer Mühle* (1 a): eine idyllisch gelegene M. **3. a)** ⟨o. Pl.; o. Art.⟩ *Brettspiel für zwei Personen, die 9 Spielsteine auf ein mit Punkten versehenes Liniensystem setzen u. dabei versuchen, eine Mühle* (3 b) *zu bilden; Mühlespiel:* spielen; **b)** *Figur aus drei nebeneinanderliegenden Spielsteinen beim Mühlespiel, durch die dem Gegner Spielsteine weggenommen werden können:* die M. öffnen, schließen. **4.** (ugs., oft abwertend) *[altes] motorisiertes Fahr- od. Flugzeug.*
Müh|len|bau|er, der; -s, -: *Handwerker, der Mühlen* (1 a) *baut* (Berufsbez.).
Müh|len|bau|e|rin, die: w. Form zu ↑Mühlenbauer.
Müh|len|be|trieb, der: **1.** *größerer Betrieb* (1 a) *zur Gewinnung von Mehl.* **2.** *das Betreiben* (3) *einer Mühle, von Mühlen.*
Müh|len|flü|gel, der: *Flügel einer Windmühle.*
Müh|len|rad: ↑Mühlrad.
Müh|len|stein: ↑Mühlstein.
Müh|len|wehr: ↑Mühlwehr.
Müh|le|spiel, das: *Mühle* (3 a).
Mühl|gang, der: *Mahlgang.*
Mühl|rad, das: *Treibrad einer Wassermühle:* R mir geht [es wie] ein M. im Kopf herum (ugs.; *ich bin ganz konfus, verwirrt*).
Mühl|stein, der: *großer Stein von der Form eines Rades zum Zermahlen von Getreide.*
Mühl|wehr, das: ²*Wehr für den Mühlbach.*
Mühl|werk, das: *Getriebe einer Mühle.*
Mühm|chen, das; -s, -: Vkl. zu ↑Muhme.

Muh|me, die; -, -n [mhd. muome, ahd. muoma, urspr. = Schwester der Mutter] (veraltet): *Tante.*
Müh|sal, die; -, -e [mhd. müesal] (geh.): *große Mühe, Anstrengung:* Können wir Euch im mindesten nützlich sein? Macht Eure -e zu den unsrigen (Hacks, Stücke 97).
müh|sam ⟨Adj.⟩: *mit großer Mühe, Anstrengung verbunden:* -e Kleinarbeit; m. gehen; Weiter von der Brandung entfernt, dort wo der Sand trocken ist, wird es ein -es Stapfen, und die Haut der Sohlen beginnt zu brennen (Frisch, Montauk 138).
müh|se|lig ⟨Adj.⟩ [mhd. müesalic, spätahd. muosalig]: *beschwerlich, strapaziös u. oft sehr zeitraubend; mit viel Mühe, Anstrengung verbunden:* ein -es Leben; sich m. erheben.
Muh|ja|hed: ↑Mudschahed.
mu|kös ⟨Adj.⟩ [lat. mucosus] (Med.): *schleimig.*
Mu|ko|vis|zi|do|se, die; -, -n [zu lat. viscidus = zähflüssig, klebrig] (Med.): *Erbkrankheit mit Funktionsstörungen der Sekrete produzierenden Drüsen.*
Mu|lat|te, der; -n, -n [span. mulato, zu: mulo (< lat. mulus) = Maultier, nach dem Vergleich mit dem Bastard aus Pferd u. Esel]: *Nachkomme eines schwarzen u. eines weißen Elternteils.*

Die Bezeichnung *Mulatte, Mulattin* wird wegen des etymologischen Bezugs zunehmend als diskriminierend empfunden. Da jedoch keine Ausweichbezeichnung existiert, werden die Wörter in bestimmten Kontexten (wie z. B. in Bevölkerungsstatistiken) gleichwohl noch verwendet.

Mu|lat|tin, die; -, -nen: w. Form zu ↑Mulatte.
Mulch, der; -[e]s, -e [engl. mulch, verw. mit ↑mulsch, molsch] (Landwirtsch., Gartenbau): *Bodenbedeckung aus Stroh, Gras o. Ä. zur Förderung der Bodengare, zum Schutz o. Ä.*
Mulch|blech, das: *Vorrichtung an Rasenmähern zum Zerkleinern von Laub.*
mul|chen ⟨sw. V.; hat⟩ (Landwirtsch., Gartenbau): *den Boden mit Mulch bedecken.*
Mul|de, die; -, -n: **1.** *leichte [natürliche] Vertiefung im Boden, in einem Gelände.* **2.** [mhd. mulde, wohl umgebildet aus mhd. mu(o)lter, ahd. muolt(e)ra, mulhtra < lat. mulctra = Melkkübel] (landsch.) *großes, längliches Gefäß, Trog.*
Mu|le|ta, die; -, -s [span. muleta, Vkl. von: mula = weiblicher Maulesel < lat. mulus, ↑Mulus]: *rotes Tuch der Stierkämpfer.*
Mu|li, das; -s, -[s] [zu lat. mulus, ↑Mulus]: *Maulesel.*
¹**Mull**, der; -[e]s, ⟨Arten:⟩ -e [engl. mull, gek. aus: mulmull < Hindi malmal, eigtl. = sehr weich]: *leichtes, weitmaschiges Gewebe aus Baumwolle.*
²**Mull**, der; -[e]s, -e [mniederd. mul(l), vgl. ↑Müll] (nordd.): *weicher, lockerer Humusboden.*
Müll, der; -[e]s [aus dem Niederd. < mniederd. mül, zu mhd. müllen, ahd. mullen = zerreiben]: *fester Abfall eines Haushalts, Industriebetriebs o. Ä., der in bestimmten Behältern gesammelt [u. von der Müllabfuhr abgeholt] wird:* radioaktiver M.; Ü der redet doch bloß M. (ugs.; *Unsinn*).
Mul|la: ↑Mullah.
Müll|ab|fuhr, die: **1.** *Abtransport von Müll:* die wöchentliche M. **2.** *für die Müllabfuhr* (1) *zuständige Einrichtung:* die städtische M.
Müll|ab|la|de|platz, der: *Platz zum Abladen u. Lagern von Müll.*
Mul|lah, Mulla, der; -s, -s [türk. molla < pers. mūlā < arab. al-mawlā = Patron]: **a)** ⟨o. Pl.⟩ *[Ehren]titel für einen islamischen Rechts-, Religionslehrer;* **b)** *Träger des Titels Mullah* (a).

Müll|auf|be|rei|tung, die: *das Aufbereiten* (1) *von Müll.*
Müll|au|to, das: *Müllwagen.*
Müll|berg, der (emotional verstärkend): *Müllhaufen.*
Müll|beu|tel, der: *[in einen Mülleimer eingehängter] Plastikbeutel für Müll.*
Müll|bin|de, die: *Binde* (1 a) *aus* ¹*Mull.*
Müll|con|tai|ner, der: *im Freien aufgestellter, großer Container für Müll.*
Müll|de|po|nie, die: *Platz zur Ablagerung von Müll, Müllkippe.*
Müll|ei|mer, der: *Eimer für [Haushalts]müll.*
mül|len ⟨sw. V.; hat⟩ (ugs.): **a)** *Müll produzieren:* die Bevölkerung müllt zu viel; **b)** *Müll wegwerfen:* man soll [den Müll] nicht ungetrennt m.
Müll|ent|sor|gung, die: **a)** *Entsorgung;* **b)** *Anlage zur Müllentsorgung* (a).
Mül|ler, der; -s, - [mhd. müller, älter: mülner, mülnære, ahd. mulināri < spätlat. molinarius, zu spätlat. molina, ↑ Mühle]: *Handwerker, der in einer Mühle [mithilfe automatischer Anlagen] besonders Getreide mahlt* (Berufsbez.).
Mül|ler|bur|sche, der (veraltet): *Lehrling od. Geselle in einer Mühle.*
Mül|le|rei, die; -, -en: **1.** ⟨o. Pl.⟩ **a)** *Gewinnung von Mehl in der Mühle;* **b)** *die Müllerei* (1 a) *umfassende Fachrichtung.* **2.** *Mühlenbetrieb* (1).
Mül|le|rin, die; -, -nen: **1.** w. Form zu ↑ Müller. **2.** (veraltet) *Frau eines Müllers, Mühlenbesitzers.*
Mül|le|rin|art: in der Verbindung **auf/nach M.** (Gastron.): *[von Fischen] in Mehl gewendet, in Butter gebraten u. mit brauner Butter übergossen).*
Mül|ler-Thur|gau [auch: …ˈtuːɐ̯…], der; -, - [nach dem Schweizer Pflanzenphysiologen H. Müller aus dem Thurgau (1850–1927)]: **a)** ⟨o. Pl.⟩ *Rebsorte aus einer Kreuzung zwischen Riesling u. Gutedel, die einen milden, säurearmen Wein liefert;* **b)** *Wein der Rebsorte Müller-Thurgau* (a).
Müll|frau, die (ugs.): *Müllwerkerin.*
Müll|gar|di|ne, die: vgl. Mullbinde.
Müll|gru|be, die: *Grube zum Abladen u. Lagern von Müll.*
Müll|hal|de, die: *Halde* (2) *von Müll.*
Müll|hau|fen, der: *Haufen aus Müll.*
Müll|kip|pe, die: *Platz zum Abladen u. Lagern von Müll, Mülldeponie.*
Müll|kut|scher, der (landsch.): *jmd., der Müll abfährt; Müllwerker.*
Müll|kut|sche|rin, die: w. Form zu ↑ Müllkutscher.
Müll-Läpp|chen, Mull-Läpp|chen, das: vgl. Mullbinde.
Müll|mann, der ⟨Pl. …männer, selten: Müllleute⟩ (ugs.): *Müllwerker.*
Müll|sack, der: *Plastiksack für Müll.*
Müll|schlu|cker, der: *schachtartige Vorrichtung [im Hausflur eines größeren Wohnhauses], durch die der Müll direkt in einen großen Behälter o. Ä. geleitet wird.*
Müll|ton|ne, die: vgl. Mülleimer.
Müll|tren|nung, die: ⟨o. Pl.⟩: *Sortierung des Mülls nach der unterschiedlichen Verwertbarkeit der Abfallstoffe.*
Müll|tü|te, die: **a)** *Müllbeutel;* **b)** *Müllsack.*
Müll|ver|bren|nung, die ⟨o. Pl.⟩: *Verbrennung von Müll.*
Müll|ver|bren|nungs|an|la|ge, die: *Anlage zur Verbrennung von Müll.*
Müll|ver|mei|dung, die: *das Vermeiden der Erzeugung von Müll.*
Müll|ver|wer|tung, die: *Verwertung von Müll.*
Müll|wa|gen, der: *Wagen zum Abtransport von Müll.*
Müll|wer|ker, der: *Arbeiter der Müllabfuhr* (2),

der Mülltonnen o. Ä. entleert od. auf Müllablagerplätzen o. Ä. tätig ist (Berufsbez.).
Müll|wer|ke|rin, die; -, -nen: w. Form zu ↑ Müllwerker.
Müll|win|del, die: vgl. Mullbinde.
Mulm, der; -[e]s [niederd. molm, ↑ Malm] (Fachspr.): **a)** *pulveriger Humusboden;* **b)** *verfaultes, getrocknetes u. zu Pulver zerfallenes Holz.*
mul|men ⟨sw. V.⟩ (Fachspr.): **1.** ⟨hat⟩ *zu Mulm machen.* **2.** ⟨ist/(auch:) hat⟩ *in Mulm zerfallen.*
mul|mig ⟨Adj.⟩: **1. a)** (Fachspr.) *(von Humusboden) pulverig locker;* **b)** (landsch.) *faulig, morsch:* eine -e Holztreppe. **2.** (ugs.) **a)** *für jmdn. unbehaglich, bedenklich, gefährlich:* das ist eine [ganz] -e Situation; **b)** *unbehaglich, übel in Bezug auf jmds. Befinden:* jmdm. ist, wird m.; Und er wunderte sich, dass er keine Angst hatte. Es war da nur ein -es Gefühl (H. Lenz, Tintenfisch 133).
mulsch, mul|schig ⟨Adj.⟩ [vgl. mhd. molwic = weich, ahd. molawēn = weich machen] (landsch., bes. nordd.): *von Fäulnis befallen u. weich:* -e Birnen.
Mul|ti, der; -s, -s [gek. aus ↑ multinational] (Jargon): *multinationaler Konzern.*

mul|ti-, Mul|ti-: bedeutet in Bildungen mit Substantiven, Adjektiven und Verben *vielfach, Vielfach…, mehrer…, viel…/Viel…:* Multiinstrumentalist, -talent; multimedial.

mul|ti|di|men|si|o|nal ⟨Adj.⟩ [zu lat. multus = viel]: *mehrere Dimensionen umfassend, vielschichtig.*
mul|ti|dis|zi|p|li|när ⟨Adj.⟩: *sehr viele Disziplinen* (2, 3) *umfassend, die Zusammenarbeit vieler Disziplinen betreffend.*
mul|ti|eth|nisch ⟨Adj.⟩: *viele Ethnien umfassend:* eine -e Gesellschaft.
mul|ti|fak|to|ri|ell ⟨Adj.⟩: *durch viele Faktoren, Einflüsse bedingt.*
mul|ti|funk|ti|o|nal ⟨Adj.⟩: *vielen Funktionen* (1 c) *gerecht werdend, viele Bedürfnisse befriedigend.*
Mul|ti|funk|ti|ons|an|zei|ge, die (Kfz-Technik): *elektronische Anzeige* (3 b) *am Armaturenbrett eines Wagens, die bestimmte Funktionen bzw. Fehlfunktionen anzeigt.*
Mul|ti|funk|ti|ons|dis|play, das: *multifunktionales Display.*
Mul|ti|funk|ti|ons|ge|rät, das: *multifunktionales Gerät:* mit dem neuen M. kann man nicht nur telefonieren, sondern auch E-Mails abrufen und im Internet surfen.
mul|ti|kul|ti ⟨indekl. Adj.⟩ [(wohl unter Einfluss von gleichbed. engl.-amerik. multiculti) gek. aus ↑ multikulturell] (ugs.): *viele Kulturen* (1 b) *umfassend, beinhaltend:* das Publikum ist sehr gemischt und m.
Mul|ti|kul|ti, das; -, -. - [gek. aus ↑ Multikulturalität] (ugs.): *Multikulturalität:* das M. in der Hauptstadt.
Mul|ti|kul|tu|ra|li|tät, die; -: *das Vorhandensein von Einflüssen mehrerer Kulturen; kulturelle Vielfalt:* ein Aufruf zu Toleranz und M.
mul|ti|kul|tu|rell ⟨Adj.⟩: *mehrere Kulturen* (1 b), *Angehörige mehrerer Kulturkreise umfassend, aufweisend:* eine -e Gesellschaft.
mul|ti|la|te|ral ⟨Adj.⟩ (bes. Politik): *mehrere Seiten, mehr als zwei Vertragspartner betreffend; mehrseitig:* ein -es Abkommen; -e Gespräche.
Mul|ti|la|te|ra|lis|mus, der; -: *System einer vielfach verknüpften Weltwirtschaft mit allseitig geöffneten Märkten.*
mul|ti|lin|gu|al ⟨Adj.⟩ (bildungsspr., Fachspr.): **a)** *mehrsprachig* (b); **b)** *mehrsprachige Äuße-*

rungen, Mehrsprachigkeit betreffend, darauf bezogen.
Mul|ti|me|dia, das; -[s] ⟨meist o. Art.⟩ [engl. multimedia] (Informatik): *das Zusammenwirken, die Anwendung von verschiedenen Medien (Texten, Bildern, Computeranimationen, -grafiken, Musik, Ton) [mithilfe von Computern].*
Mul|ti|me|dia|an|wen|dung, die (EDV): *Anwenderprogramm, das mulitmediale Elemente beinhaltet.*
mul|ti|me|di|al ⟨Adj.⟩: *viele* ¹*Medien* (2 a, b) *betreffend, berücksichtigend, für sie bestimmt, aus ihnen bestehend, zusammengesetzt:* ein -es Happening.
Mul|ti|me|dia-PC, der: *PC, der multimediale Anwendungen ermöglicht.*
Mul|ti|me|dia|show, Mul|ti|me|dia-Show, die [aus engl. multimedia = multimedial u. ↑ Show]: *Multimediaveranstaltung.*
Mul|ti|me|dia|sys|tem, das (Päd.): *Informations- u. Unterrichtssystem, das mehrere* ¹*Medien* (2 a, b) *(z. B. Fernsehen, Dias, Bücher) verwendet.*
Mul|ti|me|dia|ver|an|stal|tung, die (moderne Kunst): *Veranstaltung, die beabsichtigt, die verschiedenen Kunstarten u. ihre Mischformen unter Einbeziehung der verschiedensten Medien in Abfolge oder auch simultan darzustellen.*
Mul|ti|mil|li|ar|där, der: *mehrfacher Milliardär.*
Mul|ti|mil|li|ar|dä|rin, die: w. Form zu ↑ Multimilliardär.
Mul|ti|mil|li|o|när, der: *mehrfacher, vielfacher Millionär.*
Mul|ti|mil|li|o|nä|rin, die: w. Form zu ↑ Multimillionärin.
mul|ti|na|ti|o|nal ⟨Adj.⟩ (Politik, Wirtsch.): *mehrere Nationen betreffend, einbeziehend:* -e (*in mehreren Ländern Produktionsstätten besitzende*) Konzerne.
Mul|ti|pack, das, auch: der; -s, -s [zu lat. multus = viel u. ↑ ¹Pack]: *mehrere Waren der gleichen Art, die zusammen in einer Verpackung verkauft werden:* verschiedene Schokoladesorten im M.
mul|ti|pel ⟨Adj.⟩ [lat. multiplex] (Fachspr., sonst bildungsspr.): *vielfältig, vielfach:* multiple Sklerose (Med.; *Erkrankung des Gehirns u. Rückenmarks mit Bildung zahlreicher Verhärtungen von Gewebe, Organen od. Organteilen*).
Mul|ti|ple-Choice-Ver|fah|ren [ˈmaltɪpl̩ˈtʃɔys…], das [nach engl. multiple-choice test] (Psychol., Päd.): *bei der Durchführung mancher Prüfungen u. Tests angewandtes Verfahren, bei dem der Prüfling unter mehreren vorgegebenen Antworten eine od. mehrere als richtig kennzeichnen muss.*
mul|ti|plex ⟨Adj.⟩ (veraltet): *vielfältig.*
Mul|ti|plex, das; -[es], -e [engl. multiplex, nach der Bez. für ein Verfahren zur gleichzeitigen Vorführung eines Filmes auf mehreren Leinwänden]: *großes Kinozentrum.*
Mul|ti|plex|be|trieb, der ⟨o. Pl.⟩ (Nachrichtent.): *Betrieb von Systemen zur Nachrichtenübertragung in der Weise, dass jeder Kanal mehrfach ausgenutzt wird.*
Mul|ti|pli|kand, der; -en, -en [lat. multiplicandus (numerus) = der zu multiplizierende (Wert), Gerundivum von: multiplicare, ↑ multiplizieren] (Math.): *Zahl, die mit einer anderen multipliziert werden soll.*
Mul|ti|pli|ka|ti|on, die; -, -en [lat. multiplicatio] (Math.): *Vervielfachung einer Zahl um eine andere:* schwierige -en und Divisionen durchführen.
Mul|ti|pli|ka|ti|ons|zei|chen, das: *Malzeichen.*
Mul|ti|pli|ka|ti|vum, das; -s, …va (Sprachwiss.): *Zahlwort, das angibt, wievielmal etw. vor-*

Multiplikator – Mundartforschung

kommt; Wiederholungs-, Vervielfältigungszahlwort (z. B. zweimal, dreifach).

Mul|ti|pli|ka|tor, der; -s, ...oren [spätlat. multiplicator]: **1.** (Math.) *Zahl, mit der eine vorgegebene Zahl multipliziert wird.* **2.** (bildungsspr.) *Person, Einrichtung, die Wissen od. Information weitergibt u. zu deren Verbreitung, Vervielfältigung beiträgt.*

Mul|ti|pli|ka|to|rin, die; -, -nen: w. Form zu ↑ Multiplikator (2).

mul|ti|pli|zie|ren ⟨sw. V.; hat⟩ [lat. multiplicare]: **1.** (Math.) *um eine bestimmte Zahl vervielfachen; malnehmen:* eine Zahl mit einer anderen m.; 24 multipliziert mit 6 ist gleich 144. **2.** (bildungsspr.) **a)** *vervielfältigen; [steigernd] zunehmen lassen, vermehren:* die Abwehrkräfte des Körpers durch Vitamine m.; **b)** ⟨m. + sich⟩ *sich steigernd zunehmen:* die Ausgaben multiplizieren sich.

Mul|ti|pli|zi|tät, die; -, -en [spätlat. multiplicitas = Vielfalt] (bildungsspr., Fachspr.): *mehrfaches Vorkommen, Vorhandensein.*

mul|ti|re|sis|tent ⟨Adj.⟩ (Med.): *gegenüber einer Vielzahl von Stoffen widerstandsfähig.*

Mul|ti|ta|lent, das: *ein vielseitig begabter Mensch.*

Mul|ti|tas|king [...ta:s..., mʊlti'ta:s..., auch: maltı'ta:skıŋ], das; -[s] [engl. multitasking, zu: task = Aufgabe] (EDV): **1.** *gleichzeitiges Abarbeiten mehrerer Tasks in einem Computer.* **2.** *gleichzeitiges Verrichten mehrerer Tätigkeiten.*

mul|ti|tas|king|fä|hig ⟨Adj.⟩ (bes. EDV): *die Fähigkeit besitzend, mehrere Aufgaben gleichzeitig zu bewältigen.*

mul|ti|va|lent ⟨Adj.⟩ (bes. Psychol.): *(von psychischen Eigenschaften, Tests o. Ä.) mehrwertig, vielwertig; mehrere Deutungen bzw. Lösungen zulassend.*

Mul|ti|vi|si|on, die; - (Fachspr.): *Technik der gleichzeitigen Projektion von Dias auf eine Leinwand, wobei jedes Dia entweder ein eigenes Motiv od. einen Bildausschnitt darstellen kann.*

Mul|ti|vi|si|ons|wand, die: *Projektionswand für Multivision.*

◆ **mul|trig** ⟨Adj.⟩ [verw. mit ↑ ²Mull, Mulm] (nordd.): *dumpf* (2), *stickig:* Der Saal ist etwas m. (Fontane, Effi Briest 44).

Mul|lus, der; -, Muli [lat. mulus]: lat. Bez. für: Maulesel, Maultier.

Mu|mie, die; -, -n [ital. mummia < arab. mūmiyaʰ, zu pers. mūm = Wachs; die Perser u. Babylonier pflegten ihre Toten mit Wachs zu überziehen]: *durch Austrocknung od. Einbalsamierung vor Verwesung geschützte Leiche:* eine ägyptische M.

Mu|mi|en|bild|nis, das: *(bes. 1. bis 4. Jh. in Ägypten) das Gesicht der Mumie bedeckendes, auf Holz od. Leinwand gemaltes Porträt.*

mu|mi|en|haft ⟨Adj.⟩: *einer Mumie vergleichbar.*

Mu|mi|fi|ka|ti|on, die; -, -en: **1.** *das Mumifizieren.* **2.** (Med.) *das Mumifizieren.*

mu|mi|fi|zie|ren ⟨sw. V.⟩ ⟨hat⟩ *(einen toten Körper od. Teile davon, Organe) durch Austrocknung od. Einbalsamierung vor Verwesung schützen.* **2.** (Med.) **a)** ⟨hat⟩ *(Gewebe) eintrocknen, absterben lassen;* **b)** ⟨ist⟩ *(von Gewebe) eintrocknen, absterben.*

Mu|mi|fi|zie|rung, die; -, -en: *das Mumifizieren.*

Mumm, der; -s [wahrsch. in der Studentenspr. gek. aus lat. animum (in der Wendung) keinen Animum haben), Akk. von: animus, ↑ Animus] (ugs.): **a)** *Entschlossenheit u. Tatkraft, wenn es darum geht, sich zu etw. Gewagtem aufzuraffen:* dazu fehlt ihm der M.; **b)** *körperliche Kraft:* Fleisch gibt M.

Mum|mel, die; -, -n [urspr. Name eines w. Wassergeistes]: Teichrose.

Mum|mel|greis, der [zu ↑ ²mummeln] (salopp): *kraftloser alter Mann:* sich wie ein M. vorkommen.

Müm|mel|mann, der ⟨Pl. ...männer⟩ [zu ↑ mümmeln (1 b)] (fam. scherzh.): *Hase.*

¹mum|meln ⟨sw. V.; hat⟩ [zu veraltet Mumme = Maske, verkleidete Gestalt, wohl Lallwort] (landsch. fam.): *fest in etw. einhüllen u. dadurch eine behagliche Wärme schaffen:* sich in eine Decke m.

²mum|meln ⟨sw. V.; hat⟩ [aus dem Niederd. < mniederd. mummelen, lautm.] (landsch.): **1. a)** *mümmeln* (1 a); **b)** *mümmeln* (1 b). **2.** *unverständlich murmeln:* ...so dass Jozachin beim Sprechen mummelte wie ein ganz Alter und übrigens an dieser Hemmung wirklichen Ärgernis nahm (Th. Mann, Zauberberg 742).

müm|meln ⟨sw. V.; hat⟩ [lautm.] (landsch. fam.): **1. a)** *mit kleinen, meist schnelleren Bewegungen über eine längere Zeit kauen:* ein Stück Brot, an einem Apfel m.; **b)** *(bes. von Hasen) [mit den Vorderzähnen] mit schnellen Bewegungen fressen, Nahrung zerkleinern:* der Hase mümmelt im Gras. **²mummeln** (2).

Mum|men|schanz, der; -es [urspr. = von vermummten Personen während der Fastnachtszeit gespieltes Würfelspiel] (veraltend): **a)** *Maskenfest:* ein barocker M.; **b)** *Verkleidung zum Mummenschanz* (a).

Mum|me|rei, die; -, -en (veraltet): *Mummenschanz:* ◆ ...ich spiele länger diese M. nicht mit (Lessing, Nathan II, 2).

Mum|my [ˈmʌmi], der; -s, -s [engl. mummy = Mumie]: *Auftraggeber eines Ghostwriters.*

Mumpf, der; -[e]s [wohl zu veraltet mumpfen = mit vollem Mund kauen] (schweiz.): ↑ Mumps.

Mum|pitz, der; -es [im Berliner Börsenjargon = unsinniges Gerede; älter: Mummelputz = Vogelscheuche, (vermummte) Schreckgestalt, zu ↑ ¹Butz] (ugs. abwertend): *Unsinn, den man nicht zu beachten braucht:* der reine M.

Mumps, der, landsch. auch: die; - [engl. mumps, Pl. von: mump = Grimasse, wohl nach dem angeschwollenen Gesicht]: *fieberhafte Infektionskrankheit mit schmerzhafter [einseitiger] Schwellung der Ohrspeicheldrüse; Ziegenpeter; Parotitis.*

Mün|chen: Landeshauptstadt von Bayern.

¹Mün|che|ner, Münchner, der; -s, -: Ew.

²Mün|che|ner, Münchner ⟨indekl. Adj.⟩: der M. Olympiasieg.

Mün|che|ne|rin, Münchnerin, die; -, -nen: w. Formen zu ↑ ¹Münchener.

Münch|hau|sen, der; -, - [nach dem Freiherrn von Münchhausen (1720–1797), dessen Lügengeschichten bes. durch die von G. A. Bürger besorgte Ausgabe weite Verbreitung fanden]: *jmd., der sehr prahlt; Aufschneider.*

Münch|hau|se|ni|a|de, Münch|hau|si|a|de, die; -, -n [↑-ade]: *Erzählung in der Art Münchhausens.*

¹Münch|ner: ↑ ¹Münchener.

²Münch|ner: ↑ ²Münchener.

Münch|ne|rin: ↑ Münchenerin.

¹Mund, der; -[e]s, Münder, selten auch: -e, Münde [mhd. munt, ahd. mund]: **1. a)** *durch Unter- u. Oberkiefer gebildete, durch die Lippen verschließbare Öffnung im unteren Teil des menschlichen Gesichts, die zur Nahrungsaufnahme u. zur Hervorbringung sprachlicher Laute dient:* ein großer, voller, sinnlicher, zahnloser, roter, lächelnder M.; ein bitterer M.; vor Staunen blieb ihr der M. offen stehen; sein M. ist für immer verstummt (geh. veraltend); *er ist gestorben);* den M. öffnen, [zu einer Grimasse, vor Schmerz] verziehen, aufreißen; stopf dir doch den M. nicht so voll! (ugs.; *iss nicht so gierig!);* sie küsste seinen M.; er küsste sie auf den M.; aus dem M. riechen *(einen üblen Mundgeruch haben);* mit offenem M. *(erstaunt)* zuhören; einige M. voll Kartoffelbrei essen; sie hat einen herben Zug um den M.; das höre ich von deinem M. *(von dir)* zum ersten Mal; der Verunglückte wurde von M. zu M. beatmet; der Kranke hatte Schaum vor dem M.; Ü sie hat vier hungrige Münder zu stopfen (ugs.; *vier Kinder zu versorgen);* *jmds. M. steht nicht still (ugs.; *jmd. hat unaufhörlich etw. zu erzählen);* den M. nicht aufbekommen/aufkriegen (ugs.; *nicht reden, sich zu etw. nicht äußern können);* den M. [zu] voll nehmen (ugs.; *großsprecherisch sein);* den M. [nicht] aufmachen/auftun (ugs.; *sich zu etw. [nicht] äußern; etwas/nichts sagen);* M. und Augen/Nase aufreißen/aufsperren (ugs.; *fassungslos erstaunt sein);* einen großen M. haben (ugs.; *ein Prahler u. vorlaut sein);* den M. halten (ugs.; 1. *schweigen [u. dabei etw. unterdrücken, was man sagen wollte].* 2. *ein Geheimnis nicht verraten);* seinen M. halten (ugs.; *nichts von einer Sache verraten);* sich ⟨Dativ⟩ den M. fransig/fusselig reden (ugs.; *lange [vergeblich] auf jmdn. einreden);* jmdm. [mit etw.] den M. stopfen (ugs.; *jmdn. durch etw. zum Schweigen bringen);* jmdm. den M. verbieten (*jmdm. untersagen, seine Meinung zu äußern);* sich ⟨Dativ⟩ den M. verbrennen (ugs.; *sich durch unbedachtes Reden schaden);* jmdm. den M. wässrig machen (ugs.; *durch enthusiastische Schilderungen jmds. Verlangen nach etw. erregen);* nicht auf den M. gefallen sein (ugs.; *schlagfertig sein);* aus berufenem -e (*aus sicherer Quelle, von kompetenter Seite);* etw., jmdn. dauernd im M. führen (*etw., jmds. Namen ständig im Gespräch erwähnen, als Wort gebrauchen);* in aller -e sein (*sehr bekannt, populär sein);* jmdm. etw. in den M. legen (1. *jmdn. bestimmte Worte sagen lassen. jmdn. auf eine bestimmte Antwort hinlenken. jmdm. etw. zuschreiben, was er nicht gesagt hat);* jmdm. nach dem/zum -e reden (*jmdm. immer zustimmen, das sagen, was der andere gern hören will);* jmdm. über den M. fahren (ugs.; *jmdm. das Wort abschneiden, jmdm. scharf antworten);* von M. zu M. gehen (*durch Weitererzählen verbreitet werden);* sich ⟨Dativ⟩ etw. vom/(selten:) am Mund[e] absparen (*sich etw. unter Opfern, durch persönliche Einschränkung ersparen);* ◆ reinen M. halten (*ein anvertrautes Geheimnis nicht ausplaudern;* eigtl. = den Mund nicht durch Verrat eines Geheimnisses beflecken: Jetzt wisst Ihr genug... Im Übrigen haltet reinen M. und begegnet ihr unbefangen [C. F. Meyer, Amulett 34]); **b)** (Zool.) *Mundöffnung.* **2.** (Bergmannsspr.) Kurzf. von ↑ Mundloch.

²Mund, Munt, die; - [mhd., ahd. munt = (Rechts)schutz, Schirm]: *im germanischen Recht Gewalt des Hausherrn über die in der Hausgemeinschaft lebenden, von ihm zu schützenden Personen.*

Mund|art, die [für ↑ Dialekt]: *innerhalb einer Sprachgemeinschaft auf ein engeres Gebiet beschränkte, von der Standardsprache in verschiedener Hinsicht abweichende, ursprüngliche, meist nur gesprochene Sprache; Dialekt.*

Mund|art|dich|ter, der; *jmd., der in einer bestimmten Mundart dichtet.*

Mund|art|dich|te|rin, die: w. Form zu ↑ Mundartdichter.

Mund|art|dich|tung, die: **1.** ⟨o. Pl.⟩ *dichterisches Schaffen in einer bestimmten Mundart.* **2.** *einzelne Dichtung in einer bestimmten Mundart.*

Mund|art|en|for|schung, Mund|art|for|schung, die ⟨o. Pl.⟩: *sprachwissenschaftliche Disziplin, die sich mit der Erforschung der Mundarten befasst.*

Mund|art|geo|gra|fie, Mund|art|geo|gra|phie, die: *Dialektgeografie.*

mund|art|lich ⟨Adj.⟩: *die Mundart betreffend, dazu gehörend* (Abk.: mdal.)

Mund|art|spre|cher, der: *jmd., der fast ausschließlich Mundart spricht.*

Mund|art|spre|che|rin, die: w. Form zu ↑ Mundartsprecher.

Mund|art|wör|ter|buch, das: *Wörterbuch einer einzelnen Mundart.*

Münd|chen, das; -s, -: Vkl. zu ↑ ¹Mund (1 a).

Mund|du|sche, die: *in der Art einer Dusche funktionierendes Gerät, dessen Düse die Zwischenräume zwischen den Zähnen reinigt* [u. das Zahnfleisch massiert].

Mün|del, das, BGB: der; -s, -, in Bezug auf eine w. Pers. selten auch: die; -, -n [zu ↑ ²Mund]: *Person, die unter Vormundschaft steht.*

Mün|del|geld, das: *zum Vermögen eines Mündels gehörendes Geld, das der Vormund verwaltet.*

mün|del|si|cher ⟨Adj.⟩ (Bankw.): *für die Anlage von Mündelgeldern zugelassen:* -e Wertpapiere.

Mün|del|si|cher|heit, die; -, -en ⟨Pl. selten⟩ (Bankw.): *Sicherheit, die für die Anlage von Mündelgeldern gesetzlich erforderlich ist.*

mun|den ⟨sw. V.; hat⟩ [zu ↑ ¹Mund (1 a)] (geh.): *beim Genuss jmds. Geschmackssinn auf besonders angenehme Weise ansprechen; gut schmecken:* das mundet aber!; das Essen hat vortrefflich gemundet.

mün|den ⟨sw. V.; ist/hat⟩ [zu ↑ Mündung]: **1. a)** *in etw. hineinfließen:* der Fluss mündet ins Meer; **b)** *an einer bestimmten Stelle in etw. anderes übergehend enden, auslaufen:* der Gang mündete in eine/(auch:) einer Halle. **2.** *in etw. übergehen u. darin enden; auf etw. hinauslaufen; in etw. schließlich seinen Ausdruck finden:* die Erörterungen schienen mir in diese/(auch:) dieser Frage zu m.

mund|faul ⟨Adj.⟩ (ugs.): *aus einer wortkargen, bequemen od. unfreundlichen Haltung heraus nicht willig zu reden:* ein -er Mensch.

Mund|fäu|le, die (Med.): *eitrige Entzündung der Mundschleimhaut durch Infektion.*

Mund|flo|ra, die (Med.): *Gesamtheit der in der Mundhöhle lebenden Bakterien u. Pilze.*

mund|ge|bla|sen ⟨Adj.⟩: *handwerklich, vom Glasbläser hergestellt:* -e Gläser.

mund|ge|recht ⟨Adj.⟩: **1.** *in kleine Stücke zerteilt od. geschnitten u. dadurch bequem zu essen:* das Fleisch m. zerkleinern; *Ü jmdm. eine Sache m. machen (sie so darstellen, dass er sie ohne Gegenwehr hinnimmt).*

Mund|ge|ruch, der ⟨Pl. selten⟩: *[übler] Geruch aus dem Mund:* an M. leiden.

Mund|glied|ma|ße, die ⟨meist Pl.⟩ (Zool.): *für die Nahrungsaufnahme umgebildete Gliedmaße (am Kopf) der Gliederfüßer.*

Mund|har|mo|ni|ka, die: *volkstümliches Musikinstrument, bei dem die Töne durch frei schwingende metallene Zungen in einem länglichen, flachen, zwischen den Lippen angeblasenen Kästchen erzeugt werden.*

Mund|höh|le, die: *(beim menschlichen Mund) durch Zähne u. Rachen, Zunge u. Gaumen begrenzter Hohlraum.*

mun|dig ⟨Adj.⟩ [zu ↑ ¹Mund] (bes. schweiz.): *mundend.*

mün|dig ⟨Adj.⟩ [mhd. mündec, zu ↑ ²Mund]: **a)** *nach Erreichung eines bestimmten Alters gesetzlich zur Vornahme von Rechtshandlungen berechtigt:* mit 18 Jahren m. werden; * **jmdn. m. sprechen** *(für mündig erklären);* **b)** *als erwachsener Mensch zu eigenem Urteil, selbstständiger Entscheidung befähigt:* der -e Bürger.

Mün|dig|keit, die; -: *das Mündigsein.*

mün|dig spre|chen, mün|dig|spre|chen ⟨st. V.; hat⟩: *für mündig erklären.*

Mün|dig|spre|chung, die; -, -en: *das Mündigsprechen.*

Mund|kom|mu|ni|on, die (kath. Kirche): *Kommunion (1), bei der die Hostie auf die Zunge der Kommunizierenden gelegt wird.*

◆ **Mund|lack,** der: *oblatenförmiges Stück Siegellack, das im Mund angefeuchtet wird: ...und nahm einen kleinen mit M. versiegelten Zettel heraus* (Kleist, Kohlhaas 92).

münd|lich ⟨Adj.⟩ [zu ↑ ¹Mund]: *in der Form des Gesprächs stattfindend, sich vollziehend; gesprächsweise:* -e Überlieferung; eine -e Prüfung ablegen; etw. m. vereinbaren.

Münd|lich|keit, die; -: *mündliche Form.*

Mund|loch, das (Bergbau): *Öffnung eines Stollens, Schachtes an der Erdoberfläche.*

Mund|öff|nung, die (Zool.): *durch Muskeln verschließbarer, durch die Kiefer begrenzter Eingang zum Darmtrakt bei Tier u. Mensch.*

Mund|par|tie, die: *Gesichtspartie um den Mund.*

Mund|pfle|ge, die: *Pflege der Zähne u. der Mundhöhle.*

Mund|pro|pa|gan|da, die: *mündliche Weitergabe, Weiterempfehlung.*

Mund|raub, der (Rechtsspr. früher): *Diebstahl od. Unterschlagung von wenigen Nahrungsmitteln od. Verbrauchsgegenständen von geringem Wert.*

Mund|schenk, der; -en, -en, auch: -[e]s, -e (früher): *an Fürstenhöfen für die Getränke verantwortlicher Hofbeamter:* Ü er macht hier den -en (bedient mit Getränken).

Mund|schleim|haut, die: *Schleimhaut, mit der die Mundhöhle ausgekleidet ist.*

Mund|schutz, der ⟨Pl. -e; selten⟩: **1.** *bes. bei Operationen von Arzt u. von den Schwestern getragene Schutzvorrichtung aus sterilem Material, die Mund u. Nase zur Verhinderung einer Infizierung des Patienten abdeckt od. die jmdn. vor dem Einatmen giftiger Stoffe o. Ä. schützen soll.* **2.** (Sport) *aus Hartgummi od. Plastik bestehende Schutzvorrichtung für das Gebiss.*

Mund|spray, der od. das: **1.** *Spray zur Überdeckung von Mundgeruch.* **2.** *Arzneimittel in Form eines Sprays.*

M-und-S-Rei|fen, der [kurz für Matsch-und-Schnee-Reifen]: *Autoreifen mit besonderem Profil für Schneematsch u. Pulverschnee.*

Mund|stück, das: **1. a)** *Vorrichtung zum Blasen bei bestimmten Blasinstrumenten;* **b)** *in den Mund zu nehmendes Ende eines Gebrauchsgegenstandes o. Ä.:* das M. einer Tabakspfeife. **2.** *Stück des Zaumzeugs, das einem Zugtier, bes. dem Pferd, ins Maul gelegt wird.*

mund|tot ⟨Adj.⟩ [zu ↑ ²Mund; urspr. = unfähig, Rechtshandlungen vorzunehmen, volksetym. nach ↑ ¹Mund umgedeutet]: *meist in der Wendung* **jmdn. m. machen** *(jmdm., der einem unbequem u. hinderlich ist, auf rücksichtslose, unerlaubte Weise die Gelegenheit zur Äußerung, zur Entfaltung nehmen).*

Mund|tuch, das ⟨Pl. ...tücher⟩ (veraltend): *Serviette.*

Mün|dung, die; -, -en: **1. a)** *Stelle, an der ein Fluss o. Ä. mündet:* an der M. ist der Fluss am breitesten; **b)** *Stelle, an der eine Straße o. Ä. mündet.* **2.** *vorderes Ende des Laufs od. Rohrs einer Feuerwaffe:* die M. einer Pistole.

Mün|dungs|feu|er, das: *durch brennende Pulvergase entstehender kurzer Feuerstrahl, der beim Abgeben eines Schusses aus der Mündung der Waffe entweicht.*

Mün|dungs|ge|biet, das: *Gebiet, in dem ein Fluss o. Ä. mündet.*

Mün|dungs|trich|ter, der: *Trichtermündung.*

Mund|ver|kehr, der: *Oralverkehr.*

Mund|voll, der; -, -: *Menge, die man auf einmal in den Mund nehmen kann:* einige M. essen.

Mund|vor|rat, der: *Proviant.*

Mund|was|ser, das ⟨Pl. ...wässer⟩: *desodorierend, desinfizierend wirkendes Mittel zur Mundpflege.*

Mund|werk, das ⟨Pl. selten⟩ (ugs.): *Redevermögen:* ein flinkes, freches, loses, lockeres M.; *...endlich findet er sein M. wieder:* »Ich würde Sie natürlich bis zu meinem letzten Blutstropfen verteidigen« (Johnson, Mutmaßungen 106); * **ein großes M. haben** (↑ ¹Mund 1 a).

Mund|werk|zeug, das ⟨meist Pl.⟩ (Zool.): *Mundgliedmaßen.*

Mund|win|kel, der: *Stelle, an der Ober- u. Unterlippe ineinander übergehen:* ihre M. zitterten.

Mund-zu-Mund-Be|at|mung, die: *Beatmung von Mund zu Mund.*

Mund-zu-Mund-Pro|pa|gan|da, die: *Mundpropaganda.*

Mund-zu-Na|se-Be|at|mung, die: *Beatmung von Mund zu Nase.*

Mung|boh|ne: ↑ Mungobohne.

Mun|go, der; -s, -s [engl. mungo, mongoose < Tamil maṅgūs]: *(in Arabien, Indien u. auf Sri Lanka lebende) bräunliche, silbergrau gesprenkelte Schleichkatze.*

Mun|go|boh|ne, Mungbohne, die: *(vorwiegend in Afrika und Asien angebaute, als Nahrungsmittel kultivierte) olivgrüne Hülsenfrucht.*

Mu|ni, der; -[s], -[s] [H. u., viell. lautm.] (schweiz.): *Zuchtstier.*

Mu|ni|ti|on, die; -, -en [frz. munition (de guerre) < lat. munitio = Befestigung, Schanzwerk, zu: munire = aufmauern; befestigen, verschanzen]: *aus Schießpulver, Geschossen, Sprengladungen o. Ä. bestehendes Schießmaterial für Feuerwaffen, Bomben o. Ä.:* scharfe M.; seine M. verschossen haben; Ü seinen Kritikern M. liefern.

mu|ni|ti|o|nie|ren ⟨sw. V.; hat⟩: *mit Munition ausrüsten, versehen.*

Mu|ni|ti|ons|de|pot, das: *Depot (1 a), in dem Munition gelagert wird.*

Mu|ni|ti|ons|fa|b|rik, die: *Fabrik, in der Munition hergestellt wird.*

Mu|ni|ti|ons|la|ger, das: *Munitionsdepot.*

Mu|ni|ti|ons|trans|port, der: *Transport (1,2) von Munition.*

Mu|ni|ti|ons|zug, der: *Eisenbahnzug, der Munition befördert.*

Mu|ni|zi|pi|um, das; -s, ...ien [lat. municipium]: **1.** (Geschichte) *[selbstständige] altrömische Stadtgemeinde.* **2.** (veraltet) *Stadtverwaltung.*

Mun|ke|lei, die; -, -en (ugs.): *[dauerndes] Munkeln.*

mun|keln ⟨sw. V.; hat⟩ [aus dem Niederd. < mnieder d. munkel(e)n, wohl lautm.] (ugs.): *im Geheimen reden, erzählen:* man munkelt so allerlei.

¹Müns|ter, das; selten: der; -s, - [mhd. münster, ahd. munist(i)ri, über das Vlat. zu kirchenlat. monasterium < griech. monastḗrion = Einsiedelei; Kloster, zu: monázein = allein leben]: *große Kirche eines Klosters od. Domkapitels; Stiftskirche:* das Straßburger M.

²Müns|ter, der: *Stadt im Münsterland.*

³Müns|ter, der; -s ⟨Sorten:⟩ -: *Kurzf. von ↑ Münsterkäse.*

Müns|te|ra|ner, der; -s, -: Ew.

Müns|te|ra|ne|rin, die; -, -nen: w. Form zu ↑ Münsteraner.

Müns|ter|bau, der ⟨Pl. -ten⟩: ¹Münster.

Müns|ter|kä|se, der; -s, - [nach der frz. Stadt Munster im Elsass]: *Weichkäse von feinem, mild-würzigem Geschmack.*

Müns|ter|land, das; -[e]s: *Teil des Westfälischen Bucht.*

Müns|ter|turm, der: *Turm eines ¹Münsters.*

Munt: ↑ ²Mund.

mun|ter ⟨Adj.⟩ [mhd. munter, ahd. munter, eigtl. = aufmerksam, aufgeregt]: **1. a)** *heiter, gut gelaunt, aufgeweckt u. lebhaft; von Heiterkeit, Fröhlichkeit, Lebhaftigkeit zeugend:* ein -es Kind; ihre -en Augen; eine m. plaudernde Gruppe von Wanderern; **b)** *unbekümmert, ungehemmt [u. mit Lust an der Sache]:* trotz leerer Kassen weiter m. Geld ausgeben; Ü die Umweltzerstörung schreitet m. voran; **c)** *[wieder] in guter gesundheitlicher Verfassung:* er ist wieder [gesund und] m. **2.** *wach; nicht mehr od. noch nicht schläfrig:* zeitig m. werden; der Kaffee hat mich wieder m. gemacht.

Mun|ter|keit, die; -, -en: **1.** ⟨o. Pl.⟩ *muntere* (1 a, 2) *Art; das Muntersein.* **2.** *etw., was munter* (1 a) *wirken soll.*

mun|ter ma|chen, mun|ter|ma|chen ⟨sw. V.; hat⟩: *erfrischen, von der Schläfrigkeit befreien:* die kalte Dusche hat mich munter gemacht.

Mun|ter|ma|cher, der (ugs. scherzh.): *etw., was munter* (1 a, 2) *macht; Anregungsmittel.*

Münz|amt, das, **Münz|an|stalt,** die: *Münzstätte.*

Münz|ap|pa|rat, der: *Münzfernsprecher.*

Münz|au|to|mat, der: *Automat* (1 a).

Münz|be|am|ter (vgl. Beamter): *Beamter an einer Münzstätte.*

Münz|be|am|tin, die: w. Form zu ↑ Münzbeamter.

Münz|de|likt, das (Rechtsspr.): *Verstoß gegen die Gesetze zum Schutz des staatlichen u. internationalen Geldverkehrs.*

Mün|ze, die; -, -n [mhd. münze, ahd. muniʒʒa < lat. moneta = Münzstätte; Münze]: **1.** *aus Metall hergestelltes, scheibenförmiges Geldstück mit bestimmtem Gewicht u. Feingehalt u. mit beidseitigem Gepräge:* eine alte M.; ausländische -n; eine M. aus Gold; -n prägen, sammeln; neue -n in Umlauf setzen; -n einziehen, aus dem Verkehr ziehen; eine M. werfen *(eine Münze hochwerfen, um die Entscheidung zwischen zwei Möglichkeiten davon abhängig zu machen, welche Seite nach oben zu liegen kommt);* Aber dann kam der Tag, da sie ihr Geld nicht mehr in harter M., sondern in Form von kleinen bedruckten Papierblättchen erhielt (Süskind, Parfum 39); * **klingende M.** (geh.): *bares Geld; Geld, aus dem man Nutzen od. Gewinn ziehen kann:* eine Idee in klingende M. umsetzen; **etw. für bare M. nehmen** *(an der Ernsthaftigkeit von jmds. Äußerung törichterweise nicht zweifeln);* **jmdm. etw. in/mit gleicher M. heimzahlen** *(jmdm. etw. auf die gleiche üble Art vergelten).* **2.** *Münzstätte.*

Münz|ein|heit, die: *Einheit* (2) *für das Geld einer bestimmten Münze.*

mün|zen ⟨sw. V.; hat⟩ [mhd. münzen, ahd. muniʒʒōn]: **1.** *Metall zu Münzen prägen:* Gold, Silber m.; Ü ◆ Kann der Herzog Gesetze der Menschheit verdrehen oder Handlungen m. wie seine Dreier (Schiller, Kabale II, 3). **2.** * **auf jmdn., etw. gemünzt sein** *(sich auf jmdn., etw. beziehen; sich gegen jmdn., etw. richten;* wohl nach den früher hergestellten Gedenkmünzen mit eingeprägten, versteckten satirischen Anspielungen); ◆ **es auf jmdn., etw. m.** *(jmdn., etw. als Ziel im Auge haben; es auf jmdn., etw. abgesehen haben:* Auf niemanden münz' ich mehr, als auf Kunigunden und ihren Bräutigam…: Tu mir zu wissen, wo sie wohnen [Kleist, Käthchen III, 6]; …auf diesen Sack, der oben in Seiner Stube lag, hatten es die Räuber gemünzt [Brentano, Kasperl 359]).

Mün|zen|samm|lung: ↑ Münzsammlung.

Münz|fäl|scher, der: *Falschmünzer.*

Münz|fäl|sche|rin, die: w. Form zu ↑ Münzfälscher.

Münz|fäl|schung, die: *Falschmünzerei.*

Münz|fern|spre|cher, der (Amtsspr.): *öffentlicher Telefon, das nach Einwurf einer od. mehrerer Münzen benutzt werden kann.*

Münz|fuß, der: *gesetzlich festgelegtes Verhältnis zwischen Gewicht u. Feingehalt bei Münzen.*

Münz|ge|wicht, das: *durch den Münzfuß geregeltes Gewicht einer Münze im Unterschied zum Feingehalt.*

Münz|ho|heit, die ⟨Pl. selten⟩: *Recht [des Staates], Münzen zu prägen.*

Münz|ka|bi|nett, das: **1. a)** *Raum zur Aufbewahrung einer Münzsammlung;* **b)** (früher) *mit vielen Fächern versehenes Schränkchen zur Aufnahme gesammelter Münzen.* **2.** *Münzsammlung.*

Münz|kun|de, die: **1.** ⟨o. Pl.⟩ *Numismatik.* **2.** *Lehrbuch der Numismatik.*

Münz|kund|ler, der; -s, -: *Numismatiker.*

Münz|kund|le|rin, die; -, -nen: w. Form zu ↑ Münzkundler.

münz|kund|lich ⟨Adj.⟩: *numismatisch.*

Münz|meis|ter, der: *verantwortlicher Leiter einer Münzstätte.*

Münz|meis|te|rin, die: w. Form zu ↑ Münzmeister.

Münz|prä|gung, die: *das Prägen von Münzen in einer Münzstätte.*

Münz|recht, das ⟨Pl. selten⟩: **1.** *Münzhoheit.* **2.** *rechtliche Bestimmungen eines Staates zur Regelung des Münzwesens.*

Münz|samm|lung, die: *Sammlung von [alten] Münzen u. Medaillen.*

Münz|stät|te, die: *Werkstatt od. Fabrik, in der Münzen geprägt werden.*

Münz|stem|pel, der: *Werkzeug, mit dem das Rohprodukt der Münze mit dem Gepräge versehen wird.*

Münz|tank, Münz|tank|au|to|mat, der: *Automat zum Selbsttanken.*

Münz|tank|stel|le, die: *Tankstelle mit Münztank.*

Münz|ver|ge|hen, das: *Münzdelikt.*

Münz|wechs|ler, der: *Automat, der größere Münzen in kleinere umtauscht.*

Münz|we|sen, das ⟨o. Pl.⟩: *Gesamtheit der Einrichtungen für die Herstellung u. den Umlauf von Münzen.*

Münz|wis|sen|schaft, die ⟨o. Pl.⟩: *Numismatik.*

Münz|zäh|ler, der: *Automat, der nach Einwurf einer Münze eine bestimmte Menge Gas od. Strom abgibt.*

Mu|rä|ne, die; -, -n [spätmhd. murēn < lat. murena < griech. mýraina]: *(in warmen Meeren heimischer) gelbbrauner, z. T. lebhaft gezeichneter Fisch.*

Mu|ra|no|glas, das ⟨o. Pl.⟩: *(auf der Insel Murano bei Venedig hergestelltes) künstlerisches Glas von besonderer Feinheit; venezianisches Glas.*

mürb (bes. südd., österr.), **mür|be** ⟨Adj.⟩ [mhd. mür(w)e, ahd. mur(u)wi = zermalmt, zerrieben, weich]: **1.** *sich leicht kauen lassend u. leicht in seine Teile zerfallend:* mürbes Gebäck; das Fleisch mürb, mürbe machen, klopfen; Mit bloßen, von Olivenöl triefenden Händen aß er mürbe Fische, eingelegten Mais und Brot (Ransmayr, Welt 231). **2.** *durch Alter, Abnutzung die Festigkeit seiner Substanz verloren habend:* mürbe Taue; ein mürbes (brüchiges, durchgescheuertes) Gewebe. **3.** *seine Spannkraft u. Widerstandskraft durch anhaltende negative Einwirkung verloren habend:* völlig m. sein.

Mür|be, die; -: *Mürbheit.*

Mür|be|bra|ten, der: **a)** (nordd.) *Lendenbraten;* **b)** (Jägerspr.) *Lendenstück beim Rotwild.*

¹**mür|be|ma|chen** ⟨sw. V.; hat⟩ (ugs.): *jmds. Widerstandskraft brechen:* den Gegner gezielt m.

mür|be ma|chen, ²**mür|be|ma|chen** ⟨sw. V.; hat⟩: *eine Sache so beanspruchen, dass sie leicht in ihre Teile zerfällt:* das Fleisch mürbe machen.

Mür|be|teig, der: *gekneteter Kuchenteig aus Zucker, Fett, Eiern, Mehl u. wenig Milch od. Wasser.*

Mürb|heit, die; -: *das Mürbesein.*

Mu|re, die; -, -n [aus dem Bayerischen, Tirolischen, viell. verw. mit ↑ morsch, mürbe]: *in Gebirgsgegenden durch starken Regen od. Schneeschmelze hervorgerufener Strom* (1 b) *von Schlamm u. Gesteinsschutt.*

mu|ren ⟨sw. V.; hat⟩ [engl. to moor] (Seew.): *(ein Schiff) mit einer Muring verankern.*

mu|rig ⟨Adj.⟩: *regelmäßig von einer Mure, von Muren überflutet:* ein -es Gelände.

Mu|ring, die; -, -e [engl. mooring, zu: to moor, ↑ muren] (Seew.): *Vorrichtung zum Verankern eines Schiffes mit zwei Ankern.*

Mu|ring|bo|je, Mu|rings|bo|je, die (Seew.): *Boje, die über der Stelle gesetzt wird, an der eine Muring gelegt worden ist.*

Mü|ritz, die; -: *in Mecklenburg-Vorpommern gelegener größter See Deutschlands.*

Mur|kel, der; -s, - [Vkl. von älter: Murk = Brocken; Krümel, Knirps, viell. zu veraltet murkeln = zerbröseln] (landsch. ugs.): *kleines Kind.*

mur|keln ⟨sw. V.; hat⟩ [landsch. Nebenf. von ↑ murksen] (landsch.): *zerdrücken, zerbrechen, unordentlich zusammenlegen, -drücken o. Ä.:* Papier m.

◆ **Mur|ki,** das; -s, -s [wohl aus dem Südd., H. u.]: *lebhafter, ursprünglich bäuerlicher Tanz:* Wenn wir nun der Menuett genug hatten, ersuchte ich den Vater um andere Tanzweisen, dergleichen die Notenbücher in ihren Giguen und -s reichlich darboten (Goethe, Dichtung u. Wahrheit 9).

Murks, der; -es [rückgeb. aus ↑ murksen] (salopp abwertend): *unsachgemäß, fehlerhaft, schlecht ausgeführte Arbeit.*

murk|sen ⟨sw. V.; hat⟩ [zu älter Murk, ↑ Murkel] (salopp abwertend): **[ohne sichtbaren Erfolg]** *sich etw. beschäftigen, unsachgemäß an etw. arbeiten:* er murkst schon drei Stunden im Keller.

Mur|mel, die; -, -n [niederd. Nebenf. von ↑ Marmel] (landsch.): *kleine [Glas]kugel zum Spielen.*

Mur|mel|laut, der (Sprachwiss.): *Schwa.*

¹**mur|meln** ⟨sw. V.; hat⟩ [mhd. murmeln, ahd. murmulōn, lautm.]: *mit gedämpfter Stimme [in tiefer Tonlage], meist nicht sehr deutlich etw. sagen, was nicht für andere bestimmt ist:* etwas Unverständliches [vor sich hin] m.; ⟨subst.:⟩ ein leises Murmeln.

²**mur|meln** ⟨sw. V.; hat⟩ (landsch.): *mit Murmeln spielen.*

Mur|mel|tier, das [1. Bestandteil ahd. murmunto, murmuntīn, zu spätlat. mus (Gen.: muris) montis = Bergmaus, volksetym. an ¹murmeln angelehnt]: *(vor allem im Hochgebirge vorkommendes) einen Winterschlaf haltendes, kleines Nagetier mit kurzem, buschigem Schwanz:* schlafen wie ein M. (emotional; *fest u. lange schlafen*).

mur|ren ⟨sw. V.; hat⟩ [mhd. murren; lautm., verw. mit ↑ ¹murmeln]: *seine Unzufriedenheit, Auflehnung mit brummender Stimme u. unfreundlichen Worten zum Ausdruck bringen:* ständig leise m.; ⟨subst.:⟩ sie ertrug alles ohne Murren.

mür|risch ⟨Adj.⟩: *Unzufriedenheit od. schlechte Laune im Gesichtsausdruck od. durch eine unfreundliche, einsilbige, abweisende Art erkennen lassend:* ein -es Gesicht machen; m. grüßen.

Mus, das, (landsch. auch:) der; -es, -e [mhd., ahd. muos = Speise, Essen]: *aus gekochtem Obst, aus gekochten Kartoffeln o. Ä. hergestellter Brei:* Ü er wurde im Bus förmlich zu M. gedrückt (ugs.; *wurde in der Enge sehr gedrückt);* * **jmdn., etw. zu M. machen/schlagen** o. Ä. (ugs.; *jmdn., etw. zusammenschlagen).*

Mu|sa|get, der; -en, -en [griech. Mousagétēs =

Vorsteher der Musen, Beiname von Apoll u. Herakles] (veraltet): *Freund u. Förderer der Künste u. Wissenschaften.*

¹**Mu|sche:** ↑ Mouche (1).

◆²**Mu|sche,** der; -[e]s, -s [entstellt aus ↑ Monsieur] (landsch.): *Monsieur; Herr:* »M. Peters«, sagte der Buchhalter zu seinem Gegenüber, »wir müssen noch einen Lichter haben...« (Storm, Söhne 20).

Mu|schel, die; -, -n [mhd. muschel, ahd. muscula, < lat. musculus, eigtl. = Mäuschen, wohl nach der Ähnlichkeit in Form u. Farbe mit einer Maus]: **1. a)** *in zahlreichen Arten in Gewässern lebendes, z. T. essbares Weichtier, dessen Körper von zwei durch Muskeln verschließbaren Kalkschalen umschlossen ist;* **b)** *Schale einer Muschel* (a): *am Strand -n suchen.* **2. a)** Kurzf. von ↑ Hörmuschel; **b)** Kurzf. von ↑ Sprechmuschel. **3.** (selten) Kurzf. von ↑ Ohrmuschel. **4.** (salopp) *Vagina.* **5.** (österr. ugs.) *Toiletten-, Waschbecken.*

Mu|schel|bank, die ⟨Pl. ...bänke⟩: *[natürliche] Massenansiedlung von im Meer lebenden Muscheln.*

Mü|schel|chen, das; -s, -: Vkl. zu ↑ Muschel.

mu|schel|för|mig ⟨Adj.⟩: *die Form einer Muschel* (1 b) *aufweisend.*

Mu|schel|geld, das: *bei Naturvölkern bes. des Südseeraumes verwendetes Zahlungsmittel in Form von Muschelschalen od. Schneckenhäusern.*

mu|sche|lig, muschlig ⟨Adj.⟩: *muschelförmig.*

Mu|schel|kalk, der (Geol.): **a)** ⟨o. Pl.⟩ *mittlere Abteilung* (2 d) *der Trias;* **b)** *aus fossilen Muschelschalen entstandenes Gestein.*

Mu|schel|krebs, der: *(in vielen Arten im Meer u. im Süßwasser vorkommender) kleiner Krebs, dessen Körper von zwei Schalen völlig umschlossen ist.*

Mu|schel|samm|lung, die: *Sammlung von Muschelschalen.*

Mu|schel|scha|le, die: *Schale einer Muschel* (1 a).

Mu|schel|sei|de, die: *von bestimmten Muschelarten gebildetes, glänzendes, bräunliches Fädenbüschel, das zu hochwertigem Gewebe mit warmem Goldglanz verarbeitet wird.*

Mu|schel|werk, das ⟨Pl. selten⟩ (Kunstwiss.): *meist asymmetrisch rahmendes Ornament in ausschwingenden, muschelförmigen Gebilden als wichtigstes Dekorationselement des Rokokos [für Innenräume].*

Mu|schi [auch: ˈmuːʃi], die; -, -s: **1.** (Kinderspr.) *Katze.* **2.** (salopp) *Vulva.*

Musch|ko|te, der; -n, -n [entstellt aus ↑ Musketier] (Soldatenspr. veraltend, oft abwertend): *Soldat [ohne Rang]; einfacher Mensch.*

musch|lig: ↑ muschelig.

Musch|po|ke: ↑ Mischpoke.

Mu|se, die; -, -n [lat. musa < griech. moũsa = (Beschäftigung mit der) Kunst; Muse] (griech. Mythol.): *eine der neun Töchter des Zeus u. der Mnemosyne, der Schwestern im Gefolge des Apoll als Schutzgöttinnen der Künste:* * **die leichte M.** *(die unterhaltende Kunst, bes. die Operette);* **die M. küsst jmdn.** (scherzh.; *jmd. hat die Inspiration zu einem dichterischen Werk).*

mu|se|al ⟨Adj.⟩: **1.** *das Museum betreffend, dazu gehörend:* eine -e Attraktion. **2.** *Vorstellungen von etw. weckend, was im Museum als Relikt vergangener Zeiten aufbewahrt wird:* -e Kulturgüter.

Mu|se|en: Pl. von ↑ Museum.

Mu|sel|man, der; -en, -en [...ma:nən, auch: ...ˈmaːnən] [ital. musulmano, türk. müslüman < pers. musalmān; vgl. ↑ Moslem] (veraltet): *Moslem.*

Mu|sel|ma|nin [auch: ...ˈmaː...], die; -, -nen: w. Form zu ↑ Muselman.

mu|sel|ma|nisch [auch: ...ˈmaː...] ⟨Adj.⟩ (veraltet): *moslemisch.*

mu|sen ⟨sw. V.; hat⟩: *zu Mus machen:* Früchte [mit den Füßen] m.

Mu|sen|al|ma|nach, der: *(im 18. u. 19. Jh.) jährlich erscheinende Anthologie meist noch unveröffentlichter Dichtungen.*

Mu|sen|tem|pel, der (scherzh.): *Theater.*

Mu|sette [myˈzɛt], die; -, -s od. -n [frz. musette, zu afrz. muse = Dudelsack, zu: muser = dudeln]: **1.** *französische Sackpfeife im 17./18. Jh.* **2.** *(in Frankreich im 17./18. Jh.) Tanz unter Musette* (1) *begleiteter] langsamer Tanz im ³/₄- od. ⁶/₈-Takt.*

Mu|se|um, das; -s, Museen [lat. museum = Ort für gelehrte Beschäftigung < griech. mouseĩon = Musensitz, -tempel, zu: moũsa, ↑ Muse]: *Institut, in dem Kunstwerke sowie kunstgewerbliche, wissenschaftliche, technische Sammlungen aufbewahrt u. ausgestellt werden.*

Mu|se|ums|di|rek|tor, der: *Direktor, Leiter eines Museums.*

Mu|se|ums|di|rek|to|rin, die: w. Form zu ↑ Museumsdirektor.

Mu|se|ums|füh|rer, der: **1.** *Führer* (1 b) *durch ein Museum.* **2.** *Führer* (2) *zur Besichtigung eines Museums.*

Mu|se|ums|füh|re|rin, die: w. Form zu ↑ Museumsführer (1).

Mu|se|ums|kä|fer, der: *sehr kleiner, schwarz-gelber Käfer, der als Schädling u. a. an Pelzen u. Wolle auftritt.*

Mu|se|ums|ka|ta|log, der: *Katalog über eine einzelne od. alle Sammlungen eines Museums.*

Mu|se|ums|pä|d|a|go|ge, der: *jmd., der in der Museumspädagogik tätig ist.*

Mu|se|ums|pä|d|a|go|gik, die: *auf Kinder u. Erwachsene bezogene pädagogische Arbeit im Museum.*

Mu|se|ums|pä|d|a|go|gin, die: w. Form zu ↑ Museumspädagoge.

mu|se|ums|reif ⟨Adj.⟩ (ugs. iron.): *in heutiger Zeit völlig unüblich geworden od. aus dem Gebrauch gekommen:* ihr Hut ist fast m.

Mu|se|ums|stück, das: *in einem Museum aufbewahrter [einzelner] wertvoller [Ausstellungs]gegenstand, Exponat.*

Mu|se|ums|wär|ter, der: *jmd., der in einem Museum die Aufsicht führt* (Berufsbez.).

Mu|se|ums|wär|te|rin, die: w. Form zu ↑ Museumswärter.

Mu|se|ums|wert, der ⟨o. Pl.⟩: *fast nur in der Verbindung* **M. haben** (ugs., meist scherzh.; *alt [u. wertvoll] sein, kaum noch zu gebrauchen sein:* dein Wagen hat ja schon M.).

Mu|si, die; - (bayr., österr.): *Musikkapelle.*

Mu|si|ca, die; - [lat. (ars) musica < griech. mousikḗ (téchnē), eigtl. = Musenkunst]: *Musik als eine der Artes liberales:* Frau M. (altertümelnd, scherzh.; *die Musik*); M. antiqua *(alte Musik).*

Mu|si|cal [ˈmjuːzɪkl], das; -s, -s [engl. musical (comedy), eigtl. = musikalische Komödie]: **a)** ⟨o. Pl.⟩ *populäre Gattung des Musiktheaters mit Elementen aus Drama, Operette, Revue u. Varieté;* **b)** *einzelnes Stück der Gattung Musical* (a).

Mu|si|cal|clown, der: *Unterhaltungskünstler, der als Hauptbestandteil seiner Darbietung auf ungewöhnlich aussehenden Musikinstrumenten spielt u. damit eine komische Wirkung erreicht.*

Mu|si|cal|the|a|ter, das: *für die Aufführung von Musicals bestimmtes Theater* (1 a).

Mu|sic|box [ˈmjuːzɪk...], die; -, -en u. -es [...ɪz]: *Musikbox* (1).

mu|siert ⟨Adj.⟩ (Fachspr.): *musivisch.*

Mu|sik [österr.: muˈzɪk], die; -, -en [mhd. music,

ahd. musica < lat. musica, ↑ Musica; Betonungsänderung u. Bedeutungserweiterung unter Einfluss von frz. musique]: **1. a)** *Kunst, Töne in bestimmter (geschichtlich bedingter) Gesetzmäßigkeit hinsichtlich Rhythmus, Melodie, Harmonie zu einer Gruppe von Klängen u. zu einer stilistisch eigenständigen Komposition zu ordnen; Tonkunst:* die klassische, moderne, elektronische M.; die M. des Barock; er versteht nichts von M.; * **neue M.** *(Richtung in der Musik des 20. Jh.s, die sich durch Freiheit im Gebrauch der musikalischen Mittel auszeichnet);* **M. im Blut haben** (emotional; *eine angeborene Musikalität besitzen u. sich [auf dem Gebiet der Unterhaltungsmusik] entsprechend talentiert zeigen);* **b)** ⟨o. Pl.⟩ *Werk, Werke der Musik* (1 a): M. [von Bach] erklingt; aus dem Radio kam laute M.; die M. brach ab; M. hören; M. machen (*musizieren*); jmds. M. aufführen; ein M. liebender Mensch; er komponiert die M. zu diesem Film; R mit M. geht alles besser; * **M. in jmds. Ohren sein** (ugs.; *eine äußerst angenehme u. willkommene Äußerung, Neuigkeit o. Ä. für jmdn. sein);* **c)** *musikalische Komposition, Musikstück:* eine kurze M.; eine M. von Mozart. **2.** ⟨Pl. selten⟩ (ugs.) *Musikkapelle:* Wir verabschieden uns... Es ist ohnehin Schluss; auch die M. packt ein (Remarque, Obelisk 56).

Mu|sik|aka|de|mie, die: *Musikhochschule.*

Mu|si|ka|li|en ⟨Pl.⟩ [zu mlat. musicalis = musikalisch]: *musikalische Werke in Form von gedruckten Noten, seltener als Handschriften.*

Mu|si|ka|li|en|hand|lung, die: *Geschäft, in dem Musikalien verkauft werden.*

mu|si|ka|lisch ⟨Adj.⟩ [mlat. musicalis]: **1.** *die Musik* (1) *betreffend, in ihren Bereich gehörend:* eine -e Begabung; die -e Umrahmung einer Feier; m. veranlagt sein. **2.** *mit Empfinden, Verständnis, Begabung für Musik* (1) *ausgestattet:* ein -er Mensch; Ü sie hat einen -en *(runden, schön gewölbten)* Hinterkopf. **3.** *wie Musik* (1 b) *wirkend; klangvoll:* eine -e Sprache.

Mu|si|ka|li|tät, die; -: **1.** *Empfinden, Verständnis, Begabung für Musik* (1). **2.** *Wirkung wie Musik* (1 b): die M. der Gedichte Brentanos.

Mu|si|kant, der; -en, -en [zu mlat. musicans (Gen.: musicantis), 1. Part. von: musicare = musizieren]: *Instrumentalist, der zu bestimmten Gelegenheiten, bes. zum Tanz, bei Umzügen, spielt.*

Mu|si|kan|ten|kno|chen, der [H. u.]: *Höcker am Ellbogen, an dem der Nerv an der Oberfläche liegt, sodass diese Stelle besonders schmerzempfindlich ist.*

Mu|si|kan|tin, die; -, -nen: w. Form zu ↑ Musikant.

mu|si|kan|tisch ⟨Adj.⟩: *mit Begeisterung u. der Musik adäquatem Schwung [spielend]:* das Quartett spielte m.

Mu|sik|au|to|mat, der: **a)** *Apparat, der mit mechanischer Antriebsvorrichtung ein od. mehrere Musikstücke abspielt;* **b)** *Musikbox.*

mu|sik|be|gabt ⟨Adj.⟩: *für Musik* (1 a) *begabt:* eine -e Schülerin.

Mu|sik|bi|b|lio|thek, die: *[öffentliche] Sammlung von Musikalien, Literatur über Musik [u. Musik auf Tonträgern].*

Mu|sik|box, die; -, -en: **1.** *[in Gaststätten aufgestellter] Automat mit einem Magazin von Schallplatten, CDs, die nach Einwurf von Münzen abgespielt werden können.* **2.** *Lautsprecherbox.*

Mu|sik|büh|ne, die: *Bühne* (1 b), *an der bes. Opern gespielt werden.*

Mu|sik|clown, der: *Musicalclown.*

Mu|sik|di|rek|tor, der (Abk.: MD): **a)** ⟨o. Pl.⟩ *an den Leiter einer städtischen, kirchlichen o. ä. musikalischen Institution verliehener Titel;* **b)** *Träger des Titels Musikdirektor* (a).

Musikdirektorin – Muskelfaserriss

Mu|sik|di|rek|to|rin, die: w. Form zu ↑ Musikdirektor (Abk.: MD).
Mu|sik|dra|ma, das: a) ⟨o. Pl.⟩ *(bes. im Hinblick auf die Werke R. Wagners) musikalisches Bühnenwerk (als Gattung, bei dem sich die Musik den Anforderungen des Dramas fügt);* b) *einzelnes Werk der Gattung Musikdrama* (a).
Mu|si|ker, der; -s, -: a) *jmd., der beruflich Musik (1), eine Tätigkeit im musikalischen Bereich ausübt* (Berufsbez.); b) *Mitglied eines Orchesters; Orchestermusiker* (Berufsbez.).
Mu|si|ke|rin, die; -, -nen: w. Form zu ↑ Musiker.
Mu|sik|er|zie|her, der: *Musiklehrer.*
Mu|sik|er|zie|he|rin, die: w. Form zu ↑ Musikerzieher.
Mu|sik|er|zie|hung, die ⟨o. Pl.⟩: *Musik* (1 a) *als Schulfach.*
Mu|sik|fest|spie|le ⟨Pl.⟩: *musikalische Festspiele mit einer Folge von Aufführungen.*
Mu|sik|film, der: *Film mit vielen musikalischen Darbietungen.*
Mu|sik|freund, der: *Freund* (3 a) *der Musik.*
Mu|sik|freun|din, die: w. Form zu ↑ Musikfreund.
Mu|sik|ge|schich|te, die: **1.** ⟨o. Pl.⟩ a) *geschichtliche Entwicklung der Musik;* b) *Wissenschaft von der geschichtlichen Entwicklung der Musik als Teil der Musikwissenschaft.* **2.** *Werk, das die Musikgeschichte* (1 a) *zum Thema hat.*
Mu|sik|gym|na|si|um, das: *Gymnasium mit besonderer musischer Ausbildung.*
Mu|sik|hoch|schu|le, die: *[Fach]hochschule für die musikalische Ausbildung.*
Mu|sik|in|dus|t|rie, die: *Gesamtheit von Unternehmen, die sich mit der Produktion und Vermarktung von Musik befassen.*
Mu|sik|in|s|t|ru|ment, das: *Instrument, mit dem Töne hervorgebracht werden, auf dem Musik gespielt wird.*
Mu|sik|jar|gon, der: *Fachjargon der Musik.*
Mu|sik|jour|na|list, der: *Journalist, der über Musik schreibt.*
Mu|sik|jour|na|lis|tin, die: w. Form zu ↑ Musikjournalist.
Mu|sik|ka|pel|le, die: ²*Kapelle* (2).
Mu|sik|kas|set|te, die: *mit Musik bespielte Kassette* (3).
Mu|sik|kon|ser|ve, die (oft abwertend): *Schallplatte, Tonband, Kassette, CD, worauf Musik gespeichert ist.*
Mu|sik|korps, das: *Musikkapelle als militärische Einheit.*
Mu|sik|kri|tik, die: a) ⟨o. Pl.⟩ *publizistische kritische Beschäftigung mit Musik od. Erscheinungen im Bereich der Musik;* b) *einzelne publizistische Äußerung über ein musikalisches Ereignis, ein Werk u. seine Aufführung.*
Mu|sik|kri|ti|ker, der: *Publizist auf dem Gebiet der Musikkritik* (a).
Mu|sik|kri|ti|ke|rin, die: w. Form zu ↑ Musikkritiker.
Mu|sik|le|ben, das ⟨o. Pl.⟩: *musikalisches Geschehen in einem bestimmten geografischen Bereich:* die Münchener Oper ist eines der Zentren europäischen -s.
Mu|sik|leh|re, die: a) ⟨o. Pl.⟩ *allgemeine Lehre von der Musik in Bezug auf die Grundbegriffe der Akustik, Notation, Melodie, Harmonik, der Formen u. a.;* b) *Werk, Lehrbuch, das eine Darstellung der Musiklehre enthält.*
Mu|sik|leh|rer, der: *Lehrer im Unterrichtsfach Musik.*
Mu|sik|leh|re|rin, die: w. Form zu ↑ Musiklehrer.
Mu|sik|le|xi|kon, das: *Lexikon der Musik* (1).
Mu|sik|lie|be, die: *Liebe zur Musik* (1).
Mu|sik|lie|bend, mu|sik|lie|bend ⟨Adj.⟩: *Liebe zur Musik habend:* er ist ein Musik liebender Mensch.
Mu|sik|lieb|ha|ber, der: *Musikfreund.*

Mu|sik|lieb|ha|be|rin, die: w. Form zu ↑ Musikliebhaber.
Mu|sik|li|te|ra|tur, die ⟨o. Pl.⟩: *die Musik* (1) *betreffende Literatur* (1 b, c).
Mu|si|ko|lo|gie, die; - [↑ -logie]: *Musikwissenschaft.*
Mu|sik|pä|d|a|go|ge, der: a) *Pädagoge, der Musikunterricht erteilt;* b) *Wissenschaftler auf dem Gebiet der Musikpädagogik.*
Mu|sik|pä|d|a|go|gik, die: *Wissenschaft von der Erziehung im Bereich der Musik.*
Mu|sik|pä|d|a|go|gin, die: w. Form zu ↑ Musikpädagoge.
Mu|sik|pfle|ge, die ⟨o. Pl.⟩: *das Bemühen um die Erhaltung u. Förderung der Musik, indem man sie ausübt.*
Mu|sik|preis, der: *[aufgrund eines musikalischen Wettbewerbs] zur Anerkennung, Förderung junger Musiker verliehener Preis.*
Mu|sik|pro|du|zent, der: *jmd., der die Herstellung von musikalischen Aufnahmen* (8) *finanziert.*
Mu|sik|pro|du|zen|tin, die: w. Form zu ↑ Musikproduzent.
Mu|sik|pro|fes|sor, der: a) *Professor an einer Musikhochschule;* b) *Professor der Musikwissenschaft.*
Mu|sik|pro|fes|so|rin, die: w. Form zu ↑ Musikprofessor.
Mu|sik|raum, der: *für den Musikunterricht eingerichteter Raum in einer Schule o. Ä.*
Mu|sik|saal, der: a) *Saal, in dem musiziert wird, musikalische Veranstaltungen stattfinden;* b) *für den Musikunterricht eingerichteter Raum bes. in Schulen.*
Mu|sik|schu|le, die: *städtische od. private musikalische Ausbildungsstätte für Laien- od. Berufsausbildung.*
Mu|sik|stück, das: *einzelnes, nicht näher bezeichnetes Werk, bes. der Instrumentalmusik, von kurzer Spieldauer.*
Mu|sik|sze|ne, die: **1.** *kultureller Bereich, in dem sich das Musikleben abspielt.* **2.** *(in einem Film) Szene mit Musik.*
Mu|sik|tausch|bör|se, die: *Computernetzwerk, über das Musikdateien im Internet angeboten od. aus dem Internet heruntergeladen werden können.*
Mu|sik|the|a|ter, das: **1.** *Einheit aus Theaterstück u. Musik als Gattung.* **2.** *dramatisch sinnvolle, darstellerisch glaubwürdige Inszenierung musikalisch-szenischer Werke.*
Mu|sik|the|o|rie, die: a) *begriffliche Erfassung u. systematische Darstellung musikalischer Sachverhalte;* b) *Musiktheorie* (a) *als Lehrfach, das allgemeine Musiklehre, Harmonielehre, Kontrapunkt u. Formenlehre umfasst.*
Mu|sik|the|ra|pie, die (Psychol.): *Therapie mithilfe von Musik.*
Mu|sik|ti|tel, der: *(bes. im Bereich der Unterhaltungsmusik) unter einem bestimmten Titel* (2 a) *als CD, Schallplatte o. Ä. veröffentlichtes musikalisches Werk.*
Mu|sik|tru|he, die: (früher): *truhenartiges Möbelstück, in das ein Radiogerät, oft in Verbindung mit einem Plattenspieler [u. einem Fernsehapparat u. a.] eingebaut ist.*
Mu|sik|un|ter|ma|lung, die: *musikalische Untermalung.*
Mu|sik|un|ter|richt, der: *Unterricht in Musik.*
Mu|si|kus, der; -, ...izi; auch: -se [lat. musicus = Tonkünstler] (veraltet, noch scherzh. od. iron.): *Musiker.*
Mu|sik|ver|ein, der: *Verein zur Pflege der Musik.*
Mu|sik|ver|lag, der: *Verlag, der musikalische Werke u. Bücher über Musik verlegt.*
Mu|sik|vi|deo, das: *Videoclip.*

Mu|sik|werk, das: **1.** *musikalisches Werk; größer angelegte Komposition.* **2.** *Musikautomat* (a).
Mu|sik|wis|sen|schaft, die: *Wissenschaft von der Musik, ihrem Wesen, ihrer Geschichte u. ihren verschiedenen Erscheinungsformen.*
Mu|sik|wis|sen|schaft|ler, der: *Wissenschaftler auf dem Gebiet der Musikwissenschaft.*
Mu|sik|wis|sen|schaft|le|rin, die: w. Form zu ↑ Musikwissenschaftler.
Mu|sik|zeit|schrift, die: *den Bereich der Musik behandelnde Fachzeitschrift.*
mu|sisch ⟨Adj.⟩ [griech. mousikós, zu: moûsa, ↑ Muse]: **1.** *die schönen Künste betreffend, darauf gerichtet:* die -en Fächer (Kunsterziehung, Musik als Schulfächer). **2.** *künstlerisch begabt; den Künsten gegenüber aufgeschlossen:* ein -er Mensch.
mu|siv: ↑ musivisch.
Mu|siv|ar|beit, die: *Mosaik.*
Mu|siv|gold, das: *goldglänzendes, schuppiges Pulver, das bes. früher in der Malerei für bronzene Farbtöne u. zur Vergoldung von Spiegel- u. Bilderrahmen verwendet wurde.*
mu|si|visch, musiv ⟨Adj.⟩ [lat. musivus = zur Musivarbeit gehörend; vgl. Mosaik] (Fachspr.): *mit Steinen od. Glasstücken eingelegt.*
Mu|si|zi: Pl. von ↑ Musikus.
mu|si|zie|ren ⟨sw. V.; hat⟩ [mlat. musicare]: *[mit jmdm. zusammen] Musik spielen, zu Gehör bringen:* gemeinsam m.
♦ **Mus|je,** der; -[s], -s [entstellt aus ↑ Monsieur] (landsch.): *Monsieur; Herr:* ...wenn so ein M. von *(ein adliger Herr von ...)* sich da und dort und hier schon herumbeholfen hat (Schiller, Kabale I, 1).
Mus|kat, der; -[e]s, -e [mhd. muscāt < afrz. muscate < mlat. (nux) muscata, zu: muscatus = nach Moschus duftend, zu spätlat. muscus, ↑ Moschus]: *als Gewürz verwendeter Samenkern der Muskatfrucht.*
Mus|kat|blü|te, die: *als Gewürz verwendete Samenhülle der Muskatfrucht.*
Mus|ka|tel|ler, der; -s, - [ital. moscatello < mlat. muscatellum]: a) ⟨o. Pl.⟩ *Traubensorte mit dem Muskat ähnlichem Geschmack;* b) *Wein aus Muskateller* (a).
Mus|kat|nuss, die: *getrockneter, dunkelbrauner, geriebener als Gewürz verwendeter Samenkern der Muskatfrucht.*
Mus|kat|nuss|baum, der: *tropischer immergrüner Baum mit pfirsichähnlichen Steinfrüchten, deren ölhaltiger Samen als Gewürz dient.*
Mus|kat|rei|be, die: *Reibe für Muskatnüsse.*
Mus|kel, der; -s, -n [lat. musculus, eigtl. = Mäuschen, vielf. nach einem Vergleich des unter der Haut zuckenden Muskels mit einer laufenden Maus]: *[an den Knochen angewachsener] Teil des menschlichen u. tierischen Körpers, der aus von Bindegewebe umhüllten Fasern besteht u. der Bewegung von Gliedmaßen u. Körperteilen dient:* gut trainierte -n; er hat sich beim Springen einen M. gezerrt.
Mus|kel|ar|beit, die: *Arbeit, die ein Muskel leistet.*
Mus|kel|atro|phie, die (Med.): *Muskelschwund.*
Mus|kel|auf|bau, der: *das Aufbauen* (1 a) *von Muskeln:* ein spezielles Training für den M.
mus|kel|be|packt ⟨Adj.⟩ (ugs.): *muskulös:* ein -er Körper.
Mus|kel|dys|t|ro|phie, die (Med.): *langsam fortschreitender Muskelschwund.*
Mus|kel|ent|zün|dung, die (Med.): *schmerzhafte Entzündung von Muskeln.*
Mus|kel|fa|ser, die: *kontraktile Faser mit mehreren Kernen, die zusammen mit anderen, gleichartigen Fasern einen Muskel bildet.*
Mus|kel|fa|ser|riss, der: *Riss einer Muskelfaser quer zur Richtung der Faser.*

Mus|kel|fleisch, das: *nur aus Muskeln bestehendes Fleisch (3).*
Mus|kel|ge|schwulst, die: *Myom.*
Mus|kel|ge|we|be, das: *die Muskeln bildendes Gewebe.*
Mus|kel|ka|ter, der: *durch kleine Risse im Muskelgewebe auftretende Schmerzen nach [ungewohnter] körperlicher Anstrengung.*
Mus|kel|kon|trak|ti|on, die (Med.): *Kontraktion des Muskels.*
Mus|kel|kraft, die: *Kraft der Muskeln; Körperkraft.*
Mus|kel|krampf, der: *schmerzhafte Zusammenziehung eines Muskels.*
Mus|kel|mann, der ⟨Pl. ...männer⟩ (ugs.): *sehr starker Mann mit deutlich sichtbaren Muskeln.*
Mus|kel|mas|se, die: *Masse an Muskeln:* M. aufbauen, verlieren; an M. zulegen.
Mus|kel|pa|ket, das (ugs.): **a)** *Paket (4) von starken, kräftigen Muskeln;* **b)** *Muskelmann.*
Mus|kel|protz, der (ugs.): *Mann, der mit seinen Muskeln u. seiner Stärke prahlt.*
Mus|kel|riss, der (Med.): *Riss in einem Muskel.*
Mus|kel|schmerz, der: *Schmerz im Muskel; Myalgie.*
Mus|kel|schwä|che, die (Med.): *krankhafte Schwäche od. Ermüdbarkeit der Muskeln; Myasthenie.*
Mus|kel|schwund, der (Med.): *Verkümmerung der Muskulatur.*
Mus|kel|span|nung, die: **a)** *Muskeltonus;* **b)** *[willkürliche] Anspannung des Muskels.*
Mus|kel|star|re, die (Med.): *Bewegungsunfähigkeit von Muskeln.*
Mus|kel|strang, der: *aus mehreren Muskelfasern zusammengesetzter Strang.*
Mus|kel|to|nus, der: *auch in Ruhe aufrechterhaltener [Grund]spannungszustand eines Muskels.*
Mus|kel|trai|ning, das: *Training der Muskeln, eines Muskels.*
Mus|kel|zer|rung, die (Med.): *[schmerzhafte] Zerrung eines Muskels.*
Mus|kel|zu|ckung, die: *zuckende Kontraktion eines Muskels.*
Mus|ke|te, die; -, -n [frz. mousquet < ital. moschetto, eigtl. = wie mit Fliegen gesprenkelter Sperber (zu: mosca < lat. musca = Fliege), dann: bei der Jagd auf Sperber gebrauchte (Schuss)waffe]: *alte Handfeuerwaffe großen Kalibers, die mit einer Lunte gezündet wird.*
Mus|ke|tier, der; -s, -e (früher): *[mit einer Muskete bewaffneter] Fußsoldat.*
mus|ku|lär ⟨Adj.⟩ (Med.): *zu den Muskeln gehörend, die Muskulatur betreffend.*
Mus|ku|la|tur, die; -, -en: *Gesamtheit der Muskeln einer Körperpartie od. des ganzen Körpers:* die M. der Beine.
mus|ku|lös ⟨Adj.⟩ [frz. musculeux < lat. musculosus]: *mit starken Muskeln versehen; äußerst kräftig:* -e Arme.
¹Müs|li, (schweiz.:) **Müesli** [schweiz. Vkl. von Mues = ↑Muss], das; -[s], -[s]: *Rohkostgericht aus rohen Getreideflocken, [getrocknetem] Obst, Rosinen, geriebenen Nüssen, Milch o. Ä.*
²Müs|li, der; -s, -s (ugs. scherzh.): *jmd., der sich vorwiegend mit Vollwertkost ernährt [u. aus dieser Form der Ernährung eine Ideologie macht].*
³Müs|li, die; -, -s (ugs. scherzh.): *weibliche Person, die sich vorwiegend mit Vollwertkost ernährt [u. aus dieser Form der Ernährung eine Ideologie macht].*
Mus|lim, der; -s, -e u. -s, Moslem, der; -s, -s [arab. muslim, eigtl. = sich Gott unterwirft]: *Anhänger des Islams.*
Mus|lim|bru|der, der: *Angehöriger der Muslimbruderschaft.*
Mus|lim|bru|der|schaft, die; -: *fundamentalistische islamische Organisation mit dem Ziel der Errichtung einer islamischen Gesellschaft.*
Mus|li|min, die; -, -nen: *w. Form zu ↑Muslim.*
mus|li|misch, moslemisch ⟨Adj.⟩: *die Muslime, ihren Glauben, ihren Herrschaftsbereich betreffend.*
Müs|li|rie|gel, der: *Riegel (3) aus Zutaten für ein Müsli.*
Mus|pel|heim, das; -[e]s ⟨meist o. Art.⟩ [anord. muspell(sheimr)] (germ. Mythol.): *Land des Feuers, Reich der Feuerriesen.*
muss: ↑müssen.
Muss, das; - [subst. 3. Pers. Sg. von ↑müssen]: *Zwang, Notwendigkeit:* etw. ist ein [absolutes] M.
Muss|be|stim|mung, Muss-Be|stim|mung, die: *Regelung, nach der im einzelnen Fall verfahren werden muss.*
Mu|ße, die; - [mhd. muoʒa, ahd. muoʒa, verw. mit ↑müssen] (geh.): *freie Zeit u. [innere] Ruhe, um etwas zu tun, was den eigenen Interessen entspricht:* [Zeit und] M. [zu etw.] haben; etw. in, mit M. tun.
Muss|ehe, Muss-Ehe, die (ugs.): *Ehe, die geschlossen wird, weil die Frau ein Kind erwartet.*
Mus|se|lin, der; -s, -e [frz. mousseline < ital. mussolina, nach dem Namen der Stadt Mossul (Irak)]: *feines, locker gewebtes Baumwoll- od. Wollgewebe.*
mus|se|li|nen ⟨Adj.⟩: *aus Musselin bestehend.*
müs|sen ⟨unr. V.; hat⟩ [mhd. müeʒen, ahd. muoʒan, eigtl. = sich etw. zugemessen haben, Zeit, Raum, Gelegenheit haben, um etw. tun zu können]: **1.** ⟨mit Inf. als Modalverb; musste, hat ... müssen⟩ **a)** *einem [von außen kommenden] Zwang unterliegen, gezwungen sein, etw. zu tun; zwangsläufig notwendig sein, dass etw. Bestimmtes geschieht:* sie muss um 8 Uhr im Büro sein; wir mussten lachen; **b)** *aufgrund gesellschaftlicher Normen, einer inneren Verpflichtung nicht umhinkönnen, etw. zu tun; verpflichtet sein, sich verpflichtet fühlen, etw. Bestimmtes zu tun:* sie musste heiraten (sah sich dazu gezwungen, weil sie ein Kind erwartete); **c)** *aufgrund bestimmter vorangegangener Ereignisse, aus logischer Konsequenz o. Ä. notwendig sein, dass etw. Bestimmtes geschieht:* der Brief muss heute noch abgeschickt werden; das musst du doch verstehen; was habe ich da über dich hören m. (geh.; *was hast du denn schon wieder angestellt*)!; **d)** (nordd.) *dürfen, sollen* (verneint): ihr müsst das nicht so ernst nehmen; **e)** *drückt eine hohe, sich auf bestimmte Tatsachen stützende Wahrscheinlichkeit aus; drückt aus, dass man etwas als ziemlich sicher annimmt:* er muss jeden Moment kommen; **f)** ⟨nur 2. Konj.⟩ *drückt aus, dass etwas erstrebenswert, wünschenswert ist:* so müsste es immer sein. **2.** ⟨Vollverb; musste, hat gemusst⟩ **a)** *gezwungen sein, etw. zu tun, sich irgendwohin zu begeben:* »Unterschreibe bitte hier!« – »Muss ich das wirklich?«; er hat gemusst, ob er wollte oder nicht; ich muss noch zum Arzt; ich muss mal (fam.; *muss zur Toilette*); **b)** *notwendig sein, dass etw. Bestimmtes geschieht:* der Brief muss zur Post.
Mus|se|ron: ↑Mousseron.
Mu|ße|stun|de, die: *ruhige, beschauliche Stunde, Zeitspanne, Zeitraum der Muße:* den alten Wecker werde ich in einer M. reparieren; Er ... sehnte sich nach der trägen Behaglichkeit der -n auf einer Veranda, nach Sofas und gepolsterten Korbstühlen (Ransmayr, Welt 171).
Muss|hei|rat, Muss-Hei|rat, die (ugs.): *Heirat, die eingegangen wird, weil die Frau ein Kind erwartet.*
mü|ßig ⟨Adj.⟩ [mhd. müeʒec, ahd. muoʒīg, zu ↑Muße] (geh.): **1. a)** *keiner [sinnvollen] Beschäftigung nachgehend; [auf gelangweilte Weise] untätig:* ein -es Leben führen; er ist nie m.; **b)** *Muße bietend:* -e Stunden. **2.** *überflüssig, unnütz, zwecklos:* eine -e Frage; es ist m., darüber zu reden.
Mü|ßig|gang, der ⟨o. Pl.⟩ [mhd. müeʒecganc] (geh.): *das Müßigsein (1 a):* Spr M. ist aller Laster Anfang.
Mü|ßig|gän|ger, der; -s, - [mhd. müeʒecgenger] (geh.): *jmd., der müßig (1 a) ist.*
Mü|ßig|gän|ge|rin, die; -, -nen: *w. Form zu ↑Müßiggänger.*
mü|ßig|gän|ge|risch ⟨Adj.⟩ (geh.): *keiner [sinnvollen] Beschäftigung nachgehend.*
mü|ßig|ge|hen ⟨unr. V.; ist⟩ (geh.): *keiner [sinnvollen] Beschäftigung nachgehen, nichts tun.*
Muss|sprit|ze, die [nach der Ähnlichkeit mit dem Spritzbeutel für Torten u. a.] (ugs. scherzh.): *Regenschirm, bes. Stockschirm.*
muss|te, müss|te: ↑müssen.
Mus|tang, der; -s, -s [engl. mustang < span. (mex.) mestengo, mesteño, eigtl. = herrenlos(es Pferd)]: *wild lebendes Präriepferd in Nordamerika.*
Mus|ter, das; -s, - [spätmhd. muster, mustre < älter ital. mostra = Ausstellung(sstück), zu: mostrare = zeigen, weisen < lat. monstrare]: **1.** *Vorlage, Zeichnung, nach der etw. hergestellt, gemacht wird:* etw. dient als M.; Ü ein Justizwesen nach angelsächsischem M. **2.** *etw. in seiner Art Vollkommenes, nachahmenswertes, beispielhaftes Vorbild in Bezug auf etw. Bestimmtes:* sie war ein M. an Geduld. **3.** *aus der Kombination von einzelnen Motiven bestehende [regelmäßige], sich wiederholende, flächige Verzierung, Zeichnung auf Papier, Stoff o. Ä.:* ein auffallendes M.; ein M. entwerfen; Ü das läuft hier doch immer nach dem gleichen M. *(Schema)* ab. **4.** *kleines Stück, kleine Menge einer Ware, an der man die Beschaffenheit des Ganzen erkennen kann:* M. von Tapeten, Wolle; M. anfordern; M. ohne Wert (Postw. veraltend; *Warensendung*).
Mus|ter|band, der ⟨Pl. ...bände⟩: *als Muster (4) dienender ²Band.*
Mus|ter|bei|spiel, das: *exemplarisches Beispiel für etw. Bestimmtes.*
Mus|ter|be|trieb, der: *besonders vorbildlich geführter Betrieb.*
Mus|ter|bild, das: *Person, selten auch Sache, die in ihrer Art den Idealvorstellungen entspricht.*
Mus|ter|brief, der: *Brief, der als Vorlage für andere Briefe dient.*
Mus|ter|buch, das: **1.** (Kunstwiss.) *Sammlung von Zeichnungen, Motiven, die dem mittelalterlichen Künstler als Vorlage dienten.* **2.** *wie ein Buch gebundene größere Anzahl von Tapeten- od. Stoffmustern.*
Mus|ter|ehe, die: *vorbildliche Ehe:* die beiden führen eine M.
Mus|ter|ex|em|p|lar, das: **1.** *als Muster (4) dienendes Exemplar.* **2.** (oft iron.) *beispielhaftes Exemplar.*
Mus|ter|gat|te, der (scherzh., oft iron.): *vorbildlicher Ehemann.*
mus|ter|gül|tig ⟨Adj.⟩: *als Muster (2), als Beispiel gelten könnend; vorbildlich:* ein -es Verhalten; die Firma ist m. geführt.
Mus|ter|gül|tig|keit, die: *mustergültige Art.*
mus|ter|haft ⟨Adj.⟩: *in seiner Art vollkommen, nachahmenswert; beispielhaft:* eine -e Ordnung; sich m. benehmen; Nein, wie ist der Junge artig, geradezu m. (Kempowski, Tadellöser 117).
Mus|ter|kna|be, der (abwertend): *jmd., der sich immer so verhält, wie Lehrer, Vorgesetzte o. Ä. es wünschen u. erwarten [u. damit bei anderen Unwillen hervorruft].*

Musterkoffer – Muttergestein

Mus|ter|kof|fer, der: *Koffer für Warenmuster od. mit Warenmustern.*

Mus|ter|kol|lek|ti|on, die: *Kollektion (a) von Warenmustern.*

Mus|ter|land, das ⟨Pl. ...länder⟩: *Land, das in irgendeiner Hinsicht als vorbildlich gilt.*

Mus|ter|mes|se, die: *Messe, auf der Warenmuster gezeigt u. Abschlüsse zwischen Herstellern u. Wiederverkäufern getätigt werden.*

mus|tern ⟨sw. V.; hat⟩: **1. a)** *gründlich, kritisch, prüfend ansehen, betrachten:* jmdn. [abschätzend] von Kopf bis Fuß m.; eine Ware m.; **b)** (Militär) *inspizieren.* **2.** *Wehrpflichtige auf ihre Wehrtauglichkeit hin untersuchen.* **3.** *mit einem Muster (3) versehen:* eine Decke m.; ⟨meist im 2. Part.:⟩ eine gemusterte Bluse; der Teppich ist auffallend gemustert. **4.** (landsch. abwertend) *geschmacklos, unpassend kleiden:* hat der sich heute wieder gemustert!

Mus|ter|pro|zess, der: *Gerichtsprozess, in dem die Rechtslage zu einem Fall [erstmalig] geklärt werden soll u. der als Beispiel für ähnliche Fälle dienen soll.*

Mus|ter|rol|le, die (Seew.): *Verzeichnis aller an Bord eines Schiffes Beschäftigten.*

Mus|ter|samm|lung, die: *Musterkollektion.*

Mus|ter|schü|ler, der: *vorbildlicher Schüler.*

Mus|ter|schü|le|rin, die: w. Form zu ↑ Musterschüler.

Mus|ter|sen|dung, die: *Sendung von Warenmustern.*

Mus|ter|tuch, das ⟨Pl. ...tücher⟩ (Handarb.): *Tuch mit verschiedenen Stick- od. Wirkmustern, das zur Übung angefertigt wird u. als Vorlage zum Sticken od. Wirken dient.*

Mus|te|rung, die; -, -en: **1. a)** *das Mustern (1 a):* eine eingehende M.; etw. einer genauen M. unterziehen; **b)** (veraltet) *Inspektion.* **2.** *das Mustern (2):* die Schulabgänger wurden zur M. einberufen, beordert. **3.** *das Gemustertsein (3); Muster (3):* eine aparte M.

Mus|te|rungs|be|scheid, der: *Aufforderung, sich mustern (2) zu lassen.*

Mus|ter|zeich|ner, der: *jmd., der Vorlagen für Druckstöcke o. Ä. zeichnet* (Berufsbez.).

Mus|ter|zeich|ne|rin, die: w. Form zu ↑ Musterzeichner.

Mus|ter|zeich|nung, die: *Zeichnung, Entwurf eines Musters (3).*

Must-have ['masthæv, mast'hεv], das; -[s], -s [engl. must-have, aus: to must = müssen u. have = haben]: *Gegenstand, den man besitzen sollte, um als modern o. ä. zu gelten.*

Mus|topf, der: *irdener Topf für, mit Mus.*

Mut, der; -[e]s [mhd., ahd. muot = Gemüt(szustand); Leidenschaft; Entschlossenheit, Mut]: **1. a)** *Fähigkeit, in einer gefährlichen, riskanten Situation seine Angst zu überwinden; Furchtlosigkeit angesichts einer Situation, in der man Angst haben könnte:* großer, bewundernswerter, starker, heldenhafter M.; es gehört viel M. dazu; all seinen M. zusammennehmen; seinen M. beweisen; sich gegenseitig M. machen, zusprechen; mit dem M. der Verzweiflung (*mit einer Furchtlosigkeit, die aus einer ausweglos scheinenden Situation erwächst*); **b)** [*grundsätzliche*] *Bereitschaft, angesichts zu erwartender Nachteile etw. zu tun, was man für richtig hält:* politischer, persönlicher M.; M. fassen, schöpfen; er hatte den M., ihm die Wahrheit zu sagen; etw. macht, gibt jmdm. [neuen] M. (*ermutigt ihn*); wieder M. bekommen (*wieder zuversichtlich werden*); den M. sinken lassen (*verzagen*); [den] M. zur Hässlichkeit haben (*sich nicht scheuen, [auch einmal] hässlich auszusehen*); M. zur Krise (*das bewusste Inkaufnehmen einer Krise, auch gegen Widerstände*) zeigen. **2.** * guten, frischen, frohen, ruhigen o. ä. -es

(geh.; *in froher, zuversichtlicher Stimmung*); **mit gutem, frischem, frohem** o. ä. **M.** (geh.; *froh, zuversichtlich gestimmt*). ♦ **3. a)** *Stimmung, Laune:* ...in einem weg hätte ich plaudern wollen, nur um Ihnen den bösen M. zu vertreiben (Iffland I, 5); Der Lothringer geht mit der großen Flut, wo der leichte Sinn ist und lustiger M. (Schiller, Wallensteins Lager 11); **b)** (südd.) *Verlangen, Lust:* Schickt eure Männer her, wenn sie der M. sticht, dem Befehl zu trotzen (Schiller, Tell III, 3).

Mu|ta, die; -, ...tä [zu lat. mutus = stumm] (Sprachwiss.): *Explosivlaut:* M. cum Liquida (*Verbindung von Explosivlaut u. Liquida*).

mu|ta|bel ⟨Adj.⟩ [lat. mutabilis, zu: mutare, ↑ mutieren] (bes. Biol., bildungsspr.): *veränderlich, wandelbar:* mutable Merkmale.

mu|ta|gen ⟨Adj.⟩ [↑-gen] (Biol.): *Mutationen (1) auslösend:* -e Substanzen.

Mu|ta|gen, das; -s, -e ⟨meist Pl.⟩ (Biol.): *chemischer od. physikalischer Faktor, der Mutationen (1) auslöst.*

Mu|tant, der; -en, -en [zu lat. mutans (Gen.: mutantis), 1. Part. von: mutare, ↑ mutieren]: **1.** (Biol.) *durch Mutation (1) verändertes Individuum.* **2.** (österr.) *Junge, der im Stimmbruch ist.*

Mu|tan|te, die; -, -n (Biol.): *Mutant (1).*

Mu|tan|tin, die; -, -nen: w. Form zu ↑ Mutant (1).

Mu|ta|ti|on, die; -, -en [lat. mutatio = (Ver)änderung]: **1.** (Biol.) *spontane od. künstlich erzeugte Veränderung im Erbbild.* **2.** (Med.) *Stimmwechsel.* **3.** (schweiz., sonst veraltend) *Änderung, Wandlung.*

mu|ta|tis mu|tan|dis [lat.] (bildungsspr.): *mit den nötigen Abänderungen* (Abk.: m. m.).

Müt|chen, das; -s: meist in der Wendung **sein M. [an jmdm.] kühlen** (*seinen Zorn [an jmdm.] auslassen*).

mu|ten ⟨sw. V.; hat⟩ [mhd. muoten, ahd. muoton = begehren, zu ↑ Mut]: **1.** (Bergmannsspr.) *die Genehmigung zum Abbau beantragen.* **2.** (veraltet) *um eine Erlaubnis nachsuchen, das Meisterstück zu machen.* **3.** (Jargon) *mit einer Wünschelrute nach Wasser- od. Erzadern suchen.*

Mu|ter, der; -s, -: **1.** (Bergmannsspr.) *jmd., der eine Mutung (1) beantragt.* **2.** (Jargon) *Wünschelrutengänger.*

mut|er|füllt ⟨Adj.⟩ (geh.): *von Mut erfüllt.*

mu|tie|ren ⟨sw. V.; hat⟩ [lat. mutare = wechseln, (ver)ändern]: **1.** (Biol.) *sich spontan im Erbbild ändern:* mutierende Lebewesen. **2.** (Med.) *sich im Stimmwechsel befinden.*

mu|tig ⟨Adj.⟩ [mhd. muotec]: **a)** *Mut besitzend; von Mut zeugend; ein Mensch; sie war sehr m.;* **b)** *Mut (1 b) zeigend, beweisend; von Mut (1 b) zeugend:* ein -er Entschluss; m. seine Meinung vertreten.

Mu|tis|mus, der; - [zu lat. mutus = stumm] (Med.): *absichtliche od. psychisch bedingte Stummheit; Stummheit ohne organischen Defekt.*

Mu|tist, der; -en, -en (Med.): *jmd., der an Mutismus leidet.*

Mu|tis|tin, die; -, -nen: w. Form zu ↑ Mutist.

mu|tis|tisch ⟨Adj.⟩ (Med.): *den Mutismus betreffend, an ihm leidend; stumm.*

Mu|ti|tät, die; - (Med.): *Stummheit.*

mut|los ⟨Adj.⟩: *ohne Mut (1 b) u. Zuversicht, niedergeschlagen:* m. sein.

Mut|lo|sig|keit, die; -: *das Mutlossein.*

mut|ma|ßen ⟨sw. V.; hat⟩ [mhd. muotmaʒen, zu: muotmaʒe = Schätzung]: *vermuten, annehmen:* er mutmaßt, dass es so gewesen ist; Der vergleichsweise harmlose Tischler Dollfuß war längst abgetan, wer sein Nachfolger war, konnte Quangel nur m. (Fallada, Jeder 229).

mut|maß|lich ⟨Adj.⟩ (geh.): *aufgrund bestimmter Tatsachen, Anzeichen möglich, wahrscheinlich:* der -e (*in Verdacht stehende*) Täter; Ich sah dieses Paar vielleicht zum letzten Mal ruhig an diesem Abend, den letzten, den es m. zusammen verbrachte (Seghers, Transit 182).

Mut|ma|ßung, die; -, -en: *Vermutung:* -en anstellen.

Mut|pro|be, die: *Handlung, mit der man seinen Mut (1 a) beweisen soll:* eine M. ablegen.

Mut|schein, der [zu ↑ muten (1)] (Bergmannsspr.): *Urkunde über die Genehmigung zum Abbau.*

Mutt|chen, das; -s, -: **1.** Kosef. zu ¹Mutter (1 a). **2.** *kleine, alte Frau; Mütterchen* (2).

¹Mut|ter, die; -, Mütter [mhd., ahd. muoter, urspr. Lallwort der Kinderspr.]: **1. a)** *Frau, die ein od. mehrere Kinder geboren hat:* die eigene M.; alleinerziehende Mütter; sie wird eine M. (*eine Schwangere*); M. Gottes (kath. Rel.; *Maria, die Mutter Jesu*); sie ist ganz die M. (*ist, sieht ihrer Mutter sehr ähnlich*); grüßen Sie Ihre [Frau] M.!; sie ist M. von fünf Kindern; an den Rockschößen der M. hängen (*unselbstständig sein*); (fam. auch als Eigenname:) M. hat dich gerufen; -s Geburtstag; Ü ein M. aller Schlachten (*die wichtigste, bekannteste, emotional am meisten aufgeladene Schlacht*); ... so galt doch nun eindeutig Athen als die ehrwürdige M. (geh.; *der Ursprung*) der hellenischen Kultur, und sein Niedergang ist zweifellos nicht ohne Eindruck auf die Griechen der übrigen Welt geblieben (Thieß, Reich 144); * **M. Erde** (geh.; *die Erde*); **M. Natur** (geh.; *die Natur*); **bei M. Grün schlafen** (ugs. scherzh.; *im Freien übernachten*); **b)** *Frau, die in der Rolle einer Mutter ein od. mehrere Kinder versorgt, erzieht:* es wäre gut, wenn die Kinder wieder eine M. hätten; **c)** (*bei bestimmten Schwesternorden*) [*Titel der*] *Oberin, Vorsteherin eines Klosters; eines geistlichen Stifts o. Ä.:* in der Anrede: M. Oberin, M. Donata. **2.** *weibliches Tier, das [gerade] ein od. mehrere Junge geworfen hat.* **3.** (Technik) *Matrize.* **4.** (Jargon) Kurzf. von ↑ Muttergesellschaft.

²Mut|ter, die; -, -n [nach dem Vergleich mit dem Mutterschoß od. der Gebärmutter, von dem das Gewinde umschließt wird]: Kurzf. von ↑ Schraubenmutter.

Müt|ter|be|ra|tung, die: *Beratung von Schwangeren u. Müttern mit Säuglingen.*

Müt|ter|be|ra|tungs|stel|le, die: *öffentliche Einrichtung zur Mütterberatung.*

Mut|ter|bild, das; -[e]s, -er (Psychol., Soziol.): *Vorstellung, Bild, das jmd. von einer Mutter hat.*

Mut|ter|bin|dung, die (Psychol.): *emotionale Bindung an die Mutter.*

Mut|ter|bo|den, der: *oberste, humusreiche Schicht des Bodens.*

Mut|ter|brust, die (geh.): *[Milch spendende] Brust der Mutter.*

Müt|ter|chen, das; -s, -: **1.** Vkl. zu ¹ ¹Mutter. **2.** *kleine, alte Frau.*

Mut|ter|er|de, die ⟨o. Pl.⟩: *Mutterboden.*

Mut|ter|er|satz, der: *jmd., der einem Kind bes. auf emotionaler Ebene die Mutter ersetzt.*

Mut|ter|freu|den ⟨Pl.⟩: in den Wendungen **M. entgegensehen** (geh.; *schwanger sein*); **M. genießen** (geh.; *gerade ein Kind geboren haben*).

Mut|ter|ge|fühl, das, ⟨meist Pl.⟩: *von einer Mutter ihrem Kind entgegengebrachtes Gefühl der Zuwendung, Fürsorglichkeit o. Ä.*

Müt|ter|ge|ne|sungs|heim, das: *Erholungsheim für Mütter.*

Mut|ter|ge|sell|schaft, die (Wirtsch.): *Kapitalgesellschaft, die [innerhalb eines Konzerns] die Aktienmehrheit anderer Gesellschaften besitzt.*

Mut|ter|ge|stein, das (Geol.): **1.** *aus festem Gestein bestehender Untergrund des Bodens.*

2. *Gestein, in dem sich Erdöl u. Erdgas gebildet haben.*
Mut|ter|glück, das ⟨geh.⟩: *Glücksgefühl, Mutter zu sein, ein Kind zu haben.*
Mut|ter|got|tes, die; - ⟨kath. Rel.⟩: *Maria, die Mutter Jesu: zur M. beten.*
Mut|ter|got|tes|bild, das ⟨kath. Rel., Kunst⟩: *Marienbild.*
Mut|ter|haus, das: **1.** *Ausbildungsstätte für [kirchliche] Krankenschwestern u. Diakonissen.* **2.** *Kloster, von dem aus andere Klöster gegründet wurden.* **3.** *Sitz einer Muttergesellschaft.*
Müt|ter|heim, das: *Wohnheim für [ledige] Mütter mit Kind.*
Müt|ter|herr|schaft, die: *Matriarchat.*
Mut|ter|herz, das ⟨geh.⟩: *zärtliche Empfindung einer Mutter für ihr Kind.*
Mut|ter-Kind-Pass, der ⟨österr.⟩: *Mutterpass.*
Mut|ter|kir|che, die ⟨kath. Kirche⟩: *Kirche, Pfarrei, der andere Kirchen, Filialkirchen unterstehen, von der aus andere Kirchen gegründet wurden.*
Mut|ter|kom|plex, der: **1.** *übermäßig starke Bindung eines Kindes, bes. eines Sohnes, an die Mutter.* **2.** *übertriebenes Bedürfnis einer Frau, andere zu bemuttern.*
Mut|ter|kon|zern, der ⟨Wirtsch.⟩: *Muttergesellschaft.*
Mut|ter|korn, das ⟨Pl. -e⟩ [nach der Verwendung als Heilmittel bei Schmerzen in der Gebärmutter]: *durch einen Pilz entstehendes, schwarzviolettes, kornartiges Gebilde an Getreideähren, das gefährliche Giftstoffe enthält, die auch als Heilmittel verwendet werden.*
Mut|ter|kreuz, das ⟨nationalsoz.⟩: *an Frauen, die viele Kinder bekommen haben, verliehener Orden.*
Mut|ter|ku|chen, der ⟨Med.⟩: *Plazenta.*
Mut|ter|land, das ⟨Pl. ...länder⟩: **1.** *Land, Staat im Verhältnis zu seinen Kolonien.* **2.** *Land, in dem etw. heimisch ist, seinen Ursprung hat u. eine weite Verbreitung gefunden hat: England, das M. des Parlamentarismus.*
Mut|ter|leib, der ⟨o. Pl.⟩: *Leib (2) der Mutter im Hinblick auf die darin sich entwickelnde Frucht: Schädigungen des Embryos im M.*
müt|ter|lich ⟨Adj.⟩ [mhd. müeterlich, ahd. muoterlīh]: **1.** *der Mutter zugehörend; von der Mutter kommend, stammend: das -e Erbteil.* **2.** *in der Art einer Mutter; fürsorglich, liebevoll: ein -er Typ.*
müt|ter|li|cher|seits ⟨Adv.⟩: *(in Bezug auf verwandtschaftliche Beziehungen) von der Mutter her: mein Großvater m.*
Müt|ter|lich|keit, die; - [mhd. muoterlīchkeit]: *mütterliche (2) Art, mütterliches (2) Wesen.*
Mut|ter|lie|be, die: *fürsorgliche, opferbereite Liebe einer Mutter zu ihrem Kind.*
mut|ter|los ⟨Adj.⟩: *keine Mutter habend, ohne Mutter: ein -es Kind; m. aufwachsen.*
Mut|ter|mal, das [zu ↑ ²Mal (1)]: *angeborener, brauner od. [dunkel]roter Fleck auf der Haut.*
Mut|ter|milch, die: *nach der Geburt eines Kindes in den Drüsen der weiblichen Brust gebildete Milch: * etw. mit der M. einsaugen (etw. von frühester Jugend an lernen, erfahren, sich zu eigen machen; nach Augustinus, Confessiones III, 4).*
Mut|ter|mord, der: *Mord an der eigenen Mutter.*
Mut|ter|mund, der ⟨o. Pl.⟩ ⟨Med.⟩: *innere u. äußere Öffnung des den Hals der Gebärmutter durchziehenden Kanals.*
Mut|tern|schlüs|sel, der: *Schraubenschlüssel für ²Muttern.*
Mut|ter|par|tei, die: *politische Partei im Hinblick auf ihre angeschlossene spezielle Organisationen.*
Mut|ter|pass, der: *vom Arzt ausgestellter Ausweis für werdende Mütter, in dem u. a. die Befunde der Vorsorgeuntersuchungen sowie die Angaben über Verlauf von Entbindung u. Wochenbett eingetragen werden.*
Mut|ter|pflan|ze, die ⟨Landwirtsch.⟩: *Pflanze, deren Samen od. Ableger zur Vermehrung verwendet werden.*
Mut|ter|pflicht, die ⟨meist Pl.⟩: *Aufgabe, die eine Mutter ihrem Kind gegenüber zu erfüllen hat: den -en nachkommen.*
Mut|ter|recht, das: **1.** (Völkerkunde) *rechtliche Ordnung, in der Abstammung u. Erbfolge der mütterlichen Linie folgen.* **2.** *einer Mutter zustehendes Recht: die -e stärken.*
mut|ter|recht|lich ⟨Adj.⟩: *das Mutterrecht betreffend, darauf beruhend.*
Mut|ter|ring, der: *Pessar.*
Mut|ter|rol|le, die: *Rolle (5b) der Mutter: die traditionelle M.; auf die M. reduziert werden; in der M. aufgehen, versagen.*
Mut|ter|schaf, das: vgl. *Muttertier.*
Mut|ter|schaft, die; -, -en: *das Muttersein: eine glückliche M.*
Mut|ter|schafts|hil|fe, die: *Gesamtheit der Leistungen (aus der Sozialversicherung), die Frauen vor u. nach einer Geburt erhalten.*
Mut|ter|schafts|ur|laub, der ⟨veraltend⟩: *Freistellung einer erwerbstätigen Frau von der Arbeit nach Geburt eines Kindes.*
Mut|ter|schiff, das: *größeres Schiff, das kleinere Schiffe auf See begleitet u. als Stützpunkt zur Versorgung, für Reparaturen o. Ä. dient.*
Mut|ter|schoß, der ⟨geh.⟩: *Mutterleib.*
Mut|ter|schutz, der ⟨o. Pl.⟩ ⟨Rechtsspr.⟩: *Gesamtheit der Gesetze u. Vorschriften zum Schutz erwerbstätiger werdender Mütter u. Wöchnerinnen.*
Mut|ter|schutz|ge|setz, das: vgl. *Mutterschutz.*
Mut|ter|schwein, das [mhd. muoterswīn]: vgl. *Muttertier.*
mut|ter|see|len|al|lein ⟨Adj.⟩ [zu älter Mutterseele = Menschenseele, Mensch, eigtl. = menschenallein, von allen Menschen verlassen] (emotional): *ganz allein, verlassen: ich war m. [zu Hause].*
Mut|ter|söhn|chen, das ⟨ugs. abwertend⟩: *verwöhnter, unselbstständiger Junge od. junger Mann.*
Mut|ter|spra|che, die [wohl nach mlat. lingua materna]: *Sprache, die ein Mensch als Kind (von den Eltern) erlernt [u. primär im Sprachgebrauch] hat: seine M. ist Deutsch.*
Mut|ter|sprach|ler, der; -s, - (Sprachwiss.): *jmd., der eine Sprache als Muttersprache beherrscht.*
Mut|ter|sprach|le|rin, die; -, -nen: w. Form zu ↑ Muttersprachler.
mut|ter|sprach|lich ⟨Adj.⟩: *die Muttersprache betreffend, in der Muttersprache: -er Unterricht.*
Mut|ter|stel|le: *in der Wendung* **bei/an jmdm. M. vertreten** *(wie eine Mutter für jmdn. sorgen).*
Mut|ter|sterb|lich|keit, die: *Sterblichkeitsziffer bei Müttern bei der Geburt eines Kindes.*
Mut|ter|tag, der [LÜ von amerik. Mother's Day]: *offizieller Ehrentag der Mütter (am zweiten Sonntag im Mai), an dem sie von ihren Kindern beschenkt o. Ä. werden.*
Mut|ter|tier, das: **1.** (Landwirtsch.) *weibliches Zuchttier.* **2.** *weibliches Tier, das gerade Junge geboren hat [u. sie säugt u. betreut].*
Mut|ter|un|ter|neh|men, das (Wirtsch.): *Muttergesellschaft.*
◆ **mut|ter|wind|al|lein** ⟨Adj.⟩ [wohl von Fontane gepr.]: *mutterseelenallein: ...wenn du nur ein bisschen Sehnsucht gehabt hättest, so hättest du mich nicht sechs Wochen m. in Hohen-Cremmen sitzen lassen wie eine Witwe (Fontane, Effi Briest 100); Während Krola ... aus nicht aufgeklärten Gründen die neue Dampfbahn, Corinna aber m. ... die Stadtbahn benutzt hatte (Fontane, Jenny Treibel 124).*
Mut|ter|witz, der ⟨o. Pl.⟩ [zu ↑ Witz in der alten Bed. »Verstand, Klugheit«]: *in Pfiffigkeit, Schlagfertigkeit sich äußernder gesunder Menschenverstand.*
Müt|ter|zen|t|rum, das: *Zentrum (2b) für [junge u. werdende] Mütter [u. ihre Familie].*
Mut|ti, die; -, -s: **a)** (fam.) ¹*Mutter* (1); **b)** (ugs.) *mütterlich, hausfraulich wirkende [Ehe]frau.*
Mu|tung, die; -, -en [zu muten (1)]: **1.** (Bergmannsspr.) *Antrag auf Erteilung des Abbaurechts.* **2.** (Jargon) *das Muten* (3).
Mut|wil|le, der [mhd. muotwille, ahd. muotwillo = freier Entschluss]: *absichtliche, bewusste, vorsätzliche Boshaftigkeit, Leichtfertigkeit: etw. aus -n tun.*
mut|wil|lig ⟨Adj.⟩ [mhd. muotwillec]: *aus Mutwillen [geschehend, herbeigeführt]:* -e *Beschädigung; etw. m. beschädigen.* Dazu: **Mut|wil|lig|keit,** die; -.
Müt|z|chen, das; -s, -: Vkl. zu ↑ Mütze.
Müt|ze, die; -, -n [spätmhd. mutze, mütze, mhd. almuz, armuz < mlat. almutium, almutia = Umhang um Schultern und Kopf des Geistlichen, H. u.]: *in verschiedenen Formen gefertigte, überwiegend aus weichem Material bestehende Kopfbedeckung mit od. ohne Schirm: eine schicke M.; die M. aufsetzen; eine M. tragen; zum Gruß die M. ziehen;* * **eine M. [voll] Schlaf** (ugs.; *ein wenig Schlaf, ein Schläfchen*); **etwas/eins auf die M. bekommen/kriegen** (ugs.; ↑ Deckel 3).
Müt|zen|schirm, der: *Schirm* (3b).
Mu|zak ['mju:zæk], die; - [engl. Muzac®, wohl in Anlehnung an den Firmennamen Kodak, geb. zu: music = Musik] ⟨Jargon⟩: *[anspruchslose, gefällige] Hintergrundmusik für Büros, Einkaufszentren, Flughäfen o. Ä.*
MV = Megavolt.
MW = Megawatt.
MwSt. = Mehrwertsteuer.
My, das; -[s], -s [griech. mỹ, aus dem Semit., vgl. hebr. mêm]: **1.** *zwölfter Buchstabe des griech. Alphabets* (M, μ). **2.** ⟨o. Pl.⟩ *Mikron* (Zeichen: μ).

my-, My-: ↑ myo-, Myo-.

My|al|gie, die; -, -n [zu griech. mỹs (↑ myo-, Myo-) u. álgos = Schmerz] ⟨Med.⟩: *Muskelschmerz.*
My|an|mar ['mjanma:ɐ̯], -s: *Staat in Hinterindien* (bis 1989 Birma): Dazu: **My|an|ma|re,** der; -n, -n; **My|an|ma|rin,** die; -, -nen; **my|an|ma|risch** ⟨Adj.⟩.
My|as|the|nie, die [zu griech. mỹs (↑ myo-, Myo-) u. ↑ Asthenie] ⟨Med.⟩: *Muskelschwäche.*

myel-, Myel-: ↑ myelo-, Myelo-.

My|e|lin, das; -s ⟨Anat.⟩: *die Nervenfasern umhüllende fettreiche Substanz.*
My|e|li|tis, die; -, ...itiden [zu griech. myelós (↑ myelo-, Myelo-) u. ↑ -itis] ⟨Med.⟩: *Entzündung des Rücken- od. Knochenmarks.*

my|e|lo-, My|e|lo-, (vor Vokalen:) **myel-, Myel-** ⟨Best. in Zus.⟩ [griech. myelós = Knochen-, Rückenmark]: **1.** *das Knochenmark betreffend* (z. B. Myelopathie). **2.** *das Nerven-, bes. das Rückenmark betreffend* (z. B. Myelomalazie).

My|e|lom, das; -s, -e ⟨Med.⟩: *Knochenmarksgeschwulst.*

myk-, Myk-: ↑ myko-, Myko-.

Mykene – Myxom

My|ke|ne, My|ke|nä: griechischer Ort u. antike Ruinenstätte.

my|ke|nisch ⟨Adj.⟩: *die griechische Kunst, Kultur, Sprache der Bronzezeit betreffend, zu ihr gehörend:* die -e Kultur.

my|ko-, Myko-, (vor Vokalen:) myk-, Myk- [griech. mýkēs = Pilz]: Best. in Zus. mit der Bed. *Pilze betreffend, Pilz-* (z. B. Mykologie).

My|ko|lo|ge, der; -n, -n [↑-loge]: *Fachmann auf dem Gebiet der Mykologie.*
My|ko|lo|gie, die; - [↑-logie]: *Pilzkunde.*
My|ko|lo|gin, die; -, -nen: w. Form zu ↑ Mykologe.
my|ko|lo|gisch ⟨Adj.⟩: *die Mykologie betreffend.*
My|kor|rhi|za, die; -, ...zen [zu griech. rhíza = Wurzel] (Bot.): *Lebensgemeinschaft zwischen den Wurzeln höherer Pflanzen u. Pilzen.*
My|ko|se, die; -, -n (Med.): *Pilzkrankheit.*
My|ko|to|xin, das; -s, -e (Biol., Med.): *von bestimmten Pilzen ausgeschiedenes Stoffwechselprodukt, das beim Menschen tödliche Vergiftungen hervorrufen kann.*
My|la|dy [miˈleːdi, engl.: mɪˈleɪdɪ; engl. mylady, eigtl. = meine Dame]: (in Großbritannien bes. von Dienstboten gebrauchte) Anrede an eine Trägerin des Titels Lady (a).
My|lord [miˈlɔrt, engl.: mɪˈlɔːd; engl. mylord, eigtl. = mein Herr] (in Großbritannien): **1.** Anrede an einen Träger des Titels Lord. **2.** Anrede an einen Richter.
Myn|heer: ↑ Mijnheer.

myo-, Myo-, (vor Vokalen:) my-, My- [griech. mŷs (Gen.: myós)]: Best. in Zus. mit der Bed. *Muskel* (z. B. Myokard, Myalgie).

myo|elek|t|risch ⟨Adj.⟩: *(von Prothesen) mit einer Batterie betrieben u. durch die Kontraktion eines Muskels in Bewegung gesetzt:* eine -e Unterarmprothese.
Myo|glo|bin, das; -s (Med.): *in der Muskulatur vorhandener, als Sauerstoffspeicher dienender roter Farbstoff.*
Myo|kar|die, die; -, -n (Med.): *nicht entzündliche Erkrankung des Herzmuskels.*
Myo|kard|in|farkt, der [1. Bestandteil zu griech. mŷs (Gen.: myós) = Muskel u. griech. kardía = Herz] (Med.): *Herzinfarkt.*
Myo|kar|di|tis, die; -, ...itiden (Med.): *bes. bei bestimmten Infektionskrankheiten, bei Rheuma u. Ä. auftretende akute od. chronische Entzündung des Herzmuskels.*
My|om, das; -s, -e (Med.): *gutartige Geschwulst des Muskelgewebes; Muskelgeschwulst.*
My|on, das; -s, ...onen: **1.** (Physik) *zu den Leptonen gehörendes Elementarteilchen.* **2.** (Med.) *kleinste Funktionseinheit eines Muskels, die aus einer Nervenfaser mit Muskelfasern besteht.*
my|op ⟨Adj.⟩ [griech. mýops (Gen.: mýōpos), zu: mýein = (von Lippen u. Augen) sich schließen] (Med.): *Myopie aufweisend, auf ihr beruhend; kurzsichtig.*
My|o|pie, die; -, -n [spätgriech. myōpía, zu griech. mýōps, ↑ myop] (Med.): *Kurzsichtigkeit* (1).
My|o|sin, das; -s: *in den Muskeln enthaltenes Eiweiß (wichtiger Baustein der Muskelfasern).*
My|o|si|tis, die; -, ...itiden (Med.): *Muskelentzündung.*
Myo|to|nie, die; -, -n [zu ↑ Tonus] (Med.): *Muskelkrampf.*
My|ri|a|de, die; -, -n ⟨meist Pl.⟩ [engl. myriad < lat. myrias (Gen.: myriadis) < griech. myriás (Gen.: myriádos) = Anzahl von zehntausend (geh.): *sehr große Anzahl, ungezählte, unzählig große Menge:* -n Sterne/von Sternen.
My|ria|me|ter, der; -s, -: **1.** *10 000 Meter.* **2.** *Kilometerstein, der alle zehntausend Meter rechts*

u. links des Rheins zwischen Basel u. Rotterdam angebracht ist.
My|ria|po|de, der; -n, -n ⟨meist Pl.⟩ [zu griech. poús (Gen.: podós) = Fuß] (Zool.): *Tausendfüßler.*
Myr|me|ko|lo|gie, die; - [↑-logie]: *Wissenschaft von den Ameisen.*
Myr|rhe, die; -, -n [mhd. mirre, ahd. myrra, mirra < lat. myrrha < griech. mýrrha, aus dem Semit.]: *(aus verschiedenen Bäumen des tropischen Afrika u. Indien gewonnenes) wohlriechendes Gummiharz, das bes. als Mittel zum Räuchern u. für Arzneien verwendet wird.*
Myr|rhen|tink|tur, die: *alkoholischer Auszug aus Myrrhe zur Zahnfleischbehandlung.*
Myr|te, die; -, -n [lat. myrtus < griech. mýrtos, aus dem Semit.; vgl. mhd. mirtelboum, ahd. mirtilboum]: *bes. in Südamerika heimische als Strauch od. kleiner Baum wachsende Pflanze mit ledrigen Blättern u. weißen, einzeln od. in kleinen Trauben stehenden Blüten, deren Zweige zum Binden eines Brautkranzes verwendet werden.*
Myr|ten|ge|wächs, das: *Pflanze einer Familie mit vielen als immergrüne Bäume od. Sträucher mit lederartigen Blättern wachsenden Arten.*
Myr|ten|kranz, der: *Brautkranz aus Myrtenzweigen.*
Myr|ten|zweig, der: *Zweig einer Myrte.*
My|space, My|Space® [ˈmaɪspeɪs], das; - ⟨meist ohne Artikel⟩: *ein soziales Netzwerk im Internet, bes. für Popmusik.*
Mys|te|ri|en: 1. Pl. von ↑ Mysterium. **2.** [griech. mystéria] *bestimmten Gottheiten geweihte Geheimkulte, kultische Feiern zu Ehren einer Gottheit in der Antike.*
Mys|te|ri|en|spiel, das: *auf biblischen Erzählungen beruhendes geistliches Spiel des MA.*
mys|te|ri|ös ⟨Adj.⟩ [frz. mystérieux, zu: mystère < lat. mysterium, ↑ Mysterium]: *seltsam u. unerklärlich; nicht zu durchschauen, zu erklären; geheimnisvoll:* -e Vorfälle; ein -er Anruf; die Sache ist m., wird immer -er, begann, endete äußerst m.
Mys|te|ri|um, das; -s, ...ien [lat. mysterium < griech. mystḗrion, zu: mýstēs, subst. Adj. u. eigtl. = der Verschwiegene, zu: mýein, ↑ myop] (bildungsspr.): *geheimnisvolles, mit dem Verstand nicht ergründbares Geschehen; unergründliches Geheimnis bes. religiöser Art:* das M. der Offenbarung einer Gottheit, der Auferstehung Christi; Und weshalb wird man überhaupt bewundert und geliebt? Ist das nicht ein schwer zu ergründendes M., rund und zart wie ein Ei? (Musil, Mann 421).
Mys|te|ry [ˈmɪstəri], die; -, -s od. das; -s, -s ⟨meist o. Art.⟩ [engl. mystery, eigtl. = Geheimnis]: **a)** *Bereich derjenigen (bes. in der Literatur behandelten) Thematiken, die geheimnisvolle, schaurige Darstellungen von mysteriösen, meist nicht mit natürlichen Phänomenen erklärbaren Verbrechen betreffen;* **b)** *Film, Fernsehfilm, Roman o. Ä. aus dem Breich der Mystery* (a).
Mys|te|ry|se|rie, die (bes. Fernsehen): *Serie* (2) *von Mysterys* (b).
Mys|ti|fi|ka|ti|on, die; -, -en [frz. mystification] (bildungsspr.): *das Mystifizieren* (1): *der Zauberer lebt von der M. seiner natürlicher Vorgänge.*
mys|ti|fi|zie|ren ⟨sw. V.; hat⟩ (bildungsspr.): **1.** *einer Sache ein geheimnisvolles, undurchschaubares Gepräge geben, sie mystisch betrachten:* die Natur m. **2.** (veraltet) *täuschen, irreführen;* ◆ *So mystifiziert ich mich selbst, indem ich meinte, einen andern zum Besten zu haben* (Goethe, Dichtung u. Wahrheit 5).
Mys|tik, die; - [zu lat. mysticus = geheimnisvoll < griech. mystikós]: *Form der Religiosität, religiöse Anschauung, die bei durch Versenkung,*

Hingabe, Askese o. Ä. *eine persönliche, erfahrbare Verbindung mit der Gottheit, mit dem Göttlichen [bis zu einer ekstatischen Vereinigung] gesucht wird:* christliche M.
Mys|ti|ker, der; -s, -: *Vertreter, Anhänger der Mystik, einer mystischen* (1) *religiösen Strömung.*
Mys|ti|ke|rin, die; -, -nen: w. Form zu ↑ Mystiker.
mys|tisch ⟨Adj.⟩: **1.** *die Mystik betreffend, auf ihr beruhend, zu ihr gehörend, für sie charakteristisch:* -e Versenkung, Hingabe. **2. a)** *dunkel, geheimnisvoll; rätselhaft, unergründlich:* -e Beziehungen; etw. m. verhüllen; **b)** (ugs.) *mysteriös: eine ziemlich -e Angelegenheit.*
Mys|ti|zis|mus, der; -, ...men (bildungsspr.): **1.** ⟨o. Pl.⟩ *schwärmerische, auf mystischen Gedanken beruhende, rational nicht begründete Einstellung, Weltanschauung.* **2.** *auf Mystizismus* (1) *beruhende Vorstellung, mystischer* (1) *Gedanke, Gedankengang.*
mys|ti|zis|tisch ⟨Adj.⟩ (bildungsspr.): *den Mystizismus betreffend; religiös-schwärmerisch:* -e Ideen.
My|the, die; -, -n (veraltend): *Mythos* (1).
My|then: Pl. von ↑ Mythos, Mythus.
My|then|bil|dung, die: *Entstehung von Mythen* (1, 2).
my|then|haft ⟨Adj.⟩: *mythisch.*
my|then|um|wo|ben ⟨Adj.⟩: vgl. sagenumwoben.
my|thisch ⟨Adj.⟩ [griech. mythikós]: **1.** *die Mythen betreffend, zu ihnen gehörend, für sie charakteristisch; einem Mythos* (1) *angehörend, entstammend:* -e Gestalten; aus -er Vorzeit stammen, -e Überlieferungen. **2.** *zu einem Mythos* (2) *geworden, legendär:* -er Ruhm.
my|thi|sie|ren ⟨sw. V.; hat⟩ (bildungsspr.): *mythologisieren:* Dazu: **My|thi|sie|rung,** die; -, -en.
My|tho|lo|ge, der; -n, -n [↑-loge]: *Wissenschaftler, Forscher auf dem Gebiet der Mythologie* (2).
My|tho|lo|gie, die; -, -n [griech. mythología = das Erzählen von Götter- u. Sagengeschichten]: **1.** ⟨Pl. selten⟩ *Gesamtheit der mythischen Überlieferungen, der Mythen, Sagen, Dichtungen aus der Vorzeit eines Volkes:* die deutsche, antike, heidnische M. **2.** *wissenschaftliche Erforschung, Darstellung der Mythologie* (1): M. betreiben.
My|tho|lo|gin, die; -, -nen: w. Form zu ↑ Mythologe.
my|tho|lo|gisch ⟨Adj.⟩: *die Mythologie betreffend, zu ihr gehörend, ihr entstammend:* -e Figuren, Überlieferungen, Erzählungen.
my|tho|lo|gi|sie|ren ⟨sw. V.; hat⟩ (bildungsspr.): *in mythischer* (1) *Form darstellen, in mythologische Form kleiden:* Dazu: **My|tho|lo|gi|sie|rung,** die; -, -en.
My|tho|ma|nie, die; -, -n [↑ Manie] (Med.): *krankhafte Lügensucht.*
My|thos, (seltener:) **My|thus,** der; -, ...then [spätlat. mythos < griech. mýthos = Fabel, Sage, Rede, Erzählung, zu: mytheĩsthai = reden, sagen, erzählen, urspr. wohl lautm.] (bildungsspr.): **1.** *Überlieferung, überlieferte Dichtung, Sage, Erzählung o. Ä. aus der Vorzeit eines Volkes (die sich bes. mit Göttern, Dämonen, Entstehung der Welt, Erschaffung der Menschen befasst):* ein alter heidnischer M. **2.** *Person, Sache, Begebenheit, die (aus meist verschwommenen, irrationalen Vorstellungen heraus) glorifiziert wird, legendären Charakter hat:* Gandhi ist schon zu Lebzeiten zum M. geworden.
My|ti|le|ne: Hauptstadt von Lesbos.
Myx|ödem, das [zu griech. mýxa = Schleim u. ↑ Ödem] (Med.): *auf einer Unterfunktion der Schilddrüse beruhendes Krankheitsbild mit Schwellungen der Weichteile* (a) *sowie körperlichen u. geistigen Störungen.*
My|xom, das; -s, -e [zu griech. mýxa = Schleim] (Med.): *gutartige Geschwulst aus Bindegewebe.*

My|xo|ma|to|se, die; -, -n [nach den Myxomen, die sich an allen natürlichen Körperöffnungen bilden] (Tiermed.): *tödlich verlaufende Viruskrankheit bei Hasen u. Kaninchen.*

My|zel, (seltener:) **My|ze|li|um,** das; -s, ...lien [zu griech. mýkēs = Pilz u. hêlos = Nagel] (Bot.): *Gesamtheit der Pilzfäden eines Pilzes.*

n, N ⟨εn⟩, das; - (ugs.: -s), - (ugs.: -s) [mhd., ahd. n]: *vierzehnter Buchstabe des Alphabets; ein Konsonantenbuchstabe:* ein kleines n, ein großes N schreiben.

n = Nano...; Neutron; (Math.:) Zeichen für eine endliche Zahl von Einheiten: ein Vieleck mit n Ecken.

'n [n̩] (ugs.): **a)** *ein* (↑³ein): du bist 'n Idiot; sie kriegt 'n Kind; **b)** *einen* (↑³ein): er sucht 'n Job.
N = Nahverkehrszug; Nationalstraße; Newton; Nitrogen; Nord[en].

v, N: ↑Ny.

na ⟨Interj.⟩ [viell. abgeschwächtes ↑¹nu] (ugs.): geht als Gesprächspartikel einem [verkürzten] Satz voraus u. bildet damit den emotionalen Übergang von etw., was als Geschehen, Gesprochenes od. Gedachtes vorausgegangen ist, zu einer sich daraus ergebenden Äußerung, die persönliche Gefühle, vor allem Ungeduld, Unzufriedenheit, Resignation, Verärgerung auch Überraschung, eine Aufforderung, Zuspruch, Freude enthalten kann: na, na, na!; na [ja] gut; na schön; na, dann mal los; na, wenn du meinst; na, warum eigentlich nicht?; na, der wird staunen [wenn er das sieht, hört]!; na, was soll denn das?; na, so was!; na, endlich hast du kapiert, worum es geht; na, das wird schon werden; na, das verbitte ich mir aber!; na, wer wird denn weinen?; (in vertraulicher Anrede:) na, wie geht es denn?; na, wo bleibst du denn?; na und?; na, dann eben nicht; na, Kleiner?

Na = Natrium.

Naab, die; -: linker Nebenfluss der Donau.

Na|be, die; -, -n [mhd. nabe, ahd. naba, eigtl. = Nabel] (Fachspr.): *hülsenförmiges Mittelstück eines Rades, einer Drehscheibe o. Ä., durch das die Achse o. Ä. geschoben ist [u. in dem die Speichen befestigt sind].*

Na|bel, der; -s, - (selten: Näbel) [mhd. nabel, ahd. nabalo, verw. mit ↑Nabe]: **a)** *(bei Mensch u. Säugetier) kleine, runde Vertiefung mit einer mehr od. weniger wulstigen Vernarbung darin in der Mitte des Bauches, wo ursprünglich die Nabelschnur ansetzte:* * der N. der Welt (geh.; *das Wichtigste, der Mittelpunkt, um den sich alles dreht:* Auffallend das Bedürfnis, sich unablässig der eigenen Wichtigkeit zu versichern, die Neigung, das eigene Land für den N. der Welt zu halten [Enzensberger, Einzelheiten I, 31]).

Na|bel|bin|de, die: *Binde, die Neugeborenen angelegt wird, um die Wunde der durchtrennten Nabelschnur vor Verschmutzung u. Infektion zu schützen.*

Na|bel|bruch, der (Med.): ¹*Bruch* (2b) *im Bereich des Nabels.*

na|bel|frei ⟨Adj.⟩: *(von Kleidungsstücken) den Nabel frei lassend.*

Na|bel|pier|cing, das: *im Bereich des Bauchnabels angebrachtes Piercing* (2).

Na|bel|schau, die (salopp): **1.** *übertriebene, narzisstische Beschäftigung mit der eigenen Person, Gruppe, Institution o. Ä.:* N. betreiben. **2.** *Zurschaustellung des Körpers durch wenige Kleidungsstücke od. ein tiefes Dekolleté.*

Na|bel|schnur, die ⟨Pl. ...schnüre⟩: *(bei Mensch u. Säugetier) Strang aus gallertigem Gewebe, durch den der Embryo im Mutterleib mit dem mütterlichen Organismus verbunden ist:* die N. durchtrennen. Dazu: **Na|bel|schnur|blut,** das.

Na|ben|schal|tung, die: *(beim Fahrrad) Schaltung* (3), *bei der der Mechanismus sich in der Nabe des Hinterrades befindet.*

Na|bob, der; -s, -s [engl. nabob < Hindi nabāb, nawwāb < arab. nuwwāb]: **1.** *Provinzgouverneur in Indien.* **2.** (oft abwertend) *sehr reicher Mann.*

NABU, der; -[s]: Naturschutzbund Deutschland.

¹nach ⟨Präp. mit Dativ⟩ [mhd. nāch, ahd. nāh, verw. mit ↑nah]: **1.** ⟨räumlich⟩ **a)** *bezeichnet eine bestimmte Richtung:* n. oben, hinten; n. außen; n. links; von links n. rechts schreiben; das Zimmer geht n. der Straße *(liegt auf der Seite, wo die Straße ist);* es spritzte n. allen Richtungen; **b)** *bezeichnet ein bestimmtes Ziel:* n. Amerika fliegen; n. Hause gehen; der Zug fährt von Hamburg n. München; **c)** ⟨landsch.⟩ *zu ... hin, in:* n. dem *(in den)* Süden fahren; n. *(zur)* Oma gehen. **2.** ⟨zeitlich⟩ drückt aus, dass etw. dem genannten Zeitpunkt od. Vorgang [unmittelbar] folgt: n. wenigen Minuten; n. Ablauf der Frist; sie fährt erst n. Weihnachten; n. langem Hin und Her einigten sie sich; n. drei Wochen; fünf [Minuten] n. drei; er starb n. langem, schwerem Leiden. **3.** in Verbindung mit zwei gleichen Substantiven als Ausdruck für ein kontinuierliches Nacheinander: Schritt n. Schritt zurückweichen. **4.** in Abhängigkeit von bestimmten Verben: n. etwas greifen; n. jmdm. fragen; n. etwas streben; sich n. jmdm. sehnen. **5.** zur Angabe einer Reihenfolge od. Rangfolge: wer war n. Ihnen dran?; eins n. dem andern; bitte, n. Ihnen! (Höflichkeitsfloskel, mit der man jmdm. den Vortritt 1 lässt). **6. a)** *so wie ...ist; entsprechend, gemäß:* meiner Meinung n., n. meiner Meinung; aller Wahrscheinlichkeit n.; n. menschlichem Ermessen; [ganz] n. Wunsch; **b)** *bezeichnet das Muster, Vorbild o. Ä. für etw.:* [frei] n. Goethe; n. der neuesten Mode gekleidet sein; Spaghetti n. Bologneser Art; n. Vorschrift, geltendem Recht; seinem Wesen n. ist er eher ruhig; sie hat dem Sinn n. Folgendes gesagt; der Sage/der Sage n.; jmdn. nur dem Namen n. *(nicht persönlich)* kennen; ein Glas kostet etwa zwölf Cent n. unserem Geld *(in unserer Währung).* **7. a)** in Verbindung mit Fragepronomen: n. wem hat sie gefragt?; **b)** in relativer Verbindung: das Medikament, n. dem er gefragt hat.

²nach ⟨Adv.⟩ [zu: ↑¹nach]: **a)** *drückt aus, dass jmd. jmdm., einer Sache folgt, nachgeht:* mir n.!; **b)** (in Wortpaaren) *n. und n. (allmählich, langsam fortschreitend; schrittweise erfolgend);* n. *wie vor (noch immer [in gleicher Weise fortbestehend]);* **c)** ⟨als abgetrennter Teil von Adverbien wie »danach, wonach«⟩ (nordd.): da kannst du nicht n. gehen.

nach|äf|fen ⟨sw. V.; hat⟩ (abwertend): *die Sprechweise, bestimmte Bewegungen, Eigenheiten o. Ä. anderer in übertriebener, grotesk-verzerrender Weise nachahmen:* den Lehrer, jmds. Stimme, jmds. Gang n.

Nach|äf|fe|rei, die; -, -en (abwertend): **1.** ⟨o. Pl.⟩ *[dauerndes] Nachäffen.* **2.** *nachäffende Handlung.*

nach|ah|men ⟨sw. V.; hat⟩ [zu mhd. āmen = ausmessen (zu āme = Flüssigkeitsmaß), also eigtl. = nachmessend gestalten]: **1.** *jmdn., etw. in seiner Eigenart, in einem bestimmten Verhalten o. Ä. möglichst genau kopieren:* einen Vogelruf n.; jmd., etw. ist schwer, leicht nachzuahmen; er versuchte, die Unterschrift des Chefs nachzuahmen. **2.** *sich jmdn., etw. als Vorbild nehmen u. sich eifrig bemühen, es ihm gleichzutun:* Er war mit Hingebung bei der Sache und ahmte den stillen, zähen Fleiß des Vaters nach, der mit zusammengebissenen Zähnen arbeitete (Th. Mann, Buddenbrooks 53). **3.** (selten) *aus minderwertigem Material nach einem wertvollen Vorbild herstellen:* ...eine riesige dunkle Halle mit nachgeahmtem Marmor, mit Stehlampen mit Seidenschirmen und Seidenfransen (Koeppen, Rußland 89).

nach|ah|mens|wert ⟨Adj.⟩: *wert, nachgeahmt zu werden; vorbildlich:* eine -e Haltung.

Nach|ah|mer, der; -s, -: *jmd., der jmdn., etw. nachahmt.*

Nach|ah|me|rin, die; -, -nen: w. Form zu ↑Nachahmer.

Nach|ah|mer|pro|dukt, das (Pharm.): *Generikum.*

Nach|ah|mung, die; -, -en: **1.** ⟨o. Pl.⟩ *das Nachahmen.* **2.** *nachgeahmter, nachgebildeter Gegenstand:* die N. eines griechischen Rundtempels.

Nach|ah|mungs|ef|fekt, der (Psychol., Verhaltensf.): *Wirkung des Nachahmungstriebs:* die breite Berichterstattung über den Anschlag könnte zu -en führen.

Nach|ah|mungs|tä|ter, der: *jmd., der eine von einer anderen Person begangene [strafbare] Handlung nachahmt:* Amokläufer sind oft N.

Nach|ah|mungs|tä|te|rin, die: w. Form zu ↑Nachahmungstäter.

Nach|ah|mungs|trieb, der (Psychol., Verhaltensf.): *Trieb, der alle Verhaltensweisen auslöst u. steuert, jmdn., etw. nachzuahmen.*

Nach|ar|beit, die; -, -en: *nachträglich zu leistende Arbeit, durch die etw. verbessert, ergänzt o. Ä. wird.*

nach|ar|bei|ten ⟨sw. V.; hat⟩: **1.** *versäumte Arbeit[szeit] zu einem späteren Zeitpunkt [durch vermehrte Arbeit] nachholen:* zwei Stunden n. müssen. **2.** *nachträglich bearbeiten u. dadurch verbessern, ergänzen:* einige Punkte des Vertrags werden wir noch n. **3.** *nach einem Modell gestalten; nachbilden:* eine antike Plastik in Gips n.

Nach|bar, der; -n, selten: -s, -n [mhd. nāchgebūr(e), ahd. nāhgibūr(o), aus ↑¹nahe u. ↑¹Bauer, eigtl. = nahebei Wohnender]: **a)** *jmd., der in jmds. [unmittelbarer] Nähe wohnt, dessen Haus, Grundstück in der [unmittelbaren] Nähe von jmds. Haus, Grundstück liegt:* wir haben neue n- bekommen; (ugs.:) bei -s geht es heute hoch her; in -s Garten; **b)** *jmd., der sich in jmds. [unmittelbarer] Nähe befindet:* wir bilden eine Reihe und legen jeder seinem linken -n die Hand auf die Schulter; Ü gute Beziehungen zu den östlichen, westlichen -n *(Nachbarländern).*

Nach|bar|dis|zi|plin, die: vgl. Nachbarwissenschaft.

Nach|bar|dorf, das: *benachbartes Dorf.*

Nach|bar|gar|ten, der: vgl. Nachbardorf.

Nach|bar|ge|biet, das: vgl. Nachbardorf.

Nach|bar|ge|mein|de, die: vgl. Nachbardorf.

Nach|bar|grund|stück, das: vgl. Nachbardorf.

Nach|bar|haus, das: vgl. Nachbardorf.

Nach|ba|rin, die; -, -nen: w. Form zu ↑Nachbar.

Nach|bar|in|sel, die: vgl. Nachbardorf: die Fähre zur N. fuhr nur zweimal wöchentlich.

Nach|bar|land, das ⟨Pl. ...länder⟩: vgl. Nachbardorf.

nach|bar|lich ⟨Adj.⟩: **1.** *dem Nachbarn gehörend:* das -e Haus. **2.** *unter Nachbarn üblich; in der Art von Nachbarn:* -e Hilfe leisten.

Nach|bar|ort, der ⟨Pl. -e⟩: vgl. Nachbardorf.
Nach|bar|recht, das ⟨Pl. selten⟩ (Rechtsspr.): *Gesamtheit der Vorschriften, die das Verfügungsrecht des Eigentümers über sein Grundstück im Interesse benachbarter Grundstückseigentümer beschränken:* Dazu: **nach|bar|rechtlich** ⟨Adj.⟩.
Nach|bar|schaft, die; -, -en ⟨Pl. selten⟩: **1. a)** *Gesamtheit der Nachbarn:* die ganze N. konnte das Geschrei hören; **b)** *Verhältnis zwischen Nachbarn:* [eine] gute N. halten. **2.** *unmittelbare räumliche Nähe zu jmdm., etw.:* in der N. wohnen.
nach|bar|schaft|lich ⟨Adj.⟩: *nachbarlich* (2).
Nach|bar|schafts|haus, das: *Haus, in dem die Bevölkerung eines kleineren Wohngebiets, eines Stadtteils zu Meinungsaustausch, Unterhaltung* (4) *o. Ä. zusammenkommt u. in dem auch kulturelle Veranstaltungen stattfinden.*
Nach|bar|schafts|hil|fe, die: *gegenseitige nachbarliche* (2) *Hilfe.*
nach|bar|schüt|zend ⟨Adj.⟩ (Rechtsspr.): *die Rechte der Nachbarn eines Grundstücks od. Gebäudes schützend:* -e Vorschriften.
Nach|bars|fa|mi|lie, die: *Familie, die in jmds. [unmittelbarer] Nähe wohnt, deren Haus, Grundstück in der [unmittelbaren] Nähe von jmds. Haus, Grundstück liegt.*
Nach|bars|frau, die: *Nachbarin.*
Nach|bars|kind, das: *Kind des Nachbarn.*
Nach|bars|leu|te ⟨Pl.⟩: *Leute aus der Nachbarschaft; Nachbarinnen u. Nachbarn.*
Nach|bar|staat, der: vgl. Nachbardorf.
Nach|bar|stadt, die: vgl. Nachbardorf.
Nach|bar|tisch, der: *Nebentisch.*
Nach|bar|volk, das: *Volk eines Nachbarlandes.*
Nach|bar|wis|sen|schaft, die ⟨meist Pl.⟩: *Wissenschaft, die an [eine] andere angrenzt.*
Nach|bar|zim|mer, das: *nebenan liegendes Zimmer.*
Nach|bau, der; -[e]s, -ten: **1.** ⟨o. Pl.⟩ *das Nachbauen.* **2.** *das Nachgebaute:* der N. des römischen Feldlagers war die Attraktion des Freilichtmuseums.
nach|bau|en ⟨sw. V.; hat⟩: *nach einem Modell, Muster, Original, nach einer Vorlage bauen:* eine im Maßstab 1:20 nachgebaute Lokomotive.
nach|be|ar|bei|ten ⟨sw. V.; hat⟩: *nachträglich bearbeiten:* Fotos digital n. Dazu: **Nach|be|ar|bei|tung**, die; -, -en.
Nach|be|ben, das; -s, -: *einem Erdbeben nachfolgendes, leichteres Beben.*
nach|be|han|deln ⟨sw. V.; hat⟩: **1.** *(einen Gegenstand, ein Material) nach einer bereits erfolgten Behandlung nochmals behandeln:* Flecken n. **2.** *nach einem medizinischen Eingriff, nach anderweitiger ärztlicher Behandlung o. Ä. weiter ärztlich versorgen:* die Operationswunde kann von der Hausärztin nachbehandelt werden.
Nach|be|hand|lung, die; -, -en: *das Nachbehandeln.*
nach|be|kom|men ⟨st. V.; hat⟩ (ugs.): **a)** *von etw. noch mehr, noch ein zweites Mal bekommen:* wenn du noch nicht satt bist, kannst du noch etwas n.; **b)** *etw. nachkaufen können:* einzelne Teile eines Service n. können.
Nach|be|mer|kung, die; -, -en: *nachträgliche kommentierende Äußerung.*
nach|be|rech|nen ⟨sw. V.; hat⟩: *im Nachhinein noch zusätzlich eine bestimmte Summe in Rechnung stellen.*
nach|be|rei|ten ⟨sw. V.; hat⟩ (bes. Päd.): *(ein Thema) zur Steigerung u. Festigung des Unterrichtserfolges noch einmal durchgehen:* Dazu: **Nach|be|rei|tung**, die; -, -en.
nach|be|set|zen ⟨sw. V.; hat⟩: *(einen frei werdenden Posten) wieder neu besetzen:* Dazu: **Nach|be|set|zung**, die; -, -en.
nach|bes|sern ⟨sw. V.; hat⟩: **a)** *ausbessern;* **b)** *nachträglich verbessern:* einen Gesetzentwurf n.
Nach|bes|se|rung, **Nach|bess|rung**, die; -, -en: *das Nachbessern.*
nach|be|stel|len ⟨sw. V.; hat⟩: *nachträglich, zusätzlich bestellen:* Dazu: **Nach|be|stel|lung**, die; -, -en.
nach|be|ten ⟨sw. V.; hat⟩: **1.** (selten) *ein Gebet nachsprechen.* **2.** (ugs. abwertend) *(Worte u. Gedanken anderer) kritiklos übernehmen u. (als eigene Meinung) wiedergeben:* du hast doch immer nur nachgebetet, was die Eltern gesagt haben.
Nach|be|trach|tung, die; -, -en: *nachträgliche Betrachtung* (2).
Nach|be|treu|ung, die: *Nachsorge.*
Nach|bild, das; -[e]s, -er (Physik): *Sehen der [Kontrast]farbe eines optischen Reizes, obwohl dieser nicht mehr auf das Auge wirkt.*
nach|bil|den ⟨sw. V.; hat⟩: *nach einem Muster, Vorbild gestalten:* etw. historisch getreu n.
Nach|bil|dung, die; -, -en: **1.** ⟨o. Pl.⟩ *das Nachbilden.* **2.** *etw., was nachgebildet wurde.*
nach|bli|cken ⟨sw. V.; hat⟩: *nachsehen* (1): wehmütig blickte er der Straßenbahn nach.
nach|blu|ten ⟨sw. V.; hat⟩: *(von einer Wunde o. Ä.) erneut bluten:* Dazu: **Nach|blu|tung**, die; -, -en.
nach|boh|ren ⟨sw. V.; hat⟩: **1.** *nochmals bohren [u. dadurch verbessern]:* ein Loch n. **2.** (ugs.) *hartnäckig versuchen, von jmdm. eine [korrekte] Antwort zu bekommen:* die Interviewerin bohrte nach.
Nach|bör|se, die; -, -n (Börsenw.): *Abschlüsse u. Geschäfte nach der offiziellen Börsenzeit:* Dazu: **nach|börs|lich** ⟨Adj.⟩.
◆ **nach|bos|sie|ren** ⟨sw. V.; hat⟩ [zu ↑ bossieren]: *in Ton, Gips od. Wachs nachbilden:* Dem Nil, dem Herkules und anderen Göttern brachte man zwar ... nur nachbossierte Mädchen dar (Jean Paul, Wutz 32).
Nach|bren|ner, der; -s, - (Technik): *Vorrichtung in Triebwerken, die nachträglich Schub verleiht:* den N. zünden; Ü die Zinssenkung wirkte als N. für die Investitionen (verstärkte die Bereitschaft zu investieren).
nach|brin|gen ⟨unr. V.; hat⟩: *jmdm. (der fortgegangen ist) etw. [was ihm gehört] bringen.*
nach|christ|lich ⟨Adj.⟩: *nach Christi Geburt:* die ersten -en Jahrhunderte.
nach|da|tie|ren ⟨sw. V.; hat⟩: **a)** *(auf einen Brief, ein Schriftstück o. Ä.) ein früheres, zurückliegendes Datum schreiben;* **b)** (selten) *(auf einen Brief, ein Schriftstück o. Ä.) nachträglich das richtige Datum schreiben.*
nach|dem ⟨Konj.⟩: **1.** (zeitlich) **a)** *drückt die Vorzeitigkeit des Geschehens im Gliedsatz aus:* n. ich gegessen hatte, legte ich mich hin; **b)** *nach dem Zeitpunkt, als:* gleich n. sie angerufen hatte, waren sie aufgebrochen. **2.** *(kausal mit gleichzeitig temporalem Sinn) (landsch.) drückt eine Begründung des Geschehens im Gliedsatz aus:* n. sich die Sache verzögerte, verloren viele das Interesse daran.
nach|den|ken ⟨unr. V.; hat⟩: **1.** *sich in Gedanken eingehend mit jmdm., etw. beschäftigen; versuchen, sich in Gedanken über jmdn., etw. einen Sachverhalt klar zu werden:* lange, angestrengt, gründlich, intensiv, tief [über etw.] n.; über ein Problem, über die Menschen, über sich selbst n.; er dachte darüber nach, ob seine Entscheidung richtig war; er antwortete, ohne nachzudenken; denk mal scharf nach, dann wird es dir schon einfallen; (schweiz., sonst veraltend:) sie dachte diesen Fragen lange nach; ⟨subst.:⟩ in tiefes Nachdenken versunken sein; trotz angestrengten Nachdenkens fand er keine Lösung. **2.** (selten) *in Gedanken nachvollziehen:* ... denn das Denken wollte ich auf keinen Fall aufgeben ... und dabei wusste ich schon, dass gar nichts mehr da war, um es nachzudenken (Nossack, Begegnung 257); ◆ Wer wird überhaupt diesen und dergleichen Sachen kurz vor seinen Sponsalien schärfer n. (Jean Paul, Wutz 38).
nach|denk|lich ⟨Adj.⟩: **1. a)** *mit etw. in Gedanken beschäftigt, in Gedanken versunken; Nachdenklichkeit zeigend:* ein -es Gesicht machen; n. dreinschauen; als er von der Sache erfuhr, wurde er n. (begann er, darüber nachzudenken); **b)** *zum Nachdenken* (1) *geneigt, davon erfüllt:* sie ist sehr ernst und n. **2.** (geh.) *zum Nachdenken* (1) *anregend; wert, darüber nachzudenken:* eine -e Geschichte.
Nach|denk|lich|keit, die; -: *das Nachdenklichsein.*
Nach|denk|pau|se, die (bes. österr.): *Denkpause* (1).
nach|dich|ten ⟨sw. V.; hat⟩: *(ein literarisches Werk) aus einer Fremdsprache frei übersetzen u. bearbeiten.*
Nach|dich|tung, die; -, -en: **a)** ⟨o. Pl.⟩ *das Nachdichten;* **b)** *nachgedichtetes Werk o. Ä.*
nach|dop|peln ⟨sw. V.; hat⟩ (schweiz.): *(beim Schützenfest) den Einsatz wiederholen u. nochmals eine Serie schießen.*
nach|drän|gen ⟨sw. V.; hat/ist⟩: *andere vor sich her drängen, schieben in dem Bestreben, in einen überfüllten Raum o. Ä. hineinzukommen:* die nachdrängenden Massen waren kaum zurückzuhalten.
nach|dre|hen ⟨sw. V.; hat⟩ (Film): *(eine Szene o. Ä.) später [noch einmal] drehen:* eine Szene n.
¹**Nach|druck**, der; -[e]s, -e [zu ↑ nachdrucken] (Druckw.): **1. a)** *nach einer unveränderten Satzvorlage hergestellter Druck:* ein durchgesehener N.; **b)** *das Nachdrucken eines bereits gedruckten Werkes, Textes o. Ä.:* N. [auch auszugsweise] verboten! **2.** *(durch ein bestimmtes Druckverfahren möglicher) neuer Druck eines alten Werkes, Textes o. Ä. [in der Originalausgabe].*
²**Nach|druck**, der; -[e]s [eigtl. = Druck, der einem vorangegangenen nachfolgt]: *besonders starke Betonung, durch die die Wichtigkeit, Dringlichkeit einer Sache hervorgehoben wird:* seinen Worten N. verleihen; mit N. auf etw. hinweisen; sich mit N. für etw. einsetzen.
nach|dru|cken ⟨sw. V.; hat⟩: *einen* ¹*Nachdruck* (1 a, 2) *anfertigen, herstellen.*
Nach|druck|er|laub|nis, die: *Erlaubnis, einen Text, ein Werk o. Ä. nachzudrucken.*
nach|drück|lich ⟨Adj.⟩: *mit Nachdruck, Eindringlichkeit:* eine -e Ermahnung; etw. n. verlangen; jmdn. n. auf etw. hinweisen. Dazu: **Nach|drück|lich|keit**, die; -.
nach|dun|keln ⟨sw. V.; ist/hat⟩: *im Laufe der Zeit im Farbton allmählich dunkler werden.*
Nach|durst, der; -[e]s (ugs. scherzh.): *Durst nach [allzu] reichlichem Genuss von Alkohol.*
nach|ehe|lich ⟨Adj.⟩ (Rechtsspr.): *nach der Ehescheidung wirkend, stattfindend:* -e Unterhaltszahlung; eine -e Geburt.
nach|ei|fern ⟨sw. V.; hat⟩: *eifrig bemüht sein, es jmdm., den man als Vorbild hat, gleichzutun:* jmdm. [in etw.] n. Dazu: **nach|ei|ferns|wert** ⟨Adj.⟩, **nach|ei|fe|rung**, die; -.
nach|ei|len ⟨sw. V.; ist⟩: *eilig folgen.*
nach|ei|nan|der ⟨Adv.⟩: **1. a)** *in kurzen räumlichen Abständen; einer, eine, eines hinter dem anderen:* sie betraten n. den Saal; **b)** *der Reihe nach:* n. reichte sie ihnen die Hand. **2.** *in kurzen zeitlichen Abständen voneinander; [unmittelbar] aufeinanderfolgend:* die Flugzeuge starteten kurz n.; ⟨subst.:⟩ Das Nebeneinander, nicht Nacheinander von Leben und Tod müsste auch

bei einem heute geschriebenen Familienroman das Entscheidende sein (Kaschnitz, Wohin 165). **3.** *(wechselseitig) einer nach dem anderen:* sich n. sehnen.

nach|eis|zeit|lich ⟨Adj.⟩: *nach der Eiszeit [eingetreten o. Ä.]; postglazial.*

nach|emp|fin|den ⟨st. V.; hat⟩: **1.** *sich so in einen anderen Menschen hineinversetzen, dass man das Gleiche empfindet wie er; etw., was ein anderer empfindet, in gleicher Weise empfinden (u. darum verstehen):* jmds. Trauer, Verzweiflung n.; kannst du n., was in mir vorgeht? **2.** *(ein Kunstwerk o. Ä.) in Anlehnung an das Werk eines [berühmten] Künstlers gestalten:* ein Gedicht, Kunstwerk n.; diese Dichtung ist Goethe nachempfunden.

Nach|emp|fin|dung, die; -, -en: **a)** ⟨o. Pl.⟩ *das Nachempfinden;* **b)** *nachempfundenes* (2) *Kunstwerk o. Ä.*

Na|chen, der; -s, - [mhd. nache, ahd. nahho, viell. urspr. = (ausgehöhlter) Einbaum] (dichter.): *kleines Boot.*

Nach|ent|gelt, das; -[e]s, -e (Postw.): *Entgelt, das der Empfänger einer Postsendung nachträglich bezahlen muss, wenn die Sendung z. B. nicht ausreichend frankiert ist.*

nach|ent|rich|ten ⟨sw. V.; hat⟩: *einige Zeit später entrichten:* Beiträge [zur Sozialversicherung] n. Dazu: **Nach|ent|rich|tung**, die; -, -en.

◆ **na|cher** ⟨Präp. mit Dativ⟩ (landsch.): ¹*nach* (1 b): Der tat sehr erschrocken, als man ihm sagt', es ginge n. Wien (Schiller, Piccolomini V, 2).

Nach|er|be, der; -n, -n (Rechtsspr.): *(durch ein Testament bestimmter) zweiter gleichberechtigter Erbe nach dem Vorerben.*

Nach|er|bin, die; w. Form zu ↑ Nacherbe.

Nach|er|fül|lung, die; -, -en (Rechtsspr., Wirtsch.): *Beseitigung der Mängel eines verkauften Produkts durch den Verkäufer od. Hersteller.*

nach|er|le|ben ⟨sw. V.; hat⟩: **1.** *etw. [was ein anderer erlebt hat] zu einem späteren Zeitpunkt in ähnlicher Weise erleben:* (auf einer Reise) alte Kulturen n. **2.** *durch Erinnerung o. Ä. etw. im Geiste, in Gedanken noch einmal erleben:* schöne Stunden n.

nach|er|zäh|len ⟨sw. V.; hat⟩: *(etw. Gelesenes, Gehörtes) in eigenen Worten wiedergeben.*

Nach|er|zäh|lung, die; -, -en: *in eigenen Worten verfasste Niederschrift von einer Geschichte o. Ä., die man gelesen, gehört hat.*

Nachf. = Nachfolger[in].

Nach|fahr, der; -en, -en (geh.), **Nach|fah|re**, der; -n, -n (geh.) nachvar]: *Nachkomme.*

nach|fah|ren ⟨st. V.⟩: **1.** ⟨ist⟩ **a)** *mit einem Fahrzeug folgen, später nachkommen:* an den Urlaubsort n.; **b)** *(von einem Fahrzeug) hinterherfahren.* **2.** *auf einer Vorlage o. Ä. den Linien, Buchstaben o. Ä. mit einem Stift o. Ä. genau folgen:* zur Übung das Geschriebene n. **3.** ⟨ist⟩ (Jägerspr.) *(von einem Hund) einer Fährte folgen.*

◆ **Nach|fah|rer**, der; -s, - [mhd. nāchvarer]: *Nachfolger:* Herr von Ebern hätte seinen Koch zum Schulmeister investieret, wenn ein geschickter N. des Kochs wäre zu haben gewesen (Jean Paul, Wutz 22).

Nach|fah|rin, die; -, -nen: w. Form zu ↑ Nachfahr[e].

nach|fär|ben ⟨sw. V.; hat⟩: *durch zusätzliches Färben eine gewünschte Farbe erreichen:* den Haaransatz n.

nach|fas|sen ⟨sw. V.; hat⟩: **1.** *einen Griff korrigieren, indem man ihn kurz lockert od. indem man loslässt und noch einmal zufasst:* der Tormann musste n. (Ballspiele; *ernest nach dem abgewehrten Ball greifen u. versuchen, ihn festzuhalten*). **2.** (bes. Soldatenspr.) *noch einmal fas-*

sen (6b), *sich ein zweites Mal zuteilen lassen:* Verpflegung, Suppe n. **3.** (ugs.) *versuchen, durch anschließende weitere Fragen einer Sache auf den Grund zu gehen, Genaueres zu erfahren:* mehrere Zeitungen hatten [in der Angelegenheit] am folgenden Tag nachgefasst.

nach|fe|dern ⟨sw. V.; hat⟩: **1.** (bes. Turnen) *nach einer Bewegung den Schwung abfangen, indem man in Armen u. Beinen federt* (1). **2.** *(von einem Sprungbrett o. Ä.) nach einem Absprung o. Ä. noch einige Zeit federn.*

Nach|fei|er, der; -, -n: **a)** *nachträgliche Feier* (a); **b)** *zusätzliche, zweite Feier* (a), *die einige Zeit nach der eigentlichen Feier stattfindet.*

nach|fei|ern ⟨sw. V.; hat⟩: *eine Nachfeier veranstalten.*

Nach|feld, das; -[e]s, -er (Sprachwiss.): *alle Teile eines Aussagesatzes, die hinter der Satzklammer stehen.*

nach|fi|nan|zie|ren ⟨sw. V.; hat⟩ (Wirtsch.): *nachträglich finanzieren, Lücken in der Finanzierung schließen:* Dazu: **Nach|fi|nan|zie|rung**, die; -, -en.

Nach|fol|ge, die [mhd. nāchvolge]: **1.** *Übernahme eines Amtes, eines Ranges o. Ä. von einem Vorgänger; Nachfolgerschaft:* jmds. N. antreten; die Frage der N. in der Parteiführung beraten, regeln. **2.** *nachfolgende Auswirkung; Folge* (1).

Nach|fol|ge|kan|di|dat, der: *jmd., der für jmds. Nachfolge vorgesehen ist.*

Nach|fol|ge|kan|di|da|tin, die: w. Form zu ↑ Nachfolgekandidat.

nach|fol|gen ⟨sw. V.; ist⟩ [mhd. nāch volgen]: **1.** (geh.) *Anhänger, getreuer Gefolgsmann von jmdm. sein:* Christus n. **2.** *(reist nachdrücklicher) folgen* (1 a, b, 3): ⟨häufig im 1. Part.:⟩ den nachfolgenden Verkehr beobachten; ⟨subst.:⟩ Einzelheiten werden im Nachfolgenden behandelt.

Nach|fol|ge|or|ga|ni|sa|ti|on, die: *Organisation, die die Arbeit, die Aufgaben einer nicht weiter bestehenden Organisation übernimmt.*

Nach|fol|ger, der; -s, - [mhd. nāchvolgære, -volger]: *jmd., der jmds. Nachfolge antritt* (Abk.: Nachf., Nchf., Nf.): jmds. N. sein, werden; keinen N. haben.

Nach|fol|ge|re|ge|lung, die: *die Nachfolge für ein Amt o. Ä. regelnde Festlegung.*

Nach|fol|ge|rin, die; -, -nen [mhd. nāchvolgærinne]: w. Form zu ↑ Nachfolger.

Nach|fol|ger|schaft, die; -: *das Nachfolgen in einem Amt o. Ä.; Nachfolge.*

Nach|fol|ge|staat, der ⟨meist Pl.⟩: *auf dem Gebiet eines ehemals großen Staates entstandener kleinerer Staat.*

nach|for|dern ⟨sw. V.; hat⟩: *nachträglich [zusätzlich] fordern.*

Nach|for|de|rung, die; -, -en: **1.** ⟨o. Pl.⟩ *das Nachfordern.* **2.** *nachträgliche [zusätzliche] Forderung, Rechnung o. Ä.*

nach|for|men ⟨sw. V.; hat⟩: *nach einem Modell, nach einer Vorlage formen:* Dazu: **Nach|for|mung**, die; -, -en.

nach|for|schen ⟨sw. V.; hat⟩: **a)** *durch intensive Bemühungen versuchen, etw. herauszufinden, sich genaue Informationen, Kenntnisse über jmdn., etw. zu verschaffen; Nachforschungen, Ermittlungen anstellen:* sie forschten [lange, vergebens] nach, wo er sich aufgehalten hatte/wie sich der Vorfall zugetragen hatte; **b)** (geh.) *einer Sache zum Zwecke ihrer [Auf]klärung o. Ä. nachgehen:* einem Geheimnis n.

Nach|for|schung, die; -, -en ⟨meist Pl.⟩: *das Nachforschen:* -en anstellen, halten (nachforschen).

Nach|fra|ge, die; -, -en: **1.** *das Nachfragen* (1 a); *Erkundigung:* Zouzous Hohn und Spott über mein Tennisspiel, für das Dona Maria Pia durch lächelnde -n ein gewisses neugieriges Interesse

verriet (Th. Mann, Krull 398); *** danke der [gütigen] N./für die [gütige] N.** (veraltend, sonst mit scherzhaft-ironischem Unterton als Dankesformel auf jmds. Frage nach dem Ergehen). **2.** ⟨Pl. selten⟩ (Kaufmannsspr.) *Bereitschaft zum Kauf bestimmter Waren:* lebhafte, starke, geringe N.; die N. geht zurück. **3.** *zusätzliche, weitere Frage als Folge einer unzureichenden Antwort:* insistierende -n. **4.** (Statistik) *Verfahren zur schnellen Ermittlung des wahrscheinlichen Wahlausgangs, wobei in repräsentativen Bezirken z. B. jeder 10. Wähler, der aus dem Wahllokal kommt, nochmals die gleiche Stimme abgibt wie in der Wahlkabine.*

nach|fra|gen ⟨sw. V.; hat⟩: **1. a)** *sich nach etw. erkundigen:* da müssen Sie beim zuständigen Herrn n.; fragen Sie doch bitte morgen einmal nach; ich habe schon öfter nachgefragt und wurde immer wieder vertröstet; ◆ ⟨mit Dativobjekt:⟩ Mein Erstes war, dem eisernen Brunnen nachzufragen, denn auf dieses Wunder war ich vor allem gespannt (Rosegger, Waldbauernbub 156); **b)** *sich an jmdn. wenden, um etw. zu erbitten; nachsuchen* (2): um Genehmigung n. **2.** (Kaufmannsspr.) *(von Käufern, Interessenten) bestimmte Waren o. Ä. verlangen:* dieser Artikel wird kaum noch nachgefragt. **3.** *noch einmal, wiederholt fragen, um eine zufriedenstellende Antwort zu bekommen:* er musste mehrmals n., bis sie antwortete.

nach|fra|ge|ori|en|tiert ⟨Adj.⟩ (Wirtsch.): *an der Nachfrage* (2) *ausgerichtet.*

Nach|fra|ger, der; -s, - (Wirtsch.): *Vertreter der Nachfrage in der vom Gegensatz zwischen Angebot u. Nachfrage bestimmten Marktwirtschaft.*

Nach|fra|ge|rin, die (Wirtsch.): w. Form zu ↑ Nachfrager.

Nach|fra|ge|schwä|che, die (Wirtsch.): *spürbarer Rückgang der Nachfrage* (2).

Nach|fra|ge|schwan|kung, die: *das Schwanken in der Nachfrage* (2).

Nach|frist, die; -, -en (Rechtsspr.): *Verlängerung einer [abgelaufenen] Frist:* jmdm. eine N. einräumen.

nach|füh|len ⟨sw. V.; hat⟩: vgl. nachempfinden (1).

nach|füh|ren ⟨sw. V.; hat⟩: **1.** (schweiz.) *aktualisieren, auf den neuesten Stand bringen.* ◆ **2.** *hinter jmdm., etw. herführen:* ...man nahm den Leib des Kaspers und trug ihn ... nach dem Hause des Gerichtshalters, ... die Bauernweiber führten mich nach (Cl. Brentano, Kasperl 362).

nach|fül|len ⟨sw. V.; hat⟩: **1.** *etw., was [zum Teil] leer geworden ist, wieder füllen:* die Gläser n. **2.** *etw. wieder in etw., was [zum Teil] leer geworden ist, füllen:* Benzin n.; Bonbons [in eine Dose] n.

Nach|füll|pack, das, auch: der; -s, -s, **Nach|füll|pa|ckung**, die; -, -en: *Packung* (1 b), *aus der kleinere Behältnisse [meist für Substanzen des täglichen Bedarfs] nachgefüllt werden können.*

Nach|fur|sor|ge, die; -, -n (schweiz.): *Nachbehandlung durch den Arzt.*

Nach|gang: in der Verbindung **im N.** (Amtsspr.; *als Nachtrag*): die Genehmigung erfolgte erst im N.).

nach|gä|ren ⟨sw. u. st. V.; gärte/(auch:) gor nach, hat/ist nachgegärt/(auch:) nachgegoren⟩: *nach der eigentlichen Gärung langsam gären* (damit sich die Reste des Zuckers zersetzen): Dazu: **Nach|gä|rung**, die; -, -en.

nach|ge|ben ⟨st. V.; hat⟩ [spätmhd. nachgeben]: **1.** *jmdm. noch mehr von etw. geben:* sich Suppe n. lassen; ... und zaghaft lege ich Tante noch eine schöne Roulade auf den Teller. Tante protestiert, aber schnell gibt ihr Sophie Kartoffeln und Soße nach (Schädlich, Nähe 139). **2. a)** *dem Willen od. den Forderungen eines anderen nach* anfänglichem Widerstand entsprechen; schließlich doch zustimmen: er gibt nie nach; jmds. Bitten n.; **b)** *einer Stimmung o. Ä. erliegen, sich ihr überlassen:* seiner Laune, einer Verlockung n. **3.** *einem Druck nicht standhalten:* der Boden gibt nach; seine Knie gaben nach *(er wurde schwach in den Knien).* **4.** *hinter jmdm., einer Sache zurückstehen* (meist mit »nichts« verneint): ein Kunststoff, der Kautschuk an Elastizität nichts nachgibt. **5.** (Wirtsch., Bankw.) *im Wert geringer werden:* die Kurse geben [nicht] nach.

nach|ge|bo|ren ⟨Adj.⟩ [mhd. nāchgeborn]: **1.** (seltener) *nach dem Tode des Vaters geboren.* **2.** *[lange] nach dem ersten Kind geboren:* ein -er Sohn.

Nach|ge|bo|re|ne, die/eine Nachgeborene; der/ einer Nachgeborenen, die Nachgeborenen/zwei Nachgeborene: **1.** *nach dem Tod des Vaters geborene weibliche Person.* **2.** *weiblicher Nachkömmling.*

Nach|ge|bo|re|ner, der Nachgeborene/ein Nachgeborener; des/eines Nachgeborenen, die Nachgeborenen/zwei Nachgeborene: **1.** *nach dem Tod des Vaters geborene männliche Person.* **2.** *männlicher Nachkömmling.* **3.** ⟨Pl.⟩ *spätere Generationen.*

Nach|ge|bühr, die; -, -en: *Nachentgelt.*

Nach|ge|burt, die; -, -en: **a)** ⟨Pl. selten⟩ *(bei Mensch u. Säugetier) Vorgang der Ausstoßung des Mutterkuchens u. anderen Gewebes nach der Geburt;* **b)** *(bei Mensch u. Säugetier) das bei der Nachgeburt* **(a)** *ausgestoßene Gewebe einschließlich Mutterkuchen:* die N. muss noch kommen.

nach|ge|burt|lich ⟨Adj.⟩ (Med.): *postnatal.*

nach|ge|hen ⟨unr. V.; ist⟩: **1.** [mhd. nāchgān] **a)** *hinter jmdm., einer Sache hergehen; jmdm., einer Sache folgen* **(1)**: er ging ihr in die Küche nach; einer Spur n.; sie gingen dem Wimmern nach *(gingen in die Richtung, aus der das Wimmern kam, um zu sehen, was es damit auf sich hat);* **b)** *etw. genau überprüfen, in seinen Einzelheiten zu klären, zu ergründen suchen:* einem Hinweis n. **2.** [mhd. nāchgān] *jmdn. in Gedanken, im Geiste nachträglich noch längere Zeit beschäftigen:* seine Worte gingen ihr noch lange nach. **3.** [mhd. nāchgān] *eine [berufliche] Tätigkeit regelmäßig ausüben, sich einer Tätigkeit, Sache widmen:* seiner Arbeit, dem Vergnügen n. **4.** *(von Messgeräten o. Ä.) zu wenig anzeigen, zu langsam gehen:* die Uhr geht nach.

nach|ge|hend ⟨Adj.⟩: *(bes. im Rahmen von Sozialarbeit) als sozialpädagogische, medizinische o. Ä. Maßnahme nachträglich erfolgend:* eine -e Betreuung jugendlicher Straftäter.

nach|ge|la|gert ⟨Adj.⟩: *später stattfindend:* nachgelagerte Arbeiten; eine -e *(erst bei der Auszahlung erfolgende)* Besteuerung der Rente.

nach|ge|las|sen ⟨Adj.⟩: *aus dem unveröffentlichten Nachlass stammend:* -e Werke.

nach|ge|ord|net ⟨Adj.⟩: **a)** (bes. Amtsspr.) *dem Rang, der Befugnis nach untergeordnet; unterstellt:* -e Dienststellen; **b)** *zweitrangig, weniger wichtig:* ein -es Problem.

nach|ge|ra|de ⟨Adv.⟩ [aus dem Niederd. < mniederd. nāgerade, wahrsch. zu: rāt = Reihe, also eigtl. = nach der Reihe]: **1.** (veraltend) *nach u. nach; mit der Zeit; allmählich:* wir haben uns n. daran gewöhnt. **2.** (geh.) *geradezu* **(1)**: er wurde n. ausfallend, unverschämt.

nach|ge|ra|ten ⟨st. V.; ist⟩ (geh.): **1.** ¹*geraten* **(3)**.

nach|ge|schal|tet ⟨Adj.⟩: *nach etw. anderem zum Einsatz kommend, in einem Prozess* **(2)** *folgend:* eine Verbrennungsanlage mit -em Partikelfilter.

Nach|ge|schich|te, die; *das, was einem Vorfall, Ereignis o. Ä. folgt u. davon beeinflusst ist:* die N. des Zweiten Weltkriegs in Deutschland.

Nach|ge|schmack, der; -[e]s: *Geschmack, der im Mund zurückbleibt, nachdem man etw. gegessen, getrunken hat:* ein bitterer, schlechter N.; Ü der Vorfall hat einen unangenehmen N. *(ein unangenehmes Gefühl, eine unangenehme Erinnerung)* [bei mir] hinterlassen.

nach|ge|stal|ten ⟨sw. V.; hat⟩: *nachbilden.*

nach|ge|stellt: ↑ nachstellen (2).

nach|ge|wie|se|ner|ma|ßen ⟨Adv.⟩: *einem Nachweis zufolge:* der Schiedsrichter war n. bestochen.

nach|gie|big ⟨Adj.⟩: **1.** (seltener) *einem Druck nachgebend* **(3)**; *weich:* ein -es Material. **2.** *so veranlagt, dass man schnell bereit ist, nachzugeben* **(2 a)**: jmdm. gegenüber zu n. sein.

Nach|gie|big|keit, die; -: **1.** *Eigenschaft, einem Druck nachzugeben* **(3)**. **2.** *Bereitschaft, nachzugeben* **(2 a)**; *das Nachgiebigsein:* zu allzu großer N. neigen.

nach|gie|ßen ⟨st. V.; hat⟩: *in ein zum Teil leer gewordenes Gefäß gießen (um es wieder zu füllen):* er goss mir [dem Kognak] nach; die Soße einkochen lassen und noch etwas Wein n.

nach|grü|beln ⟨sw. V.; hat⟩: *unablässig grübelnd über etw. nachdenken (um eine Lösung für etw. zu finden o. Ä.):* über ein Problem n.; ⟨geh. auch mit Dativ:⟩ er grübelte ihren Worten lange nach.

nach|gu|cken ⟨sw. V.; hat⟩ (ugs.): *nachsehen* (1–3).

nach|ha|ken ⟨sw. V.; hat⟩: **1.** (ugs.) *jmds. Gespräch, Rede unterbrechen, um zu einem bestimmten Punkt noch eine [weitere] Frage zu stellen:* bei ihrer Schilderung des Tathergangs hakte das Gericht immer wieder nach; in der Sache musst du noch einmal n. *(ihr nachgehen, um ihr auf den Grund zu kommen).* **2.** (Fußball) *einem Gegner von hinten mit angewinkeltem Fuß ein Bein od. beide Beine wegziehen.*

Nach|hall, der; -[e]s, -e ⟨Pl. selten⟩: *langsam leiser werdendes Weiterklingen eines Tones.*

nach|hal|len ⟨sw. V.; hat/ist⟩: *weiterklingen u. dabei langsam leiser werden:* das Echo hallte lange nach.

nach|hal|tig ⟨Adj.⟩: **1.** *sich auf längere Zeit stark auswirkend:* einen -en Eindruck hinterlassen; jmdn. n. beeinflussen; etw. wirkt sich n. aus; eine -e *(dauernde u. robuste)* Erholung der Konjunktur. **2. a)** (Forstwirtsch.) *die Nachhaltigkeit* **(2 a)** *betreffend, auf ihr beruhend:* -e Forstwirtschaft; **b)** (Ökol.) *auf Nachhaltigkeit* **(2 b)** *bedacht, ihr dienend:* -e Fischerei; -es Wirtschaftswachstum *(Wirtschaftswachstum, bei dem Nachhaltigkeit* **2 b** *eingehalten wird).*

Nach|hal|tig|keit, die; -: **1.** *längere Zeit anhaltende Wirkung.* **2. a)** (Forstwirtsch.) *forstwirtschaftliches Prinzip, nach dem nicht mehr Holz gefällt werden darf, als jeweils nachwachsen kann;* **b)** (Ökol.) *Prinzip, nach dem nicht mehr verbraucht werden darf, als jeweils nachwachsen, sich regenerieren, künftig wieder bereitgestellt werden kann:* neue Technologien sollen die N. der Energieversorgung gewährleisten.

nach|hän|gen ⟨st. V.; hat⟩: **1. a)** *sich mit etw. im Geiste anhaltend beschäftigen, sich ihm* ²*überlassen* **(4 b)**: Gedanken, Erinnerungen, Träumen, seinem Groll n.; **b)** *wehmütig an etw. denken, was vergangen ist:* der Kindheit, einer schöneren, glücklichen Zeit n. **2.** *jmdm.* ¹*anhängen* **(1)**: der Ruf der Unzuverlässigkeit hing uns noch lange nach.

Nach|hau|se: s. Haus (1 c).

◆ **Nach|hau|se|kunft,** die; - [zum 2. Bestandteil vgl. Abkunft]: *Heimkunft:* … sie müsse bei ihrer N. … schöne Krebse vorfinden, die sie den Gästen … aus der Stadt mitgeben wolle (Goethe, Wanderjahre II, 11).

Nach|hau|se|weg, der: *Heimweg.*

nach|hel|fen ⟨st. V.; hat⟩: *helfen, dass etw. besser funktioniert:* dem Fortgang der Arbeiten n.; er hatte das Glück [ein wenig] n. wollen *(wollte [mit unerlaubten Mitteln] erreichen, dass sich alles nach Wunsch fügt);* bei ihm muss man ab und zu mal [kräftig] n. *(man muss ihn antreiben).*

nach|her [auch: 'na:x...] ⟨Adv.⟩: **1.** *[unmittelbar] nach einem bestimmten Geschehen, danach:* jetzt mache ich erst mal meine Arbeit fertig, n. kann ich dir helfen; wir sind ins Kino gegangen, und n. haben wir noch ein Eis gegessen; Nachher, wenn die Schule aus ist, sollst du deine Trommel wiederbekommen (Grass, Blechtrommel 91). **2. a)** *in näherer, nicht genau bestimmter Zukunft; später:* ich komme n. noch bei dir vorbei; **b)** *dann, wenn etw. vorbei ist; hinterher, nachträglich:* das ist doch richtig war, wirst du erst n. feststellen. **3.** (landsch.) *womöglich; letztendlich, schließlich, am Ende:* wenn ich nicht gehe, fährt mir n. [noch] der Zug davon.

nach|he|rig ⟨Adj.⟩ (seltener): *nachher geschehend, erfolgend.*

Nach|hil|fe, die; -, -n: **1.** (seltener) *das Nachhelfen:* Meine Geburt ging, wenn auch unter richterlicher, nicht ohne künstliche N. unseres damaligen Hausarztes, Doktor Mecum, vonstatten (Th. Mann, Krull 14). **2.** Kurzf. von Nachhilfestunde, Nachhilfeunterricht: N. bekommen.

Nach|hil|fe|leh|rer, der: *jmd., bes. ein Lehrer, der Nachhilfe* **(2)** *erteilt.*

Nach|hil|fe|leh|re|rin, die: w. Form zu ↑ Nachhilfelehrer.

Nach|hil|fe|schü|ler, der: *Schüler, dem jmd. Nachhilfeunterricht gibt.*

Nach|hil|fe|schü|le|rin, die: w. Form zu ↑ Nachhilfeschüler.

Nach|hil|fe|stun|de, die, **Nach|hil|fe|unter|richt,** der: *privater [gegen Entgelt erteilter] zusätzlicher Unterricht für schwache Schüler.*

Nach|hi|n|ein: *in der Fügung* **im N.** (**1.** *nachträglich:* etw. im N. anerkennen. **2.** *nachher, später:* der Verdacht erwies sich im N. als falsch).

Nach|hol|be|darf, der: *Bedürfnis, Notwendigkeit, etw., was man lange Zeit entbehrt, nicht [genügend] gehabt hat, was lange Zeit nicht [in genügendem Maße] vorhanden war, nachzuholen* **(2)**, *hervorzubringen:* einen N. an Schlaf, Liebe haben; einen großen N. haben.

nach|ho|len ⟨sw. V.; hat⟩: **1.** *nachträglich an einen bestimmten Ort holen:* wir haben seine Familie an den neuen Wohnort n. **2.** *(Versäumtes od. bewusst Ausgelassenes) nachträglich machen:* etw. schnell n.; eine Prüfung n.; wir haben viel nachzuholen.

Nach|hol|spiel, das (bes. Ballspiele): *Spiel, das zu einem späteren Zeitpunkt ausgetragen wird, das nachgeholt* **(2)** *wird.*

Nach|hut, die; -, -en [mhd. nāchhuote, zu ↑ ²Hut] (Militär): *Truppenteil, der die Truppe beim Rückmarsch nach hinten (gegen den Gegner) sichert.*

nach|imp|fen ⟨sw. V.; hat⟩: *später nochmals impfen (um eine Impfung aufzufrischen):* Dazu: **Nach|imp|fung,** die; -, -en.

nach|in|dus|t|ri|ell ⟨Adj.⟩: *postindustriell.*

nach|ja|gen ⟨sw. V.; ist⟩: *sehr schnell hinterherlaufen* **(1)**, *hinterherfahren (in der Absicht, einzuholen):* einem Taschendieb n.; Ü dem Glück n.

nach|jus|tie|ren ⟨sw. V.; hat⟩: *(von technischen Geräten o. Ä.) nachträglich, noch einmal [genauer] einstellen; nachstellen* **(4)**: Dazu: **Nach|jus|tie|rung,** die; -, -en.

nach|kar|ten ⟨sw. V.; hat⟩ (ugs.): *etw., was eigentlich als bereits abgeschlossen gilt, noch einmal aufgreifen, nachträglich zur Sprache bringen.*

Nach|kauf, der; -[e]s, Nachkäufe: *nachträgliches,*

zusätzliches Kaufen: Dazu: **nach|kau|fen** ⟨sw. V.; hat⟩.

Nach|klang, der; -[e]s, Nachklänge [mhd. nāchklanc]: **1.** *Klang, der im Ohr zurückbleibt, nachdem man sehr laute Töne o. Ä. gehört hat:* der N. der Musik. **2.** *Wirkung, Eindruck, der von einem Erlebnis o. Ä. zurückbleibt:* die Nachklänge des Surrealismus in der Kunst.

Nach|klapp, der; -s, -s (ugs.): *Nachtrag.*

nach|klin|gen ⟨st. V.; ist⟩: **1.** *noch kurze Zeit leise zu hören sein:* die Glocke klang noch einige Zeit nach. **2.** *(von einem Erlebnis o. Ä.) als Wirkung, Eindruck zurückbleiben:* die Begegnung klang lange in ihr nach.

nach|ko|chen ⟨sw. V.; hat⟩: *eine Speise, ein Essen nach einer Vorlage, einem Rezept kochen:* sie wollte dieses Gericht unbedingt n.; ⟨subst.:⟩ die besten Rezepte zum Nachkochen.

Nach|kom|ma|stel|le, die: *(bei einer Dezimalzahl) Stelle rechts vom Komma:* ein Ergebnis, eine Summe bis auf die zweite N. aufrunden, ausrechnen.

Nach|kom|me, der; -n, -n [mhd. nāchkome, auch = Nachfolger]: *Lebewesen (bes. Mensch), das in gerader Linie von einem anderen Lebewesen abstammt:* keine, viele -n haben; er ist ohne -n gestorben.

nach|kom|men ⟨st. V.; ist⟩: **1.** [mhd. nāch komen] **a)** *später kommen:* geht schon vor, wir werden [gleich] n.; wir ließen die Kinder nach Schottland n.; da kann noch etw. n. *(das kann noch Komplikationen, Ärger geben);* **b)** *hinter jmdm. hergehen, herfahren:* er kam ihr nach. **2.** [mhd. nāch komen] (geh.) *etw., was ein anderer von einem wünscht od. verlangt, erfüllen od. vollziehen:* einer Bitte n.; seinen Verpflichtungen n. **3.** *etw. schnell genug tun, um Schritt halten zu können:* bei diesem Tempo kommt keiner nach. **4.** (landsch.) *jmdm. nachschlagen* (2): der Sohn kommt ganz dem Vater nach.

Nach|kom|men|schaft, die; -, -en: *Gesamtheit aller Nachkommen.*

Nach|kom|min, die; -, -nen: w. Form zu ↑ Nachkomme.

Nach|kömm|ling, der; -s, -e [mhd. nāchkomelinc]: *lange nach den Geschwistern geborenes Kind.*

Nach|kon|t|rol|le, die; -, -n: *spätere zusätzliche Kontrolle.*

nach|kon|t|rol|lie|ren ⟨sw. V.; hat⟩: *[noch einmal, wiederholt] kontrollieren:* die Papiere, das Gepäck der Reisegruppe n.

Nach|kriegs|ära, die: *sich unmittelbar an das Ende des Zweiten Weltkriegs anschließende Zeitspanne.*

Nach|kriegs|deutsch|land, das: *Deutschland nach dem Zweiten Weltkrieg.*

Nach|kriegs|ge|ne|ra|ti|on, die: *Altersgruppe von Menschen, die unmittelbar nach dem Zweiten Weltkrieg geboren od. aufgewachsen sind.*

Nach|kriegs|ge|schich|te, die ⟨o. Pl.⟩: *nach einem Krieg (bes. dem Zweiten Weltkrieg) beginnende geschichtliche Epoche:* die politischen Strömungen der deutschen N.

Nach|kriegs|jahr, das: vgl. *Nachkriegszeit.*

Nach|kriegs|ös|ter|reich, das: *Österreich nach dem Zweiten Weltkrieg.*

Nach|kriegs|schweiz, die: *die Schweiz nach dem Zweiten Weltkrieg.*

Nach|kriegs|wir|ren ⟨Pl.⟩: *Wirren in der Nachkriegszeit.*

Nach|kriegs|zeit, die: *sich unmittelbar an das Ende des Zweiten Weltkriegs anschließende Zeitspanne.*

nach|ku|cken ⟨sw. V.; hat⟩ (nordd.): *nachsehen* (1–3).

Nach|kur, der; -, -en: *Zeit, die der Erholung u. Umstellung im Anschluss an eine Kur dient.*

nach|la|den ⟨st. V.; hat⟩: *(eine Schusswaffe) erneut laden.*

Nach|lass, der; -es, -e u. ...lässe: **1.** *alles, was ein Verstorbener an Gütern, Schriften [u. Verpflichtungen] hinterlässt:* der literarische N.; jmds. N. verwalten; Schriften aus dem N. veröffentlichen. **2.** (Kaufmannsspr.) *Rabatt:* Nachlässe zwischen 20 und 30 Prozent sind in der Branche keine Seltenheit.

nach|las|sen ⟨st. V.; hat⟩ [spätmhd. nāchlāʒen = aufgeben; versäumen; nicht beachten]: **1.** *allmählich an Stärke, Intensität verlieren; weniger, schwächer werden:* der Regen, der Sturm hat nachgelassen; der Schmerz, das Fieber hat [an Heftigkeit] nachgelassen; die Spannung, der Druck lässt nach; sein Gehör, sein Gedächtnis lässt immer mehr nach; die Sehkraft lässt [im Alter] nach; meine Augen haben stark nachgelassen *(ich sehe schlechter);* die Wirkung des Medikaments müsste jetzt n.; sein Eifer ließ bald nach; der Leistungen der Schüler lassen nach; die Schüler lassen [in den Leistungen] gegen Ende des Schuljahrs nach *(ihre Leistungen werden schlechter);* das Geschäft hat spürbar nachgelassen *(geht schlechter, ist nicht mehr so gut wie früher);* nicht n.! *(aufmunternder Zuruf).* **2.** (Kaufmannsspr.) *weniger berechnen:* sie hat [uns] keinen Cent nachgelassen; die Hälfte des Preises/vom Preis n. **3.** *erlassen* (2). **4.** (landsch.) **a)** *von einem bestimmten Tun ablassen:* mit seinen Quengeleien n.; Und nun lass ich nicht eher nach, bis Sie mir gesagt haben, was es da zu verraten gibt (Fallada, Jeder 309); **b)** *mit etw. aufhören:* du schmatzt vielleicht laut - lass das jetzt mal nach! **5.** *etw., worauf Spannung od. Druck ausgeübt wird, lockern:* die Zügel, ein straffes Seil n. **6.** (Jägerspr.) **a)** *(den Hund) zum Hetzen* (1 a) *reizen, an der Leine lassen;* **b)** *(vom Hund) aufhören zu hetzen* (1 a). ♦ **7.** ¹*hinterlassen* (1 b): Ein Hauptmann, der ein andrer erstach, ließ mir ein Paar glückliche Würfel nach (Schiller, Wallensteins Lager 1).

Nach|lass|ge|richt, das (Rechtsspr.): *Amtsgericht, das die Maßnahmen zur Regelung des Nachlasses* (1) *trifft.*

nach|läs|sig ⟨Adj.⟩ [im 15. Jh. nachlessig]: **1. a)** *ohne die nötige Sorgfalt, unordentlich:* eine -e Arbeit; -es Personal; der Schüler ist sehr n.; **b)** *nicht in der Art, wie es erwartet wurde, den Konventionen entspricht; ohne Rücksicht auf Formen:* -es Benehmen; n. gekleidet sein. **2.** *weder Interesse noch [innere] Anteilnahme zeigend; gleichgültig; teilnahmslos:* jmdn. n. grüßen; Sie streckte ihm n. ja, sogar träge die Hand dar (R. Walser, Gehülfe 7).

nach|läs|si|ger|wei|se ⟨Adv.⟩: *aus Nachlässigkeit.*

Nach|läs|sig|keit, die; -, -en: **1.** ⟨o. Pl.⟩ *das Nachlässigsein, nachlässiges Wesen.* **2.** *einzelne nachlässige Handlung.*

Nach|lass|pfle|ger, der (Rechtsspr.): *jmd., der vom Nachlassgericht eingesetzt ist, einen Nachlass* (1) *zu sichern, bis die Erbschaft angenommen worden ist.*

Nach|lass|pfle|ge|rin, die: w. Form zu ↑ Nachlasspfleger.

Nach|lass|ver|wal|ter, der (Rechtsspr.): *gerichtlich Bevollmächtigter, der den Nachlass* (1) *verwaltet u. die Gläubiger befriedigt.*

Nach|lass|ver|wal|te|rin, die: w. Form zu ↑ Nachlassverwalter.

nach|lau|fen ⟨st. V.; ist⟩: **1.** *jmdm., einer Sache [eilig] zu Fuß folgen:* mir ist ein Hund bis hierher nachgelaufen; Ü einer Illusion n. **2.** (ugs.) *hinterherlaufen* (3): wenn ihr nicht mitmachen wollt, wir laufen euch nicht nach. **3.** (ugs., oft abwertend) *(in oft unkritischer, leichtgläubiger Weise) als Anhänger folgen:* einem falschen Messias n. **4.** *zulaufen* (6): warmes Wasser n. lassen. **5.** (Technik) *(von Messgeräten o. Ä.) zu wenig anzeigen, zu langsam gehen:* die Uhr läuft nach.

nach|lau|fend ⟨Adj.⟩ (Fachspr.): *erst später anfallend:* -e Belastungen, Studiengebühren.

Nach|läu|fer, der; -s, -: **1.** (oft abwertend) *leichtgläubiger, unkritischer Anhänger* (1). **2.** (Billard) *Ball, der, nachdem er einen anderen voll getroffen hat, trotzdem noch weiterrollt.*

Nach|läu|fe|rin, die; -, -nen: w. Form zu ↑ Nachläufer (1).

nach|le|ben ⟨sw. V.; hat⟩: *gemäß einem Vorbild, einer Vorschrift o. Ä. leben:* seinem Lehrer, den Geboten, seinen Pflichten n.

Nach|le|ben, das; -s: *Leben eines Verstorbenen in der Erinnerung der Hinterbliebenen.*

nach|le|gen ⟨sw. V.; hat⟩: **1.** *noch einmal, wiederholt auf etw. legen:* Holz n.; Würstchen auf den Grill n. **2.** (Sport) **a)** *anschließend, zusätzlich erzielen:* der Stürmer legte nach der Pause das 3:0 nach; **b)** *sich steigern:* im letzten Versuch konnte die Speerwerferin noch einmal n. **3.** (ugs.) *nachkarten:* »Du hast doch damals keine Zeit für die Kinder gehabt!«, legte sie nach. **4.** *anschließend, weiterführend veröffentlichen:* nach ihrem erfolgreichen Roman legte sie noch zwei Bände mit Kurzgeschichten nach.

nach|ler|nen ⟨sw. V.; hat⟩: *später lernen, um etw. nachzuholen:* versäumte Lektionen n.

Nach|le|se, die; -, -n [urspr. das nachträgliche Aufsammeln der bei der Weinernte übersehenen od. erst später gereiften Trauben]: **1.** (geh.) *nachträgliche Auswahl:* das Fernsehen bringt zu Silvester eine N. aus den Shows des Jahres. **2.** (geh.) *nachträgliche, oft auswählende u. bewertende Betrachtung:* eine N. der dramatischen Ereignisse.

nach|le|sen ⟨st. V.; hat⟩: *(eine bestimmte Stelle) [noch einmal] lesen od. etw., was man geschrieben hat, durch ¹Lesen* (1 a) *überprüfen:* den Text der Rede n.; ich muss das noch einmal n.

nach|lie|fern ⟨sw. V.; hat⟩: **a)** *zu einem späteren Zeitpunkt [als dem abgesprochenen Termin] liefern:* der Rest der Ware wird nachgeliefert; **b)** *zu einer vorausgegangenen Lieferung als Ergänzung liefern:* die folgenden Bände des Lexikons werden regelmäßig nachgeliefert.

Nach|lie|fe|rung, die; -en: **1.** *das Nachliefern.* **2.** *nachgelieferte Ware.*

nach|lö|sen ⟨sw. V.; hat⟩: *eine Fahrkarte nach Antritt der Fahrt lösen:* im Zug [einen Zuschlag] n.

nach|ma|chen ⟨sw. V.; hat⟩ (ugs.): **1. a)** *genau das machen, was ein anderer tut:* jmdm. etw. n.; das Kind macht den Geschwistern alles nach; das soll [mir] erst mal einer n. *(genauso gut machen);* **b)** *nachahmen; kopieren; imitieren:* die Kinder machten den Lehrer nach; Tierstimmen n.; **c)** *nach einer Vorlage ganz genauso herstellen:* Stilmöbel n.; die Unterschrift war sehr schlecht nachgemacht. **2.** *(Versäumtes) zu einem späteren Zeitpunkt machen:* die Hausaufgaben n.

Nach|mahd, die; - (landsch.): *Grummet.*

nach|ma|len ⟨sw. V.; hat⟩: **1.** *(eine Vorlage) durch Malen wiedergeben, abmalen* (1): etw. aus der Erinnerung n. **2. a)** *durch nochmaliges Malen auffrischen, intensivieren:* Konturen n.; **b)** (ugs.) *nochmals schminken.*

nach|ma|lig ⟨Adj.⟩: ¹*später* (b): der -e Präsident.

nach|mel|den ⟨sw. V.; hat⟩: *noch nach Ablauf einer Frist melden* (2) *od. anmelden* (2, 3): Dazu: **Nach|mel|dung**, die; -, -en.

nach|mes|sen ⟨st. V.; hat⟩: *zur Überprüfung der Maße [noch einmal] messen:* Dazu: **Nach|mes|sung**, die; -, -en.

Nach|mie|ter, der; -s, -: *jmd., der nach einem anderen Mieter, wenn dieser ausgezogen ist, eine Wohnung o. Ä. mietet:* einen N. suchen.
Nach|mie|te|rin, die: w. Form zu ↑ Nachmieter.
Nach|mit|tag, der; -[e]s, -e [subst. aus älter: nach Mittag]: **1.** *Zeit vom* ¹*Mittag* (1 a) *bis zum Beginn des Abends:* sie hat heute ihren freien N.; jeden N.; es war schon später N.; heute N.; des -s (geh.; *nachmittags*); er kommt [spät] am N.; er wollte im Laufe des -s anrufen. **2.** *Nachmittagsveranstaltung:* wir laden Sie zu unserem bunten N. ein.
nach|mit|tä|gig ⟨Adj.⟩: *den Nachmittag dauernd, am Nachmittag stattfindend:* die -e Ruhe.
nach|mit|täg|lich ⟨Adj.⟩: *immer in die Nachmittagszeit fallend; jeden Nachmittag wiederkehrend:* sie trafen sich zum -en Tanz im Café.
nach|mit|tags ⟨Adv.⟩: *am Nachmittag, zur Nachmittagszeit; während des Nachmittags* (Abk.: nachm., nm.).
Nach|mit|tags|be|treu|ung, die: *[pädagogische] Betreuung von Schulkindern in der unterrichtsfreien Zeit am Nachmittag.*
Nach|mit|tags|kaf|fee, der: *Kaffee, den man, meist mit Kuchen o. Ä., am Nachmittag zu sich nimmt.*
Nach|mit|tags|pro|gramm, das: **a)** *nachmittags gesendetes Rundfunk- od. Fernsehprogramm;* **b)** *nachmittags stattfindendes Programm* (1 b).
Nach|mit|tags|schlaf, der, **Nach|mit|tags|schläf|chen**, das: vgl. Mittagsschlaf.
Nach|mit|tags|son|ne, die: *nachmittägliche, in ihrer Kraft langsam abnehmende Sonne.*
Nach|mit|tags|stun|de, die: *bestimmte Stunde, Uhrzeit am Nachmittag:* zur frühen N. (am frühen Nachmittag).
Nach|mit|tags|un|ter|richt, der: vgl. Nachmittagsveranstaltung.
Nach|mit|tags|ver|an|stal|tung, die: *am Nachmittag stattfindende Veranstaltung.*
Nach|mit|tags|vor|stell|lung, die: vgl. Nachmittagsveranstaltung.
Nach|mit|tags|zeit, die: *Zeitspanne vom Mittag bis zum Abend.*
Nach|nah|me, die; -, -n [zum 2. Bestandteil vgl. ↑ Abnahme]: **1.** *Einziehen* (8 a) *eines Rechnungsbetrags durch die Post bei Aushändigung der Ware.* **2.** *Nachnahmesendung.*
Nach|nah|me|ent|gelt, das (Postw.): *für eine Nachnahmesendung zu zahlendes Entgelt.*
Nach|nah|me|ge|bühr, die (Postw. früher): *für eine Nachnahmesendung zu bezahlende Gebühr.*
Nach|nah|me|sen|dung, die: *Postsendung, die per Nachnahme zugestellt wird.*
Nach|na|me, der; -ns, -n: *Familienname [mit vorangestelltem Geburtsnamen].*
nach|no|mi|nie|ren ⟨sw. V.; hat⟩: *noch nach Ablauf einer gesetzten Frist nominieren:* Dazu: **Nach|no|mi|nie|rung**, die; -, -en.
Nach|nut|zung, die; -, -en (Verwaltungsspr.): *Nutzung eines Gebäudes, Geländes o. Ä., dessen ursprüngliche Nutzung beendet ist.*
Na|cho ['natʃo], der; -[s], -s ⟨meist Pl.⟩ [Kosef. des span. m. Vornamens Ignazio; nach dem mex. Erfinder Ignazio Anaya]: *als Dreieck geschnittenes, frittiertes und mit Käse überzogenes Maismehlplätzchen.*
nach|olym|pisch ⟨Adj.⟩ (Sport): *nach den Olympischen Spielen stattfindend, ablaufend:* -e Wettkämpfe; die -e Nutzung des Stadions.
Nach|ope|ra|ti|on, die: *nach einer Operation* (1) *nötig gewordene weitere Operation.*
nach|ope|rie|ren ⟨sw. V.; hat⟩: *eine Nachoperation vornehmen:* n. müssen.
nach|plap|pern ⟨sw. V.; hat⟩ (ugs., oft abwertend): *etw., was ein anderer gesagt hat, genauso [u. auf kindliche Weise] wiedergeben, ohne es inhaltlich erfasst zu haben:* die Kinder plappern alles nach.
nach|po|lie|ren ⟨sw. V.; hat⟩: *noch einmal zusätzlich polieren.*
Nach|por|to, das; -s, -s u. ...ti: *Nachentgelt.*
nach|prüf|bar ⟨Adj.⟩: *sich nachprüfen lassend:* diese Angaben sind nicht n. Dazu: **Nach|prüf|bar|keit**, die; -.
nach|prü|fen ⟨sw. V.; hat⟩: **1.** *zum Zweck der Kontrolle [noch einmal] prüfen; überprüfen:* die Richtigkeit der Angaben, die Angaben n.; jmds. Alibi n. **2.** *(jmdn.) zu einem späteren Zeitpunkt als vereinbart prüfen* (3 a): die Examenskandidatin wurde nachgeprüft.
Nach|prü|fung, die; -, -en: *das Nachprüfen; das Nachgeprüftwerden.*
Nach|rang, der; -[e]s: **1.** (österr.) *Pflicht, anderen Verkehrsteilnehmern Vorfahrt zu gewähren.* **2.** *geringere Bedeutung, Wichtigkeit:* N. haben.
nach|ran|gig ⟨Adj.⟩: **1. a)** *zweitrangig, weniger wichtig:* ein -es Problem; **b)** *im Rang untergeordnet:* -e Dienststellen. **2.** (Finanzw.) *im Falle einer Insolvenz o. Ä. den Forderungen anderer Gläubiger nachgeordnet:* -e Anleihen, Verbindlichkeiten.
Nach|ran|gig|keit, die; -, -en: **1.** ⟨o. Pl.⟩ *das Nachrangigsein.* **2.** *etw. Nachrangiges.*
nach|räu|men ⟨sw. V.; hat⟩ (ugs.): *aufräumen, was jmd. liegen gelassen hat:* jeden Tag muss ich dir n.!
nach|re|cher|chie|ren ⟨sw. V.; hat⟩: *[noch einmal] recherchieren.*
nach|rech|nen ⟨sw. V.; hat⟩: **1.** *(zur Kontrolle) noch einmal rechnen.* **2.** *etw. zurückverfolgen u. dabei berechnen:* er wusste nicht mehr, wie viele Jahre vergangen waren, und musste erst n.
Nach|re|de, die; -, -n [mhd. nāchrede]: **1.** (veraltend) *Nachwort, Epilog* (2). **2.** *unzutreffende, meist abfällige Äußerungen über jmdn., der nicht anwesend ist:* üble N. (Rechtsspr.: *Verbreitung einer beleidigenden u. unzutreffenden Behauptung, die einem anderen Menschen schadet*): üble N. über jmdn. führen; in üble N. kommen.
nach|re|den ⟨sw. V.; hat⟩: **1.** *das, was andere gesagt haben, kritiklos übernehmen u. wiederholen u. redet ihnen alles nach.* **2.** *nachsagen* (2).
nach|rei|chen ⟨sw. V.; hat⟩: *nach dem vereinbarten Zeitpunkt [ergänzend] einreichen:* Unterlagen n.
Nach|rei|fe, die; -: *das Reifen (von Obst o. Ä., das bei der Ernte noch nicht ganz reif war) während der Zeit der Lagerung.*
nach|rei|fen ⟨sw. V.; ist⟩: *nach der Ernte reifen:* während des Transports reifen die Bananen nach.
nach|rei|sen ⟨sw. V.; ist⟩: *kurz nach jmdm. an den gleichen Ort reisen; jmdm. (auf einer Reise) folgen:* wir sind der Gruppe bis München nachgereist.
nach|ren|nen ⟨unr. V.; ist⟩ (ugs.): *nachlaufen* (1, 2).
Nach|richt, die; -, -en [seit dem 17. Jh. für älter *Nachrichtung* = *das, wonach man sich zu richten hat, Anweisung* (2), dann: *Mitteilung* (die Anweisungen enthält), *Botschaft; Neuigkeit*]: **1.** *Mitteilung, die jmdm. in Bezug auf jmdn. od. etw. [für ihn persönlich] Wichtiges der Kenntnis des neuesten Sachverhalts vermittelt:* lokale -en; -en aus aller Welt; eine erfreuliche N.; die N. von seinem Tode traf alle sehr; N. erhalten; [keine] N. von jmdm. haben; -en dementieren; eine N. im Rundfunk bringen; ohne N. sein; auf N. warten. **2.** ⟨Pl.⟩ *Nachrichtensendung:* die -en haben nichts über das Unglück gebracht [gehört] -en hören, sehen.
Nach|rich|ten|agen|tur, die: *Unternehmen, das Nachrichten (bes. aus der Politik) sammelt u. an Presse, Funk u. Fernsehen weiterleitet.*
nach|rich|ten|arm ⟨Adj.⟩: *wenig Material für Nachrichten bietend:* eine -e Zeit.
Nach|rich|ten|block, der ⟨Pl. ...blöcke⟩: *mehrere [kurze] hintereinander gesendete Nachrichten innerhalb eines Programms.*
Nach|rich|ten|dienst, der: **1.** *staatlicher Geheimdienst zur Beschaffung geheimer Informationen bes. im militärischen, politischen, wirtschaftlichen Bereich.* **2. a)** *Nachrichtenagentur;* **b)** (veraltend) *Nachrichtensendung.*
nach|rich|ten|dienst|lich ⟨Adj.⟩: *den Nachrichtendienst* (1) *betreffend:* -e Tätigkeit.
Nach|rich|ten|ka|nal, der: *Kanal* (4) *des Fernsehens od. Rundfunks, auf dem fast ausschließlich Nachrichtensendungen ausgestrahlt werden.*
Nach|rich|ten|la|ge, die ⟨Pl. selten⟩: *Umfang u. Qualität der zu einem gegebenen Zeitpunkt vorliegenden Nachrichten:* die aktuelle N.; eine dünne, magere N. (wenig Nachrichten).
nach|rich|ten|los ⟨Adj.⟩: **1.** (Bankw.) *mit unbekanntem, nicht zu vermittelndem Eigentümer:* -e Konten, Vermögenswerte. **2.** *kein Material für Nachrichten bietend:* eine -e Zeit.
Nach|rich|ten|ma|ga|zin, das [wohl LÜ von engl. *news magazine*]: *Zeitschrift, die Nachrichten bringt u. kommentiert sowie aktuelle Themen behandelt.*
Nach|rich|ten|re|dak|ti|on, die: *für die Nachrichten zuständige Redaktion* (2).
Nach|rich|ten|sa|tel|lit, der: *Kommunikationssatellit.*
Nach|rich|ten|sen|der, der: *Sender* (1 b), *der fast ausschließlich Nachrichten ausstrahlt.*
Nach|rich|ten|sen|dung, die: *Sendung des Fernsehens od. des Rundfunks, in der Nachrichten von wichtigen aktuellen, bes. politischen Ereignissen übermittelt werden.*
Nach|rich|ten|sper|re, die: *Verbot, Rundfunk, Fernsehen, Presse u. Öffentlichkeit zu informieren:* eine totale N.
Nach|rich|ten|spre|cher, der: *jmd., der in Funk od. Fernsehen die Nachrichten spricht.*
Nach|rich|ten|spre|che|rin, die: w. Form zu ↑ Nachrichtensprecher.
Nach|rich|ten|sys|tem, das: *System zur Übermittlung von Nachrichten.*
Nach|rich|ten|tech|nik, die: *Teilgebiet der Elektrotechnik, das sich mit den Möglichkeiten zur Übermittlung u. Verbreitung von Nachrichten durch die Technik (z. B. Telefon, Rundfunk) befasst:* Dazu: **Nach|rich|ten|tech|ni|ker**, der; **Nach|rich|ten|tech|ni|ke|rin**, die.
Nach|rich|ten|ti|cker, der; [zu ↑ Ticker] (bes. Zeitungsw.): *technische Einrichtung, über die ständig Nachrichten [als laufende Texte] übermittelt werden.*
Nach|rich|ten|über|mitt|lung, die: *Übermittlung von Nachrichten (bes. in Funk u. Fernsehen).*
Nach|rich|ten|we|sen, das ⟨o. Pl.⟩: *alles, was die Übermittlung u. Verbreitung von Nachrichten betrifft einschließlich Organisation u. Verwaltung.*
nach|richt|lich ⟨Adj.⟩: *Nachrichten* (1) *betreffend, auf einer Nachricht beruhend; in Form einer Nachricht, als Nachricht:* -e Sendungen des Hörfunks.
nach|rü|cken ⟨sw. V.; ist⟩: **1. a)** *aufrücken* (1): würden Sie bitte etwas n. ?; **b)** *(von militärischen Einheiten o. Ä.) langsam u. geordnet nachfolgen:* sie rückten den Kämpfenden Truppe nach. **2.** *jmds. Posten, Amt einnehmen:* für den Posten des Direktors n.
Nach|rü|cker, der; -s, -: *auf einen Posten, Platz Nachrückender.*
Nach|rü|cke|rin, die; -, -nen: w. Form zu ↑ Nachrücker.

Nach|ruf, der; -[e]s, -e [zuerst im 17. Jh. als Ersatzwort für ↑Echo, dann = Abschiedsworte, die heutige Bed. seit dem 19. Jh.]: *einem kürzlich Verstorbenen gewidmete [mit einem Rückblick auf sein Leben verbundene] Worte der Würdigung.*
nach|ru|fen ⟨st. V.; hat⟩: *jmdm., der sich bereits entfernt hat, etw. hinterherrufen:* jmdm. einen Gruß n.
Nach|ruhm, der; -[e]s: *Ruhm, den jmd. nach dem Tod, den jmds. Werk bei der Nachwelt genießt.*
nach|rüh|men ⟨sw. V.; hat⟩: *rühmend nachsagen* (2): jmdm. Wundertaten n.
nach|rüst|bar ⟨Adj.⟩: **a)** *sich nachrüsten lassend:* -e Elektrogeräte; **b)** *für eine Nachrüstung* (1) *verwendbar:* eine zweite Festplatte ist n.
nach|rüs|ten ⟨sw. V.; hat⟩ (Technik): **1.** *nachträglich mit einem passenden zusätzlichen Gerät versehen, um eine bessere Leistung zu erzielen:* ein Notebook für WLAN-Empfang n. **2.** *das militärische Waffenpotenzial ergänzen, vergrößern.*
Nach|rüs|tung, die; -, -en: **1.** (Technik) *das Nachrüsten* (1). **2.** *das Nachrüsten* (2).
nach|sa|gen ⟨sw. V.; hat⟩: **1.** *(etw., was ein anderer sagt) wiederholen; nachsprechen:* das Kind sagt alles nach, was es hört. **2.** *von jmdm. in dessen Abwesenheit sagen, behaupten, über ihn verbreiten:* jmdm. Hochmut n.; man kann ihm nichts n. *(man hat keine Handhabe, ihn zu verdächtigen);* du darfst dir das nicht n. lassen *(nicht dulden, dass man das von dir behauptet).*
Nach|sai|son, die; -, -s, südd., österr. auch: -en: *Zeitabschnitt nach der Hauptsaison.*
nach|sal|zen ⟨unr. V.; salzte nach, hat nachgesalzen/(seltener auch:) nachgesalzt⟩: *nach der eigentlichen Zubereitung zusätzlich salzen:* die Suppe, Soße n.
Nach|satz, der; -es, Nachsätze: **1.** *nachgetragene, einer [schriftlichen] Äußerung angehängte Bemerkung, Ergänzung:* etw. beiläufig in einem N. erwähnen. **2.** (Sprachwiss.) *nachgestellter Satz; am Ende eines Satzgefüges stehender Satz.* **3.** (Buchbinderei) *Doppelblatt, dessen eine Hälfte auf die Innenseite des hinteren Buchdeckels geklebt wird u. dessen andere Hälfte beweglich bleibt.*
Nach|schau, die; -, -en ⟨Pl. selten⟩: **1.** (geh.) *prüfendes Nachsehen, Überprüfung:* ich will N. halten *(nachsehen),* ob er kommt. **2.** *nachträgliche Betrachtung:* in der N. stellte sich manches als viel harmloser heraus.
nach|schau|en ⟨sw. V.; hat⟩ (bes. südd., österr., schweiz.): *nachsehen* (1-3).
nach|schen|ken ⟨sw. V.; hat⟩ (geh.): *nachgießen* (a).
nach|schi|cken ⟨sw. V.; hat⟩: **a)** *jmdm., dessen Adresse sich [vorübergehend] geändert hat, etw. an seine neue Adresse schicken:* sich die Post an den Urlaubsort n. lassen; **b)** *hinterherschicken.*
nach|schie|ben ⟨st. V.; hat⟩ (Jargon): *an eine Veröffentlichung, Äußerung, Mitteilung, Frage o. Ä. noch eine weitere anschließen:* einen Antrag n.
nach|schie|ßen ⟨st. V.; hat⟩ (Wirtsch.): *zusätzlich zur ursprünglichen Einlage* (8 b) *zahlen:* Kapital, große Summen n. müssen.
Nach|schlag, der; -[e]s, Nachschläge: **1.** (Musik) **a)** *musikalische Verzierung aus einer od. zwei Noten, die an eine vorausgehende gebunden werden;* **b)** *verzierender Abschluss eines Trillers.* **2. a)** *zusätzliche Portion bei einer Essenausgabe:* einen N. aus der Gulaschkanone bekommen; **b)** *etw. zusätzlich Gewährtes od. Gefordertes:* es gab noch einen Nachschlag zur bereits ausgehandelten Tariferhöhung.
nach|schla|gen ⟨st. V.⟩: **1.** ⟨hat⟩ **a)** *um etw. Bestimmtes zu erfahren, ein Buch o. Ä. an der ent-* *sprechenden Stelle aufschlagen u. sich dort informieren:* in einem Wörterbuch n.; **b)** *in einem Buch aufsuchen u. lesen:* ein Zitat n. **2.** ⟨ist⟩ [mhd. (md.) nāch slahen] (geh.) *nach jmdm. geraten; jmdm. in der Art, im Wesen ähnlich werden:* er schlägt dem Vater nach.
Nach|schla|ge|werk, das: *Buch (bes. Lexikon, Wörterbuch), das in übersichtlicher, meist alphabetischer Anordnung der schnellen Orientierung über etw. dient.*
nach|schlei|chen ⟨st. V.; ist⟩: *schleichend* (a) *folgen.*
Nach|schlüs|sel, der; -s, -: *Schlüssel, der einem anderen [ohne Erlaubnis, heimlich] nachgearbeitet worden ist.*
nach|schme|cken ⟨sw. V.; hat⟩: **1.** *einen Nachgeschmack haben.* **2.** (geh.) *noch einmal genießen, genussvoll nacherleben:* den (auch: dem) Klang eines Wortes n.
nach|schmei|ßen ⟨st. V.; hat⟩ (ugs.): *nachwerfen.*
nach|schmin|ken ⟨sw. V.; hat⟩: *korrigierend, auffrischend noch einmal schminken.*
nach|schnei|den ⟨unr. V.; hat⟩: *durch nochmaliges Schneiden in die gewünschte Form bringen:* die Haare n.
nach|schnüf|feln ⟨sw. V.; hat⟩ (ugs.): *nachspionieren.*
nach|schrei|ben ⟨st. V.; hat⟩: **1.** *nach einem Muster, einer Vorlage, nach Gehör [in Stichworten] aufschreiben:* einen Vortrag n. **2.** *(von Tests o. Ä.) zu einem späteren Zeitpunkt als vereinbart schreiben.*
nach|schrei|en ⟨st. V.; hat⟩: *nachrufen.*
Nach|schrift, die; -, -en: **1.** *etw. Nachgeschriebenes, schriftlich [in Stichworten] Wiedergegebenes.* **2.** [LÜ von ↑Postskriptum] vgl. Nachsatz (1): der Brief hatte noch eine N.
Nach|schub, der; -[e]s, Nachschübe ⟨Pl. selten⟩ [spätmhd. nāchschup] (Militär): **a)** *das Versorgen von Truppen, bes. an der Front, mit neuem Material:* N. an Munition; Ü bei der Party war er für den N. an alkoholischen Getränken verantwortlich; **b)** *neues Material, mit dem Truppen, bes. an der Front, versorgt werden:* N. anfordern.
Nach|schub|weg, der: *Weg für den Transport des Nachschubs.*
nach|schu|len ⟨sw. V.; hat⟩: *in einem Fortbildungskurs o. Ä. nachträglich zusätzlich* ¹*schulen* (a): Dazu: **Nach|schu|lung**, die; -, -en.
Nach|schuss, der; -es, ...schüsse: **1.** (Wirtsch.) *über die eigentliche (als Beteiligung an einem Unternehmen eingebrachte) Einlage hinaus zu leistende, zusätzliche Einzahlung.* **2.** (bes. Fußball, Eishockey) *erneuter Schuss auf das Tor mit dem abgewehrten od. vom Tor abgeprallten Ball.*
nach|schüt|ten ⟨sw. V.; hat⟩: *zusätzlich in, an, auf etw. schütten:* Kohlen n.
nach|schwin|gen ⟨st. V.; hat⟩: **1.** *nachträglich noch kurze Zeit in Schwingung, in schwingender Bewegung sein:* die Saite schwang noch etwas nach; die Arme kurz n. lassen. **2.** (geh.) *nachträglich noch zum Ausdruck kommen, als Empfindung, Gefühl o. Ä. vorhanden sein; eine Nachwirkung hinterlassen.*
nach|se|hen ⟨st. V.; hat⟩: **1.** [mhd. nāch sehen] *mit den Blicken folgen; zusehen, wie sich jmd., etw. entfernt; hinterherblicken, -sehen:* jmdm. sinnend n.; den Schiffen n. **2. a)** *sich mit prüfenden Blicken über einen bestimmten Sachverhalt informieren; kontrollierend nach etw. sehen:* sieh mal nach, ob die Kinder schlafen/wer an der Tür ist; **b)** *nachschlagen* (1 a); **c)** *in einem Buch aufsuchen u. nachschlagen* (1 b). **3.** *kontrollierend, überprüfend auf Fehler, Mängel hin durchsehen:* [jmdm.] die Schularbeiten n. **4.** *mit jmdm. in Bezug auf etw. sonst Bean-* *standens-, Tadelnswertes nachsichtig sein, nicht übel nehmen:* er sieht den Kindern alle Unarten nach.
Nach|se|hen: in der Wendung **das N. haben** *(nichts mehr, nur noch das Schlechtere [ab]bekommen).*
nach|sen|den ⟨unr. V.; sandte/(seltener:) sendete nach, hat nachgesandt/(seltener:) nachgesendet⟩ (bes. Postw.): *nachschicken* (a).
nach|set|zen ⟨sw. V.; hat⟩: *sehr schnell folgen; jmdm. in großem Tempo verfolgen:* mit großen Schritten setzte er dem Dieb nach.
Nach|sicht, die; -: *das Nachsehen* (4); *verzeihendes Verständnis für die Unvollkommenheiten, Schwächen von jmdm., einer Sache:* mild N. haben; N. üben; keine N. kennen; jmdn. um N. bitten; Die gütige N. des Fürsten allein hätte mich vor schwerer Strafe gerettet (Roth, Beichte 61).
nach|sich|tig ⟨Adj.⟩: *Nachsicht zeigend; voller Nachsicht:* eine -e Beurteilung; -e Eltern; wir waren immer [zu] n. gegen euch, euch gegenüber, mit euch; jmdn. n. behandeln. Dazu: **Nach|sich|tig|keit**, die; -.
Nach|sil|be, die; -, -n (Sprachwiss.): *Suffix.*
nach|sin|gen ⟨st. V.; hat⟩: *(etw., was ein anderer vorsingt, vorspielt) singend wiederholen:* sie konnte alles nachsingen, was sie einmal gehört hatte.
nach|sin|nen ⟨st. V.; hat⟩: **a)** (geh.) *sinnend nachdenken, Betrachtungen anstellen:* über ein Problem n.; **b)** *sich [nachträglich] in Gedanken mit etw. beschäftigen; in Gedanken einer Sache nachhängen:* sie sann seinen Worten lange nach.
nach|sit|zen ⟨unr. V.; hat; südd., österr., schweiz. auch: ist; meist in Verbindung mit »müssen«⟩: *zur Strafe außerhalb des Unterrichts noch in der Schule bleiben:* er war frech gewesen und musste n.; Ü nach dem Urteil des Verfassungsgerichts muss das Parlament n. und das Gesetz neu formulieren.
Nach|som|mer, der; -s, -: *Tage im späten Sommer od. im frühen Herbst, an denen bei freundlichem, sonnigem Wetter noch einmal eine mildsommerliche Atmosphäre entsteht.*
Nach|sor|ge, die; - (Med.): *ärztliche Betreuung eines Patienten nach einer Krankheit, einer Operation:* ambulante N.
Nach|spann, der; -[e]s, -e u. Nachspänne (Film, Fernsehen): *einem Film, einer Fernsehsendung folgende Angaben über die Mitwirkenden, den Autor o. Ä.*
Nach|spei|se, die; -, -n: *meist aus einer süßen Speise, aus Obst, Käse o. Ä. bestehender, der Hauptmahlzeit folgender letzter* ¹*Gang* (9).
Nach|spiel, das; -[e]s, -e: **1.** *einem Bühnenwerk, Musikstück o. Ä. nachgestelltes kleineres, abschließendes Stück.* **2.** *[im Geschlechtsverkehr] dem eigentlichen Geschlechtsakt folgender, ihn abschließender Austausch von Zärtlichkeiten.* **3.** *aus einem bestimmten Geschehen, Vorgang, einer Angelegenheit erwachsende unangenehme Folgen:* die Sache wird noch ein N. haben *(ist noch nicht erledigt, nicht ausgestanden).*
nach|spie|len ⟨sw. V.; hat⟩: **1. a)** *etw., was jmd. vorgespielt hat, danach genauso spielen;* **b)** *mit darstellerischen Mitteln nachmachen.* **2.** *(ein von einem Theater uraufgeführtes Theaterwerk) in einem anderen Theater auch spielen, von einer anderen Bühne übernehmen.* **3.** (Kartenspiele) *(eine bestimmte Karte) nach einem vorher an sich gebrachten Stich ausspielen:* Kreuzass n. **4.** (Ballspiele, bes. Fußball) *(durch Unterbrechungen verlorene Zeit) nach Ablauf der regulären Spielzeit durch zeitlich entsprechende Verlängerung nachholen:* der

Schiedsrichter wird [die verlorenen Minuten] wohl n. lassen.

Nach|spiel|zeit, die (Ballspiele, bes. Fußball): *Verlängerung der regulären Spielzeit, in der durch Unterbrechungen verlorene Zeit nachgespielt* (4) *wird:* beide Tore fielen erst in der N.

nach|spi|o|nie|ren ⟨sw. V.; hat⟩: *jmdm. spionierend folgen; jmdn. heimlich kontrollieren.*

nach|spre|chen ⟨st. V.; hat⟩: vgl. nachsagen (1): ein Gebet, eine Eidesformel n.

nach|spü|len ⟨sw. V.; hat⟩: **1.** *nachträglich noch einmal abspülen* (b), *ausspülen* (1 b): Gläser mit Spülmittel reinigen und mit klarem Wasser gut n. **2.** *durch Nachschütten, -gießen einer Flüssigkeit spülen:* wenn das Mittel durch den Abfluss abgelaufen ist, muss man kräftig [mit Wasser] n. **3.** (ugs.) *etw. gerade Genossenem, Hinuntergeschlucktem schnell ein Getränk folgen lassen; nachträglich noch schnell etw. trinken:* sie nahm einen Bissen Lachs und spülte mit Champagner nach.

nach|spü|ren ⟨sw. V.; hat⟩ (geh.): **1.** *vorsichtig u. aufmerksam erkundend folgen, nachgehen:* einer Fährte n. **2.** *etw. forschend zu erkunden, entdecken, ergründen suchen:* einem Geheimnis n.

nächst ⟨Präp. mit Dativ⟩ [mhd. (md.) nehest] (geh.): **1.** (selten) *(räumlich) unmittelbar an, bei:* er wartete n. dem Bahnhof. **2.** *(dem Rang, der Ordnung, dem Wert nach) unmittelbar nach; neben:* n. der Arbeitslosigkeit ist dies das derzeit größte Problem.

nächst... ⟨Adj.⟩ [mhd. næh(e)st, ahd. nahist]: **1.** Sup. zu ↑¹*nahe.* **2. a)** *räumlich als Erstes kommend, in der räumlichen Reihenfolge unmittelbar folgend:* die nächste Straße links einbiegen; * **der, die, das nächste Beste** (↑ erst... a); **b)** *zeitlich zuerst, als Erstes folgend, im zeitlichen Ablauf zuerst kommend; unmittelbar bevorstehend, folgend:* nächste Woche; nächsten Montag/an nächstem Montag; bei nächster/bei der nächsten Gelegenheit; ⟨subst.:⟩ der Nächste, bitte!

nächst|bes|ser ⟨Adj.⟩: *dem besseren, höheren Rang nach, der besseren Qualität, Kategorie o. Ä. nach unmittelbar folgend:* die -e Platzierung; das -e Hotel war ihr zu teuer.

nächst|bes|te ⟨Adj.⟩: *in der Verbindung* **der, die, das n. ...** *(der, die, das erste beste ...:* ⟨subst.:⟩ das Nächstbeste, was sich ihm bietet; bei der -n Gelegenheit.)

Nächs|te, der; -n, -n [mhd. næh(e)ste, ahd. nahisto = Nachbar, Subst. zu ↑ nächst...] (geh.): *Mitmensch:* seinem -n helfen; R jeder ist sich selbst der N. *(jeder denkt zuerst an sich selbst).*

nach|ste|hen ⟨unr. V.; hat; südd., österr., schweiz. auch: ist⟩ [mhd. nāch stān = hinter jmdm., etw. stehen; nachfolgen]: *einem andern in bestimmter Hinsicht unterlegen sein, nicht gleichkommen:* sie steht ihm in nichts nach *(ist ihm in jeder Hinsicht ebenbürtig).*

nach|ste|hend ⟨Adj.⟩: *an späterer Stelle im Text, weiter unten stehend; folgend:* die -en Bemerkungen.

nach|stei|gen ⟨st. V.; ist⟩ (ugs.): *bes. einem Mädchen hartnäckig folgen u. um es werben:* er steigt schon lange der Laborantin nach.

nach|stel|len ⟨sw. V.; hat⟩ [vom Fallenstellen des Jägers gesagt]: **1.** *einer Vorlage, einem Vorbild entsprechend aufstellen, darstellen:* eine Szene n. **2.** (Sprachwiss.) *(ein Wort, Satzglied) im Satz weiter nach hinten, hinter ein anderes Wort, Satzglied stellen:* ⟨meist im 2. Part.:⟩ ein nachgestelltes Attribut. **3.** *(bei einer Uhr) die Zeiger zurückdrehen; zurückstellen* (3). **4.** *nachträglich, nach einer gewissen Zeit neu einstellen, noch einmal genauer einstellen:* die Bremse, ein Ventil n. **5. a)** (geh.) *jmdm., ein Tier hartnäckig mit List verfolgen, zu fangen, in seine Gewalt zu bekommen suchen:* dem Wild n.; **b)** *hartnäckig, aufdringlich um jmdn. werben:* er stellt den Mädchen nach, die meist nichts von ihm wissen wollen.

Nach|stel|lung, die; -, -en: **1.** (Sprachwiss.) *das Nachstellen* (2). **2.** *das Nachstellen* (5 b): jmds. -en zu entgehen suchen.

Nächs|ten|lie|be, die; -: *innere Einstellung, aus der heraus jmd. bereit ist, seinen Mitmenschen zu helfen, für sie Opfer zu bringen:* etw. aus [reiner, christlicher] N. tun.

nächs|tens ⟨Adv.⟩: **1.** *bald, in nächster Zeit einmal; in Kürze; demnächst:* wir wollen euch n. besuchen. **2.** (ugs.) *wenn das so weitergeht, ...; am Ende, schließlich:* er lässt sich von ihr immer bedienen, n. bindet sie ihm noch die Schuhe.

nächst|fol|gend ⟨Adj.⟩: *unmittelbar folgend, sich anschließend:* in der -en Zeit.

nächst|ge|le|gen ⟨Adj.⟩: *räumlich am nächsten gelegen, am wenigsten weit entfernt:* der -e Ort; n. ist die neue Cafeteria.

nächst|hö|her ⟨Adj.⟩: *der Höhe nach, einem höheren Rang nach unmittelbar folgend:* die -e Klasse; die n. gelegene Plattform.

nächst|lie|gend ⟨Adj.⟩: *sich beim Überlegen sofort einstellend, sich zuerst anbietend; sehr einleuchtend, sehr naheliegend:* die -e Lösung. ⟨subst.:⟩ auf das Nächstliegende bin ich nicht gekommen.

nächst|mög|lich ⟨Adj.⟩: *sich als nächste Möglichkeit bietend, als allererste Möglichkeit ergebend:* der -e Termin; Arbeitsbeginn: n.

nach|sto|ßen ⟨st. V.⟩: **1.** ⟨ist⟩ *anderen folgend in gleicher Richtung, in dasselbe Gebiet vordringen:* der Gegner stößt nach. **2.** ⟨hat⟩ (ugs.) *(bei einer Diskussion, einem Interview o. Ä.) in eindringlicher Weise eine weitere Frage stellen, ein weiteres Argument vorbringen:* er stieß mit immer neuen Fragen nach.

nach|stre|ben ⟨sw. V.; hat⟩ (geh.): vgl. nacheifern.

nach|stür|zen ⟨sw. V.; ist⟩: **1.** *nachträglich noch herunterstürzen, herunterbrechen:* Erdmassen stürzten nach. **2.** *in großer Eile, Hast nachlaufen:* er stürzt ihr nach, um sie zurückzuhalten.

nach|su|chen ⟨sw. V.; hat⟩: **1.** *intensiv nach etw. suchen; nachsehen:* ich muss noch einmal n. **2.** (geh.) *(um etw.) förmlich bitten; etw. in aller Form, offiziell beantragen:* um Bedenkzeit n.; Sie waren wie Brautleute, Moell hatte um Heiratsgenehmigung nachgesucht. Er hatte bisher nicht gewusst, was das Leben bieten konnte (Gaiser, Jagd 16).

Nacht, die; -, Nächte [mhd., ahd. naht, urspr. Bez. für den gesamten Zeitraum von Sonnenuntergang bis Sonnenuntergang]: *Zeitraum etwa zwischen Sonnenuntergang u. Sonnenaufgang, zwischen dem Einbruch der Dunkelheit u. Beginn der Morgendämmerung:* eine mondhelle N.; die Nächte sind jetzt schon kühl; die N. kommt, bricht an; eine N. im Freien verbringen; die Patientin hatte eine schlechte N.; etw. bereitet jmdm. schlaflose Nächte *(regt jmdn. so sehr auf, ärgert ihn so sehr, dass er nächtelang nicht schlafen kann);* zwei Nächte lang; heute N. *(in der Nacht von gestern auf heute od. von heute auf morgen);* eines -s (geh.; *in, während einer Nacht);* in Quartier für die N. für N. *(jede Nacht);* im Schutz, bei Einbruch der N.; n. auf/zum Montag; sie fuhren in die N. hinaus; bei jmdm. über N. bleiben; bis spät in die N./bis in die späte N. [hinein] arbeiten; zur N. (geh.; *nachts, zur Nachtzeit);* in der N. von Sonntag auf Montag; er kam spät/mitten in der N.; * **Heilige N.** *(Nacht zum ersten Weihnachtstag);* **Zwölf Nächte** *(die Nächte zwischen Weihnachten u. Dreikönigstag);* **gute N.!** *(Grußformel vor dem Schlafengehen, Einschlafen;* [zu] *jmdm. Gute,* [auch:] gute N. sagen); **weiße/Weiße Nächte** *(Nächte, in denen die Sonne nur für eine kurze Zeit untergeht, sodass es auch nachts hell ist);* **na, dann gute N.!** (ugs.; Ausruf der Enttäuschung, der Resignation); **N. der langen Messer** (salopp: 1. *grausames Morden; Gemetzel, das an einer gegnerischen Gruppe begangen wird.* 2. *Gelegenheit o. Ä., bei der durch politischen Machtwechsel o. Ä. eine Anzahl nicht mehr erwünschter Personen kurzerhand ihres Wirkungsbereichs, Einflusses beraubt, wirtschaftlich, beruflich o. ä. zugrunde gerichtet wird);* **schwarz wie die N.** (emotional; *tiefschwarz; sehr dunkel);* **hässlich wie die N.** (emotional; *sehr hässlich);* **die N. zum Tage machen** *(sich nicht schlafen legen, die ganze Nacht durcharbeiten, durchfeiern o. Ä.);* ⟨Dativ⟩ **die N. um die Ohren schlagen** (ugs.; *sich aus irgendeinem Grund nachts nicht schlafen legen);* **bei N. und Nebel** *(ganz heimlich [u. bei Nacht]).*

Nacht|ab|sen|kung, die: *automatische Drosselung einer Zentralheizung während der Nacht.*

nacht|ak|tiv ⟨Adj.⟩ (Zool.): *(von bestimmten Tieren) während der Nacht die zum Leben notwendigen Aktivitäten entwickelnd u. tagsüber schlafend:* -e Tiere.

Nacht|ar|beit, die ⟨o. Pl.⟩: *Arbeit, Erwerbstätigkeit während der Nacht, zwischen 23 u. 6 Uhr:* Dazu: **Nacht|ar|bei|ter**, der; **Nacht|ar|bei|te|rin**, die.

Nacht|asyl, das: *Asyl* (1) *für die Übernachtung (von Obdachlosen o. Ä.).*

Nacht|bar, die: *bis spät in die Nacht, bis zum frühen Morgen geöffnete* ¹Bar (1 a).

nacht|blau ⟨Adj.⟩: *von der Farbe des nächtlichen Himmels, tief dunkelblau, schwarzblau.*

nacht|blind ⟨Adj.⟩: *nicht fähig, bei Dämmerung od. in der Dunkelheit etw. zu sehen, genau zu erkennen:* Dazu: **Nacht|blind|heit**, die.

Nacht|bus, der: *Bus, der nachts fährt.*

Nacht|ca|fé, das: **a)** *nachts geöffnetes Lokal, das vorwiegend Getränke u. kleinere Speisen anbietet; oft mit kulturellen Veranstaltungen;* **b)** *nachts geöffnetes billiges Lokal für Obdachlose.*

Nacht|creme, **Nacht|crème**, die (Kosmetik): *Gesichtscreme für die Nacht.*

Nacht|dienst, der: *Dienst* (1 a) *während der Nacht.*

nacht|dun|kel ⟨Adj.⟩ (geh.): *von der Nacht dunkel:* der nachtdunkle Wald, Garten.

Nach|teil, der; -[e]s, -e [geb. als Ggs. zu ↑ Vorteil]: *etw. (Umstand, Lage, Eigenschaft o. Ä.), was für jmdn. gegenüber anderen negativ auswirkt, ihn beeinträchtigt, ihm schadet:* ein großer N.; finanzielle -e; daraus erwachsen, entstehen [uns] einige -e; er ist, befindet sich [den anderen gegenüber] im N. *(ist benachteiligt);* jmdn. in [den] N. setzen *(jmdn. benachteiligen).*

nach|tei|lig ⟨Adj.⟩: *Nachteile mit sich bringend; ungünstig, schädlich:* -e Folgen; etw. wirkt sich n. aus; ⟨subst.:⟩ es ist nichts Nachteiliges über ihn bekannt.

näch|te|lang ⟨Adj.⟩: *mehrere, viele Nächte dauernd, anhaltend; während mehrerer, vieler Nächte:* sich n. herumtreiben.

nach|ten ⟨sw. V.; hat; unpers.⟩ [mhd. nahten, ahd. nahtēn] (schweiz., sonst dichter.): *Nacht werden, dunkel werden:* es nachtet schon; Ü ◆ Der strengen Diana ... lasset uns Nacht in wilde Gehölz, wo die Wälder am dunkelsten nachten (Schiller, Braut v. Messina 907 ff.).

näch|tens ⟨Adv.⟩: *nachts, in der Nacht:* n. lärmende Betrunkene.

Nacht|es|sen, das (bes. südd., schweiz.): *Abendessen.*

Nacht|eu|le, die (ugs. scherzh.): *jmd., der gerne bis spät in die Nacht hinein aufbleibt.*
Nacht|fahrt, die: vgl. Nachtflug.
Nacht|fahr|ver|bot, das: *Verbot für Kraftfahrzeuge, nachts öffentliche Verkehrswege zu benutzen.*
Nacht|fal|ter, der: **1.** *Falter, Schmetterling, der in der Dämmerung u. Dunkelheit fliegt.* **2.** (scherzh.) *Nachtschwärmerin, Nachtschwärmer* (2).
Nacht|flug, der: *während der Nacht stattfindender Flug* (2).
Nacht|flug|ver|bot, das: vgl. Nachtfahrverbot.
Nacht|frost, der: *während der Nacht auftretender Frost.*
Nacht|ge|bet, das: *Abendgebet.*
Nacht|ge|schirr, das (veraltet): *Nachttopf.*
Nacht|ge|spenst, das: *nachts erscheinendes Gespenst:* wie ein N. aussehen.
Nacht|ge|stalt, die: a) *Person, der man vorwiegend nachts auf den Straßen, in Lokalen begegnet;* b) *nächtliche Schreckgestalt.*
Nacht|hemd, das: *im Bett getragenes, [längeres] einem Hemd* (2) *ähnliches Wäschestück.*
Nacht|him|mel, der: *nächtlicher Himmel.*
näch|tig ⟨Adj.⟩ (dichter.): *nächtlich, nachtdunkel:* Ü ◆ Es war noch n., aber man hörte schon das Gesure der Leute (Rosegger, Waldbauernbub 140).
Nach|ti|gall, die; -, -en [mhd. nahtegal, ahd. nahtagala, eigtl. = Nachtsängerin; 2. Bestandteil zu ↑ gellen]: *(bes. in Laubwäldern u. dichtem Gebüsch versteckt lebender) unscheinbar rötlich brauner Singvogel, dessen besonders nachts ertönender Gesang sehr melodisch klingt:* die N. schlägt; R N., ick hör dir trapsen (salopp, bes. berlin.; *man merkt deutlich, was beabsichtigt ist, worauf die Sache hinausläuft*).
Nach|ti|gal|len|schlag, der: *Gesang der Nachtigall.*
näch|ti|gen ⟨sw. V.; hat⟩: a) *mangels einer üblichen Schlafgelegenheit irgendwo die Nacht verbringen:* unter freiem Himmel n.; b) (bes. österr.) *übernachten.*
Näch|ti|gung, die; -, -en (österr.): *Übernachtung.*
◆ **Nacht|ims,** der, auch: das; -, -e [2. Bestandteil zu ↑ Imbiss; spätmhd. nahtimbīȝ]: *[kleine] Mahlzeit am Abend:* Ihr wollt nicht zum N. bleiben? (Goethe, Götz II).
Nach|tisch, der; -[e]s, -e: *Nachspeise:* den N. servieren; als, zum N. gibt es Eis.
Nacht|käst|chen, das, **Nacht|kas|ten,** der (südd., österr.): *Nachttisch.*
Nacht|ker|ze, die: *Pflanze mit verzweigtem Stängel, ovalen bis lanzettförmigen Blättern u. oft in Trauben od. Ähren wachsenden, großen, gelben Blüten.*
Nacht|kli|nik, die: *[psychiatrische] Klinik, in der berufstätige Patient(inn)en übernachten u. behandelt werden.*
Nacht|klub, Nachtclub, der: *Nachtbar.*
Nacht|kon|zert, das: *am sehr späten Abend od. nachts stattfindendes Konzert.*
Nacht|la|ger, das ⟨Pl. ...lager⟩: **1.** (geh.) *Schlafstätte zum Übernachten.* **2.** *Biwak.*
Nacht|le|ben, das ⟨o. Pl.⟩: **1.** *nächtlicher Vergnügungsbetrieb* (1) *in einem Ort, bes. einer Großstadt:* das Pariser N. **2.** (meist scherzh.) *Vergnügungen, denen jmd. während der Nacht nachgeht:* ein anstrengendes N. haben.
nächt|lich ⟨Adj.⟩ [spätmhd. nachtlich, ahd. nahtlīh]: *in der Nacht vorhanden, stattfindend; während der Nacht:* -e Stille; ein -er Überfall; -e Störungen; Im Frühling, wo es n. noch frostet, bleiben die Menschen ... meistens in der Stadt (A. Zweig, Grischa 93).
Nacht|licht, das: *während der Nacht brennendes gedämpftes Licht.*

Nacht|lo|kal, das: vgl. Nachtbar.
Nacht|luft, die: *kühle o. ä. Luft zur Nachtzeit.*
Nacht|mahl, das (österr., auch südd.): *Abendessen:* Beim N. trinken wir Bruderschaft (Schnitzler, Liebelei 13).
nacht|mah|len ⟨sw. V.; hat⟩ (österr.): *zu Abend essen:* sie nachtmahlen, haben gerade genachtmahlt.
Nacht|mahr, der: **1.** *Nachtgespenst.* **2.** ²*Alb* (2).
Nacht|mensch, der: *jmd., der gerne bis spät in die Nacht aufbleibt, nachts aktiv wird.*
Nacht|mu|sik, die (selten): *Serenade, Abendmusik.*
Nacht|müt|ze, die: **1.** (früher) *Schlafmütze* (1). **2.** (ugs. abwertend) *Schlafmütze* (2 b).
Nacht|por|ti|er, der: *Portier, der nachts den Dienst versieht.*
Nacht|pro|gramm, das: *spät am Abend beginnendes, während der Nacht gesendetes Rundfunk-, Fernsehprogramm.*
Nacht|quar|tier, das: *Quartier* (1) *für eine Nacht.*
Nacht|trag, der; -[e]s, Nachträge: *schriftliche Ergänzung; nachträglicher schriftlicher Zusatz.*
nach|tra|gen ⟨st. V.; hat⟩: **1.** *hinter jmdm. hertragen; jmdm. tragend nachbringen:* jmdm. den Koffer n. **2. a)** *nachträglich schriftlich ergänzen, ein-, hinzufügen* (1): Daten n.; **b)** *nachträglich sagen, bemerken, hinzufügen* (2): nachzutragen wäre noch, dass ... **3.** *jmdm. längere Zeit seine Verärgerung über eine von ihm erfahrene Beleidigung o. Ä. spüren lassen; nicht verzeihen können:* jmdm. eine Äußerung n.; sie trägt nichts nach *(ist nicht nachtragend).*
nach|tra|gend ⟨Adj.⟩: *dazu neigend, jmdm. etw. nachzutragen* (3): sei nicht so n.!
nach|träg|lich ⟨Adj.⟩: *hinterher geschehend, erfolgend; später, danach:* -e Glückwünsche.
Nacht|rags|etat, der (Wirtsch.): *Nachtragshaushalt.*
Nacht|trags|haus|halt, der (Wirtsch.): *(durch Mehrausgaben erforderlich werdender) zusätzlich zu dem bereits vorhandenen Haushaltsplan zu erstellender Haushalt* (3).
Nacht|rags|spiel, das (österr., schweiz. bes. Ballspiele): *Nachholspiel.*
nach|trau|ern ⟨sw. V.; hat⟩: *den Verlust, das Nicht-mehr-vorhanden-Sein einer Person od. Sache mit Bedauern, sehnsüchtig an sie zurückdenken:* den alten Zeiten n.
Nacht|ru|he, die: *nächtliches Ruhen, nächtlicher Schlaf:* jmds. N., jmdn. in seiner N. stören.
nachts ⟨Adv.⟩ [mhd., ahd. nahtes, Analogiebildung zu ↑ tags]: *in der Nacht, während der Nacht:* n. nach Hause kommen; n. nicht schlafen können; wir schliefen tagsüber und arbeiteten n.; alle Straßen waren n. beleuchtet.
◆ **Nacht|schach,** der; -[e]s, -e [2. Bestandteil zu mhd. schāch, ↑ Schächer] (landsch.): *nächtlicher Dieb:* Doch ehe Ihr ... den N. laufen lasst, sollt Ihr ihm keinen Stiefel oder Schuh' abtun (Mörike, Hutzelmännlein 163).
Nacht|schat|ten|ge|wächs, das [zu mhd. nahtschate, ahd. nahtscato, wohl nach den dunkelblauen Blüten od. den schwarzen Beeren bestimmter Arten der Pflanze]: *(in vielen Arten hauptsächlich in Amerika heimische, als Gemüse- od. Giftpflanze vorkommende) als Kraut, Strauch od. Baum wachsende Pflanze* (z. B. Kartoffel, Tomate, Eierpflanze).
Nacht|schicht, die: a) *Schichtarbeit während der*

Nacht: N. haben; b) *nachts arbeitende Schicht* (3 b): sie wurden von der N. abgelöst.
Nacht|schlaf, der: *nächtlicher Schlaf.*
nacht|schla|fend ⟨Adj.⟩: ↑ Zeit (2 a).
Nacht|schmet|ter|ling, der: *Nachtfalter.*
Nacht|schränk|chen, das: *Nachttisch.*
Nacht|schwär|mer, der: **1.** vgl. Nachtfalter (1). **2.** (scherzh.) *jmd., der sich gerne bis spät in die Nacht hinein vergnügt.*
Nacht|schwär|me|rin, die: w. Form zu ↑ Nachtschwärmer (2).
nacht|schwarz ⟨Adj.⟩ (geh.): *ganz und gar schwarz, sehr dunkel.*
Nacht|schwes|ter, die: *Krankenschwester, die den Nachtdienst versieht.*
Nacht|sei|te, die (dichter.): *schlechter, negativer Teil; dunkle düstere Seite:* die N. des Ruhms, der Macht.
Nacht|sicht|ge|rät, das: *optisches Gerät, das schwaches Licht verstärkt od. Infrarot- bzw. Wärmestrahlung sichtbar macht, sodass man auch bei Dunkelheit etwas sehen kann.*
Nacht|sich|tig|keit, die; -: *Sehschwäche bei hellem Licht; Tagblindheit.*
Nacht|sit|zung, die: *[wegen Dringlichkeit] nachts, bis in die Nacht hinein stattfindende Sitzung:* in einer N. gelang es, noch rechtzeitig einen Kompromiss auszuhandeln.
Nacht|spei|cher|ofen, der: *elektrischer Ofen, der die durch billigeren Strom in der Nacht gewonnene Wärme speichert u. sie tagsüber abgibt.*
Nacht|strom, der ⟨o. Pl.⟩: *elektrischer Strom, der in bestimmten Stunden während der Nacht verbilligt genutzt werden kann.*
Nacht|stück, das: **1.** (bild. Kunst) *Gemälde, auf dem eine nächtliche Szene (im Freien od. auch im Innenraum) dargestellt ist.* **2.** (Musik) *Nocturne.* **3.** (Literaturwiss.) *Prosaerzählung mit dunklem, unheimlichem, die Nachtseite des Lebens zeigendem Inhalt.*
Nacht|stuhl, der: *Stuhl mit eingebautem Nachttopf o. Ä. für Kranke, Gehbehinderte.*
Nacht|stun|de, die: *Stunde in der Nacht.*
nachts|über ⟨Adv.⟩: *während der Nacht:* n. wurden wir von Stechmücken geplagt.
Nacht|ta|rif, der: *besonderer Tarif für Dienstleistungen o. Ä. während der Nacht.*
Nacht|tier, das: *nachtaktives Tier.*
Nacht|tisch, der: *neben dem Bett stehendes, niedriges Schränkchen, Tischchen.*
Nacht|tisch|lam|pe, die: *kleine Stehlampe für den Nachttisch.*
Nacht|topf, der: *topfartiges Gefäß mit einem Henkel, das der Verrichtung der Notdurft während der Nacht dient.*
Nacht|tre|sor, der: *Tresor einer Bank zum Einwurf von Geldbomben nach Schalterschluss.*
Nacht|übung, die: *während der Nacht stattfindende [militärische] Übung.*
nach|tun ⟨unr. V.; hat⟩: *nachmachen* (1 a): was wir ihnen vormachen, werden uns die Kinder n.
Nacht-und-Ne|bel-Ak|ti|on, die: *überraschend u. in aller Heimlichkeit [bei Nacht] durchgeführte [Polizei]aktion, Maßnahme (mit der meist bestimmte Vorschriften, Gesetze o. Ä. umgangen werden):* die Beschlagnahme der Akten geschah in einer N.
Nacht|vo|gel, der: a) vgl. Nachttier; b) (scherzh.) *Nachteule.*
Nacht|vor|stel|lung, die: *spätabends, nachts stattfindende Vorstellung eines Kinos, Theaters, Kabaretts o. Ä.*
Nacht|wa|che, die: **1.** *Nachtdienst, bei dem Wache gehalten werden muss; Wachdienst während der Nacht.* **2.** *jmd., der Nachtwache* (1) *hat, hält.*
Nacht|wäch|ter, der: **1.** (früher) *in kleineren Städten angestellter Wächter, der während der*

Nacht in den Straßen für Ruhe sorgte u. rufend od. singend die einzelnen Stunden verkündete. **2.** jmd., der einen Betrieb, eine Firma o. Ä. nachts bewacht. **3.** (salopp) jmd., der sehr träge, nicht aufmerksam ist u. eine Situation nicht richtig zu erkennen u. zu nutzen weiß; Versager: konntest du nicht aufpassen, du N.!
Nacht|wäch|te|rin, die: w. Form zu ↑Nachtwächter (2).
Nacht|wäch|ter|lied, das: Lied eines Nachtwächters (1).
nacht|wan|deln ⟨sw. V.; hat/(auch:) ist⟩: schlafwandeln.
Nacht|wan|de|rung, die: Wanderung bei Nacht.
Nacht|wand|ler, der: Schlafwandler.
Nacht|wand|le|rin, die; -, -nen: w. Form zu ↑Nachtwandler.
nacht|wand|le|risch ⟨Adj.⟩: schlafwandlerisch.
Nacht|wä|sche, die ⟨Pl. selten⟩: nachts, zum Schlafen getragene Wäsche (2).
Nacht|wind, der: vgl. Nachtluft.
Nacht|wol|ke, die ⟨meist Pl.⟩: Wolke am nächtlichen Himmel.
Nacht|zeit, die: Zeit in der Nacht, nächtliche Stunde: zu später N.
Nacht|zeug, das: **a)** zum Übernachten notwendige Dinge; ♦ **b)** zum Schlafen getragene Kleidung: ...die kleine Liese, welche, obschon im N., nicht vom Fenster weggekommen ist (Raabe, Chronik 72).
Nacht|zug, der: während der Nacht fahrender Zug.
Nacht|zu|schlag, der: vgl. Nachttarif.
nach|un|ter|su|chen ⟨sw. V.; hat⟩: bei jmdm. eine Nachuntersuchung vornehmen.
Nach|un|ter|su|chung, die; -, -en: der Kontrolle dienende [letzte] ärztliche Untersuchung nach einer Krankheit, Operation o. Ä.
nach|ver|fol|gen ⟨sw. V.; hat⟩: den Ablauf von etw. verfolgen (3) od. nachträglich ausfindig machen: die einzelnen Transaktionen konnten mithilfe eines Computerprogramms nachverfolgt werden. Dazu: **Nach|ver|fol|gung**, die; -, -en.
nach|ver|han|deln ⟨sw. V.; hat⟩: nach Abschluss eines Vertrags, einer Vereinbarung o. Ä. darüber erneut verhandeln [um bessere Bedingungen zu erreichen]: über den Kaufpreis wurde hart nachverhandelt; die Gebührenerhöhung muss im Stadtrat nachverhandelt werden. Dazu: **Nach|ver|hand|lung**, die; -, -en.
Nach|ver|si|che|rung, die; -, -en (Versicherungsw.): **1.** nachträgliche Versicherung bisher nicht versicherter Personen in der gesetzlichen Rentenversicherung. **2.** Erweiterung einer bereits bestehenden Versicherung bestimmter Dinge.
nach|ver|steu|ern ⟨sw. V.; hat⟩: nachträglich versteuern. Dazu: **Nach|ver|steu|e|rung**, die.
nach|voll|zieh|bar ⟨Adj.⟩: sich nachvollziehen lassend: ein leicht -er Gedanke. Dazu: **Nach|voll|zieh|bar|keit**, die; -.
nach|voll|zie|hen ⟨unr. V.; hat⟩: sich in jmds. Gedanken, Vorstellungen, Handlungsweise o. Ä. hineinversetzen u. sie sich [geistig] zu eigen machen, sie so verstehen, als hätte man selbst so gedacht, gehandelt: jmds. Gedankengänge nachzuvollziehen versuchen; ich kann dein Verhalten nicht n. (es ist mir unverständlich). Dazu: **Nach|voll|zug**, der; -[e]s.
¹**nach|wach|sen** ⟨st. V.; ist⟩: nach Kürzung, Entfernung o. Ä. wieder wachsen: sein Bart, der Rasen ist schnell wieder nachgewachsen; die Produktion auf nachwachsende (durch Anbau immer wieder neu zu gewinnende) Rohstoffe umstellen.
²**nach|wach|sen** ⟨sw. V.; hat⟩ [zu ↑Wachs]: nachträglich noch einmal ²wachsen.

Nach|wahl, die; -, -en: **1.** Wahl, mit der eine nicht termingemäß durchgeführte Wahl in einem Wahlkreis od. -bezirk nachgeholt wird. **2.** nach einer bereits durchgeführten Wahl notwendig gewordene weitere Wahl.
Nach|we|he, die ⟨meist Pl.⟩: **1.** (Med.) nach der Entbindung auftretende, wehenartige Kontraktionen der Gebärmutter. **2.** (geh.) unangenehme Folgen, unerfreuliche Nachwirkungen einer Sache: die -n einer durchzechten Nacht; die wirtschaftlichen -n der Finanzkrise.
nach|wei|nen ⟨sw. V.; hat⟩: nachtrauern.
Nach|weis, der; -es, -e: Darlegung, durch die das Sosein eines Sachverhalts, die Richtigkeit einer Behauptung, Vermutung bestätigt wird; eindeutige Feststellung der Richtigkeit, des Vorhandenseins einer Sache: der unwiderlegbare N.; den N. für etw. erbringen, führen, liefern (etw. nachweisen).
nach|weis|bar ⟨Adj.⟩: sich nachweisen lassend: -e Mängel.
nach|wei|sen ⟨st. V.; hat⟩: **1.** den Nachweis für etw. erbringen; die Richtigkeit, das Vorhandensein von etw. eindeutig feststellen: etw. ist unwiderlegbar, schlüssig, streng wissenschaftlich n.; etw. lässt sich leicht, nur schwer, gar nicht n.; jmdm. einen Fehler, einen Irrtum, einen Diebstahl n. (nachweisen, dass er einen Fehler, einen Irrtum, einen Diebstahl begangen hat); man konnte ihr nichts n. (sie keiner Schuld überführen). **2.** (Amtsspr.) jmdm. etw., was man ihm vermittelt, angeben u. ihn mit den entsprechenden Informationen darüber versehen: jmdm. eine Arbeitsstelle, ein Zimmer n. ♦ **3.** (jmdm.) zeigen, einen Hinweis (auf jmdn.) geben: Kann Er mir nicht den Offizier n., der gestern noch in diesem Zimmer gewohnt hat? (Lessing, Minna I, 9).
Nach|weis|gren|ze, die (Biol., Chemie, Med.): niedrigster Messwert, bei dem das Vorhandensein einer Substanz als nachgewiesen gilt.
nach|weis|lich ⟨Adj.⟩: durch Nachweis bestätigt, belegt; wie nachgewiesen wurde: eine -e Falschmeldung; das ist n. richtig.
Nach|welt, die ⟨Pl. selten⟩: später lebende, kommende Generationen; Gesamtheit der später lebenden Menschen: etw. der N. überliefern.
Nach|wen|de|zeit, die: Zeit nach dem Fall der Mauer (1 b).
nach|wer|fen ⟨st. V.; hat⟩: **1.** jmdm., der sich entfernt, etw. bewerfen: die Kinder warfen der Lehrerin Schneebälle nach. **2.** (ugs. übertreibend) jmdm. das Erwerben, Beschaffen von etw. sehr leicht machen; jmdm. etw. geben, überlassen, ohne eine entsprechende Gegenleistung dafür zu verlangen: billige Fernseher werden einem ja derzeit förmlich nachgeworfen. **3.** zusätzlich, noch einmal irgendwohin werfen, hineinwerfen: beim Telefonieren ein paar Münzen n.
nach|wie|gen ⟨st. V.; hat⟩: zur Überprüfung des Gewichts noch einmal wiegen.
nach|win|ken ⟨sw. V.; hat; 2. Part. nachgewinkt, auch, bes. ugs.: nachgewunken⟩: jmdm., der weggeht, wegfährt, winken (1 a): die Kinder haben uns noch lange nachgewinkt (bes. ugs. auch: nachgewunken).
Nach|win|ter, der; -s, -: Tage im Frühjahr, in denen noch einmal winterliches Wetter herrscht: Dazu: **nach|win|ter|lich** ⟨Adj.⟩.
nach|wir|ken ⟨sw. V.; hat⟩: noch lange Zeit (über die eigentliche Ursache hinaus) wirken; eine lang anhaltende Wirkung haben: das Mittel wirkt noch [einige Zeit] nach; Es ist kaum zu glauben, wie stark das Nibelungenlied mit seiner Heroisierung König Etzels bis heute bewirkt hat! (Thieß, Reich 387).
Nach|wir|kung, die; -, -en: das Nachwirken; Fol-

gen: die Nachwirkungen des Krieges, der Wirtschaftskrise, einer Krankheit.
nach|wol|len ⟨unr. V.; hat⟩ (ugs.): jmdm. folgen, nachgehen (1 a) wollen: ich wollte ihr nach, wurde aber festgehalten.
Nach|wort, das; -[e]s, -e: einem Schriftwerk, einer größeren schriftlichen Arbeit nachgestellter, ergänzender, erläuternder Text.
Nach|wuchs, der; -es: **1.** (fam.) Kind[er] (in einer Familie): was macht der N.?; bei ihnen ist N. angekommen (sie haben ein Kind bekommen). **2.** junge, heranwachsende Kräfte eines bestimmten Arbeits-, Fachbereichs o. Ä.: musikalischer N.; in dieser Branche fehlt es an N.
Nach|wuchs|ar|beit, die ⟨o. Pl.⟩ (bes. Sport): gezielte Ausbildung u. Förderung des Nachwuchses (2): der Verein investiert viel Geld in die N.
Nach|wuchs|au|tor, der: vgl. Nachwuchskraft.
Nach|wuchs|au|to|rin, die: w. Form zu ↑Nachwuchsautor.
Nach|wuchs|be|reich, der (bes. Sport): den Nachwuchs, die Nachwuchsarbeit betreffender Bereich (b): im N. tätig sein.
Nach|wuchs|fah|rer, der (bes. Rennsport): vgl. Nachwuchskraft.
Nach|wuchs|fah|re|rin, die: w. Form zu ↑Nachwuchsfahrer.
Nach|wuchs|för|de|rung, die: Förderung des Nachwuchses (2).
Nach|wuchs|kraft, die: jmd., der auf einem bestimmten Gebiet zum Nachwuchs (2) gehört.
Nach|wuchs|man|gel, der: Mangel an Nachwuchs (2).
Nach|wuchs|or|ga|ni|sa|ti|on, die: Organisation einer politischen Partei für ihre den Nachwuchs (2) bildenden Mitglieder.
Nach|wuchs|po|li|ti|ker, der: vgl. Nachwuchskraft.
Nach|wuchs|po|li|ti|ke|rin, die: w. Form zu ↑Nachwuchspolitiker.
Nach|wuchs|pro|b|lem, das: Problem, das sich aus dem Mangel an Nachwuchs auf einem bestimmten Gebiet ergibt.
Nach|wuchs|schau|spie|ler, der: vgl. Nachwuchskraft.
Nach|wuchs|schau|spie|le|rin, die: w. Form zu ↑Nachwuchsschauspieler.
Nach|wuchs|sor|gen ⟨Pl.⟩: Sorgen, die sich aus dem Mangel an Nachwuchs auf einem bestimmten Gebiet ergeben.
Nach|wuchs|spie|ler, der (Sport): vgl. Nachwuchskraft.
Nach|wuchs|spie|le|rin, die: w. Form zu ↑Nachwuchsspieler.
Nach|wuchs|star, der: junger, heranwachsender Star.
Nach|wuchs|ta|lent, das: auf einem bestimmten Gebiet zum Nachwuchs (2) gehörendes Talent (1 b).
Nach|wuchs|wis|sen|schaft|ler, der: vgl. Nachwuchskraft.
Nach|wuchs|wis|sen|schaft|le|rin, die: w. Form zu ↑Nachwuchswissenschaftler.
nach|wür|zen ⟨sw. V.; hat⟩: vgl. nachsalzen.
nach|zah|len ⟨sw. V.; hat⟩: nachträglich, zu einem späteren Termin [zusätzlich] zahlen: Gebühren n. müssen.
nach|zäh|len ⟨sw. V.; hat⟩: zur Kontrolle [noch einmal] zählen: das Wechselgeld n.
Nach|zah|lung, die; -, -en: **1.** das Nachzahlen; nachträgliche Zahlung. **2.** nachgezahlte, nachzuzahlende Geldsumme: eine N. bekommen.
Nach|zäh|lung, die; -, -en: das Nachzählen.
nach|zeich|nen ⟨sw. V.; hat⟩: nach einer Vorlage zeichnen; abzeichnend wiedergeben: ein Bild n.; Ü er versuchte, in wenigen Sätzen den Werdegang des Jubilars nachzuzeichnen (aufzuzeigen,

zu schildern). Dazu: **Nach|zeich|nung**, die; -, -en.

Nach|zei|tig|keit, die; - (Sprachwiss.): *Verhältnis verschiedener grammatischer Zeiten in Haupt- u. Gliedsatz, bei dem die Handlung des Gliedsatzes nach der des Hauptsatzes spielt.*

nach|zie|hen ⟨st. V.⟩: **1.** ⟨hat⟩ [mhd. nāchziehen, ahd. nāhziohan] *hinter sich herziehen:* sie zog das kranke Bein vorsichtig nach. **2.** ⟨hat⟩ *noch einmal zeichnend, mit einem Stift o. Ä. nachfahrend kräftiger machen, auffrischen:* sich die Lippen ein wenig n. **3.** ⟨hat⟩ *nochmals anziehen, durch zusätzliches nachträgliches Drehen o. Ä. fester machen:* Schrauben, Muttern n. **4.** ⟨hat⟩ *nachträglich, zusätzlich, noch einmal ziehen, züchten:* Pflanzen n. **5.** ⟨ist⟩ **a)** *hinter jmdm., etw. herziehen* (2): die Kinder zogen den Bauarbeitern nach; **b)** *jmdm. folgend an den gleichen Ort übersiedeln.* **6.** ⟨hat⟩ (Schach) *dem Zug des Spielpartners/der Spielpartnerin folgen.* **7.** ⟨hat⟩ (ugs.) *dem Beispiel einer anderen Person folgen, ebenso handeln wie eine andere Person zuvor, um Entsprechendes zu erreichen:* die Industrie zog mit Preiserhöhungen nach.

Nach|zucht, die: **1.** *weiteres Züchten, erneute Aufzucht:* den Bullen will der Bauer zur N. behalten; viele Zootiere stammen aus -en. **2.** *Nachkommen eines Tieres, bes. eines zur Zucht benutzten Haustieres.*

Nach|zug, der; -[e]s, Nachzüge: **1.** (Eisenbahn) *zur Entlastung eines fahrplanmäßigen Zuges zusätzlich eingesetzter Zug, der einige Minuten nach diesem fährt.* **2.** (Amtsspr.) *das Nachziehen* (5b).

Nach|züg|ler, der; -s, -: **1.** [zu veraltet Nachzug = Nachhut] *jmd., der verspätet ankommt, später als die andern irgendwo eintrifft.* **2.** *Nachkömmling.*

Nach|züg|le|rin, die; -, -nen: w. Form zu ↑ Nachzügler.

Na|cke|dei, der; -s, -s [urspr. niederd., zu ↑ nackt]: **1.** (fam. scherzh.) *nacktes kleines Kind.* **2.** (ugs. scherzh.) *nackte Person.*

Na|cken, der; -s, - [mhd. nac(ke), ahd. (h)nach, ablautende Bildung zu mhd. nec(ke); vgl. ↑ Genick]: *(beim Menschen u. bei bestimmten Wirbeltieren) hinterer Teil des Halses; Genick:* einen steifen N. haben; den Kopf in den N. werfen *(zurückbeugen);* * den N. steifhalten (↑ Ohr); jmdm. im N. sitzen (1. *jmdn. verfolgen, dicht hinter jmdm. her sein:* der Feind saß uns im N. 2. *jmdn. stark bedrängen, jmdm. zusetzen:* die Konkurrenz sitzt uns im N.); jmdm. erfüllen, beherrschen *(die Angst saß ihm im N. [er hatte große Angst]);* jmdn. im N. haben *(von jmdm. verfolgt u. bedrängt werden).*

Na|cken|haar, das: *Haar im Nacken.*

Na|cken|he|bel, der (Ringen): *im Nacken angesetzter Hebelgriff.*

Na|cken|kis|sen, das: *kleineres, als Nackenstütze dienendes Kissen, das man meist zusätzlich zum Kopfkissen benutzt.*

Na|cken|mus|ku|la|tur, die (Anat.): *die den Nacken stützende u. bewegenden Muskeln.*

Na|cken|rol|le, die: *als Nackenstütze dienende weiche Rolle.*

Na|cken|schlag, der: **1.** *Schlag in den Nacken.* **2.** *etw., was jmdm. zugefügt wird u. ihn empfindlich trifft:* schwere Nackenschläge des Schicksals einstecken müssen.

Na|cken|star|re, die (Med.): *Starre, Steifheit des Nackens (bes. bei Meningitis).*

Na|cken|stüt|ze, die: *Stütze für Kopf u. Nacken [an Autositzen, Sesseln o. Ä.].*

Na|cken|wir|bel, der: *Wirbel im Bereich des Nackens.*

na|cki|cht (landsch., bes. nordd. ugs.), **na|ckig**

(landsch., bes. md. ugs.) ⟨Adj.⟩: *nackt* (1): sich n. machen *(sich ausziehen).*

nackt ⟨Adj.⟩ [mhd. nacket, ahd. nachot, altes idg. Adj.]: **1.** *ohne Bekleidung, Bedeckung (soweit sie im Allgemeinen üblich ist); unbekleidet, unbedeckt:* -e Arme; mit -em Oberkörper arbeiten; halb n., völlig n. sein; sich n. ausziehen; das Kind lag n. und bloß *(ganz nackt)* da. **2. a)** *(beim Menschen von Körperstellen, die normalerweise von Haaren bedeckt sind, von bestimmten neugeborenen Tieren) kahl* (1 a): ein -er Schädel; die jungen Mäuse sind noch n.; Sein rasiertes Gesicht mit der hakenförmigen Nase … zeichnete sich noch dadurch aus, dass es über den Augen n., das heißt ohne Brauen war (Th. Mann, Krull 28); **b)** *(von einzelnen Pflanzen[teilen]) ohne Blätter, Äste; kahl* (1 b): ein -er Ast; **c)** *ohne Pflanzenwuchs; kahl* (1 c): ein -er Felsen; **d)** *schmucklos, kahl* (2): -e Wände. **3.** *unbedeckt, blank, bloß:* auf dem -en Boden *(ohne Unterlage)* schlafen. **4. a)** *unverhüllt:* das sind die -en Tatsachen; etw. mit -en *(unverblümten, nüchternen)* Worten sagen; **b)** *nichts anderes als,* ¹*bloß* (2): die -e Existenz retten.

nackt|ar|mig ⟨Adj.⟩: *mit nackten Armen.*

Nackt|auf|nah|me, die: *fotografische Aufnahme eines nackten Menschen.*

Nackt|ba|den, das; -s: *das Baden ohne Badeanzug.* Dazu: **Nackt|ba|der**, der; **Nackt|ba|de|rin**, die; **Nackt|ba|de|strand**, der.

Nackt|fo|to, das, schweiz. auch: die: *(moralische Freizügigkeit bezeugendes bzw. erotisches Foto einer nackten Person.*

Nackt|frosch, der (fam. scherzh.): *nacktes kleines Kind.*

Nackt|heit, die; -: *das Nacktsein, Unbekleidetsein.*

Nackt|kul|tur, die ⟨o. Pl.⟩ (volkstüml.): *Freikörperkultur.*

Nackt|mo|dell, das: *Modell für, von Nacktfotos.*

Nackt|mull, der; -[e]s, -e [zum 2. Bestandteil ↑ Goldmull] (Zool.): *kleines, fast völlig unbehaartes, nur unterirdisch u. in Gruppen lebendes ostafrikanisches Nagetier.*

Nackt|sa|mer, der; -s, - ⟨meist Pl.⟩ (Bot.): *Pflanze, deren Samenanlage nicht von einem Fruchtknoten umschlossen ist.*

nackt|sa|mig ⟨Adj.⟩ (Bot.): *zu den Nacktsamern gehörend:* -e Pflanzen.

Nackt|scan|ner, der (ugs.): *Körperscanner.*

Nackt|schne|cke, die: *Schnecke mit weitgehend rückgebildetem bzw. ganz fehlendem Gehäuse.*

Nackt|sze|ne, die: *Szene, bes. in einem Film, in der eine od. mehrere nackte Personen zu sehen sind.*

Nackt|tän|zer, der: vgl. Nackttänzerin.

Nackt|tän|ze|rin, die: *Tänzerin, die nackt auftritt.*

Na|del, die; -, -n [mhd. nādel(e), ahd. nād(a)la, zu ↑ nähen]: **1.** *mehr od. weniger feiner, spitzer Gegenstand bzw. Werkzeug bes. aus Metall mit verschiedenen Funktionen:* eine spitze N. **2. a)** Kurzf. von ↑ Nähnadel: die N. *(den Faden in das Nadelöhr)* einfädeln; * mit heißer/mit der heißen N. genäht sein (ugs.: 1. *sehr flüchtig genäht sein.* 2. *hastig u. darum unsorgfältig ausgeführt sein);* **b)** Kurzf. von ↑ Stecknadel: * [wie] auf -n sitzen (↑ Kohle 1b); **c)** Kurzf. von ↑ Ansteckna del (1); **d)** Kurzf. von ↑ Haarnadel (a); **e)** Kurzf. von ↑ Injektionsnadel: * an der N. hängen (Jargon; *von Drogen abhängen, die injiziert werden; heroinsüchtig sein);* **f)** Kurzf. von ↑ Radiernadel: mit der kalten N. (bild. Kunst; Kaltnadel) arbeiten; **g)** Kurzf. von ↑ Grammofonnadel: die N. vorsichtig aufsetzen; **h)** Kurzf. von ↑ Hutnadel, ↑ Krawattennadel, ↑ Häkelnadel, ↑ Stricknadel. **4.** (bes. Technik) *nadelförmiges Teil (mit unterschiedlicher Funktion):* die N.

eines Ventils. **5.** *beweglicher Zeiger eines Messinstruments:* die N. zittert, steht still; die N. *(Kompassnadel)* zeigt nach Norden. **6.** *nadelförmiges, meist immergrünes Blatt eines Nadelbaumes:* die Fichte wirft die -n ab; * nicht alle -n an der Tanne haben (ugs.: *nicht recht bei Verstand sein).*

Na|del|ar|beit, die: *Handarbeit* (3, 4).

Na|del|baum, der: [immergrüner] Baum, der Nadeln (6) trägt.

Na|del|brief, der: *kleiner Umschlag aus Papier mit Nähnadeln.*

Na|del|büch|se, die: *kleine Büchse zum Aufbewahren von Steck-, Nähnadeln.*

Nä|del|chen, das; -s, -: Vkl. zu Nadel (1).

na|del|fein ⟨Adj.⟩: *fein, dünn wie eine Nadel:* -e Eiskristalle.

na|del|för|mig ⟨Adj.⟩: *in seiner Form einer Nadel* (1) *ähnlich.*

Na|del|ge|hölz, das ⟨meist Pl.⟩: *Nadelholz* (2).

Na|del|holz, das ⟨Pl. …hölzer⟩: **1.** *Holz von Nadelbäumen: Möbel aus N.* **2.** ⟨meist Pl.⟩ *Nadeln* (6) *tragendes [immergrünes] Gehölz:* schnell wachsende Nadelhölzer anbauen.

Na|del|kis|sen, das: *kleines Kissen, in das verfügbar zu haltende Näh- u. Stecknadeln gesteckt werden können.*

Na|del|ma|le|rei, die (Handarb.): *figürliche, bunte Plattstickerei.*

na|deln ⟨sw. V.; hat⟩: *(von Nadelbäumen) [die] Nadeln abwerfen, verlieren.*

Na|del|öhr, das: *Öhr der Nähnadel.*

Na|del|spitz, der (schweiz.): ¹*Nadelspitze.*

¹**Na|del|spit|ze**, die: *Spitze einer Nadel.*

²**Na|del|spit|ze**, die: *(bes. im Unterschied zur Klöppelspitze) mit Nadel u. Faden gearbeitete Spitze.*

Na|del|stich, der: **1.** *mit einer Nadel ausgeführter Stich* (1): Ü jmdm. -e versetzen *(versteckte Bosheiten gegen jmdn. vorbringen).* **2.** *durch einen Stich mit der Nadel hervorgerufenes kleines Loch.* **3.** *mit einer Nadel ausgeführter Stich* (4 a).

Na|del|strei|fen, der: **1.** ⟨meist Pl.⟩ *(in [Anzugs-, Kostüm]stoffen) einer der in mäßig breitem Abstand parallel verlaufenden, sehr schmalen Längsstreifen, die sich scharf von der Grundfarbe abheben.* **2.** *Anzug mit Nadelstreifen.*

Na|del|strei|fen|an|zug, der: *Nadelstreifen* (2).

Na|del|wald, der: *Wald aus Nadelbäumen.*

Na|dir [auch: ˈnaː…], der; -s [arab. naẓīr (assamt) = (dem Zenit) entgegengesetzt] (Astron.): *der dem Zenit genau gegenüberliegende Punkt der Himmelskugel.*

Nae|vus [ˈnɛːvʊs], der; -, Naevi [lat. naevus] (Med.): *Muttermal.*

NAFTA, die; - [Kurzw. aus engl. North American Free Trade Agreement od. Area]: *Freihandelsabkommen od. -zone zwischen den USA, Kanada u. Mexiko.*

Na|ga|sa|ki: *Stadt in Japan.*

Na|gel, der; -s, Nägel [mhd. nagel, ahd. nagal, urspr. nur = Finger-, Zehennagel, Kralle, Klaue]: **1.** [nach Nagel (3), wegen der Ähnlichkeit mit einer spitzen Kralle] *am unteren Ende zugespitzter, am oberen Ende abgeplatteter od. abgerundeter [Metall]stift, der in etw. hineingetrieben wird (u. zum Befestigen von etw. od. zum Verbinden bes. von Holzteilen dient):* ein rostiger N.; einen N. einschlagen, in die Wand schlagen; die Jacke an einen N. hängen; eine Kiste mit Nägeln zunageln; in einen N. treten; * ein N. zu jmds. Sarg sein (salopp: *jmdm. schweren, am Leben zehrenden Ärger, Kummer bereiten);* den N. auf den Kopf treffen (ugs.; *den Kernpunkt von etw. treffen, erfassen;* H. u.); Nägel mit Köpfen machen (ugs.: *sich nicht mit Halbheiten begnügen, etw. richtig anfangen, konsequent durchführen;* bezogen auf den

Nagelbett – nähen

gewöhnlichen Nagel, der ohne Kopf fehlerhaft ist); **etw. an den N. hängen** (ugs.; *etw. aufgeben, künftig nicht mehr machen;* geht wohl darauf zurück, dass man früher sein Arbeitsgerät, seine Dienstkleidung o. Ä. in einer Baubude, Baracke o. Ä. ordentlich an einem Nagel aufhängte, wenn man eine Arbeit od. die Ausübung eines Berufes beendet hatte). **2.** (Verkehrsw.) *großer Nagel mit breitem, leicht gewölbtem Kopf, der (in Reihen angeordnet) der Fahrbahnmarkierung dient.* **3.** *kleine, schildförmige Platte aus Horn auf dem vordersten Finger- bzw. Zehenglied:* der N. ist eingerissen; Schmutz unter den Nägeln haben; * **jmdm. auf/unter den Nägeln brennen** (ugs.; *für jmdn. sehr dringlich sein;* H. u., vielleicht bezogen auf eine entsprechende Foltermethode); **sich ⟨Dativ⟩ etw. unter den N. reißen** (salopp; *sich etw. auf nicht ganz korrekte Weise aneignen*); **nicht das Schwarze unter dem/unterm N.** (ugs.; *überhaupt nichts*).
Na|gel|bett, das ⟨Pl. -en, seltener: -e⟩: **1.** ⟨Pl. -en, seltener: -e⟩ *vom Nagel bedeckte Stelle des vordersten Finger- bzw. Zehengliedes:* die Nägel bis aufs N. abkauen. **2.** *mit Nägeln ausgestattete bettähnliche Vorrichtung für Fakire od. zur Lustererzeugung.*
Na|gel|brett, das: *mit vielen herausragenden spitzen Nägeln versehenes Brett, auf dem Fakire ihre Schmerzunempfindlichkeit demonstrieren.*
Na|gel|bürs|te, die: *zum Reinigen der Nägel geeignete kleine Bürste mit kurzen, festen Borsten.*
Nä|gel|chen, das; -s, -: Vkl. zu ↑Nagel.
Na|gel|ei|sen, das (Handwerk): *Geißfuß* (2).
Na|gel|falz, der: *Spalte zwischen Nagelwall und Nagelbett, in die der Nagel eingebettet ist.*
Na|gel|fei|le, die: *feine Feile zum Abfeilen der Nägel.*
na|gel|fest: ↑ niet- und nagelfest.
Na|gel|haut, die: *ständig nachwachsende Haut, die den Nagel vom Nagelwulst aus am Rand bedeckt.*
Na|gel|häut|chen, das: *Nagelhaut.*
Nä|gel|kau|en, das; -s: *[krankhafte] Angewohnheit (bes. von Kindern), an den Fingernägeln zu kauen.*
Na|gel|knip|ser, der (ugs.): *Gerät zum Beschneiden der Finger- u. Zehennägel.*
Na|gel|lack, der: *kosmetischer Lack, mit dem die Nägel überzogen werden:* N. auftragen.
Na|gel|lack|ent|fer|ner, der; -s, -: *Mittel zum Entfernen des Nagellacks.*
na|geln ⟨sw. V.; hat⟩ [mhd. nagelen, ahd. nagalen]: **1. a)** *mit einem Nagel, mit Nägeln an, auf etw. befestigen:* ein Schild an die Wand n.; **b)** ⟨meist im 2. Part.⟩ *mit Nägeln versehen, beschlagen:* genagelte Schuhe; **c)** *durch Nägeln* (1 a) *zusammenfügen:* eine Kiste aus Brettern n.; **d)** *Nägel einschlagen:* den ganzen Morgen n. **2.** (Med.) *durch Einsetzen eines Nagels (wieder) zusammenfügen:* der Knochen muss genagelt werden. **3.** (salopp) *koitieren.*
na|gel|neu ⟨Adj.⟩ [spätmhd. nagelniuwe, urspr. von neu genagelten Gegenständen] (ugs.): *gerade erst hergestellt od. erworben u. noch vollkommen neu.*
Na|gel|pfle|ge, die: *Pflege der Nägel* (3).
Na|gel|plat|te, die; -, -n: *der sichtbare Teil des Fingernagels.*
Na|gel|pro|be, die [alte Trinksitte, das geleerte Trinkgefäß zum Beweis dafür, dass es vollständig geleert ist, über dem Daumennagel umzustülpen]: *genaue Prüfung, in der sich etw. erweisen muss:* das war die N. für unsere Freundschaft.
Na|gel|sche|re, die: *kleine, vorn gebogene Schere zum Beschneiden der Nägel.*

Na|gel|schuh, der: *Schuh, dessen Sohle mit Nägeln beschlagen ist.*
Na|ge|lung, die; -, -en: *das Nageln* (2).
Na|gel|wulst, der od. die: *Hautwulst, der den Nagel an der Wurzel u. am seitlichen Rand bedeckt.*
na|gen ⟨sw. V.; hat⟩ [mhd. nagen, ahd. (g)nagan]: **1. a)** *(bes. von bestimmten Tieren) [mit den Schneidezähnen] von etw. [Hartem] sehr kleine Stücke abbeißen:* der Hund nagt an einem Knochen; **b)** *nagend von etw. abbeißen:* das Wild hat die Rinde von den Bäumen genagt; **c)** *durch Nagen hervorbringen:* die Ratten haben Löcher [ins Holz] genagt; **d)** ⟨n. + sich⟩ *sich nagend in etw. hinein-, durch etw. hindurchfressen:* die Mäuse nagen sich durch die Holzwand. **2.** *quälend, peinigend, zehrend einwirken:* Zweifel nagen an ihm; ⟨unpers.:⟩ es nagte an ihm, dass man ihn nicht eingeladen hatte; ein nagendes Hungergefühl.
Na|ger, der; -s, - (Zool.): *Nagetier.*
Na|ge|tier, das: *kleineres, pflanzenfressendes Säugetier mit je zwei zum Nagen ausgebildeten Zähnen in Ober- u. Unterkiefer.*
Näg|lein, das; -s, - [vgl. Nelke] (veraltet): *Nelke.*
nah: ↑ ¹nahe.

-**nah: 1.** drückt in Bildungen mit Substantiven aus, dass die beschriebene Sache auf jmdn., etw. ausgerichtet ist, sich an jmdm., etw. orientiert: patienten-, verbrauchernah, marktnah. **2.** drückt in Bildungen mit Substantiven aus, dass sich die beschriebene Sache in der Nähe von etw., dicht an etw. befindet: city-, front-, uninah. **3.** drückt in Bildungen mit Substantiven aus, dass die beschriebene Person oder Sache in enger Beziehung zu jmdm., etw. steht oder jmdm., etw. ähnelt: gewerkschaftsnah; SPD-nah.

Näh|ar|beit, die: *etw. in Arbeit Befindliches, das mit der Maschine od. Hand genäht wird.*
Nah|auf|nah|me, die: **a)** (Fotogr.) *Aufnahme im Maßstab 1 : 10 bis 1 : 1;* **b)** (Film) *Einstellung, in der ein Objekt aus der Nähe gefilmt wird, ohne dass es jedoch das ganze Bild beherrscht.*
Nah|be|reich, der: *in unmittelbarer Nähe liegender Bereich:* eine Fahrkarte für den N.
Nah|bril|le, die (ugs.): *Brille, die den Sehfehler der [Alters]weitsichtigkeit korrigiert u. dadurch ein besseres Sehen im Nahbereich ermöglicht.*
¹na|he, nah ⟨Adj.; näher, nächste⟩ [mhd. nāh, ahd. nāh, H. u.]: **1.** *nicht weit entfernt; leicht erreichbar:* der n. Wald; in der näheren Umgebung der Stadt; wo ist denn hier das nächste Kino?; dieser Weg ist näher (ugs.; *kürzer, führt schneller ans Ziel*); ein n. gelegener Ort; eine n. liegende Ortschaft; n. beim Fluss; komm mir nicht zu nah/nahe! *(fass mich nicht an!; halte Abstand von mir!);* Ü Eine tunlichst größte Nüchternheit in der Behandlung der Vorgänge und das Bestreben, der Wahrheit so nahe wie irgend möglich zu kommen … (Thieß, Reich 13); * **aus/von nah und fern; aus/von fern und nah** (geh.; *von überall her*); **von Nahem/nahem** (1. *aus der Nähe.* 2. *bei kritischer Betrachtung*); **jmdm. zu n. treten** *(jmdn. durch eine Äußerung, ein Verhalten kränken, verletzen).* **2.** *bald, in absehbarer Zeit erfolgend, eintretend, bevorstehend; nicht mehr fern:* die Abreise, ist n., -r, nächster Zukunft; Rettung war n.; sei er n. od. auch ztig (ugs.: *fast 80 Jahre alt*); der Termin rückte [immer] näher; * **einer Sache n. sein** *(fast von etw. überwältigt, erfasst werden):* dem Weinen n. sein; dem Wahnsinn n., stürzte er davon). **3.** *in enger, direkter Beziehung zu jmdm., etw. stehend:* ein -r Angehöriger; nah mit jmdm. verwandt sein

(mit jmdm. in einem engen Verwandtschaftsverhältnis stehen).
²na|he ⟨Präp. mit Dativ⟩ [zu: ↑ ¹nahe] (geh.): *in der Nähe (einer Sache, Person):* n. der Stadt.
Na|he, die; -: *linker Nebenfluss des Rheins.*
Nä|he, die; - [mhd. næhe, ahd. nāhī]: **1.** *geringe Entfernung:* etw. aus der N. betrachten; in der N. der Stadt; in jmds. N. bleiben; [ganz] hier in der N. *(nicht weit von hier);* Ü aus der N. betrachtet *(wenn man sich genau damit befasst),* ist die Sache ganz anders. **2.** *geringe zeitliche Entfernung [von etw. Bevorstehendem]:* das Ziel war in greifbarer N. **3.** *jmds. Nahsein; enge Beziehung:* jmds. N. suchen.
na|he|bei ⟨Adv.⟩: *nicht weit entfernt, nahe bei einer Stelle, einem Ort; in der Nähe:* er hatte sein Auto n. geparkt.
na|he|brin|gen ⟨unr. V.; hat⟩: **a)** *jmdm. bestimmte Kenntnisse vermitteln u. bei ihm Interesse, Verständnis für die Sache wecken:* den Schülern die moderne Kunst, die Klassiker n.; **b)** *jmdm. mit einem andern vertraut machen u. eine enge Beziehung zwischen ihnen entstehen lassen:* gemeinsame Erinnerungen haben sie einander nahegebracht.
na|he|ge|hen ⟨unr. V.; ist⟩: (*bes. vom Unglück o. Ä.*) *jmdn. innerlich stark treffen; einen tiefen Schmerz in ihm auslösen:* der Tod des Vaters ist ihm nahegegangen; es ist ihm nahegegangen, dass …
Nah|ein|stel|lung, die: **a)** (Fotogr.) *Einstellung der Kamera für Nahaufnahmen;* **b)** (Film) *Nahaufnahme* (b).
na|he|kom|men ⟨st. V. ist⟩: **1. a)** *sich einer Sache annähern:* diese Summe kam unseren Vorstellungen nahe; **b)** *einer Sache fast gleichkommen:* das kommt einer Beleidigung nahe. **2.** *zu jmdm. in eine enge Beziehung treten:* sie sind sich menschlich, innerlich nahegekommen.
na|he|le|gen ⟨sw. V.; hat⟩: **1.** *jmdn. [indirekt] zu etw. auffordern, auf etw. hinlenken; empfehlen:* jmdm. den Rücktritt n.; jmdm. n. zu verschwinden. **2.** *bewirken, etw. in Betracht zu ziehen:* diese Vorgänge legen die Vermutung nahe *(lassen jmdn. vermuten),* dass …
na|he|lie|gen ⟨st. V.; hat⟩: *jmdm. sogleich in den Sinn kommen; sich beim Überlegen sogleich einstellen, anbieten:* die Vermutung liegt nahe, dass …
¹na|he|lie|gend ⟨Adj.⟩: *sich beim Überlegen sogleich einstellend, sich zuerst anbietend; einleuchtend:* -e Gründe; dass er abreisen würde, war n.
na|he lie|gend, ²na|he|lie|gend ⟨Adj.⟩: *nicht weit entfernt gelegen:* eine n. liegender Ort.
Na|he|lie|gen|des ⟨vgl. Liegendes⟩: *etw. Einleuchtendes; etw., was sich sofort anbietet:* immer zuerst das Naheliegende tun!
na|hen ⟨sw. V.⟩ [mhd. nāhen] (geh.): **1.** ⟨n. + sich; hat⟩ (geh. veraltend) *sich nähern:* sich [jmdm.] ehrerbietig n.; ⟨selten ohne »sich«; ist:⟩ Dem Rabbi … nahte er nie anders als dienstfertig und beflissen, er versäumte nie, ihn zu fragen, ob er einen Befehl für ihn habe (Buber, Gog 13). **2.** ⟨ist⟩ *[zeitlich] in unmittelbare Nähe rücken:* der Abschied nahte; ein nahendes Gewitter.
nä|hen ⟨sw. V.; hat⟩ [mhd. næjen, ahd. nājen, urspr. = knüpfen, weben]: **1.** *Teile von Textilien, Leder o. Ä. mit Nadel u. Faden, mit der Nähmaschine zusammenfügen:* n. lernen; sie näht für ihre Kinder; sie hat den ganzen Tag [an dem Mantel] genäht. **2. a)** *durch Nähen* (1) *herstellen:* aus dem Stoffrest hat sie mir/für mich eine Bluse genäht; **b)** *durch Nähen* (1) *an, auf etw. befestigen:* Knöpfe an das Kleid n. **3.** *(bei jmdm.) Hautgewebeteile durch Nähen* (1) *wieder zusammenfügen:* eine Wunde n.; (ugs.:) der Patient musste genäht werden.

nä|her ⟨Adj.⟩: **1.** ⟨absoluter Komp.⟩ *sich genauer, ins Einzelne gehend mit einer Sache befassend:* die -en Umstände; bei -em Hinsehen; etw. n. betrachten; ⟨subst..:⟩ sie wusste bereits alles Nähere; * *des Näheren (genauer, im Einzelnen):* jmdm. etw. des Näheren auseinandersetzen). **2.** Komp. zu ↑¹nahe.
♦**nä|her** ⟨Präp. mit Dativ⟩: *näher zu:* ... wenn ... sich meine kleine Seele aufzuregen und zu fürchten begann, rückte ich den Schemel n. der Mutter (Rosegger, Waldbauernbub 101).
nä|her|brin|gen ⟨unr. V.; hat⟩: *jmdn. mit etw. vertraut machen:* den Schülern Lyrik n.
Nä|he|rei, die; -, -en: **1.** ⟨o. Pl.⟩ (oft abwertend) *[dauerndes] Nähen.* **2.** *Näharbeit.*
Nah|er|hol|lungs|ge|biet, das: *Erholungsgebiet in der Nähe einer Großstadt.*
Nä|he|rin, die; -, -nen: *weibliche Person, die beruflich, zu Erwerbszwecken näht.*
nä|her|kom|men ⟨st. V.; ist⟩: *zu jmdm. in eine engere Beziehung treten; mit jmdm. vertrauter werden:* jmdm. persönlich, innerlich, menschlich n.; sie sind sich/(geh.:) einander in der letzten Zeit [wieder] nähergekommen.
nä|her|lie|gen ⟨st. V.; hat⟩: *jmdm. (bei einer Überlegung) eher in den Sinn kommen, sich eher anbieten (als etwas anderes):* ich denke, dass es näherliegt, zu gehen, als weiter zu warten.
nä|her|lie|gend ⟨Adj.⟩: *sich beim Überlegen früher einstellend, sich eher anbietend; einleuchtender:* was war n., als seine Wohnung zu durchsuchen.
nä|hern ⟨sw. V.; hat⟩ [mhd. nǣhern]: **1.** ⟨n. + sich⟩ **a)** *sich näher auf jmdn., etw. zubewegen; näher heranrücken:* sich rasch n.; Schritte näherten sich; Ü die Temperatur nähert sich dem Gefrierpunkt; **b)** *in zeitliche Nähe von etw. kommen; eine bestimmte Zeit bald erreichen:* er nähert sich den dreißig *(er ist fast dreißig Jahre alt);* **c)** *in bestimmter Absicht mit jmdm. Kontakt aufnehmen, zu jmdm. in Beziehung treten:* sich einer Frau n.; **d)** *sich in eine bestimmte Richtung entwickeln u. sich dabei bis zur Identität angleichen:* ihre Begeisterung näherte sich der Hysterie. **2. a)** *an jmdn., etw. heranbringen:* er näherte seinen Mund dem ihren; **b)** (geh.) *annähern* (2).
nä|her rü|cken ⟨sw. V.; ist⟩: *in zeitliche Nähe kommen:* der Termin rückt [immer] näher.
nä|her|ste|hen ⟨unr. V.; hat; südd., österr., schweiz. auch: ist⟩: *zu jmdm., etw. in einer engeren Beziehung stehen:* sie hat ihm damals nähergestanden.
nä|her|tre|ten ⟨st. V.; ist⟩: *sich mit etw. befassen; einer Sache sein Interesse zuwenden:* einem Plan, Vorschlag n.
Nä|he|rung, die; -, -en (Math.): *Annäherung an einen exakten Wert.*
nä|he|rungs|wei|se ⟨Adv.⟩: *annäherungsweise, ungefähr:* das Alter eines Fundes n. bestimmen.
Nä|he|rungs|wert, der (Math.): *Wert, der eine Annäherung an den exakten Wert darstellt.*
na|he|ste|hen ⟨unr. V.; hat; südd., österr., schweiz. auch: ist⟩: **1.** *zu jmdm. in enger Beziehung stehen:* jmdm. menschlich n., einem Kreis, einer Partei n. **2.** *aufgrund der Eigenart, bestimmter Merkmale in die Nähe einer Sache gehören, ihr benachbart sein:* ⟨häufig im 1. Part.:⟩ sich nahestehende *(benachbarte)* Pflanzengattungen.
na|he|tre|ten ⟨st. V.; ist⟩: *nahekommen* (2).
na|he|zu ⟨Adv.⟩: *in Quantität od. Grad der genannten Angabe nahekommend; fast.*
Näh|fa|den, der: *Nähgarn.*
Näh|garn, das: *zum Nähen verwendetes Garn aus unterschiedlichem Material.*
Näh|kampf, der: **1.** *militärischer Kampf Mann gegen Mann mit Hieb- u. Stichwaffen, Handfeu-*

erwaffen o. Ä. **2.** (Boxen, Fechten) *Kampf, bei dem sich die Gegner in geringer Entfernung gegenüberstehen.*
Näh|käst|chen, das: Vkl. zu ↑ Nähkasten: ***aus dem N. plaudern** (ugs.; *etwas verraten; Einblick in Dinge gewähren, die anderen sonst nicht zugänglich sind*).
Näh|kas|ten, der: *Kasten mit verschiedenen Fächern zur Aufbewahrung von Nähgarn, Nähnadeln u. anderen Nähzutaten.*
♦**Näh|kis|sen,** das: *Kissen, auf dem die Näharbeit festgesteckt wird:* Da legte er mir etwas aufs N. hin, dass ich es sehen musste, ohne ein Auge von meiner Arbeit zu verwenden (Mörike, Mozart 263).
Näh|korb, der: **a)** *Behälter aus Korbgeflecht o. Ä. mit einem oben angesetzten, beutelartig zusammenziehbaren Stoffteil zur Aufbewahrung von Nähgarn, Nähnadeln u. anderen Nähzutaten;* **b)** *Korb für Näharbeiten.*
nahm: ↑ nehmen.
Näh|ma|schi|ne, die [LÜ von engl. sewing-machine]: *Maschine mit Hand-, Fuß- od. elektrischem Antrieb zum Nähen:* eine elektrische, versenkbare N.; in einem Kleid mit der N. nähen; Ein wenig weiter im Raum, in einem von Staub tanzenden Lichtstrahl, steht die rädrige, gusseiserne N., daran sitzt die donnerstägliche Flickschneiderin (Hildesheimer, Legenden 161).

-nah|me, die; -, -n [↑ Abnahme]: in Zusb., z. B. Abnahme, Einflussnahme.

näh|me: ↑ nehmen.
Näh|na|del, die: *beim Nähen verwendete [feine] Nadel mit Öhr.*
Nah|ost ⟨o. Art.⟩: *der Nahe Osten:* in, für, aus N.
Nah|ost|kon|fe|renz, die (Politik): *Konferenz, deren Thema der Nahostkonflikt ist.*
Nah|ost|kon|flikt, der (Politik): *im Nahen Osten ausgetragener Konflikt zwischen Israel und den arabischen Staaten.*
nah|öst|lich: *den Nahen Osten betreffend; sich im Nahen Osten ereignend.*
Nah|ost|quar|tett, das (Politikjargon): *aus Vertretern Russlands, der USA, der UNO u. der EU zusammengesetztes Gremium zur Koordination der politischen Aktivitäten im Nahostkonflikt.*
Nähr|bo|den, der: *Substanz aus flüssigen od. festen Stoffen als Untergrund für Pilz- od. Bakterienkulturen sowie zur Anzucht von Zellgewebe.*
Nähr|creme, Nähr|crème, die: *der Haut Nährstoffe zuführende Creme.*
näh|ren ⟨sw. V.; hat⟩ [mhd. ner(e)n, ahd. nerian, urspr. = retten, am Leben erhalten]: **1. a)** *auf eine bestimmte Weise ernähren* (1 a): sie nährt ihr Kind selbst *(stillt es);* **b)** ⟨n. + sich⟩ (geh.) *sich ernähren* (1 b). **2.** (geh.) **a)** *ernähren* (2 a): Auch die Tochter war irgendetwas beim Film; in Italien nährt er die Intelligenz (Koeppen, Rußland 202); **b)** *sich ernähren* (2 b): ... das arme, kleine Mädchen, das sich da kümmerlich von Heimarbeit nährte, war nicht mehr dasselbe, das einst die Männerwelt von Constantinopel in Erregung versetzt hatte! (Thieß, Reich 480 f.). **3.** *nahrhaft sein:* Zucker nährt. **4.** (geh.) *in sich, jmdm. entstehen lassen u. aufrechterhalten:* eine Hoffnung n.
Nähr|ge|biet, das (Fachspr.): *Teil des Gletschers oberhalb der Schneegrenze, in dem der Niederschlag größer ist als die Abschmelzung.*
nähr|haft ⟨Adj.⟩ [spätmhd. narhaft, zu mhd. nar, ahd. nara = Heil; Nahrung]: *Nährwert besitzend:* -e Kost; Kohlenhydrate sind sehr n.; Eine halbe Stunde später hatte jeder sein Kochgeschirr gegriffen, und wir versammelten uns vor der Gulaschmarie, die fettig und n. roch (Remarque, Westen 8).

Nähr|he|fe, die: *Hefe mit hohem Gehalt an Vitaminen u. Eiweiß.*
Nähr|lö|sung, die: **a)** *flüssiger Nährboden;* **b)** *in der Hydrokultur verwendete Lösung mit Nährsalzen;* **c)** (Med.) *Infusionslösung für die künstliche Ernährung.*
Nähr|mit|tel, das ⟨meist Pl.⟩: *aus Getreide gewonnene Produkte außer Mehl (z. B. Grieß, Haferflocken, Teigwaren, Puddingpulver).*
Nähr|prä|pa|rat, das: *mit bestimmten Nährstoffen angereichertes Produkt, das bes. zur Ernährung von Kindern u. Kranken eignet.*
Nähr|salz, das: *für die pflanzliche Ernährung wichtiger Mineralstoff.*
Nähr|stoff, der ⟨meist Pl.⟩: *für Aufbau u. Erhaltung von Organismen notwendiger Stoff.*
nähr|stoff|arm ⟨Adj.⟩: *arm an Nährstoffen.*
Nähr|stoff|ge|halt, der: *Gehalt an Nährstoffen.*
nähr|stoff|reich: *reich an Nährstoffen.*
Nah|rung, die; -, (Fachspr.:) -en [mhd. narunge, zu: nar, ↑ nahrhaft]: *Essbares, Trinkbares, das ein Lebewesen zur Ernährung, zu Aufbau u. Erhaltung des Organismus braucht u. zu sich nimmt:* pflanzliche N.; die N. verweigern *(sich weigern, Nahrung zu sich zu nehmen);* etw. dient jmdm. als/zur N.; * *einer Sache [neue] N. geben (etw. verstärken, wieder aufleben lassen)* [mit etw.] *dem Argwohn N. geben);* **N. bekommen/finden** *(unterstützt, bestärkt werden):* ihr Misstrauen fand N.).
Nah|rungs|auf|nah|me, die; -, -n ⟨Pl. selten⟩: *das Zusichnehmen von Nahrung.*
Nah|rungs|be|darf, der: *Bedarf an Nahrung.*
Nah|rungs|er|gän|zungs|mit|tel, das ⟨meist Pl.⟩: *Vitamine, Mineralstoffe o. Ä. in Form von Tabletten, Pulver o. Ä., die zusätzlich zur Nahrung eingenommen werden.*
Nah|rungs|ket|te, die (Biol.): *Gruppe von Organismen, die (im Hinblick auf ihre Eigenschaft als Nahrung füreinander) in einer bestimmten Stufenfolge voneinander abhängen.*
Nah|rungs|man|gel, der: *Mangel an Nahrung.*
Nah|rungs|mit|tel, das ⟨meist Pl.⟩: *der menschlichen Ernährung dienender, roh od. zubereitet genossener Stoff.*
Nah|rungs|mit|tel|al|ler|gie, die: *Allergie, die durch bestimmte Nahrungsmittel hervorgerufen wird.*
Nah|rungs|mit|tel|in|dus|t|rie, die: *Industriezweig, der Nahrungsmittel produziert.*
Nah|rungs|mit|tel|pro|duk|ti|on, die: *Produktion von Nahrungsmitteln.*
Nah|rungs|mit|tel|un|ver|träg|lich|keit, die; -, -en: *das Unverträglichsein bestimmter Nahrungsmittel für bestimmte Personen.*
Nah|rungs|mit|tel|ver|gif|tung, die (Med.): *Lebensmittelvergiftung.*
Nah|rungs|quel|le, die: *sich in der Natur bietende Möglichkeit, sich täglich Nahrung zu verschaffen.*
Nah|rungs|su|che, die ⟨Pl. selten⟩: *(von wild lebenden Tieren) die Suche nach der täglichen Nahrung:* auf N. gehen.
Nah|rungs|ver|wei|ge|rung, die: *Verweigerung der Nahrungsaufnahme.*
Nah|rungs|vor|rat, der: *Vorrat an Nahrung.*
Nah|rungs|zu|fuhr, die: *das Zuführen von Nahrung.*
Nähr|wert, der: *Wert eines bestimmten Nährstoffs für die Aufrechterhaltung der Körperfunktionen:* * **keinen N. haben** (ugs.; *sinnlos sein; keinen Wert haben*).
Näh|sei|de, die: *beim Nähen verwendete gezwirnte Seidenfaser.*
Naht, die; -, -e [mhd. ..., ahd. nāt, zu ↑ nähen]: **1. a)** *beim Nähen entstehende Verbindungslinie, Verbindungsstelle:* eine N. auftrennen; * **jmdm. auf den Nähten knien, jmdm. auf die Nähte**

gehen/rücken (salopp: *jmdm. zusetzen, jmdn. bedrängen*); **aus den/allen Nähten platzen** (ugs.: 1. *zu dick, zu umfangreich werden.* 2. *zu voll werden, den Inhalt nicht mehr fassen können*); **b)** (Med.) *Stelle, an der Wundränder o. Ä. auf chirurgischem Wege zusammengefügt wurden:* die N. ist gut verheilt. **2.** (Technik) *durch Zusammenschweißen entstehende Verbindungslinie:* Nähte schweißen. **3.** (Militär) *gemeinsame Grenze des Verantwortungsbereichs benachbarter Verbände* (3 a). **4.** (Anat.) *Sutur.*
Näh|tisch, der: *kleiner Tisch mit Fächern für Nähgarn, Nähnadeln o. Ä.*
naht|los ⟨Adj.⟩: **1. a)** *ohne [Strumpf]naht:* -e Strümpfe; **b)** (Technik) *ohne Schweißnaht.* **2.** *sich ohne Schwierigkeiten mit etw. verbindend:* n. ineinander übergehen.
Naht|stel|le, die: **1.** (Technik) *Stelle, an der sich eine Schweißnaht befindet.* **2.** *Stelle, an der zwei verschiedene Dinge, Bereiche o. Ä. aufeinandertreffen.*
Nah|ver|kehr, der: *Eisenbahn- u. Fahrzeugverkehr über kürzere Entfernungen.*
Nah|ver|kehrs|ab|ga|be, die: *von Unternehmen erhobene Steuer zur Mitfinanzierung des öffentlichen Nahverkehrs.*
Nah|ver|kehrs|mit|tel, das: vgl. Nahverkehrszug.
Nah|ver|kehrs|zug, der: *Personenzug des Nahverkehrs.*
nah ver|wandt, nah|ver|wandt ⟨Adj.⟩: *in einem nahen Verwandtschaftsverhältnis stehend.*
Näh|zeug, das: **1.** *Zubehör u. Zutaten zum Nähen* (z. B. Garn, Nadeln, Schere). **2.** *Näharbeit.*
Nah|ziel, das: **1.** *für die nahe Zukunft angestrebtes Ziel.* **2.** (selten) *in kürzerer Entfernung liegender Zielpunkt einer Wanderung, Fahrt, Reise o. Ä.*
Näh|zu|ta|ten ⟨Pl.⟩: *zum Nähen verwendete Zutaten* (z. B. Garn, Knöpfe, Reißverschlüsse).
Nai|ro|bi: Hauptstadt von Kenia.
na|iv ⟨Adj.⟩ [frz. naïf < lat. nativus = durch Geburt entstanden; angeboren, natürlich, zu: nasci (2. Part.: natum) = geboren werden, entstehen]: **1. a)** *von kindlich unbefangener, direkter u. unkritischer Gemüts-, Denkart [zeugend]; treuherzige Arglosigkeit beweisend:* ein -es Gemüt; -e *(von Laien ohne entsprechende Vorbildung ausgeübte)* Malerei; **b)** (oft abwertend) *wenig Erfahrung, Sachkenntnis od. Urteilsvermögen erkennen lassend u. entsprechend einfältig, töricht [wirkend]:* er wirkt ein wenig n. **2.** (Literaturwiss.) *in vollem Einklang mit Natur u. Wirklichkeit stehend:* -e Dichtung.
Na|i|ve, die/eine Naive; der/einen Naiven; die Naiven/zwei Naive: *Schauspielerin, die das Rollenfach der jugendlichen Liebhaberin vertritt.*
◆ **Na|i|ve|tät:** ↑ Naivität: Die derbe Natürlichkeit des Alten Testaments und die zarte N. des Neuen hatte mich im Einzelnen angezogen (Goethe, Dichtung u. Wahrheit 12); ... die N. ihrer Mienen (Jean Paul, Siebenkäs 14).
Na|i|vi|tät, die; - [frz. naïveté]: **a)** *naive* (1 a) *Art;* **b)** (oft abwertend) *naive* (1 b) *Art.*
Na|iv|ling, der; -s, -e (ugs. abwertend): *naiver* (1 b) *Mensch.*
Na|ja|de, die; -, -n [lat. Naias < griech. naïás (Gen.: naïádos)]: (griech.-röm. Mythol.) *in Quellen u. Gewässern wohnende Nymphe.*
Na|mas: ↑ Namaz.
Na|maz [...'ma:s], Namas, das; - [über türk. namaz < pers. namāz = Gebet < sanskr. námas = Verbeugung, Verehrung, Huldigung]: *täglich fünfmal zu verrichtendes Stundengebet der Muslime.*
Na|me, der; -ns, -n, (seltener:) Namen, der; -s, - [mhd. name, ahd. namo, altes idg. Wort]:

1. *Bezeichnung, Wort, mit dem etwas als [Vertreter einer] Art, Gattung von gleichartigen Gegenständen, Lebewesen o. Ä. benannt wird; Gattungsname, Appellativ:* Buschwindröschen ist ein anderer N. für Anemone; * *etw. beim -n nennen (etw. ohne Beschönigung aussprechen; etw. [Negatives] ganz klar als das bezeichnen, was es ist:* das Unrecht beim -n nennen). **2. a)** *kennzeichnende Benennung eines Einzelwesens, Ortes od. Dinges, durch die es von anderen seiner Art unterschieden wird; Eigenname:* ein häufiger N.; mein N. ist *(ich heiße)* Maier; einen passenden -n [für etw.] finden; sich einen anderen -n zulegen; des -n Gottes anrufen *(Gott anrufen);* in dem Gespräch fiel auch dein N. *(wurdest du auch du genannt);* der Ort hat seit einigen -n gewechselt *(wurde mehrfach umbenannt);* sein N. hat in Fachkreisen einen guten Klang *(er ist bekannt, wird geschätzt);* jmdn. nur dem -n nach *(nicht persönlich)* kennen; dieser N. bürgt für Qualität; der Hund hört auf den -n *(hat den Namen)* Rex; er wohnt hier unter falschem -n; das Auto ist auf den -n, unter dem -n seiner Frau gemeldet; R N. ist Schall und Rauch (Goethe, Faust I); mein N. ist Hase [ich weiß von nichts] (ugs. scherzh.; *ich weiß nichts von der Sache, will nichts damit zu tun haben;* nach der angeblichen Aussage eines Studenten namens Victor v. Hase vor Gericht); * **in jmds., einer Sache -n, im -n [von]** *(im Auftrag, stellvertretend für):* viele Grüße, auch im -n meiner Eltern; im -n des Volkes); **b)** *Ruf, Renommee:* einen guten -n zu verlieren haben; * **sich** ⟨Dativ⟩ **einen -n machen** *(bekannt, berühmt werden).*
Name|drop|ping ['neɪmdrɔpɪŋ], das; -s, -s [engl. name-dropping, zu: name = Name u. to drop = (eine Bemerkung) fallen lassen] (bildungsspr.): *geschicktes Einflechten von Namen berühmter od. hochgestellter Persönlichkeiten, mit denen man angeblich selbst bekannt ist (in der Absicht, Eindruck zu machen).*
Na|men, der; -s, -: ↑ Name.
Na|men|ak|tie: ↑ Namensaktie.
Na|men|än|de|rung: ↑ Namensänderung.
Na|men|for|schung: ↑ Namensforschung.
Na|men|ge|ber: ↑ Namensgeber.
Na|men|ge|bung: ↑ Namensgebung.
Na|men|kun|de: ↑ Namenskunde.
Na|men|lis|te: ↑ Namensliste.
na|men|los ⟨Adj.⟩: **1.** *dem Namen nach nicht bekannt, sich nicht als Einzelpersönlichkeit aus einer größeren Zahl heraushebend:* die -en Toten. **2.** (geh.) **a)** *sehr groß, sehr stark, sodass man es nicht benennen, nicht mit Worten beschreiben kann:* -es Elend; **b)** ⟨intensivierend bei Adjektiven u. Verben⟩ *sehr, überaus:* sich n. fürchten.
Na|men|lo|sig|keit, die; -: *das Namenlossein* (1, 2 a).
Na|men|nen|nung: ↑ Namensnennung.
Na|men|recht: ↑ Namensrecht.
¹**na|mens** ⟨Adv.⟩ [erstarrter Gen. von ↑ Name]: *mit [dem] Namen:* ein Mann n. Maier.
²**na|mens** ⟨Präp. mit Gen.⟩ [vgl. ¹namens] (Amtsspr.): *im Namen, im Auftrag.*
Na|mens|ak|tie, Namenaktie, die (Wirtsch.): vgl. Namenspapier.
Na|mens|än|de|rung, (seltener:) Namenänderung, die: *Änderung des Namens (bes. des Familiennamens).*
Na|mens|cou|sine, die: Namensvetterin.
Na|mens|form, die: *(sprachliche) Form eines Namens.*
Na|mens|for|schung, (fachspr.:) Namenforschung, die: **a)** *Genealogie;* **b)** *Namenkunde.*
Na|mens|ge|ber, Namengeber, der: *jmd. od. etw., nach dem eine Sache, eine Ein-*

richtung o. Ä. benannt wurde: der N. der Straße ist der frühere Bürgermeister.
Na|mens|ge|bung, (seltener:) Namengebung, die; -, -en: **1.** *Benennung einer Person od. Sache mit einem dafür ausgewählten Namen.* **2.** *Namensweihe.*
Na|mens|kun|de, Namenkunde, die ⟨o. Pl.⟩: *Wissenschaft von den Eigennamen, ihrer Herkunft, Geschichte, Verbreitung; Onomastik; Onomatologie.*
Na|mens|lis|te, Namenliste, die: *Liste, in der Namen verzeichnet sind.*
Na|mens|nen|nung, Namennennung, die: *Angabe, Nennung des Namens.*
Na|mens|pa|pier, das (Bankw.): *Wertpapier, das auf den Namen des Eigentümers eingetragen ist.*
Na|mens|pa|tron, der: *Heiliger, nach dem jmd. benannt ist.*
Na|mens|pa|tro|nin, die: w. Form zu ↑ Namenspatron.
Na|mens|recht, (seltener:) Namenrecht, das: **1.** ⟨o. Pl.⟩ *Gesamtheit der den Namen* (2 a) *betreffenden rechtlichen Bestimmungen.* **2.** *Recht, einen bestimmten Namen zu führen u. andere vom unbefugten Gebrauch dieses Namens auszuschließen.*
Na|mens|schild, das: **a)** *an der Haus- od. Wohnungstür angebrachtes Schildchen mit dem Namen des Wohnungsinhabers;* **b)** *am Revers o. Ä. getragene kleine Karte mit dem Namen.*
Na|mens|stem|pel, Namenstempel, der: *Stempel mit jmds. Namen [u. Anschrift] od. mit der Wiedergabe seiner Unterschrift.*
Na|mens|tag, der (kath. Kirche): *Festtag eines Heiligen, der von dem Namensträger in manchen Gegenden statt des eigenen Geburtstags od. wie dieser gefeiert wird:* ich habe es gern, wenn der N. gefeiert wird.
Na|men|stem|pel: ↑ Namensstempel.
Na|mens|trä|ger, der: *Träger eines bestimmten Namens.*
Na|mens|trä|ge|rin, die: w. Form zu ↑ Namensträger.
Na|mens|ver|wechs|lung, (seltener:) Namenverwechslung, die: *Verwechslung von Namen.*
Na|mens|ver|zeich|nis, Namenverzeichnis, das: *Namensliste.*
Na|mens|vet|ter, der: *jmd., der den gleichen Vornamen u./od. Familiennamen hat wie eine andere Person.*
Na|mens|vet|te|rin, die: w. Form zu ↑ Namensvetter.
Na|mens|wei|he, die (DDR): *feierliche Namengebung bei einem Neugeborenen als Ersatz für die christliche Taufe.*
Na|mens|zei|chen, das: *persönliches Kürzel des Namens, mit dem jmd. z. B. ein Schriftstück abzeichnet.*
Na|mens|zug, der: **1.** *jmds. Unterschrift (in ihrer charakteristischen Form).* **2.** (veraltend) *kunstvoll gestaltete Initialen.*
¹**na|ment|lich** ⟨Adj.⟩ [mhd. name(n)lich]: *mit Namen [geschehend, genannt], nach Namen geordnet.*
²**na|ment|lich** ⟨Adv.⟩ [zu: ↑ ¹namentlich]: *besonders, vor allem, hauptsächlich:* der Weg ist kaum passierbar, n. nach Regen.
Na|men|ver|wechs|lung: ↑ Namensverwechslung.
Na|men|ver|zeich|nis: ↑ Namensverzeichnis.
nam|haft ⟨Adj.⟩ [mhd. namehaft, ahd. namohaft]: **1.** (bes. als Künstler, Wissenschaftler o. Ä.) *einen bekannten Namen habend; bekannt, berühmt.* **2.** *groß, bedeutend, ansehnlich:* eine -e Summe. **3.** * **jmdn., etw. n. machen** (Papierdt.: *jmdn., etw. ausfindig machen u. [be]nennen).*

Na|mi|bia, -s: Staat in Südwestafrika.
Na|mi|bi|er, der; -s, -: Ew.
Na|mi|bi|e|rin, die; -, -nen: w. Form zu ↑ Namibier.
na|mi|bisch ⟨Adj.⟩: *Namibia, die Namibier betreffend; aus Namibia stammend.*
¹**näm|lich** ⟨Adj.⟩ [mhd. nemelīche (Adv.), zu: namelich, ahd. namolīh = mit Namen genannt, ausdrücklich] (geh. veraltend): *der-, die-, dasselbe: die -en Leute; am nämlichen Tag.*
²**näm|lich** ⟨Adv.⟩ [zu: ¹ ¹nämlich]: **1.** drückt nachgestellt eine Begründung für die vorangehende Aussage aus; *denn: sonntags n. (denn sonntags)* gehen wir immer spazieren; *oft verblasst zu einem bloßen Füllwort:) das war n. ganz anders.* **2.** dient der näheren Erläuterung; *und zwar; genauer gesagt: die Tatsache n., dass ...*
na, na ⟨Interj.⟩: ↑ na.
Nan|cy [nã'si]: Stadt in Ostfrankreich.
Nan|du, der; -s, -s [span. ñandú < Tupi (südamerik. Indianerspr.) nhandu]: *straußenähnlicher Laufvogel in den Steppen u. Savannen Südamerikas.*
Nan|king: Stadt in der Volksrepublik China.
nann|te: ↑ nennen.
Nan|ny ['nɛni], die; -, -s [engl. nanny, Koseform des w. Vornamens Ann]: engl. Bez. für: Kindermädchen: *die Kinder werden von einer erfahrenen N. betreut.*

Na|no- [zu griech. nãnos = Zwerg]: Best. in Zus. mit der Bed. *der 10^{-9}te Teil einer physikalischen Einheit* (Zeichen: n).

Na|no|fa|rad, das; -[s], -: *ein milliardstel Farad* (Zeichen: nF).
Na|no|gramm, das; -s, -e: *ein milliardstel Gramm* (Zeichen: ng).
Na|no|me|ter, der, früher fachspr. auch: das; -s, -: *ein milliardstel Meter* (Zeichen: nm).
Na|no|se|kun|de, die; -, -n: *eine milliardstel Sekunde* (Zeichen: ns).
na|no|ska|lig ⟨Adj.⟩ (Fachspr.): *im Größenbereich zwischen 1 und 100 Nanometern liegend:* n. strukturierte Oberflächen.
Na|no|tech|nik, die: *Nanotechnologie.*
Na|no|tech|no|lo|gie, die; -, -n: *Technologie, die sich mit Strukturen u. Prozessen im Nanometerbereich befasst: die Einsatzmöglichkeiten der N. sind vielfältig.*
Nan|sen|pass, der [nach dem norw. Polarforscher u. Friedensnobelpreisträger F. Nansen (1861 bis 1930)]: *Ausweis, Pass für einen Staatenlosen.*
na|nu ⟨Interj.⟩ [aus dem Niederd.]: *Ausruf der Verwunderung:* n., *du kommst schon zurück?*
Na|palm®, das; -s [Kurzwort aus **Na**phthensäure u. **Palm**itinsäure]: *Gemisch aus Benzin u. bestimmten Verdickungsmitteln, das als Füllung von Brandbomben verwendet wird.*
Na|palm|bom|be, die: *mit Napalm gefüllte Brandbombe, die bei der Explosion extrem hohe Temperaturen erzeugt u. dadurch verheerende Wirkung hat.*
Napf, der; -[e]s, Näpfe [mhd. napf, ahd. (h)napf; H. u.]: *kleine [flache] runde Schüssel (bes. als Gefäß für das Futter von Haustieren, auch als einfaches Essgefäß.*
Näpf|chen, das; -s, -: Vkl. zu ↑ Napf.
Napf|ku|chen, der: *in einer bestimmten runden Form gebackener [Rühr]kuchen aus Backpulver- od. Hefeteig.*
Naph|tha, das; -s, selten: die; - [lat. naphtha < griech. náphtha, pers. Wort]: **1.** (Technik) *Schwerbenzin als wichtiger Rohstoff für die petrochemische Industrie.* **2.** (veraltet) *Erdöl.*
Naph|tha|lin, das; -s: *aus Steinkohlenteer gewonnener, durchdringend riechender aromatischer Kohlenwasserstoff.*

na|po|le|o|nisch ⟨Adj.⟩ [nach Napoleon I. (1769–1821)]: *auf die Zeit Napoleons I. bezogen.*
Na|po|li: italienische Form von ↑ Neapel.
Na|po|li|tain [napoli'tɛ̃:], das; -s, -s [frz., eigtl. = Neapolitaner, nach der ital. Stadt Napoli (Neapel)]: *kleines Schokoladentäfelchen.*
Na|po|li|taine [...'tɛːn], das; - [frz. napolitaine, eigtl. = Neapolitanerin]: *feinfädiges, dem Flanell ähnliches Wollgewebe.*
Nap|pa, das; -[s], ⟨Sorten:⟩ -s, **Nap|pa|le|der**, das [engl. nap(p)a (leather), nach der kalifornischen Stadt Napa]: *feines u. weiches Leder.*
Nar|be, die; -, -n [mhd. narwe, narwa, urspr. = Verengung (der Wundränder)]: **1.** *auf der Hautoberfläche sichtbare Spur einer verheilten Wunde: sein Arm war mit -n bedeckt, war voller -n.* **2.** (Gerberei) *Narben.* **3.** (Bot.) *(bei Blütenpflanzen) oberster, meist auf einem Griffel (2) sitzender Teil des Fruchtknotens, der den bestäubenden Pollen aufnimmt.* **4.** Kurzf. von ↑ Grasnarbe.
nar|ben ⟨sw. V.; hat⟩ (Gerberei): **a)** *(von Fellen) enthaaren, sodass der Narben zum Vorschein kommt;* **b)** *den Narben mit einem besonders geformten Holz od. mit einer Maschine so bearbeiten, dass die natürliche Narbung hervorgehoben wird: genarbtes Leder.*
Nar|ben, der; -s, - (Gerberei): *äußere Seite eines Tierfelles, die nach Lösen der Haare, Borsten o. Ä. eine für jede Tierart typische Narbung zeigt; Narbe (2).*
Nar|ben|bil|dung, die: *das Sichbilden von Narben nach Verletzungen.*
Nar|ben|bruch, der (Med.): ¹*Bruch (2 b) im Bereich einer [noch nicht abgeheilten] Operationsnarbe.*
Nar|ben|ge|we|be, das (Med.): *an der Stelle einer Verletzung o. Ä. entstehendes, derbes Bindegewebe, das allmählich schrumpft.*
Nar|ben|le|der, das (Gerberei): *genarbtes Leder.*
nar|big ⟨Adj.⟩: *mit Narben bedeckt, voller Narben: ein -es Gesicht.*
Nar|bonne [nar'bɔn]: Stadt in Südfrankreich.
Nar|bung, die; -, -en (Gerberei): *äußere Zeichnung eines genarbten Leders.*
Nar|gi|leh [auch: nar'giːle], die; -, -[s] od. das; -s, -s [pers. nārgīlahʰ]: *orientalische Wasserpfeife.*
Nar|ko|lep|sie, die; -, -n (Med.): *meist unvermittelt u. anfallartig auftretender unwiderstehlicher Schlafdrang von kurzer Dauer.*
Nar|ko|se, die; -, -n [griech. nárkōsis = Erstarrung, zu: nárkē = Krampf, Lähmung, Erstarrung]: *(bei einer Operation) durch ein Narkosemittel bewirkter schlafähnlicher Zustand mit Ausschaltung des Bewusstseins u. damit der Schmerzempfindung: eine leichte N.; die N. einleiten; aus der N. erwachen.*
Nar|ko|se|arzt, der: *Anästhesist.*
Nar|ko|se|ärz|tin, die; -, -nen: w. Form zu ↑ Narkosearzt.
Nar|ko|se|ge|wehr, das (Tiermed.): *Gewehr, mit dem einem Tier ein Betäubungsmittel (in einem Geschoss mit einer Kanüle) unter die Haut geschossen wird.*
Nar|ko|se|mas|ke, die: *Atemmaske zum Inhalieren eines Narkosemittels.*
Nar|ko|se|mit|tel, das: *Mittel, mit dem eine Narkose erzeugt wird.*
Nar|ko|ti|kum, das; -s, ...ka: **1.** *Narkosemittel.* **2.** *schmerzlinderndes Mittel, dessen Missbrauch zur Sucht führen kann (z. B. Kokain, Morphium, Opium).*
nar|ko|tisch ⟨Adj.⟩ [griech. narkōtikós = erstarren machend]: **a)** (Med.) *in Narkose versetzend:* -e Mittel; **b)** *betäubend, berauschend.*
Nar|ko|ti|seur [...'zøːɐ̯], der; -s, -e [zu ↑ narkotisieren] (veraltet): *Narkosearzt.*

nar|ko|ti|sie|ren ⟨sw. V.; hat⟩ (Med.): *in Narkose versetzen: einen Patienten n.*
Nar|ko|tis|mus, der; -: *Sucht nach Narkotika.*
Narr, der; -en, -en [mhd. narre, ahd. narro; H. u.]: **1.** (veraltend) *törichter Mensch, der sich in lächerlicher Weise täuschen, irreführen lässt: ein eingebildeter N.; Geh, du Tölpel, du N., du Krämerseele! Wage nicht, wiederzukommen!* (Remarque, Obelisk 235). **2.** (früher) *Spaßmacher [an Fürstenhöfen, im Theater (bes. bei der Commedia dell'Arte)] (meist in bunter Kleidung, mit Schellen u. Narrenkappe auftretend):* Spr *jedem -en gefällt seine Kappe;* *jmdn. zum -en haben/halten; (veraltet:) sich (Dativ) aus jmdm. einen -en machen (jmdn. anführen, [im Scherz] irreführen, täuschen u. veralbern; eigtl. = jmdn. als Narren behandeln); sich zum -en machen (sich lächerlich machen); einen -en an jmdm., etw. gefressen haben (ugs.; jmdn., etw. in übertriebener Weise gern mögen; nach der alten Vorstellung, jmd. habe einen Dämon in seinem Innern stecken).* **3.** *jmd., der ausgelassen [in Verkleidung] Karneval feiert; Karnevalist, Fastnachter.*
nar|ra|tiv ⟨Adj.⟩ [spätlat. narrativus, zu lat. narrare = erzählen] (Sprachwiss.): *erzählend, in erzählender Form darstellend:* -e Texte.
Nar|ra|ti|vik, die; -: *Technik u. Theorie des Erzählens.*
Nar|ra|ti|vum, das; -s, ...va [lat. (tempus) narrativum] (Sprachwiss.): *vorwiegend bei der Erzählung verwendetes Tempus (z. B. das Präteritum im Deutschen).*
nar|ra|to|risch ⟨Adj.⟩ [spätlat. narratorius] (Literaturwiss.): *den Erzähler, die Erzählung betreffend; erzählerisch.*
Närr|chen, das; -s, -: Vkl. zu ↑ Narr.
◆ **Nar|re**, der; -n, -n: ↑ Narr: *Ein N. erkauf' ein Liebchen sich auf diesen Fuß* (Wieland, Sommermärchen 408); *N., das ist deine Schuld* (Goethe, Clavigo 1); *So hab' ich dich lieb, kleiner N.* (Goethe, Lehrjahre I, 17).
nar|ren ⟨sw. V.; hat⟩ [mhd. (er)narren, ahd. in: irnarrēn = zum Narren werden, sich wie ein Narr benehmen] (geh.): *anführen, irreführen, täuschen.*
Nar|ren|bein, das (schweiz.): *Musikantenknochen.*
Nar|ren|frei|heit, die: *jmdm. (den man nicht ganz ernst nimmt od. dem man eine gewisse Sonderstellung einräumt) zugestandene Freiheit, bestimmte Dinge zu tun od. zu sagen.*
Nar|ren|kap|pe, die: **a)** (früher) *eng anliegende Kappe mit Hörnern (1) aus Stoff u. kleinen Schellen;* **b)** *bunte karnevalistische Kopfbedeckung.*
Nar|ren|pos|se, die, Narrensposse, die ⟨meist Pl.⟩ (geh. veraltend): *[dummer, unsinniger] Scherz; etw., was nicht ernst genommen wird:* das sind doch -n! *(das ist doch Unsinn!).*
nar|ren|si|cher ⟨Adj.⟩ (ugs. scherzh.): *(von Geräten, Maschinen u. Ä.) so sicher konstruiert, so einfach zu bedienen, dass selbst der Ungeschickteste nichts falsch machen, nichts verderben kann.*
Nar|rens|pos|se: ↑ Narrenposse.
Nar|ren|streich, der (veraltend): *übermütiger Streich.*
◆ **Nar|ren|tei|dung**, die; -, -en ⟨auch: Narreteiding, ↑ Narretei⟩: *Narretei (a):* ...*lass ihn die N. treiben* (Goethe, Faust II, 5798).
Nar|ren|zep|ter, das: *zur Tracht der Hofnarren gehörendes Zepter (als Zeichen ihres Amtes, ihrer Macht):* Prinz Karneval führt das N. *(es ist Karnevalszeit).*
Nar|ren|zunft, die: *Fastnachtsverein der schwäbisch-alemannischen Fastnacht.*
Nar|re|tei, die; -, -en [gek. aus älterem Narrentei-

ding = Narrenstreich; 2. Bestandteil mhd. teidinc, älter: tagedinc, ↑ verteidigen) (geh.): a) *Scherz, übermütiges Tun, närrischer Spaß;* b) *Unsinn, törichte Handlung od. Vorstellung.*
Narr|hal|la|marsch, der ⟨o. Pl.⟩ [1. Bestandteil zu ↑ Narr (3), 2. Bestandteil wohl gek. aus ↑ Walhall(a)]: *auf Karnevalssitzungen gespielter Marsch.*
Narr|heit, die; -, -en: a) ⟨o. Pl.⟩ *Dummheit, Einfalt, Naivität;* b) *närrischer Streich:* jmdn. mit allerhand -en necken.
När|rin, die; -, -nen: w. Form zu ↑ Narr.
när|risch ⟨Adj.⟩ [mhd. nerrisch]: **1.** a) *unvernünftig u. daher den Spott anderer herausfordernd; skurril:* ein -er Kauz; -e Einfälle haben; **b)** (ugs. emotional) *sehr, übermäßig [groß]:* -e Freude; * auf jmdn., etw./(seltener:) nach jmdm., etw. n. sein *(jmdn., etw. sehr gern mögen, haben wollen).* **2.** *karnevalistisch, faschingsmäßig:* -es Treiben.
Nar|vik: norwegische Hafenstadt.
Nar|wal [ˈnarvaːl], der; -[e]s, -e [dän. narhval, schwed. narval < anord. nárhvalr, 1. Bestandteil H. u., 2. Bestandteil anord. hvalr = Wal]: *in arktischen Gewässern lebender graueißer, dunkelbraun gefleckter Wal, bei dem das Männchen einen langen als Waffe dienenden Stoßzahn hat.*
¹Nar|ziss (griech. Mythol.): *schöner Jüngling, der sich in sein Spiegelbild verliebte u. nach seinem Tod in eine Narzisse verwandelt wurde.*
²Nar|ziss, der; - u. -es, -e [nach lat. Narcissus, griech. Nárkissos, ↑ ¹Narziss] (bildungsspr.): *ganz auf sich selbst bezogener Mensch, der sich selbst bewundert u. liebt:* er ist ein N.
Nar|zis|se, die; -, -n [lat. narcissus < griech. nárkissos, wahrsch. volksetym. angelehnt an nárkē (↑ Narkose) wegen des starken, betäubenden Duftes]: *im Frühling blühende Blume mit langen, schmalen Blättern u. meist glockenförmigen, großen, duftenden, gelben od. weißen Blüten auf hohen Stielen.*
Nar|ziss|mus, der; -: *übersteigerte Selbstliebe, Ichbezogenheit.*
Nar|zisst, der; -en, -en: *jmd., der [erotisch] nur auf sich selbst bezogen ist.*
Nar|ziss|tin, die; -, -nen: w. Form zu ↑ Narzisst.
nar|ziss|tisch ⟨Adj.⟩: a) *eigensüchtig, voller Eigenliebe;* b) *den Narzissmus betreffend, auf ihm beruhend.*
NASA, die; - [Abk. für engl. National Aeronautics and Space Administration]: Luft- u. Raumfahrtbehörde der USA.
na|sal ⟨Adj.⟩ [zu lat. nasus = Nase]: **1.** (Med.) *die Nase betreffend; zur Nase gehörend.* **2.** (Sprachwiss.) *durch die Nase gesprochen:* ein -er Konsonant. **3.** *[unabsichtlich] durch die Nase sprechend:* eine -e Aussprache.
Na|sal, der; -s, -e (Sprachwiss.): *Laut, bei dessen Aussprache die Luft [zum Teil] durch die Nase entweicht* (z. B. m, ng).
na|sa|lie|ren ⟨sw. V.; hat⟩ (Sprachwiss.): *einen Laut nasal aussprechen.*
Na|sal|laut, der (Sprachwiss.): *Nasal.*
Na|sal|vo|kal, der (Sprachwiss.): *nasalierter Vokal.*
na|schen ⟨sw. V.; hat⟩ [mhd. naschen, ahd. nascōn, urspr. = knabbern, schmatzen, lautm.]: **1.** *Süßigkeiten o. Ä. [Stück für Stück] genießerisch verzehren.* **2.** *[heimlich] kleine Mengen von etw. [wegnehmen u.] essen.*
Näs|chen, das; -s, -: Vkl. zu ↑ Nase (1 a).
Na|scher, (seltener:) **Näscher;** der; -s, -: *jmd., der gerne nascht.*
Na|sche|rei, die; -: *[dauerndes] Naschen.*
Na|sche|rin, (seltener:) **Näsche|rin,** die; -, -nen: w. Formen zu ↑ Nascher, Näscher.
nasch|haft ⟨Adj.⟩: *gerne u. oft naschend:* Oswald Brunies war n., den Süßigkeiten verfallen (Grass, Katz 48).
◆ **nä|schig** ⟨Adj.⟩: *naschhaft:* Das hörte ein Sperling ... Er flog hin und kostete und fand sie (= die Trauben) ungemein süße und rief hundert -e Brüder herbei (Lessing, Fabeln 2, 21).
Nasch|kat|ze, die (ugs.): *jmd., der gerne u. viel nascht.*
Nasch|sucht, die ⟨o. Pl.⟩: *suchthaftes Verlangen zu naschen.*
nasch|süch|tig ⟨Adj.⟩: *sehr naschhaft.*
¹NASDAQ®, ¹Nasdaq® [ˈnɛsdɛk], die; - [engl.; Kurzwort für National Association of Securities Dealers Automated Quotations System]: *in den USA betriebene elektronische Börse für den Handel mit Aktien junger, wachstumsorientierter Unternehmen bes. der Informationstechnologie.*
²NASDAQ®, ²Nasdaq® [ˈnɛsdɛk], der; -[s] [engl.; Kurzwort für National Association of Securities Dealers Automated Quotations System]: *Aktienindex der an der ¹NASDAQ gehandelten Aktien.*
Na|se, die; -, -n [mhd. nase, ahd. nasa, urspr. wahrsch. = Nasenloch]: **1.** a) *Geruchsorgan (von Menschen u. Tieren):* eine knollige N.; der Hund hat eine feuchte N.; jmdm. blutet die N.; jmdm. läuft die N. (ugs.; *jmd. hat Schnupfen*); die N. ist verstopft; sich die N. putzen; die N. rümpfen; das Kind ist auf die N. gefallen (ugs.; *hingefallen*); durch die N. atmen; * jmdm. passt/gefällt jmds. N. nicht (ugs.; *jmd. kann jmdn. nicht leiden*); von jmdm., etw. die N. [gestrichen] voll haben (ugs.; *jmds., einer Sache [gänzlich] überdrüssig sein*); die N. vorn haben (ugs.; *bei etw. dabei sein, gewinnen*); seine N. in etw./in alles [hinein]stecken (ugs.; *sich neugierig um etw./um alles kümmern, [was einen nichts angeht]*); nicht weiter sehen als seine N. [reicht] (ugs.; *engstirnig sein*); die N. hängen lassen (↑ Kopf 1); die N. hoch tragen (↑ Kopf 1); die N. rümpfen (*jmdn., etw. gering schätzen, auf jmdn./etw. verächtlich herabsehen*); sich ⟨Dativ⟩ die N. begießen (ugs.; *Alkohol trinken*); die N. zu tief ins Glas stecken (ugs.; *sich betrinken*); sich ⟨Dativ⟩ eine goldene N. verdienen (ugs.; *sehr viel Geld verdienen*); die/seine N. in ein Buch stecken (ugs.; *eifrig lernen*); jmdm. eine [lange] N. drehen/machen (ugs.; *jmdn. auslachen, verspotten*); die/jmds. N. beleidigen (ugs.; *schlecht riechen*); immer der N. nach (ugs.; *immer geradeaus*); jmdm. etw. an der N. ansehen (ugs.; ↑ Nasenspitze); sich an die eigene N. fassen/(selten:) sich an der eigenen N. zupfen (österr., schweiz.: *sich selber an der N. nehmen* (ugs.; *sich um die eigenen Fehler u. Schwächen kümmern*); jmdn. an der N. herumführen (ugs.; *jmdn. täuschen, irreführen*; nach dem Bild des an einem Nasenring gezogenen Tieres); auf der N. liegen (ugs.; *krank sein*); auf die N. fallen (ugs.; *einen Misserfolg erleiden*); jmdm. etw. erzählen, was für ihn nicht bestimmt ist); jmdm. auf der N. herumtanzen (↑ Kopf 1); jmdm. eins/was auf die N. geben (ugs.; *jmdn. verprügeln, jmdn. tadeln, zurechtweisen*); jmdm. etw. aus der N. ziehen (ugs.; *von jmd. etw. [was er nicht erzählen will od. sollte] erst nach wiederholtem, geschicktem Fragen schließlich bekommen*); jmdm. in die N. fahren (ugs.; *jmdn. ärgern*); jmdm. mit der N. auf etw. stoßen (ugs.; *jmdn. deutlich auf etw. hinweisen*); immer mit der N. vorneweg sein (ugs.; *vorwitzig sein*); nach jmds. N. gehen (ugs. *jmds. Vorstellungen entsprechend verlaufen*); pro N. (ugs.; *pro Person*); jmdm. etw. unter die N. reiben (ugs.; *jmdm. wegen etw. Vorhaltungen machen; jmdm. [unverblümt] etw.*

Unangenehmes sagen); jmdm. etw. unter die N. halten (ugs.; *jmdm. etw. so vors Gesicht halten, dass er es sehen muss*); jmdm. vor der N. wegfahren (ugs.; *von jmdm. knapp verpasst werden*); jmdm. jmdn. vor die N. setzen (ugs.; *jmdm. jmdn. überordnen, zum Vorgesetzten machen*); jmdm. etw. vor der Nase wegschnappen (ugs.; *etw. schnell an sich bringen, bevor jmd. anders es bekommen kann*); etw. vor der N. haben (ugs.; *etw. in unmittelbarer Nähe haben*); **b)** Geruchssinn: der Hund hat eine gute N.; **c)** *Spürsinn, Gespür:* seine N. hat ihn getäuscht. **2.** a) (scherzh.) *Bug eines Schiffes, Flugzeugs, Vorderteil eines Autos:* die N. des Bootes hob sich aus dem Wasser; **b)** *Vorsprung an einer Felswand od. einem Gebäude;* **c)** *hakenförmiger Ansatz (z. B. an einem Dachziegel, einem Hobel).* **3.** (ugs.) *herablaufender Farb-, Lacktropfen.* **4.** *in Flüssen lebender, relativ großer Karpfenfisch mit einer einer Nase (1 a) ähnlichen Oberkiefer.*
na|se|lang, naslang: in der Verbindung **alle n.** (ugs.; *sich in kurzen zeitlichen Abständen wiederholend*).
nä|seln ⟨sw. V.; hat⟩ [15. Jh., im subst. 1. Part. schon spätmhd. neselnder, ahd. neselenter]: *durch die Nase, nasal sprechen:* sie näselt ein wenig, Ü Schnarrende, näselnde, sehr überflüssige Musik drang aus einem kleinen Café heraus (Jahnn, Geschichten 74).
Na|sen|bär, der: *(in Mittel- u. Südamerika heimischer) kleiner Bär mit langem, buschigem Schwanz, länglichem Kopf u. langer, rüsselartiger Nase.*
Na|sen|bein, das: *den oberen Teil der menschlichen Nase bildender Knochen.*
Na|sen|bein|bruch, der: *Bruch des Nasenbeins.*
Na|sen|blu|ten, das; -s: *Blutung aus der Nase:* N. haben.
Na|sen|boh|rer, der (ugs. scherzh.): **1.** *jmd., der [dauernd] in der Nase bohrt.* **2.** *jmd., den man nicht ganz für voll, nicht ganz ernst nimmt.*
Na|sen|du|sche, die (Med.): *Spülung der Nase mit einer medizinisch wirksame Substanzen enthaltenden Kochsalzlösung.*
Na|sen|fahr|rad, das (ugs. scherzh.): *Brille.*
Na|sen|flü|gel, der: *fleischige Außenwand der menschlichen Nase.*
Na|sen|gruß, der (Völkerkunde): *bei bestimmten Völkern übliche Form des Grußes, bei dem man sich gegenseitig mit der Nase berührt.*
Na|sen|heil|kun|de, die: *Spezialgebiet der Medizin, das sich mit den Krankheiten der Nase beschäftigt.*
Na|sen|höh|le, die (Anat.): *Innenraum der Nase.*
Na|sen|klam|mer, die (Buch- u. Schriftw.): *geschweifte Klammer* ({, }).
Na|sen|kor|rek|tur, die: *durch einen chirurgischen Eingriff vorgenommene Veränderung der äußeren Form der Nase.*
na|sen|lang: ↑ naselang.
Na|sen|län|ge, die: **a)** *kleiner [entscheidender] Vorsprung:* jmdn. um eine N. schlagen; **b)** (Pferdesport) *Länge eines Pferdekopfes:* der Favorit gewann mit zwei -n.
Na|sen|laut, der (Sprachwiss.): *Nasal.*
Na|sen|loch, das: *(zweifach vorhandene) äußere Öffnung der Nase:* * freundliche Nasenlöcher machen (ugs.; *eine freundliche Miene machen*).
Na|sen|ne|ben|höh|le, die (Anat.): *Nebenhöhle.*
Na|sen|pier|cing, das: *an der Nase angebrachtes Piercing* (2).
Na|sen|ra|chen|raum, der (Med.): *oberer Abschnitt des Rachenraumes im Anschluss an die Nasenhöhlen.*
Na|sen-Ra|chen-Raum, der (Med.): *Bereich von Nase u. Rachen.*
Na|sen|ring, der: **1.** *durch die Nasenscheidewand*

Nasenrücken–Nationalgarde

von Bullen gezogener Eisenring zum Führen. **2.** (Völkerkunde) *Metallring als Nasenschmuck.*
Na|sen|rü|cken, der: *oberer Teil der Nase, der von der Nasenwurzel bis zur Nasenspitze reicht.*
Na|sen|sat|tel, der: *oberer Teil des Nasenrückens.*
Na|sen|schei|de|wand, die: *aus Knorpel bestehende Trennwand, die das Innere der Nase in zwei Hälften teilt.*
Na|sen|schleim, der: *schleimige Flüssigkeit in der Nase, die die Atemluft befeuchtet u. Staubteilchen o. Ä. aufnimmt.*
Na|sen|schleim|haut, die: *die Innenwände der Nase auskleidende Schleimhaut.*
Na|sen|schmuck, der (Völkerkunde): *(bei Naturvölkern) an der Nase getragener Schmuck.*
Na|sen|spie|gel, der: **1.** (Med.) *Instrument zur Untersuchung der Nasenhöhle; Rhinoskop.* **2.** (Zool.) *unbehaarter Hautteil im Bereich der Nase bei manchen Säugetieren.*
Na|sen|spit|ze, die: *vorderes Ende der Nase:* * *nicht weiter sehen, als die N. reicht* (ugs.; *sehr engstirnig sein*); **jmdm. etw. an der N. ansehen** (ugs. scherzh.; *etw. aus jmds. Miene erraten*);
Na|sen|spray, der od. das: *medizinischer Spray, der bei Schnupfen ein Abschwellen der Schleimhaut bewirkt.*
Na|sen|stü|ber, der: **1.** *leichter Stoß gegen die Nase:* jmdm. einen N. geben. **2.** (landsch.) *Tadel, Verweis.*
Na|sen|trop|fen (Pl.): *Flüssigkeit zum Einträufeln in die Nase bes. bei Schnupfen.*
Na|sen|wur|zel, die: *Ansatzstelle der Nase an der Stirn.*
Na|se|rümp|fen, das; -s: *[das Rümpfen der Nase als] Ausdruck der Ablehnung, der Verachtung.*
na|se|rümp|fend ⟨Adj.⟩: *Ablehnung, Verachtung zum Ausdruck bringend.*
na|se|weis ⟨Adj.⟩ [mhd. nasewīse = scharf witternd (vom Jagdhund)]: *(meist von Kindern) vorwitzig, vorlaut:* Du bist gewohnt, deine Meinungen ziemlich frei und – verzeih – auch ziemlich n. vorzutragen (Fussenegger, Zeit 83).
Na|se|weis, der; -es, -e (fam.): *jmd., der naseweis ist:* sie ist ein kleiner N.
nas|füh|ren ⟨sw. V.; hat⟩: *anführen, foppen:* die Leute n.
Na|shi [ˈnaʃi], die; -, -s [H. u.]: *aus Ostasien stammende apfelförmige Frucht mit frischem, birnenähnlichem Geschmack.*
Nas|horn, das [LÜ von lat. rhinoceros, ↑ Rhinozerus]: *großes Säugetier von plumpem Körperbau u. mit dicker Haut, das ein od. zwei Hörner auf der Nase trägt.*
Nas|horn|kä|fer, der: *großer, brauner od. schwarzer Käfer mit einem nach rückwärts gebogenen Horn auf dem Kopf.*
Nas|horn|vo|gel, der: *großer, in tropischen Gebieten lebender Vogel mit einem Horn auf dem Schnabel.*
Na|si|go|reŋg, das; -[s], -s [indones. nasi goreng, eigtl. = gebratener Reis, aus: nasi = Reis(speise) u. goreng = gebraten, geröstet]: *indonesisches Gericht aus Reis, Gemüse, Fleisch u. Krabben.*
nas|lang: ↑ naselang.
nass ⟨Adj.; nasser, auch: nässer, nasseste, auch: nässeste⟩ [mhd., ahd. naʒ, H. u.]: **1.** *von Feuchtigkeit, bes. Wasser, durchtränkt od. von außen, an der Oberfläche damit benetzt, bedeckt:* -e Haare; -es Holz brennt schlecht; sie bekamen -e Füße; der Wäsche ist n.; die Farbe ist noch n. *(noch nicht getrocknet);* der Schnee war n. *(halb getaut);* ich habe mein T-Shirt n. geschwitzt; er hat mich n. gespritzt; das Kind hat das Bett n. gemacht *(in das Bett uriniert);* R ich werde mich n. machen! (landsch.; *ich werde mich hüten, das zu tun!*); * **genauso n.** [**wie vorher**] **sein** *(genauso klug [wie vorher] sein);* **etw. n. machen** (landsch. ugs.; *etw. (sein Geld, seinen Lohn o. Ä.) vertrinken*); **sich nicht n. machen** (ugs.; *sich nicht unnötig aufregen, nicht zimperlich sein*). **2.** *regenreich, verregnet:* ein -er Sommer; Das Wetter nach Neujahr war n. und lau..., es regnete zeitweis (Doderer, Wasserfälle 157). **3.** * **für n.** (landsch. ugs.; *umsonst, ohne Eintrittsgeld;* frühnhd. nass = liederlich, auch: ohne Geld).
Nass, das; -es [mhd. naʒ] (dichter.): **a)** *Wasser (in dem man schwimmt):* * **gut N.!** (Gruß der Schwimmer); **b)** *Regen;* **c)** *Getränk, z. B. Wein, Bier o. Ä.:* verschüttet nicht das kostbare N.!; **d)** *Wasser für den Verbrauch.*
¹Nas|sau; -s: *ehemaliges Herzogtum.*
²Nas|sau [ˈnæsɔː]: *Hauptstadt der Bahamas.*
¹Nas|sau|er, der; -s, -: Ew.
²Nas|sau|er, der; -s, - [zu ↑ Nass unter scherzh. Anlehnung an ↑ ¹Nassau]: **1.** (ugs. scherzh.) *[heftiger] Regenschauer, Regenguss.* **2.** [zu ↑ nass (3)] (ugs., meist abwertend) *jmd., der auf Kosten anderer lebt, gern bei anderen mitisst o. Ä.*
Nas|sau|e|rin, die; -, -nen: w. Form zu ↑ ¹Nassauer.
nas|sau|ern ⟨sw. V.; hat⟩ (ugs., meist abwertend): *sich wie ein ²Nassauer* (2) *verhalten.*
nas|sau|isch ⟨Adj.⟩: ¹,²*Nassau, die* ¹*Nassauer betreffend; aus* ¹,²*Nassau stammend.*
Näs|se, die; - [mhd. neʒʒe, ahd. naʒʒi]: *nasse Beschaffenheit, das Nasssein; starke Feuchtigkeit:* die N. dringt durch die Kleider; etwas vor N. schützen.
näs|sen ⟨sw. V.; hat⟩: **1.** (geh.) *nass machen:* der Dampf nässt die Scheiben; das Bett n. (geh.; *ins Bett urinieren*). **2. a)** *Flüssigkeit, Feuchtigkeit absondern:* die Wunde nässt; **b)** (Jägerspr.) *(vom Wild) urinieren:* der Hirsch nässt.
nass|fest ⟨Adj.⟩ (Fachspr.): *auch im nassen Zustand Festigkeit besitzend.*
nass|forsch ⟨Adj.⟩ [wohl zu landsch. nass = betrunken, also eigtl. = in betrunkenem Zustand forsch] (ugs., meist abwertend): *übertrieben forsch:* n. auftreten.
Nass|fut|ter, das: *Futter aus gekochten od. rohen Bestandteilen (bes. für Haustiere).*
Nass-in-Nass-Druck, der (Pl. -e) (Druckw.): *unmittelbar aufeinanderfolgendes Drucken von zwei od. mehreren Farben.*
nass|kalt ⟨Adj.⟩: *regnerisch u. kalt:* -es Wetter.
nass|kle|bend ⟨Adj.⟩ (Fachspr.): *durch Befeuchten der Haftschicht klebend [bei Andrücken]:* -e Briefumschläge.
¹nass|ma|chen ⟨sw. V.; hat⟩: **a)** (salopp) *ausbooten, über jmdn., etw. triumphieren:* einen lästigen Konkurrenten n.; die Opposition will die Regierung n.; **b)** (Sportjargon) *auf kränkende Weise besiegen:* die gegnerische Mannschaft n.; der Aufsteiger hat den Titelverteidiger mit 5:0 nassgemacht.
nass ma|chen, ²**nass|ma|chen** ⟨sw. V.; hat⟩: *bewirken, dass etw. od. jmd. nass wird.*
Nass|ra|sie|rer, der: **1.** *jmd., der sich mit Wasser, Seife u. Rasierklinge rasiert.* **2.** *Rasierapparat für die Nassrasur.*
Nass|ra|sur, die: *Rasur mit Wasser, Seife u. Rasierklinge.*
Nass|schlei|fen, Nass-Schlei|fen, das; -s: *das Schleifen von Lacken o. Ä. mit Schleifpapier u. einer Flüssigkeit.*
Nass|schnee, Nass-Schnee, der: *halb getauter Schnee.*
nass schwit|zen, nass|schwit|zen ⟨sw. V.; hat⟩: *mit Schweiß durchnässen.*
nass sprit|zen, nass|sprit|zen ⟨sw. V.; hat⟩: *spritzend nass machen, befeuchten.*
Nass|zel|le, die (Bauw.): *Raum in einer Wohnung,* einem Gebäude, in dem Wasserleitungen liegen (z. B. Bad, Dusche).
Nas|tuch, das ⟨Pl. ...tücher⟩ (südd., schweiz.): *Taschentuch.*
nas|zie|rend ⟨Adj.⟩ [zu lat. nasci, ↑ Natur]: *(bes. von chemischen Stoffen) entstehend.*
Na|ta|li|tät, die; - [zu lat. natalis = zur Geburt gehörend] (Statistik): *Anzahl der lebend Geborenen bezogen auf eine bestimmte Zahl an Personen u. einen bestimmten Zeitraum; Geburtenhäufigkeit.*
Na|ti|on, die; -, -en [frz. nation < lat. natio = das Geborenwerden; Geschlecht; Volk(sstamm), zu: natum, ↑ Natur]: **a)** *große, meist geschlossen siedelnde Gemeinschaft von Menschen mit gleicher Abstammung, Geschichte, Sprache, Kultur, die ein politisches Staatswesen bilden:* die deutsche N.; eine geteilte N.; **b)** *Staat, Staatswesen:* die Vereinten -en *(Organisation, in der sich viele Staaten zur Erhaltung des Weltfriedens zusammengeschlossen haben)* (Abk.: VN); **c)** (ugs.) *Menschen, die zu einer Nation gehören; Volk:* er ist der Liebling der N.
na|ti|o|nal ⟨Adj.⟩ [frz. national, zu: nation, ↑ Nation]: **a)** *eine Nation betreffend; zur Nation gehörend:* -e Interessen vertreten; **b)** *überwiegend die Interessen der eigenen Nation vertretend; patriotisch gesinnt:* eine -e Gruppe; n. fühlen; ... er kann nicht widerstehen, wenn er etwas umsonst bekommt, und trinkt dann, so rasch er kann; außerdem hält er sich, wie jeder -e Mann, für einen sehr widerstandsfähigen Zecher (Remarque, Obelisk 44).
Na|ti|o|nal|bank, die ⟨Pl. -en⟩: *zentrale Notenbank eines Staates.*
na|ti|o|nal|be|wusst ⟨Adj.⟩: *Nationalbewusstsein besitzend.*
Na|ti|o|nal|be|wusst|sein, das: *Gefühl der Zugehörigkeit zu einer Nation.*
Na|ti|o|nal|bi|b|lio|thek, die: *staatlich unterhaltene Bibliothek, die das Schrifttum eines Staates sammelt.*
Na|ti|o|nal|cha|rak|ter, der: *den Angehörigen einer Nation zugeschriebener besonderer Charakter.*
Na|ti|o|nal|coach, der: *Trainer einer Nationalmannschaft.*
Na|ti|o|nal|de|mo|krat, der: *Vertreter, Anhänger einer nationaldemokratischen Partei.*
Na|ti|o|nal|de|mo|kra|tin, die: w. Form zu ↑ Nationaldemokrat.
na|ti|o|nal|de|mo|kra|tisch ⟨Adj.⟩: **a)** *nationalistische u. demokratische Ziele verfolgend:* -e Politik; **b)** *einer nationaldemokratischen* (a) *Partei angehörend, sie betreffend.*
Na|ti|o|na|le, das; -s, - (österr. Amtsspr.): **a)** *Angaben zur Person, Personalangaben:* das N. aufnehmen; **b)** *Formular, Fragebogen für Angaben zur Person.*
Na|ti|o|nal|ein|kom|men, das: *Volkseinkommen.*
Na|ti|o|nal|elf, die (Fußball): vgl. Nationalmannschaft.
Na|ti|o|nal|epos, das: *[Helden]epos, das für eine Nation von besonderer Wichtigkeit ist:* das Nibelungenlied kann als deutsches N. gelten.
Na|ti|o|nal|far|be, die ⟨meist Pl.⟩: *Farbe, die ein Staat auf Fahnen, Wappen, Abzeichen o. Ä. verwendet.*
Na|ti|o|nal|fei|er|tag, der: *[gesetzlicher] Feiertag zur Erinnerung an ein für die Nation wichtiges politisches Ereignis.*
Na|ti|o|nal|flag|ge, die: *Flagge als Hoheits- od. Ehrenzeichen eines Staates.*
Na|ti|o|nal|fonds, der: *Fonds zur Förderung u. Unterstützung nationaler Ziele.*
Na|ti|o|nal|ga|le|rie, die: vgl. Nationalmuseum.
Na|ti|o|nal|gar|de, die: **1.** *in der Französischen Revolution gebildete Bürgerwehr.* **2.** *Miliz in den*

Vereinigten Staaten, die bei inneren Unruhen eingesetzt wird.

Na|ti|o|nal|gar|dist, der: *Angehöriger der Nationalgarde.*

Na|ti|o|nal|ge|fühl, das: vgl. Nationalbewusstsein.

Na|ti|o|nal|ge|richt, das: *für ein Land typisches u. dort besonders häufig gegessenes* ²*Gericht.*

Na|ti|o|nal|ge|tränk, das: *für ein Land typisches u. dort besonders häufig genossenes Getränk.*

Na|ti|o|nal|hei|li|ge ⟨vgl. Heilige⟩: *heiliggesprochene Verstorbene, die von den gläubigen Christen einer Nation besonders verehrt u. um Fürbitte bei Gott angerufen wird.*

Na|ti|o|nal|hei|li|ger ⟨vgl. Heiliger⟩: *heiliggesprochener Verstorbener, der von den gläubigen Christen einer Nation besonders verehrt u. um Fürbitte bei Gott angerufen wird.*

Na|ti|o|nal|hei|lig|tum, das: *Heiligtum einer Nation.*

Na|ti|o|nal|held, der: *jmd., der von einem Volk als sein Held verehrt wird.*

Na|ti|o|nal|hel|din, die: w. Form zu ↑ Nationalheld.

Na|ti|o|nal|hym|ne, die: *Lied, das als Ausdruck des Nationalbewusstseins bei feierlichen Anlässen gesungen od. gespielt wird.*

na|ti|o|na|li|sie|ren ⟨sw. V.; hat⟩: **1.** *verstaatlichen.* **2.** *einbürgern* (1).

Na|ti|o|na|li|sie|rung, die: -, -en: *das Nationalisieren.*

Na|ti|o|na|lis|mus, der; -, ...men [frz. nationalisme]: **a)** (meist abwertend) *übersteigertes Nationalbewusstsein: ein engstirniger N.;* **b)** (selten) *erwachendes Selbstbewusstsein einer Nation mit dem Bestreben, einen eigenen Staat zu bilden.*

Na|ti|o|na|list, der; -en, -en: *Anhänger des Nationalismus* (a).

Na|ti|o|na|lis|tin, die; -, -nen: w. Form zu ↑ Nationalist.

na|ti|o|na|lis|tisch ⟨Adj.⟩: *den Nationalismus* (a) *betreffend, für ihn charakteristisch.*

Na|ti|o|na|li|tät, die; -, -en [frz. nationalité] (bildungsspr.): **a)** *Staatsangehörigkeit, Staatszugehörigkeit: englischer N. sein; die N. eines Schiffes feststellen;* **b)** *ethnische Zugehörigkeit, Volkszugehörigkeit.*

Na|ti|o|na|li|tä|ten|staat, der: *Staat, in dem mehrere, viele Nationen zusammenleben; Mehrvölkerstaat, Vielvölkerstaat.*

Na|ti|o|na|li|täts|kenn|zei|chen, das: *Kennzeichen* (2 b), *das angibt, in welchem Land ein Kraftfahrzeug zugelassen ist.*

Na|ti|o|na|li|täts|prin|zip, das ⟨o. Pl.⟩ (Rechtsspr.): *Prinzip, nach dem bestimmte Rechtsordnungen nur für die Staatsangehörigen u. nicht für alle innerhalb der Staatsgrenzen lebenden Menschen gelten.*

Na|ti|o|nal|kee|per, der (Sportjargon): *Torwart einer Nationalmannschaft.*

Na|ti|o|nal|kee|pe|rin, die: w. Form zu ↑ Nationalkeeper.

Na|ti|o|nal|kir|che, die: *auf den Bereich einer Nation begrenzte, rechtlich selbstständige Kirche.*

Na|ti|o|nal|kom|mu|nis|mus, der: *Ausprägung kommunistischer Ideologie, Politik u. Herrschaft, bei der die nationalen Interessen u. Besonderheiten im Vordergrund stehen.*

na|ti|o|nal|kon|ser|va|tiv ⟨Adj.⟩: *nationalistische u. konservative Ziele verfolgend: eine -e Partei.*

na|ti|o|nal|li|be|ral ⟨Adj.⟩: **a)** *nationalistische u. liberale Ziele verfolgend: -e Ideen;* **b)** *einer nationalliberalen* (a) *Partei angehörend, sie unterstützend.*

Na|ti|o|nal|li|ga, die (Fußball): *(in Österreich u.*

der Schweiz) höchste, über den Regionalligen stehende Spielklasse.

Na|ti|o|nal|li|te|ra|tur, die: *Gesamtheit der schöngeistigen Literatur eines Volkes.*

Na|ti|o|nal|mann|schaft, die: *Auswahl der in einer Sportart besten Sportler[innen] eines Landes für internationale Wettkämpfe.*

Na|ti|o|nal|mu|se|um, das: *[staatliches] Museum, in dem die für eine Nation besonders wichtigen Kunst- u. Kulturgüter gesammelt u. ausgestellt werden.*

Na|ti|o|nal|öko|nom, der: *Volkswirtschaftler.*

Na|ti|o|nal|öko|no|mie, die: *Volkswirtschaftslehre.*

Na|ti|o|nal|öko|no|min, die: w. Form zu ↑ Nationalökonom.

Na|ti|o|nal|park, der: *staatlicher Naturpark.*

Na|ti|o|nal|preis, der (DDR): *hohe staatliche Auszeichnung, die für besondere Leistungen auf technischem, wissenschaftlichem, künstlerischem Gebiet verliehen wurde.*

Na|ti|o|nal|rat, der: **1.** *aus Wahlen hervorgegangene Volksvertretung in Österreich u. der Schweiz.* **2.** *Mitglied des Nationalrats* (1).

Na|ti|o|nal|rä|tin, die: w. Form zu ↑ Nationalrat (2).

Na|ti|o|nal|rats|ab|ge|ord|ne|te ⟨vgl. Abgeordnete⟩: *Abgeordnete des Nationalrates* (1).

Na|ti|o|nal|rats|ab|ge|ord|ne|ter ⟨vgl. Abgeordneter⟩: *Abgeordneter des Nationalrates* (1).

Na|ti|o|nal|rats|prä|si|dent, der (österr., schweiz.): *Vorsitzender der Volksvertretung in Österreich u. der Schweiz.*

Na|ti|o|nal|rats|prä|si|den|tin, die: w. Form zu ↑ Nationalratspräsident.

Na|ti|o|nal|so|zi|a|lis|mus, der, ⟨o. Pl.⟩: **1.** *nach dem Ersten Weltkrieg in Deutschland aufgekommene, extrem nationalistische, imperialistische und rassistische politische Bewegung.* **2.** *auf der Ideologie des Nationalsozialismus* (1) *basierende faschistische Herrschaft von A. Hitler in Deutschland von 1933 bis 1945.*

Na|ti|o|nal|so|zi|a|list, der: *Vertreter, Anhänger des Nationalsozialismus.*

Na|ti|o|nal|so|zi|a|lis|tin, die: w. Form zu ↑ Nationalsozialist.

na|ti|o|nal|so|zi|a|lis|tisch ⟨Adj.⟩: *den Nationalsozialismus betreffend, auf ihm beruhend.*

Na|ti|o|nal|spie|ler, der (Sport): *Spieler, der in einer Nationalmannschaft spielt.*

Na|ti|o|nal|spie|le|rin, die: w. Form zu ↑ Nationalspieler.

Na|ti|o|nal|sport, der: *Sport, der in einem Land besonders gepflegt wird.*

Na|ti|o|nal|spra|che, die (Sprachwiss.): *nationale* (a) *Standardsprache.*

Na|ti|o|nal|staat, der: *Staat, dessen Bürger einer Nation angehören.*

na|ti|o|nal|staat|lich ⟨Adj.⟩: *den Nationalstaat betreffend, für ihn charakteristisch.*

Na|ti|o|nal|stolz, der: *Gefühl des Stolzes, einer bestimmten Nation anzugehören.*

Na|ti|o|nal|stra|ße, die: schweiz. Bez. für: Autobahn, -straße (Abk.: N).

Na|ti|o|nal|tanz, der: vgl. Volkstanz.

Na|ti|o|nal|team, das; -s, -s (bes. Sport österr.): *Auswahl der besten Sportler, Sportlerinnen eines Landes in einer Sportart für internationale Wettkämpfe; Nationalmannschaft: der Bundestrainer hat ihn in das N. berufen.*

Na|ti|o|nal|the|a|ter, das: *Theater, das vor allem das nationale Drama pflegt.*

Na|ti|o|nal|tor|hü|ter, der (Sport): *Torwart einer Nationalmannschaft.*

Na|ti|o|nal|tor|hü|te|rin, die: w. Form zu ↑ Nationaltorhüter.

Na|ti|o|nal|tor|wart, der (Sport): *Torwart* (1)

einer Nationalmannschaft: der N. hat zwei Strafstöße gehalten.

Na|ti|o|nal|tor|war|tin, die: w. Form zu ↑ Nationaltorwart.

Na|ti|o|nal|tracht, die: vgl. Volkstracht.

Na|ti|o|nal|trai|ner, der (Sport): *Trainer einer Nationalmannschaft.*

Na|ti|o|nal|trai|ne|rin, die: w. Form zu ↑ Nationaltrainer.

Na|ti|o|nal|tri|kot, das (Sport): *Trikot einer Nationalmannschaft.*

Na|ti|o|nal|ver|samm|lung, die: **1.** *in einigen Staaten Bez. für: Parlament.* **2.** *gewählte Volksvertretung, die über die Grundfragen einer Nation, vor allem über eine Verfassung, berät u. beschließt: die Frankfurter N. von 1848/49.*

Na|ti|o|nen|cup, der (Sport): **1.** *Cupwettbewerb, dessen Sieger die Nation mit den besten Platzierungen in den Einzelkämpfen ist.* **2.** *Siegestrophäe beim Nationencup* (1).

na|tiv ⟨Adj.⟩ [lat. nativus = angeboren, natürlich]: **1.** (Chemie) *im natürlichen Zustand befindlich; unverändert.* **2.** (Sprachwiss.) *heimisch, nicht entlehnt:* -e Wörter, Suffixe. **3.** (Med.) *angeboren.* **4.** (EDV) *(von Software) auf eine ganz bestimmte Hardware zugeschnitten.*

Na|tive Spea|ker [ˈneɪtɪv ˈspiːkɐ], der; --s, -- [engl. native speaker] (Sprachwiss.): *Muttersprachler[in].*

Na|ti|vis|mus, der; -: **1.** (Psychol.) *Theorie, nach der dem Menschen bestimmte Vorstellungen, Begriffe, Grundansichten (z. B. Raum- u. Zeitvorstellungen) angeboren sind.* **2.** (Völkerkunde) *betontes Festhalten an bestimmten Elementen der eigenen Kultur infolge ihrer Bedrohung durch eine überlegene fremde Kultur.*

na|ti|vis|tisch ⟨Adj.⟩: **1.** *den Nativismus betreffend, darauf beruhend.* **2.** (Biol., Med.) *auf Vererbung beruhend.*

Na|ti|vi|tät, die; -, -en [lat. nativitas = Geburt]: **1.** (Astrol.) *Stand der Gestirne bei der Geburt eines Menschen:* ◆ Die Anstalten, welche ... getroffen wurden, ließen keinen Zweifel mehr übrig, dass die Armeen bald vorwärts rücken ... würden ... Unsere Schauspieler konnten sich also leicht die N. stellen (*sich leicht ausmalen, was ihnen bevorsteht;* Goethe, Lehrjahre III, 12). **2.** (veraltet) *Geburt(sstunde).*

NATO, Na|to, die; - [Kurzwort für engl. North Atlantic Treaty Organization]: *westliches Verteidigungsbündnis.*

NATO-Land, Na|to-Land, das: *Mitgliedsland der NATO.*

NATO-Staat, Na|to-Staat, der: *Mitgliedsstaat der NATO:* Deutschland gehört zu den -en.

Na|t|ri|um, das; -s [zu ↑ Natron]: *sehr weiches, an Schnittstellen silberweiß glänzendes Alkalimetall, das sehr reaktionsfähig ist u. in der Natur fast nur in Verbindungen vorkommt* (chemisches Element; Zeichen: Na).

Na|t|ri|um|chlo|rid, das ⟨o. Pl.⟩: *farblose bis weiße, würfelförmige Kristalle bildende chemische Verbindung von Natrium mit Chlor; Kochsalz.*

Na|t|ri|um|kar|bo|nat, das: *Soda.*

Na|t|ri|um|ni|t|rat, das: *Natriumsalz der Salpetersäure, das bes. als Düngemittel u. Oxidationsmittel verwendet wird.*

Na|t|ri|um|salz, das: *Salz des Natriums.*

Na|t|ri|um|sul|fat, das: *aus Natrium u. Schwefelsäure entstehendes Salz, das in der Natur u. a. als Glaubersalz vorkommt u. bes. in der Holz- u. Glasindustrie verwendet wird.*

Na|t|ro|lith [auch: ...ˈlɪt], das; -s u. -en, -e[n] [↑ -lith]: *häufig vorkommendes Mineral aus der Gruppe der Zeolithe.*

Na|t|ron, das; -s [wohl unter Einfluss von frz.

natron, engl. natron < span. natrón < arab. naṭrūn < ägypt. nṯr(j), ↑ Nitrum]: weißes, kristallines Natriumsalz der Kohlensäure, das wegen seiner Gas erzeugenden Wirkung in Back- u. Brausepulver sowie als Arzneimittel gegen Sodbrennen verwendet wird.

Na|t|ron|lau|ge, die: *farblose, stark ätzende Lösung, die bei der Seifenherstellung u. in der Textilindustrie verwendet wird.*

Nat|té [na'te:], der; -[s], -s [frz. natté, subst. 2. Part. von: natter = flechten]: *poröses Gewebe aus [Baum]wolle mit flechtwerkartiger Musterung.*

Nạt|ter, die; -, -n [mhd. nāter, ahd. nāt[a]ra, viell. eigtl. = die Sichwindende]: *(in vielen Arten vorkommende) meist ungiftige Schlange mit deutlich vom Hals abgesetztem Kopf:* * **eine N. am Busen nähren** (↑ Schlange 1).

Nạt|tern|hemd, das (Zool.): *abgestreifte Haut einer Schlange.*

Na|tur, die; -, -en [mhd. natūre, ahd. natūra < lat. natura = Geburt; natürliche Beschaffenheit; Schöpfung, zu: natum, 2. Part. von: nasci = geboren werden, entstehen]: **1.** ⟨o. Pl.⟩ *alles, was an organischen u. anorganischen Erscheinungen ohne Zutun des Menschen existiert od. sich entwickelt:* die unbelebte N.; die N. beobachten; die Wunder der N.; Ü die N. hat sie stiefmütterlich bedacht *(sie hat ein Gebrechen, ist hässlich).* **2.** ⟨o. Pl.⟩ *[Gesamtheit der] Pflanzen, Tiere, Gewässer u. Gesteine als Teil der Erdoberfläche od. eines bestimmten Gebietes [das nicht od. nur wenig von Menschen besiedelt od. umgestaltet ist]:* die blühende N.; in die freie N. (ins Freie) hinauswandern; [etw.] nach der N. *(nach einem realen Vorbild)* zeichnen. **3. a)** ⟨Pl. selten⟩ *geistige, seelische, körperliche od. biologische Eigentümlichkeit, Eigenart von [bestimmten] Menschen, Tieren, die ihr spontanes Verhalten o. Ä. entscheidend prägt:* die tierische N.; sie hat eine gesunde, kräftige, eiserne N. *(Konstitution);* er kann seine N. nicht verleugnen *(er kann sich nicht verstellen);* das liegt nicht in seiner N. *(entspricht nicht seiner Art);* er ist von N. [aus/ her] *(seinem Wesen nach)* ein gutmütiger Mensch; sein Verhalten ist wider die N. *(verstößt gegen die ungeschriebenen Gesetze menschlichen Verhaltens, Empfindens o. Ä.);* ... eine Genieartur des Verrats, das allein war er, denn der Verrat ist nicht so sehr seine Absicht, seine Taktik, als seine ureigenste N. (St. Zweig, Fouché 188); R die N. verlangt ihr Recht *(ich muss einem Bedürfnis nachgeben, einen Trieb befriedigen);* * **jmdm. gegen/wider die N. gehen/sein** *(jmdm. sehr widerstreben);* **jmdm. zur zweiten N. werden** *(jmdm. selbstverständlich, zur festen Gewohnheit werden);* **b)** *Mensch im Hinblick auf eine bestimmte, typische Eigenschaft, Eigenart:* er ist eine kämpferische N.; sie sind einander widersprechende -en. **4.** ⟨o. Pl.⟩ *(einer Sache o. Ä.) eigentümliche Beschaffenheit:* Fragen [von] grundsätzlicher N.; * **in der N. von etw. liegen** *(untrennbar zur besonderen Beschaffenheit, zum Wesen von etw. gehören):* das liegt in der N. der Sache). **5.** ⟨o. Pl.⟩ *natürliche, ursprüngliche Beschaffenheit, natürlicher Zustand von etw.:* ein Schlafzimmer in Birke Natur/natur *(Schlafzimmermöbel in naturfarbenem Birkenholz);* * **N. sein** *(echt, nicht künstlich sein).*

Na|tu|ral|ab|ga|ben ⟨Pl.⟩: *Abgaben in Form von Naturalien anstelle von Geld.*

Na|tu|ral|be|zü|ge ⟨Pl.⟩: *Bezüge in Form von Naturalien.*

Na|tu|ra|li|en ⟨Pl.⟩ [lat. naturalia, Neutr. Pl. von: naturalis = zur Natur gehörig, nätürlich]: *landwirtschaftliche Produkte, Rohstoffe, die als Zahlungsmittel od. zum Tauschen verwendet werden:* er nimmt lieber N. statt Geld; in N. bezahlen.

Na|tu|ra|li|en|samm|lung, die: *naturwissenschaftliche Sammlung* (3 a).

Na|tu|ra|li|sa|ti|on, die; -, -en [frz. naturalisation]: **1.** *Einbürgerung.* **2.** *das Naturalisieren* (3).

na|tu|ra|li|sie|ren ⟨sw. V.; hat⟩ [frz. naturaliser]: **1.** *einbürgern* (1). **2.** (Biol.) *einbürgern* (2). **3.** (selten) *naturgetreu präparieren (z. B. die Tierköpfe bei Fellen).*

Na|tu|ra|lis|mus, der; -, ...men [frz. naturalisme]: **1. a)** ⟨o. Pl.⟩ *(bes. in Literatur u. Kunst) Wirklichkeitstreue, -nähe in der Darstellung;* **b)** *naturalistisches Element [in einem Kunstwerk].* **2.** ⟨o. Pl.⟩ *europäischer Kunststil zu Ende des 19. u. am Beginn des 20. Jh.s, der eine möglichst naturgetreue Darstellung der Wirklichkeit (bes. auch des Hässlichen u. des Elends) erstrebte u. auf jegliche Stilisierung verzichtete.* **3.** *philosophische Weltanschauung, nach der alles aus der Natur u. diese allein aus sich selbst erklärbar ist.*

Na|tu|ra|list, der; -en, -en [frz. naturaliste]: *Vertreter des Naturalismus* (1).

Na|tu|ra|lis|tin, die; -, -nen: w. Form zu ↑ Naturalist.

na|tu|ra|lis|tisch ⟨Adj.⟩: **1.** *(bildungsspr.) (von künstlerischen Darstellungen) wirklichkeitsnah, naturgetreu:* n. gemalte Tiere. **2.** *den Naturalismus* (2) *betreffend, ihm entsprechend:* der -e Roman.

Na|tu|ral|lohn, der: vgl. *Naturalbezüge.*

Na|tu|ral|res|ti|tu|ti|on, die (Rechtsspr.): *Grundsatz, nach dem geleisteter Schadenersatz den ursprünglichen Zustand wiederherstellen soll.*

Na|tu|ral|wirt|schaft, die: *Wirtschaftsform, bei der nur Waren gegen Waren getauscht werden.*

Na|tur|arzt, der: *Arzt, der Vertreter der Naturheilkunde ist.*

Na|tur|ärz|tin, die: w. Form zu ↑ Naturarzt.

Na|tur|be|ga|bung, die: **1.** *jmd., der von Natur aus eine außergewöhnliche Begabung* (1, 2) *für etw. hat.* **2.** *außergewöhnliche Begabung* (1, 2).

na|tur|be|las|sen ⟨Adj.⟩: **a)** *in seiner natürlichen Substanz unverändert; ohne fremden Zusatz;* **b)** *in seinem natürlichen Zustand belassen.*

Na|tur|be|ob|ach|tung, die: *Beobachtung, Betrachtung der Natur* (2).

Na|tur|be|schrei|bung, die: *Beschreibung, Darstellung der Natur.*

na|tur|blond ⟨Adj.⟩: *(vom Haar) von Natur blond, nicht blond gefärbt.*

Na|tur|bur|sche, der [urspr. Bez. für ein Rollenfach beim Theater]: *im Hinblick auf sein Äußeres, seine Lebensform unbekümmerter, unkomplizierter [junger] Mann.*

Na|tur|darm, der: *Wursthülle aus natürlichem Darm* (2).

Na|tur|denk|mal, das: *von der Natur hervorgebrachtes, besonders imposantes Gebilde, das wegen seiner Seltenheit, Schönheit o. Ä. unter besonderen Schutz gestellt ist.*

Na|tur|dün|ger, der: *Dünger aus natürlichen Bestandteilen.*

na|ture [na'ty:ɐ̯] ⟨indekl. Adj.; meist nachgestellt⟩ [frz. nature] (Gastron.): *ohne besondere Zutaten, Zusätze:* ein Schnitzel n. *(ohne Panade).*

Na|tur|ein|druck, der: *in der Begegnung mit der Natur* (2) *empfangener imposanter Eindruck.*

na|tu|rell ⟨indekl. Adj.; meist nachgestellt⟩ [frz. naturel]: **1.** (Gastron.) *nature.* **2.** *ungefärbt, unbearbeitet.*

Na|tu|rell, das; -s, -e [frz. naturel (subst. Adj.) < lat. naturalis = natürlich] (bildungsspr.): *Veranlagung, Wesensart.*

Na|tur|er|eig|nis, das: *außergewöhnliches Ereignis in der Natur* (1, 2), *das ohne Zutun des Menschen abläuft.*

Na|tur|er|leb|nis, das: vgl. *Natureindruck.*

Na|tur|er|schei|nung, die: vgl. *Naturereignis.*

Na|tur|far|be, die: **1.** *(von Naturprodukten) natürliche, unveränderte Farbe.* **2.** *natürlicher Farbstoff.*

na|tur|far|ben ⟨Adj.⟩: *(von Naturprodukten) ungefärbt, meist hell, beige od. bräunlich.*

Na|tur|fa|ser, die: *natürliche, nicht synthetisch hergestellte Faser.*

Na|tur|film, der: *Film* (3 a), *in dem vorwiegend Aufnahmen aus [bestimmten Bereichen] der Natur* (2) *gezeigt werden.*

Na|tur|for|scher, der: *jmd., der die [wissenschaftlich] bestimmte Erscheinungen der Natur* (2) *erforscht.*

Na|tur|for|sche|rin, die: w. Form zu ↑ Naturforscher.

Na|tur|for|schung, die: *[wissenschaftliche] Erforschung der Natur* (2).

Na|tur|freund, der: *naturverbundener Mensch.*

Na|tur|freun|de|haus, das: *Haus* (1 b) *des Vereins der Naturfreunde.*

Na|tur|freun|din, die: w. Form zu ↑ Naturfreund.

Na|tur|gas, das: *Erdgas.*

Na|tur|ge|fühl, das: **1.** *Gefühl der Verbundenheit mit der Natur.* **2.** *Einstellung zur Natur, Auffassung vom Verhältnis des Menschen zur Natur.*

na|tur|ge|ge|ben ⟨Adj.⟩: *unabwendbar, vom menschlichen Willen nicht beeinflussbar.*

¹na|tur|ge|mäß ⟨Adj.⟩: *den besonderen Bedingungen der Natur* (2) *entsprechend, angepasst:* eine -e Lebensweise; n. leben.

²na|tur|ge|mäß ⟨Adv.⟩: *aufgrund der besonderen Beschaffenheit einer Sache sich wie von selbst ergebend:* Der Gerichtssaalberichterstatter ist dem menschlichen Elend und seiner Absurdität am nächsten und er kann diese Erfahrung n. nur eine kurze Zeit, aber sicher nicht lebenslänglich machen, ohne verrückt zu werden (Bernhard, Stimmenimitator 29).

Na|tur|ge|schich|te, die: **1.** (veraltet) *Naturkunde.* **2.** *Entwicklungsgeschichte* (b).

na|tur|ge|schicht|lich ⟨Adj.⟩: *die Naturgeschichte betreffend, zu ihr gehörend.*

Na|tur|ge|setz, das: *Gesetz* (2).

na|tur|ge|treu ⟨Adj.⟩: *so nachgebildet, wiedergegeben, wie es im natürlichen Zustand, in der Wirklichkeit aussieht, vorkommt:* eine -e Darstellung von etw.

Na|tur|ge|walt, die ⟨meist Pl.⟩: *elementare Kraft [bestimmter Erscheinungen] der Natur* (1).

Na|tur|gott|heit, die (Rel.): *Gottheit einer Naturreligion.*

Na|tur|haar, das: vgl. *Naturfaser.*

na|tur|haft ⟨Adj.⟩ (selten): *von der Natur her gegeben, vorhanden.*

Na|tur|haus|halt, der: *Haushalt der Natur:* Eingriffe in den N. [der Antarktis].

Na|tur|heil|kun|de, die: *Heilkunde, die Therapien mit natürlichen Mitteln, [weitgehend] ohne pharmazeutische Arzneimittel vertritt.*

Na|tur|heil|kun|di|ge ⟨vgl. Heilkundige⟩: *weibliche Person, die Kenntnisse u. Erfahrungen auf dem Gebiet der Naturheilkunde besitzt.*

Na|tur|heil|kun|di|ger ⟨vgl. Heilkundiger⟩: *jmd., der Kenntnisse u. Erfahrungen auf dem Gebiet der Naturheilkunde besitzt.*

na|tur|heil|kund|lich ⟨Adj.⟩: *die Naturheilkunde betreffend, zu ihr gehörend.*

Na|tur|heil|mit|tel, das: *in der Natur vorhandenes u. vom Menschen genutztes Heilmittel.*

Na|tur|heil|ver|fah|ren, das: vgl. *Naturheilkunde.*

na|tur|his|to|risch ⟨Adj.⟩: *naturgeschichtlich.*

Na|tur|horn, das: **1.** ⟨Pl. -e⟩ vgl. *Naturfaser.* **2.** ⟨Pl. ...hörner⟩ (Musik) *Horn* (3 a) *ohne Klappen od.*

Ventile, auf dem nur natürliche Töne gespielt werden können.
na|tur|iden|tisch ⟨Adj.⟩: *bei synthetischer Herstellung mit einem entsprechenden natürlich vorkommenden Stoff identisch:* -e Aromastoffe.
Na|tur|ka|ta|s|t|ro|phe, die: *Naturereignis mit katastrophalen Auswirkungen für den Menschen.*
Na|tur|kau|t|schuk, der: vgl. Naturfaser.
Na|tur|kon|s|tan|te ⟨vgl. Konstante⟩ (Physik): *Größe (2), die unveränderlich ist od. unter bestimmten Bedingungen unveränderlich gehalten wird.*
Na|tur|kos|me|tik, die: *Kosmetik (1, 2), die auf Produkten basiert, die aus [Heil]pflanzen u. Naturstoffen hergestellt werden.*
Na|tur|kost, die: *möglichst naturbelassene, möglichst wenig Schadstoffe enthaltende, von synthetischen Zusätzen freie, vollwertige Lebensmittel aus ökologischem Pflanzenbau bzw. artgerechter Tierhaltung.*
Na|tur|kost|la|den, der ⟨Pl. ...läden⟩: *auf Naturkost spezialisiertes Lebensmittelgeschäft.*
Na|tur|kraft, die ⟨meist Pl.⟩: *der Natur (1) innewohnende Kraft.*
na|tur|kraus ⟨Adj.⟩: *(vom Kopfhaar des Menschen) kraus* (1 a).
Na|tur|krau|se, die: *natürliche Krause* (2).
Na|tur|kun|de, die ⟨o. Pl.⟩ (veraltet): *Biologie* (1), *Geologie u. Mineralogie [als Teil des naturwissenschaftlichen Unterrichts an Schulen].*
Na|tur|kun|de|mu|se|um, das: *Museum, in dem eine Sammlung naturkundlicher Objekte aufbewahrt u. ausgestellt wird.*
na|tur|kund|lich ⟨Adj.⟩: *die Naturkunde betreffend, zu ihr gehörend.*
Na|tur|land|schaft, die: *vom Menschen nicht veränderte, unberührte Landschaft.*
Na|tur|lehr|pfad, der: *Wanderweg mit Schildern an Bäumen o. Ä., auf denen genaue Bezeichnungen von Pflanzen, Tieren etc. angegeben sind.*
¹na|tür|lich ⟨Adj.⟩ [mhd. natiurlich, ahd. natūrlīh]: **1. a)** *zur Natur* (1, 2) *gehörend; in der Natur* (1, 2) *vorkommend, nicht künstlich vom Menschen nachgebildet, hergestellt:* -e Heilquellen; **b)** *sich aus den Gesetzen der Natur ergebend:* -e Geburt *(nur durch die Geburtskräfte von Mutter u. Kind erfolgende Geburt);* eines -en *(nicht gewaltsamen)* Todes sterben; **c)** *dem Vorbild in der Wirklichkeit entsprechend:* ihr Make-up wirkt n. **2.** *angeboren:* eine -e Begabung; ihre -e Haarfarbe ist schwarz. **3.** *in der Natur* (3 a) *des Menschen begründet:* einen -en Widerwillen gegen etwas haben. **4.** *in der Natur* (4) *von etw. begründet; folgerichtig:* es ist ganz n., dass er traurig ist. **5.** *unverbildet, ungezwungen, nicht gekünstelt:* sie ist sehr n. geblieben.
²na|tür|lich ⟨Adv.⟩ [zu: ¹natürlich]: **1.** *selbstverständlich:* du hast n. recht mit deiner Kritik. **2.** *drückt aus, dass etwas so geschieht, wie man es erwartet, vorausgesehen, geahnt hat:* er kam n. wieder zu spät. **3.** *drückt die Einschränkung einer Aussage aus:* ich freue mich n. (zwar), wenn du kommst, aber ...
na|tür|li|cher|wei|se ⟨Adv.⟩: *selbstverständlich, natürlich.*
Na|tür|lich|keit, die; -, -en [mhd. natürlicheit]:
a) *das ¹Natürlichsein* (5); *natürliche Wirkung;* **b)** *Selbstverständlichkeit;* **c)** ⟨o. Pl.⟩ *das ¹Natürlichsein* (1 c). **d)** *etw. von der Natur* (1, 3 a) *Bestimmtes.*
na|tür|lich|sprach|lich ⟨Adj.⟩ (EDV, Sprachwiss.): *in einer natürlichen Sprache formuliert:* -e Fragen.
Na|tur|lieb|ha|ber, der: *besonders naturverbundener Mensch.*

Na|tur|lieb|ha|be|rin, die: w. Form zu ↑ Naturliebhaber.
Na|tur|lo|cken ⟨Pl.⟩: *(von Natur) lockiges Haar.*
Na|tur|me|di|zin, die ⟨o. Pl.⟩: **1.** *Naturheilkunde.* **2.** *Naturheilmittel.*
Na|tur|mensch, der: **1.** vgl. Naturbursche. **2.** *Naturfreund.* **3.** *Angehöriger eines Naturvolks.*
na|tur|nah ⟨Adj.⟩: *der Natur* (2) *entsprechend, ihre Bedingungen berücksichtigend:* -er Anbau.
Na|tur|nä|he, die: *Natürlichkeit* (c).
na|tur|not|wen|dig ⟨Adj.⟩: *sich notwendig ergebend, zwingend.*
Na|tur|park, der: *in sich geschlossener, größerer Landschaftsbereich, der sich durch natürliche Eigenart u. Schönheit auszeichnet u. in seinem Zustand unverändert erhalten bleiben soll.*
Na|tur|phä|no|men, das: *Naturerscheinung.*
Na|tur|phi|lo|soph, der: *Vertreter der Naturphilosophie.*
Na|tur|phi|lo|so|phie, die: *Richtung innerhalb der [klassischen] Philosophie, die sich erkenntnistheoretisch auf die objektive Gesetzmäßigkeit der Natur* (1) *stützt.*
Na|tur|phi|lo|so|phin, die: w. Form zu ↑ Naturphilosoph.
na|tur|phi|lo|so|phisch ⟨Adj.⟩: *die Naturphilosophie betreffend, zu ihr gehörend.*
Na|tur|pro|dukt, das: *bes. landwirtschaftliches Erzeugnis, Produkt, das die Natur liefert.*
Na|tur|recht, das (Ethik): *Recht, das unabhängig von der gesetzlich fixierten Rechtsauffassung eines bestimmten Staates o. Ä. in der Vernunft des Menschen begründet ist.*
Na|tur|reich|tum, der ⟨meist Pl.⟩: *für den Menschen nutzbare Produkte der Natur* (1), *bes. Bodenschätze o. Ä.*
na|tur|rein ⟨Adj.⟩: *(von Lebensmitteln) in seiner natürlichen Beschaffenheit unverändert; ohne fremden Zusatz.*
Na|tur|reis, der: *unbehandelter Reis.*
Na|tur|re|li|gi|on, die: *Religion [der Naturvölker], deren Gottheiten als Mächte begriffen werden, die in engem Zusammenhang mit den Erscheinungen der Natur* (1, 2) *stehen.*
Na|tur|re|ser|vat, das: *Naturschutzgebiet.*
Na|tur|schau|spiel, das: *eindrucksvolles Naturereignis.*
Na|tur|schön|heit, die ⟨meist Pl.⟩: *Erscheinung der Natur* (2), *die als schön empfunden wird.*
Na|tur|schutz, der ⟨o. Pl.⟩: *[gesetzliche] Maßnahmen zum Schutz, zur Pflege u. Erhaltung von Naturlandschaften, Naturdenkmälern o. Ä. od. von seltenen, in ihrem Bestand gefährdeten Pflanzen u. Tieren:* ein Gebiet unter N. stellen.
Na|tur|schutz|be|hör|de, die: *für den Naturschutz zuständige Behörde.*
Na|tur|schutz|bund, der: *Naturschutzorganisation.*
Na|tur|schüt|zer, der; -s, -: *jmd., der für den Naturschutz eintritt.*
Na|tur|schüt|ze|rin, die; -, -nen: w. Form zu ↑ Naturschützer.
Na|tur|schutz|ge|biet, das: *Gebiet, das unter Naturschutz steht* (Abk.: NSG).
Na|tur|schutz|ge|setz, das: *Gesetz zum Schutz der Natur.*
Na|tur|schutz|or|ga|ni|sa|ti|on, die: *Organisation* (3 b), *die sich für den Naturschutz einsetzt.*
Na|tur|sei|de, die: vgl. Naturfaser.
Na|tur|spiel, das (selten): *natürliches Gebilde, das durch seine ungewöhnliche Form o. Ä. wie eine spielerische Unregelmäßigkeit der Natur wirkt.*
Na|tur|stein, der: *aus natürlichen Vorkommen, bes. Steinbrüchen, gewonnener [unbehauener] Baustein o. Ä.*
Na|tur|stoff, der: *in der Natur vorkommende*

pflanzliche, tierische od. mineralische Substanz.
Na|tur|ta|lent, das: **1.** *jmd., der von Natur aus ein besonderes Talent zu etw. hat.* **2.** *außergewöhnliches Talent* (1 a).
Na|tur|ton, der: **1.** (Musik) *Ton, der allein durch bestimmtes Anblasen (ohne Zuhilfenahme von Klappen, Ventilen od. Grifflöchern) auf Blasinstrumenten erzeugt wird.* **2.** *naturfarbener Farbton:* Teppiche in Naturtönen.
Na|tur|treue, die: *das Naturgetreue in der Nachbildung, Wiedergabe von etw.*
na|tur|trüb ⟨Adj.⟩ (Fachspr.): *(von Säften) von Natur trüb:* -er Apfelsaft.
na|tur|ver|bun|den ⟨Adj.⟩: *ein enges Verhältnis zur Natur* (2) *habend.*
Na|tur|ver|bun|den|heit, die: *Liebe zur Natur* (2).
Na|tur|volk, das ⟨meist Pl.⟩: *Volk, Volksstamm, der (abseits von der Zivilisation) auf einer primitiven Kulturstufe lebt.*
na|tur|wid|rig ⟨Adj.⟩: *unnatürlich.*
Na|tur|wis|sen|schaft, die ⟨meist Pl.⟩: **a)** *Gesamtheit der exakten Wissenschaften, die die verschiedenen Gebiete der Natur* (1) *zum Gegenstand haben;* **b)** *einzelne Wissenschaft, die ein bestimmtes Gebiet der Natur* (1) *zum Gegenstand hat.*
Na|tur|wis|sen|schaf|ter, der (österr., schweiz.): *Naturwissenschaftler.*
Na|tur|wis|sen|schaf|te|rin, die: w. Form zu ↑ Naturwissenschafter.
Na|tur|wis|sen|schaft|ler, der: *Wissenschaftler od. Student auf dem Gebiet der Naturwissenschaften.*
Na|tur|wis|sen|schaft|le|rin, die: w. Form zu ↑ Naturwissenschaftler.
na|tur|wis|sen|schaft|lich ⟨Adj.⟩: *die Naturwissenschaft betreffend, zu ihr gehörend.*
na|tur|wüch|sig ⟨Adj.⟩: **a)** (bes. marx. Philos.) *sich ohne Reglementierung, ohne äußeren Einfluss aus sich selbst heraus ergebend, entwickelnd;* **b)** *unverbildet natürlich.*
Na|tur|wun|der, das: *[scheinbar unerklärliches] faszinierendes Naturereignis o. Ä.*
Na|tur|zu|stand, der ⟨o. Pl.⟩: *natürlicher, vom Menschen nicht beeinflusster od. veränderter Zustand.*
'nauf (landsch., bes. südd.): *hinauf.*
Nau|ma|chie, die; -, -n [griech. naumachía, zu: naũs = Schiff u. máchē = Kampf, Schlacht]: **1.** *Seeschlacht im alten Griechenland.* **2.** *Darstellung einer Seeschlacht in den altrömischen Amphitheatern:* ◆ Man zeigte die Reste von Wasserbehältern, einer N. und andere dergleichen Ruinen (Goethe, Italien. Reise 6. 5. 1787 [Sizilien]).
Naum|burg: Stadt an der Saale.
Na|u|ru; -s: *Inselstaat im Pazifischen Ozean.*
Na|u|ru|er, der; -s, -: Ew.
Na|u|ru|e|rin, die; -, -nen: w. Form zu ↑ Nauruer.
na|u|ru|isch ⟨Adj.⟩: *Nauru, die Nauruer betreffend.*
'naus (landsch., bes. südd.): *hinaus.*

-naut [zu griech. naútēs = Seemann, zu: naũs = Schiff]: *in Zusb., z. B.* Astronaut, Kosmonaut.

Nau|tik, die; - [(wohl über engl. nautics, frz. (art, science) nautique < lat. nauticus <) griech. nautikḗ (téchnē)]: *Schifffahrtskunde.*
Nau|ti|ker, der; -s, - (Seew.): *Schiffsoffizier, der die Navigation beherrscht.*
Nau|ti|ke|rin, die; -, -nen: w. Form zu ↑ Nautiker.
Nau|ti|lus, der; -, - u. -se [lat. nautilus < griech. nautílos, eigtl. = Seefahrer: zu: naũs = Schiff]: *(in den tropischen Meeren lebender) Kopffüßer*

mit spiraligem Gehäuse u. zahlreichen Fangarmen.

-nau|tin, die; -, -nen: w. Form zu ↑ -naut.

nau|tisch ⟨Adj.⟩ [lat. nauticus < griech. nautikós, zu: naûs = Schiff] (Seew.): *die Nautik betreffend, zu ihr gehörend.*

Na|va|ho, Na|va|jo [ˈnɛvəhoʊ, auch: naˈvaxo], der; -[s], -[s]: Angehöriger eines nordamerikanischen Indianerstammes.

Na|vel [ˈneɪvl], die; -, -s, **Na|vel|oran|ge,** die [engl. navel orange, eigtl. = Nabelorange]: *kernlose Orange mit nabelförmiger Nebenfrucht.*

Na|vi [auch: ˈnavi], das; -s, -s (ugs.): *kurz für* ↑ Navigationsgerät, ↑ Navigationssystem: *sich von seinem N. leiten lassen.*

Na|vi|cert [ˈnɛvɪsə:t], das; -s, -s [Kurzwort aus engl. **navigation** = Navigation u. **certificate** = Zeugnis, Bescheinigung]: *von Konsulaten einer [Krieg führenden] Nation ausgestelltes Unbedenklichkeitszeugnis für neutrale [Handels]schiffe.*

Na|vi|ga|teur [...ˈtøːɐ̯], der; -s, -e [frz. navigateur < lat. navigator, ↑ Navigator] (Seew.): *Seemann, der die Navigation beherrscht.*

Na|vi|ga|ti|on, die; - [lat. navigatio = Schifffahrt, zu: navigare = fahren, segeln, zu: navis = Schiff]: **1.** (Seew., Flugw.) *bei Schiffen, Luft- u. Raumfahrzeugen Gesamtheit der Maßnahmen zur Bestimmung des Standorts u. zur Einhaltung des gewählten Kurses.* **2.** (EDV) *das Navigieren* (2).

Na|vi|ga|ti|ons|feh|ler, der (Seew., Flugw.): *Fehler in der Navigation.*

Na|vi|ga|ti|ons|ge|rät, das: *Gerät, das den Standort eines [Kraft]fahrzeugs bestimmen, Fahrtrouten berechnen u. mit automatischen Anzeigen u. Ansagen zu einem gewünschten Ziel führen kann.*

Na|vi|ga|ti|ons|kar|te, die: *Karte für die Navigation.*

Na|vi|ga|ti|ons|of|fi|zier, der (Seew., Flugw.): *Nautiker.*

Na|vi|ga|ti|ons|of|fi|zie|rin, die: w. Form zu ↑ Navigationsoffizier.

Na|vi|ga|ti|ons|schu|le, die: *Schule für die theoretische Ausbildung in Navigation.*

Na|vi|ga|ti|ons|sys|tem, das: *System, das den Standort eines [Kraft]fahrzeugs bestimmen, Fahrtrouten berechnen u. mit automatischen Anzeigen u. Ansagen zu einem gewünschten Ziel führen kann.*

Na|vi|ga|tor, der; -s, ...oren [lat. navigator = Seemann] (Seew., Flugw.): *für die Navigation verantwortliches Mitglied einer Flugzeug- od. Schiffsbesatzung.*

Na|vi|ga|to|rin, die; -, -nen: w. Form zu ↑ Navigator.

na|vi|ga|to|risch ⟨Adj.⟩ (Seew., Flugw.): *die Navigation betreffend, mit ihr zusammenhängend.*

na|vi|gie|ren ⟨sw. V.; hat⟩: **1.** (Seew., Flugw.) *den Standort eines Schiffes od. Flugzeugs bestimmen u. es auf dem richtigen Kurs halten.* **2.** (EDV) *(z. B. bei der Suche nach Informationen im Internet) [gezielt] ein Programm od. einen Programmpunkt nach dem anderen aktivieren.*

Na|xos, ˈNaxosˈ: griechische Insel.

Nay|pyi|daw [nɛpjiˈdɔ]: Regierungssitz von Myanmar.

Na|za|re|ner, der; -s, - [lat. Nazarenus = aus Nazareth Stammender]: **1.** ⟨o. Pl.⟩ *Beiname Jesu im Neuen Testament.* **2.** *Anhänger Jesu.* **3.** *Angehöriger einer adventistischen Glaubensgemeinschaft des 19. Jahrhunderts in Südwestdeutschland u. der Schweiz.* **4.** *(im 19. Jh.) Angehöriger einer Gruppe in Rom lebender Maler u. Male-*

rinnen der Romantik, die eine Erneuerung der christlichen Kunst anstreben.

Na|za|re|ne|rin, die; -, -nen: w. Form zu ↑ Nazarener (2–4).

Na|za|reth: Stadt in Israel.

Na|zi, der; -s, -s (ugs. abwertend): kurz für ↑ Nationalsozialist.

Na|zi|deutsch|land, das ⟨meist o. Art.⟩ (ugs. abwertend): *Deutschland in der Zeit des nationalsozialistischen Herrschaft (1933–1945).*

Na|zi|dik|ta|tur, die ⟨o. Pl.⟩ (ugs. abwertend): *NS-Diktatur.*

Na|zi|gold, das (ugs.): *Raubgold.*

Na|zi|herr|schaft, die ⟨o. Pl.⟩ (ugs. abwertend): *NS-Herrschaft.*

Na|zi|re|gime, das ⟨o. Pl.⟩ (ugs. abwertend): *NS-Regime.*

Na|zis|mus, der; - (ugs. abwertend): kurz für ↑ Nationalsozialismus (1).

na|zis|tisch ⟨Adj.⟩ (abwertend): kurz für ↑ nationalsozialistisch.

Na|zi|ter|ror, der (ugs. abwertend): *durch die Nationalsozialisten ausgeübter Terror* (1).

Na|zi|ver|bre|chen, das ⟨meist Pl.⟩ (ugs. abwertend): *NS-Verbrechen.*

Na|zi|zeit, die ⟨o. Pl.⟩ (ugs. abwertend): *NS-Zeit.*

NB = notabene.

n. Br. = nördlicher Breite.

Nchf. = Nachfolger[in].

n. Chr. = nach Christo, nach Christus.

n. Chr. G. = nach Christi Geburt.

nd. = niederdeutsch.

NDB = Neue Deutsche Biografie.

n-di|men|si|o|nal ⟨Adj.⟩ [aus n = math. Formelzeichen für eine beliebige reelle Zahl u. ↑ dimensional] (Math.): *mehr als drei Dimensionen betreffend.*

N'Dja|me|na [ndʒameˈna]: Hauptstadt von Tschad.

NDPD (DDR) = National-Demokratische Partei Deutschlands.

NDR [ɛndeːˈlɛr], der; -[s]: Norddeutscher Rundfunk.

'Ndran|ghe|ta [ˈndraŋgeta], die; - [ital. (kalabresisch) 'ndrangheta, H. u., viell. zu: 'ndranghiti = kleiner Gauner od. zu (neu)griech. andragathía = Männlichkeit, Tapferkeit, zu griech. anḗr (Gen.: andrós) = Mann]: *erpresserische Geheimorganisation in Kalabrien.*

ne, nee (ugs.): *nein.*

ne [nə] ⟨Fragepartikel⟩ (ugs.): *drückt eine Bekräftigung des vorher Gesagten aus; nicht [wahr].*

'ne [nə] (ugs.): *eine: das ist ja 'ne irre Geschichte!*

Ne = Neon.

Ne|an|der|ta|ler, der; -s, - [nach dem Fundort im Neandertal bei Düsseldorf] (Anthropol.): *(durch Skelettfunde bezeugter) Mensch der Altsteinzeit.*

Ne|an|der|ta|le|rin, die; -, -nen: w. Form zu ↑ Neandertaler.

Ne|a|pel: Stadt in Italien.

Ne|a|pe|ler: ↑ Neapolitaner.

Ne|a|pe|le|rin, die; -, -nen: w. Form zu ↑ Neapeler.

Ne|ap|ler usw.: ↑ Neapeler usw.

¹Ne|a|po|li|ta|ner, der; -s, -: Ew.

²Ne|a|po|li|ta|ner ⟨indekl. Adj.⟩: der N. Hafen.

³Ne|a|po|li|ta|ner, der; -s, - [urspr. wurde für die Füllung eine Creme aus Haselnüssen aus der Umgebung von Neapel verwendet] (österr.): *gefüllte Waffel.*

Ne|a|po|li|ta|ne|rin, die; -, -nen: w. Form zu ↑ ¹Neapolitaner.

Ne|a|po|li|ta|ner|schnit|te, die: ³Neapolitaner.

ne|a|po|li|ta|nisch ⟨Adj.⟩: *Neapel, die ¹Neapolitaner betreffend; von den ¹Neapolitanern stammend, zu ihnen gehörend.*

Ne|ark|tis, die; - [zu griech. néos = neu; jung u. ↑ Arktis]: *Verbreitungsraum der Tiere, der kalte,*

gemäßigte u. subtropische Klimate Nordamerikas u. Grönlands umfasst.

neb|bich ⟨Interj.⟩ [H. u.]: **1.** (Gaunerspr.) *leider; schade.* **2.** (salopp) *nun, wenn schon; was macht das schon.*

Neb|bich, der; -s, -e [jidd. nebbich, eigtl. = armes Ding] (abwertend): *unbedeutender Mensch.*

Ne|bel, der; -s, - [mhd. nebel, ahd. nebul, urspr. = Feuchtigkeit, Wolke]: **1.** *dichter, weißer Dunst über dem Erdboden; für das Auge undurchdringliche Trübung der Luft (durch Konzentration kleinster Wassertröpfchen); zieh-hende N. (Nebelschwaden); es kommt N. auf; es herrschte N. mit Sichtweiten unter 50 Metern; bei N., im N.; die Berge sind in N. gehüllt;* Ü *in einem N. von Unwissenheit (in völliger Unwissenheit) leben.* **2.** (Astron.) *[aus einer Anhäufung von Sternen bestehendes] schwach leuchtendes, nicht scharf umgrenztes, flächenhaft erscheinendes Gebilde am Himmel.*

Ne|bel|bank, die ⟨Pl. ...bänke⟩: *größere zusammenhängende Masse von Nebel, die über einem Bereich lagert.*

Ne|bel|bil|dung, die: *das Sichbilden von Nebel.*

Ne|bel|bo|je, die (Seew.): *Boje, die bei Nebel akustische Signale aussendet.*

Ne|bel|bom|be, die (Militär): *Bombe, die künstlichen Nebel erzeugt.*

Ne|bel|de|cke, die: *dichter, wie eine Decke über einem Gebiet ausgebreiteter Nebel.*

Ne|bel|dü|se, die: *Düse, mit der Wasser fein versprüht werden kann.*

Ne|bel|feld, das: *in kleineren Bereichen flächenartig auftretender Nebel.*

Ne|bel|fet|zen, der: *[Rest von] Nebel, der in der Luft hängt, über Land od. Wasser zieht.*

ne|bel|feucht ⟨Adj.⟩: *durch Nebel feucht geworden:* -e Straßen.

ne|bel|frei ⟨Adj.⟩: *ohne Nebel.*

ne|bel|grau ⟨Adj.⟩: *durch Nebel trübe u. grau:* ein -er Himmel.

ne|bel|haft ⟨Adj.⟩: **1.** (selten) *neblig: das Wetter war n.* **2.** *undeutlich, verschwommen, nicht fest umrissen (in jmds. Vorstellung, Bewusstsein o. Ä. vorhanden): Ich musste ihm eingestehen, dass ich mir keine Pläne gemacht hatte, dass mir die Zukunft n. war (dass ich darüber keine klaren Vorstellungen hatte; Seghers, Transit 19).*

Ne|bel|hau|fen, der (Astron.): *Ansammlung räumlich zusammengehöriger Sternsysteme.*

Ne|bel|horn, das ⟨Pl. ...hörner⟩ (Seew.): *bei Nebel verwendetes akustisches Signalgerät mit weit hörbarem, tiefem Ton.*

ne|be|lig: ↑ neblig.

Ne|bel|kam|mer, die (Kernphysik): *Gerät zum Nachweis u. zur Sichtbarmachung der Bahnen ionisierender Teilchen.*

Ne|bel|kap|pe, die (Mythol.): *Tarnkappe.*

Ne|bel|ker|ze, die (bes. Militär): *Wurfgeschoss, mit dem künstlicher Nebel erzeugt werden kann.*

Ne|bel|krä|he, die: *Krähe mit grauem Gefieder auf dem Rücken u. auf der Unterseite.*

Ne|bel|lam|pe, Ne|bel|leuch|te, die: *Nebelscheinwerfer.*

Ne|bel|mo|nat, Ne|bel|mond, der (veraltet): *November.*

ne|beln ⟨sw. V.; hat⟩ [mhd. nebelen, ahd. nibulen]: **1.** (geh.) **a)** ⟨unpers.⟩ *neblig sein, werden;* **b)** *Nebel entstehen lassen: nebelnde Wiesen.* **2.** (Fachspr.) *(flüssige Pflanzenschutzmittel od. Wasser zur Beregnung) in feinster Verteilung versprühen.*

Ne|bel|näs|se, die: *durch Nebel verursachte Nässe.*

Ne|bel|schein|wer|fer, der ⟨meist Pl.⟩ (Kfz-Technik): *Scheinwerfer beim Kraftfahrzeug, der*

durch breite Streuung des Lichtes den unmittelbar vor dem Fahrzeug liegenden Teil der Fahrbahn bei Nebel zusätzlich ausleuchten soll.
Ne̱|bel|schlei|er, der ⟨geh., dichter.⟩: *feiner, leichter Nebel.*
Ne̱|bel|schluss|leuch|te, die (Kfz-Technik): *rotes Rücklicht (mit hoher Lichtstärke), das besonders bei Nebel eingeschaltet wird, um das Fahrzeug nach hinten abzusichern.*
Ne̱|bel|schwa|den, der ⟨meist Pl.⟩, ⟨auch:⟩ Nebelschwade, die ⟨meist Pl.⟩: *Schwaden von Nebel.*
Ne̱|be|lung, Neblung, der; -s, -e (veraltet): *November.*
ne̱|bel|ver|han|gen ⟨Adj.⟩ ⟨geh.⟩: *von Nebel ganz eingehüllt:* -e Berge.
Ne̱|bel|wald, der (Geogr.): *tropischer Regenwald mit häufiger Nebelbildung.*
Ne̱|bel|wand, die: *wie eine Wand aufragender, dichter, undurchdringlicher Nebel.*

Ne̱|ben-: 1. drückt in Bildungen mit Substantiven aus, dass zwei od. mehrere Dinge räumlich unmittelbar aneinandergrenzen, benachbart sind: Nebenbühne, -platz, -saal. **2.** kennzeichnet in Bildungen mit Substantiven jmdn. od. etw. als eine Person od. Sache von untergeordneter Bedeutung: Nebenangeklagter, -betrieb, -pflicht.

ne̱|ben ⟨Präp. mit Dativ u. Akk.⟩ [mhd., ahd. neben, gek. aus mhd. eneben, ahd. ineben = auf gleiche Weise; zusammen, nebeneinander, aus adverbiell gebr. Fügungen mit ahd. ebanī = Gleichheit (↑Ebene)]: **1. a)** ⟨mit Dativ⟩ *unmittelbar an der Seite von; dicht bei:* er sitzt n. seinem Bruder; der Schrank steht dicht n. der Tür; in Verbindungen mit zwei gleichen Substantiven zur Angabe der Aufeinanderfolge ohne Auslassung: auf dem Parkplatz steht Auto n. Auto *(ein Auto dicht neben dem anderen);* Ü er duldet keinen Konkurrenten n. sich; **b)** ⟨mit Akk.⟩ *unmittelbar an die Seite von; dicht bei:* er stellte seinen Stuhl n. den meinen; in Verbindung mit zwei gleichen Substantiven zur Angabe der Aufeinanderfolge ohne Auslassung: sie bauten Bungalow n. Bungalow *(einen Bungalow dicht neben den anderen);* ♦ ⟨mit Dativ:⟩ *... ein gar feines, schmuckes Mädchen ... setzte sich hin n. dem trübsinnigen Elis* (E. T. A. Hoffmann, Bergwerke 5). **2.** ⟨mit Dativ⟩ *zugleich mit; außer:* n. ihrem Beruf hat sie einen großen Haushalt zu versorgen; wir brauchen n. *(zusätzlich zu)* Papier und Schere auch Leim. **3.** ⟨mit Dativ⟩ *verglichen mit; im Vergleich zu:* n. ihm bist du ein Waisenknabe.
Ne̱|ben|ab|re|de, die (Rechtsspr.): *einen Vertrag ergänzende [mündliche] Abmachung.*
Ne̱|ben|ab|sicht, die: *[heimlich verfolgte] zusätzliche Absicht:* er verfolgt dabei keine N.
Ne̱|ben|ach|se, die: *(außer der Hauptachse vorhandene [quer zu ihr verlaufende]) [weniger wichtige] weitere Achse.*
Ne̱|ben|ak|zent, der (Sprachwiss.): *(neben dem Hauptakzent vorhandener) schwächerer weiterer Akzent.*
Ne̱|ben|al|tar, der: *Seitenaltar.*
Ne̱|ben|amt, das: *Amt, das jmd. neben seinem Hauptamt innehat.*
ne̱|ben|amt|lich ⟨Adj.⟩: *im Nebenamt.*
ne̱|ben|an ⟨Adv.⟩: *in unmittelbarer Nachbarschaft:* er ist n.; die Wohnung n. steht leer; die Kinder von n. (ugs.: *die Nachbarskinder).*
Ne̱|ben|an|schluss, der: *an einen Hauptanschluss gekoppelter Telefonanschluss.*
Ne̱|ben|ar|beit, die: **1.** *vgl. Nebenbeschäftigung.* **2.** *bei der Erledigung einer bestimmten Arbeit zusätzlich anfallende [kleinere] Arbeit* (1 a).
3. *neben dem Hauptwerk vorliegende, weniger wichtige Arbeit* (4 a).
Ne̱|ben|arm, der: *Seitenarm eines Gewässers.*
Ne̱|ben|aus|ga|be, die: **1.** ⟨meist Pl.⟩ *zu einer Geldausgabe hinzukommende, zusätzliche Ausgabe.* **2.** *regionale Ausgabe* (5 a) *einer Zeitung.*
Ne̱|ben|aus|gang, der: *neben dem [zentralen] wichtigeren Ausgang bestehender weiterer [seitlicher] Ausgang* (2 a).
Ne̱|ben|bahn, die: *von der Hauptbahn abzweigende Eisenbahnstrecke von geringerer Bedeutung.*
Ne̱|ben|bau, der ⟨Pl. -ten⟩: *Nebengebäude.*
Ne̱|ben|be|deu|tung, die: *zu der eigentlichen Bedeutung noch hinzukommende weitere, weniger wichtige Bedeutung bes. eines Wortes.*
ne̱|ben|bei ⟨Adv.⟩: **1.** *noch außerdem, neben einer anderen Tätigkeit nebenher:* er arbeitet n. als Kellner; er erledigt die Schule so n.; ⟨subst.:⟩ *Er hatte ein wenig Ackerland in Pacht... Doch war diese lose Wirtschaft nur wenig bestimmend für Jaakobs Dasein, ein Nebenbei, an dem er ohne Herzlichkeit festhielt, um ein wenig Bodenständigkeit hervorzukehren* (Th. Mann, Joseph 396/397). **2.** *(in Bezug auf eine Äußerung, Bemerkung) ohne besonderen Nachdruck, beiläufig:* eine Bemerkung [so] n. fallen lassen.
Ne̱|ben|be|mer|kung, die: *beiläufig gemachte Bemerkung.*
Ne̱|ben|be|ruf, der: *Beruf, den jmd. neben seinem Hauptberuf [zum Zweck des zusätzlichen Erwerbs] ausübt:* er ist im N. Landwirt.
ne̱|ben|be|ruf|lich ⟨Adj.⟩: *im Nebenberuf:* eine -e Tätigkeit.
Ne̱|ben|be|schäf|ti|gung, die: *Tätigkeit, die jmd. neben seiner eigentlichen Tätigkeit ausübt.*
Ne̱|ben|blatt, das (Bot.): *einem Blatt ähnliche Bildung an der Ansatzstelle des Blattstieles.*
Ne̱|ben|buh|ler, der: **1.** *jmd., der im Werben um die Gunst einer Frau als Rivale eines anderen auftritt (im Verhältnis zu diesem).* **2.** (Zool.) *männliches Tier, das im Kampf um ein Revier od. um ein weibliches Tier als Rivale eines anderen auftritt (im Verhältnis zu diesem).* **3.** (ugs.) *Konkurrent.*
Ne̱|ben|buh|le|rin, die: w. Form zu ↑Nebenbuhler (1).
Ne̱|ben|büh|ne, die: *[neben der Hauptbühne gelegene] zusätzliche, weniger wichtige Konzertbühne.*
Ne̱|ben|dar|stel|ler, der (Theater, Film): *Schauspieler, der für eine der Nebenrollen in einem Stück od. Film eingesetzt ist.*
Ne̱|ben|dar|stel|le|rin, die: w. Form zu ↑Nebendarsteller.
Ne̱|ben|ef|fekt, der: *weniger wichtiger, zusätzlicher Effekt.*
ne̱|ben|ei|n|an|der ⟨Adv.⟩: **1.** *einer, eine, eines neben dem, der anderen; einen, eine, eines neben den anderen, neben die andere:* etw. n. aufstellen, hinlegen; wir sind n. hergegangen; Ü *hier leben Menschen aller Hautfarben friedlich n. (zusammen).* **2.** *gleichzeitig mit etw. anderem bestehend, sich ereignend o. Ä.:* hier sieht man Altes und Neues n.; ⟨subst.:⟩ *das Nebeneinander von Altem und Modernem.*
ne̱|ben|ei|n|an|der|hal|ten ⟨st. V.; hat⟩: *neben das andere halten:* zwei Fotos zum Vergleich n.
ne̱|ben|ei|n|an|der|her ⟨Adv.⟩: *einer, eine, eines neben dem, der anderen her:* die Gleise verlaufen n.; Ü *die beiden leben n. (sie haben keine innere Beziehung mehr zueinander).*
ne̱|ben|ei|n|an|der|le|gen ⟨sw. V.; hat⟩: *eines, eine, eines neben den anderen, das andere legen:* zwei Matratzen n.
ne̱|ben|ei|n|an|der|lie|gen ⟨st. V.; hat⟩: *einer, eine, eines neben den, der anderen liegen.*
ne̱|ben|ei|n|an|der|schal|ten ⟨sw. V.; hat⟩: *parallel schalten.*
ne̱|ben|ei|n|an|der|set|zen ⟨sw. V.; hat⟩: vgl. nebeneinanderlegen.
ne̱|ben|ei|n|an|der|sit|zen ⟨unr. V.; hat⟩: vgl. nebeneinanderlegen.
ne̱|ben|ei|n|an|der|ste|hen ⟨unr. V.; hat; südd., österr., schweiz.: ist⟩: vgl. nebeneinanderliegen.
ne̱|ben|ei|n|an|der|stel|len ⟨sw. V.; hat⟩: vgl. nebeneinanderlegen.
Ne̱|ben|ein|gang, der: *neben dem Haupteingang bestehender weiterer [seitlicher] Eingang* (1 a).
Ne̱|ben|ein|kunft, die ⟨meist Pl.⟩: *Einnahme, die jmd. zusätzlich zu denjenigen aus seiner Haupteinnahmequelle noch hat.*
Ne̱|ben|er|schei|nung, die: *vgl. Nebeneffekt.*
Ne̱|ben|er|werb, der: *nebenberufliche Tätigkeit.*
Ne̱|ben|er|werbs|land|wirt|schaft, die: **1.** ⟨o. Pl.⟩ *als Nebenerwerb betriebene Landwirtschaft.* **2.** *landwirtschaftlicher Betrieb als Nebenerwerb.*
Ne̱|ben|fach, das: *Fach von untergeordneter Bedeutung.*
Ne̱|ben|fi|gur, die: *weniger wichtige Figur* (5 a, c).
Ne̱|ben|fluss, der (Geogr.): *Fluss, der in einen anderen, größeren Fluss mündet.*
Ne̱|ben|form, die: *weniger häufige Variante von etw.*
Ne̱|ben|frau, die: **1.** (Anthropol.) *(bei Völkern mit Polygynie) mit weniger Rechten ausgestattete Frau, die ein Mann neben einer od. mehreren anderen hat.* **2.** w. Form zu ↑Nebenmann.
Ne̱|ben|gas|se, die: *Seitengasse.*
Ne̱|ben|ge|bäu|de, das: **1.** *(in Funktion, Größe, Lage o. Ä.) dem Hauptgebäude eines Gebäudekomplexes untergeordneter Bau:* das Schloss und seine zahlreichen N. **2.** *unmittelbar benachbartes Gebäude.*
Ne̱|ben|ge|dan|ke, der: vgl. Nebenabsicht.
Ne̱|ben|ge|gen|stand, der (österr.): *Nebenfach (in der Schule).*
Ne̱|ben|ge|räusch, das: *unerwünschtes, meist störendes [einen Fehler o. Ä. anzeigendes] Geräusch, das zusätzlich bei akustischen Wahrnehmbarem auftritt.*
Ne̱|ben|ge|schäft, das: **1.** (Wirtsch.) *Geschäft* (2 a) *eines Kaufmanns, das nicht unmittelbar zu seinem Betrieb gehört.* **2.** *Geschäft* (1 a), *das zusätzliche Einnahmen bringt.*
Ne̱|ben|ge|stein, das (Geol.): *Gestein, das ein anderes (das Gegenstand der Betrachtung ist) umgibt, begleitet.*
Ne̱|ben|gleis, das (Eisenbahn): *nicht dem Hauptverkehr dienendes Gleis.*
Ne̱|ben|hand|lung, die: *(in einer Dichtung) neben der eigentlichen Handlung herlaufende Handlung.*
Ne̱|ben|haus, das: *benachbartes Haus.*
ne̱|ben|her ⟨Adv.⟩: **1.** *nebenbei* (1). **2.** (selten) *nebenbei* (2).
ne̱|ben|her|fah|ren ⟨st. V.; ist⟩: *neben jmdm., etw. [begleitend] fahren.*
ne̱|ben|her|ge|hen ⟨unr. V.; ist⟩: vgl. nebenherfahren.
ne̱|ben|her|lau|fen ⟨st. V.; ist⟩: **1.** vgl. nebenherfahren. **2.** *zugleich mit etw. anderem ablaufen.*
ne̱|ben|hin ⟨Adv.⟩ (seltener): *nebenbei* (2).
Ne̱|ben|ho|den, der ⟨meist Pl.⟩ (Anat.): *den Samen speicherndes u. ableitendes Organ des männlichen Geschlechtsapparates.*
Ne̱|ben|höh|le, die ⟨meist Pl.⟩ (Anat.): *an die Nasenhöhle angrenzender, mit Schleimhaut ausgekleideter Hohlraum.*
Ne̱|ben|job, der (ugs.): vgl. Nebenbeschäftigung.

Ne|ben|kla|ge, die (Rechtsspr.): Klage, mit der sich jmd. (als Betroffener) dem öffentlichen, durch den Staatsanwalt eingeleiteten Strafverfahren anschließt.
Ne|ben|klä|ger, der (Rechtsspr.): jmd., der sich (als Betroffener) der durch den Staatsanwalt erhobenen Klage anschließt.
Ne|ben|klä|ge|rin, die: w. Form zu ↑ Nebenkläger.
Ne|ben|kos|ten ⟨Pl.⟩: zusätzlich anfallende Kosten.
Ne|ben|kra|ter, der (Geogr.): am Hang eines größeren Vulkans entstandener weiterer Krater.
Ne|ben|kriegs|schau|platz, der: weiterer, weniger wichtiger Kriegsschauplatz: Ü die Diskussion über die Hundesteuer war nur ein N. (ein weniger wichtiges Thema).
Ne|ben|leu|te: Pl. von ↑ Nebenmann.
Ne|ben|li|nie, die: **1.** (Eisenbahn) von einer Hauptstrecke abzweigende, zu kleineren Orten führende u. weniger befahrene Strecke. **2.** (Geneal.) Linie der Nachkommen eines nicht erstgeborenen Sohnes.
Ne|ben|luft, die (Technik): Falschluft.
Ne|ben|mann, der ⟨Pl. ...männer u. ...leute⟩: jmd., der (in einer Reihe, Gruppe o. Ä.) neben einem anderen steht, geht, sitzt; Nachbar (b).
Ne|ben|meer, das (Geogr.): durch seine Lage vom offenen Ozean abgetrenntes Meer.
Ne|ben|me|tall, das: (in einem Erz) neben dem hauptsächlich enthaltenen in geringerer Menge außerdem enthaltenes Metall.
Ne|ben|nie|re, die ⟨meist Pl.⟩ (Anat.): Drüse am oberen Pol der Niere, die verschiedene Hormone produziert.
Ne|ben|nie|ren|hor|mon, das: von der Nebenniere produziertes Hormon.
Ne|ben|nie|ren|rin|de, die (Anat.): äußeres Gewebe der Nebenniere, in dem bestimmte Hormone gebildet werden.
Ne|ben|nie|ren|rin|den|hor|mon, das: in der Nebennierenrinde gebildetes Hormon.
ne|ben|ord|nen ⟨sw. V.; hat⟩ (Sprachwiss.): (Wörter, Sätze, Satzteile) gleichrangig nebeneinanderstellen; beiordnen (3) ⟨meist im 1. od. 2. Part.⟩: eine nebenordnende Konjunktion; nebengeordnete Sätze.
Ne|ben|ord|nung, die; -, -en (Sprachwiss.): das Nebenordnen.
Ne|ben|pro|dukt, das: bei der Herstellung von etw. nebenher anfallendes Produkt.
Ne|ben|raum, der: **1.** einem anderen Raum benachbarter Raum. **2.** ⟨o. Pl.⟩ neben dem eigentl. Wohnraum o. Ä. gehörender kleinerer, nicht als eigentlicher Wohnraum vorgesehener Raum (z. B. Bad, Abstellraum).
Ne|ben|rol|le, die: kleinere Rolle in einem Bühnenstück od. Film: auch die -n sind hervorragend besetzt.
Ne|ben|sa|che, die: etw., was in einem bestimmten Zusammenhang von geringerer Wichtigkeit od. Bedeutung ist: ob dir das passt oder nicht, ist N. (ugs.; du wirst nicht danach gefragt).
ne|ben|säch|lich ⟨Adj.⟩: weniger wichtig, unwichtig, bedeutungslos.
Ne|ben|säch|lich|keit, die; -, -en: **1.** ⟨o. Pl.⟩ das Nebensächlichsein. **2.** etw., was nebensächlich ist.
Ne|ben|sai|son, die: Zeit außerhalb der Hauptreisezeit.
Ne|ben|satz, der: **1.** (Sprachwiss.) untergeordneter Satz, Gliedsatz. **2.** beiläufig gemachte Bemerkung.
ne|ben|schal|ten ⟨sw. V.; hat⟩ (Elektrot.): parallel schalten.
Ne|ben|schal|tung, die (Elektrot.): Parallelschaltung.
Ne|ben|schau|platz, der: weiterer, weniger wichtiger Schauplatz (1).

Ne|ben|schild|drü|se, die ⟨meist Pl.⟩ (Anat.): neben der Schilddrüse befindliche kleine Drüse.
Ne|ben|sinn, der: vgl. Nebenbedeutung.
Ne|ben|spie|ler, der (Mannschaftsspiele): Mitspieler in unmittelbar benachbarter Position auf dem Spielfeld.
Ne|ben|spie|le|rin, die (Mannschaftsspiele): w. Form zu ↑ Nebenspieler.
ne|ben|ste|hend ⟨Adj.⟩: neben dem Text stehend: die -e Abbildung.
Ne|ben|stel|le, die: **1.** Nebenanschluss. **2.** Filiale, Zweigstelle.
Ne|ben|stel|len|an|la|ge, die: Telefonanlage mit Nebenstellen.
Ne|ben|stra|fe, die (Rechtsspr.): Strafe, die nur in Verbindung mit einer Hauptstrafe verhängt werden kann.
Ne|ben|stra|ße, die: (von einer Hauptstraße abgehende) Straße untergeordneter Bedeutung.
Ne|ben|stre|cke, die: **1.** Nebenbahn. **2.** über Nebenstraßen, kleinere Straßen führende Strecke. **3.** weniger wichtige Fluglinie (a).
Ne|ben|tä|tig|keit, die: Nebenbeschäftigung.
Ne|ben|tisch, der: benachbarter Tisch.
Ne|ben|ton, der: Nebenakzent.
Ne|ben|um|stand, der: Umstand, der zu den eigentlichen Gegebenheiten, Umständen begleitend hinzutritt.
Ne|ben|ver|dienst, der: vgl. Nebeneinkünfte.
Ne|ben|vor|stel|lung, die: vgl. Nebenbedeutung.
Ne|ben|win|kel, der (Geom.): Winkel, der einen benachbarten Winkel zu einem gestreckten Winkel ergänzt.
Ne|ben|wir|kung, die ⟨meist Pl.⟩: zusätzliche Wirkung, die etw. [unerwarteter- od. unerwünschtermaßen] hat.
ne|ben|wir|kungs|arm ⟨Adj.⟩ (Fachspr.): (von Medikamenten u. Therapien) nur wenige [unerwünschte] Nebenwirkungen auslösend: natürliche Behandlungsmethoden gelten im Vergleich zu den schulmedizinischen als nebenwirkungsärmer.
Ne|ben|wohn|sitz, der: zweiter Wohnsitz.
Ne|ben|woh|nung, die ⟨selten⟩: **1.** als Nebenwohnsitz gemeldete Wohnung, Zweitwohnung. **2.** benachbarte Wohnung.
Ne|ben|zim|mer, das: vgl. Nebenraum.
Ne|ben|zweck, der: Nebenabsicht.
neb|lig, nebelig ⟨Adj.⟩: von Nebel erfüllt, durch Nebel gekennzeichnet: -es Wetter.
Neb|lung: ↑ Nebelung.
Ne|b|ras|ka; -s: Bundesstaat der USA.
nebst ⟨Präp. mit Dativ⟩ [zu ↑¹neben] (veraltend): [zusammen] mit; samt: eine Kirche n. einem Kloster; Haus n. Garten und Nebengebäuden zu verkaufen; amtliche Vorschriften n. Durchführungshinweisen.
nebst|bei ⟨Adv.⟩ (österr.): nebenbei.
nebst|dem ⟨Adv.⟩ (schweiz.): außerdem.
ne|bu|los, ne|bu|lös ⟨Adj.⟩ [(frz. nébuleux <) lat. nebulosus = neblig; dunkel] (bildungsspr.): (in Bezug auf Vorstellungen, Ideen u. Ä.) verschwommen, unklar.
Ne|ces|saire [nesɛˈsɛːɐ̯], Nessessär, das; -s, -s [frz. nécessaire < lat. necessarius = notwendig]: **1.** Reisenecessaire. **2.** kleiner Behälter, Beutel für Nähzeug o. Ä.
Neck, der; -en, -en [schwed. näck]: Nöck.
Ne|ckar, der; -s: rechter Nebenfluss des Rheins.
Neck|ball, der ⟨o. Pl.⟩ [zu ↑ necken]: [Kinder]spiel, bei dem ein Spieler den Ball abzufangen versucht, den sich die Mitspieler zuwerfen.
ne|cken ⟨sw. V.; hat⟩ [mhd. (md.) necken = reizen, quälen, Intensivbildung zu ↑ nagen]: **1.** durch scherzende, spottende, stichelnde Bemerkungen, Anspielungen o. Ä. seinen Scherz mit jmdm. treiben: die beiden necken sich gern; man neckt ihn mit seiner neuen

Freundin; die Kinder neckten den Hund. ◆ **2.** quälen, peinigen: Wie verstündest du sonst, das Eisen (= das Schwert des Henkers) erst langsam bedächtlich an den knirschenden Gelenken hinaufzuführen und das zuckende Herz mit dem Streich der Erbarmung zu n. (Schiller, Kabale III, 6).
Ne|cken, der; -s, -: Nöck.
Ne|cke|rei, die; -, -en: **1.** [dauerndes] Necken. **2.** Scherz o. Ä., mit dem man jmdn. neckt.
Ne|cking, das; -[s], -s [engl. necking, zu: to neck = knutschen, eigtl. = umhalsen, zu: neck = Hals]: Austausch von Zärtlichkeiten, erotisch-sexuelle Stimulierung durch körperlichen Kontakt ohne Berührung der Genitalien.
ne|ckisch ⟨Adj.⟩ [mhd. (md.) neckisch = boshaft]: **1.** durch Necken, Scherzen, Spotten gekennzeichnet: ein -es Geplänkel; -e Späße, Scherze, Spielchen; n. lachen; »Na«, meinte er n., »Ihre Anstelligkeit, die bewährt sich wohl vorwiegend bei hübschen Frauen« (Th. Mann, Krull 171). **2.** sichtlich auf eine lustige, belustigende, witzige o. ä. Wirkung abzielend [tatsächlich aber eher dumm, albern, kindisch o. ä. wirkend]: ein -es Hütchen.
Neck|na|me, der ⟨selten⟩: spöttischer, neckender Beiname, Spottname.
Ne|der|lan|dis|tik, die; - (bes. österr.): Niederlandistik.
nee: ↑ ne.
Need [niːd], das; -[s] [engl. need = Bedürfnis] (Psychol.): Gesamtheit der Antriebe, Bedürfnisse, Wünsche u. Haltungen eines Menschen, denen die verschiedenen, ein bestimmtes Verhalten fordernden Umweltsituationen gegenüberstehen.
Neer, die; -, -en [viell. zu niederd. neer (in Zus.) = nieder-] (nordd.): Wasserstrudel mit starker Gegenströmung (1).
Neer|strom, der, **Neer|strö|mung,** die (nordd.): in Buchten, zwischen Buhnen o. Ä. entstehende Gegenströmung.
Nef|fe, der; -n, -n [mhd. neve, ahd. nevo, wohl eigtl. = Unmündiger, verw. mit lat. nepos, ↑ Nepotismus]: Sohn von jmds. Schwester, Bruder, Schwägerin od. Schwager.
Ne|ga|ti|on, die; -, -en [lat. negatio, zu: negare, ↑ negieren]: **1. a)** (bildungsspr.) Ablehnung (einer Richtung, Ordnung, eines Wertes o. Ä.): die N. der geltenden Moral; **b)** (Philos.) Aufhebung (von etw. durch etw. Entgegengesetztes): der Tod als N. des Lebens. **2.** (Logik) Verneinung (einer Aussage). **3.** (Sprachwiss.) **a)** Verneinung (einer Aussage); **b)** Wort, das eine Verneinung ausdrückt.
Ne|ga|ti|ons|wort, das ⟨Pl. ...wörter⟩: Negation (3 b).
ne|ga|tiv [ˈneːɡatiːf, auch: neɡaˈtiːf, auch: ˈneɡatiːf] ⟨Adj.⟩ [lat. negativus = verneinend]: **1. a)** Ablehnung ausdrückend, enthaltend; ablehnend: eine -e Antwort; jmdm. n. gegenüberstehen; **b)** (Logik) verneint. **2. a)** ungünstig, nachteilig, nicht wünschenswert: eine -e Entwicklung; sich n. auswirken; **b)** im unteren Bereich einer Werteordnung angesiedelt; schlecht: -e Leistungen; etw. n. bewerten. **3.** (bes. Math.) im Bereich unter null liegend: -e Zahlen. **4.** (Physik) eine der beiden Formen elektrischer Ladung betreffend: der -e Pol; n. geladen sein. **5.** (bes. Fotogr.) gegenüber dem Gegenstand der Aufnahme spiegelverkehrt u. in den Verhältnissen von Hell und Dunkel umgekehrt od. in den Farben komplementär. **6.** (bes. Med.) einen als möglich ins Auge gefassten Sachverhalt als nicht gegeben ausweisend: ein -er Befund.
Ne|ga|tiv [ˈneːɡatiːf, auch: neɡaˈtiːf, auch: ˈneɡatiːf], das; -s, -e [frz. négatif, engl. negative < lat.

Negativ – nehmen

negativus, ↑negativ] (Fotogr.): *aus dem belichteten Film o. Ä. entwickeltes negatives* (5) *Bild, von dem Abzüge* (2 a) *hergestellt werden:* ein N. fixieren.

Ne|ga|tiv-: drückt aus, dass etw. ungünstig, ganz anders (als üblich od. erwartet) od. ins Gegenteil verkehrt ist: Negativbewertung, -fußball, -leistung, -werbung.

Ne|ga|tiv|bei|spiel, das: *negatives* (2) *Beispiel; Beispiel, das zeigt, wie etw. nicht sein soll, wie etw. nicht durchgeführt o. Ä. werden soll.*

Ne|ga|tiv|bi|lanz, die: *negative* (2 a) *Bilanz; Bilanz, in der die Verluste überwiegen.*

Ne|ga|tiv|bild, das (bes. Fotogr.): *negatives* (5) *Bild.*

Ne|ga|tiv|druck, der ⟨Pl. -e⟩: **1.** ⟨o. Pl.⟩ *Druckverfahren, bei dem Schrift od. Zeichnung dadurch sichtbar wird, dass ihre Umgebung mit Farbe bedruckt wird, sie selbst jedoch ausgespart bleibt.* **2.** *im* ²*Hochdruck* (1) *hergestellter* ²*Druck* (1 b).

Ne|ga|ti|ve [negaˈtiːvə, auch: ˈneːgatiːvə, ˈneːɡ...], die; -, -n (selten): *Verneinung, Ablehnung:* in der N. antworten.

Ne|ga|tiv|farb|film, der: vgl. Negativfilm.

Ne|ga|tiv|film, der: *Film, aus dem, wenn er belichtet u. entwickelt wird, Negative entstehen.*

Ne|ga|tiv|image, das: *durch ein allgemein als negativ bewertetes Verhalten, Äußeres geprägtes Image.*

Ne|ga|ti|vis|mus, der; - (Psychiatrie, Psychol.): *sinn- u. antriebswidriges Verhalten als Trotzverhalten Jugendlicher.*

Ne|ga|ti|vi|tät, die; -: *Eigenschaft, negativ zu sein.*

Ne|ga|tiv|lis|te, die: *Verzeichnis der Arzneimittel, deren Kosten von der gesetzlichen Krankenversicherung nicht übernommen werden.*

Ne|ga|tiv|re|kord, der: *Rekord* (2) *im Negativen; schlechtester Wert o. Ä.:* die Zahl der Arbeitslosen hat einen neuen N. erreicht.

Ne|ga|tiv|schlag|zei|le, die: *Schlagzeile, die ein negatives* (2) *Ereignis, Vorkommnis o. Ä. herausstellt:* die Partei kommt derzeit aus den -n nicht heraus.

Ne|ga|tiv|se|rie, die (bes. Sport): *innerhalb eines relativ kurzen Zeitraums aufeinanderfolgende Fehlschläge* (1): mit dem Sieg beendete sie ihre N. von drei Niederlagen in Folge.

Ne|ga|tiv|trend, der: *Trend zum Negativen hin.*

Ne|ga|ti|vum, das; -s, ...va (bildungsspr.): *etw. Negatives.*

Ne|geb: ↑Negev.

Ne|ger, der; -s, - [frz. nègre < span., port. negro = Neger; schwarz < lat. niger = schwarz]: **1.** *Person von [sehr] dunkler Hautfarbe.* **2.** (Fachjargon) *schwarze Tafel, mit deren Hilfe die Lichtverhältnisse in einem Fernsehstudio verändert werden können.* **3.** (Fernsehjargon) *Tafel, von der ein Schauspieler od. Sänger (im Fernsehstudio) einen Text ablesen kann.* **4.** (Jargon) *Ghostwriter.*

Die Bezeichnung *Neger* gilt im öffentlichen Sprachgebrauch als stark diskriminierend und wird deshalb meist vermieden. Als alternative Bezeichnungen fungieren *Farbige[r]* sowie *Schwarze[r],* wobei die Bezeichnung *Schwarze[r]* z. B. in Berichten über Südafrika vermehrt anzutreffen ist, wohl um eindeutiger auf die schwarze Bevölkerung (im Gegensatz zu den Indern etc.) Bezug nehmen zu können. In Deutschland lebende Menschen dunkler Hautfarbe haben die Ausweichbezeichnung *Afrodeutsche[r]* vorgeschlagen. Diese setzt sich immer mehr durch.

Ne|ge|rin, die; -, -nen: w. Form zu ↑Neger.

Ne|ger|kuss, der (veraltend): *Schokokuss.*

Wegen der Anlehnung an die diskriminierende Bezeichnung *Neger* sollte das Wort *Negerkuss* ebenfalls vermieden und durch *Schokokuss* ersetzt werden.

Ne|gev [auch: ˈneːɡɛf], Negeb [auch: ˈneːɡɛp], der, auch: die; -: *Wüstenlandschaft im Süden Israels.*

ne|gie|ren ⟨sw. V.; hat⟩ [lat. negare, zu: nec = nein, nicht]: **1.** (bildungsspr.) **a)** *abstreiten; leugnen:* seine Schuld n.; **b)** *eine ablehnende Haltung einer Sache gegenüber einnehmen:* jmds. Ansicht n.; **c)** *als nicht existent betrachten; ignorieren.* **2.** (Sprachwiss.) *mit einer Negation* (3 b) *versehen, verneinen:* einen Satz n.

Ne|gie|rung, die; -, -en: *das Negieren.*

Ne|g|li|gé, Negligee, (schweiz.:) **Né|g|li|gé** [negliˈʒeː], das; -s, -s [frz. (habillement) négligé, eigtl. = lässige Kleidung, zu: négliger, ↑negligieren]: *leichter, eleganter Morgenmantel:* [noch] im N. sein ([noch] nicht fertig angezogen sein).

ne|g|li|geant [...ˈʒant] ⟨Adj.⟩ [frz. négligeant, 1. Part. von: négliger, ↑negligieren] (bildungsspr. selten): *unachtsam; sorglos; nachlässig.*

Ne|g|li|gee: ↑Negligé.

ne|g|li|gie|ren [...ʒiːran] ⟨sw. V.; hat⟩ [frz. négliger < lat. neglegere, eigtl. = nicht auswählen, zu: nec = nicht u. legere, ↑Lektion] (bildungsspr.): *vernachlässigen, nicht beachten.*

Ne|g|ri|to, der; -[s], -[s] [span. negrito, Vkl. von: negro, ↑Neger]: *Angehöriger einer kleinwüchsigen, dunkelhäutigen Bevölkerungsgruppe in Südostasien.*

Ne|g|ri|tude, Né|g|ri|tude [negriˈtyːd], die; - [frz. négritude, zu: nègre, ↑Neger]: *philosophische u. politische Bewegung des 20. Jhs., die für die kulturelle Identität der afrikanischen Bevölkerung eintritt.*

Ne|g|ro|spi|ri|tu|al [ˈniːɡroʊspɪrɪtjʊəl], das, auch: der; -s, -s [engl. (negro) spiritual, ↑²Spiritual] (veraltet): ²*Spiritual.*

Ne|gus, der; -, -. -se [amharisch nʼgus = (der zum) König (Ernannte)]: *früherer abessinischer Herrschertitel.*

neh|men ⟨st. V.; hat⟩ [mhd. nemen, ahd. neman, urspr. = (sich selbst) zuteilen]: **1. a)** *mit der Hand greifen, erfassen u. festhalten:* er nahm seinen Mantel und ging; er nimmt sie am Arm, um sie hinauszuführen; sie nahm (*ergriff*) die dargebotene Hand; **b)** *[ergreifen u.] an sich, in seinen Besitz bringen:* er nahm, was er bekommen konnte; sie hat zu viel, sich die besten Stücke genommen; den Läufer, den Bauern n. (Schach; *schlagen*); R woher n. und nicht stehlen? **2.** *(etw. Angebotenes) annehmen:* sie nimmt kein [Trink]geld; nehmen Sie noch eine Zigarette n.; nehmen Sie meinen herzlichsten Dank (geh.; *ich danke Ihnen sehr herzlich*). **3. a)** *(fremdes Eigentum) in seinen Besitz bringen:* die Einbrecher nahmen alles, was ihnen wertvoll erschien; Ü der Krieg, der Tod hat ihr den Mann genommen; **b)** *jmdm. etw. entziehen; entziehen:* jmdm. die Sicht n.; dieses Recht kann ihm niemand n.; Ü jmdm. die Hoffnung, alle Illusionen n.; das nimmt der Sache den ganzen Reiz; * **sich** ⟨Dativ⟩ **nicht n. lassen, etw. zu tun** (*sich nicht davon abhalten lassen, etw. zu tun:* sie ließ es sich nicht n., persönlich zu gratulieren); **c)** *bewirken, dass sich jmd. von etw. Unangenehmem befreit fühlt:* die Angst, den [Alb]druck von jmdm. n. **4.** *(für einen bestimmten Zweck) benutzen, verwenden:* sie nimmt nur Öl zum Braten; (veraltend:) man nehme (*Zutaten*): 250 g Zucker, 300 g Mehl ...; Ü einen anderen Weg n. **5. a)** *[ergreifen u.] an eine [bestimmte] Stelle bei sich bringen, bewegen:* die Tasche unter den Arm, den Rucksack auf die Schultern n.; er hat das Kind auf den Schoß genommen; sie nahmen den Vater in die Mitte (*gingen links u. rechts vom Vater*); ich nahm die Sachen an mich (*nahm sie, um sie aufzubewahren*); das Schiff nimmt (*lädt*) Kohle; **b)** *aus einem bestimmten Anlass ergreifen u. von etw. weg-, aus etw. herausbringen:* Geschirr aus dem Schrank, Geld aus der Brieftasche n.; er nahm den Hut vom Kopf und wischte sich die Stirn; die Gläser vom Tisch n.; als das Baby weinte, nahm sie es aus dem Wagen; Ü sie nimmt das Kind aus der Schule genommen (*haben es nicht länger die Schule besuchen lassen*). **6.** *sich (einer Person od. Sache) bedienen:* [sich] einen Anwalt n.; den Bus, das Auto n.; er nahm den nächsten Zug, ein Taxi; nimm eine Schere. **7.** *für seine Zwecke aussuchen, sich (für jmdn., etw.) entscheiden:* ich nehme die broschierte Ausgabe; sie nahm die angebotene Stelle; diese Wohnung nehmen wir; er nahm ein Zimmer im besten Hotel; sie hat das Kleid doch nicht genommen (*gekauft*). **8.** *bei sich unterbringen, aufnehmen:* eine Waise ins Haus n.; sie nahm ihre alte Mutter zu sich. **9.** * *etw. auf sich n.* (etw. übernehmen: die Verantwortung, alle Schuld auf sich n.; er hat es auf sich genommen, den Plan durchzuführen); ♦ *etw. über sich n.* (etw. übernehmen: Saladin hatʼs über sich genommen, ihn zu stimmen [Lessing, Nathan V,3]). **10.** *in Anspruch nehmen, sich geben lassen:* Unterricht, Nachhilfe[stunden] in Latein n.; Urlaub n.; sich nahm mir [einen Tag] freigenommen. **11.** *als Preis fordern:* er hat für die Fahrt zehn Euro genommen; was nehmen Sie für eine Stunde? **12.** (geh.) **a)** *(eine Mahlzeit o. Ä.) einnehmen:* wir werden das Frühstück um neun Uhr [auf der Terrasse] n.; das Abendmahl n. (*das Altarsakrament empfangen*); **b)** *(Speisen, Getränke o. Ä.) dem Körper zuführen:* einen Kaffee, einen Kognak n.; nehmen wir noch ein Dessert?; ich habe heute nichts zu mir genommen; * **einen n.** (ugs.; *etw. Alkoholisches trinken*). **13.** *(ein Medikament) [regelmäßig, über einen bestimmten Zeitraum] einnehmen:* seine Arznei n.; sie nimmt die Pille. **14. a)** *als etw. ansehen, auffassen, verstehen:* etw. als gutes Zeichen n.; nehmen wir den guten Willen für die Tat; **b)** *in einer bestimmten Weise betrachten, auffassen, bewerten, einschätzen:* etw. [sehr] ernst, [zu] leicht, schwer, (ugs.:) tragisch n.; sie nimmt dich nicht ernst; du nimmst alles zu wörtlich; sie nimmt es nicht so genau (*ist nicht sehr exakt*); von Weitem habe ich dich für Hans genommen (landsch.; *gehalten*); R wie mans nimmt (ugs.; *man kann die Sache verschieden, auch anders auffassen*); * **jmdn. nicht für voll n.** (ugs.; *jmdn. u. das, was er sagt od. tut, gering einschätzen*). **15.** *in seiner Art akzeptieren, hinnehmen:* (1) eine Sache so n., wie sie ist; er nimmt die Dinge, wie sie kommen; du musst den Menschen n., wie er ist. **16.** *sich vorstellen, denken:* nehmen wir den Fall, dass alles misslingt, alles misslänge; nehmen wir einmal eine Gestalt wie Cäsar. **17.** *(mit jmdm.) auf eine bestimmte Weise umgehen; (auf jmdn.) auf eine bestimmte Art reagieren:* man muss ihn zu n. wissen. **18. a)** *sich (über etw.) hinwegbewegen, (ein Hindernis o. Ä.) überwinden:* wir nahmen die Kurve, die Steigung im dritten Gang; das Pferd hat den Graben [ohne Fehler] genommen; Er nahm die Treppe in fünf Sätzen, riss die Klassentür auf, hastete zwischen den Bänken hindurch... (H. Mann, Unrat 6); **b)** (Militär) *erobern, einnehmen:* eine Stadt n. **19.** *(mit einer Frau) koitieren:* er nahm sie mit Gewalt. **20. a)** *aufnehmen* (10c): ein Konzert auf Band n.; **b)** *aufnehmen* (10b): ... Gesellschaft in Büstenhaltern und Unterhosen, dazu wieder Sonnenuntergang, den ich auf Farbfilm nahm (Frisch, Homo 41). **21.** (Ballspiele) *grob foulen:* der Stürmer wurde hart genommen. **22.** (Ballspiele) *annehmen* (12). **23.** (Boxen) *(Schläge u. Treffer) hinnehmen [müssen];* er musste mehrere Haken n. **24.** den, seinen Abschied n. (geh.; *entlassen werden, aus dem Amt scheiden);* Abschrift n. (Papierdt.; *abschreiben);* etw. in Arbeit n. *(beginnen, an etw. zu arbeiten);* einen steilen Aufschwung n. (bes. Wirtsch.; *sich lebhaft fortentwickeln);* etw. in Betrieb, in Dienst n. *(beginnen, etw. zu benutzen, einzusetzen);* in etw. Einsicht, Einblick n. *(etw. einsehen);* auf jmdn., etw. Einfluss n. *(jmdn., etw. beeinflussen);* eine beachtliche Entwicklung n. *(sich qusi entwickeln);* seinen Fortgang n. *(fortgeführt werden);* in Gebrauch n. *(beginnen, etw. zu gebrauchen, zu verwenden);* seinen Rücktritt n. *(von einem Amt zurücktreten);* jmdn. ins Verhör n. *(verhören);* Wohnung n. (geh.; *sich einmieten).* ◆ **25.** ⟨n. + sich⟩ *sich benehmen:* Grimbart wusste sich schon in solchen Fällen zu n. (Goethe, Reineke Fuchs 3, 392); ... wie Assad ... sich an meiner Stelle genommen hätte (Lessing, Nathan IV, 4).

Neh|mer|qua|li|tä|ten ⟨Pl.⟩ (Boxen): *Fähigkeit, gegnerische Treffer hinzunehmen, ohne deren Wirkung erkennen zu lassen:* Nehmerqualitäten haben, zeigen, beweisen; Ü im letzten Wahlkampf demonstrierte die Politikerin echte N. *(die Fähigkeit, heftige Kritik [unbeschadet] durchstehen zu können).*

Neh|rung, die; -, -en [16. Jh., eigtl. = die Enge, verw. mit ↑ Narbe (urspr. = Verengung)]: *schmaler, lang gestreckter Landstreifen, der ein Haff od. eine Lagune vom offenen Meer trennt.*

Neid, der; -[e]s [mhd. nīt, ahd. nīd, urspr. = Hass, Groll, H. u.]: *Empfindung, Haltung, bei der jmd. einem andern dessen Besitz od. Erfolg nicht gönnt u. selbst haben möchte:* N. empfinden; jmdn. voll[er] N. ansehen; von N. erfüllt sein; blass vor N. sein (emotional; *sein eigenes Neid deutlich ansehen lassen);* R das ist [nur] der N. der Besitzlosen; nur kein N. [wer hat, der hat]!; * vor N. erblassen *(plötzlich sehr neidisch werden).*

nei|den ⟨sw. V.; hat⟩ [mhd. nīden, ahd. nīden, nīdōn]: *(jmdm. etw., was man selbst gern hätte) nicht gönnen.*

Nei|der, der; -s, - [mhd. nīdære]: *jmd., der jmdm. etw. neidet:* er hat viele N.

neid|er|füllt ⟨Adj.⟩: *von Neid erfüllt.*

Nei|de|rin, die; -, -nen: w. Form zu ↑ Neider.

neid|er|re|gend, Neid er|re|gend ⟨Adj.⟩: *Neid hervorrufend:* eine äußerst -e Karriere.

neid|er|we|ckend, Neid er|we|ckend ⟨Adj.⟩: *den Neid anderer hervorrufend.*

Neid|ge|fühl, das ⟨meist Pl.⟩: *Gefühl des Neides:* -e kamen in mir auf.

neid|haft ⟨Adj.⟩ (schweiz.): *neidisch.*

Neid|haf|tig|keit, die; - (schweiz.): *das Neidischsein.*

Neid|ham|mel, der (salopp abwertend): *neidischer Mensch.*

nei|disch ⟨Adj.⟩ [mhd. (md.) nīdisch]: *von Neid bestimmt, geleitet od. eine entsprechende Haltung erkennen lassend:* ein -er Kollege; -e Blicke; auf jmdn. n. sein, werden.

neid|los ⟨Adj.⟩: *ohne jeden Neid [seiend].*

Neid|na|gel, der ⟨Adj.⟩: *Niednagel.*

◆ **neid|süch|tig** ⟨Adj.⟩ [zu: Neidsucht = krankhaftes Neidischsein]: *krankhaft neidisch:* Werden -e Damen meine Freunde bleiben, wenn ich meinen Pinsel eintunke und ihnen damit vorfärbe die Parüre der Braut...? (Jean Paul, Wutz 57).

neid|voll ⟨Adj.⟩: *voller Neid:* -e Blicke.

Nei|ge, die; -, -n ⟨Pl. selten⟩ [mhd. neige = Neigung, Senkung; Tiefe, zu ↑ neigen] (geh.): *Rest des Inhalts eines Gefäßes:* er hat sein Glas bis zur, bis zu N. *(ganz, völlig)* geleert; * **auf die/zur N. gehen** (geh.: 1. *[von einer kleiner werdenden Menge] zu Ende gehen:* der Vorrat geht allmählich zu N. 2. *[von einem Zeitabschnitt] zu Ende gehen:* der Tag geht zur N.).

nei|gen ⟨sw. V.; hat⟩ [mhd. neigen, ahd. hneigan, Veranlassungsverb zu mhd. nīgen, ahd. hnīgan = sich neigen, sich beugen; vgl. ↑ ¹nicken]: **1. a)** *aus der senkrechten od. waagerechten in eine schräge Lage bringen, schräg halten:* die Flasche n.; **b)** *aus der senkrechten od. waagerechten Lage [leicht] nach unten beugen, biegen, senken:* den Kopf zum Gruß n. **2.** ⟨n. + sich⟩ **a)** *sich aus der senkrechten od. waagerechten in eine schräge Lage bringen; sich schräg legen:* die Waagschale neigt sich *(sinkt)* [nach unten]; **b)** *sich aus der senkrechten od. waagerechten Lage [leicht] nach unten beugen, biegen, senken:* die Zweige neigten sich unter der Last. **3.** ⟨n. + sich⟩ *schräg abfallen; leicht abschüssig sein:* eine geneigte Fläche. **4.** ⟨n. + sich⟩ (geh.) *(von einem Zeitabschnitt) zu Ende gehen:* der Tag hat sich geneigt. **5. a)** *einen Hang zu etw. haben:* sie neigt zu Erkältungen, zur/zu Schwermut; **b)** *im Denken u. Handeln eine bestimmte Richtung einschlagen, vertreten:* ich neige dazu, ihm recht zu geben.

Nei|ge|tech|nik, die (Eisenbahn): *Einrichtung in Schienenfahrzeugen, mit der bei schnellerer Durchfahrung von Kurven (durch seitliche Neigung) die Fliehkraft in den Fahrgasträumen begrenzt wird.*

Nei|gung, die; -, -en: **1.** ⟨o. Pl.⟩ *das Neigen* (1). **2.** *das Geneigtsein, das Schräges:* die Straße weist eine leichte N. *(ein leichtes Gefälle)* auf. **3.** *besonderes Interesse (für bestimmte Dinge, eine bestimmte Betätigung), Vorliebe:* sie hat ausgefallene -en; nur seinen -en leben; etw. aus N. tun. **4.** ⟨o. Pl.⟩ **a)** *das Anfälligsein für etw., Hang zu etw.:* die N. zur Korpulenz; **b)** *das Einschlagen einer bestimmten Richtung im Denken und Handeln:* er zeigte wenig N. *(Lust),* diesem Plan zuzustimmen. **5.** ⟨Pl. selten⟩ [mhd. neigunge] *herzliches Gefühl des Hingezogenseins zu einem anderen Menschen:* jmds. N. erwacht; er gewann ihre N.; sie erwiderte seine N. nicht.

Nei|gungs|ehe, die: *auf gegenseitiger Zuneigung basierende Ehe.*

nei|gungs|ver|stell|bar ⟨Adj.⟩: *in der Neigung* (2) *verstellbar:* eine -e Rückenlehne.

Nei|gungs|win|kel, der: *Winkel, durch den die Neigung* (2) *einer Geraden o. Ä. bestimmt wird.*

nein ⟨Partikel⟩ [mhd., ahd. nein, aus ahd. ni = nicht u. ↑ ¹ein, eigtl. = nicht eins]: **1. a)** *drückt eine verneinende Antwort [auf eine Entscheidungsfrage] aus:* n. danke; »Bist du fertig?« – »Nein«; * **Nein/n.** [zu etw.] **sagen** *[eine Sache] ablehnen);* nicht Nein/n. sagen können *(zu gutmütig sein, um etw. abzulehnen);* **b)** *drückt [in Verbindung mit (Modal)partikeln] eine Bekräftigung der Ablehnung aus:* aber n.!; o n.! **2.** *(betont) nachgestellt als [rhetorische] Frage bei verneinten Sätzen, auf die eine zustimmende Antwort erwartet wird; als Bitte um Ausdruck leisen Zweifels; nicht wahr?:* du gehst doch jetzt noch nicht, n. ? **3.** ⟨unbetont⟩ *leitet einen Ausruf des Erstaunens, der Überraschung, Freude o. Ä. ein:* n., so was! **4.** ⟨unbetont⟩ *zur steigernden Anreihung von Sätzen od. Satzteilen; mehr noch, sogar:* Hunderte, in Tausende von Kilometern. **5.** ⟨betont od. unbetont⟩ *schließt einen Satzteil od. Satz an, in dem die vorangegangene Aussage verneint wird [u. verstärkt diese Verneinung]:* n., das ist unmöglich. **6.** ⟨allein stehend; betont⟩ (ugs.) *drückt einen Zweifel aus; drückt aus, dass man etw. nicht glauben will; das ist doch nicht möglich:* n., das darf nicht wahr sein!

'nein (landsch., bes. südd.): *hinein.*

Nein, das; -[s], -[s]: *verneinende Antwort auf eine Entscheidungsfrage; Ablehnung:* ein eindeutiges N.; bei seinem N. bleiben.

Nein|sa|ger, der; -s, - (abwertend): *jmd., der Ansichten, Pläne o. Ä. von vornherein, grundsätzlich ablehnt.*

Nein|sa|ge|rin, die; -, -nen: w. Form zu ↑ Neinsager.

Nein|stim|me, die: *(bei einer Wahl o. Ä.) abgegebene Stimme, die gegen das zur Entscheidung Stehende votiert hat.*

Nei|ße, die; -: **1.** *Nebenfluss der mittleren Oder* (Lausitzer Neiße). **2.** *Nebenfluss der oberen Oder* (Glatzer Neiße).

ne|kro-, Ne|k|ro-, (vor Vokalen:) nekr-, Nekr- [griech. nekrós]: Best. in Zus. mit der Bed. *Toter, Leiche* (z. B. Nekromantie, Nekrophilie).

Ne|k|ro|log, der; -[e]s, -e [zu griech. lógos = Wort, Rede] (bildungsspr.): *Nachruf:* ein N. auf jmdn.; jmdm. einen N. halten.

Ne|k|ro|mant, der; -en, -en [spätlat. necromantius < griech. nekrómantis]: *(bes. im Altertum) jmd., der Geister [von Toten] beschwört.*

Ne|k|ro|man|tie, die; - [spätlat. necromantia < griech. nekromanteía]: *Weissagung durch die Beschwörung von Geistern [Toter].*

Ne|k|ro|man|tin, die; -, -nen: w. Form zu ↑ Nekromant.

Ne|k|ro|phi|lie, die; - [zu griech. philía = Zuneigung] (Psychol., Sexualkunde): *auf Leichen gerichteter Sexualtrieb.*

Ne|k|ro|pie: ↑ Nekropsie.

Ne|k|ro|po|le, Ne|k|ro|po|lis, die; -, ...polen [griech. nekrópolis, eigtl. = Totenstadt, zu: pólis = Stadt]: *große Begräbnisstätte der Antike od. der Vorgeschichte.*

Ne|k|rop|sie, Nekropie, die; -, -n [zu griech. ópsis = das Sehen] (Med.): *Toten-, Leichenschau, Leichenöffnung.*

Nek|tar, der; -s, -e [lat. nectar < griech. néktar, H. u.]: **1.** ⟨o. Pl.⟩ (griech. Mythol.) *ewige Jugend, Unsterblichkeit spendender Trank der Götter:* N. und Ambrosia. **2.** (Bot.) *von einer haarähnlichen Drüse, die sich innerhalb einer Blüte an einem Blattstiel od. Nebenblatt befindet, ausgeschiedene zuckerhaltige, süß duftende Flüssigkeit.* **3.** (Fachspr.) *Getränk aus zu Mus zerdrücktem, gezuckertem u. mit Wasser [u. Säure] verdünntem Fruchtfleisch* (meist in Zusammensetzungen, z. B. Frucht-, Orangennektar).

Nek|ta|ri|ne, die; -, -n [geb. zu ↑ Nektar (2) mit der Endung -ine wie in Apfelsine, Mandarine]: *glatthäutiger, gelblich dunkelroter Pfirsich.*

Nek|ton, das; -s [griech. nēktón = das Schwimmende] (Zool.): *Gesamtheit der im Wasser lebenden, aktiv schwimmenden Tiere.*

Nel|ke, die; -, -n: **1.** [nach dem der Nelke (2) ähnlichen Duft] *(in zahlreichen Arten vorkommende) Pflanze mit schmalen Blättern an knotigen Stängeln u. würzig duftenden Blüten mit gefransten od. geschlitzten Blütenblättern (von weißer bis tiefroter Farbe):* ein Strauß -n. **2.** [älter: neilke, mniederd. negelke, mhd. negellīn, eigtl. = kleiner Nagel, nach der Form] *Gewürznelke.*

Nel|ken|ge|wächs, das ⟨meist Pl.⟩ (Bot.): *(als Kraut oder Halbstrauch vorkommende) Pflanze mit schmalen Blättern u. unterschiedlichen Blütenständen.*

Nel|ken|öl, das: *aus Nelken* (2) *gewonnenes, stark würzig riechendes ätherisches Öl.*

Nel|ken|pfef|fer, der: *Piment.*

Nelkenwurz–Nephrit

Nel|ken|wurz, die: *Pflanze mit gefiederten Blättern, meist in Dolden wachsenden großen, gelben, roten od. weißen Blüten u. nussähnlichen Früchten.*

Nell, das; -s, -en ⟨Pl. selten⟩ [niederl. nel < älter niederl. menel < frz. manill < span. malilla, zu älter: mala < lat. mala, Fem. von: malus = schlecht] (schweiz., westösterr.): *Trumpfneun beim Jass:* * jmdm. das N. abstechen (schweiz.; jmdm. überlegen sein).

Nel|son, der; -[s], -s [engl. nelson, viell. nach einem Personennamen] (Ringen): *Nackenhebel.*

Ne|ma|to|de, der; -n, -n ⟨meist Pl.⟩ [zu griech. nēma (Gen.: nēmatos) = Faden] (Zool.): *Fadenwurm.*

Ne|me|sis [auch: 'nɛ...], die; - [griech. Némesis = Göttin der ausgleichenden Gerechtigkeit, personifiziert aus: némesis = Unwille, eigtl. = das (rechte) Zuteilen] (bildungsspr.): *ausgleichende, vergeltende, strafende Gerechtigkeit.*

NE-Me|tall [ɛn'|e:...], das: *Nichteisenmetall.*

'nen [nan] (ugs.): *einen* (↑³ein).

nenn|bar ⟨Adj.⟩: *in Worte fassbar.*

Nenn|be|trag, der (Wirtsch.): *Nennwert.*

nen|nen ⟨unr. V.; hat⟩ [mhd. nennen, ahd. nemnen, zu ↑ Name]: **1. a)** *mit einem bestimmten Namen bezeichnen; (jmdm.) einen bestimmten Namen geben:* wie wollt ihr das Kind n. ?; **b)** *als etw. bezeichnen:* jmdn. einen Lügner n.; **c)** *(einem [Kunst]werk) einen Titel geben:* ich nannte das Buch »Okabi«; **d)** *mit einer bestimmten Anrede ansprechen:* sie nannte ihn beim, bei seinem/mit seinem Vornamen. **2. a)** *angeben* (1 a): er nannte den Preis; **b)** *erwähnen, anführen:* können Sie Beispiele n.?; **c)** *benennen* (2): die Partei nannte ihre Kandidaten für die Wahl. **3.** ⟨n. + sich⟩ **a)** *einen bestimmten Namen haben; heißen;* **b)** *für sich in Anspruch nehmen, behaupten, [von Beruf] zu sein; im Widerspruch zu seinem Verhalten od. seiner Beschaffenheit eine bestimmte [auszeichnende] Bezeichnung tragen:* er nennt sich freier Schriftsteller. **4.** (Sport) *(zu einem Wettkampf) anmelden.*

nen|nens|wert ⟨Adj.⟩: *ins Gewicht fallend, bedeutend u. darum erwähnenswert.*

Nen|ner, der; -s, - [LÜ von mlat. denominator] (Math.): *(bei Brüchen) Zahl, Ausdruck unter dem Bruchstrich:* der N. eines Bruchs; Brüche auf einen N. bringen; * einen [gemeinsamen] N. finden *(eine gemeinsame Grundlage, auf der man aufbauen, auf die man sich stützen kann, finden);* etw. auf einen [gemeinsamen] N. bringen *(bestimmte Gegensätze ausgleichen u. in Übereinstimmung bringen);* auf einen [gemeinsamen] N. kommen *(zu einer gemeinsamen Meinung finden).*

Nenn|form, die (Sprachwiss.): *Infinitiv.*

Nenn|geld, das (Sport): *Betrag, der bei der Meldung einer Mannschaft, eines Spielers zu einem Wettbewerb zu zahlen ist.*

Nenn|leis|tung, die (Technik): *Leistung, für die eine Maschine, ein Gerät konstruiert ist.*

Nenn|on|kel, der: *jmd., der jmd. Onkel nennt, ohne dass er sein* ¹*Onkel* (1) *wäre.*

Nenn|tan|te, die: *vgl. Nennonkel.*

Nen|nung, die; -, -en: *das Nennen* (2, 4).

Nenn|wert, der (Wirtsch.): *auf Münzen, Banknoten o. Ä. angegebener Wert.*

Nenn|wort, das ⟨Pl. ...wörter⟩ (Sprachwiss.): *Substantiv.*

neo-, Neo- [zu griech. néos = neu]: **1.** bedeutet in Bildungen mit Adjektiven od. Substantiven *neu, erneuert; jung:* neolithisch; Neologismus. **2.** drückt in Bildungen mit Substantiven od. Adjektiven aus, dass etw. (eine Ideologie, Kunstrichtung o. Ä.) eine Wiederbelebung erfährt oder dass an Früheres angeknüpft wird: Neobarock; neokonservativ, -stalinistisch.

Neo|fa|schis|mus, der; -: *rechtsradikale Bewegung, die in Zielsetzung u. Ideologie an die Epoche des Faschismus anknüpft.*

Neo|fa|schist, der; -en, -en: *Vertreter des Neofaschismus.*

Neo|fa|schis|tin, die; -, -nen: w. Form zu ↑ Neofaschist.

neo|fa|schis|tisch ⟨Adj.⟩: **a)** *den Neofaschismus vertretend, zu ihm gehörend;* **b)** *auf den Prinzipien des Neofaschismus beruhend, ihnen folgend.*

Neo|gen, das; -s [zu griech. néos = neu, später u. ↑-gen] (Geol.): *späte Formation des Tertiärs.*

Neo|klas|si|zis|mus, der; -: *sich bes. in kolossalen Säulenordnungen ausdrückende formalistische u. historisierende Tendenzen in der Architektur des 20. Jh.s.*

neo|klas|si|zis|tisch ⟨Adj.⟩: *den Neoklassizismus betreffend, zu ihm gehörend.*

Neo|ko|lo|ni|a|lis|mus, der; -: *Politik entwickelter Industrienationen, ehemalige Kolonien, Entwicklungsländer wirtschaftlich u. politisch abhängig zu halten.*

Neo|kom, Neo|ko|mi|um, das; -s [nach Neocomium, dem latinis. Namen von Neuenburg (Schweiz)] (Geol.): *die vier älteren Stufen der unteren Kreide* (3).

neo|kon|ser|va|tiv ⟨Adj.⟩: *den Neokonservativismus betreffend, für ihn charakteristisch, auf ihm beruhend:* die -en Strömungen innerhalb der Partei nehmen stark zu; eine n. ausgerichtete Politik.

Neo|kon|ser|va|ti|ve ⟨vgl. Konservative⟩: *weibliche Person, die dem Neokonservativismus anhängt, seine Ideen vertritt.*

Neo|kon|ser|va|ti|ver ⟨vgl. Konservativer⟩: *jmd., der dem Neokonservativismus anhängt, seine Ideen vertritt.*

Neo|kon|ser|va|ti|vis|mus, der; - (bes. Politik): *politische Richtung, die [bes. in den USA], die liberale, konservative und sozialistische Ideen und Traditionen in sich vereint.*

neo|li|be|ral ⟨Adj.⟩: *den Neoliberalismus betreffend, seine Ideen vertretend:* man unterstellt ihm -es Denken mit dem Ziel, die soziale Marktwirtschaft abzuschaffen.

Neo|li|be|ra|lis|mus, der; - (Wirtsch.): *an den Liberalismus anknüpfende neuere Richtung in der Volkswirtschaftslehre.*

Neo|li|thi|kum [auch: ...'li...], das; -s [zu griech. líthos = Stein]: *Epoche des vorgeschichtlichen Menschen, die mit dem Beginn des Anbaus von Kulturpflanzen u. der Haltung von Haustieren gleichgesetzt wird; Jungsteinzeit.*

neo|li|thisch [auch: ...'li...] ⟨Adj.⟩ (Prähist.): *zum Neolithikum gehörend.*

Neo|lo|gis|mus, der; -, ...men [frz. néologisme zu griech. néos = neu u. lógos, ↑ Logos]: **1.** (Sprachwiss.) *in den allgemeinen Gebrauch übergegangene sprachliche Neuprägung* (2) (Neuwort od. Neubedeutung). **2.** (o. Pl.) *Neuerungssucht (bes. auf religiösem od. sprachlichem Gebiet).*

Neo|mar|xis|mus, der; -: *Gesamtheit der wissenschaftlichen u. literarischen Versuche, die marxistische Theorie angesichts der veränderten wirtschaftlichen u. politischen Gegebenheiten neu zu überdenken.*

neo|mar|xis|tisch ⟨Adj.⟩: *den Neomarxismus betreffend, darauf beruhend.*

Ne|on, das; -s [engl. neon, zu griech. néon = das Neue, 1898 gepr. vom brit. Chemiker W. Ramsey (1852–1916)] (Chemie): *farb- u. geruchloses Gas, das bes. für Leuchtröhren verwendet wird* (chemisches Element; Zeichen: Ne).

neo|na|to|lo|gisch ⟨Adj.⟩ (Med.): *die Neonatologie betreffend, darauf beruhend; mit den Methoden der Neonatologie.*

Neo|na|zi, der; -s, -s: *Anhänger des Neonazismus.*

Neo|na|zis|mus, der; -: *Bestrebungen (nach 1945) zur Wiederbelebung des Nationalsozialismus* (1).

neo|na|zis|tisch ⟨Adj.⟩: *den Neonazismus betreffend, auf ihm beruhend.*

Ne|on|far|be, die: *grell* (1 b) *leuchtende Farbe:* sie trug eine Jacke in bunten -n.

ne|on|far|ben, ne|on|far|big ⟨Adj.⟩: *grell leuchtend (wie das Licht der Neonreklame):* ein -er Lutscher; die Reklametafeln leuchteten n.

Ne|on|fisch, der: *winzig kleiner Fisch mit einem gelbgrünen bis türkisfarbenen, längs verlaufenden Streifen an der Seite.*

Ne|on|lam|pe, die: *Lampe mit einer od. mehreren Neonröhren.*

Ne|on|leuch|te, die (Fachspr.): *Neonlampe.*

Ne|on|licht, das: *charakteristisches Licht von Neonröhren.*

Ne|on|re|kla|me, die: *mit Neonröhren gestaltete Leuchtreklame:* der Stadtteil war ein einziges Gewirr aus Dächern, Elektroleitungen und zuckender N.

Ne|on|röh|re, die: *mit Neon gefüllte Leuchtstoffröhre.*

Neo|phyt, der; -en, -en: **1.** [spätgriech. neóphytos, eigtl. = neu gepflanzt] (christl. Rel.) *im Erwachsenenalter Getaufter.* **2.** *Adventivpflanze.*

Neo|plas|ma, das; -s, ...men (Med.): *Neubildung von Gewebe in Form einer Geschwulst.*

Neo|pren®, das; -s, -e [Kunstwort]: *durch Polymerisation einer bestimmten Chlorverbindung synthetisch hergestellter Kautschuk.*

Neo|pren|an|zug, der: *(u. a. von Tauchern, Schwimmern, Surfern benutzter) vor Kälte schützender Anzug aus Neopren.*

Neo|re|a|lis|mus, der; -: *Neoverismus.*

Neo|te|ri|ker, der; -s, - [spätlat. neoterici (Pl.), eigtl. = die Neueren < spätgriech. neōtērikoí, zu: neōtērikós = neuartig]: *Angehöriger eines Dichterkreises im alten Rom* (1. Jh. v. Chr.), *der einen neuen literarischen Stil vertrat.*

Neo|zo|i|kum, das; -s [zu griech. zōon = Lebewesen] (Geol.): *Känozoikum.*

Ne|pal [auch, österr. nur: ...'pa:l]; -s: *Staat in Zentralasien.*

Ne|pa|ler, der; -s, -: Ew.

Ne|pa|le|se, der; -n, -n: Ew.

Ne|pa|le|sin, die; -, -nen: w. Form zu ↑ Nepalese.

ne|pa|le|sisch ⟨Adj.⟩: *Nepal, die Nepaler betreffend; von den Nepalern stammend, zu ihnen gehörend.*

Ne|pa|li, das; -: *Amtssprache in Nepal.*

Ne|per, das; -, - [nach dem schott. Mathematiker J. Neper (1550–1617)] (Physik): *Maßeinheit der Dämpfung bei elektrischen u. akustischen Schwingungen* (Zeichen: Np).

Ne|phe|lin, der; -s, -e [zu griech. nephélē = Nebel, Wolke]: *farblos-durchsichtiges bis weißes od. graues Mineral.*

Ne|phe|lo|me|ter, das; -s, - [↑-meter (1)] (Chemie): *optisches Gerät zur Messung der Trübung von Flüssigkeiten od. Gasen.*

Ne|phe|lo|me|trie, die; - [↑-metrie] (Chemie): *Messung mithilfe eines Nephelometers.*

Ne|pho|graf, Ne|pho|graph, der; -en, -en [↑-graf] (Meteorol.): *Gerät zur fotografischen Aufzeichnung [der Dichte] von Wolken.*

ne|phr-, Ne|phr-: ↑ nephro-, Nephro-.

Ne|ph|rit [auch: neˈfrɪt], der; -s, -e [der Stein soll gegen Nierenleiden helfen] (Mineral.): *grüner*

bis graugrüner, durchscheinender Stein, der zu Schmuck o. Ä. verarbeitet wird.
Ne|ph|ri|tis, die; -, ...itiden (Med.): *Nierenentzündung.*

ne|ph|ro-, Ne|ph|ro-, (vor Vokalen:) **nephr-, Nephr-** [griech. nephrós]: Best. in Zus. mit der Bed. Niere.

Ne|ph|rom, das; -s, -e (Med.): *[bösartige] Nierengeschwulst.*
Ne|ph|ro|se, die; -, -n (Med.): *nicht entzündliche Nierenerkrankung mit Gewebeschädigung.*
Ne|po|tis|mus, der; - [ital. nepotismo, zu lat. nepos (Gen.: nepotis) = Enkel, Neffe] (bildungsspr.): *Vetternwirtschaft.*
ne|po|tis|tisch ⟨Adj.⟩: *den Nepotismus betreffend; durch Nepotismus begünstigt.*
Nepp, der; -s (ugs. abwertend): **1.** *das Neppen; das ist der reinste N.!* **2.** *minderwertiges Produkt, minderwertige Dienstleistung:* da hast du dir einen schönen N. andrehen lassen.
nep|pen ⟨sw. V.; hat⟩ [aus der Gaunerspr., H. u.] (ugs. abwertend): *durch überhöhte Preisforderungen übervorteilen:* in dem Lokal wird man geneppt; Das ist kein Nepp, komm mir morgen nicht, dass ich dich geneppt habe; du hast der selber eingeschenkt (Fallada, Trinker 25).
Nep|pe|rei, die; -, -en (ugs. abwertend): *[dauerndes] Neppen.*
Nepp|lo|kal, das (ugs. abwertend): *Lokal, in dem der Gast geneppt wird.*
¹Nep|tun (röm. Mythol.): *Gott des Meeres:* *[dem] N. opfern (scherzh.; [auf einem Schiff], sich, über die Reling gebeugt, übergeben).*
²Nep|tun, der; -s: *(von der Sonne aus gerechnet) achter Planet unseres Sonnensystems.*
Nep|tu|ni|um, das; -s [engl. neptunium, nach dem Planeten Neptun] (Chemie): *künstlich hergestelltes Transuran (chemisches Element; Zeichen: Np).*
Nerd [nø:ɐ̯t], der; -s, -s [engl. nerd = Schwachkopf] (Jargon abwertend): *sehr intelligenter, aber sozial isolierter Computerfan:* der N., so das Klischee, sitzt ständig vor dem Computer.
Ne|re|i|de, die; -, -n ⟨meist Pl.⟩ [lat. Nereis (Gen.: Nereidas) < griech. Nēreḯs, eigtl. = Tochter des Meergottes) Nereus] (griech. Mythol.): *im Meer lebende Nymphe.*
Ne|reus (griech. Mythol.): *Meergott.*
Ne|ro|li|öl, das; -[e]s, -e [nach der Frau des Fürsten Nerola (17. Jh.), die dieses Öl zuerst verwendet od. für seine Verbreitung gesorgt haben soll]: *aus Orangenblüten gewonnenes ätherisches Öl mit zartem, blumigem Duft (für Parfums, Liköre o. Ä.).*
Ner|thus (germ. Mythol.): *Göttin der Fruchtbarkeit u. des Reichtums.*
Nerv, der; -s (fachspr. auch: -en), -en [...fn̩] [im 16. Jh. = Sehne, Flechse < lat. nervus, ↑ Nervus; die med. Bed. seit dem 18. Jh. wohl unter Einfluss von gleichbed. engl. nerve]: **1.** *aus parallel angeordneten Fasern bestehender, in einer Bindegewebshülle liegender Strang, der der Reizleitung zwischen Gehirn, Rückenmark u. Körperorgan od. -teil dient: vegetative -en; den N. [im Zahn] töten; * den N. haben, etw. zu tun (ugs.; den Mut, die Frechheit besitzen, etw. zu tun); jmdm. den [letzten] N. rauben/töten (ugs.; jmdn. durch sein Verhalten belästigen, nervös machen).* **2.** *das, was das Wesen einer Sache, Person ausmacht:* der Nerv der Zeit. **3.** ⟨Pl.⟩ *nervliche Konstitution:* starke -en; seine -en haben versagt; meine -en halten das nicht aus; das kostet -en *(greift die nervliche Konstitution an);* seine -en waren zum Zerreißen gespannt *(er war in einem Zustand äußerster Anspannung);* sie hat die besseren -en; für zu etw. nicht

die -en *(die erforderliche nervliche Konstitution)* haben; dieser Film geht an die -en; der Lärm zerrt an meinen -en; völlig mit den -en fertig sein; * **die, jmds. -en liegen blank** *(jmd. ist sehr gereizt);* **die -en behalten, verlieren** *(die Ruhe, die Beherrschung bewahren, verlieren);* **[vielleicht] -en haben** (ugs. emotional; *in seinem Verhalten, seiner Handlungsweise, seinen Forderungen o. Ä. auf seltsame Ideen kommen);* **-en haben wie Drahtseile/Stricke** (ugs. emotional; *über eine äußerst robuste, jeder Belastung standhaltende nervliche Konstitution verfügen);* **-en zeigen** (ugs.; *die bisher gezeigte Konzentration, Beherrschung, Kontrolle über sich selbst zu verlieren beginnen; nervös werden);* **jmdm. auf die -en gehen/fallen** (ugs.; *jmdm. äußerst lästig werden).* **4. a)** (Bot.) *Blattader;* **b)** (Zool.) *Ader* (3b).
ner|val [nɛrˈvaːl] ⟨Adj.⟩ [lat. nervalis = zu den Nerven gehörig] (Med.): **a)** *das Nervensystem betreffend;* **b)** *durch die Funktion der Nerven bewirkt.*
Ner|va|tur [...va...], die; -, -en: **a)** (Bot.) *Aderung im Blatt;* **b)** (Zool.) *Aderung der Insektenflügel.*
◆ **Ner|ve,** die; -, -n: *Nerv* (1): Noch zittert ihr der Schreck durch jede N. (Lessing, Nathan I, 1); Die zärtliche N. hält Freveln fest, die die Menschheit an ihren Wurzeln zernagen (Schiller, Kabale V, 7).
ner|ven [...fn̩] ⟨sw. V.; hat⟩ (ugs.): **a)** *(jmdm.) äußerst lästig werden:* der Kerl nervt mich; **b)** *nervlich strapazieren, anstrengen; an die Nerven gehen;* **c)** *hartnäckig bedrängen, (jmdm.) in zermürbender Weise zusetzen:* das Kind hat seine Eltern genervt.
Ner|ven|an|span|nung, die: **a)** *Anspannung* (1) *der Nerven;* **b)** *nervliche Anspannung* (2).
Ner|ven|arzt, der: *Neurologe.*
Ner|ven|ärz|tin, die: w. Form zu ↑ Nervenarzt.
ner|ven|auf|peit|schend ⟨Adj.⟩: *die Nerven aufpeitschend:* ein -er Thriller.
ner|ven|auf|rei|bend ⟨Adj.⟩: *die Nerven in äußerstem Maße beanspruchend:* eine -e Tätigkeit.
Ner|ven|bahn, die (Anat., Physiol.): *Erregungsimpulse leitender u. übertragender Abschnitt des Zentralnervensystems.*
Ner|ven|be|las|tung, die: *nervliche Belastung.*
ner|ven|be|ru|hi|gend ⟨Adj.⟩: *die Nerven beruhigend:* die Tropfen wirken n.
Ner|ven|bün|del, das: **1.** (Anat.) *Nervenstrang.* **2.** (ugs.) *nervlich überlasteter, äußerst nervöser Mensch.*
Ner|ven|chi|r|ur|gie, die: *Neurochirurgie.*
Ner|ven|ent|zün|dung, die: *Entzündung eines od. mehrerer Hirn- od. Körpernerven.*
Ner|ven|fa|ser, die: *längerer Fortsatz einer Nervenzelle.*
Ner|ven|gas, das: *die Nerven schädigender Kampfstoff.*
Ner|ven|ge|we|be, das (Anat., Physiol.): *Gewebe, das der Erregungsleitung u. -verarbeitung dient.*
Ner|ven|gift, das: *Gift, das in erster Linie das Nervensystem angreift* (z. B. Nikotin).
Ner|ven|heil|kun|de, die: **a)** *Neurologie;* **b)** *Neurologie u. Psychiatrie.*
Ner|ven|kern, der (Anat., Physiol.): *Anhäufung von Nervenzellen im Zentralnervensystem; Nukleus* (2).
Ner|ven|kit|zel, der (ugs.): *[mit angenehmen Gefühlen verbundene] Erregung der Nerven durch die Gefährlichkeit, Spannung einer Situation:* einen N. verspüren.
Ner|ven|kli|nik, die: **a)** *Klinik für Erkrankungen des Nervensystems;* **b)** (ugs.) *psychiatrische Klinik.*
Ner|ven|kos|tüm, das (ugs. scherzh.): *Nervensys-*

tem im Hinblick auf seine Belastbarkeit: ein schwaches N. haben.
ner|ven|krank ⟨Adj.⟩: *an einer Nervenkrankheit leidend.*
Ner|ven|kran|ke ⟨vgl. Kranke⟩: *weibliche Person, die nervenkrank ist.*
Ner|ven|kran|ker ⟨vgl. Kranker⟩: *jmd., der nervenkrank ist.*
Ner|ven|krank|heit, die: **a)** *Erkrankung des Nervensystems* (z. B. Lähmung, Neuralgie); **b)** *Neurose.*
Ner|ven|krieg, der (emotional): *auf eine Strapazierung der Nerven des Gegners angelegte Auseinandersetzung über einen längeren Zeitraum hin.*
Ner|ven|kri|se, die: **1.** (Med.) *krisenhafte Nervenschmerzen.* **2.** *Phase, in der man auf etw. seelisch heftig reagiert.*
Ner|ven|läh|mung, die: *in den Nervenzellen entstehende Lähmung.*
Ner|ven|nah|rung, die: *der Stärkung der Nerven dienender Stoff:* Zucker ist N.
Ner|ven|pro|be, die: *starke [bis an die Grenze der Belastbarkeit gehende] Beanspruchung der Nerven.*
Ner|ven|sa|che, die: *in der Wendung* **[eine] reine N. sein** (ugs.; *von der nervlichen Konstitution abhängen).*
Ner|ven|sä|ge, die (salopp emotional): *Person od. Sache, die jmdm. äußerst lästig fällt:* ihre kleine Schwester war eine ziemliche N.
Ner|ven|schmerz, der ⟨meist Pl.⟩: *nervlich bedingter Schmerz; Neuralgie.*
Ner|ven|schock, der: *durch starke Erregung, z. B. heftiges Erschrecken, hervorgerufener psychischer Schock.*
ner|ven|schwach ⟨Adj.⟩: *schwache Nerven besitzend.*
Ner|ven|schwä|che, die: **a)** *Neurasthenie;* **b)** *geringe nervliche Belastbarkeit.*
ner|ven|stark ⟨Adj.⟩: *starke Nerven besitzend.*
Ner|ven|stär|ke, die ⟨Pl. selten⟩: *hohe nervliche Belastbarkeit.*
Ner|ven|strang, der (Anat.): *zu einem Bündel vereinigte Nervenfasern.*
Ner|ven|sys|tem, das (Anat., Physiol.): *Nerven[gewebe] als funktionelle Einheit.*
ner|ven|zeh|rend ⟨Adj.⟩: *an den Nerven* (3) *zehrend:* die endlose Diskussion war n.
Ner|ven|zel|le, die (Anat., Physiol.): *Erregungen aufnehmende, verarbeitende, leitende Zelle (in Zentralnervensystem, Ganglien u. Sinnesorganen).*
Ner|ven|zen|t|rum, das (Anat., Physiol.): *bestimmter Bezirk in Gehirn u. Rückenmark, der bestimmte Erregungen aufnimmt, verarbeitet u. dadurch Reaktionen u. Funktionen des Organismus reguliert.*
ner|ven|zer|fet|zend ⟨Adj.⟩ (ugs.): *besonders aufregend, spannend, mitreißend:* ein -es Elfmeterschießen entschied das Finale.
Ner|ven|zu|cken, das; -s: *nervlich bedingtes Zucken in einem Muskel od. einer Muskelgruppe.*
Ner|ven|zu|sam|men|bruch, der: *plötzlich auftretende Krise infolge einer außergewöhnlichen Überbeanspruchung od. als erstes Anzeichen einer schweren psychischen Erkrankung.*
◆ **ner|vicht** ⟨Adj.⟩: *nervig:* ...ließ er ihn schonungslos... die volle Kraft seines -en Armes fühlen (Chamisso, Schlemihl 50).
ner|vig [...fiç, auch: ...vɪç] ⟨Adj.⟩: **1.** *den Eindruck angespannter Kraft vermittelnd.* **2.** (ugs.) *störend, lästig, unangenehm.*
ner|v|lich ⟨Adj.⟩: *das Nervensystem betreffend.*
ner|vös [nɛrˈvøːs] ⟨Adj.⟩ [frz. nerveux, engl. nervous < lat. nervosus = sehnig, nervig]: **1.** *aufgrund geringerer Belastbarkeit, infolge psy-*

chischer Belastung von innerer Unruhe, Zerfahrenheit u. Unsicherheit erfüllt od. auf eine entsprechende Verfassung hindeutend: sie ist etw. n.; Ü Frieda hatte sich im Vorraum auf die Personenwaage gesetzt, der Zeiger vibrierte n. hin und her (Schnurre, Bart 93). **2.** (bes. Med.) *das Nervensystem betreffend, dadurch bewirkt; nervlich:* -e Zuckungen.

Ner|vo|si|tät, die; - [frz. nervosité < lat. nervositas = Stärke (einer Faser)]: *nervöser (1) Zustand, nervöse Art:* im Betrieb herrschte N.

nerv|tö|tend ⟨Adj.⟩: *die Nerven strapazierend; an die Nerven gehend.*

Ner|vus ['nɛrvʊs], der; -, ...vi [lat. nervus = Sehne, Flechse; (Muskel)band, verw. mit griech. neũron, ↑ neuro-, Neuro-] (Med.): *Nerv.*

Ner|vus Re|rum, der; - - [lat. nervus rerum = Nerv der Dinge] (bildungsspr.): *[Geld als] Zielpunkt allen Strebens, wichtigste Grundlage.*

Nerz, der; -es, -e [im 15. Jh. nerz, nörz < ukrain. noryca = Nerz(fell), eigtl. = Taucher]: **1.** *(zu den Mardern gehörendes) in sumpfigem Gelände bes. Nordasiens u. Nordamerikas lebendes kleines Raubtier mit braunem Fell u. Schwimmhäuten zwischen den Zehen, das wegen seines wertvollen Fells auch gezüchtet wird.* **2. a)** *Fell eines Nerzes (1):* -e verarbeiten; **b)** *Pelz aus Fellen des Nerzes.*

Nerz|farm, die: *Betrieb, in dem Nerze gezüchtet werden.*

Nerz|man|tel, der: *Mantel aus Nerz (2 a).*

Nes|ca|fé®, der; -s, -s [Kurzwort aus dem Namen der Schweizer Firma Nestlé u. frz. **café** = Kaffee]: *Pulverkaffee.*

¹Nes|sel, die; -, -n [mhd. neʒʒel, ahd. neʒʒila, zu: naʒʒa = Nessel, eigtl. = Gespinstpflanze, verw. mit ↑ Netz u. ↑ nesteln]: **1.** *Brennnessel:* * *sich* [mit etw.] *in die -n setzen* (ugs.; *sich mit etw. Unannehmlichkeiten bereiten).* **2.** *nesselähnliche Pflanze* (z. B. Goldnessel).

²Nes|sel, der; -s, - [urspr. aus Nesselfasergarn hergestellt]: *grobes, meist aus ungebleichtem Baumwollgarn hergestelltes, nicht gefärbtes u. behandeltes Gewebe in Leinenbindung.*

Nes|sel|aus|schlag, der [der Ausschlag ähnelt der Hautreaktion nach Berührung mit einer Brennnessel]: *juckender, roter allergischer Hautausschlag.*

Nes|sel|fa|den, der (Zool.): *schlauchartiges, dünnes Organ der Nesseltiere, aus dem eine brennende, auf kleinere Tiere lähmend wirkende Flüssigkeit entleert wird.*

Nes|sel|fa|ser, die: *Faser von Nesselgewächsen.*

Nes|sel|garn, das: *aus den Fasern bestimmter Nesselgewächse od. aus Baumwolle hergestelltes Garn.*

Nes|sel|ge|wächs, das ⟨meist Pl.⟩ (Bot.): *in zahlreichen Arten bes. in den Tropen verbreitete Pflanze mit unscheinbaren Blüten u. Bastfasern im Stängel.*

Nes|sel|qual|le, die: *in der Nordsee vorkommende blaue Qualle.*

Nes|sel|tier, das ⟨meist Pl.⟩: *(als Polyp od. Qualle) meist in Meeren vorkommendes Hohltier mit Nesselfäden.*

Nes|ses|sär: ↑ Necessaire.

Nest, das; -[e]s, -er [mhd., ahd. nest, urspr. Zus. mit der Bed. »Stelle zum Niedersitzen«, 1. Bestandteil verw. mit ↑ nieder, 2. Bestandteil verw. mit ↑ sitzen]: **1.** *aus Zweigen, Gräsern, Moos, Lehm o. Ä. meist rund geformte Wohn- u. Brutstätte bes. von Vögeln, Insekten u. kleineren Säugetieren:* im N. des Storchs, des Stichlings; im N. lagen vier Eier; * *das eigene/sein eigenes N. beschmutzen (schlecht über die eigene Familie, die Gruppe, der man selber angehört, reden);* **sich ins warme/gemachte N. setzen** (ugs.: 1. *in gute Verhältnisse einheiraten.* 2. *von den Vorarbeiten anderer profitieren).* **2.** (fam.) *Bett.* **3.** (ugs. abwertend) *kleiner, abgelegener Ort.* **4. a)** (emotional) *gut getarnte Unterkunft von Kriminellen o. Ä.;* Schlupfwinkel; **b)** (Militär) *gut getarnter militärischer Stützpunkt.* **5.** *etw. eng Zusammenstehendes, Verflochtenes, Zusammengeballtes.* **6.** *Haartracht, bei der das zusammengeschlungene, geflochtene Haar auf dem Kopf aufgesteckt ist.*

Nest|bau, der ⟨Pl. -ten⟩: **1.** ⟨o. Pl.⟩ *Bau (1) eines Nests.* **2.** *[größeres, komplizierteres] Nest.*

Nest|be|schmut|zer, der; -s, - (abwertend): *jmd., der schlecht über die eigene Familie, Gruppe o. Ä. redet:* der Kritiker wurde als N. beschimpft.

Nest|be|schmut|ze|rin, die; -, -nen: w. Form zu ↑ Nestbeschmutzer.

Nest|chen, das; -s, - u. Nesterchen. Vkl. zu ↑ Nest.

Nes|tel, die; -, -n [mhd. nestel, ahd. nestila, verw. mit ↑¹Nessel, ↑ Netz] (landsch.): *Band, Schnur zum Zubinden.*

nes|teln (sw. V.; hat) [mhd. nesteln, ahd. nestilen, zu ↑ Nestel]: **a)** *sich mit den Fingern an etw. zu schaffen machen:* an einem Reißverschluss n.; **b)** nestelnd (a) *von einer Stelle entfernen, irgendwohin bringen:* ich nestelte die schöne goldene Erbuhr, die mir Papa zu meiner Volljährigkeit geschenkt hatte, von der Kette (Fallada, Herr 66); ♦ Es war die vollständige stattliche Sonntagstracht einer Landfrau mit mehreren Stücken zum Wechseln ... Mit jedem Stück, das sie der lachenden Freundin n. half, wurde Frau Gritli ernster (Keller, Liebesbriefe 69); ♦ **c)** (landsch.) *schnüren (1 a):* ... eine besondere Gattung grober Schuhe ... mit dem Namen: echte, genestelte Stuttgarter Wasserratten (Mörike, Hutzelmännlein 157).

Nes|ter|chen: Pl. von ↑ Nestchen.

Nest|flüch|ter, der; -s, - (Zool.): *in weit entwickeltem Zustand geborenes Tier (bes. Vogel), das das Nest nach kurzer Zeit zur Nahrungssuche verlässt.*

Nest|häk|chen, das [älter: Nesthöckelchen, Nestheckklein, 2. Bestandteil zu ↑ hocken, also eigtl. = Nesthocker] (fam.): *jüngstes [u. verwöhntes] Kind in einer Familie.*

Nest|ho|cker, der; -s: **1.** (Zool.) *in unvollkommen entwickeltem Zustand geborenes Tier, das noch besonderer Pflege im Nest bedarf.* **2.** (salopp) *Erwachsener, der od. erst spät aus dem Elternhaus auszieht.*

Nest|ho|cke|rin, die; -, -nen: w. Form zu ↑ Nesthocker (2).

Nest|ling, der; -s, -e: *noch nicht flügger Vogel.*

Nest|treue, die: *Anhänglichkeit eines Tiers an das eigene Nest.*

nest|warm ⟨Adj.⟩: *(von Eiern) noch vom Nest warm.*

Nest|wär|me, die: *Geborgensein eines Kindes im familiären Kreis.*

Net, das; -s [engl. net = Netz]: Kurzf. von ↑ Internet.

Net|ball ['nɛtbɔ:l], der; -s [engl. netball, aus: net = Korb (3 a, b) u. ball = Ball]: *aus dem Basketball entwickeltes Ballspiel für Mannschaften mit sieben Spielerinnen.*

Net|book [...bʊk], das; -s, -s [engl. netbook]: *kleinformatiges Notebook.*

Ne|ti|quet|te [...'kɛtə], die; - [engl. netiquette, zusgez. aus: net = Netz (kurz für ↑ Internet) u. etiquette = Etikette]: *Gesamtheit der Regeln für soziales Kommunikationsverhalten im Internet.*

nett ⟨Adj.⟩ [spätmhd. (niederrhein.) nett < mniederl. net < frz. net, ital. netto, ↑ netto]: **1. a)** *freundlich u. liebenswert, im Wesen angenehm:* ein -er Mensch; alle waren sehr n. zu ihm; ⟨subst.:⟩ wir wollte ihr was Nettes sagen; **b)** *hübsch u. ansprechend, sodass es jmdm. gefällt:* ein -es kleines Mädchen; ein -es Kleid; es war ein -er Abend; sich n. unterhalten; ⟨subst.:⟩ ich habe etwas Nettes erlebt; Du, ich hab noch was vor. Machs gut, war wirklich n. (Schädlich, Nähe 100). **2.** (ugs.) **a)** *ziemlich groß, beträchtlich:* ein -er Batzen Geld; Sie hat morgens manchmal schon ganz -e Säcke unter den Augen (Remarque, Obelisk 64); **b)** ⟨intensivierend bei Verben⟩ *sehr, ordentlich.* **3.** (ugs. iron.) *unangenehm; wenig erfreulich:* das kann ja n. werden!

Net|tig|keit, die; -, -en: **1.** ⟨o. Pl.⟩ *nettes (1 a) Wesen; nette Art.* **2.** ⟨meist Pl.⟩ **a)** *etw. Nettes (1 a), was jmd. gern hört; Äußerung, mit der man jmdm. schmeicheln will;* **b)** *etw. Nettes (1 b).*

net|to ⟨Adv.⟩ [ital. netto, eigtl. = rein, klar < lat. nitidus = glänzend, zu: nitere = glänzen] (Kaufmannsspr.): **a)** *ohne Verpackung:* das Gewicht beträgt n. 500 kg; **b)** *nach Abzug der Kosten od. Steuern.*

Net|to|ein|kom|men, das; -s, -: *Einkommen nach Abzug von Steuern u. sonstigen Abgaben.*

Net|to|emp|fän|ger: *Staat, Teilstaat o. Ä., der aus der gemeinsamen Kasse einer Union, eines Bundesstaates o. Ä. mehr erhält (in Form von Subventionen o. Ä.), als er an Beiträgen einzahlt:* die N. in der EU sprechen sich gegen eine Kürzung der Strukturhilfen aus.

Net|to|ent|las|tung, die (Politik, Wirtsch.): *finanzielle Entlastung nach Abzug von Steuern u. sonstigen Abgaben (im Vergleich zur vorherigen Situation):* die geplante Steuerreform soll eine N. für alle Bürger und Unternehmen bringen.

Net|to|er|geb|nis, das (Wirtsch.): *Geschäftsergebnis eines Unternehmens od. Konzerns nach Abzug von Steuern.*

Net|to|er|trag, der: *Reinertrag.*

Net|to|ge|halt, das: *Gehalt nach Abzug von Steuern u. sonstigen Abgaben.*

Net|to|ge|wicht, das: *Gewicht des Inhalts einer Verpackung.*

Net|to|ge|winn: *Gewinn nach Abzug aller Ausgaben u. Kosten.*

Net|to|lohn, der: *Lohn nach Abzug von Steuern u. sonstigen Abgaben.*

Net|to|preis, der: **1.** *Preis nach Abzug eventueller Rabatte.* **2.** *Preis, der eine eventuell zu entrichtende Mehrwertsteuer o. Ä. nicht enthält.*

Net|to|raum|zahl, die (Seew.): *Einheit zur Errechnung des Lade-, Nutzraums eines Schiffes* (Abk.: NRZ).

Net|to|re|gis|ter|ton|ne, die (Seew. veraltend): *Nettoraumzahl* (Abk.: NRT).

Net|to|um|satz, der (Wirtsch.): *der um Rabatte u. Umsatzsteuer verminderte Umsatz.*

Net|to|ver|dienst, der: vgl. Nettoeinkommen.

Net|to|ver|lust, der (Wirtsch.): *nach Abzug von Kosten u. Steuern verbleibender Verlust (4).*

Net|to|ver|schul|dung, die (bes. Wirtsch.): *Schulden eines Unternehmens od. öffentlichen Haushalts nach Abzug der verfügbaren Geldmittel.*

Net|to|zah|ler, der: *Staat, Teilstaat o. Ä., der in die gemeinsame Kasse einer Union, eines Bundesstaates o. Ä. mehr einzahlt, als er in Form von Subventionen o. Ä. aus ihr bezieht:* N. drängen immer wieder auf Kürzungen der Finanzhilfen innerhalb der EU.

Net|work ['nɛtwɜːk], das; -[s], -s [engl. network, eigtl. = Netzwerk, aus: net = Netz u. work = Arbeit, Werk]: **1.** *Vernetzung mehrerer Sender* (b) *zur großflächigen Verteilung von Rundfunk- u. Fernsehprogrammen od. Einzelsendungen.* **2.** (EDV) *Netzwerk (5).*

Net|wor|king ['nɛtwɜːkɪŋ], das; -s [engl. networking, zu: to network = Kontakte knüpfen, zu: network, ↑ Network]: *das Knüpfen u. Pflegen* von Kontakten, die dem Austausch von Informationen [u. dem beruflichen Fortkommen] dienen.

Netz, das; -es, -e [mhd. netze, ahd. nezzi, eigtl. = Geknüpftes, verw. mit ↑¹Nessel u. ↑nesteln]: **1. a)** *Gebilde aus geknüpften Fäden, Schnüren o. Ä., deren Verknüpfungen meist rautenförmige Maschen bilden:* ein feines N.; ein N. knüpfen; der Puck zappelte im N. (*Netz des ¹Tores* 2 a); Ü ein N. von Beziehungen knüpfen; **b)** *Gerät zum Fangen von Tieren, besonders zum Fischfang; Fischernetz:* die -e reißen; die -e trocknen; Fische im N., mit dem N. fangen; sie lockten den Leguan ins N.; Ü seine -e auswerfen (*mit Tricks, Machenschaften o. Ä. versuchen, jmdn. in seine Gewalt zu bekommen, Einfluss auf jmdn. zu nehmen*); * jmdm. durchs N. gehen (*entkommen: der Polizei durchs N. gehen*); **jmdm. ins N. gehen** (*von jmdm. gestellt, gefasst werden:* die Diebe sind der Polizei ins N. gegangen); **sich im eigenen N./in den eigenen -en verstricken** (*sich durch Lügen, üble Machenschaften o. Ä. selbst in eine ausweglose Lage bringen*); **c)** *geknüpfter Beutel besonders zum Einkaufen; Einkaufsnetz;* **d)** *Haarnetz;* **d)** *das Haar in einem N. tragen;* **e)** *Gepäcknetz;* **f)** (Badminton, Tennis, Tischtennis, Volleyball) *zwischen den beiden Spielfeldhälften gespanntes netzartiges Band:* N.! (*der Ball hat das Netz berührt*); gut, schlecht am N. sein; **g)** *aus einem gespannten Netz* (1 a) *bestehende Schutzvorrichtung der Artisten:* ins N. stürzen; * ohne N. und doppelten Boden (ugs.; *ohne Absicherung*); **h)** *von der Spinne gesponnenes netzartiges Gebilde, in dem sie ihre Beute fängt; Spinnennetz:* die Spinne sitzt im N. **2. a)** *System von netzartig verzweigten Verteilungsleitungen mit den dazugehörenden Einrichtungen für die Versorgung mit Strom, Wasser, Gas, Öl, für die Kanalisation, für die Nachrichtenübermittlung:* das öffentliche N. ist stark belastet; ein Gerät ans N. anschließen; das Kraftwerk liefert Strom für das N. in Norddeutschland; das Kernkraftwerk geht ans N., wird vom N. genommen; **b)** *System von netzartig verzweigten, dem Verkehr dienenden Linien od. Anlagen:* das N. der Verkehrswege ausbauen; Nun erfuhr Adrian, dass infolge mangelnder Benutzung der Bahnlinie, das N. verengt werde (Hildesheimer, Legenden 135); **c)** (bes. Geogr.) *System sich schneidender Linien auf einer [Land]karte;* **d)** *[systematisch über einen bestimmten Raum, Bereich verteilte] Personen, Einrichtungen, Dinge gleicher Funktion; vielfältig verflochtenes System:* ein sehr weit verzweigtes N. von Radarstationen; ein N. von Agenten aufbauen; **e)** (EDV) Kurzf. von ↑Netzwerk (5); **f)** (ugs.) *Internet.* **3. a)** (Geom.) *in eine Ebene geklappte Begrenzungsflächen eines (an den Kanten aufgeschnittenen) geometrischen Körpers:* das N. eines Würfels; **b)** (Math.) *System von zwei od. mehreren sich schneidenden Kurvenscharen auf einer Fläche* (z. B. Koordinatennetz).

Netz|ad|res|se, die: *Internetadresse:* unter der angegebenen N. können Produktinformationen recherchiert werden.

netz|af|fin ⟨Adj.⟩: *internetaffin:* diese Altersgruppe gilt als besonders n.

Netz|an|schluss, der: *Anschlussmöglichkeit eines Elektrogerätes an das Stromnetz.*

netz|ar|tig ⟨Adj.⟩: *einem Netz ähnlich.*

Netz|ball, der (Badminton, Tennis, Tischtennis, Volleyball): *Ball, der nach Berühren der oberen Kante des Netzes ins gegnerische Spielfeld geht.*

Netz|be|trei|ber, der: *Unternehmen, das die technische Infrastruktur für Versorgungsbetriebe od. Telekommunikationsdienste bereitstellt.*

Netz|be|trieb, der ⟨o. Pl.⟩ (Technik): *Betrieb* (2 a) *(eines Gerätes) durch Nutzung des Stromnetzes:* nur im N. bringt das Notebook seine volle Leistung.

net|zen ⟨sw. V.; hat⟩ [mhd. netzen, ahd. nezzen, zu ↑nass u. eigtl. = nass machen]: **1. a)** (geh.) *befeuchten, [ein wenig] nass machen:* Tränen netzten ihre Wangen, seinen Bart; **b)** (landsch.) *gießen* (2): die Gemüsebeete n.; ♦ Sie ging zu dem Gefäße des Weihbrunnens, netzte sich die Finger (Stifter, Granit 61). **2.** (Textilind.) (*zur Steigerung der Aufnahmefähigkeit von Farbstoffen u. Appreturen*) *anfeuchten, befeuchten:* ein Gewebe n.

Netz|flüg|ler, der; -s, - (Zool.): *in zahlreichen Arten auf der ganzen Erde verbreitetes Insekt mit vier großen, meist netzartig geäderten, zusammenlegbaren Flügeln.*

Netz|fre|quenz, die (Elektrot.): *Frequenz des Wechselstroms in einem Stromversorgungsnetz.*

Netz|ge|rät, das (Elektrot.): *Gerät, das den von einem Stromversorgungsnetz gelieferten elektrischen Strom den für den Betrieb eines elektronischen Geräts erforderlichen Bedingungen anpasst.*

Netz|ge|wöl|be, das (Kunstwiss.): *[Tonnen]gewölbe [der Spätgotik], dessen Rippen ein netzartiges Muster bilden.*

Netz|gleich|rich|ter, der (Elektrot.): *Gleichrichter für den Anschluss an ein Dreh- od. Wechselstromnetz.*

Netz|haut, die: *innerste, mehrschichtige, lichtempfindliche Haut des Augapfels.*

Netz|haut|ab|lö|sung, die: *Erkrankung des Auges, bei der sich die Netzhaut von der hinter ihr liegenden Haut löst.*

Netz|kar|te, die: *Fahrkarte für beliebig viele Fahrten innerhalb eines bestimmten Verkehrs-, Eisenbahnnetzes während einer befristeten Zeit.*

Netz|ma|gen, der (Zool.): *durch netzartige Falten gekennzeichneter, zwischen Pansen u. Blättermagen liegender Abschnitt des Magens von Wiederkäuern.*

Netz|plan, der: **1.** (Wirtsch.) *mithilfe der Netzplantechnik erstellter Plan in grafischer Darstellung, wobei die Einzeltätigkeiten in ihrer zeitlichen Reihenfolge durch Kreise (bzw. Punkte) u. Strecken abgebildet werden.* **2.** *Liniennetzplan.*

Netz|plan|tech|nik, die (Wirtsch.): *mit grafischen Darstellungen arbeitende Verfahrenstechnik zur Analyse u. zeitlichen Planung von komplexen Arbeitsabläufen u. Projekten.*

Netz|schal|ter, der: *Schalter, mit dem ein mit Strom betriebenes Gerät an- u. abstellen lässt:* den N. betätigen, umlegen.

Netz|span|nung, die (Elektrot.): *elektrische Spannung in einem Stromnetz.*

Netz|sper|re, die: *Sperrung des Zugangs zum Internet od. zu bestimmten Teilen des Internets.*

Netz|spie|ler, der: **1.** (Volleyball) *am Netz postierter Spieler, der die Aufgabe hat, zu schmettern* (1 c) *u. zu blocken* (3 a). **2.** (Tennis) *Spieler, der das Spiel am Netz bevorzugt.*

Netz|spie|le|rin, die: *w. Form zu* ↑Netzspieler.

Netz|ste|cker, der (Elektrot.): *Stecker für den Anschluss eines elektrischen Geräts an einen Stromnetz.*

Netz|strumpf, der: *Strumpf mit netzartiger Maschenbildung.*

Netz|teil, das (EDV, Elektrot.): *Netzgerät, das die Netzspannung auf die von einem Rechner* (2) *benötigte Spannungsstärke vermindert.*

Netz|werk, das: **1.** *Gesamtheit netzartig verbundener Leitungen, Drähte, Linien, Adern o. Ä.* **2.** (Elektrot.) *Zusammenschaltung einer beliebigen Anzahl Energie liefernder u. Energie spei-*

chernder od. umwandelnder Bauteile od. Schaltelemente, die mindestens zwei äußere Anschlussklemmen aufweist. **3.** (Wirtsch.) *Netzplan.* **4.** *Netz* (2 d) *autonomer, durch gemeinsame Werte od. Interessen verbundener Teilnehmer:* Ü soziale -e. **5.** (EDV) *Vernetzung mehrerer voneinander unabhängiger Rechner* (2), *die den Datenaustausch zwischen diesen ermöglicht.*

Netz|werk|ana|ly|se, die ⟨o. Pl.⟩ (Wirtsch.): *Netzplantechnik.*

Netz|werk|kar|te, die (EDV): *Steckkarte, mit der sich ein Rechner* (2) *mit anderen Rechnern verbinden lässt.*

Netz|werk|tech|nik, die ⟨o. Pl.⟩ (Wirtsch.): *Netzplantechnik.*

Netz|zu|gang, der (EDV-Jargon): *Verbindung zum, ins Internet:* schnelle Netzzugänge werden immer häufiger zum Pauschaltarif angeboten.

neu ⟨Adj.⟩ [mhd. niuwe, ahd. niuwi, altes idg. Adj.]: **1.** *erst vor kurzer Zeit hergestellt o. Ä., noch nicht gebraucht o. Ä.:* -e Kleider. **2.** *aus der kürzlich eingebrachten Ernte stammend:* -e Kartoffeln; ⟨subst.:⟩ Neuen (*neuen Wein*) trinken. **3. a)** *erst seit Kurzem vorhanden, bestehend; vor kurzer Zeit entstanden, begründet; davor noch nicht da gewesen [u. anders als bisher, als früher]:* -e Erkenntnisse; das Buch ist [ganz] n. erschienen; ein n. geprägtes Wort; ⟨subst.:⟩ allem Neuen ablehnend gegenüberstehen; **b)** *seit kurzer Zeit (zu einem bestimmten Kreis, einer Gruppe o. Ä.) dazugehörend:* -e Mitglieder; ⟨subst.:⟩ das ist die Neue (ugs.; *die neue Mitarbeiterin, Kollegin, Mitschülerin usw.*); **c)** *bisher noch nicht bekannt gewesen:* -e Nachrichten; ⟨subst.:⟩ was gibt es Neues? **4.** *noch zur Gegenwart gehörend od. nicht lange zurückliegend; [aus] einer Zeit, die [noch] zur Gegenwart gehört od. nicht lange zurückliegt:* in -er, -erer, -ester Zeit; * seit Neu[e]stem/neu[e]stem (*seit Kurzem, neuerdings*). **5. a)** *seit Kurzem an die Stelle einer anderen Person od. Sache getreten; das Bisherige ersetzend, ablösend; als etw. [noch] nicht Bekanntes gerade erst:* einen -en Namen, eine -e Stellung, Wohnung haben; wir haben einen -en Englischlehrer; etw. n. (*anders*) formulieren; ⟨subst.:⟩ etwas Neues anfangen; **b)** *[seit Kurzem] hinzukommend; weiter...:* ein -es Buch schreiben; * aufs Neue (*erneut*); auf ein Neues! (*ermunternde Aufforderung, noch einmal von vorne zu beginnen, sich aufzuschwingen, mit etw. Bestimmtem fortzufahren*); **von Neuem/neuem** (*noch einmal, von vorn*); **c)** *noch einmal, wieder:* ein Buch n. auflegen.

Neu|an|fang, der: *Neubeginn.*

Neu|an|fer|ti|gung, die: **1.** *Anfertigung, durch die etw. neu hergestellt wird:* N. von Kleidern. **2.** *neu Angefertigtes.*

Neu|an|kömm|ling, der: *gerade erst Ankommende[r], Angekommene[r].*

Neu|an|la|ge, die: **1. a)** *das neue, erstmalige Anlegen* (5), *Erstellen* (7). **b)** *eines Golfplatzes, einer Tabelle;* **b)** *etwas neu Angelegtes, Errichtetes, Gestaltetes:* -n wie z. B. Windkraftwerke. **2.** *das neue, erstmalige Anlegen* (6 a), *Investieren:* die N. eines größeren Vermögens.

Neu|an|schaf|fung, die: **1.** *Vorgang, der darin besteht, dass etw. neu angeschafft wird.* **2.** *etw. neu Angeschafftes.*

neu|apo|sto|lisch ⟨Adj.⟩ (christl. Rel.): *dem Bekenntnis von der Katholisch-Apostolischen Gemeinde hervorgegangenen Religionsgemeinschaft angehörend, anhängend, diesem Bekenntnis eigentümlich, gemäß.*

neu|ar|tig ⟨Adj.⟩: *neu, von neuer Art; anders als bisher:* -e Instrumente.

Neu|auf|la|ge, die: **a)** *erneutes Auflegen eines*

Druckwerks: die N. eines Buches besorgen; **b)** *erneute Auflage eines Druckwerks:* von diesem Buch erscheint eine N.

Neu|auf|nah|me, die: **1.** *Aufnahme, durch die jmd., etw. irgendwo neu hinzukommt:* die N. von Wörtern in ein Wörterbuch. **2.** *Person, Sache usw., die Gegenstand der Neuaufnahme* (1) *ist:* die -n registrieren. **3.** *erneute Aufnahme* (7 a, 8 a).

Neu|aus|rich|tung, die: *neue, andersartige Ausrichtung; Neuorientierung:* die Neuausrichtung des Unternehmens, der Sozialpolitik.

Neu|bau, der: **1.** ⟨o. Pl.⟩ **a)** *das Bauen, Errichten (eines neuen Bauwerks);* **b)** *das Wiedererrichten eines schon einmal vorhanden gewesenen Bauwerks:* Ü ein durchdachter N. des Staates. **2.** ⟨Pl. -ten⟩ **a)** *im Bau befindliches Gebäude:* der N. ist kein Spielplatz!; **b)** *neu gebautes od. verhältnismäßig neues Gebäude:* in einem N. wohnen; **c)** ⟨Pl. auch: -e⟩ (Technik) *neu gebautes Modell.*

Neu|bau|ge|biet, das: *[hauptsächlich] aus Neubauten* (2 b) *bestehendes Gebiet.*

Neu|bau|pro|jekt, das: *Vorhaben, einen [größeren] Neubau zu errichten:* ein N. realisieren.

Neu|bau|sied|lung, die: *[überwiegend] aus Neubauten* (2 b) *bestehende Siedlung.*

Neu|bau|stre|cke, die: *als Neubau* (1 a) *geplante od. im Neubau* (1 a) *befindliche Eisenbahnstrecke.*

Neu|bau|vier|tel, das: *[hauptsächlich] aus Neubauten* (2 b) *bestehendes Viertel.*

Neu|bau|woh|nung, die: *Wohnung in einem Neubau* (2 b).

Neu|be|ar|bei|tet, neu|be|ar|bei|tet ⟨Adj.⟩: *neu bearbeitet enthaltend:* eine neu bearbeitete Auflage.

Neu|be|ar|bei|tung, die: **1.** *das erneute Bearbeiten.* **2.** *neue Bearbeitung* (2), *Fassung:* ein Theaterstück in einer N. bringen.

Neu|be|deu|tung, die (Sprachwiss.): *neue, neu hinzukommende Bedeutung eines Wortes.*

◆ **Neu|be|gier,** die; -: *Neugier:* In diesem Augenblick fühlt Ihr nichts als N. (Lessing, Nathan III, 9).

◆ **neu|be|gie|rig** ⟨Adj.⟩: *neugierig:* Wem ziemt und fromnt es denn, dass er so n. ist? (Lessing, Nathan I, 5).

Neu|be|ginn, der: *neuer, erneuter Beginn, bei dem [man mit] etwas noch einmal von vorn anfängt.*

neu be|kehrt, neu|be|kehrt ⟨Adj.⟩: *neu bekehrt seiend.*

Neu|be|kehr|te, die (vgl. Bekehrte): *weibliche Person, die neu bekehrt ist.*

Neu|be|kehr|ter, der (vgl. Bekehrter): *jmd., der neu bekehrt ist.*

Neu|be|set|zung, die: *Besetzung* (2 a) *mit einer neuen, anderen Person.*

Neu|be|wer|tung, die: *das erneute, nochmalige Bewerten:* eine N. des Diktats, der Zeugenaussagen.

Neu|bil|dung, die: **1. a)** *Bildung, Entstehung von etw. Neuem:* die N. von Gewebe; **b)** *Umbildung;* **c)** *die Bildung, das Schaffen, Hervorbringen von etw. Neuem:* die N. von Wörtern. **2. a)** *neu Gebildetes, neu Entstandenes;* **b)** (Sprachwiss.) *neue Bildung* (5).

Neu|bran|den|burg: Stadt in Mecklenburg-Vorpommern.

Neu|bür|ger, der: **1.** *neu zugezogener od. eingewanderter [ausländischer] Bürger.* **2.** *neu in einer Gemeinde eingebürgerte Person.*

Neu|bür|ge|rin, die: w. Form zu ↑ Neubürger.

Neu|châ|tel [nøʃaˈtɛl]: frz. Form von ↑ Neuenburg.

Neu|de|fi|ni|ti|on, die: *neue, [grundlegend] geänderte Definition* (1 a): eine Neudefinition des Bildungsbegriffs.

Neu-De̱|lhi: südlicher Stadtteil von Delhi (Regierungssitz der Republik Indien).

neu|deutsch ⟨Adj.⟩ (meist abwertend): **a)** *einer neu aufgekommenen Lebensform, Verhaltensweise in Deutschland entsprechend, für sie charakteristisch:* die -e Industriegesellschaft; **b)** *für die jüngere Entwicklung der deutschen Gegenwartssprache charakteristisch:* ein solches Projekt müsste finanziert – n. gesagt: gesponsert – werden.

Neu|deutsch, das: *neudeutsche Ausdrucksweise.*

Neu|druck, der ⟨Pl. -e⟩: *im Wesentlichen unveränderte Neuauflage* (1).

Neu|ein|kauf, der (Sport): **1.** *das Einkaufen neuer Spieler[innen].* **2.** *neu eingekaufte[r] Spieler[in].*

Neu|ein|spie|lung, die: *neue Einspielung* (1 b) *eines älteren Musikstücks od. -werks:* eine N. von Schuberts Klaviersonaten war längst überfällig.

Neu|ein|stei|ger, der; -s, - (Jargon): *jmd., der in einem bestimmten Bereich [beruflich] neu anfängt, sich erstmals betätigt:* für Neueinsteiger werden Einführungsseminare angeboten.

Neu|ein|stei|ge|rin, die: w. Form zu ↑ Neueinsteiger.

Neu|ein|stel|lung, die: *Einstellung einer neuen Arbeitskraft:* der Wirtschaftsaufschwung führt zu vielen -en.

Neu|emis|si|on, die (Börsenw.): *neue, erstmalige Ausgabe eines Wertpapiers:* die N. von Aktien.

Neu|en|burg: Schweizer Kanton u. Stadt.

¹**Neu|en|bur|ger,** der; -s, -: Ew.

²**Neu|en|bur|ger,** der ⟨indekl. Adj.⟩: der N. See.

Neu|en|bur|ge|rin, die; -, -nen: w. Form zu ↑ ¹Neuenburger.

Neu|eng|land, -s: Gebiet im Nordosten der USA.

neu|eng|lisch ⟨Adj.⟩: *in heutigem Englisch* (a).

Neu|ent|de|ckung, die: **1. a)** *Entdeckung von etw. Neuem;* **b)** *neu, gerade erst entdeckte Sache:* Ü die Sängerin ist eine N. **2.** *erneute Entdeckung, Wiederentdeckung.*

Neu|ent|wick|lung, die: **1.** *das Entwickeln von etw. Neuem:* die N. von Maschinen, Medikamenten. **2.** *etw. neu Entwickeltes:* technische -en vorführen.

neu|er|dings ⟨Adv.⟩: **1.** *seit Kurzem, im Unterschied zu früher:* n. liest sie sehr viel. **2.** (südd., österr., schweiz. veraltend) *erneut, nochmals, wiederum:* er hat n. seine Geburtsstadt besucht.

Neu|e|rer, der; -s, -: *jmd., der etw. Neues einführen will, die Änderung, Umgestaltung von Bestehendem anstrebt, durchsetzt.*

Neu|e|rin, die: w. Form zu ↑ Neuerer.

neu|er|lich ⟨Adj.⟩: *(nach einer Weile, einem gewissen Zeitraum) erneut [geschehend]:* -e Erfolge.

neu|ern ⟨sw. V.; hat⟩ [mhd. niuwern] (selten): *Neuerungen* (1), *Neues einführen; sich als Neuerer betätigen.*

neu er|öff|net, neu|er|öff|net ⟨Adj.⟩: **1.** *gerade erst eröffnet.* **2.** *erneut eröffnet.*

Neu|er|öff|nung, die: **1.** *Eröffnung (von etw. Neuem).* **2.** *Wiedereröffnung.*

Neu|er|schei|nung, die: *gerade Erscheinendes, gerade erst Herausgegebenes, Veröffentlichtes.*

Neu|e|rung, die; -, -en [mhd. niuwerunge]: **1.** *Neues, dessen Einführung eine Änderung, Neugestaltung des Bisherigen bedeutet.* **2.** ⟨o. Pl.⟩ *das Neuern.*

Neu|e|rungs|sucht, die ⟨o. Pl.⟩ (abwertend): *krampfhaftes Bemühen, ständig Neuerungen zu schaffen.*

Neu|er|wer|bung, die: **1.** *Vorgang, der darin besteht, dass etw. neu erworben wird.* **2.** *etw. neu Angeschaffes, Eingekauftes:* die Gemäldegalerie präsentierte ihre jüngsten -en; **b)** (Sport) *neu eingekaufte[r], verpflichtete[r] Spieler[in]; Neuzugang* (2), *Neueinkauf* (2).

Neu|fahr|zeug, das.

Neu|fas|sung, die: **1.** *das Anfertigen, Herstellen einer neuen, veränderten Fassung* (2 b). **2.** *neue, veränderte Fassung (eines Theaterstücks, eines wissenschaftlichen Werks o. Ä.).*

Neu|fund|land, -s: kanadische Provinz.

Neu|fund|län|der, der; -s, -: **1.** Ew. **2.** [Hunde dieser Rasse wurden von frz. u. engl. Seeleuten aus Neufundland nach Europa gebracht] *großer Hund mit breitem, kräftigem Kopf, Hängeohren, langem, buschigem Schwanz u. dichtem, langhaarigem, meist schwarzem Fell.*

Neu|fund|län|de|rin, die; -, -nen: w. Form zu ↑ Neufundländer (1).

neu|fund|län|disch ⟨Adj.⟩: *Neufundland, die Neufundländer* (1) *betreffend; von den Neufundländern* (1) *stammend, zu ihnen gehörend.*

neu|ge|ba|cken ⟨Adj.⟩: *einen bestimmten Status gerade erlangt habend:* ein -er Ehemann.

neu|ge|bo|ren ⟨Adj.⟩: *gerade geboren.*

Neu|ge|bo|re|nes, das *Neugeborene/ein Neugeborenes; des/eines Neugeborenen, die Neugeborenen/zwei Neugeborene: neugeborenes Kind.*

Neu|ge|burt, die (geh.): *das Wiedererstehen in neuer, anderer Form; Erneuerung.*

neu ge|schaf|fen, neu|ge|schaf|fen ⟨Adj.⟩: *gerade erst geschaffen.*

Neu|ge|schäft, das: *neu, erstmals getätigtes Geschäft* (1 a, b): das N. verlief im letzten Jahr enttäuschend.

Neu|ge|stal|tung, die: *das Neugestalten:* die N. eines Stadtviertels.

Neu|gier, Neu|gier|de, die; -: *Beherrschtsein von dem Wunsch, etw. Bestimmtes zu erfahren, in Angelegenheiten, Bereiche einzudringen, die bes. andere Menschen u. deren Privatleben o. Ä. betreffen:* jmdn. packt die N.; seine N. befriedigen, zähmen; er kam aus reiner N.

neu|gie|rig ⟨Adj.⟩: *voller Neugier, Neugier erkennen lassend:* -e Blicke; n. fragen.

Neu|glie|de|rung, die: *neue, andersartige Gliederung, Aufteilung.*

Neu|go|tik, die (Archit.): *Stilrichtung des 18. und 19. Jh.s, die sich stark an die Gotik anlehnt.*

neu|go|tisch ⟨Adj.⟩: *die Neugotik betreffend.*

Neu|grad, der (Math.): *ältere Bez. für* ↑ Gon (Zeichen: ᵍ).

neu|grie|chisch ⟨Adj.⟩: *in der Sprache der heutigen Griechen.*

Neu|grie|chisch, (nur mit best. Art.:) **Neu|grie|chi|sche,** das: *die neugriechische Sprache.*

Neu|grün|dung, die: **1. a)** *Gründung von etw. Neuem;* **b)** *etw. neu Gegründetes.* **2.** *erneute Gründung.*

Neu|gui|nea [...gi...], -s: Insel nördl. von Australien.

neu|he|brä|isch ⟨Adj.⟩: *in heutigem Hebräisch.*

Neu|he|brä|isch, (nur mit best. Art.:) **Neu|he|brä|i|sche,** das: *die neuhebräische Sprache.*

Neu|heit, die; -, -en [mhd. (md.) nüweheit]: **1.** ⟨o. Pl.⟩ *das Neusein.* **2.** *Neues, Neuartiges, insbesondere neues Produkt.*

neu|hoch|deutsch ⟨Adj.⟩: *das Neuhochdeutsche betreffend* (Abk.: nhd.).

Neu|hoch|deutsch, (nur mit best. Art.:) **Neu|hoch|deut|sche,** das [gepr. 1819 von dem dt. Sprach- u. Literaturhistoriker J. Grimm (1785–1863)]: *neuerer u. neuester (etwa vom 17. Jh. an rechnender) hochdeutscher Sprachzustand.*

Neu|hu|ma|nis|mus, der: *um die Mitte des 18. Jh.s einsetzende, auf Erneuerung des Humanismus zielende philosophisch-pädagogische Richtung, deren Humanitätsideal am Bild des griechischen Menschen u. seiner Kultur orientiert ist.*

Neu|ig|keit, die; -, -en [mhd. niuwekeit]: **1.** *Begebenheit, die noch nicht [allgemein] bekannt ist, neue Nachricht:* interessante -en. **2. a)** ⟨o. Pl.⟩

(selten) *das Neusein;* **b)** (Fachspr.; sonst selten) *Neuheit* (2).
Neu|in|s|tal|la|ti|on, die: **a)** *neues, erstmaliges Installieren* (1): *die N. eines Betriebssystems;* **b)** *neu, erstmals installierte technische Anlage:* für -en gilt eine zweijährige Garantie.
Neu|in|sze|nie|rung, die (Theater): *neue Inszenierung eines Stücks.*
Neu|in|ter|pre|ta|ti|on, die: *neue Interpretation, die sich von [einer] früheren grundlegend unterscheidet:* eine gelungene N. des Romans, der Sinfonie.
Neu|in|ves|ti|ti|on, die (bes. Wirtsch.): *neue, erstmalige Kapitalanlage.*
Neu|jahr [auch: ...'ja:ɐ̯], das: *[als Feiertag begangener] erster Tag des neuen Jahres:* N. fällt auf einen Sonntag; * prosit N.! (Gruß u. Glückwunsch zum Jahreswechsel).
◆ **Neu|jahr|kind|lein,** das; -s, - (schweiz.): **a)** ⟨o. Pl.⟩ *(in Bern) dem Christkind* (2) *vergleichbare Gestalt, die in der Vorstellung der Kinder am 1. Januar Äpfel, Nüsse usw. als Geschenke verteilt:* ... mit der Nachricht, die Gotte komme. Sie kam, schweißbedeckt und beladen wie das N. (Gotthelf, Spinne 8); **b)** *Neujahrsgeschenk:* ... es fand ein schönes N. (Gotthelf, Uli der Pächter 215).
Neu|jahrs|abend, der: *Vorabend von Neujahr.*
Neu|jahrs|an|spra|che, die: *Ansprache zu Neujahr.*
Neu|jahrs|emp|fang, der: *zum Jahresbeginn gegebener Empfang einer Stadt, eines Staatsoberhaupts o. Ä. für Vertreter aus den Bereichen Politik, Wirtschaft, Kirche, Kultur o. Ä.*
Neu|jahrs|fest, das: *anlässlich des Jahreswechsels begangenes Fest.*
Neu|jahrs|gruß, der ⟨meist Pl.⟩: *Gruß* (2) *zu Neujahr.*
Neu|jahrs|kar|te, die: *Glückwunschkarte mit Neujahrsgrüßen u. -wünschen.*
Neu|jahrs|kon|zert, das: *anlässlich des Jahreswechsels stattfindendes Konzert.*
Neu|jahrs|nacht, die: *Nacht, mit der Neujahr anfängt.*
Neu|jahrs|tag, der: *Neujahr.*
Neu|ka|le|do|ni|en; -s: *Inselgruppe östlich von Australien.*
Neu|kan|ti|a|ner, der: *Anhänger, Vertreter des Neukantianismus.*
Neu|kan|ti|a|ne|rin, die: w. Form zu ↑ Neukantianer.
Neu|kan|ti|a|nis|mus, der; -: *(in der 2. Hälfte des 19. u. am Anfang des 20. Jh.s) an Kant anknüpfende, gegen den Materialismus gerichtete philosophische Richtung.*
Neu|klas|si|zis|mus, der: **1.** *an die klassische Tradition anknüpfende Strömung der deutschen Literatur um 1900.* **2.** (seltener) *Neoklassizismus.*
Neu|kon|zep|ti|on: *neue Konzeption, die sich von [einer] früheren grundlegend unterscheidet:* eine N. der Lehrerausbildung, des Sozialstaats.
Neu|kun|de, der: *jmd., der erstmals Kunde eines Unternehmens o. Ä. ist.*
Neu|kun|din, die: w. Form zu ↑ Neukunde.
Neu|land, das; ⟨o. Pl.⟩: **1.** *für die Besiedlung od. wirtschaftliche Nutzung neu gewonnenes Land:* N. gewinnen, unter den Pflug nehmen. **2. a)** (seltener) *neues, bisher unbekanntes, unerforschtes Land, Gebiet:* N. entdecken; **b)** *neues [bisher unbekanntes] Gebiet, auf dem noch keine Erfahrungen, Erkenntnisse gewonnen worden sind.*
Neu|land|ge|win|nung, die: *Gewinnung von Neuland* (1) *(bes. im Bereich des Watts).*
neu|la|tei|nisch ⟨Adj.⟩: *lateinisch der neuzeitlichen Form, die von den Humanisten nach dem Vorbild des klassischen Latein begründet wurde* (Abk.: nlat.).

neu|lich ⟨Adv.⟩ [mhd. niuwelîche]: *vor nicht langer Zeit, vor Kurzem, kürzlich.*
Neu|ling, der; -s, -e: *jmd., der in einem Kreis, auf einem Gebiet u. Ä. neu ist u. sich noch nicht richtig auskennt, noch unerfahren ist:* darin bin ich N.
Neu|me, die; -, -n ⟨meist Pl.⟩ [mlat. neuma = Melodie, Note < griech. neûma, eigtl. = Wink] (Musik): *(vor der Erfindung der Notenschrift verwendetes) Zeichen zur Aufzeichnung der einstimmigen Musik des Mittelalters.*
Neu|mit|glied, das: *jmd., der einer Organisation, einem Verein, einer Partei o. Ä. erstmals beitritt.*
neu|mo|disch ⟨Adj.⟩ (oft abwertend): *einer neuen Mode entsprechend.*
Neu|mond, der: *Mondphase, während deren die der Erde zugewandte Mondseite nicht von der Sonne beleuchtet wird, unsichtbar ist:* heute ist N.
neun ⟨Kardinalz.⟩ [mhd., ahd. niun, viell. verw. mit ↑ neu u. dann eigtl. = neue Zahl (der dritten Viererreihe)] (als Ziffer: 9): vgl. ¹acht: die n. Musen; * alle -[e] (1. Kegeln; Ausruf, wenn alle neun Kegel auf einen Wurf gefallen sind. scherzh.; Ausruf, wenn man aufgrund von Ungeschicklichkeit Dinge geräuschvoll zusammen-, herunterfallen).
Neun, die; -, -en: **a)** *Ziffer 9;* **b)** *Spielkarte mit neun Zeichen;* **c)** (ugs.) *Wagen, Zug der Linie 9;* **d)** * ach, du grüne Neune! (ugs.; Ausruf der Verwunderung od. des Erschreckens; H. u.).
Neun|au|ge, das: *fischähnliches Wirbeltier mit lang gestrecktem, einem Aal ähnlichen Körper.*
Neun|eck, das; -[e]s, -e: *Figur mit neun Ecken; Nonagon.*
neun|ein|halb ⟨Bruchz.⟩ (in Ziffern: 9 ½): vgl. achteinhalb.
neu|ner|lei ⟨best. Gattungsz.; indekl.⟩ [↑-lei]: vgl. achtfach.
neun|fach ⟨Vervielfältigungsz.⟩ (mit Ziffer: 9-fach, 9fach): vgl. achtfach.
Neun|fa|ches, das *Neunfache/ein Neunfaches; des/eines Neunfachen* (mit Ziffer: 9-Faches, 9faches): vgl. Achtfaches.
neun|hun|dert ⟨Kardinalz.⟩ (in Ziffern: 900): vgl. hundert.
neun|mal ⟨Wiederholungsz.; Adv.⟩ (mit Ziffer: 9-mal): vgl. achtmal.
neun|ma|lig ⟨Adj.⟩ (mit Ziffer: 9-malig): vgl. achtmalig.
neun|mal|klug ⟨Adj.⟩ (spöttisch): *sich für sehr viel gescheiter, klüger als andere haltend; alles besser wissen wollend.*
neun|mo|na|tig ⟨Adj.⟩ (mit Ziffer: 9-monatig): vgl. achtmonatig.
neun|mo|nat|lich ⟨Adj.⟩ (mit Ziffer: 9-monatlich): vgl. achtmonatlich.
neun|schwän|zig ⟨Adj.⟩: ↑ Katze (6).
neunt: *in der Fügung* **zu n.** *(als Gruppe von neun Personen).*
neunt... ⟨Ordinalz. zu ↑ neun⟩ [mhd. niunte, ahd. niunto] (als Ziffer: 9.): vgl. acht...
neun|tä|gig ⟨Adj.⟩ (mit Ziffer: 9-tägig): vgl. tägig.
neun|täg|lich ⟨Adj.⟩ (mit Ziffer: 9-täglich): vgl. achttäglich.
neun|tau|send ⟨Kardinalz.⟩ (in Ziffern: 9 000): vgl. tausend.
neun|tel ⟨Bruchz.⟩ (als Ziffer: /₉): vgl. achtel.
Neun|tel, das, schweiz. meist: der; -s, -: vgl. ¹Achtel.
neun|tens ⟨Adv.⟩ (als Ziffer: 9.): vgl. achtens.
neun|zehn ⟨Kardinalz.⟩ (in Ziffern: 19): vgl. ¹acht.
neun|zehn|hun|dert ⟨Kardinalz.⟩ (in Ziffern: 1 900): *eintausendneunhundert.*
neun|zehn|jäh|rig ⟨Adj.⟩ (mit Ziffer: 19-jährig): vgl. achtzehnjährig.
neun|zig ⟨Kardinalz.⟩ [mhd. niunzec, ahd. niunzug] (in Ziffern: 90): vgl. achtzig.

Neun|zig, die; -, -en: vgl. Achtzig.
Neun|zi|ger, der; -s, -: vgl. Achtziger.
Neun|zi|ge|rin, die; -, -nen: vgl. Achtzigerin.
Neun|zi|ger|jah|re, neun|zi|ger Jah|re [auch: ˈnɔyn...ˈjaː...] ⟨Pl.⟩: vgl. Achtzigerjahre.
neun|zig|jäh|rig ⟨Adj.⟩ (mit Ziffern: 90-jährig): vgl. achtjährig.
neun|zigst... ⟨Ordinalz. zu ↑ neunzig⟩ (in Ziffern: 90.): vgl. achtzigst...
neun|zigs|tel ⟨Bruchz.⟩ (in Ziffern: /₉₀): vgl. achtel.
Neun|zigs|tel, das, schweiz. meist: der; -s, -: vgl. ¹Achtel.
Neu|ord|nung, die: *neue, andersartige Ordnung.*
Neu|or|ga|ni|sa|ti|on, die: *neue, andersartige Organisation.*
Neu|ori|en|tie|rung, die (bildungsspr.): *neue, andersartige Orientierung: eine berufliche N.*
Neu|phi|lo|lo|ge, der: *Philologe auf dem Gebiet der Neuphilologie.*
Neu|phi|lo|lo|gie, die: *Philologie der neueren europäischen Sprachen u. Literaturen.*
Neu|phi|lo|lo|gin, die: w. Form zu ↑ Neuphilologe.
Neu|pla|to|ni|ker, der: *Anhänger, Vertreter des Neuplatonismus.*
Neu|pla|to|ni|ke|rin, die: w. Form zu ↑ Neuplatoniker.
neu|pla|to|nisch ⟨Adj.⟩: vgl. platonisch (1).
Neu|pla|to|nis|mus, der: *an die Philosophie Platons anknüpfende philosophische Strömung des 3. bis 6. Jh.s n. Chr.*
Neu|po|si|ti|o|nie|rung, die (bildungsspr.): *das erneute Positionieren:* die Mitglieder fordern eine N. der Partei.
Neu|prä|gung, die (Sprachwiss.): **1.** *Prägung eines neuen Worts, Ausdrucks.* **2.** *neu geprägtes Wort, neu geprägter Ausdruck.*
Neu|preis, der: *Verkaufspreis eines Gegenstandes in neuem, ungebrauchtem Zustand.*
Neu|pro|duk|ti|on, die (Film, Rundfunk, Fernsehen usw.): *neue Produktion:* das Hörspiel, die CD ist eine N.

neu|r-, Neur-: ↑ neuro-, Neuro-.

Neu|r|al|gie, die; -, -n [zu griech. álgos = Schmerz] (Med.): *anfallsweise auftretende Schmerzen im Bereich sensibler Nerven.*
neu|r|al|gisch ⟨Adj.⟩: **1.** (Med.) *auf einer Neuralgie beruhend, auf eine Neuralgie hindeutend, für sie charakteristisch.* **2.** (bildungsspr.) *besonders empfindlich, anfällig für Störungen.*
Neu|r|as|the|nie, die; -, -n [↑ Asthenie] (Med. veraltend): **1.** ⟨o. Pl.⟩ *leichte Erregbarkeit des Nervensystems infolge Überforderung; Nervenschwäche.* **2.** *nervöser Erschöpfungszustand.*
neu|r|as|the|nisch ⟨Adj.⟩ (Med.): *die Neurasthenie betreffend, auf ihr beruhend.*
Neu|re|ge|lung, Neu|reg|lung, die: vgl. Neuordnung.
neu|reich ⟨Adj.⟩ (abwertend): *zu Reichtum gekommen u. damit in die höhere Gesellschaft aufgestiegen, ohne jedoch deren gesellschaftliche Formen zu beherrschen u. mit dem Bedürfnis, seinen Reichtum in vielen äußeren Dingen zu zeigen:* eine -e Familie; das ist typisch n.
Neu|rin, das; -s [zu griech. neûron = Nerv]: *bei Fäulnis entstehendes starkes Gift.*
Neu|rit, der; -en, -en (Med.): *Nervenfaser.*
Neu|ri|tis, die; -, ...tiden (Med.): *Nervenentzündung.*

neu|ro-, Neu|ro-, (vor Vokalen auch:) **neur-, Neur-** [griech. neûron = Nerv]: Best. in Zus. mit der Bed. *nerven-, Nerven-, Nervensystem, Nervenstrang* (z. B. Neurologie, Neuralgie).

Neurobiologie – Neutralitätsabkommen

Neu|ro|bio|lo|gie [...ˈgiː], die; -: *interdisziplinäre Forschungsrichtung, die sich die Aufklärung von Struktur u. Funktion des Nervensystems zum Ziel gesetzt hat.*

Neu|ro|chir|urg, der; -en, -en: *Facharzt auf dem Gebiet der Neurochirurgie.*

Neu|ro|chi|r|ur|gie, die: *Spezialgebiet der Chirurgie, das alle operativen Eingriffe am zentralen u. peripheren Nervensystem umfasst.*

Neu|ro|chi|r|ur|gin, die; -, -nen: w. Form zu ↑ Neurochirurg.

Neu|ro|der|mi|ti|ker, der; -s, -: *jmd., der an Neurodermitis leidet.*

Neu|ro|der|mi|ti|ke|rin, die; -, -nen: w. Form zu ↑ Neurodermitiker.

Neu|ro|der|mi|tis, die; -, ...itiden [zu griech. dérma (Gen.: dérmatos) = Haut] (Med.): *zu den Ekzemen zählende, überwiegend erbliche, stark juckende, entzündliche, chronische Hauterkrankung.*

Neu|ro|ethik, die; - (Philos.): *wissenschaftliche Disziplin, die sich mit ethischen Fragen in den Neurowissenschaften befasst.*

neu|ro|gen ⟨Adj.⟩ [↑-gen] (Med.): *von einem Nerv, einer Nervenzelle od. vom Nervensystem ausgehend.*

Neu|ro|lin|gu|is|tik, die; -: *Wissenschaft von den biologisch-neurologischen Grundlagen der Sprachfähigkeit sowie deren Störungen u. Behandlung.*

Neu|ro|lo|ge, der; -n, -n [↑ -loge]: *Fachmann für Neurologie.*

Neu|ro|lo|gie, die; - [↑ -logie]: **1.** *Wissenschaft vom Aufbau u. der Funktion des Nervensystems.* **2.** *Fachrichtung der Medizin, die sich mit den Nervenkrankheiten befasst.*

Neu|ro|lo|gin, die; -, -nen: w. Form zu ↑ Neurologe.

neu|ro|lo|gisch ⟨Adj.⟩: **1.** *zur Neurologie (1) gehörend:* -e *Untersuchungen.* **2.** *zur Neurologie (2) gehörend, auf ihr beruhend:* eine -e *Klinik.*

Neu|rom, das; -s, -e (Med.): *aus dem Wuchern der Nervenfasern, -zellen entstandene Geschwulst.*

Neu|ro|man|tik, die: **1.** *an die Romantik anknüpfende literarische Strömung in Deutschland um die Jahrhundertwende.* **2.** *an die Romantik anknüpfende Stilrichtung in der neueren Musik.*

Neu|ro|man|ti|ker, der: *Vertreter der Neuromantik.*

Neu|ro|man|ti|ke|rin, die: w. Form zu ↑ Neuromantiker.

neu|ro|man|tisch ⟨Adj.⟩: *die Neuromantik betreffend.*

Neu|ron, das; -s, ...one u. ...onen [zu griech. neûron = Nerv] (Anat., Physiol.): *Nervenzelle mit allen Fortsätzen.*

neu|ro|nal ⟨Adj.⟩ (Anat., Physiol.): *ein Neuron betreffend, davon ausgehend.*

Neu|ro|pa|thie, die; -, -n [↑ -pathie] (Med.): *nervliches Leiden, bes. Anfälligkeit für Störungen im Bereich des vegetativen Nervensystems.*

neu|ro|pa|thisch ⟨Adj.⟩ (Med.): **a)** *die Neuropathie betreffend;* **b)** *nervenleidend.*

Neu|ro|pa|tho|lo|gie, die; -, -n: *Teilgebiet der Pathologie, das die Lehre von den Erkrankungen des Nervensystems umfasst.*

Neu|ro|phy|sio|lo|gie, die; -: *Physiologie des Nervensystems.*

Neu|ro|se, die; -, -n [engl. neuroses (Pl.; im Sg. neurosis), 1776 geb. von dem schott. Arzt W. Cullen (1710–1790) zur Bez. aller nicht auf entzündlichen Nervenleiden, zu griech. neûron = Nerv] (Med., Psychol.): *hauptsächlich durch unverarbeitete Erlebnisse entstandene psychische Störung, die sich in körperlichen Funktionsstörungen äußern kann:* eine leichte N.; eine N. behandeln; -n haben.

Neu|ro|ti|ker, der; -s, -: *jmd., der an einer Neurose leidet.*

Neu|ro|ti|ke|rin, die; -, -nen: w. Form zu ↑ Neurotiker.

neu|ro|tisch ⟨Adj.⟩ (Med., Psychol.): **a)** *im Zusammenhang mit einer Neurose stehend, erfolgend; durch eine Neurose bedingt:* -es *Verhalten;* **b)** *an einer Neurose leidend:* ein -er *Mensch.*

Neu|ro|ti|zis|mus, der; - [zu ↑ neurotisch; vgl. engl. neuroticism] (Med.): *Gesamtverfassung, die durch emotionale Labilität, Schüchternheit u. Gehemmtheit charakterisiert ist.*

Neu|ro|to|mie, die; -, -n [zu griech. tomé = Schnitt] (Med.): *operative Durchtrennung eines Nervs (zur Schmerzausschaltung, bes. bei einer Neuralgie).*

Neu|ro|to|xi|ko|se, die; -, -n (Med.): *auf Gifteinwirkung beruhende Schädigung des Nervensystems.*

Neu|ro|trans|mit|ter, der; -s, - ⟨meist Pl.⟩ (Med.): *chemische Substanz, die eine Erregung im Nervensystem weiterleitet;* ↑ Transmitter (2).

Neu|ro|wis|sen|schaft, die; - ⟨meist Pl.⟩: *Wissenschaft, deren Forschungsgegenstand die Struktur u. Funktionsweise von Nervensystemen ist.*

Neu|ro|zyt, der; -en, -en ⟨meist Pl.⟩ [zu griech. kýtos = Höhlung, Wölbung] (Med.): *Nervenzelle.*

Neu|satz, der ⟨o. Pl.⟩ (Druckw.): **1.** *(Schrift)satz, bei dem etw. neu gesetzt wird.* **2.** *beim Neusatz (1) Gesetztes:* den N. korrigieren.

Neu|schnee, der: *frisch gefallener Schnee.*

Neu|scho|las|tik, die: *die Erneuerung der Philosophie der Scholastik anstrebende philosophisch-theologische Richtung in der 2. Hälfte des 19. u. im 20. Jh. in Deutschland.*

Neu|schöp|fung, die: **1.** vgl. Neuanfertigung. **2.** (Sprachwiss.) *Neuprägung.*

Neu|see|land; -s: *Inselstaat im Pazifischen Ozean.*

¹**Neu|see|län|der**, der; -s, -: Ew.

²**Neu|see|län|der** ⟨indekl. Adj.⟩ (selten)

Neu|see|län|de|rin, die; -, -nen: w. Form zu ↑ ¹Neuseeländer.

neu|see|län|disch ⟨Adj.⟩: *Neuseeland, die Neuseeländer betreffend; von den Neuseeländern stammend, zu ihnen gehörend.*

Neu|siedl: *Stadt in Österreich.*

¹**Neu|sied|ler**, der; -s, -: Ew.

²**Neu|sied|ler** ⟨indekl. Adj.⟩: der N. See.

³**Neu|sied|ler**, der: *Siedler in bis dahin nicht besiedeltem, neu besiedeltem od. neu zu besiedelndem Gebiet.*

¹**Neu|sied|le|rin**, die; -, -nen: w. Form zu ↑ ¹Neusiedler.

²**Neu|sied|le|rin**, die: w. Form zu ↑ ³Neusiedler.

Neu|sil|ber, das: *wie Silber aussehende Legierung aus Kupfer, Nickel u. Zink.*

neu|sprach|lich ⟨Adj.⟩: *die neueren europäischen Fremdsprachen betreffend.*

Neu|sprech, der; -[e]s, -[s] [LÜ von engl. newspeak, der Bez. für die offiziell zu verwendende neue amtliche Sprachregelung im Roman »1984« des brit. Schriftstellers G. Orwell (1903–1950)] (meist abwertend): *Neudeutsch.*

Neu|stadt, die (seltener): *neuer Teil einer Stadt (im Unterschied zur Altstadt).*

Neu|start, der: **1.** *Neuanfang, Neubeginn:* nach ihrem Wahlsieg stand die Regierung vor einem Neustart. **2. a)** *erneutes Starten (3 a):* beim N. des Autos leuchtete das Kontrolllämpchen auf; **b)** (EDV) *erneutes Starten (3 b) eines Computers bei laufendem Betrieb; Warmstart:* nach dem N. des Rechners hat das Laufwerk wieder funktioniert.

Neu|struk|tu|rie|rung, die: *neue Strukturierung* (a): die N. eines Unternehmens.

◆ **Neu|ta|ler**, der: *(in der Schweiz) seit dem Ende des 18. Jh.s geprägte Silbermünze:* Sie stund auf, packte die Säcklein aus, übergab Zipfe, Kleidung, Einbund – ein blanker N., eingewickelt in den schön gemalten Taufspruch (Gotthelf, Spinne 11).

neu|tes|ta|ment|lich ⟨Adj.⟩: vgl. alttestamentlich.

Neu|t|ra [österr.: ˈneːu...]: Pl. von ↑ Neutrum.

neu|t|ral [österr. veraltet auch: neːu...] ⟨Adj.⟩ [mlat. neutralis = keiner Partei angehörend < lat. neutralis = sächlich, zu: neuter, ↑ Neutrum]: **1. a)** (Völkerrecht) *keiner der Krieg führenden Parteien angehörend, keine von diesen unterstützend:* ein -es *Land;* sich n. verhalten; **b)** *keiner der gegnerischen Parteien angehörend, nicht an eine Partei, Interessengruppe gebunden; unparteiisch:* ein -er *Beobachter;* das Fußballspiel findet auf -em Platz statt; der Bericht ist n. **2.** *nichts Hervorstechendes, Besonderes aufweisend u. daher mit anderem harmonierend:* eine -e *Farbe.* **3. a)** (Chemie) *weder sauer noch basisch:* n. reagieren; **b)** (Physik) *weder positiv noch negativ; nicht elektrisch geladen:* ein -es *Elementarteilchen.* **4.** (Sprachwiss.) *sächlich.*

-neu|t|ral: 1. *drückt in Bildungen mit Substantiven aus, dass die beschriebene Sache von etw. nicht betroffen, bestimmt ist, etw. nicht hat:* geruchs-, geschlechtsneutral. **2.** *drückt in Bildungen mit Substantiven aus, dass die beschriebene Sache sich nicht auf etw. auswirkt:* kosten-, produktneutral.

Neu|t|ra|le, die/eine Neutrale; der/einer Neutralen, die Neutralen/zwei Neutrale (Sportjargon): *Schiedsrichterin bei Sportwettkämpfen.*

Neu|t|ra|ler, der/ein Neutraler; des/eines Neutralen, die Neutralen/zwei Neutrale (Sportjargon): *Schiedsrichter bei Sportwettkämpfen.*

Neu|t|ra|li|sa|ti|on, die; -, -en [frz. neutralisation]: **1.** *das Neutralisieren (1, 2).* **2.** (Chemie) *Reaktion zwischen einer Säure u. einer Base, bei der sich saure u. basische Wirkung gegenseitig aufheben.* **3.** (Sport) *Unterbrechung des Wettkampfes, während deren die Wertung ausgesetzt wird.*

neu|t|ra|li|sie|ren ⟨sw. V.; hat⟩ [frz. neutraliser]: **1.** *neutral (1 a) machen:* ein Land n. **2.** (bildungsspr.) *eine Wirkung von etwas durch etw. anderes aufheben:* Bedingung ist die chancengleiche Teilnahme an einem Wettbewerb, der so geregelt ist, dass externe Einflüsse neutralisiert werden (Habermas, Spätkapitalismus 114). **3.** (Chemie) *einer sauren Lösung so lange eine Base bzw. umgekehrt einer alkalischen Lösung so lange eine Säure zusetzen, bis die Lösung neutral ist:* alkalische Abwässer n. **4.** (Sport) *(ein Rennen) unterbrechen und die Wertung aussetzen.* **5.** (Elektrot.) *[unerwünschte] elektrische Rückkopplungen ausschalten.*

Neu|t|ra|li|sie|rung, die; -, -en: *das Neutralisieren; das Neutralisiertwerden.*

Neu|t|ra|lis|mus, der; -: *vom Prinzip der Nichteinmischung bestimmte politische Grundanschauung.*

neu|t|ra|lis|tisch ⟨Adj.⟩: *zum Neutralismus gehörend, von ihm bestimmt.*

Neu|t|ra|li|tät, die; -, -en ⟨Pl. selten⟩ [wohl unter Einfluss von frz. neutralité < mlat. neutralitas]: **1. a)** *neutraler (1 a) Status eines Staates:* strikte N. einhalten; **b)** *neutrale (1 b) Haltung, neutrales (1 b) Verhalten.* **2.** *neutrale (2, 3) Beschaffenheit.*

Neu|t|ra|li|täts|ab|kom|men, das: *Abkommen, in dem sich ein Staat zur Neutralität verpflichtet.*

Neu|t|ra|li|täts|ver|let|zung, die: *Verletzung der Neutralität* (1 a) *eines Staates.*
Neu|t|ren: Pl. von ↑ Neutrum.
Neu|t|ri|no, das; -s, -s [ital. neutrino = kleines Neutron] (Kernphysik): *(masseloses) Elementarteilchen ohne elektrische Ladung.*
Neu|t|ron, das; -s, ...onen [engl. neutron, geb. nach: electron, ↑ ¹Elektron] (Kernphysik): *Elementarteilchen ohne elektrische Ladung als Baustein des Atomkerns* (Zeichen: n).
Neu|t|ro|nen|be|schuss, der (Kernphysik): *das Auftreffenlassen von Neutronen auf Atomkerne.*
Neu|t|ro|nen|strah|lung, die: *Emission von Neutronen.*
Neu|t|ro|nen|waf|fe, die: *Kernwaffe, die bei relativ geringer Sprengwirkung eine extrem starke Neutronenstrahlung auslöst u. dadurch bes. Lebewesen schädigt od. tötet, Objekte dagegen weitgehend unbeschädigt lässt.*
Neu|t|rum [österr.: ˈneːu...], das; -s, ...tra (österr. nur so), auch: ...tren [lat. neutrum (genus) = keines von beiden (Geschlechtern), zu: neuter = keiner von beiden]: **1.** (Sprachwiss.) **a)** ⟨o. Pl.⟩ *sächliches Geschlecht;* **b)** *sächliches Substantiv, sächliche Form eines Wortes.* **2. a)** (bildungsspr., oft abwertend) *jmd., der keinerlei erotische Ausstrahlung hat;* **b)** *jmd., der (aus Opportunismus, Eigennutz o. Ä.) einer Entscheidung ausweicht.*
Neu|über|set|zung, die: *neue Übersetzung [eines literarischen Werkes]: Shakespeares Sonette sind in N. erschienen.*
Neu|ver|fil|mung, die: **a)** *erneutes, nochmaliges Verfilmen* (a) *[einer literarischen Vorlage];* **b)** *erneute, nochmalige Verfilmung* (b) *[einer literarischen Vorlage]: eine gelungene, einfallslose N.*
Neu|ver|hand|lung, die: *erneute, nochmalige Verhandlung eines Rechtsfalles vor Gericht.*
neu|ver|mählt ⟨Adj.⟩: *erst vor Kurzem vermählt: das -e Paar war auf dem Weg in die Flitterwochen.*
Neu|ver|mähl|te ⟨vgl. Vermählte⟩ (geh.): *weibliche Person, die gerade erst geheiratet hat.*
Neu|ver|mähl|ter ⟨vgl. Vermählter⟩ (geh.): *jmd., der gerade erst geheiratet hat.*
Neu|ver|pflich|tung, die: **1. a)** *das Verpflichten neuer Personen:* drei a.em pro Jahr; **b)** *erneute Verpflichtung:* von seiner N. wurde abgesehen. **2.** (bes. Sport) **a)** *das Verpflichten neuer Spieler[innen];* **b)** *neu verpflichtete[r] Spieler[in]:* die -en fügten sich schnell in die Elf ein.
Neu|ver|schul|dung, die: *zu einer bestehenden neu hinzukommende Verschuldung [eines Gemeinwesens] in bestimmter Höhe.*
Neu|ver|tei|lung, die: *neue Verteilung, die von einer [früheren] abweicht:* die N. der Aufgaben, Einnahmen, Stimmrechte.
Neu|wa|gen, der: *(beim Verkauf) neuer Wagen.*
Neu|wahl, die: *erneute Wahl.*
Neu|wert, der: *Wert eines Gegenstands in neuem, nicht abgenutztem Zustand.*
neu|wer|tig ⟨Adj.⟩: *so gut wie neu u. daher (beim Verkauf) Neuwert besitzend:* -e Schrankwand zu verkaufen.
Neu|wert|ver|si|che|rung, die: *Sachversicherung, bei der im Schadensfall der Neuwert ersetzt wird.*
Neu|wort, das ⟨Pl. ...wörter⟩ (Sprachwiss.): *in einer Sprache neu, in jüngster Zeit aufgekommenes Wort.*
Neu|zeit, die ⟨o. Pl.⟩: **1.** *die auf das Mittelalter folgende Zeit (etwa seit 1500).* **2.** (selten) *moderne, fortschrittliche Gegenwart.*
neu|zeit|lich ⟨Adj.⟩: **1.** *zur Neuzeit* (1) *gehörend, der Neuzeit* (1) *eigentümlich.* **2.** *modern:* ein -es Heim.
Neu|zu|gang, der: **1.** *neues Hinzukommen:* der N. von Waren. **2.** *neu hinzukommende od. gekommene Person od. Sache:* die Neuzugänge registrieren.
Neu|zu|las|sung, die (Amtsspr.): **1.** *(von Kraftfahrzeugen) neue, erstmalige Zulassung.* **2.** *neu zugelassenes Kraftfahrzeug.*
Neu|zu|stand, der ⟨o. Pl.⟩: *das Neusein, [so gut wie] Unbenutztsein.*
Ne|va|da; -s: Bundesstaat der USA.
New Age [ˈnjuːˈeɪdʒ], das; - - [engl. new age = neues Zeitalter]: *neues Zeitalter als Inbegriff eines von verschiedenen Forschungsrichtungen u. alternativen Bewegungen vertretenen neuen integralen Weltbildes.*
New|bie [ˈnjuːbi], der; -[s], -s [engl. newbie, zu: new = neu] (Jargon): *Anfänger(in), Neuling (in Bezug auf Computerprogramme, Internet, Newsgroups o. Ä.):* ein falscher Klick reichte, um sich als N. im Cyberspace zu outen.
New|co|mer [ˈnjuːkamɐ], der; -s, - [engl. newcomer = Neuankömmling, Neuling]: *jmd., der in einer Branche, einem Geschäft o. Ä. neu ist, noch nicht viel Erfahrung [aber schon einen gewissen Erfolg] hat:* ein N. im Schlagergeschäft.
New|co|me|rin, die; -, -nen: w. Form zu ↑ Newcomer.
New Deal [ˈnjuːˈdiːl], der; - - [engl., eigtl. = neues Geben (im Kartenspiel)]: *wirtschafts- u. sozialpolitisches Reformprogramm des ehemaligen amerikanischen Präsidenten F. D. Roosevelt.*
New Del|hi: ↑ Neu-Delhi.
New Eco|no|my [ˈnjuːɪˈkɔnəmi], die; - - [engl. = neue Wirtschaft(sweise)]: *Wirtschaftsbereich, der im Gegensatz zur Old Economy junge, wachstumsorientierte Unternehmen aus Zukunftsbranchen (z. B. Biotechnologie, Informationstechnologie, Multimedia) umfasst u. für den u. a. neue Formen des Marktverhaltens (z. B. E-Business) charakteristisch sind:* seit dem Zusammenbruch der N. E. studieren immer weniger junge Leute technische Fächer.
New Hamp|shire [njuːˈhæmpʃə]; - - -s: Bundesstaat der USA.
New Jer|sey [njuːˈdʒəːzi]; - - -s: Bundesstaat der USA.
New Look [ˈnjuːˈlʊk], der od. das; - -[s] [engl. new look = neues Aussehen] (bildungsspr.): *neue Linie, neuer Stil.*
New Me|xi|co [njuːˈmɛksɪkoʊ]; - - -s: Bundesstaat der USA.
New Or|leans [njuːˈɔːliənz, njuːˈɔːliːnz]; - -: Stadt in Louisiana.
New-Or|leans-Jazz, der; -: *frühester, improvisierender Jazzstil der nordamerikanischen Schwarzen in u. um New Orleans.*
News [njuːz] ⟨Pl.⟩ [engl. news = Nachricht, Neuigkeit(en)] (Jargon): *Nachrichten, Neuigkeiten.*
News|feed [ˈnjuːsfiːd], der od. das; -s, -s [engl. newsfeed, aus: news = Nachrichten u. feed, ↑ Feed] (Jargon): *Feed.*
News|group [ˈnjuːsɡruːp], die; -, -s [engl. newsgroup, zu: group = Gruppe] (EDV): *zu einem bestimmten Thema im Internet eingerichtete öffentliche Diskussionsrunde:* moderierte -s.
News|let|ter [ˈnjuːs...], der; -s, -s u. - [engl. newsletter, zu: letter = Brief, Schreiben]: *regelmäßig erscheinendes Informationsblatt, -heft; regelmäßig erscheinender Internetbeitrag o. Ä.*
News|rea|der [ˈnjuːsriːdɐ], der [engl. newsreader, aus: news = Nachrichten u. reader = (Vor)leser] (EDV): *Programm, mit dem die in einer Newsgroup veröffentlichten Diskussionsbeiträge gelesen u. neue Beiträge veröffentlicht werden können.*
News|room [ˈnjuːsruːm], der; -s, -s [engl. newsroom, aus: news = Nachrichten u. room = Raum]: *Raum in der Redaktion einer Zeitung, eines Rundfunk- oder Fernsehsenders o. Ä., wo die eingehenden Nachrichten gesichtet und für die verschiedenen Medien bearbeitet werden:* für die beiden lokalen Zeitungen und den Rundfunksender wurde ein gemeinsamer N. eingerichtet.
News|ti|cker [ˈnjuːs...], der [aus engl. news = Nachrichten u. ticker, ↑ Ticker] (Jargon): **1.** *vollautomatischer Fernschreiber zum Empfang von Nachrichten [der Presseagenturen]; Nachrichtenticker.* **2.** *Spalte* (2) *einer Homepage od. Lauftext auf dem Fernsehbildschirm mit Kurznachrichten, die ständig aktualisiert werden.*
New|ton [ˈnjuːtn], das; -s, - [nach dem engl. Physiker Sir Isaac Newton (1643–1727)] (Physik): *physikalische Einheit der Kraft* (Zeichen: N).
New|ton|me|ter [ˈnjuːtn...], der, früher fachspr. auch: das; -s, -: *physikalische Einheit der Energie* (Zeichen: Nm).
New Wave [ˈnjuːˈweɪv], der; - - [engl., eigtl. = neue Welle]: *(Mitte der 70er-Jahre in den USA aufgekommene) Richtung in der Rockmusik, die durch einfachere Formen (z. B. in der Instrumentierung, im Arrangement), durch Verzicht auf Perfektion u. durch zeitgemäße Texte gekennzeichnet ist.*
New Work [ˈnjuːˈwəːk], das od. die; - - [engl. new work, gepr. von dem amerik. Sozialphilosophen dt. Herkunft F. Bergmann (geb. 1944)]: *Gesamtheit der modernen u. flexiblen Formen der [Büro]arbeit bzw. der Arbeitsorganisation (z. B. Telearbeit).*
¹New York [ˈnjuːˈjɔːk]: Stadt in den USA.
²New York; - -s: Bundesstaat der USA.
¹New Yor|ker, der; - -s, - -, **New-Yor|ker,** der; -s, -: Ew.
²New Yor|ker, New-Yor|ker ⟨indekl. Adj.⟩.
New Yor|ke|rin, die; -, - -, - -nen, **New-Yor|ke|rin,** die; -, -nen: w. Formen zu ↑ ¹New Yorker.
nF = Nanofarad.
NF = Neues Forum.
N. F. = Neue Folge.
n-fach ⟨Vervielfältigungsz.⟩ (Math.): vgl. achtfach.
NFC-Chip, der [zu engl. near field communication »Nahfeld-Kommunikation«] (EDV): *Chip zum kontaktlosen Datenaustausch auf kurzer Distanz.*
Nfz [enˈɛfˈtsɛt] = Nutzfahrzeug.
NGO [ɛndʒiˈɪoʊ], die; -, -s [Abk. für non-governmental organization]: *Nichtregierungsorganisation.*
nhd. = neuhochdeutsch.
Ni = Nickel.
Nia|mey [njaˈmɛ]: Hauptstadt von Niger.
nib|beln ⟨sw. V.; hat⟩ [zu engl. to nibble = (ab)knabbern]: **1.** (Fachspr.) *(Bleche o. Ä.) schneiden, abtrennen.* **2.** (ugs.) **a)** *knabbern* (b); **b)** *nippen.*
Nib|ble [ˈnɪbl], das; -[s], -[s] [engl. nibble, eigtl. = das Knabbern; Bissen, Happen] (EDV): *Hälfte eines Bytes bzw. Gruppe von vier Bits.*
Nib|b|ler, der; -s, - (Fachspr.): *Gerät zum Nibbeln.*
Ni|be|lun|gen ⟨Pl.⟩: *germanisches Sagengeschlecht.*
Ni|ca|ra|gua; -s: Staat in Mittelamerika.
Ni|ca|ra|gua|ner, der; -s, -: Ew.
Ni|ca|ra|gua|ne|rin, die; -, -nen: w. Form zu ↑ Nicaraguaner.
ni|ca|ra|gua|nisch ⟨Adj.⟩: *Nicaragua, die Nicaraguaner betreffend; aus Nicaragua stammend.*
Nice [nis]: frz. Form von ↑ Nizza.
¹nicht ⟨Adv.⟩ [mhd. niht, ahd. niwiht, aus: ni (eo) wiht = nicht (irgend)etwas, 2. Bestandteil ahd. wiht, ↑ Wicht]: **1.** *drückt eine Verneinung aus:* n. berufstätige Frauen; n. eheliche Kinder; n. amtliche Nachrichtenagenturen; n. öffentlich, staatlich; n. selbstständige Arbeit; ein n. zielendes (Sprachwiss.; *intransitives*) Verb; Geld hatte sie

n.; (verstärkt:) gar n.; er kann [noch] n. [ein]mal seinen Namen schreiben (emotional; *sogar seinen Namen kann er nicht schreiben*); ⟨in mehrteiligen Konj.:⟩ n. nur ..., sondern [auch]. **2.** (vor einem Adj. mit negativer Bedeutung) drückt eine bedingt positive Einstellung od. auch Anerkennung des Sprechers aus: sie ist n. unfair *(ist ganz fair)*, gar n. dumm *(klüger als erwartet)*.

²**nicht** ⟨Partikel; meist unbetont⟩ [zu: ↑ ¹nicht]: dient zur Bekräftigung u. Bestätigung in Fragesätzen, die eine positive Antwort herausfordern, in Ausrufen o. Ä., die Zustimmung wünschen: ist es n. herrlich hier?

nicht-, Nicht-: verneint in Bildungen mit Adjektiven u. Substantiven deren Bedeutung: nichtamtlich, nichtberufstätig, Nichtbeteiligung, Nichteignung, Nichtlieferung.

Nicht|ach|tung, die: **1.** *das Nichtachten, -beachten.* **2.** *Geringschätzung, Mangel an Achtung, Respekt.*
nicht amt|lich, nicht|amt|lich ⟨Adj.⟩: *nicht von amtlicher Seite ausgehend:* eine nicht amtliche Darstellung der Vorgänge.
Nicht|be|ach|tung, die: *das Nichtbeachten:* bei N. der Vorschrift droht ein Bußgeld.
nicht be|hin|dert, nicht|be|hin|dert ⟨Adj.⟩: *nicht durch eine körperliche, geistige od. seelische Schädigung beeinträchtigt:* in integrativen Schulen werden behinderte und nicht behinderte Kinder gemeinsam unterrichtet.
nicht be|rufs|tä|tig, nicht|be|rufs|tä|tig ⟨Adj.⟩: *nicht berufstätig seiend:* nicht berufstätige Hausfrauen.
Nicht|be|rufs|tä|ti|ge, nicht Be|rufs|tä|ti|ge ⟨vgl. Berufstätige⟩: *weibliche Person, die nicht berufstätig ist.*
Nicht|be|rufs|tä|ti|ger, nicht Be|rufs|tä|ti|ger ⟨vgl. Berufstätiger⟩: *jmd., der nicht berufstätig ist.*
nicht christ|lich, nicht|christ|lich ⟨Adj.⟩: *nicht christlich seiend.*
nicht deutsch, nicht|deutsch ⟨Adj.⟩: **a)** *(aus der Sicht Deutschlands, der Deutschen) aus dem Ausland kommend, stammend; ausländisch* (a): viele Betriebe haben Vorurteile gegen nicht deutsche Bewerber; **b)** *nicht Deutsch [als Muttersprache] sprechend:* Schüler mit nichtdeutscher Herkunftssprache brauchen besondere Förderung.
Nich|te, die; -, -n [aus dem Niederd. < mnieder. nichte, verw. mit ahd. nift (niederd. -cht- entspricht hochd. -ft-, vgl. Schacht] = **Nichte,** verw. mit lat. nepos, ↑ Nepotismus]: *Tochter von jmds. Schwester, Bruder, Schwägerin od. Schwager.*
nicht ehe|lich, nicht|ehe|lich ⟨Adj.⟩ (bes. Rechtsspr.): *nicht innerhalb einer Ehe gezeugt.*
Nicht|ein|hal|tung, die (Amtsspr.): *das Nichteinhalten:* die N. der Vorschriften.
Nicht|ein|mi|schung, die (Völkerrecht): *das Sichnicht-Einmischen eines Staates in die Angelegenheiten eines anderen Staates.*
Nicht|ei|sen|me|tall, das: *Metall, das nicht Eisen ist.*
Nicht|er|fül|lung, die: *das Nichterfüllen.*
nicht flek|tier|bar, nicht|flek|tier|bar ⟨Adj.⟩ (Sprachwiss.): *sich nicht flektieren lassend.*
Nicht-Ich, das (Philos.): *(bei J. G. Fichte) Dingwelt, Welt der Objekte.*
nich|tig ⟨Adj.⟩: **1.** (geh.) **a)** *gering einzuschätzend; ohne Wert, ohne ¹Gewicht* (3), *ohne innere Substanz:* -e Dinge; ...dass die Welt ... auch die Welt ist, die Jahrmillionen alt ist und vergehen wird, die einen -en *(bedeutungslosen)* Platz unter vielen Sonnensystemen hat (Bachmann, Erzählungen 112); **b)** *gänzlich unwichtig, belanglos.* **2.** (Rechtsspr.) *ungültig.*

Nich|tig|keit, die; -, -en: **1.** ⟨o. Pl.⟩ (geh.) *das Nichtigsein* (1). **2.** *etw. Nichtiges* (1). **3.** ⟨o. Pl.⟩ (Rechtsspr.) *Ungültigkeit.*
nicht kom|mer|zi|ell, nicht|kom|mer|zi|ell ⟨Adj.⟩: *keine geschäftlichen Interessen verfolgend, nicht auf Gewinn bedacht:* die Software ist nur für nicht kommerzielle Anwender kostenlos erhältlich.
nicht kom|mu|nis|tisch, nicht|kom|mu|nis|tisch ⟨Adj.⟩: **a)** *nicht zu den Anhängern, Befürwortern des Kommunismus gehörend:* eine nicht kommunistische Studentengruppe; **b)** *keiner kommunistischen Regierung unterstehend:* nicht kommunistische Staaten.
nicht lei|tend, nicht|lei|tend ⟨Adj.⟩ (Physik): *Elektrizität nicht leitend.*
Nicht|lei|ter, der (Physik): *Stoff, der Elektrizität nicht leitet.*
nicht li|ne|ar, nicht|li|ne|ar ⟨Adj.⟩: **1.** (bildungsspr.) **a)** *nicht geradlinig, linienförmig [verlaufend];* **b)** *ungleichmäßig, unzusammenhängend:* nicht lineares Denken, Erzählen. **2.** (Math.) **a)** *zwei- od. mehrdimensional; nicht nur der Länge nach;* **b)** *Potenzen zweiten od. höheren Grades enthaltend:* nicht lineare Gleichungen, Funktionen. **3.** (EDV) *in beliebiger Abfolge, nicht aufeinander aufbauend.*
Nicht|me|tall, das: *chemisches Element, das kein Metall ist.*
Nicht|mit|glied, das: *jmd., der nicht Mitglied ist.*
Nicht|mut|ter|sprach|ler, der (Sprachwiss.): *jmd., der eine Sprache nicht als Muttersprache, sondern als Fremd- oder Zweitsprache erlernt [hat].*
Nicht|mut|ter|sprach|le|rin, die: w. Form zu ↑ Nichtmuttersprachler.
nicht öf|fent|lich, nicht|öf|fent|lich ⟨Adj.⟩: *unter Ausschluss der Öffentlichkeit stattfindend.*
nicht or|ga|ni|siert, nicht|or|ga|ni|siert ⟨Adj.⟩: *nicht einer Gewerkschaft angehörend.*
Nicht|rau|cher, der: **1.** *jmd., der nicht raucht* (e). **2.** ⟨o. Art.⟩ (ugs.) Kurzf. von ↑ Nichtraucherabteil.
Nicht|rau|cher|ab|teil, das: *Eisenbahnabteil, in dem nicht geraucht werden darf.*
Nicht|rau|cher|be|reich, der: *Bereich innerhalb od. außerhalb eines Gebäudes, in dem nicht geraucht werden darf.*
Nicht|rau|che|rin, die: w. Form zu ↑ Nichtraucher (1).
Nicht|rau|cher|schutz, der; ⟨o. Pl.⟩: *Gesamtheit der Maßnahmen u. gesetzlichen Vorschriften, die Nichtraucher vor gesundheitlichen Gefahren des Tabakrauchs schützen sollen.*
Nicht|re|gie|rungs|or|ga|ni|sa|ti|on, die: *in unterschiedlichen Politikbereichen tätige nicht staatliche Organisation.*
nicht ros|tend, nicht|ros|tend ⟨Adj.⟩: *rostfrei:* nicht rostender Stahl.
nichts ⟨Indefinitpron.⟩ [mhd. niht(e)s, eigtl. Gen. Sg. von: niht (↑ ¹nicht), entstanden aus der Verstärkung mhd. nihtes niht = nichts von nichts]: **a)** *bringt die vollständige Abwesenheit, das absolute Nichtvorhandensein von etwas zum Ausdruck; nicht das Mindeste, Geringste; in keiner Weise etwas:* n. sagen; n. hören können; alles oder n.; n. wollen; (verstärkt:) überhaupt n.; absolut n.; ein n. ahnender Besucher; n. von allem; R von n. kommt n.; **n. da!** (ugs.: *das kommt nicht infrage!*); **für nichts und wieder nichts** (*ohne irgendeine Wirkung, irgendeinen Erfolg; umsonst, vergeblich*); **b)** *kein Ding, keine Sache:* es gibt n. Neues; n. dergleichen; n. weiter.
Nichts, das; -, -e: **1.** ⟨o. Pl.⟩ **a)** (Philos.) *absolutes Nichtsein; Gegensatz zum Sein u. zum Werden:* das reine N.; **b)** *als leer gedachter Raum [des Alls]:* sie war wie aus dem N. aufgetaucht

(man hatte sie nicht kommen sehen). **2.** ⟨o. Pl.⟩ *verschwindend geringe Menge, Anzahl (von etw. Bestimmtem):* * **vor dem N. stehen** (*plötzlich, durch einen bestimmten Umstand mittellos geworden sein, allen Besitz verloren haben*); **ein N. an/von etw. sein** (*in seiner Ausführung, Form, Gestalt o. Ä. sehr klein, unscheinbar sein:* sie trug ein N. von einem Bikini). **3.** (abwertend) *Mensch, der keinerlei Achtung genießt, den keiner respektiert, der keine soziale Stellung hat o. Ä.*
nichts ah|nend, nichts|ah|nend ⟨Adj.⟩: *keine Ahnung* (1) *von etw. habend:* die nichts ahnenden Zuschauer; sie gingen nichts ahnend weiter.
Nicht|schwim|mer, der: *jmd., der nicht schwimmen kann.*
Nicht|schwim|mer|be|cken, das: *Schwimmbecken mit geringer Wassertiefe bes. für Nichtschwimmer.*
Nicht|schwim|me|rin, die: w. Form zu ↑ Nichtschwimmer.
nichts|des|to|trotz ⟨Adv.⟩ [scherzh. Mischbildung aus ↑ ¹nichtsdestoweniger u. ↑ ²trotzdem] (ugs.): *trotzdem; trotz alledem:* amateurhaft und uninspiriert wirkt dieser Film, der n. ein großer Erfolg an den Kinokassen wurde.
nichts|des|to|we|ni|ger ⟨Adv.⟩: *trotzdem.*
Nicht|sein, das: *das Nichtexistieren, Nichtvorhandensein.*
nicht selbst|stän|dig, nicht selb|stän|dig, nicht|selbst|stän|dig, nicht|selb|stän|dig ⟨Adj.⟩: vgl. nicht berufstätig.
Nicht|sess|haf|te, die/eine Nichtsesshafte; der/einer Nichtsesshaften, die Nichtsesshaften/zwei Nichtsesshafte (Amtsspr.): *weibliche Person, die keinen festen Wohnsitz hat.*
Nicht|sess|haf|ter, der Nichtsesshafte/ein Nichtsesshafter; des/eines Nichtsesshaften, die Nichtsesshaften/zwei Nichtsesshafte (Amtsspr.): *jmd., der keinen festen Wohnsitz hat.*
Nichts|nutz, der; -es, -e (veraltend abwertend; oft als Schimpfwort): *nichtsnutziger Mensch.*
nichts|nut|zig ⟨Adj.⟩: **a)** (veraltend abwertend) *nichts Nützliches, nichts Sinnvolles tuend, nichts leistend:* er ist ein -er Kerl; Ü lauter -es Zeug (*wertloser Tand*); ◆ **b)** *unbrauchbar, schlecht; unnütz:* ... wie seines Nachfolgers falsche und -e Vermutung (Ebner-Eschenbach, Gemeindekind 126).
Nichts|nut|zin, die; -, -nen: w. Form zu ↑ Nichtsnutz.
nichts|sa|gend, nichts sa|gend ⟨Adj.⟩: *nichts, wenig aussagend; inhaltslos.*
nicht staat|lich, nicht|staat|lich ⟨Adj.⟩: *den Staat nicht betreffend, nicht in seine Zuständigkeit fallend, nicht von ihm verfügt od. eingerichtet:* ein nicht staatliches Gymnasium.
Nichts|tu|er, der; -s, - (abwertend): *jmd., der seine Zeit mit Nichtstun* (b) *verbringt; Faulenzer:* ein reicher N.
Nichts|tu|e|rin, die; -, -nen: w. Form zu ↑ Nichtstuer.
nichts|tu|e|risch ⟨Adj.⟩: *für einen Nichtstuer kennzeichnend.*
Nichts|tun, das: **a)** *Untätigkeit:* das N. war für ihn schwer erträglich; **b)** *das Faulenzen; Müßiggang, dem sich jmd. hingibt:* sie gaben sich dem [süßen] N. hin.
nichts|wür|dig ⟨Adj.⟩ (geh. abwertend): *von niedriger Gesinnung [zeugend]; verächtlich; gemein* (1 b): ein -er Kerl.
Nichts|wür|dig|keit, die; -, -en (geh. abwertend): **1.** ⟨o. Pl.⟩ *das Nichtswürdigsein.* **2.** *nichtswürdige Handlung.*
Nicht|tän|zer, der: *jmd., der nicht tanzen kann od. will.*
Nicht|tän|ze|rin, die: w. Form zu ↑ Nichttänzer.

Nịcht|wäh|ler, der: *jmd., der nicht zur Wahl (2 a) geht.*
Nịcht|wäh|le|rin, die: w. Form zu ↑ Nichtwähler.
Nịcht|wei|ter|ga|be, die: vgl. Nichterfüllung: die N. wichtiger Informationen.
Nịcht|wis|sen, das: *das Fehlen von Wissen, Kenntnissen [auf einem bestimmten Gebiet]:* es fiel dem Prüfling schwer, sein N. zuzugeben.
nicht zie|lend, nicht|zie|lend ⟨Adj.⟩ (Sprachwiss.): *intransitiv.*
Nịcht|zu|tref|fen|des, das Nichtzutreffende; des Nichtzutreffenden (bes. Amtsspr.): *etw., was auf eine Person od. einen* ¹*Fall (2 b) nicht zutrifft:* N. bitte streichen.
Nick, der; -s, -s: Kurzf. von ↑ Nickname.
Nị|ckel, das; -s [schwed. nickel, gek. aus: kopparnickel = Kupfernickel (= Rotnickelkies), da das Metall in diesem Erz am häufigsten vorkam; urspr. glaubte man, das Erz sei wertlos u. ein »Nickel« (= ältere Bez. für Kobold) habe es unter die wertvolleren Erze gemischt]: *silberweiß glänzendes Schwermetall* (chemisches Element; Zeichen: Ni).
Nị|ckel|bril|le, die: *Brille mit dünnem Metallgestell.*
Nị|ckel|erz, das: *Nickel enthaltendes Erz.*
Nị|ckel|mün|ze, die: *Münze aus Nickel.*
Nị|ckel|stahl, der: *Legierung aus Eisen u. Nickel.*
nị|cken ⟨sw. V.; hat⟩ [mhd. nicken, ahd. nicchen, Intensiv-Iterativ-Bildung zu ↑ neigen]: **1. a)** *(zum Zeichen der Bejahung, Zustimmung, des Beifalls, Verstehens o. Ä. od. als Gruß) den Kopf [mehrmals] kurz senken u. wieder heben:* alle Köpfe nickten zustimmend; eine nickende Kopfbewegung; ⟨subst.:⟩ ein stummes Nicken; Ü (dichter.:) die reifen Ähren nicken im Wind; **b)** (geh.) *durch Nicken (1 a) zum Ausdruck bringen:* jmdm. Beifall n.; Er ist nicht mehr frei. Er muss den Weg gehen, auf den man ihn reißt. Er tritt ans Fenster und nickt sein erzwungenes Ja (Thieß, Reich 539); **c)** (Fußballjargon) *(den Ball) mit einem Nicken des Kopfes irgendwohin köpfen (2 a).* **2.** [mhd. nücken, eigtl. = nicken; stutzen; an ↑ nicken (1) angelehnt, nach den Kopfbewegungen] (fam.) *[im Sitzen zwischendurch] kurze Zeit leicht schlafen.*
Nị|cker, der; -s, -: **1.** (ugs.) *einmaliges Kopfnicken.* **2.** (fam. selten) *Nickerchen.*
Nị|cker|chen, das; -s, - (fam.): *leichter, kurzer Schlaf [im Sitzen]:* ein [kleines] N. machen, halten.
Nị|cki, der; -[s], -s [nach der Kurzf. des m. Vorn. Nikolaus]: *Pullover aus plüschartigem [Baumwoll]material.*
Nị|cki|tuch, das ⟨Pl. ...tücher⟩: *kleines quadratisches Halstuch:* sie hatte sich die Haare mit einem N. zurückgebunden.
Nịck|na|me [auch: ˈnɪkneɪm], der; -ns, -n u. (bei engl. Ausspr.:) -[s], -s [engl. nickname = Spitzname < mengl. nekename, fälschlich geb. aus: an eke name = ein zusätzlicher Name] (EDV): *selbst gewähltes Pseudonym, unter dem jmd. im Internet (z. B. in Chatrooms od. Newsgroups) auftritt:* sich einen N. ausdenken.
Nị|co|sia: ↑ Nikosia.
◆ **Nị|co|ti|a|na,** die; - [nlat. (herba) Nicotiana, ↑ Nikotin]: *Nikotin; Tabak (2 a):* Für mangelndes Glück hatt' ich als Surrogat die N. (Chamisso, Schlemihl 74).
Nị|co|tin: ↑ Nikotin.
nid ⟨Präp. mit Dativ⟩ [mhd. nide, ahd. nida] (südd., schweiz. veraltet): *unter, unterhalb:* n. dem Berg; ◆ Auch der Alzeller soll uns n. dem Wald Genossen werben und das Land erregen (Schiller, Tell I, 4).
Ni|da|ti|on, die; -, -en [zu lat. nidus = Nest] (Med.): *das Sicheinbetten eines befruchteten Eis in der Gebärmutterschleimhaut; Einnistung.*

Ni|da|ti|ons|hem|mer, der; -s, - (Med.): *Empfängnisverhütungsmittel, dessen Wirkung darin besteht, eine Nidation zu verhindern.*
Nị|del, der; -s od. die; -, **Nịdl|le,** die; - [H. u.; vgl. mhd. nidelen = absahnen (1)] (schweiz.): *Sahne:* ◆ In den Kaffee wurde die dicke Nidel gegossen (Gotthelf, Spinne 9).
Nid|wal|den, -s: *Schweizer Kanton.*
¹**Nid|wald|ner,** der; -s, -: Ew.
²**Nid|wald|ner** ⟨indekl. Adj.⟩: die N. Voralpen.
Nid|wald|ne|rin, die; -, -nen: w. Form zu ↑ ¹Nidwaldner.
nie ⟨Adv.⟩ [mhd. nie, ahd. nio, zusgez. aus: ni = nicht u. io, eo = immer, irgendeinmal]: **a)** *zu keiner Zeit:* er hat sie n. verstanden; das wird er n. vergessen; **b)** *kein einziges Mal; überhaupt nicht:* n. mehr!; n. wieder Krieg!; **c)** *auf keinen Fall; unter keinen Umständen:* das schafft er n.; *** n. und nimmer** *(auf gar keinen Fall).*
◆ **nie|den** ⟨Adv.⟩ [mhd. niden(e), ahd. nidana, ↑ hienieden]: *unten:* ...wo soll ich ihren Dank vor deine Ohren bringen, n. im Staub oder droben im Göttersitz (Schiller, Semele 2).
¹**nie|der** ⟨Adj.⟩ [mhd. nider, ahd. nidar, urspr. Komparativbildung]: **1.** (österr., sonst landsch.) *niedrig (1, 2).* **2. a)** *in einer Rangordnung, Hierarchie unten stehend:* -e Beamte; **b)** *niedrig (3):* das -e Volk. **3.** (selten) *niedrig (4):* -e Triebe. **4.** (Fachspr.) *nicht sehr hoch entwickelt; einfach:* -e Eiweiße.
²**nie|der** ⟨Adv.⟩ [zu: ¹nieder]: *hinunter, abwärts, zu Boden:* n. mit den Waffen.
Nie|der|bay|ern, -s: *Regierungsbezirk des Freistaates Bayern.*
nie|der|beu|gen ⟨sw. V.; hat⟩ (geh.): *nach unten beugen:* den Kopf n.
nie|der|bre|chen ⟨st. V.⟩ (geh.): **a)** ⟨hat⟩ *zum Einsturz bringen:* eine Mauer n.; **b)** ⟨ist⟩ *einstürzen, herunterbrechen:* das Dach ist niedergebrochen; **c)** ⟨ist⟩ *zu Boden stürzen.*
nie|der|bren|nen ⟨unr. V.⟩: **1.** ⟨ist⟩ *herunterbrennen:* die Kerze ist niedergebrannt. **2.** ⟨hat⟩ *durch Feuer, Brand zerstören.*
nie|der|brin|gen ⟨unr. V.; hat⟩ (Bergmannsspr.): *(einen Schacht, ein Bohrloch o. Ä.) herstellen.*
nie|der|brül|len ⟨sw. V.; hat⟩ (ugs.): *durch ständiges Brüllen am [Weiter]reden hindern.*
nie|der|deutsch ⟨Adj.⟩ (Sprachwiss.): *die Mundarten betreffend, die im nördlichen Deutschland gesprochen werden u. die nicht von der zweiten Lautverschiebung betroffen wurden* (Abk.: nd.).
Nie|der|deutsch, (nur mit best. Art.:) **Nie|der|deut|sche,** das: *die niederdeutsche Sprache.*
nie|der|don|nern ⟨sw. V.; ist⟩: *mit lautem Krach nach unten stürzen:* die Lawine ist ins Tal niedergedonnert.
Nie|der|druck, der: **1.** ⟨der (Pl. ...drücke u. -e)⟩ (Technik) *geringer Gas- od. Dampfdruck.* **2.** ⟨o. Pl.⟩ (österr.) *niedriger Luftdruck; Tiefdruck.*
nie|der|drü|cken ⟨sw. V.; hat⟩: **1.** *herunterdrücken (1):* die Türklinke n. **2.** (geh.) *bedrücken, deprimieren.*
nie|der|drü|ckend ⟨Adj.⟩: *deprimierend.*
Nie|der|druck|ge|biet, das (österr.): *Gebiet mit niedrigem Luftdruck.*
Nie|der|druck|hei|zung, die: *mit Niederdruck betriebene Dampfheizung.*
Nie|der|druck|wet|ter, das (österr.): *Wetter, bei dem niedriger Luftdruck herrscht.*
nie|der|ener|gie|tisch ⟨Adj.⟩: *wenig Energie freisetzend, verbrauchend:* eine n. arbeitende Wasseraufbereitungsanlage.
nie|der|fah|ren ⟨st. V.⟩: **1.** ⟨ist⟩ (geh.) *herunterfahren:* ein Blitz fuhr nieder. **2.** ⟨hat⟩ (bayr., österr.) *jmdn. fahrend zu Boden stoßen,* ²*überfahren (1):* ein Traktor hat ihn niedergefahren.

nie|der|fal|len ⟨st. V.; ist⟩: **1.** (geh.) *nach unten, zu Boden fallen:* das Blatt fiel langsam nieder. **2.** (österr.) *stürzen, umfallen:* sie wäre auf der steilen Treppe beinahe niedergefallen.
Nie|der|flur|wa|gen, der (Technik): *Straßenbahnwagen mit niedrigem Boden u. ohne Trittbretter.*
nie|der|fre|quent ⟨Adj.⟩ (Physik): *mit niedriger Frequenz.*
Nie|der|fre|quenz, die (Physik): *relativ niedrige Frequenz.*
nie|der|füh|ren ⟨sw. V.; hat⟩ (österr.): *jmdn. fahrend zu Boden stoßen, niederfahren (2),* ²*überfahren (1):* sie wurde von einem Schnellzug niedergeführt.
Nie|der|gang, der: **1.** ⟨o. Pl.⟩ (geh.) *Untergang, Verfall:* der N. des Römischen Reiches. **2.** (Seemannsspr.) *[schmale, steile] Treppe auf einem Schiff.*
nie|der|ge|drückt ⟨Adj.⟩: *deprimiert, niedergeschlagen.*
nie|der|ge|hen ⟨unr. V.; ist⟩: **1.** *landen.* **2. a)** *mit Heftigkeit [vom Himmel] fallen:* eine Lawine ging ins Tal nieder; **b)** (selten) *sich herabsenken, [langsam] fallen:* der Theatervorhang geht nieder; **c)** (selten) *untergehen (1, 3).* **3.** (Boxen) *zu Boden stürzen.*
Nie|der|ge|las|se|ne, die/eine Niedergelassene; der/einer Niedergelassenen, die Niedergelassenen/zwei Niedergelassene (schweiz.): *weibliche Person, die in einer Stadt o. Ä. ihren ständigen Wohnsitz hat.*
Nie|der|ge|las|se|ner, der Niedergelassene/ein Niedergelassener; des/eines Niedergelassenen, die Niedergelassenen/zwei Niedergelassene (schweiz.): *jmd., der in einer Stadt o. Ä. seinen ständigen Wohnsitz hat.*
nie|der|ge|schla|gen ⟨Adj.⟩: *durch einen Misserfolg, eine Enttäuschung ratlos, mutlos, traurig:* er wirkt n.
Nie|der|ge|schla|gen|heit, die; -, -en: *das Niedergeschlagensein.*
nie|der|ha|geln ⟨sw. V.; ist⟩: *wie ein Hagel niedergehen.*
nie|der|hal|ten ⟨st. V.; hat⟩: **1.** *am Boden, unten halten.* **2. a)** *jmdn. [gewaltsam] daran hindern, sich frei zu entfalten, unabhängig zu sein; unterdrücken:* ein Volk n.; **b)** *verhindern, dass sich etw. entwickelt; nicht hochkommen lassen:* den Widerstand n.
nie|der|hau|en ⟨unr. V.; hat⟩ (ugs.): *zu Boden schlagen.*
nie|der|hol|len ⟨sw. V.; hat⟩: *einziehen, einholen:* eine Flagge, ein Segel n.
Nie|der|jagd, die (Jägerspr.): *niedere Jagd.*
nie|der|kämp|fen ⟨sw. V.; hat⟩: **a)** (selten) *kämpfend besiegen;* **b)** *(Gefühle o. Ä.) unter [Willens]anstrengung zurückhalten, bezwingen:* Ärger n.
nie|der|kau|ern, sich ⟨sw. V.; hat⟩: *sich kauern (2).*
nie|der|knal|len ⟨sw. V.; hat⟩ (salopp): *niederschießen.*
nie|der|kni|en ⟨sw. V.⟩: **a)** *knien (1 a):* am Altar n.; **b)** ⟨n. + sich; hat⟩ *sich knien (1 b).*
nie|der|knüp|peln ⟨sw. V.; hat⟩: *mit Knüppeln niederschlagen.*
nie|der|kom|men ⟨st. V.; ist⟩: (geh. veraltend) *gebären.*
Nie|der|kunft, die; -, ...künfte (geh. veraltend): *Entbindung.*
Nie|der|la|ge, die: **1.** *das Besiegtwerden, Unterliegen in einem [Wett]kampf, einer Auseinandersetzung:* eine persönliche N.; jmdm. eine N. bereiten. **2.** *[Zwischen]lager, bes. für Bier.* **3.** (veraltend) *Zweiggeschäft.*
Nie|der|lan|de ⟨Pl.⟩: *Staat in Westeuropa.*
Nie|der|län|der, der; -s, -: Ew.

Niederländerin – niederträchtig

Nie|der|län|de|rin, die; -, -nen: w. Form zu ↑ Niederländer.

nie|der|län|disch ⟨Adj.⟩: *die Niederlande, die Niederländer betreffend; von den Niederländern stammend, zu ihnen gehörend.*

Nie|der|län|disch, das; -[s], (nur mit best. Art.:)
Nie|der|län|di|sche, das; -n: *die niederländische Sprache.*

nie|der|las|sen ⟨st. V.; hat⟩: **1.** (veraltend) *herunterlassen.* **2.** ⟨n. + sich⟩ (geh.) *sich setzen:* sich auf die Knie n. *(sich niederknien).* **3.** ⟨n. + sich⟩ *sich irgendwo ansiedeln, [mit einem Geschäft o. Ä.] ansässig werden; sich etablieren:* sich in Bonn als Arzt n.; niedergelassener Arzt *(Arzt mit eigener Praxis im Unterschied zum Krankenhaus-, Institutsarzt o. Ä.).*

Nie|der|las|sung, die; -, -en: **1.** ⟨o. Pl.⟩ *das Sichniederlassen* (3). **2.** *Ansammlung von Gebäuden, in denen Menschen ansässig sind, sich niedergelassen haben.* **3.** (Wirtsch.) **a)** *selbstständig arbeitender Teil eines Betriebes, Geschäftsstelle o. Ä. an einem anderen Ort als dem des Hauptbetriebes;* **b)** *Ort, an dem ein Gewerbebetrieb betrieben wird.*

Nie|der|las|sungs|frei|heit, die (Rechtsspr.): *Recht, sich an jedem beliebigen Ort niederzulassen* (3).

Nie|der|lau|sitz, die; -: Gebiet um Cottbus (Abk.: N. L.)

nie|der|le|gen ⟨sw. V.; hat⟩: **1.** (geh.) *aus der Hand, auf den Boden legen; hinlegen:* einen Kranz am Ehrenmal n.; Ü die Soldaten legten die Waffen nieder *(hörten auf zu kämpfen).* **2. a)** (geh.) *jmdn. hinlegen, zur Ruhe legen:* das Kind n.; **b)** ⟨n. + sich⟩ (bes. bayr., österr.) *sich hinlegen, schlafen legen, zur Ruhe legen; zu Bett gehen:* sich nach dem Essen ein bisschen n.; er legte sich auf das/auf dem Sofa nieder; R da legst [du] dich nieder! (ugs.; *nein, so etwas!;* Ausruf des Erstaunens). **3.** *etw. nicht weitermachen, ausüben:* das Amt n.; Übrigens legte er am folgenden Tag wegen Überbürdung die Behandlung nieder und übertrug sie an Doktor Müller, der sie pflicht- und kontraktgemäß in aller Sanftmut übernahm (Th. Mann, Tod 112). **4.** (selten) *(ein Gebäude o. Ä.) abbrechen, einreißen:* ein Haus n. **5.** (geh.) *schriftlich festhalten:* etw. schriftlich n.; der im Testament niedergelegte Letzte Wille. **6.** (veraltet) *hinterlegen.*

Nie|der|le|gung, die; -, -en: *das Niederlegen* (1, 3, 4, 6).

nie|der|ma|chen ⟨sw. V.; hat⟩ (ugs.): **1.** *[eine größere Anzahl von wehrlosen Menschen] kaltblütig töten, umbringen.* **2.** *(jmdn. od. etw.) herabsetzen, seinen Wert nicht anerkennen.*

nie|der|mä|hen ⟨sw. V.; hat⟩ (ugs.): **1.** *abmähen.* **2.** ¹*umfahren* (1), ²*überfahren* (1). **3.** *(eine größere Anzahl von Menschen) [reihenweise] erschießen.*

nie|der|met|zeln ⟨sw. V.; hat⟩: *[eine größere Anzahl wehrloser Menschen] kaltblütig töten, umbringen.*

◆ **nie|dern**, sich ⟨sw. V.; hat⟩ [mhd. nider(e)n = niedrig machen, (refl. = sich erniedrigen), ahd. nidarren = erniedrigen, demütigen]: *sich erniedrigen:* Göttern lässt er seine Throne, niedert sich zum Erdensohn (Schiller, Triumph der Liebe).

nie|der|oh|mig ⟨Adj.⟩ [zu ↑ ²Ohm] (Elektrot.): *von geringem elektrischem Widerstand:* -e Leitungen.

Nie|der|ös|ter|reich, -s: österreichisches Bundesland (Abk.: NÖ).

¹**Nie|der|ös|ter|rei|cher**, der: Ew.
²**Nie|der|ös|ter|rei|cher** ⟨indekl. Adj.⟩: die N. Landwirtschaft.

Nie|der|ös|ter|rei|che|rin, die; w. Form zu ¹Niederösterreicher.

nie|der|pras|seln ⟨sw. V.; ist⟩: *mit Heftigkeit, prasselnd herunterkommen, niederfallen.*

nie|der|reg|nen ⟨sw. V.; ist⟩: *wie ein Regen niedergehen.*

nie|der|rei|ßen ⟨st. V.; hat⟩: **1.** *ein Gebäude zerstören, einzelne Steine, Bestandteile des Bauwerks herauslösen, sodass der Bau einstürzt.* **2.** (selten) *zu Boden reißen.*

Nie|der|rhein, der: Unterlauf des Rheins.

nie|der|rhei|nisch ⟨Adj.⟩: *den Niederrhein betreffend, vom Niederrhein stammend, zu ihm gehörend.*

nie|der|rin|gen ⟨st. V.; hat⟩ (geh.): **1. a)** *zu Boden ringen:* der Polizist rang den Täter nieder; **b)** (bes. Sport) *besiegen, bezwingen:* im letzten Spiel wurde der Olympiasieger niedergerungen. **2.** *(Gefühle o. Ä.) unter großer [Willens]anstrengung überwinden, bezwingen:* sie hat ihre Zweifel schließlich niedergerungen.

Nie|der|sach|se, der; -n, -n: Ew.
Nie|der|sach|sen; -s: deutsches Bundesland.
Nie|der|säch|sin, die; -, -nen: w. Form zu ↑ Niedersachse.

nie|der|säch|sisch ⟨Adj.⟩: *Niedersachsen, die Niedersachsen betreffend; von den Niedersachsen stammend, zu ihnen gehörend.*

nie|der|schie|ßen ⟨sw. V.⟩: **1.** ⟨hat⟩ *[kaltblütig] auf jmdn., der wehrlos ist, schießen, sodass er [tot] zu Boden stürzt.* **2.** ⟨ist⟩ *mit großer Geschwindigkeit herabfliegen, -sinken o. Ä.*

Nie|der|schlag, der: **1.** (Meteorol.) *Wasser, das in flüssiger od. fester Form aus der Atmosphäre auf die Erde fällt:* geringe Niederschläge; Als Tulla geboren wurde, war das Wetter veränderlich, meist wolkig. Später kam Neigung auf zu Niederschlägen (Grass, Hundejahre 133). **2. a)** (Chemie) *fester Stoff, der sich aus einer Lösung abscheidet u. sich absetzt; Bodensatz;* **b)** (selten) *dünne Schicht von Wasserdampf o. Ä., die sich beim* ¹*Beschlagen* (2 a) *auf etw. bildet.* **3.** (Boxen) *Schlag, Treffer, der den Boxer zu Boden zwingt.* **4.** *schriftlich niedergelegter Ausdruck von Gedanken, Ideen, Vorstellungen o. Ä.:* die Jugenderlebnisse des Autors haben in diesem Roman ihren N. gefunden.

nie|der|schla|gen ⟨st. V.; hat⟩: **1. a)** *zu Boden schlagen:* der Einbrecher schlug den Wächter [mit einem stumpfen Gegenstand] nieder; sie wurde nachts auf dem Heimweg überfallen und niedergeschlagen; Ü Fouché hat richtig gerechnet: gegen Männer muss man kämpfen, Schwätzer schlägt man mit einer Geste nieder (St. Zweig, Fouché 90); **b)** *zu Boden drücken:* der Regen hat das Getreide niedergeschlagen. **2.** *etw. Unerwünschtes [gewaltsam] beenden, am Sichausbreiten, an der Entwicklung hindern.* **3.** (Rechtsspr.) **a)** *nicht weiter behandeln; ein Verfahren n.;* **b)** *erlassen* (2); **c)** (selten) *entkräften:* einen Verdacht n. **4.** *(den Blick o. Ä.) senken:* beschämt schlug er den Blick nieder. **5.** (veraltend) *beruhigen, besänftigen:* das Fieber n. *(herunterdrücken);* ein niederschlagendes Arzneimittel. **6.** ⟨n. + sich⟩ *als Niederschlag* (2 b) *auf etw. entstehen:* Dampf schlägt sich auf den Scheiben nieder. **7.** ⟨n. + sich⟩ *seinen Niederschlag* (4) *finden:* die Auseinandersetzungen im Kabinett schlugen sich in der Presse nieder. **8.** (Chemie) *ausfällen* (1).

nie|der|schlags|arm ⟨Adj.⟩: *arm an Niederschlägen* (1): ein -es Klima.

nie|der|schlags|frei ⟨Adj.⟩: *frei von Niederschlägen* (1).

Nie|der|schlags|men|ge, die (Meteorol.): *Menge von Niederschlägen, die innerhalb eines bestimmten Zeitraums an einem bestimmten Ort fällt.*

Nie|der|schlags|mes|ser, der (Meteorol.): *Gerät zur Messung der Niederschlagsmenge.*

Nie|der|schlags|mes|sung, die (Meteorol.): *das Messen der Niederschlagsmenge [in einem bestimmten Gebiet].*

Nie|der|schla|gung, die; -, -en: **1.** *das Niederschlagen* (2). **2.** (Rechtsspr.) *das Niederschlagen* (3).

◆ **nie|der|schlu|cken** ⟨sw. V.; hat⟩: *hinunterschlucken:* Es nun, sie mögen's n. Das Geschehene muss stets gut sein, wie es kann (Kleist, Schroffenstein II, 2); Diesen Gelust müssen sie n. *(unterdrücken;* Schiller, Fiesco I, 5).

nie|der|schmet|tern ⟨sw. V.; hat⟩: **1.** *heftig, brutal niederschlagen* (1 a): jmdn. mit einem Faustschlag n. **2.** *sehr heftig erschüttern u. mutlos, ratlos machen:* die traurige Nachricht hatte sie niedergeschmettert; Völlig verschüchtert, gänzlich niedergeschmettert, der letzten Hoffnung beraubt, folge ich dem aufgebrachten Herrn Schulze (Fallada, Trinker 95).

nie|der|schmet|ternd ⟨Adj.⟩ (emotional): *bestürzend, erschütternd:* eine -e Nachricht.

nie|der|schrei|ben ⟨st. V.; hat⟩: *(etw., was man erlebt hat, durchdacht hat o. Ä.) aufschreiben, um es damit für sich od. andere festzuhalten.*

Nie|der|schrift, die: **1.** *das Niederschreiben.* **2.** *das Niedergeschriebene:* Ich habe weder Papier noch Schreibzeug zur Hand, um den Blütenstrauß Ihrer Phantasie in einer N. zu verewigen (Jahnn, Geschichten 202).

nie|der|schwel|lig ⟨Adj.⟩ (bes. Amtsspr.): *niedrigschwellig.*

nie|der|set|zen ⟨sw. V.; hat⟩: **1.** ⟨n. + sich⟩ *sich setzen, sich hinsetzen:* sich zum Abendbrot n.; R da setzt [du] dich nieder! (bayr., österr. ugs.; *nein, so etwas!;* Ausruf des Erstaunens). **2.** *etw. absetzen* (2), *abstellen:* einen Koffer n.

nie|der|sin|ken ⟨st. V.; ist⟩: *nach unten, zu Boden sinken:* [ohnmächtig] in einen Sessel n.; auf die Knie n.

nie|der|sit|zen ⟨unr. V.; ist⟩ (südd., österr., schweiz. ugs. veraltend): *sich niedersetzen.*

nie|der|ste|chen ⟨st. V.; hat⟩: vgl. *niederschießen* (1).

nie|der|stei|gen ⟨st. V.; ist⟩ (geh.): *heruntersteigen.*

nie|der|stel|len ⟨sw. V.; hat⟩: vgl. *niedersetzen* (2).

nie|der|stim|men ⟨sw. V.; hat⟩: *[mit großer Mehrheit, nach längeren Auseinandersetzungen] durch Abstimmung ablehnen:* einen Antrag n.

nie|der|sto|ßen ⟨st. V.⟩: **1.** ⟨hat⟩ **a)** (geh.) *mit einem heftigen Stoß zu Boden werfen:* einen Angreifer n.; **b)** (österr.) *zu Boden stoßen, umstoßen;* **niederfahren** (2): die Passantin wurde von einem Auto niedergestoßen und schwer verletzt. **2.** ⟨ist⟩ *mit großer Geschwindigkeit herabfliegen:* der Vogel stößt auf die Beute nieder.

nie|der|stre|cken ⟨sw. V.; hat⟩: **1.** *mit einer Schusswaffe, einem Messer o. Ä., durch Schläge schwer verletzen u. zu Boden stürzen lassen:* der Tiger wurde durch mehrere Schüsse niedergestreckt. **2.** ⟨n. + sich⟩ *sich hinlegen, ausstrecken:* sich auf dem/auf das Sofa n.

nie|der|stür|zen ⟨sw. V.; ist⟩ (geh.): **1.** *zu Boden stürzen.* **2.** *herabstürzen:* ⟨oft im 1. Part.:⟩ niederstürzende Steinbrocken.

nie|der|tou|rig [...tu:rɪç] ⟨Adj.⟩ (Technik): *mit niedriger Drehzahl laufend.*

Nie|der|tracht, die; - [rückgeb. aus ↑ niederträchtig]: **a)** *niederträchtige* (1 a) *Gesinnung:* etw. aus N. tun; **b)** *in niederträchtiger Gesinnung begründete Tat:* eine N. [gegen jmdn.] begehen.

nie|der|träch|tig ⟨Adj.⟩ [spätmhd. nidertrehtic = gering geschätzt, verächtlich, 2. Bestandteil zu mhd. sich tragen = sich benehmen]: **1.** (geh.) **a)** *in niedriger, gemeiner Weise danach trachtend, anderen Übles, Schaden zuzufügen:* er ist n.; b) *von niederträchtiger* (1 a) *Gesinnung zeugend, ihr entsprechend:* eine -e Unterstellung. **2.** (ugs.) **a)** *unangenehm groß, stark:* die Schmerzen waren n.; **b)** ⟨intensivierend bei Adjektiven u. Verben⟩ *sehr, überaus:* n. wehtun.

Nie|der|träch|tig|keit, die; -, -en: **a)** ⟨o. Pl.⟩ *niederträchtiges* (1 a) *Wesen, das Niederträchtigsein;* **b)** *niederträchtige* (1 b) *Tat:* das war wieder eine seiner -en.

nie|der|tram|peln ⟨sw. V.; hat⟩ (ugs.): *niedertreten* (1).

nie|der|tre|ten ⟨st. V.; hat⟩: **1.** *etw. Aufrechtes durch Darauftreten umknicken, flach machen:* Blumen n. **2.** *festtreten.*

Nie|de|rung, die; -, -en [zu ↑ ¹nieder]: *tief liegendes Land, Gebiet, bes. an Flussläufen u. Küsten:* in der Nacht kann es Schneefälle bis in die -en geben; Ü die -en *(das Banale, die mühsamen Einzelprobleme)* des Alltags, der Tagespolitik; Die Bilder sind von mir… das rechts bemüht sich, die Stimmung unserer moorigen -en wiederzugeben, wo ich oft Schnepfen schieße (Th. Mann, Krull 384).

Nie|de|rungs|moor, das: *Flachmoor.*

Nie|der|wald, der (Forstwirtsch.): *Laubwald, der sich durch Austrieb aus Stöcken od. aus den Wurzeln gefällter Bäume erneuert.*

nie|der|wal|zen ⟨sw. V.; hat⟩: *durch Walzen flach machen, einebnen, zerstören.*

Nie|der|was|ser, das ⟨Pl. …wasser⟩ (österr., schweiz.): *(von Flüssen u. Seen) niedriger Wasserstand:* N. bedroht den Fischbestand.

nie|der|wer|fen ⟨st. V.; hat⟩: **1.** (n. + sich) *sich zu Boden werfen.* **2.** (geh.) *besiegen:* den Feind n. **3.** (geh.) *niederschlagen* (2): einen Aufstand n. **4.** (geh.) **a)** *bettlägerig, schwach machen;* **b)** *schwer erschüttern:* die Nachricht hat sie niedergeworfen. ♦ **5.** (südd.) *gewaltsam gefangen nehmen:* Da werfen sie ihm einen Buben nieder (Goethe, Götz I, 1).

Nie|der|werf|ung, die; -, -en: *das Niederwerfen.*

Nie|der|wild, das [vgl. niedere ↑ Jagd (1 a)] (Jägerspr.): *Wild, das zur niederen Jagd gehört* (z. B. Rehwild, Hase).

nie|der|zie|hen ⟨unr. V.; hat⟩: *nach unten ziehen.*

nie|der|zi|schen ⟨sw. V.; hat⟩ (ugs.): vgl. *niederbrüllen.*

nie|der|zwin|gen ⟨st. V.; hat⟩ (geh.): *zu Boden zwingen [u. damit besiegen]:* Ü seine Wut n.

nied|lich ⟨Adj.⟩ [aus dem Niederd. < mniederd. nīdelīken (Adv.), asächs. niudlīko ⟨Adv.⟩]: *eifrig:* **a)** *durch seine hübsche Kleinheit, Zierlichkeit, durch zierliche, anmutige Bewegungen o. Ä. Gefallen erregend, Entzücken hervorrufend; lieb, goldig, reizend:* ein -es Kind; n. aussehen; **b)** (landsch., oft scherzh.) *im Verhältnis zu anderem sehr klein, fast zu klein; winzig.*

Nied|lich|keit, die; -, -en: **1.** ⟨o. Pl.⟩ *das Niedlichsein.* **2.** *etw. Niedliches.*

nied|rig ⟨Adj.⟩ [zu ↑ ¹nieder]: **1. a)** *von geringer Höhe:* ein -es Haus; **b)** *sich in geringer Höhe befindend:* ein -es Dach; die n. fliegende Flugzeug; die n. stehende Sonne; **c)** *an Höhe unter dem Durchschnitt od. einem Vergleichswert liegend; relativ wenig nach oben ausgedehnt:* -es Gras. **2.** *zahlen- od. mengenmäßig gering, wenig:* -e Preise. **3.** *von geringem gesellschaftlichem, entwicklungsmäßigem Rang; gesellschaftlich gering, wenig geachtet:* die Arbeit war ihr zu n. **4.** (meist von menschlicher Gesinnung od. Handlungsweise) *moralisch, sittlich tief stehend:* -e Triebe; ein n. gesinnter Mensch.

Nied|rig|ener|gie|haus, das: *Haus, bei dem der Energieverbrauch durch eine gute Isolierung, energiesparende technische Vorrichtungen o. Ä. gering gehalten wird.*

nied|ri|ger|hän|gen ⟨sw. V.; hat⟩: *etw. weniger wichtig nehmen, einer Sache geringere Bedeutung beimessen:* Beziehungsstreitigkeiten sollte man ruhig etwas n.

nied|rig ge|sinnt, nied|rig|ge|sinnt ⟨Adj.⟩ (veraltend): *eine niedrige moralische, sittliche Gesinnung habend.*

nied|rig|hän|gen ⟨sw. V.; hat⟩ (ugs.): *etw. nicht so wichtig nehmen, einer Sache keine entscheidende Bedeutung beimessen:* ein Thema n.

Nied|rig|keit, die; -, -en: **1.** ⟨o. Pl.⟩ *das Niedrigsein.* **2.** *etw. Niedriges* (4).

Nied|rig|lohn, der: *niedriger Lohn.*

Nied|rig|lohn|land, das: *Land, in dem vergleichsweise niedrige Löhne gezahlt werden.*

Nied|rig|lohn|sek|tor, der (Politik, Wirtsch.): *Teil des Arbeitsmarktes, in dem nur niedrige Löhne gezahlt werden:* neue Arbeitsplätze entstehen vor allem im N.

Nied|rig|preis, der: *niedriger Preis:* Die Preise für Rohöl liegen deutlich über dem N. des Vorjahres.

nied|rig|schwel|lig ⟨Adj.⟩ (bes. Amtsspr.): *nicht an [nur schwer erfüllbare] Vorbedingungen geknüpft; schnell und unbürokratisch zu erhalten:* ein -es Therapieangebot für Drogenabhängige.

nied|rig ste|hend, nied|rig|ste|hend ⟨Adj.⟩: **1. a)** *in geringer Höhe stehend;* **b)** *nur eine geringe Höhe erreichend:* niedrig stehende Pflanzen, Hunde. **2.** *eine niedrige [gesellschaftliche] Stellung innehabend.* **3.** *einen niedrigen Entwicklungsstand aufweisend.*

Nied|rig|was|ser, das ⟨Pl. …wasser⟩: **a)** *niedriger Wasserstand von Flüssen u. Seen;* **b)** *niedrigster Wasserstand bei Ebbe:* um 16 Uhr ist N.

ni|el|lie|ren [nje…] ⟨sw. V.; hat⟩ [ital. niellare] (Kunstwiss.): *in Metall gravierte Zeichnungen mit Niello* (1) *ausfüllen.*

Ni|el|lo, das; -[s], -s u. …len, bei Kunstwerken auch: …li [ital. niello, zu lat. nigellus = schwärzlich] (Kunstwiss.): **1.** *Masse aus Blei, Kupfer, Schwefel u. a., die zum Ausfüllen einer in Metall eingravierten Zeichnung dient u. sich als schwarze Verzierung vom Metall abhebt.* **2.** *mit Niello* (1) *verzierter Metallgegenstand (meist aus Gold od. Silber).* **3.** *Abdruck einer zur Aufnahme von Niello* (1) *bestimmten gravierten Platte auf Papier.*

nie|mals ⟨Adv.⟩ [zu ↑ nie u. ¹Mal] (nachdrücklich): *nie:* n.! (Ausruf der Ablehnung).

nie|mand ⟨Indefinitpron.⟩ [mhd. nieman, ahd. nioman, zusgez. aus: nio = nie u. man = Mann, Mensch]: **a)** *kein Mensch, keine einzige Person, überhaupt keiner:* das weiß n. besser als sie; ⟨subst.:⟩ ein Niemand sein *(völlig unbedeutend sein);* **b)** *nicht einer, nicht ein Einziger aus einer bestimmten Menge:* er hat mit n./-em von uns reden wollen.

Nie|mands|land, das ⟨Pl. …länder⟩: **1.** *zwischen zwei Fronten* (2 a) *gelegenes Land, gelegener Geländestreifen.* **2.** (selten) *unbekanntes, noch unerschlossenes, unbesiedeltes Land.*

Nie|re, die; -, -n [mhd. nier(e), ahd. nioro, altes idg. Wort, urspr. auch = Hoden]: **a)** *paariges, beim Menschen bohnenförmiges, hinten in der oberen Bauchhöhle gelegenes Organ, das der Bildung u. Ausscheidung des Harns dient:* ihre -n haben versagt; Ü künstliche N. *(Dialysegerät);* *jmdm. an die -n gehen (ugs.: *jmdm. sehr angreifen, aufregen, mitnehmen*); **b)** *von Tieren als Speise dienende od. zubereitete Niere* (a) *bestimmter Schlachttiere.*

Nie|ren|be|cken, das (Anat.): *Teil der Niere, in dem der Harn gesammelt u. in den Harnleiter weitergeleitet wird.*

Nie|ren|be|cken|ent|zün|dung, die: *Entzündung des Nierenbeckens.*

Nie|ren|ent|zün|dung, die: *Entzündung der Niere.*

Nie|ren|fett, das: *Fett im Bereich der Nieren (das bei Schlachttieren u. a. zur Herstellung von Schmalz verwendet wird).*

nie|ren|för|mig ⟨Adj.⟩: *in der Form einer Niere ähnlich:* ein -er Tisch.

Nie|ren|ko|lik, die: *von einer Niere ausgehende Kolik.*

nie|ren|krank ⟨Adj.⟩: *an einer Nierenkrankheit leidend.*

Nie|ren|krank|heit, die: *Erkrankung der Nieren.*

Nie|ren|scha|le, die (Med.): *flache, nierenförmige Schale zum Auffangen von Flüssigkeiten (Blut, Erbrochenem o. Ä.) u. Ablegen von Geräten o. Ä.*

Nie|ren|sen|kung, die (Med.): *abnorme Verlagerung der Niere nach unten.*

Nie|ren|stein, der: *in der Niere entstandene steinartige Bildung, die zu schmerzhaften Störungen der Funktion der Niere führen kann.*

Nie|ren|tisch, der: *niedriger Tisch mit nierenförmiger Platte.*

Nie|ren|trans|plan|ta|ti|on, die (Med.): *Transplantation einer Niere.*

Nie|ren|tu|ber|ku|lo|se, die: *die Nieren befallende Tuberkulose.*

Nies|an|fall, der: *anfallartiges Niesen.*

nie|seln ⟨sw. V.; hat; unpers.⟩ [aus dem (Ost)md.]: *leicht, in feinen [dicht fallenden] Tropfen regnen:* es nieselt.

Nie|sel|re|gen, der ⟨Pl. selten⟩: *leichter Regen in feinen [dichten] Tropfen.*

nie|sen ⟨sw. V.; hat⟩ [mhd. niesen, ahd. niosan, lautm.]: *(infolge einer Reizung der Nasenschleimhaut) die Luft ruckartig u. mit einem lauten Geräusch durch Nase u. Mund ausstoßen.*

Nies|pul|ver, das: *Pulver, das die Nasenschleimhaut reizt u. damit ein Niesen auslöst.*

Nies|reiz, der: *ein Niesen auslösender Reiz der Nasenschleimhaut.*

Nieß|brauch, der; -[e]s [LÜ von lat. ususfructus] (Rechtsspr.): *Nutzungsrecht.*

¹Nie|te, die; -, -n [niederl. niet, eigtl. = Nichts, subst. aus: niet = nicht]: **1.** *Los, das keinen Gewinn bringt.* **2.** (ugs.) *jmd., der zu nichts taugt; unfähiger Mensch:* Ein Mann, der beim Schießen immerfort nur den Scheibenrand traf, war eine N. und ein schlechtes Mitglied des Kriegervereins (Strittmatter, Wundertäter 138).

²Nie|te, die; -, -n [mhd. niet(e) = breit geschlagener Nagel]: *Bolzen aus Metall mit einem verdickten Ende, der dazu dient, [metallene] Werkstücke fest miteinander zu verbinden (wobei das freie, nicht verdickte Ende durch Schlag od. Druck in die Breite verformt wird):* -n in die Schiffswand schlagen.

nie|ten ⟨sw. V.; hat⟩ [mhd. nieten = einen Nagel umschlagen, breit schlagen]: *mit ²Nieten verbinden, befestigen.*

Niet|ham|mer, der: *Hammer zum Nieten.*

Niet|ho|se, die; -, -n: *Hose (im Stil von Jeans) mit einer Art von Nieten an verschiedenen Nähten, bes. an Bund u. Taschen.*

Niet|kopf, der: *verdicktes Ende einer Niete.*

Niet|pres|se, die: vgl. *Niethammer.*

niet- und na|gel|fest: in der Verbindung **[alles,] was nicht n. u. n. ist** (ugs.: *[alles,] was man mitnehmen kann, was sich wegtragen lässt*).

Ni|fe [ˈniːfə, auch: …fe], das; - [Kurzwort aus Nickel u. lat. ferrum = Eisen] (Geol.): *wahrscheinlich aus Nickel u. Eisen bestehender Erdkern.*

Nifl|heim [auch: ˈnɪfl…], das; -[e]s ⟨meist o. Art.⟩ [anord. niflheimr, aus: nifl- = Nebel- u. heimr = Heim, Wohnung] (germ. Mythol.): *im Norden gelegenes Reich der Kälte, des Nebels, der Finsternis; Reich der nicht im Krieg umgekommenen Toten.*

Ni|gel, der; -s, - (österr. ugs.): *kleiner, widerspenstiger Kerl.*
¹Ni|ger, der; -[s]: *Fluss in Afrika.*
²Ni|ger, -s, (auch:) der; -[s]: *Staat in Westafrika.*
Ni|ge|ria, -s: *Staat in Westafrika.*
Ni|ge|ri|a|ner, der; -s, -: *Ew.*
Ni|ge|ri|a|ne|rin, die; -, -nen: *w. Form zu* ↑ *Nigerianer.*
ni|ge|ri|a|nisch ⟨Adj.⟩: *Nigeria, die Nigerianer betreffend; von den Nigerianern stammend, zu ihnen gehörend.*
Nig|ger, der; -s, - [engl. nigger, älter (mundartl.) ne(e)ger < frz. nègre < span. negro, ↑ Neger] (stark diskriminierendes Schimpfwort): *dunkelhäutiger Mensch.*
Night|club [ˈnaɪtklʌb], der; -s, -s [engl. night club, aus: night = Nacht u. club = Klub, Verein]: *Nachtbar, Nachtlokal.*
Night|ska|ting, das; -s, -s [aus engl. night = Nacht u. skating = das Rollschuhlaufen (zu to skate, ↑ ²skaten)]: *gemeinsames Inlineskaten bei Nacht (auf dafür vorgesehenen, für den öffentlichen Verkehr gesperrten Straßen).*
Ni|hi|lis|mus, der; - [zu lat. nihil = nichts] (bildungsspr.): **a)** *philosophische Anschauung von der Nichtigkeit, Sinnlosigkeit alles Bestehenden, des Seienden;* **b)** *weltanschauliche Haltung, die alle positiven Zielsetzungen, Ideale, Werte ablehnt; völlige Verneinung aller Normen u. Werte.*
Ni|hi|list, der; -en, -en (bildungsspr.): **a)** *Vertreter des Nihilismus* (a); **b)** *jmd., der nihilistisch* (b) *eingestellt ist.*
Ni|hi|lis|tin, die; -, -nen: *w. Form zu* ↑ *Nihilist.*
ni|hi|lis|tisch ⟨Adj.⟩ (bildungsspr.): **a)** *den Nihilismus* (a) *betreffend, auf ihm beruhend;* **b)** *alle positiven Zielsetzungen, Ideale, Werte, Normen bedingungslos ablehnend:* -e Tendenzen; Ein moderner Mann denkt überhaupt nicht n., er bringt Ordnung in seine Gedanken und schafft sich eine Grundlage für seine Existenz (Benn, Stimme 109).
Ni|kab [auch: ˈniːkap], der; -[s], -[s], auch die; -, -[s] [arab. niqāb]: *(in Teilen der arabischen Welt u. Persiens von muslimischen Frauen getragener) Schleier, der das ganze Gesicht, nicht aber die Augen bedeckt.*
Ni|ka|ra|gua usw.: ↑ *Nicaragua usw.*
Ni|ke (griech. Mythol.): *Siegesgöttin.*
Nik|kei-In|dex [ˈnɪkeɪ...], der; - [nach dem abgekürzten Namen eines jap. Zeitungsverlages] (Wirtsch.): *Aufstellung der errechneten Durchschnittskurse von 225 an der Börse in Tokio notierten Aktien.*
Ni|ko|laus [auch: ˈniːko...], der; -[es] ⟨Pl. ...läuse, selten auch -e⟩ [nach einem als Heiliger verehrten Bischof von Myra (wohl 4. Jh.)]: **1. a)** *volkstümliche Gestalt mit großer Mütze, langem Gewand u. wallendem Bart, die nach einem alten Brauch den Kindern am 6. Dezember Geschenke bringt;* **b)** *den Nikolaus* (1 a) *darstellende Figur aus Schokolade o. Ä.* **2.** *Nikolaustag.*
Ni|ko|laus|abend, der; vgl. *Nikolaustag.*
Ni|ko|laus|tag, der: *Tag (6. Dezember), an dem die Kinder vom Nikolaus beschenkt werden.*
Ni|ko|sia [auch: ...ˈkoː...]: *Hauptstadt von Zypern.*
Ni|ko|si|a|ner, der; -s, -: *Ew.*
Ni|ko|si|a|ne|rin, die; -, -nen: *w. Form zu* ↑ *Nikosianer.*
Ni|ko|tin, (chem. Fachspr.:) Nicotin, das; -s [frz. nicotine, zu älter frz. nicotiane = Tabakpflanze, nlat. herba Nicotiana, nach dem frz. Gelehrten J. Nicot (etwa 1530–1600)]: *bes. in der Tabakpflanze enthaltener öliger, farbloser, sehr giftiger Stoff, der beim Tabakrauchen als anregendes Genussmittel dient.*
ni|ko|tin|frei ⟨Adj.⟩: *kein Nikotin enthaltend.*

ni|ko|tin|hal|tig ⟨Adj.⟩: *Nikotin enthaltend:* stark -er Tabak.
Ni|ko|tin|ver|gif|tung, die: *Vergiftung durch Nikotin:* akute, chronische N.
Nil, der; -[s]: *Fluss in Afrika.*
Nil|del|ta, das: *Delta des Nils.*
Nil|gans, die: *(in Afrika heimischer) gelblich brauner Schwimmvogel mit rötlichem Schnabel u. rötlichen Füßen.*
Nil|gau, der; -[e]s, -e [Hindi nīlgāw]: *in Indien heimische Antilope.*
Nil|pferd, das: *großes, massiges Flusspferd.*
Nim|bus, der; -, -se [mlat. nimbus = Heiligenschein, Strahlenglanz < lat. nimbus = Regenwolke; Nebelhülle, die die Götter umgibt]: **1.** ⟨o. Pl.⟩ (bildungsspr.) *besonderes Ansehen, glanzvoller Ruhm:* sein N. als großer Dichter. **2.** (bes. bild. Kunst) *Heiligenschein, Gloriole.*
nimm: ↑ *nehmen.*
nim|mer ⟨Adv.⟩ [mhd. nimmer, niemēr, ahd. niomēr = nie mehr]: **1.** (veraltend) *zu keiner Zeit; niemals, nie.* **2.** (südd., österr. ugs.) *nicht mehr.*
Nim|mer|leins|tag: ↑ *Sankt-Nimmerleins-Tag.*
nim|mer|mehr ⟨Adv.⟩ (veraltend): *zu gar keiner Zeit, niemals, nie:* Aber n. begreift Herr Wendriner, dass ... auch seine Vorstellungen, Gedanken, geläufige Begriffe so lächerlich wirken können (Tucholsky, Werke II, 280).
nim|mer|mü|de ⟨Adj.⟩ (geh.): *nie ermüdend, nie erlahmend:* ein -r Helfer.
nim|mer|satt ⟨Adj.⟩ (fam.): *nie satt werdend; immer hungrig.*
Nim|mer|satt, der; - u. -[e]s, -e (fam.): *jmd., der nie satt wird, immer hungrig ist:* er ist ein rechter N.
Nim|mer|wie|der|se|hen: *besonders in der Fügung* **auf N.** (ugs., oft scherzh.; *für immer wegbleibend, ohne je wiederzukehren*): auf N. verschwinden.
nimmst, nimmt: ↑ *nehmen.*
nin|geln ⟨sw. V.; hat⟩ [wohl lautm.] (md.): *kläglich jammern.*
Ni|ni|ve: *Hauptstadt des antiken Assyrerreichs.*
Nin|ja, der; -[s], -[s] [jap. = Spion, Kundschafter]: *(im feudalen Japan) in Geheimbünden organisierter Krieger, der sich spezieller Waffen und eines besonderen Kampfstils bediente.*
Ni|ob, das; Niobium, das; -s [nach ↑ Niobe, der Tochter des ↑ Tantalus (nach dem gemeinsamen Vorkommen mit Tantal)]: *hellgraues, glänzendes Metall, das sich gut walzen u. schmieden lässt* (chemisches Element; Zeichen: Nb).
Ni|o|be [...bə] (griech. Mythol.): *Tochter des Tantalus.*
¹Ni|o|bi|de, der; -n, -n: *männlicher Abkömmling der Niobe.*
²Ni|o|bi|de, die; -n, -n: *weiblicher Abkömmling der Niobe.*
Ni|o|bi|um: ↑ *Niob.*
Nip|pel, der; -s, - [wahrsch. < engl. nipple, eigtl. = (Brust)warze]: **1.** (Technik) *kurzes Stück Rohr mit Gewinde zum Verbinden von Rohren.* **2.** (ugs.) *kurzes, ab- od. vorstehendes [Anschluss]stück.* **3.** *Schmiernippel.* **4.** (salopp) *weibliche Brustwarze.*
nip|pen ⟨sw. V.; hat⟩ [niederd. (md.), wohl Intensivbildung zu mniederd. nipen = kneifen, auf das Zusammenpressen der Lippen am Gefäßrand bezogen]: *mit nur kurz geöffneten Lippen ein klein wenig trinken, einen kleinen Schluck nehmen:* an einem Glas, am Wein n.; Ü Kohlweißlinge umflatterten die Taubnesseln auf dem Rainstreifen. Sie nippten aus den blassblauen Röhrenblüten (Strittmatter, Wundertäter 61).
Nip|pes [auch: nips, nɪp], der; - [älter frz. nippes = Kleidungsstücke, Pl. von: nippe = Beiwerk, Zierrat, H. u.]: *kleine Gegenstände, Figuren [aus Porzellan], die zur Zierde aufgestellt werden:* im Regal steht nichts als N.
Nipp|fi|gur, die; -, -en: vgl. *Nippes.*
Nip|pon, -s: *japanischer Name für* ↑ *Japan.*
Nipp|sa|chen ⟨Pl.⟩: *Nippes.*
nir|gend ⟨Adv.⟩ [mhd. ni(e)rgen(t), ahd. ni io wergin, ↑ irgend] (veraltend): *nirgends.*
nir|gend|her ⟨Adv.⟩: *von keinem Ort, aus keiner Richtung.*
nir|gend|hin ⟨Adv.⟩: *an keinen Ort, in keine Richtung.*
nir|gends ⟨Adv.⟩: *an keinem Ort, Platz; an keiner Stelle.*
nir|gends|hin ⟨Adv.⟩ (selten): *nirgendhin.*
nir|gends|wo ⟨Adv.⟩ (selten): ↑ *nirgendwo.*
nir|gend|wo ⟨Adv.⟩: *nirgends.*
nir|gend|wo|her ⟨Adv.⟩: *nirgendher.*
nir|gend|wo|hin ⟨Adv.⟩: *nirgendhin.*
Ni|ros|ta®, der; -s [Kurzwort aus: **ni**cht **ro**stender **Sta**hl]: *rostfreier Stahl.*
Nir|wa|na, das; -[s] [sanskr. nirvāna, eigtl. = das Erlöschen, Verwehen]: *(im Buddhismus) Endziel des Lebens als Zustand völliger Ruhe.*
Ni|sche, die; -, -n [frz. niche, zu afrz. nichier = ein Nest bauen, über das Vlat. zu lat. nidus = Nest]: **a)** *flache Einbuchtung, Vertiefung in einer Wand, Mauer;* **b)** *kleine Erweiterung eines Raumes;* **c)** (Biol.): **ökologische N. (1. Gebiet, in dem die ausschlaggebenden Lebens-, Umweltbedingungen einer bestimmten Tier- od. Pflanzenart das Überleben ermöglichen. fachspr.; Funktion, die eine Tier- od. Pflanzenart in einem Ökosystem erfüllt).*
Ni|schen|al|tar, der: *in einer Nische* (b) *stehender Altar.*
Ni|schen|da|sein, das: *Dasein, Existenz in einem kleinen, überschaubaren Lebensraum* (2): ein N. fristen *(nur in einer ökologischen Nische* (b) *überleben; randständig, selten sein).*
Ni|schen|pro|dukt, das (Wirtsch.): *Produkt für einen kleinen, genau bestimmbaren Kundenkreis.*
Nis|se, die; -, -n [engl. Nissen hut, nach dem engl. Offizier Nissen (gest. 1930)] (veraltend): *(als Notquartier errichtete) halbrunde Baracke aus Wellblech:* sie hausten in einer N.
♦ **nis|teln** ⟨sw. V.; hat⟩ [landsch. Nebenf. von ↑ nesteln]: *dicht herandrängen:* Ich und mein Kamerad ... nistelten uns an ihn ..., dass er sich nicht regen noch rühren konnte (Goethe, Götz I).
nis|ten ⟨sw. V.; hat⟩ [mhd., ahd. nisten, zu ↑ Nest]: *(von Vögeln) ein Nest bauen u. darin Eier legen, ausbrüten, die Jungen aufziehen.*
Nist|kas|ten, der: *mit einem Flugloch versehener kleiner Kasten o. Ä., der im Freien aufgehängt wird, sodass darin Vögel nisten können.*
Ni|t|rat, das; -[e]s, -e [zu ↑ Nitrum]: *Salz der Salpetersäure.*
Ni|t|rid, das; -[e]s, -e: *chem. Verbindung von Stickstoff mit einem Metall.*
ni|t|rie|ren ⟨sw. V.; hat⟩ [zu ↑ Nitrum]: **1.** (Chemie) *(eine organische Verbindung) mit Salpetersäure behandeln, reagieren lassen.* **2.** (Technik) *nitrierhärten.*
ni|t|rier|här|ten ⟨sw. V.; hat; nur im Inf. u. Part. gebr.⟩ (Technik): *(die Oberfläche von Stahl) durch Reaktion mit Substanzen, die Stickstoff abgeben, härten.*
Ni|t|ri|fi|ka|ti|on, die; -, -en [frz. nitrification] (Chemie, Landwirtsch.): *Bildung von Salpeter durch Oxidation, die von Bakterien im Boden bewirkt wird.*
ni|t|ri|fi|zie|ren ⟨sw. V.; hat⟩ (Chemie, Land-

wirtsch.): *durch Oxidation Salpeter im Boden bilden:* nitrifizierende Bakterien.

Ni|tril, das; -s, -e ⟨meist Pl.⟩ (Chemie): *organische Verbindung mit einer Zyangruppe.*

Ni|trit [auch: ni'trɪt], das; -s, -e: *farbloses, in Wasser meist leicht lösliches Salz der salpetrigen Säure.*

Ni|tro- [zu ↑ Nitrogen]: Best. in Zus. mit der Bed. *die Nitrogruppe enthaltend, betreffend* (z. B. Nitrobenzol, Nitrozellulose).

Ni|tro|ben|zol [auch: 'ni:...], das; -s (Chemie): *durch Nitrieren von Benzol hergestellte, farblose bis leicht gelb gefärbte, giftige Flüssigkeit mit bittermandelartigem Geruch.*

Ni|tro|farb|stoff, der ⟨meist Pl.⟩ [zu ↑ Nitrogen] (Chemie, Textilind.): *Nitrogruppen enthaltende, gelbe od. orangefarbene bis braune synthetische Farbstoffe.*

Ni|tro|fen, das; -s [Kurzw. aus: (2,4-Dichlorphenyl)-(4-nitrophenyl)ether, zu ↑ Nitro- u. ↑ Phenyl]: *chemischer Wirkstoff zur Unkrautvernichtung:* hochgiftiges N.

Ni|tro|gen, Ni|tro|ge|ni|um, das; -s [frz. nitrogène, eigtl. = Salpeter bildend, zu: nitre (< lat. nitrum, ↑ Nitrum) u. -gène < griech. -genḗs = hervorbringend; Salpeter(säure) leitet sich von Stickstoff her]: *Stickstoff* (Zeichen: N).

Ni|tro|gly|ze|rin [auch: ...'ri:n], das; -s: *ölige, farblose bis schwach bräunliche, geruchlose, sehr leicht u. heftig explodierende Flüssigkeit, die zur Herstellung von Sprengstoffen u. in der Medizin als gefäßerweiterndes Mittel verwendet wird.*

Ni|tro|grup|pe, die; -, -n (Chemie): *als Bestandteil zahlreicher organischer Verbindungen auftretende einwertige Gruppe, die ein Stickstoff- u. zwei Sauerstoffatome enthält.*

Ni|tro|s|a|min, das; -s, -e (Chemie): *bestimmte Stickstoffverbindung, die u. a. beim Räuchern, Rösten entsteht u. die krebserregend sein kann.*

Ni|tro|zel|lu|lo|se, die; -: *Zellulosenitrat.*

Ni|trum, das; -s [lat. nitrum < griech. nítron = Soda, Natron < ägypt. ntr(j)] (veraltet): *Salpeter.*

ni|val ⟨Adj.⟩ [lat. nivalis, zu: nix (Gen.: nivis) = Schnee] (Meteorol.): *von Niederschlägen in Form von Schnee geprägt:* -es Klima; -es Abflussregime *(eine maßgeblich durch Schneefall und Schneeschmelze bestimmte Wasserführung [bei einem Fluss]).*

Ni|val, das; -s, - (Geogr.): *Gebiet mit dauernder od. langfristiger Schnee- od. Eisdecke.*

Ni|veau [ni'vo:], das; -s, -s [urspr. = Wasserwaage < frz. niveau, dissimiliert aus afrz. livel < lat. libella, ↑ Libelle]: **1.** *waagerechte, ebene Fläche in bestimmter Höhe* (1 b): Straße und Bahnlinie haben das gleiche N.; das N. des Flusses *(den Wasserspiegel)* absenken. **2.** *Stufe in einer Skala* (2) *bestimmter Werte, auf der sich etw. bewegt:* das N. der Preise. **3.** *geistiger Rang, Stand, Grad, Stufe der bildungsmäßigen, künstlerischen, sittlichen o. ä. Ausprägung:* das geistige N.; das N. halten, heben; etw. hat kein, wenig N. *(ist geistig anspruchslos).* **4.** *feine Wasserwaage an geodätischen u. astronomischen Instrumenten.* **5.** (Grafologie) *Gesamtbild einer persönlich gestalteten, ausdrucksfähigen Handschrift.*

ni|veau|los ⟨Adj.⟩: *sich auf einem niedrigen Niveau* (3) *bewegend; geistig anspruchslos:* eine -e Unterhaltungssendung.

Ni|veau|re|gu|lie|rung, die; - (Technik): *das Einhalten der Bodenfreiheit bei Personen- u. Lastkraftwagen durch eine mechanisch od. elektronisch geregelte Federung.*

Ni|veau|un|ter|schied, der: **1.** *unterschiedliche Höhe des Niveaus* (1). **2.** *unterschiedlicher Grad des Niveaus* (3).

ni|veau|voll ⟨Adj.⟩: *sich auf einem hohen Niveau* (3) *bewegend; geistig anspruchsvoll.*

Ni|vel|le|ment [nivɛl(ə)'mã:], das; -s, -s [frz. nivellement]: **1.** (bildungsspr.) *das Nivellieren* (1). **2.** (Vermessungsw.) **a)** *Messung u. Bestimmung von Höhenunterschieden im Gelände mithilfe des Nivelliergeräts;* **b)** *Ergebnis des Nivellements* (2 a).

ni|vel|lie|ren ⟨sw. V.; hat⟩ [frz. niveler]: **1. a)** (bildungsspr.) *(Unterschiede) durch Ausgleichung aufheben, mildern:* Unterschiede in der Ausbildung, im Einkommen [nach oben, nach unten] n.; **b)** ⟨n. + sich⟩ *sich ausgleichen* (2 b), *sich aneinander angleichen:* im Laufe des Schuljahres haben sich die Leistungsunterschiede, die Leistungen in der Klasse nivelliert. **2.** (Vermessungsw.) *Höhenunterschiede in einem Gelände mithilfe eines Nivelliergerätes bestimmen.* **3.** (selten) *ebnen, planieren:* das Gelände n.

Ni|vel|lier|ge|rät, das (Vermessungsw.): *Messgerät mit einem Zielfernrohr zum Bestimmen der Höhenunterschiede in einem Gelände.*

Ni|vel|lie|rung, die; -, -en: *das Nivellieren.*

nix ⟨Indefinitpron.⟩ (ugs.): *nichts.*

Nix, der; -es, -e [mhd. nickes, ahd. nicchus, urspr. = badendes (= im Wasser lebendes) Wesen] (germ. Mythol.): *Wassergeist, der versucht, Menschen ins Wasser hinabzuziehen.*

Ni|xe, die; -, -n [mhd. nickese, ahd. nicchessa] (germ. Mythol.): *weiblicher Wassergeist (mit einem in einem Fischschwanz endenden Unterkörper):* Ü die -n (scherzh.; *badenden Mädchen*) am Strand.

Niz|za: Stadt in Frankreich.

n. J. = nächsten Jahres.

nkr = norwegische Krone.

NKWD, der; - [Abk. von russ. Narodny Komissariat Wnutrennich Del]: Volkskommissariat des Innern (sowjet. politische Geheimpolizei [1934–1946]).

N. L. = Niederlausitz.

nlat. = neulateinisch.

nm = Nanometer.

nm., nachm. = nachmittags.

Nm = Newtonmeter.

N. N. [ɛn'|ɛn] = nomen nescio [lat. = den Namen weiß ich nicht] (Name unbekannt) od. nomen nominandum [lat. = der zu nennende Name]: wird (z. B. in Einsatzplänen, Verzeichnissen) für den Namen einer noch unbekannten Person eingesetzt.

N. N., NN [ɛn'|ɛn] = Normalnull.

NNO = Nordnordost[en].

NNW = Nordnordwest[en].

No = Nobelium.

No, das; -: *No-Spiel.*

No., N° = Numero.

NO = Nordost[en].

nö ⟨Partikel⟩ (ugs.): *nein.*

NÖ = Niederösterreich.

no|bel ⟨Adj.; nobler, -ste⟩ [frz. noble < lat. nobilis, eigtl. = bekannt]: **1.** (geh.) *in bewundernswerter Weise großmütig, edel [gesinnt]; menschlich vornehm:* eine noble Geste. **2.** (öfter spött.) *elegant [wirkend]; luxuriös:* ein nobles *(hohen Ansprüchen genügendes, teures)* Hotel. **3.** (ugs.) *großzügig, freigebig:* ein nobles Trinkgeld; Es folgt eine Unterhaltung über jenes Gebiet, das sie die Altstadt nennen. Die Idee, die Stadt der Vorfahren zu erhalten und als Reminiszenz zu pflegen, finde ich n. (Frisch, Stiller 290).

No|bel- (öfter spött.): *drückt in Bildungen mit Substantiven aus, dass jmd. oder etw. als elegant, vornehm, exklusiv angesehen wird:* Nobeldisco, -villa.

No|bel|ge|gend, die (öfter spött.): *vornehme Wohngegend.*

No|bel|her|ber|ge, die (spött.): *Nobelhotel.*

No|bel|ho|tel, das (öfter spött.): *vornehmes [Luxus]hotel.*

No|be|li|um, das; -s [nach dem schwed. Chemiker A. Nobel; vgl. Nobelpreis]: *radioaktives metallisches Transuran* (chemisches Element; Zeichen: No).

No|bel|ka|ros|se, die (ugs.): *luxuriöses Auto:* für die Hochzeit hatten sie sich eine N. gemietet.

No|bel|mar|ke, die (öfter spött.): *vornehme, teure Marke.*

No|bel|preis, der; -es, -e: *von dem schwed. Chemiker u. Industriellen A. Nobel (1833–1896) gestifteter, jährlich für hervorragende kulturelle, wissenschaftliche Leistungen auf verschiedenen Gebieten verliehener Geldpreis.*

No|bel|preis|trä|ger, der: *jmd., der einen Nobelpreis erhalten hat.*

No|bel|preis|trä|ge|rin, die: w. Form zu ↑ Nobelpreisträger.

No|bi|li|ta|ti|on, die; -, -en [mlat. nobilitatio, zu lat. nobilitare, ↑ nobilitieren] (bildungsspr.): *Adelung.*

no|bi|li|tie|ren ⟨sw. V.; hat⟩ [lat. nobilitare = berühmt machen] (bildungsspr.): *adeln.*

No|bi|li|ty [ˈnoʊbɪlti], die; - [engl. nobility < lat. nobilitas] (bildungsspr.): *Hochadel Großbritanniens.*

No|b|les|se [auch: noˈblɛs, nɔˈblɛs], die; -, -n [...sn̩; frz. noblesse, zu: noble, ↑ nobel]: **1.** (veraltet) *Adel* (1, 2). **2.** ⟨o. Pl.⟩ (bildungsspr.) **a)** *noble* (1) *Art;* **b)** *vornehme, elegante Erscheinung, Wirkung:* die (natürliche) N. seines Auftretens.

no|b|lesse ob|lige [nɔblɛsoˈbliːʒ; frz. = Adel verpflichtet] (bildungsspr., oft scherzh.): *eine höhere gesellschaftliche Stellung verpflichtet zu Verhaltensweisen, die von anderen nicht unbedingt erwartet werden.*

No|bo|dy [ˈnoʊbədi], der; -[s], -s [engl. nobody]: *jmd., der [noch] ein Niemand ist:* was hat ein solcher N. in der Nationalmannschaft verloren?; in knapp 60 Minuten hatte N. Roder den Titelverteidiger besiegt.

¹noch ⟨Adv.⟩ [mhd. noch, ahd. noh, aus: nu (↑ ¹nun) u. -h (in Zus.) = auch, und, eigtl. = jetzt auch]: **1. a)** drückt aus, dass ein Zustand, Vorgang weiterhin anhält [aber möglicherweise bald beendet sein wird]: sie ist n. wach, krank; du bist n. zu jung dafür; er war damals n. hier; ein n. ungelöstes Problem; wir sind n. weit vom Ziel entfernt; das gibt es n. heute/heute n.; er hat [bis jetzt] n. immer, jedes Mal, nie gewonnen; es regnet kaum n. *(fast nicht mehr);* n. regnet es nicht (betont, meist in Spitzenstellung; *es regnet jetzt noch nicht, aber [vielleicht, wahrscheinlich] bald*); **b)** (unbetont, in Verbindung mit einer Mengenangabe o. Ä.) drückt aus, dass es sich um etw. handelt, was von etw. übrig geblieben ist: ich habe [nur] n. zwei Euro; es dauert jetzt n. fünf Minuten. **2. a)** *bevor etw. anderes geschieht:* ich mache das n. fertig; ich muss erst n. duschen; ich möchte [bevor du gehst] n. etwas fragen; **b)** drückt aus, dass etw. nach der Überzeugung des Sprechers, der Sprecherin (zu einem unbestimmten Zeitpunkt) in der Zukunft eintreten wird; *irgendwann später einmal, zu gegebener Zeit; schließlich:* er wird n. kommen; vielleicht kann man n. mal gebrauchen; **c)** *wenn nichts geschieht, es zu verhindern; womöglich [sogar]:* du kommst n. zu spät [wenn du so trödelst]; er wird dich [womöglich] n. überrunden. **3. a)** (in Verbindung mit einer Zeitangabe, die eine Zeitangabe ersetzt) drückt aus, dass der genannte Zeitpunkt relativ kurz vor einem bestimmten anderen [an dem die jeweilige Situation entscheidend verändert ist] liegt: gestern habe ich n./n. gestern habe ich mit ihm gesprochen; das hätte n. vor Jahresfrist niemand für möglich gehalten; in Köln *(als wir in Köln waren)* lief der Motor n. einwandfrei; **b)** (in Verbindung mit einer Zeitangabe od. einer Ortsangabe, die eine Zeitangabe ersetzt) räumt ein, dass es sich um einen den Umständen nach sehr frühen Zeitpunkt, sehr begrenzten Zeitraum handelt, u. betont gleichzeitig die Zeit- bzw. Ortsangabe: n. ehe er/ehe er n. antworten konnte, legte sie auf; er wurde n. am Unfallort operiert; **c)** drückt aus, dass ein bestimmtes Geschehen, ein Umstand einige Zeit später nicht mehr möglich [gewesen] wäre: er hat seinen Urgroßvater n. gekannt; dass er das n. erleben durfte!; **d)** drückt aus, dass der Endpunkt einer Entwicklung nicht erreicht ist, dass sich etw. im Rahmen des Akzeptablen, Möglichen o. Ä. hält, obwohl zum Gegenteil nur wenig fehlt: das lasse ich mir [gerade] n. gefallen; das geht n.; er hat n. Glück gehabt; das [allein] ist n. [lange] kein Grund; das ist ja n. [ein]mal gut gegangen. **4. a)** drückt aus, dass etw. [Gleiches] zu etw. anderem, bereits Vorhandenem hinzukommt, oft als Verstärkung anderer Adverbien (wie *außerdem, zusätzlich, dazu*): dumm und dazu n./n. dazu frech; wer war n. da?; er hat [auch, außerdem] n. ein Fahrrad; er ist nebenbei n. Maler; hinzu kommt n., dass ...; n. [ein]mal so lang wie *(doppelt so lang wie)*; (betont:) was soll ich denn n. tun?; *** n. und n.**/(ugs. scherzh.:) **n. und nöcher** *(in großer Menge, Anzahl; in hohem Maße; sehr viel:* er hat Geld n. und nöcher); **n. und nochmals/n. und n. einmal** *(immer wieder);* **b)** (in Verbindung mit einem Komparativ o. Ä.) betont den höheren Grad o. Ä.: es ist heute n. wärmer als gestern; (nachgestellt, geh.:) sie ist schöner n. als Aphrodite. **5.** (n. + so) verstärkt das folgende Wort u. zeigt ein konzessives Verhältnis an: er lacht über jeden n. so albernen Witz; du kannst n. so [sehr] bitten, es wird dir nichts nützen. ♦ **6.** *dennoch:* Der Hund ... sah mich mit bittenden Augen an, aber ich fürchtete mich, ihn mit mir zu nehmen. Noch nahm ich eins von den Gefäßen, das mit Edelsteinen angefüllt war, und steckte es zu mir (Tieck, Eckbert 15).

²**noch** 〈Konj.〉 [mhd. noch, ahd. noh, zusgez. aus: ne = nicht u. ouh = auch, eigtl. = auch nicht]: schließt in Korrelation mit einer Negation ein zweites Glied [u. weitere Glieder] einer Aufzählung an; *und auch nicht:* er kann weder lesen n. schreiben; (geh.:) sie hat keine Verwandten/ nicht Verwandte n. Freunde.

³**noch** 〈Partikel; unbetont〉: **1.** drückt in Aussagesätzen eine Verstärkung aus, wobei der Sprecher andeutet, dass er eine Bestätigung, Zustimmung seines Gesprächspartners erwartet od. voraussetzt: auf ihn kann man sich n. verlassen. **2.** drückt in Aussage- od. Ausrufesätzen eine gewisse Erregung o. Ä. aus, wobei der Sprecher seinen Gesprächspartner [mit drohendem Unterton] auf zu erwartende Konsequenzen in Bezug auf dessen Äußerungen, Handlungen o. Ä. hinweisen will: das wirst du n. bereuen!; der wird sich n. wundern! **3.** drückt in Aussagesätzen [rhetorischen] Fragesätzen Empörung, Erstaunen o. Ä. aus (oft in Verbindung mit ³»doch«): man wird [doch] n. fragen dürfen. **4.** drückt in Aussagesätzen aus, dass der Sprecher einen Sachverhalt o. Ä. als nicht schwerwiegend, als etwas nicht besonders Beachtenswertes o. Ä. ansieht (immer in Verbindung mit einer Negation): das kostet n. keine fünf Euro. **5.** ³*doch* (4): wie hieß er n. gleich?

Noch- (in Verbindung mit Personenbezeichnungen iron.): *einen bestimmten Rang, Status o. Ä. nicht mehr lange innehabend* (z. B. Nochintendant, -oberligist, -vorsitzende).

noch mal, noch|mal 〈Adv.〉 (ugs.): **1.** *ein weiteres Mal, noch einmal:* lass uns n. m. klingeln; du solltest n. m. von vorn anfangen. **2.** drückt aus, dass ein Vorgang, Zustand unterbrochen, eine schon abgeschlossene Angelegenheit wieder aufgenommen wird: sie war schon im Flur, da kam sie n. m. zurück.

noch|ma|lig 〈Adj.〉: *nochmals geschehend, vorgenommen:* eine -e Überprüfung.

noch|mals 〈Adv.〉: **a)** *ein weiteres Mal, noch einmal:* ich möchte das n. betonen; n. *(ich frage noch einmal):* Wo waren Sie zwischen 19 und 20 Uhr?; Da helfe kein Prießnitzumschlag, wie meine Mutter ihn vorgeschlagen hatte, da helfe nur Ruhe, Ruhe und n. Ruhe *(vor allem sehr viel Ruhe;* Kempowski, Tadellöser 110); **b)** drückt aus, dass ein Vorgang, Zustand unterbrochen, eine schon abgeschlossene Angelegenheit wieder aufgenommen wird: sie hatte den Motor schon angelassen, da stieg sie n. aus.

¹**Nock**, das; -[e]s, -e, auch: die; -, -en [aus dem Niederd., urspr. wohl = hervorstehendes Ende von etw.] (Seemannsspr.): **a)** *Ende einer Spiere;* **b)** *seitlich hervorragender Teil einer Kommandobrücke.*

²**Nock**, der; -s, -e (österr.): *(in Bergnamen) Felskuppe; Hügel.*

Nöck, der; -en, -en [dän. nøk, schwed. näck, ↑Nix] (germ. Mythol.): *alter, hässlicher männlicher Wassergeist, der durch Gesang Menschen ins Wasser zu locken versucht.*

No|cken, der; -s, - [wohl zu ↑¹Nock] (Technik): *Vorsprung an einer Welle, Scheibe od. fest auf einer Welle o. Ä. sitzender, (im Querschnitt) an einer Stelle eine Ausbuchtung aufweisender Ring zur Übertragung von Impulsen auf ein anderes Maschinenteil.*

No|cken|wel|le, die (Technik): *mit Nocken versehene Welle.*

Noc|turne [nɔk'tʏrn], das; -s, -s od. die; -, -s [frz. nocturne, eigtl. = nächtlich < lat. nocturnus, ↑Notturno] (Musik): **1.** *elegisches od. träumerisches Charakterstück.* **2.** *Notturno.*

noc|tur|nus 〈Adj.〉 (Med.): *nächtlich, nachts auftretend (bes. von Schmerzen).*

No|e|ma, das; -s, Noemata [griech. nóēma = Gedanke, Sinn] (Philos.): **1.** *Gegenstand des Denkens; Gedanke.* **2.** *(in der Phänomenologie) Inhalt eines Gedankens im Unterschied zum Denkvorgang.*

No|e|sis, die; - [griech. nóēsis = das Denken] (Philos.): **1.** *geistige Tätigkeit; das Denken.* **2.** *(in der Phänomenologie) Denkvorgang im Unterschied zum Inhalt eines Gedankens.*

No|e|tik, die; - (Philos.): *Lehre vom Denken, vom Erkennen geistiger Gegenstände.*

no|e|tisch 〈Adj.〉: **1.** *die Noetik betreffend.* **2.** *die Noesis betreffend.*

no fu|ture ['noʊ 'fjuːtʃə; engl., aus: no = nicht; kein u. future = Zukunft]: Schlagwort als Ausdruck der Hoffnungslosigkeit, als Ausdruck dafür, dass es keine Zukunft für jmdn. (bes. arbeitslose Jugendliche), etw. gibt.

No-Fu|ture-Ge|ne|ra|ti|on, die; -: *junge Generation ohne Zukunftsaussichten zu Beginn der 80er-Jahre in den westeuropäischen Industriestaaten.*

No-Go ['noʊ(')goʊ], das; -[s], -s [engl. no-go = verboten, tabu aus no = nein u. go = gehen]: **1.** (Wirtschaftsjargon) *[im Risikomanagement] Nichterfüllung eines Kriteriums; Stopp.* **2.** (ugs.) *Verbot; Tabu:* dieses rosa Ledertäschchen wäre bei der Vernissage ein [absolutes] N.

No-go-Area ['noʊ(')goʊɛərɪə], die; -, -s [engl. no-go area, aus no-go = verboten, tabu u. area = Gebiet, Gegend] (bes. Politik, Militär): *Stadtteil, Bezirk* (u. a.), *in dem es immer wieder zu gewalttätigen Auseinandersetzungen kommt u. wo die öffentliche Sicherheit nicht gewährleistet ist:* das Stadtviertel gilt unter den Streifenpolizisten als N.

Noir [nɔaːɐ̯], das; -s [frz. noir]: *Schwarz als Farbe u. Gewinnmöglichkeit beim Roulette.*

no iron ['noʊ 'aɪən; nach engl. non-iron = bügelfrei] (Textilind.): *bügelfrei (als Hinweis in Kleidungsstücken).*

Noi|sette [nɔa'zɛt], die; -, -s [nɔa'zɛt] [frz. noisette, eigtl. = Haselnuss, Vkl. von: noix < lat. nux = Nuss]: **1.** Kurzf. von ↑Noisetteschokolade. **2.** 〈meist Pl.〉 *Nüsschen* (2).

Noi|set|te|scho|ko|la|de, die: *Milchschokolade mit fein gemahlenen Haselnüssen.*

NOK [ɛnloː'kaː], das; -[s], -s: Nationales Olympisches Komitee.

Nok|t|am|bu|lis|mus, der; - [zu lat. noctu = nachts u. ambulare = herumgehen] (Med.): *Somnambulismus.*

Nok|tur|ne, die; -, -n (Musik): *Nocturne.*

nö|len 〈sw. V.; hat〉 [urspr. wohl lautm.] (bes. nordd. ugs. abwertend): *nörgeln, mit weinerlicher Stimme klagen* (1 c): nölende Kinder.

no|lens vo|lens [lat. = nicht wollend wollend] (bildungsspr.): *wohl oder übel.*

No|li|me|tan|ge|re, das; -, - [lat. = berühre mich nicht!] (Bot.) *Rührmichnichtan.* **2.** [nach Joh. 20, 17] (Kunstwiss.) *Darstellung der biblischen Szene, in der der auferstandene Jesus Maria Magdalena erscheint.*

Nom. = Nominativ.

No|ma|de, der; -n, -n [lat. Nomades (Pl.) < griech. nomádes (Pl.), zu: nomás = Viehherden weidend u. mit ihnen umherziehend, zu: nomé, nomós = Weide(platz)]: *Angehöriger eines [Hirten]volkes, das innerhalb eines begrenzten Gebietes umherzieht.*

No|ma|den|da|sein, das: *durch Umherziehen gekennzeichnete Lebensweise eines Menschen.*

no|ma|den|haft 〈Adj.〉: *in der Art eines Nomaden [umherziehend].*

No|ma|den|tum, das; -s: **1.** *Nomadismus* (1). **2.** *Nomadenwesen.*

No|ma|den|volk, das: *Volk von Nomaden.*

No|ma|din, die; -, -nen: w. Form zu ↑Nomade.

no|ma|disch 〈Adj.〉 [griech. nomadikós]: *die Nomaden betreffend; zu den Nomaden gehörend:* -e Weidegebiete.

no|ma|di|sie|ren 〈sw. V.; hat〉: **a)** *als Nomade leben, umherziehen:* nomadisierende Stämme. **b)** *zu Nomaden machen:* bereits sesshafte Stämme wurden durch die Ausbreitung des Islams wieder nomadisiert.

No|ma|dis|mus, der; -: **1.** *nomadische Wirtschafts-, Gesellschafts- u. Lebensform.* **2.** (Zool.) *[durch Nahrungssuche u. arteigenen Bewegungstrieb bedingte] ständige [Gruppen]wanderungen von Tierarten.*

Nom de Guerre [nõd(ə)'gɛːɐ̯], der; - - -, -s - - [nõd(ə)'gɛːɐ̯] [frz., urspr. = Name, unter dem jmd. beim Eintritt in die Armee annahm]: frz. Bez. für: Deck-, Künstler-, auch Spottname.

No|men, das; -s, - u. ...mina [lat. nomen = Name] (Sprachwiss.): **1.** *Substantiv.* **2.** (veraltend) *deklinierbares Wort, das weder Pronomen noch Artikel ist (zusammenfassende Bez. für Substantiv u. Adjektiv).*

No|men Ac|ti, das; - -, Nomina - (Sprachwiss.): *von einem Verb abgeleitetes Substantiv, das das Ergebnis eines Geschehens bezeichnet* (z. B. »Bruch« zu »brechen«).

No|men Ac|ti|o|nis, das; - -, Nomina - (Sprachwiss.): *von einem Verb abgeleitetes Substantiv,* *das ein Geschehen bezeichnet (z. B. »Schlaf« zu »schlafen«).*

No|men Agen|tis, das; - -, Nomina - (Sprachwiss.): *von einem Verb abgeleitetes Substantiv, das das [handelnde] Subjekt eines Geschehens bezeichnet (z. B. »Fahrer« zu »fahren«).*

no|men est omen [lat.] (bildungsspr.): *der Name deutet schon darauf hin:* Rolf Bäcker hat – n. e. o. – eine Stelle in einer Brotfabrik angetreten.

No|men In|s|t|ru|men|ti, das; - -, Nomina - (Sprachwiss.): *von einem Verb abgeleitetes Substantiv, das ein Gerät od. Werkzeug, das Mittel einer Tätigkeit bezeichnet (z. B. »Bohrer« zu »bohren«).*

no|men|kla|to|risch ⟨Adj.⟩ (Wissensch.): *eine Nomenklatur betreffend, darauf beruhend.*

No|men|kla|tur, die; -, -en [lat. nomenclatura = Namenverzeichnis]: **a)** *System der Namen u. Fachbezeichnungen, die für ein bestimmtes Fachgebiet, einen bestimmten Wissenschaftszweig o. Ä. [allgemeine] Gültigkeit haben:* die N. der Chemie; **b)** *Verzeichnis der für ein bestimmtes Fachgebiet, einen bestimmten Wissenschaftszweig gültigen Namen u. Bezeichnungen:* in der N. nachschlagen.

No|men|kla|tu|ra, die; - [russ. nomenklatura] (in der UdSSR): **1.** *Verzeichnis der wichtigsten Führungspositionen.* **2.** *Führungsschicht, herrschende Klasse.*

No|men pro|p|ri|um, das; - -, Nomina propria (Sprachwiss.): *Eigenname.*

No|mi|na: Pl. von ↑ Nomen.

no|mi|nal ⟨Adj.⟩ [frz. nominal < lat. nominalis = zum Namen gehörig, namentlich]: **1. a)** (Sprachwiss.) *das Nomen (2) betreffend; zur Wortart Nomen gehörend;* **b)** *substantivisch:* -er Stil (Nominalstil). **2.** (Wirtsch.) *dem Nennwert nach; zahlenmäßig:* -e Lohnerhöhungen.

No|mi|nal|de|fi|ni|ti|on, die (Philos.): *Angabe der Bedeutung eines Wortes, einer Bezeichnung.*

No|mi|nal|le, die; -[s], ...ia (österr. Finanzw.): *Nominalwert [einer Münze].*

No|mi|nal|ein|kom|men, das (Wirtsch.): *(in Form einer bestimmten Summe angegebenes) Einkommen, dessen Höhe allein nichts über seine Kaufkraft aussagt.*

No|mi|nal|grup|pe, die (Sprachwiss.): *Nominalphrase.*

no|mi|na|li|sie|ren ⟨sw. V.; hat⟩ [zu ↑ nominal (1)] (Sprachwiss.): **1.** *substantivieren.* **2.** *einen ganzen Satz in eine Nominalphrase verwandeln* (z. B. der Hund bellt – das Bellen des Hundes).

No|mi|na|li|sie|rung, die; -, -en (Sprachwiss.): **1.** *das Nominalisieren (1, 2).* **2.** *als Nomen gebrauchtes Wort (einer anderen Wortart); Substantivierung (2).*

No|mi|na|lis|mus, der; -: **1.** (Philos.) *Denkrichtung, nach der die Begriffe nur als Namen, Bezeichnungen für einzelne Erscheinungen der Wirklichkeit fungieren, d. h. als Allgemeinbegriffe nur im Denken existieren u. keine Entsprechungen in der Realität haben.* **2.** (Wirtsch.) *volkswirtschaftliche Theorie, nach der das Geld einen Wert nur symbolisiert.*

No|mi|nal|lohn, der (Wirtsch.): vgl. Nominaleinkommen.

No|mi|nal|phra|se, die (Sprachwiss.): *Wortgruppe in einem Satz mit einem Nomen (1) als Kernglied; syntaktische Konstituente, die aus einem [von weiteren Elementen modifizierten] Nomen (1) besteht.*

No|mi|nal|prä|fix, das (Sprachwiss.): *Präfix, das vor einem Nomen (2) tritt* (z. B. Ur-, ur- in Urbild, uralt).

No|mi|nal|stil, der ⟨o. Pl.⟩ (Sprachwiss.): *sprachlicher Stil, der durch eine [als unschön empfundene] Häufung von Substantiven [die von Verben abgeleitet sind] gekennzeichnet ist.*

No|mi|nal|wert, der (Wirtsch.): *Nennwert.*

No|mi|na|ti|on, die; -, -en [lat. nominatio = Benennung]: **a)** (kath. Kirchenrecht) *Ernennung eines bischöflichen Beamten;* **b)** (Geschichte) *Benennung eines Bewerbers für ein Bischofsamt (durch eine Landesregierung);* **c)** (selten) *Nominierung.*

No|mi|na|tiv, der; -s, -e [spätlat. (casus) nominativus = zur Nennung gehörig(er Fall)] (Sprachwiss.): **1.** ⟨o. Pl.⟩ *Kasus, in dem vor allem die den Kern eines grammatischen Subjekts bildenden deklinierbaren Wörter stehen u. dessen [singularische] Formen als Grundformen der deklinierbaren Wörter gelten; Werfall, erster Fall* (Abk.: Nom.): das Substantiv steht im N. [Plural]. **2.** *Wort, das im Nominativ (1) steht:* »er« ist [ein] N. Singular; absoluter N. *(außerhalb eines syntaktischen Gefüges stehender, nur etwas nennender Nominativ).*

no|mi|nell ⟨Adj.⟩ [mit französierender Endung zu frz. nominal, ↑ nominal]: **1.** (bildungsspr.) *[nur] dem Namen nach [bestehend, vorhanden]; nur nach außen hin so bezeichnet:* der Verein hat 200 -e Mitglieder. **2.** (Wirtsch.) *nominal (2).*

no|mi|nie|ren ⟨sw. V.; hat⟩ [lat. nominare = (be)nennen]: *(als Kandidaten bei einer Wahl, als Anwärter auf ein Amt, als Teilnehmer an einem Wettkampf o. Ä.) bestimmen, benennen:* jmdn. für die Wahl zum Bürgermeister n.; einen Fußballspieler [für ein Spiel] n. (Sport; *aufstellen*).

No|mi|nie|rung, die; -, -en: *das Nominieren; das Nominiertwerden.*

No|mo|gra|fie, Nomographie, die; -: *Teilgebiet der Mathematik, das die verschiedenen Verfahren zur Aufstellung von Nomogrammen u. deren Anwendung zum Gegenstand hat.*

No|mo|gramm, das; -s, -e [zu ↑ Nomos u. griech. gráphein = schreiben] (Math.): *Schaubild, Zeichnung als Hilfsmittel zum grafischen Rechnen:* von N. auftellen, benutzen.

No|mo|gra|phie: ↑ Nomographie.

No|mos, der; -, Nomoi [griech. nómos]: **1.** (Philos.) *menschliche Ordnung, vom Menschen gesetztes Recht (im Unterschied zum Naturrecht, göttlichen Recht).* **2.** (Musik) *nach festen, ursprünglich für kultische Zwecke entwickelten Modellen, Regeln komponierte [gesungene] Weise der altgriechischen Musik.*

Non, die; -, -en: *None (1).*

No|na|gon, das; -s, -e [zu lat. nonus = der neunte u. griech. gōnía = Winkel] (Math.): *Neuneck.*

No-Name-Pro|dukt, No|name|pro|dukt ['noʊ-'neɪm..., 'noʊneɪm...], das; -[e]s, -e [engl. no name = kein Name]: *neutral verpackte Ware ohne Marken- od. Firmenzeichen: wegen der meist guten Qualität werden -e immer beliebter.*

Non-Book ['nɔn(')bʊk], das; -[s], -s [zu engl. non-book = kein Buch (seiend)]: *Non-Book-Artikel.*

Non-Book-Ar|ti|kel, Non|book|ar|ti|kel, der: *in einer Buchhandlung angebotener Artikel, der kein Buch ist* (z. B. Spiele, CDs).

Non|cha|lance [nõʃaˈlãːs], die; - [frz. nonchalance, ↑ nonchalant] (bildungsspr.): *[liebenswürdige] Lässigkeit, Ungezwungenheit, Unbekümmertheit:* jmdm. mit gespielter N. entgegentreten.

non|cha|lant [nõʃaˈlã-, bei attr. Gebrauch: nõʃaˈlant...] ⟨Adj.⟩ [frz. nonchalant, aus: non- = nicht- u. a(fr)z. chalant, 1. Part. von: chaloir < lat. calere = sich erwärmen für jmdn., etw.] (bildungsspr.): *[liebenswürdig] ungezwungen, unbekümmert, lässig:* n. über etw. hinweggehen.

Non-Co|ope|ra|tion, Non|co|ope|ra|tion ['nɔnkoʊɔpə(ˈ)reɪʃən], die; - [engl. non-co-operation = Nichtzusammenarbeit]: *Vorgehensweise Mahatma Gandhis, mit der er durch Verweigerung der Zusammenarbeit mit den briti-*

schen Behörden u. durch Boykott britischer Einrichtungen die Unabhängigkeit Indiens zu erreichen suchte.

No|ne, die; -, -n: **1.** [mlat. nona < lat. nona (hora) = die 9. Stunde] (kath. Kirche) *Hore (a) des Stundengebets (um 15 Uhr).* **2.** [zu lat. nonus = der neunte] (Musik) **a)** *neunter Ton einer diatonischen Tonleiter;* **b)** *Intervall von neun diatonischen Tonstufen.*

No|nen ⟨Pl.⟩ [lat. Nonae (dies)]: *(im altrömischen Kalender) neunter Tag vor den Iden.*

No|nen|ak|kord, der [zu ↑ None (2)] (Musik): *aus vier Terzen bestehender Akkord.*

Non-Es|sen|tials, Non|es|sen|tials ['nɔn-ɪ(ˈ)senʃlz] ⟨Pl.⟩ (engl. non-essentials, aus: non = nicht u. essential = das Notwendigste, Wesentliche] (Wirtsch.): *nicht lebensnotwendige Güter.*

No|nett, das; -[e]s, -e [ital. nonetto, zu: nono = der neunte, geb. nach ↑ Duett, Quartett] (Musik): **a)** *Komposition für neun Soloinstrumente;* **b)** *aus neun Instrumentalsolisten bestehendes Ensemble.*

Non-Fic|tion, Non|fic|tion [(')nɔnˈfɪkʃn], die; -, auch: das; -[s] [engl.-amerik. non-fiction = nicht Erdachtes] (bildungsspr.): *Sach- od. Fachbuch.*

non|fi|gu|ra|tiv ⟨Adj.⟩ [aus lat. non = nicht u. ↑ figurativ] (bild. Kunst): *nicht gegenständlich; gegenstandslos (2).*

Non-Food, Non|food ['nɔn(ˈ)fuːd], das; -[s], -s [engl. non-food = kein Lebensmittel (seiend)]: *Non-Food-Artikel.*

Non-Food-Ab|tei|lung, Non|food|ab|tei|lung, die: *Abteilung in Einkaufszentren o. Ä., in der keine Lebensmittel, sondern andere Gebrauchsgüter verkauft werden.*

Non-Food-Ar|ti|kel, Non|food|ar|ti|kel, der: *in einer Non-Food-Abteilung angebotener Artikel* (z. B. Elektrogeräte).

non-iron ['nɔn(ˈ)(l)aɪən] (Textilind.): *no iron.*

No|ni|us, der; -, Nonien, auch: -se [nach dem latinis. Namen des port. Mathematikers P. Nunes (1492–1577)]: *verschiebbarer zusätzlicher Messstab (z. B. an Schieblehren o. Ä.), der das Ablesen von Bruchteilen der Einheiten des eigentlichen Messstabes ermöglicht.*

non|kon|form [auch: ˈnɔn...] (bildungsspr.): *nicht angepasst; nonkonformistisch (1).*

Non|kon|for|mis|mus [auch: ˈnɔn...], der; - [engl. nonconformism] (bildungsspr.): *von der herrschenden Meinung, den bestehenden Verhältnissen unabhängige Einstellung, Auffassung.*

Non|kon|for|mist [auch: ˈnɔn...], der; -en, -en: **1.** (bildungsspr.) *jmd., der sich nicht konformistisch (1 a) verhält.* **2.** [engl. nonconformist] *Anhänger einer der britischen protestantischen Kirchen, die die (anglikanische) Staatskirche ablehnen.*

Non|kon|for|mis|tin [auch: ˈnɔn...], die; -, -nen: *w. Form zu ↑ Nonkonformist.*

non|kon|for|mis|tisch [auch: ˈnɔn...] ⟨Adj.⟩: **1.** (bildungsspr.) **a)** *den Nonkonformismus betreffend;* **b)** *als Nonkonformist (1) denkend, handelnd.* **2. a)** *nicht im Sinne der britischen (anglikanischen) Staatskirche;* **b)** *als Nonkonformist (2) denkend, handelnd.*

Non|kon|for|mi|tät [auch: ˈnɔn...], die; - (bildungsspr.): **1.** *Nichtübereinstimmung; mangelnde Anpassung.* **2.** *Nonkonformismus.*

Non|ne, die; -, -n [mhd. nonne, nunne, ahd. nunna < kirchenlat. nonna < spätlat. nonna = Amme]: **1.** *Angehörige eines Frauenordens:* sie wollte als Mädchen gerne N. werden; sie lebt wie eine N. *(zurückgezogen, sexuell enthaltsam).* **2.** *[die Färbung erinnert an die Tracht einer Nonne] Nachtfalter mit grauen Hinterflügeln u. weißlichen, schwarz gemusterten Vor-*

derflügeln (dessen stark behaarte Raupen als Forstschädlinge auftreten). **3.** *(Bauw.) rinnenförmig nach unten gewölbter Dachziegel, der in Verbindung mit entgegengesetzt gewölbten Mönchen (2) verwendet wird.*
Non|nen|klos|ter, *das: Kloster eines Frauenordens.*
Non|nen|tracht, *die:* vgl. Tracht (1).
non olet [lat.; vgl. Geld (1)] *(bildungsspr.): Geld stinkt nicht.*
Non-Pa|per, Non|pa|per ['nɔn(')peɪpɐ], *das; -s, -[s]* [engl. non-paper, aus: non- = nicht- u. paper = Veröffentlichung] *(Politik): nicht sanktionierte u. daher offiziell nicht zitierfähige Veröffentlichung.*
Non|pa|reille [nõpa'rɛːj], *die; -, -s* [frz. nonpareille = die Unvergleichliche, zu: non = nicht, un- u. pareil = gleich]: **1.** *kleine, farbige Zuckerkörner zum Bestreuen von Backwerk o. Ä.* **2.** ⟨o. Pl.⟩ *(Druckw.) Schriftgrad von 6 Punkt.*
Non|plus|ul|tra, *das; -* [lat. non plus ultra = nicht noch weiter] *(oft scherzh. od. spött.): etw., was nicht besser sein könnte, als es ist: es gab viele Geschenke, aber das N. war das Handy.*
Non-Profit-Or|ga|ni|sa|ti|on, Non|pro|fit|or|ga|ni|sa|ti|on [(')nɔn'prɔfɪt...], *die* [zu engl. nonprofit = nicht auf Gewinn ausgerichtet]: *öffentliche od. private Organisation od. Institution, die Dienstleistungen erbringt, ohne damit Gewinn erzielen zu wollen.*
Non-Pro|fit-Un|ter|neh|men, Non|pro|fit|un|ter|neh|men [(')nɔn'prɔfɪt...], *das* [zu engl. non-profit = nicht auf Gewinn ausgerichtet]: *Unternehmen, das ohne die Absicht, Gewinn zu erzielen, tätig ist: die Klinik wird in Form einer Stiftung als N. geführt.*
Non|pro|li|fe|ra|ti|on [(')nɔnprouˈlɪfəˈreɪʃn̩], *die; -* [engl. non-proliferation, aus: non = nicht u. proliferation = Vermehrung] *(Politik): Nichtweitergabe [von Atomwaffen].*
non scho|lae, sed vi|tae dis|ci|mus [-ˈsçoːlɛ ---, -ˈskoːlɛ ---; lat. = nicht für die Schule, sondern für das Leben lernen wir; belehrend umgekehrt zitiert nach dem römischen Autor Seneca (4 v. Chr. bis 65 n. Chr.) im 106. Brief an seinen Freund Lucilius: Non vitae, sed scholae discimus = leider nicht für das Leben, sondern für die Schule lernen wir] *(bildungsspr.): was man lernt, lernt man für sich selbst.*
Non|sens, *der; -, auch: -es* [engl. nonsense, aus: non = nicht, un- u. sense = Sinn]: *[ärgerlicher] Unsinn:* N. reden.
non|stop ['nɔn·stɔp, 'nɔnstɔp, auch: ...ʃt...] ⟨Adv.⟩ [engl. non-stop]: *ohne Unterbrechung, Pause:* das Kino spielt n.; n. *(ohne Zwischenlandung)* fliegen.
Non|stop, *der; -s, -s: Nonstop-Flug.*
Non|stop-Flug, Non|stop|flug, *der: Flug ohne Zwischenlandung.*
Non|stop-Ki|no, Non|stop|ki|no, *das: Kino, in dem bei durchgehendem Einlass ununterbrochen Filme gezeigt werden.*
Non|va|leur [nõva'løːɐ̯], *der; -s, -s* [frz. non-valeur, aus: non = nicht, un- u. valeur = Wert]: **1.** *(Wirtsch.) a) [fast] wertloses Wertpapier;* **b)** *Investition, die keinen Ertrag abwirft.* **2. a)** ⟨Pl. auch -e⟩ *(schweiz.) unfähiger Mensch; Versager:* er ist und bleibt ein Schwätzer und N.; **b)** *(bildungsspr. veraltend) etwas Wertloses, Unnützes:* all seine schönen Worte erwiesen sich später als -s.
non|ver|bal [auch: 'nɔn...] ⟨Adj.⟩ [aus lat. non = nicht u. ↑ verbal] *(Fachspr.): nicht mithilfe der Sprache, sondern durch Gestik, Mimik od. optische Zeichen vermittelt: -e Kommunikation.*
Noor, *der; -[e]s, -e* [dän. nor, zu: narv = Narbe, Vertiefung] (nordd.): *Haff.*
Nop|pe, *die; -, -n* ⟨meist Pl.⟩ [spätmhd. mnie-

derd. noppe = Knötchen im Gewebe, Wollflocke]: **1.** *knotenartige Verdickung in einem Garn, Gewebe:* -n stricken. **2.** *höckerartige Erhebung auf einer Oberfläche:* die Gummimatte hat an der Unterseite -n.
nop|pen ⟨sw. V.; hat⟩ (Fachspr.): **a)** [spätmhd. noppen] *aus einem Gewebe Noppen auszupfen:* einen Stoff n.; **b)** *mit Noppen (1, 2) versehen:* ein Garn beim Spinnen n.; ein genoppter Pullover.
Nor, *das; -s* [gek. aus Noricum = röm. Provinz in den Ostalpen] *(Geol.): Stufe der oberen Trias (2).*
¹**Nord** ⟨o. Pl.; unflekt.; o. Art.⟩ [mhd. nort, ahd. nord, urspr. = weiter nach unten (Gelegenes)]: **a)** (bes. Seemannsspr., Meteorol.) *Norden (1) (gewöhnlich in Verbindung mit einer Präp.): der Wind kommt aus N., von N.; Menschen aus N. und Süd;* **b)** *(nachgestellte nähere Bestimmung bei geografischen Namen o. Ä.) als Bezeichnung des nördlichen Teils od. zur Kennzeichnung der nördlichen Lage, Richtung (Abk.: N): er wohnt in Ludwigshafen (N)/Ludwigshafen-N.*
²**Nord,** *der; -[e]s, -e* ⟨Pl. selten⟩ (Seemannsspr., dichter.): *Nordwind.*
Nord|af|ri|ka; *-s: nördlicher Teil Afrikas.*
nord|af|ri|ka|nisch ⟨Adj.⟩: *Nordafrika betreffend, aus Nordafrika stammend, zu Nordafrika gehörend.*
Nord|ame|ri|ka; *-s: nördlicher Teil Amerikas.*
nord|ame|ri|ka|nisch ⟨Adj.⟩: *Nordamerika betreffend, aus Nordamerika stammend, zu Nordamerika gehörend.*
Nord|at|lan|tik|pakt, *der:* ↑ NATO.
nord|deutsch ⟨Adj.⟩: **a)** *zu Norddeutschland gehörend, aus Norddeutschland stammend:* die -e Bevölkerung; **b)** *für Norddeutschland, die Norddeutschen charakteristisch:* er sprach mit -em Akzent.
Nord|deutsch|land; *-s: nördlicher Teil Deutschlands.*
Nor|den, *der; -s* [mhd. norden, ahd. nordan]: **1.** ⟨meist ohne Art.⟩ *dem Süden entgegengesetzte Himmelsrichtung, in der die Sonne nachts ihren tiefsten Stand erreicht (gewöhnlich in Verbindung mit einer Präp.): der Wind weht aus N.* **2. a)** *gegen Norden (1), im Norden gelegener Bereich, Teil (eines Landes, Gebiets, einer Stadt o. Ä.):* der N. des Landes; **b)** *Gebiet der nördlichen Länder; nördlicher Bereich der Erde, bes. Skandinavien:* das raue Klima des -s; der hohe, höchste N. *(die weit nördlich gelegenen Gebiete der Erde).*
Nord|eu|ro|pa; *-s: nördlicher Teil Europas.*
nord|eu|ro|pä|isch ⟨Adj.⟩: *Nordeuropa betreffend, aus Nordeuropa stammend, zu Nordeuropa gehörend.*
Nord|flan|ke, *die:* **a)** vgl. Nordseite: *an der N. des Hochs strömt kalte Meeresluft ein;* **b)** *(bes. Militär) nördlicher Rand.*
Nord|flü|gel, *der:* **a)** *nördlicher Flügel (4) eines Gebäudes;* **b)** *nördlicher Flügel (3 a) einer Armee o. Ä.*
nord|frie|sisch ⟨Adj.⟩: *Nordfriesland betreffend, aus Nordfriesland stammend, zu Nordfriesland gehörend:* die Nordfriesischen Inseln.
Nord|fries|land; *-s: Gebiet im nordwestlichen Schleswig-Holstein.*
Nord|ger|ma|ne, *der: Angehöriger des nördlichen Zweiges der Germanen in Dänemark, Norwegen, Schweden, Island u. Grönland.*
Nord|ger|ma|nin, *die:* w. Form zu ↑ Nordgermane.
nord|ger|ma|nisch ⟨Adj.⟩: *die Nordgermanen betreffend, zu ihnen gehörend.*
Nord|gren|ze, *die: Grenze nach Norden.*
Nord|halb|ku|gel, *die: nördliche Halbkugel, bes. der Erde.*
Nor|dic Wal|king [-ˈwɔːkɪŋ], *das; - -[s]* [engl. aus:

Nordic = nordisch u. walking, ↑ Walking]: *Walking mit hüfthohen Stöcken.*
Nord|ire, *der:* Ew.
Nord|irin, *die:* w. Form zu ↑ Nordire.
nord|irisch ⟨Adj.⟩: *Nordirland, die Nordiren betreffend; zu Nordirland gehörend, aus Nordirland stammend.*
Nord|ir|land; *-s: nördlicher, zu Großbritannien gehörender Teil Irlands.*
nor|disch ⟨Adj.⟩: **1.** *zum Norden (2 b) gehörend, daher stammend:* die -en Sagen; die -en Sprachen *(Norwegisch, Schwedisch, Dänisch, Isländisch);* -e Kombination (Ski; *Sprunglauf u. 15-km-Langlauf).* **2.** *(nationalsoz.) (in der rassistischen Ideologie des Nationalsozialismus einem bes. in Nordeuropa vorkommenden (vorgeblichen) Menschentypus angehörend, entsprechend: für den schlanker, hoher Wuchs, blondes Haar u. blaue Augen typisch sind.*
Nor|dis|tik, *die; -: Wissenschaft, die die nordischen Sprachen u. Literaturen zum Gegenstand hat.*
Nord|ko|rea; *-s: Staat im nördlichen Teil der Halbinsel Korea (amtlich: Demokratische Volksrepublik Korea).*
Nord|ko|re|a|ner, *der:* Ew.
Nord|ko|re|a|ne|rin; w. Form zu ↑ Nordkoreaner.
nord|ko|re|a|nisch ⟨Adj.⟩: *Nordkorea, die Nordkoreaner betreffend; von den Nordkoreanern stammend, zu ihnen gehörend.*
Nord|küs|te, *die: nördliche Küste:* die N. Siziliens, des Golfs von Mexiko.
Nord|land, *das* ⟨Pl. ...länder; meist Pl.⟩ (selten): *nördliches, bes. skandinavisches Land; Gebiet im Norden.*
nord|län|disch ⟨Adj.⟩: *zu den nördlichen Ländern gehörend, aus ihnen stammend, dafür charakteristisch.*
Nord|land|rei|se, *die: Reise in, durch die nördlichen, bes. die skandinavischen Länder.*
¹**nörd|lich** ⟨Adj.⟩: **1.** *im Norden (1) gelegen:* die -e Halbkugel; am -en Himmel *(am Himmel in nördlicher Richtung).* **2. a)** *nach Norden (1) gerichtet:* in -er Richtung; **b)** *aus Norden (1) wehend:* -e Winde. **3.** (selten) **a)** *zum Norden (2 b) gehörend, daher stammend:* die -e Flora und Fauna; **b)** *für den Norden (2 b), seine Bewohner charakteristisch:* ein kühles, -es Temperament; »Mein Gott«, staunte Madame Bieler, »sind Sie ein Grieche?« und starrte die eher dicke, ungefüge und -e Gestalt des Herrn Archilochos an (Dürrenmatt, Grieche 16).
²**nörd|lich** ⟨Präp. mit Gen.⟩: *nördlich von; weiter im, gegen Norden [gelegen] als:* [20 km] n. der Grenze; n. Hamburgs (selten: *nördlich von Hamburg*).
³**nörd|lich** ⟨Adv.⟩: *im Norden:* das Dorf liegt n. von hier, von Köln.
Nord|licht, *das* ⟨Pl. ...lichter⟩: **1.** [LÜ von dän., norw. nordlys] *im Norden auftretendes Polarlicht.* **2.** *(scherzh., auch abwertend; aus süddeutscher, bes. bayrischer Sicht) aus Norddeutschland stammende Persönlichkeit des öffentlichen Lebens, bes. der Politik.*
¹**Nord|nord|ost** ⟨o. Pl.; unflekt.; o. Art.⟩ (Seemannsspr., Meteorol.): *Nordnordosten (gewöhnlich in Verbindung mit einer Präp.; Abk.: NNO).*
²**Nord|nord|ost,** *der* ⟨Pl. selten⟩ (Seemannsspr.): *Wind aus nordnordöstlicher Richtung.*
Nord|nord|os|ten, *der* ⟨meist o. Art.⟩: *Richtung zwischen Norden u. Nordosten (gewöhnlich in Verbindung mit einer Präp.; Abk.: NNO).*
nord|nord|öst|lich ⟨Adj.⟩: vgl. ²östlich, ²östlich, ³östlich.
¹**Nord|nord|west** ⟨o. Pl.; unflekt.; o. Art.⟩ (Seemannsspr., Meteorol.): *Nordnordwesten*

(gewöhnlich in Verbindung mit einer Präp.; Abk.: NNW).
²**Nord|nord|west**, der ⟨Pl. selten⟩ (Seemannsspr.): *Wind aus nordnordwestlicher Richtung.*
Nord|nord|wes|ten, der ⟨meist o. Art.⟩: *Richtung zwischen Norden u. Nordwesten* (gewöhnlich in Verbindung mit einer Präp.; Abk.: NNW).
nord|nord|west|lich ⟨Adj.⟩: vgl. ¹westlich, ²westlich, ³westlich.
¹**Nord|ost** ⟨o. Pl.; unflekt.; o. Art.⟩: **a)** (bes. Seemannsspr., Meteorol.) *Nordosten* (1) (gewöhnlich in Verbindung mit einer Präp.; Abk.: NO); **b)** (als nachgestellte nähere Bestimmung vor allem bei geografischen Namen) vgl. ¹*Nord* (1 b).
²**Nord|ost**, der ⟨Pl. selten⟩ (Seemannsspr., dichter.): vgl. ²Nord.
Nord|os|ten, der: **1.** ⟨meist ohne Art.⟩ *Richtung zwischen Norden u. Osten* (gewöhnlich in Verbindung mit einer Präp.; Abk.: NO). **2.** vgl. Norden (2 a).
¹**nord|öst|lich** ⟨Adj.⟩: vgl. ¹nördlich (1, 2).
²**nord|öst|lich** ⟨Präp. mit Gen.⟩: vgl. ²nördlich.
³**nord|öst|lich** ⟨Adv.⟩: vgl. ³nördlich.
Nord|ost|wind, der: vgl. Nordwind.
Nord|pol, der: **1.** *nördlicher Pol eines Planeten* (bes. der Erde) *u. der Himmelskugel* (1). **2.** *Pol eines Magneten, das das natürliche Bestreben hat, sich nach Norden auszurichten.*
Nord|po|lar|ge|biet, das: *im Bereich des Nordpols liegendes Gebiet.*
Nord|po|lar|meer, das; -[e]s: *arktisches Nebenmeer des Atlantischen Ozeans.*
Nord|rand, der: *nördlicher Rand (bes. eines Gebietes, eines Gebirges, einer Stadt).*
Nord|rhein-West|fa|len, -s: *deutsches Bundesland* (Abk.: NRW).
nord|rhein-west|fä|lisch ⟨Adj.⟩: *Nordrhein-Westfalen betreffend, aus Nordrhein-Westfalen stammend.*
Nord|see, die; -: *nordöstliches Randmeer des Atlantischen Ozeans.*
Nord|see|küs|te, die: *an die Nordsee grenzende Küste.*
Nord|sei|te, die: *nach Norden gelegene Seite:* die *N. des Hauses.*
Nord|staat, der: **a)** *im Norden gelegener Teilstaat eines Bundesstaates:* die -en USA; **b)** ⟨Pl.⟩ (Geschichte) *die Bundesstaaten im Norden der USA, die im Bürgerkrieg gegen die Südstaaten kämpften;* **c)** ⟨meist Pl.⟩ *Staat im nördlichen Teil eines Kontinents:* die -en Afrikas.
Nord|stern, der; -[e]s: *Polarstern.*
Nord-Süd-Ge|fäl|le, das ⟨Pl. selten⟩ (Politik): *wirtschaftliches Gefälle* (2) *zwischen den Industriestaaten (auf der nördlichen Halbkugel) u. den Entwicklungsländern (auf der südlichen Halbkugel):* Ü ein N. innerhalb Europas, Deutschlands, Bayerns.
Nord-Süd-Kon|flikt, der (Politik): *Konflikt, der sich aus einem Nord-Süd-Gefälle ergibt.*
nord|süd|lich ⟨Adj.⟩: *von Norden nach Süden [verlaufend]:* in -er Richtung.
Nord|ufer, das: *nördliches Ufer.*
Nord|vi|et|nam; -s: *nördlicher Teil Vietnams.*
Nord|wand, die: *nördliche Wand (z. B. eines Berges).*
nord|wärts ⟨Adv.⟩ [↑ -wärts]: **a)** *in nördliche[r] Richtung, nach Norden;* **b)** ⟨selten⟩ *im Norden.*
¹**Nord|west** ⟨o. Pl.; unflekt.; o. Art.⟩: **a)** (bes. Seemannsspr., Meteorol.) *Nordwesten* (1) (gewöhnlich in Verbindung mit einer Präp.; Abk.: NW); **b)** (als nachgestellte nähere Bestimmung vor allem bei geografischen Namen) vgl. ¹*Nord* (1 b).
²**Nord|west**, der ⟨Pl. selten⟩ (Seemannsspr., dichter.): vgl. ²Nord.
Nord|wes|ten, der: **1.** ⟨meist ohne Art.⟩ *Richtung zwischen Norden u. Westen* (gewöhnlich in Verbindung mit einer Präp.; Abk.: NW). **2.** vgl. Norden (2 a).

¹**nord|west|lich** ⟨Adj.⟩: vgl. ¹nördlich (1, 2).
²**nord|west|lich** ⟨Präp. mit Gen.⟩: vgl. ²nördlich.
³**nord|west|lich** ⟨Adv.⟩: vgl. ³nördlich.
Nord|west|wind, der: vgl. Nordwind.
Nord|wind, der: *aus Norden wehender Wind.*
Nör|ge|lei, die; -, -en (abwertend): **1.** ⟨o. Pl.⟩ *[dauerndes] Nörgeln.* **2.** ⟨meist Pl.⟩ *nörgelnde Äußerung, Bemerkung.*
nör|ge|lig, nörglig ⟨Adj.⟩ (abwertend): *zum Nörgeln neigend:* ein -er Mensch.
nör|geln ⟨sw. V.; hat⟩ [lautm., urspr. = murren, brummen] (abwertend): **a)** *mit nichts zufrieden sein u. daher (ständig) mürrisch u. kleinliche Kritik üben:* über alles, den ganzen Tag n.; ihr nörgelnder Nachbar; **b)** *an jmdm. od. etw. griesgrämig u. kleinlich Kritik üben:* sie hat schon wieder über das Essen genörgelt.
Nörg|ler, der; -s, - (abwertend): *jmd., der nörgelt.*
Nörg|le|rin, die; -, -nen: w. Form zu ↑ Nörgler.
nörg|le|risch ⟨Adj.⟩ (abwertend): *von, in der Art eines Nörglers.*
nörg|lig: ↑ nörgelig.
Norm, die; -, -en [mhd. norme < lat. norma = Winkelmaß; Regel, wahrsch. über das Etrusk. < griech. gnōmōn = Kenner; Maßstab]: **1.** ⟨meist Pl.⟩ **a)** *allgemein anerkannte, als verbindlich geltende Regel für das Zusammenleben der Menschen:* ethische -en; sprachliche -en (*Sprachnormen*); **b)** *Rechtsnorm;* **c)** *(in Wirtschaft, Industrie, Technik, Wissenschaft) Vorschrift, Regel, Richtlinien o. Ä. für die Herstellung von Produkten, die Durchführung von Verfahren, die Anwendung von Fachtermini o. Ä.:* technische -en; europäische -en (*Normen, die in der EU gelten*). **2.** *übliche, den Erwartungen entsprechende Beschaffenheit, Größe, Qualität o. Ä.; Durchschnitt.* **3.** *festgesetzte, vom Arbeitnehmer geforderte Arbeitsleistung.* **4.** (Sport) *(von einem Sportverband) als Voraussetzung zur Teilnahme an einem Wettkampf vorgeschriebene Mindestleistung.* **5.** (Verlagsw.) *klein auf den unteren Rand der ersten Seite eines Druckbogens gedruckter Titel [u. Verfassername] eines Buches [in verkürzter od. verschlüsselter Form].*
nor|mal ⟨Adj.⟩ [lat. normalis = nach dem Winkelmaß gemacht, zu: norma, ↑ Norm]: **1. a)** *der Norm* (2) *entsprechend; vorschriftsmäßig:* der Puls ist n.; **b)** *so [beschaffen, geartet], wie es sich die allgemeine Meinung als das Übliche, Richtige vorstellt:* unter -en Verhältnissen; **c)** ⟨nicht standardspr.⟩ (ugs.) *normalerweise.* **2.** ⟨veraltend⟩ *in [geistiger] Entwicklung u. Wachstum keine ins Auge fallenden Abweichungen aufweisend:* bist du noch n. ? (salopp; *Ausruf des Ärgers, der Entrüstung über jmds. Verhalten o. Ä.*).

In dieser älteren, wertenden Bedeutung sollte das Wort *normal* im öffentlichen Sprachgebrauch nicht mehr verwendet werden. Das gilt besonders dann, wenn es als Gegensatzwort zu *geistig behindert* gemeint ist.

Nor|mal, das; -s, -e: **1.** (Fachspr.) *mit besonderer Genauigkeit hergestellter Maßstab, der zur Kontrolle für andere verwendet wird.* **2.** ⟨meist ohne Art., meist Pl.⟩ Kurzf. von ↑ Normalbenzin.
Nor|mal|be|din|gung, die ⟨meist Pl.⟩ (Physik, Technik): *festgelegte physikalische Bedingung (z. B. Druck, Temperatur) für einen bestimmten Zustand eines Systems.*
Nor|mal|ben|zin, das: *Benzin mit geringerer Klopffestigkeit, mit niedriger Oktanzahl.*
Nor|mal|bür|ger, der: *Durchschnittsbürger.*

Nor|mal|bür|ge|rin, die: w. Form zu ↑ Normalbürger.
Nor|ma|le, die/eine Normale; der/einer Normalen od. Normale, die Normalen/zwei Normale od. Normalen (Math.): *auf einer Ebene od. Kurve in einem vorgegebenen Punkt errichtete Senkrechte; Tangentenlot.*
nor|ma|ler|wei|se ⟨Adv.⟩: *unter normalen Umständen; im Allgemeinen.*
Nor|mal|fall, der: *normalerweise eintretender, vorliegender Fall.*
Nor|mal|film, der: *Film von 35 mm Breite.*
Nor|mal|ge|wicht, das: *einer bestimmten Norm entsprechendes Gewicht [einer Person].*
nor|ma|li|sie|ren ⟨sw. V.; hat⟩ [frz. normaliser]: **a)** *wieder auf die allgemein übliche Weise gestalten:* wir konnten die Beziehungen n.; **b)** ⟨n. + sich⟩ *wieder normal* (1 b) *werden; wieder in einen allgemein üblichen Zustand zurückkehren:* die Verhältnisse in der Stadt haben sich normalisiert.
Nor|ma|li|sie|rung, die; -, -en: *das [Sich]normalisieren.*
Nor|ma|li|tät, die; -: **1.** *normaler Zustand, normale Beschaffenheit.* **2.** (selten) *Vorschriftsmäßigkeit.*
Nor|mal|maß, das: **1.** *normales* (1 b), *übliches Maß.* **2.** *geeichtes Maß, nach dem die Maßeinheiten ausgerichtet sind.*
Nor|mal|null, das ⟨o. Pl.⟩ (Geodäsie): *festgelegte Höhe, auf die sich die Höhenmessungen beziehen* (Abk.: N. N., NN).
Nor|ma|lo, der; -s, -s (salopp): *jmd., der in seiner äußeren Erscheinung, seinem Verhalten, seinen Einstellungen o. Ä. den allgemeinen Vorstellungen, Erwartungen entspricht, nicht auffällt.*
Nor|mal|schan|ze, die (Skisport): *Sprungschanze für Weiten bis zu 100 m.*
Nor|mal|spur, die ⟨Pl. selten⟩: *(für Mitteleuropa) einheitlich festgelegte Weite der Spur der Eisenbahnschienen.*
nor|mal|sterb|lich ⟨Adj.⟩ (oft scherzh.): *(von Menschen) einfach, gewöhnlich, durchschnittlich.*
Nor|mal|sterb|li|che ⟨vgl. Sterbliche⟩ (oft scherzh.): *gewöhnliche weibliche Person, Durchschnittsmensch.*
Nor|mal|sterb|li|cher ⟨vgl. Sterblicher⟩ (oft scherzh.): *gewöhnliche männliche Person, Durchschnittsmensch.*
Nor|mal|tem|pe|ra|tur, die: vgl. Normalgewicht.
Nor|mal|uhr, die: **1.** *genau gehende Uhr, deren Zeitanzeige maßgebend für die Zeitanzeige anderer Uhren ist.* **2.** *auf Straßen u. Plätzen o. Ä. stehende elektrische Uhr, die die Normalzeit anzeigt.*
Nor|mal|ver|brau|cher, der: **a)** *jmd., der eine durchschnittliche Menge von Konsumgütern verbraucht; durchschnittlicher Verbraucher;* **b)** (leicht abwertend) *jmd., dessen [geistige] Ansprüche nicht über den Durchschnitt hinausgehen:* * Otto N. (↑ Otto 2).
Nor|mal|ver|brau|che|rin, die: w. Form zu ↑ Normalverbraucher.
Nor|mal|ver|die|ner, der: *jmd., der einen durchschnittlichen Verdienst hat.*
Nor|mal|ver|die|ne|rin, die: w. Form zu ↑ Normalverdiener.
Nor|mal|zeit, die: *für ein bestimmtes größeres Gebiet geltende Einheitszeit.*
Nor|mal|zu|stand, der: **1.** *normaler* (1 b) *Zustand.* **2.** (Fachspr.) *Zustand unter Normalbedingungen.*
Nor|man|die [auch: ...maˈdiː], die; -: *Landschaft in Nordwestfrankreich.*
Nor|man|ne, der; -n, -n: *Angehöriger eines nordgermanischen Volkes.*

Nor|man|nin, die; -, -nen: w. Form zu ↑ Normanne.

nor|man|nisch ⟨Adj.⟩: *die Normannen betreffend, von ihnen stammend, zu ihnen gehörend.*

nor|ma|tiv ⟨Adj.⟩ (bildungsspr.): *als Richtschnur, Norm dienend; eine Regel, einen Maßstab für etw. darstellend, abgebend.*

Nor|ma|ti|vi|tät, die; -, -en (bildungsspr.): a) ⟨o. Pl.⟩ *das Normativsein;* b) *normative Wirkung.*

Norm|blatt, das: *(vom Deutschen Institut für Normung herausgegebenes) Verzeichnis mit normativen Festlegungen (z. B. im Hinblick auf Größen in der Technik).*

nor|men ⟨sw. V.; hat⟩ (Fachspr.): *(zur Vereinheitlichung) für etw. eine Norm (1 c) aufstellen: Papierformate n.; genormte (einer Norm 1 c entsprechende) Maschinenteile.*

Nor|men|aus|schuss, der: *Ausschuss (2), der Normen (1 c) aufstellt, festlegt.*

Nor|men|kon|t|rol|le, die (Rechtsspr.): *durch ein Gericht vorgenommene Prüfung u. Entscheidung der Frage, ob eine Rechtsnorm (z. B. ein Gesetz) einer anderen übergeordneten (z. B. der Verfassung) widerspricht od. nicht.*

Nor|men|kon|t|roll|kla|ge, die (Rechtsspr.): *Klage der Bundes- od. einer Landesregierung od. eines Drittels der Mitglieder des Bundestages beim Bundesverfassungsgericht zur Klärung der Vereinbarkeit eines Bundes- od. Landesgesetzes mit dem Grundgesetz od. eines Landesgesetzes mit dem Bundesrecht.*

norm|ge|recht ⟨Adj.⟩: *der Norm (3,5) entsprechend.*

nor|mie|ren ⟨sw. V.; hat⟩ [frz. normer < lat. normare = korrekt einrichten] (bildungsspr.): a) *nach einem einheitlichen Schema, in einer bestimmten Weise festlegen;* b) *normen: normierte Größen.*

Nor|mie|rung, die; -, -en: *das Normieren; das Genormtwerden.*

Nor|mung, die; -, -en (Fachspr.): a) *das Normen;* b) *das Genormtsein.*

Norm|ver|brauchs|ab|ga|be, die (österr. Steuerw.): *bei Kauf eines Kraftfahrzeugs anfallende Steuer, deren Höhe nach dem Treibstoffverbrauch des Fahrzeuges berechnet wird.*

norm|wid|rig ⟨Adj.⟩: *der Norm zuwiderlaufend, nicht entsprechend.*

North Ca|ro|li|na [ˈnɔːθ kærəˈlaɪnə]; - -s: Bundesstaat der USA.

North Da|ko|ta [ˈnɔːθ dəˈkoʊtə]; - -s: Bundesstaat der USA.

Nor|ther [ˈnɔːðə], der; -s, - [engl. norther, zu: north]: **1.** *heftiger, kalter Nordwind in Nord- u. Mittelamerika.* **2.** *heißer, trockener Wüstenwind an der Südküste Australiens.*

Nor|we|gen; -s: Staat in Nordeuropa.

¹**Nor|we|ger,** der; -s, -: **1.** Ew. **2.** Kurzf. von Norwegerpullover.

²**Nor|we|ger** ⟨indekl. Adj.⟩ (seltener): die N. Fjorde.

Nor|we|ge|rin, die; -, -nen: w. Form zu ↑ ¹Norweger.

Nor|we|ger|mus|ter, das; -s, - (Handarb.): *Muster von Tieren, Sternen, Eiskristallen o. Ä. in einem sich von der Grundfarbe abhebenden Garn.*

nor|we|gisch ⟨Adj.⟩: *Norwegen, die Norweger betreffend; aus Norwegen stammend.*

Nor|we|gisch, das; -[s], (nur mit best. Art.) **Nor|we|gi|sche,** das; -n: *die norwegische Sprache.*

No|so|lo|gie, die; -, -n [zu griech. nósos = Krankheit u. ↑-logie] (Med.): *Lehre von den Krankheiten; systematische Beschreibung u. Einordnung der Krankheiten.*

No-Spiel, das; -[e]s, -e [jap. nō, eigtl. = Talent]: *streng stilisiertes japanisches Bühnenspiel mit Musik, Tanz, Gesang u. Pantomime.*

Nö|ßel, der od. das; -s, - [mhd. nözzelīn, H. u.] (früher): *Flüssigkeitsmaß unterschiedlicher Größe;* ♦ Ich hatte mich bei meinem N. Tischwein mäßig verhalten (Goethe, Dichtung u. Wahrheit 12).

nos|tal|gi|co [nɔsˈtaldʒiko] ⟨Adv.⟩ [ital. nostalgico] (Musik): *sehnsüchtig.*

Nos|tal|gie, die; -, -n ⟨Pl. selten⟩ [nlat. nostalgia = Heimweh, zu griech. nóstos = Rückkehr (in die Heimat) u. álgos = Schmerz; die heutige Bed. wohl beeinflusst von gleichbed. engl. nostalgia]: **1.** (bildungsspr.) *vom Unbehagen an der Gegenwart ausgelöste, von unbestimmter Sehnsucht erfüllte Gestimmtheit, die sich in der Rückwendung zu einer vergangenen, in der Vorstellung verklärten Zeit äußert, deren Mode, Kunst, Musik o. Ä. man wieder belebt: ein Fest im Zeichen der N.* **2.** (bildungsspr. veraltend) [krank machendes] Heimweh.

Nos|tal|gi|ker, der; -s, -: *jmd., der sich der Nostalgie (1) überlässt.*

Nos|tal|gi|ke|rin, die; -, -nen: w. Form zu ↑ Nostalgiker.

nos|tal|gisch ⟨Adj.⟩: **1.** *der Nostalgie (1) gemäß: -e Mode.* **2.** (bildungsspr. veraltend) *an Nostalgie (2) leidend.*

not ⟨indekl. Adj.⟩ (geh. veraltend, noch landsch.): *nötig, vonnöten;* ♦ Jetzt ist uns Mut und feste Eintracht n. (Schiller, Tell V, 1).

Not, die; -, Nöte [mhd., ahd. nōt, H. u.]: **1.** ⟨Pl. selten⟩ *besonders schlimme Lage, in der jmd. dringend Hilfe braucht: Rettung aus, in höchster N.; sie waren in diesem Moment wirklich in N. (befanden sich in einer Notsituation);* Spr *wenn die N. am größten, ist Gottes Hilfe am nächsten;* * *in N. und Tod* (geh.; *auch unter schwierigsten Umständen, in größter Gefahr*). **2.** ⟨o. Pl.⟩ *Mangel an lebenswichtigen Dingen; Elend, äußerste Armut: unverschuldete, wirtschaftliche N.;* jmds. N. lindern; (geh.:) N. [und Mangel] leiden; die N. leidende Bevölkerung; die N. Leidenden umsorgen; er kennt keine N. (ihm geht es wirtschaftlich gut); jmdm. [mit etw.] aus der N. helfen; R N. macht erfinderisch (wer sich in wichtige Dinge fehlen, hat man Ideen, wie man sich ohne sie helfen kann); in der N. frisst der Teufel Fliegen (ugs.; *wenn man nichts Besseres hat, begnügt man sich mit Dingen, die man sonst verschmäht*). **3. a)** ⟨o. Pl.⟩ *durch ein Gefühl von Auswegslosigkeit, durch Verzweiflung, Angst gekennzeichneter seelischer Zustand, unter dem der davon Betroffene sehr leidet; Bedrängnis: innere, seelische N.; in ihrer N. wusste sie sich nicht anders zu helfen;* **b)** ⟨meist Pl.⟩ *belastendes [Not (3 a) verursachendes] Problem; Schwierigkeit, Sorge: die Ängste und Nöte des kleinen Mannes;* in [höchsten, tausend] Nöten sein (große Schwierigkeiten, viele Sorgen haben). **4.** *durch etw., jmdn. verursachte Mühe: seine [liebe] N. mit jmdm., etw. haben (mit jmdm., etw. große Mühe haben);* * *mit knapper*/(seltener:) *genauer N.* (nur mit Mühe; gerade noch). **5.** ⟨o. Pl.⟩ (veraltend) *äußerster Zwang, Notwendigkeit, Unvermeidlichkeit: tun, was die N. gebietet; damit hat es keine N. (das ist nicht dringend, das eilt nicht); R der N. gehorchend [nicht dem eignen Trieb] (geh.; notgedrungen; nach Schiller, Die Braut von Messina, Vers 1);* * *wenn, wo N. am Mann ist* (wenn, wo etw. [Bestimmtes] dringend getan werden, geschehen muss; wenn jmd. gebraucht wird, der mithilft); *aus der N. eine Tugend machen* (eine missliche Situation zu seinem Vorteil nutzen); *ohne N.* (geh.; *ohne dazu gezwungen zu sein, ohne zwingenden Grund*); *zur N.* (wenn es nicht anders geht): wir können N. zur ohne sie anfangen.

No|ta|beln ⟨Pl.⟩ [frz. notables] (früher): *durch Bildung, Rang u. Vermögen ausgezeichnete Mitglieder der bürgerlichen Oberschicht in Frankreich.*

no|ta|be|ne ⟨Adv.⟩ [lat. nota bene] (bildungsspr.): *wohlgemerkt; übrigens* (Abk.: NB).

No|ta|bi|li|tät, die; -, -en [spätlat. notabilitas]: **1.** ⟨o. Pl.⟩ (veraltet) *Vornehmheit.* **2.** ⟨meist Pl.⟩ (geh.) *vornehme, berühmte Persönlichkeit.*

Not|abi|tur, das: *(in Kriegszeiten) vorgezogene Reifeprüfung für Oberschüler, die zum Wehrdienst einberufen worden sind.*

Not|an|ker, der: **1.** (Seew.) *zusätzlicher Anker.* **2.** *jmd., etw. als jmds. letzter Halt.*

No|tar, (österr. ugs. veraltend:) **No|tär,** der; -s, -e [mhd. noder, notari(e), ahd. notāri < mlat. notarius = öffentlicher Schreiber < lat. notarius = Schnellschreiber, zu: notarius = zum (Schnell)schreiben gehörig, zu: nota, ↑ Note]: *Jurist, der Beglaubigungen u. Beurkundungen von Rechtsgeschäften vornimmt.*

No|tar|ge|hil|fe, der: *Notariatsgehilfe* (Berufsbez.).

No|tar|ge|hil|fin, die: w. Form zu ↑ Notargehilfe.

No|ta|ri|at, das; -[e]s, -e [mlat. notariatus]: **a)** *Amt eines Notars;* **b)** *Kanzlei eines Notars.*

No|ta|ri|ats|ge|hil|fe, der: *Angestellter in einem Notariat* (b) (Berufsbez.).

No|ta|ri|ats|ge|hil|fin, die: w. Form zu ↑ Notariatsgehilfe.

no|ta|ri|ell ⟨Adj.⟩ (Rechtsspr.): *durch einen Notar [beurkundet, ausgefertigt o. Ä.]: etw. n. beglaubigen lassen.*

No|ta|rin, die; -, -nen: w. Form zu ↑ Notar.

♦ **No|ta|ri|us,** der; -, ...ien [mlat. notarius, ↑ Notar]: *Notar: Auch Schreiber und Notarien verlang' ich* (Schiller, Maria Stuart I, 2).

Not|arzt, der: **a)** *Arzt, der Bereitschaftsdienst hat;* **b)** *Arzt, der im Notfällen von einem besonders ausgerüsteten Fahrzeug zum Patienten, Unfallopfer kommt.*

Not|ärz|tin, die: w. Form zu ↑ Notarzt.

Not|arzt|wa|gen, der: *von einem Notarzt* (b) *benutzter Einsatzwagen.*

No|ta|ti|on, die; -, -en [lat. notatio = Bezeichnung, Beschreibung]: **1.** (Fachspr.) *Aufzeichnung; System von Zeichen od. Symbolen einer Metasprache.* **2.** (Musik) **a)** ⟨o. Pl.⟩ *das Aufzeichnen von Musik in Notenschrift;* **b)** *Notenschrift.* **3.** (Schach) *Aufzeichnung der einzelnen Züge einer Schachpartie.*

Not|auf|nah|me, die; **1. a)** *Aufnahme in ein Krankenhaus in einem Notfall;* **b)** *Station, Raum für Notaufnahmen (1 a): er liegt noch in der N.* **2.** **a)** *Aufnahme von Flüchtlingen aus der DDR od. Berlin (Ost) in die Bundesrepublik Deutschland od. Berlin (West): die N. beantragen;* **b)** *Stelle, in die die Notaufnahme (2 a) erfolgt.*

Not|auf|nah|me|la|ger, das ⟨Pl. ...lager⟩: *Lager, in dem Flüchtlinge, die die Notaufnahme (2 a) beantragen, aufgenommen werden, bis sie einen neuen Wohnsitz zugeteilt bekommen.*

Not|aus|gang, der: *(besonders bei öffentlichen Gebäuden) Ausgang, der bei Gefahr, Feuer o. Ä. benutzt werden kann.*

Not|be|helf, der: *etw. für einen bestimmten Zweck nur bedingt Geeignetes, was ersatzweise benutzt wird, wenn etw. Besseres nicht verfügbar ist; Behelf: etw. dient als N.*

Not|be|leuch|tung, die: *schwächere Beleuchtung, die eingeschaltet werden kann, wenn die eigentliche Beleuchtung ausfällt.*

Not|brem|se, die: *Bremse in Eisenbahn-, Straßenbahnwagen, Aufzügen o. Ä., die bei Gefahr von den Fahrgästen betätigt werden kann: zwei Jugendliche hatten die N. gezogen;* * *die N. ziehen* (1. ugs.; *eine gefährliche Entwicklung stoppen:* die Bundesregierung zieht die N. und

Notbremsung – nötig

beschließt einen drastischen Subventionsabbau. **2.** Sportjargon; *einen gegnerischen Spieler zu Fall bringen, um einen unmittelbar drohenden Torschuss zu verhindern:* der schon ausgespielte Torwart zog die N.).

Not|brem|sung, die: *plötzliches [hartes] Bremsen zur Abwendung einer Gefahr.*

Not|brü|cke, die: *behelfsmäßige Brücke.*

Not|dienst, der: *Bereitschaftsdienst.*

Not|durft, die; - [mhd. nōtdurft, ahd. nōtdur(u)ft, zum 2. Bestandteil vgl. dürftig]: **1.** (geh.) *menschliche Ausscheidungen:* * *seine [große, kleine] N. verrichten* (geh.; *den Darm, die Blase entleeren).* **2.** (geh.) *[zum Leben] Unentbehrliches; Bedarf an Notwendigsten:* des Leibes Nahrung und N.

not|dürf|tig ⟨Adj.⟩ [mhd. nōtdürfic = notwendig; bedürftig]: **a)** *kaum ausreichend (für etw.); nur in kümmerlicher Weise vorhanden:* das ist nur ein -er Sonnenschutz; etw. n. reparieren;
◆ **b)** *Mangel leidend, hilfsbedürftig, unterstützungsbedürftig:* ⟨subst.:⟩ Nebenher versah ich meinen alten Dienst, den ich der guten Mutter, oder vielmehr Kranken und Notdürftigen, leistete (Goethe, Wanderjahre I, 2).

No|te, die; -, -n [mhd. nōte < mlat. nota = Merkzeichen; Schriftstück]: **1. a)** *(in der Musik) für einen Ton stehendes grafisches Zeichen in einem System von Linien; Notenzeichen:* ganze, halbe -n; -n lernen, lesen, schreiben, stechen; *Gedichte in -n setzen* (vertonend; *vertonen);* **b)** ⟨Pl.⟩ *Notentext; Notenblatt:* die -n liegen auf dem Klavier; nach, ohne -n singen, spielen. **2. a)** *in einer Ziffer, einem Wort od. einer Punktzahl ausgedrückte Bewertung einer schulischen Leistung; Zensur, Zeugnisnote:* seine N. in Latein war mäßig; die mündliche, schriftliche N. *(Note für die mündliche, schriftliche Leistung);* sie hat für den Aufsatz die N. Eins bekommen; etw. mit der N. »ungenügend« bewerten; Ü er teilt gern schlechte -n aus *(übt gern Kritik);* **b)** *(im Sport) in Punkten ausgedrückte Bewertung einer sportlichen Leistung:* die Kampfrichter zogen hohe -n. **3.** ⟨meist Pl.⟩ (Bankw.) Kurzf. von ↑ Banknote. **4.** (Völkerrecht) *förmliche schriftliche Mitteilung im diplomatischen Verkehr zwischen Regierungen:* eine diplomatische N.; -n *[über etw.]* austauschen. **5.** (bildungsspr. selten) *Notiz; kurze Aufzeichnung.* **6.** (o. Pl.) *Merkmal, Eigenschaft o. Ä., die einer Person od. Sache ihr Gepräge gibt:* sie hat ihre eigene, individuelle N.; ein Anzug mit sportlicher N.; ein Parfüm mit einer betont weiblichen N.

Note|book ['noʊtbʊk], das; -s, -s [engl. notebook, eigtl. = Notizbuch, aus: engl. note (< [a]frz. note < lat. nota, ↑Note) u. book = Buch]: *tragbarer, leichter Computer, bei dem Bildschirm, Tastatur, Laufwerk usw. in das aufklappbare Gehäuse integriert sind.*

◆ **nö|ten** ⟨sw. V.; hat⟩ [mhd. nœten, nōten, ahd. nōten] *nötigen:* ... er muss noch heut das Fräulein n., Paris zu verlassen (Wieland, Gandalin 3, 1762 f.); ⟨subst.:⟩ Während denen Nöten (= beim Essen von allem Angebotenen reichlich zu nehmen) aller Art hatte sie abgemessen in kleinen Schlucken das erste Kacheli ausgetrunken (Gotthelf, Spinne 10).

No|ten|bank, die ⟨Pl.: -en⟩: *Bank, die zur Ausgabe von Banknoten berechtigt ist.*

No|ten|blatt, das: *einzelnes Blatt mit Noten* (1 b).

No|ten|druck, der ⟨Pl. -e⟩: **1.** ⟨o. Pl.⟩ ²*Druck* (1 a) *von Banknoten.* **2. a)** ⟨o. Pl.⟩ ²*Druck* (1 a) *von Musikalien;* **b)** *gedruckter Notentext.*

No|ten|durch|schnitt, der: *[Prüfungs]note, die sich als Mittelwert aus der Gesamtheit der einzelnen Noten* (2) *ergibt:* sie hat einen N. von 1,5.

No|ten|ge|bung, die; -, -en: *das Erteilen von Noten* (2 a, b).

No|ten|heft, das: ²*Heft* (a), *dessen Papier mit Notenlinien bedruckt ist.*

No|ten|li|nie, die ⟨meist Pl.⟩: *eine der fünf Linien, in die die Notenschrift eingetragen ist.*

No|ten|pres|se, die: *Presse* (1 c) *zum Drucken von Banknoten:* die N. läuft auf Hochtouren; die N. bedienen *(die in Umlauf befindliche Geldmenge bestimmen).*

No|ten|pult, das: vgl. *Notenständer.*

No|ten|schlüs|sel, der: *Schlüssel* (4 a).

No|ten|schrift, die: *System von Zeichen, mit deren Hilfe Musik aufgezeichnet wird.*

No|ten|stän|der, der: *Ständer zum Auflegen von Noten für den Musizierenden.*

No|ten|ste|cher, der: *jmd., der Druckformen vorwiegend von Noten* (1 a) *auf Kupferplatten o. Ä. sticht* (Berufsbez.).

No|ten|ste|che|rin, die: w. Form zu ↑ Notenstecher.

No|ten|sys|tem, das: **1.** *System* (6 b) *von Notenlinien.* **2.** *System* (2) *von Noten* (2) *zur Bewertung einer [schulischen] Leistung.*

No|ten|text, der ⟨Pl. selten⟩: *in Notenschrift aufgezeichnete Musik* (1 b).

No|ten|wert, der (Musik): *Dauer eines durch die entsprechende Note* (1 a) *bezeichneten Tons.*

No|ten|zei|chen, das (Musik): *Note* (1 a).

Note|pad ['noʊtpɛt], das; -s, -s [engl. notepad, eigtl. = Notizblock]: *kleiner Computer vom Format eines Notizblocks mit Bildschirm u. Tastatur, der zur Speicherung u. Übertragung von Notizen, Adressen, Terminen o. Ä. dient.*

Not|fall, der: **a)** *Situation, in der dringend Hilfe benötigt wird:* bei Notfällen Erste Hilfe leisten; **b)** *Lage, Situation, in der etw. Bestimmtes nötig ist, gebraucht od. notwendig wird:* das habe ich mir für den äußersten N. aufgehoben; im N. *(notfalls)* kannst du das bei mir übernachten.

Not|fall|aus|weis, der (Rettungswesen): *vom Arzt ausgestelltes Papier mit medizinischen Informationen über den Inhaber, die bei Notfällen von Bedeutung sein können.*

Not|fall|dienst, der (bes. Gesundheitswesen): *[ärztlicher] Bereitschaftsdienst.*

Not|fall|me|di|zin, die: *Teilgebiet der Medizin, das sich mit der Betreuung medizinischer Notfälle befasst.*

Not|fall|me|di|zi|ner, der: *Arzt, der überwiegend auf dem Gebiet der Notfallmedizin tätig ist.*

Not|fall|me|di|zi|ne|rin, die: w. Form zu ↑ Notfallmediziner.

not|falls ⟨Adv.⟩: *wenn es keine andere Möglichkeit gibt:* n. habe ich auch noch eine Luftmatratze.

Not|fall|sta|ti|on, die (schweiz.): *Unfallstation.*

Not|feu|er, das: **a)** *als Notsignal angezündetes Feuer;* **b)** *(im Volksglauben) Feuer, dem heilende Kraft zugeschrieben wird.*

Not|fre|quenz, die (Funkw.): *Funkfrequenz, auf der in Not geratene Schiffe, Flugzeuge o. Ä. Hilfe anfordern können.*

not|ge|drun|gen ⟨Adj.⟩: *nicht freiwillig, sondern durch die Situation dazu gezwungen:* sie musste n. auf den Urlaub verzichten; Man ist sozusagen vom gleichen Fach, auch wenn man das Fach erst im Kriege n. erlernte (Heym, Schwarzenberg 233).

Not|geld, das (Geldw.): *bei einem Mangel an Zahlungsmitteln, z. B. durch Inflation, ersatzweise in Umlauf gesetztes Geld.*

Not|ge|mein|schaft, die: **a)** *Vereinigung von Leuten, die sich zusammengeschlossen haben, um einer Not, einem Missstand o. Ä. abzuhelfen;* **b)** *Gemeinschaft von Menschen, die sich in einer gemeinsamen Notlage befinden.*

Not|ge|setz, das: *Gesetz, das einer Notlage, einem Notstand entgegenwirken soll.*

◆ **Not|ge|wand,** das: *Nothemd:* Ich muss zu Feld, mein Töchterlein, und Böses dräut der Sterne Schein: Drum schaff' du mir ein N. (Uhland, Das Nothemd).

◆ **Not|wehr,** das [zu veraltet ↑ Gewehr = Waffe]: *Waffe zur Notwehr:* Jedem Wesen ward ein N. in der Verzweiflungsangst. Es stellt sich der erschöpfte Hirsch und zeigt der Meute sein gefürchtetes Geweih (Schiller, Tell I, 4).

Not|gro|schen, der: *Geld, das man spart, zurücklegt, um in Notfällen, in unvorhergesehenen Situationen darauf zurückgreifen zu können:* seinen N. [nicht] antasten.

Not|hel|fer, der: **a)** *Helfer in einer Notlage;* **b)** (kath. Rel.) *einer bzw. eine von 14 Heiligen, die man in einer bestimmten Notlage um Hilfe anruft.*

Not|hel|fe|rin, die: w. Form zu ↑ Nothelfer (a).

◆ **Not|hemd,** das: *(nach altem Volksglauben) Hemd, das durch Zauber denjenigen, der es trägt, unverwundbar macht:* Des Herzogs N. trieft von Blut (Uhland, Das Nothemd).

Not|hil|fe, die (Rechtsspr.): *Hilfeleistung gegenüber jmdm., der sich in Not, Gefahr befindet.*

no|tie|ren ⟨sw. V.; hat⟩ [lat. notare = kennzeichnen, anmerken; schon mhd. notieren < mlat. notare = in Notenschrift aufzeichnen, zu lat. nota, ↑ Note]: **1.** *[sich] etw., was man nicht vergessen möchte o. Ä., aufschreiben; [sich] von etw. eine Notiz machen; [sich] etw. (als Gedächtnisstütze) in Stichworten o. Ä. festhalten:* [sich] etw. genau, sorgfältig n.; ein Musikstück n. *(in Notenschrift aufzeichnen);* die Polizei hat den Fahrer notiert *(hat die Personalien des Fahrers aufgenommen);* jmdn. notieren n. *(vormerken);* Ü sie hat die Vorgänge überhaupt nicht notiert *(zur Kenntnis genommen).* **2.** (Börsenw.; Wirtsch.) **a)** *den Kurs, Preis von etw. ermitteln u. festsetzen:* die Börse notiert die Aktie mit 50 Euro; **b)** *einen bestimmten Kurswert, Preis haben:* der Dollar notierte zum Vortageskurs.

No|tie|rung, die; -, -en ⟨o. Pl.⟩: *das Notieren;* **b)** *Notation* (1). **2.** *Notation* (2). **3.** *Notation* (3). **4.** (Börsenw.; Wirtsch.) **a)** *das Notieren* (2 a); **b)** *notierter Kurs; Preis:* die amtliche N. [für Öl].

No|ti|fi|ka|ti|on, die; -, -en [frz. notification, zu: notifier < lat. notificare, ↑ notifizieren]: **1.** (veraltet) *Anzeige; Benachrichtigung.* **2.** (Dipl.) *Übergabe einer diplomatischen Note.*

no|ti|fi|zie|ren ⟨sw. V.; hat⟩ [lat. notificare]: **1.** (veraltet) *anzeigen; benachrichtigen.* **2.** (Dipl.) *in einer Note* (4) *mitteilen.*

nö|tig ⟨Adj.⟩ [mhd. nœtic, nōtec, ahd. nōtag, zu: ↑ Not]: *(für etw.) erforderlich; eine unerlässliche Voraussetzung für etw. [bildend]; so beschaffen, dass man es braucht, dass man seiner zur Erreichung eines Zweckes bedarf:* die -en Schritte einleiten; zwei Stunden oder, wenn n., auch länger; nicht mehr als unbedingt n.; jeder Aufregung war gar nicht n. *(du hättest dich gar nicht aufzuregen brauchen);* etw. für n. halten; das war einfach n.; die Lage macht sofortige Schritte n.; etw., jmdn. n. haben *(etw., jmdn. brauchen, darauf, ihn angewiesen sein);* sie hat es nicht n. anzugeben *(muss nicht angeben);* er hat es von allem am -sten (ugs.; *er bedarf der Hilfe, der Zuwendung o. Ä. am dringendsten);* er hat es manchmal n., dass man ihm die Meinung sagt (ugs.; *man muss ihm manchmal die Meinung sagen);* sie hielt es nicht einmal für n., sich zu entschuldigen *(sie hat sich nicht einmal entschuldigt);* sie braucht n. *(dringend)* Ruhe; das ist doch nicht n., das hätte es nicht n. gewesen! (Höflichkeitsfloskel bei der Entgegennahme eines Geschenks o. Ä.); gerade du hast es/du hast es gerade n.! *(du kannst es dir am*

nötigen – notwendig

allerwenigsten leisten; als Ausdruck ärgerlicher od. empörter Kritik); hast du das n.? *(das brauchst du doch eigentlich gar nicht zu tun);* ⟨subst.:⟩ ich werde das Nötige veranlassen, alles Nötige mitbringen.

nö|ti|gen ⟨sw. V.; hat⟩ [mhd. nōtigen, ahd. nōtigōn]: **1.** *jmdn. gegen seinen Willen (mithilfe von Gewalt, Drohung o. Ä.) zu etw. veranlassen; zwingen:* er nötigte ihn, das Papier zu unterschreiben. **2.** *(von einem Sachverhalt, Umstand o. Ä.) jmdn. zu einem bestimmten Verhalten, Tun o. Ä. zwingen:* die Umstände nötigen mich zu dieser Maßnahme; [durch etw.] zu etw. genötigt sein; sich zu etw. genötigt sehen. **3. a)** *durch eindringliches Zureden, Auffordern, Ermuntern zu etw. [zu] veranlassen [suchen]:* er nötigte uns zum Bleiben; sie nötigte den Besucher, Platz zu nehmen, einzutreten; (landsch.:) genötigt wird bei uns nicht *(jeder möge sich unaufgefordert von dem Aufgetischten nehmen);* lass dich nicht [lange] n.!; **b)** *jmdn. durch Zureden [zu] veranlassen [suchen], sich an einen bestimmten Ort zu begeben:* er nötigte uns in die Bar, ins Wohnzimmer.

nö|ti|gen|falls ⟨Adv.⟩: *falls es nötig ist.*

Nö|ti|gung, die; -, -en: **1.** ⟨Pl. selten⟩ (bes. Rechtsspr.) *das Nötigen* (1); *(strafbare) Handlung, Tat, die darin besteht, dass jmd. einen anderen mit rechtswidrigen Mitteln zu einem bestimmten Verhalten zwingt:* N. zur Unzucht; jmdn. wegen N. verurteilen. **2.** ⟨o. Pl.⟩ (geh.) *das Genötigtsein; Notwendigkeit, Veranlassung, Zwang:* aus einer inneren N. heraus musste sie sich so verhalten. **3.** *das Nötigen* (3); *das Genötigtwerden:* die fast schon aufdringlichen -en der Gastgeberin.

No|tiz, die; -, -en [lat. notitia = Kenntnis, Nachricht, zu: notum, 2. Part. von: noscere = kennenlernen, erkennen]: **1.** ⟨meist Pl.⟩ *kurze, stichwortartige schriftliche Aufzeichnung (die jmdm. als Gedächtnisstütze dienen soll):* seine -en ordnen; sich bei einem Vortrag -en machen. **2.** ⟨meist Sg.⟩ *kurze Zeitungsmeldung:* in der Zeitung fand sich nur eine knappe N. über den Vorfall. **3.** (Börsenw.) *Notierung* (4). **4. * N. von jmdm., etw. nehmen** *(jmdm., einer Sache Beachtung schenken).*

No|tiz|block, der ⟨Pl. ...blöcke u. ...blocks⟩: *kleinerer Block* (5) *für Notizen.*

No|tiz|buch, das: *kleines Buch* (2), *Heft mit, für Notizen.*

No|tiz|zet|tel, der: *Zettel mit, für Notizen.*

Not|la|ge, die: *aufgrund äußerer Umstände eingetretene schwierige Situation, in der sich jmd. befindet:* jmds. [augenblickliche] N. ausnutzen; aus einer N. herauskommen; jmdn. aus einer N. befreien; in einer N. sein.

Not|la|ger, das ⟨Pl. ...lager⟩: **1.** *behelfsmäßiger Schlafplatz.* **2.** *Flüchtlingslager.*

not|lan|den ⟨sw. V.; notlandete, notgelandet, notzulanden⟩: **a)** ⟨ist⟩ *eine Notlandung vornehmen:* die Pilotin musste n.; **b)** ⟨hat⟩ *durch eine Notlandung zur Erde bringen:* der Pilot hat das Flugzeug notgelandet.

Not|lan|dung, die: *durch eine Notsituation notwendig gewordene vorzeitige Landung [an einem nicht dafür vorgesehenen Ort].*

Not lei|dend, not|lei|dend ⟨Adj.⟩: *in Not* (2) *lebend:* die [große] Not leidende Bevölkerung; Banken und Versicherungen sitzen laut offiziellen Angaben auf einem Berg von notleidenden Krediten (Bankw.; Kredite, bei denen die Schuldner mit der Rückzahlung der Kreditsumme bereits in Verzug geraten sind).

Not|lei|den|de, die/eine Notleidende; der/einer Notleidenden, die Notleidenden/zwei Notleidende: *weibliche Person, die unter Not* (2) *leidet, sich in einer Notlage befindet:* einer -n helfen.

Not|lei|den|der, der Notleidende/ein Notleidender; des/eines Notleidenden, die Notleidenden/zwei Notleidende: *jmd., der unter Not* (2) *leidet, sich in einer Notlage befindet.*

Not|lö|sung, die: *nicht ganz zufriedenstellende, aber unter den gegebenen Umständen nicht anders mögliche Lösung für etw.*

Not|lü|ge, die: *Lüge aufgrund einer Notsituation (um jmdn. zu schonen, etw. Schlimmes zu vermeiden):* zu einer N. greifen.

Not|maß|nah|me, die: *Maßnahme, zu der man in einer Notlage greift, durch die man eine Notsituation abzuwenden sucht.*

Not|na|gel, der (ugs. abwertend): *jmd., etw., mit dem man [aufgrund einer Notlage] (anstelle eines anderen, eigentlich für eine bestimmte Tätigkeit in* ↑ *N. Vorgesehenen) vorliebnimmt.*

Not|ope|ra|ti|on, die: *zur Abwendung akuter Lebensgefahr vorgenommene Operation.*

not|ope|rie|ren ⟨sw. V.; notoperierte, hat notoperiert, notzuoperieren⟩: *eine Notoperation vornehmen; einer Notoperation unterziehen.*

Not|op|fer, das (Steuerw.): *zeitweilig erhobene Sondersteuer zur Behebung eines bestimmten Notstands o. Ä.*

no|to|risch ⟨Adj.⟩ [spätlat. notorius = anzeigend, kundtuend, zu lat. notus, ↑ Notiz]: **a)** (bildungsspr. abwertend) *für eine negative Eigenschaft, Gewohnheit bekannt; gewohnheitsmäßig, ständig:* ein -er Lügner; **b)** (bildungsspr. veraltend) *allbekannt, offenkundig:* ein -er Gegner der Entspannungspolitik; **c)** (Rechtsspr.) *gerichtsnotorisch.*

Not|quar|tier, das: *Notunterkunft.*

Not|recht, das (schweiz. Verfassungsw.): *Notstandsrecht.*

No|t|re-Dame [nɔtrəˈdam], die; - [frz., eigtl. = unsere Herrin]: **1.** frz. Bez. für: *Jungfrau Maria.* **2.** *Name französischer Kirchen.*

not|reif ⟨Adj.⟩ (Landwirtsch.): *im Zustand der Notreife befindlich:* -es Getreide, Obst.

Not|rei|fe, die (Landwirtsch.): *Reife, die eintritt, bevor die Frucht voll ausgebildet ist.*

Not|ruf, der: **1. a)** *(meist telefonisch oder per Funk übermittelter) Hilferuf [bei Gefahr für Menschenleben];* **b)** *Notrufnummer.* **2.** *Ruf eines in Gefahr befindlichen Tieres (bes. eines [jungen] Vogels).*

Not|ruf|an|la|ge, die: vgl. *Notrufsäule.*

Not|ruf|num|mer, die: *Telefonnummer, unter der man Polizei u. Feuerwehr erreichen kann.*

Not|ruf|säu|le, die: *Rufsäule zum Übermitteln von Notrufen an die Polizei, die Straßenmeisterei o. Ä.*

Not|ruf|zen|t|ra|le, die: *zentrale* (2) *Einrichtung, in der Notrufe entgegengenommen u. Hilfsmaßnahmen eingeleitet werden.*

Not|rut|sche, die: *Rutsche* (1), *über die Passagiere ein verunglücktes Flugzeug verlassen können.*

Not|schal|ter, der: *Schalter, mit dem im Notfall, bei Gefahr eines Brandes o. Ä., eine Maschine o. Ä. ausgeschaltet werden kann.*

not|schlach|ten ⟨sw. V.; notschlachtete, hat notgeschlachtet, notzuschlachten⟩: *ein Tier, weil es krank oder verletzt [und nicht mehr heilbar] ist, vorzeitig schlachten.*

Not|schlach|tung, die: *das Notschlachten.*

Not|sen|der, der: *Sender zur [automatischen] Übermittlung von Notrufen.*

Not|si|g|nal, das: *Signal, das anzeigt, dass sich jmd. in [Lebens]gefahr, in Not* (1) *befindet:* Ü die -e von selbstmordgefährdeten Menschen werden oft nicht wahrgenommen.

Not|si|tu|a|ti|on, die: *Notlage.*

Not|sitz, der: *(in Fahrzeugen, Sälen o. Ä.) [ausklappbarer] einfacher Sitz, der nur bei Platzmangel gebraucht wird.*

Not|stand, der: **1. a)** *Notlage:* dem N. im Bildungswesen abhelfen; politischer N. *(Situation, in der ein oberstes Staatsorgan nicht funktioniert);* **b)** (Staatsrecht) *Situation, in der ein Staat in Gefahr ist:* äußerer N. *(Situation, in der ein Staat von außen bedroht wird);* innerer N. *(Situation, in der ein Staat durch Vorgänge im Innern bedroht wird);* den [nationalen] N. ausrufen, verkünden. **2.** (österr.) Kurzf. von ↑ *Notstandshilfe.*

Not|stands|ge|biet, das: *Gebiet, in dem ein Notstand* (a) *herrscht.*

Not|stands|ge|setz, das ⟨meist Pl.⟩: *Gesetz, das im Notstand* (1) *wirksam ist.*

Not|stands|hil|fe, die (österr.): *staatlich finanzierte Unterstützung für Erwerbslose, die keinen Anspruch mehr auf Arbeitslosengeld haben:* N. beantragen, bekommen.

Not|stands|recht, das: *Gesamtheit der Gesetze u. gesetzlichen Normen, die den Notstand betreffen.*

Not|strom|ag|gre|gat, das: *Aggregat* (1) *zur Erzeugung von Strom bei Ausfall der zentralen Versorgung.*

Not|tau|fe, die: *[von einer nicht geistlichen Person vorgenommene] Taufe bei Todesgefahr für den Täufling.*

not|tau|fen ⟨sw. V.; nottaufte, hat notgetauft, notzutaufen⟩: *an jmdm. eine Nottaufe vornehmen.*

not|tun ⟨unr. V.; hat⟩ (landsch., sonst veraltend): *vonnöten sein, benötigt werden; nötig sein [für jmdn.]:* Sorgfalt tut hier not; Trost täte ihr not; ihm tut Beistand not; ... was mir nottat an standesgemäßer Equipierung (Th. Mann, Krull 296).

Not|tur|no, das; -s, -s u. ...ni [ital. notturno = Nachtstück; nächtlich < lat. nocturnus = nächtlich, zu: noctu = nachts, zu: nox ⟨Gen.: noctis⟩ = Nacht] (Musik): **1. a)** *[zur nächtlichen Aufführung im Freien komponiertes] stimmungsvolles Musikstück in mehreren Sätzen;* **b)** *einem Ständchen ähnliches Musikstück für eine od. mehrere Singstimmen [mit Begleitung].* **2.** (seltener) *Nocturne* (1).

Not|un|ter|kunft, die: *behelfsmäßige Unterkunft.*

Not|ver|band, der: *behelfsmäßiger Verband* (1 a).

Not|ver|kauf, der: *Verkauf aufgrund einer Notlage.*

Not|ver|ord|nung, die (Verfassungsw.): *zur Überwindung eines Notstands [von der Regierung] erlassene Verordnung.*

not|voll ⟨Adj.⟩ (geh.): *voller Not* (1, 2).

Not|vor|rat, der: *[Lebensmittel]vorrat für Notzeiten.*

not|was|sern ⟨sw. V.; notwasserte, notgewassert, notzuwassern⟩ (Flugw.): **a)** ⟨ist⟩ *eine Notwasserung vornehmen:* das Flugzeug musste n.; **b)** ⟨hat⟩ *durch eine Notwasserung landen* (3 a).

Not|was|se|rung, die (Flugw.): *Notlandung eines Flugzeugs o. Ä. auf dem Wasser.*

Not|wehr, die ⟨o. Pl.⟩ [mhd. nōtwer] (Rechtsspr.): *Gegenwehr, deren an sich strafbare Folgen straffrei bleiben, weil man durch tätliche, gefährliche Bedrohung dazu gezwungen wurde:* aus, in N. handeln; sie hat ihn in N. getötet.

not|wen|dig [auch: ...ˈvɛn...] ⟨Adj.⟩ [eigtl. = die Not wendend]: **1. a)** *im Zusammenhang mit etw. nicht zu umgehen; von der Sache selbst gefordert; unbedingt erforderlich; unerlässlich:* -e Maßnahmen; sie hat nicht die dazu, dafür -en Fertigkeiten; wir nehmen nur die -sten Dinge mit; etw. ist [für jmdn.] n.; ⟨subst.:⟩ sich auf das Notwendige beschränken; es fehlte ihnen am Notwendigsten; **b)** *unbedingt, unter allen Umständen:* etw. n. brauchen, tun müssen. **2.** *in der Natur einer Sache liegend, zwangsläufig:* das war die -e Folge, Konsequenz.

not|wen|di|gen|falls ⟨Adv.⟩: *falls es notwendig* (1) *ist.*

not|wen|di|ger|wei|se ⟨Adv.⟩: *zwangsläufig; ohne dass es sich vermeiden, ändern ließe:* sich n. daraus ergeben.

Not|wen|dig|keit [auch: …'vɛn…], die; -, -en: **1.** ⟨o. Pl.⟩ *das Notwendigsein:* dazu besteht [für jmdn.] keine N.; etw. aus [zwingender] N. tun; Er … fügte sich mit Missbehagen in die N., Agatha ihren eigenen Umweg gehen zu lassen (Musil, Mann 1178). **2.** *etw., was notwendig ist:* acht Stunden Schlaf sind für sie eine N.

Not|woh|nung, die: *behelfsmäßige Wohnung.*

Not|zeit, die ⟨meist Pl.⟩: *Zeit der Not* (2): für -en sparen.

Not|zucht, die ⟨o. Pl.⟩ [rückgeb. aus spätmhd. nōtzücht[i]gen = schänden, vergewaltigen] (Rechtsspr. früher): *Vergewaltigung.*

◆ **Not|zwang**, der: *zwingende Notwendigkeit:* Ist der große Schritt nur erst getan, … so wird der N. der Begebenheiten ihn weiter schon und weiter führen (Schiller, Piccolomini III, 2).

Nou|ak|chott [nwak'ʃɔt]: *Hauptstadt von Mauretanien.*

Nou|gat usw.: ↑ Nugat usw.

Nou|veau Ro|man [nuvoˈmɑ̃:], der; - - [frz. = neuer Roman, aus: nouveau = neu (< lat. novellus, ↑ Novelle) u. roman, ↑ Roman] (Literaturwiss.): *(nach 1945 in Frankreich entstandene) experimentelle Form des Romans, die unter Verzicht auf den allwissenden Erzähler die distanzierte Beschreibung einer eigengesetzlichen Welt in den Vordergrund stellt.*

Nou|velle Cui|sine [nu'vɛlkɥiˈziːn], die; - - [frz., eigtl. = neue Küche, aus: nouvelle, w. Form von: nouveau (↑ Nouveau Roman) u. cuisine < vlat. cocina, ↑ Küche]: *Richtung der Kochkunst, die den Eigengeschmack eines Nahrungsmittels nicht überdecken, sondern vielmehr durch entsprechende Gewürze verstärken will u. bes. die Verwendung frischer Ware bei kurzer Kochzeit vorsieht.*

Nov. = November.

NOVA, NoVA ['no:fa, 'no:va], die; - = Normverbrauchsabgabe.

¹No|va, die; -, Novä (fachspr.: Novae) u. Noven [lat. nova (stella) = neuer (Stern), zu: novus, ↑ Novum] (Astron.): *Stern, der aufgrund innerer Explosionen plötzlich stark an Helligkeit zunimmt.*

²No|va: Pl. von Novum.

No|va|ti|on, die; -, -en [spätlat. novatio = Erneuerung, zu lat. novare = erneuern, zu: novus, ↑ Novum] (Rechtsspr.): *vertragliche Ersetzung eines bestehenden Schuldverhältnisses durch Schaffung eines neuen.*

No|ve|cen|to [nove'tʃɛnto], das; -[s] [ital. novecento = 20. Jahrhundert, eine mille novecento = 1900]: *das 20. Jh. in Italien als Stilbegriff.*

No|vel Food, das; - -[s], **No|vel|food**, das; -[s] ['nɔvl 'fuːd, 'nɔvlfuːd; engl. novel food = neuartiges Nahrungs-, Lebensmittel]: *Lebensmittel, die aus gentechnisch veränderten Organismen bestehen od. die mit deren Hilfe hergestellt werden.*

No|vel|le, die; -, -n: **1.** [ital. novella, zu lat. novellus, viat. lat: novum, ↑ Novum] *Erzählung kürzeren od. mittleren Umfangs, die von einem einzelnen Ereignis handelt u. deren geradliniger Handlungsablauf auf ein Ziel hinführt.* **2.** [lat. novella (lex) = neues (Gesetz)] (Politik, Rechtsspr.) *Gesetz, das in einem ergänzenden od. abändernden Nachtrag zu einem bereits geltenden Gesetz besteht:* eine N. zum Bundesbaugesetz; eine N. einbringen, verabschieden.

No|vel|len|zy|k|lus, der: *Zyklus von Novellen.*

¹No|vel|let|te, die; -, -n [ital. novelletta, Vkl. von: novella, ↑ Novelle] (Literaturwiss.): *kleine Novelle* (1).

²No|vel|let|te, die; -, -n [von Robert Schumann nach dem Namen der engl. Sängerin Clara Novello (1818–1908) geprägt] (Musik): *Charakterstück mit mehreren aneinandergereihten [heiteren] Themen.*

no|vel|lie|ren ⟨sw. V.; hat⟩ [zu ↑ Novelle (2)] (Politik, Rechtsspr.): *durch eine Novelle* (2) *ändern, ergänzen:* ein Gesetz n.

No|vel|lie|rung, die; -, -en (Politik; Rechtsspr.): *das Novellieren.*

No|vel|list, der; -en, -en: *Schriftsteller, der Novellen* (1) *verfasst.*

No|vel|lis|tik, die; -, -: **1.** *Kunst der Novelle* (1). **2.** *Gesamtheit der Novellendichtung.*

No|vel|lis|tin, die; -, -nen: w. Form zu ↑ Novellist.

no|vel|lis|tisch ⟨Adj.⟩: a) *die Novellistik betreffend, dazu gehörend;* b) *der Novellistik eigentümlich;* c) *nach, in der Art einer Novelle* (1).

No|vem|ber, der; -[s], - [lat. (mensis) november = neunter Monat (des römischen Kalenders), zu: novem = neun]: *elfter Monat des Jahres* (Abk.: Nov.)

No|vem|ber|ne|bel, der: *Nebel, wie er im November häufig auftritt.*

No|vem|ber|po|g|rom: *Pogromnacht* (b).

No|vem|ber|re|vo|lu|ti|on, die ⟨o. Pl.⟩: *Revolution im Deutschen Reich u. in Österreich im November 1918.*

No|ven|di|a|le, das; -, -n [ital. novendiale = neun Tage dauernd] (kath. Kirche): *die neuntägige Trauerfeier (in der Peterskirche in Rom) für einen verstorbenen Papst.*

No|vil|lu|ni|um, das; -s, …ien [spätlat. noviluminum, zu lat. novus (↑ Novum) u. luna = Mond] (Astron.): *das erste Sichtbarwerden der Mondsichel nach Neumond.*

No|vi|tät, die; -, -en [lat. novitas = Neuheit, zu: novus, ↑ Novum]: **1.** *etw. Neues [u. Neuartiges] (in Literatur, Kunst, Mode o. Ä.), das in die Öffentlichkeit gebracht wird:* -en unseres Verlags. **2.** (veraltend) *Neuigkeit* (1): -en zu berichten haben.

¹No|vi|ze, der; -n, -n [mlat. novicius < lat. novicius = neu, jung; Neuling, zu: novus, ↑ Novum] (kath. Kirche): *jmd., der in einem Kloster eine Vorbereitungszeit verbringt, bevor er die öffentlichen Gelübde ablegt.*

²No|vi|ze, die; -, -n (kath. Kirche): *Novizin.*

No|vi|zi|at, das; -[e]s, -e (kath. Kirche): **1.** *Vorbereitungs-, Probezeit der Novizen; Dienst, den die Novizen versehen.* **2.** *Wohn- u. Ausbildungsstätte für die Novizen.*

No|vi|zin, die; -, -nen: w. Form zu ↑ ¹Novize.

No|vo|ca|in®, das; -s [geb. aus lat. novus (↑ Novum) u. ↑ Kokain]: *Procain.*

No|vum, das; -s, Nova ⟨Pl. selten⟩ [lat. novum, subst. Neutr. von: novus = neu; vgl. neu] (bildungsspr.): *etw. Neues, noch nicht Dagewesenes:* ein N. darstellen.

Np = Neptunium; Neper.

NPD = Nationaldemokratische Partei Deutschlands.

Nr. = Nummer.

NR = Mitglied des (österreichischen) Nationalrates.

Nrn. = Nummern.

NRT = Nettoregistertonne.

NRW [ɛnˈɛrˈveː] = Nordrhein-Westfalen.

ns = Nanosekunde.

NS = Nachschrift; (auf Wechseln:) nach Sicht; Nationalsozialismus.

NSDAP [ɛnˈɛsdeːˈlaːˈpeː], die; - = Nationalsozialistische Deutsche Arbeiterpartei.

NS-Dik|ta|tur [ɛnˈɛs…], die: *Zeit der nationalsozialistischen Herrschaft.*

NSG = Naturschutzgebiet.

NS-Herr|schaft [ɛnˈɛs…], die: *Herrschaft* (1) *der Nationalsozialisten.*

NS-Op|fer [ɛnˈɛs…], das: *jmd., der durch das nationalsozialistische Regime Schaden erlitten hat od. umgekommen ist.*

NS-Re|gime [ɛnˈɛsreˈʒiːm], das ⟨o. Pl.⟩: *nationalsozialistisches Regime* (1).

NS-Staat [ɛnˈɛs…], der: *der deutsche Staat zur Zeit der nationalsozialistischen Herrschaft.*

n. St. = neuen Stils (Zeitrechnung: nach dem gregorianischen Kalender).

NS-Ver|bre|chen [ɛnˈɛs…], das ⟨meist Pl.⟩: *Verbrechen der Nationalsozialisten.*

NS-Zeit [ɛnˈɛs…], die ⟨o. Pl.⟩: *Zeit der nationalsozialistischen Herrschaft.*

NS-Zwangs|ar|bei|ter, der: *jmd., der während des nationalsozialistischen Regimes Zwangsarbeit* (2) *geleistet hat.*

NS-Zwangs|ar|bei|te|rin, die: w. Form zu ↑ NS-Zwangsarbeiter.

N. T. = Neues Testament.

n-t… [ˈɛnt…] ⟨Ordinalz. zu ↑ n⟩ (Math.): *bezeichnet eine als Exponent auftretende endliche Zahl.*

¹nu ⟨Adv.⟩ [mhd. nū, ↑ ¹nun] (landsch. ugs.): ¹*nun:* *nu is aber gut!* *(nun lass es gut sein; das ist jetzt erledigt).*

²nu [auch: nʊ] ⟨Partikel⟩ [mhd. nū, ↑ ²nun]: **1.** (landsch. ugs.) ²*nun.* **2.** [nʊ] (ostmd. ugs.) *ja* (1, 2): »Haben wir noch Kaffee?« – »Nu, hier.«

Nu, der od. das; -s [mhd. nū, Substantivierung von: nū, ↑ ¹nu]: * *im Nu/in einem Nu* (ugs.; *in kürzester Zeit; sehr schnell:* ich bin im Nu zurück!)

Nu|an|ce [ˈnỹã:sə, österr.: nyˈɑ̃:s], die; -, -n [frz. nuance, wohl zu: nue (über das Vlat. zu lat. nubes = Wolke) = Wolke od. zu: nuer (Abl. von: nue) = bewölken; abschattieren): **1.** *feiner gradueller Unterschied:* eine kaum merkliche N. zwischen Blassblau und Weißblau. **2.** *Kleinigkeit:* dieser Wein ist [um] eine N. herber, zu herb; Er sah sie an, sie bemühte sich, mit der N. einer leichten Drohung, einer aufkeimenden Ungeduld, zurückzustarren (Kronauer, Bogenschütze 85). **3.** *(innerhalb eines Kunstwerks o. Ä.) besonders fein gestaltete Einzelheit; Feinheit:* sprachliche, stilistische -n.

nu|an|cen|reich ⟨Adj.⟩: *kaum merklich abwandelnd; reich an Nuancen.*

nu|an|cie|ren [nỹãˈsiːrən] ⟨sw. V.; hat⟩ [frz. nuancer]: a) *sehr fein graduell abstufen:* Farben n.; b) *in seinen Feinheiten, feinen Unterschieden erfassen, darstellen:* Begriffe n.; ⟨oft im 2. Part.:⟩ eine nuancierte dichterische Sprache; die Pianistin spielte das Larghetto sehr nuanciert *(äußerst differenziert, subtil).*

Nu|an|ciert|heit, die: *das Nuanciertsein.*

Nu|an|cie|rung, die; -, -en: *das Nuancieren.*

'nü|ber ⟨Adv.⟩ (landsch., bes. südd.): *hinüber.*

Nu|bi|en; -s: Landschaft in Nordafrika.

Nu|bi|er, der; -s, -: Ew.

Nu|bi|e|rin, die; -, -nen: w. Form zu ↑ Nubier.

nu|bisch ⟨Adj.⟩: *Nubien, die Nubier betreffend; aus Nubien, von den Nubiern stammend.*

Nu|buk, das; -[s] [engl. nubuck]: *bes. Kalb- od. Rindleder, das aufgrund entsprechender Bearbeitung eine samtartige Oberfläche hat.*

nüch|tern ⟨Adj.⟩ [mhd. nüehter(n), ahd. nuohturn, nuohtarnīn < lat. nocturnus = nächtlich, urspr. = vor dem Frühgottesdienst noch nichts gegessen habend]: **1.** *nicht betrunken; keinen Alkohol getrunken habend:* er machte einen -en Eindruck *(wirkte [trotz Alkoholgenuss] nicht betrunken);* nicht mehr [ganz] n. *(leicht betrunken)* sein. **2.** *ohne (nach dem Aufstehen) Schlaf schon etw. gegessen, getrunken zu haben:* die Tabletten morgens auf -en Magen einnehmen; Ü das war ein Schreck auf -en

Magen (salopp; *traf mich völlig unvorbereitet*). **3. a)** *sich auf das sachlich Gegebene, Zweckmäßige ausgerichtet; sachlich:* eine -e Politikerin; eine -e Einschätzung der Lage; -e Zahlen, Tatsachen; etw. n. beurteilen; ein n. denkender Mensch; ... an seiner Not hingegen konnte niemand Anteil nehmen, schon gar nicht sein Vater, ein Mann von -er Güte (Frisch, Montauk 36); **b)** *auf das Zweckmäßige ausgerichtet; ohne schmückendes Beiwerk:* -e *(schmucklose)* Fassaden; -e *(kahle)* Wände; ein -er *(nicht anheimelnder, keine Behaglichkeit verbreitender)* Raum; das Neonlicht wirkt n. *(kalt).* **4.** (veraltet, noch landsch.) *ohne Würze, nicht genügend gesalzen:* die Suppe ist, schmeckt n.

Nüch|tern|heit, die; - [spätmhd. nuchternheit]: **1.** *nüchterner (1, 2) Zustand.* **2.** *nüchterne (3) Art.*

Nu|cke, Nü|cke, die; -, -n ⟨meist Pl.⟩ [aus dem Niederd. < mniederd. nuck(e)] (landsch., bes. nordd. ugs.): *nicht vorauszuahnende, unangenehme Eigenheit, Schwierigkeit, die im Umgang mit einer Sache, Person Ungelegenheit bereitet:* * *seine Nücken und Tücken haben; voller Nücken und Tücken stecken (nicht richtig in Ordnung sein, funktionieren).*

Nu|ckel, der; -s, - [eigtl. wohl = kleine, rundliche Erhöhung, viell. Vkl. von ↑ ¹Nock] (landsch. fam.): *Schnuller.*

nu|ckeln ⟨sw. V.; hat⟩ [lautm.] (ugs.): **1.** *(von Säuglingen u. kleineren Kindern) an etw., was mit einem Ende in den Mund gesteckt worden ist, saugen:* am Schnuller, Daumen n.; an der Pfeife n.; unser Fünfjähriger nuckelt immer noch *(hat noch immer die Gewohnheit zu nuckeln)*; ⟨auch mit Akk.-Obj.:⟩ ständig nuckelte sie Lollis. **2.** *durch die fast geschlossenen Lippen langsam in kleinen Schlucken [aus einer Flasche o. Ä.] trinken:* er nuckelte eine Limonade; ⟨auch mit Präpositional-Obj.:⟩ jeder nuckelte an seinem Bier.

Nu|ckel|pin|ne, die [H. u., viell. zu ↑ nuckeln (wegen der langsamen Bewegung) u. ↑ Pinne im Sinne von »etwas Kleines; kleiner Teil o. Ä.«] (salopp): *kleineres Fahrzeug, Auto mit schwachem Motor.*

Nu|c|le|a|se usw.: ↑ Nuklease usw.

nud|deln ⟨sw. V.⟩ [landsch. auch: nottlen, nöttlen, nütteln, mhd. nüttelen, zu: notten = sich hin u. her bewegen] (landsch. ugs.): **1.** ⟨hat⟩ *drehen:* am Radio n. **2.** ⟨hat⟩ *dudeln:* das Radio nuddelt den ganzen Tag. **3.** ⟨ist⟩ *sich nur langsam fortbewegen:* der Bummelzug nuddelt von Station zu Station. **4.** ⟨hat⟩ *nuckeln.*

Nu|del, die; -, -n [16. Jh., H. u.]: **1. a)** ⟨meist Pl.⟩ *Teigware von verschiedenartiger Form, die vor dem Verzehr gekocht wird:* -n kochen, abgießen; **b)** (schweiz.) *Bandnudel.* **2.** *fingerstarkes Röllchen aus Teig zum Mästen bes. von Gänsen.* **3.** (südösterr.) *pikant gefüllte Teigtasche, die in Wasser od. Öl gegart wird.* **4.** ⟨meist Pl.⟩ (landsch.) *in schwimmendem Fett gebackenes Hefegebäck.* **5.** ⟨meist verbunden mit einem Adjektivattribut⟩ (ugs.) *[weibliche] Person, die der Sprecher [wohlwollend od. spöttisch] in einer bestimmten Verhaltensweise o. Ä. charakterisiert:* eine ulkige N. **6.** (salopp) *Penis.*

-nu|del, die; -, -n (ugs.): kennzeichnet in Bildungen mit Substantiven eine [weibliche] Person, die sehr allgemein durch etw. charakterisiert ist, als aktiv, betriebsam, geschäftig: Ulknudel.

nu|del|dick ⟨Adj.⟩ (ugs.): *(bes. auf Personen bezogen) sehr dick.*

Nu|del|ge|richt, das; -[e]s, -e: ²*Gericht aus Nudeln.*

Nu|del|holz, das ⟨Pl. ...hölzer⟩: *walzenförmiges,*

an beiden Enden mit einem Griff versehenes Küchengerät aus Holz od. Kunststoff, das zum Ausrollen von [Nudel]teig dient; Teigrolle.

nu|deln ⟨sw. V.; hat⟩: **1.** *(Geflügel, bes. Gänse) mit Nudeln (2) mästen:* ich bin wie genudelt (ugs.; *mehr als satt).* **2.** (veraltet) *(Nudelteig) ausrollen.* **3.** (landsch.) *liebkosend [an sich] drücken:* ein Kind n.

Nu|del|sa|lat, der (Kochkunst): *[mit Mayonnaise angemachter] Salat (1 a) aus Nudeln, klein geschnittenem Wurst- od. klein geschnittenem [Geflügel]fleisch, Erbsen [u. anderem Gemüse].*

Nu|del|teig, der: *Teig, aus dem Nudeln bereitet werden.*

Nu|del|wal|ker, der (bayr., österr.): *Nudelholz.*

Nu|del|zan|ge, die: *Greifzange für Nudeln.*

Nu|dis|mus, der; - [zu lat. nudus = nackt]: *Lebensanschauung, nach der die gemeinsame [sportliche] Betätigung beider Geschlechter im Freien ohne Bekleidung der physischen u. psychischen Gesundheit des Menschen dient; Freikörperkultur.*

Nu|dist, der; -en, -en: *Anhänger des Nudismus.*

Nu|dis|tin, die; -, -nen: w. Form zu ↑ Nudist.

nu|dis|tisch ⟨Adj.⟩: *den Nudismus, die Nudisten betreffend, zum Nudismus, zu den Nudisten gehörend.*

Nu|gat, Nougat ['nu:...], der od. das; -s, (Sorten:) -s [frz. nougat, über das Provenz. u. Vlat. zu lat. nux (Gen.: nucis) = Nuss]: *aus fein zerkleinerten gerösteten Nüssen od. Mandeln, Zucker u. Kakao zubereitete Masse (als Süßware bzw. als Füllung für Süßwaren).*

Nu|gat|scho|ko|la|de, die: *mit Nugat gefüllte Schokolade.*

Nug|get ['nagɪt], das; -[s], -s [engl. nugget, zusgez. aus: an ingot = ein Barren]: *(in der Natur vorkommendes) Klümpchen reines Gold.*

Nug|gi ['nuki], der; -s, - (südd., schweiz. mundartl.): *Schnuller.*

nu|k|le|ar ⟨Adj.⟩ [engl. nuclear, zu lat. nucleus, ↑ Nukleus]: **1.** (Kernphysik) *den Atomkern betreffend:* -e Versuche. **2.** (Kernt.) *auf Kernenergie beruhend, die Kernenergie betreffend:* eine -e Explosion; n. angetrieben werden. **3.** (bildungsspr.) **a)** *die Kernwaffen betreffend:* die -e Strategie; ein -er Winter *(mögliche Abkühlung der erdnahen Atmosphäre nach dem Einsatz von Kernwaffen)*; n. bedroht sein; **b)** *mit Kernwaffen ausgerüstet:* -e Streitkräfte.

Nu|k|le|ar|kri|mi|na|li|tät, die; -: *Gesamtheit der kriminellen Handlungen, die mit nuklearen Stoffen in Zusammenhang stehen.*

Nu|k|le|ar|macht, die: *Atommacht (1, 2).*

Nu|k|le|ar|me|di|zin, die: *Teilgebiet der Medizin, das sich mit der Anwendung radioaktiver Stoffe für die Erkennung u. Behandlung von Krankheiten befasst.*

nu|k|le|ar|me|di|zi|nisch ⟨Adj.⟩: **a)** *die Nuklearmedizin betreffend;* **b)** *auf den Erkenntnissen der Nuklearmedizin beruhend, diese anwendend.*

Nu|k|le|ar|pro|gramm, das: *Gesamtheit der Pläne, Vorhaben [eines Staates] zur Erforschung u. Nutzung der Atomenergie.*

Nu|k|le|ar|spreng|kopf, der: *Atomsprengkopf.*

Nu|k|le|ar|waf|fe, die ⟨meist Pl.⟩: *Atomwaffe.*

Nu|k|le|a|se, die; -, -n [zu lat. nucleus, ↑ Nukleus] (Biochemie): *Enzym, das Nukleinsäuren aufspaltet.*

Nu|k|le|in, das; -s, -e (Biochemie veraltet): *Nukleoproteid.*

Nu|k|le|in|säu|re, die (Biochemie): *(bes. im Zellkern u. in den Ribosomen vorkommende) aus Nukleotiden aufgebaute polymere Verbindung, die als Grundsubstanz der Vererbung fungiert.*

Nu|k|le|on, das; -s, ...onen (Kernphysik): *Baustein des Atomkerns (Proton od. Neutron).*

Nu|k|leo|pro|te|id, das; -[e]s, -e (Biochemie): *aus Protein u. Nukleinsäure zusammengesetzte Verbindung.*

Nu|k|le|o|tid, das; -[e]s, -e (Biochemie): *aus einem Phosphatrest, [Desoxy]ribose u. einem basischen Bestandteil zusammengesetzte Verbindung.*

Nu|k|le|us, der; -, ...ei [lat. nucleus = (Frucht)kern]: **1.** (Biol.) *Zellkern.* **2.** (Anat., Physiol.) *Nervenkern.* **3.** (Prähist.) *[Feuer]steinblock, von dem Abschläge (4) gewonnen wurden.* **4.** (Sprachwiss.) *Kern, Kernglied einer sprachlich zusammengehörenden Einheit.*

Nu|k|lid, das; -[e]s, -e (Kernphysik): *durch bestimmte Ordnungs- u. Massenzahl gekennzeichnete Art von Atomen.*

Nu|ku|a|lo|fa: Hauptstadt von Tonga.

¹null ⟨Kardinalz.⟩ [im 16. Jh. in der Bed. »nichtig« < lat. nullus (= keiner) (als Ziffer: 0): vgl. ¹acht]: *sie haben unsere Mannschaft verlor drei zu n.; sie haben n. zu n. gespielt (Sportjargon; kein Tor hinnehmen müssen); wir kamen mit plus/minus n. (ohne Gewinn u. ohne Verlust) aus der Sache heraus; bei n. (Amtsspr.; 12 Uhr nachts); n. Fehler (kein Fehler); den Schalter eines elektrischen Gerätes auf n. stellen (das Gerät abschalten); der Sportwagen beschleunigt in nur 10 Sekunden von n. auf hundert (auf eine Fahrgeschwindigkeit von hundert Kilometern pro Stunde); Temperaturen über, unter n. (über, unter dem Gefrierpunkt liegende Temperaturen);* Ü wir müssen wieder bei [Punkt] n. (ugs.; *ganz von vorne, am Nullpunkt)* anfangen; jmds. Stimmung sinkt unter n.;* **n. und nichtig** *(emotional verstärkend; [rechtlich] ungültig:* n. und nichtig sein); **gleich n. sein** (ugs.: *sich wegen seiner Geringfügigkeit als Wert, Ergebnis gar nicht feststellen lassen, so gut wie nicht vorhanden sein:* die Erfolgsaussichten waren gleich n.); **n. für n. aufgehen** (*sich als richtig, zutreffend erweisen:* seine Vermutungen gingen n. für n. auf); **n. Komma nichts** (ugs.; *überhaupt nichts;* nach der Schreibung des Bruches 0,0 in Ziffern); **in n. Komma nichts** (*überraschend, sehr schnell*); **n. Komma Josef** (österr. ugs.; *gar nichts;* H. u.; viell. geb. nach »null Komma nichts« mit dem Namen des bibl. Joseph, der zwar der gesetzliche Vater Jesu war, aber mit der Zeugung »nichts« zu tun hatte); **von n. auf hundert** (ugs., *auf nichts aufbauend sich sprunghaft, in kürzester Zeit auf ein sehr hohes Niveau entwickelnd:* von n. auf hundert in nur 40 Lektionen – seine Chinesischkenntnisse nach der 39. ließen noch sehr zu wünschen übrig).

²null ⟨indekl. Adj.⟩ [über das Engl.] (bes. Jugendspr.): *kein (1 a):* n. Ahnung haben; n. Bock auf Arbeit haben: n. Problemo (Jugendspr.; *kein Problem;* aus der deutschen Synchronisation der amerikanischen Fernsehserie »Alf«).

¹Null, die; -, -en [ital. nulla (figura), eigtl. = Nichts (< lat. nullus, ↑ ¹null), als Zahlzeichen LÜ von arab. ṣifr, ↑ Ziffer]: **1.** *Ziffer 0:* eine N. malen; da musst du noch einige -en anhängen (scherzh.; *die Summe ist um ein Vielfaches größer, als du denkst*). **2.** (ugs. abwertend) *gänzlich unfähiger Mensch; Versager.*

²Null, der, (auch:) das; -[s], -s (Skat): *Spiel, das der Spieler gewinnt, wenn er keinen Stich macht; Nullspiel;* * **N. Hand** *(Nullspiel, bei dem der Skat nicht aufgenommen werden darf).*

Null-: drückt in Bildungen mit Substantiven aus, dass etw. nicht vorhanden, dass etw. aufgehoben ist: Nullkomfort, -kompetenz.

null|acht|fünf|zehn ⟨indekl. Adj.⟩ [aus der Soldatenspr.; übertr. von dem im Jahr 1908 im dt.

Heer eingeführten u. 1915 veränderten Maschinengewehr auf das Einerlei des sich ständig wiederholenden Unterrichts an dieser Waffe] (ugs. abwertend) (in Ziffern: 08/15): *bar jeglicher Originalität, persönlichen Note; auf ein alltäglich gewordenes Muster festgelegt u. deshalb Langeweile od. Überdruss erzeugend:* n. gekleidet sein.

Null|acht|fünf|zehn- (ugs. abwertend): drückt in Bildungen mit Substantiven aus, dass jmd. oder etw. ohne Originalität ist, nichts Außergewöhnliches, sondern nur Mittelmaß darstellt: Nullachtfünfzehn-Frisur, -Soße.

Null-Bock-Ge|ne|ra|ti|on, die ⟨o. Pl.⟩: *Generation von Jugendlichen (bes. der Achtzigerjahre), die durch Unlust u. völliges Desinteresse (»null Bock«) gekennzeichnet ist.*

Null|de|fi|zit, das (Politik, bes. österr.): *[Staats]haushalt, in dem Einnahmen u. Ausgaben in einem ausgeglichenen Verhältnis stehen (u. der dadurch ohne Neuverschuldung auskommt):* das N. bleibt leider wieder einmal Wunschdenken.

Null|di|ät, die (Med.): *verordneter Verzicht auf Nahrung, wobei der Fastende nur Wasser, Mineralstoffe u. Vitamine zu sich nimmt.*

nul|len ⟨sw. V.; hat⟩: **1.** (ugs. scherzh.) *ein neues Lebensjahrzehnt beginnen:* sie nullt in diesem Jahr; ⟨auch n. + sich:⟩ sein Geburtstag hat sich genullt *(mit seinem Geburtstag beginnt für ihn ein neues Lebensjahrzehnt).* **2.** (Elektrot.) *(eine elektrische Maschine) mit dem Nullleiter des Verteilungssystems verbinden.*

Null|ent|scheid, der (schweiz.): *Entscheidung, die alles beim Alten lässt:* einen N. treffen; der Ausschuss erlag mit seinem N. dem politischen Druck der Regierung.

Nul|ler|jah|re, nul|ler Jah|re ⟨Pl.⟩: *die Jahre 00 bis 09 eines bestimmten (bes. des 21.) Jahrhunderts umfassendes Jahrzehnt.*

Null|kom|ma|nichts, Null|kom|ma|nix: * im N. (landsch. ugs.; vgl. in null Komma nichts; ↑ ¹null).

Null|lei|ter, Null-Lei|ter, der (Elektrot.): *geerdeter Leiter eines Stromnetzes od. eines elektrischen Gerätes.*

Null|lö|sung, Null-Lö|sung (Politik, die): **1.** *(Politik) Vorschlag zur Beendigung des Wettrüstens, der vorsieht, dass ein Gleichgewicht im Bereich der atomaren Mittelstreckenwaffen hergestellt u. erhalten wird.* **2.** (Pferdesport) *Regelung, nach der ein Pferd, das medikamentös behandelt wird, grundsätzlich an keinem Wettbewerb teilnehmen darf.* **3.** *Entwicklung, Einigung, Forderung o. Ä., bei der das Ergebnis darin besteht, dass etwas Erwünschtes od. Abgelehntes nicht eintritt od. vollständig rückgängig gemacht wird.*

Null|me|ri|di|an, der ⟨o. Pl.⟩ (Geogr.): *Meridian von Greenwich, der Ausgangspunkt der Zählung der Meridiane ist.*

Null|mor|phem, das (Sprachwiss.): *(in der Flexion) phonologisch nicht ausgedrücktes, inhaltlich aber vorstellbares Morphem (z. B. im Imperativ »lauf«!; im Plural [die] »Schlüssel«; Zeichen: ∅).*

Null|num|mer, die: **1.** (Druckw.) *vor der ersten Nummer einer neuen Zeitschrift od. Zeitung.* **2.** (Sportjargon) **a)** *torloses Unentschieden;* **b)** *das Ausscheiden (aus einem Auto-, Skirennen o. Ä.);* **c)** *schlechtes Abschneiden ohne Punktgewinn.* **3.** (salopp) *enttäuschendes Ergebnis; etw., was nichts einbringt, sich nicht lohnt, sich nicht bezahlt macht.*

Null ou|vert [-u'vɛːɐ̯], der, auch: das; --[s], --s [zu ²Null u. frz. ouvert = offen] (Skat): ²*Null, bei dem der Spieler seine Karten offen hinlegen muss:* * N. o. Hand *(Null ouvert, bei dem der Skat (2) nicht aufgenommen werden darf).*

Null|punkt, der: *Punkt auf einer Skala o. Ä., der den Wert null angibt:* die Temperatur ist auf den N. (Gefrierpunkt) abgesunken; absoluter N. (↑ absolut 4); Ü unsere Stimmung erreichte den N., sank auf den N. (ugs.; *Tiefpunkt*).

Null|run|de, die (Wirtschaftsjargon): *Lohnrunde, die ohne eine [reale] Anhebung der Tariflöhne endet:* eine N. vereinbaren, durchsetzen.

Null|se|rie, die (Industrie): *zur Erprobung der rationellen Fertigung u. Funktionstüchtigkeit in niedriger Stückzahl hergestellte Serie eines neu entwickelten, für die Serienproduktion vorgesehenen Artikels.*

Null|spiel, das (Skat): ²*Null.*

Null|stel|lung, die: *bei Messinstrumenten der Stand des Zeigers auf dem Nullpunkt.*

Null|sum|men|spiel, das: *Spiel, bei dem die Summe der Einsätze, Verluste u. Gewinne gleich null ist.*

nullt... ⟨Ordinalz. zu ↑ ¹null⟩ (bes. Math., Naturwiss.) (als Ziffer: 0.): *in einer Reihe, Folge, auf einer Skala o. Ä. den Ausgangspunkt betreffend.*

Null|ta|rif, der: *kostenlose Gewährung bestimmter, üblicherweise nicht unentgeltlicher Leistungen:* N. bei öffentlichen Verkehrsmitteln; Umweltschutz gibt es nicht zum N. (*ohne dass man dafür bezahlen muss*).

Null|wachs|tum, das [viell. nach engl. zero growth] (Wirtsch.): *Stillstand des Wachstums, der Entwicklung von etw.:* der Einzelhandel befürchtet im laufenden Geschäftsjahr ein N.

Nul|pe, die; -, -n [H. u., viell. unter Anlehnung an »Null« zu (west)md. Nuppel = Gummisauger] (ugs. abwertend): *dummer, langweiliger, unbedeutender Mensch.*

Nu|men, das; -s [lat. numen, zu: nuere (in Zus.) = nicken; winken, eigtl. = der durch Nicken (mit dem Kopf) angedeutete Wille] (Theol.): *göttliches Wesen; als wirkende Kraft.*

Nu|me|ra|le, das; -s, ...lien u. ...lia [spätlat. (nomen) numerale] (Sprachwiss.): *Zahlwort.*

Nu|me|ri ['nuːme...]: **1.** Pl. von ↑ Numerus. **2.** ⟨Pl.⟩ *4. Buch Mose.*

nu|me|rie|ren, Nu|me|rie|rung: frühere Schreibungen für ↑ nummerieren, Nummerierung.

nu|me|risch ⟨Adj.⟩: **a)** *zahlenmäßig, der [An]zahl nach:* -e Überlegenheit; eine n. schwache Gruppe; **b)** *unter Verwendung von [bestimmten] Zahlen, Ziffern erfolgend:* -es Rechnen; **c)** (EDV) *sich nur aus Ziffern zusammensetzend:* ein -er Code.

Nu|me|ro [auch: 'nuːmero], das; -s, -s [ital. numero, ↑ Nummer] (veraltet): *Nummer* (in Verbindung mit einer Zahl; Abk.: No.): das ist N. zwei.

Nu|me|ro|lo|gie, die; - [↑ -logie]: *Zahlenmystik (im Bereich des Aberglaubens).*

Nu|me|rus [auch: 'nuː m...], der; -, ...ri [lat. numerus = (An)zahl, Menge; Teil (eines Ganzen), eigtl. = das Zugeteilte]: **1.** (Sprachwiss.) *grammatische Kategorie, die durch Flexionsformen (beim Substantiv, Adjektiv, Artikel, Pronomen) die Anzahl der bezeichneten Gegenstände od. Personen bzw. (beim Verb) die der Handelnden, von einem Geschehen Betroffenen angibt:* die Numeri Singular und Plural. **2.** (Math.) *Zahl, zu der der Logarithmus gesucht wird.* **3.** (Rhet., Stilkunde) *Bau eines Satzes in Bezug auf Gliederung, Länge od. Kürze der Wörter, Verteilung der betonten od. unbetonten Wörter, in Bezug auf die Klausel (2) u. die Pausen, d. h. die Verteilung des gesamten Sprachstoffes im Satz.*

Nu|me|rus clau|sus, der; -- [nlat. = geschlossene (An)zahl, zu lat. clausus, adj. 2. Part. von: claudere, ↑ Klause]: *zahlenmäßige Beschränkung der Zulassung zu einem bestimmten Studienfach o. Ä.*

nu|mi|nos ⟨Adj.⟩ [zu lat. numen (Gen.: numinis), ↑ Numen] (Theol.): *(in Bezug auf das Göttliche) schaudervoll u. anziehend zugleich.*

Nu|mis|ma|tik [österr. auch: ...'mat...], die; - [frz. numismatique, zu lat. numisma, nomisma = Münze < griech. nómisma, eigtl. = das durch Gebrauch u. Sitte Anerkannte]: *Beschäftigung mit [alten] Münzen als Wissenschaftler, Forscher od. Sammler; Münzkunde* (1).

Nu|mis|ma|ti|ker [österr. auch: ...'mat...], der; -s, -: *jmd., der sich [wissenschaftlich] mit Numismatik beschäftigt; Münzkundler.*

Nu|mis|ma|ti|ke|rin [österr. auch: ...'mat...], die; -, -nen: w. Form zu ↑ Numismatiker.

nu|mis|ma|tisch [österr. auch: ...'mat...] ⟨Adj.⟩: *die Numismatik betreffend.*

Num|mer, die; -, -n [ital. numero < lat. numerus, ↑ Numerus]: **1. a)** *Zahl, die etw. kennzeichnet, eine Reihenfolge o. Ä. angibt:* eine hohe, niedrige, laufende N.; die N. *(Hausnummer)* auf der Adresse stimmt nicht; der Spieler mit der N. *(Rückennummer)* elf wurde verwarnt; ich wohne im zweiten Stock, N. *(Zimmernummer)* sieben; ich bin unter dieser N. *(Telefonnummer)* zu erreichen; * N. eins (ugs.: *auf einem Gebiet führende Person, Firma; führendes Produkt o. Ä.*); [nur] eine N. sein (*nicht als Individuum behandelt werden*); bei jmdm. eine große/gute/dicke N. haben (ugs.: *von jmdm. sehr geschätzt werden*); geht auf die Nullzensuren zurück: eine »gute Nummer« bedeutete urspr. »eine gute Zeugnisnote«); auf N. sicher sein/sitzen (ugs. veraltet; *im Gefängnis sein;* bezieht sich darauf, dass Gefängniszellen nummeriert sind u. die Inhaftierten darin »sicher« verwahrt sind); auf N. sicher gehen (ugs.; *nichts unternehmen, ohne sich abzusichern*); **b)** *Ausgabe (5a) einer fortlaufend erscheinenden Zeitung, Zeitschrift* (Abk.: Nr.): der Artikel stand in der letzten N.; **c)** *bei Schuhen, Kleidungsstücken o. Ä.*) *die Größe angebende Zahl:* haben Sie den Pullover eine N. größer?; Ü dieses Auto ist für unsere Familie ein paar -n zu klein; * eine N./einige, ein paar -n zu groß [für jmdn.] sein (ugs.: *über jmds. Verhältnisse, Möglichkeiten, Fähigkeiten gehen*); **d)** (landsch.) *Zensur.*

2. a) *einzelne Darbietung eines Zirkus-, Kabarett-, Varietéprogramms:* eine sensationelle N.; * aus einer N. [nicht] rauskommen/herauskommmen (*bestimmte Gegebenheiten, auf die man sich eingelassen hat, [nicht mehr] rechtzeitig ändern können, um etwas zu einem glimpflichen Abschluss zu bringen:* nur mit viel diplomatischem Geschick kamen sie heil/unbeschadet aus der N. heraus); aus einer N. raus sein (ugs.: *bei einer best. Sache o. Ä. nicht mehr beteiligt, nicht mehr von der Partie sein:* der Vertrag läuft aus und ich bin endlich raus aus der N.); **b)** (ugs.) *Musikstück (der Unterhaltungsmusik):* die Band wird im heutigen Konzert einige beliebte ältere -n spielen. **3.** (ugs.) *auf bestimmte Weise besonderer Mensch, Person:* eine ulkige N.; er war eine große N. im Verkauf (*guter Verkäufer*); er ist eine N. für sich (*ein merkwürdiger Mensch*). **4.** (salopp) *Koitus:* eine N. schieben (*koitieren;* viell. nach der früher üblichen Ausgabe von Nummern in Bordellen).

num|me|rie|ren ⟨sw. V.; hat⟩ [lat. numerare, zu: numerus, ↑ Numerus]: *mit [fortlaufenden] Nummern versehen, um eine bestimmte Ordnung od. Reihenfolge festzulegen:* die Seiten eines Manuskripts (1); Banknoten serienweise n.; nummerierte Plätze.

Num|me|rie|rung, die; -, -en: **1.** *das Nummerie-*

ren. **2.** *Nummer, die ein Platz, eine Eintrittskarte o. Ä. bei einer Nummerierung (1) erhält.*

nu̲m|me|risch ⟨Adj.⟩ (seltener): *numerisch.*

Nu̲m|mern|boy, der: *Mann, der bei einer Veranstaltung eine Tafel trägt, auf der die jeweilige nächste Nummer (2a) angekündigt wird.*

Nu̲m|mern|girl, das: *Frau, die bei einer Veranstaltung eine Tafel trägt, auf der die jeweilige nächste Nummer (2a) angekündigt wird.*

Nu̲m|mern|kon|to, das (Bankw.): *Konto, das nicht auf den Namen des Inhabers lautet, sondern nur durch eine Nummer gekennzeichnet ist.*

Nu̲m|mern|re|vue, die: *musikalisches Ausstattungsstück, das aus einer Folge unzusammenhängender sängerischer, tänzerischer u. artistischer Darbietungen besteht:* die Filmkomödie geriet zur reinen N.

Nu̲m|mern|schild, das: **a)** *Schild mit Zahlen [u. Buchstaben] zur Kennzeichnung von Kraftfahrzeugen;* **b)** *Schild mit einer Nummer.*

Nu̲m|mern|schlüs|sel, der (EDV): *Code (1) zur Identifizierung u. Klassifizierung von Gegenständen od. Daten.*

Nu̲m|mern|stem|pel, der: *Stempel zum Nummerieren.*

¹nu̲n ⟨Adv.⟩ [mhd. nǔ(n), ahd. nǔ, wahrscheinlich ablautend verwandt mit ↑ neu; vgl. griech. ný, nỹn = jetzt]: **1.** bezeichnet die Gegenwart bzw. beim Erzählen einen vom Sprecher, von der Sprecherin als gegenwärtig gesetzten Zeitpunkt, zu dem etw. eintritt, einsetzt; ¹*jetzt* (1): ich muss n. gehen; von n. an waren sie Freunde. **2.** bezeichnet die Gegenwart vor dem Hintergrund vergangener Ereignisse, die jmds. Handeln, einen Zustand o. Ä. bedingen; *unter diesen Umständen:* was n.? *(was können wir in einer Situation tun?);* n. gerade! *(jetzt erst recht!);* bist du n. zufrieden?; Was n., Butt?... Bin ich entlastet n.? An Schuld leichter? (Grass, Butt 134). **3.** bezeichnet einen gegenwärtigen Zeitpunkt, zu dem ein Zustand erreicht, eine Veränderung o. Ä. abgeschlossen ist; *inzwischen, mittlerweile:* die Lage hat sich n. stabilisiert. **4.** bezeichnet die Gegenwart im Vergleich, Kontrast zur Vergangenheit; *heute* (2), *heutzutage.*

²nu̲n ⟨Partikel⟩ [zu: ↑ ¹nun]: **1.** ⟨unbetont⟩ drückt im Aussagesatz einen Gegensatz zwischen Erwartung u. eingetretener Wirklichkeit, zwischen Behauptung u. tatsächlichem Sachverhalt o. Ä. aus; *aber, jedoch:* inzwischen hat sich n. herausgestellt, dass... **2.** ⟨unbetont⟩ schließt in einer Entscheidungsfrage eine negative Antwort ein [u. soll dem Gesprächspartner eine solche suggerieren]; *etwa, vielleicht:* hat sich das n. gelohnt? **3.** ⟨unbetont⟩ **a)** drückt in Aussagesätzen, meist in Verbindung mit »[ein]mal«, die Einsicht in einen Tatbestand aus, der für unabänderlich gehalten wird; *eben, halt:* siehst du, so ist das n.; **b)** in Aussagesätzen in Korrelation zu vorangehendem »da« als Ausdruck der Ratlosigkeit, Resignation o. Ä.: da stehe ich n. und weiß nicht weiter. **4.** ⟨unbetont⟩ dient in Verbindung mit bestimmten Modaladverbien od. -partikeln der Nachdrücklichkeit: muss das n. ausgerechnet jetzt sein?; solche Zweifel waren n. doch wirklich unberechtigt. **5.** ⟨betont⟩ leitet in isolierter Stellung am Satzanfang eine als wichtig erachtete Aussage, eine Folgerung, eine resümierende Feststellung o. Ä. ein: n. bildet der Auftakt zu einer situationsbedingten Frage; *also:* n., wie stehts?; n., n.! (als Ausdruck der Beschwichtigung od. des Einwandes); n. denn! *(also, dann wollen wir beginnen!);* n. gut! *(meinetwegen, einverstanden!);* n. ja *(als Ausdruck zögernden Einverständnisses, Eingeständnisses; na ja).* **6.** ⟨unbetont⟩ situationsbedingt emotional verstärkend als Ausdruck der Ungeduld, Befürchtung, Enttäuschung o. Ä.: kommst du n. mit oder nicht?; »Mein Mann!«, sagt Lisa... »Mit so was ist man n. verheiratet« (Remarque, Obelisk 332). **7.** ⟨unbetont⟩ dient [einräumend] der Verknüpfung u. Weiterführung der Rede: n. muss man hinzufügen, dass sie es nicht gern getan hat.

³nu̲n ⟨Konj.⟩ [zu: ↑ ¹nun] (geh. veraltend): **1.** ⟨temporal mit kausaler Tönung⟩ *nachdem, da:* n. sie so lange krank war, muss sie sich nicht schonen. **2.** ⟨temporal⟩ *als:* n. sie es erfuhr, war es zu spät.

nu̲n|mehr ⟨Adv.⟩ [mhd. nū mēre] (geh.): *jetzt,* ¹*nun* (1); *von jetzt an:* der Krieg dauert n. drei Jahre; wir wollen n. in Frieden leben.

nu̲n|meh|rig ⟨Adj.⟩ (österr., sonst geh.): *jetzig:* als -er Präsident kann er seine Ziele durchsetzen.

'nun|ter ⟨Adv.⟩ (landsch., bes. südd.): *hinunter.*

Nun|ti|a|tur, die; -, -en [ital. nunziatura, zu: nunziare = verkündigen < lat. nuntiare, zu: nuntius, ↑ Nuntius]: **a)** *Amt eines Nuntius;* **b)** *Sitz eines Nuntius.*

Nun|ti|us, der; -, ...ien [mlat. nuntius curiae < lat. nuntius = Bote]: *ständiger diplomatischer Vertreter des Papstes bei einer Staatsregierung.*

¹nur ⟨Adv.⟩ [mhd. (md.) nūr, älter: newære, ahd. niwāri = (wenn...) nicht wäre]: **1.** drückt aus, dass etw. ausschließlich auf das Genannte beschränkt ist; *nichts weiter als; lediglich:* das war n. ein Versehen; ich bin auch n. ein Mensch; ich bin nicht krank, n. müde; ich wollte n. sagen, dass...; **b)** drückt aus, dass etw. auf ein bestimmtes Maß beschränkt ist; *nicht mehr als:* ich habe n. [noch] 10 Euro; sie sind n. mäßig begabt. **2.** drückt eine Ausschließlichkeit aus; *nichts anderes als; niemand, nicht anders als:* da kann man n. staunen; man konnte n. Gutes über sie berichten; n. der Fachmann kann das beurteilen; n. mehr *(bes. österr.; nur noch)* ein Drittel bleibt übrig; n. [dann], wenn...; ⟨in mehrteiligen Konj.:⟩ nicht n...., [sondern] auch. **3.** ⟨in konjunktionaler Verwendung⟩ schränkt die Aussage des vorangegangenen Hauptsatzes ein; *jedoch, allerdings, aber:* die Wohnung ist hübsch, n. ist sie zu klein für uns.

²nur ⟨Partikel; meist unbetont⟩: **1.** gibt einer Frage, Aussage, Aufforderung o. ä. einen Wunsch oder bestimmte Nachdrücklichkeit: warum hat er das n. gemacht?; ich tue das n. ungern; ⟨an der Spitze von [verkürzten] Aufforderungssätzen:⟩ n. Mut!; n. [immer] mit der Ruhe!; n. VIP investieren in Peter an Zuwendung, Verständnis und Liebe, was wir n. haben (Schnurre, Ich 126). **2.** drückt in Aussage- u. Aufforderungssätzen eine Beruhigung, eine Ermunterung aus: nimm n. her., was du brauchst!; iss n.! **3.** drückt in Fragesätzen innere Anteilnahme, Beunruhigung, Verwunderung o. Ä. aus: was hat er n.? **4.** drückt in Ausrufe- u. Wunschsätzen eine Verstärkung aus: wenn er n. käme! **5.** drückt eine Steigerung, die Häufigkeit od. Intensität eines Vorganges o. Ä. aus: ich helfe ihm, sooft ich n. kann; sie schlug die Tür zu, dass es n. so knallte. **6.** drückt in Verbindung mit »noch« bei einem Komparativ eine Steigerung aus: er wurde n. noch frecher. **7.** drückt in Verbindung mit »zu« bei Adverbien eine Steigerung aus: ich weiß es n. zu gut.

Nur-: drückt in Verbindung mit Personenbezeichnungen aus, dass die beschriebene Person ausschließlich, nichts anderes als etw. Bestimmtes ist: *Nurkomiker, -künstlerin.*

Nu|ra|ghe, Nu|ra|ge [...g...], die; -, -n [ital. nuraghe, aus dem Sardischen, viell. aus dem Semit. u. eigtl. = Lichtdach]: *(seit der Bronze- und der frühen Eisenzeit verbreiteter) turmartiger, aus großen Steinblöcken ohne Mörtel errichteter Rundbau auf Sardinien.*

nur mehr, nur|mehr ⟨Partikel⟩ (bes. österr.): *nur noch:* nur mehr zwanzig Prozent der Kinder können diese Pflanze benennen.

Nürn|berg: *Stadt in Mittelfranken.*

¹Nürn|ber|ger, der; -s, -: *Ew.*

²Nürn|ber|ger ⟨indekl. Adj.⟩: *N. Lebkuchen.*

Nürn|ber|ge|rin, die; -, -nen: w. Form zu ↑ ¹Nürnberger.

nu|sche|lig, nuschlig ⟨Adj.⟩: *undeutlich, schwer verständlich [gesprochen]:* mit -er Stimme; der Klang des Anrufbeantworters war ihr zu n.; noch schlaftrunken sagte sie n. Guten Morgen.

nu|scheln (sw. V.; hat) [zu ↑ Nase u. eigtl. = durch die Nase sprechen] (ugs.): **a)** *undeutlich sprechen;* **b)** *etw. nuschelnd (a) sagen.*

nusch|lig: ↑ nuschelig.

Nuss, die; -, Nüsse [mhd. nu̧ʒ, ahd. (h)nu̧ʒ, verw. mit lat. nux = Nuss; urspr. = Haselnuss]: **1. a)** (Bot.) *rundliche Frucht mit harter, holziger Schale, die einen ölhaltigen, meist essbaren Kern umschließt;* **b)** *Kurzf. von* ↑ *Walnuss* (1): *Nüsse knacken; Ü* mit ihr eine taube N. *(stellt sich als völlig wertlos heraus);* ** [für jmdn.] eine harte N. sein* (ugs.; *[für jmdn.] eine schwierige Aufgabe, ein großes Problem darstellen*); *manche, eine harte N. zu knacken haben, bekommen* (ugs.; *eine schwierige Aufgabe, ein schweres Problem zu bewältigen haben*); **c)** *essbarer Kern einer Nuss* (1 b): kandierte Nüsse. **2.** ⟨in Verbindung mit bestimmten Adj.⟩ (Schimpfwort) *Mensch:* du blöde N.! **3.** (landsch.) *Kopfnuss* (1). **4.** (Kochkunst) *rundes Fleischstück aus der Keule von bestimmten Schlachttieren.* **5.** (Jägerspr.) *(vom Hund, Fuchs, Wolf o. Ä.) weibliches Geschlechtsteil.* **6.** (Technik) *auswechselbarer Kopf eines Steckschlüssels.* **7.** ** jmdm. eins auf die N. geben* (salopp; *jmdm. auf den Kopf schlagen*).

Nuss|baum, der: **a)** Kurzf. von ↑ Walnussbaum; **b)** ⟨o. Pl.⟩ *Holz des Nussbaums* (a).

nuss|braun ⟨Adj.⟩: *braun wie eine [Hasel]nuss.*

Nüss|chen, das; -s, -: **1.** Vkl. von ↑ Nuss (1). **2.** (Kochkunst) *Nuss* (4).

Nuss|fül|lung, die: *Füllung* (2a) *aus geriebenen Nüssen u. anderen Zutaten.*

Nuss|gip|fel, der (bes. schweiz.): *mit Nussmasse gefülltes Hörnchen.*

nus|sig ⟨Adj.⟩: *nach Nüssen schmeckend, riechend.*

Nuss|kern, der: *Nuss* (1c).

Nuss|kna|cker, der: **1. a)** *zangenähnliches Gerät zum Aufknacken von Nüssen* (1b); **b)** *bunt bemaltes hölzernes Männchen, das mit eingearbeiteter Mechanik in seinem Mund Nüsse knackt.* **2.** (ugs.) *[alter] Mann [mit grimmigem Gesicht].*

Nuss|ku|chen, der: *Kuchen mit [einer Füllung aus] geriebenen Nüssen.*

Nuss|scha|le, Nuss-Scha|le, die: **1.** *Schale der Nuss* (1b). **2.** *kleines Boot:* mit einer bunt angestrichenen N. durchquerten sie den See.

Nuss|schin|ken, Nuss-Schin|ken, der: *Schinken aus der Nuss* (4).

Nuss|scho|ko|la|de, Nuss-Scho|ko|la|de, die: *Schokolade mit Haselnüssen.*

Nuss|tor|te, die: vgl. Nusskuchen.

◆ **Nu̲s|ter,** der u. das; -s, - [Nebenf. von: Noster, gek. aus: Paternoster, eigtl. = ²Rosenkranz (1), ↑ ²Paternoster]: *um den Hals getragene Schnur mit Perlen, Korallen o. Ä.:* ...trug der Grafen Ausrufer, dass gestern im Bupsinger Forst... ein N. mit Perlen verloren gegangen (Mörike, Hutzelmännlein 15).

Nüs|ter [auch: 'ny:...], die; -, -n ⟨meist Pl.⟩ [aus dem Niederd. < mniederd. nuster, nöster; verw. mit ↑ Nase]: *Nasenloch (bei größeren Tieren,*

bes. beim Pferd): mit bebenden -n *(nervös, aufgeregt u. gespannt).*
Nut, die; -, -en *(in der Technik nur so)* [mhd., ahd. nuot, zu mhd. nüejen, ahd. nuoen = genau zusammenfügen] (Fachspr.): *längliche Vertiefung in einem Werkstück zur Einpassung eines in der Form korrespondierenden Teils:* Bretter auf N. einschieben.
Nu|te, die; -, -n (in nicht fachspr. Verwendung): *Nut.*
Nut|ei|sen, das: *Werkzeug zum Herstellen einer Nut.*
nu|ten ⟨sw. V.; hat⟩: *mit einer Nut versehen.*
¹Nu|t|ria, die; -, -s [span. nutria, galicisch nudra, ludra = Fischotter < lat. lutra]: *(in Südamerika heimisches) Nagetier mit dichtem, weichem, graubraunem Fell, das wegen seines wertvollen Fells auch gezüchtet wird;* Biberratte.
²Nu|t|ria, der; -s, -s: **a)** *Fell der ¹Nutria;* **b)** *Pelz[mantel] aus ²Nutria* (a).
Nu|t|ri|ment, das; -[e]s, -e, **Nu|t|ri|men|tum,** das; -s, ...ta [lat. nutrimentum] (Med.): *Nahrungsmittel.*
Nu|t|ri|ti|on, die; - [spätlat. nutritio] (Med.): *Ernährung [des Menschen].*
Nutsch, der; -[e]s, -e (landsch.): *Schnuller.*
nut|schen ⟨sw. V.; hat⟩ [lautm.] (landsch.): *saugen, lutschen.*
Nut|te, die; -, -n [urspr. berlin., eigtl. = Ritze (der Vagina); zu ↑ Nut] (salopp abwertend): *Prostituierte:* eine miese, kleine N.
nut|ten|haft ⟨Adj.⟩ (salopp abwertend): *einer Nutte ähnlich, in der Art einer Nutte [gehalten].*
nut|tig ⟨Adj.⟩ (salopp abwertend): *wie eine Nutte, in der Art einer Nutte; ordinär, billig.*
nutz: ↑ nütze.
Nutz|an|wen|dung, die: *nutzbringende Anwendung.*
nutz|bar ⟨Adj.⟩ [mhd. nutzebære], (auch:) **nütz|bar** ⟨Adj.⟩: *sich für bestimmte Zwecke verwenden, nutzen lassend:* -e Stoffe; für Wirtschaft und Industrie -e Energie; für etwas n. sein; den Boden n. machen *(so bearbeiten, dass er landwirtschaftlich genutzt werden kann).*
Nutz|bar|keit, (auch:) **Nütz|bar|keit,** die; -: *das Nutzbarsein.*
Nutz|bar|ma|chung, (auch:) **Nütz|bar|machung,** die; -, -en ⟨Pl. selten⟩: *das Nutzbarmachen.*
Nutz|bau, der ⟨Pl. -ten⟩ (seltener): *Zweckbau.*
nutz|brin|gend ⟨Adj.⟩: *sachlichen Nutzen bringend:* eine -e Einrichtung; die Zusammenarbeit war für alle n.
Nutz|da|ten ⟨Pl.⟩ (EDV): *in einer Datenbank gespeicherte Informationen, die jmd. für seine Arbeit nutzt:* die Übertragung, Weiterverarbeitung von N.
nüt|ze, (südd., österr. auch:) nutz [mhd. nütze, ahd. nuzzi, zu ↑ genießen u. eigtl. = etwas, was gebraucht werden kann]: nur in der Wendung [zu] etw. n. sein *([zu] etw. taugen, brauchbar, nützlich sein, zu gebrauchen sein):* weg mit dem Rest, er ist [zu] nichts n.
Nutz|ef|fekt, der: *nutzbringender Effekt:* einen hohen N. haben.
nut|zen [mhd. nutzen, ahd. nuzzōn, zu: nuzza, Nebenf. von: nuz, ahd. nuz(za), verw. mit ↑ genießen], **nüt|zen** [mhd. nützen, ahd. nuzzen] ⟨sw. V.; hat⟩ **1.** (meist: nützen) *bei von Nutzen sein; für die Erreichung eines Ziels geeignet sein; [jmdm.] einen Vorteil, Erfolg, Nutzen bringen, sich zugunsten von jmdm., seiner Unternehmungen o. Ä. auswirken:* das Mittel nützt gar nichts; dein Leugnen nützt jetzt auch nichts mehr; alle Vorsicht hat nichts genützt *(war umsonst);* es nützt alles nichts (ugs.; *man kann nicht länger zögern, ausweichen),* die Sache muss jetzt angepackt werden;

das nützt niemandem; seine Sprachkenntnisse haben ihm sehr genützt. **2.** (meist: nutzen) **a)** *nutzbringend, zu seinem Nutzen verwerten; aus etw. durch entsprechende Anwendung od. Verwertung Nutzen ziehen:* etw. industriell, landwirtschaftlich n.; **b)** *von einer bestehenden Möglichkeit Gebrauch machen, sie ausnutzen, sich zunutze machen; etw. zu einem bestimmten Zweck benutzen, verwenden:* einen Vorteil geschickt nutzen; die Gunst der Stunde nutzen; er nutzt jede freie Minute zum Training; sie nutzt jede Gelegenheit, sich hervorzutun.
Nut|zen, der; -s, - ⟨Pl. selten⟩ [aus älterem, stark gebeugtem Nutz unter Einfluss des schwach gebeugten frühnhd. Nutze, mhd. nutze]: *Vorteil, Gewinn, Ertrag, den man von einer Tätigkeit, dem Gebrauch von etw., der Anwendung eines Könnens o. Ä. hat:* ein geringer N.; [keinen] N. von etw. haben; die Sache bringt wenig N.; aus etw. N. ziehen; es wäre von N. *(nützlich, hilfreich, vorteilhaft),* wenn du dabei wärst.
Nut|zen-Kos|ten-Ana|ly|se, die (Wirtsch.): *Analyse des Verhältnisses von Nutzen u. Kosten bei Investitionsvorhaben.*
Nut|zer, (auch:) **Nüt|zer,** der; -s, -: **a)** (Amtsspr.) *juristische Person, die die Berechtigung hat, etw. zu nutzen (2a):* die Stadt als der N. des Gebäudes; **b)** *jmd., der etw. nutzt* (2b): die Nutzerinnen und N. eines einsprachigen Wörterbuchs, eines sozialen Netzwerks, einer Berghütte.
Nut|zer|da|ten ⟨Pl.⟩: *[persönliche] Informationen über die Nutzer oder die Nutzung einer Anwendung* (3) *[die gespeichert, abgefragt, verwendet od. weitergegeben werden können].*
Nut|ze|rin, (auch:) **Nüt|ze|rin,** die; -, -nen: w. Formen zu ↑ Nutzer, Nützer.
Nutz|fahr|zeug, das (Verkehrsw.): *Kraftfahrzeug, das zur Beförderung von Gütern od. Personen genutzt wird.*
Nutz|flä|che, die: *nutzbare Fläche des Erdbodens, eines Raumes, Gebäudes:* die landwirtschaftliche N.
Nutz|gar|ten, der: *Garten, in dem (im Unterschied zum Ziergarten) lediglich Nutzpflanzen, bes. Gemüse u. Obst, gezogen werden.*
Nutz|holz, das ⟨Pl. ...hölzer⟩ (bes. Forstwirtsch.): *Holz, das (im Unterschied zum Brennholz) technisch, handwerklich verwertbar ist, genutzt wird.*
Nutz|land, das ⟨o. Pl.⟩: *nutzbares Land* (2).
Nutz|last, die (Fachspr.): **1.** *Last, die ein Transportfahrzeug, ein Aufzug o. Ä. als Fracht aufnehmen kann.* **2.** *Last, die ein Gebäude zusätzlich zum eigenen Gewicht tragen, aufnehmen kann.*
Nutz|leis|tung, die (Technik): *von einer Kraftmaschine erzeugte nutzbare Leistung.*
nütz|lich ⟨Adj.⟩ [mhd. nützlich]: *für einen bestimmten Zweck sehr brauchbar; Nutzen bringend:* -e Dinge; -e Pflanzen, Tiere; einer -en (sinnvollen) Beschäftigung nachgehen; die Erfindung ist sehr n., hat sich als sehr n. erwiesen; ⟨subst.:⟩ versuchen, das Angenehme mit dem Nützlichen zu verbinden; * **sich n. machen** *(etw. Nutzbringendes tun, bei etw. helfen).*
Nütz|lich|keit, die; -, -en: **1.** ⟨o. Pl.⟩ *das Nützlichsein.* **2.** *Nutzen.* **3.** *etw. Nützliches.*
Nütz|lich|keits|den|ken, das; -s: *Denken, bei dem das Erreichen eines praktischen Nutzens im Vordergrund steht.*
Nütz|lich|keits|er|wä|gung, die ⟨meist Pl.⟩: vgl. Nützlichkeitsdenken.
Nütz|lich|keits|prin|zip, das ⟨o. Pl.⟩ (Philos.): *Utilitarismus.*
Nütz|ling, der; -s, -e (bes. Landwirtsch., Forstwirtsch.): *Tier, das für den Menschen bes. dadurch nützlich ist, dass es schädliche Tiere vernichtet.*

nutz|los ⟨Adj.⟩: *keinen Nutzen, Gewinn, Vorteil bringend; ohne Nutzen, ohne positives Ergebnis; vergeblich:* -e Versuche; ein -es Unterfangen; es ist ganz n., das zu probieren; sich n. *(überflüssig)* fühlen.
Nutz|lo|sig|keit, die: *das Nutzlossein.*
nutz|nie|ßen ⟨sw. V.; hat; fast nur im Inf. od. 1. Part. gebr.⟩ (geh.): *einen Nutzen, Vorteil, Profit von etw. haben; profitieren.*
Nutz|nie|ßer, der; -s, -: *jmd., der den Nutzen von etw. hat, einen Vorteil aus etw. zieht, was ein anderer erarbeitet o. Ä. hat.*
Nutz|nie|ße|rin, die; -, -nen: w. Form zu ↑ Nutznießer.
Nutz|nie|ßung, die; -, -en: **1.** (geh.) *das Nutznießen.* **2.** ⟨o. Pl.⟩ (Rechtsspr.) *Nießbrauch.*
Nutz|pflan|ze, die: *Pflanze, die vom Menschen als Nahrungsmittel, Viehfutter od. für technische Zwecke genutzt wird.*
Nutz|tier, das: *Tier, das vom Menschen wirtschaftlich genutzt wird.*
Nutz|zung, (auch:) **Nüt|zung,** die; -, -en ⟨Pl. selten⟩: *das Nutzen* (2a): die landwirtschaftliche N. eines Gebietes; die friedliche N. der Kernenergie.
Nut|zungs|be|din|gung, die ⟨meist Pl.⟩ (Wirtsch.): *Geschäftsbedingung für die Nutzung digitaler* (2) *Inhalte und elektronischer Anwendungen* (3).
Nut|zungs|ge|bühr, (auch:) **Nüt|zungs|ge|bühr,** die: *Gebühr für die Nutzung von etw.:* großen Ärger riefen die 80 Cent N. für die Bahnhofstoiletten hervor; für den drahtlosen Zugang zum Netz zahlte sie eine zeitabhängige N.
Nut|zungs|kon|zept, das: *Konzept zur [geschäftlichen] Nutzung von etw.:* ein tragfähiges, realisierbares N. für das Gebäude.
Nut|zungs|mög|lich|keit, die: *Möglichkeit der Nutzung:* das Gerät bietet viele -en.
Nut|zungs|recht, (auch:) **Nüt|zungs|recht,** das (Rechtsspr.): *Recht zur Nutzung einer Sache; Berechtigung, Befugnis, ein fremdes Eigentum in bestimmter Weise zu nutzen* (2a).
Nutz|wert, der: *Gebrauchswert.*
Nutz|wild, das: *alle Wildtiere, die vom Menschen als Nahrungsmittel genutzt werden.*
Nuuk: Hauptstadt von Grönland.
NVA = Nationale Volksarmee (Streitkräfte der DDR).
NW = Nordwest[en] (Himmelsrichtung).
Ny, das; -[s], -s [griech. nỹ < hebr. nûn]: *dreizehnter Buchstabe des griech. Alphabets* (N, ν).
Nyk|t|al|gie, die; -, -n [zu griech. nýx (Gen.: nyktós) = Nacht u. álgos = Schmerz] (Med.): *körperlicher Schmerz, der nur zur Nachtzeit auftritt.*
Ny|lon [ˈnai̯lɔn], das; -[s] [engl. nylon, Kunstwort]: *überwiegend zur Herstellung von Textilien verwendete, besonders reißfeste Chemiefaser.*
Ny|lon|strumpf, der ⟨meist Pl.⟩: *Damenstrumpf aus Nylon.*
Nymph|chen, das; -s, -: *junges u. unschuldig-verführerisches Mädchen; Kindfrau* (vgl. Lolita).
Nym|phe, die; -, -n [lat. Nymphe < griech. nýmphē = Braut; Jungfrau]: **1.** (griech.-röm. Mythol.) *anmutige weibliche Naturgottheit.* **2.** (Zool.) *als letztes Entwicklungsstadium bestimmter Insekten auftretende Larve, die bereits Anlagen zu Flügeln besitzt.* **3.** (seltener) *Nymphchen.*
nym|phen|haft ⟨Adj.⟩: *anmutig, zart, leicht wie eine Nymphe* (1).
Nym|phen|sit|tich, der: *[als Käfigvogel gehaltener] vorwiegend bräunlich grauer australischer Sittich.*
nym|pho|man, nymphomanisch ⟨Adj.⟩ (Med., Psychol.): *(von weiblichen Personen) von einem*

Nymphomanie – obenhin

(krankhaft) gesteigerten Geschlechtstrieb beherrscht.
Nym|pho|ma|nie, die; - [zu griech. nýmphē = (verhüll.) Klitoris u. ↑ Manie] (Med., Psychol.): *das Nymphomansein.*
Nym|pho|ma|nin, die; -, -nen (Med., Psychol.): *an Nymphomanie leidende Frau.*
nym|pho|ma|nisch: ↑ nymphoman.
Ny|norsk, das; - [norw., eigtl. = Neunorwegisch]: *mit dem Bokmål gleichberechtigte, aber im Gegensatz zu diesem auf Dialekten beruhende norwegische Schriftsprache.*

o, O [oː], das; - (ugs.: -s), - (ugs.: -s) [mhd., ahd. o]: *fünfzehnter Buchstabe des Alphabets:* ein kleines o, ein großes O schreiben.
ö, Ö [øː], das; - (ugs.: -s), - (ugs.: -s) [mhd. œ, ö]: *Buchstabe, der für den Umlaut aus o steht.*
o ⟨Interj.⟩ [mhd. ō]: *Ausruf der Freude, der Sehnsucht, des Schreckens o. Ä., meist in Verbindung mit einem anderen Wort:* o weh!; o Gott!; o wäre sie doch schon hier!; o Maria!
O = Ost[en]; Oxygen[ium].
O': *Bestandteil irischer Namen (z. B. O'Neill).*

-o, der; -s, -s ⟨Jargon⟩: *wird zum Abkürzen oder Erweitern von Substantiven oder Adjektiven verwendet, die eine männliche Person charakterisieren:* Fundamentalo, Prolo, Realo.

o, O: ↑ Omikron.
ω, Ω: ↑ Omega.
Ω = ²Ohm.
o. a. = oben angeführt.
o. ä. = oder ähnlich.
o. Ä. = oder Ähnliche[s].
ÖAMTC = Österreichischer Automobil-, Motorrad- und Touring-Club.
OAPEC, die; - [Abk. von engl. Organization of the Arab Petroleum Exporting Countries]: *Organisation der arabischen Erdöl exportierenden Länder.*
Oa|se, die; -, -n [spätlat. oasis < griech. óasis, eigtl. = bewohnter Ort, aus dem Semit.]: *Stelle mit einer Quelle, mit Wasser u. üppiger Vegetation inmitten einer Wüste:* Ü dieser Ort ist eine O. des Friedens.
OAU, die; - [Abk. von engl. Organization of African Unity]: *Organisation für afrikanische Einheit.*
OAU-Staa|ten ⟨Pl.⟩: *der OAU angehörende Staaten.*
¹**ob** [bayr., österr.: oːp] ⟨Konj.⟩ [mhd. ob(e), ahd. obe, H. u.]: **1.** *leitet einen indirekten Fragesatz, Sätze, die Ungewissheit, Zweifel ausdrücken, ein:* er fragte sie, ob sie noch käme; ob es wohl regnen wird? **2.** *in Verbindung mit »als« zur Einleitung einer irrealen vergleichenden Aussage;* vgl. ¹als (4). **3.** *(veraltend) in Verbindung mit »auch«; selbst wenn:* er will es so, ob es ihm auch schadet. **4. a)** ⟨in Verbindung mit »oder«⟩ *sei es [dass]:* sie musste sich fügen, ob es ihnen passte oder nicht; **b)** *als Wortpaar: sei es, es handele sich um … oder um …:* ob Arm, ob Reich, ob Mann, ob Frau, alle waren betroffen. **5.** *in Verbindung mit »und« zum Ausdruck einer nachdrücklichen Bejahung, einer Bekräftigung:* »Kommst du mit?« – »Und ob!«.
²**ob** [bayr., österr.: oːp] ⟨Präp.⟩ [mhd. ob(e), ahd. oba, verw. mit ↑¹auf]: **1.** ⟨mit Gen., selten auch Dativ⟩ (geh. veraltend) *wegen, über:* sie fielen ob ihrer sonderbaren Kleidung auf; er war ganz gerührt ob solcher Zuneigung; ◆ Den Graus der Nacht ob dem eigenen Elend vergessend, hörte man sie grollen und klagen über ihr Missgeschick (Gotthelf, Spinne 46). **2.** ⟨mit Dativ⟩ (schweiz., sonst veraltet) ¹*über* (1 a), *oberhalb von:* ob dem Podium; ◆ Ob dem Altar hing eine Mutter Gottes (Schiller, Piccolomini III, 3). ◆ **3.** ⟨zeitlich⟩ ¹*über* (2 c); *bei:* … habt mir so manche Postill' und Bibelbuch an den Kopf gejagt, wenn Ihr mich ob dem Beten ertapptet (Schiller, Räuber V, 1).
o. B. [oːˈbeː] = *ohne Befund.*
Ob, der; -[s]: *Fluss in Sibirien.*
¹**OB** [oːˈbeː], der; -[s], -s, selten: -: *Oberbürgermeister.*
²**OB,** die; -, -s, selten: -: *Oberbürgermeisterin.*
Ob|acht, die; - [aus ²ob (2) u. ↑³Acht, eigtl. = Acht über etwas] (südd.): *Vorsicht, Achtung:* O., da kommt ein Auto; * **auf jmdn., etw. O. geben,** (seltener:) **haben** *(auf jmdn./, etw. achten, aufpassen).*
ÖBB = Österreichische Bundesbahnen.
obd. = oberdeutsch.
Ob|dach, das; -[e]s [mhd., ahd. obe)dach = Überdach, (Vor)halle, aus ↑²ob (2) u. ↑ Dach] (Amtsspr., sonst veraltend): *[vorübergehende] Unterkunft, Wohnung:* kein O. haben; Seid willkommen! Ich will euch gern O. geben (Brecht, Mensch 20).
ob|dach|los ⟨Adj.⟩: *[vorübergehend] ohne Wohnung:* -e Flüchtlinge.
Ob|dach|lo|se, die/eine Obdachlose; der/einer Obdachlosen, die, Obdachlosen/zwei Obdachlose: *weibliche Person, die obdachlos ist.*
Ob|dach|lo|sen|asyl, das: *Heim, Unterkunft für Obdachlose.*
Ob|dach|lo|sen|für|sor|ge, die: *staatliche Fürsorge für Obdachlose.*
Ob|dach|lo|sen|zei|tung, die: *Zeitung, die von Obdachlosen [geschrieben u.] auf der Straße verkauft wird, wobei der Erlös Einrichtungen für Obdachlose zugutekommt.*
Ob|dach|lo|ser, der Obdachlose/ein Obdachloser; des Obdachlosen, die Obdachlosen/zwei Obdachlose: *jmd., der obdachlos ist.*
Ob|dach|lo|sig|keit, die; -: *das Obdachlossein.*
Ob|duk|ti|on, die; -, -en [lat. obductio = das Verhüllen, Bedecken, zu: obducere, ↑ obduzieren], *wohl nach dem Verhüllen der Leiche nach dem Eingriff] (Med.): *[gerichtlich angeordnete] Öffnung einer Leiche zur Feststellung der Todesursache:* eine O. anordnen.
Ob|duk|ti|ons|be|fund, der: *Befund einer Obduktion.*
Ob|duk|ti|ons|be|richt: *Bericht über die Ergebnisse einer Obduktion.*
Ob|du|zent, der; -en, -en (Med.): *Arzt, der eine Obduktion vornimmt.*
Ob|du|zen|tin, die; -, -nen: w. Form zu ↑ Obduzent.
ob|du|zie|ren ⟨sw. V.; hat⟩ [lat. obducere (2. Part.: obductum) = verhüllen, bedecken] (Med.): *eine Obduktion vornehmen:* eine Leiche o.
Ob|e|di|enz, die; - [lat. oboedientia = Gehorsam] (kath. Kirche): **1.** *Gehorsamspflicht eines Klerikers gegenüber den geistlichen Oberen.* **2.** *Anhängerschaft eines Papstes während des Schismas* (1 a).
O-Bei|ne ⟨Pl.⟩ (ugs.): *stark nach außen gebogene Beine.*
o-bei|nig, O-bei|nig ⟨Adj.⟩ (ugs.): *O-Beine habend.*
Obe|lisk, der; -en, -en [lat. obeliscus < griech. obelískos, zu: obelós = Spitzsäule, (Brat)spieß; vgl. Obolus]: *frei stehender, rechteckiger, spitz zulaufender Pfeiler.*
oben ⟨Adv.⟩ [mhd. oben(e), ahd. obana = von oben her]: **1. a)** *an einer höher gelegenen Stelle, an einem [vom Sprechenden aus] hoch gelegenen Ort:* o. links; o. auf dem Dach; er schaute nach o.; der Taucher kam wieder nach o. *(an die Oberfläche);* R o. hui und unten pfui (↑ außen 1); * **o. ohne** (ugs. scherzh.; *mit unbedecktem Busen:* o. ohne herumlaufen); **nicht [mehr] wissen, wo/was o. und unten ist** (ugs.; ↑ hinten); **von o. bis unten** *(ganz und gar);* **von o. herab** *(in überheblicher, herablassender Weise);* **b)** *am oberen Ende:* den Sack o. zubinden; **c)** *an der Oberseite:* der Tisch ist o. furniert; **d)** *von einer Unterlage abgewandt:* die glänzende Seite des Papiers muss o. sein; **e)** *in großer Höhe:* hoch o. am Himmel flog ein Adler; **f)** *in einem vom Sprecher aus höheren Stockwerk:* sie ist noch o. **2.** (ugs.) *im Norden (orientiert an der aufgehängten Landkarte):* in Dänemark o. **3. a)** (ugs.) *an einer höheren Stelle in einer Hierarchie:* die da o. haben doch keine Ahnung; der Befehl kam von o.; R nach o. buckeln und nach unten treten; **b)** *an einer hohen Stelle in einer gesellschaftlichen o. ä. Rangordnung:* er wollte nach o.; der Weg nach o. war jetzt offen. **4.** *weiter vorne in einem Text:* siehe o.; wie bereits o. erwähnt; die o. erwähnte, genannte, stehende Summe; die o. zitierte Textstelle; o. Stehendes bitte beachten; das o. Genannte.
oben|an ⟨Adv.⟩: *an der Spitze:* sein Name steht o. auf der Liste.
oben|auf ⟨Adv.⟩: **1.** *obendrauf:* einen Zettel o. legen. **2. a)** *gesund, guter Laune:* nach der Krankheit ist er jetzt wieder ganz o.; **b)** *sich seiner Stärke bewusst, selbstbewusst:* sie ist immer o.
◆ **oben|aus** ⟨Adv.⟩: in der Wendung **o. wollen** *(hoch hinauswollen;* ↑ hinauswollen 1).
oben|drauf ⟨Adv.⟩: *auf alles andere, auf allem anderen:* das Buch liegt o.
oben|drein ⟨Adv.⟩: *überdies, außerdem, noch dazu:* das Kind hat mich o. noch ausgelacht.
oben|drü|ber ⟨Adv.⟩: *über etw. darüber:* o. streichen.
oben|durch ⟨Adv.⟩: *oben durch etw. hindurch.*
◆ **oben|durch** ⟨Adv.⟩: (landsch.): *obendrein:* Drum sei … o. dir ein Panisbrief beschert (Bürger, Der Kaiser und der Abt); … der Park überhaupt und o. der Garten … in sorgfältigem Beschluss gehalten ward (Kleist, Kohlhaas 103).
oben er|wähnt, oben|er|wähnt ⟨Adj.⟩: *weiter vorne [im Text] erwähnt.*
Oben|er|wähn|tes, das Obenerwähnte/ein Obenerwähntes; des/eines Obenerwähnten, **oben Er|wähn|tes,** das oben Erwähnte/ein oben Erwähntes; des/eines oben Erwähnten; vgl. Obenstehendes.
oben ge|nannt, oben|ge|nannt ⟨Adj.⟩: *weiter oben [im Text] genannt:* oben genannte Personen möchten sich bitte im Sekretariat melden.
Oben|ge|nann|tes, das Obengenannte/ein Obengenanntes; des/eines Obengenannten, **oben Ge|nann|tes,** das oben Genannte/ein oben Genanntes; des/eines oben Genannten; vgl. Obenstehendes.
oben|he|r|um ⟨Adv.⟩ (ugs.): *im oberen Teil eines Ganzen, bes. im Bereich der oberen Körperpartie:* er ist auch o. behaart.
oben|hin ⟨Adv.⟩: **1.** *flüchtig, oberflächlich:* etw. o. sagen; o. hatte die Frage nur o. (beiläufig) gestellt. **2.** * **jmdn./etw. hin o. haben** (ugs.; *jmdn. nicht mehr leiden können, etw. leid sein).*

oben|hi|n|aus ⟨Adv.⟩: in der Wendung **o. wollen** (↑hinauswollen).
Oben-oh|ne-Bar, die: ¹*Bar* (1 a), *in der Frauen mit unbedecktem Busen bedienen.*
oben|rum ⟨Adv.⟩ (ugs.): obenherum.
oben ste|hend, oben|ste|hend ⟨Adj.⟩: *weiter vorne [im Text] stehend.*
Oben|ste|hen|des, das Obenstehende/ein Obenstehendes; des/eines Obenstehenden, **oben Ste|hen|des,** das oben Stehende/ein oben Stehendes; des/eines oben Stehenden: *etw., was weiter oben im Text steht, genannt, erwähnt, zitiert wird.*
oben zi|tiert, oben|zi|tiert ⟨Adj.⟩: *weiter vorne [im Text] zitiert.*
Oben|zi|tier|tes, das Obenzitierte/ein Obenzitiertes; des/eines Obenzitierten, **oben Zi|tier|tes,** das oben Zitierte/ein oben Zitiertes; des/eines oben Zitierten; vgl. Obenstehendes.
ober ⟨Präp. mit Dativ⟩ (österr., sonst landsch. veraltet): ¹*über* (1 a): ♦ *Ich ... erblickte in ziemlicher Ferne ein Feuer, glücklicherweise o. dem Winde (in der Richtung, aus der der Wind wehte;* Goethe, Kampagne in Frankreich 1792, 1. Oktober).
Ober, der; -s, -: **1.** [gek. aus ↑Oberkellner] (veraltend) *Kellner: Herr O., bitte zahlen!* **2.** *der Dame entsprechende Spielkarte im deutschen Kartenspiel.*
ober... ⟨Adj.⟩ [mhd. obere, ahd. obaro, Komp. von ↑²ob]: **1. a)** *(von zwei od. mehreren Dingen) über dem/den anderen gelegen, befindlich; [weiter] oben liegend, gelegen:* die oberen Luftschichten der Atmosphäre; * **das Oberste zuunterst kehren** (ugs.; *alles durchwühlen, durcheinanderbringen*); **b)** *der Quelle näher gelegen:* die obere Elbe. **2.** *dem Rang nach, in einer Hierarchie o. Ä. über anderem, anderen stehend:* die oberen Schichten der Gesellschaft; die Wahrheit ist oberstes (wichtigstes, höchstes) Gebot. **3.** *der Unterseite abgekehrt:* die obere Seite von etw. **4.** *oben* (1 b) *befindlich:* sie sitzt am oberen Ende des Tisches.

ober-, Ober-: 1. (ugs. emotional verstärkend) drückt in Bildungen mit Adjektiven eine Verstärkung aus; *besonders, höchst:* oberdoof, -mies. **2.** (ugs. emotional verstärkend) kennzeichnet in Bildungen mit Substantiven eine Person als über anderen stehend, als etw. in besonderem, nicht zu übertreffendem Maße seiend: Obergauner, -langweiler, -rin. **3.** bezeichnet in Bildungen mit Substantiven eine Person, die einen höheren oder den höchsten Rang einnimmt: Oberbibliotheksdirektorin, -kriminalrat.

Ober|am|mer|gau: *Ort in Bayern.*
Ober|arm, der; -[e]s, -e: *Teil des Arms vom Ellenbogen bis zur Schulter.*
Ober|arzt, der; -[e]s, ...ärzte: *Arzt, der an einem Krankenhaus den Chefarzt vertritt od. eine spezielle Abteilung leitet.*
Ober|ärz|tin, die; -, -nen: w. Form zu ↑Oberarzt.
Ober|auf|sicht, die; -, -en: *höchste, übergeordnete Aufsicht* (1).
Ober|bau, der; -[e]s, -ten: **1.** *oberer Teil eines Bauwerks o. Ä.* **2. a)** (Straßenbau) *Tragschichten u. Belag einer Straße;* **b)** (Eisenbahn) *Schienen, Schwellen u. Bettung von Eisenbahngleisen.*
Ober|bauch, der; -[e]s, ...bäuche ⟨Pl. selten⟩: *oberhalb des Nabels gelegener Teil des Bauches.*
Ober|bay|ern; -s: *Regierungsbezirk des Freistaates Bayern.*
Ober|be|fehl, der; -s: *höchste militärische Befehlsgewalt:* den O. haben.
Ober|be|fehls|ha|ber, der; -s, - (Militär): *Inhaber der obersten militärischen Befehlsgewalt über die gesamten Streitkräfte od. einzelne Teile.*

Ober|be|fehls|ha|be|rin, die; -, -nen: w. Form zu ↑Oberbefehlshaber.
Ober|be|griff, der; -[e]s, -e: *übergeordneter, alles Untergeordnete umfassender Begriff.*
Ober|be|klei|dung, die; -, -en: *über der Unterwäsche getragene Kleidung.*
Ober|berg|amt, das; -[e]s, ...ämter: *höchste Dienststelle der Bergbehörde.*
Ober|bett, das; -[e]s, -en: *Deckbett, Federbett:* Das Bett selber machen: Laken glatt ziehen, O. aufschütteln und breit streichen (Kempowski, Tadellöser 302).
Ober|boots|mann, der; -[e]s, ...leute: **a)** *zweitniedrigster Dienstgrad in der Rangordnung der Unteroffiziere mit Portepee (bei der Marine);* **b)** *Träger dieses Dienstgrades.*
Ober|bun|des|an|walt [auch: ˈoː...], der; -[e]s, ...anwälte (Bundesrepublik Deutschland): *oberster Bundesanwalt.*
Ober|bun|des|an|wäl|tin [auch: ˈoː...], die; -, -nen: w. Form zu ↑Oberbundesanwalt.
Ober|bür|ger|meis|ter [auch: ˈoː...], der; -s, -: *hauptverantwortlicher Bürgermeister in größeren Städten* (Abk.: OB, OBM).
Ober|bür|ger|meis|te|rin [auch: ˈoː...], die; -, -nen: w. Form zu ↑Oberbürgermeister (Abk.: OB, OBM).
Ober|bür|ger|meis|ter|wahl [auch: ˈoː...], die: *Wahl des hauptverantwortlichen Bürgermeisters einer Stadt.*
Ober|deck, das: **a)** *Deck, das einen Schiffsrumpf nach oben abschließt;* **b)** *Obergeschoss eines zweistöckigen Omnibusses.*
ober|deutsch ⟨Adj.⟩ (Sprachwiss.): *die Mundarten betreffend, die in Süddeutschland, Österreich u. der Schweiz gesprochen werden* (Abk.: obd.)
Ober|deutsch, (nur mit best. Art.:) **Ober|deut|sche,** das: *die oberdeutsche Sprache.*
Ober|dorf, das; -[e]s, ...dörfer: *höher gelegener od. als weiter oben* (2, 3 b) *empfundener Teil eines Dorfes.*
Obe|re, die/eine Obere; der/einer Oberen, die Oberen/zwei Obere: **1.** *weibliche Person, die in einer Hierarchie an hoher Stelle steht.* **2.** *Geistliche in leitender, bestimmender Position.*
Obe|rer, der Obere/ein Oberer; des/eines Oberen, die Oberen/zwei Obere: **1.** *jmd., der in einer Hierarchie an hoher Stelle steht:* sich den Oberen beugen. **2.** *Geistlicher in leitender, bestimmender Position:* er wurde O. eines Klosters.
Ober|fähn|rich, der; -s, -e (Militär): **a)** *höchster Dienstgrad eines Offiziersanwärters (bei Heer u. Luftwaffe):* O. zur See (Marine); **b)** *Träger dieses Dienstgrades.*
ober|faul ⟨Adj.⟩ (ugs. emotional verstärkend) *sehr anrüchig, bedenklich.*
Ober|feld|we|bel, der; -s, - (Militär): **a)** ⟨o. Pl.⟩ *zweitniedrigster Dienstgrad in der Rangordnung der Unteroffiziere mit Portepee (bei Heer u. Luftwaffe);* **b)** *Unteroffizier dieses Dienstgrades.*
Ober|flä|che, die; -, -n: **1.** *Fläche als obere Begrenzung einer Flüssigkeit:* Blasen steigen an die O.; Ü das Gespräch plätscherte an der O. dahin (ging nicht sehr in die Tiefe); der Konflikt brodelte noch unter der O. (war noch nicht ausgebrochen). **2.** *Gesamtheit der Flächen, die einen Körper von außen begrenzen:* die raue O.; die O. des Mondes; * **an der O.** [**von etw.**] **kratzen** (das Wesentliche unberücksichtigt lassen). **3.** (EDV) *Benutzeroberfläche.*
ober|flä|chen|ak|tiv ⟨Adj.⟩ (Physik, Chemie): **1.** *eine aufgrund großer Oberfläche große Adsorptionsfähigkeit besitzend.* **2.** *(von gelösten Stoffen) die Fähigkeit besitzend, die Oberflächenspannung bes. des Wassers herabzusetzen.*

Ober|flä|chen|be|hand|lung, die: *spezielle Bearbeitung der Oberfläche* (2) *von etw.*
Ober|flä|chen|be|schaf|fen|heit, die: *Beschaffenheit einer Oberfläche.*
Ober|flä|chen|span|nung, die: *Spannung an der Oberfläche von Flüssigkeiten.*
Ober|flä|chen|struk|tur, die: **1.** *Struktur einer Oberfläche.* **2.** (Sprachwiss.) *Form eines Satzes, wie sie in der konkreten Äußerung erscheint.*
Ober|flä|chen|was|ser, das ⟨Pl. ...wasser u. ...wässer⟩: *(im Unterschied zum Grundwasser) Wasser, das an der Erdoberfläche (als stehendes od. fließendes Gewässer) vorhanden ist.*
ober|fläch|lich ⟨Adj.⟩: **1.** (meist Fachspr.) *sich an od. auf der Oberfläche befindend:* ein -er Bluterguss. **2. a)** *nicht gründlich; flüchtig:* bei -er Betrachtung; etw. o. lesen; **b)** *am Äußeren haftend; ohne geistig-seelische Tiefe:* ein -er Mensch.
Ober|fläch|lich|keit, die; -, -en ⟨Pl. selten⟩: *das Oberflächlichsein.*
Ober|förs|ter, der; -s, - (früher): vgl. Revierförster.
ober|gä|rig ⟨Adj.⟩: *(von Hefe) bei geringer Temperatur gärend u. nach oben steigend:* -e Hefe; -es Bier (mit obergäriger Hefe gebrautes Bier).
Ober|ge|frei|te ⟨vgl. Gefreite⟩: *Soldatin des Dienstgrades Obergefreiter.*
Ober|ge|frei|ter ⟨vgl. Gefreiter⟩ (Militär): **a)** *drittniedrigster Mannschaftsdienstgrad (bei Heer, Luftwaffe u. Marine);* **b)** *Träger dieses Dienstgrades.*
Ober|ge|richt, das; -[e]s, -e (schweiz.): *Kantonsgericht.*
Ober|ge|schoss [...gəʃɔs], das, (südd., österr.:) **Ober|ge|schoß** [...gəʃoːs], das; -es, -e: *Stockwerk, das höher als das Erdgeschoss liegt.*
Ober|ge|wand, das; -[e]s, ...gewänder (geh.): vgl. Oberbekleidung.
Ober|gren|ze, die; -, -n: *obere Grenze* (2): die gesetzliche O. liegt bei zehn Prozent des Einkommens.
¹**ober|halb** ⟨Präp. mit Gen.⟩ [mhd. oberhalbe, eigtl. = (auf der) obere(n) Seite; vgl. -halben]: *höher als etw. gelegen, über:* o. des Dorfes beginnt der Wald.
²**ober|halb** ⟨Adv. in Verbindung mit »von«⟩ [zu: ↑¹oberhalb]: *über etw., höher als etw. gelegen:* das Schloss liegt o. von Heidelberg.
Ober|hand, die [mhd. oberhant, aus: diu obere hant = Hand, die den Sieg davonträgt]: in den Wendungen **die O. gewinnen/bekommen/erhalten** (sich als stärker erweisen, sich gegen etw., jmdn. durchsetzen).
Ober|haupt, das; -[e]s, ...häupter (geh.): *jmd., der als Führer[in], Leiter[in], höchste Autorität an der Spitze von etw. steht:* das O. der Familie.
Ober|haus, das; -es, ...häuser: **a)** *erste Kammer eines aus zwei Kammern bestehenden Parlaments:* in das O. gewählt werden; **b)** ⟨o. Pl.⟩ [engl. the Upper House] *erste Kammer des britischen Parlaments.*
Ober|hau|sen: *Stadt im Ruhrgebiet.*
Ober|haut, die; - (Biol., Med.): *Epidermis.*
Ober|hemd, das; -[e]s, -en: *Hemd* (1 a).
♦ **Ober|herr,** der; -[e]n, -en [mhd. oberherre]: *oberster Herr* (3), *Oberhaupt:* Volk und Senat stehen wartend, ihren gnädigen -n im Fürstenornat zu begrüßen (Schiller, Fiesco V, 12); ... wenn der Sieg erfochten, will er zu Deutschlands -n mich krönen (Kleist, Hermannsschlacht IV, 1).
♦ **ober|herr|lich** ⟨Adj.⟩: *einem Oberherrn gehörend, entsprechend, ihm zustehend:* Des Landvogts -e Gewalt verachtet er und will sie nicht (Schiller, Tell III, 3).
♦ **Ober|herr|lich|keit,** die; -: *Oberherrschaft:* Des Schicksals Zwang ist bitter; ... doch seiner O.

Oberherrschaft – Oberste

sich zu entziehn, wo ist die Macht auf Erden? (Wieland, Oberon 5, 60).

Ober|herr|schaft, die; -, -en: **1.** ⟨o. Pl.⟩ *oberste Herrschaft* (1). **2.** (Geschichte) **a)** *Landeshoheit;* **b)** *Gebiet, worauf sich jmds. Landeshoheit erstreckt.*

Ober|hir|te, der; -n, -n (geh.): *über anderen stehender kirchlicher Würdenträger.*

Ober|hir|tin, die; -, -nen: w. Form zu ↑ Oberhirte.

Ober|hit|ze, die; -: *von oben kommende Hitze in einem Backofen.*

Ober|ho|heit, die; -, -en ⟨Pl. selten⟩: vgl. Oberherrschaft.

Obe|rin, die; -, -nen: **1.** *Oberschwester.* **2.** *Leiterin eines Nonnenklosters, eines von Ordensschwestern geführten Heimes o. Ä.*

Ober|in|ge|ni|eur, der; -s, -e: *leitender Ingenieur.*

Ober|in|ge|ni|eu|rin, die; -, -nen: w. Form zu ↑ Oberingenieur.

Ober|ins|pek|tor, der; -s, ...oren: *im Rang über dem Inspektor* (1) *stehender Beamter des gehobenen Dienstes.*

Ober|ins|pek|to|rin, die; -, -nen: w. Form zu ↑ Oberinspektor.

ober|ir|disch ⟨Adj.⟩: *über dem Erdboden liegend; sich über dem Erdboden befindend:* die -en Teile einer Pflanze; Kabel o. verlegen.

Ober|ita|li|en; -s: *das nördliche Italien.*

Ober|kan|te, die; -, -n: *obere Kante:* * *jmdm. bis O. Unterlippe stehen* (salopp: *jmdm. Überdruss bereiten, jmdn. anwidern*).

Ober|kell|ner, der; -s, -: *Kellner, der mit den Gästen abrechnet; Zahlkellner.*

Ober|kell|ne|rin, die; -, -nen: w. Form zu ↑ Oberkellner.

Ober|kie|fer, der; -s, -: ¹*Kiefer, in dem die oberen Zähne sitzen.*

Ober|kir|chen|rat [auch: ˈoː...], der; -[e]s, ...räte: **a)** *höchstes Verwaltungsorgan verschiedener evangelischer Landeskirchen;* **b)** *Mitglied eines Oberkirchenrats* (a).

Ober|kir|chen|rä|tin [auch: ˈoː...], die; -, -nen: w. Form zu ↑ Oberkirchenrat (b).

Ober|klas|se, die; -, -n: **1.** *obere Schulklasse.* **2.** *Oberschicht* (1).

Ober|kom|man|die|ren|de, die/eine Oberkommandierende; der/einer Oberkommandierenden; die Oberkommandierenden/zwei Oberkommandierende: vgl. Oberbefehlshaberin.

Ober|kom|man|die|ren|der, der Oberkommandierende/ein Oberkommandierender; des/eines Oberkommandierenden/zwei Oberkommandierende (Militär): vgl. Oberbefehlshaber.

Ober|kom|man|do, das; -s, -s: **a)** ⟨o. Pl.⟩ *höchste militärische Befehlsgewalt:* das O. erhalten, ausüben; **b)** *oberster militärischer Führungsstab einer Armee.*

Ober|kör|per, der; -s, -: *oberer Teil des menschlichen Körpers:* er musste den O. frei machen; mit nacktem O.

Ober|kreis|di|rek|tor [auch: ˈoː...], der; -[e]s, -en: *leitender Verwaltungsbeamter eines Kreistages.*

Ober|kreis|di|rek|torin [auch: ˈoː...], die; -, -nen: w. Form zu ↑ Oberkreisdirektor.

Ober|land, das; -[e]s: *höher gelegener Teil eines Landes* (meist nur noch in Namen): das Berner O.

Ober|län|der, der; -s, -: *Bewohner des Oberlandes.*

Ober|län|de|rin, die; -, -nen: w. Form zu ↑ Oberländer.

Ober|lan|des|ge|richt [auch: ˈoː...], das: *höheres Gericht für Zivil- u. Strafsachen in Deutschland u. Österreich* (Abk.: OLG).

Ober|län|ge, die; -, -n (Schriftw.): *Teil eines Buchstabens, der über die obere Grenze bestimmter Kleinbuchstaben hinausragt.*

Ober|lauf, der; -[e]s, ...läufe: *der Quelle am nächsten verlaufender Teil eines Flusses:* am O. des Mains.

Ober|lau|sitz, die; -: *Gebiet um Bautzen u. Görlitz* (Abk.: O. L.)

Ober|le|der, das; -s, -: *Leder des Oberteils eines Schuhs.*

Ober|leh|rer, der; -s, -: **1.** (früher) *Studienrat.* **2. a)** ⟨o. Pl.⟩ (früher) *Titel für ältere Volksschullehrer;* **b)** ⟨o. Pl.⟩ (DDR) *Ehrentitel für einen Lehrer;* **c)** *Träger dieses [Ehren]titels.* **3.** (abwertend) *Schulmeister* (2).

ober|leh|rer|haft ⟨Adj.⟩: *kleinlich krittelnd u. belehrend.*

Ober|leh|re|rin, die; -, -nen: w. Form zu ↑ Oberlehrer.

Ober|lei|tung, die; -, -en: **1.** *oberste Leitung.* **2.** *über die Fahrbahn aufgehängte elektrische Leitung für Straßenbahnen u. Busse.*

Ober|lei|tungs|om|ni|bus, der: *Omnibus mit Elektromotor, der seine Energie durch eine Oberleitung* (2) *erhält.*

Ober|leut|nant, der; -s, -s (Militär): **a)** ⟨o. Pl.⟩ *Dienstgrad zwischen Leutnant u. Hauptmann* (bei Heer u. Luftwaffe); **b)** *O. zur See* (Marine); **b)** *Offizier dieses Dienstgrades.*

Ober|licht, das; -[e]s, -er u. -e: **a)** ⟨o. Pl.⟩ *von oben in einen Raum einfallendes Licht;* **b)** ⟨Pl. -er, seltener -e⟩ *oben in einem Raum befindliches Fenster;* **c)** ⟨Pl. -er⟩ *Deckenlampe.*

Ober|lid, das; -[e]s, -er: *oberes Lid.*

Ober|li|ga, die; -, ...ligen (Sport): **1.** *Spielklasse unter der [zweiten] Bundesliga.* **2.** (DDR) *höchste Spielklasse.*

Ober|li|gist, der; -en, -en: *Ligist einer Oberliga.*

Ober|li|gis|tin, die; -, -nen: w. Form zu ↑ Oberligist.

Ober|lip|pe, die; -, -n: *obere Lippe des Mundes.*

Ober|lip|pen|bart, der: *Schnurrbart.*

Ober|maat, der; -[e]s, -e[n]: **a)** ⟨o. Pl.⟩ *höchster Dienstgrad in der Rangordnung der Unteroffiziere ohne Portepee* (bei der Marine); **b)** *Unteroffizier dieses Ranges.*

Ober|maa|tin, die; -, -nen: w. Form zu ↑ Obermaat (b).

◆ **Ober|macht,** die; -: **a)** *Überlegenheit:* Die Zauberin, wider Willen, fühlt seine O. (Wieland, Oberon 11, 65); **b)** *Oberherrschaft:* Der Segel stolze O., hast du sie nicht ... erstritten in der Wasserschlacht? (Schiller, Die unüberwindliche Flotte).

Ober|ma|te|ri|al, das; -s, ...alien: *Material, aus dem das Oberteil eines Schuhs besteht:* O. Leder.

Obe|ron [engl. < Oberon mfrz. Auberon, romanisierte Form von: Alberich = der den Nibelungenhort bewachende Zwerg] (Mythol.): *König der Elfen.*

Ober|ös|ter|reich; -s: *österreichisches Bundesland.*

¹**Ober|ös|ter|rei|cher,** der; -s, -: Ew.

²**Ober|ös|ter|rei|cher** ⟨indekl. Adj.⟩: *das O. Wappen.*

Ober|ös|ter|rei|che|rin, die; -, -nen: w. Form zu ↑ ¹Oberösterreicher.

ober|ös|ter|rei|chisch ⟨Adj.⟩: *Oberösterreich, die Oberösterreicher betreffend; von den Oberösterreichern stammend, zu ihnen gehörend.*

Ober|pfalz, die; -: *Regierungsbezirk des Freistaates Bayern.*

Ober|pries|ter, der; -s, -: *hoher, oberster Priester.*

Ober|pries|te|rin, die; -, -nen: w. Form zu ↑ Oberpriester.

Ober|pri|ma [auch: ...ˈpriː...], die; -, ...primen (veraltend): *letzte Klasse des Gymnasiums.*

ober|rhei|nisch ⟨Adj.⟩: vgl. rheinisch.

Obers, das; - [subst. Neutr. von: ober..., eigtl. = das Obere (der Milch), das oben (auf der Milch) Befindliche] (bayr., bes. ostösterr.): *süße Sahne.*

Ober|schen|kel, der; -s, -: *Teil des Beins zwischen Hüfte u. Knie.*

Ober|schen|kel|hals, der (Anat.): *oberer Teil des Oberschenkelknochens.*

Ober|schen|kel|bruch, der (Med.): ¹*Bruch* (2 a) *des Oberschenkelhalses.*

Ober|schen|kel|kno|chen, der (Anat.): *Knochen des Oberschenkels.*

Ober|schen|kel|kopf, der (Anat.): *rundliche Verdickung am oberen Ende des Oberschenkelknochens.*

Ober|schicht, die; -, -en: **1.** *Bevölkerungsgruppe, die das höchste gesellschaftliche Prestige genießt.* **2.** (seltener) *obere Schicht von etw.*

ober|schläch|tig ⟨Adj.⟩ [zu ↑ schlagen] (Fachspr.): *(von einem Wasserrad) von oben her angetrieben.*

ober|schlau ⟨Adj.⟩ (ugs. iron.): *nur vermeintlich bes. schlau, pfiffig.*

Ober|schu|le, die; -, -n: **1.** (meist ugs.) *höhere Schule.* **2.** (DDR) *für alle Kinder verbindliche, allgemeinbildende Schule:* polytechnische, erweiterte O.

Ober|schü|ler, der; -s, -: *Schüler einer Oberschule.*

Ober|schü|le|rin, die; -, -nen: w. Form zu ↑ Oberschüler.

Ober|schul|rat [auch: ˈoː...], der: *hoher Beamter der Schulaufsichtsbehörde.*

Ober|schul|rä|tin [auch: ˈoː...], die; -, -nen: w. Form zu ↑ Oberschulrat.

Ober|schwes|ter, die; -, -n: *leitende Krankenschwester eines Krankenhauses od. einer Station.*

Ober|sei|te, die; -, -n: *nach oben gewandte, sichtbare Seite:* die raue, glatte, glänzende O. eines Stoffes.

ober|seits ⟨Adj.⟩ [↑ -seits]: *an der Oberseite.*

Ober|se|kun|da [auch: ...ˈkʊn...], die; -, ...den (veraltend): *siebte Klasse des Gymnasiums.*

Ober|se|mi|nar, das; -s, -e (Hochschulw.): *(auf Hauptseminaren aufbauendes) Seminar für Examenskandidaten und Graduierte.*

Oberst, der; -en u. -s, -en, seltener -e (Militär): **a)** ⟨o. Pl.⟩ *höchster Dienstgrad der Stabsoffiziere* (bei Heer u. Luftwaffe); **b)** *Offizier dieses Dienstgrades:* sie ist die Tochter eines Oberst[en].

oberst... ⟨Adj.; Sup. von ober...⟩: ↑ ober...

Ober|staats|an|walt [auch: ˈoː...], der; -[e]s, ...anwälte: *erster Staatsanwalt an einem Landgericht.*

Ober|staats|an|wäl|tin [auch: ˈoː...], die; -, -nen: w. Form zu ↑ Oberstaatsanwalt.

Ober|staats|boots|mann [auch: ˈoː...], der (Militär): **a)** *höchster Dienstgrad in der Rangordnung der Unteroffiziere mit Portepee* (bei Marine); **b)** *Unteroffizier dieses Dienstgrades.*

Ober|stabs|feld|we|bel [auch: ˈoː...], der (Militär): **a)** ⟨o. Pl.⟩ *höchster Dienstgrad in der Rangordnung der Unteroffiziere mit Portepee* (bei Heer u. Luftwaffe); **b)** *Unteroffizier dieses Dienstgrades.*

Ober|stabs|ge|frei|te [auch: ˈoː...] (vgl. Gefreite): *Soldatin des Dienstgrades Oberstabsgefreiter.*

Ober|stabs|ge|frei|ter [auch: ˈoː...] ⟨vgl. Gefreiter⟩ (Militär): **a)** *höchster Mannschaftsdienstgrad* (bei Heer, Luftwaffe u. Marine); **b)** *Träger dieses Dienstgrades.*

Ober|stadt, die; -, ...städte: vgl. Oberdorf.

Ober|stadt|di|rek|tor [auch: ˈoː...], der: *Leiter einer städtischen Verwaltung* (Amtsbezeichnung).

Ober|stadt|di|rek|to|rin [auch: ˈoː...], die: w. Form zu ↑ Oberstadtdirektor.

Obers|te, die/eine Oberste; der/einer Obersten, die Obersten/zwei Oberste: *Vorgesetzte.*

Ober|stei|ger, der; -s, - (Bergbau): *leitender Steiger.*

Ober|stei|ge|rin, die; -, -nen: w. Form zu ↑ Obersteiger.

Obers|ter, der Oberste/ein Oberster; des/eines Obersten, die Obersten/zwei Oberste: *Vorgesetzter.*

Ober|stim|me, die; -, -n (Musik): *höchste Stimme eines mehrstimmigen musikalischen Satzes.*

◆ **Obers|tin**, die; -, -nen: *Frau eines Obersts:* ... *seit gestern Nacht ist sie zurück, und jetzt mit ihrem übervollen Herzen ... stracks hin zur O. damit!* (Mörike, Mozart 224).

Oberst|leut|nant [auch: ...'lɔyt...], der (Militär): a) ⟨o. Pl.⟩ *Dienstgrad zwischen Major u. Oberst (bei Heer u. Luftwaffe);* b) *Offizier dieses Dienstgrades.*

Ober|stock, der; -[e]s, ...stöcke: *Obergeschoss.*

Ober|stüb|chen, das; -s, - (ugs.): *Kopf* (3): **nicht [ganz] richtig im O. sein* (ugs.; ↑¹*richtig* 2 b).

Ober|stu|di|en|rat [auch: 'o:...], der; -[e]s, ...räte: 1. *Studienrat einer höheren Rangstufe.* 2. (DDR, österr.) a) ⟨o. Pl.⟩ *Ehrentitel für einen Gymnasiallehrer;* b) *Träger dieses Titels.*

Ober|stu|di|en|rä|tin [auch: 'o:...], die; -, -nen: w. Form zu ↑ Oberstudienrat.

Ober|stu|fe, die; -, -n: *obere Klassen in Realschulen u. Gymnasien.*

Ober|stu|fen|re|form, die: *Umgestaltung des Unterrichts in der Oberstufe.*

Ober|tas|se, die; -, -n: *Tasse (im Gegensatz zur Untertasse).*

Ober|tas|te, die; -, -n: *schwarze Taste bei Tasteninstrumenten.*

Ober|teil: 1. ⟨das, seltener: der⟩ *oberes, oberer Teil von etw.:* das O. des Schrankes. 2. ⟨das⟩ *Bekleidungsstück für den oberen Körperteil:* sie trägt ein pinkfarbenes O.

Ober|ter|tia [auch: ...'tɛr...], die; -, ...tertien (veraltend): *fünfte Klasse des Gymnasiums.*

Ober|ton, der; -[e]s, ...töne (Physik, Musik): *über dem Grundton liegender u. kaum hörbar mitklingender Ton, der die Klangfarbe bestimmt.*

Ober|ver|wal|tungs|ge|richt [auch: 'o:...], das; -[e]s, -e: *übergeordnetes Verwaltungsgericht.*

Ober|vol|ta, -s: *früherer Name von* ↑ Burkina Faso.

Ober|was|ser, das; -s: *oberhalb einer Schleuse, eines [Mühl]wehrs gestautes Wasser:* *[wieder] O. haben (ugs.; *[wieder] im Vorteil, obenauf sein);* [wieder] O. bekommen/gewinnen (ugs.; *[wieder] in eine günstige Lage kommen).*

Ober|wei|te, die; -, -n: 1. *Brustumfang:* die O. messen. 2. (ugs. scherzh.) *Busen.*

Ober|zei|le, die; -, -n: *Dachzeile.*

Ob|frau, die; -, -en: vgl. Obmann.

ob|ge|nannt ⟨Adj.⟩ (österr., schweiz. Amtsspr.): *oben genannt:* aus den -en Gründen wurde die Veranstaltung abgesagt.

ob|gleich ⟨Konj.⟩: *obwohl:* sie kam sofort, o. sie nicht viel Zeit hatte; o. es ihm selbst nicht gut ging, half er mir; der Fahrer, o. angetrunken, hatte keine Schuld; ◆ ⟨getrennt:⟩ ...*ob ihr gleich so ruschlich seid, dass ihr auf nichts in der Welt achtgebt, so spürt ihr doch* ... (Goethe, Lila 1).

Ob|hut, die; - [aus ↑ ²ob (2) u. ↑ ²Hut] (geh.): *fürsorglicher Schutz, Aufsicht:* bei ihm sind die Kinder in guter O.

Obi, der od. das; -[s], -s [jap. obi]: 1. *zum japanischen Kimono getragener breiter Gürtel.* 2. (Judo) *Gürtel der Kampfbekleidung.*

obig... ⟨Adj.⟩ [zu ↑ ²ob (2)] (Papierdt.): *oben erwähnt, genannt:* suchen Sie die Ware bitte an eine obige Adresse; die obige Beschreibung ist genau zu beachten; ⟨subst.:⟩ das ist bereits im Obigen *(weiter oben)* dargelegt worden; der, die Obige *(Unterschrift unter einer Nachschrift im Brief)* (Abk.: d. O.)

Ob.-Ing. = Oberingenieur[in].

Ob.-Insp. = Oberinspektor[in].

Obi|ter Dic|tum, das; - -, ...ta [lat. = das nebenbei Gesagte] (Rechtsspr.): *(in einem Urteil eines obersten Gerichts) rechtliche Ausführungen zur Urteilsfindung, die über das Erforderliche hinausgehen u. auf denen das Urteil dementsprechend nicht beruht.*

Obi|tu|a|ri|um, das; -s, ...ia u. ...ien [mlat. obituarius, zu lat. obitus = Tod]: *kalender- od. annalenartiges Verzeichnis der verstorbenen Mitglieder, Wohltäter u. Stifter einer mittelalterlichen kirchlichen Gemeinschaft für die jährlich an ihrem Todestag stattfindende Gedächtnisfeier.*

Ob|jekt, das; -[e]s, -e: 1. a) [mlat. obiectum, subst. 2. Part. von lat. obicere = entgegenwerfen, vorsetzen] *Gegenstand, auf den das Interesse, das Denken, das Handeln gerichtet ist:* ein lohnendes O.; etw. am lebenden O. demonstrieren; Ü Frauen waren nur -e für ihn; jmdn. zum O. seiner Aggressionen machen; b) [mlat. obiectum, subst. 2. Part. von lat. obicere = entgegenwerfen, vorsetzen] (Philos.) *unabhängig vom Bewusstsein existierende Erscheinung der materielle Welt, auf die sich das Erkennen, die Wahrnehmung richtet.* 2. a) (bes. Kaufmannsspr.) *etw. mit einem bestimmten Wert, das angeboten, verkauft wird; Gegenstand eines Geschäfts, eines [Kauf]vertrages, bes. ein Grundstück, Haus o. Ä.:* ein günstiges O.; b) (österr. Amtsspr.) *Gebäude;* c) (bes. DDR) *für die Allgemeinheit geschaffene Einrichtung, betriebswirtschaftliche Einheit, bes. Verkaufsstelle, Gaststätte o. Ä.;* d) (DDR) *Gebäude o. Ä., das vom Staatssicherheitsdienst beansprucht, benutzt wird.* 3. (Kunstwiss.) *aus verschiedenen Materialien zusammengestelltes plastisches Werk der modernen Kunst:* die Künstlerin stellt Zeichnungen und -e aus. 4. [auch: 'ɔp...] (Sprachwiss.) *Satzglied, das von einem Verb als Ergänzung gefordert wird:* direktes O. (Akkusativobjekt); ein Satz mit mehreren -en. 5. (Informatik) *(in der objektorientierten Programmierung) Datenstruktur als Mitglied einer Klasse von Datenstrukturen, das Daten enthalten u. verarbeiten sowie Nachrichten mit anderen Objekten austauschen kann:* dieses O. nennen wir »Speisekammer«; es enthält Daten über alle Vorräte, gibt darüber Auskunft und verarbeitet Nachrichten von anderen -en, welche Vorräte entnommen oder hinzugefügt werden sollen.

Ob|jek|te|ma|cher, der: *Künstler, der Objekte* (3) *gestaltet.*

Ob|jek|te|ma|che|rin, die: w. Form zu ↑ Objektemacher.

ob|jek|tiv [auch: 'ɔp...] ⟨Adj.⟩ (bildungsspr.): 1. *unabhängig von einem Subjekt u. seinem Bewusstsein existierend; tatsächlich:* die -en Tatsachen. 2. *nicht von Gefühlen, Vorurteilen bestimmt; sachlich, unvoreingenommen, unparteiisch:* eine -e Berichterstatterin; sein Urteil ist nicht o.; etw. o. betrachten.

Ob|jek|tiv, das; -s, -e: *dem zu beobachtenden Gegenstand zugewandte Linse[n] eines optischen Gerätes:* das O. [einer Kamera] auf etwas richten.

ob|jek|ti|vier|bar ⟨Adj.⟩: *sich objektivieren* (2) *lassend.*

ob|jek|ti|vie|ren ⟨sw. V.; hat⟩: 1. (bildungsspr.) *in eine bestimmte, der objektiven Betrachtung zugängliche Form bringen; von subjektiven, emotionalen Einflüssen befreien:* Wahrnehmungsprozesse o. 2. (Physik) *etw. so darstellen, wie es wirklich ist, unbeeinflusst vom Messinstrument od. vom Beobachter:* physikalische Vorgänge o.

Ob|jek|ti|vie|rung, die; -, -en: *das Objektivieren.*

Ob|jek|ti|vis|mus, der; -: 1. (Philos.) *erkenntnistheoretische Denkrichtung, die davon ausgeht, dass es vom erkennenden u. wertenden Subjekt unabhängige Wahrheiten u. Werte gibt.* 2. (marx. abwertend) *wissenschaftliches Prinzip, das davon ausgeht, dass wissenschaftliche Objektivität unabhängig von den Wertvorstellungen des Betrachters, von gesellschaftlichen Realitäten existieren kann.* 3. (Philos.) *auf die russisch-amerikanische Schriftstellerin und Philosophin Ayn Rand zurückgehendes philosophisches System.*

ob|jek|ti|vis|tisch ⟨Adj.⟩: *dem Objektivismus eigentümlich, in der Art des Objektivismus.*

Ob|jek|ti|vi|tät, die; -, -en: 1. ⟨o. Pl.⟩ *objektive* (2) *Darstellung, Beurteilung o. Ä.:* wissenschaftliche O. 2. (bes. Philos.) *etw., was objektiv beurteilt werden kann.*

Ob|jekt|kunst, die: *moderne Kunstrichtung, die sich mit der Gestaltung von Objekten* (3) *befasst.*

Ob|jekt|künst|ler, der: *jmd., der Objektkunst gestaltet.*

Ob|jekt|künst|le|rin, die: w. Form zu ↑ Objektkünstler.

Ob|jekt|li|bi|do, die (Psychol.): *auf Personen u. Gegenstände, nicht auf das eigene Ich gerichtete Libido.*

ob|jekt|ori|en|tiert ⟨Adj.⟩ (Informatik): *auf der Idee, Verwendung von [gleichberechtigten, selbstständig arbeitenden] Objekten* (5) *beruhend:* -e Programmierung; diese Programmiersprache gilt als o.

Ob|jekt|psy|cho|tech|nik, die; -: *Anpassung der objektiven Forderungen des Berufslebens an die subjektiven Erfordernisse den im Beruf stehenden Menschen (z. B. Wahl der Beleuchtung, Gestaltung des Arbeitsplatzes).*

Ob|jekt|satz, der (Sprachwiss.): *Objekt* (4) *in Form eines Gliedsatzes.*

Ob|jekt|schutz, der ⟨o. Pl.⟩: *polizeilicher, militärischer o. ä. Schutz für Objekte (Gebäude, Anlagen usw.).*

Ob|jekt|spra|che, die (Sprachwiss.): *Sprache als Gegenstand der Betrachtung, die mit der Metasprache beschrieben wird.*

Ob|jekt|tisch, der: *Teil des Mikroskops zum Auflegen, Befestigen des Präparats.*

Ob|jekt|trä|ger, der: *Glasplättchen, auf das ein zu mikroskopierendes Objekt gelegt wird.*

OB-Kan|di|dat [o:'be:...], der: *jmd., der sich um das Amt des Oberbürgermeisters bewirbt.*

OB-Kan|di|da|tin, die: w. Form zu ↑ OB-Kandidat.

Ob|last, die; -, -e, auch: der; -[s], -e u. -s [russ. oblast']: *größeres Verwaltungsgebiet in der Sowjetunion.*

¹Ob|la|te [österr.: 'o:b...], die; -, -n [mhd., ahd. oblāte < mlat. oblata (hostia) = (als Opfer) dargebrachtes (Abendmahls)brot, zu lat. offerre (↑ offerieren) u. hostia (↑ Hostie)]: 1. *dünne, aus einem Teig aus Mehl u. Wasser gebackene Scheibe, die bes. in der katholischen Kirche als Abendmahlsbrot gereicht wird.* 2. a) *dünne Scheibe aus einem Teig aus Mehl u. Wasser, die als Unterlage für verschiedenes Gebäck verwendet wird;* b) *waffelähnliches, flaches, rundes Gebäck:* Karlsbader -n. 3. a) (landsch.) *kleines Bildchen, das in ein Poesiealbum o. Ä. eingeklebt wird;* ◆ b) *einer* ¹Oblate (3 a) *ähnliche Siegelmarke:* ... ein Billett ... statt des Siegels mit einer Oblate und einem aufgeklebtes rundes Bildchen ...; nun löste Effi die O. und las (Fontane, Effi Briest 66).

²Ob|la|te, der; -n, -n [nach lat. pueri oblati = dargebrachte Knaben; in der alten u. ma. Kirche Bez. für Kinder, die von ihren Eltern für das Leben im Kloster bestimmt worden waren] (kath. Kirche): 1. *Mitglied einer neueren Ordensgemeinschaft.* 2. *jmd., der sich einem Orden od. Kloster angeschlossen hat, ohne Voll-*

Oblatin – Obsternte

mitglied zu sein. **3.** *Angehöriger kath. religiöser Genossenschaften.*
Ob|la|tin, die; -, -nen: w. Form zu ↑²Oblate.
Ob|la|ti|on, die; -, -en [spätlat. oblatio = das Darbringen] (kath. Kirche): **1.** *Teil des Hochgebets.* **2.** *feierliche Einsetzung von Oblatinnen und* ²*Oblaten* (2, 3).
Ob|leu|te ⟨Pl.⟩: **1.** Pl. von ↑ Obmann. **2.** *Gesamtheit der Obfrauen und Obmänner.*
ob|lie|gen [auch: ˈɔp...] ⟨st. V.; obliegt/(veraltend:) liegt ob, oblag/(veraltend:) lag ob, hat oblegen/(veraltend:) obgelegen, zu obliegen/(veraltend:) obzuliegen⟩ [mhd. obe ligen, ahd. oba ligan = oben liegen, überwinden]: **a)** (geh.) *jmdm. als Pflicht, Aufgabe zufallen:* die Beweislast obliegt dem Kläger/(veraltend:) liegt dem Kläger ob; die Pflichten hatten ihr oblegen/(veraltend:) obgelegen; ⟨unpers.:⟩ es obliegt ihm, dies zu tun; Den Versammelten obliege es, einen solchen Aktionsausschuss, wie es ihn übrigens ... damals schon gegeben habe, zu wählen (Heym, Schwarzenberg 43); **b)** (veraltend) *sich einer Sache, Aufgabe widmen, sich mit einer Sache eingehend beschäftigen:* An zwei grün ausgeschlagenen Klapptischen lag man dem Spiele ob; es war Domino an dem einen, Bridge an dem anderen Tische (Th. Mann, Zauberberg 120).
Ob|lie|gen|heit [auch: ˈɔp...], die; -, -en (geh.): *Pflicht, Aufgabe:* seine -en zur Zufriedenheit aller erfüllen; das zählt zu ihren -en; Im Grunde fühlte er sich nur außerstande, die vielen -en, die ihm, dem nun Verwitweten, aufgebürdet sind, zu versehen (Fussenegger, Zeit 82).
ob|li|gat ⟨Adj.⟩ [lat. obligatus = verpflichtet; gebunden, adj. 2. Part. von: obligare = an-, verbinden, verpflichten]: **1.** (bildungsspr.) **a)** (veraltend) *unerlässlich, erforderlich;* **b)** (meist spött.) *regelmäßig dazugehörend, mit etw. auftretend; üblich, unvermeidlich:* der -e Blumenstrauß. **2.** (Musik) *selbstständig geführte Stimme für eine Komposition unentbehrlich:* eine Arie mit -er Violine.
Ob|li|ga|ti|on, die; -, -en: **1.** [lat. obligatio] (Rechtsspr. veraltet) *Verpflichtung, persönliche Verbindlichkeit:* ♦ (als Grußformel:) O. *(verbindlicher Dank),* Herr Miller! – Für was? (Schiller, Kabale I, 2). **2.** (Wirtsch.) *von einem Unternehmen od. einer Gemeinde ausgegebenes festverzinsliches Wertpapier.*
Ob|li|ga|ti|o|nen|recht, das ⟨Pl. selten⟩ (schweiz.): *gesetzliche Regelung von Schuldverhältnissen, die durch einen Vertrag od. eine unerlaubte Handlung entstanden sind* (Abk.: OR).
ob|li|ga|to|risch ⟨Adj.⟩ (bildungsspr.): **1.** [lat. obligatorius] *durch ein Gesetz o. Ä. vorgeschrieben, verbindlich:* -e Vorlesungen; für diese Ausbildung ist das Abitur o.; o. zu belegende Fächer. **2.** (meist spött.) obligat (1 b).
Ob|li|ga|to|ri|um, das; -s, ...ien (schweiz.): *Verpflichtung, Pflichtfach, -leistung.*
ob|li|gie|ren [auch: ...iˈʒiːrən] ⟨sw. V.; hat⟩ [wohl unter Einfluss von frz. obliger zu lat. obligare = (an)binden] (veraltet): *[zu Dank] verpflichten.*
Ob|li|go [auch: ˈɔb...], das; -s, -s [ital. ob(b)ligo, zu: ob(b)ligare < lat. obligare = (an)binden] (Wirtsch.): **1.** *Verpflichtung:* im O. sein, stehen. **2.** *Gewähr:* für etw. ohne O. übernehmen; ohne O. (Abk.: o. O.); außer O. (österr.; *ohne Obligo*).
ob|lique [oˈbliːk, attr. ...kvə]: in der Verbindung **-r Kasus** (Sprachwiss.: *Casus obliquus*).
Ob|li|te|ra|ti|on, die; -, -en: **1.** [lat. obliteratio = das Vergessen] (Wirtsch.) *Tilgung.* **2.** [zu lat. oblitum, 2. Part. von: oblinere = verstopfen] (Med.) *durch entzündliche Veränderungen o. Ä. entstandene Verstopfung von Hohlräumen, Gefäßen des Körpers.*

Ob|lo|mo|we|rei, die; -, -en [für russ. oblomovščina, nach dem Titelhelden Oblomow eines Romans des russ. Dichters I. A. Gontscharow (1812–1891)] (bildungsspr.): *lethargische Haltung; tatenloses Träumen.*
ob|long ⟨Adj.⟩ [lat. oblongus] (veraltet): **a)** *länglich;* **b)** *rechteckig.*
Ob|long|ta|blet|te, die (Pharm.): *längliche Tablette.*
Oblt. = Oberleutnant.
OBM = Oberbürgermeister[in].
Ob|mann, der; -[e]s, ...männer u. ...leute [mhd. obeman = Schiedsrichter, aus: obe (↑²ob 2) u. man, ↑Mann]: **1.** *Vorsitzender eines Vereins, eines Ausschusses o. Ä.* **2.** (Sport) *Vorsitzender des Kampfgerichts.* **3.** *jmd., der die Interessen einer bestimmten Gruppe o. Ä. vertritt; Vertrauensmann.* **4.** (österr.) *Vorsitzender einer politischen Partei od. Organisation.*
Ob|ö|di|enz: ↑ Obedienz.
Oboe [österr. veraltend auch: ˈoː...], die; -, -n [ital. oboe < frz. hautbois, eigtl. = hohes (= hoch klingendes) Holz]: **1.** *leicht näselnd klingendes, an Obertönen reiches Holzblasinstrument mit einem Mundstück aus Rohrblättern u. dreiteiliger, konisch gebohrter Röhre, dessen Tonlöcher mit Klappen geschlossen werden.* **2.** *im Klang der Oboe* (1) *ähnelndes Orgelregister.*
Obo|ist, der; -en, -en: *jmd., der berufsmäßig Oboe spielt.*
Obo|is|tin, die; -, -nen: w. Form zu ↑ Oboist.
Obo|lus [auch: ˈɔ...], der; -, - u. -se [lat. obolus < griech. obolós, mundartl. Form von: obelós = [Brat]spieß (↑ Obelisk; wahrscheinlich waren die ersten Münzen dieser Art kleine, spitze Metallstücke]: **1.** *kleine altgriechische Münze.* **2.** (bildungsspr.) *kleinerer Betrag, kleine Geldspende für etw.:* seinen O. entrichten.
Obo|t|rit, der; -en, -en: Angehöriger eines westslawischen Volksstammes.
Obo|t|ri|tin, die; -, -nen: w. Form zu ↑ Obotrit.
Ob|rig|keit, die; -, -en [spätmhd. oberkeit, zu ↑ ober...]: *Träger weltlicher od. geistlicher Macht; Träger der Regierungsgewalt:* die weltliche, geistliche O.
ob|rig|keit|lich ⟨Adj.⟩ (veraltend): *die Obrigkeit betreffend, von ihr ausgehend:* -e Verordnungen; die -e Willkür.
Ob|rig|keits|den|ken, das; -s: *Denkweise, die eine Obrigkeit kritiklos anerkennt.*
ob|rig|keits|hö|rig ⟨Adj.⟩: *der Obrigkeit hörig:* -e Beamte.
Ob|rig|keits|staat, der: *absolutistischer, monarchistischer, undemokratisch regierter Staat.*
ob|rig|keits|staat|lich ⟨Adj.⟩: *den Obrigkeitsstaat betreffend.*
Ob|rist, der; -en, -en [eigtl. veraltete Form von ↑ Oberst]: **1.** (veraltet) *Oberst.* **2.** (abwertend) *Mitglied einer Militärjunta.*
ob|schon ⟨Konj.⟩ (geh.): *obwohl:* sie kam, o. sie krank war.
♦ **ob|schwe|ben** ⟨sw. V.; schwebt ob/obschwebt, schwebte ob/obschwebte, hat obschwebt/ (auch:) obgeschwebt, obzuschweben/(auch:) obzuschweben⟩ [aus ↑²ob (2) u. ↑ schweben]: *bevorstehen, drohen:* ... wir wollen gern bekennen, ... einigermaßen besorgt gewesen zu sein, es möge hier einige Gefahr o. (Goethe, Wanderjahre II, 5).
ob|se|quent ⟨Adj.⟩ [lat. obsequens (Gen.: obsequentis), 1. Part. von: obsequi = folgen, sich nach jmdm. richten] (Geogr.): *(von Flüssen) der Fallrichtung der Gesteinsschichten entgegengesetzt fließend.*
ob|ser|vant ⟨Adj.⟩ [lat. observans (Gen.: observantis), 1. Part. von: observare, ↑ observieren] (bildungsspr. selten): *sich streng an die Regeln haltend.*

Ob|ser|vanz, die; -, -en [mlat. observantia < lat. observantia = Beobachtung, Befolgung, zu: observare, ↑ observieren]: **1.** (bildungsspr.) *Ausprägung, Form:* er ist Sozialist strengster O. **2.** (Rechtsspr.) *örtlich begrenztes Gewohnheitsrecht.* **3.** *Befolgung der eingeführten Regel [eines Mönchsordens].*
Ob|ser|va|ti|on, die; -, -en [lat. observatio]: **1.** *wissenschaftliche Beobachtung [in einem Observatorium].* **2.** *das Observieren* (1).
Ob|ser|va|to|ri|um, das; -s, ...ien [zu lat. observator = Beobachter]: *astronomische, meteorologische od. geophysikalische Beobachtungsstation; Stern-, Wetterwarte.*
ob|ser|vie|ren ⟨sw. V.; hat⟩ [lat. observare]: **1. a)** *der Verfassungsfeindlichkeit, eines Verbrechens verdächtigte Personen od. entsprechende Objekte polizeilich überwachen:* jmdn. o. [lassen]; eine Wohnung, ein Haus o.; **b)** *Personen, Gebäude o. Ä. über einen längeren Zeitraum [zu einem bestimmten Zweck] beobachten.* **2.** (veraltet) *[wissenschaftlich] beobachten:* ♦ Dass er sich ... im astrologischen Turme mit dem Doktor einschließen wird und mit ihm o. *(die Sterne beobachten;* Schiller, Piccolomini III, 1).
Ob|ser|vie|rung, die; -, -en: *das Observieren* (1).
Ob|ses|si|on, die; -, -en [lat. obsessio = das Besetztsein; Blockade] (Psychol.): *[mit einer bestimmten Furcht verbundene] Zwangsvorstellung od. -handlung.*
ob|ses|siv ⟨Adj.⟩ [engl. obsessive] (Psychol.): *in der Art einer Obsession.*
Ob|si|di|an, der; -s, -e [lat. (lapis) Obsianus, nach dem röm. Reisenden Obsius, der das Gestein in Äthiopien entdeckte]: *dunkles, viel Kieselsäure enthaltendes, glasiges Gestein.*
ob|sie|gen [auch: ˈɔp...] ⟨sw. V.; obsiegt/(selten:) siegt ob, obsiegte/(selten:) siegte ob, hat obsiegt/(selten:) obgesiegt, zu obsiegen (österr. nur so)/(selten:) obzusiegen⟩ [aus ↑²ob (2) u. ↑ siegen] (veraltend): *siegen, siegreich sein:* die Kräfte des Guten obsiegen.
ob|s|kur ⟨Adj.⟩ [lat. obscurus, eigtl. = bedeckt] (bildungsspr.): *[nicht näher bekannt u. daher] fragwürdig, anrüchig, zweifelhaft:* eine -e Gestalt; ein -es Lokal; diese Geschichte ist ziemlich o.
Ob|s|ku|ran|tis|mus, der; - [zu lat. obscurare = verdunkeln; verbergen, verhehlen] (bildungsspr.): *Bestreben, die Menschen bewusst in Unwissenheit zu halten, ihr aufgeklärtes Denken zu verhindern u. sie an Übernatürliches glauben zu lassen.*
ob|s|ku|ran|tis|tisch ⟨Adj.⟩ (bildungsspr.): *den Obskurantismus betreffend, ihm entsprechend.*
ob|so|let ⟨Adj.⟩ [lat. obsoletus] (bildungsspr.): **1.** *nicht mehr gebräuchlich; nicht mehr üblich; veraltet:* ein -es Wort. **2.** *überflüssig.*
Obst, das; -[e]s [mhd. obe̊z, ahd. obåz, eigtl. = Zukost, zu ↑²ob u. ↑ essen]: *essbare, meist saftige Früchte bestimmter Bäume u. Sträucher:* frisches, saftiges, [un]reifes, rohes O.; O. pflücken, ernten, schälen; eine Schale mit O.; R [ich] danke für O. und Südfrüchte (ugs.; *davon will ich nichts wissen*).
Obst|an|bau, Obst|bau, der ⟨o. Pl.⟩: *Anbau von Obst.*
Obst|bau|er, der; -n (selten: -s), -n: *Bauer, der sich auf den Anbau von Obst spezialisiert hat.*
Obst|bäu|e|rin, die: w. Form zu ↑ Obstbauer.
Obst|baum, der: *Baum, der Obst trägt.*
Obst|blü|te, die: *das Blühen, Blütezeit der Obstbäume.*
Obst|brand, der: *aus Beeren, Steinobst od. Kernobst hergestellter Branntwein; Obstwasser.*
Obst|ern|te, die: **1.** *das Ernten des Obstes.* **2.** *Gesamtheit des geernteten Obstes.*

Obst|es|sig, der: *Essig aus bestimmten Obstsorten, wie Äpfeln, Birnen.*
Ob|s|te̱|t|rik, die; - [zu lat. obstetrix = Hebamme] (Med.): *Geburtshilfe* (2).
Obst|gar|ten, der: *Garten, in dem überwiegend Obstbäume wachsen.*
Obst|ge|hölz, das ⟨meist Pl.⟩ (Fachspr.): *Holzgewächs, das Obst liefert.*
Obst|geist, der ⟨Pl. -e⟩: *unter Zusatz von Alkohol hergestellter Obstbrand.*
Obst|han|del, der: *Handel mit Obst.*
Obst|händ|ler, der: *jmd., der mit Obst [Gemüse o. Ä.] handelt.*
Obst|händ|le|rin, die: w. Form zu ↑ Obsthändler.
Obst|hor|de, die: ¹Horde (a) *für Obst.*
ob|s|ti|nat ⟨Adj.⟩ [lat. obstinatus = darauf bestehend, hartnäckig] (bildungsspr.): *starrsinnig, unbelehrbar:* eine -e Haltung.
Ob|s|ti|pa|ti|on, die; -, -en [spätlat. obstipatio = das Gedrängtsein] (Med.): *Stuhlverstopfung.*
ob|s|ti|pie|ren ⟨sw. V.; hat⟩ (Med.): ⟨häufig im 2. Part.⟩ *zu Stuhlverstopfung führen.*
Obst|kern, der: *Kern* (1 a), *Stein* (6) *von Obst.*
Obst|korb, der: *Korb für, mit Obst.*
Obst|ku|chen, der: *mit Obst belegter [u. mit Tortenguss überzogener] Kuchen.*
Obst|ler, der; -s, -: **1.** (österr., landsch.) *Obstbrand, Obstwasser.* **2.** (landsch.) *Obsthändler.*
Obst|le|rin, die; -, -nen: w. Form zu ↑ Obstler (2).
Obst|mes|ser, das: *kleines Messer zum Schälen u. Schneiden von Obst.*
Obst|pflü|cker, der: **1.** *langstieliges Gerät zum Pflücken von Baumobst.* **2.** *jmd., der [gegen Bezahlung] Obst pflückt.*
Obst|pflü|cke|rin, die: w. Form zu ↑ Obstpflücker (2).
Obst|plan|ta|ge, die: *Plantage, in der Obst angebaut wird.*
obst|reich ⟨Adj.⟩: *reich an Obst:* ein -es Jahr.
ob|s|t|ru|ie|ren ⟨sw. V.; hat⟩ [lat. obstruere = versperren]: **1.** (bildungsspr.) *etw. zu verhindern suchen; hemmen.* **2.** (Parlamentsspr.) *die Arbeit eines Parlaments durch Dauerreden, zahllose Anträge o. Ä. erschweren u. dadurch Beschlüsse verhindern.* **3.** (Med.) *verstopfen.*
Ob|s|t|ruk|ti|on, die; -, -en [lat. obstructio]: (bildungsspr.) *das Obstruieren* (1, 2, 3).
Ob|s|t|ruk|ti|ons|po|li|tik, die ⟨o. Pl.⟩: *durch Obstruieren* (2) *gekennzeichnete Politik.*
ob|s|t|ruk|tiv ⟨Adj.⟩: (bildungsspr.) *hemmend, verschleppend.*
Obst|saft, der: *aus Obst gewonnener Saft.*
Obst|sa|lat, der: *Salat aus verschiedenen Obstsorten.*
Obst|scha|le, die: **1.** *Schale* (1) *bestimmter Früchte.* **2.** *Schale* (2) *für, mit Obst.*
Obst|sekt, der: vgl. Obstwein.
Obst|sor|te, die: *Sorte von Obst.*
Obst|spa|lier, das: *Spalier* (1) *für Obstbäume.*
Obst|tel|ler, der: *kleiner Teller, von dem Obst gegessen wird.*
Obst|tor|te, die: vgl. Obstkuchen.
Obst|was|ser, das ⟨Pl. ...wässer⟩: *Obstbrand.*
Obst|wein, der: *Wein aus Beeren-, Kern- od. Steinobst.*
ob|s|zön ⟨Adj.⟩ [lat. obscoenus, obscenus, H. u.]: **1.** (bildungsspr.) *in das Schamgefühl verletzender Weise auf den Sexual-, Fäkalbereich bezogen; unanständig, schlüpfrig:* -e Witze; ein -es Foto; etw. o. darstellen; o. reden. **2.** (Jargon) *[moralisch-sittliche] Entrüstung hervorrufend:* der Laden hat -e Preise.
Ob|s|zö|ni|tät, die; -, -en: **1.** ⟨o. Pl.⟩ *das Obszönsein.* **2.** *obszöne Darstellung, Äußerung:* ein Buch voller -en.
Obus, der; -ses, -se: kurz für ↑ Oberleitungsomnibus.
OB-Wahl [oːˈbeː...], die: *Wahl des Oberbürgermeisters, der Oberbürgermeisterin:* für die OB-Wahl rechnete sich die konservative Kandidatin gute Chancen aus.

Ob|wal|den, -s: Schweizer Kanton.
¹Ob|wald|ner, der; -s, -: Ew.
²Ob|wald|ner ⟨indekl. Adj.⟩: die O. Bevölkerung.
Ob|wald|ne|rin, die; -, -nen: w. Form zu ¹Obwaldner.
ob|wal|ten [auch: ˈɔp...] ⟨sw. V.; obwa̱ltet/(selten:) wa̱ltet ob, obwa̱ltete/(selten:) wa̱ltete ob, hat obwa̱ltet/(od.:) o̱bgewaltet, zu obwalten/ (selten:) o̱bzuwalten⟩ [aus ↑²ob (2) u. ↑ walten] (veraltend): *vorhanden, gegeben sein; bestehen:* hier obwalten andere Regeln, Gründe; ⟨häufig im 1. Part.:⟩ *unter den obwaltenden Umständen.*
ob|wohl ⟨Konj.⟩ [zu ↑²ob (2) u. ↑¹wohl]: **1.** leitet einen konzessiven Nebensatz ein; *wenn auch; ungeachtet der Tatsache, dass ...:* o. es regnete, ging er spazieren; sie trat, o. erkältet, auf. **2.** (ugs.) leitet einen Widerruf od. eine einschränkende Bemerkung ein: ich rufe dich heute Abend an. O. – wir sehen uns morgen ja ohnehin.
ob|zwar ⟨Konj.⟩ (geh.): *obwohl.*
Oc|ca|mis|mus: ↑ Ockhamismus.
Oc|ca|si|on (österr., schweiz.): ↑ Okkasion (2).
Ocean-Li|ner, Ocean|li|ner [ˈoʊʃənlaɪnɐ], der [engl. ocean liner, aus ocean = Ozean u. liner, Liner (1)]: ↑ Liner (1).
och ⟨Interj. u. Partikel⟩ (ugs.): *ach.*
Och|lo|kra|tie, die; -, -n [griech. ochlokratía, zu: óchlos = Pöbel u. krateín = herrschen]: *Pöbelherrschaft (als eine entartete Form der Demokratie).*
Och|se, der; -n, -n, (südd., österr., schweiz. u. ugs.:) **Ochs;** -en, -en [mhd. ohse, ahd. ohso, urspr. = Samenspritzer u. Bez. für den [Zucht]stier]: **1.** *kastriertes männliches Rind:* mit -n pflügen; R die -n kälbern (südd., österr.; *etw. sehr Unwahrscheinliches geschieht*); **Spr** du sollst dem -n, der [da] drischt, nicht das Maul verbinden (*jmdm., der eine schwere Arbeit verrichtet, sollte man auch Erleichterungen zugestehen;* nach 5. Mos. 25, 4); * dastehen wie der Ochs vorm neuen Tor/vorm Scheunentor/ vorm Berg (↑ Kuh 1 a); zu etw. taugen wie der Ochs zum Seiltanzen (ugs.; *für eine bestimmte Sache nicht zu gebrauchen sein*); den -n hinter den Pflug spannen/den Pflug vor die -n spannen (ugs.; *eine Sache verkehrt anfangen*). **2.** (Schimpfwort, meist für eine männliche Person) *Dummkopf, dummer Mensch:* du blöder O.!; Wenn du O. dich gleich wieder fangen lässt, dafür kann ich nichts (Fallada, Jeder 212).
och|sen ⟨sw. V.; hat⟩ [urspr. Studentenspr., eigtl. = schwer arbeiten wie ein als Zugtier verwendeter Ochse] (ugs.): *mit Fleiß u. [stumpfsinniger] Ausdauer etw. lernen, was man nicht ohne Schwierigkeiten begreift; büffeln:* für sein Examen o.
Och|sen|au|ge, das: **1.** [LÜ von frz. œil-de-bœuf] (Archit.) *rundes od. ovales Dachfenster, bes. an Bauten der Barockzeit.* **2.** (landsch.) **a)** *Spiegelei;* **b)** *mit einer halbierten Aprikose belegtes Gebäckstück.* **3.** [LÜ von griech. boúphthalmon, nach der Form der Blüte] (*zu den Korbblütlern gehörende*) *Pflanze mit unverzweigtem Stängel u. einer großen, gelben Blüte.* **4.** *zu den Tagfaltern gehörender Schmetterling, bei dem das Männchen auf der Unterseite der Hinterflügel schwarz-gelb umrandete, augenähnliche Flecken hat.* **5.** (Kfz-Technik-Jargon) *Blinkleuchte am äußeren Ende der Lenkstange eines Motorrades.*
Och|sen|blut, das ⟨o. Pl.⟩: *Blut vom Ochsen.*
Och|sen|fleisch, das: *Fleisch vom Ochsen.*
Och|sen|frosch, der: *(in Nord-, Südamerika u.*

Indien lebender) sehr großer Frosch, der mithilfe einer bes. Schallblase laute Brülltöne hervorbringt.
Och|sen|ge|spann, das: *Gespann* (1) *mit Ochsen.*
Och|sen|kar|ren, der: *von einem od. zwei Ochsen gezogener Karren.*
Och|sen|maul, das: *Fleisch der Lefzen des Ochsen.*
Och|sen|maul|sa|lat, der (Kochkunst): *Salat aus dünnen Scheiben od. Streifen von gepökeltem, gekochtem Ochsenmaul.*
Och|sen|schwanz, der: *(Fleisch vom) Schwanz des Ochsen.*
Och|sen|schwanz|sup|pe, die [LÜ von engl. oxtail soup] (Kochkunst): *Suppe aus gekochtem, klein geschnittenem Ochsenschwanz, angeröstetem Mehl u. Gewürzen.*
Och|sen|tour, die (ugs.): **a)** *mühevolle, anstrengende Arbeit;* **b)** *langsamer beruflicher Aufstieg, mühevolle Laufbahn (bes. eines Politikers).*
Och|sen|zie|mer, der [2. Bestandteil entw. umgeb. aus: Sehnader = Glied des Ochsen od. zu ↑ Ziemer = Rückenstück (vom Wild); Glied (des Ochsen)] (früher): *Schlagstock.*
Och|sen|zun|ge, die (Kochkunst): *als Speise zubereitete Zunge des Ochsen:* O. in Madeira.
Och|se|rei, die; -, -en (ugs.): **a)** *dauerndes Ochsen;* **b)** *Dummheit, Eselei.*
och|sig ⟨Adj.⟩ (ugs.): *wie ein Ochse* (2); *grob, plump.*
Öchs|le, das; -[s], - [nach dem dt. Mechaniker Chr. F. Oechsle (1774–1852)] (Winzerspr.): *Maßeinheit für das spezifische Gewicht des Mostes:* der Most hat 75 [Grad] Ö.
Öchs|le|grad, das, auch: **Öchsle** (Winzerspr.): *Öchsle* (Zeichen: °Ö): *der diesjährige Most hatte fünf Ö. mehr; Wein mit hohen -en.*
ocker ⟨Adj.⟩: *von der Farbe des Ockers; gelbbraun.*
Ocker, der od. das; -s, ⟨Arten:⟩ - [mhd. ocker, ogger, ahd. ogar < spätlat. ochra < griech. óchra, zu óchrós = (blass)gelb]: **a)** *aus bestimmten eisenoxidhaltigen Mineralien gewonnenes gelbbraunes Gemisch;* **b)** *gelbbraune Malerfarbe;* **c)** *gelbbraune Farbe.*
ocker|far|ben, ocker|far|big ⟨Adj.⟩: *ocker.*
ocker|gelb ⟨Adj.⟩: *bräunlich gelb.*
Ock|ha|mis|mus [ɔka..., auch: ɔkɛ...], der; - (Philos.): *Lehre des englischen Theologen W. v. Ockham (1285–1350).*
Oc|tan: ↑ Oktan.
od. = oder.
öd: ↑ öde.
Odal, das; -s, -e [anord. ōδal]: *Sippeneigentum eines adligen germanischen Geschlechts an Grund u. Boden.*
Odds [engl.: ɔdz] ⟨Pl.⟩ [engl. odds, wohl zu: odd = zusätzlich, dazu (1 a)] (Sport): **a)** *Vorgaben (bes. bei Pferderennen);* **b)** *(bei Pferdewetten) vom Buchmacher festgelegtes Verhältnis des Einsatzes zum Gewinn.*
Ode, die; -, -n [lat. ode < griech. ōdḗ = Gesang, Lied]: *gedanken- u. empfindungsreiches, oft reimloses Gedicht in gehobener [pathetischer] Sprache:* die -n des Horaz.
öde, (emotional:) **öd** ⟨Adj.⟩ [mhd. œde, ahd. ōdi, urspr. = von etw. weg, fort]: **1.** *verlassen, ohne jede (erhoffte) Spur eines Menschen, menschenleer:* eine öde Gegend; Man tauscht Belanglosigkeiten aus, hält sich auf über die mangelhafte Bedienung in dem winterlich öden Badehotel (Strauß, Niemand 104). **2.** *unfruchtbar [u. daher dem Menschen nicht anziehend, nicht von ihm bebaut]:* eine öde Gebirgslandschaft. **3.** *wenig gehaltvoll, ansprechend; inhaltlos, langweilig:* öde Gespräche; sein Dasein erschien ihm ö.; ... eine ödere Lektüre als die Prosa terroristischer Organisationen kann man sich nicht vorstellen (Enzensberger, Mittelmaß 245).

Öde – offen

Öde, die; -, -n [mhd. œde, ahd. ōdī]: **1.** ⟨Pl. selten⟩ Einsamkeit, Verlassenheit von etw.: eine trostlose Ö. **2.** ⟨Pl. selten⟩ unfruchtbares, unwirtliches Land. **3.** ⟨o. Pl.⟩ Leere, Langeweile: es herrschte geistige Ö.

Ode|en: Pl. von ↑ Odeum.

Odem, der; -s [Nebenf. von ↑ Atem] (dichter.): Atem.

Ödem, das; -s, -e [griech. oídēma = Geschwulst] (Med.): krankhafte Ansammlung von Flüssigkeit im Gewebe (2) infolge Eiweißmangels od. Durchblutungsstörungen.

öde|ma|tisch [österr. auch: ...'mat...], **öde|matös** ⟨Adj.⟩ (Med.): ein Ödem aufweisend.

öden ⟨sw. V.; hat⟩ [zu ↑ öde]: **1.** [urspr. Studentenspr.] (ugs.) langweilen. **2.** (landsch.) roden.

Oden|wald, der; -[e]s: Mittelgebirge östlich der Oberrheinischen Tiefebene.

¹Oden|wäl|der, der; -s, -: Ew.

²Oden|wäl|der ⟨indekl. Adj.⟩: O. Ausflugsziele.

Oden|wäl|de|rin, die; -, -nen: w. Form zu ↑ ¹Odenwälder.

Ode|on, das; -s, -s [frz. odéon = Musiksaal < griech. ōdeīon, zu: ōdḗ, ↑ Ode] (bildungsspr.): als Name gebrauchte Bez. für einen größeren Bau bes. für musikalische Darbietungen, Filmvorführungen. Vgl. ↑ Odeum.

oder ⟨Konj.⟩ [mhd. oder, ahd. odar für mhd. od(e), ahd. odo (das -r unter Einfluss von ↑ ¹aber, ↑ weder), verdunkelte Zus., 2. Bestandteil das zugrunde liegende Demonstrativpron. ↑ ¹der]: **1. a)** drückt aus, dass von zwei od. mehreren Möglichkeiten jeweils eine als Tatsache zutrifft (ausschließend; vgl. entweder ... oder) (Abk.: od.): wohnt er in Hamburg o. in Lübeck; **b)** drückt aus, dass von zwei oder mehreren Möglichkeiten mindestens eine als Tatsache zutrifft (einschließend) (Abk.: od.): beliebt sind/ist immer noch [beispielsweise] Fangen, Verstecken o. Fußball; **c)** verbindet zwei od. mehrere Möglichkeiten, die zur Wahl stehen, wobei man sich für eine einzige davon entscheiden muss (ausschließend) (Abk.: od.): fährst du heute o. morgen?; ich werde sie anrufen o. ihr schreiben; ich o. [aber] mein Vertreter wird an der Sitzung teilnehmen; sollst du o. ich zu ihm kommen?; **d)** verbindet zwei od. mehrere Möglichkeiten, die zur Wahl stehen (einschließend) (Abk.: od.): für den Urlaub könnten wir auch Spiele o. Bücher einpacken; **e)** auch ... genannt; wie man auch sagen könnte (in Titeln; Abk.: od.): Don Juan o. die Liebe zur Geometrie. **2.** stellt eine vorangegangene Aussage infrage; drückt aus, dass auch eine Variante möglich sein kann: er hieß Schymanski o. so [ähnlich]; es war ein Betrag von 100 Euro o. so (nicht viel mehr od. weniger als 100 Euro); Ich hätte ebenso gut im Louvre sein können, oder (das heißt, eigentlich) nein, das hätte ich nicht (Rilke, Brigge 34). **3.** drückt eine mögliche Konsequenz aus, die als Folge eines bestimmten Verhaltens, Geschehens eintreten kann; andernfalls, sonst: du kommst jetzt mit, o. es passiert etwas! **4.** drückt bei [rhetorischen] Fragen aus, dass ein Einwand des Gesprächspartners zwar möglich ist, aber nicht erwartet wird bzw. nicht ernst gemeint sein kann: natürlich hat er es getan, o. glaubst du etwa nicht?; **b)** ⟨nachgestellt⟩ (ugs.) drückt bei [rhetorischen] Fragen aus, dass ein Einwand des Gesprächspartners möglich ist, eigentlich aber eine Zustimmung erwartet wird: du gehst doch mit zum Rudern, o.?

Oder, die; -: Fluss im östlichen Mitteleuropa.

Oder|men|nig, der; -[e]s, -e [mhd. odermenie, spätahd. avarmonia, entstellt aus lat. agrimonia < griech. argemṓnē]: Pflanze mit gefiederten Blättern u. gelben, in ährenförmiger Traube angeordneten Blüten, die an Wegrändern wächst.

Oder-Nei|ße-Li|nie, die; -: hauptsächlich durch den Verlauf der Flüsse Oder u. Neiße markierte Westgrenze Polens.

Odes|sa: ukrainische Hafenstadt am Schwarzen Meer.

Ode|um, das; -s, Odeen [lat. odeum < griech. ōdeīon, ↑ Odeon]: (im Altertum) runder, dem antiken Theater ähnlicher Bau für musikalische, schauspielerische Aufführungen.

Odeur [o'dø:ɐ̯], das; -s, -s u. -e [frz. odeur < lat. odor = Geruch, Duft] (veraltend): [Wohl]geruch.

Öd|heit, die; -, -en: **1.** ⟨o. Pl.⟩ das Ödesein, öde Beschaffenheit. **2.** etw. öde (3) Wirkendes.

Odin: nordgerm. Form von ↑ Wodan.

ödi|pal ⟨Adj.⟩ (Psychoanalyse): vom Ödipuskomplex bestimmt: die -e Phase (Entwicklungsphase der kindlichen Sexualität, in der der Ödipuskomplex auftritt).

Ödi|pus|kom|plex, der [nach dem thebanischen Sagenkönig Ödipus, der, ohne zu wissen, seine Mutter heiratet] (Psychoanalyse): zu starke Bindung eines Kindes an den gegengeschlechtlichen Elternteil, bes. des Sohnes an die Mutter.

Odi|um, das; -s [lat. odium = Hass, Feindschaft] (bildungsspr.): Anrüchigkeit, übler Beigeschmack: das O. des Verrats ruht auf ihm.

Öd|land, das; -[e]s [zu ↑ öde] (Forstwirtsch., Landwirtsch.): Land, das aufgrund seiner Bodenbeschaffenheit weder forst- noch landwirtschaftlich genutzt werden kann.

Öd|nis, die; - (geh.): Öde.

odon|to-, Odon|to- [zu griech. odoús (Gen.: odóntos)]: Best. in Zus. mit der Bed. Zahn (z. B. odontogen, Odontologie).

odon|to|gen ⟨Adj.⟩ [↑ -gen] (Med.): (von Krankheiten) von den Zähnen ausgehend, herrührend.

Odon|to|lo|gie, die; - [↑ -logie]: Zahn-, Gebisskunde; Zahnheilkunde, Zahnmedizin.

Odor, der; -s, ...ores [lat. odor] (Med.): Geruch, Duft.

Odys|see, die; -, ...een [frz. odyssée < lat. odyssea < griech. odýsseia, nach dem Epos des altgriech. Dichters Homer (2. Hälfte des 8. Jh.s v. Chr.), in dem die abenteuerlichen Irrfahrten des Odysseus geschildert werden] (bildungsspr.): lange Irrfahrt; lange, mit vielen Schwierigkeiten verbundene, abenteuerliche Reise: Ü bis ich diesen Ausweis endlich hatte, war das die reinste O.

odys|se|isch ⟨Adj.⟩: eine Odyssee betreffend; in der Art einer Odyssee.

Odys|seus: griechischer Sagenheld (König von Ithaka).

OECD [o:e:tse:'de:], die; - [Abk. für engl. Organization for Economic Cooperation Development]: Organisation für wirtschaftliche Zusammenarbeit und Entwicklung.

OECD-Land, das: Mitgliedsland der OECD: Deutschland gehört zu den OECD-Ländern.

OECD-Staat, der: Mitgliedsstaat der OECD.

OeNB = Österreichische Nationalbank.

Oe|so|pha|gus: ↑ Ösophagus.

Œu|v|re ['ø:vrə, 'œ:vrə], das; -[s], -s ['ø:vrə, 'œ:vrə] [frz. œuvre < lat. opera = Mühe, Arbeit] (bildungsspr.): Gesamtwerk eines Künstlers, einer Künstlerin.

Oeyn|hau|sen: ↑ Bad Oeynhausen.

OEZ = osteuropäische Zeit (die Zonenzeit des 30. Längengrades östlich von Greenwich; entspricht MEZ + 1 Stunde).

Öf|chen, das; -s, -: Vkl. zu ↑ Ofen.

Ofen, der; -s, Öfen [mhd. oven, ahd. ovan, urspr. = Kochtopf; Glutpfanne u. Bez. für ein Gefäß zum Kochen bzw. zum Bewahren der Glut]: **1.** aus Metall od. feuerfesten keramischen Baustoffen gefertigte Vorrichtung mit einer Feuerung (1 b), in der durch Verbrennung von festen, flüssigen od. gasförmigen Brennstoffen od. durch elektrischen Strom Wärme erzeugt wird, die zum Heizen, Kochen od. Backen dient: ein großer, eiserner, gekachelter O.; den O. heizen, putzen; den O. schüren, anzünden, anmachen; Ü sie hockt immer hinter dem O. (bleibt immer zu Hause, geht nie aus); * **der O. ist aus** (salopp; damit ist Schluss; das ist vorbei, da ist nichts mehr zu machen): jetzt ist bei mir der O. aus); mit etw. jmdn./keinen hinter dem O. hervorlocken [können] (ugs.; mit etw. jemandes/niemandes Interesse wecken [können], jmdn./niemandem einen Anreiz bieten [können]). **2.** (Jargon) Auto, Motorrad: was für einen O. hast du denn?; * **heißer O.** (salopp: 1. Personenwagen mit sehr leistungsstarkem Motor. 2. [schweres] Motorrad. 3. weibliche Person von besonderer Attraktivität). **3.** (landsch.) Kochherd: den Topf vom O. nehmen.

Ofen|bank, die ⟨Pl. ...bänke⟩: um einen großen [gekachelten] Ofen herum gebaute ¹Bank (1).

Ofen|blech, das: **1.** rechteckiges Blech vor dem Ofenloch (1) zum Schutz des Fußbodens vor herausfallender Glut. **2.** (landsch.) Kuchenblech.

Ofen|feu|er, das: im Ofen brennendes Feuer.

ofen|frisch ⟨Adj.⟩: aus dem Backofen kommend [u. noch warm]: -es Brot.

Ofen|hei|zung, die: Heizung (1 a), die mit einem Ofen betrieben wird.

Ofen|ka|chel, die: Kachel (1) zum Bau eines Kachelofens.

Ofen|lack, der: schwarzer, glänzender Lack zum Lackieren eines Ofenrohrs.

Ofen|loch, das: **1.** Öffnung in der Ofenplatte, durch die das Brennmaterial eingefüllt wird. **2.** in die [Kamin]wand gehauenes Loch, in das ein Ofenrohr eingesetzt werden kann.

Ofen|plat|te, die: Herdplatte (b).

Ofen|rohr, das: Rohr, das einen Ofen mit dem Kamin verbindet u. so den Abzug des Rauchs ermöglicht.

Ofen|röh|re, die: Backofen: * **in die O. gucken** (↑ Röhre 3).

Ofen|set|zer, der: männliche Fachkraft, die [Kachel]öfen u. Kamine baut u. instand setzt (Berufsbez.).

Ofen|set|ze|rin, die: w. Form zu ↑ Ofensetzer.

Ofen|stein, der: Schamottestein.

Ofen|tür, die: Tür an der Feuerung (1 b) eines Ofens.

ofen|warm ⟨Adj.⟩: ofenfrisch.

Ofen|wär|me, die: Wärme, die von einem Ofen ausgeht.

off ⟨Adv.⟩ [engl. off, eigtl. = fort, weg] (Fernsehen, Film, Theater): (von einem Sprecher) außerhalb der Kameraeinstellung zu hören bzw. hinter der Bühne.

Off, das; -[s] [engl. off, eigtl. = fort, weg] (Fernsehen, Film, Theater): unsichtbar bleibender Bereich, Hintergrund (in einer Bühne, der Kameraeinstellung o. Ä.): eine Stimme aus dem O.

Off|beat ['ɔfbi:t], der [engl. offbeat, aus: off = neben u. ↑ Beat] (Jazz): Technik der Rhythmik im Jazz, die die melodischen Akzente zwischen die einzelnen betonten Taktteile setzt.

Off|brands ['ɔfbrændz] ⟨Pl.⟩ [engl. off brands, eigtl. = ohne Markenzeichen]: Produkte ohne Markenname.

of|fen ⟨Adj.⟩ [mhd. offen, ahd. offan, verw. mit ↑ ¹auf]: **1. a)** so beschaffen, dass jmd., etw. heraus- oder hineingelangen kann; nicht geschlossen; geöffnet: eine -e Tür; mit -em Mund atmen;

das Fenster o. lassen; [jmdm.] die Haustür, die Wagentür o. halten; die Tür muss o. bleiben; der Mund ist ihr vor Staunen o. geblieben, stand ihr vor Staunen o.; ihre Bluse war am Hals o. *(nicht zugeknöpft);* das Buch lag o. *(aufgeschlagen)* vor ihm; -e *([noch] nicht verschorfte)* Wunden; -e Beine *(Beine mit nur sehr schlecht heilenden Ödemen);* die Bahnschranken sind o. *(hochgezogen);* Ü mit -en Augen *(blindlings)* ins Verderben rennen; halte die Augen o.! *(beobachte alles aufmerksam!);* * **o. für/gegenüber etw., gegenüber jmdm. sein** *(bestimmten Dingen gegenüber aufgeschlossen, zugänglich sein, gegenüber jmdm. aufgeschlossen sein:* für Probleme, gegenüber Problemen von Minderheiten o. sein); **b)** *nicht ab-, zugeschlossen, nicht verschlossen:* ein -er *(nicht zugeklebter)* Umschlag; bei uns ist immer alles o. *(wird nichts abgeschlossen);* -er Vollzug *(Jargon; Form des Strafvollzugs, bei der der Häftling tagsüber einer geregelten Beschäftigung außerhalb der Haftanstalt nachgeht u. abends dorthin zurückkehrt);* Ü er hat ein -es Haus *(ist sehr gastfrei);* meine Tür ist immer für dich o. *(du kannst zu mir kommen, wann du willst);* **c)** *nicht bedeckt; nicht ab-, zugedeckt:* ein -er Wagen *(Wagen ohne Verdeck);* sie trägt -e Schuhe *(Sandalen od. Sandaletten).* **2. a)** *durch kein Hindernis versperrt; frei [zugänglich]:* -es *(nicht zugefrorenes)* Fahrwasser; die Pässe in den Alpen sind wieder o. *(schneefrei u. befahrbar);* aufs -e Meer, auf die -e See hinausfahren *(so weit hinausfahren, dass vom Festland nichts mehr gesehen wird);* Ü nach allen Seiten hin o. *(an keine Weltanschauung od. [politische] Interessengruppe gebunden);* Einmal so könnte ich mir vorstellen) platzt ihm ein Reifen auf -er Strecke *(ziemlich weit von einer Ortschaft entfernt;* Frisch, Gantenbein 371); **b)** *(von sportlichen Wettbewerben) durch keine speziellen Vorbehalte, Grenzen o. Ä. eingeschränkt, eingeengt:* ein -er Wettbewerb; **c)** *nicht in sich zusammenhängend, nicht ¹geschlossen* (1 b): eine -e Bauweise. **3. a)** *(von [alkoholischen] Flüssigkeiten) nicht in Flaschen abgefüllt; nicht in einer Flasche serviert:* -er Wein; **b)** (österr., sonst landsch.) *nicht abgepackt; lose:* Zucker o. verkaufen. **4. a)** *[noch] nicht entschieden; ungewiss:* es bleiben noch viele -e Fragen; **b)** *[noch] nicht bezahlt; [noch] nicht erledigt;* **c)** *nicht besetzt; frei* (4a): -e Stellen, Arbeitsplätze. **5. a)** *(in Bezug auf seine Gefühle o. Ä.) nichts verbergend, freimütig [geäußert]; aufrichtig:* ein -es Wort, Gespräch; -e Kritik; sei o. zu mir!; ⟨subst.:⟩ er hat etwas Offenes in seinem Wesen *(wirkt vertrauenerweckend);* o. seine Meinung sagen; Aber Gerda hat immer noch ihr altes, völlig -es Lächeln, das sie unschuldig wie ein Kommunionkind mir zustrahlt, wenn Eduard wegsieht (Remarque, Obelisk 177); **b)** *klar u. deutlich zutage tretend u. so für jeden erkennbar; unverhohlen:* -er Protest wurde laut; -e Feindschaft; etw. o. zur Schau stellen, tragen; **c)** *vor der Augen der Öffentlichkeit; nicht geheim:* o. abstimmen. **6.** (Sport, bes. Ballspiele) *nicht genügend auf Deckung* (2 a, 6 a) *achtend u. so dem Gegner die Möglichkeit zum erfolgreichen Gegenangriff gebend:* ein -es System spielen. **7.** (Sprachwiss.) **a)** *(von Vokalen) mit weit geöffnetem Mund u. weniger gewölbtem Zungenrücken gesprochen:* ein -es E, O; **b)** *(von Silben) mit einem Vokal endend.*
Of|fen|bach am Main, Stadt am unteren Main.
¹Of|fen|ba|cher, der; -s, -: Ew.
²Of|fen|ba|cher ⟨indekl. Adj.⟩: die O. Innenstadt.
Of|fen|ba|che|rin, die; -, -nen: w. Form zu ↑¹Offenbacher.
¹of|fen|bar [auch: ...'baːɐ̯] ⟨Adj.⟩ [mhd. offenbar,

ahd. offanbār]: *offen zutage tretend, klar ersichtlich:* eine -e Lüge; ein -er Irrtum; ihre Absicht wurde allen o.; dieser Brief macht o., dass er gelogen hat; Plötzlich und ohne -en Grund begann er zu trinken (Grass, Hundejahre 323).
²of|fen|bar [auch: ...'baːɐ̯] ⟨Adv.⟩ [zu: ↑¹offenbar]: *dem Anschein nach, wie es scheint:* sie ist o. sehr begabt; der Zug hat o. Verspätung.
öf|fen|bar ⟨Adj.⟩: *sich öffnen lassend.*
of|fen|ba|ren ⟨sw. V.; hat offenbart/(selten, bes. Rel.:) geoffenbart⟩ [mhd. offenbæren] (geh.): **1. a)** *etw., was bisher verborgen war, nicht bekannt war, offen zeigen, enthüllen:* ein Geheimnis, seine Schuld, seine Gefühle o.; Gott offenbart uns seine Güte, Gnade; **b)** ⟨o. + sich⟩ *sich [in einer bisher nicht bekannten Art u. Weise] zu erkennen geben, deutlich erkennbar werden:* er offenbarte sich als treuer Freund/ (seltener:) als treuen Freund; seine Worte offenbarten sich als Lüge. **2.** ⟨o. + sich⟩ *sich jmdm. anvertrauen; jmdm. vertraulich seine Probleme schildern:* sie hat sich mir, ihren Eltern offenbart.
Of|fen|ba|rung, die; -, -en [mhd. offenbārunge]: **1.** (geh.) *das Offenbaren* (1 a): die O. eines Geheimnisses, seiner Absichten; jmds. -en [keinen] Glauben schenken. **2.** (Rel.) *[auf übernatürlichem Wege erfolgende] Mitteilung göttlicher Wahrheiten od. eines göttlichen Willens:* die O. des Wortes Gottes; die O. des Johannes *(letztes Buch des N. T.);* Ü der Aufsatz war nicht gerade eine O. (ugs.; *war nur sehr mäßig*).
Of|fen|ba|rungs|eid, der (Rechtsspr. veraltet, noch ugs.): *Eid, mit dem ein Schuldner [auf Verlangen des Gläubigers] erklärt, seine Vermögensverhältnisse wahrheitsgemäß dargelegt zu haben u. nicht in der Lage zu sein, seiner Zahlungspflicht nachzukommen; eidesstattliche Versicherung.*
of|fen|blei|ben ⟨st. V.; ist⟩: *nicht geklärt werden [können]; ungewiss, ungelöst bleiben:* die Frage, diese Entscheidung ist offengeblieben.
of|fen|hal|ten ⟨st. V.; hat⟩: ⟨o. + sich⟩ *sich etw. vorbehalten; noch keine Entscheidung treffen:* du hast dir die Entscheidung, eine Antwort darauf offengehalten; sie hält sich offen, Anzeige gegen unbekannt zu erstatten; ⟨auch mit Akk.-Obj. u. ohne Reflexivpron.:⟩ dieses Studium hält viele Berufswege offen.
Of|fen|hal|tung, die ⟨o. Pl.⟩: *das [Sich]offenhalten.*
Of|fen|heit, die; -: **1.** *freimütige Wesensart; rückhaltlose Ehrlichkeit:* die O. ihres Wesens, ihres Blicks; etw. in schonungsloser, aller O. sagen; von einer entwaffnenden O. sein. **2.** *Aufgeschlossenheit; Bereitschaft, sich mit jmdm., etw. unvoreingenommen auseinanderzusetzen:* O. für Probleme besitzen.
of|fen|her|zig ⟨Adj.⟩: *zu freimütiger Äußerung der eigenen Meinung bereit; unverhohlen innerste Gedanken mitteilend:* eine -e Äußerung; o. reden; Ü sie trug ein sehr -es (scherzh.; *tief ausgeschnittenes)* Kleid.
Of|fen|her|zig|keit, die; -, -en: *offenherziges Wesen, Verhalten.*
of|fen|kun|dig [auch: ...'kʊn...] ⟨Adj.⟩: *für jeden ersichtlich, klar [erkennbar], [sehr] deutlich:* eine -e Lüge; ein -er Irrtum; es war o. Verrat; ... die wirtschaftete sogar, gegen mein Verbot, in der Küche herum, aber ihr Aussehen zeugte für ihre tiefe Ermattung, und jede Bewegung war ihr eine -e Qual (Broch, Versucher 194).
Of|fen|kun|dig|keit, die; -, -en: **1.** ⟨o. Pl.⟩ *das Offenkundigsein.* **2.** *etw. Offenkundiges.*
of|fen|las|sen ⟨st. V.; hat⟩: **1.** ⟨o. + sich⟩ *sich vorbehalten:* sich alle Möglichkeiten, alle Wege o. **2.** *unentschieden, ungeklärt lassen:* diese Frage

müssen wir noch o.; sie hat offengelassen, ob sie kommt oder nicht.
of|fen|le|gen ⟨sw. V.; hat⟩ (bes. Amtsspr.): *klar u. deutlich darlegen, einsichtig machen:* Ursachen, Zusammenhänge, Vermögensverhältnisse o.
Of|fen|le|gung, die; -, -en: *das Offenlegen.*
Of|fen|le|gungs|pflicht, die (Bankw.): *für Kreditinstitute gesetzlich festgelegte Pflicht, bei Gewährung von Krediten, die eine bestimmte Summe überschreiten, vom Kreditnehmer die Offenlegung seiner wirtschaftlichen Verhältnisse zu verlangen.*
of|fen|lie|gen ⟨st. V.; hat⟩ (Amtsspr.): *zur Einsichtnahme, zur Ansicht od. zur Benutzung ausliegen:* die Bebauungspläne werden ab Juni im Rathaus o.
Of|fen|markt|aus|schuss, der (Bankw.): *mit 12 Personen besetzter Ausschuss der US-amerikanischen Notenbank, der über die Zinspolitik entscheidet.*
Of|fen|markt|po|li|tik, die (LÜ von engl. open market policy] (Wirtsch.): *von einer staatlichen Notenbank durch An- u. Verkauf festverzinslicher Wertpapiere bewirkte Erhöhung des Geldumlaufs zur steuernden Beeinflussung der Konjunktur.*
¹of|fen|sicht|lich [auch: ...'zɪçt...] ⟨Adj.⟩: *klar [erkennbar], [sehr] deutlich, offenkundig:* ein -er Betrug, Irrtum; es ist o., dass er gelogen hat; Lambert trank also seinen Kaffee in Ruhe und beobachtete Paula, die trotz ihres -en Heißhungers betont manierlich aß (Heym, Schwarzenberg 118).
²of|fen|sicht|lich [auch: ...'zɪçt...] ⟨Adv.⟩: *dem Anschein nach, anscheinend:* sie hat o. nicht daran gedacht; Er hatte gradaus gestarrt, o. in Gedanken (Frisch, Montauk 29/30).
Of|fen|sicht|lich|keit, die; -, -en: **1.** ⟨o. Pl.⟩ *das Offensichtlichsein; Offenkundigkeit.* **2.** *etw. Offensichtliches.*
of|fen|siv [auch: 'ɔf...] ⟨Adj.⟩ [zu lat. offensum, 2. Part. von: offendere = anstoßen, verletzen]: **a)** *angreifend, den Angriff bevorzugend:* -e Kriegführung; mit -er Taktik vorgehen; **b)** (Sport) *im Spiel den Angriff, das Stürmen bevorzugend:* o. spielen.
Of|fen|siv|bünd|nis, das: *zum Zwecke eines Angriffs geschlossenes Bündnis.*
Of|fen|si|ve, die; -, -n [frz. offensive]: **1.** *den Angriff bevorzugende Kampfweise, Kriegführung; Angriff:* eine O. planen, einleiten, durchführen, starten; aus der Defensive in die, zur O. übergehen. **2.** ⟨o. Pl.⟩ (Sport) *auf Angriff, Stürmen eingestellte Spielweise:* die O. bevorzugen. **3.** *energischer Vorstoß, Einsatz:* eine diplomatische O.; o. gegen den Drogenmissbrauch.
Of|fen|siv|kraft, die (Sportjargon): **a)** *Angriffsspieler, Stürmer:* bis zum Saisonbeginn sollen zwei neue Offensivkräfte verpflichtet werden; **b)** ⟨o. Pl.⟩ *Stärke im Angriff* (1 c): die Mannschaft hatte nicht genug O., um den Rückstand aufzuholen.
Of|fen|siv|krieg, der: *Angriffskrieg.*
Of|fen|siv|spiel, das (Sport): *auf Angriff eingestelltes Spiel.*
Of|fen|siv|spie|ler, der (Sport): *den Angriff, das Stürmen bevorzugender Spieler.*
Of|fen|siv|spie|le|rin, die: w. Form zu ↑Offensivspieler.
Of|fen|siv|stel|lung, die: *Angriffsstellung:* eine O. beziehen, einnehmen.
Of|fen|siv|ver|tei|di|ger, der (bes. Fußball): *Verteidiger, der sich häufig in den Angriff einschaltet, häufig stürmt.*
Of|fen|siv|ver|tei|di|ge|rin, die: w. Form zu ↑Offensivverteidiger.
Of|fen|siv|waf|fe, die (Militär): *Angriffswaffe.*
Of|fen|stall, der (Landwirtsch.): *überdachter,*

offenstehen – öffnen

nach einer Seite hin offener Stall zur Unterbringung von Rindern, bes. von Jungtieren.
of|fen|ste|hen ⟨unr. V.; hat, südd., österr., schweiz. auch: ist⟩: **1. a)** *als [berufliche] Möglichkeit für jmdn. in vielfältiger Weise vorhanden sein:* Ihnen stehen mehrere Möglichkeiten offen; **b)** *zur Verfügung stehen; zur Benutzung freigegeben sein:* die öffentlichen Anlagen sollen allen Bürgerinnen und Bürgern o. **2. a)** *nicht besetzt sein, frei sein:* trotz Arbeitslosigkeit stehen viele Lehrstellen offen; offenstehende Stellen; **b)** *jmds. Entscheidung überlassen sein; jmdm. freistehen:* es steht allen offen, zu kommen oder nicht [zu kommen]. **3.** *[noch] nicht bezahlt, [noch] nicht erledigt sein:* einige Rechnungen stehen noch offen.
öf|fent|lich ⟨Adj.⟩ [mhd. offenlich, ahd. offanlīh]: **1.** *für jeden hörbar u. sichtbar; nicht geheim:* ein -es Ärgernis; eine nicht -e Verhandlung; die Abstimmung ist ö.; etw. ö. erklären, anprangern, verkünden; ö. über etw. abstimmen; sie tritt zum ersten Mal ö. (*vor einem Publikum*) auf. **2.** *für die Allgemeinheit zugänglich, benutzbar:* -e Anlagen, Bibliotheken; den -en Nahverkehr attraktiver machen; ein -er Fernsprecher; -e Verkehrsmittel. **3. a)** *die Gesellschaft allgemein, die Allgemeinheit betreffend, von ihr ausgehend, auf sie bezogen:* die -e Meinung; das -e Wohl; das -e Interesse an der Aufklärung des Verbrechens war groß; eine Person des -en Lebens; **b)** *die Verwaltung eines Gemeinwesens betreffend; kommunal:* -e Gelder, Ausgaben; die Verschuldung der -en Haushalte nimmt erschreckend zu; * **der -e/Öffentliche Dienst** (↑Dienst 1 c).
Öf|fent|lich|keit, die; -, -en: **1.** *als Gesamtheit gesehener Bereich von Menschen, in dem etw. allgemein bekannt [geworden] u. allen zugänglich ist:* die literarische Ö.; die Ö. erfährt, weiß nichts von diesen Dingen; im Blickpunkt der Ö. stehen; etw. an die Ö. bringen; sie ist mit ihrem ersten Roman an die Ö. getreten (*vor einem Publikum*) auf; sie küssten sich in aller Ö. (*vor allen Leuten*). **2.** ⟨o. Pl.⟩ *das Öffentlichsein; das Zugelassensein für die Öffentlichkeit* (1): das Prinzip der Ö. in der Rechtsprechung; die Ö. einer Gerichtsverhandlung wiederherstellen.
Öf|fent|lich|keits|ar|beit, die ⟨Pl. selten⟩: *das Bemühen von Organisationen od. Institutionen (z. B. Parteien, Unternehmen o. Ä.), der Öffentlichkeit* (1) *eine vorteilhafte Darstellung der erbrachten Leistungen zu geben; Public Relations:* unternehmenspolitische Ö.; Ö. machen, betreiben; die Ö. verstärken; die Referentin für Ö.
Öf|fent|lich|keits|re|fe|rent, der: *in der Öffentlichkeitsarbeit tätiger Referent.*
Öf|fent|lich|keits|re|fe|ren|tin, die: w. Form zu ↑Öffentlichkeitsreferent.
öf|fent|lich|keits|scheu ⟨Adj.⟩: *die Öffentlichkeit scheuend.*
öf|fent|lich|keits|wirk|sam ⟨Adj.⟩: *eine große Wirkung in der Öffentlichkeit erzielend:* eine -e Aktion; sein Engagement ö. darstellen.
öf|fent|lich-recht|lich ⟨Adj.⟩ [zu: öffentliches Recht] (Rechtsspr.): *(von Verwaltungseinrichtungen) mit eigener Rechtsperson u. einem bestimmten Nutzungszweck:* die -en Rundfunkanstalten; -er Vertrag (*Vertrag, der sich auf Verhältnisse des öffentlichen Rechts bezieht*).
Of|fe|rent, der; -en, -en [zu lat. offerens (Gen.: offerentis), 1. Part. von: offerre; ↑offerieren] (Kaufmannsspr.): *jmd., der eine Offerte macht.*
Of|fe|ren|tin, die; -, -nen: w. Form zu ↑Offerent.
of|fe|rie|ren ⟨sw. V.; hat⟩ [(frz. offrir <) lat. offerre = anbieten]: **a)** (bes. Kaufmannsspr.) *zum Handel vorschlagen; anbieten* (2 b): ein Sonderangebot [in der Zeitung] o.; Rohstoffe

[zu einem günstigen Preis] auf dem Weltmarkt o.; ⟨auch ohne Akk.-Obj.:⟩ den Auftrag bekam die Firma, die am günstigsten offeriert hatte; **b)** (bildungsspr.) *anbieten* (1 a): eine Zigarre, einen Likör o.; darf ich dir dieses Buch o.?
Of|fert, das; -[e]s, -e (österr.): *Offerte.*
Of|fer|te, die; -, -n [frz. offerte, subst. 2. Part. von: offrir, ↑offerieren] (Kaufmannsspr.): *[schriftliches] Kaufangebot:* eine günstige, unverbindliche O.; jmdm. eine O. machen, unterbreiten; die -n in der Zeitung lesen.
Of|fer|to|ri|um, das; -s, ...ien [mlat. offertorium = (Auf)opferung, zu lat. offerre, ↑offerieren] (kath. Kirche): *Gebet während der Gabenbereitung.*
Öf|fi, das; -s, -s (bes. österr. ugs.): *kurz für: öffentliches Verkehrsmittel.*
¹**Of|fice** [ˈɔfɪs], das; -[s], -s [ˈɔfɪsɪs, engl.: ˈɒfɪsɪz] [engl. office < lat. officium, ↑Offizium]: engl. Bez. für: *Büro.*
²**Of|fice** [ˈɔfɪs, frz.: ɔˈfis], das; -, -s [ˈɔfɪs, frz. ɔˈfis] [frz. office < lat. officium, ↑Offizium] (schweiz.): **a)** *Anrichteraum im Gasthaus;* **b)** (selten) *Büro.*
Of|fice|an|wen|dung, Of|fice-An|wen|dung [ˈɔfɪs...], die (EDV): *Anwendungssoftware für Büro u. Verwaltung:* die Funktionsumfang der -en nimmt immer mehr zu.
◆ **Of|fi|cier** […s...]: ↑Offizier: Der polternde Alte sollte einen pensionierten O., Laertes einen vazierenden Fechtmeister ... vorstellen (Goethe, Lehrjahre II, 9).
Of|fi|zi|al, der; -s, -e, auch: -en, -en [spätlat. officialis = Amtsdiener, zu: officialis = zum Dienst, Amt gehörig, zu lat. officium, ↑Offizium]: **1.** (kath. Kirche) *Vertreter des [Erz]bischofs als Vorsteher einer kirchlichen Gerichtsbehörde.* **2.** (österr.) *Beamter der allgemeinen Verwaltung.*
Of|fi|zi|al|de|likt, das (Rechtsspr.): *Straftat, deren Verfolgung auf behördliche Anordnung eintritt.*
Of|fi|zi|a|lin, die; -, -nen: w. Form zu ↑Offizial (2).
Of|fi|zi|al|prin|zip, das (Rechtsspr.): *Verpflichtung des ¹Gerichts* (1 a), *Ermittlungen auf behördliche Anordnung anzustellen.*
Of|fi|zi|al|ver|tei|di|ger, der (Rechtsspr.): *Pflichtverteidiger.*
Of|fi|zi|al|ver|tei|di|ge|rin, die: w. Form zu ↑Offizialverteidiger.
of|fi|zi|ell ⟨Adj.⟩ [frz. officiel < spätlat. officialis]: **1. a)** *in amtlichem Auftrag; dienstlich:* etw. o. ankündigen, verbieten; ⟨subst.:⟩ bei der Eröffnung der Olympischen Spiele marschieren mehr Offizielle als Sportler ein; **b)** *von einer Behörde, einer Dienststelle ausgehend, bestätigt [u. daher glaubwürdig]; amtlich:* eine -e Verlautbarung; eine Anordnung von -er Seite, Stelle; vom -en Kurs abweichen; die Kabinettsliste ist jetzt o.; etw. o. bestätigen; ich kann dir jetzt o. (*als [amtlich] verbürgt*) sagen, dass du die Prüfung bestanden hast. **2.** *förmlich:* eine -e Feier; die -e Namensgebung findet morgen statt; plötzlich wurde sie ganz o. (*unpersönlich, kühl*).
Of|fi|zier (österr. auch: ...ˈsiːɐ̯], der; -s, -e [frz. officier < mlat. officiarius = Beamter; Bediensteter, zu: officiare, ↑Offiziant]: **1. a)** ⟨o. Pl.⟩ *militärische Rangstufe, die die Dienstgrade vom Leutnant bis zum General* (a) *umfasst:* O. werden; O. vom Dienst (*vorübergehend für den Wach- u. Ordnungsdienst in einem bestimmten Bereich verantwortlicher Offizier od. Unteroffizier mit Portepee*) (Abk.: OvD, O. v. D.); **b)** *jmd., der den Dienstgrad eines Offiziers* (1 a) *innehat* (z. B. Leutnant, Major); ◆ ⟨Pl. -s:⟩ Die -s gehen auseinander. Die Wachparade ist aus (Schiller, Kabale II, 1). **2.** *Schachfigur mit größerer Beweglichkeit als die Bauern* (z. B. Turm, Läufer, Springer).

[zu einem günstigen Preis] auf dem Weltmarkt
Of|fi|zier|an|wär|ter usw.: militär. meist für
↑Offiziersanwärter usw.
Of|fi|zie|rin, die; -, -nen: w. Form zu ↑Offizier.
Of|fi|ziers|an|wär|ter, der: *Anwärter auf den Offiziersrang* (Abk.: OA).
Of|fi|ziers|an|wär|te|rin, die: w. Form zu ↑Offiziersanwärter.
Of|fi|ziers|aus|bil|dung, die: *Ausbildung zum Offizier.*
Of|fi|ziers|dienst|grad, der: *Dienstgrad innerhalb der Offizierslaufbahn.*
Of|fi|ziers|fa|mi|lie, die: *Familie, deren männliche Mitglieder [überwiegend] Offiziere sind bzw. traditionell die Offizierslaufbahn einschlagen.*
Of|fi|ziers|ka|si|no, das: *Kasino* (2 a).
Of|fi|ziers|korps, das: **a)** *Gesamtheit der Offiziere der Streitkräfte eines Landes;* **b)** (früher) *Gesamtheit der Offiziere eines Regiments.*
Of|fi|ziers|lauf|bahn, die: *Laufbahn* (1 a) *eines Offiziers.*
Of|fi|ziers|mes|se, die: **1.** *(auf größeren Schiffen) Speise- u. Aufenthaltsraum der Offiziere.* **2.** *(auf größeren Schiffen) Tischgesellschaft von Offizieren.*
Of|fi|ziers|rang, der: *Rang* (1) *eines Offiziers.*
Of|fi|ziers|schu|le, die: **a)** *Einrichtung zur Ausbildung von Offiziersanwärtern;* **b)** *Einrichtung zur Weiterbildung von Offizieren.*
Of|fi|ziers|skat, der: *Skat* (1), *der zu zweit gespielt wird.*
Of|fi|ziers|uni|form, die: *Uniform von Offizieren.*
Of|fi|zin, die; -, -en [mlat. officina = Wirtschaftsgebäude, Vorratsraum < lat. officina = Werkstatt, zu: officium, ↑Offizium]: **1. a)** (Pharm.) *Arbeitsräume einer Apotheke;* **b)** (veraltet) *Apotheke.* **2.** (veraltet) *[größere] Buchdruckerei:*
◆ ... sobald Julie nur einen Band gewahr worden, dergleichen aus der homannschen O. eine ganze Reihe dastanden (Goethe, Wanderjahre I, 8).
of|fi|zi|nal, of|fi|zi|nell ⟨Adj.⟩ (Pharm.): *arzneilich, als Arzneimittel anerkannt.*
of|fi|zi|ös ⟨Adj.⟩ [frz. officieux, auch = dienstfertig < lat. officiosus, zu: officium, ↑Offizium] (bildungsspr.): *halbamtlich:* eine -e Nachricht.
Of|fi|zi|um, das; -s, ...ien [lat. officium = Pflicht; öffentliches Amt, zu: opus (↑Opus) u. facere = machen]: **1.** (kath. Kirche) ⟨o. Pl.⟩ (früher) *höchste kuriale Behörde:* das Heilige O.; **b)** ¹*Messe* (1), *bes. an hohen Feiertagen;* **c)** *Chorgebet;* **d)** *Amt u. damit verbundene Verpflichtungen eines Priesters.* **2.** (veraltet) *Dienstpflicht.*
Off|ki|no, Off-Kino, das; -s, -s [aus engl. off »abseits (von), weg (von)« u. ↑Kino, eigtl. = weg vom (traditionellen, kommerziellen) Kino]: *weniger kommerziell ausgerichtetes Kino, in dem ältere Filme od. Werke junger, unbekannter Regisseure gezeigt werden.*
off li|mits [engl., eigtl. = weg von den Grenzen, aus: off (↑off) u. limit (↑Limit)]: *Zutritt verboten.*
off|line [ˈɔflaɪn] ⟨Adv.⟩ [engl.; eigtl. = ohne Verbindung, aus: off = weg u. line = (Verbindungs)linie, Leitung] (EDV): **1.** *getrennt von der Datenverarbeitungsanlage, indirekt mit dieser gekoppelt; dezentral arbeitend.* **2.** *nicht ans Datennetz, ans Internet angeschlossen; außerhalb des Datennetzes, des Internets.*
öff|nen ⟨sw. V.; hat⟩ [mhd. offenen, ahd. offinōn, zu ↑offen]: **1. a)** *bewirken, dass etw. offen ist:* die Tür, das Fenster ö.; die Fensterläden, das Verdeck, eine Schublade, ein Schiebedach, ein Schließfach ö.; eine Dose, einen Kasten, eine Tafel Schokolade ö.; einen Wasserhahn, ein Ventil ö. (*aufdrehen*); sie öffnete das Buch (*schlug es auf*); die Bluse, den Mantel, den Kra-

genknopf ö. *(aufknöpfen);* den Reißverschluss ö. *(aufziehen);* mit geöffnetem Mund atmen; die Arme weit ö. *(ausbreiten);* eine Leiche ö. (Jargon; *obduzieren);* die Augen ö. *(aufschlagen);* die Faust, die Hand ö.; Ü die Grenzen ö.; Heraklits großer Gegner Parmenides öffnet mit der Seinslehre den Weg in ein neues Zeitalter (Thieß, Reich 128); **b)** *jmdm., der Einlass begehrt, die [Haus- od. Wohnungs]tür aufschließen, aufmachen:* wenn es klingelt, musst du ö.; niemand öffnete [mir]; Ü sie öffnete ihm ihr Herz (geh.; *schenkte ihm ihre Zuneigung);* **c)** *mit der Geschäftszeit, den Dienststunden* (2) *beginnen; aufmachen:* das Geschäft wird um acht Uhr, ab acht Uhr geöffnet. (ö. + sich) **a)** *geöffnet werden:* das Fenster öffnete sich durch den Luftzug; ihre Lippen öffneten sich zu einem Lächeln; ⟨auch ohne »sich«:⟩ die Tür öffnet sich und schließt automatisch; ⟨1. Part.:⟩ das Auto hat vier weit öffnende *(sich weit öffnen lassende)* Türen; **b)** *sich entfalten, sich auseinanderfalten:* die Blüten öffnen sich; der Fallschirm hat sich nicht geöffnet; Ü nach Norden hin öffnet sich das Tal *(wird es breiter);* vor ihnen öffnete sich *(erstreckte sich)* eine weite Ebene; **c)** *sich einem Menschen, einer Sache innerlich aufschließen; aufgeschlossen sein für jmdn., etw.:* sich jmdm. ö. (geh.; *anvertrauen);* **d)** *sich jmdm. erschließen, darbieten, auftun:* neue Märkte öffnen sich der Industrie/für die Industrie; hier öffnen sich uns völlig neue Wege *(ergeben sich neue, bisher nicht gekannte Möglichkeiten);* Ü ... dass ich bin wie eins von diesen armen Weibern ..., die Kinder entweder schlagend oder mit Süßigkeiten fütternd, abends sich öffnend der Umarmung eines armseligen Trunkenbolds (Böll, Und sagte 98).

Öff|ner, der; -s, -: **1.** *kleines Gerät od. Werkzeug, mit dem etw. geöffnet wird:* das Glas, die Dose mit dem Ö. aufmachen. **2.** *Türöffner.*

Öff|nung, die; -, -en [mhd. offenunge, ahd. offanunga]: **1.** ⟨o. Pl.⟩ *das Öffnen; das Sichöffnen.* **2.** *Stelle, wo etw. offen ist, etw. hinaus- od. hineingelangen kann:* eine schmale, kleine Ö. [in der Wand]; die Ö. muss erweitert werden; eine dünne Schicht mit vielen feinen -en; (Fotogr.:) die Ö. der Blende einstellen; Nur einige Versprengte torkelten noch aus den -en der Gassen und dem Tross nach (Ransmayr, Welt 94).

Öff|nungs|klau|sel, die (Rechtsspr.): *Klausel, nach der von bestimmten tarifvertraglichen Regelungen [zum Nachteil der Arbeitnehmer] abgewichen werden darf:* durch eine Ö. soll die wirtschaftliche Lage der einzelnen Betriebe besser berücksichtigt werden können.

Öff|nungs|zeit, die ⟨meist Pl.⟩: *Zeitraum, in dem etw. geöffnet ist.*

off|road [ˈɔfrɔʊd] ⟨Adv.⟩ [engl. off-road = in unwegsamem Gelände, abseits der Straße, zu: road, ↑ Roadie]: **a)** *abseits der Straße, im Gelände;* **b)** *(von Fahrzeugen) bes. für Fahrten durch unwegsames Gelände geeignet; geländegängig.*

Off|roa|der [ˈɔfrɔʊdɐ], der; -s, - [engl. off-roader, zu: off-roading = das Fahren mit einem Offroadfahrzeug (als Sportart), zu: off-road, ↑ Roadie] (Jargon): **1.** *Offroadfahrzeug.* **2.** *jmd., der sich gern [in einem Offroadfahrzeug] im freien Gelände, in der Natur aufhält.*

Off|road|fahr|zeug [ˈɔfrɔʊd...], das: *zum Fahren im freien Gelände, außerhalb befestigter Straßen geeignetes Fahrzeug; Geländefahrzeug.*

Off|set|druck [ˈɔfsɛt...], der ⟨Pl. -e⟩ [engl. offset, kurz für offset printing, aus: offset = Abzug u. printing = das Drucken]: **1.** ⟨o. Pl.⟩ *Flachdruckverfahren, bei dem der Druck indirekt von der Druckplatte über ein Gummituch auf das Papier erfolgt.* **2.** *im Offsetdruck* (1) *hergestelltes Druck-Erzeugnis.*

Off|set|druck|ma|schi|ne, die: *Druckmaschine für den Offsetdruck* (1).

off|shore [ˈɔfʃɔːɐ̯, ...ˈʃɔː] ⟨Adv.⟩ [engl., aus: off = fort, weg u. shore = Ufer, Küste]: *vor der Küste.*

Off|shore|boh|rung, Off-Shore-Boh|rung [ˈɔfʃɔːɐ̯..., ...ˈʃɔː...], die [nach engl. offshore drilling, aus: ↑ offshore u. drilling = Bohrung] (Technik): *Bohrung nach Erdöl od. Erdgas in Küstengewässern von Plattformen aus.*

Off|shore|wind|park, Off-Shore-Wind|park [ˈɔfʃɔːɐ̯..., ...ˈʃɔː...], der: *Windpark, der in einiger Entfernung zur Küste ins Meer gebaut ist.*

Off|shore|zen|t|rum, Off-Shore-Zen|t|rum [ˈɔfʃɔːɐ̯..., ...ˈʃɔː...], das (Wirtsch.): *Finanzplatz für internationale Finanzgeschäfte von Banken u. Unternehmen.*

off|side [ˈɔfsaɪd; engl. offside, aus: off = fort, weg u. side = Seite]: in der Wendung **o. sein/stehen** (schweiz., bes. Ballspiele: *abseits sein/abseitsstehen).*

Off|side, das; -[s], -s (bes. Ballspiele schweiz.): *Abseits.*

Off|spre|cher, Off-Spre|cher, der (Fernsehen, Film, Theater): *aus dem Off kommentierender Sprecher.*

Off|spre|che|rin, Off-Spre|che|rin, die: w. Form zu ↑ Offsprecher.

Off|stim|me, Off-Stim|me, die (Fernsehen, Film, Theater): *[kommentierende] Stimme aus dem Off.*

Off|the|a|ter, Off-The|a|ter, das [vgl. Offkino]: *Theater am Rande des öffentlichen [subventionierten] Theaterbetriebes, in dem Stücke meist jüngerer, unbekannterer Autoren fantasiereich u. zu niedrigeren Kosten als üblich gespielt werden.*

O. F. M. = Ordinis Fratrum Minorum (vom Orden der Minderbrüder; Franziskaner).

O. [F.] M. Cap. = Ordinis [Fratrum] Minorum Capucinorum (vom Orden der Minderen Kapuzinerbrüder; Kapuziner).

o-för|mig, O-för|mig ⟨Adj.⟩: *in der Form eines O.*

oft ⟨Adv.; ↑ öfter, selten: am öftesten⟩ [mhd. oft(e), ahd. ofto, wahrsch. im Sinne von »übermäßig«, zu ↑ ²ob (2)]: **a)** *sich wiederholt ereignend; immer wieder; mehrfach:* o. krank sein; der Zug hielt o. an; ich habe ihn zu o. geglaubt; wie o. muss ich dir das denn noch sagen?; sie ist o. genug gewarnt worden; so o. wie sie hat noch keine gefehlt; ⟨seltener im Sup.:⟩ ... und in dieser zwischen Unternehmungslust und Zweifel geteilten, zwischen Flammenspitze und Asche schwebenden Stimmung befand sich Ulrich jetzt am öftesten (Musil, Mann 1207); **b)** *in vielen Fällen, recht häufig:* so etwas gibt es o.; das lässt sich o. gar nicht entscheiden; **c)** *in kurzen Zeitabständen:* dieser Bus verkehrt ziemlich o.

öf|ter ⟨Adv.⟩ [mhd. ofter, ahd. oftor]: **1.** ⟨absoluter Komparativ⟩ **a)** *mehrmals, hier u. da, bei verschiedenen Gelegenheiten, verhältnismäßig oft:* ich habe sie schon ö. besucht; dieser Fehler kommt ö. vor; **b)** ⟨ugs. als attr. Adj.⟩ *mehrmalig, häufig:* seine -en Besuche; ihre -e Verwendung; ◆ ... so führten beide ... eins der schwersten Musikstücke zusammen auf ... Man versprach sich -e Wiederholung und mehrere Zusammenübung (Goethe, Wahlverwandtschaften 8); * **des Öfteren/Öftern** (nachdrücklich; *zu wiederholten Malen, wiederholt; oftmals:* man hat ihn schon des Öfteren ermahnt). **2.** Komparativ zu ↑ oft.

◆ **öf|te|rer:** absoluter Komparativ von ↑ oft: Man spricht selten von der Tugend, die man hat, aber desto öfter von der, die uns fehlt (Lessing, Minna II, 1); Seine sparsame Erscheinung ist wohltätig; ö. wird sie ermüdend und schwächend (Novalis, Heinrich 111); ... in der hohen Häupter Span und Streit sich unberufen ... drängen bringt wenig Dank und ö. Gefahr (Schiller, Braut v. Messina 1778 ff.).

öf|ters ⟨Adv.⟩ (österr., schweiz., sonst landsch.): *öfter* (1).

oft|mals ⟨Adv.⟩: *mehrmals, zu wiederholten Malen, oft:* das habe ich schon o. gesagt.

o. g. = oben genannt.

OG [oːˈgeː], das; -s, -s: *Obergeschoss:* sie wohnen im [ersten, zweiten OG.

ÖGB = Österreichischer Gewerkschaftsbund.

Oger, der; -s, - [frz. ogre, über eine ältere Form zu lat. Orcus = Gott (den) Unterwelt]: *menschenfressendes Ungeheuer (im Märchen).*

OGH [oːgeːˈhaː], der; -[s]: Oberster Gerichtshof.

ogott|ogott ⟨Interj.⟩ [zusgez. aus zweimaligem »o Gott!«] (ugs.): *übertreibend-emphatischer Ausruf der Ablehnung, des Schreckens, Entsetzens.*

oh ⟨Interj.⟩: **a)** *Ausruf der Überraschung, der Verwunderung o. Ä.:* oh, wie schön!; oh, wie schrecklich!; oh, Verzeihung, das konnte ich nicht wissen; **b)** *Ausruf der Ablehnung, der Zurückweisung:* oh, wie ich das hasse!; oh, diese Männer!; oh, oh!

Oh, das; -s, -s: *der Ausruf »oh!«:* die -s und Ahs der Zuschauer.

oha ⟨Interj.⟩ (ugs.): *Ausruf des [bewundernden od. leicht tadelnden] Staunens:* oha, du bist aber schnell!

öha ⟨Interj.⟩ (südd., österr. ugs.): *oha (Ausruf des Erstaunens, der Überraschung od. Ablehnung).*

Oheim, der; -s, -e [mhd., ahd. ōheim, urspr. = Mutterbruder] (veraltet): *Onkel.*

OHG = offene Handelsgesellschaft.

OH-Grup|pe, die; -, -n (Chemie): *Hydroxylgruppe.*

¹Ohio [oˈhaɪo], der; -s: Nebenfluss des Mississippi.
²Ohio; -s: Bundesstaat der USA.

oh, là, là [olaˈla] ⟨Interj.⟩ [frz.]: Ausruf der Verwunderung, der Anerkennung.

¹Ohm, das; -[e]s, -e ⟨aber: 3 Ohm⟩ [mhd. āme, ōme < mlat. ama = ein Weinmaß < lat. (h)ama = Feuereimer < griech. ámē = Eimer, Schaufel] (früher): *Hohlmaß von etwa anderthalb Hektoliter, bes. für Wein.*

²Ohm, das; -[s], - [nach dem dt. Physiker G. S. Ohm (1789–1854)] (Physik): *Maßeinheit für den elektrischen Widerstand (Zeichen:* Ω).

³Ohm, der; -[e]s, -e [zusgez. aus ↑ Oheim] (veraltet, noch mundartl.): *Onkel.*

Ohm|me|ter, das; -s, - [aus ↑ ²Ohm u. ↑ -meter] (Physik): *Gerät zum Messen elektrischer Widerstände; Widerstandsmesser.*

ohm|sche Ge|setz, Ohm'sche Ge|setz, das; -n -es, -e [nach G. S. Ohm benannt] (Physik): *von Ohm aufgestelltes physikalisches Gesetz, das den Zusammenhang zwischen Spannung u. Stromstärke in einem Leiterkreis beschreibt.*

¹oh|ne ⟨Präp. mit Akk.⟩ [mhd. ān(e), ahd. āno]: **1.** drückt aus, dass jmd., etwas (an dieser Stelle, zu dieser Zeit) nicht beteiligt, nicht vorhanden ist; *nicht ausgestattet mit, frei von:* o. Geld; o. Mittel; er ist [seit vier Wochen] o. Arbeit; o. jmdn. nicht leben können; o. Ansehen der Person entscheiden; es geschah o. ihr Zutun; alle o. Unterschied; er war o. Schuld; o. viel *(mit nur wenig)* Mühe; nicht o. Schönheit *(recht schön);* o. mich! *(ich mache bei dieser Sache nicht mit, will nichts damit zu tun haben!);* ⟨mit Unterdrückung des folgenden Subst.:⟩ er schläft am liebsten o. *(ohne Schlafanzug; nackt);* * **nicht [so] o. sein** (ugs.; *nicht so harmlos, sondern stärker, bedeutender sein als gedacht:* eine Grippe ist gar nicht so o.; dieser Vorschlag ist durchaus nicht o.). **2. a)** drückt aus, dass jmd., etw. Zugehöriges nicht dabei, nicht vorhanden ist, weggelassen wurde: ein Kleid o. Ärmel; ein Topf o. Deckel; ein Zimmer o. Frühstück; er kam o. seine Frau; das Gesicht o. Seife waschen; (Rudern:) Vierer o. [Steuermann]; **b)** drückt ein Ausgeschlossensein aus; *nicht mitgerechnet, ausschließlich:* Gewicht o. Verpackung; Preise o. Pfand, o. Mehrwertsteuer; o. Bedienung.

²**oh|ne** ⟨Konj. in Verbindung mit »dass« od. dem Inf. mit »zu«⟩ [zu: ↑¹ohne]: gibt an, dass etw. nicht eintritt od. eingetreten ist od. dass jmd. etw. unterlässt, nicht tut: sie nahm Platz, o. dass sie gefragt hätte/o. gefragt zu haben; helfen, o. zu zögern; sie bestätigte es, natürlich nicht, o. einen giftigen Kommentar anzufügen *(natürlich, indem sie einen giftigen Kommentar anfügte).*

oh|ne|dies ⟨Adv.⟩: *ohnehin.*

oh|ne|ein|an|der ⟨Adv.⟩: *einer, eine, eines ohne den anderen, die andere, das andere:* ihr müsst jetzt o. auskommen.

oh|ne|glei|chen ⟨Adv.⟩ [↑-gleichen]: *so [geartet, beschaffen], dass es mit nichts verglichen werden kann:* mit einer Frechheit o.

oh|ne|hin ⟨Adv.⟩: *unabhängig davon; auf jeden Fall; sowieso:* das hätte uns o. nichts genützt; Schmierentheater! Wieder einmal ließen sich die o. ahnungslosen Ausstellungsbesucher zum Narren halten (Kronauer, Bogenschütze 118).

◆ **Oh|ne|ho|se,** der; -n, -n ⟨meist Pl.⟩ [LÜ von frz. sans-culotte, ↑Sansculotte]: *Sansculotte:* Robespierre tritt auf, begleitet von Weibern und -n (Büchner, Dantons Tod I, 2 [Regieanweisung]).

Oh|ne-mich-Stand|punkt, der: *Standpunkt eines Menschen, der sich ganz auf sein Ich u. sein persönliches Leben zurückziehen u. sich für keinerlei Aufgaben der Öffentlichkeit u. der Gesellschaft engagieren will.*

◆ **oh|n|er|ach|tet** ⟨Konj.⟩: *obwohl:* Ohnerachtet die Hauptstadt so nahe lag, hatten beide ... das Gewühl der Menschen zu vermeiden gesucht (Novalis, Heinrich 35).

oh|ne|wei|ters ⟨Adv.⟩: (österr.): *ohne Weiteres.*

◆ **oh|n|ge|ach|tet** ⟨Konj.⟩: *obwohl:* Die Gegend war übrigens fruchtbar und angenehm, o. die Rücken der Hügel ein totes, abschreckendes Ansehn hatten (Novalis, Heinrich 61).

◆¹**ohn|ge|fähr** [auch: ...'fɛ:ɐ̯] ⟨Adv.⟩: ↑¹*ungefähr:* ... will ich ihn o. (= den Brief), als von o., mit dem Schnupftuch herausschleudern (Schiller, Kabale III, 2).

◆²**ohn|ge|fähr** [auch: ...'fɛ:ɐ̯] ⟨Adj.⟩: ↑²*ungefähr:* die Pfarrer werden pred'gen; ...jeder wird ... seiner Meinung sich entled'gen und sich der Gemeine freuen, die sich um ihn her versammelt, so im Alten wie im Neuen -e Worte stammelt (Goethe, Gott u. Welt [Herkömmlich]).

Ohn|macht, die; -, -en [unter Anlehnung an »ohne« zu mhd., ahd. āmaht, zu mhd., ahd. ā- = fort, weg u. ↑Macht]: **1.** *vorübergehende Bewusstlosigkeit; das Ohnmächtigsein:* eine tiefe, schwere O.; eine plötzliche O. befiel, überkam sie; in tiefer O. liegen; aus der O. erwachen; in O. fallen, sinken *(ohnmächtig werden);* * *aus einer O. in die andere fallen* (ugs. scherzh.; *sich ständig aufs Neue entsetzen [u. sehr aufgebracht sein]).* **2.** *Schwäche, Machtlosigkeit, Unmöglichkeit zu handeln:* die wirtschaftliche O. eines Landes; er erkannte seine O. gegenüber dem Staat.

ohn|mäch|tig ⟨Adj.⟩ [mhd. āmehtec, ahd. āmahtīg]: **1.** *(vorübergehend, eine kürzere Zeit) ohne Bewusstsein, das Bewusstsein verloren habend:* sie wurde o.; ⟨subst.:⟩ einem Ohnmächtigen Erste Hilfe leisten. **2.** *von Ohnmacht (2) zeugend; machtlos:* -e Wut hatte sie erfasst; o. musste sie zusehen, wie sich das Feuer ausbreitete. ◆ **3.** *nicht imstande, unfähig:* Der Rabbi

des Sprechens o., bewegte mehrmals lautlos die Lippen (Heine, Rabbi 458); ...wie an den Grund mit Ketten geschmiedet stand ich da, o., sie zu retten (Wieland, Oberon 4, 12).

Ohn|machts|an|fall, der: *anfallartig eintretende Ohnmacht:* einen O. haben.

oho ⟨Interj.⟩: Ausruf des Erstaunens, Widerspruches, Unwillens; o., so geht das nicht!

Ohr, das; -[e]s, -en [mhd. ōre, ahd. ōra; alte idg. Bez. mit unklarem Benennungsmotiv]: *Gehörorgan bei Mensch u. Wirbeltier, dessen äußerer Teil je ein meist an beiden Seiten des Kopfes ansitzendes, bei Tieren häufig bewegliches, muschelartig gebogenes, knorpeliges Gebilde ist:* große, kleine, anliegende, abstehende -en; die -en schmerzen mir/mich; gute, scharfe, schlechte -en haben *(gut, schlecht hören können);* sich die -en zuhalten; das Tier spitzt seine -en; rote -en bekommen; das Pferd legt die -en an; jmdm. am O. ziehen; auf dem linken O. ist er taub; den Hörer ans O. halten; jmdn. bei den -en packen; für heutige/unsere -en *(moderne Menschen)* klingt das altmodisch; ein Sausen in den -en verspüren; jmdm. etwas ins O. flüstern; ich stopfe mir Watte in die -en; der Wind pfiff mir um die -en; Ü wo hast du denn deine -en? (ugs.; *kannst du nicht aufpassen?;* wirst du wohl zuhören!); R es gibt [gleich] rote -en! (ugs. scherzh.; *Drohung,* jmdm. ein paar Ohrfeigen zu geben); * *ganz O. sein (sehr aufmerksam, gespannt zuhören:* sprich nur weiter, ich bin ganz O.!); **jmdm. klingen die -en** (ugs. scherzh.; *jmd. spürt, dass andere an ihn denken od. über ihn sprechen;* der leise, hohe Ton, den man gelegentlich in den Ohren hat, wird im Volksglauben damit in Verbindung gebracht, dass ein anderer über einen redet); **-en wie ein Luchs haben** *(sehr scharf hören);* **lange -en machen** (ugs.; *neugierig lauschen);* **die -en auftun/aufmachen/aufsperren/auf Empfang stellen** (ugs. scherzh.; *genau zuhören);* **die -en spitzen** (ugs.; *aufmerksam horchen, lauschen);* **die -en auf Durchzug stellen** (ugs. scherzh.; *sich etw. anhören, es aber nicht beherzigen, es gleich wieder vergessen);* **jmdm. sein O. leihen** (geh.; *jmdm. zuhören);* **ein offenes O. für jmdn. haben** *(jmds. Bitten u. Wünschen zugänglich sein);* **bei jmdm. ein geneigtes/offenes/williges O. finden** *(gehört, verstanden werden u. Hilfe zugesagt bekommen);* **[vor jmdm.] die -en verschließen** *(unzugänglich für [jmds.] Bitten sein);* **jmdm. die -en kitzeln/pinseln** (ugs.; *jmdm. Schmeicheleien sagen);* **die -en steifhalten** (ugs.; *sich nicht unterkriegen lassen; nicht den Mut verlieren;* nach der Beobachtung, dass ein Tier, das die Ohren nicht hängen lässt, was u. munter ist: also, halt die -en steif!); **die -en anlegen** (ugs.; *die Kräfte anspannen, um möglichst ohne Schaden eine schwierige, gefährliche Situation zu bestehen);* **die -en hängen lassen** (ugs.; *niedergeschlagen, mutlos sein);* **jmdm. die -en lang ziehen/langziehen** (ugs.; *jmdm. scharf zurechtweisen);* **jmdm. die -en volljammern** (ugs.; *jmdm. durch ständiges Klagen lästig fallen, zusetzen);* **jmdm. die -en vollblasen** (ugs.; *jmdm. durch ständiges Reden lästig fallen, zusetzen);* **jmdm. ein O./die -en abreden/abkauen** (ugs.; *so viel auf jmdn. einreden, dass dieser schließlich gar nicht mehr richtig hinhört);* **tauben -en predigen** *(jmdn. ermahnen u. dabei merken, dass er nichts einsehen will);* **seinen -en nicht trauen** (ugs.; *über etw., was man hört, völlig überrascht sein);* **sich aufs O. legen/** (salopp:) **hauen** (ugs.; *schlafen gehen);* **sich** ⟨Dativ⟩ **die -en brechen** (salopp; *sich bei einer kniffligen, mühseligen Arbeit sehr anstrengen);* **auf den -en sitzen** (ugs.; *nicht aufpassen, nicht hören, wenn jmd. etwas sagt);* **auf dem, diesem**

O. **taub sein** (ugs.; *von einer bestimmten Sache nichts wissen wollen);* **auf taube -en stoßen** (ugs.; *kein Gehör finden);* **nichts für fremde -en sein** *(geheim, vertraulich sein);* **nichts für zarte -en sein** (ugs.; *von Erzählen vor empfindsamen [weiblichen] Zuhörern nicht geeignet sein);* **jmdm. eins/ein paar hinter die -en geben** (ugs.; *jmdn. ohrfeigen);* **eins/ein paar hinter die -en bekommen** (ugs.; *geohrfeigt werden);* **sich** ⟨Dativ⟩ **etw. hinter die -en schreiben** (ugs.; *sich etw. gut merken;* nach einem alten Rechtsbrauch wurden bes. bei Grenzfestlegungen Knaben als Zeugen hierfür an den Ohren gezogen, damit sie sich noch lange daran erinnern sollten); **noch feucht/nicht trocken hinter den -en sein** (ugs.; *noch nicht alt genug sein, um etwas von der Sache zu verstehen u. mitreden zu können;* bezieht sich darauf, dass Kinder unmittelbar nach der Geburt noch feucht [hinter den Ohren] sind); **es [faustdick/knüppeldick] hinter den -en haben** (ugs.; *schlau, gerissen, auch schalkhaft u. schlagfertig sein [bei harmlosem Aussehen];* nach altem Volksglauben soll der Sitz der Verschlagenheit hinter den Ohren liegen; er würde dort durch dicke Wülste kenntlich); **jmdm. [mit etw.] in den -en liegen** (ugs.; *jmdm. durch ständiges Bitten zusetzen);* **etw. im O. haben** *(etw. innerlich hören; sich an etw. Gehörtes erinnern);* **ins O. gehen/im O. bleiben** *([von einer Melodie] leicht zu merken, sehr eingängig, gefällig sein);* **mit den -en schlackern** (ugs.; *vor Überraschung, Schreck sprachlos, ratlos sein);* **mit halbem O. zuhören/hinhören** *(ohne rechte Aufmerksamkeit zuhören);* **jmdn. übers O. hauen** (ugs.; *jmdn. übervorteilen, betrügen;* stammt urspr. aus der Fechtersprache u. bedeutete »jmdn. mit der Waffe am Kopf [oberhalb der Ohren] treffen«); **bis über die -en in der Arbeit/in Schulden** u. Ä. **sitzen, stecken** (ugs.; *sehr viel Arbeit haben, hoch verschuldet sein;* nach dem Bild eines Ertrinkenden od. im Sumpf Versinkenden); **bis über die beide -en verliebt sein** *(sehr verliebt sein);* **viel um die -en haben** (ugs.; *sehr viel Arbeit u. Sorgen haben);* **jmdm. etw. um die -en hauen/schlagen** (ugs.; *jmdm. wegen etw. heftige Vorwürfe machen; jmdn. wegen etw. heftig kritisieren);* **um ein geneigtes O. bitten** (geh.; *um Gehör, um wohlwollendes Anhören bitten);* **jmdm. zu -en kommen** *(jmdm. [als unerfreuliche Tatsache] bekannt werden, obwohl eigentlich nicht darüber gesprochen werden sollte);* **zum einen O. herein-, zum anderen wieder hinausgehen** (ugs.; *[von Ermahnungen, Erklärungen u. Ä.] nicht richtig aufgenommen, sofort wieder vergessen werden).*

Öhr, das; -[e]s, -e [mhd. œr(e), ahd. ōri, eigtl. = ohrartige Öffnung]: *kleines [längliches] Loch am oberen Ende der Nähnadel zum Durchziehen des Fadens.*

Öhr|chen, das; -s, -: Vkl. zu ↑Ohr.

Ohr|clip, Ohrklipp, der: *Klips* (1) *für das Ohr.*

Oh|ren|arzt, der: Kurzf. von ↑Hals-Nasen-Ohren-Arzt.

Oh|ren|ärz|tin, die: w. Form zu ↑Ohrenarzt.

Oh|ren|beich|te, die (kath. Kirche): *im Beichtstuhl abgelegte persönliche Beichte.*

oh|ren|be|täu|bend ⟨Adj.⟩ (ugs. übertreibend): *übermäßig laut:* ein -er Lärm.

Oh|ren|ent|zün|dung, die: *Otitis.*

Oh|ren|heil|kun|de, die: *Otiatrie.*

Oh|ren|klin|geln, Oh|ren|klin|gen, das; -s: *Ohrensausen.*

Oh|ren|krank|heit, die: *Erkrankung des Ohrs.*

Oh|ren|krie|cher, der: (ugs.): *Ohrwurm* (1, 2).

Oh|ren|lei|den, das: *Ohrenkrankheit.*

Oh|ren|mensch, der: *jmd., der Eindrücke am leichtesten vom Hören her gewinnt.*

Oh|ren|rob|be, die: *Robbe mit kleinen, spitzen Ohrmuscheln.*

Oh|ren|sau|sen, das; -s: *Empfinden eines klingenden, sausenden Geräuschs im Ohr:* O. haben, bekommen.

Oh|ren|schmalz, das ⟨o. Pl.⟩: *Sekret im äußeren Gehörgang.*

Oh|ren|schmaus, der: *etw., was sehr schön klingt u. jmdn. erfreut:* das Konzert war ein O.

Oh|ren|schmerz, der ⟨meist Pl.⟩: *meist stechender Schmerz im Ohr.*

Oh|ren|schüt|zer ⟨Pl.⟩: *zwei ovale Klappen aus Stoff od. Wolle, die als Kälteschutz die Ohrmuscheln bedecken.*

Oh|ren|ses|sel, der: *Sessel mit hoher Rückenlehne, an der seitlich Kopfstützen angebracht sind.*

Oh|ren|spie|gel, der: *optisches Instrument zur Untersuchung des Gehörgangs u. des Trommelfells; Otoskop.*

Oh|ren|stöp|sel, der ⟨meist Pl.⟩ (ugs.): *den Gehörgang verschließender Stöpsel aus formbarem Material, der Ohr u. Gehör vor schädlichen od. störenden Umwelteinflüssen wie Lärm, Wasser o. Ä. schützt.*

Oh|ren|zeu|ge, der: *jmd., der etw. selbst gehört hat [u. es deshalb bezeugen kann].*

Oh|ren|zeu|gin, die: w. Form zu ↑ Ohrenzeuge.

Ohr|fei|ge, die [spätmhd. ôrfîge, 2. Bestandteil wohl zu ↑ fegen]: *Schlag mit der flachen Hand auf die Backe:* jmdm. eine schallende O. geben.

ohr|fei|gen ⟨sw. V.; hat⟩: *(jmdm.) eine Ohrfeige geben:* jmdn. o.; In der Lobby eines Hotels war Tanner von einer Frau angeschrien und geohrfeigt worden. Mehrere Touristen hatten es gefilmt, jetzt fand man die Szene auf YouTube (Kehlmann, Ruhm 40).

Ohr|ge|räusch, das ⟨meist Pl.⟩: *nur subjektiv wahrgenommene Geräusche; Tinnitus.*

Ohr|hö|rer, der: *kleiner Kopfhörer, der in die Ohrmuschel od. den äußeren Gehörgang eingesetzt wird.*

◆ **öh|rig** ⟨Adj.⟩: *langohrig:* dazwischen schreit unbändig grell Silenus' ö. Tier (= ein Esel; Goethe, Faust II, 10033).

Ohr|klipp: ↑ Ohrclip.

Ohr|läpp|chen, das: *unterer, aus fleischigem Gewebe bestehender Zipfel der [menschlichen] Ohrmuschel.*

Ohr|mu|schel, die: *äußerer, knorpeliger Teil des Ohrs.*

◆ **Öhrn**, der; -s, -e [mhd. ern, ↑ Eren]: *Hausflur:* In seinem Ö. sah man der fremden Sachen eine Menge an den Wänden herum hangen (Mörike, Hutzelmännlein 133); ... wie ich das Zetergeschrei höre draußen im Ö. (Schiller, Räuber IV, 3).

Ohr|ring, der: *Schmuckstück, das am Ohr getragen wird.*

Ohr|schmuck, der: *am Ohr zu tragender Schmuck.*

Ohr|spei|chel|drü|se, die (Anat.): *(bei Mensch u. Säugetier) zwischen Unterkiefer u. äußerem Gehörgang liegende Speicheldrüse.*

Ohr|spü|lung, die (Med.): *Spülung (1 a) des Gehörgangs.*

Ohr|ste|cker, der: *am Ohr getragener Schmuck, der mit einem durch ein Loch im Ohrläppchen hindurchgeführten Stift befestigt wird.*

Ohr|stöp|sel, der (ugs.): **a)** *Ohrenstöpsel;* **b)** *Ohrhörer.*

Ohr|trom|pe|te, die: *eustachische Röhre.*

Ohr|wa|schel, das; -s, -n (bayr., österr. ugs.): *Ohrläppchen, Ohr[muschel].*

Ohr|wurm, der: **1.** [mhd. ôrwurm; nach der volkstüml. Vorstellung, dass das Insekt gern in Ohren kriecht] *kleines, bes. in Ritzen u. Spalten lebendes, meist braunes Insekt mit kurzen Vorderflü-* geln. **2.** (veraltend abwertend) *Schmeichler, Kriecher.* **3.** (ugs.) *Lied, Schlager, Hit, der sehr eingängig, einprägsam ist.*

-o|id [zu griech. -oiedés = ähnlich]: **1.** (Bildungen meist fachspr. od. bildungsspr.) drückt in Bildungen mit Substantiven und Adjektiven aus, dass die beschriebene Person oder Sache vergleichbar mit etw. ist, jmdm., etw. ähnlich ist: *anarchistoid, humanoid.* **2.** ⟨das; -[e]s, -e⟩ (bes. Fachspr.) bezeichnet in Bildungen mit Substantiven einen Körper, eine Form, ein Gebilde o. Ä., das mit etw. vergleichbar, einer Sache ähnlich ist: *Kristalloid, Präfixoid.*

o. J. = ohne Jahr (↑ Jahr 1).

oje, oje|mi|ne (veraltend) ⟨Interj.⟩ [vgl. jemine]: *Ausrufe der Bestürzung, des Erschreckens.*

o. k., O. K. = okay.

Oka|pi, das; -s, -s [aus einer afrik. Sprache]: *dunkelbraune Giraffe mit weißen Querstreifen an den Oberschenkeln, großen, breiten Ohren u. einem kürzeren, gedrungenen Hals.*

Oka|ri|na, die; -, -s u. ...nen [ital. ocarina, eigtl. = Gänschen, zu: oca, über das Vlat. zu spätlat. auca = Gans]: *Blasinstrument aus Ton od. Porzellan in Form eines Gänseeis mit einem Schnabel (5) u. acht bis zehn Grifflöchern.*

¹**okay** [oˈkeː, engl.: ˈoʊˈkeɪ] ⟨Adv.⟩ [engl.-amerik. okay, H. u.] (ugs.): *abgemacht, einverstanden* (Abk.: O. K., o. k.): du gehst vor, o.?; (verblasst:) o. (also), gehen wir.

²**okay** [oˈkeː, engl.: ˈoʊˈkeɪ] ⟨Adj.⟩ [zu: okay]: **a)** (ugs.) *in Ordnung, gut:* o., es ist alles o.; das Mädchen ist wirklich o. *(verhält sich kameradschaftlich);* gestern ging es mir reichlich mies, aber heute bin ich wieder o.; **b)** (Flugw. Jargon) *[geprüft u. daher] bestätigt* (Abk.: O. K., o. k.): Ihr Flug nach Kairo ist, geht o.

Okay, das; -[s], -s (ugs.): *Einverständnis, Zustimmung:* sein O. geben.

Ok|ka|si|on, die; -, -en [frz. occasion < lat. occasio]: **1.** (veraltet) *Gelegenheit, Anlass.* **2.** (Kaufmannsspr.) *[Angebot für einen] Gelegenheitskauf.*

Ok|ka|si|o|na|lis|mus, der; -, ...men: **1.** ⟨o. Pl.⟩ (Philos.) *von dem frz. Philosophen R. Descartes (1596–1650) ausgehende Theorie, nach der die Wechselwirkung zwischen Leib u. Seele auf direkte Eingriffe Gottes zurückgeführt wird.* **2.** (Sprachwiss. veraltend) *in einer bestimmten Situation gebildetes (nicht lexikalisiertes) Wort.*

ok|ka|si|o|na|lis|tisch ⟨Adj.⟩: *den Okkasionalismus (1) betreffend.*

ok|ka|si|o|nell ⟨Adj.⟩ [frz. occasionnel] (Wissensch.): *gelegentlich [vorkommend], Gelegenheits...*

Ok|klu|si|on, die; -, -en: **1.** [spätlat. occlusio < lat. occludere (2. Part.: occlusum)] (veraltet) *Einschließung, Verschließung.* **2.** [spätlat. occlusio < lat. occludere (2. Part.: occlusum)] (Med.) *krankhafter Verschluss eines Hohlorgans (z. B. des Darms).* **3.** (Zahnmed.) *normale Stellung, lückenloses Aufeinandertreffen der Zähne von Ober- u. Unterkiefer beim Biss.* **4.** (Meteorol.) *Zusammentreffen von Kalt- u. Warmfront.*

ok|klu|siv ⟨Adj.⟩: *verschließend, die Okklusion betreffend.*

Ok|klu|siv, der; -s, -e (Sprachwiss.): *Explosivlaut.*

ok|kult ⟨Adj.⟩ [lat. occultus, adj. 2. Part. von: occulere = verdecken, verbergen]: *(von den übersinnlichen Dingen) verborgen, geheim: -e Kräfte, Mächte.*

Ok|kul|tis|mus, der; -: *Lehre von vermuteten übersinnlichen, nach Naturgesetzen nicht erklärbaren Kräften u. Dingen.*

Ok|kul|tist, der; -en, -en: *Anhänger des Okkultismus.*

Ok|kul|tis|tin, die; -, -nen: w. Form zu ↑ Okkultist.

ok|kul|tis|tisch ⟨Adj.⟩: *den Okkultismus betreffend; übersinnlich.*

Ok|ku|pant, der; -en, -en ⟨meist Pl.⟩ [russ. okkupant, zu lat. occupans (Gen.: occupantis), 1. Part. von: occupare = besetzen (4)]: *jmd., der an einer Okkupation (1) teilnimmt; [Angehöriger einer] Okkupationsmacht.*

Ok|ku|pan|tin, die; -, -nen: w. Form zu ↑ Okkupant.

Ok|ku|pa|ti|on, die; -, -en [lat. occupatio]: **1.** *[militärische] Besetzung fremden Hoheitsgebiets.* **2.** (Rechtsspr. veraltend) *[widerrechtliche] Aneignung.*

Ok|ku|pa|ti|ons|macht, die: *Staat, der eine Okkupation unternommen hat u. das okkupierte Gebiet beherrscht.*

ok|ku|pa|to|risch ⟨Adj.⟩ [lat. occupatorius]: *in Besitz nehmend, in der Art einer Okkupation.*

ok|ku|pie|ren ⟨sw. V.; hat⟩ [lat. occupare]: **1.** *fremdes Gebiet [militärisch] besetzen:* okkupierte Gebiete befreien. **2.** (Rechtsspr. veraltet) *sich [widerrechtlich] aneignen.*

Ok|kur|renz, die; -, -en [engl. occurrence, zu lat. occurrere = begegnen] (Sprachwiss.): *das Vorkommen einer bestimmten sprachlichen Einheit in einem Text, Korpus o. Ä.*

Ok|la|ho|ma, -s: *Bundesstaat der USA.*

öko ⟨indekl. Adj.⟩ (ugs.): *kurz für ↑ ökologisch (3):* Strom aus Wasserkraft ist ö.

Öko, der; -s, -s (ugs. scherzh.): *Anhänger der Ökologiebewegung.*

öko-, Öko-: *drückt in Bildungen mit Substantiven – seltener mit Adjektiven – aus, dass jmd. oder etw. in irgendeiner Weise mit Ökologie, mit bewusster Beschäftigung mit der Umwelt, mit Umweltproblemen in Beziehung steht:* Ökobewegung, -partei, -sozialist; ökoeffizient.

Öko|au|dit [auch: ...loː.dɪt], das, seltener: der; -s, -s: *freiwillige, von unabhängigen Gutachtern durchgeführte Betriebsprüfung eines Unternehmens nach ökologischen Gesichtspunkten.*

Öko|bank, die; -, -en: *genossenschaftliche Bank, die das Ziel hat, Umwelt- u. Friedensprojekte zu fördern.*

Öko|bau|er, der; -n (selten: -s), -n: *jmd., der umweltschonend, unter weitgehend natürlichen Bedingungen selbstständig Landwirtschaft, Ackerbau u. Viehhaltung betreibt; Biobauer.*

Öko|bäu|e|rin, die: w. Form zu ↑ Ökobauer.

Öko|bi|lanz, die; -, -en: **a)** *bilanzierende Untersuchung auf Umweltverträglichkeit;* **b)** *Bilanz (b) der Auswirkungen eines bestimmten Produktes, einer bestimmten Handlung o. Ä. auf die Umwelt.*

Öko|fonds, der; - [foː(s)], - [foːs]: **1.** *Fonds, der nur in Unternehmen investiert, die umweltbewusst handeln u. nicht in den Bereichen Rüstung, Atomenergie od. Gentechnik aktiv sind.* **2.** (österr.) *(von der österr. Regierung eingerichteter) Fonds zur Finanzierung von Umweltschutzmaßnahmen.*

Öko|freak, der; -s, -s (ugs.): *jmd., der sich engagiert mit Umweltfragen auseinandersetzt [u. besonders umweltbewusst lebt].*

Öko|la|bel [...letbl], das; -s, -s: *Aufkleber od. Aufdruck auf (der Verpackung) einer Ware, der anzeigt, dass sie umweltverträglich hergestellt wurde.*

Öko|la|den, der; -s, ...läden [zu ↑ Ökologie, ökologisch] (ugs.): *Laden (1 a), in dem nur Waren verkauft werden, die den Vorstellungen von der Erhaltung der natürlichen Umwelt entsprechen.*

Öko|land|bau, der ⟨o. Pl.⟩: *unter [weitgehend] natürlichen Bedingungen betriebener Ackerbau.*

Öko|lo|ge, der; -n, -n [↑-loge]: *Wissenschaftler, Fachmann auf dem Gebiet der Ökologie.*

Öko|lo|gie, die; - [zu griech. oîkos = Haus(haltung) u. ↑-logie]: **1.** *Wissenschaft von den Wechselbeziehungen zwischen den Lebewesen u. ihrer Umwelt; Lehre vom Haushalt der Natur.* **2.** *Gesamtheit der Wechselbeziehungen zwischen den Lebewesen u. ihrer Umwelt; ungestörter Haushalt der Natur.*

Öko|lo|gie|be|we|gung, die: *Bewegung (3 a), die für die Erhaltung der natürlichen Umwelt eintritt.*

Öko|lo|gin, die; -, -nen: w. Form zu ↑Ökologe.

öko|lo|gisch ⟨Adj.⟩: **1.** *die Ökologie (1) betreffend.* **2.** *die Wechselbeziehungen zwischen den Lebewesen u. ihrer Umwelt betreffend:* -es (umweltverträgliches, kosten- u. energiesparendes) *Bauen.* **3.** *die natürliche Umwelt des Menschen betreffend, sich für ihren Schutz, ihre Erhaltung einsetzend, Umweltschutz u. -politik betreffend.*

öko|lo|gi|sie|ren ⟨sw. V.; hat⟩: *umweltgerecht[er] machen, ökologisch (3) gestalten.*

Öko|nom, der; -en, -en [spätlat. oeconomus < griech. oikonómos = Haushalter, Verwalter, zu: oîkos = Haus(haltung) u. -nómos = verwaltend]: **a)** (veraltend) *Landwirt, Verwalter [landwirtschaftlicher Güter];* **b)** [nach russ. ekonomist] *Wirtschaftswissenschaftler.*

Öko|no|me|t|rie, die; - [↑-metrie]: *Teilgebiet der Wirtschaftswissenschaft, auf dem mithilfe mathematisch-statistischer Methoden wirtschaftstheoretische Modelle u. Hypothesen auf ihren Realitätsgehalt untersucht werden.*

öko|no|me|t|risch ⟨Adj.⟩: *die Ökonometrie betreffend.*

Öko|no|mie, die; -, -n [lat. oeconomia = gehörige Einteilung < griech. oikonomía = Haushaltung, Verwaltung]: **1.** (veraltend) *Wirtschaftswissenschaft, -theorie:* politische Ö. (*Wirtschaftswissenschaft [die außer den wirtschaftlichen auch politische, soziale u. kulturelle Faktoren in ihrer Wechselwirkung untersucht]*). **2.** *Wirtschaft, wirtschaftliche Struktur (eines bestimmten Gebietes).* **3.** ⟨o. Pl.⟩ *Wirtschaftlichkeit, Sparsamkeit; sparsames Umgehen mit etw., rationelle Verwendung od. rationeller Einsatz von etw.:* sprachliche Ö. **4.** (österr., sonst veraltet) *landwirtschaftlicher Betrieb.*

Öko|no|mik, die; -, -en [zu lat. oeconomicus, ↑ökonomisch]: **1.** *Wirtschaftswissenschaft, Wirtschaftstheorie.* **2.** *Wirtschaft, wirtschaftliche Verhältnisse (in einem Land, einem Sektor der Volkswirtschaft u. Ä.):* die Ö. der Entwicklungsländer.

Öko|no|min, die; -, -nen: w. Form zu ↑Ökonom.
♦ Fräulein Ö. *(Verwalterin),* ist eine Stelle frei in der Wirtschaft? (Ebner-Eschenbach, Gemeindekind 65).

öko|no|misch ⟨Adj.⟩ [lat. oeconomicus < griech. oikonomikós = zur (Haus)wirtschaft gehörig]: **1.** *die Wirtschaft betreffend, in Bezug auf die Wirtschaft:* -e Belastungen. **2.** *sparsam; mit möglichst großem Nutzen bei möglichst geringem Einsatz od. Verbrauch:* eine -e Arbeitsweise.

Öko|no|mi|sie|rung, die; -, -en: *das Ökonomisieren.*

Öko|no|mis|mus, der; - (polit. Ökonomie): *Überbetonung ökonomischer (1) Faktoren [bei der Betrachtung der gesellschaftlichen Entwicklung].*

Öko|par|tei, die (ugs.): *Partei, die bes. für die Erhaltung der natürlichen Lebensgrundlagen eintritt; Umweltpartei:* die Ö. zieht selbstbewusst in den Wahlkampf.

Öko|pro|dukt, das (ugs.): *unter natürlichen Bedingungen, umweltverträglich hergestelltes Produkt:* -e werden immer stärker nachgefragt.

Öko|punkt, der ⟨meist Pl.⟩ (österr.): *Einheit eines amtlichen Bewertungssystems, mit der die Umweltverträglichkeit od. -belastung in bestimmten Bereichen (z. B. Wohnungsbau, Transitverkehr, Landwirtschaft) belohnt od. bestraft wird.*

Öko|spon|so|ring, das; -s: *das Sponsern von Projekten, die dem Umweltschutz dienen.*

Öko|steu|er, die; -, -n (ugs.): *auf umweltbelastende Stoffe u. Energieträger erhobene Steuer mit dem Ziel, die Herstellung u. den Verbrauch zugunsten der Umwelt zu verringern:* eine Ö. auf Benzin, Heizöl, Elektroenergie erheben.

Öko|strom, der ⟨o. Pl.⟩ (ugs.): *Strom, der aus erneuerbaren Energien gewonnen wird u. daher als umweltfreundlich gilt:* die Erzeugung von Ö. wird staatlich gefördert.

Öko|sys|tem, das; -s, -e: *kleinste ökologische Einheit eines Lebensraumes mit in ihm wohnenden Lebewesen:* ein See, der Wald als Ö.

Öko|top, das; -s, -e [zu griech. tópos = Ort, Gegend]: *kleinste ökologische Einheit einer Landschaft.*

Öko|tou|ris|mus, der: *Fremdenverkehr in ökologisch wichtige u. schützenswerte Gebiete mit minimaler Belastung der entsprechenden Ökosysteme: das internationale Jahr des Ö.*

Öko|tro|pho|lo|gie, die; - [zu griech. trophḗ = das Ernähren, Nahrung u. ↑-logie]: *Ernährungswissenschaft, Ernährungslehre.*

Öko|ty|pus [auch: ...'ty:...], der; -, ...pen (Biol.): *an die Bedingungen eines bestimmten Lebensraums angepasste Sippe einer Pflanzen- od. Tierart.*

Öko|wein, der; -[e]s, (Sorten:) -e: *Wein aus ökologischem Anbau.*

Öko|zid, der; auch: das; -[e]s, -e [zu lat. caedere (in Zus. -cidere) = töten]: *Störung des ökologischen Gleichgewichts durch Umweltverschmutzung.*

Ok|ra, die; -, -s [aus einer westafrik. Sprache]: *längliche Frucht einer Eibischart.*

Ok|ra|scho|te, die: *Okra.*

-o|krat|: ↑-krat.

-o|kra|tie|: ↑-kratie.

-o|kra|tin|: ↑-kratin.

Okt. = Oktober.

Ok|ta|eder, das; -s, - [griech. oktáedron, zu: oktṓ = acht u. hédra = Fläche] (Geom.): *von acht [gleichseitigen] Dreiecken begrenzter Vielflächner; Achtflächner.*

ok|ta|ed|risch ⟨Adj.⟩ (Geom.): *achtflächig.*

Ok|ta|gon: ↑Oktogon.

Ok|tan, (chem. fachspr.:) **Octan,** das; -s, -e [zu lat. octo = acht; im Molekül sind jeweils acht Kohlenstoffatome gebunden]: **1.** *in verschiedenen Isomeren vorkommende, farblose, leicht brennbare Flüssigkeit im Erdöl u. im Benzin enthaltener Kohlenwasserstoff.* **2.** ⟨ungebeugt nach Zahlenangaben⟩ (Kfz-Technik) *dient der Angabe der Oktanzahl:* der Motor braucht [ein Benzin von] mindestens 95 O.

Ok|tan|zahl, (chem. fachspr.) Octanzahl, die; -, -en [↑Oktan]: *Kennzahl für die Klopffestigkeit von Kraftstoffen* (Abk.: OZ).

¹Ok|tav, das; -s [zu lat. octavus = der Achte; der Druckbogen wurde urspr. so gefalzt, dass sich 8 Blätter ergaben] (Buchw.): *Buchformat mit bestimmten Ober- u. Untergrenzen* (Zeichen: 8°).

²Ok|tav, die; -, -en: **1.** (österr., sonst landsch.) Oktave (1). **2.** (kath. Kirche) **a)** *achttägige Festwoche nach den hohen Festen (Weihnachten u. Ostern);* **b)** *Nachfeier am achten Tag nach einem solchen Fest.* **3.** [eigtl. = die achte von acht Verteidigungspositionen] (Fechtsport) *bestimmte Haltung, bei der eine gerade Linie von der Schulter bis zur Spitze der nach unten gerichteten Klinge entsteht.*

Ok|ta|va, die; -, ...ven [lat. octava = die Achte] (österr.): *achte Klasse eines Gymnasiums.*

Ok|tav|band, der ⟨Pl. ...bände⟩: *in ¹Oktav gebundenes Buch.*

Ok|tav|bo|gen, der: vgl. Quartbogen.

Ok|ta|ve, die; -, -n [mhd. octāv < mlat. octava (vox)]: **1.** (Musik) **a)** *achter Ton einer diatonischen Tonleiter;* **b)** *Intervall von acht diatonischen Tonstufen* (vgl. all'ottava): eine O. höher, tiefer; in -n spielen. **2.** ¹Stanze.

Ok|tav|sei|te, die: *Seite im Oktavformat.*

Ok|tett, das; -[e]s, -e [relatinis. aus ital. ottetto, zu: otto < lat. octo = acht]: **a)** *Komposition für acht solistische Instrumente od. Solostimmen;* **b)** *Vereinigung von acht Instrumentalsolisten.*

Ok|to|ber, der; -[s], - [mhd. october < lat. (mensis) October = achter Monat (des altröm. Kalenders), zu: octo = acht]: *zehnter Monat des Jahres* (Abk.: Okt.).

Ok|to|ber|fest, das: *jährlich Ende September bis Anfang Oktober in München stattfindendes Volksfest.*

Ok|to|ber|re|vo|lu|ti|on, die ⟨o. Pl.⟩: *politisch-soziale Umwälzung im zaristischen Russland, eingeleitet durch die Machtübernahme durch die Bolschewiki am 25. Oktober 1917 (nach dem julianischen Kalender).*

Ok|to|de, die; -, -n [zu griech. oktṓ = acht u. ↑Elektrode] (Elektrot.): *Röhre mit acht Elektroden; Achtpolröhre.*

Ok|to|de|ka|gon, das; -s, -e [↑Dekagon]: *Achtzehneck.*

Ok|to|gon, Oktagon, das; -s, -e [lat. octogonum, 2. Bestandteil zu griech. gōnía = Winkel, Ecke]: **a)** *Achteck;* **b)** *Gebäude mit achteckigem Grundriss.*

ok|to|go|nal ⟨Adj.⟩: *achteckig.*

Ok|to|po|de, der; -n, -n ⟨meist Pl.⟩ [zu griech. oktṓpous (Gen.: oktṓpodos) = achtfüßig, aus: poús (Gen.: podós) = Fuß] (Biol.): *großer Kopffüßer mit acht kräftigen, mit Saugnäpfen versehenen Fangarmen; Achtfüßer.*

Ok|to|pus, der; -, -se und ...poden [zu griech. oktṓpous, ↑Oktopode]: *Gattung achtarmiger Kraken.*

Ok|t|roi [ɔk'trŏa], der od. das; -s, -s [frz. octroi = Bewilligung, zu: octroyer (↑oktroyieren) (früher): **1.** *an Handelsgesellschaften verliehenes Privileg.* **2.** *Steuer auf eingeführte Lebensmittel.*

ok|t|ro|y|ie|ren [ɔktroaˈjiːrən] ⟨sw. V.; hat⟩ [urspr. = (landesherrlich) bewilligen, bevorrechten < frz. octroyer < afrz. otroier < mlat. auctorizare = sich verbürgen; bewilligen < spätlat. auctorare, zu lat. auctor, ↑Autor] (bildungsspr.): *aufdrängen, aufzwingen.*

oku|lar ⟨Adj.⟩ [spätlat. ocularis = zu den Augen gehörend] (Fachspr.): *das Auge betreffend, für das Auge.*

Oku|lar, das; -s, -e [gek. aus Okularglas]: *dem Auge zugewandte Linse od. Linsenkombination eines optischen Geräts (z. B. eines Mikroskops):* das O. einstellen.

Oku|li ⟨o. Art.; indekl.⟩ [lat. oculi, Pl. von: oculus = Auge, nach dem ersten Wort des Eingangsverses der Liturgie des Sonntags, Ps. 25, 15] (ev. Kirche): *dritter Sonntag in der Passionszeit.*

oku|lie|ren ⟨sw. V.; hat⟩ [nlat. für gleichbed. lat. inoculare, ↑inokulieren] (Gartenbau): *veredeln, indem ein Reis mit einem Auge (2) unter die mit einem T-förmigen Schnitt geöffneten Rinde*

Okuliermesser – Oligopol

angebracht u. die Stelle fest mit Bast umwickelt wird.
Oku|lier|mes|ser, das: *spezielles Messer zum Ritzen der Rinde beim Okulieren.*
Oku|lie|rung, die; -, -en: *das Okulieren; das Okuliertwerden.*
Öku|me|ne, die; -, -n ⟨Pl. selten⟩ [(spät)lat. oecumene < griech. oikouménē (gḗ) = bewohnt(e Erde), zu: oikeĩn = bewohnen, zu: oĩkos, ↑ Ökonom]: **1.** (Geogr.) *von naturgegebenen Grenzen bestimmter Lebens- und Siedlungsraum der Menschen auf der Erde.* **2.** (Theol.) **a)** *Gesamtheit der Christen u. der christlichen Kirchen;* **b)** *Bewegung der christlichen Kirchen u. Konfessionen zur Einigung in Fragen des Glaubens u. zum gemeinsamen Handeln.*
öku|me|nisch ⟨Adj.⟩: **1.** (Geogr.) *die Ökumene (1) betreffend, umfassend.* **2.** (kath. Kirche) *die katholischen Christen auf der ganzen Welt betreffend:* ein -es Konzil. **3.** (Theol.) **a)** *das gemeinsame Vorgehen der christlichen Kirchen u. Konfessionen in der Welt betreffend:* die -e Bewegung (Ökumene 2 b); **b)** *gemeinsam von Katholiken u. Protestanten veranstaltet, getragen:* ein -er Gottesdienst; sich ö. *(von Geistlichen beider Kirchen)* trauen lassen.
Ok|zi|dent [auch: ...'dent], der; -s [mhd. occident(e) < lat. (sol) occidens (Gen.: occidentis), eigtl. = untergehend(e Sonne), zu: occidere = niederfallen; untergehen]: **1.** (bildungsspr.) *Abendland.* **2.** (veraltet) *Westen.*
ok|zi|den|tal, ok|zi|den|ta|lisch ⟨Adj.⟩ [lat. occidentalis]: **1.** (bildungsspr.) *abendländisch.* **2.** (veraltet) *westlich.*
Ok|zi|ta|ni|en, -s: *südfranzösische Landschaft.*
ok|zi|ta|nisch ⟨Adj.⟩: **a)** *Okzitanien betreffend; aus Okzitanien stammend;* **b)** *das Okzitanisch betreffend.*
Ok|zi|ta|nisch, das; -[s], (nur mit best. Art.:) **Ok|zi|ta|ni|sche,** das; -n [frz. occitan < mlat. (lingua) occitana, Latinisierung von frz. (langue) d'oc, zu aprovenz. oc = ja < lat. hoc, Neutr. von: hic = dieser]: *die okzitanische Sprache; Provenzalisch.*
O. L. = Oberlausitz.
ö. L. = östlicher Länge.
Öl, das; -[e]s, ⟨Sorten:⟩ -e [mhd. öl[e], ahd. oli < lat. oleum = (Oliven)öl < griech. élaion]: **1.** *mehr od. weniger dickflüssige, fettige Flüssigkeit: reines, wohlriechendes Öl; Fette und -e;* * **Öl auf die Wogen gießen** *(vermittelnd, ausgleichend, besänftigend [in eine Auseinandersetzung] eingreifen;* Wellen werden durch daraufgegossenes Öl geglättet); **Öl ins Feuer gießen** *(etw. noch schlimmer machen).* **2. a)** *Erdöl:* Öl exportierende Länder; die Öl produzierenden arabischen Länder; nach Öl bohren; **b)** *Heizöl:* mit Öl heizen; **c)** *Schmieröl:* Öl wechseln; **d)** *Pflanzenöl:* ätherische -e; **e)** *Speiseöl, Salatöl, Tafelöl:* Salat mit Essig und Öl anmachen; R das geht mir runter wie Öl (ugs.; es ist mir sehr angenehm, das zu hören); **f)** *Sonnenöl.* **3.** * **in Öl** *(mit Ölfarben* 2: sie malt in Öl).
Ola, die; -, -s: *La Ola.*
Öl|ab|schei|der, der; -s, - (Technik): *Gerät zum Abscheiden von Öl (1) aus Wasser od. Dampf.*
Öl|alarm, der: *Alarm, der gegeben wird, wenn ausfließendes Öl (2 a, b, c) die Trinkwasserversorgung o. Ä. bedroht.*
Öl|an|strich, der: *Anstrich mit Ölfarbe (1).*
öl|ar|tig ⟨Adj.⟩: *in der Art von Öl (1); ölig (2).*
Öl|baum, der: *Baum mit knorrigem Stamm, schmalen, länglichen, ledrigen, an der Unterseite silberglänzenden Blättern u. Oliven als Früchten.*
Öl|be|häl|ter, der: *Behälter für Öl (2 a, b, c, d).*
Öl|berg, der; -[e]s: *Höhenzug östl. Jerusalems (der als Stätte der Himmelfahrt Jesu gilt).*

Öl|bild, das: *Ölgemälde.*
Öl|boh|rung, die: *Bohrung nach Erdöl.*
Öl|boy|kott, der: *Ölembargo.*
Old Eco|no|my ['ʊʊld ɪ'kɔnəmɪ], die; - - [engl. = alte Wirtschaft(sweise)]: *traditionelle Wirtschaft (z. B. Maschinenbau, Chemie- od. Automobilindustrie) u. ihre theoretische Grundlegung im Unterschied zur New Economy:* die gelegentlich schon totgesagte O. E. ist wieder auf dem Vormarsch.
¹**Ol|den|bur|ger,** der; -s, -: **1.** Ew. zu ↑ Oldenburg (Oldenburg). **2.** *kräftiges, breit gebautes braunes od. schwarzes Warmblutpferd.*
²**Ol|den|bur|ger** ⟨indekl. Adj.⟩.
Ol|den|bur|ge|rin, die; -, -nen: w. Form zu ↑ ¹Oldenburger (1).
ol|den|bur|gisch ⟨Adj.⟩: *Oldenburg, die Oldenburger betreffend.*
Ol|den|burg (Ol|den|burg): *Stadt in Niedersachsen.*
Ol|die ['ʊʊldi], der; -s, -s [engl. oldie, zu: old = alt] (ugs.): **1.** *alter, beliebt gebliebener Schlager, Hit.* **2.** (scherzh.) *jmd., der einer älteren Generation angehört.* **3.** *etw., was einer vergangenen Zeit angehört, was aus einer vergangenen Zeit stammt.*
¹**Öl|druck,** der ⟨Pl. ...drücke⟩ (Kfz-Technik): *Druck, durch den das Schmieröl von der Ölpumpe in den Motor befördert wird.*
²**Öl|druck,** der ⟨Pl. -e⟩: *Ölfarbendruck.*
Old|ti|mer ['ʊʊldtaɪmɐ], der; -s, - [engl. old-timer = Altgedienter, Veteran]: **1. a)** *altes, gut gepflegtes Modell eines Fahrzeugs (bes. eines Autos) mit Sammler- od. Liebhaberwert:* ein Rennen für O.; **b)** *etw., was nach dem Vorbild des Alten hergestellt wurde (z. B. Telefon, Möbel usw.).* **2.** (scherzh.) **a)** *jmd., der über viele Jahre bei einer Sache (einem Beruf o. Ä.) dabei ist; zuverlässiger, altbewährter Mitarbeiter, Spieler o. Ä.:* er ist einer der O. in der Mannschaft; **b)** *älterer Mensch, meist Mann.*
olé [o'le] ⟨Interj.⟩ [span. olé < arab. wa-'llāh(i) = bei Gott!]: span. *Ausruf mit der Bed. los!; auf!; hurra!*
Olea: Pl. von ↑ Oleum.
Ole|an|der, der; -s, - [ital. oleandro, unter Einfluss von lat. olea = Olivenbaum entstellt aus mlat. lorandum, zu lat. laurus = Lorbeerbaum, wohl nach den Blättern]: *als Strauch wachsende Pflanze mit länglichen, schmalen, ledrigen Blättern u. verschiedenfarbigen, in Dolden wachsenden Blüten.*
Ole|as|ter, der; - [lat. oleaster]: *strauchiger, wild wachsender Ölbaum.*
Ole|at, das; -[e]s, -e [zu lat. oleum, ↑ Öl] (Chemie): *Salz der Ölsäure.*
OLED, Oled, die; -, -[s] (Elektrot.): *organische Leuchtdiode: ein Bildschirm aus -s.*
Ole|fin, das; -s, -e [zu frz. aus frz. oléfiant = Öl machend, zu lat. oleum (↑ Öl) u. facere (in Zus. -ficere) = machen] (Chemie): *ungesättigter Kohlenwasserstoff.*
Öl|ein|nah|men, die ⟨Pl.⟩: *Einnahmen, die durch den Export von Erdöl erzielt werden.*
Öl|em|bar|go, das: *Embargo (2) für Öl.*
ölen ⟨sw. V.; hat⟩ [mhd. öl(e)n = Speisen mit Öl zubereiten, salben]: **a)** *(zum Zwecke der besseren Gleitfähigkeit) [Schmier]öl zuführen, mit [Schmier]öl versehen:* ein Schloss ö.; **b)** *ein-ölen* (a): den Fußboden ö.
Ole|o|sum, das; -s, ...sa ⟨meist Pl.⟩ (Med.): *öliges Arzneimittel.*
Ole|um, das; -s, Olea [lat. oleum, ↑ Öl] (Chemie): *farblose od. dunkelbraune ölige Flüssigkeit, die sich u. a. zum Ätzen eignet; rauchende Schwefelsäure.*
Öl|ex|port, der: *Export von Mineralöl.*
ol|fak|to|risch ⟨Adj.⟩ [zu lat. olfactum, 2. Part.

von olfacere = riechen] (Med., Psychol.): *den Geruchssinn, den Riechnerv betreffend:* visuelle, auditive und -e Reize.
Ol|fak|to|ri|us, der; -, ...rii [kurz für Nervus olfactorius] (Med.): *Riechnerv.*
Öl|far|be, die: **1.** *ölhaltige, stark glänzende Farbe zum Anstreichen.* **2.** *aus Pigmenten u. Ölen gemischte, sehr haltbare u. lichtechte Malerfarbe.*
Öl|fass, das: *Fass für die Lagerung u. den Transport von Öl (2 a).*
Öl|feld, das: *Erdölfeld.*
Öl|film, der: *Film (1) aus Öl.*
Öl|fir|ma, die: *Firma, die Erdöl fördert, verkauft.*
Öl|för|de|rung, die: *Förderung von Erdöl: die Reduzierung der Ö.*
Öl|frucht, die: *Frucht der Ölpflanze.*
OLG = Oberlandesgericht.
Öl|ge|mäl|de, das: *mit Ölfarben (2) gemaltes Bild.*
Öl|ge|schäft, das: ¹*Handel (2 a) mit Erdöl:* ins Ö. einsteigen.
Öl|ge|sell|schaft, die: *Mineralölgesellschaft.*
Öl|ge|win|nung, die: *Gewinnung von Öl (2 a, d).*
Öl|göt|ze, der [viell. eigtl. aus »Ölberggötze«, volkstüml. Bez. für die häufig bildlich dargestellten schlafenden Jünger Jesu auf dem Ölberg (vgl. Matth. 26, 40 ff.)] (salopp abwertend): *unbewegt, teilnahms- u. verständnislos wirkender Mensch:* er sitzt, steht da wie ein Ö.
Öl|ha|fen, der: *Hafen, in dem nur Öltanker be- od. entladen werden.*
öl|hal|tig ⟨Adj.⟩: *Öl enthaltend.*
Öl|hei|zung, die: *Heizung mit Öl als Brennstoff.*
öl|höf|fig ⟨Adj.⟩: *erdölhöffig.*
Oli|fant [auch: oli'fant], der; -[e]s, -e [(a)frz. olifant < lat. elephantus, ↑ Elefant; Name des elfenbeinernen Hifthorns Rolands in der Karlssage]: *aus dem Zahn eines Elefanten geschnitztes mittelalterliches Jagdhorn.*

olig-: ↑ oligo-.

ölig ⟨Adj.⟩: **1. a)** *mit Öl durchsetzt, bedeckt, beschmiert:* ein -er Lappen; **b)** *Öl enthaltend, ölhaltig:* eine -e Substanz, Lösung. **2.** *fett u. dickflüssig wie Öl; im Aussehen dem Öl ähnlich:* ö. glänzen; ...und die Farbe des Gesichts war ö., so dass Gerda in diesem Augenblick beinahe wie eine Tote aussah (Musil, Mann 618). **3.** (abwertend) *unaufrichtig sanft [u. mit falschem Pathos]; salbungsvoll:* er sprach mit -er Stimme.
Oli|gl|ä|mie, die; -, -n [zu griech. olígos (↑ oligo-, Oligo-) = wenig, gering u. haĩma = Blut] (Med.): *akute Blutarmut (z. B. nach starkem Blutverlust).*
Oli|gar|chie, die; -, -n [griech. oligarchía, zu: olígos (↑ oligo-, Oligo-) u. árchein = Führer sein, herrschen]: **1.** ⟨o. Pl.⟩ *Staatsform, in der eine kleine Gruppe die politische Herrschaft ausübt.* **2.** *Staat, Gemeinwesen, in dem eine Oligarchie (1) besteht.*
oli|gar|chisch ⟨Adj.⟩ [griech. oligarchikós]: *die Oligarchie betreffend.*

oli|go-, Oli|go-, (vor Vokalen:) **olig-, Olig-** [griech. olígos]: Best. in Zus. mit der Bed. *wenig, gering* (z. B. oligophag, Oligopol, Oligarchie).

Oli|go|klas, der; -[es], -e [zu griech. klásis = Bruch]: *Feldspat.*
oli|go|phag ⟨Adj.⟩ [zu griech. phageĩn = fressen] (Zool.): *(von bestimmten Tieren) in der Ernährung auf einige wenige Pflanzen- od. Tierarten spezialisiert.*
Oli|go|pol, das; -s, -e [geb. nach ↑ Monopol]

(Wirtsch.): *Form des Monopols, bei der der Markt von einigen wenigen Großunternehmern beherrscht wird.*

Oli|go|po|li|sie|rung, die; -, -en: *der Aufbau, die Zunahme von Oligopolen:* die O. der europäischen Kriegswaffenindustrie.

oli|go|po|lis|tisch ⟨Adj.⟩ (Wirtsch.): *die Marktform des Oligopols betreffend.*

oli|go|troph ⟨Adj.⟩ [zu griech. trophḗ = Nahrung] (Biol., Landwirtsch.): *(von Böden od. Gewässern) nährstoffarm.*

Oli|go|tro|phie, die; - (Biol., Landwirtsch.): *Nährstoffmangel.*

oli|go|zän ⟨Adj.⟩ (Geol.): *das Oligozän betreffend.*

Oli|go|zän, das; -s [zu griech. kainós = neu; eigtl. = die weniger junge Abteilung, bezogen auf das Eozän] (Geol.): *jüngste Abteilung des Paläogens.*

Olim: *in den Wendungen seit/zu -s Zeiten* (bildungsspr. scherzh.; *seit/vor sehr langer Zeit;* lat. olim = ehemals).

Öl|im|port, der: *Import von Mineralöl.*

Öl|in|dus|t|rie, die: *Mineralölindustrie.*

oliv ⟨Adj.⟩: *die Farbe der noch nicht ganz reifen Olive aufweisend; von stumpfem, bräunlichem Gelbgrün.*

Oliv, das; -[s], -[s]: *oliv Farbe:* ein Kleid in hellem O.

oliv|braun ⟨Adj.⟩: *einen braunen Farbton besitzend, der ins Oliv spielt.*

Oli|ve, die; -, -n [lat. oliva = Ölbaum; Olive < griech. elaía; schon mhd. olive = Ölbaum]: **1.** *ovale, fest-fleischige, ölhaltige, meist bräunlich gelbgrün gefärbte Frucht des Ölbaums.* **2.** *Ölbaum mit Oliven* (1) *als Früchten.* **3.** *Drehgriff zum Verschließen von Fenstern, Türen o. Ä.*

Oli|ven|baum, der: *Ölbaum.*

oli|ven|far|ben, oli|ven|far|big ⟨Adj.⟩: *oliv.*

Oli|ven|hain, der: *aus Oliven* (2) *bestehender Hain.*

Oli|ven|öl, das: *aus der Olive* (1) *durch Pressen gewonnenes [Speise]öl.*

oliv|far|ben, oliv|far|big ⟨Adj.⟩: *oliv.*

oliv|grün ⟨Adj.⟩: *oliv.*

Oli|vin, der; -s, -e [zu ↑ Olive, nach der Farbe] (Geol.): *glasig glänzendes, durchscheinendes, flaschengrünes bis gelbliches, in Kristallen vorkommendes Mineral.*

Öl|ja|cke, die: *(durch Öl, Firnis od. Kunststoff) wasserdicht gemachte Jacke [für Seeleute].*

Öl|ka|nis|ter, der: *Kanister für Öl* (2a, b, c).

Öl|kan|ne, die: *Kanne für Öl* (2a, b, c).

Öl|kon|zern, der: *Konzern, der [Mineral]öl vertreibt.*

Öl|kri|se, die: *Krise, die durch Verknappung von Rohöl entsteht.*

Öl|krug, der: *Krug zum Aufbewahren von Öl* (2e).

Öl|ku|chen, der: *in Platten od. Brocken gepresste Rückstände ausgepresster, ölhaltiger Samen.*

oll ⟨Adj.⟩ [niederd. oll, o(o)ld, mniederd. old, olt] (landsch.): *alt* (1): *R* ist er -er, je doller!

Öl|lam|pe, die: *Lampe, deren Licht durch das Entzünden von Öl entsteht.*

Öl|lei|tung, die: *Rohrleitung für Öl.*

Öl|lie|fe|rung, die: *Lieferung von [Erd]öl.*

Olm, der; -[e]s, -e [mhd., ahd. olm, H. u.]: *im Wasser lebender Schwanzlurch mit verkümmerten Gliedmaßen, der mit der Lunge od. durch Kiemen atmet.*

Öl|ma|le|rei, die: **1.** ⟨o. Pl.⟩ *das Malen mit Ölfarben* (2). **2.** *Ölgemälde.*

Öl|markt, der: *Markt* (3a) *für Erdöl:* die Preise an den internationalen Ölmärkten haben wieder angezogen.

Öl|mess|stab, der (bes. Kfz-Technik): *Stab (mit Markierungen), mit dem festgestellt werden kann, wie viel Schmieröl vorhanden ist.*

Öl|müh|le, die: *Mühle, in der aus Ölsaat Öl* (2e) *gepresst wird.*

Öl|mul|ti, der ⟨meist Pl.⟩ (Jargon): *multinationaler Ölkonzern.*

Öl|ofen, der: *Ofen mit einer Ölfeuerung.*

Öl|pal|me, die: *Palme, aus deren Früchten u. Samen Fett gewonnen wird.*

Öl|pest, die: *meist durch (aus einem beschädigten Tanker auslaufendes) Rohöl verursachte Verschmutzung von Stränden, Küstengewässern.*

Öl|pflan|ze, die: *Pflanze, aus deren Früchten od. Samen Öl* (2e) *gewonnen wird.*

Öl|pipe|line, die: *für den Transport von Erdöl bestimmte Rohrleitung.*

Öl|platt|form, die: *Bohrinsel für Ölbohrungen.*

Öl|preis, der: *Preis für [Erd-, Heiz]öl.*

Öl|pro|duk|ti|on, die: *Erdölförderung.*

Öl|pro|du|zent, der: *Erdölerzeuger.*

Öl|pro|du|zen|tin, die: w. Form zu ↑ Ölproduzent.

Öl|pum|pe, die (Kfz-Technik): *Pumpe, die das Motoröl fördert.*

Öl|quel|le, die: *Stelle, an der Öl* (2a) *durch Bohrung erschlossen wird, austritt.*

Öl|re|ser|ve, die ⟨meist Pl.⟩: *noch nicht ausgebeutetes* (1a) *Erdölvorkommen:* die -n der Erde werden nur noch für wenige Jahrzehnte reichen.

Öl|saat, die: *Samen der Ölpflanze.*

Öl|sar|di|ne, die: *in Öl* (2e) *eingelegte Sardine.*

Öl|säu|re, die ⟨o. Pl.⟩: *in Ölen u. Fetten vorkommende ungesättigte Fettsäure.*

Öl|scheich, der (ugs.): *Scheich, der durch die Förderung von Erdöl zu Reichtum gekommen ist.*

Öl|schie|fer, der: *dunkles, dem Schiefer ähnliches Gestein, aus dem Öl u. Gas gewonnen wird.*

Öl|so|ckel, der: *mit Ölfarbe* (1) *gestrichener Sockel (einer Wand o. Ä.).*

Öl|spur, die: *durch auslaufendes Öl verursachte Spur.*

Öl|stand, der: *Menge des Schmieröls im Motor (einer Maschine o. Ä.):* den Ö. prüfen.

Öl|tank, der: *Tank* (1) *für Öl* (2a, b).

Öl|tan|ker, der: *Schiff zum Transport von Öl* (2a).

Öl|tep|pich, der: *größerer, sich auf der Wasseroberfläche weit ausbreitender Ölfilm.*

Ölung, die; -, -en [mhd. ölunge] (selten): *das Ölen:* *die Letzte Ö.* (kath. Kirche veraltet; *Krankensalbung*).

Öl|ver|brauch, der: *Verbrauch an Öl* (2a–c).

öl|ver|schmiert ⟨Adj.⟩: *mit Öl verschmiert:* -e Hände, Kleidung.

Öl|vor|kom|men, das: *Vorkommen* (b) *von Erdöl.*

Öl|vor|rat, der: *Vorrat an Öl:* einen Ö., Ölvorräte anlegen; der größte Teil der weltweiten Ölvorräte lagert im Nahen Osten.

Öl|wan|ne, die (bes. Kfz-Technik): *Wanne aus Metall zum Auffangen des Schmieröls.*

Öl|wech|sel, der (Kfz-Technik): *Erneuerung des Öls* (2c) *im Motor.*

Olymp, der; -s [griech. Ólympos = Name eines Berges in Griechenland]: **1.** (griech. Mythol.) *Wohnsitz der Götter.* **2.** (ugs. scherzh.) *Galerie[platz] im Theater o. Ä.*

Olym|pia, das; -[s] ⟨meist o. Art.⟩ [nach der altgriech. Kultstätte in Olympia (Elis) auf dem Peloponnes, dem Schauplatz der altgriech. Olympischen Spiele] (geh.): *Olympiade* (1, 3).

Olym|pia|be|wer|bung, die: *Bewerbung (einer Stadt) als Austragungsort für eine Olympiade* (1).

Olym|pi|a|de, die; -, -n: **1.** [griech. Olympiás (Gen.: Olympiádos)] *alle vier Jahre stattfindende sportliche Veranstaltung mit Wettkämpfen von Teilnehmenden aus aller Welt:* an der O. teilnehmen. **2.** [griech. Olympiás (Gen.: Olympiádos)] (selten) *Zeitraum von vier Jahren (nach deren jeweiligem Ablauf im antiken Griechenland die Olympischen Spiele gefeiert wurden).* **3.** [nach russ. olimpiada] *Wettbewerb (auf einem Wissensgebiet o. Ä.):* eine O. der jungen Mathematiker.

-olym|pi|a|de, die; -, -n: drückt in Bildungen mit Substantiven aus, dass ein der Olympiade (1) ähnlicher Wettbewerb in Bezug auf etw. stattfindet.

Olym|pia|dorf, das: *Wohnanlage, in der die Olympiadeteilnehmenden untergebracht sind.*

Olym|pia|ge|län|de, das: *Areal mit den Sportstätten für die Olympiade* (1).

Olym|pia|gold, das (ugs.): *bei einer Olympiade* (1) *verliehene Goldmedaille; olympisches Gold:* O. gewinnen, verpassen.

Olym|pia|hal|le, die: *für eine Olympiade* (1) *errichtete Sporthalle.*

Olym|pia|jahr, das: *Jahr, in dem eine Olympiade* (1) *stattfindet:* im O. 2008.

Olym|pia|mann|schaft, die: *Mannschaft von Sportlern u. Sportlerinnen, die an einer Olympiade* (1) *teilnimmt od. teilgenommen hat.*

Olym|pia|me|dail|le, die: *Medaille, die bei einer Olympiade* (1) *an die Siegerinnen u. Sieger eines Wettbewerbs vergeben wird.*

Olym|pia|norm, die: *bestimmte sportliche Leistung, die erforderlich ist, um an einer Olympiade* (1) *teilzunehmen.*

Olym|pia|park, der: *parkähnliche Anlage, in der die Sportstätten liegen, die bei einer Olympiade* (1) *benutzt werden.*

Olym|pia|qua|li|fi|ka|ti|on, die: *Qualifikation* (3) *für die Olympischen Spiele.*

olym|pia|reif ⟨Adj.⟩: *(von einer sportlichen Leistung) so gut, dass der Sportler, die Sportlerin damit eine Gewinnchance bei der Olympiade* (1) *hat.*

Olym|pia|sieg, der: *Sieg bei olympischen Wettkampf.*

Olym|pia|sie|ger, der: *Sieger bei einem olympischen Wettkampf.*

Olym|pia|sie|ge|rin, die: w. Form zu ↑ Olympiasieger.

Olym|pia|sta|di|on, das: *Stadion, in dem olympische Wettkämpfe stattfinden, stattgefunden haben.*

Olym|pia|stadt, die: *Stadt, die eine Olympiade* (1) *ausrichtet, ausgerichtet hat.*

Olym|pia|stütz|punkt, der: *Einrichtung, die Spitzensportler[innen] u. ihre Trainer bei der Vorbereitung auf die Teilnahme an Olympischen Spielen unterstützt.*

Olym|pia|team, das: *Mannschaft von Sportlern u. Sportlerinnen, die an Olympischen Spielen teilnimmt od. teilgenommen hat.*

Olym|pia|teil|nah|me, die: *Teilnahme eines Sportlers od. einer Mannschaft an Olympischen Spielen:* die Verletzung gefährdet ihre zweite O.

Olym|pia|teil|neh|mer, der: *Sportler, der an einer Olympiade* (1) *teilnimmt, teilgenommen hat.*

Olym|pia|teil|neh|me|rin, die: w. Form zu ↑ Olympiateilnehmer.

Olym|pi|er, der; -s, - [zu ↑ Olymp] (bildungsspr. veraltend): *(Ehrfurcht gebietende) überragende Persönlichkeit.*

Olym|pi|o|ni|ke, der; -n, -n [griech. olympioníkēs]: *Teilnehmer, bes. Sieger bei einer Olympiade* (1).

Olym|pi|o|ni|kin, die; -, -nen: w. Form zu ↑ Olympionike.

olym|pisch ⟨Adj.⟩: **1.** *den Olymp* (1) *betreffend:* -er Nektar. **2.** *die Olympiade* (1) *betreffend, zu ihr gehörend:* eine -e Disziplin; ein -er Rekord; der -e Gedanke; den -en Eid schwören *(schwören, sich an den olympischen Gedanken zu halten)*; das -e Feuer; -e Ringe *(fünf ineinander ver-*

schlungene Ringe in verschiedenen Farben, die die durch die Olympischen Spiele verbundenen Kontinente symbolisieren); eine -e Medaille erringen; auf -em Boden (*dort, wo eine Olympiade* 1 *stattfindet od. stattfand*); *das -e Dorf* (*Olympiadorf*); * **Olympische Spiele** (*Olympiade* 1).

Öl|zeug, das ⟨o. Pl.⟩: (*durch Öl, Firnis od. Kunststoff*) *wasserdicht gemachte Oberbekleidung* [*für Seeleute*].

Öl|zweig, der: *Zweig des Ölbaums* (*als Symbol des Friedens*).

Oma, die; -, -s [Umbildung aus Großmama]: **1.** (fam.) *Großmutter:* wir fahren zur O. **2. a)** (ugs., oft scherzh. od. abwertend) *alte, ältere Frau:* Ü einmal Urlaub wie O. und Opa (*wie früher*) *machen*; **b)** (Jugendspr.) *weiblicher Erwachsener; Frau.*

Oma|ma, die; -, -s (Kinderspr.): *Großmutter.*

Oman; -s: *Staat auf der Arabischen Halbinsel.*

-o|ma|ne: ↑ *-mane.*

Oma|ner, der; -s, -: Ew. zu ↑ Oman.

Oma|ne|rin, die; -, -nen: w. Form zu ↑ Omaner.

-o|ma|nin: ↑ *-manin.*

oma|nisch ⟨Adj.⟩: *Oman betreffend; aus Oman stammend.*

Om|bré [õ'bre:], der; -[s], -s [frz. ombré, zu: ombrer = schattieren]: *Gewebe, Tapete mit schattierender Farbwirkung.*

Om|b|ro|graf, Om|b|ro|graph, der; -en, -en [zu griech. ómbros = Regen u. ↑ -graf] (Meteorol.): *Gerät zum Aufzeichnen von Niederschlagsmengen.*

Om|buds|frau, die; -, -en: *Frau, die die Rechte der Bürgerinnen u. Bürger gegenüber den Behörden wahrnimmt.*

Om|buds|leu|te ⟨Pl.⟩: **1.** Pl. von ↑ Ombudsmann. **2.** *Gesamtheit der Ombudsfrauen und Ombudsmänner.*

Om|buds|mann, der; -[e]s, ...männer u. ...leute [schwed. ombudsman, eigtl. = Treuhänder]: *Mann, der die Rechte der Bürgerinnen u. Bürger gegenüber den Behörden wahrnimmt.*

O. M. Cap.: ↑ O. [F.] M. Cap.

Ome|ga, das; -[s], -s [griech. ō méga, eigtl. = großes (d. h. langes) O]: *letzter Buchstabe des griechischen Alphabets* (Ω, ω).

Ome|ga-3-Fett|säu|re, die (Fachspr.): *ungesättigte Fettsäure, die vor allem in Lein-, Raps- und Sojaöl sowie Fischen und andern Meerestieren vorkommt.*

Ome|lett [ɔm(ə)'lɛt], das; -[e]s, -e u. -s, (Fachspr., österr., schweiz.:) **Ome|lette** [österr. nur: ɔm'let(ə), sonst auch: ɔmə'lɛt], die; -, -n [...tn̩] [frz. omelette, H. u.]: *Eierkuchen.*

Omen, das; -s, - u. Omina [lat. omen] (bildungsspr.): *Vorzeichen; Vorbedeutung:* das war ein gutes O.; etw. als O. betrachten, ansehen.

Omer|tà [...'ta; ital. omertà]: *Gesetz des Schweigens, Schweigepflicht* (bei der Mafia).

Omi, die; -, -s: **1.** Kosef. von ↑ Oma (1). **2.** (ugs., oft scherzh.) *alte, ältere Frau.*

Omi|k|ron, das; -[s], -s [griech. ò mikrón, eigtl. = kleines (d. h. kurzes) o]: *15. Buchstabe des griechischen Alphabets* (O, o).

Omi|na: Pl. von ↑ Omen.

omi|nös ⟨Adj.⟩ [frz. omineux < lat. ominosus, zu: omen, ↑ Omen] (bildungsspr.): **a)** *von schlimmer Vorbedeutung; unheilvoll:* ein -es Schweigen; sein -es Lächeln erschreckte uns; ◆ Ich wollte lieber das Geheul der Totenglocke und -er (*Unheil verkündende*) Vögel, lieber das Gebell des knurrischen Hofhundes Gewissen ... hören (Goethe, Götz II); **b)** *bedenklich, zweifelhaft; berüchtigt:* ein -er Beigeschmack.

Omis|siv|de|likt, das; -[e]s, -e [zu lat. omissio = Unterlassung] (Rechtsspr.): *Unterlassungsdelikt.*

Om|ni|bus, der; -ses, -se [frz. (voiture) omnibus, eigtl. wohl = Wagen für alle < lat. omnibus = Dat. von: omnes = alle, Pl. von: omnis = jeder; all...]: *Bus* (1): mit dem O. fahren.

Om|ni|bus|bahn|hof, der: *einem Bahnhof ähnliche Anlage als Ausgangspunkt od. Endstation verschiedener Buslinien.*

Om|ni|bus|fahrt, die: *Fahrt mit einem Omnibus.*

Om|ni|bus|hal|te|stel|le, die: *Bushaltestelle.*

Om|ni|bus|hof, der: *Platz (mit Hallen) zum Abstellen u. Warten von Omnibussen.*

Om|ni|bus|li|nie, die: *Buslinie.*

Om|ni|en: Pl. von ↑ Omnium.

om|ni|po|tent ⟨Adj.⟩ [lat. omnipotens (Gen.: omnipotentis, zu: potens, ↑ potent] (bildungsspr.): *allmächtig:* ein -er Herrscher.

Om|ni|po|tenz, die; - ⟨Pl. selten⟩ [spätlat. omnipotentia] (bildungsspr.): **a)** *göttliche Allmacht;* **b)** *absolute Macht*[*stellung*].

om|ni|prä|sent ⟨Adj.⟩ [mlat. omnipraesens, zu lat. omnis = all- u. ↑ präsent] (bildungsspr.): *allgegenwärtig:* die Vergangenheit ist o.

Om|ni|prä|senz, die; - (bildungsspr.): [*göttliche*] *Allgegenwart.*

Om|ni|um, das; -s, Omnien [lat. omnium = (Rennen) aller, der alle, Gen. Pl. von: omnis = jeder]: **1.** (Radsport) *aus mehreren Bahnwettbewerben bestehender Wettkampf.* **2.** (Reiten) *Galopprennen, bei dem alle Pferde zugelassen sind.*

Om|ni|vo|re, der; -n, -n ⟨meist Pl.⟩ [zu lat. omnis = jeder; all... u. vorare = fressen] (Zool.): *Allesfresser.*

on ⟨Adv.⟩ [engl. on, eigtl. = an, auf] (Fachspr.): (*von einem Sprecher*) *im Fernsehbild beim Sprechen bzw. auf der Bühne sichtbar.*

On, das; -[s] (Fachspr.): *sichtbarer Bereich, Vordergrund* (einer Bühne, der Kameraeinstellung o. Ä.).

Ona|lnie, die; - [älter engl. onania, Neubildung zum Namen der biblischen Gestalt Onan (1. Mos. 38, 8 f.)]: *Masturbation* (a).

ona|nie|ren ⟨sw. V.; hat⟩: **1.** *sich durch Onanie befriedigen.* **2.** (salopp) *masturbieren* (2).

Ona|nist, der; -en, -en: *jmd., der onaniert.*

Ona|nis|tin, die; -, -nen: w. Form zu ↑ Onanist.

ona|nis|tisch ⟨Adj.⟩: *die Onanie betreffend, zu ihr gehörend.*

ÖNB, die; - = Österreichische Nationalbibliothek.

On|boar|ding [ɔn'bɔːdɪŋ], das; -s [zu gleichbed. engl.-amerik. onboarding, dies gekürzt aus taking on board, eigtl. = das An-Bord-Nehmen]: *Einführung eines neuen Mitarbeiters in seinen Arbeits- bzw. Einsatzbereich.*

on call [ɔn 'kɔːl; engl., aus: ↑ on u. call = (An)ruf] (Kaufmannsspr.): [*Kauf*] *auf Abruf.*

On|dit [õ'di:], das; -[s], -s [frz. on-dit, eigtl. = man sagt] (bildungsspr.): *Gerücht:* einem O. zufolge soll eine Frau die Stelle bekommen.

on|du|lie|ren ⟨sw. V.; hat⟩ [frz. onduler, zu: ondulation, zu spätlat. undula = kleine Welle, zu lat. unda = Wasser, Welle, Woge] (früher): **a)** *Haare mit einer Brennschere wellen:* Haar o.; **b)** *jmdm. die Haare mit einer Brennschere wellen:* sich o. lassen; der Friseuse hat sie onduliert.

One-Man-Show ['wʌnmænʃoʊ], die; -, -s [engl. one-man show, aus: one-man = Einmann- u. show, ↑ Show]: *Show, die ein Unterhaltungskünstler allein bestreitet:* Ü der Parteitag wurde zu einer O.

One-Night-Stand ['wʌnnaɪtstænd], der; -s, -s [engl. one-night stand, aus: one-night = eine Nacht dauernd u. stand = Auftritt] (Jargon): *flüchtiges sexuelles Abenteuer* (4) *für eine einzige Nacht.*

One-Way-Flug ['wʌnweɪ...], der; -[e]s, ...flüge [zu engl. one-way = ohne Rückfahrt; einfach] (Flugw.): *Flug zu einem bestimmten Ziel ohne Rückflug.*

One-Way-Ti|cket ['wʌnweɪ...], das; -s, -s [zu engl. one-way = ohne Rückfahrt; einfach] (Flugw.): *Flugschein für einen One-Way-Flug.*

on|ga|re|se, on|gha|re|se [ital. ongarese] (Musik): *ungarisch.*

¹On|kel ⟨Adj.⟩ [frz. oncle < lat. avunculus = Bruder der Mutter]: **1.** *Bruder od. Schwager der Mutter od. des Vaters:* morgen besuchen wir O. Karl. **2. a)** (Kinderspr.) [*bekannter*] *männlicher Erwachsener:* zum O. Doktor gehen; **b)** (ugs. abwertend) *Mann:* was will dieser O.?

²On|kel, der; -s, - [zu frz. ongle = Finger-, Zehennagel, fälschl. an ¹Onkel angelehnt]: in den Fügungen und Wendungen *großer/dicker O.* (ugs.; *große Zehe*); *den* [*großen*] *O. gehen/latschen* (ugs.; *die Fußspitzen* (*beim Gehen*) *einwärtssetzen*).

-on|kel, der; -s, -s (ugs. abwertend): kennzeichnet in Bildungen mit Substantiven eine männliche Person, die durch Herkunft, Tätigkeitsbereich, Funktion o. Ä. näher charakterisiert ist: *Fernseh-, Provinz-, Schlager-, Werbe-, Zeitungsonkel.*

On|kel|ehe, die (ugs.): *Zusammenleben einer verwitweten Frau mit einem Mann, den sie nicht heiratet, um ihre Witwenrente o. Ä. nicht zu verlieren.*

on|kel|haft ⟨Adj.⟩ (meist abwertend): *freundlich u. gutmütig* (*wie ein Onkel*); *gönnerhaft* [*u. herablassend*]: ein -es Gehabe.

on|keln ⟨sw. V.; hat⟩ [zu ↑ ²Onkel] (ugs.): (*beim Gehen*) *die Fußspitzen einwärtssetzen.*

on|ko|gen ⟨Adj.⟩ [zu griech. ógkos = geschwollen u. ↑ -gen] (Med.): *eine bösartige Geschwulst erzeugend.*

On|ko|lo|ge, der; -n, -n [↑ -loge]: *Facharzt auf dem Gebiet der Onkologie.*

On|ko|lo|gie, die; -, -n [↑ -logie]: **1.** ⟨o. Pl.⟩ *Teilgebiet der Medizin, das die Lehre von den Geschwülsten umfasst.* **2.** *onkologische Abteilung.*

On|ko|lo|gin, die; -, -nen: w. Form zu ↑ Onkologe.

on|ko|lo|gisch ⟨Adj.⟩: *die Onkologie betreffend.*

on|line ['ɔnlaɪn] ⟨Adv.⟩ [engl. -, aus: on (↑ on) u. line = (Verbindungs)linie, Leitung] (EDV): **1.** *in direkter Verbindung mit der Datenverarbeitungsanlage arbeitend, direkt mit dieser gekoppelt:* Computer o. vernetzen. **2.** *ans Datennetz, ans Internet angeschlossen; innerhalb des Datennetzes, des Internets:* o. sein; o. gehen; o. (*über das Internet*) kaufen.

On|line|ak|ti|vi|tät, die ⟨meist Pl.⟩: **a)** *bes. aus Surfen im Internet bestehende Aktivität* (2): ich werde keine -en zurückschrauben; **b)** *geschäftliche Aktivität, Engagement o. Ä. im Internet:* die -en von ARD und ZDF.

On|line|an|ge|bot, das (EDV): *über das Internet verbreitete Informationen, Waren od. Dienstleistungen eines Anbieters:* das O. der Zeitung soll ausgebaut werden.

On|line|auf|tritt, der: *Internetauftritt.*

On|line|auk|ti|on, die: *über das Internet abgewickelte Auktion; Internetauktion.*

Onlineausgabe – Open-Air-Festival

On|line|aus|ga|be, die (EDV): *im Internet veröffentlichte Ausgabe [einer Zeitung]:* die O. des Blattes erreicht immer mehr Leser.

On|line|ban|king [...bæŋkɪŋ], das: *Abwicklung von Bankgeschäften mithilfe einer EDV-Einrichtung [über das Internet od. ein anderes Datennetz].*

On|line|be|trieb, der (EDV): *Arbeitsweise von Geräten, die direkt mit einer Datenverarbeitungsanlage verbunden sind.*

On|line|bör|se, die: *Computernetzwerk, über das etw. im Internet angeboten, gesucht od. vermittelt wird.*

On|line|bro|ker [...broʊkɐ], der (Börsenw.): *Börsenmakler, der seine Geschäfte über das Internet abwickelt.*

On|line|bro|ke|rin, die: w. Form zu ↑ Onlinebroker.

On|line|da|ting [...deɪtɪŋ], das: *Partnersuche über das Internet.*

On|line|dienst, der (EDV): *Dienst (2), der den Zugriff auf bzw. die Nutzung von Daten, die in einer Datenbank gespeichert sind, im Onlinebetrieb anbietet.*

On|line|durch|su|chung, die: *durch staatliche Ermittler vorgenommene Durchforstung der Onlineaktivitäten verdächtiger Personen:* eine genehmigte, umstrittene O.

On|line|ge|schäft, das (Jargon): *über das Internet abgewickeltes Geschäft (1a, b):* das O. des Unternehmens boomt.

On|line|hil|fe, die (EDV): *Hilfefunktion, die nur über eine direkte Verbindung mit dem Internet genutzt werden kann.*

On|line|kom|mu|ni|ka|ti|on, die: *Kommunikation mithilfe einer EDV-Einrichtung.*

On|line|por|tal, das: *Internetportal:* auf Wunsch Zugang zum O.

On|line|pub|li|shing [...pablɪʃɪŋ], das; -s [engl. online publishing, zu: publishing = das Publizieren] (EDV): *das Publizieren (a) von Verlagserzeugnissen über Datennetze.*

On|li|ner [ˈɔnlaɪnɐ], der; -s, - (Jargon): *jmd., der das Internet sehr häufig nutzt:* die meisten O. haben schnelle Breitbandanschlüsse.

On|line|re|cher|che, die: *Recherche im Internet:* schnelle, wissenschaftliche -n; eine professionelle O. für Journalisten.

On|line|ne|rin, die; -, -nen: w. Form zu ↑ Onliner.

On|line|rol|len|spiel, das: *Rollenspiel im Internet.*

On|line|shop [...ʃɔp], der: *Website, über die ein Unternehmen Waren od. Dienstleistungen im Internet anbietet u. verkauft:* das Produkt ist im O. des Herstellers erhältlich.

On|line|shop|ping [...ʃɔpɪŋ], das: *Einkauf per Bestellung über das Internet.*

On|line|um|fra|ge, die: *Umfrage im Internet.*

On|line|wer|bung, die: *Werbung im Internet:* für O. Partner gesucht.

On|line|zei|tung, die (EDV): **a)** *online abrufbare Version einer elektronisch aufbereiteten Zeitung;* **b)** *online abrufbare Zusammenstellung von Informationen, Nachrichten, Beiträgen o. Ä.*

Öno|lo|ge, der; -n, -n [↑ -loge]: *Fachmann auf dem Gebiet der Önologie.*

Öno|lo|gie, die; - [zu griech. oînos = Wein u. ↑ -logie]: *Lehre vom Wein[bau].*

Öno|lo|gin, die; -, -nen: w. Form zu ↑ Önologe.

Ono|ma|sio|lo|gie, die; -, -n [zu griech. onomasía = Benennung u. ↑ -logie] (Sprachwiss.): *Bezeichnungslehre.*

ono|ma|sio|lo|gisch ⟨Adj.⟩ (Sprachwiss.): *die Onomasiologie betreffend.*

Ono|mas|tik, die; - [griech. onomastikḗ (téchnē) = (Kunst des) Namengeben(s)] (Sprachwiss.): *Namenkunde.*

Ono|mas|ti|kon, das; -s, ...ken u. ...ka [griech. onomastikón]: **1.** *in der Antike od. im Mittelalter erschienenes Namen- od. Wörterverzeichnis.* **2.** *[kürzeres] Gedicht auf den Namenstag einer Person.*

Ono|ma|to|lo|gie, die; - [zu griech. ónoma ⟨Gen.: onómatos⟩ = Name u. ↑ -logie] (Sprachwiss.): *Onomastik.*

Ono|ma|to|po|e|ti|kon, Ono|ma|to|po|e|ti|kum, das; -s, ...ka (Sprachwiss.): *klangnachahmendes, lautmalendes Wort.*

ono|ma|to|po|e|tisch, ono|ma|to|pö|e|tisch ⟨Adj.⟩ (Sprachwiss.): *lautmalend.*

Ono|ma|to|pö|ie, die; -, -n [spätlat. onomatopoeïa < griech. onomatopoiía, zu: onomatopoieĩn = machen, verfertigen, dichten (↑ Poesie)] (Sprachwiss.): *Lautmalerei.*

Öno|me|ter, das; -s, - [zu griech. oînos = Wein u. ↑ -meter (1)]: *Messinstrument zur Bestimmung des Alkoholgehalts im Wein.*

ÖNORM, die; - [Kurzwort aus Österreichische Norm]: *(der deutschen DIN-Norm entsprechende) österreichische Norm.*

on parle fran|çais [õ parl frɛˈsɛ; frz.]: *man spricht [hier] Französisch* (als Hinweis z. B. für Kundinnen in einem Geschäft).

On-Screen-Me|nü [ɔnˈskriːn..., ˈɔnskriːn...], das [engl. on-screen menu, aus: on-screen = Bildschirm- u. menu, ↑ Menü (2)] (EDV): *Menü (2), das die möglichen Einstellungen eines Monitors direkt auf dessen Bildschirm anzeigt:* das O. füllt die Hälfte des Bildschirms aus.

On|spre|cher, On-Spre|cher, der [↑ On] (Fernsehen, Film, Theater): *im Bild, auf der Bühne sichtbarer Sprecher.*

On|spre|che|rin, On-Spre|che|rin, die: w. Form zu ↑ Onsprecher.

On|stim|me, On-Stim|me, die (Fernsehen, Film, Theater): *Stimme eines im Bild bzw. auf der Bühne erscheinenden Onsprechers.*

on the road [ɔn ðə ˈroʊd; engl.; eigtl. = auf der Straße]: *unterwegs.*

on the rocks [ɔn ðə ˈrɔks; engl.; eigtl. = auf (Fels)brocken]: *(von Getränken) mit Eiswürfeln.*

on|tisch ⟨Adj.⟩ (Philos.): *als seiend, unabhängig vom Bewusstsein existierend verstanden; dem Sein nach.*

On|to|ge|ne|se, die; -, -n [zu griech. ṓn ⟨Gen.: óntos⟩ = seiend u. ↑ Genese]: **1.** *Part. von:* eînai = sein] (Biol.): *Entwicklung des Individuums von der Eizelle zum geschlechtsreifen Zustand.*

on|to|ge|ne|tisch ⟨Adj.⟩ (Biol.): *die Ontogenese betreffend.*

On|to|lo|gie, die; -, -n [↑ -logie]: **1.** (Philos.) *Lehre vom Sein, vom Seienden.* **2.** (Informatik) *System (6 a) von Informationen mit logischen Relationen.*

on|to|lo|gisch ⟨Adj.⟩ (Philos.): *die Ontologie (1) betreffend.*

on top [engl., zu: top = Oberseite, Spitze] (Jargon): **1.** *obendrein, außerdem, zusätzlich, noch dazu:* eine on t. gezahlte Zulage. **2.** *an der Spitze, obenauf:* als Fotomodell ist sie schon lange on t.

Ony|cho|my|ko|se, die; -, -n [↑ Mykose] (Med.): *Pilzerkrankung der Nägel.*

Onyx, der; -[es], -e [lat. onyx < griech. ónyx, eigtl. = Kralle; (Finger)nagel, wohl nach der einem Fingernagel ähnlichen Färbung]: *aus unterschiedlich gefärbten Lagen bestehendes Mineral, das eine Abart des Quarzes darstellt u. als Schmuckstein verwendet wird.*

o. O. = ohne Obligo; ohne Ort.

Oo|ge|ne|se [oo...], die; -, -n [zu griech. ōón = Ei u. ↑ Genese] (Biol., Med.): *Entwicklung der weiblichen Eizelle.*

oo|ge|ne|tisch ⟨Adj.⟩ (Biol., Med.): *die Oogenese betreffend.*

Oo|lith [auch: ...ˈlɪt], der; -s u. -en, -e[n] [↑ -lith]: *Erbsenstein.*

oo|li|thisch [auch: ...ˈliː...] ⟨Adj.⟩: *in Oolithen abgelagert.*

Oo|lo|gie, die; - [↑ -logie] (Zool.): *Teilgebiet der Vogelkunde, das die Erforschung der Vogeleier zum Gegenstand hat.*

oo|lo|gisch ⟨Adj.⟩ (Zool.): *die Oologie betreffend, zu ihr gehörend.*

o. ö. Prof. = ordentlicher öffentlicher Professor, ordentliche öffentliche Professorin.

oops [uːps] ⟨Interj.⟩ [engl.]: *Ausruf der Überraschung, des Erstaunens* o. Ä.: o., war das knapp!

o. O. u. J. = ohne Ort und Jahr.

Oo|zyt, der; -en, -en, **Oo|zy|te,** die; -, -n [zu griech. kýtos = Höhlung, Wölbung] (Biol., Med.): *unreife Eizelle.*

op. = opus; vgl. Opus.

o. P. = ordentlicher Professor, ordentliche Professorin.

¹OP [oˈpeː], der; -[s], -[s]: kurz für ↑ Operationssaal: *der Pfleger schob die Patientin in den OP.*

²OP [oˈpeː], die; -, -s: *Operation:* eine OP durchführen [lassen].

O. P., O. Pr. = Ordo [Fratrum] Praedicatorum (Orden der Prediger; Dominikanerorden).

Opa, der; -s, -s [Umbildung von Großpapa]: **1.** (fam.) *Großvater:* wir fahren zum O. **2. a)** (ugs., oft scherzh. od. abwertend) *alter, älterer Mann:* was will denn der O. hier?; **b)** (Jugendspr.) *männlicher Erwachsener.*

opak ⟨Adj.⟩ [lat. opacus = beschattet] (Fachspr.): *undurchsichtig, lichtundurchlässig:* -es Glas.

Opal, der; -s, -e [lat. opalus < griech. opállios < aind. upala = Stein]: **1.** *glasig bis wächsern glänzendes, milchig weißes od. verschieden gefärbtes Mineral, das eine Abart des Quarzes darstellt u. als Schmuckstein verwendet wird.* **2.** *durch Spezialbehandlung milchig trüb schimmernder Batist.*

opal|len ⟨Adj.⟩: **a)** *aus Opal (1) bestehend;* **b)** *wie Opal (1) durchscheinend, schimmernd.*

opa|les|zent ⟨Adj.⟩: *Opaleszenz aufweisend; opalisierend.*

Opa|les|zenz, die; - (Optik): *durch Beugung des Lichts hervorgerufenes rötlich-bläuliches Schillern.*

opa|les|zie|ren ⟨sw. V.; hat⟩ (Optik): *Opaleszenz zeigen.*

Opal|glas, das: *schwach milchiges, opalisierendes Glas.*

opa|li|sie|ren ⟨sw. V.; hat⟩ [viell. unter Einfluss von frz. opalisé = opalartig]: *in Farben schillern wie ein Opal.*

Opa|pa, der; -s, -s (Kinderspr.): *Großvater.*

Op-Art [ˈɔplaːɐ̯t], die; - [engl. op-art, gek. aus: optical art, eigtl. = optische Kunst]: *moderne Kunstrichtung, die durch geometrische Abstraktionen (in hart konturierten Farben) charakterisiert ist.*

Opa|zi|tät, die; - [lat. opacitas = Beschattung, Schatten, zu: opacus, ↑ opak]: **1.** (Optik) *Lichtundurchlässigkeit.* **2.** (Med.) *Trübung, undurchsichtige Beschaffenheit* (z. B. der Hornhaut).

OPEC, die; - [Abk. von engl. Organization of the Petroleum Exporting Countries]: *Organisation der Erdöl exportierenden Länder.*

Open [ˈoʊpn] ⟨Adj.⟩ ⟨meist Pl.⟩ (Jargon): *offener (2 b) Wettbewerb, offene Meisterschaft:* der Spanier holte bei den O. den Titel.

Open Air [ˈoʊpn ˈɛːɐ̯], das; -s, - -s: *Kurzf. von* Open-Air-Festival, Open-Air-Konzert.

Open-Air-Fes|ti|val [ˈoʊpn ˈɛːɐ̯...], das [engl. open-air = Freilicht-]: *im Freien stattfindende kulturelle Großveranstaltung (für Folklore, Popmusik o. Ä.).*

Open-Air-Ki|no, das: *im Freien stattfindende Filmvorführung[en].*
Open-Air-Kon|zert, das: *im Freien stattfindendes Konzert.*
open end ['ɔʊpn̩ 'ɛnd; engl., eigtl. = offenes Ende]: *ohne ein vorher auf einen bestimmten Zeitpunkt festgesetztes Ende.*
Open-End-Dis|kus|si|on ['ɔʊpn̩'ɛnd...], die: *Diskussion, deren Ende nicht durch einen vorher bestimmten Zeitpunkt festgelegt ist.*
Ope|ner ['ɔʊpnɐ], der; -s, - [engl. opener, zu: to open = (er)öffnen]: **1.** (Musikjargon) *erstes Musikstück eines Albums, Konzerts o. Ä.* **2.** (Jargon) *Opening; Szene, Szenenfolge, Sequenz, die gezeigt wird, um etw. einzuleiten, zu eröffnen.*
Ope|ning ['ɔʊpənɪŋ], das; -s, -s [engl. opening = das (Er)öffnen; Anfang, zu: to open = (er)öffnen] (Jargon): **1.** *einleitender Teil; Anfangs-, Eröffnungsszene.* **2.** *Eröffnungsfeier, -veranstaltung, mit der etw. eingeweiht wird.*
Open Source ['ɔʊpn̩ 'sɔːs], die; -, - -s [...sɪs] [engl. open source, eigtl. = offene Quelle] (EDV): Kurzf. von ↑ Open-Source-Software: *auf O. S. umstellen.*
Open-Source-Soft|ware ['ɔʊpn̩ 'sɔːs...], die, [zu engl. open-source = frei verfügbar, aus: open =offen, frei u. source = Quelle]: *Software, deren Quellcode frei zugänglich ist u. die beliebig kopiert, genutzt u. verändert werden darf: immer mehr Unternehmen setzen O. ein.*
Oper, die; -, -n [ital. opera (in musica), eigtl. = (Musik)werk < lat. opera = Arbeit; Werk]: **1. a)** (o. Pl.) *Gattung von musikalischen Bühnenwerken mit Darstellung einer Handlung durch Gesang u. Instrumentalmusik:* die italienische O.; die komische O. *(volkstümliche heitere Oper des deutschen Biedermeiers als Variante der Opera buffa);* **b)** *einzelnes Werk der Gattung Oper (1a):* eine O. von Verdi; eine O. komponieren, aufführen; die Ouvertüre zu einer O.; * **-n erzählen/reden/quatschen** (ugs.; *weitschweifig Unsinn reden);* **c)** *Aufführung einer Oper:* nach der O. gingen sie in ein Restaurant. **2. a)** Kurzf. von ↑ Opernhaus: die O. ist heute geschlossen; **b)** *Unternehmen, das Opern aufführt; Opernhaus als kulturelle Institution:* eine städtische O.; Berlin hat drei -n; zur O. gehen *(Opernsänger[in] werden);* **c)** (o. Pl.) *Ensemble, Mitglieder, Personal eines Opernhauses:* die Hamburger O. gastierte an der Met.
Ope|ra: Pl. von ↑ Opus.
ope|ra|bel ⟨Adj.; operabler, -ste⟩ [frz. opérable, zu: opérer < lat. operari, ↑ operieren]: **1.** (Med.) *eine Operation (1) ermöglichend, zulassend; operierbar:* die Geschwulst ist o. **2.** (Fachspr.) *so beschaffen, dass damit gearbeitet, operiert werden kann:* ein operabler Plan.
Ope|ra buf|fa, die; - -, ...re buffe [ital. opera buffa, zu: opera (↑ Oper) u. buffo = komisch, ↑ Buffo]: *heiter-komische Oper.*
Opé|ra co|mique [ɔperakɔ'mik], die; - -, -s -s [...rakɔ'mik] [frz. opéra-comique, aus: opéra = Oper u. comique = komisch]: *Sprechstück mit liedhaften Musikeinlagen als französische Form des Singspiels.*
Ope|rand, der; -en, -en [lat. operandum, Gerundivum von: operari, ↑ operieren] (EDV): *Information, die der Computer mit anderen Informationen zu einer Operation verknüpft.*
ope|rant ⟨Adj.⟩ [zu lat. operans (Gen.: operantis), 1. Part. von: operari, ↑ operieren] (bes. Psychol., Soziol.): *eine bestimmte Wirkungsweise in sich habend; -es Verhalten (Reaktion, die nicht von einem auslösenden Reiz abhängt, sondern von den Auswirkungen dieser Reaktion).*
Ope|ra se|mi|se|ria, die; - -, ...re ...rie [ital. opera semiseria, zu: opera (↑ Oper) u. semiserio = halbernst]: *teils ernste, teils heitere Oper.*

Ope|ra|teur [ɔpəra'tøːɐ̯], der; -s, -e [frz. opérateur < lat. operator, ↑ Operator]: **1.** *Arzt, der eine Operation (1) durchführt:* ein guter O. **2.** (veraltend) *Kameramann, Fotograf.* **3.** (veraltend) *jmd., der Filme im Kino vorführt.* **4.** (selten) *Operator (2).*
Ope|ra|teu|rin [...'tøːrɪn], die; -, -nen: w. Form zu ↑ Operateur.
Ope|ra|ting ['ɔpəreɪtɪŋ], das; -[s] [engl. operating, zu: to operate = in Betrieb sein; bedienen] (Fachspr.): *das Bedienen (von Maschinen, Computern o. Ä.).*
Ope|ra|ti|on, die; -, -en [lat. operatio = das Arbeiten; Verrichtung]: **1.** *chirurgischer Eingriff in den Organismus:* eine schwere O.; eine O. durchführen, vornehmen; sie hat die O. gut überstanden; sich einer O. unterziehen; den Patienten auf die, zur O. vorbereiten; R O. gelungen, Patient tot (ugs.; *trotz perfekter Durchführung wurde das eigentliche Ziel nicht erreicht).* **2. a)** (Militär) *nach einem Plan genau abgestimmter Einsatz von Streitkräften; militärische Unternehmung eines Truppen- od. Schiffsverbandes mit genauer Abstimmung der Aufgabe der einzelnen Truppenteile od. Schiffe:* militärische -en; eine O. leiten; das Misslingen einer O.; **b)** (bildungsspr.) *Handlung, Unternehmung:* eine fragwürdige O. **3. a)** (Math.) *Rechenvorgang nach bestimmten mathematischen Gesetzen (z. B. Addition, Division);* **b)** (Fachspr.) *wissenschaftlich nachkontrollierbares Verfahren; nach bestimmten Grundsätzen vorgenommene Prozedur;* **c)** (EDV) *Ausführung eines Befehls (1 b) in einer Datenverarbeitungsanlage.*
ope|ra|ti|o|nal: a) *sich durch Operationen (3b) vollziehend;* **b)** *durch die Angabe von Operationen (3b) präzisiert, standardisiert:* eine -e Definition.
ope|ra|ti|o|na|li|sie|ren ⟨sw. V.; hat⟩: **1.** (Fachspr.) *durch Angabe der Operationen (3b) präzisieren, standardisieren.* **2.** (Päd.) *(Lernziele) in Verhaltensweisen der Lernenden umsetzen, die durch Tests o. Ä. zu überprüfen sind.*
ope|ra|ti|o|nell ⟨Adj.⟩: *operational.*
Ope|ra|ti|ons|ba|sis, die: *Basis für Operationen (2).*
Ope|ra|ti|ons|feld, das: **1.** *(freigelegter) Bereich, in dem die Operation vorgenommen wird.* **2.** *Bereich für bestimmte Operationen (2b).*
Ope|ra|ti|ons|ge|biet, das (Militär): *Gebiet, in dem eine Operation stattfindet.*
Ope|ra|ti|ons|nar|be, die: *durch eine Operation verursachte Narbe.*
Ope|ra|ti|ons|saal, der: *Raum (in einer Klinik o. Ä.) mit der für Operationen (1) erforderlichen Einrichtung.*
Ope|ra|ti|ons|schwes|ter, die: *bei einer Operation (1) assistierende Krankenschwester.*
Ope|ra|ti|ons|team, das: *Team von Ärzt(inn)en u. Krankenschwestern, das eine Operation durchführt.*
Ope|ra|ti|ons|tisch, der: *verstellbarer Tisch, auf dem der Patient während der Operation (1) [angeschnallt] liegt.*
ope|ra|tiv ⟨Adj.⟩: **1.** (Med.) *die Operation (1) betreffend; auf dem Wege der Operation erfolgend:* dringende -e *(eine Operation erfordernde)* Fälle; den Blinddarm o. entfernen. **2.** (Militär) *eine Operation (2a) betreffend; strategisch:* die -en Maßnahmen der Truppen. **3.** (bildungsspr.) *konkrete Maßnahmen treffend, sie unmittelbar wirksam werden lassend:* (Wirtsch.:) -e *(kurzfristige, differenzierte, in den Details umgesetzte)* Planung; (Wirtsch.:) -es *(laufendes, eigentliches)* Geschäft; -es Ergebnis (Wirtsch.; *Ergebnis der gewöhnlichen Geschäftstätigkeit);* o. arbeiten, denken; etw. o. einsetzen.

Ope|ra|tor, der; -s, ...oren: **1.** [lat. operator = Arbeiter, Verrichter] (Fachspr., bes. Math., Sprachwiss.) *Mittel, Verfahren, Symbol o. Ä. zur Durchführung linguistischer, logischer od. mathematischer Operationen (3).* **2.** [auch: 'ɔpəreɪtɐ], ⟨der; -s, -[s]⟩ [engl. operator] (EDV) *jmd., der in einem Rechenzentrum die Rechner bedient u. überwacht.*
Ope|ra|to|rin, die; -, -nen: w. Form zu ↑ Operator (2).
Ope|ret|te, die; -, -n [ital. operetta, Vkl. von: opera (↑ Oper), eigtl. = Werkchen]: **a)** ⟨o. Pl.⟩ *Gattung von leichten, unterhaltenden musikalischen Bühnenwerken mit gesprochenen Dialogen, [strophenliedartigen] Soli u. Tanzeinlagen:* die Wiener O.; **b)** *einzelnes Werk der Gattung Operette (a):* -n komponieren; **c)** *Aufführung einer Operette:* in die O. gehen.

Ope|ret|ten- (ugs. leicht abwertend): drückt in Bildungen mit Substantiven aus, dass eine Person oder Sache dem äußeren (meist prunkvollen) Schein nach jmd., etw. ist und sich entsprechend bedeutsam gibt, aber nicht ernst genommen wird, da die notwendigen Voraussetzungen fehlen: Operettenkönig, -krieg.

Ope|ret|ten|film, der: *verfilmte Operette.*
ope|ret|ten|haft ⟨Adj.⟩: *an eine Operette erinnernd, wie in einer Operette.*
Ope|ret|ten|kom|po|nist, der: *Komponist von Operetten.*
Ope|ret|ten|kom|po|nis|tin, die; -, -nen: w. Form zu ↑ Operettenkomponist.
Ope|ret|ten|kon|zert, das: *Konzert mit Operettenmusik.*
Ope|ret|ten|me|lo|die, die ⟨meist Pl.⟩: *Melodie (1c) aus einer Operette.*
Ope|ret|ten|mu|sik, die ⟨Pl. selten⟩: *Musik aus einer Operette.*
Ope|ret|ten|sän|ger, der: *auf die Operette spezialisierter Sänger.*
Ope|ret|ten|sän|ge|rin, die: w. Form zu ↑ Operettensänger.
Ope|ret|ten|staat, der (scherzh.): *kleiner, unbedeutender Staat (wie er z. B. [als Fantasiegebilde] oft als Schauplatz einer Operette vorkommt).*
Ope|ret|ten|the|a|ter, das: *Theater, an dem vorwiegend Operetten gespielt werden.*
ope|rier|bar ⟨Adj.⟩: *operabel (1).*
ope|rie|ren ⟨sw. V.; hat⟩ [lat. operari = arbeiten, sich abmühen, zu: opus, ↑ Opus]: **1.** *an jmdm., etw. eine Operation (1) vornehmen:* einen Patienten [am Magen] o.; ⟨auch ohne Akk.-Obj.:⟩ wir müssen noch einmal o.; ⟨subst. 2. Part.:⟩ ein frisch Operierter. **2.** (Militär) *Operationen (2a) durchführen:* Ü (Fußball:) als Libero o. **3.** (bildungsspr.) **a)** *in einer bestimmten Weise handeln, vorgehen:* geschickt o.; ein international operierendes Unternehmen; **b)** *mit etw. umgehen, arbeiten:* mit bestimmten Tricks o.; mit hohen Summen o.
Oper|ment, das; -[e]s, -e [mhd. ōpirment (dafür ahd. ōrgiment) < lat. auripigmentum, ↑ Auripigment]: *Auripigment:* ♦ Ist mir's doch wie Gift und O., wenn ich den Federnfuchser zu Gesichte krieg' (Schiller, Kabale I, 2).
Opern|arie, die: *Arie aus einer Oper.*
Opern|ball, der: ²Ball *in einem Opernhaus.*
Opern|büh|ne, die: *Opernhaus als kulturelle Institution.*
Opern|di|rek|tor, der: *Direktor (1b), Oberspielleiter einer Oper (2b).*
Opern|di|rek|to|rin, die: w. Form zu ↑ Operndirektor.
Opern|film, der: *verfilmte Oper.*

Opern|freund, der: *Freund* (3 a) *der Oper.*
Opern|freun|din, die: w. Form zu ↑Opernfreund.
Opern|füh|rer, der: *Nachschlagewerk mit Inhaltsangaben u. Erläuterungen zu Opern.*
Opern|glas, das: *kleines Fernglas, das im Theater od. Konzertsaal benutzt wird.*
Opern|gu|cker, der (ugs.): *Opernglas.*
opern|haft ⟨Adj.⟩: *in der Art der Oper, sich mit ähnlich großem Aufwand wie in einer Oper vollziehend:* -er Prunk.
Opern|haus, das: *Theater, an dem Opern aufgeführt werden.*
Opern|kom|po|nist, der: *Komponist von Opern.*
Opern|kom|po|nis|tin, die: w. Form zu ↑Opernkomponist.
Opern|kon|zert, das: *Konzert mit Opernmusik.*
Opern|me|lo|die, die: *Melodie aus einer Oper.*
Opern|mu|sik, die: *Musik aus einer Oper.*
Opern|re|gie, die: *Regie einer Oper.*
Opern|re|gis|seur, der: *Regisseur einer Oper.*
Opern|re|gis|seu|rin, die: w. Form zu ↑Opernregisseur.
Opern|sän|ger, der: *auf die Oper spezialisierter Sänger.*
Opern|sän|ge|rin, die: w. Form zu ↑Opernsänger.
Op|fer, das; -s, - [mhd. opfer, ahd. opfar, rückgeb. aus ↑opfern]: **1. a)** *in einer kultischen Handlung vollzogene Hingabe von jmdm., etw. an eine Gottheit:* ein O. [am Altar] darbringen; Ü ...die Gnade der Bewusstlosigkeit wird ihm nicht gewährt, denn die Bestie Publikum, einmal ausgebrochen, rast und will ihr O. haben (Thieß, Legende 196); *** jmdm. etw. zum O. bringen** (*jmdm. etw. opfern* 2); **b)** *Opfergabe:* ein Tier als O. auswählen. **2.** *durch persönlichen Verzicht mögliche Hingabe von etw. zugunsten eines andern:* alle O. waren vergeblich; unter persönlichen -n; diese Arbeit verlangt persönliche O.; die Eltern scheuen keine O. für ihre Kinder. **3.** *jmd., der durch jmdn., etw. umkommt, Schaden erleidet:* die O. einer Lawine, des Faschismus; das Erdbeben forderte viele O.; die Angehörigen der O.; Sie sind also das arme O. (ugs. scherzh.; *Sie hat man sich also für diese unangenehme Sache ausgesucht*); Ü der Bauernhof wurde ein O. der Flammen (*brannte nieder*); *** jmdm., einer Sache zum O. fallen** (1. *durch jmdn., etw. umkommen, vernichtet werden:* einem Verbrechen, einer Kugel zum O. fallen; das alte Häuserviertel ist der Abrissbirne zum O. gefallen. 2. *durch jmdn., etw. getäuscht, geschädigt werden:* einer Einbildung, einem Irrtum, einer Täuschung zum O. fallen). **4.** (Jugendspr. abwertend) *Schwächling, Verlierer* (bes. als Schimpfwort).
op|fer|be|reit ⟨Adj.⟩: *in selbstloser Weise zu Opfern* (2) *bereit:* ein -er Mensch.
Op|fer|be|reit|schaft, die ⟨o. Pl.⟩: *das Opferbereitsein.*
Op|fer|büch|se, die: *im Gottesdienst verwendete Sammelbüchse.*
Op|fer|fest, das: *höchstes, vier Tage dauerndes Fest der islamischen Religion.*
op|fer|freu|dig ⟨Adj.⟩: *gern in selbstloser Weise Opfer* (2) *bringend.*
Op|fer|freu|dig|keit, die: *das Opferfreudigsein.*
Op|fer|ga|be, die: *zum Opfer* (1) *bestimmte, beim Opfer dargebrachte Gabe.*
Op|fer|gang, der: **1.** (kath. Kirche) *Brauch, im Gottesdienst eingesammelte Opfergaben zur Gabenbereitung zum Altar zu tragen.* **2.** (geh.) *Gang, bei dem sich jmd. für jmdn., etw. opfert:* einen O. antreten.
Op|fer|geist, der ⟨o. Pl.⟩: *geistige Haltung der Opferbereitschaft, -freudigkeit.*
Op|fer|geld, das: *im Opferstock od. während des Gottesdienstes gesammeltes Geld.*
Op|fer|grup|pe, die: *Gruppe von Menschen, die*

Opfer eines Unrechts geworden sind [und ihre Interessen gemeinsam verfolgen].
Op|fer|lamm, das: **1. a)** *zum Opfer* (2) *bestimmtes, als Opfer dargebrachtes Lamm;* **b)** ⟨o. Pl.⟩ *Christus, der sich für die Menschheit geopfert hat.* **2.** (ugs. emotional) *jmd., der schuldlos durch jmdn., etw. leiden muss:* das O. sein.
Op|fer|mes|ser, das: *beim Opfer verwendetes Schlachtmesser.*
Op|fer|mut, der (geh.): *Mut, Bereitschaft, sich für andere, für etw. zu opfern.*
op|fern ⟨sw. V.; hat⟩ [mhd. opfern, ahd. opfarōn, urspr. = etw. Gott als Opfergabe darbringen < (kirchen)lat. operari = einer Gottheit durch Opfer dienen; Almosen geben; vgl. operieren]: **1.** *in einer kultischen Handlung jmdm., etw. einer Gottheit darbringen, hingeben:* ein Lamm [am Altar] o.; ⟨auch ohne Akk.-Obj.:⟩ einer Gottheit, dem Baal o. **2.** *zugunsten eines andern, einer Sache etw. Wertvolles hingeben, wenn es auch nicht leichtfällt:* seinen Urlaub, sein Leben für etw. o.; jmdm. seine Freizeit o.; ...während Jim meine Hände verband, dafür sogar den Ärmel seines eigenen Hemdes opferte (Frisch, Stiller 197). **3.** ⟨o. + sich⟩ **a)** *sein Leben für jmdn., etw. hingeben, ganz einsetzen:* sich für andere, für seine Familie o.; **b)** (ugs. scherzh.) *anstelle eines anderen etw. Unangenehmes auf sich nehmen:* ich habe mich geopfert und den Brief für sie geschrieben.
Op|fer|rol|le, die: *Rolle* (5 b) *des Opfers* (3): die O. einnehmen.
Op|fer|scha|le, die: *Schale zum Auffangen des Blutes der Opfertiere od. für ein Trankopfer.*
Op|fer|schutz, der ⟨o. Pl.⟩: *Gesamtheit der gesetzlichen Bestimmungen und Maßnahmen, die die rechtliche Stellung der Opfer von Straftaten verbessern sollen:* O. geht vor Täterschutz.
Op|fer|stät|te, die: *Stätte zur Darbringung von Opfern* (1).
Op|fer|stock, der ⟨Pl. ...stöcke⟩: *in Kirchen aufgestellter, abgeschlossener Behälter für Geldspenden:* Geld in den O. legen, werfen.
Op|fer|tier, das: *zum Opfer* (2) *bestimmtes, beim Opfer dargebrachtes Tier.*
Op|fer|tod, der (geh.): *freiwilliger Tod, mit dem sich jmd. für andere, für etw. opfert.*
Op|fe|rung, die; -, -en [mhd. opferunge, ahd. opfarunga]: *das Opfern* (1, 2).
Op|fer|wil|le, die ⟨o. Pl.⟩: *Wille, Opfer* (2) *auf sich zu nehmen.*
op|fer|wil|lig ⟨Adj.⟩: *willig, Opfer* (2) *auf sich zu nehmen.*
Op|fer|zahl, die: *Zahl der Menschen, die Opfer eines bestimmten Unglücks, Unrechts o. Ä. geworden sind:* während der Rettungsarbeiten hat sich die O. weiter erhöht.
Op|fer|zeu|ge, der (Rechtsspr.): *Opfer eines Verbrechens, das vor Gericht selbst als Zeuge dieses Verbrechens gehört wird.*
Op|fer|zeu|gin, die: w. Form zu ↑Opferzeuge.

-o|phil: ↑ -phil.

-o|phob: ↑ -phob.

Oph|thal|mi|a|trie, Oph|thal|mi|a|trik, die; - [zu griech. ophthalmós = Auge u. iatreía (bzw. iatriké [téchnē] = Heilkunst): *Ophthalmologie.*
Oph|thal|mo|lo|ge, der; -n, -n [↑ -loge] (Med.): *Augenarzt.*
Oph|thal|mo|lo|gie, die; - [↑ -logie] (Med.): *Lehre von den Erkrankungen des Auges u. ihrer Behandlung; Augenheilkunde.*
Oph|thal|mo|lo|gin, die; -, -nen: w. Form zu ↑Ophthalmologe.
oph|thal|mo|lo|gisch ⟨Adj.⟩ (Med.): *die Ophthalmologie betreffend.*

Opi, der; -s, -s: **1.** Kosef. von ↑Opa (1). **2.** (ugs., oft scherzh.) *alter, älterer Mann.*
Opi|at, das; -[e]s, -e [spätmhd. opiat < mlat. opiata (Pl.), zu lat. opium, ↑Opium]: *Arzneimittel, das Opium enthält.*
Opi|nion|lea|der [əˈpɪnjənliːdɐ], der; -s, - [engl. opinion leader, aus: opinion = Meinung u. leader = Führer, Leiter]: *Meinungsbildner.*
Opi|um, das; -s [lat. opium < griech. ópion, Vkl. von: opós = Pflanzenmilch]: *als schmerzstillendes Arzneimittel u. als Rauschgift verwendeter, eingetrockneter milchiger Saft von unreifen Fruchtkapseln des Schlafmohns:* O. rauchen, nehmen; O. schmuggeln.
Opi|um|han|del, der: *Handel mit Opium.*
Opi|um|höh|le, die (abwertend): *Ort, wo Opium geraucht wird.*
Opi|um|pfei|fe, die: *Pfeife zum Rauchen von Opium.*
Opi|um|rau|cher, der: *jmd., der Opium raucht.*
Opi|um|rau|che|rin, die: w. Form zu ↑Opiumraucher.
Opi|um|schmug|gel, der: *Schmuggel mit Opium.*
Opi|um|sucht, die ⟨o. Pl.⟩: *Sucht nach Opium.*
Opi|um|ver|gif|tung, die: *Vergiftung durch Opium.*
ÖPNV [øːpeːɛnˈfaʊ], der; -: *öffentlicher Personennahverkehr.*
¹**Opos|sum,** das; -s, -s [engl. opossum < Algonkin (nordamerik. Indianerspr.) oposom]: **1.** (*in Nord- u. Südamerika heimische) auf Bäumen lebende, etwa katzengroße Beutelratte, mit dichtem, meist grauem od. weißlichem Fell u. langem Schwanz.* **2.** *Fell des* ¹*Opossums* (1).
²**Opos|sum,** der, auch: das; -s, -s: *Pelz aus dem Fell des* ¹*Opossums* (1).
Op|po|nent, der; -en, -en [zu lat. opponens (Gen.: opponentis), 1. Part. von: opponere, ↑opponieren]: *jmd., der eine gegenteilige Anschauung vertritt; Gegner in einem Streitgespräch:* ein streitbarer O.
Op|po|nen|tin, die; -, -nen: w. Form zu ↑Opponent.
op|po|nie|ren ⟨sw. V.; hat⟩ [lat. opponere = entgegensetzen, einwenden]: *eine gegenteilige Anschauung vertreten; in einer Auseinandersetzung gegen jmdn., etw. Stellung beziehen; sich jmdm., einer Sache widersetzen:* sie können immer nur o.; gegen jmdn., eine Sache, einen Plan o.; Die Räte des Bischofs nahmen an, diese sei nicht in der Absicht Ludwigs; so wagten sie, dem Feuchtwanger in diesem Punkt zäh zu o. (Feuchtwanger, Herzogin 123).
op|po|niert ⟨Adj.⟩: **1.** (Bot.) *eine Blattstellung aufweisend, bei der an einer Sprossachse ein Blatt einem andern gegenübersteht.* **2.** (Med.) *als Daumen den übrigen Fingern gegenübergestellt.*
op|por|tun ⟨Adj.⟩ [lat. opportunus, zu: ob = auf = hin u. portus = Hafen, also eigtl. = auf den Hafen zu (wehend u. daher günstig, vom Wind gesagt)] (bildungsspr.): *in der gegebenen Situation angebracht, von Vorteil; von Verhalten; etw. scheint zurzeit nicht o.; etw. für [nicht] o. halten.*
Op|por|tu|nis|mus, der; - [frz. opportunisme, zu: opportun < lat. opportunus, ↑opportun]: **1.** (bildungsspr.) *allzu bereitwillige Anpassung an die jeweilige Lage aus Nützlichkeitserwägungen:* ein politischer O.; etw. aus O. tun. **2.** (marx.) *bürgerliche ideologische Strömung, die dazu benutzt wird, die Arbeiterbewegung zu spalten u. Teile der Arbeiterklasse an das kapitalistische System zu binden.*
Op|por|tu|nist, der; -en, -en [frz. opportuniste, zu: opportun, ↑Opportunismus]: **1.** (bildungsspr.) *jmd., der sich aus Nützlichkeitserwägungen schnell u. bedenkenlos der jeweils gegebe-*

Opportunistin – Optoelektronik

nen Lage anpasst. 2. (marx.) *Anhänger, Vertreter des Opportunismus* (2).
Op|por|tu|nis|tin, die; -, -nen: w. Form zu ↑ Opportunist.
op|por|tu|nis|tisch ⟨Adj.⟩ (bildungsspr.): *den Opportunismus betreffend, darauf beruhend, in der Art eines Opportunisten handelnd:* eine -e Politik; o. denken, handeln.
Op|por|tu|ni|tät, die; -, -en [frz. opportunité < lat. opportunitas] (bildungsspr.): *das Opportunsein; Zweckmäßigkeit.*
Op|po|si|ti|on, die; -, -en [spätlat. oppositio = das Entgegensetzen, zu: oppositum, 2. Part. von: opponere, ↑ opponieren]: **1.** (bildungsspr.) *sich in einem entsprechenden Verhalten o. Ä. äußernde gegensätzliche Einstellung zu jmdm., etw.; gegen jmdn., etw. empfundener, sich äußernder Widerstand:* eine aktive O.; in vielen Kreisen der Bevölkerung regte sich O.; O. betreiben, machen *(opponieren);* etw. aus bloßer O. tun; zu jmdm., einem System in O. stehen; nach den Wahlen ging die Regierungspartei in die O. *(wurde sie zur Gegenpartei).* **2.** [nach engl., frz. opposition] *Partei[en], Gruppe[n], deren Angehörige die Politik der herrschenden Partei[en], Gruppe[n] ablehnen:* die [außer]parlamentarische O.; aus den Reihen der O.; Obwohl der Verbannte weder zur gemäßigten O. noch zu den Staatsflüchtigen ... jemals Kontakte unterhalten hatte, waren manche seiner Gedichte doch gelegentlich in den Flugschriften des Widerstandes aufgetaucht (Ransmayr, Welt 127). **3.** (Astron.) *Konstellation, in der, von der Erde aus gesehen, der Längenunterschied zwischen Sonne u. Gestirn 180° beträgt:* Uranus steht jetzt in O. zur Sonne. **4.** (Sprachwiss.) **a)** *Gegensatz, gegensätzliche Relation sprachlicher Gebilde* (z. B. warm – kalt); **b)** *paradigmatische Beziehungen sprachlicher Einheiten, die in gleicher Umgebung auftreten können u. sich dann gegenseitig ausschließen* (z. B. grünes Tuch/rotes Tuch). **5.** (Anat.) *Gegenstellung des Daumens zu den anderen Fingern.* **6.** (Schach) *Stellung, bei der sich die beiden Könige auf derselben Linie od. Reihe so gegenüberstehen, dass nur ein Feld dazwischenliegt.* **7.** (Fechten) *auf die gegnerische Klinge ausgeübter Gegendruck.*
op|po|si|ti|o|nell ⟨Adj.⟩: **1.** (bildungsspr.) *aufgrund einer gegensätzlichen Einstellung zu jmdm., etw. Widerstand leistend [od. erkennen lassend]:* -e Kreise; eine -e Zeitung; o. eingestellte Jugendliche; ⟨subst.:⟩ Gruppen von Oppositionellen. **2.** [nach engl. oppositional] *die Opposition* (2) *betreffend, dazu gehörend:* -e Parteien.
Op|po|si|ti|ons|bank, die ⟨Pl. ...bänke⟩: *Platz für Parlamentarier, die der Opposition* (2) *angehören:* der abgelöste Regierungschef muss jetzt die O. drücken.
Op|po|si|ti|ons|bünd|nis, das: *Bündnis zwischen Parteien, die der Opposition* (2) *angehören.*
Op|po|si|ti|ons|chef, der: *Politiker, der die stärkste Oppositionspartei anführt.*
Op|po|si|ti|ons|che|fin, die: w. Form zu ↑ Oppositionschef.
Op|po|si|ti|ons|frak|ti|on, die: *Parlamentsfraktion einer Oppositionspartei.*
Op|po|si|ti|ons|füh|rer, der: *Führer der Oppositionspartei.*
Op|po|si|ti|ons|füh|re|rin, die: w. Form zu ↑ Oppositionsführer.
Op|po|si|ti|ons|geist, der ⟨o. Pl.⟩: *oppositionelle* (1) *geistige Haltung.*
Op|po|si|ti|ons|grup|pe, die: *Personengruppe, die sich organisiert hat, um die Politik der amtierenden Regierung zu kritisieren [u. dagegen vorzugehen]:* eine mächtige, radikale, bewaffnete O.

Op|po|si|ti|ons|kan|di|dat, der: *jmd., der von einer Oppositionspartei od. -gruppe als Kandidat für ein [wichtiges] politisches Amt vorgesehen ist.*
Op|po|si|ti|ons|kan|di|da|tin, die: w. Form zu ↑ Oppositionskandidat.
Op|po|si|ti|ons|par|tei, die: *Partei der Opposition* (2).
Op|po|si|ti|ons|po|li|tik, die ⟨o. Pl.⟩: *von den Oppositionsparteien verfolgte, gegen die amtierende Regierung gerichtete Politik.*
Op|po|si|ti|ons|po|li|ti|ker, der: *Politiker der Opposition* (2).
Op|po|si|ti|ons|po|li|ti|ke|rin, die: w. Form zu ↑ Oppositionspolitiker.
Op|po|si|ti|ons|rol|le, die: *Rolle* (5 b) *einer Oppositionspartei od. -gruppe: nach der Wahl fand sich die Regierungspartei plötzlich in der O. wieder.*
Op|po|si|ti|ons|wort, das ⟨Pl. ...wörter⟩ (Sprachwiss.): *Gegensatzwort.*
O. Pr.: ↑ O. P.
OP-Saal, der: kurz für ↑ Operationssaal.
OP-Schwes|ter, die: kurz für ↑ Operationsschwester.
Op|tant, der; -en, -en [zu lat. optans (Gen.: optantis), 1. Part. von: optare, ↑ optieren]: *jmd., der (für etw.) optiert, eine Option ausübt.*
Op|tan|tin, die; -, -nen: w. Form zu ↑ Optant.
Op|ta|tiv, der; -s, -e (Sprachwiss.): **a)** *Modus* (2), *der einen Wunsch, die Möglichkeit eines Geschehens bezeichnet; Wunschform;* **b)** *Verb im Optativ* (a).
op|tie|ren ⟨sw. V.; hat⟩ [lat. optare = wählen]: **1.** *sich für etw. aussprechen, entscheiden:* die Bewohner der abgetretenen Gebiete haben damals für Polen optiert. **2.** (Rechtsspr., Wirtsch.) *von einer Option* (2) *Gebrauch machen:* Übersetzungsrechte o.; auf ein Grundstück o.
Op|tik, die; -, -en [lat. optica (ars) < griech. optikḗ (téchnē) = das Sehen betreffend (Kunst); optikós, ↑ optisch]: **1.** ⟨o. Pl.⟩ *Wissenschaft vom Licht, seiner Entstehung, Ausbreitung u. seiner Wahrnehmung:* die O. einer Kamera. **3.** ⟨o. Pl.⟩ *optische Darstellung in einer bestimmten Weise:* die einprägsame O. eines Films; Ü etw. in subjektiver O. (Sehweise) wiedergeben. **4.** ⟨o. Pl.⟩ *einen bestimmten optischen Eindruck, eine optische Wirkung vermittelndes äußeres Erscheinungsbild:* die O. von etw. betonen; ein Kostüm in reizvoller O.
Op|ti|ker, der; -s, -: *Fachmann für Anfertigung, Prüfung, Wartung u. Verkauf von optischen Geräten* (Berufsbez.).
Op|ti|ke|rin, die; -, -nen: w. Form zu ↑ Optiker.
Op|ti|ma: Pl. von ↑ Optimum.
op|ti|mal ⟨Adj.⟩ [zu ↑ Optimum]: *(unter den gegebenen Voraussetzungen, im Hinblick auf ein zu erreichendes Ziel) bestmöglich; so günstig wie nur möglich:* eine -e [Motor]leistung; -e Messgeräte; -er Schutz; ein -e Zeitpunkt; einen Kunden o. beraten.
op|ti|mie|ren ⟨sw. V.; hat⟩ (bildungsspr.): **a)** *optimal gestalten: die Erziehung in der Gruppe o.;* (Math.:) *eine Funktion o.;* **b)** ⟨o. + sich⟩ *sich optimal gestalten:* die Kosten haben sich optimiert.
Op|ti|mie|rung, die; -, -en (bildungsspr.): *das Optimieren, das Optimiertwerden:* die O. der Kommunikation.
Op|ti|mis|mus, der; - [nach frz. optimisme, zu lat. optimus, ↑ Optimum]: **a)** *Lebensauffassung, die alles von der besten Seite betrachtet; heitere, zuversichtliche, lebensbejahende Grundhaltung:* sich seinen O. bewahren; **b)** *zuversichtliche, durch positive Erwartung*

bestimmte Haltung angesichts einer Sache, hinsichtlich der Zukunft: übertriebener, verhaltener, gedämpfter O.; **c)** *philosophische Auffassung, wonach die bestehende Welt die beste aller möglichen Welten ist, in der Welt alles gut u. vernünftig ist od. sich zum Besseren entwickelt:* der fortschrittsgläubige O. der Aufklärung.
Op|ti|mist, der; -en, -en: *von Optimismus erfüllter Mensch:* ein unverbesserlicher O. sein; du bist vielleicht ein O.! *(du unterschätzt die sich ergebenden Schwierigkeiten o. Ä.).*
Op|ti|mis|tin, die; -, -nen: w. Form zu ↑ Optimist.
op|ti|mis|tisch ⟨Adj.⟩: **a)** *von Optimismus* (a) *erfüllt:* ein stark -er Grundzug lag in ihrem Wesen; **b)** *von Optimismus* (b) *erfüllt od. eine entsprechende Haltung ausdrückend:* eine -e Umschreibung; diese Prognose ist mir zu o.; diese Nachricht hatte mich wieder recht o. gestimmt; Ich las immer erst die Zeitungen, die waren für die Kapitäne ausgelegt. »Der Morgen«, »Neue Zeit«, »Neues Deutschland«, »Freier Bauer«: sehr -e Namen (Kempowski, Uns 244).
Op|ti|mum, das; -s, ...ma [lat. optimum, Neutr. von: optimus = Bester, Hervorragendster, Sup. von: bonus = gut]: **1.** *(unter den gegebenen Voraussetzungen, im Hinblick auf ein Ziel) höchstes erreichbares Maß, höchster erreichbarer Wert:* das Gerät bietet ein O. an Präzision, Leistung. **2.** (Biol.) *günstigste Umweltbedingungen für ein Lebewesen.*
Op|ti|on, die; -, -en [lat. optio = freier Wille, Belieben]: **1. a)** *das Optieren* (1): die O. für einen Staat; **b)** *Möglichkeit, Wahlmöglichkeit:* alle -en offenhalten; zwischen verschiedenen -en wählen. **2.** (Rechtsspr., Wirtsch.) *Vorkaufsrecht; Vorrecht, etw. zu festgelegten Bedingungen innerhalb einer bestimmten Frist zu erwerben, zu beziehen:* eine O. auf etw. haben. **3.** (kath. Kirche) *Recht der Kardinäle u. Kanoniker, in eine frei werdende Würde* (2) *aufzurücken.*
op|ti|o|nal ⟨Adj.⟩ [engl. optional] (Fachspr.): *nicht zwingend; fakultativ.*
op|ti|o|nie|ren ⟨sw. V.; hat⟩ (Wirtsch.): *eine Option auf etw. erwerben:* einen Roman (für die Verfilmung) o.
Op|ti|ons|an|lei|he, die (Wirtsch.): *Schuldverschreibung, die den Inhaber innerhalb einer bestimmten Frist dazu berechtigt, Aktien zu einem bestimmten festgelegten Kurs zu erwerben.*
Op|ti|ons|ge|schäft, das (Börsenw.): *Form des Termingeschäftes, bei dem Optionen* (2) *auf Aktien ge- od. verkauft werden.*
Op|ti|ons|mo|dell, das (Politik): *(seit 2005 für die Dauer von sechs Jahren geltende) Möglichkeit einer begrenzten Zahl von Kommunen, anstelle der Bundesagentur für Arbeit selbst die Aufgabe der Vermittlung von Langzeitarbeitslosen zu übernehmen.*
Op|ti|ons|recht, das; -[e]s (Rechtsspr., Wirtsch.): *[zeitlich befristetes] Recht, etw. Bestimmtes zu vorher festgelegten Bedingungen zu kaufen.*
Op|ti|ons|schein, der (Wirtsch.): *Urkunde, in der bei Optionsanleihen das Recht auf den Bezug von Aktien verbrieft ist.*
op|tisch ⟨Adj.⟩ [griech. optikós = das Sehen betreffend]: **1.** *die Optik* (1), *die Technik des Sehens betreffend, darauf beruhend:* -e Eindrücke; o. [nicht] wahrnehmbar sein; o. vergrößernde Instrumente; dieser Vorgang wird o. signalisiert. **2.** *die Wirkung auf den Betrachter betreffend: die optische Gestaltung eines Raumes; dadurch wirkt der Raum o. größer, weiter.*
Op|to|elek|t|ro|nik, die; -: *Teilgebiet der Elektronik, das die auf der Wechselwirkung von Optik u. Elektronik beruhenden physikalischen Effekte*

zur Herstellung besonderer elektronischer Schaltungen ausnutzt.

op|to|elek|t|ro|nisch ⟨Adj.⟩: *die Optoelektronik betreffend, auf ihren Prinzipien beruhend.*

Op|to|me|ter, das; -s, - [↑-meter (1)] (Med.): *Gerät zur Messung der Sehweite.*

Op|to|me|t|rie, die; - [↑-metrie] (Med.): **1.** *Messung der Sehweite mithilfe eines Optometers.* **2.** *Prüfung der optimalen Sehschärfe durch Vorsetzen von unterschiedlichen Linsen.*

Op|t|ro|nik, die; -: *kurz für ↑Optoelektronik.*

opu|lent ⟨Adj.⟩ [lat. opulentus, zu: ops = Macht, Vermögen] (bildungsspr.): **a)** *(von Essen u. Trinken) sehr reichlich u. von vorzüglicher Qualität:* ein -es Mahl; o. speisen; **b)** *mit großem Aufwand [gestaltet]; üppig:* ein -er Katalog; die Gage war nicht gerade o.; ein o. ausgestatteter Raum.

Opu|lenz, die; - (bildungsspr.): *opulente Art.*

Opun|tie [...tsi̯ə], die; -, -n [nach der antiken griech. Stadt Opoûs (Gen.: Opoûntos) in Lokris, weil eine Art im ganzen östlichen Griechenland wild wuchs]: *(in vielen Arten verbreiteter) baum- od. strauchartiger Kaktus mit kleinen, rasch abfallenden Blättern u. meist gelben od. roten trichterförmigen Blüten; Feigenkaktus.*

Opus, das; -, Opera [lat. opus = Arbeit; erarbeitetes Werk]: **a)** *künstlerisches (bes. musikalisches, literarisches) od. auch wissenschaftliches Werk:* das neueste O. der Schriftstellerin; O. posthumum/(auch:) postumum *(nachgelassenes [Musik]werk)* (Abk.: Op. posth.); **b)** *musikalisches Werk (in Verbindung mit einer Zahl zur Kennzeichnung der chronologischen Reihenfolge der Werke eines Komponisten):* Beethovens Streichquartette O. 18, [Nummer] 1–6 (Abk.: op.).

OR = Obligationenrecht.

Ora, die; - [ital. ora < lat. aura = das Wehen; Luftzug, -hauch]: *Südwind auf der Nordseite des Gardasees.*

ora et la|bo|ra [lat.] (bildungsspr.): *bete und arbeite!* (alte Mönchsregel).

Ora|kel, das; -s, - [lat. oraculum, eigtl. = Sprechstätte, zu: orare = beten; sprechen]: **a)** *Stätte (bes. im alten Griechenland), wo bestimmte Personen (Priester, Seherinnen) Weissagungen verkündeten od. [rätselhafte, mehrdeutige] Aussagen über etw. machten:* das O. von Delphi; das, ein O. befragen; **b)** *durch das Orakel (a) erhaltene Weissagung, [rätselhafte, mehrdeutige] Aussage über etw.:* sich O. verschaffen; ein O. deuten, falsch auslegen; Ü in -n *(Rätseln, dunklen Andeutungen)* sprechen.

ora|kel|haft ⟨Adj.⟩: *in der Art eines Orakels* (b); *rätselhaft.*

ora|keln ⟨sw. V.; hat⟩ (ugs.): *in der Art eines Orakels (b) in dunklen Vermutungen u. Andeutungen von etw. [Kommendem] sprechen; weissagen:* sie orakelten, dass ...; er orakelte über die Zukunft.

Ora|kel|spruch, der: *Orakel* (1 b).

Ora|kel|stät|te, die: *Orakel* (1 a).

oral ⟨Adj.⟩ [zu lat. os (Gen.: oris) = Mund]: **1. a)** (Med.) *durch den Mund zu verabreichend:* -e Verhütungsmittel; **b)** (Anat.) *zum Mund gehörend, den Mund betreffend:* die -e Phase (Psychoanalyse; *der analen Phase vorausgehende, durch Lustgewinn im Bereich des Mundes gekennzeichnete erste Phase der Libidoentwicklung*). **2.** (Sprachwiss.) *(von Lauten) mit nach oben geschlossenem Gaumensegel, zwischen Lippen u. Gaumenzäpfchen artikuliert.* **3.** (Sexualkunde) *mit dem Mund [geschehend]:* -er Verkehr; mit jmdm. o. verkehren. **4.** (Fachspr.) *mündlich (im Unterschied zu schriftlich):* -e Überlieferung.

oral-ge|ni|tal ⟨Adj.⟩ (Sexualkunde): *die Berührung u. Stimulierung der Genitalien mit dem Mund betreffend.*

Oral His|to|ry [ˈɔːrəl ˈhɪstəri], die; -- [engl. oral history, aus: oral = mündlich u. history = Geschichte]: *Geschichte, Geschichtswissenschaft, die sich mit der Befragung lebender Zeug(inn)en befasst.*

Oral Po|e|t|ry [ˈɔːrəl ˈpoʊɪtri], die; --: *mündlich tradierte, schriftlose Sprachkunst (als Vorstufe literarischer Erzählkunst).*

Oral|sex, der (ugs.): *Oralverkehr.*

Oral|ver|kehr, der (Sexualkunde): *oraler (3) Geschlechtsverkehr.*

oran|ge [oˈrɑ̃ːʒə, oˈrãːʃ, auch: oˈrɑŋʒə, auch: oˈrɑŋʃ] ⟨Adj.⟩ [frz. orange]: *von der Farbe der ²Orange:* ein orange/oranges [...ʒəs] Kleid; o. Blüten; der Untergrund ist o.

¹Oran|ge, das; -, -, ugs.: -s: *Farbe der ²Orange.*

²Oran|ge [oˈrɑ̃ːʒə, auch: oˈrɑŋʒə], die; -, -n [(älter:) Orangeapfel < niederl. oranjeappel < frz. (pomme d')orange, viell. unter volksetym. Anlehnung an: or = Gold (wegen des goldgelben Aussehens der Früchte) < span. naranja < arab. nāranǧ = bittere Orange, aus dem Pers.]: *rötlich gelbe, runde Zitrusfrucht mit saftreichem, wohlschmeckendem Fruchtfleisch u. dicker Schale; Frucht des Orangenbaums; Apfelsine.*

Oran|gea|de [orɑ̃ˈʒaːdə, auch: orɑŋˈʒaːdə], die; -, -n [frz. orangeade]: *[mit Kohlensäure versetztes] Erfrischungsgetränk aus Orangensaft, Zitronensaft, Wasser u. Zucker.*

Oran|geat [...ˈʒaːt], das; -s, (Sorten:) -e [frz. orangeat]: *[zum Backen verwendete, in Würfel geschnittene] kandierte Orangenschale.*

oran|ge|far|ben, oran|ge|far|big ⟨Adj.⟩: *orange.*

oran|ge|gelb ⟨Adj.⟩: *von orangefarbenem Gelb.*

oran|gen [oˈrɑ̃ːʒn̩, oˈrɑŋʒn̩] ⟨Adj.⟩ (ugs.): *orange:* der Himmel färbt sich o.

Oran|gen|baum, der: *kleiner Baum mit länglich-eiförmigen Blättern u. weißen Blüten mit Orangen als Früchten.*

Oran|gen|blü|ten|öl, das: *Neroliöl.*

oran|gen|far|ben, oran|gen|far|big ⟨Adj.⟩: *orangefarben.*

Oran|gen|haut, die (o. Pl.) (Med.): **1.** *orangefarbene Haut.* **2.** *Haut mit apfelsinenschalenähnlicher Oberfläche.*

Oran|gen|juice [...dʒuːs], der od. das; -, -s [↑Juice] (bes. österr.): *Orangensaft.*

Oran|gen|mar|me|la|de, die: *Marmelade aus Orangen.*

Oran|gen|saft, der: *ausgepresster Saft von Orangen.*

Oran|gen|scha|le, die: *Schale der Orange.*

Orange Pe|koe [ˈɔrɪndʒ ˈpiːkoʊ], der; -- [engl. orange pekoe, aus dem Chin.]: *indische Teesorte aus den größeren, von der Zweigspitze aus gesehen zweiten u. dritten Blättern der Teepflanze.*

Oran|ge|rie [orɑ̃ʒəˈriː, auch: orɑŋʒə...], die; -, -n [frz. orangerie]: *[in die Anlage barocker Schlösser einbezogenes] Gewächshaus in Parkanlagen des 17. u. 18. Jh.s zum Überwintern von exotischen Gewächsen, bes. Orangenbäumen.*

oran|ge|rot ⟨Adj.⟩: *von orangefarbenem Rot.*

Orang-Utan, der; -s, -s [malai. orang (h)utan = Waldmensch]: *(in den Regenwäldern Borneos u. Sumatras auf Bäumen lebender) Menschenaffe mit kurzen Beinen, langen Armen u. langhaarigem, dichtem braunem Fell.*

ora pro no|bis [lat.]: *bitte für uns!* (in der katholischen Liturgie formelhafte, an Maria u. die Heiligen gerichtete Bitte in Litaneien).

Ora|ti|on, die; -, -en [(kirchen)lat. oratio = Gebet, eigtl. = Rede] (kath. Kirche): *formal strenges Abschlussgebet des Priesters nach allgemeinen Gebeten u. Gesängen.*

ora|to|risch ⟨Adj.⟩: **1.** (bildungsspr.) *jmds. Fähigkeiten als Redner zum Ausdruck bringend [ohne eine andere Funktion od. Bedeutung zu haben]:* eine rein -e Leistung. **2.** *in der Art eines Oratoriums* (1).

Ora|to|ri|um, das; -s, ...ien [kirchenlat. oratorium = Bethaus, zu lat. orare = beten; das Musikwerk war urspr. zur Aufführung in der Kirche bestimmt]: **1. a)** (o. Pl.) *Gattung von opernartigen Musikwerken ohne szenische Handlung mit meist religiösen od. episch-dramatischen Stoffen;* **b)** *einzelnes Werk der Gattung Oratorium* (1 a): ein O. von Händel, von Strawinsky. **2. a)** *[Haus]kapelle;* ◆ ...die alte Frau ging auf den Geistlichen zu ... und verschwand in ihrem O. (Ebner-Eschenbach, Gemeindekind 137); **b)** *gegen den Hauptraum durch Fenster abgeschlossene Chorempore für Kirchenbesucher innerhalb des hohen Standes.* **3. a)** *Betsaal, Versammlungsort, Niederlassung der Oratorianer;* **b)** ⟨o. Pl.⟩ *Gesamtheit der Oratorianer.*

ORB [oˈɛrˈbeː], der; -[s]: *Ostdeutscher Rundfunk Brandenburg.*

Or|bis, der; - [lat. orbis]: **1.** *lat. Bezeichnung für:* ↑Kreis: O. Terrarum *(Erdkreis, wohnliche Erde).* **2.** (Astrol.) *Umkreis od. Wirkungsbereich, der sich aus der Stellung der Planeten zueinander ergibt.*

Or|bit, der; -s, -s [engl. orbit < lat. orbita = (Kreis)bahn] (Raumfahrt): *elliptische Umlaufbahn eines Satelliten, einer Rakete o. Ä. um einen größeren Himmelskörper.*

or|bi|tal ⟨Adj.⟩ [engl. orbital] (Raumfahrt): *den Orbit betreffend.*

Or|bi|tal, das; -s, -e [engl. orbital] (Physik, Quantenchemie): **a)** *Bereich, Umlaufbahn um den Atomkern od. um die Atomkerne eines Moleküls;* **b)** ⟨o. Pl.⟩ *energetischer Zustand eines Elektrons innerhalb der Atomhülle.*

Or|bi|tal|bahn, die: *Orbit.*

Or|bi|tal|ra|ke|te, die (Militär): *Interkontinentalrakete, die in ihrer Flugstrecke nur einem Abschnitt der Erdumlaufbahn zurücklegt.*

Or|bi|tal|sta|ti|on, die: *Raumstation.*

Or|bi|ter, der; -s, - [engl. orbiter] (Raumfahrt): *Teil eines Raumflugsystems, der in einen Orbit gebracht wird.*

Or|ca, der; -s, -s: *Schwertwal.*

Or|ches|ter [ɔrˈkɛstɐ, auch, bes. österr.: ...çɛs...], das; -s, - [ital. orchestra, frz. orchestre < lat. orchestra = für die Senatoren bestimmter Ehrenplatz vorn im Theater; Erhöhung auf der Vorderbühne, auf der die Musiker u. Tänzer auftreten < griech. orchḗstra = Orchestra (a), eigtl. = Tanzplatz, zu: orcheîsthai = tanzen, hüpfen, springen]: **1.** *größeres Ensemble* (1 a) *aus Instrumentalisten, in dem bestimmte Instrumente mehrfach besetzt sind u. das unter der Leitung eines Dirigenten spielt:* ein großes O.; das O. spielt in voller Besetzung; ein O. dirigieren; die Mitglieder eines -s; Werke für O. *(Orchesterbesetzung)* schreiben; Was aber die stärkste Anziehungskraft für mich ausübte, waren die Konzerte, die täglich von einem wohlgeschulten O. dem Badepublikum dargeboten wurden (Th. Mann, Krull 25). **2.** *Orchestergraben.*

Or|ches|ter|be|glei|tung, die: *Begleitung* (2 b) *für Orchester.*

Or|ches|ter|be|set|zung, die: *Besetzung eines Orchesters im Hinblick auf Art u. Anzahl der Instrumente.*

Or|ches|ter|gra|ben, der: *in einem Opernhaus o. Ä. zwischen Bühne u. Publikum eingelassener Raum für das Orchester.*

Or|ches|ter|in|s|t|ru|ment, das: *Instrument, das vorwiegend im Orchester eingesetzt wird.*

Or|ches|ter|lei|ter, der: *Leiter eines Orchesters; Dirigent.*

Or|ches|ter|lei|te|rin, die: w. Form zu ↑ Orchesterleiter.

Or|ches|ter|mu|sik, die ⟨Pl. selten⟩: **a)** *für die Aufführung, Interpretation durch ein Orchester komponierte Musik;* **b)** *von einem Orchester aufgeführtes, interpretiertes musikalisches Werk.*

Or|ches|ter|mu|si|ker, der: *Musiker, der in einem Orchester spielt.*

Or|ches|ter|mu|si|ke|rin, die: w. Form zu ↑ Orchestermusiker.

Or|ches|t|ra [ɔrˈçɛstra], die; -, ...ren [griech. orchḗstra, ↑ Orchester]: **a)** *(im antiken griechischen Theater) für den Chor bestimmter halbrunder Raum zwischen Bühne u. Zuschauerreihen;* **b)** *(im Theater des 15./16. Jh.s) Raum zwischen Bühne u. Zuschauerreihen als Platz für die Hofgesellschaft;* **c)** *(im Theater des 17. Jh.s) Raum zwischen Bühne u. Zuschauerreihen als Platz für die Instrumentalisten.*

or|ches|t|ral [ɔrke..., auch: orçe...] ⟨Adj.⟩: *das Orchester betreffend, dazu gehörend, dafür typisch:* eine -e Klangfülle.

Or|ches|t|ra|ti|on, die; -, -en (Musik): **a)** *Instrumentation* (a); **b)** *Ausarbeitung einer Komposition für Orchesterbesetzung.*

Or|ches|t|ren: Pl. von ↑ Orchestra.

or|ches|t|rie|ren ⟨sw. V.; hat⟩ (Musik): **a)** *instrumentieren* (1 a): die Komposition muss orchestriert werden; **b)** *eine Komposition für Orchesterbesetzung umarbeiten:* ein Klavierquartett o.

Or|ches|t|rie|rung, die; -, -en (Musik): *das Orchestrieren; Orchestration.*

Or|ches|t|ri|on [...ç...], das; -s, ...ien [zu ↑ Orchester (1)]: *größeres mechanisches Musikinstrument [mit dem Klang von Orgel, Klavier, Geige].*

Or|chi|dee, die; -, -n [frz. orchidée, zu griech. órchis = Hoden; nach den hodenförmigen Wurzelknollen]: *(in den Tropen u. Subtropen in zahlreichen Arten vorkommende) Pflanze mit länglichen [fleischigen] Blättern, farbenprächtigen, kompliziert gebauten einzelnen od. in Ähren od. Trauben angeordneten Blüten.*

Or|chi|de|en|fach, das ⟨Jargon⟩: *ausgefallenes, ungewöhnliches u. deshalb nur von wenigen gewähltes Studienfach.*

¹Or|chis, der; -, ...ches [...çəːs] (Med.): *Hoden.*

²Or|chis, die; -, - [nach dem hodenförmigen Wurzelknollen]: *Knabenkraut.*

Or|chi|tis, die; -, ...itiden (Med.): *entzündliche Erkrankung der Hoden.*

Or|dal, das; -s, -ien [mlat. ordalium < aengl. ordāl, eigtl. = das Ausgeteilte]: *Gottesurteil.*

Or|den, der; -s, -: **1.** [mhd. orden < lat. ordo (Gen.: ordinis) = Reihe; Ordnung; Rang, Stand] *[klösterliche] Gemeinschaft, deren Mitglieder nach Leistung bestimmter Gelübde unter einem gemeinsamen Oberen bzw. einer gemeinsamen Oberin u. nach bestimmten Vorschriften leben:* der Deutsche O.; einen O. stiften, gründen; einem O. angehören, beitreten. **2.** [nach dem (Ab)zeichen, das bes. die Zugehörigkeit zu einem Orden (1) kennzeichnete] *Ehrenzeichen, Auszeichnung für besondere militärische, künstlerische, wissenschaftliche u. a. Verdienste:* einen O. stiften, tragen; jmdm. einen O. verleihen.

or|den|ge|schmückt ⟨Adj.⟩: *mit Orden dekoriert.*

Or|dens|band, das ⟨Pl. ...bänder⟩: **1.** ¹*Band* (1), an dem ein Orden (2) getragen wird. **2.** *großer Schmetterling mit leuchtend roten, gelben, blauen od. weißen, schwarz gesäumten Hinterflügeln.*

Or|dens|bru|der, der: *Mitglied eines Mönchsordens.*

Or|dens|frau, die: *Ordensschwester.*

Or|dens|geist|li|cher ⟨vgl. Geistlicher⟩: *Geistlicher, der zugleich Mitglied eines Mönchsordens ist.*

Or|dens|ge|mein|schaft, die: *Gesamtheit der Mitglieder eines Ordens* (1).

Or|dens|mann, der ⟨Pl. ...männer u. ...leute⟩: *Ordensbruder.*

Or|dens|pro|vinz, die: *Provinz* (1 a) *eines katholischen Ordens (mit eigener Leitung u. eigenem Aufgabenbereich).*

Or|dens|re|gel, die: *verschiedene Vorschriften umfassende Regel für die Mitglieder eines Ordens* (1).

Or|dens|rit|ter, der: *Mitglied eines Ritterordens.*

Or|dens|schwes|ter, die: *Mitglied eines Frauenordens.*

Or|dens|span|ge, die: *Spange am Uniformrock zum Befestigen von Orden* (2).

Or|dens|stern, der: **1.** *Orden* (2) *in Form eines Sterns.* **2.** [nach der sternförmigen Blüte] *Stapelia.*

Or|dens|tracht, die: *Tracht eines Ordens* (1).

Or|dens|ver|lei|hung, die: *Verleihung eines Ordens* (2).

¹or|dent|lich ⟨Adj.⟩ [mhd. ordenlich, ahd. (Adv.) ordenlîcho, zu ↑ Orden]: **1. a)** *auf Ordnung haltend; ordnungsliebend:* ein -er Mensch; nicht sehr o. veranlagt sein; **b)** *geordnet, in eine bestimmte Ordnung gebracht, wie es sich gehört:* ein -es Zimmer; die Bücher o. ins Regal stellen; **c)** *sorgfältig:* die Hausaufgaben o. erledigen. **2.** *den geltenden bürgerlichen Vorstellungen entsprechend; anständig, rechtschaffen:* ein netter, -er junger Mann; Er selbst hatte nie einen -en Beruf (Strauß, Niemand 101). **3.** *nach einer bestimmten Ordnung eingesetzt, erfolgend o. ä.; planmäßig:* ein -er Arbeitsvertrag; ein -es Gericht (Gericht für Straf- u. Zivilprozesse; im Unterschied zum Sondergericht). **4.** (ugs.) **a)** *richtig; wie sich jmd. etw. wünscht od. vorstellt:* ohne Musik ist das kein -es Fest; stell dich o. hin!; **b)** *gehörig, in vollem Maße:* er nahm einen -en Schluck; greif nur o. zu!; Aber nun hielt er sich schon ganz in der Nähe des stolzen Wäschereibesitzerhauses auf, mit neuen Füßen und -em Hunger (Kronauer, Bogenschütze 354); **c)** *[ganz] gut:* ein -es Mittel; seine Frau verdient ganz o.; Mein Einkommen ist zu dieser Zeit o.; es reicht für Miete und Haushalt (Frisch, Montauk 175).

²or|dent|lich ⟨Adv.⟩ [zu: ¹ordentlich] (ugs.): *geradezu, regelrecht:* ich war o. gerührt.

Or|der, die; -, -s u. -n [frz. ordre < lat. ordo, ↑ Orden]: **1.** *militärischer, dienstlicher Befehl; Anweisung:* O. geben, bekommen, haben, den Abmarsch vorzubereiten. **2.** ⟨Pl. -s⟩ *[wohl unter Einfluss von gleichbed. engl. order]* (Kaufmannsspr., Börsenw.). *Bestellung, Auftrag:* telegrafisch erteilte -s.

Or|der|buch, das (Kaufmannsspr., Börsenw.): *Buch, in dem laufende Aufträge verzeichnet werden; Auftragsbuch.*

Or|der|ein|gang, der (Kaufmannsspr.): *Eingang* (4 a) *von Aufträgen, Bestellungen.*

or|dern ⟨sw. V.; hat⟩ [wohl unter Einfluss von gleichbed. engl. to order] (Kaufmannsspr.): *einer Firma o. Ä. einen Auftrag über eine bestimmte [größere] Menge, Anzahl von etw. erteilen; (eine Ware) bestellen:* diese Artikel wurden von Handel zügig geordert; ⟨auch ohne Akk.-Obj.:⟩ ordern Sie jetzt!

Or|der|pa|pier, das (Bankw.): *Wertpapier, in dem der Berechtigte einen andern als Berechtigten benennt.*

Or|di|na|le, das; -[s], ...lia ⟨meist Pl.⟩ [spätlat. (nomen) ordinale, eigtl. = eine Ordnung anzeigend(es Wort)]: *Ordinalzahl.*

Or|di|nal|zahl, die; -, -en: *Zahl, die die Reihenfolge kennzeichnet, die Stelle, an der etw. in einer nach bestimmten Gesichtspunkten geordneten Menge steht.*

or|di|när ⟨Adj.⟩ [frz. ordinaire = gewöhnlich, ordentlich < lat. ordinarius, ↑ Ordinarius]: **1. a)** *(meist abwertend) in seinem Benehmen, seiner Ausdrucksweise, Art sehr unfein, die Grenzen des Schicklichen missachtend:* eine -e Person; eine -e Art haben; -e Witze; sie ist ziemlich o.; jmdn. o. finden; o. lachen; Sie blieb stehen, beugte sich vor und brüllte einen -en Fluch hinter ihm her (Strauß, Niemand 169); **b)** *von schlechtem, billigem Geschmack [zeugend]:* ein -es Parfüm. **2.** (veraltend) *ganz alltäglich, ganz gewöhnlich, nicht besonders geartet:* die Möbel sind aus ganz -em Holz; Man konnte ihn nicht wie einen -en Straßenräuber in Ketten auf den Marktplatz zerren und erschlagen (Süskind, Parfum 298).

Or|di|na|ri|at, das; -[e]s, -e [zu ↑ Ordinarius]: **1.** (kath. Kirche) *oberste Verwaltungsstelle eines katholischen Bistums.* **2.** *Amt eines Professors od. einer Professorin an einer wissenschaftlichen Hochschule.*

Or|di|na|ri|um, das; -s, ...ien [mlat. ordinarium, zu lat. ordinarius, ↑ Ordinarius]: **1.** (kath. Kirche) *[handschriftliche] Gottesdienstordnung.* **2.** (Amtsspr.) *Haushalt [eines Staates, Landes, einer Gemeinde] mit den regelmäßig wiederkehrenden Ausgaben u. Einnahmen.*

Or|di|na|ri|us, der; -, ...ien: **1.** [gekürzt aus: Professor ordinarius, zu lat. ordinarius = ordentlich, zu: ordo, ↑ Orden] *Inhaber eines Lehrstuhls an einer wissenschaftlichen Hochschule.* **2.** [lat. ordinarius = zuständiger Bischof] (kath. Kirchenrecht) *Inhaber von Kirchengewalt auf territorialer Ebene (wie Papst, Diözesanbischof, Abt) od. personeller Ebene (wie der Obere eines Ordens).*

Or|di|na|te, die; -, -n [zu lat. (linea) ordinata = geordnet(e Linie); vgl. ordinieren] (Math.): *Abstand von der horizontalen Achse, der Abszisse, gemessen auf der vertikalen Achse eines rechtwinkligen Koordinatensystems.*

Or|di|na|ten|ach|se, die (Math.): *Achse eines Koordinatensystems, auf der die Ordinate abgetragen wird.*

Or|di|na|ti|on, die; -, -en [(kirchen)lat. ordinatio = Anordnung; Einsetzung (in ein Amt); Weihe eines Priesters, zu: ordinare, ↑ ordinieren]: **1. a)** (ev. Kirche) *feierliche Einsetzung eines Pfarrers in sein Amt;* **b)** (kath. Kirche) *sakramentale Weihe eines Diakons, Priesters, Bischofs.* **2.** (Med.) **a)** *ärztliche Verordnung;* **b)** (österr.) *Arztpraxis* (a); **c)** *ärztliche Sprechstunde.*

Or|di|na|ti|ons|hil|fe, die (Med. österr.): *Sprechstundenhilfe.*

Or|di|nes: Pl. von ↑ Ordo.

or|di|nie|ren ⟨sw. V.; hat⟩: **1.** [mhd. ordinieren, ordenieren = ordnen; einrichten, ausrüsten, ordinieren < (kirchen)lat. ordinare, zu lat. ordo, ↑ Orden] **a)** (ev. Kirche) *einen Pfarrer feierlich in sein Amt einsetzen;* **b)** (kath. Kirche) *zum Kleriker weihen:* jmdn. zum Priester o. **2.** (Med.) **a)** *(eine Arznei) verordnen;* **b)** *Sprechstunde halten.* ♦ **3.** *bestimmen, anordnen:* Wo ich bin, hat Ole Peters nichts zu o. (Storm, Schimmelreiter 139).

ord|nen ⟨sw. V.; hat⟩ [mhd. ordenen, ahd. ordinôn < lat. ordinare, ↑ ordinieren]: **1. a)** *(etw., was Bestandteil einer bestimmten Menge ist) in einer bestimmten Weise in eine bestimmte, für das Genannte vorgesehene Reihenfolge, Lage o. Ä. bringen; anordnen:* Bücher, Akten o.; etw. chronologisch, sorgfältig, der Größe nach, nach dem Alphabet o.; Blumen zu einem Strauß o.; das Material in die Mappen o. (nach einer

bestimmten Ordnung hineintun); Sie stand in der Küche vor dem mit schmutzigem Geschirr angehäuften Spülbecken. Sie ordnete das Geschirr in die Spülmaschine *(ordnete es ein;* Handke, Frau 69/70); **b)** *(etw., was in einem bestimmten abstrakten Zusammenhang steht) nach bestimmten Gesichtspunkten, Überlegungen, Vorstellungen o. Ä. systematisieren, übersichtlich zusammenfassen:* seine Gedanken o.; der ordnende Verstand; **c)** *(etw., was in Unordnung geraten ist) in einen ordentlichen Zustand bringen:* seinen Anzug, die Kleider o.; sie versuchte, ihr wirres Haar zu o. **2.** *in ordentlicher, angemessener, der erforderlichen, richtigen Weise regeln:* seinen Nachlass o.; (meist im 2. Part.:) *ein geordneter Geschäftsablauf sichern;* in geordneten Verhältnissen leben; ein geordneter (Militär; *planmäßiger*) Rückzug. **3.** ⟨o. + sich⟩ *sich in einer bestimmten Reihenfolge aufstellen; sich formieren:* sich zum Festzug o.; der Demonstrationszug ordnet sich; Ü alles hatte sich sinnvoll geordnet *(zusammengefügt).* ◆ **4.** *anordnen:* Weiter wurde ... für ewige Zeiten beschlossen und geordnet: ... (Hebbel, Agnes Bernauer III, 13).
Ord|ner, der; -s, - [mhd. ordenære]: **1.** *jmd., der dafür zu sorgen hat, dass etw. (z. B. eine Veranstaltung) geordnet verläuft:* die O. mussten einschreiten. **2.** *Hefter mit steifen Deckeln, breitem Rücken u. einer mechanischen Vorrichtung zum Abheften von gelochten Blättern.* **3.** (EDV) *(mit einem bestimmten Namen bezeichneter) Teil des Speicherplatzes einer Festplatte od. eines Datenträgers, in dem Dateien abgelegt werden.*
Ord|ne|rin, die; -, -nen: w. Form zu ↑ Ordner (1).
Ord|nung, die; -, -en [mhd. ordenunge, ahd. ordinunga]: **1.** ⟨o. Pl.⟩ *durch Ordnen (1) hergestellter Zustand, das Geordnetsein, ordentlicher, übersichtlicher Zustand:* eine mustergültige O.; O. machen, schaffen; sich an O. gewöhnen müssen; die Kinder zur O. erziehen *(anhalten, ordentlich zu sein);* R O. ist das halbe Leben; alles muss seine O. haben; * **etw. in O. bringen** (ugs.: *etw. [wieder] in einen brauchbaren, ordentlichen Zustand bringen.* **2.** *einen unangenehmen Vorfall o. Ä. zur Zufriedenheit aller Beteiligten klären);* **in O. sein** (ugs.: **1.** *einwandfrei 1 a sein:* ist dein Pass in O.?; das Fleisch ist nicht ganz in O.; den Verhalten war nicht in O. **2.** *gesund sein; sich wohlfühlen.* **3.** *nett, zuverlässig, sympathisch sein);* **in schönster/bester O.** (ugs.; *so, wie es sein soll; so, wie es gewünscht wird);* **in O. gehen** (ugs., *so, wie abgemacht, versprochen, auftragsgemäß erledigt werden);* **etw. [ganz] in [der] O. finden** (ugs.; *etw. für völlig richtig, angebracht halten);* **in O.!** (ugs.; *[ein]verstanden!)* **2.** ⟨o. Pl.⟩ (selten) *das Ordnen (1, 2).* **3.** ⟨o. Pl.⟩ **a)** *geordnete Lebensweise:* ein Kind braucht seine O.; aus seiner gewohnten O. herausgerissen werden; **b)** *Einhaltung der Disziplin, bestimmter Regeln im Rahmen einer Gemeinschaft:* es gelang ihnen nicht, O. in die Klasse zu bringen; * **jmdn. zur O. rufen** *(zurechtweisen, [offiziell] zur Disziplin ermahnen);* **c)** *auf bestimmten Normen beruhende u. durch den Staat mittels Verordnungen, Gesetzgebung o. Ä. durchgesetzte u. kontrollierte Regelung des öffentlichen Lebens:* Ruhe und O. stören, wiederherstellen. **4.** ⟨o. Pl.⟩ **a)** *Gesellschaftsordnung;* **b)** *Gesetz* (3): das ist, verstößt gegen jede O. **5. a)** ⟨o. Pl.⟩ *Art u. Weise, wie etw. geordnet, geregelt ist; Anordnung* (1): eine alphabetische O.; **b)** *Formation* (1) *die militärische O.* **6.** (Biol.) *größere Einheit, die aus mehreren verwandten Tier- od. Pflanzenfamilien besteht:* die O. der Raubtiere. **7.** ⟨o. Pl.⟩ (Math.) *Bestimmung mathematischer Größen, die nach bestimmten Einteilungen gegliedert sind:* Ableitungen erster O. **8.** (Mengenlehre) *Struktur einer geordneten Menge* (2). **9.** ⟨o. Pl.⟩ *bestimmte Stufe einer nach qualitativen Gesichtspunkten gegliederten Reihenfolge:* Straßen dritter O.; * **erster O.** (ugs.; *von höchstem Grad, von bes. gründlicher Art:* ein Ärgernis erster O.).

Ord|nungs|amt, das: **a)** *städtische Behörde, für die Erfassung aller für die ordnungsgemäße Regelung des öffentlichen Lebens notwendigen Daten, Angaben o. Ä. u. für die Ausgabe von entsprechenden Ausweisen, Genehmigungen o. Ä. zuständig ist;* **b)** *Gebäude, in dem ein Ordnungsamt* (a) *untergebracht ist.*
Ord|nungs|be|hör|de, die: *[von der Polizei unabhängige] Behörde, die für öffentliche Sicherheit u. Gefahrenabwehr zuständig ist:* die zuständigen -n hatten die Demonstration nicht genehmigt.
Ord|nungs|dienst, der: **a)** *Tätigkeit eines Ordners* (1); **b)** *jmd., der den Ordnungsdienst* (a) *übernommen hat.*
Ord|nungs|geld, das (Rechtsspr.): *Geldstrafe für eine Ordnungswidrigkeit:* ein O. festsetzen; mit einem O. ahnden.
ord|nungs|ge|mäß ⟨Adj.⟩: *einer bestimmten Ordnung entsprechend, wie vorgesehen:* etw. o. anmelden.
ord|nungs|hal|ber ⟨Adv.⟩: *um der Form zu genügen, wie es sich gehört.*
Ord|nungs|hü|ter, der (meist scherzh.): *Polizeibeamter.*
Ord|nungs|hü|te|rin, die: w. Form zu ↑ Ordnungshüter.
Ord|nungs|kraft, die ⟨meist Pl.⟩: *jmd., der in bestimmten Bereichen für die Wahrung u. Wiederherstellung der öffentlichen Ordnung u. Sicherheit zuständig ist:* die Ordnungskräfte mussten den Saal räumen.
Ord|nungs|lie|be, die: *ausgeprägte Neigung, Ordnung* (1) *zu halten.*
ord|nungs|lie|bend ⟨Adj.⟩: *voller Ordnungsliebe, sehr ordentlich.*
Ord|nungs|macht, die (Politik): *staatliche Institution* (1), *die für die Aufrechterhaltung u. Verteidigung der bestehenden Ordnung* (3 c) *zuständig ist:* bes. Polizei, Militär u. Ä.
ord|nungs|mä|ßig ⟨Adj.⟩: **1.** *nach einer bestimmten Ordnung:* verschiedene Arten von Pflanzen o. einteilen. **2.** (ugs.) *ordnungsgemäß.*
Ord|nungs|po|li|tik, die (Politik, Wirtsch.): *Gesamtheit der politischen Maßnahmen, mit denen die rechtlichen Rahmenbedingungen der Wirtschaft* (1) *festgelegt od. verändert werden:* eine liberale, soziale O.
ord|nungs|po|li|tisch ⟨Adj.⟩ (Politik, Wirtsch.): *die Ordnungspolitik betreffend, zu ihr gehörend, auf ihr beruhend:* ein -er Eingriff in den freien Wettbewerb.
Ord|nungs|po|li|zei, die: *Verkehrs- u. Vollzugspolizei.*
Ord|nungs|prin|zip, das: *Prinzip, nach dem etw. geordnet ist, das einer bestimmten Ordnung zugrunde liegt.*
Ord|nungs|ruf, der: *offizielle Ermahnung zur Disziplin, Zurechtweisung eines Versammlungsteilnehmers durch den Vorsitzenden.*
Ord|nungs|sinn, der ⟨o. Pl.⟩: *ausgeprägtes Gefühl, Verständnis für Ordnung* (1).
Ord|nungs|stra|fe, die (Rechtsspr.): *[Geld]strafe für eine Ordnungswidrigkeit.*
ord|nungs|wid|rig ⟨Adj.⟩ (Rechtsspr.): *gegen eine Verordnung, amtliche Vorschrift verstoßend:* -es Verhalten im Verkehr.
Ord|nungs|wid|rig|keit, die (Rechtsspr.): *ordnungswidriges Verhalten.*
Ord|nungs|zahl, die: *Ordinalzahl.*
Or|do, der; -, Ordines [...ne:s] [lat. ordo, ↑ Orden]: **1.** *(im antiken Rom) Stand, Klasse* (2). **2.** ⟨o. Pl.⟩ (Biol.) *verwandte Familien zusammenfassende Einheit.* **3.** *Ordination* (1 b).
Or|do|nanz: ↑ Ordonnanz.
Or|don|nanz, Ordonanz, die; -, -en [frz. ordonnance, zu: ordonner < lat. ordinare, ↑ ordinieren] (Militär): *Offiziersanwärter, der im Offizierskasino bedient.*
Or|do|vi|zi|um, das; -s [nach dem kelt. Volksstamm der Ordovices im heutigen nördlichen Wales wegen der dort gemachten Funde] (Geol.): *auf das Kambrium folgende Formation des Paläozoikums.*
Or|d|re ['ɔrdə], die; -, -s: frz. Form von ↑ Order.
Öre, das; -s, -, auch: die; -, - [dän., norw. øre, schwed. öre < lat. (nummus) aureus = Golddenar]: *Währungseinheit in Dänemark, Norwegen u. Schweden* (100 Öre = 1 Krone).
Ore|ga|no, Origano, der; - [span. orégano, ital. origano < lat. origanum < griech. oríganon]: *als Gewürz verwendete getrocknete Blätter u. Zweigspitzen des Oreganums.*
Ore|ga|num, Origanum, das; -[s]: *Dost, Wilder Majoran.*
Ore|gon ['ɔrɪgən], -s: *Bundesstaat der USA.*
Öre|sund, der; -[e]s: *Meerenge zwischen Dänemark u. Schweden.*
ORF [oːɛrˈɛf], der; -[s]: *Österreichischer Rundfunk.*
Or|gan, das; -[e]s, -e [lat. organum = Werkzeug, (Musik)instrument, Orgel < griech. órganon, auch = Körperteil]: **1.** *aus verschiedenen Geweben zusammengesetzter einheitlicher Teil des menschlichen, tierischen u. pflanzlichen Körpers mit einer bestimmten Funktion* (1 a): *die inneren -e; ein lebenswichtiges, empfindliches, gesundes O.; ein natürliches O. durch ein künstliches ersetzen;* ein O. verpflanzen, spenden, einpflanzen; * **ein O. für etw. haben** (*zugänglich, empfänglich für etw. sein).* **2.** (ugs.) *Stimme:* ein lautes, schrilles, angenehmes O. haben. **3.** ⟨Pl. selten⟩ [wohl nach frz. organe] (bildungsspr.) *Zeitung od. Zeitschrift, in der die offizielle Auffassung, der [politische] Standpunkt einer bestimmten Partei, eines bestimmten [Interessen]verbandes o. Ä. dargelegt wird:* das wöchentlich erscheinende O. der Gewerkschaft. **4.** [wohl nach frz. organe] (bildungsspr.) *[offizielle] Einrichtung od. [offiziell beauftragte] Person mit einer bestimmten Funktion als Teil eines größeren Ganzen:* ein übergeordnetes, ausführendes, beratendes O.; ein O. der Rechtspflege; -e der Gesetzgebung. ◆ **5.** *Werkzeug, Hilfsmittel:* Ü ... soll ich dem Blutgericht zum O. *(Handlanger* 2, *Büttel* 3) *dienen, soll ich das Vertrauen des unglücklichen Menschen missbrauchen* (E. T. A. Hoffmann, Fräulein 43); Die Richter! ... Sind es etwa ... Verworfne, schamlose Zungendrescher, ... die sich zum O. der Unterdrückung willig dingen lassen (Schiller, Maria Stuart I, 7).
Or|gan|bank, die ⟨Pl. ...banken⟩ (Med.): *Einrichtung, die der Aufbewahrung u. Abgabe von Organen* (1) *od. Teilen davon für Transplantationen dient.*
Or|ga|nell, das; -s, -en, **Or|ga|nel|le,** die; -, -n [zu ↑ Organ] (Biol.): **a)** *in seiner Bedeutung mit einem Organ* (1) *vergleichbares Gebilde des Zellplasmas eines Einzellers;* **b)** *Feinstruktur einer tierischen od. pflanzlichen Zelle.*
Or|gan|emp|fän|ger, der (Med.): *jmd., dessen eigenes erkranktes Organ* (1) *operativ durch ein fremdes gesundes ersetzt wird.*
Or|gan|emp|fän|ge|rin, die: w. Form zu ↑ Organempfänger.
Or|gan|ent|nah|me, die (Med.): *operative Entnahme eines Organs.*
Or|gan|fett, das (Biol., Med.): *Fett, das für den Zellstoffwechsel notwendig ist; Zellfett.*

Organfunktion – Orientale

Or|gan|funk|ti|on, die (Med.): *Funktion* (1 a) *eines Organs, von Organen.*
Or|gan|han|del, der: *[illegaler] Handel mit Spenderorganen:* O. ist ein professionell organisiertes Geschäft.
Or|ga|ni|gramm, das; -s, -e [Kunstwort, ↑ -gramm]: **1.** *Schema in Form eines Stammbaums, das den Aufbau einer (wirtschaftlichen, politischen o. Ä.) Organisation erkennen lässt u. über Einteilung der Arbeit od. über die Zuweisung bestimmter Aufgabenbereiche an bestimmte Personen Auskunft gibt.* **2.** *Organogramm* (1).
Or|ga|ni|sa|ti|on, die; -, -en [frz. organisation, zu: organiser, ↑ organisieren]: **1.** ⟨o. Pl.⟩ *das Organisieren* (1): eine reibungslose O.; ihr oblag die O. der Veranstaltung; das ist alles nur eine Frage der O. **2.** *der Funktionstüchtigkeit einer Institution o. Ä. dienende [planmäßige] Zusammensetzung, Struktur, Beschaffenheit:* die O. der Polizei. **3. a)** *das [Sich]zusammenschließen zur Durchsetzung bestimmter Interessen, Zielsetzungen:* die O. der Arbeiter; **b)** *einheitlich aufgebauter Verband, Zusammenschluss von Menschen zur Durchsetzung bestimmter Interessen, Zielsetzungen o. Ä.:* eine internationale, eine O. gründen, verbieten. **4.** (Med.) *selbsttätige Umwandlung abgestorbenen Körpergewebes in gesundes Gewebe.*
Or|ga|ni|sa|ti|ons|bü|ro, das: **1.** *Büro, das für die Organisation* (1) *von etw. zuständig ist.* **2.** *Büro einer Organisation* (3 b).
Or|ga|ni|sa|ti|ons|feh|ler, der: *Fehler in der Organisation* (1).
Or|ga|ni|sa|ti|ons|form, die: *Art u. Weise, wie etw. organisiert ist.*
Or|ga|ni|sa|ti|ons|grad, der: *Grad der Organisiertheit.*
Or|ga|ni|sa|ti|ons|ko|mi|tee, das: *Komitee, das für die Organisation einer [größeren] Veranstaltung zuständig ist.*
Or|ga|ni|sa|ti|ons|struk|tur, die: *Aufbau, innere Gliederung einer Organisation.*
Or|ga|ni|sa|ti|ons|ta|lent, das: **1.** *Talent zum Organisieren* (1 a): O. haben. **2.** *jmd., der Organisationstalent* (1) *besitzt:* sie ist ein O.
Or|ga|ni|sa|ti|ons|team, das: *Team, das für die Organisation einer [größeren] Veranstaltung zuständig ist.*
Or|ga|ni|sa|tor, der; -s, ...oren: **a)** *jmd., der etw. [verantwortlich] organisiert:* geschickte -en; die -en des Festivals; **b)** *jmd., der Organisationstalent besitzt:* er war ein ausgezeichneter O.
Or|ga|ni|sa|to|rin, die; -, -nen: w. Form zu ↑ Organisator.
or|ga|ni|sa|to|risch ⟨Adj.⟩: *die Organisation* (1) *von etw. betreffend:* -e Mängel; o. begabt sein.
or|ga|nisch ⟨Adj.⟩ [lat. organicus < griech. organikós = als Werkzeug dienend; wirksam]: **1. a)** (bildungsspr.) *zum Natur gehörend, ihn betreffend:* -e Substanzen; **b)** (Chemie) *die Verbindungen des Kohlenstoffs betreffend:* die -e Chemie. **2.** (Biol., Med.) *ein Organ* (1) *od. den Organismus betreffend:* ein -es Leiden; er ist o. gesund. **3.** (bildungsspr.) *einer bestimmten [natürlichen] Gesetzmäßigkeit folgend:* eine o. verlaufende Entwicklung. **4.** (bildungsspr.) *[mit etw. anderem] eine Einheit bildend; sich harmonisch in ein größeres Ganzes einfügend:* etw. fügt sich o. in etw. ein.
or|ga|nisch-bio|lo|gisch ⟨Adj.⟩ [nach einer in den 30er-Jahren in der Schweiz begründeten Wirtschaftsweise]: *(bezogen auf die Bodenbearbeitung) frischen Stallmist als Dünger verwendend, künstliche Dünger u. Herbizide vermeidend.*
or|ga|ni|sie|ren ⟨sw. V.; hat⟩ [frz. organiser, zu: organe < lat. organum, ↑ Organ]: **1. a)** *etw. sorgfältig u. systematisch vorbereiten, aufbauen; für einen bestimmten Zweck einheitlich gestalten:* eine Ausstellung o.; den Widerstand o.; es ist alles hervorragend organisiert; **b)** ⟨o. + sich⟩ *zu systematischem Aufbau gelangen:* der Widerstand organisiert sich. **2. a)** *in einer Organisation* (3 b), *einem Verband o. Ä. od. zu einem bestimmten Zweck zusammenschließen:* Mitglieder in Untergruppen o.; **b)** ⟨o. + sich⟩ *sich zur Durchsetzung bestimmter Interessen, Zielsetzungen zusammenschließen:* sich zum Widerstand o.; die Jugendlichen organisieren sich zu Banden. **3.** (ugs.) *[auf nicht ganz korrekte Art] beschaffen:* ich habe mir ein Fahrrad organisiert; er organisierte ihr ein Taxi (*beorderte es für sie her*). **4.** (Med.) *selbsttätig in gesundes Gewebe umwandeln.*
or|ga|ni|siert ⟨Adj.⟩: **1.** *sorgfältig u. systematisch vorbereitet, geplant:* eine -e Tour; das -e Verbrechen, die -e Kriminalität *(Bereich, Gesamtheit von Straftaten, die von fest in hierarchischer Ordnung zusammengeschlossenen, stark arbeitsteilig vorgehenden Personen[gruppen] begangen werden, wobei die Verwertung der Beute z. T. international erfolgt)* bekämpfen. **2.** *in einer Organisation, einem Verband o. Ä. vereint, zu einem bestimmten Zweck zusammengeschlossen:* [nicht] gewerkschaftlich -e Arbeiter.
Or|ga|ni|sie|rung, die; -, -en ⟨Pl. selten⟩: *das Organisieren; das Organisiertwerden.*
or|ga|nis|misch ⟨Adj.⟩ (bildungsspr.): *zum Organismus gehörend.*
Or|ga|nis|mus, der; -, ...men [frz. organisme]: **1. a)** *gesamtes System der Organe* (1): *der menschliche, tierische, pflanzliche O.;* **b)** ⟨meist Pl.⟩ (Biol.) *[meist tierisches od. pflanzliches] Lebewesen:* Bakterien sind winzige Organismen. **2.** (bildungsspr.) *größeres Ganzes, Gebilde, dessen Teile, Kräfte o. Ä. zusammenpassen, zusammenwirken:* ein sozialer O.
Or|ga|nist, der; -en, -en [mhd. organist(e) < mlat. organista, zu lat. organum, ↑ Organ]: *jmd., der berufsmäßig Orgel spielt* (Berufsbez.).
Or|ga|nis|tin, die; -, -nen: w. Form zu ↑ Organist.
Or|ga|ni|zer [ˈɔːɡənaɪzɐ], der; -s, - [engl.]: *Mikrocomputer, der bes. als Terminkalender sowie als Adressen- u. Telefonverzeichnis benutzt wird.*
Or|gan|kon|ser|ve, die (Med.): *konserviertes Organ* (1).
Or|gan|man|dat, das (österr. Amtsspr.): *Strafe, die von der Polizei ohne Anzeige u. Verfahren verhängt wird; Strafmandat.*
Or|ga|no|gra|fie, Organographie, die; -, -n [↑ -grafie]: **1.** (Biol., Med.) *Teilgebiet der Organologie, das sich mit der Beschreibung der äußeren Gestalt der Organe befasst.* **2.** (Musik veraltet) *Lehre vom Bau der Musikinstrumente.*
Or|ga|no|gramm, das; -s, -e [↑ -gramm]: **1.** (Psychol.) *schaubildliche Wiedergabe der Verarbeitung von Informationen im Organismus.* **2.** *Organigramm* (1).
Or|ga|no|gra|phie: ↑ Organografie.
Or|ga|no|lo|gie, die; - [↑ -logie]: **1.** (Musik) *Lehre vom Bau, von der Konstruktion von Instrumenten, insbes. von Orgeln.* **2.** (Biol., Med. veraltend) *Lehre vom Bau u. von der Funktion von Organen.*
or|ga|no|lo|gisch ⟨Adj.⟩: *die Organologie betreffend.*
Or|gan|schwund, der (Med.): *Atrophie.*
Or|gan|spen|de, die (Med.): *das Spenden eines Organs* (1) *od. Organteils für eine Transplantation.*
Or|gan|spen|der, der (Med.): *jmd., der eine Organspende leistet.*
Or|gan|spen|de|rin, die: w. Form zu ↑ Organspender.
Or|gan|straf|ver|fü|gung, die (österr. Amtsspr.): *Strafe, die von der Polizei ohne Anzeige u. Verfahren verhängt wird; Strafmandat.*
Or|gan|trans|plan|ta|ti|on, die (Med.): *Transplantation* (1) *eines Organs.*
Or|gan|über|tra|gung, die (Med.): *Organtransplantation.*
Or|gan|ver|pflan|zung, die (Med.): *Organtransplantation.*
Or|gan|za, der; -s [ital. organza;]: *steifes, sehr dünnes Gewebe aus Seide od. Chemiefasern.*
Or|gas|mus, der; -, ...men [zu grich. orgān = strotzen, schwellen; vor Liebesverlangen glühen]: *Höhepunkt der sexuellen Lust:* einen O. haben; zum O. kommen.
Or|gel, die; -, -n [mhd. orgel (organa, orgene), ahd. orgela (organa) < (kirchen)lat. organa; eigtl. = Nom. Pl. von: organum, ↑ Organ]: *meist in Kirchen aufgebautes, sehr großes Tasteninstrument mit mehreren Manualen, einer Klaviatur für die Füße u. verschieden großen Pfeifen, die Registern zugeordnet sind, die die verschiedensten Instrumente nachahmen u. die verschiedensten Klangfarben erzeugen können:* die O. setzt ein; sie spielt gut O.
Or|gel|bau|er, der; -s, -: *jmd., der Orgeln baut* (Berufsbez.).
Or|gel|bau|e|rin, die: w. Form zu ↑ Orgelbauer.
Or|gel|kon|zert, das: *Konzert* (1 a) *für Orgel u. Orchester.*
Or|gel|mu|sik, die: **a)** *für die Aufführung auf einer Orgel bestimmte, komponierte Musik;* **b)** *auf einer Orgel gespielte Musik; Orgelspiel.*
or|geln ⟨sw. V.; hat⟩: **1. a)** [mhd. orgel[e]n] *Drehorgel spielen;* **b)** (landsch. abwertend) *langweilige, erbärmliche Musik machen.* **2.** (ugs.) *tief u. brausend, gurgelnd [er]tönen:* man hörte die Geschosse o. **3.** (derb) *koitieren.* **4.** (Jägerspr.) *(vom Hirsch) brünstig schreien.*
Or|gel|pfei|fe, die: *rundes od. viereckiges [spitz zulaufendes] Rohr (aus Holz od. Metall) als Teil eines Orgelregisters, durch das ein bestimmter Ton in einer bestimmten Klangfarbe erzeugt wird:* * **[dastehen] wie die -n** (*in einer Reihe der Größe nach [dastehen]; gewöhnl. von Kindern*).
Or|gel|pro|s|pekt, der: *Prospekt* (4).
Or|gel|punkt, der (Musik): *lang ausgehaltener* (4) *Ton im Bass* (4 a).
Or|gel|re|gis|ter, das: *Register* (3 a) *einer Orgel.*
Or|gel|spiel, das: *das Spielen auf der Orgel.*
Or|gel|werk, das: *Komposition für die Orgel.*
Or|gi|as|mus, der; -, ...men [grich. orgiasmós, zu: orgiázein = ein Fest orgiastisch feiern, zu: órgia, ↑ Orgie] (bildungsspr.): *zügelloses, ausschweifendes Feiern (bes. im Hinblick auf altgriechische Feste).*
or|gi|as|tisch ⟨Adj.⟩ (bildungsspr.): *zügellos, hemmungslos:* -e Tänze.
Or|gie, die; -, -n [lat. orgia = nächtliche Bacchusfeier < grich. órgia = heilige Handlung; (geheimer) Gottesdienst]: *Fest mit hemmungslosen Ausschweifungen:* eine wilde O.; nächtliche -n feiern; Ü -n des Hasses; ... und ich will in eine O. von Sentimentalität fallen und mir leidtun und Abschied nehmen von all den herrlichen Oberflächlichkeiten des Lebens (Remarque, Triomphe 359); * **[wahre] -n feiern** (*keine Grenzen kennen, maßlos sein*).
Ori|ent [auch: oˈrɪ̯ɛnt], der; -s [mhd. ōriēnt < lat. (sol) oriens (Gen.: orientis), eigtl. = aufgehend(e Sonne), 1. Part. von: oriri = aufstehen, sich erheben; entstehen]: **1.** *vorder- u. mittelasiatische Länder:* den O. bereisen; * **der Vordere O.** *(der Nahe Osten).* **2.** (veraltet) *Osten.*
Ori|en|ta|le, der; -n, -n: *Bewohner des Orients* (1).

Orientalin – Ornamentik

Ori|en|ta|lin, die; -, -nen: w. Form zu ↑ Orientale.
ori|en|ta|lisch ⟨Adj.⟩ [lat. orientalis]: *die Orientalen, den Orient betreffend, aus dem Orient stammend:* -e Teppiche.
ori|en|ta|li|sie|ren ⟨sw. V.; hat⟩: **a)** *orientalische Einflüsse aufnehmen:* orientalisierende Kunst; **b)** *einer Gegend o. Ä. ein orientalisches Gepräge geben.*
Ori|en|ta|list, der; -en, -en: *Wissenschaftler auf dem Gebiet der Orientalistik.*
Ori|en|ta|lis|tik, die; -: *Wissenschaft von den orientalischen Sprachen u. Kulturen.*
Ori|en|ta|lis|tin, die; -, -nen: w. Form zu ↑ Orientalist.
ori|en|ta|lis|tisch ⟨Adj.⟩: *die Orientalistik betreffend, zu ihr gehörend.*
ori|en|tie|ren ⟨sw. V.; hat⟩ [frz. (s')orienter, zu: orient = Orient, urspr. = die Himmelsrichtung nach der aufgehenden Sonne bestimmen]: **1.** ⟨o. + sich⟩ *die richtige Richtung finden; sich (in einer unbekannten Umgebung) zurechtfinden:* sich in einer Stadt schnell o. können; ich orientierte mich am Stand der Sonne. **2.** (bes. schweiz.) **a)** *[jmdn.] in Kenntnis setzen, unterrichten:* jmdn. schlecht o.; er hat mich über Einzelheiten orientiert; ⟨auch ohne Akk.-Obj.:⟩ er orientierte über neue Tendenzen in der Literatur; **b)** ⟨o. + sich⟩ *sich einen Überblick verschaffen; sich erkundigen, unterrichten:* sich über den Verhandlungsstand o. **3. a)** ⟨o. + sich⟩ (bildungsspr.) *sich, seine Aufmerksamkeit, Gedanken, seinen Standpunkt o. Ä. in bestimmter Weise, an, nach jmdm., etw. ausrichten:* sich an bestimmten Leitbildern o.; **b)** *[nach russ. orientirovat' na ...] (regional) auf etw. zielen, lenken; etw. im Auge haben; sich auf etw. konzentrieren:* das Programm orientierte [sich, die Teilnehmer] auf wirtschaftliche Schwerpunkte. **4.** (Bauw.) *ein Kultgebäude, eine Kirche in der West-Ost-Richtung anlegen.*
ori|en|tiert ⟨Adj.⟩: **1.** *auf jmdn., etw ausgerichtet:* am Preis orientierte Verbraucher. **2.** *über etwas gut informiert.*

-ori|en|tiert: drückt in Bildungen mit Substantiven – seltener mit Adjektiven oder Adverbien – aus, dass die beschriebene Person oder Sache auf etw. ausgerichtet, abgestellt ist: ausfuhr-, fußball-, harmonie-, musik-, siegorientiert.

Ori|en|tiert|heit, die; -: *das Orientiertsein.*
Ori|en|tie|rung, die; -, -en: **1.** ⟨o. Pl.⟩ *Fähigkeit, sich zu orientieren* (1): er hat eine gute O.; jede O. verlieren. **2.** (bes. schweiz.) *das Orientieren* (2): die öffentliche O. über dringende Gemeindegeschäfte. **3. a)** (bildungsspr.) *das Sichorientieren* (3 a), *[geistige] Einstellung, Ausrichtung:* die O. der Regierung an der Politik des Nachbarlandes; **b)** (regional) *das Orientieren* (3 b): die O. der Regierung auf die Außenpolitik. **4.** (Bauw.) *Anlage eines Kultgebäudes, einer Kirche in der West-Ost-Richtung.*
Ori|en|tie|rungs|hil|fe, die: *etw., was der Orientierung* (1), *dem Sichorientieren* (2 b, 3 a) *dient.*
Ori|en|tie|rungs|lauf, der (Sport): *Wettbewerb, bei dem die Teilnehmer mit einem Kompass zu Fuß od. auf Skiern bestimmte auf einer Karte angegebene Punkte im Gelände passieren müssen.*
ori|en|tie|rungs|los ⟨Adj.⟩: *ohne Fähigkeit der Orientierung* (3 a, b): -e Jugendliche.
Ori|en|tie|rungs|lo|sig|keit, die; -: *das Orientierungslossein.*
Ori|en|tie|rungs|punkt, der: *Punkt, an dem sich jmd. orientieren* (1, 3 a) *kann.*
Ori|en|tie|rungs|sinn, der: *Fähigkeit, sich zu orientieren* (1): einen ausgeprägten O. besitzen.

Ori|en|tie|rungs|stu|fe, die: *Zwischenstufe von zwei Jahren zwischen Grundschule u. weiterführender Schule.*
Ori|en|tie|rungs|zei|chen, das: *der Orientierung dienendes Zeichen.*
Ori|ent|tep|pich, der: *handgeknüpfter Teppich aus Wolle mit türkischen od. persischen Mustern.*
◆ **Ori|flam|me,** die; - [frz. oriflamme, zu afrz. orie = golden (< lat. aureus) u. flamme = Flamme (< lat. flamma), eigtl. = Goldflamme, das Banner ist aus roter Seide u. an einer vergoldeten Lanze befestigt]: *(vom 12. bis 15. Jh.) Kriegsbanner der französischen Könige:* ... wenn Frankreich letztes Schicksal nun sich naht, dann wirst du meine O. tragen (Schiller, Jungfrau, Prolog 4).
Ori|ga|mi, das; -[s] [jap., eigtl. = gefaltetes Papier]: *alte japanische Kunst des Papierfaltens.*
Ori|ga|no: ↑ Oregano.
Ori|ga|num: ↑ Oreganum.
ori|gi|nal ⟨Adj.⟩ [lat. originalis = ursprünglich, zu: origo (Gen.: originis) = Ursprung, Quelle, Stamm, zu: oriri, ↑ Orient]: **1.** *im Hinblick auf Beschaffenheit, Ursprung od. Herkunft echt u. unverfälscht; nicht imitiert, nachgemacht:* o. indische Seide; o. Schweizer Käse; die Urkunde ist o. *(von niemandem geändert od. kopiert).* **2.** *in seiner Art eigenständig u. schöpferisch:* ein Feuilletonist mit -er Sprachkraft. **3.** *im Hinblick auf die Umstände ursprünglich, unmittelbar:* Historienstücke werden oft in der -en Umgebung *(direkt am Ort der dargestellten Begebenheit)* gespielt; der Rundfunk überträgt die zweite Halbzeit o. *(direkt vom Ort der Aufnahme).*
Ori|gi|nal, das; -s, -e: **1.** [mlat. (exemplar) originale] *vom Künstler, Verfasser o. Ä. selbst geschaffenes, unverändertes Werk, Exemplar o. Ä.:* das O. eines Zeugnisses, einer Partitur; das O. hängt im Louvre; eine Kopie des -s anfertigen; er las Homer im O. *(in der Sprache, in der Homer geschrieben hat).* **2.** (bildungsspr.) *Modell* (2 a). **3.** [18. Jh.] (ugs.) *jmd., der unabhängig von der Meinung anderer in liebenswerter Weise durch bestimmte Besonderheiten auffällt:* er ist ein richtiges O.
Ori|gi|nal|auf|nah|me, die: **1.** *Aufnahme auf Tonband, Schallplatte od. Filmstreifen, die keine Kopie ist.* **2.** *Foto, das keine Kopie ist.*
Ori|gi|nal|aus|ga|be, die: *(von einem Druckwerk) erste, vom Autor od. der Autorin selbst betreute Ausgabe eines Werkes.*
Ori|gi|nal|do|ku|ment, das: *Dokument, das keine Kopie ist.*
Ori|gi|nal|druck, der ⟨Pl. -e⟩: *gedrucktes Werk, Bild, das keine Kopie ist.*
Ori|gi|nal|fas|sung, die: *ursprüngliche Fassung eines zu einem späteren Zeitpunkt bearbeiteten od. übersetzten Werkes* (3 a).
Ori|gi|nal|fla|sche, die: *Flasche, die vom Erzeuger des entsprechenden Getränks abgefüllt wird.*
ori|gi|nal|ge|treu ⟨Adj.⟩: *mit dem Original* (1) *übereinstimmend:* eine -e Wiedergabe der Zeichnung; -er Klang; ein Fachwerkhaus o. restaurieren.
Ori|gi|nal|grö|ße, die: *Größe (einer Abbildung od. Reproduktion), die der des Originals genau entspricht:* der Ring, die Uhr ist in O. abgebildet.
Ori|gi|na|li|tät, die; -, -en ⟨Pl. selten⟩ [frz. originalité, zu: original < lat. originalis, ↑ original] (bildungsspr.): **1.** *Echtheit:* an der O. des Bildes zweifelt niemand. **2.** *[auffällige] auf bestimmten schöpferischen Einfällen, eigenständigen Gedanken o. Ä. beruhende Besonderheit; einmalige Note:* die O. einer Reportage; dem Schriftsteller fehlt es an O.

Ori|gi|nal|pa|ckung, die: *Packung, die vom Hersteller eines bestimmten Arzneimittels abgepackt wird* (Abk.: OP).
Ori|gi|nal|pro|gramm, das (Eiskunstlauf): *kurze Kür (die freier gestaltet werden kann u. etw. länger dauert als das Kurzprogramm).*
Ori|gi|nal|schau|platz, der: *Ort, Stelle, wo ein bekanntes Ereignis tatsächlich stattgefunden hat:* die Außenaufnahmen für den Film wurden an Originalschauplätzen gedreht.
Ori|gi|nal|spra|che, die: *ursprüngliche Sprache eines übersetzten Textes.*
Ori|gi|nal|text, der: *Urfassung eines Textes, die mit dem Manuskript des Autors übereinstimmt* [u. einer Bearbeitung od. Übersetzung zugrunde liegt].
Ori|gi|nal|ti|tel, der: *ursprünglicher Titel eines Werkes (im Unterschied zum Titel einer Übersetzung, Neufassung o. Ä.):* der O. des Romans.
Ori|gi|nal|ton, der: *unveränderte, nicht übersetzte, nicht manipulierte Tonaufzeichnung* (Abk.: O-Ton): *eines Films.*
Ori|gi|nal|über|tra|gung, die (Rundfunk, Fernsehen): *Direktsendung.*
Ori|gi|nal|ver|pa|ckung, die: *Verpackung, in der die Ware vom Hersteller geliefert wird.*
Ori|gi|nal|zeich|nung, die: *Zeichnung, die keine Kopie ist.*
Ori|gi|nal|zu|stand, der: *ursprünglicher, unveränderter Zustand von etw., Urzustand:* etw. im O. erhalten.
ori|gi|när ⟨Adj.⟩ [frz. originaire < lat. originarius] (bildungsspr.): **1.** *ursprünglich:* er ist der -e Verfasser dieses Werkes. **2.** *grundlegend neu; eigenständig:* -e Erfindungen, Denkleistungen.
ori|gi|nell ⟨Adj.⟩ [frz. originel, zu: origine < lat. origo, ↑ original]: **1.** *voller Originalität* (2): ein schlauer und -er Kopf; die Story ist o.; o. schreiben. **2.** (ugs.) *sonderbar, eigenartig, komisch:* ein -er Kauz; seine Frau fand die Szene keineswegs o.
Ori|no|ko, der; -[s]: *Fluss in Südamerika.*
Ori|on, der; -s: *Sternbild beiderseits des Himmelsäquators.*
Or|kan, der; -[e]s, -e [niederl. orkaan < span. huracán, ↑ Hurrikan]: *sehr heftiger Sturm:* ein furchtbarer O. brach los, tobte; der Sturm entwickelte sich zum O.; Ü ein O. des Beifalls.
or|kan|ar|tig ⟨Adj.⟩: *einem Orkan ähnlich:* ein -er Sturm; Ü -er Beifall.
Or|kan|stär|ke, die: *Stärke, Gewalt eines Orkans:* Böen, die O. erreichen.
Or|kus, der; - [lat. Orcus, H. u., viell. zu orca = Tonne]: **1.** (röm. Mythol.) *Hades:* * jmdn., etw. in den O. schicken/stoßen/befördern (geh.; jmdn., etw. vernichten, beseitigen). **2.** (ugs.) *Toilette* (2); *Lokus.*
Or|lé|ans [...leã], **Or|lé|ans** [ɔrle'ã:]: *französische Stadt an der Loire.*
Or|na|ment, das; -[e]s, -e [spätmhd. ornamentum < lat. ornamentum = Ausrüstung; Schmuck, Zierde, zu: ornare = ausrüsten; schmücken] (Kunst): *(skulpturelle, eingelegte, gemalte o. ä.) Verzierung eines Gegenstandes mit meist geometrischen od. pflanzlichen Motiven:* -e aus Silberdraht.
or|na|men|tal ⟨Adj.⟩ (Kunst): *aus Ornamenten bestehend, mit Ornamenten versehen:* eine -e Dekoration.
Or|na|men|tar|tig ⟨Adj.⟩: *einem Ornament ähnlich.*
Or|na|men|ten|stil, der: *ornamentaler [Kunst]stil.*
Or|na|ment|form, die: *Form von Ornamenten.*
or|na|men|tie|ren ⟨sw. V.; hat⟩ (Kunst): *mit Ornamenten versehen:* etw. mit Gold o.
Or|na|men|tik, die; - (Kunst): **1.** *Gesamtheit der Ornamente im Hinblick auf ihre innerhalb einer*

bestimmten Stilepoche o. Ä. od. für einen bestimmten Kunstgegenstand typischen Formen: keltische O. **2.** *Kunst der Verzierung:* die O. des Barocks.

Or|nat, der, auch: das; -[e]s, -e [mhd. ornāt < lat. ornatus = Ausrüstung; Schmuck, zu: ornare, ↑ Ornament] (bildungsspr.): *feierliche [kirchliche] Amtstracht:* ein Pfarrer im O.

Or|na|tiv, das; -s, -e (Sprachw.): *Verb, das ein Versehen mit etw. od. ein Zuwenden ausdrückt* (z. B. kleiden = mit Kleidern versehen).

Or|nis, die; - [griech. órnis (Gen.: órnithos) = Vogel] (Biol., Zool.): *Vogelwelt einer bestimmten Landschaft.*

Or|ni|tho|lo|ge, der; -n, -n [↑ -loge]: *Wissenschaftler auf dem Gebiet der Ornithologie.*

Or|ni|tho|lo|gie, die; - [↑ -logie]: *Vogelkunde.*

Or|ni|tho|lo|gin, die; -, -nen: w. Form zu ↑ Ornithologe.

or|ni|tho|lo|gisch ⟨Adj.⟩: *vogelkundlich.*

Or|ni|tho|phi|lie, die; - [zu griech. philía = Liebe] (Biol.): *Befruchtung von Blüten durch Vögel.*

Or|ni|tho|se, die; -, -n (Med.): *von Vögeln übertragene Infektionskrankheit.*

oro-, Oro- [griech. óros]: Best. in Zus. mit der Bed. *Berg, Gebirge* (z. B. orogen, Orogenese).

oro|gen ⟨Adj.⟩ [↑ -gen] (Geol.): *durch Orogenese entstanden.*

Oro|ge|ne|se, die; -, -n [↑ Genese] (Geol.): *in kurzen Zeiträumen ablaufende Verformung begrenzter Bereiche der Erdkruste.*

Oro|gra|fie, Oro|gra|phie, die; -, -n [↑ -grafie] (Geogr.): *beschreibende Darstellung des Reliefs der Erdoberfläche.*

Oro|hy|dro|gra|fie, Oro|hy|dro|gra|phie, die; -, -n [↑ Hydrografie] (Geogr.): *Beschreibung des Laufs von Gebirgen u. Flüssen o. Ä.*

Or|phik, die; - [griech. tà Orphiká, zu: Orphikós = zu Orpheus gehörend]: *(in der griechischen Antike) Erbsünde u. Seelenwanderung lehrende religiös-philosophische Geheimlehre.*

or|phisch ⟨Adj.⟩: **a)** *die Orphik betreffend;* **b)** (bildungsspr.) *geheimnisvoll, mystisch.*

¹**Ort**, der; -[e]s, -e u. Örter [mhd., ahd. ort = Spitze; äußerstes Ende, auch: Gegend, Platz]: **1. a)** ⟨Pl. -e, Seemannsspr., Math., Astron.: Örter⟩ *lokalisierbarer, oft auch im Hinblick auf seine Beschaffenheit bestimmbarer Platz [an dem sich jmd., etw. befindet, an dem etw. geschehen ist od. soll]:* O. und Zeit werden noch bekannt gegeben; einen neutralen O. für ein Treffen vorschlagen; die Einheit von O. und Zeit im Drama; an einem dritten O. *(an neutraler Stelle);* an öffentlichen -en *(auf Straßen, Plätzen);* etw. an seinem O. *(da, wo es steht, liegt, hingehört)* lassen; sich an einem vereinbarten O. treffen; an den O. des Verbrechens zurückkehren; Ü es war hier nicht der O. *(nicht angebracht),* etwas dazu zu sagen; er ist jetzt am rechten O. *(richtig)* eingesetzt; ♦ ... kann unser Wutz sich damit entschuldigen, dass seines Wissens die Örter öffentlicher Freude das Herz für alle Empfindungen, die viel Platz bedürfen, ... weiter machen (Jean Paul, Wutz 16); * **geometrischer O.** (Math.; *Punktmenge [z. B. Linie, Kreis o. Ä.], die gleichen geometrischen Bedingungen genügt*); **astronomischer O.** (Astron.; *durch Koordinaten angegebene Lage eines Gestirns am Himmelsglobus*); **an O. und Stelle** (1. *an der für etw. vorgesehenen Stelle:* die Turbinen waren endlich an O. und Stelle. **2.** *unmittelbar, direkt am Ort des Geschehens; sofort:* jmdn. an O. und Stelle verwarnen); **höheren -[e]s** *(bei einer höheren [Dienst]stelle);* **der gewisse/stille/bewusste o. ä. O.** (ugs. verhüll.; *die Toilette*); **am angeführten/angegebenen O.** (Schrift- u.

Druckw.; *in dem bereits genannten Buch;* Abk.: a. a. O.); **b)** ⟨Pl. -e⟩ *im Hinblick auf die Beschaffenheit besondere Stelle, besonderer Platz (innerhalb eines Raumes, eines Gebäudes o. Ä.):* ein windgeschützter, kühler, gespenstischer, viel besuchter O.; ein O. des Schreckens. **2. a)** ⟨Pl. -e⟩ *Ortschaft, Stadt o. Ä.:* ein größerer, mondäner, menschenleerer O.; ein O. an der Grenze, im Gebirge; am O. *(hier, nicht außerhalb)* leben, wohnen; sie wohnen mitten im O.; **b)** *Gesamtheit der Bewohner eines* ¹*Ortes* (2 a): der ganze O. lachte darüber. **3.** ⟨auch: das; Pl. -e⟩ (schweiz. früher) *Kanton:* die fünf inneren -e (Uri, Schwyz, Unterwalden, Luzern, Zug).

²**Ort**, der, auch: das; -[e]s, -e [eigtl. = Spitze, vgl. ¹Ort] (veraltet): *Ahle, Pfriem.*

³**Ort**, das; -[e]s, Örter (Bergmannsspr.): *[das Ende einer] Strecke* (3): meist in der Wendung **vor O.** (1. Bergmannsspr.; *im Bergwerk; an dem Punkt in der Grube, wo abgebaut wird:* vor O. arbeiten. 2. ugs.; *unmittelbar, direkt am Ort des Geschehens:* sich vor O. über die Geschehnisse informieren).

Ort|band, das ⟨Pl. ...bänder⟩: *Beschlag an der Scheide eines Säbels.*

Ört|chen, das; -s, -: **1.** Vkl. zu ¹Ort. **2.** (fam. verhüll.) *Toilette:* ein stilles, gewisses Ö.; aufs Ö. müssen.

or|ten ⟨sw. V.; hat⟩: **1.** (bes. Flugw., Seew.) *die Position, Lage von etw. ermitteln, bestimmen:* ein U-Boot, Heringe o.; eine Rakete o. **2.** *erkennen, ausmachen; bestimmen:* einen neuen Trend o.

Or|ter, der; -s, -: *jmd., der mit dem Orten* (1) *beauftragt ist.*

Or|te|rin, die; -, -nen: w. Form zu ↑ Orter.

ör|tern ⟨sw. V.; hat⟩ [zu ↑ ²Ort] (Bergmannsspr.): *Strecken* (3) *anlegen.*

orth-, Orth-: ↑ ortho-, Ortho-.

Or|the|se, die; -, -n [zu griech. orthós (↑ ortho-, Ortho-); geb. nach ↑ Prothese] (Med.): *Prothese, der zum Ausgleich von Funktionsausfällen der Extremitäten od. der Wirbelsäule eine Stützfunktion zukommt (z. B. bei spinaler Kinderlähmung).*

Or|the|tik, die; - (Med.): *medizinisch-technisches Wissenschaftszweig, der sich mit der Konstruktion von Orthesen befasst.*

or|tho-, Or|tho-, (vor Vokalen auch:) **orth-, Orth-** [griech. orthós]: Best. in Zus. mit der Bed. *gerade, aufrecht; richtig, recht* (z. B. orthografisch, Orthopädie, orthonym, Orthoptik).

Or|tho|chro|ma|sie, die; - [zu griech. chrōma = Farbe] (Fotogr.): *Fähigkeit einer fotografischen Schicht, alle Farben außer Rot richtig wiederzugeben.*

or|tho|chro|ma|tisch [österr. auch: ...'mat...] ⟨Adj.⟩ (Fotogr.): *die Orthochromasie betreffend.*

or|tho|dox ⟨Adj.⟩: **1.** [spätlat. orthodoxus < griech. orthódoxos, zu: ↑ ortho-, Ortho- u. griech. dóxa = Meinung; Lehre; Glaube] (Rel.) *rechtgläubig, strenggläubig:* ein -er Rabbi. **2.** *griechisch-orthodox:* die -e Kirche (Ostkirche). **3. a)** (bildungsspr.) *der strengen Lehrmeinung gemäß:* der -e Marxismus; **b)** (bildungsspr. abwertend) *starr, unnachgiebig:* das -e Festhalten an Dogmen; eine -e Position beziehen.

Or|tho|do|xie, die; -, -n: **1.** [griech. orthodoxía] (Rel.) *Rechtgläubigkeit, Strenggläubigkeit.* **2.** (ev. Theol.) *Richtung, die das Erbe der reinen Lehre (z. B. Luthers od. Calvins) zu wahren sucht (bes. in der Zeit nach der Reformation).* **3.** *orthodoxe*

Kirche als christliche Konfession. **4. a)** (bildungsspr. abwertend) *[engstirniges] Festhalten an Lehrmeinungen;* **b)** (bildungsspr.) *orthodoxe* (3) *Lehrmeinung, Richtung.*

Or|tho|epie, Or|tho|epik, die; - [griech. orthoépeia, zu: épos = das Sprechen; Rede; Wort (↑ Epos)] (Sprachw.): *Lehre von der richtigen Aussprache der Wörter.*

Or|tho|gneis, der (Geol.): *aus magmatischen Gesteinen hervorgegangener Gneis.*

Or|tho|gon, das; -s, -e [lat. orthogonium < griech. orthogṓnion, zu: gōnía = Ecke, Winkel] (Geom.): *Rechteck.*

or|tho|go|nal ⟨Adj.⟩ (Geom.): **a)** *das Orthogon betreffend; rechtwinklig;* **b)** *senkrecht.*

Or|tho|gra|fie, Orthographie, die; -, -n [lat. orthographia < griech. orthographía, zu: gráphein = schreiben]: *Rechtschreibung.*

or|tho|gra|fisch ⟨Adj.⟩: *die Orthografie betreffend, rechtschreiblich:* -er Fehler *(Rechtschreibfehler).*

Or|tho|gra|phie usw.: ↑ Orthografie usw.

or|tho|mo|le|ku|lar ⟨Adj.⟩ [engl.-amerik. orthomolecular] (Med.): *körpereigene Substanzen betreffend.*

or|tho|nym ⟨Adj.⟩ [zu griech. ónyma = Name] (bildungsspr.): *mit dem richtigen Namen des Autors, der Autorin versehen.*

Or|tho|pä|de, der; -n, -n: *Facharzt für Orthopädie.*

Or|tho|pä|die, die; - [frz. orthopédie, 2. Bestandteil zu griech. paideía = Erziehung]: *Wissenschaft von der Erkennung u. Behandlung angeborener od. erworbener Fehler des menschlichen Bewegungsapparats.*

Or|tho|pä|die|me|cha|ni|ker, der: *Handwerker, der künstliche Gliedmaßen, Korsetts u. a. für Körperbehinderte herstellt* (Berufsbez.).

Or|tho|pä|die|me|cha|ni|ke|rin, die: w. Form zu ↑ Orthopädiemechaniker.

Or|tho|pä|die|schuh|ma|cher, der: *Handwerker, der (nach Anweisung eines Facharztes für Orthopädie) maßgefertigte Schuhe, Einlagen u. a. herstellt* (Berufsbez.).

Or|tho|pä|die|schuh|ma|che|rin, die: w. Form zu ↑ Orthopädieschuhmacher.

Or|tho|pä|din, die; -, -nen: w. Form zu ↑ Orthopäde.

or|tho|pä|disch ⟨Adj.⟩: *die Orthopädie betreffend:* -e Schuhe *(von einem Orthopädieschuhmacher nach Maß gefertigte Schuhe);* -es Turnen *(spezielle Turnübungen zur Behebung von Haltungsschäden).*

Or|tho|pä|dist, der; -en, -en: *Hersteller orthopädischer Apparate u. Geräte.*

Or|tho|pä|dis|tin, die; -, -nen: w. Form zu ↑ Orthopädist.

Or|th|op|tik, die; - (Med.): *Diagnostik u. Behandlung von Störungen der Augenbewegung u. des Zusammenspiels beider Augen.*

Or|th|op|tist, der; -en, -en: *Fachkraft in der Augenheilkunde, die bes. Störungen der Augenbewegung und des Zusammenspiels beider Augen diagnostiziert u. behandelt.*

Or|th|op|tis|tin, die; -, -nen: w. Form zu ↑ Orthoptist.

Or|tho|s|ko|pie, die; -: *unverzeichnete, winkeltreue Abbildung durch Linsen.*

or|tho|trop ⟨Adj.⟩ [zu griech. tropḗ = (Hin)wendung] (Bot.): *(von Pflanzen od. Pflanzenteilen) senkrecht aufwärts od. abwärts wachsend.*

Or|tho|zen|t|rum, das; -s, ...ren (Geom.): *Schnittpunkt der Höhen eines Dreiecks.*

ört|lich ⟨Adj.⟩: **1.** *auf eine bestimmte Stelle beschränkt, begrenzt:* -e (Med.; *auf eine bestimmte Stelle beschränkte) Betäubung.* **2.** *nur einen bestimmten* ¹*Ort* (2) *betreffend; nur in einem bestimmten* ¹*Ort* (2): -e *Besonderhei-*

ten; ö. begrenzte Kämpfe; das ist ö. *(in den einzelnen Orten)* verschieden.

Ört|lich|keit, die; -, -en: **1. a)** *Gelände, Gegend:* mit den -en vertraut sein; **b)** ¹*Ort* (1): *eine geeignete Ö. finden.* **2.** (fam. verhüll.) *Toilette.*

orts|ab|hän|gig ⟨Adj.⟩: *von einem bestimmten* ¹*Ort* (1 a, b, 2 a) *abhängig.*

Orts|ab|la|ge, die (schweiz.): *örtliche Zweigstelle o. Ä. von etw.*

Orts|amt, das: *für kommunalpolitische Angelegenheiten zuständige, bürgernah organisierte untere Verwaltungsbehörde.*

Orts|an|ga|be, die: *Angabe des* ¹*Ortes* (1).

orts|an|säs|sig ⟨Adj.⟩: *an einem bestimmten* ¹*Ort* (2 a) *ansässig, wohnhaft, zu Hause:* -e *Industrielle.*

Orts|aus|fahrt, die: *Straße, die aus einem Ortsbereich hinausführt; Ausfallstraße.*

Orts|aus|gang, der: *Ausgang* (2 b) *eines* ¹*Ortes* (2 a): *am O. auf jmdn. warten.*

Orts|bei|rat, der: *kommunales Verwaltungsorgan, dessen Mitglieder direkt gewählt werden u. die Interessen bestimmter Orts- od. Stadtteile vertreten.*

Orts|be|sich|ti|gung, die: *Besichtigung u. Überprüfung eines bestimmten* ¹*Ortes* (1); *Ortsbegehung:* eine O. veranlassen, durchführen; bei einer O. stellten Experten fest, dass der Sporthalle sanierungsbedürftig ist.

Orts|be|stim|mung, die: **1.** (Geogr.) *Ermittlung der genauen Lage eines Ortes auf der Erdoberfläche durch die Angabe von* ¹*Länge* (2) u. *Breite* (2). **2.** (Sprachwiss.) *Umstandsangabe des* ¹*Ortes; lokale Umstandsangabe.*

Ort|schaft, die; -, -en [zu ↑¹Ort]: *kleinere Gemeinde.*

Ort|scheit, das ⟨Pl. -e⟩: *Querholz zur Befestigung der Stränge des Geschirrs am Fuhrwerk.*

Orts|durch|fahrt, die: *durch einen* ¹*Ort* (2 a) *führende Durchfahrtsstraße.*

Orts|ein|gang, der: *Eingang* (1 b) *eines* ¹*Ortes* (2 a).

orts|fest ⟨Adj.⟩ (Technik): *(von Maschinen o. Ä.) eingebaut; nicht beweglich:* -e *Lautsprecher.*

orts|fremd ⟨Adj.⟩: **a)** *nicht ortsansässig; nicht aus der Gegend stammend:* -e *Personen;* **b)** *nicht ortskundig:* o. sein.

Orts|ge|spräch, das: *örtliches Telefongespräch.*

Orts|grup|pe, die: *organisatorische Einheit auf örtlicher Ebene als Teil einer bestimmten Partei, eines Verbandes o. Ä.*

Orts|kennt|nis, die: *jmds. Kenntnis der örtlichen Gegebenheiten.*

Orts|kern, der: *Kern* (6 a) *eines* ¹*Ortes* (2 a): *historische* -e.

Orts|klas|se, die: *Einstufung einer Gemeinde nach den Lebenshaltungskosten (nach der die Höhe der Ortszuschläge für Beschäftigte im öffentlichen Dienst bemessen wird).*

Orts|kran|ken|kas|se, die (Versicherungsw.): *Krankenkasse für Pflichtversicherung auf der Ebene eines Stadt- od. Landkreises: Allgemeine O.* (Abk.: AOK).

orts|kun|dig ⟨Adj.⟩: *Ortskenntnis besitzend.*

Orts|mit|te, die: *Mittelpunkt, Zentrum eines* ¹*Ortes* (2 a); *Ortskern:* die O. bildet das neue Rathaus.

Orts|na|me, der: *Name eines* ¹*Ortes* (2 a).

Orts|netz, das: **a)** (Telefonie) *örtliches Telefonnetz;* **b)** *örtliches Netz von Rohren u. Leitungen zur Elektrizitätsversorgung.*

Orts|netz|kenn|zahl, die (Telefonie): *Zahlenfolge, mit der bei einem Ferngespräch das gewünschte Ortsnetz* (a) *erreicht wird; Vorwahl-, Vorwählnummer.*

Orts|po|li|zei, die: *örtliche Polizei.*

Orts|rand, der: *Rand, Peripherie eines* ¹*Ortes* (2 a): *am O. wohnen.*

Orts|schild, das: *Schild mit dem Ortsnamen am Eingang u. am Ausgang einer geschlossenen Ortschaft; Ortstafel.*

Orts|sinn, der: *Orientierungssinn.*

Orts|ta|rif, der: *innerhalb eines bestimmten* ¹*Ortes* (2 a) *[u. dessen näherer Umgebung] geltende Telefongebühr:* zum O. telefonieren.

Orts|teil, der: *eine gewisse Einheit darstellender Teil einer Stadt, einer Ortschaft o. Ä.*

Orts|ter|min, der: **a)** (bes. Amtsspr.) *Zeitpunkt einer vereinbarten od. festgesetzten Zusammenkunft an einem bestimmten Ort [aus offiziellem Anlass]:* zum vereinbarten O. erschien er nicht; **b)** (Rechtsspr.) *Gerichtstermin am Tatort, Ort des Geschehens; Lokaltermin:* das Gericht setzte einen O. an.

orts|üb|lich ⟨Adj.⟩ (Amtsspr.): *in einem bestimmten* ¹*Ort, einer bestimmten Stadt üblich, gängig:* -e Mieten.

Orts|um|fah|rung, die (bes. österr.): *Umfahrungsstraße.*

Orts|um|ge|hung, die: *Umgehungsstraße.*

orts|un|ab|hän|gig ⟨Adj.⟩: *nicht von einem bestimmten* ¹*Ort* (1 a, b, 2 a) *abhängig.*

orts|un|kun|dig ⟨Adj.⟩: *keine Ortskenntnis besitzend:* der Fahrer war o. und übersah das Stoppschild.

Orts|vek|tor, der (Geom., Physik): *Leitstrahl* (2 a, b).

Orts|ver|band, der: *auf örtlicher Ebene bestehende organisatorische Einheit einer Partei, eines Vereins o. Ä.*

Orts|ver|ein, der: *organisatorische Einheit auf örtlicher Ebene als Teil einer bestimmten Partei, eines Verbandes o. Ä.*

Orts|ver|kehr, der: *Straßen-, Post-, Telefonverkehr innerhalb einer Stadt.*

Orts|vor|ste|her, der: *(in bestimmten Bundesländern) jmd., der einem Ortsteil, Stadtteil, Stadtbezirk o. Ä. vorsteht.*

Orts|vor|ste|he|rin, die: w. Form zu ↑ Ortsvorsteher.

Orts|wech|sel, der: *Wechsel des Wohnortes:* sie braucht dringend einen O.

Orts|zeit, die: *von der Greenwicher Zeit abweichende Sonnenzeit eines* ¹*Ortes* (2 a) (Abk.: OZ).

Orts|zen|t|rum, das: *Mittelpunkt eines* ¹*Ortes* (2 a); *Ortskern:* die historische O.

Orts|zu|la|ge, die: *Ortszuschlag.*

Orts|zu|schlag, der: *nach der Ortsklasse bemessener Zuschlag zum [Tarif]gehalt der Beschäftigten im öffentlichen Dienst* (Abk.: OZ).

Or|tung, die; -, -en (bes. Flugw., Seew.): *das Orten.*

Os = Osmium.

¹Os, der, auch: das; -[es], -er [schwed. ås < anord. áss = Bergrücken] (Geol.): *von Schmelzwässern der Eiszeit aufgeschütteter, einem Bahndamm ähnlicher Wall aus Sand od. Kies.*

²Os, das; -, Ossa [lat. os (Gen.: ossis)] (Anat.): *Knochen.*

Osa|ka: Stadt in Japan.

OSB, O. S. B. = Ordinis Sancti Benedicti (vom Orden des hl. Benedikt; Benediktiner).

Os|car, der; -[s], -s [amerik.; H. u.] (ugs.): *jährlich verliehener amerikanischer Filmpreis für die beste künstlerische Leistung (in Form einer vergoldeten Statuette):* einen Film für den O. nominieren.

os|car|no|mi|niert ⟨Adj.⟩: *als Kandidat für die Verleihung eines Oscars benannt:* eine -e Filmkomödie.

Os|car|no|mi|nie|rung, die: *das offizielle Vorschlagen eines Kandidaten für die nächste Oscarverleihung:* das Rennen um die begehrten -en ist völlig offen.

Os|car|preis|trä|ger, der: *Filmschaffender, dem ein Oscar verliehen wurde:* eine Paraderolle für den dreimaligen O.

Os|car|preis|trä|ge|rin, die: w. Form zu ↑ Oscarpreisträger.

Os|car|ver|lei|hung, die: *feierliche Verleihung der Oscars:* die O. findet alljährlich in Los Angeles statt.

Oschi, der; -s, -s (salopp): *etw., das durch seine Größe beeindruckt:* unter den gesammelten Pilzen waren richtig dicke -s.

Öse, die; -, -n [spätmhd. (md.) öse, wohl verw. mit ↑ Ohr u. eigtl. = ohrartige Öffnung]: **1.** *kleine Schlinge, meist aus Metall (an Textilien, Lederwaren o. Ä.), zum Einhängen eines Hakens, zum Durchziehen einer Schnur o. Ä.* **2.** (Seemannsspr.) *zum Befestigen o. Ä. von etw. gelegte Schlinge in einem Tau.*

¹Osi, der; -s, -s (ugs. scherzh.): *Staatsangehöriger, Einwohner Österreichs; Österreicher.*

²Osi, die; -, -s (ugs. scherzh.): *Staatsangehörige, Einwohnerin Österreichs; Österreicherin.*

Osi|ris: altägyptischer Gott.

Os|kar: in der Fügung **frech wie O.** (salopp; *auf eine dreiste, kecke Art frech;* H. u.; viell. nach Oskar Blumenthal [1852–1917], der sehr scharfe u. »freche« Kritiken schrieb).

Os|lo: Hauptstadt Norwegens.

¹Os|lo|er, der; -s, -: Ew.

²Os|lo|er ⟨indekl. Adj.⟩.

Os|lo|e|rin, die; -, -nen: w. Form zu ↑ ¹Osloer.

Os|ma|ne, der; -n, -n: *Bewohner des Osmanischen Reichs (der heutigen Türkei).*

Os|ma|nin, die; -, -nen: w. Form zu ↑ Osmane.

os|ma|nisch ⟨Adj.⟩: *die Osmanen, ihr Reich betreffend, von den Osmanen stammend, zu ihnen gehörend:* -e *Literatur;* das *Osmanische Reich* (historischer Name der Türkei).

Os|mi|um, das; -s [zu griech. osmḗ = Geruch, wegen des eigentümlichen, starken Geruchs]: *seltenes, sehr schweres, sprödes, bläulich weißes Metall* (chemisches Element; Zeichen: Os).

Os|mo|se, die; -, -n [zu griech. ōsmós = Stoß, Schub] (Chemie, Bot.): *das Hindurchdringen eines Lösungsmittels (z. B. Wasser) durch eine durchlässige, feinporige Scheidewand in eine gleichartige, aber stärker konzentrierte Lösung:* die O. in pflanzlichen Zellen.

os|mo|tisch ⟨Adj.⟩ (Chemie, Bot.): *Osmose bewirkend, auf Osmose beruhend, zu ihr gehörend:* -er Druck.

Os|na|brück: Stadt u. Landkreis in Niedersachsen.

Öso|pha|gi|tis, die; -, ...itiden (Med.): *Entzündung der Speiseröhre.*

Öso|pha|gus, (fachspr.) Oesophagus, der; -, ...gi [griech. oisophágos, zu: oísein = tragen u. phágēma = Speise] (Anat.): *Speiseröhre.*

Os|sa|ri|um, Ossuarium, das; -s, ...ien (Fachspr.): **1.** [mlat. oss(u)arium] *Beinhaus auf Friedhöfen.* **2.** [spätlat. oss(u)arium, eigtl. = Urne] *(bes. im alten Palästina) Miniatursarg aus Stein od. Keramik zur Aufbewahrung der Gebeine eines Toten.*

¹Os|si, der; -s, -s [zu ↑ Osten (in Zus.: Ost-) u. ↑ -i] (ugs., oft abwertend): *aus Ostdeutschland, aus den neuen Bundesländern stammende männliche Person; Ostdeutscher.*

²Os|si, die; -, -s (ugs., oft abwertend): *aus Ostdeutschland, aus den neuen Bundesländern stammende weibliche Person; Ostdeutsche.*

Os|su|a|ri|um: ↑ Ossarium.

¹Ost [verdeutlichend bei Angabe der Himmelsrichtung im Funkverkehr o. Ä. auch: o:st] ⟨O. Pl.: unflekt.; o. Art.⟩ [spätmhd. ōst, geb. in Analogie zu Nord u. Süd]: **a)** (bes. Seemannsspr., Meteorol.) *Osten* (1) *(gewöhnlich in Verbindung mit einer Präp.):* der Wind kommt aus O., von O.; die Grenze zwischen O. und West *(zwischen öst-*

lichen u. westlichen Gebieten, Landesteilen o. Ä.); **b)** als nachgestellte nähere Bestimmung bei geografischen Namen o. Ä. zur Bezeichnung des östlichen Teils od. zur Kennzeichnung der östlichen Lage, Richtung (Abk.: O): er wohnt in Neustadt (O)/Neustadt-O; **c)** (ugs. früher) Kurzf. von ↑ Ostgeld, ↑ Ostmark: 10 Mark O.; in O. bezahlen.

²**Ost,** der; -[e]s, -e ⟨Pl. selten⟩ (Seemannsspr., dichter.): *Ostwind:* es wehte ein kühler O.

Ost|af|ri|ka, -s: östlicher Teil Afrikas.

ost|af|ri|ka|nisch ⟨Adj.⟩: *Ostafrika betreffend, aus Ostafrika stammend, zu Ostafrika gehörend.*

Os|tal|gie, die; - [geb. aus Ost[deutschland] u. ↑Nostalgie]: *Sehnsucht nach [bestimmten Lebensformen] der DDR.*

os|tal|gisch ⟨Adj.⟩: *die Ostalgie betreffend, zu ihr gehörend:* im o. verklärten Osten.

Ost|asi|at, der; Ew.

Ost|asi|a|tin, die; w. Form zu ↑ Ostasiat.

ost|asi|a|tisch [österr. auch: ...a'zjatɪʃ] ⟨Adj.⟩: *Ostasien, die Ostasiaten betreffend; von den Ostasiaten stammend, zu ihnen gehörend.*

Ost|asi|en; -s: östlicher Teil des asiatischen Kontinents.

Ost|ber|lin: östlicher Teil Berlins.

¹**Ost|ber|li|ner,** der; Ew.

²**Ost|ber|li|ner** ⟨indekl. Adj.⟩.

Ost|ber|li|ne|rin, die; w. Form zu ¹Ostberliner.

Ost|block, der ⟨o. Pl.⟩ (früher): *politisch eng zusammenarbeitende Gruppe von sozialistischen Staaten Osteuropas u. Asiens.*

Ost|block|staat, der ⟨meist Pl.⟩ (früher): *dem Ostblock angehörender Staat.*

ost|deutsch ⟨Adj.⟩: *Ostdeutschland, die Ostdeutschen betreffend; von den Ostdeutschen stammend, zu ihnen gehörend:* die -e Industrie.

Ost|deut|sche ⟨vgl. ¹Deutsche⟩: *weibliche Person, die in Ostdeutschland lebt od. aus Ostdeutschland stammt.*

Ost|deut|scher ⟨vgl. Deutscher⟩: *jmd., der in Ostdeutschland lebt od. aus Ostdeutschland stammt.*

Ost|deutsch|land; -s: **a)** östlicher Teil Deutschlands; **b)** (früher in nicht offiziellem Sprachgebrauch) DDR.

Ost|el|bi|en; -s: *Gebiet östlich der Elbe.*

Os|ten [verdeutlichend bei Angabe der Himmelsrichtung im Funkverkehr o. Ä. auch: 'o:stn̩], der; -s [mhd. ōsten, ahd. ōstan, Substantivierung von mhd. ōsten(e) = nach, im Osten, ahd. ōstana = von Osten]: **1.** *(meist ohne Art.) Himmelsrichtung, in der (bei Tagundnachtgleiche) die Sonne aufgeht* (gewöhnlich in Verbindung mit einer Präp.): wo ist O.?; im O. zieht ein Gewitter auf; der Wind kommt von O. (Abk.: O). **2.** *gegen Osten* (1), *im Osten gelegener Bereich, Teil (eines Gebietes, Landes, einer Stadt o. Ä.):* im O. Frankfurts. **3. a)** *Gesamtheit der Länder Osteuropas u. Asiens:* die Völker des -s; Märchen aus dem O.; * **der Ferne O.** *(die östlichen Gebiete Asiens);* **der Mittlere O.** *(die südlichen Gebiete Asiens);* **der Nahe O.** *(die arabischen Staaten in Vorderasien u. Israel [sowie Ägypten, die Türkei u. der Iran]);* **b)** (früher) *Gesamtheit der sozialistischen Länder Osteuropas u. Asiens, bes. die Ostblockstaaten im Unterschied zu den kapitalistischen westlichen Ländern:* sie hat für den O. spioniert.

◆ **os|ten** ⟨Präp. mit Gen.⟩ [mniederd., mhd. ōsten(e) = nach, im Osten, ahd. ōstana = von Osten]: ²*östlich:* Das langgestreckte Haus der Deichgrafen war ... durch den nach dem höchsten Baum des Dorfes, einer gewaltigen Esche, schon von weitem sichtbar; der Großvater ... hatte in seiner Jugend eine solche o. der Haustür hier gesetzt (Storm, Schimmelreiter 25).

os|ten|si|bel ⟨Adj.; ...bler, -ste⟩ [frz. ostensible, zu lat. ostensum, 2. Part. von: ostendere = zeigen] (bildungsspr. veraltend): *auffällig, zur Schau gestellt.*

Os|ten|ta|ti|on, die; -, -en [lat. ostentatio = Zurschaustellung, Prahlerei, zu: ostentare = darbieten, prahlend zeigen, Intensivbildung zu: ostendere, ↑ ostensibel] (bildungsspr.): *das Zurschaustellen, Großtun, Renommieren.*

os|ten|ta|tiv ⟨Adj.⟩ (bildungsspr.): *bewusst herausfordernd, zur Schau gestellt, betont; in herausforderner, provozierender Weise:* er schwieg o., wandte sich o. ab.

os|teo-, Os|teo- [griech. ostéon]: Best. in Zus. mit der Bed. *Knochen* (z. B. osteogen, Osteologie).

os|teo|gen ⟨Adj.⟩ [↑-gen] (Med.): **a)** *(von Geweben) Knochen bildend;* **b)** *(von bestimmten Krankheiten) vom Knochen ausgehend.*

Os|teo|lo|gie, die; - [↑-logie] (Med.): *Lehre, Wissenschaft vom Knochenbau (als Teilgebiet der Anatomie).*

Os|teo|pa|thie, die; -, -n (Med.): **1.** [↑-pathie (2)] *Erkrankung im Bereich der Knochen* (1 a). **2.** ⟨nur Sg.⟩ [engl. osteopathy, geprägt von dem amerik. Arzt A. T. Still (1828–1917)] *zur Alternativmedizin gehörendes therapeutisches Verfahren, durch Manipulation* (3 b), *viszerale und kraniosakrale Therapie die Funktionsfähigkeit des Knochengerüstes aufrechtzuerhalten od. wiederherzustellen.*

Os|teo|plas|tik, die (Med.): *plastische Operation mit Teilen von Knochen* (1 a).

Os|teo|po|ro|se, die; -, -n [zu griech. porós, ↑Pore] (Med.): *stoffwechselbedingte, mit einem Abbau von Knochensubstanz einhergehende Erkrankung der Knochen* (1 a).

Os|ter|blu|me, die (volkstüml.): *im frühen Frühjahr blühende Pflanze unterschiedlicher Art* (z. B. Osterglocke, Buschwindröschen).

Os|ter|brauch, der: *österlicher, an Ostern geübter Brauch.*

Os|ter|ei, das: **1.** *gekochtes Hühnerei, das für das Osterfest gefärbt, bemalt o. Ä. wird:* -er verstecken, suchen. **2.** *für das Osterfest hergestelltes Schokoladenei.*

Os|ter|fei|er|tag, der: *Feiertag zu Ostern:* an beiden -en ist das Lokal geschlossen.

Os|ter|fe|ri|en ⟨Pl.⟩: *Schulferien in der Osterzeit.*

Os|ter|fest, das: *Ostern.*

Os|ter|feu|er, das: *am Vorabend des Osterfestes (auf Bergen) entzündetes Feuer.*

Os|ter|glo|cke, die: *Narzisse mit leuchtend gelber, glockenförmiger Blüte.*

Os|ter|ha|se, der: **1.** *Hase, der nach einem Brauch in der Vorstellung der Kinder zu Ostern die Ostereier bringt.* **2.** *für das Osterfest hergestellte Figur aus Schokolade, die den Osterhasen* (1) *darstellt.*

Os|te|ria, die; -, -s u. ...ien [ital. osteria, zu: oste = Wirt < afrz. oste < mlat. hospes (Gen.: hospitis)]: *Gasthaus (in Italien).*

Os|ter|in|sel, die; - [die Insel wurde am Ostersonntag 1722 entdeckt]: *Insel im Pazifischen Ozean.*

Os|ter|ker|ze, die (kath. Kirche): *in der Osternacht* (2) *geweihte Kerze.*

Os|ter|lamm, das: **1.** *Lamm, das zu Ostern geschlachtet u. gegessen wird.* **2.** *zu Ostern gebackenes, als kleines Lamm geformtes Backwerk.*

ös|ter|lich ⟨Adj.⟩ [mhd. ōsterlich, ahd. ōstarlīh, zu ↑Ostern]: *Ostern, das Osterfest betreffend, zu ihm gehörend; zur Osterzeit geschehend, zur Osterzeit üblich:* der -e Verkehr; die -e Zeit (kath. Kirche; *Zeit von der Osternacht bis zum Ende des Pfingstsonntags);* das Zimmer war ö. geschmückt.

Os|ter|marsch, der: *zur Osterzeit stattfindender, bes. gegen Krieg u. Rüstung mit Atomwaffen gerichteter Demonstrationsmarsch.*

Os|ter|mar|schie|rer, der: *Teilnehmer an einem Ostermarsch.*

Os|ter|mar|schie|re|rin, die; w. Form zu ↑ Ostermarschierer.

Os|ter|mon|tag, der: *Montag des Osterfestes.*

Os|tern, das; -, - ⟨meist o. Art.; bes. südd., österr. u. schweiz. u. in bestimmten Wunschformeln u. Fügungen auch als Pl.⟩ [mhd. ōsteren, ahd. ōstarūn (Pl.); viell. nach einer idg. Frühlingsgöttin (zu ahd. ōstar = östlich; im Osten, d. h. in der Richtung der aufgehenden Sonne, des [Morgen]lichts)]: *Fest der christlichen Kirche, mit dem die Auferstehung Christi gefeiert wird:* O. ist dieses Jahr früh; vorige, letzte O. war sie in Paris; wir hatten ein schönes O./schöne O.; ich wünsche euch frohe O.!; wir treffen uns O.; wir hatten weiße O. *(Ostern mit Schnee);* (bes. nordd.:) zu O./(bes. südd., schweiz.:) an O.; (landsch., bes. österr., schweiz.:) diese O. werde ich verreisen; was willst du den Kindern zu O. schenken?; kurz vor, nach O.; * **wenn O. und Pfingsten/Weihnachten zusammenfallen, auf einen Tag fallen** (ugs.; *niemals*).

Os|ter|nacht, die: **1.** *Nacht zum Ostersonntag.* **2.** (kath. Kirche) *gottesdienstliche Feier in der Osternacht* (1).

Os|ter|pin|ze, die; -, -n ⟨meist Pl.⟩ (österr.): *Ostergebäck aus Hefeteig.*

Ös|ter|reich; -s: *Staat im südlichen Mitteleuropa.*

Ös|ter|rei|cher, der; -s, -: Ew.: * **Herr und Frau Ö.** *(die österreichischen Durchschnittsbürger:* Herr und Frau Ö. trinken am liebsten Bier.

Ös|ter|rei|che|rin, die; -, -nen: w. Form zu ↑ Österreicher.

ös|ter|rei|chisch ⟨Adj.⟩: *Österreich, die Österreicher betreffend; von den Österreichern stammend, zu ihnen gehörend.*

ös|ter|rei|chisch-un|ga|risch ⟨Adj.⟩: *Österreich-Ungarn betreffend.*

Ös|ter|reich-Un|garn; -s: *ehemalige Doppelmonarchie.*

ös|ter|reich|weit ⟨Adj.⟩: *ganz Österreich umfassend, einschließend; in ganz Österreich.*

Os|ter|sonn|tag, der: *erster Osterfeiertag.*

Os|ter|tag, der: *[Feier]tag des Osterfestes:* über die -e verreisen; an beiden -en herrschte strahlender Sonnenschein.

Os|ter|ver|kehr, der: *[starker] Verkehr, bes. Straßenverkehr, zur Osterzeit.*

Ost|er|wei|te|rung, die: *Erweiterung eines Bündnisses o. Ä. um östlich der Bündnisgrenze gelegene Staaten:* die O. der EU, der NATO.

Os|ter|wo|che, die: **1.** *mit dem Ostersonntag beginnende Woche.* **2.** *mit dem Montag vor Ostern beginnende Woche.*

Os|ter|zeit, die ⟨o. Pl.⟩: *Zeit um Ostern, bes. vor dem Osterfest.*

Ost|eu|ro|pa; -s: *östlicher Teil Europas:* Dazu: **Ost|eu|ro|pä|er,** der; **Ost|eu|ro|pä|e|rin,** die; **ost|eu|ro|pä|isch** ⟨Adj.⟩.

Ost|flan|ke, die: **a)** *nach Osten gelegene Seite;* **b)** (bes. Militär) *östlicher Rand.*

Ost|flücht|ling, der (früher): *Flüchtling aus einem der sozialistischen Länder Osteuropas u. Asiens, bes. aus der DDR.*

Ost|flü|gel, der: **a)** *östlicher Flügel* (4) *eines Gebäudes;* **b)** *östlicher Flügel* (3 a) *einer Armee o. Ä.*

Ost|frie|se, der: Ew. zu ↑ Ostfriesland.

Ost|frie|sen|witz, der: *Witz, dessen Gegenstand die Ostfriesen sind.*

Ost|frie|sin, die; w. Form zu ↑ Ostfriese.

ost|frie|sisch ⟨Adj.⟩: *Ostfriesland, die Ostfriesen*

betreffend; von den Ostfriesen stammend, zu ihnen gehörend: die -e Küste; die Ostfriesischen Inseln.

Ost|fries|land, -s: Gebiet im nordwestlichen Niedersachsen.

Ost|front, die: *(bes. im Ersten u. Zweiten Weltkrieg) im Osten verlaufende Front* (2).

Ost|ge|biet, das ⟨meist Pl.⟩: *im Osten gelegenes Gebiet einer Stadt, eines Landes o. Ä.*

Ost|geld, das ⟨Pl. selten⟩ (früher): *Geld in der Währung der DDR.*

Ost|ger|ma|ne, der: *Angehöriger des östlichen Zweiges der Germanen (z. B. Gote).*

Ost|ger|ma|nin, die: w. Form zu ↑ Ostgermane.

Ost|gren|ze, die: *Grenze nach Osten.*

os|tig ⟨Adj.⟩ [zu ↑ Osten] (ugs., oft abwertend): *ostdeutsch [wirkend]; (aus westdeutscher Sicht) für die DDR typisch:* ein -er Politiker; -es Ambiente; o. rüberkommen.

os|ti|nat ⟨Adj.⟩ [ital. ostinato = hartnäckig < lat. obstinatum, 2. Part. von: obstinare = beharren] (Musik): *ständig wiederholt, immer wiederkehrend:* eine -e Figur im Bass; -er Bass.

Os|ti|na|to, der od. das; -s, -s u. ...ti (Musik): *Basso ostinato.*

Os|ti|tis, die; -, ...titiden [zu griech. ostéon = Knochen] (Med.): *entzündliche Erkrankung der Knochensubstanz.*

Ost|kir|che, die: *christliche Kirche in Osteuropa u. Vorderasien, die sich von der römisch-katholischen Kirche getrennt hat u. den Primat des Papstes nicht anerkennt.*

Ost|küs|te, die: *östliche Küste:* die O. Schottlands, des Mittelmeers.

Ost|ler, der; -s, - (abwertend): *Bewohner Ostdeutschlands, der DDR.*

Ost|le|rin, die; -, -nen: w. Form zu ↑ Ostler.

¹**öst|lich** ⟨Adj.⟩: **1.** *im Osten* (1) *gelegen:* die -e Grenze; (Geogr.:) 15 Grad -er Länge. **2. a)** *nach Osten* (1) *gerichtet, dem Osten zugewandt:* in -er Richtung; **b)** *aus Osten* (1) *kommend:* -e Winde. **3. a)** *den Osten* (3 a) *betreffend; zu den Ländern Osteuropas u. Asiens gehörend, aus ihnen stammend:* -e Völker, Traditionen; **b)** *für die Länder Osteuropas u. Asiens, ihre Bewohner charakteristisch:* die -e Mentalität; **c)** (früher) *zu den sozialistischen Ländern Osteuropas u. Asiens, bes. zu den Ostblockstaaten gehörend:* die ö. orientierten Länder.

²**öst|lich** ⟨Präp. mit Gen.⟩: *weiter im Osten* (1), *gegen Osten [gelegen] als ...; östlich von ...:* ö. der Grenze.

³**öst|lich** ⟨Adv.⟩: *im Osten:* das Dorf liegt ö. von hier, von Köln.

Ost|mark, die; -, - (früher in nicht offiziellem Sprachgebrauch): ¹*Mark der Deutschen Demokratischen Republik.*

ost|mit|tel|deutsch ⟨Adj.⟩ (Sprachwiss.): *die Mundarten des östlichen Mitteldeutschlands betreffend.*

Ost|mit|tel|deutsch, (nur mit best. Art.:) **Ost|mit|tel|deut|sche**, das: *die ostmitteldeutsche Sprache.*

Ost|mit|tel|eu|ro|pa; -s: *östlicher Teil Mitteleuropas:* Dazu: **ost|mit|tel|eu|ro|pä|isch** ⟨Adj.⟩.

¹**Ost|nord|ost** ⟨o. Pl.; unflekt.; o. Art.⟩ (Seemannsspr., Meteorol.): *Ostnordosten* (gewöhnlich in Verbindung mit einer Präp.; Abk.: ONO).

²**Ost|nord|ost**, der ⟨Pl. selten⟩ (Seemannsspr.): *von Ostnordosten wehender Wind.*

Ost|nord|os|ten, der ⟨meist o. Art.⟩: *Richtung zwischen Osten u. Nordosten* (gewöhnlich in Verbindung mit einer Präp.; Abk.: ONO).

ost|nord|öst|lich ⟨Adj.⟩: vgl. ¹östlich, ²östlich, ³östlich.

Ost|ös|ter|reich; -s: *östlicher Teil Österreichs.*

Ost|po|li|tik, die: **a)** (früher) *Politik gegenüber den sozialistischen Staaten Osteuropas u.*

Asiens: die deutsche O.; **b)** *Politik gegenüber den östlich vom eigenen Staatsgebiet gelegenen Staaten.*

Ost|preu|ßen; -s: *ehemalige Provinz des Deutschen Reiches:* Dazu: **ost|preu|ßisch** ⟨Adj.⟩.

Ost|rand, der: *östlicher Rand (bes. eines Gebietes, eines Gebirges, einer Stadt):* am O. der Stadt.

Os|t|ra|zis|mus, der; - [griech. ostrakismós, zu: óstrakon = (Ei-, Muschel)schale, (Ton)scherbe: auf eine solche Scherbe wurde der Name der zu verbannenden Person geschrieben]: *(in der Antike, bes. im alten Athen) über die Verbannung, bes. eines missliebigen Politikers, beschließendes Volksgericht; Scherbengericht.*

Ös|t|ro|gen, das; -s, -e [zu griech. oîstros = Leidenschaft, eigtl. = Stich der Pferdebremse u. ↑-gen; eigtl. = das Leidenschaft Erregende] (Med.): *weibliches Geschlechtshormon.*

Ost|rom; -s: *das Oströmische Reich:* Dazu: **ost|rö|misch** ⟨Adj.⟩.

Ost|schweiz, die: *östlicher Teil der Schweiz.*

Ost|see, die; -: *über das Kattegat mit der Nordsee verbundenes Nebenmeer des Atlantischen Ozeans.*

Ost|see|bad, das: *Badeort an der Ostsee.*

Ost|see|küs|te, die: *an die Ostsee grenzende Küste.*

Ost|sei|te, die: *östliche Seite:* an der O. des Sees.

Ost|sek|tor, der: *östlicher Sektor* (3): *der ehemalige O. Berlins.*

Ost|spit|ze, die: *östliche Spitze (bes. einer Insel, eines Sees o. Ä.).*

¹**Ost|süd|ost** ⟨o. Pl.; unflekt.; o. Art.⟩ (Seemannsspr., Meteorol.): *Ostsüdosten* (gewöhnlich in Verbindung mit einer Präp.; Abk.: OSO).

²**Ost|süd|ost**, der ⟨Pl. selten⟩ (Seemannsspr.): *von Ostsüdosten wehender Wind.*

Ost|süd|os|ten, der ⟨meist o. Art.⟩: *Richtung zwischen Osten u. Südosten* (gewöhnlich in Verbindung mit einer Präp.; Abk.: OSO).

ost|süd|öst|lich ⟨Adj.⟩: vgl. ¹östlich, ²östlich, ³östlich.

Ost|teil, der: *östlicher Teil (eines Gebäudes, Gewässers, Landes, einer Stadt o. Ä.).*

Ost|ti|mor: früherer Name von ↑ Timor-Leste.

Ost|ufer, das: *östliches Ufer (eines Sees, Flusses, einer Bucht o. Ä.).*

Ost|ver|trä|ge ⟨Pl.⟩ (Geschichte): *bes. in den 1970er-Jahren geschlossene Verträge über das Verhältnis von Bundesrepublik Deutschland u. DDR.*

Ost|wand, die: *östliche Wand (eines Gebäudes, Berges o. Ä.).*

ost|wärts ⟨Adv.⟩ [↑-wärts]: **a)** *in östliche[r] Richtung, nach Osten:* o. ziehen, blicken; **b)** (seltener) *im Osten:* ein o. gelegenes Industriegebiet.

Ost-West-Dia|log, der (Politik früher): *die Probleme des Ost-West-Konflikts betreffender, dem Streben nach Bewältigung dieser Probleme dienender Dialog* (1 b) *zwischen Regierungsvertretern der sozialistischen Länder Osteuropas u. Asiens u. der kapitalistischen westlichen Länder.*

Ost-West-Ge|spräch, das (Politik früher): vgl. Ost-West-Dialog.

Ost-West-Kon|flikt, der (Politik früher): *Konflikt, der sich aus den unterschiedlichen politischen, wirtschaftlich-sozialen o. ä. Auffassungen der kapitalistischen westlichen Länder u. der sozialistischen Länder Osteuropas u. Asiens nach dem 2. Weltkrieg ergeben hat.*

ost|west|lich ⟨Adj.⟩: *von Osten nach Westen [verlaufend]:* in -er Richtung.

Ost|west|rich|tung, die: *ostwestliche Richtung:* in O. verlaufen.

Ost|wind, der: *aus Osten wehender Wind.*

Ost|zo|ne, die: **a)** (Geschichte) *(nach dem Zweiten Weltkrieg durch die Aufteilung Deutschlands in Zonen entstandene) sowjetische Besatzungszone;* **b)** (früher, meist abwertend) *DDR.*

OSZE [oːʔɛsʦɛˈʔeː], die; -: *Organisation für Sicherheit und Zusammenarbeit in Europa.*

Os|zil|la|ti|on, die; -, -en [lat. oscillatio = das Schaukeln]: **1.** (Physik) *das Oszillieren* (1); *Schwingung:* die Messung von -en. **2.** (Geol.) **a)** *abwechselnde Hebung u. Senkung von Teilen der Erdkruste;* **b)** *Schwankung in der Ausdehnung von Gletscherzungen.*

Os|zil|la|tor, der; -s, ...oren (Physik, Technik): *Gerät zur Erzeugung von [elektrischen] Schwingungen.*

os|zil|lie|ren ⟨sw. V.; hat⟩ [lat. oscillare = schaukeln]: **1.** (Physik) *schwingen:* ein oszillierendes Gerät. **2.** (Geol.) **a)** *(von Teilen der Erdkruste) sich heben od. senken;* **b)** *(von Gletscherzungen) in der Ausdehnung schwanken.*

Os|zil|lo|graf, Oszillograph, der; -en, -en [↑-graf] (Physik, Med.): *Gerät zur Aufzeichnung des Verlaufs sich ändernder physikalischer Vorgänge* (z. B. Schwingungen).

Os|zil|lo|gramm, das; -s, -e [↑-gramm] (Physik, Med.): *von einem Oszillografen aufgezeichnetes Bild bestimmter Schwingungen.*

Os|zil|lo|graph: ↑ Oszillograf.

ot-, Ot-: ↑ oto-, Oto-.

-o|thek: ↑ -thek.

Oti|tis, die; -, ...itiden (Med.): *entzündliche Erkrankung des inneren Ohrs; Ohrenentzündung.*

oto-, Oto-, (vor Vokalen u. vor h:) ot-, Ot- [griech. oûs (Gen.: ōtós)]: Best. in Zus. mit der Bed. *Ohr* (z. B. Otitis, Otoskop).

O-Ton, der (Jargon): *Originalton:* die Einblendung war O.

Oto|s|kop, das; -s, -e [zu ↑ oto-, Oto- u. griech. skopeîn = betrachten] (Med.): *Ohrenspiegel.*

Ot|ta|wa: Hauptstadt Kanadas.

¹**Ot|ter**, der; -s, - [mhd. ot(t)er, ahd. ottar, eigtl. = Wassertier]: *(zu den Mardern gehörendes, im u. am Wasser lebendes) kleines Säugetier mit Schwimmhäuten zwischen den Zehen, langem Schwanz u. dichtem, glänzendem Fell.*

²**Ot|ter**, die; -, -n [frühnhd. nōter, ostmd. Nebenf. von mhd. nāter, ↑ Natter]: *Viper* (1).

Ot|tern|brut, die, **Ot|tern|ge|zücht**, das [zu ²Otter] (geh. abwertend): *verachtenswerte, hassenswerte Menschen.*

Ot|to, der; -s, -s [nach dem m. Vorn. Otto, der wegen seines früher häufigen Vorkommens oft ugs. im Sinne von Dings gebraucht wurde]: **1.** (salopp) *etw., was durch besondere Größe, durch seine Ausgefallenheit o. Ä. Staunen, Aufsehen erregt:* wir hatten einen Lachs gefangen, das war so ein O.! **2.** *O.* **Normalverbraucher** *(der durchschnittliche, keine großen Ansprüche stellende Mensch, Bürger;* wohl nach der Hauptfigur des Spielfilms »Berliner Ballade« [1948]); **den flotten O. haben** (salopp; *Durchfall haben*).

Ot|to|ma|ne, die; -, -n [frz. ottomane, zu: ottoman = osmanisch u. eigtl. = türkische (Liege)] (früher): *zum Ausruhen im Liegen dienendes, niedriges, gepolstertes Möbelstück ohne Rückenlehne.*

Ot|to|mo|tor®, der; -s, -en, auch: -e [nach dem dt. Ingenieur N. Otto (1832–1891)]: *Verbrennungsmotor, bei dem das im Zylinder befindliche Gemisch aus Kraftstoff u. Luft durch einen elektrischen Funken gezündet wird.*

Öt|zi, der; -[s] [nach dem Fundort in den Ötztaler Alpen] (ugs. scherzh.): *(1991 entdeckte) mumi-*

fizierte Leiche eines Menschen aus der Jungsteinzeit.

Oua|ga|dou|gou [ŭaga'du:gu]: Hauptstadt von Burkina Faso.

Oud: ↑ Ud.

out [aʊt] ⟨Adv.⟩ [engl. out]: **1.** (Ballspiele österr., schweiz., sonst veraltet) *(vom Ball) außerhalb des Spielfeldes:* o.!; das war o. **2.** (ugs.) **a)** *nicht mehr im Brennpunkt des Interesses, nicht mehr gefragt:* diese Künstlerin ist schon seit einiger Zeit völlig o.; **b)** *[bes. von etw., was einmal sehr in Mode, im Schwange war] nicht mehr in Mode:* die damals so beliebten Latzhosen sind heute definitiv o.

Out [aʊt], das; -[s], -[s] (Ballspiele österr., sonst veraltet): *Aus* (1, 2).

Out|back ['aʊtbɛk], das, auch: der; -[s] [engl. (the) outback, eigtl. = draußen ganz hinten, weit außerhalb]: *wenig besiedeltes Landesinneres [von Australien].*

Out|cast ['aʊtka:st], der; -s, -s [engl. outcast, urspr. = außerhalb des Kastensystems stehender Inder] (bildungsspr.): *jmd., der von der Gesellschaft ausgestoßen ist, verachtet wird.*

out|door ['aʊtdɔ:ɐ̯, 'aʊtdɔ:] ⟨Adv.⟩ [zu engl. outdoor = draußen, im Freien, außen-]: *draußen, im Freien [befindlich, stattfindend]* (z. B. von Veranstaltungen).

Out|door, das; -[s] ⟨meist o. Art.⟩ [engl.; »außerhalb des Hauses, Außen-«]: *Freizeitaktivitäten im Freien (wie Wandern, Bergsteigen o. Ä.).*

Out|door|be|klei|dung, die: *für Freizeitaktivitäten im Freien bestimmte Kleidung.*

Out|door|ja|cke, die: *für Freizeitaktivitäten im Freien bestimmte Jacke.*

Out|ein|wurf ['aʊt...], der (Ballspiele österr.): *Einwurf aus dem Aus* (1).

ou|ten ['aʊtn] ⟨sw. V.; hat⟩ [engl. to out, nach to come out = sich öffentlich zu seiner Homosexualität bekennen, urspr. = herauskommen, bekannt werden] (Jargon): **1.** *jmds. homosexuelle Veranlagung (bes. die einer prominenten Person) ohne dessen Zustimmung bekannt machen:* er drohte, ihn zu o.; sie wurde als Lesbierin geoutet; Ü geschmacklos gekleidete Prominente o. *(öffentlich nennen).* **2.** *sich öffentlich zu seinen homosexuellen Veranlagungen bekennen:* es fiel ihm nicht leicht, sich, seine Homosexualität zu o.; Ü sie outete sich als Raucherin (sie bekannte, Raucherin zu sein).

Out|fit ['aʊtfɪt], das; -s, -s [engl. outfit, zu: to fit out = ausstatten]: *das äußere Erscheinungsbild bestimmende Kleidung, Ausstattung, Ausrüstung:* ihr neues O. überraschte alle.

Out|fit|ter ['aʊtfɪtɐ], der; -s, - [engl. outfitter]: *Ausrüster.*

Ou|ting ['aʊtɪŋ], das; -s, -s [engl. outing, zu: to out, ↑outen]: *das Outen, Sichouten.*

Out|law ['aʊtlɔ:], der; -[s], -s [engl. outlaw, zu: law = Gesetz] (bildungsspr.): *jmd., der von der Gesellschaft geächtet, ausgestoßen ist; Verfemter;* **b)** *jmd., der sich nicht an die bestehende Rechtsordnung hält.*

Out|let ['aʊtlɛt], das; -s, -s [engl. outlet = Verkaufsstelle]: *Factory-Outlet.*

Out|li|nie ['aʊt...], die; -, -n (Ballspiele österr.): *Begrenzungslinie entlang der Längsseiten des Spielfeldes; Auslinie.*

out of area [aʊt əv 'ɛəriə; engl. out of area = (bezogen auf eine Militäroperation) außerhalb des Einsatz- od. Zuständigkeitsbereichs] (Politik, Militär): *außerhalb der Gebiete des Bereichs der eigenen vertraglich festgelegten politischen Zuständigkeit.*

Out-of-area-Ein|satz, der (Militär, Politik): *militärischer Einsatz, der out of area durchgeführt wird.*

out of the box [aʊt əv ðə ˈbɔks; engl., eigtl. = aus der Schachtel, der Verpackung] (EDV): *betriebsfertig, ohne dass noch zusätzliche Komponenten ein- od. angebaut werden müssen.*

Out-of-the-box-Lö|sung, die (EDV): *Fertigprodukt, das sämtliche zur Lösung eines bestimmten Problems erforderlichen Mittel enthält.*

Out|place|ment ['aʊtpleɪsmənt, ...mɛnt], das; -[s], -s [engl. outplacement, zu: placement = Platzierung] (Wirtsch.): *Entlassung eines Mitarbeiters, einer Mitarbeiterin unter gleichzeitiger Vermittlung an ein anderes Unternehmen od. mit Unterstützung bei der Weiterbildung od. Existenzgründung.*

Out|put ['aʊtpʊt], der, auch: das; -s, -s [engl. output = Ausstoß]: **1.** (Wirtsch.) *Gesamtheit der von einem Unternehmen produzierten Güter.* **2.** (EDV) *Gesamtheit der Daten, Informationen als Arbeitsergebnis einer Rechenanlage.* **3.** *produktive Leistung, [veröffentlichtes] Arbeitsergebnis:* der musikalische O. der Band.

ou|t|rie|ren [uˈtri:rən] ⟨sw. V.; hat⟩ [frz. outrer, zu: outre = über ... hinaus] (bildungsspr.): *übertreiben:* eine outrierte Theatralik. Dazu: **Ou|t|riert|heit,** die; -, -en.

Out|si|der ['aʊtsaɪdɐ], der; -s, - [engl. outsider, zu: outside = Außenseite, urspr. = das auf der (ungünstigen) Außenseite laufende Pferd] (bildungsspr.): *Außenseiter.*

Out|si|de|rin ['aʊtsaɪdərɪn], die; -, -nen: w. Form zu ↑Outsider.

out|sour|cen ['aʊtsɔːsn] ⟨sw. V.; hat⟩ (Wirtsch.): *durch Outsourcing weggeben, ausgliedern, nach außen verlegen:* Schreibarbeiten o.; immer mehr Unternehmen sourcen bestimmte Bereiche out; die Firma hat ihre Dienstleistungen outgesourct.

Out|sour|cing ['aʊtsɔːsɪŋ], das; -s [engl. outsourcing, zu: out = aus u. source = Quelle] (Wirtsch.): *Auslagerung von bisher in einem Unternehmen selbst erbrachten Leistungen an externe Auftragnehmer od. Dienstleister.*

Out|take ['aʊttɛɪk], der od. das; -s, -s [engl. outtake, aus: out = heraus u. take, ↑Take]: **1.** (Film, Fernsehen) *aufgenommene Szene einer Film-, Fernsehproduktion, die nicht verwendet wird.* **2.** *aufgenommenes Musikstück, das auf einem Album nicht verwendet wird.*

Ou|ver|tü|re [uvɐ...], die; -, -n [frz. ouverture, eigtl. = Öffnung, Eröffnung, zu lat. apertura = (Er)öffnung]: **a)** *instrumentales Musikstück als Einleitung zu größeren Musikwerken (bes. Oper u. Operette);* **b)** *aus einem Satz bestehendes Konzertwerk für Orchester.*

Ou|zo [ˈuːzo], der; -[s], -s [ngriech. oúzo(n)]: *griechischer Anisschnaps.*

Ova: Pl. von ↑Ovum.

oval ⟨Adj.⟩ [spätlat. ovalis, zu lat. ovum, ↑Ovum]: *die Form eines Eies, einer Ellipse habend; eirund; elliptisch:* ein -er Tisch.

Oval, das; -s, -e [zu ovale Form, Fläche, Anlage o. Ä.]: *das O. der Radrennbahn.*

Ovar, das; -s, -e (Biol., Med.): *Ovarium* (1).

Ova|ri|um, das; -s, ...ien [spätlat. ovarium = Ei]: **1.** (Med., Zool.) *Eierstock.* **2.** (Bot.) *Fruchtknoten.*

Ova|ti|on, die; -, -en [lat. ovatio = kleiner Triumph, zu: ovare = jubeln] (bildungsspr.): *begeisterter Beifall, enthusiastische Zustimmung als Ehrung für jmdn., Huldigung:* eine stürmische O.; -en erhalten; jmdm. -en bereiten; stehende -en *(Ovationen, bei denen sich das Publikum von den Plätzen erhebt).*

OvD, O. v. D. [o:fau'de:], der; -[s], -[s]: *Offizier vom Dienst.*

Ove|r|all ['oʊvərɔ:l, auch, österr. u. schweiz. nur: 'o:vəral], der; -s, -s [engl. overall, aus: over = über u. all = alles, also eigtl. = »Überalles«]: *einteiliger, den ganzen Körper bedeckender Anzug, der bes. zum Schutz bei bestimmten Arbeiten, Tätigkeiten getragen wird.*

over|dressed ['oʊvɐdrɛst] ⟨Adj.⟩ [engl. overdressed, zu: over = über u. to dress = anziehen] (bildungsspr.): *(für einen bestimmten Anlass) zu gut, fein angezogen, zu feierlich gekleidet.*

Over|drive ['oʊvɐdraɪf, ...v], der; -[s], -s [engl. overdrive, zu: over = über u. to drive = fahren] (Technik): *ergänzendes Getriebe in Kraftfahrzeugen, das nach Erreichen einer bestimmten Fahrgeschwindigkeit die Herabsetzung der Drehzahl des Motors ermöglicht; Schnellgang.*

Over|flow ['oʊvɐfloʊ], der; -[s], -s [engl. overflow, eigtl. = das Überfließen] (EDV): *Überschreitung der Speicherkapazität von Computern.*

Over|head ['oʊvɐhɛd], der; -s [engl. overhead(s), zu: overhead = allgemein, gemein-, eigtl. = über jmds. Kopf]: **1.** (Wirtsch.) *Verwaltung, Verwaltungsapparat.* **2.** (EDV) *zusätzlich benötigte Daten, Verwaltungsdaten.* **3.** *kurz für* ↑Overheadprojektor.

Over|head|pro|jek|tor ['oʊvɐhɛd...], der [zu engl. overhead = oben, darüber (im Sinne von »über den Kopf des Vortragenden hinweg«)]: *Projektor, mit dem transparente Vorlagen (z. B. Diagramme, [veröffentlichtes] Arbeitsergebnisse) von unten beleuchteten Glasfläche liegen, auf eine Fläche (z. B. eine Leinwand) projiziert werden können.*

Over|kill ['oʊvɐkɪl], der; -[s] [engl. overkill, aus: over = über, darüber hinaus u. to kill = töten, eigtl. = mehr als einmal töten]: **1.** (Militär) *Situation, in der Staaten mehr Waffen (bes. Atomwaffen) besitzen, als nötig wären, um den Gegner zu vernichten.* **2.** (ugs.) *Überangebot, Überversorgung:* wir lernen, mit dem digitalen O. umzugehen; zwei Dutzend lokale TV-Stationen sorgten für einen medialen O.

Over|knees [ˈoʊvɐniːz] ⟨Pl.⟩ [engl. overknee = über die Knie reichend, aus: over = über u. knee = Knie]: **1.** *über die Knie hinausreichende Kniestrümpfe.* **2.** *über die Knie hinausreichende Stiefel.*

over|sized ['oʊvɐsaɪzd] ⟨Adj.⟩ [engl. oversized = übergroß, zu: over = über u. size = Größe] (Jargon): *(von Kleidungsstücken) größer als tatsächlich nötig.*

Over|time ['oʊvɐtaɪm], die; -, -s [engl. overtime] (bes. Eishockey): *Nachspielzeit.*

ovi|par ⟨Adj.⟩ [spätlat. oviparus, zu ↑Ovum u. lat. parere = gebären] (Biol.): *Eier legend.*

ovo|vi|vi|par ⟨Adj.⟩ (Biol.): *Eier mit mehr od. weniger entwickelten Embryonen ablegend.*

ÖVP [ø:fau'pe:], die; -: *Österreichische Volkspartei.*

Ovu|la|ti|on, die; -, -en [zu nlat. ovulum, Vkl. von lat. ovum, ↑Ovum] (Med., Zool.): *Follikelsprung, Eisprung.*

Ovu|la|ti|ons|hem|mer, der; -s, - (Med.): *Antibabypille.*

Ovum, das; -s, Ova [lat. ovum] (Biol., Med.): *weibliche Keimzelle, Ei(zelle).*

Oxa|lat, das; -[e]s, -e [zu lat. oxalis = Sauerampfer < griech. oxalís, zu: oxýs = scharf, sauer]: *Salz, Ester der Oxalsäure (z. B. im Sauerampfer).*

Oxa|lit [auch: ...ˈlɪt], der; -s, -e [jüngere Bez. für: oxalsaures Eisen, zu lat. oxalis, ↑Oxalat]: *gelbes, erdiges Mineral.*

Oxal|säu|re, die ⟨o. Pl.⟩: *starke organische Säure, die in Form von Salzen in vielen Pflanzen enthalten ist.*

Oxer, der; -s, - [engl. oxer, zu: ox = Ochse, wohl nach der Form] (Reiten): *Hindernis, das aus Stangen, aus zwei Ricks, besteht, zwischen die Buschwerk gestellt wird.*

Ox|ford: *Stadt in England.*

Oxid, Oxyd, das; -[e]s, -e [engl. oxid < frz. oxyde,

zu griech. oxýs, ↑ oxy-, Oxy-]: *Verbindung eines chemischen Elements mit Sauerstoff.*

Oxi|da|ti|on, Oxydation, die; -, -en [frz. oxydation]: **1.** (Chemie) *Reaktion, Verbindung eines chemischen Elements od. einer chemischen Verbindung mit Sauerstoff.* **2.** (Physik, Chemie) *Vorgang, bei dem ein chemisches Element od. eine chemische Verbindung Elektronen abgibt, die von einer anderen Substanz aufgenommen werden.*

oxi|da|tiv, oxydativ ⟨Adj.⟩ (Chemie): *durch Oxidation bewirkt, auf ihr beruhend.*

oxi|die|ren, oxydieren ⟨sw. V.⟩ [frz. oxyder, die i-Schreibung beeinflusst von gleichbed. engl. to oxidize]: **1.** ⟨hat⟩ (Chemie) **a)** (ugs.) *sich mit Sauerstoff verbinden, Sauerstoff aufnehmen:* das Metall oxidiert/oxydiert sehr schnell an der Luft; **b)** *bewirken, dass sich eine Substanz mit Sauerstoff verbindet:* Ozon oxidiert/oxydiert viele Metalle bereits bei Zimmertemperatur. **2.** ⟨ist/hat⟩ (Physik, Chemie) *Elektronen abgeben, die von einer anderen Substanz aufgenommen werden.*

oxi|disch, oxydisch ⟨Adj.⟩ (Chemie): *ein Oxid enthaltend.*

Ox|tail|sup|pe [ˈɔksteɪl...], die [engl. oxtail soup]: *Ochsenschwanzsuppe.*

oxy-, Oxy- [1: griech. oxýs; 2: ↑ Oxygen]: **1.** Best. in Zus. mit der Bed. *scharf, herb, sauer* (z. B. Oxymoron). **2.** Best. in Zus. mit der Bed. *Sauerstoff enthaltend, brauchend* (z. B. Oxyhämoglobin).

Oxyd (seltener u. fachspr. veraltend): ↑ Oxid usw.
oxy|da|tiv: ↑ oxidativ.
Oxy|gen, Oxy|ge|ni|um, das; -s [frz. oxygène, zu griech. oxýs (↑ oxy-, Oxy-) u. ↑ -gen, eigtl. = Säurebildner] (Chemie): *Sauerstoff* (Zeichen: O).
Oxy|mo|ron, das; -s, ...ra [griech. oxýmōron, zu: mōrós = stumpf, träge; dumm, töricht] (Rhet., Stilkunde): *Zusammenstellung zweier sich widersprechender Begriffe in einem Kompositum od. in einer rhetorischen Figur* (z. B. bittersüß, eile mit Weile).

OZ = Oktanzeit; Ortszeit; Ortszuschlag.

Ozelan, der; -s, -e [mhd. occene < mlat. occeanus < lat. oceanus < griech. ōkeanós]: *große zusammenhängende Wasserfläche zwischen den Kontinenten; riesiges Meer; Weltmeer:* er hat schon alle -e befahren.

Oze|a|na|ri|um, das; -s, ...ien [wohl geb. nach ↑ Aquarium]: *Anlage mit Aquarienhäusern größeren Ausmaßes, in denen auch große Meerestiere gehalten werden können.*

Oze|an|damp|fer, der: *Dampfer, der auf einem Ozean im Überseeverkehr verkehrt.*

Oze|a|ni|en, -s: *Gesamtheit der pazifischen Inseln zwischen nördlichem und südlichem Wendekreis.*

oze|a|nisch ⟨Adj.⟩ [lat. oceanicus]: **1.** *einen Ozean betreffend, durch ihn beeinflusst, bewirkt, zu ihm gehörend:* -es Klima. **2.** *Ozeanien betreffend, dazu gehörend:* -e Fauna, Flora; die -e Kunst.

Oze|a|no|graf, Ozeanograph, der; -en, -en [zu griech. gráphein = schreiben]: *Meereskundler.*
Oze|a|no|gra|fie, Ozeanographie, die; - [↑ -grafie]: *Meereskunde.*
Oze|a|no|gra|fin, Ozeanographin, die; -, -nen: w. Form zu ↑ Ozeanograf, Ozeanograph.
oze|a|no|gra|fisch, ozeanographisch ⟨Adj.⟩: *meereskundlich.*
Oze|a|no|graph usw.: ↑ Ozeanograf usw.
Oze|a|no|lo|gie, die; - [↑ -logie] (seltener): *Ozeanografie.*

Oze|an|rie|se, der: *sehr großer Ozeandampfer.*
Oze|lot [auch: ˈɔts...], der; -s, -e u. -s [frz. ocelot <

Nahuatl (mittelamerik. Indianerspr.) ocelotl]: **1.** *(in Mittel- u. Südamerika heimisches) kleineres, katzenartiges Raubtier mit dichtem, gelbem bis ockerfarbenem, schwarzbraun geflecktem Fell.* **2. a)** *Fell des Ozelots* (1): ein Kragen aus O.; **b)** *Pelz aus Ozelot* (2 a).

Ozon, der; auch, bes. fachspr.: das; -s [griech. (tò) ózon = das Duftende, zu: ózein = riechen, duften]: **1.** *eine bestimmte Form des Sauerstoffs darstellendes [in hoher Konzentration tiefblaues] Gas mit charakteristischem Geruch, das sich in der Luft bei Einwirkung energiereicher Strahlung od. bei elektrischen Entladungen bildet.* **2.** (ugs. scherzh.) *frische, gute Luft.*

Ozon|alarm, der: *Alarm zur Warnung vor einem erhöhten Ozongehalt in der [Atem]luft.*
Ozon|be|las|tung, die: *Belastung der [Atem]luft mit einem erhöhten Ozongehalt.*
Ozon|ge|halt, der: *Gehalt, Anteil an Ozon* (1) *in der [Atem]luft od. in der Stratosphäre:* den O. messen.
ozon|hal|tig, (österr.:) **ozon|häl|tig** ⟨Adj.⟩: *Ozon enthaltend:* stark -e Luft.
Ozon|kil|ler, der (Jargon): *chemische Verbindung, die besonders stark an der Zerstörung der Ozonosphäre beteiligt ist* (z. B. FCKW).
Ozon|loch, das: *Stelle in der Ozonschicht in der Stratosphäre bes. der Antarktis, an der das Ozon* (1) *abgebaut ist:* das O. wird immer größer.
ozon|reich ⟨Adj.⟩: *reich an Ozon* (1).
Ozon|schicht, die (Meteorol.): *Schicht der Erdatmosphäre, in der sich unter Einwirkung der UV-Strahlen der Sonne Ozon* (1) *bildet.*
Ozon|the|ra|pie, die (Med.): *Therapie, bei der ein Ozon-Sauerstoff-Gemisch in Arterien, Venen od. Muskeln injiziert wird.*
Ozon|wert, der: *messbarer Ozongehalt in der [Atem]luft od. in der Stratosphäre:* steigende, hohe -e.

p, P [peː], das; - (ugs.: -s), - (ugs.: -s) [mhd. p, ahd. p, p(h)]: *sechzehnter Buchstabe des Alphabets, ein Konsonantenbuchstabe:* ein kleines p, ein großes P schreiben.

p = Penni; Penny; piano; Pond; Punkt.
p = pinxit; Pagina.
P = Papier (auf deutschen Kurszetteln; = B[rief]); Phosphor.
P. = Pastor; Pater; Papa.
π, Π: ↑ Pi.
φ, Φ: ↑ Phi.
p. a. = pro anno.
p. A. = per Adresse.
Pa = Protactinium; Pascal.
Pa, der; -s, -s (fam.): kurz für ↑ Papa.
paar ⟨indekl. Indefinitpron.⟩ [mhd. pār, urspr. ungenauer Gebrauch von ↑ Paar für eine kleinere Anzahl]: **1.** (gewöhnlich in Verbindung mit »ein«) *einige:* ein p. Dinge, Wochen, Euro; ein p. Hundert Bücher; ein p. Mal[e] indefiniert; ein p. [der Anwesenden/von den Anwesenden] protestierten; in ein p. Tagen; ein p. [gelangt] kriegen (ugs.; *einige Ohrfeigen bekommen*); ⟨landsch. auch ohne »ein«:⟩ p. Dinge, Wochen,

Euro; in p. Tagen. **2.** ⟨in Verbindung mit best. Art. od. Pron.⟩ *wenige, nicht viele:* alle p. Wochen; die p. Minuten; die, diese, die ersten p. Mal[e]; mit den, diesen, deinen p. Cents kommst du nicht weit.

Paar, das; -[e]s, -e u. (als Mengenangabe zusammengehörender Dinge:) - [mhd., ahd. par = zwei Dinge von gleicher Beschaffenheit; ⟨adj.:⟩ einem anderen gleich < lat. par = gleichkommend, gleich; ⟨subst.:⟩ wer sich einem anderen, der ihm gleicht, zugesellt; Genosse]: **1. a)** *zwei zusammengehörende, bes. od. miteinander verbundene Menschen:* ein junges, verliebtes P.; die beiden werden bald ein P. *(Ehepaar, werden bald heiraten)*; ein ungleiches, unzertrennliches P. *(Gespann* 2*);* Kür der -e *(im Eiskunstlauf)*; sich in -en, zu -en aufstellen; * **[mit jmdm.] ein P./ein Pärchen werden** (landsch., iron.; *in Streit geraten*); **b)** *zwei [als Männchen u. Weibchen] zusammengehörende Tiere:* ein P., ein Pärchen Wellensittiche; ein P. Ochsen vorspannen. **2.** *zwei zusammengehörende Dinge:* ein P. Ohrringe; drei P. Würstchen; ein neues P. Schuhe, ein P. neue Schuhe; ein P. seidene/(geh.:) seidener Strümpfe; ein P. Strümpfe kostet/kosten 12 Euro; ein neues P. Schuhen kommst du nicht aus; vier P. ⟨vier⟩ Hosen; * **zwei P. Stiefel sein** (ugs.; ↑ Stiefel 1).

Paar|be|zie|hung, die: *für Paare charakteristische Beziehung; Partnerbeziehung, Zweierbeziehung.*
Paar|bil|dung, die: *Bildung von Paaren* (1).
paa|ren ⟨sw. V.; hat⟩ [spätmhd. paren = gesellen, zu ↑ Paar]: **1. a)** ⟨p. + sich⟩ *(in Bezug auf Tiere) sich begatten* (b): im Frühjahr, wenn die Tiere sich paaren; **b)** *(bei der Tierzucht) zur Begattung zusammenbringen:* Tiere mit verschiedenen Eigenschaften p. **2. a)** ⟨meist in 2. Part.⟩ (Zool.) *sich zu einem Paar vereinigen, ein Paar bilden:* die Enten sind noch nicht gepaart; **b)** *paarweise zusammenstellen:* man hat zwei ungleiche Mannschaften [miteinander] gepaart. **3. a)** *eine Verbindung, Vereinigung (von Verhaltensweisen, Eigenschaften usw.) zeigen, an den Tag legen:* er paart [in seinem Verhalten] Höflichkeit mit Unnachgiebigkeit; Zurückhaltung, gepaart mit Hochmut/mit Hochmut gepaart; **b)** ⟨p. + sich⟩ *sich [zu einem Paar von Dingen, Eigenschaften usw.] verbinden:* eine Begabung, die sich mit der Erfahrung paart.

Paar|hu|fer, der; -s, - (Zool.): *Huftier, bei dem zwei Zehen stark entwickelt u. die übrigen zurückgebildet sind.*
paa|rig ⟨Adj.⟩ (bes. Biol., Anat.): *paarweise [vorhanden]:* -e Organe; p. angeordnete Blätter.
Paar|kreuz, das (Tischtennis): *aus den benachbarten Positionen der Mannschaftsaufstellung gebildete doppelte Paarung beim Wettkampf:* im oberen, mittleren, unteren P. spielen.
Paar|lauf, der: *Eis- od. Rollkunstlauf eines Paares.*
paar|lau|fen ⟨st. V.; ist/hat; bes. im Inf. u. 2. Part. gebr.⟩ (Eiskunstlauf, Rollkunstlauf): *Paarlauf ausführen:* sie sind sieben Jahre lang paargelaufen.
Paar|läu|fer, der: *Eis- od. Rollkunstläufer, der mit einer Partnerin Paarlauf ausführt.*
Paar|läu|fe|rin, die: w. Form zu ↑ Paarläufer.
paar|mal ⟨meist als adv. Bestimmung in Verbindung mit »ein«⟩: *wenige, nicht viele Male, ein paar Male:* etw. ein p. wiederholen; ⟨landsch. auch ohne »ein«:⟩ etw. p. wiederholen.
Paar|reim, der (Verslehre): *Reimform, bei der sich jeweils zwei aufeinanderfolgende Verse reimen.*
Paar|tanz, der: *von Paaren* (1 a) *ausgeführter Tanz.*
Paar|the|ra|pie, die (Psychol.): *gemeinsame The-*

rapie für [Ehe]paare mit gestörter Paarbeziehung.

Paa|rung, die; -, -en: **1. a)** *das Sichpaaren* (1 a): *die P. der Singvögel;* **b)** *das (züchterische) Paaren* (1 b): *durch P. bestimmter Tiere eine leistungsfähigere Rasse erzielen.* **2. a)** *das Paaren* (2 b); **b)** *das Sichpaaren* (3 b): *die P. von Eigenschaften.* **3.** *durch Paaren, Sichpaaren entstandene, hergestellte Zuordnung, Verbindung, Zusammenstellung; Gepaartsein:* chemische Elemente in wechselnden -en.

paa|rungs|be|reit ⟨Adj.⟩ (Zool.): *zur Paarung* (1 a) *bereit:* ein -es Weibchen.

Paa|rungs|ver|hal|ten, das (Zool.): *typisches Verhalten vor u. bei der Paarung* (1 a).

paa|rungs|wil|lig ⟨Adj.⟩: *sich paaren wollend, paarungsbereit:* ein -es Weibchen, Männchen.

Paa|rungs|zeit, die (Zool., Jägerspr.): *Zeit der Paarung* (1 a).

paar|wei|se ⟨Adv.⟩: *in Paaren:* sich p. aufstellen; ⟨mit Verbalsubstantiven auch attr.:⟩ -s Zusammengehen.

Paar|ze|her, der; -s, - (Zool.): *Paarhufer.*

Pace [peɪs], die; - [engl. pace < mengl. pas < (a)frz. pas, ↑ Pas] (Sport): *Tempo eines Rennens, bes. eines Pferderennens, eines Ritts:* die P. war hoch; [die] P. machen *(ein schnelles Tempo vorlegen u. damit das Tempo des Feldes bestimmen).*

Pace|ma|ker ['peɪsmeɪkɐ], der; -s, - [engl. pacemaker]: **1.** (Pferdesport) *Pferd, das die Pace macht.* **2.** (Med.) *Herzschrittmacher.* **3.** (Leichtathletik) *Läufer, der bei Langstreckenläufen zunächst an der Spitze des Feldes läuft u. das Tempo bestimmt, sodass die stärkeren Läufer möglichst lange in seinem Windschatten laufen können.*

Pacht, die; -, -en [in westmd. Lautung standardsprachlich geworden, mhd. pfaht(e) < vlat. pacta (Fem. Sg.), eigtl. Neutr. Pl. von lat. pactum, ↑ Pakt]: **1.** ⟨Pl. selten⟩ **a)** *mit dem Eigentümer gegen Entgelt vertraglich vereinbarte (befristete) Nutzung einer Sache:* etw. in P. nehmen *(pachten);* etw. in P. haben *(gepachtet haben);* etw. in P. geben *(verpachten);* **b)** *bestehender Pachtvertrag:* die P. läuft ab. **2.** *Pachtzins:* eine hohe, niedrige P.; die P. zahlen, erhöhen, senken. ◆ **3.** *Vertrag, Pakt* (2): ...die Ritter nahm es wunder, welche P. die Bauren geschlossen und auf welche Weise die Buchen zur Stelle geschafft würden (Gotthelf, Spinne 52). ◆ **4.** ⟨auch: der; -[e]s, -e u. Pächte:⟩ ...nun im -e *(nach dem Pachten)* des verlass'nen Gutes mit dem Bruder freuet sich Helene (Goethe, Wandrer u. Pächterin); ...ich kann eben meinen P. *(Pachtzins)* diesmal nicht zusammenbringen (Iffland, Die Hagestolzen I, 3); Also nicht vom P. *(Pachtgut)* gewiesen? Gott sei Dank (Iffland, Die Hagestolzen IV, 9); Herr Baron, die Pächte *(Pachtzinsen)* und die Zinsen reichen nicht zu (Immermann, Münchhausen 88).

Pacht|ein|nah|me, die ⟨meist Pl.⟩: *aus Verpachtung erzielte Einnahme.*

pach|ten ⟨sw. V.; hat⟩ [westmd. pachten, mhd. pfahten = gesetzlich od. vertraglich bestimmen]: *etw. im Rahmen einer Pacht* (1 a) *übernehmen:* Land, ein Lokal p.; eine Jagd gepachtet haben; Ü er tut so, als habe er die Klugheit für sich gepachtet (ugs.: *als sei nur er allein äußerst klug*).

◆ **Päch|ter,** der; -s, -: *Pächter:* Wie geht's auf unserm Gute, Herr P.? (Iffland, Die Hagestolzen I, 3); ...er hatte ... mit dem Vater ein Gespräch angesponnen, der P. war und einer der reichsten Leute im Dorfe (Tieck, Runenberg 36).

Päch|ter, der; -s, -: *jmd., der etw. gepachtet hat.*

Päch|te|rin, die; -, -nen: w. Form zu ↑ Pächter.

Pacht|land, das ⟨o. Pl.⟩: *gepachtetes bzw. verpachtetes Land* (2).

Pacht|ver|trag, der: *schriftlicher Vertrag über eine Pacht* (1 a).

Pacht|zins, der: *vertraglich festgelegtes, regelmäßig zu zahlendes Entgelt für die Pacht* (1 a).

¹**Pack,** der; -[e]s, -e u. (selten) -s, (als Maßangabe auch:) - [aus dem Niederd. < mniederl. pac]: *weniger umfänglicher Packen bes. von kleineren Dingen gleicher od. ähnlicher Art:* ein P. alte[r] Bücher; Und geht dann dennoch, allein am späten Nachmittag, mit seinem Gewehr und dem P. auf dem Rücken (Heym, Nachruf 237).

²**Pack,** das; -[e]s ⟨urspr. = Gepäck, das im Tross mitgeführt wird; Tross, zu ↑ ¹Pack; vgl. Bagage (2)] (salopp abwertend): *Gruppe von Menschen, die als asozial, verkommen o. Ä. verachtet, abgelehnt wird:* ein freches P.; so ein P.!; Spr P. schlägt sich, P. verträgt sich *(bei Menschen ohne Ehrgefühl braucht man Auseinandersetzungen, Streitereien nicht ernst zu nehmen).*

Pa|ckage ['pækɪt∫, 'pækɪdʒ], das; -s, -s [engl. package = Paket] (Werbespr.): *als Einheit verkaufte Zusammenstellung mehrerer Produkte:* DVD, Broschüre und Filmplakat kosten im P. nur 20 Euro.

Pa|ckage|tour ['pækɪtʃtuːɐ̯, 'pækɪdʒ...], die; -, -en [engl. package tour, aus: package = Paket (zu: to pack = ein-, verpacken) u. tour = (Rund)reise]: *durch ein Reisebüro bis ins Einzelne organisierte Reise, die jmd. im eigenen Auto unternimmt.*

Päck|chen, das; -s, -: **1.** *kleiner Pack[en]; etw. mit Papier Umhülltes [u. Verschnürtes]:* ein P. alter Briefe; * sein P. zu tragen haben (ugs.: *seine Sorgen haben, seine Bürde zu tragen haben).* **2.** *kleine Packung [aus weichem od. flexiblem Material], die eine bestimmte kleinere Menge einer Ware fertig abgepackt enthält:* ein P. Tabak, Zigaretten. **3.** *fest verpackte, nicht sehr große Postsendung, kleines Paket (mit einem bestimmten Höchstgewicht):* ein P. zur Post bringen.

Pack|eis, das: *Eis[massen] aus zusammen- u. übereinandergeschobenen Eisschollen:* im P. festsitzen.

Pa|cke|lei, die; -, -en (österr. ugs. abwertend): *[dauerndes] Packeln.*

pa|ckeln ⟨sw. V.; hat⟩ [zu österr. Pack = Pakt] (österr. ugs. abwertend): *[heimlich] mit jmdm. paktieren.*

pa|cken ⟨sw. V.; hat⟩: **1.** [aus dem Niederd. < mniederl. paken, zu ↑ ¹Pack] **a)** *mit etw. füllen, indem hineingetan wird, was nötig ist, was hineingehört:* den Schulranzen p.; seine Sachen p. *(zusammenpacken, -legen u. zum Transport in etw. unterbringen);* ⟨auch ohne Akk.-Obj.:⟩ ich muss noch p. *(Koffer o. Ä. für die Reise packen);* jmds. Koffer ist gepackt (ugs.: *gedrängt*) voll; Die Tanzfläche ist so gepackt (ugs.: *gedrängt voll*), dass die Leute sich kaum bewegen können (Remarque, Obelisk 51); **b)** *etw. irgendwohin legen, stecken, schieben u. so dort unterbringen:* Kleider in den Koffer p.; etw. obenauf p.; Ü (ugs.:) die Kranke ins Bett p. **2.** [gek. aus ↑ ¹anpacken] **a)** *mit festem Griff od. Biss fassen u. festhalten, das Raubtier packt mit seinen Zähnen die Beute; jmds. Arm, jmdn. am Arm, beim Arm p., gepackt halten; Ü der Sturm packte ihn und riss ihn zu Boden;* **b)** *(bes. von einem Gefühl, einer Gemütsbewegung, [körperlichen] Veränderung) heftig von jmdm. Besitz ergreifen; jmdn. überkommen:* Fieber packte sie; ihn hat Entsetzen gepackt worden; ⟨oft unpers.:⟩ es hat ihn gepackt *(eine Krankheit, Leidenschaft o. Ä. hat von ihm Besitz ergriffen);* **c)** *jmds. Interesse, Aufmerksamkeit stark in Anspruch nehmen,* fesseln (2): er versteht es, seine Zuhörer zu p.; ⟨oft im 1. Part.:⟩ ein packender Roman; ein packendes Finish; **d)** *auf jmdn. einwirken u. ihn zu einem bestimmten Verhalten veranlassen:* sie weiß genau, wo sie einen p. kann; **e)** (ugs.) *(mit den verfügbaren Kräften, mit äußerster Anstrengung) bewältigen:* eine Prüfung p.; das Brötchen packe ich nicht mehr *(kann ich nicht mehr essen);* packen wirs noch? *(schaffen wir es noch rechtzeitig?);* **f)** (salopp) *begreifen, verstehen:* hast dus endlich gepackt? **3.** ⟨p. + sich⟩ [eigtl. = sich bepacken, um fortzugehen] (ugs.) *sich fortscheren:* pack dich!

Pa|cken, der; -s, - [älter: Packe, aus mniederd. packe, Nebenform von ↑ ¹Pack]: *Ganzes von fest aufeinandergelegten, aufeinandergeschichteten [u. zusammengebundenen, -gehaltenen] Dingen:* ein P. Wäsche, alte[r] Bücher.

Pa|cker, der; -s, -: **a)** *Arbeiter, der in einem Betrieb Waren verpackt u. versandfertig macht* (Berufsbez.); **b)** *Möbelpacker.*

Pa|cke|rei, die; -, -en: **1.** *Abteilung eines Betriebes, in der Waren verpackt u. versandfertig gemacht werden.* **2.** ⟨o. Pl.⟩ (ugs. abwertend) *[dauerndes, lästiges] Packen* (1 a).

Pa|cke|rin, die; -, -nen: w. Form zu ↑ Packer (a).

Pa|ckerl, das; -s, -[n] (österr.): **1.** *Päckchen* (3): ich habe heute ein P. bekommen. **2.** *Päckchen* (2): ein P. Backpulver kaufen.

Pa|ckerl|sup|pe, die (bayr., österr.): *Tütensuppe.*

Pack|esel, der (ugs.): *Lastesel.*

Pack|na|del, die: *sehr starke Nähnadel für grobe Stoffe o. Ä.*

Pack|pa|pier, das: *festes Papier zum Verpacken von Gegenständen.*

Pack|pferd, das: *Lastpferd.*

Pack|sat|tel, der: *Sattel zum Aufpacken von Lasten, Gepäck.*

Pack|schnee, der: *an der windabgewandten Seite von Hängen im Gebirge liegender [feiner] Schnee.*

Pack|set, das: *von einem Postunternehmen angebotener Faltkarton (in verschiedenen Größen) für Pakete, Päckchen u. Ä.*

Pack|sta|ti|on®, die: *einer Anlage mit Schließfächern ähnliche Einrichtung, an der Postpakete abgeholt od. zum Versand abgegeben werden können.*

Pack|tisch, der: *Arbeitstisch, auf dem Waren verpackt, eingepackt werden.*

Pa|ckung, die; -, -en [zu ↑ packen (1)]: **1. a)** *Hülle, Umhüllung, worin eine Ware in abgezählter, abgemessener Menge fertig abgepackt ist: etw. aus der P. nehmen;* Packung (1 a), Schachtel mit der Ware[nmenge], die sie enthält: eine kleine P.; eine P. Tee kaufen; er raucht täglich eine P. [Zigaretten] *(den Inhalt einer Packung).* **2.** *Umhüllung (von Körperteilen) mit Tüchern, um Feuchtigkeit, Hitze, Kälte usw. heilend od. kosmetisch auf den Körper einwirken zu lassen:* heiße -en. **3. a)** (Sportjargon) *hohe Niederlage:* die Mannschaft hat eine gehörige, böse P. bekommen, bezogen; **b)** *Tracht Prügel:* eine tüchtige P. kriegen. **4.** (schweiz. Militär) *Ausrüstung: Soldaten in leichter P.* **5.** (Bauw.) *Steinschicht als Grund-, Unterlage.*

Pa|ckungs|bei|la|ge, die: *Beipackzettel.*

Pack|wa|gen, der: **1.** *Gepäckwagen.* **2.** (früher) *Wagen, Fuhrwerk für Gepäck.*

Pack|zet|tel, der (Wirtsch.): **1.** *verpackten Waren beigefügter Zettel mit einem Verzeichnis.* **2.** *Zettel in Packungen* (1 a) *mit Angaben, die die Qualitätskontrolle gewährleisten bzw. Nachprüfungen ermöglichen.*

Pad [pɛd], das; -s, -s [engl. pad = (Schreib)unterlage, (Schreib)block; Bausch, älter = Strohbündel, Streu, H. u., viell. aus dem Niederd.]: **1.** (EDV) *Mauspad.* **2.** (Kosmetik) *rundes Läpp-*

chen, kleiner Bausch aus Watte o. Ä. zum Reinigen des Gesichts od. zum Auftragen von Puder o. Ä. **3.** kurz für ↑ Kaffeepad.

Pä|d|a|go|ge, der; -n, -n [lat. paedagogus < griech. paidagōgós = Betreuer, Erzieher der Knaben; urspr. = Sklave, der die Kinder auf dem Schulweg begleitete, zu: païs (Gen.: paidós) = Kind, Knabe u. agōgós = führend, Führer, zu: ágein = führen] (bildungsspr.): **1.** *Erzieher, Lehrer (mit entsprechender pädagogischer Ausbildung):* ein guter P. **2.** *Wissenschaftler auf dem Gebiet der Pädagogik.*

Pä|d|a|go|gik, die; -, -en ⟨Pl. selten⟩ [griech. paidagōgikḗ (téchnē) = Erziehungskunst]: *Wissenschaft von der Erziehung u. Bildung:* P. studieren.

Pä|d|a|go|gi|kum, das; -s, ...ka [nlat. (testamen) paedagogicum]: *Prüfung in Erziehungswissenschaften für Lehramtskandidaten.*

Pä|d|a|go|gin, die; -, -nen: w. Form zu ↑ Pädagoge.

pä|d|a|go|gisch ⟨Adj.⟩ [griech. paidagōgikós]: **1.** *die Pädagogik betreffend, zu ihr gehörend; auf dem Gebiet der Pädagogik; auf der Pädagogik beruhend, ihr eigentümlich:* die -en Hochschulen; eine gute -e Ausbildung haben. **2. a)** *erzieherisch* (a): -e Fähigkeiten; er hat p. versagt; **b)** *erzieherisch* (b): -e Maßnahmen.

pä|d|a|go|gi|sie|ren ⟨sw. V.; hat⟩: **a)** *unter pädagogischen Aspekten sehen;* **b)** *für pädagogische Zwecke auswerten.*

Pä|d|a|go|gi|sie|rung, die; -, -en: *das Pädagogisieren.*

Pad|del, das; -s, - [engl. paddle, H. u.]: *Stange mit breitem Blatt an einem od. an jedem Ende zur Fortbewegung eines Bootes:* das P. eintauchen.

Pad|del|boot, das: *kleines Boot, das mit Paddeln fortbewegt wird:* P., mit dem P. fahren.

pad|deln ⟨sw. V.⟩ [engl. to paddle]: **a)** ⟨hat/ist⟩ *mit dem Paddel das Boot vorwärtsbewegen; Paddelboot fahren:* wir haben/(auch:) sind gestern [stundenlang] gepaddelt; **b)** ⟨ist⟩ *sich paddelnd, mit dem Paddelboot irgendwohin bewegen:* wir sind über den See gepaddelt; Ü der Hund paddelt *(schwimmt)* ans Ufer.

Pad|del|sport, der: *sportlich betriebenes Paddeln.*

Padd|ler, der; -s, -: *jmd., der paddelt.*

Padd|le|rin, die; -, -nen: w. Form zu ↑ Paddler.

Pad|dock ['pɛdɔk], der; -s, -s [engl. paddock]: **1.** *an den Stall anschließender, umzäunter Auslauf* (2 b), *bes. für Pferde.* **2.** (Automobilsport) *Fahrerlager.*

Pä|de|rast, der; -en, -en [griech. paiderastḗs, zu: païs (↑ Pädagoge) u. erastḗs = Liebhaber]: *Homosexueller mit bes. auf männliche Kinder u. Jugendliche gerichtetem Sexualempfinden.*

Pä|de|ras|tie, die; - [griech. paiderastía]: *Sexualempfinden der Päderasten.*

Pä|di|a|ter, der; -s, - [zu griech. iatrós = Arzt] (Med.): *Facharzt für Pädiatrie; Kinderarzt.*

Pä|di|a|te|rin, die; -, -nen: w. Form zu ↑ Pädiater.

Pä|di|a|t|rie, die; - [zu griech. iatreía = Heilkunde] (Med.): *Kinderheilkunde.*

pä|di|a|t|risch ⟨Adj.⟩: *die Pädiatrie betreffend, zu ihr gehörend.*

Pä|do, der; -s, -s [kurz für ↑ Pädosexuelle(r), Pädophile(r)] (Jargon): *pädosexueller, pädophiler Mensch.*

pä|do|phil ⟨Adj.⟩ (Med., Psychol.): *die Pädophilie betreffend:* -e Neigungen, Handlungen, Beziehungen.

Pä|do|phi|le, die/eine Pädophile; der/einer Pädophilen, die Pädophilen/zwei Pädophile (Med., Psychol.): *pädophil veranlagte Frau.*

Pä|do|phi|ler, der Pädophile/ein Pädophiler; des/eines Pädophilen, die Pädophilen/zwei Pädo-

phile (Med., Psychol.): *pädophil veranlagter Mann.*

Pä|do|phi|lie, die; - [zu griech. philía = Zuneigung] (Med., Psychol.): *auf Kinder gerichteter Sexualtrieb Erwachsener.*

Pä|do|se|xu|el|le, die/eine Pädosexuelle; der/einer Pädosexuellen, die Pädosexuellen/zwei Pädosexuelle: *pädophil veranlagte Frau.*

Pä|do|se|xu|el|ler, der Pädosexuelle/ein Pädosexueller; des/eines Pädosexuellen, die Pädosexuellen/zwei Pädosexuelle: *pädophil veranlagter Mann.*

Pa|d|re, der; -, ...dri u. -s [ital., span. padre < lat. pater, ↑ Pater]: *Titel der [Ordens]priester in Italien u. Spanien.*

Pa|d|ro|ne, der; -[s], ...ni u. -s [ital. padrone < lat. patronus = Schutzherr]: **a)** *Chef einer größeren italienischen Firma, Organisation;* **b)** *Besitzer eines italienischen Restaurants.*

Pa|el|la [pa'elja], die; -, -s [span.-katal. paella, eigtl. = Kasserolle < afrz. paële < lat. patella = Schüssel, Platte]: *spanisches Gericht aus Reis mit verschiedenen Fleisch- u. Fischsorten, Muscheln, Krebsen u. Gemüsen.*

Pa|fe|se, Pofese, die; -, -n ⟨meist Pl.⟩ [spätmhd. pafese, pavese, frz. ital. pavese = aus Pavia] (bayr., österr.): *zwei zusammengelegte, mit Marmelade od. einer anderen Füllung bestrichene Weißbrotschnitten, die in Fett gebacken werden.*

paf|fen ⟨sw. V.; hat⟩ [lautm.] (ugs.): **a)** *Zigaretten, Pfeife o. Ä. rauchen* [u. den Rauch dabei stoßweise ausblasen]: musst du den ganzen Tag p. (abwertend; *rauchen*)?; er raucht nicht, er pafft *(raucht, ohne zu inhalieren)*; **b)** *[stoßweise den Rauch ausblasend] rauchen:* eine Zigarre, gemütlich seine Pfeife p.

pag. = Pagina.

Pa|ga|nis|mus, der; -, ...men: **1.** ⟨o. Pl.⟩ [mlat. paganismus] *Religionslosigkeit.* **2.** *nicht christliches Element im christlichen Glauben u. Brauchtum.*

Pa|ge ['paːʒə], der; -n, -n [frz. page = Edelknabe, H. u.]: **1.** *junger, livrierter [Hotel]diener.* **2.** (Geschichte) *Edelknabe, junger Adliger im Dienst an einem Fürstenhof.*

Page|im|pres|sion ['peɪdʒɪmprɛʃn], die; -, -s [engl. page impression, aus: page = Seite u. impression = Spur, Eindruck, ↑ Impression] (Werbespr.): *Aufruf einer Internetseite (dessen Häufigkeit für die Werbung interessant ist).*

Pa|gen|kopf, der: *kurze Damenfrisur, bei das waagerecht geschnittene, glatt fallende Haar Stirn u. Ohren bedeckt.*

Pa|ger ['peɪdʒɐ], der; -s, - [engl. pager, zu: to page = jmdn. ausrufen lassen] (Funkw.): *Funkgerät, das durch ein Signal anzeigt, dass eine Meldung gewünscht wird.*

Pa|gi|na, die; -, -s u. ...nä [lat. pagina, zu: pangere = zusammenfügen] (veraltet): *[Buch]seite, bes. mit Zahlenangabe* (Abk.: meist: p[ag]. = S.): Band III, pag. 84.

pa|gi|nie|ren ⟨sw. V.; hat⟩ (Schrift- u. Verlagsw.): *mit Seitenzahlen versehen:* ein Manuskript p.

Pa|gi|nie|rung, die; -, -en (Schrift- u. Verlagsw.): **1.** ⟨o. Pl.⟩ *das Paginieren.* **2.** *Gesamtheit der Seitenzahlen (mit denen Geschriebenes, Gedrucktes versehen ist).*

¹Pa|go|de, die; -, -n [frz. pagode < port. pagode < drawid. pagōdi < sanskr. bhagavatī = göttlich, heilig]: *ostasiatischer Tempel von [vier]eckiger, turmartiger, sich nach oben verjüngender Form mit vielen Stockwerken, von denen jedes ein ausladendes Dach hat.*

²Pa|go|de, die; -, -n, auch: der; -n, -n [↑ ¹Pagode] (veraltet): *kleines ostasiatisches Götterbild (bes. in Form einer sitzenden Porzellanfigur mit nickendem Kopf u. beweglichen Händen).*

pah ⟨Interj.⟩: *Ausruf der Geringschätzung:* p., diese Leute interessieren mich nicht.

Paid Con|tent ['peɪd -], der; - -s, - -s [engl. paid content, eigtl. = bezahlter Inhalt, zu: to pay = bezahlen u. content, ↑ Content] (EDV): *digitale Inhalte wie z. B. Musikdateien od. E-Books, die gegen Zahlung einer Gebühr im Internet od. über Mobilgeräte zum Herunterladen angeboten werden.*

Pail|let|te [paj'jɛtə], die; -, -n [frz. paillette, eigtl. Vkl. von: paille = Stroh < lat. palea] (Mode): *glänzendes, gelochtes Metallblättchen für Applikationen (bes. auf Kleidern).*

pail|let|ten|be|setzt ⟨Adj.⟩: *mit Pailletten besetzt.*

Pail|let|ten|kleid, das: *paillettenbesetztes Kleid.*

Paint|ball ['peɪntbɔːl], der; -[s] [engl. paintball]: *einen militärischen Kampf simulierendes Spiel, bei dem zwei Mannschaften mit Patronen, die mit Farbe gefüllt sind, aufeinander schießen.*

pair [pɛːɐ̯] ⟨Adj.⟩ [frz. pair < afrz. per < lat. par, ↑ Paar]: *(von den Zahlen beim Roulette) gerade.*

Pair, der; -s, -s [frz. pair, eigtl. = Ebenbürtiger] (Geschichte): *Mitglied des französischen Hochadels.*

Pak, die; -, -, auch: -s (Militär): **1.** kurz für ↑ Panzerabwehrkanone. **2.** ⟨o. Pl.⟩ *mit Panzerabwehrkanonen ausgerüstete Artillerie.*

Pa|ket, das; -[e]s, -e [frz. paquet, zu älter: pacque = Bündel, Ballen, Packen < niederl. pac, ↑ ¹Pack]: **1.** *mit Papier o. Ä. umhüllter [u. verschnürter] Packen; etw. in einen Karton o. Ä. Eingepacktes:* ein P. Wäsche; das P. aufschnüren. **2.** *größere Packung, die eine bestimmte größere Menge einer Ware fertig abgepackt enthält:* ein P. Waschpulver. **3.** *fest verpackte, meist größere Postsendung, die als Paket P. verschnüren, aufgeben, [ab]schicken, zustellen.* **4.** [nach gleichbed. engl. package, zu: to pack = (ab-, ein-, ver)packen] (bes. Wirtsch., Politik) *größere Gesamtheit von Dingen, Teilen, Vorschlägen usw. in verbindlicher Zusammenstellung:* ein P. Aktien *(Aktienpaket);* ein P. von Forderungen. **5.** (Rugby) *dichte Gruppierung von Spielern beider Mannschaften um den Spieler, der den Ball trägt.*

Pa|ket|an|nah|me, die (Postw. früher): **1.** ⟨o. Pl.⟩ *Annahme u. Abfertigung von Paketen* (3), *die verschickt werden sollen.* **2.** *Paketschalter.*

Pa|ket|aus|ga|be, die. **1.** ⟨o. Pl.⟩ *Ausgabe von eingetroffenen Paketen an Abholer.* **2.** *Stelle, an der eine Paketausgabe* (1) *erfolgt.*

Pa|ket|bom|be, die: *in einem Postpaket versteckte u. versandte Bombe.*

Pa|ket|dienst, der: *Postdienst für die Beförderung von Paketen.*

pa|ke|tie|ren ⟨sw. V.; hat⟩ (Fachspr.): *zu Paketen, Packungen ab-, verpacken:* Lebensmittel p. Dazu: **Pa|ke|tie|rung**, die; -, -en.

Pa|ket|kar|te, die (Postw. früher): *einem Postpaket beigegebene Karte für bestimmte Angaben (Adresse, Absender usw.).*

Pa|ket|lö|sung, die (bes. Politik, Wirtsch.): *Lösung für etw. im Paket* (4): *für etw. eine P. anbieten.*

Pa|ket|post, die: *Postdienst für die Beförderung von Paketen:* zwei Leute von der P. sind in Urlaub; die P. *(Angestellter mit dem entsprechenden Fahrzeug)* ist unterwegs.

Pa|ket|preis, der (Wirtsch.): *Preis für zu einem Paket* (4) *zusammengestellte Leistungen od. Waren.*

Pa|ket|schal|ter, der (Postw. früher): *Postschalter für die Paketannahme* (1).

Pa|ket|schein, der (Postw.): *einem Postpaket beigegebenes kleineres Formular für bestimmte Angaben (Adresse, Absender usw.).*

Pa|ket|sen|dung, die: *Postsendung in Form eines Paketes.*

Pa|ket|zu|stel|ler, der: *Zusteller von Paketsendungen.*
Pa|ket|zu|stel|le|rin, die: w. Form zu ↑ Paketzusteller.
Pa|ket|zu|stel|lung, die: *Zustellung von Paketsendungen.*
Pa|ki|s|tan; -s: *Staat in Vorderindien.*
Pa|ki|s|ta|ner, der; -s, -: Ew.
Pa|ki|s|ta|ne|rin, die; -, -nen: w. Form zu ↑ Pakistaner.
¹**Pa|ki|s|ta|ni,** der; -[s], -[s]: Ew.
²**Pa|ki|s|ta|ni,** die; -, -[s]: w. Ew.
pa|ki|s|ta|nisch ⟨Adj.⟩: *Pakistan, die Pakistaner betreffend, von den Pakistanern stammend, zu ihnen gehörend.*
Pakt, der; -[e]s, -e [lat. pactum, subst. 2. Part. von: pacisci = (vertraglich) vereinbaren]: **1.** *Bündnis zwischen Staaten: ein militärischer P.; einem P. beitreten, angehören.* **2.** *[vertragliche] Vereinbarung, Übereinkunft: Fausts P. mit dem Teufel.*
pak|tie|ren ⟨sw. V.; hat⟩ (oft abwertend): *eine Vereinbarung, Übereinkunft treffen u. befolgen:* mit dem Feind p.
Pak|tie|rer, der; -s, - (abwertend): *jmd., der mit jmdm. paktiert.*
Pak|tie|re|rin, die; -, -nen: w. Form zu ↑ Paktierer.

pa|lä-, Pa|lä-: ↑ paläo-, Paläo-.

Pa|lä|an|th|ro|po|lo|gie: ↑ Paläoanthropologie.
Pa|lä|ark|tis, die; - [↑ Arktis] (Geogr.): *geozoologisches Gebiet, das Eurasien u. Nordafrika umfasst.*
Pa|la|din [auch: ˈpa(ː)...], der; -s, -e [frz. paladin < ital. paladino < mlat. (comes) palatinus, zu (spät)lat. palatinus = zum kaiserlichen Palast, Hof gehörig, zu: palatium, ↑ Palast]: **1.** *(in der Karlssage) Ritter des Kreises von zwölf Helden am Hof Karls des Großen.* **2.** (bildungsspr., oft spött.) *treuer Gefolgsmann, Anhänger [aus dem Kreis um jmdn.].*
Pa|lais [paˈlɛː], das; - [paˈlɛː(s)], - [paˈlɛːs] [(a)frz. palais, ↑ Palast]: *repräsentatives, schlossartiges [Wohn]gebäude.*

pa|läo-, Pa|läo-, (vor Vokalen auch:) palä-, Palä- [griech. palaiós]: Best. in Zus. mit der Bed. *alt, altertümlich, ur-, Ur-* (z. B. paläontologisch, Paläanthropologie, Paläozoikum).

Pa|läo|an|th|ro|po|lo|gie, die; - [zu griech. palaiós (↑ paläo-, Paläo-) u. ↑ Anthropologie]: *auf fossile Funde gegründete Wissenschaft vom vorgeschichtlichen Menschen u. seinen Vorgängern.*
Pa|läo|bio|lo|gie, die; -: *Wissenschaft von den fossilen tierischen u. pflanzlichen Organismen.*
Pa|läo|bo|ta|nik, die; -: *Wissenschaft von den fossilen Pflanzen.*
Pa|läo|gen, das; -s [zu griech. palaiós (↑ paläo-, Paläo-) u. -genés = hervorbringend] (Geol.): *Formation des Tertiärs.*
Pa|läo|gra|fie, Pa|läo|gra|phie, die; -, -n [↑ -grafie]: **1.** ⟨o. Pl.⟩ *Wissenschaft von den Formen u. Mitteln sowie der Entwicklung der im Altertum u. Mittelalter gebräuchlichen Schriften.* **2.** *Lehrwerk der Paläografie.*
Pa|läo|kli|ma|to|lo|gie, die; -: *Lehre von den Klimaten der Erdgeschichte.*
Pa|läo|li|thi|kum [auch: ...ˈliː...], das; -s [zu griech. líthos = Stein] (Geol.): *ältester Abschnitt der Steinzeit; Altsteinzeit.*
pa|läo|li|thisch [auch: ...ˈliː...] ⟨Adj.⟩: *das Paläolithikum, die Altsteinzeit betreffend.*
Pa|läon|to|lo|ge, der; -n, -n [↑ -loge]: *Wissenschaftler auf dem Gebiet der Paläontologie.*
Pa|läon|to|lo|gie, die; - [zu griech. ōn (Gen.: óntos) = seiend u. ↑ -logie]: *Wissenschaft von den Lebewesen vergangener Erdzeitalter.*
Pa|läon|to|lo|gin, die; -, -nen: w. Form zu ↑ Paläontologe.
pa|läon|to|lo|gisch ⟨Adj.⟩: *die Paläontologie betreffend.*
pa|läo|zän ⟨Adj.⟩ (Geol.): *das Paläozän betreffend.*
Pa|läo|zän, das; -s [zu griech. kainós = neu (= älteste Abteilung der Erdneuzeit)] (Geol.): *älteste Abteilung des Tertiärs.*
Pa|läo|zo|i|kum, das; -s [zu griech. zōon = Lebewesen]: *Kambrium u. Perm umfassendes erdgeschichtliches Altertum; Erdaltertum.*
pa|läo|zo|isch ⟨Adj.⟩: *das Paläozoikum betreffend.*
Pa|läo|zoo|lo|gie, die; -: *Wissenschaft von den fossilen Tieren.*
Pal|las, der; -, - [↑ Palast] (Archit.): *Hauptgebäude der mittelalterlichen Burg mit Wohn- u. Festsaal.*
Pa|last, der; -[e]s, Paläste [(mit frühnhd. zugefügtem t für) mhd. palas < afrz. palais, pales < spätlat. palatium = kaiserlicher Hof < lat. Palatium = Name eines der sieben Hügel Roms, auf den Kaiser Augustus u. seine Nachfolger ihre Wohnung hatten]: *Schloss, großer Prachtbau (der Feudalzeit):* der P. des Königs; Ü *die Paläste der Reichen* (oft abwertend; *pompösen Bauten*).
pa|last|ar|tig ⟨Adj.⟩: *wie ein Palast geartet:* ein -er Bau.
Pa|läs|ti|na; -s: *Gebiet zwischen Mittelmeer u. Jordan.*
Pa|läs|ti|nen|ser, der; -s, -: *Araber, der aus Palästina stammt* [u. dort jetzt noch lebt].
Pa|läs|ti|nen|ser|füh|rer, der: *Führer (1 a), Vorsitzender der palästinensischen Befreiungsbewegungen.*
Pa|läs|ti|nen|ser|ge|biet, das: *von Palästinensern bewohntes, kontrolliertes Gebiet.*
Pa|läs|ti|nen|se|rin, die; -, -nen: w. Form zu ↑ Palästinenser.
Pa|läs|ti|nen|ser|prä|si|dent, der: vgl. Palästinenserführer.
Pa|läs|ti|nen|ser|staat, der: vgl. Palästinensergebiet.
Pa|läs|ti|nen|ser|tuch, das ⟨Pl. ...tücher⟩ [nach dem von Palästinensern getragenen Kopftuch]: *großes, um Kopf, Hals u. Schultern geschlagenes Tuch in schwarz-weißer o. ä. Musterung.*
pa|läs|ti|nen|sisch, (seltener:) **pa|läs|ti|nisch** ⟨Adj.⟩: *Palästina, die Palästinenser betreffend, von den Palästinensern stammend, zu ihnen gehörend.*
Pa|last|re|vol|te, die: *Palastrevolution.*
Pa|last|re|vo|lu|ti|on, die: a) *Umsturzversuch von Personen in der nächsten Umgebung eines Herrschers;* b) (Jargon) *Auflehnung gegen die Führungskräfte in einer Firma od. Organisation:* die Hinterbänkler sind unzufrieden mit dem Fraktionsvorstand; es droht eine kleine P.; der Brief einiger Mitarbeiter an den Aufsichtsrat war noch keine P.
Pa|last|wa|che, die: *Wache, die den Palast bewacht.*
pa|la|tal ⟨Adj.⟩ [zu lat. palatum = Gaumen]: **1.** (Med.) *den Gaumen betreffend.* **2.** (Sprachwiss.) *(von Lauten) am vorderen Gaumen gebildet.*
pa|la|ta|li|sie|ren ⟨sw. V.; hat⟩ (Sprachwiss.): **1.** *Konsonanten durch Anhebung des vorderen Zungenrückens gegen den vorderen Gaumen erweichen.* **2.** *einen nicht palatalen Laut in einen palatalen umwandeln.*
Pa|lat|schin|ke, die; -, -n ⟨meist Pl.⟩ [ung. palacsinta < rumän. plăcintă < lat. placenta, ↑ Plazenta] (österr.): *dünner, zusammengerollter [u. mit Marmelade o. Ä. gefüllter] Eierkuchen.*
Pa|lau; -s: *Inselstaat im westlichen Pazifischen Ozean.*
Pa|la|ver, das; -s, - [engl. palaver, über ein Wort einer afrik. Spr. mit der Bed. »religiöse od. gerichtliche Versammlung« < port. palavra = Wort; Erzählung < lat. parabola, ↑ Parabel]: **1.** (ugs. abwertend) *endloses wortreiches, meist überflüssiges Gerede; nicht enden wollendes Verhandeln, Hin-und-her-Gerede:* ein großes, langes P. [um etw.] machen. **2.** (landsch.) *Geschrei, Gelärme.*
pa|la|vern ⟨sw. V.; hat⟩ (ugs. abwertend): *sich lange in wortreichem, meist überflüssigem Gerede ergehen; lange, oft fruchtlose Verhandlungen führen:* mit jmdm. über etw. p.
Pa|laz|zo, der; -[s], ...zzi [ital. palazzo < spätlat. palatium, ↑ Palast]: ital. Bez. für: Palast.
Pal|le, die; -, -n [H. u.] (nordd.): ¹Schote.
Pa|ler|mo: *Stadt auf Sizilien.*
Pa|le|tot [ˈpaləto, auch, österr. nur: palˈtoː], der; -s, -s [frz. paletot = weiter Überrock < mengl. paltok = Überrock, Kittel, H. u.]: **1.** *leicht taillierter, zweireihiger Herrenmantel [mit Samtkragen].* **2.** *dreiviertellanger Damen- od. Herrenmantel.*
Pa|let|te, die; -, -n [frz. palette, eigtl. = kleine Schaufel, zu lat. pala = Schaufel]: **1. a)** *[ovale] Platte, Scheibe mit einem Loch für den Daumen, die der Maler auf die Hand nimmt, um darauf die Farben zu mischen:* Farben auf der P. mischen; Ü *eine bunte P.* (Vielfalt, Skala) *von Farben;* **b)** (bildungsspr., Werbespr.) *reiche, vielfältige Auswahl; Vielfalt, wie sie angeboten wird bzw. sich anbietet, sich zeigt:* einige Beispiele aus der P. unseres Angebots. **2.** (Technik, Wirtsch.) *flacher Untersatz für das Transportieren u. Stapeln von Gütern mit dem Gabelstapler.*
pa|let|ten|wei|se ⟨Adv.⟩: *jeweils eine od. mehrere Paletten (2) voll, in ganzen Paletten:* das Material wird p. abgeladen.
pal|let|ti [H. u.]: * [es ist] alles p. (ugs.; [es ist] alles in Ordnung).
Pa|lim|p|sest, der od. das; -[e]s, -e [lat. palimpsestos < griech. palímpsēstos, eigtl. = wieder abgekratzt]: *antikes od. mittelalterliches Schriftstück, von dem der ursprüngliche Text abgeschabt od. abgewaschen u. das danach neu beschriftet wurde.*
Pa|lin|drom, das; -s, -e [zu griech. palíndromos = rückwärtslaufend]: *sinnvolle Folge von Buchstaben, Wörtern od. Versen, die vorwärts- wie rückwärtsgelesen [den gleichen] Sinn ergeben* (z. B. Reliefpfeiler - Reliefpfeiler, Regal - Lager).
Pa|li|sa|de, die; -, -n [frz. palissade, zu lat. palus = Pfahl]: **1.** *langer, oben zugespitzter Pfahl, der mit anderen zusammen zur Befestigung in dichter Reihe in den Boden gerammt wird:* die n niederreißen. **2.** *Befestigungsanlage, Wand aus Palisaden* (1).
Pa|li|sa|den|wand, die: *Wand aus Palisaden* (1).
Pa|li|sa|den|zaun, der: *Zaun aus Palisaden* (1).
Pa|li|san|der, der; -s, ⟨Sorten:⟩ - [frz. palissandre < niederl. palissander, wohl < span. palo santo, eigtl. = heiliger Pfahl]: *rötlich braunes, von dunklen Streifen durchzogenes, hartes Edelholz eines vor allem in Brasilien beheimateten tropischen Baumes:* Dazu: **Pa|li|san|der|holz,** das.
Pal|la|di|um, das; -s [engl. palladium, nach dem ein Jahr zuvor (1802) entdeckten Planetoiden Pallas]: *silberweißes Edelmetall* (chemisches Element; Zeichen: Pd).
Pal|lasch, der; -[e]s, -e [über das Slaw. < ung. pallos, zu türk. pala = Schwert]: *schwerer Säbel mit Korb* (3 e) *(bes. der Kürassiere):* ♦ ...grinste er mich so höhnisch an, dass ich den P. fester

fasste und einen welschen Fluch brummte (Raabe, Chronik 40).

Pal|la|watsch, Ballawatsch, der; -[s], -e [wohl entstellt aus ital. balordaggine = Tölpelei] (österr. ugs.): **1.** ⟨o. Pl.⟩ *Durcheinander.* **2.** ↑*Niete* (2).

pal|li|a|tiv ⟨Adj.⟩ [zu spätlat. palliare = mit einem Mantel bedecken] (Med.): *schmerzlindernd; die Beschwerden einer Krankheit lindernd, aber nicht [mehr] die Ursachen einer Krankheit bekämpfend:* -e Mittel. Dazu: **Pal|li|a|tiv|me|di|zin,** die; **Pal|li|a|tiv|sta|ti|on,** die.

Pal|li|um, das; -s, ...ien [lat. pallium = weiter Mantel]: **1.** (kath. Kirche) *über dem Messgewand getragenes weißes Band mit sechs schwarzen Kreuzen als päpstliches u. erzbischöfliches Insigne.* **2. a)** *(im Mittelalter) [bei der Krönung getragener] Mantel der Könige u. Kaiser;* **b)** *(im antiken Rom) mantelartiger Umhang der Männer.* **3.** (Biol.) *Großhirnrinde.*

Pal|ma|rum ⟨o. Art.; indekl.⟩ [vgl. Palmsonntag] (ev. Kirche): *Palmsonntag.*

Palm|blatt, Palmenblatt, das: *Blatt einer Palme* (1).

Palm|bu|schen, der (südd., österr.): *[an einer Stange befestigtes] bunt geschmücktes Gebinde aus verschiedenartigen Zweigen, das am Palmsonntag in der katholischen Kirche gesegnet wird.*

Pal|me, die; -, -n: **1.** [mhd. palm(e), ahd. palma < lat. palma, eigtl. = flache Hand; nach der Ähnlichkeit des Palmenblattes mit einer gespreizten Hand] *(in tropischen u. subtropischen Regionen beheimateter in zahlreichen Arten vorkommender) Baum mit meist langem, unverzweigtem Stamm u. großen gefiederten od. handförmig gefiederten Blättern:* * *jmdn.* **auf die P. bringen** (ugs.: *jmdn. aufbringen, wütend machen, erzürnen*); **auf die P. gehen** (ugs.: *wütend werden*). **2.** [nach altröm. Brauch, den Sieger mit einem Palmzweig zu ehren] (geh.) *Siegespreis:* ihm gebührt die P. [des Siegers]; die P. errringen, erhalten.

Pal|men|art, die: *Art* (4b) *von Palmen.*

pal|men|ar|tig ⟨Adj.⟩: *einer Palme ähnlich:* -e Blätter.

Pal|men|blatt: ↑ Palmblatt.

Pal|men|fa|ser: ↑ Palmfaser.

Pal|men|gar|ten, der: *bes. mit Palmen bepflanzter Garten od. Park.*

Pal|men|hain, der: *aus Palmen bestehender Hain.*

Pal|men|haus, das: *hohes Gewächshaus mit tropischen Pflanzen, bes. Palmen.*

Pal|men|her|zen: ↑ Palmherzen.

Pal|men|we|del: ↑ Palmwedel.

Pal|men|zweig: ↑ Palmzweig (1).

Pal|met|te, die; -, -n [frz. palmette, Vkl. von: palme < lat. palma, ↑ Palme]: **1.** (Kunstwiss.) *palmblattähnliches, streng symmetrisches Ornament griechischen Ursprungs.* **2.** (Gartenbau) *meist an Wandflächen gezogener Spalierobstbaum mit u-förmig wachsenden Zweigen.*

Palm|fa|ser, Palmenfaser, die: *(gewerblich genutzte) grobe Blattfaser von bestimmten Palmen.*

Palm|her|zen, Palmenherzen ⟨Pl.⟩ (Gastron.): *als Gemüse, Salat zubereitete* ³*Mark* (1 a) *der Blattstiele bestimmter Palmen.*

pal|mie|ren ⟨sw. V.; hat⟩ [zu lat. palma = (flache) Hand (↑ Palme); vgl. gleichbed. engl. to palm]: **1.** *(bei einem Zaubertrick) in der Handfläche verbergen, hinter der Hand verschwinden lassen.* **2.** (Med.) *beide Augen mit den Handflächen bedecken.*

Pal|mi|tin, das; -s: *Ester der Palmitinsäure.*

Pal|mi|tin|säu|re, die ⟨o. Pl.⟩: *feste, gesättigte Fettsäure, die in zahlreichen pflanzlichen u. tierischen Fetten vorkommt.*

Palm|kätz|chen, das: *Kätzchen* (4) *der Salweide.*

Palm|kern, der: *Samenkern der Ölpalme.*

Palm|li|lie, die: *[mittel]amerikanische Pflanze mit großen, weißen Blüten in Trauben u. kräftigen, in einem Schopf* (3) *wachsenden Blättern; Yucca.*

Palm|öl, das: *aus flüssigem Palmfett bestehendes Öl.*

Palm|sonn|tag, der [LÜ von mlat. dominica Palmarum; nach kath. Brauch werden an diesem Tag zum Andenken an den Einzug Jesu in Jerusalem Palmzweige o. Ä. geweiht] (christl. Kirche): *Sonntag vor Ostern.*

Palm|top® [ˈpaːmtɔp], der; -[s], -s [engl. palmtop, zu palm = Handfläche (< afrz. palme < lat. palma) u. top = Arbeitsplatte]: *Computer, den man aufgrund seiner geringen Größe in einer Hand halten kann.*

Palm|we|del, Palmenwedel, der: *großes, gefiedertes od. gefächertes Blatt einer Palme.*

Palm|wei|he, die ⟨Pl. selten⟩ (kath. Kirche): *Weihe der Palm- od. Buchsbaumzweige am Palmsonntag.*

Palm|wein, der: *Wein aus dem gegorenen, zuckerhaltigen Saft bestimmter Palmen.*

Pal|my|ra: Stadt in der Syrischen Wüste.

Palm|zweig, Palmenzweig, der: **1.** *Zweig einer Palme.* **2.** (landsch.) *Buchsbaumzweig, der nach katholischem Brauch am Palmsonntag gesegnet wird.*

Pall|stek [ˈpaːlsteːk], der; -s, -e [aus niederd. Pa(h)l, mniederd. pāl = Pfahl u. ↑ Stek] (Seemannsspr.): *leicht zu lösender Knoten, mit dem (bes. zum Festmachen eines Bootes) eine Schlinge gemacht wird, die sich nicht zusammenzieht.*

PAL-Sys|tem, das; -s [gek. aus engl. Phase Alternating Line = phasenverändernde Zeile] (Fernsehen): *System des Farbfernsehens, das zur richtigen Farbwiedergabe bei der Bildübertragung mit zeilenweiser Umkehrung der Phase eines bestimmten Signals arbeitet.*

Pa|mir [auch: paˈmiːɐ̯], der, auch: das; -[s]: Hochland in Innerasien.

Pamp, der; -s (nordd., ostd.): *Pamps.*

Pam|pa, die; -, -s ⟨meist Pl.⟩ [span. pampa < Quiché (mittelamerik. Indianerspr.) pampa = Ebene]: *ebene, baumarme Grassteppe in Südamerika, bes. in Argentinien:* die Tiere der P.; Ü *wohnt irgendwo in der P.* (ugs., oft scherzh.: *ganz weit außerhalb*).

Pam|pa|gras, Pam|pas|gras, das: *(als Zierpflanze kultiviertes) in hohen Stauden wachsendes Gras mit schmalen, langen Blättern u. seidig glänzenden, silberweißen Blütenrispen.*

Pam|pe, die; -, -n [wohl urspr. lautm.] (bes. nordd., md.): **1.** *dicke, breiige Masse aus Sand o. Ä. u. Wasser.* **2.** (meist abwertend) *dicker od. zäher Brei:* das Gemüse war eine einzige P.

Pam|pel|mu|se [auch: 'pam...], die; -, -n [frz. pamplemousse < niederl. pompelmoes < Tamil bambolmas]: *sehr große, der Grapefruit ähnliche Zitrusfrucht.* Dazu: **Pam|pel|mu|sen|saft,** der.

Pampf, der; -[e]s (südd.): *Pamps.*

Pam|phlet, das; -[e]s, -e [frz. pamphlet < engl. pamphlet < Pamphilet; bildungsspr. abwertend]: *Streit- od. Schmähschrift: ein politisches P.; ein P. gegen jmdn. schreiben, verfassen.* Dazu: **pam|phle|tis|tisch** ⟨Adj.⟩.

pam|pig ⟨Adj.⟩ [zu ↑ Pampe]: **1.** (bes. nordd., ostd.) *breiig; wie Pampe:* die Suppe ist p. **2.** (ugs. abwertend) *in grober Weise frech, patzig:* ein -er Kellner; eine -e Antwort; sie wurde richtig p.

Pamps, der; -[es] [wohl nasalierte Nebenf. von ↑ Papp] (landsch., oft abwertend): *dicker, zäher Brei.*

Pam|pu|sche [auch: …ˈpuːʃə], die; -, -n (landsch., bes. nordd.): *Babusche.*

¹**Pan** (griech. Mythol.): Schutzgott der Hirten u. Jäger.

²**Pan,** der; -s, -s [poln.]: **1.** *(früher) (in Polen) Besitzer eines kleineren Landgutes.* **2.** ⟨o. Art.; o. Pl.⟩ *(in Verbindung mit dem Namen) poln. Bez. für* ↑ Herr.

pan-, Pan- [griech. pān (Gen.: pantós) = ganz, all, jeder, Neutr. von: pãs] *bedeutet in Bildungen mit Substantiven od. Adjektiven all, ganz, gesamt, völlig:* Pandemie, Paneuropa; panamerikanisch.

Pa|na|de, die; -, -n [frz. panade, eigtl. = Brotsuppe < provenz. panada, zu: pan < lat. panis = Brot] (Kochkunst): **a)** *aus Paniermehl o. Ä. u. Ei bestehende Umhüllung eines Lebensmittels, die durch Braten oder Backen zu einer Kruste wird;* **b)** *breiige Mischung (z. B. aus Mehl, Eiern, Fett mit Gewürzen) als Streck- u. Bindemittel für Farcen* (3).

Pa|na|del|sup|pe, die; -, -n (südd., österr.): *Suppe, Brühe mit einer Einlage aus Weißbrot.*

pan|af|ri|ka|nisch ⟨Adj.⟩ [↑ pan-, Pan-]: *den Panafrikanismus, alle afrikanischen Völker u. Staaten betreffend.*

Pan|af|ri|ka|nis|mus, der; -: *das Bestreben, die wirtschaftliche u. politische Zusammenarbeit aller afrikanischen Staaten zu verstärken.*

¹**Pa|na|ma;** -s: Staat in Mittelamerika.

²**Pa|na|ma:** Hauptstadt von ↑ Panama.

³**Pa|na|ma,** der; -s, -s: Kurzf. von ↑ ¹·²Panamahut.

Pa|na|ma|er, der; -s, -: Ew. zu ↑ ¹·²Panama.

Pa|na|ma|e|rin, die; -, -nen: w. Form zu ↑ Panamaer.

Pa|na|ma|hut, der: *breitrandiger, aus den Blättern der Panamapalme geflochtener Hut.*

pa|na|ma|isch ⟨Adj.⟩: ¹·²*Panama, die Panamaer betreffend, von den Panamaern stammend, zu ihnen gehörend.*

Pa|na|ma|nal, der; -s: Kanal in Mittelamerika.

pan|ame|ri|ka|nisch ⟨Adj.⟩: *den Panamerikanismus, alle amerikanischen Völker u. Staaten betreffend.*

Pan|ame|ri|ka|nis|mus, der; -: *das Bestreben, die wirtschaftliche u. politische Zusammenarbeit aller amerikanischen Staaten zu verstärken.*

pan|ara|bisch ⟨Adj.⟩ [↑ pan-, Pan-]: *den Panarabismus, alle arabischen Völker u. Staaten betreffend.*

Pan|ara|bis|mus, der; -: *das Bestreben, die wirtschaftliche u. politische Zusammenarbeit aller arabischen Staaten zu verstärken.*

Pa|na|schee, Panaché […ˈʃeː], das; -s, -s [frz. panaché, subst. 1. Part. von: panacher, ↑ panaschieren]: **1.** (bes. schweiz.) *Kompott, Gelee aus verschiedenen Früchten.* **2.** (bes. schweiz.) *gemischtes Getränk, bes. Bier u. Limonade.* **3.** (veraltet) *mehrfarbiges Speiseeis:* ◆ … *ob der Schmelzzustand eines rot und weißen Panaché nicht noch etwas Vermeidenswerteres ist als der Hammelrücken im Zustande der Erstarrung* (Fontane, Jenny Treibel 38). **4.** (Bot.) *Panaschierung.*

pa|na|schie|ren ⟨sw. V.; hat⟩ [frz. panacher = mit buntem Muster versehen; (bunt) mischen, eigtl. = mit einem (bunten) Federbusch zieren, zu: panache = Feder-, Helmbusch]: *bei einer Wahl seine Stimme für Kandidaten verschiedener Parteien abgeben.*

pa|na|schiert ⟨Adj.⟩ (Bot.): *(von grünen Pflanzenblättern) mit weißer Musterung, weißen Flecken versehen.*

pan|asi|a|tisch ⟨Adj.⟩: *ganz Asien, alle asiatischen Völker u. Staaten betreffend.*

Pan|athe|nä|en ⟨Pl.⟩ [griech. Panathḗnaia]: *(im*

Athen der Antike) zu Ehren der Athene gefeiertes Fest.
Pan|cake ['pænkeɪk], der; -s, -s [engl. pancake, aus pan = Pfanne u. cake = Kuchen]: *bes. in Nordamerika zum Frühstück verzehrte Art des Pfannkuchens* (1).
Pan|cet|ta [pan'tʃeta; ital. pancetta, Vkl. von pancia = Bauch < lat. pantex (Abl. pantice) = Wanst]: *[Bauch]speck vom Schwein aus Italien.*
Pan|da, der; -s, -s [aus einer nepalesischen Spr.]: **a)** *Bambusbär;* **b)** *(vorwiegend im Himalaja heimisches) Raubtier mit fuchsrotem, an Bauch u. Beinen schwarzbraunem Pelz u. einem dicken, kurzen, katzenartigen Kopf.*
Pan|da|bär, der (volkstüml.): *Panda* (a).
Pan|dä|mo|ni|um, das; -s, ...ien [älter ngriech. pandaimónion, zu griech. daímōn, ↑ Dämon] (bildungsspr.): **a)** *Gesamtheit aller Dämonen, Schreckgestalten;* **b)** *Ort der Dämonen, des Grauens:* ein P. des Irrsinns.
Pan|dek|ten ⟨Pl.⟩ [spätlat. pandectes < griech. pandéktēs]: *Sammlung altrömischer Rechtssprüche (als Grundlage der Rechtswissenschaft).*
Pan|de|mie, die; -, -n [zu griech. pãn (↑ pan-, Pan-) u. dēmos = Volk] (Med.): *sich weit ausbreitende, ganze Landstriche, Länder erfassende Seuche; Epidemie großen Ausmaßes:* Dazu: **pan|de|misch** ⟨Adj.⟩.
Pan|do|ra: Gestalt der griechischen Mythologie: *die Büchse der P.* (↑ Büchse 1 a).
Pand|sch|ab [auch: ˈpa...], das; -[s]: *Landschaft in Vorderindien.*
Pand|sch|a|bi, das; -[s]: *indogermanische Sprache in Nordindien u. Pakistan.*
Pa|neel, das; -s, -e [aus dem Niederd. < mniederd., mniederl. pan(n)ēl < afrz. panel, wohl zu lat. panis = Türfüllung, eigtl. = (flaches) Brot, Fladen]: **a)** *vertieft liegendes Feld einer Holztäfelung;* **b)** *gesamte Holztäfelung.*
pa|nee|lie|ren ⟨sw. V.; hat⟩: *mit Holz täfeln:* die Wände p.
Pa|n|e|gy|ri|kon, das; -[s], ...ka [griech. panēgyrikón = Buch mit Festreden]: *liturgisches Buch der orthodoxen Kirche mit predigtartigen Lobreden auf die Heiligen.*
Pa|nel [ˈpenl], das; -s, -s: **1.** [mengl. panel = Liste, Stück Pergament < afrz. panel < lat. pannus = Stück Stoff] **a)** (Statistik) *[repräsentative] Personengruppe für [mehrmals durchgeführte] Befragungen u. Beobachtungen;* **b)** *ausgewählte Personengruppe, die eine Diskussion, untersuchen od. entscheiden soll.* **2.** [engl. panel, eigtl. = Feld < afrz. panel, ↑ Paneel] *Einzelbild eines Comics.*
pa|nem et cir|cen|ses [- - ...ze:s; lat. = (das Volk erhebt nur den Anspruch auf) Brot und Zirkusspiele (den die Herrscher der röm. Kaiserzeit zu erfüllen hatten); nach Juvenal, Satiren 10, 81]: *Ausspruch, mit dem zum Ausdruck gebracht wird, dass die Menschen zufriedenzustellen sind, wenn sie nur ihren Lebensunterhalt u. ihre Vergnügungen haben.*
Pa|net|to|ne, der; -[s], ...ni [ital. panettone, zu: pane = Brot < lat. panis]: *italienischer Kuchen mit gehackten kandierten Früchten.*
Pan|eu|ro|pa; -s [↑ pan-, Pan-]: *erstrebte Gemeinschaft aller europäischen Staaten:* Dazu: **pan-eu|ro|pä|isch** ⟨Adj.⟩.
Pan|flö|te, die [zu ↑ ¹Pan] (Musik): *aus verschieden langen, nebeneinandergereihten Pfeifen ohne Grifflöcher bestehendes Holzblasinstrument.*
Pan|ga|si|us, der; -, ...ien [nlat., latinis. aus gleichbed. Bengali pungas]: *(zur Familie der Welse gehörender) Fisch mit breitem Kopf und walzenförmigem Körper, der als Speisefisch geschätzt wird.*
Pan|has, der; - [westfäl. pannhass, pannharst,

eigtl. = Pfannenbraten, zu mniederd. panne = Pfanne u. harst = Bratfleisch] (Kochkunst): *westfälisches Gericht aus Wurstbrühe, gehacktem Fleisch u. Buchweizenmehl, das zu einer festen Masse gekocht u. in Scheiben gebraten wird.*
Pan|hel|le|nis|mus, der; -: *(im antiken Griechenland) Bestrebungen zur Vereinigung der Griechen in einem großen Reich:* Dazu: **pan|hel|le|nisch** ⟨Adj.⟩.
¹Pa|nier, das; -s, -e [frühnhd. Form von mhd. banier(e), ↑ Banner]: **1.** (veraltet) *Banner, Fahne, Feldzeichen:* * *etw. auf sein P. schreiben* (geh.; *etw. unbeirrt als Ziel verfolgen*). **2.** (geh.) *Wahlspruch, Parole:* Freiheit sei unser P.!
²Pa|nier, die; - (österr., Kochkunst): *Masse zum Panieren.*
pa|nie|ren ⟨sw. V.; hat⟩ [frz. paner = mit geriebenem Brot bestreuen, zu: pain (afrz. pan) = Brot < lat. panis] (Kochkunst): *(Fleisch, Fisch o. Ä.) vor dem Braten in geschlagenes Eigelb, Milch o. Ä. tauchen u. mit Semmelbröseln bestreuen od. in Mehl wälzen:* panierte Schnitzel.
Pa|nier|mehl, das: *Brösel* (b), *Semmelmehl.*
Pa|nie|rung, die; -, -en: **1.** *das Panieren; das Paniertwerden.* **2.** *Panade* (1).
Pa|nik, die; -, -en ⟨Pl. selten⟩ [frz. panique (subst. Adj.), ↑ panisch]: *durch eine plötzliche Bedrohung, Gefahr hervorgerufene übermächtige Angst, die das Denken lähmt u. zu kopflosen Reaktionen führt:* [eine] P. brach aus; P. erfasste, befiel die Reisenden; der brennende Vorhang löste eine P. unter den Zuschauern aus; eine P. verhindern, verhüten; die P. kriegen (ugs.; *von Panik erfasst werden*); (Beschwichtigung, wenn jmd. mit unangemessener Angst, Aufregung o. Ä. reagiert:) nur keine P.!; jmdn. in P. versetzen.
pa|nik|ar|tig ⟨Adj.⟩: *in der Art einer Panik vor sich gehend:* eine -e Flucht.
Pa|nik|at|ta|cke: *plötzlicher Anfall* (1) *mit Symptomen einer Panik.*
Pa|nik|kauf, der: *überstürzter Kauf von Waren des täglichen Bedarfs auf Vorrat aus Angst vor Verknappung.*
Pa|nik|ma|che, die (abwertend): *Heraufbeschwören einer Panikstimmung durch aufgebauschte Darstellung eines Sachverhalts o. Ä.*
Pa|nik|re|ak|ti|on, die: *panikartige Reaktion.*
Pa|nik|stim|mung, die: *panikartige Stimmung:* in P. geraten.
Pa|nik|ver|kauf, der (Börsenw.): *überstürzter Verkauf von Wertpapieren aus Angst vor starken Kursverlusten.*
◆ **Pa|nis|brief,** der; -[e]s, -e [zu lat. panis = Brot (im Sinne von »das tägliche Brot = Lebensunterhalt«), also eigtl. = Brotbrief]: *(seit dem 13. Jh.) vom Kaiser an einen Bedürftigen ausgegebene schriftliche Anweisung, aufgrund deren eine geistliche Stiftung für seinen Lebensunterhalt zu sorgen hatte:* Drum sei ... dir ein P. beschert (Bürger, Der Kaiser und der Abt).
pa|nisch ⟨Adj.⟩ [frz. panique < griech. panikós = von ¹Pan herrührend (Pan in Bocksgestalt wurde als Ursache für undeutbare Schrecken angesehen)]: *lähmend, in [der Art einer] Panik:* -er Schrecken; -e Angst; von -em Entsetzen befallen werden; p. reagieren; ... man hätte glauben können, die austrosardischen Horden seien plündernd und sengend im Anmarsch wie anno 1746 und der Hausherr rüste in -er Eile zur Flucht (Süskind, Parfum 262).
Pan|is|la|mis|mus, der; - [↑ pan-, Pan-]: *(im 19. Jh.) Streben nach Vereinigung aller islamischen Völker.*
Pan|je, der; -s, -s [poln. panie = Anredeform von: pan = Herr] (veraltet): *polnischer od. russischer Bauer.*

Pan|je|pferd, das: *mittelgroßes, sehr zähes u. genügsames Pferd Osteuropas.*
Pan|k|re|as, das; - [griech. págkreas (Gen.: pagkréatos), zu: pãn (↑ pan-, Pan-) u. kréas = Fleisch, nach der fleischigen Beschaffenheit] (Med.): *Bauchspeicheldrüse.*
Pan|k|re|a|ti|tis, die; -, ...itiden (Med.): *Entzündung der Bauchspeicheldrüse.*
Pan|na|cot|ta, die; -, Pannacotte, **Pan|na cot|ta,** die; -, Panne cotte [ital. panna cotta, eigtl. = gekochte Sahne] (Kochkunst): *aus mit Zucker u. Vanille gekochelter Sahne u. untergehobener Gelatine zubereitete, mit Fruchtsoße o. Ä. gereichte italienische Nachspeise.*
Pan|ne, die; -, -n [frz. panne, urspr. = das Steckenbleiben des Schauspielers, H. u.]: **a)** *Störung, technischer Schaden, der eine plötzliche Unterbrechung eines Vorgangs, Ablaufs verursacht:* eine P. beheben; unser Wagen hatte eine P.; mit einer P. auf der Autobahn liegen bleiben; Einmal hielt Boris, als sie eine P. hatten und auf den Abschleppwagen warteten, einen Vortrag über Arbeitsmoral (Becker, Tage 99); **b)** *Fehler, durch gedankenloses od. unvorsichtiges Handeln verursachtes Missgeschick;* eine unverzeihliche P.; bei der Organisation gab es viele -n.
Pan|nen|dienst, der: *Hilfsdienst bei Autopannen.*
pan|nen|frei ⟨Adj.⟩: *keine Panne aufweisend:* ein -er Ablauf; eine -e Organisation.
Pan|nen|hel|fer, der: *jmd., der für einen Pannendienst arbeitet.*
Pan|nen|hel|fe|rin, die: w. Form zu ↑ Pannenhelfer.
Pan|nen|hil|fe, die: *Hilfe* (1 a) *bei einer [Auto]panne.*
Pan|nen|kurs, der (Kfz-Wesen): *Kurs, der Autofahrer in die Lage versetzen soll, eine Autopanne selbst zu beheben.*
Pan|nen|se|rie, die: *Folge mehrerer Pannen [kurz] hintereinander.*
Pan|nen|strei|fen, der (bes. österr., schweiz.): *Standspur.*
pan|no|nisch ⟨Adj.⟩ [zur lat. geogr. Bez. Pannonia] (österr.): *burgenländisch.*
Pa|n|op|ti|kum, das; -s, ...ken [zu griech. pãn = gesamt u. optikós (↑ optisch), eigtl. = Gesamtschau]: *Kuriositäten-, Wachsfigurenkabinett:* ein P. besuchen; Ü der Roman beschreibt ein monströses P. der mittelalterlichen Gesellschaft.
Pa|n|o|ra|ma, das; -s, ...men [engl. panorama, zu griech. pãn (↑ pan-, Pan-) u. hórama = das Geschaute]: **1.** *Rundblick* (a); *Ausblick von einem erhöhten Punkt aus in die Runde, über die Landschaft hin:* vom Turm aus öffnet sich ein herrliches P. **2.** *auf einen Rundhorizont gemaltes, perspektivisch-plastisch wirkendes Bild od. entsprechende Fotografie.*
Pa|n|o|ra|ma|auf|nah|me, die: *ein breites Panorama* (1) *darstellende fotografische Aufnahme.*
Pa|n|o|ra|ma|bild, das: *Panorama* (2).
Pa|n|o|ra|ma|blick, der: *Panorama* (1).
Pa|n|o|ra|ma|bus, der: *Reiseomnibus mit Panoramafenstern.*
Pa|n|o|ra|ma|fens|ter, das: *sehr großes, leicht gewölbtes Fenster, das ein breites Blickfeld freigibt.*
Pa|n|o|ra|ma|schei|be, die: *große [leicht gewölbte] Windschutzscheibe, die ein breites Blickfeld freigibt.*
Pa|n|o|ra|ma|spie|gel, der (Kfz-Wesen): *leicht gewölbter Rückspiegel, der ein breites Blickfeld freigibt.*
Pa|n|o|ra|ma|stra|ße, die: *Straße, in deren Verlauf sich ein bemerkenswerter Panoramablick bietet.*
Pa|n|o|ra|ma|weg, der: *Weg, in dessen Verlauf sich ein bemerkenswerter Panoramablick bietet.*

pan|schen ⟨sw. V.; hat⟩ [lautm., viell. nasalierte Nebenf. von ↑patschen od. Vermischung von »patschen« mit ↑manschen]: **1.** *(ein [alkoholisches] Getränk) mit etw. verfälschen, bes. mit Wasser verdünnen:* Wein p.; gepanschte Milch; Ü Es ist mir schnurzegal, was der Stümper Pélissier in sein Parfum gepanscht hat (Süskind, Parfum 64). **2.** (ugs.) *im Wasser mit den Händen [u. Füßen] planschen.*
Pan|sche|rei, die; -, -en ⟨ugs.⟩: *[dauerndes] Panschen.*
Pan|sen, der; -s, - [mhd. panze (niederd. panse) < afrz. pance < lat. pantex, ↑Panzer] (Zool.): *erster großer Abschnitt des Magens bei Wiederkäuern.*
Pan|sla|vis|mus usw.: ↑Panslawismus usw.
Pan|sla|wis|mus, der; - [↑pan-, Pan-]: *(im 19. Jh.) Streben nach kulturellem u. politischem Zusammenschluss aller slawischen Völker:* Dazu: **pan|sla|wis|tisch** ⟨Adj.⟩.
Pan|ta|lons [pãta'lõːs, 'pantaloːs] ⟨Pl.⟩ [frz. pantalons, nach dem mfrz. Wendung vestu en pantalon = gekleidet wie Pantalone (eine Gestalt in der Commedia dell'Arte, die meist mit langen, engen Beinkleidern auftrat)]: *(in der Französischen Revolution aufgekommene) lange Männerhose mit röhrenförmigen Beinen.*
pan|ta rhei [griech. = alles fließt (dem griech. Philosophen Heraklit, 6./5. Jh. v. Chr., zugeschriebener Grundsatz)] (bildungsspr.): *alles ist im Werden, in unaufhörlicher Bewegung.*
Pan|ter usw.: ↑Panther usw.
Pan|the|is|mus, der; - [aus griech. pãn (↑pan-, Pan-) u. ↑Theismus] (Philos., Rel.): *Lehre, nach der Gott in allen Dingen der Welt existiert bzw. Gott u. Weltall identisch sind:* Dazu: **pan|the|is|tisch** ⟨Adj.⟩.
Pan|the|on, das; -s, -s [griech. Pánthe(i)on, zu: pãn (↑pan-, Pan-) u. theĩos = göttlich]: **1. a)** *antiker Tempel für alle Götter* (z. B. in Rom); **b)** *einem Tempel ähnliche Gedächtnis- u. Begräbnisstätte nationaler Persönlichkeiten.* **2.** (Rel.) *Gesamtheit der Götter einer Religion.*
Pan|ther, Panter, der; -s, - [mhd. pantēr, pantier < lat. panther(a) < griech. pánthēr, H. u.]: *Leopard.*
Pan|ther|fell, das: *Leopardenfell.*
Pan|ti|ne, die; -, -n [wohl unter Einfluss von ↑Pantoffel zu mniederl. patine < mniederl. patijn < frz. patin = Schuh mit Holzsohle] (nordd.): *Pantoffel; Schuh mit Holzsohle:* * *aus den -n kippen* (ugs.; ↑Latschen).
Pan|tof|fel, der; -s, -n [frz. pantoufle, H. u.]: *[flacher] leichter Hausschuh ohne Fersenteil:* warme -n; die -n vor das Bett stellen; in die -n schlüpfen; * *unter dem P. stehen* (ugs.; *als Ehemann von seiner Frau beherrscht werden;* der Schuh bzw. der Fuß galt im alten dt. Recht als Symbol der Herrschaft).
Pan|töf|fel|chen, das; -s, -: Vkl. zu ↑Pantoffel.
Pan|tof|fel|held, der (ugs. abwertend): *Ehemann, der sich seiner Frau gegenüber nicht durchsetzen kann.*
Pan|tof|fel|ki|no, das (ugs. scherzh.): *Fernsehen, [häuslicher] Fernsehapparat:* vor dem P. sitzen.
Pan|tof|fel|tier|chen, das (Biol.): *in seiner Form an einen Pantoffel erinnerndes Wimpertierchen.*
Pan|to|let|te, die; -, -n [Kunstwort aus ↑Pantoffel u. ↑Sandalette]: *leichter Sommerschuh ohne Fersenteil, aber meist mit [Keil]absatz.*
¹Pan|to|mi|me, die; -, -n [frz. pantomime < lat. pantomima, zu: pantomimus, ↑²Pantomime]: *Darstellung einer Szene od. Handlung nur mit Gebärden-, Mienenspiel u. tänzerischer Bewegung:* eine P. einstudieren, zeigen; die Kunst der P.
²Pan|to|mi|me, der; -n, -n [lat. pantomimus < griech. pantómimos, eigtl. = der alles Nachahmende, zu: pãn (↑pan-, Pan-) u. mĩmos, ↑Mime]: *Künstler auf dem Gebiet pantomimischer Darstellung.*
Pan|to|mi|mik, die; -: **1.** *Kunst der ¹Pantomime.* **2.** (Psychol.) *Gesamtheit der Ausdrucksbewegungen, zu denen neben Mienenspiel u. Gebärden auch Körperhaltung u. Gang gehören.*
Pan|to|mi|min, die; -, -nen: w. Form zu ↑²Pantomime.
pan|to|mi|misch ⟨Adj.⟩: **1.** *die ¹Pantomime betreffend, mit ihren Mitteln:* etw. p. darstellen. **2.** (Psychol.) *die Ausdrucksbewegungen des Körpers betreffend.*
Pan|t|ry ['pentri], die; -, -s [engl. pantry < mengl. pan(e)trie < afrz. paneterie < mlat. panetaria = Raum zur Aufbewahrung von Brot, zu lat. panis = Brot]: *Speisekammer, Anrichte* (b) *[auf Schiffen u. in Flugzeugen].*
pant|schen usw.: ↑panschen usw.
Pant|schen-La|ma, der; -[s], -s [tib. pan-chen (b)lama; vgl. ↑²Lama]: *religiöses Oberhaupt des Lamaismus.*
Pan|ty ['penti], die; -, -s [...tiːs] [engl. panty, Kurzf. von: pantaloons = Hosen < frz. pantalons, ↑Pantalons]: *Miederhose.*
◆ **Pan|ze,** die; -, -n [Nebenf. von ↑Panzen] (landsch.): *kleines [ungezogenes] Kind:* Die Alte ... sagte lachend: »... ek mott düsse lüttgen -n waschen ...« (Raabe, Chronik 149).
Pan|zer, der; -s, - [mhd. panzier = Brustpanzer < afrz. pancier(e), über das Roman. (vgl. provenz. pansiera) zu lat. pantex (Gen.: panticis) = Wanst]: **1.** (früher) *[Ritter]rüstung, feste [metallene] Umhüllung* (2) *für den Körper als Schutz bei feindlichen Auseinandersetzungen od. im Turnier:* einen P. tragen, anlegen. **2.** *harte, äußere Schutzhülle bei bestimmten Tieren, bes. den Weichtieren:* der P. einer Schildkröte. **3.** *Platte, Gehäuse* (1) *aus gehärtetem Stahl, Eisen u. Ä. (bes. zum Schutz von Kriegsschiffen, Kampffahrzeugen, Befestigungen usw.):* ein Kernreaktor muss einen besonders dicken P. haben. **4.** *gepanzertes, meist mit einem Geschütz u. Maschinengewehren ausgerüstetes, auf Ketten rollendes Kampffahrzeug [mit einem drehbaren Geschützturm]:* sie wurden von einem P. überrollt.
Pan|zer|ab|wehr, die (Militär): **a)** *Verteidigung gegen Panzer* (4): *Spezialwaffen zur P.;* **b)** *gegen Panzer* (4) *eingesetzte Truppe.*
Pan|zer|ab|wehr|ka|no|ne, die: *[auf einer fahrbaren Lafette montiertes] Geschütz mit langem Rohr zur Vernichtung von Panzern* (4).
Pan|zer|ab|wehr|ra|ke|te, die (Militär): *zur Panzerabwehr* (a) *eingesetzte Rakete* (1 a).
pan|zer|bre|chend ⟨Adj.⟩: *geeignet, Panzerungen zu durchschlagen:* -e Waffen.
Pan|zer|di|vi|si|on, die (Militär): *Division* (2) *der Panzertruppe.*
Pan|zer|ech|se, die: *Krokodil.*
Pan|zer|fahr|zeug, das (Militär): *durch eine Panzerung* (2) *geschütztes schweres Kraftfahrzeug.*
Pan|zer|faust, die (Militär): *Handfeuerwaffe zur Nahbekämpfung feindlicher gepanzerter Fahrzeuge, bei der eine auf einem dünnen Rohr sitzende Granate mittels eines Treibsatzes wie eine Rakete abgefeuert wird.*
Pan|zer|fisch, der: *ausgestorbener, mit Knochenplatten gepanzerter Fisch.*
Pan|zer|glas, das ⟨Pl. (Sorten:) ...gläser⟩: *aus mehreren Schichten bestehendes schussfestes Sicherheitsglas.*
Pan|zer|gre|na|dier, der (Militär): **1.** *Soldat der Panzergrenadiere* (2). **2.** ⟨Pl.⟩ *Truppe innerhalb der Kampftruppen, die im Zusammenwirken mit der Panzertruppe eingesetzt wird.*
Pan|zer|gre|na|die|rin, die: w. Form zu ↑Panzergrenadier (1).
Pan|zer|hemd, das: *Kettenhemd.*
Pan|zer|jä|ger, der (Militär): **1.** *Soldat der Panzerjäger* (2). **2.** ⟨Pl.⟩ *Truppe innerhalb der Kampftruppen, die, bes. zum Schutz der eigenen Infanterie, mit Jagdpanzern ausgerüstet ist.*
Pan|zer|jä|ge|rin, die: w. Form zu ↑Panzerjäger (1).
Pan|zer|ket|te, die: **1.** *Raupenkette eines Panzers* (4). **2.** *Kette* (1 a), *die in der Anordnung ihrer Glieder an die Raupenkette eines Panzers erinnert.*
Pan|zer|kna|cker, der (ugs.): **1.** *auf das [gewaltsame] Öffnen von Tresoren spezialisierter Einbrecher.* **2.** *panzerbrechende Waffe.*
Pan|zer|kreu|zer, der (Militär früher): *gepanzerter Kreuzer* (1).
pan|zern ⟨sw. V.; hat⟩: **a)** *mit einer Panzerung, mit Panzerplatten umgeben, befestigen:* ein Fahrzeug p.; Eisbrecher müssen stark gepanzert sein; **b)** (früher) *die Rüstung, den Brustharnisch anlegen:* sich vor dem Kampf p.; gepanzerte Krieger; **c)** ⟨p. + sich⟩ *sich gegen etw. abschirmen, (seelisch) unempfindlich machen:* sie panzerte sich gegen alle Fragen.
Pan|zer|pi|o|nier, der (Militär): **1.** *Angehöriger der Panzerpioniere* (2). **2.** ⟨Pl.⟩ *Teil der Pioniertruppen, der mit Spezialpanzern ausgerüstet ist.*
Pan|zer|plat|te, die: *zur Panzerung (bes. bei Kriegsschiffen) verwendete, dicke Platte aus bes. gehärtetem Stahl.*
Pan|zer|schiff, das (früher): *gepanzertes Kriegsschiff.*
Pan|zer|schlacht, die: *Kampf, bei dem auf beiden Seiten Panzer* (4) *eingesetzt werden.*
Pan|zer|schrank, der: *Geldschrank.*
Pan|zer|späh|wa|gen, der (Militär): *leicht gepanzertes u. mit leichten Waffen ausgerüstetes Fahrzeug, das bes. der militärischen Aufklärung dient.*
Pan|zer|sper|re, die (Militär): *Sperre, die feindlichen Panzern* (4) *das Vordringen unmöglich machen soll.*
Pan|zer|stahl, der: *besonders gehärteter Stahl.*
Pan|zer|trup|pe, die (Militär): *Truppe innerhalb der Kampftruppen, die mit Kampfpanzern ausgerüstet ist.*
Pan|ze|rung, die; -, -en: **1.** *das Panzern.* **2.** *Platte, Gehäuse* (1) *aus gehärtetem Metall (bes. zum Schutz von militärischen Fahrzeugen, Kriegsschiffen, Befestigungen).*
Pan|zer|wa|gen, der (Militär): *durch starke Panzerung* (2) *geschütztes Kraftfahrzeug, bes. für militärische Zwecke od. gesicherte Transporte.*
Pan|zer|wes|te, die: *kugelsichere Weste.*
Pa|pa [pa'paː], der; -s, -s [frz. papa, Lallwort der Kinderspr.] (fam.): *Vater:* mein P. hat entschieden.
Pa|pa|bi|li ⟨Pl.⟩ [ital. papabili, zu: papabile = zum Papst wählbar] (kath. Kirche): *als Kandidaten für das Amt des Papstes infrage kommende Kardinäle.*
Pa|pa|chen, das; -s, -: Kosef. von ↑Papa.
Pa|pa|gal|lo, der; -s, -s u. ...lli [ital. pappagallo, eigtl. = Papagei]: *auf erotische Abenteuer bei Touristinnen ausgehender [südländischer, bes. italienischer, junger] Mann.*
Pa|pa|gei (österr. u. schweiz. auch: 'pa...], der; -en u. -s, -en, seltener: -e [im 15. Jh. < älter frz. papegai, H. u., viell. < arab. babbaḡāʾ; schon mhd. papegân]: *(in zahlreichen Arten vorkommender) bunt gefiederter tropischer Vogel mit kurzem, abwärtsgebogenem Schnabel, der die Fähigkeit hat, Wörter nachzusprechen:* kreischende -en; bunt wie ein P.
Pa|pa|gei|en|krank|heit, die ⟨o. Pl.⟩ (Med.): *gefährliche bakterielle Infektionskrankheit, die bes. von Papageien auf Menschen übertragen werden kann; Psittakose.*

Pa|pa|gei|en|tau|cher, der: *ein Seevogel der nördlichen Meere mit auffälligem, bunt gefärbtem Schnabel.*

Pa|pa|gei|fisch, der: *(vorwiegend in tropischen Meeren lebender) farbenprächtiger Fisch mit zu einer Art Schnabel verwachsenen Zähnen.*

Pa|pa|gei|tau|cher, der: *Papageientaucher.*

Pa|pa|mo|bil, das; -s, -e [aus ital. papa = Papst u. [Auto]mobil]: *mit Panzerglas geschütztes Auto für öffentliche Fahrten des Papstes.*

Pa|pa|raz|zo, der; -s, ...zzi [ital. paparazzo, nach dem gleichnamigen Klatschkolumnisten in Frederico Fellinis Film »La dolce vita«] (ugs., oft abwertend): *aufdringlicher Pressefotograf, Skandalreporter.*

Pa|pas, der; -, - [ngriech. papâs < griech. páppas = Väterchen, Papa, zu: páppa, ↑Papst]: *Weltgeistlicher in der orthodoxen Kirche.*

Pa|pa|ya, die; -, -s [span. papaya, aus dem Karib.]: **1.** *Melonenbaum.* **2.** *einer Melone ähnliche, kugelige bis eiförmige Frucht des Melonenbaumes mit orangefarbenem Fleisch u. gelblich weißem Milchsaft.*

Pap|chen, das; -s, -: Kosef. von ↑¹*Papa.*

Pa|pel, die; -, -n [lat. papula] (Med.): *meist flache bis linsengroße, knötchenartige Verdickung in der Haut.*

Pa|per ['peɪpɐ], das; -s, -s [engl. paper, eigtl. = Papier]: *schriftliche Unterlage, Schriftstück; Papier* (2): *Handouts und -s als Unterlagen; der Vortragende hatte ein P. ausgegeben.*

Pa|per|back [...bεk], das; -s, -s [engl. paperback, eigtl. = Papierrücken]: *kartoniertes [Taschen]buch.*

Pa|pe|te|rie, die; -, -n [frz. papeterie, zu: papier < lat. papyrus, ↑Papier] (schweiz.): **a)** *Papierwaren;* **b)** *Papierwarenhandlung.*

Pa|pi, der; -s, -s: Kosef. von ↑¹*Papa.*

Pa|pier, das; -s, -e [spätmhd. papier < lat. papyrum, papyrus = Papyrus(staude) < griech. pápyros, H. u.]: **1.** *aus Pflanzenfasern [mit Stoff- u. Papierresten] durch Verfilzen u. Verleimen hergestelltes, zu einer dünnen, glatten Schicht gepresstes Material, das vorwiegend zum Beschreiben u. Bedrucken od. zum Verpacken gebraucht wird:* raues, glattes, holzfreies, handgeschöpftes P.; ein Blatt P.; P. mit Wasserzeichen; die P. verarbeitende Industrie; das P. zerreißen; ein Lampenschirm aus P.; [einen Bogen] P. in die Maschine spannen; etw. in P. einwickeln; mit P. rascheln; R P. ist geduldig *(schreiben od. drucken kann man alles − dass es stimmt, ist damit noch lange nicht garantiert);* *[nur] auf dem P. [be]stehen/existieren o. Ä. *(nur der Form nach bestehen, praktisch nicht durchgeführt, verwirklicht werden:* diese Ehe besteht, existiert nur auf dem P.); etw. zu P. bringen *(aufschreiben, schriftlich formulieren, niederlegen).* **2.** *Schriftstück, Aufzeichnung, schriftlich niedergelegter Entwurf, Brief, Aufsatz, Vertrag o. Ä.:* ein amtliches P.; im Ministerium war ein P. [zur Steuerfrage] erarbeitet worden; ein P. unterzeichnen; er hat alle -e (*Unterlagen*) vernichtet; in alten -en kramen. **3.** ⟨meist Pl.⟩ *Ausweis, Personaldokument:* gefälschte -e; ihre -e sind nicht in Ordnung; neue -e beantragen; er bekam seine -e (ugs.; *wurde entlassen*). **4.** (Finanzw.) *Wertpapier* (Abk. : P): ein festverzinsliches P.; sein Geld in Papieren anlegen.

Pa|pier|ab|zug, der (Fotogr.): *Abzug von einem Negativ od. einem Diapositiv auf Fotopapier.*

Pa|pier|ar|beit, die (Kunstwiss.): *auf Papier gedruckte, gezeichnete, gemalte od. mit Papier hergestellte künstlerische Arbeit* (4 a).

Pa|pier|bahn, die: *endloser breiter Streifen aus Papier* (1).

Pa|pier|band, das ⟨Pl. ...bänder⟩: ¹*Band* (1) *aus Papier* (1).

Pa|pier|block, der ⟨Pl. ...blöcke u. -s⟩: *Block* (5).

Pa|pier|bo|gen, der: *Bogen* (6).

Pa|pier|brei, der: *breiige Masse aus zermahlenen Fasern, Füllstoffen, Leim u. Harzen, aus der durch Pressen u. Entzug von Flüssigkeit das Papier gewonnen wird.*

Pa|pier|deutsch, das (abwertend): *papierenes* (2) *Deutsch.*

pa|pier|dünn ⟨Adj.⟩: *sehr dünn (bes. von Stoffen, Materialien):* eine -e Schicht Kupfer; -es Porzellan.

Pa|pier|ein|zug, der: *Vorrichtung an einem Drucker* (2), *einem Kopiergerät o. Ä., die dem Gerät Papier[bogen] zuführt.*

pa|pie|ren ⟨Adj.⟩: **1.** *aus Papier bestehend:* ein papier[e]nes Tischtuch; Ü ihre Haut sieht p. (*fahl u. dünn, gespannt u. trocken, so als ob sie aus Papier wäre*) aus, fühlt sich p. an. **2.** *trocken, unlebendig, steif (im Stil, Ausdruck):* eine papier[e]ne Ausdrucksweise.

Pa|pier|fa|b|rik, die: *Fabrik, in der Papier hergestellt wird.*

Pa|pier|fet|zen, der: *Fetzen* (1 a) *Papier.*

Pa|pier|flie|ger, der (ugs.): *aus Papier gefaltetes kleines stilisiertes Flugzeug, das, wenn man es geschickt in die Luft wirft, eine kurze Strecke im Gleitflug zurücklegen kann.*

Pa|pier|form, die ⟨Pl. selten⟩: **1.** (Sport) *Form, [Spiel]stärke, die ein Sportler, eine Mannschaft nach den zuletzt gezeigten Leistungen eigentlich haben müsste:* nach der P. müssten wir heute haushoch gewinnen. **2.** *in Form von Papier:* die Schreiben an uns werden nicht mehr in P. archiviert. **3.** *Förmchen aus Papier, in dem Törtchen od. Muffins gebacken werden.*

Pa|pier|for|mat, das: *Format* (1) *eines Papierbogens.*

Pa|pier|geld, das ⟨o. Pl.⟩: *Geld in Scheinen, Banknoten.*

Pa|pier|ge|schäft, das: **1.** *Laden für den Verkauf von Papierwaren.* **2.** *Geschäft* (1 a) *mit der Herstellung u. dem Handel von Papier.*

Pa|pier|ge|wicht, das (Boxen, Ringen): **1.** ⟨o. Pl.⟩ *leichte Körpergewichtsklasse.* **2.** *Sportler der Körpergewichtsklasse Papiergewicht* (1).

Pa|pier|ge|wicht|ler, der; -s, - (Boxen, Ringen): *Papiergewicht* (2).

Pa|pier|ge|wicht|le|rin, die; -, -nen: w. Form zu ↑*Papiergewichtler.*

Pa|pier|hand|tuch, das: *Handtuch aus weicherem, saugfähigem Papier.*

Pa|pier|her|stel|ler, der: *Hersteller* (1) *von Papier.*

Pa|pier|her|stel|le|rin, die: w. Form zu *Papierhersteller.*

Pa|pier|her|stel|lung, die: *Herstellung von Papier* (1).

Pa|pier|in|dus|t|rie, die: *Zweig der Industrie, in dem Papier, Papierwaren hergestellt werden.*

Pa|pier|korb, der: *Behälter für [Dinge aus] Papier* (1), *für Papiere* (2), *die zum Wegwerfen bestimmt sind:* der P. quillt über; etw. in den P. werfen.

Pa|pier|kram, der (ugs. abwertend): *Gesamtheit der als lästig empfundenen [dienstlichen] Briefe, Formalitäten schriftlicher Natur o. Ä.:* P. erledigen.

Pa|pier|krieg, der (ugs. abwertend): *übermäßiger, lange dauernder [als überflüssig empfundener] Schriftverkehr mit Behörden.*

pa|pier|los ⟨Adj.⟩: *ohne Verwendung von Papier [arbeitend, ablaufend]:* das -e Büro; p. arbeiten, kommunizieren.

Pa|pier|ma|schee, Papiermaché [pa'piːɐ̯ˌmaʃeː, papjemaˈʃeː], das; -s, -s [frz. papier mâché, eigtl. = zerfetztes Papier]: *Pappmaschee:* Puppen aus P.

Pa|pier|müh|le, die: **a)** ¹*Holländer* (5); **b)** (veraltend) *Papierfabrik.*

Pa|pier|rol|le, die: *aufgerollte [zum Abreißen einzelner Stücke perforierte] längere Papierbahn.*

Pa|pier|sack, der: **a)** *Sack aus festem Papier [für Müll u. Abfälle];* **b)** (österr.) *Papiertüte.*

Pa|pier|sche|re, die: *lange Schere speziell zum Schneiden von Papier.*

Pa|pier|schiff|chen, das: *aus einem Stück Papier gefaltetes Spielzeug, das einem Schiff ähnlich sieht und das man in der Badewanne, auf Pfützen o. Ä. schwimmen lassen kann.*

Pa|pier|schlan|ge, die: *Luftschlange.*

Pa|pier|schnip|sel, der od. das, **Pa|pier|schnitzel,** der od. (österr. nur:) das: *Schnipsel, Schnitzel von Papier.*

Pa|pier|ser|vi|et|te, die: *(zu einmaligem Gebrauch bestimmte) Serviette aus Papier* (1).

Pa|pier|sta|pel, der: *Stapel* (1 a) *von Papier.*

Pa|pier|stau, der: *Unterbrechung des Transports von Papier in einem Drucker od. einem Kopierer.*

Pa|pier|strei|fen, der: *Streifen* (1 c) *von Papier.*

Pa|pier|ta|schen|tuch, das: *(zu einmaligem Gebrauch bestimmtes) Taschentuch aus Papier* (1).

Pa|pier|ti|ger, der [engl. paper tiger, LÜ von chin. zhilaohu, aus: zhi = Papier u. laohu = Tiger]: *nur dem Schein nach starke, gefährliche Person, Sache od. Macht.*

Pa|pier|ton|ne, die: *Abfalltonne für Altpapier.*

Pa|pier|tuch, das ⟨Pl. ...tücher⟩: *kleines [Hand]tuch aus Papier.*

Pa|pier|tü|te, die: *Tüte aus Papier.*

Pa|pier|wa|ren ⟨Pl.⟩: *Handelsartikel aus Papier, Schreibwaren u. Ä.*

Pa|pier|wa|ren|hand|lung, die: *Papiergeschäft.*

Pa|pier|win|del, die: *aus einem saugfähigen Vlies hergestellte, anstelle einer Windel verwendete Einlage.*

Pa|pil|lar|li|ni|en ⟨Pl.⟩ [zu ↑*Papille*] (Anat.): *feine Hautlinien auf Hand- u. Fußflächen, bes. auf den Fingerkuppen.*

Pa|pil|le, die; -, -n [lat. papilla] (Anat.): *kleine, rundliche bis kegelförmige Erhebung an od. in Organen (z. B. Brustwarze).*

Pa|pil|lo|ma|vi|rus, Pa|pil|lom|vi|rus, das [zu lat. papilla = Warze] (Med.): *ein Virus, das Krebs verursachen kann.*

Pa|pil|lon [papi'jõː], der; -s, -s [frz. papillon < lat. papilio = Schmetterling; nach der Form der Ohren]: *einfarbig weißer bis brauner od. gefleckter Zwergspaniel mit langem, seidigem, leicht gewelltem Fell u. lang befransten, nach außen gerichteten, aufrecht stehenden Ohren.*

Pa|pil|lo|te [...'joːtə], die; -, -n: **1.** [frz. papillote, eigtl. = Papier für Bonbons, zu papiloter = schimmern, glitzern, zu: afrz. papillot, Vkl. von papillon < lat. papilio = Schmetterling] (Kochkunst) *Hülle aus herzförmig zugeschnittenem Pergamentpapier, die, mit Öl bestrichen, um kurz zu bratende od. zu grillende Fleisch- od. Fischstücke geschlagen wird.* **2.** [übertr. von *Papillote* (1)] *Lockenwickler in Form einer biegsamen Rolle aus Schaumstoff.*

Pa|pi|ros|sa, die; -, ...ssy [...si; russ. papirosa < poln. papieros, zu: papier = Papier]: *Zigarette mit langem, hohlem Mundstück aus Pappe.*

Pa|pis|mus, der; - [zu lat. papa = Papst] (abwertend): **a)** *starrer Katholizismus;* **b)** *übertriebene Ergebenheit dem Papst gegenüber.*

◆ **Pa|pist|in,** die; -, -nen: w. Form zu ↑*Papist:* ... wird England ... sich der P. in die Arme werfen (Schiller, Maria Stuart II, 3).

Papp, der; -s, -e ⟨Pl. selten⟩ [spätmhd. pappe, Lallwort] (landsch.): **1.** *dicker [Mehl]brei.* **2.** *klebrige Masse, Kleister.*

Papp|band, der ⟨Pl. ...bände⟩: *Buch mit einem Einband aus fester Pappe.*
Papp|be|cher, der: *aus Pappe hergestellter Trinkbecher (der nach Gebrauch weggeworfen wird).*
Papp|de|ckel, der: *[rechteckiges] Stück Pappe* (1 a).
Pap|pe, die; -, -n [zu ↑ Papp (1), eigtl. = aus grobem Papierbrei od. durch ↑ Pappen (1) von mehreren Papierschichten hergestellter Werkstoff]: **1. a)** *festes, ziemlich steifes [Verpackungs]material aus mehreren Schichten Papier; Karton* (1): *feste P.; ein Bild auf P. aufkleben;* **b)** (salopp) *Führerschein.* **2.** (ugs.) *Papp:* * *nicht von/aus P. sein* (ugs.; *stark, kräftig, nicht zu unterschätzen sein*).
Pap|pel, die; -, -n [mhd. papel(e), ahd. popelboum < lat. populus]: *Laubbaum von schlankem, meist sehr hohem Wuchs.*
Pap|pel|al|lee, die: *von Pappeln gesäumte Allee.*
Pap|pel|holz, das ⟨Pl. ...hölzer⟩: *Holz der Pappel.*
päp|peln ⟨sw. V.; hat⟩ [mhd. pepelen, zu ↑ Papp (1)] (ugs.): *liebevoll ernähren [u. pflegen]; auffüttern: ein verlassenes Rehkitz mit der Flasche p.; das Kind muss ein wenig gepäppelt werden.*
pap|pen ⟨sw. V.; hat⟩ (ugs.): **1.** *[an]kleben; so fest andrücken, dass es [mithilfe von Klebstoff] haftet:* einen Aufkleber ans Auto p. **2.** *[sich zusammenballen, klumpen u.] kleben, haften bleiben:* der Schnee pappt [an, unter den Schuhsohlen].
Pap|pen|hei|mer: in der Wendung *seine P. kennen* (ugs.; *bestimmte Menschen mit ihren Schwächen genau kennen u. daher wissen, was man von ihnen zu erwarten hat;* nach Schiller, Wallensteins Tod III, 15; dort im anerkennenden Sinne bezogen auf das Kürassierregiment des Grafen von Pappenheim).
Pap|pen|stiel [viell. gek. aus »Pappenblumenstiel« = Stiel des Löwenzahns (niederd. päpenblöme, eigtl. = Pfaffenblume); die im Wind verwehende Samenkrone galt als Sinnbild für Geringfügiges]: in der Wendung *kein P. sein* (ugs.; *keine Kleinigkeit sein:* zehntausend Euro Schulden sind wahrhaftig kein P.).
pap|per|la|papp ⟨Interj.⟩: *Ausruf der Abweisung von leerem, törichtem Gerede, Ausflüchten o. Ä.*
pap|pig ⟨Adj.⟩ [zu ↑ Papp] (ugs.): **a)** *sich leicht zusammenballend [u. haften bleibend]:* -er Schnee; **b)** *klebrig-feucht:* -e Finger; **c)** *nicht od. schlecht durchgebacken; durch die Feuchtigkeit weich geworden u. nicht mehr knusprig:* -es Brot; **d)** *breiig, formlos:* das Gemüse war p.
Papp|ka|me|rad, der, (ugs.): *täuschend echt nachgebildete Figur aus Pappe (bes. für Schießübungen):* auf -en schießen; Ü den -en von der anderen Abteilung werden wir es zeigen!
Papp|kar|ton, der: *Karton* (2).
Papp|ma|ché: ↑ Pappmaschee.
Papp|ma|schee, Pappmaché [...maʃeː], das; -s, -s [zu frz. papier mâché, eigtl. = zerfetztes Papier]: *formbare Masse aus eingeweichtem, mit Leim, Stärke u. a. vermischtem Altpapier, die nach dem Trocknen fest wird.*
Papp|na|se, die: **1.** *[lustig geformte] Nase aus Pappe, die bei Kostümierungen über die eigene Nase gestülpt werden kann:* eine P. aufsetzen; Ü ein paar -n (ugs.; *verkleidete Karnevalisten*) stehen noch an der Bar.
papp|satt ⟨Adj.⟩ (ugs.): *vollständig satt:* p. sein; sich p. essen.
Papp|schach|tel, die: *Schachtel aus Pappe.*
Papp|schild, das ⟨Pl. ...schilder⟩: ²*Schild* (1) *aus Pappe* (1 a).
Papp|schnee, der: *pappiger, tauender Schnee.*
Papp|tel|ler, der: vgl. Pappbecher.
¹**Pa|pri|ka,** der; -s, -[s] [über das Ung. < serb. paprika, zu: papar = Pfeffer < lat. piper, ↑ Pfeffer]: **1.** *(zu den Nachtschattengewächsen gehörende) als Kraut od. [Halb]strauch wachsende Pflanze mit länglichen od. rundlichen hohlen Früchten von sehr verschiedener Größe u. grüner, roter od. gelber Farbe, die als Gemüse gegessen od. als Gewürz verwendet werden.* **2.** *[scharfes] bräunlich rotes Gewürz in Pulverform, das aus reifen, getrockneten Paprikaschoten gewonnen wird:* süßer, scharfer P.; mit P. würzen.
²**Pa|pri|ka,** der; -s, -[s] od. die; -, -[s]: *Frucht des* ¹*Paprikas* (1); *Paprikaschote:* gefüllte P. essen.
Pa|pri|ka|pul|ver, das: ¹*Paprika* (2).
Pa|pri|ka|schnit|zel, das (Kochkunst): *reichlich mit* ¹*Paprika* (2) *bestreutes [u. mit in Streifen geschnittenem* ²*Paprika belegtes] Schnitzel.*
Pa|pri|ka|scho|te, die: ²*Paprika.*
pa|pri|zie|ren ⟨sw. V.; hat⟩ (Kochkunst, bes. österr.): *mit* ¹*Paprika* (3) *würzen:* Gulasch p.
¹**Paps,** der; -, -e ⟨Pl. selten; meist als Anrede⟩: Kosef. von ↑ ¹Papa.
²**Paps,** der; -es, -e ⟨Pl. selten⟩ (landsch.): *Papp.*
Papst, der; -[e]s, Päpste [mhd. bābes(t), spätahd. bābes < kirchenlat. papa = Bischof (von Rom) < lat. papa < griech. páppa = Vater, Lallwort der Kindersp.]: *Oberhaupt der katholischen Kirche (u. Bischof von Rom):* eine Audienz beim P.; das Dogma von der Unfehlbarkeit des -es; die Ansprache P. Johannes Pauls II. [des Zweiten]/des -es Johannes Paul II. [des Zweiten]; * *päpstlicher sein als der P.* (ugs.; *strenger, unerbittlicher sein als der dazu Berufene, der Verantwortliche*); **in Rom gewesen sein und nicht den P. gesehen haben** (bildungsspr.; *die Hauptsache versäumt haben*).

-papst, der; -[e]s, -päpste (scherzh.): *kennzeichnet in Bildungen mit Substantiven – seltener mit Verben – jmdn. als führend, richtungweisend, als höchste Autorität auf einem bestimmten Gebiet:* Kritiker-, Mode-, Musik-, Skipapst.

Papst|be|such, der: *[offizieller] Besuch* (1 c) *des Papstes [in einem Land].*
Papst|fa|mi|lie, die (kath. Kirche): *aus Klerikern u. Laien bestehende Umgebung des Papstes.*
Päps|tin, die; -, -nen: w. Form zu ↑ Papst.

-päps|tin, die; -, -nen: w. Form zu ↑ -papst.

Papst|kro|ne, die: *Tiara.*
päpst|lich ⟨Adj.⟩ [mhd. bæbestlich]: **a)** *den Papst, das Papsttum betreffend, zu ihm gehörend:* die -e Familie; **b)** *vom Papst ausgehend:* der -e Segen; **c)** *dem Papst anhängend, das Papsttum befürwortend:* p. gesinnt sein.
Papst|mes|se, die: *vom Papst zelebrierte* ¹*Messe* (1).
Papst|tum, das; -s [spätmhd. bābestuom]: *Amt des Papstes als Oberhaupt der katholischen Kirche.*
Papst|wahl, die (kath. Kirche): *Wahl des Papstes.*
¹**Pa|pua** [auch: paˈpuːa], der; -[s], -[s]: *Ureinwohner Neuguineas.*
²**Pa|pua,** die; -, -[s]: *Ureinwohnerin Neuguineas.*
Pa|pua-Neu|gui|nea [...gi...]; -s: *Staat auf Neuguinea.*
Pa|pua-Neu|gui|ne|er, der; -s, -: Ew.
Pa|pua-Neu|gui|ne|e|rin, die; -, -nen: w. Form zu ↑ Papua-Neuguineer.
pa|pua-neu|gui|ne|isch ⟨Adj.⟩: *Papua-Neuguinea, die Papua-Neuguineer betreffend.*
pa|pu|a|nisch ⟨Adj.⟩: *die Papua betreffend.*
Pa|py|ri: Pl. von ↑ Papyrus.
Pa|py|ro|lo|gie, die; - [↑ -logie]: *historische Hilfswissenschaft, die Papyri* (3) *erforscht, konserviert, entziffert u. datiert.*
Pa|py|rus, der; -, ...ri [lat. papyrus, ↑ Papier]: **1.** *Papyrusstaude.* **2.** *(im Altertum) aus dem Mark der Papyrusstaude gewonnenes, zu Blättern, Rollen verarbeitetes Schreibmaterial.* **3.** *Rolle, Blatt aus Papyrus mit Texten aus dem Altertum.*
Pa|py|rus|rol|le, die: *Buchrolle aus Papyrus* (2) *mit Texten aus dem Altertum.*
Pa|py|rus|stau|de, die: *(zu den Riedgräsern gehörende) in Afrika heimische Pflanze mit sehr hohem, dreieckigem Halm, aus deren Mark der Papyrus* (2) *gewonnen wurde.*
Par [pɑː], das; -[s], -s [engl. par < lat. par = gleich] (Golf): *für jedes Hole festgelegte Mindestanzahl von Schlägen.*
Pa|ra, der; -s, -s [frz. para, Kurzf. von: parachutiste]: frz. Bez. für: *Fallschirmjäger.*

pa|ra-, Pa|ra- [griech. pará = neben; entlang; vorbei; über ... hinaus; (ent)gegen] *bedeutet in Bildungen mit Adjektiven od. Substantiven neben[her]:* paralinguistisch; Paramedizin.

Pa|ra|bel, die; -, -n [lat. parabola, parabole < griech. parabolḗ = Gleichnis, auch: (Math.) Parabel, eigtl. = das Nebeneinanderwerfen, zu: parabállein = danebenwerfen; vergleichen]: **1.** (bes. Literaturwiss.) *gleichnishafte belehrende Erzählung, Geschichte, Szene o. Ä.:* etw. durch eine, in einer P. ausdrücken, in eine P. kleiden. **2.** (Math.) *unendliche ebene Kurve (des Kegelschnitts), die der geometrische Ort aller Punkte ist, die von einem festen Punkt, dem Brennpunkt, u. einer festen Geraden, der Leitlinie, jeweils denselben Abstand haben:* eine P. konstruieren.
Pa|ra|bol|an|ten|ne, die; -, -n (Technik): *Antenne, mit deren Hilfe Ultrakurzwellen gebündelt werden.*
pa|ra|bo|lisch ⟨Adj.⟩: **1.** (bildungsspr.) *die Parabel* (1) *betreffend, zu ihr gehörend; in der Art einer Parabel, gleichnishaft:* die -e Form; etw. p. sagen. **2.** (Math.) *in der Art, Form einer Parabel* (2), *als Parabel* (2) *darstellbar.*
Pa|ra|bo|lo|id, das; -[e]s, -e [zu ↑ Parabel u. griech. -oeidḗs = ähnlich] (Math.): *gekrümmte Fläche, deren Schnitte parallel zur Mittelachse Parabeln ergeben.*
Pa|ra|bol|spie|gel, der (Technik): *Hohlspiegel in der besonderen Form eines Paraboloids, der die Eigenschaft hat, alle parallel zur Achse einfallenden Lichtstrahlen im Brennpunkt zu sammeln.*
Pa|ra|de, die; -, -n [frz. parade (unter Einfluss von: parer = schmücken) < span. parada = Parade, zu: parar = anhalten, auch: herrichten < lat. parare, ↑ ¹parieren]: **1.** (Militär) *großer [prunkvoller] Aufmarsch militärischer Einheiten, Verbände:* eine P. der Luftstreitkräfte; eine P. abhalten; * ♦ **mit etw. P. machen** (*in angeberischer Weise] der Öffentlichkeit präsentieren, zur Schau stellen; etw. offen zeigen, etw. an die Öffentlichkeit bringen:* ... wenn wir Gesetzgeber des Volks mit allen Lastern und allem Luxus der ehemaligen Höflinge P. machen [Büchner, Dantons Tod I, 4]). **2.** [frz. parade, zu: parer = (einen Hieb) abwehren; schon spätmhd. parāt < ital. parata < frz. parade, ↑ Parade (1)] **a)** (Fechten) *Abwehr eines Angriffs durch einen abdrängenden Schlag, Stich o. Ä. od. durch Ausweichen mit dem Körper:* eine P. schlagen, ausführen; * **jmdm. in die P. fahren** (*jmdm. energisch entgegentreten, scharf widersprechen [u. dadurch sein Vorhaben durchkreuzen]*); **b)** (Ballspiele) *Abwehr durch den Torhüter:* eine glänzende, hervorragende P.; **c)** (Schach) *Abwehr eines Angriffs [bes. eines Angriffs, bei dem Schach geboten wird].* **3.** (Reiten) *das* ¹*Parieren* (2).

Pa|ra|de|bei|spiel, das: *Beispiel, mit dem etw. bes. eindrucksvoll belegt, demonstriert werden kann:* die illegale Kupfermine ist ein P. für die Umwelt schädigenden Bergbau.

Pa|ra|de|dis|zi|p|lin, die: **a)** (Sport) *sportliche Disziplin, die jmds. besondere Stärke ist:* die P. des Zehnkämpfers war der Hochsprung; **b)** *etw., was jmd. besonders gut beherrscht:* Diplomatie ist ihre P.

Pa|ra|dei|ser, der; -s, - [zu: Paradeis = ältere nhd. Form von ↑ Paradies; nach dem Vergleich des kräftigen Rots mit der Schönheit der verbotenen Frucht im Paradies] (österr.): *Tomate*.

Pa|ra|dei|ser|sa|lat, **Pa|ra|deis|sa|lat**, der (österr.): *Tomatensalat*.

Pa|ra|deis|sup|pe, die (bes. ostösterr.): *Tomatensuppe*.

Pa|ra|de|kis|sen, das (veraltend): *zur Zierde auf dem eigentlichen Kopfkissen liegendes, größeres Kissen mit Stickereien o. Ä.*

Pa|ra|de|pferd, das: **1. a)** *schönes, gutes, bes. zur Repräsentation geeignetes Pferd;* **b)** (Pferdesport) *bestes, leistungsfähigstes Pferd eines Reiters, einer Reiterin.* **2.** (ugs.) *Person, Sache, mit der jmd. aufgrund ihrer besonderen Vorzüge renommieren kann:* der neue Sechszylinder gilt als das P. des Autoherstellers.

Pa|ra|de|rol|le, die: *Rolle* (5 a), *in der ein Schauspieler, eine Schauspielerin den größten Erfolg hat:* der Dorfrichter Adam war seine P.

Pa|ra|de|schritt, der (Militär): *(bes. bei militärischen Paraden ausgeführter) Marschschritt, bei dem die gestreckten Beine nach vorn [u. in die Höhe] gerissen werden.*

Pa|ra|de|stück, das: *etw., womit jmd. wegen seines Wertes, seiner besonderen Schönheit o. Ä. renommieren kann:* -e des Museums sind seine hervorragend erhaltenen byzantinischen Gürtelschnallen.

Pa|ra|de|uni|form, die (Militär): *prächtige Uniform*.

pa|ra|die|ren ⟨sw. V.; hat⟩ [frz. parader, zu: parade, ↑ Parade]: (bes. Militär) *in einer Parade* (1) *auf-, vorbeimarschieren:* die Truppen paradierten vor dem Oberbefehlshaber.

Pa|ra|dies, das; -es, -e [mhd. paradīs(e), ahd. paradīs < kirchenlat. paradisus < griech. parádeisos = (Tier)park; Paradies, aus dem Pers., eigtl. = Einzäunung, eingezäuntes (Stück Land)]: **1.** ⟨o. Pl.⟩ (Rel.) **a)** *(nach dem Alten Testament) als eine Art schöner Garten mit üppigem Pflanzenwuchs u. friedlicher Tierwelt gedachte Stätte des Friedens, des Glücks u. der Ruhe, die den ersten Menschen von Gott als Lebensbereich gegeben wurde; Garten Eden:* ein Leben wie im P.; **b)** *Bereich des Jenseits als Aufenthalt Gottes u. der Engel, in den die Seligen nach dem Tod aufgenommen werden;* Himmel [2] [dereinst] ins P. kommen; * **das P. auf Erden haben** (↑ Himmel 2 a). **2. a)** *Ort, Bereich, der durch seine Gegebenheiten, seine Schönheit, seine guten Lebensbedingungen o. Ä. alle Voraussetzungen für ein schönes, glückliches, friedliches o. ä. Dasein erfüllt:* diese Südseeinsel ist ein P.; **b)** Eldorado: *ein P. für Angler.* **3.** (Archit.) Atrium (2).

-pa|ra|dies, das; -es, -e (häufig emotional): **a)** *kennzeichnet in Bildungen mit Substantiven einen Ort, Bereich o. Ä., der als äußerst günstig, als ideal für jmdn. angesehen wird:* Ganoven-, Kinder-, Touristenparadies; **b)** *kennzeichnet in Bildungen mit Substantiven oder Verben (Verbstämmen) einen Ort, Bereich o. Ä., der als äußerst günstig, als ideal zu etw., um etw. zu tun, angesehen wird:* Bade-, Erholungs-, Spiel-, Wanderparadies; **c)** *kennzeichnet in Bildungen mit Sub-*stantiven einen Ort, Bereich o. Ä., der als äußerst günstig, als ideal in Bezug auf etw., in Hinsicht auf etw. angesehen wird: Preis-, Ski-, Steuerparadies.

Pa|ra|dies|ap|fel, der [vgl. Paradeiser]: (landsch.) *Tomate*.

Pa|ra|dies|gar|ten, der: **1.** ⟨o. Pl.⟩ (Rel.) *Paradies* (1 a). **2.** (geh.) **a)** *paradiesisch angelegter Garten;* **b)** *paradiesisch schöne Landschaft*.

pa|ra|die|sisch ⟨Adj.⟩: **1.** *das Paradies* (1 a) *betreffend, zu ihm gehörend:* der ursprüngliche -e Zustand des Menschen. **2.** *in höchstem Maße erfreulich, jmds. Wohlbehagen hervorrufend; herrlich, himmlisch* (2), *wunderbar:* -e Zeiten.

Pa|ra|dies|vo|gel, der: **1.** [nach dem prächtigen Gefieder] (*in den tropischen Regenwäldern Neuguineas u. der Molukken heimischer) großer Singvogel mit prächtigem, buntem Gefieder u. oft sehr langen Schwanzfedern.* **2.** *jmd., der in seiner Umgebung durch ungewöhnliche Ideen, unangepasste Lebensweise, durch ausgefallene Kleidung o. Ä. auffällt.*

Pa|ra|dig|ma [auch: ...'ra:...], das; -s, ...men [...'di...], auch: -ta [...'dɪ...] [lat. paradigma < griech. parádeigma, zu: paradeiknýnai = vorzeigen, sehen lassen]: **1.** (bildungsspr.) *Beispiel, Muster; Erzählung mit beispielhaftem Charakter.* **2.** (Sprachwiss.) *Gesamtheit der Formen der Flexion eines Wortes, bes. als Muster für Wörter, die in gleicher Weise flektiert werden.*

pa|ra|dig|ma|tisch [österr. auch: ...'mat...] ⟨Adj.⟩: **1.** (bildungsspr.) *ein Modell, Muster darstellend, als Vorbild, Beispiel dienend; modellhaft.* **2.** (Sprachwiss.) *das Paradigma* (2) *betreffend, zu ihm gehörend; als Paradigma, in einem Paradigma dargestellt:* die -e Darstellung eines Wortes.

Pa|ra|dig|men|wech|sel, der (Wissensch.): *Wechsel von einer wissenschaftlichen Grundauffassung zu einer anderen.*

Pa|ra|dor, der, auch: das; -s, -e [span. parador, eigtl. = Herberge]: *staatlich betriebenes Hotel in Spanien, bes. in historisch od. kulturell bedeutsamen Gebäuden.*

pa|ra|dox ⟨Adj.⟩ [(spät)lat. paradoxus < griech. parádoxos, zu: pará = gegen, entgegen u. dóxa = Meinung]: **1.** (bildungsspr.) *einen [scheinbar] unauflöslichen Widerspruch in sich enthaltend; widersinnig, widersprüchlich:* -e Formulierungen; Wenn ich also p. sein darf, möchte ich behaupten, dass die Weltgeschichte früher geschrieben wird, als sie geschieht (Musil, Mann 977). **2.** (ugs.) *sehr merkwürdig; ganz und gar abwegig, unsinnig:* eine ziemlich -e Geschichte.

Pa|ra|dox, das; -es, -e: **1.** (bildungsspr.) *etw., was einen Widerspruch in sich enthält, paradox* (1) *ist.* **2.** (Philos., Stilkunde) *Paradoxon* (2).

Pa|ra|do|xa: Pl. von ↑ Paradoxon.

pa|ra|do|xer|wei|se ⟨Adv.⟩: **1.** (bildungsspr.) *in paradoxer* (1) *Weise.* **2.** (ugs.) *merkwürdiger-, unsinnigerweise.*

Pa|ra|do|xie, die; -, -n [griech. paradoxía = Verwunderung über einen paradoxen Sachverhalt] (bildungsspr.): *paradoxer* (1) *Sachverhalt; etw. Widersinniges, Widersprüchliches:* die P. einer Aussage, seiner Handlungsweise.

Pa|ra|do|xon, das; -s, ...xa [spätlat. paradoxon < griech. parádoxon]: **1.** (bildungsspr.) *Paradox* (1). **2.** (Philos., Stilkunde) *scheinbar unsinnige, falsche Behauptung, Aussage, die aber bei genauerer Analyse auf eine höhere Wahrheit hinweist.*

Pa|r|af|fin, das; -s, -e [zu lat. parum = zu wenig u. affinis = teilnehmend an etw., eigtl. = wenig reaktionsfähiger Stoff]: **1.** *(aus einem Gemisch wasserunlöslicher gesättigter Kohlenwasser*stoffe bestehende) farblose bis weiße, wachsartige, weiche od. auch festere Masse, die bes. zur Herstellung von Kerzen, Bohnerwachs, Schuhcreme verwendet wird. **2.** (meist Pl.) *gesättigter, aliphatischer Kohlenwasserstoff, der je nach Größe u. Form der Moleküle bei Zimmertemperatur als gasförmige, flüssige od. feste Substanz vorkommt.*

pa|r|af|fi|nie|ren ⟨sw. V.; hat⟩ (Technik): *mit Paraffin* (1) *behandeln, bearbeiten, beschichten, tränken usw.*

Pa|r|af|fin|ker|ze, die: *Kerze aus Paraffin* (1).

Pa|r|af|fin|öl, das: *aus Paraffin* (1) *gewonnenes, feines Öl.*

Pa|ra|glei|ten, das; -s: *Gleitschirmfliegen*.

Pa|ra|glei|ter, der: **1.** *Gleitschirm.* **2.** *jmd., der Paragliding betreibt.*

Pa|ra|glei|te|rin, die; -, -nen: w. Form zu ↑ Paragleiter (2).

Pa|ra|gli|der [...glaɪdɐ], der; -s, -: **1.** *Gleitschirm.* **2.** *jmd. der Paragliding betreibt.*

Pa|ra|gli|de|rin [...glaɪ...], die; -, -nen: w. Form zu ↑ Paraglider (2).

Pa|ra|gli|ding [...glaɪdɪŋ], das; -s [engl., zu: para-, in Zus. kurz für: parachute = Fallschirm u. to glide = segelfliegen]: *das Fliegen von Berghängen mit einem Gleitschirm; Gleitschirmfliegen, Gleitsegeln.*

Pa|ra|graf, Paragraph, der; -en, -en [mhd. paragraf = Zeichen, Buchstabe < spätlat. paragraphus < griech. parágraphos (grammḗ) = Zeichen am Rande der antiken Buchrolle, zu: parágrapheīn = danebenschreiben]: **a)** *mit dem Paragrafzeichen u. der Zahl einer fortlaufenden Nummerierung gekennzeichneter Abschnitt, Absatz im Text von Gesetzbüchern, formellen Schriftstücken, Verträgen, wissenschaftlichen Werken o. Ä.* (Zeichen: §): einen -en genau kennen; der Wortlaut eines -en; nach P.8; das steht in den -en 6, 8, 11 u. 12 BGB; **b)** *Paragrafzeichen.*

Pa|ra|gra|fen|di|ckicht, Paragraphendickicht, das (abwertend): *(in Verträgen, Gesetzestexten o. Ä.) gehäufte Anzahl von Paragrafen, Vorschriften o. Ä., die bes. für den Laien verwirrend, nicht einsehbar sind.*

Pa|ra|gra|fen|rei|ter, Paragraphenreiter, der (abwertend): *jmd., der sich in übertriebener, pedantischer Weise nur nach Vorschriften, Weisungen, Gesetzen richtet.*

Pa|ra|gra|fen|rei|te|rin, die: w. Form zu ↑ Paragrafenreiter.

Pa|ra|gra|fen|zei|chen, Paragraphenzeichen, das: *Paragrafzeichen.*

Pa|ra|gra|fie, Paragraphie, die; -, -n [zu griech. pará = gegen u. gráphein = schreiben] (Med.): *Störung des Schreibvermögens, bei der Buchstaben, Silben od. Wörter vertauscht werden.*

pa|ra|gra|fie|ren, paragraphieren ⟨sw. V.; hat⟩: *in Paragrafen einteilen.*

Pa|ra|gra|fie|rung, Paragraphierung, die; -, -en: *das Paragrafieren; das Paragrafiertwerden.*

Pa|ra|graf|zei|chen, Paragraphzeichen, das: *Zeichen, das in Verbindung mit einer Zahl einen Paragrafen* (a) *kennzeichnet* (§, bei zwei u. mehr Paragrafen: §§).

Pa|ra|gramm, das; -s, -e [spätlat. paragramma < griech. parágramma, aus: pará (↑ para-, Para-) u. grámma = Buchstabe]: *Änderung von Buchstaben in einem Wort od. Namen, wodurch ein scherzhaft-komischer Sinn entstehen kann* (z. B. Biberius [= Trunkenbold, von lat. bibere = trinken] statt Tiberius).

Pa|ra|graph usw.: ↑ Paragraf usw.

¹**Pa|ra|gu|ay**, der; -[s]: *rechter Nebenfluss des Paraná.*

²**Pa|ra|gu|ay**; -s: *Staat in Südamerika.*

Pa|ra|gu|ayer, der; -s, -: Ew.

Pa|ra|gu|a|ye|rin, die; -, -nen: w. Form zu ↑ Paraguayer.

pa|ra|gu|a|yisch ⟨Adj.⟩: Paraguay, die Paraguayer betreffend; aus Paraguay stammend.

Pa|ra|li|po|me|non, das; -s, ...na ⟨meist Pl.⟩ [griech. paralipómenon, zu: paraleípein = auslassen] (Literaturwiss.): Ergänzung, Nachtrag.

pa|r|al|lak|tisch ⟨Adj.⟩ (Physik, Astron., Fotogr.): die Parallaxe betreffend, zu ihr gehörend, auf ihr beruhend.

Pa|r|al|la|xe, die; -, -n [griech. parállaxis = Vertauschung, Abweichung, zu: parallássein = vertauschen]: **1.** (Physik) Winkel, der entsteht, wenn ein Objekt von zwei verschiedenen Standorten aus betrachtet wird, u. der als scheinbare Verschiebung des Objekts vor dem Hintergrund zu beobachten ist. **2.** (Astron.) Entfernung eines Gestirns, die mithilfe der Parallaxe (1) gemessen wird. **3.** (Fotogr.) Unterschied zwischen dem Ausschnitt eines Bildes im Sucher u. auf dem Film, der durch die von Sucher u. Objektiv gebildete Parallaxe (1) entsteht.

Pa|r|al|la|xen|aus|gleich, der (Fotogr.): Einrichtung an fotografischen Suchern zum Ausgleich der Parallaxe (1).

pa|r|al|lel ⟨Adj.⟩ [lat. parallelus < griech. parállēlos, zu: pará = entlang, neben, bei u. allḗlōn = einander]: **1.** in gleicher Richtung u. in gleichem Abstand neben etw. anderem verlaufend, an allen Stellen in gleichem Abstand nebeneinander [befindlich]: -e Geraden; p. laufende Straßen. **2.** gleichzeitig in gleicher, ähnlicher Weise neben etw. anderem [vorhanden, erfolgend, geschehend]: -e Entwicklungen; die Lampen werden p. geschaltet. **3.** (Musik) im gleichen Intervallabstand fortschreitend.

Pa|r|al|le|le, die/eine Parallele; der/einer Parallelen od. Parallele, die Parallelen/zwei Parallele od. Parallelen [wohl unter Einfluss von frz. parallèle zu lat. parallelus, ↑ parallel]: **1.** (Math.) Gerade, die zu einer anderen Geraden in stets gleichem Abstand verläuft; parallele (1) Gerade. **2.** etw., was gleichartig, ähnlich geartet ist; parallel (2) gelagerter Fall. **3.** (Musik) auf- od. abwärtsführende Bewegung einer Stimme mit einer anderen in gleichbleibenden Intervallen.

Pa|r|al|lel|ent|wick|lung, die: gleichzeitig, in gleicher, ähnlicher Weise verlaufende Entwicklung.

Pa|r|al|lel|er|schei|nung, die: parallele (2) Erscheinung (1).

Pa|r|al|lel|fall, der: paralleler (2) Fall.

Pa|r|al|lel|ge|sell|schaft, die: von einer Minderheit gebildete, in einem Land neben der Gesellschaft der Mehrheit existierende Gesellschaft.

pa|r|al|lel|ge|sell|schaft|lich ⟨Adj.⟩: einer Parallelgesellschaft gehörend, sie kennzeichnend.

pa|r|al|le|li|sie|ren ⟨sw. V.; hat⟩: in Parallele (2) bringen; vergleichend nebeneinanderstellen.

Pa|r|al|le|lis|mus, der; -, ...men: **1.** Übereinstimmung, gleichartige Beschaffenheit, genaue Entsprechung. **2.** (Sprachwiss., Stilkunde) semantisch-syntaktisch gleichmäßiger Bau von Satzgliedern, Sätzen, Satzfolgen.

Pa|r|al|le|li|tät, die; -, -en: **1.** ⟨o. Pl.⟩ (Math.) Eigenschaft paralleler Geraden. **2.** parallele (2), gleichartige Beschaffenheit; das Parallel-, Gleichartigsein: die P. der Ereignisse.

Pa|r|al|lel|klas|se, die: Klasse des gleichen Jahrgangs in einer Schule: ihre Freundin geht in die P.

Pa|r|al|lel|kreis, der (Geogr.): zum Äquator paralleler Breitenkreis.

pa|r|al|lel laufend, pa|r|al|lel|lau|fend ⟨Adj.⟩: parallel verlaufend: parallel laufende Straßen.

Pa|r|al|lel|li|nie, die: parallel laufende Linie.

Pa|r|al|le|lo|gramm, das; -s, -e [spätlat. parallelogrammum < griech. parallēlógrammon] (Math.): Viereck, bei dem je zwei sich gegenüberliegende Seiten parallel u. gleich lang sind.

Pa|r|al|lel|pro|jek|ti|on, die (Math.): zeichnerische Darstellung eines räumlichen Gebildes auf einer Ebene durch parallele Strahlen.

Pa|r|al|lel|schal|tung, die (Elektrot.): elektrische Schaltung, bei der jedes Element der Schaltung an die gleiche Spannung angeschlossen ist.

Pa|r|al|lel|sla|lom, der (Sport): Slalom, bei dem zwei Läuferinnen od. Läufer auf zwei parallelen Strecken gleichzeitig starten.

Pa|r|al|lel|stra|ße, die: zu einer Straße parallel verlaufende Straße, bes. in einer Ortschaft.

Pa|r|al|lel|ton|art, die (Musik): Molltonart mit den gleichen Vorzeichen wie die entsprechende Durtonart bzw. Durtonart mit den gleichen Vorzeichen wie die entsprechende Molltonart (z. B. C-Dur im Verhältnis zu a-Moll).

Pa|r|al|lel|uni|ver|sum, das: (in einigen kosmologischen Theorien) Universum, das neben dem Universum existiert, zu dem die Erde gehört.

Pa|r|al|lel|welt, die: **1.** Paralleluniversum: eine virtuelle P. **2.** (bes. Soziol.) unterschiedliches persönliches Umfeld zweier Personen od. Personengruppen: in einer Debatte über -en von Migrantinnen in Deutschland. **3.** (bes. Psychol.) Scheinwelt: sie hat sich in eine P. geflüchtet.

Pa|r|a|lym|pics [auch: pærəˈlɪmpɪks] ⟨Pl.⟩ [engl. Paralympics, zusgez. aus: **para**plegic = doppelseitig gelähmt; Paraplegiker u. (the) **Olym**pics = Olympische Spiele]: olympische Spiele für Sportlerinnen u. Sportler mit Behinderungen.

pa|r|a|lym|pisch ⟨Adj.⟩: die Paralympics betreffend, zu ihnen gehörend: die -en Disziplinen, Sportler; * **Paralympische Spiele** (Paralympics).

Pa|r|a|ly|se, die; -, -n [mhd. paralis, parlys < lat. paralysis < griech. parálysis, eigtl. = Auflösung, zu: paralýein = (auf)lösen; lähmen] (Med.): vollständige motorische (1) Lähmung von Muskeln.

pa|r|a|ly|sie|ren ⟨sw. V.; hat⟩: **1.** (Med.) bei jmdm., etw. zu einer Paralyse führen; lähmen: das Gift hatte ihn, seine Gliedmaßen vollständig paralysiert. **2.** (bildungsspr.) handlungsunfähig, unwirksam machen, völlig zerrütten u. ausschalten: von der Reichhaltigkeit der Möglichkeiten paralysiert sein.

pa|r|a|ly|tisch ⟨Adj.⟩ (Med.): die Paralyse betreffend, durch sie ausgelöst, an ihr leidend.

pa|ra|ma|gne|tisch ⟨Adj.⟩ [aus griech. pará = über ... hinaus u. ↑ magnetisch] (Physik): Paramagnetismus aufweisend.

Pa|ra|ma|ri|bo: Hauptstadt von ¹Suriname.

Pa|ra|me|di|zin, die; - [zu ↑ para-, Para-] (meist abwertend): Alternativmedizin.

Pa|ra|ment, das; -[e]s, -e ⟨meist Pl.⟩ [mlat. paramentum, zu lat. parare, ↑ ¹parieren]: im christlichen Gottesdienst gebrauchter textiler Gegenstand, der zu den liturgischen Gewändern u. Insignien, zur Ausstattung des gottesdienstlichen Raumes gehört.

Pa|ra|me|ter, der; -s, - [zu ↑ para-, Para- u. ↑ -meter (3)]: **1.** (Math.) **a)** in Funktionen u. Gleichungen neben den eigentlichen Variablen auftretende, entweder unbestimmt gelassene od. konstant gehaltene Größe; **b)** bei Kegelschnitten im Brennpunkt die Hauptachse senkrecht schneidende Sehne. **2.** (bes. Technik) in technischen Prozessen o. Ä. kennzeichnende Größe, mit deren Hilfe Aussagen über Aufbau, Leistungsfähigkeit einer Maschine, eines Gerätes o. Ä., gewonnen werden: alle Parameter in die Beurteilung einbeziehen. **3.** (Wirtsch.) veränderliche Größe wie Zeit, Materialkosten o. Ä., durch die ein ökonomischer Prozess beeinflusst wird. **4.** (Musik) einzelne Dimension im Bereich musikalischer Wahrnehmung wie Tonhöhe, Lautstärke, Klangdichte, Klangfarbe.

pa|ra|me|trie|ren ⟨sw. V.; hat⟩ [zu ↑ Parameter] (bes. Elektrot., Kfz-Technik): parametrisieren.

Pa|ra|me|trie|rung, die (bes. Elektrot., Kfz-Technik): Parametrisierung.

pa|ra|me|tri|sie|ren ⟨sw. V.; hat⟩ [zu ↑ Parameter]: mit einem Parameter versehen.

Pa|ra|me|tri|sie|rung, die; -, -en: das Parametrisieren; das Parametrisiertwerden.

pa|ra|mi|li|tä|risch ⟨Adj.⟩ [zu ↑ para-, Para- u. ↑ militärisch]: dem ¹Militär ähnlich: eine -e Organisation.

Pa|ra|ná [...'na], der; -[s] : Fluss in Südamerika.

Pa|ra|noia, die; - [griech. paránoia = Torheit; Wahnsinn, zu: pará = neben u. noũs = Verstand] (Med.): durch gesteigertes Misstrauen gekennzeichnete Persönlichkeitsstörung mit Wahnvorstellungen: er leidet an P.

pa|ra|no|id ⟨Adj.⟩ [zu griech. -oeidés = ähnlich]: **a)** (Med.) an Paranoia leidend: -e Patientinnen u. Patienten; **b)** (bildungsspr.) krankhaft misstrauisch: -e Zustände.

Pa|ra|no|i|ker, der; -s, - (Med.): jmd., der an einer Paranoia leidet.

Pa|ra|no|i|ke|rin, die; -, -nen: w. Form zu ↑ Paranoiker.

pa|ra|nor|mal ⟨Adj.⟩ [aus griech. pará = über ... hinaus u. ↑ normal] (Parapsychol.): nicht auf natürliche Weise erklärbar; übersinnlich: -e Wahrnehmungen.

Pa|r|an|thro|pus, der; -, ...pi [zu griech. pará = neben u. ánthropos = Mensch]: südafrikanischer Urmensch mit bes. kräftigem Gebiss u. relativ kleinem Hirnschädel.

Pa|ra|nuss, die; -, ...nüsse [nach der bras. Stadt Pará (Ausfuhrhafen)]: dreikantige Nuss des Paranussbaums.

Pa|ra|nuss|baum, der: (in den Regenwäldern Südamerikas heimischer) sehr hoher Baum mit dicken, holzigen Kapselfrüchten, die als Samen die Paranüsse enthalten.

Pa|ra|pha|sie, die; -, -n [zu griech. pará = neben u. phásis = das Sprechen] (Med.): Sprechstörung, bei der es zur Vertauschung von Wörtern, Silben od. Lauten kommt.

Pa|ra|phe, die; -, -n [frz. paraphe, Nebenf. von: paragraphe < spätlat. paragraphus = Paragraf] (bildungsspr.): Namenszug, -zeichen, -stempel, mit dem jmd. etw. als gesehen kennzeichnet, unterzeichnet o. Ä.

pa|ra|phie|ren ⟨sw. V.; hat⟩ [frz. parapher, zu: paraphe, ↑ Paraphe] (bildungsspr.): mit der Paraphe versehen, abzeichnen; bes. ein diplomatisches Dokument, einen Vertrag o. Ä. als bevollmächtigte Person vorläufig unterzeichnen.

Pa|ra|phie|rung, die; -, -en (bildungsspr.): das Paraphieren: die P. des Staatsvertrags.

Pa|ra|phra|se, die; -, -n [lat. paraphrasis < griech. paráphrasis, zu: paraphrázein = umschreiben]: **1.** (Sprachwiss.) **a)** Umschreibung eines sprachlichen Ausdrucks mit anderen Wörtern od. Ausdrücken; **b)** freie, nur sinngemäße Übertragung in eine andere Sprache. **2.** (Musik) ausschmückende Bearbeitung einer Melodie o. Ä.

pa|ra|phra|sie|ren ⟨sw. V.; hat⟩: **1.** (Sprachwiss.) **a)** (einen sprachlichen Ausdruck) mit anderen Wörtern od. Ausdrücken umschreiben; **b)** (ein Wort, einen Text) frei, nur sinngemäß in eine andere Sprache übertragen, sinngemäß, nicht wortwörtlich wiederholen. **2.** (Musik) (eine Melodie o. Ä.) ausschmücken, ausschmückend bearbeiten.

Pa|ra|ple|gie, die; -, -n [zu griech. plēgḗ = Schlag] (Med.): doppelseitige Lähmung.

Pa|ra|pluie [...'plyː], der, auch: das; -s, -s [frz.

pa|ra|pluie, aus griech. pará = gegen u. frz. pluie = Regen] (scherzh., sonst veraltet): *Regenschirm.*

pa|ra|psy|chisch ⟨Adj.⟩ (Parapsychol.): *übersinnlich.*

Pa|ra|psy|cho|lo|gie, die; -, -n [aus griech. pará = neben u. ↑ Psychologie]: *Wissenschaft von den okkulten, außerhalb der normalen Wahrnehmungsfähigkeit liegenden, übersinnlichen Erscheinungen wie Telepathie, Materialisation, Spuk o. Ä.*

pa|ra|psy|cho|lo|gisch ⟨Adj.⟩ (Parapsychol.): *die Parapsychologie betreffend, zu ihr gehörend.*

Pa|ra|sai|ling [ˈpærəseɪlɪŋ], das; -s [engl. parasailing, aus: para-, in Zus. kurz für parachute = Fallschirm u. sailing = das Segeln]: *Freizeitsport, bei dem eine von einem Motorboot o. Ä. gezogene Person mit einem fallschirmartigen Segel über dem Wasser schwebt.*

Pa|ra|sche, die; -, -n [hebr. pạrašā, eigtl. = Kapitel; Angelegenheit]: **1.** *Abschnitt der Thora.* **2.** *aus einer Parasche (1) gehaltene Lesung im jüdischen Gottesdienst.*

Pa|ra|schi: ↑ Paraski.

Pa|ra|sit, der; -en, -en [lat. parasitus < griech. parásitos = Tischgenosse; Schmarotzer, eigtl. = neben einem anderen essend, zu: pará = neben u. sĩtos = Speise]: **1.** (Biol.) *tierischer od. pflanzlicher Schmarotzer; Lebewesen, das aus dem Zusammenleben mit anderen Lebewesen einseitig Nutzen zieht, die es oft auch schädigt u. bei denen es Krankheiten hervorrufen kann.* **2.** (Literaturwiss.) *(in der antiken Komödie) Figur des gefräßigen, komischsympathischen Schmarotzers, der sich durch kleine Dienste in reiche Häuser einschmeichelt.* **3.** (Geol.) *kleiner, am Hang eines Vulkans auftretender Krater.*

pa|ra|si|tär ⟨Adj.⟩ [frz. parasitaire]: **1.** (Biol.) *Parasiten (1), ihre Daseinsweise betreffend; durch Parasiten (1) hervorgerufen: viele Würmer leben p.* **2.** (bildungsspr. abwertend) *einem Parasiten (1) ähnlich auf Kosten anderer lebend; wie Parasiten (1); schmarotzerhaft: missbräuchliches und -es Verhalten.*

Pa|ra|si|ten|tum, das; -s: *Schmarotzertum, Parasitismus.*

pa|ra|si|tie|ren ⟨sw. V.; hat⟩ (Biol.): *als Parasit (1) leben.*

pa|ra|si|tisch [auch: ...ziː...] ⟨Adj.⟩: *parasitär.*

Pa|ra|si|tis|mus, der; - (Biol.): *parasitäre Lebensweise, Daseinsform.*

Pa|ra|si|to|lo|gie, die; - [↑ -logie]: *Wissenschaft von den pflanzlichen u. tierischen Parasiten als Teilgebiet der Biologie.*

Pa|ra|ski, Paraschi, der; - [aus ↑ Para u. ↑ Ski]: *Kombination aus Fallschirmspringen u. Riesenslalom als sportliche Disziplin.*

¹Pa|ra|sol, der; -s, -s [frz. parasol, eigtl. = etw. gegen die Sonne] (veraltet): *Sonnenschirm:* ◆ *... ich flickte ein altes P. ... und steckte es gegen die Sonne wie ein chinesisches Lusthaus über mich* (Eichendorff, Taugenichts 18).

²Pa|ra|sol, der; -s, -e u. -s: *Parasolpilz.*

Pa|ra|sol|pilz, der; -es, -e [zu ↑ ¹Parasol]: *großer nussartig schmeckender Pilz mit braunem bis grauem, schuppigem Hut, breiten weißen Lamellen u. schlankem, am unteren Ende knollenförmig verdicktem Stiel.*

Pa|räs|the|sie, die; -, -n [zu griech. pará = neben u. aísthēsis = Wahrnehmung] (Med.): *anomale Körperempfindung* (z. B. Taubheit der Glieder).

Pa|ra|sym|pa|thi|kus, der; - [aus griech. pará = neben u. ↑ Sympathikus] (Anat., Physiol.): *Teil des vegetativen Nervensystems, der bes. die für Aufbau u. Regeneration des Gewebes notwendigen Körperfunktionen steuert u. dabei bes. die Funktionen des Körpers in Ruhe fördert.*

pa|ra|sym|pa|thisch ⟨Adj.⟩ (Anat., Physiol.): *den Parasympathikus betreffend.*

pa|rat ⟨Adj.⟩ [lat. paratus = bereit(stehend), gerüstet; ausgerüstet, adj. 2. Part. von: parare, ↑ ¹parieren]: **a)** *bereit, in Bereitschaft, zur Verfügung: eine für den Notfall stets -e Taschenlampe; er hat immer eine Antwort, einen Scherz, eine Neuigkeit p.;* **b)** (veraltend) *bereit zum Aufbruch, reisefertig: wir sind p.*

pa|ra|tak|tisch ⟨Adj.⟩ (Sprachwiss.): *auf Parataxe beruhend, die Parataxe unterliegend; nebenordnend: -e Sätze, Satzglieder; seine Sätze vorwiegend p. konstruieren.*

Pa|ra|ta|xe, die; -, -n [griech. parátaxis = das Nebeneinanderstellen] (Sprachwiss.): *Nebenordnung von Sätzen od. Satzgliedern.*

Pa|ra|ta|xie, die; -, -n [zu griech. táxis = Ordnung]: **1.** *nicht perspektivische Wiedergabe von Gegenständen o. Ä* (z. B. in Kinderzeichnungen). **2.** (Psychol.) *Unangepasstheit des [sozialen] Verhaltens in den zwischenmenschlichen Beziehungen.*

Pa|ra|ta|xis, die; -, ...axen (Sprachwiss. veraltend): *Parataxe.*

Pa|ra|ty|phus, der; - [aus griech. pará = neben u. ↑ Typhus] (Med.): *durch Salmonellen hervorgerufene, dem Typhus ähnliche, aber leichter verlaufende Infektionskrankheit des Darms u. des Magens.*

Pa|ra|vent [...ˈvã:], der, auch: das; -s, -s [frz. paravent < ital. paravento, eigtl. = den Wind Abhaltender] (veraltend): *Wandschirm; spanische Wand.*

par avi|on [paraˈvjõ:; frz., eigtl. = mit (dem) Flugzeug] (Postw.): *durch Luftpost* (Vermerk auf Postsendungen).

pa|ra|zen|trisch ⟨Adj.⟩ [aus griech. pará = neben u. ↑ zentrisch] (Math.): *um den Mittelpunkt liegend od. beweglich.*

par|boiled [ˈpaːɐ̯bɔylt; engl., zu: to parboil = ankochen] (Kochkunst): *(von Reis) in bestimmter Weise vitaminschonend vorbehandelt.*

Pär|chen, das; -s, -: Vkl. zu ↑ Paar (1).

Par|cours [...ˈkuːɐ̯], der; - [...ɐ̯(s)], - [...ɐ̯s] [frz. parcours < spätlat. percursus = das Durchlaufen, zu lat. percurrere = durchlaufen]: **1.** (Pferdesport) *festgelegte Strecke mit verschiedenen Hindernissen für Jagdspringen od. Jagdrennen.* **2.** (Sport, bes. schweiz.) *Lauf-, Rennstrecke.*

par|dauz ⟨Interj.⟩ [lautm. für ein beim Hinfallen von etw. verursachtes Geräusch] (veraltend): *Ausruf der Überraschung o. Ä., wenn jmd., etw. plötzlich hinfällt: p.!, da lag er auf der Nase.*

par dis|tance [-...ˈtã:s; frz., zu: distance < lat. distantia, ↑ Distanz] (bildungsspr.): *mit [dem notwendigen] Abstand; aus der Ferne.*

Par|don [parˈdõː, österr. auch: parˈdoːn], der, auch: das; -s [frz. pardon, zu: pardonner = verzeihen < spätlat. perdonare = vergeben] (veraltend): *Nachsicht, verzeihendes Verständnis, Verzeihung: jmdm. P. geben, gewähren; keinen/ kein P. kennen (keine Rücksicht kennen, schonungslos vorgehen);* (häufig noch als Höflichkeitsformel zur Entschuldigung:) *P.!*

par|do|nie|ren ⟨sw. V.; hat⟩ [frz. pardonner, ↑ Pardon] (veraltend): **a)** *verzeihen;* **b)** *begnadigen:* ◆ *Ich werde mir deine Bestrafung zur Genugtuung ausbitten und dich dann vor den Augen der ganzen Republik p.* (Schiller, Fiesco II, 9).

Par|dun, das; -[e]s, -s, **Par|du|ne**, die; -, -n [H. u.] (Seemannsspr.): *Vertäuung des Mastes von hinten* (hinter den Wanten zum Heck).

pa|ren|tal ⟨Adj.⟩ [lat. parentalis, zu: parentes = Eltern] (Genetik): **a)** *den Eltern, der Elterngeneration zugehörig;* **b)** *von der Elterngeneration stammend.*

Pa|ren|tel, die; -, -en [spätlat. parentela = Verwandtschaft] (Rechtsspr.): *nach Ordnungszahlen* *unterschiedene Gesamtheit der Abkömmlinge eines Erblassers:* **1.** *P. (direkte Nachkommen des Erblassers).*

Pa|ren|tel|sys|tem, das; -s (Rechtsspr.): *Erbfolge, die nach Parentelen gestaffelt ist* (wobei die *1. Parentel vorrangig behandelt wird*).

Pa|r|en|the|se, die; -, -n [spätlat. parenthesis < griech. parénthesis, zu: pará = neben u. énthesis = das Einfügen] (Sprachwiss.). **1.** *eingeschobener (außerhalb des eigentlichen Satzverbandes stehender) Satz od. Teil eines Satzes.* **2.** *Gedankenstriche, Klammern, auch Kommas, die eine Parenthese (1) im geschriebenen Text vom übrigen Satz abheben: ein Wort in P. setzen.*

pa|r|en|the|tisch ⟨Adj.⟩: **1.** (Sprachwiss.) *die Parenthese betreffend, mithilfe der Parenthese konstruiert:* eine -e Klammer. **2.** (bildungsspr.) *beiläufig [bemerkt], nebenbei: eine -e Äußerung, Bemerkung, Floskel; etwas p. anmerken.*

Pa|reo, der; -s, -s [polynes. pareo, pareu]: *großes Wickeltuch (1), das um die Hüften geschlungen wird.*

Pa|re|re, das; -[s], -[s] [zu lat. parere = offenbar, sichtbar sein] (österr.): *amtsärztliches Gutachten, das die Einlieferung in eine psychiatrische Klinik erlaubt.*

Pa|re|se, die; -, -n [griech. páresis = Erschlaffung] (Med.): *leichte Lähmung; motorische Schwäche.*

par ex|cel|lence [parɛksɛˈlã:s; frz., ↑ Exzellenz] (bildungsspr.): *in typischer, mustergültiger Ausprägung, in höchster Vollendung; schlechthin* ⟨immer nachgestellt:⟩ *ein Renaissancefürst par excellence.*

par ex|près [parɛksˈprɛ; frz., zu: exprès < expressus, ↑ express]: *durch Eilboten* (Vermerk auf Postsendungen).

Par|fait [parˈfɛ(:)], das; -s, -s (Kochkunst): **1.** [übertr. von 2] *aus hochwertigem, fein gehacktem Fleisch od. Fisch zubereitete Speise.* **2.** [frz. parfait, eigtl. = Hervorragendes, Vollkommenes, Substantivierung von: parfait = hervorragend, vollkommen < lat. perfectus, ↑ perfekt] *feine, aus hochwertigen Zutaten zubereitete [halb]gefrorene Süßspeise.*

par force [-ˈfɔrs; frz., ↑ Force] (bildungsspr.): *unbedingt, mit aller Gewalt, unter allen Umständen.*

Par|force|jagd, die; -, -en (Jagdw.): *zu Pferde u. mit einer Hundemeute durchgeführte Hetzjagd.*

Par|force|ritt, der; -[e]s, -e (bildungsspr.): *mit großer Anstrengung, unter Anspannung aller Kräfte bewältigte Leistung: ein P. durch die Weltgeschichte.*

Par|fum [parˈfœ̃:], das; -s, -s: *Parfüm.*

Par|füm, das; -s, -e u. -s [frz. parfum, zu: parfumer = durchduften < älter ital. perfumare, zu lat. per = durch u. fumare = dampfen, rauchen]: *alkoholische Flüssigkeit, in der Duftstoffe gelöst sind; Flüssigkeit mit intensivem, lang anhaltendem Geruch* (als Kosmetikartikel): *kein P. nehmen.*

Par|fü|me|rie, die; -, -n [zu ↑ Parfüm]: **1.** *Geschäft für Parfüms u. Kosmetikartikel.* **2.** *Betrieb, in dem Parfüms hergestellt werden.*

Par|fü|meur [...ˈmøːɐ̯], der; -s, -e [frz. parfumeur]: *Fachkraft für die Herstellung von Parfüms.*

Par|fü|meu|rin [...ˈmøːrɪn], die; -, -nen: w. Form zu ↑ Parfümeur.

Par|füm|fla|sche, die: *kleine Flasche für, mit Parfüm.*

par|fü|mie|ren ⟨sw. V.; hat⟩ [frz. parfumer]: **a)** *mit Parfüm betupfen, besprühen;* **b)** *mit einem Duftstoff versetzen: Seife p.;* ⟨meist im 2. Part.:⟩ *parfümiertes Briefpapier.*

Par|füm|zer|stäu|ber, der: *Zerstäuber für Parfüm.*

pa|ri ⟨Adv.⟩ [ital. pari < lat. par = gleich]: **1.** *** zu, über, unter p.** (Börsenw.; *zum, über dem, unter dem Nennwert:* die Aktien werden zu p. angeboten). **2.** * **p. stehen** *(gleichstehen, unentschieden stehen).*

Pa|ria, der; -s, -s [engl. pariah < angloind. parriar < Tamil paṛaiyar = Trommler, zu: paṛai = Trommel; die Trommler bei Hindufesten gehörten einer niederen Kaste an]: **1.** *der niederster od. gar keiner Kaste angehörender Inder.* **2.** (bildungsspr.) *jmd., der unterprivilegiert, von der Gesellschaft ausgestoßen ist.*

¹**pa|rie|ren** ⟨sw. V.; hat⟩: **1.** [ital. parare, eigtl. = Vorkehrungen treffen] (Sport) *abwehren:* einen Schlag p.; Ü er konnte jede Frage aus dem Publikum p. *(wusste darauf zu antworten);* ⟨auch ohne Akk.-Obj.:⟩ ...und Martins Mutter lachte, als es ihm ein paarmal hintereinander gelang, ihr die Bälle so hinzusetzen, dass sie nicht p. konnte (Böll, Haus 216). **2.** [frz. parer < span. parar = anhalten, zum Stehen bringen; beide Formen < lat. parare = bereiten, (aus)rüsten] (Reiten) *(ein Pferd) zum Stehen od. in eine andere Gangart bringen.*

²**pa|rie|ren** ⟨sw. V.; hat⟩ [lat. parere, eigtl. = (auf jmds. Befehl) erscheinen; sichtbar sein]: *ohne Widerspruch gehorchen:* willst du wohl p.!

³**pa|rie|ren** ⟨sw. V.; hat⟩ [frz. parer = zubereiten, < lat. parare, vgl. ¹parieren] *Fleischstücke sauber zuschneiden, von Haut u. Fett befreien.*

Pa|rier|stan|ge, die; -, -n [zu † ¹parieren (1)]: *(bei Dolchen, Schwertern o. Ä.) schmaler, quer verlaufener Teil zwischen Griff u. Schneide, der diese seitlich überragt.*

pa|rie|tal ⟨Adj.⟩ [spätlat. parietalis = zur Wand gehörig, zu lat. paries = Wand]: **1.** (Biol., Med.) *zur Wand eines Organs od. Gefäßes gehörend; seitlich.* **2.** [das Scheitelbein bildet teilweise die Seitenwand des Schädels] (Med.) *zum Scheitelbein gehörend.*

Pa|ri|kurs, der [aus † pari u. † Kurs] (Wirtsch.): *dem Nennwert eines Wertpapiers entsprechender Kurs.*

Pa|ris: Hauptstadt Frankreichs.

pa|risch ⟨Adj.⟩: *die Insel Paros betreffend, zu ihr gehörend, aus ihr stammend.*

¹**Pa|ri|ser,** der; -s, - : Ew. zu ↑ Paris.

²**Pa|ri|ser** ⟨indekl. Adj.⟩: P. Schinken.

³**Pa|ri|ser,** der; -s, - . [im Sinne von »Verhütungsmittel aus Paris«] (salopp): *Präservativ.*

Pa|ri|se|rin, die; -, -nen: w. Form zu ↑ ¹Pariser.

Pa|ri|si|enne [...'zjɛn], die; - [frz. parisienne = aus Paris, wohl nach der Herkunft]: *klein gemustertes, von Metallfäden durchzogenes Seidengewebe.*

pa|ri|syl|la|bisch ⟨Adj.⟩ [zu lat. par (Gen.: paris) = gleich u. ↑ syllabisch] (Sprachwiss.): *in allen Beugungsfällen des Singulars u. Plurals die gleiche Anzahl von Silben aufweisend.*

Pa|ri|tät, die; -, -en ⟨Pl. selten⟩ [lat. paritas = Gleichheit, zu: par (Gen.: paris) = gleich]: **1.** (bildungsspr.) *Gleichsetzung, -stellung, [zahlenmäßige] Gleichheit:* die P. wahren. **2.** (Wirtsch.) *(im Wechselkurs zum Ausdruck kommendes) Verhältnis einer Währung zu einer anderen od. zum Gold.*

pa|ri|tä|tisch ⟨Adj.⟩ (bildungsspr.): *gleichgestellt, gleichwertig, gleichberechtigt, [zahlenmäßig] gleich; mit gleichen, gleichmäßig verteilten Rechten [ausgestattet]:* die -e Mitbestimmung.

Park, der; -[e]s, -s, seltener -e, schweiz. meist: Pärke: **1.** [(engl. park <) frz. parc < mlat. (galloroman.) parricus = Gehege; vgl. Pferch] *[größere [einer natürlichen Landschaft ähnliche] Anlage mit [alten] Bäumen, Sträuchern, Rasenflächen, Wegen [u. Blumenrabatten]:* im P. spazieren gehen. **2.** Kurzf. von ↑ Wagenpark, ↑ Maschinenpark, ↑ Fuhrpark.

Par|ka, der; -s, -s od. die; -, -s [engl. parka < eskim. parka < russ. parka = Pelz (1 b), Kleidungsstück aus Fell]: *knielanger, oft gefütterter Anorak mit Kapuze.*

Park-and-ride-Sys|tem ['pɑ:kənd'raɪd...], das [engl. park-and-ride system, zu: to park = parken u. to ride = fahren]: *Regelung, nach der Kraftfahrer ihre Autos auf Parkplätzen am Stadtrand abstellen u. von dort (unentgeltlich) mit öffentlichen Verkehrsmitteln in das Stadtzentrum weiterfahren.*

Park|an|la|ge, die: *Park* (1), *parkartige Anlage.*

park|ar|tig ⟨Adj.⟩: *in der Art eines Parks* (1): eine -e Anlage.

Park|aus|weis, der: *behördlicher Ausweis, der Anwohnern das Parken an einer bestimmten Straße in ihrer Nachbarschaft erlaubt.*

Park|bahn, die (Raumfahrt): *Umlaufbahn eines Satelliten, von der aus eine Raumsonde gestartet wird.*

Park|bank, die ⟨Pl. ...bänke⟩: *in einem [öffentlichen] Park* (1) *aufgestellte* ¹*Bank* (1 a).

Park|bucht, die: *befestigte, zum Parken bestimmte Ausbuchtung an der Seite der Fahrbahn.*

Park|dau|er, die: *Dauer des Parkens.*

Park|deck, das: *Stockwerk eines Parkhauses.*

par|ken ⟨sw. V.; hat⟩ [engl. to park, zu: park = Abstellplatz]: **1.** *(ein Fahrzeug) vorübergehend an einer Straße, auf einem Platz o. Ä. abstellen:* den Wagen [am Straßenrand, auf dem Bürgersteig, vor einer Laterne, vor einer Einfahrt] p.; ⟨auch ohne Akk.-Obj.:⟩ er hat falsch geparkt; ⟨subst.:⟩ Parken verboten; Ü einen Betrag auf einem Tagesgeldkonto p. (Finanzjargon; *vorläufig anlegen*). **2.** *(von Fahrzeugen) vorübergehend an einer Straße, auf einem Platz o. Ä. abgestellt sein:* mein Wagen parkt um die Ecke; parkende Autos.

Par|ker, der; -s, -: *jmd., der ein Auto parkt.*

Par|ke|rin, die; -, -nen: w. Form zu ↑ Parker.

Par|kett, das; -[e]s, -e u. -s [frz. parquet, eigtl. = kleiner, abgegrenzter Raum, hölzerne Einfassung, Vkl. von: parc, ↑ Park]: **1.** *Fußboden aus schmalen, kurzen Holzbrettern, die in einem bestimmten Muster zusammengesetzt sind:* das P. versiegeln. **2.** *zu ebener Erde liegender [vorderer] Teil eines Zuschauerraumes:* [im] P. sitzen. **3.** (Börsenw.) *offizieller Börsenverkehr.*

Par|kett|bo|den, der: *Parkett* (1).

Par|ket|te, die; -, -n (österr.): *einzelnes Brettchen eines Parketts* (1): ♦ ... bald darauf knarrten Pavels schwere Stiefel auf den -n (Ebner-Eschenbach, Gemeindekind 175).

Par|kett|han|del, der (Börsenw.): *traditionelle Form des Handels mit Wertpapieren, der zu festgelegten Zeiten im Saal einer* ²*Börse* (2) *stattfindet:* der klassische P. wird zunehmend vom elektronischen Börsenhandel abgelöst.

par|ket|tie|ren ⟨sw. V.; hat⟩ [frz. parqueter]: *mit Parkettboden versehen.*

Par|kett|le|ger, der: *Handwerker, der Parkett* (1) *verlegt* (Berufsbez.).

Par|kett|le|ge|rin, die: w. Form zu ↑ Parkettleger.

Par|kett|platz, der: *Platz im Parkett* (2).

Park|ga|ra|ge, die (bes. österr.): **a)** *Parkhaus;* **b)** *Tiefgarage.*

Park|ge|bühr, die: *Gebühr für das Parken auf einem Parkplatz od. an einer Parkuhr.*

Park|haus, das: *meist mehrstöckiges Gebäude, in dem Autos [gegen Gebühr] geparkt werden können.*

par|kie|ren ⟨sw. V.; hat⟩ (schweiz.): *parken.*

Par|king, das; -s, -s [zu engl. parking = das Parken, zu: to park, ↑ parken] (schweiz.): *Parkhaus.*

Par|king|me|ter, der; -s, - [engl. parking-meter, zu: to park = parken u. meter = (Münz)zähler] (schweiz.): *Parkuhr.*

Par|kin|son, der; -s: Kurzf. von ↑ Parkinsonkrankheit: an P. erkranken, leiden.

Par|kin|son|krank|heit, Par|kin|son-Krank|heit, die; - [nach dem brit. Arzt J. Parkinson (1755–1824)]: *Erkrankung des Gehirns, die ein starkes Zittern (bes. der Hände) bei gleichzeitiger Muskelstarre auslöst; Schüttellähmung.*

Par|kin|son|syn|drom, das; -s, -e (Med.): *der Parkinsonkrankheit ähnliche, jedoch auf verschiedenen Ursachen beruhende u. in Einzelheiten des Krankheitsbildes abweichende Erkrankung, die häufig als eine Folge anderer Krankheiten auftritt.*

Park|kral|le, die: *Kralle* (2).

Park|land|schaft, die: *einem Park* (1) *ähnliche, parkartige Landschaft.*

Park|leit|sys|tem, das (Verkehrsw.): *System, das den Verkehr einer Stadt im Hinblick auf freie Parkplätze, die die Autofahrer anfahren können, steuert.*

Park|leuch|te, die: *schwach leuchtende Lampe, die bei Dunkelheit auf einer Seite eines parkenden Autos eingeschaltet werden kann.*

Park|lü|cke, die: *Lücke zwischen geparkten Autos, die einem od. zwei Autos noch Platz zum Parken bietet:* eine P. finden.

Park|mög|lich|keit, die: *Möglichkeit, sein Fahrzeug zu parken:* in der Innenstadt gibt es kaum -en.

Par|kour [...'kuːɐ̯], Le Parkour [ləpar'kuːɐ̯], der, auch: das; -[s] ⟨meist ohne Art.⟩ [Kunstwort, zu: ↑ Parcours]: *sportlicher Bewegungsablauf innerhalb einer Stadt, bei dem die Teilnehmenden auf dem schnellsten Weg, ohne Umwege zum Ziel gelangen u. somit klettern, springen o. Ä. müssen.*

Park|pi|ckerl, das; (österr. ugs.): *gebührenpflichtiger Parkausweis in Form eines Klebeetiketts.*

Park|pla|ket|te, die: *Plakette* (1) *für Fahrzeuge von Anliegern, die das Parken im Parkverbot erlaubt.*

Park|platz, der: **1.** *größerer Platz, auf dem Autos geparkt werden können.* **2.** *Stelle, an der ein Auto geparkt werden kann.*

Park|platz|not, die: *Mangel an Parkplätzen.*

Park|raum, der: *Raum, Platz zum Parken.*

Park|raum|be|wirt|schaf|tung, die: *das Bewirtschaften* (3) *von Parkraum.*

Park|raum|not, die: *Mangel an Parkraum.*

Park|schei|be, die: *(hinter der Windschutzscheibe sichtbar zu platzierende) Karte mit einer einem Zifferblatt ähnlichen drehbaren Scheibe, mit der zur Kontrolle der Parkdauer der Beginn des Parkens angezeigt wird.*

Park|schein, der: *für gebührenpflichtige Parkplätze od. in Parkhäusern ausgegebener Schein, auf dem der Beginn od. das Ende der Zeit zum Parken vermerkt ist.*

Park|schein|au|to|mat, der: *Automat, der Parkscheine ausgibt.*

Park|stu|di|um, das ⟨Pl. selten⟩ (ugs.): *Studium, das während der durch den Numerus clausus bedingten Wartezeit auf einen Studienplatz für das eigentlich angestrebte Fach in einem anderen [benachbarten] Fach durchgeführt wird.*

Park|sün|der, der (ugs., oft emotional): *jmd., der im Parkverbot* (2) *parkt, die zulässige Parkzeit überschreitet od. andere Fahrzeuge durch sein abgestelltes Auto behindert.*

Park|sün|de|rin, die: w. Form zu ↑ Parksünder.

Park|uhr, die: *auf einer senkrechten Metallstange angebrachter kleiner Automat, der nach Einwurf einer Münze die Zeit anzeigt, während der an dieser Stelle geparkt werden darf:* die P. ist abgelaufen.

Park|ver|bot, das: **1.** *Verbot für ein [Kraft]fahrzeug, an einer bestimmten Stelle zu parken:* in der ganzen Straße besteht P. **2.** *Stelle, an der das Parken verboten ist:* das Auto steht im P.

Par|la|ment, das; -[e]s, -e [engl. parliament < afrz. parlement = Unterhaltung, Erörterung (daraus schon gleichbed. mhd. parlament, parlemunt), zu: parler, ↑ parlieren]: **1.** *gewählte [Volks]vertretung mit beratender u. gesetzgebender Funktion:* ein neues P. wählen. **2.** *Gebäude, in dem ein Parlament (1) untergebracht ist.*

Par|la|men|tär, der; -s, -e [frz. parlementaire, zu: parlementer = in Unterhandlungen treten]: *bevollmächtigter Unterhändler zwischen feindlichen Heeren:* einen P. entsenden, mit einer weißen Fahne ausstatten.

Par|la|men|ta|ri|er, der; -s, - [nach engl. parliamentarian]: *Abgeordneter, Mitglied eines Parlaments* (1).

Par|la|men|ta|ri|e|rin, die; -, -nen: w. Form zu ↑ Parlamentarier.

Par|la|men|tä|rin, die; -, -nen: w. Form zu ↑ Parlamentär.

par|la|men|ta|risch ⟨Adj.⟩ [nach engl. parliamentary]: *das Parlament betreffend, vom Parlament ausgehend, im Parlament erfolgend:* das -e System.

Par|la|men|ta|ris|mus, der; -: *demokratische Regierungsform, in der die Regierung dem Parlament verantwortlich ist.*

par|la|men|tie|ren ⟨sw. V.; hat⟩: **1.** [frz. parlementer] (veraltet) *verhandeln, unterhandeln.* **2.** (landsch.) *hin und her reden;* ♦ ...derweil die Alte auf der Straße parlamentierte, stand Pavel in der Stube (Ebner-Eschenbach, Gemeindekind 76).

Par|la|ments|aus|schuss, der: *parlamentarischer Ausschuss* (2).

Par|la|ments|club: ↑ Parlamentsklub.

Par|la|ments|de|bat|te, die: *Debatte im Parlament* (1).

Par|la|ments|fe|ri|en ⟨Pl.⟩: *Periode, in der keine Parlamentssitzungen stattfinden, bes. parlamentarische Sommerpause.*

Par|la|ments|fern|se|hen, das: *Fernsehprogramm, das über die Arbeit des Parlaments berichtet.*

Par|la|ments|frak|ti|on, die: *Fraktion des Parlaments* (1).

Par|la|ments|ge|bäu|de, das: *Parlament* (2).

Par|la|ments|klub, Parlamentsclub, der (österr.): *Parlamentsfraktion.*

Par|la|ments|mehr|heit, die: *Mehrheit im Parlament* (1): die konservative Fraktion hat die P.

Par|la|ments|mit|glied, das: *Mitglied des Parlaments* (1).

Par|la|ments|prä|si|dent, der: *Präsident (2 a) eines Parlaments* (1).

Par|la|ments|prä|si|den|tin, die: w. Form zu ↑ Parlamentspräsident.

Par|la|ments|sitz, der: *Sitz (2) in einem Parlament* (1).

Par|la|ments|sit|zung, die: *Sitzung des Parlaments* (1).

Par|la|ments|wahl, die ⟨meist Pl.⟩: *Wahl, bei der ein Parlament (1) gewählt wird.*

par|lan|do ⟨Adv.⟩ [ital., zu: parlare = sprechen] (Musik): *(vom Gesang) rhythmisch exakt u. mit Tongebung, dem Sprechen nahekommend.*

Par|lan|do, das; -s, -s u. ...di (Musik): *parlando vorgetragener Gesang, Sprechgesang.*

Par|la|to|ri|um, das; -s, ...ien [mlat. parlatorium, geb. unter Einfluss von (a)frz. parler, ↑ parlieren]: *Raum in Klöstern, in dem sich die Mönche unterhalten dürfen.*

par|lie|ren ⟨sw. V.; hat⟩ [im 16. Jh. = französisch, gewählt reden < frz. parler = reden, sprechen < mlat. parabolare = sich unterhalten zu. lat. parabola, ↑ Parabel] (bildungsspr.): **a)** (veraltend) *leicht, obenhin plaudern, Konversation machen:* zusammensitzen und munter p.; **b)** *eine fremde Sprache sprechen [können], sich in einer fremden Sprache unterhalten:* Französisch p.

Par|ma: italienische Stadt.

Par|mä|ne, die; -, -n [frz. permaine, viell. = (Apfel) aus Parma]: Kurzf. von ↑ Goldparmäne.

Par|me|san, der; -[s] [frz. parmesan < ital. parmigiano, eigtl. = aus Parma]: *sehr fester, vollfetter italienischer [Reib]käse.*

par|me|sa|nisch ⟨Adj.⟩: zu ↑ Parma.

Par|me|san|kä|se, der: *Parmesan.*

Par|nass, der; - u. -es [nach griech. Parnas(s)ós, Name eines mgriech. Gebirgszuges, in der griech. Mythologie Sitz des Apollo u. der Musen] (dichter. veraltet): *Reich der Dichtkunst.*

Par|nas|sos, Par|nas|sus, der; -: *Parnass.*

pa|ro|chi|al ⟨Adj.⟩ [mlat. parochialis]: *die Parochie betreffend, zu ihr gehörend.*

Pa|ro|chi|al|kir|che, die: *Pfarrkirche.*

Pa|ro|chie, die; -, -n [mlat. parochia < griech. paroikía = das Wohnen eines Fremden in einem Ort ohne Bürgerrecht; die Christen sahen das irdische Leben als Leben in der Fremde an]: *Amtsbezirk eines Pfarrers.*

Pa|ro|die, die; -, -n [frz. parodie < griech. parōdía, eigtl. = Nebengesang, zu: pará = neben u. ōdḗ, ↑ Ode]: **1.** (bildungsspr.) *komisch-satirische Nachahmung od. Umbildung eines [berühmten, bekannten] meist künstlerischen, oft literarischen Werkes od. des Stils eines [berühmten] Künstlers:* eine schlechte P. **2.** *[komisch-spöttische] Unterlegung eines neuen Textes unter eine Komposition.* **3.** (Musik) **a)** *Verwendung von Teilen einer eigenen od. fremden Komposition für eine andere Komposition;* **b)** *Vertauschung von geistlichen u. weltlichen Texten u. Kompositionen.*

pa|ro|die|ren ⟨sw. V.; hat⟩ [frz. parodier]: *in einer Parodie (1) nachahmen, verspotten.*

Pa|ro|dist, der; -en, -en [frz. parodiste]: *jmd., der Parodien (1) verfasst od. vorträgt.*

Pa|ro|dis|tik, die; -: *Kunst, Art, Anwendung der Parodie* (1).

Pa|ro|dis|tin, die; -, -nen: w. Form zu ↑ Parodist.

pa|ro|dis|tisch ⟨Adj.⟩: *die Parodie (1) betreffend, in der Form, der Art einer Parodie; komisch-satirisch nachahmend.*

Pa|ro|don|ti|tis, die; -, ...itiden [zu griech. pará = neben u. odoús (Gen.: odóntos) = Zahn] (Zahnmed.): *[eitrige] Entzündung des Zahnbetts.*

Pa|ro|don|to|se, die; -, -n (Zahnmed.): *(ohne Entzündung verlaufende) Erkrankung des Zahnbettes, bei der das Zahnfleisch zurücktritt u. sich die Zähne lockern.*

¹Pa|ro|le, die; -, -n [frz. parole, eigtl. = Wort, Spruch, über das Vlat. zu. lat. parabola, ↑ Parabel]: **1.** *in einem Satz, Spruch einprägsam formulierte Vorstellungen, Zielsetzungen o. Ä. [politisch] Gleichgesinnter; motivierender Leitspruch:* das war schon immer meine P. (Motto). **2.** *Kennwort (2 a):* die P. kennen. **3.** *[unwahre] Meldung, Behauptung:* aufwieglerische -n verbreiten.

²Pa|role [pa'rɔl], die; - [frz. parole (↑ ¹Parole), eingef. von dem Schweizer Sprachwissenschaftler F. de Saussure (1857–1913)] (Sprachwiss.): *gesprochene, aktualisierte Sprache, Rede.*

Pa|role d'Hon|neur [pa'rɔl dɔ'nœːɐ̯], das; - [frz. parole d'honneur] (bildungsspr.): *Ehrenwort.*

Pa|ro|li: in der Wendung **jmdm., einer Sache P. bieten** (bildungsspr.): *jmdm., einer Sache gleich Starkes entgegensetzen haben u. damit Einhalt gebieten, wirksam Widerstand leisten;* urspr. im Kartenspiel Verdoppelung des Einsatzes; frz. paroli < ital. paroli, eigtl. = das Gleiche [wie beim ersten Einsatz], zu: paro < lat. par = gleich).

Pa|ro|no|ma|sie, die; -, -n [spätlat. paronomasia < griech. paronomasía] (Rhet., Stilkunde): *Wortspiel durch Zusammenstellen lautlich gleicher od. ähnlicher Wörter [von gleicher Herkunft].*

pa|ro|no|mas|tisch ⟨Adj.⟩ (Rhet., Stilkunde): *die Paronomasie betreffend:* -er Intensitätsgenitiv *(Genitiv der Steigerung, z. B. Buch der Bücher.*

par or|d|re [pa'rɔrdr(ə); frz.; ↑ Order] (bildungsspr.): *auf Befehl.*

par or|d|re du muf|ti [- - dy 'mʊfti; frz.; eigtl. = auf Befehl des Muftis] (scherzh.): *durch Erlass, auf Anordnung von vorgesetzter Stelle.*

Pa|ros; Paros': *griechische Insel.*

Pa|ro|ti|tis, die; -, ...itiden [zu nlat. (glandula) parotis = Ohrspeicheldrüse, zu griech. pará = neben u. oûs (Gen.: ōtós) = Ohr] (Med.): *Mumps.*

Par|se, der; -n, -n [pers. Pārsī = Perser, zu: Pārs = Persien]: *Anhänger des Parsismus [in Indien].*

Par|sec, das; -, - [Kurzwort aus engl. **par**allax **sec**ond] (Astron.): *Maß der Entfernung von [Fix]sternen (3,26 Lichtjahre; Abk.: pc).*

par|sen [auch: 'paːɐ̯sn] ⟨sw. V.; hat⟩ [engl. to parse, eigtl. = in Teile zerlegen, zu lat. pars = Teil] (EDV): *maschinenlesbare Daten analysieren, segmentieren u. codieren.*

Par|ser, der; -s, - [engl. parser, zu: to parse, ↑ parsen] (EDV): *Programm (4), das eine syntaktische Analyse durchführt.*

Par|sing, das; -s [engl. parsing] (EDV): *das Parsen.*

par|sisch ⟨Adj.⟩: *die Parsen betreffend.*

Par|sis|mus, der; -: *von Zarathustra gestiftete altpersische Religion, bes. in ihrer heutigen indischen Form.*

Pars pro To|to, das; - - - [lat. = ein Teil für das Ganze] (Sprachwiss.): *Redefigur, bei der mit einem Wort, das gewöhnlich einen bestimmten Teil eines Ganzen bezeichnet, nicht nur dieser Teil, sondern das Ganze gemeint ist (z. B. unter einem Dach = in einem Haus).*

part. = parterre.

Part, der; -s, -s [mhd. part(e) < (a)frz. part < lat. pars, ↑ Partei]: **1.** ⟨Pl. -s⟩ **a)** (Musik) *Stimme eines Instrumental- od. Gesangsstücks;* **b)** *Rolle in einem Theaterstück, in einem Film.* ⟨Pl. -en⟩ (Kaufmannsspr.) *Anteil des Miteigentums an einem Schiff.*

Part. = Parterre.

¹Par|te, die; -, -n [vgl. älter ital. dare parte = Nachricht geben] (österr.): Kurzf. von ↑ Partezettel.

²Par|te, die; -, -n [ital. parte = Partei (3)]: **1.** (landsch.) *Mietpartei.* **2.** (Musik) *Part (1 a).*

Par|tei, die; -, -en [mhd. partīe = ²Abteilung (1) < frz. partie = Teil, ²Abteilung (1), Gruppe; Beteiligung, zu älter: partir = teilen < lat. partiri, zu: pars (Gen.: partis) = (An)teil]: **1. a)** *politische Organisation mit einem bestimmten Programm, in der sich Menschen mit gleichen politischen Überzeugungen zusammengeschlossen haben, um bestimmte Ziele zu verwirklichen:* die politischen -en; eine bestimmte P. wählen; die P. wechseln; aus einer P. austreten; in eine P. eintreten; **b)** ⟨o. Pl.; nur mit bestimmtem Art.⟩ *Staats-, Einheitspartei:* die P. hat immer recht. **2.** *einer der beiden Gegner in einem Rechtsstreit; einer von zwei Vertragspartnern:* die streitenden -en. **3.** Kurzf. von ↑ Mietpartei. **4.** *Gruppe [von Gleichgesinnten]:* die feindlichen -en sich einig sein; *jmds.* / **für jmdn. P. ergreifen, nehmen** *(für jmdn. eintreten; jmds. Standpunkt verteidigen, jmds. Interessen vertreten).*

Par|tei|ab|zei|chen, das: *Abzeichen (a), das jmdn. als Mitglied einer Partei (1) ausweist.*

Par|tei|amt, das: *Amt* (1 a), *Posten in einer Partei* (1).

par|tei|amt|lich ⟨Adj.⟩: *von einer Partei* (1) *als amtlich, offiziell ausgehend.*

Par|tei|ap|pa|rat, der: *Gesamtheit der für die Organisation einer politischen Partei benötigten Personen u. Hilfsmittel.*

Par|tei|aus|schluss, der: *Ausschluss aus einer Partei* (1): jmds. P. beantragen.

Par|tei|ba|sis, die: *Basis* (5 b) *einer politischen Partei:* die Kandidatin hatte eine breite Unterstützung bei der P.

Par|tei|bon|ze, der (abwertend): *Parteifunktionär (bes. einer Staatspartei).*

Par|tei|buch, das: *Mitgliedsbuch einer Partei* (1): sein P. zurückgeben (ugs.; *aus der Partei austreten*); * *das falsche/richtige P. haben/besitzen* (ugs.; *aufgrund der [Nicht]zugehörigkeit zu einer bestimmten Partei, Vereinigung o. Ä. beruflich [nicht] vorankommen).*

Par|tei|chef, der: *Parteivorsitzender.*

Par|tei|che|fin, die: w. Form zu ↑ Parteichef.

Par|tei|chi|ne|sisch, das; -[s] (abwertend): *dem Außenstehenden unverständlicher Jargon der Funktionäre in einer Partei.*

Par|tei|dis|zi|p|lin, die: *Disziplin* (1 a) *der Parteimitglieder gegenüber den Beschlüssen der Partei* (1): sich der P. unterordnen.

Par|tei|do|ku|ment, das (DDR): *Mitgliedsbuch für ein Mitglied einer marxistisch-leninistischen Partei.*

Par|tei|en|fi|nan|zie|rung, die: *Finanzierung politischer Parteien aus Mitgliedsbeiträgen, Spenden von Mitgliedern, Spenden von Interessenverbänden o. Ä., durch öffentliche Mittel und Einnahmen aus Vermögen.*

Par|tei|en|kampf, der: *heftig ausgetragene Kontroverse zwischen politischen Parteien.*

Par|tei|en|land|schaft, die: *Situation eines Landes in Bezug auf die bestehenden Parteien* (1 a): eine zersplitterte P.; die Neuformation der P.

Par|tei|en|staat, der: *Staat, in dem die Parteien* (1 a) *eine wichtige Rolle spielen.*

Par|tei|en|stel|lung, die (österr. Rechtsspr.): *Parteistellung.*

Par|tei|en|sys|tem, das: *Prinzip, nach dem ein Parteienstaat gegliedert ist.*

Par|tei|en|ver|dros|sen|heit, die: *durch Skandale, zweifelhafte Vorkommnisse o. Ä. hervorgerufene große Unzufriedenheit der Bürger mit den politischen Parteien.*

Par|tei|en|ver|kehr, der (österr.): *Amtsstunden.*

Par|tei|en|zwist, der: *Streit, Auseinandersetzung zwischen den politischen Parteien.*

par|tei|frei ⟨Adj.⟩: *keiner politischen Partei angehörend (aber dennoch politisch aktiv):* eine -e Abgeordnete, Ministerin.

Par|tei|freund, der: *jmd., der in derselben Partei* (1) *ist.*

Par|tei|freun|din, die: w. Form zu ↑ Parteifreund.

Par|tei|füh|rer, der: *Führer, Vorsitzender einer Partei* (1).

Par|tei|füh|re|rin, die: w. Form zu ↑ Parteiführer.

Par|tei|füh|rung, die: *Personengruppe, die eine Partei* (1) *leitet.*

Par|tei|funk|ti|on, die: *Funktion* (1 b) *einer Partei* (1): eine P. übernehmen, innehaben; von einer P. zurücktreten.

Par|tei|funk|ti|o|när, der: *Funktionär einer Partei* (1).

Par|tei|funk|ti|o|nä|rin, die: w. Form zu ↑ Parteifunktionär.

Par|tei|gän|ger, der (oft abwertend): *Anhänger einer Partei, einer politischen Richtung od. Persönlichkeit.*

Par|tei|gän|ge|rin, die; -, -nen: w. Form zu ↑ Parteigänger.

Par|tei|ge|nos|se, der: a) *Mitglied der ehemaligen Nationalsozialistischen Deutschen Arbeiterpartei;* b) (heute selten) *Mitglied einer [Arbeiter]partei, bes. als Anrede.*

Par|tei|ge|nos|sin, die: w. Form zu ↑ Parteigenosse.

Par|tei|grün|dung, die: *Gründung* (1) *einer Partei* (1).

par|tei|in|tern ⟨Adj.⟩: *innerhalb einer Partei* (1) *stattfindend, erfolgend.*

par|tei|isch ⟨Adj.⟩: *einseitig für jmdn., eine Gruppe eingenommen; nicht neutral:* eine -e Haltung; p. urteilen.

Par|tei|ka|der, der: *Kader* (3).

Par|tei|kon|gress, der: *Kongress einer Partei* (1).

Par|tei|lei|tung, die: *Leitung einer Partei* (1 a); *Parteiführung.*

par|tei|lich ⟨Adj.⟩: **1.** *eine Partei betreffend.* **2.** [nach russ. partijnyj] a) (im kommunist. Sprachgebrauch) *bewusst od. unbewusst die Interessen einer bestimmten Klasse vertretend;* b) (DDR) *die Partei der Arbeiterklasse u. des Sozialismus entschieden vertretend u. danach handelnd.* **3.** (seltener) *parteiisch.*

Par|tei|lich|keit, die; -, -en: **1.** *das Parteilichsein* (2). **2.** a) *das Parteilichsein* (3); b) *parteiisches Handeln, Verhalten; parteiische Äußerung.*

Par|tei|li|nie, die: *politische Linie, die eine Partei* (1) *verfolgt.*

Par|tei|lin|ke ⟨vgl. Linke⟩: a) ⟨Pl. selten⟩ *der politisch links stehende Flügel einer [Volks]partei:* die P. konfrontiert ihn mit ihrer Forderung nach Neuwahlzen; b) *Angehörige der Parteilinken* (a): die P. kandidiert zum ersten Mal für den Parteivorstand.

Par|tei|lin|ker ⟨vgl. Linker⟩: *jmd., der zum politisch links stehenden Flügel einer [Volks]partei gehört:* der prominente Parteilinke kündigte seinen Rücktritt an.

Par|tei|lo|kal, das: *[festes] Versammlungslokal der örtlichen Organisation einer Partei.*

par|tei|los ⟨Adj.⟩: *keiner Partei* (1) *angehörend:* er ist der einzige -e Minister.

Par|tei|lo|se, der/die/eine Parteilose; der/einer Parteilosen, die Parteilosen/zwei Parteilose: *weibliche Person, die keiner Partei* (1) *angehört.*

Par|tei|lo|ser, der, der Parteilose/ein Parteiloser; des/eines Parteilosen, die Parteilosen/zwei Parteilose: *jmd., der keiner Partei* (1) *angehört.*

Par|tei|mit|glied, das: *Mitglied einer Partei* (1).

Par|tei|nah|me, die; -, -n [↑ -nahme]: *das Parteinehmen, -ergreifen.*

Par|tei|ob|frau, die (österr.): *Parteivorsitzende.*

Par|tei|ob|mann, der (österr.): *Parteivorsitzender.*

Par|tei|or|gan, das: **1.** *Person od. Institution mit einer bestimmten Funktion innerhalb einer Partei* (1). **2.** *Zeitung od. Zeitschrift, in der die offizielle Auffassung, der [politische] Standpunkt einer bestimmten Partei zum Ausdruck gebracht wird.*

Par|tei|or|ga|ni|sa|ti|on, die: *Organisation* (2) *einer Partei* (1).

Par|tei|po|li|tik, die: a) *[eigennützig] die Interessen einer Partei* (1) *nach außen hin vertretende Politik;* b) *Politik innerhalb einer Partei* (1).

par|tei|po|li|tisch ⟨Adj.⟩: *die Parteipolitik betreffend, ihr entsprechend.*

Par|tei|prä|si|dent, der (schweiz.): *Parteivorsitzender.*

Par|tei|prä|si|di|um, das: *Präsidium* (1 a) *einer Partei* (1).

Par|tei|pro|gramm, das: *in einem Dokument festgelegte Zusammenfassung der Grundprinzipien einer Partei* (1).

Par|tei|rech|te ⟨vgl. Rechte⟩: a) ⟨Pl. selten⟩ *der politisch rechts stehende Flügel einer [Volks]partei:* von der -n ist Widerstand zu erwarten; b) *Angehörige der Parteirechten* (a).

Par|tei|rech|ter ⟨vgl. Rechter⟩: *jmd., der zum politisch rechts stehenden Flügel einer [Volks]partei gehört.*

par|tei|schä|di|gend ⟨Adj.⟩: *einer Partei* (1) *Schaden zufügend.*

Par|tei|se|kre|tär, der: *Sekretär* (2 a) *einer Partei* (1).

Par|tei|se|kre|tä|rin, die: w. Form zu ↑ Parteisekretär.

Par|tei|sol|dat, der (Jargon): *jmd., der seiner Partei* (1 a) *in meist langjähriger Arbeit treue Dienste geleistet hat.*

Par|tei|spen|de, die: *Spende an eine politische Partei:* -n von mehr als 50.000 Euro müssen veröffentlicht werden.

Par|tei|spen|den|af|fä|re, die: *durch illegale Parteispenden, Bestechungen o. Ä. ausgelöste politische Affäre.*

Par|tei|spit|ze, die: **1.** *führende Gruppe einer politischen Partei:* die P. traf sich zur Klausurtagung. **2.** ⟨Pl.⟩ *führende Persönlichkeiten einer politischen Partei:* ein Treffen der -n.

Par|tei|sta|tut, das: *Statut einer Partei* (1).

Par|tei|stel|lung, die (österr. Rechtsspr.): *Beteiligung an einem gerichtlichen od. behördlichen Verfahren.*

Par|tei|tag, der: **1.** *oberstes Beschlussorgan einer Partei* (1). **2.** *Tagung des Parteitags* (1).

Par|tei|tags|be|schluss, der: *auf einem Parteitag* (2) *gefasster Beschluss.*

par|tei|über|grei|fend ⟨Adj.⟩: *nicht auf eine politische Partei beschränkt; über die Grenzen einzelner Parteien hinausgreifend:* eine -e Einigung.

Par|tei|ver|samm|lung, die: *Versammlung einer Partei* (1 a).

Par|tei|vor|sitz, der: *Rolle, Amt eines od. einer Parteivorsitzenden:* den P. anstreben, innehaben, abgeben.

Par|tei|vor|sit|zen|de ⟨vgl. Vorsitzende⟩: *Vorsitzende einer Partei* (1).

Par|tei|vor|sit|zen|der ⟨vgl. Vorsitzender⟩: *Vorsitzender einer Partei* (1).

Par|tei|vor|stand, der: *Vorstand einer Partei* (1 a).

Par|tei|zen|t|ra|le, die: *zentrale Stelle, Gebäude, von dem aus eine Partei organisiert, verwaltet, geleitet, gesteuert wird.*

par|terre [...'tɛr] ⟨Adv.⟩ [frz. par terre = zu ebener Erde]: *im Erdgeschoss, zu ebener Erde* (Abk.: part.): p. wohnen.

Par|ter|re [...'tɛr(ə)], das; -s, -s: **1.** *Erdgeschoss* (Abk.: Part.): die Wohnung liegt im P. **2.** [frz. parterre] (veraltend) *Sitzreihen zu ebener Erde im Kino od. Theater.*

Par|ter|re|woh|nung, die: *Wohnung im Parterre* (1).

Par|te|zet|tel, der; -s, - (österr.): *Todesanzeige.*

Par|the|no|ge|ne|se, die; -, -n [zu griech. parthénos = Jungfrau u. ↑ Genese]: **1.** (Theol.) *Geburt eines Menschen ohne vorausgegangene Zeugung; Jungfrauengeburt.* **2.** (Biol.) *Jungfernzeugung.*

Par|ther, der; -s, -: *Angehöriger eines nordiran. Volksstammes.*

Par|the|rin, die; -, -nen: w. Form zu ↑ Parther.

par|ti|al [spätlat. partialis, zu lat. pars, ↑ Partei]: *partiell.*

Par|ti|al|bruch, der (Math.): *Bruch, der bei Zerlegung eines Bruches mit zusammengesetztem Nenner entsteht.*

Par|tie, die; -, -n [frz. partie, ↑ Partei]: **1.** *Teil, Abschnitt, Ausschnitt aus einem größeren Ganzen:* die obere P. des Gesichts; die Erzählung zerfällt in drei -n. **2.** *Durchgang, Runde in einem Spiel, in bestimmten sportlichen Wettkämpfen:*

eine P. Schach spielen; eine P. gewinnen. **3.** *Rolle in einem gesungenen [Bühnen]werk.* **4.** (Kaufmannsspr.) *größere Menge einer Ware; Posten:* eine P. Hemden. **5.** (veraltend) *Ausflugsfahrt einer Gruppe von Menschen:* * **mit von der P. sein** (ugs.; *bei etw. mitmachen, dabei sein*). **6.** [frz. parti] * **eine gute, schlechte o. ä. P. sein** (*viel, wenig Geld o. Ä. mit in die Ehe bringen*); **eine gute, schlechte** o. ä. **P. machen** (*einen vermögenden, unvermögenden o. ä. Ehepartner bekommen*). **7.** (österr.) *für eine bestimmte Arbeit zusammengestellte Gruppe von Arbeitern.*

Par|tie|füh|rer, der (österr.): *Vorarbeiter einer Partie* (7).

Par|tie|füh|re|rin, die: w. Form zu ↑ Partieführer.

par|ti|ell ⟨Adj.⟩ [frz. partiel, zu: part, ↑ Part] (bildungsspr.): *teilweise [vorhanden]:* -e Lähmung.

¹Par|ti|kel [auch: ...'tɪk], die; -, -n [lat. particula = Teilchen, Stück, Vkl. von: pars, ↑ Partei]: **1.** (Sprachwiss.) *unflektierbares Wort* (z. B. Präposition, Konjunktion, Adverb). **2.** (Sprachwiss.) *unflektierbares Wort, das eine Aussage oder einen Ausdruck modifiziert u. selbst kein Satzglied ist* (z. B. »ja« in »Ist ja unglaublich!«). **3.** (kath. Kirche) **a)** *Teilchen der Hostie;* **b)** *als Reliquie verehrter Span des Kreuzes Christi.* ◆ **4.** ¹*Ausdruck* (1): ...*man findet immer ein besseres Wort, eine reinere P.* (Goethe, Werther II, 24. Dezember 1771).

²Par|ti|kel, das; -s, -, auch: die; -, -n (Fachspr.): *sehr kleines Teilchen von einem Stoff:* radioaktive P.

Par|ti|kel|fil|ter, der, Fachspr. meist: das (Kfz-Technik): *Vorrichtung bei Dieselmotoren, die die im Abgas enthaltenen Partikel zurückhalten soll:* Fahrzeuge mit -n ausrüsten, nachrüsten.

par|ti|ku|lar, par|ti|ku|lär ⟨Adj.⟩ [spätlat. particularis] (bildungsspr.): *einen Teil[aspekt], eine Minderheit [in einem Staat] betreffend:* -e Interessen.

Par|ti|ku|la|ris|mus, der; - (meist abwertend): *Streben staatlicher Teilgebiete, ihre besonderen Interessen gegen allgemeine Interessen durchzusetzen.*

Par|ti|ku|lie|rer, der; -s, -: *selbstständiger Schiffer in der Binnenschifffahrt.*

Par|ti|ku|lie|re|rin, die; -, -nen: w. Form zu ↑ Partikulierer.

Par|ti|san, der; -s u. -en, -en [frz. partisan < ital. partigiano, eigtl. = Parteigänger, zu: parte = Teil, Partei < lat. pars, ↑ Partei]: *jmd., der nicht als regulärer Soldat, sondern als Angehöriger bewaffneter, aus dem Hinterhalt operierender Gruppen od. Verbände gegen den in sein Land eingedrungenen Feind kämpft.*

Par|ti|sa|ne, die; -, -n [älter frz.: partisane < ital. partigiana, eigtl. = Waffe eines partigiano = Partisan] (früher): *Stoßwaffe mit langem Stiel u. langer, schwertartiger Spitze, die am unteren Ende zwei seitlich abstehende Spitzen hat:* ◆ Söldner im Harnisch, die -n auf den Schultern, ziehen über den Markt (Raabe, Chronik 158).

Par|ti|sa|nen|ein|heit, die: *Einheit von Partisaninnen u. Partisanen.*

Par|ti|sa|nen|ge|biet, das: *Gebiet* (1), *in dem Partisanenkämpfe stattfinden, sich Partisaninnen u. Partisanen aufhalten.*

Par|ti|sa|nen|kampf, der: *von Partisaninnen u. Partisanen geführter Kampf.*

Par|ti|sa|nin, die; -, -nen: w. Form zu ↑ Partisan.

Par|ti|ta, die; -, -ten [ital. partita, zu: partire, ↑ Partitur] (Musik): *Folge von mehreren in der gleichen Tonart stehenden Stücken.*

Par|ti|ti|on, die; -, -en [lat. partitio, zu: partiri, ↑ Partei] (Fachspr.): *Einteilung, Zerlegung (bes. eines Begriffsinhalts in seine Teile).*

par|ti|tiv ⟨Adj.⟩ [mlat. partitivus] (Sprachwiss.): *eine Teilung ausdrückend:* -er Genitiv (z. B. die Hälfte seines Vermögens).

Par|ti|tiv, der; -s, -e (Sprachwiss.): **1.** *Kasus zur Bezeichnung des Teils eines Ganzen* (z. B. im Finnischen). **2.** *Wort im Partitiv* (1).

Par|ti|tur, die; -, -en [ital. partitura, eigtl. = Einteilung, zu: partire < lat. partiri, ↑ Partei] (Musik): *übersichtliche, Takt für Takt in Notenschrift auf einzelnen übereinanderliegenden Liniensystemen angeordnete Zusammenstellung aller zu einer vielstimmigen Komposition gehörenden Stimmen.*

Par|ti|zip, das; -s, -ien [lat. participium, zu: participes = teilhabend, zu pars (↑ Partei) u. capere = nehmen, fassen] (Sprachwiss.): *Verbform, die eine Mittelstellung zwischen Verb u. Adjektiv einnimmt; Mittelwort:* **P. I** (*Partizip Präsens; Mittelwort der Gegenwart*); P. II (*Partizip Perfekt; Mittelwort der Vergangenheit*).

Par|ti|zi|pa|ti|on, die; -, -en [spätlat. participatio] (bildungsspr.): *das Teilhaben, Teilnehmen, Beteiligtsein.*

Par|ti|zi|pa|ti|ons|ge|schäft, das (Wirtsch.): *auf der Basis vorübergehenden Zusammenschlusses von mehreren Personen getätigtes Handelsgeschäft.*

par|ti|zi|pa|tiv ⟨Adj.⟩ [zu lat. participare = teilnehmen lassen]: *unter Beteiligung der Betroffenen [stattfindend, ausgeführt]:* größere Projekte sollten p. geplant werden.

par|ti|zi|pi|al ⟨Adj.⟩ [lat. participialis] (Sprachwiss.): *das Partizip betreffend.*

Par|ti|zi|pi|al|grup|pe, die (Sprachwiss.): *Partizipialsatz.*

Par|ti|zi|pi|al|kon|s|t|ruk|ti|on, die (Sprachwiss.): *Konstruktion mithilfe eines Partizips.*

Par|ti|zi|pi|al|satz, der (Sprachwiss.): *syntaktisch einem Nebensatz gleichwertiges Partizip; Mittelwortsatz.*

par|ti|zi|pie|ren ⟨sw. V.; hat⟩ [lat. participare, zu: particeps, ↑ Partizip] (bildungsspr.): *von etw., was ein anderer hat, etw. abbekommen; teilhaben:* an jmds. Erfolg p.; er partizipiert am Gewinn des Unternehmens.

Part|ner, der; -s, - [engl. partner, unter Einfluss von: part = Teil, umgebildet aus mengl. parcener < afrz. parçonier = Teilhaber, zu: parçon < lat. partitio (Gen.: partitionis) = Teilung, zu: partiri, ↑ Partei]: **1. a)** *jmd., der mit anderen etw. gemeinsam [zu einem bestimmten Zweck] unternimmt, sich mit anderen zusammentut:* der ideale P. beim Tanzen sein; **b)** *jmd., der mit einer anderen Person zusammenlebt, ihr eng verbunden ist:* er ist ihr ständiger P.; **c)** *jmd., der mit anderen auf der Bühne, im Film o. Ä. auftritt, spielt:* er war ihr [männlicher] P.; **d)** (Sport) *Gegenspieler, Gegner* (b). **2.** *Teilhaber.*

Part|ner|ar|beit, die (Päd.): *Form des Unterrichts, bei der jeweils zwei Schüler(innen) zusammenarbeiten.*

Part|ner|be|zie|hung, die: *partnerschaftliche Verbindung, Liebesbeziehung:* eine P. eingehen.

Part|ne|rin, die; -, -nen: w. Form zu ↑ Partner.

Part|ner|land, das ⟨Pl. ...länder⟩: *Land* (5a), *das zu einem anderen Land enge wirtschaftliche, politische, kulturelle o. ä. Beziehungen unterhält.*

Part|ner|look, der: *Art der Kleidung, bei der Paare Kleidungsstücke gleicher Farbe u. Form tragen:* P. tragen; im P. gehen.

Part|ner|schaft, die; -, -en: *das Partnersein:* eingetragene P. (*rechtlich anerkannte u. institutionalisierte Beziehung zwischen gleichgeschlechtlichen Partnern od. Partnerinnen*); eine P. eingehen, besiegeln, vereinbaren.

part|ner|schaft|lich ⟨Adj.⟩: *auf Partnerschaft gegründet:* ein -es Verhältnis.

Part|ner|staat, der: *Staat, der zu einem anderen Staat enge wirtschaftliche, politische, kulturelle o. ä. Beziehungen unterhält.*

Part|ner|stadt, die: *Stadt, die zu einer anderen Stadt freundschaftliche, bes. kulturelle Beziehungen hat, im Verhältnis der Jumelage steht.*

Part|ner|tausch, der: *das gegenseitige Austauschen der Partner zwischen [Ehe]paaren zum sexuellen Verkehr.*

Part|ner|ver|mitt|lung, die: **1.** *das Vermitteln od. Vermitteltwerden eines Partners, einer Partnerin an eine Person.* **2.** *Institut, das Partnervermittlung* (1) *betreibt.*

Part|ner|wahl, die: *Entscheidung, mit einem bestimmten Partner* (1 b), *einer bestimmten Partnerin zusammenzuleben.*

Part|ner|wech|sel, der: *Wechsel des Partners* (1 a, b), *der Partnerin.*

par|tout [par'tu:] ⟨Adv.⟩ [frz. = überall; allenthalben, zu: par = durch u. tout = ganz] (ugs.): *unter allen Umständen; unbedingt:* das will mir p. nicht in den Kopf.

Part|time-Job, Part|time|job ['pɑːtta͡ɪm...], der: *Teilzeitarbeit, -beschäftigung.*

Par|ty ['pɑːɐ̯ti, engl.: 'pɑːti], die; -, -s [engl. party < frz. partie, ↑ Partei]: **1.** *zwangloses, privates Fest [mit Musik u. Tanz]:* eine P. machen; eine P. verlassen; sich auf einer P. treffen. **2.** [*organisiertes*] *größeres zwangloses öffentliches Fest:* am Strand fand eine riesige P. statt; heute Abend machen wir P.! (ugs.; *feiern wir!*)

Par|ty|dro|ge, die: *Droge* (2 b), *die bevorzugt auf Partys, in Diskotheken konsumiert wird.*

Par|ty|gast, der: *jmd., der eine Party besucht.*

Par|ty|girl, das (abwertend): *[leichtlebige] junge Frau, die sich gern auf Partys vergnügt.*

Par|ty|lö|we, der (oft iron.): *gewandter Mann, der auf Partys viel Wert auf Wirkung legt u. umschwärmt wird.*

Par|ty|ser|vice [...s.svɪs], der, österr. auch: das [zu ↑ ²Service]: *Unternehmen, das auf Bestellung Speisen u. Getränke u. a. für Festlichkeiten ins Haus liefert.*

◆ **Pa|rü|re,** die; - [frz. parure, zu: parer < lat. parare = (zu)bereiten]: *Schmuck, Zierde:* ...wenn ich meinen Pinsel eintunke und ihnen damit vorfärbe die P. der Braut (Jean Paul, Wutz 37).

Pa|ru|sie, die; - [griech. parousía] (christl. Rel.): *Wiederkunft Christi am Jüngsten Tag.*

Par|ve|nü, (österr. nur:) **Par|ve|nu** [parvəˈnyː, ...ve...], der; -s, -s [frz. parvenu, eigtl. 2. Part. von: parvenir = an-, emporkommen] (bildungsspr.): *Emporkömmling.*

Par|ze, die; -, -n ⟨meist Pl.⟩ [lat. Parca = Geburtsgöttin, zu: parere = gebären] (röm. Mythol.): *eine der drei altrömischen Schicksalsgöttinnen.*

Par|zel|le, die; -, -n [frz. parcelle = Teilchen, Stückchen, über das Vlat. zu lat. particula, ↑ ¹Partikel]: (*vermessenes*) *kleines Stück Land zur landwirtschaftlichen Nutzung od. als Bauland.*

par|zel|lie|ren ⟨sw. V.; hat⟩ [frz. parceller = in kleine Stücke teilen]: (*Land*) *in Parzellen aufteilen.*

Pas [pa], der; - [pa(s)], - [pas] [frz. pas < lat. passus, ↑ Pass] (Ballett): *Tanzschritt.*

Pas|cal, das; -s, - [nach dem frz. Philosophen u. Physiker Blaise Pascal (1623–1662)] (Physik): *Einheit des ¹Drucks* (1) (Zeichen: Pa).

PASCAL, das; -s [Kunstwort; angelehnt an den Namen des frz. Philosophen u. Physikers] (EDV): *aus ALGOL weiterentwickelte Programmiersprache.*

Pasch, der; -[e]s, -e u. Päsche [zu frz. passe-dix, eigtl. = »überschreite zehn« (bei dem frz. Spiel gewinnt, wer mehr als 10 Augen wirft)]: **1.** (*beim Würfelspiel*) *Wurf von mehreren Wür-*

feln mit gleicher Augenzahl. **2.** *Dominostein mit einer doppelten Zahl.*

¹Pa|scha, der; -s, -s [türk. paşa = Exzellenz]: **1.** (früher) **a)** ⟨o. Pl.⟩ *Titel hoher orientalischer Offiziere u. Beamter;* **b)** *Träger dieses Titels.* **2.** (abwertend) *Mann, der Frauen als dem Mann untergeordnet ansieht u. sich von ihnen gern bedienen, verwöhnen lässt.*

²Pa|scha, der; -s, -s: ↑ Passah usw.

¹pa|schen ⟨sw. V.; hat⟩ [Gaunerspr., viell. aus dem Romani] (veraltet): *schmuggeln.*

²pa|schen ⟨sw. V.; hat⟩ [zu ↑ Pasch]: *würfeln.*

³pa|schen ⟨sw. V.; hat⟩ [Nebenf. von ↑ patschen] (österr.): *in die Hände klatschen.*

Pa|sche|rei, die; -, -en (ugs.): *Schmuggelei.*

Pasch|to, das; -s: *Paschtu.*

Pasch|tu, das; -s: *eine der Amtssprachen in Afghanistan.*

Pasch|tu|ne, der; -n, -n: *Angehöriger eines in Afghanistan u. Pakistan ansässigen Volkes.*

Pasch|tu|nin, die; -, -nen: w. Form zu ↑ Paschtune.

Pas de deux [padə'dø], der; - - -, - - - [frz. pas de deux, zu: pas (↑ Pas) u. deux = zwei] (Ballett): *Tanz für eine Solotänzerin u. einen Solotänzer.*

Pa|so do|b|le, der; - -, - - [span. paso doble, eigtl. = Doppelschritt]: *aus einem spanischen Volkstanz entstandener lateinamerik. Gesellschaftstanz in lebhaftem ²/₄- oder ³/₄-Takt.*

Pas|pel, die; -, -n, selten: der; -s, - [frz. passepoil, zu: passer = darüber hinausgehen (↑ passieren) u. poil = Haar(franse)]: *schmale, farblich meist abstechende Borte in Form eines kleinen Wulstes, bes. an Nähten u. Rändern von Kleidungsstücken.*

pas|pe|lie|ren ⟨sw. V.; hat⟩ [frz. passepoiler] : *mit Paspeln versehen:* Kragen, Taschen p.

Pas|pe|lie|rung, die; -, -en: **a)** *das Paspelieren;* **b)** *etw. Paspeliertes.*

pas|peln ⟨sw. V.; hat⟩: *paspelieren.*

Pas|quil|lant, der; -en, -en (bildungsspr. veraltend): *jmd., der ein Pasquill verfasst od. verbreitet:* ♦ ... an dem Unfall, der dem Poeten oder -en, wie man ihn nennen wolle, begegnet, habe er nicht den mindesten Anteil (Goethe, Lehrjahre III, 9).

Pass, der; -es, Pässe. **1.** [gek. aus älter passbrif, passport < frz. passeport = Geleitbrief, Passierschein, zu: passer = überschreiten (↑ passieren) u. port = Durchgang]: *amtliches Dokument (mit Angaben zur Person, [biometrischen Daten,] Lichtbild u. Unterschrift des Inhabers bzw. der Inhaberin), das der Legitimation bes. bei Reisen ins Ausland dient:* ein deutscher P.; der P. ist abgelaufen; den P. vorzeigen; * **jmdm. die Pässe zustellen** *([der diplomatischen Vertretung eines Staates] das Agrément entziehen).* **2.** [frz. pas (vgl. ital. passo, niederl. pas) < lat. passus = Schritt] *(im Hochgebirge) niedrigster Punkt zwischen zwei Bergrücken od. Kämmen, der einen Übergang über einen Gebirgszug ermöglicht:* der P. ist gesperrt; einen P. überqueren. **3.** [engl. pass] (Ballspiele, bes. Fußball) *gezieltes Zuspielen, gezielte Ballabgabe an einen Spieler, eine Spielerin der eigenen Mannschaft:* ein steiler P.; den P. spielen. **4.** [zu veraltet Pass = abgemessener Teil, Zirkel(schlag) (Archit.)] *aus mehreren Kreisbogen gebildete Figur des gotischen Maßwerks.* **5.** (Jägerspr.) *ausgetretener Pfad des niederen Haarwildes.* **6.** *Passgang.*

Pas|sa usw.: ↑ Passah usw.

pas|sa|bel ⟨Adj.; ...bler, -ste⟩ [frz. passable, zu: passer = passieren, ↑ passieren]: *= gangbar, zu: passer = passieren, ↑ passieren]: bestimmten Ansprüchen einigermaßen gerecht werdend; annehmbar:* eine passable Handschrift; das Hotel ist p.

Pas|sa|ca|g|lia [...'kalja], die; -, ...ien [...jən] [ital. passacaglia < span. pasacalle = von der Gitarre begleiteter Gesang, zu: pasar = hindurchgehen u. calle = Straße; nach den durch die Straßen ziehenden Musikantengruppen] (Musik): *Instrumentalstück aus Variationen über eine vier- od. achttaktige, als Ostinato ständig wiederkehrende Bassmelodie.*

Pas|sa|ge [pa'sa:ʒə, österr. meist: ...ʃ], die; -, -n [frz. passage, zu: passer, ↑ passieren; schon mhd. passāsche = Weg, Furt]: **1.** ⟨o. Pl.⟩ *das Durchgehen, Durchfahren, Passieren* (1 b): dem Schiff wurde die P. verwehrt. **2. a)** *[schmale] Stelle zum Durchgehen, Durchfahren, Passieren;* **b)** *überdachte kurze Ladenstraße für Fußgänger [die zwei Straßen verbindet].* **3.** *große Reise mit dem Schiff od. dem Flugzeug über das Meer:* eine P. buchen. **4.** *fortlaufender, zusammenhängender Teil (bes. einer Rede od. eines Textes):* eine längere P. aus einem Buch zitieren; sie hatte schwierige -n in ihrer Kür. **5.** (Musik) *auf- u. absteigende schnelle Tonfolge in solistischer Instrumental- od. Vokalmusik.* **6.** (Astron.) *(von einem Gestirn) das Überschreiten des Meridians.* **7.** (Reiten) *(als Übung der Hohen Schule) Form des Trabes, bei der die erhobenen diagonalen Beinpaare jeweils in der Schwebe bleiben.*

pas|sa|ger [...'ʒeːɐ̯] ⟨Adj.⟩ [frz. passager] (Med.): *(in Bezug auf Symptome, Krankheiten o. Ä.) nur vorübergehend auftretend.*

Pas|sa|gier [...'ʒiːɐ̯], der; -s, -e [(unter Einfluss von frz. passager = Passagier) ital. passaggiere, Nebenf. von: passeggero = Reisender, zu: passare = reisen, über das Vlat. zu lat. passus, ↑ Pass]: *Reisender in der Bahn, auf dem Schiff od. im Flugzeug,* Flug-, Fahrgast: * **blinder P.** *(jmd., der sich heimlich bes. an Bord eines Schiffes, Flugzeuges versteckt hat und ohne Fahrkarte, ohne Erlaubnis mitreist;* zu »blind« in der veralteten Bed. »versteckt, heimlich«).

Pas|sa|gier|damp|fer, das: *Flugzeug, das zur Beförderung von Fluggästen dient.*

Pas|sa|gier|flug|zeug, das: *Flugzeug, das zur Beförderung von Fluggästen dient.*

Pas|sa|gier|gut, das: *vom Fahrgast aufgegebenes Gepäck, das dem mit ihm gleichen Beförderungsmittel mitgenommen wird wie der Passagier.*

Pas|sa|gie|rin, die; -, -nen: w. Form zu ↑ Passagier.

Pas|sa|gier|lis|te, die: *Liste der Passagierinnen u. Passagiere an Bord eines Schiffes, Flugzeugs.*

Pas|sah, Passa [hebr. pesaḥ, eigtl. = Überschreitung], (ökum.:) ²Pascha [kirchenlat. pascha < griech. páscha], das; -[s] (jüd. Rel.): **1.** *Fest zum Gedenken an den Auszug aus Ägypten.* **2.** *Passahlamm.*

Pas|sah|fest, das: *Passah* (1).

Pas|sah|lamm, das: *Lamm, das beim Passahmahl gegessen wird; Passah* (2).

Pas|sah|mahl, das ⟨Pl. ...mahle⟩: *Mahl am Passahfest.*

Pass|amt, das: *Behörde, die für das Ausstellen von Pässen* (1) *zuständig ist.*

Pas|sant, der; -en, -en [frz. passant, subst. 1. Part. von: passer, ↑ passieren]: **1.** *[vorbeigehender] Fußgänger.* **2.** (schweiz.) *Durchreisender.*

Pas|san|tin, die; -, -nen: w. Form zu ↑ Passant.

Pas|sat, der; -[e]s, -e [aus dem Niederd. < niederl. passaat(wind), H. u.]: *in Richtung Äquator gleichmäßig wehender Ostwind in den Tropen.*

Pas|sau: *Stadt an der Mündung von Inn u. Ilz in die Donau.*

¹Pas|sau|er, der; -s, -: Ew.

²Pas|sau|er ⟨indekl. Adj.⟩: der P. Dom.

Pas|sau|e|rin, die; -, -nen: w. Form zu ↑ ¹Passauer.

Pass|bild, das: *Bild für einen Pass* (1), *Ausweis bestimmte Porträtaufnahme in Kleinformat [die bestimmten amtlichen Anforderungen entsprechen muss].*

passe [pas; frz. passe, eigtl. = übertrifft, nach den höheren Zahlen im Ggs. zu ↑ manque, 3. Pers. Sg. Präs. Indik. von: passer = übertreffen, vorbeigehen, ↑ passieren]: *die Zahlen von 19 bis 36 betreffend (in Bezug auf eine Gewinnmöglichkeit im Roulette).*

pas|sé, pas|see [pa'seː] ⟨Adj.⟩ [frz. passé, 2. Part. von: passer, ↑ passieren] (ugs.): *[im Rahmen der Entwicklung] vorbei; [als nicht mehr in die Zeit passend] abgetan:* diese Mode ist [endgültig] p.; er ist als Politiker p. *(hat als Politiker keine Chance mehr).*

Päs|se: Pl. von ↑ Pass.

♦ **Pas|se|ment|ar|beit** [pasə'mãː...], die; -, -en [zu frz. passement = Borte, Tresse, zu: passer, ↑ passieren]: *Posamentierarbeit:* Der Sammet ist gar zu herrlich, und die P. und das Gestickte! (Goethe, Egmont III).

pas|sen ⟨sw. V.; hat⟩ [mhd. (niederrhein.) passen = zum Ziel kommen, erreichen (durch niederl. Vermittlung) < frz. passer, ↑ passieren]: **1. a)** *(von Kleidung o. Ä.) jmdm. in Größe u. Schnitt angemessen sein; der Figur u. den Maßen entsprechen; nicht zu eng, zu weit, zu groß od. zu klein sein:* das Kleid, der Hut, der Mantel passt [mir] nicht, ausgezeichnet, wie angegossen; die Schuhe passen dem Kind erst in einem halben Jahr; **b)** *für jmdn., etw. geeignet sein; auf jmdn., etw. abgestimmt sein, sodass eine harmonische Gesamtwirkung entsteht:* die Farbe der Schuhe passt nicht zum Anzug; das passt zu ihm! (ugs.; *ich habe nichts anderes erwartet, denn das ist seine Art*); er passt nicht zum Lehrer (veraltend; *er eignet sich nicht dazu, den Beruf des Lehrers zu ergreifen*); sie passt nicht zu uns, in unseren Kreis; die beiden jungen Leute passen gut zusammen, zueinander; ⟨häufig im 1. Part.:⟩ bei passender Gelegenheit; die passenden Worte finden; ich halte diese Methode nicht für passend; haben Sie es passend? (ugs.; *können Sie mir den Betrag abgezählt geben?*); Auf der Straße merkte er, dass seine Kleidung nicht zum sommerlichen Wetter passte (Kronauer, Bogenschütze 191). **2. a)** *genau das Maß, die Form o. Ä. haben, dass es sich zu etw., in etw. [verbindend] bringen lässt:* dieser Deckel passt nicht auf den Topf; das Auto passt gerade noch in die Parklücke; der Koffer hat nicht mehr unter die Couch gepasst; der Ball, Strafstoß passte (Fußballjargon; *ging ins Tor*); **b)** *einer Sache genau das Maß, die Form o. Ä. geben, dass sie sich zu etw., in etw. [verbindend] bringen lässt:* die Bolzen in die Bohrlöcher p.; Die Dichterei erfordert eben viel nüchterne Berechnung: das ja und jenes nein, und wie passe ich das zum andern. Und von der ganzen Plackerei darf der Leser nichts merken (Heym, Nachruf 764). **3. a)** *(meist aus persönlichen Gründen o. Ä.) jmds. Einstellung entsprechen u. deshalb sehr angenehm sein:* der neue Mann passte dem Chef nicht; dein Benehmen passt mir schon lange nicht; würde Ihnen mein Besuch morgen Abend p.?; um 15 Uhr passt es mir gut; ℞ es könnte dir (ihm usw.) so p. (spött.; *das hättest du [das hätte er usw.] wohl gerne so*); **b)** ⟨p. + sich⟩ (ugs.): *sich schicken, gehören:* ... und ich hab dir ja mein Wort gegeben, dass ich darüber nicht mehr reden tu, und eine Frau Oberreviden weiß, was sich passt (Werfel, Himmel 174); **c)** (landsch.) *richtig sein, stimmen:* Was bei dir wohl Westen ist? Vielleicht meinst du Stadtmitte, das könnte noch eher p.! (Fallada, Jeder 201); **d)** *mit jmdm., etw. übereinstimmen.* **4.** (landsch.) **a)** *aufpassen* (b); **b)** *auf jmdn., etw. gespannt warten, lauern:* den ganzen Vormittag habe ich auf dich, auf deinen Anruf gepasst; ♦ ... wenn nun der Mann zu seinem Weibe heimkommt, ihr seinen Handel rühmt, die Kinder alle passen, bis der Zwerchsack aufgeht, darin auch was für sie sein mag (Mörike, Mozart 259); ♦ (auch ohne Obj.:) Hätten wir dort drüben eine Weile p. können (Goethe, Götz I). **5. a)** (Skat) *nicht [mehr] reizen (u. damit darauf verzichten, Alleinspieler zu werden):* [ich] passe!; er passte bei dreiunddreißig; **b)** (ugs.) *nicht weiterwissen, keine Antwort wissen u. deshalb (in diesem Fall) aufgeben:* da muss ich p., das weiß ich nicht; er musste in der Prüfung mehrere Male p. **6.** [engl. to pass] (Ballspiele, bes. Fußball) *(den Ball) einem Spieler, einer Spielerin der eigenen Mannschaft gezielt zuspielen:* den Ball zum Torwart p.; er passte steil zum Libero. ◆ **7.** ⟨p. + sich⟩ *zueinander passen* (1 b): Er bot einer jungen Dame den Arm, andere Herren bemühten sich um andere Schöne, und fand sich, was sich passte (Chamisso, Schlemihl 18).

pas|sen|der|wei|se ⟨Adv.⟩: *wie es passt; wie es (für jmdn. od. etw.) geeignet ist:* der Fußballer hat p. während der WM Geburtstag.

Passe|par|tout [paspar'tu:], das, schweiz.: der; -s, -s [frz. passe-partout, eigtl. = etwas, was überall passt]: **1.** *Umrahmung aus leichter Pappe für Grafiken, Zeichnungen, Fotos o. Ä., die meist unter dem Glas eines Rahmens liegt.* **2.** (schweiz., sonst veraltet) *Dauerkarte.* **3.** (schweiz., sonst selten) *Hauptschlüssel.*

Passe|pi|ed [pas'pje:], der; -s, -s [frz. passe-pied, eigtl. = Tanz, bei dem ein Fuß über den anderen gesetzt wird]: **1.** *Rundtanz aus der Bretagne in schnellem, ungeradem Takt.* **2.** (Musik) *zu den nicht festen Teilen der Instrumentalsuite gehörender Tanz, der meist zwischen Sarabande u. Gigue eingeschoben ist.*

Passe|poil [pas'poal], der; -s, -s [frz. passepoil] (bes. österr., schweiz.): *Paspel.*

passe|poi|lie|ren [paspoa...] ⟨sw. V.; hat⟩ [frz. passepoiler] (bes. österr.): *paspelieren.*

Passe|port [pas'po:ɐ̯], der; -s, -s [frz. passeport, ↑Pass]: frz. Bez. für: *Reisepass.*

Pas|ser, der; -s, - (Druckw.): *genaues Aufeinanderliegen der Druckformen o. Ä. bei mehrmaligem aufeinanderfolgendem Drucken, bes. beim Mehrfarbendruck.*

Passe|vite [pas'vi:t], das; -[s], -s [frz. passe-vite, zu: passer = passieren (3) u. vite = schnell] (schweiz.): *Passiermaschine.*

Pass|form, die: *(von Kleidung, Wäsche) passender, maßgerechter Sitz.*

Pass|fo|to, das, schweiz. auch: die: *Passbild.*

Pass|gang, der ⟨o. Pl.⟩ [zu frz. pas = Gang, Schritt, ↑Pass]: *Gangart von Vierbeinern, bei der beide Beine einer Körperseite gleichzeitig nach vorn gesetzt werden.*

Pass|gän|ger, der; -s, -: *Vierbeiner, der sich im Passgang fortbewegt:* Kamele sind Passgänger.

pass|ge|nau ⟨Adj.⟩: *(von einer Form) genau passend, sich einpassend:* auf Millimeter p. sein.

pass|ge|recht ⟨Adj.⟩: *maßgerecht.*

Pass|hö|he, die: *höchster Punkt eines Passes* (2).

pas|sier|bar ⟨Adj.⟩: *sich passieren* (1 a, b) *lassend.*

pas|sie|ren ⟨sw. V.⟩ [frz. passer, über das Roman. (vgl. ital. passare) zu lat. passus, ↑Pass]: **1.** ⟨hat⟩ **a)** *(in Bezug auf eine Absperrung, Grenze o. Ä.) auf die andere Seite gehen, fahren:* der Zug hat gerade die Grenze passiert; Ü der Film hat die Zensur passiert *(ist ohne Beanstandung durch die Zensur gegangen);* diese Ware passiert zollfrei *(muss an der Grenze nicht verzollt werden);* der Torwart musste den Ball p. lassen (bes. Fußball; konnte ihn nicht halten); **b)** *durch etw. hindurch-, über etw. hinweggehen, -fahren:* eine Brücke p.; **c)** *an jmdm., etw. vorbeigehen, -fahren:* an den Wachtposten p. **2.** ⟨ist⟩ [frz. se passer] **a)** *geschehen* (1 a): dort ist ein Unglück passiert; er tat so, als sei nichts passiert; **b)** *geschehen* (1 c): mir ist eine Panne passiert; das muss jedem mal p. mit; gleich ruhig bist, passiert [dir] was! (Drohung). **3.** ⟨hat⟩ *(weiche Nahrungsmittel) durch ein Sieb od. ein dazu geeignetes Gerät treiben u. so eine Art Brei o. Ä. herstellen:* Spinat p. **4.** (Tennis) *(am Gegner, der zum Netz vorgerückt ist) den Ball so vorbeischlagen, dass er für ihn unerreichbar ist:* er passierte den Australier mit einem Drive.

Pas|sier|ge|wicht, das (Münzkunde): *Gewicht, das eine Münze mindestens haben muss, um gültig zu sein.*

Pas|sier|ma|schi|ne, die: *[Küchen]gerät zum Passieren* (3).

Pas|sier|schein, der: *Schein, der zum Betreten eines Bereichs o. Ä. berechtigt, der einem bestimmten Personenkreis vorbehalten ist:* den P. vorzeigen.

Pas|sier|schlag, der (Tennis): *Schlag, mit dem der Ball an dem zum Netz vorgerückten Gegner so vorbeigeschlagen wird, dass er für ihn unerreichbar ist.*

Pas|si|on, die; -, -en: **1.** [frz. passion < spätlat. passio, ↑Passion (2)] **a)** *starke, leidenschaftliche Neigung zu etw.; Vorliebe, Liebhaberei:* die Philatelie ist seine P.; einer P. nachgehen; er ist Philologe aus P.; **b)** *leidenschaftliche Hingabe:* er spielte mit P. **2.** [spätmlat. passio < kirchenlat. passio < (spät)lat. passio = Leiden, Krankheit, zu lat. passum, 2. Part. von: pati, ↑Patient] (christl. Rel.) **a)** ⟨o. Pl.⟩ *das Leiden u. die Leidensgeschichte Christi;* Ü die P. der osteuropäischen Juden; **b)** *künstlerische Darstellung der Leidensgeschichte Christi;* **c)** *Vertonung der Leidensgeschichte Christi als Chorwerk od. Oratorium.* ◆ **3.** (österr. landsch.) *Freude, Lust:* ... als der »Gelbe« auf den Fußsteig trat ... Nun wär's eine P., den der Racker niederzubrennen aus sicherem Hinterhalt (Ebner-Eschenbach, Krambambuli 11).

pas|si|o|na|to [ital.] (Musik): *leidenschaftlich, stürmisch; appassionato.*

pas|si|o|niert ⟨Adj.⟩ [zu veraltet passionieren = sich für etw. leidenschaftlich einsetzen < frz. passionner]: *sich einer Sache mit leidenschaftlicher Begeisterung hingebend; aus Passion.*

Pas|si|ons|blu|me, die [in den verschiedenen Teilen der Blüte glaubte man die Dornenkrone Christi u. die Nägel vom Kreuz zu erkennen]: *(bes. in Südamerika heimische) rankende Pflanze mit großen, gelappten bis gefingerten Blättern u. großen, strahligen Blüten.*

Pas|si|ons|sonn|tag, der (kath. Kirche): *vorletzter Sonntag vor Ostern.*

Pas|si|ons|spiel, das: *volkstümliche dramatische Darstellung der Passion Christi.*

Pas|si|ons|weg, der (geh.): *Leidensweg.*

Pas|si|ons|wo|che, die: *Karwoche.*

Pas|si|ons|zeit, die: **a)** (christl. Kirche) *Zeit vom Passionssonntag bis Karfreitag;* **b)** *Fastenzeit* (b).

pas|siv [auch: ...'si:f] ⟨Adj.⟩ [wohl unter Einfluss von frz. passif < lat. passivus = duldend, empfindsam, zu: pati, ↑Passion]: **1. a)** *von sich aus nicht die Initiative ergreifend u. sich abwartend verhaltend, die Dinge an sich herankommen lassend, nicht tätig, rührig, zielstrebig, nicht tatkräftig od. unternehmungslustig:* er ist eine völlig -e Natur; **b)** *nicht selbst in einer Sache tätig, nicht ausübend, sie erduldend; etwas mit sich geschehen lassend, auf sich einwirken lassend:* er wollte bei der Diskussion kein -er Teilnehmer sein; **-er Raucher** (Nichtraucher, der den Tabakrauch anwesender rauchender Personen einatmet); **-es Wahlrecht** (Politik; das Recht, gewählt zu werden); **-er Widerstand** (Widerstand durch Nichtbefolgung ohne Anwendung von Gewalt); **passiver Wortschatz**

(Wortschatz, den ein Hörer od. Leser zwar versteht, aber nicht selbst verwendet); **c)** *durch Einwirkungen von außen gekennzeichnet, beeinflusst; unter Einwirkung von außen funktionierend:* dieses Übungsgerät bietet die Möglichkeit des -en Turnens. **2.** *als Mitglied einer Vereinigung, einer Sportgemeinschaft nicht aktiv an dem, was diese Vereinigung gestaltet, durchführt, an Training od. Wettkämpfen o. Ä., teilnehmend.* **3.** (Sprachwiss. selten) *passivisch.*

Pas|siv, das; -s, -e ⟨Pl. selten⟩ [lat. (genus) passivum] (Sprachwiss.): *Verhaltensrichtung des Verbs, die von der im Satzgegenstand genannten Person od. Sache her gesehen wird, die von einer Handlung betroffen wird; Leideform* (z. B. *der Hund wird [von Fritz] geschlagen*).

Pas|si|va: Pl. von ↑¹Passivum, ²Passivum.

Pas|siv|be|waff|nung, die: *das Tragen von Schutzhelm, kugelsicherer Weste o. Ä. zum Schutz gegen Gewalteinwirkung von außen (z. B. bei Demonstrationen).*

Pas|si|ven: Pl. von ↑¹Passivum.

Pas|siv|ge|schäft, das (Bankw.): *Bankgeschäft, bei dem sich die Bank Geld beschafft, um Kredite gewähren zu können.*

Pas|siv|haus, das: *Haus, dessen Energiebedarf weitgehend durch die Sonneneinstrahlung u. die Wärmeabgabe der darin befindlichen Geräte u. Personen gedeckt wird.*

pas|si|vie|ren ⟨sw. V.; hat⟩: **1.** (Kaufmannsspr.) *Verbindlichkeiten aller Art auf der Passivseite der Bilanz erfassen u. ausweisen.* **2.** (Chemie) *unedle Metalle in den Zustand der chemischen Passivität* (2) *überführen (u. sie dadurch korrosionsbeständiger machen).*

pas|si|visch [auch: 'pas...] ⟨Adj.⟩ (Sprachwiss.): *das Passiv betreffend; im Passiv stehend.*

Pas|si|vis|mus, der; -: *passive Haltung; Verzicht auf Aktivität.*

Pas|si|vi|tät, die; - [frz. passivité]: **1.** *passives Verhalten.* **2.** (Chemie) *(bei unedlen Metallen) herabgesetzte Reaktionsfähigkeit.*

Pas|siv|le|gi|ti|ma|ti|on, die (Rechtsspr.): *im Zivilprozess sachliche Befugnis der beklagten Person, ihre Rechte geltend zu machen.*

Pas|siv|pos|ten, der (Kaufmannsspr.): *auf der Passivseite der Bilanz aufgeführter Posten* (3 b).

Pas|siv|rau|chen, das; -s: *Einatmen von Tabakrauch, das durch Rauchen anderer Personen verursacht wird.*

Pas|siv|sei|te, die (Kaufmannsspr.): *rechte Seite einer Bilanz, auf der Eigenkapital* (1) *u. Fremdkapital aufgeführt sind.*

¹Pas|si|vum, das; -s, ...va u., bes. österr., ...ven ⟨meist Pl.⟩ [subst. Neutr. von lat. passivus, ↑passiv] (Wirtsch.): *auf der Passivseite der Bilanz eines Unternehmens stehender Wert aus Eigenkapital* (1) *od. Fremdkapital; Schuld, Verbindlichkeit.*

²Pas|si|vum, das; -s, ...va (Sprachwiss. veraltet): *Passiv.*

Pass|kon|t|rol|le, die: **1.** *das Kontrollieren des Passes* (1). **2.** *offizielle Stelle, wo der Pass kontrolliert wird:* durch die P. gehen.

◆ **Pass|schein**, der: *Passierschein:* Der Burgvogt ... fragte ... nach dem P. (Kleist, Kohlhaas 4).

Pass|stra|ße, Pass-Stra|ße, die: *Straße, die über einen Pass* (2) *führt.*

Pas|sung, die; -, -en (Technik): *Art u. Weise, wie zusammengehörende Teile, Werkstücke (z. B. Lager u. Welle) zusammenpassen.*

Pas|sus, der; -, - ['pasuːs] [mlat. passus (im Sinne von »Abgemessenes, Umrissenes« < lat. passus, ↑Pass] (bildungsspr.): *Abschnitt, Stelle eines Textes.*

pass|wärts ⟨Adv.⟩ [↑-wärts]: *in Richtung auf den Pass* (2) *hin;* zum Pass (2) hin.

Pass|wort, das ⟨Pl. ...wörter⟩ [engl. password,

aus: pass = Ausweis; Passierschein; Zugang (< frz. passe, zu: passer, ↑ passieren) k. word = Wort]: **1.** ¹Losung (2), Kennwort (2a). **2.** (EDV) nur Eingeweihten bekannte, aus Buchstaben, Ziffern od. Sonderzeichen bestehende Zeichenfolge, die den Gebrauch einer Sache, den Zugang zu ihr ermöglicht u. sie gegen den Missbrauch durch Außenstehende schützen soll.

pass|wort|ge|schützt ⟨Adj.⟩ (bes. EDV): *durch ein Passwort vor unberechtigtem Zugriff geschützt:* vertrauliche Daten sind p.

Pas|ta, die; -, Pasten, seltener: -s: **1.** (selten) *Paste.* **2.** ⟨o. Pl.⟩ [ital. pasta, ↑ Paste] ital. Bez. für: Teigwaren.

Pas|te, die; -, -n [spätmhd. pasten (Pl.) < mlat., ital. pasta = Teig < spätlat. pasta = Art Eintopf < griech. pástē = Mehlteig, Brei, zu: pássein = streuen, besprengen u. eigtl. = Gestreutes]: **1.** *streichbare, teigartige Masse (z. B. aus Fisch od. Fleisch).* **2.** (Pharm.) *(aus Fett u. pulverisierten Stoffen bestehende) teigige Masse zur äußerlichen Anwendung.*

Pas|tell, das; -[e]s, -e [(frz. pastel <) ital. pastello = Farbstift, eigtl. = geformter Farbteig, Vkl. von: pasta, ↑ Paste]: **1.** ⟨o. Pl.⟩ *Technik des Malens mit Pastellfarben* (1): in P. malen. **2.** *mit Pastellfarben* (1) *gemaltes Bild.* **3.** *Pastellfarbe* (2).

pas|tel|len ⟨Adj.⟩: **1.** *mit Pastellfarben gemalt.* **2.** *von zarten u. hellen Farbtönen; wie mit Pastellfarben gemalt.*

Pas|tell|far|be, die: **1.** *aus Gips od. Kreide, Farbpulver u. Bindemitteln hergestellte Farbe, die auf Papier einen hellen, zarten, aber stumpfen Effekt hervorruft.* **2.** ⟨meist Pl.⟩ *zarter, heller Farbton.*

pas|tell|far|ben ⟨Adj.⟩: *zart u. hell, in pastellenen Farben gehalten.*

Pas|tell|ma|le|rei, die: **1.** ⟨o. Pl.⟩ *Malerei* (1) *in Pastell* (1). **2.** *Pastell* (2).

Pas|tell|stift, der: *als Stift geformte Pastellfarbe* (1).

Pas|tell|ton, der: *Pastellfarbe* (2): sie hat ihre Wohnung in Pastelltönen gestrichen.

Pas|te|te, die; -, -n [mhd. pastēde, mniederd. pasteide, wohl < mniederl. pasteide < afrz. pasté < spätlat. pasta, ↑ Paste]: **a)** *meist zylinderförmige Hülle aus Blätterteig für die Füllung mit Ragout;* **b)** *in einer Hülle aus gewürztem Ragout gefüllte Pastete* (a), *die warm serviert wird;* **c)** *Speise aus gehacktem Fleisch, Wild, Geflügel od. Fisch, die in einer Hülle aus Teig gebacken od. in Terrinen o. Ä. serviert wird.*

Pas|teu|ri|sa|ti|on [pastø...], die; -, -en [frz. pasteurisation, nach dem frz. Chemiker L. Pasteur (1822–1895)]: *das Pasteurisieren.*

pas|teu|ri|sie|ren ⟨sw. V.; hat⟩ [frz. pasteuriser]: *(Nahrungsmittel) durch Erhitzen keimfrei u. haltbar machen.*

Pas|tic|cio [pas'tɪtʃo], das; -s, -s u. ...cci [...tʃi] [ital. pasticcio, auch: Pfuscherei, eigtl. = Pastete, über das Vlat. zu spätlat. pasta, ↑ Paste]: **1.** (bild. Kunst) *Bild, das [in betrügerischer Absicht] in der Manier eines berühmten Künstlers gemalt wurde.* **2.** (Musik) **a)** *(bes. im 18./19. Jh.) Zusammenstellung von Teilen aus Opern eines od. mehrerer Komponisten zu einem neuen Werk mit eigenem Titel u. Libretto;* **b)** *originäres, von verschiedenen Komponisten geschaffenes Bühnenwerk od. Instrumentalstück.*

Pas|til|le, die; -, -n [lat. pastillus = Kügelchen aus Mehlteig, Vkl. von: panis = Brot]: *meist Kügelchen zum Lutschen, dem Geschmacksstoffe od. Heilmittel zugesetzt sind.*

Pas|ti|nak, der; -s, -e, **Pas|ti|na|ke,** die; -, -n [mhd. pasternack(e), ahd. pestinac < lat. pastinaca]: **1.** *hochwachsende Pflanze mit weißer,* *fleischiger Pfahlwurzel, kantigem, gefurchtem Stängel, gefiederten Blättern u. kleinen, goldgelben, in strahliger Dolde wachsenden Blüten.* **2.** *Wurzel des Pastinaks* (1), *die als Gemüse u. Viehfutter verwendet wird.*

Pas|tor [auch: pas'toːɐ̯], der; -s, ...oren, nordd. auch: ...ore, mundartl. auch: ...öre [mhd. pastor < mlat. pastor = Seelenhirt < lat. pastor = Hirt, zu: pascere (2. Part.: pastum) = weiden lassen] (regional, bes. nordd.): *Pfarrer* (Abk.: P.)

pas|to|ral ⟨Adj.⟩: **1.** *den Pastor u. sein Amt betreffend; seelsorgerlich.* **2.** (oft abwertend) *[in übertriebener, gekünstelter Weise] würdig u. feierlich.* **3.** [lat. pastoralis = zu den Hirten gehörend] *ländlich, idyllisch.*

Pas|to|ral|brief, der ⟨meist Pl.⟩ (christl. Rel.): *einer der dem Apostel Paulus zugeschriebenen Briefe, die sich an einzelne Personen (und nicht an eine Gemeinde) richten.*

¹**Pas|to|ra|le,** das; -s, -s, auch: die; -, -n [ital. pastorale, zu: pastorale = Hirten- < lat. pastoralis, ↑ pastoral]: **1.** (Musik) **a)** *Instrumentalstück (im Sechsachteltakt) bes. für Schalmei- u. Oboegruppen;* **b)** *kleines, ländlich-idyllisches Singspiel, das Stoffe aus dem idealisierten Hirtenleben zum Thema hat; musikalisches Schäferspiel.* **2.** (Literaturwiss.) *Schäferspiel.* **3.** (Malerei) *idyllische Darstellung aus dem Leben der Hirten.*

²**Pas|to|ra|le,** das; -s, -s [ital. (bastone) pastorale] (kath. Kirche): *Hirtenstab* (2).

Pas|to|ral|psy|cho|lo|gie, die: *Psychologie als Teil der Seelsorge.*

Pas|to|ral|theo|lo|gie, die (kath. Kirche): *praktische Theologie.*

Pas|to|rat, das; -[e]s, -e ⟨regional, bes. nordd.⟩: **1.** *Pfarramt.* **2.** *Wohnung des Pfarrers bzw. der Pfarrerin.*

Pas|to|ren|toch|ter, die: *Pfarrerstochter.*

Pas|to|rin, die; -, -nen (bes. nordd.): **a)** *Pfarrerin;* **b)** (ugs.) *Ehefrau eines Pastors.*

pas|tos ⟨Adj.⟩ [ital. pastoso = teigig, breiig, zu: pasta, ↑ Paste]: **1.** *dickflüssig, teigartig.* **2.** (Malerei) *(von Ölfarben eines Gemäldes) dick aufgetragen, sodass eine reliefartige Fläche entsteht.*

pas|tös ⟨Adj.⟩: **1.** (Med.) *(bes. von der Haut bei Nierenerkrankungen) teigig-gedunsen, bleich u. aufgeschwemmt.* **2.** *pastenartig, teigig.*

Pa|ta|go|ni|en, -s: *südlichster Teil Südamerikas.*

¹**Patch** [pɛtʃ], das; -[s], -s [engl. patch = Fleck, Flicken] (Med.): *Hautstück, das als Implantat od. Transplantat zur Abdeckung von Weichteilod. Blutgefäßdefekten dient.*

²**Patch** [pɛtʃ], der; -[es], -es, selten: das; -[s], -s [↑ ¹Patch] (EDV): *Softwareprogramm, das die in einem Programm (4) enthaltenen Fehler beheben soll.*

pat|chen [pɛtʃn] ⟨sw. V.; hat⟩ (EDV): *die in einem Programm (4) enthaltenen Fehler beheben: ein Programm, einen Code, eine Datei p.*

Patch|work ['pɛtʃwəːk], das; -s, -s [engl. patchwork = Flickwerk]: **1.** ⟨o. Pl.⟩ *Technik zur Herstellung von Wandbehängen, Decken, Taschen o. Ä., bei der Stoff- od. Lederteile von verschiedener Farbe, Form u. Muster harmonisch zusammengefügt werden.* **2.** *Arbeit in der Technik des Patchworks* (1).

Patch|work|fa|mi|lie ['pɛtʃ...], die [nach den in Farbe, Form u. Muster völlig verschiedenen Teilen eines Patchworks] (ugs.): *Familie, in der von unterschiedlichen Eltern stammende Kinder leben, die aus der aktuellen od. einer früheren Beziehung der Partner hervorgegangen sind.*

¹**Pa|te,** der; -n, -n [mhd. pade, über mlat. pater spiritualis = geistlicher Vater, zu lat. pater, ↑ Pater]: **1.** (christl. Kirche) *jmd., der (außer den Eltern) bei der Taufe eines Kindes als Zeuge anwesend ist u. für die christliche Erziehung des Kindes* *mitverantwortlich ist:* jmds. P. sein; [bei] jmdm. P. stehen; ** bei etw. P. stehen* (ugs.; *[durch sein Wirken, sein Vorhandensein] auf etw. entscheidenden Einfluss nehmen, etw. anregen, hervorrufen:* bei diesem Stück hat offenbar Brecht P. gestanden). **2.** (landsch., sonst veraltet) *Patenkind.* **3.** (DDR) *jmd., der (außer den Eltern) bei der sozialistischen Namengebung eines Kindes als Zeuge anwesend ist u. für die Erziehung des Kindes im sozialistischen Sinne mitverantwortlich ist.*

²**Pa|te,** die; -, -n: **a)** *Patin;* ◆ **b)** *Patenkind:* ...ich will hier ... warten, ... dann gehe ich zu meiner P. (Cl. Brentano, Kasperl 354).

Pa|ten|be|trieb, der (DDR): *Betrieb mit einem Patenschaftsvertrag.*

Pa|te|ne, die; -, -n [mhd. patēn(e) < mlat. patena < lat. patina = Schüssel, Pfanne < griech. patánē] (christl. Kirche): *flacher [goldener] Teller für die Hostien od. das Abendmahlsbrot.*

Pa|ten|ge|schenk, das: *Geschenk des Paten, der Patin an sein bzw. ihr Patenkind am Tag der Taufe.*

Pa|ten|kind, das: *Kind, für das jmd. die Patenschaft übernommen hat.*

Pa|ten|on|kel, der: ¹*Pate* (1, 3).

Pa|ten|schaft, die; -, -en: **1.** *das Pate- bzw. Patinsein:* jmdm. eine P. antragen. **2.** [nach russ. šefstvo] (DDR) *vertraglich festgelegte Mitverantwortung von Werktätigen u. Betrieben für jmdn., etw. zum Zweck der Unterstützung, der wirtschaftlichen, kulturellen u. politischen Förderung.*

Pa|ten|stadt, die: *Partnerstadt.*

pa|tent ⟨Adj.⟩ [wohl herausgelöst aus Zus. wie »Patentknopf, Patentware«] (ugs.): **1.** ¹*praktisch (3) u. tüchtig u. dadurch großes Gefallen findend:* ein -er Bursche. **2.** *praktisch (2), sehr brauchbar:* das ist eine -e Idee; etw. ist ganz p. **3.** (landsch.) *fein, elegant.*

Pa|tent, das; -[e]s, -e [mlat. (littera) patens = landesherrlicher offener (d. h. offen vorzuzeigender) Brief, zu lat. patens = offen (liegend), 1. Part. von: patere = offen liegen]: **1. a)** *(amtlich zugesichertes) Recht zur alleinigen Benutzung u. gewerblichen Verwertung einer Erfindung; patentrechtlicher Schutz:* das P. ist erloschen; ein P., etw. zum P. anmelden; auf diese Maschine haben wir ein P.; **b)** *Urkunde über ein Patent* (1a); **c)** *Erfindung, die durch das Patentrecht geschützt ist:* ein neues P. entwickeln. **2.** *Urkunde über eine erworbene berufliche Qualifikation (bes. eines Schiffsoffiziers); Bestallungs-, Ernennungsurkunde:* das P. als Steuermann erwerben; ein Kapitän mit dem P. für kleine, mittlere, große Fahrt. **3.** (schweiz.) *Erlaubnis[urkunde] zur Ausübung bestimmter Berufe od. Tätigkeiten.* **4.** (Geschichte) **a)** *Urkunde über die Gewährung bestimmter Rechte (z. B. die Gewährung von Religionsfreiheit);* ◆ **b)** *öffentlich bekannt gemachter behördlicher Erlass:* ... das P., das der Kurfürst erließ (Kleist, Kohlhaas 75).

Pa|tent|amt, das: *Behörde, die für die Anmeldung u. Erteilung von Patenten (1) zuständig ist.*

Pa|ten|tan|te, die: *Patin.*

Pa|tent|an|walt, der: *Anwalt, der zur Vertretung von Patentsachen o. Ä. vor dem Patentamt u. anderen Gerichten zugelassen ist (Berufsbez.).*

Pa|tent|an|wäl|tin, die: *w. Form zu ↑ Patentanwalt.*

pa|tent|fä|hig ⟨Adj.⟩: *die Voraussetzungen für die Erteilung eines Patents* (1) *erfüllend:* -e Erfindungen, Produkte; Software ist nicht p.

pa|tent|ge|schützt ⟨Adj.⟩: *unter Patentschutz stehend:* -e Medikamente.

pa|ten|tier|bar ⟨Adj.⟩: *zum Patentieren* (1) *geeignet; geeignet zur Anmeldung als Patent.*
pa|ten|tie|ren ⟨sw. V.; hat⟩: **1.** *(eine Erfindung) durch Patent* (1 a) *schützen.* **2.** [eigtl. wohl = den Draht patent (= gut) machen] (Technik) *stark erhitzten Stahldraht durch Abkühlen im Bleibad veredeln.*
Pa|tent|in|ge|ni|eur, der: *[Diplom]ingenieur, der sich mit den technischen Daten patentfähiger Erfindungen u. patentrechtlichen Fragen beschäftigt* (Berufsbez.).
Pa|tent|in|ge|ni|eu|rin, die: w. Form zu ↑ Patentingenieur.
Pa|tent|knopf, der: *Knopf aus Metall, der mithilfe eines Metallstiftes, der von der Gegenseite hineingedrückt wird, befestigt wird.*
Pa|tent|lö|sung, die: *Lösung, die mit einem Mal alle Schwierigkeiten behebt.*
Pa|ten|toch|ter, die: *weibliches Patenkind.*
Pa|tent|recht, das: **1.** ⟨o. Pl.⟩ *Gesamtheit der Rechtsvorschriften zur Regelung der Patenten* (1) *zusammenhängenden Fragen.* **2.** *Recht auf die Nutzung eines Patents.*
pa|tent|recht|lich ⟨Adj.⟩: *zum Patentrecht* (1) *gehörend, auf ihm beruhend.*
Pa|tent|re|zept, das (ugs.): vgl. Patentlösung: *dafür gibt es kein P.*
Pa|tent|rol|le, die: *öffentliches Register des Patentamts, in dem die angemeldeten u. erteilten Patente verzeichnet sind.*
Pa|tent|schrift, die: *einer Anmeldung zum Patent beigefügte Beschreibungen u. Zeichnungen.*
Pa|tent|schutz, der ⟨o. Pl.⟩: *rechtlicher Schutz einer Erfindung.*
Pa|tent|ur|kun|de, die: *Patent* (1 b, 2).
Pa|tent|ver|schluss, der: *patentierter* (1) *Verschluss[deckel].*
Pa|ter, der; -s, -u. Patres [...re:s] [mlat. pater (monasterii) = Abt; Ordensgeistlicher < lat. pater = Vater]: *Geistlicher eines katholischen Ordens* (Abk.: P.)
Pa|ter|fa|mi|li|as, der; -, -u. Patresfamilias [lat. pater familias] (bildungsspr. scherzh.): *Familienoberhaupt; Hausherr.*
Pa|ter|na|lis|mus, der; - [zu mlat. paternalis = väterlich] (bildungsspr.): *Bestreben [eines Staates], andere [Staaten] zu bevormunden, zu gängeln.*
pa|ter|na|lis|tisch ⟨Adj.⟩ (bildungsspr.): *den Paternalismus betreffend, für ihn charakteristisch; bevormundend:* ein *-es Machtverständnis; das -e Gebaren eines Großgrundbesitzers.*
¹**Pa|ter|nos|ter,** das; -s, - [lat. pater noster = unser Vater; Anfangsworte des Gebets (Matth. 6, 9)]: *Vaterunser.*
²**Pa|ter|nos|ter,** der; -s, - [kurz für: Paternosterwerk, meist Bez. für ein Wasserhebewerk mit einer endlosen Kette; nach den aneinandergereihten Perlen der Paternosterschnur (= älter für »Rosenkranz«)]: *Aufzug mit mehreren vorne offenen Kabinen, die ständig in der gleichen Richtung umlaufen.*
◆ **Pat|gen,** das; -s, - (landsch.): *Patchen:* ...*er wolle noch eine Meile umreiten nach dem Orte, wo ein P. von mir auf dem Edelhof diente* (Cl. Brentano, Kasperl 352).

-path, der; -en, -en [vgl. Pathos] (Med.): **1.** *kennzeichnet jmdn. als an einer bestimmten Krankheit, Erkrankung Leidenden:* Psychopath. **2.** *kennzeichnet jmdn. als Vertreter, Anhänger einer medizinischen Schule, Krankheitslehre oder als Facharzt auf diesem Gebiet:* Homöopath.

Pa|the|tik, die; - [zu ↑ pathetisch]: *unnatürliche, übertriebene, gespreizte Feierlichkeit.*

pa|the|tisch ⟨Adj.⟩ [spätlat. patheticus < griech. pathētikós = leidend; leidenschaftlich, zu: páthos, ↑ Pathos] (oft abwertend): *voller Pathos, [übertrieben] feierlich, allzu gefühlvoll:* eine -e Ausdrucksweise, Geste.

-pa|thie, die; -, -n [...i:ən;] [lat. -pathia < griech. -patheia, vgl. Pathos]: **1.** (Med.) *kennzeichnet eine Krankheit, Erkrankung:* Glyko-, Myopathie. **2.** ⟨o. Pl.⟩ (Med.) *kennzeichnet eine medizinische Schule, eine Krankheitslehre od. Heilmethode:* Homöo-, Osteopathie. **3.** (meist bildungsspr.) *bezeichnet ein bestimmtes Gefühl, eine Neigung:* Anti-, Empathie, Sympathie.

-pa|thin, die; -, -nen: w. Form zu ↑ -path.

pa|tho-, Pa|tho- [griech. páthos, ↑ Pathos]: *Best. in Zus. mit der Bed. Leiden, Krankheit* (z. B. pathogen, Pathopsychologie).

pa|tho|gen ⟨Adj.⟩ [↑ -gen] (Med.): *(von Bakterien, chemischen Stoffen o. Ä.) Krankheiten verursachend, erregend.*
Pa|tho|ge|ne|se, die; -, -n (Med.): *Entstehung u. Entwicklung einer Krankheit.*
Pa|tho|ge|ni|tät, die; - (Med.): *(von bestimmten Substanzen, Mikroorganismen o. Ä.) Fähigkeit, krankhafte Veränderungen im Organismus hervorzurufen.*
Pa|tho|lin|gu|is|tik, die; - (Sprachwiss.): *Teilgebiet der angewandten Sprachwissenschaft, das sich mit Sprachstörungen beschäftigt.*
Pa|tho|lo|ge, der; -n, -n [↑ -loge] (Med.): *Wissenschaftler auf dem Gebiet der Pathologie.*
Pa|tho|lo|gie, die; -, -n [↑ -logie]: **1.** ⟨o. Pl.⟩ (Med.) *Lehre von den Krankheiten, bes. von ihrer Entstehung u. den durch sie hervorgerufenen organisch-anatomischen Veränderungen.* **2.** *der Forschung, Lehre u. der Erfüllung von praktischen Aufgaben der Pathologie* (1) *dienende Abteilung eines [Universitäts]krankenhauses.* **3.** *pathologische Erscheinung, pathologisches Symptom:* die Entstehung von -n.
Pa|tho|lo|gin, die; -, -nen: w. Form zu ↑ Pathologe.
pa|tho|lo|gisch ⟨Adj.⟩: **1.** (Med.) *die Pathologie betreffend, zu ihr gehörend.* **2.** (Med.) *krankhaft* (1): -e Veränderungen des Gewebes. **3.** (bildungsspr.) *krankhaft* (2): seine geradezu -e Reizbarkeit.
Pa|tho|phy|sio|lo|gie, die; -: *Lehre von den Krankheitsvorgängen u. Funktionsstörungen in einem Organ.*
Pa|tho|psy|cho|lo|gie, die; -: *Teilgebiet der Psychologie, das sich mit den Krankheiten u. ihren psychisch bedingten Ursachen sowie mit den durch Krankheiten bedingten psychischen Störungen befasst.*
Pa|thos, das; - [griech. páthos = Schmerz; Leiden; Leidenschaft, zu: páschein = erfahren, (er)leiden] (bildungsspr., oft abwertend): *feierliches Ergriffensein, leidenschaftlich-bewegter Gefühlsausdruck:* ein unechtes P.; eine Rede voller P.

Pa|ti|ence [pa'sjã:s], die; -, -n [...sn̩] [frz. patience, eigtl. = Geduld < lat. patientia, zu: pati, ↑ Patient]: **1.** *Kartenspiel, bei dem die Karten so gelegt werden, dass Sequenzen in einer bestimmten Reihenfolge entstehen:* eine P., -n legen. **2.** [eigtl. = Gebäck, dessen Herstellung Geduld erfordert] (Fachspr.) *Gebäck in Form von Figuren.*

Pa|ti|ens ['pa:tsi̯ɛns], das; -, - [lat. patiens, ↑ Patient] (Sprachwiss.): *Ziel eines durch das Verb ausgedrückten aktiven Verhaltens.*

Pa|ti|ent, der; -en, -en [zu lat. patiens (Gen.: patientis), adj. 1. Part. von: pati = erdulden, lei-

den]: *von einem Arzt, einer Ärztin od. einem Angehörigen anderer Heilberufe behandelte od. betreute Person (aus der Sicht dessen, der sie [ärztlich] behandelt od. betreut od. dessen, der diese Perspektive einnimmt):* es warten noch drei -en.

Pa|ti|en|ten|da|ten ⟨Pl.⟩: *elektronisch gespeicherte Angaben u. Informationen über Patientinnen u. Patienten:* vertrauliche P. verarbeiten.
Pa|ti|en|ten|ver|fü|gung, die: *schriftliche Verfügung über gegebenenfalls zu treffende bzw. zu unterlassende medizinische Maßnahmen, die eine erwachsene Person für den Fall niederlegt, dass sie durch Krankheit od. Unfall nicht mehr in der Lage gerät, in der es ihr nicht [mehr] möglich ist, entsprechende Entscheidungen zu treffen:* eine P. verfassen, beachten.
Pa|ti|en|tin, die; -, -nen: w. Form zu ↑ Patient.
Pa|ti|en|t(inn)en: Kurzform für: Patientinnen und Patienten.
Pa|tin, die; -, -nen: w. Form zu ↑ ¹Pate.
Pa|ti|na, die; - [ital. patina, eigtl. = Firnis, Glanzmittel für Felle, H. u.]: *grünliche Schicht, die sich unter dem Einfluss der Witterung auf Kupfer od. Kupferlegierungen bildet; Edelrost:* die P. der Kuppel.
pa|ti|nie|ren ⟨sw. V.; hat⟩ (Fachspr.): *mit künstlicher Patina versehen.*
Pa|tio, der; -s, -s [span. patio < mlat. patuum, H. u.] (Archit.): *(bes. in Spanien u. Lateinamerika) Innenhof eines Hauses, zu dem hin sich die Wohnräume öffnen.*
Pa|tis|se|rie, die; -, -n [frz. pâtisserie, zu: pâtisser = Teig anrühren, über das Vlat. zu spätlat. pasta, ↑ Paste]: **1.** *Raum in einem Hotel, Restaurant, in dem Süßspeisen hergestellt werden.* **2.** (schweiz., sonst veraltet) *Konditorei.* **3.** (schweiz., sonst veraltet) *Feingebäck.*
Pat|mos; Patmos': *griechische Insel.*
Pa|t|res: Pl. von ↑ Pater.
Pa|t|ri|arch, der; -en, -en [mhd. patriarc(he) < kirchenlat. patriarcha < griech. patriárchēs, eigtl. = Sippenoberhaupt, zu: patḗr (Gen.: patrós) = Vater u. árchein = der Erste sein, Führer sein, herrschen]: **1.** (Rel.) *Erzvater.* **2.** (kath. Kirche) **a)** ⟨o. Pl.⟩ *Amts- od. Ehrentitel einiger [Erz]bischöfe;* **b)** *[Erz]bischof, der diesen Titel trägt.* **3.** (orthodoxe Kirche) **a)** ⟨o. Pl.⟩ *Titel der obersten Geistlichen u. der leitenden Bischöfe;* **b)** *Geistlicher, Bischof, der diesen Titel trägt.* **4.** (oft abwertend) *ältestes männliches Familienmitglied od. Mitglied eines Familienverbandes, das als Familienoberhaupt die größte Autorität besitzt.*
pa|t|ri|ar|chal ⟨Adj.⟩: *patriarchalisch* (1).
pa|t|ri|ar|cha|lisch ⟨Adj.⟩: **1. a)** *das Patriarchat* (2) *betreffend, auf ihm beruhend, zu ihm gehörend:* -e Gesellschaften; **b)** kirchenlat. patriarchalis] *den Patriarchen betreffend, zu ihm gehörend.* **2.** *im familiären o. ä. Bereich als Mann seine Autorität geltend machend, bestimmend:* -es Gebaren; p. reagieren.
Pa|t|ri|ar|chat, das; -[e]s, -e: **1.** ⟨auch: der⟩ *Würde u. Amtsbereich eines Patriarchen* (2, 3). **2.** *Gesellschaftsordnung, bei der der Mann eine bevorzugte Stellung in Staat u. Familie innehat u. bei der in Erbfolge u. sozialer Stellung die männliche Linie ausschlaggebend ist.*
Pa|t|ri|ar|chin, die; -, -nen: w. Form zu ↑ Patriarch (4).
pa|t|ri|mo|ni|al ⟨Adj.⟩ [spätlat. patrimonialis]: **a)** *das Patrimonium betreffend, auf ihm beruhend;* **b)** *vom Vater ererbt, väterlich.*
Pa|t|ri|mo|ni|al|ge|richts|bar|keit, die [zu mlat. patrimonialis = grundherrschaftlich] (früher): *private Ausübung der Rechtsprechung vonseiten des Grundherrn über seine Hörigen.*
Pa|t|ri|mo|ni|um, das; -s, ...ien [lat. patrimo-

Patriot – Pauke

nium] (römisches Recht): **a)** *Privatvermögen des Herrschers (im Gegensatz zum Staatsvermögen);* **b)** *väterliches Erbgut.*

Pa|t|ri|ot, der; -en, -en [frz. patriote = Vaterlandsfreund < spätlat. patriota = Landsmann < griech. patriṓtēs, eigtl. = jmd., der aus demselben Geschlecht stammt, zu: patḗr (Gen.: patrós) = Vater] (oft auch abwertend): *jmd., der von Patriotismus erfüllt, patriotisch gesinnt ist:* ein begeisterter, fanatischer, verblendeter P.

Pa|t|ri|o|tin, die; -, -nen: w. Form zu ↑ Patriot.

pa|t|ri|o|tisch ⟨Adj.⟩ [frz. patriotique < spätlat. patrioticus = heimatlich < griech. patriōtikós] (auch abwertend): *auf Patriotismus beruhend, von ihm erfüllt, zeugend; national* (3), *vaterländisch:* Ich bin Jahrgang 1903, ich wurde sehr p. erzogen (Kempowski, Zeit 172).

Pa|t|ri|o|tis|mus, der; - [frz. patriotisme]: *[begeisterte] Liebe zum Vaterland; vaterländische Gesinnung.*

Pa|t|ris|tik, die; - [zu lat. pater (Gen.: patris) = Vater] (christl. Theol.): *Wissenschaft von den Schriften u. Lehren der Kirchenväter; altchristliche Literaturgeschichte.*

Pa|t|ri|ze, die; -, -n [geb. nach ↑ Matrize zu lat. pater = Vater] (Druckw.): *in Stahl geschnittener, erhabener Stempel einer Schrifttype, mit der das negative Bild zur Vervielfältigung geprägt wird.*

pa|t|ri|zi|al ⟨Adj.⟩: ↑ patrizisch.

Pa|t|ri|zi|at, das; -[e]s, -e ⟨Pl. selten⟩ [lat. patriciatus = Würde eines Patriziers (1)]: **1.** *Gesamtheit der altrömischen adligen Geschlechter.* **2.** (selten) *Gesamtheit der Patrizier* (2).

Pa|t|ri|zi|er, der; -s, - [lat. patricius = Nachkomme eines römischen Sippenhauptes, zu: pater = Vater]: **1.** *Mitglied des altrömischen Adels.* **2.** (bes. im Mittelalter) *vornehmer, wohlhabender Bürger.*

Pa|t|ri|zi|er|haus, das: *Wohnhaus eines Patriziers* (2).

Pa|t|ri|zi|e|rin, die; -, -nen: w. Form zu ↑ Patrizier.

pa|t|ri|zisch ⟨Adj.⟩: *den Patrizier betreffend, zu ihm gehörend, von ihm stammend; für ihn, seine Lebensweise charakteristisch.*

Pa|t|ro|lo|gie, die; - [↑ -logie]: *Patristik.*

¹Pa|t|ron, der; -s, -e [mhd. patrōn(e) < lat. patronus, zu: pater = Vater]: **1. a)** *(im alten Rom) Schutzherr seiner Freigelassenen;* **b)** (veraltet) *Schutz-, Schirmherr.* **2.** *Schutzheiliger einer Kirche, einer Berufs- od. Standesgruppe, einer Stadt o. Ä.* **3.** *Gründer, Erbauer, Stifter einer Kirche (dem dadurch Vorrechte u. Pflichten entstanden).* **4.** (ugs. abwertend) *Bursche, Kerl:* ein widerlicher, übler P.

²Pa|t|ron [pa'trõ:], der; -s, -s [frz. patron < lat. patronus, ↑ ¹Patron] (schweiz.): *Inhaber eines Geschäfts, einer Gaststätte o. Ä.*

Pa|t|ro|na|ge [...'naːʒə, österr. meist: ...ʃ], die; -, -n [frz. patronage = ²Patronat (2), zu: patron, ↑ ²Patron] (bildungsspr.): *Günstlingswirtschaft, Protektion.*

Pa|t|ro|nanz, die; -, -en (österr.): *Patronat* (2).

Pa|t|ro|nat, das; -[e]s, -e [lat. patronatus]: **1.** *(im alten Rom) Würde u. Amt eines ¹Patrons* (1 a). **2.** (bildungsspr.) *Schirmherrschaft.* **3.** (christl. Kirche) *kirchenrechtliche Stellung des Stifters einer Kirche od. seines Nachfolgers, mit der bestimmte Rechte u. Pflichten verbunden sind.*

Pa|t|ro|nats|fest, das (kath. Kirche): *Fest der Patronin, des ¹Patrons* (2) *einer Kirche, dem sie geweiht ist.*

Pa|t|ro|ne, die; -, -n [frz. patron = Musterform (für Pulverladungen) < mlat. patronus = Musterform, eigtl. = Vaterform, zu lat. patronus, ↑ ¹Patron]: **1.** *Metallhülse mit Treibladung u. Geschoss (als Munition für Feuerwaffen).* **2.** *was serdicht abgepackter Sprengstoff zum Einführen in Bohrlöcher für Sprengungen.* **3. a)** *Behälter aus Kunststoff für Tinte, Tusche, Toner o. Ä. zum Einlegen in einen Füllfederhalter, ein Kopiergerät, einen Drucker* (2) *o. Ä.;* **b)** *fest schließende, lichtundurchlässige Kapsel mit einem Film, die in die Kleinbildkamera eingelegt wird.* **4.** (Textilind.) *Zeichnung (auf kariertem Papier) für das Muster in der Bindung eines Gewebes.* **5.** (Gastron. veraltet) *(gefettetes) Papier, das zum Schutz vor zu starker Hitze über Speisen gedeckt wird.*

Pa|t|ro|nen|füll|hal|ter, der: *Füllhalter, der durch Einsetzen von Patronen* (3 a) *gefüllt wird.*

Pa|t|ro|nen|gurt, der: **a)** *Gurt aus Metall, der in einzelne Glieder eingeteilt ist, in denen die Patronen* (1) *befestigt sind;* **b)** *Ledergürtel mit Schlaufen od. Taschen aus festem Leinen für die einzelnen Patronen* (1).

Pa|t|ro|nen|hül|se, die: *Metallhülse einer Patrone* (1).

Pa|t|ro|nen|kam|mer, die: *zylindrischer Teil einer Handfeuerwaffe, der die aus dem Magazin austretende Patrone* (1) *aufnimmt.*

Pa|t|ro|nin, die; -, -nen: w. Form zu ↑ ¹Patron.

Pa|t|rouil|le [pa'trʊljə, österr.: ...'truːjə], die; -, -n [frz. patrouille, eigtl. = Herumwaten im Schmutz, zu: patrouiller = patschen, zu: patte = Pfote]: **1.** *von (einer Gruppe) Soldaten durchgeführte Erkundung, durchgeführter Kontrollgang.* **2.** *Gruppe von Soldaten, die etw. erkunden, einen Kontrollgang durchführen.*

Pa|t|rouil|len|boot, das: *Boot für Patrouillenfahrten.*

Pa|t|rouil|len|fahrt, die: *zur Kontrolle, Kontrolle unternommene Fahrt.*

pa|t|rouil|lie|ren [patrʊl'jiːrən, auch, österr. nur: ...truˈj...] ⟨sw. V.; hat/ist⟩ [frz. patrouiller]: *als Posten od. Wache neg/t u. ab gehen, auf Patrouille gehen, fahren, fliegen.*

Pa|t|ro|zi|ni|um, das; -s, ...ien [lat. patrocinium = Beistand, zu: patronus, ↑ ¹Patron]: **1.** (kath. Kirche) **a)** *Schutzherrschaft eines Heiligen über eine Kirche;* **b)** *Patronatsfest.* **2.** *(im alten Rom) Vertretung eines rechtsunfähigen Klienten durch einen ¹Patron* (1 a). **3.** *(im Mittelalter) Rechtsschutz, den der Gutsherr seinen Untergebenen gegen Staat u. Stadt gewährt.*

patsch ⟨Interj.⟩: lautm. für ein Geräusch, das entsteht, wenn jmd. die Hände zusammenschlägt, wenn etw. klatschend auf eine Wasseroberfläche aufschlägt od. wenn etw. Weiches [Schweres] auf etw. Hartes fällt: p., da lag das Kind im Dreck.

¹Patsch, der; -[e]s, -e: **1.** *patschendes Geräusch:* mit einem P. fiel er in die Pfütze. **2.** ⟨o. Pl.⟩ (ugs.) *Matsch* (2 a).

²Patsch, der; -en, -en (österr. ugs.): *Tollpatsch.*

Pat|sche, die; -, -n (ugs.): **1.** *Hand.* **2.** *Feuerpatsche.* **3.** ⟨o. Pl.⟩ ¹*Patsch* (2). **4.** ⟨Pl. selten⟩ [eigtl. = Matsch, aufgeweichte Straße] *unangenehme, schwierige Lage, Bedrängnis:* jmdm. aus der P. helfen; in der P. sitzen.

pat|schen ⟨sw. V.⟩ [zu ↑ patsch] (ugs.): **1. a)** ⟨hat⟩ *ein klatschendes Geräusch hervorbringen:* das Wasser patscht unter seinen Stiefeln; **b)** ⟨ist⟩ *mit einem ¹Patsch* (1) *auf etw. auftreffen:* der Regen patscht gegen die Scheiben, auf das Dach. **2.** ⟨hat⟩ *mit der flachen Hand, dem Fuß od. einem flachen Gegenstand klatschend auf etw. schlagen:* jmdm. [mit den Händen] ins Gesicht p.; sich auf die Schenkel p.; ◆ Wir wollen sie p. (in die Flucht schlagen). Das denken nicht, dass wir ihnen die Spitze bieten können (Goethe, Götz III). **3.** ⟨ist⟩ *(in Wasser, Schlamm o. Ä.) gehen, laufen u. dabei ein klatschendes Geräusch hervorbringen:* das Kind ist durch die Pfützen gepatscht.

Pat|schen, der; -s, - (österr.): **1.** ⟨meist Pl.⟩ *Hausschuh, Pantoffel.* **2.** *Reifenpanne:* einen P. haben.

pat|sche|nass: ↑ patschnass.

Pat|scherl, das; -s, -[n] (österr. ugs.): *ungeschicktes, unbeholfenes Kind.*

pat|schert ⟨Adj.⟩ (bayr., österr. ugs.): *unbeholfen, ungeschickt.*

Patsch|hand, die, **Patsch|händ|chen,** das (fam.): *kleine, weiche Kinderhand.*

patsch|nass, patschenass ⟨Adj.⟩ (ugs. emotional): *klatschnass.*

patt ⟨Adj.⟩ [frz. pat, H. u.] (Schach): *nicht mehr in der Lage, einen Zug zu machen, ohne seinen König ins Schach zu bringen:* p. sein.

Patt, das; -s, -s: **1.** (Schach) [als unentschieden gewertete] *Stellung im Schachspiel, bei der eine Partei patt ist.* **2.** *Situation, in der keine Partei einen Vorteil erringen, den Gegner schlagen kann; Unentschieden.*

Pat|te, die; -, -n [frz. patte, eigtl. = Pfote, wohl nach der länglichen Form; H. u.]: *(bei Kleidung) abgefüttertes Stoffteil als Klappe an Taschen.*

Pat|tern ['pɛtɐn], das; -s, -s [engl. pattern < mengl. patron < (a)frz. patron, ↑ Patrone]: **1.** (bes. Psychol., Soziol.) *[Verhaltens]muster;* *[Denk]modell; Schema.* **2.** (Sprachwiss.) *charakteristisches Sprachmuster, nach dem sprachliche Einheiten nachgeahmt u. weitergebildet werden.*

Pat|tern|pra|xis, die ⟨o. Pl.⟩ [LÜ von engl. pattern practice] (Sprachwiss.): *Verfahren in der modernen Fremdsprachendidaktik, bei dem bei Lernenden durch systematisches Einprägen bestimmter wichtiger fremdsprachlicher Satzstrukturmuster die mechanischen Tätigkeiten beim Sprachgebrauch zu Sprachgewohnheiten verfestigt werden sollen.*

Patt|si|tu|a|ti|on, die: *Patt* (2).

pat|zen ⟨sw. V.; hat⟩ [eigtl. = klecksen, unsauber arbeiten]: **1.** (ugs.) *(bei der Ausführung einer Tätigkeit, Durchführung einer Aufgabe) kleinere Fehler machen:* die deutsche Meisterin patzte bei der Kür. **2.** (bayr., österr.) *klecksen:* beim Schreiben p.

Pat|zen, der; -s, - (bayr., österr.): **1.** *Klecks:* Xaver sah im Spiegel, dass er einen lächerlichen weißen P. mitten auf der Nasenspitze hatte (M. Walser, Seelenarbeit 109). **2.** *Klumpen.*

Pat|zer, der; -s, -: **1.** (ugs.) *[aus Unachtsamkeit gemachter] oft kleinerer Fehler bei der Ausführung einer Tätigkeit.* **2.** (ugs.) *jmd., der oft patzt;* *Stümper.* **3.** (österr.) *jmd., der viel kleckst.*

pat|zig ⟨Adj.⟩ [frühnhd. batzig = aufgeblasen, frech, eigtl. = klumpig, klebig, feist, dick, zu ↑ Batzen]: **1.** (ugs. abwertend) *in ungezogener Weise unwillig auffahrend, mit einer groben Antwort reagierend; unverschämt:* eine -e Bemerkung. **2.** (österr. ugs.) *klebig, verschmiert.*

Pat|zig|keit, die; -, -en: **a)** ⟨o. Pl.⟩ *patzige* (1) *Art, patziges Benehmen;* **b)** *einzelne patzige* (1) *Handlung.*

Pau|kant, der; -en, -en [zu ↑ pauken (3); ↑ -ant] (Verbindungswesen): *Teilnehmer einer Mensur* (2).

Pauk|bril|le, die (Verbindungswesen): *bei der Mensur* (2) *zu tragende Schutzbrille.*

Pau|ke, die; -, -n [mhd. pūke, H. u., viell. lautm.]: **1.** *Schlaginstrument mit kesselähnlichem Resonanzkörper u. einer meist aus gegerbtem Kalbfell bestehenden Membran, bei dem die Töne mit zwei hölzernen Schlägeln* (3) *hervorgebracht werden; Kesselpauke:* P. der P. schlagen; * **auf die P. hauen** (ugs.: 1. *ausgelassen feiern.* 2. *angeberisch auftreten.* 3. *seiner Kritik o. Ä. lautstark Ausdruck geben*); **mit -n und Trompeten durchfallen** (ugs.; *bei einem Examen o. Ä. ganz und gar versagen, durchfallen*); jmdn.

pauken – Pazifikationsedikt

mit -n und Trompeten empfangen (ugs.: *jmdn. mit großen [u. übertriebenen] Ehren empfangen*). **2.** (selten) *Standpauke.*

pau|ken ⟨sw. V.; hat⟩: **1.** [wohl urspr. in der Bed. von »unterrichten« zu ↑ Pauker (2)] (ugs.) **a)** *(bes. vor einer Prüfung o. Ä.) sich einen bestimmten Wissensstoff durch intensives, häufig mechanisches Lernen od. Auswendiglernen anzueignen suchen:* Französisch p.; **b)** *intensiv lernen:* für das Examen p. **2.** [mhd. pūken] *die Pauke schlagen.* **3.** [nach der älteren Bed. »schlagen«] (Verbindungswesen) *mit stumpfen Waffen fechten.* **4.** (ugs.) *herauspauken.*

Pau|ken|fell, das: **1.** *[aus Tierhaut hergestellte] Bespannung einer Pauke.* **2.** (Med.) *Trommelfell* (2).

Pau|ken|höh|le, die [nach der Form] (Anat.): *von den Wänden des Felsenbeins umschlossene Höhle des Mittelohrs, in der die Gehörknöchelchen liegen u. die durch die Ohrtrompete zur Rachenhöhle hin offen ist.*

Pau|ken|schlag, der: *(einzelner) Schlag auf die Pauke* (1): mit einem Wirbel von Paukenschlägen endete das Stück; Ü die Diskussion ging mit einem P. *(Eklat)* zu Ende.

Pau|ken|schlä|gel, der ⟨meist Pl.⟩: *Schlägel* (3) *zum Pauken* (2).

Pau|ker, der; -s, -: **1.** *jmd., der [berufsmäßig] die Pauke schlägt.* **2.** [gek. aus Arschpauker, eigtl. = jmd., der beim Unterrichten Schläge auf das Gesäß austeilt] (Schülerspr.) *Lehrer.*

Pau|ke|rei, die; -, -en (ugs. abwertend): *[dauerndes] Pauken* (1–3).

Pau|ke|rin, die; -, -nen: w. Form zu ↑ Pauker.

Pau|kist, der; -en, -en: *jmd., der [berufsmäßig] die Pauke schlägt.*

Pau|kis|tin, die; -, -nen: w. Form zu ↑ Paukist.

pau|li|nisch ⟨Adj.⟩ [nach dem Apostel Paulus] (christl. Theol.): *der Lehre des Apostels Paulus entsprechend, auf ihr beruhend, von Paulus stammend.*

Pau|li|nis|mus, der; - (christl. Theol.): *Lehre des Apostels Paulus.*

Pau|lus|brief, der ⟨meist Pl.⟩: *vom Apostel Paulus verfasster od. ihm zugeschriebener Brief im Neuen Testament.*

Pau|pe|ris|mus, der; - [zu lat. pauper = arm] (Geschichte): *Massenarmut des 19. Jh.s, die zu Verelendung u. sozialen Unruhen führt.*

Paus|ba|cke, die; -, -n ⟨meist Pl.⟩ (fam.): *runde, rote Backe (bes. bei einem Kind).*

paus|ba|ckig (seltener), **paus|bä|ckig** ⟨Adj.⟩: *mit Pausbacken versehen:* ein -es Kind.

pau|schal ⟨Adj.⟩ [zu ↑ Pauschale]: **1.** *im Ganzen, ohne Spezifizierung o. Ä.:* etw. p. versichern. **2.** (bildungsspr.) *sehr allgemein [beurteilt], ohne näher zu differenzieren:* ein allzu -es Urteil.

Pau|schal|ab|fin|dung, die: *pauschale* (1) *Abfindung* (1).

Pau|schal|ab|schrei|bung, die (Wirtsch.): *für gleichartige od. im gleichen Zeitraum angeschaffte Gegenstände des Anlagevermögens zusammengefasst erfolgende Abschreibung.*

Pau|schal|be|trag, der: *Pauschale.*

Pau|scha|le, die; -, -n, veraltet: das; -s, ...lien [aus der österr. Amtsspr., latinis. Bildung zu ↑ Pausche, Nebenf. von ↑ Bausch; vgl. veraltet »im Bausch« = im Ganzen genommen]: *Geldbetrag, durch den eine Leistung, die sich aus verschiedenen einzelnen Posten zusammensetzt, ohne Spezifizierung abgegolten wird.*

pau|scha|lie|ren ⟨sw. V.; hat⟩: *Teilsummen od. -leistungen zu einer Pauschale zusammenfassen.*

Pau|scha|lie|rung, die; -, -en: *das Pauschalieren.*

pau|scha|li|sie|ren ⟨sw. V.; hat⟩ (bildungsspr.):

etw. pauschal (2) *behandeln, sehr stark verallgemeinern.*

Pau|schal|preis, der (Wirtsch.): *ohne Rücksicht auf Einzelheiten nach überschlägiger Schätzung festgesetzter Preis* (1).

Pau|schal|rei|se, die: *[vom Reisebüro vermittelte] Reise, bei der die Kosten für Fahrt, Unterkunft, Verpflegung u. a. pauschal berechnet werden.*

Pau|schal|ta|rif, der (Wirtsch.): *ohne Rücksicht auf Einzelheiten nach überschlägiger Schätzung festgesetzter Preis* (1).

Pau|schal|tou|rist, der (auch abwertend): *jmd., der [ausschließlich] Pauschalreisen unternimmt.*

Pau|schal|tou|ris|tin, die: w. Form zu ↑ Pauschaltourist.

Pau|schal|ur|teil, das (abwertend): *pauschales* (2), *verallgemeinerndes Urteil [durch das jmd., etw. abqualifiziert wird].*

Pau|sch|be|steu|e|rung, die (Steuerw.): *(in besonderen Ausnahmefällen zulässige) Form der Besteuerung, bei der von einem Steuerpflichtigen zu zahlender Pauschbetrag festgesetzt wird.*

Pausch|be|trag, der: *pauschaler Betrag.*

Pau|sche, die; -, -n: **1.** [vgl. Pauschale] *(zu beiden Seiten) unter dem seitlichen Teil des Sattels angebrachte Verstärkung.* **2.** (Turnen) *unter der beiden gebogenen Haltegriffe des Seitpferdes.*

Pau|schen|pferd, das; -[e]s, -e [zu ↑ Pausche (2)] (Turnen, bes. österr., schweiz.): *Seitpferd.*

¹Pau|se, die; -, -n [mhd. pūse, über das Roman. < lat. pausa, wahrsch. zu griech. paúein (Aorist: paũsai) = aufhören]: **1. a)** *kürzere Unterbrechung einer Tätigkeit, die der Erholung, Regenerierung o. Ä. dienen soll:* eine kurze P.; [eine] P. machen; wir haben gerade P.; sie gönnt sich keine P. *(Ruhepause);* **b)** *[unbeabsichtigte] kurze Unterbrechung, vorübergehendes Aufhören von etw.:* der Redner machte eine [bedeutungsvolle] P. **2.** (Musik) **a)** *Taktteil innerhalb eines Musikwerks, der einen Nichterklingen der Töne ausgefüllt ist:* die P. einhalten; **b)** *Pausenzeichen:* eine halbe P. **3.** (Verslehre) *vom metrischen Schema geforderte Takteinheit, die nicht durch Sprache ausgefüllt ist.*

²Pau|se, die; -, -n [zu ↑ pausen]: *mithilfe von Pauspapier od. auf fotochemischem Wege hergestellte Kopie (eines Schriftstücks o. Ä.).*

pau|sen ⟨sw. V.; hat⟩ ⟨älter: bausen, viell. (unter Einfluss von frz. ébaucher = grob skizzieren) < frz. poncer = pausen, eigtl. = mit Bimsstein abreiben, über das Vlat. zu lat. pumex, ↑ ²Bims⟩: *eine ²Pause anfertigen; durchpausen.*

Pau|sen|brot, das: *belegtes Brot o. Ä., das in einer ¹Pause* (1 a) *verzehrt wird.*

Pau|sen|clown, der (abwertend): *sich (im Rahmen einer Veranstaltung, eines Programms o. Ä.) um Aufmerksamkeit bemühender Mensch, der nur als Belustigung wahrgenommen wird und nicht weiter ernst genommen wird.*

Pau|sen|clow|nin, die: w. Form zu ↑ Pausenclown.

Pau|sen|gym|nas|tik, die: *Gymnastik als Ausgleich für einseitige Tätigkeit in bes. dafür vorgesehenen Arbeitspausen.*

Pau|sen|hof, der: *Schulhof.*

pau|sen|los ⟨Adj.⟩: **a)** *über eine gewisse Zeit ohne Unterbrechung bestehend, andauernd; ohne zeitweiliges Aussetzen:* -es Musizieren; **b)** (ugs.) *(in lästiger, ärgerlicher o. ä. Weise) immer wieder, dauernd, fortwährend:* seine -e Fragerei ging ihr auf die Nerven.

Pau|sen|pfiff, der (Sport): *Pfiff, mit dem der Schiedsrichter, die Schiedsrichterin einen Spielabschnitt beendet u. den Beginn der Pause anzeigt.*

Pau|sen|stand, der (Sport): *Spielstand nach der ersten Spielzeithälfte.*

Pau|sen|zei|chen, das: (Musik) *(in der Notenschrift) grafisches Zeichen für die ¹Pause* (2 a).

pau|sie|ren ⟨sw. V.; hat⟩ [spätlat. pausare, zu lat. pausa, ↑ ¹Pause]: **a)** *eine Tätigkeit [für kurze Zeit] unterbrechen; innehalten;* **b)** *für einige Zeit ausruhen, aussetzen.*

Paus|pa|pier, das; -s, -e: **1.** *durchsichtiges Papier zum Durchpausen.* **2.** *Kohlepapier.*

Pa|va|ne, die; -, -n [frz. pavane < ital. pavana, eigtl. = (Tanz) aus Padua] (Musik): **1.** *langsamer höfischer Schreittanz.* **2.** *Einleitungssatz der Suite.*

Pa|vi|an, der; -s, -e [im 15. Jh. bavian < niederl. baviaan < mniederl. baubijn < (a)frz. babouin, wahrsch. verw. mit: babine = Lefze, Lippe, nach der vorspringenden Schnauze des Tieres]: *(in Afrika heimischer) großer, vorwiegend am Boden lebender Affe mit vorspringender Schnauze, meist langer Mähne an Kopf u. Rücken u. einem unbehaarten [roten] Hinterteil.*

Pa|vil|lon [ˈpavɪljɔŋ, ˈpavɪljõː, österr.: paviˈjõː, ˈpavɪljoːn], der; -s, -s [frz. pavillon, zu lat. papilio = Schmetterling, auch: Zelt (nach dem Vergleich mit den aufgespannten Flügeln)]: **1.** *frei stehender, offener, meist runder Bau in Parks o. Ä.* **2.** (Archit.) *baulich bes. hervorgehobener Eck- od. Mitteltrakt eines größeren Gebäudes.* **3.** (Archit.) *zu einem größeren Komplex gehörender selbstständiger Bau.* **4.** *[aus einem Raum bestehender] Einzelbau auf einem Ausstellungsgelände.* **5.** *großes viereckiges Festzelt.*

Pa|vil|lon|sys|tem, das (Archit.): *System* (5) *von mehreren, einem Hauptbau zugeordneten Pavillons* (3).

Paw|lat|sche, die; -, -n [tschech. pavlač = offener Hausgang] (österr. ugs.): **a)** *offener Gang an der Hofseite eines [Wiener] Hauses;* **b)** *baufälliges Haus;* **c)** *Bretterbühne.*

¹Pax, die; - [lat. pax = Friede] (kath. Kirche): *Friedensgruß, bes. der Friedenskuss in der ¹Messe* (1).

²Pax, der; -es, -e [Abk. für engl. passenger X] (Flugw. Jargon): *kurz für ↑ Passagier.*

Pax vo|bis|cum: *Friede (sei) mit euch!* (Gruß in der katholischen Messliturgie).

Pay|card [ˈpeɪkaːɐ̯t], die; -, -s [aus engl. to pay = bezahlen u. card = Karte]: *Geldkarte.*

Pay|ing Guest [ˈpeɪɪŋ ˈɡɛst], der; -, -, --s [engl. = zahlender Gast]: *jmd., der im Ausland gegen Entgelt bei einer Familie mit vollem Familienanschluss wohnt.*

Pay-out, Pay|out [ˈpeɪaʊt], das; -s, -s [engl. pay-out = Auszahlung, aus: to pay out = auszahlen] (Wirtsch.): *Rückgewinnung investierten Kapitals.*

Pay-per-View [ˈpeɪpɐˈvjuː], das; -[s] [zu engl. (to) pay per view = bezahlen pro (An)sicht]: *Verfahren, mit dem einzeln abrechenbare Fernsehangebote wahrgenommen werden können.*

Pay-Sen|der, der (Jargon): vgl. Pay-TV.

Pay-TV [ˈpeɪtiːviː], das; -[s] [engl. pay TV, zu: engl. to pay = bezahlen u. ↑ TV] (Jargon): *Fernsehprogramm eines Privatsenders, das gegen Zahlung einer bestimmten Gebühr mithilfe eines zusätzlich benötigten Decoders empfangen werden kann;* Dazu: **Pay-TV-Sen|der,** der.

Pa|zi|fik [auch: ˈpaːtsɪfɪk], der; -[s] [engl. Pacific (Ocean), eigtl. = friedlich(er Ozean), zu lat. pacificus = Frieden schließend, friedlich (zu lat. pax = Frieden u. facere = machen); bezieht sich auf die ohne Sturm u. Unwetter verlaufene Reise des Seefahrers Magellan durch dieses Meer]: *Pazifischer Ozean.*

◆ **Pa|zi|fi|ka|ti|ons|edikt,** das; -[e]s, -e [zu lat. pacificatio = Friedensstiftung, -vermittlung, zu: pax (↑ pazifizieren) u. facere (= machen)]: *Edikt, das einen Frieden* (1 b) *anordnet:* Im

Jahre 1570 gab das P. von St. Germain en Laye den Hugenotten in Frankreich Zutritt zu allen Ämtern (C. F. Meyer, Amulett 8).

pa|zi|fisch ⟨Adj.⟩: *den Pazifischen Ozean betreffend, zu ihm gehörend:* -e Inseln.

Pa|zi|fi|scher Oze|an, der Pazifische Ozean; *des Pazifischen Ozeans:* zwischen dem amerikanischen Kontinent, Australien u. dem nordöstlichen Asien gelegener Ozean.

Pa|zi|fis|mus, der; - [frz. pacifisme, zu: pacifique = friedlich, friedliebend, zu: pacifier = Frieden geben]: **a)** *weltanschauliche Strömung, die jeden Krieg als Mittel der Auseinandersetzung ablehnt u. den Verzicht auf Rüstung u. militärische Ausbildung fordert;* **b)** *jmds. Haltung, Einstellung, die durch den Pazifismus (a) bestimmt ist:* sein P. erlaubt ihm den Kriegsdienst nicht.

Pa|zi|fist, der; -en, -en [frz. pacifiste]: *Anhänger des Pazifismus* (a).

Pa|zi|fis|tin, die; -, -nen: w. Form zu ↑ Pazifist.

pa|zi|fis|tisch ⟨Adj.⟩: *zum Pazifismus gehörend, ihn betreffend; dem Pazifismus anhängend:* -es Denken; -e Literatur.

Pb = Plumbum.

PBS [pe:be:ˈlɛs] = Papier-, Büro- und Schreibwaren.

pc = Parsec.

p. c. = pro centum.

¹PC [peːˈtseː], der; -[s], -s, selten: - [Abk. für engl. Personal Computer]: *kleinerer Computer, der bes. im kaufmännischen Bereich u. in der Textverarbeitung verwendet wird:* am PC sitzen, mit dem PC schreiben.

²PC [peːˈtseː, piːˈsiː], die; -: Political Correctness.

PCB [peːtseːˈbeː], das; -[s], -[s]: polychloriertes Biphenyl.

p. Chr. [n.] = post Christum [natum].

Pd = Palladium.

PdA [peːdeːˈaː], die; -: Partei der Arbeit (kommunistische Partei in der Schweiz).

PDF [peːdeːˈlɛf], das; -s, -s [Abk. für engl. Portable Document Format, aus portable = portabel, document = Dokument u. format = Format] (EDV): **1.** ⟨o. Pl.⟩ *universelles Dateiformat, das bes. für das elektronische Publizieren u. in der Druckvorstufe eingesetzt wird.* **2.** *Im Format PDF (1) erstellte Datei.*

PDF-Da|tei, die ⟨o. Pl.⟩ (EDV): *Datei im PDF-Format.*

PDF-For|mat, das ⟨o. Pl.⟩ (EDV): *PDF* (1).

PDS [peːdeːˈlɛs], die; -: Partei des Demokratischen Sozialismus (1989–2007).

Peak [piːk], der; -[s], -s [engl. peak = Gipfel; Höhepunkt]: **1.** (bes. Chemie) *relativ spitzes Maximum* (2 a) *im Verlauf einer Kurve* (1 a). **2.** (Fachspr.) *Signal* (1).

Pea|nuts [ˈpiːnats] ⟨Pl.⟩ [engl. peanuts (Pl.), eigtl. = Erdnüsse, aus: pea = Erbse u. nut = Nuss] (Jargon): *Kleinigkeit* (a); *Dinge, die nicht der Rede wert sind.*

Pe-Ce-Fa|ser, die; -, -n [Kurzwort aus Polyvinylchlorid u. Faser]: *sehr beständige Kunstfaser.*

Pech, das; -s, seltener: -es, (Arten:) -e [mhd. bech, pech, ahd. beh, peh < lat. pix (Gen.: picis)]: **1.** *zähflüssig-klebrige, braune bis schwarze Masse, die als Rückstand bei der Destillation von Erdöl u. Teer anfällt:* etw. mit P. abdichten; * zusammenhalten wie P. und Schwefel (ugs.; *fest, unerschütterlich zusammenstehen; nach der volkstümlichen Vorstellung, dass die Hölle aus brennendem Pech und Schwefel besteht; die klebrige Beschaffenheit von Pech hat wohl zu der Verbindung mit Aufbrechen versäumen, so lange bleiben*). **2.** ⟨o. Pl.⟩ [aus der Studentenspr., zu ↑ Pechvogel, wohl auch unter Einfluss des älteren »höllisches Pech« = Hölle] *unglückliche Fügung; Missgeschick, das jmds. Vorhaben, Pläne durchkreuzt:* das war wirklich P.!; P. für dich (ugs.; *nichts zu machen*); er hat viel P. gehabt in den letzten Jahren (*vieles ist nicht so gegangen, wie er es gewünscht hätte*); mit jmdm., etw. P. haben (*nicht den Richtigen, die Richtige, das Richtige getroffen haben*). **3.** [nach der zähflüssigen Beschaffenheit] (südd., österr.) *Harz.*

Pech|blen|de, die: *schwarzes Mineral, aus dem Uran u. Radium gewonnen werden.*

Pech|fa|ckel, die: *mit Pech getränkte Fackel.*

pech|fins|ter ⟨Adj.⟩: *sehr finster, sehr dunkel:* eine -e Nacht.

Pech|koh|le, die: *der Steinkohle ähnliche, harte, glänzende Braunkohle.*

Pech|nal|se, die: *kleiner, nach unten offener Vorbau am Tor u. an der Ringmauer mittelalterlicher Burgen zum Ausgießen von siedendem Pech über die Angreifer.*

Pech|nel|ke, die: *wild wachsende Nelke mit roten Blüten in lockeren Rispen u. klebrigen Stängeln.*

pech|ra|ben|schwarz ⟨Adj.⟩ (ugs. emotional): *kohlrabenschwarz.*

pech|schwarz ⟨Adj.⟩ (ugs. emotional): *tiefschwarz:* -es Haar; Ü -er Humor.

♦ **Pech|schwit|zer,** der; -s, - [zu ↑ schwitzen, ablautende Bildung zu ↑ schweißen in der alten Bed. »rösten, sieden«] (landsch.): *jmd., der Pech* (1) *herstellt;* Pechsieder: ...ein fremdes Männlein ... Es hatte ein schmutziges Schurzfell um ...: »Gott grüß' dich, Seppe! Ich bin der P. (Mörike, Hutzelmännlein 116).

♦ **Pech|sie|der,** der: *jmd., der Pech* (1) *herstellt:* ...er trieb allerlei Handwerk, ... half auch den Kohlenbrennern und -n in den Wäldern (Keller, Romeo 4).

Pech|sträh|ne, die: *Reihe unglücklicher Zufälle, von denen jmd. kurz nacheinander betroffen wird.*

Pech|vo|gel, der [aus den Studentenspr., eigtl. = Vogel, der an einer Leimrute (älter: Pechrute) kleben bleibt] (ugs.): *jmd., der [oft] Pech* (2) *hat.*

pe|cken (sw. V.) hat (bayr., österr.): picken.

Pe|co|ri|no, der; -[s], -s [ital. pecorino, subst. aus: pecorino = vom Schaf, Schafs-, zu: pecora = Schaf < lat. pecora = (Weide)vieh, Pl. von: pecus = Vieh]: *meist als Hartkäse auf den Markt kommender italienischer Käse aus Schafsmilch.*

Pe|dal, das; -s, -e [zu lat. pedalis = zum Fuß gehörig, zu: pes (Gen.: pedis) = Fuß]: **1.** *mit dem Fuß zu bedienender Teil an der Tretkurbel des Fahrrads:* das linke P. ist abgebrochen. **2.** *(bei Kraftfahrzeugen) mit dem Fuß zu bedienender Hebel für Gas* (3 a), *Kupplung* (3 a) *u. Bremse:* das P. loslassen. **3.** *(bei verschiedenen Maschinen o. Ä.) mit dem Fuß zu bedienende Vorrichtung, durch die etw. in Gang gesetzt wird o. Ä.* **4.** *(bei verschiedenen Musikinstrumenten wie Klavier, Harfe u. a.) Fußhebel, durch den der Klang der Töne beeinflusst werden kann:* mit P. spielen. **5. a)** *(bei der Orgel) außer dem Manual vorhandene Tastatur, die mit den Füßen gespielt wird;* **b)** *einzelne Taste des Pedals* (5 a).

Pe|dal|le, die; -, -n (landsch.): *Pedal* (1).

Pe|dal|le|rie, die; -, -n (Kfz-Technik-Jargon): *Gesamtheit der Pedale in einem Kraftfahrzeug:* in einen Fahrschulwagen eine zweite P. einbauen.

Pe|dal|har|fe, die: *Harfe mit Pedalen* (4).

pe|dal|lie|ren (sw. V.; hat/ist) [zu ↑ Pedal] (scherzh.): *Rad fahren.*

Pe|dal|kla|vi|a|tur, die: *mit den Füßen gespielte Tastatur.*

Pe|dal|kla|vier, das: *Klavier mit einer zusätzlichen Pedalklaviatur.*

Pe|da|lo, das; -s, -s [frz. pédalo®, zu: pédale = Pedal] (schweiz.): *Tretboot.*

Pe|dal|weg, der ⟨Pl. selten⟩ (Kfz-Technik): *Weg, den ein Pedal* (2) *bei der Betätigung bis zum Anschlag* (9) *zurücklegt.*

pe|dant ⟨Adj.⟩ (österr. ugs.): *pedantisch.*

Pe|dant, der; -en, -en [frz. pédant < ital. pedante, eigtl. = Lehrer, wohl zu griech. paideúein = erziehen, unterrichten] (abwertend): *pedantischer Mensch.*

♦ **Pe|dan|te|rei,** die: ↑ Pedanterie: ...sich ... vor P. und Bocksbeutelei zu hüten (Goethe, Wanderjahre 3, 12).

Pe|dan|te|rie, die; -, -n ⟨Pl. selten⟩ [frz. pédanterie < ital. pedanteria]: **a)** ⟨o. Pl.⟩ *pedantisches Wesen, Verhalten:* mit äußerster P. vorgehen; **b)** (abwertend) *einzelne von Pedanterie* (a) *zeugende Handlung.*

Pe|dan|tin, die; -, -nen: w. Form zu ↑ Pedant.

pe|dan|tisch ⟨Adj.⟩ [nach frz. pédantesque < ital. pedantesco] (abwertend): *in übertriebener Weise genau; alle Dinge mit peinlicher, kleinlich wirkender Exaktheit ausführend o. Ä.:* ein -er Mensch.

Ped|dig|rohr, das; -[e]s [aus dem Niederd. < mniederd. pe(d)dik = ³Mark (1 a)]: *Rohr* (1 a) *aus den Stängeln bestimmter Rotangpalmen, das bes. zur Herstellung von Korbwaren verwendet wird:* ein Sessel aus P.

Pe|dell, der; -s, -e, österr. meist: -en, -en [spätmhd. pedell, bedell < mlat. pedellus, bedellus = (Gerichts)diener < ahd. bitil, butil, ↑ Büttel] (veraltend): *Hausmeister einer Schule od. Hochschule.*

Pe|di|g|ree [ˈpɛdɪɡriː], der; -s, -s [engl. pedigree < mengl. pedegru < mfrz. pié de gru = Kranichfuß; die genealogischen Linien ähneln einem stilisierten Vogelfuß]: *(bei Tieren u. Pflanzen) Stammbaum.*

Pe|di|kü|re, die; -, -n [frz. pédicure, zu lat. pes (Gen.: pedis) = Fuß u. cura = Pflege]: **1.** ⟨o. Pl.⟩ *Pflege der Füße, bes. der Fußnägel; Fußpflege.* **2.** *Fußpflegerin.*

pe|di|kü|ren ⟨sw. V.; hat⟩: *die Füße, bes. die Fußnägel pflegen.*

Pe|di|ment, das; -s, -e [wohl aus lat. pes (Gen.: pedis) = Fuß, geb. nach ↑ Fundament] (Geogr.): [*mit Sand bedeckte] Fläche am Fuß von Gebirgen.*

Pe|do|lo|gie, die; - [zu griech. pédon = (Erd)boden u. ↑ -logie]: *Bodenkunde.*

pe|do|lo|gisch ⟨Adj.⟩: *die Pedologie betreffend.*

Pe|do|sphä|re, die; - [zu griech. pédon = (Erd)boden u. ↑ Sphäre] (Fachspr.): *von Lebewesen besiedelte oberste Schicht der Lithosphäre.*

Pee|ling [ˈpiːlɪŋ], das; -s, -s [engl. peeling = das (Ab)schälen, zu: to peel = schälen]: **1.** *kosmetisches Schälen der [Gesichts]haut zur Beseitigung von Hautunreinheiten.* **2.** *für ein Peeling* (1) *verwendetes kosmetisches Produkt.*

Pee|ne, die; -: Fluss in Mecklenburg-Vorpommern.

Peep|show [ˈpiːpʃ...], die; -, -s [engl. peep show, zu: to peep = verstohlen gucken u. show, ↑ Show]: **a)** *auf sexuelle Stimulation zielendes Sich-zur-Schau-Stellen einer nackten, bes. einer weiblichen Person, die gegen Geldeinwurf durch das Guckfenster einer Kabine betrachtet werden kann;* **b)** *Einrichtung für Peepshows* (a).

Peer [piːɐ̯, auch: pɪɐ], der; -s, -s [engl. peer, eigtl. = Gleichrangiger < afrz. per < lat. par = gleich]: **1.** *Angehöriger des hohen Adels in Großbritannien.* **2.** *Mitglied des britischen Oberhauses.*

Pee|rage [ˈpɪərɪdʒ], die; - [engl. peerage]: **1.** *Würde eines Peers.* **2.** *Gesamtheit der Peers.*

Pee|ress [ˈpiːrɛs, auch: ˈpɪərɪs], die; -, -es […rɛsɪs, auch: …rɪsɪz]: *Frau eines Peers.*

Peer|group ['piːɐ̯gruːp], die; -, -s [engl. peer group] (Päd.): *Gruppe von etwa gleichaltrigen Kindern od. Jugendlichen, die als primäre soziale Bezugsgruppe neben das Elternhaus tritt.*

Pe|ga|sos, der; -: Pegasus (1).

Pe|ga|sus, der; - [lat. Pegasus < griech. Pḗgasos = geflügeltes Pferd der griech. Sage] (bildungsspr.): **1.** *geflügeltes Pferd als Sinnbild der Dichtkunst; Dichterross:* * den P. besteigen/reiten (bildungsspr. scherzh.; *sich als Dichter*[*in*] *versuchen; dichten*). **2.** *Sternbild am nördlichen Sternenhimmel.*

Pe|gel, der; -s, - [aus dem Niederd. < mniederd. pegel = Eichstrich; Pegel (1 a), H. u.]: **1. a)** *Messlatte, Messgerät zur Feststellung des Wasserstandes;* **b)** *Pegelstand:* Ü *Mit der Geburt der Kinder hatte ihr Glück seinen obersten P. erreicht* (Strauß, Niemand 109). **2.** (Physik, Technik) *Logarithmus des Verhältnisses zweier Größen der gleichen Größenart.*

Pe|gel|stand, der: *Wasserstand, den der Pegel* (1 a) *anzeigt.*

Peh|le|wi ['peçlevi], das; - [pers. pahlawī]: *mittelpersische Sprache.*

Pei|es ⟨Pl.⟩ [jidd. pejess, zu hebr. peʿôṯ = Ecken]: *lange Schläfenlocken orthodoxer Juden.*

Peil|an|ten|ne, die (Funkt., Seew.): *bei der Funkpeilung benutzte Antenne* (1).

Peil|deck, das (Seew.): *über dem Steuerhaus gelegener oberster Teil des Schiffsaufbaus, auf dem sich u. a. die Antennen der Radar- u. Sprechfunkanlage befinden.*

pei|len ⟨sw. V.; hat⟩ [aus dem Niederd. < mniederd. pegelen = die Wassertiefe messen, zu ↑ Pegel]: **1.** (bes. Seew.) *mit Kompass od. mittels funktechnischer Einrichtungen Lage od. Richtung zu etw. bestimmen:* Eisberge mit Ultraschall p.; ⟨auch ohne Akk.-Obj.:⟩ *der Kutter peilt.* **2.** (Seew.) *die Wassertiefe mit dem Peilstock feststellen.* **3. a)** (ugs.) *seinen Blick irgendwohin richten:* Silbi zieht einen Flunsch, weil sie lieber zu Hause bleiben möchte, im Garten sitzen und lesen und ab und zu mal p., ob nebenan der Berliner Junge noch da ist (Kempowski, Zeit 56/57); **b)** (salopp) *verstehen:* ⟨meist verneint:⟩ der Typ peilt es nicht.

Pei|ler, der; -s, -: **1.** *jmd., der Peilungen vornimmt.* **2.** *Funkgerät, mit dem Peilungen vorgenommen werden.*

Pei|le|rin, die; -, -nen: w. Form zu ↑ Peiler (1).

Peil|fre|quenz, die: *zur Funkpeilung benutzte Frequenz* (2 a).

Peil|ge|rät, das: *Peiler* (2).

Peil|stab, der; -[e]s, ..stäbe, **Peil|stan|ge**, die, **Peil|stock**, der (Seew.): *Stab, Stange, Stock zur Peilung der Wassertiefe.*

Peil|ung, die; -, -en (Seew.): **1.** *das Peilen* (1, 2). **2.** * keine P. [von etw.] haben (salopp) *keine Ahnung, keine Vorstellung [von etw.] haben:* die hat echt keine P.!)

Pein, die; -, -⟨o. Pl. selten⟩ [mhd. pīne, ahd. pīna < mlat. pena < lat. poena = Sühne, Buße; Bußgeld; Strafe; Qual < griech. poinḗ]: **a)** (geh.) *heftiges körperliches, seelisches Unbehagen; etw., was jmdn. quält; körperliche, seelische P.; verursacht, bringt, macht, bereitet jmdm. P.;* sie litt furchtbare P. bei dieser Vorstellung; er machte seiner Familie das Leben zur P.; der Ort der ewigen P. (dichter.; *die Hölle mit ihren Qualen*); ◆ **b)** *zeitliche od. ewige Sündenstrafe:* Heiland, tu meine verstorbenen Eltern erretten, wenn sie noch in der P. *(im Fegefeuer)* sind (Rosegger, Waldbauernbub 72).

pei|ni|gen ⟨sw. V.; hat⟩ [mhd. pīnegen] (geh.): **a)** (veraltend) *jmdm. , einem Tier Schmerzen, Qualen zufügen:* der Aufschrei der gepeinigten Kreatur; **b)** *plagen* (1 a): *jmdn. heftig* (mit etw.) zusetzen: jmdn. mit seinen Fragen p.; sie wurde von den Stechmücken gepeinigt; ... es freute mich, dass mein Geheimnis ihn beunruhigte, er genoss es ja auch, wenn er mich und andere mit seinen halben Hinweisen hinhielt und uns peinigte mit seinen Andeutungen (Heym, Schwarzenberg 251); **c)** *bei jmdm. quälende* (3 a), *unangenehme Empfindungen hervorrufen:* der Durst peinigte sie; **d)** *innerlich stark beunruhigen:* peinigende *(quälende)* Zweifel.

Pei|ni|ger, der; -s, - [spätmhd. pīneger] (geh.): *jmd. , der jmdn. peinigt* (a, b).

Pei|ni|ge|rin, die; -, -nen: w. Form zu ↑ Peiniger.

Pei|ni|gung, die; -, -en (geh.): *das Peinigen, Gepeinigtwerden.*

pein|lich ⟨Adj.⟩ [mhd. pīnlich = schmerzlich; strafwürdig]: **1.** *ein Gefühl der Verlegenheit, des Unbehagens, der Beschämung o. Ä. auslösend:* ein -er Zwischenfall; ein -es Versehen, Vorkommnis, eine -e Lage, Situation; es herrschte -es Schweigen; sein Benehmen war, wirkte, berührte p.; es ist mir furchtbar p., dass ich zu spät komme; von etw. p. berührt, überrascht, betroffen sein; ⟨subst.:⟩ das Peinliche an der Sache war ... **2. a)** *mit einer sich bis ins Kleinste erstreckenden Sorgfalt; äußerst genau:* eine -e Beachtung aller Vorsichtsmaßregeln; eine -e *(sehr große, pedantische)* Ordnung; -ste Sauberkeit; er hat alle p. geordnet; etw. p. befolgen; ⟨subst.:⟩ alles wurde aufs Peinlichste/peinlichste geregelt; Freundschaften hatte er keine, achtete aber p. darauf, nicht womöglich als arrogant oder außenseiterisch zu gelten (Süskind, Parfum 230/231); **b)** ⟨intensivierend bei adj. Gebrauch⟩ *sehr, aufs Äußerste, überaus:* er ist p. genau; alles ist p. sauber. **3.** (Rechtsspr. veraltet) *Strafen über Leib u. Leben betreffend:* die -e Gericht (früher; *Gericht, das Strafen über Leib u. Leben verhängt*); ein -es Verhör *(Verhör unter Anwendung der Folter).* ◆ **4.** *voller Pein, schmerzvoll:* ... nach dem Krankenlager einiger p. zugebrachten Wochen (Kleist, Kohlhaas 98).

Pein|lich|keit, die; -, -en: **1.** ⟨o. Pl.⟩ *das Peinlichsein:* die P. dieser Situation. **2.** *peinliche* (1) *Äußerung, Handlung, Situation.*

pein|sam ⟨Adj.⟩: **1.** *peinlich* (1). **2.** (selten) *peinlich* (2 b). **3.** (selten) *schmerzlich, peinvoll.*

pein|voll ⟨Adj.⟩ (geh.): *schmerzlich, schmerzvoll.*

Peit|sche, die; -, -n [spätmhd. (ostmd.) pītsche, pīcze, aus dem Slaw., vgl. poln. bicz, tschech. bič]: *aus einem längeren biegsamen Stock u. einer an dessen einem Ende befestigten Schnur bestehender Gegenstand, der bes. zum Antreiben von* [*Zug*]*tieren verwendet wird:* die P. schwingen; die Pferde mit der P. antreiben; Ü Das Personal muss die P. im Rücken fühlen, damit es lächelt (Brecht, Groschen 130).

peit|schen ⟨sw. V.⟩: **1.** ⟨hat⟩ ⟨bes. ein [Zug]tier⟩ *mit der Peitsche schlagen:* die Pferde p.; er peitschte ihn *(trieb ihn mit Peitschenhieben) aus dem Haus;* Ü *ein Gesetz durchs Parlament p.* (ugs. abwertend; *es in unangemessener Eile durchs Parlament bringen*). **2.** ⟨ist⟩ **a)** *auf, gegen etw. prasseln, von heftiger Luftbewegung geschleudert werden:* der Regen peitschte [an/gegen die Scheiben, über das Land]; **b)** *wie ein Peitschenknall hörbar werden:* Schüsse peitschten durch den Wald. **3.** ⟨hat⟩ (Tischlerjargon) *mit äußerster Wucht u. meist mit Effet schlagen:* den Ball p.

Peit|schen|hieb, der: *Hieb mit der Peitsche.*

Peit|schen|knall, der: *Knall einer mit Kraft geschwungenen Peitsche.*

Peit|schen|lam|pe, **Peit|schen|leuch|te**, die: *Straßenlampe, deren Mast im oberen Teil zur Straßenseite hin so gebogen ist, dass das Licht unmittelbar auf die Straße fällt.*

Peit|schen|stiel, der: *biegsamer Stock einer Peitsche.*

Pe|jo|ra|ti|on, die; -, -en (Sprachwiss.): *(bei einem Wort) das Abgleiten in eine abwertende, negative Bedeutung.*

pe|jo|ra|tiv ⟨Adj.⟩ [zu lat. peioratum, 2. Part. von: peiorare = verschlechtern, zu: peior, Komp. von: malus = schlecht] (bes. Sprachwiss.): *abwertend, eine negative Bedeutung besitzend.*

Pe|jo|ra|ti|vum, das; -s, ..va (Sprachwiss.): *pejoratives Wort (z. B. Jüngelchen, frömmeln).*

Pe|ki|ne|se, der; -n, -n [eigtl. = ¹Pekinger (alte Ew.), der Hund wurde früher ausschließlich im Kaiserpalast von Peking gezüchtet]: *kleiner, kurzbeiniger Hund mit großem Kopf, Hängeohren u. seidigem, sehr langem Haar.*

Pe|king: *Hauptstadt der Volksrepublik China.*

¹**Pe|kin|ger**, der; -s, -: Ew.

²**Pe|kin|ger** ⟨indekl. Adj.⟩: die P. Volkszeitung.

Pe|kin|ge|rin, die; -, -nen: w. Form zu ↑ ¹Pekinger.

Pe|king|mensch, der (Anthropol.): *aus in der Nähe von Peking gefundenen Knochenresten erschlossener Typ eines urzeitlichen Menschen.*

Pe|king|oper, die: *in Peking weiterentwickeltes chinesisches Bühnenspiel, das aus verschiedenen Formen der Darbietung (Singen, Gestikulieren, Rezitieren u. a.) zusammensetzt.*

Pe|koe ['piːkoʊ], der; -[s] [engl. pekoe, aus dem Chin.]: *aus bestimmten Blättern des Teestrauchs hergestellte Teesorte.*

Pek|tin, das; -s, -e [zu griech. pēktós = fest; geronnen] (Biol.): *das Gelieren fördernde od. bewirkende Substanz im Gewebe vieler Pflanzen.*

pek|to|ral ⟨Adj.⟩ [lat. pectoralis, zu: pectus (Gen.: pectoris) = Brust] (Anat.): *die Brust betreffend, zu ihr gehörend.*

pe|ku|ni|är ⟨Adj.⟩ [frz. pécuniaire < lat. pecuniarius, zu: pecunia = Geld] (bildungsspr.): *geldlich, finanziell:* jmds. -e Lage ist schwierig; es geht ihm p. nicht gut.

Pe|la|gi|al, das; -s [zu lat. pelagus < griech. pélagos = offene See]: **1.** (Ökol.) *freies Wasser der Meere u. Binnengewässer von der Oberfläche bis zur größten Tiefe.* **2.** (Biol.) *Gesamtheit der im freien Wasser lebenden Organismen.*

pe|la|gisch ⟨Adj.⟩: **1.** (Biol.) *(von Tieren u. Pflanzen) im Pelagial* (1) *schwimmend od. schwebend:* -e Pflanzen, Tiere. **2.** (Geol.) *(von Sedimenten) dem Meeresboden der Tiefsee angehörend.*

Pel|lar|go|nie, die; -, -n [zu griech. pelargós = Storch, nach der einem Storchenschnabel ähnlichen Frucht]: *Geranie* (1).

Pel|le|ri|ne, die; -, -n [frz. pèlerine, eigtl. = von Pilgern getragener Umhang, zu: pèlerin, dissimiliert aus vlat., kirchenlat. pelegrinus, ↑ Pilger] (Mode): **a)** *über dem Mantel zu tragender, einem Cape ähnlicher Umhang, der etwa bis zur Taille reicht;* **b)** (schweiz., sonst veraltend) *Regencape.*

Pe|li|kan [auch: peli'kaːn], der; -s, -e [mhd. pel(l)ikan < kirchenlat. pelicanus < griech. pelekán, zu: pélekys = Axt, Beil, nach der Form des oberen Teils des Schnabels]: **1.** *(in den Tropen u. Subtropen heimischer) großer Schwimmvogel mit breiten Flügeln u. langem, an der Unterseite mit einem Kehlsack* (2) *versehenem Schnabel.* ◆ **2.** *(von der Form her dem Schnabel eines Pelikans ähnliche) Zange zum Zähneziehen:* Es hatte ... einer sich behänd ans Werk gemacht und alles, ohne Scher' und P., vollbracht (Wieland, Oberon 6, 7); Die Ehrlichkeit wackelt wie ein hohler Zahn, du darfst nur den P. ansetzen (Schiller, Räuber II, 3).

Pel|la|gra, das, -[s] [zu griech. pélla = Haut u. ágra, vgl. Podagra] (Med.): *(vor allem in südlichen Ländern auftretende) durch Vitaminman-*

gel hervorgerufene Krankheit, die sich in Müdigkeit, Schwäche, Gedächtnis-, Schlaf- u. Verdauungsstörungen u. Hautveränderungen äußert.
Pel|le, die; -, -n [mniederd. pelle = Schale < lat. pellis, ↑ Pelz] (landsch., bes. nordd.): **1.** *dünne Schale (von Kartoffeln, Obst u. a.):* die P. abziehen; *jmdm. **auf die P. rücken** (salopp: 1. *nahe, dicht an jmdn. heranrücken. jmdm. mit einer Bitte, Forderung, Beschwerde, Drohung o. Ä. bedrängen. jmdn. angreifen, mit jmdm. handgreiflich werden:* er rückte ihm mit einem Stock auf die P.); **jmdm. auf der P. sitzen/liegen; jmdm. nicht von der P. gehen** (salopp: *jmdm. mit seiner dauernden Anwesenheit lästig fallen).* **2.** *Wursthaut:* die P. abziehen.
pel|len ⟨sw. V.; hat⟩ (landsch., bes. nordd.): **1. a)** *von der Schale, Haut o. Ä. befreien:* die gekochten Eier p.; **b)** ⟨p. + sich⟩ *sich pellen* (1 a) *lassen:* die Kartoffeln pellen sich schlecht; **c)** *die Umhüllung von etw. entfernen, ablösen o. Ä.; schälen* (1 c): Harry pellte im Dunkeln, während vorne die Wochenschau mit Getöse anlief, Papier und Silberpapier von der Dropsrolle (Grass, Hundejahre 376); **d)** *schälen* (1 d), *von seiner Umhüllung befreien:* die Schokoladeneier aus dem Silberpapier p. **2.** ⟨p. + sich⟩ **a)** *sich ablösen, sich schälen* (2 a); **b)** *sich schälen* (2 b).
Pel|let, das; -s, -s ⟨meist Pl.⟩ [engl. pellet = Kügelchen < mengl. pelote, pelet < (a)frz. pelote, über das Vlat. zu lat. pila = Ball] (Fachspr.): *kleines kugel- od. walzenförmiges Stück, das durch Pelletieren entstanden ist.*
pel|le|tie|ren, pel|le|ti|sie|ren ⟨sw. V.; hat⟩ (Fachspr.): *pulvrige od. feinkörnige Stoffe durch besondere Verfahren zu kleinen kugel- od. walzenförmigen Stücken formen, zusammenfügen, granulieren.*
Pel|li|kel, die; -, - od. das; -s, - [lat. pellicula = Häutchen] (Zahnmed.): *im Mund sich bildender dünner Schutzfilm auf dem Zahnschmelz; Schmelzoberhäutchen.*
Pell|kar|tof|fel, die; -, -n ⟨meist Pl.⟩ [zu ↑ pellen]: *in der Schale gekochte Kartoffel.*
Pe|lo|pon|nes, der; -[es], (Fachspr. auch:) die; -: *südgriechische Halbinsel.*
pe|lo|pon|ne|sisch ⟨Adj.⟩: *den Peloponnes betreffend, zu ihm gehörend.*
Pe|lo|ta, die; - [span. pelota < provenz. pelota, afrz. pélote = (Spiel)ball, über das Vlat. pila = Ball, Knäuel]: *(bes. in Spanien u. Lateinamerika gespieltes) Ballspiel, bei dem der Ball von zwei Spielern od. Mannschaften mit einem schaufelförmigen Schläger an eine Wand geschleudert wird.*
Pe|lo|ton [pelo'tõ], das; -s, -s [frz. peloton, eigtl. = kleiner Haufen, Vkl. von: pelote, ↑ Pelota]: **1.** (früher) *Schützenzug (als militärische Unterabteilung).* **2.** *Exekutionskommando.* **3.** (Radsport) *geschlossenes Feld, Hauptfeld im Straßenrennen.*
Pel|lot|te, die; -, -n [zu frz. pelote, ↑ Peloton] (Med.): *Polster [in der Form eines Ballons* (2 a)] *zur Ausübung eines Drucks* (z. B. an einem Bruchband od. in einem Schuh bei Spreizfuß).
Pelz, der; -es, -e [mhd. belz, belli҃, ahd. pelli҃, belli҃ < lat. mel. pellicia (vestis) = (Kleidung aus), zu: pellicius = aus Fellen gemacht, zu lat. pellis = Fell, Pelz, Haut]: **1. a)** *dicht behaartes Fell eines Pelztiers: der dicke P. eines Bären;* **b)** ⟨o. Pl.⟩ *bearbeiteter Pelz* (1 a), *der bes. als Bekleidung verwendet wird; aus einem Pelz* (1 a) *gewonnenes Material:* eine Mütze aus P. **2.** *Kurzf. von* ↑ Pelzmantel, ↑ Pelzjacke: sie trägt einen echten P. **3.** (ugs. veraltet, noch in Sprichwörtern u. festen Wendungen) *menschliche Haut:* Spr sich der P. aber/und mach mich nicht nass (drückt aus, dass jmd. einen Vorteil genießen möchte, ohne dafür irgendei-

nen Nachteil in Kauf nehmen zu wollen); *jmdm. **auf den P. rücken/kommen/auf dem P. sitzen** (ugs.; *jmdm. mit einem Anliegen o. Ä. zusetzen; jmdn. mit etw. sehr bedrängen*); **jmdm. eins auf den P. geben** (ugs.; *jmdn. schlagen*); **jmdm. eins/eine Kugel auf den P. brennen** (ugs.; *auf jmdn. schießen; jmdn. mit der Kugel verletzen*); **jmdm. den P. waschen** (ugs.: *jmdn. derb ausschelten. jmdn. verprügeln*). **4.** (Textilind.) *dicke Schicht aus Fasern,* ²*Flor* (2).
Pelz|boa, die: *aus Pelz* (1 b) *gefertigte Boa* (2).
¹**pel|zen** ⟨Adj.⟩ [mhd. belzin] (selten): *aus Pelz bestehend.*
²**pel|zen** ⟨sw. V.; hat⟩: **1.** (Fachspr.) *(einem Pelztier) den Pelz* (1 a) *abziehen.* **2.** [eigtl. = auf dem Pelz (3) liegen] (landsch.) *faulenzen.*
³**pel|zen** ⟨sw. V.; hat⟩ [mhd. pelzen, belzen, ahd. pelzōn, H. u.] (bes. bayr., österr.): *pfropfen; veredeln.*
Pelz|fut|ter, das; -s, - aus ²*Futter* (1) *aus Pelz* (1 b).
pelz|ge|füt|tert ⟨Adj.⟩: *mit Pelz* (1 b) *gefüttert.*
pel|zig ⟨Adj.⟩: **1. a)** *so ähnlich wie Pelz* (1); **b)** *sehr kurz, aber dicht behaart u. ein wenig rau.* **2.** (im Fleisch nicht saftig, sondern faserig u. trocken; mehlig, holzig. **3. a)** *[mit einem Belag überzogen u.] in unangenehmer Weise trocken u. rau;* **b)** *sich taub anfühlend.*
Pelz|imi|ta|ti|on, die; -, -en: *Gewebe, Gewirke mit dichtem* ²*Flor* (2), *das aufgrund seines Materials, seiner Musterung u. Ä. den Eindruck von Pelz* (1 b) *hervorruft;* **b)** *Pelzmantel, Pelzjacke o. Ä. aus einer Pelzimitation* (a).
Pelz|ja|cke, die: vgl. Pelzmantel.
Pelz|kra|gen, der: vgl. Pelzmantel.
Pelz|kra|wat|te, die: *(von Damen) über dem Mantel getragener, vorn übereinandergeschlagener od. -geschlungener Streifen aus Pelz.*
Pelz|man|tel, der: *Mantel aus Pelz* (1 b).
Pelz|müt|ze, die: vgl. Pelzmantel.
Pelz|rob|be, die: *Seebär, Ohrenrobbe mit dichtem, weichem Fell.*
Pelz|tier, das: *Säugetier, dessen Fell nutzbar ist.*
Pelz|tier|farm, die: *Farm* (2), *in der Pelztiere gezüchtet werden.*
pelz|ver|brämt ⟨Adj.⟩: *mit Pelz* (1 b) *verbrämt.*
Pelz|wa|re, die (meist Pl.): *Rauchware.*
Pelz|werk, das ⟨Pl. selten⟩ (Kürschnerei): *Pelz* (1 b).
Pem|mi|kan, der; -s [engl. pemmican < Kri (nordamerik. Indianerspr.) pimikān, zu: pimii = Fett]: *haltbares Nahrungsmittel der Indianer Nordamerikas aus getrocknetem u. zerstampftem [Bison]fleisch, das mit heißem Fett übergossen [u. mit Beeren vermischt] ist.*
Pe|nal|ty ['pɛnlti], der; -[s], -s [engl. penalty < frz. pénalité < mlat. poenalitas = Strafe, zu lat. poenalis = zur Strafe gehörig, zu: poena, ↑ Pein] (Sport, bes. Eishockey, schweiz. auch Fußball): *Strafstoß.*
Pe|nal|ty|schie|ßen, das, (bes. Eishockey): *Entscheidung eines [Eishockey]spiels mithilfe von Penaltyschüssen nach Ablauf der Spielzeit.*
Pe|na|ten ⟨Pl.⟩ [lat. penates, zu: penus = Vorrat] (röm. Mythol.): *Haus-, Schutzgeister.*
Pence: Pl. von ↑ Penny.
P.E.N.-Club, PEN-Club ['pɛnklʌp], der ⟨o. Pl.⟩ [Kurzwort aus engl. **p**oets (playwrights), **e**ssayists (editors), **n**ovelists u. ↑ Club]: *(1921 gegründete) internationale Vereinigung von Dichter[inne]n u. Schriftsteller[inne]n.*
Pen|dant [pã'dã], das; -s, -s [frz. pendant, eigtl. = das Hängende, subst. 1. Part. von: pendre < lat. pendere, ↑ Pendel]: (bildungsspr.) *[ergänzendes] Gegenstück; Entsprechung:* das P. zu etw. sein.
Pen|del, das; -s, - [mlat. pendulum, subst. Neutr. von lat. pendulus = (herab)hängend, zu: pen-

dere = hängen] (Physik): *starrer Körper, der unter dem Einfluss der Schwerkraft [kleine] Schwingungen um eine horizontale Achse ausführt.*
Pen|del|ach|se, die (Kfz-Technik): *[Hinter]achse von Personenwagen, die aus zwei Teilen besteht, die so miteinander verbunden sind, dass sie beim Abfedern* (1 a) *der Räder pendelnde* (1) *Bewegungen machen.*
Pen|del|be|we|gung, die: *schwingende Bewegung [in der Art] eines Pendels.*
Pen|del|lam|pe, die: *Lampe, die von der Decke herabhängt.*
pen|deln ⟨sw. V.⟩: **1.** ⟨hat⟩ *gleichmäßig hin- u. herschwingen, sich wie ein Pendel hin- u. herbewegen.* **2.** ⟨ist⟩ *sich zwischen zwei Orten hin- u. herbewegen, bes. zwischen dem Wohnort u. dem Ort des Arbeitsplatzes, der Schule o. Ä. innerhalb eines Tages hin- u. herfahren.* **3.** ⟨hat⟩ (Boxen) *den Oberkörper (wie ein schwingendes Pendel) schnell hin- u. herbewegen, um den Schlägen des Gegners auszuweichen.* **4.** ⟨hat⟩ *(als okkultistische Betätigung) einen an einem langen Faden aufgehängten schwereren Gegenstand über Handschriften, Fotografien, Landkarten o. Ä. sich bewegen lassen, um aus den kreis- od. ellipsenförmigen Bewegungen Rückschlüsse über jmds. Leben, Charakter, Aufenthalt o. Ä. zu ziehen.*
Pen|del|sä|ge, die: *Kreissäge, die ein schwenkbares Sägeblatt hat.*
Pen|del|tür, die: *Schwingtür.*
Pen|del|uhr, die: *größere Uhr, die durch ein Pendel in Gang gehalten wird.*
Pen|del|ver|kehr, der: **a)** *Verkehr zwischen dem Wohnort u. dem Ort des Arbeitsplatzes o. Ä., der durch in schneller Folge eingesetzte Verkehrsmittel abgewickelt wird;* **b)** *Verkehr auf einem kurzen Streckenabschnitt, der von einem immer wieder hin- u. herfahrenden Verkehrsmittel abgewickelt wird.*
Pen|del|zug, der: *Zug, der im Pendelverkehr eingesetzt wird.*
pen|dent ⟨Adj.⟩ [zu lat. pendens (Gen.: pendentis), 1. Part. von: pendere, ↑ Pendel] (schweiz.): **1.** *Part. von:* pendere, ↑ Pendel. **2.** *schwebend, unerledigt.*
Pen|den|tif [pãdã...], das; -s, -s [frz. pendentif, zu: pendre, ↑ Pendant] (Archit.): *Konstruktion in Form eines sphärischen Dreiecks, den den Übergang von einem vieleckigen Grundriss in die Rundung einer Kuppel ermöglicht.*
Pen|denz, die; -, -en (schweiz.): *schwebende, unerledigte Sache, Angelegenheit.*
Pend|ler, der; -s, -: *jmd., der pendelt* (2).
Pend|le|rin, die; -, -nen: w. Form zu ↑ Pendler.
Pend|ler|pau|scha|le, die (ugs.): *steuerliche Vergünstigung für jmdn., der zwischen Wohnort u. Ort des Arbeitsplatzes pendelt.*
Pen|do|li|no®, der; -s, -[s], -s [nach der in Italien entwickelten Pendolino-Technik, ital. pendolino, Vkl. von: pendolo = Pendel, zu: pendere = sich neigen < lat. pendere]: *mit einer speziellen computergesteuerten Neigetechnik ausgestatteter Zug der Deutschen Bahn, der bes. auf kurvenreichen Strecken hohe Geschwindigkeiten erreichen kann.*
Pe|nes: Pl. von ↑ Penis.
pe|ne|tra|bel ⟨Adj.;...bler, -ste⟩ [frz. pénétrable < lat. penetrabilis, zu: penetrare, ↑ penetrieren] (veraltet): *durchdringend.*
pe|ne|trant ⟨Adj.⟩ [frz. pénétrant, 1. Part. von: pénétrer < lat. penetrare, ↑ penetrieren] **a)** *(bes. von Gerüchen) in unangenehmer Weise durchdringend, hartnäckig:* p. riechendes Parfüm; **b)** *(abwertend) in unangenehmer Weise aufdringlich:* ein -er Mensch; p. moralisieren.
Pe|ne|tranz, die; -, -en ⟨Pl. selten⟩: **1. a)** *penetrante* (a) *Beschaffenheit;* **b)** *penetrante* (b) *Art; Auf-*

Penetration–Pentarchie

dringlichkeit. **2.** (Genetik) (prozentuale) Häufigkeit, mit der ein Erbfaktor bei Individuen gleichen Erbguts im äußeren Erscheinungsbild wirksam wird.

Pe|ne|t|ra|ti|on, die; -, -en: **1.** (Technik) **a)** das Eindringen eines Stoffes od. Körpers in einen anderen; **b)** das Eindringen eines Kegels in ein Schmierfett (als Maß für dessen Konsistenz). **2.** [spätlat. penetratio] **a)** (Fachspr.) das Eindringen [in etw.]; **b)** (bildungsspr.) Eindringen des Gliedes (2) [in die weibliche Scheide]. **3.** (Med.) Perforation (2).

pe|ne|t|rie|ren ⟨sw. V.; hat⟩ [lat. penetrare] (bildungsspr.): **a)** durchdringen, durchsetzen; **b)** mit dem Glied (2) [in die weibliche Scheide] eindringen.

Pe|ne|t|rie|rung, die; -, -en (bildungsspr.): das Penetrieren; das Penetriertwerden.

peng ⟨Interj.⟩: lautm. für einen Knall, einen Schuss aus einer Waffe o. Ä.

Pen|hol|der ['pɛnhoʊldɐ], der; -s, **Pen|hol|dergriff,** der ⟨o. Pl.⟩ [engl. penholder = Federhalter] (Tischtennis): Haltung des Schlägers, bei der der Griff (2) zwischen Daumen u. Zeigefinger liegt u. nach oben zeigt; Federhaltergriff.

pe|ni|bel ⟨Adj.; ...bler, -ste⟩ [frz. pénible = mühsam; schmerzlich; zu: peine < lat. poena, ↑ Pein] (bildungsspr.): **a)** bis ins Einzelne so genau, dass es schon übertrieben od. kleinlich ist: eine penible Ordnung; er ist in Geldangelegenheiten überaus, schrecklich p.; Seine Notizen, bald viele Dutzende von Formeln, übertrug er dann p. mit gestochener Schrift in zwei verschiedene Büchlein (Süskind, Parfum 118); **b)** (landsch.) peinlich (1).

Pe|ni|cil|lin: ↑ Penizillin.

Pe|nis, der; -, -se u. Penes [...ne:s] [lat. penis, eigtl. = Schwanz]: Teil der äußeren Geschlechtsorgane des Mannes u. verschiedener männlicher Tiere, der mit Schwellkörpern versehen ist, die in ein Steifwerden u. Aufrichten zum Zweck des Geschlechtsverkehrs möglich machen; Glied (2).

Pe|nis|bruch, der: Einriss der Schwellkörper beim erigierten Penis: schwerer, leichter, latenter P.

Pe|nis|neid, der (Psychoanalyse): (nach einer von S. Freud entwickelten Theorie) Empfindung eines Mangels, die bei Mädchen nach der Entdeckung des Geschlechtsunterschieds durch das Nichtvorhandensein des Penis einstellt.

Pe|nis|ver|län|ge|rung, die: operative Verlängerung des Penis.

Pe|ni|zil|lin, (fachspr. u. österr.:) Penicillin, das; -s, -e [engl. penicillin, zu nlat. penicillium = ein Schimmelpilz, zu lat. penicillum = Pinsel, nach den büscheligen Enden der Sporenträger] (Med.): wirksames Antibiotikum, bes. gegen Bakterien u. Kokken.

Pe|ni|zil|lin|sprit|ze, die: Injektion (1) von Penizillin.

Pen|nal, das; -s, -e [mlat. pennale = Federkasten, zu lat. penna = Feder]: (österr., sonst veraltet) Federbüchse.

Pen|nä|ler, der; -s, - (scherzh., sonst veraltend): Schüler [einer höheren Schule].

pen|nä|ler|haft ⟨Adj.⟩ (oft abwertend): wie ein Schüler, einem Schüler ähnlich: -es Aussehen.

Pen|nä|le|rin, die; -, -nen: w. Form zu ↑ Pennäler.

Penn|bru|der, der [zu ↑ ¹Penne] (ugs. abwertend): **1.** Stadt-, Landstreicher. **2.** Penner (2).

¹Pen|ne, die; -, -n: **1.** [aus der Gaunerspr., viell. zu hebr. binyā = Gebäude od. gek. aus Romani štilepen = Gefängnis] (ugs. abwertend) behelfsmäßiges Nachtquartier. **2.** [wohl zu ↑ pennen (3)] (salopp) Prostituierte.

²Pen|ne, die; -, -n [unter Einfluss von ↑ ¹Penne zu lat. penna = Feder] (Schülerspr. veraltend): [höhere] Schule.

³Pen|ne ⟨Pl.⟩ [ital. penne, Pl. von: penna (< lat. pinna, Nebenf. von: penna) = Feder(kiel), nach der Röhrenform]: kurze, röhrenförmige Nudeln.

pen|nen ⟨sw. V.; hat⟩ [urspr. gaunerspr., viell. Abl. von ↑ ¹Penne od. zu hebr. pěna'y = Muße] (ugs.): **1.** schlafen (1, 2). **2.** schlafen (4); nicht aufpassen: er hat im Unterricht gepennt. **3.** (mit jmdm.) schlafen (3): hast du mit ihr gepennt?

Pen|ner, der; -s, - (salopp abwertend): **1.** Pennbruder (1). **2. a)** jmd., der viel schläft (1 a); **b)** jmd., der nicht aufpasst, nicht aufmerksam genug ist, eine Gelegenheit verpasst: pass doch auf, du P.! **3.** unangenehmer Mensch, widerlicher Kerl.

Pen|ne|rin, die; -, -nen: w. Form zu ↑ Penner.

Pen|ni, der; -[s], -[s] [finn. penni < dt. Pfennig]: frühere Währungseinheit in Finnland (100 Penni = 1 Markkaa; Abk.: p).

Penn|syl|va|nia [pɛnsɪl'veɪnɪə], **Penn|syl|va|nien** [...zɪl...]; -s: Bundesstaat der USA.

penn|syl|va|nisch ⟨Adj.⟩: Pennsylvania betreffend, zu Pennsylvania gehörend.

Pen|ny ['pɛni], der; -s, (einzelne Stücke) -s u. (als Wertangabe:) Pence [pɛns] [engl. penny, verw. mit ↑ Pfennig]: Währungseinheit in Großbritannien u. in anderen Ländern (100 Pence = 1 Pfund; Abk.: p).

Pen|ny|loa|fer, der [engl. penny loafer, aus: penny (↑ Penny; in die Aussparung des schmückenden Lederstreifens könnte man eine Münze stecken) u. loafer (↑ Loafer)] (Mode): Loafer mit einem quer über den Spann verlaufenden schmückenden Lederstreifen, in dem eine Art Schlitz ausgespart ist.

Pen|sa: Pl. von ↑ Pensum.

Pen|sen: Pl. von ↑ Pensum.

Pen|si|on [pã'zjoː, paŋ..., bes. südd., österr., schweiz.: pɛn..., bes. schweiz. auch: pã'sjoːn], die; -, -en [frz. pension < lat. pensio = das Abwägen; (Aus)zahlung, zu: pendere, ↑ Pensum; nach der urspr. Bed. »jährliche Bezüge«]: **1. a)** (ohne Pl.; meist ohne Art.) Ruhestand der Beamten u. Beamtinnen: jmdn. in die P. schicken; **b)** Bezüge (3) für Beamte u. Beamtinnen im Ruhestand; **c)** (österr.) Bezüge für Mitglieder der gesetzlichen Rentenversicherung, Beamte u. Selbstständige im Ruhestand. **2.** (übertr. von 3) kleines Hotel mit meist privaterem Charakter. **3.** ⟨o. Pl.⟩ [Preis für die] Unterbringung u. Verpflegung in einer Pension (2).

Pen|si|o|när [pãzjo..., paŋzjo..., bes. südd., österr., schweiz.: pɛnzjo..., bes. schweiz. auch: pãsjo...], der; -s, -e [frz. pensionnaire]: **1. a)** Beamter im Ruhestand; **b)** (landsch.) Rentner. **2.** (schweiz., sonst veraltet) jmd., der in einer Pension (2) wohnt.

Pen|si|o|nä|rin, die; -, -nen: w. Form zu ↑ Pensionär.

pen|si|o|nie|ren ⟨sw. V.; hat⟩ [frz. pensionner]: jmdn., bes. einen Beamten, in den Ruhestand versetzen.

Pen|si|o|niert ⟨Adj.⟩: (bes. von Beamt[inn]en) im Ruhestand: sie ist -e Lehrerin.

Pen|si|o|nie|rung, die; -, -en: das Pensionieren; das Pensioniertwerden.

Pen|si|o|nist, der; -en, -en (südd., österr.): Pensionär (1): Ü Der alte Musikant hatte sein Leben damit zugebracht ..., tiefe Empfindungen, den Sinn für Schönheit und wahre Gedanken zu wecken, während die -en der Revolution nichts vollbracht hatten als Hoffnungen zu erregen, die sich nicht erfüllten (Andersch, Rote 237).

Pen|si|o|nis|tin, die; -, -nen: w. Form zu ↑ Pensionist.

Pen|si|ons|al|ter, das: Alter, in dem jmd. Anspruch auf Pension (1) hat: das P. erreichen, haben; in der P., ins P. kommen.

Pen|si|ons|an|spruch, der: Anspruch auf Pension (1 b).

pen|si|ons|be|rech|tigt ⟨Adj.⟩: berechtigt, Pension (1 b) zu beziehen: p. sein.

Pen|si|ons|be|rech|ti|gung, die ⟨o. Pl.⟩: vgl. Pensionsanspruch.

Pen|si|ons|fonds, der (Versicherungsw.): Fonds (1 a) zur Finanzierung einer betrieblichen Altersversorgung.

Pen|si|ons|gast, der: Gast einer Pension (2).

Pen|si|ons|kas|se, die (Versicherungsw.): Einrichtung zur betrieblichen Altersversorgung.

Pen|si|ons|preis, der: Preis für Voll-, Halbpension.

Pen|si|ons|re|form, die (österr.): Reform der Pensionsversicherung.

Pen|si|ons|ver|si|che|rung, die (österr.): Rentenversicherung.

Pen|si|ons|zah|ler, der (bes. österr.): erwerbstätige Person, die mit ihrer Einkommensteuer die Pensionen (1 b) finanziert.

Pen|si|ons|zah|le|rin, die: w. Form zu ↑ Pensionszahler.

Pen|sum, das; -s, Pensen u. Pensa [lat. pensum = (den Sklavinnen) zugewiesene Tagesarbeit (an zu spinnender Wolle), subst. 2. Part. von: pendere = abwägen; zuwiegen]: **a)** Arbeit, Aufgabe, die innerhalb einer bestimmten Zeit zu erledigen ist: sein P. erfüllen; **b)** (Päd. veraltend) Lehrstoff.

pent-, Pent-: ↑ penta-, Penta-.

pen|ta-, Pen|ta-, (vor Vokalen auch:) pent-, Pent- [griech. pénte]: Best. in Zus. mit der Bed. fünf (z. B. Pentameter, pentagonal).

Pen|ta|eder, das; -s, - [zu griech. hédra = Fläche] (Geom.): von fünf Flächen begrenzter Vielflächner; Fünfflach, -flächner.

Pen|ta|gon, das; -s, -e [griech. pentágōnos = fünfeckig, zu: gōnía = Ecke, Winkel]: **1.** [penta'goːn] (Geom.) Fünfeck. **2.** ['pentagɔn, ...ta...] ⟨o. Pl.⟩ **a)** auf einem fünfeckigen Grundriss errichtetes Gebäude, in dem das amerikanische Verteidigungsministerium untergebracht ist: im P.; **b)** amerikanisches Verteidigungsministerium: ein Sprecher des -s.

pen|ta|go|nal ⟨Adj.⟩ (Geom.): fünfeckig.

Pen|ta|gon|do|de|ka|eder, das; -s, - (Geom.): von zwölf fünfeckigen Flächen begrenzter Körper.

Pen|ta|gramm, das; -s, -e [zu griech. pentágrammos = mit fünf Linien]: fünfeckiger Stern, der in einem Zug mit fünf gleich langen Linien gezeichnet werden kann u. im Volksglauben als Zeichen gegen Zauberei o. Ä. gilt; Drudenfuß.

Pen|ta|mer ⟨Adj.⟩ [zu griech. méros = (An)teil] (Fachspr., bes. Bot.): fünfgliedrig, fünfteilig.

Pen|ta|me|ron, das; -s [ital. (il) Pentamerone (unter Anlehnung an das Dekameron, ital. Decamerone, Boccaccios) zu griech. pénte = fünf u. hēméra = Tag]: Sammlung neapolitanischer Märchen, die der Herausgeber G. Basile (1575 bis 1632) in fünf Tagen erzählen lässt.

Pen|ta|me|ter, der; -s, - [lat. pentameter < griech. pentámetros] (Verslehre): (nach deutscher Messung) aus sechs Versfüßen bestehender epischer Vers, der durch Zäsur in zwei Hälften geteilt ist.

Pen|tan, das; -s, -e (Chemie): sehr flüchtiger (gesättigter) Kohlenwasserstoff mit fünf Kohlenstoffatomen.

Pent|ar|chie, die; -, -n [griech. pentarchía = Magistrat der Fünf (in Karthago), zu: árchein = Führer sein, herrschen] (bildungsspr.): Herrschaft von fünf Mächten (bes. die Herrschaft der Großmächte Großbritannien, Frankreich, Deutsches Reich, Österreich u. Russland über Europa 1860 bis 1914).

Pentastylos – Perforation

Pen|ta|s|ty|los, der; -, ...ylen [zu griech. stýlos = Säule]: *antiker Tempel mit je fünf Säulen an den Schmalseiten.*

Pen|ta|teuch, der; -[s] [kirchenlat. pentateuchus < griech. pentáteuchos = Fünfrollenbuch, zu: teuchos = Buch] (christl. Rel.): *die fünf Bücher Mose im Alten Testament.*

Pen|t|ath|lon [auch: pentˈ|aːtlɔn], der u. das; -s, -s [griech. péntathlon, zu: áthlon, ↑ Athlet]: *altgriechischer Fünfkampf.*

pen|te|kos|tal ⟨Adj.⟩ [kirchenlat. pentecostalis = pfingstlich, zu: pentecoste < griech. pentēkostḗ, ↑ Pentekoste] (Rel.): **1.** *die Pentekoste betreffend; pfingstlich.* **2.** *pfingstlerisch:* -e Gruppen.

Pen|te|kos|te, die; - [griech. pentēkostḗ (hēméra), ↑ Pfingsten] (Rel.): **1.** *fünfzigster Tag nach Ostern; Pfingsten.* **2.** *Zeitraum zwischen Ostern u. Pfingsten.*

Pen|ten, das; -s, -e (Chemie): *ungesättigter Kohlenwasserstoff aus der Reihe der Olefine.*

Pen|te|re, die; -, -n [spätlat. penteris < griech. pentḗrēs (naũs) = Fünfruderer]: *(im Altertum) Kriegsschiff, das von in fünf Reihen übereinandersitzenden Ruderern bewegt wird.*

Pent|house [ˈpɛnthaʊs], das; -, -s [-zɪs; engl. penthouse, unter frz. Einfluss über das Mlat. zu spätlat. appendicium = Anhang, zu lat. appendix, ↑¹Appendix]: *exklusives Apartment auf dem Flachdach eines Etagenhauses od. Hochhauses.*

Pen|ti|um®, der; -[s], -s [zu griech. pénte = fünf, bezogen auf den von der amerik. Firma Intel entwickelten Prozessorprototyp 586 als Nachfolger des 486er-Prozessors]: Bez. für alle dem Prozessorprototyp 486 folgenden Prozessorgenerationen.

Pen|t|o|de, die; -, -n [zu griech. pénte = fünf u. ↑ Elektrode] (Elektrot.): *Röhre* (4 a) *mit fünf Elektroden.*

Pe|nun|ze, die; -, -n ⟨meist Pl.⟩ [poln. pieniądze (Pl.) = Geld] (ugs.): *Geld.*

Pe|on, der; -en, -en [span. peón, eigtl. = Fußsoldat, über das Vlat. zu lat. pes = Fuß]: **1.** *(früher) südamerikanischer [indianischer] Tagelöhner.* **2.** *(in Argentinien, Mexiko) Pferdeknecht; Viehhüter.*

Pep, der; -[s] [engl. pep, gek. aus: pepper = Pfeffer]: *mitreißender Schwung:* eine Sendung, ein Showmaster ohne P.

Pe|pe|ro|ne, der; -, ...ni, **Pe|pe|ro|ni**, der; -, - ⟨meist Pl.⟩ [ital. peperone, zu: pepe = Pfeffer]: *kleine, sehr scharfe [in Essig eingelegte] Paprikaschote.*

Pe|pi|ta, der od. das; -s, -s [span. pepita, nach einer span. Tänzerin der Biedermeierzeit]: **a)** *klein kariertes Muster;* **b)** *Gewebe mit klein kariertem Muster.*

Pe|pi|ta|kos|tüm, das: *Kostüm aus Pepita* (b).

Pe|pi|ta|mus|ter, das: *Pepita* (a): ein Stoff mit P.

pep|pig ⟨Adj.⟩ [zu ↑ Pep]: *Pep habend, mit Pep:* eine -e Revue.

Pep|sin, das; -s, -e [zu griech. pépsis = Verdauung]: **1.** (Biol., Med.) *bestimmtes Enzym des Magensaftes.* **2.** ⟨o. Pl.⟩ (Biochemie) *aus Pepsin* (1) *hergestelltes Arzneimittel.*

Pep|sin|wein, der: *Dessertwein, der die Magentätigkeit anregt.*

Pep|tid, das; -[e]s, -e [zu griech. peptós = gekocht, verdaut] (Biochemie): *bestimmtes Produkt des Eiweißabbaus.*

pep|tisch ⟨Adj.⟩ (Biochemie): *zur Verdauung gehörend, sie fördernd.*

per ⟨Präp. mit Akk. od. Dativ⟩ [lat. per]: **1. a)** gibt an, wodurch etw. befördert, übermittelt wird; *mit, durch, mittels:* p. Bahn; einen Brief p. Einschreiben, p. Boten schicken; p. eingeschriebene/eingeschriebenem Brief; **b)** gibt das Mittel an (wodurch etw. erreicht wird); *durch:* sich p.

Abkommen verpflichten; p. Adresse *([bei Postsendungen]) über die Anschrift von)* (Abk.: p. A.) **2.** (Kaufmannsspr.) zur Angabe eines Datums, Zeitpunkts; *zum, für:* die Ware ist p. ersten/erstem Mai lieferbar; p. sofort *(in relativ kurzer Zeit; ab sofort).* **3.** (Kaufmannsspr.) drückt die Beschränkung auf jeweils eine Sache, Erscheinung o. Ä. aus; *je, pro:* die Gebühren betragen 3,50 Euro p. eingeschriebenen/eingeschriebenem Brief.

Per, das; -s [vgl. Perborat] (Jargon): *als Lösungsmittel bei der chemischen Reinigung verwendetes Perchloräthylen.*

per ac|cla|ma|ti|o|nem [lat.; ↑ Akklamation] (bildungsspr.): *durch Zuruf:* eine Wahl p. a.

per Ad|res|se: *(bei Postsendungen) über die Anschrift von* (Abk.: p. A.)

per as|pe|ra ad as|t|ra [lat. = auf rauen Wegen zu den Sternen] (bildungsspr.): *durch Nacht zum Licht (nach vielen Mühen zum Erfolg).*

Per|bo|rat, das; -[e]s, -e ⟨meist Pl.⟩ [Per- = chem. fachspr. Präfix zur Kennzeichnung der höchsten Oxidationsstufe eines Zentralatoms in den Molekülen einer Verbindung < lat. per- (↑ per) = bis zum Ziel hin, völlig u. ↑ Borat] (Chemie): *Sauerstoff abgebende Verbindung aus Wasserstoffperoxid u. Boraten.*

per cas|sa [ital.; ↑ Kasse] (Kaufmannsspr.): *gegen Barzahlung.*

Per|chlor|äthy|len, (chem. fachspr.): **Per|chlorethy|len,** das; -s (Chemie): *Lösungsmittel bes. für Fette u. Öle.*

Percht, die; -, -en [mhd. berhte, H. u.]: *dämonisches Wesen (nach alpenländischem Volksglauben).*

Percht|en|ge|stalt, die: *eine Percht darstellende Gestalt (bei alpenländischen Fastnachtsumzügen).*

Percht|en|lauf, der: *in den Alpenländern meist in der Fastnachtszeit stattfindender Umzug u. Tänze in Kostümen u. Perchtenmasken.*

Percht|en|mas|ke, die: *Maske einer Perchtengestalt.*

per con|to [ital.; ↑ Konto] (Kaufmannsspr.): *auf Rechnung.*

Per|cus|sion [pəˈkaʃn̩], die; -, -s [engl. percussion = Schlagzeug; vgl. Perkussion] (Musik): **1.** *(im Jazz u. in der Popmusik) Gruppe der Schlaginstrumente, bes. die das Schlagzeug ergänzenden Instrumente wie Bongos, Congas o. Ä.* **2.** *Effekt des Ab-, Nachklingens bei elektronischen Orgeln, Synthesizern.*

per de|fi|ni|ti|o|nem [lat.; ↑ Definition] (bildungsspr.): *aufgrund der Definition (des Begriffs), des Begriffsinhalts; erklärtermaßen.*

per|du [...ˈdyː] ⟨indekl. Adj.⟩ [frz. perdu, 2. Part. von: perdre = verlieren] (ugs. veraltend): *verloren, weg.*

pe|r|em|to|risch, pe|r|em|to|risch ⟨Adj.⟩ (Rechtsspr.): *aufhebend; endgültig:* eine -e Einrede *(ein Einspruch, der jeden Anspruch zu Fall bringt);* Ü ♦ ...ob Vogelsang seinerseits sich noch der Milanollos erinnern könne? »Nein«, sagte dieser barsch und peremptorisch (Fontane, Jenny Treibel 50).

pe|r|em|to|risch: ↑ peremptorisch.

Pe|ren|ne, die; -, -n (Bot.): *mehrjährige, unterirdisch ausdauernde, krautige Pflanze.*

pe|ren|nie|rend ⟨Adj.⟩ [zu lat. perennis = das ganze Jahr hindurch, zu: per = durch u. annus = Jahr]: **1.** (Bot.) *ausdauernd* (2). **2.** *(von Flüssen o. Ä.) das ganze Jahr Wasser führend.*

Pe|res|t|roi|ka, die; - [russ. perestrojka = Umbau, zu: perestroitʹ = umbauen; verändern]: *Umbildung, Neugestaltung des sowjetischen politischen Systems bes. im innen- u. wirtschaftspolitischen Bereich.*

per|fekt ⟨Adj.⟩ [lat. perfectus, adj. 2. Part. von:

perficere = vollenden, zu: per- (↑ per) u. facere = machen]: **1.** *frei von Mängeln, vollkommen:* eine -e Hausfrau; etw. p. beherrschen. **2.** (ugs.) *endgültig abgemacht; nicht mehr änderbar:* der Vertrag ist p.; etw. p. machen *(fest vereinbaren, zum Abschluss bringen).*

Per|fekt, das; -s, -e [lat. perfectum (tempus) = vollendet(e Zeit)] (Sprachwiss.): **1.** *Zeitform, mit der ein verbales Geschehen od. Sein aus der Sicht des bzw. der Sprechenden als vollendet charakterisiert wird; Vorgegenwart; vollendete Gegenwart; Präsensperfekt.* **2.** *Verbform im Perfekt* (1).

per|fek|ti|bel ⟨Adj.⟩ [frz. perfectible] (bildungsspr.): *vervollkommnungsfähig.*

Per|fek|ti|bi|li|tät, die; - [frz. perfectibilité] (Philos.): *Fähigkeit zur Vervollkommnung.*

Per|fek|ti|on, die; -, -en [frz. perfection < lat. perfectio]: *höchste Vollendung in der [technischen] Beherrschung, Ausführung von etw.; vollkommene Meisterschaft.*

per|fek|ti|o|nie|ren ⟨sw. V.; hat⟩ [frz. perfectionner] (bildungsspr.): *etw., jmdn. in einen Zustand bringen, der [technisch] perfekt* (1) *ist:* ein System, eine Technik p.

Per|fek|ti|o|nie|rung, die; -, -en: *das Perfektionieren.*

Per|fek|ti|o|nis|mus, der; -: **1.** *(leicht abwertend) übertriebenes Streben nach Perfektion.* **2.** (Philos.) *Lehre innerhalb der Aufklärung* (3), *nach der der Sinn der Geschichte sich in einer fortschreitenden ethischen Vervollkommnung der Menschheit verwirklicht.*

Per|fek|ti|o|nist, der; -en, -en: **1.** *(leicht abwertend) jmd., der übertrieben nach Perfektion strebt.* **2.** (Philos.) *Vertreter, Anhänger des Perfektionismus* (2).

Per|fek|ti|o|nis|tin, die; -, -nen: w. Form zu ↑ Perfektionist.

per|fek|ti|o|nis|tisch ⟨Adj.⟩: **1. a)** *(leicht abwertend) in übertriebener Weise Perfektion anstrebend;* **b)** *bis in alle Einzelheiten vollständig, umfassend.* **2.** (Philos.) *den Perfektionismus* (2) *betreffend.*

per|fek|tisch ⟨Adj.⟩ (Sprachwiss.): *das Perfekt betreffend, im Perfekt [gebraucht].*

per|fek|tiv [auch: ...ˈtiːf] ⟨Adj.⟩ (Sprachwiss.): *die Abgeschlossenheit eines Geschehens bezeichnend.*

per|fek|ti|visch [auch: ˈpɛr...] ⟨Adj.⟩ (Sprachwiss.): *perfektivische.*

Per|fekt|par|ti|zip, das (Sprachwiss.): *Partizip Perfekt.*

per|fid, per|fi|de ⟨Adj.⟩ [frz. perfide < lat. perfidus = wortbrüchig, treulos, eigtl. = über die Treue hinaus, jenseits der Treue, zu: per = durch u. fides = Treue] (bildungsspr.): *[verschlagen, hinterhältig u.] niederträchtig, in besonders übler Weise gemein:* ein perfider Verrat; er hat seine Interessen perfid[e] durchgesetzt; Er ist sich im letzten Moment aber doch zu perfid vorgekommen, obwohl die Versuchung groß war (Plenzdorf, Legende 307).

Per|fi|die, die; -, -n [frz. perfidie < lat. perfidia] (bildungsspr.): **a)** ⟨o. Pl.⟩ *perfide Art, Handlungsweise;* **b)** *perfide Handlung, Äußerung.*

Per|fo|ra|ti|on, die; -, -en [lat. perforatio = Durchbohrung, zu: perforare, ↑ perforieren]: **1. a)** (Fachspr.) *das Perforieren* (1); **b)** (Fachspr.) *(bes. bei Papier, Karton) Reiß-, Trennlinie;* **c)** (Philat.) *Zähnung an Briefmarken.* **d)** (Fotogr.) *dem Transportieren dienende Reihe eng aufeinanderfolgender Löcher an den Rändern eines Films.* **2. a)** (Med.) *Durchbruch eines Geschwürs o. Ä.* **b)** (Med.) *Verletzung der Wand eines Organs o. Ä. durch unbeabsichtigtes Durchstoßen bei einer Operation;* **c)** (Med. frü-

her) operative Zerstückelung des Kopfes eines abgestorbenen Kindes im Mutterleib.
Per|fo|ra|tor, der; -s, ...oren: **1.** (Fachspr.) Gerät zum Perforieren (1). **2.** (Druckw. früher) Schriftsetzer, der mithilfe einer entsprechenden Maschine den Drucksatz auf Papierstreifen locht.
Per|fo|ra|to|rin, die; -, -nen: w. Form zu ↑ Perforator (2).
per|fo|rie|ren ⟨sw. V.⟩ [lat. perforare, aus: per = durch u. forare = bohren]: **1.** ⟨hat⟩ (Fachspr.) **a)** [in gleichmäßigen Abständen] mit Löchern versehen, durchlöchern; **b)** mit einer Perforation (1 b) versehen. **2. a)** ⟨ist/(auch:) hat⟩ (Med.) (bes. von Geschwüren) durchbrechen; **b)** ⟨hat⟩ (Med.) die Wand eines Organs o. Ä. durch Durchstoßen verletzen; **c)** ⟨hat⟩ (Med. früher) den Kopf eines abgestorbenen Kindes im Mutterleib zerstückeln.
Per|fo|rie|rung, die; -, -en: **1.** das Perforieren; Perforation (1 a). **2.** Reiß-, Trennlinie; Perforation (1 b).
Per|for|mance [...'fɔ:məns, ...fɔr...], die; -, -s [...sɪs...engl. performance, ↑ Performanz]: **1.** einem Happening ähnliche, meist von einem einzelnen Künstler, einer einzelnen Künstlerin dargebotene künstlerische Aktion. **2.** (Bankw.) prozentuale Wertzuwachs des Vermögens einer Investmentgesellschaft od. auch eines einzelnen Wertpapiers. **3.** (EDV) Performanz (2).
per|for|mant ⟨Adj.⟩ [zu engl. performance = Leistung] (EDV): leistungsfähig, gut funktionierend: ein -es Notebook; die Datenspeicherung ist zuverlässig und p.
Per|for|manz, die; -, -en [engl. performance = Verrichtung, Ausführung; Leistung, zu: to perform = verrichten]: **1.** (Sprachwiss.) Sprachverwendung in einer konkreten Situation. **2.** (EDV) Leistung, Leistungsfähigkeit [eines Rechners, eines Systems o. Ä.].
per|for|ma|tiv, per|for|ma|to|risch ⟨Adj.⟩ (Sprachwiss.): eine mit einer sprachlichen Äußerung beschriebene Handlung zugleich vollziehend (z. B. ich gratuliere dir).
per|for|men [pər'fɔ:...mən, auch: ...fɔrm...] ⟨sw. V.; hat⟩: **1.** [engl. to perform = darbieten, präsentieren, eigtl. = verrichten, über das Mengl. aus afrz. parfornir, parfurnir, aus par = ↑ per u. furnir = bringen, liefern] (Jargon) darbieten, präsentieren; etw. vorführen; eine Performance bieten: in englischer Sprache p.; die Gruppe wird drei Songs p. **2.** [engl. to perform = Rendite bringen] (Finanzw.) sich in Bezug auf den Wert entwickeln: diese Fonds performen gut, schlecht.
Per|for|mer [...'fɔ:..., auch: ...'fɔr...], der; -s, - [engl. performer]: Künstler, der Performances darbietet.
Per|for|me|rin, die; -, -nen: w. Form zu ↑ Performer.
Per|fu|si|on, die; -, -en [lat. perfusio = das Benetzen] (Med.): [künstliche] Durchströmung eines Hohlorgans, bes. der Gefäße (2 a) einer zu transplantierenden Niere.
Per|ga|ment, das; -[e]s, -e [mhd. pergament(e) < mlat. pergamen(t)um < spätlat. (charta) pergamena = Papier aus Pergamon, in dieser kleinasiatischen Stadt soll die Verarbeitung von Tierhäuten zu Schreibmaterial entwickelt worden sein]: **1.** enthaarte, geglättete u. zum Beschreiben o. Ä. hergerichtete Tierhaut. **2.** alte Handschrift (3) auf Pergament (1).
per|ga|men|t|ar|tig ⟨Adj.⟩: wie Pergament (1) beschaffen, wirkend: -es Material.
Per|ga|ment|band, der ⟨Pl. ...bände⟩: in Pergament (1) gebundenes Buch.
per|ga|men|ten ⟨Adj.⟩ [mhd. pergamentīn]: **a)** aus Pergament (1) bestehend: -e Seiten;

b) wie Pergament (1) beschaffen; pergamentartig: ein -es Gesicht.
Per|ga|ment|pa|pier, das: fettundurchlässiges pergamentartiges Papier.
Per|ga|mon, Per|ga|mum: antike Stadt im Nordwesten Kleinasiens.
Per|go|la, die; -, ...len [ital. pergola < lat. pergula = Vor-, Anbau]: berankter Laubengang.
Pe|ri, der; -s, -s od. die; -, -s ⟨meist Pl.⟩ [pers. parī]: (ursprünglich böses, aber) zum Licht des Guten strebendes feenhaftes Wesen der altpersischen Sage.
Pe|ri|as|t|ron, Pe|ri|as|t|rum, das; -s, ...stren [zu griech. perí = um – herum, nahe bei u. astér = Stern] (Astron.): Punkt an der Bahn des Begleiters eines Doppelsterns, in dem dieser dem Hauptstern am nächsten liegt.
Pe|ri|bo|los, der; -, ...loi [griech. períbolos = das Umgebende; Einschluss]: heiliger Bezirk um den antiken Tempel.
Pe|ri|car|di|um: ↑ Perikardium.
Pe|ri|chon|d|ri|tis [...çɔn...], die; -, ...itiden (Med.): Entzündung des Perichondriums.
pe|ri|fo|kal ⟨Adj.⟩ [aus griech. perí = um – herum u. ↑ fokal] (Med.): um einen Krankheitsherd herum [liegend].
Pe|ri|gas|t|ri|tis, die; -, ...itiden [zu griech. perí = um – herum u. ↑ Gastritis] (Med.): Entzündung der Bauchfelldecke des Magens.
Pe|ri|gä|um, das; -s, ...äen [zu griech. perígeios = die Erde umgebend] (Astron., Raumfahrt): der Erde am nächsten liegender Punkt auf der Bahn eines Körpers um die Erde; Erdnähe.
Pe|ri|gla|zi|al ⟨Adj.⟩ [aus griech. perí = um – herum u. ↑ glazial] (Geogr.): [klimatische] Erscheinungen, Zustände, Prozesse in der Umgebung von Inlandeis u. Gletschern betreffend.
Pe|ri|gramm, das; -s, -e [zu griech. perí = um – herum u. ↑ -gramm] (Statistik): Darstellung statistischer Größenverhältnisse durch Kreise, Kreisausschnitte.
pe|ri|gyn ⟨Adj.⟩ [zu griech. perí = um – herum u. gynē = Frau] (Bot.): (von Blüten mit schüsselod. becherförmigem Blütenboden, der den Fruchtknoten umfasst, nicht mit ihm verwachsen ist) halbhoch stehend.
Pe|ri|hel, das; -s, -e, **Pe|ri|he|li|um**, das; -s, ...ien [zu griech. perí = um – herum, nahe bei u. hélios = Sonne] (Astron.): Punkt der geringsten Entfernung eines Planeten von der Sonne.
Pe|ri|kard, das; -[e]s, -e [zu griech. perí = um – herum u. kardía = Herz] (Anat.): Herzbeutel.
Pe|ri|kar|di|tis, die; -, ...itiden (Med.): Herzbeutelentzündung.
Pe|ri|kar|di|um, Pericardium, das; -s, ...ien (Anat.): Perikard.
Pe|ri|karp, das; -s, -e [zu griech. perí = um – herum u. karpós = Frucht] (Bot.): (meist aus Endokarp, Exokarp u. Mesokarp bestehende) Wand der Früchte von Samenpflanzen.
Pe|ri|klas, der; -u. -es, -e [zu griech. perí = herum u. klásis = Bruch] (Geol.): durchscheinendes, glasig glänzendes Mineral.
Pe|ri|ko|pe, die; -, -n [spätlat. pericope < griech. perikopḗ = Abschnitt]: **1.** (Theol.) Abschnitt aus der Bibel, der im Gottesdienst verlesen wird. **2.** (Verslehre) metrischer Abschnitt.
Pe|ri|me|ter, das; -s, - [zu griech. perí = um – herum u. ↑ -meter (1)] (Med.): Gerät zur Bestimmung der Grenzen des Gesichtsfeldes.
Pe|ri|me|t|rie, die; -, -n [↑ -metrie] (Med.): Bestimmung der Grenzen des Gesichtsfeldes.
pe|ri|me|t|risch ⟨Adj.⟩ (Med.): die Grenzen des Gesichtsfelds betreffend.
pe|ri|na|tal ⟨Adj.⟩ [zu griech. perí = nahe bei u. lat. natalis = die Geburt betreffend] (Med.): den Zeitraum kurz vor, während und kurz nach der

Entbindung betreffend, während dieser Zeit eintretend, in diesen Zeitraum fallend: -e Medizin.
Pe|ri|na|to|lo|gie, die; - [↑ -logie]: Teilgebiet der Medizin, das sich mit den Gefährdungen für Mutter u. Kind in der Zeit vor der Geburt beschäftigt.
Pe|ri|ne|um, das; -s, ...nea u. ...neen [griech. períneon] (Anat.): Damm (2) zwischen After u. äußeren Geschlechtsteilen.
Pe|ri|o|de, die; -, -n [lat. periodus = Gliedersatz < griech. períodos = das Herumgehen; Umlauf; Wiederkehr, zu: perí = um – herum u. hodós = Gang, Weg]: **1.** (bildungsspr.) Zeitabschnitt, der durch bestimmte Ereignisse, Entwicklungen geprägt ist: eine neue P. beginnt. **2. a)** (Math.) sich unendlich oft wiederholende Ziffer od. Zifferngruppe bei einer Dezimalzahl (z. B. 1,171177... = 1,1$\overline{17}$); **b)** (Chemie) Gesamtheit der Elemente, die in einer waagerechten Rubrik im Periodensystem der chemischen Elemente aufgeführt sind. **3. a)** (Physik) zeitliche Abfolge einer Schwingung; Schwingungsdauer; **b)** (Astron.) Zeitraum, der zwischen zwei gleichen Erscheinungen eines sich wiederholenden Vorgangs liegt. **4. a)** (Geol.) Formation (4); **b)** (Meteorol.) bestimmter, sich [regelmäßig] wiederholender, längerer Zeitabschnitt mit gleichbleibender Witterung. **5.** Menstruation; Regel (2): sie hat ihre P. **6.** (Sprachwiss., Rhet.) kunstvoll gegliedertes Satzgefüge: * ◆ -n drehen (kunstvolle Sätze bilden: Es ließe von Depositionen sich und Zinsen zuletzt auch eine Rede ausarbeiten: Wer wollte solche -n drehen [Kleist, Krug 1]). **7. a)** (Musik) in sich geschlossene, meist aus acht Takten bestehende musikalische Grundform, die in zwei miteinander korrespondierende Teile gegliedert ist; **b)** (Verslehre) aus zwei od. mehreren Kola bestehende Einheit.
Pe|ri|o|den|bau, der ⟨o. Pl.⟩ (Sprachwiss.): Bau einer Periode (6).
Pe|ri|o|den|dau|er, die (Physik): Periode (3 a), Schwingungsdauer.
Pe|ri|o|den|er|folg, der (Wirtsch.): Gewinn od. Verlust im Rahmen einer bestimmten Periode (1).
Pe|ri|o|den|rech|nung, die (Wirtsch.): Rechnung zur Ermittlung von Gewinn od. Verlust in einer bestimmten Periode (1).
Pe|ri|o|den|sys|tem, das ⟨o. Pl.⟩ (Chemie): systematische Anordnung der chemischen Elemente in einer Tabelle nach Eigenschaften, die sich in einer bestimmten Ordnung wiederholen; periodisches System.
Pe|ri|o|di|kum, das; -s, ...ka ⟨meist Pl.⟩ (Fachspr.): periodisch (a) erscheinende [Zeit]schrift, [Fach]zeitung.
pe|ri|o|disch ⟨Adj.⟩ [lat. periodicus < griech. periodikós] (bildungsspr.): **a)** in gleichen Abständen, regelmäßig [auftretend, wiederkehrend]: in -en Abständen; p. auftretende Krankheiten; diese Zeitschrift erscheint p. [alle 14 Tage]; **b)** (seltener) von Zeit zu Zeit, phasenhaft [auftretend, wiederkehrend]: -e Launen; -e Enthaltsamkeit.
pe|ri|o|di|sie|ren ⟨sw. V.; hat⟩ (bildungsspr.): in bestimmte Perioden (1) einteilen: die Antike p.
Pe|ri|o|di|zi|tät, die; -, -en (bildungsspr.): regelmäßige Wiederkehr.
Pe|ri|o|do|gramm, das; -s, -e [↑ -gramm] (Wirtsch., Technik): grafische Darstellung eines periodisch verlaufenden od. periodische Bestandteile enthaltenden Vorgangs, Ablaufs o. Ä.
Pe|ri|o|don|ti|tis, die; -, ...itiden [zu griech. perí = um – herum u. odoús (Gen.: odóntos) = Zahn] (Med.): Entzündung der Zahnwurzelhaut.

Periöke – Perlonstrumpf

Pe|ri|ö|ke, der; -n, -n [griech. períoikos = Nachbar, eigtl. = Umwohner] (bildungsspr.): *freier, aber politisch rechtloser Bewohner des antiken Sparta.*

Pe|ri|ost, das; -[e]s, -e [zu griech. perí = um – herum u. ostéon = Knochen] (Med.): *Knochenhaut.*

Pe|ri|os|ti|tis, die; -, ...itiden (Med.): *Entzündung des Periosts; Knochenhautentzündung.*

Pe|ri|pa|te|ti|ker, der; -s, - ⟨meist Pl.⟩ [lat. peripateticus < griech. peripatētikós, eigtl. = einer, der auf u. ab geht (Aristoteles trug seine Lehre auf u. ab gehend vor)] (Philos.): **a)** *Mitglied des Peripatos;* **b)** *Vertreter, Anhänger der peripatetischen Lehre.*

pe|ri|pa|te|tisch ⟨Adj.⟩ [lat. peripateticus < griech. peripatētikós] (Philos.): *auf der Lehre des Aristoteles beruhend.*

Pe|ri|pa|tos, der; - [griech. perípatos = Wandelgang]: *Schule des Aristoteles.*

pe|ri|pher ⟨Adj.⟩ [zu ↑ Peripherie]: **1.** (bildungsspr.) *an der Peripherie* (1) *liegend:* Ü -e Fragen. **2.** (Med.) *in den äußeren Zonen des Körpers [liegend]:* das -e Nervensystem; -e Gefäße. **3.** (EDV) *an die Zentraleinheit eines Rechners* (2) *angeschlossen od. anschließbar* (z. B. Drucker, Maus, Tastatur): -e Geräte.

Pe|ri|phe|rie, die; -, -n [spätlat. peripheria < griech. periphéreia, zu: periphérein = umhertragen]: **1.** *Randgebiet, -bezirk, -zone:* an der P. der Stadt; Ü machtpolitisch an die P. gerückt werden. **2.** (Geom.) *[gekrümmte] Begrenzungslinie einer geometrischen Figur, besonders des Kreises.* **3.** (EDV) *Gesamtheit der peripheren* (3) *Geräte.*

Pe|ri|phe|rie|ge|rät, das: *peripheres* (3) *Gerät.*

Pe|ri|phra|se, die; -, -n [lat. periphrasis < griech. períphrasis, zu: perí = um – herum u. phrásis = das Sprechen; Ausdruck] (Rhet.): *Umschreibung eines Begriffs durch eine kennzeichnende Eigenschaft.*

pe|ri|phra|sie|ren ⟨sw. V.; hat⟩ (Rhet.): *mit einer Periphrase umschreiben.*

pe|ri|phras|tisch ⟨Adj.⟩ [griech. periphrastikós] (Rhet.): *umschreibend.*

Pe|ri|p|te|ral|tem|pel, der, **Pe|ri|p|te|ros,** der; -, - u. ...eren [zu griech. perípteros, subst. Adj. u. eigtl. = ringsum mit Flügeln versehen]: *rings von einem Säulengang umgebener antiker Tempel.*

Pe|ri|s|kop, das; -s, -e [zu griech. perí = ringsum u. skopeīn = betrachten, schauen]: *[ausfahr- u. drehbares] Fernrohr für Unterwasserfahrzeuge.*

Pe|ri|s|tal|tik, die; - [griech. peristaltikós = umfassend und zusammendrückend] (Med.): *von Hohlorganen wie Magen, Darm o. Ä. ausgeführte Bewegung, bei der durch fortlaufendes Zusammenziehen einzelner Abschnitte der Inhalt des Hohlorgans weitertransportiert wird.*

Pe|ri|s|ta|se, die; - [griech. perístasis = Umwelt, eigtl. = das Herumstehen; Umgebung] (Biol., Med.): *auf die Entwicklung des Organismus einwirkende Umwelt.*

Pe|ri|s|tyl, das; -s, -e, **Pe|ri|s|ty|li|um,** das; -s, ...ien [lat. peristylium < griech. peristýlion, zu: perí = um – herum u. stýlos = Säule]: *von Säulen umgebener Innenhof des antiken Hauses.*

pe|ri|to|ne|al ⟨Adj.⟩ (Med.): *das Peritoneum betreffend.*

Pe|ri|to|ne|um, das; -s, ...neen [griech. peritónaion] (Med.): *Bauchfell.*

Pe|ri|to|ni|tis, die; -, ...itiden (Med.): *Bauchfellentzündung.*

Per|kal, der; -s, -e [frz. percale, aus dem Pers.] (Textilind.): *feinfädiges [bedrucktes] Baumwollgewebe.*

Per|ka|lin, das; -s, -e: *stark appretiertes Gewebe [für Bucheinbände].*

Per|ko|lat, das; -[e]s, -e (Pharm.): *durch Perkolation* (1) *gewonnener Pflanzenauszug.*

Per|ko|la|ti|on, die; -, -en [lat. percolatio = das Durchseihen, zu: percolare, ↑ perkolieren]: **1.** (Pharm.) *Verfahren zur Gewinnung von flüssigen Pflanzenauszügen durch Filtern.* **2.** (Bodenkunde) *das Durchsickern von Wasser durch die Poren des Bodens.*

Per|ko|la|tor, der; -s, ...oren (Pharm.): *Gerät zum Perkolieren.*

per|ko|lie|ren ⟨sw. V.; hat⟩ [lat. percolare = durchseihen] (Pharm.): *Pflanzenauszüge durch Perkolation* (1) *gewinnen.*

Per|kus|si|on, die; -, -en [lat. percussio = das Schlagen, zu: percussum, 2. Part. von: percutere, ↑ perkutieren]: **1.** (Med.) *Untersuchung von Organen durch Abklopfen der Körperoberfläche.* **2.** (Musik) *aus Hämmerchen bestehende Vorrichtung beim Harmonium, die einen klareren Toneinsatz bewirkt.* **3.** (Waffent.) *Zündung einer Handfeuerwaffe durch Stoß od. Schlag.*

Per|kus|si|o|nist, der; -en, -en: *jmd., der ein Perkussionsinstrument spielt.*

Per|kus|si|o|nis|tin, die; -, -nen: w. Form zu ↑ Perkussionist.

Per|kus|si|ons|ge|wehr, das (Waffent.): *Vorderlader (aus dem 19. Jh.) mit Perkussionszündung.*

Per|kus|si|ons|ham|mer, der (Med.): *kleiner Hammer aus Metall zum Perkutieren.*

Per|kus|si|ons|ins|t|ru|ment, das (Musik): *Schlaginstrument.*

Per|kus|si|ons|zün|dung, die: *Perkussion* (3).

per|kus|siv ⟨Adj.⟩ (Musik): *vorwiegend vom (außerhalb des melodischen u. tonalen Bereichs liegenden) Rhythmus geprägt, bestimmt; durch rhythmische Geräusche erzeugt.*

per|kus|so|risch ⟨Adj.⟩ (Med.): **a)** *durch Perkussion* (1) *nachweisbar;* **b)** *die Perkussion* (1) *betreffend.*

per|ku|tan ⟨Adj.⟩ [zu lat. per = durch u. ↑ Kutis] (Med.): *durch die Haut hindurch [wirkend].*

per|ku|tie|ren ⟨sw. V.; hat⟩ [lat. percutere = klopfen] (Med.): *abklopfen* (3).

Perl [pəːl], das; -[s] ⟨meist ohne Art.⟩ [Kurzwort aus engl. Practical Extraction and Report Language] (EDV): *plattformunabhängige Programmiersprache, die bes. für kleinere Programmieraufgaben geeignet ist.*

Per|le, die; -, -n [mhd. berle, perle, ahd. per(a)la, wohl mlat.-roman. Vkl. von lat. perna = Hinterkeule; Muschel (von der Form einer Hinterkeule)]: **a)** *glänzendes, schimmerndes, von Perlmuscheln um eingedrungene Fremdkörper gebildetes, hartes Kügelchen, das als Schmuck verwendet wird:* -n fischen; Spr -n bedeuten Tränen (↑ bedeuten 1 d); * **jmdm. fällt keine P. aus der Krone** (salopp; ↑ Zacken); **-n vor die Säue werfen** (salopp; *etw. Wertvolles Leuten geben, [an]bieten, die es nicht zu schätzen, zu würdigen wissen;* nach Matth. 7, 6); **b)** *perlenförmiges Gebilde aus Glas, Holz, Elfenbein, Kunststoff o. Ä.;* **c)** *perlenförmiges Bläschen* (z. B. in Getränken); **d)** (Jägerspr.) *kleine, kornartige Erhebung an Geweihen bzw. Gehörnen.* **2. a)** ²*Juwel;* **b)** (ugs. scherzh.) *[tüchtige] Hausgehilfin;* **c)** (Jugendspr. veraltet) *junge Frau, die ihrem Freund treu ist [treue] Freundin.* **3.** ⟨o. Art.⟩ [urspr. Perle von Alzey (Stadt in Rheinland-Pfalz)] **a)** ⟨o. Pl.⟩ *aus Gewürztraminer u. Müller-Thurgau gekreuzte Rebsorte, die milde, blumige, unaufdringlich würzige Weine liefert;* **b)** *Wein der Rebsorte* (3 a).

per|len ⟨sw. V.⟩ [zu ↑ Perle: mhd. berlen = (mit Perlen) schmücken]: **1. a)** ⟨hat/ist⟩ *in Form von Perlen* (1 c) *hervorkommen, sich bilden:* Schweißtropfen perlten ihm auf der Stirn; **b)** ⟨ist⟩ *in Perlen* (1 c) *irgendwohin laufen:* Tautropfen perlen von den Blättern; **c)** ⟨hat⟩ *in dichter u. gleichmäßiger [Klang]folge ertönen:* die Töne p. lassen. **2.** ⟨hat⟩ *Perlen bilden, von Perlen bedeckt sein:* perlender Champagner.

Per|len|ar|beit, die: *mit Perlen* (1 a, b) *bestickte, besetzte od. aus Perlenschnüren hergestellte kunsthandwerkliche Arbeit.*

per|len|be|stickt ⟨Adj.⟩: *mit Perlen* (1 a, b) *bestickt.*

Per|len|fi|sche|rei, die: *[gewerbsmäßig betriebene] Suche von Perlmuscheln.*

per|len|för|mig: ↑ perlförmig.

Per|len|ket|te, die: *Halskette aus Perlen* (1 a).

Per|len|schnur, die: *Schnur mit aufgereihten Perlen* (1 a, b).

Per|len|sti|cke|rei, die: **1.** ⟨o. Pl.⟩ *Stickerei, bei der Stoff od. anderes Material mit Perlen* (1 a, b) *bestickt wird.* **2.** *etw. mit Perlen* (1 a, b) *Besticktes: kostbare -n.*

Per|len|tau|cher, der: *jmd., der nach Perlmuscheln taucht* (1 c).

Per|len|tau|che|rin, die: w. Form zu ↑ Perlentaucher.

Per|len|vor|hang, der: *[Tür]vorhang aus Perlenschnüren.*

Per|len|züch|ter, der: *jmd., der Perlen* (1 a) *züchtet.*

Per|len|züch|te|rin, die: w. Form zu ↑ Perlenzüchter.

perl|för|mig, perlenförmig ⟨Adj.⟩: *wie eine Perle* (1 a) *geformt:* -e Tropfen.

Perl|garn, das (Textilind.): *auffällig glänzendes (merzerisiertes) Stickgarn aus scharf gedrehten Baumwollfäden.*

perl|grau ⟨Adj.⟩: *von schimmerndem blassem od. silbrigem Grau.*

Perl|huhn, das: *fast haushuhngroßer Hühnervogel mit perliger Zeichnung auf blaugrauem Gefieder.*

per|lig ⟨Adj.⟩: **a)** *perlenähnlich:* das -e Weiß ihrer Zähne; **b)** *Perlen bildend:* -er Champagner.

Perl|lit [auch: ...'lɪt], der; -s, -e [zu ↑ Perle]: **1.** (Metallurgie) *Gefüge* (2) *des Stahls aus Ferrit* (1) *u. Zementit.* **2.** (Geol.) *graublaues, wasserhaltiges, glasig erstarrtes Gestein.*

Perl|mu|schel, die: *(bes. in tropischen Meeren vorkommende) Muschel, die um eingedrungene Fremdkörper herum Perlen* (1 a) *bildet.*

Perl|mutt [auch: ...'mʊt], das; -s: *Perlmutter.*

Perl|mut|ter [auch: ...'mʊt...], die; - od. das; -s [LÜ von mlat. mater perlarum = Perlmuschel; die Muschel bringt, wie eine Mutter ein Kind, eine Perle hervor; dann übertr. auf die innere Schicht]: **1.** *harte, glänzende, schimmernde innerste Schicht der Schale von Perlmuscheln u. Seeschnecken.* **2.** ⟨nur: das⟩ *Perlmutterfarbe od. -glanz.*

Perl|mut|ter|fal|ter, der: *Falter mit wie Perlmutter schimmernder Unterseite der Hinterflügel.*

perl|mut|ter|far|ben ⟨Adj.⟩: *in der Farbe von Perlmutter:* ein -er Himmel.

Perl|mut|ter|glanz, der: *Glanz von Perlmutter.*

Perl|mut|ter|griff, der: vgl. Perlmutterknopf.

Perl|mut|ter|knopf, der: *Knopf aus Perlmutter.*

perl|mut|tern ⟨Adj.⟩: **1.** *aus Perlmutter [hergestellt]:* -n Löffe, Griffe. **2.** *wie [aus] Perlmutter; perlmutterfarben.*

perl|mutt|far|ben ⟨Adj.⟩: *perlmutterfarben.*

Perl|mutt|griff, der: *Perlmuttergriff.*

Perl|mutt|knopf, der: *Perlmutterknopf.*

per|lo|ku|ti|o|när [aus ↑ per u. ↑ lokutionär], **per|lo|ku|tiv** ⟨Adj.⟩: *in der Fügung* -er Akt (Sprachwiss.; *Sprechakt im Hinblick auf die Konsequenz der Aussage*).

Per|lon®, das; -s [Kunstwort]: *(aus einem Polyamid bestehende) Kunstfaser, die bes. zur Herstellung von Textilien verwendet wird.*

Per|lon|strumpf, der: *Strumpf aus Perlon.*

per|lon|ver|stärkt ⟨Adj.⟩: *mit Perlon verstärkt: ein -es Gewebe.*

Perl|stich, der: *in gleicher Richtung [halb]schräg ausgeführter, kurzer Gobelinstich.*

Per|lus|t|ra|ti|on, die; -, -en (österr.): *Perlustrierung.*

per|lus|t|rie|ren ⟨sw. V.; hat⟩ [lat. perlustrare = (prüfend) überschauen] (österr.): *[zur Feststellung der Identität anhalten u.] genau durchsuchen, untersuchen.*

Per|lus|t|rie|rung, die; -, -en (österr.): *das Perlustrieren.*

Perl|wein, der: *mit Kohlensäure versetzter, moussierender Wein.*

perl|weiß ⟨Adj.⟩: *silbrig weiß mit cremefarbener Abschattung.*

Perl|zwie|bel, die: *kleine, in Essig eingelegte Zwiebel; Silberzwiebel.*

Perm, das; -s [nach dem ehem. russ. Gouvernement Perm] (Geol.): *jüngste Formation des Paläozoikums.*

per|ma|nent ⟨Adj.⟩ [frz. permanent < lat. permanens (Gen.: permanentis), 1. Part. von: permanere = fortdauern]: *dauernd, anhaltend, ununterbrochen, ständig:* eine -e Gefahr.

Per|ma|nent|ma|g|net, der: *Magnet, der seine magnetische Kraft ohne äußere Einwirkung dauernd beibehält; Dauermagnet.*

Per|ma|nenz, die; - [frz. permanence (auch Fachspr.): *dauerhaftes [Weiter]bestehen, Erhaltenbleiben; Dauerhaftigkeit.*

Per|man|ga|nat, das; -s, -e [zum 1. Bestandteil vgl. Perborat] (Chemie): *chemische Verbindung, die als Oxidations- u. Desinfektionsmittel verwendet wird.*

◆ **per mar|ca** [ital., aus: per = durch, mit u. marca = ¹Mark]: *bar, in barer Münze: ...wenn er nur seinen Taler (= für die Musikstunden) p. m. bezahlt* (Mörike, Mozart 219).

per|me|a|bel ⟨Adj.; ...bler, -ste⟩ [spätlat. permeabilis = gangbar] (Fachspr.): *durchlässig:* ein permeabler Stoff.

Per|me|a|bi|li|tät, die; -, -en: 1. (Fachspr.) *Durchlässigkeit eines Materials für bestimmte Stoffe* (z. B. die des Bodens für Wasser). 2. (Physik) *physikalische Größe, die den Zusammenhang zwischen magnetischer Induktion u. magnetischer Feldstärke angibt.* 3. (Schiffbau) *Verhältnis der tatsächlich im Falle eines Lecks in die Schiffsräume eindringenden Wassermenge zum theoretischen Rauminhalt.*

per mil|le: †¹pro mille (Abk.: p. m.)

per|misch ⟨Adj.⟩ (Geol.): *das Perm betreffend.*

Per|miss, der; -es, -e [lat. permissus] (veraltet): *Erlaubnis[schein].* ◆ *Denn zu Altdorf im Studentenkragen trieb er's, mit P. zu sagen, ein wenig locker und burschikos* (Schiller, Wallensteins Lager 7).

per|mis|siv ⟨Adj.⟩ [zu lat. permissum, 2. Part. von: permittere = erlauben] (Psychol., Soziol.): *nachgiebig, wenig kontrollierend, frei gewähren lassend.*

Per|mis|si|vi|tät, die; - (Psychol., Soziol.): *permissives Verhalten.*

Per|mit [ˈpɜːmɪt], das; -s, -s [engl. permit]: engl. Bez. für: Erlaubnis[schein].

per|mit|tie|ren ⟨sw. V.; hat⟩ [lat. permittere = erlauben] (bildungsspr.): *erlauben, zulassen.*

Per|mu|ta|ti|on, die; -, -en: 1. [lat. permutatio] (bildungsspr., Fachspr.) *Austausch, Umstellung.* 2. (Math.) *Umstellung in der Reihenfolge bei einer Zusammenstellung einer bestimmten Anzahl geordneter Größen.* 3. (Sprachwiss.) *Umstellung, Vertauschung von Wörtern, Satzgliedern innerhalb eines Satzes unter Wahrung ihrer syntaktischen Funktion.*

Per|nio, der; -, ...iones [...ne:s] u. ...ionen [lat. pernio] (Med.): *Frostbeule.*

Per|ni|o|se, Per|ni|o|sis, die; -, ...sen: 1. *Auftreten von Frostbeulen.* 2. *auf Gewebsschädigung durch Kälte beruhende Hautkrankheit.*

per|ni|zi|ös ⟨Adj.⟩ [frz. pernicieux < lat. perniciosus, zu: pernicies = das Verderben]: 1. (Med.) *bösartig* (2): -e Anämie. 2. (bildungsspr.) *unheilvoll, verderblich, bösartig* (1).

Pe|ro|nis|mus, der; -: *auf den General u. Staatspräsidenten J. D. Perón (1895 bis 1974) zurückgehende, autoritär geführte Bewegung mit politisch-sozialen Zielen in Argentinien.*

Pe|ro|nist, der; -en, -en: *Anhänger Peróns bzw. des Peronismus.*

Pe|ro|nis|tin, die; -, -nen: w. Form zu †Peronist.

pe|ro|nis|tisch ⟨Adj.⟩: *den Peronismus betreffend, auf ihm beruhend, zu ihm gehörend.*

per|oral ⟨Adj.⟩ [aus †per u. †oral] (Med.): *durch den Mund erfolgend:* -e Einnahme von Medikamenten.

Per|ora|ti|on, die; -, -en [lat. peroratio = Schluss, Schlussrede, zu: perorare, †perorieren] (veraltet): 1. *mit Nachdruck vorgetragene Rede:* ◆ *...es möchte gleich ein Geschwindschreiber diese P. aufgefasst und uns überliefert haben* (Goethe, Dichtung u. Wahrheit 18). 2. *zusammenfassender Schluss einer Rede.*

per|orie|ren ⟨sw. V.; hat⟩ [lat. perorare] (veraltet): 1. *laut u. mit Nachdruck sprechen:* ◆ *...während Briest immer weiter perorierte* (Fontane, Effi Briest 17). 2. *eine Rede zu Ende bringen.*

per os [lat. = durch den Mund] (Med.): *durch den Mund; peroral.*

Per|oxid, Per|oxyd ⟨auch: ...'ksi:t⟩, das; -s, -e [zum 1. Bestandteil vgl. Perborat] (Chemie): *sauerstoffreiche chemische Verbindung.*

Per|pen|di|kel ⟨auch: ...'dɪk⟩, der od. das; -s, - [lat. perpendiculum = Senkblei, zu: perpendere = genau abwägen]: *Uhrpendel.*

per|pen|di|ku|lar, per|pen|di|ku|lär ⟨Adj.⟩ [lat. perpendicularis] (Fachspr.): *senk-, lotrecht.*

per|pe|tu|ie|ren ⟨sw. V.; hat⟩ [lat. perpetuare, zu: perpetuus = fortwährend, ewig] (bildungsspr., oft abwertend): *bewirken, dass etw. Dauer gewinnt, sich festsetzt, fortsetzt:* bestehende Interessen, überholte Werte p.

Per|pe|tu|um mo|bi|le, das; -, - -[s] u. ...tua ...bilia [lat. = das sich ständig Bewegende]: 1. *utopische Maschine, die ohne Energiezufuhr dauernd Arbeit leistet.* 2. (Musik) *Musikstück, das von Anfang bis Ende in gleichmäßig rascher Bewegung, bes. in der Melodiestimme, verläuft.*

Per|pi|g|nan [perpiˈɲã:]: *Stadt in Frankreich.*

per|plex ⟨Adj.⟩ [(frz. perplexe <) lat. perplexus = verschlungen, verworren] (ugs.): *verblüfft u. betroffen od. verwirrt:* ein -es Gesicht machen; ⟨meist in Verbindung mit »sein«:⟩ ganz p. [über etw.] sein.

Per|ple|xi|tät, die; -: *Bestürzung, Verwirrung; Ratlosigkeit.*

per pro|cu|ra ⟨Adj.; †Prokura⟩ (Kaufmannsspr.): *aufgrund erteilter Prokura (Zusatz, mit dem der Prokurist, die Prokuristin geschäftliche Schriftstücke unterschreibt; Abk.: pp., ppa.):* p. p. Meyer.

per rec|tum [lat.; †Rektum] (Med.): *rektal* (b).

Per|ron [pɛˈrɔ̃:, auch: pɛˈrɔŋ, österr.: pɛˈro:n], der; auch: das; -s, -s (schweiz., sonst veraltet): *Bahnsteig:* wir warten auf dem P. auf dich.

per sal|do [ital.; †Saldo] (Kaufmannsspr.): *aufgrund des Saldos; [als Rest] zum Ausgleich (auf einem Konto).*

per se [lat.] (bildungsspr.): *von selbst, aus sich heraus:* das versteht sich p. se.

Per|se|i|den ⟨Pl.⟩ [zu ²Perseus; ihr Radiant (2) liegt in diesem Sternbild]: *regelmäßig im Juli und August zu beobachtender Schwarm von Meteoren.*

Per|sen|ning, die; -, -e[n] u. -s [niederl. presenning < älter frz. préceinte = Umhüllung, unter Einfluss von lat. praecingere = mit etw. umgeben zu afrz. proceindre = rund einschließen]: 1. (bes. Seemannsspr.) *Schutzbezug aus Persenning* (2). 2. ⟨o. Pl.⟩ (Textilind.) *festes, wasserdichtes Gewebe, Segeltuch (für Zelte o. Ä.).*

Per|se|pho|ne (griech. Mythol.): *Göttin der Unterwelt.*

Per|se|po|lis: Hauptstadt des alten Persien.

Per|ser, der; -s, -: 1. a) Ew. zu †Persien; Iraner; b) *Angehöriger einer Ethnie in Vorder- u. Zentralasien, deren verbindendes Element die persische Sprache ist.* 2. (ugs.) Kurzf. von †Perserteppich.

Per|se|rin, die; -, -nen: w. Form zu †Perser (1 a).

Per|ser|kat|ze, die; *(aus Kleinasien stammende) Katze mit gedrungenem Körper, großem Kopf, langem, seidigem, dichtem Haar u. buschigem Schwanz.*

Per|ser|tep|pich, der: *handgeknüpfter Teppich aus Persien.*

¹Per|seus (griech. Mythol.): *Held der griechischen Sage.*

²Per|seus, der; -: *Sternbild am nördlichen Sternenhimmel.*

Per|shing [ˈpɜːʃɪŋ], die; -, -s [nach dem amerik. General J. J. Pershing (1860–1948)]: *amerikanische Mittelstreckenrakete mit [nuklearem] Gefechtskopf.*

Per|si|a|ner, der; -s, - [zu Persien, dem urspr. Herkunftsland]: 1. *klein gelocktes Fell von Lämmern des Karakulschafes.* 2. *Pelz aus Persianer* (1).

Per|si|a|ner|man|tel, der: *Mantel aus Persianer* (2).

Per|si|en; -s: alter Name von †Iran.

Per|si|f|la|ge [...flaːʒə, österr. meist: ...ʃ], die; -, -n [frz. persiflage] (bildungsspr.): *feine, geistreiche Verspottung durch übertreibende od. ironisierende Darstellung bes. Nachahmung:* dieses Stück ist eine gelungene P. auf die Gewohnheiten unserer Politiker.

per|si|f|lie|ren ⟨sw. V.; hat⟩ [frz. persifler, latinis. Bildung zu: siffler = (aus)pfeifen < spätlat. sifilare < lat. sibilare, †Sibilant] (bildungsspr.): *etw. (durch Persiflage) fein, geistreich verspotten:* einen Roman, Ereignisse aus der Politik p.; dieser Western persifliert sich selbst.

Per|si|ko, der; -s, -s [frz. persicot, zu lat. persicus, †Pfirsich]: *Likör aus Pfirsich- od. Bittermandelkernen.*

Per|sil|schein, der [nach dem Namen des Waschmittels Persil®, bezogen auf die Vorstellung der Reinwaschens; urspr. von der Bescheinigung der Entnazifizierungsbehörden] (ugs. scherzh.): *Entlastung[szeugnis]; Bescheinigung, dass sich jmd. nichts hat zuschulden kommen lassen:* jmdm. einen P. ausstellen.

Per|si|pan ⟨auch: ˈpɛr...⟩, das; -s, -e [zu lat. persicus (†Pfirsich) u. †Marzipan]: *Ersatz für Marzipan aus geschälten Pfirsich- od. Aprikosenkernen.*

per|sisch ⟨Adj.⟩: *Persien, die Perser betreffend; von den Persern stammend, zu ihnen gehörend.*

per|sis|tent ⟨Adj.⟩ [zu spätlat. persistens (Gen.: persistentis), 1. Part. von: persistere = fortdauern] (bes. Med., Biol.): *anhaltend, dauernd, hartnäckig.*

Per|sis|tenz, die; -, -en (bes. Med., Biol.): *das Bestehenbleiben eines Zustands über längere Zeit.*

Per|son, die; -, -en [mhd. persōn(e) < lat. persona = Maske (1 a); die durch diese Maske dargestellte Rolle; Charakter; Mensch]: 1. a) *Mensch als Individuum, in seiner spezifischen Eigenart als Träger eines einheitlichen, bewussten Ichs:* eine [un]bekannte P.; man muss

die P. vom Amt, von der Sache trennen; deine P. soll *(du sollst)* nicht in die Erörterungen hineingezogen werden; juristische P. (Rechtsspr.; Anstalt, Körperschaft als Träger von Rechten u. Pflichten); natürliche P. (Rechtsspr.; *Mensch als Träger von Rechten u. Pflichten*); ich für meine P. *(was mich betrifft, ich)* stimme zu; seine P., die eigene P. *(sich selbst)* in den Vordergrund stellen; sie mussten Angaben zur P. machen *(über sich selbst Auskunft geben);* Von allen, die noch über Paulundpaula erzählen könnten, ist heute keiner mehr am Leben, außer meiner P. *(mir selbst;* Plenzdorf, Legende 9); *** jmd. in [eigener/(veraltend, noch scherzh.:) höchsteigener] P.** *(jmd. selbst, [höchst]persönlich); etw.* **in P. sein** *(die Verkörperung von etw. sein):* er ist die Ruhe in P.); **etw. in einer P. sein** *(etw. zugleich sein, in sich vereinigen);* **b)** (seltener) *Persönlichkeit* (1). **2.** *Mensch hinsichtlich seiner äußerlichen, körperlichen Eigenschaften:* eine männliche, weibliche P. **3.** *Figur, Gestalt in der Dichtung od. im Film:* die -en und ihre Darsteller. **4.** (emotional) *[weibliche] Person* (1a) *im Hinblick auf eine aus Sprechersicht positive od. negative Wertung:* so eine [freche] P.! **5.** ⟨o. Pl.⟩ (Sprachwiss.) *Form des Verbs od. Pronomens, die an die sprechende[n], an die angesprochene[n] od. an die Personen[en]* (1a) *od. Sache[n], über die gesprochen wird, geknüpft ist:* das Verb steht in der zweiten P. Plural.
◆ **Per|so|na|ge** [...ˈnaːʒə, österr. meist: ...ʃ], die; -, -n [zu ↑ Person nach frz. personnage = Person, Typ, zu: personne < lat. persona, ↑ Person]: *(meist mit spött. Nebensinn) Person* (2, 4): ...der einen ... war es zugetragen worden, dass sie Herrn Friedrich Jovers abgeraten hatte, ihre mauldreiste P. in sein Haus zu nehmen (Storm, Söhne 18); ...die Augen der alten P. sollen dabei so von Bosheit voll geleuchtet haben (Storm, Söhne 124).
Per|so|na gra|ta, die; - - [lat. = willkommener, gern gesehener Mensch] (Dipl.): *Diplomat, gegen dessen Aufenthalt in einem bestimmten Land von dessen Regierung keine Einwände erhoben werden.*
Per|so|na in|gra|ta, die; - - [lat. = unwillkommener, nicht gern gesehener Mensch] (Dipl.): *Diplomat, dessen Aufenthalt in einem bestimmten Land von dessen Regierung nicht [mehr] gewünscht wird.*
per|so|nal ⟨Adj.⟩: **1.** (bildungsspr.) **a)** [spätlat. personalis] *die Person* (1) *betreffend, zu ihr gehörend; als Person existierend:* ein -er Gott; **b)** (selten) *personell*. **2.** [spätlat. personalis] (Sprachwiss.) *die Person* (5) *betreffend,.*
Per|so|nal, das; -s [aus mlat. personale = Dienerschaft, subst. Neutr. Sg. von: personalis = dienerhaft < spätlat. personalis]: **a)** *Gesamtheit von Personen, die bei einem Arbeitgeber bzw. Dienstherrn in einem Dienstverhältnis stehen u. bes. auf dem Gebiet der Dienstleistungen tätig sind:* das fliegende P. (Flugpersonal); P. entlassen; **b)** *Dienstpersonal;* **c)** (bildungsspr.) *Gesamtheit von Personen* (3) *eines Romans, Theaterstücks, Films o. Ä.*
Per|so|nal|ab|bau, der ⟨o. Pl.⟩: *Abbau* (4) *von Personal* (a).
Per|so|nal|ab|tei|lung, die: *für Angelegenheiten, die das Personal* (a) *betreffen, zuständige Abteilung* (2).
Per|so|nal|ak|te, die: *über jmdn. geführte Akte mit Angaben u. Unterlagen zur Person* (1a).
Per|so|nal|an|ga|be, die ⟨meist Pl.⟩: *Angabe zur Person* (1a).
Per|so|nal|an|ge|le|gen|heit, die ⟨meist Pl.⟩: *Angelegenheit, die das Personal* (a) *betrifft*.
Per|so|nal|auf|wand, der (bes. Verwaltung, Wirtsch.): *Aufwand* (b) *für den Personaleinsatz*.

Per|so|nal|aus|ga|be, die ⟨meist Pl.⟩: *Ausgabe* (3) *für Personalkosten*.
Per|so|nal|aus|weis, der: *amtlicher Ausweis für eine Person* (1a) *mit einem Lichtbild, [biometrischen Daten,] Angaben zur Person u. einer Unterschrift des Inhabers bzw. der Inhaberin*.
Per|so|nal|be|ra|ter, der: *als Berater in der Personalberatung tätiger Fachmann*.
Per|so|nal|be|ra|te|rin, die: w. Form zu ↑ Personalberater.
Per|so|nal|be|ra|tung, die: *Beratung eines Unternehmens bei Suche u. Auswahl, bei Einsatz u. Organisation des Personals* (a).
Per|so|nal|be|schrei|bung, die: *Beschreibung des Äußeren einer Person* (1a) *(im Personalausweis, Steckbrief o. Ä.)*.
Per|so|nal|be|stand, der: *Bestand an Personal* (a).
Per|so|nal|bo|gen, der: *Bogen, Formular mit einer Aufstellung von Daten einer Person* (1a).
Per|so|nal|bü|ro, das: vgl. Personalleitung.
Per|so|nal|chef, der: vgl. Personalleiter.
Per|so|nal|che|fin, die: w. Form zu ↑ Personalchef.
Per|so|nal Com|pu|ter [ˈpəːsənəl -], der [engl. personal computer = persönlicher Computer]: ¹PC.
Per|so|nal|da|ten ⟨Pl.⟩: *Angaben zur Person* (1a).
Per|so|nal|de|bat|te, die (bes. Politik): *Debatte über Eignung u. Fähigkeiten von jmdm., der mit einem [öffentlichen] Amt od. einer bestimmten Aufgabe betraut werden soll*.
Per|so|nal|de|cke, die (Jargon): *Gesamtheit des einem Unternehmen, einem Verein o. Ä. für bestimmte Tätigkeiten zur Verfügung stehenden Personals* (a).
Per|so|nal|ein|satz, der: *Einsatz* (3a) *von Personal* (a).
Per|so|nal|ein|spa|rung, die: vgl. Personalabbau.
Per|so|nal|en|dung, die (Sprachwiss.): *Endung des Verbs, die die grammatische Person* (5) *anzeigt*.
Per|so|nal|ent|schei|dung, die: *Entscheidung über die Besetzung von Stellen, Ämtern o. Ä.*
Per|so|nal|er, der; -s, - (Jargon): *[leitender] Mitarbeiter der Personalabteilung eines Unternehmens*.
Per|so|nal|e|rin, die; -, -nen: w. Form zu ↑ Personaler.
Per|so|nal|fach|frau, die (bes. schweiz.): *[leitende] Mitarbeiterin der Personalabteilung eines Unternehmens*.
Per|so|nal|fach|mann, der (bes. schweiz.): *[leitender] Mitarbeiter der Personalabteilung eines Unternehmens*.
Per|so|nal|form, die (Sprachwiss.): *Verbform, die in Person* (5) *u. Numerus bestimmt ist*.
Per|so|nal|fra|ge, die ⟨meist Pl.⟩: *Frage od. Angelegenheit, die das Personal eines* (a) *betrifft:* -n erörtern.
Per|so|nal|füh|rung, die: *Führung* (1a) *des Personals*.
Per|so|na|lia ⟨Pl.⟩ [vgl. Personalie]: *Personalien* (1a, 3).
Per|so|na|lie, die; -, -n [spätlat. personalia = persönliche Dinge, subst. Neutr. Pl. von: personalis, ↑personal]: **1.** ⟨Pl.⟩ **a)** *Angaben zur Person* (1a), *wie sie von einer Behörde registriert werden:* die Polizei nahm seine -n auf; **b)** *[Ausweis]papiere, die Angaben zur Person* (1a) *enthalten*. **2.** (seltener) *Einzelheit, die jmds. persönliche Verhältnisse betrifft:* ◆ ...sie erzählte ihm die -n von sich und namentlich vor, aus deren Kenntnis ihn seine akademische Laufbahn zu entfernt gehalten (Jean Paul, Wutz 25).

3. ⟨Pl.⟩ *Mitteilungen zu Einzelpersonen einer Firma o. Ä.*
per|so|nal|in|ten|siv ⟨Adj.⟩ (Wirtsch.): *in hohem Maß auf der Arbeit von Personal* (a) *beruhend, den Einsatz von Personal* (a) *erfordernd:* -e Postdienste.
per|so|na|li|sie|ren ⟨sw. V.; hat⟩ (bildungsspr.): *auf eine einzelne Person* (1a), *auf einzelne Personen ausrichten:* Werbung p.; eine Auseinandersetzung im Bundestag p.
Per|so|na|li|sie|rung, die; -, -en (bildungsspr.): *das Personalisieren; das Personalisiertwerden*.
Per|so|na|lis|mus, der; -: **1.** (Philos., Theol.) *Glaube an einen persönlichen Gott*. **2.** (Philos.) *Richtung der modernen Philosophie, die den Menschen als eine in ständigen Erkenntnisprozessen stehende, handelnde, wertende, von der Umwelt beeinflusste u. ihre Umwelt beeinflussende Person* (1a) *sieht*. **3.** (Psychol.) *Richtung der Psychologie, die die erlebende u. erlebnisfähige Person* (1a) *u. deren Beziehung zu ihrer Umwelt in den Mittelpunkt ihrer Forschung stellt*.
Per|so|na|li|tät, die; - (bildungsspr.): *Persönlichkeit; das Wesen einer Person* (1a) *ausmachende Eigenschaften*.
Per|so|na|li|täts|prin|zip, das; -s (Rechtsspr.): *Grundsatz des internationalen Strafrechts, bestimmte Straftaten nach dem im Heimatland des Täters gültigen Gesetzen abzuurteilen*.
Per|so|na|li|ty|show, Per|so|na|li|ty-Show [pəˈsəːnəlɪtiˌʃoʊ], die, [engl. personality show, aus engl. personality = Persönlichkeit u. show, ↑ Show] (Fernsehen): *Show, die von der Persönlichkeit eines Künstlers, einer Künstlerin getragen wird [u. bes. dessen bzw. deren Vielseitigkeit demonstrieren soll]*.
Per|so|nal|kos|ten ⟨Pl.⟩ (Verwaltungsspr., Wirtsch.): *Kosten für Personal* (a).
Per|so|nal|kre|dit, der (Wirtsch.): *ohne Sicherung, auf das Ansehen der Person hin gewährter Kredit*.
Per|so|nal|lea|sing [...liːsɪŋ], das; -s, -s (Wirtsch.): *gebührenpflichtige Vermittlung von Arbeitnehmer[inne]n an einen anderen Arbeitgeber, der sie befristet beschäftigt*.
Per|so|nal|lei|ter, der: *Leiter der Personalabteilung, des Personalbüros*.
Per|so|nal|lei|te|rin, die: w. Form zu ↑ Personalleiter.
Per|so|nal|man|gel, der: *Mangel an Personal* (a).
Per|so|nal|pa|pier, das ⟨meist Pl.⟩: *persönliches Ausweispapier*.
Per|so|nal|pla|nung, die (bes. Wirtsch.): *Einplanung von Personal* (a).
Per|so|nal|po|li|tik, die (bes. Wirtsch.): *Überlegungen u. Maßnahmen im Bereich der das Personal* (a) *betreffenden Angelegenheiten*.
Per|so|nal|pro|no|men, das (Sprachwiss.): *Pronomen, das für die sprechende[n], angesprochene[n] Person* (1a) *od. für die Personen[en]* (1a) *od. Sache[n] steht, über die gesprochen wird: das P. der ersten, zweiten, dritten Person*.
Per|so|nal|rat, der: *Personalvertretung* (2).
Per|so|nal|steu|er, die (Steuerw.): *Personensteuer*.
Per|so|nal Trai|ner [ˈpəːsənəl ˈtreɪnɐ], der; - -s, - - [engl., zu: personal = persönlich] (Jargon): *zur individuellen Betreuung einzelner Kundinnen u. Kunden engagierter Fitnesstrainer*.
Per|so|nal Trai|ne|rin, die: w. Form zu ↑ Personal Trainer.
Per|so|nal|uni|on, die: **1.** (bildungsspr.) *Vereinigung mehrerer Ämter, Funktionen, Tätigkeiten in einer Person* (1a). **2.** *[durch Erbfolge bedingte] Vereinigung selbstständiger Staaten unter einem Monarchen, einer Monarchin*.

Per|so|nal|ver|rech|ner, der; -s, - (österr.): *Lohnbuchhalter.*
Per|so|nal|ver|rech|ne|rin, die; -, -nen: w. Form zu ↑ Personalverrechner.
Per|so|nal|ver|rech|nung, die (österr.): *Lohnbuchhaltung.*
Per|so|nal|ver|tre|tung, die (Verwaltungsspr.): **1.** ⟨o. Pl.⟩ *Interessenvertretung der Beschäftigten des öffentlichen Dienstes gegenüber der Dienststellenleitung durch gewählte Organe.* **2.** *gewähltes Organ, das die Interessen der Beschäftigten im öffentlichen Dienst gegenüber der Dienststellenleitung vertritt.*
Per|so|nal|wech|sel, der: *Wechsel im Personal* (a): *großer, drastischer, starker, reger P.; ein P. von 10 Prozent; Probleme wegen häufiger, vieler Personalwechsel.*
Per|so|nal|we|sen, das ⟨o. Pl.⟩: *Gesamtheit aller Einrichtungen u. Maßnahmen, die das Personal* (a) *betreffen.*
Per|sön|chen, das; -s, -: *zierliche, kleine [weibliche] Person.*
per|so|nell ⟨Adj.⟩ [frz. personnel < spätlat. personalis, ↑ personal]: **1.** *das Personal* (a), *die Beschäftigten in einem Betrieb, Bereich o. Ä. betreffend.* **2.** (Psychol.) *die Person* (1 a) *betreffend.*
Per|so|nen|auf|zug, der: *Aufzug* (2) *für Personen* (1 a).
Per|so|nen|au|to, das: *Personenwagen* (1).
Per|so|nen|be|för|de|rung, die (Verkehrsw.): *Beförderung von Personen* (1 a).
Per|so|nen|be|schrei|bung, die: *Beschreibung einer Person* (1 a), *von Personen.*
Per|so|nen|be|zeich|nung, die (Sprachwiss.): *Substantiv, das eine Person* (1 a) *bezeichnet.*
per|so|nen|be|zo|gen ⟨Adj.⟩: *auf eine bestimmte Person* (1 a) *bezogen, sie betreffend:* -e *Merkmale, Daten.*
per|so|nen|ge|bun|den ⟨Adj.⟩: *an eine bestimmte Person* (1 a) *gebunden:* eine *Genehmigung p. erteilen.*
Per|so|nen|ge|dächt|nis, das: *Gedächtnis für Personen* (1 a): *ein gutes P. haben.*
Per|so|nen|ge|sell|schaft, die (Wirtsch.): *Gesellschaft, bei der die Gesellschafter in dem Unternehmen selbst mitarbeiten u. mit ihrem Vermögen haften.*
Per|so|nen|grup|pe, die: vgl. *Personenkreis: steuerlich begünstigte* -n.
Per|so|nen|ken|zei|chen, das (Meldewesen): *in Ziffern verschlüsselte Angaben (Geburtsdatum, Geschlecht u. Ä.) über eine Person* (1 a) *(zur Verwendung in der Datenverarbeitung).*
Per|so|nen|kon|to, das (Buchf.): *Konto für Geschäftspartner[innen] (Kund[inn]en, Lieferant[inn]en).*
Per|so|nen|kon|trol|le, die: *[amtliche] Kontrolle einer Person zur Feststellung ihrer Identität:* -n *an der Grenze, am Flughafen, per Gesichtserkennung; eine P. vornehmen.*
Per|so|nen|kraft|wa|gen, der (bes. Amtsspr.): *Personenwagen* (2) (Abk.: Pkw, PKW).
Per|so|nen|kreis, der: *Kreis von Personen* (1 a) *(auf die sich etw. erstreckt, bezieht):* einen *großen P. ansprechen.*
Per|so|nen|kult, der ⟨Pl. selten⟩ (abwertend): *starke Überbewertung, Überbetonung der Führungsrolle der Einzelpersönlichkeit in Politik, Gesellschaft, Geschichte.*
Per|so|nen|nah|ver|kehr, der: *bei der Personenbeförderung mit Nahverkehrszügen, Stadtbahnen, Omnibussen u. a. entstehender, ihr dienender Verkehr [in einem Umkreis von etwa 50 km].*
Per|so|nen|na|me, der: *Eigenname, der eine Person* (1 a) *bezeichnet (wie Vorname, Familienname).*

Per|so|nen|re|gis|ter, das: *Register* (1 a), *das Personennamen erfasst.*
Per|so|nen|scha|den, der (Versicherungsw., Rechtsspr.): *Verletzung od. Todesfall bei einem Unfall.*
Per|so|nen|schiff, das (bes. österr., schweiz.): *Passagierschiff.*
Per|so|nen|schiff|fahrt, die: *der Personenbeförderung dienende Schifffahrt.*
Per|so|nen|schutz, der ⟨o. Pl.⟩: *polizeilicher, militärischer o. ä. Schutz für Personen* (1 a).
Per|so|nen|schüt|zer, der: *jmd., der berufsmäßig Personenschutz betreibt.*
Per|so|nen|schüt|ze|rin, die: w. Form zu ↑ Personenschützer.
Per|so|nen|stand, der ⟨o. Pl.⟩: *Familienstand.*
Per|so|nen|stands|buch, das: *vom Standesbeamten zur Beurkundung des Personenstandes geführtes Buch.*
Per|so|nen|stands|re|gis|ter, das: *standesamtliches od. kirchliches Register mit Angaben zum Personenstand.*
Per|so|nen|steu|er, die (Steuerw.): *Steuer, die nach bestimmten, auf eine Person* (1 a) *bezogenen Umständen (wie Einkommen u. Vermögen) erhoben wird.*
Per|so|nen|such|an|la|ge, die: *Anlage, mit der einer gesuchten Person* (1 a), *die sich irgendwo im Bereich eines Gebäudes, eines Werks usw. befindet, mit einem akustischen Signal die Anweisung übermittelt werden kann, sich irgendwo zu melden.*
Per|so|nen|tag, der ⟨meist Pl.⟩: *Arbeitstag, den eine Person benötigt, um eine bestimmte Aufgabe zu erledigen:* ein *Projekt mit 2 000 -en pro Jahr.*
Per|so|nen|un|fall, der: **a)** (selten) *Verkehrsunfall, bei dem eine od. mehrere Personen [tödlich] verletzt werden:* auf der A1 kam es zu einem P.; **b)** (verhüll.) *Selbsttötung im Eisenbahnverkehr:* Verspätungen wegen -s.
Per|so|nen|ver|kehr, der (Verkehrsw.): *der Personenbeförderung dienender Verkehr.*
Per|so|nen|ver|si|che|rung, die (Versicherungsw.): *Versicherung, die persönliche Risiken abdeckt (wie Lebens-, Unfall-, Krankenversicherung).*
Per|so|nen|ver|zeich|nis, das: vgl. Personenregister.
Per|so|nen|waa|ge, die: *Waage zum Wiegen von Personen* (1 a).
Per|so|nen|wa|gen, der: **1.** *Eisenbahnwagen für die Beförderung von Personen* (1 a) *(im Gegensatz zum Güterwagen).* **2.** (bes. südd., schweiz.) *Wagen, Auto für die Beförderung von Personen* (1 a).
Per|so|nen|zahl, die: *bestimmte Anzahl von Personen* (1 a).
Per|so|nen|zug, der: **1.** (früher) *Eisenbahnzug des Nahverkehrs, der Personen* (1 a) *befördert u. auf allen Stationen hält.* **2.** *(im Unterschied zum Güterzug) Eisenbahnzug, der Personen* (1 a) *befördert.*
Per|so|ni|fi|ka|ti|on, die; -, -en [frz. personnification, zu: personnifier, ↑ personifizieren] (bildungsspr.): **1. a)** *Personifizieren* (1); **b)** *Gestalt, die das Ergebnis einer Personifikation* (1 a) *ist.* **2.** *Verkörperung (in Gestalt einer Person* 1 a).
per|so|ni|fi|zie|ren ⟨sw. V.; hat⟩ [nach frz. personnifier] (bildungsspr.): **1.** *in Gestalt einer Person* (1 a) *darstellen; vermenschlichen: das Glück [mit Fortuna] p.* **2.** *verkörpern: sie ist die personifizierte Geduld (die Verkörperung der Geduld, die Geduld in Person).*
Per|so|ni|fi|zie|rung, die; -, -en (bildungsspr.): **1.** *Personifikation* (1). **2.** (selten) *Personifikation* (2).

per|sön|lich ⟨Adj.⟩ [mhd. persönlich, zu ↑ Person]: **1. a)** *für jmds. Person* (1 a) *kennzeichnend, charakteristisch: großen* -en *Einfluss haben;* **b)** (Philos., Rel.) *(in der Art einer Person* 1 a) *[existierend]: an einen* -en *Gott glauben;* **c)** (Sprachwiss.) *in der ersten, zweiten, dritten Person* (5) *vorkommend:* -es *Fürwort (Personalpronomen).* **2. a)** *zwischen einzelnen Personen* (1 a) *selbst, unmittelbar zustande kommend:* -e *Beziehungen;* **b)** *von der einzelnen Person* (1 a) *ausgehend u. durch ihr Erleben, [Mit]fühlen, ihre Interessen usw. bestimmt; menschlich;* **c)** *gegen die einzelne Person* (1 a) *gerichtet:* eine -e *Beleidigung; * p. werden (auf jmds. Person zielende Anspielungen machen; unsachlich u. anzüglich werden).* **3.** *in [eigener] Person* (1 a), *selbst.* **4. a)** *eigen: meine* -e *Meinung; sein* -es *Eigentum;* **b)** *die eigene Person* (1 a) *betreffend:* -e *Erfolge;* ⟨subst.:⟩ *alles Persönliche aus dem Spiel lassen.*
Per|sön|lich|keit, die; -, -en [spätmhd. persönlichkeit]: **1.** ⟨o. Pl.⟩ *Gesamtheit der persönlichen (charakteristischen, individuellen) Eigenschaften eines Menschen.* **2.** *Mensch mit ausgeprägter individueller Eigenart:* er ist eine starke P. **3.** *jmd., der eine führende Rolle im gesellschaftlichen Leben spielt: eine bekannte P.*
Per|sön|lich|keits|bild, das: *Bild von jmds. Persönlichkeit* (1): *das P. eines Täters, Opfers.*
Per|sön|lich|keits|ent|fal|tung, die: *Entfaltung der [eigenen] Persönlichkeit* (1).
Per|sön|lich|keits|ent|wick|lung, die: *Entwicklung der [eigenen] Persönlichkeit* (1): *die Rolle der kommunikativen Kompetenz für die P. von Kindern.*
Per|sön|lich|keits|recht, das (Rechtsspr.): *umfassendes Recht auf Achtung u. Entfaltung der Persönlichkeit* (1).
Per|sön|lich|keits|stö|rung, die (Psychol.): *durch abweichendes Erleben u. Verhalten gekennzeichnete psychische Störung mit Ursprung im Kindes- od. Jugendalter.*
Per|sön|lich|keits|struk|tur, die: vgl. Persönlichkeitsbild.
Per|sön|lich|keits|wahl, die (Politik): *Wahlsystem, bei dem im Gegensatz zur Verhältniswahl die Stimmen nicht für Listen, sondern für einzelne konkurrierende Kandidat[inn]en abgegeben werden.*
Per|sons|be|schrei|bung, die (österr.): *Personenbeschreibung.*
Pers|pek|tiv, das; -s, -e [zu spätlat. perspectivus, ↑ Perspektive]: *Fernrohr aus mehreren Rohrstücken in handlicher Größe, die man ineinanderschieben kann.*
Pers|pek|ti|ve, die; -, -n [mlat. perspectiva (ars), eigtl. = durchblickend(e Kunst), zu spätlat. perspectivus = durchblickend, zu lat. perspicere = mit dem Blick durchdringen, deutlich sehen]: **1.** *den Eindruck des Räumlichen hervorrufende Form der (ebenen) Abbildung, der Ansicht von räumlichen Verhältnissen, bei der Parallelen, die in die Tiefe des Raums gerichtet sind, verkürzt werden u. in einem Punkt zusammenlaufen: die P. dieser Skizze stimmt nicht; ein Gemälde ohne P.* **2.** (bildungsspr.) *Betrachtungsweise od. -möglichkeit von einem bestimmten Standpunkt aus; Sicht, Blickwinkel: interessante* -n *eröffnen sich; der Fotograf nahm das Bauwerk in, aus einer anderen P. auf; etw. aus soziologischer P. betrachten;* -n *(Aspekte) des Zusammenlebens.* **3.** (bildungsspr.) *Aussicht für die Zukunft: eine gute P.*
Pers|pek|ti|ven|grup|pe, die (österr.): *Arbeitsgruppe, Kommission: eine P. einsetzen, leiten.*
Pers|pek|ti|ven|wech|sel, (seltener:) *Perspektivwechsel,* der (bildungsspr.): *Wechsel der Per-*

spektive (2): P. als Grundprinzip des interkulturellen Lernens.

per|s|pek|ti|visch ⟨Adj.⟩: **1.** (bildungsspr.) *die Perspektive* (1) *betreffend, darauf beruhend, der Perspektive* (1) *entsprechend:* etw. p. zeichnen. **2.** (bildungsspr.) *die Perspektive* (2), *die Betrachtungsweise betreffend, darauf beruhend.* **3.** [nach russ. perspektivnyj] *auf die Zukunft gerichtet:* -es ökonomisches Denken; p. planen.

Per|s|pek|ti|vis|mus, der; - (Philos.): *Prinzip, nach dem die Erkenntnis der Welt, die Beurteilung geschichtlicher Vorgänge usw. durch die jeweilige Perspektive des od. der Betrachtenden bedingt ist.*

per|s|pek|tiv|los ⟨Adj.⟩: *keine Perspektive* (3) *besitzend, ohne Perspektiven:* seine Zukunft erschien ihm p.

Per|s|pek|ti|vlo|sig|keit, die; -, -en: *das Perspektivlosein; Aussichtslosigkeit.*

Per|s|pek|tiv|wech|sel, die: ↑ Perspektivenwechsel.

Per|s|pek|to|graf, Per|s|pek|to|graph, der; -en, -en [↑-graf]: *Zeicheninstrument, mit dem man ein perspektivisches Bild aus dem Grund- u. Aufriss eines Gegenstandes mechanisch zeichnen kann.*

♦ **per|su|a|die|ren** ⟨sw. V.; hat⟩ [lat. persuadere, ↑ Persuasion]: *überreden:* ... indem er ... auf Franziska zuging und sie ... zu einem Schleifer persuadierte (Mörike, Mozart 253).

Pe|ru; -s: Staat in Südamerika.

Pe|ru|a|ner, der; -s, -: Ew.

Pe|ru|a|ne|rin, die; -, -nen: w. Form zu ↑ Peruaner.

pe|ru|a|nisch ⟨Adj.⟩: *Peru, die Peruaner betreffend; aus Peru stammend.*

Pe|ru|bal|sam, der: *von einem Baum des tropischen Mittel- u. Südamerika gewonnener Balsam, der als Wundheilmittel u. in der Parfümerie verwendet wird.*

Pe|rü|cke, die; -, -n [frz. perruque, urspr. = Haarschopf, H. u.]: **1.** *[unechtes] Haar, das wie eine Kappe als Ersatz für fehlendes Haar, zu Kostümen* (2, 3), *aus modischen o. ä. Gründen getragen wird.* **2.** (Jägerspr.) *krankhafte Wucherung am Gehörn od. Geweih.*

Pe|rü|cken|ma|cher, der: *jmd., der Perücken anfertigt* (Berufsbez.).

Pe|rü|cken|ma|che|rin, die: w. Form zu ↑ Perückenmacher.

per|vers ⟨Adj.⟩ [(frz. pervers <) lat. perversus = verdreht, verkehrt, adj. 2. Part. von: pervertere, ↑ pervertieren]: **1.** (bes. in sexueller Beziehung) *als widernatürlich empfunden:* eine -e Lust am Töten; -e Sexualpraktiken; er, sie ist p.; ich finde so was p. **2.** (ugs., oft emotional übertreibend) *die Grenze des Erlaubten überschreitend, unerhört, schlimm; absurd, höchst merkwürdig:* das ist ja p., wie der überholt.

> Der Bezug des Wortes *pervers* auf Menschen oder sexuelle Praktiken und Verhaltensweisen stellt eine starke Diskriminierung dar. Die Verwendung sollte also nicht unüberlegt erfolgen.

Per|ver|si|on, die; -, -en [spätlat. perversio] (bildungsspr.): **1.** *perverses Empfinden bzw. Verhalten: sexuelle, geistige, moralische P.* **2.** *Verkehrung ins Krankhafte, Abnorme; Pervertierung:* die P. einer Idee, eines Systems.

Per|ver|si|tät, die; -, -en [lat. perversitas] (bildungsspr.): **1.** ⟨o. Pl.⟩ *das Perverssein.* **2.** *perverse Art, Verhaltensweise.*

per|ver|tie|ren ⟨sw. V.⟩ [lat. pervertere = verkehren] (bildungsspr.): **1.** ⟨hat⟩ *verderben, verfälschen, ins Gegenteil, ins Negative verkehren:* Menschen zu seelenlosen Robotern p. **2.** ⟨ist⟩ *sich in etw. Negatives verkehren, verfälscht werden:* das politische System pervertierte zur Diktatur.

Per|ver|tiert|heit, die; -, -en: **1.** ⟨o. Pl.⟩ *das Pervertiertsein.* **2.** *Perversität* (2).

Per|ver|tie|rung, die; -, -en: *das Pervertieren.*

per|zen|tu|ell ⟨Adj.⟩ (österr.): *prozentual.*

per|zep|ti|bel ⟨Adj.⟩ [spätlat. perceptibilis, zu lat. percipere, ↑ perzipieren] (Psychol., Philos.): *wahrnehmbar, erfassbar.*

Per|zep|ti|on, die; -, -en [lat. perceptio]: **1. a)** (Philos.) *reines sinnliches Wahrnehmen ohne Reflexion als erste Stufe der Erkenntnis;* **b)** (Psychol.) *[sinnliche] Wahrnehmung [eines Gegenstands] ohne bewusstes Erfassen u. Identifizieren* (z. B. bei flüchtigem Hinsehen). **2.** (Biol., Med.) *Aufnahme von Reizen durch Sinneszellen, -organe.*

per|zep|tiv ⟨Adj.⟩ (Fachspr.): *durch Perzeption bewirkt.*

Per|zep|ti|vi|tät, die; - (bes. Med., Biol.): *(von Sinneszellen, -organen) Aufnahmefähigkeit für Reize.*

per|zep|to|risch ⟨Adj.⟩: *perzeptiv.*

Per|zi|pi|ent, der; -en, -en [zu lat. percipiens (Gen.: percipientis), 1. Part. von: percipere, ↑ perzipieren] (Fachspr.): *Empfänger.*

Per|zi|pi|en|tin, die; -, -nen: w. Form zu ↑ Perzipient.

per|zi|pie|ren ⟨sw. V.; hat⟩ [lat. percipere (2. Part.: perceptum) = wahrnehmen]: **1.** (Philos., Psychol.) *[sinnlich] wahrnehmen.* **2.** (Biol., Med.) *durch Sinneszellen, -organe Reize aufnehmen.* **3.** (veraltet) *(Geld) einnehmen.*

Pe|sa|de, die; -, -n [frz. pesade, älter: posade < ital. posata = das Anhalten, zu: posare < spätlat. pausare, ↑ pausieren] (Reiten): *kurzes Sichaufbäumen des Pferds auf der Hinterhand (als Figur der Hohen Schule).*

pe|san|te ⟨Adv.⟩ [ital. pesante, 1. Part. von: pesare (= schwer) wiegen, zu: peso = Gewicht < lat. pensum, ↑ Pensum] (Musik): *schwerfällig, wuchtig.*

Pe|sel, der; -s, - [mniederd. pēsel < asächs. piasal, über das Vlat. zu lat. (balneum) pensile = (auf gemauertem Bogen ruhendes) Badezimmer mit beheiztem Fußboden, zu: pensilis = hängend, schwebend, zu: pendere, ↑ Pensum] (nordd.): *prächtig ausgestatteter Hauptraum bes. des nordfriesischen Bauernhauses.*

pe|sen ⟨sw. V.; ist⟩ [H. u.] (ugs.): **a)** *sehr schnell laufen; rennen:* zum Bahnhof p.; da ist er ganz schön gepest; **b)** *sehr schnell fahren:* sie ist mit dem Auto um die Ecke gepest.

Pe|se|ta, Pe|se|te, die; -, ...ten [span. peseta, eigtl. = kleine Münze (mit einheitlich festgesetztem Gewicht), zu: peso < lat. pensum, ↑ Pensum]: **1.** *frühere Währungseinheit in Spanien* (1 Peseta = 100 Céntimo; Abk.: Pta). **2.** ⟨Pl.⟩ (salopp) *Geld:* dazu fehlen mir die Peseten.

Pe|so, der; -[s], -[s] [span. peso, ↑ Peseta]: *Währungseinheit in Süd-, Mittelamerika u. auf den Philippinen.*

Pes|sach, das; -s [hebr. pesaḥ, ↑ Passah]: *Passah.*

Pes|sar, das; -s, -e [gräz. pes(ari)um < griech. pessón, pessós = (als eine Art Tampon verwendeter) länglich runder Gegenstand, eigtl. = Spielstein im Brettspiel] (Med.): *meist ringförmiger Gegenstand bes. aus Kunststoff, der stützend den Muttermund umschließt u. auch der Empfängnisverhütung dient.*

Pes|si|mis|mus, der; - [zu lat. pessimus, ↑ Pessimum]: **a)** *Lebensauffassung von Menschen, die alles von der schlechten Seite betrachten; Grundhaltung ohne positive Erwartungen, Hoffnungen:* zum P. neigen; **b)** *durch negative Erwartung bestimmte Haltung angesichts einer Sache, hinsichtlich der Zukunft;* **c)** *philosophische Auffassung, nach der die bestehende Welt schlecht ist u. eine Entwicklung zum Besseren nicht zu erwarten ist.*

Pes|si|mist, der; -en, -en: *von Pessimismus erfüllter Mensch.*

Pes|si|mis|tin, die; -, -nen: w. Form zu ↑ Pessimist.

pes|si|mis|tisch ⟨Adj.⟩: **a)** *von Pessimismus erfüllt:* etw. p. sehen, betrachten; **b)** *von Pessimismus* (b) *erfüllt od. die entsprechende Haltung ausdrückend:* eine -e Schätzung.

Pes|si|mum, das; -s, ...ma [lat. pessimum, Neutr. von: pessimus = schlechtester, Sup. von: malus = schlecht] (Biol.): *ungünstigste Umweltbedingungen für ein Tier od. eine Pflanze.*

Pest, die; - [lat. pestis, H. u.]: *epidemisch auftretende, mit hohem Fieber u. eitrigen Entzündungen verbundene ansteckende Krankheit, die oft tödlich verläuft:* er hatte die P.; * *wie die P.* (salopp; *überaus intensiv, eifrig, schnell*); *wie die P. stinken* (salopp; *abscheulich stinken*); *jmdm. die P. an den Hals wünschen* (salopp; *jmdm. alles Schlechte wünschen*).

pest|ar|tig ⟨Adj.⟩ (abwertend): *(von Gerüchen) übel, abscheulich p.; er Gestank.*

Pest|beu|le, die: *bei der Pest auftretende eitrige Beule.*

Pest|ge|ruch, der: *übler, abscheulicher Geruch.*

Pest|hauch, der; (geh.): *giftiger, tödlicher Hauch, Dunst.*

Pest|hei|li|ger ⟨vgl. Heiliger⟩ (kath. Kirche): *Heiliger, der zum Schutz vor einer Pesterkrankung angerufen wird* (hl. Rochus, hl. Sebastian).

Pes|ti|zid, das; -s, -e [zu ↑ Pest u. lat. caedere (in Zus. -cidere) = töten]: *Schädlingsbekämpfungsmittel.*

pest|krank ⟨Adj.⟩: *an der Pest erkrankt.*

Pes|to, der od. das; -s, -s [ital. pesto, eigtl. = das Zerstoßene, zu: pestare = zerstoßen, zerreiben, über das Vlat. zu lat. pistum, 2. Part. von: pinsare = zerstoßen] (Kochkunst): *kalte würzige Soße aus Olivenöl, Knoblauch, Pinienkernen, Basilikum und geriebenem Parmesankäse.*

Pest|säu|le, die: *Gedenksäule zur Erinnerung an eine überstandene Pest.*

PET [pɛt], das; -: Polyethylenterephthalat (ein Kunststoff).

Pe|ta|joule, das [wohl variiert aus griech. penta- = fünf (zur Bez. des 10^{15}-Fachen einer physikalischen Einheit) u. ↑ Joule] (Physik): *eine Billiarde Joule* (Zeichen: PJ).

Pé|tanque [peˈtãk; frz. pétanque, zu provenz. pès = Füße (< lat. pedes; Pl. von: pes = Fuß) u. tancar (aus dem Vlat.) = (die Füße) schließen, also eigtl. = mit geschlossene(n) Füße(n), nach der Abwurfstellung]: *dem Boccia ähnliches französisches Kugelspiel.*

Pe|tent, der; -en, -en [zu lat. petens (Gen.: petentis), 1. Part. von: petere, ↑ Petition] (Amtsspr., Rechtsspr.): *jmd., der eine Eingabe* (1) *macht.*

Pe|ten|tin, die; -, -nen: w. Form zu ↑ Petent.

Pe|ter, der; -s, - [nach dem m. Vorn. Peter < lat. Petrus < griech. Pétros, zu: pétros = Fels(block), Stein] (ugs., nur in Verbindung mit abwertendem Adj.): *Mensch, Person:* ein dummer P.; * *jmdm. den Schwarzen/schwarzen P. zuschieben/zuspielen* (*jmdm. die Schuld, Verantwortung für etw. zuschieben;* nach dem Kartenspiel »Schwarzer Peter«, bei dem derjenige verliert, der am Schluss des Spiels die gleichnamige Spielkarte in der Hand hält).

Pe|ter|le, das; -[s] (landsch.): *Petersilie.*

Pe|ter|li, der; -s (schweiz.): *Petersilie.*

Pe|ter|männ|chen, das [H. u., wohl nach dem hl. Petrus, dem Schutzpatron der Fischer]: *zu den Barschen gehörender Fisch mit Stachelflossen u. Giftdrüsen, der sich im Meeresgrund eingräbt.*

Pe|ter|sil, der; -s (bayr., österr.): *Petersilie.*

Pe|ter|si|lie, die; -, -n [mhd. pētersil(je), ahd. petersilia, petrasile < mlat. petrosilium < lat. petroselinon < griech. petrosélinon = Felsen-,

Steineppich]: *zum Würzen u. Garnieren von Speisen verwendete Pflanze mit dunkelgrünen, glatten od. krausen, mehrfach gefiederten Blättern u. schlanker Pfahlwurzel.*
Pe|ter|si|li|en|kar|tof|feln ⟨Pl.⟩ (Kochkunst): *mit gehackter Petersilie angerichtete Kartoffeln.*
Pe|ter|si|li|en|wur|zel, die: *Wurzel der Petersilie.*
Pe|ters|pfen|nig, der [nach der Peterskirche, der Hauptkirche des Papstes, u. der Grabkirche des Petrus in Rom] (kath. Kirche): *Abgabe an den Papst.*
PET-Fla|sche, die: *Flasche aus dem Kunststoff PET.*
Pe|tit [pə'ti:], die; - [zu frz. petit = klein, gering, aus dem Vlat.] (Druckw.): *Schriftgrad von acht Punkt.*
◆ **Pe|tit-Cre|vé** [pətikrə've:], der; -, -s [...'ve:] [frz., zu: petit (↑ Petit) u. crevé = aufgeblasen]: *eleganter Taugenichts; Weichling: Das ärmste Leben, das ein Menschenkind führen kann, ist das des P.* (Fontane, Jenny Treibel 80).
Pe|ti|tes|se, die; -, -n [frz. petitesse, zu: petit, ↑ Petit] (bildungsspr.): *Geringfügigkeit, nebensächliche, unwichtige Sache, Kleinigkeit: mit solchen -n können wir uns jetzt nicht aufhalten.*
Pe|ti|ti|on, die; -, -en [lat. petitio, zu: petere (2. Part.: petitum) = verlangen, (er)bitten] (Amtsspr.): *Gesuch, Eingabe an eine offizielle Stelle: eine P. abfassen.*
Pe|ti|ti|ons|aus|schuss, der: *parlamentarischer Ausschuss zur Prüfung von Petitionen.*
Pe|ti|ti|ons|recht, das ⟨Pl. selten⟩: *verfassungsmäßiges Recht, sich mit einer Petition unmittelbar an die zuständige Behörde od. an die Volksvertretung zu wenden.*
Pe|tit|satz [pə'ti:...], der ⟨o. Pl.⟩ (Druckw.): a) ⟨o. Pl.⟩ *das Setzen in Petit;* b) *in Petit Gesetztes.*
Pe|tit|schrift [pə'ti:...], die: *Druckschrift in der Größe von acht Punkt.*
Pe|tits Fours [pəti'fu:ɐ̯] ⟨Pl.⟩ [frz., zu four = Gebäck, eigtl. = (Back)ofen]: *feines [gefülltes u. glasiertes] Kleingebäck.*

pe|tr-, Petr-: ↑ petro-, Petro-.

Pe|tre|fakt, das; -[e]s, -e[n] [zu lat. petra < griech. pétra = Stein, Fels u. lat. facere = machen] (Paläontol. veraltet): *Versteinerung.*
pe|tri|fi|zie|ren ⟨sw. V.⟩ [zu lat. petra (↑ Petrefakt) u. facere = machen] (bildungsspr.): a) ⟨ist⟩ *versteinern, zu Stein werden;* b) ⟨hat⟩ *versteinern lassen.*
Pe|tri Heil! [nach dem Namen des Apostels Petrus (lat. Gen.: Petri), des Schutzpatrons der Fischer]: *Gruß der Angler u. Anglerinnen.*
Pe|tri|jün|ger, der (ugs. scherzh.): *Sportangler, Angler aus Leidenschaft.*
Pe|tri|jün|ge|rin, die: w. Form zu ↑ Petrijünger.
Pe|tri|scha|le, die [nach dem dt. Bakteriologen R. J. Petri (1852–1921)]: *flache Glasschale, in der bakterielle Kulturen angelegt werden.*

pe|tro-, Petro-, (vor Vokalen auch:) petr-, Petr- [griech. pétros]: Best. in Zus. mit der Bed. stein-, Stein- (z. B. petrografisch, Petrologie, Petroleum).

Pe|tro|che|mie, die; -: 1. [zu ↑ petro-, Petro- u. ↑ Chemie] *Petrolchemie.* 2. (veraltend) *Wissenschaft von der chemischen Zusammensetzung der Gesteine.*
pe|tro|che|misch ⟨Adj.⟩: a) *die Petrochemie (1) betreffend;* b) *petrolchemisch.*
Pe|tro|dol|lar [auch: 'pe...], der; -[s], -s (Wirtschaftsjargon): *aus Einnahmen aus dem Ölexport (eines Erdöl exportierenden Landes) stam-* *mender US-Dollar: die auf den internationalen Finanzmärkten angelegten -s; Milliarden von -s.*
Pe|tro|ge|ne|se, die; -, -n [zu ↑ Petroleum]: *Entstehung der Gesteine; Gesteinsbildung.*
Pe|tro|gra|fie, Petrographie, die; -, -n [↑-grafie]: *Wissenschaft von der mineralogischen u. chemischen Zusammensetzung der Gesteine u. ihrer Gefüge; beschreibende Gesteinskunde.*
pe|tro|gra|fisch, petrographisch ⟨Adj.⟩: *die Petrografie betreffend.*
pe|t|rol ⟨Adj.⟩: *von kräftigem Türkis.*
Pe|t|rol, das; -s (schweiz.): *Petroleum.*
Pe|t|rol|che|mie, die (o. Pl.) [zu ↑ Petroleum u. ↑ Chemie]: *Zweig der technischen Chemie, dessen Aufgabe bes. in der Gewinnung von chemischen Rohstoffen aus Erdöl u. Erdgas besteht; Erdölchemie.*
pe|t|rol|che|misch ⟨Adj.⟩: *die Petrolchemie betreffend.*
Pe|t|ro|le|um, das; -s [mlat. petroleum, zu griech. pétros = Stein u. lat. oleum = Öl, also eigtl. = Steinöl]: 1. (veraltend) *Erdöl.* 2. *(aus Erdöl gewonnene) farblose, brennbare Flüssigkeit.*
Pe|t|ro|le|um|ko|cher, der: *mit Petroleum betriebener Kocher.*
Pe|t|ro|le|um|lam|pe, die: *Lampe, deren Licht durch das (mithilfe eines Dochts erfolgende) Verbrennen von Petroleum entsteht.*
◆ **Pe|t|ro|leur** [...'lø:ɐ̯], der; -s, -e [französierende Bildung du frz. pétroleuse = Frau, die während der Pariser Kommune öffentliche Gebäude mit Petroleum in Brand steckte]: *Brandstifter: ... können Sie sich einen Handelsgärtner denken ... Kornblumen im Großen zieht, Kornblumen, dies Symbol königlich preußischer Gesinnung, und der zugleich P. und Dynamitarde ist* (Fontane, Jenny Treibel 32).
pe|t|rol|far|ben, pe|t|rol|far|big ⟨Adj.⟩: *petrol.*
Pe|t|ro|lo|gie, die; - [↑-logie]: *Wissenschaft von der Bildung u. Umwandlung der Gesteine, bes. den physikalisch-chemischen Bedingungen ihrer Entstehung.*
Pe|t|rus [nach dem Apostel Petrus, der nach dem Volksglauben für das Wetter verantwortlich ist u. die Rolle des himmlischen Türhüters einnimmt]: *in Wendungen wie P. meint es gut* (ugs.: *es ist schönes Wetter*); **wenn P. mitspielt** (ugs.: *wenn das Wetter gut ist*); **bei P. anklopfen** (ugs. verhüll.: *sterben*).
Pe|t|rus|brief, der: *Brief des Apostels Petrus im N. T.*
Pet|schaft, das; -s, -e [mhd. petschat < tschech. pečeť (zu -schaft umgeformt)]: *Siegel (1 a) mit eingraviertem Namenszug, Wappen od. Bild.*
pet|schie|ren ⟨sw. V.⟩ (hat): *mit einem Petschaft versiegeln;* * **petschiert sein** (österr. ugs.: *in einer schwierigen Situation, ruiniert sein;* wohl nach dem Siegel auf gepfändeten Gegenständen).
Pet|ti|coat ['pɛtɪkoʊt], der; -s, -s [engl. petticoat, eigtl. = kleiner Rock, zu: petty (< frz. petit, ↑ Petit) = klein u. coat, ↑ Coat] (Mode): *versteifter, weiter, in der Taille ansetzender Unterrock: -s und Rock 'n' Roll bestimmten ihre Jugend.*
Pet|ting, das; -[s], -s [engl. petting, zu: to pet = liebkosen]: *[bis zum Orgasmus betriebene] gegenseitige sexuelle Stimulierung, bei der die Genitalien berührt werden, es aber nicht zur genitalen Vereinigung kommt.*
pet|to: ↑ in petto.
Pe|tu|nie, die; -, -n [frz. pétunia, zu (landsch.): petun = Tabak < Tupi (südamerik. Indianerspr.) petyn = Tabak(pflanze): die Pflanze ähnelt der Tabakpflanze]: *Pflanze mit klebrig, weich behaarten Stängeln u. Blättern u. violetten, roten. weißen trichterförmigen Blüten.*
Petz, der; -es, -e: ↑ Meister (7).

¹**Pet|ze**, die; -, -n [H. u.] (landsch.): *Hündin.*
²**Pet|ze**, die; -, -n (Schülerspr. abwertend): *jmd., der petzt.*
pet|zen ⟨sw. V.; hat⟩ [aus der Studentenspr., viell. urspr. gaunerspr., zu hebr. pązä = den Mund aufreißen] (Schülerspr. abwertend): *(bes. einer Lehrperson, den Eltern o. Ä.) mitteilen, dass ein anderer etw. Unerlaubtes, Unrechtmäßiges o. Ä. getan hat: sie hat gleich gepetzt, dass ich zu spät gekommen bin.*
Pet|zer, der; -s, - [zu ↑ petzen] (Schülerspr. abwertend): *jmd., der petzt.*
Pet|ze|rin, die; -, -nen: w. Form zu ↑ Petzer.
peu à peu [pøa'pø:; frz.]: *allmählich, langsam, nach u. nach.*
pF = Picofarad.
Pf. = Pfennig.
Pfad, der; -[e]s, -e [mhd. pfat, ahd. pfad, H. u.]: *schmaler Weg: ein steiniger P. schlängelte sich durchs Tal; Ü die verschlungenen -e des Lebens;* * **ein dorniger P.** (geh.: *ein mit vielen Schwierigkeiten verbundener Weg zu einem Ziel hin*); **die ausgetretenen -e verlassen** (geh., *im Denken od. Handeln von üblichen Petschaft abweichen*); **auf ausgetretenen -en wandeln** (geh.: *immer nur in derselben [erprobten] Weise vorgehen, keine Neuerungen riskieren*); **auf dem P. der Tugend wandeln** (geh., auch spött.; *tugendhaft, brav sein*).
Pfad|fin|der, der; -s, - [LÜ von engl. pathfinder]: *Angehöriger einer internationalen Jugendorganisation mit dem allgemeinen Ziel, zu sozialem u. politischem Verhalten zu erziehen.*
Pfad|fin|de|rin, die; -, -nen: w. Form zu ↑ Pfadfinder.
¹**Pfa|di**, der; -s, -s (bes. schweiz.): *Pfadfinder.*
²**Pfa|di**, die; -, -s (bes. schweiz.): *Pfadfinderin.*
Pfaf|fe, der; -n, -n [mhd. pfaffe, ahd. pfaffo, pfapho < mlat. papas < spätgriech. papäs = niedriger Geistlicher] (abwertend): *Geistlicher: auf die -n schimpfen;* ◆ (ohne abwertenden od. verächtlichen Nebensinn:) *Als stünd' in seiner Kapelle der würdige P. schon da* (Goethe, Bergschloß).
Pfaf|fen|ge|schwätz, das (abwertend): *überflüssiges, sinnloses, nicht sehr hilfreiches Reden [von Geistlichen]: das ist doch alles törichtes, leeres P.*
Pfahl, der; -[e]s, Pfähle [mhd., ahd. pfāl < lat. palus]: 1. *langes rundes od. kantiges Bauteil aus Holz, Stahl od. Beton, das meist an einem Ende zugespitzt ist: ein morscher P.; Pfähle einschlagen, einrammen; der Bau ruht auf Pfählen;* * **ein P. im Fleische** (etw. [körperlich od. seelisch] Peinigendes, was einen nicht zur Ruhe kommen lässt; nach 2. Kor. 12,7). 2. (Heraldik) *senkrechter Streifen von abweichender Farbe in der Mitte eines Wappenschildes.*
Pfahl|bau, der ⟨Pl. -ten⟩: *(im Wasser, über moorigem Grund o. Ä.) auf einer von eingerammten Pfählen gestützten freien Plattform stehender Bau (4).*
Pfahl|bür|ger: 1. [mhd. pfalburgære (im MA.)] *jmd., der das Bürgerrecht einer Stadt hat, aber nicht innerhalb ihrer Mauern, sondern bei den das Außenwerk bildenden Pfählen wohnt.* 2. (vgl. Spießbürger) (abwertend veraltend) *Spießbürger.*
Pfahl|bür|ge|rin, die: w. Form zu ↑ Pfahlbürger.
pfäh|len ⟨sw. V.; hat⟩ [mhd. pfæelen = Pfähle machen]: 1. (Fachspr.) a) *Pfähle in etw. einrammen; mit Pfählen befestigen: lockeren Baugrund p.;* b) *mit einem Pfahl stützen: Obstbäume p.* 2. *mit einem Pfahl durchbohren u. dadurch töten: jmdn. p. lassen.*
Pfahl|mu|schel, die: *Miesmuschel.*
Pfahl|werk, das (Bautechnik): *aus Pfählen errichtete Stützwand.*

Pfahlwurzel – Pfefferminz

Pfahl|wur|zel, die (Bot.): *lange, gerade, senkrecht in den Boden gehende Wurzel.*

¹Pfalz, die; -, -en [mhd. phal(en)ze, ahd. phalanza < mlat. palatia (Pl.) < lat. palatium, ↑ Palast]: *(im MA.) dem deutschen König bzw. Kaiser u. a. als Gerichtsstätte dienende wechselnde Residenz:* die -en der Staufer.

²Pfalz, die; -: Gebiet in Rheinland-Pfalz.

¹Pfäl|zer, der; -s, -: **1.** Ew. zu ↑ ²Pfalz. **2.** *Wein aus der* ²Pfalz.

²Pfäl|zer ⟨indekl. Adj.⟩: *der P. Wald.*

Pfäl|ze|rin, die; -, -nen: w. Form zu ↑ ¹Pfälzer (1).

Pfalz|graf, der: *(im MA.) richterlicher Vertreter des Königs in seiner Pfalz.*

Pfalz|grä|fin, die; **1.** w. Form zu ↑ Pfalzgraf. **2.** *Frau eines Pfalzgrafen.*

pfäl|zisch ⟨Adj.⟩: **a)** (selten) *die ¹Pfalz betreffend, zu ihr gehörend;* **b)** *die ²Pfalz, die ¹Pfälzer (1) betreffend; von den ¹Pfälzern (1) stammend, zu ihnen gehörend.*

Pfand, das; -[e]s, Pfänder [mhd., ahd. pfant, H. u.]: **1. a)** *Gegenstand, der als Sicherheit, als Bürgschaft für eine Forderung gilt:* ein P. geben, einlösen; **b)** *Geldbetrag, der für das Leergut berechnet bzw. erstattet wird:* für etw. bezahlen; ist auf den Flaschen P.? *(muss dafür Pfand bezahlt werden?).* **2.** (geh.) *Unterpfand, Beweis, Zeichen für etw.:* jmdm. einen Ring als P. seiner Liebe schenken; mit etw. ein gutes P. in der Hand haben.

pfänd|bar ⟨Adj.⟩: *(als nicht unbedingt lebensnotwendiges Gut) zur Pfändung geeignet:* der -e Teil des Gehalts.

Pfand|brief, der (Wirtsch., Bankw.): *Hypothekenpfandbrief.*

pfän|den (sw. V.; hat) [mhd. pfenden, ahd. (nur als 2. Part.) gifantōt]: **a)** *als Pfand (1 a) für eine geldliche Forderung gerichtlich beschlagnahmen:* Möbel, den Lohn p.; bei ihr gibt es nichts zu p.; das Existenzminimum können sie ihm nicht p.; **b)** *jmds. Eigentum als Pfand (1 a) für eine Forderung gerichtlich beschlagnahmen:* sie sind schon mehrmals gepfändet worden.

Pfän|der|spiel, das: *Gesellschaftsspiel, bei dem jede[r] Mitspielende, wenn er etw. falsch gemacht hat, ein Pfand hinterlegen muss, das er bzw. sie am Schluss des Spiels nach Erfüllung einer scherzhaften Auflage zurückerhält.*

Pfand|fla|sche, die: *Flasche, auf die Pfand (1 b) erhoben wird.*

Pfand|geld, das: *Pfand (1 b).*

Pfand|haus, das (veraltend): *Leihhaus.*

Pfand|leih|an|stalt, die: *auf öffentlich-rechtlicher Grundlage betriebenes Leihhaus.*

Pfand|lei|he, die: **a)** ⟨o. Pl.⟩ *gewerbsmäßiges Verleihen von Geld gegen Pfand (1 a):* von der P. leben; **b)** *Leihhaus:* etw. auf, in die P. bringen.

Pfand|lei|her, der; -s, -: *jmd., der verzinsliche Darlehen gegen Hinterlegung eines Pfandes (1 a) ausgibt (Berufsbez.).*

Pfand|lei|he|rin, die; -, -nen: w. Form zu ↑ Pfandleiher.

Pfand|schein, der: *Bescheinigung über ein hinterlegtes Pfand (1 a).*

Pfand|sie|gel, das: *Siegel (2 b), das der Gerichtsvollzieher bei der Pfändung an die gepfändeten Gegenstände klebt.*

Pfän|dung, die; -, -en: *das Pfänden.*

Pfan|ne, die; -, -n [mhd., ahd. phanna, mlat., vlat. panna, wohl zu lat. patina < griech. patánē = Schüssel]: **1.** *flaches, zum Braten od. Backen auf dem Herd verwendetes [eisernes] Gefäß [mit langem Stiel]:* die P. auf den Herd stellen, vom Feuer nehmen; das Essen heiß von der P. servieren; * jmdn. in die P. hauen (salopp: *jmdn. scharf, in erniedrigender Weise zurechtweisen, hart kritisieren*: vor dem Chef hat er dann seine Kollegen in

die P. gehauen. *jmdn. vernichten, vernichtend besiegen:* wir haben die gegnerische Mannschaft in die P. gehauen. **3.** *verprügeln:* die Hooligans hauten die Ordner im Stadion in die P.). **2.** (früher) *am Gewehr angebrachte Vertiefung, Mulde für das Schießpulver:* * etw. auf der P. haben (ugs.; *etw. [Überraschendes] in Bereitschaft haben;* eigtl. = das Gewehr geladen haben u. sofort losschießen können: immer einen Witz auf der P. haben). **3.** (Hüttenw.) *Gefäß zum Transport von flüssigem Metall od. flüssiger Schlacke.* **4.** (Bauw.) *Dachziegel für Dächer mit geringer Neigung.* **5.** (Anat.) *Gelenkpfanne.* **6.** (Geogr.) *Senke, Mulde bes. in Trockengebieten, die nach starkem Regen mit Wasser gefüllt sein kann.* **7.** Kurzf. von ↑ Bettpfanne.

Pfan|nen|stiel, der: *Stiel einer Pfanne (1).*

Pfann|ku|chen, der [mhd. pfankuoche, ahd. pfankuocho]: **1.** *in der Pfanne gebackene, flache Mehlspeise aus Eiern, Mehl u. Milch; Eier[pfann]kuchen:* P. essen; * platt sein wie ein P. (salopp; *sehr verblüfft, überrascht sein*). **2.** (bes. nordd. u. ostmd.) *in schwimmendem Fett gebackenes, meist mit Marmelade gefülltes, kugelförmiges Gebäckstück aus Hefeteig;* ³Berliner: es duftet nach frischen P.; * aufgehen wie ein P. (salopp: *dick werden*). **3.** (landsch.) *Kartoffelpuffer.*

Pfarr|ad|mi|nis|t|ra|tor, der: *Pfarrverweser.*

Pfarr|ad|mi|nis|t|ra|to|rin, die: w. Form zu ↑ Pfarradministrator.

Pfarr|amt, das: **1.** *Dienststelle eines [Gemeinde]pfarrers:* aufs P. gehen. **2.** *Amt eines Pfarrers.*

Pfarr|be|zirk, der: *Amtsbezirk eines Pfarrers.*

Pfar|re, die; -, -n [mhd. pfarre, ahd. pfarra, H. u., viell. verw. mit ↑ Pferch] (landsch.): *Pfarrei.*

Pfar|rei, die; -, -en: **a)** *unterste kirchliche Behörde mit einem Pfarrer an der Spitze:* eine P. mit 2000 Seelen; **b)** *Pfarramt (1), Pfarrhaus:* der Chor trifft sich vor dem Auftritt in der P.

Pfar|rer, der; -s, - [mhd. pfarræære, spätahd. pfarrāri]: *einer Gemeinde, Pfarrei vorstehender Geistlicher einer christlichen Kirche:* ein evangelischer, katholischer P.

Pfar|re|rin, die; -, -nen: **1.** *einer Gemeinde, Pfarrei vorstehende Geistliche einer protestantischen Kirche.* ◆ **2.** *Pfarrfrau:* Manchmal lässt sie uns invitieren, die Frau Amtmännin, Frau P. und mich, und diskurrieren mit uns von allerlei (Goethe, Stella I).

Pfar|rers|frau, die: *Pfarrfrau.*

Pfar|rers|toch|ter, die: *Tochter eines Pfarrers:* * unter uns [katholischen] Pfarrerstöchtern (ugs. scherzh.; *unter uns [Gleichgesinnten] gesagt; im Vertrauen*).

Pfarr|frau, die: *Ehefrau eines evangelischen Pfarrers.*

Pfarr|ge|mein|de, die (kath. Kirche): *Gesamtheit der zu einem Pfarrbezirk gehörenden Gläubigen.*

Pfarr|ge|mein|de|rat (kath. Kirche): *aus gewählten Mitgliedern bestehendes Gremium, das dem [Gemeinde]pfarrer beratend u. helfend zur Seite steht.*

Pfarr|haus, das: *der Kirche gehörendes Haus, in dem sich die Dienstwohnung eines Pfarrers [u. Amtsräume] befinden.*

Pfarr|heim, das: *Haus, das für Zusammenkünfte u. Veranstaltungen einer Pfarrgemeinde genutzt wird.*

Pfarr|hel|fer, der: *ausgebildeter Helfer in einer evangelischen od. katholischen Gemeinde (Berufsbez.).*

Pfarr|hel|fe|rin, die: w. Form zu ↑ Pfarrhelfer.

Pfarr|kir|che, die: *einzige Kirche, Hauptkirche eines Pfarrbezirks; Parochialkirche.*

Pfarr|saal, der: *Saal einer Pfarrei (a).*

Pfarr|stel|le, die: *Stelle einer Pfarrerin od. eines Pfarrers.*

Pfarr|ver|we|ser, der: *Verwalter einer noch nicht [wieder] besetzten Pfarrstelle.*

Pfarr|ver|we|se|rin, die: w. Form zu ↑ Pfarrverweser.

Pfarr|vi|kar, der: **a)** (kath. Kirche) *ständiger od. zeitweiliger Vertreter einer geistlichen Amtsperson;* **b)** (ev. Kirche) *amtierender (b) Theologe (mit 2. theologischer Prüfung).*

Pfarr|vi|ka|rin, die: w. Form zu ↑ Pfarrvikar (b).

Pfarr|zen|t|rum, das: *kirchliches Gemeindezentrum.*

Pfau, der; -[e]s, -en, österr. u. regional auch: -en, -e [mhd. pfā(we), ahd. pfāwo < lat. pavo]: *großer, auf dem Boden lebender Vogel, bei dem das männliche Tier lange, von großen, schillernden, augenähnlichen Flecken gezierte, zu einem* ²Rad (6) *aufrichtbare Schwanzfedern besitzt:* der P. schlägt ein Rad; sich spreizen, eitel sein wie ein P.; Ü er ist ein [eitler] P. (geh. abwertend; *sehr eitel*).

Pfau|en|au|ge, das: *Schmetterling mit auffallenden, den Flecken auf den Schwanzfedern von Pfauen ähnlichen Flecken auf den Flügeln.*

Pfau|en|fe|der, die: *[Schwanz]feder eines Pfaus.*

Pfau|en|thron, der ⟨o. Pl.⟩: *reich verzierter Thron früherer Herrscher des Iran.*

Pfau|hahn, der: *männlicher Pfau.*

Pfau|hen|ne, die: *weiblicher Pfau.*

Pfd. = Pfund.

Pfef|fer, der; -s, ⟨Sorten:⟩ - [mhd. pfeffer, ahd. pfeffar < lat. piper < griech. péperi, über das Pers. < aind. pippalī = Pfefferkorn]: **1.** (ugs.) *scharfes Gewürz, das in Form von [un]gemahlenen Pfefferkörnern verwendet wird:* gemahlener, ganzer P.; grüner *(meist in unreifen, noch grünen Körnern eingelegter)* P.; schwarzer *(dunkler, getrockneter, ungeschälter)* P.; weißer *(heller, getrockneter, geschälter)* P.; das brennt wie P.; * P. und Salz (Textilind.: *feines, an eine Mischung von Pfefferkörnern u. Salz erinnerndes schwarz-, grau- od. braun-weißes Stoffmuster*); hingehen/bleiben, wo der P. wächst (ugs.; *verschwinden, fernbleiben;* bezogen auf das Herkunftsland des Pfeffers, Indien, das für die Menschen früher in einer fast unerreichbaren Ferne lag: der soll bleiben, wo der P. wächst!); jmdm. P. geben/(derb:) in den Arsch blasen (*jmdn. zu etw. antreiben*); P. im Hintern/(derb:) Arsch haben (salopp; * ↑ ¹Hummel). **2.** (ugs.) *Schwung; stimulierende Kraft:* die Sendung hatte seinen P. **3.** * roter, spanischer, türkischer P. ([*scharfes*] *Paprikagewürz*).

Pfef|fer|ge|wächs, das: *in tropischen Wäldern wachsende Nutz- od. Zierpflanze, deren Früchte od. Blätter einen scharfen Geschmack haben, z. B. Pfefferstrauch.*

pfef|fe|rig: ↑ pfeffrig.

Pfef|fer|korn, das ⟨Pl. ...körner⟩: *einzelne (als Pfeffer 1 verwendete) ganze Frucht des Pfefferstrauches.*

Pfef|fer|ku|chen, der [15. Jh., eigtl. = mit gewürzter Brühe bereiteter Kuchen]: *Lebkuchen.*

Pfef|fer|ku|chen|haus, Pfęf|fer|ku|chen|häus|chen, das: *kleines, mit Süßigkeiten verziertes Haus aus Pfefferkuchen.*

◆ **Pfef|fer|küch|ler,** der; -s, -: *Lebkuchenbäcker; Konditor:* ... ja, P. Michelsen habe sogar gesagt, es verderbe die Sitten der Stadt (Fontane, Effi Briest 138).

¹Pfef|fer|minz [auch: ...'mɪn...], das; - ⟨meist o. Art.⟩ [aus ↑ Pfeffer u. ↑ Minze]: *in der Pfefferminze enthaltener Aromastoff;* etw. riecht, schmeckt nach P.

²Pfef|fer|minz [auch: ...'mɪn...], der; -es, -e ⟨aber: 2 Pfefferminz⟩: *Pfefferminzlikör.*

³**Pfef|fer|minz** [auch: ...'mɪn...], das; -es, -e: Bonbon o. Ä. mit [einer Füllung mit] Pfefferminzgeschmack.
Pfef|fer|minz|bon|bon, der od. das: Bonbon mit Pfefferminzgeschmack.
Pfef|fer|min|ze [auch: ...'mɪn...], die [nach dem pfefferartigen Geschmack der Blätter]: krautige Pflanze mit gestielten Blättern u. lilafarbenen Blüten, die ein stark aromatisches ätherisches Öl enthält u. als Heilpflanze kultiviert wird.
Pfef|fer|minz|ge|schmack, der: Geschmack von Pfefferminze.
Pfef|fer|minz|li|kör, der: mit Pfefferminzöl aromatisierter Likör.
Pfef|fer|minz|öl, das: aus den Blättern der Pfefferminze gewonnenes ätherisches Öl mit erfrischendem Aroma.
Pfef|fer|minz|tee, der: a) Tee aus Blättern der Pfefferminze; b) zur Bereitung von Pfefferminztee (a) verwendete [getrocknete] Blätter der Pfefferminze.
Pfef|fer|müh|le, die: Mühle (1 b) zum Mahlen von Pfefferkörnern.
pfef|fern ⟨sw. V.; hat⟩ [mhd. pfeffern, spätahd. pfefferōn]: **1.** mit Pfeffer würzen: ein Steak p.; eine stark gepfefferte Soße; Ü sie pfefferte ihre Rede mit vielen Zitaten. **2.** (ugs.) mit Wucht irgendwohin werfen, schleudern o. Ä.: er pfefferte seine Schultasche in die Ecke; sie pfefferte (schoss) den Ball an den Torpfosten. **3.** * **jmdm. eine p.** (salopp; jmdm. einen Schlag, bes. eine Ohrfeige, versetzen); **eine gepfefferte kriegen** o. Ä. (salopp; einen Schlag, bes. eine Ohrfeige, versetzt bekommen).
Pfef|fer|nuss, die: kleiner, runder [mit einer weißen Zuckerglasur überzogener] Pfefferkuchen.
Pfef|fer|sack, der [eigtl. = Sack mit Pfefferkörnern, dann spött. für den Kaufmann, der damit handelt (u. durch den Pfefferhandel reich geworden ist)] (veraltend abwertend): reicher Händler, Geschäftsmann, Großkaufmann (2).
Pfef|fer|spray, der od. das: als Waffe dienendes, Haut, Augen u. Atemwege reizendes Spray, das einen aus Chili gewonnenen Wirkstoff enthält.
Pfef|fer|strauch, der: (bes. in Indien wachsende) Kletterpflanze mit kleinen, fast runden, traubenartig wachsenden Früchten, die als Pfeffer (a) verwendet werden.
Pfef|fer|streu|er, der: zum [Nach]würzen bei Tisch benutztes kleines Gefäß mit durchlöchertem Deckel zum Streuen von Pfeffer.
pfeff|rig, pfefferig ⟨Adj.⟩: [viel] Pfeffer (1) enthaltend, [stark] nach Pfeffer (1) schmeckend, riechend: eine -e Suppe.
Pfeif|chen, das; -s, -: Vkl. zu ↑ Pfeife (1 a, 2).
Pfei|fe, die; -, -n [mhd. pfife, ahd. pfīfa, über das Vlat. zu lat. pipare, pfeifen]: **1. a)** der Flöte ähnliches, einfaches, kleines, aus einer Röhre mit Mundstück u. Grifflöchern bestehendes Musikinstrument: ein Spielmannszug mit Trommeln und Pfeifen; * **nach jmds. P. tanzen** (gezwungenermaßen od. willenlos alles tun, was jmd. von einem verlangt); **b)** Kurzf. von ↑ Orgelpfeife; **c)** (beim Dudelsack) einer Pfeife (1 a) ähnliches Teil, in dem beim Spielen die Töne entstehen; **d)** kleines, verschieden geformtes, mit einem Mundstück versehenes Instrument, das beim Hineinblasen einen mehr od. weniger lauten u. schrillen Ton hervorbringt: die P. des Schiedsrichters; **e)** Vorrichtung, Teil an bestimmten [mit Dampfdruck arbeitenden] Maschinen od. Geräten zum Erzeugen eines Pfeiftons (als Signal). **2.** Gerät zum Rauchen von Tabak, bestehend aus einem zum Aufnehmen des Tabaks dienenden Kopf (5 a) u. einem daran befindlichen, in ein Mundstück auslaufenden Rohr besteht: [eine] P. rauchen; sich eine P. stopfen, anzünden, anstecken; hier ist mein Tabak, nimm ruhig eine P.

[voll] davon (so viel, wie zur Füllung einer Pfeife nötig ist); R da kann einem die P. ausgehen (salopp; das dauert zu lange); * **jmdn. in der P. rauchen** (ugs.; mit jmdm. leicht fertigwerden: der ist kein Gegner für mich, den rauche ich in der P.); **jmdn., etw. kann man in der P. rauchen** (ugs.; jmd., etw. taugt nichts, ist nichts wert: das angeblich so tolle Angebot kann man in der P. rauchen). **3.** (derb) Penis. **4.** [wohl zu ↑ Pfeife (1 a) im Sinne von »Wertloses«; die Pfeife galt als minderwertiges Blasinstrument] (salopp abwertend) unfähiger, ängstlicher Mensch; Versager: dieser Schiedsrichter ist eine P.
pfei|fen ⟨st. V.⟩ [mhd. pfifen, ahd. nicht belegt, zu lat. pipare = piepen, wimmern]: **1.** ⟨hat⟩ **a)** mit dem [gespitzten] Mund durch Ausstoßen u. Einziehen der Atemluft einen Pfeifton, eine Folge von [verschiedenen] Pfeiftönen hervorbringen: auf zwei Fingern [dreimal kurz] p.; fröhlich pfeifend ging er nach Hause; * ⟨subst.:⟩ **Pfeifen im Wald[e]** (ugs.; Verhalten, das darin besteht, sich selbst Mut zu machen, sich als stark hinzustellen, kritische Stimmen nicht zu beachten); **b)** pfeifend (1 a) ertönen lassen: eine Melodie p.; * **sich eins p.** (ugs.; 1. vor sich hin pfeifen. 2. den Unbeteiligten, den Gleichgültigen spielen). **2.** ⟨hat⟩ **a)** mit einer Pfeife (1 d) o. Ä. einen Pfeifton hervorbringen: der Schiedsrichter hat gepfiffen; **b)** pfeifend (2 a) ertönen lassen: er pfiff ein Signal. **3.** ⟨hat⟩ **a)** (selten) auf einer Pfeife (1 a) spielen: er pfeift in einem Spielmannszug; **b)** pfeifend (3 a) ertönen lassen: auf seiner Pfeife einen Marsch p. **4.** ⟨hat⟩ mit einer Pfeife (1 e) einen Pfeifton hervorbringen: der Kessel pfeift. **5.** ⟨hat⟩ **a)** (von bestimmten Tieren) einen Pfeifton, Pfeiftöne hervorbringen, von sich geben: das Murmeltier pfeift; draußen pfeifen (singen) die Vögel; **b)** pfeifend (5 a) ertönen lassen: das Murmeltier pfiff einen Warnruf. **6. a)** ⟨hat⟩ ein Pfeifgeräusch hervorbringen: draußen pfeift in kalter Wind; der Wind pfiff uns um die Ohren (wehte pfeifend um uns herum); ein pfeifendes Geräusch; ⟨auch unpers.:⟩ wenn er einatmet, pfeift es in seiner Brust; **b)** ⟨ist⟩ mit einem Pfeifgeräusch sich irgendwohin bewegen: ein Geschoss pfiff durch die Luft; Kugeln pfiffen mir um die Ohren. **7.** ⟨hat⟩ (Sport) **a)** (als Schiedsrichter) durch einen Pfiff markieren: ein Foul, Abseits p.; **b)** die Aufgabe eines Schiedsrichters wahrnehmen: wer pfeift [bei dem Spiel]?; bei dem Fund hat er falsch gepfiffen (eine falsche Entscheidung getroffen); **c)** (ein Spiel) als Schiedsrichter leiten: er durfte das Endspiel p. **8.** ⟨hat⟩ (jmdm., einem Tier) durch Pfeifen (1 a, 2 a) ein Zeichen geben: er pfiff [nach] seinem Hund, einem Taxi. **9.** ⟨hat⟩ (salopp veraltend) (bei der Polizei, vor Gericht o. Ä.) Aussagen machen, durch die andere belastet werden: sein Komplize hatte gepfiffen. **10.** ⟨hat⟩ (ugs.) jmdm. etw. verraten: wer hat dir das gepfiffen? **11.** * **jmdm. [et]was p.** (ugs. spött.; ↑ husten 2). **12.** ⟨hat⟩ (ugs.) eine Person od. Sache gering schätzen u. sie leicht entbehren können: ich pfeife auf meinen Schwiegersohn; er pfeift auf die Anweisung (missachtet sie).
Pfei|fen|be|steck, das: kleines, dreiteiliges, zusammenklappbares Gerät zum Reinigen, Auskratzen u. Stopfen von Pfeifen (2).
Pfei|fen|kopf, der: **1.** Kopf einer Pfeife (2). **2.** (salopp abwertend) Pfeife (4).
Pfei|fen|mann, der ⟨Pl. ...männer⟩ (Sportjargon): Schiedsrichter.
Pfei|fen|rau|cher, der: jmd., der Pfeife (2) raucht.
Pfei|fen|rau|che|rin, die: w. Form zu ↑ Pfeifenraucher.
Pfei|fen|rei|ni|ger, der: mit bürstenartig hervor-

stehenden kleinen Büscheln aus Baumwolle o. Ä. besetzter, biegsamer Draht zum Reinigen von Pfeifen (2).
Pfei|fen|stän|der, der: Ständer, kleines Gestell o. Ä. zur Aufbewahrung von Pfeifen (2).
Pfei|fen|ta|bak, der: [grob geschnittener] Tabak zum Rauchen in der Pfeife (2).
Pfei|fer, der; -s, - [mhd. pfifer]: **1.** jmd., der [berufsmäßig] Pfeife spielt: Trommler und P. **2.** jmd., der pfeift (1 a).
Pfei|fe|rin, die; -, -nen: w. Form zu ↑ Pfeifer.
Pfeif|fer-Drü|sen|fie|ber, das; -s [nach dem dt. Internisten Emil Pfeiffer (1846–1921)] (Med.): meist gutartig verlaufende Infektion der Drüsen.
Pfeif|ge|räusch, das: vgl. Pfeifton.
Pfeif|kes|sel, der: Wasserkessel mit einem als Pfeife (1 e) ausgebildeten Aufsatz am Ausgießer, der bei durchströmendem Dampf durch Pfeifen auf das Kochen des Wassers aufmerksam macht.
Pfeif|kon|zert, das: lautes, vielstimmiges Pfeifen einer Zuschauer-, Zuhörermenge zum Ausdruck von Missfallen, Empörung o. Ä.: ein gellendes P. empfing den Bundeskanzler.
Pfeif|si|gnal, das: gepfiffenes Signal.
Pfeif|ton, der ⟨Pl. ...töne⟩: meist hoher, oft schriller Ton, wie er z. B. durch Blasen in eine Pfeife (1 a) entsteht.
Pfeil, der; -[e]s, -e [mhd., ahd. pfīl < lat. pilum = Wurfspieß]: **1.** meist aus einem langen, dünnen Schaft u. einer daran befestigten Spitze bestehendes Geschoss (bes. für Bogen, Armbrust u. Blasrohr): ein spitzer, vergifteter P.; der P. fliegt, schwirrt durch die Luft; mit P. und Bogen; Ü -e des Spotts (geh.; scharfer, beißender Spott); giftige, vergiftete -e ab-, verschießen (geh.; boshafte, gehässige Bemerkungen machen); * **alle [seine] -e verschossen haben** (keine Gegengründe od. -mittel mehr haben). **2.** stilisierter Pfeil (1) als grafisches Zeichen, das eine Richtung anzeigt, einen Hinweis gibt o. Ä.: der P. zeigt nach Norden, verweist auf ein anderes Stichwort.
pfeil|ar|tig ⟨Adj.⟩: wie ein Pfeil (1) geartet.
Pfei|ler, der; -s, - [mhd. pfīlære, ahd. pfīlāri < mlat. pilarium, pilarius = Pfeiler, Stütze, Säule, zu lat. pila = Pfeiler]: **1.** [frei stehende] senkrechte Stütze [aus Mauerwerk, Beton o. Ä.] mit meist eckigem Querschnitt zum Tragen von Teilen eines größeren Bauwerks: ein hoher, sechseckiger P.; Ü die Richter waren die wichtigsten P. (Stützen) der alten Ordnung. **2.** (Bergbau) **a)** beim Abbau (6 a) zunächst als Stütze stehen gelassener, zum allmählichen Abbau bestimmter Teil einer Lagerstätte; **b)** von Kammern (6) od. Strecken (3) umgebener, zum Abbau vorgerichteter Teil einer Lagerstätte.
pfeil|för|mig ⟨Adj.⟩: die Form eines Pfeils (1) aufweisend.
pfeil|ge|ra|de ⟨Adj.⟩: (bes. von Bewegungen) völlig gerade, in völlig gerader Linie verlaufend: die Rakete schoss p. in den Himmel.
Pfeil|gift, das: zur Herstellung von Giftpfeilen verwendetes Gift.
Pfeil|naht, die (Anat.): (beim Menschen) zwischen den beiden Scheitelbeinen verlaufende Knochennaht, die die Form eines Pfeils (1) aufweist.
pfeil|schnell ⟨Adj.⟩: (bes. von Bewegungen) sehr, überaus schnell: er flitzte p. an mir vorbei.
Pfen|nig, der; -s, -e (aber meist: 5 Pfennig) [mhd. pfenni(n)c, ahd. pfenning, pfenting, H. u., viell. zu lat. pannus = Stück Tuch (als Tausch- u. Zahlungsmittel)]: **1.** frühere Währungseinheit in Deutschland (100 Pfennig = 1 Mark; Abk.: Pf.): keinen P. (das mindeste Geld [um etw. zu bezahlen]) [bei sich] haben; den letzten P.

Pfennigabsatz – Pfiff

hergeben; das kostet nur ein paar -e *(nur sehr wenig)*; er war ohne einen P. *(ohne alles Geld)*; Spr wer den P. nicht ehrt, ist des Talers nicht wert; * **keinen P. wert sein** (ugs.; *nichts wert sein*); **keinen P. geben** (ugs.; *jmdn., etw. aufgeben; glauben, dass jmd., etw. keine Zukunft mehr hat*); **jeden P. [dreimal] umdrehen; auf den P. sehen** (ugs.; *sehr sparsam, geizig sein*); **nicht für fünf P.** (ugs.; *kein bisschen:* nicht für fünf P. Anstand haben). **2.** *Einpfennigstück.*

Pfen|nig|ab|satz, der: *hoher Absatz an Pumps mit kleiner, etwa pfenniggroßer Fläche zum Auftreten.*

Pfen|nig|ar|ti|kel, der: *Artikel, den man für einen sehr geringen Betrag kaufen kann.*

Pfen|nig|be|trag, der: *kleiner, nur Pfennige ausmachender Betrag.*

Pfen|nig|fuch|ser, der; -s, - [zu ↑ fuchsen] (ugs.): *jmd., der übertrieben sparsam ist.*

Pfen|nig|fuch|se|rei [auch: ˈpfɛ...], die; -, -en (ugs.): *übertriebene Sparsamkeit u. Kleinlichkeit in Geldangelegenheiten.*

Pfen|nig|fuch|se|rin, die; -, -nen: w. Form zu ↑ Pfennigfuchser.

pfen|nig|groß ⟨Adj.⟩: *die Größe eines Pfennigs aufweisend:* ein -es Muttermal.

◆ **Pfen|nig|meis|ter,** der: *Schatzmeister; Steuereinnehmer:* Familie auf der Roden, aus der während der letzten beiden Jahrhunderte eine Reihe von -n und Ratmännern der Landschaft und von Bürgermeistern ... hervorgegangen ist (Storm, Staatshof 254).

Pfen|nig|stück, das: *Einpfennigstück.*

pfen|nig|wei|se ⟨Adv.⟩: *in Pfennigen; Pfennig für Pfennig.*

Pferch, der; -[e]s, -e [mhd. pferrich = Einfriedung, ahd. pferrih < mlat. parricus, ↑ Park]: *von Hürden, Bretterzäunen umschlossene Fläche, auf der das Vieh (bes. Schafe) für die Nacht zusammengetrieben wird.*

pfer|chen ⟨sw. V.; hat⟩: *eine größere Anzahl Menschen u. Tiere in einen zu kleinen Raum hineinzwängen:* Gefangene, Schlachttiere in Waggons p.; Zunächst ging es von einem Hafen zum anderen, in Autobusse gepfercht, wurden die Passagiere in den fremden Städten herumgefahren (Kaschnitz, Wohin 210).

Pferd, das; -[e]s, -e [mhd. pfert, pfa(vr)it, ahd. pfärfrit, pfarifrit < mlat. par(a)veredus = Kurierpferd (auf Nebenlinien), aus griech. para- = neben-, bei u. spätlat. veredus (aus dem Kelt.) = (Kurier)pferd]: **1.** *als Reit- u. Zugtier gehaltenes hochbeiniges Säugetier mit Hufen, meist glattem, kurzem Fell, länglichem, großem Kopf und Mähne u. langhaarigem Schwanz:* ein feuriges, edles P.; das P. trabt, galoppiert, scheut; die -e tränken; ein P. zureiten, satteln, beschlagen; R ich denke, glaube [o. Ä.], mich tritt ein P.! (salopp; *das überrascht mich sehr*); man hat schon -e kotzen sehen [und das direkt vor der Apotheke] (ugs.; *nichts ist unmöglich*); immer sachte, langsam mit den jungen -en! (ugs.; *nicht so heftig, voreilig!*); * **Trojanisches P.** (bildungsspr.; vgl. Danaergeschenk); **trojanisches P.** (EDV-Jargon; *Computerprogramm, das scheinbar nützlich, in Wirklichkeit aber schädlich ist*); **das beste P. im Stall** (ugs.; *der beste, tüchtigste Mitarbeiter; die beste, tüchtigste Mitarbeiterin*); **keine zehn -e bringen jmdn. irgendwohin/dazu, etw. Bestimmtes zu tun** (ugs.; *jmd. geht unter keinen Umständen irgendwohin, tut unter keinen Umständen*); **die -e scheu machen/scheumachen** (ugs.; *für Unruhe, Aufregung sorgen, andere [grundlos] irritieren*); **mit jmdm. -e stehlen können** (ugs.; *sich auf jmdn. absolut verlassen können, mit jmdm. alles*

Mögliche wagen, unternehmen können; bezieht sich darauf, dass der Pferdedieb sehr mutig u. für seine Kumpane absolut zuverlässig sein musste, da Pferdediebstahl bes. in früherer Zeit sehr streng bestraft wurde); **aufs falsche, richtige P. setzen** (ugs.; *die Lage falsch, richtig einschätzen u. entsprechend handeln*; leitet sich vom Pferderennen u. den dazugehörigen Wetten ab). **2.** *Turngerät, das aus einem dem Rumpf eines Pferdes ähnlichen, mit Lederpolster u. zwei herausnehmbaren Griffen versehenen Körper (2 b) auf vier in der Höhe verstellbaren, schräg nach außen gerichteten Beinen besteht.* **3.** *Schachfigur mit Pferdekopf; Springer.*

Pferd|chen, das; -s, -: **1.** Vkl. zu ↑ Pferd. **2.** (Jargon) *für einen Zuhälter arbeitende Prostituierte.*

Pfer|de|ap|fel, der ⟨meist Pl.⟩: *rundliches Stück Pferdemist.*

Pfer|de|brem|se, die: *Dasselfliege.*

Pfer|de|de|cke, die: *grobe Wolldecke.*

Pfer|de|dieb, der: *jmd., der ein od. mehrere Pferde gestohlen hat.*

Pfer|de|die|bin, die: w. Form zu ↑ Pferdedieb.

Pfer|de|dok|tor, der; (ugs.): **1.** *Tierarzt.* **2.** *Arzt, der seine Patienten rau anfasst:* der Zahnarzt war ein richtiger P.

Pfer|de|drosch|ke, die: *Droschke (1).*

Pfer|de|fleisch, das: *Fleisch (3) vom Pferd.*

Pfer|de|fuhr|werk, das: *mit Pferden bespanntes Fuhrwerk.*

Pfer|de|fuß, der: **1. a)** *Fuß eines Pferdes*; **b)** *dem Fuß eines Pferdes ähnlicher Fuß des Teufels, eines Fauns o. Ä.*; **c)** *zunächst nicht ins Auge fallende üble, nachteilige Seite einer Sache:* die Sache hat einen [schlimmen] P. **2.** (Anat.) *Spitzfuß.*

Pfer|de|ge|schirr, das: *Geschirr (2) für Pferde als Zugtiere.*

Pfer|de|ge|spann, das: *Gespann (1) mit Pferden.*

Pfer|de|haar, das: *Haar von Mähne u. Schwanz eines Pferdes:* Ü sie hat P. (*das einzelne Haar ist bei ihr sehr dick*).

Pfer|de|händ|ler, der: *jmd., der mit Pferden handelt.*

Pfer|de|händ|le|rin, die: w. Form zu ↑ Pferdehändler.

Pfer|de|heil|kun|de, die: *Fachrichtung der Tiermedizin, die sich mit den Krankheiten des Hauspferdes befasst; Hippiatrik.*

Pfer|de|huf, der: *Huf eines Pferdes.*

Pfer|de|knecht, der (veraltend): *Knecht, der die Pferde [im Stall] pflegt u. versorgt.*

Pfer|de|kopf, der: *Kopf eines Pferdes.*

Pfer|de|kop|pel, die: ²Koppel (1) für Pferde.

Pfer|de|kun|de, die ⟨o. Pl.⟩: *[angewandte] Wissenschaft vom Pferd, von den Pferderassen; Hippologie.*

Pfer|de|kuss, der (ugs.): **a)** *Schwellung, Bluterguss, der durch einen kurzen, kräftigen Stoß mit dem Knie gegen jmds. Oberschenkel hervorgerufen wurde*; **b)** [älter = Pferdebiss, auch: *Huftritt* (vgl. älter scherzh. vom Pferd geküsst werden = vom Pferd gebissen werden, dann auch: vom Pferd getreten werden; der Kniestoß wird scherzh. mit einem Huftritt verglichen] *kurzer kräftiger Stoß mit dem Knie gegen jmds. Oberschenkel:* jmdm. einen P. geben.

Pfer|de|kut|sche, die: *mit Pferden bespannte Kutsche.*

Pfer|de|län|ge, die: *Länge eines Pferdes vom Kopf bis zum Schwanz (als Maß bei Pferderennen).*

Pfer|de|lun|ge, die: **1.** *(als besonders leistungsstark geltende) Lunge eines Pferdes.* **2.** (ugs.) *besonders leistungsstarke Lunge:* ein Fußballer mit einer P.

Pfer|de|metz|ger, der (landsch.): *Pferdeschlachter.*

Pfer|de|metz|ge|rei, die (landsch.): *Pferdeschlachterei.*

Pfer|de|metz|ge|rin, die: w. Form zu ↑ Pferdemetzger.

Pfer|de|mist, der: *Mist (1 a) von Pferden.*

Pfer|de|pfle|ger, der: *jmd., der die Pflege von Pferden betreibt (Berufsbez.).*

Pfer|de|pfle|ge|rin, die: w. Form zu ↑ Pferdepfleger.

Pfer|de|ras|se, die: *Rasse von Pferden.*

Pfer|de|renn|bahn, die: *Bahn für Pferderennen.*

Pfer|de|ren|nen, das: *Wettrennen von Pferden.*

Pfer|de|schlach|ter, Pfer|de|schläch|ter, der (landsch.): *Fleischer in einer Pferdeschlachterei.*

Pfer|de|schlach|te|rei, Pfer|de|schläch|te|rei, die (landsch.): *Fleischerei, in der Pferde geschlachtet u. verarbeitet werden.*

Pfer|de|schlach|te|rin, Pfer|de|schläch|te|rin, die: w. Formen zu ↑ Pferdeschlachter, Pferdeschlächter.

Pfer|de|schlit|ten, der: *dem Pferdewagen ähnliches Fahrzeug auf ¹Kufen (a).*

Pfer|de|schwanz, der: **1.** *Schwanz eines Pferdes.* **2.** [nach engl. ponytail] *hoch am Hinterkopf zusammengehaltenes u. lose herabfallendes langes Haar.*

Pfer|de|sport, der: *Sportart, bei der das Pferd als Reit- od. Zugtier verwendet wird.*

Pfer|de|stall, der: *Stall für Pferde.*

Pfer|de|stär|ke, die [LÜ von engl. horsepower] (Technik veraltend): *Leistung von 75 Kilopondmeter in der Sekunde* (= 735,49875 Watt; Maßeinheit).

Pfer|de|wa|gen, der: *von Pferden gezogener Wagen.*

Pfer|de|wech|sel, der (früher): *das Wechseln der Kutschpferde auf einer längeren Reise.*

Pfer|de|wet|te, die: *bei einem Pferderennen abgeschlossene Wette (2).*

Pfer|de|wirt, der: *jmd., der Zucht, Haltung, Pflege von Pferden betreibt, sich um das Training, die Ausbildung der Pferde in den verschiedenen Disziplinen kümmert u. a.* (Berufsbez.).

Pfer|de|wir|tin, die: w. Form zu ↑ Pferdewirt.

Pfer|de|zucht, die: *planmäßige Aufzucht von Pferden unter wirtschaftlichen Aspekten.*

Pferd|sprung, der (Turnen): **a)** *Sprung über das Pferd (2)*; **b)** ⟨o. Pl.⟩ *Springen über das Pferd (2):* er war Sieger im P.

Pfet|te, die; -, -n [spätmhd. pfette; wohl über das Roman. zu lat. patena, eigtl. = Krippe < griech. (mundartl.) páthnē]: *parallel zum Dachfirst verlaufender Balken im Dachstuhl zur Unterstützung der Sparren.*

pfiff: ↑ pfeifen.

Pfiff, der; -[e]s, -e. **1.** [rückgeb. aus ↑ pfeifen] *durch Pfeifen entstehender [kurzer] schrillerer Ton:* ein leiser, lauter, schriller, lang gezogener P.; der P. der Lokomotive; nach dem Foul ertönte der P. des Schiedsrichters; es gab Beifall und -e; sie vereinbarten einen P. als Erkennungszeichen; die Worte des Redners gingen größtenteils in einem unter. **2.** [entw. auf den Lockpfiff der Vogelsteller od. auf den zur Ablenkung ausgeführten Pfiff des Taschenspielers bezogen] (ugs.) **a)** *etw., was den besonderen Reiz einer Sache ausmacht, wodurch sie ihre Abrundung erhält:* ein modischer P.; der Einrichtung fehlt noch der letzte P.; etw. hat P.; eine Frisur mit P.; **b)** (veraltend) *Kniff, besonderer Kunstgriff;* ◆ **c)** *Pfiffigkeit, Gerissenheit:* Nur ... muss Er den P. nicht bis zum Einbruch in meine Grundsätze treiben (Schiller, Kabale I, 5). **3.** (ugs.) landsch. Pfiff = *Kleinigkeit, Wertloses* (landsch.) *klein[st]e ausgeschenkte Menge von Wein, Bier o. Ä.:* Neben seinem Ellbogen stand plötzlich... Otto, genannt der Heizer, den nassen Mützenschirm tief in der Stirn, und bestellte einen »Pfiff« Bier (Johnson, Ansichten 165).

Pfif|fer|ling, der; -s, -e [mhd. pfifferling, pfefferlinc, dafür ahd. phifera, zu ↑ Pfeffer; nach dem leicht pfefferähnlichen Geschmack]: *in Wäldern vorkommender blass- bis dottergelber Pilz mit trichterförmig vertieftem, unregelmäßig gerändertem Hut:* * **keinen/nicht einen P.** (ugs.; *kein bisschen, überhaupt nicht[s];* viell. weil der Pilz früher sehr häufig zu finden war u. deshalb als nicht besonders wertvoll galt: keinen P. wert sein; keinen P. für etwas geben).

pfif|fig ⟨Adj.⟩ [zu ↑ Pfiff (2 a)]: **1.** *gewitzt, findig; listig-schlau:* ein -es Kerlchen. **2.** (ugs.) *Pfiff* (2 a) *habend, aufweisend; witzig* (3): eine -e Aufmachung.

Pfif|fig|keit, die; -: *Gewitztheit, Schlauheit.*

Pfif|fi|kus, der; -[ses], -se [studentenspr. Bildung mit lat. Endung] (ugs. scherzh.): *jmd., der pfiffig* (1) *ist.*

Pfingst|be|we|gung, die (Rel.): *ekstatisch-religiöse Bewegung, die die höchste Stufe christlichen Lebens im Empfangen des Heiligen Geistes sieht* (z. B. Jesus-People-Bewegung).

Pfings|ten, das; -, - ⟨meist o. Art., bes. südd., österr. u. schweiz. sowie in bestimmten Wunschformeln u. Fügungen auch als Pl.⟩ [mhd. pfingesten, eigtl. Dativ Pl., wohl über got. (Kirchenspr.) paíntēkustē < griech. pentēkostḗ (hēmérā) = der 50. (Tag nach Ostern), zu: pénte (pémpe) = fünf]: *(in den christlichen Kirchen) Fest der Ausgießung des Heiligen Geistes:* frohe P.!; wir werden diese P., dieses Jahr (bes. nordd.:) zu/(bes. südwestd.:) an P. zu Hause bleiben; sie haben zu P. geheiratet.

Pfingst|fe|ri|en ⟨Pl.⟩: *Schulferien in der Pfingstzeit.*

Pfingst|fest, das: *Pfingsten.*

Pfingst|feu|er, das: *an Pfingsten im Freien entzündetes Freudenfeuer.*

pfingst|le|risch ⟨Adj.⟩ (Rel.): *die Pfingstbewegung betreffend, zu ihr gehörend.*

pfingst|lich ⟨Adj.⟩: *Pfingsten betreffend, dazu gehörend, dem Pfingstfest entsprechend:* den Altar p. mit Maien schmücken.

Pfingst|mon|tag, der: *Montag des Pfingstfestes, zweiter Pfingstfeiertag.*

Pfingst|och|se, der: *(nach altem [süddeutschem] Brauch) zum Austrieb (zur Sommerweide) geschmückter u. behängter Ochse:* er stolzierte geschmückt wie ein P. (ugs. abwertend; *übermäßig u. geschmacklos herausgeputzt*) über die Straße.

Pfingst|ro|se, die [die Pflanze blüht um Pfingsten u. ähnelt einer Rose]: *Pflanze mit dunkelgrünen, gelappten Blättern u. großen, gefüllten, weißen, rosa oder roten, meist vielblättrigen Blüten.*

Pfingst|sonn|tag, der: *Sonntag des Pfingstfestes.*

Pfingst|wo|che, die: *mit Pfingstmontag bzw. Pfingstsonntag beginnende Woche.*

Pfingst|zeit, die: *Zeit um das, bes. vor dem Pfingstfest.*

Pfir|sich, der; -s, -e [mhd. pfersich < vlat. persica < lat. persica arbor, persicus = persischer Baum od. persicum (malum) = persisch(er Apfel); die Frucht gelangte über Persien von China nach Europa]: **1.** *rundliche, saftige, aromatische Frucht mit samtiger Haut u. großem Stein; Frucht des Pfirsichbaums:* jetzt gibt es die späten -e. **2.** Kurzf. von ↑ Pfirsichbaum: die -e blühen schon.

Pfir|sich|baum, der: *rosa blühender Obstbaum mit Pfirsichen* (1) *als Früchten.*

Pfir|sich|kern, der: *Stein* (6) *eines Pfirsichs.*

Pflanz, der; - [zu ↑ Pflanze, von der Bed. »Pflan-zenschmuck« übertr. im Sinne von Beschönigung] (österr. ugs.): *Schwindel, Vorspiegelung.*

Pflänz|chen, das; -s, -: Vkl. zu ↑ Pflanze (1).

Pflan|ze, die; -, -n [mhd. pflanze, ahd. pflanza < lat. planta = Setzling]: **1.** *aus Wurzeln, Stiel u. Blättern bestehender Organismus, der im Allgemeinen mithilfe des Sonnenlichts seine organische Substanz aus anorganischen Stoffen aufbaut:* eine immergrüne P.; fleischfressende/ Fleisch fressende -n; die P. wächst wild, treibt [Blüten], blüht, welkt, geht ein; die Wiederkäuer sind -n fressende Tiere; Ü ihre Liebe war erst eine zarte P. **2.** (ugs.) *eigenartiger Mensch:* sie ist eine seltsame P.; eine Berliner P. *(eine schlagfertige, echte Berlinerin).*

pflan|zen ⟨sw. V.; hat⟩ [mhd. pflanzen, ahd. pflanzōn]: **1.** *zum Anwachsen mit den Wurzeln in die Erde setzen:* Sträucher, einen Baum p.; Ü Außerdem ist es wohl eine Wahrheit, dass der Sinn für gute, gewinnende Form, der Dir stets zu eigen war, da wir hin in Dich gepflanzt haben, eine Sache des ganzen Menschen ist (Th. Mann, Krull 399). **2. a)** ⟨p. + sich⟩ (ugs.) *sich breit irgendwohin setzen:* sie pflanzte sich auf die Couch; Es wird Frühjahr. Die ersten warmen Tage. Die Leute fangen an, sich draußen auf die Bänke zu p. (Strauß, Niemand 11); **b)** *fest an eine bestimmte Stelle setzen, stellen, legen:* sie pflanzten die Trikolore auf das Gebäude. **3.** [zu ↑ Pflanz] (österr. ugs.) *zum Narren halten:* hör auf, mich zu p. **4.** (Med.) vgl. einpflanzen (2).

Pflan|zen|art, die: *zu den Pflanzen gehörende Art* (4 b).

Pflan|zen|asche, die: *Asche aus verbrannten Pflanzen.*

Pflan|zen|bau, der ⟨o. Pl.⟩: *Anbau von Kulturpflanzen.*

Pflan|zen|de|cke, die: *(an einer bestimmten Stelle, in einem bestimmten Gebiet) den Erdboden bedeckende Schicht aus Pflanzen.*

Pflan|zen|ex|trakt, der, auch: das: *Extrakt* (1) *aus pflanzlichen Stoffen.*

Pflan|zen|fa|mi|lie, die: *Familie* (2) *von Pflanzen.*

Pflan|zen|farb|stoff, der: *aus Pflanzen gewonnener Farbstoff.*

Pflan|zen|fa|ser, die: *bes. als Rohstoff für Textilien verwendete Faser pflanzlicher Herkunft.*

Pflan|zen|fett, das: *aus den Samen u. Früchten bestimmter Pflanzen gewonnenes Fett.*

Pflan|zen|for|ma|ti|on, die (Bot.): *Formation* (5).

pflan|zen|fres|send, **Pflan|zen fres|send** ⟨Adj.⟩: *sich von Pflanzen ernährend:* pflanzenfressende Tiere.

Pflan|zen|fres|ser, der: *Tier, das sich nur von Pflanzen ernährt; Phytophage.*

Pflan|zen|geo|gra|fie, **Pflanzengeographie, die:** *Geobotanik.*

pflan|zen|geo|gra|fisch *pflanzengeographisch* ⟨Adj.⟩: *die Pflanzengeografie betreffend:* -e Region *(Florengebiet).*

Pflan|zen|geo|gra|phie usw.: ↑ Pflanzengeografie usw.

Pflan|zen|ge|sell|schaft, die (Biol.): *Gruppe von verschiedenen Pflanzen, die ähnliche Ansprüche an Klima u. Bodenbeschaffenheit stellen.*

Pflan|zen|gift, das: **1.** *aus Pflanzen stammendes Gift.* **2.** *auf Pflanzen giftig wirkender Stoff, Herbizid.*

pflan|zen|haft ⟨Adj.⟩: *in Art od. Wesen einer Pflanze vergleichbar:* -e Hohltiere.

Pflan|zen|heil|kun|de, die: *Phytotherapie.*

Pflan|zen|hy|gi|e|ne, die: *Teilgebiet der Pflanzenmedizin, das sich mit den Bedingungen befasst, die für ein gesundes Aufwachsen von Pflanzen notwendig sind.*

Pflan|zen|koh|le, die: vgl. Pflanzenasche.

Pflan|zen|krank|heit, die: *durch verschiedene Faktoren (z. B. Frost, Schädlinge, Mangel an Nährstoffen) hervorgerufene Schädigung von Pflanzen.*

Pflan|zen|krebs, der: *durch schmarotzende Pilze verursachte Wucherung, die zum Absterben der Pflanze führt.*

Pflan|zen|kun|de, die: *Botanik.*

Pflan|zen|leh|re, die: *Botanik.*

Pflan|zen|me|di|zin, die ⟨o. Pl.⟩: *Phytomedizin*

Pflan|zen|milch, die: *milchähnliche Flüssigkeit in Pflanzen.*

Pflan|zen|öl, das: vgl. Pflanzenfett.

Pflan|zen|pa|tho|lo|gie, die: *Phytopathologie.*

Pflan|zen|phy|sio|lo|gie, die: *Teilgebiet der Botanik, das sich bes. mit Stoffwechsel, Wachstum u. Vermehrung der Pflanzen befasst.*

pflan|zen|reich ⟨Adj.⟩: *reich an Pflanzen:* ein -es Gebiet.

Pflan|zen|reich, das ⟨Pl. selten⟩: *Bereich, Gesamtheit der Pflanzen in ihrer Verschiedenartigkeit.*

Pflan|zen|sau|ger, der: *in vielen Arten vorkommendes, an Pflanzen saugendes, wanzenartiges Insekt.*

Pflan|zen|schäd|ling, der: *Tier (meist Insekt) od. Pflanze, die durch Schmarotzen Nutzpflanzen schädigt.*

Pflan|zen|schutz, der ⟨o. Pl.⟩: *[Maßnahmen zum] Schutz von Nutzpflanzen gegen Schädlinge, Krankheiten sowie Unkraut.*

Pflan|zen|schutz|mit|tel, das: *Pestizid.*

Pflan|zen|so|zio|lo|gie, die: *Lehre von den Pflanzengesellschaften (als Teilgebiet der Ökologie).*

Pflan|zen|teil, der: *Teil einer Pflanze.*

Pflan|zen|welt, die: *Flora.*

Pflan|zen|wuchs, der: **1.** *das Wachsen von Pflanzen:* die Wärme begünstigt den P. **2.** *Gesamtheit der an einer bestimmten Stelle wachsenden Pflanzen.*

Pflan|zen|zucht, die: *Pflanzenzüchtung.*

Pflan|zen|züch|tung, die: *das Züchten von Pflanzen.*

Pflan|zer, der; -s, - [mhd. pflanzære]: **1.** *jmd., der eine große Fläche bepflanzt.* **2.** *Besitzer einer Pflanzung in Übersee.*

Pflan|ze|rin, die; -, -nen: w. Form zu ↑ Pflanzer.

Pflanz|gut, das ⟨o. Pl.⟩: *für die Erzeugung neuer Pflanzen geeignete Pflanzenteile.*

Pflanz|holz, das: *[mit einem Griff versehener] am unteren Ende zugespitzter, kurzer Stab, mit dem zur Aufnahme von Pflanzen Löcher in die Erde gemacht werden.*

Pflanz|kar|tof|fel, die: *für die Erzeugung neuer Kartoffeln geeignete Kartoffel.*

pflanz|lich ⟨Adj.⟩: *die Pflanzen betreffend, dazu gehörend; aus Pflanzen stammend, bestehend, gewonnen; in der Art einer Pflanze, von Pflanzen:* -e Fette; sich p. *(vegetarisch)* ernähren.

Pflänz|ling, der; -s, -e: *zum Auspflanzen bestimmte junge Pflanze.*

Pflan|zung, die; -, -en [mhd. pflanzunge, ahd. phlanzunga]: **1.** *das Pflanzen.* **2.** *[kleinere] Plantage.*

Pflas|ter, das; -s, - [mhd. pflaster, ahd. pflastar < mlat. (em)plastrum < lat. emplastrum = Wundpflaster < griech. émplast(r)on (phármakon) = das (zu Heilzwecken) Aufgeschmierte, zu: emplássein = aufstreichen, bestreichen, zu: plássein, ↑ plastisch]: **1.** *fester Belag für Straßen, Gehwege o. Ä. aus einzelnen aneinandergesetzten Steinen, als Fahrbahnbelag auch aus Asphalt od. Beton:* gutes, holpriges P.; ein Wagen rumpelte, rollte über das P.; Ü ein teures P. (ugs.; *ein Ort, an dem das Leben teuer ist*); ein gefährliches, heißes P. (ugs.; *ein Ort, an dem das Leben gefährlich ist*); Soll ich Zaza wochenlang allein in Buenos Aires zurücklassen, allen Gefahren dieses -s ausgesetzt? (Th. Mann, Krull

Pflästerchen – Pflegschaft

280); * **P. treten** (ugs.; *längere Zeit, sodass es die Füße ermüdet, in einer Stadt herumlaufen, durch die Straßen laufen*). **2.** *Heftpflaster:* ein P. auflegen, entfernen; Ü jmdm. etw. als P. [auf seine Wunde] *(als Entschädigung, Trost)* geben.

Pfläs|ter|chen, das; -s, -: Vkl. zu ↑ Pflaster.

Pflas|te|rer, (südd., schweiz.:) **Pfläs|te|rer,** der; -s, - [spätmhd. pflasterer]: *jmd., der Straßen, Gehwege o. Ä. pflastert* (Berufsbez.).

Pflas|te|rin, die; -, -nen: w. Form zu ↑ Pflasterer.

Pfläs|te|rin, die; -, -nen: w. Form zu ↑ Pflästerer.

Pflas|ter|ma|ler, der; *jmd., der Bilder aufs Pflaster* (1) *malt.*

Pflas|ter|ma|le|rin, die: w. Form zu ↑ Pflastermaler.

pflas|ter|mü|de ⟨Adj.⟩ (ugs.): *müde vom längeren Gehen auf Straßenpflaster:* p. sein.

pflas|tern, (südd., schweiz.:) **pfläs|tern** ⟨sw. V.; hat⟩ [mhd. pflastern, eigtl. = in Wundpflaster auflegen]: **1.** *mit Pflaster* (1), *Pflastersteinen belegen:* einen Platz [mit Kopfsteinpflaster] p.; Die Stöße des Taxis, das durch schlecht gepflasterte Gassen fuhr, verhinderten ein Gespräch (Musil, Mann 726); Spr der Weg zur Hölle ist mit guten Vorsätzen gepflastert. **2.** (ugs. selten) *eine Wunde mit einem Pflaster* (2) *bedecken:* *jmdm. eine p. (salopp; *jmdm. eine Ohrfeige geben*).

Pflas|ter|stein, der: **1.** *für Straßenpflaster verwendeter Stein:* ein Haufen -e; auf den -en ausrutschen. **2.** *dicker, runder Pfefferkuchen mit harter Zuckerglasur.*

Pflas|te|rung, (südd., schweiz.:) **Pfläs|te|rung,** die; -, -en: **1.** *das Pflastern* (1). **2.** *[Straßen]pflaster.*

pflat|schen ⟨sw. V.; hat⟩ [südd. Nebenf. von platschen] (landsch.): **1.** *heftig regnen.* **2.** *platschen* (3).

◆ **Pflaum:** ↑ ²Flaum: Wenn du Gänsespulen brauchst, so zupfe ihnen nur eine Handvoll P. aus den Wangen (Novalis, Heinrich 137).

Pfläum|chen, das; -s, -: Vkl. zu ↑ ¹Pflaume.

¹Pflau|me, die; -, -n [mhd. pflûme, pfrûme, ahd. pfrûma < lat. prunum < griech. proûmnon]: **1.** *eiförmige, dunkelblaue od. gelbe Frucht des Pflaumenbaums mit gelblich grünem, aromatischem Fruchtfleisch u. länglichem Stein:* eine unreife P.; -n [vom Baum] schütteln. **2.** Kurzf. von ↑ Pflaumenbaum: dieser Baum ist eine späte P. (*ein Pflaumenbaum mit spät reif werdenden Früchten*). **3.** (derb) *Vulva.* **4.** [wohl nach dem Bild eher überreifs, weichen Pflaume] (salopp abwertend) *unfähiger, schwacher [manipulierbarer] Mensch:* du bist vielleicht 'ne P.!

²Pflau|me, die; -, -n [zu ↑ pflaumen] (landsch.): *anzügliche, ironische Bemerkung.*

pflau|men ⟨sw. V.; hat⟩ [viell. zu ↑ anpflaumen od. zu (m)niederd. plumen = rupfen] (ugs.): *anzügliche, ironische Bemerkungen machen.*

Pflau|men|baum, der: *grünlich weiß blühender Obstbaum mit Pflaumen als Früchten.*

Pflau|men|kern, der: *Stein* (6) *einer Pflaume.*

Pflau|men|ku|chen, der: *mit Pflaumen belegter [auf einem Blech] gebackener [Hefe]kuchen.*

Pflau|men|mus, das, (landsch. auch:) der: *als Brotaufstrich gegessenes, aus Pflaumen gekochtes Mus.*

Pflau|men|schnaps, der: *aus Pflaumen hergestellter Branntwein.*

Pfle|ge, die; - [mhd. pflege, spätahd. pflega, zu ↑ pflegen]: **1. a)** *das Pflegen* (1 a); *sorgende Obhut:* eine liebevolle, aufopfernde P.; ein Kind in P. geben (*in einer fremden Familie aufziehen lassen*); ein Kind in P. nehmen (*ein fremdes Kind bei sich aufziehen*); **b)** *Behandlung mit den erforderlichen Maßnahmen zur Erhaltung eines guten Zustands:* die P. der Gesundheit; die P. von Grünanlagen; **c)** *Mühe um die Förderung od. [Aufrecht]erhaltung von etw. Geistigem [durch dessen Betreiben, Ausübung]:* die P. von Kunst und Wissenschaft, der Sprache, guter [persönlicher, politischer] Beziehungen. **2.** (schweiz.) *Amt, öffentliche Stelle für Pflege* (1 a).

pfle|ge|arm ⟨Adj.⟩: *nur wenig Pflege* (1 b) *beanspruchend:* -er Fußbodenbelag.

pfle|ge|be|dürf|tig ⟨Adj.⟩: **a)** *der Pflege* (1 a) *bedürfend:* eine -e alte Frau; **b)** *Pflege* (1 b) *erfordernd:* diese Maschine ist wenig p.

Pfle|ge|be|dürf|ti|ge, die/eine Pflegebedürftige; der/einer Pflegebedürftigen, die Pflegebedürftigen/zwei Pflegebedürftige: *weibliche Person, die pflegebedürftig* (a) *ist.*

Pfle|ge|be|dürf|ti|ger, der Pflegebedürftige/ein Pflegebedürftiger; des/eines Pflegebedürftigen, die Pflegebedürftigen/zwei Pflegebedürftige: *jmd., der pflegebedürftig* (a) *ist.*

Pfle|ge|be|dürf|tig|keit, die: *das Pflegebedürftigsein.*

Pfle|ge|be|foh|le|ne, die/eine Pflegebefohlene; der/einer Pflegebefohlenen, die Pflegebefohlenen/zwei Pflegebefohlene [zu ↑ befehlen (3)]: *weibliche Person, die jmds. Pflege* (1 a) *übergeben, anvertraut ist.*

Pfle|ge|be|foh|le|ner, der/ein Pflegebefohlener; des/eines Pflegebefohlenen, die Pflegebefohlenen/zwei Pflegebefohlene [zu ↑ befehlen (3)]: *jmd., der jmds. Pflege* (1 a) *übergeben, anvertraut ist.*

Pfle|ge|dienst, der: **1.** *Kundendienst für Autos, Wagenpflege an Tankstellen.* **2.** *Versorgungsdienst für Kranke u. Pflegebedürftige:* ambulanter P.

Pfle|ge|ein|rich|tung, die: *der Kranken- od. Altenpflege dienende Einrichtung.*

Pfle|ge|el|tern ⟨Pl.⟩: *Ehepaar, das ein Kind in Pflege* (1 a) *genommen hat.*

Pfle|ge|fall, der: *Person, die wegen Gebrechlichkeit pflegebedürftig ist (deren Leiden durch einen [weiteren] Krankenhausaufenthalt aber nicht mehr zu heilen ist).*

Pfle|ge|fa|mi|lie, die: *Familie, die über einen längeren Zeitraum ein fremdes Kind betreut u. erzieht:* das Jugendamt hat den Jungen in einer P. untergebracht.

Pfle|ge|geld, das: *Leistung der gesetzlichen Pflegeversicherung für die häusliche Pflege* (1 a) *von Personen, die auf ständige fremde Hilfe angewiesen sind.*

Pfle|ge|heim, das: *öffentliche od. private Anstalt zur Pflege* (1 a) *körperlich od. geistig Schwerbehinderter od. alter Menschen.*

Pfle|ge|kas|se, die: *Pflegeversicherung.*

Pfle|ge|kind, das: *bei Pflegeeltern od. einer entsprechenden Person aufwachsendes Kind.*

Pfle|ge|kraft, die: *Person, die in einem Krankenhaus, Pflegeheim o. Ä. in der Krankenpflege tätig ist.*

pfle|ge|leicht ⟨Adj.⟩: *einfach zu pflegen; nicht viel Pflege* (1 b) *erfordernd:* eine -e Bluse; Ü unser Baby ist wirklich p.

Pfle|ge|mut|ter, die: **a)** *weiblicher Teil der Pflegeeltern;* **b)** *Frau, die ein Kind in Pflege* (1 a) *genommen hat.*

pfle|gen ⟨sw. u. st. V.; hat⟩ [mhd. pflegen, ahd. pflegan, urspr. = für etw. einstehen; H. u.]. **1.** ⟨sw. V.⟩ **a)** *sich sorgend um jmdn. [der krank, gebrechlich o. Ä. ist] bemühen, um ihn in einen möglichst guten [gesundheitlichen] Zustand zu bringen od. darin zu erhalten:* jmdn. aufopfernd, bis zum Tode p.; sie hat viele Kranke gesund gepflegt; **b)** *etw. mit den erforderlichen Maßnahmen behandeln:* seinen Körper, sein Äußeres, die Haut, die Haare, Fingernägel p.; den Rasen, die Anlagen p.; du musst dich mehr p. (*mehr für deine Gesundheit, dein Äußeres tun*). **2.** ⟨sw. V.; veraltet, geh. als st. V.⟩ **a)** *um die Förderung od. [Aufrecht]erhaltung von etw. Geistigem [durch dessen Betreiben, Ausübung] bemühen, sich dafür einsetzen:* Verbindung mit jmdm., Beziehungen [zu bestimmten Kreisen] p.; Geselligkeit p.; Kontakte p.; die internationale Zusammenarbeit, die Sprache, Künste und Wissenschaften p.; er pflog seine Ideen; **b)** (geh. veraltet) *sich einem Tun, einer Beschäftigung hingeben:* eines Briefwechsels p.; der Ruhe, der Selbstbetrachtung p.; ◆ ...sein Herr am Mittag pflog lange Unterredungen mit ihm (Ebner-Eschenbach, Krambambuli 5). **3.** ⟨sw. V.; mit Inf. + zu⟩ *die Gewohnheit haben, etw. Bestimmtes zu tun; gewöhnlich, üblicherweise etw. Bestimmtes tun:* er pflegt zum Essen Wein zu trinken; wie man zu sagen pflegt; nun pflegt gesagt zu werden, dass ...; solche Meinungsverschiedenheiten pflegen zwischen ihnen von Zeit zu Zeit aufzutreten.

Pfle|ge|not|stand, der: *großer Mangel an Pflegekräften (in den Krankenhäusern u. anderen der Pflege 1 a von Kranken u. alten Menschen dienenden Einrichtungen).*

Pfle|ge|per|so|nal, das: *Personal, das in einem Krankenhaus, Pflegeheim o. Ä. in der Krankenpflege tätig ist.*

Pfle|ger, der; -s, - Kurzf. von ↑ Krankenpfleger. [mhd. pflegære, spätahd. flegare]. **1. a)** Kurzf. von ↑ Krankenpfleger; **b)** Kurzf. von ↑ Tierpfleger. **2.** (Rechtsspr.) *vom Vormundschaftsgericht eingesetzte Vertrauensperson, die in bestimmten Fällen für jmdn. die Besorgung rechtlicher Angelegenheiten übernimmt.* **3.** (schweiz.) **a)** *Organisator, Betreuer:* der P. der Festspiele; **b)** (Boxen) *Sekundant:* der P. warf das Handtuch.

Pfle|ge|rin, die; -, -nen: **a)** (selten) *Krankenschwester;* **b)** w. Form zu ↑ Pfleger (1 b, 2, 3); **c)** Kurzf. von ↑ Kinderpflegerin.

pfle|ge|risch ⟨Adj.⟩: **a)** *die Pflege* (1 a) *betreffend:* -e Berufe; **b)** *die Pflege* (1 b) *betreffend:* -e u. heilende Kosmetik.

Pfle|ge|satz, der: *festgesetzte tägliche Kosten für die Unterbringung u. Behandlung von Kranken u. Pflegebedürftigen in Kranken-, Heil- od. Pflegeanstalten.*

Pfle|ge|sohn, der: *männliches Pflegekind.*

Pfle|ge|sta|ti|on, die: **1.** *der Kranken- od. Altenpflege dienende Einrichtung od. solchen Zwecken dienende Abteilung innerhalb einer Einrichtung, z. B. eines Altenheims, eines Krankenhauses.* **2.** *Einrichtung, in der in eine Notlage geratene [Wild]tiere vorübergehend versorgt u. gepflegt werden.*

Pfle|ge|stu|fe, die: *vom Grad der Pflegebedürftigkeit bestimmte Kategorie von Pflegefällen.*

Pfle|ge|toch|ter, die: *weibliches Pflegekind.*

Pfle|ge|va|ter, der: *männlicher Teil der Pflegeeltern.*

Pfle|ge|ver|si|che|rung, die: *Versicherung* (2 a), *die für die Kosten der Pflege* (1 a) *bei Pflegebedürftigkeit eintritt.*

pfleg|lich ⟨Adj.⟩ [mhd. pflegelich]: *schonend, sorgsam u. in einer Weise, durch die etw. in einem guten Zustand erhalten wird:* mit einem Buch p. umgehen.

Pfleg|ling, der; -s, -e: **1.** *Lebewesen, das von jmdm. gepflegt u. umsorgt wird:* die -e eines [Tier]heims. **2.** (Rechtsspr., sonst veraltend) *Person, für die von einem Vormundschaftsgericht ein Pfleger* (2) *eingesetzt ist.*

Pfleg|schaft, die; -, -en (Rechtsspr.): *Besorgung von jmds. rechtlichen Angelegenheiten in bestimmten Fällen durch einen vom Vormundschaftsgericht eingesetzten Pfleger* (2).

Pfleg|schafts|ge|richt, das (österr.): *Vormundschaftsgericht.*
Pflicht, die; -, -en [mhd., ahd. pflicht, zu ↑ pflegen]: **1.** *Aufgabe, die jmdm. aus ethischen, moralischen, religiösen Gründen erwächst u. deren Erfüllung er sich einer inneren Notwendigkeit zufolge nicht entziehen kann od. die jmdm. obliegt, die als Anforderung von außen an ihn herantritt u. für ihn verbindlich ist:* staatsbürgerliche P.; eheliche -en (oft verhüll.; *Verpflichtung zum Geschlechtsverkehr mit der Ehepartnerin, dem Ehepartner*); die P. ruft *(eine Aufgabe, Arbeit wartet auf [unmittelbare] Erledigung);* seine P. erfüllen, vernachlässigen; etw. als eine P. ansehen; wir erfüllen hiermit, haben die traurige P., Ihnen mitzuteilen *(müssen Ihnen zu unserem Bedauern, aus traurigem Anlass mitteilen),* dass ...; der P. genügen; etw. nur aus P. *(nur ungern, nicht freiwillig)* tun; jmdm. etw. streng zur P. machen; * **jmds. P. und Schuldigkeit sein,** (emotional:) **jmds. verdammte/verfluchte P. und Schuldigkeit sein** *(jmds. selbstverständliche Pflicht sein);* **jmdn. in [die] P. nehmen** (geh.: *dafür sorgen, dass jmd. eine bestimmte Pflicht übernimmt).* **2.** (Sport) *bei einem Wettkampf vorgeschriebene Übung[en]* (im Unterschied zur Kür).
Pflicht|bei|trag, der: *Beitrag* (1), *zu dessen Zahlung jmd. verpflichtet ist.*
Pflicht|be|such, der: *Besuch, den man als Pflicht auf sich nimmt, zu dem man verpflichtet ist.*
pflicht|be|wusst ⟨Adj.⟩: *sich seiner Pflicht bewusst u. entsprechend handelnd, eine entsprechende Haltung erkennen lassend:* ein -er Beamter.
Pflicht|be|wusst|sein, das: *Bewusstsein, seine Pflicht tun, einer bestimmten Pflicht erfüllen zu müssen.*
Pflicht|ei|fer, der: *Eifer in der Erfüllung seiner Pflichten.*
pflicht|eif|rig ⟨Adj.⟩: *von Pflichteifer erfüllt:* eine -e Kellnerin.
Pflich|ten|heft, das: **1.** (schweiz.) *Verzeichnis der mit einem Amt, einer Stellung verbundenen Pflichten.* **2.** *Lastenheft.*
Pflicht|er|fül|lung, die: *das Erfüllen von Pflichten:* in treuer, gewissenhafter P.
Pflicht|ex|em|p|lar, das (Verlagsw.): *[kostenfrei] an eine öffentliche Bibliothek o. Ä. vom Verleger bzw. Drucker abzulieferndes Exemplar eines Druckwerks.*
Pflicht|fach, das: *einzelnes Fach im Rahmen einer [Aus]bildung, zu dessen Studium Schüler[innen], Studierende o. Ä. verpflichtet sind.*
Pflicht|ge|fühl, das ⟨Pl. selten⟩: vgl. Pflichtbewusstsein.
Pflicht|ge|gen|stand, der (österr.): *Pflichtfach in der Schule.*
pflicht|ge|mäß ⟨Adj.⟩: *seiner Pflicht entsprechend; wie es jmds. Pflicht ist, von ihm erwartet wird:* etw. p. abliefern.

-pflich|tig (bes. Amtsspr.): drückt in Bildungen mit Substantiven oder Verben (Verbstämmen) aus, dass die beschriebene Person oder Sache zu etw. verpflichtet ist, einer Verpflichtung zu etw. unterliegt: beitrags-, wartepflichtig.

Pflicht|jahr, das: **1.** *Zeitabschnitt von einem Jahr, während dessen eine bestimmte Personengruppe zu einer bestimmten Tätigkeit o. Ä. verpflichtet ist.* **2.** (nationalsoz.) *Zeitabschnitt von einem Jahr, in dem die weibliche Jugend zur Arbeit in Land- und Hauswirtschaft eingesetzt war.*
Pflicht|kür, die (Eiskunstlauf): *Originalprogramm.*
Pflicht|lek|tü|re, die: *Lektüre, zu der jmd. aus bestimmtem Grund verpflichtet ist.*
Pflicht|pfand, das: *Pfand, das auf Verpackungen, Flaschen, Dosen o. Ä. beim Verkauf erhoben werden muss.*
Pflicht|pro|gramm, das: *Reihe von zu erledigenden, zu berücksichtigenden Dingen o. Ä.:* Goethes Faust gehört zum P. im Lehrplan.
pflicht|schul|dig ⟨Adv.⟩: *nur anstandshalber [erfolgend]:* -er Applaus; p., -st lachen, nicken.
Pflicht|schu|le, die: **1.** *Schule, deren Besuch gesetzlich vorgeschrieben ist* (z. B. Grundschule). **2.** (österr.) *Grund- u. Hauptschule.*
Pflicht|spiel, das (Sport): *im Rahmen eines Turniers (einschließlich Qualifikationsrunden) ausgetragenes Spiel.*
Pflicht|stun|de, die: *Unterrichtsstunde, zu deren Abhaltung eine Lehrkraft verpflichtet ist.*
Pflicht|tanz, der: **1.** (Eis-, Rollkunstlauf, Tanzsport) *bei einem Wettbewerb vorgeschriebener, obligatorischer Tanz.* **2.** *Tanz, den man mit jmdm. aus Gründen der Höflichkeit tanzt.*
Pflicht|teil, der, auch: das: *Teil des Nachlasses, der einem nahen Angehörigen durch Testament nicht entzogen werden kann:* jmdn. auf den/ aufs P. setzen *(jmdm. nur den Pflichtteil vererben).*
pflicht|treu ⟨Adj.⟩: *gewissenhaft seine Pflichten erfüllend:* ein -er Beamter.
Pflicht|treue, die: *Gewissenhaftigkeit, mit der man seine Pflicht[en] erfüllt.*
Pflicht|übung, die: **1.** (Sport) *Pflicht* (2). **2.** (ugs., oft abwertend) *etw., was man nur tut, weil man es tun muss, weil es andere von einem erwarten:* etw. als [reine] P. ansehen.
Pflicht|um|tausch, der ⟨o. Pl.⟩: *Geldumtausch einer festgelegten Mindestsumme, zu dem man bei Einreise in bestimmte Länder verpflichtet ist.*
pflicht|ver|ges|sen ⟨Adj.⟩ (abwertend): *die zu erfüllenden Pflichten vernachlässigend.*
Pflicht|ver|ges|sen|heit, die (abwertend): *das Pflichtvergessensein.*
Pflicht|ver|let|zung, die: *Vernachlässigung seiner Pflicht[en]:* eine grobe P.
pflicht|ver|si|chert ⟨Adj.⟩: *in einer Pflichtversicherung versichert.*
Pflicht|ver|si|cher|te, die ⟨vgl. Versicherte⟩: *weibliche Person, die pflichtversichert ist.*
Pflicht|ver|si|cher|ter ⟨vgl. Versicherter⟩: jmd., *der pflichtversichert ist.*
Pflicht|ver|si|che|rung, die: *gesetzlich vorgeschriebene Versicherung.*
Pflicht|ver|tei|di|ger, der (Rechtsspr.): *im Strafverfahren vom Gericht bestellter Verteidiger* (im Unterschied zum Wahlverteidiger); *Offizialverteidiger.*
Pflicht|ver|tei|di|ge|rin, die: w. Form zu ↑ Pflichtverteidiger.
pflicht|wid|rig ⟨Adj.⟩: *gegen seine Pflicht verstoßend:* p. handeln.
Pflock, der; -[e]s, Pflöcke [mhd. ploc, H. u.]: *unten angespitzter Stock, Stab, Pfahl o. Ä., der in den Boden eingeschlagen wird, damit etw. daran befestigt werden kann od. damit etw. das Zelt an, mit Pflöcken;* * **einen P. zurückstecken** *(einige/ein paar Pflöcke zurückstecken müssen* (ugs.; *geringere Forderungen, Ansprüche stellen;* urspr. wohl von vom Pflug gesagt, bei dem die Höhe der Pflugschar mit einem Stellpflock umgestellt werden konnte).
pflö|cken ⟨sw. V.; hat⟩: *mit, an einem Pflock befestigen.*
pflog, pflö|ge: ↑ pflegen (2).
pflü|cken ⟨sw. V.; hat⟩ [mhd. pflücken, über das Roman. (vgl. ital. piluccare) wohl zu lat. pilare = enthaaren]: *Früchte vom Baum, Strauch, von der Pflanze abnehmen; Blumen, Blätter o. Ä.*
mit dem Stiel abbrechen: Äpfel, Blumen, Baumwolle, Tee p.; einen Strauß Margeriten p.
pflück|reif ⟨Adj.⟩: *reif zum Pflücken.*
Pflück|sa|lat, der: *Salat, der keine Köpfe* (5 b) *ausbildet; Blattsalat.*
Pflug, der; -[e]s, Pflüge [mhd. phluoc, ahd. pfluoh; H. u.]: **1.** *landwirtschaftliches Gerät mit in die Erde greifenden messerartigen Stahlteilen zum lockernden Aufreißen u. Wenden des Ackerbodens:* den P. schärfen, führen; * **unter den P. kommen/unter dem P. sein;** *als Ackerland bestellt werden).* **2.** Kurzf. von ↑ Schneepflug (2).
pflü|gen ⟨sw. V.; hat⟩ [mhd. pfluegen]: **a)** *mit dem Pflug arbeiten:* der Bauer pflügt; **b)** *mit dem Pflug bearbeiten:* das Feld p.; Ü der Bug des Schiffes pflügte das Wasser; **c)** *durch Pflügen* (a) *herstellen:* gerade Furchen p.
Pflü|ger, der; -s, -: *jmd., der pflügt.*
Pflü|ge|rin, die; -, -nen: w. Form zu ↑ Pflüger.
Pflug|schar, die; -, -en, landsch. auch: das; -[e]s, -e: *unterer, vorn spitzer, hinten breiter werdender Teil des Schneideblatts am Pflug:* Schwerter zu -en (Leitwort der in den 80er-Jahren des 20. Jh.s in der DDR entstandenen Friedensinitiativen; nach Jesaja 2, 4).
Pflüm|li, das od. der; -[s], -[s] (schweiz. mundartl.): *Pflaumenschnaps.*
Pfort|ader, die; -, -n [LÜ von lat. vena portae (porta = Pforte); die Vene tritt an der »Leberpforte« in die Leber ein] (Med.): *Vene, die nährstoffhaltiges Blut aus den Verdauungsorganen zur Leber leitet.*
Pfört|chen, das; -s, -: Vkl. zu ↑ Pforte.
Pfor|te, die; -, -n [mhd. pforte, ahd. pforta < lat. porta]: **1. a)** *[kleinere] Tür zum Garten, Hof, Vorplatz eines Hauses:* eine kleine, schmale P.; sie gingen durch die schmale P.; Ü (geh.:) die -n der Hölle; * **seine -n schließen** *(den Betrieb einstellen, geschlossen werden);* **b)** *bewachter Eingang eines Klosters, Krankenhauses o. Ä.:* sich an der P. melden. **2.** (Geogr.) in geografischen Namen; *Talsenke:* die Westfälische P.
Pfört|ner, der; -s, - [mhd. p(f)ortenære]: **1.** *jmd., der den Eingang eines Gebäudes, Gebäudekomplexes bewacht:* sich beim P. melden. **2.** (Anat.) *Schließmuskel am Magenausgang; Pylorus.*
Pfört|ne|rin, die; -, -nen: w. Form zu ↑ Pförtner (1).
Pfört|ner|lo|ge, die: *Dienstraum des Pförtners, der Pförtnerin.*
Pfos|ten, der; -s, - [mhd. pfost(e), ahd. pfosto < lat. postis]: **a)** *senkrecht stehendes, rundes od. kantiges Stück Holz bes. als stützendes, tragendes Element:* der P. des Bettes, der Tür; **b)** (bes. Ballspiele) Kurzf. von ↑ Torpfosten: nur den P. treffen; für den geschlagenen Tormann rettete der P. *(der Ball prallte gegen den Pfosten u. ging nicht ins Tor);* * **zwischen den P. stehen** *(bei einem Spiel als Torwart eingesetzt sein).*
Pfos|ten|schuss, der (Ballspiele): *Schuss, der den Pfosten trifft.*
Pföt|chen, das; -s, -: Vkl. zu ↑ Pfote (1, 2).
Pfo|te, die; -, -n [aus dem Niederrhein., mniederd. pōte, aus einer vordrgl. Sprache]: **1.** *in Zehen gespaltener Fuß verschiedener Säugetiere:* die linke, rechte P. des Hundes; die Katze leckt sich die -n. **2.** (salopp) *Hand:* nimm deine [dreckigen] -n da weg!; * **sich** ⟨Dativ⟩ **die -n verbrennen** (↑ Finger 1); **jmdm. auf die -n klopfen** (↑ Finger 1). **3.** ⟨o. Pl.⟩ (abwertend) *Klaue* (1 c).
Pfriem, der; -[e]s, -e [mhd. pfriem(e), H. u.]: *Ahle.*
pfrie|meln ⟨sw. V.; hat⟩: **a)** (landsch.) *mit den Fingerspitzen hin und her drehen; zwirbeln;* **b)** (ugs.) *sich mit den Fingern nestelnd, pulend zu schaffen machen:* die Diskette aus der Verpackung p.; die Ohrenstöpsel ins Ohr p.

Pfropf, der; -ens, -en u. -[e]s, -e, selten Pfröpfe [↑ Pfropfen]: **1.** zusammengeballte Masse, die den Durchfluss (z. B. in einem Rohr, einer Ader) hindert. **2.** Pfropfen (1).

¹pfrop|fen ⟨sw. V.; hat⟩ [mhd. pfropfen, zu ahd. pfropfo = Setzreis, Setzling < lat. propago = Ableger, Setzling, zu: propagare, ↑ Propaganda]: *den Spross eines wertvollen Gewächses auf ein weniger wertvolles zur Veredlung aufsetzen:* Obstbäume, Weinreben p.

²pfrop|fen ⟨sw. V.; hat⟩ [zu ↑ Pfropfen]: **1.** *mit einem Pfropfen verschließen.* **2.** (ugs.) *in etw. unter Platzschwierigkeiten hineinpressen, -zwängen:* die Sachen in den Koffer p.; Ü *der Saal war gepfropft voll (bis auf den letzten Platz besetzt).*

Pfrop|fen, der; -s, - [verhochdeutscht aus niederd. Propp(en), mniederd. prop(pe) = Stöpsel; H. u., wahrsch. lautm.]: **1.** *kleiner zylinder- od. kegelförmiger Gegenstand aus einem weicheren Material zum Verschließen einer [Flaschen]öffnung:* den P. aus der Flasche ziehen. **2.** *Pfropf* (1).

Pfropf|mes|ser, das: *zum ¹Pfropfen verwendetes Messer.*

Pfropf|reis, das: *aufgepfropfter Spross.*

Prop|fung, die; -, -en: *das ¹Pfropfen.*

Pfrün|de, die; -, -n [mhd. phrüende, pfruonde, ahd. pfruonta, pfrovinta < mlat. provenda, über das Galloroman. unter Einfluss von lat. providere = versorgen, zu spätlat. praebenda = vom Staat zu zahlende Beihilfe, eigtl. = das zu Gewährende, Gerundiv von lat. praebere = gewähren] (kath. Kirche früher): **a)** *mit Einkünften verbundenes Kirchenamt:* eine gute P. haben; Ü *der neue Posten ist eine einträgliche, fette P. für ihn (bringt ihm viel ein, ohne dass er sich viel einzusetzen braucht);* **b)** *Stelle, Ort, wo jmd. eine Pfründe (a) hat:* auf einer P. sitzen.

Pfründ|ner, der; -s, - [mhd. phrüendener]: *Inhaber einer Pfründe* (a).

Pfuhl, der; -[e]s, -e [mhd., ahd. pfuol, H. u.]: **1.** *kleiner Teich, Ansammlung von schmutzigem, fauligem Wasser:* ein schwarzer P.; Ü (geh. veraltend:) ein P. der Sünde. **2.** (landsch.) *Jauche.*

pfui ⟨Interj.⟩ [mhd. pfui, phiu, wohl nach dem Geräusch beim Ausspucken]: *Ausruf des Missfallens, Ekels, der moralischen Entrüstung:* p., schäm dich!; p. Teufel!

Pfui, das; -s, -s: *Pfuiruf.*

Pfui|ruf, der: *der Ruf »pfui«.*

Pfull|men, der od. das; -s, - [alemann. Nebenf. von frühnhd. pfulwe = Pfühl] (südd.; schweiz.): *breites Kopfkissen.*

◆ **Pfül|men:** ↑ Pfulmen: Pfülmen: Wehmütig sank Jobst in den P. (Keller, Kammacher 232).

Pfund, das; -[e]s, -e ⟨aber: 5 Pfund⟩ [mhd., ahd. pfunt < lat. pondo = (ein Pfund) an Gewicht, zu: pendere, ↑ Pensum]: **1.** *fünfhundert Gramm; ein halbes Kilogramm* (Maßeinheit; Abk.: Pfd., Zeichen: ℔): ein halbes, ganzes P. Butter; ein P. Bohnen kostet/(selten:) kosten zwei Euro; den -en zu Leibe rücken *(sein Gewicht zu verringern suchen).* **2.** [das Geld wurde urspr. gewogen] *Währungseinheit in Großbritannien* (1 P. [Sterling] = 100 Pence; Währungscode: GBP; Zeichen: £ [eigtl. = ↑ Livre]) u. *anderen Ländern:* etw. kostet zwei P.; in P., mit englischen -en zahlen. **3.** * *sein P./seine -e vergraben* (geh.; *seine Fähigkeiten nicht nutzen;* nach Matth. 25, 18); **mit seinen -en/(geh.:) seinem -e wuchern** *(seine Begabung, seine Fähigkeiten klug anwenden;* nach Luk. 19, 11 ff.).

Pfünd|chen, das; -s, -: Vkl. zu ↑ Pfund.

-pfün|der, der; -s, -: *gibt in Bildungen mit Zahlwörtern an, dass etw. ein Gewicht von einer bestimmten Anzahl von Pfunden hat:* Fünf-, Vierpfünder (mit Ziffer: 5-Pfünder, 4-Pfünder), Viertelpfünder.

pfun|dig ⟨Adj.⟩ (ugs.): *großartig, toll:* ein -es Geschenk; ein -er Kerl.

Pfund|no|te, die; -, -n: *Banknote mit dem Nennwert ein Pfund* (2).

Pfunds- (ugs. emotional verstärkend): drückt in Bildungen mit Substantiven aus, dass jmd. od. etw. als ausgezeichnet, hervorragend, bewundernswert angesehen wird: Pfundskamerad.

Pfunds|kerl, der (ugs. emotional verstärkend): *Mordskerl* (2).

◆ **Pfund|sporn, der** ⟨Pl. ...sporen, seltener -e⟩: *großer, wuchtiger Sporn* (1): Die eiserne Pickelhaube, das gelbledene Wams und die klirrenden Pfundsporen verkündigten den schweren Reutersknecht (Heine, Rabbi 465); Der Pferdehändler ... sah ... mit seinen Pfundsporen und mit seiner Peitsche wie ein Wegelagerer aus (Immermann, Münchhausen 165).

Pfund Ster|ling: ↑ Pfund (2) (Zeichen: £).

pfund|wei|se ⟨Adv.⟩: *in Pfunden [u. damit in großer Menge]:* pfundweise -n einkaufen Chips p. essen!

Pfusch, der; -[e]s [zu ↑ pfuschen] (ugs.): **1.** (ugs. abwertend) *nachlässig u. liederlich ausgeführte Arbeit:* P. machen. **2.** (österr.) *Schwarzarbeit.*

Pfusch|ar|beit, die (ugs. abwertend): *nachlässig u. liederlich ausgeführte Arbeit.*

pfu|schen ⟨sw. V.; hat⟩ [wohl zu ↑ futsch, urspr. lautm. z. B. für das Geräusch von schnell abbrennendem Pulver od. für das Reißen von schlechtem Stoff]: **1. a)** (ugs. abwertend) *schnell, oberflächlich u. deshalb nachlässig u. liederlich arbeiten:* er hat bei der Reparatur gepfuscht; **b)** (österr.) *schwarzarbeiten.* **2.** (landsch.) *mogeln* (1). **3.** (landsch. veraltend) *etw. entwenden, stehlen.*

Pfu|scher, der; -s; - (ugs. abwertend): *jmd., der pfuscht.*

Pfu|sche|rei, die; -, -en (ugs. abwertend): *[dauerndes] Pfuschen.*

pfu|scher|haft ⟨Adj.⟩ (ugs. abwertend): *[wie] von einem Pfuscher gemacht:* eine -e Bauausführung.

Pfu|sche|rin, die; -, -nen: w. Form zu ↑ Pfuscher.

Pfütz|chen, das; -s, -: Vkl. zu ↑ Pfütze.

Pfüt|ze, die; -, -n [mhd. pfütze, ahd. p[f]uzza = Wasserloch, H. u., viell. < lat. puteus, ↑ Pütt, ↑ Pütz]: *kleinere Ansammlung von Wasser:* auf dem Hof bildeten sich -n; Ü *der Hund hat in der Küche eine P. gemacht (verhüll.; uriniert).*

PGH [peːgeːˈhaː], die; -, -s (DDR): **P**roduktions**g**enossenschaft des **H**andwerks.

ph = Phot.

PH [peːˈhaː], die; -, -s: **p**ädagogische **H**ochschule.

Phä|a|ke, der; -n, -n [nach dem als besonders glücklich geltenden Volk der Phäaken in der griech. Sage] (bildungsspr.): *jmd., der das Leben sorglos genießt.*

Phä|a|kin, die; -, -nen: w. Form zu ↑ Phäake.

Pha|ge, der; -n, -n [zu griech. phageín = essen, fressen]: *Bakteriophage.*

Pha|go|zyt, der; -en, -en [zu griech. phageín = essen, fressen u. kýtos = Höhlung, Wölbung] (Med.): *weißes Blutkörperchen, das eingedrungene Fremdstoffe, bes. Bakterien, unschädlich machen kann.*

Pha|lanx, die; -, ...langen [lat. phalanx < griech. phálagx, eigtl. = Balken, Baumstamm]: **1.** *(im antiken Griechenland) tief gestaffelte, geschlossene Schlachtreihe bes. der Hopliten.* **2.** (bildungsspr.) *geschlossene Front:* eine P. bilden, in geschlossener P. auftreten; Ü *es ist ihr gelungen,* in die P. der Spitzenpolitiker einzudringen. **3.** (Med.) *Finger- od. Zehenglied.*

phal|lisch ⟨Adj.⟩ (bildungsspr.): **1.** *wie ein Phallus [aussehend]; einen Phallus darstellend:* -e Symbole. **2.** *den Phallus betreffend:* die -e Stufe, Phase (Psychoanalyse; *frühkindliche, durch Lustgewinn im Bereich des Penis gekennzeichnete Entwicklungsphase*).

Phal|lo|kra|tie, die; -, -n [↑ -kratie] (abwertend): *auf einer Überbewertung des männlichen Geschlechts beruhende Vorherrschaft des Mannes bes. im gesellschaftlichen Bereich.*

Phal|los, der; -, ...lloi u. ...llen (selten), **Phal|lus, der;** -, ...lli u. ...llen, auch: -se (bildungsspr.) [spätlat. phallus < griech. phallós]: *[erigiertes] männliches Glied (meist als Symbol der Kraft u. Fruchtbarkeit).*

Phal|lus|kult, der: *kultische Verehrung des Phallus als Sinnbild der Fruchtbarkeit.*

Phal|lus|sym|bol, das (bes. Psychol.): *phallisches* (1) *Symbol.*

Phän, das; -s, -e [zu ↑ Phänomen] (Biol.): *deutlich in Erscheinung tretendes [Erb]merkmal eines Lebewesens, das mit anderen zusammen den Phänotyp ausbildet.*

Phä|no|lo|gie, die; - [↑ -logie]: *Lehre vom Einfluss der Witterung u. des Klimas auf die jahreszeitliche Entwicklung der Pflanzen u. Tiere.*

Phä|no|men, das; -s, -e [spätlat. phaenomenon = (Luft)erscheinung < griech. phainómenon = das Erscheinende, zu: phaínesthai = erscheinen]: **1.** (bildungsspr.) *etw., was sich beobachten, wahrnehmen lässt; [bemerkenswerte] Erscheinung:* ein physikalisches, meteorologisches, seltenes, alltägliches P.; ... nicht haftete -e; Selbst Fama und die ältesten Bewohner der Stadt konnten sich an kein solches Frühjahr erinnern und deuteten alle -e der Erwärmung als die Zeichen einer neuen, unheilvollen Zeit (Ransmayr, Welt 120). **2.** (Philos.) *das Erscheinende, das den Sinnen Zeigende; der sich der Erkenntnis darbietende Bewusstseinsinhalt.* **3.** (bildungsspr.) *außergewöhnlicher, phänomenaler* (2) *Mensch:* auf ihrem Fachgebiet ist sie ein P.

phä|no|me|nal ⟨Adj.⟩ [frz. phénoménal]: **1.** (Philos.) *das Phänomen* (2) *betreffend; sich den Sinnen, der Erkenntnis darbietend.* **2.** *in bewundernswerter u. Erstaunen erregender Weise einzigartig, ohnegleichen:* ein -er Mathematiker; sie hat ein -es Gedächtnis; sie hat p. gespielt.

Phä|no|me|no|lo|gie, die; - [↑ -logie] (Philos.): **1.** *(bei Hegel) Wissenschaft, Lehre, die die dialektisch sich entwickelnden Erscheinungsformen des [absoluten] Geistes in eine gestufte Ordnung bringt, die die historisch-dialektische Entwicklung des menschlichen Bewusstseins vertritt.* **2.** *(bei Husserl) Wissenschaft, Lehre, die von der geistigen Anschauung des Wesens der Gegenstände od. Sachverhalte ausgeht, die die geistig-intuitive Wesensschau (anstelle rationaler Erkenntnis) vertritt.*

phä|no|me|no|lo|gisch ⟨Adj.⟩ (Philos.): *die Phänomenologie betreffend.*

Phä|no|typ, der; -s, -en, **Phänotypus, der;** -, ...pen (Genetik): *Gesamtheit der Merkmale eines Lebewesens, wie sie durch Erbanlagen und Umwelteinflüsse geprägt werden.*

phä|no|ty|pisch ⟨Adj.⟩ (Biol.): *den Phänotyp[us] betreffend.*

Phä|no|ty|pus: ↑ Phänotyp.

Phan|ta|sie usw.: ↑ Fantasie usw.
phan|ta|sie|arm: ↑ fantasiearm.
Phan|ta|sie|bild: ↑ Fantasiebild.
Phan|ta|sie|ge|bil|de: ↑ Fantasiegebilde.
Phan|ta|sie|ge|stalt: ↑ Fantasiegestalt.
phan|ta|sie|los: ↑ fantasielos.

Phantasielosigkeit – Phenylgruppe

Phan|ta|sie|lo|sig|keit: ↑ Fantasielosigkeit.
phan|ta|sie|reich: ↑ fantasiereich.
phan|ta|sie|ren: ↑ fantasieren.
phan|ta|sie|voll: ↑ fantasievoll.
Phan|ta|sie|vor|stel|lung: ↑ Fantasievorstellung.
Phan|ta|sie|welt: ↑ Fantasiewelt.
Phan|tas|ma, das; -s, ...men [lat. phantasma < griech. phántasma] (Psychol.): *Sinnestäuschung, Trugbild.*
Phan|tas|ma|go|rie, die; -, -n [zu ↑ Phantasma u. griech. agorá = Versammlung]: **1.** (bildungsspr.) *Trugbild, Täuschung.* **2.** (Theater) *künstliche Darstellung von Trugbildern, Gespenstern o. Ä. auf der Bühne.*
phan|tas|ma|go|risch ⟨Adj.⟩ (bildungsspr.): *in der Art einer Phantasmagorie, bizarr, gespenstisch, traumhaft* (a).
Phan|tast usw.: ↑ Fantast usw.
Phan|tas|te|rei: ↑ Fantasterei.
Phan|tas|tik: ↑ Fantastik.
Phan|tas|tin: ↑ Fantastin.
phan|tas|tisch: ↑ fantastisch.
Phan|tom, das; -s, -e [frz. fantôme, über das Vlat. zu griech. phántasma, ↑ Phantasma]: **1.** *unwirkliche Erscheinung; Trugbild: einem P. nachjagen.* **2.** (Med.) **a)** *Phantomerlebnis;* **b)** *Nachbildung eines Körperteils od. eines Organs für Unterrichtszwecke od. Versuche.*
Phan|tom|bild, das (Kriminalistik): *nach Zeugenaussagen erstelltes Bild eines gesuchten Täters.*
Phan|tom|er|leb|nis, das (Med.): *Empfindung, dass ein amputierter Körperteil noch vorhanden ist.*
Phan|tom|schmerz, der (Med.): *Schmerz, den jmd. in einem bestimmten Körperteil zu spüren meint, obwohl dieser amputiert ist.*
¹Pha|rao, der; -[s], ...onen [griech. pharaō < altägypt. per-a'a, eigtl. = großes Haus, Palast]: **1.** ⟨o. Pl.⟩ *Titel der altägyptischen Könige.* **2.** *Träger dieses Titels.*
²Pha|rao, das; -s: *Pharo.*
Pha|rao|amei|se, die: *kleine, bernsteinfarbene bis schwarzbraune Ameise, deren Stich schmerzhaft ist.*
Pha|ra|o|nen|grab, das: *Grab eines Pharaos.*
pha|ra|o|nisch ⟨Adj.⟩: *den Pharao, die Pharaonen betreffend.*
Pha|ri|sä|er, der; -s, - [spätlat. Pharisaeus < griech. Pharisaîos < aram. pĕrûšîm (Pl.), eigtl. = die Abgesonderten]: **1.** *Angehöriger einer altjüdischen, die religiösen Gesetze streng einhaltenden Bewegung.* **2.** [nach Luk. 18, 10 ff.] (geh. abwertend) *selbstgerechter Mensch; Heuchler: Es ist zum Kotzen mit eurem Selbstmitleid und eurem Rachegeschrei! Immer ist ein anderer schuld! Ihr stinkt vor Selbstgerechtigkeit, ihr P.!* (Remarque, Obelisk 142). **3.** [das Getränk soll den Anschein erwecken, man trinke keinen Alkohol, sondern nur Kaffee] *heißer Kaffee mit Rum u. geschlagener Sahne.*
pha|ri|sä|er|haft ⟨Adj.⟩: *in der Art eines Pharisäers* (2), *wie bei einem Pharisäer üblich.*
Pha|ri|sä|e|rin, die; -, -nen: w. Form zu ↑ Pharisäer (2).
Pha|ri|sä|er|tum, das; -s (geh. abwertend): *geistige Haltung eines Pharisäers* (2).
pha|ri|sä|isch ⟨Adj.⟩ (geh.): **1.** *die Pharisäer* (1) *betreffend.* **2.** *pharisäerhaft.*
Pha|ri|sä|is|mus, der; -: **1.** *religiös-politische Lehre der Pharisäer* (1). **2.** (geh. abwertend) *Pharisäertum.*
Phar|ma|be|ra|ter, der; -s, - [1. Bestandteil zu griech. phármakon, ↑ Pharmakon]: *Pharmareferent.*
Phar|ma|be|ra|te|rin, die; -, -nen: w. Form zu ↑ Pharmaberater.
Phar|ma|bran|che, die: *mit der Herstellung u. dem Vertrieb von Arzneimitteln befasste Branche.*
Phar|ma|fir|ma, die: *Firma der Pharmabranche.*
Phar|ma|her|stel|ler, der: *Hersteller von Arzneimitteln.*
Phar|ma|her|stel|le|rin, die: w. Form zu ↑ Pharmahersteller.
Phar|ma|in|dus|t|rie, die: *pharmazeutische Industrie.*
Phar|ma|ka: Pl. von ↑ Pharmakon.
Phar|ma|kant, der; -en, -en: *Facharbeiter für die Herstellung pharmazeutischer Erzeugnisse* (Berufsbez.).
Phar|ma|kan|tin, die; -, -nen: w. Form zu ↑ Pharmakant.
Phar|ma|keu|le, die (Jargon): *übermäßig große Menge von Pharmaka, die für eine [psychiatrische] Behandlung eingesetzt wird.*
Phar|ma|ko|lo|ge, der; -n, -n [↑ -loge]: *Wissenschaftler auf dem Gebiet der Pharmakologie.*
Phar|ma|ko|lo|gie, die; -, -n [zu griech. phármakon = Arznei u. ↑ -logie]: **1.** ⟨o. Pl.⟩ *Wissenschaft von Art u. Aufbau der Heilmittel, ihren Wirkungen u. ihren Anwendungsgebieten.* **2.** *pharmakologisches Werk.*
Phar|ma|ko|lo|gin, die; -, -nen: w. Form zu ↑ Pharmakologe.
phar|ma|ko|lo|gisch ⟨Adj.⟩: *die Pharmakologie betreffend.*
Phar|ma|kon, das; -s, ...ka [griech. phármakon] (bildungsspr.): *Arzneimittel.*
Phar|ma|kon|zern, der: *Konzern, in dem mehrere Unternehmen der Pharmaindustrie zusammengeschlossen sind.*
Phar|ma|ko|the|ra|pie [auch: 'far...], die; -, -n (Med., Psychol.): *Behandlung von Krankheiten mithilfe von Arzneimitteln.*
Phar|ma|re|fe|rent, der; -en, -en: *Vertreter für Arzneimittel.*
Phar|ma|re|fe|ren|tin, die: w. Form zu ↑ Pharmareferent.
Phar|ma|rie|se, der (Jargon): *besonders großes Pharmaunternehmen.*
Phar|ma|un|ter|neh|men, das: *Unternehmen der Pharmaindustrie.*
Phar|ma|zeut, der; -en, -en [griech. pharmakeutēs = Hersteller von Heilmitteln]: *Wissenschaftler, ausgebildeter Fachmann auf dem Gebiet der Pharmazie; Hersteller von Arzneimitteln; Apotheker* (Berufsbez.).
Phar|ma|zeu|tik, die; -: *Pharmazie.*
Phar|ma|zeu|ti|kum, der; -s, ...ka (bildungsspr.): *Arzneimittel.*
Phar|ma|zeu|tin, die: w. Form zu ↑ Pharmazeut.
phar|ma|zeu|tisch ⟨Adj.⟩ [spätlat. pharmaceuticus < griech. pharmakeutikós]: *die Herstellung [u. Anwendung] von Arzneimitteln betreffend: die -e Industrie.*
phar|ma|zeu|tisch-tech|nisch ⟨Adj.⟩: *die Pharmazie in Verbindung mit entsprechenden technischen, praktischen Handhabungen betreffend:* -e Assistentin, -er Assistent (*Person, die durch Zubereitung, Kontrolle, Abgabe von Arzneimitteln, durch Verkauf von Körperpflege- u. Hygieneartikel die Tätigkeit eines Apothekers o. Ä. unterstützt;* Berufsbez.; PTA).
Phar|ma|zie, die; - [spätlat. pharmacia < griech. pharmakeía = (Gebrauch von) Arznei, zu: phármakon, ↑ Pharmakon]: *Wissenschaft von den Arzneimitteln, von ihrer Herkunft, ihrer Herstellung u. Überprüfung.*
Pha|ro, das; -s [engl. faro, frz. pharaon, wohl nach dem Bildnis des Pharaos, der statt des Königs auf einer nach England eingeführten Spielkarte des frz. Blattes dargestellt war]: *Glücksspiel mit 104 Karten, bei dem auf alle 13 ausgelegten Karten einer Farbe auf Gewinn od. auf Verlust gewettet werden kann.*

Pha|ryn|gen: Pl. von ↑ Pharynx.
Pha|ryn|gi|tis, die; -, ...itiden (Med.): *Rachenentzündung.*
Pha|ryn|go|lo|gie, die; - [↑ -logie]: *Teilgebiet der Medizin, das sich mit dem Rachen u. seinen Krankheiten befasst.*
Pha|ryn|go|s|kop, das; -s, -e [zu griech. skopeîn = betrachten] (Med.): *spezielles Endoskop zur Untersuchung des Pharynx.*
Pha|ryn|go|to|mie, die; -, -n [zu griech. tomé = das Schneiden; Schnitt] (Med.): *operative Öffnung des Rachens.*
Pha|rynx, der; -, ...ryngen [griech. phárygx (Gen.: pháryggos)] (Med.): *Schlund, Rachen.*
Pha|se, die; -, -n [frz. phase < griech. phásis = Erscheinung; Aufgang eines Gestirns, zu: phaínesthai, ↑ Phänomen]: **1.** (bildungsspr.) *Abschnitt, Stufe innerhalb einer stetig verlaufenden Entwicklung od. eines zeitlichen Ablaufs: die einzelnen -n eines Vorganges; ich befinde mich in einer kritischen P.; die Gespräche sind in die entscheidende P. getreten; in keiner P. (zu keinem Zeitpunkt, nie) war ein Abbruch der Verhandlungen so wahrscheinlich.* **2.** (Physik) *Schwingungszustand einer Welle an einer bestimmten Stelle u. zu einem bestimmten Zeitpunkt.* **3.** (Chemie) *Aggregatzustand eines chemischen Stoffes: die feste, flüssige, gasförmige P.* **4.** (Astron.) *(von einem nicht selbst leuchtenden Himmelskörper) sich für den Betrachter durch die wechselnde Stellung zu Erde u. Sonne ergebende sichtbare Gestalt.* **5.** (Elektrot.) *eine der drei Leitungen des Drehstromnetzes.*
Pha|sen|sprung, der (Physik): *plötzliche Änderung der Phase* (2) *einer Welle.*
Pha|sen|ver|schie|bung, die (Physik): **1.** *Differenz der Phasen zweier Wellen od. Schwingungen gleicher Frequenz.* **2.** *Phasensprung.*
pha|sen|wei|se ⟨Adv.⟩: *in manchen Phasen* (1), *zeitweise, manchmal: ein p. gutes Spiel;* ⟨mit Verbalsubstantiven auch attr.:⟩ *ein -s Wiederaufleben des alten Kampfgeistes.*

-pha|sig: *in Zusb., z. B.* drei-, vierphasig (*drei, vier Phasen* 5 *habend*; *mit Ziffer:* 3-phasig, 4-phasig).

Pha|sin, das; -s [zu griech. phásēlos = eine Art Bohnen]: *durch längeres Kochen zerstörbarer giftiger Eiweißbestandteil der Bohnen.*
pha|sisch ⟨Adj.⟩: *in Phasen* (1) *verlaufend, regelmäßig wiederkehrend.*
phat: ↑ phatt.
pha|tisch ⟨Adj.⟩ [zu griech. phatós = gesagt, zu: phēmí, 1. Pers. Sg. Indik. Präs. Aktiv von: phánai = sagen, behaupten] (Sprachwiss.): *kontaktknüpfend u. -erhaltend: die -e Funktion eines Textes.*
phatt, (seltener:) **phat** [fet] ⟨Adj.⟩ [engl. (Slangwort) phat, urspr. zur Beschreibung von Frauen als sexy, H. u.] (Jugendspr.): *hervorragend, fett* (2 c): *phatte Beats; der Film war echt phat*[t].
Phe|lo|ni|um, das; -s, ...ien [mgriech. phailónion für (spät)griech. phainólēs = Reisemantel]: *mantelartiges Messgewand des orthodoxen Geistlichen.*
Phe|nol, das; -s [frz. phénol, zu griech. phaínein = scheinen, leuchten; das Präfix Phen- bezeichnet meist Nebenprodukte der Leuchtgasfabrikation]: *Karbol.*
Phe|nol|ge ⟨Pl.⟩: *bes. im Teer vorkommende schwache Säuren, die vor allem zur Herstellung von Kunststoffen, Arzneimitteln, Farbstoffen u. a. verwendet werden.*
Phe|nol|ph|tha|le|in, das; -s: *als Indikator* (2) *verwendete chemische Verbindung.*
Phe|nyl, das; -s, -e, **Phe|nyl|grup|pe,** die (Che-

mie): *in vielen aromatischen Kohlenwasserstoffen enthaltene einwertige Atomgruppe.*
Phe|nyl|ke|to|n|u|rie, die; -, -n [zu ↑ Azeton u. griech. oûron = Harn] (Med.): *[bei Säuglingen auftretende] Stoffwechselkrankheit, die durch das Fehlen bestimmter Aminosäuren bedingt ist.*
Phe|ro|mon, das; -s, -e [zusgez. aus griech. phérein = tragen u. ↑ Hormon] (Biol.): *von Tieren u. vom Menschen produzierter u. abgesonderter Duftstoff, der Stoffwechsel u. Verhalten anderer Individuen der gleichen Art beeinflusst.*
Phi, das; -[s], -s [spätgriech. phî < griech. pheî]: *einundzwanzigster Buchstabe des griechischen Alphabets (Φ, φ).*
Phi|a|le, die; -, -n [griech. phiálē]: *(im alten Griechenland) flache [Opfer]schale.*

phil-, Phil-: ↑ philo-, Philo-.

-phil [zu griech. phileĩn = lieben] (Bildungen meist bildungsspr.): *drückt aus, dass etw. besonders geschätzt wird, dass eine besondere Vorliebe für etw. besteht:* bibliophil, frankophil.

Phil|an|th|rop, der; -en, -en [griech. philánthrōpos, zu: phílos = freundlich; Freund u. ánthrōpos = Mensch] (bildungsspr.): *Menschenfreund.*
Phil|an|th|ro|pie, die; - [griech. philanthrōpía] (bildungsspr.): *Menschenliebe.*
Phil|an|th|ro|pin, die; -, -nen: w. Form zu ↑ Philanthrop.
Phil|an|th|ro|pi|nis|mus, der; -: *am Ende des 18. Jh.s einsetzende, von Basedow begründete Erziehungsbewegung, die eine natur- u. vernunftgemäße Erziehung anstrebte.*
phil|an|th|ro|pisch (Adj.) [griech. philánthrōpos] (bildungsspr.): *die Philanthropie betreffend, auf ihr beruhend; auf das Wohl des Menschen bedacht [u. danach handelnd]:* In einer -en Aufwallung hatte Frau Rosine geäußert, sie würde gerne ein Kind oder auch deren zwei als eigen annehmen (Fussenegger, Haus 209).
Phil|an|th|ro|pis|mus, der; -: *Philanthropinismus.*
Phi|la|te|lie, die; - [frz. philatélie, gepr. 1864 von dem frz. Sammler M. Herpin, zu griech. phileĩn = lieben, gernhaben u. atéleia = Abgabenfreiheit, also eigtl. = Liebe zur (Marke der) Gebührenfreiheit]: *Briefmarkenkunde.*
Phi|la|te|list, der; -en, -en [frz. philatéliste]: *jmd., der sich [wissenschaftlich] mit Briefmarken beschäftigt; Briefmarkensammler.*
Phi|la|te|lis|tin, die; -, -nen: w. Form zu ↑ Philatelist.
phi|la|te|lis|tisch (Adj.): *die Philatelie betreffend, zu ihr gehörend.*
Phil|har|mo|nie, die; -, -n [zu griech. harmonía (↑ Harmonie), eigtl. = Liebe zur Musik]: **1.** *philharmonisches Orchester od. musikalische Gesellschaft* (in Namen). **2.** *(Gebäude mit einem) Konzertsaal eines philharmonischen Orchesters.*
Phil|har|mo|ni|ker, der; -s, -: **a)** *Mitglied eines philharmonischen Orchesters;* **b)** (Pl.) *philharmonisches Orchester* (in Namen): die Wiener P.
Phil|har|mo|ni|ke|rin, die; -, -nen: w. Form zu ↑ Philharmoniker (a).
phil|har|mo|nisch (Adj.): *die Philharmonie betreffend:* -es Orchester *(Sinfonieorchester mit großer Besetzung).*
Phil|ip|per|brief, der (o. Pl.): *Brief des Apostels Paulus an die Gemeinde von Philippi.*
Phi|lip|pi: (in der Antike) Stadt in Makedonien.
Phi|lip|pi|ka, die; -, ...ken [griech. (tà) Philippiká, nach den Kampfreden des Demosthenes gegen König Philipp von Makedonien (etwa 382–336 v. Chr.)] (bildungsspr.): *leidenschaftliche, heftige [Straf]rede.*
Phi|l|ip|pi|nen ⟨Pl.⟩: Inselgruppe u. Staat in Südostasien.
Phi|l|ip|pi|ner, der; -s, -: Ew.
Phi|l|ip|pi|ne|rin, die; -, -nen: w. Form zu ↑ Philippiner.
phi|l|ip|pi|nisch ⟨Adj.⟩: *die Philippinen, die Philippiner betreffend; von den Philippinern stammend, zu ihnen gehörend.*
Phi|lis|ter, der; -s, - [griech. Philistieím < hebr. pelištîm = Name eines nicht semitischen Volkes an der Küste Palästinas; in der Studentenspr. des 17. Jh.s übertr. von den im A. T. als schlimmsten Feinden des auserwählten Volkes Israel geschilderten Philistern auf die Stadtsoldaten u. Polizisten als den geschworenen Feinden der Studenten als den »(geistig) Auserwählten«]: **1.** (bildungsspr. abwertend) *kleinbürgerlich-engstirniger Mensch; Spießbürger.* **2.** (Verbindungsw.) *im Berufsleben stehender Alter Herr.* **3.** (Verbindungsw.) *Nichtakademiker.*
Phi|lis|te|rei, die; -, -en (bildungsspr. abwertend): **a)** ⟨o. Pl.⟩ *philisterhaftes Wesen, Benehmen;* **b)** *einzelner philisterhafter Vorfall.*
phi|lis|ter|haft ⟨Adj.⟩ (bildungsspr. abwertend): *in der Art eines Philisters (1); wie ein Philister (1) geartet.*
Phi|lis|te|rin, die; -, -nen: w. Form zu ↑ Philister (1, 3).
Phi|lis|ter|tum, das; -s (bildungsspr. abwertend): *kleinbürgerliche Engstirnigkeit; Spießertum.*
phi|lis|t|rös ⟨Adj.⟩ [französierende Bildung] (bildungsspr.): *kleinbürgerlich-engstirnig; beschränkt; spießig:* Als einmal die sieben deutschen Fachgelehrten sich zusammentaten, um in der Zeitschrift Logos den Outsider zu erledigen, hat ihr -er Eifer Spott provoziert (Adorno, Prismen 44).

phi|lo-, Phi|lo-, (vor Vokalen u. vor h:) **phil-, Phil-** [griech. phílos = freundlich; Freund]: Best. in Zus. mit der Bed. *Freund, Verehrer (von etw.); Liebhaber, Anhänger; Liebe, Neigung (zu etw.); wissenschaftliche Beschäftigung* (z. B. philosophisch, Philologin, Philanthrop).

Phi|lo|lo|ge, der; -n, -n [lat. philologus < griech. philólogos = Freund der Wissenschaften; (Sprach)gelehrter, zu: lógos = Rede, Wort; wissenschaftliche Forschung]: *Wissenschaftler, Lehrer, Studierender auf dem Gebiet der Philologie.*
Phi|lo|lo|gie, die; -, -n [lat. philologia < griech. philología]: *Wissenschaft, die sich mit der Erforschung von Texten in einer bestimmten Sprache beschäftigt; Sprach- u. Literaturwissenschaft:* klassische P. (Griechisch u. Latein).
Phi|lo|lo|gin, die; -, -nen: w. Form zu ↑ Philologe.
phi|lo|lo|gisch ⟨Adj.⟩: *die Philologie betreffend, auf ihr beruhend:* eine -e Untersuchung; mit -er Akribie.
Phi|lo|me|la, Phi|lo|me|le, die; -, ...len [lat. philomela < griech. Philomḗla, Name der Tochter des Königs Pandion von Athen, die in der Sage in eine Nachtigall verwandelt wird] (dichter.): *Nachtigall.*
Phi|lo|se|mi|tis|mus, der; -: **a)** *(bes. im 17. u. 18. Jh.) geistige Bewegung, die gegenüber Juden u. ihrer Religion eine sehr tolerante Haltung zeigt;* **b)** (abwertend) *unkritische Haltung, die die Politik des Staates Israel ohne Vorbehalte unterstützt.*
Phi|lo|soph, der; -en, -en [lat. philosophus < griech. philósophos, eigtl. = Freund der Weisheit]: **1.** *jmd., der sich mit Philosophie (1) beschäftigt, Forscher, Lehrer auf dem Gebiet der Philosophie (1): die antiken -en; im Seminar -en (Werke von Philosophen) lesen.* **2.** (ugs.) *jmd., der gerne philosophiert:* er ist ein [rechter] P.
Phi|lo|so|phem, das; -s, -e [griech. philosóphēma]: *philosophischer Ausspruch, Satz; philosophische Lehrmeinung.*
Phi|lo|so|phie, die; -, -n [lat. philosophia < griech. philosophía, zu: sophía = Weisheit]: **1.** *Streben nach Erkenntnis über den Sinn des Lebens, das Wesen der Welt u. die Stellung des Menschen in der Welt; Lehre, Wissenschaft von der Erkenntnis des Sinnes des Lebens, der Welt u. der Stellung des Menschen in der Welt:* die materialistische, idealistische P.; P. lehren, studieren. **2.** *persönliche Art u. Weise, das Leben u. die Dinge zu betrachten:* seine P. lautet: leben und leben lassen; ich habe mir meine eigene P. zurechtgezimmert.
phi|lo|so|phie|ren ⟨sw. V.; hat⟩ [nach frz. philosopher < lat. philosophari]: *sich mit philosophischen Problemen beschäftigen; über ein Problem nachdenken, über etw. grübeln u. darüber reden:* über das Leben, Gott und die Welt p.
Phi|lo|so|phi|kum, das; -s, ...ka [nlat. (testamen) philosophicum] (Hochschulw.): **1.** (früher) *Prüfung in Philosophie oder Erziehungswissenschaft im Rahmen des 1. Staatsexamens für das Lehramt an Gymnasien.* **2.** *Zwischenexamen für Kandidaten für das katholische Priesteramt.*
Phi|lo|so|phin, die; -, -nen: w. Form zu ↑ Philosoph.
phi|lo|so|phisch ⟨Adj.⟩ [spätlat. philosophicus]: **1.** *die Philosophie (1) betreffend, zu ihr gehörend:* ein -es Weltbild; in -em Denken geschult sein; nicht p. denken können; Ü auf -en *(weltfernen)* Höhen wandeln. **2. a)** *besinnlich, nachdenklich:* ein -er Mensch; **b)** *in der Art eines Philosophen, abgeklärt, weise:* eine -e Haltung einnehmen; etw. p. betrachten.
Phi|mo|se, die; -, -n [griech. phímōsis = Verengung] (Med.): *Verengung der Vorhaut (bei der sich diese nicht [ganz] zurückstreifen lässt).*
Phi|o|le, die; -, -n [mhd. viole < mlat. fiola < lat. phiala < griech. phiálē, ↑ Phiale]: *(bes. in der Chemie verwendete) [dünnwandige] bauchige Glasflasche mit langem, engem Hals.*
Phi|shing [ˈfɪʃɪŋ], das; -[s] [engl. phishing, zu: fishing = das Fischen; die ph-Schreibung als häufig gebrauchte Verfremdung im Hackerjargon für f wohl nach engl.-amerik. phreaking = das Hacken (zu: freak, ↑ Freak)] (EDV-Jargon): *Beschaffung persönlicher Daten anderer Personen (wie Passwort, Kreditkartennummer o. Ä.) mit gefälschten E-Mails od. Websites.*
Phleg|ma, das; -s, österr. meist: - [spätlat. phlegma < griech. phlégma = Brand, Flamme; (seit Hippokrates:) kalter u. zähflüssiger Körperschleim; dem zähflüssigen Körpersaft entsprach nach antiken Vorstellungen das schwerfällige Temperament; zu: phlégein = entzünden, verbrennen]: **1.** *durch nichts zu erregende, träge Gemütsart, phlegmatische Veranlagung:* ihr P. ist durch nichts zu erschüttern. ◆ **2.** (Chemie) *wässrige, fade schmeckende Lösung, die nach der Destillation zurückbleibt:* Wie Wein von einem Chemikus durch die Retort' getrieben: Zum Teufel ist der Spiritus, das P. ist geblieben (Schiller, Männerwürde).
Phleg|ma|ti|ker [österr. auch: …ˈmat…], der; -s, - [zu ↑ phlegmaticus; nach der Typenlehre des altgriech. Arztes Hippokrates] (bildungsspr.): *jmd., der nur schwer zu erregen u. zu irgendwelchen Aktivitäten zu bewegen ist.*
Phleg|ma|ti|ke|rin [österr. auch: …ˈmat…], die; -, -nen: w. Form zu ↑ Phlegmatiker.
phleg|ma|tisch [österr. auch: …ˈmat…] ⟨Adj.⟩

[spätlat. phlegmaticus < griech. phlegmatikós = dickflüssig, an zähflüssigem Schleim leidend]: *[aufgrund der Veranlagung] nur schwer zu erregen u. kaum zu irgendwelchen Aktivitäten zu bewegen; träge, schwerfällig:* ein -er Mensch.
Phleg|mo|ne, die; -, -n [griech. phlegmoné = Entzündung] (Med.): *(sich ausbreitende) eitrige Entzündung von tiefer liegendem Gewebe* (2).
Phlo|em, das; -s, -e [zu griech. phlóos = Bast, Rinde] (Bot.): *Teil des Leitbündels, der zum Transport der in den Blättern gebildeten Stoffe innerhalb einer Pflanze dient.*
phlo|gis|tisch ⟨Adj.⟩ [griech. phlogistós = verbrannt, zu: phlogízein = verbrennen] (Med.): *eine Entzündung betreffend, zu ihr gehörend.*
Phlo|go|se, Phlo|go|sis, die; -, ...sen [griech. phlógōsis = Brand, Hitze; Entzündung] (Med.): *Entzündung.*
Phlox, der; -es, -e, auch: die; -, -e [griech. phlóx = Flamme]: *Pflanze mit schmalen, ganzrandigen Blättern u. rispenartigen od. doldenähnlichen, verschiedenfarbigen Blütenständen.*
pH-neu|t|ral ⟨Adj.⟩: *einen pH-Wert aufweisend, der weder alkalisch noch sauer ist:* -e Seife.
Phnom Penh [pnɔm 'pen]: *Hauptstadt von Kambodscha.*

-phob [zu griech. phobeĩn = fürchten] (Bildungen meist bildungsspr.): *drückt aus, dass etw. abgelehnt wird, dass eine Abneigung gegen etw. besteht:* anglophob, hydrophob.

Phö|be (griech. Mythol.): Mondgöttin.
Pho|bie, die; -, -n [zu griech. phóbos = Furcht] (Med.): *extreme Angst vor bestimmten Objekten od. Situationen.*
pho|bisch ⟨Adj.⟩ (Med.): *die Phobie betreffend, auf ihr beruhend; in der Art einer Phobie.*
Pho|ko|me|lie, die; -, -n [zu griech. phókē = Robbe u. mélos = Glied; die fehlgebildeten Extremitäten erinnern an die Flossen von Robben] (Med.): *angeborene Fehlbildung der Extremitäten, bei der die Hände od. Füße unmittelbar am Rumpf ansetzen.*
Phon, ¹**Fon,** das; -s, -s ⟨aber: 50 Phon⟩ [zu griech. phōné = Laut, Ton, Stimme]: *Maßeinheit der Tonstärke* (Zeichen: phon).

-phon: ↑ -fon.

Pho|na|ti|on, Fonation, die; -, -en (Med.): *Laut-, Stimmbildung.*
Pho|nem, Fonem, das; -s, -e (Sprachwiss.): *kleinste bedeutungsunterscheidende sprachliche Einheit* (z. B. b in »Bein« im Unterschied zu p in »Pein«).
Pho|ne|ma|tik, Fonematik [österr. auch: ...'mat...], die; -: *Phonologie, Phonemik.*
pho|ne|ma|tisch [österr. auch: ...'mat...], fonematisch ⟨Adj.⟩ (Sprachwiss.): *das Phonem betreffend, dazu gehörend; mit den Mitteln der Phonematik:* -e Untersuchungen.
Pho|ne|mik, Fonemik, die; -: *Phonologie.*
pho|ne|misch, fonemisch ⟨Adj.⟩ (Sprachwiss.): *phonematisch.*
Pho|ne|tik, Fonetik, die; -: *Wissenschaft von den sprachlichen Lauten* (2), *ihrer Art, Erzeugung u. Verwendung in der Kommunikation.*
Pho|ne|ti|ker, Fonetiker, der; -s, -: *Wissenschaftler auf dem Gebiet der Phonetik.*
Pho|ne|ti|ke|rin, Fonetikerin, die; -, -nen: w. Form zu ↑ Phonetiker.
pho|ne|tisch, fonetisch ⟨Adj.⟩: *die Phonetik betreffend, zu ihr gehörend; lautlich:* die -e Umschreibung eines Wortes; Museum und Mausoleum verbindet nicht bloß die phonetische Assoziation (Adorno, Prismen 176).

Pho|ni|a|ter, Foniater, der; -s, - [zu griech. iatrós = Arzt]: *Spezialist auf dem Gebiet der Phoniatrie.*
Pho|ni|a|te|rin, Foniaterin, die; -, -nen: w. Form zu ↑ Phoniater.
Pho|ni|a|t|rie, Foniatrie, die; - [zu griech. iatreía = das Heilen]: *Lehre von den krankhaften Erscheinungen bei der Sprach- u. Stimmbildung als Teilgebiet der Medizin.*
pho|nisch, fonisch ⟨Adj.⟩: *den Laut, die Stimme betreffend.*
Phö|nix, der; -[es], -e [lat. phoenix < griech. phoínix, H. u.] (griech.-röm. Mythol.): *(zum Sinnbild der Unsterblichkeit geworden) Vogel, der sich selbst verbrennt u. aus der Asche verjüngt aufsteigt:* *wie ein P. aus der Asche [auf]steigen/emporsteigen (geh.; *nach scheinbarer Vernichtung, völligem Zusammenbruch o. Ä. in nicht mehr erwarteter Weise wieder erstehen, neu belebt wiederkehren*).
Phö|ni|zi|en, -s: (im Altertum) *Küstenland an der Ostküste des Mittelmeeres.*
Phö|ni|zi|er, der; -s, -: Ew.
Phö|ni|zi|e|rin, die; -, -nen: w. Form zu ↑ Phönizier.
phö|ni|zisch ⟨Adj.⟩: *die Phönizier betreffend, zu ihnen gehörend.*
Pho|no|dik|tat, Fonodiktat, das; -[e]s, -e [zu ↑ Phon]: *in ein Diktiergerät gesprochenes Diktat.*
Pho|no|graph, Fonograf, der; -en, -en [↑ -graf] (veraltet): *Gerät zur Aufzeichnung u. Wiedergabe von Tönen mithilfe eines über eine rotierende Walze gleitenden Stiftes.*
Pho|no|lith, Fonolith [auch: ...'lɪt], der; -s u. -en, -e[n] [↑ -lith]: *grünlich graues od. bräunliches, meist in dünnen Platten vorkommendes Ergussgestein, das beim Anschlagen klingt.*
Pho|no|lo|gie, Fonologie, die; - [↑ -logie]: *Teilgebiet der Sprachwissenschaft, das sich mit der Funktion der Laute* (2) *in einem Sprachsystem beschäftigt; Phonematik, Phonemik.*
pho|no|lo|gisch, fonologisch ⟨Adj.⟩: *die Phonologie betreffend, zu ihr gehörend, auf ihr beruhend.*
Pho|no|me|ter, Fonometer, das; -, - [zu ↑ -meter (1)]: *Gerät zur Messung des Schalls u. der Lautstärke sowie zur Prüfung der Schärfe des Gehörs.*
Pho|no|me|t|rie, Fonometrie, die; - [↑ -metrie]: *Messung akustischer Reize u. Empfindungen.*
pho|no|me|t|risch, fonometrisch ⟨Adj.⟩: *die Phonometrie betreffend.*
Pho|no|thek, Fonothek, die; -, -en [zu griech. thḗkē = Behältnis, geb. nach ↑ Bibliothek u. a.]: *Archiv mit Beständen an Tonbändern, Schallplatten, CDs u. Ä.*
Phon|zahl, Fonzahl, die; -: *in Phon angegebene Tonstärke.*
Phor|minx, die; -, ...mingen [griech. phórmigx] (Musik): *der Kithara ähnliches Zupfinstrument.*
Phos|gen, das; -s [engl. phosgene, zu griech. phōs = Licht u. engl. -gene < griech. -genḗs, ↑ -gen]: *farbloses, sehr giftiges Gas mit charakteristischem, muffigem Geruch.*
Phos|phat, das; -[e]s, -e [zu ↑ Phosphor]: *Salz der Phosphorsäure, dessen verschiedene Arten zur Herstellung von Düngemitteln u. Waschmitteln sowie in der Lebensmittelindustrie verwendet werden.*
phos|phat|frei ⟨Adj.⟩: *kein Phosphat enthaltend:* -e Waschmittel.
phos|phat|hal|tig ⟨Adj.⟩: *Phosphat enthaltend.*
phos|phal|tie|ren ⟨sw. V.; hat⟩ (Technik): *Metalle durch Überziehen mit korrosionsbeständigen Schichten aus Lösungen bestimmter Phosphate gegen Rost beständig machen.*
Phos|phid, das; -[e]s, -e: *Verbindung des Phosphors mit Metallen u. Halbmetallen.*

Phos|phit [auch: ...'fɪt], das; -s, -e: *Salz der phosphorigen Säure.*
Phos|phor, der; -s, -e [zu griech. phōsphóros = lichttragend, nach der Leuchtkraft des Elements]: **1.** ⟨Pl. selten⟩ *nicht metallischer Stoff, der in verschiedener, nach unterschiedlichen Farben zu unterscheidender Form auftritt* (chemisches Element; Zeichen: P). **2.** *phosphoreszierender organischer od. anorganischer Stoff.*
Phos|phor|bom|be, die: *Phosphor enthaltende Brandbombe.*
Phos|pho|res|zenz, die; -: *das Phosphoreszieren; Eigenschaft bestimmter Stoffe, zu phosphoreszieren.*
phos|pho|res|zie|ren ⟨sw. V.; hat⟩: *nach Bestrahlung, nach Einfall von Lichtstrahlen, im Dunkeln von selbst leuchten.*
phos|pho|rig ⟨Adj.⟩: *Phosphor enthaltend:* -e Säure.
Phos|phor|säu|re, die: *Säure, die Phosphor u. Sauerstoff enthält.*
Phos|phor|ver|gif|tung, die: *durch Einatmen der Dämpfe des weißen Phosphors hervorgerufene Vergiftung.*
Phot, das; -s, - [zu griech. phōs (Gen.: phōtós) = Licht] (veraltet): *fotometrische Einheit der Ausstrahlung von Licht* (Zeichen: ph).

pho|to- usw.: ↑ foto- usw.

Pho|to|che|mie: ↑ Fotochemie.
Pho|ton, Foton [auch: fo'to:n], das; -s, ...onen [zu griech. phōs (Gen.: phōtós) = Licht] (Physik): *Quant einer elektromagnetischen Strahlung, eines elektromagnetischen Feldes.*
Pho|to|re|zep|tor: ↑ Fotorezeptor.
Pho|to|syn|the|se: ↑ Fotosynthese.
Pho|to|zel|le: ↑ Fotozelle.
Phra|se, die; -, -n: **1.** [frz. phrase < lat. phrasis, ↑ Phrase (2, 3)] **a)** ⟨abwertend⟩ *abgegriffene, nichtssagende Aussage, Redensart:* leere, hohle, dumme, alberne, belanglose -n; Er gehörte nicht zu den Leuten, die erst entschuldigende -n wegen der späten Störung machen (Nossack, Begegnung 64); ***-n dreschen** (ugs.; *wohltönende, aber nichtssagende Reden führen; *wohl übertr. von: leeres ↑ Stroh dreschen*); **b)** (veraltend) *Formel* (1), *Formulierung.* **2.** [spätlat. phrasis < griech. phrásis (Gen.: phráseōs) = das Sprechen, Ausdruck, zu: phrázein = anzeigen; sagen, aussprechen] **a)** (Sprachwiss.) *zusammengehöriger Teil eines Satzes; aus mehreren, eine Einheit bildenden Wörtern, auch aus einem einzelnen Wort bestehender Satzteil; Satzglied;* **b)** (Musik) *einzelne Töne zusammenfassende melodisch-rhythmische Einheit innerhalb einer größeren musikalischen Struktur.*
Phra|sen|dre|scher, der; ⟨abwertend⟩: *jmd., der wohltönende, aber nichtssagende Reden führt.*
Phra|sen|dre|sche|rin, die: w. Form zu ↑ Phrasendrescher.
phra|sen|haft ⟨Adj.⟩ ⟨abwertend⟩: *nichtssagend, inhaltslos:* -e Reden; p. daherreden.
Phra|seo|lo|gie, die; -, -n [↑ -logie] (Sprachwiss.): **a)** *Gesamtheit typischer Wortverbindungen, fester Fügungen, Wendungen, Redensarten einer Sprache; Idiomatik* (2 b); **b)** *Darstellung, Zusammenstellung der Phraseologie* (a) *(bes. zu einem Stichwort in einem Wörterbuch).*
phra|seo|lo|gisch ⟨Adj.⟩ (Sprachwiss.): *die Phraseologie betreffend, zu ihr gehörend:* ein -es Wörterbuch.
Phra|seo|lo|gis|mus, der; -, ...men (Sprachwiss.): *Idiom* (2).
Phra|se|o|nym, das; -s, -e [zu griech. ónyma = Name] (Literaturwiss.): *Pseudonym, bei dem statt eines Decknamens eine Redewendung*

benutzt wird (z. B. »von einem, der das Lachen verlernt hat«).

phra|sie|ren ⟨sw. V.; hat⟩ [zu ↑ Phrase (2 b)] (Musik): *die Gliederung den Phrasen (2 b) entsprechend interpretieren.*

Phra|sie|rung, die; -, -en (Musik): **1.** *das Phrasieren.* **2.** *durch ein besonderes Zeichen gekennzeichnete Phrase* (3).

Phre|n|al|gie, die; -, -n [zu griech. phrḗn = Zwerchfell u. álgos = Schmerz] (Med.): *Schmerz im Zwerchfell.*

Phre|n|ek|to|mie, die; -, -n [↑ Ektomie] (Med.): *operative Entfernung eines Teils des Zwerchfells (bes. bei bösartigen Tumoren).*

Phre|ni|tis, die; -, ...itiden (Med.): *Zwerchfellentzündung.*

Phry|gi|er; -s: historisches Reich in Kleinasien.

Phry|gi|er, der; -s, -: *Ew.*

Phry|gi|e|rin, die; -, -nen: w. Form zu ↑ Phrygier.

phry|gisch ⟨Adj.⟩ [nach ↑ Phrygien im asiatischen Teil der heutigen Türkei]: *die Phrygier, Phrygien betreffend: die -e Kunst; -e Kirchentonart (auf dem Grundton e stehende Kirchentonart).*

Phtha|le|in, das; -s, -e [geb. aus ↑ Naphthalin, dem Grundstoff]: *synthetischer Farbstoff (z. B. Eosin).*

Phthal|säu|re, die: *bes. bei der Herstellung von Farbstoffen, Weichmachern u. a. verwendete kristallisierende Säure.*

Phthi|se, die; -, -n [griech. phthísis] (Med.): **1.** *allgemeiner Verfall des Körpers od. einzelner Organe.* **2.** (veraltet) *Lungentuberkulose.*

pH-Wert [peːˈhaː...], der; -[e]s, -e [aus nlat. potentia Hydrogenii = Konzentration des Wasserstoffs] (Chemie): *Zahl, die angibt, wie stark eine Lösung basisch od. sauer ist.*

Phy|ko|lo|gie, die; - [zu griech. phŷkos = Tang u. ↑ -logie]: *Algologie.*

Phyl|la: Pl. von ↑ Phylum.

Phyl|le, die; -, -n [griech. phylḗ, eigtl. = Gattung, Geschlecht]: (*im antiken Griechenland*) *Verband, Unterabteilung innerhalb der Stämme u. Staaten.*

phyl|le|tisch ⟨Adj.⟩ (Biol.): *die Abstammung, die Stammesgeschichte betreffend.*

Phyl|lit [auch: fʏˈlɪt], der; -s, -e [zu griech. phýllon = Blatt] (Geol.): *feinblättriger, kristalliner Schiefer.*

Phyl|lo|kak|tus, der; -, ugs. u. österr. auch: -ses, ...teen, ugs. auch: -se [↑ Kaktus]: *in vielen Arten vorkommender Kaktus mit blattartigen Sprossen u. großen Blüten.*

Phyl|lo|kla|di|um, das; -s, ...ien [zu griech. kládion = Spross] (Bot.): *blattähnlicher kurzer Trieb bei bestimmten Pflanzen (z. B. beim Spargel).*

Phyl|lo|ta|xis, die; -, ...xen [zu griech. táxis = Ordnung] (Bot.): *Blattstellung.*

Phyl|lo|xe|ra, die; -, ...ren [zu griech. xērós = dürr] (Biol.): *Reblaus.*

Phyl|lo|ge|ne|se, die; -, -n [zu griech. phŷlon = Stamm, Sippe u. ↑ Genese] (Biol.): *Phylogenie.*

Phyl|lo|ge|ne|tik, die; - (Biol.): *Lehre, Wissenschaft von der Stammesgeschichte der Lebewesen; Abstammungslehre.*

phyl|lo|ge|ne|tisch ⟨Adj.⟩: *die Phylogenese betreffend.*

Phyl|lo|ge|nie, die; -, -n [zu griech. -genés = verursachend] (Biol.): *stammesgeschichtliche Entwicklung der Lebewesen u. die Entstehung der Arten in der Erdgeschichte.*

Phyl|lum, das; -s, Phyla [nlat.] (Biol.): *Stamm (3 a) einer Pflanze, eines Tieres.*

Phy|s|i|a|t|rie, die; - [zu griech. iatreía = das Heilen]: *Naturheilkunde.*

Phy|sik [auch, österr. nur: fyˈzɪk], die; - [mhd. fisike < lat. physica = Naturlehre < griech. physikḗ (theōría) = Naturforschung, zu: physikós,

↑ *physisch*]: *Naturwissenschaft, die bes. durch experimentelle Erforschung u. messende Erfassung die Erscheinungen u. Vorgänge, die Grundgesetze der Natur, die Erscheinungs- u. Zustandsformen der unbelebten Materie sowie die Eigenschaften der Strahlungen u. der Kraftfelder untersucht: experimentelle, angewandte, theoretische P.; er hat in P. (im Unterrichtsfach Physik) eine Zwei bekommen.*

phy|si|ka|lisch ⟨Adj.⟩: **a)** *die Physik betreffend; auf ihr, ihren Gesetzen beruhend, zu ihr gehörend:* -e Formeln, Experimente, Gesetze; die -e Chemie *(Physikochemie);* **b)** *den Gesetzen, Erkenntnissen der Physik folgend, nach ihnen ablaufend, durch sie bestimmt:* -e Vorgänge; **c)** *bestimmte Gesetze, Erkenntnisse der Physik nützend, anwendend; mithilfe bestimmter Gesetze, Erkenntnisse der Physik:* medikamentöse und -e Therapien; eine Krankheit p. behandeln; **d)** (veraltend) *physisch* (2).

Phy|si|ker, der; -s, -: *Wissenschaftler auf dem Gebiet der Physik.*

Phy|si|ke|rin, die; -, -nen: w. Form zu ↑ Physiker.

Phy|sik|leh|rer, der: *Lehrer, der das Schulfach Physik unterrichtet.*

Phy|sik|leh|re|rin, die: w. Form zu ↑ Physiklehrer.

Phy|si|ko|che|mie, die; -: *Teilgebiet der Chemie, das sich mit den bei chemischen Vorgängen auftretenden physikalischen Erscheinungen befasst.*

phy|si|ko|che|misch ⟨Adj.⟩: *die Physikochemie betreffend.*

Phy|si|kum, das; -s, ...ka [nlat. (testamen) physicum]: *nach den ersten Semestern des Medizinstudiums abzulegendes Vorexamen, bei dem die allgemein naturwissenschaftlichen, die anatomischen, physiologischen u. psychologischen Kenntnisse geprüft werden.*

Phy|si|o|gnom, der; -en, -en: *jmd., der sich [wissenschaftlich] mit der Physiognomik beschäftigt.*

Phy|si|o|gno|mie, die; -, -n [griech. physiognomía = Untersuchung der Natur, des Körperbaus, zu: phýsis (↑ Physis) u. gnṓmē = Erkenntnis]: **1.** (bildungsspr.) *in bestimmter Weise geprägtes, geschnittenes Gesicht; Erscheinungsbild, Ausdruck eines Gesichtes:* eine einprägsame, ernste P.; Ü die P. einer Stadt, einer Landschaft; *-n unter der Dusche, von Strähnen aus nassen Haares und Seifenschaum entstellt, sind kaum zu lesen (Frisch, Stiller 38).* **2.** (Fachspr.) *für ein Lebewesen charakteristisches äußeres Erscheinungsbild, Form des Wuchses.*

Phy|si|o|gno|mik, die; - (Psychol.): **1.** *Ausdruck, Form, Gestalt des menschlichen Körpers, bes. des Gesichtes, von denen aus auf innere Eigenschaften geschlossen werden kann.* **2.** *Teilgebiet der Ausdruckspsychologie, das aus der Physiognomie auf charakterliche Eigenschaften zu schließen sucht.*

Phy|si|o|gno|min, die; -, -nen: w. Form zu ↑ Physiognom.

phy|si|o|gno|misch ⟨Adj.⟩ (bildungsspr.): *die Physiognomie betreffend.*

Phy|si|o|lo|ge, der; -n, -n [lat. physiologus < griech. physiológos]: *Wissenschaftler auf dem Gebiet der Physiologie.*

Phy|si|o|lo|gie, die; -, -n ⟨Pl. selten⟩ [lat. physiologia < griech. physiología = Naturkunde, zu: phýsis (↑ Physis) u. ↑ -logie]: *Wissenschaft, die sich mit den Lebensvorgängen, den funktionellen Vorgängen im Organismus befasst.*

Phy|si|o|lo|gin, die; -, -nen: w. Form zu ↑ Physiologe.

phy|si|o|lo|gisch ⟨Adj.⟩: *die Physiologie betreffend.*

Phy|si|o|lo|gus, der; -: *im Mittelalter weitverbreitetes Buch, in dem Tiere, Pflanzen u. Steine christlich-typologisch gedeutet werden.*

Phy|sio|the|ra|peut [auch: ...ˈpɔyt], der; -en, -en: *Spezialist für Physiotherapie; jmd., der [nach ärztlicher Verordnung] Physiotherapien durchführt.*

Phy|sio|the|ra|peu|tin [auch: ...ˈpɔy...], die; -, -nen: w. Form zu ↑ Physiotherapeut.

phy|sio|the|ra|peu|tisch [auch: ˈfyːzio...] ⟨Adj.⟩: *die Physiotherapie betreffend.*

Phy|sio|the|ra|pie [auch: ...ˈpiː], die; -, -n: *Behandlung bestimmter Krankheiten mit Wärme, Wasser, Strom usw. sowie Krankengymnastik und Massagen.*

Phy|sis, die; - [griech. phýsis = Natur, natürliche Beschaffenheit]: **1.** (bildungsspr.) *Körper, körperliche Beschaffenheit des Menschen.* **2.** (Philos.) *das Reale, Wirkliche, Gewachsene, Erfahrbare im Gegensatz zum Unerfahrbaren der Metaphysik.*

phy|sisch ⟨Adj.⟩ [lat. physicus < griech. physikós = die Natur betreffend]: **1.** *den Körper, die körperliche Beschaffenheit betreffend; körperlich:* ein -er Schmerz; jmdm. nicht p. unterlegen sein. **2.** (Geogr.) *die Geomorphologie, Klimatologie u. Hydrologie betreffend, darstellend:* -e Geografie; -e Karte *(Karte, die die natürliche Oberflächengestaltung der Erde zeigt).* **3.** *in der Natur begründet; natürlich.*

phy|to|gen ⟨Adj.⟩ [↑ -gen]: **1.** *aus Pflanzen entstanden.* **2.** (Med.) *durch Pflanzen od. pflanzliche Stoffe verursacht (z. B. von Hautkrankheiten).*

Phy|to|hor|mon, das; -s, -e: *pflanzliches Hormon.*

Phy|to|lo|gie, die; - [↑ -logie]: *Botanik.*

Phy|to|me|di|zin, die; -: *Wissenschaft von kranken Pflanzen u. Pflanzenkrankheiten.*

phy|to|pa|tho|gen ⟨Adj.⟩ (Biol.): *Pflanzenkrankheiten hervorrufend.*

Phy|to|pa|tho|lo|gie, die; -: *Teilgebiet der Phytomedizin, das sich mit den Ursachen von Pflanzenkrankheiten befasst.*

phy|to|phag ⟨Adj.⟩ [zu griech. phageīn = essen, fressen] (Biol.): *pflanzenfressend.*

Phy|to|pha|ge, der; -n, -n (Biol.): *Pflanzenfresser.*

Phy|to|plank|ton, das; -s: *pflanzliches Plankton.*

Phy|to|the|ra|pie [auch: ...ˈpiː], die; -, -n: *Wissenschaft von der Heilbehandlung mit pflanzlichen Substanzen; Pflanzenheilkunde.*

Phy|to|to|xin, das; -s, -e (Biol., Med.): *pflanzlicher Giftstoff, der in anderen Organismen Abwehrreaktionen hervorruft (wie z. B. Heuschnupfen durch Toxine von Graspollen).*

Pi, das; -[s], -s: **1.** [spätgriech. pī < griech. peī < hebr. pē] *sechzehnter Buchstabe des griechischen Alphabets (Π, π).* **2.** ⟨o. Pl.⟩ (Math.) *Zahl, die das Verhältnis von Kreisumfang zu Kreisdurchmesser angibt; ludolfsche Zahl (Zeichen:* π [π = 3,1415...]): * **Pi mal Daumen** (ugs.; *grob gerechnet; so ungefähr).*

pi|a|ce|vo|le [pjaˈtʃeːvole] ⟨Adv.⟩ [ital. piacevole < spätlat. placibilis] (Musik): *gefällig, lieblich.*

Pi|af|fe, die; -, -n [frz. piaffe = Prahlerei, Großtuerei, zu: piaffer = lärmend mit den Füßen stampfen] (Reiten): *das Sichbewegen des Pferdes im Takt des Trabes auf der Stelle (als Figur der Hohen Schule).*

Pi|a|ni|no, das; -s, -s [ital. pianino, Vkl. von: piano, ↑ ²Piano] (Musik): *kleines Klavier.*

pi|a|nis|si|mo (Musik): *sehr leise* (Abk.: pp).

Pi|a|nist, der; -en, -en [frz. pianiste, zu: piano, ↑ ²Piano]: *jmd., der [berufsmäßig] Klavier spielt.*

Pi|a|nis|tin, die; -, -nen: w. Form zu ↑ Pianist.

pi|a|nis|tisch ⟨Adj.⟩: *die Technik, Kunst des Klavierspielens betreffend.*

pi|a|no ⟨Adv.; Sup.: pianissimo⟩ [ital. piano < lat. planus, ↑ plan] (Musik): *leise* (Abk.: p).

¹Pi|a|no, das; -s, -s, auch: ...ni (Musik): *leises Spielen, Singen.*

²Pi|a|no, das; -s, -s [frz. piano, Kurzf. von: pianoforte, ↑ Pianoforte] (veraltend, noch scherzh.): *Klavier.*

Pi|a|no|for|te, das; -s, -s [frz. pianoforte < ital. pianoforte, eigtl. = leise u. laut, weil die Tasten leise u. laut angeschlagen werden können] (veraltet): *Klavier.*

Pi|a|no|la, das; -s, -s [ital. pianola] (Musik): *automatisches Klavier.*

Pi|as|sa|va, die; -, ...ven, **Pi|as|sa|ve,** die; -, -n [port. piassaba < Tupi (südamerik. Indianerspr.) piassába]: *Blattfaser verschiedener Palmenarten.*

Pi|as|ter, der; -s, - [engl. piaster, piastre, frz. piastre, ital. piastra, eigtl. = Metallplatte < mlat. (em)plastra, Pl. von: emplastrum, ↑ Pflaster]: *Währungseinheit in Ägypten, Syrien, im Libanon* (100 Piaster = 1 Pfund) *u. im Sudan.*

Pi|az|za, die; -, Piazze [ital. piazza < vlat. platea, ↑ Platz]: ital. Bez. für: [Markt]platz.

Pi|ca, die; - [engl. pica = Bez. für ↑ Cicero, H. u.]: *genormter Schriftgrad für Schreibmaschine u. Computer.*

Pi|ca|dor, Pikador, der; -s, ...dores [...rɛs] [span. picador, zu: picar = stechen, aus dem Roman.]: *Reiter, der beim Stierkampf den Stier durch Lanzenstiche in den Nacken reizt.*

pic|co|lo: ital. Bez. für: *klein.*

¹Pic|co|lo, ¹Pikkolo, der; -s, -s [ital. piccolo, eigtl. = Kleiner; klein]: **1.** *Kellner, der sich noch in der Ausbildung befindet.* **2.** (ugs.) *kleine Flasche Sekt.*

²Pic|co|lo, ²Pikkolo, das; -s, ...li u. -s: **1.** [ital. (flauto) piccolo] *Piccoloflöte.* **2.** [ital. (cornetto) piccolo] *kleinstes* ²*Kornett.*

³Pic|co|lo, ³Pikkolo, die; -, -[s] (ugs.): Kurzf. von ↑ Piccoloflasche.

Pic|co|lo|fla|sche, Pikkoloflasche, die: ¹*Piccolo* (2).

Pic|co|lo|flö|te, Pikkoloflöte, die: *kleine Querflöte.*

pi|cheln ⟨sw. V.; hat⟩ [aus dem Ostniederd., älter: pegeln, zu ↑ Pegel] (ugs.): *[in kleiner Runde] über längere Zeit Alkohol trinken:* einen p. gehen; gestern Abend haben wir ganz schön [viel] gepichelt.

Pi|chel|stei|ner, der; -s, **Pi|chel|stei|ner Topf,** der; - -[e]s [H. u.]: *Gemüseeintopf mit gewürfeltem [Rind]fleisch.*

pi|chen ⟨sw. V.; hat⟩ [mhd. pichen, bichen, zu: pech, bech, ↑ Pech] (landsch.): **1.** *mit Pech überziehen, dichten:* Fässer p. **2.** *kleben, heften:* ◆ Picht nicht das Blut des ermordeten Reichsgrafen an deinen verfluchten Fingern? (Schiller, Räuber II, 3).

Pick: ↑ ¹Pik (2).

Pi|cke, die; -, -n: ↑ ¹Pickel (b).

¹Pi|ckel, der; -s, - [älter: Bickel, mhd. bickel]: **a)** *Spitzhacke;* **b)** *Eispickel.*

²Pi|ckel, der; -s, - [mundartl. Nebenf. von ↑ Pocke]: *Entzündung in Form einer kleinen, rundlichen od. spitzen [mit Eiter gefüllten] Erhebung auf der Haut:* P. haben; einen P. ausdrücken; einen P. austrocknen lassen.

pi|ckel|hart ⟨Adj.⟩ [zu ↑ ¹Pickel] (österr., schweiz.): **1.** *äußerst hart:* eine -e Eisschicht. **2.** *unnachgiebig, streng, robust:* -e Verhandlungen.

Pi|ckel|hau|be, die [unter Anlehnung an ↑ ¹Pickel zu frühnhd. bickel-, beckelhaube, zu mhd. beckenhübe = visierloser Helm]: *(bes. von der preußischen Infanterie getragener) mit einer längeren Spitze aus Metall versehener Helm.*

Pi|ckel|he|ring, der [älter engl. pickleherring, aus: pickle = Pökel u. herring = Hering]: *komische Figur auf der Bühne des 17. u. frühen 18. Jahrhunderts; Hanswurst.*

pi|cke|lig, picklig ⟨Adj.⟩: *[viele]* ²*Pickel aufweisend.*

¹pi|cken ⟨sw. V.; hat⟩ [im nhd. Verb sind wahrsch. drei urspr. verschiedene Verben zusammengefallen: 1. ein lautm. Verb für das Geräusch, das entsteht, wenn ein Vogel mit schnellen Schnabelhieben Futter aufnimmt; 2. älter bicken, mhd. bicken, ahd. in: anabicken = hauen, stechen (vgl. lat.-kelt. beccus = Schnabel); 3. viell. niederd. u. zu frz. piquer (↑ pikiert) od. zu einem germ. Subst. mit der Bed. »Spitze«]: **1. a)** *mit dem Schnabel in kurzen, schnellen Stößen (Nahrung) aufnehmen, zu sich nehmen:* die Hühner, Tauben picken Körner, Brosamen]; **b)** *mit spitzem Schnabel [leicht] schlagen:* der Sittich pickt nach ihrem Finger; die Spatzen picken an/gegen die Scheibe. **2.** (ugs.) *(mit einem spitzen Gegenstand o. Ä.) auf-, herausnehmen:* die Olive aus dem Glas p.; Meinen Kamm pickte er mit zwei Fingern und warf ihn aus dem Fenster (Kempowski, Tadellöser 126). ◆ **3.** *ticken* (1 a): Lenz schlummerte träumend ein, dann hörte er im Schlaf, wie die Uhr pickte (Büchner, Lenz 93); ... und es pickt die Penduluhr (Lenau, In der Krankheit).

²pi|cken ⟨sw. V.; hat⟩ [mhd. picken, Nebenf. von ↑ pichen] (österr. ugs.): *kleben* (1, 2, 3, 6).

Pi|ckerl, das; -s, -e u. -s [zu ↑ ²picken] (österr. ugs.): *Aufkleber; Plakette.*

pi|ckert, pi|ckig ⟨Adj.⟩ [zu ↑ ²picken] (österr. ugs.): *klebrig.*

Pi|ck|les ['pɪkls] ⟨Pl.⟩: Kurzf. von ↑ Mixed Pickles.

pick|lig: ↑ pickelig.

Pick|nick, das; -s, -e u. -s [engl. picnic, frz. piquenique; H. u.]: *Verzehr mitgebrachter Speisen im Freien (bei einem Ausflug o. Ä.):* zum P. aufs Land fahren.

pick|ni|cken ⟨sw. V.; hat⟩: *ein Picknick halten.*

Pick|nick|korb, der: *Korb für die Speisen u. das Geschirr eines Picknicks.*

Pick-up [pɪk'lap, engl.: 'pɪkʌp], der; -s, -s [engl. pick-up, zu: to pick up = aufnehmen]: *kleinerer Lieferwagen mit Pritsche* (2).

Pick-up-Shop [pɪk'lapʃɔp], der: *Laden, bei dem der Käufer für Waren, die normalerweise angeliefert werden, den Transport selbst übernimmt.*

Pi|co-, Piko- [zu ital. piccolo = klein]: *der 10¹²te Teil einer physikalischen Einheit* (Zeichen: p).

pi|co|bel|lo ⟨indekl. Adj.⟩ [italienisiert aus niederd. pük (↑ piekfein) u. ital. bello = schön] (ugs.): *tadellos [in Ordnung], vorzüglich:* ein p. Wein; er sieht p. aus.

Pi|co|fa|rad, Pikofarad, das; -[s], - (Physik): *ein billionstel Farad* (Zeichen: pF).

PID [auch: pɪt], die; -: *Präimplantationsdiagnostik.*

Pid|gin|eng|lisch, das; -[s], **Pid|gin-Eng|lisch** ['pɪdʒɪn...], das; -[s], **Pid|gin|eng|lish,** das; -, **Pid|gin-Eng|lish** ['pɪdʒɪn(')ɪŋglɪʃ], das; - [engl. pidgin (English), chin. Entstellung des engl. Wortes business, ↑ Business] (bildungsspr.): *Mischsprache aus einem grammatisch sehr vereinfachten, im Vokabular stark begrenzten Englischen mit Elementen aus einer od. mehreren anderen [ostasiatischen, afrikanischen] Sprachen.*

Pie [paɪ], die; -, -s [engl. pie]: *(in Großbritannien u. Amerika beliebte) warme Pastete aus Fleisch od. Obst.*

Pi|e|ce ['pjɛːs(ə)], die; -, -n [...sn] [frz. pièce < mlat. picia, petia, aus dem Kelt.] (bildungsspr.):

[musikalisches] Zwischenspiel; Musik-, Theaterstück.

Pi|e|des|tal [pje...], das; -s, -e [frz. piédestal < älter ital. piedestallo, aus: piede = Fuß (< lat. pes, Gen.: pedis) u. stallo = Sitz]: **1.** (Archit.) *Sockel; sockelartiger Ständer.* **2.** (bildungsspr.) *hohes Gestell mit schräg gestellten Beinen für Vorführungen (bes. von Tieren) im Zirkus.*

Pied|mont|flä|che ['piːdmənt...], die; -, -n [engl. piedmont, nach Piedmont, dem engl. Namen der ital. Region Piemont] (Geol.): *meist flache, sanft geneigte Fläche vor dem Fuß eines Gebirges, gegen den sie deutlich abgesetzt ist.*

Pief|ke, der; -[s], -[s] [H. u., viell. nach einem bes. in Berlin häufigen Familienn.]: **1.** (landsch., bes. nordd. abwertend) *eingebildeter Angeber, dümmlicher Wichtigtuer:* das ist vielleicht ein P.! **2.** (österr. abwertend) *[Nord]deutscher.*

Piek, die; -, -en [engl. peak, Nebenf. von älter: pike = scharfe Spitze, vgl. ↑ ¹Pik] (Seemannsspr.): **1.** *unterster Raum eines Schiffes.* **2.** *Spitze einer Gaffel.*

Pie|ke, die; -, -: ↑ ¹*Pik* (2).

piek|fein ⟨Adj.⟩ [1. Bestandteil aus niederd. pük = erlesen, ausgesucht] (ugs.): *in der Aufmachung, Ausstattung o. Ä. [gesucht] fein, exklusiv:* -e Leute.

piek|sau|ber ⟨Adj.⟩ (ugs.): *makellos sauber, tadellos gepflegt:* -e Wäsche.

pien|sen ⟨sw. V.; hat⟩ [aus dem Md. u. Niederd., lautm.] (landsch.): *mit weinerlicher Stimme jammern, klagen:* hör endlich auf zu p.!

piep, pieps ⟨Interj.⟩: lautm. für das Piepen bes. junger Vögel od. auch bestimmter Kleintiere: p.!; *nicht p., Piep, Pieps sagen* (ugs.): *kein Wort reden; schweigen*); **nicht mehr p., Piep, Pieps sagen können** (ugs.: 1. *kein Wort mehr hervorbringen.* 2. *tot sein*).

Piep, der; -s, -e (ugs.): *Pieps:* * keinen P. mehr sagen (ugs.: 1. *kein Wort mehr reden.* 2. *tot sein*); keinen P. mehr machen/tun (ugs.; *tot sein*); einen P. haben (ugs. abwertend; *nicht recht bei Verstand sein*).

pie|pe ⟨indekl. Adj.⟩ [zu ↑ piepen im Sinne von »auf etw. pfeifen«] (ugs.): *piepegal.*

pie|pe|gal ⟨indekl. Adj.⟩ (ugs.): *ganz und gar gleichgültig:* das ist mir p.!

pie|pen ⟨sw. V.; hat⟩ [aus dem Niederd. < mniederd. pīpen, niederd. Form von ↑ pfeifen]: *(bes. von jungen Vögeln) in kurzen Abständen feine, hohe Pfeiftöne hervorbringen:* der junge Vogel piepte leise; Ü (ugs.:) In der Sache Bjuschew hat er nicht mehr gepiept (*keinen Ton mehr gesagt;* A. Zweig, Grischa 291); * **bei jmdm. piept es** (ugs.: *jmd. ist nicht recht bei Verstand*); **zum Piepen [sein]** (ugs.; *sehr komisch, zum Lachen [sein]*).

Pie|pen ⟨Pl.⟩ [viell. gek. aus der scherzh. (berlin.) Bez. »Piepmatz« für den Adler auf Münzen] (salopp): *Geld:* keine P. haben; eine Menge P. verdienen.

Pie|per, der; -s, -: *Piepser* (2).

Piep|matz, der (ugs.): *[kleiner] Vogel:* * **einen P. haben** (fam. scherzh.; ↑ Vogel).

pieps: ↑ piep.

Pieps, der; -es, -e (ugs.): *(bes. in Bezug auf junge Vögel) feiner, hoher Pfeifton:* Ü keinen P. *(Ton)* von sich geben; * **keinen P. mehr sagen** (↑ Piep); keinen P. mehr machen/tun (↑ Piep).

piep|sen ⟨sw. V.; hat⟩: **1.** *piepen:* hörst du den Vogel p.?; ein lustig piepsender Kanarienvogel. **2.** *mit feiner, hoher Stimme sprechen, singen:* fürchterlich, wie sie piepst!

Piep|ser, der; -s, - (ugs.): **1.** *Pieps.* **2.** *Kleinempfänger einer Personensuchanlage.*

piep|sig ⟨Adj.⟩ (ugs.): **1.** *hoch u. fein:* eine -e Stimme. **2.** *klein u. zart; winzig:* ein -es Persönchen.

Piepvogel – Pilgram

Piep|vo|gel, der (Kinderspr.): *[kleiner] Vogel.*
¹Pier, der; -s, -e u. -s, Seemannsspr.: die; -, -s [engl. pier < mlat. pera, H. u.]: *Anlegestelle, Landungsbrücke, an der die Schiffe beiderseits anlegen können:* das Schiff liegt am, an der P./hat am, an der P. festgemacht.
²Pier, der; -[e]s, -e [mniederd. pīr(ās) = Wurm (als Köder), H. u.] (nordd.): *Köderwurm.*
pier|cen ['pi:ɐ̯sn̩] ⟨sw. V.; hat⟩ [engl. to pierce = durchbohren, durchstechen]: *ein Piercing vornehmen:* sie will sich p. lassen.
Pier|cing, das; -s, -s [engl. piercing, zu: to pierce, ↑ piercen]: **1.** ⟨o. Pl.⟩ *das Durchbohren od. Durchstechen der Haut zur Anbringung von Schmuck.* **2.** *mithilfe von Piercing (1) angebrachtes Stück Schmuck.*
Pi|er|ret|te [pje...], die; -, -n: w. Form zu ↑ Pierrot.
Pi|er|rot [pjɛˈroː], der; -s, -s [frz. Pierrot, eigtl. = Peterchen, Vkl. von: Pierre = Peter]: *komische Figur, vor allem der französischen Pantomime.*
pie|sa|cken ⟨sw. V.; hat⟩ [aus dem Niederd., wohl zu niederd. (ossen)pesek = Ochsenziemer] (ugs.): *jmdm. hartnäckig mit etw. zusetzen; jmdn. [unauförlich] quälen, peinigen.*
pie|seln ⟨sw. V.; hat⟩ [wohl unter Anlehnung an ↑ nieseln verhüll. entstellt aus ↑ pissen] (ugs.): **1.** *[in feinen, dichten Tropfen anhaltend] regnen.* **2.** *urinieren.*
Pi|e|ta, (ital. Schreibung:) **Pi|e|tà** [pjeˈta], die; -, -s [ital. pietà = Frömmigkeit < lat. pietas] (bild. Kunst): *Darstellung der trauernden Maria, die den Leichnam Christi im Schoß hält; Vesperbild.*
Pi|e|tät [pje...], die; -, -en: **1.** ⟨o. Pl.⟩ *[lat. pietas (Gen.: pietatis), zu: pius = pflichtbewusst; fromm] (geh.) (bes. in Bezug auf die Gefühle, die religiösen Wertvorstellungen anderer) ehrfürchtiger Respekt, taktvolle Rücksichtnahme:* das gebietet [allein/schon] die P. **2.** *Beerdigungsinstitut.*
pi|e|tät|los ⟨Adj.⟩ (geh.): *keine Pietät aufweisend:* ein -es Verhalten; p. reden. Dazu: **Pi|e|tät|lo|sig|keit,** die; -, -en.
pi|e|tät|voll ⟨Adj.⟩ (geh.): *von Pietät erfüllt, bestimmt; ehrfurchtsvoll.*
Pi|e|tis|mus [pje...], der; - [zu lat. pietas, ↑ Pietät]: *protestantische Bewegung des 17. u. 18. Jh.s, die durch vertiefte Frömmigkeit u. tätige Nächstenliebe die Orthodoxie zu überwinden suchte.*
Pi|e|tist, der; -en, -en: *Anhänger des Pietismus.*
Pi|e|tis|tin, die; -, -nen: w. Form zu ↑ Pietist.
pi|e|tis|tisch ⟨Adj.⟩: **a)** *den Pietismus betreffend:* -e Reformbestrebungen; **b)** *für die Pietisten charakteristisch:* -e Frömmigkeit.
pi|e|to|so ⟨Adv.⟩ [ital. pietoso < mlat. pietosus] (Musik): *mitleidsvoll, andächtig.*
pi|e|zo|elek|t|risch ⟨Adj.⟩ (Physik): *auf Piezoelektrizität beruhend.*
Pi|e|zo|elek|t|ri|zi|tät, die; - (Physik): *durch Druck entstehende Elektrizität an der Oberfläche bestimmter Kristalle (z. B. des Quarzes, des Turmalins).*
Pi|e|zo|quarz ['pjeː...], der; -es, -e (Physik, Technik): *Bauelement (z. B. von Quarzuhren), das dazu dient, die Schwingung konstant zu halten; Schwingquarz.*
piff, paff ⟨Interj.⟩ (Kinderspr.): *lautm. für einen Gewehr- od. Pistolenschuss.*
Pig|ment, das; -[e]s, -e [lat. pigmentum = Färbestoff; Würze, zu: pingere (2. Part.: pictum) = mit der Nadel stechen; malen]: **1.** (Biol., Med.) *die Färbung der Gewebe (2) bewirkender Farbstoff:* ein gelbes, braunes P. **2.** (Chemie) *im Lösungs- od. Bindemittel unlöslicher, aber feinstverteilter Farbstoff (z. B. Ruß).*
Pig|men|ta|ti|on, die; -, -en (Biol., Med.): *Einlagerung von Pigment (1).*
Pig|ment|bil|dung, die: *Bildung von Pigment (1).*

Pig|ment|farb|stoff, der: *Pigment (2).*
pig|ment|frei ⟨Adj.⟩: *kein Pigment aufweisend.*
pig|men|tie|ren ⟨sw. V.; hat⟩ (Biol., Med. selten): **1.** *körpereigenes Pigment bilden.* **2.** *sich als körperfremdes Pigment einlagern u. etw. einfärben:* Arsen pigmentiert die Haut.
pig|men|tiert ⟨Adj.⟩: *mit Pigment (1) versehen:* stark, schwach p.
Pig|men|tie|rung, die; -, -en: **1.** ⟨o. Pl.⟩ *das Pigmentieren.* **2.** ⟨Pl. selten⟩ *Pigmentation.*
pig|ment|reich ⟨Adj.⟩: *reich an Pigment (1).*
Pig|nol|le [pɪnˈjo:...], die; -, -n, (österr.:) **Pig|no|li,** die; -, ...ien, **Pig|no|l|ie** [...jə], die; -, ...ien [ital. pi(g)nole, zu: pino = Pinie]: *Pinienkern.*
¹Pik [österr. auch: pɪk], der; -s, -e u. -s: **1.** [(m)frz. pic, eigtl. = Spitze, zu: piquer, ↑ pikiert] *Piz.* **2.** [über das Niederl., Niederl. zu frz. pique, ↑ Pike] * **einen [kleinen/richtigen** o. ä.] **P. auf jmdn. haben** *(gegen jmdn. einen heimlichen Groll hegen).*
²Pik [österr. auch: pɪk], das; -[s], -[s], österr. auch: die; -, - [zu frz. pique, ↑ Pike]: **a)** *schwarzfarbige Figur (4 a) in Form der stilisierten Spitze eines Spießes;* **b)** ⟨meist ohne Art.; ohne Pl.⟩ *²Pik (a) (gekennzeichnete [zweithöchste] Farbe im Kartenspiel:* P. ist Trumpf; **c)** ⟨Pl. Pik⟩ *Spiel mit Karten, bei dem ²Pik (b) Trumpf ist;* **d)** ⟨Pl. Pik⟩ *Spielkarte mit ²Pik (b) als Farbe.*
Pi|ka|dor: ↑ Picador.
pi|kant ⟨Adj.⟩ [frz. piquant, 1. Part. von: piquer, ↑ pikiert]: **1.** *angenehm scharf durch verschiedene, fein aufeinander abgestimmte Gewürze [u. Wein, Essig o. Ä.]:* eine -e Soße; etw. schmeckt p. **2.** *(veraltend) reizvoll.* **3. a)** *leicht frivol (e), schlüpfrig:* -e Witze erzählen; **b)** *leicht anrüchig, anstößig.*
Pi|kan|te|rie, die; -, -n (bildungsspr.): **1.** ⟨o. Pl.⟩ *pikante (2) Note (6), eigenartiger Reiz.* **2.** *pikante Geschichte:* -n erzählen.
pi|kan|ter|wei|se ⟨Adv.⟩ (bildungsspr.): *was nicht einer gewissen Pikanterie (1) entbehrt.*
Pik|ass, Pik-Ass [auch: 'piːk...], das (Kartenspiele): *Ass (1) der Farbe ²Pik (b).*
Pi|ke, die; -, -n ⟨sw. V.; hat⟩ [frz. pique]: *(im späten Mittelalter) Spieß des Fußvolkes;* * **von der P. auf dienen/lernen/etw. erlernen** (ugs.; *eine Ausbildung von der untersten Stufe beginnen, einen Beruf von Grund auf erlernen;* urspr. = als gemeiner Soldat [mit der Pike] beginnen); ◆ **eine P. auf jmdn. haben** (↑ Pik: Mir ist bang für die Stadt. Er hat schon lange eine P. auf sie, weil sie so schädlich bigott ist [Schiller, Räuber II, 3]).
¹Pi|kee, der; -s, -s, österr. auch: das; -s, -s [frz. piqué, zu: piquer, ↑ pikiert] (Textilind.): *Doppelgewebe mit erhabenem Waben- od. Waffelmuster.*
²Pi|kee: ↑ ²Piqué.
pi|ken ⟨sw. V.; hat⟩ [Nebenf. von ↑ ¹picken] (ugs.): **1.** *stechen:* sich mit, an etw. p. **2.** *mit der Spitze von etw. [leicht] stechen:* sie pikte ihn mit einer Nadel [in die Hand].
Pi|ke|nier, der; -s, -e [geb. nach frz. piquier]: *mit der Pike kämpfender Landsknecht;* ◆ *... von ein paar grimmigen schwedischen -en begleitet* (C. F. Meyer, Page 151).
Pi|kett, das; -[e]s, -e: **1.** [frz. piquet, zu: pique, ↑ ²Pik] *Kartenspiel für zwei Personen ohne Trumpffarbe.* **2.** [frz. piquet = kleine Abteilung von Soldaten, zu: pique, ↑ Pike] (schweiz.) **a)** *(im Heer u. bei der Feuerwehr) einsatzbereite Einheit;* **b)** *Bereitschaft (1).*
pi|kie|ren ⟨sw. V.; hat⟩ [frz. piquer, ↑ pikiert]: **1.** (Gartenbau) *zu dicht stehende junge Pflanzen ausziehen u. in größerem Abstand verpflanzen.* **2.** *festen Stoff auf die Innenseite mit von außen nicht sichtbaren Stichen nähen.*
pi|kiert ⟨Adj.⟩ [2. Part. von veraltet pikieren = reizen, verstimmen < frz. piquer, eigtl. = stechen,

aus dem Roman., urspr. lautm.] (bildungsspr.): *gekränkt, ein wenig verstimmt:* ein -es Gesicht machen; [über etw.] leicht, äußerst p. sein.
Pik|ko|lo: ↑ ¹Piccolo, ²Piccolo, ³Piccolo.

Pi|ko-: ↑ Pico-.

Pi|ko|fa|rad: ↑ Picofarad.
Pik|r|in|säu|re, die; - [zu griech. pikrós = bitter] (Chemie): *gelbe, bitter schmeckende, explosible Verbindung.*
pik|sen ⟨sw. V.; hat⟩: piken.
Pik|ser, der; -s, - (ugs.): **1.** *Einstich (1): der kleine P. hat er nicht wehgetan.* **2.** *kleiner Gegenstand zum An-, Einstechen, Aufspießen o. Ä.*
Pik|sie|ben, Pik-Sie|ben [auch: 'piːk...], die (Kartenspiele): *²Sieben (b) der Farbe ²Pik (b);* * **dastehen/dasitzen wie P.** (ugs. scherzh.; *durch etw. Unerwartetes ganz verwirrt u. hilflos dastehen, -sitzen*).
Pik|to|gramm, das; -s, -e [zu lat. pictum (2. Part. von: pingere = malen) u. ↑ -gramm]: *stilisierte Darstellung von etw., die eine bestimmte Information, Orientierungshilfe vermittelt (z. B. Wegweiser in Flughäfen, Bahnhöfen o. Ä.).*
Pi|lar, der; -en, -en [span. pilar, zu: pila < lat. pila = Pfosten] (Reitsport): *einer der beiden [Holz]pfosten, zwischen denen das mit den Zügeln angebundene Schulpferd Übungen der Hohen Schule erlernt.*
Pi|las|ter, der; -s, - [frz. pilastre < ital. pilastro, zu lat. pila, ↑ Pilar] (Archit.): *flach aus der Wand hervortretender, in Fuß, Schaft u. Kapitell gegliederter Pfeiler.*
Pi|la|tes, das; - [nach dem dt. Erfinder J. H. Pilates (1880–1967)]: *Fitnesstraining mit gymnastischen Übungen od. mit speziellen Übungsgeräten.*
Pi|la|tus: ↑ Pontius.
Pi|lau, Pi|law, der; -s [türk. pilâv, aus dem Persischen]: *Reisgericht mit Hammel- od. Hühnerfleisch.*
Pil|ger, der; -s, - [mhd. pilgerīn, pilgerīm, ahd. piligrīm < vlat., kirchenlat. pelegrinus, urspr. wohl = der nach Rom wallfahrende Fremde, dissimiliert aus lat. peregrinus = Fremdling; fremd]: *jmd., der aus Frömmigkeit eine längere [Fuß]reise zu einer religiös bes. verehrten Stätte macht:* in Lourdes fanden sich Tausende von -n ein; Ü (geh.:) Ich sah mich selbst, einen todmüden P. *(Wanderer),* durch die Wüsten des Jenseits ziehen (Hesse, Steppenwolf 249).
Pil|ger|fahrt, die: *Wallfahrt.*
Pil|ge|rin, die; -, -nen: w. Form zu ↑ Pilger.
Pil|ger|mu|schel, die: **1.** *Kammmuschel.* **2.** *Jakobsmuschel.*
pil|gern ⟨sw. V.; ist⟩: **1.** *(als Pilger) eine Wallfahrt machen:* Ü als alter Wagnerianer pilgerte er jedes Jahr nach Bayreuth. **2.** (ugs.) **a)** *sich an einen bestimmten Ort begeben:* sie packten ihr Badezeug ein und pilgerten an den Strand; **b)** *eine längere Strecke in gemächlichem Tempo zu Fuß zurücklegen, gehen:* ins Grüne p.
Pil|ger|rei|se, die: *Pilgerfahrt.*
Pil|ger|schaft, die; -, -en: **1.** *das Pilgern (1); Pilgerfahrt:* eine P. antreten. **2.** *das Pilgersein.* **3.** *Gesamtheit von Pilgern.*
Pil|gers|mann, der: *Schar von Pilgern.*
Pil|ger|stät|te, die: *Ort, Stätte, die Verehrer einer bestimmten bekannten Persönlichkeit, Liebhaber einer bestimmten Sache zu Besuchen veranlasst:* das Grab des Stars wurde zu einer P.
Pil|ger|weg, der: *von Pilgern benutzter Weg.*
Pil|ger|zug, der: *¹Zug (2 a) von Pilgern.*
◆ **Pil|gram,** der; -s -e: Nebenf. von ↑ Pilgrim: Aber, frommer P., eine solche Suppe kann euch doch unmöglich Kraft geben (Hebel, Schatzkästlein 15).

Pil|grim, der; -s, -e [vgl. Pilger] (veraltet): *Pilger:* ◆ *Ich habe die Wallfahrt nach meiner Heimat mit aller Andacht eines -s vollendet* (Goethe, Werther II, 9. Mai).

Pil|ke, die; -, -n [wohl niederd. pilke = kleiner Pfeil] (Angelsport veraltend): *Pilker.*

pil|ken ‹sw. V.; hat›: *mit dem Pilker angeln.*

Pil|ker, der; -s, - (Angelsport): *(bes. beim Hochseeangeln verwendeter) größerer Köder in Fischform mit vier Haken.*

Pil|le, die; -, -n [frühnhd. pillel(e), mhd. pillule < lat. pilula = Kügelchen; Pille, Vkl. von: pila = Ball]: **1. a)** *[mit Überzug versehenes] Arzneimittel in Form eines Kügelchens (zum Einnehmen):* -n *drehen;* **b)** (ugs.) *Arzneimittel (zum Einnehmen) aus festen Stoffen (in Pillen-, Dragee-, Tabletten- od. Kapselform):* eine P. gegen Kopfschmerzen, zum Schlafen nehmen; R da/bei jmdm. helfen keine -n [u. keine Medizin] (ugs.; da/bei jmdm. ist alle Mühe vergebens); * **eine bittere P. [für jmdn.] sein** (ugs.; *äußerst unangenehm für jmdn. sein u. schwer hinzunehmen*); **diese/eine** o. ä. **[bittere] P. schlucken** (ugs.; *etw. Unangenehmes hinnehmen, sich damit abfinden*); **jmdm. eine [bittere] P. zu schlucken geben** (ugs.; *jmdm. etw. Unangenehmes sagen, zufügen*); **jmdm. die/eine bittere P. versüßen** (ugs.; *jmdm. etw. Unangenehmes auf irgendeine Weise einen wenig angenehmer, erträglicher machen*). **2.** ‹o. Pl.; meist mit best. Art.› (ugs.) *Kurzf. von* ↑*Antibabypille:* die P. nehmen, absetzen; sich die P. verschreiben lassen; die P. nicht vertragen; die P. für den Mann (ugs.; *vom Mann einzunehmendes Medikament zur Verhütung einer Schwangerschaft*); die P. danach (ugs.; *Medikament, das zur Verhinderung einer Schwangerschaft kurz nach dem Geschlechtsverkehr eingenommen wird*). **3.** (Ballspiele Jargon) ¹*Ball* (1): die P. flog mit Wucht in den Kasten.

Pil|len|dre|her, der: **1.** *Käfer, der aus dem Kot pflanzenfressender Säugetiere Kugeln formt, die ihm als Nahrung bzw. zur Eiablage dienen; Skarabäus.* **2.** (ugs. scherzh.) *Apotheker.*

Pil|len|dre|he|rin, die: w. Form zu ↑*Pillendreher* (2).

Pil|len|knick, der: *Geburtenrückgang durch Verbreitung der Antibabypille.*

Pil|le|pal|le, das; -s [verdoppelnde Bildung mit Ablaut zu landsch. (bes. rhein.) Pill = etwas Kleines, Stückchen, Teilchen, H. u., viell. letztlich zu lat. pilula, ↑Pille] (ugs.): *Kleinkram, Unwichtiges; Gleichgültiges:* bürokratisches P.

pil|lie|ren ‹sw. V.; hat› [zu ↑Pille] (Landwirtsch.): *(Samen für die Aussaat) mit einer nährstoffreichen Masse umhüllen u. zu Kügelchen formen.*

Pil|ling, das; -s [zu engl. to pill = zu Kügelchen formen] (Textilind.): *(unerwünschte) Knötchenbildung an der Oberfläche von Textilien.*

¹**Pil|lot,** der; -en, -en [frz. pilote < ital. pilota, älter: pedotta = Steuermann, zu griech. pēdón = Steuerruder]: **1. a)** (Flugw.) *jmd., der aufgrund einer bestimmten Ausbildung [berufsmäßig] ein Flugzeug steuert; Flugzeugführer:* er ist P. bei der Lufthansa; **b)** (Sport) *(Autorenn-, Motorradsport) Rennfahrer;* **c)** (Bobsport) *jmd., der einen Bob lenkt.* **2.** (Seemannsspr. veraltet) *Lotse:* ◆ *Fern auf der Reede ruft der P., es warten die Flotten, die in der Fremdlinge Land tragen den heimischen Fleiß* (Schiller, Der Spaziergang). **3.** *Lotsenfisch.*

²**Pil|lot,** der; -[s] [frz. (drap) pilote (↑¹Pilot)] (Textilind.): *Moleskin.*

Pilot-: *kennzeichnet in Bildungen mit Substantiven etw. als vorausgeschicktem Versuch, als Test zur Feststellung oder Klärung wichtiger Aspekte, Schwierigkeiten o. Ä.:* Pilotbetrieb, -projekt.

Pi|lot|an|la|ge, die: *Versuchsanlage in der chemischen Industrie, die ein Zwischenglied zwischen Labor u. Großproduktion darstellt.*

Pi|lot|bal|lon, der (Meteorol.): *unbemannter kleiner Ballon* (1 a), *der aufgelassen wird, um Windrichtung u. -stärke anzuzeigen.*

Pi|lo|te, die; -, -n [frz. pilot, zu: pile < lat. pila = Pfeiler] (Bauw.): *Stütze; einzurammender Pfahl.*

Pi|lo|ten|feh|ler, der: *Fehler, den ein* ¹*Pilot* (1 a) *macht:* der Absturz geht auf einen P. zurück.

Pi|lo|ten|kof|fer, der: *speziell auf die Bedürfnisse von Piloten ausgerichteter kleinerer Koffer.*

Pi|lo|ten|schein, der (Flugw.): *amtliche Bescheinigung, die jmdn. dazu berechtigt, [berufsmäßig] ein Flugzeug zu steuern; Flugschein* (2).

Pi|lot|film, der (Fernsehen): *einer Serie od. Sendung vorauslaufender Film, mit dem man das Interesse der Zuschauer an ihr testen versucht.*

¹**pi|lo|tie|ren** ‹sw. V.; hat› (Flugw., Motorsport): *als* ¹*Pilot* (1) *steuern.*

²**pi|lo|tie|ren** ‹sw. V.; hat› [frz. piloter, zu: pilot, ↑Pilote] (Bauw.): *Piloten, Stützen einrammen.*

Pi|lo|tin, die; -, -nen: w. Form zu ↑¹*Pilot* (1, 2).

Pi|lot|pha|se, die: *Phase (eines Projekts o. Ä.), die der Erprobung dient.*

Pi|lot|pro|jekt, das: *Projekt, in dem versuchsweise neuartige Verfahren, Arbeitsweisen o. Ä. angewendet werden.*

Pi|lot|stu|die, die: *einem Projekt vorausgehende Untersuchung, in der alle in Betracht kommenden, wichtigen Faktoren zusammengetragen werden.*

Pi|lot|ver|such, der: vgl. *Pilotprojekt.*

Pi|lot|wal, der: *Grindwal.*

Pils, das; -, -: ³*Pilsener.*

Pil|sen: Stadt in der Tschechischen Republik.

¹**Pil|se|ner,** ¹**Pilsner,** der; -s, -: Ew.

²**Pil|se|ner,** ²**Pilsner** (indekl. Adj.): nach P. Brauart.

³**Pil|se|ner,** ³**Pilsner,** das; -s, - [gek. aus Pils[e]ner Bier; nach der tschech. Stadt Pilsen (tschech. Plzeň)]: *helles, stark schäumendes, etwas bitter schmeckendes Bier:* Herr Ober, bitte zwei P.

Pil|se|ne|rin, Pilsnerin, die; -, -nen: w. Form zu ↑¹*Pilsener.*

¹**Pils|ner** usw.: ↑¹*Pilsener* usw.

Pilz, der; -es, -e [mhd. bülz, büleʒ, ahd. buliʒ < lat. boletus = Pilz, bes. Champignon, H. u.]: **1.** *[früher als Pflanze angesehener] blatt- u. blütenloser, fleischiger Organismus* (1 b), *der meist aus einem schlauch- bis keulenförmigen Stiel und einem flachen oder kugel- bis kegelförmigen Hut besteht:* ein essbarer, giftiger P.; -e suchen, sammeln; einen P. bestimmen; * **wie -e aus der Erde/dem [Erd]boden schießen, wachsen** (*binnen kürzester Zeit in großer Zahl entstehen, in großer Anzahl plötzlich da sein:* die Hochhäuser schießen wie -e aus der Erde). **2.** *aus schlauchförmigen Fäden bestehender Organismus* (1 b) *ohne Blattgrün, der krankheitserregend sein kann od. in gezüchteter Form zur Herstellung von Antibiotika sowie von bestimmten Nahrungs- u. Genussmitteln verwendet wird.* **3.** (ugs.) *Kurzf. von* ↑*Hautpilz.*

Pilz|art, die: *bestimmte Art von Pilzen* (1).

pilz|ar|tig ‹Adj.›: *in der Art eines Pilzes, wie ein Pilz geartet.*

Pilz|be|fall, der: *Befall durch Pilze* (2).

Pilz|er|kran|kung, die: *durch bestimmte Pilze* (2) *hervorgerufene Erkrankung.*

Pilz|fa|den, der (Biol.): *zu einem fadenförmigen Gebilde verbundene Pilze* (2).

pilz|för|mig ‹Adj.›: *die Form eines Pilzes* (1) *aufweisend:* eine -e Rauchsäule.

Pilz|ge|richt, das (Kochkunst): ²*Gericht aus Pilzen* (1).

Pilz|gift, das: *in bestimmten Pilzen* (1) *enthaltener u. bei zu lange gelagerten Speisepilzen sich bildender giftiger Stoff.*

pil|zig ‹Adj.›: **1.** *von Pilz befallen:* eine pilzige Schicht auf der Marmelade. **2.** *nach Pilzen schmeckend, riechend:* ein pilziges Aroma.

Pilz|in|fek|ti|on, die: *durch Pilze* (2) *hervorgerufene Infektion.*

Pilz|kul|tur, die: *Kultur* (5) *von bestimmten Pilzen* (2).

Pilz|kun|de, die: *Lehre von den Pilzen; Mykologie.*

Pilz|ling, der; -s, -e (österr.): *Pilz* (1).

Pilz|samm|ler, der: *jmd., der Pilze* (1) *sammelt.*

Pilz|samm|le|rin, die: w. Form zu ↑*Pilzsammler.*

Pilz|schwamm, der: *Hausschwamm.*

Pilz|sup|pe, die (Kochkunst): *mit Pilzen* (1) *zubereitete Suppe.*

Pilz|ver|gif|tung, die: *Vergiftung durch den Genuss von Pilzen, bes. von Giftpilzen.*

Pi|ment, der od. das; -[e]s, -e [mhd. pīment(e) < (m)frz. piment, über das Roman. < lat. pigmentum, ↑Pigment]: *dem Pfeffer ähnlicher Samen eines mittelamerikanischen Baums, der als Gewürz verwendet wird; Nelkenpfeffer.*

Pim|mel, der; -s, - [wohl zu niederd. Pümpel = Stößel im Mörser] (ugs., oft fam.): *Penis.*

pim|pe|lig, pimplig ‹Adj.› (ugs. abwertend): *übertrieben empfindlich, zimperlich, wehleidig:* sei nicht so p.!

pim|peln ‹sw. V.; hat› [wohl landsch. Nebenf. von ↑bimmeln] (ugs. abwertend): *zimperlich, wehleidig sein.*

pim|pen ‹sw. V.; hat› [zu gleichbed. engl.-amerik. pimp, eigtl. = als Zuhälter tätig sein] (ugs.): *effektvoller, auffälliger, glanzvoller gestalten [u. technisch besser ausrüsten]:* ein gepimptes Auto.

Pim|per|lin|ge ‹Pl.› [zu ↑¹pimpern] (ugs.): *Geld[stücke].*

¹**pim|pern** ‹sw. V.; hat› [lautm.] (bayr., österr.): *leise klimpern, klappern.*

²**pim|pern** ‹sw. V.; hat› [wohl zu niederd. pümpern = (im Mörser zer)stoßen, zu: Pümpel, ↑Pimmel] (derb): *koitieren.*

Pim|per|nell, der; -s, -e: *Pimpinelle.*

Pim|per|nuss, die; -, ...nüsse [zu ↑¹pimpern]: *Pflanze mit gefiederten Blättern, rötlichen od. weißen Blüten u. Kapselfrüchten, deren erbsengroße Samen beim Schütteln der reifen Früchte klappern.*

Pimpf, der; -[e]s, -e [zu älter Pumpf, eigtl. = (kleiner) Furz]: **1. a)** *jüngster Angehöriger der Jugendbewegung;* **b)** (nationalsoz.) *Mitglied des Jungvolks.* **2.** (österr. ugs.) *kleiner Junge, Knirps.*

Pim|pi|nel|le, die; -, -n [spätlat. pimpinella]: *Pflanze mit Fiederblättern u. weißen bis gelblichen od. rosafarbenen Blüten.*

pimp|lig: ↑*pimpelig.*

Pin, der; -s, -s [engl. pin, verw. mit ↑Pinne]: **1.** (Kegeln) *(getroffener) Kegel als Wertungseinheit beim Bowling* (1). **2.** *langer, dünner Stift; [Steck]nadel.*

PIN, die; -, -s [Abk. für engl. personal identification number]: *persönliche, nur dem Nutzer der Nutzerin bekannte Geheimnummer für Bankautomaten, Handys u. Ä.*

Pi|na|ko|thek, die; -, -en [lat. pinacotheca < griech. pinakothḗkē = Aufbewahrungsort von Weihgeschenktafeln, zu: thḗkē, ↑Theke] (bildungsspr.): *Bilder-, Gemäldesammlung.*

Pi|nas|se, die; -, -n [frz., niederl. pinasse, eigtl. = Boot aus Fichtenholz, über das Roman. zu lat. pinus, ↑Pinie] (Seemannsspr.): *größeres Beiboot von Kriegsschiffen.*

Pin|board, das; -s, -s [aus engl. pin (↑Pin) u. board = Brett]: *Pinnwand.*

pin|cé [pɛ̃'se:] ‹Adv.› [frz. pincé, 2. Part. von: pincer, ↑Pinzette] (Musik): *pizzicato.*

Pin|ce|nez [pɛ̃s(ə)'ne:], das; -, - [...'ne:(s)], - [...'ne:s] [frz. pince-nez, zu: pincer (↑pincé) u. nez = Nase] (veraltet): *Kneifer, Zwicker*: ◆ Gieshübler – im blauen Frack und mattgoldenen Knöpfen, dazu P. an einem breiten, schwarzen Bande (Fontane, Effi Briest 73).

Pinch|ef|fekt, der; -[e]s, -e [zu engl. to pinch = zusammendrücken, pressen] (Physik): *(bei Kernfusion) das Sichzusammenziehen eines Strom führenden Plasmas* (3) *zu einem sehr dünnen u. stark komprimierten Faden infolge der Wechselwirkung zwischen dem Strom des Plasmas u. dem von ihm erzeugten Magnetfeld.*

PIN-Code, PIN-Kode, der: *PIN.*

Pi|ne|al|or|gan, das; -s, -e (Biol.): *als Anhang des Zwischenhirns gebildetes, lichtempfindliches Sinnesorgan, aus dem die Zirbeldrüse hervorgeht.*

Pin|ge: ↑Binge.

Pin|ge: ↑Binge. ◆ ...*dass er soeben den Guffrisberg hinanstiege, wo die große P. oder Tagesöffnung der Erzgrube befindlich ist* (E. T. A. Hoffmann, Bergwerke 17).

pin|ge|lig (Adj.) [rhein., westniederd. Nebenf. von ↑peinlich] (ugs.): *übertrieben gewissenhaft; pedantisch genau*: ein sehr -er Mensch; nicht sehr p. sein; sei doch nicht so p.!

Pin|ge|lig|keit, die; -: *übertriebene Genauigkeit.*

Ping|pong, das; -s [engl. ping-pong, lautm.] (veraltend, oft abwertend): *Tischtennis*: P. spielen.

Pin|gu|in ['pɪŋguiːn], der; -s, -e [H. u.]: *flugunfähiger, aufrecht gehender, im Wasser geschickt schwimmender Vogel der Antarktis mit flossenähnlichen Flügeln u. meist schwarzem, auf dem Bauch weißem Gefieder.*

Pi|nie, die; -, -n [spätlat. pinea < lat. pinus = Fichte]: *hochwachsender Nadelbaum mit schirmartiger Krone, langen Nadeln u. großen Zapfen mit essbaren Samen*: * jmdn. auf die P. bringen (↑Palme); auf die P. klettern (↑Palme); auf der P. sein (↑Palme).

Pi|ni|en|kern, der: *essbarer Kern des Samens der Pinie.*

Pi|ni|en|wald, der: *Wald aus Pinien.*

Pi|ni|en|zap|fen, der: *an Pinien wachsender Zapfen* (1).

Pi|no|le, die; -, -n: ↑Pignole.

pink ⟨Adj.⟩ [engl. pink, H. u.]: *von kräftigem, leicht grellem Rosa.*

¹Pink, das; -s, -s: *kräftiges, leicht grelles Rosa.*

²Pink, die; -, -en, **¹Pin|ke**, die; -, -n [mniederd. pinke, H. u.] (Seew. früher): *Segelschiff in den Küstengewässern von Nord- u. Ostsee.*

²Pin|ke, Pinkepinke, die; - [wohl lautm. nach dem Klang der Münzen] (ugs.): *Geld*: viel, wenig P. haben.

¹Pin|kel, der; -s, -, auch: -s [H. u., viell. zu ostfries. pinkel = Penis, eigtl. wohl = Spitze, oberer Teil] (ugs. abwertend): *Mann*: ein feiner P. (jmd., der sich als feiner, vornehmer Herr gibt).

²Pin|kel, die; -, -n [ostfries. pinkel, eigtl. = Mastdarm; vgl. ¹Pinkel] (nordd.): *aus Speck u. Grütze hergestellte, kräftig gewürzte, geräucherte Wurst, die mit Grünkohl gegessen wird.*

pin|keln ⟨sw. V.; hat⟩ [viell. zu Kinderspr. pi (↑Pipi)] (ugs.): **1.** *urinieren*: p. müssen; p. gehen; Die Einbrecher haben, wohl aus Wut, dass sie nichts Rechtes fanden, auf das Bett gepinkelt (Stadler, Tod 165). **2.** ⟨unpers.⟩ *[leicht] regnen*: es pinkelt schon wieder.

Pin|kel|pau|se, die; -, -n: *bei längeren Märschen, Autofahrten o. Ä. eingelegte kurze Pause zur Verrichtung der Notdurft.*

Pin|kel|wurst, die: *²Pinkel.*

Pin|ke|pin|ke: ↑²Pinke.

pink|far|ben ⟨Adj.⟩: *in der Farbe ¹Pink.*

PIN-Kode: ↑PIN-Code.

pink|rot ⟨Adj.⟩: *pinkfarben.*

Pin|ne, die; -, -n [mniederd. pin(ne) < asächs. pinn = Pflock, Stift, Spitze; vgl. ²Finne]: **1.** (Seemannsspr.) *waagerechter Hebelarm des Steuerruders, der mit der Hand bedient wird.* **2.** *spitzer Stift, auf dem die Magnetnadel des Kompasses ruht.* **3.** (bes. nordd.) *kleiner Nagel, Reißzwecke.* **4.** *keilförmig zugespitztes Ende eines Hammerkopfes.*

pin|nen ⟨sw. V.; hat⟩: **1.** (ugs.) *mit Pinnen* (3)*, Stecknadeln an, auf etw. befestigen*: ein Poster an die Wand p. **2.** (Med.) *nageln.*

PIN-Num|mer, die: *PIN.*

Pinn|wand, die: *Tafel bes. aus Kork, an die man mit Stecknadeln o. Ä. bes. Merkzettel anheftet.*

Pi|not [pi'noː], der; -[s], -s [frz. pinot, zu: pin = ²Kiefer, die Form der Traube (2 a) ähnelt einem Kiefernzapfen]: **a)** ⟨o. Pl.⟩ *ursprünglich aus dem Burgund stammende Rebsorte*; **b)** *Wein aus der Rebsorte Pinot* (a).

Pin|scher, der; -s, - [H. u., viell. entstanden aus: Pinzgauer = Hunderasse aus dem Pinzgau (Österreich)]: **1.** *mittelgroßer Hund mit braunem bis schwarzem, meist kurzem, glattem Fell, kupierten Stehohren u. kupiertem Schwanz.* **2.** (ugs. abwertend) *unbedeutender Mensch.*

¹Pin|sel, der; -s, - [ursprr. Studentenspr., wohl zu mniederd. pin (Pinne) u. sul = Ahle (a), urspr. Schimpfname für den Schuster] (ugs. abwertend): *einfältiger Mann, Dummkopf*: ein alberner, eingebildeter P.

²Pin|sel, der; -s, - [mhd. bensel, pinsel < afrz. pincel, über das Vlat. < lat. penicillus = Pinsel, Vkl. von: penis, ↑Penis]: **1.** (bes. zum Auftragen von Farbe dienendes) *Gerät, das aus einem meist längeren [Holz]stiel mit einem am oberen Ende eingesetzten Büschel aus Borsten od. Haaren besteht*: ein dicker, feiner, spitzer P.; der P. eintauchen; Ü einen Maler an seinem P. (seiner Pinselführung, Malweise) erkennen. **2.** (bes. Jägerspr.) *Haarbüschel.* **3.** (derb) *Penis.*

Pin|se|lei, die; -, -en (ugs. abwertend): **a)** ⟨o. Pl.⟩ *[dauerndes] laienhaftes Malen*; **b)** *schlechtes Gemälde*: solche P. soll ich mir an die Wand hängen?

pin|se|lig, pinslig ⟨Adj.⟩ (ugs.): *übertrieben genau.*

pin|seln ⟨sw. V.; hat⟩ [mhd. pinseln]: **a)** (ugs.) *mit dem Pinsel malen, anstreichen*: ein Bild p.; **b)** (ugs.) *streichen, mit einem Anstrich versehen*: das Geländer neu p.; **c)** *mit einem flüssigen Medikament [das mit einem Pinsel aufgetragen wird] bestreichen*: den Hals p.; **d)** *mit einem Pinsel bestimmte Zeichen schreiben*: politische Parolen an die Hauswände p.; **e)** (langsam u. mit großer Sorgfalt schreiben): sie pinselt ihre Hausarbeit [ins Heft].

Pin|sel|stiel, der: *Stiel eines Pinsels.*

Pin|sel|strich, der: **1.** *Strich mit dem Pinsel.* **2.** (in der Malerei) *Führung* (5) *des Pinsels.*

Pin|sel|zeich|nung, die: *mit Pinsel u. Tusche ausgeführte Handzeichnung.*

pins|lig: ↑pinselig.

¹Pint [paint], das; -s, -s [engl. pint < (a)frz. pinte < mlat. pin(c)ta, zu lat. pictum, 2. Part. von: pingere = malen, also eigtl. = gemalt(e Linie des Eichstriches]: **1.** *englisches Hohlmaß* (Zeichen: pt [1 pt = 0,5681]). **2. a)** *amerikanisches Hohlmaß von Flüssigkeiten* (Zeichen: liq pt [1 liq pt = 0,4731]); **b)** *amerikanisches Hohlmaß von trockenen Substanzen* (Zeichen: dry pt [1 dry pt = 0,5501]).

²Pint, der; -s, -e [mniederd. pint, zu ↑Pinne] (landsch. derb): *Penis.*

Pin|te, die; -, -n: **1.** [zu 2, nach dem Wirtshauszeichen] (ugs.) *Lokal*: Aus einer finsteren P. voll Lärm wankte ein Besoffener (Frisch, Stiller 254). **2.** [spätmhd. pint(e), wohl < mlat. pin(c)ta, ↑¹Pint] *früheres Flüssigkeitsmaß.*

Pin-up-Girl [pɪn'lap...], das; -s, -s [engl. pin-up-girl, zu: to pin up = anheften, anstecken u. ↑Girl]: **1.** *Bild einer erotisch anziehenden Frau, bes. als Poster od. als Ausschnitt aus einer Illustrierten od. einem Magazin.* **2.** *Modell* (2 a) *für Pin-up-Girls* (1).

pin|xit [lat. = hat (es) gemalt]: *gemalt von ...* (auf Gemälden o. Ä. hinter der Signatur od. dem Namen des Künstlers) (Abk.: p. od. pinx.).

Pin|zet|te, die; -, -n [frz. pincette, Vkl. von: pince = Zange, zu: pincer = kneifen, zwicken]: *kleines Instrument mit federnden, an einem Ende zusammenlaufenden Schenkeln zum Fassen von kleinen Gegenständen.*

Pi|o|nier, der; -s, -e [frz. pionnier, zu: pion = Fußgänger, Fußsoldat < afrz. peon, über das Vlat. zu lat. pes, ↑Pedal]: **1.** (Militär) *Soldat der Pioniertruppen.* **2.** (bildungsspr.) *jmd., der auf einem bestimmten Gebiet bahnbrechend ist; Wegbereiter*: er gilt als P. der Raumfahrt; Ü -e unter den Pflanzen. **3.** [russ. pioner < dt. Pionier] (DDR) *Mitglied einer Pionierorganisation.*

Pi|o|nier|ar|beit, die: **1.** *wegbereitende Arbeit, bahnbrechende Leistung auf einem bestimmten Gebiet*: P. leisten. **2.** (DDR) *Betätigung als Pionier* (3).

Pi|o|nier|geist, der ⟨o. Pl.⟩: *Drang, Fähigkeit, auf bestimmten Gebieten Pionierarbeit* (1) *zu leisten.*

Pi|o|nier|grup|pe, die (DDR): *Gruppe, die alle Pioniere* (3) *einer Klasse umfasst.*

Pi|o|nie|rin, die; -, -nen: w. Form zu ↑Pionier.

Pi|o|nier|la|ger, das (DDR): *Ferienlager der Pioniere* (3).

Pi|o|nier|leis|tung, die: vgl. Pionierarbeit (1).

Pi|o|nier|or|ga|ni|sa|ti|on, die (DDR): *kommunistische Massenorganisation für Kinder zwischen 6 u. 14 Jahren.*

Pi|o|nier|pflan|ze, die (Bot.): *anspruchslose Pflanze, die als Erste auf einem vegetationslosen Boden wächst* (z. B. Flechte auf Felsen).

Pi|o|nier|tat, die: *wegbereitende, bahnbrechende Tat* (1 a).

Pi|o|nier|trup|pe, die (Militär): *auf technische Aufgaben (z. B. Brückenbau, Sprengungen) spezialisierte Kampfunterstützungstruppe des Heeres.*

Pi|o|nier|zeit, die: *Zeit des Aufbaus* (2), *der Wegbereitung für etwas, der Pionierarbeit* (1) *auf einem bestimmten Gebiet.*

Pi|pa, die; -, -s [chin.]: *chinesische Laute mit vier Saiten.*

Pi|pa|po, das; -s [H. u.] (salopp): *das ganze [überflüssige] Drum u. Dran*: Aufmärsche, Ansprachen und das ganze P.; ein Auto, ein Hotel mit allem P.

¹Pi|pe, die; -, -n [ital. pipa, über das Vlat. zu lat. pipare, ↑pfeifen] (österr.): *Fass-, Wasserhahn.*

²Pipe [paɪp], die; -, -s [engl. pipe, eigtl. = Pfeife, nach der Form]: *früheres englisches Hohlmaß für Wein* (Zeichen: P. [1 P. Portwein = 115 Gallons; 1 P. Sherry = 82 Gallons]).

Pipe|line ['paɪplaɪn], die; -, -s [engl. pipeline, aus: pipe = Rohr, Röhre u. line = Leitung, Linie]: *(über weite Strecken verlegte) Rohrleitung für den Transport von Erdöl, Erdgas o. Ä.*: eine P. bauen, verlegen; * in der P. (Wirtschaftsjargon; in Vorbereitung, Planung; LÜ von engl. in the pipeline: wir wussten leider nicht, was die Konkurrenz in der P. hat).

Pi|pet|te, die; -, -n [frz. pipette = Röhrchen, Pfeifchen, Vkl. von: pipe = Pfeife, über das Vlat. zu lat. pipare, ↑pfeifen]: *kleines Glasröhrchen mit verengter Spitze zum Entnehmen, Abmessen u. Übertragen kleiner Flüssigkeitsmengen.*

pi|pet|tie|ren ⟨sw. V.; hat⟩ (Fachspr.): **1.** *mit einer Pipette arbeiten.* **2.** *(eine Flüssigkeit) mit einer Pipette an einem bestimmten Ort abgeben*: 2 ml der Lösung werden in einen Erlenmeyerkolben pipettiert.

Pi|pi, das; -s [wohl Verdopplung der kinderspr. Interjektion »pi«] (Kinderspr.): *Urin:* * P. **machen** *(urinieren).*

Pi|pi|fax, der; - (ugs. abwertend): *überflüssiges, törichtes Zeug. Unsinn:* das ist doch alles P.!

Pip|pau, der; -[e]s [aus dem Niederd. < mniederd. pippaw, aus dem Slaw.]: *Pflanze mit leuchtend gelben Blüten u. länglichen, spitzen Blättern.*

Pips, der; -es [aus dem Niederd. < mniederd., md. pip(pi)s, über das Galloroman. zu vlat. pippita < lat. pituita = zähe Flüssigkeit, Schnupfen]: *krankhafter Belag auf der Zunge [u. Verschleimung der Schnabelhöhle] beim Geflügel:* * **den P. haben** *(ugs.; erkältet sein).*

¹Pi|qué ↑ ¹Pikee.

²Pi|qué [pi'ke:], das; -s, -s [frz. piqué] (Fachspr.): *Maßeinheit für Einschlüsse bei Diamanten.*

Pi|ran|ha [pi'ranja], der; -[s], -s [port. piranha < Tupi (südamerik. Indianerspr.) piranha]: *kleiner Raubfisch mit sehr scharfen Zähnen, der in einem Schwarm jagt u. seine Beute in kürzester Zeit bis auf das Skelett abfrisst.*

Pi|rat, der; -en, -en [ital. pirata < lat. pirata < griech. peiratés = Seeräuber]: *Seeräuber.*

Pi|ra|ten|par|tei, die: *politische Partei, die sich bes. für Bürgerrechte und Informationsfreiheit einsetzt.*

Pi|ra|ten|schiff, das: *Schiff von Piraten.*

Pi|ra|ten|sen|der, der (Jargon): *privater Rundfunk- od. Fernsehsender, der ohne Lizenz, meist von hoher See aus, Programme sendet.*

Pi|ra|te|rie, die; -, -n [frz. piraterie]: **1.** *Seeräuberei.* **2. a)** *gewaltsame Übernahme des Kommandos über ein Schiff, Flugzeug, um eine Kursänderung zu erzwingen, eine bestimmte Forderung durchzusetzen;* **b)** (Seerecht) *Angriff auf ein neutrales Schiff durch ein Kriegsschiff einer Krieg führenden Macht.*

-pi|ra|te|rie, die; -, -n: *drückt in Bildungen mit Substantiven aus, dass etw. [auf illegale Weise] von Nichtberechtigten übernommen und ausgenutzt wurde, um Gewinn daraus zu erzielen:* Produkt-, Software-, Videopiraterie.

Pi|ra|tin, die; -, -nen: w. Form zu ↑ Pirat.

Pi|ra|lya: ↑ Piranha.

Pi|ro|ge, die; -, -n [frz. pirogue < span. piragua, karib. Wort]: *Einbaum der Indianer mit auf die Bordwand aufgesetzten Planken.*

Pi|rog|ge, die; -, -n, auch: ...gi [russ. pirog]: *osteuropäische Teigtasche, die mit Fleisch, Pilzen, Kraut u. Ä. gefüllt wird.*

Pi|rol, der; -s, -e [mhd. (bruoder) piro = (Bruder) Pirol, wahrsch. lautm.]: *Vogel mit flötendem Stimme, bei dem das Männchen ein leuchtend gelbes Gefieder mit schwarzen Flügeln, das Weibchen ein grünliches od. graues Gefieder hat.*

Pi|rou|et|te [pi'rʊɛtə], die; -, -n [frz. pirouette, H.u.]: **1.** (Eiskunst-, Rollschuhlauf, Ballett) *schnelle Drehung um die eigene Achse auf dem Standbein.* **2.** (Dressurreiten) *Drehung des Pferdes auf der Hinterhand im Takt u. Tempo des Galopps.*

pi|rou|et|tie|ren ⟨sw. V.; hat⟩ [frz. pirouetter]: *eine Pirouette ausführen.*

Pirsch, die; -, -en [zu ↑ pirschen] (Jägerspr.): *Art der Jagd, bei der versucht wird, durch möglichst lautloses Durchstreifen eines Jagdreviers Wild aufzuspüren u. sich ihm auf Schussweite zu nähern:* auf die P. gehen.

pir|schen ⟨sw. V.; hat/ist⟩ [älter: birschen, mhd. birsen < afrz. berser = (mit dem Pfeil) jagen]: **a)** (Jägerspr.) *einen Pirschgang machen:* auf

Rehwild p.; **b)** *irgendwohin schleichen:* die Gangster pirschten über die Dächer; ⟨auch p. + sich:⟩ ich pirschte mich in die Nähe des Hauses.

Pirsch|jagd, die: *Jagd, bei der sich der Jäger an das Wild heranpirscht.*

Pi|sa: Stadt in Italien.

PISA, Pi|sa [Abk. für engl. Programme for International Student Assessment = Programm für eine internationale Schülerbeurteilung]: Kurzf. von ↑ PISA-Studie.

Pi|sa|ner, der; -s, -: Ew.

Pi|sa|ne|rin, die; -, -nen: w. Form zu ↑ Pisaner.

PISA-Schock, Pi|sa-Schock, der: *allgemeine Bestürzung nach dem schlechten Abschneiden deutscher Schülerinnen u. Schüler bei der PISA-Studie.*

PISA-Stu|die, Pi|sa-Stu|die: *internationale Studie, in der Schülerleistungen verglichen werden.*

pis|pern ⟨sw. V.; hat⟩ [lautm.] (landsch.): *wispern.*

Piss|bu|de, die (derb): *Toilettenhäuschen.*

Pis|se, die; - [zu ↑ pissen] (derb): *Urin:* Die Hunde schleppen ihre Bäuche durchs Gras und träufeln körperwarme P. in die Wege (Herta Müller, Niederungen 23).

pis|sen ⟨sw. V.; hat⟩ [aus dem Niederd. < mniederd. pissen < frz. pisser, urspr. lautm.]: **1.** (derb) *urinieren:* p. müssen, gehen. **2.** ⟨unpers.⟩ (salopp) *[stark] regnen:* es pisst schon wieder.

Pis|ser, der; -s, - (derb): *verachtenswerte männliche Person: der kleine P. hat mich reingelegt;* (auch als Schimpfwort:) hau ab, du P.!

Piss|nel|ke, die (derb abwertend): *Mädchen [das bei Männern bestimmte Erwartungen enttäuscht u. als prüde gilt].*

Pis|soir [pɪˈsŏaːɐ̯], das; -s, -e u. -s [frz. pissoir]: *öffentliche Toilette für Männer.*

Piss|pott, der (landsch. derb): *Nachttopf:* einen P. benutzen.

Pis|ta|zie, die; -, -n [spätlat. pistacia < griech. pistákē < pers. pistaʰ]: **1.** *Strauch od. Baum mit gefiederten Blättern u. ölreichen, essbaren Samenkernen.* **2.** *Samenkern der Pistazie* (1).

pis|ta|zi|en|grün ⟨Adj.⟩: *von der hellgrünen Farbe der Pistazie* (2).

Pis|te, die; -, -n [frz. piste < ital. pista, Nebenf. von: pesta = gestampfter Weg, zu: pestare < spätlat. pistare = stampfen, zu lat. pinsere (2. Part.: pistum) = zerstoßen, zerstampfen]: **1.** (Skisport) *Strecke für Abfahrten: eine harte, vereiste P.* **2.** (Sport) *Rennstrecke bes. für Rad- u. Autorennen.* **3.** (Flugw.) *Rollbahn: auf der P. aufsetzen.* **4.** *unbefestigter Verkehrsweg.* **5.** *Umrandung der Manege im Zirkus.* **6.** (Fechten) *Fechtbahn.* **7.** *in der Wendung* **auf die P. gehen** (ugs.; *ausgehen; von Lokal zu Lokal ziehen*).

Pis|ten|rau|pe, die: *Planierraupe, mit der Skipisten präpariert werden.*

Pis|till, das; -s, -e [lat. pistillum, zu: pinsere, ↑ Piste]: **1.** (Pharm.) *Stößel* (1). **2.** (Bot.) *Stempel* (5).

Pis|tol, das; -s, -en (veraltet): ↑ ¹Pistole: ◆ Hierauf stiegen wir, jeder ein P. in der Hand, auf die Kammer des Böhmen (C. F. Meyer, Amulett 12).

¹Pis|to|le, die; -, -n [spätmhd. (ostmd.) pitschal, pischulle < tschech. píšťʼala, eigtl. = Rohr, Pfeife, zu: piskat = pfeifen, ursprünglich lautm.]: *kleinere Feuerwaffe mit kurzem Lauf:* jmdn. mit der P. bedrohen; * **jmdm. die P. auf die Brust setzen** (ugs.; *jmdm. ultimativ zu einer Entscheidung zwingen*); **wie aus der P. geschossen** (ugs.; *ohne langes Überlegen, ohne Zögern:* die Antwort kam wie aus der P. geschossen).

²Pis|to|le, die; -, -n [vgl. frz., engl. pistole, H.u.]: *frühere, urspr. spanische Goldmünze:* ◆ Ihr sucht für den Rittmeister in Unna eins (= ein

Pferd) zu dreißig -n (Immermann, Münchhausen 164).

Pis|to|len|ku|gel, die: vgl. Kugel (2).

Pis|to|len|lauf, der: ¹*Lauf* (8) *einer* ¹*Pistole.*

Pis|to|len|schie|ßen, das; -s (Sport): *Wettbewerb im Schießen mit* ¹*Pistolen u. Revolvern.*

Pis|to|len|schuss, der: vgl. Gewehrschuss.

Pis|to|len|schüt|ze, der: **a)** (Sport) *jmd., der Pistolenschießen als sportliche Disziplin betreibt;* **b)** *jmd., der mit einer Pistole schießt od. geschossen hat.*

Pis|to|len|schüt|zin, die: w. Form zu ↑ Pistolenschütze.

Pis|to|len|ta|sche, die: *[am Gürtel zu tragende] Tasche für eine* ¹*Pistole.*

Pis|to|le|ro, der; -s, -s [span. pistolero, zu: pistola = Pistole]: *Revolverheld.*

Pis|ton [pɪsˈtõː], das; -s, -s [frz. piston < ital. pistone, pestone = Kolben, Stampfer, zu: pestare, ↑ Piste]: **1.** frz. Bez. für: ²Kornett. **2.** (Musik) *Ventil eines Blechblasinstruments.*

Pit, das; -s, -s [engl. pit = Vertiefung, Grube, verw. mit ↑ Pfütze] (Technik): *Vertiefung in der Spiralspur einer CD od. DVD, die der digitalen Verschlüsselung dient.*

Pi|ta, Pitta, das; -s, -s od. die; -, -s [ngriech. pítta, viell. aus dem Roman. (vgl. ital. pizza, ↑ Pizza) od. Wort des östl. Mittelmeerraums (vgl. türk. pide = Fladenbrot, griech. pēktʼē = Quark)]: *flaches, rundes Fladenbrot aus Hefeteig, das mit Fleisch, Salat o. Ä. gefüllt werden kann.*

Pi|ta|brot, Pittabrot, das: *ungefülltes Fladenbrot aus Hefeteig.*

Pi|ta|ha|ya, Pitaya, die; -, -s [span. pitahaya; aus dem Taino (südamerik. Indianerspr.)]: **1.** *aus Südamerika stammendes Kaktusgewächs.* **2.** *gelbe oder rote Frucht der Pitahaya* (1), *deren Fruchtfleisch mit vielen kleinen schwarzen Samen durchsetzt ist.*

Pi|ta|val, der; -[s], -s [nach dem frz. Juristen F. G. de Pitaval (1673–1743)]: *Sammlung berühmter Rechtsfälle u. Kriminalgeschichten.*

Pi|ta|ya: ↑ Pitahaya.

Pit|bull, der; -s, -s [zu engl. pit = Kampfplatz (für Hahnenkämpfe), engl. bull = Stier, u. ↑ Bullterrier]: **1.** = Grube u. ↑ Bullterrier: *mit Bulldogge u. Terrier verwandter, als Kampfhund gezüchteter Hund.*

Pitch [pɪtʃ], das od. der; -s, -s [engl. pitch, 1: zu: to pitch = werfen, schleudern, stoßen; 2: zu: to pitch in der übertr. Bed. »jmdm. etw. schmackhaft machen; (Waren) anbieten«]: **1. a)** *Wurf des Pitchers zum Schlagmann* (beim Baseball); **b)** (Golf) *Annäherungsschlag; Pitchshot.* **2.** (Wirtsch.) **a)** *Verkaufsgespräch;* **b)** *Wettbewerb vor Werbeagenturen um den Werbeetat eines Unternehmens.*

pit|chen ⟨sw. V.; hat⟩ [engl. to pitch = werfen, schleudern] (Golf): *den Ball mit einem kurzen Schlag zur Fahne spielen.*

Pit|cher, der; -s, - [engl. pitcher]: (Baseball) *Werfer.*

Pit|che|rin, die; -, -nen: w. Form zu ↑ Pitcher.

Pitch|pine [ˈpɪtʃpaɪn], die; -, -s [engl. pitchpine, aus: pitch = Harz u. pine = Kiefer]: **a)** *(in Nordamerika wachsende) Kiefer mit schwarzbrauner Rinde;* **b)** *Pitchpineholz.*

Pi|the|k|an|th|ro|pus, der; -, ...pi u. ...pen [zu griech. píthēkos = Affe u. ánthrōpos = Mensch] (Anthropol.): *javanischer u. chinesischer Frühmensch des Pleistozäns.*

pit|sche|nass, pit|sche|pat|sche|nass, pitsch|nass ⟨Adj.⟩ (ugs. emotional): *durch u. durch, bis auf die Haut nass:* meine Schuhe sind p.

pitsch, patsch ⟨Interj.⟩ (Kinderspr.): lautm. für *klatschende Geräusche [die durch Wasser entstehen].*

Pit|ta usw.: ↑ Pita usw.

pit|to|resk ⟨Adj.⟩ [frz. pittoresque < ital. pittoresco, zu: pittore < lat. pictor = Maler, zu: pingere, ↑ Pigment] (bildungsspr.): *malerisch: eine -e Stadt; Pittoreske Gestalten der Verwandtschaft. Juristen, Professoren und Generäle, kuriose Urgroßmütter ... (Meckel, Suchbild 21).*

più [pju:] ⟨Adv.⟩ [ital. più < lat. plus] (Musik): *mehr* (in vielen Verbindungen vorkommende Vortragsanweisung, z. B. più forte = noch mehr forte, d. h. lauter, stärker).

Pi|va, die; -, Piven [ital. piva]: *schneller italienischer Tanz.*

Pi|vot [pi'vo:], der od. das; -s, -s [frz. pivot, H. u.]: *auf der Lafette angebrachte Schwenkachse des Geschützrohrs.*

Pi|xel, das; -s, - [engl. pixel, geb. aus: **pic**ture **el**ement = Bildelement] (EDV): *kleinstes Element bei der gerasterten, digitalisierten (1) Darstellung eines Bildes auf einem Bildschirm od. mithilfe eines Druckers (2); Bildpunkt:* ein Farbmonitor mit 100 000 -n.

Piz, der; -es, -e [ladin. piz, H. u.]: *Bergspitze* (meist als Teil von Bergnamen, z. B. Piz Palü).

Piz|za, die; -, -s u. Pizzen [ital. pizza, H. u.]: *(meist heiß servierte) aus dünn ausgerolltem u. mit Tomatenscheiben, Käse u. a. belegtem Hefeteig gebackene pikante italienische Spezialität (meist in runder Form).*

Piz|za|bä|cker, der: *jmd., der berufsmäßig Pizzas herstellt.*

Piz|za|bä|cke|rei, die: *Pizzeria.*

Piz|za|bä|cke|rin, die: w. Form zu ↑ Pizzabäcker.

Piz|za|ser|vice [...sə:vɪs], der, österr. auch: das: *Lieferdienst, der auf Bestellung Pizza u. a. italienische Speisen verzehrfertig ins Haus bringt.*

Piz|ze|ria, die; -, ...rjen, auch -s [ital. pizzeria]: *Restaurant, in dem es hauptsächlich Pizzas gibt.*

piz|zi|ca|to ⟨Adv.⟩ [ital. pizzicato, 2. Part. von: pizzicare = zupfen] (Musik): *(von Streichinstrumenten) mit den Fingern zu zupfen* (Abk.: pizz.).

PJ = Petajoule.

Pjöng|jang: Hauptstadt von Nordkorea.

Pkt. = Punkt.

Pkw, PKW ['pe:ka:ve:, auch: ...'ve:], der; -[s], -s [Pkw, PKW]: *Personenkraftwagen.*

Pkw-Fah|rer, PKW-Fah|rer, der: *Fahrer eines Pkws.*

Pkw-Fah|re|rin, PKW-Fah|re|rin, die: w. Form zu ↑ Pkw-Fahrer.

Pkw-Maut, PKW-Maut, die: *für Pkws erhobene Gebühr für die Benutzung von Autobahnen, Fernstraßen u. a.*

pl. = pluralisch.

Pl. = Plural.

Pla|ce|bo, das; -s, -s [lat. placebo = ich werde gefallen] (Med.): *Medikament, das einem echten Arzneimittel in Aussehen u. Geschmack gleicht, ohne dessen Wirkstoffe zu enthalten.*

Pla|ce|bo|ef|fekt, der (Med.): *durch ein Placebo hervorgerufene physiologische Wirkung.*

Pla|ce|ment [plasə'mã:], das; -s, -s [frz. placement, zu: placer, ↑ platzieren] (Wirtsch.): a) *Anlage von Kapitalien;* b) *Absatz von Waren.*

pla|cet [...tset; lat., zu: placere, ↑ plädieren] (bildungsspr. veraltet): *es gefällt, wird gebilligt.*

Pla|cet: ↑ Plazet.

Pla|che, die; -, -n (österr.): *Blahe:* ♦ Zigeuner ... Sie waren fortgezogen in ihren mit zerfetzten -n überdeckten ... Leiterwagen (Ebner-Eschenbach, Spitzin 16).

pla|ci|do ['pla:tʃido] ⟨Adv.⟩ [ital. placido < lat. placidus, zu: placere, ↑ placet] (Musik): *ruhig, still, gemessen.*

pla|cie|ren [pla'si:rən]: ↑ platzieren.

pla|cken ⟨sw. V.; hat⟩ [Intensivbildung von ↑ plagen]: 1. ⟨p. + sich⟩ (ugs.) *sich sehr abmühen.*
♦ **2.** *plagen* (1a), *quälen:* ... wenn ihr niemanden schindet und plackt (Schiller, Wallensteins Lager 8).

Pla|cke|rei, die; -, -en (ugs.): *[dauerndes] Sichplacken:* ich hab genug von der P.

plad|dern ⟨sw. V.; hat⟩ [lautm.] (nordd.): **1.** ⟨unpers.⟩ *in großen Tropfen heftig u. mit klatschendem Geräusch regnen:* es pladdert schon wieder. **2.** *mit klatschendem Geräusch an, auf, gegen etw. schlagen:* etw. auf den Boden p. lassen; der Regen pladderte an die Scheiben.

plä|die|ren ⟨sw. V.; hat⟩ [frz. plaider, zu: plaid = Rechtsversammlung; Prozess < afrz. plait < lat. placitum = geäußerte Meinung, zu: placere = gefallen; Beifall finden; (unpers.:) es ist jmds. Meinung]: **1.** (Rechtsspr.) *ein Plädoyer* (1) *halten, in einem Plädoyer* (1) *beantragen:* auf/für »schuldig« p. **2.** (bildungsspr.) *sich für etw. aussprechen:* für jmds. Beförderung p.

Plä|do|yer [plɛdoa'je:], das; -s, -s [frz. plaidoyer]: **1.** (Rechtsspr.) *zusammenfassende Rede eines Rechtsanwalts od. Staatsanwalts vor Gericht:* ein glänzendes P. halten. **2.** (bildungsspr.) *Äußerung, Rede o. Ä., mit der jmd. entschieden für od. gegen etw. eintritt; engagierte Befürwortung:* ein leidenschaftliches P. für soziale Gerechtigkeit.

Pla|fond [pla'fõ:], der; -s, -s [frz. plafond, aus: plat fond = platter Boden]: **1.** (österr., sonst landsch.) *[flache] Decke eines Raumes:* den P. streichen. **2.** (Wirtsch.) *oberer Grenzbetrag, z. B. bei der Gewährung von Krediten.*

pla|fo|nie|ren ⟨sw. V.; hat⟩ [frz. plafonner] (bes. schweiz.): *nach oben hin begrenzen, beschränken.*

Pla|ge, die; -, -n [mhd. pläge, spätahd. pläga = Strafe des Himmels; Missgeschick; Qual, Not < lat. plaga < griech. plagá (plēgḗ) = Schlag]: *etw., was jmdm. anhaltend zusetzt, was jmd. als äußerst unangenehm, quälend empfindet:* eine schreckliche, unerträgliche P.; sie hat ihre P. mit den Kindern.

Pla|ge|geist, der (fam.): *Quälgeist.*

pla|gen ⟨sw. V.; hat⟩ [mhd. plāgen, eigtl. = strafen, züchtigen < spätlat. plagare = schlagen, verwunden]: **1. a)** *jmdm. lästig werden: von Mücken geplagt werden;* **b)** *bei jmdm. quälende* (3 a), *unangenehme Empfindungen hervorrufen:* mich plagt die Hitze, der Durst, der Hunger; Ich werde zum ersten Mal geplagt von der Angst zu versagen (Strauß, Niemand 63); **c)** *jmdn. innerlich anhaltend beunruhigen:* ihn plagte die Neugier; sie war von Ehrgeiz geplagt (sehr ehrgeizig). **2.** ⟨p. + sich⟩ **a)** *sich abmühen:* Ü sie hat sich lange mit dem Abfassen dieses Briefes geplagt; **b)** (ugs.) *an etw. laborieren* (2): sie plagt sich mit Rückenschmerzen.

Pla|ge|rei, die; -, -en: *das [ständige] Sichplagen* (2).

Pla|gi|at, das; -[e]s, -e [frz. plagiat, zu: plagiaire < lat. plagiarius = Menschendieb, zu: plagium = Menschendiebstahl] (bildungsspr.): **a)** *unrechtmäßige Aneignung von Gedanken, Ideen o. Ä. eines anderen auf künstlerischem od. wissenschaftlichem Gebiet u. ihre Veröffentlichung; Diebstahl geistigen Eigentums:* ein P. begehen; jmdn. des -s bezichtigen; **b)** *durch Plagiat* (a) *entstandenes Werk o. Ä.:* das Buch ist ein P.

Pla|gi|a|tor, der; -s, ...oren [lat. plagiator] (bildungsspr.): *jmd., der ein Plagiat begeht.*

Pla|gi|a|to|rin, die; -, -nen: w. Form zu ↑ Plagiator.

pla|gi|a|to|risch ⟨Adj.⟩ (bildungsspr.): *wie ein Plagiator handelnd.*

pla|gi|ie|ren ⟨sw. V.; hat⟩ [spätlat. plagiare = Menschenraub begehen, zu lat. plagium, ↑ Plagiat] (bildungsspr.): *ein Plagiat begehen:* ein Werk p.

Pla|gi|o|klas, der; -es, -e [zu griech. klásis = Bruch, nach der schrägen Spaltungsebene der einzelnen Kristalle] (Mineral.): *zu den Feldspaten gehörendes Mineral.*

Plaid [ple:t, engl.: pleɪd], das od. der; -s, -s [engl. plaid, aus dem Gäl.]: **1.** *[Reise]decke im Schottenmuster.* **2.** *großes Umhangtuch aus Wolle.*

Pla|kat, das; -[e]s, -e [niederl. plakkaat < mniederl. plakkaert < frz. placard, zu: plaquer = verkleiden, überziehen, aus dem Germ., verw. mit ↑ Placken]: **a)** *großformatiges Stück festes Papier mit einem Text [u. Bildern], das zum Zwecke der Information, Werbung, politischen Propaganda o. Ä. öffentlich u. an gut sichtbaren Stellen befestigt wird:* grelle, bunte, riesige -e; -e an den Litfaßsäulen anbringen; ein P. für eine Kundgebung entwerfen, drucken; -e [an]kleben, beschlagnahmen; ♦ **b)** *öffentlicher Anschlag* (1): Ihr habt mir in Eurem P. gesagt, dass meine Obrigkeit von meiner Sache nichts weiß (Kleist, Kohlhaas 47).

Pla|kat|ak|ti|on, die: *Einsatz von Plakaten, der einem bestimmten Ziel dienen soll.*

Pla|kat|far|be, die: *bes. intensive Farbe für die Plakatmalerei.*

pla|ka|tie|ren ⟨sw. V.; hat⟩: **1. a)** *Plakate an etw. anbringen;* **b)** *durch Plakate öffentlich bekannt machen.* **2.** (bildungsspr.) *demonstrativ herausstellen* (2): jmds. schlechte Eigenschaften p.

Pla|ka|tie|rung, die; -, -en: *das Plakatieren.*

pla|ka|tiv ⟨Adj.⟩ (bildungsspr.): **1.** *wie ein Plakat wirkend:* eine -e Darstellung; p. wirken. **2.** *betont auffällig; einprägsam:* -e Farben.

Pla|kat|kunst, die ⟨o. Pl.⟩: *das Gestalten von Plakaten als Teil der darstellenden Kunst.*

Pla|kat|ma|le|rei, die: *das Malen von Plakaten.*

Pla|kat|schrift, die (Druckw.): *große Schrift für den Druck von Plakaten.*

Pla|kat|wand, die: *für das Anbringen von Plakaten bestimmte [Bretter]wand.*

Pla|kat|wer|bung, die: *Werbung über Plakate.*

Pla|ket|te, die; -, -n [frz. plaquette, Vkl. von: plaque = Platte, zu: plaquer, ↑ Plakat]: **1.** *kleines, flaches, meist rundes od. eckiges Schildchen zum Anstecken od. Aufkleben, das mit einer Inschrift od. figürlichen Darstellung versehen ist:* eine P. anstecken, tragen; die P. an der Windschutzscheibe anbringen; eine P. aus Papier. **2.** (Kunst) *(dem Gedenken an jmdn., etw. gewidmete) kleine Tafel aus Metall mit einer reliefartigen Darstellung.*

plan ⟨Adj.⟩ [lat. planus, verw. mit ↑ Feld] (bes. Fachspr.): *flach, eben, nicht gewölbt:* eine -e Fläche.

¹Plan, der [mhd. plän(e) = ebener (Kampf)platz < mlat. planum, zu lat. planus, ↑ plan]: **a)** (geh. veraltet) *ebene, weiträumige Fläche* in den Wendungen *jmdn., etw. auf den P. rufen (jmdn., etw. zum Handeln, Eingreifen, Einschreiten herausfordern;* urspr. = jmdn. auf den Kampfplatz rufen); **auf den P. treten/auf dem P. erscheinen** *(in Aktion treten, eingreifen, einschreiten);* ♦ **b)** *gedielter Tanzplatz im Freien:* ... er wird an deiner Seite denn, mit dir nur tanzt er auf dem P. (Goethe, Faust I, 823 f.).

²Plan, der; -[e]s, Pläne [frz. plan, älter: plant, wohl < lat. planta, ↑ Pflanze]: **1. a)** *Vorstellung von der Art u. Weise, in der ein bestimmtes Ziel verfolgt, ein bestimmtes Vorhaben verwirklicht werden soll:* ein durchdachter, raffinierter, ausgefeilter, kühner, verwegener, teuflischer, genialer, hinterhältiger, umfassender P.; der P. [zur Lösung des Konflikts] sieht als ersten Schritt einen sofortigen Waffenstillstand vor; der P. taugt nichts, muss geheim gehalten werden, nimmt feste Formen an; ihr P. zeugt von Umsicht; was sind deine Pläne für die Zukunft?; ohne seine Mithilfe lässt sich der P. nicht durchführen, ausführen, befolgen, in die Tat umsetzen; einen P. entwickeln, erarbeiten, ersinnen; sich einen P.

Planabfahrt – Planung

zurechtlegen; Pläne wälzen; wir müssen einen genauen P. machen, unseren P. ändern; ich habe schon einen P.; sie steckt voller Pläne *(ist sehr unternehmungslustig)*; es läuft alles genau nach P.; * **P. B** (ugs.; *Alternative, wenn ein Vorhaben sich nicht in der geplanten Weise durchführen lässt;* LÜ von engl. plan B); **b)** *Absicht, Vorhaben:* der P. hat sich leider zerschlagen; was sind deine weiteren Pläne?; ich fasste den P. auszuwandern; ich ließ meinen P., ein Buch zu schreiben, bald wieder fallen; er hat immer solche hochfliegenden Pläne; was hast du [für den Sommer] für Pläne?; einen P. verfolgen, verwirklichen, aufrechterhalten, aufgeben; jmds. Pläne durchkreuzen; an seinen Plänen festhalten; jmdn. in seine Pläne einbeziehen, einweihen; von einem P. absehen; ◆ *(Pl. -e:) ... gewisse geheime Verbindungen und Plane* (Goethe, Lehrjahre VIII, 4); ◆ *Ein solches Gesindel sollte meine Plane zerschlagen* (Schiller, Kabale II, 6); * **Pläne schmieden** *(sich bestimmte Dinge, die man zu einem späteren Zeitpunkt tun will, vornehmen:* sie schmiedeten Pläne für die Sommerferien); **c)** [beeinflusst von russ. plan] (DDR) *verbindliche Richtlinie für die Entwicklung der Volkswirtschaft od. eines bestimmten Bereichs der Volkswirtschaft im Rahmen eines bestimmten Zeitraums; Volkswirtschaftsplan:* den P. kontrollieren; den P. erfüllen, übererfüllen. **2.** *Entwurf in Form einer Zeichnung od. grafischen Darstellung, in dem festgelegt ist, wie etw., was geschaffen od. getan werden soll, aussehen, durchgeführt werden soll:* die Pläne der jungen Architektin wurden preisgekrönt; einen P. für ein Theater, den Bau einer Brücke entwerfen, zeichnen, genau ausarbeiten; * **auf dem P. stehen** *(geplant sein:* als Nächstes steht eine Reise durch Europa auf dem P.). **3.** *Übersichtskarte:* haben Sie einen P. von diesem Gebiet?; die Straße war nicht in dem P. eingezeichnet.

Plan|ab|fahrt, die (österr.): *fahrplanmäßige Abfahrt.*

Plan|an|kunft, die (österr.): *fahrplanmäßige Ankunft.*

Pla|na|rie, die; -, -n [zu spätlat. planarius = flach, zu lat. planus, ↑ plan]: *stark abgeplatteter Strudelwurm mit einer halsartigen Einschnürung u. einem deutlich sichtbaren Kopf.*

plan|bar ⟨Adj.⟩: *sich planen lassend.*

Planche [plã:ʃ], die; -, -n [...ʃn] [frz. planche, eigtl. = Planke, Brett < spätlat. planca, ↑ Planke] (Fechten): *Fechtbahn.*

Pla|ne, die; -, -n [ostmd. Nebenf. von ↑ Blahe]: *[große] Decke aus festem, Wasser abweisendem Material, die zum Schutz [von offenen Booten, Lastkraftwagen o. Ä.] gegen Witterungseinflüsse verwendet wird:* etw. mit einer P. abdecken.

pla|nen ⟨sw. V.; hat⟩: **a)** *einen* ²*Plan (1, 2),* ²*Pläne (1, 2) für etw. ausarbeiten, aufstellen:* ein Projekt p.; etw. lange im Voraus, auf lange Sicht p.; einen Anschlag auf jmdn. p.; jeder ihrer Schritte war sorgfältig geplant; **b)** *beabsichtigen, vorhaben, sich vornehmen:* hast du schon etwas für das Wochenende geplant?; die geplante Reise fiel ins Wasser.

Pla|ner, der; -s, -: *jmd., der etw. plant (a).*

Plä|ner, der; -s [entstellt aus: Plauener, zu: Plauen, Stadt bei Dresden] (Geol.): *(vielfach als Rohstoff abgebauter) kalkhaltiger, heller Mergel.*

Plan|er|fül|lung, die [LÜ von russ. vypolnenie plana] (bes. DDR): *Erfüllung eines* ²*Plans (1 c).*

Pla|ne|rin, die; -, -nen: w. Form zu ↑ Planer.

pla|ne|risch ⟨Adj.⟩: *hinsichtlich der Planung, die Planung betreffend:* -e Maßnahmen.

Plä|ne|schmie|den, das; -s: *das Planen (b) von bestimmten Projekten o. Ä.*

Pla|net, der; -en, -en [mhd. plānēte < spätlat. planetes (Pl.) < griech. plánētes, Pl. von: plánēs = der Umherschweifende]: **1.** (Astron.) *nicht selbst leuchtender, großer Himmelskörper, der sich um eine Sonne dreht; Wandelstern:* die -en unseres Sonnensystems; der Blaue P. *(die Erde; vom Weltraum aus gesehen schimmert die Erde bläulich);* auf unserem -en *(auf der Erde).* **2.** der P. sticht heute wieder ganz schön.

pla|ne|ta|risch ⟨Adj.⟩: **a)** *die Planeten betreffend, auf sie bezüglich:* -e Nebel; **b)** *(bildungsspr.) den Planeten Erde betreffend, global* (1): *... dass es sich um ein durchrationalisiertes Klassensystem -en Maßstabs, um lückenlos geplanten Staatskapitalismus handelt* (Adorno, Prismen 95).

Pla|ne|ta|ri|um, das; -s, ...ien: **1.** *Gerät, mit dem man Bewegung, Lage u. Größe der Gestirne, bes. der Planeten, darstellen kann.* **2.** *Gebäude mit einer Kuppel, in dem ein Planetarium (1) steht.*

Pla|ne|ten|bahn, die: vgl. Bahn (2).

Pla|ne|ten|ge|trie|be, das (Technik): *Getriebe, bei dem die [Zahn]räder auf einem umlaufenden Steg gelagert sind.*

Pla|ne|ten|kon|s|tel|la|ti|on, die (Astron., Astrol.): vgl. Konstellation (2).

Pla|ne|ten|sys|tem, das (Astron.): *Gesamtheit aller ein Zentralgestirn (wie z. B. die Sonne) umkreisenden Planeten.*

Pla|ne|to|id, der; -en, -en [zu ↑ Planet u. griech. -oeidēs = ähnlich] (Astron.): *kleiner Planet.*

Plan|fest|stel|lung, die (Amtsspr.): *rechtswirksame Feststellung der Zulässigkeit eines öffentlichen Bauvorhabens durch eine dafür zuständige Behörde.*

Plan|fest|stel|lungs|be|schluss, der (Amtsspr.): *ein Planfeststellungsverfahren abschließender amtlicher Beschluss.*

Plan|fest|stel|lungs|ver|fah|ren, das (Amtsspr.): *Verfahren der Planfeststellung.*

plan|ge|mäß ⟨Adj.⟩: *planmäßig.*

pla|nie|ren ⟨sw. V.; hat⟩ [(niederl. planeren <) frz. planer < spätlat. planare, zu lat. planus, ↑ plan]: *[ein]ebnen:* die Straße, einen Parkplatz p.

Pla|nier|rau|pe, die: *Raupenfahrzeug mit Planierschild zum Planieren von [Boden]flächen.*

Pla|nier|schild, der (Technik): *aus einer gewölbten Stahlplatte bestehendes Teil einer Planierraupe o. Ä., mit dem das Erdreich bewegt wird.*

Pla|nie|rung, die; -, -en (Pl. selten): *das Planieren.*

Pla|ni|me|ter, das; -s, - [zu lat. planus (↑ plan) u. ↑ -meter (1)] (Geom.): *Instrument zum mechanischen Ausmessen krummlinig begrenzter ebener Flächen.*

Pla|ni|me|t|rie, die; - [↑-metrie] (Geom.): **1.** *Messung u. Berechnung von Flächeninhalten.* **2.** *Lehre von den geometrischen Gebilden in einer Ebene.*

Plan|jahr, das (DDR): *Zeitraum von einem Jahr, für das ein* ²*Plan (1 c) vorliegt.*

Plan|ke, die; -, -n [mhd. planke < spätlat. planca < lat. p(h)alanga < griech. phálagx, ↑ Phalanx]: **1.** *langes, dickes Brett, das bes. für den Schiffsbau, für Bretterzäune u. Verschalungen verwendet wird:* eine lose P. **2.** *[hoher] Bretterzaun, Umzäunung:* über die P. klettern.

Plän|ke|lei, die; -, -en: *Geplänkel* (1, 2).

plän|keln ⟨sw. V.; hat⟩ [mhd. blenkeln, eigtl. = blinkend, blank machen, zu ↑ blank]: **1.** *(Militär veraltend) ein kurzes, verhältnismäßig unbedeutendes Gefecht austragen.* **2.** *sich harmlos, oft scherzhaft streiten.*

plan|kon|kav ⟨Adj.⟩ [aus ↑plan u. ↑konkav] (Optik): *(von Linsen) auf einer Seite eben u. auf der anderen Seite nach innen gekrümmt.*

plan|kon|vex ⟨Adj.⟩ [↑konvex] (Optik): *(von Linsen) auf einer Seite eben u. auf der anderen Seite nach außen gekrümmt.*

Plan|kos|ten ⟨Pl.⟩ (Wirtsch.): *in eine Plankostenrechnung einbezogene Kosten.*

Plan|kos|ten|rech|nung, die (Wirtsch.): *Planung der Produktionskosten als Teil des betrieblichen Rechnungswesens.*

Plank|ton, das; -s [griech. plagktón = Umhertreibendes, zu: plázesthai = hin u. her getrieben werden] (Biol.): *Gesamtheit der im Wasser lebenden tierischen u. pflanzlichen Lebewesen, die sich nicht selbst fortbewegen, sondern durch das Wasser bewegt werden:* pflanzliches, tierisches P.

plank|to|nisch ⟨Adj.⟩ (Biol.): *das Plankton, die Planktonten betreffend; (als Plankton, Planktont) im Wasser lebend.*

Plank|tont, der; -en, -en [aus ↑ Plankton u. griech. ṓn (Gen.: óntos) = Seiendes, Lebewesen] (Biol.): *zum Plankton zählendes Lebewesen.*

plan|los ⟨Adj.⟩: *keinen* ²*Plan habend, ohne* ²*Plan; unüberlegt:* ein -es Vorgehen; p. herumziehen; Für kurze Zeit rennen die Leute p., mit heftigen, komischen Bewegungen, als wären sie alle Pat und Patachon, durcheinander, bis sie sich zu einer Reihe ordnen (Härtling, Hubert 167). Dazu: **Plan|lo|sig|keit,** die; -.

plan|mä|ßig ⟨Adj.⟩: **a)** *einem [Fahr]plan entsprechend:* die -e Abfahrt; die Maschine fliegt p., kam p. an; **b)** *nach einem* ²*Plan, systematisch:* die Arbeit ging p. voran.

Plan|mä|ßig|keit, die: *das Planmäßigsein; planmäßiges Vorgehen.*

pla|no ⟨Adv.⟩ [lat. plano, Adv. von: planus, ↑ plan] (Fachspr.): *(von Druckbogen o. Ä.) ohne Falz* (1 a).

Plan|pos|ten, der, (österr.): *Planstelle.*

Plan|qua|d|rat, das: *von vier Geraden eines Gitternetzes begrenztes quadratisches Feld.*

Plansch|be|cken, Plantschbecken, das: *Bassin, in dem das Wasser so flach ist, dass Kleinkinder gefahrlos darin spielen können.*

plan|schen, plantschen ⟨sw. V.; hat⟩ [lautm., nasalierte Nebenf. von ↑ platschen]: *Wasser mit Armen u. Beinen in Bewegung bringen, umherspritzen.*

Plan|soll, das (DDR): *laut* ²*Plan (1 c) zu erfüllendes* ²*Soll* (3 b).

Plan|spiel, das [zu ↑²Plan]: *planmäßiges Durchspielen einer bestimmten Situation, eines Vorhabens als Modellfall (bes. im militärischen Bereich).*

Plan|spra|che, die: *Kunstsprache.*

Plan|stel|le, die: *im Haushaltsplan fest ausgewiesene Stelle im öffentlichen Dienst.*

Plan|ta|ge [...'ta:ʒə, österr. meist: ...ʃ], die; -, -n [frz. plantage = das (An)pflanzen, zu: planter < lat. plantare = pflanzen]: *landwirtschaftlicher Großbetrieb in tropischen Ländern.*

Plan|ta|gen|ar|bei|ter, der: *Arbeiter auf einer Plantage.*

Plan|ta|gen|ar|bei|te|rin, die: w. Form zu ↑ Plantagenarbeiter.

Plan|ta|gen|wirt|schaft, die: *Landwirtschaft, deren Grundlage Plantagen sind.*

plan|tar ⟨Adj.⟩ [spätlat. plantaris, zu lat. planta = Fußsohle] (Med.): *zur Fußsohle gehörend, die Fußsohle betreffend.*

Plantsch|be|cken, das: ↑ Planschbecken.

plant|schen: ↑ planschen.

Pla|num, das; -s [lat. planum = Fläche] (Bauw.): *eingeebnete Fläche für den Unter- od. Oberbau einer Straße o. Ä., eines Neubaus.*

Pla|nung, die; -, -en: **1.** *das Planen* (a, b); *Ausarbeitung eines* ²*Plans (2), von* ²*Plänen (1, 2):* eine mittelfristige P.; die P. eines Verbrechens; dieses Ereignis macht alle bisherigen -en hinfällig. **2.** *Resultat der Planung (1); das Geplante:* sich an die P. halten.

Planungsabteilung – Platinschmuck

Pla|nungs|ab|tei|lung, die: *Abteilung (eines Betriebs o. Ä.), die für die Planung zuständig ist.*

Pla|nungs|aus|schuss, der: *Ausschuss, der sich mit der Planung in einem bestimmten Bereich (z. B. mit der Stadtplanung) befasst.*

Pla|nungs|bü|ro, das: vgl. Planungsabteilung.

Pla|nungs|kom|mis|si|on, die: vgl. Planungsabteilung.

Pla|nungs|pha|se, die: *Phase der Planung (z. B. eines Projekts).*

Pla|nungs|re|fe|rat, das: *für Planungen zuständige Abteilung einer Behörde.*

Pla|nungs|si|cher|heit, die: *Sicherheit in bestimmten für eine Planung bedeutsamen Fragen.*

Pla|nungs|sta|di|um, das: *Stadium der Planung: etw. ist noch im P.*

plan|voll ⟨Adj.⟩: *einen ²Plan habend, auf einem ²Plan beruhend:* p. vorgehen.

Plan|vor|ga|be, die (DDR): *im ²Plan (1 c) festgelegte Vorgabe* (3).

Plan|wa|gen, der: *Wagen, dessen Laderaum mit einer Plane bedeckt ist.*

Plan|wirt|schaft, die: *von einer staatlichen Stelle zentral geplante Volkswirtschaft.*

plan|wirt|schaft|lich ⟨Adj.⟩: *die Planwirtschaft betreffend, ihr entsprechend, zu ihr gehörend.*

Plan|zahl, die (Wirtsch.): *laut ²Plan (1 c) zu erreichende, in Zahlen ausgedrückte Zielvorgabe:* die -en erreichen, verfehlen, übertreffen.

Plan|ziel, das (DDR): vgl. Plansoll.

Plap|pe|rei, die; -, -en (ugs. abwertend): *Geplapper.*

Plap|pe|rer, Plapprer, der; -s, - (ugs. abwertend): *jmd., der viel plappert.*

plap|per|haft ⟨Adj.⟩ (ugs. abwertend): *gern plappernd.*

Plap|pe|rin, die; -, -nen: w. Form zu ↑ Plapperer.

Plap|per|maul, das (ugs. abwertend): *Plapperer, Plapperin.*

Plap|per|mäul|chen, das (ugs. scherzh.): **1.** *Kind, das viel plappert.* **2.** *Mund.*

plap|pern ⟨sw. V.; hat⟩ [lautm.]: **a)** (ugs.) *viel u. schnell aus naiver Freude am Sprechen reden:* der Kleine plapperte ohne Pause; **b)** (ugs. abwertend) *reden:* nur Unsinn p.

Plap|per|ta|sche, die (ugs. abwertend): *Plappermaul.*

Plapp|rer: ↑ Plapperer.

Plaque [plak], die; -, -s [plak; frz. plaque = Fleck, aus dem Germ.]: **1.** (Med.) **a)** *deutlich abgegrenzter, etwas erhöhter Fleck auf der Haut;* **b)** *abgegrenzte Schädigung der Gefäße bei Arteriosklerose.* **2.** (Zahnmed.) *Zahnbelag.* **3.** (Biol.) *durch Auflösung einer Gruppe benachbarter Bakterienzellen entstandenes rundes Loch in einem Nährboden.*

plär|ren ⟨sw. V.; hat⟩ [mhd. blēr(r)en, lautm.] (abwertend): **1. a)** *in unangenehm u. unschön empfundener Weise laut u. breit gezogen gequetscht reden:* wir hörten, wie sie im Haus plärrte; Ü das Radio plärrt; **b)** *plärrend* (1 a) *von sich geben:* sie plärrten ein Lied; Ü aus dem Lautsprecher plärrte Schlagermusik. **2.** (emotional) *laut [jammernd] weinen:* das Kind fing sofort an zu p.

Plä|sier, das; -s, -e [frz. plaisir, zu afrz. plaisir = gefallen < lat. placere, ↑ plädieren] (landsch., sonst veraltend): *besonderes Vergnügen (an etw.).*

plä|sier|lich ⟨Adj.⟩ (veraltend, noch landsch.): *vergnüglich.*

Plạs|ma, das; -s, ...men [griech. plásma = Gebilde, zu: plássein, ↑ plastisch]: **1.** (Biol.) *Kurzf. von* ↑ Protoplasma. **2.** (Med.) *Kurzf. von* ↑ Blutplasma. **3.** (Physik) *leuchtendes, elektrisch leitendes Gasgemisch, das u. a. in elektrischen Entladungen von Gas, in heißen Flammen u. bei der Explosion von Wasserstoffbomben entsteht.* **4.** *dunkelgrüne Abart des Chalzedons.*

Plas|ma|bild|schirm, der (EDV, Fernsehen): *Flachbildschirm, der für die Darstellung Plasma* (3) *benutzt.*

Plas|ma|che|mie, die: *moderne Forschungsrichtung der Chemie, die sich mit chemischen Reaktionen befasst, die unter den Bedingungen eines Plasmas* (3) *ablaufen.*

Plas|ma|fern|se|her, der (ugs.): *Fernsehgerät mit einem Plasmabildschirm.*

Plas|ma|mem|b|ran, die (Biol.): *Zellmembran.*

Plas|ma|phy|sik, die: *modernes Teilgebiet der Physik, das sich mit den Eigenschaften von Plasmen* (3) *befasst.*

plas|ma|tisch ⟨Adj.⟩: *das Plasma* (3) *betreffend.*

Plas|mid, das; -[e]s, -e (Biochemie): *außerhalb der Chromosomen vorkommender Erbträger in Bakterien.*

Plas|mo|di|um, das; -s, ...ien [zu ↑ Plasma u. griech. -oeidés = ähnlich] (Biol.): *Masse aus vielkernigem Protoplasma, die durch Kernteilung ohne nachfolgende Zellteilung entsteht.*

Plast, der; -[e]s, -e, **Plas|te,** die; -, -n [↑ ²Plastik] (regional): *Kunststoff:* eine Gabel aus Plast[e].

Plas|te|tü|te, die (regional): *Plastiktüte.*

Plas|tics [ˈplæstɪks] ⟨Pl.⟩ [engl. plastics (Pl.), ↑ ²Plastik]: engl. Bez. für: Kunststoffe.

Plas|ti|de, die; -, -n ⟨meist Pl.⟩ [zu griech. plastós = gebildet, geformt] (Bot.): *zur pflanzlichen Zelle gehörende Organelle mit einer eigenen, doppelsträngigen DNA.*

¹Plas|tik, die; -, -en [frz. plastique < lat. plastice < griech. plastiké (téchnē) = Kunst des Gestaltens, zu: plastikós, ↑ plastisch]: **1. a)** *Werk der Bildhauerkunst; Bildwerk:* eine moderne, antike P.; **b)** ⟨o. Pl.⟩ *Bildhauerkunst:* sie ist eine Meisterin der P. **2.** ⟨o. Pl.⟩ *körperhafte Anschaulichkeit, Ausdruckskraft.* **3.** (Med.) *operative Formung, Wiederherstellung von Organen od. Geweberteilen, oft durch Transplantation* (1) *(z. B. bei Verletzungen):* eine P. an der Nase ausführen.

²Plas|tik, das; -s ⟨meist o. Art.⟩ [engl. plastic(s), zu: plastic = weich, knetbar, verformbar < lat. plasticus, ↑ plastisch]: *Kunststoff:* P. verarbeiten; ein Eimer aus P.; Dann zeigte sie ihm ein in P. eingeschweißtes Goldstück, 10 Gramm stand darauf und: Degussa (Kronauer, Bogenschütze 175).

Plas|tik|ab|fall, der: *aus ²Plastik bestehender Abfall.*

Plas|tik|be|cher, der: *Becher aus ²Plastik.*

Plas|tik|beu|tel, der: *Beutel aus ²Plastik.*

Plas|tik|bom|be, die: *Sprengkörper mit plastisch* (2) *gemachten Sprengstoffen.*

Plas|tik|ei|mer, der: vgl. Plastikbeutel.

Plas|ti|ker, der; -s, -: *Bildhauer.*

Plas|ti|ke|rin, die; -, -nen: w. Form zu ↑ Plastiker.

Plas|tik|fla|sche, die: *Flasche aus ²Plastik.*

Plas|tik|fo|lie, die: *Folie aus ²Plastik.*

Plas|tik|geld, das ⟨o. Pl.⟩ (ugs.): *als Zahlungsmittel dienende Karte aus Plastik (z. B. Kreditkarte):* er zahlt immer mit P.

Plas|tik|helm, der: *aus Kunststoff hergestellter Schutzhelm.*

Plas|tik|pla|ne, die: *Plane aus ²Plastik.*

Plas|tik|sack, der: vgl. Plastikbeutel.

Plas|tik|sa|ckerl, das (bayr., österr.): *Beutel aus ²Plastik, Tragetasche aus ²Plastik.*

Plas|tik|spreng|stoff, der [nach engl. plastic explosive = plastischer, formbarer Sprengstoff]: *plastischer* (2) *Sprengstoff.*

Plas|tik|tra|ge|ta|sche, die: vgl. Plastikbeutel.

Plas|tik|tü|te, die: vgl. Plastikbeutel.

Plas|ti|lin, das; -s, **Plas|ti|li|na,** die; -: *dem Kitt ähnliche, farbige Knetmasse zum Modellieren.*

plas|ti|nie|ren ⟨sw. V.; hat⟩: *spezielles Konservierungsverfahren, mit dessen Hilfe Leichen lebensecht präpariert werden können.*

plas|ti|nie|ren ⟨sw. V.; hat⟩: *durch Plastination konservieren.*

plạs|tisch ⟨Adj.⟩ [frz. plastique < lat. plasticus < griech. plastikós = zum Bilden, Formen gehörig, zu: plássein = bilden, formen]: **1.** *bildhauerisch:* -e Gestaltung. **2.** *Plastizität* (2) *aufweisend; modellierfähig, knetbar, formbar:* -er Sprengstoff; der Stoff bleibt bei allen Temperaturen p. **3. a)** *räumlich [herausgearbeitet], körperhaft, nicht flächenhaft [wirkend]:* das Bild wirkt sehr p.; ... und ließ mich sein aristokratisches Profil mit mit der großen, gebogenen Nase und dem -en Kinn bewundern (Thieß, Frühling 9); **b)** *anschaulich; bildhaft einprägsam:* eine -e Schilderung von etw. geben; etw. p. darstellen.

Plas|ti|zi|tät, die; -: **1.** (bildungsspr.) *räumliche, körperhafte Anschaulichkeit:* die P. der Schilderung. **2.** *Formbarkeit (eines Materials):* die P. von Kautschuk.

Plas|t|ron [plasˈtrõː, österr.: …ˈtroːn], der od. das; -s, -s [frz. plastron, eigtl. = Brustharnisch < ital. piastrone, zu: piastra = Metallplatte < mlat. (em)plastrum, ↑ Pflaster]: **1. a)** (früher) *breite Seidenkrawatte (zur festlichen Kleidung des Herrn);* **b)** *breite weiße Krawatte, die zur Reitkleidung gehört;* **c)** *mit Biesen od. Plissees versehener, eingenähter Einsatz im Oberteil von Kleidern.* **2.** *(im MA.) stählerner Brust- od. Armschutz.*

Pla|tä: *antike Stadt in Böotien.*

Pla|ta|ne, die; -, -n [lat. platanus < griech. plátanos, zu: platýs, ↑ platt; wohl nach dem breiten Wuchs]: *hochwachsender Laubbaum mit großen, gelappten Blättern u. kugeligen Früchten sowie heller, glatter, sich in größeren Teilen ablösender Borke.*

Pla|teau [plaˈtoː], das; -s, -s [frz. plateau, zu: plat, ↑ platt]: **1.** *Hochebene.* **2.** *obere ebene Fläche eines Berges.*

pla|teau|för|mig ⟨Adj.⟩: *wie ein Plateau geformt, in Form eines Plateaus.*

Pla|teau|schuh, der: *(zur Mode der 1970er-Jahre gehörender) Schuh mit extrem hoher Sohle.*

Pla|teau|soh|le, die: *sehr dicke Schuhsohle:* Schuhe mit -n.

Pla|te|resk, das; -[e]s [span. (estilo) plateresco, zu: platería = Silber-, Goldschmiedearbeit] (Kunstwiss.): *Baustil der spanischen Spätgotik u. der italienischen Frührenaissance mit reich verzierten Fassaden.*

Pla|tin [ˈplaːtiːn, auch: plaˈtiːn], das; -s [älter span. platina, Vkl. von: plata (de argento) = (Silber)platte, über das Vlat. zu griech. platýs, ↑ platt]: *silbergrau glänzendes Edelmetall (chemisches Element; Zeichen: Pt).*

pla|tin|blond ⟨Adj.⟩: **a)** *(vom Haar) von sehr hellem, silbern glänzendem Blond;* **b)** *mit platinblondem* (a) *Haar.*

Pla|tin|draht, der: *Draht aus Platin.*

Pla|ti|ne, die; -, -n [frz. platine, zu: plat = flach, ↑ platt]: **1.** (Elektrot.) *der Montage einzelner elektrischer Bauelemente dienende, meist mit Kupfer od. Silber beschichtete dünne Platte mit Löchern, durch die die Anschlüsse der Bauelemente zum weiteren Verlöten gesteckt werden.* **2.** (Technik) *flacher Metallblock, aus dem dünne Bleche gewalzt werden.*

Pla|tin|erz, das: *platinhaltiges Erz.*

Pla|tin|fuchs, der: **1.** *graublau bis lavendelfarben melierter Silberfuchs.* **2.** *Pelz aus dem Fell des Platinfuchses* (1).

pla|tin|hal|tig ⟨Adj.⟩: *Platin enthaltend.*

Pla|tin|hoch|zeit, die: *siebzigster Hochzeitstag.*

pla|ti|nie|ren ⟨sw. V.; hat⟩: *mit Platin überziehen.*

Pla|ti|no|id, das; -[e]s, -e [zu griech. -oeidés = ähnlich]: *Legierung aus Kupfer, Nickel u.*

Pla|tin|schmuck, der: *Schmuck aus Platin.*

Platitude – plattieren

Pla|ti|tude: ↑ Plattitüde.
Pla|ti|tü|de: frühere Schreibung für ↑ Plattitüde.
Pla|to|ni|ker, der; -s, -: *Anhänger der Philosophie des griechischen Philosophen Platon (etwa 428–347 v. Chr.).*
Pla|to|ni|ke|rin, die; -, -nen: w. Form zu ↑ Platoniker.
pla|to|nisch ⟨Adj.⟩: **1.** [griech. Platōnikós] *die Philosophie Platons betreffend, zu ihr gehörend, auf ihr beruhend:* die -e Tradition. **2.** (bildungsspr.) *nicht sinnlich, rein seelisch-geistig:* -e Liebe; eine rein -e Beziehung.
Pla|to|nis|mus, der; -: *Gesamtheit der philosophischen Richtungen in Fortführung der Philosophie Platons.*
platsch ⟨Interj.⟩: lautm. für ein Geräusch, das entsteht, wenn etw. auf eine Wasseroberfläche aufschlägt od. wenn etw. Nasses auf den Boden fällt.
plat|schen ⟨sw. V.⟩ [spätmhd. blatschen, blatzen, lautm.]: **1.** (ugs.) **a)** ⟨hat⟩ *ein [helles] schallendes Geräusch von sich geben:* platschend fiel sie ins Wasser; **b)** ⟨ist⟩ *mit einem [hellen] schallenden Geräusch auftreffen:* Wellen platschten ans Ufer. **2.** ⟨ist⟩ (ugs.) *sich im Wasser bewegen u. dadurch ein helles, schallendes Geräusch verursachen:* die Kinder platschen fröhlich durch den Bach. **3.** ⟨ist⟩ (ugs.) *(von etw. Schwerem) [mit einem klatschenden Geräusch] auf, in etw. fallen:* die Kiste platschte in den Schlamm; Ü müde ließ sie sich auf das Sofa p. **4.** ⟨unpers.; hat⟩ (landsch.) *heftig regnen:* es platscht schon den ganzen Tag.
plät|schern ⟨sw. V.⟩ [lautm., Iterativbildung zu ↑ platschen]: **1.** ⟨hat⟩ **a)** *durch eine Wellenbewegung od. im Herabfließen beim Aufprall ein gleichmäßig sich wiederholendes Geräusch verursachen:* der Springbrunnen plätschert [friedlich, beschaulich]; **b)** *sich plätschernd (1 a) im Wasser bewegen:* die Kinder plätschern in der Badewanne. **2.** ⟨ist⟩ *plätschernd (1 a) fließen:* der Bach plätschert über die Steine; Ü das Gespräch plätscherte *(wird leicht u. mehr oberflächlich geführt).*
platsch|nass ⟨Adj.⟩ (landsch.): *klatschnass.*
platt ⟨Adj.⟩ [aus dem Niederd. < mniederd. plat(t) < (a)frz. plat = flach, über das Vlat. zu griech. platýs = eben, breit]: **1.** *(als Fläche) ohne Erhebung [u. in die Breite sich ausdehnend];* *flach* (1): -es Land; der Reifen ist p. *(hat nur wenig od. gar keine Luft);* sie ist p. wie ein [Bügel]brett (ugs.; *hat kaum Busen*); sich die Nase an der Fensterscheibe p. *(breit)* drücken; ⟨subst.:⟩ wir hatten einen Platten *(eine Reifenpanne);* Die nassen Haare legen p. um ihren Kopf (Kronauer, Bogenschütze 99); * **p. sein** (ugs.: 1. *völlig überrascht sein:* ich bin ja p., dass sie sich dazu durchgerungen hat. 2. *körperlich erschöpft sein:* nach dem 5 000-m-Lauf war ich ziemlich p.). **2.** (abwertend) *oberflächlich u. geistlos, trivial:* eine -e Konversation. **3.** *glatt* (3): eine -e Lüge.
Platt, das; -[s]: **1.** *Plattdeutsch:* P. sprechen; auf P. **2.** (landsch.) *Dialekt:* sein P. verstehe ich kaum.
Plätt|brett, das (nordd., md.): *Bügelbrett.*
Plätt|chen, das; -s, -: Vkl. zu ↑ Platte.
platt|deutsch ⟨Adj.⟩ (Sprachwiss.): *niederdeutsch.*
Platt|deutsch, (nur mit best. Art.:) **Platt|deut|sche,** das: *Niederdeutsch[e].*
platt drü|cken, plạtt|drü|cken ⟨sw. V.; hat⟩: *durch Drücken platt werden lassen:* die Knete p. d.; er drückte sich die Nase an der Fensterscheibe platt.
Plat|te, die; -, -n: **1.** [mhd. plate, vgl. Platte (6)] *flaches, überall gleich dickes, auf zweigegenüberliegenden Seiten von je einer im Verhältnis zur Dicke sehr kleinen, von zwei ebenen Fläche

begrenztes Stück eines harten Materials (z. B. Holz, Metall, Stein):* eine dünne P.; -n aus Metall, Stein; eine Wand mit -n verkleiden. **2. a)** *Tonträger in Form einer kreisrunden Scheibe* (bes. Schallplatte, auch CD): eine P. hören, spielen; * **ständig dieselbe/die gleiche/die alte P. [laufen lassen]** (ugs.; *immer dasselbe [erzählen]*); **eine neue/andere P. auflegen** (ugs.; *von etw. anderem sprechen, erzählen, das Thema wechseln*); **die P. kennen** (ugs.; *schon wissen, worauf etw. hinausläuft; etw. schon einmal gehört haben*); **b)** (EDV) *Festplatte.* **3. a)** [mhd. plate, vgl. Platte (6)] *flache, einem Teller ähnliche Unterlage aus Porzellan, Metall o. Ä. von verschiedener Größe u. Form zum Servieren von Speisen:* -n mit Salat, Fisch; **b)** *auf einer Platte (3 a) angerichtete Speisen:* eine appetitlich garnierte P. **4.** *Tischplatte.* **5.** *Herd-, Kochplatte.* **6.** [mhd. plate, spätahd. platta; alle Formen < mlat. plat(t)a = Platte (1, 3a 6), über das Vlat. zu griech. platýs (ugs.) *Glatze:* er hat schon eine P. **7.** (Fotogr. veraltend) *Platte (1) aus Glas mit einer lichtempfindlichen Schicht, die während des Vorgangs des Fotografierens belichtet wird:* * **jmdn. auf die P. bannen** (veraltend; *jmdn. fotografieren*). **8.** *Grabplatte.* **9.** *Druckplatte.* **10.** (Bergsteigen) *glatter Felsen, der kaum Möglichkeiten bietet, zu greifen od. aufzutreten.* **11.** (Münzkunde) *aus dem Schrötling hergestellte u. zur Prägung vorbereitete Metallscheibe:* polierte P. **12.** (österr.) *Verbrecherbande, Gang.* **13.** (Geol.) *in einem bestimmten Gebiet der Erdoberfläche umfassender Teil der Lithosphäre:* die pazifische, afrikanische, philippinische P.; europäisch-asiatische, kontinentale, ozeanische, tektonische -n. **14.** [aus der gaunerspr. Fügung platt(e) machen = im Freien nächtigen, eigtl. = nach draußen flüchten, wohl aus dem Jidd., vgl. jidd. p'lat = Flucht, hebr. pālaṭ = entkommen, pēlēṭā = Flucht (↑ Pleite)] (Jargon) *Nachtlager, (fester) Schlafplatz [von Nichtsesshaften] im Freien:* das Laben auf [der] P. *(als Nichtsesshafter).* **15.** * **die P. putzen** (ugs.; *sich [unbemerkt] entfernen*; vielleicht aus der Gaunerspr. < jidd. p'lat = Flucht [< hebr. pēlēṭā, ↑ Pleite] u. puz = auseinandergehen, sich zerstreuen; volksetym. angelehnt an ↑ Platte 1).
Plät|te, die; -, -n: **1.** [zu ↑ plätten] (landsch.) *Bügeleisen.* **2.** [nicht belegt, ahd. pletta, wohl < mlat. plat(t)a, ↑ Platte] (österr.) *flaches [Last]schiff.*
Plat|ten, der; -s, - (ugs.): *[durch einen Defekt] platter Reifen.*
plät|ten ⟨sw. V.; hat⟩ [mniederd. pletten, eigtl. = platt, glatt machen] (nordd., md.): *bügeln* (1): Hemden p.; * **geplättet sein** (salopp; *durch eine unangenehme, peinliche Überraschung plötzlich völlig sprachlos sein*).
Plạt|ten|al|bum, das: *eines Buch ähnlicher Gegenstand mit einzelnen Hüllen, in die Schallplatten gesteckt werden.*
Plạt|ten|ar|chiv, das: *geordnete Sammlung von Schallplatten (u. CDs].*
Plạt|ten|auf|nah|me, die: **1.** *das Aufnehmen (10c) auf Schallplatte od. CD.* **2.** *auf Platte (2 a) vorliegende Tonaufnahme.*
Plạt|ten|bau, der ⟨Pl. -ten⟩: *Wohnhaus, das in Plattenbauweise errichtet ist.*
Plạt|ten|bau|sied|lung, die: *Siedlung (1 a) mit Plattenbauten.*
Plạt|ten|bau|wei|se, die: *Bauweise, bei der Gebäude aus vorgefertigten Stahlbetonplatten gebaut werden.*
Plạt|ten|co|ver, das: *Hülle einer Schallplatte.*
Plạt|ten|fir|ma, die: *Firma, die sich mit der Herstellung u. dem Vertrieb von Platten (2 a) befasst.*
Plạt|ten|hül|le, die: vgl. Plattencover.

Plạt|ten|in|dus|t|rie, die: *Industriezweig, der sich mit der Herstellung u. dem Vertrieb von Platten (2 a) befasst.*
Plạt|ten|la|bel, das: *Label* (2).
Plạt|ten|la|den, der: *Laden* (1 a), *in dem Schallplatten, CDs u. Ä. verkauft werden.*
Plạt|ten|samm|lung, die: *Sammlung von Schallplatten u. CDs.*
Plạt|ten|see, der; -s: *ungarischer See.*
Plạt|ten|spie|ler, der: *Gerät zum Abspielen von Schallplatten.*
Plạt|ten|ta|sche, die: *Schutzhülle aus Papier od. Kunststoff zusätzlich zur eigentlichen Plattenhülle.*
Plạt|ten|tek|to|nik, die (Geol.): *tektonische Theorie, nach der die Lithosphäre der Erde aus mehreren größeren u. kleineren Platten (13) besteht, die auf der fließfähigen Unterlage des oberen Erdmantels bewegt werden.*
Plạt|ten|tel|ler, der: *Teil des Plattenspielers, auf dem die Schallplatte liegt.*
Plạt|ten|ver|trag, der: *Schallplattenvertrag.*
Plạt|ten|weg, der: *mit Platten (1) ausgelegter Weg.*
plạtt|ter|dings ⟨Adv.⟩ (ugs.): *glatterdings:* das ist p. unmöglich.
Plät|te|rei, die; -, -en (nordd., md.): **1.** ⟨o. Pl.⟩ (ugs.) *[dauerndes] Plätten.* **2.** *Betrieb, in dem Wäsche (gegen Entgelt) gebügelt wird.*
Plạtt|fisch, der: *Knochenfisch mit seitlich stark abgeflachtem asymmetrischem Körper, der beide Augen u. die Nasenlöcher auf der pigmentierten, dem Licht zugekehrten Körperseite hat u. mit der hellen Körperseite auf dem Grund liegt od. sich in den Sand eingräbt.*
Plạtt|form, die: **1.** [frz. plate-forme, aus: plat (↑ platt) u. forme < lat. forma, ↑ Form] *(mit einem Geländer gesicherte) ebene Fläche auf hohen Gebäuden, Türmen o. Ä. (von der aus man einen guten Ausblick hat).* **2.** [frz. plate-forme, aus: plat (↑ platt) u. forme < lat. forma, ↑ Form] **a)** *Fläche am vorderen od. hinteren Ende älterer Straßen- od. Eisenbahnwagen zum Ein- u. Aussteigen;* **b)** *(bei Wagen, die dem Gütertransport dienen) einer Laderampe ähnliche, aufklappbare Fläche zum leichteren Be- u. Entladen.* **3.** *Basis, Standpunkt, von dem bei Überlegungen, Absichten, Handlungen, politischen Zielsetzungen o. Ä. ausgegangen wird:* eine gemeinsame P. finden. **4.** (EDV) *Basis für die Entwicklung und Ausführung darauf aufsetzender Computerprogramme.*
plạtt|form|über|grei|fend ⟨Adj.⟩ (EDV): *mehrere Plattformen (4) übergreifend:* eine -e Software; das Programm lässt sich p. nutzen.
plạtt|form|un|ab|hän|gig ⟨Adj.⟩ (EDV): *auf verschiedenen Plattformen (4) lauffähig:* -e Programme, Programmierspachen.
Plạtt|frost, der: *Frost ohne Schnee.*
Plạtt|fuß, der: **1.** ⟨meist Pl.⟩ (Med.) *Fuß, dessen Längs- u. meist auch Querwölbung stark abgeflacht ist.* **2.** (ugs.) *Reifen, der keine od. kaum noch Luft hat.*
plạtt|fü|ßig ⟨Adj.⟩: *mit Plattfüßen (1) versehen.*
Plạtt|fuß|in|di|a|ner, der; **a)** (salopp) *männliche Person mit Plattfüßen (1);* **b)** *Schimpfwort für eine männliche Person;* **c)** (Soldatenspr.) *Infanterist.*
Plạtt|fuß|in|di|a|ne|rin, die: w. Form zu ↑ Plattfußindianer.
Plạtt|heit, die; -, -en: **1.** ⟨o. Pl.⟩ *das Plattsein.* **2.** *Plattitüde.*
plat|tie|ren ⟨sw. V.; hat⟩ [zu ↑ Platte]: **1.** (Technik) *(unedle Metalle) mit einer Schicht edleren Metalls überziehen.* **2.** (Textilind.) *(bei der Herstellung von Wirk- od. Strickwaren) unterschiedliche Garne so verarbeiten, dass die eine*

Plattierung – Platzsperre

Faden auf die rechte, der andere auf die linke Seite aller Maschen kommt.
Plat|tie|rung, die; -, -en: **1.** *das Plattieren* (1, 2). **2.** *die beim Plattieren* (1) *aufgebrachte Schicht.*
Plat|ti|tü|de, Platitude […ˈtyːd(ə)], die; -, -n [frz. platitude, zu: plat, ↑ platt] (geh.): *nichtssagende, abgedroschene Redewendung; Plattheit:* sich in -n ergehen.
platt|ma|chen ⟨sw. V.; hat⟩: **1. a)** *jmdn. umbringen, körperlich erledigen, vernichten;* **b)** *etw. zerstören, vernichten:* bei dem Überfall war die Tankstelle komplett plattgemacht worden. **2.** *jmdn. zurechtweisen, heftig tadeln:* er wurde vor versammelter Mannschaft plattgemacht.
Plätt|wä|sche, die ⟨o. Pl.⟩ [zu ↑ plätten] (nordd., md.): *zu bügelnde Wäsche.*
Platt|wurm, der: *oft als Parasit lebender, meist sehr langer Wurm mit abgeplattetem Körper.*
Platz, der; -es, Plätze [mhd. pla(t)z < (a)frz. place < vlat. platea < lat. platea = Straße < griech. plateīa (hodós) = die breite (Straße), zu: platýs, ↑ platt]: **1. a)** *größere ebene Fläche [für bestimmte Zwecke, z. B. Veranstaltungen, Zusammenkünfte]:* ein runder P.; der P. vor der Kirche; sämtliche Straßen münden auf diesen (auch:) diesem P.; **b)** *abgegrenzte, größere, freie Fläche für sportliche Zwecke od. Veranstaltungen; Sportplatz:* der P. ist nicht bespielbar; die Mannschaft spielte auf dem eigenen P.; der Schiedsrichter stellte ihn vom P. *(erteilte ihm einen Platzverweis).* **2.** *Stelle, Ort (für etw. od. an dem sich etw. befindet):* ein windgeschützter P.; ein lauschiges Plätzchen; in solcher Lage ist sein P. bei der Familie *(muss er bei seiner Familie sein, um helfen zu können);* die bedeutendsten Plätze für den Überseehandel sind Hamburg und Bremen; die Bücher stehen nicht an ihrem P.; auf die Plätze, fertig, los! (Leichtathletik; Startbefehl zum Kurzstreckenlauf); das beste Hotel, das erste Haus am -[e]l *(im Ort);* ***ein P. an der Sonne** *(Glück u. Erfolg im Leben;* nach einem Ausspruch des Reichskanzlers Fürst Bülow [1849–1929]); **in etw. keinen P. haben** *(in etw. nicht hineinpassen:* Träume haben in seinem Leben keinen P.); **fehl am Platz[e] sein** (1. *nicht an einen bestimmten Ort gehören, nicht hingehören, am falschen Ort sein:* bei diesem Konzert war er fehl am Platz[e]. 2. *unpassend, nicht angebracht sein:* Milde ist hier absolut fehl am P.); **[nicht] am P.[e] sein** *([nicht] angebracht sein:* Sie hatte vergessen, ihm zuzuhören, sie wusste nicht, ob es am P. sei oder nicht, sie unterbrach ihn einfach [Musil, Mann 476]). **3.** *Sitzplatz:* ein guter, schlechter P.; ich sitze fünfte Reihe, P. 27; ist dieser P. noch frei?; den P. tauschen; jmdm. einen P. frei halten; die Besucher werden gebeten, ihre Plätze einzunehmen *(sich zu setzen);* (Befehl an einen Hund, sich hinzulegen) P.!; an/auf seinem P. bleiben; sich von seinem P. erheben; * **P. nehmen** (geh.; *sich setzen*); **P. behalten** (geh.; *sitzen bleiben, nicht aufstehen:* bitte, behalten Sie doch P.!) **4.** *für eine Person vorgesehene Möglichkeit, an etw. teilzunehmen, in etw. aufgenommen zu werden:* in dem Skikurs sind noch Plätze frei; sie hat den P. im Hort sicher. **5.** *Rang, Stellung; Position:* seinen P. im Beruf behaupten. **6.** ⟨o. Pl.⟩ *zur Verfügung stehender Raum für etw.; jmdn.:* im Wagen ist noch P.; ich habe keinen P. mehr für neue Bücher; P. schaffen; machen Sie P. für die Dame/mach der Dame mal P.; er musste einem jungen Schnösel mit Hochschulabschluss P. machen; P. da!; ein P. sparendes Klappbett. **7.** (Sport) *erreichte Platzierung bei einem Wettbewerb:* einen P. im Mittelfeld belegen; den ersten P. erobern, [erfolgreich] verteidigen; auf P. laufen (Leichtathletik; *so laufen, dass man sich für einen weiteren Start qualifiziere*

kann, ohne jedoch den Sieg anzustreben); auf P. wetten (Pferderennen; *eine Platzwette abschließen);* ***jmdn. auf die Plätze verweisen** *(jmdn. in einem Wettkampf besiegen);* **jmdn. auf den zweiten, dritten usw. P. verweisen** *(in einem Wettkampf vor jmdm.: Erster, Zweiter usw. werden).*
Platz|an|ge|bot, das: *(in etw.) vorhandener, zur Verfügung stehender Platz* (6): der Wagen besticht durch sein großzügiges P.
Platz|angst, die: **1.** (ugs.) *in geschlossenen u. überfüllten Räumen auftretende Angst- u. Beklemmungszustände.* **2.** (Psychol.) *Agoraphobie.*

In der Fachsprache der Psychologie wird nur die *Agoraphobie*, also die *Angst, freie Plätze zu überqueren*, mit *Platzangst* übersetzt. Die fachsprachliche Bezeichnung der umgangssprachlichen Bedeutung lautet dagegen *Klaustrophobie*.

Platz|an|wei|ser, der; -s, -: *jmd., der im Kino, Theater o. Ä. den Besuchern die Plätze zeigt u. dabei die Eintrittskarten kontrolliert.*
Platz|an|wei|se|rin, die; -, -nen: w. Form zu ↑ Platzanweiser.
Platz|be|darf, der: *Bedarf an Platz* (6).
Plätz|chen, das; -s, -: **1.** Vkl. zu ↑ Platz (1 a, 2, 5). **2.** [Vkl. von veraltet Platz = kleiner, flacher Kuchen] *flaches Stück Kleingebäck.* **3.** *Süßware in kleiner, flacher, runder Form.*
Platz|deck|chen, das: als ¹*Set* (2) *dienendes Deckchen.*
Plat|ze, die [wohl zu ↑¹platzen (1 a)]: in den Wendungen **die P. kriegen** (landsch.; *sehr wütend werden);* sich ⟨Dativ⟩ **die P. [an den Hals] ärgern** (landsch.; *sich sehr ärgern).*
¹**plat|zen** ⟨sw. V.; ist⟩ [mhd. platzen, blatzen, lautm.]: **1. a)** *durch Druck [von innen] plötzlich u. gewöhnlich unter [lautem] Geräusch auseinandergerissen, gesprengt werden, auseinanderfliegen, zerspringen, in Stücke springen, zerrissen od. zerfetzt werden:* der Ballon platzte mit lautem Knall; ihr macht einen Lärm, dass mein Trommelfell platzt!; die Granate platzte *(explodierte)* neben dem Pfeiler; wenn ich noch einen Bissen esse, platze ich; mir platzt die Blase! (ugs.; *ich muss dringend auf die Toilette);* Ü vor Stolz, Neugier, Neid p. *(äußerst stolz, neugierig, neidisch sein);* **b)** *aufplatzen:* bei hundert Sachen platzte plötzlich ein Reifen; der Kessel könnte p.; mir ist das Naht geplatzt; durch den Schlag ist die Haut über den Augenbrauen geplatzt; geplatzte Äderchen. **2.** (ugs.) *sich nicht so weiterentwickeln wie gedacht, scheitern; ein rasches Ende nehmen u. nicht zum gewünschten Ziel kommen:* die Sängerin ließ die Vorstellung p., indem sie nicht erschien; ihre Verlobung geplatzt *(beinahe wäre unser Urlaub geplatzt (nicht zustande gekommen);* der Betrug platzte *(wurde aufgedeckt);* einen Wechsel p. lassen *(bei Fälligkeit nicht einlösen).* **3.** (ugs.) *hineinplatzen:* er platzte [unangemeldet] in die Versammlung.
²**plat|zen**, sich ⟨sw. V.; hat⟩ [zu ↑ Platz] (ugs. scherzh.): *sich setzen; Platz nehmen:* platzt euch, ich komme gleich.
plat|zen las|sen, plat|zen|las|sen ⟨st. V.; hat⟩ (ugs.) *dafür sorgen, dass etw. nicht zustande kommt, vorzeitig zu Ende geht, scheitert o. Ä.:* der Pianist ließ das Konzert platzen; sie ließ den Wechsel platzen *(löste ihn nicht ein).*

-plät|zer, der; -s, - (schweiz.): ↑ -sitzer.

Platz|grün|de ⟨Pl.⟩: *Gründe, die darin liegen, dass der zur Verfügung stehende Platz* (6) *begrenzt ist:* etw. hat P.; etw. aus -n tun.

Platz|hal|ter, der: **1.** (selten) *jmd., der für einen anderen einen Platz besetzt, frei hält:* Ü die Milchzähne sind die P. für die bleibenden Zähne. **2.** (Sprachwiss.) *Wort, das auf einen folgenden Satz voraus- od. auf einen vorangegangenen zurückweist* (z. B. »es« in: es freut mich, dass sie gesund ist). **3.** *etw., was aus irgendeinem Grund an die Stelle von etw. anderem gesetzt wird:* (EDV:) das Sternchen dient als P. für beliebig viele beliebige Zeichen.
Platz|hal|te|rin, die: w. Form zu ↑ Platzhalter (1).
Platz|her|ren ⟨Pl.⟩: (Sportjargon): *auf dem eigenen Platz spielende Mannschaft; Heimmannschaft.*
Platz|hirsch, der: (Jägerspr.): *stärkster Hirsch, der sich im Kampf gegen Nebenbuhler auf dem Brunftplatz behauptet u. das Rudel führt:* der Förster erkannte den P. sofort; Ü in diesem Gremium ist er der P.
plat|zie|ren ⟨sw. V.; hat⟩ [frz. placer, zu: place, ↑ Platz]: **1.** *an einen bestimmten Platz bringen, stellen, setzen; jmdn., einer Sache einen bestimmten Platz zuweisen:* er platzierte mich in einen Sessel; an allen Ausgängen wurden Polizisten platziert *(aufgestellt);* in diesem Restaurant wird platziert *(wird der Gast an einen bestimmten Platz zugewiesen);* das Inserat war schlecht platziert. **2.** (schweiz.) *unterbringen:* jmdn. in einem Heim p. **3. a)** (Ballspiele) *gezielt schießen, schlagen:* sie platzierte den Ball in die linke Torecke; (häufig im 2. Part.:) ein platzierter Schuss; **b)** (Fechten, Boxen) *(einen Treffer) anbringen;* **c)** (Tennis) *so schlagen, dass der Gegner den Ball nicht od. kaum erreichen kann.* **4.** ⟨p. + sich⟩ (Sport) *einen bestimmten Platz erreichen, belegen:* der Läufer platzierte sich unter den ersten zehn; sie konnte sich nicht p. *(erreichte keinen der vorderen Plätze).* **5.** (Wirtsch.) **a)** *(Kapital) anlegen:* sein Geld auf dem Grundstücksmarkt p.; **b)** *Wertpapiere an der Börse od. bei Anlegern unterbringen:* insgesamt wurden 4 Millionen neue Aktien platziert.
Plat|zie|rung, die; -, -en: **1.** *das [Sich]platzieren.* **2.** (Sport) *das Platziertsein; Rang.*

-plät|zig (schweiz.): ↑ -sitzig.

Platz|kar|te, die: *Karte, durch deren Erwerb man sich in der Eisenbahn einen Sitzplatz reserviert.*
Platz|kon|zert, das: *Konzert (meist einer Blaskapelle), das im Freien stattfindet.*
Platz|man|gel, der: *Mangel an Platz* (6).
Platz|mie|te, die: **1.** ¹*Miete* (1) *für die Benutzung eines Platzes* (1 a): die Schausteller müssen [eine] P. zahlen. **2.** *(bes. im Theater) für eine bestimmte Zeit vereinbarte* ¹*Miete* (1) *eines Sitzplatzes zu bestimmten Tagen.*
Platz|ord|ner, der: *jmd., der während einer Veranstaltung für die Aufrechterhaltung der Ordnung auf dem Platz sorgt.*
Platz|ord|ne|rin, die: w. Form zu ↑ Platzordner.
Platz|pat|ro|ne, die: *(zu Übungszwecken verwendete) nicht scharfe* (14) *Patrone.*
Platz|re|gen, der: *(mit dem Regen wird mit einer platzenden Blase o. Ä. verglichen): plötzlicher, sehr heftiger, in großen Tropfen fallender Regen von kürzerer Dauer.*
◆ **Platz|schus|ter**, der: *einziger, eine Art Monopolstellung innehabender Schuster in einem Ort:* … ein anderer Schuster, der alte Tobias, der aber eigentlich kein Nebenbuhler ist, weil er nur mehr flickt, hierin viel zu tun hat und es sich nicht im Entferntesten beikommen lässt, mit dem vornehmen P. in einem Wettstreit einzugehen (Stifter, Bergkristall 15).
platz|spa|rend, Platz spa|rend ⟨Adj.⟩: *relativ wenig Platz beanspruchend:* eine besonders -e Anordnung; p. parken.
Platz|sper|re, die (Sport): *Verbot für einen Ver-*

Platzteller – Plektrum

ein, offizielle Wettkämpfe auf dem eigenen Platz (1b) auszutragen.

Platz|tel|ler, der: *großer, flacher Teller, der während des ganzen Essens auf dem Tisch bleibt u. auf den die anderen Gedecke gestellt werden.*

Platz|ver|hält|nis|se ⟨Pl.⟩ (Sport): *Zustand, in dem sich das Spielfeld, der Rasen des Spielfeldes befindet.*

Platz|ver|weis, der (Sport): *Feldverweis.*

Platz|wahl, die (Ballspiele): *durch das Los bestimmte freie Wahl der Seite des Spielfelds vor Beginn des Spiels.*

Platz|wart, der: *jmd., der einen Sportplatz o. Ä. in Ordnung zu halten hat.*

Platz|war|tin, die: w. Form zu ↑ Platzwart.

Platz|wet|te, die (Pferderennen): *Wette, bei der darauf gesetzt wird, dass ein bestimmtes Pferd einen der vorderen Plätze (7) belegt.*

Platz|wun|de, die: *durch ein Aufplatzen der Haut entstandene Wunde.*

Platz|zif|fer, die (Sport): *aus den Wertungen der einzelnen Kampfrichter sich ergebende Ziffer, aus der sich die Platzierung eines bestimmten Wettkampfteilnehmers ergibt.*

Plau|de|rei, die; -, -en: *zwangloses Erzählen, ungezwungene Unterhaltung:* Weil ich jung bin, ist man oft bei Verhandlungen erstaunt und glaubt, nur charmante P. machen zu dürfen, aber nur am Anfang (Kirsch, Pantherfrau 94).

Plau|de|rer, der; -s, -: **1.** *jmd., der leicht u. anregend erzählen kann.* **2.** *jmd., der alles ausplaudert.*

Plau|de|rin, die; -, -nen: w. Form zu ↑ Plauderer.

plau|dern ⟨sw. V.; hat⟩ [spätmhd. plüdern, verw. mit mhd. plödern, blödern = rauschen, schwatzen, lautm.]: **1. a)** *sich gemütlich u. zwanglos unterhalten:* mit jmdm. p.; **b)** *in unterhaltendem, ungezwungen-leichtem Ton erzählen:* sie konnte lustig p.; Bebra wusste von Kriegsmalern, Kriegsberichterstattern und von seinem Fronttheater zu p. (Grass, Blechtrommel 396). **2.** *Geheimnisse o. Ä. ausplaudern:* ihm kann man nichts erzählen, er plaudert; ⟨subst.:⟩ jmdn. zum Plaudern bringen.

Plau|der|stünd|chen, das, **Plau|der|stun|de,** die: *plaudernd verbrachte kürzere Zeitspanne:* sich zu einem Plauderstündchen treffen.

Plau|der|ta|sche, die (scherzh. abwertend): *jmd., der [gern] plaudert.*

Plau|der|ton, der ⟨o. Pl.⟩: *unterhaltender, ungezwungen-leichter* ²*Ton (2a).*

Plausch, der; -[e]s, -e u. Päusche [zu ↑ plauschen]: **1.** (landsch., bes. südd., österr.) *gemütliche Unterhaltung (im kleinen Kreis):* mit jmdm. einen kleinen P. halten. **2.** (schweiz.) *Vergnügen, Spaß, fröhliches Erlebnis:* es war ein P., im Freien zu grillen; das hat sie nur aus, zum P. (aus Spaß, zum Vergnügen) gemacht.

plau|schen ⟨sw. V.; hat⟩ [lautm., verw. mit ↑ plaudern]: **1.** (landsch., bes. südd., österr.) *sich (im vertrauten Kreis) gemütlich unterhalten.* **2.** (österr.) *übertreiben, lügen:* jetzt hast du aber geplauscht! **3.** (österr.) *plaudern (2).*

plau|si|bel ⟨Adj.; ...bler, -ste⟩ [frz. plausible < lat. plausibilis = Beifall verdienend; einleuchtend, zu: plaudere (2.Part.: plausum) = klatschen]: *einleuchtend; verständlich, begreiflich:* eine plausible Erklärung; das ist, klingt, scheint mir ganz p.; jmdm. etw. p. machen.

plau|si|bi|li|sie|ren ⟨sw. V.; hat⟩ (bildungsspr.): *plausibel machen.*

Plau|si|bi|li|tät, die; -, -en: **1.** ⟨o. Pl.⟩ *das Plausibelsein.* **2.** *plausible, aber unbewiesene Vermutung.*

Plau|si|bi|li|täts|ana|ly|se, Plau|si|bi|li|täts|prü|fung, die [nach engl.-amerik. plausibility analysis] (EDV): *Prüfung, bei der Daten unter-*

sucht werden, ob sie glaubwürdig, plausibel sind.

plauz ⟨Interj.⟩ (ugs.): lautm. für einen dumpfen Knall, der bei einem Aufprall, Aufschlag entsteht.

Plauz, der; -es, -e (ugs.): *dumpfer Knall, der bei einem Aufprall, Aufschlag entsteht:* die Tür schlug mit einem P. zu.

Plau|ze, die; -, -n (auch: Eingeweide (von Tieren)) aus dem Slaw., vgl. sorb., poln. płuco = Lunge] (landsch. ugs., bes. ostmd.): **1.** *Lunge:* ...soll sich das elende Wurm die P. ausschreien vor Hunger? (Hauptmann, Thiel 16); * **es auf der P. haben** (1. asthmatisch sein. 2. eine starke Erkältung u. heftigen Husten haben). **2.** *Bauch:* sich die P. vollschlagen. **3.** * **auf der P. liegen** *(krank sein).*

plau|zen ⟨sw. V.⟩ [zu ↑ plauz] (landsch.): **1.** ⟨hat⟩ **a)** *dumpf knallen* (1 a): es plauzte, als die Tür zufiel; **b)** *einen dumpfen Knall verursachen:* mit der Tür p. **2. a)** ⟨hat⟩ *mit dumpfem Knall aufschlagen lassen:* warum plauzt du die Türen so?; **b)** ⟨ist⟩ *mit dumpfem Knall schlagen* (2 b): das Buch plauzte auf den Boden.

Play-back, Play|back ['pleɪbɛk, ...'bɛk], das; -[s], -s [engl. playback = das Abspielen, Wiedergabe] (Fachspr.): **1.** *bei Aufzeichnungen bzw. Sendungen nach dem Play-back-Verfahren verwendete Tonaufnahme:* zum P. singen. **2.** ⟨o. Pl.⟩ Kurzf. von ↑ Play-back-Verfahren (a).

Play-back-Ver|fah|ren, Play|back|ver|fah|ren, das (Fachspr.): **a)** *tontechnisches Verfahren bei Film- u. Fernsehaufnahmen, bei dem eine vorher hergestellte Tonaufnahme während der Bildaufzeichnung bzw. der Sendung über Lautsprecher wiedergegeben wird;* **b)** *tontechnisches Verfahren, bei dem die zu produzierende Tonaufnahme durch Mischen mehrerer zuvor einzeln hergestellter Aufnahmen entsteht.*

Play|boy ['pleɪ...], der [engl. playboy, eigtl. = Spieljunge, ↑ Boy]: *[jüngerer] Mann, der aufgrund seiner wirtschaftlichen Unabhängigkeit vor allem seinem Vergnügen lebt u. sich in Kleidung sowie Benehmen entsprechend darstellt.*

Play|er ['pleɪɐ], der; -s, - [engl. player = Abspielgerät] (Jargon): **1.** *Gerät zur Bild- od. Tonwiedergabe o. Ä.* **2.** (EDV) *Programm zum Abspielen von Audio-, Bild- od. anderen Dateien.*

Play|girl, das [engl. playgirl, eigtl. = Spielmädchen, ↑ Girl]: **1.** *dem Vergnügen u. dem Luxus lebende, bes. in Kreisen von Playboys verkehrende, leichtlebige, attraktive junge Frau.* **2.** *Hostess (3).*

Play-off, Play|off [pleɪ'ɔf, auch: 'pleɪɔf], das; -[s], -s [engl. play-off = Entscheidungsspiel] (Sport): *System von Ausscheidungsspielen zwischen denen Sportarten (z. B. Eishockey), bei dem die Mannschaften, die die Endrunde erreicht haben, in Hin-, Rück- u. eventuell in Entscheidungsspielen gegeneinander spielen u. der Verlierer jeweils aus dem Turnier ausscheidet.*

Play-off-Run|de, Play|off|run|de, die (Sport): *Runde (3 c) im Play-off.*

Play|sta|tion, Play|Sta|tion® ['pleɪsteɪʃn], die; -, -s [engl. PlayStation®, analog geb. zu: workstation (↑ Workstation); eigtl. = Spielstation, aus play = Spiel u. station = Station]: *Spielkonsole mit CD-ROM-, DVD- u. Blu-Ray-Laufwerk.*

Pla|zen|ta, die; -, -s u. ...ten [lat. placenta = griech. plakoũnta, Akk. von: plakoũs = flacher Kuchen, zu: pláx (Gen.: plakós) = Fläche]: **1.** (Med.) *schwammiges, dem Stoffaustausch zwischen Mutter u. Embryo dienendes Organ, das sich während der Schwangerschaft ausbildet u. nach der Geburt ausgestoßen wird; Mutterkuchen.* **2.** (Bot.) *leistenförmige Verdickung auf dem Fruchtblatt, an der die Samenanlage hervorgeht.*

Pla|zet [...tsɛt], das; -s, -s [lat. placet = es gefällt, zu: placere, ↑ plädieren] (bildungsspr.): *Zustimmung, Einwilligung (durch [mit]entscheidende Personen od. Behörden):* die Kommission gab ihr P. zum, für den Baubeginn.

pla|zie|ren usw.: frühere Schreibung für ↑ platzieren usw.

Ple|be|jer, der; -s, - [lat. plebeius, zu: plebs, ↑ ¹Plebs]: **1.** *(im antiken Rom) Angehöriger der* ¹*Plebs.* **2.** (bildungsspr. abwertend) *gewöhnlicher, ungebildeter, ungehobelter Mensch.*

Ple|be|je|rin, die; -, -nen: w. Form zu ↑ Plebejer.

ple|be|jisch ⟨Adj.⟩ [lat. plebeius]: **1.** (Geschichte) *zur* ¹*Plebs gehörend.* **2.** (bildungsspr. abwertend) *gewöhnlich, ordinär, unfein.*

Ple|bis|zit, das; -[e]s, -e [unter Einfluss von frz. plébiscite < lat. plebiscitum, zu: plebs (↑ ¹Plebs) u. scitum = Beschluss] (Politik): *Volksbeschluss, Volksabstimmung; Volksbefragung.*

ple|bis|zi|tär ⟨Adj.⟩ [frz. plébiscitaire] (Fachspr.): *das Plebiszit betreffend, auf ihm beruhend; durch ein Plebiszit erfolgt:* eine repräsentative Demokratie ohne jedes -e Element.

¹**Plebs** [auch: pleːps], die; - [lat. plebs (Gen.: plebis), urspr. wohl = Menge, Haufen]: *(im antiken Rom) das gemeine Volk.*

²**Plebs** [auch: pleːps], der; -es, österr.: die; - (bildungsspr. abwertend): *Masse ungebildeter, niedrig u. gemein denkender, roher Menschen.*

Plein|air [plɛˈnɛːɐ̯], das; -s, -s [frz. pleinair, eigtl. = freier Himmel, aus: plein (< lat. plenus = voll) u. air < lat. aer = Luft] (bild. Kunst): **1.** ⟨o. Pl.⟩ *Freilichtmalerei.* **2.** *nach dem Verfahren der Freilichtmalerei gemaltes Bild.*

Plein|air|ma|le|rei [plɛˈnɛːɐ̯...], die (bild. Kunst): *Pleinair.*

pleis|to|zän ⟨Adj.⟩ (Geol.): *das Pleistozän betreffend.*

Pleis|to|zän, das; -s [zu griech. pleĩstos = am meisten u. kainós = neu, eigtl. = die jüngste Abteilung gegenüber denen des Tertiärs] (Geol.): *vor dem Holozän liegende ältere Abteilung des Quartärs; Eiszeit[alter].*

plei|te: in der Verbindung **p. sein** (ugs.: 1. *[als Geschäftsmann, Firma] über keine flüssigen Geldmittel mehr verfügen, finanziell ruiniert, bankrott sein.* scherzh.; *augenblicklich über kein Bargeld verfügen; vorübergehend mittellos sein*).

Plei|te, die; -, -n [aus der Gaunerspr. < jidd. plejte = Flucht (vor den Gläubigern, Entrinnen); Bankrott < hebr. pēlēṭā = Flucht, Rettung] (salopp): **1.** *Zustand der Zahlungsunfähigkeit; Bankrott:* der Betrieb steht kurz vor der P.; * **P. machen, eine P. schieben** (*zahlungsunfähig werden: der Laden macht bestimmt bald P.*). **2.** *Misserfolg, Reinfall* (b), *Fehlschlag:* das Fest war eine völlige P.

plei|te|ge|hen ⟨unr. V.; ist⟩ (ugs.): *zahlungsunfähig werden:* die Firma war schon nach kurzer Zeit pleitegegangen.

Plei|te|gei|er, der [eigtl. scherzh. Bez. für den ↑ Kuckuck (2) des Gerichtsvollziehers, wohl umgedeutet aus der jidd. Ausspr. -geier für -geher] (ugs.): *Geier (als Symbol für eine Pleite):* der P. schwebt über dem Betrieb.

Plei|te|wel|le, die (ugs.): *Welle (2 a) von Firmenpleiten.*

Plei|ti|er [plaɪˈtiːeː], der; -s, -s [↑ -ier]: *jmd., der zahlungsunfähig ist, der ein Unternehmen in den Bankrott geführt hat.*

Plek|t|ron, Plek|t|rum, das; -s, ...tren u. ...tra [lat. plectrum < griech. plēktron = Werkzeug zum Schlagen, zu: plēssein = schlagen u. -tron = Suffix zur Bez. eines Werkzeugs] (Musik): *Plättchen od. Stäbchen (aus Holz, Elfenbein, Metall o. Ä.), mit dem die Saiten von Zupfinstrumenten geschlagen od. angerissen werden.*

plem – plumpen

plem: ↑ plemplem.

Plem|pe, die; -, -n [zu ↑ plempern]: **1.** [eigtl. = durch Hinundherschütteln nicht mehr gut schmeckendes Getränk] (landsch. abwertend) dünnes, gehaltloses, fades Getränk: die P. nennst du Kaffee? **2.** [eigtl. = lose hin und her Baumelndes] (scherzh., spött. veraltet) Seitengewehr, Säbel.

plem|pern ⟨sw. V.; hat⟩ [urspr. laut- u. bewegungsnachahmend] (landsch.): **1.** spritzen, gießen. **2.** die Zeit mit unnützen Dingen vertun: den ganzen Tag nur p.

plem|plem, plem ⟨indekl. Adj.⟩ [H. u.] (salopp): unvernünftig-dumm; nicht recht bei Verstand: der ist ja p.!

Ple|nar|saal, der: Saal für Plenarversammlungen.

Ple|nar|sit|zung, die: vgl. Plenarversammlung.

Ple|nar|ta|gung, die: vgl. Plenarversammlung.

Ple|nar|ver|samm|lung, die: Versammlung, an der alle Mitglieder teilnehmen können; Vollversammlung.

ple|no or|ga|no [lat. = mit vollem Werk] (Musik): (bei der Orgel) mit allen Registern.

ple|no ti|tu|lo [lat., eigtl. = mit vollem Titel] (österr.): (vor Namen od. Anreden) drückt aus, dass man bewusst auf die Angabe der Titel verzichtet (Abk.: P. T., p. t.)

Ple|num, das; -s, ...nen [engl. plenum < lat. plenum (consilium) = vollzählig(e Versammlung), zu: plenus = voll]: Vollversammlung einer Körperschaft, bes. der Mitglieder eines Parlaments.

pleo-, Pleo- [griech. pléōn, Komp. von: polýs = viel]: Best. in Zus. mit der Bed. mehr (z. B. Pleochroismus, pleomorph).

pleo|morph usw.: ↑ polymorph usw.

Ple|o|nas|mus, der; -, ...men [spätlat. pleonasmos < griech. pleonasmós = Überfluss, Übermaß] (Rhet., Stilkunde): Häufung sinngleicher od. sinnähnlicher Wörter, Ausdrücke (z. B. weißer Schimmel).

ple|o|nas|tisch ⟨Adj.⟩ (Rhet., Stilkunde): einen Pleonasmus darstellend.

Ple|thi: ↑ Krethi und Plethi.

Pleu|el, der; -s, - [hyperkorrekte Schreibung von ↑ Bleuel] (Technik): Pleuelstange.

Pleu|el|stan|ge, die (Technik): (bei Kolbenmaschinen) Teil, das Kolben u. Kurbelwelle verbindet u. die Hin-und-her-Bewegung des Kolbens in die Kreisbewegung der Kurbelwelle umsetzt.

Pleu|ra, die; -, ...ren [griech. pleurá = Seite des menschlichen Körpers, Pl.: Rippen] (Med.): **1.** Rippenfell. **2.** Brustfell.

pleu|ral ⟨Adj.⟩ (Med.): die Pleura betreffend, zu ihr gehörend.

Pleu|ri|tis, die; -, ...ritiden [zu ↑ Pleura] (Med.): Rippenfellentzündung.

Pleu|ro|pneu|mo|nie, die; -, -n (Med.): Rippenfell- u. Lungenentzündung.

ple|xi|form ⟨Adj.⟩ (Med.): geflechtartig.

Ple|xi|glas®, das; -es [zu lat. plexus = ge-, verflochten, ↑ Plexus: nach der polymeren Struktur]: glasartiger, nicht splitternder Kunststoff.

Ple|xus, der; -, - [...u:s] [zu lat. plexum, 2. Part. von: plectere = flechten] (Physiol.): netzartige Verknüpfung von Nerven, Blutgefäßen.

Pli, der; -s [aus frz. Wendungen wie prendre un pli = eine Gewohnheit annehmen; frz. pli = Falte, Art (des Faltens); Wendung, zu: plier = falten < lat. plicare] (bildungsspr.): [Welt]gewandtheit, Schliff [im Benehmen], Geschick: [viel] P. haben.

Plicht, die; -, -en [mhd., mniederd. pliht, ahd. plihta = Ruderbank vorn im Boot, wohl < spätlat. plecta = geflochten(e Leiste)] (Seemannsspr.): Cockpit (3).

plie|ren ⟨sw. V.; hat⟩ [wohl vermischt aus niederd. pīren = die Augen zusammenkneifen u. mniederd. blerren = plärren] (nordd.): **1.** blinzelnd schauen: um die Ecke p. **2.** weinen: sie pliert bei jeder Kleinigkeit.

plin|kern ⟨sw. V.; hat⟩ [Iterativbildung zu mniederd. plinken, verw. mit ↑ blinken] (nordd.): durch rasche Bewegungen der Lider immer wieder für einen kurzen Moment [unwillkürlich] die Augen schließen.

Plin|se, die; -, -n [aus dem Slaw., vgl. sorb. blinc] (ostmd., ostniederd.): **a)** [mit Kompott gefüllter] Pfannkuchen; **b)** Kartoffelpuffer.

Plin|the, die; -, -n [lat. plinthus < griech. plínthos od. (Fachspr.): quadratische od. rechteckige [Stein]platte, auf der die Basis einer Säule o. Ä. ruht.

Plin|ze: ↑ Plinse.

plio|zän ⟨Adj.⟩ (Geol.): das Pliozän betreffend, zu ihm gehörend, aus ihm stammend.

Plio|zän, das; -s [zu griech. pleīon = mehr u. kainós = neu] (Geol.): gegenüber dem Miozän die jüngere Abteilung des Neogens.

Plis|see, das; -s, -s [frz. plissé, 2. Part. von: plisser, ↑ plissieren]: **a)** Gesamtheit der Plisseefalten (eines Stoffes, Kleidungsstückes): ein Stoff mit [einem engen] P.; **b)** plissiertes Gewebe, plissierter Stoff: ein Rock aus P.; **c)** Jalousie aus plissiertem Gewebe.

Plis|see|fal|te, die: Falte eines Plissees (b).

Plis|see|rock, der: Rock aus Plissee (b).

plis|sie|ren ⟨sw. V.; hat⟩ [frz. plisser, eigtl. = falten, zu: pli, ↑ Pli]: mit einer [großen] Anzahl dauerhafter [aufspringender] Falten versehen: einen Stoff p.; ⟨häufig im 2. Part.:⟩ ein plissierter Rock.

plitsch, platsch ⟨Interj.⟩: lautm. für ein platschendes Geräusch: da kam p., p. der Frosch die Steintreppe heraufgekrochen.

plitz, platz [lautm. für große Schnelligkeit, Unerwartetheit, Überstürztheit, Plötzlichkeit] (ugs.): plötzlich.

PLN = internationaler Währungscode für: Zloty.

PLO [peˈɛlˈoː], die; - [Abk. von engl. **P**alestine **L**iberation **O**rganization]: Dachorganisation der palästinensischen Befreiungsbewegungen.

Plock|wurst, die [viell. zu mniederd. plock = Pflock, nach der länglichen Form od. zu niederd. Plock = Hackblock]: Dauerwurst aus Rindfleisch, Schweinefleisch u. Speck.

Plom|be, die; -, -n [frz. plombe, ↑ Aplomb]: **1.** Klümpchen aus Blei o. Ä., durch das hindurch die beiden Enden eines Drahtes o. Ä. laufen, sodass dieser eine geschlossene Schlaufe bildet, die nur durch Beschädigung des Bleiklumpens od. des Drahtes geöffnet werden kann: die P. entfernen, beschädigen. **2.** (veraltend) Füllung (2 b).

plom|bie|ren ⟨sw. V.; hat⟩ [frz. plomber]: **1.** mit einer Plombe (1) versehen: einen Stromzähler, ein Zimmer p.; die plombierten Kisten werden an der Grenze nicht geöffnet. **2.** (veraltend) mit einer Füllung (2 b) versehen: einen Zahn p.

Plopp, der; -[e]s, -e (ugs.): leicht knallendes Geräusch.

plop|pen ⟨sw. V.; hat⟩ (ugs.): ein leicht knallendes Geräusch erzeugen: der Sektkorken ploppt.

Plör|re, die; -, -n ⟨Pl. selten⟩ [niederd. auch: Plör, wohl zu: plören = weinen, eigtl. = verschütten, verw. mit ↑ pladdern] (nordd. abwertend): dünnes, wässriges, gehaltloses, fades Getränk, besonders dünner Kaffee.

plo|sio ⟨Adj.⟩ [zu lat. plosum, 2. Part. von: plodere, Nebenf. von: plaudere = klatschen, schlagen] (Sprachwiss.): als Verschlusslaut artikuliert: -e Laute.

Plo|siv, der; -s, -e, **Plo|siv|laut,** der (Sprachwiss.): Verschlusslaut.

Plot, der, auch: das; -s, -s [engl. plot, auch: (Grund)position, eigtl. = Stück Land; H. u.]: **1.** (Literaturwiss.) Handlungsgerüst einer epischen od. dramatischen Dichtung, eines Films o. Ä.; Fabel (3): der P. des Romans, Dramas. **2.** (EDV) mithilfe eines Plotters (1) hergestellte grafische Darstellung.

Plot|ter, der; -s, - [engl. plotter]: **1.** (EDV) an einen Computer angeschlossenes Zeichengerät, das Zeichnungen, Grafiken u. Ä. liefert; Kurvenschreiber. **2.** (Navigation) Gerät zum Aufzeichnen u. Auswerten der auf dem Radarschirm erscheinenden relativen Bewegung eines Objekts sowie der Eigenbewegung des Schiffes od. Flugkörpers.

Plöt|ze, die; -, -n [aus dem Slaw. (vgl. poln. płocica, Vkl. von: płoc = Plötze), viell. eigtl. = Plattfisch]: (bes. im Süßwasser vorkommender) Fisch von silbriger, auf dem Rücken grauer Färbung mit rötlichen Flossen u. rotem Augenring.

plötz|lich ⟨Adj.⟩ [spätmhd. plozlich, zu veraltet Plotz, spätmhd. ploz = klatschender Schlag, hörbarer, dumpfer Fall, Stoß; lautm.]: unerwartet, unvermittelt, überraschend, von einem Augenblick zum andern eintretend, geschehend: ein -er Temperatursturz; eine -e Wende; es kam für sie alles etwas p.; p. stand sie vor mir; mach, dass du wegkommst, aber etwas/ein bisschen p. (salopp; aber sofort).

Plötz|lich|keit, die; -: das Unerwartete, Überraschende, die Unvermitteltheit (eines Geschehens o. Ä.): die P. seines Todes hat uns erschüttert.

Plu|der|ho|se, die [zu ↑ pludern]: lange od. halblange, weite, bauschige Hose mit einem Bund unter den Knien od. an den Fesseln.

plu|de|rig, pludrig ⟨Adj.⟩: sich bauschend, bauschig.

plu|dern ⟨sw. V.; hat⟩ [spätmhd. pludern (↑ pladern) in der Bed. »flattern«]: sich bauschen, pludrig sein, [zu] weit sein.

plu|drig: ↑ pluderig.

Plug-and-play, Plug-and-Play [ˈplʌɡ ənd ˈpleɪ], das; - [engl. plug and play, aus: to plug (in) = anschließen u. to play = spielen] (EDV): Computerfunktion, die eine automatische Anpassung von Systemkomponenten ermöglicht: einfache Installation und mehr Komfort durch P.

Plug-in [ˈplaɡˌɪn, auch: ˈplʌɡɪn], der, od. das; -s, -s [zu engl. to plug in = anschließen] (EDV): kleines Softwareprogramm, das in eine größere Anwendung integriert werden kann.

Plum|bum, das; -s [lat. plumbum]: lat. Bez. für ↑ ¹Blei (Zeichen: Pb).

Plu|meau [plyˈmoː], das; -s, -s [frz. plumeau, zu: plume < lat. pluma = Feder]: halblanges, dickeres Federbett.

plump ⟨Adj.⟩ [aus dem Niederd. < mniederd. plump, eigtl. = lautm. Interj., vgl. plumps]: **a)** eine dicke, massige, unförmige Gestalt, Form aufweisend: -e Hände; das Auto hat eine -e Form; **b)** (bes. von Bewegungen von Menschen u. Tieren, aufgrund einer plumpen Gestalt) schwerfällig, unbeholfen, ungeschickt, ungelenk: sich p. bewegen; **c)** (abwertend) sehr ungeschickt od. dreist [u. deshalb leicht als falsch, unredlich durchschaubar]: ein -er Trick; eine -e Ausrede, Anspielung; sich jmdm. p. nähern.

Plum|pe, die; -, -n [wohl unter Einfluss von ↑ plump] (veraltet, noch ostmd., ostniederd.): Pumpe: ♦ Er stieg hinten über den Gartenzaun, er hörte die P. gehen (Cl. Brentano, Kasperl 360).

plum|pen ⟨sw. V.; hat⟩: **1.** (ostmd., ostniederd., sonst veraltet) pumpen. ♦ **2. a)** ⟨unpers.⟩ plumpsen (1): Ich schob den Beutel in meine tiefe Rocktasche, das plumpte wie in einem tiefen Brunnen (Eichendorff, Taugenichts 45); **b)** plumpsen (2): ...erst plumpten die schweren (= Steine) und hupften mit dumpfem Getön

... hinab (Goethe, Italien. Reise 6. 3. 1787 [Neapel]).
Plump|heit, die; -, -en: **1.** ⟨o. Pl.⟩ *das Plumpsein.* **2.** (abwertend) *plumpe Handlung, Bemerkung o. Ä.*
plumps ⟨Interj.⟩: lautm. für ein dumpfes, klatschendes Geräusch, wie es beim Aufschlagen eines [schweren] fallenden Körpers entsteht: p. machen.
Plumps, der; -es, -e (ugs.): **a)** *dumpfes, klatschendes Geräusch;* **b)** *von einem Plumps* (a) *begleiteter Aufprall.*
Plump|sack, der: **1.** (veraltet) *jmd., der plump, dick ist.* **2.** * *der P. geht um/rum (Kinderspiel, in dem ein als »Plumpsack« bezeichneter Gegenstand [meist ein verknotetes Taschentuch o. Ä.], der von einem der Mitspieler fallen gelassen wird, eine Rolle spielt).*
plump|sen ⟨sw. V.⟩: **1.** ⟨unpers.; hat⟩ *ein dumpfes klatschendes Geräusch, wie es beim Aufschlagen eines schweren fallenden Körpers entsteht, erzeugen; plumps machen:* ein plumpsendes Geräusch. **2.** ⟨ist⟩ *mit einem Plumps* (a) *irgendwohin fallen, auftreffen:* der Sack plumpste auf den Boden; er ließ sich in den Sessel p.
Plumps|klo, Plumps|klo|sett, das (ugs.): *über einer Grube angelegter Abort (ohne Wasserspülung).*
Plum|pud|ding [ˈplʌmˌpʊdɪŋ], der; -s, -s [engl. plum pudding, aus: plum = Rosine u. pudding, ↑ Pudding]: *kuchenartige, schwere* (4 a) *Süßspeise, die im Wasserbad gegart u. in Großbritannien bes. zur Weihnachtszeit gegessen wird.*
plump|ver|trau|lich, plump-ver|trau|lich ⟨Adj.⟩: *auf plumpe, als aufdringlich empfundene Art vertraulich:* sie klopfte ihn p. auf die Schulter.
Plun|der, der; -s, -n [mhd. blunder, mniederd. plunder = Hausrat, Wäsche, H. u.]: **1.** ⟨o. Pl.⟩ (ugs. abwertend) *[alte] als wertlos, unnütz betrachtete Gegenstände, Sachen:* der ganze P. kommt auf den Müll. **2.** [viell. eigtl. = Durcheinander-, Übereinanderliegendes] **a)** ⟨o. Pl.⟩ *Plunderteig;* **b)** ⟨o. Pl.⟩ *Plundergebäck;* **c)** ⟨Pl. selten⟩ (selten) *Plunderstück.*
Plün|de|rei, die; -, -en (abwertend): *[dauerndes] Plündern:* es kam zu wüsten -en.
Plün|de|rer, Plünderer, der; -s, -: *jmd., der plündert, geplündert hat.*
Plun|der|ge|bäck, das: *Gebäck aus Plunderteig.*
Plün|de|rin, Plünderin, die; -, -nen: w. Formen zu ↑ Plünderer, Plunderer.
plün|dern ⟨sw. V.; hat⟩ [mhd. plundern, mniederd. plunderen, zu ↑ Plunder, also eigtl. = Hausrat, Wäsche wegnehmen]: **a)** *(unter Ausnutzung einer Notstandssituation) sich fremdes Eigentum aneignen:* wo sie hinkamen, mordeten und plünderten sie; **b)** *ausplündern* (b): die Soldaten plünderten die ganze Stadt; Ü den Kühlschrank p. (scherzh.; *[fast] alles Essbare herausnehmen u. verzehren*); sein Sparkonto p. (scherzh.; *[fast] alles Geld auf einmal abheben*); **c)** (veraltet) *ausplündern* (a): er wurde von Wegelagerern geplündert; Ü Übrigens war sie es auch gewesen, die mich mit Kleidung und Wäsche versorgt hatte. Sie hatte ihren Bruder geplündert (Fallada, Herr 186).
Plun|der|stück, das: *Stück Plundergebäck.*
Plun|der|teig, der: *blätterteigähnlicher Hefeteig.*
Plün|de|rung, die; -, -en: *das Plündern; das Geplündertwerden.*
Plünd|rer usw.: ↑ Plünderer usw.
Plun|ze, Plun|zen: ↑ Blunze, Blunzen.
Plur. = Plural.
plu|ral ⟨Adj.⟩ (bildungsspr.): *pluralistisch:* eine -e Gesellschaft.
Plu|ral, der; -s, -e [lat. pluralis (numerus) = in der Mehrzahl stehend, zu: plures = mehrere, Pl.

von: plus, ↑ ¹plus] (Sprachwiss.): **1.** ⟨o. Pl.⟩ *Numerus, der anzeigt, dass es sich um mehr als nur eine Person od. Sache handelt; Mehrzahl:* das Wort gibt es nur im P. **2.** *Wort, das im Plural* (1) *steht; Pluralform:* das Wort Chemie hat, bildet keinen P.
Plu|ral|bil|dung, die (Sprachwiss.): **a)** *Bildung* (2 a) *des Plurals;* **b)** *pluralische Bildung* (5).
Plu|ral|en|dung, die (Sprachwiss.): *pluralische Flexionsendung.*
Plu|ra|le|tan|tum, das; -s, -s u. Pluraliatantum [zu lat. pluralis (↑ Plural) u. tantum = nur] (Sprachwiss.): *Substantiv, das nur als Plural vorkommt:* »Kosten« ist ein P.
Plu|ral|form, die (Sprachwiss.): *pluralische Form (eines Wortes).*
Plu|ra|li|a|tan|tum: Pl. von ↑ Pluraletantum.
plu|ra|lisch ⟨Adj.⟩ (Sprachwiss.): *im Plural stehend, durch den Plural ausgedrückt, zum Plural gehörend:* -e Wörter.
Plu|ra|lis Ma|jes|ta|tis, der; - -, ...les - [...les -] [zu lat. maiestas, ↑ Majestät] (Sprachwiss.): *Plural, mit dem eine einzelne Person, gewöhnlich ein regierender Herrscher, bezeichnet wird u. sich selbst bezeichnet* (z. B. in: Wir, Wilhelm, von Gottes Gnaden deutscher Kaiser).
Plu|ra|lis Mo|des|ti|ae [- ...tie̯], der; - -, ...les - [...le:s -] [zu lat. modestia = Bescheidenheit] (Sprachwiss.): *Plural, mit dem eine einzelne Person, bes. ein Autor, ein Redner o. Ä. sich selbst bezeichnet, um – als Geste der Bescheidenheit – die eigene Person zurücktreten zu lassen* (z. B. wir kommen damit zum Schluss unserer Ausführungen).
Plu|ra|lis|mus, der; -: **1.** (bildungsspr.) **a)** *innerhalb einer Gesellschaft, eines Staates [in allen Bereichen] vorhandene Vielfalt gleichberechtigt nebeneinander bestehender u. miteinander um Einfluss, Macht konkurrierender Gruppen, Organisationen, Institutionen, Meinungen, Ideen, Werte, Weltanschauungen usw.:* weltanschaulicher, kultureller P.; **b)** *politische Anschauung, Grundeinstellung, nach der ein Pluralismus* (1 a) *erstrebenswert ist:* ein radikaler P. **2.** (Philos.) *philosophische Anschauung, Theorie, nach der die Wirklichkeit aus vielen selbstständigen Prinzipien besteht, denen kein gemeinsames Grundprinzip zugrunde liegt:* sie ist eine Vertreterin des [philosophischen] P.
plu|ra|lis|tisch ⟨Adj.⟩: **1.** (bildungsspr.) **a)** *zum Pluralismus* (1 a) *gehörend, auf ihm beruhend; Pluralismus aufweisend:* eine p. aufgebaute Gesellschaft; **b)** *zum Pluralismus* (1 b) *gehörend, auf ihm beruhend, von ihm geprägt:* eine -e Haltung; p. eingestellt sein, denken. **2.** (Philos.) *den Pluralismus* (2) *vertretend, betreffend, zu ihm gehörend, von ihm geprägt:* ein -er Standpunkt.
Plu|ra|li|tät, die; -, -en (bildungsspr.): **1.** ⟨Pl. selten⟩ (spätlat. pluralitas] *mehrfaches, vielfaches, vielfältiges Vorhandensein, Nebeneinanderbestehen; Vielzahl:* eine P. von Meinungen. **2.** ⟨Pl. selten⟩ *Pluralismus* (1 a). **3.** (selten) *Majorität.*
Plu|ri|pa|ra, die; -, ...paren [zu lat. plus (Gen.: pluris, ↑ ¹plus) u. parere = gebären] (Med.): *Frau, die mehrmals geboren hat.*
plu|ri|po|tent ⟨Adj.⟩ [zu lat. plus (Gen.: pluris, ↑ ¹plus) u. ↑ potent] (Biol., Med.): *(von noch nicht ausdifferenziertem Gewebe) viele Entwicklungsmöglichkeiten in sich tragend.*
¹plus ⟨Konj.⟩ [lat. plus = mehr, größer; Komp. von: multus = viel] (Math.): drückt aus, dass die folgende Zahl zu der vorangehenden addiert wird; *und* (Zeichen: +): fünf p. drei [ist] gleich acht; fünf p. drei ist, macht, gibt acht; Ü das Prädikat besteht aus Prädikativum p. Kopula; die Partei strebt ein Wahlergebnis von 30 % p. (elliptisch;

von mehr als 30 %) an; die Generation 70 p. (elliptisch; *die Generation der über 70-Jährigen*).
²plus ⟨Präp. mit Gen., Dativ od. Akk.⟩ [zu: ↑ ¹plus] (bes. Kaufmannsspr.): drückt aus, dass etw. um eine bestimmte Summe o. Ä. vermehrt ist; *zuzüglich:* der Betrag p. der/den Zinsen.
³plus ⟨Adv.⟩ [zu: ↑ ¹plus]: **1.** (Math.) drückt aus, dass eine Zahl, ein Wert positiv, größer als null ist (Zeichen: +): minus drei mal minus drei ist p. neun; die Temperatur beträgt p. fünf Grad/ fünf Grad p.; [mit] p./minus null rauskommen (ugs.; *weder einen Gewinn noch einen Verlust zu verzeichnen haben*). **2.** (Elektrot.) drückt aus, dass eine positive Ladung vorhanden ist (Zeichen: +): der Strom fließt von p. *(von dort, wo eine positive Ladung vorhanden ist)* nach minus. **3.** verbessert eine (in Ziffern ausgedrückte) Zensur in einem Viertel (Zeichen: +): er hat eine Zwei p. bekommen, geschrieben.
Plus, das; -, -: **1.** *etw., was sich bei einer [End]abrechnung über den zu erwartenden Betrag hinaus ergibt; Überschuss:* die Bilanz weist ein P. auf; bei dem Geschäft habe ich [ein] P. *(einen Gewinn)* gemacht; im P. sein *(eine positive Bilanz, einen positiven Saldo o. Ä. haben).* **2. a)** *Vorteil, Vorzug, Positivum:* ihre Berufserfahrung ist ein entscheidendes P. dieser Bewerberin; Gott hat ihnen ein stumpfes Herz gegeben, ein großes P. übrigens auf diesem Planeten (Feuchtwanger, Erfolg 122); **b)** *Pluspunkt* (1): dieses Gerät verdient ein P.
Plus|be|trag, der: *Betrag, der ein Plus* (1) *darstellt.*
Plüsch [plʏʃ, auch: ply:ʃ], der; -[e]s, (Arten:) -e [frz. pluche, peluche, zu afrz. pelucher = auszupfen, über das Galloroman. < lat. pilare = enthaaren, zu: pilus = Haar]: **1.** *(gewöhnlich aus Baumwolle gewebter) hochfloriger, samtähnlicher Stoff:* mit P. bezogene Polstermöbel; Ja, die Klubsessel aus rotem P. Wir hatten wie Fürsten abends darauf gesessen (Remarque, Westen 172). **2.** *(bes. für Bademäntel verwendeter) gestrickter od. gewirkter Stoff mit kleinen hervorstehenden Schlaufen auf der Rückseite.*
Plüsch|au|gen ⟨Pl.⟩ (ugs.): *sanft, etwas verträumt od. naiv blickende, große Augen:* jmdn. mit großen P. angucken.
plü|schen [auch: ˈply:ʃn̩] ⟨Adj.⟩: **a)** *aus Plüsch bestehend, mit Plüsch ausgestattet:* ein -er Vorhang; **b)** (iron.) *von kleinbürgerlichem, spießigem Geschmack, von Engherzigkeit zeugend, für ein kleinbürgerliches Milieu typisch; plüschig* (b): eine -e Idylle.
plü|schig [auch: ˈply:ʃɪç] ⟨Adj.⟩: **a)** *von plüschähnlicher Beschaffenheit:* ein -er Mantel; **b)** (iron.) *plüschen* (b).
Plüsch|ohr, das: *Nachbildung eines Ohrs aus Plüsch:* * Klein Doofi mit -en (↑ Doofi).
Plüsch|ses|sel, der: *mit Plüsch bezogener Sessel.*
Plüsch|so|fa, das: vgl. Plüschsessel.
Plüsch|tier, das: *(als Kinderspielzeug hergestellte) Nachbildung eines Tieres, bei der zur Imitation des Fells od. Pelzes Plüsch verwendet wird.*
Plus|pol, der: **a)** (Elektrot.) *Pol, der eine positive Ladung aufweist;* **b)** (Physik) *positiver Pol, Nordpol eines Magneten.*
Plus|punkt, der: **1.** *bei einem Wettkampf o. Ä. erreichter Punkt in einem Punktsystem:* einen P. erzielen; Ü der Verteidiger konnte für seine Mandantin -e verbuchen. **2.** *Plus* (2 a): neben diesem Nachteil hat er auch -e.
Plus|quam|per|fekt, das; -s, -e [spätlat. plusquamperfectum, eigtl. = mehr als vollendet] (Sprachwiss.): **1.** *Zeitform, mit der bes. die Vorzeitigkeit (im Verhältnis zu etw. Vergangenem) ausgedrückt wird; Vorvergangenheit, vollendete*

Vergangenheit, dritte Vergangenheit. **2.** *Verbform im Plusquamperfekt* (1): *das P. von »ich esse« lautet »ich hatte gegessen«.*

plus|tern ⟨sw. V.; hat⟩ [aus dem Niederd. < mniederd. plüsteren = (zer)zausen, herumstöbern, H. u.]: **1.** *aufplustern* (1): *das Gefieder p.* **2.** ⟨p. + sich⟩ **a)** *sich aufplustern* (2 a); **b)** *sich aufplustern* (2 b).

Plus|zei|chen, das: *Zeichen (in Form eines ¹Kreuzes* 1 a), *das für »plus« steht.*

¹Plu|to, Pluton (griech. Mythol.): **1.** Beiname des Gottes Hades. **2.** Gott des Reichtums u. des Überflusses.

²Plu|to, der; -s: früher als (von der Sonne aus gerechnet) neunter, äußerster Planet unseres Sonnensystems angesehener Zwergplanet.

Plu|to|kra|tie, die; -, -n [(frz. plutocratie <) griech. ploutokratía, zu: ploũtos = Reichtum u. ↑-kratie] (bildungsspr.): **1.** ⟨o. Pl.⟩ *Staatsform, in der die Besitzenden, die Reichen die politische Herrschaft ausüben; Geldherrschaft:* die P. abschaffen. **2.** *Staat, Gemeinwesen, in dem eine Plutokratie* (1) *besteht.*

plu|to|kra|tisch ⟨Adj.⟩ (bildungsspr.): *zur Plutokratie gehörend, durch sie gekennzeichnet:* ein -er Staat.

Plu|ton: ↑¹Pluto.

plu|to|nisch ⟨Adj.⟩ [nach ↑¹Pluto (1), griech. Ploútōn]: **1.** (Rel.) *der Unterwelt zugehörend.* **2.** (Geol.) *(von magmatischen Gesteinen) in größerer Tiefe innerhalb der Erdkruste entstanden.*

Plu|to|nis|mus, der; - (Geol.): *Gesamtheit der Vorgänge innerhalb der Erdkruste, die durch Bewegungen u. das Erstarren von Magma hervorgerufen werden.*

Plu|to|ni|um, das; -s [engl. plutonium; nach ↑²Pluto] (Chemie): *radioaktives, metallisches, durch Kernumwandlung hergestelltes Transuran* (chemisches Element; Zeichen: Pu).

plu|vi|al ⟨Adj.⟩ [lat. pluvialis = zum Regen gehörig, zu: pluvia = Regen] (Geol.): *(von Niederschlägen) als Regen fallend.*

Plu|vi|a|le, das; -s, -[s] [mlat. (pallium) pluviale = Regenmantel, zu lat. pluvialis, ↑ pluvial] (kath. Kirche): *offenes, ärmelloses liturgisches Obergewand des katholischen Geistlichen.*

Plu|vio|graf, Plu|vio|graph, der; -en, -en [↑-graf] (Meteorol.): *Gerät zum Messen u. automatischen Registrieren von Niederschlagsmengen.*

Plu|vio|me|ter, das; -s, - [-meter (1)] (Meteorol.): *Niederschlagsmesser.*

PLZ = Postleitzahl.

Plzeň ['pl̩zɛɲ]: tschechische Form von ↑ Pilsen.

p. m. = post meridiem; post mortem; pro memoria; per mille; pro mille.

Pm = Promethium.

PMS = prämenstruelles Syndrom.

Pneu, der; -s, -s: **1.** [auch: pnø] (bes. schweiz.) *Luftreifen.* **2.** (Medizinjargon) Kurzf. von ↑ Pneumothorax.

Pneu|ma, das; -s [griech. pneũma, eigtl. = Luft, Wind, Atem, zu: pneĩn = wehen, atmen]: **1.** (Philos.) *das materielle, luftartige, auch feuerartige Substanz gedachte Prinzip der Natur u. des Lebens.* **2.** (Theol.) *Geist [Gottes], Heiliger Geist.*

¹Pneu|ma|tik (österr. auch: …'mat…), die; -, -en [griech. pneumatiké = Lehre von der (bewegten) Luft, zu: pneumatikós, ↑pneumatisch]: **1.** ⟨o. Pl.⟩ (Physik) *Teilgebiet der Mechanik, das sich mit dem Verhalten der Gase beschäftigt (bes. mit der technischen Anwendung von Druckluft).* **2.** (Technik) *Gesamtheit derjenigen Teile (einer technischen Vorrichtung), die eine pneumatische* (3 a) *Arbeitsweise ermöglichen:* ein Defekt in der P. **3.** ⟨o. Pl.⟩ *philosophische Lehre vom Pneuma* (1).

²Pneu|ma|tik (österr. auch: …'mat…), der; -, -s, österr.: die; -, -en [engl. pneumatic (tire), zu lat. pneumaticus, ↑pneumatisch] (österr., schweiz., sonst veraltet): *Luftreifen* (Kurzform: Pneu).

pneu|ma|tisch [österr. auch: …'mat…] ⟨Adj.⟩ [lat. pneumaticus < griech. pneumatikós = zum Wind gehörend]: **1.** (Philos.) *das Pneuma* (1) *betreffend, zu ihm gehörend, auf ihm beruhend.* **2.** (Theol.) *das Pneuma* (2) *betreffend vom Pneuma* (2) *erfüllt, durchdrungen.* **3. a)** (Technik) *mit Druckluft, Luftdruck arbeitend, vor sich gehend, betrieben:* -e Bremsen, Anlagen; eine p. gesteuerte Anlage; **b)** (Biol.) *mit Luft gefüllt:* -e Knochen.

Pneu|ma|to|lo|gie, die; - [↑-logie]: **1.** (veraltet) *Psychologie.* **2.** ¹Pneumatik (3). **3.** (Theol.) **a)** *Lehre vom Heiligen Geist;* **b)** *Lehre von den Engeln u. Dämonen.*

Pneumo- [griech. pneúmōn]: Best. in Zus. mit der Bed. *Lunge,* (auch:) *Luft, Atem* (z. B. Pneumothorax).

Pneu|mo|kok|ke, die; -, -n, **Pneu|mo|kok|kus,** der; -, …kokken ⟨meist Pl.⟩ (Med.): *(zu den Kokken gehörender) Krankheitserreger, bes. Erreger der Lungenentzündung.*

Pneu|mo|ko|ni|o|se, die; -, -n [zu griech. kónos = Staub] (Med.): *Staublunge.*

Pneu|mo|lo|ge, der; -n, -n [↑-loge]: *Facharzt für Lungenkrankheiten.*

Pneu|mo|lo|gie, die; - [↑-logie]: *Teilgebiet der Medizin, das sich mit der Lunge u. den Lungenkrankheiten befasst.*

Pneu|mo|lo|gin, die; -, -nen: w. Form zu ↑Pneumologe.

Pneu|mo|nie, die; -, -n ⟨Pl. selten⟩ [griech. pneumonía] (Med.): *Lungenentzündung.*

Pneu|mo|tho|rax, der; -[es], -e ⟨Pl. selten⟩ [↑Thorax] (Med.): *krankhafte od. aus therapeutischen Gründen künstlich bewirkte Ansammlung von Luft, Gas in der Brusthöhle; Luftbrust;* Pneu.

Po = Polonium.

¹Po, der; -[s]: *Fluss in Italien.*

²Po, der; -s, -s (ugs.): *kurz für ↑ Popo:* er hat einen knackigen Po.

P. O. = Professor ordinarius (ordentlicher Professor).

Po|ba|cke, die (ugs.): *Gesäßbacke:* eine Spritze in die P. bekommen.

Pö|bel, der; -s [(unter Einfluss von frz. peuple) mhd. bovel, povel = Volk, Leute < afrz. pueble, poblo < lat. populus = Volk(smenge)] (abwertend): *ungebildete, unkultivierte, in der Masse gewaltbereite Menschen [der gesellschaftlichen Unterschicht]; Mob* (1): *der gemeine, entfesselte P.;* jmdn. der Mob des Pöbels auslieferte.

Pö|be|lei, die; -, -en (ugs.): **1.** ⟨o. Pl.⟩ *das Pöbeln.* **2.** *pöbelhafte Handlung.*

pö|bel|haft ⟨Adj.⟩: *nach der Art des Pöbels handelnd:* sich p. benehmen; »Du -er Verseschmierer!«, flüstert sie, als spritze sie Vitriol (Remarque, Obelisk 57).

Pö|bel|herr|schaft, die; -, -en: *Ochlokratie.*

pö|beln ⟨sw. V.; hat⟩ (ugs.): *jmdn. in der Öffentlichkeit durch freche, beleidigende Äußerungen provozieren:* hör auf zu p.

Poch, das, auch: der; -[e]s [zu ↑ pochen in der veralteten Bed. »prahlen« im Sinne von »wetten«]: *kombiniertes Karten-Brett-Spiel für 3 bis 6 Personen, bei dem man wettet, die größte Zahl gleichwertiger Karten[kombinationen] zu besitzen.*

Poch|brett, das: *zum Pochspielen verwendetes Brett* (2) *mit Vertiefungen für Spielmarken u. gewonnene Geldstücke.*

Po|che, die; -, -n (landsch.): *Schläge.*

po|chen ⟨sw. V.; hat⟩ [mhd. bochen, puchen, lautm.]: **1.** (meist geh.) **a)** *klopfen* (1 a): an, gegen die Wand p.; Und streng wird das gesagt. Und auf den Tisch wird gepocht dabei: Mehr als zwei Stück Kuchen gibt es nicht (Kempowski, Zeit 185); **b)** *anklopfen* (1): leise, kräftig p.; sie hatte schon einige Male gepocht; ⟨unpers.:⟩ es pocht (jmd. klopft an die Tür). **2.** (geh.) *klopfen* (2): mein Herz pochte vor Angst; ihm pochte das Blut in den Schläfen. **3. a)** *sich energisch auf etw. berufen:* auf seine Freundschaft mit jmdm., auf seine Beziehungen, auf seine Unschuld p.; **b)** *energisch, unnachgiebig (auf einem Recht o. Ä.) bestehen* (4): auf sein Recht, seinen Anteil, seine Ansprüche p.; auf Selbstbestimmung p. **4. a)** *Poch spielen;* **b)** *beim Poch wetten, die größte Zahl gleichwertiger Karten[kombinationen] zu besitzen.* **5.** (landsch.) *verprügeln.* **6.** (Bergbau früher) *mit einem Pochstempel, in einem Pochwerk zerkleinern.* ◆ **7. a)** *trotzen* (1), *trotzig gegenübertreten:* …ich poche dem Tyrannenverhängnis (Schiller, Räuber V, 2 [Mannheimer Soufflierbuch]); **b)** *sich als Gebieter aufführen, als Unterdrücker auftreten:* War's doch nicht ärger und krauser hier, als der Sachs noch im Lande tät p. (Schiller, Wallensteins Lager 1).

Po|chet|te [pɔ'ʃɛta], die; -, -n [frz. pochette, eigtl. = kleine Tasche, zu: poche = Tasche; das Instrument war so klein, dass es in die Rocktasche passte]: **1.** *(vom 16. bis 18. Jh.) kleine Geige der Tanzmeister.* **2.** *Einstecktuch.* **3.** *kleine, flache Damenhandtasche.*

po|chie|ren [pɔ'ʃiːrən] ⟨sw. V.; hat⟩ [frz. pocher (des œufs), zu: poche = Tasche, aus dem Germ.; das Eiweiß umschließt das Eigelb wie eine Tasche] (Kochkunst): *in siedender Flüssigkeit (bes. [Essig-, Salz]wasser) garen:* pochierte Eier.

Poch|spiel, das: *Poch.*

Po|cke, die; -, -n [aus dem Niederd. < mniederd. pocke, eigtl. wohl = Schwellung, Blase]: **1.** *[Eiter]bläschen auf der Haut als Krankheitserscheinung bei Pocken od. nach einer Pockenimpfung.* **2.** ⟨Pl.⟩ *gefährliche Infektionskrankheit, die mit Fieber, Erbrechen u. der Bildung von schlecht vernarbenden Eiterbläschen einhergeht; Blattern:* [die] -n haben; gegen -n geimpft sein, werden.

Po|cken|epi|de|mie, die: vgl. Grippeepidemie.

Po|cken|holz: ↑ Pockholz.

Po|cken|imp|fung, die: *Impfung gegen Pocken.*

Po|cken|nar|be, die: *von einer Pocke zurückgebliebene Narbe.*

po|cken|nar|big ⟨Adj.⟩: *Pockennarben aufweisend:* ein -es Gesicht.

Po|cken|schutz|imp|fung, die: *Pockenimpfung.*

Po|cken|vi|rus, das, außerhalb der Fachspr. auch: der: *als Erreger der Pocken auftretendes Virus.*

Po|cket|book ['pɒkɪtbʊk], das; -s, -s [engl. pocket book, aus: pocket = Tasche u. book = Buch]: engl. Bez. für: Taschenbuch.

Po|cket|ka|me|ra ['pɒkɪt…], die: *kleine, handliche, einfach zu bedienende Kamera* (b).

Pock|holz, Pockenholz, das; -es, …hölzer ⟨Pl. selten⟩ [das Heilmittel wurde früher u. a. gegen die Pocken gebraucht]: *als Heilmittel verwendetes Guajakholz.*

po|ckig ⟨Adj.⟩: *pockennarbig.*

po|co ⟨Adv.⟩ [ital. poco < lat. paucum = wenig] (Musik): *ein wenig, etwas:* p. forte; p. andante; p. allegro; p. adagio; *p. a p. (nach u. nach, allmählich).*

Po|d|a|g|ra, das; -[s] [mhd. pōdāgrā < lat. podagra < griech. podágra, zu: poús (Gen.: podós) = Fuß u. ágra = das Fangen, also eigtl. = Fußfalle] (Med.): *Gicht des Fußes, bes. der großen Zehe.*

Pod|cast ['pɔtka:st], der; -s, -s [engl. podcast, geb. aus: iPod® = Handelsname für einen MP3-Player u. to broadcast = senden (3 a)] (EDV): *Reportage, (Radio)beitrag o. Ä., der als*

Audiodatei im MP3-Format im Internet zum Herunterladen angeboten wird.

pod|cas|ten ['pɔtkastn̩] ⟨sw. V.; hat⟩ [engl. to podcast, zu: podcast, ↑ Podcast]: *einen Podcast produzieren u. bereitstellen:* eine Vorlesung p.; sie hat über den Streik gepodcastet.

Pod|cas|ting, das; -[s]: *das Podcasten.*

Po|dest, das, seltener: der; -[e]s, -e [H. u., viell. vermischt aus lat. podium = Erhöhung (↑ Podium) u. lat. suggestum = Erhöhung; Tribüne]: **1.** *niedriges kleines Podium:* ein hölzernes P.; auf ein P. steigen; sich auf ein P. stellen; Ü jmdn. auf ein P. stellen, heben *(idealisieren).* **2.** (landsch.) *Treppenabsatz.* **3.** Kurzf. von ↑ Siegerpodest: sie hat es bei der WM aufs P. geschafft.

Po|dest|platz, der (Sport): *Platzierung unter den ersten drei, die bei der Siegerehrung auf dem Podest (3) stehen:* sie verpasste als Vierte den P. nur knapp.

Po|dex, der; -[es], -e [lat. podex, eigtl. = Furzer, zu: pedere = furzen] (fam.): *Gesäß.*

Pod|go|ri|ca [...tsa]: Hauptstadt von Montenegro.

Po|di|um, das; -s, ...ien [lat. podium < griech. pódion, eigtl. = Vkl. von: poús (Gen.: podós) = Fuß]: **a)** *erhöhte hölzerne Plattform, Bühne für nicht im Theater stattfindende Veranstaltungen:* die Trachtengruppe verließ das P., gebt aufs P.; **b)** *trittartige Erhöhung als Standplatz des Redners, Dirigenten:* für den Vortrag wurde ein kleines P. errichtet; **c)** (Archit.) *erhöhter Unterbau für ein Bauwerk:* der Tempel ist auf einem marmornen P. errichtet.

Po|di|ums|dis|kus|si|on, die: *Diskussion von Experten [auf einem Podium] vor Zuhörern, Rundfunkhörern, Fernsehzuschauern.*

Po|di|ums|ge|spräch, das: *Podiumsdiskussion.*

Po|do|lo|ge, der; -n, -n [zu griech. poús (Gen.: podós) = Fuß u. ↑ -loge]: *staatlich geprüfte Fachkraft für medizinische Fußpflege* (Berufsbez.): Dazu: **Po|do|lo|gie**, die; -; **Po|do|lo|gin**, die; -, -nen.

Po|do|me|ter, das; -s, - [zu griech. poús (↑ Podium) u. ↑ -meter (1)]: *Schrittmesser.*

Pod|sol, der; -s [russ. podzol, zu: pod = unter u. zola = Asche] (Bodenkunde): *graue bis weiße Bleicherde; saurer u. nährstoffarmer, bes. unter Nadelwäldern vorkommender Boden.*

Po|em, das; -s, -e [lat. poema < griech. poíēma] (scherzh., sonst veraltend): *[längeres] Gedicht.*

Po|e|sie, die; -, -n [frz. poésie < lat. poesis < griech. poíēsis = das Dichten; Dichtkunst, eigtl. = das Verfertigen, zu: poieĩn = dichten, eigtl. verfertigen] (bildungsspr.): **1.** ⟨o. Pl.⟩ *Dichtung als Kunstgattung; Dichtkunst:* ein Meister der P. **2.** *Dichtung als sprachliches Kunstwerk:* ein Liebhaber rilkescher P. **3.** ⟨o. Pl.⟩ *poetischer Stimmungsgehalt, Zauber:* die P. der Liebe, einer Landschaft, eines Augenblicks.

Po|e|sie|al|bum, das: *(bes. bei Kindern) Album, in das Verwandte u. Freundinnen u. Freunde zur Erinnerung Verse u. Sprüche schreiben:* jmdm. etw. ins P. schreiben.

po|e|sie|los ⟨Adj.⟩: *ohne [Sinn für] Poesie* (3), *nüchtern u. nebensächlich:* ein -er Mensch, Stil.

Po|e|sie|lo|sig|keit, die; -: *das Poesielosein.*

Po|et, der; -en, -en [mhd. pōēte < lat. poeta < griech. poiētḗs = Dichter, schöpferischer Mensch; vgl. ↑ Poesie] (bildungsspr. veraltend, sonst scherzh.): *Dichter; Lyriker.*

Po|e|ta lau|re|a|tus [lat. poeta laureatus, eigtl. = mit Lorbeer bekränzter Dichter; vgl. Laureat]: **a)** ⟨o. Pl.⟩ *einem Dichter für seine besonderen Leistungen im Rahmen einer Dichterkrönung verliehener [mit gewissen Rechten verbundener] Ehrentitel;* **b)** *Träger des Ehrentitels Poeta laureatus* (a).

Po|e|tik, die; -, -en [lat. poetica < griech. poiētikḗ (téchnē), zu: poiētikós, ↑ poetisch]: **a)** ⟨o. Pl.⟩ *Lehre von der Dichtkunst:* die P. der Klassik, des Manierismus; ein Lehrstuhl für P.; **b)** *Lehrbuch der Dichtkunst:* der Verfasser einer P.

Po|e|tin, die; -, -nen: w. Form zu ↑ Poet.

po|e|tisch ⟨Adj.⟩ [frz. poétique < lat. poeticus < griech. poiētikós = dichterisch, eigtl. = zum Hervorbringen gehörend] (bildungsspr.): **1.** *die Dichtkunst, Dichtung betreffend, ihr angehörend; dichterisch:* jmds. -e Kraft; die -e Substanz eines Gedichts; er ist p. veranlagt. **2.** *in einer Weise stimmungsvoll, die für die Dichtung charakteristisch ist:* ein -er Film; ein -es (*fantasievolles, für* ↑ *Poesie* (3) *empfängliches) Gemüt.*

po|e|ti|sie|ren ⟨sw. V.; hat⟩ [frz. poétiser] (bildungsspr.): *dichterisch erfassen u. durchdringen:* das Leben p.

po|e|to|lo|gisch ⟨Adj.⟩: *die Poetik (a) betreffend, auf ihr beruhend.*

Po|e|try-Slam, Po|e|try|slam ['pουətrɪslæm], der; -s, -s [engl. poetry slam, aus: poetry = [Vers]dichtung u. slam = Wettstreit]: *auf einer Bühne vor Publikum [das gleichzeitig die Jury ist] ausgetragener Wettbewerb, bei dem die Teilnehmer selbst verfasste Texte vortragen.*

Po|fal|te, die (ugs.): *Gesäßfalte.*

po|fen ⟨sw. V.; hat⟩ [H. u.] (ugs.): *schlafen.*

Po|fe|se: ↑ Pafese.

Po|gat|sche, die; -, -n [ung. pogácsa] (österr.): *kleiner, flacher Eierkuchen mit Grieben.*

po|gen ⟨sw. V.; hat⟩ (Jugendspr.): *Pogo tanzen.*

Po|go, der; -[s], -s [engl. pogo, nach pogo stick = Stange zum Ausführen von Sprüngen, an der unten eine Feder, Trittflächen für die Füße u. oben zwei Handgriffe angebracht sind; H. u.]: *(in den 70er-Jahren unter Jugendlichen aufgekommener) Tanz zu Punkmusik u. deren Varianten, bei dem die Tänzer wild u. heftig in die Höhe springen.*

Po|grom, der od. das; -s, -e [russ. pogrom, eigtl. = Verwüstung; Zerstörung]: *Ausschreitungen gegen nationale, religiöse od. rassische Minderheiten:* -e gegen Juden.

Po|grom|het|ze, die: *einem Pogrom vorausgehende Hetzkampagne.*

Po|grom|nacht, die: **a)** *Nacht, in der ein Pogrom stattfindet, stattgefunden hat;* **b)** *Pogrom (in der Nacht zum 10. November 1938) mit Verwüstungen vieler Synagogen, Wohnungen u. Geschäfte von Juden durch Angehörige der SA.*

Po|grom|op|fer, das: *Opfer eines Pogroms.*

Po|grom|stim|mung, die: *Stimmung, aus der heraus es leicht zu einem Pogrom kommen kann.*

poi|ki|lo|therm ⟨Adj.⟩ [zu griech. poikílos = veränderlich u. thermós = warm] (Zool.): *wechselwarm.*

Poil [poal], der; -s, -e: ²*Pol.*

Point [põɛ̃], der; -s, -s [frz. point < lat. punctum, ↑ Punkt]: **1. a)** *Stich (bei Kartenspielen);* **b)** *Auge (bei Würfelspielen).* **2.** (Börsenw.) *Einheit der Notierung von Warenpreisen an internationalen Börsen.*

Point d'Hon|neur [põɛ̃dɔ'nøːɐ̯], der; -- [frz. point d'honneur; ↑ Honneur] (veraltet): *Punkt, an dem sich jmd. in seiner Ehre getroffen fühlt:* ♦ »die Bauern ... nehmen's nicht so genau, wenn man manchmal eine falsche Note bläst.« – »Das macht, du hast kein P. ...« (Eichendorff, Taugenichts 87).

Poin|te ['põɛ̃ːta], die; -, -n [frz. pointe, eigtl. = Spitze, Schärfe < vlat. puncta = Stich, zu lat. pungere, ↑ Punkt]: *[geistreicher] überraschender [Schluss]effekt in einem Ablauf, bes. eines Witzes:* eine geistreiche P.; wo bleibt, worin liegt denn die P.?; die P. nicht verstehen.

poin|ten|reich ⟨Adj.⟩: *reich an Pointen:* eine -e Komödie.

Poin|ter, der; -s, - [engl. pointer, zu: to point = das Wild dem Jäger anzeigen]: *englischer Vorstehhund mit gestrecktem Kopf, schmalen Hängeohren, abstehendem Schwanz u. dichtem, glattem, oft weißem, schwarz od. braun getupftem Fell.*

poin|tie|ren [põɛ̃'tiːrən] ⟨sw. V.; hat⟩ [frz. pointer]: **1.** (bildungsspr.) *gezielt betonen, hervor-, herausheben:* der Redner wusste zu p. **2.** (veraltend) *bei einem Glücksspiel setzen:* Die Künstlerin Fröhlich pointierte nur selten, und dann hörte sie nicht früher auf, als bis alles dahin war (H. Mann, Unrat 126).

poin|tiert ⟨Adj.⟩ (bildungsspr.): *gezielt, scharf zugespitzt:* eine -e Bemerkung; p. antworten.

Poin|tie|rung, die; -, -en: *das Pointieren.*

Poin|til|lis|mus [...ti'jɪsmʊs], der; - [frz. pointillisme, zu: pointiller = mit Punkten darstellen, zu: point, ↑ Point]: *Stilrichtung des Neoimpressionismus, bei der in der Malerei mit ungemischten Farbtupfern sich die Mischung der Farben erst optisch vollzieht:* Dazu: **poin|til|lis|tisch** ⟨Adj.⟩.

Point of Sale ['pɔɪnt əv 'seɪl], der; - - -, -s - - [engl. point of sale, zu: point = Punkt; Stelle u. sale = Verkauf] (Werbespr.): *für die Werbung zu nutzender Ort, an dem ein Produkt verkauft wird* (z. B. Laden, Tankstelle).

Po|kal, der; -s, -e [ital. boccale < spätlat. baucalis < griech. baúkalis = enghalsiges Gefäß]: **1.** *[kostbares] kelchartiges Trinkgefäß aus Glas od. [Edel]metall mit Fuß [u. Deckel]:* ein silberner P.; der Wein wurde ihm in einem P. kredenzt. **2. a)** *Siegestrophäe bei sportlichen, nach dem Pokalsystem ausgetragenen Wettkämpfen in Form eines wertvollen Gefäßes:* einen P. stiften, gewinnen; **b)** ⟨o. Pl.⟩ Kurzf. von ↑ Pokalwettbewerb: einen P. austragen; im P. gewinnen.

Po|kal|end|spiel, das (Sport): *Endspiel im Pokalwettbewerb.*

Po|kal|fi|nal|le, das (Sport): *Pokalendspiel.*

Po|kal|sie|ger, der (Sport): *Mannschaft, die einen Pokalwettbewerb gewinnt.*

Po|kal|sie|ge|rin, die: w. Form zu ↑ Pokalsieger.

Po|kal|spiel, das (Sport): *Spiel im Pokalwettbewerb.*

Po|kal|sys|tem, das (Sport): *Modus (meist K.-o.-System), nach dem Pokalwettbewerbe ausgetragen werden.*

Po|kal|ver|tei|di|ger, der: *Mannschaft, die den letzten Pokalwettbewerb gewonnen hat.*

Po|kal|wett|be|werb, der: *Wettbewerb um einen Pokal (2 a).*

Pö|kel, der; -s, - [aus dem Niederd. < mniederd. pekel, H. u.] (selten): *Salzlake zum Pökeln.*

Pö|kel|fleisch, das: *gepökeltes Fleisch.*

Pö|kel|he|ring, der: *Salzhering.*

Pö|kel|la|ke, die: *Salzlake.*

pö|keln ⟨sw. V.; hat⟩ [niederd. pekeln]: *einpökeln: Schweinefleisch p.;* gepökelte Rinderzunge; ... was die Roste und Bratspieße nicht zu fassen vermochten, pökelte Tereus oder machte Rauchfleisch daraus (Ransmayr, Welt 222).

Pö|kel|salz, das: *Salz zum Pökeln.*

Po|ker, das u. der; -s [engl. pocher, H. u.]: *Kartenglücksspiel, bei dem der Spieler mit der besten Kartenkombination gewinnt:* P., eine Runde P. spielen; Ü sich mit jmdm. auf einen P. einlassen.

Po|ker|face ['pουkəfeɪs], das; -s, -s [...feɪsɪs] [engl. pokerface, eigtl. = Pokergesicht; *beim Poker kommt es darauf an, durch eine unbewegte Miene die Mitspielenden über den Wert seiner Karte im Unklaren zu lassen*]: **1.** *unbewegter, gleichgültig wirkender Gesichtsausdruck:* ein P. aufsetzen, machen. **2.** *Mensch, dessen Gesicht u. Haltung keinerlei Gefühlsregung widerspiegeln.*

Po|ker|ge|sicht, das: *Pokerface.*
Po|ker|mie|ne, die: *Pokerface* (1).
po|kern ⟨sw. V.; hat⟩: **1.** *Poker spielen:* stundenlang p. **2.** *bei Geschäften, Verhandlungen o. Ä. ein Risiko eingehen, einen hohen Einsatz wagen:* um etw. p.; er hat sehr hoch gepokert.
Po|ker|spiel, das: *Poker.*
¹Pol, der; -s, -e [lat. polus < griech. pólos, zu: pélein = in Bewegung sein, sich drehen]: **1. a)** *Endpunkt der Erdachse (u. seine Umgebung); Nordpol, Südpol:* der nördliche, südliche P. der Erde; Und siehe, das Luftschiff erreicht sein Ziel. Es überquert den P. (Feuchtwanger, Erfolg 689); **b)** (Astron.) *Himmelspol:* der nördliche, südliche P. [des Himmels]. **2. a)** (Physik) *Aus- od. Eintrittspunkt magnetischer Kraftlinien beim Magneten:* der positive, negative P.; **b)** (Elektrot.) *Aus- od. Eintrittspunkt des Stromes bei einer elektrischen Stromquelle:* die -e einer elektrischen Batterie. **3.** (Math.) *Punkt, der eine ausgezeichnete Lage od. eine besondere Bedeutung hat:* der P. der Kugel; * **der ruhende P.** *(jmd., von dem Ruhe ausstrahlt, der die Übersicht behält, sodass andere sich an ihm orientieren können;* aus Schillers »Spaziergang«, Vers 134).
²Pol, der; -s, -e [frz. poil, eigtl. = Haar < lat. pilus]: *bei Samt u. Teppichen die rechte Seite mit dem* ²*Flor* (2).
po|lar ⟨Adj.⟩ [zu ↑ ¹Pol]: **1. a)** *die* ¹*Pole* (1 a) *betreffend, dazu gehörend, daher stammend:* -e Kaltluft; **b)** (Astron.) *die* ¹*Pole* (1 b) *betreffend, dazu gehörend.* **2.** (bildungsspr.) *gegensätzlich, unvereinbar bei wesenhafter Zusammengehörigkeit:* -e Denksysteme, Gegensätze.
Po|lar|eis, das: *nie ganz abtauendes Eis in den Polargebieten.*
Po|lar|ex|pe|di|ti|on, die: *Expedition in die Polargebiete.*
Po|lar|for|scher, der: *Erforscher der Polargebiete.*
Po|lar|for|sche|rin, die: w. Form zu ↑ Polarforscher.
Po|lar|front, die (Meteorol.): *Grenze zwischen polarer Kaltluft u. gemäßigter od. subtropischer Warmluft.*
Po|lar|fuchs, der: *(in den nördlichen Gebieten Eurasiens u. Nordamerikas lebender) Fuchs mit im Sommer graubraunem, im Winter blaugrauem od. weißem Fell; Eisfuchs.*
Po|lar|ge|biet, das: *Gebiet um den Nord- od. Südpol.*
Po|lar|hund, der: *anspruchsloser, großer, kräftiger, als Schlitten- u. Jagdhund verwendeter, einem Wolf ähnlicher Hund.*
Po|la|ri|sa|ti|on, die; -, -en: **1. a)** (Chemie) *das Hervorrufen elektrischer od. magnetischer Pole;* **b)** (Physik) *das Herstellen einer festen Schwingungsrichtung aus den normalerweise unregelmäßigen Transversalschwingungen des natürlichen Lichts.* **2.** (bildungsspr.) *deutliches Hervortreten von Gegensätzen; Herausbildung einer Gegensätzlichkeit.*
Po|la|ri|sa|ti|ons|ebe|ne, die (Physik): *(bei einer linear polarisierten elektromagnetischen Welle) zur Schwingungsrichtung der elektrischen Feldstärke senkrechte Ebene; Schwingungsebene.*
Po|la|ri|sa|ti|ons|fil|ter, der, Fachspr. meist: das (Fotogr.): *fotografischer Filter zur Ausschaltung polarisierten Lichts.*
Po|la|ri|sa|ti|ons|mi|k|ros|kop, das: *Mikroskop für Beobachtungen im polarisierten Licht.*
po|la|ri|sie|ren ⟨sw. V.; hat⟩: **1. a)** (Chemie) *elektrische od. magnetische Pole hervorrufen;* **b)** (Physik) *bei natürlichem Licht eine feste Schwingungsrichtung aus unregelmäßigen Transversalschwingungen herstellen:* polarisiertes *(in einer Ebene schwingendes)* Licht. **2.** (bildungsspr.) **a)** *spalten, trennen; Gegensätze schaffen:* verschiedene Kräfte p.; **b)** ⟨p. + sich⟩ *in seiner Gegensätzlichkeit immer deutlicher hervortreten; sich immer mehr zu Gegensätzen entwickeln:* die verschiedenen Strömungen polarisierten sich.
Po|la|ri|sie|rung, die; -, -en: **1.** (Physik, Chemie) *das Polarisieren* (1). **2.** (bildungsspr.) *Aufspaltung (in zwei Lager o. Ä.), bei der die Gegensätze deutlich hervortreten; Herausbildung einer Gegensätzlichkeit:* die P. des Wahlkampfes.
Po|la|ri|tät, die; -, -en: **1.** (Geogr., Astron., Physik) *auf dem Vorhandensein zweier* ¹*Pole* (1, 2, 3) *beruhende Gegensätzlichkeit.* **2.** (bildungsspr.) *Gegensätzlichkeit bei wesenhafter Zusammengehörigkeit:* die P. der Geschlechter, der Anschauungen.
Po|lar|kreis, der: *Breitenkreis von etwa 66,5° nördlicher bzw. südlicher Breite, der die Polarzone von der gemäßigten Zone trennt.*
Po|lar|licht, das ⟨Pl. -er⟩: *in den Polargebieten zu beobachtendes, leuchtendes Leuchten in der hohen Erdatmosphäre.*
Po|lar|luft, die: *kalte Luft aus den Polargebieten.*
Po|lar|meer, das: *Eismeer.*
Po|lar|nacht, die: **1.** *Nacht in den Polargebieten.* **2.** ⟨o. Pl.⟩ *(in den Polargebieten) Zeitraum, in dem die Sonne Tag u. Nacht unter dem Horizont bleibt.*
Po|la|ro|id [...'rɔyt], das; -s, -s (Fotogr. Jargon): *Kurzf. von* ↑ Polaroidfoto.
Po|la|ro|id|fo|to [...'rɔyt...], das, schweiz. auch: die: *durch das Polaroidverfahren geliefertes Foto.*
Po|la|ro|id|ka|me|ra® [...'rɔyt...], die [zu engl. Polaroid® = in der Optik verwendetes, Licht polarisierendes Material]: *Kamera, die unmittelbar nach der Aufnahme das fertige Bild liefert; Sofortbildkamera.*
Po|la|ro|id|ver|fah|ren [...'rɔyt...], das ⟨o. Pl.⟩ (Fotogr.): *fotografisches Verfahren, bei dem in Sekunden das fertige Bild entsteht.*
Po|lar|sta|ti|on, die: *Forschungsstation in den Polargebieten.*
Po|lar|stern, der; -[e]s: *hellster Stern im Sternbild Kleiner Bär, nach dem wegen seiner Nähe zum nördlichen Himmelspol die Himmelsrichtung bestimmt wird; Nord[polar]stern.*
Po|lar|tag, der: vgl. Polarnacht.
Po|lar|zo|ne, die: *Zone vom Polarkreis bis zum Pol.*
Pol|der, der; -s, - [aus dem Niederd. < niederl. polder < mniederl. polder, polre, vielleicht zu: pol = (aus dem Wasser aufragendes) aufgespültes Land, H. u.]: *Koog (in Ostfriesland).*
Pol|der|deich, der: *auf einem begrünten Vorland liegender äußerer Deich.*
Po|le, der; -n, -n: Ew. zu ↑ Polen.
Po|leis: Pl. von ↑ Polis.
Po|le|mik, die; -, -en [frz. polémique (subst. Adj.), eigtl. = streitbar, kriegerisch < griech. polemikós = kriegerisch, zu: pólemos = Krieg]: **1.** *scharfer, oft persönlicher Angriff ohne sachliche Argumente [im Rahmen einer Auseinandersetzung] im Bereich der Literatur, Kunst, Religion, Philosophie, Politik o. Ä.:* die p. des Lessings gegen Gottsched. **2.** ⟨o. Pl.⟩ *polemischer Charakter (einer Äußerung o. Ä.):* ein Pamphlet voller scharfer, heftiger P. **3.** *scharfe, polemisch geführte Auseinandersetzung:* eine [wissenschaftliche] P. entfachen, führen.
Po|le|mi|ker, der; -s, -: *jmd., der zur Polemik* (2) *neigt, gern scharfe, unsachliche Kritik übt.*
Po|le|mi|ke|rin, die; -, -nen: w. Form zu ↑ Polemiker.
po|le|misch ⟨Adj.⟩ [frz. polémique]: *in der Art, in der Form einer Polemik* (1); *als Polemik gemeint; scharf, unsachlich:* -e Äußerungen; sich p. über jmdn. äußern; p. schreiben.
po|le|mi|sie|ren ⟨sw. V.; hat⟩ [mit französierender Endung]: *sich polemisch äußern; jmdn., etw. in einer Polemik angreifen:* gegen einen politischen Gegner, gegen jmds. Auffassungen p.; sie polemisieren, statt sachlich zu argumentieren.
po|len ⟨sw. V.; hat⟩ (Physik, Elektrot.): *an einen elektrischen* ¹*Pol anschließen:* Ü in Umweltfragen sind die beiden Parteien nicht gleich gepolt.
Po|len; -s: *Staat im östlichen Mitteleuropa:* R noch ist P. nicht verloren *(noch ist noch nicht alles verloren; die Lage ist noch nicht ganz aussichtslos;* nach den Anfangsworten der 1797 von Jósef Wybicki [1747–1822] gedichteten polnischen Nationalhymne).
Po|len|ta, die; -, -s, auch: ...ten [ital. polenta, eigtl. = Gerstengraupen < lat. polenta, zu: pollen, ↑ Pollen]: *fester Brei aus Maismehl od. -grieß, der meist in Scheiben geschnitten serviert wird.*
Po|len|te, die; - [aus der Gaunerspr., wohl zu jidd. paltin = Polizeirevier, eigtl. = Burg, lautlich beeinflusst von ↑ Polizei] (salopp): *Polizei* (2): jmdm. die P. auf den Hals hetzen.
Po|len|tum, das: *Wesen u. Kultur der Polen.*
Pole|po|si|ti|on, Pole-Po|si|ti|on ['poʊlpəzɪʃn̩], die; -, -s [engl. pole position, eigtl. = Innenbahn] (Motorsport): *bei Autorennen bester (vorderster) Startplatz für den Fahrer mit der schnellsten Zeit im Training:* aus der P. starten; **b)** (Jargon) *Marktführerschaft:* die P. auf dem Weltmarkt erobern.
Pol|ice [po'li:sə], die; -, -n [frz. police < ital. polizza < mlat. apodixa < griech. apódeixis = Nachweis] (Versicherungsw.): **1.** *vom Versicherer ausgefertigte Urkunde über den Abschluss einer Versicherung.* **2.** *Versicherung* (2 a): eine P. abschließen, kündigen.
po|li|cie|ren [poli'zi:rən] ⟨sw. V.; hat⟩ (Versicherungsw.): *einen Antrag auf Versicherung annehmen u. einen entsprechenden Versicherungsschein ausstellen:* einen Antrag p.; einen Versicherungsvertrag p.
Po|li|cie|rung [...'si:...], die (Versicherungsw.): *das Policieren.*
Po|lier, der; -s, -e [unter dem Einfluss von ↑ polieren umgedeutet aus spätmhd. parlier(er), eigtl. = Sprecher, Wortführer, zu: mhd. parlieren, ↑ parlieren]: *Geselle, Facharbeiter im Baugewerbe, dem vom Bauunternehmer die Verantwortung für die sachgemäße Durchführung der Bauarbeiten übertragen wird.*
Po|lier|bürs|te, die: *Bürste zum Polieren [von Schuhen].*
po|lie|ren ⟨sw. V.; hat⟩ [mhd. polieren < (a)frz. polir < lat. polire]: *durch ein bestimmtes Verfahren blank, glänzend machen, reiben:* einen Tisch, das Auto p.; Chromteile p.; seine Brille p.; polierte Möbel; die Tischplatte war poliert; Ü ein Aufsatz [stilistisch] noch etwas p. *(stilistisch überarbeiten, glätten).*
Po|lie|rin, die; -, -nen: w. Form zu ↑ Polier.
Po|lier|mit|tel, das: *Mittel zum Polieren; Politur.*

-po|lig: in Zusb., z. B. zwei-, dreipolig *(zwei, drei* ¹*Pole* 2 b *aufweisend;* mit Ziffer: 2-polig, 3-polig), mehrpolig.

Po|li|kli|nik [auch: 'poli...], die; -, -en [zu griech. pólis = Stadt u. ↑ Klinik, also eigtl. = Stadtkrankenhaus]: *Krankenhaus od. einem Krankenhaus eine klinisch angeschlossene Abteilung für meist ambulante Behandlung.*
po|li|kli|nisch ⟨Adj.⟩ (Med.): *in einer Poliklinik [erfolgend], zu einer Poliklinik gehörend.*
Po|lin, die; -, -nen: w. Form zu ↑ Pole.
Po|lio, die; -: Kurzf. von ↑ Poliomyelitis.

Po|lio|in|fek|ti|on, die: *Infektion mit Erregern der Poliomyelitis.*

Po|lio|my|e|li|tis, die; -, ...itiden [zu griech. poliós = grau (von der Farbe der Rückenmarksubstanz) u. myelós = ²Mark (1 a)] (Med.): *spinale Kinderlähmung.*

Po|lis, die; -, Poleis [griech. pólis, ↑ politisch]: *altgriechischer Stadtstaat.*

Po|lit-: drückt in Bildungen mit Substantiven aus, dass jmd. oder etw. politisch geprägt, motiviert ist, dass etw. einen politischen Inhalt hat: Politdrama, -gangster, -rock.

Po|lit|bü|ro, das; -s, -s [russ. politbjuro]: *oberstes politisches Führungsorgan einer kommunistischen Partei.*

Po|li|tes|se, die; -, -n [Kunstwort aus ↑ **Polizei** u. ↑ **Hostess**]: *Angestellte bei einer Gemeinde für bestimmte Aufgabenbereiche, bes. für die Kontrolle der Einhaltung des Parkverbots.*

Po|li|ti|cal Cor|rect|ness [...k] -], die; - - [engl. political correctness, eigtl. = politische Korrektheit]: *Einstellung, die alle Ausdrucksweisen u. Handlungen ablehnt, durch die jmd. aufgrund seiner ethnischen Herkunft, seines Geschlechts, seiner Zugehörigkeit zu einer bestimmten sozialen Schicht, seiner körperlichen od. geistigen Behinderung od. sexuellen Neigung diskriminiert wird* (Abk.: PC).

po|li|tie|ren ‹sw. V.; hat› [zu ↑ Politur] (österr.): *(Möbel) polieren.*

Po|li|tik [auch, österr. nur: ...'tık], die; -, -en [...'li:tikn, auch: ...'lıt...] (Pl. selten) [frz. politique < spätlat. politice < griech. politikē (téchnē) = Kunst der Staatsverwaltung, zu: politikós, ↑ politisch]: **1.** *auf die Durchsetzung bestimmter Ziele bes. im staatlichen Bereich u. auf die Gestaltung des öffentlichen Lebens gerichtetes Handeln von Regierungen, Parlamenten, Parteien, Organisationen o. Ä.:* die auswärtige P.; die erfolgreiche P.; die amerikanische P.; die P. des Kremls, der Bundesregierung; eine P. der Entspannung, des europäischen Gleichgewichts; sich für P. interessieren; in die P. gehen *(im politischen Bereich tätig werden);* sich aus der P. *(dem politischen Bereich)* zurückziehen; R P. ist ein schmutziges Geschäft; die P. verdirbt den Charakter. **2.** *taktierendes Verhalten, zielgerichtetes Vorgehen:* es ist seine P., nach allen Seiten gute Beziehungen zu unterhalten.

Po|li|ti|ka: Pl. von ↑ Politikum.

Po|li|tik|be|ra|ter, der: *jmd., der [berufsmäßig] Politikerinnen und Politiker berät.*

Po|li|tik|be|ra|te|rin, die: w. Form zu ↑ Politikberater.

Po|li|tik|be|trieb, der: *politisches Leben* (3 b): *ein Kenner des Berliner -s.*

Po|li|ti|ker [auch: ...'lıt...], der; -s, - [mlat. politicus < griech. politikós = Staatsmann]: *jmd., der (meist als Mitglied einer Partei) ein politisches Amt ausübt:* ein prominenter, liberaler, konservativer P.; ein führender englischer P.

Po|li|ti|ke|rin, die; -, -nen: w. Form zu ↑ Politiker.

po|li|tik|fä|hig ‹Adj.›: **a)** *in der Lage, politische Zusammenhänge zu verstehen, geistig zu erfassen;* **b)** *in der Lage, praktische Politik zu betreiben:* ist die Hamas überhaupt p.?

Po|li|tik|fä|hig|keit, die: *das Politikfähigsein.*

Po|li|tik|jar|gon, der: *Jargon* (a) *der Politik.*

Po|li|ti|kum [auch: ...'lıt...], das; -s, ...ka [nlat. Bildung zu lat. politicus, ↑ politisch]: *Vorgang, Ereignis, Gegenstand o. Ä. von politischer Bedeutung:* die Angelegenheit wird zu einem P., stellt ein P. dar.

Po|li|ti|kus [auch: ...'lıt...], der; -, -se [vgl. Politiker]

(ugs. scherzh.): *jmd., der sich eifrig mit Politik* (1) *beschäftigt.*

Po|li|tik|ver|dros|sen|heit, die: *durch politische Skandale, zweifelhafte Vorkommnisse o. Ä. hervorgerufene Verdrossenheit gegenüber Politik.*

Po|li|tik|ver|ständ|nis, das: *grundsätzliche Auffassung* (1) *von Politik* (1).

Po|li|tik|wech|sel, der: *Wechsel der bisher verfolgten Politik* (1): die Opposition verlangte einen radikalen P.

Po|li|tik|wis|sen|schaft, die: *Wissenschaft, die u. a. die politische Theorie u. Ideengeschichte sowie die Lehre vom politischen System erforscht; Politologie.*

Po|li|tik|wis|sen|schaft|ler, der: *Wissenschaftler auf dem Gebiet der Politikwissenschaft.*

Po|li|tik|wis|sen|schaft|le|rin, die: w. Form zu ↑ Politikwissenschaftler.

po|li|tik|wis|sen|schaft|lich ‹Adj.›: *die Politikwissenschaft betreffend.*

po|li|tisch [auch, österr. nur: ...'lıt...] ‹Adj.› [frz. politique < lat. politicus < griech. politikós = die Bürgerschaft, Staatsverwaltung betreffend, zu: pólis = Stadt(staat), Bürgerschaft]: **1.** *die Politik betreffend:* -e Parteien; jmds. -e Gesinnung; nach Ansicht -er Beobachter; die -e Lage; die -en Hintergründe; folgenschwere -e Entscheidungen; eine -e *(die Staatsgrenzen angebende)* Karte von Europa; -e Häftlinge, Gefangene *(aus politischen Gründen gefangen gehaltene Personen);* p. tätig sein; im -en Leben stehen *(als Politiker tätig sein);* sie wurde p. kaltgestellt; jmdn. p. unterstützen; die Darstellung soll p. korrekt sein *(der Political Correctness entsprechen).* **2.** *auf ein Ziel gerichtet, klug u. berechnend:* diese Entscheidung war nicht sehr p.; p. handeln.

Po|li|ti|sche, der/die eine Politische; der/einer Politischen, die Politischen/zwei Politische (ugs.): *politische Gefangene.*

Po|li|ti|scher, der Politische/ein Politischer; des/eines Politischen, die Politischen/zwei Politische (ugs.): *politischer Gefangener.*

po|li|ti|sie|ren ‹sw. V.; hat›: **1. a)** *[laienhaft] von Politik reden:* am Stammtisch wurde wieder politisiert; **b)** *sich politisch betätigen:* ... ich hab ihm ja abgeraten, aber er will partout wieder p. (Grass, Hundejahre 481). **2. a)** *zu politischem Bewusstsein bringen:* die Arbeiterschaft p.; **b)** *etw., was nicht in den politischen Bereich gehört, unter politischen Gesichtspunkten behandeln:* alle Lebensbereiche p.

Po|li|ti|sie|rung, die; -, -en: *das Politisieren* (2).

Po|lit|of|fi|zier, der (DDR): *Offizier mit einer besonderen Ausbildung für die politische Arbeit innerhalb der Streitkräfte.*

Po|li|to|lo|ge, der; -n, -n [↑ -loge]: *Wissenschaftler auf dem Gebiet der Politologie.*

Po|li|to|lo|gie, die; - [↑ -logie]: *Politikwissenschaft.*

Po|li|to|lo|gin, die; -, -nen: w. Form zu ↑ Politologe.

po|li|to|lo|gisch ‹Adj.›: *die Politologie betreffend, dazu gehörend; politikwissenschaftlich.*

Po|lit|pro|mi|nenz, die ‹o. Pl.›: *Prominenz* (1) *aus dem Bereich der Politik* (1).

Po|lit|sa|ti|re, die: *Behandlung politischer Themen mit satirischen Mitteln.*

Po|lit|se|kre|tär, der (österr.): *Parteisekretär.*

Po|lit|se|kre|tä|rin, die: w. Form zu ↑ Politsekretär.

Po|lit|thril|ler, der: *Thriller mit politischer Thematik.*

Po|li|tur, die; -, -en [lat. politura = das Glätten, zu: polire, ↑ polieren]: **1.** *durch Aufbringen einer Politur* (2) *hervorgebrachte, dünne, schützende Glanzschicht [auf Möbeln]:* die P. am Klavier war zerkratzt; Sehen Sie dort das Vertiko, die

Ecke, wo die P. abgeschlagen ist? Eine wohlhabende Dame hat das in ihrer Verzweiflung getan (Remarque, Triomphe 134). **2.** *bes. aus Gemischen von Harzen bestehendes Mittel, das auf Holz, Metall, Kunststoff aufgetragen wird u. einen dünnen, schützenden, glänzenden Überzug hinterlässt.*

Po|li|zei, die; -, -en [spätmhd. polizī = (Aufrechterhaltung der) öffentliche(n) Sicherheit < mlat. policia < (spät)lat. politia < griech. politeía = Bürgerrecht, Staatsverwaltung, zu: pólis, ↑ politisch]: **1.** *staatliche od. kommunale Institution, die [mit Zwangsgewalt] für öffentliche Sicherheit u. Ordnung sorgt:* die hessische, spanische P.; die geheime P. (selten) *(Geheimpolizei);* politische P. *(Polizei, deren Aufgabenbereich politische Strafsachen sind; Geheimpolizei);* Beamte der -en aller Bundesländer; eine eigene P. aufstellen; sich bei der P. stellen; die Archive der P.; bei der P. *(Polizist)* sein; Ärger mit der P. haben; R die P., dein Freund und Helfer; dümmer sein, als die P. erlaubt (ugs. scherzh.; *sehr dumm sein).* **2.** ‹o. Pl.› *Gruppe von der Polizei* (1) *Angehörenden:* die P. regelt den Verkehr, geht gegen Demonstranten vor, fahndet nach dem Verbrecher, hebt einen Gangsterring aus, verhaftet mehrere Personen, trifft an der Unfallstelle ein; die P. rufen, holen; die P. gegen jmdn. einsetzen; jmdm. die P. auf den Hals hetzen; ein Trupp berittener P.; sich widerstandslos von der P. abführen lassen. **3.** ‹o. Pl.› *Dienststelle der Polizei* (1): die P. verständigen; die Nummer der P. wählen; sich bei der P. melden; zur P. gehen. ◆ **4.** *Staatsverwaltung:* ... die große P. der Vorsicht (= der Vorsehung), die auch in der Geisterwelt ihre Blindschleichen und Taranteln zur Ausfuhr des Gifts besoldet (Schiller, Kabale IV,6).

Po|li|zei|ak|ti|on, die: *von der Polizei durchgeführte Aktion:* eine nächtliche P.

Po|li|zei|an|ga|be, die ‹meist Pl.›: *Angabe* (1) *in einem Polizeibericht:* laut, nach -n.

Po|li|zei|ap|pa|rat, der: *Apparat* (2) *der Polizei:* den P. in Bewegung setzen.

Po|li|zei|auf|ge|bot, das: *Aufgebot* (1) *von Polizisten.*

Po|li|zei|au|to, das: *Auto der Polizei, bes. Funkstreifenwagen.*

Po|li|zei|be|am|ter ‹vgl. Beamter›: *Beamter der Polizei.*

Po|li|zei|be|am|tin, die: w. Form zu ↑ Polizeibeamter.

Po|li|zei|be|hör|de, die: *Behörde der Polizei; Behörde mit polizeilichen Aufgaben.*

po|li|zei|be|kannt ‹Adj.›: *der Polizei nicht fremd, nicht neu, bei ihr bereits auffällig geworden:* -e Gewalttäter; sie ist wegen verschiedener Delikte bereits p.

Po|li|zei|be|richt, der: *Bericht der Polizei über Vorkommnisse, die polizeiliches Eingreifen erfordern.*

Po|li|zei|chef, der: *Chef einer Polizei, einer Polizeibehörde.*

Po|li|zei|che|fin, die: w. Form zu ↑ Polizeichef.

Po|li|zei|dienst, der: **1.** ‹Pl. selten› *Dienst* (1 b) *bei der Polizei.* **2.** *Dienststelle, Einrichtung der Polizei.*

Po|li|zei|dienst|stel|le, die: *Dienststelle der Polizei.*

Po|li|zei|di|rek|ti|on, die: *größere, übergeordnete Polizeibehörde.*

Po|li|zei|ein|heit, die: *für einen bestimmten Zweck gebildete Truppe, Gruppe von Polizisten:* eine motorisierte P.

Po|li|zei|ein|satz, der: *Einsatz von Polizeikräften.*

Po|li|zei|es|kor|te, die: *von der Polizei gestellte Eskorte.*

Po|li|zei|funk, der: ²*Funk* (1 a) *der Polizei auf einer bestimmten Frequenz:* den P. abhören.
Po|li|zei|ge|setz, das: *Gesetz, das die Organisation u. Tätigkeit der Polizei regelt.*
Po|li|zei|ge|wahr|sam, der: *polizeilicher* ¹*Gewahrsam* (2).
Po|li|zei|ge|walt, die: a) *polizeiliche Gewalt* (1) *als Machtbefugnis:* die P. ausüben; b) ⟨o. Pl.⟩ *von der Polizei in einem Fall ausgeübte Gewalt:* etw. mit P. verhindern.
Po|li|zei|griff, der: *[von Polizisten angewendeter] Griff, bei dem jmdm. die Arme auf den Rücken gebogen werden (damit er nicht handgreiflich werden kann):* jmdn. im P. abführen.
Po|li|zei|haupt|wacht|meis|ter, der: *Polizeibeamter im mittleren Dienst.*
Po|li|zei|haupt|wacht|meis|te|rin, die: w. Form zu ↑ Polizeihauptwachtmeister.
Po|li|zei|hund, der: *für polizeiliche Zwecke abgerichteter Hund.*
Po|li|zei|ins|pek|ti|on, die: *nachgeordnete Polizeibehörde.*
Po|li|zei|kom|man|do, das: *Kommando der Polizei.*
Po|li|zei|kom|mis|sar, (südd., österr. u. schweiz.:) **Po|li|zei|kom|mis|sär,** der: *Polizeibeamter im gehobenen Dienst.*
Po|li|zei|kom|mis|sa|ri|at, das (österr.): *Kommissariat* (2).
Po|li|zei|kom|mis|sa|rin, die: w. Form zu ↑ Polizeikommissar.
Po|li|zei|kom|mis|sä|rin, die: w. Form zu ↑ Polizeikommissar.
Po|li|zei|kon|t|rol|le, die: *von der Polizei durchgeführte Kontrolle.*
Po|li|zei|kräf|te ⟨Pl.⟩: *Gruppe von Polizisten, die irgendwo in einer bestimmten Funktion (z. B. zur Abwehr von Gefahren, Sicherung der Ordnung, Verhinderung von Verbrechen o. Ä.) auftreten:* ein starkes Aufgebot von -n.
po|li|zei|lich ⟨Adj.⟩: *die Polizei betreffend, von der Polizei ausgehend, von ihr durchgeführt, zu ihr gehörend:* das -e Kennzeichen eines Fahrzeugs; -e Ermittlungen; ein -es Führungszeugnis; p. *(von der Polizei)* verboten; jmdn. p. suchen lassen; die -e Meldepflicht *(Pflicht, sich etw. bei der Polizei zu melden);* sich p. *(bei der Polizei)* anmelden, abmelden; Immerhin, die Sache war p. in dieser Gasse toleriert, mindestens solange niemand eine formelle Anzeige machte (Dodrer, Wasserfälle 28).
Po|li|zei|meis|ter, der: *Polizeibeamter im mittleren Dienst.*
Po|li|zei|meis|te|rin, die: w. Form zu ↑ Polizeimeister.
Po|li|zei|not|ruf, der: **1.** *Notrufanlage, über die die Polizei zu erreichen ist.* **2.** *Notrufnummer, unter der die Polizei zu erreichen ist.*
Po|li|zei|or|ches|ter, das: *aus Angehörigen der Polizei (eines bestimmten Orts o. Ä.) gebildetes Orchester.*
Po|li|zei|pos|ten, der: *Posten* (1, 4) *der Polizei.*
Po|li|zei|prä|senz, die ⟨Pl. selten⟩: *Anwesenheit der Polizei [aus Sicherheitsgründen]:* massive, erhöhte P. bei Demonstrationen.
Po|li|zei|prä|si|dent, der: *Leiter eines Polizeipräsidiums.*
Po|li|zei|prä|si|den|tin, die: w. Form zu ↑ Polizeipräsident.
Po|li|zei|prä|si|di|um, das: *größere, übergeordnete Polizeibehörde.*
Po|li|zei|re|vier, das: **1.** *für einen [Stadt]bezirk zuständige Polizeidienststelle:* sich auf dem P. melden. **2.** *[Stadt]bezirk, für den eine bestimmte Polizeidienststelle zuständig ist:* die -e vergrößern.
Po|li|zei|schutz, der ⟨o. Pl.⟩: *polizeilicher Schutz:* unter P. gestellt werden.

Po|li|zei|spit|zel, der (abwertend): *jmd., der als Spitzel für die Polizei arbeitet.*
Po|li|zei|staat, der: *Staat, in dem der Bürger nicht durch unverletzliche Grundrechte u. eine unabhängige Rechtsprechung geschützt wird (wie im Rechtsstaat), sondern der willkürlichen Rechtsausübung der [Geheim]polizei ausgesetzt ist.*
Po|li|zei|strei|fe, die: *polizeiliche Streife* (1, 2).
Po|li|zei|stun|de, die ⟨Pl. selten⟩: *gesetzlich festgelegte Uhrzeit, zu der Gaststätten o. Ä. täglich geschlossen werden müssen; Sperrstunde:* die P. verlängern, aufheben.
Po|li|zei|uni|form, die: *von Polizisten im Dienst getragene Uniform.*
Po|li|zei|wa|che, die: *Dienststelle der Schutzpolizei.*
Po|li|zei|we|sen, das ⟨o. Pl.⟩: *Bereich der Polizei mit allen dazugehörenden Einrichtungen u. Maßnahmen.*
po|li|zei|wid|rig ⟨Adj.⟩: *den polizeilichen Anordnungen zuwiderlaufend.*
Po|li|zist, der; -en, -en: *[uniformierter] Angehöriger der Polizei; Schutzmann.*
Po|li|zis|tin, die; -, -nen: w. Form zu ↑ Polizist.
Po|liz|ze, die; -, -n [ital. polizza, ↑ Police] (österr.): *Police.*
Polk (veraltet): ↑ Pulk.
Pol|ka, die; -, -s [tschech. polka, eigtl. = Polin; um 1831 in Prag so zu Ehren der damals unterdrückten Polen genannt]: *Rundtanz im lebhaften bis raschen* ²/₄*-Takt mit Achtelrhythmus, wobei jeweils auf drei Schritte ein Hopser folgt.*
pol|ken ⟨sw. V.; hat⟩ [H. u.] (nordd. salopp): a) *sich mit den Fingern an, in etw. zu schaffen machen:* in der Nase p.; b) *mit den Fingern aus, von etw. entfernen:* [sich] Popel aus der Nase p.
Poll [pɒʊl], der; -s, -s [engl. poll, eigtl. = Kopf(zahl) (Markt-, Meinungsforschung): **1.** *Umfrage, Befragung.* **2.** *Wahl, Abstimmung.* **3.** *Liste der Wähler od. Befragten.*
Pol|len, der; -s, - [lat. pollen = sehr feines Mehl, Mehlstaub] (Bot.): *Blütenstaub.*
Pol|len|al|ler|gie, die (Med.): *krankhafte Reaktion des Organismus auf bestimmte Pollen;* vgl. Heuschnupfen.
Pol|len|flug, der: *zur Blütezeit der Pflanzen einsetzende Verbreitung der Pollen.*
Pol|len|flug|ka|len|der, der: *Kalender, der die Zeiten des Pollenflugs der verschiedenen Pflanzen angibt.*
Pol|ler, der; -s, -: a) *[älter: Polder < niederl. polder, niederd. polder (frz. poutre) = Balken, urspr. = junge Stute (beide tragen Lasten) < lat. pullus = Jungtier] (Seemannsspr.) Holz- od. Metallklotz, -pfosten auf Schiffen, Kaimauern, um den das Taue zum Festmachen von Schiffen gelegt werden; b) Markierungsklotz für den Straßenverkehr.*
◆ **Pöl|ler,** der; -s, - (südd., österr., schweiz.): *Böller:* ...einer muss ... die Fahne dort aufpflanzen, dass sie dieselbe in dem Tale sehen und die P. abschießen (Stifter, Bergkristall 65).
Pol|lu|ti|on, die; -, -en [spätlat. pollutio = Besudelung] (Med.): *unwillkürlicher Samenerguss [im Schlaf].*
¹**Pol|lux** (griech. Mythol.): *Held der griechischen Sage:* * wie Kastor und P. sein (↑ ¹Kastor).
²**Pol|lux,** der; -: *Stern im Sternbild Zwillinge.*
pol|nisch|stäm|mig ⟨Adj.⟩: *Polen, die Polen betreffend, von den Polen stammend, zu ihnen gehörend.*
Pol|nisch, das; -[s], (nur mit best. Art.:) **Pol|ni|sche,** das; -n: *die polnische Sprache.*
Po|lo, das; -s [engl. polo, eigtl. = Ball, aus einer nordind. Spr.]: *Treibballspiel zwischen zwei Mannschaften zu je vier Spielern, die vom Pferd aus versuchen, einen Ball mit langen Schlägern in das gegnerische Tor zu treiben.*

Po|lo|hemd, das: *kurzärmeliges Trikothemd mit offenem Kragen.*
Po|lo|nai|se, Po|lo|nä|se [...'nɛːzə], die; -, -n [frz. polonaise (danse) = polnischer (Tanz), zu: polonais = polnisch]: *(als Eröffnung von Bällen o. Ä. beliebter) festlicher Schreittanz im* ³/₄*-Takt, wobei die Ausführung der geometrischen Figuren den anführenden Paar überlassen bleibt.*
Po|lo|nia: *lateinischer Name von Polen.*
Po|lo|nis|tik, die; -: *Wissenschaft von der polnischen Sprache u. Literatur.*
Po|lo|ni|um, das; -s [nlat., zu: Polonia, dem nlat. Namen Polens, der Heimat der Entdeckerin, der frz. Naturwissenschaftlerin M. Curie (1867–1934)]: *radioaktives Metall (chemisches Element; Zeichen: Po).*
Po|lo|schlä|ger, der: *hammerähnlicher, langer Schläger, mit dem Polo gespielt wird.*
Po|lo|shirt [...ʃɑːt], das: *Polohemd.*
Pols|ter, das, österr. auch: der; -s, -, österr.: Pölster [mhd. polster, bolster, ahd. polstar, bolstar, eigtl. = (Auf)geschwollenes]: **1.** *mit festem Stoff- od. Lederbezug versehene, elastische Auflage [mit Sprungfedern] auf Sitz- u. Liegemöbeln o. Ä.: ein weiches, hartes P.;* sich in die P. zurückfallen lassen, zurücklehnen. **2. a)** *in ein Kleidungsstück eingearbeitetes, festes, kissenartiges Teil zur modischen Betonung einer bestimmten Partie:* P. betonte die Schultern; **b)** (Bot.) *flache od. halbkugelige, den Boden überziehende Form bestimmter Pflanzen:* P. bildende Pflanzen bei den Steingarten; das Moos wächst in -n; **c)** *etw., was sich jmd. z. B. in Form von Rücklagen oft selbst geschaffen hat u. was ihm eine gewisse Sicherheit gibt:* ein finanzielles P. besitzen. **3.** (österr.): *Kissen.*
Pols|ter|bank, die ⟨Pl. ...bänke⟩: *gepolsterte* ¹*Bank* (1 a).
pols|ter|bil|dend ⟨Adj.⟩ (Bot.): *sich beim Wachsen in einem Polster* (2 b) *ausbreitend.*
Pöls|ter|chen, das; -s, -: **1.** Vkl. zu ↑ Polster. **2.** ⟨meist Pl.⟩ (ugs. scherzh.) *Fettpolster.*
Pols|te|rer, der; -s, - (ugs.): *Handwerker, der Möbel polstert* (Berufsbez.).
Pols|ter|gar|ni|tur, die: *aus gepolsterten Möbeln bestehende Garnitur* (1 a).
Pols|te|rin, die; -, -nen: w. Form zu ↑ Polsterer.
Pols|ter|mö|bel, das: *gepolstertes Möbel.*
pols|tern ⟨sw. V.; hat⟩: a) *mit einem Polster* (1) *versehen:* ein Sessel polstert, weich p.; etw. mit Rosshaar, Seegras, Schaumstoff p.; die Autositze, die Türen zum Direktorzimmer sind gepolstert; Ü ist sie gut gepolstert (ugs. scherzh.; *ziemlich dick);* für ein solches Geschäft muss man gut gepolstert sein (ugs. scherzh.; *viel Geld [als Rücklage] haben);* b) *mit einem Polster o. Ä. versehen:* etw. mit Watte p.
Pols|ter|ses|sel, der: vgl. Polsterbank.
Pols|ter|stoff, der: *Möbelstoff.*
Pols|ter|stuhl, der: vgl. Polsterbank.
Pols|ter|tür, die: *zur Schalldämpfung mit Lederpolster belegte Tür.*
Pols|te|rung, die; -, -en: **1.** *Polster* (1) *eines Sitz- od. Liegemöbels, auf den Sitzen eines Fahrzeugs:* die P. eines Autos; die P. der Stühle erneuern. **2.** *das Polstern.*
Pol|ter, der; -s, - [zu ↑ poltern in der Bed. »Holz (laut) abwerfen«] (süd[west]dt.): *Holzstoß.*
Pol|ter|abend, der: *Abend vor einer Hochzeit, an dem nach altem Brauch vor dem Haus [der Brauteltern] Porzellan o. Ä. zerschlagen wird, dessen Scherben dem Brautpaar Glück bringen sollen.*
Pol|te|rer, der; -s, - (ugs.): *jmd., der oft poltert* (2 a).
Pol|ter|geist, der ⟨Pl. -er⟩: *Klopfgeist.*
pol|te|rig, polt|rig ⟨Adj.⟩: *polternd* (1, 2).

Pol|te|rin, die; -, -nen (ugs.): w. Form zu ↑ Polterer.
pol|tern ⟨sw. V.⟩ [spätmhd. buldern, mniederd. bolderen = poltern, lärmen; lautm.]: **1. a)** ⟨hat⟩ *mehrmals hintereinander ein dumpfes Geräusch verursachen, hervorbringen:* die Familie über uns polterte den ganzen Abend; ⟨unpers.:⟩ draußen polterte es; **b)** ⟨ist⟩ *sich polternd* (1a) *irgendwohin bewegen:* der Karren polterte über das holprige Pflaster; die Holzklötze poltern vom Wagen; er kam ins Zimmer gepoltert. **2.** ⟨hat⟩ **a)** *laut scheltend sprechen, seine Meinung äußern [ohne es böse zu meinen]:* der Großvater poltert gern; **b)** *laut scheltend sagen:* »Hinaus!«, polterte er. **3.** ⟨hat⟩ (ugs.) *Polterabend feiern:* heute Abend wird bei uns gepoltert.
polt|rig ⟨Adj.⟩: ↑ polterig.
Pol|wechs|ler, Pol|wen|der, der (Elektrot.): *Relais zur Umwandlung von Gleichstrom in Wechselstrom.*

poly-, Poly- [griech. polýs]: bedeutet in Bildungen mit Adjektiven od. Substantiven *viel, mehr, verschieden:* polyfunktional, polyglott; Polytheismus.

Pol|ly|ac|ryl, das; -s: *leichte, weiche Synthesefaser.*
Pol|ly|ac|ryl|ni|tril, das; -s [Kunstwort]: *polymerisiertes Acrylsäurenitril, das Ausgangsstoff wichtiger Kunstfasern ist.*
Pol|ly|amid, das; -[e]s, -e (Chemie, Technik): *hochmolekularer, im Allgemeinen farbloser, bei höheren Temperaturen verformbarer Kunststoff, der bes. für die Herstellung von Kunstfasern verwendet wird.*
Pol|ly|an|drie, die; - [griech. polyandría, zu: polyandreĩn = viele Männer haben, zu: anḗr (Gen.: andrós) = Mann] (Völkerkunde): *vereinzelt bei Naturvölkern vorkommende Form der Polygamie, bei der eine Frau gleichzeitig mit mehreren Männern verheiratet ist; Vielmännerei.*
Pol|ly|an|tha|ro|se, die; -, -n [zu griech. polyanthḗs = vielblütig, zu: ánthos = Blüte] (Bot.): *meist als Busch wachsende Rose von niedrigem Wuchs, die zahlreiche Blüten an einem Stängel trägt.*
Pol|ly|ar|th|ri|tis, die; -, ...itiden (Med.): *an mehreren Gelenken gleichzeitig auftretende Arthritis.*
Pol|ly|äthy|len, Polyethylen, das; -s, -e (Chemie, Technik): *(durch Polymerisation von Äthylen hergestellter) hochmolekularer, chemisch kaum angreifbarer, formbarer, aber fast unzerbrechlicher Kunststoff.*
po|ly|chrom ⟨Adj.⟩ [zu griech. chrõma = Farbe] (bild. Kunst, Fotogr., Malerei): *vielfarbig, bunt:* eine -e Aufnahme.
Pol|ly|chro|mie, die; -, -n (bild. Kunst, Fotogr., Malerei): **1.** ⟨o. Pl.⟩ *mehrfarbige Gestaltung mit kräftig voneinander abgesetzten Farbflächen ohne einheitlichen Grundton; Vielfarbigkeit* (z. B. bei Keramiken). **2.** *Werk in Polychromie* (1).
po|ly|cyc|lisch: ↑ polyzyklisch.
Pol|ly|deu|kes: griech. Name des ¹Pollux.
Pol|ly|eder, das; -s, - [zu (spät)griech. polýedros = vielflächig, zu: griech. hédra = Fläche] (Math.): *von mehreren ebenen Flächen, von Vielecken begrenzter Körper; Vielflächner:* der Würfel ist ein regelmäßiges P.
po|ly|ed|risch ⟨Adj.⟩ (Math.): *die Form eines Polyeders habend:* ein -er Körper.
Pol|ly|es|ter, der; -s, - (Chemie, Technik): *(aus Säuren u. Alkoholen gebildeter) hochmolekularer Stoff, der als wichtiger Rohstoff zur Herstellung von Kunstfasern, Harzen, Lacken o. Ä. dient.*
Pol|ly|ethy|len: ↑ Polyäthylen.

Pol|ly|ethy|len|te|reph|tha|lat, das; -s, -e: *glasklarer, fester Kunststoff aus der Gruppe der Polyester, der v. a. für Flaschen und Folien verwendet wird.*
po|ly|fon, polyphon ⟨Adj.⟩ [griech. polýphōnos = vielstimmig, zu: polýs (↑ poly-, Poly-) u. phōnḗ, ↑ ¹Fon] (Musik): *die Polyfonie betreffend, zu ihr gehörend; in der Kompositionsart der Polyfonie komponiert; mehrstimmig:* -e Musik.
Pol|ly|fo|nie, Polyphonie, die; -, -n [griech. polyphōnía = Vieltönigkeit, Vielstimmigkeit] (Musik): *Kompositionsweise, -technik, bei der die verschiedenen Stimmen selbstständig linear geführt werden u. die melodische Eigenständigkeit der Stimmen Vorrang vor der harmonischen Bindung hat.*
po|ly|funk|ti|o|nal ⟨Adj.⟩: *verschiedene, mehrere Funktionen habend; auf verschiedene, in mehrfacher Weise funktionierend.*
po|ly|gam ⟨Adj.⟩ [zu griech. gámos = Ehe]: **1. a)** *(von Tieren u. Menschen) von der Anlage her auf mehrere Geschlechtspartner bezogen:* -e Vögel; **b)** (Völkerkunde) *die Mehrehe, die Vielehe kennend; in Mehrehe, in Vielehe lebend:* -e Völker; **c)** (selten) *mit mehreren Partnern geschlechtlich verkehrend:* sie wohnen zusammen, leben aber beide p. **2.** (Bot.) *(von bestimmten Pflanzen) sowohl zwittrige als auch eingeschlechtige Blüten gleichzeitig tragend.*
Pol|ly|ga|mie, die; -: **1. a)** (bes. Völkerkunde) *Ehe mit mehreren Partnern; Mehrehe, Vielehe;* **b)** *Zusammenleben, geschlechtlicher Verkehr mit mehreren Partnern.* **2.** (Bot.) *Auftreten von zwittrigen u. eingeschlechtigen Blüten gleichzeitig auf einer Pflanze.*
po|ly|gen ⟨Adj.⟩ [↑ -gen]: **1.** (Biol.) *(von einem Erbvorgang) durch das Zusammenwirken mehrerer Gene bestimmt.* **2.** (bes. Fachspr.) *vielfachen Ursprung habend, durch mehrfachen Ursprung hervorgerufen.*
po|ly|glott ⟨Adj.⟩ [griech. polýglōttos, zu: glõtta, glõssa = Zunge, Sprache] (bildungsspr.): **1.** *in mehreren Sprachen abgefasst; mehrsprachig* (a), *vielsprachig:* eine -e Ausgabe der Bibel. **2.** *mehrere, viele Sprachen beherrschend, sprechend.*
Pol|ly|glot|te, die/eine Polyglotte (bei/einer Polyglotten, die Polyglotten/zwei Polyglotte (bildungsspr.): *weibliche Person, die mehrere, viele Sprachen beherrscht.*
Pol|ly|glot|ten|bi|bel, die: *polyglotte Bibelausgabe.*
Pol|ly|glot|ter, der Polyglotte/ein Polyglotter; des/eines Polyglotten, die Polyglotten/zwei Polyglotte (bildungsspr.): *jmd., der mehrere, viele Sprachen beherrscht.*
Pol|ly|gon, das; -s, -e [griech. polýgōnon, zu: gōnía = Ecke, Winkel] (Math.): *Vieleck.*
po|ly|go|nal ⟨Adj.⟩ (Math.): *ein Polygon darstellend; vieleckig.*
Pol|ly|graf, Polygraph, der; -en, -en [zu griech. polygráphein = viel schreiben]: **1. a)** *Gerät zur gleichzeitigen Registrierung mehrerer physiologischer Vorgänge u. Erscheinungen;* **b)** *Lügendetektor.* **2.** (regional) *Angehöriger des grafischen Gewerbes.*
Pol|ly|gra|fie, Polygraphie, die; -, -n [griech. polygraphía = Vielschreiberei]: **1. a)** *Untersuchungsmethode in der Medizin (bes. in der Schlafmedizin), bei der man sich eines Polygrafen* (1a) *bedient;* **b)** *Einsatz des Polygrafen* (1). **2.** ⟨o. Pl.⟩ (regional) *alle Zweige des grafischen Gewerbes umfassendes Gebiet.*
po|ly|gra|fisch, polygraphisch ⟨Adj.⟩: *die Polygrafie betreffend.*
Pol|ly|graph usw.: ↑ Polygraf usw.
Pol|ly|gy|nie, die; - (Völkerkunde): *Polygamie, bei der ein Mann gleichzeitig mit mehreren Frauen verheiratet ist; Vielweiberei.*

Pol|ly|hym|nia, Polymnia (griech. Mythol.): *Muse des ernsten Gesanges.*
Pol|ly|kon|den|sa|ti|on, die; - (Chemie, Technik): *Verfahren zur Herstellung von Makromolekülen, von hochmolekularen Kunststoffen* (z. B. *von Polyurethanen).*
po|ly|mer ⟨Adj.⟩ [zu griech. méros = (An)teil]: **1.** (Chemie, Technik) *durch Polymerisation, durch Verknüpfung kleinerer Moleküle entstanden, aus großen Molekülen bestehend:* -e Verbindungen. **2.** (Fachspr.) *aus mehreren, vielen Teilen bestehend, hervorgegangen; mehr-, vielteilig; mehr-, vielgliedrig:* -e Fruchtknoten.
Pol|ly|mer, das; -s, -e, **Pol|ly|me|re,** das; -n, -n ⟨meist Pl.⟩ (Chemie): *aus Makromolekülen bestehender Stoff; polymere Verbindung.*
Pol|ly|me|ri|sat, das; -[e]s, -e (Chemie, Technik): *durch Polymerisation entstandener neuer, hochmolekularer Stoff.*
Pol|ly|me|ri|sa|ti|on, die; -, -en (Chemie, Technik): *chemischer Vorgang, durch den ein Polymer entsteht; Herstellung eines Polymers.*
po|ly|me|ri|sier|bar ⟨Adj.⟩: *sich polymerisieren lassend.*
po|ly|me|ri|sie|ren ⟨sw. V.; hat⟩ (Chemie, Technik): **1.** *in einer Polymerisation zu einem Polymer werden:* der Kunststoff polymerisiert und wird fest. **2.** *zu einem Polymer machen, werden lassen:* einen Stoff p.
Pol|ly|me|ri|sie|rung, die; -, -en: *das Polymerisieren.*
Pol|ly|me|ter, das; -s, - [↑ -meter (1)] (Meteorol.): *kombiniertes Hygro- u. Thermometer.*
Pol|ym|nia: ↑ Polyhymnia.
po|ly|morph ⟨Adj.⟩ [griech. polýmorphos, zu: polýs (↑ poly-, Poly-) u. ↑ -morph] (Fachspr.): *in verschiedenerlei Gestalt, Form vorhanden, vorkommend; vielgestaltig, verschiedengestaltig.*
Pol|ly|mor|phie, die; -, -n, **Pol|ly|mor|phis|mus,** der; -, ...men: *Vielgestaltigkeit, Verschiedengestaltigkeit.*
Pol|ly|ne|si|en; -s: *Inselwelt im mittleren Pazifischen Ozean.*
Pol|ly|ne|si|er, der; -s, -: Ew.
Pol|ly|ne|si|e|rin, die; -, -nen: w. Form zu ↑ Polynesier.
po|ly|ne|sisch ⟨Adj.⟩: *Polynesien, die Polynesier betreffend, von den Polynesiern stammend, zu ihnen gehörend.*
Pol|ly|neu|ro|pa|thie, die; -, -n (Med.): *nicht entzündliche Erkrankung mehrerer peripherer Nerven.*
Pol|ly|nom, das; -s, -e [zu lat. nomen = Name] (Math.): *aus mehr als zwei durch Plus- od. Minuszeichen miteinander verbundenen Gliedern bestehender mathematischer Ausdruck.*
Pol|lyp, der; -en, -en [lat. polypus < griech. polýpous, eigtl. = vielfüßig, zu: poús = Fuß]: **1.** *auf einem Untergrund festsitzendes Nesseltier, das oft große Stöcke bildet.* **2.** (veraltet, noch Gastron.) *Krake.* **3. a)** (Med.) *gutartige, oft gestielte Geschwulst der Schleimhäute, bes. in der Nase:* jmdm. die -en herausnehmen; **b)** (ugs.) *Wucherung der Rachenmandel.* **4.** [zu älter gaunerspr. polipee, viell. aus dem Jidd., beeinflusst vom scherzh. Vergleich der »Fangarme« des Polizisten mit denen des Polypen] (salopp) *Polizist; Polizei-, Kriminalbeamter.*
pol|ly|pen|ar|tig ⟨Adj.⟩: *einem Polypen ähnlich, wie ein Polyp.*
Pol|ly|pep|tid, das; -[e]s, -e (Biochemie): *aus verschiedenen Aminosäuren aufgebautes Produkt beim Ab- u. Aufbau der Eiweißkörper.*
po|ly|phag ⟨Adj.⟩ [zu griech. phageĩn = essen, fressen] (Biol.): *(von Tieren) Nahrung verschiedenster Herkunft aufnehmend.*
Pol|ly|pha|ge, der; -n, -n (Zool.): *polyphages Tier.*
Pol|ly|phem (griech. Mythol.): *ein Zyklop.*

Po|ly|phe|mos: griech. Form von ↑ Polyphem.

po|ly|phon usw.: ↑ polyfon usw.

po|ly|plo|id ⟨Adj.⟩ [geb. nach ↑ diploid, haploid] (Genetik): *(von Zellkernen) mehr als zwei Chromosomensätze aufweisend.*

Po|ly|plo|i|die, die; - (Biol.): *das Vorhandensein von mehr als zwei Chromosomensätzen; Vervielfachung des Chromosomensatzes.*

Po|ly|pol, das; -s, -e [geb. nach ↑ Oligopol] (Wirtsch.): *Marktform, bei der auf der Angebots- od. Nachfrageseite jeweils mehrere Anbieter bzw. Nachfrager miteinander in Konkurrenz stehen.*

Po|ly|pro|py|len, das; -s: *durch Polymerisation von Propylen hergestellter thermoplastischer Kunststoff.*

Po|ly|re|ak|ti|on, die; -, -en (Chemie): *sich vielfach wiederholende chemische Reaktion, bei der sich ein Polymer bildet.*

Po|ly|rhyth|mik, die; - (Musik): *gleichzeitiges Auftreten verschiedenartiger Rhythmen in den einzelnen Stimmen einer Komposition (z. B. im Jazz).*

po|ly|rhyth|misch ⟨Adj.⟩ (Musik): *die Polyrhythmik betreffend, zu ihr gehörend; Polyrhythmik aufweisend.*

Po|ly|sac|cha|rid, Po|ly|sa|cha|rid [...zaxa...], das; -[e]s, -e (Biochemie): *aus zahlreichen Monosacchariden aufgebautes hochmolekulares Kohlenhydrat.*

po|ly|sem, po|ly|se|man|tisch ⟨Adj.⟩ [griech. polýsēmos, polysémantos = vieles bezeichnend] (Sprachwiss.): *(von Wörtern) mehrere Bedeutungen habend; Polysemie aufweisend.*

Po|ly|se|mie, die; -, -n (Sprachwiss.): *Vorhandensein mehrerer Bedeutungen bei einem Wort (z. B. Pferd = Tier, Turngerät, Schachfigur).*

Po|ly|sty|rol, das; -s, -e (Chemie, Technik): *durch Polymerisation von Styrol gewonnener, in verschiedenen Formen herstellbarer, vielseitig verwendbarer Kunststoff.*

po|ly|syl|la|bisch ⟨Adj.⟩ [spätlat. polysyllabus < griech. polysýllabos] (Sprachwiss.): *(von Wörtern) aus mehreren Silben bestehend, mehrsilbig.*

Po|ly|syn|de|ton, das; -s, ...ta [griech. polysýndeton, eigtl. = das vielfach Verbundene] (Sprachwiss.): *Reihe von Wörtern, Satzteilen, Sätzen, deren Glieder durch Konjunktionen miteinander verbunden sind.*

po|ly|syn|the|tisch ⟨Adj.⟩ (Sprachwiss.): *vielfach zusammengesetzt:* -e Sprachen *(Sprachen, wie die Indianersprachen, bei denen mehrere Bestandteile des Satzes zu einem Wort verschmolzen werden).*

Po|ly|tech|nik, die; -: a) *Fachgebiet, das mehrere Zweige der Technik, auch der Wirtschaft, der Gesellschaftspolitik o. Ä. umfasst:* die Studenten werden in P. ausgebildet; b) (bes. DDR) *Polytechnik* (a) *als Unterrichtsfach in der Schule:* morgen haben wir zwei Stunden P.

po|ly|tech|nisch ⟨Adj.⟩: *mehrere Zweige der Technik, auch der Wirtschaft, der Gesellschaftspolitik o. Ä. umfassend:* die Grundbildung an Haupt-, Real- und Gesamtschulen der Bundesrepublik; (bes. DDR:) -er Unterricht; eine -e Schule.

Po|ly|the|is|mus, der; -: *Glaube an eine Vielzahl von (männlich u. weiblich gedachten) Gottheiten; Vielgötterei.*

po|ly|the|is|tisch ⟨Adj.⟩: *den Polytheismus betreffend, ihm entsprechend, auf ihm beruhend:* -e Religionen.

po|ly|to|nal ⟨Adj.⟩ (Musik): *die Polytonalität betreffend, zu ihr gehörend; nach den Gesetzen der Polytonalität komponiert; mehrere Tonarten in den verschiedenen Stimmen zugleich aufweisend:* -e Musik.

Po|ly|to|na|li|tät, die; -, -en (Musik): **1.** *gleichzeitiges Auftreten mehrerer Tonarten in den einzelnen Stimmen einer Komposition.* **2.** *polytonale Passage in einem Musikstück.*

Po|ly|ure|than, das; -s, -e ⟨meist Pl.⟩ [zu nlat. urea = Harnstoff (zu ↑ Urin) u. ↑ Äthan]: *wichtiger, vielseitig verwendbarer Kunststoff.*

po|ly|va|lent ⟨Adj.⟩: **1.** (Psychol.) *multivalent.* **2.** (Med.) *in mehrfacher Beziehung wirksam, gegen verschiedene Erreger od. Giftstoffe gerichtet* (z. B. von Seren).

Po|ly|vi|nyl|chlo|rid, das; -[e]s ⟨o. Pl.⟩: *PVC.*

po|ly|zy|klisch [auch: ...ˈtsyk...], polycyclisch ⟨Adj.⟩ (Chemie): *(von organischen chemischen Verbindungen) zwei od. mehr Ringe miteinander verbundener Atome im Molekül aufweisend.*

pöl|zen (sw. V.; hat) [zu Bolz (veraltete Form von ↑ Bolzen) in der Bed. »Stützholz«] (bayr., österr.): *mit Pfosten, durch Verschalung o. Ä. stützen:* eine Mauer, einen Stollen p.

Po|ma|de, die; -, -n [frz. pommade < ital. pomata, zu: pomo = Apfel (< lat. pomum = Baumfrucht); wahrsch. wurde ein Hauptbestandteil früher aus einem bestimmten Apfel gewonnen] (veraltend): *fetthaltige, salbenähnliche Substanz zur Haarpflege, bes. zur Festigung des Haars bei Männern:* P. im Haar haben.

po|ma|dig ⟨Adj.⟩: **1.** (veraltend) *mit Pomade eingerieben:* -es Haar. **2.** (landsch.) *blasiert, anmaßend, dünkelhaft:* seine -e Art ist unerträglich. **3.** (ugs.) *langsam, träge; gemächlich:* sei nicht so p.!

po|ma|di|sie|ren (sw. V.; hat) (veraltend): *mit Pomade einreiben.*

Po|me|lo, die; -, -s [engl. pomelo, wahrsch. geb. aus älter. pomplemous < niederl. pompelmoes, ↑ Pampelmuse]: *große, birnenförmige Zitrusfrucht mit dicker weißgelblicher bis grünlicher Schale u. rosafarbenem, brombeerähnlich schmeckendem Fruchtfleisch; Rückkreuzung der Pampelmuse mit der Grapefruit.*

Po|me|ran|ze, die; -, -n [15. Jh., älter ital. pommerancia, verdeutlichende Zus. aus: pomo = Apfel u. arancia (aus dem Pers.) = bitter, also eigtl. = bittere Apfelsine]: **1.** *(bes. in den Mittelmeerländern u. in Indien kultivierter) kleiner Baum mit schmalen dunkelgrünen Blättern, stark duftenden weißen Blüten u. runden orangefarbenen Früchten.* **2.** *orangefarbene, runde, der Apfelsine ähnliche, aber kleinere Zitrusfrucht (mit saurem Fruchtfleisch u. bitter schmeckender Schale); Frucht der Pomeranze* (1).

Pom|mer, der; -n, -n: Ew. zu ↑ Pommern.

Pom|me|rin, die; -, -nen: w. Form zu ↑ Pommer.

pom|me|risch ⟨Adj.⟩: *Pommern, die Pommern betreffend; von den Pommern stammend, zu ihnen gehörend.*

Pom|mer|land, das; -[e]s (selten): *Pommern.*

Pom|mern, -s: *Landschaft südlich der Ostsee.*

pom|mersch ⟨Adj.⟩: *pommerisch.*

Pom|mes ⟨Pl.⟩ (ugs.): *Pommes frites:* eine Tüte P.

Pom|mes|bu|de, die (ugs.): *Imbissstand, an dem hauptsächlich Pommes frites verkauft werden.*

Pommes Dauphine [pɔmdoˈfiːn] ⟨Pl.⟩ [frz., zu: dauphine = Gemahlin des ↑ Dauphins] (Kochkunst): *mit geriebenem Käse zubereitete Kroketten aus Kartoffelbrei.*

Pommes frites [pɔmˈfrit] ⟨Pl.⟩ [frz. pommes frites, zu: frit, ↑ frittieren] (Kochkunst): *in schmale Stäbchen geschnittene, roh in Fett schwimmend gebackene Kartoffeln.*

Po|mo|lo|gie, die; - [zu lat. pomum = Baumfrucht u. ↑-logie]: *Lehre von den Obstsorten u. vom Obstbau als Teilgebiet der Botanik.*

Pomp, der; -[e]s [mhd. pomp(e) < (m)frz. pompe < lat. pompa < griech. pompḗ = Geleit; festlicher Aufzug, zu: pémpein = schicken; geleiten]: *großer Aufwand [an Pracht]; prachtvolle Aufmachung, Ausstattung; als übertrieben empfundener Prunk, Gepränge:* übertriebener P.

Pom|pe|ji: *Stadt u. antike Ruinenstätte am Vesuv.*

pom|pe|jisch ⟨Adj.⟩: *Pompeji betreffend.*

pomp|haft ⟨Adj.⟩ [zu ↑ Pomp] (oft abwertend): *mit großem Pomp [ausgestattet, auftretend]:* p. ausgestattete Räume.

Pomp|haf|tig|keit, die; -: *pomphafter Charakter.*

Pom|pon [põˈpõː, auch: pɔmˈpõː], der; -s, -s [frz. pompon, zu mfrz. pomper = den Prächtigen spielen, zu: pompe = Gepränge, Prunk, ↑ Pomp]: *als Zierde (bes. auf Hausschuhen, an bestimmten Kostümen u. Hüten) angebrachte, einem kleinen Ball ähnliche, weiche Quaste aus Seide, Wolle o. Ä.*

pom|pös ⟨Adj.⟩ [frz. pompeux < spätlat. pomposus, zu lat. pompa, ↑ Pomp]: *überaus, in übertriebener Weise aufwendig, in auffallender Weise prächtig, prunkvoll; mit großem Pomp [ausgestattet, auftretend]:* eine -e Ausstattung; -e Feierlichkeiten; eine -e Villa; sie war geradezu p. aufgemacht; Ü ein -er Titel; In Messina bescheiden alt zu werden, das ist zwar nicht dein Lebensziel gewesen – aber es ist doch ehrenwerter und gottgefälliger, als in Paris p. zugrunde zu gehen (Süskind, Parfum 86).

Pö|na|le, das; -s, ...lien, auch: die; -, -n [zu lat. poenalis = die Strafe betreffend, zu: poena = Strafe] (österr., sonst veraltet): **1.** *Strafe, Buße.* **2.** *Strafgebühr, Strafgeld.*

Pon|cho [ˈpɔntʃo], der; -s, -s [span. poncho < Arauka (südamerik. Indianerspr.) poncho]: **1.** *(von den Indianern Mittel- u. Südamerikas) als Umhang getragene viereckige Decke mit einem Schlitz in der Mitte für den Kopf.* **2.** *ärmelloser, glockig fallender, mantelartiger Umhang, bes. für Frauen u. Kinder.*

Pond, das; -[s], - [lat. pondus = Gewicht, zu: pendere, ↑ Pensum] (Physik veraltend): *tausendster Teil der früheren Krafteinheit Kilopond (Zeichen: p).*

pon|de|ra|bel ⟨Adj.⟩; ...bler, -ste) [spätlat. ponderabilis] (bildungsspr. veraltend): *wägbar, berechenbar, kalkulierbar:* ♦ ⟨subst.:⟩ ...sie hat ein Herz für das Ponderable, für alles, was ins Gewicht fällt und Zins trägt (Fontane, Jenny Treibel 87).

Pon|de|ra|bi|li|en ⟨Pl.⟩ (bildungsspr.): *wägbare, kalkulierbare Dinge.*

Pö|ni|tenz, die; -, -en [mhd. pēnitenze, pēnitenzie < mlat. poenitentia] (kath. Kirche veraltend): *in der Beichte auferlegte Buße* (1 b): ♦ ...da sie dies offenbar nicht zu ihrer P. tun, sondern zu ihrem Vergnügen (Keller, Romeo 66).

Pons, der; -es, -e [gek. aus mlat. pons asinorum, ↑ Eselsbrücke] (landsch. Schülerspr.): *bes. bei Klassenarbeiten heimlich benutzte Übersetzung eines altsprachlichen Textes.*

Pon|te, die; -, -n [frz. pont < lat. pons (Gen.: pontis) = Brücke] (rhein.): *flache, breite Fähre.*

Pon|ti|cel|lo [...ˈtʃɛlo], der; -s, -s u. ...lli [ital. ponticello, eigtl. = Brückchen, zu: ponte < lat. pons, ↑ Ponte] (Musik): *Steg (bei bestimmten Streich- u. Zupfinstrumenten).*

Pon|ti|fex, der; -, Pontifices [...tseːs] [lat. pontifex, eigtl. = Brückenmacher, zu: pons = Brücke u. facere = machen]: *Oberpriester im Rom der Antike.*

Pon|ti|fex ma|xi|mus, der; - -, ...tifices ...mi [lat. pontifex maximus, eigtl. = größter Brückenmacher]: **1.** *oberster Priester im Rom der Antike.* **2.** ⟨o. Pl.⟩ *Titel der römischen Kaiser.* **3.** ⟨o. Pl.⟩ (kath. Kirche) *Titel des Papstes* (Abk.: P. M.)

pon|ti|fi|kal ⟨Adj.⟩ [lat. pontificalis = oberpriesterlich] (kath. Kirche): *einem Bischof zugehörend, ihm vorbehalten; bischöflich.*

Pon|ti|fi|kal|amt, das (kath. Kirche): *von einem Bischof, Abt od. Prälaten gehaltenes Hochamt.*

Pon|ti|fi|ka|le, das; -[s], ...lien [kirchenlat. pontificale] (kath. Kirche): **1.** *liturgisches Buch für die bischöflichen Amtshandlungen.* **2. a)** ⟨Pl.⟩ *bischöfliche Insignien, bes. Mitra u. Bischofsstab;* **b)** ⟨meist Pl.⟩ *bischöfliche Amtshandlung, bei der nach liturgischer Vorschrift der Bischof Mitra u. Bischofsstab benutzt; Pontifikalhandlung.*

Pon|ti|fi|kal|hand|lung, die (kath. Kirche): *Pontifikale* (2 b).

Pon|ti|fi|ka|li|en: Pl. von ↑ Pontifikale.

Pon|ti|fi|kal|mes|se, die: *Pontifikalamt.*

Pon|ti|fi|kat, das od. der; -[e]s, -e [lat. pontificatus = Amt u. Würde eines Oberpriesters] (kath. Kirche): *Amt, Amtsdauer des Papstes od. eines Bischofs.*

Pon|ti|fi|zes: Pl. von ↑ Pontifex.

Pon|ti|us: in der Wendung **von P. zu Pilatus laufen** (ugs.; *in einer Angelegenheit viele Wege machen müssen, von einer Stelle zur andern gehen bzw. geschickt werden;* eigtl. = von Herodes zu Pontius Pilatus laufen, nach Luk. 23, 7 f.; später alliterierend umgestaltet nach dem Namen des röm. Statthalters Pontius Pilatus [gest. 39 n. Chr.] im damaligen Palästina).

Pon|ton [põˈtõ:, auch: pɔnˈtõ:, auch: ˈpɔntɔŋ, auch: pɔnˈtoːn], der; -s, -s [frz. ponton < lat. ponto (Gen.: pontonis), zu: pons = Brücke, ↑ Ponte] (Seew., Militär): *einem breiten, flachen Kahn ähnlicher, offener od. geschlossener schwimmender Hohlkörper zum Bau von [behelfsmäßigen] Brücken o. Ä.*

Pon|ton|brü|cke, die: *von Pontons getragene Brücke.*

◆ **Pon|ton|haus**, das: *[zu einem militärischen Übungsplatz gehörendes] Gebäude, in dem die zum Bau einer Pontonbrücke benötigten Pontons gelagert werden:* ...am Ausgange der Köpnicker Straße, zwischen dem zur Pionierkaserne gehörigen P. und dem Schlesischen Tor (Fontane, Jenny Treibel 17).

¹Po|ny [...ni], das; -s, -s [engl. pony, H. u.]: *Pferd einer kleinen Rasse:* auf einem P. reiten.

²Po|ny, der; -s, -s [nach der Mähne des ¹Ponys]: *in die Stirn gekämmtes, meist gleichmäßig kurz geschnittenes, glattes Haar.*

Po|ny|fran|sen ⟨Pl.⟩ (ugs.): ²*Pony.*

Po|ny|fri|sur, die: *Frisur mit einem* ↑ ²*Pony.*

¹Pool [puːl], der; -s, -s: Kurzf. von ↑ Swimmingpool.

²Pool, der; -s, -s [engl. pool = gemeinsame Kasse, eigtl. = Wett-, Spieleinsatz < frz. poule, ↑ Poule]: **1.** (Wirtsch.) *Zusammenfassung von Beteiligungen verschiedener Eigentümer an einem Unternehmen mit dem Zweck, bestimmte Ansprüche geltend machen zu können.* **2.** (Wirtsch.) **a)** *Vereinbarung von Unternehmen zur Bildung eines gemeinsamen Fonds, aus dem die Gewinne nach vorher festgelegter Vereinbarung verteilt werden;* **b)** *Fonds* (1 a), *Kasse* (3 a); *Reservoir:* Ü die einzelnen Blutspenden wurden zu einem P. (Jargon; *zu einer Mixtur*) zusammengefasst. **3.** (Jargon) *Zusammenschluss, Vereinigung.*

³Pool, das; -s [zu ↑ ²Pool (2 a); das Spiel wurde früher mit Wetteinsatz gespielt]: Kurzf. von ↑ Poolbillard.

Pool|bar, die: *an einem Swimmingpool gelegene Bar.*

Pool|bil|lard, das ⟨o. Pl.⟩: *Billardspiel, bei dem eine Anzahl Kugeln, die unterschiedlich nach Punkten bewertet werden, in die an den vier Ecken u. in der Mitte der Längsseiten des Billardtisches befindlichen Löcher gespielt werden müssen.*

poo|len [ˈpuːlən] ⟨sw. V.; hat⟩ [engl. to pool, zu ↑ ²Pool]: **1.** (Wirtsch.) *Beteiligungen verschiedener Eigentümer an einem Unternehmen zusammenfassen.* **2.** (Wirtsch.) *einen gemeinsamen Fonds bilden, aus dem die Gewinne nach vorher festgelegter Vereinbarung an die beteiligten Unternehmen verteilt werden:* Ü die einzelnen Blutspenden wurden gepoolt (Jargon; *zusammengemischt*). **3.** (Jargon) *zusammenfassen, zusammenlegen, bündeln.*

Pop, der; -[s]: **1.** [engl. pop, gek. aus: pop art, ↑ Pop-Art] *Gesamtheit von Popkunst, -musik, -literatur usw.* **2.** *Popmusik:* P. hören. **3.** (ugs.) *poppige Art, poppiger Einschlag.*

Po|panz, der; -es, -e [über das Ostmd. wohl aus dem Slaw., vgl. tschech. bubák]: **1. a)** (veraltet) *künstlich hergestellte [Schreck]gestalt, bes. ausgestopfte Gestalt, Puppe;* **b)** (abwertend) *etw., was aufgrund vermeintlicher Bedeutung, Wichtigkeit Furcht, Einschüchterung o. Ä. hervorruft od. hervorrufen soll:* einen P. errichten; etw. zum P. machen. **2.** (abwertend) *jmd., der sich willenlos gebrauchen, alles mit sich machen lässt.*

Pop-Art [ˈpɔpˌʔaːɐ̯t], die; - [engl. pop art, gek. aus: popular art = volkstümliche Kunst, zu popular < afrz. poullier < lat. popularis, ↑ populär u. art < afrz. art < lat. ars (Gen.: artis)]: **1.** *moderne, bes. amerikanische u. englische Kunstrichtung, gekennzeichnet durch Bevorzugung großstädtischer Inhalte, auf die Realität bezogene Unmittelbarkeit u. bewusste Hinwendung zum Populären bzw. Trivialen.* **2.** *Erzeugnis[se] der Pop-Art* (1): P. ausstellen.

Pop|corn, das; -s [engl. popcorn, aus: pop = Knall u. corn = Mais]: *Puffmais.*

Po|pe, der; -n, -n [russ. pop < aruss. pop, wohl < ahd. pfaffo, ↑ Pfaffe]: **1.** *(im slawischen Sprachraum) niederer orthodoxer Weltgeistlicher.* **2.** (abwertend) *Geistlicher.*

Po|pel, der; -s, - [(ost)md.; H. u.]: **1.** (ugs.) *Stück verdickter Nasenschleim.* **2.** (landsch.) **a)** *[schmutziges] kleines Kind;* **b)** (abwertend) *unbedeutender, unscheinbarer, armseliger Mensch:* was will denn dieser P.!

Po|pe|lin [popəˈliːn, pɔpˈliːn], der; -s, -e, **Po|pe|li|ne** [popəˈliːn(ə), pɔpˈliːn], der; -s, - [...ˈliːnə], auch: die; -, - [...ˈliːnə] [frz. popeline, H. u.]: *sehr fein geripptes, festes Gewebe aus feinen Garnen (für Oberbekleidung).*

po|peln ⟨sw. V.; hat⟩ [zu ↑ Popel (1)] (ugs.): *mit einem Finger [in der Nase] bohren.*

Pop|far|be, die: *poppige Farbe.*

Pop|fes|ti|val, das: vgl. Popkonzert.

Pop|grup|pe, die: *Gruppe von gemeinsam auftretenden Musikern u. Sängern der Popmusik:* die legendäre P. ABBA.

◆ **Po|pi|ne**, die; -, -n [lat. popina, zu: popa = Helfer beim Tieropfer, Opferdiener, eigtl. = Opferkoch]: *Garküche, Kneipe:* Cäsarn wär' ich wohl nie zu feinen Britannen gefolget, Florus hätte mich leicht in die P. geschleppt (Goethe, Elegien I, XV).

Pop|kon|zert, das: *Konzert, bei dem Popmusik gespielt wird.*

Pop|kul|tur, die: *durch den Pop* (1) *geschaffene bzw. davon ausgehende Kultur.*

Pop|kunst, die: *Kunst im Stil der Pop-Art.*

pop|lig usw.: ↑ popelig usw.

Pop|li|te|ra|tur, die ⟨o. Pl.⟩: *Techniken u. Elemente der Trivial- u. Gebrauchsliteratur benutzende Richtung der modernen Literatur, die provozierend exzentrische, obszöne, unsinnige od. primitive, bes. auch der Konsumwelt entnommene Inhalte bevorzugt.*

Pop|mo|de, die: *moderne Mode mit auffallenden Farben u. Formen sowie anderen [Stil]elementen der Pop-Art.*

Pop|mu|sik, die: *massenhaft verbreitete populäre Musik bzw. Unterhaltungsmusik unterschiedlicher Stilrichtungen (wie Schlager, Song, Musical, Folklore, Funk u. a.).*

pop|mu|si|ka|lisch ⟨Adj.⟩: *die Popmusik betreffend, zu ihr gehörend.*

Pop|mu|si|ker, der: *Musiker der Popmusik.*

Pop|mu|si|ke|rin, die: w. Form zu ↑ Popmusiker.

Po|po, der; -s, -s [aus der Kinderspr., verdoppelte Kurzform von ↑ Podex] (fam.): *Gesäß (bes. eines Kindes):* ein runder, rosiger P.

Po|po|ca|te|petl, der; -[s]: Vulkan in Mexiko.

¹pop|pen ⟨sw. V.; hat⟩ [viell. zu engl. to pop = knallen, aufspringen] (regional ugs.): *hervorragend u. effektvoll, wirkungsvoll od. beeindruckend sein:* etw., jmd. poppt.

²pop|pen ⟨sw. V.; hat⟩ [wahrsch. zu mundartl. poppe(r)n = sich schnell hin und her bewegen, wohl laut- u. bewegungsnachahmend] (salopp): *mit jmdm. Geschlechtsverkehr haben.*

¹Pop|per, der; -s, - [zu ↑ Pop (2)]: *(bes. in den 80er-Jahren des 20. Jh.s) Jugendlicher, der sich durch gepflegtes Äußeres u. modische Kleidung bewusst von einem Punker* (2) *abheben will.*

²Pop|per, der; -s, -s [engl. popper, eigtl. = Gewehr, zu: to pop = knallen] (Jargon): *Fläschchen, Hülse mit Poppers.*

Pop|pers, das; - (Jargon): *nitrithaltiges Rauschmittel, dessen Dämpfe eingeatmet werden.*

pop|pig ⟨Adj.⟩ [zu ↑ Pop (1)]: *[Stil]elemente des Pop, bes. der Pop-Art, enthaltend; modern u. auffallend (in der Farbgebung bzw. Gestaltung):* -e Krawatten; -e Aufmachung; eine p. aufbereitete Inszenierung.

Pop|sän|ger, der: vgl. Popmusiker.

Pop|sän|ge|rin, die: w. Form zu ↑ Popsänger.

Pop|song, der: *Song* (1) *aus dem Bereich der Popmusik.*

Pop|star, der: *erfolgreicher Künstler auf dem Gebiet der Popmusik.*

Pop|sze|ne, die: *Szene* (4), *künstlerisches Milieu der Popmusik u. ihrer Vertreter:* was gibt es Neues in der P.?

po|pu|lär ⟨Adj.⟩ [frz. populaire < lat. popularis = zum Volk gehörend; volkstümlich, zu: populus = Volk]: **1. a)** *beim Volk, bei der großen Masse, bei sehr vielen bekannt u. beliebt; volkstümlich:* ein -er Sportler, Künstler, Politiker; ein -er Schlager; das Buch hat den Autor p. gemacht; **b)** *beim Volk, bei der Masse Anklang, Beifall u. Zustimmung findend:* -e Maßnahmen; dieses Gerichtsurteil ist nicht p.; p. handeln. **2.** *gemeinverständlich, volksnah:* -e Vorträge; p. schreiben.

po|pu|la|ri|sie|ren ⟨sw. V.; hat⟩ [frz. populariser] (bildungsspr.): **1.** *populär machen, dem Volk, der breiten Masse, der Allgemeinheit nahebringen:* ein Parteiprogramm p. **2.** *populär gestalten, umgestalten u. so gemeinverständlich machen:* wissenschaftliche Erkenntnisse p.

Po|pu|la|ri|sie|rung, die; -, -en (bildungsspr.): *das Popularisieren; das Popularisiertwerden.*

Po|pu|la|ri|tät, die; - [frz. popularité < lat. popularitas]: **1.** *das Populärsein; Volkstümlichkeit, Beliebtheit:* seine P. ist gestiegen; große P. genießen. **2.** (selten) *Gemeinverständlichkeit.*

Po|pu|lar|kla|ge, die (Rechtsspr.): *Klage* (3), *die von jmdm. erhoben wird, der nicht selbst betroffen ist.*

po|pu|lär|wis|sen|schaft|lich ⟨Adj.⟩: *in populärer, gemeinverständlicher Form wissenschaftlich:* -e Literatur; etw. p. darstellen.

Po|pu|la|ti|on, die; -, -en: **1.** (Biol.) *Gesamtheit*

Populationsdichte – Portfoliomanagement

der an einem Ort vorhandenen Individuen einer Art: geschlossene -en. **2.** [spätlat. populatio] (veraltend) Bevölkerung.

Po|pu|la|ti|ons|dich|te, die (Biol.): *durchschnittliche Zahl der an einem bestimmten Ort vorhandenen Individuen einer Tier- od. Pflanzenart.*

Po|pu|lis|mus, der; -: **1.** (Politik) *von Opportunismus geprägte, volksnahe, oft demagogische Politik, die das Ziel hat, durch Dramatisierung der politischen Lage die Gunst der Massen (im Hinblick auf Wahlen) zu gewinnen.* **2.** *literarische Richtung des 20. Jh.s, die bestrebt ist, das Leben des einfachen Volkes in natürlichem realistischem Stil ohne idealisierende Verzerrungen für das einfache Volk zu schildern.*

Po|pu|list, der; -en, -en: *Vertreter des Populismus.*

Po|pu|lis|tin, die; -, -nen: w. Form zu ↑ Populist.

po|pu|lis|tisch ⟨Adj.⟩: *den Populismus betreffend, auf ihm beruhend:* eine -e Politik.

Pop-up […]ap, auch: pɔpˈlap], das; -s, -s [engl. pop-up (menu), zu: to pop up = (plötzlich) auftauchen, erscheinen]: **1.** (EDV) *sich beim Öffnen einer Seite im Internet od. beim Klick auf einen Link automatisch öffnendes [kleineres] Browserfenster, häufig mit Werbung.* **2.** *sich beim Öffnen eines Buches entfaltende [dreidimensionale] Papierfigur.*

Pop-up-Blo|cker, der; -s, - [engl. pop-up blocker, zu: blocker = Sperre, zu: to block = hemmen, blockieren] (EDV): *Funktion od. Programm, das das unerwünschte Öffnen von Pop-ups (1) verhindert:* Probleme mit dem P.

Pop-up-Buch, das: *Bilderbuch, dessen Seiten dreidimensional gestaltet sind, sodass beim Aufschlagen einer Seite die Figuren o. Ä. sich aufstellen u. sich z. T. bewegen lassen.*

Pop-up-Fens|ter, das: *Pop-up* (1).

Pop-up-Me|nü, das (EDV): *Menü* (2), *das durch Anklicken einer Fläche erscheint.*

Po|re, die; -, -n [spätlat. porus < griech. póros]: *sehr kleine Öffnung, Höhlung, Vertiefung, die sich zusammen mit vielen anderen an, in etw. (bes. in der Haut) befindet:* die -n des Leders; Kälte schließt die -n der Haut; der Schweiß brach ihm aus allen -n.

po|ren|tief ⟨Adj.⟩ (Werbespr.): *tief in die Poren [eindringend], tief in den Poren [wirkend]:* -e Pflege.

po|rig ⟨Adj.⟩: **1.** *Poren aufweisend, enthaltend; mit [vielen] Poren:* -e Schlacke. **2.** *großporig.*

Pör|kel, Pör|kelt, Pör|költ, das; -s [ung. pörkölt]: *ungarisches Ragout aus Fleisch mit Zwiebeln, Paprika, Knoblauch, Tomaten u. Gewürzen.*

Por|ling, der; -s, -e [zu ↑ Pore]: *(vielfach als Parasit bes. an Baumstämmen wachsender) Pilz von muschel- od. fächerähnlicher Gestalt.*

Por|no, der; -s, -s (ugs.): **1.** Kurzf. von ↑ Pornofilm. **2.** Kurzf. von ↑ Pornoroman.

Por|no|bal|ken, der (derb): *Schnurrbart.*

Por|no|bild, das (ugs.): *pornografisches Bild.*

Por|no|dar|stel|ler, der (ugs.): *Darsteller in einem pornografischen Film.*

Por|no|dar|stel|le|rin, die: w. Form zu ↑ Pornodarsteller.

Por|no|film, der (ugs.): *pornografischer Film.*

Por|no|fo|to, das, schweiz. auch: die (ugs.): vgl. Pornofilm.

Por|no|graf, Pornograph, der; -en, -en [frz. pornographe]: *Hersteller, Verfasser von Pornografie.*

Por|no|gra|fie, Pornographie, die; -, -n [frz. pornographie, zu griech. pornográphos = über Huren schreibend, zu: pórnē = Hure u. ↑ -grafie]: **1.** ⟨o. Pl.⟩ *sprachliche, bildliche Darstellung sexueller Akte unter einseitiger Betonung des genitalen Bereichs u. unter Ausklammerung der psychischen u. partnerschaftlichen Aspekte der Sexualität:* dieser Roman ist P.; P. verbreiten. **2.** *pornografisches Erzeugnis.*

Por|no|gra|fin, Pornographin, die; -, -nen: w. Form zu ↑ Pornograf.

por|no|gra|fisch, pornographisch ⟨Adj.⟩: *die Pornografie betreffend; in der Art der Pornografie; zur Pornografie gehörend, ihr eigentümlich, gemäß:* -e Literatur, Filme; die -e Fantasie, die -en Neigungen eines Schriftstellers; der Autor schreibt überwiegend p.

Por|no|graph usw.: ↑ Pornograf usw.

Por|no|händ|ler, der (ugs.): *jmd., der mit pornografischen Erzeugnissen handelt.*

Por|no|händ|le|rin, die (ugs.): w. Form zu ↑ Pornohändler.

Por|no|heft, das (ugs.): ²*Heft* (c) *mit pornografischen Fotos; Pornomagazin.*

Por|no|la|den, der (ugs.): *Laden, in dem pornografische Erzeugnisse verkauft werden.*

Por|no|ma|ga|zin, das (ugs.): *Pornoheft.*

por|no|phil ⟨Adj.⟩ [zu griech. phileīn = gerne haben] (bildungsspr.): *zur Pornografie, zum Pornografischen neigend; eine Vorliebe für Pornografie habend.*

Por|no|ro|man, der (ugs.): vgl. Pornofilm.

Por|no|vi|deo, das (ugs.): vgl. Pornofilm.

po|rös ⟨Adj.⟩ [frz. poreux, zu: pore < spätlat. porus, ↑ Pore]: **1.** *porig, luftdurchlässig: -es Gestein;* -er Gummi; die Dichtung ist p. [geworden]. **2.** *mit kleinen Löchern versehen:* ein -es Hemd.

Po|ro|si|tät, die; - [frz. porosité] (Fachspr.): *poröse Beschaffenheit.*

Por|phyr […fyːɐ̯, auch: …ˈfyːɐ̯], der; -s, (Arten:) …yre [ital. porfiro, eigtl. = der Purpurfarbene, zu griech. porphýreos = purpurfarbig] (Geol.): *magmatisches Gestein, in dessen dichter, feinkörniger od. glasiger Grundmasse größere Kristalle eingesprengt sind.*

Por|phy|rit [auch: …ˈrɪt], der; -s, -e (Geol.): *dunkelbraunes, oft auch grünliches od. braunes Ergussgestein aus dem Paläozoikum.*

Por|ree, der; -s, -s [frz. (landsch.), afrz. porrée < lat. porrum] (Kochkunst): *(als Gemüse angebauter) Lauch* (1) *mit dickem, rundem Schaft:* [drei Stangen] P. kaufen.

◆ **Por|ren|fan|gen,** das; -s [zu niederd. Porre, Purre = Krabbe (1), zu: ↑ purren, viell. eigtl. = die Stechende, Stachlige] (nordd.): *Krabbenfang:* …nachdem er hier an der Küste seinen jähen Tod gefunden hatte, als er im Sturm seiner Mutter beim P. hatte helfen wollen (Storm, Schimmelreiter 18).

Por|ridge [ˈpɔrɪdʒ], der, älter: das; -s [engl. porridge, eigtl. = Suppe < frz. potage, zu: pot, ↑³Pot]: *(bes. in den angelsächsischen Ländern zum Frühstück gegessener) Haferbrei.*

Porst, der; -[e]s, -e [mhd. bors, mniederd. pors, H. u.]: *(zu den Heidekrautgewächsen gehörende) immergrüne Pflanze mit aromatisch duftenden Blättern u. kleinen weißen bis rötlichen Blüten.*

¹**Port,** der; -[e]s, -e ⟨Pl. selten⟩ [(a)frz. port < lat. portus, zu: porta, ↑ Pforte]: **1.** (dichter. veraltet) *Ort der Sicherheit, Geborgenheit (bes. als Ziel):* den P. erreichen; im sicheren P. sein. **2.** (veraltet) *Hafen.*

²**Port** [pɔːt], der; -s, -s [engl. port < lat. porta, ↑ Pforte] (EDV): *Schnittstelle* (2), *die ein peripheres* (3) *Gerät mit dem Bus* (2) *verbindet.*

por|ta|bel [aus (a)frz. portable, ↑ Portable]: *transportierbar, tragbar:* portable DVD-Player, Navigationsgeräte.

Por|ta|bi|li|tät, die; - [engl. portability, zu: portable, ↑ Portable] (EDV): *Übertragbarkeit von Programmen* (4) *auf unterschiedliche Datenverarbeitungsanlagen.*

Por|ta|ble [ˈpɔrtəbl̩, ˈpɔː…], der, auch: das; -s, -s [engl. portable, eigtl. = tragbar < (a)frz. portable < spätlat. portabilis, zu: portare, ↑ portieren]: *tragbares Rundfunk-, Fernsehgerät.*

Por|tal, das; -s, -e [spätmhd. portāl < mlat. portale = Vorhalle, zu: portalis = zum Tor gehörig, zu lat. porta, ↑ Pforte]: **1. a)** *baulich hervorgehobener, repräsentativ gestalteter größerer Eingang an einem Gebäude:* ein hohes P.; das P. einer Kirche; durch das P. treten; **b)** *torartige Struktur am Eingang zu einem Tunnel.* **2.** (Technik) *(fest stehende od. fahrbare) tor-, portalartige Tragkonstruktion (für eine bestimmte Art von Kränen).* **3.** (EDV) *(meist mit Werbung gestaltete) erste Seite eines Internetauftritts.*

Por|tal|kran, der (Technik): *Kran auf od. an einem Portal* (2).

Por|tal|ver|zie|rung, die: *Verzierung an einem Portal.*

Por|tal|tiv, das; -s, -e [mlat. portativum]: *kleine, tragbare Orgel ohne Pedale.*

por|ta|to ⟨Adv.⟩ [ital. portato, 2. Part. von: portare < lat. portare, ↑ portieren] (Musik): *getragen, breit, aber ohne Bindung.*

Port-au-Prince [pɔrtoˈprɛ̃ːs, frz.: pɔroˈprɛ̃ːs]: *Hauptstadt von Haiti.*

Porte|chaise [pɔrtˈʃɛːzə], die; -, -n [zu frz. porter = tragen u. chaise = Stuhl] (veraltet): *Tragsessel:* ◆ Wenn wir nach dem Essen und von dem Getränk … in den -n Schlaf kriegen, so sollen uns die Kerls … vor das Tor und uns ein bisschen im Wäldchen herumtragen (Iffland, Die Hagestolzen I, 7).

Porte|feuille [pɔrtˈfœj], das; -s, -s [frz. portefeuille, aus: porte- (in Zus.) = -träger (zu: porter, ↑ portieren) u. feuille, ↑ Feuilleton]: **1. a)** (geh. veraltet) *Brieftasche;* **b)** (veraltet) *Aktenmappe.* **2.** (Politik) *Geschäftsbereich eines Ministers:* ein Minister ohne P. **3.** (Wirtsch.) *Portfolio* (2 a): *die Aktien im P. einer Bank.*

Porte|mon|naie, Portmonee [pɔrtmɔˈneː, ˈpɔrtmɔne:, …mɔ…], das; -s, -s [frz. portemonnaie, aus: porte-, ↑ Portefeuille u. monnaie = Münze, Geld < lat. moneta]: *kleiner Behälter für das Geld, das jmd. bei sich trägt:* * ein dickes P. haben (ugs.; über viel, reichlich Geld verfügen).

Por|t|e|pee [pɔrtəˈpeː], das; -s, -s [frz. porte-épée = Degengehenk, 2. Bestandteil frz. épée < afrz. spede < lat. spatha = Schwert] (früher): *versilberte od. vergoldete Quaste am Degen od. Säbel als Abzeichen des Offiziers u. höheren Unteroffiziers:* Unteroffizier mit P. (Portepeeunteroffizier).

Por|t|e|pee|un|ter|of|fi|zier, der (Militär): *Unteroffizier vom Feldwebel an.*

Por|ter, der; auch: das; österr.: das; -s, - [engl. porter, wohl gek. aus: porter's beer, eigtl. = Dienstmannsbier; weil es früher bevorzugt von Dienstmännern getrunken wurde]: *dunkles, obergäriges [englisches] Bier.*

Por|teur [...ˈtøːɐ̯], der; -s, -s [frz. porteur, zu: porter, ↑ portieren] (schweiz.): *Gepäckträger* (1).

Port|fo|lio, das; -s, -s [ital. portafoglio, eigtl. = Portefeuille]: **1. a)** (Verlagsw.) *(mit Fotografien ausgestatteter) Bildband;* **b)** (Kunstwiss.) *Mappe mit einer Serie von Druckgrafiken od. Fotografien eines od. mehrerer Künstler.* **2.** [engl. portfolio < ital. portafoglio] (Wirtsch.) **a)** *Bestand an Wechseln od. Wertpapieren eines Anlegers, Unternehmens, einer Bank, Gesellschaft;* **b)** (Jargon) *als Matrix* (2) *dargestellte schematische Abbildung zusammenhängender Faktoren im Bereich der strategischen Unternehmensplanung;* **c)** *gesamtes, aufeinander abgestimmtes Angebot eines Unternehmens.*

Port|fo|lio|ma|nage|ment [...mænɪdʒmənt], das; -s (Wirtsch.): *Betreuung u. Verwaltung des Portfolios* (2 a) *[eines Unternehmens].*

Por|ti: Pl. von ↑ Porto.

Por|ti|er [pɔrˈtje:, österr.: ...ˈtiːɐ̯], der; -s, -s [...ˈtjeːs, selten: ...ˈtiːɐ̯s] u. (österr. meist:) -e [...ˈtiːrə] [frz. portier < spätlat. portarius = Türhüter, zu lat. porta, ↑ Pforte]: **1.** *jmd., der in einem Hotel, großen [Wohn]gebäude o. Ä. auf Kommende u. Gehende achtet bzw. sie hineinod. hinauslässt, Auskünfte gibt usw.:* der P. des Hotels. **2.** (veraltend) *Hausmeister.*

Por|ti|e|re, die; -, -n [frz. portière, zu: porte = Tür < lat. porta, ↑ Pforte]: *schwerer Türvorhang.*

por|tie|ren ⟨sw. V.; hat⟩ [frz. porter, eigtl. = tragen < lat. portare] (schweiz.): *zur Wahl vorschlagen, als Kandidaten aufstellen:* sein Vater wurde als Großrat portiert.

Por|ti|e|rin, die; -, -nen: w. Form zu ↑ Portier.

Por|tier|lo|ge, Portiersloge, die: *Loge* (1 b); *Pförtnerloge.*

Por|ti|ers|frau, die: **1.** *Frau eines Portiers.* **2.** *weiblicher Portier.*

Por|tiers|lo|ge: ↑ Portierloge.

Por|ti|kus, der; fachspr. auch: die; -, - [...kuːs] u. ...ken [lat. porticus = portus = Eingang, zu: porta, ↑ Pforte] (Archit.): *Säulenhalle als Vorbau an der Haupteingangsseite eines Gebäudes.*

Por|ti|on, die; -, -en [lat. portio = (An)teil, wohl zu: pars (Gen.: partis) = Teil]: **1.** *(bes. von Speisen) [für eine Person bzw. für ein einzelnes Mahl] abgemessene Menge:* eine große, kleine, halbe P. Eis; eine P. *(in einem Kännchen servierte Menge von zwei Tassen)* Kaffee; * **halbe P.** (ugs. spött.; *schmächtiger Mensch*). **2.** (ugs.) *bestimmte, meist nicht geringe Menge:* eine reichliche P. Schnaps; dazu gehört eine [große] P. Glück.

Por|ti|ön|chen, das; -s, -: Vkl. zu ↑ Portion.

por|ti|o|nen|wei|se: ↑ portionsweise.

por|ti|o|nie|ren ⟨sw. V.; hat⟩: *in Portionen teilen, portionsweise abmessen:* Milch, Essen p.

Por|ti|o|nie|rung, die; -, -en: *das Portionieren; das Portioniertwerden.*

por|ti|ons|wei|se, portionenweise ⟨Adv.⟩: *in Portionen:* das Essen p. ausgeben; ⟨mit Verbalsubstantiven auch attr.:⟩ eine p. Verteilung der Lebensmittel.

Port|land|ze|ment, der ⟨o. Pl.⟩ [engl. Portland cement; nach der brit. Kanalinsel Portland]: *Zement mit bestimmten genormten Eigenschaften* (Abk.: PZ).

Port|mo|nee: ↑ Portemonnaie.

Por|to, das; -s, -s u. ...ti [ital. porto = Transport(kosten), eigtl. = das Tragen, zu: portare = tragen < lat. portare]: *Entgelt für die Beförderung von Postsendungen:* 2 Euro P.; [das] P. zahlt [der] Empfänger.

por|to|frei ⟨Adj.⟩: *(von Postsendungen) kein Porto erfordernd.*

Por|to|kas|se, die: *Kasse, aus der die laufenden Ausgaben für Porto u. a. bezahlt werden:* Geld aus der P. nehmen; * **etw. aus der P. bezahlen** (ugs.: *über so viel Geld verfügen, dass man etw. problemlos bezahlen kann*).

Por|to|kos|ten ⟨Pl.⟩: *Kosten für Porto.*

por|to|pflich|tig ⟨Adj.⟩: *(von Postsendungen) die Zahlung eines Portos erfordernd.*

Por|to Ri|co; -s, **Por|to|ri|ko;** -s: alter Name von ↑ Puerto Rico.

Port|rait: frühere Schreibung für ↑ Porträt.

Por|t|rät [...ˈtrɛː], das; -s, -s, auch [...ˈtrɛːt]: das; -[e]s, -e [frz. portrait, subst. 2. Part. von afrz. po(u)rtraire = entwerfen, darstellen < lat. protrahere = hervorziehen; ans Licht bringen]: **1.** *bildliche Darstellung, Bild* (bes. *Brustbild*) *eines Menschen; Bildnis:* ein fotografisches P.; ein P. Goethes/von Goethe; P. in Öl; von jmdm. ein P. zeichnen; * *jmdm. P. sitzen* (bild. Kunst; *sich von jmdm. porträtieren lassen*). **2.** *literarische od. filmische Darstellung,*

Beschreibung eines Menschen: über jmdn. ein P. verfassen.

Por|t|rät|auf|nah|me, die: *fotografische Aufnahme eines Porträts.*

Por|t|rät|büs|te, die (bild. Kunst): *plastische Darstellung eines bestimmten Menschen in Halbfigur od. nur bis zur Schulter.*

por|t|rä|tie|ren ⟨sw. V.; hat⟩: *von jmdm. ein Porträt anfertigen:* ein bekannter Maler hat ihn porträtiert; Ü er porträtiert in seinem Roman einige bekannte Politiker.

Por|t|rä|tist, der; -en, -en [frz. portraitiste]: *Künstler, der Porträts anfertigt.*

Por|t|rä|tis|tin, die; -, -nen: w. Form zu ↑ Porträtist.

Por|t|rät|ma|ler, der: *Maler, der Porträts malt.*

Por|t|rät|ma|le|rin, die: w. Form zu ↑ Porträtmaler.

Por|t|rät|zeich|nung, die (bild. Kunst): *gezeichnetes Porträt.*

Por|tu|gal, -s: Staat im Südwesten Europas.

Por|tu|gie|se, der; -n, -n: Ew. zu ↑ Portugal.

Por|tu|gie|sin, die; -, -nen: w. Form zu ↑ Portugiese.

por|tu|gie|sisch ⟨Adj.⟩: *Portugal, die Portugiesen betreffend; von den Portugiesen stammend, zu ihnen gehörend.*

Por|tu|gie|sisch, das; -[s], (nur mit best. Art.:)

Por|tu|gie|si|sche, das; -n: *portugiesische Sprache.*

Por|tu|gie|sisch-Gui|nea, -s: früherer Name von ↑ Guinea-Bissau.

Por|tu|lak, der; -s, -e u. -s [lat. portulaca, zu: portula, Vkl. von: porta = Pforte, nach den sich mit einem Deckelchen öffnenden Samenkapseln]: *(in vielen Arten verbreitete) Pflanze mit dickfleischigen Blättern u. häufig unscheinbaren Blüten.*

Port|wein, der; -[e]s, -e [nach der portugiesischen Stadt Porto]: *schwerer, braunroter od. weißer Dessertwein (aus dem oberen Dourotal).*

Por|zel|lan, das; -s, -e [ital. porcellana, eigtl. = eine Meeresschnecke mit weiß glänzender Schale (man glaubte, der Werkstoff werde aus der pulverisierten Schale hergestellt) < venez. porzela = Muschel, eigtl. = kleines weibliches Schwein < lat. porcella, zu: porcus = Schwein]: **1.** *(aus einem Kaolin-Feldspat-Quarz-Gemisch) durch Brennen* [u. *Glasieren*] *hergestellter, zerbrechlicher Werkstoff von weißer Farbe:* P. brennen; Geschirr aus P. **2.** ⟨o. Pl.⟩ *Geschirr o. Ä. aus Porzellan* (1): kostbares, altes, feines, chinesisches P.; P. sammeln; * **P. zerschlagen** (ugs.; *durch plumpes, ungeschicktes Reden od. Handeln Schaden anrichten*). **3.** ⟨meist Pl.⟩ (bes. Fachspr.) *Gefäß, Gegenstand aus Porzellan* (1).

por|zel|la|nar|tig ⟨Adj.⟩: *in der Art von Porzellan.*

por|zel|la|nen ⟨Adj.⟩: *aus Porzellan.*

Por|zel|lan|er|de, die: *Kaolin.*

Por|zel|lan|fa|b|rik, die: *Fabrik, in der Porzellanwaren hergestellt werden.*

Por|zel|lan|fi|gur, die: *Figur* (2) *aus Porzellan:* -en des Rokokos.

Por|zel|lan|ge|schirr, das: vgl. Porzellantasse.

Por|zel|lan|kis|te, die: *Kiste für den Transport von Porzellan:* R *Vorsicht ist die Mutter der P.* (ugs., scherzh.; *es ist sehr ratsam, vorsichtig zu sein*).

Por|zel|lan|kro|ne, die (Zahnmed.): *künstliche Zahnkrone aus einer porzellanartigen Substanz.*

Por|zel|lan|la|den, der ⟨Pl. ...läden⟩: *Laden, in dem Porzellan offenen verkauft werden:* * **sich wie ein Elefant im P. benehmen** (↑ Elefant).

Por|zel|lan|ma|le|rei, die: *das Bemalen von Porzellan.*

Por|zel|lan|ma|nu|fak|tur, die: *Manufaktur, in der Porzellanwaren hergestellt werden.*

Por|zel|lan|mar|ke, die: *in Porzellanwaren eingebrannte Marke der herstellenden Manufaktur, Fabrik.*

Por|zel|lan|ser|vice, das: vgl. Porzellantasse.

Por|zel|lan|tas|se, die: *Tasse aus Porzellan.*

Por|zel|lan|tel|ler, der: vgl. Porzellantasse.

Por|zel|lan|va|se, die: vgl. Porzellantasse.

Por|zel|lan|wa|ren ⟨Pl.⟩: vgl. Porzellantasse.

Pos. = Position.

POS [peːˈoːˈɛs], die; -, - (DDR): polytechnische Oberschule (allgemeinbildende Schule der Klassen 1 bis 10).

Po|sa|da, die; -, ...den [span. posada, zu: posar = einkehren, übernachten < spätlat. pausare = innehalten, ruhen]: *(in spanischsprachigen Ländern) Gasthaus.*

Po|sa|ment, das; -[e]s, -en ⟨meist Pl.⟩ [älter auch: Pa(s)sement, mniederd. pasement < (m)frz. passement, zu: passer = sich an etw. hinziehen]: *zum Verzieren von Kleidung, textilen Wand- u. Fensterdekorationen, Polstermöbeln u. a. verwendeter Besatz wie Borte, Schnur, Quaste o. Ä.*

po|sa|men|tie|ren ⟨sw. V.; hat⟩: **a)** *Posamenten herstellen;* **b)** *mit Posamenten verzieren.*

Po|sau|ne, die; -, -n [mhd. busûne, busîne < afrz. buisine < lat. bucina = Jagdhorn, Signalhorn]: *Blechblasinstrument mit kesselförmigem Mundstück u. dreiteiliger, doppelt U-förmig gebogener, sehr langer, engcr Kalkröhre, die durch einen ausziehbaren Mittelteil, den (U-förmigen) Zug, in der Länge veränderbar ist, sodass Töne verschiedener Höhe hervorgebracht werden können;* [die] P. spielen, blasen.

po|sau|nen ⟨sw. V.; hat⟩ [mhd. busûnen, busînen]: **1.** *die Posaune blasen.* **2.** (ugs. abwertend) **a)** *ausposaunen:* eine Neuigkeit in die Welt, in alle Welt p.; **b)** (seltener) *laut[stark], öffentlich verkünden:* »Ich bin der Größte!«, posaunte er.

Po|sau|nen|chor, der: Chor (1 b) von Posaunen.

Po|sau|nen|en|gel, der: **1.** *Engel mit Posaune (in bildlichen od. plastischen Darstellungen).* **2.** (ugs. scherzh.) *pausbäckiger Mensch, bes. pausbäckiges Kind.*

Po|sau|nist, der; -en, -en: *Musiker, der Posaune spielt.*

Po|sau|nis|tin, die; -, -nen: w. Form zu ↑ Posaunist.

◆ **Po|sche,** die; -, -n [frz. poche, ↑ pochieren]: *anstelle eines Reifrocks um die Hüfte gebundene steife, runde Tasche:* ...die -n und Reifröcke, die hohen Absatzschuhe und alle Modewaren stehen hier ihr bei weitem nicht wie diese Tracht (Hauff, Jud Süß 394).

[hoch]1[/hoch]**Po|se,** die; -, -n [frz. pose, zu: poser = hinstellen; älter = innehalten < spätlat. pausare, ↑ pausieren]: *(auf eine bestimmte Wirkung abzielende) Körperhaltung, Stellung [die den Eindruck des Gewollten macht]:* eine theatralische P.; eine P. ein-, annehmen; bei ihm ist das keine P., ist nichts, ist alles P.; sich in der P. des Siegers gefallen.

[hoch]2[/hoch]**Po|se,** die; -, -n [aus dem Niederd., eigtl. = Feder, urspr. = die Schwellende (Angeln): *Floß* (2).

Po|sei|don (griech. Mythol.): *Gott des Meeres.*

Po|se|mu|ckel, Po|se|mu|kel [auch: ˈpoː...; nach Groß u. Klein Posemukel im ehem. Kreis Bomst (Mark Brandenburg)] (salopp abwertend): *(irgendein) kleiner, unbedeutender, abgelegener Ort:* aus P. kommen.

po|sen [auch: ˈpoʊzn̩] ⟨sw. V.; hat⟩ [wohl unter Einfluss von engl. to pose zu ↑ [hoch]1[/hoch]Pose]: *posieren:* sie posten für das Foto.

Po|ser [auch: ˈpoʊzɐ], der; -s, - (Jargon abwertend): *jmd., der durch seine Art, sich zu geben, ein bestimmtes (der eigenen Persönlichkeit nicht entsprechendes) Bild von sich selbst zu vermitteln sucht, um andere zu beeindrucken.*

Po|se|rin, die; -, -nen: w. Form zu ↑ Poser.

po|sie|ren ⟨sw. V.; hat⟩ [frz. poser, zu: pose, ↑ ¹Pose] (bildungsspr.): *eine Pose einnehmen: vor dem Spiegel p.; Er lehnte am Flügel, die Füße übereinander, einen Arm über die Kante gelegt – nicht so weit, dass es scheinen konnte, er posiere für ein Gruppenbild mit dem Professor* (Muschg, Gegenzauber 174).

Po|si|ti|on, die; -, -en [lat. positio = Stellung, Lage, zu: positum, 2. Part. von: ponere = setzen, stellen, legen]: **1. a)** *(gehobene) berufliche Stellung; Posten:* eine leitende, hohe P. haben; ein Mann in gesicherter P.; **b)** *[wichtige] Stelle innerhalb einer Institution, eines Betriebes, eines Systems, einer vorgegebenen Ordnung o. Ä.:* jmds. soziale P.; seine P. im Betrieb hat sich verschlechtert; die wichtigsten -en in diesem Staat sind von, mit Konservativen besetzt; (Sport:) der Weltmeister lag in diesem Rennen lange in führender, dritter P.; **c)** *Lage, Situation, in der sich jmd. befindet:* jmd. befindet sich [jmdm. gegenüber] in einer aussichtslosen P.; **d)** *Standpunkt, grundsätzliche Auffassung, Einstellung:* in einer Angelegenheit eine bestimmte P. einnehmen, eine neue P. beziehen. **2.** *bestimmte (räumliche) Stellung od. Lage:* einen Hebel in die richtige P. bringen; in P., auf P. gehen *(eine bestimmte [festgelegte] Stellung einnehmen).* **3.** *Standort, bes. eines Schiffs, Flugzeugs:* die P. bestimmen, angeben. **4.** (bes. Wirtsch.) *Punkt, Einzelposten einer Aufstellung, eines Plans usw.* (Abk.: Pos.): die -en eines Haushaltsplans, einer Rechnung; In Gisela großer Schrift ... standen dort -en einer Einkaufsliste untereinander, daneben jeweils der Preis (Kronauer, Bogenschütze 415).

po|si|tio|nell ⟨Adj.⟩ (bildungsspr., Fachspr.): *die Position, Stellung betreffend.*

po|si|tio|nie|ren ⟨sw. V.; hat⟩ (bildungsspr., Fachspr.): *in eine bestimmte Position, Stellung bringen; einordnen:* einen Satelliten im Weltraum p.; ein Produkt p. (Werbespr.; *ein Produkt nach seinen Eigenschaften od. in Abgrenzung von den Konkurrenzprodukten auf dem Markt einordnen).* Dazu: **Po|si|tio|nie|rung,** die; -, -en.

Po|si|ti|ons|be|stim|mung, die: **1.** *Bestimmung der Position* (3): P. per GPS. **2.** *Bestimmung der eigenen Position* (1c, d): der Parteitag diente der P. in der Debatte um die Steuererhöhungen.

Po|si|ti|ons|la|ter|ne, die: *als Positionslicht dienende Laterne.*

Po|si|ti|ons|licht, das ⟨Pl. -er⟩ (Seew., Flugw.): *vorgeschriebenes farbiges u. weißes Licht an einem Schiff od. Luftfahrzeug, das Position* (3) *u. Bewegungsrichtung erkennen lassen soll.*

Po|si|ti|ons|mel|dung, die (Seew., Flugw.): *Meldung der Position* (3).

Po|si|ti|ons|pa|pier, das: *schriftliche Festlegung bestimmter Positionen* (1 d): ein P. entwickeln, entwerfen, ausarbeiten.

Po|si|ti|ons|wech|sel, der: **a)** *Wechsel der Position;* **b)** (Volleyball) *Rotation.*

po|si|tiv [auch: poziˈtiːf] ⟨Adj.⟩ [(spät)lat. positivus = gesetzt, gegeben zu: positum, ↑ Position]: **1.** *Zustimmung, Bejahung ausdrückend, enthaltend; zustimmend; bejahend:* eine -e Antwort; p. denken *(eine positive Einstellung haben);* jmdm., einer Sache p. gegenüberstehen; eine -e Einstellung [zum Leben]. **2. a)** *günstig, vorteilhaft, wünschenswert, erfreulich:* eine -e Entwicklung; der -e Ausgang eines Geschehens; sich p. auswirken; **b)** *im oberen Bereich einer Werteordnung angesiedelt, gut:* -e Charaktereigenschaften; etw. p. bewerten, darstellen. **3.** (bes. Math.) *im Bereich über null liegend:* eine -e Zahl. **4.** (Physik) *eine der beiden Formen elektrischer Ladung:* der -e Pol. **5.** (bes. Fotogr.) *gegenüber einer Vorlage od.*

dem Gegenstand der Aufnahme seitenrichtig u. der Vorlage bzw. dem Gegenstand in den Verhältnissen von Hell u. Dunkel od. in den Farben entsprechend. **6.** (bes. Med.) *einen als möglich ins Auge gefassten Sachverhalt als gegeben ausweisend:* das Testergebnis ist p.; ein -er Befund; er ist p. (Jargon; *HIV-positiv);* die Testbohrung verlief p. *(es wurde etwas gefunden).* **7. a)** (bildungsspr.) *wirklich, konkret [gegeben]:* -e Ergebnisse; -es Recht (Rechtsspr.; *gesetztes Recht [im Unterschied zum Naturrecht]);* **b)** (ugs.) *sicher, bestimmt, tatsächlich:* ich weiß das p.

¹Po|si|tiv [auch: poziˈtiːf], der; -s, -e ⟨spätlat. (gradus) positivus⟩ (Sprachwiss.): *ungesteigerte Form des Adjektivs; Grundstufe.*

²Po|si|tiv, das; -s, -e: **1.** [spätmhd. positif(e) < mlat. positivum (organum), eigtl. = hingestelltes Instrument] *kleine Standorgel ohne Pedal u. mit nur einem Manual.* **2.** [wohl geb. nach ↑ Negativ] (bes. Fotogr.) *[aus einem Negativ gewonnenes] positives Bild.*

Po|si|ti|vis|mus, der; -: *Philosophie, die ihre Forschung auf das Positive, Tatsächliche, Wirkliche u. Zweifellose beschränkt, sich allein auf Erfahrung beruft u. jegliche Metaphysik als theoretisch unmöglich u. praktisch nutzlos ablehnt.*

po|si|ti|vis|tisch ⟨Adj.⟩: **1.** *den Positivismus betreffend, zu ihm gehörend, auf ihm beruhend.* **2.** (oft abwertend) *sich (z. B. bei einer wissenschaftlichen Arbeit) nur auf das Sammeln o. Ä. beschränkend [u. keine eigene Gedankenarbeit aufweisend].*

Po|si|tiv|lis|te, die: *Liste von Produkten, Unternehmen o. Ä., die nach Einschätzung der Verfasser empfehlenswert, vertrauenswürdig sind:* eine P. für Arzneimittel.

Po|si|ti|vum, das; -s, ...va (bildungsspr.): *etw. Positives:* diese Eigenschaft ist ein P.

Po|si|tron [auch: poziˈtroːn], das; -s, ...onen [Kurzwort aus ↑ ¹positiv u. ↑ ¹Elektron] (Kernphysik): *leichtes, positiv geladenes Elementarteilchen, dessen Masse gleich der Masse des Elektrons ist* (Zeichen: e⁺).

Po|si|tur, die; -, -en [lat. positura = Stellung, Lage, zu: positum, ↑ Position]: **1. a)** ⟨Pl. selten⟩ (meist leicht spött.) *bewusst eingenommene Stellung, Haltung des Körpers:* in lässiger P.; * sich in P. setzen, stellen, werfen (ugs. leicht spött.) *(in einer bestimmten Situation eine entsprechende Beachtung erwartende, betonte Haltung od. Stellung einnehmen:* der Richter setzte sich in P. und eröffnete die Verhandlung; **b)** (Sport, bes. Boxen, Fechten) *(bes. den Kampf einleitende) zweckmäßige Stellung, Haltung:* die P. des Boxers, Fechters. **2.** (landsch.) *Gestalt, Figur, Statur.*

Pos|se, die; -, -n [gek. aus Possenspiel, ↑ Possen]: *derbkomisches, volkstümliches Bühnenstück:* eine P. aufführen; Ü die Diskussion geriet zur P.

Pos|sen, der; -s, - [spätmhd. possen = reliefartiges, figürliches Bildwerk, dann: verschnörkeltes, komisches od. groteskes bildnerisches Beiwerk an Bauwerken o. Ä. < frz. bosse = erhabene Bildhauerarbeit, eigtl. = Höcker, Beule, wohl aus dem Germ.] (veraltend): **1.** ⟨Pl.⟩ *plumpe od. alberne Späße; Unfug, Unsinn:* P. treiben; lass die P.!; ◆ *Es war einfältig, wenn ihm zum P. (um ihn zu ärgern) ein Autor sein Werk gründlich schrieb, nämlich in Querfolio* (Jean Paul, Wutz 8); * **P. reißen** (derbe Späße machen, treiben); *urspr. = komisches od. groteskes bildnerisches Beiwerk auf dem Reißbrett entwerfen).* **2.** * **jmdm. einen P. spielen** (veraltend; *jmdm. einen derben Streich spielen).*

pos|sen|haft ⟨Adj.⟩: *[derb]komisch wie eine Posse, in einer Posse:* -e Übertreibung.

Pos|sen|rei|ßer, der (veraltend): *jmd., der [gern] Possen macht, reißt; Spaßmacher.*

Pos|sen|rei|ße|rin, die; -, -nen: w. Form zu ↑ Possenreißer.

Pos|sen|spiel, das (veraltet): *Posse.*

pos|ses|siv [auch: ...ˈsiːf] ⟨Adj.⟩ [lat. possessivus, zu: possidere (2. Part.: possessum) = besitzen]: **1.** (Sprachwiss.) *besitzanzeigend.* **2.** (engl. possessive = besitzergreifend) (bildungsspr.) *in Besitz nehmend:* er ist p. und eifersüchtig.

Pos|ses|siv [auch: ...ˈsiːf], das; -s, -e, **Pos|ses|siv|pro|no|men** [auch: ...ˈsiːf...], das, **Pos|ses|si|vum,** das; -s, ...va (Sprachwiss.): *besitzanzeigendes Fürwort* (z. B. mein, dein).

pos|sier|lich ⟨Adj.⟩ [zu veraltet possieren = sich lustig machen, zu ↑ Possen]: *(meist von kleineren Tieren) durch bestimmte Verhaltensweisen, durch die Art, sich zu bewegen, belustigend wirkend; niedlich; drollig:* ein -es Äffchen; Einen halb unglücklichen, halb amüsierten Anblick bot Jenny im Ballettsaal (Grass, Hundejahre 206).

◆ **pos|sig** ⟨Adj.⟩: *possierlich:* Auch hatte sie allerlei lustige Tiere, ... vornehmlich aber einen -en Zwerg (Mörike, Hutzelmännlein 124).

¹Post, die; -, -en ⟨Pl. selten⟩ [unter Einfluss von frz. poste = ital. posta = Poststation < spätlat. posita (statio od. mansio) = festgesetzt(er Aufenthaltsort), zu lat. positum, ↑ Position]: **1.** *⟨als ®⟩ Dienstleistungsunternehmen zur Beförderung von Briefen, Paketen, Geldsendungen u. a.:* die P. befördert Briefe und Pakete; er ist, arbeitet bei der P.; etw. mit der P., durch die P., per P. schicken; ein Mann von der P.; * **elektronische P.** (*Übermittlung von Mitteilungen auf elektronischem Weg durch Datenübertragung;* nach engl. electronic mail); **die gelbe P.** *(die Post ohne Postbank und Telefongesellschaft).* **2.** *Postfiliale:* wo ist die nächste P. ?; auf die P., zur P. gehen; etw. zur P. bringen. **3.** ⟨o. Pl.⟩ *etw., was von der ¹Post* (1) *zugestellt worden ist od. mit der P. befördert werden soll:* ist P. für mich da?; die P. geht heute noch ab; sonntags gibt es, kommt keine P.; er bekommt viel P. (von ihr]; Auf dem Schreibtisch lag die eingegangene P., und Herr Gartzin konnte seine Entscheidungen treffen, noch bevor die Prokuristen und Abteilungsleiter die Briefe gelesen hatten (Nossack, Begegnung 127); * **mit gleicher P.** (*gleichzeitig aufgegeben, abgeschickt, aber als separate Sendung:* mit gleicher P. geht ein Päckchen an dich). **4.** ⟨o. Pl.⟩ (ugs.) *Zustellung von ¹Post* (3): auf die P. warten. **5. a)** (früher) *Postkutsche:* eine P. bog um die Ecke; * **ab [geht] die P.** (ugs.; *unverzüglich geht es los;* los, ab [geht] die P.!; es schwingt sich aufs Moped, und ab geht die P.); **die P. geht ab** (ugs.; *es geht hoch her, herrscht eine ausgelassene Stimmung);* **b)** (bes. Fachspr. früher) *Postbus:* man konnte in dem Bezirk verkehren nur noch wenige -en. **6.** (veraltet) *Botschaft, Nachricht, Neuigkeit:* Ob er denn schlechte P. habe, fragt sie beim Frühstück (Frisch, Gantenbein 272). ◆ **7.** *Summe* (2): Ich hab' ihm eine große P. vorher noch zu bezahlen (Lessing, Nathan III, 7).

²Post [poʊst], der; -s, -s [engl. post < (m)frz. poste < ital. posto, ↑ Posten] (Basketball): *in einiger Entfernung vom Korb in der Mitte des Spielfelds stehender Spieler, der das Spiel seiner Mannschaft im Angriff dirigiert.*

post-, Post- [lat. post = nach]: *kennzeichnet in Bildungen mit Adjektiven – seltener mit Substantiven oder Verben – etw. als zeitlich später liegend, erfolgend:* postimpressionistisch, -pubertär; Postfeminismus.

Post|ab|ho|ler, der: *jmd., der seine ¹Post* (3) *bei einer Geschäftsstelle der ¹Post* (1) *abholt od. abholen lässt.*

Postabholerin – posthum

Post|ab|ho|le|rin, die; -, -nen: w. Form zu ↑ Postabholer.

Post|ab|la|ge, die: **1.** ¹*Ablage* (2) *für* ¹*Post* (3). **2.** (österr., schweiz.) *kleine Poststelle.*

Post|ad|res|se, die: *Postanschrift.*

pos|ta|lisch ⟨Adj.⟩ [nach frz. postal]: **a)** *die* ¹*Post* (1) *betreffend, zu ihr gehörend:* -e *Einrichtungen;* **b)** *mithilfe der Post vor sich gehend; durch die Post:* auf -em *Wege.*

Pos|ta|ment, das; -[e]s, -e [wohl geb. zu ital. postare = hinstellen, zu: posto, ↑ Posten] (bildungsspr.): *Unterbau, Sockel (bes. einer Statue, eines Denkmals, einer Büste, auch einer Säule):* Ü jmdn. von seinem P. [herunter]holen, stürzen.

Post|amt, das (früher): **a)** *Postfiliale* (a); **b)** *Postfiliale* (b): aufs P., zum P. gehen.

post|amt|lich ⟨Adj.⟩ (früher): *von der Postverwaltung festgesetzt, vorgeschrieben.*

Post|an|schrift, die: *im Postverkehr zu benutzende Anschrift.*

Post|an|wei|sung, die (früher): **a)** *Geldsendung, die dem Empfänger durch den Briefträger in bar zugestellt wird:* eine [telegrafische] P. erhalten; **b)** *Formular, das der Absender einer Postanweisung* (a) *benutzen muss:* eine P. ausfüllen.

Post|aus|gang, der: **1.** (Bürow.) **a)** ⟨o. Pl.⟩ ¹*Ausgang* (5 a) *von* ¹*Post* (3): der P. hat sich heute verzögert; **b)** ⟨meist Pl.⟩ *abzuschickende Postsendung:* die Postausgänge sortieren; **c)** ⟨Pl. selten⟩ *Menge der (mit einem Mal) abzuschickenden* ¹*Post* (3): der P. der letzten drei Tage. **2.** (EDV) *Fenster (3) eines E-Mail-Programms, in dem versendete E-Mails angezeigt werden.*

Post|au|to, das: **a)** *Postwagen* (a); **b)** (ugs. selten) *Postbus.*

Post|au|to|bus, Postbus, der (bes. österr., schweiz.): *(bis 1982) Linienbus der Post.*

Post|bank, die ⟨Pl. ...banken⟩: *Unternehmen einer* ¹*Post* (1), *das Bankgeschäfte tätigt.*

Post|be|am|ter ⟨vgl. Beamter⟩: *bei der Post beschäftigter Beamter.*

Post|be|am|tin, die: w. Form zu ↑ Postbeamter.

Post|be|ar|bei|tungs|ma|schi|ne, die: *Maschine zur Bewältigung bestimmter bei der Erledigung der täglichen Post anfallender Arbeiten (z. B. Frankiermaschine).*

Post|be|diens|te|te ⟨vgl. Bedienstete⟩: *Bedienstete der Post.*

Post|be|diens|te|ter ⟨vgl. Bediensteter⟩: *Bediensteter der* ¹*Post* (1).

Post|be|zirk, der: *Zustellbezirk.*

Post|be|zug, der: *Bezug durch die Post.*

Post|bo|te, der (ugs.): *Briefträger, Zusteller.*

Post|bo|tin, die: w. Form zu ↑ Postbote.

Post|brief|kas|ten, der: *Briefkasten* (a).

Post|bub, der [zu ↑ ¹posten] (schweiz.): *Laufbursche.*

Post|bus: ↑ Postautobus.

Pöst|chen, das; -s, -: Vkl. zu ↑ Posten.

post Chris|tum [na|tum] [lat.]: *nach Christus, nach Christi Geburt* (Abk.: p. Chr. [n.]): im Jahre 1999 post Christum natum.

Post|dienst, der: **1.** ⟨o. Pl.⟩ ¹*Dienst* (1 b) *bei der* ¹*Post* (1): ein Beamter im P. **2. a)** ⟨o. Pl.⟩ *gesamter Aufgabenbereich der* ¹*Post* (1); **b)** *für eine bestimmte Gruppe von Aufgaben zuständige Sparte der* ¹*Post* (1): einzelne -e wie z. B. der Briefdienst.

Post|dienst|leis|ter, der: *Unternehmen, das Briefe, Pakete u. a. befördert.*

Post|di|rek|ti|on, die (früher): *höchste Verwaltungsbehörde der* ¹*Post* (1).

Post|doc [auch: ˈpoʊst...], der; -s, -s u. die; -, -s [engl. postdoc, eigtl. kurz für: postdoctoral (research) = (Forschung) nach der Promotion (Hochschulw.): *nach der Promotion (mithilfe eines Stipendiums, einer Praktikantenstelle o. Ä.) auf dem jeweiligen Spezialgebiet noch weiter forschender Wissenschaftler, forschende Wissenschaftlerin.*

post|ei|gen ⟨Adj.⟩: *der* ¹*Post* (1) *gehörend:* -e *Einrichtungen.*

Post|ein|gang, der: **1.** (Bürow.) **a)** ⟨o. Pl.⟩ ¹*Eingang* (4 a) *von* ¹*Post* (3); **b)** ⟨meist Pl.⟩ *eingegangene Postsendung;* **c)** ⟨Pl. selten⟩ *Menge der (in einem bestimmten Zeitraum) eingegangenen* ¹*Post* (3). **2.** (EDV) *Fenster (3) eines E-Mail-Programms, in dem [neu] eingegangene E-Mails angezeigt werden.*

¹pos|ten ⟨sw. V.; hat⟩ [zu ↑ Posten (3)] (schweiz. mundartl.): *einkaufen:* p. gehen; ein Kilo Äpfel p.

²pos|ten [ˈpoʊstn̩] ⟨sw. V.; hat⟩ [engl. to post, eigtl. = mit der Post verschicken, zu: post < frz. poste, ↑ ¹Post] (EDV): **a)** *mit Fragen, Antworten, Kommentaren an Internetforen u. Weblogs teilnehmen;* **b)** *in Internetforen u. Weblogs schreiben:* sie postete einen langen Kommentar in dem Blog.

Pos|ten, der; -s, -: **1.** [ital. posto < lat. positus (locus), eigtl. = festgesetzt(er Ort)] (bes. Militär) **a)** *Stelle, die jmdm. (bes. einer Wache) zugewiesen wurde u. die während einer bestimmten Zeit nicht verlassen werden darf:* ein gefährlicher P.; seinen P. aufgeben; P. beziehen; auf seinem P. bleiben; auf P. stehen; * **P. fassen/nehmen** (veraltet; *sich auf seinen Posten begeben:* ♦ ... wollte er hinter einem alten breitstämmigen Nussbaum P. fassen [Ebner-Eschenbach, Gemeindekind 109]); **auf dem P. sein** (ugs.: 1. *in guter körperlicher Verfassung sein, gesund, in guter Form sein:* er ist [gesundheitlich] nicht ganz auf dem P. 2. *wachsam, gewieft sein:* wenn du nicht auf dem P. bist, hauen sie dich übers Ohr); **sich nicht [ganz] auf dem P. fühlen** (ugs.; *sich nicht [ganz] wohlfühlen, sich nicht im vollen Besitz seiner Kräfte befinden*); **auf verlorenem P. stehen/kämpfen** (*einen vergeblichen, aussichtslosen Kampf führen, keine Aussicht auf Erfolg haben*); **b)** *jmd., der einen Posten (1 a) bezieht, der Wache hat:* die P. ablösen, verstärken, verdoppeln; * **P. stehen**/(Soldatenspr.:) **schieben** (*als Posten, als Wache Dienst tun*). **2.** [ital. posto < lat. positus (locus), eigtl. = festgesetzt(er Ort)] **a)** *berufliche Stellung, Amt; Stelle:* einen einträglichen, gehobenen P. (ugs., oft scherzh.; *eine nicht viel Einsatz erfordernde Stellung*); einen P. bekommen, verlieren; den P. eines Direktors haben; von seinem P. zurücktreten; **b)** *[ehrenvolles, angesehenes] Amt, Stellung, das jmd. in einem größeren Ganzen hat; Funktion* (1 b): ein P. in der Partei; (Sport) *Platz in einer Mannschaftsaufstellung, Funktion eines Spielers innerhalb einer Mannschaft:* die Mannschaft wird auf drei P. umbesetzt. **3.** [ital. posta < lat. posita (summa) = festgesetzt(e Summe)] **a)** (bes. Kaufmannsspr.) *bestimmte Menge einer Ware; Partie:* einen [größeren] P. Strümpfe bestellen; **b)** *einzelner Betrag einer Rechnung, Bilanz o. Ä.; Position* (4): die einzelnen P. zusammenrechnen. **4.** [frz. poste < ital. posta, eigtl. = Anstand, Aufpassen, zu: posto, vgl. 1, 2] (Polizeiw.) *kleine, nicht ständig besetzte Polizeidienststelle; Polizeiposten.* **5.** [frz. poste, H. u.] (Jagdw.) *sehr grober Schrot für Jagdflinten:* mit P. schießen.

Pos|ten|ket|te, die (bes. Militär): *Reihe von Posten (1 b) zur Bewachung, Beobachtung o. Ä.*

Pos|ten|kom|man|dant, der (österr.): *Leiter einer Polizeidienststelle.*

Pos|ten|kom|man|dan|tin, die: w. Form zu ↑ Postenkommandant.

Pos|ten|scha|cher, der; -s (österr. abwertend): *Vergabe von Stellen ohne öffentliche Ausschreibung.*

Pos|ter [engl.: ˈpoʊstə], das, seltener: der; -s, - u. (bei engl. Ausspr.:) -s [engl. poster, eigtl. = Plakat, zu: to post = (an einem Pfosten) anschlagen, zu: post < lat. postis = Pfosten]: *größeres, plakatartig aufgemachtes, gedrucktes Bild (zum Dekorieren von Innenräumen).*

poste re|s|tante [ˈpɔst resˈtãːt; aus frz. poste = ¹Post u. restante, w. Form von: rester = bleiben, verweilen]: frz. Bez. für: *postlagernd.*

Pos|te|ri|o|ra ⟨Pl.⟩ [lat. posteriora, eigtl. = die Hinteren, Neutr. Pl. von: posterior, Komp. von: posterus = der Letzte]: **1.** (bildungsspr. veraltet scherzh.) *Gesäß.* ♦ Meister Ewald, der sich etwas nachdenklich die P. reibt und mehrfach den vergeblichen Versuch macht, sich dieselben über die Schulter genauer zu betrachten (Raabe, Alte Nester 39). **2.** (bildungsspr. veraltet) *nach einem bestimmten Zeitpunkt, Ereignis liegende Ereignisse:* die P. dieses Vorgangs kennen wir.

Post|fach, das: **a)** *zu mietendes Schließfach bei einer Geschäftsstelle der Post für Briefsendungen, die der Inhaber dort in der Regel selbst abholt;* **b)** *offenes od. abschließbares Fach zum Deponieren von* ¹*Post* (3) *für einen bestimmten Empfänger (z. B. in einem Hotel).*

Post|fi|li|a|le, die: **a)** *Geschäftsstelle der* ¹*Post* (1) *zur Erfüllung von Aufgaben der* ¹*Post* (1), *Postbank u. Ä. in einem bestimmten Bezirk;* **b)** *Gebäude, Räume einer Postfiliale* (a).

Post|flug|zeug, das: vgl. Postschiff.

post|frisch ⟨Adj.⟩ (Philat.): *(von Briefmarken) im Neuzustand befindlich, bes. eine unversehrte Gummierung aufweisend u. ungestempelt.*

Post|ge|bühr, die (früher): *von der* ¹*Post* (1) *erhobene Gebühr.*

Post|ge|heim|nis, das ⟨Pl. selten⟩ (Rechtsspr.): *Recht, es der Dritten, bes. dem Staat u. den Postbediensteten, untersagt, vom Inhalt von Postsendungen Kenntnis zu nehmen od. Kenntnisse über jmds. Postverkehr weiterzugeben:* das P. wahren, verletzen.

Post|ge|werk|schaft, die (ugs. früher): *Gewerkschaft der Postbediensteten.*

Post|gi|ro|amt, das (früher): *Niederlassung der Postbank.*

Post|gi|ro|kon|to, das: *von der Postbank geführtes Girokonto.*

post|gla|zi|al ⟨Adj.⟩ [zu ↑ post-, Post- u. ↑ glazial] (Geol.): *nacheiszeitlich.*

post|gra|du|al, post|gra|du|ell ⟨Adj.⟩ [zu ↑ post-, Post- u. ↑ graduiert (1)]: *nach der Graduierung, dem Erwerb eines akademischen Grades erfolgend, stattfindend:* ein -es Studium.

Post|gut, das ⟨o. Pl.⟩: **1.** (selten) *durch die* ¹*Post* (1) *zu beförderndes Gut.* **2.** (Postw. früher) *unter bestimmten Umständen zu einer besonders günstigen Gebühr von der* ¹*Post* (1) *zu beförderndes Paket.*

Post|hilfs|stel|le, die (Postw. früher): *Einrichtung der* ¹*Post* (1), *die in abgelegenen Orten einige der wichtigsten Postdienste wahrnimmt.*

Post|horn, das ⟨Pl. ...hörner⟩: **a)** (früher) *Signalhorn des Postillions* (1); **b)** *stilisierte Darstellung eines Posthorns* (a) *als Symbol der* ¹*Post* (1).

post|hum [lat. posthumus, volksetym. Schreibung (zu: humus = Erde, humare = beerdigen) von: postumus, ↑ postum], postum [lat. postumus = nachgeboren, eigtl. = letzter, jüngster, Sup. von: posterus = (nach)folgend] ⟨Adj.⟩: **a)** *nach jmds. Tod erfolgend:* eine -e Ehrung; jmdn. p. rehabilitieren; ihm wurde p. im Sohn geboren; ein Werk p. *(nach dem Tode des Autors)* veröffentlichen; **b)** *zum künstlerischen o. ä. Nachlass gehörend; nachgelassen; nach dem Tode des Autors veröffentlicht:* -e Werke; **c)** *nach dem Tode des Vaters geboren; nachgeboren:* eine -e Tochter des Grafen.

postieren – posttraumatisch

pos|tie|ren ⟨sw. V.; hat⟩ [frz. poster, zu: poste = Posten < ital. posto, ↑ Posten]: **1.** *(jmdn., sich) an einen bestimmten Platz stellen, an einem bestimmten Platz aufstellen:* an jedem, an jeden Eingang Ordner p.; auf dem Dach hatten sich Scharfschützen postiert, waren Scharfschützen postiert. **2.** *(etw.) an eine bestimmte Stelle stellen, an einer bestimmten Stelle aufstellen, aufbauen, errichten:* er postierte den Leuchter auf dem Tisch, auf den Tisch; sie postierten die Vogelscheuche auf dem Beet, auf das Beet.

Pos|til|le, die; -, -n [mlat. postilla, aus lat. post illa (verba sacrae scripturae) = nach jenen (Worten der Heiligen Schrift), Formel zur Ankündigung der Predigt nach Lesung des Predigttextes]: **1.** *religiöses Erbauungsbuch.* **2.** *Sammlung von Predigten (als Buch).* **3.** (spött. abwertend) *eine bestimmte Gruppe ansprechende, eine bestimmte Thematik behandelnde Zeitschrift, Zeitung o. Ä.:* Pornohefte und ähnliche -n.

Pos|til|li|on [auch, österr. nur: ˈpɔs...], der; -s, -e: **1.** [frz. postillon < ital. postiglione, zu: posta od. zu frz. poste, ↑ ¹Post] (früher) *Kutscher einer Postkutsche.* **2.** [nach der gelben Farbe der alten Postkutschen] *mittelgroßer heimischer Tagfalter mit schwarz gesäumten, orangegelben Flügeln.*

Pos|til|lon d'Amour [pɔstijõdaˈmuːɐ̯], der; - -, -s [...jõ] - [scherzh. dt. Bildung des 18. Jh.s aus frz. postillon (↑ Postillion) u. frz. amour = Liebe] (scherzh.): *jmd., der für einen anderen dessen Geliebter od. Geliebtem eine Nachricht übermittelt.*

post|in|dus|tri|ell ⟨Adj.⟩ [zu ↑ post-, Post- u. ↑ industriell] (Soziol.): *zu einer Stufe der [gesellschaftlichen] Entwicklung gehörend, die auf die Stufe mit der ausschließlichen Konzentration auf die Industrialisierung folgt:* -e Gesellschaft (Gesellschaftsform, die durch Verlagerung des wirtschaftlichen Schwerpunktes von der Industrieproduktion auf den Dienstleistungsbereich, durch Technisierung aller Lebensbereiche, durch verstärkte Nutzung der Informationstechnologien u. a. gekennzeichnet ist).

post|kar|bo|nisch ⟨Adj.⟩ [zu ↑ post-, Post- u. ↑ karbonisch] (Geol.): *in einen Zeitabschnitt nach dem Karbon gehörend, fallend.*

Post|kar|te, die: **a)** *ein bestimmtes Format aufweisende, für kurze schriftliche Mitteilungen bestimmte Karte, die ohne Umschlag verschickt wird;* **b)** *Ansichts-, Kunstpostkarte o. Ä.:* eine P. vom Heidelberger Schloss; Ach, es war das Russland der -n, der bunten Wandbilder in den kleinen russischen Restaurants von Berlin und Paris (ein idealisiertes Russland; Koeppen, Rußland 77).

Post|kar|ten|grö|ße, die: *Größe einer gewöhnlichen Postkarte.*

Post|kar|ten|gruß, der: *auf einer Postkarte übermittelter Gruß.*

Post|kar|ten|idyll, das, **Post|kar|ten|idyl|le,** die: *beschauliches Idyll (wie es auf einer Ansichtskarte abgebildet sein könnte).*

Post|kar|ten|kal|len|der, der: *Abreißkalender, dessen Blätter als Postkarten (b) benutzt werden können.*

Post|kas|ten, der (bes. nordd.): *Briefkasten (a).*

post|ko|lo|ni|al ⟨Adj.⟩: *die Epochen nach der Kolonialzeit betreffend.*

Post|kom|mu|ni|on, die; -, -en [kirchenlat. postcommunio, zu: post = nach u. kirchenlat. communio, ↑ Kommunion] (kath. Kirche): *Schlussgebet der ¹Messe (1).*

post|kom|mu|nis|tisch ⟨Adj.⟩: *nach dem Zusammenbruch des kommunistischen Regierungssystems [auftretend].*

post|kul|misch ⟨Adj.⟩ [zu ↑ post-, Post- u. ↑ kulmisch] (Geol.): *in einen Zeitabschnitt nach dem ²Kulm gehörend, fallend.*

Post|kun|de, der: *Kunde der ¹Post (1).*

Post|kun|din, die: w. Form zu ↑ Postkunde.

Post|kut|sche, die (früher): *Kutsche zur (gleichzeitigen) Beförderung von Personen u. ¹Post (3):* mit der P. reisen.

Post|kut|scher, der (früher): *Postillion (1).*

post|la|gernd ⟨Adj.⟩ [LÜ von frz. poste restante] (Postw.): *an eine bestimmte Geschäftsstelle der Post adressiert u. dort vom Empfänger abzuholen:* -e Sendungen; jmdm. p. schreiben.

Post|leit|zahl, die (Postw.): *Kennzahl eines Ortes (als Bestandteil der Postanschrift; Abk.: PLZ).*

Post|ler, (schweiz.:) **Pöst|ler,** der; -s, - (ugs.): *bei der ¹Post (1) Beschäftigter.*

Post|le|rin, die; -, -nen: w. Form zu ↑ Postler.

Pöst|le|rin, die; -, -nen: w. Form zu ↑ Pöstler.

Post|ma|te|ri|a|lis|mus, der; - [zu ↑ post-, Post- u. ↑ Materialismus]: *Lebenseinstellung, die keinen Wert mehr auf das Materielle legt, sondern immaterielle Bedürfnisse (z. B. nach einer intakten, natürlichen u. sozialen Umwelt) für dringlicher hält.*

post|ma|te|ri|a|lis|tisch ⟨Adj.⟩: *postmateriell.*

post|ma|te|ri|ell ⟨Adj.⟩: *den Postmaterialismus betreffend.*

post me|ri|di|em [ˈpɔst meˈriːdi̯ɛm; lat., zu: meridies, ↑ Meridian]: *(bei Uhrzeitangaben, bes. im angelsächsischen Sprachbereich) nach Mittag* (Abk.: p. m.): drei Uhr p. m. *(drei Uhr nachmittags; 15 Uhr).*

Post|mi|nis|ter, der (früher): *für das Postwesen zuständiger Minister.*

Post|mi|nis|te|rin, die: w. Form zu ↑ Postminister.

Post|mi|nis|te|ri|um, das (früher): *Ministerium für das Postwesen.*

post|mo|dern ⟨Adj.⟩ [engl. post-modern, aus: post- = nach- (< lat. post = nach) u. modern = modern]: **a)** *die Postmoderne (a) betreffend, zu ihr gehörend, durch sie geprägt:* die -e Architektur; **b)** *die Postmoderne (b) betreffend:* die -e Gesellschaft.

Post|mo|der|ne, die; -: **a)** *Strömung, Stilrichtung der modernen Architektur, die gekennzeichnet ist durch eine Abkehr vom Funktionalismus (1) u. eine Hinwendung zum freieren, spielerischen Umgang mit unterschiedlichen Bauformen auch aus früheren Epochen;* **b)** *der Moderne (1) folgende Zeit, für die Pluralität (1) in Kunst u. Kultur, in Wirtschaft u. Wissenschaft sowie demokratisch mitgestaltete Kontrolle der Machtzentren charakteristisch sind.*

post|mor|tal ⟨Adj.⟩ [zu lat. post = nach u. mortalis = den Tod betreffend] (Med.): *nach dem Tod (am, im toten Körper) auftretend:* -e Veränderungen des Gewebes.

post mor|tem [lat., zu: mors (Gen.: mortis) = Tod] (bildungsspr.): *nach dem Tode* (Abk.: p. m.): jmdn. p. m. rehabilitieren.

post|na|tal ⟨Adj.⟩ [zu lat. post = nach u. natalis = zur Geburt gehörend] (Med.): *[kurz] nach der Geburt (am, im Körper des Neugeborenen, der Mutter) auftretend; nachgeburtlich:* -e Schäden; -e (das Neugeborene u. die Mutter betreffende) Medizin.

post|nu|me|ran|do ⟨Adv.⟩ [zu lat. post = nach u. numerare = zählen, zahlen] (Wirtsch.): *nach Erhalt der Ware, nach erbrachter Leistung [zu zahlen]; nachträglich:* p. zahlen; p. zahlbar.

Post|nu|me|ra|ti|on, die; -, -en (Wirtsch. veraltet): *nachträgliche Bezahlung, Nachzahlung.*

post|o|pe|ra|tiv ⟨Adj.⟩ [zu ↑ post-, Post- u. ↑ operativ] (Med.): *nach, infolge einer Operation auftretend; nach, infolge einer Operation auftretend, sich ergebend:* -e Blutungen; einen Patienten p. versorgen.

Post|ord|nung, die (früher): *Rechtsverordnung,* die die Vorschriften über die Benutzung der Postdienste enthält.

Post|pa|ket, das: *Paket (3).*

post par|tum [aus lat. post = nach u. partum, 2. Part. von: parere = gebären] (Med.): *nach der Geburt, Entbindung [auftretend].*

Post|po|si|ti|on, die; -, -en: **1.** [geb. als Ggs. zu ↑ Präposition mit lat. post = nach] (Sprachwiss.) *dem Nomen, Pronomen nachgestellte Präposition* (z. B. der Ehre wegen). **2.** (Med.) **a)** *Verlagerung eines Organs nach hinten;* **b)** *verspätetes Auftreten* (z. B. von Krankheitssymptomen).

Post|rat, der: *Beamter des höheren Dienstes bei der ¹Post (1).*

Post|rä|tin, die: w. Form zu ↑ Postrat.

Post|sack, der: *Sack zur Beförderung von Postsendungen.*

Post|schal|ter, der: *Schalter (2) in einer Geschäftsstelle der Post oder Postbank.*

Post|scheck|amt, das (früher): *Niederlassung der Postbank.*

Post|scheck|kon|to, das (früher): *von der Postbank geführtes Girokonto.*

Post|schiff, das: *zur Beförderung von ¹Post (3) u. Personen benutztes Schiff der ¹Post (1).*

Post|schließ|fach, das: älter für ↑ Postfach (Abk.: PSF).

Post|schluss, der (Postw.): *spätestmöglicher Zeitpunkt zum Einliefern von Postsendungen, die noch mit dem nächsten Abgang (3) von der Einlieferungsstelle weiterbefördert werden sollen:* für Briefe ist um 14 Uhr P.

Post|sen|dung, die: *von der ¹Post (1) zu befördernde, beförderte Sendung (1b).*

Post|skript, das; -[e]s, -e, **Post|skrip|tum,** das; -s, ...ta [lat. postscriptum, 2. Part. von: postscribere = nachträglich dazuschreiben, aus: post = nach u. scribere, ↑ Skript]: *Nachsatz (1), Nachschrift (2)* (Abk.: PS).

Post|spar|buch, das: *Sparbuch der Postbank.*

Post|spa|ren, das; -s: *Sparen bei der Postbank.*

Post|spa|rer, der: *Inhaber eines Postsparbuchs.*

Post|spa|re|rin, die: w. Form zu ↑ Postsparer.

Post|spar|kas|se, die (früher): *Einrichtung der ¹Post (1) zur Führung von Sparkonten.*

Post|spar|kon|to, das: *Sparkonto bei der Postbank.*

Post|stel|le, die: **1.** (früher) *Dienststelle der ¹Post (1), die in einem kleineren Ort die wichtigsten Postdienste (2 b) wahrnimmt.* **2.** (in einem Betrieb o. Ä.) *Stelle, deren Personal für die Verteilung der eintreffenden ¹Post (3) u. die Einlieferung der ausgehenden ¹Post (3) verantwortlich ist.*

Post|stem|pel, der: **a)** *Stempel einer Dienststelle der ¹Post (1), der neben der Angabe der Dienststelle auch Datum u. Uhrzeit druckt u. der u. a. zur Entwertung von Briefmarken dient;* **b)** *Abdruck eines Poststempels (a):* der Brief trägt den P. von vorgestern.

Post|tag, der: *(in Orten mit nicht täglicher Postzustellung) Tag, an dem ¹Post (3) zugestellt u. abgeholt wird:* heute ist P.

Post|ta|xe, die (schweiz.): *Postgebühr.*

Post|tech|nik, die (veraltend): *im Post- u. Fernmeldewesen angewandte Technik.*

post|ter|ti|är ⟨Adj.⟩ [zu ↑ post-, Post- u. ↑ tertiär] (Geol.): *in einen Zeitabschnitt nach dem Tertiär gehörend, fallend, in ihm auftretend.*

◆ **Post|trä|ger,** der: *Postbote, Briefträger:* ... kannst du nicht dem Alten den Brief geben und ihm sagen, der P. habe ihn gebracht (Lessing, Der junge Gelehrte III, 1).

post|trau|ma|tisch [österr. auch: ...ˈmat...] ⟨Adj.⟩ [zu ↑ post-, Post- u. ↑ traumatisch]: **1.** (Med., Psychol.) *infolge eines Traumas (1) auftretend:* an einer -en Belastungsstörung leiden. **2.** (Med.) *nach, infolge einer Verletzung*

auftretend, vor sich gehend: eine -e Erkrankung.
Post|über|wa|chung, die: *Überwachung des Postverkehrs* (b), *z. B. in Haftanstalten.*
Post|über|wei|sung, die: **a)** *Überweisung im Giroverkehr der Postbank;* **b)** *Überweisungsformular, das für eine Überweisung* (a) *benutzt wird.*
Pos|tu|lant, der; -en, -en [zu lat. postulans (Gen.: postulantis), 1. Part. von: postulare, ↑ postulieren] (kath. Kirche): *jmd., der sein Postulat* (5) *absolviert.*
Pos|tu|lan|tin, die; -, -nen: w. Form zu ↑ Postulant.
Pos|tu|lat, das; -[e]s, -e [lat. postulatum]: **1.** (bildungsspr.) *etw., was von einem bestimmten Standpunkt aus od. aufgrund bestimmter Umstände erforderlich, unabdingbar erscheint; Forderung:* ein ethisches, politisches P.; ein P. der Vernunft. **2.** (bildungsspr.) *Gebot, in dem von jmdm. ein bestimmtes Handeln, Verhalten verlangt, gefordert wird:* ein P. befolgen. **3.** (Philos.) *als Ausgangspunkt, als notwendige, unentbehrliche Voraussetzung einer Theorie, eines Gedankenganges dienende Annahme, These, die nicht bewiesen od. nicht beweisbar ist:* ein P. aufstellen; die Existenz Gottes ist ein P. der praktischen Vernunft. **4.** (schweiz. Verfassungsw.) *vom schweizerischen Parlament ausgehender Auftrag an den Bundesrat, die Notwendigkeit eines Gesetzentwurfs, einer bestimmten Maßnahme zu prüfen.* **5.** (kath. Kirche) *dem Noviziat vorausgehende Probezeit für die Aufnahme in einen katholischen Orden.*
pos|tu|lie|ren ⟨sw. V.; hat⟩ [lat. postulare, wohl zu: poscere = fordern, verlangen, verw. mit ↑ forschen]: **1.** (bildungsspr.) *fordern, unbedingt verlangen, für notwendig, unabdingbar erklären:* die in der Verfassung postulierte Gleichberechtigung der Frau. **2.** (bildungsspr.) *etw. (mit dem Anspruch, es sei richtig, wahr) feststellen, behaupten; als wahr, gegeben hinstellen.* **3.** (Philos.) *etw. zum Postulat* (3) *machen; etw., ohne es beweisen zu können, vorläufig als wahr, gegeben annehmen:* die Unsterblichkeit der Seele p.
pos|tum: ↑ posthum.
♦ **Pos|tu|ment,** das: Nebenf. von ↑ Postament: *Endlich kamen sie an das Tor, vor welchem auf einem massiven P. eine schöne Sphinx lag* (Novalis, Heinrich 134).
post ur|bem con|di|tam [lat.]: *nach Gründung der Stadt [Rom]* (Abk.: p. u. c.)
Post|ver|bin|dung, die: *(an einem Ort vorhandene) Möglichkeit,* ¹Post (3) *zu empfangen u. abzuschicken:* es gibt kaum noch Orte ohne P.
Post|ver|kehr, der: **a)** *Gesamtheit aller Vorgänge, die der Postbeförderung dienen:* der P. mit dem Ausland; **b)** *im wechselseitigen Verschicken u. Empfangen von Postsendungen bestehender Verkehr zwischen Personen:* der P. der Häftlinge wird überwacht; **c)** (bis 1982); *Reiseverkehr mit Fahrzeugen der* ¹Post (1).
Post|ver|sand, der: *Versand durch die* ¹Post (1).
Post|ver|wal|tung, die: *Verwaltung der* ¹Post (1).
Post|voll|macht, die: **a)** *Bevollmächtigung, für einen Dritten* ¹Post (3) *in Empfang zu nehmen:* jmdm. eine P. erteilen; **b)** *Schriftstück, durch das jmdm. eine Postvollmacht* (a) *erteilt wird.*
Post|wa|gen, der: **a)** *Dienstwagen der* ¹Post (1); **b)** *Eisenbahnwagen zum Befördern von Postsendungen;* **c)** (früher) *Postkutsche.*
Post|weg, der ⟨o. Pl.⟩: *von der* ¹Post (1) *gebotene Möglichkeit der Beförderung (von Briefen o. Ä.):* etw. auf dem P. schicken, versenden, zustellen.
post|wen|dend ⟨Adv.⟩: *(von Antworten im Briefwechsel) unverzüglich, sofort, umgehend:* Ü der Vergeltungsschlag erfolgte p. (ugs.; *prompt*).
Post|wert|zei|chen, das (Postw.): *Briefmarke.*

Post|we|sen, das ⟨o. Pl.⟩: *Gesamtheit der Einrichtungen u. Vorgänge, die der Erfüllung postalischer Aufgaben dienen.*
Post|wurf|sen|dung, die (Postw.): *[Werbezwecken dienende] in großer Menge zu ermäßigtem Entgelt versandte Drucksache mit einer allgemeinen Anschrift, die die Post einer bestimmten Personengruppe od. jedem Haushalt in einem bestimmten Gebiet zustellt.*
Post|zug, der (früher): *Eisenbahnzug, der der Beförderung von Postsendungen dient.*
Post|zu|stel|ler, der (DDR Postw.): *Briefträger.*
Post|zu|stel|le|rin, die: w. Form zu ↑ Postzusteller.
Post|zu|stel|lung, die: *Zustellung von* ¹Post (3).
¹**Pot,** das; -s [engl. pot, H. u.] (Jargon): *Marihuana.*
²**Pot,** der; -s [engl. pot, eigtl. = Topf < spätlat. pot(t)us, ↑ Pott] (Poker): *Summe aller Einsätze, Kasse:* den P. gewinnen.
³**Pot** [poˑ], der; -, -s [frz. pot < spätlat. pot(t)us, ↑ Pott] (schweiz.): *Topf.*
Po|ta|mal, das; -s [zu griech. potamós = Fluss] (Geogr., Ökol.): *Lebensraum der unteren Regionen fließender Gewässer.*
Po|ta|mo|lo|gie, die; - [↑ -logie]: *Teilgebiet der Hydrologie u. Geografie, das sich mit der Erforschung von Flüssen befasst.*
po|tem|kinsch [...kiːnʃ, auch: paˈtjɔmkɪnʃ] ⟨Adj.⟩: ↑ Dorf (1).
po|tent ⟨Adj.⟩ [lat. potens (Gen.: potentis) = stark, mächtig, adj. 1. Part. von: posse = können, vermögen]: **1.** Part. von: posse = können, vermögen]: **1.** *(vom Mann) fähig, den Geschlechtsakt zu vollziehen, zeugungsfähig.* **2.** (bildungsspr.) **a)** *stark, einflussreich, mächtig:* eine -e Interessengruppe; **b)** *finanzstark, zahlungskräftig, vermögend:* -e Geldgeber, Kunden, Geschäftspartner, Firmen. **3.** (bildungsspr.) *[schöpferisch] leistungsfähig, tüchtig; fähig:* er ist ein äußerst -er Künstler.
Po|ten|tat, der; -en, -en [zu lat. potentatus = Macht, Souveränität] (bildungsspr. abwertend): *Machthaber; Herrscher.*
Po|ten|ta|tin, die; -, -nen: w. Form zu ↑ Potentat.
po|ten|ti|al usw.: ↑ potenzial usw.
po|ten|ti|ell: ↑ potenziell.
Po|ten|til|la, die; -, ...llen [nlat., zu lat. potens (↑ potent), wegen der der Pflanze zugeschriebenen Heilkräfte]: *Fingerkraut.*
Po|ten|tio|me|ter usw.: ↑ Potenziometer usw.
Po|tenz, die; -, -en: **1.** ⟨o. Pl.⟩ [rückgeb. aus ↑ Impotenz] **a)** *Fähigkeit des Mannes, den Geschlechtsakt zu vollziehen; Zeugungsfähigkeit;* **b)** *sexuelle Leistungsfähigkeit: etw. steigert, hebt die [sexuelle] P.* **2.** [lat. potentia = Macht, Vermögen, Fähigkeit] (bildungsspr.) *Leistungsfähigkeit, Stärke;* jmds. geistige, künstlerische P.; die finanzielle P. einer Firma, ökologische P. (Biol.; *Fähigkeit eines Organismus, einen bestimmten Umweltfaktor zu nutzen od. zu ertragen*). **3.** (Math.) *Produkt, das entsteht, wenn eine Zahl, ein mathematischer Ausdruck [mehrfach] mit sich selbst multipliziert wird (dargestellt durch diese Zahl mit einem Exponenten, z. B.* 10^5): *mit -en rechnen; eine Zahl in die vierte, fünfte P. erheben (einmal, viermal mit sich selbst multiplizieren);* Ü *ein Unsinn in [höchster] P. (etw. äußerst Unsinniges).* **4.** (Med.) *Grad der Verdünnung eines homöopathischen Mittels.*
Po|tenz|ex|po|nent, der (Math.): *Exponent* (2 a).
po|ten|zi|al, potential ⟨Adj.⟩ [spätlat. potentialis = von Vermögen, tätig wirkend]: **1.** (bildungsspr.) *(nach den Gegebenheiten) möglich (aber nicht tatsächlich gegeben); als Möglichkeit vorhanden:* die -e Leistung einer Maschine. **2.** (Philos.) *die bloße Möglichkeit betreffend.* **3.** (Sprachwiss.) *die Möglichkeit, das mögliche*

Eintreten von etw. ausdrückend; als Potenzialis stehend: ein -er Konditionalsatz.
Po|ten|zi|al, Potential, das; -s, -e [zu ↑ potenzial]: **1.** (bildungsspr.) *Gesamtheit aller vorhandenen, verfügbaren Mittel, Möglichkeiten, Fähigkeiten, Energien:* das wirtschaftliche, militärische P. eines Landes; das P. an Energie ist erschöpft. **2.** (Physik) **a)** *physikalische Größe zur Beschreibung eines Feldes* (7): das P. eines Kraftfeldes; **b)** (Mechanik) *potenzielle Energie eines Körpers.*
Po|ten|zi|al|aus|gleich, Potentialausgleich, der; -[e]s, -e (Technik): *elektrische Verbindung, die die Körper verschiedener elektrischer Betriebsmittel u. fremde leitfähige Bauteile auf ein (annähernd) gleiches Potenzial* (2 a) *bringt.*
Po|ten|zi|al|dif|fe|renz, Potentialdifferenz, die (Physik): *Unterschied im Potenzial* (2) *zwischen zwei Punkten in einem Feld* (7).
Po|ten|zi|al|ge|fäl|le, Potentialgefälle, das (Physik): *Gefälle* (2) *im Potenzial* (2) *zwischen zwei Punkten in einem Feld* (7).
Po|ten|zi|a|lis, Potentialis, der; -, ...les [...leːs] (Sprachwiss.): *Modus* (2), *durch den ausgedrückt wird, dass ein Geschehen o. Ä. [nur] möglich ist, [nur] vielleicht eintritt (z. B. Man könnte es annehmen).*
Po|ten|zi|a|li|tät, Potentialität, die; - (Philos.): *Möglichkeit, wirklich zu werden, einzutreffen.*
po|ten|zi|ell, potentiell ⟨Adj.⟩ [frz. potentiel < spätlat. potentialis, ↑ potenzial] (bildungsspr.): *möglich (im Gegensatz zu wirklich), denkbar; der Anlage, Möglichkeit nach [vorhanden]; vielleicht zukünftig:* ein -er Käufer, Gegner, Wähler, das ist eine -e Gefahr; -e Gewalttäter; -e Energie (Physik; *Energie, die ein Körper aufgrund seiner Lage [in einem Kraftfeld] besitzt*).
po|ten|zie|ren ⟨sw. V.; hat⟩ [zu ↑ Potenz]: **1.** (bildungsspr.) **a)** *verstärken, erhöhen, steigern:* die Aussicht auf Erfolg potenziert seine Anstrengungen; **b)** ⟨p. + sich⟩ *stärker werden, sich erhöhen, sich steigern:* dadurch potenziert sich die Wirkung der Droge. **2.** (Math.) *(eine Zahl) in eine Potenz* (3) *erheben, [mehrfach] mit sich selbst multiplizieren:* eine Zahl mit 5 p. **3.** (Med.) *(bei der Herstellung eines homöopathischen Arzneimittels einen Ausgangsstoff) durch Zusatz einer bestimmten Flüssigkeit bis zu einer bestimmten Potenz* (4) *verdünnen.*
Po|ten|zie|rung, die; -, -en: **1.** (bildungsspr.) *das Potenzieren* (1); *Sichpotenzieren.* **2.** (Math.) *das Potenzieren* (2). **3.** (Med.) *das Potenzieren* (3).
Po|ten|zio|me|ter, Potentiometer, das; -s, - [↑ -meter (1)] (Elektrot.): *regelbarer Widerstand* (4 b); *Spannungsteiler.*
Po|ten|zio|me|trie, Potentiometrie, die; -, -n [↑ -metrie] (Chemie): *Verfahren der Maßanalyse, bei dem Änderungen des Potenzials (2 a) einer Elektrode in einer Lösung gemessen werden.*
po|ten|zio|me|trisch, potentiometrisch ⟨Adj.⟩ (Chemie): *die Potenziometrie betreffend, mit ihrer Hilfe vor sich gehend:* eine -e Maßanalyse.
Po|tenz|pil|le, die (ugs.): *Pille* (1 b) *zur Wiederherstellung, Steigerung der Potenz* (1 b), *zur Behebung einer Potenzschwäche od. von Potenzschwierigkeiten.*
Po|tenz|schwä|che, die: *Schwäche der Potenz* (1 b).
Po|tenz|schwie|rig|kei|ten ⟨Pl.⟩: *Schwierigkeiten des Mannes, den Geschlechtsakt zu vollziehen.*
po|tenz|stei|gernd ⟨Adj.⟩: *die Potenz* (1 b) *steigernd:* ein -es Mittel.
Po|tenz|stö|rung, die ⟨meist Pl.⟩: *Funktionsstörung, die die Potenz* (1 b) *betrifft.*
Pot|pour|ri [ˈpɔtpʊri, auch, österr. nur: ...ˈriː], das; -s, -s [frz. potpourri, eigtl. = Eintopf (aus allerlei Zutaten), zu: pot = Topf (spätlat. pot(t)us, ↑ Pott) u. pourrir = verfaulen]: *Zusammenstellung verschiedener durch Übergänge*

verbundener (meist bekannter u. populärer) Melodien: ein musikalisches P.; ein [buntes] P. aus, von beliebten Melodien; ein P. bekannter Schlager; Ü die Sendung war ein P. *(ein buntes Allerlei)* aus Scherz, Satire und Musik.

Pot|pour|ri|va|se, die [zu ↑ Potpourri in der Bed. »Allerlei, Kunterbuntes«]: *[reich] verzierte Porzellanvase mit durchlöchertem Deckel, in der duftende Kräuter aufbewahrt werden.*

Pots|dam: Landeshauptstadt von Brandenburg.

¹Pots|da|mer, der; -s, -: Ew.

²Pots|da|mer ⟨indekl. Adj.⟩: die P. Stadtgeschichte.

Pots|da|me|rin, die; -, -nen: w. Form zu ↑ ¹Potsdamer.

Pott, der; -[e]s, Pötte [mniederd. pot < mniederl. pot < (m)frz. pot < spätlat. pot(t)us = Trinkbecher (fälschlich angelehnt an lat. potus = Trank), H. u.]: **1.** (ugs.) **a)** *Topf, topfartiges Gefäß:* ein P. Tee, Labskaus; **b)** *Nachttopf: das Kind muss auf den P.;* * **zu P., zu -e kommen** *([mit einer Aufgabe o. Ä.] fertigwerden, zurechtkommen).* **2.** (ugs.) *Schiff, Dampfer:* ein großer P.

Pott|asche, die ⟨o. Pl.⟩ [niederd. potasch, zur Gewinnung des Salzes wurde Pflanzenasche in Töpfen gekocht]: *Kaliumkarbonat.*

Pott|harst, Pottharst, der; -[e]s, -e [zum 2. Bestandteil vgl. Panhas] (Kochkunst): *westfälisches Gericht aus zusammen mit verschiedenen Gemüsen geschmortem Rindfleisch mit einer gebundenen Soße.*

pott|häss|lich ⟨Adj.⟩ (ugs.): *sehr hässlich* (1): eine -e Stadt.

Pott|hast: ↑ Pottharst.

Pott|sau, die ⟨Pl. ...säue⟩ [zu Pott in der Bed. »Abfalleimer«, eigtl. wohl = im Dreck suhlende Sau] (Schimpfwort): **a)** *jmd., der schmutzig, ungepflegt ist, auf Sauberkeit keinen Wert legt od. [mutwillig] Schmutz macht;* **b)** *jmd., der etw. moralisch Verwerfliches getan hat, tut.*

Pott|wal, der [älter niederl. potswal; nach dem Vergleich des Kopfes mit einem Pott (1)]: *(zu den Zahnwalen gehörender) großer Wal mit plumpem, kantigem Kopf.*

potz ⟨Interj.⟩ [frühnhd. botz, mhd. pocks, entstellt aus »Gottes« (in bestimmten Fügungen, die sich auf das Leiden Jesu Christi beziehen)]: in der Fügung **p. Blitz!** (↑ Blitz 1)

Poul|lard [puˈlaːɐ̯], das; -s, -s, **Poul|lar|de** [puˈlardə], die; -, -n [frz. poularde, zu: poule = Huhn < lat. pulla]: *junges, verschnittenes od. noch nicht geschlechtsreifes Masthuhn od. -hähnchen.*

Poule [puːl], die; -, -n [...lən] [frz. poule, eigtl. = Huhn, ↑ Poulard; Bedeutungsübertr. ungeklärt]: **1.** *Einsatz beim Spiel, bei einer Wette.* **2.** *bestimmtes Spiel beim Billard od. Kegeln.*

Poul|let [puˈleː], das; -s, -s [frz. poulet, Vkl. von: poule, ↑ Poulard]: *junges Masthuhn od. -hähnchen.*

Pound [paʊnd], das; -, -s [engl. pound, eigtl. = Pfund, < aengl. pund < lat. pondo, ↑ Pfund]: *englische Gewichtseinheit* (453,60 g; Abk.: lb. [Sg.], lbs. [Pl.]).

Pour le Mé|ri|te [purləˈriːt], der; - - - [frz. = für das Verdienst; ↑ Meriten]: **1.** *(früher) hoher preußischer Verdienstorden für Verdienste vor dem Feind.* **2.** *für Verdienste in Wissenschaften u. Künsten verliehener hoher deutscher Orden.*

Pous|sa|de [pʊ..., pʊ...], **Pous|sa|ge** [pʊˈsaːʒə, pʊ..., österr. meist: ...ʃ], die; -, -n [mit französierender Endung geb. zu ↑ poussieren] (ugs. veraltet): **1.** *Liebschaft, Flirt* (a), *Liebelei [zwischen jungen Leuten, den Schülern]:* P. mit jmdm. haben. **2.** (meist abwertend) *Geliebte.*

pous|sie|ren ⟨sw. V.; hat⟩ [wohl unter Einfluss von »an sich drücken« zu frz. pousser = drücken, stoßen < lat. pulsare, ↑ pulsieren]: **1.** (ugs. veraltend, noch landsch.) *mit jmdm. eine Poussade* (1) *haben, flirten.* **2.** (veraltend) *hofieren, umschmeicheln, umwerben; um jmds. Gunst werben.* ◆ **3. a)** *zum Vorteil gereichen, förderlich sein:* ... mir in einer Sache zu raten ..., die uns beide poussiert (Schiller, Kabale III, 2); **b)** ⟨p. + sich⟩ *aufsteigen* (6 a), *sich verbessern:* »... wenn man dich und den Juden zum Galgen führt.« – »So hoch werde ich mich wohl nicht p.« (Hauff, Jud Süß, 409 f.); ... an Empfehlungen kann's nicht fehlen, wenn ich mich höher p. will (Schiller, Kabale I, 2).

Pous|sier|stän|gel, der (ugs. veraltend scherzh.): *junger Mann, der gern, viel mit Mädchen poussiert.*

◆ **Po|ve|ret|to,** der; -s, ...tti [ital. poveretto, zu: povero < lat. pauper = arm]: *armer Schlucker:* Wer an einen Weg und eine Sache glaubt, ist allemal ein P. (Fontane, Jenny Treibel 17).

po|wer ⟨Adj.⟩ [frz. pauvre < lat. pauper = arm] (landsch.): *armselig, ärmlich, dürftig:* eine pow[e]re Gegend; Zum Mittagessen wurde Rindfleisch und Gemüse serviert, am Abend ein -es Ei oder ein Teller Butterkartoffeln zugestanden (Fussenegger, Haus 312).

Po|wer [ˈpaʊɐ], die; - [engl. power, über das Afrz. u. Vlat. zu lat. posse = können] (Jargon): **a)** *Kraft* (5), *Stärke, Leistung* (2 c); *Wucht:* die Stereoanlage hat P.; ein Motorrad mit viel P.; **b)** *Kraft* (1), *Stärke* (6 a): sie hat genügend P., diese Krise zu überwinden.

Po|wer|frau [ˈpaʊɐ...], die ⟨Jargon⟩: *tüchtige Frau voll Kraft u. Stärke.*

po|wern [ˈpaʊɐn] ⟨sw. V.; hat⟩ [engl. to power = antreiben] ⟨Jargon⟩: **a)** *große Stärke, Leistung* (2 c) *entfalten, sich voll einsetzen:* wir mussten zwei Wochen lang p., um das Projekt erfolgreich abzuschließen; der Schlussläufer hat auf der Zielgeraden noch einmal richtig gepowert; **b)** *mit großem Einsatz, Aufwand unterstützen, fördern:* ein neues Produkt, einen Sänger p.

Po|wer|play [ˈpaʊɐpleɪ], das; -[s] [engl. power play, eigtl. = Kraftspiel, aus: power (↑ Power) u. play = Spiel] (Sport): *anhaltender gemeinsamer Ansturm auf das gegnerische Tor o. Ä., durch den der Gegner gezwungen wird, sich auf die Verteidigung zu beschränken:* ein P. aufziehen.

Po|wer|slide [ˈpaʊɐslaɪd], das u. der; -[s], -s [engl. power slide, eigtl. = Kraftrutschen, aus: power (↑ Power) u. slide = das Rutschen] (Motorsport): **1.** ⟨o. Pl.⟩ *Kurventechnik, bei der der Fahrer den Wagen, ohne die Geschwindigkeit zu vermindern, seitlich in die Kurve rutschen lässt, um ihn mit Vollgas geradeaus aus der Kurve herausfahren zu können.* **2.** *das Fahren in der Technik des Powerslides* (1).

Po|widl, der; -s [tschech. povidla (Pl.)] (österr.): *Pflaumenmus.*

Po|widl|knö|del, der (österr.): *mit Pflaumenmus gefüllter Kloß.*

Poz|zo|lan, Poz|zu|o|lan: ↑ Puzzolan.

pp = pianissimo.

pp. = perge, perge (und so weiter); lat., eigtl. = fahre fort).

pp., ppa. = per procura.

ppa., pp. = per procura.

PPP = Public-private-Partnership.

PR = Public Relations.

Prä, das; -s [subst. aus lat. prae = vor] (bildungsspr.): *jmdm. zum Vorteil gereichender Vorrang:* ein P. haben.

prä-, Prä- [lat. prae = vor]: kennzeichnet in Bildungen mit Adjektiven – seltener mit Substantiven oder Verben – etw. als vorher, zeitlich früher liegend, erfolgend: prärevolutionär; Präfaschismus.

Prä|am|bel, die; -, -n [spätmhd. preambel < mlat. praeambulum = Vorangehendes, Einleitung, zu spätlat. praeambulus = vorangehend, zu lat. prae = vor(an) u. ambulare = gehen]: **1.** *feierliche Erklärung als Einleitung einer [Verfassungs]urkunde, eines Staatsvertrags o. Ä.:* die P. des Grundgesetzes; in der P. heißt es ... **2.** *Präludium in der Orgel- u. Lautenmusik des 15. u. 16. Jh.s.*

prä|bio|tisch: ↑ prebiotisch.

PR-Ab|tei|lung [peːˈʔɛr...], die: *Public-Relations-Abteilung.*

pra|chern ⟨sw. V.; hat⟩ [mniederd. prachen, mniederl. prachern, H. u.] (bes. nordd.): *betteln.*

Pracht, die; - [mhd. braht = Lärm, Geschrei, Prahlerei, ahd. praht = Lärm, verw. mit ↑ brechen]: *durch großen Aufwand [in der Ausstattung] erreichte starke, strahlende [optische] Wirkung einer Sache, die auf diese Weise voll zur Entfaltung kommt:* die unvergleichliche P. der Barockkirchen; sie genossen die weiße P. der Winterlandschaft; diese Räume waren nur kalte P. (waren repräsentativ, aber unbehaglich); * **eine wahre P. sein** (ugs.; *geradezu großartig, unglaublich, unerhört sein:* die Verpflegung war eine wahre P.).

Pracht|aus|ga|be, die: *kostbar ausgestattete Ausgabe* (4 a).

Pracht|band, der ⟨Pl. ...bände⟩: *Prachtausgabe.*

Pracht|bau, der ⟨Pl. -ten⟩: *großer, repräsentativer Bau.*

Pracht|ent|fal|tung, die: *Entfaltung von Pracht.*

Pracht|ex|em|pl|ar, das (ugs.): *großartiges Exemplar, das alle gewünschten Qualitäten aufweist:* dieser Schäferhund ist ein P.; (scherzh.:) wahre -e von Kindern.

Pracht|fink, der: *(als Käfigvogel gehaltener) meist prächtig bunt gefärbter, etwa meisengroßer Singvogel.*

präch|tig ⟨Adj.⟩ [urspr. = stolz, hochmütig]: **1.** *durch großen Aufwand von starker, strahlender [optischer] Wirkung;* ≈ *Schlösser;* p. ausgestaltete Räume. **2.** *alle gewünschten Qualitäten aufweisend; großartig:* ein -er Junge; -es Wetter; er ist ein -er Erzähler; sich p. verstehen; (iron.:) Er wird eine ganze Weile aussetzen müssen. Ein -er Muskelriss, wie aus dem Lehrbuch (Lenz, Brot 141).

Präch|tig|keit, die; -: *prächtige Art, Beschaffenheit.*

Pracht|kerl, der (ugs.): *Person, die alle gewünschten Qualitäten aufweist:* ein P. von einem Sohn.

Pracht|kleid, das (Zool.): *Hochzeitskleid* (2).

Pracht|mensch, der (ugs.): vgl. Prachtkerl.

Pracht|stra|ße, die: *breite, von großen, eindrucksvollen Gebäuden gesäumte Straße.*

Pracht|stück, das (ugs.): *Prachtexemplar:* ein P. von [einem] Steinpilz.

pracht|voll ⟨Adj.⟩: **1.** *voll Pracht; prächtig* (1): ein -es altes Schloss; eine p. ausgestattete Bibelausgabe; ... außerdem will ich mir nicht den Appetit auf das Abendbrot verderben, Lolas Eltern bestellen immer -e Platten, manchmal sogar mitten in der Woche (Becker, Irreführung 15). **2.** *alle gewünschten Qualitäten aufweisend; großartig:* sie ist eine -e Mutter; die junge Pianistin hat p. gespielt.

Pracht|weib, das (ugs.): vgl. Prachtkerl.

Prä|da|ti|on, die; -, -en [lat. praedatio = das Beutemachen] (Biol.): *Beziehung zw. Räuber* (2) *und Beute.*

Prä|da|tor, der; -s, ...oren [lat. praedator = Beutemacher] (Biol.): *Räuber* (2).

Prä|des|ti|na|ti|on, die; - [kirchenlat. praedestinatio, zu (kirchen)lat. praedestinare, ↑ prädestinieren]: **1.** (Rel.) *(bes. von Calvin als Lehre vertretene) göttliche Vorherbestimmung hinsichtlich der Seligkeit od. Verdammnis des einzelnen*

Menschen. **2.** (bildungsspr.) *das Geeignetsein, Vorherbestimmtsein für eine bestimmte Aufgabe, einen bestimmten Beruf o. Ä. aufgrund gewisser Fähigkeiten, Anlagen:* er hat die P. zum Politiker.
prä|de|s|ti|nie|ren ⟨sw. V.; hat⟩ [(kirchen)lat. praedestinare = im Voraus bestimmen] (bildungsspr.): *für etw. besonders geeignet machen, wie geschaffen erscheinen lassen:* seine Redegewandtheit prädestiniert ihn für diese Aufgabe, diesen Beruf; für einen Sport, zum Politiker prädestiniert sein; dieser See ist für Fischzucht prädestiniert *(besonders geeignet).*
Prä|de|s|ti|nie|rung, die; -, -en ⟨Pl. selten⟩: *Prädestination* (2).
Prä|di|ka|ment, das; -[e]s, -e [spätlat. praedicamentum = im Voraus erfolgende Hinweisung] (Philos.): *eine der sechs nach Platon u. Aristoteles in der Scholastik weiterhin gelehrten Kategorien.*
Prä|di|kat, das; -[e]s, -e [urspr. = Rangbezeichnung < lat. praedicatum, subst. 2. Part. von: praedicare, ↑ predigen]: **1.** *in einer bestimmten schriftlichen Formulierung ausgedrückte auszeichnende Bewertung einer Leistung, eines Werks, Erzeugnisses:* bei einer Prüfung das P. »gut« erhalten; ein Film mit dem P. »wertvoll«; für das P. Spätlese hat der Wein zu wenig Öchsle. **2.** Kurzf. von ↑ Adelsprädikat. **3.** (Sprachwiss.) *die Struktur des Satzes bestimmender Satzteil, der eine Aussage über das Subjekt macht* (z. B. der Bauer *pflügt* den Acker). **4.** (Logik, Philos.) *der Bestimmung von Gegenständen dienender sprachlicher Ausdruck od. der zugrunde liegende Begriff.*
prä|di|ka|ti|sie|ren ⟨sw. V.; hat⟩: *mit einem Prädikat* (1) *versehen:* einen Ort als Luftkurort prädikatisieren.
prä|di|kal|tiv ⟨Adj.⟩ (Sprachwiss.): *das Prädikat* (3) *betreffend, dazu gehörend; in Verbindung mit kopulativen Verben (z. B. sein, werden) auftretend:* -e Ergänzungen.
Prä|di|ka|tiv, das; -s, -e (Sprachwiss.): *auf das Subjekt od. Objekt bezogenes Satzglied* (z. B. Karl ist *mein Freund*).
Prä|di|ka|ti|vum, das; -s, ...va (Sprachwiss.): *Prädikativ.*
Prä|di|ka|tor, der; -s, ...oren [lat. praedicator = der Verkündiger] (Logik, Philos.): *Prädikat* (4) *(als sprachlicher Ausdruck).*
Prä|di|kats|ex|a|men, das: *mindestens mit dem Prädikat »befriedigend« bestandenes Examen.*
Prä|di|kats|no|men, das (Sprachwiss.): *Prädikativ, das aus einem Nomen* (2) *besteht* (z. B. Karl ist *Lehrer,* das Kleid ist *neu*).
Prä|di|kats|wein, der: *(nach dem deutschen Weingesetz) Qualitätswein mit einer der Prädikate Kabinett, Spätlese, Auslese, Beerenauslese, Trockenbeerenauslese, Eiswein; Qualitätswein mit Prädikat.*
Prä|dik|ti|on, die; -, -en [lat. praedictio, zu: praedicere = voraussbestimmen, aus: prae = vor(her) u. dicere = sagen] (bildungsspr.): *Vorher-, Voraussage durch wissenschaftliche Verallgemeinerung.*
prä|dis|po|nie|ren ⟨sw. V.; hat⟩ [zu ↑ prä-, Prä- u. ↑ disponieren]: **1.** (bildungsspr.) *im Voraus festlegen.* **2.** (Med.) *besonders empfänglich, anfällig machen:* für Magengeschwüre prädisponiert sein.
Prä|dis|po|si|ti|on, die; -, -en [↑ Disposition] (Med.): *ausgeprägte Anfälligkeit für bestimmte Krankheiten.*
Prä|do|mi|na|ti|on, die; - [↑ Domination] (bildungsspr.): *das Vorherrschen, die Vorherrschaft.*
prä|do|mi|nie|ren ⟨sw. V.; hat⟩ [↑ dominieren]

(bildungsspr.): *die Vorherrschaft besitzen; vorherrschen, überwiegen.*
prae|cox ⟨indekl. Adj.; nachgestellt⟩ [lat.] (Med.): *vorzeitig, frühzeitig, zu früh auftretend.*
prä|emp|tiv ⟨Adj.⟩ (bes. Militär): *einer sich bereits abzeichnenden Entwicklung zuvorkommend, vorsorglich, vorbeugend.*
Prae|sens his|to|ri|cum, das; - -, ...sentia ...ca [nlat., aus lat. praesens (↑ Präsens) u. historicum = historisch]: *bei lebhafter Vorstellung u. Schilderung vergangener Vorgänge gebrauchtes Präsens; historisches Präsens.*
prä|exis|tent ⟨Adj.⟩ [aus lat. prae = vor(her) u. ↑ existent] (Philos., Theol.): *Präexistenz habend; vorher bestehend.*
Prä|exis|tenz, die; -, -en [↑ Existenz] (Philos., Theol.): *das ideelle Vorhandensein, Ausgeprägtsein vor der stofflichen u. zeitlichen Erscheinung* (z. B. die Existenz der Seele im Reich der Ideen vor ihrem Eintritt in den Körper; nach Plato).
Prä|fa|ti|on, die; -, -en [mlat. praefatio < lat. praefatio = Vorrede] (kath. u. ev. Rel.): *liturgische Einleitung der katholischen Eucharistiefeier u. des evangelischen Abendmahlgottesdienstes.*
Prä|fekt, der; -en, -en [lat. praefectus = Vorgesetzter, zu: praefectum, 2. Part. von: praeficere = vorsetzen]: **1.** *hoher Zivil- od. Militärbeamter im antiken Rom.* **2.** *oberster Verwaltungsbeamter eines Departements (in Frankreich) od. einer Provinz (in Italien).* **3.** *mit besonderen Aufgaben betrauter, leitender katholischer Geistlicher (bes. in Missionsgebieten).* **4.** *ältester Schüler in einem Internat, der eine jüngere die Aufsicht führt.*
Prä|fek|tin, die; -, -nen: w. Form zu ↑ Präfekt (2, 4).
Prä|fek|tur, die; -, -en [lat. praefectura]: **a)** *Amt, Amtsbezirk eines Präfekten* (2); **b)** *Gesamtheit der Amtsräume eines Präfekten* (2).
Prä|fe|ren|ti|al|zoll: ↑ Präferenzialzoll.
prä|fe|ren|ti|ell: ↑ präferenziell.
Prä|fe|renz, die; -, -en [frz. préférence, zu: préférer = vorziehen < lat. praeferre]: **1.** (bildungsspr.) *Vorliebe, ausgeprägte Neigung:* er hat seine P. für die Linken kund. **2.** (Wirtsch.) *bestimmte Vorliebe im Verhalten der Marktteilnehmer:* im Winterschlussverkauf zeigte sich erneut die P. der Käufer für Qualitätsware. **3.** (Wirtsch.) *(bestimmten Ländern gewährte) Vergünstigung.*
Prä|fe|ren|zi|al|zoll, Präferentialzoll, der; -[e]s, ...zölle (Wirtsch.): *Präferenzzoll.*
prä|fe|ren|zi|ell, präferentiell ⟨Adj.⟩: **1.** *bevorzugt.* **2.** (Wirtsch.) *Präferenzen* (3) *betreffend, auf Präferenzen* (3) *beruhend:* -e Handelspolitik.
Prä|fe|renz|stel|lung, die (bes. Wirtsch.): *bevorzugte Stellung.*
Prä|fe|renz|zoll, der (Wirtsch.): *Zoll, der einen Handelspartner gegenüber anderen begünstigt.*
prä|fe|rie|ren ⟨sw. V.; hat⟩ [frz. préférer, ↑ Präferenz] (bildungsspr.): *vorziehen, den Vorzug geben:* die SPD präferiert ein rot-grünes Bündnis.
prä|fi|gie|ren ⟨sw. V.; hat⟩ [lat. praefigere = vorn anheften] (Sprachwiss.): *mit einem Präfix versehen.*
Prä|fix [auch: ...'fɪks], das; -es, -e [zu lat. praefixum, 2. Part. von: praefigere, ↑ präfigieren] (Sprachwiss.): **1.** *vor ein Wort, einen Wortstamm gesetzte bildungssilbe; Vorsilbe* (z. B. be-, ent-, un-, ver-, zer-). **2.** (veraltend) *Präverb.*
Prä|fix|o|id, das; -[e]s, -e [zu griech. -oeidés = ähnlich] (Sprachwiss.): *präfixähnlicher Bestandteil eines Worts* (z. B. sau-, Sau-, Nobel-).
Prä|fix|verb [auch: ...'fɪks...], das (Sprachwiss.):

mit einem Präfix gebildetes Verb (z. B. beachten, entlassen).
prä|for|mie|ren ⟨sw. V.; hat⟩ [lat. praeformare, aus: prae = vor(her) u. formare, ↑ formieren]: **1.** (bildungsspr.) *in der Ausprägung, Entwicklung o. Ä. im Voraus festlegen; vorbilden.* **2.** (Biol.) *im Keim vorbilden.*
Prag: Hauptstadt von Tschechien.
präg|bar ⟨Adj.⟩: *sich prägen* (2) *lassend.*
Präg|bar|keit, die; -: *das Prägbarsein; prägbare Beschaffenheit.*
Prä|ge|bild, das (Münzw.): *auf eine Münze aufgeprägtes Bild.*
Prä|ge|druck, der ⟨Pl. -e⟩: **1. a)** ⟨o. Pl.⟩ (Druckw.) *Druckverfahren, bei dem Schriftzeichen o. Ä. mithilfe von Prägestempeln erhaben od. vertieft auf [Brief]papier, Leder o. Ä. zur Ausschmückung gedruckt werden;* **b)** *etw. im Prägedruck* (1 a) *Hergestelltes.* **2.** ⟨o. Pl.⟩ (Textilind.) *Verfahren zur Oberflächengestaltung von Geweben auf dem Gaufrierkalander mithilfe von Hitze u. Druck.*
Prä|ge|form, die (Münzw.): *Gussform für die Münzprägung.*
Prä|ge|ma|schi|ne, die: *Prägestock.*
prä|gen ⟨sw. V.; hat⟩ [mhd. praechen, braechen = einpressen, abbilden, ahd. (gi)prähan = gravieren, einpressen, urspr. wohl = aufbrechen, aufreißen u. verw. mit ↑ brechen]: **1. a)** *mit einem Bild, mit Schriftzeichen versehen, wobei die Oberfläche von geeignetem Material (z. B. Metall, Papier, Leder) durch Druck mit entsprechenden Werkzeugen od. Maschinen reliefartig geformt wird:* geprägtes Briefpapier; **b)** *prägend* (1 a) *herstellen:* Münzen (in Silber, Gold) p.; **c)** *ein Bild, Schriftzeichen vertieft od. erhaben in die Oberfläche von geeignetem Material (z. B. Metall, Papier, Leder) einpressen:* das Staatswappen auf die Münzen p. **2. a)** *sich auf Einfluss auswirken u. jmdm., einer Sache ein entsprechendes besonderes Gepräge geben:* die Landschaft prägt den Menschen; alte Fachwerkhäuser prägen das Stadtbild; durch eine/von einer Epoche geprägt sein; **b)** (Verhaltensf.) *ein Tier während einer bestimmten Entwicklungsphase in Bezug auf ein bestimmtes Verhalten auf ein Lebewesen, Objekt einstellen lassen, es auf jmdn., etw. fixieren:* der junge Wolf ist auf seinen Pfleger geprägt. **3.** *(einen sprachlichen Ausdruck o. Ä.) schöpfen, erstmals anwenden:* ein [Schlag]wort p. **4.** (selten) *einprägen* (2 a): sich etw. ins Gedächtnis p. **5.** ⟨p. + sich⟩ (geh.) *sich formen* (3): Ravic sah das alles überdeutlich, als präge es sich wie ein Relief hinter seinen Augen in Wachs (Remarque, Triomphe 317).
prä|ge|ni|tal ⟨Adj.⟩ [zu ↑ prä-, Prä- u. ↑ genital] (Psychoanalyse): *der genitalen Phase vorausgehend:* eine -e Phase.
PR-Agen|tur [pɛˈleːɐ̯...], die: *Dienstleistungsunternehmen für PR.*
Prä|ge|pha|se, die: *für ein Lebewesen prägende, frühe Phase seines Lebens.*
Prä|ge|pres|se, die (Druckw.): *Presse für den Prägedruck.*
Präger, der; -s, -: Ew. zu ↑ Prag.
¹**Prager** ⟨indekl. Adj.⟩: die P. Altstadt.
²**Prager** ⟨indekl. Adj.⟩: die P. Altstadt.
Pra|ge|rin, die; -, -nen: w. Form zu ↑ ¹Prager.
Prä|ge|stät|te, die: *Münzstätte.*
Prä|ge|stem|pel, der (Druckw., Metallbearb.): *zum Prägen* (1) *verwendeter Stempel, in den Schriftzeichen od. Strichzeichnungen vertieft od. erhaben eingeprägt sind.*
Prä|ge|stock, der ⟨Pl. ...stöcke⟩ (Druckw., Metallbearb.): *zum Prägen* (1) *verwendete Maschine mit Prägestempel.*
prä|gla|zi|al ⟨Adj.⟩ [zu ↑ prä-, Prä- u. ↑ glazial] (Geol.): *vor der Eiszeit [eingetreten].*

Pragmatik – praktisch

Prag|ma|tik [österr. auch: ...'mat...], die; -, -en [griech. pragmatikḗ (téchnē) = Kunst, richtig zu handeln, zu: pragmatikós, ↑ pragmatisch]: **1.** ⟨o. Pl.⟩ (bildungsspr.) *Orientierung auf das Nützliche; Sinn für Tatsachen; Sachbezogenheit.* **2.** (österr. Amtsspr.) *Dienstordnung, Ordnung des Staatsdienstes; fest gefügte Laufbahn des Beamten.* **3.** ⟨o. Pl.⟩ (Sprachwiss.) *linguistische Disziplin, die die Beziehung zwischen sprachlichen Zeichen u. den Benutzern sprachlicher Zeichen untersucht; Lehre vom sprachlichen Handeln.*

Prag|ma|ti|ker [österr. auch: ...'mat...], der; -s, - (bildungsspr.): *jmd., der pragmatisch (1) eingestellt ist, pragmatisch handelt.*

Prag|ma|ti|ke|rin [österr. auch: ...'mat...], die; -, -nen: w. Form zu ↑ Pragmatiker.

prag|ma|tisch [österr. auch: ...'mat...] ⟨Adj.⟩ [lat. pragmaticus < griech. pragmatikós = in Geschäften geschickt, tüchtig]: **1.** *auf die anstehende Sache u. entsprechendes praktisches Handeln gerichtet; sachbezogen:* -e Politikerin; eine -e Betrachtungsweise; -e Mittel anwenden; p. denken, vorgehen. **2.** (Sprachwiss.) *das Sprachverhalten, die Pragmatik (3) betreffend.*

prag|ma|ti|sie|ren ⟨sw. V.; hat⟩ (österr. Amtsspr.): *in ein festes, unkündbares Beamtenverhältnis übernehmen; verbeamten.*

Prag|ma|ti|sie|rung, die; -, -en (österr. Amtsspr.): *das Pragmatisieren; das Pragmatisiertwerden.*

Prag|ma|tis|mus, der; - ⟨o. Pl.⟩ **a)** *den Menschen ausschließlich als handelndes Wesen verstehende philosophische Lehre, die das Handeln über die Vernunft stellt u. die Wahrheit u. Gültigkeit von Ideen u. Theorien allein nach ihrem Erfolg bemisst;* **b)** *pragmatische Einstellung, Denk-, Handlungsweise:* nüchterner P.

prä|gnant ⟨Adj.⟩ [frz. prégnant < lat. praegnans (Gen.: praegnantis) = schwanger; trächtig; strotzend] (bildungsspr.): *etw. in knapper Form genau treffend, darstellend:* -e Sätze; die -esten (typischsten) Vertreter(innen) dieser Richtung.

Prä|g|nanz, die; - (bildungsspr.): *prägnante Art.*

prä|gra|vie|ren ⟨sw. V.; hat⟩ [lat. praegravare] (veraltet): *überlasten, mehr als andere mit etw. belasten:* ♦ ... da er (= der Esel) durch die Zumutung, den Zahnarzt in seinem Schatten sitzen zu lassen und unterdessen in der brennenden Sonnenhitze zu stehen, offenbar am meisten prägraviert worden sei (Wieland, Abderiten IV, 3).

Prä|gung, die; -, -en: **1. a)** *das Prägen (1); das Geprägtwerden;* **b)** *Bild, Muster o. Ä., das vertieft od. erhaben in die Oberfläche von geeignetem Material (z. B. Metall, Papier, Leder, Kunststoff) eingeprägt ist:* die P. auf der Münze ist unscharf. **2. a)** *bestimmte Art, in der jmd., etw. geprägt (2 a) ist:* durch jmdn., etw. erhalten; ein Parlamentarismus westlicher P.; **b)** (Verhaltensf.) *das Prägen (2 b); das Geprägtwerden:* die P. des jungen Tieres auf die Mutter. **3. a)** *das Prägen (3); das Geprägtwerden;* **b)** *geprägter (3) Ausdruck:* dieser Ausdruck ist eine P. Ciceros, von Cicero.

Pra|ha: tschechische Form von ↑ Prag.

Prä|his|to|rie [auch, österr. nur: 'prɛ:...], die; - [zu ↑ prä-, Prä- u. ↑ Historie]: *Vorgeschichte.*

Prä|his|to|ri|ker [auch: 'prɛ:...], der; -s, -: *Wissenschaftler auf dem Gebiet der Prähistorie.*

Prä|his|to|ri|ke|rin, die; -, -nen: w. Form zu ↑ Prähistoriker.

prä|his|to|risch [auch: 'prɛ:...] ⟨Adj.⟩: *vorgeschichtlich:* -e Gräber; in -er Zeit.

prah|len ⟨sw. V.; hat⟩ [urspr. wahrsch. = brüllen, schreien, lärmen; lautm.]: **a)** *sich wirklich od. vermeintlicher Vorzüge o. Ä. übermäßig od. übertreibend rühmen, sie hervorhebend erwähnen:* gern p.; mit seinem Auto, seinen [technischen] Kenntnissen p.; Kollege! Sie prahlen damit, dass Sie Ihr Geld auf anderer Leute Kosten verdienen. Ich finde dies nicht so ruhmreich wie Sie, offenbar (Hacks, Stücke 313); **b)** *prahlend* ⟨a⟩ *sagen, äußern.*

Prah|ler, der; -s, -: *jmd., der prahlt.*

Prah|le|rei, die; -, -en (abwertend): **1.** ⟨o. Pl.⟩ *[dauerndes] Prahlen* ⟨a⟩. **2.** *prahlerische Äußerung.*

Prah|le|rin, die; -, -nen: w. Form zu ↑ Prahler.

prah|le|risch ⟨Adj.⟩: *von der Art, wie sie für einen Prahler charakteristisch ist:* ein arroganter und -er Mensch; er behauptete p., 17 Schnäpse getrunken zu haben.

Prahl|hans, der; -es, ...hänse (ugs.): *jmd., der gern prahlt.*

Prahl|sucht, die; ⟨o. Pl.⟩: *übermäßig starker Hang zum Prahlen.*

prahl|süch|tig ⟨Adj.⟩: *von Prahlsucht erfüllt.*

Prahm, der; -[e]s, -e u. Prähme [aus dem Niederd. < mniederd. präm, aus dem Slaw., vgl. tschech. prám = Fähre]: *[kastenförmiger] großer Lastkahn.*

Praia: Hauptstadt von Kap Verde.

Prä|im|plan|ta|ti|ons|di|ag|nos|tik, die (Med.): *vor der Einpflanzung ins Uterus durchgeführte gentechnische od. zytologische Untersuchung eines im Reagenzglas gezeugten Embryos auf Erbkrankheiten u. andere Erbanlagen.*

Prä|ju|diz, das; -es, -e od. -ien [lat. praeiudicium, aus: prae = vor(her) u. iudicium, ↑ Judizium]: **1.** (Rechtsspr.) *Entscheidung eines obersten Gerichts mit Leitbildfunktion für ähnliche künftige Rechtsfälle.* **2.** (bildungsspr.) *Entscheidung, die für zukünftige Fälle, Beschlüsse, Ereignisse maßgebend ist, nach der sich zukünftige Fälle, Beschlüsse, Ereignisse richten:* diese Feiertagsregelung schafft ein P., stellt kein P. für das nächste Jahr dar.

prä|ju|di|zi|ell ⟨Adj.⟩ [frz. préjudiciel < spätlat. praeiudicialis]: **1.** (Rechtsspr.) *als Präjudiz (1) dienend.* **2.** (bildungsspr.) *bedeutsam für die Beurteilung künftiger Fälle, Beschlüsse o. Ä.*

prä|ju|di|zie|ren ⟨sw. V.; hat⟩ [lat. praeiudicare = vorgreifen, im Voraus entscheiden, zu: prae = vor(her) u. iudicare, ↑ judizieren]: **1.** (Rechtsspr.) *ein Präjudiz (1) schaffen.* **2.** (bildungsspr.) *ein Präjudiz (2) schaffen:* diese Regelung hat keine präjudizierende Wirkung.

Prä|kam|b|risch ⟨Adj.⟩ (Geol.): *das Präkambrium betreffend, dazu gehörend.*

Prä|kam|b|ri|um, das; -s [zu ↑ prä-, Prä- u. ↑ Kambrium] (Geol.): *vor dem Kambrium liegender erdgeschichtlicher Zeitraum.*

prä|kar|bo|nisch ⟨Adj.⟩ [zu ↑ prä-, Prä- u. ↑ karbonisch] (Geol.): *in einen Zeitabschnitt vor dem Karbon gehörend, fallend.*

prä|kli|nisch ⟨Adj.⟩ [zu ↑ prä-, Prä- u. ↑ klinisch] (Med.): **1.** *(von Arzneimitteln) vor Anwendung in der Klinik.* **2.** *nicht die typischen Krankheitssymptome aufweisend.*

Prä|klu|si|on, die; -, -en [lat. praeclusio] (Rechtsspr.): *Ausschließung, Ausschluss; Rechtsverwirkung.*

prä|klu|siv, präklusivisch ⟨Adj.⟩ (Rechtsspr.): *eine Präklusion zur Folge habend; von vornherein ausschließend; rechtsverwirkend.*

Prä|klu|siv|frist, die (Rechtsspr.): *gerichtlich festgelegte Frist, nach deren Ablauf ein Recht nicht mehr geltend gemacht werden kann.*

prä|klu|si|visch ⟨Adj.⟩: *präklusiv.*

prä|ko|lum|bi|a|nisch, (fachspr. meist:) **prä|ko|lum|bisch** ⟨Adj.⟩ [zu ↑ prä-, Prä- u. Kolumb(ian)isch, Adj. zu Kolumbus (bes. Fachspr.): *die Zeit vor der Entdeckung Amerikas durch Kolumbus betreffend.*

Pra|k|rit, das; -s [sanskr. prākṛta]: *Gesamtheit der mittelindischen Volkssprachen.*

prakt. Arzt = praktischer Arzt.
prakt. Ärz|tin = praktische Ärztin.

prak|ti|fi|zie|ren ⟨sw. V.; hat⟩ [zu ↑ Praxis u. lat. facere (in Zus. -ficere) = machen] (bildungsspr.): *in die Praxis umsetzen, verwirklichen.*

Prak|tik, die; -, -en [mlat. practica < spätlat. practice = Ausübung, Vollendung < griech. praktikḗ (téchnē) = Lehre vom aktiven Handeln, zu: praktikós, ↑ ¹praktisch]: **1. a)** *bestimmte Art der Ausübung, Handhabung; Verfahrensweise:* merkantilistische -en; entgegen der sonst üblichen P.; Da also, während Joachim hinter seiner Serviette keuchte und Frau Magnus, seine Nachbarin, ihm einer alten P. gemäß den Rücken klopfte ... (Th. Mann, Zauberberg 728); **b)** ⟨meist Pl.⟩ *(als bedenklich empfundene) Methode; nicht immer einwandfreies u. erlaubtes Vorgehen:* kriminelle, unlautere -en. **2.** *(vom 15. bis 17. Jh.) Kalenderanhang od. selbstständige Schrift mit meteorologischen (in der Art der Bauernregeln) od. astrologischen Vorhersagen, Gesundheitslehren, Ratschlägen o. Ä.*

Prak|ti|ka: Pl. von ↑ Praktikum.

prak|ti|ka|bel ⟨Adj.; praktikabler, -ste⟩ [frz. praticable < mlat. practicabilis = tunlich, ausführbar]: **1.** *für einen bestimmten Zweck brauchbar, nutzbar; sich als zweckmäßig erweisend u. sich verwirklichen lassend; durch-, ausführbar:* eine praktikable Lösung; ein praktikabler Vorschlag; dieser Plan war nicht p.; den Hobbyraum p. gestalten. **2. a)** *(von Teilen der Bühnendekoration) fest gebaut u. daher begehbar, zum Spielen zu benutzen;* ♦ **b)** *begehbar, befahrbar:* Die Wege sind noch nicht p. (Schiller, Wallensteins Lager 2).

Prak|ti|ka|bi|li|tät, die; - [frz. praticabilité] (bildungsspr.): *praktikable (1) Art:* die P. einer neuen Lösung testen.

Prak|ti|kant, der; -en, -en [zu mlat. practicans (Gen.: practicantis), 1. Part. von: practicare, ↑ praktizieren]: *jmd., der ein Praktikum absolviert.*

Prak|ti|kan|ten|stel|le, die: *Arbeitsstelle einer Praktikantin, eines Praktikanten.*

Prak|ti|kan|tin, die; -, -nen: w. Form zu ↑ Praktikant.

Prak|ti|ker, der; -s, -: **1.** *jmd., der (auf einem bestimmten Gebiet) praktisch arbeitet:* ein erfahrener P.; er ist [ausschließlich, reiner] P.; Der andere, der Bauzeichner, ist der einzige P. in meinem Laden (Frisch, Montauk 134). **2.** (Medizinjargon) *praktischer Arzt.*

Prak|ti|ke|rin, die; -, -nen: w. Form zu ↑ Praktiker.

Prak|ti|kum, das; -s, ...ka: **1.** *im Rahmen einer Ausbildung außerhalb der [Hoch]schule abzuleistende praktische Tätigkeit:* ein medizinisches, berufliches P.; ein P. machen. **2.** *zur praktischen Anwendung des Erlernten eingerichtete Übung(sstunde) (bes. an naturwissenschaftlichen Fakultäten einer Hochschule).*

Prak|ti|kums|be|richt, der: *[schriftlicher] Bericht über den Verlauf eines Praktikums.*

Prak|ti|kums|platz, der: *Praktikumsstelle.*

Prak|ti|kums|stel|le, die: *Arbeitsstelle, an der ein Praktikum abzuleisten ist.*

Prak|ti|kums|ver|trag, der: *zwischen Praktikant[in] und Arbeitgeber geschlossener Vertrag.*

Prak|ti|kus, der; -, -se (scherzh.): *praktischer Mensch, der immer u. überall Rat weiß:* sie ist der P.

¹prak|tisch ⟨Adj.⟩ [spätlat. practicus < griech. praktikós = auf das Handeln gerichtet, tätig, tüchtig, zu: prássein, ↑ Praxis]: **1. a)** *auf die Praxis, Wirklichkeit bezogen:* die -e Durchführung eines Plans; -e Anwendungsmöglichkeiten; -er Unterricht; -er Arzt *(approbierter Arzt ohne Ausbildung zum Facharzt);* eine Erfindung, jmds. Fähigkeiten e. erproben; **b)** *in der Wirk-*

lichkeit auftretend; wirklich, tatsächlich: -e Fragen, Beispiele; die -e Seite des Problems; p. heißt das, dass wir nicht wegkönnen. **2.** *sich besonders gut für einen bestimmten Zweck eignend; sehr nützlich; zweckmäßig:* eine -e Einrichtung; am -sten ist eine neutrale Farbe; nicht modern, aber p. eingerichtet sein; ⟨subst.:⟩ etwas Praktisches schenken. **3.** *geschickt in der Bewältigung täglicher Probleme od. durch diese Fähigkeit gekennzeichnet:* ein -er Mensch; er ist [nicht besonders] p. [veranlagt].

²**prak|tisch** ⟨Adv.⟩ [zu: ↑¹praktisch] (ugs.): *im Grunde; fast; so gut wie:* der Sieg ist ihr p. nicht mehr zu nehmen; sie macht p. alles.

prak|ti|scher|wei|se ⟨Adv.⟩: *in einer Art und Weise, die praktisch, zweckmäßig ist:* sie kann p. beides gleichzeitig erledigen.

prak|ti|zier|bar ⟨Adj.⟩: *sich praktizieren (1) lassend:* -e Verhaltensregeln.

prak|ti|zie|ren ⟨sw. V.; hat⟩ [spätmhd. practicern (unter Einfluss von [m]frz. pratiquer) < mlat. practicare = eine Tätigkeit ausüben]: **1.** *in der Praxis anwenden, in die Praxis umsetzen:* ein System, eine Lebensweise, Erziehungsmethode p.; praktizierende *(am kirchlichen Leben teilnehmende)* Katholiken. **2. a)** *[in einer Praxis 3 b] seinen Beruf ausüben (bes. als Arzt bzw. Ärztin):* in einer Großstadt, als Gynäkologe p.; die seit drei Jahren praktizierende Psychologin; **b)** (selten) *ein Praktikum (1) durchmachen.* **3.** (ugs.) *in einer bestimmten Absicht, zu einem bestimmten Zweck geschickt irgendwohin bringen, gelangen lassen:* den Vogel in einen Käfig p.

Prak|ti|zis|mus, der; -: *Neigung, die praktische Arbeit zu verabsolutieren u. dabei die theoretisch-ideologischen Grundlagen zu vernachlässigen.*

prä|kul|misch ⟨Adj.⟩ [zu ↑ prä-, Prä- u. ↑²Kulm], Adj. zu ↑²Kulm] (Geol.): *in einen Zeitabschnitt vor der ²Kulm gehörend, fallend.*

Prä|lat, der; -en, -en [mhd. prēlāt(e) < mlat. praelatus, eigtl. = der Vorgezogene, subst. 2. Part. von lat. praeferre = vorziehen, bevorzugen]: **1.** (kath. Kirche) *Inhaber der Kirchengewalt (z. B. Bischof, Abt), eines hohen [Ehren]amtes der römischen Kurie od. Träger eines vom Papst verliehenen Ehrentitels.* **2.** (ev. Kirche) *(in bestimmten [süddeutschen] Landeskirchen) Amtsträger in leitender Funktion; Leiter eines Kirchensprengels.*

Prä|la|tin, die; -, -nen: w. Form zu ↑ Prälat (2).

Prä|la|tur, die; -, -en: **a)** [mlat. praelatura] *Amt eines Prälaten, einer Prälatin;* **b)** *Gesamtheit der Amtsräume eines Prälaten, einer Prälatin.*

◆ **Prä|li|mi|nar|ant|wort,** die; -, -en [vgl. Präliminarien]: *Antwort, die ein Fragesteller selbst auf eine von ihm gestellte Frage gibt u. so dem, der eigentlich antworten soll, zuvorkommt:* Er ging dabei so weit, sie ganz ernsthaft nach Krieg und Frieden zu fragen, allerdings mit der Vorsicht, sich eine Art P. gleich selbst zu geben (Fontane, Jenny Treibel 181).

Prä|li|mi|nar|frie|de, (häufiger:) **Prä|li|mi|nar|frie|den,** der (Völkerrecht): *provisorisch abgeschlossener Frieden.*

Prä|li|mi|na|ri|en ⟨Pl.⟩ [zu lat. prae = vor(her) u. liminaris = zur Schwelle gehörend, zu: limen = Schwelle; Anfang]: *etw., was einer ins Auge gefassten Sache einleitend, vorbereitend vorausgeschickt wird; vorbereitende, einleitende [Ver]handlungen.*

Pra|li|ne, die; -, -n, (bes. österr. u. schweiz.:) **Pra|li|né, Pra|li|nee** [prali'ne:, -auch: 'praline], das; -s, -s [älter: Pralines (mit frz. Ausspr.), frz. praline = gebrannte Mandel, angeblich nach dem frz. Marschall du Plessis-Praslin (1598–1675), dessen Koch als der Erfinder gilt; Praliné, Pralinee = dt. Bildung zu frz. praliner = in Zucker bräunen (lassen)]: *Stück Konfekt, das unter einem Schokoladenüberzug eine Füllung enthält.*

Pra|li|nen|pa|ckung, die: *Pralinenschachtel.*

Pra|li|nen|schach|tel, die: *(speziell angefertigte) Schachtel, in der [industriell hergestellte] Pralinen verkauft werden.*

prall ⟨Adj.⟩ [aus dem Niederd. < mniederd. pral, eigtl. = zurückfedernd, fest gestopft, zu ↑prallen]: **1.** *ganz mit einer Substanz o. Ä. ausgefüllt u. an seiner Oberfläche fest, straff gespannt, wie aufgeblasen:* -e Trauben; -e Schenkel; ein p. aufgeblasener Luftballon; einen Sack p. füllen; eine p. gefüllte *(mit vielen Geldscheinen gefüllte)* Brieftasche; Ü das -e Leben; * **nicht so p.** (salopp abwertend; *kaum befriedigend:* das finde ich noch so p.). **2.** *(von [Sonnen]licht) direkt auftreffend, ungehindert [scheinend]:* in der -en Sonne; die Sonne scheint p.

Prall, der; -[e]s, -e ⟨Pl. selten⟩: *das Prallen.*

pral|len ⟨sw. V.⟩ [mhd. prellen (Prät.: pralte), ↑ prellen]: **1.** ⟨ist⟩ *[unter lautem Geräusch] heftig auf jmdn., etw. auftreffen:* im Dunkeln auf, gegen jmdn. p.; mit dem Kopf gegen etw. p. **2.** ⟨hat⟩ *voll, mit voller Intensität, sehr intensiv irgendwohin scheinen:* die Sonne prallt aufs Pflaster.

prall fül|len, prall|fül|len ⟨sw. V.; hat⟩: *so füllen, dass es straff gespannt, wie aufgeblasen ist:* einen Sack prall füllen.

Prall|hang, der (Geogr.): *steiler Hang an der Außenseite einer Flussbiegung.*

Prall|kis|sen, das (seltener): *Airbag.*

prall|voll ⟨Adj.⟩ (ugs.): *so voll, dass kaum noch etw. hinzukommen kann:* ein -er Terminkalender.

prä|lu|die|ren ⟨sw. V.; hat⟩ [lat. praeludere = vorspielen, ein Vorspiel machen, aus: prae = vor(her) u. ludere = spielen]: *zur Einleitung [auf dem Klavier, auf der Orgel] spielen, improvisieren.*

Prä|lu|di|um, das; -s, ...ien [mlat. praeludium, zu lat. praeludere, ↑ präludieren]: **a)** *oft frei improvisiertes musikalisches Vorspiel (z. B. auf der Orgel vor dem Gemeindegesang im Gottesdienst);* **b)** *fantasieartige selbstständige Instrumentalkomposition (für Klavier, Orchester); Prélude;* **c)** *einleitendes Musikstück [für Laute u. Tasteninstrumente] in formal freier Anlage, vielfach in Verbindung mit einer Fuge:* ein P. von Dowland, Bach.

prä|mens|t|ru|ell ⟨Adj.⟩: *den Zeitraum vor der Menstruation betreffend; vor der Menstruation auftretend:* -es Syndrom (Med.; *im Zeitraum vor der Menstruation auftretende Beschwerden;* Abk.: PMS).

Prä|mie, die; -, -n [lat. praemia, als Fem. Sg. angesehener Neutr. Pl. von: praemium = Preis; Vorteil; Gewinn, eigtl. = vorweg Genommenes, zu: prae = vor(her) u. emere = nehmen]: **1. a)** *[einmalige] zusätzliche Vergütung für eine bestimmte Leistung:* -n für etw. aussetzen; **b)** *Geldbetrag, der bei bestimmten Anlagen (2) von Banken, bestimmten [staatlichen] Institutionen o. Ä. [regelmäßig] ausgeschüttet wird:* lohnende -n bei Sparverträgen. **2.** (Wirtsch.) *Sondervergütung für die Arbeitsleistung, die über die festgesetzte Norm hinausgeht:* höhere -n [für etw.] fordern, bewilligen. **3.** (bes. Versicherungsw.) *Beitrag, den ein Versicherter für einen bestimmten Versicherungsschutz zahlt:* die P. für die Versicherung ist fällig, muss bezahlt werden. **4.** *zusätzlicher Gewinn im Lotto o. Ä.:* -n ausschütten, aus-, verlosen.

Prä|mi|en|aus|lo|sung, die: *Auslosung der Prämien (1 b, 4).*

prä|mi|en|be|güns|tigt ⟨Adj.⟩: *durch Prämien (1 b) begünstigt:* -es Sparen.

Prä|mi|en|fonds, der: (Wirtsch.) *Fonds, aus dem Prämien gezahlt werden.*

Prä|mi|en|ge|schäft, das (Kaufmannsspr.): *Termingeschäft, bei dem ein Vertragspartner gegen Zahlung einer Prämie vom Vertrag zurücktreten kann.*

Prä|mi|en|lohn, der (Wirtsch.): *Lohn, der sich aus dem Grundlohn u. einer Prämie (2) zusammensetzt.*

Prä|mi|en|lohn|sys|tem, das (Wirtsch.): **a)** ⟨o. Pl.⟩ *System des Prämienlohns;* **b)** *bestimmtes Verfahren zur Berechnung der Höhe der Prämie (2).*

prä|mi|en|spa|ren ⟨sw. V.; hat; meist im Inf.⟩: *das Prämiensparen praktizieren.*

Prä|mi|en|spa|ren, das; -s: *mit Prämien (1 b) verbundene Art des Sparens.*

Prä|mi|en|spa|rer, der: *jmd., der Prämiensparen praktiziert.*

Prä|mi|en|spa|re|rin, die: w. Form zu ↑ Prämiensparer.

Prä|mi|en|zah|lung, die: **1.** *Zahlung einer Prämie (1 b, 2, 3).* **2.** *als Prämie gezahlter Geldbetrag.*

Prä|mi|en|zie|hung, die: *Ziehung der Prämie (4) im Lotto o. Ä.*

prä|mi|e|ren, prämiieren ⟨sw. V.; hat⟩ [spätlat. praemiare]: *mit einem Preis auszeichnen:* einen Film p.; sie wurde für ihre Arbeiten prämi[i]ert; ... es wurde zu dieser Stunde in allen Klassen darüber geschrieben, denn es ging um einen Schulwettbewerb; die besten Aufsätze sollten prämiert, in Leder gebunden und ... dem Präsidenten zu seinem Geburtstag überreicht werden (Schnurre, Fall 45).

Prä|mie|rung, Prämiierung, die; -, -en: *das Prämieren; das Prämiertwerden:* jmdn. zur P. vorschlagen.

prä|mi|ie|ren: ↑ prämieren.

Prä|mi|ie|rung: ↑ Prämierung.

Prä|mis|se, die; -, -n [lat. praemissa = vorausgeschickter Satz, zu: praemissum, 2. Part. von: praemittere = vorausschicken]: **1.** (Philos.) *erster Satz eines logischen Schlusses.* **2.** (bildungsspr.) *das, was einem bestimmten Projekt, Plan o. Ä., einem bestimmten Vorhaben o. Ä. gedanklich zugrunde liegt; Voraussetzung:* theoretische -n; die -n der Planung überprüfen; unter den alten -n Politik machen.

Prä|mons|t|ra|ten|ser, der; -s, - [mlat. Ordo Praemonstratensis, nach dem frz. Kloster Prémontré]: *Angehöriger eines katholischen Ordens* (Abk.: O. Praem.).

Prä|mons|t|ra|ten|se|rin, die; -, -nen: *Angehörige des weiblichen Zweiges der Prämonstratenser.*

prä|mor|tal ⟨Adj.⟩ [aus lat. prae = vor(her) u. mortalis = den Tod betreffend] (Med.): *dem Tode vorausgehend, vor dem Tode [auftretend]:* ein p. verursachtes Hämatom.

prä|na|tal ⟨Adj.⟩ [zu lat. prae = vor(her) u. natalis = zur Geburt gehörend] (Med.): *der Geburt vorausgehend:* -e Medizin, Diagnostik.

pran|gen ⟨sw. V.; hat⟩ [mhd. prangen, brangen = prahlen; sich zieren, verw. mit ↑ Prunk]: **1.** *in auffälliger Weise angebracht sein:* in den Boulevardblättchen prangten die Schlagzeilen. **2.** (geh.) *in voller Schönheit, in vollem Schmuck o. Ä. glänzen, leuchten, auffallen:* ihr Gesicht prangt auf allen Titelbildern; Das Dorf Wüstringen prangt im Flaggenschmuck (Remarque, Obelisk 101); ◆ ... in den meisten Gegenden wird schon die Mitternachtsstunde als die Geburtsstunde des Herrn mit prangender Nachtfeier geheiligt (Stifter, Bergkristall 3). **3.** (landsch., sonst veraltet) *prahlen:* mit jmdm., etw. p.

Pran|ger, der; -s, - [mhd. pranger < mniederd. prenger, zu prangen = drücken, pressen, nach dem drückenden Halseisen, mit der der Delinquent an den Pfahl angekettet wurde] (früher): *Stelle auf einem öffentlichen Platz mit einem Pfahl, einer Säule, wo jmd. wegen einer als straf-, verachtenswürdig empfundenen Tat angebunden stehen muss u. so der allgemeinen Verachtung ausgesetzt ist:* * **jmdn., etw. an den P. stellen** *(jmdn., etw. öffentlich bloßstellen, der allgemeinen Verachtung preisgeben);* **an den P. kommen** *(dem Tadel, Vorwurf, der Kritik ausgesetzt werden);* **am P. stehen** *(dem Tadel, Vorwurf, der Kritik ausgesetzt sein).*

Pran|ke, die; -, -n [mhd. pranke, über das Roman. < spätlat. branca, wohl aus dem Gall.]: **1.** *Pfote großer Raubtiere; Tatze:* der Tiger hob drohend seine P. **2.** (salopp) *große, grobe Hand:* wasch deine -n! **3.** (Jägerspr.) *unterer Teil des Laufs (7) beim Wild.*

Pran|ken|hieb, (seltener:) **Pran|ken|schlag,** der: *Schlag mit der Pranke.*

prä|nu|me|ran|do ⟨Adv.⟩ [zu lat. prae = vor(her) u. numerare = zählen, zahlen] (Wirtsch.): *im Voraus [zu zahlen].*

Prä|nu|me|ra|ti|on, die; -, -en (Wirtsch. veraltet): *Bezahlung im Voraus.*

Pranz, der; -es [eigtl. = Unnützes, Unbrauchbares] (ostmd.): *Prahlerei.*

pran|zen ⟨sw. V.; hat⟩ (ostmd.): *prahlen.*

Prä|on, das; -s, ...onen (meist Pl.) [Kunstwort] (Physik): *hypothetisches Elementarteilchen, das Baustein von ²Quarks u. ²Leptonen sein könnte.*

prä|ope|ra|tiv ⟨Adj.⟩ [zu † prä-, Prä- u. † operativ] (Med.): *vor einer Operation [stattfindend].*

Prä|pa|rat, das; -[e]s, -e [lat. praeparatum = das Zubereitete, subst. 2. Part. von: praeparare, † präparieren]: **1.** (Fachspr.) *für einen bestimmten Zweck hergestellte Substanz; Arzneimittel; chemisches Mittel:* ein harmloses, biologisches, giftiges P. **2.** (Biol., Med.) *präparierter Organismus od. Teile davon als Demonstrationsobjekt für Forschung u. Lehre:* ein gefärbtes P.; mikroskopische -e.

Prä|pa|ra|ti|on, die; -, -en: **1.** [lat. praeparatio] (bildungsspr. veraltet) *Vorbereitung.* **2.** *Herstellung eines Präparats (2).*

Prä|pa|ra|tor, der; -s, ...oren [lat. praeparator = Vorbereiter]: *jmd., der naturwissenschaftliche Präparate (2) herstellt u. pflegt (Berufsbez.).*

Prä|pa|ra|to|rin, die; -, -nen: w. Form zu † Präparator.

prä|pa|rie|ren ⟨sw. V.; hat⟩ [lat. praeparare, aus: prae = vor(her) u. parare = bereiten]: **1.** (Biol., Med.) **a)** *(einen toten Organismus od. Teile davon) durch spezielle Behandlung auf Dauer haltbar machen:* einen Vogel, eine Pflanze, einen Leichnam p.; **b)** *(einen toten Organismus od. Teile davon) sachgerecht zerlegen:* in der Anatomie Muskeln und Sehnen p. **2.** (bildungsspr.) *zu einem bestimmten Zweck [vorbereitend] bearbeiten:* Papier mit Kleister p.; eine Steinfläche mit Säure p.; die Piste war hervorragend präpariert. **3.** (bildungsspr.) **a)** *vorbereiten:* seine Lektion p.; **b)** ⟨p. + sich⟩ *sich vorbereiten:* sich für den Unterricht p.; ♦ **c)** *(jmdn.) auf etw. einstellen, vorbereiten:* Sie verbinden mich, wenn Sie ohne Aufschub dahin gehen, die Lady auf seinen Besuch präparieren (Schiller, Kabale I, 6).

Prä|pa|rie|rung, die; -, -en: *das Präparieren (1, 2); das Präpariertwerden.*

Prä|po|si|ti|on, die; -, -en [lat. praepositio, eigtl. = das Voranstellen, zu: praeponere, aus: prae = voraus, voran u. ponere = setzen, stellen, legen] (Sprachwiss.): *Wort, das Wörter zueinander in Beziehung setzt u. ein bestimmtes (räumliches, zeitliches o. ä.) Verhältnis angibt; Verhältniswort (z. B. an, auf, bei, für, wegen, zu).*

prä|po|si|ti|o|nal ⟨Adj.⟩ (Sprachwiss.): *die Präposition betreffend, durch sie ausgedrückt; eine Präposition enthaltend:* -e Fügungen, Wendungen, Attribute.

Prä|po|si|ti|o|nal|fall, der: *Präpositionalkasus.*

Prä|po|si|ti|o|nal|ka|sus, der (Sprachwiss.): *Kasus eines Substantivs, der von einer Präposition bestimmt wird.*

Prä|po|si|ti|o|nal|ob|jekt, das (Sprachwiss.): *Objekt (4), dessen Fall von einer Präposition bestimmt wird.*

Prä|po|si|tiv, der; -s, -e (Sprachwiss.): **1.** *Präpositionalkasus.* **2.** *Wort im Präpositiv (1).*

Prä|po|si|tus, der; -, ...ti: *Vorsteher einer Kirche; Propst.*

prä|po|tent ⟨Adj.⟩: **1.** [lat. praepotens (Gen.: praepotentis)] (bildungsspr.) *übermächtig.* **2.** (österr. abwertend) *aufdringlich, frech, überheblich.*

Prä|po|tenz, die; -: **1.** [lat. praepotentia] (bildungsspr.) *Übermächtigkeit.* **2.** (österr. abwertend) *Aufdringlichkeit, Frechheit, Überheblichkeit.*

Prä|pu|ti|um, das; -s, ...ien [lat. praeputium] (Med.): *Vorhaut.*

Prä|raf|fa|e|lit, der; -en, -en (meist Pl.) [zu lat. prae = vor(her) u. dem Namen des ital. Renaissancemalers Raffael (etwa 1483–1520)] (Kunstwiss.): *Mitglied einer 1848 gegründeten Vereinigung von englischen Malern, die eine Reform der Kunst im Sinne Raffaels u. von dessen Vorläufern anstrebten.*

PR-Ar|beit [peːˈɐːr...], die: *Öffentlichkeitsarbeit von Wirtschaftsunternehmen, Institutionen o. Ä.*

Prä|rie, die; -, -n [frz. prairie = Wiese, zu: pré < lat. pratum = Wiese]: *Grassteppe in Nordamerika.*

Prä|rie|aus|ter, die (engl. prairie oyster, H. u.]: *aus Weinbrand u. einem mit Öl übergossenen Eigelb bestehendes, scharf gewürztes Mixgetränk.*

Prä|rie|in|di|a|ner, der: *Indianer eines der in der Prärie lebenden Stämme.*

Prä|rie|in|di|a|ne|rin, die: w. Form zu † Prärieindianer.

Prä|rie|wolf, der: *(in der Prärie lebendes) dem Wolfähnliches Raubtier; Kojote.*

Prä|sens, das; -, ...sentia, auch: ...senzien [lat. (tempus) praesens = gegenwärtig(e Zeit), † präsent] (Sprachwiss.): **1.** *Zeitform, mit der ein verbales Geschehen od. Sein aus der Sicht des Sprechers als gegenwärtig charakterisiert wird; Gegenwart:* historisches P. (Praesens historicum). **2.** *Verbform im Präsens (1):* das P. von »essen« lautet »ich esse«.

Prä|sens|form, die (Sprachwiss.): *Form des Verbs, die im Präsens (1) steht; Gegenwartsform.*

Prä|sens|par|ti|zip, das (Sprachwiss.): *Partizip des Präsens (1); erstes Partizip (z. B. essend).*

Prä|sens|per|fekt, das [das Hilfsverb steht im Präsens] (Sprachwiss.): **1.** *Zeitform, mit der ein verbales Geschehen od. Sein aus der Sicht des bzw. der Sprechenden als vollendet charakterisiert wird; Perfekt; Vorgegenwart; vollendete Gegenwart.* **2.** *Verbform im Präsensperfekt (1).*

prä|sent ⟨Adj.⟩ [lat. praesens (Gen.: praesentis), 1. Part. von: praeesse = vorn sein; zur Hand sein] (bildungsspr.): *anwesend, [in bewusst wahrgenommener Weise] gegenwärtig:* er ist überall, stets p.; * *etw.* p. *haben (im Gedächtnis haben:* ich habe den Vorfall im Augenblick nicht p.).

Prä|sent, das; -[e]s, -e [mhd. prĕsent, prĕsant, prĭsant < (m)frz. présent, zu: présenter < spätlat. praesentare, † präsentieren] (bildungsspr.): *[kleineres] Geschenk:* jmdm. ein P. machen.

Prä|sen|tant, der; -en, -en [zu † präsentieren] (Wirtsch.): *jmd., der einen Wechsel zur Annahme od. Bezahlung vorlegt.*

Prä|sen|tan|tin, die; -, -nen: w. Form zu † Präsentant.

Prä|sen|ta|ti|on, die; -, -en [frz. présentation]: **1.** *[öffentliche] Dar-, Vorstellung von etw.:* eine sorgfältig vorbereitete P. durchführen; die P. eines neuen Buchs, Films, Automodells; Seine P. sei ein Desaster gewesen, sagte Schlick. Man spreche überall davon. Sehr peinlich für die Abteilung (Kehlmann, Ruhm 182). **2.** (Wirtsch.) *das Vorlegen eines Wechsels.*

Prä|sen|ta|ti|ons|gra|fik, die (EDV): *grafische Darstellung numerischer (c) Daten.*

Prä|sen|ta|ti|ons|recht, das (kath. Kirche): *Recht des ¹Patrons (3), der Regierung o. Ä., einen Kandidaten für ein kirchliches Amt vorzuschlagen.*

Prä|sen|ta|tor, der; -s, ...oren (bildungsspr.): *jmd., der etw. (z. B. eine Sendung in Funk od. Fernsehen) vorstellt, darbietet, präsentiert.*

Prä|sen|ta|to|rin, die; -, -nen: w. Form zu † Präsentator.

Prä|sen|tia, Pl. von † Präsens.

prä|sen|tier|bar ⟨Adj.⟩: *geeignet, präsentiert zu werden:* die Arbeitsgruppe kann noch kein -es Ergebnis vorweisen.

prä|sen|tie|ren ⟨sw. V.; hat⟩ [mhd. prēsentieren < (a)frz. présenter < spätlat. praesentare = gegenwärtig machen, zeigen, zu lat. praesens, † präsent]: **1.** (bildungsspr.) **a)** *überreichen, anbieten:* jmdm. Tee p.; darf ich Ihnen mein neues Buch p.?; **b)** *(eine behördliche Anordnung, Zahlungsforderung o. Ä.) vorlegen:* jmdm. eine Rechnung p. **2. a)** *zeigen, vorführen, vorstellen, bekannt machen:* er präsentierte seine Eltern, als seine Ehefrau; sie präsentierte sich als die neue Direktorin; viele Firmen präsentieren sich im Internet; sie präsentierte sich bestens informiert den Journalisten; **b)** *[nach engl. to present] darbieten, einem Publikum, der Öffentlichkeit vorstellen:* das Models präsentierten die neue Herbstkollektion; das Werk des verstorbenen Malers wurde in einer Sonderausstellung präsentiert; die präsentierten Vorschläge müssen noch geprüft werden ⟨auch ohne Akk.:⟩ sie kann gut präsentieren. **3.** (Militär) *das Gewehr bei militärischen Ehrungen im Präsentiergriff halten:* die Wache präsentiert; (militär. Kommando:) präsentiert das Gewehr!

Prä|sen|tier|griff, der (Militär): *Griff (1 b), mit dem bei militärischen Ehrungen das Gewehr senkrecht od. schräg vor dem Körper gehalten wird:* den P. ausführen.

Prä|sen|tier|marsch, der (Militär): *Marsch, der bei militärischen Ehrungen gespielt wird.*

Prä|sen|tier|tel|ler, der [urspr. = großer Teller zum Anbieten von Speisen u. Getränken]: in der Wendung **auf dem P. sitzen** (ugs. abwertend; *den Blicken aller ausgesetzt sein*).

prä|sen|tisch ⟨Adj.⟩ (Sprachwiss.): *das Präsens betreffend, durch das Präsens ausgedrückt.*

Prä|sent|korb, der: *Korb mit Delikatessen, der jmdm. zum Geschenk gemacht wird.*

Prä|senz, die; -, -en [frz. présence < lat. praesentia]: **a)** (bildungsspr.) *Anwesenheit, [bewusst wahrgenommene] Gegenwärtigkeit:* starke militärische P.; jmds. geistige P. (Wachheit); **b)** ⟨o. Pl.⟩ [engl. presence < frz. présence] (Jargon) *körperliche Ausstrahlung[skraft]:* eine Schauspielerin mit/von geradezu umwerfender P.

Prä|senz|bi|b|li|o|thek, die: *Bibliothek (1 a), deren Bücher o. Ä. nur für die Benutzung innerhalb der Bibliotheksräume zur Verfügung stehen.*

Prä|senz|die|ner, der (österr. Amtsspr.): *Soldat im Grundwehrdienst des österreichischen Bundesheeres.*

Prä|senz|dienst, der (österr. Amtsspr.): *Grundwehrdienst beim österreichischen Bundesheer.*

Prä|sen|zi|en: Pl. von † Präsens.

Präsenzliste – Prävenire

Prä|senz|lis|te, die: *Anwesenheitsliste*.
Prä|senz|pflicht, die: *Pflicht, anwesend zu sein: bei den Sitzungen besteht P.*
Prä|senz|stär|ke, die: *gegenwärtige Gesamtzahl von Personen einer Truppe, einer Mannschaft o. Ä.*
Prä|ser, der; -s, - (salopp): Kurzf. von ↑ Präservativ.
prä|ser|va|tiv ⟨Adj.⟩ (Fachspr.): *(bes. in Bezug auf Krankheiten) vorbeugend; verhütend.*
Prä|ser|va|tiv, das; -s, -e [frz. préservatif, zu: préserver = schützen, bewahren < spätlat. praeservare = vorher beobachten]: *Hülle (1 b) aus feinem Gummi für den Penis als Mittel zur Empfängnisverhütung od. als Schutz vor Geschlechtskrankheiten; Kondom.*
Prä|ser|ve, die; -, -n (meist Pl.) ⟨engl. preserve, zu: to preserve < frz. préserver, ↑ Präservativ⟩ (Fachspr.): *nur begrenzt haltbares, schwach konserviertes Lebensmittel.*
¹Prä|ses, der; -, Präsides [...e:s], auch: Präsiden [lat. praeses, eigtl. = vor etw. sitzend, zu: praesidere, ↑ präsidieren]: **1. a)** (kath. Kirche) *Geistlicher bes. als Vorstand eines kirchlichen Vereins;* **b)** (ev. Kirche) *Vorstand einer evangelischen Synode.* **2.** *unterster ziviler Provinzstatthalter im Römischen Reich.*
²Prä|ses, die; -, Präsides [...e:s], auch: Präsiden [↑ ¹Präses] (ev. Kirche): *weiblicher Vorstand einer evangelischen Synode: sie ist zur P. gewählt worden.*
Prä|si|de, der; -n, -n: **1.** (Verbindungswesen) *Leiter einer Kneipe (2 a), eines Kommerses.* **2.** (Jargon) *Mitglied eines Präsidiums.*
Prä|si|dent, der; -en, -en [frz. président < lat. praesidens (Gen.: praesidentis), 1. Part. von: praesidere, ↑ präsidieren]: **1.** *Staatsoberhaupt einer Republik: der P. der USA.* **2. a)** *Vorsitzender, Leiter eines Verbandes, einer Organisation, Institution o. Ä.: sie sprach mit dem -en, mit P. Müller;* **b)** *für eine bestimmte Zeit gewählter Repräsentant u. leitender Verwaltungsbeamter einer Hochschule.*
Prä|si|den|ten|amt, das: *Amt (1 a) eines Präsidenten, einer Präsidentin.*
Prä|si|den|ten|wahl, die: *Wahl des Präsidenten, der Präsidentin.*
Prä|si|den|tin, die; -, -nen: w. Form zu ↑ Präsident.
Prä|si|dent|schaft, die; -, -en ⟨Pl. selten⟩: **a)** *Amt des Präsidenten, der Präsidentin: die P. anstreben;* **b)** *Amtszeit als Präsident[in].*
Prä|si|dent|schafts|kan|di|dat, der: *Kandidat für die Präsidentschaft.*
Prä|si|dent|schafts|kan|di|da|tin, die: w. Form zu ↑ Präsidentschaftskandidat.
Prä|si|dent|schafts|wahl, die: *Präsidentenwahl.*
Prä|si|des: Pl. von ↑ ¹Präses.
prä|si|di|al ⟨Adj.⟩ [spätlat. praesidialis = den Statthalter betreffend] (bes. Politik): *vom Präsidium ausgehend, auf ihm beruhend: ein -es Regierungssystem (Regierungssystem, in dem der Präsident od. die Präsidentin u. die Mitglieder des Kabinetts dem Parlament nicht verantwortlich sind).*
Prä|si|di|al|de|mo|kra|tie, die (Politik): *Regierungssystem, in dem die Präsidentin bzw. der Präsident (1) Staatsoberhaupt u. Regierungschef[in] zugleich ist, ohne dem Parlament verantwortlich zu sein.*
Prä|si|di|al|ge|walt, die (Politik): *Gesamtheit der Rechte u. Befugnisse der Präsidentin bzw. des Präsidenten (1).*
Prä|si|di|al|ka|bi|nett, das (Politik): *Kabinett, dessen Mitglieder von der Präsidentin, vom Präsidenten (1) ernannt werden.*
Prä|si|di|al|re|gie|rung, die: vgl. Präsidialkabinett.

Prä|si|di|al|sys|tem, das: **1.** *Präsidialdemokratie: das amerikanische P.* **2.** *System, nach dem innerhalb einer Körperschaft nur eine Person das Recht zur Beschlussfassung hat.*
Prä|si|di|en: Pl. von ↑ Präsidium.
prä|si|die|ren ⟨sw. V.; hat⟩ [frz. présider < lat. praesidere = vorsitzen, leiten, zu: prae = vor(her) u. sedere = sitzen]: *den Vorsitz in einem Gremium haben; eine Versammlung, Konferenz o. Ä. leiten: einem Ministerium p.; erstmals präsidiert der Partei eine Frau;* (schweiz.:) *einen Verein p.*
Prä|si|di|um, das; -s, ...ien ⟨Pl. selten⟩ [lat. praesidium = Vorsitz]: **1. a)** *leitendes Gremium einer Versammlung, einer Organisation o. Ä.: ein neues P. wählen; im P. sitzen;* **b)** *Vorsitz, Leitung: das P. übernehmen, führen.* **2.** *Amtsgebäude eines [Polizei]präsidenten, einer [Polizei]präsidentin.*
Prä|si|di|ums|mit|glied, das: *Mitglied des Präsidiums: sie wurde zum P. gewählt.*
Prä|si|di|ums|sit|zung, die: *Sitzung des Präsidiums.*
prä|skri|bie|ren ⟨sw. V.; hat⟩ (bildungsspr.): [lat. praescribere, aus: prae = vor(her) u. scribere = schreiben] *verordnen; verordnen.*
Prä|skrip|ti|on, die; -, -en [lat. praescriptio] (bildungsspr.): *Vorschrift; Verordnung.*
prä|skrip|tiv ⟨Adj.⟩ (bildungsspr.; Fachspr.): *bestimmte Normen (1 a) festlegend:* -e *Grammatik (Sprachwiss.; Grammatik, die Normen setzt, indem sie Regeln zur Unterscheidung richtiger u. falscher Formen vorschreibt).*
Prass, der; -es [aus dem Niederd. < mniederl., mniederl. bras, älter = Lärm, urspr. = Schmaus, zu ↑ prassen] (veraltet): *Plunder, Wertloses:* ◆ *Was seh' ich dort, was Waffen trägt? Hast du das Bergvolk aufgeregt? – Nein! aber, gleich Herrn Peter Squenz, vom ganzen P. die Quintessenz* (Goethe, Faust II, 10319 ff.)
pras|seln ⟨sw. V.⟩ [zu mhd. brasteln, Iterativ-Intensiv-Bildung zu mhd. brasten, ahd. brastōn = krachen, dröhnen, verw. mit ↑ bersten]: **1.** ⟨hat/ist⟩ *(von Mengen) längere Zeit mit einem dumpfen, klopfenden od. trommelnden Geräusch sehr schnell hintereinander auf-/aufprallen: Eiskörner prasselten gegen die Wände; der Regen prasselt [auf das Dach]; Ü prasselnder Applaus.* **2.** ⟨hat⟩ *(im Zusammenhang mit und als Folge der Hitze bei einem Feuer) knackende Geräusche von sich geben: die Holzscheite prasselten; im Kamin prasselte ein Feuer.*
pras|sen ⟨sw. V.; hat⟩ [aus dem Niederd. < mniederd. brassen, urspr. wohl lautm. für das Geräusch bratender Speisen]: *verschwenderisch leben, bes. essen u. trinken; schlemmen: die Reichen prassen, während die Armen hungern.*
Pras|ser, der; -s, - [mniederd. brasser]: *jmd., der prasst.*
Pras|se|rei, die; -, -en: *das Prassen.*
Pras|se|rin, die; -, -nen: w. Form zu ↑ Prasser.
Prä|stant, der; -en, -en [ital. prestante, frz. préstant, zu lat. praestare, eigtl. = voranstehen, sich auszeichnen] (Musik): ²*Prinzipal (1).*
Prä|sum|ti|on, die; -, -en [lat. praesumptio] (bildungsspr., Philos., Rechtsspr.): *Voraussetzung; Annahme, Vermutung.*
prä|sum|tiv ⟨Adj.⟩ [spätlat. praesumptivus] (bildungsspr.; Philos., Rechtsspr.): *vermutlich; als wahrscheinlich angenommen.*
Prä|sup|po|si|ti|on, die; -, -en [zu lat. prae = vor(her) u. ↑ Supposition]: **1.** (Sprachwiss.) *einem Satz, einer Aussage zugrunde liegende, beim angenommenen unausgesprochene Voraussetzung.* **2.** (bildungsspr.) *stillschweigende Voraussetzung.*
Prä|ten|dent, der; -en, -en [frz. prétendant, subst. 1. Part. von: prétendre, ↑ prätendieren] (bil-

dungsspr.): *jmd., der Anspruch auf ein Amt, eine einflussreiche Stellung, bes. auf einen Thron, erhebt: ein P. auf die Krone, auf die Staatsmacht.*
Prä|ten|den|tin, die; -, -nen: w. Form zu ↑ Prätendent.
prä|ten|die|ren ⟨sw. V.; hat⟩ [frz. prétendre = beanspruchen < mlat. praetendere = verlangen < lat. praetendere = vorschützen]: **1.** (bildungsspr.) *Anspruch erheben.* **2.** (veraltet) *behaupten, vorgeben:* ◆ *Blankenburg hatte nicht unrecht, als er prätendierte, du werdest irgendetwas contra rationem riskieren* (Hauff, Jud Süß 400).
◆ **Prä|ten|si|on:** ↑ Prätention: *...sie hatte noch alte -en (Ansprüche) an den Teil des Pfarrhofes, wo die Bäume standen* (Goethe, Werther II, 15. September); *...bedenke die -en, die sie als Frau (= als Ehefrau) machen wird* (Iffland, Die Hagestolzen II, 2).
Prä|ten|ti|on, die; -, -en [frz. prétention] (bildungsspr.): **1.** *Anspruch (1).* **2.** *Anmaßung.*
prä|ten|ti|ös ⟨Adj.⟩ [frz. prétentieux] (bildungsspr.): *sich durch Äußerungen, bestimmte Mittel der Darstellung den Anschein von Wichtigkeit, Bedeutung gebend; durch betont gewichtiges Auftreten o. Ä. Eindruck machen wollend: ein Buch mit -em Titel.*
Pra|ter, der; -s: *Park in Wien.*
Prä|te|ri|ta: Pl. von ↑ Präteritum.
prä|te|ri|tal ⟨Adj.⟩ (Sprachwiss.): *das Präteritum betreffend, durch das Präteritum ausgedrückt.*
Prä|te|ri|tio, Prä|te|ri|ti|on, die; -, ...itionen [spätlat. praeteritio = das Vorübergehen] (Rhet.): *scheinbare Übergehung.*
Prä|te|ri|tum, das; -s, ...ta [lat. (tempus) praeteritum = vorübergegangen(e Zeit), zu: praeterire = vorübergehen] (Sprachwiss.): **1.** *Zeitform, die das verbale Geschehen od. Sein als vergangen darstellt (im Unterschied zum Perfekt ohne Bezug zur Gegenwart); Imperfekt.* **2.** *Verbform im Präteritum (1): das P. von »essen« lautet »ich aß«.*
Prä|te|ri|tum|per|fekt, das [das Hilfsverb steht im Präteritum] (Sprachwiss.): **1.** *Zeitform, mit der die Vorzeitigkeit (im Verhältnis zu etw. Vergangenem) ausgedrückt wird; Plusquamperfekt; Vorvergangenheit, vollendete Vergangenheit, dritte Vergangenheit.* **2.** *Verbform im Präteritumperfekt (1).*
prä|ter|prop|ter ⟨Adv.⟩ [lat. praeterpropter] (bildungsspr.): *etwa; ungefähr.*
Prä|tor, der; -s, ...oren [lat. praetor]: *höchster [Justiz]beamter im antiken Rom.*
Prä|to|ri|a|ner, der; -s, - [lat. praetorianus, zu: praetorium = Amtswohnung; Hauptquartier]: *Angehöriger der kaiserlichen Leibwache im antiken Rom.*
Prat|ze, die; -, -n [ital. braccio < lat. brachium = (Unter)arm]: **1.** *Pranke (1).* **2.** (salopp) *große, grobe Hand; Pranke (2).*
Prau, die; -, -e [niederl. prauw, engl. proa < malai. perahu = Boot]: *[Segel]boot der Malaien.*
Prä|va|lenz, die; - [mlat. praevalentia, zu lat. praevalens (Gen.: praevalentis), 1. Part. von: praevalere = überwiegen, eigtl. = mehr gelten]: **1.** (bildungsspr. veraltend) *Überlegenheit; das Vorherrschen.* **2.** (Med.) *Rate der zu einem bestimmten Zeitpunkt od. in einem bestimmten Zeitabschnitt an einer bestimmten Krankheit Erkrankten (im Vergleich zur Zahl der Untersuchten): die P. bei Schlaganfällen.*
Prä|va|lenz|ra|te, die (Med.): *Prävalenz (2).*
◆ **Prä|ve|ni|re**, das; -s: *das Prävenieren (bes. in der Verbindung die P. spielen (zuvorkommen: »Wir müssen«, rief der Obrist mutig und entschlossen, »das P. müssen wir spielen; ... den 19. März haben sie sich zum Ziel gesteckt; aber einige Tage zuvor müssen wir die Feinde des*

Landes gefangen nehmen ...« [Hauff, Jud Süß 421]).

Prä|ven|ti|on, die; -, -en [frz. prévention < spätlat. praeventio = das Zuvorkommen]: *Vorbeugung, Verhütung (z. B. in Bezug auf eine Krankheit od. zur Verbrechensbekämpfung):* P. gegen Straftaten.

Prä|ven|ti|ons|maß|nah|me, die: *Präventivmaßnahme.*

prä|ven|tiv ⟨Adj.⟩ [frz. préventif] (bildungsspr.): *vorbeugend, verhütend; eine bestimmte, nicht gewünschte Entwicklung verhindernd:* -e Maßnahmen.

Prä|ven|tiv|be|hand|lung, die (Med.): *präventive Behandlung.*

Prä|ven|tiv|krieg, der: *Angriffskrieg, der einem [vermuteten] Angriff des Gegners zuvorkommt.*

Prä|ven|tiv|maß|nah|me, die: *präventive Maßnahme.*

Prä|ven|tiv|me|di|zin, die: *Teilgebiet der Medizin, das sich mit vorbeugender Gesundheitsfürsorge befasst.*

Prä|ven|tiv|schlag, der: *Angriff, der einem [vermuteten] Angriff des Gegners zuvorkommt.*

Pra|xis, die; -, ..xen [lat. praxis < griech. prãxis = das Tun; Handlung(sweise); Unternehmen, Wirklichkeit, zu: prássein, prátten = tun, handeln]: **1. a)** ⟨o. Pl.⟩ *Ausführung, Anwendung von Gedanken, Vorstellungen, Theorien o. Ä. in der Wirklichkeit:* ob das richtig ist, das wird die P. erweisen; etw. in die P. umsetzen; das hat sich in der P. nicht bewährt; die Theorie mit der P. verbinden; **b)** ⟨Pl. selten⟩ *bestimmte Art u. Weise, etw. zu tun, zu handhaben.* **2.** ⟨o. Pl.⟩ *Erfahrung, die durch eine bestimmte praktische Tätigkeit gewonnen wird:* sie hat keine allzu große P. auf diesem Gebiet; er ist ein Theoretiker mit wenig P.; ◆ ⟨mit lateinischer Flexion:⟩ Glaube mir, Bruder, das hab' ich aus meiner starken Praxi wohl fünfzigmal abstrahiert, wenn der ehrliche Mann aus dem Nest gejagt ist, so ist der Teufel Meister (Schiller, Räuber II,3). **3. a)** *Tätigkeitsbereich eines Arztes, Psychiaters, Masseurs o. Ä.:* er hat eine gut gehende P.; **b)** *Räumlichkeit, in denen ein Arzt, Psychiater, Masseur o. Ä. seinen Beruf ausübt.*

Pra|xis|bei|spiel, das: *aus der Praxis (1 a) stammendes, für die Praxis (1 a) geeignetes Beispiel:* ein Seminar mit vielen -en.

pra|xis|be|zo|gen ⟨Adj.⟩: *auf die Praxis (1 a) bezogen:* eine -e Ausbildung.

Pra|xis|be|zug, der: *Bezug zur Praxis (1 a).*

pra|xis|fern ⟨Adj.⟩: *der Praxis (1 a) fern:* -e Lehrmethoden.

pra|xis|fremd ⟨Adj.⟩: vgl. praxisfern.

Pra|xis|ge|bühr, die: *von Kassenpatientinnen und Kassenpatienten vierteljährlich zu entrichtender Geldbetrag beim Arztbesuch.*

pra|xis|ge|recht ⟨Adj.⟩: *der Praxis (1 a) gerecht werdend.*

pra|xis|nah ⟨Adj.⟩: *eine enge Beziehung zur Praxis (1 a) aufweisend:* eine -e Ausbildung.

pra|xis|ori|en|tiert ⟨Adj.⟩: *an der Praxis orientiert.*

Pra|xis|schock, der: *Enttäuschung über bzw. bittere Erfahrung der großen Kluft zwischen dem erworbenen theoretischen Wissen u. den tatsächlichen Anwendungsmöglichkeiten in der [Berufs]praxis.*

pra|xis|taug|lich ⟨Adj.⟩: *tauglich, geeignet für die Praxis (1 a):* ein -es Verfahren, Modell; der Gesetzentwurf erweist sich als P.

Pra|xis|taug|lich|keit, die; -: *das Praxistauglichsein:* etw. auf seine P. überprüfen, untersuchen.

Prä|ze|dens, das; -, ..enzien [lat. praecedens, ↑Präzedenz] (bildungsspr.): *vorangegangenes exemplarisches Beispiel; Beispielsfall.*

Prä|ze|denz, die; -, -en [praecedentia = das

Vorangehen, zu: praecedens (Gen.: praecedentis), 1. Part. von: praecedere = vorangehen] (bildungsspr.): *Vorrang; Vortritt.*

Prä|ze|denz|fall, der (bildungsspr.): *Fall, der für zukünftige, ähnlich gelagerte Situationen richtungweisend ist, als Muster dient:* einen P. schaffen.

Prä|zi|pi|tat, das; -[e]s, -e: **1.** (Chemie, Med.) *Produkt einer Präzipitation bes. von Eiweißkörpern aus dem Blutserum.* **2.** (Landwirtsch.) *Dünger, der leicht aufgenommen wird.*

Prä|zi|pi|ta|ti|on, die; -, -en [lat. praecipitatio = das Herabfallen] (Chemie, Med.): *Ausfällung.*

prä|zis (bes. österr.), **prä|zi|se** (bildungsspr.) ⟨Adj.⟩ [frz. précis < lat. praecisus = vorn abgeschnitten, abgekürzt; abgebrochen (von der Rede), adj. 2. Part. von: praecidere = (vorn) abschneiden]: *bis ins Einzelne gehend genau [umrissen, angegeben]; nicht nur vage:* präzise Prognosen; sie hatte sofort einen präzisen Verdacht; etw. p. ausdrücken; technisch p. gearbeitete Grafiken.

prä|zi|sie|ren ⟨sw. V.; hat⟩ [frz. préciser] (bildungsspr.): *so beschreiben, formulieren o. Ä., dass das Genannte sehr viel eindeutiger, klarer u. genauer ist als vorher:* seine Aussagen p.; präzisierte Angaben.

Prä|zi|sie|rung, die; -, -en (bildungsspr.): *das Präzisieren; das Präzisiertwerden.*

Prä|zi|si|on, die; - [frz. précision < lat. praecisio = das Abschneiden] (bildungsspr.): *Eindeutigkeit, Klarheit, Genauigkeit:* höchste P. des Ausdrucks; ihre Arbeit verlangt äußerste P.

Prä|zi|si|ons|ar|beit, die: *mit größter Präzision ausgeführte Arbeit:* das war P.!

Prä|zi|si|ons|ge|rät, das: *Feinmessgerät.*

Prä|zi|si|ons|guss, der (Gießerei): *Feinguss.*

Prä|zi|si|ons|mess|ge|rät, das: *Präzisionsgerät.*

Prä|zi|si|ons|uhr, die: *sehr genau gehende Uhr.*

Prä|zi|si|ons|waa|ge, die: *wiss. Präzisionsuhr.*

pre|bio|tisch ⟨Adj.⟩ [zu engl. pre- (lat. prae-) = vor(rangig) u. griech. bíos = Leben]: *das Wachstum der Darmflora unterstützend:* -e Nahrungsmittel.

pre|ci|pi|tan|do [pretʃi...] ⟨Adv.⟩ [ital. precipitando, zu: precipitare = jählings herabstürzen] (Musik): *eilend, beschleunigend, schnell vorantreibend.*

Pré|cis [preˈsiː], der; - [...i:(s)], - [...i:s] [frz. précis, ↑präzis] (Stilkunde): *kurze, aber sehr präzise die wichtigsten Fakten enthaltende Inhaltsangabe.*

Pre|del|la, die; -, -s u. ...ellen, **Pre|del|le,** die; -, -n [(frz. prédelle <) ital. predella, wohl aus dem Germ., verw. mit ↑Brett] (Kunstwiss.): *kunstvoll bemalter od. geschnitzter Sockel, Unterbau eines [gotischen] Altars, oft auch als Reliquienschrein genutzt.*

pre|di|gen ⟨sw. V.; hat⟩ [mhd. predigen, bredigen, ahd. bredigōn, predigōn < kirchenlat. pr(a)edicare < lat. praedicare = öffentlich ausrufen, verkünden]: **1. a)** *im Gottesdienst die Predigt halten:* einer Gemeinde, vor einer großen Gemeinde p.; gegen Hass, von der Vergebung der Sünden p.; **b)** *verkündigen:* das Evangelium p. **2.** (ugs.) **a)** *eindringlich ans Herz legen, anempfehlen:* ⟨*jmdn. zu etw.⟩* immer wieder ermahnen, auffordern: Toleranz p.; überall in der Welt wird Hass und Kampf gepredigt; **b)** *nachdrücklich in belehrendem Ton sagen:* wie oft habe ich [dir] das schon gepredigt!

Pre|di|ger, der; -s, - [mhd. bredigære, ahd. bredigāri]: **1.** *jmd., der [als Geistlicher] im Auftrag einer Kirche od. Religionsgemeinschaft predigt:* jmdn. als P. einsetzen; * **ein P. in der Wüste** (*jmd., der ständig mahnt, ohne Gehör zu finden; nach Jes. 40, 3 u. Matth. 3, 3).* **2.** (ugs.) *jmd.,*

der predigt (2): ein P. der Toleranz. **3.** ⟨o. Pl.⟩ *Buch des A. T.*

Pre|di|ge|rin, die; -, -nen: w. Form zu ↑Prediger.

Pre|di|ger|or|den, der: *Orden, dessen Mitglieder sich in besonderem Maße als Prediger betätigen.*

Pre|di|ger|se|mi|nar, das (ev. Kirche): *Ausbildungsstätte für Theolog(inn)en zur praktischen Vorbereitung auf den Dienst in der Gemeinde.*

Pre|digt, die; -, -en [für mhd. bredige, ahd. brediga]: **1.** *über einen Bibeltext handelnde Worte, die der od. die Geistliche – meist von der Kanzel herab – im Gottesdienst o. Ä. an die Gläubigen richtet:* eine erbauliche, gehaltvolle P.; die P. halten. **2.** (ugs.) *Ermahnung, Vorhaltungen, ermahnende Worte:* vor der P. kannst du dir sparen.

Pre|digt|amt, das: *von der Kirche übertragene Aufgabe zur Verkündigung (meist mit einem Pfarramt verbunden).*

pre|digt|ar|tig ⟨Adj.⟩: *in der Art einer Predigt [gehalten], wie eine Predigt.*

Pre|digt|got|tes|dienst, der: *Gottesdienst, bei dem die Predigt im Mittelpunkt steht.*

Pre|digt|text, der: *einer Predigt zugrunde liegende [nach den Perikopen für den jeweiligen Sonntag vorgeschriebene] Bibelstelle.*

Preis, der; -es, -e [mhd. prīs < afrz. pris < lat. pretium = Wert, [Kauf]preis; Lohn, Belohnung]: **1.** *Geldwert; Betrag, der beim Kauf einer Ware bezahlt werden muss:* ein hoher P.; stabile, feste, ortsübliche, erschwingliche, stark reduzierte, horrende -e; die landwirtschaftlichen -e haben sich gehalten; der P. dieses Artikels, für diesen Artikel ist gestiegen, gefallen; das ist ein stolzer P. *(ist recht teuer);* die -e haben angezogen; jeden P. für etw. zahlen; den P. heruntherhandeln; die -e unterbieten, in die Höhe treiben, niedrig halten, drücken; jmdm. einen guten P. machen *(eine Ware billiger berechnen);* einen bestimmten P. für etw. fordern; Angebot und Nachfrage regeln den P.; sie sieht beim Einkaufen nicht auf den P. *(der Preis ist ihr unwichtig);* die Werke dieser Künstlerin steigen im P.; mit dem P. heruntergehen; eine Ware unter[m] P. verkaufen *(billiger verkaufen, als es festgesetzt ist, mit nur geringer Gewinnspanne);* etw. zum halben P. erwerben; nach dem P. fragen; Ü Freiheit hat ihren P. *(verlangt auch Opfer);* * **um jeden P.** *(unbedingt);* **um keinen P.** *(ganz bestimmt nicht; auf keinen Fall).* **2. a)** *Belohnung in Form eines Geldbetrags od. eines wertvollen Gegenstandes, die jmd. für etw., z. B. für einen Sieg bei einem Wettbewerb, erhält:* der erste P.; der P. der Stadt Berlin; wertvolle -e stiften, aussetzen, vergeben; einen P. im Reiten bekommen; das Rennen um den Großen P. von Frankreich; **b)** *in namenähnlichen Verbindungen;* **Wettkampf um einen Preis** (2 a): beim/im P. der Nationen siegen. **3.** (geh.) *Lob:* P. und Lob singen; ein Gedicht zum -e der Natur.

Preis|ab|schlag, der (Kaufmannsspr.): *Senkung des Preises* (1).

Preis|ab|spra|che, die (Wirtsch.): *Vereinbarung zwischen mehreren Produzenten, bestimmte Preise* (1) *einzuhalten u. nicht zu unterbieten.*

Preis|agen|tur, die: *Unternehmen, das seinen Kunden Waren od. Dienstleistungen (durch Vergleich des auf dem Markt Angebotenen) zu einem möglichst günstigen Preis vermittelt u. dafür entsprechend honoriert wird.*

Preis|an|ga|be, die: *Angabe des Preises* (1).

Preis|an|stieg, der: *Anstieg der Preise* (1).

Preis|auf|ga|be, die: *Rätsel od. [wissenschaftliche] Aufgabe, für deren richtige od. beste Lösung in od. mehrere Preise* (2 a) *ausgesetzt sind.*

Preis|auf|schlag, der: vgl. Preisabschlag.

Preis|auf|trieb, der (Wirtsch.): *allgemeines Stei-*

gen der Preise (1): die Regierung will den P. bremsen.
Preis|aus|schrei|ben, das: *öffentlich ausgeschriebener, aus einer od. mehreren Preisaufgaben bestehender Wettbewerb, für den bestimmte Preise (2 a) ausgesetzt sind:* sie hat bei einem P. eine Mittelmeerkreuzfahrt gewonnen.
Preis|aus|zeich|nung, die: *Preisangabe bei Waren u. Dienstleistungen (durch Preisschilder, Preistafeln o. Ä.).*
preis|be|rei|nigt ⟨Adj.⟩ (Wirtsch.): *die Preisentwicklung berücksichtigend, unter Berücksichtigung der Preisentwicklung:* der Umsatz stieg p. um drei Prozent.
preis|be|wusst ⟨Adj.⟩: *(beim Kaufen) auf den Preis (1) achtend, nicht jeden Preis bezahlend:* p. einkaufen.
Preis|bil|dung, die (Wirtsch.): *Zustandekommen der Preise (1) aufgrund der auf dem Markt gerade herrschenden Bedingungen:* eine flexible, variable P.
Preis|bin|dung, die (Wirtsch.): *gesetzliche od. vertragliche Verpflichtung zur Einhaltung bestimmter [Laden]preise im Verkauf* (z. B. bei Büchern).
Preis|bre|cher, der: *jmd., der eine bestimmte Ware weit unter dem bei den Konkurrenzbetrieben geltenden Preis (1) anbietet.*
Preis|bre|che|rin, die: w. Form zu ↑ Preisbrecher.
Preis|dif|fe|renz, die: *Unterschied zwischen zwei od. mehreren Preisen (1) [für ein Produkt, eine Dienstleistung o. Ä.]:* eine P. von mehr als 300 Euro; die P. zwischen zwei gleichwertigen Hotels, zwischen An- und Verkaufspreis.
Preis|druck, der ⟨o. Pl.⟩ (Wirtsch.): *Druck auf die Preise zur Schwächung der Konkurrenz.*
Preis|ein|bruch, der (Wirtsch.): *starkes Absinken des Preises (1) bei einer Ware, Warenart.*
Prei|sel|bee|re, die; -, -n [spätmhd. praisselper, 1. Bestandteil < alttschechisch bruslina (vgl. tschech. brusinka), zu aruss.-kirchenslaw. (o)brusiti = (ab)streifen, weil die Beere sich leicht abstreifen lässt]: **1.** *der Heidelbeere ähnliche Pflanze mit eiförmigen ledrigen Blättern u. roten, herb u. säuerlich schmeckenden Beeren.* **2.** *Frucht der Preiselbeere:* -n pflücken, sammeln.
Prei|sel|beer|mar|me|la|de, die: *Marmelade aus Preiselbeeren.*
Preis|emp|feh|lung, die (Kaufmannsspr.): *vom Erzeuger empfohlener Preis (1) für eine Ware:* unverbindliche P.
prei|sen ⟨st. V.; hat⟩ [mhd. prīsen (angelehnt an die Bed. von: prīs, ↑ Preis) < afrz. preisier < spätlat. pretiare = im Wert abschätzen, hoch schätzen, wertschätzen] (geh.): *die Vorzüge einer Person od. Sache begeistert hervorheben, rühmen, loben:* Gott p.; die Nachkommen werden ihn dafür p.; er preist sich als [ein] sicherer/(seltener:) [einen] sicheren Bergsteiger; jmdn., sich glücklich p. [können] *(jmdn., sich glücklich nennen; über etw. froh sein [können]);* die gepriesene Zwanzigerjahre.
Preis|ent|wick|lung, die: *Entwicklung der Preise (1).*
Preis|er|hö|hung, die: *Erhöhung der Preise (1).*
Preis|er|mä|ßi|gung, die: *Ermäßigung des Preises (1).*
Preis|ex|plo|si|on, die: *explosionsartiger Preisanstieg.*
Preis|for|de|rung, die: *Forderung, einen bestimmten Preis (1) zu zahlen:* überhöhte -en stellen.
Preis|fra|ge, die: **1.** *bei einem Preisausschreiben o. Ä. zu beantwortende Frage:* Ü das ist eine P. (ugs.; *eine heikle Frage*). **2.** *vom Preis (1) abhängige Frage, Entscheidung:* welches Gerät wir nehmen, ist letztlich eine P.

Preis|ga|be, die ⟨Pl. selten⟩ [zu ↑ preisgeben]: **a)** *Aufgabe* (3 b), *Verzicht:* das bedeutete die P. ihrer Ideale; **b)** *das Preisgeben* (3).
preis|ge|ben ⟨st. V.; hat⟩ [LÜ von frz. donner (en) prise, eigtl. = zum Nehmen, zur Beute hingeben; zu: prise, ↑ Prise] (geh.): **1.** *vor jmdm., etw. nicht mehr schützen; (der Not, Gefahr o. Ä.) überlassen; ausliefern:* jmdn., sich jmdm., dem Elend, der Verzweiflung p.; die Haut allzu lange der starken Sonnenbestrahlung p.; man gab ihn dem Gelächter der Leute preis; die Bauten waren der Zerstörung preisgegeben. **2.** *aufgeben, hingeben; auf etw. verzichten:* seine Ideale p.; keinen Fußbreit Boden gab er kampflos preis. **3.** *nicht mehr geheim halten; verraten:* ein Geheimnis p.
preis|ge|bun|den ⟨Adj.⟩ (Wirtsch.): *der Preisbindung unterliegend:* ein -er Markenartikel.
Preis|ge|fäl|le, das (Wirtsch.): *Gefälle der [an verschiedenen Orten] geltenden Preise (1) für jeweils die gleiche Ware, Leistung.*
Preis|ge|fü|ge, das (Wirtsch.): *Zusammenhang der Preise (1) auf dem allgemeinen Markt:* ein verändertes P.
preis|ge|krönt ⟨Adj.⟩: *mit einem Preis (2 a) ausgezeichnet; prämiiert:* ein -er Roman; der -e Sieger; ⟨auch als 2. Part. im Passiv:⟩ sie, ihr Werk ist p. worden, soll p. werden; Im College ist Lynn eine -e Speerwerferin gewesen (Frisch, Montauk 108).
Preis|geld, das (Sport): *als Preis (2 a) für den Sieger ausgesetzte Summe.*
Preis|ge|richt, das: *Jury* (1 a).
preis|ge|senkt ⟨Adj.⟩ (Kaufmannsspr.): *im Preis (1) gesenkt.*
Preis|ge|stal|tung, die: *Gestaltung der Preise (1):* eine neue, verbraucherfreundliche, undurchsichtige P.; die P. bei Arzneien.
Preis|gren|ze, die: *Grenze für den Preis (1) einer Ware, Leistung:* die obere, untere P.
preis|güns|tig ⟨Adj.⟩: *günstig, vorteilhaft im Preis (1):* das -ste Angebot; p. einkaufen.
Preis|in|dex, der: *Index* (3), *der den Verlauf der Preisentwicklung anzeigt.*
Preis|kal|ku|la|ti|on, die: *Kalkulation der Preise (1).*
Preis|kampf, der (Wirtsch.): *Kampf verschiedener Bewerber auf dem Markt um Kunden mithilfe von Niedrigpreisen.*
preis|kegeln ⟨sw. V.; hat; nur im Inf. u. 2. Part. gebr.⟩: *Kegelspiele um Preise (2 a) veranstalten:* wir wollen p.; gestern habe ich erfolgreich preisgekegelt.
Preis|klas|se, die: *Klasse (7 b) des Preises (1), durch die ein bestimmter Qualitätsgrad angezeigt wird:* ein Wagen der mittleren P.
Preis|kon|t|rol|le, die: *staatliche Kontrolle der Preise (1).*
Preis|ku|rant, der; -[e]s, -e [zu frz. courant = Umlauf] (österr.): *Preisliste.*
Preis|la|ge, die: *Höhe des Preises (1), durch die ein bestimmter Qualitätsgrad angezeigt wird:* Andenken in jeder P.
Preis|la|wi|ne, die (ugs.): *unaufhaltsamer Preisanstieg.*
Preis-Leis|tungs-Ver|gleich, der: *Vergleich des Preis-Leistungs-Verhältnisses verschiedener Angebote od. Anbieter:* einen P. privater Krankenversicherer erstellen.
Preis-Leis|tungs-Ver|hält|nis, das: *Beziehung, in der der Preis (1) einer Ware od. Dienstleistung an der erbrachten Leistung gemessen wird.*
preis|lich ⟨Adj.⟩: **1.** *den Preis (1) betreffend, im Preis (1):* -e Unterschiede; in -er Hinsicht; ein p. interessantes Angebot. **2.** (veraltet) *löblich.*
Preis|lied, das: **a)** *Lied, Gedicht, mit dem od. etw. gepriesen wird;* **b)** (Literaturwiss.) *idealisierende Liedform der germanischen Dichtung.*

Preis|lis|te, die: *listenmäßige Zusammenstellung der angebotenen Waren od. Dienstleistungen mit den dazugehörenden Preisen (1).*
Preis|nach|lass, der: *Nachlass vom ursprünglich geforderten Preis (1); Rabatt.*
Preis|ni|veau, das (Wirtsch.): *Niveau der Preise (1) für die wichtigen Güter einer Volkswirtschaft:* die Getreidepreise dem europäischen P. angleichen.
Preis|po|li|tik, die: *Maßnahmen, Gesamtheit der Bestrebungen im Hinblick auf die Preise (1).*
preis|po|li|tisch ⟨Adj.⟩: *die Preispolitik betreffend.*
Preis|rät|sel, das: *Rätsel, für dessen richtige od. beste Lösung ein od. mehrere Preise (2 a) ausgesetzt sind.*
Preis|recht, das ⟨o. Pl.⟩: *Gesamtheit der Rechtsvorschriften über die Festsetzung, Genehmigung u. Überwachung bestimmter Preise (1)* (z. B. für die Energieversorgung, Pflegesätze im Krankenhaus, ärztliche Leistungen, Sozialmieten).
preis|recht|lich ⟨Adj.⟩: *das Preisrecht betreffend.*
Preis|rich|ter, der: *Mitglied eines Preisgerichts bei sportlichen od. künstlerischen Wettbewerben.*
Preis|rich|te|rin, die: w. Form zu ↑ Preisrichter.
Preis|rück|gang, der: *Sinken der Preise (1).*
Preis|schie|ßen, das: *Wettbewerb im Schießsport.*
Preis|schild, das ⟨Pl. -er⟩: *kleines Schild, auf dem der Preis (1) der Ware angegeben ist.*
Preis|schla|ger, der (ugs.): *stark verbilligte Ware.*
Preis|schrau|be, die (Wirtschaftsjargon): *Mechanismus stetiger Preiserhöhung:* an der P. drehen *(die Preise 1 erhöhen).*
Preis|schrift, die: *preisgekrönte Schrift, Abhandlung o. Ä.*
Preis|schub, der: *kräftige Preiserhöhung für ein Produkt:* ein P. bei den Heizölpreisen, bei Benzin.
Preis|schwan|kung, die ⟨meist Pl.⟩: *Schwankung des Preises (1), der Preise.*
Preis|sen|kung, die: *Senkung des Preises (1).*
Preis|skat, der: *Skatspiel um einen bestimmten Preis (2 a).*
Preis|sta|bi|li|tät, die: *Stabilität der Preise (1).*
Preis|stei|ge|rung, die: *allgemeines Steigen der Preise (1).*
Preis|stei|ge|rungs|ra|te, die (Wirtsch.): *Rate der durchschnittlichen Preissteigerungen (bes. pro Monat, pro Jahr).*
Preis|stopp, der: *amtliche Festsetzung bestimmter Höchst-, Fest- od. Mindestpreise als preispolitische Maßnahme:* einen P. für Lebensmittel fordern.
Preis|sturz, der ⟨Plural ...stürze⟩: *plötzlicher starker Preisrückgang.*
Preis|ta|fel, die: *Tafel, auf der die Preise (1) der angebotenen Waren stehen.*
Preis|trä|ger, der: *jmd., der in einem Wettbewerb einen Preis (2 a) gewonnen hat od. dem für eine besondere Leistung ein offizieller Preis (2 a) zuerkannt wurde.*
Preis|trä|ge|rin, die: w. Form zu ↑ Preisträger.
Preis|trei|ber, der (emotional abwertend): *etw. od. jmd., der die Preise (1) in die Höhe treibt:* der Euro gilt als P.
Preis|trei|be|rei, die (abwertend): *künstliches Hinauftreiben der Preise (1).*
Prei|sung, die; -, -en [zu ↑ preisen]: *Lobrede.*
Preis|un|ter|schied, der: *Preisdifferenz:* erhebliche -e; ein P. von 5 Cent pro Liter; der P. zum Vorgängermodell, zwischen den verschiedenen Modellen.
preis|ver|däch|tig ⟨Adj.⟩: *einen Preis (2 a) erwarten lassend; gute Aussichten auf einen Preis (2 a) habend:* ein -er Film.
Preis|ver|fall, der (Wirtsch.): *starker Preisrück-*

gang bei einer Warenart: ein rapider P. bei Gebrauchtwagen.

Preis|ver|gleich, der: *Vergleich der Preise (1) in mehreren Geschäften od. bei verschiedenen Angeboten.*

Preis|ver|leih, der, **Preis|ver|lei|hung,** die: *[feierliche] Verleihung eines Preises* (2 a).

Preis|ver|ord|nung, die: *preisrechtliche Verordnung.*

Preis|ver|stoß, der (Rechtsspr.): *Verstoß gegen preisrechtliche Vorschriften.*

Preis|ver|tei|lung, die: *Verteilung der Preise* (2 a).

Preis|ver|zeich|nis, das: *Preisliste.*

Preis|vor|teil, der: *durch günstigen Einkauf erreichter finanzieller Vorteil:* -e an die Verbraucherinnen u. Verbraucher weitergeben.

preis|wert ⟨Adj.⟩: *im Verhältnis zu seinem Wert nicht [zu] teuer; preisgünstig:* ein -es Angebot; in Asien sind Arbeitskräfte p.; Am besten, man fahre in den Harz, sagte mein Vater, da könne man p. unterkommen (Kempowski, Tadellöser 74).

preis|wür|dig ⟨Adj.⟩: **1.** (geh.) *lobenswert, hervorragend.* **2.** (veraltet) *preiswert.*

Preis|wür|dig|keit, die (geh.): **1.** ⟨o. Pl.⟩ *Angemessenheit des Preises* (1); *das Preiswertsein.* **2.** *lobenswerte Eigenschaft.*

Preis|zer|fall, der (bes. schweiz.): *Preisverfall.*

pre|kär ⟨Adj.⟩ [frz. précaire = durch Bitten erlangt; widerruflich; unsicher, heikel < lat. precarius, zu: precari = bitten, anrufen] (bildungsspr.): *in einer Weise geartet, die es äußerst schwer macht, die richtigen Maßnahmen, Entscheidungen zu treffen, aus einer schwierigen Lage herauszukommen; schwierig, heikel, misslich:* eine -e [wirtschaftliche, finanzielle] Situation; die Lage wurde immer -er.

Pre|ka|ria: Pl. von ↑ Prekarium.

Pre|ka|ri|at, das; -[e]s, -e ⟨Pl. selten⟩ [frz. précariat, geb. nach: prolétariat (↑ Proletariat) zu: précarité, ↑ Prekarität] (Politik, Soziol.): *Bevölkerungsteil, der, bes. aufgrund von anhaltender Arbeitslosigkeit u. fehlender sozialer Absicherung, in Armut lebt od. von Armut bedroht ist u. nur geringe Aufstiegschancen hat.*

Pre|ka|ri|tät, die; - [frz. précarité = Unsicherheit, Ungewissheit (bes. in Bezug auf die berufliche Situation), zu: précaire, ↑ prekär] (Soziol.): **1.** *Gesamtheit der Arbeitsverhältnisse ohne soziale Absicherung.* **2.** *schwierige Lage; problematische soziale Situation.*

Pre|ka|ri|um, das; -s, ...ia [lat. precarium, Substantivierung von: precarius, ↑ prekär] (Rechtsspr.): *(im römischen Recht) widerrufbare, auf Bitten im erfolgende Einräumung eines Rechts, das keinen Rechtsanspruch begründet.*

Prell|ball, der ⟨o. Pl.⟩ (Sport): *mit einem Faustball (2) auszuführendes Mannschaftsspiel, bei dem der Ball über den Prellbock (2) od. eine Leine geprellt* (4 b) *werden muss.*

Prell|bock, der: **1.** (Eisenbahn) *stabiles, aber elastisches Hindernis als zusätzliche Bremsvorrichtung am Ende eines Gleises* (z. B. bei Kopfbahnhöfen): gegen den P. fahren; Ü als P. dienen *(derjenige sein, bei dem alle Sorgen abgeladen werden u. der für alles einstehen muss).* **2.** *beim Prellball in der Mitte des Spielfelds als zu überspielendes Hindernis auf Stützen angebrachter Balken, auch Schwebebalken o. Ä.*

prel|len ⟨sw. V.⟩ [mhd. prellen = mit Wucht stoßen; sich schnell fortbewegen; aufschlagen, H. u.]: **1. a)** ⟨hat⟩ [urspr. Verbindungswesen, nach der Vorstellung des um seine Freiheit betrogenen »geprellten« ↑ Fuchses mit Bezug auf ↑ Fuchs (b)] *jmdn. um etw. ihm Zustehendes bringen, betrügen:* jmdn. um die Belohnung, um sein Erbe p.; **b)** *einen ausstehenden Geldbetrag nicht bezahlen:* die Zeche p. **2. a)** ⟨ist⟩ (selten)

prallen (1): gegen die Wand p.; **b)** ⟨hat⟩ *heftig stoßen:* die Kiste prellte ihr Knie; **c)** ⟨hat⟩ *(etw., sich) heftig stoßend verletzen:* ich habe mich an der Schulter geprellt; **d)** ⟨hat⟩ *sich durch heftiges Stoßen einen Körperteil verletzen:* ich habe mir das Knie geprellt. **3.** ⟨hat⟩ **a)** (Handball u. a.) *einen Ball auf den Boden auftreffen lassen u. ihn wieder an sich nehmen od. erneut schlagen:* beim Dribbeln den Ball p.; **b)** (Prellball) *mit der Faust so in die gegnerische Spielhälfte schlagen, dass er zuerst in der eigenen Spielhälfte den Boden berührt:* den Ball über die Leine p.

Prel|le|rei, die; -, -en: *das Prellen* (1); *das Geprelltwerden; Betrug.*

Prell|schuss, der: *Schuss* (1 b), *der einmal od. mehrere Male aufschlägt u. abprallt.*

Prell|stein, der: *abgeschrägter Stein an einer Hausecke, Toreinfahrt o. Ä. zum Schutz vor zu dicht heranfahrenden Fahrzeugen.*

Prel|lung, die; -, -en: *durch heftigen Stoß, Schlag o. Ä. hervorgerufene innere Verletzung mit Bluterguss.*

Pré|lude [preˈlyd], das; -s, -s [frz. prélude < mlat. praeludium, ↑ Präludium]: *der Fantasie* (3) *ähnliches Klavierstück.*

Pre|mier [prəˈmi̯eː, pre...], der; -s, -s [nach engl. premier (minister) < frz. premier, ↑ Premiere]: Kurzf. von ↑ Premierminister.

Pre|mi|e|re [auch: pra...], die; -, -n [frz. première (représentation), zu: premier = Erster < lat. primarius = einer der Ersten, zu: primus, ↑ Primus]: *Ur- od. Erstaufführung eines Bühnenstückes (auch einer Neuinszenierung), eines Films od. einer Komposition:* eine festliche P.

Pre|mi|e|ren|abend, der: *Abendveranstaltung, die in einer Premiere besteht.*

Pre|mi|e|ren|fie|ber, das (Jargon): *Angstgefühle, Nervosität eines Darstellers, einer Darstellerin vor der Premiere.*

Pre|mi|e|ren|pu|b|li|kum, das: *Publikum bei einer Premiere:* das P. applaudierte begeistert.

Pre|mi|er|mi|nis|ter, der; -s, -: *Ministerpräsident* (2).

Pre|mi|er|mi|nis|te|rin, die; -, -nen: w. Form zu ↑ Premierminister.

pre|mi|um ⟨indekl. Adj.⟩ [engl. premium = Prämien- < lat. praemium, ↑ Prämie] (Werbespr., Wirtsch.): *von besonderer, bester Qualität.*

Pre|mi|um|mar|ke, die (Werbespr., Wirtsch.): *Marke* (2 a), *deren Produkte von [angeblich] besonderer, bester Qualität sind.*

Pre|paid|han|dy [ˈpriːpɛt...], das [zu engl. prepaid = im Voraus bezahlt]: *Handy, das durch eine Prepaidkarte in Funktion gebracht wird, ohne dass Grundgebühren zu zahlen sind.*

Pre|paid|kar|te [ˈpriːpɛt...], die [zu engl. prepaid = im Voraus bezahlt]: *Guthabenkarte, mit der ein bestimmtes Guthaben auf ein Prepaidhandy geladen werden kann.*

Pre|print [ˈpriːprɪnt], das; -s, -s [engl. preprint, aus: pre- = vor(ab) (< lat. prae = vor[her]) u. print, ↑ printed in …] (Verlagsw.): *Vorabdruck* (z. B. eines wissenschaftlichen Werks).

Pre|quel [ˈpriːkwəl], das; -s, -s [engl. prequel, zusgez. aus pre- (< lat. prae = vor) u. sequel, ↑ Sequel] (Filmjargon): *Fortsetzungsfilm, dessen Handlung (im Gegensatz zum Sequel) nicht nach, sondern vor den Ereignissen des älteren Films liegt.*

Pres|by|ter, der; -s, - [kirchenlat. presbyter, ↑ Priester]: **1.** *Vorsteher einer Gemeinde im Urchristentum.* **2.** (ev. Kirche) *Vertreter der Gemeinde im Presbyterium* (1 a). **3.** (kath. Kirche) lat. Bez. für: Priester (2).

pres|by|te|ri|al ⟨Adj.⟩ (ev. Kirche): *das Presbyterium* (1 a) *betreffend, zu ihm gehörend, von ihm ausgehend.*

Pres|by|te|ri|al|ver|fas|sung, die (ev. Kirche): *evangelische [reformierte] Kirchenordnung, nach der die Gemeinde kollegial durch Geistliche u. Presbyter[innen]* (2) *verwaltet wird.*

Pres|by|te|ri|a|ner, der; -s, - [engl. Presbyterian]: *Angehöriger protestantischer Kirchen mit Presbyterialverfassung bes. in Schottland u. Amerika.*

Pres|by|te|ri|a|ne|rin, die; -, -nen: w. Form zu ↑ Presbyterianer.

pres|by|te|ri|a|nisch ⟨Adj.⟩: **1.** (ev. Kirche) *die presbyteriale Verfassung, Kirchen mit presbyterialer Verfassung betreffend.* **2.** [engl. Presbyterian] *die Presbyterianer[innen], ihre Kirche betreffend.*

Pres|by|te|rin, die; -, -nen: w. Form zu ↑ Presbyter (2).

Pres|by|te|ri|um, das; -s, ...ien [kirchenlat. presbyterium < griech. presbytérion]: **1.** (ev. Kirche) **a)** *aus dem Pfarrer u. den [gewählten] Vertreter[inne]n der Gemeinde bestehender Vorstand einer Kirchengemeinde;* **b)** *Versammlungsraum eines Presbyteriums* (1 a). **2.** (kath. Kirche) **a)** *Altarraum;* **b)** *Gesamtheit der Priester einer Diözese.*

pre|schen ⟨sw. V.; ist⟩ [aus dem Niederd., Umstellung aus ↑ pirschen, also eigtl. = jagen]: *eilen, sehr schnell, wild laufen od. fahren; jagen:* nach Hause p.; Stanislaus war auf dem Hinwege gerannt, und er preschte auf dem Rückwege, denn die Zeit ging vom Nachmittag mit Lilian ab (Strittmatter, Wundertäter 336).

Pre|se|lec|tion [priːsɪlɛkˌtjɔn], die; -, -s [engl. preselection = Vorauswahl] (Telefonie): *vertragliche Bindung eines Teilnehmers, einer Teilnehmerin an einen bestimmten Anbieter im Telefonnetz.*

Pre|sen|ter [prɪˈzɛntɐ], der; -s, - [engl. presenter, zu: to present = überreichen, zeigen, darlegen]: **1.** *jmd., der eine Ware vorstellt, anpreist.* **2.** (bes. EDV) *Fernbedienung für den Computer (bei Präsentationen mithilfe eines Beamers); Zeigegerät.*

Pre|shave [ˈpriːʃeɪv], das; -[s], -s [aus engl. pre- (< lat. prae = vor[her]), shave = Rasur (u. lotion, ↑ Lotion)]: *vor der Rasur zu verwendendes Gesichtswasser.*

Pre|shave-Lo|ti|on, Pre|shave|lo|ti|on [meist: ˈpriːʃeɪvloʊʃn̩], die: *Preshave.*

press ⟨Adv.⟩ (Ballspiele): *eng, nah:* jmdn. p. decken.

Press|ball, der (Fußball): *von zwei Spielern gleichzeitig getretener, nur schwer zu berechnender Ball.*

◆ **Press|ben|gel,** der [zu ↑ Bengel (2)]: *Hebel, mit dessen Hilfe die Schrauben der Buchdruckerpresse angezogen werden:* Ü … mit ihrer Tochter alles zu erzählen, was ich der Welt erzähle durch den P. (durch die Erzeugnisse der Buchdruckerpresse; Jean Paul, Siebenkäs 13).

Pres|se, die; -, -n: **1. a)** *Vorrichtung, Maschine, durch die etw. unter Druck zusammengepresst, zerkleinert, geglättet od. in eine Form gepresst wird;* **b)** [mhd. (wīn)presse, ahd. pressa, fressa = Obstpresse, Kelter (unter Einfluss von lat. pressura = das Keltern) < mlat. pressa = Druck, Zwang, zu lat. pressum, 2. Part. von premere = drücken, pressen] *Gerät od. Maschine, mit der durch Auspressen von Früchten eine Flüssigkeit, Saft gewonnen wird:* Obst in die P. geben; **c)** [lat. pressa, zu: presser < lat. pressare, Intensivbildung von: premere, ↑ Presse (1 b)] (Druckw. veraltend) *Druckmaschine.* **2.** ⟨o. Pl.⟩ **a)** [unter Anlehnung an Bed. 1 c] *Gesamtheit der Zeitungen u. Zeitschriften, ihrer Einrichtungen u. Mitarbeiter:* die Freiheit der P.; im Spiegel der P.; Schlagzeilen in der P.; es stand in der P.; Allein die Bekanntgabe seines jahrelangen

Briefwechsels mit einer Milieu-Dame hat diesen Mann erledigt, obwohl seine Briefe, im Gerichtssaal vorgelesen und in der P. zitiert, eigentlich sehr schön sind (Frisch, Gantenbein 428); **b)** *Beurteilung von etw. durch die Presse* (2 a), *Stellungnahme der Presse:* eine miserable P. bekommen; Er ließ sich von Rachel Zeitungen bringen und suchte, was man über ihn sage; er war jedoch mit seiner P. diesmal nicht zufrieden, die Blätter taten seine Flucht mit drei bis fünf Zeilen ab (Musil, Mann 1483). **3.** (ugs. abwertend) *Privatschule, die [schwache] Schüler intensiv auf eine Prüfung vorbereitet.*
Pres|se|agen|tur, die: *Nachrichtenagentur.*
Pres|se|amt, das: *regierungsamtliche Stelle zur Information der Presse* (2 a).
Pres|se|aus|weis, der: *Ausweis für Pressevertreter(innen).*
Pres|se|be|richt, der: *Bericht [in] der Presse* (2 a).
Pres|se|be|rich|ter|stat|ter, der: *für die Presse* (2 a) *tätiger Berichterstatter.*
Pres|se|be|rich|ter|stat|te|rin, die: w. Form zu ↑ Presseberichterstatter.
Pres|se|bü|ro, das: *Büro, in dem eine Pressestelle untergebracht ist.*
Pres|se|chef, der: *Leiter eines Presseamts od. einer Pressestelle.*
Pres|se|che|fin, die: w. Form zu ↑ Pressechef.
Pres|se|dienst, der: *von Pressestellen bei Parteien, Verbänden, Agenturen u. Ä. periodisch herausgegebene Sammlung von Nachrichten u. Informationen.*
Pres|se|er|klä|rung, die: *für die Presse* (2 a) *bestimmte Erklärung, Pressemitteilung* (b).
Pres|se|er|zeug|nis, das: *durch Drucken hergestelltes Erzeugnis der Presse* (2 a).
Pres|se|fo|to|graf, Pressephotograph, der: *für die Presse* (2 a) *tätiger Fotograf.*
Pres|se|fo|to|gra|fin, Pressephotographin, die: w. Formen zu ↑ Pressefotograf, Pressephotograph.
Pres|se|frei|heit, die ⟨o. Pl.⟩: *von der Verfassung garantiertes Grundrecht der Presse* (2 a) *zur Beschaffung u. Verbreitung von Informationen u. zur freien Meinungsäußerung.*
Pres|se|ge|heim|nis, das: *Recht der Auskunftsverweigerung aller bei der Presse* (2 a) *Beschäftigten über den Verfasser od. Informanten einer Veröffentlichung.*
Pres|se|ge|spräch, das: *Gespräch mit der Presse* (2 a): die Gewerkschaft lädt zum P.
Pres|se|in|for|ma|ti|on, die: **a)** *Information für die Presse* (2 a); **b)** *Information durch die Presse* (2 a).
Pres|se|jar|gon, der: *für die Presse* (2 a) *typischer Jargon.*
Pres|se|kam|pa|gne, die: *von der gesamten Presse* (2 a) *od. bestimmten Presseorganen geführte Kampagne* (1).
Pres|se|kom|men|tar, der: *Kommentar in der Presse* (2 a).
Pres|se|kon|fe|renz, die: *von einer amtlichen Stelle, einem Verband, einer Firma o. Ä. organisierte Veranstaltung, auf der [durch einen Pressesprecher, eine Pressesprecherin] Informationen an die Presse* (2 a) *gegeben werden u. von den Journalist[inn]en Fragen gestellt werden:* eine P. einberufen.
Pres|se|kon|zen|tra|ti|on, die: *Konzentration der Presse* (2 a) *in wenigen, großen Verlagen.*
Pres|se|kon|zern, der: *Unternehmen mit einer Vielzahl von Zeitungen od. Zeitschriften in großer Auflage.*
Pres|se|land|schaft, die: *Gesamtheit der Presse* (2 a) *in ihrer Vielfalt:* das herrschende Meinungsprofil in der deutschen P.
Pres|se|mel|dung, die: *Meldung in der Presse* (2 a).

Pres|se|mit|tei|lung, die: **a)** *Pressemeldung;* **b)** *zur Veröffentlichung in der Presse* (2 a) *entworfener u. herausgegebener Text.*
pres|sen ⟨sw. V.; hat⟩ [mhd. pressen, ahd. pressōn < lat. pressare, ↑ Presse (1 c)]: **1. a)** *durch Druck od. mit einer Presse* (1 a) *bearbeiten, eine glatte Form geben:* Pflanzen, Papier p.; Blumen in einem Buch p.; ⟨oft im 2. Part.:⟩ gepresstes Stroh; **b)** *ausdrücken:* Früchte, Obst p.; **c)** *herauspressen:* Saft aus einer Zitrone p.; frisch gepresster Orangensaft; **d)** *durch Herauspressen gewinnen:* Wein, Most p.; **e)** *pressend, durch Druck herstellen:* Plastikartikel p. **2.** *in eine bestimmte Richtung, auf, an, durch etw. drücken:* jmdn. an sich, sich an jmdn. p.; Gemüse durch ein Sieb p.; die Hände vor das Gesicht, den Kopf gegen die Scheibe p.; den Körper, sich an den Boden p.; die Kleider in den Koffer, einen Verband auf die Wunde p.; jmdm. die Hand auf den Mund p.; sie hielt den Kopf zwischen beide Hände gepresst; Ü etw. in ein logisches System p.; mit gepresster Stimme; ein gepresstes Stöhnen; ... und hier geht mit derselben Rücksichtslosigkeit vor, die Justinian zeigt, wenn er um einer reinen Idee willen die Wirklichkeit in die Form seiner Vorstellung presst (Thieß, Reich 568). **3. a)** *zu etw. zwingen:* jmdn. zum Kriegsdienst p.; zum Militärdienst gepresste Bauern; **b)** (veraltet) *unterdrücken, bedrängen:* die Herren haben die Knechte gepresst. **4.** (Med.) *(während einer Pressewehe) die Bauchmuskulatur mit größtmöglicher Kraft anspannen, um somit eine Erhöhung des Drucks zu bewirken u. dadurch den Geburtsvorgang zu unterstützen:* bei der nächsten Wehe bitte tief einatmen und pressen! ♦ **5.** *bedrücken, (auf jmdm.) lasten:* ... denn, was dich presste, sieh, das wusst' ich längst (Schiller, Tell I, 2).
Pres|se|or|gan, das: *bestimmte [von einer Behörde, Partei, Institution herausgegebene] Zeitung od. Zeitschrift.*
Pres|se|pho|to|graph: ↑ Pressefotograf.
Pres|ser, der; -s, - (ugs.): *jmd., der andere bedrängt, zu etw. zwingt:* ♦ Die Pferde stehen gesattelt, Ihr könnt aufbrechen, wenn Ihr wollt. – P., P! Warum so eilig? (Schiller, Räuber IV, 4).
Pres|se|recht, das: **1.** ⟨o. Pl.⟩ *Gesamtheit der Presse* (2 a) *u. bes. die Presse- u. Meinungsfreiheit betreffenden Rechtsbestimmungen.* **2.** *eines der Rechte, die Angehörigen des Pressewesens zustehen:* die -e stärken.
pres|se|recht|lich ⟨Adj.⟩: *das Presserecht betreffend:* Zeitungsartikel p. überprüfen lassen.
Pres|se|re|fe|rent, der: *journalistischer Mitarbeiter od. alleiniger Vertreter einer amtlichen od. privaten Pressestelle.*
Pres|se|re|fe|ren|tin, die: w. Form zu ↑ Pressereferent.
Pres|se|rin, die; -, -nen: w. Form zu ↑ Presser.
Pres|se|rum|mel, der (ugs.): *großes Aufheben, das in der Presse* (2 a) *von etw. gemacht wird:* bei der Filmpremiere muss mit großem P. gerechnet werden.
Pres|se|schau, die: **1.** *(in Rundfunk od. Fernsehen verlesener) Überblick über die wichtigsten Stimmen der Presse.* **2.** (Wirtschaftsjargon) *für die Presse* (2 a) *bestimmte Vorführung od. vorweggenommene Besichtigung einer Modenschau, Messe o. Ä.*
Pres|se|spie|gel, der: *Zusammenstellung aktueller Presseberichte.*
Pres|se|spre|cher, der: *Beamter od. Angestellter einer Behörde, Institution od. Firma, der für die an die Presse* (2 a) *zu gebenden Informationen verantwortlich ist.*
Pres|se|spre|che|rin, die: w. Form zu ↑ Pressesprecher.

Pres|se|stel|le, die: *für die Verbindung zur Presse* (2 a) *zuständige Stelle bei einer staatlichen od. privaten Institution, Behörde, Firma u. Ä.*
Pres|se|stim|me, die ⟨meist Pl.⟩: *Meinungsäußerung in einem Presseorgan:* Kurznachrichten und -n zum Thema Bildungspolitik.
Pres|se|team, das: *Team in einer Behörde, Firma o. Ä., das für die an die Presse* (2 a) *zu gebenden Informationen verantwortlich ist.*
Pres|se|ter|min, der: *vereinbartes Treffen einer Person od. von Personen des öffentlichen Interesses mit Pressevertretern.*
Pres|se|text, der: *zur Veröffentlichung in der Presse* (2 a) *bestimmter Text:* ... So heißt es im offiziellen P. der Stadt.
Pres|se|tri|bü|ne, die: *für Pressevertreter(innen) reservierte Tribüne bei einer größeren Veranstaltung.*
Pres|se|ver|öf|fent|li|chung, die: *in der Presse* (2 a) *veröffentlichte Meldung, Nachricht o. Ä.*
Pres|se|ver|tre|ter, der: *Journalist, der als Vertreter einer bestimmten Zeitung od. Zeitschrift auftritt.*
Pres|se|ver|tre|te|rin, die: w. Form zu ↑ Pressevertreter.
Pres|se|wart, der: *jmd., der für die an die Presse* (2 a) *zu gebenden Informationen eines Vereins verantwortlich ist.*
Pres|se|war|tin, die: w. Form zu ↑ Pressewart.
Pres|se|we|sen, das ⟨o. Pl.⟩: *Zeitungswesen.*
Pres|se|zen|sur, die ⟨o. Pl.⟩: *staatliche Zensur der in der Presse* (2 a) *zu veröffentlichenden Meldungen u. Meinungen (als Einschränkung der Pressefreiheit).*
Pres|se|zen|t|rum, das: *zentraler Bau od. mit allen wichtigen technischen Einrichtungen für den Fernsprech- u. Funkverkehr eingerichtetes, den Pressevertreter[inne]n zur Verfügung stehendes Büro bei [sportlichen] Großveranstaltungen, Kongressen u. Ä.*
Press|form, die (Technik): *hohle Form, in die das zu formende Material (z. B. Glas, Kunststoff) hineingepresst wird.*
Press|frei|heit: ↑ Pressefreiheit.
Press|glas, das ⟨Pl. ...gläser⟩: *durch Pressen flüssiger Glasschmelze in eine Form gefertigtes Glas[gefäß] o. Ä.*
♦ **press|haft** ⟨Adj.⟩ [unter Einfluss von ↑ pressen umgebildet aus ↑ bresthaft]: *mit Gebrechen behaftet:* Der Morgen ... greift kühl an alle Glieder und lacht einem ins lange Gesicht, wenn man so p. und noch ganz wie im Mondschein getaucht vor ihn hinaustritt (Eichendorff, Marmorbild 18); ⟨subst.:⟩ ... einen mineralischen Quell ... für den Gebrauch der Presshaften einzurichten (Kleist, Kohlhaas 19).
Press|he|fe, die: *gepresste Hefe für die Bäckerei.*
Press|holz, das ⟨Pl. ...hölzer⟩: *aus einzelnen Stücken od. Schichten mit Zusätzen aus Kunstharzen unter Druck u. Hitze gepresstes Holz.*
pres|sie|ren ⟨sw. V.; hat⟩ [frz. presser, eigtl. = pressen < lat. pressare, ↑ Presse (1 c)]: **a)** (bes. südd., österr., schweiz.) *eilig, dringend sein; drängen (von Sachen):* es, die Angelegenheit pressiert; mir pressierts sehr; **b)** (bes. südd., österr., schweiz.) *sich beeilen:* sie tut sehr, er ist pressiert *(eilig);* ♦ **c)** *drängen, drängeln* (2): »Ho, pressiere doch nicht!«, sagte die Frau (Gotthelf, Spinne 10).
Pres|sing, das; -s [engl. pressing = das Unter-Druck-Setzen, zu: to press = unter Druck setzen, bedrängen < lat. pressare < lat. pressare, ↑ Presse] (bes. Fußball): *Spielweise, bei der der Gegner u. a. durch konsequente u. enge Manndeckung bereits in seiner eigenen Spielhälfte stark unter Druck gesetzt u. gestört wird, sodass*

Pression – Priesterweihe

er seinerseits keine Gelegenheit zum Angriff findet.

Pres|si|on, die; -, -en [frz. pression < lat. pressio, zu: pressum, 2. Part. von: premere, ↑ Presse (1 b)] (bildungsspr.): *Druck, Nötigung, Zwang.*

Press|koh|le, die: *in Formen gepresste Kohle* (z. B. Brikett).

Press|kopf, der ⟨o. Pl.⟩: *aus Schweins- od. Kalbsköpfen mit Schwarten gekochte u. in einen Schweinemagen od. Darm gepresste Wurst:* weißer, schwarzer P.

Press|ling, der; -s, -e: *gepresstes u. geformtes Stück einer Masse* (z. B. Brikett).

Press|luft, die ⟨o. Pl.⟩: *Druckluft.*

Press|luft|boh|rer, der: *mit Pressluft angetriebenes Gerät zum Bohren, das bes. im Straßenbau eingesetzt wird.*

Press|luft|fla|sche, die (Technik): *festes Metallgefäß, in dem Pressluft mitgeführt werden kann.*

Press|luft|ham|mer, der (Bauw.): *Stoß- u. Schlagwerkzeug, das durch einen von Pressluft schnell in einem Zylinder auf u. ab bewegten Kolben angetrieben wird; Drucklufthammer.*

Press|mas|se, die (Technik): *aus Pressharzen, Füllstoffen, Bindemitteln u. Ä. bestehende Masse, die durch Pressen geformt u. gehärtet werden kann.*

Press|sack, Press-Sack, der ⟨o. Pl.⟩: *Presskopf.*

Press|schlag, Press-Schlag, der (Fußball): *gleichzeitiges Treten eines Balles durch zwei Spieler.*

Press|span, Press-Span, der ⟨Pl. selten⟩ [urspr. beim Pressen von Tuchen verwendete Stücke (Späne) von Pappe]: *holzfreie, feste Pappe mit glatter, glänzender Oberfläche.*

Press|span|plat|te, Press-Span|plat|te, die: *aus Pressspan bestehende Platte* (1).

Press|stroh, Press-Stroh, das: *zu festen Ballen gepresstes Stroh.*

Pres|sung, die; -, -en: *das Pressen, Gepresstwerden;* ♦ *... woher denn jetzt diese ungeheure P. (Ausbeutung, Aussaugung) des Landes* (Schiller, Kabale II, 3).

Pres|sure-Group, Pres|sure|group [ˈprɛʃəɡruːp], die; -, -s [engl. pressure group, aus: pressure = Druck u. group = Gruppe]: *Interessengruppe, die [mit Druckmitteln] bes. auf Parteien, Parlament u. Regierung Einfluss zu gewinnen sucht; Lobby* (2).

Press|we|he, die ⟨meist Pl.⟩ (Med.): *im fortgeschrittenen Stadium der Geburt eintretende Wehe, bei der die Gebärende durch Anspannung der Bauchmuskulatur den Vorgang der Geburt unterstützen kann.*

Press|wurst, die: *Presskopf.*

Pres|ti, Pl. von ↑ Presto.

Pres|ti|ge [...ˈtiːʒə, ...ˈtiːʃ], das; -s [frz. prestige, eigtl. = Blendwerk, Zauber < spätlat. praestigium, zu: praestringere = blenden, verdunkeln] (bildungsspr.): *Ansehen, Geltung einer Person, Gruppe, Institution o. Ä. in der Öffentlichkeit:* sein P. wahren; es geht um ihr P.

Pres|ti|ge|den|ken, das; -s: *am Prestige[gewinn] orientiertes Denken.*

Pres|ti|ge|fra|ge, die: *Frage des Prestiges:* das ist [für sie] eine P.

Pres|ti|ge|ge|winn, der: *Gewinn an Prestige.*

Pres|ti|ge|grund, der ⟨meist Pl.⟩: *das Prestige betreffender [Beweg]grund:* etw. aus Prestigegründen tun.

Pres|ti|ge|ob|jekt, das: *Sache, Errungenschaft o. Ä., die Prestige verschaffen soll:* ein neuer Flugzeugträger als [bloßes] P.

Pres|ti|ge|pro|jekt, das: *Projekt, das Prestige verschaffen soll.*

pres|ti|ge|träch|tig ⟨Adj.⟩: *Prestigegewinn versprechend:* ein -es Projekt.

Pres|ti|ge|ver|lust, der: *Verlust an Prestige.*

pres|tis|si|mo: ↑ presto.

Pres|tis|si|mo, das; -s, -s u. ...mi (Musik): **1.** *äußerst schnelles Tempo.* **2.** *Musikstück mit der Tempobezeichnung »prestissimo«.*

pres|to ⟨Adv.⟩; (Komp.:) più presto, (Sup.:) prestissimo⟩ [ital. presto < lat. praesto = bei der Hand] (Musik): *schnell, in eilendem Tempo.*

Pres|to, das; -s, -s u. ...ti (Musik): **1.** *schnelles, eilendes Tempo.* **2.** *Musikstück mit der Tempobezeichnung »presto«.*

Prêt-à-por|ter [pʀɛtapɔʀˈte:], das; -s, -s [frz. prêt-à-porter, eigtl. = fertig zum Tragen]: **a)** ⟨o. Pl.⟩ *Konfektionskleidung nach dem Entwurf von Modeschöpfer[inne]n;* **b)** *Konfektionskleid nach dem Entwurf eines Modeschöpfers, einer Modeschöpferin.*

pre|ti|ös: ↑ preziös.

Pre|ti|o|sen: ↑ Preziosen.

Pre|to|ria: Hauptstadt der Republik Südafrika; vgl. Tshwane.

Preu|ße, der; -n, -n: **1.** Ew. zu ↑ Preußen. **2.** [nach dem ehem. Königreich (bis 1918) u. Land des Dt. Reiches (bis 1947) Preußen, das wegen seines Militarismus u. seiner straff organisierten, überkorrekten Verwaltung u. seines Bürokratismus bekannt war] (veraltend) *jmd., der bestimmte, früher für einen preußischen Untertan (bes. Soldaten od. Beamten) als typisch angesehene Eigenschaften (z. B. Pflichterfüllung, Strenge, Härte gegen sich selbst) besitzt.*

Preu|ßen; -s [Ende 15. Jh., mhd. (md.) Prūʒen(lant), zu: Prūʒe < mlat. Pruzzi (Pl.) = Pruzzen (Name eines baltischen Volkes)]: *Königreich u. Land des Deutschen Reiches.*

Preu|ßen|tum, das; -s: *preußisches Wesen; Art u. Haltung eines Preußen.*

Preu|ßin, die; -, -nen: w. Form zu ↑ Preuße.

preu|ßisch ⟨Adj.⟩: *das Königreich Preußen, die Preußen betreffend, von ihnen stammend, der Wesensart der Preußen entsprechend:* das -e Beamtentum; -e Sparsamkeit.

Preu|ßisch|blau, das ⟨o. Pl.⟩ [weil es in Berlin, der Hauptstadt Preußens, erfunden wurde]: *tief dunkelblaue, fast schwarzblaue Farbe mit grünlichem Stich.*

Pre|view [ˈpriːvjuː], die; -, -s, auch: der od. das, -s [engl. preview, aus: pre- (< lat. prae) = vor(her) u. view = Sicht; Betrachtung]: **1.** ⟨die⟩ *Voraufführung.* **2.** (EDV) *Funktion eines Textverarbeitungsprogramms, die es ermöglicht, Texte u. Bilder auf dem Bildschirm so darzustellen, wie sie ausgedruckt werden sollen.*

pre|zi|ös, pretiös ⟨Adj.⟩ [frz. précieux, eigtl. = kostbar, wertvoll < lat. pretiosus, ↑ Preziosen] (bildungsspr.): *geziert, gekünstelt, unnatürlich:* ein -er Stil.

Pre|zi|o|sen, Pretiosen ⟨Pl.⟩ [lat. pretiosa, zu: pretiosus = kostbar, zu: pretium, ↑ Preis]: *Kostbarkeiten, Geschmeide:* sie öffnete eine Schatulle mit -.

PR-Frau [peːˈʔɛr...], die (Wirtschaftsjargon): *für Öffentlichkeitsarbeit zuständige Mitarbeiterin.*

PR-Gag, der: *einzelne Maßnahme, Aktion o. Ä. der Presse (2 a), die sich durch besonderen Witz auszeichnet.*

Pri|a|pis|mus, der; - [zu griech. príapos = männliches Glied, appellativisch verwendeter Name des ↑ Priapos] (Med.): *krankhaft anhaltende, schmerzhafte Erektion des Penis.*

Pri|a|pos, Pri|a|pus (griech.-röm. Mythol.): Gott der Fruchtbarkeit.

Pri|cke, die; -, -n [aus dem Niederd. < mniederd. pricke = spitze Stange, Spitze] (Seew.): *in flachen Küstengewässern (bes. im Watt) zur Markierung der Fahrrinne in den Grund gesteckter dünner Stamm eines Baumes, Pfosten o. Ä.*

pri|cke|lig, pricklig ⟨Adj.⟩ (seltener): **1.** *prickelnd* (1 a). **2.** *erregend, aufreizend.*

pri|ckeln ⟨sw. V.; hat⟩ [aus dem Niederd. < mniederd. prickeln, zu: pricken = stechen od. zu: pricke, ↑ Pricke]: **1. a)** *wie von vielen, feinen, leichten Stichen verursacht kitzeln, jucken:* die Hände prickeln [ihr]; ⟨auch unpers.:⟩ es prickelte ihm aus dem Wasser heraus, wenn es prickelt!; ⟨subst.:⟩ ein Prickeln der Haut, in den Beinen; **b)** *ein leicht kitzelndes Gefühl, ein Gefühl des Prickelns (1 a) verursachen, hinterlassen:* der Sekt, die Kohlensäure prickelt auf der Zunge; der eisige Wind prickelte auf ihrer Haut; ⟨subst.:⟩ das leichte Prickeln des Weines. **2.** *kleine, aufsteigende Bläschen bilden; perlen:* der Sekt, das Selterswasser prickelt [im Glas]. **3.** *ein erregendes Gefühl verursachen, auf leicht beunruhigende o. ä. Weise reizen.* ♦ **4.** (landsch.) *mit dem Stechzirkel arbeiten:* ... der Vater des nachherigen Deichgrafen ..., saß im Winter ..., zu ritzen und zu p., in seiner Stube. Der Junge ... sah ... dem Vater zu, wie er maß und berechnete (Storm, Schimmelreiter 9).

pri|ckelnd ⟨Adj.⟩: **1.** *ein erregendes Gefühl verursachend, aufregend:* -e Erotik; eine -e Spannung, Unruhe, Atmosphäre. **2.** (ugs.) *großartig, toll:* eine -e Idee; die Party fand ich nicht so p.

pri|cken ⟨sw. V.; hat⟩: **1.** (Seew.) *(Fahrwasser o. Ä.) mit Pricken versehen.* **2.** (landsch.) *[aus]stechen, ausbohren.*

prick|lig: ↑ prickelig.

Priel, der; -[e]s, -e [aus dem Niederd., H. u.]: *schmale, unregelmäßig verlaufende Rinne im Wattenmeer, in der sich auch bei Ebbe noch Wasser befindet.*

Priem, der; -[e]s, -e [niederl. pruim, eigtl. = Pflaume, wegen der Ähnlichkeit mit einer Backpflaume]: **a)** *Kautabak;* **b)** *Stück Kautabak.*

prie|men ⟨sw. V.; hat⟩: *einen Priem kauen.*

pries: ↑ preisen.

Pries|ter, der; -s, - [mhd. priester, ahd. prēstar, über das Roman. < kirchenlat. presbyter = Gemeindeältester; Priester < griech. presbýteros = der (verehrte) Ältere; älter, Komp. von: présbys = alt; ehrwürdig]: **1.** (in vielen Religionen) *als Mittler zwischen Gott u. Menschi auftretender, mit besonderen göttlichen Vollmachten ausgestatteter Träger eines religiösen Amtes, der eine rituelle Weihe empfangen hat u. zu besonderen kultischen Handlungen berechtigt ist:* * Hoher P. (1. Rel.; Hohepriester 1. geh.; Hohepriester 2). **2.** *katholischer Geistlicher, der die Priesterweihe empfangen hat.*

Pries|ter|amt, das ⟨o. Pl.⟩: *Amt des Priesters.*

pries|ter|haft ⟨Adj.⟩: *in der Art eines Priesters; einem Priester gemäß.*

♦ **Pries|ter|han|del,** der [viell., weil ein Priester (Pfarrer) Erträge seiner Landwirtschaft aufgrund der niedrigeren Selbstkosten billiger verkaufen konnte als ein Bauer] (landsch.): *vorteilhafter Kauf:* ... er ... ließ kein Auge von dem Tiere (= dem Schimmel); er wollte zeigen, dass er einen P. gemacht habe (Storm, Schimmelreiter 84).

Pries|te|rin, die; -, -nen [mhd. priesterinne]: w. Form zu ↑ Priester (1).

pries|ter|lich ⟨Adj.⟩ [mhd. priesterlich, ahd. prēstarlīh]: *einen Priester betreffend, zu ihm gehörend, von ihm ausgehend.*

Pries|ter|schaft, die; -, -en [mhd. priesterschaft]: *Gesamtheit von Priestern.*

Pries|ter|se|mi|nar, das (kath. Kirche): *Ausbildungsstätte für Priesteramtskandidaten.*

Pries|ter|tum, das; -s: *Amt, Würde, Stand des Priesters.*

Pries|ter|wei|he, die: *vom Bischof vollzogene Weihe eines katholischen Geistlichen zum Priester; Konsekration* (1).

Prig|nitz, die; -: Landschaft in Nordostdeutschland.

prim ⟨Adj.⟩ [rückgeb. aus ↑Primzahl] (Math.): *(von Zahlen) nur durch 1 u. sich selbst teilbar.*

Prim, die; -, -en [lat. prima = die Erste, ↑Primus]: **1.** (kath. Kirche) *(im Brevier enthaltenes) kirchliches Morgengebet.* **2.** (Fechten) *Stellung, bei der die nach vorn gerichtete Klinge abwärts zeigt.* **3.** (Musik) *Prime* (1).

Prim. = Primar, Primararzt, Primarärztin, Primarius.

pri|ma ⟨indekl. Adj.⟩ [ital. prima, gek. aus Fügungen wie: prima sorte = erste, feinste Warenart, zu: primo = Erster < lat. primus, ↑Primus]: **1.** (Kaufmannsspr. veraltend) *von bester Qualität, erstklassig* (Abk.: pa., I a): p. Ware; Mein Seesack fasst … fünf Stück p. Seife und drei Dosen Cornedbeef (Grass, Hundejahre 436). **2.** (ugs.) *hervorragend, ausgezeichnet, großartig:* das ist, schmeckt ja p.; ich habe p. geschlafen.

Pri|ma, die; -, Primen [nlat. prima (classis) = erste (Klasse)]: **a)** [nach der früheren Zählung der Klassen von oben nach unten] (veraltend) *eine der beiden letzten (Unter- u. Oberprima genannten) Klassen eines Gymnasiums;* **b)** *(in Österreich) erste Klasse eines Gymnasiums.*

Pri|ma|bal|le|ri|na, die; -, …nen [ital. prima ballerina, ↑Ballerina] (Theater): *erste Solotänzerin; Tänzerin der Hauptrolle in einem Ballett.*

Pri|ma|don|na, die; -, …nen [ital. prima donna, eigtl. = erste Dame]: **1.** (Theater) *erste Sängerin; Sängerin der Hauptpartie in einer Oper:* P. assoluta *(konkurrenzlose Meisterin im Operngesang).* **2.** (abwertend) *verwöhnter u. empfindlicher Mensch; jmd., der sich für etw. Besonderes hält u. eine entsprechende Behandlung u. Sonderstellung für sich beansprucht.*

pri|ma fa|cie [-'fa:tsi̯e; lat., eigtl. = von der ersten Erscheinung, zu: primus (↑Primus) u. facies, ↑Fazies] (bildungsspr.): *dem ersten Anschein nach, auf den ersten Blick.*

Pri|ma-fa|cie-Be|weis […'fa:tsi̯e…], der (bes. Rechtsspr.): *Beweis aufgrund des ersten Anscheins.*

Pri|ma|ner, der; -s, - (veraltend): *Schüler einer Prima:* er ist P.

pri|ma|ner|haft ⟨Adj.⟩: *unerfahren, unreif; schüchtern, unbeholfen.*

Pri|ma|ne|rin, die; -, -nen: w. Form zu ↑Primaner.

Pri|mar, der; -s, -e [lat. primarius = einer der Ersten, ↑Premiere] (österr.): Kurzf. von ↑Primararzt.

pri|mär ⟨Adj.⟩ [frz. primaire < lat. primarius, ↑Premiere]: **1.** (bildungsspr.) **a)** *zuerst vorhanden, ursprünglich;* **b)** *an erster Stelle stehend; erst-, vorrangig; grundlegend, wesentlich:* -e Aufgaben; etw. spielt eine -e Rolle. **2.** (Chemie) *(von bestimmten chemischen Verbindungen o. Ä.) nur durch ein einziges gleichartiges Atom, men durch nur ein bestimmtes anderes Atom ersetzend:* -e Salze. **3.** (Elektrot.) *den Teil eines Netzgeräts betreffend, der unmittelbar an das Stromnetz angeschlossen ist u. in den die umzuformende Spannung einfließt, zu diesem Teil gehörend, sich dort befindend, mit seiner Hilfe: die -e Spannung.*

Pri|mar|arzt, der (österr.): *leitender Arzt eines Krankenhauses; Chefarzt.*

Pri|mar|ärz|tin, die: w. Form zu ↑Primararzt.

Pri|mär|ener|gie, die (Technik): *von natürlichen, noch nicht weiterbearbeiteten Energieträgern (wie Kohle, Erdöl, Erdgas) stammende Energie.*

Pri|mär|grup|pe, die (Soziol.): ¹*Gruppe* (2), *deren Mitglieder enge, vorwiegend emotional bestimmte Beziehungen untereinander pflegen u. sich deshalb gegenseitig stark beeinflussen* (z. B. die Familie).

Pri|ma|ria, die; -, …iae: w. Form zu ↑Primarius.

Pri|ma|ri|us, der; -, …ien [lat. primarius, ↑Premiere]: **1.** (Musik) *Erster Geiger in einem Streichquartett o. Ä.* **2.** (österr.) *Primararzt.*

Pri|mar|leh|rer, der (schweiz.): *Lehrer an einer Primarschule.*

Pri|mar|leh|re|rin, die: w. Form zu ↑Primarlehrer.

Pri|mär|li|te|ra|tur, die; -, -en ⟨Pl. selten⟩ (Wissensch.): *Gesamtheit der literarischen, philosophischen o. ä. Texte, die selbst Gegenstand einer wissenschaftlichen Untersuchung sind.*

Pri|mär|markt, der (Wirtsch.): *Finanzmarkt, auf dem neu emittierte* (1) *Wertpapiere gehandelt werden.*

Pri|mar|schu|le, die (schweiz.): *allgemeine Volksschule; Grund- u. Hauptschule* (vgl. Sekundarschule).

Pri|mar|schü|ler, der (schweiz.): *Schüler der Primarschule.*

Pri|mar|schü|le|rin, die: w. Form zu ↑Primarschüler.

Pri|mär|span|nung, die (Physik): *Stromspannung einer Primärwicklung.*

Pri|mär|spu|le, die (Elektrot.): *Primärwicklung.*

Pri|mar|stu|fe, die: *(das 1. bis 4. Schuljahr umfassender) Bildungsgang; erste Stufe der schulischen Ausbildung.*

Pri|mär|the|ra|pie, die [engl. primal therapy, begründet von dem amerik. Psychoanalytiker Arthur Janov (geb. 1924)]: **1.** (Psychol.) *Form der Psychotherapie, bei der belastende Kindheitserlebnisse durch intensives Nacherleben bewältigt werden sollen.* **2.** (Med.) *Therapie, bei der ein Primärtumor bekämpft wird.*

Pri|mär|tu|mor, der (Med.): *Tumor, von dem Metastasen ausgehen.*

Pri|mär|wick|lung, die (Elektrot.): *Wicklung, Spule eines Transformators, durch die die Leistung aufgenommen wird.*

Pri|ma|ry ['praɪməri], die; -, -ries […rɪz] [engl. primary (election)]: *(im Wahlsystem der USA) Vorwahl zur Aufstellung von Kandidaten für öffentliche Wahlen, bes. bei der Wahl des Präsidentschaftskandidaten.*

Pri|mas, der; -, -se u. Primaten [spätlat. primas = der Rang nach Erste, Vornehmste, zu lat. primus, ↑Primus]: **1.** (kath. Kirche) **a)** ⟨o. Pl.⟩ *Ehrentitel eines (dem Rang nach zwischen dem Patriarchen u. dem Metropoliten stehenden) mit bestimmten Hoheitsrechten ausgestatteten Erzbischofs eines Landes;* ⟨Pl. -se u. Primaten⟩ *Träger dieses Titels.* **2.** ⟨Pl. -se⟩ [ung. primás] *Erster Geiger u. Solist in einer Zigeunerkapelle.*

¹**Pri|mat,** der od. das; -[e]s, -e [lat. primatus = erster Rang, zu: primus, ↑Primus]: **1.** (bildungsspr.) *Vorrang, Vormacht:* den P. anerkennen. **2.** (kath. Kirche) *vorrangige Stellung des Papstes (gegenüber den Bischöfen).*

²**Pri|mat,** der; -en, -en ⟨meist Pl.⟩ [zu spätlat. primates, Pl. von: primas, ↑Primas] (Zool.): *Angehöriger einer Menschen, Affen u. Halbaffen umfassenden Ordnung der Säugetiere; Herrentier.*

Pri|ma|ten: Pl. von ↑Primas, ↑²Primat.

Pri|me, die; -, -n [lat. prima = die Erste, ↑Primus]: **1.** (Musik) **a)** *Einklang* (1) *zweier Töne der gleichen Tonhöhe;* **b)** *erster Ton, Grundton einer diatonischen Tonleiter.* **2.** (Verlagsw.) *auf dem unteren Rand der ersten Seite eines Druckbogens angebrachte Signatur, die die Reihenfolge des Bogens sowie den Titel [u. den Verfasser] eines Buches angibt.*

Pri|mel, die; -, -n [nlat. primula veris = erste (Blume) des Frühlings, zu lat. primulus = der Erste, Vkl. von: primus (↑Primus) u. ver = Frühling]: *im Frühling blühende Pflanze mit rosettenförmig angeordneten Blättern u. trichter- od. tellerförmigen Blüten:* * **eingehen wie eine P.** (salopp; *[im geschäftlichen, sportlichen o. ä. Bereich] untergehen, hoch verlieren*).

Pri|men: Pl. von ↑Prim, ↑Prima, ↑Prime.

Prime|rate, die; -, **Prime Rate,** die; - - ['praɪmreɪt; engl. prime rate, aus: prime = Haupt-; hauptsächlich u. rate = Rate; Zins-, Steuersatz] (Wirtsch., Bankw.): *(in den USA) Zinssatz, den Großbanken für ihre Kredite berechnen u. der die Funktion eines Leitzinses hat.*

Prime|time, die; -, -s, **Prime Time,** die; - -, - -s ['praɪmtaɪm; engl. prime time, aus: prime = Haupt-; hauptsächlich u. time = Zeit] (Fernsehjargon): *beste, günstigste Zeit (für Fernsehsendungen); Hauptsendezeit.*

Pri|meur [pri'møːɐ̯], der; -[s], -s [frz. primeur, zu: älter frz. prime < afrz. prin, prim < lat. primus, ↑Primus]: **1.** *junger, kurz nach der Gärung abgefüllter französischer Rotwein.* **2.** ⟨Pl.⟩ *junges Frühgemüse, Frühobst.*

Prim|gei|ge, die [zu lat. primus, ↑Primus] (Musik): *erste Geige in einem Streichquartett o. Ä.*

Pri|mi: Pl. von ↑Primus.

pri|mis|si|ma ⟨indekl. Adj.⟩ [italienisierender Superlativ zu ↑prima] (scherzh.): *hervorragend, ganz ausgezeichnet, einmalig.*

pri|mi|tiv ⟨Adj.⟩ [frz. primitif < lat. primitivus = der Erste in seiner Art, zu: primus, ↑Primus]: **1. a)** (veraltend) *in ursprünglichem Zustand befindlich; urtümlich, nicht zivilisiert:* -e Völker; **b)** *ursprünglich, elementar, naiv; nicht verfeinert:* -e Bedürfnisse; -e Kunst; Wir … würden mit einem abschätzigen Urteil über die pandämonische Religiosität des Hellenen einen Denkfehler begehen. Seine Religiosität war weder flacher noch -er als unsere (Thieß, Reich 428). **2. a)** *sehr einfach, schlicht, simpel:* -e Bänke; -e Werkzeuge; eine -e Methode; das Haus ist p. gebaut; **b)** (oft abwertend) *dürftig, armselig, kümmerlich; notdürftig, behelfsmäßig:* -e Behausungen; -e Verhältnisse; man lebt dort erschreckend p. **3.** (abwertend) *ein niedriges geistiges, kulturelles Niveau aufweisend; ungebildet, geistig u. kulturell wenig anspruchsvoll:* ein -er Mensch; -e Ansichten; p. daherreden.

pri|mi|ti|vie|ren: ↑primitivisieren.

pri|mi|ti|vi|sie|ren, (seltener:) primitivieren ⟨sw. V.; hat⟩ (bildungsspr.): *in unzulässiger Weise vereinfachen, vereinfacht darstellen, wiedergeben.*

Pri|mi|ti|vis|mus, der; - (Kunstwiss.): *in verschiedenen modernen Kunstrichtungen auftretende Tendenz zu einer naiven, vereinfachenden Darstellung, die an der Kunst früher, primitiver* (1 a) *Kulturen orientiert ist.*

Pri|mi|ti|vi|tät, die; -, -en: **a)** ⟨o. Pl.⟩ *das Primitivsein; primitive Beschaffenheit, Art u. Weise;* **b)** *primitive* (3) *Ansicht, Vorstellung, Äußerung, Handlung.*

Pri|miz, die; -, -en [zu lat. primitiae (Pl.) = das Erste; Erstlinge, zu: primus, ↑Primus] (kath. Kirche): *erste offiziell in der Gemeinde gehaltene, meist feierliche* ¹*Messe* (1) *eines Priesters nach seiner Weihe.*

Pri|mo|ge|ni|tur, die; -, -en [mlat. primogenitura, zu lat. primus = Erster u. genitus = geboren] (Rechtsspr. früher): *Vorrecht des Erstgeborenen u. seiner Linie (in Fürstenhäusern) bei der Erbfolge, bes. der Thronfolge.*

Pri|mus, der; -, Primi u. -se [lat. primus = Erster, Vorderster, Sup. von: prior = Ersterer; Vorzüglicher] (veraltend): *Klassenbester, bes. einer höheren Schule.*

Pri|mus in|ter Pa|res [- - - …re:s], der; - - -, Primi - - [lat. primus inter pares, zu: par = gleich] (bildungsspr.): *der Erste von mehreren im Rang auf der gleichen Stufe stehenden Personen.*

Prim|zahl, die; -, -en (Math.): ganze Zahl, die größer als 1 u. nur durch 1 u. sich selbst teilbar ist.

Print|aus|ga|be, die [zu engl. print, ↑ printed in ...] (Verlagsw.): gedruckte, in gedruckter Form erschienene Ausgabe (4 a) eines Buches, einer Zeitung o. Ä.

Prin|te, die; -, -n [niederl. prent, eigtl. = Abdruck, Aufdruck, zu afrz. preindre < lat. premere = (ab-, auf)drucken, wahrsch. nach den früher vielfach aufgedruckten (Heiligen)figuren]: mit verschiedenen Gewürzen, Sirup, Kandiszucker u. a. hergestelltes, dem Lebkuchen ähnliches Gebäckstück.

prin|ted in ... ['prɪntɪd ɪn; engl. = gedruckt in ...] (Verlagsw.): Vermerk in Büchern in Verbindung mit dem jeweiligen Land, in dem ein Buch gedruckt wurde (z. B. printed in Germany = in Deutschland gedruckt).

Prin|ter, der; -s, - [engl. printer]: **1.** automatisches Kopiergerät, das von einem Negativ od. Dia in kurzer Zeit eine große Anzahl von Papierkopien herstellt. **2.** (EDV) Drucker (2).

Prin|ting-on-De|mand [...dɪˈmaːnd], das; - [engl., eigtl. = Drucken auf Anforderung]: Herstellung von Druck-Erzeugnissen auf Bestellung, wobei jeweils nur genauso viele Exemplare gedruckt werden, wie bestellt sind.

Print|me|di|um, das ⟨meist Pl.⟩ [nach engl. print media (Pl.)] aus: print (↑ printed in ...) u. media, Pl. von: ¹Medium]: ¹Medium (2 a) in Form von Druck-Erzeugnissen wie Zeitungen, Zeitschriften u. Büchern.

Print|ser|ver, der (EDV): Server (1), der Druckaufträge an den Drucker (2) weiterleitet.

Prinz, der; -en, -en [mhd. prinze = Fürst, Statthalter < (a)frz. prince = Prinz, Fürst < lat. princeps = im Rang der Erste, Gebieter, Fürst; eigtl. = der erste Stelle einnehmend, zu: primus = Erster u. capere = (ein)nehmen]: **1. a)** ⟨o. Pl.⟩ Titel eines nicht regierenden Mitglieds von regierenden Fürstenhäusern; **b)** Träger des Titels Prinz (1 a); nicht regierendes Mitglied eines regierenden Fürstenhauses. **2.** Kurzf. von ↑ Karnevalsprinz.

Prin|zen|gar|de, die: zum Gefolge eines Karnevalsprinzen, eines Prinzenpaares gehörende Garde (3).

Prin|zen|paar, das: Karnevalsprinz u. -prinzessin.

Prin|zeps, der; -, Prinzipes [...tsipe:s] [lat. princeps, ↑ Prinz]: **a)** (im Rom der Antike) Adliger, bes. Senator mit dem Vorrecht der ersten Stimmabgabe u. meist großem politischem Einfluss; **b)** ⟨o. Pl.⟩ (im Rom der Antike seit Augustus) Titel römischer Kaiser.

Prin|zess|boh|ne, die ⟨meist Pl.⟩: junge, grüne, sehr zarte Bohne (1 b).

Prin|zes|sin, die; -, -nen: **1.** w. Form zu ↑ Prinz. **2.** Kurzf. von ↑ Karnevalsprinzessin.

Prin|zess|kleid, das: nur leicht die Taille andeutendes Kleid ohne quer verlaufende Naht in der Taille u. ohne Gürtel.

Prinz|ge|mahl, der: Ehemann einer regierenden Monarchin.

Prinz-Hein|rich-Müt|ze, die [nach dem Großadmiral u. Generalinspekteur der Marine, Prinz Heinrich von Preußen (1862–1929)]: Schiffermütze.

Prin|zip, das; -s, -ien, selten: -e [lat. principium = Anfang, Ursprung; Grundlage, ↑ Prinzeps]: **1.** Grundlage, Grundsätze, zu: princeps, ↑ Prinzeps]: **a)** feste Regel, die jmd. zur Richtschnur seines Handelns macht, durch die er sich in seinem Denken u. Handeln leiten lässt; Grundsatz ⟨a⟩: strenge, moralische -ien; seine -ien aufgeben; von seinem P. nicht abgehen; sich etw. zum P. machen; * **aus P.** (einem Grundsatz, Prinzip folgend; grundsätzlich 2 a u. nicht aus speziellen, gerade aktuellen Gründen): er tut es aus P., ist aus P. dagegen); **im P.** (im Grunde genommen, grundsätzlich, eigentlich: ich bin im P. einverstanden); **b)** allgemeingültige Regel, Grundlage, auf der etw. aufgebaut ist; Grundregel; Grundsatz (b): ein sittliches P.; das P. der Gewaltenteilung; sich zu einem bestimmten P. bekennen; **c)** Gesetzmäßigkeit, Idee, die einer Sache zugrunde liegt, nach der etw. wirkt; Schema, nach dem etw. aufgebaut ist, abläuft; etw. funktioniert nach einem einfachen P.

¹**Prin|zi|pal,** der; -s, -e [lat. principalis = Erster, Vornehmster; Vorsteher, zu: princeps, ↑ Prinzeps]: **1.** Leiter eines Theaters, einer Theatergruppe. **2.** Geschäftsinhaber; Lehrherr.

²**Prin|zi|pal,** das; -s, -e (Musik): **1.** aus Labialpfeifen bestehendes wichtiges Register der Orgel mit kräftiger Intonation; Prästant. **2.** (früher) tiefe Trompete.

Prin|zi|pa|lin, die; -, -nen: w. Form zu ¹Prinzipal.

Prin|zi|pat, das, auch: der; -[e]s, -e [lat. principatus = erste Stelle; Vorzug; Obergewalt]: älteres, von Augustus geschaffenes römisches Kaisertum.

Prin|zi|pes: Pl. von ↑ Prinzeps.

prin|zi|pi|ell ⟨Adj.⟩ [französisierende Bildung nach lat. principalis = anfänglich]: **a)** einem Prinzip (a) entsprechend, einem Grundsatz (a) folgend; grundsätzlich (2 a): so etwas tut sie p. nicht; **b)** ein Prinzip (b) betreffend, auf einem Prinzip, Grundsatz (b) beruhend [u. daher gewichtig], grundsätzlich (1): ein -er Unterschied.

prin|zi|pi|en|fest ⟨Adj.⟩: an bestimmten Prinzipien (a, b), Grundsätzen festhaltend, ihnen beharrlich folgend.

prin|zi|pi|en|los ⟨Adj.⟩: ohne Prinzipien (1 a).

prin|zi|pi|en|treu ⟨Adj.⟩: prinzipienfest: sie gilt als mutige, -e Politikerin.

Prin|zi|pi|en|treue, die: das Prinzipientreusein; das Prinzipienfestsein.

prinz|lich ⟨Adj.⟩: einen Prinzen betreffend, zu ihm gehörend, ihm zustehend.

Prinz|re|gent, der: stellvertretend regierendes Mitglied eines Fürstenhauses.

Pri|on, das; -s, -onen [geb. aus ↑ Protein u. ↑ infektiös mit der fachspr. Endung -on (< griech. -ōnē)] (Med.): Eiweißpartikel, das bei bestimmten Gehirnerkrankungen gefunden wird u. möglicherweise Erreger dieser Krankheiten ist.

Pri|or, der; -s, ...oren [mhd. prior < mlat. prior, eigtl. = der dem Rang nach Stehende, Substantivierung von lat. prior, ↑ Primus] (kath. Kirche): **a)** Vorsteher eines Mönchsklosters bei bestimmten Orden (z. B. den Dominikanern); **b)** Stellvertreter eines Priorats (2); **c)** Stellvertreter eines Abtes.

Pri|o|rat, das; -[e]s, -e [mlat. prioratus]: **1.** Amt, Würde eines Priors, einer Priorin. **2.** von einer Abtei abhängiges, meist kleineres Kloster.

Pri|o|rin [auch: ˈpriːorɪn], die; -, -nen: **a)** Vorsteherin eines Priorats (2); **b)** Stellvertreterin einer Äbtissin.

pri|o|ri|sie|ren ⟨sw. V.; hat⟩ (Wirtsch., EDV): **a)** Prioritäten (2 b) setzen: können Sie delegieren, p., motivieren?; **b)** in eine Rangfolge bringen, mit unterschiedlicher Priorität versehen: effektives Arbeiten macht es erforderlich, Aufgaben u. Ziele zu p.

Pri|o|ri|sie|rung, die; -, -en (bildungsspr.): das Priorisieren; das Priorisiertwerden.

pri|o|ri|tär ⟨Adj.⟩ [geb. zum lat. Stamm prior- in ↑ Priorität mit dem Suffix -är (< frz. -aire < lat. -arius)] (bildungsspr.): den höchsten Stellenwert besitzend; oberste Priorität habend; äußerst dringlich, wichtig; vorrangig: wirtschaftliche Interessen sind p.

Pri|o|ri|tät, die; -, -en [frz. priorité < mlat. prioritas] (bildungsspr.): **1.** ⟨o. Pl.⟩ zeitliches Vorgehen; zeitlich früheres Vorhandensein. **2. a)** ⟨o. Pl.⟩ höherer Rang, größere Bedeutung; Vorrang, Vorrangigkeit; **b)** ⟨Pl.⟩ Rangfolge; Stellenwert, den etw. innerhalb einer Rangfolge einnimmt: bei etw. -en setzen, bestimmen, festlegen (Schwerpunkte, Vorrangigkeit festlegen); **c)** (bes. Rechtsspr., Wirtsch.) größeres Recht, Vorrecht; Vorrang eines Rechts, bes. eines älteren Rechts gegenüber einem später entstandenen. **3.** ⟨Pl.⟩ (Wirtsch.) Aktien, Obligationen, die mit bestimmten Vorrechten ausgestattet sind.

Pri|o|ri|tä|ten|lis|te, die: Zusammenstellung von Dingen nach Prioritäten (2 b): dieses Problem steht auf der P. ganz oben.

Pri|o|ri|tä|ten|set|zung, die: Setzung (1) von Prioritäten.

Pris|chen, das; -s, -: Prise (1).

Pri|se, die; -, -n [frz. prise = das Nehmen, Ergriffen, das Genommene, subst. 2. Part. von: prendre < lat. prehendere = nehmen, ergreifen]: **1.** kleine Menge einer pulverigen od. feinkörnigen Substanz [die jmd. zwischen zwei od. drei Fingern fassen kann]: eine P. Salz; Ü Natürlich war ihm bewusst gewesen, dass seine Argumentation eine gehörige P. Demagogie enthielt (Heym, Schwarzenberg 270). **2.** (Seew.) im Krieg erbeutetes, beschlagnahmtes feindliches od. auch neutrales Handelsschiff od. Handelsgut; ein Schiff als P. erklären.

Pris|ma, das; -s, ...men [spätlat. prisma < griech. prísma (Gen.: prísmatos), eigtl. = das Zersägte, Zerschnittene, zu: príein = sägen, zerschneiden]: **1.** (Math.) Körper, der von zwei in zwei parallelen Ebenen liegenden kongruenten Vielecken (als Grundfläche u. Deckfläche) u. von Parallelogrammen (als Seitenflächen) begrenzt wird. **2.** (Optik) lichtdurchlässiger u. lichtbrechender (bes. als optisches Bauteil verwendeter) Körper aus [optischem] Glas o. Ä. mit mindestens zwei zueinandergeneigten, meist ebenen Flächen: weißes Licht wird durch ein P. in seine Spektralfarben zerlegt.

pris|ma|tisch [österr. auch: ˈ...mat...] ⟨Adj.⟩: **a)** die Gestalt, Form eines Prismas (1) aufweisend; prismenförmig; **b)** von einem Prisma (2) bewirkt.

Pris|men: Pl. von ↑ Prisma.

pris|men|för|mig ⟨Adj.⟩: prismatisch (1).

Pris|men|glas, das: Feldstecher, Fernglas.

Pris|men|su|cher, der (Fotogr.): (bei Spiegelreflexkameras) mehrfach vergrößertes Okular, durch das ein aufrechtes u. seitenrichtiges Bild des Motivs erblickt werden kann.

Pri|so|ner of War [ˈprɪz(ə)nə(r) əfˈwɔː], der; - -, -s - - [engl. prisoner of war, zu: prisoner = Gefangener u. war = Krieg]: engl. Bez. für: Kriegsgefangener (Abk.: POW).

Pri|son|ni|er de Guerre [prizɔnjeˈdɡɛːr], der; - - -, -s - - [prizɔnjed...]: **1.** frz. prisonnier de guerre, zu: prisonnier = Gefangener u. guerre = Krieg]: frz. Bez. für: Kriegsgefangener (Abk.: PG).

Prit|sche, die; -, -n [mhd. nicht belegt, ahd. britissa = Bretterverschlag, zu: britir, Pl. von: bret, ↑ Brett]: **1.** sehr einfache, schmale, meist aus einem Holzgestell bestehende Liegestatt: In einer anderen Ecke der Stube, die von der Spindreihe verdeckt war, lag ein anderer Rekrut auf seiner P. (Strittmatter, Wundertäter 338). **2.** Ladefläche eines Lastkraftwagens mit [herunterklappbaren] Seitenwänden. **3.** (landsch.) aus gefalteter Pappe od. aus mehreren dünnen, schmalen Streifen [Sperr]holz bestehendes Gerät eines Karnevalisten o. Ä., mit dem er Schläge austeilt od. ein klapperndes Geräusch erzeugt. **4.** (salopp abwertend) Prostituierte.

prit|schen ⟨sw. V.; hat⟩: **1.** (landsch.) *mit einer Pritsche (3) schlagen.* **2.** (Volleyball) *den Ball kurz annehmen u. sofort mit den Fingern in einer federnden Bewegung ruckartig weiterleiten.*

Pritschen|wa|gen, der: *Lastkraftwagen mit Pritsche (2).*

Pritsch|meis|ter, der [zu ↑ Pritsche (3)]: **1.** (landsch.) *Hanswurst.* ♦ **2.** *(bei Schießwettbewerben, Schützenfesten o. Ä.) lustige Person, die mit einer Pritsche (3) die Treffer der Schützen auf der Scheibe anzeigt:* Soest: Nun schießt nur hin ... Drei Ringe schwarz, die habt Ihr Eure Tage nicht geschossen ... – Buyck (schießt): Nun, P., Reverenz! – Eins! Zwei! Drei! Vier! (Egmont I).

pri|vat ⟨Adj.⟩ [lat. privatus = (der Herrschaft) beraubt; gesondert, für sich stehend; nicht öffentlich, adj. 2. Part. von: privare = berauben; befreien, (ab)sondern, zu: privus = für sich stehend, einzeln]: **1. a)** *nur die eigene Person angehend, betreffend; persönlich:* jmds. -e Sphäre; ihr -es Glück; er sprach über seine -esten Gefühle, über -e Dinge; die Gründe sind rein p.; **b)** *durch persönliche, vertraute Atmosphäre geprägt; familiären, zwanglosen Charakter aufweisend; ungezwungen, vertraut:* eine Feier in -em Kreis; es herrschte ein -er Ton. **2.** *nicht offiziell, nicht amtlich, nicht geschäftlich; außerdienstlich:* um ein -es Gespräch bitten; -e Mitteilungen; ein -er Telefonanschluss; ich bin p. hier; mit jmdm. p. verkehren. **3. a)** *nicht für alle, nicht für die Öffentlichkeit bestimmt; der Öffentlichkeit nicht zugänglich:* ein -er Weg; nicht im Hotel, sondern p. wohnen; **b)** *nicht von einer öffentlichen Institution, einer öffentlichen Körperschaft, Gesellschaft o. Ä. getragen, ausgehend, ihr nicht gehörend, nicht staatlich; einem Einzelnen gehörend, von ihm ausgehend, getragen:* -es Eigentum; -er Besitz; eine -e Krankenversicherung; diese Projekte wurden aus -en Mitteln, wurden p. finanziert; eine p. angestellte Krankenpflegerin; p. versicherte Angestellte; * **an p.** *(an einen privaten, nicht im Auftrag einer Firma, Behörde o. Ä. handelnden Kunden);* **von p.** *(von einem privaten, nicht im Auftrag einer Firma, Behörde o. Ä. handelnden Verkäufer).*

Pri|vat|ad|res|se, die: *private (2), nicht dienstliche Adresse.*

Pri|vat|an|ge|le|gen|heit, die: *private (1 a), persönliche Angelegenheit.*

pri|vat an|ge|stellt, pri|vat|an|ge|stellt ⟨Adj.⟩: *bei einer Privatperson, in einem Privathaushalt angestellt:* eine privat angestellte Tagesmutter.

Pri|vat|an|le|ger, der (Finanzw.): *jmd., der auf eigene Rechnung u. eigenes Risiko Kapital anlegt.*

Pri|vat|an|le|ge|rin, die: w. Form zu ↑ Privatanleger.

Pri|vat|an|wen|der, der: *jmd., der etw. (einen Computer, eine Software o. Ä.) zu privaten (2) Zwecken, nicht dienstlich anwendet, verwendet.*

Pri|vat|an|wen|de|rin, die: w. Form zu ↑ Privatanwender.

Pri|vat|ar|mee, die: *private (3b), militärisch organisierte Truppe.*

pri|vat|ärzt|lich ⟨Adj.⟩: *einen Arzt, eine Ärztin betreffend, die vorwiegend Privatpatient(inn)en behandelt; auf einen solchen Arzt, eine solche Ärztin bezogen:* -e Leistungen.

Pri|vat|au|di|enz, die: *private (2), nicht dienstlichen Angelegenheiten dienende Audienz:* in P. empfangen werden.

Pri|vat|au|to, das: *einer Privatperson gehörendes, privaten (2) Zwecken dienendes Auto.*

Pri|vat|bahn, die: *private (3b), nicht vom Staat betriebene Eisenbahn.*

Pri|vat|bank, die ⟨Pl. ...banken⟩: *private (3b), privatwirtschaftlich betriebene, nicht staatliche ²Bank (1).*

Pri|vat|ban|ki|er, der: *Inhaber od. Vorstandsmitglied einer Privatbank.*

Pri|vat|be|reich, der: *privater (1a, 2, 3a), nicht geschäftlicher, nicht öffentlicher Bereich.*

Pri|vat|be|sitz, der ⟨o. Pl.⟩: *privater (3b), jmdm. persönlich gehörender Besitz.*

Pri|vat|de|tek|tiv, der: *freiberuflich tätiger, in privatem (3b) Auftrag handelnder Detektiv.*

Pri|vat|de|tek|ti|vin, die: w. Form zu ↑ Privatdetektiv.

Pri|vat|do|zent, der: **a)** ⟨o. Pl.⟩ *Titel eines habilitierten Hochschullehrers, der noch nicht Professor ist u. nicht im Beamtenverhältnis steht;* **b)** *Träger dieses Titels.*

Pri|vat|do|zen|tin, die: w. Form zu ↑ Privatdozent.

Pri|vat|druck, der ⟨Pl. -e⟩: *meist in kleiner Auflage erscheinendes, nicht im Handel erhältliches Druckwerk; oft bibliophil ausgestattetes Buch.*

Pri|vate Ban|king ['praɪvɪt 'bɛŋkɪŋ], das; --[s] (Bankw.): *Privatkundengeschäft.*

Pri|vat|ei|gen|tum, das: **1.** *privates (3b), jmdm. persönlich gehörendes Eigentum.* **2.** (marx.) *privates (3b) Eigentum an den Produktionsmitteln u. den Produkten, die gesellschaftlich durch die Zusammenarbeit vieler geschaffen worden sind.*

Pri|vat|fahr|zeug, das: *einer Privatperson gehörendes, nicht geschäftlichen, dienstlichen Zwecken dienendes Fahrzeug.*

Pri|vat|fern|se|hen, das (ugs.): *privatwirtschaftlich organisiertes [durch Werbeeinnahmen finanziertes] Fernsehen.*

Pri|vat|fir|ma, die: *private (3b) Firma.*

Pri|vat|flug|zeug, das: *einer Privatperson gehörendes, nicht geschäftlichen, dienstlichen Zwecken dienendes Flugzeug.*

Pri|vat|funk, der ⟨o. Pl.⟩: *Privatfernsehen.*

Pri|vat|ge|lehr|te, der ⟨vgl. Gelehrte⟩ (veraltend): *freiberuflich arbeitende, nicht angestellte od. beamtete Gelehrte.*

Pri|vat|ge|lehr|ter, der ⟨vgl. Gelehrter⟩ (veraltend): *freiberuflich arbeitender, nicht angestellter od. beamteter Gelehrter.*

Pri|vat|ge|spräch, das: *privates (2), nicht aus geschäftlichen, dienstlichen Gründen geführtes [Telefon]gespräch.*

Pri|vat|hand, das: nur in den Fügungen **aus/von P.** *(aus privatem 3 a Besitz, von einer Privatperson);* **in P.** *(in privatem 3 a Besitz).*

Pri|vat|haus, das: *in Privatbesitz befindliches, privaten (2) Zwecken dienendes Haus:* einige Gäste mussten in Privathäusern untergebracht werden.

Pri|vat|haus|halt, der: *privater (2) Haushalt.*

Pri|vat|heit, die; -, -en: *das Privatsein:* Schutz für die P. der Familien.

Pri|va|ti|er [...'tie:], der; -s, -s [französierende Bildung zu ↑ privat] (veraltend): *jmd., der keiner Erwerbstätigkeit nachgeht; Privatmann (b).*

pri|va|tim ⟨Adv.⟩ [lat. privatim] (bildungsspr.): *im ganz privaten (2) Bereich, nicht offiziell, nicht öffentlich:* jmdn. p. empfangen.

Pri|vat|in|i|ti|a|ti|ve, die: *private (3b), von einem Einzelnen ausgehende Initiative (1).*

Pri|vat|in|sol|venz, die: *Insolvenz einer Privatperson, eines privaten Haushalts.*

Pri|vat|in|te|res|se, das: *privates (3b), nicht der Allgemeinheit, Öffentlichkeit geltendes Interesse.*

Pri|vat|in|ves|tor, der (Finanzw.): *Privatanleger.*

Pri|vat|in|ves|to|rin, die: w. Form zu ↑ Privatinvestor.

pri|va|ti|sie|ren ⟨sw. V.; hat⟩ [französierende Bildung zu ↑ privat]: **1.** (Wirtsch.) *in Privatvermögen umwandeln, in Privateigentum (1) überführen.* **2.** (bildungsspr.) *als Privatmann (2), ohne Ausübung eines Berufs von seinem eigenen Vermögen leben.*

Pri|va|ti|sie|rung, die; -, -en (Wirtsch.): *das Privatisieren (1); das Privatisiertwerden.*

Pri|va|ti|sie|rungs|er|lös, der (Wirtsch.): *Erlös aus einer Privatisierung.*

Pri|va|tis|mus, der; - (bildungsspr., oft abwertend): *Hang, Neigung zum privaten (1) Leben; Rückzug ins Private.*

pri|va|tis|si|me [...me; lat.], Adv. von: privatissimus, Sup. von: privatus, ↑ privat] (bildungsspr. veraltend): *im engsten Kreis, ganz vertraulich.*

Pri|va|tist, der; -en, -en (österr.): *Schüler, der sich auf eine Abschlussprüfung vorbereitet, ohne die Schule zu besuchen.*

Pri|va|tis|tin, die; -, -nen: w. Form zu ↑ Privatist.

pri|va|tis|tisch ⟨Adj.⟩ (bildungsspr., oft abwertend): *den Privatismus betreffend, zu ihm gehörend, auf ihm beruhend.*

Pri|vat|jet, der: vgl. Privatflugzeug.

Pri|vat|kas|se, die: *private (3b) Krankenkasse.*

Pri|vat|kla|ge, die (Rechtsspr.): *von einer Privatperson ohne Mitwirkung eines Staatsanwalts erhobene Klage.*

Pri|vat|kli|nik, die: *private (3b), nicht mit öffentlichen Mitteln unterhaltene Klinik:* sie macht einen Entzug in einer teuren P.

Pri|vat|kon|kurs, der (bes. österr.): *Privatinsolvenz.*

Pri|vat|kon|to, das: **1.** *rein privaten Zwecken dienendes Konto.* **2.** (Finanzw.) *Konto, auf dem Einlagen (8 a) u. Entnahmen der Inhaber [bei Personengesellschaften] verbucht werden.*

Pri|vat|kre|dit, der (Finanzw.): **1.** *von einer Privatperson, von Privatpersonen, nicht von einem Kreditinstitut gewährter Kredit.* **2.** *Konsumentenkredit.*

Pri|vat|krieg, der (emotional): *länger anhaltende, heftige interne Auseinandersetzung.*

Pri|vat|kun|de, der (Wirtsch.): *als ¹Kunde (1) auftretende Privatperson.*

Pri|vat|kun|den|ge|schäft, das (Wirtsch.): *Geschäft (1 a) mit Privatkunden, bes. bei ²Banken (1 a).*

Pri|vat|kun|din, die: w. Form zu ↑ Privatkunde.

Pri|vat|le|ben, das ⟨Pl. selten⟩: *im privaten (1) Bereich, außerhalb der Öffentlichkeit od. der beruflichen Arbeit geführtes Leben.*

Pri|vat|leh|rer, der: *Lehrer, der privaten (3b) Einzelunterricht erteilt.*

Pri|vat|leh|re|rin, die: w. Form zu ↑ Privatlehrer.

Pri|vat|leu|te ⟨Pl.⟩: **1.** Pl. von ↑ Privatmann. **2.** *Gesamtheit der Privatpersonen.*

Pri|vat|mann, der ⟨Pl. ...leute, selten: ...männer⟩: **a)** *Privatperson;* **b)** *männliche Person, die keinen festen Beruf [mehr] ausübt, von ihren privaten (3b) Mitteln, einer Rente o. Ä. lebt:* er ist jetzt nur noch P.

Pri|vat|mensch, der: *Privatperson:* als P. ist der Manager wirklich nett.

Pri|vat|mit|tel ⟨Pl.⟩: *private (3b) Geldmittel.*

Pri|vat|pa|ti|ent, der: *jmd., der sich auf eigene Rechnung od. als Versicherter einer privaten (3b) Krankenversicherung in ärztliche Behandlung begibt.*

Pri|vat|pa|ti|en|tin, die: w. Form zu ↑ Privatpatient.

Pri|vat|per|son, die: *in privater (2) Eigenschaft, nicht im Auftrag einer Firma, Behörde o. Ä. handelnde Person.*

Pri|vat|plat|zie|rung, die (Börsenw.): *Form der Platzierung, bei der die Aktien nicht öffentlich, sondern nur bestimmten Kreisen (z. B. Großinvestoren) angeboten werden.*

Pri|vat|quar|tier, das: *Unterkunft in einem Privathaus, bei einer Familie.*
Pri|vat|ra|dio, das (österr.): *privater Rundfunksender.*
Pri|vat|raum, der: *privater (2), nicht beruflichen, geschäftlichen, dienstlichen Zwecken dienender Raum:* die Privaträume des Papstes.
Pri|vat|recht, das (Rechtsspr.): **1.** 〈o. Pl.〉 *Teil des Rechts, der die Beziehungen der Bürgerinnen u. Bürger untereinander regelt, die Interessen der Einzelnen zum Gegenstand hat (im Unterschied zum öffentlichen Recht, das dem Gemeinwohl dient);* Zivilrecht. **2.** *Menschen in ihrer Eigenschaft als Privatbürger(innen) zustehendes Recht:* ein Eingriff in die -e.
pri|vat|recht|lich 〈Adj.〉: *das Privatrecht betreffend:* eine p. organisierte GmbH.
Pri|vat|sa|che, die: *Privatangelegenheit.*
Pri|vat|samm|ler, der: *Privatperson, die Kunstgegenstände sammelt.*
Pri|vat|samm|le|rin, die: w. Form zu ↑ Privatsammler.
Pri|vat|samm|lung, die: *in Privatbesitz befindliche Sammlung (bes. von Kunstgegenständen).*
Pri|vat|schu|le, die: *nicht vom Staat od. der Gemeinde getragene Schule.*
Pri|vat|se|kre|tär, der: *bei einer [höhergestellten] Einzelperson angestellter, in deren privaten (2) Diensten stehender Sekretär.*
Pri|vat|se|kre|tä|rin, die: w. Form zu ↑ Privatsekretär.
Pri|vat|sek|tor, der: *Sektor (1), der Privatfirmen, Privatunternehmen umfasst.*
Pri|vat|sen|der, der: *privater (3b) Sender (1b).*
Pri|vat|sphä|re, die: *private (1a) Sphäre, ganz persönlicher Bereich.*
Pri|vat|sta|ti|on, die: *Station (in einem Krankenhaus, einer Klinik) für Privatpatient[inn]en.*
Pri|vat|stif|tung, die: *private (3b) Stiftung.*
Pri|vat|stun|de, die: *nicht an einer öffentlichen Schule abgehaltene, sondern aus privaten (3b) Mitteln bezahlte Unterrichtsstunde:* -n geben.
Pri|vat|the|a|ter, das: *privates (3b) Theater.*
Pri|vat-TV, das (ugs.): *Privatfernsehen.*
Pri|vat|uni|ver|si|tät, die: *nicht vom Staat getragene Universität.*
Pri|vat|un|ter|neh|men, das: *privates (3b) Unternehmen.*
Pri|vat|un|ter|richt, der: vgl. Privatstunde.
Pri|vat|ver|gnü|gen, das (ugs.): *Angelegenheit, die jmdn. nur ganz privat (1a) angeht, ihm persönlich Vergnügen bereitet.*
Pri|vat|ver|mö|gen, das: *privates (3b), in jmds. persönlichem Besitz befindliches Vermögen.*
Pri|vat|ver|si|che|rer, der (ugs.): *Privatversicherung.*
pri|vat ver|si|chert, pri|vat|ver|si|chert 〈Adj.〉: *bei einer privaten (3b) Krankenversicherung versichert:* privat versicherte Angestellte.
Pri|vat|ver|si|cher|te 〈vgl. Versicherte〉: *weibliche Person, die privat versichert ist.*
Pri|vat|ver|si|cher|ter 〈vgl. Versicherter〉: *jmd., der privat versichert ist.*
Pri|vat|ver|si|che|rung, die: *Versicherung, die nicht zur Sozialversicherung gehört; von privaten (3b) Versicherern betriebene Versicherung.*
Pri|vat|vor|sor|ge, die: *private (3b) Vorsorge für das Alter.*
Pri|vat|wa|gen, der: *Privatauto.*
Pri|vat|weg, der: *privater (3a), nicht für die Öffentlichkeit bestimmter Weg:* das Betreten des Privatwegs ist verboten.
Pri|vat|wirt|schaft, die: *auf privaten (3b), nicht auf öffentlichen, staatlichen, genossenschaftlichen Unternehmen beruhende Wirtschaft.*
pri|vat|wirt|schaft|lich 〈Adj.〉: *die Privatwirtschaft betreffend.*
Pri|vat|woh|nung, die: *private (2) Wohnung [im* *Gegensatz zur Wirkungsstätte einer Person des öffentlichen Lebens]:* schließlich wurde auch die P. des Polizisten durchsucht.
Pri|vi|leg, das; -[e]s, -ien, auch: -e [mhd. privilēgje < lat. privilegium = besondere Verordnung; Vorrecht, zu: privus (↑ privat) u. lex, ↑ Lex]: **a)** (Rechtsspr.) *einem Einzelnen, einer Gruppe vorbehaltenes Recht, Sonderrecht; Sonderregelung;* **b)** (bildungsspr.) *Vorrecht.*
pri|vi|le|gie|ren 〈sw. V.; hat〉 [spätmhd. privilēgieren, privilēgen < mlat. privilegiare]: **a)** (Rechtsspr.) *jmdm. Privilegien (a), Sonderrechte einräumen:* die Statuten lassen es nicht zu, Einzelne zu p.; **b)** (bildungsspr.) *jmdm. eine Sonderstellung, ein Vorrecht einräumen; jmdn. mit einem Privileg (b) ausstatten* 〈meist im 2. Part.〉: *Parteifunktionäre nehmen eine privilegierte Stellung ein;* 〈subst. 2. Part.:〉 als Privilegierte gelten.
Pri|vi|le|gie|rung, die; -, -en: *das Privilegieren:* die steuerliche P. von Fremdkapital.
Prix [pri;], der; - [pri:(s)], - [pri:s] [frz. prix < lat. pretium, ↑ Preis]: frz. Bez. für: Preis (2a).
PR-Kam|pa|gne [peːˈlɛr...], die: *der Öffentlichkeitsarbeit dienende Kampagne (1).*
PR-Ma|na|ger [peːˈlɛr...], der: *die Öffentlichkeitsarbeit eines Unternehmens, eines Vereins o. Ä. verantwortlicher Manager.*
PR-Ma|na|ge|rin [peːˈlɛr...], die: w. Form zu ↑ PR-Manager.
PR-Mann [peːˈlɛr...], der 〈Pl. PR-Männer u. PR-Leute〉 (Wirtschaftsjargon): *für Öffentlichkeitsarbeit zuständiger Mitarbeiter.*
¹pro 〈Präp. mit Akk.〉 [lat. pro = vor, für, anstatt]: **1.** *jeweils, je, für (jede einzelne Person od. Sache):* p. Person [und Jahr]; 100 km p. Stunde; er rasiert sich einmal p. Tag. **2.** ¹*für* (1b).
²pro 〈Adv.〉 [zu: ↑ ¹pro]: *drückt aus, dass jmd. etw. bejaht, einer Sache zustimmt:* ich bin p. (für) kontra=; 〈subst.:〉 *das Pro und [das] Kontra einer Sache (das, was für u. gegen eine Sache spricht)* bedenken.

pro-: *drückt in Bildungen mit Adjektiven eine wohlwollende, zustimmende Einstellung, Haltung aus:* proarabisch, prowestlich.

pro|ak|tiv 〈Adj.〉: *durch differenzierte Vorausplanung u. zielgerichtetes Handeln die Entwicklung eines Geschehens selbst bestimmend u. eine Situation herbeiführend:* p. handeln; eine p. agierende Managerin.
pro an|no [lat., eigtl. = für ein Jahr] (veraltend): *jährlich* (Abk.: p. a.).
Pro|ba|bi|lis|mus, der; -: **1.** (Philos.) *Auffassung, dass es in Wissenschaft u. Philosophie keine absoluten Wahrheiten, sondern nur Wahrscheinlichkeiten gibt.* **2.** (kath. Moraltheologie) *Lehre, dass in Zweifelsfällen gegen das moralische Gesetz gehandelt werden kann, wenn glaubwürdige Gewissensgründe dafür sprechen.*
Pro|ba|bi|li|tät, die; -, -en [lat. probabilitas] (Philos.): *Wahrscheinlichkeit.*
Pro|band, der; -en, -en [lat. probandus = ein zu Untersuchender, Gerundivum von: probare, ↑ probieren; ↑ -and]: **1.** (Fachspr.) *Versuchs-, Testperson.* **2.** (Geneal.) *jmd., für den zu erbbiologischen Forschungen innerhalb eines größeren verwandtschaftlichen Personenkreises eine Ahnentafel aufgestellt wird.* **3.** (Rechtsspr.) *Verurteilter, dessen Strafe zur Bewährung ausgesetzt ist u. der von einem Bewährungshelfer betreut wird.*
Pro|ban|din, die; -, -nen: w. Form zu ↑ Proband.
pro|bat 〈Adj.〉 [lat. probatus, adj. 2. Part. von: probare, ↑ probieren]: **a)** *erprobt; bewährt:* ein -es Mittel; **b)** *[aufgrund von Erfahrungen] richtig, geeignet, tauglich:* wenig -e Maßnahmen.
Pröb|chen, das; -s, -: Vkl. zu ↑ Probe.

Pro|be, die; -, -n [spätmhd. prōbe < mlat. proba = Prüfung, Untersuchung, zu lat. probare, ↑ probieren]: **1.** *Versuch, bei dem jmds. od. einer Sache Fähigkeit, Eigenschaft, Beschaffenheit, Qualität o. Ä. festgestellt wird; Prüfung:* eine P. machen, vornehmen, bestehen; etw. einer P. unterziehen; dieser Wein hat bei der P. gut, schlecht abgeschnitten; bei der Rechnung die P. machen *(bei einer Rechnung mit Unbekannten die errechneten Werte einsetzen);* * etw. P. fahren *(probehalber fahren: er hat das Auto P. gefahren; als er den Wagen P. fuhr, war von dem Defekt noch nichts zu merken);* P. fahren *(eine Probefahrt machen:* gestern bin ich [mit dem Wagen] P. gefahren*);* P. laufen *(probehalber laufen: die Maschine, die Anlage, der Fernseher ist nach der Reparatur sechs Stunden lang P. gelaufen);* P. schreiben *(probehalber, um das Können zu zeigen, auf einem Computer schreiben);* P. singen *(seltener; vorsingen 2: sie hat schon bei einigen Dirigenten P. gesungen);* P. turnen *(vor einem Wettkampf probehalber turnen);* die P. aufs Exempel machen *(etw. durch Ausprobieren am praktischen Fall auf seine Richtigkeit prüfen);* auf P. *(versuchsweise, um die Eignung festzustellen:* jmdn. auf P. anstellen; Ehe auf P.*);* jmdn. auf die P. stellen *(jmds. Charakterfestigkeit, Ehrlichkeit prüfen durch Herbeiführung einer Situation, in der eine Entscheidung gefällt werden muss);* etw. auf die P./auf eine harte P. stellen *(etw. sehr stark beanspruchen, übermäßig strapazieren:* jmds. Geduld, Liebe, Freundschaft, Langmut wurde auf die P., auf eine harte P. gestellt*);* ◆ **jmdn. auf die P. setzen** *(jmdn. auf die Probe stellen:* Setzt mich erst auf die P., Ihr werdet einen Mann kennenlernen, der sein Exerzitium aus dem Stegreif macht [Schiller, Fiesco I, 9]*).* **2.** *kleine Menge, Teil von etw., woraus die Beschaffenheit des Ganzen zu erkennen ist:* eine P. Urin, Serum; eine P. dieses Gesteins, Stoffes; hier ist eine P. seiner Handschrift; eine P. der Flüssigkeit mit dem Mikroskop untersuchen; könntest du mir eine P. mitgeben?; Ü eine P. seines Könnens, von seiner Kunst geben, zeigen. **3.** *vorbereitende Arbeit (der Künstler[innen]) vor einer Aufführung od. der Aufnahme eines Films o. Ä.:* eine lange, harte, anstrengende P.; die -n für die Uraufführung, der neuen Inszenierung haben begonnen; die P. klappte nicht; für das Orchester ist die P. auf 15 Uhr angesetzt; eine P. abbrechen, unterbrechen; der Chor hat jeden Tag P.; der P. beiwohnen. ◆ **4.** *Beweis:* Nicht Stimmenmehrheit ist des Rechtes P. (Schiller, Maria Stuart II, 3); Das wollt' ich nicht – beim großen Gott des Himmels! Wann hätt' ich das gewollt? Wo sind die -en (Schiller, Maria Stuart I, 7).
Pro|be|ab|stim|mung, die (bes. Politik): *probeweise durchgeführte Abstimmung vor der eigentlichen Abstimmung, durch die das wahrscheinliche Verhalten der Abstimmenden sichtbar werden soll.*
Pro|be|ab|zug, der: **1.** (Druckw.) *zur Kontrolle, als Muster dienender erster Abzug (2b).* **2.** (Fotogr.) *probehalber hergestellter Abzug* (2a).
Pro|be|alarm, der: *probeweise gegebener Alarm.*
Pro|be|ar|beit, die: **a)** *von jmdm. als Probe seines Könnens vorgelegte Arbeit;* **b)** *Arbeit zur Probe, Übungsarbeit.*
Pro|be|auf|nah|me, die: **1.** *das Aufnehmen (auf Film, Band o. Ä.) zur Probe:* sie muss zu -n ins Studio. **2.** *das probehalber Aufgenommene.*
Pro|be|be|las|tung, die (Technik): *Belastung (eines Bauteils) zur Erprobung.*
Pro|be|be|trieb, der (Technik): vgl. Probelauf (1).

Pro|be|boh|rung, die (Technik): *probehalber durchgeführte Bohrung.*
Pro|be|büh|ne, die: *Bühne* (1 a) *bes. für Theaterproben.*
Pro|be|druck, der ⟨Pl. -e⟩ (Druckw.): *zur Kontrolle, als Muster dienender erster* ¹*Abdruck* (1); *Andruck* (1).
Pro|be|ex|em|p|lar, das: *Musterexemplar* (1).
Pro|be|ex|zi|si|on, die (Med.): *Exzision zur mikrobiologischen o. ä. Untersuchung.*
Pro|be|fahrt, die: *Fahrt zur Erprobung eines Fahrzeugs, einer Anlage o. Ä.*
Pro|be|flug, der: a) *erster Flug einer Pilotin, eines* ¹*Piloten* (1 a); b) vgl. Probefahrt.
Pro|be|füh|rer|schein, der (österr.): *Führerschein, den Anfänger zunächst für eine [zweijährige] Probezeit erwerben.*
Pro|be|ga|lopp, der (Reiten): *Galopp vor dem Start zu einem Rennen, der dem Publikum die Möglichkeit bietet, die Pferde zu begutachten.*
pro|be|hal|ber ⟨Adv.⟩: *um eine Probe zu machen; zur Probe.*
Pro|be|jahr, das: *ein Jahr dauernde Probezeit.*
Pro|be|lauf, der: **1.** (Technik) *erstes Laufen einer Maschine zu der technischen Anlage zur Erprobung ihrer Funktionen u. Leistungsfähigkeit.* **2.** (Leichtathletik) a) *Lauf, der der Erprobung, dem Kennenlernen einer Aschenbahn, einer Rennstrecke o. Ä. dient;* b) *Lauf, bei dem die Leistungsfähigkeit eines Läufers, einer Läuferin geprüft wird.*
Pro|be|lau|fen: s. Probe (1).
Pro|be|leh|rer, der (österr. früher:) *für den Unterricht an höheren Schulen ausgebildeter Lehrer, der ein praktisches Jahr an einer solchen absolviert.*
Pro|be|leh|re|rin, die: w. Form zu ↑ Probelehrer.
prö|beln ⟨sw. V.; hat⟩ (schweiz.): *allerlei [erfolglose] Versuche anstellen.*
pro|ben ⟨sw. V.; hat⟩ [mhd. (md.) pröben < lat. probare, ↑ probieren]: a) *für die Aufführung, Darbietung einstudieren:* eine Szene p.; b) *für eine Aufführung üben:* das Ensemble probt [für diese Inszenierung].
Pro|be|nah|me, Probennahme, die; -, -n (Fachspr.): *Entnahme einer Probe:* eine P. in größerer Bodentiefe.
Pro|ben|ar|beit, die: *Gesamtheit der Arbeiten im Rahmen der Proben für eine Theateraufführung.*
Pro|ben|nah|me: ↑ Probenahme.
Pro|ben|raum, (häufiger:) **Pro|be|raum,** der: *Raum, der für Proben* (3) *genutzt wird.*
Pro|be|pha|se, die: **1.** *Phase, in der etw. erprobt wird.* **2.** Probezeit (1).
Pro|be|röhr|chen, das (österr.): *Reagenzglas.*
Pro|be|schuss, der: *probehalber abgefeuerter Schuss.*
Pro|be|sen|dung, die: *Sendung von Warenproben.*
Pro|be|spiel, das: **1.** (Sport) *Spiel zur Erprobung der Leistungsfähigkeit einer Mannschaft.* **2.** *Vorspiel* (4) *zwecks Aufnahme in ein Orchester.*
Pro|be|trai|ning, das: **1.** *Training, das dem Kennenlernen einer Sportart, eines Sportvereins, Sportstudios o. Ä. dient.* **2.** *Training, in dem die Leistungsfähigkeit, Fitness o. Ä. eines Sportlers überprüft werden.*
pro|be|wei|se ⟨Adv.⟩: *auf, zur Probe:* den Motor p. laufen lassen; jmdn. p. einstellen. ⟨mit Verbalsubstantiven auch attr.:⟩ die p. Einführung der Gleitzeit.
Pro|be|zeit, die: **1.** *befristete Zeit, in der jmd. seine Befähigung, seine Eignung für eine Arbeit o. Ä. nachweisen soll.* **2.** (schweiz. Rechtsspr.) *Bewährungsfrist.*
pro|bie|ren ⟨sw. V.; hat⟩ [mhd. probieren < lat. probare = beurteilen; billigen]: **1.** *versuchen, ob etw. möglich, durchführbar ist:* lasst mich mal p., das Feuer anzuzünden; **Spr** Probieren geht über Studieren. **2.** *auf seine Eignung prüfen, ausprobieren:* ein neues Medikament p. **3.** *durch eine Kostprobe den Geschmack von etw. prüfen, bevor man mehr davon isst od. trinkt:* warum willst du die Suppe nicht wenigstens p.? **4.** *proben:* eine Szene p.

Pro|bier|glas, das ⟨Pl. ...gläser⟩: **1.** *kleines* ¹*Glas* (2 a), *mit dem eine geringe Menge eines Getränks probiert* (3) *werden kann.* **2.** *Reagenzglas.*
Pro|bier|stu|be, die: *kleiner, als Lokal eingerichteter Raum, in dem Getränke, bes. Wein, [vor einem Kauf] probiert* (3) *werden können.*
Pro|bio|ti|kum, das; -s, ...ka [nach engl. probiotic, geb. als Gegensatz zu antibiotic = Antibiotikum]: *Milchsäurebakterien enthaltende Substanz, die Lebensmitteln zugesetzt wird u. deren Verzehr die Darmflora stärken od. verbessern soll.*
pro|bio|tisch ⟨Adj.⟩ [zu ↑ Probiotikum]: *mit Milchsäurebakterien versehen, die den Aufbau der Darmflora verbessern sollen:* -e Lebensmittel.
Pro|b|lem, das; -s, -e [lat. problema < griech. próblēma = das Vorgelegte; die gestellte (wissenschaftliche) Aufgabe, Streitfrage, zu: probállein (Aoristtamm problē-) = vorwerfen, hinwerfen; aufwerfen]: **1.** *schwierige [ungelöste] Aufgabe, schwer zu beantwortende Frage, komplizierte Fragestellung:* die -e der Menschheit; soziale -e; ein P. lösen; etw. wird zum P.; * -e wälzen (grübeln, sich Gedanken machen); [nicht] jmds. P. sein ([nicht] jmds. Aufgabe sein, sich mit etw. auseinanderzusetzen). **2.** *Schwierigkeit:* die e wachsen mir über den Kopf; das ist kein P. für mich; kein P.! *(das lässt sich leicht machen);* sie hat -e mit ihrer Haut; mit deinem P. musst du allein fertigwerden.

Pro|b|lem-: *drückt in Bildungen mit Substantiven aus, dass jmd. oder etw. Probleme aufwirft, Schwierigkeiten bereitet:* Problembranche, -gebiet.

Pro|b|lem|ab|fall, der: vgl. Problemmüll.
Pro|b|le|ma|tik [österr. auch: ...'mat...], die; -, -en: *aus einer Aufgabe, Frage, Situation sich ergebende Schwierigkeit; Gesamtheit aller Probleme, die sich auf einen Sachverhalt beziehen:* eine P. umreißen, auf eine P. hinweisen; sich mit den grundlegenden -en beschäftigen.
pro|b|le|ma|tisch [österr. auch: ...'mat...] ⟨Adj.⟩ [spätlat. problematicus < griech. problēmatikós]: **1.** *schwierig, voller Probleme:* er ist ein -er Mensch; das Kind ist p. *(ist schwer zu erziehen).* **2.** *fraglich, zweifelhaft.*
pro|b|le|ma|ti|sie|ren ⟨sw. V.; hat⟩ (bildungsspr.): *die Problematik von etw. aufzeigen, darlegen, diskutieren; etw. zu einem [wissenschaftlichen] Problem erheben.*
pro|b|lem|be|la|den ⟨Adj.⟩: *auf bedrückende Weise mit Problemen* (2), *inneren od. äußeren Schwierigkeiten behaftet:* -e Jugendliche.
Pro|b|lem|be|reich, der: *problematischer Bereich:* die großen -e Arbeitslosigkeit, Atomkraft, sexueller Missbrauch.
Pro|b|lem|be|wusst|sein, das: *das Wissen um das Vorhandensein eines Problems.*
Pro|b|lem|fall, der: *Sache, Angelegenheit, auch Person, die sich als Problem erweist.*
Pro|b|lem|fa|mi|lie, die: *Familie, deren Mitglieder in bestimmter (negativer) Weise verhaltensauffällig sind.*
Pro|b|lem|feld, das: *Problembereich:* das P.

Arbeitslosigkeit; in dem Bericht werden die -er aufgezeigt.
Pro|b|lem|film, der: *ernster, oft intellektuell geprägter Film, der sich [in sozialkritischer Weise] mit Problemen auseinandersetzt.*
Pro|b|lem|grup|pe, die: *Gruppe, deren Mitglieder in bestimmter (negativer) Weise verhaltensauffällig sind.*
Pro|b|lem|kind, das: *Kind, dessen Erziehung außergewöhnliche Schwierigkeiten bereitet.*
Pro|b|lem|kre|dit, der (Wirtsch.): ¹*Kredit* (1 a), *den der Schuldner nicht zurückzahlen kann.*
Pro|b|lem|kreis, der: *Reihe, Kreis von Problemen, die thematisch miteinander verknüpft sind.*
Pro|b|lem|la|ge, die: *bestehende Situation, augenblickliche Lage in Bezug auf ein Problem, auf Probleme:* die P. erkennen, aufzeigen, beschreiben, analysieren; auf neue soziale -n reagieren.
pro|b|lem|los ⟨Adj.⟩: *keine Probleme aufweisend:* die Umstellung auf den Euro hat mehr oder weniger p. geklappt.
Pro|b|lem|lö|ser, der: *Person od. Sache, die jmdm. hilft, mit Problemen fertigzuwerden, Probleme zu überwinden.*
Pro|b|lem|lö|se|rin, die: w. Form zu ↑ Problemlöser.
Pro|b|lem|lö|sung, die: *Lösung eines Problems, von Problemen unterschiedlicher Art.*
Pro|b|lem|müll, der: *schadstoffhaltiger Müll.*
pro|b|lem|ori|en|tiert ⟨Adj.⟩: a) *auf ein bestimmtes Problem, auf bestimmte Probleme ausgerichtet;* b) (EDV) *auf die Lösung bestimmter Aufgaben bezogen.*
Pro|b|lem|re|gi|on, die: *Gegend, Region, die in bestimmter Hinsicht problematisch ist.*
Pro|b|lem|schach, das: *Schach, das sich mit dem Konstruieren u. Lösen bestimmter Aufgaben beschäftigt.*
Pro|b|lem|stel|lung, die: a) *das Stellen eines Problems, von Problemen;* b) *zu erörterndes Problem* (1): eine schwer zu lösende P.
Pro|b|lem|vier|tel, das: ¹*Viertel* (2 a), *das in bestimmter Hinsicht problematisch ist.*
Pro|b|lem|zo|ne, die: **1.** *Problemregion.* **2.** (Kosmetikjargon) *bestimmter Teil des Körpers, der Probleme bereitet in Hinsicht auf die Pflege u. die Erhaltung der äußeren Gestalt.*
Pro|ca|in®, das; -s [Kunstwort] (Med., Pharm.): *Mittel zur örtlichen Betäubung, Novocain.*
Pro|ce|de|re: ↑ Prozedere.
pro cen|tum [lat.] (veraltet): *für hundert, für das Hundert* (Abk.: p. c., Zeichen: %).
Pro|de|kan, der; -s, -e [aus lat. pro = für, anstatt u. ↑ Dekan]: *Vertreter des Dekans* (3).
Pro|de|ka|nin, die; -, -nen: w. Form zu ↑ Prodekan.
pro do|mo [lat., eigtl. = für das (eigene) Haus] (bildungsspr.): *in eigener Sache; zum eigenen Nutzen:* p. d. sprechen.
Pro|drom, Pro|d|ro|mal|sym|p|tom, das; -s, -e [griech. pródromos = Vorbote; Vorhut] (Med.): *Symptom einer Krankheit, das dem voll ausgeprägten Krankheitsbild vorausgeht* (z. B. Kopfschmerzen vor einer Grippe).
Pro|du|cer [prəˈdjuːsɐ], der; -s, - [engl. producer, zu: to produce, ↑ produzieren]: **1.** *Hersteller, Fabrikant* (b). **2.** a) *Film-, Musikproduzent;* b) *jmd., der eine Sendung im Hörfunk technisch vorbereitet, ihren Ablauf überwacht [u. für die Auswahl der Musik zuständig ist].*
Pro|du|ce|rin, die; -, -nen: w. Form zu ↑ Producer.
Pro|duct-Place|ment, Pro|duct|place|ment [ˈprɔdaktpleɪsmənt, ...mɛnt], das; -s, -s ⟨Pl. selten⟩ [engl. product placement, aus: product = Produkt, Artikel u. placement = Zuteilung, Zuweisung; das Platzieren, Platzierung]: *(in Film u. Fernsehen eingesetzte) Werbemaßnahme, bei der das jeweilige Pro-*

dukt wie beiläufig, aber erkennbar ins Bild gebracht wird.

Pro|dukt, das; -[e]s, -e [lat. productum = das Hervorgebrachte, subst. Neutr. des 2. Part. von: producere, ↑ produzieren]: **1. a)** *etw., was (aus bestimmten Stoffen hergestellt) das Ergebnis menschlicher Arbeit ist; Erzeugnis:* maschinelle -e; Ü der Mensch ist das P. seiner Erziehung; **b)** (Wirtsch.) *Dienstleistung* (b). **2.** (Math.) **a)** *Ergebnis der Multiplikation;* **b)** *mathematischer Ausdruck, dessen Teile durch das Zeichen für die Multiplikation verbunden sind* (z. B. a · b; a × b). **3.** *Teil einer Zeitung od. Zeitschrift, der in einem Arbeitsgang gedruckt wird.*

Pro|dukt|an|ge|bot, das: *Angebot* (2) *an Produkten* (1).

Pro|dukt|be|reich, der: *Bereich eines Unternehmens o. Ä., in dem ein bestimmtes Produkt* (1a), *eine bestimmte Produktgruppe entwickelt, hergestellt, vertrieben o. Ä. werden:* Ingenieur für den P. Werkzeugmaschinen gesucht.

Pro|dukt|be|schrei|bung, die: *Beschreibung u. Aufzählung der Eigenschaften, Merkmale, der Funktionsweise o. Ä. eines Produkts* (1).

pro|dukt|be|zo|gen ⟨Adj.⟩: *auf ein Produkt* (1) *bezogen:* -e Werbung.

Pro|dukt|de|sign, das: *formgerechte u. funktionale Gestaltung u. die so erzielte Form von Produkten* (1a).

Pro|dukt|ein|füh|rung, die: *Einführung eines Produkts* (1) *auf dem Markt* (3a).

Pro|dukt|en|bör|se, die (Wirtsch.): ²*Börse* (1) *für den Handel mit verschiedenen Waren* (z. B. mit Rohstoffen, Nahrungs- u. Genussmitteln); *Warenbörse* (1).

Pro|dukt|en|han|del, der (Kaufmannsspr.): *Handel mit Produkten bes. der [heimischen] Landwirtschaft.*

Pro|dukt|ent|wick|lung, die: *Verbesserung vorhandener u. Entwicklung, Erarbeitung neuer Produkte* (1).

Pro|dukt|er|pres|sung, die: *durch Androhen der Vergiftung von Lebensmitteln durchgeführte Erpressung von Lebensmittelherstellern.*

Pro|dukt|fa|mi|lie, die: *Produktlinie.*

Pro|dukt|grup|pe, die: *Produktlinie.*

Pro|dukt|in|for|ma|ti|on, die: *Information zu einem Produkt* (1): ausführliche -en finden, erhalten Sie im Internet unter …

Pro|dukt|in|no|va|ti|on, die (Wirtsch.): **1.** *Entwicklung eines neuen Produkts* (1): der Konzern will in P. investieren. **2.** *neu entwickeltes Produkt* (1): die Firma präsentierte 30 -en.

Pro|duk|ti|on, die; -, -en [frz. production < lat. productio = das Hervorführen, zu: producere, ↑ produzieren]: **1.** ⟨o. Pl.⟩ (Wirtsch.) **a)** *Erzeugung, Herstellung von Waren u. Gütern:* schlanke P. *(Lean Production);* die P. läuft; die P. aufnehmen; der Film geht in P., ist in P. *(wird produziert);* **b)** *Erzeugnisse; Gesamtheit dessen, was an Waren, Gütern o. Ä. erzeugt, hergestellt wird:* eine P. *(ein Erzeugnis, Produkt)* des italienischen Fernsehens; **c)** (ugs.) *Bereich eines Betriebs, einer Firma; Betrieb, Firma, die mit der Produktion* (1a) *beschäftigt ist:* in der P. arbeiten. **2.** (veraltend) *künstlerische Darbietung, Nummer* (2a).

Pro|duk|ti|ons|ab|lauf, der: *Ablauf der Produktion* (1a): den P. beschleunigen, automatisieren.

Pro|duk|ti|ons|an|la|ge, die ⟨meist Pl.⟩: *der Produktion* (1a) *dienende Anlage.*

Pro|duk|ti|ons|aus|fall, der: *Ausfall in der Produktion* (1a).

Pro|duk|ti|ons|be|din|gung, die ⟨meist Pl.⟩: *Bedingung, unter der etw. produziert* (1) *wird:* die -en verbessern.

Pro|duk|ti|ons|be|trieb, der: *produzierender Betrieb.*

Pro|duk|ti|ons|er|fah|rung, die: *Erfahrung auf dem Gebiet der Produktion* (1a).

Pro|duk|ti|ons|fak|tor, der: *den Produktionsprozess mitbestimmender maßgeblicher Faktor.*

Pro|duk|ti|ons|fir|ma, die: *Firma, die Fernsehsendungen, Filme o. Ä. produziert.*

Pro|duk|ti|ons|fluss, der: *kontinuierlicher Ablauf der Produktion* (1a).

Pro|duk|ti|ons|gang, der: *Gang, Ablauf der Produktion* (1a).

Pro|duk|ti|ons|ge|nos|sen|schaft, die (DDR): *freiwilliger Zusammenschluss von Werktätigen zur gemeinschaftlichen Arbeit.*

Pro|duk|ti|ons|gü|ter ⟨Pl.⟩ (Wirtsch.): *Güter, die als Rohstoffe weiterverarbeitet werden.*

Pro|duk|ti|ons|hal|le, die: *als Produktionsstätte dienende Halle.*

Pro|duk|ti|ons|ka|pa|zi|tät, die: *Kapazität* (2a).

Pro|duk|ti|ons|kos|ten ⟨Pl.⟩: *Kosten der Produktion* (1a): die P. senken.

Pro|duk|ti|ons|kraft, die: *Kapazität* (2a).

Pro|duk|ti|ons|lei|ter, der: *jmd., der für die Produktion* (1a) *verantwortlich ist, die Produktion leitet.*

Pro|duk|ti|ons|lei|te|rin, die: w. Form zu ↑ Produktionsleiter.

Pro|duk|ti|ons|men|ge, die: *Menge, Umfang der Produktion* (1b).

Pro|duk|ti|ons|me|tho|de, die: *Methode der Produktion* (1a).

Pro|duk|ti|ons|mit|tel, das ⟨meist Pl.⟩: **1.** *Produktionsfaktor.* **2.** (marx.) *Gesamtheit der Hilfsmittel, die für den Produktionsprozess notwendig sind* (z. B. Fabriken, Maschinen, Rohstoffe u. a.).

Pro|duk|ti|ons|plan, der: **1.** *Arbeitsplan eines Unternehmens.* **2.** [LÜ von russ. proizvodstvennyj plan] (DDR) *Plan, der das Produktionsprogramm in Mengen u. Werten darstellt.*

Pro|duk|ti|ons|pro|gramm, das: *Fertigungsprogramm.*

Pro|duk|ti|ons|pro|zess, der: *Prozess der Produktion* (1a): jmdn. in den P. eingliedern.

Pro|duk|ti|ons|stand|ort, der: *für die Produktion* (1a) *bedeutsamer Standort* (3).

Pro|duk|ti|ons|stät|te, die: *Ort, an dem etw. produziert* (1) *wird.*

Pro|duk|ti|ons|stei|ge|rung, die: *Steigerung der Produktion* (1a).

Pro|duk|ti|ons|stra|ße, die: *Fertigungsstraße.*

Pro|duk|ti|ons|team, das: *Team, das für die Produktion* (1a) *von etw. zuständig ist.*

Pro|duk|ti|ons|tech|nik, die: *Technologie* (2).

pro|duk|ti|ons|tech|nisch ⟨Adj.⟩: *die Produktionstechnik betreffend:* die Arbeiten wurden aus -en Gründen gestoppt.

Pro|duk|ti|ons|ver|fah|ren, das: *Verfahren der Fertigung, Produktion* (1a).

Pro|duk|ti|ons|ver|hält|nis|se ⟨Pl.⟩ (marx.): *alle Erscheinungen des gesellschaftlichen Lebens bestimmende Verhältnisse zwischen den Menschen od. Klassen* (2), *die sich aus ihrer Stellung im Produktionsprozess im Hinblick auf das Eigentum an den Produktionsmitteln ergeben.*

Pro|duk|ti|ons|ver|la|ge|rung, die: *Verlagerung der Produktion* (1a) *an einen anderen Standort* (3).

Pro|duk|ti|ons|vo|lu|men, das: *Umfang des Ausstoßes der Produktion* (1b).

Pro|duk|ti|ons|wei|se, die: *Art u. Weise der Produktion* (1a).

Pro|duk|ti|ons|wert, der (Wirtsch.): *Summe der Herstellungskosten aller während eines Zeitraums produzierten Güter.*

Pro|duk|ti|ons|zahl, die ⟨meist Pl.⟩: vgl. *Produktionsziffer:* die -en sollen gesteigert werden.

Pro|duk|ti|ons|zeit, die: *Zeit, die für die Produktion* (1a) *von etw. benötigt wird:* durch Automatisierung die P. herabsetzen.

Pro|duk|ti|ons|ziel, das: *Ziel, angestrebtes Ergebnis einer Produktion* (1a): das P. erreichen.

Pro|duk|ti|ons|zif|fer, die ⟨meist Pl.⟩: *Ziffer, die die Produktionsmenge angibt:* steigende -n bekannt geben.

Pro|duk|ti|ons|zweig, der: *Teil der Produktion* (1a), *der bestimmte Waren herstellt.*

pro|duk|tiv ⟨Adj.⟩ [frz. productif, unter Einfluss von: produire = hervorbringen < spätlat. productivus = zur Verlängerung geeignet]: **a)** *viel (konkrete Ergebnisse) hervorbringend; ergiebig:* ein -es Unternehmen; diese Tätigkeit ist nicht sehr p.; p. zusammenarbeiten; **b)** *schöpferisch:* -e Kräfte frei machen; -e Kritik *(Kritik, die neue Denkanstöße gibt).*

Pro|duk|ti|vi|tät, die; -, -en: **a)** *das Hervorbringen von Produkten* (1a), *konkreten Ergebnissen, Leistungen o. Ä.; Ergiebigkeit, [gute] Leistungsfähigkeit:* eine große P.; **b)** ⟨o. Pl.⟩ *schöpferische Kraft, Schaffenskraft.*

Pro|duk|ti|vi|täts|fort|schritt, der: *Produktivitätssteigerung.*

Pro|duk|ti|vi|täts|stei|ge|rung, die: *Steigerung der wirtschaftlichen Produktivität.*

Pro|duk|ti|vi|täts|zu|wachs, der: *Zuwachs an Produktivität* (a).

Pro|duk|tiv|kraft, die (marx.): *Kraft, die zur [Entwicklung der] Produktion notwendig ist* (z. B. menschliches Gehirn, Produktionsmittel, Wissenschaft u. Technik).

Pro|duk|tiv|kre|dit, der: *Kredit für Unternehmen der gewerblichen Wirtschaft zur Errichtung von Anlagen od. zur Bestreitung der laufenden Betriebsausgaben.*

Pro|dukt|ka|te|go|rie, die: *Kategorie* (4) *von Produkten* (1).

Pro|dukt|li|nie, die: *als zusammengehörig angesehene Produkte* (1) *eines Sortiments.*

Pro|dukt|ma|nage|ment, das: *besonders in der Konsumgüterindustrie übliche Betreuung eines Produkts* (1) *von der Entwicklung über die Herstellung bis zur Einführung im Markt.*

Pro|dukt|ma|na|ger, der: *jmd., der im Produktmanagement arbeitet.*

Pro|dukt|ma|na|ge|rin, die: w. Form zu ↑ Produktmanager.

Pro|dukt|men|ge, die (Math.): *Menge* (2) *aller geordneten Paare, deren erstes Glied Element einer Menge A u. deren zweites Glied Element einer Menge B ist.*

Pro|dukt|na|me, der: *Name, der ein Produkt* (1) *bezeichnet:* Thalidomid wurde unter dem -n Contergan bekannt.

Pro|dukt|neu|heit, die: *neues, neu entwickeltes Produkt* (1).

Pro|dukt|pal|let|te, die: *Palette* (1b) *von Produkten* (1) *eines Unternehmens:* die P. erweitern, vervollständigen.

Pro|dukt|pi|ra|te|rie, die: *rechtswidriges Nachahmen von Markenprodukten, die unter dem jeweiligen Markennamen auf den Markt gebracht werden.*

Pro|dukt|port|fo|lio, das (Wirtsch.): *Produktpalette.*

Pro|dukt|qua|li|tät, die: *Qualität eines Produkts* (1).

Pro|dukt|rei|he, die: *Produktlinie.*

Pro|dukt|spek|t|rum, das: *Produktpalette.*

Pro|du|zent, der; -en, -en [zu lat. producens (Gen.: producentis, 1. Part. von: producere, ↑ produzieren]: **1.** *jmd., der etw. produziert; Hersteller; Erzeuger.* **2.** (Biol.) *(in der Nahrungskette) Lebewesen, das organische Nahrung aufbaut.*

Pro|du|zen|tin, die; -, -nen: w. Form zu ↑ Produzent (1).

pro|du|zie|ren ⟨sw. V.; hat⟩ [lat. producere (2. Part.: productum) = hervorbringen; vorführen, zu: ducere = führen]: **1. a)** (bes. Wirtsch.) *erzeugen, herstellen:* die Industrie produziert mehr, als sie absetzen kann; Ü (salopp:) Kinder p.; **b)** *für die Herstellung, Finanzierung von etwas sorgen, jmds. Musik-, Filmproduzent sein:* eine Compact Disc p.; wer produziert eigentlich diesen Sänger? **2.** (ugs.) *machen; hervorbringen:* großen Lärm p. **3.** ⟨p. + sich⟩ (ugs.) *sich [in einer bestimmten Weise] auffallend benehmen [um sein Können zu zeigen]:* sich gern [vor anderen] p.; sich als Clown p. **4.** (bes. schweiz., sonst veraltet) *[herausnehmen u.] vorzeigen, vorlegen, präsentieren.*

Pro|en|zym, das; -s, -e [aus lat. pro = vor u. ↑Enzym] (Biochemie): *chemische Vorstufe des Enzyms.*

Prof. = Professor; Professorin.

¹Prof, der; -s, -s (Studentenspr.): Kurzf. von ↑Professor (1 b).

²Prof, die; -, -s (Studentenspr.): Kurzf. von ↑Professorin: wir haben eine neue P.

pro|fan ⟨Adj.⟩ [lat. profanus = ungeheiligt, gewöhnlich, eigtl. = vor dem heiligen Bezirk liegend, zu: fanum, ↑fanatisch] (bildungsspr.): **1.** *weltlich, nicht dem Gottesdienst dienend:* ein -es Bauwerk; -e Kunst. **2.** *gewöhnlich* (1): *alltäglich:* ganz -e Sorgen; eine -e Äußerung, Bemerkung; das ist, erscheint mir alles zu p.; sich p. ausdrücken.

Pro|fa|na|ti|on, die; -, -en [lat. profanatio (seltener): *Profanierung:* ◆ »ich will ja nichts als Ruhe, Ruhe, nur ein wenig Ruhe, um schlafen zu können.« Oberlin sagte, dies sei eine P. Lenz schüttelte trostlos mit dem Kopf (Büchner, Lenz 102).

Pro|fan|bau, der ⟨Pl. -ten⟩ (Kunstwiss.): *nicht kirchliches, profanes* (1) *Bauwerk.*

pro|fa|nie|ren ⟨sw. V.; hat⟩ [lat. profanare (bildungsspr.): **1.** *profan* (1) *machen, entweihen, entwürdigen:* die Liturgie p. **2.** *säkularisieren.*

Pro|fa|ni|tät, die; -, -en [lat. profanitas (bildungsspr.): **1.** ⟨o. Pl.⟩ *Weltlichkeit.* **2.** *Alltäglichkeit.*

◆ **Pro|fan|skri|bent**, der: *weltlicher Schriftsteller:* Allein diesem Werke (= der Bibel) stand sowie den sämtlichen -en noch ein eigenes Schicksal bevor (Goethe, Dichtung u. Wahrheit 7).

pro|fa|schis|tisch ⟨Adj.⟩ [zu ↑pro-, Pro- u. ↑faschistisch]: *dem Faschismus zuneigend.*

¹Pro|fess, der; -en, -en [mlat. professus, zu lat. profiteri (2. Part.: professum) = frei, öffentlich bekennen, erklären] (kath. Kirche): *jmd., der die ²Profess ablegt u. Mitglied eines Ordens wird.*

²Pro|fess, die; -, -e (kath. Kirche): *das Ablegen der [Ordens]gelübde.*

Pro|fes|si|on, die; -, -en [frz. profession < lat. professio = öffentliches Bekenntnis (z. B. zu einem Gewerbe); Gewerbe, Geschäft, zu: profiteri, ↑¹Profess] (österr., sonst veraltend): *Beruf, Gewerbe:* aus P. (selten: *aus Berufung*); ◆ Gelehrte brauchen sich weniger zu schämen als Dichter; ... und es ist auch wirklich ein verdächtiges Ding um einen Dichter von P., der es nicht nur nebenher ist (Cl. Brentano, Kasperl 353).

pro|fes|si|o|nal ⟨Adj.⟩ (seltener): *professionell.*

Pro|fes|si|o|nal [prəˈfɛʃənəl, engl.: prəˈfɛʃənəl], der; -s -u. die; -, -s ⟨engl. professional, Subst. von: professional = berufsmäßig⟩: *Profi.*

pro|fes|si|o|na|li|sie|ren ⟨sw. V.; hat⟩ (bildungsspr.): **1. a)** *zum Beruf, zur Erwerbsquelle machen:* sie hat ihr Hobby professionalisiert; **b)** (selten) *zum Beruf erheben, als Beruf anerkennen.* **2.** *so verbessern, dass etw. als professionell* (2) *gelten kann:* die Partei will ihre Öffentlichkeitsarbeit p.

Pro|fes|si|o|na|li|sie|rung, die; -, -en: *das Professionalisieren:* die P. des Tennissports.

Pro|fes|si|o|na|lis|mus, der; -: *Professionalität.*

Pro|fes|si|o|na|li|tät, die; -: *das Professionellsein.*

pro|fes|si|o|nell ⟨Adj.⟩ [frz. professionnel]: **1. a)** *(eine Tätigkeit) als Beruf ausübend:* ein -er Sportler; Ü -e *(wie es eine bestimmte Situation [z. B. Beruf, Position o. Ä.] erfordert, zur Schau getragene) Freundlichkeit;* **b)** *als Beruf betreiben:* -er Sport. **2.** *fachmännisch, von Fachleuten anerkannt, benutzbar, erstellt o. Ä.:* ein -es Urteil.

Pro|fes|si|o|nist, der; -en, -en (österr.): *gelernter Handwerker.*

Pro|fes|si|o|nis|tin, die; -, -nen: w. Form zu ↑Professionist.

Pro|fes|sor, der; -s, ...oren [lat. professor = öffentlicher Lehrer, eigtl. = jmd., der sich (berufsmäßig u. öffentlich zu einer wissenschaftlichen Tätigkeit) bekennt, zu: profiteri, ↑¹Profess]: **1. a)** ⟨o. Pl.⟩ *höchster akademischer Titel (der einem/einer [habilitierten] Hochschullehrer[in], verdienten Wissenschaftler[in], Künstler[in] o. Ä. verliehen wird)* (Abk.: Prof.): jmdn. zum P. ernennen; ordentlicher Professor (Abk.: o. Prof.); **b)** *Träger eines Professorentitels; Hochschullehrer:* ein emeritierter P.; sehr geehrter Herr Professor [Meier]; die Herren -en Meier und Schulze; das Haus P. Meyers/des -s Meyer; Ü ein zerstreuter P. (ugs. scherzh.; *ein sehr zerstreuter Mensch*). **2.** (österr., sonst veraltet) *Lehrer an einem Gymnasium.*

pro|fes|so|ral ⟨Adj.⟩ (bildungsspr.): **a)** *den Professor betreffend, ihm entsprechend; in der Art u. Weise eines Professors:* die -e Würde; **b)** (abwertend) *[übertrieben] würdevoll;* **c)** (abwertend) *von wirklichkeitsfremder Gelehrsamkeit zeugend; weltfremd.*

Pro|fes|so|ren|kol|le|gi|um, das: *Gesamtheit aller an einer Universität lehrenden Professorinnen u. Professoren.*

pro|fes|so|ren|mä|ßig ⟨Adj.⟩: *professoral* (a).

Pro|fes|so|ren|schaft, die; -, -en ⟨Pl. selten⟩: *Professorenkollegium.*

Pro|fes|so|ren|stel|le, die: *Stelle* (4), *Posten eines Professors, einer Professorin.*

Pro|fes|so|ren|ti|tel, der: *Titel eines Professors, einer Professorin.*

Pro|fes|so|ren|wür|de, die: *Würde* (2) *eines Professors, einer Professorin.*

Pro|fes|so|rin [auch: proˈfɛsorɪn], die; -, -nen: w. Form zu ↑Professor (Abk.: Prof.)

Pro|fes|so|r(inn)en: Kurzform für: Professorinnen und Professoren.

Pro|fes|sor|ti|tel, der: *Professorentitel.*

Pro|fes|sur, die; -, -en: *Lehramt als Professor[in]; Lehrstuhl.*

Pro|fi, der; -s, -s [Kurzf. von ↑Professional]: **1.** *professioneller Sportler, professionelle Sportlerin; Berufssportler[in]:* ein hoch bezahlter P.; wie ein P. spielen. **2.** *jmd., der etw. professionell betreibt:* den Einbruch haben -s verübt; eine Kamera für -s.

Pro|fi|bo|xer, der: *Boxer, der Profi ist.*

Pro|fi|bo|xe|rin, die: w. Form zu ↑Profiboxer.

Pro|fi|box|sport, der: *Boxsport, den man als Profiboxer betreibt.*

Pro|fi|club, der: ↑ Profiklub.

Pro|fi|fuß|ball, der: *berufsmäßig betriebener Fußballsport.*

Pro|fi|fuß|bal|ler, der: *Fußballer, der Profi ist.*

Pro|fi|fuß|bal|le|rin, die: w. Form zu ↑Profifußballer: sie will einmal P. werden.

Pro|fi|ge|schäft, das: *den Profisport umfassender wirtschaftlicher Bereich:* ins P. einsteigen.

pro|fi|haft ⟨Adj.⟩: *einem Profi entsprechend, in der Art u. Weise eines Profis.*

Pro|fi|kar|ri|e|re, die: *Karriere als Profisportler, Profisportlerin.*

Pro|fi|kil|ler, der: *jmd., der sich professionell* (1 a) *als Killer betätigt.*

Pro|fi|kil|le|rin, die: w. Form zu ↑Profikiller.

Pro|fi|klub, der, Proficlub, der (Sport): *in der Profiliga spielender Sportverein.*

Pro|fil, das; -s, -e [frz. profil = Seitenansicht; Umriss < ital. profilo, zu: profilare = (mit einem Strich, einer Linie) im Umriss zeichnen, umreißen, zu: filo = Faden < lat. filum, ↑Filet]: **1.** *Ansicht des Kopfes, des Gesichts od. des Körpers von der Seite:* jmdm. das P. zuwenden. **2.** (bildungsspr.) **a)** *charakteristisches Erscheinungsbild; stark ausgeprägtes Persönlichkeitsbild [aufgrund bedeutender Fähigkeiten]:* [sein eigenes] P. haben; der Schauspieler gab der Rolle P.; an P. verlieren; ein Staatsoberhaupt mit P.; **b)** (Jargon) *Gesamtheit von [positiven] Eigenschaften, die unverwechselbar typisch für jmdn. od. etw. sind:* ich glaube, dem P. Ihrer Firma zu entsprechen. **3. a)** (Technik, Archit.) *Längs- od. Querschnitt u. Umriss:* ein geologisches P.; **b)** (Geol.) *grafische Darstellung eines senkrechten Schnitts durch die Erdoberfläche.* **4.** (Technikjargon) *vorgeformtes Bauteil verschiedenen Querschnitts.* **5.** *durch Stollen, Riffelung, Kerbung o. Ä. bewirkte Struktur in der Lauffläche* **a)** *eines Reifens od. einer Schuhsohle:* das P. ist [stark] abgefahren; die Reifen haben noch genug P. **6.** (Archit.) *aus einem Gebäude hervorspringender Teil eines architektonischen Elementes (z. B. eines Gesimses).* **7.** (Verkehrsw. veraltend) *Höhe u. Breite einer Durchfahrt.*

Pro|fi|la|ger, das ⟨Pl. ...lager⟩ ⟨Pl. selten⟩ (Jargon): *Gesamtheit der Profis* (1): nach der WM will das Eistanzpaar ins P. [über]wechseln.

Pro|fil|an|sicht, die: *Ansicht im Profil* (1).

Pro|fil|lauf|bahn, die: *Laufbahn als Profi:* die P. einschlagen, beenden.

Pro|fi|ler [proˈfaɪlɐ, auch: ˈproʊ...], der; -s, - [engl. profiler, zu: profile = Profil] (ugs.): *Fallanalytiker.*

Pro|fi|le|rin, die; -, -nen: w. Form zu ↑Profiler.

pro|fi|lie|ren ⟨sw. V.; hat⟩ [frz. profiler]: **1.** *die Oberfläche eines Gegenstandes mit Rillen, Kerbungen o. Ä. versehen, ihm dadurch eine bestimmte Form geben:* Bleche p. **2. a)** (seltener) *jmdm., einer Sache eine besondere charakteristische, markante Prägung geben;* **b)** ⟨p. + sich⟩ *Fähigkeiten [in einem bestimmten Aufgabenbereich] entwickeln u. dabei Anerkennung finden; sich eine markante Prägung geben, sich einen Namen machen:* sie hat sich als Expertin profiliert; die Jungs wollen sich nur p. **3.** ⟨p. + sich⟩ (selten) *sich im Profil* (1) *abzeichnen.*

pro|fi|liert ⟨Adj.⟩: *von ausgeprägtem Profil* (2), *markant; bedeutend.*

Pro|fi|lie|rung, die; -, -en: **1.** *das Sichabzeichnen im Profil* (1). **2.** *Entwicklung der Fähigkeiten [für einen bestimmten Aufgabenbereich].*

Pro|fi|lie|rungs|sucht, die ⟨o. Pl.⟩: *Sucht, sich zu profilieren.*

Pro|fi|li|ga, die (Sport): *Spielklasse für Berufssportler(innen).*

Pro|fi|ling [ˈproʊfaɪlɪŋ, auch: ˈproʊ...], das; -s [engl. profiling, zu: to profile = ein Profil (2) erstellen]: *für bestimmte Zwecke (z. B. zur Arbeitsvermittlung od. bei der Tätersuche) nutzbare Erstellung des Gesamtbildes einer Persönlichkeit.*

pro|fil|los ⟨Adj.⟩: *ohne Profil* (1, 2, 5).

Pro|fil|neu|ro|se, die: *neurotische Angst, (bes. im Beruf) zu wenig zu gelten [u. das daraus resultierende übersteigerte Bemühen, sich zu profilieren].*

Pro|fil|soh|le, die: *Schuhsohle mit ausgeprägtem Profil* (5).

Pro|fil|stahl, der (Technik): *durch Walzen geformter Stahl mit bestimmtem Querschnitt.*

Pro|fil|tie|fe, die: *Tiefe des Profils* (5): die P. der Reifen betrug noch drei Millimeter.

Pro|fil|trä|ger, der: *als Träger verwendeter Profilstahl.*

Pro|fil|zeich|nung, die: *Zeichnung eines Profils* (1, 3, 4, 6).

Pro|fi|mann|schaft, die (Sport): *aus Profis* (1) *bestehende Mannschaft.*

Pro|fi|sport, der: *berufsmäßig betriebener Sport.*

Pro|fi|sport|ler, der: *Profi* (1).

Pro|fi|sport|le|rin, die: w. Form zu ↑ Profisportler.

Pro|fit [auch: ...'fɪt], der; -[e]s, -e [aus dem Niederd. < mniederd. profit < mniederl. profijt < (m)frz. profit = Gewinn < lat. profectus = Fortgang; Zunahme; Vorteil, zu: proficere (2. Part.: profectum) = weiterkommen, fortkommen, gewinnen, eigtl. = voranmachen]: **1.** (oft abwertend) *Nutzen, Vorteil, [materieller] Gewinn, den man [mit möglichst wenig Mühe u. Kosten] aus einer Sache od. Tätigkeit zieht:* großen P. machen; P. bringende Geschäfte; P. aus etw. herausschlagen; seinen P. sichern; etw. mit P. verkaufen; mit P. arbeiten. **2.** (Fachspr.) *Kapitalertrag:* die Firma wirft einen guten P. ab.

pro|fi|ta|bel ⟨Adj.; ...bler, -ste⟩ [frz. profitable]: *gewinnbringend, einträglich:* ein profitables Unternehmen; p. wirtschaften.

Pro|fi|ta|bi|li|tät, die; -, -en (Wirtsch.): a) *Anteil des Gewinns am Umsatz:* die P. steigern; b) ⟨o. Pl.⟩ *das Abwerfen von Gewinnen:* P. erreichen.

Pro|fit brin|gend, pro|fit|brin|gend ⟨Adj.⟩ (oft abwertend): *Profit einbringend:* ein Profit bringendes Geschäft.

Pro|fit|cen|ter, Pro|fit-Cen|ter ['prɔfɪt...], das; -s, - [engl. profit centre (amerik.: center), aus: profit = Gewinn u. centre, ↑ Center] (Wirtsch.): *Unternehmensbereich mit Verantwortung für den betriebswirtschaftlichen Erfolg.*

Pro|fi|team, das (Sport): *Profimannschaft.*

Pro|fi|teur [profi'tø:ɐ̯], der; -s, -e [frz. profiteur] (abwertend): *jmd., der Profit* (1) *aus etw. zieht; Nutznießer.*

Pro|fi|teu|rin [profi'tø:rɪn]: w. Form zu ↑ Profiteur.

pro|fit|geil ⟨Adj.⟩ (salopp abwertend): *von Profitgier bestimmt, geprägt.*

Pro|fit|gier, die (abwertend): *rücksichtsloses Streben nach Profit* (1): die P. skrupelloser Drogenproduzenten.

pro|fi|tie|ren ⟨sw. V.; hat⟩ [frz. profiter]: *Nutzen, Gewinn aus etw. ziehen, einen Vorteil durch etw., jmdn. haben:* vom einem Konkurs [viel, nichts] p.; von jmdm. p. *(Nützliches lernen);* bei diesem Prozess hat nur der Anwalt profitiert.

Pro|fi|tin|te|res|se, das ⟨meist Pl.⟩: *auf Profit* (1) *gerichtetes Interesse* (3 b).

Pro|fit|ma|che|rei, die; - (abwertend): *das Profitmachen.*

Pro|fit|ma|xi|mie|rung, die (Wirtsch.): *Gewinnmaximierung:* auf P. ausgerichtete Konzerne.

pro|fit|ori|en|tiert ⟨Adj.⟩ (Wirtsch.): *am Profit orientiert.*

Pro|fit|ra|te, die: **1.** (Wirtsch.) *Verhältnis des Gewinns zum eingesetzten Kapital.* **2.** (marx.) *Verhältnis des gesamten Mehrwerts* (2) *zum gesamten Kapital.*

Pro|fit|stre|ben, das (abwertend): *Streben nach Profit* (1).

Pro|fit|wirt|schaft, die: *Wirtschaft* (1), *die auf das Erzielen von Profit gegründet ist.*

Pro|fi|ver|ein, der (Sport): *Profiklub.*

pro for|ma [lat.; ↑ Form]: a) *der Form halber, der Form wegen; um einer Vorschrift zu genügen:* etw. p. f. unterschreiben; b) *nur zum Schein:* sie heirateten p. f.

Pro-for|ma-Rech|nung, die (Wirtsch.): *Rechnung, die pro forma, zum Schein ausgestellt wird.*

Pro|fos, der; -es u. -en, -e[n] [mniederl. provoost < afrz. prévost < lat. praepositus, ↑ Propst]: *(im 16./17. Jh.) Verwalter der Militärgerichtsbarkeit.*

Pro|foss, der; -en, -e[n]: *Profos.*

pro|fund ⟨Adj.⟩ [frz. profond < lat. profundus, zu: fundus = Boden (↑ Fundus), eigtl. = wo einem der Boden unter den Füßen fehlt]: **1.** (bildungsspr.) *gründlich, tief; [all]umfassend:* eine -e Ausbildung. **2.** (Med.) *tief liegend:* eine -e Vene.

Pro|fun|di|tät, die; - [lat. profunditas] (bildungsspr.): *Gründlichkeit, Tiefe:* die P. seiner Gedanken.

pro|fus ⟨Adj.⟩ [lat. profusus = verschwenderisch, adj. 2. Part. von: profundere = sich reichlich ergießen] (Med.): *reichlich, übermäßig, sehr stark [fließend]* (z. B. von einer Blutung).

Pro|ge|ne|se, die; -, -n [aus lat. pro = vor u. ↑ Genese] (Med.): *vorzeitige Geschlechtsentwicklung.*

Pro|ge|ni|tur, die; -, -en [zu lat. progenies, eigtl. = Abstammung, zu: progignere (2. Part.: progenitum) = hervorbringen, erzeugen] (Med.): *Nachkommenschaft.*

Pro|ges|te|ron, das; -s [Kunstwort] (Med., Pharm.): *Gelbkörperhormon, das bestimmte Vorgänge bei der Schwangerschaft* (z. B. die Nidation des befruchteten Eies) *steuert.*

Prog|na|thie, die; -, -n (Med., Zahnmed.): *Vorstehen des Oberkiefers.*

Prog|no|se, die; -, -n [spätlat. prognosis < griech. prógnōsis = das Vorherwissen, zu: progignōskein = im Voraus erkennen] (Fachspr.): *[wissenschaftlich begründete] Voraussage einer künftigen Entwicklung, künftiger Zustände, des voraussichtlichen Verlaufs* (z. B. einer Krankheit): die ärztliche P. über den Verlauf der Krankheit stellte sich als richtig heraus.

Prog|nos|tik, die; - (bes. Med.): *Wissenschaft, Lehre von der Prognose.*

prog|nos|tisch ⟨Adj.⟩ [spätlat. prognosticus < griech. prognōstikós] (Fachspr.): *voraussagend, in der Art einer Prognose; eine -e Beurteilung.*

prog|nos|ti|zie|ren ⟨sw. V.; hat⟩ [mlat. prognosticare] (Fachspr.): *eine Prognose über etw. stellen, den voraussichtlichen Verlauf künftiger Entwicklungen vorhersagen:* aus Meinungsumfragen werden Trends prognostiziert.

Pro|gramm, das; -[e]s, -e [unter Einfluss von frz. programme < spätlat. programma < griech. prógramma = schriftliche Bekanntmachung, Aufruf; Tagesordnung, zu: prográphein = voranschreiben; öffentlich hinschreiben]: **1. a)** *Gesamtheit der Veranstaltungen, Darbietungen eines Theaters, Kinos, des Fernsehens, Rundfunks o. Ä.:* das erste P. eines Senders; ein P. ausstrahlen; ein Kabarett bringt ein neues P.; eine Oper in das P. aufnehmen; die Weltmeisterschaft wird im zweiten P. übertragen; **b)** *[vorgesehener] Ablauf [einer Reihe] von Darbietungen (bei einer Aufführung, einer Veranstaltung, einem Fest o. Ä.):* ein erlesenes P.; das P. läuft, rollt reibungslos ab; das P. einer Tagung ändern; **c)** *in einem Plan genau festgelegten Einzelheiten eines Vorhabens:* wie sieht mein P. *(Tagesablauf)* [für] heute aus?; * **nach P.** *(so, wie man es sich vorgestellt hat, wie zu erwarten war);* **d)** *festzulegende Folge, programmierbarer Ablauf von Arbeitsgängen* (1) *einer Maschine:* die Waschmaschine schließen und das gewünschte P. einstellen. **2.** *Blatt, Heft, das über eine Veranstaltung [u. ihren vorgesehenen Ablauf] informiert:* was kostet ein P.?; die Steller werden im P. genannt; * **auf jmds./auf dem P. stehen** *(beabsichtigt, geplant sein).* **3.** *Gesamtheit von Konzeptionen, Grundsätzen, die zur Erreichung eines bestimmten Zieles dienen:* das P. einer Partei; ein P. zur Bekämpfung des Hungers in der Dritten Welt; ein P. entwickeln. **4.** (EDV) *Folge von Anweisungen für eine Anlage zur elektronischen Datenverarbeitung zur Lösung einer bestimmten Aufgabe:* ein P. schreiben; dem Computer ein P. eingeben. **5.** (Wirtsch.) *Angebot* (2) *an Artikeln, Waren, Produkten o. Ä.:* das neue P. unserer Polstermöbel.

Pro|gramm|ab|fol|ge, die: *Abfolge der Teile, Darbietungen usw. eines Programms* (1 b).

Pro|gramm|ab|lauf, der: *Programmabfolge.*

Pro|gramm|an|bie|ter, der: *Anbieter eines Programms* (1a, 4), *von Programmen.*

Pro|gramm|an|bie|te|rin, die: w. Form zu ↑ Programmanbieter.

Pro|gramm|än|de|rung, die: *Änderung des Programms* (bes. 1 a, b).

Pro|gramm|an|ge|bot, das: *Angebot einer Fernseh- od. Rundfunkanstalt an Programmen* (1 a).

Pro|gram|ma|tik [österr. auch: ...'mat...], die; -, -en ⟨Pl. selten⟩ (bildungsspr.): *Zielsetzung, Zielvorstellung:* die P. der Partei neu gestalten.

pro|gram|ma|tisch [österr. auch: ...'mat...] ⟨Adj.⟩ (bildungsspr.): **1.** *einem Programm* (3), *einem Grundsatz entsprechend:* -e Beschlüsse. **2.** *richtungweisend, zielsetzend.*

Pro|gramm|bei|rat, der: *(bei bestimmten Rundfunkanstalten) Gremium zur Beratung bzw. Kontrolle des Intendanten, der Intendantin.*

Pro|gramm|be|reich, der: *Bereich eines Unternehmens, der für ein bestimmtes Programm* (5) *od. einen Teil des Programms zuständig ist.*

Pro|gramm|bi|b|lio|thek, die (EDV): *Gesamtheit mehrerer häufig verwendeter, mit Namen versehener Programme* (4) *od. Programmteile, die in einer Datei zusammengefasst sind.*

Pro|gramm|chef, der: *Programmdirektor.*

Pro|gramm|che|fin, die: w. Form zu ↑ Programmchef.

Pro|gramm|code, Programmkode, der (EDV): *Quellcode.*

Pro|gramm|di|rek|tor, der: *jmd., der für das Programm* (1 a) *eines Fernseh-, Rundfunksenders verantwortlich ist.*

Pro|gramm|di|rek|to|rin, die: w. Form zu ↑ Programmdirektor.

Pro|gramm|ent|wurf, der: *Entwurf eines Programms* (3).

Pro|gramm|fül|ler, der (Fernsehen): *Kurzfilm, der eingesetzt werden kann, um Lücken im Programm* (1 a) *zu füllen.*

pro|gramm|ge|mäß ⟨Adj.⟩: *dem Programm* (1 c), *einer bestimmten Vorstellung entsprechend, wie erwartet, wie vorgesehen:* ein -er Beginn.

Pro|gramm|ge|stal|tung, die: *Gestaltung des Programms* (1 a, b).

pro|gramm|ge|steu|ert ⟨Adj.⟩ (EDV): *(von einem Computer o. Ä.) durch ein Programm* (4) *gesteuert, mit Programmsteuerung arbeitend.*

Pro|gramm|heft, das: *Heft, das über eine Veranstaltung [u. ihren vorgesehenen Ablauf] informiert.*

Pro|gramm|hin|weis, der: *(im Fernsehen, Rundfunk) Hinweis auf Sendungen des für die nächsten Stunden od. Tage vorgesehenen Programms.*

pro|gram|mier|bar ⟨Adj.⟩: *sich programmieren lassend:* ein -er Taschenrechner.

pro|gram|mie|ren ⟨sw. V.; hat⟩: **1.** *nach einem Programm* (3) *ansetzen, (im Ablauf) festlegen.*

2. [unter Einfluss von engl. to programme] (EDV) *ein Programm (4) für einen Computer, eine computergesteuerte Anlage o. Ä. aufstellen; einem Computer Instruktionen eingeben:* p. lernen. **3.** *von vornherein auf etw. festlegen:* die Fußballmannschaft ist auf Erfolg programmiert.

Pro|gram|mie|rer, der; -s, -: *jmd., der Schaltungen u. Programme (4) für Maschinen zur elektronischen Datenverarbeitung aufstellt u. erarbeitet* (Berufsbez.).

Pro|gram|mie|re|rin, die; -, -nen: w. Form zu ↑ Programmierer.

Pro|gram|mier|kennt|nis: *Kenntnis, Fähigkeit im Programmieren* (2).

Pro|gram|mier|spra|che, die (EDV): *System von Wörtern u. Symbolen, die zur Formulierung von Programmen (4) für die elektronische Datenverarbeitung verwendet werden.*

Pro|gram|mie|rung, die; -, -en: *das Programmieren.*

Pro|gramm|ki|no, das: *Kino, in dem nach bestimmten Gesichtspunkten ausgewählte Filme gezeigt werden, die in den üblichen Kinos meist nicht [mehr] zu sehen sind.*

Pro|gramm|kode: ↑ Programmcode.

pro|gramm|lich ⟨Adj.⟩: *das Programm (1a, b) betreffend:* die -e Vielfalt, Ausrichtung des Senders; der -e Höhepunkt des Abends; das Musikfestival soll p. ausgebaut werden.

Pro|gramm|ma|cher, Pro|gramm-Ma|cher, der (Jargon): *Programmdirektor:* die Programmmacher müssen sich am Publikumsgeschmack orientieren.

Pro|gramm|ma|che|rin, Pro|gramm-Ma|che|rin, die; w. Form zu ↑ Programmmacher, ↑ Programm-Macher.

pro|gramm|mä|ßig ⟨Adj.⟩ (ugs.): *programmgemäß.*

Pro|gramm|mu|sik, die: *Instrumentalmusik, die eine Thematik, Vorstellungen, Erlebnisse des Komponisten o. Ä. musikalisch auszudeuten sucht [u. über deren außermusikalischen Inhalt der Komponist (im Titel) Auskunft gibt].*

Pro|gramm|pa|ket, das (EDV): *Softwarepaket.*

Pro|gramm|pla|nung, die: *Planung des Programms* (1a, b, 5).

Pro|gramm|punkt, der: *Punkt (4) eines Programms:* diesen P. abschließen.

Pro|gramm|schwer|punkt, der: *Schwerpunkt, wichtigster Punkt eines Programms* (1a, b, 3, 5).

Pro|gramm|start, der: *Start eines Programms* (1a, b, d, 4, 5).

Pro|gramm|steu|e|rung (EDV): *automatische Steuerung eines Geräts durch ein Programm* (4).

Pro|gramm|teil, der: *Teil eines Programms* (1a, b, 3, 4, 5).

Pro|gramm|vor|schau, die: vgl. Programmhinweis.

Pro|gramm|zeit|schrift, die: *Zeitschrift, die die Programme* (1a) *[des Hörfunks u.] des Fernsehens enthält.*

Pro|gress, der; -es, -e [lat. progressus, zu: progressum, 2. Part. von: progredi = fortschreiten] (bildungsspr.): *das Fortschreiten; Fortgang.*

Pro|gres|si|on, die; -, -en: **1.** [lat. progressio] (bildungsspr.) *das Fortschreiten, Weiterentwicklung; [stufenweise] Steigerung.* **2.** (Math. veraltend) *Reihe.* **3.** (Steuerw.) *(bei der Einkommensteuer) Zunahme des Steuersatzes bei wachsender Bemessungsgrundlage.*

pro|gres|siv ⟨Adj.⟩ [frz. progressif, zu: progrès = das Fortschreiten < lat. progressus = Fortgang, Fortschreiten] (bildungsspr.): **1.** *fortschrittlich:* eine -e Konzeption. **2.** *sich in einem steigernden Verhältnis allmählich steigernd, entwickelnd:* eine -e Gehirnlähmung.

Pro|gres|sive Jazz [prəˈɡrɛsɪv ˈdʒæz], der; - - [engl. progressive jazz = fortschrittlicher Jazz]: *Richtung des Jazz, die eine Synthese mit der europäischen Musik anstrebt; orchestraler Jazz.*

Pro|gres|siv|steu|er, die; -, -n (Steuerw.): *Steuer, deren Sätze entsprechend dem zu besteuernden Einkommen, Vermögen o. Ä. ansteigen.*

Pro|hi|bi|ti|on, die; -, -en: **a)** [lat. prohibitio = Verbot] (veraltet) *Verbot;* **b)** ⟨o. Pl.⟩ [engl. prohibition < lat. prohibitio] *staatliches Verbot, Alkohol herzustellen od. abzugeben.*

pro|hi|bi|tiv ⟨Adj.⟩: (bes. Fachspr.): *verhindernd, abhaltend; vorbeugend:* -e Preise, Steuern; die Regelung wirkt p.

Pro|hi|bi|tiv, der; -s, -e (Sprachwiss.): *Modus des Verbs, der ein Verbot, eine Warnung od. Mahnung ausdrückt; verneinte Befehlsform.*

Pro|jekt, das; -[e]s, -e [lat. proiectum = das nach vorn Geworfene, subst. 2. Part. von: proicere, ↑ projizieren]: *[groß angelegte] geplante od. bereits begonnene Unternehmung; [groß angelegtes] Vorhaben:* ein bautechnisches P.; ein P. planen, in Angriff nehmen, verwerfen; sich mit einem P. der Raumfahrt beschäftigen.

Pro|jek|tant, der; -en, -en [zu ↑ projektieren, nach älter frz. projetant = Projektemacher; ↑ -ant] (bes. Bauw.): *jmd., der neue Projekte vorbereitet; Planer.*

Pro|jek|tan|tin, die; -, -nen: w. Form zu ↑ Projektant.

Pro|jekt|ar|beit, die: *Arbeit an, in einem Projekt.*

pro|jekt|be|zo|gen ⟨Adj.⟩: *auf ein bestimmtes Projekt bezogen:* -e Hilfe; das muss p. entschieden werden.

Pro|jekt|ent|wick|ler, der: *jmd., der im Bereich der Projektentwicklung tätig ist.*

Pro|jekt|ent|wick|le|rin, die; w. Form zu ↑ Projektentwickler.

Pro|jekt|ent|wick|lung, die: *Entwicklung, Planung eines Projekts, von Projekten.*

Pro|jek|teur [...ˈtøːɐ̯], der; -s, -e [frz. projeteur] (bes. Technik): *jmd., der etw. projektiert.*

Pro|jek|teu|rin [...ˈtøːrɪn], die; -, -nen: w. Form zu ↑ Projekteur.

pro|jekt|ge|bun|den ⟨Adj.⟩: *(bes. von Geldern) an ein bestimmtes Projekt gebunden:* ein -er Zuschuss.

Pro|jekt|grup|pe, die: *für ein bestimmtes Projekt eingesetzte Arbeitsgruppe.*

pro|jek|tie|ren ⟨sw. V.; hat⟩ (bildungsspr.): *ein Projekt entwerfen:* einen Bau p.

Pro|jek|tie|rung, die; -, -en: *das Projektieren.*

Pro|jek|til, das; -s, -e [frz. projectile] (Fachspr.): **1.** *Geschoss [von Handfeuerwaffen].* **2.** (Jargon) *Rakete.*

Pro|jekt|in|ge|ni|eur, der: *Ingenieur, der projektgebundene technische Aufgaben erledigt.*

Pro|jekt|in|ge|ni|eu|rin, die: w. Form zu ↑ Projektingenieur.

Pro|jek|ti|on, die; -, -en [lat. proiectio = das Hervorwerfen]: **1.** (Optik) **a)** *das Projizieren* (1); **b)** (selten) *auf eine helle Fläche projiziertes Bild.* **2.** (Math., Geogr.) **a)** *das Projizieren* (2); **b)** *auf eine Ebene projizierte Abbildung eines räumlichen Körpers.* **3.** (Geogr.) **a)** *das Abbilden von Teilen der Erdoberfläche auf einer Ebene mithilfe von verschiedenen Gradnetzen;* **b)** *auf eine Ebene projizierte Abbildung von Teilen der Erdoberfläche.* **4.** (Math.) *das Projizieren* (3); *Übertragung von Gefühlen u. Ä. auf andere:* die P. menschlicher Eigenschaften auf das Tier. **5.** (bildungsspr.) *das Projizieren* (4).

Pro|jek|ti|ons|ap|pa|rat, der: *Projektor.*

Pro|jek|ti|ons|ebe|ne, die (Math.): *Ebene, auf die ein räumlicher Körper projiziert* (2) *wird.*

Pro|jek|ti|ons|flä|che, die: *helle Fläche, auf die Bilder projiziert werden können.*

Pro|jek|ti|ons|lam|pe, die: ¹*Lampe* (2) *eines Projektors.*

Pro|jek|ti|ons|strahl, der: **1.** (Optik) *Lichtstrahl eines Projektors.* **2.** (Math.) *bei der Projektion* (2) *Gerade, die von einem Punkt des abzubildenden räumlichen Körpers hin zur Bildebene gezeichnet wird.*

Pro|jek|ti|ons|ver|fah|ren, das (Geogr.): *Verfahren der Projektion* (3 a).

Pro|jek|ti|ons|wand, die: vgl. Projektionsfläche.

pro|jek|tiv ⟨Adj.⟩: **1.** (Math.) *die Projektion betreffend, zu ihr gehörend, auf ihr beruhend.* **2.** (bildungsspr.) *die Projektion* (4) *betreffend, zu ihr gehörend, auf ihr beruhend, projizierend* (3).

Pro|jekt|lei|ter, der: ¹*Leiter* (1) *eines Projekts.*

Pro|jekt|lei|te|rin, die: w. Form zu ↑ Projektleiter.

Pro|jekt|lei|tung, die: **1.** *leitende Person[en] im Rahmen eines Projekts:* die P. hat diese Maßnahme angeregt. **2.** *Leitung* (1 a) *eines Projekts:* sie hat die P. übernommen.

Pro|jekt|ma|nage|ment, das: *Gesamtheit der Planungs-, Leitungs- und Kontrollaktivitäten, die bei [größeren] Projekten anfallen.*

Pro|jekt|ma|na|ger, der: *jmd., der im Projektmanagement tätig ist.*

Pro|jekt|ma|na|ge|rin, die: w. Form zu ↑ Projektmanager.

Pro|jek|tor, der; -s, ...oren: *Gerät, mit dem man Bilder auf einer hellen Fläche vergrößert wiedergeben kann.*

Pro|jekt|part|ner, der: *Person, Firma o. Ä., die an einem Projekt beteiligt ist.*

Pro|jekt|part|ne|rin, die: w. Form zu ↑ Projektpartner.

Pro|jekt|tag, der (Schule): vgl. Projektwoche.

Pro|jekt|team, das: *Projektgruppe.*

Pro|jekt|wo|che, die (Schule): *Unterrichtswoche, in der sich Schülerinnen u. Schüler meist in einzelnen Gruppen je einem bestimmten Projekt zuwenden, das fachübergreifend von ihnen bearbeitet wird.*

pro|ji|zie|ren ⟨sw. V.; hat⟩ [lat. proicere = nach vorn werfen; (räumlich) hervortreten lassen, hinwerfen]: **1.** (Optik) *Bilder mit einem Projektor auf einer Projektionsfläche vergrößert wiedergeben.* **2.** (Math., Geogr.) *einen räumlichen Körper, Teile der Erdoberfläche mithilfe von Geraden, verschiedener Gradnetze auf einer Ebene abbilden.* **3.** (bildungsspr.) *in jmdn., etw. hineinverlegen; auf jmdn. etw. übertragen:* Ängste in andere, auf die Außenwelt p.

Pro|ji|zie|rung, die; -, -en: *Projektion* (1–4).

Pro|ka|ry|ont, Pro|ka|ry|ot, der; -en, -en [zu griech. pró = anstatt u. káryon = Kern] (Biol.): *Organismus, dessen Zelle keinen durch eine Membran getrennten Zellkern aufweist.*

Pro|kla|ma|ti|on, die; -, -en [frz. proclamation < spätlat. proclamatio = das Ausrufen, zu lat. proclamare, ↑ proklamieren] (bildungsspr.): *öffentliche [amtliche] Erklärung; feierliche Verkündigung:* die P. der Menschenrechte.

pro|kla|mie|ren ⟨sw. V.; hat⟩ [frz. proclamer < lat. proclamare = laut ausrufen, schreien] (bildungsspr.): *öffentlich [u. amtlich] erklären; feierlich verkünden:* eine Idee, einen Staat p.

Pro|kla|mie|rung, die; -, -en: *das Proklamieren; das Proklamiertwerden.*

Pro|kli|se, Pro|kli|sis, die; -, ...isen [zu griech. proklínein = vorwärtsneigen] (Sprachwiss.): *Anlehnung eines unbetonten Wortes an ein folgendes betontes* (z. B. der Tisch; am Tisch).

Pro|kon|sul, der; -s, -n [lat. proconsul]: *(im Rom der Antike) ehemaliger Konsul als Statthalter einer Provinz.*

Pro|kon|su|lat, das; -[e]s, -e [lat. proconsulatus]: *Amt eines Prokonsuls.*

Pro|Kopf|Ein|kom|men, das: *durchschnittliches, statistisch ermitteltes Einkommen, über das theoretisch jeder Einwohner eines Landes verfügt.*

Pro-Kopf-Ver|brauch, der: *statistisch ermittelter, durchschnittlicher Verbrauch je Einwohner eines Landes.*

Pro|k|rus|tes|bett, das ⟨Pl. selten⟩ [nach Prokrustes, einem Unhold der griech. Sage, der bei ihm einkehrende Wanderer in ein Bett zwang, indem er überstehende Gliedmaßen abhieb od. zu kurze mit Gewalt streckte] (bildungsspr.): *Schema, in das jmd., etw. gezwängt wird.*

Prok|t|al|gie, die; -, -n [zu griech. pröktós = Steiß; After; Mastdarm u. álgos = Schmerz] (Med.): *neuralgischer Schmerz in After u. Mastdarm.*

Prok|ti|tis, die; -, ...titiden (Med.): *Entzündung des Mastdarms.*

Prok|to|lo|gie, die; - [↑-logie] (Med.): *Wissenschaft u. Lehre von den Erkrankungen des Mastdarms.*

prok|to|lo|gisch ⟨Adj.⟩ (Med.): *die Proktologie betreffend, auf ihr beruhend.*

Pro|ku|ra, die; -, ...ren [ital. procura, zu: procurare < lat. procurare = Sorge tragen, pflegen; verwalten] (Kaufmannsspr.): *einem od. einer Angestellten erteilte handelsrechtliche Vollmacht, alle Arten von Rechtsgeschäften für den Betrieb vorzunehmen:* P. haben.

Pro|ku|ra|ti|on, die; -, -en: **1.** *Stellvertretung durch Bevollmächtigte.* **2.** *Vollmacht.*

Pro|ku|ra|tor, der; -s, ...oren: **1.** [lat. procurator] *(im Rom der Antike) Statthalter einer Provinz.* **2.** [(älter) ital. procuratore] *(im Mittelalter) einer der neun höchsten Staatsbeamten der Republik Venedig, aus denen der Doge gewählt wird.* **3.** *Vermögensverwalter eines Klosters.*

Pro|ku|ren: Pl. von ↑ Prokura.

Pro|ku|rist, der; -en, -en: *Inhaber der Prokura.*

Pro|ku|ris|tin, die; -, -nen: w. Form zu ↑ Prokurist.

pro|la|bie|ren ⟨sw. V.; hat/ist⟩ [lat. prolabi = vorwärtsfallen, herabfallen] (Med.): *(von Teilen innerer Organe) aus einer natürlichen Körperöffnung heraustreten; vorfallen (2 b).*

Pro|lak|tin, das; -s, -e [zu lat. pro = für; zugunsten von u. lac (Gen.: lactis) = Milch] (Biol., Med.): *Geschlechtshormon, das u. a. die Produktion von Milch während der Stillzeit anregt.*

Pro|laps, der; -es, -e, **Pro|lap|sus,** der; -, - [...psu:s; zu lat. prolapsum, 2. Part. von: prolabi, ↑ prolabieren] (Med.): *[teilweises] Heraustreten eines inneren Organs od. eines seiner Teile aus einer natürlichen Körperöffnung; Vorfall (2).*

Pro|le|go|me|non [auch: ...'gɔmenɔn], das; -s, ...mena [griech. prolegómenon = vorher Gesagtes, zu: prolégein = vorher sagen] (Wissensch.): **1.** ⟨Pl.⟩ **a)** *Vorrede zu einem wissenschaftlichen Werk; Vorbemerkung;* **b)** *wissenschaftliche Arbeit mit noch vorläufigem Charakter.* **2.** (selten) *Vorbemerkung.*

Pro|let, der; -en, -en [rückgeb. aus ↑ Proletarier]: **1.** (ugs. veraltend) *Proletarier (1).* **2.** (abwertend) *jmd., der keine Umgangsformen hat.*

Pro|le|ta|ri|at, das; -[e]s, -e ⟨Pl. selten⟩ [frz. prolétariat, zu: prolétaire < lat. proletarius, ↑ Proletarier]: **1.** (marx.) *in einer kapitalistischen Gesellschaft Klasse der abhängig Beschäftigten (die keine eigenen Produktionsmittel besitzen): dem* P. angehören. **2.** *Klasse der ärmsten Bürger im antiken Rom.*

Pro|le|ta|ri|er, der; -s, - [lat. proletarius = Angehöriger des Proletariats (2), als der einzige Besitz seine Kinder hat, zu: proles = Nachkomme]: **1.** *Angehöriger des Proletariats (1):* P. aller Länder, vereinigt euch! (Schlusssatz des »Kommunistischen Manifests« von Karl Marx u. Friedrich Engels; Wahlspruch der kommunistischen Parteien). **2.** *Angehöriger des Proletariats (2).*

Pro|le|ta|ri|e|rin, die; -, -nen: w. Form zu ↑ Proletarier.

Pro|le|ta|ri|er|vier|tel, das: *[vorwiegend] von Proletariern (1) bewohntes Stadtviertel.*

pro|le|ta|risch ⟨Adj.⟩: *das Proletariat (1) betreffend, dazu gehörend, davon ausgehend, dafür charakteristisch:* seine -e Herkunft verleugnen.

pro|le|ta|ri|sie|ren ⟨sw. V.; hat⟩ (bildungsspr.): *(eine Bevölkerungsgruppe) zu Proletarier[inne]n machen, werden lassen:* Teile des Mittelstandes wurden proletarisiert.

pro|le|ten|haft ⟨Adj.⟩ (abwertend): *sich wie ein Prolet (2) verhaltend; ungebildet u. ungehobelt.*

Pro|le|tin, die; -, -nen: w. Form zu ↑ Prolet.

Pro|let|kult, der; -[e]s [russ. Kurzwort aus **prolet**arskaja **kul**'tura = proletarische Kultur]: *kulturrevolutionäre Bewegung der russischen Oktoberrevolution mit dem Ziel, eine proletarische Kultur zu entwickeln.*

¹**Pro|li|fe|ra|ti|on,** die; -, -en [zu lat. proles u. ferre, ↑ ²Proliferation] (Med.): *[krankhafte] Wucherung von Gewebe durch Vermehrung von Zellen.*

²**Pro|li|fe|ra|tion** [proʊlɪfəˈreɪʃən], die; - [engl. proliferation < frz. proliferation = Aus-, Verbreitung, zu: prolifere = Nachwuchs hervorbringen, zu lat. proles (↑ Prolet) u. ferre = tragen] (Politik): *Weitergabe von Atomwaffen od. Mitteln zu deren Herstellung.*

pro|li|fe|rie|ren ⟨sw. V.; hat⟩ (Med.): *wuchern.*

Proll, der; -en, -s [zu ↑ Prol] (salopp abwertend): *ungehobelter, ungebildeter, ordinärer Mensch; Prolet (2):* ein P. mit Bierdose in der Hand.

prol|len ⟨sw. V.; hat⟩ [zu ↑ Proll] (salopp abwertend): *sich wie ein Prolet (2) aufführen.*

prol|lig ⟨Adj.⟩ (salopp abwertend): *proletenhaft.*

Prol|lo, der; -s, -s (salopp, bes. Jugendspr., abwertend): *ungehobelter, ungebildeter, ordinärer Mensch, Prolet (2).*

Pro|log, der; -[e]s, -e [mhd. prologe < lat. prologus < griech. prólogos]: **1. a)** *Vorspiel eines dramatischen Werkes; Vorspruch:* den P. sprechen; **b)** *Vorrede, Vorwort, Einleitung eines literarischen Werkes.* **2.** (Radsport) *Rennen (meist Zeitfahren), das den Auftakt eines über mehrere Etappen gehenden Radrennens bildet.*

Pro|lon|ga|ti|on, die; -, -en [zu ↑ prolongieren]: **a)** (Wirtsch.) *Verlängerung einer Laufzeit (1 a);* **b)** (bes. österr.) *Verlängerung einer Laufzeit (2).*

pro|lon|gie|ren ⟨sw. V.; hat⟩ [spätlat. prolongare = verlängern, zu lat. longus = lang]: **a)** (Wirtsch.) *die Laufzeit (1 a) von etw. verlängern:* einen Kredit p.; **b)** (bes. österr.) *die Laufzeit (2) von etw. verlängern:* einen Vertrag p., ein Mietverhältnis p.

Pro|me|mo|ria, das; -s, ...ien u. -s (bildungsspr. veraltet): **a)** *Denkschrift;* **b)** *Merkzettel, Merkbuch;* ◆ **c)** *Bittschrift, Eingabe (1):* ... wenn ich dermalein ein P. bringe (Schiller, Kabale II, 6).

pro me|mo|ria [lat.; ↑ Memoiren] (bildungsspr.): *zum Gedächtnis, zur Erinnerung* (Abk.: p. m.)

Pro|me|na|de, die; -, -n [frz. promenade, zu: promener, ↑ promenieren]: **1.** *besonders angelegter, breiter, gepflegter Spazierweg.* **2.** (veraltend) *Spaziergang, bes. in einer Promenade (1):* Hier ist Savoyen. Die Landschaft der Rousseau, Amiel und Senancour. Landschaft der einsamen -n und der intimen Journale (Strauß, Niemand 189).

Pro|me|na|den|deck, das: *Deck eines Fahrgastschiffes für den Aufenthalt im Freien.*

Pro|me|na|den|kon|zert, das: *auf der Promenade (1) im Freien veranstaltetes Konzert.*

Pro|me|na|den|mi|schung, die (scherzh., auch abwertend): *aus zufälliger Kreuzung hervorgegangener, keiner Rasse zuzuordnender Hund.*

pro|me|nie|ren ⟨sw. V.⟩ [frz. (se) promener < mfrz. po(u)r mener, aus: po(u)r = im Kreis u. mener < spätlat. minare = (an)treiben, führen] (geh.): **a)** ⟨hat⟩ *an einem belebten Ort, auf einer Promenade o. Ä. langsam auf und ab gehen;* **b)** ⟨ist⟩ *sich promenierend (a) irgendwohin bewegen:* durch den Park p.

Pro|mes|se, die; -, -n [frz. promesse, zu: promettre < lat. promittere = versprechen]: **1.** (österr. Bankw., sonst veraltet) *Schuldverschreibung.* ◆ **2.** *Versprechung, Verheißung:* Wenn es nicht die -n Ihrer Gestalt sind ... (Schiller, Kabale IV, 7).

pro|me|the|isch ⟨Adj.⟩ [nach Prometheus, dem Titanen der griechischen Mythologie] (bildungsspr.): *an Kraft, Größe alles überragend, titanisch (2):* eine -e Tat.

Pro|me|thi|um, das; -s (Chemie): *zu den seltenen Erden gehörendes, radioaktives, fluoreszierendes Metall (chemisches Element; Zeichen: Pm).*

¹**Pro|mi,** der; -s, -s (ugs.): *prominente männliche Persönlichkeit; Prominenter:* ein P. wie Oliver Kahn.

²**Pro|mi,** die; -, -s (ugs.): *prominente weibliche Persönlichkeit; Prominente:* eine P. wie Julia Roberts.

pro mil|le [lat.] (bes. Kaufmannsspr.): **a)** *für, pro tausend; fürs Tausend:* für die Schrauben zahle ich p. m. 50 Euro; **b)** *vom Tausend* (Abk.: p. m., Zeichen: ‰): er hat 1,8 p. m. Alkohol im Blut.

Pro|mil|le, das; -[s], -: **a)** *tausendster Teil, Tausendstel* (Hinweis bei Zahlenangaben, die sich auf die Vergleichszahl 1 000 beziehen; Zeichen: ‰): die Provision beträgt 70 P.; **b)** ⟨Pl.⟩ (ugs.) *(messbarer) Alkoholgehalt im Blut:* er fährt nur ohne P.

Pro|mil|le|gren|ze, die: *gesetzlich festgelegter Grenzwert des Alkoholgehalts im Blut bei Kraftfahrern:* die P. liegt bei 0,5 Promille.

Pro|mil|le|satz, der: vgl. Prozentsatz.

pro|mi|nent ⟨Adj.⟩ [lat. prominens (Gen.: prominentis), adj. 1. Part. von: prominere = hervorragen]: **1.** [beeinflusst von engl. prominent = bedeutend, bekannt od. daraus entlehnt] *beruflich od. gesellschaftlich weithin bekannt, berühmt, einen besonderen Rang einnehmend:* ein -er Gast, p. sein; ⟨subst.:⟩ es waren auch einige Prominente anwesend. **2.** (bildungsspr.) *herausragend, bedeutend, maßgebend:* eine -n P-er Bedeutung.

Pro|mi|nen|ten|spiel, das (Sport): *[für wohltätige Zwecke veranstaltetes] Spiel (1 d), das von Prominenten bestritten wird.*

Pro|mi|nen|ten|tref|fen, das: **1.** *Zusammenkunft prominenter Persönlichkeiten.* **2.** (Sportjargon) *Prominentenspiel.*

Pro|mi|nenz, die; -, -en [engl. prominence < spätlat. prominentia = das Hervorragen]: **1.** ⟨o. Pl.⟩ *Anzahl von Prominenten [in einem bestimmten Bereich]:* zur P. gehören. **2.** ⟨o. Pl.⟩ (bildungsspr.) **a)** *das Prominentsein;* **b)** (selten) *prominente (2) Bedeutung:* er hat die P. dieser Frage erkannt. **3.** ⟨Pl.⟩ *prominente (1) Persönlichkeiten:* Autogramme von -en sammeln.

Pro|mis|ku|i|tät, die; - [zu lat. promiscuus = gemischt] (bildungsspr.): *Geschlechtsverkehr mit beliebigen, häufig wechselnden Partnern.*

pro|mis|ku|i|tiv ⟨Adj.⟩: (bildungsspr.) *in Promiskuität lebend; durch Promiskuität gekennzeichnet.*

pro|mo|ten [auch: ...moʊ...] ⟨sw. V.; hat⟩ [engl. to promote, ↑ Promoter]: *für jmdn., etwas Werbung betreiben, Reklame machen:* ein Projekt, einen Roman, eine Band p.

Pro|mo|ter [proˈmoːtɐ, ...ˈmoʊ...], der; -s, - [engl. promoter, zu: to promote = fördern; für jmdn., etw. Werbung treiben, zu lat. promotum, 2. Part. von: promovere, ↑ promovieren]: **1.** (bes. Boxen,

Ringen, Radsport) *Veranstalter von professionellen Wettkämpfen.* **2.** (Showgeschäft) *Veranstalter, Organisator von Konzerten, Tourneen, Popfestivals o. Ä.*

Pro|mo|te|rin [pro'mo:tərɪn], die; -, -nen: w. Form zu ↑ Promoter.

¹Pro|mo|ti|on, die; -, -en [spätlat. promotio = Beförderung (zu einem ehrenvollen Amt), zu: promovere, ↑ promovieren]: **1. a)** *Verleihung der Doktorwürde:* jmdm. zur P. gratulieren; Promotion sub auspiciis [praesidentis rei publica] (österr.; *für durchgängig hervorragende Leistungen in Schule, Studium u. Doktoratsexamen verliehene Ehrenpromotion unter der Schirmherrschaft des Präsidenten*); **b)** (österr.) *offizielle Feier, bei der die Doktorwürde verliehen wird:* meine P. findet morgen statt. **2.** (schweiz.) **a)** *Beförderung* (2); **b)** *Versetzung in die nächste Klasse:* P. gefährdet; **c)** (Sport) *Aufstieg, Vorrücken in die nächsthöhere Klasse, die nächste Runde.*

²Pro|mo|tion [pro'mo:ʃn, ...'mouʃn], die; -, -s [engl. promotion] (Wirtsch.): *Förderung des Absatzes* (3); *Werbung [durch besondere Werbemaßnahmen (z. B. Verteilung von Warenproben)]:* P. für ein Produkt machen.

Pro|mo|ti|ons|ord|nung, die: *Prüfungsordnung für Promotionen.*

Pro|mo|ti|ons|recht, das ⟨o. Pl.⟩: *Recht (einer Fakultät, Hochschule), die Doktorwürde zu verleihen.*

Pro|mo|ti|on|tour [prə'mouʃən...], die: *der ²Promotion* (1) *dienende Tour* (1), *an der häufig prominente Persönlichkeiten beteiligt sind.*

Pro|mo|tor, der; -s, ...oren [lat. promotor = Vermehrer, zu promotum, ↑ Promoter]: **1.** (bildungsspr.) *jmds. Manager, Förderer.* **2.** (österr.) *Professor, der die formelle Verleihung der Doktorwürde vornimmt.*

Pro|mo|to|rin, die; -, -nen: w. Form zu ↑ Promotor.

Pro|mo|vend, der; -en, -en [zu lat. promovere, ↑ promovieren]: *jmd., der kurz vor seiner ¹Promotion* (a) *steht.*

Pro|mo|ven|din, die; -, -nen: w. Form zu ↑ Promovend.

pro|mo|vie|ren ⟨sw. V.; hat⟩ [lat. promovere = vorwärtsbewegen; befördern, zu: movere, ↑ Motor]: **1. a)** *die Doktorwürde erlangen:* sie hat [zum Doktor der Medizin, in Geschichte] promoviert; **b)** *(über ein bestimmtes Thema) eine Dissertation schreiben.* **2.** *jmdm. die Doktorwürde verleihen:* jmdn. zum Doktor der Medizin p. **3.** (bildungsspr. veraltend) *fördern, unterstützen.*

prompt ⟨Adj.⟩ [frz. prompt = bereit, schnell < lat. promptus = gleich zur Hand, bereit, eigtl. = hervorgeholt, dann: zur Stelle, adj. 2. Part. von: promere = hervorholen]: **1.** *unverzüglich, unmittelbar (als Reaktion auf etw.) erfolgend:* eine -e Antwort. **2.** (ugs., meist iron.) *einer Befürchtung, Erwartung genau entsprechend; tatsächlich:* ihr Mann ist auf den Trick p. hereingefallen.

Promp|ter, der; -s, -: Kurzf. von ↑ Teleprompter.

pro|mul|gie|ren ⟨sw. V.; hat⟩ [lat. promulgare] (bildungsspr.): *(ein Gesetz o. Ä.) öffentlich bekannt machen.*

Pro|no|men, das; -s, - u. ...mina [lat. pronomen, aus: pro = vor u. nomen, ↑ Nomen] (Sprachwiss.): *(deklinierbares) Wort, das ein [im Kontext vorkommendes] Nomen vertritt od. ein Nomen, dem es zusammen auftritt, näher bestimmt; Fürwort.*

pro|no|mi|nal ⟨Adj.⟩ [spätlat. pronominalis] (Sprachwiss.): *das Pronomen betreffend; in Form, mithilfe eines Pronomens:* ein -es Subjekt.

pro|no|mi|nal|ad|jek|tiv, der (Sprachwiss.): *Adjektiv, das die Beugung eines nachfolgenden [substantivierten] Adjektivs teils wie ein Adjektiv, teils wie ein Pronomen beeinflusst* (z. B. beide, mehrere, kein).

Pro|no|mi|nal|ad|verb, das (Sprachwiss.): *(aus einem alten pronominalen Stamm u. einer Präposition gebildetes) Adverb, das eine Fügung aus Präposition u. Pronomen vertritt; Umstandsfürwort* (z. B. »darüber« für »über es«, »über das«).

Pro|no|mi|na|le, das; -s, ...lia u. ...lien (Sprachwiss.): *Pronomen, das die Qualität od. die Quantität bezeichnet* (z. B. lat. qualis = was für ein?, tantus = so groß).

pro|non|cie|ren [pronõ'siːrən] ⟨sw. V.; hat⟩ [frz. prononcer < lat. pronuntiare] (bildungsspr. veraltet): **1.** *[öffentlich] aussprechen, erklären.* **2.** *mit Nachdruck aussprechen, stark betonen.*

pro|non|ciert ⟨Adj.⟩ (bildungsspr.): **a)** *eindeutig, entschieden:* einen -en Standpunkt vertreten; sich p. für etw. aussprechen; **b)** *deutlich ausgeprägt:* -e Konturen.

¹Proof [pruːf], das; -, - [engl. proof, eigtl. = Beweis (für etw.); Probe < mengl. preve < afrz. preuve < mlat. proba, ↑ Probe]: *Maß für den Alkoholgehalt von Getränken.*

²Proof [pruːf], der, auch: das; -s, -s [engl. proof, ↑ ¹Proof] (Druckw.): *Probeabzug.*

Proo|fing ['pruːfɪŋ], das; -s: *(meist am Bildschirm stattfindendes) Überprüfen von Daten, die für elektronische Publikationen bestimmt sind.*

Pro|pä|deu|tik, die; -, -en [zu griech. propaideúein = vorher unterrichten, aus: pró = vor(her) u. paideúein = unterrichten] (Wissensch.): **a)** ⟨o. Pl.⟩ *Einführung in ein Studienfach;* **b)** *wissenschaftliches Werk, das in ein bestimmtes Studienfach einführt:* eine P. zur Philosophie.

Pro|pä|deu|ti|kum, das; -s, ...ka (schweiz.): *medizinische Vorprüfung.*

pro|pä|deu|tisch ⟨Adj.⟩ (bildungsspr.): *in ein Studienfach einführend.*

Pro|pa|gan|da, die; - [gek. aus nlat. Congregatio de propaganda fide = (Päpstliche) Gesellschaft zur Verbreitung des Glaubens, zu lat. propagare, ↑ propagieren]: **1.** *systematische Verbreitung politischer, weltanschaulicher o. ä. Ideen u. Meinungen mit dem Ziel, das allgemeine Bewusstsein in bestimmter Weise zu beeinflussen:* P. machen; eine breite P. [für etw.] entfalten. **2.** (bes. Wirtsch.) *Werbung, Reklame:* er macht P. für sein Buch.

Pro|pa|gan|da|ap|pa|rat, der; ⟨Pl. selten⟩ (abwertend): *zum Zwecke der Propaganda* (1) *aufgebauter Apparat* (2).

Pro|pa|gan|da|chef, der: *jmd., der für die [offizielle] Propaganda* (1) *verantwortlich ist.*

Pro|pa|gan|da|che|fin, die: w. Form zu ↑ Propagandachef.

Pro|pa|gan|da|feld|zug, der: *Feldzug* (2) *zum Zweck der Propaganda.*

Pro|pa|gan|da|film, der: *propagandistischen Zwecken dienender Film.*

Pro|pa|gan|da|kam|pa|gne, die: vgl. Propagandafeldzug.

Pro|pa|gan|da|lü|ge, die (abwertend): *zu propagandistischen Zwecken verbreitete Lüge.*

Pro|pa|gan|da|ma|te|ri|al, das: **a)** *für propagandistische Zwecke hergestelltes Material;* **b)** (Wirtsch.) *für Reklame- u. Werbezwecke hergestelltes Material.*

Pro|pa|gan|da|mi|nis|ter, der (nationalsoz. Jargon): vgl. Propagandachef.

pro|pa|gan|da|wirk|sam ⟨Adj.⟩: *werbewirksam.*

Pro|pa|gan|da|zweck, der, ⟨meist Pl.⟩: *propagandistischer Zweck:* das geschah nur zu -en.

Pro|pa|gan|dist, der; -en, -en: **1.** *jmd., der Propaganda* (1) *treibt:* die von den -en des russi-

schen Präsidenten verbreitete Version wirkte nicht überzeugend. **2.** [russ. propagandist < frz. propagandiste] (DDR) *jmd., der im Rahmen von Schulungen o. Ä. politische u. weltanschauliche Ideen, Theorien erläutert [u. verbreitet].* **3.** (Wirtsch.) *jmd., der für ein bestimmtes Produkt wirbt; Werbefachmann:* die -en der pharmazeutischen Werke. **4.** (bildungsspr.) *jmd., der jmdn., etw. propagiert; Befürworter, Förderer.*

Pro|pa|gan|dis|tin, die; -, -nen: w. Form zu ↑ Propagandist.

pro|pa|gan|dis|tisch ⟨Adj.⟩: **1.** *die Propaganda* (1) *betreffend, ihr entsprechend; mit den Mitteln der Propaganda:* -e Ziele; etw. p. auswerten. **2.** (bes. Wirtsch.) *die Werbung betreffend:* -e Maßnahmen.

pro|pa|gie|ren ⟨sw. V.; hat⟩ [unter Einfluss von ↑ ¹Propaganda (1) zu lat. propagare = (weiter) ausbreiten, fortpflanzen; ¹pfropfen] (bildungsspr.): *für etw. werben, sich dafür einsetzen.*

Pro|pa|gie|rung, die; -, -en (bildungsspr.): *das Propagieren; das Propagiertwerden:* die P. einer neuen Idee, des Solidaritätsprinzips, von Safer Sex.

Pro|pan, das; -s [Kurzwort aus ↑ Propylen u. ↑ Methan]: *(bes. als Brenngas verwendeter) gasförmiger Kohlenwasserstoff.*

Pro|pan|gas, das ⟨o. Pl.⟩: = Propan.

Pro|pel|ler, der; -s, - [engl. propeller, eigtl. = Antreiber, zu: to propel < lat. propellere = antreiben, zu: pellere, ↑ puls]: **1.** *dem Antrieb dienendes Teil von [Luft]fahrzeugen, das aus zwei od. mehreren in gleichmäßigen Abständen um eine Nabe angeordneten Blättern* (5) *besteht u. das durch den Motor in schnelle Rotation versetzt wird.* **2.** *Schiffsschraube.*

Pro|pel|ler|an|trieb, der: *Antrieb durch [einen] Propeller.*

Pro|pel|ler|blatt, das: *Blatt* (5) *eines Propellers.*

Pro|pel|ler|flug|zeug, das: *Flugzeug mit Propellerantrieb.*

Pro|pel|ler|ma|schi|ne, die: *Propellerflugzeug.*

Pro|pel|ler|tur|bi|ne, die (Technik): *Wasserturbine mit einem propellerartigen Laufrad* (1 a).

Pro|pen: ↑ Propylen.

pro|per ⟨Adj.⟩ [frz. propre < lat. proprius = eigen, eigentümlich, wesentlich] (veraltend): **a)** *durch ein gepflegtes, angenehmes Äußeres ansprechend:* ein -er Jüngling; **b)** *ordentlich u. sauber [gehalten]:* ein -es Zimmer; Er lässt sich nicht gehen und hält sich p. (Werfel, Tod 12); **c)** *sorgfältig, solide ausgeführt, gearbeitet.*

Pro|pha|se, die [aus griech. pró = vor u. ↑ Phase] (Genetik): *erste Phase der indirekten Kernteilung.*

Pro|phet, der; -en, -en [mhd. prophēt(e), lat. propheta < griech. prophḗtēs, zu: prophánai = vorhersagen, verkünden]: **1.** *jmd., der sich von seinem Gott berufen fühlt, als Mahner u. Weissager die göttliche Wahrheit zu verkünden u. der als religiöse Autorität anerkannt wird:* der P. Amos; der P. [Allahs] (islam. Bez. für Mohammed); das Buch eines Jeremia; Gott berief ihn zum -en; Ü die -en einer Drogenkultur; ich bin doch kein P.! (ugs.; *das weiß ich natürlich auch nicht!*); man braucht kein P. zu sein, um das vorauszusehen; Spr der P. gilt nichts in seinem Vaterland[e] (*jmds. Fähigkeiten, Gaben o. Ä. werden von seiner näheren Umgebung, in der eigenen Heimat oft nicht anerkannt, gewürdigt;* nach Matth. 13, 57). **2.** ⟨meist Pl.⟩ (Rel.) *prophetisches Buch des Alten Testaments.*

Pro|phe|ten|ga|be, die ⟨Pl. selten⟩ (geh.): *Gabe der Prophetie.*

Pro|phe|tie, die; -, -n [mhd. prophētīe, prophēzīe < (spät)lat. prophetia < griech. prophēteía] (geh.): *Voraussage eines zukünftigen Gesche-*

hens durch eine Prophetin, einen Propheten (1); *Prophezeiung, Weissagung:* die alte P. erfüllte sich nicht.

Pro|phe|tin, die; -, -nen: w. Form zu ↑ Prophet (1).

pro|phe|tisch ⟨Adj.⟩ [mhd. prophētisch < (spät)lat. propheticus < griech. prophētikós]: **1.** *von einer Prophetin, einem Propheten* (1) *stammend; zu ihr, ihm gehörend:* die -en Bücher des Alten Testaments; eine -e Gabe besitzen. **2.** *eine intuitive Prophezeiung enthaltend:* -e Worte.

pro|phe|zei|en ⟨sw. V.; hat⟩ [mhd. prophētīen, prophēzīen]: *(etw. Zukünftiges) aufgrund bestimmter Kenntnisse, Erfahrungen od. Ahnungen voraussagen, vorhersagen:* ein Wahlergebnis [richtig] p.; jmdm. eine große Karriere p.

Pro|phe|zei|ung, die; -, -en [mhd. prophēzīunge]: **1.** *das Prophezeien; Aussage über die Zukunft; Weissagung:* seine -en haben sich bewahrheitet; düstere -en machen. **2.** (selten) *das Prophezeien.*

Pro|phy|lak|ti|kum, das; -s, ...ka [zu griech. prophylaktikós = schützend] (Med.): *vorbeugendes Medikament.*

pro|phy|lak|tisch ⟨Adj.⟩ [griech. prophylaktikós]: **1.** (Med.) *gegen eine Erkrankung vorbeugend:* eine -e Behandlung. **2.** (bildungsspr.) *dazu dienend, etw. Unerwünschtes zu verhindern; vorbeugend:* -e Maßnahmen [zur Verhütung von Verbrechen]; aus -en Gründen *(aus Gründen der Vorbeugung);* ... wir waren natürlich sofort wieder p. in Deckung gegangen und hatten unser bewährtes Verteidigungssystem renoviert (Schnurre, Ich 124).

Pro|phy|la|xe, Pro|phy|la|xis, die; -, ...laxen ⟨Pl. selten⟩ [griech. prophýlaxis = Vorsicht, zu: prophylássein, ↑ prophylaktisch] (Med.): *einer Erkrankung vorbeugende Maßnahme[n]; Vorbeugung:* sich durch eine geeignete P. schützen; ein Mittel zur P. [gegen Grippe].

◆ **pro|po|nie|ren** ⟨sw. V.; hat⟩: **1.** [lat. proponere] *vorschlagen:* ... um in einer zweiten Ansprache das allgemeine Familien-Du zu p. (Fontane, Effi Briest 15). **2.** *beantragen.*

Pro|por|ti|on, die; -, -en [lat. proportio = das entsprechende Verhältnis; Ebenmaß, aus: pro = im Verhältnis zu u. portio, ↑ Portion]: **1.** (bildungsspr.) *[Größen]verhältnis verschiedener Teile eines Ganzen zueinander:* Länge und Breite stehen in der richtigen P. zueinander. **2.** (Math.) **a)** *durch einen Quotienten ausdrückbares Verhältnis zweier od. mehrerer Zahlen zueinander:* die P. zwei zu drei, 2 : 3; **b)** *Gleichung, in der zwei Proportionen* (2 a) *gleichgesetzt sind; Verhältnisgleichung.* **3.** (Musik) *(in der Mensuralnotation) Proportion* (2 a), *die angibt, in welchem Maß die Notenwerte der folgenden Noten gegenüber dem vorherigen Wert verändert sind.*

pro|por|ti|o|nal ⟨Adj.⟩: **1.** [spätlat. proportionalis] (bildungsspr.) *nach Größe, Grad, Anzahl, Intensität o. Ä. in einem ausgewogenen Verhältnis zu etw. stehend; verhältnisgleich:* etw. p. aufbessern. **2.** (Math.) *mit einer bestimmten anderen Veränderlichen als Divisor stets denselben Quotienten ergebend* (Zeichen: ~): a ist [direkt] p. [zu] b; a und b sind p. [zueinander].

Pro|por|ti|o|na|le, die/eine Proportionale; der/einer Proportionalen od. Proportionale, die Proportionalen/zwei Proportionale od. Proportionalen (Math.): *Glied einer Proportion* (2 b).

Pro|por|ti|o|na|li|tät, die; -, -en ⟨Pl. selten⟩: **1.** [spätlat. proportionalitas] (bildungsspr.) *das Proportionalsein; Verhältnismäßigkeit, Angemessenheit.* **2.** (Math.) *proportionales* (2) *Verhältnis (einer Veränderlichen zu einer anderen):* die P. zweier, zwischen zwei Größen; die P. von x zu y.

Pro|por|ti|o|nal|wahl, die (bes. österr., schweiz.): *Verhältniswahl.*

pro|por|ti|o|nell ⟨Adj.⟩ [frz. proportionnel < spätlat. proportionalis] (bes. österr., schweiz.): *den Proporz* (1) *betreffend, dem Proporz entsprechend:* eine -e Verteilung der Ministersessel unter den Koalitionsparteien.

pro|por|ti|o|nie|ren ⟨sw. V.; hat⟩ (veraltet): *mit bestimmten Proportionen* (1 a) *versehen, in richtigen Verhältnis gestalten:* so haben antike Bildhauer den menschlichen Körper proportioniert.

pro|por|ti|o|niert ⟨Adj.⟩: *bestimmte Proportionen* (1 a) *aufweisend:* ein gut -er Raum; sie ist gut p.

Pro|porz, der; -es, -e [Kurzf. von ↑ Proportionalwahl]: **1.** (bes. Politik) *Verteilung von Ämtern, Sitzen nach dem Zahlenverhältnis der abgegebenen Stimmen* (6 a) *von Parteien, nach dem Kräfteverhältnis von Konfessionen od. sonstigen Gruppen:* ein konfessioneller P.; den P. wahren; Ämter im P. besetzen. **2.** (bes. österr., schweiz.) *Verhältniswahlsystem.*

Pro|porz|den|ken, das; -s (bildungsspr., meist abwertend): *Auffassung, nach der Ämter, Sitze nach einem Proporz* (1) *vergeben werden müssen.*

Pro|porz|wahl, die (bes. österr., schweiz.): *Verhältniswahl.*

Pro|po|si|ti|on, die; -, -en [lat. propositio = Vorstellung; Thema, Satz; Darlegung; Bekanntmachung, zu: propositum, 2. Part. von: proponere = vorschlagen]: **1.** (veraltet) *Vorschlag, Angebot.* **2.** *(in der antiken Rhetorik) einleitender Teil einer Rede, Abhandlung o. Ä., in dem das Thema, die Hauptgedanken, die Ausgangspunkte od. eine zu beweisende These formuliert ist.* **3.** (Sprachwiss.) *Inhalt eines Satzes.*

Prop|pen, der; -s, - [niederd. Form von ↑ Pfropfen] (nordd.): *Pfropfen, Flaschenkorken.*

prop|pen|voll ⟨Adj.⟩ [eigtl. = (von einer Flasche) gefüllt bis zum Korken] (ugs.): *gedrängt voll:* ein -er Bus.

◆ **Prop|pre|tät,** die; - (landsch., bes. nordd.): *Propretät:* ... dem nun man im Herz im Leibe un hat bei's erste Garderegiment gedient un is für P. und Strammheit und Gesundheit (Fontane, Jenny Treibel 151/152).

Pro|prä|tor, der; -s, ...oren [lat. propraetor, aus: pro = vor(her) u. ↑ Prätor]: *(im antiken Rom) Statthalter einer Provinz (der vorher 1 Jahr lang Prätor war).*

pro|pri|e|tär ⟨Adj.⟩ (EDV): *(in Bezug auf ein Betriebssystem, auf Software u. Ä.) nur auf einem herstellereigenen Computermodell einsetzbar; herstellergebunden:* unsere Computer arbeiten mit einem -en Betriebssystem.

Pro|pri|um, das; -s [lat. proprium = das Eigene, subst. Neutr. von: proprius, ↑ proper]: **1. a)** (Psychol.) *Eigenschaften eines Menschen, die seine Identität* (1 b) *ausmachen;* **b)** (bildungsspr.) *jmdm. od. einer Sache auszeichnende Eigentümlichkeit, Besonderheit; spezifisches Merkmal.* **2.** (kath. Kirche) *die für einen bestimmten Tag vorgesehenen, im Laufe eines Kirchenjahres wechselnden Texte einer* ¹Messe (1).

Propst, der; -[e]s, Pröpste [mhd. brobest, ahd. pröböst < spätlat. propos(i)tus für lat. praepositus = Vorsteher, Aufseher, subst. 2. Part von: praeponere, ↑ Präposition]: **1.** (kath. Kirche) **a)** ⟨o. Pl.⟩ *Titel für den ersten Würdenträger eines Kapitels* (2 a); **b)** *Träger des Titels Propst* (1 a). **2.** (ev. Kirche) **a)** ⟨o. Pl.⟩ *Titel für einen höheren kirchlichen Amtsträger (mit unterschiedlichen Aufgaben);* **b)** *Träger des Titels Propst* (2 a).

Props|tei, die; -, -en [mhd. probstīe]: **a)** *Amt[sbereich] eines Propstes [od. einer Pröpstin];* **b)** *Wohnung eines Propstes [od. einer Pröpstin].*

Pröps|tin, die; -, -nen: w. Form zu ↑ Propst (2 b).

Pro|pusk ['pro:pʊsk, auch: 'prɔ..., auch: pro-'pʊsk], der; -[e]s, -e [russ. propusk]: russ. Bez. für: *Ausweis, Passierschein.*

Pro|py|lä|en ⟨Pl.⟩ [lat. propylaea < griech. propýlaia = Vorhof, Vorbau, aus: pró = vor u. pýlē = Tor, Pforte] (Archit.): *(in der Antike) meist als offene Säulenhalle ausgebildete Vorhalle (bes. eines Tempels).*

Pro|py|len, das; -s [Kunstwort aus griech. prōtos = erster, píōn = fett u. hýlē = Holz] (Chemie): *zu den Kohlenwasserstoffen gehörendes farbloses, brennbares Gas.*

Pro|py|lon, das; -s, ...la [griech. própylon, Nebenf. von: propýlaia, ↑ Propyläen]: *(in der Antike) Eingangstor zu Heiligtümern, Burgen, Palästen, öffentlichen Plätzen o. Ä.*

pro ra|ta tem|po|ris [lat., zu: tempus (Gen.: temporis) = Zeit] (Wirtsch.): *anteilmäßig auf einen bestimmten Zeitablauf bezogen* (Abk.: p. r. t.).

Pro|rek|tor, der; -s, -en [aus lat. pro = anstelle von u. ↑ Rektor]: *Stellvertreter des amtierenden Rektors einer Hochschule.*

Pro|rek|to|rat, das; -s, -e: **1.** *Amt eines Prorektors, einer Prorektorin.* **2.** *Amtszimmer einer Prorektorin, eines Prorektors.*

Pro|rek|to|rin, die; -, -nen: w. Form zu ↑ Prorektor.

Pro|sa, die; - [spätmhd. prōse, ahd. prōsa, < lat. prosa (oratio), eigtl. = geradeaus gerichtete (= schlichte) Rede, zu: prorsus = nach vorn gewendet]: *nicht durch Reim, Verse, Rhythmus gebundene Form der Sprache:* Poesie und P.; die erzählende P. Thomas Manns; eine gute P. schreiben; ein Epos in P.; ein Band mit P. *(mit Prosatexten);* ein Stück P. *(ein Prosatext);* Ü die P. (geh.) *Nüchternheit, Poesielosigkeit)* des Alltags.

Pro|sa|band, der ⟨Pl. ...bände⟩: ²*Band mit Prosatexten:* sie hat einen neuen P. veröffentlicht.

Pro|sa|dich|tung, die: *in Prosa abgefasster Text mit lyrischer Aussage.*

pro|sa|isch ⟨Adj.⟩ [spätlat. prosaicus]: **1.** (selten) *in Prosa abgefasst:* -e Texte. **2.** (bildungsspr.) *nüchtern, sachlich, trocken, ohne Fantasie:* ein -er Mensch; ein -er Zweckbau; in der Sprache eines Polizeiberichts; Aber Vater meinte, so p. *(materialistisch)* dürfte man jetzt nicht denken (Schnurre, Bart 91).

Pro|sa|ist, der; -en, -en (bildungsspr.): *Prosaschriftsteller.*

Pro|sa|is|tin, die; -, -nen: w. Form zu ↑ Prosaist.

pro|sa|is|tisch ⟨Adj.⟩ (bildungsspr.): *frei von romantischen Gefühlswerten, sachlich-nüchtern berichtend.*

Pro|sa|schrift|stel|ler, der: *Schriftsteller, der [vorwiegend] Prosa schreibt.*

Pro|sa|schrift|stel|le|rin, die: w. Form zu ↑ Prosaschriftsteller.

Pro|sa|stück, das: *in Prosa abgefasstes Stück* (6 a).

Pro|sa|text, der: *in Prosa abgefasster Text.*

Pro|sa|über|set|zung, die: *in Prosa abgefasste Übersetzung eines lyrischen Textes.*

◆ **Pro|se,** die; - [unter Einfluss von gleichbed. frz. prose]: *Prosa:* ... als amtierender Chor-Maire auf seinem Orgel-Fürstenstuhle die Poesie eines Kirchsprengels noch besser zu beherrschen, als der Pfarrer die P. desselben kommandiert (Jean Paul, Wutz 27).

Pro|sec|co, der; -[s], -s, auch: ...cchi [ital. prosecco, nach dem gleichnamigen ital. Ort]: italie-

nischer Schaum-, Perl- od. Weißwein: drei P. (drei Gläser Prosecco) trinken.
Pro|sek|tor, der; -s, ...oren [lat. prosector = der Zerschneider, zu: prosecare (2. Part.: prosectum) = zerschneiden] (Med.): **1.** *Arzt, der Sektionen durchführt.* **2.** *Leiter einer Prosektur.*
Pro|sek|to|rin, die; -, -nen: w. Form zu ↑ Prosektor.
Pro|sek|tur, die; -, -en (Med.): *pathologisch-anatomische Abteilung (eines Krankenhauses).*
Pro|se|lyt, der; -en, -en [kirchenlat. proselytus < griech. prosélytos, eigtl. = Hinzugekommener]: *Neubekehrter, (im Altertum) bes. zum Judentum bekehrter Ungläubiger:* * **-en machen** (bildungsspr. abwertend) *[mit aufdringlichen Methoden] Anhänger für eine Religion, eine Ideologie o. Ä. gewinnen; jmdn. rasch bekehren [ohne ihn zu überzeugen];* nach Matth. 23, 15, wo Jesus den Pharisäern zum Vorwurf macht, es komme ihnen nur darauf an, ihre Anhängerschaft zu vermehren, nicht aber wirklich Überzeugte zu gewinnen).
Pro|se|ly|ten|ma|che|rei, die; -, -en (bildungsspr. abwertend): *das Proselytenmachen.*
Pro|se|ly|tin, die; -, -nen: w. Form zu ↑ Proselyt.
Pro|se|mi|nar, das; -s, -e [aus lat. pro = vor(her) u. ↑ Seminar] (Hochschulw.): *[einführendes] Seminar (1) für Studierende im Grundstudium; Vorstufe zum Hauptseminar.*
Pro|ser|pi|na (röm. Mythol.): Göttin der Unterwelt.
pro|sit, (ugs.:) prost ⟨Interj.⟩ [urspr. wohl Studentenspr., lat. prosit = es möge nützen, 3. Pers. Sg. Konjunktiv Präs. von: prodesse = nützen, zuträglich sein]: Zuruf beim gemeinsamen Trinken, Anstoßen; *zum Wohl!, wohl bekomms!:* pros[i]t allerseits!; pros[i]t sagen; pros[i]t Neujahr!; * **na denn/dann prost!** (ugs. iron.; *dann steht [uns, euch, dir usw.] ja noch einiges bevor, das kann unangenehm werden*).
Pro|sit, das; -s, -s ⟨Pl. selten⟩, Prost, das; -[e]s, -e ⟨Pl. selten⟩: *Zuruf »prosit!«:* ein P. der Gemütlichkeit; mit einem fröhlichen P. stießen sie an.
pro|skri|bie|ren ⟨sw. V.; hat⟩ [lat. proscribere, eigtl. = öffentlich bekannt machen] (bildungsspr.): *ächten.*
Pro|skrip|ti|on, die; -, -en [lat. proscriptio = öffentliche Bekanntmachung der Namen von Geächteten, bes. durch Sulla] (bildungsspr.): *Ächtung.*
Pros|ky|ne|se, Pros|ky|ne|sis, die; -, ...nesen [griech. proskýnēsis]: *Fußfall, bei dem der Boden mit der Stirn berührt wird.*
Pro|so|die, die; -, -n [lat. prosodia < griech. prosōdía, zu: ōdḗ, ↑ Ode], (meistens:) **Pro|so|dik,** die; -, -en: **1.** (Verslehre) a) *(in der antiken Metrik) Lehre von der Messung der Silben nach Länge u. Tonhöhe;* b) *Lehre von den für die Versstruktur bedeutsamen Erscheinungen der Sprache wie Silbenlänge, Betonung o. Ä.* **2.** (Musik) *ausgewogenes Verhältnis zwischen musikalischen u. textlichen Einheiten, von Ton u. Wort.* **3.** (Sprachwiss.) *für die Gliederung der Rede bedeutsame sprachlich-artikulatorische Erscheinungen wie Akzent, Intonation, Pausen o. Ä.*
pro|so|disch ⟨Adj.⟩ (Verslehre, Musik, Sprachwiss.): *die Prosodie (1-3) betreffend.*
Pro|spekt, der, österr. auch: das; -[e]s, -e [lat. prospectus = Hinblick; Aussicht, zu: prospicere]: **1.** *kleinere, meist bebilderte Schrift (in Form eines Faltblattes o. Ä.), die der Information u. Werbung dient:* ein kostenloser P.; -e über Elektrogeräte; ein P. von Berlin. **2.** (Theater) *perspektivisch gemalter Hintergrund einer Bühne.* **3.** (bild. Kunst) *perspektivisch stark verkürzte Ansicht einer Stadt, eines Platzes o. Ä. als*

Gemälde, Stich od. Zeichnung. **4.** *Schauseite der Orgel.* **5.** (Wirtsch.) *öffentliche Darlegung der Finanzlage eines Unternehmens bei beabsichtigter Inanspruchnahme des Kapitalmarktes.* **6.** [russ. prospekt < lat. prospectus = hinschauen (2. Part.: pro spectum)] russ. Bez. für: *lange, breite Straße.*
pro|s|pek|tie|ren ⟨sw. V.; hat⟩ [lat. prospectare = sich umsehen] (Fachspr., bes. Bergbau): *mittels geologischer, geochemischer o. ä. Methoden irgendwo Lagerstätten erkunden:* den Meeresboden p.
pro|s|pek|tiv ⟨Adj.⟩ [spätlat. prospectivus = zur Aussicht gehörend] (bildungsspr.): a) *auf das Zukünftige gerichtet; vorausschauend;* b) *möglicherweise zu erwarten, voraussichtlich:* sein -er Nachfolger; c) *die weitere Entwicklung betreffend:* eine -e Studie.
Pro|s|pekt|wer|bung, die; -: *Werbung mittels Prospekten.*
pro|s|pe|rie|ren ⟨sw. V.; hat⟩ [frz. prospérer < lat. prosperare = etw. gedeihen lassen] (bildungsspr.): *sich günstig entwickeln; gedeihen; gut vorankommen:* das Unternehmen prosperiert.
Pro|s|pe|ri|tät, die; - [frz. prospérité < lat. prosperitas] (bildungsspr.): *Gedeihen, wirtschaftlicher Aufschwung; Wohlstand:* ökonomische P.
Pro|sper|mie, die; -, -n [zu lat. pro = vor(her) u. ↑ Sperma] (Med.): *vorzeitiger Samenerguss.*
prost usw.: ↑ prosit usw.
Pro|s|ta|glan|din, das; -s, -e ⟨meist Pl.⟩ [zu ↑ Prostata u. lat. glans (Gen.: glandis) = Eichel (2 a); die Hormone wurden zuerst in der Samenflüssigkeit u. in Geschlechtsdrüsen nachgewiesen] (Med.): *im menschlichen Körper vorhandene hormonähnliche Substanz mit vielfältiger Wirkung (z. B. als Wehenauslöser, zur Gefäßerweiterung, zur Behandlung bestimmter Augenkrankheiten).*
Pro|s|ta|ta, die; -, ...tae [...tɛ] [zu griech. prostátēs = Vorsteher] (Anat., Zool.): *(beim Mann u. männlichen Säugetier) den Anfang der Harnröhre umschließende, walnussgroße Drüse, deren dünnflüssiges, milchiges Sekret den größten Teil der Samenflüssigkeit ausmacht u. die Beweglichkeit der Samenzellen fördert; Vorsteherdrüse.*
Pro|s|ta|ta|krebs, der: *Krebs (4 a) der Prostata.*
Pro|s|ta|ti|tis, die; -, ...titiden (Med.): *Entzündung der Prostata.*
pros|ten ⟨sw. V.; hat⟩: *ein Prost ausbringen.*
prös|ter|chen ⟨Interj.⟩ (fam.): *prosit.*
Pröster|chen, das; -s, - (fam.): *Prosit.*
pro|s|ti|tu|ie|ren ⟨sw. V.; hat⟩: **1.** (bildungsspr.) *in den Dienst eines niedrigen Zwecks stellen u. dadurch herabwürdigen:* sich als Künstler p. **2.** ⟨p. + sich⟩ [frz. se prostituer < lat. prostituere, eigtl. = vorn hinstellen; in der Bed. »bloßstellen; lächerlich machen« schon seit dem 16. Jh.] a) *der Prostitution (1) nachgehen;* ◆ b) *sich bloßstellen; sich lächerlich machen:* ... ein trefflicher Junge, ... wenn er sich nicht in neuerer Zeit hin und wieder durch sonderbare Melancholei prostituierte (Hauff, Jud Süß 386); Lottens Porträt habe ich dreimal angefangen und habe mich dreimal prostituiert (Goethe, Werther I, 24. Julius).
Pro|s|ti|tu|ier|te, die/eine Prostituierte; der/einer Prostituierten, zwei Prostituierte/zwei Prostituierten: *weibliche Person, die der Prostitution nachgeht:* als P. arbeiten; sich mit einer -n einlassen.
Pro|s|ti|tu|ier|ter, der Prostituierte/ein Prostituierter; des/eines Prostituierten, die Prostituierten/zwei Prostituierte ⟨selten⟩: *jmd., der der Prostitution nachgeht.*
Pro|s|ti|tu|ti|on, die; - [frz. prostitution < lat.

prostitutio]: **1.** *gewerbsmäßige Ausübung sexueller Handlungen:* P. [be]treiben; der P. nachgehen; zur P. gezwungen werden. **2.** (bildungsspr. selten) *Herabwürdigung; öffentliche Preisgabe, Bloßstellung.*
Pro|s|t|ra|ti|on, die; -, -en [lat. prostratio = das Niederwerfen, -schlagen]: **1.** (kath. Kirche) *Proskynese.* **2.** (Med.) *hochgradige Erschöpfung im Verlauf einer schweren Krankheit.*
Pro|s|ze|ni|um, das; -s, ...ien [lat. prosc(a)enium < griech. proskḗnion, zu: pró = vor u. skēnḗ, ↑ Szene]: **1.** (Theater) *zwischen Vorhang u. Rampe gelegener vorderster Teil der Bühne.* **2.** (Archit.) *im antiken Theater als Bühne bestimmter Platz vor der Skene.* **3.** Kurzf. von ↑ Prozeniumsloge.
Pro|s|ze|ni|ums|lo|ge, die (Theater): *unmittelbar seitlich an das Proszenium (1) grenzende Loge.*

prot-, Prot-: ↑ proto-, Proto-.

Pro|t|ac|ti|ni|um, das; -s [zu griech. prōtos = erster u. ↑ Actinium] (Chemie): *beim natürlichen Zerfall von Uran entstehendes radioaktives Metall* (chemisches Element; Zeichen: Pa).
Pro|t|a|go|nist, der; -en, -en [griech. prōtagōnistḗs, eigtl. = erster Kämpfer, zu ↑ Agonist (1)]: **1.** *(im altgriechischen Drama) erster Schauspieler (u. Regisseur).* **2.** (bildungsspr.) a) *zentrale Gestalt:* der P. eines Geschehens, eines Films, des Tennissports; b) *Vorkämpfer:* der P. friedlicher Koexistenz.
Pro|t|a|go|nis|tin, die; -, -nen: w. Form zu ↑ Protagonist.
Pro|t|ac|ti|ni|um: ↑ Protactinium.
Pro|te|a|se, die; - [zu ↑ Protein] (Biochemie): *Eiweiß spaltendes Enzym.*
Pro|te|gé [...ˈʒeː], der; -s, -s [frz. protégé, subst. 2. Part. von: protéger, ↑ protegieren]: *Person, die protegiert wird:* er, sie gilt als P. des Ministers.
pro|te|gie|ren ⟨sw. V.; hat⟩ [frz. protéger < lat. protegere = bedecken, beschützen] (bildungsspr.): *für jmds. berufliches, gesellschaftliches Fortkommen seinen eigenen beruflichen, gesellschaftlichen Einfluss verwenden:* den Sohn eines Freundes p.
Pro|te|id, das; -[e]s, -e [zu ↑ Protein] (Biochemie): *einen nicht eiweißartigen Bestandteil enthaltender Eiweißkörper.*
Pro|te|in, das; -s, -e [zu griech. prōtos = erster; nach der irrtümlichen Annahme, dass alle Eiweißkörper auf einer Grundsubstanz basieren] (Biochemie): *vorwiegend aus Aminosäuren aufgebauter Eiweißkörper (z. B. Globulin).*
pro|te|isch ⟨Adj.⟩ (bildungsspr.): *in der Art eines ²Proteus; wandelbar, unzuverlässig.*
Pro|tek|ti|on, die; -, -en ⟨Pl. selten⟩ [frz. protection < spätlat. protectio = Bedeckung, Beschützung, zu lat. protegere (2. Part.: protectum), ↑ protegieren]: **1.** *das Protegieren; Förderung, Begünstigung in beruflicher, gesellschaftlicher o. ä. Hinsicht:* jmds. P. genießen. **2.** (veraltend) *Schutz, den man durch jmdn. erfährt, der den entsprechenden Einfluss hat.*
Pro|tek|ti|o|nis|mus, der; - (Wirtsch.): *Außenhandelspolitik, die z. B. durch Schutzzölle, Einfuhrbeschränkungen dem Schutz der inländischen Wirtschaft dient.*
Pro|tek|ti|o|nist, der; -en, -en (Wirtsch.): *Vertreter, Anhänger des Protektionismus.*
Pro|tek|ti|o|nis|tin, die; -, -nen: w. Form zu ↑ Protektionist.
pro|tek|ti|o|nis|tisch ⟨Adj.⟩: *den Protektionismus betreffend:* -e Tendenzen.
pro|tek|tiv ⟨Adj.⟩ [vgl. engl. protective, frz. pro-

tectif]: *schützend, als Schutz (dienend):* ein Mittel p. benutzen; eine -e Maßnahme.

Pro|tek|tor, der; -s, ...oren: **1.** (bildungsspr.) a) *jmd., der mit seinem beruflichen, gesellschaftlichen o. ä. Einfluss jmdn., etw. fördert, schützt;* b) *Schirmherr, Ehrenvorsitzender.* **2.** (Völkerrecht) *Schutzmacht.* **3.** (Technik) *mit Profil versehene Lauffläche des Autoreifens.* **4.** *(bei der Ausübung bestimmter Sportarten) als Schutz vor Verletzungen zu tragendes Schutzpolster:* beim Inlineskaten sollen ein Helm und -en getragen werden.

Pro|tek|to|rat, das; -[e]s, -e: **1.** (bildungsspr.) *Schirmherrschaft.* **2.** (Völkerrecht) a) *Schutzherrschaft eines Staates od. einer Staatengemeinschaft über einen anderen Staat;* b) *unter einem Protektorat* (2a) *stehender Staat.*

Pro|tek|to|rin, die; -, -nen: w. Form zu ↑ Protektor (1).

Pro|te|o|ly|se, die; - [zu ↑ Protein u. ↑ Lyse] (Biochemie): *Aufspaltung von Eiweißkörpern in Aminosäuren.*

pro|te|o|ly|tisch 〈Adj.〉 (Biochemie): a) *Eiweiß abbauend;* b) *Eiweiß verdauend.*

Pro|te|ro|zo|i|kum, das; -s [zu griech. próteros = früher, eher u. zōē = Leben] (Geol.): *Algonkium.*

Pro|test, der; -[e]s, -e [urspr. Kaufmannsspr., ital. protesto = Protest (2), zu: protestare < lat. protestari, ↑ protestieren]: **1.** *meist spontane u. temperamentvolle Bekundung des Missfallens, der Ablehnung:* ein formeller P.; [schriftlich] P. gegen etw. erheben; gegen etw. P. anbringen; es hagelte -e; unter P. den Saal verlassen. **2.** (Wirtsch.) *amtliche Beurkundung der Nichtannahme eines Wechsels, der Nichteinlösung eines Wechsels od. Schecks:* den P. auf den Wechsel setzen; einen Wechsel zu P. gehen lassen (die Nichteinlösung eines Wechsels beurkunden lassen). **3.** (DDR Rechtsspr.) *Rechtsmittel des Staatsanwaltes gegen ein Urteil des Kreisgerichts od. ein durch die erste Instanz ergangenes Urteil des Bezirksgerichts.*

Pro|test|ak|ti|on, die: *[öffentliche] organisierte Aktion* (1), *mit der gegen etw., jmdn. protestiert* (1a) *wird.*

Pro|tes|tant, der; -en, -en [zu lat. protestans (Gen.: protestantis), 1. Part. von: protestari, ↑ protestieren]: **1.** [nach dem feierlichen ↑ Protest (1) der ev. Reichsstände auf dem Reichstag zu Speyer 1529] *Angehöriger einer protestantischen Kirche.* **2.** (seltener) *jmd., der gegen etw., jmdn. protestiert* (1a).

Pro|tes|tan|tin, die; -, -nen: w. Form zu ↑ Protestant.

pro|tes|tan|tisch 〈Adj.〉: a) *zum Protestantismus gehörend, ihn vertretend* (Abk.: prot.): die -en Kirchen; b) *für die Protestant[inn]en charakteristisch.*

Pro|tes|tan|tis|mus, der; -: a) *aus der kirchlichen Reformation des 16. Jh.s hervorgegangene Glaubensbewegung, die die verschiedenen evangelischen Kirchengemeinschaften umfasst;* b) *Geist u. Lehre des protestantischen Glaubens; das Protestantischsein.*

Pro|tes|ta|ti|on, die; -, -en (veraltet): a) *Protest* (1): die P. von Speyer im Jahre 1529 *(Einspruch der ev. Reichsstände gegen den Beschluss der Mehrheit auf dem Reichstag von Speyer, am Wormser Edikt festzuhalten);* b) *Beteuerung:* ♦ ... und wiederholte die lebhaftesten -en, dass er das nicht sage, um sie schlechtzumachen (Goethe, Werther II, 4. September).

Pro|test|be|we|gung, die: *gegen bestimmte politische, soziale Verhältnisse o. Ä. protestierende Bewegung* (3b).

Pro|test|brief, der: vgl. Protestschreiben.

Pro|test|de|mons|t|ra|ti|on, die: vgl. Protestkundgebung.

pro|tes|tie|ren 〈sw. V.; hat〉 [spätmhd. protestieren < frz. protester < lat. protestari = öffentlich bezeugen, verkünden]: **1.** a) *Protest* (1) *erheben, einlegen:* öffentlich p.; b) *eine Behauptung, Forderung, einen Vorschlag o. Ä. zurückweisen:* schwach, unwillig p.; Eine Weile protestierte der alte Herr noch wegen der Ungelegenheiten, die er mir machte (Fallada, Herr 18). **2.** (Wirtsch.) *(einen Wechsel) zu Protest* (2) *gehen lassen.*

Pro|tes|tie|rer, der; -s, - (ugs.): *jmd., der gegen etw., jmdn. öffentlich protestiert* (1a).

Pro|tes|tie|re|rin, die; -, -nen: w. Form zu ↑ Protestierer.

Pro|test|kund|ge|bung, die: *Protestaktion in Form einer Kundgebung.*

Pro|test|ler, der; -s, - (ugs., oft abwertend): *jmd., der gegen etw., jmdn. öffentlich protestiert* (1a).

Pro|test|le|rin, die; -, -nen: w. Form zu ↑ Protestler.

Pro|test|marsch, der: vgl. Protestkundgebung.

Pro|test|no|te, die: *offizielle Beschwerde, schriftlicher Einspruch einer Regierung bei der Regierung eines anderen Staates gegen einen Übergriff.*

Pro|test|par|tei, die: vgl. Protestbewegung.

Pro|test|ruf, der: *Zwischenruf aus Protest* (1).

Pro|test|sän|ger, der: *jmd., der Protestsongs vorträgt.*

Pro|test|sän|ge|rin, die: w. Form zu ↑ Protestsänger.

Pro|test|schrei|ben, das: *Schreiben, mit dem Protest* (1) *eingelegt wird.*

Pro|test|song, der: *Song* (2), *in dem soziale od. politische Verhältnisse kritisiert werden.*

Pro|test|sturm, der: *stürmischer Protest:* es erhob sich ein P.

Pro|test|tag, der: *Tag, an dem Protestaktionen stattfinden.*

Pro|test|ver|an|stal|tung, die: vgl. Protestkundgebung.

Pro|test|ver|samm|lung, die: vgl. Protestkundgebung.

Pro|test|wäh|ler, der: *Wähler, der aus Protest eine andere (meist eine extremistische) Partei wählt als sonst.*

Pro|test|wäh|le|rin, die: w. Form zu ↑ Protestwähler.

Pro|test|wel|le, die: *Häufung von Protestaktionen:* eine P. auslösen.

Pro|test|zug, der: *Protestaktion in Form eines Umzuges.*

¹**Pro|teus** (griech. Mythol.): *Meeresgott mit der Gabe der Weissagung u. Verwandlung.*

²**Pro|teus,** der; -, - (bildungsspr.): *allzu wandlungsfähiger Mensch, der leicht seine Gesinnung ändert.*

Protevangelium: ↑ Protoevangelium.

Pro|the|se, die; -, -n: **1.** [zu griech. prósthesis = das Hinzufügen, das Ansetzen, verwechselt mit: próthesis = das Voransetzen; Vorsatz] *künstlicher Ersatz eines fehlenden, amputierten od. unvollständig ausgebildeten Körperteils, bes. der Gliedmaßen od. der Zähne:* die P. drückt; Minenopfer müssen eine P. tragen. **2.** [griech. próthesis] (Sprachwiss.) *Entwicklung eines neuen Vokals od. einer neuen Silbe am Wortanfang* (z. B. lat. stella= span. estella).

Pro|the|sen|trä|ger, der: *jmd., der eine Prothese* (1) *trägt.*

Pro|the|sen|trä|ge|rin, die: w. Form zu ↑ Prothesenträger.

Pro|the|tik, die; - (Med.): *medizinisch-technischer Wissenschaftsbereich, der sich mit der Konstruktion von Prothesen* (1) *befasst.*

pro|the|tisch 〈Adj.〉 (Med.): **1.** *die Prothetik*
betreffend, dazu gehörend. **2.** *eine Prothese* (1) *betreffend, dazu gehörend.* **3.** (Sprachwiss.) *auf Prothese* (2) *beruhend:* ein -er Vokal.

pro|to-, Pro|to-, (vor Vokalen meist:) prot-, Prot- [griech. prōtos]: Best. in Zus. mit der Bed. *erster, vorderster, wichtigster; Ur-* (z. B. prototypisch, Protoplasma, Protagonist).

Pro|to|evan|ge|li|um, Protevangelium, das (kath. Theol.): *die als Ankündigung des Messias gedeutete Bibelstelle in der Genesis* (1. Mos. 3, 15).

Pro|to|koll, das; -s, -e [mlat. protocollum < mgriech. prōtókollon, eigtl. = (den amtlichen Papyrusrollen) vorgeleimtes (Blatt), zu griech. prōtos (↑ proto-, Proto-) u. kólla = Leim]: **1.** a) *wortgetreue od. auf die wesentlichen Punkte beschränkte Niederschrift über eine Sitzung, Verhandlung, ein Verhör o. Ä.:* ein polizeiliches P.; etw. im P. festhalten; * **[das]** P. führen *(den Ablauf, Verlauf von etw. schriftlich festhalten);* etw. zu P. geben *(etw. äußern, aussagen, damit es protokollarisch 1 a festgehalten wird);* etw. zu P. nehmen *(etw. protokollarisch 1 a festhalten);* b) (bes. Fachspr.) *genauer Bericht über Verlauf u. Ergebnis eines Versuchs, Heilverfahrens, einer Operation o. Ä.:* ein genaues P. einer Sektion; das P. eines physikalischen Versuchs. **2.** 〈o. Pl.〉 *für den diplomatischen Verkehr verbindliche Formen; diplomatisches Zeremoniell:* ein strenges P.; das P. des Staatsbesuchs ändern. **3.** (EDV) a) *Festlegung von Standards u. Konventionen für eine reibungslose Datenübertragung zwischen Computern;* b) *Aufzeichnung der auf einem Computer ablaufenden Vorgänge.* **4.** (landsch.) *polizeiliches Strafmandat bei Ordnungswidrigkeiten im Straßenverkehr.*

Pro|to|koll|ab|tei|lung, die: *für das Protokoll* (2) *zuständige Abteilung im Auswärtigen Amt.*

Pro|to|koll|ant, der; -en, -en [↑-ant]: *jmd., der etw. protokolliert.*

Pro|to|koll|an|tin, die; -, -nen: w. Form zu ↑ Protokollant.

pro|to|kol|la|risch 〈Adj.〉: **1.** a) *in Form eines Protokolls* (1): etw. p. festhalten; b) *im Protokoll* (1) *festgehalten, aufgrund eines Protokolls:* eine -e Aussage. **2.** *dem Protokoll* (2) *entsprechend:* sich den -en Gepflogenheiten gemäß verhalten.

Pro|to|koll|chef, der: *Chef des Protokolls* (2).

Pro|to|koll|che|fin, die: w. Form zu ↑ Protokollchef.

Pro|to|koll|füh|rer, der: *jmd., der bei Sitzungen, Verhandlungen o. Ä. für das Protokoll beauftragt ist.*

Pro|to|koll|füh|re|rin, die: w. Form zu ↑ Protokollführer.

pro|to|kol|lie|ren 〈sw. V.; hat〉 [mlat. protocollare]: a) *protokollarisch* (1a) *aufzeichnen:* eine Vernehmung, Beratung, eine Aussage p.; b) *Protokoll führen:* er hat sorgfältig, ungenau protokolliert.

Pro|to|kol|lie|rung, die; -, -en: *das Protokollieren.*

Pro|ton, das; -s, ...onen [griech. prōton, subst. Neutr. von: prōtos, ↑ proto-, Proto-] (Kernphysik): *den Kern des leichten Wasserstoffatoms bildendes, positiv geladenes Elementarteilchen, das zusammen mit dem Neutron Baustein aller zusammengesetzten Atomkerne ist* (Zeichen: p).

Pro|to|nen|be|schleu|ni|ger, der (Kernphysik): *Vorrichtung zur Beschleunigung von Protonen.*

Pro|to|no|tar, der; -s, -e: **1.** [mlat. protonotarius, zu griech. prōtos (↑ proto-, Proto-) u. ↑ Notar] *(im MA.) höhergestellter Notar in der Kanzlei eines weltlichen Herrschers od. des Papstes.*

2. (kath. Kirche) *Prälat der Kurie mit bes. Funktionen u. Privilegien.*

Pro|to|phy|te, die; -, -n, **Pro|to|phy|ton,** das; -s, ...yten [zu griech. phytón = Pflanze] (Biol.): *einzellige Pflanze.*

Pro|to|plas|ma, das; -s (Biol.): *lebende Substanz aller menschlichen, tierischen u. pflanzlichen Zellen, in der sich der Stoff- u. Energiewechsel vollzieht.*

Pro|to|typ [selten: proto'ty:p], der; -s, -en [spätlat. prototypos < griech. prōtótypos = ursprünglich]: **1.** (bildungsspr.) *jmd. als Inbegriff dessen, was für eine bestimmte Art von Mensch, für eine berufliche, gesellschaftliche o. ä. Gruppe gewöhnlich als typisch erachtet wird:* sie ist der P. einer Geschäftsfrau. **2.** *als Vorbild, Muster dienende charakteristische Ur-, Grundform.* **3.** (Technik) *[vor der Serienproduktion] zur Erprobung u. Weiterentwicklung bestimmte erste Ausführung (von Fahrzeugen, Maschinen o. Ä.):* neue -en testen. **4.** (Motorsport) *Rennwagen einer bestimmten Klasse, der nur in Einzelstücken hergestellt wird.* **5.** (Fachspr.) *Normal* (1).

pro|to|ty|pisch ⟨Adj.⟩: *den Prototyp* (1) *betreffend, in der Art eines Prototyps.*

Pro|to|zo|en: Pl. von ↑ Protozoon.

Pro|to|zo|on, das; -s, ...zoen ⟨meist Pl.⟩ [zu griech. zōon = Lebewesen] (Biol.): *mikroskopisch kleines, aus einer einzigen Zelle bestehendes Tierchen; Urtierchen.*

Pro|tu|be|ranz, die; -, -en [zu spätlat. protuberare = anschwellen, hervortreten]: **1.** ⟨meist Pl.⟩ (Astron.) *aus dem Sonneninneren ausströmende leuchtende Gasmasse.* **2.** (Anat.) *höckerartige Vorwölbung an Knochen.*

¹Protz, der; -es (veraltend: -en), -e (veraltend: -en) [urspr. = Kröte, wohl nach dem Bild der sich aufblasenden Kröte; viell. zu mundartl. brossen, mhd. broʒʒen in der urspr. Bed. »anschwellen«] (ugs.): **1.** *jmd., der protzt.* **2.** Pl.) *Protzerei* (3).

²Protz, der; -en u. -es, -e[n] [mhd. broʒ = Knospe, zu: broʒʒen = sprossen] (Forstwirtsch.): *(bei jungen Baumbeständen) Baum von schlechtem Wuchs, der schneller als die anderen gewachsen ist u. diese im Wachstum behindert.*

-protz, der; -es (veraltend: -en), -e (veraltend: -en) (ugs.): *bezeichnet in Bildungen mit Substantiven eine Person, die mit etw. protzt, prahlt:* Energie-, Geld-, Muskelprotz.

Prot|ze, die; -, -n [ital. (mundartl.) birazzo = Zweiradkarren < spätlat. birotium, zu: birotus = zweirädrig] (Militär früher): *zum Transport von Munition benutzter, zweirädriger Wagen, an den das Geschütz angehängt wird.*

prot|zen ⟨sw. V.; hat⟩ [zu ↑ ¹Protz] (ugs.): **a)** *in der Absicht, Neid od. Bewunderung zu erwecken, eigene [vermeintliche] Vorzüge od. Vorteile in prahlerischer Weise zur Geltung bringen:* mit seiner Bildung p.; **b)** *protzig* (1) *sagen, äußern;* **c)** *sich protzig* (2) *zeigen, darbieten.*

Prot|ze|rei, die; -, -en (ugs.): **1.** ⟨o. Pl.⟩ *[dauerndes] Protzen* (a). **2.** *protzige* (1) *Äußerung, Handlung.* **3.** ⟨o. Pl.⟩ *übertriebener Prunk.*

Prot|zer|tum, das; -s (ugs.): *Art eines Protzers.*

prot|zig ⟨Adj.⟩ (ugs.): **1.** *in unangenehmer, herausfordernder Weise seine eigenen [vermeintlichen] Vorzüge, Vorteile (bes. seinen Besitz) hervorkehrend.* **2.** *übertrieben aufwendig; herausfordernd luxuriös:* ein -er Wagen.

Prot|zig|keit, die; -, -en: **1.** ⟨o. Pl.⟩ *protzige Art.* **2.** *etw. protzig Wirkendes.*

Prov. = Provinz.

Pro|vence [prɔ'vã:s], die; -: *Landschaft im Südosten Frankreichs.*

Pro|ve|ni|enz, die; -, -en [zu lat. provenire = hervorkommen, entstehen] (bildungsspr.): *Bereich, aus dem jmd., etw. stammt; Herkunft[sland]:* Flüchtlinge afrikanischer P.; Teppiche bester P.

Pro|ven|za|le, der; -n, -n: Ew. zu ↑ Provence.

Pro|ven|za|lin, die; -, -nen: w. Form zu ↑ Provenzale.

pro|ven|za|lisch ⟨Adj.⟩: *die Provence, die Provenzalen betreffend, aus der Provence stammend.*

Pro|ven|za|lisch, das; -[s], (nur mit best. Art.:)

Pro|ven|za|li|sche, das; -n: *provenzalische Sprache; Sprache der Troubadoure.*

◆ **Pro|verbe** [prɔverb], das; -[s], -s [pro'vɛrb]: *kurz für Proverbe dramatique:* ...dem zu Ehren sie doch eine Art von französischem P. aufführte (Fontane, Jenny Treibel 83).

Pro|vi|ant, der; -s, -e ⟨Pl. selten⟩ [spätmhd. profiant, (niederrhein.:) profand < afrz. provende, mniederl. provande (bzw. im 15./16. Jh. md. prof[i]ant < älter ital. provianda), über das Vlat. < spätlat. praebenda, ↑ Pfründe]: *auf eine Reise, Wanderung mitgenommener Vorrat an Lebensmitteln:* als P. dienen belegte Brötchen; sich mit P. versorgen.

Pro|vi|ant|korb, der: *Korb für den Proviant.*

Pro|vi|ant|meis|ter, der (bes. Seew. früher): *Verwalter des Proviants.*

Pro|vi|der [proˈvaɪdɐ], der; -s, - [engl. provider, zu: to provide = liefern, bereitstellen]: *Anbieter von Kommunikationsdiensten (z. B. einem Zugang zum Internet).*

Pro|vinz, die; -, -en [spätmhd. provincie < spätlat. provincia = Gegend, Bereich < lat. provincia = Geschäfts-, Herrschaftsbereich; unter römischer Verwaltung stehendes, erobertes Gebiet außerhalb Italiens]: **1. a)** *größeres Gebiet, das eine staatliche od. kirchliche Verwaltungseinheit bildet* (Abk.: Prov.): *das Land ist in -en gegliedert.* **b)** *(im alten Rom) außerhalb Italiens liegender Verwaltungsbezirk unter römischer Herrschaft.* **2.** ⟨o. Pl.⟩ (oft abwertend) *Gegend, in der (mit großstädtischem Maßstab gemessen) in kultureller, gesellschaftlicher Hinsicht im Allgemeinen wenig geboten wird:* er kommt aus der P.; in der P. leben.

Pro|vinz|blatt, das: **1.** *Zeitung einer Provinz* (1). **2.** (abwertend) *kleinere, regional verbreitete Zeitung von geringem Niveau.*

Pro|vinz|büh|ne, die (oft abwertend): *Provinztheater.*

Pro|vinz|fürst, der: **1.** (oft abwertend) *Oberhaupt einer Provinz* (1 a). **2.** (spött. od. abwertend) *Oberhaupt eines Bundeslandes:* die -en lehnten sich gegen die Entscheidung der Bundesregierung auf.

Pro|vinz|fürs|tin, die: w. Form zu ↑ Provinzfürst.

Pro|vinz|haupt|stadt, die: *Hauptstadt einer Provinz* (1).

Pro|vin|zi|al, der; -s, -e, selten: -en, -en: *Vorsteher einer (mehrere Klöster umfassenden) Ordensprovinz.*

Pro|vin|zi|a|lis|mus, der; -, ...men: **1.** (Sprachwiss.) *landschaftlich gebundene Spracheigentümlichkeit* (z. B. »Breitlauch« für »Porree«). **2.** ⟨o. Pl.⟩ (oft abwertend) *provinzielles* (1) *Denken, Verhalten.*

Pro|vin|zi|a|li|tät, die; - (oft abwertend): **a)** *provinzielle* (1) *Art, Verhaltensweise;* **b)** *einer Provinz* (2) *entsprechender Zustand.*

pro|vin|zi|ell ⟨Adj.⟩ [französisierende Bildung zu älter: provinzial < lat. provincialis = zur Provinz gehörend]: **1.** (meist abwertend) *zur Provinz* (2) *gehörend; für die Provinz charakteristisch; von geringem geistigen, kulturellem Niveau zeugend:* -e Verhältnisse. **2.** *landschaftlich* (2); *mundartlich:* -e Ausdrücke.

Pro|vinz|ler, der; -s, - (ugs. abwertend): *jmd., dessen Denkart provinziell* (1) *ist.*

Pro|vinz|le|rin, die; -, -nen: w. Form zu ↑ Provinzler.

pro|vinz|le|risch ⟨Adj.⟩ (ugs.): **1.** (abwertend) *provinziell* (1). **2.** (seltener) *ländlich.*

Pro|vinz|nest, das (ugs. abwertend): *kleiner, unbedeutender Ort in der Provinz* (2).

Pro|vinz|pos|se, die (abwertend): *provinziell, kleinlich, engstirnig wirkende gesellschaftliche, politische o. ä. Auseinandersetzung mit oft grotesk anmutenden Zügen.*

Pro|vinz|re|gie|rung, die: *Regierung einer Provinz* (1 a).

Pro|vinz|stadt, die: *Stadt in der Provinz* (2).

Pro|vinz|the|a|ter, das (oft abwertend): *Theater in der Provinz* (2) *[von niedrigem künstlerischem Niveau].*

Pro|vi|si|on, die; -, -en [älter ital. provvisione = Vorrat; Erwerb; Vergütung, eigtl. = Vorsorge < lat. provisio (Gen.: provisionis) = Vorausschau; Vorsorge, zu: providere (2. Part.: provisum) = vorhersehen; Vorsorge treffen]: **1.** (Kaufmannsspr.) *(für die Besorgung eines [Handels]geschäftes übliche) Vergütung in Form einer [prozentualen] Beteiligung am Umsatz:* eine P. beanspruchen; der Makler erhielt eine P. von 10%; auf/gegen P. arbeiten. **2.** (kath. Kirche) *rechtmäßige Verleihung eines Kirchenamtes.*

Pro|vi|si|ons|ba|sis, die: meist in der Verbindung **auf P.** (bes. Kaufmannsspr.; *nach dem Modus einer Entlohnung in Form einer gezahlten Provision* 1): auf P. arbeiten; jmdn. auf P. beschäftigen).

Pro|vi|si|ons|rei|sen|de ⟨vgl. Reisende⟩ (Kaufmannsspr.): *Handlungsreisende, die z. T. gegen Provision arbeitet.*

Pro|vi|si|ons|rei|sen|der ⟨vgl. Reisender⟩ (Kaufmannsspr.): *Handlungsreisender, der z. T. gegen Provision arbeitet.*

Pro|vi|si|ons|zah|lung, die: **1.** *Zahlung einer Provision* (1). **2.** *als Provision gezahlter Geldbetrag.*

Pro|vi|sor, der; -s, ...oren [lat. provisor = Vorausseher; Vorsorger; Verwalter] (österr.): *Geistlicher, der vertretungsweise eine Pfarre o. Ä. betreut.*

pro|vi|so|risch ⟨Adj.⟩ [(nach frz. provisoire, engl. provisory), zu lat. provisum, 2. Part. von: providere, ↑ Provision]: *nur als einstweiliger Notbehelf, nur zur Überbrückung eines noch nicht endgültigen Zustands dienend; vorläufig; behelfsmäßig:* eine -e Regierung; die Einrichtung ist noch p.; etw. p. reparieren.

Pro|vi|so|ri|um, das; -s, ...ien (bildungsspr.): *etw. Provisorisches; Übergangslösung:* diese Regelung ist ein P.

Pro|vi|ta|min, das; -s, -e [aus lat. pro = vor u. ↑ Vitamin] (Chemie): *Vorstufe eines Vitamins.*

pro|vo|kant ⟨Adj.⟩ [frz. provocant < lat. provocans (Gen.: provocantis), 1. Part. von: provocare, ↑ provozieren] (bildungsspr.): *herausfordernd, provozierend* (1 a): -e Fragen; p. wirken; ihre Thesen waren p. formuliert; ...der Arzt war eine leibliche Antwort auf den beklagten Hunger, nämlich fett, in sich ruhend, von einer -en Zufriedenheit (Härtling, Hubert 120).

Pro|vo|ka|teur [...ˈtøːɐ̯], der; -s, -e [frz. provocateur < lat. provocator = Herausforderer] (bildungsspr.): *jmd., der andere zu Handlungen gegen jmdn. herausfordert, aufwiegelt.*

Pro|vo|ka|teu|rin [...ˈtøːrɪn], die; -, -nen: w. Form zu ↑ Provokateur.

Pro|vo|ka|ti|on, die; -, -en [lat. provocatio]: **1.** (bildungsspr.) *Herausforderung, durch die jmd. zu [unbedachten] Handlungen veranlasst wird od. werden soll:* das war eine gezielte P.; auf eine P. reagieren; Eine Frau in langen Hosen war eine P. der guten Sitten und des rechten

provokativ – Prozessschutz

Glaubens (Zwerenz, Erde 21). **2.** (Med.) *künstliche Auslösung von Krankheitserscheinungen (zu diagnostischen od. therapeutischen Zwecken).*

pro|vo|ka|tiv ⟨Adj.⟩ (bildungsspr.): *herausfordernd; eine Provokation (1) enthaltend:* -e Fragen.

pro|vo|ka|to|risch ⟨Adj.⟩ (bildungsspr.): *herausfordernd; eine Provokation (1) bezweckend:* -e Übergriffe an der Grenze.

pro|vo|zie|ren ⟨sw. V.; hat⟩ [lat. provocare = heraus-, hervorrufen; herausfordern, reizen]: **1. a)** *sich so äußern, verhalten, dass sich ein anderer angegriffen fühlt u. entsprechend reagiert; herausfordern:* den Redner p.; jmdn. zu kränkenden Äußerungen p.; (auch ohne Akk.-Obj.:) die Autorin wollte [mit dem Stück] p.; provozierende Zwischenrufe; **b)** *bewirken, dass etw. ausgelöst wird, hervorrufen:* bewusst Widerspruch p.; ein Unglück p.; Ihm sei genau so wichtig, dass sie ... mit Schülern der Sonderschule eine Musikgruppe gegründet habe, weil sie glaube, dass das Musizieren in einem Orchester bei diesen Kindern eine Entwicklung provoziere, die durch nichts sonst zu p. sei (M. Walser, Seelenarbeit 126). **2.** (Med.) *(zu diagnostischen od. therapeutischen Zwecken) bestimmte Reaktionen, Krankheitserscheinungen künstlich auslösen:* Erbrechen p.

Pro|vo|zie|rung, die; -, -en: *das Provozieren; das Provoziertwerden.*

pro|xi|mal ⟨Adj.⟩ [zu lat. proximus = der nächste] (Med.): *der zentralen Teil eines Körpergliedes bzw. der Körpermitte zu gelegen.*

Pro|xy|ser|ver [...ksiːsaːvɐ], der; -s, - [engl. proxy server, aus: proxy = Bevollmächtigter u. server, ↑ Server] (EDV): *Server, der als Vermittler u. Filter zwischen einem internen Servernetzwerk u. dem Internet dient.*

Pro|ze|de|re, Procedere, das; -[s], - [lat. procedere = vorwärtsgehen; fortschreiten; hervortreten] (bildungsspr.): *Verfahrensordnung, -weise; Prozedur:* ein kompliziertes P.

Pro|ze|dur, die; -, -en: **1.** [wohl unter Einfluss von frz. procédure zu lat. procedere, ↑ Prozess] (bildungsspr.) *meist umständliche u. für die Betroffenen unangenehme Weise, in der etw. durchgeführt wird:* die unangenehme P. der Rektoskopie über sich ergehen lassen. **2.** [engl. procedure] (EDV) *Zusammenfassung mehrerer Befehle zu einem kleinen, selbstständigen Programm.*

pro|ze|du|ral ⟨Adj.⟩ (bildungsspr.): *verfahrensmäßig; den äußeren Ablauf einer Sache betreffend:* -e Probleme, Verzögerungen.

Pro|zent, das; -[e]s, -e ⟨aber: 5 Prozent⟩ [ital. per cento (= für hundert; im Frühnhd. pro cento), zu lat. centum = hundert]: **1.** *hundertster Teil, Hundertstel* (Hinweis bei Zahlenangaben, die sich auf die Vergleichszahl 100 beziehen; Abk.: p. c., v. H. [= vom Hundert]; Zeichen: %): der Kognak hat 43 P. Alkohol; 10 P. [der Abgeordneten] haben zugestimmt; etw. in -en ausdrücken. **2.** ⟨Pl.; nicht in Verbindung mit Zahlen⟩ (ugs.) *in Prozenten (1) berechneter Gewinn-, Verdienstanteil:* jmdm. -e gewähren; für etw. seine -e verlangen; die Betriebsangehörigen bekommen auf diese Geräte -e *(Rabatt).*

Pro|zent|be|reich, der: *in der Verbindung* **im [einstelligen, zweistelligen o. Ä.] P.** *(in einer in Prozenten, in [einstelligen, zweistelligen o. Ä.] Prozentwerten ausgedrückten Größenordnung:* Umsatzeinbrüche im zweistelligen P.; das Wachstum bewegt sich im unteren einstelligen P.).

-pro|zen|tig: in Zusb., z. B. fünfprozentig *(fünf Prozent von etw. enthaltend;* mit Ziffer: 5-prozentig od. 5 %ig), hochprozentig *(einen hohen Prozentsatz von etw. enthaltend).*

Pro|zent|kurs, der (Börsenw.): *in Prozenten (1) des Nennwertes angegebener Börsenkurs.*

Pro|zent|punkt, der [wohl für engl. percentage point]: *Prozent (1) als Differenz zwischen zwei Prozentangaben:* der Stimmenanteil der Partei ist von 40 % auf 45 %, also um 5 -e gestiegen.

Pro|zent|rech|nung, die: *Verfahren zur Berechnung von Prozenten (1).*

Pro|zent|satz, der: *in Prozent angegebener Satz (5).*

Pro|zent|span|ne, die (Kaufmannsspr.): *in Prozenten (1) des Einkaufs- od. Verkaufspreises ausgedrückte Handelsspanne.*

pro|zen|tu|al ⟨Adj.⟩ (bildungsspr.): *im Verhältnis zum vollen Hundert od. zum Ganzen; in Prozenten (1) ausgedrückt; berechnet:* ein -er Anteil.

pro|zen|tu|ell (österr.): ↑ prozentual.

pro|zen|tu|ie|ren ⟨sw. V.; hat⟩ (Fachspr.): *in Prozenten (1) berechnen, ausdrücken.*

Pro|zent|wert, der: *nach Prozenten (1) berechneter, dem Prozentsatz entsprechender Wert.*

Pro|zent|zahl, die: *Zahl, die die Prozente (1) angibt:* zweistellige -en; -en ermitteln.

Pro|zess, der; -es, -e [mhd. (md.) process = Erlass, gerichtliche Entscheidung < mlat. processus = Rechtsstreit < lat. processus = das Fortschreiten, Fortgang, Verlauf, zu: procedere = fortschreiten]: **1.** *vor einem Gericht ausgetragener rechtlicher Streit; Verfahren;* *jmdm. den P. machen *(jmdn. für etw. in einem Prozess zur Verantwortung ziehen);* [mit jmdm., etw.] kurzen P. machen (1. ugs.; *energisch, rasch, ohne große Bedenken u. Rücksicht auf Einwände [mit jmdm., etw.] verfahren.* 2. salopp; *jmdn. skrupellos töten).* **2.** *sich über eine gewisse Zeit erstreckender Vorgang, bei dem etw. [allmählich] entsteht, sich herausbildet:* ein chemischer P.; ein P. gegenseitiger Annäherung; der P. ist abgeschlossen.

Pro|zess|ak|te, die ⟨meist Pl.⟩: *Akte zu einem Prozess (1).*

Pro|zess|auf|takt, der: *Auftakt (1) eines Prozesses (1).*

Pro|zess|be|ginn, der: *Beginn eines Prozesses (1).*

Pro|zess|be|ob|ach|ter, der: *jmd., der einen Prozess (1), den Verlauf eines Prozesses beobachtet.*

Pro|zess|be|ob|ach|te|rin, die: w. Form zu ↑ Prozessbeobachter.

Pro|zess|be|tei|lig|te ⟨vgl. Beteiligte⟩: *weibliche Person, die an einem Prozess (1) beteiligt ist.*

Pro|zess|be|tei|lig|ter ⟨vgl. Beteiligter⟩: *jmd., der an einem Prozess (1) beteiligt ist.*

pro|zess|be|voll|mäch|tigt ⟨Adj.⟩ (Rechtsspr.): *(im Zivilprozess) aufgrund einer Prozessvollmacht zu allen einen Rechtsstreit betreffenden Prozesshandlungen berechtigt.*

Pro|zess|be|voll|mäch|tig|te ⟨vgl. Bevollmächtigte⟩ (Rechtsspr.): *weibliche Person, die Prozessbevollmächtigter ist (bes. eine Anwältin).*

Pro|zess|be|voll|mäch|tig|ter ⟨vgl. Bevollmächtigter⟩ (Rechtsspr.): *jmd., der prozessbevollmächtigt ist (bes. ein Anwalt).*

Pro|zess|dampf, der (Technik): *Wasserdampf [von hoher Temperatur], der die für viele technologische Prozesse (2) erforderliche Prozesswärme liefert.*

pro|zess|fä|hig ⟨Adj.⟩ (Rechtsspr.): *aufgrund bestimmter Voraussetzungen (z. B. Volljährigkeit) fähig, Prozesshandlungen selbst od. durch einen selbst gewählten Prozessbevollmächtigten vor- od. entgegenzunehmen.*

Pro|zess|fä|hig|keit, die ⟨o. Pl.⟩ (Rechtsspr.): *das Prozessfähigsein.*

Pro|zess|fi|nan|zie|rung, die: *Finanzierung eines Prozesses (1).*

pro|zess|füh|rend ⟨Adj.⟩ (Rechtsspr.): *einen Prozess (1) führend, in einem Prozess (1) gegeneinander streitend.*

Pro|zess|füh|rung, die: *das Führen (10) eines Prozesses (1).*

Pro|zess|ge|bühr, die: *bei einem Prozess (1) anfallende Gebühr.*

Pro|zess|geg|ner, der: *jmds. Gegner im Zivilprozess.*

Pro|zess|geg|ne|rin, die: w. Form zu ↑ Prozessgegner.

Pro|zess|ge|richt, das (Rechtsspr.): *zur Entscheidung berufenes Gericht (im Unterschied zum Vollstreckungsgericht).*

Pro|zess|hand|lung, die (Rechtsspr.): *Erklärung einer Partei im Zivilprozess, die den Prozess rechtlich gestaltet (z. B. Erhebung u. Zurücknahme der Klage).*

pro|zes|sie|ren ⟨sw. V.; hat⟩ [zu ↑ Prozess (1)]: *zur Klärung eines Streites gegen jmdn. gerichtlich vorgehen, einen Prozess führen:* gegen jmdn. p.

Pro|zes|si|on, die; -, -en [(kirchen)lat. processio, eigtl. = das Vorrücken; feierlicher Aufzug, zu: procedere = fortschreiten] (in der kath. u. orthodoxen Kirche): *feierlicher Umzug von Geistlichen u. Gemeinde:* an einer P. teilnehmen; mit der P. gehen.

Pro|zes|si|ons|kreuz, das: *bei Prozessionen mitgeführtes, meist an der Spitze des Prozessionszuges getragenes großes Kreuz.*

Pro|zes|si|ons|spin|ner, der: *plumper [grauer] Nachtfalter, dessen Raupen sich in langen, geschlossenen Reihen fortbewegen.*

Pro|zess|kos|ten ⟨Pl.⟩: *in einem Prozess (1) für eine Prozesspartei anfallende Kosten.*

Pro|zess|kos|ten|hil|fe, die ⟨o. Pl.⟩ (Rechtsspr.): *(bei Bedürftigkeit) finanzielle Hilfe für die einen Prozess führende Partei.*

Pro|zess|la|wi|ne, die (emotional verstärkend): *durch einen bestimmten Umstand verursachte sehr große [wachsende] Anzahl von Prozessen (1), die einen bestimmten Sachverhalt betreffen und auslösen.*

Pro|zess|op|ti|mie|rung, die (Wirtsch.): *Verbesserung, Optimierung von Entwicklungs-, Produktionsprozessen u. Ä. zur Steigerung der Effizienz.*

Pro|zes|sor, der; -s, ...oren (EDV): *zentraler Teil eines Computers, der das Rechenwerk u. das Steuerwerk enthält.*

Pro|zess|ord|nung, die (Rechtsspr.): *Bestimmungen, die den formalen Ablauf eines Prozesses (1) regeln.*

pro|zess|ori|en|tiert ⟨Adj.⟩: *am (Arbeits)ablauf orientiert:* -es Denken.

Pro|zess|ori|en|tie|rung, die: *Ausrichtung [der Organisationsform eines Betriebes, Unternehmens o. Ä.] am (Arbeits)ablauf.*

Pro|zes|sor|kern, der (EDV): *zentraler Teil eines Mikroprozessors.*

Pro|zes|sor|leis|tung, die (EDV): *Leistung (2 b) eines Prozessors.*

Pro|zess|par|tei, die (Rechtsspr.): *eine der beiden gegnerischen Parteien im Zivilprozess.*

Pro|zess|rech|ner, der (EDV): *elektronische Rechenanlage zur Steuerung technischer Prozesse od. komplizierter wissenschaftlicher Versuchsabläufe.*

Pro|zess|recht, das (Rechtsspr.): **1.** ⟨o. Pl.⟩ *Verfahrensrecht.* **2.** *einem bzw. einer Prozessbeteiligten zustehendes Recht:* -e geltend machen.

Pro|zess|ri|si|ko, das: *Risiko, einen Prozess (1) zu verlieren:* das P. tragen, minimieren.

Pro|zess|schutz, der ⟨o. Pl.⟩ (Ökol.): *grundsätzli-*

ches Sich-selbst-Überlassen von natürlichen Abläufen in Waldgebieten o. Ä.
Pro|zess|tag, der: *Tag, an dem ein Prozess* (1) *stattfindet:* der Angeklagte legte gleich am ersten P. ein Geständnis ab.
pro|zes|su|al ⟨Adj.⟩: **1.** (Rechtsspr.) *einen Prozess* (1) *betreffend, zu ihm, seinem Ablauf gehörend.* **2.** (selten) *einen Prozess* (2) *betreffend.*
Pro|zess|ver|gleich, der (Rechtsspr.): *zwischen den Prozessparteien zur Beilegung eines Rechtsstreits abgeschlossener Vergleich* (3).
Pro|zess|ver|lauf, der: *Verlauf eines Prozesses* (1): die Öffentlichkeit wurde vom weiteren P. ausgeschlossen.
Pro|zess|ver|schlep|pung, die (Rechtsspr.): *Verschleppung eines Prozesses* (1) *durch eine der beiden Prozessparteien.*
Pro|zess|voll|macht, die (Rechtsspr.): *Vollmacht, jmdn. bei allen einen Rechtsstreit betreffenden Prozesshandlungen zu vertreten.*
Pro|zess|wär|me, die (Technik): *zur Durchführung technologischer Prozesse* (2), *bes. bei chemischen Reaktionen benötigte Wärme, die z. B. mithilfe von Kernreaktoren erzeugt wird.*
pro|zy|k|lisch [auch: ...ˈtsyk...] ⟨Adj.⟩ [aus lat. pro = für u. ↑ zyklisch] (Wirtsch.): *einem bestehenden Konjunkturzustand gemäß:* eine -e Wirtschaftspolitik.
prü|de ⟨Adj.⟩ [frz. prude < afrz. prod = tüchtig, tapfer; sittsam, wohl aus der Fügung: prode femme = ehrbare Frau]: *in Bezug auf Sexuelles unfrei u. sich peinlich davon berührt fühlend:* ein -r Mensch; ein -s Zeitalter.
¹**pru|deln** ⟨sw. V.; hat⟩ [Nebenf. von ↑ brodeln]: **1.** (landsch.) *brodeln:* ◆ Da brät's und prudelt's, da kocht's und strudelt's (Goethe, Faust II, 5255 f.) **2.** ⟨p. + sich⟩ (Jägerspr.) *(vom Schwarzwild) sich suhlen.*
Prü|de|rie, die; - [frz. pruderie, zu: prude, ↑ prüde]: *prüde Wesensart, prüdes Verhalten.*
Prüf|auf|trag, der: *Auftrag, etw. zu überprüfen.*
Prüf|au|to|mat, der (Technik): *Automat zum Prüfen von Werkstücken.*
prüf|bar ⟨Adj.⟩: *sich prüfen* (1, 2 a, 3 a) *lassend.*
Prüf|be|richt, der: *schriftliches Resultat einer Prüfung.*
prü|fen ⟨sw. V.; hat⟩ [mhd. brüeven, prüeven = erwägen; erkennen; beweisen; bemerken; schätzen; erproben, über das Vlat.-Roman. (vgl. ital. provare, afrz. prover) < lat. probare = als gut erkennen, billigen; prüfen; zu: probus = gut, rechtschaffen, tüchtig]: **1. a)** (bes. Geräte, Maschinen u. Ä.) *auf Qualität, Funktionstüchtigkeit hin untersuchen;* etw. auf seine Festigkeit p.; amtlich geprüfte Messgeräte; **b)** *einen Sachverhalt, ein Schriftstück im Hinblick auf die Richtigkeit, Akzeptabilität kontrollieren:* die Echtheit einer Sache p.; **c)** *ein Angebot im Hinblick auf seine Brauchbarkeit untersuchen:* die Sonderangebote p.; ⟨auch ohne Akk.-Obj.:⟩ erst p., dann kaufen; **d)** *die Eigenschaften, den Zustand von etw. festzustellen suchen.* **2. a)** *jmdn. eingehend testen, forschend beobachten, um ihn einschätzen zu können:* jmds. Eignung p.; jmdn. auf seine Reaktionsfähigkeit p.; **b)** ⟨p. + sich⟩ *über die eigene Person reflektieren, um sich selbst einzuschätzen.* **3. a)** *durch entsprechende Aufgabenstellung od. Fragen jmds. Kenntnisse, Fähigkeiten, Leistungen auf einem bestimmten Gebiet festzustellen suchen;* **b)** *in einem bestimmten Sachgebiet Prüfungen durchführen:* Latein p. **4.** (geh.) *schicksalhaften Unbill aussetzen; mitnehmen* (2): [vom Leben] schwer geprüft sein. **5.** (Sport) *jmdn. im sportlichen Wettkampf derart fordern, dass er sein ganzes Können unter Beweis stellen muss.*
Prü|fer, der; -s, - [mhd. prüevener]: **1.** *jmd., der*

beruflich etw. *prüft* (1 a, b). **2.** *jmd., der jmdn., etw. prüft* (3).
Prü|fe|rin, die; -, -nen: w. Form zu ↑ Prüfer.
Prüf|feld, das (Technik): *Einrichtung mit mehreren Prüfständen zum Prüfen* (1 a).
Prüf|ge|rät, das (Technik): *Gerät zum Prüfen [von Werkstücken].*
Prüf|ling, der; -s, -e: **1.** *jmd., der geprüft wird.* **2.** (Fachspr.) *auf seine Eignung, Qualität, Funktionstüchtigkeit u. Ä. zu prüfendes Produkt, [Werk]stück, [Bau]teil.*
Prüf|mus|ter, das (Fachspr.): *Produkt einer Produktionsserie, das auf seine vorgeschriebenen Eigenschaften amtlich geprüft wird.*
Prüf|pi|ckerl, das (österr. ugs.): *Prüfplakette.*
Prüf|pla|ket|te, die: *Plakette an einem Kraftfahrzeug, einem technischen Gerät o. Ä., die dessen einwandfreien Zustand bestätigt.*
Prüf|sie|gel, das: *auf einer Ware, einem Produkt o. Ä. angebrachtes Zeichen, das die Überprüfung der Einhaltung bestimmter Kriterien bei der Herstellung u. Ä. garantiert.*
Prüf|stand, der (Technik): *mit Messgeräten ausgestattete Anlage zum Prüfen von Maschinen, Geräten, Bauteilen auf bestimmte Eigenschaften, insbes. Funktionstüchtigkeit, Betriebssicherheit, Verhalten bei längerer Belastung:* einen Motor auf dem P. erproben; Ü etw. auf den P. stellen *(etw. [auf seine Notwendigkeit] überprüfen);* auf den Prüfstand müssen, gehören *([auf seine Notwendigkeit] überprüft werden müssen).*
Prüf|stein, der [urspr. = Probestein]: *etw., woran sich etw., jmd. bewähren bzw. woran sich etw. als richtig erweisen muss.*
Prüf|stel|le, die: *Stelle, Institution, wo etw. geprüft* (1 a) *wird.*
Prü|fung, die; -, -en [mhd. prüevunge]: **1.** *das Prüfen* (1): die Prüfung von Geräten; die Argumente halten einer P. stand. **2.** *das Prüfen* (2); *das Geprüftwerden:* jmdn. einer P. [auf besondere Fähigkeiten] unterziehen. **3.** *[durch Vorschriften] geregeltes Verfahren, das dazu dient, jmdn. zu prüfen* (3): sich einer P. unterziehen; bei, in einer P. versagen; jmdn. zu einer P. zulassen. **4.** (geh.) *schicksalhafte Belastung:* etw. ist eine harte P. für jmdn. **5.** (Sport) *Wettbewerb, der bestimmte hohe Anforderungen stellt.*
Prü|fungs|an|for|de|rung ⟨meist Pl.⟩: *für eine Prüfung* (3) *festgelegte Anforderung an die Prüflinge.*
Prü|fungs|angst, die: *Angst vor Prüfungen* (3): gegen P. hilft autogenes Training.
Prü|fungs|ar|beit, die: *zur Prüfung* (3) *gehörende schriftliche Arbeit.*
Prü|fungs|auf|ga|be, die: *zur Prüfung* (3) *gehörende Aufgabe.*
Prü|fungs|aus|schuss, der: vgl. Prüfungskommission: der P. der Handwerkskammer, des Aufsichtsrats.
Prü|fungs|be|din|gun|gen ⟨Pl.⟩: vgl. Prüfungsanforderung.
Prü|fungs|be|richt, der: *schriftlicher Bericht über Gegenstand, Art, Umfang u. Ergebnis einer Prüfung* (1).
Prü|fungs|er|geb|nis, das: *Ergebnis einer Prüfung* (3).
Prü|fungs|fach, das: *in einer Prüfung* (3) *geprüftes Fach.*
Prü|fungs|fra|ge, die: *in einer Prüfung* (3) *zu beantwortende Frage.*
Prü|fungs|ge|bühr, die: *für eine [Über]prüfung zu entrichtende Gebühr.*
Prü|fungs|kom|mis|si|on, die: *staatliche Kommission, die eine Prüfung* (3) *abnimmt.*
Prü|fungs|ord|nung, die: *Vorschriften für die Durchführung von Prüfungen* (3).

Prü|fungs|ter|min, der: *Termin für die Prüfung* (3).
Prü|fungs|un|ter|la|ge, die ⟨meist Pl.⟩: *zur Prüfung* (3) *gehörende Unterlage* (2).
Prü|fungs|ver|fah|ren, das: *Verfahren der Durchführung einer Prüfung* (3).
Prü|fungs|ver|merk, der: *Vermerk über die Prüfung* (1) *auf Richtigkeit o. Ä.*
Prü|fungs|zeug|nis, das: *Zeugnis über eine Prüfung* (3).
Prüf|ver|fah|ren, das: *Verfahren, nach dem etw. geprüft* (1 a, d) *wird.*
Prüf|vor|schrift, die: *Vorschrift für eine [Über]prüfung.*
Prü|gel, der; -s, - [spätmhd. brügel = Knüppel, Knüttel, verw. mit ↑ Brücke]: **1. a)** (bes. landsch.) *Knüppel* (1 a); **b)** (derb) *Penis.* **2.** ⟨Pl.⟩ *Schläge [mit einem Stock]:* P. austeilen; es gab, hagelte, setzte P.
Prü|ge|lei, die; -, -en: *das Sichprügeln; Schlägerei.*
Prü|gel|kna|be, der [angeblich früher ein Knabe einfachen Standes, der mit einem Fürstensohn zusammen erzogen wurde u. die Prügel (2) bezog, die eigentlich jenem zukamen]: *jmd., der für die Verfehlungen eines anderen Vorwürfe, die Schuld od. Strafe bekommt:* den -n für etw. abgeben.
prü|geln ⟨sw. V.; hat⟩ [urspr. = (Brücken) mit Prügeln (1 a) bedecken; einen Hund einen Prügel (1 a) vor die Beine hängen]: **1. a)** *heftig, bes. mit einem Stock [zur Strafe] schlagen:* einen Hund p.; sie haben sich/(sich.:) einander geprügelt; **b)** *durch Prügeln in einen bestimmten Zustand bringen:* jmdn. windelweich p.; **c)** *prügelnd irgendwohin treiben:* jmdn. aus dem Lokal p. **2.** ⟨p. + sich⟩ *einen Streit mit jmdm. mit den Fäusten austragen; sich mit jmdm. schlagen.*
Prü|gel|stra|fe, die ⟨Pl. selten⟩: *Bestrafung mit Peitschen-, Stock- od. Rutenhieben:* jmdm. die P. androhen.
Prü|gel|sze|ne, die: **1.** *Szene* (1), *in der geprügelt wird:* der neue Film enthält wieder viele -n. **2.** *Szene* (3 a), *bei der geprügelt wird:* es kam zu -n.
Prunk, der; -[e]s [aus dem Niederd. < mniederd. prunk, verw. mit ↑ prangen]: *auf Wirkung bedachte, als übermäßig empfundene Pracht:* leerer P.; P. entfalten.
Prunk|bau, der ⟨Pl. -ten⟩: *prunkvoller Bau:* einen P. errichten.
Prunk|bett, das: *prunkvolles Bett [eines Fürsten].*
prun|ken ⟨sw. V.; hat⟩ [aus dem Niederd. < mniederd. prunken, wahrsch. lautm. für bei großen Feiern übliche laute Treiben]: **1. a)** *durch prunkvolles Aussehen die Aufmerksamkeit auf sich ziehen:* eine prunkende Fassade; **b)** (geh.) *prangen:* die Felder prunkten im Schmuck der Blüten. **2.** *etw. Besonderes zeigen, sich mit etw. Besonderem sehen od. hören lassen, um [prahlerisch] damit Eindruck zu machen:* mit seinem Können p.
Prunk|ge|wand, das: *prunkvolles Gewand.*
Prunk lie|bend, prunk|lie|bend ⟨Adj.⟩: *den Prunk liebend.*
prunk|los ⟨Adj.⟩: *ohne Prunk.*
Prunk|raum, der: *prunkvoller Raum [in einem Schloss].*
Prunk|saal, der: *prunkvoller Saal [in einem Schloss].*
Prunk|sit|zung, die: *prunkvolle Karnevalssitzung.*
Prunk|stück, das: *etw., was wegen seiner Kostbarkeit, seines Werts o. Ä. herausragt.*
Prunk|sucht, die ⟨o. Pl.⟩ (abwertend): *übermäßiger Hang zum Prunk.*
prunk|süch|tig ⟨Adj.⟩: *durch Prunksucht gekennzeichnet.*

prunkvoll – Psycholinguistik

prunk|voll ⟨Adj.⟩: *prächtig [ausgestattet]; luxuriös:* -e Gewänder; ein -es Fest.
prus|ten ⟨sw. V.; hat⟩ [aus dem Niederd. < mniederd. prūsten, lautm.]: **1.** *Atemluft mit dem Geräusch des Sprudelns, Blasens od. Schnaubens heftig ausstoßen.* **2.** *etw. prustend* (1) *irgendwohin blasen, spritzen.*
◆ **Pry|tan,** der; -en, -en [griech. prýtanis, wohl aus einer kleinasiat. Spr.]: *Prytane:* Und stürmend drängt sich zum -en das Volk, es fordert seine Wut (Schiller, Kraniche des Ibykus).
Pry|ta|nei|on, das; -s, ...eien, **Pry|ta|ne|um,** das; -s, ...een [griech. prytaneīon]: *Haus für die Versammlungen der altgriech. Stadtstaatbehörde.*
¹**PS** [peːˈɛs], das; -, - (Technik veraltend): *Pferdestärke:* eine Motorleistung von einem, dreißig PS.
²**PS** = Postskriptum.
Psalm, der; -[e]s, -en [mhd. psalm(e), ahd. psalm(o) < kirchenlat. psalmus < griech. psalmós, eigtl. = das Zupfen der Saiten eines Musikinstrumentes, zu: psállein = berühren, betasten; die Saite zupfen, Zither spielen]: *eines der im Alten Testament gesammelten religiösen Lieder des jüdischen Volkes:* die -en Davids.
Psal|mist, der; -en, -en [kirchenlat. psalmista < griech. psalmistḗs]: *Verfasser von Psalmen.*
Psal|mis|tin, die; -, -nen: w. Form zu ↑ Psalmist.
Psal|mo|die, die; -, -n [mhd. psalmodīe < kirchenlat. psalmodia < griech. psalmōdía] (Rel.): *rezitativisches Singen, bes. als vorwiegend auf einem bestimmten Ton ausgeführter liturgischer Sprechgesang, dessen Gliederung durch festliegende melodische Formeln markiert wird.*
psal|mo|die|ren ⟨sw. V.; hat⟩: *in der Art der Psalmodie singen.*
Psal|ter, der; -s, - [mhd. psalter, ahd. psalteri < (kirchen)lat. psalterium < griech. psaltḗrion, gens = blattartig nebeneinanderliegen]: **1.** (im MA.) *trapezförmige od. dreieckige Zither ohne Griffbrett.* **2.** (Rel.) **a)** (im A. T.) *Buch der Psalmen;* **b)** (im MA.) *liturgisches Textbuch mit den Psalmen u. entsprechenden Wechselgesängen.* **3.** [nach den Blättern eines Psalters (2), weil die Längsfalten des Magens blattartig nebeneinanderliegen] (Biol.): *Blättermagen.*
pscht: ↑ pst.

pseu|do-, Pseu|do-, (vor Vokalen auch:) pseud-, Pseud- [zu griech. pseúdein = belügen, täuschen]: **1.** (Fachspr.) *Best. in Bildungen mit Substantiven od. Adjektiven falsch, schein-, Schein-: pseudonym; Pseudokrupp.* **2.** (häufig abwertend) *drückt in Bildungen mit Substantiven oder Adjektiven aus, dass eine Person oder Sache nur dem Anschein nach jmd. oder etw. ist bzw. sich den Anschein gibt, jmd. oder etw. zu sein, es in Wirklichkeit jedoch nicht ist:* Pseudochrist, -kritik; pseudodemokratisch, -originell.

Pseu|do|krupp, der (Med.): *(bes. bei Kindern auftretende, dem Krankheitsbild eines Krupps ähnliche) Krankheit mit Anfällen von Atemnot u. Husten bei Entzündung des Kehlkopfes.*
Pseu|do|lo|gie, die; -, -n [zu griech. pseudología = Lüge] (Med., Psychol.): *krankhafter Hang zum Lügen.*
Pseu|do|mor|pho|se, die; -, -n [geb. nach ↑ Metamorphose] (Mineral.): *[Auftreten eines] Mineral[s] in der Kristallform eines anderen Minerals.*
pseu|do|nym ⟨Adj.⟩ [griech. pseudṓnymos = mit falschem Namen (auftretend), zu: ónyma = Name] (bildungsspr.): *unter einem Pseudonym [verfasst]:* ein -es Werk.

Pseu|do|nym, das; -s, -e: *angenommener, nicht der wirkliche Name (bes. eines Autors, einer Autorin); Deckname* **(a)**: das Buch erschien unter einem P.
pseu|do|wis|sen|schaft|lich ⟨Adj.⟩ (bildungsspr. abwertend): *nur dem Anschein nach wissenschaftlich:* p. arbeiten.
PSF = Postschließfach.
Psi, das; -[s], -s: **1.** [spätgriech. psī < griech. pseĩ] *vorletzter Buchstabe des griechischen Alphabets* (Ψ, ψ). **2.** ⟨meist ohne Art.; ohne Pl.⟩ [nach dem ersten Buchstaben des griech. Wortes psychḗ = Seele] (Parapsychol.) *bestimmendes Element parapsychischer Vorgänge.*
Psi|phä|no|men, das [aus ↑ Psi (2) u. ↑ Phänomen] (Parapsychol.): *parapsychisches Phänomen.*
Psit|ta|ko|se, die; -, -n [zu griech. psíttakos = Papagei] (Med.): *Papageienkrankheit.*
Pso|ri|a|sis, die; -, ...asen [zu griech. psóra = Krätze] (Med.): *Schuppenflechte.*
PS-stark [peːˈɛs...] ⟨Adj.⟩: *leistungsstark im Hinblick auf die PS-Zahl:* -e Motoren.
pst ⟨Interj.⟩: *still!; leise!:* pst! Das darf er nicht hören!

psych-, Psych-: ↑ psycho-, Psycho-.

Psy|ch|a|go|ge, der; -n, -n [griech. psychagōgós = der die Seelen (der Verstorbenen) leitet (Beiname des Hermes), zu: psychḗ (↑ Psyche) u. ágein = führen]: *Psychotherapeut, Pädagoge, der sich auf Psychagogik spezialisiert hat.*
Psy|ch|a|go|gik, die; -: *pädagogische Form der Psychotherapie für Kinder u. Jugendliche.*
Psy|ch|a|go|gin, die; -, -nen: w. Form zu ↑ Psychagoge.
Psy|che, die; -, -n: **1.** [griech. psychḗ = Hauch, Atem; Seele] (bildungsspr., Fachspr.) *Gesamtheit des menschlichen Fühlens, Empfindens u. Denkens; Seele* (1): die kindliche, menschliche, männliche, weibliche P.; die P. von Tätern u. Opfern. **2.** [(über ital. psiche <) frz. psyché < spätlat. < griech. Psychḗ, nach dem Namen der vollendet schönen Gattin des Amor in der Fabel des lat. Dichters Apulejus (2. Jh. n. Chr.)] (österr. veraltend) *Frisiertoilette.*
psy|che|de|lisch, (seltener:) psychodelisch ⟨Adj.⟩ [engl. psychedelic, zu griech. psychḗ (↑ Psyche) u. dḗloun = offenbaren, klarmachen]: **a)** *das Bewusstsein verändernd; einen euphorischen, tranceartigen Gemütszustand hervorrufend:* -e Drogen; p. wirkende Drogen wie LSD und Meskalin; **b)** *in einem (bes. durch Rauschmittel hervorgerufenen) euphorischen, tranceartigen Gemütszustand befindlich.*
Psy|chi|a|ter, der; -s, - [zu griech. psychḗ (↑ Psyche) u. iatrós = Arzt]: *Facharzt für Psychiatrie.*
Psy|chi|a|te|rin, die; -, -nen: w. Form zu ↑ Psychiater.
Psy|chi|a|t|rie, die; -, -n [zu griech. iatreía = das Heilen]: **1.** ⟨o. Pl.⟩ *Teilgebiet der Medizin, das sich mit der Erkennung u. Behandlung von geistigen u. psychischen Störungen befasst:* ein Facharzt für Neurologie und P. **2.** (Jargon) *psychiatrische Abteilung, Klinik:* in die P. eingeliefert werden.
psy|chi|a|t|rie|ren ⟨sw. V.; hat⟩ (bes. österr.): *psychiatrisch untersuchen:* einen Angeklagten p.
psy|chi|a|t|risch ⟨Adj.⟩ (Med.): *die Psychiatrie betreffend, auf ihr beruhend; mit den Mitteln, Methoden der Psychiatrie:* die -e Chirurgie.
psy|chisch ⟨Adj.⟩ [griech. psychikós = zur Seele gehörend] (bildungsspr.): *die Psyche betreffend:* das -e Gleichgewicht; -e Vorgänge, Krankheiten; unter -em Druck arbeiten; etw. wirkt sich p. bei jmdm. aus.

Psy|cho, der; -s, -s (Jargon): **1.** Kurzf. von ↑ Psychokrimi. **2.** *Person, die psychisch krank ist.*

psy|cho-, Psy|cho-, (vor Vokalen auch:) psych-, Psych- [zu griech. psychḗ, ↑ Psyche]: *Best. in Zus. mit der Bed. die Psyche, das Psychische betreffend* (z. B. Psychogramm, psychotherapeutisch, Psychagoge).

Psy|cho|ana|ly|se, die; -, -n [gepr. von dem österr. Psychiater u. Neurologen S. Freud (1856–1939)] (Psychol.): **1.** ⟨o. Pl.⟩ *psychotherapeutische Methode zur Heilung psychischer Störungen, Krankheiten, Fehlleistungen o. Ä. durch Aufdeckung u. Bewusstmachung ins Unbewusste verdrängter Triebkonflikte.* **2.** *Untersuchung, Behandlung nach der Methode der Psychoanalyse* (1): sich einer P. unterziehen.
psy|cho|ana|ly|sie|ren ⟨sw. V.; hat⟩: *psychoanalytisch behandeln:* jmdn. p.
Psy|cho|ana|ly|ti|ker, der; -s, -: *die Psychoanalyse anwendender od. Psychologe mit spezieller psychotherapeutischer Ausbildung.*
Psy|cho|ana|ly|ti|ke|rin, die; -, -nen: w. Form zu ↑ Psychoanalytiker.
psy|cho|ana|ly|tisch ⟨Adj.⟩: *die Psychoanalyse betreffend, darauf beruhend, mit den Mitteln der Psychoanalyse erfolgend:* die -e Methode.
Psy|cho|bio|lo|gie, die; -: *Forschungsrichtung, die sich mit den biologischen Grundlagen psychischer Phänomene u. Erkrankungen beschäftigt.*
psy|cho|de|lisch: ↑ psychedelisch.
Psy|cho|di|a|g|nos|tik, die ⟨o. Pl.⟩: *Wissenschaft u. Lehre von den Methoden zur Erfassung psychischer Besonderheiten von Personen od. Personengruppen.*
Psy|cho|dra|ma, das; -s, ...men: **1.** (Literaturwiss.) *Einpersonenstück, das psychische Vorgänge als dramatische Handlung gestaltet.* **2.** (Psychol.) *psychotherapeutische Methode, die dazu anregt, Konflikte schauspielerisch darzustellen, um sich so von ihnen zu befreien.*
psy|cho|gen ⟨Adj.⟩ [↑ -gen] (Med., Psychol.): *psychisch bedingt, verursacht.*
Psy|cho|ge|ne|se, Psy|cho|ge|ne|sis, die; -, ...nesen (Psychol.): *Entstehung u. Entwicklung des Seelenlebens.*
Psy|cho|gra|fie, Psychographie, die; -, -n [↑ -grafie] (Psychol.): *umfassende psychologische Beschreibung einer Person u. Erfassung ihrer psychischen u. geistigen Einzelteile.*
Psy|cho|gramm, das; -s, -e [↑ -gramm] (Psychol.): **1.** *psychologische Persönlichkeitsstudie.* **2.** *grafische Darstellung von Fähigkeiten u. Eigenschaften einer Persönlichkeit.*
Psy|cho|gra|phie: ↑ Psychografie.
Psy|cho|hy|gi|e|ne, die; -: *Wissenschaft u. Lehre von der Erhaltung der psychischen u. geistigen Gesundheit als Teilgebiet der angewandten Psychologie.*
Psy|cho|id, das; -[e]s (Psychol.): *(nach C. G. Jung) seelenähnliche Schicht, die dem Bereich der Triebe nahesteht.*
Psy|cho|ki|ne|se, die; - [zu griech. kínēsis = Bewegung] (Parapsychol.): *physikalisch nicht erklärbare Einwirkung eines Menschen auf materielles Geschehen* (z. B. das Bewegen eines Gegenstands, ohne ihn zu berühren; Abk.: PK).
Psy|cho|krieg, der; -[e]s, -e: *mit Psychoterror und ähnlichen Mitteln geführte Auseinandersetzung.*
Psy|cho|kri|mi, der; -s, -s (ugs.): *psychologischer* (2a) *Kriminalfilm, -roman, psychologisches Kriminalstück.*
Psy|cho|lin|gu|is|tik, die; - (Sprachwiss.): *Wissenschaft von den psychischen Vorgängen beim Erlernen der Sprache u. bei ihrem Gebrauch.*

Psy|cho|lo|ge, der; -n, -n [↑ -loge]: **1.** wissenschaftlich ausgebildeter Fachmann auf dem Gebiet der Psychologie. **2.** jmd., der psychologisches Verständnis hat.

Psy|cho|lo|gie, die; -, -n [↑ -logie]: **1.** Wissenschaft von den bewussten u. unbewussten psychischen Vorgängen, vom Erleben u. Verhalten des Menschen: pädagogische P.; P. studieren. **2.** Verständnis für, Eingehen auf die menschliche Psyche: bei solchen Konflikten kommt man nur mit P. weiter. **3.** psychische Verhaltensweise.

Psy|cho|lo|gin, die; -, -nen: w. Form zu ↑ Psychologe.

psy|cho|lo|gisch ⟨Adj.⟩: **1. a)** die Psychologie (1) betreffend: die -e Literatur; p. geschult sein; **b)** auf der Psychologie (1) beruhend; mit den Mitteln der Psychologie [ausgeführt]: -e Tests; jmdn. p. testen. **2. a)** die Psychologie (2) betreffend: -es Einfühlungsvermögen; jmdn. p. betreuen; **b)** (ugs.) psychologisch (2 a) geschickt: das war nicht sehr p. von dir. **3.** die Psychologie (3) betreffend, darauf beruhend: p. bedingt sein.

psy|cho|lo|gi|sie|ren ⟨sw. V.; hat⟩ (bildungsspr. abwertend): [in übersteigerter Weise] psychologisch (2 a) gestalten: ein psychologisierender Film; ⟨seltener mit Akk.-Obj.:⟩ die Personen eines Films p.

Psy|cho|lo|gi|sie|rung, die; -, -en (bildungsspr. abwertend): das Psychologisieren.

Psy|cho|lo|gis|mus, der; -, ...men: Überbewertung der Psychologie [als Grundlage aller wissenschaftlichen Disziplinen].

Psy|cho|me|t|rie, die; -, -n [↑ -metrie]: **1.** (Psychol.) quantitative Messung psychischer Funktionen, Fähigkeiten, der Zeitdauer psychischer Vorgänge. **2.** (Parapsychol.) Verfahren, durch Kontakt mit einem Gegenstand über dessen Besitzer Aussagen zu machen.

Psy|cho|mo|to|rik, die; - (Med., Psychol.): Gesamtheit aller willkürlich gesteuerten, bewusst erlebten u. von psychischen Momenten geprägten Bewegungsabläufe (z. B. Gehen, Sprechen od. Mimik).

psy|cho|mo|to|risch ⟨Adj.⟩ (Med., Psychol.): die Psychomotorik betreffend.

Psy|cho|neu|ro|se, die; -, -n (Med., Psychol.): Neurose, der ein psychischer Konflikt zugrunde liegt.

Psy|cho|path, der; -en, -en [↑ -path (1)] (Psychol.; bildungsspr.): jmd., der an Psychopathie leidet.

Psy|cho|pa|thie, die; -, -n [↑ -pathie] (Psychol.): Abnormität des Gefühls- u. Gemütslebens, die sich in Verhaltensstörungen äußert.

Psy|cho|pa|thin, die; -, -nen: w. Form zu ↑ Psychopath.

psy|cho|pa|thisch ⟨Adj.⟩ (Psychol.; bildungsspr.): **a)** an Psychopathie leidend: ein -er Mörder; **b)** die Psychopathie betreffend, durch sie gekennzeichnet: ein -es Verhalten.

Psy|cho|pa|tho|lo|gie, die; -, -n (Med., Psychol.): Wissenschaft u. Lehre von den krankhaften Veränderungen des Seelenlebens, bes. von Psychosen u. Psychopathien.

psy|cho|pa|tho|lo|gisch ⟨Adj.⟩ (Med., Psychol.): die Psychopathologie betreffend, auf ihr beruhend.

Psy|cho|phar|ma|kon, das; -s, ...ka [zu griech. phármakon = Heilmittel] (Med., Psychol.): auf die Psyche einwirkendes Arzneimittel.

Psy|cho|phy|sik [auch, österr. nur: ...'zık], die; - (Med., Psychol.): Wissenschaft von den Wechselbeziehungen des Physischen u. des Psychischen, von den Beziehungen zwischen Reizen u. ihrer Empfindung.

Psy|cho|phy|sio|lo|gie, die; -: Teilgebiet der Psychologie, das sich mit den physiologischen u. biochemischen Grundlagen psychischer Vorgänge befasst.

psy|cho|phy|sisch ⟨Adj.⟩: die Psychophysik betreffend.

Psy|cho|pro|phy|la|xe, die; - (Psychol.): **1.** systematische psychologische Vorbereitung auf bevorstehende Ereignisse (z. B. auf eine Entbindung). **2.** vorbeugende Maßnahmen der Psychohygiene.

Psy|cho|se, die; -, -n [zu ↑ Psyche] (Med., Psychol.): schwere geistig-psychische Störung.

Psy|cho|so|ma|tik [österr. auch: ...'mat...], die; - [zu griech. sōma = Leib, Körper] (Med.): Wissenschaft von der Bedeutung psychischer Vorgänge für Entstehung u. Verlauf von Krankheiten.

psy|cho|so|ma|tisch [österr. auch: ...'mat...] ⟨Adj.⟩ (Med.): die Psychosomatik betreffend; auf psychisch-körperlichen Wechselwirkungen beruhend: -e Störungen.

psy|cho|so|zi|al ⟨Adj.⟩ (Sozialpsychol.): (von psychischen Faktoren, Fähigkeiten o. Ä.) durch soziale Gegebenheiten (wie z. B. Sprache, Kultur, Gesellschaft) bedingt.

Psy|cho|syn|drom, das; -s, -e (Med., Psychol.): organisch bedingte Störung der psychischen Funktionen.

Psy|cho|ter|ror, der; -s: (bes. in der politischen Auseinandersetzung angewandte) Methode, einen Gegner mit psychologischen Mitteln (wie Verunsicherung, Bedrohung) einzuschüchtern u. gefügig zu machen.

Psy|cho|the|ra|peut [auch: 'psy:ço...], der; -en, -en: die Psychotherapie anwendender Arzt od. Psychologe.

Psy|cho|the|ra|peu|tik, die ⟨o. Pl.⟩ (Med.): praktische Anwendung der Psychotherapie.

Psy|cho|the|ra|peu|tin, die; -, -nen: w. Form zu ↑ Psychotherapeut.

psy|cho|the|ra|peu|tisch ⟨Adj.⟩ (Med., Psychol.): die Psychotherapie betreffend, zu ihr gehörend, mit ihren Mitteln: jmdn. p. behandeln.

Psy|cho|the|ra|pie [auch: 'psy:ço...], die; -, -n (Med., Psychol.): **1.** ⟨o. Pl.⟩ Gesamtheit der psychologischen Verfahren zur Heilung od. Linderung von Störungen im psychischen Bereich, in den sozialen Beziehungen, im Verhalten oder auch in bestimmten Körperfunktionen. **2.** Therapie, Behandlung mit den Mitteln, Methoden der Psychotherapie (1).

Psy|cho|thril|ler, der; -s, -: psychologischer (2 a) Thriller.

Psy|cho|ti|ker, der; -s, - (Med., Psychol.): jmd., der an einer Psychose leidet.

Psy|cho|ti|ke|rin, die; -, -nen: w. Form zu ↑ Psychotiker.

psy|cho|tisch ⟨Adj.⟩ (Med., Psychol.): **a)** zum Erscheinungsbild einer Psychose gehörend; **b)** an einer Psychose leidend; geistes-, gemütskrank.

psy|cho|trop ⟨Adj.⟩ [zu griech. tropḗ = (Hin)wendung] (Med.): auf die Psyche einwirkend, psychische Prozesse beeinflussend.

Psy|chro|me|ter, das; -s, - [↑ -meter (1)] (Meteorol.): Gerät zur Messung der Luftfeuchtigkeit.

pt = Pint.

Pt = Platin.

P. T. = pleno titulo.

¹PTA [pe:te:'|a:], der; -[s], -[s]: pharmazeutisch-technischer Assistent.

²PTA [pe:te:'|a:], die; -, -[s]: pharmazeutisch-technische Assistentin.

PTBS = posttraumatische Belastungsstörung.

pto|le|mä|isch ⟨Adj.⟩: nach dem ägyptischen Astronomen Ptolemäus (etwa 100 bis 160) benannt: das -e (geozentrische) Weltsystem.

PTT = Schweizerische Post-, Telefon- und Telegrafenbetriebe (bis 1998).

PTT-Bus, der (schweiz.): Postbus.

Pty|al|lin, das; -s [zu griech. ptýalon = Speichel] (Biochemie): Stärke spaltendes Enzym im Speichel.

Pu = Plutonium.

Pub [pap, engl.: pʌb], das, auch: der; -s, -s [engl. pub, gek. aus: public house, eigtl. = öffentliches Haus]: engl. Bez. für: Kneipe, Wirtshaus.

pu|ber|tär ⟨Adj.⟩ [zu ↑ Pubertät] (bildungsspr.): **a)** mit der Pubertät zusammenhängend; durch die Pubertät gekennzeichnet; für die Pubertät typisch; **b)** in der Pubertät befindlich, begriffen.

Pu|ber|tät, die; - [lat. pubertas = Geschlechtsreife, Mannbarkeit, zu: pubes = mannbar, männlich, erwachsen]: zur Geschlechtsreife führende Entwicklungsphase des jugendlichen Menschen; Reifezeit.

Pu|ber|täts|zeit, die; -: Zeit der Pubertät.

pu|ber|tie|ren ⟨sw. V.; hat⟩ (bildungsspr.): sich in der Pubertät befinden: er fängt schon an zu p.

Pu|bes|zenz, die; - [zu lat. pubescere = mannbar werden, heranwachsen] (Med.): Ausbildung der Geschlechtsreife.

pu|b|li|ce [...tse̩] ⟨Adv.⟩ [lat. publice, Adv. von: publicus, ↑ publik] (bildungsspr. veraltend): öffentlich.

Pu|b|li|ci|ty [pa'blısıti], die; - [engl. publicity < frz. publicité, zu: public, ↑ publik]: **a)** durch Medienpräsenz bedingte Bekanntheit in der Öffentlichkeit: als Filmschauspieler P. genießen; **b)** Propaganda zur Sicherung eines hohen Bekanntheitsgrades od. um öffentliches Aufsehen zu erregen.

pu|b|li|ci|ty|scheu ⟨Adj.⟩: keine Publicity (a) mögend.

pu|b|li|ci|ty|träch|tig ⟨Adj.⟩: große Publicity versprechend: eine -e Ausstellung, Aktion, Veranstaltung.

Pu|b|lic-pri|vate-Part|ner|ship ['pablık'praıvıt-'pa:ɐ̯tnɐʃıp], die; -, -s [engl. public-private partnership] (Wirtsch.): Zusammenarbeit von Staat u. Privatwirtschaft bei einem bestimmten Projekt (Abk.: PPP).

Pu|b|lic Re|la|tions ['pʌblık rı'leɪʃ(ə)nz] ⟨Pl.⟩ [engl. public relations, eigtl. = öffentliche Beziehungen]: Öffentlichkeitsarbeit (Abk.: PR).

Pu|b|lic-Re|la|tions-Ab|tei|lung, die: für die Öffentlichkeitsarbeit zuständige Abteilung.

Pu|b|lic Vie|wing ['pablık 'vju:ɪŋ], das; - -, - -s [aus engl. public = öffentlich (↑ Publicity) u. viewing = das Fernsehen, zu: view = Sicht]: gemeinsames Sichansehen von auf Großbildleinwänden im Freien live übertragenen Sportveranstaltungen.

pu|b|lik [österr. auch: ...'bliːk] ⟨Adj.⟩ [frz. public < lat. publicus = öffentlich; staatlich; allgemein] (bildungsspr.): in den Verbindungen **p. sein** (allgemein bekannt sein); **p. werden** (an die Öffentlichkeit kommen, allgemein bekannt werden); **etw. p. machen/publikmachen** (etw. an die Öffentlichkeit bringen, allgemein bekannt machen: eine Affäre, einen Fall p. machen).

Pu|b|li|ka|ti|on, die; -, -en [frz. publication < (spät)lat. publicatio = Veröffentlichung, zu: publicare, ↑ publizieren]: **1.** publiziertes Werk: seine erste P. sollte schon ein Bestseller werden. **2.** das Publizieren: die P. der neuesten Forschungsergebnisse vorbereiten.

Pu|b|li|ka|ti|ons|mit|tel, das: Zeitung, Zeitschrift o. Ä. als Mittel der Publikation (2).

Pu|b|li|ka|ti|ons|or|gan, das: Publikationsmittel.

pu|b|li|ka|ti|ons|reif ⟨Adj.⟩: für die Publikation (2) geeignet: ein -er Text.

Pu|b|li|ka|ti|ons|rei|he, die: Reihe, in der Bücher, Studien o. Ä. mit bestimmter Themenstellung publiziert werden.

Pu|b|li|ka|ti|ons|ver|bot, das: Verbot zu publizieren: P. haben.

pu|b|lik ma|chen, pu|b|lik|ma|chen: s. publik.

Pu|b|li|kum, das; -s, ...ka ⟨Pl. selten⟩ [wohl unter Einfluss von frz. public, engl. public = Öffentlichkeit; (Theater)publikum < mlat. publicum (vulgus) = das gemeine Volk; Öffentlichkeit]: **a)** *Gesamtheit der Zuschauer, Zuhörer einer Veranstaltung:* ein verwöhntes P.; Pfiffe aus dem P.; der Autor saß im P.; **b)** *Gesamtheit von Menschen, die an etw. Bestimmtem, bes. an Kunst, Wissenschaft o. Ä., interessiert sind:* das konsumierende P.; der Schriftsteller eroberte sich kein P. *(seine Leserschaft);* solche Bücher finden immer ihr P. *(ihre Leser);* eine Theaterstadt mit internationalem P.; **c)** *Gesamtheit der Gäste, Besucher in einem Lokal, Kur-, Ferienort o. Ä.:* hier verkehrt ein gutes P.; das P. ist dort sehr gemischt; **d)** (ugs.) *Gesamtheit von Personen, die jmdm. bei etw. zusehen, zuhören:* sie hätte sich kein dankbareres P. wünschen können als uns.

Pu|b|li|kums|er|folg, der: **a)** *Erfolg beim Publikum* (a, b): seinen größten P. hatte er in diesem Film; **b)** *beim Publikum einen großen Erfolg erzielende Veranstaltung, erzielendes Werk:* der Film ist ein P.

Pu|b|li|kums|fonds, der (Wirtsch.): *zu jeder Zeit An- und Verkauf von Anteilen ermöglichender Fonds; offener Fonds.*

Pu|b|li|kums|ge|schmack, der: *Geschmack des Publikums* (a, b): sein Werk orientiert sich stark am P.

Pu|b|li|kums|ge|sell|schaft, die: *Kommanditgesellschaft mit vielen nur mit Geld beteiligten Kommanditisten.*

Pu|b|li|kums|ge|spräch, das: *(meist im Anschluss an eine Theateraufführung o. Ä. stattfindendes) Gespräch eines Künstlers od. mehrerer Künstler mit dem Publikum* (a, b).

Pu|b|li|kums|gunst, die: *Gunst* (a) *des Publikums:* hoch in der P. stehen.

Pu|b|li|kums|in|te|r|es|se, das: *Interesse des Publikums* (a, b): mangelndes P.

Pu|b|li|kums|jo|ker [...ˈdʒoːkɐ], der: *Joker* (2), *bei dem der Spielende die Meinung anderer, meist Laien, einholen darf.*

Pu|b|li|kums|lieb|ling, der: *beim Publikum* (a, b) *besonders beliebter Schauspieler, Sänger, Sportler o. Ä.*

Pu|b|li|kums|ma|g|net, der: *(im Showgeschäft, im Filmgeschäft o. Ä.) Person od. Sache, die ein großes Publikum anzieht.*

Pu|b|li|kums|preis, der: *Preis* (2 a), *bei der das Publikum den od. die Preisträger durch Abstimmung, Akklamation od. per Telefon o. Ä. kürt.*

Pu|b|li|kums|ren|ner, der (Jargon): *etw., was beim Publikum sehr beliebt ist, großen Anklang findet, sich großer Nachfrage erfreut:* das Museum, die Sendung ist ein P., erwies sich als P.; die Inszenierung entwickelt sich zum P.

Pu|b|li|kums|ver|kehr, der ⟨o. Pl.⟩: *das Kommen und Gehen von Besuchern, Kunden u. a. an einem bestimmten Ort:* in der Schalterhalle herrschte reger P.; das Finanzamt ist mittwochs für den P. geschlossen.

pu|b|li|kums|wirk|sam ⟨Adj.⟩: *Wirkung beim Publikum* (a, b) *erzielend:* eine -e Schlagzeile; ein -er Fernsehauftritt; sich p. in Szene setzen.

Pu|b|li|kums|zeit|schrift, die: *für ein breites Publikum bestimmte Zeitschrift.*

Pu|b|li|shing-on-De|mand [ˈpablɪʃɪŋɔndɪˈmaːnd], das; - [engl., aus: publishing = das Publizieren u. on demand = auf Wunsch]: *Veröffentlichung von Druckschriften, von denen keine großen Stückzahlen benötigt werden, ausschließlich bei Bedarf.*

pu|b|li|zie|ren ⟨sw. V.; hat⟩ [lat. publicare = veröffentlichen, zu: publicus, ↑ publik]: **a)** *im Druck erscheinen lassen; veröffentlichen* (b): einen Artikel [zu einem Thema], die Ergebnisse einer Untersuchung p.; er hat schon lange nichts mehr publiziert; sie hat bisher alle ihre Werke bei diesem Verlag, in russischer Sprache publiziert; **b)** *publik machen, bekannt machen, veröffentlichen* (a): ◆ Als ihm den andern Morgen der Spruch publiziert *(mitgeteilt, bekannt gegeben)* wurde, er müsse ins Zuchthaus ... (Hebel, Schatzkästlein 54).

Pu|b|li|zist, der; -en, -en: *Journalist, Schriftsteller, der mit Analysen u. Kommentaren zum aktuellen [politischen] Geschehen aktiv an der öffentlichen Meinungsbildung teilnimmt.*

Pu|b|li|zis|tik, die; -: **a)** *Bereich der Beschäftigung mit allen die Öffentlichkeit interessierenden Angelegenheiten in Buch, Presse, Rundfunk, Film, Fernsehen;* **b)** *Wissenschaft von den Massenmedien u. ihrer Wirkung auf die Öffentlichkeit:* er hat P. studiert.

Pu|b|li|zis|tin, die; -, -nen: w. Form zu ↑ Publizist.

pu|b|li|zis|tisch ⟨Adj.⟩: **a)** *die Publizistik* (a) *betreffend, dazu gehörend, mit ihren Mitteln:* -e Aktivität; **b)** *die Publizistik* (b) *betreffend; vom Standpunkt der Publizistik aus:* ein -es Institut.

Pu|b|li|zi|tät, die; - [nach frz. publicité, zu: public, ↑ publik]: **1.** (bildungsspr.) *das Bekanntsein:* die P. seiner Bücher; die P. eines Dichters. **2. a)** *allgemeine Zugänglichkeit der Massenmedien u. ihrer Inhalte;* **b)** (Wirtsch.) *öffentliche Darlegung der Geschäftsvorfälle sowie der Lage, der Erfolge u. der Entwicklung eines Unternehmens.*

p. u. c. = post urbem conditam.

◆ **Puch|ham|mer,** der; -s, ...hämmer [zu: puchen, Nebenf. von ↑ pochen]: *Hammer zum Zerkleinern von Erzbrocken:* Da hörte er, wie aus noch tieferm Schacht ein Klopfen heraustönte, als werde mit dem P. gearbeitet (E. T. A. Hoffmann, Bergwerke 26).

Puck, der; -s, -s: **1.** [engl. puck < mengl. puke < aengl. pūca, verw. mit Pocke] *Kobold, schalkhafter Elf* (in Shakespeares »Sommernachtstraum«). **2.** [engl. puck, H. u.] (Eishockey) *Scheibe aus Hartgummi, die mit dem Schläger ins gegnerische Tor zu treiben ist.*

pu|ckern ⟨sw. V.; hat⟩ [Intensivbildung von niederd. pucken, Nebenf. von ↑ pochen] (ugs.): *klopfen* (2): sein Herz puckert; ⟨auch unpers.:⟩ es puckert in der Wunde.

Pud, das; -[s], - [russ. pud, über das Anord. < lat. pondus, ↑ Pond]: *früheres russisches Gewicht (16,38 kg).*

Pud|ding, der; -s, -e u. -s [engl. pudding, wohl < (a)frz. boudin = Wurst, H. u.]: **1.** *[kalte] Süßspeise aus in Milch aufgekochtem Puddingpulver od. Grieß:* den P. nach dem Erkalten stürzen; Ü P. in den Knien, Beinen haben (ugs.; *keine Kraft in den Knien, Beinen haben*). **2.** *in Wasserbad in einer bestimmten Form* (3) *gekochtes Gericht aus Brot, Fleisch, Fisch, Gemüse* (z. B. Kohlpudding).

Pud|ding|form, die: *Form* (3), *in der ein Pudding* (2) *im Wasserbad gekocht wird.*

Pud|ding|pul|ver, das: *pulveriges Produkt aus Stärke (mit Farb- u. Aromastoffen) zur Bereitung von Pudding* (1).

Pu|del, der; -s, -: **1.** [gek. aus: Pudelhund, zu ↑ pudeln (2); der Hund ist so benannt, weil er gerne im Wasser planscht] *mittelgroßer Hund mit dichtem, wolligem u. gekräuseltem schwarzem, braunem od. weißem Fell:* ein grauer P.; *wie ein begossener P.* (salopp; *nach einer Zurechtweisung o. Ä. nichts mehr zu sagen wissend; nach einer Belehrung, Erfahrung enttäuscht*). **2.** [H. u.] (ugs.) *Fehlwurf beim Kegeln.* **3.** (ugs.) Kurzf. von ↑ Pudelmütze.

Pu|del|müt|ze, die [nach der Ähnlichkeit mit dem krausen Haar des Pudels]: *rund um den Kopf anliegende, über die Ohren zu ziehende gestrickte, gehäkelte Wollmütze.*

pu|deln ⟨sw. V.; hat⟩ [urspr. wohl lautm.] (ugs.): **1.** *(beim Kegeln) einen Fehlwurf machen.* **2.** (landsch.) *im Wasser planschen.*

pu|del|nackt ⟨Adj.⟩ (ugs.): *völlig nackt.*

pu|del|nass ⟨Adj.⟩ (ugs.): *völlig nass.*

pu|del|wohl ⟨Adv.⟩: in der Wendung **sich p. fühlen** (ugs.; *sich sehr, außerordentlich wohlfühlen*).

Pu|der, der, ugs. auch: das; -s, - [frz. poudre < lat. pulvis, ↑ Pulver]: *feine pulverförmige Substanz als kosmetisches od. medizinisches Präparat:* P. auftragen; sie hatte reichlich P. aufgelegt.

Pu|der|do|se, die: *Behälter, meist in Form einer kleinen, flachen Dose, zur Aufbewahrung von [kosmetischem] Puder.*

pu|de|rig, pudrig ⟨Adj.⟩: *in der Art von Puder:* -er Staub.

◆ **Pu|der|mes|ser,** das: *kleines messerähnliches Gerät, mit dem man den auf die Haut aufgetragenen Puder wieder entfernt:* Als Wilhelm mit einem kleinen P. seine Stirn gereinigt hatte (Goethe, Lehrjahre II, 4).

pu|dern ⟨sw. V.; hat⟩: *mit Puder bestäuben, bestreuen:* eine Wunde p.; ich will mich nur noch schnell p.; sie war stark gepudert.

Pu|der|quas|te, die: *quasten- od. meist kissenartiger kleiner Gegenstand zum Auftragen von kosmetischem Puder.*

Pu|der|zu|cker, der: *staubfein gemahlener Zucker.*

pud|rig: ↑ puderig.

Pu|e|b|lo, der; -s, -s [span. pueblo, eigtl. = Volk(sstamm) < lat. populus]: *aus mehrstöckig zusammenhängenden terrassenartig angelegten Wohneinheiten bestehende Wohnanlage der Puebloindianer.*

Pu|e|b|lo|in|di|a|ner, der: *Angehöriger eines Indianerstammes im Südwesten Nordamerikas.*

Pu|e|b|lo|in|di|a|ne|rin, die: w. Form zu ↑ Puebloindianer.

Pu-Erh-Tee, der; -s, -s [nach dem Ort Pu'er in China]: *dunkler, kräftiger chinesischer Tee.*

pu|e|ril ⟨Adj.⟩ [lat. puerilis, zu: puer = Kind, Knabe] (Med., Psychol.): *kindlich; im Kindesalter vorkommend, dafür typisch:* -e Züge.

Pu|e|ri|lis|mus, der; -, ...men (Med., Psychol.): **1.** ⟨o. Pl.⟩ *das Kindischsein; kindisches Wesen, Verhalten.* **2.** *Äußerung des Puerilismus* (1).

Pu|e|ri|li|tät, die; -, -en [lat. puerilitas]: **1.** ⟨o. Pl.⟩ (Med., Psychol.) *kindliche od. kindische Wesen.* **2.** (bildungsspr.) *etw. Kindisches.*

Pu|er|to Ri|ca|ner, der; - -s, - -, **Pu|er|to-Ri|ca|ner,** der; -s, -: Ew.

Pu|er|to Ri|ca|ne|rin, die; - -, - -nen, **Pu|er|to-Ri|ca|ne|rin,** die; -, -nen: w. Form zu ↑ Puerto Ricaner, Puerto-Ricaner.

pu|er|to-ri|ca|nisch ⟨Adj.⟩: *Puerto Rico, die Puerto Ricaner betreffend; von den Puerto Ricanern stammend, zu ihnen gehörend.*

Pu|er|to Ri|co, der; -s: **1.** *östlichste Insel der Großen Antillen.* **2.** *die Insel Puerto Rico sowie einige benachbarte Inseln umfassender, den USA assoziierter Staat.*

puff ⟨Interj.⟩: *lautm. für einen dumpfen Knall, Schuss o. Ä.*

¹Puff, der; -[e]s, Püffe, seltener: -e [mhd. buf; lautm. für dumpfe Schalleindrücke, wie sie bes. beim plötzlichen Entweichen von Luft u. beim Zusammenprall entstehen] (ugs.): **a)** *Stoß mit der Faust, mit dem Ellenbogen:* ◆ **einen P./einige Püffe vertragen [können]** *(robust, nicht empfindlich sein);* **b)** *dumpfer Knall.*

²Puff, der, auch: das; -s, -s [wohl unter Einfluss von veraltet derb puffen = koitieren zu ↑ ⁴Puff, zunächst wohl in Wendungen wie »mit einer

Dame ⁴Puff spielen, zum ⁴Puff gehen«] (salopp, oft abwertend): *Bordell:* einen P. aufmachen.

³**Puff,** der; -[e]s, -e u. -s [eigtl. = Aufgeblasenes]: **a)** *Behälter für schmutzige Wäsche [mit gepolstertem Deckel]:* das getragene Hemd in den P. tun; **b)** *gepolsterter Hocker ohne Beine.*

⁴**Puff,** das; -[e]s [zu ↑¹Puff, nach dem dumpfen Geräusch, das beim Aufschlagen der Würfel entsteht]: *Brettspiel für zwei Personen, bei dem die Steine entsprechend den Ergebnissen beim Würfeln bewegt werden.*

Puff|är|mel, der: *bes. im oberen Teil gebauschter Ärmel.*

Puff|boh|ne, die [nach der prallen (»aufgeblasenen«) Form, zu ↑³Puff]: *Saubohne.*

Püff|chen, das; -s, -: Vkl. zu ↑¹,²,³Puff.

puf|fen (sw. V.) [mhd. buffen]: **1.** ⟨hat⟩ [zu ↑¹Puff] (ugs.) **a)** *jmdm. [freundschaftlich] einen od. mehrere Stöße mit der Faust, dem Ellenbogen versetzen:* jmdn./jmdm. in die Seite, in den Rücken p.; **b)** ⟨p. + sich⟩ *sich mit jmdm. stoßen, mit Fäusten schlagen:* er hat sich mit ihm gepufft; **c)** *mit Fäusten und Ellenbogen irgendwohin befördern:* jmdn. zur Seite p. **2.** [zu ↑¹Puff] (ugs.) **a)** ⟨hat⟩ *[durch plötzliches Entweichen von Luft] stoßartig dumpfe Töne, einen dumpfen Knall von sich geben:* die Dampflok puffte; (auch unpers.:) Es puffte schon in der Kaffeemaschine (Böll, Und sagte 30); **b)** ⟨ist⟩ *sich puffend* (2 a) *irgendwohin bewegen.* **3.** ⟨hat⟩ (veraltend) *(Stoff o. Ä.) bauschen:* ein Sommerkleid mit gepufften Ärmeln. **4.** ⟨hat⟩ *(Mais, Reis, Hülsenfrüchte) unter hohem Druck dämpfen, wobei die Körner nach Aufhebung des Druckes aufplatzen u. zu lockeren Massen aufgebläht werden.*

Puf|fer, der; -s, -: **1.** *federnde Vorrichtung an Vorder- u. Rückseite eines Schienenfahrzeugs zum Auffangen von Stößen.* **2.** Kurzf. von ↑ Kartoffelpuffer. **3.** Kurzf. von ↑ Pufferspeicher. **4.** Kurzf. von ↑ Pufferbatterie.

Puf|fer|bat|te|rie, die (Elektrot.): *Batterie aus Akkumulatoren zum Ausgleich schwankender Belastungen in einem Gleichstromnetz.*

puf|fern (sw. V.; hat): *mildern, abschwächen:* die Hochwasser werden durch Flussauen gepuffert.

Puf|fer|spei|cher, der (EDV): *zwischen zwei Einheiten von Digitalrechnern unterschiedlicher Geschwindigkeit eingeschalteter Speicher für Informationen.*

Puf|fer|staat, der: *kleinerer [neutraler] Staat, der durch seine Lage zwischen [rivalisierenden] Großmächten Konfliktmöglichkeiten vermindern kann.*

Puf|fer|zo|ne, die: *[entmilitarisierte] neutrale Zone, die zur Verhinderung [weiterer] feindlicher Auseinandersetzungen zwischen rivalisierenden Mächten geschaffen wird.*

Puff|mais, der: *gepuffter Mais.*

Puff|mut|ter, die ⟨Pl. ...mütter⟩ (salopp): *Frau, die die Aufsicht über die Prostituierten in einem Bordell führt.*

Puff|ot|ter, die: *in Afrika heimische, sehr giftige ²Otter, die sich bei Bedrohung zischend aufbläht.*

Puff|reis, der: *gepuffter Reis.*

◆ **Puff|schei|tel,** der [zu ↑ puffen (3)]: *Mittelscheitel zwischen bauschig abstehendem Haar:* ... um der alten Kommerzienrätin mit ihrem P. ... einen Tort anzutun (Fontane, Jenny Treibel 192).

puh ⟨Interj.⟩: *als Ausdruck der Distanzierung, nach mühsamer Bewältigung einer schweren körperlichen Arbeit o. Ä.:* p., war das ein Regen!

Pül|cher, der; -s, - [urspr. = Vagabund, mundartl. Nebenf. von ↑ Pilger] (österr. ugs.): *Strolch.*

pu|len (sw. V.; hat) [aus dem Niederd. < mniederd. pulen = herausklauben, bohren, wühlen] (nordd. ugs.): **a)** *sich mit den Fingern an etw. zu schaffen machen, um kleine Stücke davon zu entfernen, um etw. davon abzuziehen od. dgl.:* an einem Etikett, einer Narbe p.; ... die grünlichen, etwas verschossenen Plüschmöbel mit Fransen unten dran, der Mahagonitisch, an dessen abgeplatztem Furnier man es nicht lassen kann zu p. (Kempowski, Zeit 82); **b)** *pulend* (a) *entfernen:* das Etikett von der Flasche p.

Pulk, der; -[e]s, -s, seltener: -e [poln. pułk, russ. polk, aus dem Germ.]: **1.** *[loser] Verband von Kampfflugzeugen od. militärischen Fahrzeugen:* ein geschlossener P. von Bombern. **2.** *größere Anzahl von Menschen, Tieren, Fahrzeugen in dichtem Gedränge:* ein P. von Autos vor der Ampel; die deutschen Teilnehmer an der Tour de France befinden sich im P. (Hauptfeld 1).

◆ **Pull,** der; -s, -en [mniederd. pol(le) = Kopf, Spitze, Wipfel, viell. verw. mit ↑ Bolle] (nordd.): *Grasbüschel, Kopf* (5 a): Seegespenster ..., die statt des Angesichts einen stumpfen P. von Seegras auf dem Nacken tragen (Storm, Schimmelreiter 16).

Pull-down-Me|nü [...'daʊn...], das; -s, -s (EDV): *Menü, das bei Aktivierung [nach unten] aufklappt.*

Pul|le, die; -, -n [aus dem Niederd.; entstellt aus ↑ Ampulle] (salopp): *Flasche:* eine P. Wodka; er nahm einen Schluck aus der P.; * **volle P.** *(mit vollem Einsatz, voller Energie, voller Leistung; mit größtmöglichem Tempo:* auf der Autobahn fuhr er volle P.).

¹**pul|len** ⟨sw. V.; hat⟩ [engl. to pull, eigtl. = ziehen, schlagen, H. u.]: **1.** (Seemannsspr.) *rudern.* **2.** (Reiten) *(vom Pferd) stark vorwärtsdrängen.*

²**pul|len** ⟨sw. V.; hat⟩ [vgl. pullern] (landsch. ugs.): *urinieren.*

pul|lern ⟨sw. V.; hat⟩ [(ost)niederd., (ost)md.; lautm., eigtl. = gurgelnd fließen] (landsch. ugs.): *urinieren:* ich muss mal p.

Pul|li, der; -s, -s (ugs.): Kurzf. von ↑ Pullover.

Pull|man [engl.: 'pʊlmən], der; -, -s: Kurzf. von ↑ Pullmanwagen.

Pull|man|kap|pe, die [H. u.] (österr.): *Baskenmütze.*

Pull|man|wa|gen, der [engl. Pullman (car), nach dem amerik. Konstrukteur G. M. Pullman (1831–1897)]: *komfortabel ausgestatteter Schnellzugwagen.*

Pull|o|ver, der; -s, - [engl. pullover, eigtl. = zieh über, zu: to pull (over) = (über)ziehen, zerren]: *meist gestricktes od. gewirktes Kleidungsstück für den Oberkörper, das über den Kopf gezogen wird:* ein weiter P.; ein P. mit Norwegermuster; einen P. anziehen; in Rock und P. gehen.

Pull|un|der, der; -s, - [geb. nach ↑ Pullover aus engl. to pull = ziehen u. under = unter (das Jackett)]: *ärmelloser Pullover, der über einem Oberhemd od. einer Bluse getragen wird.*

pul|mo|nal ⟨Adj.⟩ (Med.): *die Lunge betreffend, von ihr ausgehend.*

Pulp, der; -s, -en [engl. pulp < frz. pulpe < lat. pulpa, ↑ Pulpa]: **1.** *zur Bereitung von Marmeladen od. Obstsäften hergestellte breiige Masse mit größeren od. kleineren Fruchtstücken.* **2.** *bei der Gewinnung von Stärke aus Kartoffeln anfallender, als Futtermittel verwendeter Rückstand.*

Pul|pa, die; -, ...pae [...pɛ] [lat. pulpa = (Frucht)fleisch]: **1.** (Med.) **a)** *Zahnmark;* **b)** *weiche, gefäßreiche Gewebemasse in der Milz.* **2.** (Bot.) *mit manchen Früchten (z. B. Bananen) als Endokarp ausgebildetes fleischiges Gewebe.*

Pul|pe, Pül|pe, die; -, -n [frz. pulpe]: *Pulp.*

Pul|per, der; -s, - [engl. pulper]: **1.** *Fachkraft in der Zuckerraffinerie.* **2.** *Maschine zur Aufbereitung von Kaffeekirschen.* **3.** *Apparat zur Herstellung einer breiigen Masse.*

Pulp-Fic|tion, Pulp|fic|tion ['pʌlpfɪkʃn], die; - [engl. pulp fiction, aus: pulp = Brei, Mischmasch u. fiction = Erzählliteratur < frz. fiction < lat. fictio, ↑ Fiktion]: *anspruchslose Massenliteratur.*

Pul|pi|tis, die; -, ...itiden (Med.): *Entzündung der Pulpa* (1 a).

pul|pös ⟨Adj.⟩ [spätlat. pulposus] (bes. Med.): *aus weicher Masse bestehend; fleischig, markig.*

Pul|que ['pʊlkə], der; -[s] [span. pulque, wohl aus dem Aztek.]: *in Mexiko beliebtes, süßes, stark berauschendes Getränk aus dem vergorenen Saft der Agave.*

Puls, der; -es, -e [mhd. puls < mlat. pulsus (venarum) < lat. pulsus = das Stoßen, der Schlag, zu: pulsum, 2. Part. von: pellere = schlagen, stoßen; in Bewegung setzen, antreiben]: **1. a)** *das Anschlagen der durch den Herzschlag weitergeleiteten Blutwelle an den Gefäßwänden, bes. der Schlagadern am inneren Handgelenk u. an den Schläfen:* ein matter P.; der P. jagt; sein P. ging in harten, stoßweisen Schlägen; er las mit fliegendem P. (geh.; *in äußerster Aufregung);* * **jmdm. den P. fühlen** (ugs.: *jmds. Gesinnung, Meinung vorsichtig zu erkunden versuchen.* 2. *an einem bestimmten Anlass prüfen, ob jmd. etwa nicht ganz bei Verstand ist);* **b)** *Pulsfrequenz:* wie ist der P.?; den P. messen; **c)** *Stelle am inneren Handgelenk, an der man den Puls* (1 a) *zu fühlen ist:* er hatte die Hand am P. des Kranken; nach jmds. P. fassen; * **das Ohr am P. der Zeit haben** *(auf dem Laufenden sein, aktuelle Entwicklungen verfolgen).* **2.** (Elektrot., Nachrichten.) *Folge regelmäßig wiederkehrender, gleichartiger Impulse.*

Puls|ader, die: *Arterie, Schlagader:* sich die -n aufschneiden *(sich durch Aufschneiden der Pulsadern am inneren Handgelenk töten od. zu töten versuchen).*

Pul|sar, der; -s, -e [engl. pulsar, Kurzwort aus: pulse = Impuls u. ↑ Quasar] (Astron.): *Quelle kosmischer Strahlung, die mit großer Regelmäßigkeit Impulse einer Strahlung mit sehr hoher Frequenz abgibt.*

Pul|sa|ti|on, die; -, -en [lat. pulsatio = das Stoßen, Schlagen]: **1.** (Med.) *rhythmische Zu- u. Abnahme des Volumens der arteriellen Gefäße mit den einzelnen Pulsschlägen.* **2.** (bes. Astron.) *regelmäßig wiederkehrender Vorgang, bei dem Ausdehnung u. Zusammenziehung abwechseln* (z. B. bei einer Gruppe von veränderlichen Sternen).

Pul|sa|tor, der; -s, ...oren [spätlat. pulsator = (An)klopfer, Schläger] (Technik): *Gerät zur Erzeugung pulsierender Bewegungen od. periodischer Änderungen des ¹Drucks* (1) *(z. B. bei der Melkmaschine).*

pul|sen ⟨sw. V.; hat⟩ [zu ↑ Puls]: **1.** *pulsieren:* das Blut pulst in den Schläfen. **2.** (Medizinjargon) *den Puls messen.* **3.** (Nachrichtent.) *in einzelne Pulse* (2) *zerlegen; in einzelnen Pulsen abstrahlen.*

Puls|fre|quenz, die (Med.): *Zahl der Pulsschläge pro Zeiteinheit.*

pul|sie|ren ⟨sw. V.; hat⟩ [lat. pulsare = stoßen, schlagen]: *rhythmisch, dem Pulsschlag entsprechend, an- u. abschwellen, schlagen, klopfen:* das gestaute Blut pulsiert wieder; Ü *pulsierendes Leben.*

Puls|mes|sung, die: *Messung der Pulsfrequenz.*

Puls|o|me|ter, das; -s, - [zu lat. pulsus (↑ Puls) u. ↑ -meter (1)] (Technik): *mit Dampf arbeitende Pumpe, bei der die Druckwirkung durch Ausdehnung u. die Saugwirkung durch Kondensation des Dampfes erreicht wird.*

Puls|schlag, der: **a)** *Puls* (1 a): einen rasenden P. bekommen; **b)** *einzelner Schlag des Pulses* (1 a).

Puls|wär|mer, der; -s, -: *wollene Hülle zum Wärmen des Handgelenks.*

Puls|zahl, die (Med.): *Zahl der Pulsschläge (pro Zeiteinheit).*

Pult, das; -[e]s, -e [spätmhd. pul(p)t, mhd. pulpit < lat. pulpitum = Brettergerüst, Tribüne]: **a)** *tischartiges Gestell, auch als Aufsatz auf einem Tisch, mit schräger Platte zum Lesen od. Schreiben:* am P. stehend schreiben; er trat als nächster Redner an das P.; **b)** Kurzf. von ↑ Dirigentenpult; **c)** Kurzf. von ↑ Notenpult; **d)** Kurzf. von ↑ Schaltpult.

Pult|dach, das (Bauw.): *(bes. bei Anbauten) Dach, das nur aus einer schräg abfallenden Dachfläche besteht; halbes Satteldach.*

Pul|ver ['pʊlfɐ, auch: ...lvɐ], das; -s, - [mhd. pulver < mlat. pulver < lat. pulvis (Gen.: pulveris) = Staub]: **1. a)** *[nahezu] staubfein zerkleinerter, zerriebener, zermahlener Stoff:* ein feines P.; ein P. [aus]streuen; etw. zu P. zerreiben; **b)** *Medikament, Gift in Pulverform:* ein P. gegen Kopfschmerzen; ein P. in Wasser auflösen; ein P. gegen Ameisen streuen; **c)** Kurzf. von ↑ Schießpulver: *** das P. [auch] nicht [gerade] erfunden haben** (ugs.: *nicht besonders klug od. einfallsreich sein*); **sein P. verschossen haben** (ugs.: 1. *[vorzeitig] am Ende seiner Kräfte sein u. nichts mehr leisten können.* 2. *alle Argumente, Beweise zu früh u. wirkungslos vorgebracht haben*); **sein P. trocken halten** (ugs.; *auf der Hut sein; immer gerüstet sein*). **2.** (salopp) *Geld.*

Pül|ver|chen, das; -s, - [Vkl. von ↑ Pulver (1 b)] (iron.): *Pulver (1 b) [von fragwürdigem Wert].*

Pul|ver|dampf, der (Pl. selten): *durch Feuerwaffen [im Gefecht] verursachter Rauch.*

Pul|ver|fass, das (früher): *Fass für Schießpulver:* * **auf einem/dem P. sitzen** (*sich in einer spannungsreichen, gefährlichen Lage befinden*).

pul|ver|fein ⟨Adj.⟩: *fein wie Pulver.*

Pul|ver|form, die: meist in der Fügung **in P.** (*in Form von Pulver*).

pul|ver|för|mig ⟨Adj.⟩: *in Pulverform vorhanden:* -e Substanzen.

pul|ver|rig, pulvrig ⟨Adj.⟩: *zu Pulver zermahlen, zerkleinert; in der Art von Pulver.*

Pul|ve|ri|sa|tor, der; -s, ...oren: *Maschine zur Pulverherstellung durch Stampfen od. Mahlen.*

pul|ve|ri|sie|ren [pʊlve...] ⟨sw. V.; hat⟩ [frz. pulvériser < spätlat. pulverizare]: *zu Pulver zermahlen, zerkleinern:* ein Stück Kreide p.

Pul|ve|ri|sie|rung, die; -, -en (Pl. selten): *das Pulverisieren.*

Pul|ver|kaf|fee, der: *Kaffee-Extrakt in Pulverform, der sich beim Übergießen mit heißem Wasser auflöst.*

Pul|ver|kam|mer, die: **1.** *Raum für die Lagerung der Munition.* **2.** (Militär veraltet) *Raum in einem Geschütz für die Ladung.*

Pul|ver|me|tal|lur|gie, die: *Herstellung von Werkstoffen u. Werkstücken aus Metall in Pulverform.*

pul|vern ⟨sw. V.; hat⟩ [mhd. pulvern = zu Pulver machen, mit Pulver bestreuen]: **1.** (ugs.) **a)** *Schüsse abfeuern, schießen;* **b)** *(abwertend) in verschwenderischer Art und Weise, sinnlos (Geld) in etw. hineinstecken* (3), *für etw. aufwenden:* zu viel Geld in die Rüstung p.; Geld aus dem Fenster p. *(Geld verschwenden).* **2.** (veraltet) *pulverisieren:* eine gepulverte Droge. **3.** (Technik) *ein Pulver auf eine Oberfläche aufbringen, um eine Beschichtung, eine Lackierung herzustellen.*

Pul|ver|schnee, der: *lockerer, pulvriger Schnee.*

pul|ver|tro|cken ⟨Adj.⟩: *trocken wie Pulver, sehr trocken:* die Erde war p.

Pul|ver|turm, der (früher): *Turm (in einer Stadtmauer) mit einem Munitionslager.*

pul|v|rig: ↑ pulverig.

Pu|ma, der; -s, -s [Ketschua (südamerik. Indianerspr.) puma]: *in Nord- u. Südamerika heimisches Raubtier mit langem Schwanz, kleinem Kopf u. dichtem braunen bis [silber]grauem Fell.*

Pum|mel, der; -s, -, **Pum|mel|chen,** das; -s, - [aus dem Niederd., wohl Nebenf. von: pumpel = kleine, dicke Person, wohl verw. mit ↑ Pumpe] (ugs.): *dickes, rundliches Kind, Mädchen:* Schon mal nachgedacht drüber, dass deine Mutter auch so 'n süßes Pummelchen war –? (Schnurre, Ich 133).

pum|me|lig, pumm|lig ⟨Adj.⟩ (ugs.): *rundlich, dicklich:* ein -es Kind.

Pump [zu ↑ pumpen (2)]: meist in der Fügung **auf Pump** (ugs.; *mit geborgtem Geld, auf Kredit*): etw. auf P. kaufen, anschaffen; auf P. leben.

Pum|pe, die; -, -n [aus dem Niederd. < mniederd., mniederl. pompe, wohl lautm.]: **1. a)** *zylindrischer, durch ein Rohr mit dem Grundwasser verbundener, senkrecht in die Erde eingesetzter u. mit einem Schwengel, Hebel versehener Hohlkörper, der beim Betätigen des Schwengels Wasser an die Oberfläche saugt:* eine P. im Hof; sich die Hände an der, unter der P. waschen; **b)** *[von einem Motor betriebene] Vorrichtung, Gerät zum An- od. Absaugen von Flüssigkeiten od. Gasen:* eine elektrische P. **2.** (salopp) *Herz* (1 a): die P. macht nicht mehr so recht mit. **3.** (salopp) *Spritze, mit der Rauschgift injiziert wird.*

Püm|pel, der; -s, - (ugs.): *Saugglocke* (2).

pum|pen ⟨sw. V.; hat⟩: **1.** [zu ↑ Pumpe] **a)** *mit einer Pumpe (1) befördern:* das Wasser aus dem Keller p.; Luft in den Reifen p.; **b)** *das Herz pumpt das Blut in die Adern;* viel Geld in ein Unternehmen p. (ugs.; *investieren*); **b)** *als Pumpe (1 b) in Betrieb sein, arbeiten:* die Maschine pumpt gleichmäßig; Ü nach dem schnellen Lauf pumpte sein Herz heftig; **c)** (Gymnastik, Turnerjargon) *Liegestütze ausführen;* **d)** (Segeln) *zur schnelleren Vorwärtsbewegung des Boots die Schot des Großsegels abwechselnd kurz heranholen u. wieder locker lassen;* **e)** (Physik) *durch Licht- od. Elektronenbestrahlung die Atome eines Lasers auf ein höheres Energieniveau bringen.* **2.** [rotwelsch pompen, pumpen, erst sekundär an pumpen (1) angeschlossen] (salopp) **a)** *jmdm. leihen, borgen:* jmdm. Geld, sein Fahrrad p.; **b)** *bei, von jmdm. borgen, leihen:* sich [bei, von jmdm.] Geld p.; ich habe mir einen Schirm gepumpt; (auch ohne Akk.-Obj.:) am Ende des Monats war er pleite, also pumpte er.

Pum|pen|schwen|gel, der: *Schwengel einer Pumpe* (1 a).

pum|perl|ge|sund ⟨Adj.⟩ (bayr., österr.): *kerngesund.*

pum|pern ⟨sw. V.; hat⟩ [älter auch = furzen, lautm.] (landsch., bes. südd., österr. ugs.): *laut u. heftig klopfen* (1 a, c, 2).

Pum|per|ni|ckel, der; -s, - ⟨Pl. selten⟩ [wohl so benannt wegen der blähenden Wirkung; urspr. Schimpfwort, zu älter Pumper = Blähung (vgl. pumpern) u. Nickel = Kobold; als Scheltwort gebr. Kurzf. von m. Vorn. Nikolaus]: *schwarzbraunes, rindenloses, süßlich u. würzig schmeckendes Brot aus Roggenschrot.*

Pump|gun ['pampgan], die; -, -s, selten: das; -s, -s [engl.] ⟨Waffent.⟩: *großkalibriges mehrschüssiges Gewehr, bei dem das Repetieren durch Zurückziehen des mit dem Verschluss in Verbindung stehenden Vorderschaftes erfolgt.*

Pumps [pœmps], der; -, - ⟨engl. pumps (Pl.), H. u.⟩: *über dem Spann ausgeschnittener Damenschuh mit höherem Absatz.*

Pump|sta|ti|on, die: *Pumpwerk.*

Pump|werk, das: *zu einem Rohrleitungssystem, einem Kanalsystem o. Ä. gehörende Einrichtung zur Beförderung bes. von Wasser mithilfe einer od. mehrerer Pumpen.*

Pu|na, die; - [span. puna < Ketschua (südamerik. Indianerspr.) púna, eigtl. = unbewohnt]: *Hochfläche der südamerikanischen Anden mit Steppennatur.*

Punch [pantʃ], der; -s, -s [engl. punch, H. u.] (Boxen): **a)** ⟨o. Pl.⟩ *große Schlagkraft:* er hat einen gewaltigen P.; **b)** *Schlag, der große Schlagkraft erkennen lässt.*

Pun|cher, der; -s, - (Boxen): *Boxer, der über große Schlagkraft verfügt.*

Pun|che|rin, die; -, -nen: w. Form zu ↑ Puncher.

Pun|ching|ball, der; -s, ...bälle (Boxen): *birnenförmiger, frei beweglich in Kopfhöhe aufgehängter Lederball, an dem der Boxer Schnelligkeit u. Treffsicherheit übt.*

Punc|tum Punc|ti, das; - - [lat. punctum puncti = der Punkt des Punktes] (bildungsspr.): *Hauptpunkt:* das ist das P. P.; ob wir im Urlaub verreisen können, hängt vom P. P. *(vom Geld)* ab.

Punc|tum sa|li|ens [-...jens], das; - - [lat. punctum saliens, LÜ aus dem Griech. nach der Vorstellung, im Weißen des Vogeleis befinde sich ein Blutfleck als hüpfender Punkt, der das Herz des werdenden Vogels bilde] (bildungsspr.): *springender Punkt, Kernpunkt; das Entscheidende.*

Pu|ni|er, der; -s, -: *Einwohner des antiken Karthago.*

Pu|ni|e|rin, die; -, -nen: w. Form zu ↑ Punier.

pu|nisch ⟨Adj.⟩: *die Punier betreffend; von den Puniern stammend, zu ihnen gehörend:* die Punischen Kriege (Geschichte; *die drei Kriege, die Rom zwischen 264 und 149 v. Chr. gegen Karthago geführt hat*).

Punk [paŋk], der; -[s], -s [engl. punk, eigtl. = Abfall, Mist]: **1.** ⟨meist ohne Art.⟩ *Protestbewegung von Jugendlichen mit bewusst rüdem, exaltiertem Auftreten u. bewusst auffallender Aufmachung (grelle Haarfarbe, zerrissene Kleidung, Metallketten o. Ä.);* **b)** *Anhänger des Punk* (1 a). **2.** ⟨o. Pl.⟩ *Punkrock.*

Punk|band, die: ³*Band, die Punkmusik spielt.*

Pun|ker, der; -s, -: **1.** *Musiker des Punkrocks.* **2.** *Punk* (1 b): in diesem Club treffen sich die P.

Pun|ke|rin, die; -, -nen: w. Form zu ↑ Punker.

pun|kig ⟨Adj.⟩: **1.** *den Punk* (1 a) *betreffend, ihm entsprechend, für ihn charakteristisch.* **2.** *in der Art des Punkrocks:* -er Rock.

Punk|la|dy, die (Jargon): *Punkerin.*

Punk|mu|sik, die: *Punkrock.*

Punk|rock, Punk-Rock, der; -[s] [engl. punk rock]: *hektisch-aggressive, musikalisch einfache Stilart der Rockmusik.*

Punk|ro|cker, Punk-Ro|cker, der: *Punker* (1).

Punk|ro|cke|rin, Punk-Ro|cke|rin, die: w. Formen zu ↑ Punkrocker, Punk-Rocker.

Punkt, der; -[e]s, -e, als typogr. Größenangabe: - [mhd. pun(c)t < spätlat. punctus < lat. punctum, eigtl. = das Gestochene; eingestochenes (Satz)zeichen, eigtl. 2. Part. von: pungere = stechen]: **1.** *kleiner [kreisrunder] Fleck, Tupfen:* ein schwarzer, leuchtender P.; die Sterne erscheinen am Nachthimmel als helle -e; nach dem Foul zeigte der Schiedsrichter auf den bewussten P. *(die Elfmetermarke);* ein weißer Stoff mit blauen -en; * **der springende P.** *(das Entscheidende, Ausschlaggebende; nach einer Naturbeobachtung des Aristoteles, der der Meinung war, dass in einem bebrüteten Vogelei das Herz des lebenden Vogels als ein sich bewegender [»springender«] Fleck [↑ Punctum saliens] zu erkennen sei; die Fügung wurde dann im Sinne von »Punkt, von dem das Leben ausgeht«, später allgemein als »entscheidender, wichtigster Punkt« gebräuchlich*); **ein dunkler P.** *(etw. Unklares, moralisch nicht ganz Einwandfreies, gern Verschwiegenes [in jmds. Vergangenheit]; geht möglicherweise auf die Vorstellung zurück, dass die Seele des Menschen* dunkle Flecken bekommt, wenn er etw. Unrechtes tut: ein dunkler P. in der Geschichte). **2.** *punktförmiges Zeichen* (1 b), *punktförmiger Teil eines Zeichens:* hier, am Ende dieses Satzes muss ein P. stehen; ein P. hinter einer Ziffer kennzeichnet sie als Ordinalzahl; in der Notenschrift bedeutet ein P. unter einer Note »staccato«; die englische Abkürzung »Mr« schreibt man ohne P.; R nun mach mal einen P.! (ugs.; *jetzt ist es aber genug!, hör auf!;* nach dem Schlusspunkt am Ende eines Satzes); * **der P. auf dem i** *(die Zutat, die einer Sache noch die letzte Abrundung gibt);* **auf P. und Komma** (ugs.; *bis ins Kleinste, bis ins Letzte);* **ohne P. und Komma reden, quasseln** usw. (ugs.; *unentwegt, ohne Pause reden, quasseln usw.)*. **3. a)** *Stelle, [geografischer] Ort:* der höchste, tiefste P.; von diesem P. kann man alles gut überblicken; das Fernglas auf einen bestimmten P. richten; * **ein schwacher/wunder/neuralgischer P.** *(etw., wobei mit Schwierigkeiten zu rechnen ist);* **b)** (Math.) *gedachtes geometrisches Gebilde mit bestimmter Lage (ohne Ausdehnung):* der P. Q mit den Koordinaten x und y; **c)** *Zeitpunkt, Stadium innerhalb einer Entwicklung, eines Prozesses o. dgl.:* jetzt ist der P. gekommen, jetzt bin ich an dem P., wo ich mich entscheiden muss; über einen bestimmten P. nicht hinauskommen *(an einer bestimmten Stelle einer Arbeit od. Gedankenfolge stecken bleiben);* * **toter P.** (1. Technik; Totpunkt. 2. *[vorübergehender] Stillstand bei Verhandlungen o. Ä.:* das Gespräch war an einem toten P. angekommen. 3. *Zustand stärkster Ermüdung;* übertr. von der Dampfmaschine, wenn daren Kurbel und Pleuelstange eine gerade Linie bilden: ein starker Kaffee sollte ihm über den toten P. hinweghelfen); **auf den P. genau** *(ganz genau, präzise, akkurat);* P. (+ Uhrzeitangabe) *(genau:* um P. halb neun; die Konferenz beginnt P. elf Uhr). **4. a)** *einzelner Gegenstand der geistigen Auseinandersetzung innerhalb eines größeren Zusammenhangs:* ein wichtiger, fraglicher, strittiger P.; das hier ist nicht der P. (ugs.; *darum geht es hier nicht, das ist hier nicht entscheidend);* den nächsten P. *(das nächste Thema)* ließ er fallen; diesen P. können wir abhaken; sich in allen -en einig sein; in diesem P. *(in dieser Beziehung, was dies betrifft)* bin ich empfindlich; * **etw. auf den P. bringen** *(etw. präzise zum Ausdruck bringen);* **auf den P.**/(auch:) **zum P. kommen** *(auf das Wesentliche zu sprechen kommen);* **b)** *Abschnitt, Absatz der Gliederung eines Textes, Vortrags o. Ä.:* etw. P. für P. besprechen; in einigen -en muss der Entwurf geändert werden. **5. a)** *Einheit einer Wertung im Sport, Spiel, bei Leistungsprüfungen o. Ä.:* die Mannschaft muss jetzt -e sammeln, machen; die Jagd nach -en unter den Schülern der Oberstufe; nach -en führen, vorn liegen, siegen; (Boxen:) er hat seinen Gegner nach -en besiegt; der Aktienindex fiel auf ein Tagestief von 4 104 -en; Ü auf seiner Wahlkampfveranstaltung machte der Kandidat bei den Rentnern -e; **b)** *[punktförmige] Wertmarke, aufzuklebender od. abzutrennender [punktförmiger] Bon, Abschnitt:* für zwanzig -e gibt es einen Gutschein. **6.** (Druckw.) *kleinste Einheit (0,376 mm) des typografischen Maßsystems für Schriftgrößen* (Abk.: p): Perlschrift hat eine Größe von 5 P.

Punkt|ab|zug, Punkteabzug, der: *Abzug eines od. mehrerer Punkte* (5 a) *im Rahmen einer Bewertung:* dafür gibt es P.

Punk|ta|ti|on, die; -, -en: **1.** (Rechtsspr.) *nicht bindender Vorvertrag, Vertragsentwurf.* **2.** (Sprachwiss.) *Kennzeichnung der Vokale im Hebräischen durch Punkte u. Striche unter u. über den Konsonanten.*

Punkt|au|ge, das (Zool.): *punktförmiges, einfaches Auge, das bei Tausendfüßern u. vielen Insekten neben den Facettenaugen vorkommt.*

Punkt|ball, der: **1.** (Boxen) *frei beweglich an oben herabhängendem Lederball (etwa in der Größe eines Tennisballs) zum Üben der Treffsicherheit.* **2.** (Billard) *durch einen schwarzen Punkt* (1) *gekennzeichneter weißer Ball des Gegenspielers.*

Pünkt|chen, das; -s, -: Vkl. zu ↑ Punkt.

Punk|te|ab|zug: ↑ Punktabzug.

Punk|te|kon|to, das (bes. Sport): *Punktestand:* die Mannschaft hat ein positives P.

Punk|te|lie|fe|rant, Punktlieferant, der (Sportjargon): **1.** (seltener) *guter Torschütze, der seiner Mannschaft Punkte* (5 a) *einbringt.* **2.** *Mannschaft, die verliert u. dadurch den andern Punkte* (5 a) *verschafft.*

Punk|te|lie|fe|ran|tin, Punktlieferantin, die: w. Form zu ↑ Punktelieferant.

punk|ten ⟨sw. V.; hat⟩ (Sport): **1.** *mit Punkten* (5 a) *bewerten:* er punktet sehr streng. **2.** *Punkte* (5 a) *sammeln:* die Mannschaft punktete in den Heimspielen.

Punk|te|stand, Punktstand, der: *Stand* (4 c) *der erreichten Punkte* (5 a): den aktuellen P. abfragen.

Punk|te|sys|tem, Punktsystem, das: **1.** *System zur Bewertung in Prüfungen, Wettbewerben o. Ä. nach Plus- od. Minuspunkten.* **2.** (Mannschaftssport) *Austragungsmodus von Meisterschaftskämpfen nach Punkten* (5 a).

Punk|te|tei|lung, die (Sport): *Teilung der Punkte* (5 a) *zwischen zwei Mannschaften od. Sportlern bei einem Unentschieden.*

punkt|för|mig ⟨Adj.⟩: **1.** *die Form eines Punktes* (1) *habend, als Punkt erscheinend:* -e Hautveränderungen. **2.** *in Schwerpunkten; einzelne Schwerpunkte bildend:* -e Ansiedlungen; sich p. ausbreiten.

punkt|ge|nau ⟨Adj.⟩: *sehr genau, exakt.*

Punkt|ge|winn, der: *Gewinn von Punkten* (5 a): der Mannschaft gelang auswärts ein überraschender P.

punkt|gleich ⟨Adj.⟩ (Sport): *die gleiche Zahl von Punkten* (5 a) *errungen habend:* mit jmdm. p. sein.

Punkt|gleich|heit, die (Sport): *das Punktgleichsein:* bei P. entscheidet das Torverhältnis.

punk|tie|ren ⟨sw. V.; hat⟩ [spätmhd. punctiren < mlat. punctare = Einstiche machen; Punkte setzen, zu lat. pungere, ↑ Punkt]: **1.** *durch Punkte darstellen; mit Punkten versehen, ausfüllen:* eine Linie, Fläche p.; ein punktierter (*in Punktiermanier gearbeiteter*) Stich. **2.** (Musik) **a)** *(eine Note) mit einem Punkt versehen, der die Note um die Hälfte ihres Werts verlängert:* eine punktierte Achtel; **b)** *einzelne Töne einer Gesangspartie [in der Oper] der Stimmlage des Interpreten entsprechend, etwa um eine Oktave od. auch um eine Terz, nach oben od. unten versetzen.* **3.** (Bildhauerei) *Fixpunkte eines Modells maßstabgerecht auf den zu bearbeitenden Holzod. Steinblock übertragen.* **4.** (Med.) *durch Einstechen mit einer Hohlnadel Flüssigkeit, Gewebe [zum Untersuchen] entnehmen od. ein Medikament einführen:* das Rückenmark p.

Punk|tier|ma|nier, die ⟨o. Pl.⟩ (Kunstwiss.): *Technik des Kupferstichs, bei der die Platte durch mit der Punze od. Roulette eingeritzte Punkte gezeichnet wird.*

Punk|tier|na|del, die (Med.): *Hohlnadel für Punktionen.*

Punk|tie|rung, die; -, -en [spätmhd. punctierunge]: **a)** ⟨o. Pl.⟩ *das Punktieren* (1–3); **b)** *durch einen Punkt, durch Punkte gekennzeichnete Stelle.*

Punk|ti|on, die; -, -en [lat. punctio = Einstich]

(Med.): *Entnahme von Flüssigkeit, Gewebe aus einer Körperhöhle durch Einstich mit der Hohlnadel.*

Punkt|lan|dung, die (bes. Raumfahrt): *Landung an der vorgesehenen, eng umgrenzten Stelle.*

pünkt|lich ⟨Adj.⟩: **1.** *den Zeitpunkt genau einhaltend; genau zur verabredeten, festgesetzten Zeit [eintreffend]:* für -e Lieferung sorgen; der Zug ist heute wieder nicht p.; p. fertig sein; er kam immer p. ins Büro, zahlte immer p.; nächstes Mal bitte -er!; p. auf die Minute; das Konzert beginnt p. um 20 Uhr/um 20 Uhr p. **2.** (veraltet) *gewissenhaft, korrekt:* ◆ Richt' es p. aus. Ich bind es dir auf deine Seele. Gib ihr den Brief (Goethe, Götz V); ◆ Tut nicht ein braver Mann genug, die Kunst, die man ihm übertrug, gewissenhaft und p. auszuüben (Goethe, Faust I, 1057 ff.).

Pünkt|lich|keit, die; -: *das Pünktlichsein:* übertriebene P.; auf P. Wert legen; R P. ist die Höflichkeit der Könige (missbilligender Kommentar zu jmds. Unpünktlichkeit).

Punkt|lie|fe|rant: ↑ Punktelieferant.

Punkt|lie|fe|ran|tin: ↑ Punktelieferantin.

punkt|los ⟨Adj.⟩ (Sport): *ohne Punkt* (5 a): das bisher -e Schlusslicht der zweiten Liga präsentierte sich zu schwach; der Rennfahrer ist p. geblieben.

Punkt|nach|teil, der (bes. Schule, Sport): *in einer geringeren Punktzahl bestehender Nachteil.*

Punkt|nie|der|la|ge, die (Ringen, Boxen u. Ä.): *Niederlage nach Punkten* (5 a).

punk|to ⟨Präp. mit Gen.⟩ (österr., schweiz., sonst veraltet): *hinsichtlich, bezüglich:* p. gottloser Reden; ⟨ohne Begleitwort folgende (starke) Substantive bleiben ungebeugt:⟩ p. Geld.

Punkt|rich|ter, der (Sport): *Kampfrichter, der die Leistungen nach Punkten* (5 a) *bewertet.*

Punkt|rich|te|rin, die: w. Form zu ↑ Punktrichter.

Punkt|schrift, die: *Blindenschrift.*

punkt|schwei|ßen ⟨sw. V.; hat; nur im Inf. u. 2. Part. gebr.⟩ (Technik): *mithilfe von beidseitig angelegten Elektroden punktförmige feste Verbindungen zwischen zwei zu verschweißenden Stücken herstellen:* das muss punktgeschweißt werden; ⟨subst.:⟩ das Punktschweißen musst du lernen.

Punkt|sieg, der (Ringen, Boxen u. Ä.): *Sieg nach Punkten* (5 a).

Punkt|sie|ger, der (Ringen, Boxen u. Ä.): *Sieger nach Punkten* (5 a).

Punkt|sie|ge|rin, die: w. Form zu ↑ Punktsieger.

Punkt|spiel, das (Mannschaftssport): *Spiel innerhalb eines Wettbewerbs, bei dem jede Mannschaft gegen jede antreten muss u. die Zahl der gewonnenen Punkte* (5 a) *über die Gesamtzahl entscheidet.*

Punkt|stand: ↑ Punktestand.

Punkt|strah|ler, der: *Lampe mit einer punktförmigen Lichtquelle hoher Leuchtdichte.*

Punkt|sys|tem: ↑ Punktesystem.

punk|tu|ell ⟨Adj.⟩ [mlat. punctualis]: *einen od. mehrere Punkte betreffend, Punkt für Punkt:* -e Ansätze; p. vorgehen.

Punk|tum ⟨Interj.⟩ [lat. punctum, ↑ Punkt] (bildungsspr. veraltend): *in der Fügung* [**(und) damit**] **P.!** *(Schluss!; fertig!; basta!:* du bleibst hier, [und damit] P.!)

Punkt|ver|lust, der (Sport): *Verlust von Punkten* (5 a): die Mannschaft blieb in der Vorrunde ohne P.

Punkt|vor|teil, der (bes. Schule, Sport): *in einer höheren Punktzahl bestehender Vorteil.*

Punkt|wer|tung, die: *Wertung nach einem Punktsystem.*

Punkt|zahl, die: *Zahl der Punkte* (5 a): eine hohe P. erreichen.

Punsch, der; -[e]s, -e, auch: Pünsche [engl. punch,

wahrsch. nach Hindi pāñč = fünf (nach den für einen echten Punsch nötigen fünf Grundbestandteilen)]: *[heißes] alkoholisches Getränk aus Rum od. Arrak, Zucker, Zitrone, Wasser, Tee od. Rotwein u. Gewürzen.*

pun|ta d'ar|co [ital.] (Musik): *mit der Spitze des Geigenbogens (zu spielen).*

Pun|ze, die; -, -n [spätmhd. punze < ital. punzone < lat. punctio, ↑ Punktion] (Fachspr.): **1.** *Stempel, Stahlgriffel mit einer od. mehreren Spitzen zum Herstellen von Treib- u. Ziselierarbeiten in Metall od. Leder, bes. auch für Kupferstiche.* **2.** *eingestanzter Stempel, der den Feingehalt eines Edelmetalls anzeigt od. Auskunft über den Verfertiger o. Ä. gibt.*

pun|zen ⟨sw. V.; hat⟩: **1.** *Zeichen, Muster mit der Punze (1) in etw. stanzen, schlagen, treiben.* **2.** *mit einer Punze (2) versehen.*

pun|zie|ren ⟨sw. V.; hat⟩: *punzen.*

Pup, der; -[e]s, -e, **Pupser,** der; -s, -, **Pups,** der; -es, -e [lautm.] (fam.): *abgehende Blähung:* einen P. lassen; Ü aus jedem P. wird eine Zeitungsmeldung gemacht.

pu|pen, pupsen ⟨sw. V.; hat⟩ [mniederd. pupen, zu ↑ Pup] (fam.): *eine Blähung abgehen lassen.*

pu|pil|lar ⟨Adj.⟩ (Med.): *die Pupille betreffend, zu ihr gehörend.*

Pu|pil|le, die; -, -n [lat. pupilla, eigtl. = kleines Mädchen, Püppchen, Vkl. von: pupa, ↑ Puppe] man sieht sich als Püppchen in den Augen des Gegenübers gespiegelt]: *schwarze Öffnung im Auge, durch die das Licht eindringt:* Sehloch: die -n weiten, verengen sich; *-n machen* (ugs.; staunen); *etw. in die falsche P. kriegen* (ugs.; etw. falsch auffassen).

♦ **Pu|pil|len|ak|te,** die [↑ Pupill] *Vormundschaftsakte: Das sind -n ... Die kommen wieder zur Registratur* (Kleist, Krug 2).

Pu|pil|len|er|wei|te|rung, die: *Erweiterung der Pupille eines Auges.*

Pu|pil|len|ver|en|gung, die: *Verengung der Pupille eines Auges.*

Püpp|chen, das; -s, -: Vkl. zu ↑ Puppe.

Pup|pe, die; -, -n [spätmhd. puppe < lat. pup(p)a = Puppe; kleines Mädchen]: **1. a)** *[verkleinerte] Nachbildung einer menschlichen Gestalt, eines Kindes [als Spielzeug] mit -n spielen;* Ü sie ist eine P. *(schön, aber nichtssagend, seelenlos);* **b)** *Marionette, Kasperpuppe:* -n schnitzen; Ü er war nur eine willenlose P. *(ein Werkzeug)* in der Hand der Mächtigen; *die -n tanzen lassen* (ugs.: 1. *einen großen Aufruhr veranstalten, energisch durchgreifen.* 2. *es hoch hergehen lassen, ausgelassen sein);* **c)** *einem bestimmten praktischen Zweck dienende lebensgroße Nachbildung einer menschlichen Gestalt* (z. B. Schaufensterpuppe, Fechtpuppe). **2.** *(salopp) Mädchen:* hör mal, P.! **3.** (Zool.) *in völliger Ruhestellung in einer Hülle befindliche Insektenlarve im Puppenstadium:* die P. eines Schmetterlings. **4.** (landsch.) ¹Hocke (1). **5.** *bis in die -n* (ugs.; *sehr lange;* urspr. berlin., wohl nach den im Berliner Tiergarten aufgestellten Statuen [= Puppen], zu denen der Weg früher recht weit war: bis in die -n schlafen, feiern).

Pup|pen|bett, das: *Bett für Puppen.*

Pup|pen|büh|ne, die: *Puppentheater.*

Pup|pen|dok|tor, der (ugs.): *jmd., der Puppen* (1 a) *repariert.*

Pup|pen|dok|to|rin, die: w. Form zu ↑ Puppendoktor.

Pup|pen|film, der: *Trickfilm mit sich bewegenden Puppen* (1 a).

Pup|pen|ge|sicht, das: *hübsches, aber ausdrucksloses Gesicht einer weiblichen Person.*

pup|pen|haft ⟨Adj.⟩: *(bes. von weiblichen Personen) in Aussehen, Bewegungen o. Ä. wie eine Puppe* (1 a) *wirkend.*

Pup|pen|haus, das: *kleine Nachbildung eines Wohnhauses für das Spielen mit Puppen* (1 a).

Pup|pen|kind, das (ugs.): *als Kind des spielenden Kindes angesehene Puppe* (1 a): sie bringt gerade ihre -er zu Bett.

Pup|pen|kleid, das: *Kleid[ungsstück] für eine Puppe* (1 a).

Pup|pen|kli|nik, die: *Gewerbebetrieb, in dem Puppen* (1 a) *repariert werden.*

Pup|pen|kopf, der: *Kopf einer Puppe* (1).

Pup|pen|kü|che, die: **a)** *kleine Nachbildung einer Küche für das Spielen mit Puppen* (1 a); **b)** (scherzh.) *sehr kleine Küche.*

Pup|pen|mut|ter, die (ugs.): *Kind, das sich als Mutter seines Puppenkindes fühlt.*

Pup|pen|ru|he, die (Zool.): *Ruhestadium ohne Nahrungsaufnahme bei Insektenlarven, die sich verpuppt haben.*

Pup|pen|spiel, das: **a)** *Form des Theaterspiels mit Puppen* (1 b): die Kunst des -s; **b)** *Puppentheater:* ein P. mit vielen Figuren; **c)** *im Puppentheater gespieltes Stück:* die Romantiker haben viele -e geschrieben.

Pup|pen|spie|ler, der: *jmd., der die Figuren im Puppentheater bewegt [u. ihre Rollen spricht].*

Pup|pen|spie|le|rin, die: w. Form zu ↑ Puppenspieler.

Pup|pen|sta|di|um, das ⟨o. Pl.⟩ (Zool.): *letztes Entwicklungsstadium der Insektenlarve, in dem sie sich zum geschlechtsreifen Insekt entwickelt;* Chrysalis.

Pup|pen|stu|be, die: *kleine Nachbildung eines Wohnraums für das Spielen mit Puppen* (1 a).

Pup|pen|the|a|ter, das: *Theater, in dem mit Handpuppen, Marionetten o. Ä. gespielt wird.*

Pup|pet [ˈpʌpɪt], das; -[s], -s [engl. puppet, mengl. popet < afrz. poupette, Vkl. von: poupe, über das Vlat. < lat. pup(p)a, ↑ Puppe]: engl. Bez. für: Puppe für Puppenspiele.

pup|pig ⟨Adj.⟩ [zu ↑ Puppe (1 a)] (ugs.): *klein, zierlich, niedlich.*

Pups: ↑ Pup.

pup|sen: ↑ pupen.

Pup|ser: ↑ Pup.

pur ⟨Adj.⟩ [mhd. pūr < lat. purus]: **a)** *rein; unverfälscht; durch und durch:* -es Gold; -er, frisch gepresster Fruchtsaft; Ü das ist die -e Wahrheit; mit -em Entsetzen; **b)** *(meist von alkoholischen Getränken) unvermischt:* zwei Wodka p., bitte; den Rum, den Apfelwein, den Schampus, den Apfelsaft p. trinken; **c)** (ugs.) *bloß; nichts anderes als:* ein -er Zufall; -e Neugier, Verzweiflung; sie taten es aus -em Neid; Und sein Angebot sei gar nicht barmherziger Art, der -e Egoismus sei es (M. Walser, Pferd 111); ♦ ... *da sieht man's ja sonnenklar, wie es ihm P. (nur, allein)* um ihre schöne Seele zu tun ist (Schiller, Kabale I, 1).

Pü|ree, das; -s, -s [frz. purée, zu afrz. purer = passieren (3), eigtl. = reinigen < spätlat. purare, zu lat. purus, ↑ pur] (Kochkunst): *breiartige Speise aus Kartoffeln, Gemüse, Hülsenfrüchten, Fleisch, Obst o. Ä.:* ein P. aus Erbsen; Kartoffeln zu P. verarbeiten.

Pur|gans, das; -, ...anzien u. ...antia ⟨meist Pl.⟩ [zu lat. purgans, 1. Part. von: purgare, ↑ purgieren] (Med.): *Abführmittel mittlerer Stärke.*

pur|ga|tiv ⟨Adj.⟩ [lat. purgativus] (Med.): *abführend, reinigend:* dieses Mittel hat eine -e Wirkung.

Pur|ga|tiv, das; -s, -e, **Pur|ga|ti|vum,** das; -s, ...va (Med.): *stark wirkendes Abführmittel.*

Pur|ga|to|ri|um, das; -s [mlat. purgatorium] (bildungsspr.): *Fegefeuer:* durchs P. gehen; ins P. kommen.

pur|gie|ren ⟨sw. V.; hat⟩ [mhd. purgieren < lat. purgare = reinigen; sich rechtfertigen, zu: purus; ↑ pur]: **1.** (bildungsspr. veraltend) *von Störendem befreien; säubern; reinigen; läutern:* ich habe das Buch nur in einer purgierten Fassung, Ausgabe gelesen. **2.** (Med.) *abführen* (2 b): der Patient muss vor dieser Untersuchung erst p.; ♦ ⟨auch mit Akk.-Obj.:⟩ ... und jeder Schreck purgiert mich von Natur (Kleist, Krug 2).

Pur|gier|mit|tel, das (Med.): *Abführmittel.*

pü|rie|ren ⟨sw. V.; hat⟩ (Kochkunst): *zu Püree machen:* Kartoffeln p.; pürierte Möhren; ⟨auch ohne Akk.-Obj.:⟩ mit der Küchenmaschine kann man auch p.

Pü|rier|stab, der: *kleines handliches Elektrogerät zum Pürieren von Lebensmitteln.*

Pu|ri|fi|ka|ti|on, die; -, -en [lat. purificatio = Reinigung] (kath. Kirche): *liturgische Reinigung des Messkelchs nach der Kommunion.*

pu|ri|fi|zie|ren ⟨sw. V.; hat⟩ [lat. purificare] (bildungsspr.): *reinigen, läutern.*

Pu|rim, [auch: ˈpuːrɪm], das; -s [hebr. pûrîm]: *im Februar/März gefeiertes jüdisches Fest zur Erinnerung an die im Buch Esther des A. T. beschriebene Errettung der persischen Juden.*

Pu|rin, das; -s, -e ⟨meist Pl.⟩ [zusgez. aus nlat. purum acidum uricum = reine Harnsäure] (Chemie): *aus der Nukleinsäure der Zellkerne entstehende organische Verbindung.*

Pu|ris|mus, der; - [wohl unter Einfluss von frz. purisme zu lat. purus = rein]: **1.** (Sprachwiss.) *oft übertriebenes Bestreben, eine Nationalsprache bes. von Fremdwörtern rein zu halten.* **2.** (Kunstwiss.) *(in der Denkmalpflege des 19. Jh.s) oft übertriebenes Bestreben, Bauwerke um der Stilreinheit willen von stilistisch späteren Zutaten zu befreien.* **3.** (bildungsspr.) *übertriebenes Streben nach Stilreinheit, nach der reinen Lehre, nach Reinheit der Motive des Handelns, nach Funktionalität o. Ä.*

Pu|rist, der; -en, -en [frz. puriste] (bildungsspr.): *Vertreter des Purismus.*

Pu|ris|tin, die; -, -nen: w. Form zu ↑ Purist.

pu|ris|tisch ⟨Adj.⟩ (bildungsspr.): *den Purismus betreffend, durch ihn gekennzeichnet.*

Pu|ri|ta|ner, der; -s, - [engl. puritan, eigtl. = Reiniger; auf Reinheit Bedachter, zu: purity < afrz. pur(e)té < spätlat. puritas, zu lat. purus, ↑ pur]: **a)** *Anhänger des Puritanismus;* **b)** (oft abwertend) *sittenstrenger Mensch.*

Pu|ri|ta|ne|rin, die; -, -nen: w. Form zu ↑ Puritaner.

pu|ri|ta|nisch ⟨Adj.⟩: **a)** *den Puritanismus betreffend, zu ihm gehörend:* die -e Revolution in England; **b)** (oft abwertend) *sittenstreng: aus einem -en Elternhaus stammen.*

Pu|ri|ta|nis|mus, der; - [engl. puritanism]: *streng calvinistische Richtung im England des 16. u. 17. Jahrhunderts.*

Pur|pur, der; -s [mhd. purpur, ahd. purpura < lat. purpura < griech. porphýra = (Farbstoff aus dem Saft der) Purpurschnecke]: **1. a)** *sattroter, violetter Farbstoff:* Samt mit P. färben; **b)** *satroter Farbton mit mehr od. weniger starkem Anteil von Blau:* die Farbe P.; ein Stoff in P. **2.** (geh.) *purpurn gefärbter Stoff u. daraus gefertigter [Königs]mantel od. Umhang:* sie kleideten sich in P.; den P. tragen (geh.; *die Kardinalswürde innehaben).*

pur|pur|far|ben ⟨Adj.⟩: *von der Farbe des Purpurs* (1).

pur|purn ⟨Adj.⟩ [spätmhd. purpur(e)n, mhd. purperīn, ahd. purpurīn]: *purpurfarben:* die Sonne versank p. im Meer.

pur|pur|rot ⟨Adj.⟩: *einen samtig roten, etwas ins Blaue gehenden, satten Farbton aufweisend:* -e Abendwolken.

Pur|pur|schne|cke, die: *im Meer lebende Schnecke mit stacheligem Gehäuse, die aus einer Drüse gelblich weißen, sich im Sonnenlicht purpurn verfärbenden Schleim absondert.*

Pur|pur|trä|ger, der (scherzh.): *Kardinal.*

◆ **Pursch,** der; -es, -e [Nebenf. von ↑ Bursch]: *Bursch* (2): Wir -e frisch heraus zu siebzehnhundert, und du an der Spitze (Schiller, Räuber I, 2).

Pur|ser ['pɑːsɐ], der; -s, - [engl. purser, zu: *purse* = Geldtasche, Portemonnaie < spätlat. bursa, ↑ ¹Börse]: **a)** *Zahlmeister auf einem Schiff;* **b)** *Chefsteward im Flugzeug.*

Pur|se|rette [pəːsəˈret], die; -, -s [engl. purserette]: w. Form zu ↑ Purser.

Pur|se|rin, die: w. Form zu ↑ Purser.

Pür|zel, der; -s, - (bes. Jägerspr.): *Bürzel* (2).

Pur|zel|baum, der [eigtl. = Sturz u. Aufbäumen, zu ↑ ²purzeln u. ↑ bäumen] (ugs.): *(auf dem Boden od. einer anderen flachen Unterlage ausgeführte) Rolle* (3 a): einen P. machen; Purzelbäume schlagen, (seltener:) schießen; Ü deine Fantasie schlägt Purzelbäume (ist äußerst sprunghaft); das Wetter schlägt Purzelbäume *(verändert sich unerwartet u. in rascher Folge).*

pur|zeln ⟨sw. V.; ist⟩ [spätmhd. burzeln = hinfallen, zu ↑ Bürzel] (fam.): *[sich überschlagend] [hin]fallen:* vom Stuhl p.; die Kinder purzelten in den Schnee; Ü die Preise purzelten *(fielen stark);* Rekorde purzeln *(werden gebrochen).*

Pu|schel, der; -s, -, auch: die; -, -n [mniederd., ostmd. Nebenf. von ↑ Büschel] (landsch.): *[größerer] Pompon.*

pu|schen ⟨sw. V.; hat⟩ (salopp): **a)** *[durch Werbung] bekannt machen:* ein neues Produkt p.; **b)** *antreiben, fördern, in Schwung bringen:* den Tourismus p.

Pu|schen, der; -s, - (nordd.): *bequemer, warmer, aus Stoff hergestellter Hausschuh:* er war in P. und Bademantel; * **in die/aus den P. kommen** (ugs.; *seine Trägheit überwinden und aktiv werden).*

Push [pʊʃ], der; -[e]s, -es […ɪs] [engl. push, zu: to push, über das Afrz. zu lat. pulsare, ↑ pulsieren] (Jargon): *[durch gezielte Förderung bewirkter] Aufschwung:* dem Aktienmarkt einen P. geben.

pu|shen ⟨sw. V.; hat⟩ [engl. to push, über das Afrz. zu lat. pulsare, ↑ pulsieren]: **1.** (salopp) **a)** *puschen* (a): ein neues Design, das neue Album p.2. **b)** *puschen* (b): den Export p. **2.** (Jargon) *mit harten Drogen handeln.*

Pu|sher, der; -s, - [engl. pusher] (Jargon): *jmd., der pusht* (2).

Pu|she|rin, die; -, -nen: w. Form zu ↑ Pusher.

Push-up ['pʊʃlap], der; -s, -s: Kurzf. von ↑ Push-up-BH.

Push-up-BH ['pʊʃlapbeha:], der [zu engl. to push up = nach oben schieben]: *Büstenhalter, der durch Einlagen u. stützende Schalen auch kleinere Busen zu einem üppigen Dekolleté formt.*

Pus|sel|ar|beit, die [zu ↑ pusseln]: *viel Geduld, Genauigkeit u. Geschicklichkeit erfordernde u. daher mühsame Arbeit.*

pus|se|lig, pusslig ⟨Adj.⟩ [urspr. = langsam, umständlich]: **1.** *Geduld, Genauigkeit u. Geschicklichkeit erfordernd:* eine -e Arbeit. **2.** *in kleinlicher Genauigkeit sich lange mit unwesentlichen Dingen beschäftigend; umständlich:* eine -e Betriebsamkeit. **3.** (landsch.) **a)** *unbeholfen, tapsig:* ein -es kleines Kätzchen; **b)** *mollig, dicklich:* ein rosiges, -es Baby.

pus|seln ⟨sw. V.; hat⟩ [aus dem Niederd., urspr. = geschäftig sein, ohne etwas Richtiges zu tun] (ugs.): *sich ausgiebig [mit Kleinigkeiten] beschäftigen; herumbasteln:* am Auto, im Garten p.

puss|lig: ↑ pusselig.

Pus|te, die; - [aus dem Niederd. < mniederd. pûst, zu ↑ pusten] **1.** (ugs.) *(für eine körperliche Leistung, Anstrengung nötige) Atemluft:* keine P. mehr haben; ihm ist fast die P. ausgegangen; ich bin ganz aus der/außer P.; aus der P. kommen; * **jmdm. geht die P. aus** *(jmd. hält [finanziell]*

nicht durch, muss aufgeben o. Ä.) **2.** (ugs. veraltend) *Pistole, Revolver.*

Pus|te|blu|me, die (ugs.): *abgeblühter Löwenzahn, dessen leichte, in Form einer Kugel auf dem Stiel zusammenstehende Samen leicht weggepustet werden können.*

Pus|te|ku|chen: in der Fügung **[ja,] P.!** (ugs.; *aber nein, gerade das Gegenteil von dem, was man sich vorgestellt od. gewünscht hat, ist eingetreten;* viell. nach der Wendung »jmdm. etw. pusten«; vgl. ↑ husten).

Pus|tel, die; -, -n [lat. pustula = (Haut)bläschen] (Med.): *Eiterbläschen.*

pus|ten ⟨sw. V.; hat⟩ [aus dem Niederd. < mniederd. pûsten, lautmal.] (ugs.): **1. a)** *blasen* (1 a): ins Feuer p.; du musst etwas p., die Suppe ist noch zu heiß; bei einer Verkehrskontrolle musste er p. (ugs.; *zum Nachweis etwaigen Alkoholgenusses in ein Röhrchen blasen*); **b)** *durch Blasen von etw. weg- od. in etw. hineinbringen:* Krümel vom Tisch p.; ich puste mir die Haare aus dem Gesicht; der Wind wehte den Sand durch die Ritzen; Ü jmdm. ein Loch in den Schädel p. (salopp; *schießen*); **c)** *kräftig wehen* (1 a): der Wind pustet mit ins Gesicht; ⟨auch unpers.:⟩ es pustet draußen ganz schön. **2.** *schwer, schnaufend atmen:* pustend stieg sie die Treppe hinauf. **3.** (Funkerjargon) *senden.*

Pusz|ta ['pʊs...], die; -, ...ten [ung. puszta]: *Grassteppe, Weideland in Ungarn.*

Put, der; -s, -s [engl. put (option)] (Börsenw.): *Verkaufsoption.*

pu|ta|tiv ⟨Adj.⟩ [spätlat. putativus, zu lat. putare = glauben] (Rechtsspr.): *auf einem Rechtsirrtum beruhend; vermeintlich:* der Polizist hat in -er Notwehr geschossen.

Pu|te, die; -, -n [aus dem Niederd., zu ↑ put, put!]: **1.** *Truthenne (bes. als Braten).* **2.** (ugs. abwertend) *dumme, eingebildete weibliche Person:* sie ist eine alberne P.

Pu|ten|brust, die: *Bruststück der Pute* (1).

Pu|ten|schnit|zel, das (Kochkunst): *Schnitzel aus dem Fleisch einer Pute* (1).

Pu|ter, der; -s, -: *Truthahn (bes. als Braten):* einen P. braten; mit Trüffeln füllen; vor Zorn wurde er rot wie ein P. *(rot wie der geschwollene Kamm des Truthahns).*

pu|ter|rot ⟨Adj.⟩: *(im Gesicht) überaus rot (bes. vor Wut, Scham).*

put, put, putt, putt ⟨Interj.⟩: Lockruf für Hühner.

Put|put, das; -s, -[s]: **1.** *Lockruf »put, put!«.* **2.** (Kinderspr.) *Huhn.*

Put|res|zenz, die; -, -en [zu lat. putrefacere = in Verwesung übergehen lassen; putrescere = verwesen] (Med.): *Fäulnis, Verwesung.*

pu|tres|zie|ren ⟨sw. V.; ist⟩ [lat. putrescere] (Med.): *verwesen.*

Putsch, der; -[e]s, -e [schweiz. bütsch (15. Jh.) = heftiger Stoß, Zusammenprall, Knall (wahrsch. lautm.); Bed. 1 durch die Schweizer Volksaufstände der 1830er-Jahre in die Standardspr. gelangt; vgl. mhd. b(i)uʒ = Stoß]: **1.** *von einer kleineren Gruppe [von Militärs] durchgeführter Umsturz[versuch] zur Übernahme der Staatsgewalt:* ein missglückter, unblutiger P.; der P. wurde blutig erstickt; einen P. anzetteln; der Diktator ist durch einen P. an die Macht gekommen. **2.** (schweiz. ugs.) *Stoß.*

put|schen ⟨sw. V.; hat⟩: *einen Putsch* (1) *machen:* die Militärs putschten sich *(kamen durch einen Putsch* 1) *an die Macht;* der Präsident wurde aus dem Amt geputscht *(durch einen Putsch* 1 *aus seinem Amt vertrieben).*

Put|schist, der; -en, -en: *jmd., der einen Putsch* (1) *macht, sich daran beteiligt.*

Put|schis|tin, die; -, -nen: w. Form zu ↑ Putschist.

Putsch|ver|such, der: *Versuch eines Putsches* (1).

Putt [auch: pʌt], der; -[s], -s [engl. putt, zu:

put = setzen, stellen, legen] (Golf): *Schlag auf dem Grün* (3).

Pütt, der; -s, -e, auch: -s [wohl zu lat. puteus = Schacht, Brunnen] (rhein. u. westfäl. Bergmannsspr.): *Bergwerk, Schacht, Grube* (3 a): auf dem/im P. sein.

Put|te, die; -, -n, Putto, der; -s, ...tti [ital. putto = Knäblein < lat. putus] (Kunstwiss.): *(bes. im Barock u. Rokoko) Figur eines kleinen nackten Knaben, Kindes [mit Flügeln].*

put|ten [auch: ˈpʌtn] ⟨sw. V.; hat⟩ [zu ↑ Putt] (Golf): *den Ball mit dem Putter schlagen:* er puttete ins vierte Loch.

Put|ter [auch: ˈpʌtɐ], der; -s, - (Golf): *für den Putt entwickelter Golfschläger mit einem Kopf aus Metall.*

Put|ti: Pl. von ↑ Putto.

Put|to: ↑ Putte.

putt, putt: ↑ put, put.

Putz, der; -es, -e [zu ↑ putzen]: **1.** *Gemisch aus Sand, Wasser u. Bindemitteln, mit dem die Außenwände zum Schutz gegen Witterungseinflüsse, Innenwände im Hinblick auf das Tapezieren od. Streichen verputzt werden:* der P. bröckelte von den Wänden; die Leitungen sind unter P. verlegt; * **auf den P. hauen** ugs.: 1. *prahlen, angeben.* 2. *übermütig, ausgelassen sein; Stimmung machen [u. viel Geld ausgeben];* viell. eigtl. = so an eine Mauer schlagen, dass der Putz abbröckelt. 3. *energisch vorgehen, protestieren, laut schimpfend Einspruch erheben.* **2.** ⟨o. Pl.⟩ (veraltet) *Kleidung, die jmds. Erscheinung, Ansehen hebt:* die Generäle erschienen uniformiert, in vollem P. **3.** ⟨o. Pl.⟩ [wohl aus der Wendung »auf den Putz hauen« rückentwickelt] (ugs.) *Streit, heftige Auseinandersetzung:* * **P. machen** (ugs.: 1. *Streit, eine Rauferei anfangen.* 2. *viel Aufhebens von etw. machen, sich sehr aufregen).*

Pütz, die; -, -en [niederl. puts < mniederl. putse < lat. puteus, ↑ Pütt] (Seemannsspr.): *kleiner Eimer.*

◆ **putz|be|la|den** ⟨Adj.⟩ [zu ↑ Putz (2)]: *mit Schmuck behangen, überreichlich geschmückt:* … eine breite, -e Frau von mittlerem Alter und gar gespreizt wohlwollendem Wesen hatte ihr mit stummem Nicken die Miteinsicht in ihrem Gebetbuche vergönnt (Heine, Rabbi 477).

Put|ze, die; -, -n (salopp): *Putzfrau.*

Putz|ei|mer: *Eimer für das Wasser zum Aufwischen des Fußbodens o. Ä.*

put|zen ⟨sw. V.; hat⟩ [spätmhd. butzen, zu: butzen = (Schmutz)klümpchen, ↑ Butzen; urspr. = einen Butzen entfernen]: **1. a)** *durch Reiben* (1 a) *(mit einem Lappen, einer Bürste o. Ä.) säubern u. blank machen:* Silber, die Brille, die Fenster p.; blank geputzte Schuhe; Ü er hat den Teller blank geputzt (fam.; *alles aufgegessen*); **b)** *(auf bestimmte Weise) reinigen, säubern:* ich muss mir die Nase p. (*mich schnäuzen*); hast du dir die Zähne geputzt? *(mit einer Zahnbürste u. Zahnpasta gereinigt?)*; **c)** *(von Gemüse) zum Verzehr nicht geeignete Stellen entfernen u. durch Zerschneiden o. Ä. zum Kochen od. Essen vorbereiten:* Salat, Spinat p.; **d)** *den Docht beschneiden, kürzen;* **e)** (landsch., bes. rhein., südd., schweiz.) *aufwischen, scheuern; sauber machen:* die Küche p.; ⟨auch ohne Akk.-Obj.:⟩ ich gehe p. *(arbeite als Putzfrau/Putzmann);* **f)** (österr.) *chemisch reinigen.* **2.** (veraltend) **a)** *jmdn., sich schmücken* (a): den Christbaum festlich p.; Sieh, sieh, dachte ich im Hinaufsteigen, man putzt sich auch hier, wenn man zufällig Geburtstag hat, und stiehlt seiner Arbeit einen ganzen Tag! (A. Zweig, Claudia 29); **b)** *zieren, schmücken* (b): die Tapete putzt sehr. **3.** (Sportjargon) *hoch besiegen:* wir haben sie 6:1 geputzt.

Putzer – Pyxis

Put|zer, der; -s, -: a) *jmd., der [etw.] putzt;* b) *Stuckateur, Gipser.*
Put|ze|rei, die; -, -en: **1.** (ugs. abwertend) *als lästig empfundenes Putzen.* **2.** (österr.) *chemische Reinigung* (2).
Put|ze|rin, die; -, -nen: w. Form zu ↑ Putzer.
Putz|fim|mel, der (abwertend): *übertriebene Neigung zum Saubermachen:* einen P. haben.
Putz|frau, die: *Frau, die gegen Entgelt Räume sauber macht.*
Putz|hil|fe, die: *Putzfrau od. -mann.*
put|zig ⟨Adj.⟩ [aus dem Niederd., zu ↑ ¹Butz, also eigtl. = koboldhaft] (ugs.): a) *sehr niedlich, possierlich:* -e Tiere; b) *seltsam, eigenartig: das ist ja p., das hätte ich nie gedacht!*
put|zi|ger|wei|se ⟨Adv.⟩ (ugs.): *seltsamerweise.*
Putz|ko|lon|ne, die: *[von einer Gebäudereinigung* (2) *eingesetzte] Arbeitsgruppe zur Reinigung von Bürohäusern u. Ä.*
Putz|kraft, die: *Reinigungskraft* (2).
Putz|lap|pen, der: *Scheuer-, Aufwischlappen.*
Putz|lum|pen, der (südd.): *Putzlappen.*
Putz|ma|cher, der (veraltet): *Hutmacher.*
Putz|ma|che|rin, die; -, -nen: *Modistin.*
Putz|mann, der (Pl. ...männer od. ...leute): *Mann, der gegen Entgelt Räume sauber macht.*
Putz|mit|tel, das: *beim Putzen verwendbares Reinigungsmittel; Haushaltsreiniger.*
putz|mun|ter ⟨Adj.⟩ [1. Bestandteil wohl zu ↑ potz] (ugs.): *sehr munter, lebhaft, bester Laune:* ich war hellwach und p.
Putz|sucht, die ⟨o. Pl.⟩: *übertriebener Hang, sich zu putzen* (2 a).
Putz|teu|fel, der (ugs.): a) *Mensch, der gern [übertrieben] oft u. gründlich putzt;* b) ⟨o. Pl.⟩ *übertriebene Neigung zum Saubermachen:* sie hat den P., ist vom P. besessen.
Putz|trup|pe, die (ugs.): *Putzkolonne.*
Putz|wol|le, die: *zusammengeballte Fasern zum Reinigen von Maschinenteilen.*
Putz|zeug, das ⟨Pl. selten⟩: *zum Putzen benötigte Geräte u. Reinigungsmittel.*
puz|zeln ['pʊzl̩n, 'pʊsl̩n, auch: 'pazl̩n, 'pasl̩n] ⟨sw. V.; hat⟩: *ein Puzzle zusammensetzen:* wir haben den ganzen Abend gepuzzelt.
Puz|zle ['pʊzl̩, 'pʊsl̩, auch: 'pazl̩, 'pasl̩], das; -s, -s [engl. puzzle, eigtl. = Problem, Frage(spiel), H. u.]: *viele in ein Geduldsspiel [nach einer Vorlage] richtig zusammenzusetzende einzelne Stücke eines Bildes:* ein P. aus, mit 500 Teilen.
Puz|zle|ar|beit, die: *Arbeit, die im Aufspüren u. In-Verbindung-Setzen vieler kleinteiliger Materialien besteht:* die detektivische P. der Polizei.
Puzz|ler, der; -s, - [engl. puzzler]: *jmd., der ein Puzzle zusammensetzt.*
Puzz|le|rin, die; -, -nen: w. Form zu ↑ Puzzler.
Puz|zle|spiel, das: *Puzzle.*
Puz|zle|teil, Puz|zle|teil|chen, das: *einzelnes Stück eines Puzzles:* Dutzende kleiner Puzzleteilchen fügten sich zu einem überzeugenden Indizienbeweis.
Puz|zo|lan, das; -s, -e [älter ital. puzzolana, Nebenf. von: pozzolana, nach dem Fundort Pozzuoli am Vesuv]: a) *aus Italien stammender, poröser vulkanischer Tuff;* b) *hydraulisches Bindemittel für Zement aus Puzzolan* (a), *Ton o. Ä.*
PVC, das; -[s] [Kurzwort für: Polyvinylchlorid]: *durch Polymerisation von Vinylchlorid hergestellter, thermoplastischer Kunststoff für Fußbodenbeläge, Folien o. Ä.:* Dazu: **PVC-Bo|den**, der.
Py|e|li|tis, die; -, ...itiden [zu griech. pýelos = Becken]: *Nierenbeckenentzündung.*
Py|e|lo|gra|phie: ↑ Pyelografie.
Pyg|mäe, der; -n, -n [griech. Pygmaíos = Angehöriger eines sagenhaften Volkes in der Ilias des Homer, zu: pygmaíos = eine Faust lang]: *Angehöriger einer kleinwüchsigen Bevölkerungsgruppe in Afrika.*

Pyg|mä|in, die; -, -nen: w. Form zu ↑ Pygmäe.
Py|ja|ma [py'dʒa:ma, auch: py'ʒa:ma, österr.: pi'dʒa:ma], der, österr., schweiz. auch: das; -s, -s [engl. pyjama < Urdu pājāmā = lose um die Hüfte geknüpfte Hose, eigtl. = Beinkleid]: *Schlafanzug:* Dazu: **Py|ja|ma|ho|se**, die; **Py|ja|ma|ja|cke**, die.
py|k|nisch ⟨Adj.⟩ (Med.): *(in Bezug auf den Körperbautyp) kräftig, gedrungen u. zu Fettansatz neigend.*
py|k|no|tisch ⟨Adj.⟩ (Med.): *verdichtet, verdickt.*
Py|lon, der; *Gen.* -en, auch: -s, *Pl.* -en, auch: -e [griech. pylṓn = Tor, Turm]: **1.** *von festungsartigen Türmen flankiertes Eingangstor ägyptischer Tempel.* **2.** *turm- od. portalartiger Teil von Hängebrücken o. Ä., der die Seile an den höchsten Punkten trägt.* **3.** *kegelförmige, bewegliche, der Absperrung dienende Markierung auf Straßen.* **4.** *an der Tragfläche od. am Rumpf eines Flugzeugs angebrachter, verkleideter Träger zur Befestigung einer Last (wie Tank, Rakete o. Ä.).*
Py|lon|brü|cke, die: *Hängebrücke mit Pylon* (2).
Py|lo|ne, die; -, -n: *Pylon.*
Py|lo|rus, der; -, ...ren [griech. pylōrós = Torhüter] (Anat.): *Pförtner* (2).
py|ra|mi|dal ⟨Adj.⟩: **1.** [spätlat. pyramidalis] *pyramidenförmig: ein -er Aufbau;* Ü *-e Organisationsstrukturen.* **2.** (ugs. emotional veraltend) *gewaltig, riesenhaft.*
Py|ra|mi|de, die; -, -n [über lat. pyramis (Gen.: pyramidis) < griech. pyramís; ägypt. Wort]: **1.** (Geom.) *geometrischer Körper mit einem ebenen Vieleck als Grundfläche u. einer entsprechenden Anzahl von gleichschenkligen Dreiecken, die in einer gemeinsamen Spitze enden, als Seitenflächen.* **2.** *pyramidenförmiger, monumentaler Grab- od. Tempelbau verschiedener Kulturen, bes. im alten Ägypten.* **3.** *pyramidenförmiges Gebilde: eine P. übereinandergestapelter Bausteine.* **4.** *Figur im Kunstkraftsport.*
Py|ra|mi|den|bahn, die (Anat., Physiol.): *wichtigste der motorischen Nervenbahnen, die von der Hirnrinde ins Rückenmark zieht.*
py|ra|mi|den|för|mig ⟨Adj.⟩: *von der Form einer Pyramide* (1).
Py|ra|mi|den|stumpf, der (Geom.): *durch einen parallel zur Grundfläche geführten Schnitt entstandener Teil einer Pyramide* (1) *ohne Spitze.*
Py|re|nä|en ⟨Pl.⟩: *Gebirge zwischen Spanien u. Frankreich.*
Py|re|nä|en|halb|in|sel, die: *Iberische Halbinsel.*
py|re|nä|isch ⟨Adj.⟩: *zu den Pyrenäen gehörend.*
Py|re|th|ro|id, das; -s, -e [zu ↑ Pyrethrum u. ↑-oid] (bes. Med.): *ein künstliches Insektizid, das bes. zur Bekämpfung von Läusen eingesetzt wird.*
Py|re|th|rum, das; -s, ...ra [griech. pýrethron = Mauerkraut, zu: pȳr (↑ pyro-, Pyro-), wohl wegen der wärmenden Wirkung des Pflanzenextrakts]: **1.** (veraltend) *Chrysanthemum.* **2.** *Insektizid aus den getrockneten Blüten verschiedener Chrysanthemen.*
Py|re|ti|kum, das; -s, ...ka [zu griech. pyretós = Fieber, zu: pȳr, ↑ pyro-, Pyro-] (Med.): *Fieber erzeugendes Mittel:* Dazu: **py|re|tisch** ⟨Adj.⟩.
Py|r|e|xie, die; -, -n [zu griech. pȳr (↑ pyro-, Pyro-) u. échein = haben] (Med.): *Fieber[anfall].*
Py|ri|din, das; -s [zu griech. pȳr = Feuer, Hitze] (Chemie): *heterozyklische Verbindung mit aromatischen* (2) *Eigenschaften; unangenehm riechende, giftige Flüssigkeit.*
Py|rit [auch: py'rɪt], der; -s, -e [lat. pyrites < griech. pyrítēs, eigtl. = Feuerstein, zu: pȳr, ↑ pyro-, Pyro-]: *metallisch glänzendes, meist hellgelbes, oft braun od. bunt angelaufenes Mineral, das bes. zur Gewinnung von Schwefel dient; Eisenkies, Schwefelkies.*

Pyr|mont: ↑ Bad Pyrmont.

py|ro-, Py|ro- [pyro-; griech. pȳr (Gen.: pyrós)]: Best. in Zus. mit der Bed. *Feuer, Hitze, Fieber* (z. B. pyrophor, Pyromanie).

py|ro|gen ⟨Adj.⟩ [↑ -gen]: **1.** (Med.) *Fieber erzeugend (z. B. von Medikamenten).* **2.** (Geol.) *(von Mineralien) aus Schmelze entstanden.*
Py|ro|ly|se, die; -, -n [↑ Lyse] (Chemie): *Zersetzung chemischer Verbindungen durch sehr große Wärmeeinwirkung:* Dazu: **py|ro|ly|tisch** ⟨Adj.⟩.
py|ro|man ⟨Adj.⟩: *an Pyromanie leidend.*
Py|ro|ma|ne, der; -n, -n (Med., Psychol.): *jmd., der an Pyromanie leidet.*
Py|ro|ma|nie, die; - [↑ Manie] (Med., Psychol.): *krankhafter Trieb, Brände zu legen [u. sich beim Anblick des Feuers bes. sexuell zu erregen].*
Py|ro|ma|nin, die; -, -nen: w. Form zu ↑ Pyromane.
py|ro|ma|nisch ⟨Adj.⟩ (Med., Psychol.): *die Pyromanie betreffend, auf ihr beruhend.*
Py|ro|man|tie, die [zu griech. manteía = das Weissagen]: *(im Altertum) Wahrsagung aus dem (Opfer)feuer.*
Py|ro|pho|bie, die; -, -n [↑ Phobie] (Med.): *krankhafte Furcht vor dem Umgang mit Feuer.*
py|ro|phor ⟨Adj.⟩ [zu griech. phoreĩn = (in sich) tragen] (Chemie): *[in feinster Verteilung] sich an der Luft bei gewöhnlicher Temperatur selbst entzündend.*
◆ **py|ro|pisch** ⟨Adj.⟩ [↑ Pyrop]: *feurig glänzend:* Das Diadem, nur Aphrodite glänzt es so! Pyropisch, unbeschreiblich, seltsam leuchtet' es (Goethe, Pandora 613 f.).
Py|ro|tech|nik, die; - ⟨Pl. selten⟩: *Herstellung u. Gebrauch von Feuerwerkskörpern; Feuerwerkerei:* Dazu: **Py|ro|tech|ni|ker**, der; **Py|ro|tech|ni|ke|rin**, die; **py|ro|tech|nisch** ⟨Adj.⟩.
Pyr|rhus|sieg, der [nach den verlustreichen Siegen des Königs Pyrrhus von Epirus über die Römer 280/279 v. Chr.] (bildungsspr.): *Erfolg, der mit hohem Einsatz mit Opfern verbunden ist u. eher einem Fehlschlag gleichkommt.*
Py|tha|go|rä|er (österr.): ↑ Pythagoreer.
py|tha|go|rä|isch: ↑ pythagoreisch.
Py|tha|go|ras, der; - [nach dem altgriechischen Philosophen] (ugs.): *pythagoreischer Lehrsatz.*
Py|tha|go|re|er, der; -s, - (Philos.): *Anhänger der Lehre des altgriechischen Philosophen Pythagoras (6./5. Jh. v. Chr.).*
py|tha|go|re|isch ⟨Adj.⟩: *die Lehre des Pythagoras betreffend, nach der Lehre des Pythagoras, nach Pythagoras benannt:* der -e Lehrsatz (Geom.; *Lehrsatz der Geometrie, nach dem im rechtwinkligen Dreieck das Quadrat über der Hypotenuse gleich der Summe der Quadrate über den Katheten ist; Satz des Pythagoras*).
Py|thia, die; -, ...ien [nach Pythia, der Priesterin des Orakels zu Delphi, zu ↑ Python] (bildungsspr.): *Frau, die in orakelhafter Weise Zukünftiges andeutet.*
py|thisch ⟨Adj.⟩ (bildungsspr.): *orakelhaft, dunkel:* Es war nicht mehr die Mara, die vor mir erblickte, sondern eine andere, die ... emporgeklommen war in unsere Lichtwelt und nun p. und rätselumwittert in ihr thronte (Thieß, Frühling 31).
Py|thon, der; -s, -s, nicht fachspr. auch: die; -, -s, **Py|thon|schlan|ge**, die [nach der von Apollo getöteten Schlange Python, die das Orakel in Delphi behütete]: *in Afrika, Südasien u. Nordaustralien lebende Riesenschlange.*
Py|xis, die; -, ...iden, auch: ...ides ['pyksidɛːs] [lat. pyxis < griech. pyxís = Büchse (1)]: *Hostienbehälter.*